U0784252

国家出版基金项目
NATIONAL PUBLICATION FOUNDATION

海上絲綢之路文獻集成

總主編 陳支平 陳春聲

科技與文化編 66

主編 王揚宗 葉 農

海峽出版發行集團
THE STRAITS PUBLISHING & DISTRIBUTING GROUP
福建人民出版社

本册目次

華語官話語法

（*Arte de la lengua mandarina*）

〔西〕萬濟國（Francisco Varo）著

《華語官話語法》，西班牙萬濟國著。萬濟國（Francisco Varo，一六二七—一六八七），西班牙多明我會傳教士。生於西班牙塞維利亞，於一六四九年經馬尼拉進入閩南，後隨羅文藻至閩東。此書以西班牙文寫就，論及動詞、代詞、指示詞、感歎詞、連詞、否定詞、反問詞、介詞、副詞、數詞、助詞等詞類及漢語句法等，係西人入華後首部關於中國語法之研究著作。據一七〇三年廣州版影印。

ARTE DE LA LENGVA MANDARINA

compuesto por el M. R.º P.e fr. Francisco Varo de la sagrada Orden de N. P. S. Domingo, acrecentado, y reducido a mejor forma, por N.º H.e fr. Pedro de la Piñuela P.or y Comissario Pror. de la Mission Serafica de China.

Añadiose un Confesionario muy util y provechoso para alivio de los nueos Ministros.

Impreso en Canton año de 1703.

PL
1107
.V3
1703a

PROLOGO

Sentir absoluto y resuelto, hà sido y es de algunos Ministros,
que el Idioma sinico general de este Imperio, no tiene ar-
te, ni reglas, y que de suio trae el no ser reducible à una ar-
tificiosa composicion, y esto lo afirman con palabras y modillo
desdeñoso, como que se rien de oir deçir, que tenga reglas; mas
otros oiendolos, los califican por hombres de poco seso.

Ai otros Ministros que con prudente dictamen confiesan, ser
los Chinos assi en hablar, como en el escrivir, hombres de sublime
arte y retorica; pero dizen ser dificultosa cosa reduçir su arte,
à nro arte; bien que lo dificultoso no es imposible.

Otros no niegan el sentir de los segundos, pero hallan, q.e
ai muchas reglas de conveniençia, y que de estas, y algunas ad-
vertençias, y notas, se puede componer un arte, ò directorio, por
el qual los nuevos Ministros comiençen à estudiar: y por tanto
yo, con lo que alle de otros mños, y lo q.e mi estudio alcanzo, e
investigo, dispuse veinte años ha cumplidos esta pequeña obra,
de la qual muchos mños se tienen aprovechado, y algunos ya
provectos, me tienen pedido lo diesse àla estampa; Sale, y con-
fio en Dios sera de util; y que excusara de desconsuelo à mu-
chos Ministros.

Pregunto q.e efecto causara à un nuebo mño, q.e preguntan-
do à otro antiguo el modo, ò manera que se tiene en aprender e-
ste idioma? Se le responde que no ai manera, ni modo, y quan-
do mas le explica y impone (y esso mal) en las pronunçiaçiones,
y entonaçiones, lo dirige à algun Chino, con quien estudie, y de
quien sea enseñado, y el mño con el Chino uno à otro no se en-
tienden; que puede causar esto si no interior desconsuelo? Este
lo evitaran con este breve tratado: y principalm.te si el Mini-
stro antiguo con paçiençia, caridad, y modo se lo ba explicando;
Con solas les reglas q.e da Nebrixa para aprender la latinidad,
no se haze uno grande latino; tiene necessidad de Çiceron, Vir-
gilio &c. Pero, aunq.e tenga Çicerones y Virgilios sin tener pri-

*

mero

mero las reglas de Nebrixa, no se formara latino. Assi mismo se-pa (y este el Mrō primero en las reglas y advertencias de este breve tratado, y despues entre en los Ciçerones que son en China los libros que llaman Siào xuē.

Aqui tiene el Mrō un breve Vocabulario de los terminos comunes, y tambien Un Confessionario, el qual el P. Fr. Basilio Glemona, que oi es Vicº. Apostolico de Xèn si. lo puso en latin, y me ha pareçido mejor el qᵉ vaia en latin, y no en castellano. Todo tendra ierros: pero, que obra ai sin ellos! les de Dios, por ser infinitam.ᵗᵉ sabio, y poderoso.

El modo de escrevir los terminos sinicos. corresponden à nrā pronunciaçion Castellana; y aviendolos de leer en Françes no lo hara sin muchissimos ierros, por ser mui diferente entre las dos Naçiones el modo de escrivir los iniçios y finales de los Vocablos. y para quitar la equivocaçion pongo un Catalogo general del modo que deben tener en pronunçiar. Advirtiendo que yo no entiendo la lengua Françesa, mas me vali de un erudito perito Sʳ Clerigo, cuio nombre y dignidad no escrivo àqui, porqᵉ assi me lo mando. Para los PP.ˢ Italianos no es mucha la dificultad: todo çeda ad Majorem Dei gloriam.

Para el. Françes.

Las Voces Castellanas que comiençan por ch, se deben pronunçiar como si tuvieran tch. vg. chŏ, mesa, tcho. Las qᵉ comiençan por çh, con çedilla, se pronunçian como ts en Françes, vg. çháo hazer, como tsáo.

La letra x se deve pronunçiar como en Françes las ch. xoāi flaco, choāi.

A.

Las voçes qᵉ acaban en A, se pronunçian como si uviera as, vg. yà.. audiençia. yàs. kiā familia, kiās. mà cavallo, màs; como en françes se pronunçia le mais del mayo. Pàs assirse, como en Françes le pas del cavallo. Tàs açotar, como èn Françes un tas de trigo. Chās arena, xā. Esso no tiene lugar en las voçes que acaban en a, y son dela quinta tona.

tonada, q.e estas se pronunçian como el a simple en frances. vg. fă. regula.

E.

El e final se deve pronunçiar por los Françeses como ellos pronunçian la diphtongo ai. vg. tsăi fertil. kiăi articulo. tsiuăi echar. foăi el idolo foe. hăi prieto. . . capilla. măi, trigo: como en frances el mes de may. Păi, barco. y assi las demas voçes de la 5. tonada.

Las demas tonadas en e, se deven pronunçiar como ais frances. vg. . . iais tomar prestado. . iais noche. . iais dar graçias. chais culebra.

Ai todavia algunas vozes en e, que se pronunçian como e simple, vg. tchè, particula terminativa. tché el. jĕ Señor. yè particula terminativa.

I.

Las voçes que acaban in i se pronunçian como las q.e acaban en is en françes. vg. tsÿs, muger. tchÿs saber. fÿs gastos. kÿs galina. nÿs lodo. sÿs, occidente. Esso no tiene lugar en las voçes, en las quales alguna vocal preçede al i, que entonçes se pronunçia i simple. vg măi, comprar. lâi, venir. hoéi poder. Nota que las vozes q.e acaban en iĕ dela 5. tonada con puntillo, se pronunçian como el i françes simple. vg tsĭ Invidia. kĭ termino. lĭ levantar. mĭ occulto. nĭ contradeçir.

O

El o al cabo dela voz, se pronunçia como os, vel aus, vel aux françes. vg. tsós sentarse. ngôs, ganso. hôs . . . rio. môs vel maùs vel maùx, como . . . vel . . . les. Excipe las voçes en o de la . tonada, que se pronunçian como o simple. tsŏ hazer. fŏ amarrar. kŏ cortar. . . imaginar. Item las que acaban in ao. tsáo hazer. gáo, superbo. haó, nombre. hiŏ, aprender. hiáo reverençiar à los padres. kaō alto. leáo materiales. miáo templo. &c.

**

ù u.

Las voçes que acaban en u, son de dos modos: unas acaban en ù con puntillo: otras no tienen puntillo. ù con puntillo se pronunçia como us frances. tchūs, bueno. hiūs, vasio. jūs, letrado. chūs, libro. Excepto las dela 5. tonada, q.e estas se pronunçian como el simple u frances. vg. tchū salir. chū, sacar à luz. Las q.e acaban en u sin puntillo se pronunçian como la diphtongo ou francesa, ajuntando s. ous. vg. tsòus, abuelo. tsōus principio. fóus arrimar. yòu vigiar. hóus amparar. lóus camino. nòus esclavo. vòus no. Estas dos como nous, nosotros; vous, vosotros; sòlo se ha de advertir q.e ai çiertas voçes entre las q.e dixe, q.e se pronunçian como si huviera s al fin, en las quales el s se pronunçia con menor fuerza, como en la voz vous mater.

A la diphtongo ou se reduçen las voçes de la 5. tonada, en ŏ con puntillo; y se pronunçian como ou simple sin addiçion de s. vg. fŏu, dichas. koŭ arroz en cascara. mŏu madera. poŭ, no. toŭ ponçoña. chŏu saçonado. Aunq.e algunas delas q.e acaban en ŏ con puntillo, ai veçes q.e se açercan mas del o simple: el q.e enseñara el uso.

La regla anteçedente dela pronunçiaçion del u final, como ous franças, se deue solo entender delas voçes en las quales el u no sigue à otra vocal; q.e deste modo el u se pronunçia como ou, y no como ous. vg. tseòu andar. keóu basin. léau letrado. lieôu comer. &c.

V en medio dela voz se pronunçia como ou frances. tsouŷs, pecado. kouóne derramar. louóne rebuelto. mouóne llenar. sonóne, contar. Excipe quando i preçede u, q.e entonçes se pronunçia como u. frances. tsiūene, entero. hiuêne, suspenso. siuène eligir. Item las q.e acaban en una vocal u frances, vg. tsūne noble. tchūne verano. chúne un rey antiguo. Item tchūene no se pronunçia ou, tchouene, mas se pronunçia u frances, tchūene: y assi en las demas.

§ Las palabras suēn, hoēn, mûen, puèn, vuên, en todas las tonadas ñidas, se pronunçian con la diphtongo oi: foiñe, hoiñe, moiñe poiñe, voiñe.

N.

El N castellano se pronuncia como ne frances, adonde el e es muto, como ellos diçen; assi las voces q.e acaban en n, se pronunçian por los françeses, añadiendo su e muto. tsâne alabar. tsiêne, usurpar. tsinê acabar. tsiûêne entero. tsûne noble. tchine, verum fane, arroz cosido. gâne, quieto. hiene villa. kiûne Rey, kouone Mandarin. linê çercano. lúne, discurrir. miñe vasallos. nâne difícil. pane tabla, como dela panne. piñe poivre. chane monte. chêne bueno. como el arbol chesne. chûne puro.

Las voces q.e acaban en ing, casi siempre se pronunçian del mismo modo que ine. tchiñê muros. iné responder.

Ng.

Las voces que acaban en ng se pronunçian mejor, poniendos en lugar de g vg. tsâns esconder. sâns casa. hâns tienda. hoâns Emperador. kiâns rio.. leâns bigas. mâns mui ocupado, como la ciudad de mans. choâns escarcha. tsêns botar la embarcaçion. kéns mos. nêns poder.

Las que acaban en ung, se escriveran mejor con o. vg. tsôns principal. tchôns medio. fons viento. kôns justo. môns merced, como les mons. lôns lavrador. tons oriente. ~~kiûng~~

kiûng se pronuncia kiuôns. otras advertençias se pudrian hazer: pero estas son las principales. las demas enseñara el uso.

Acerca de el Italiano, en quanto à la pronunçia, ay poca diferençia dal español, y consequentem.te en poquissimo hazen diferencia en la pronunciaçion dela lengua China.

Las voces q.e en el castellano comienzan por ch; los Italianos lo pronunciaran como en la lengua Italiana se pronunçia ci, vg chá, el italiano dize ciá; como se pronunçia el ciascuno pero un poco mas duro. El ckái ia es las q.e comienzan por el ch en castellano, el Italiano lo escrivera o pronunçiava como z. vg zai. chê, zê. ~~ze~~.

***

CAP.

CAPITVLO 1º

De algunas advertencias.

Advertencia 1ª

1. Es la lengua mandarina en lo que toca à sus voçes, y letras ex diametro opuesta a las Europeas, pues estas todas, tienen innumerables vocablos, y muy limitadas letras, y la mandarina innumerables letras, ò caracteres, y mui limitados terminos, o vocablos, pues su numero no pasa de 364; y de à qui es, que para poder con tan pocos terminos significar multitud tanta de cosas, como en si ençierra el universo, actos intellectuales, passiones interiores, propiedades, y naturaleza de las cosas. &c. Dieron à este corto numero de terminos diversas entonaçiones en la voz, ya de punto alto, ya de baxo, ya de igual (como se dira, y explicara cap. 2º) y estas entonaçiones suben à 1525, y siendo assi que por tener tan limitados terminos, y voçes, pareçe avia de ser lengua barbara, no es assi, si no que es retorica, y tiene abundançia de terminos, y sinonimos para significar una mesma cosa; no obstante trae con sigo mucha eq ivocaçion, y para evitarla usan ordinariamente hablando, de dos terminos complexos, ò identicos en la significaçion: en la escritura es menos esto, porque como las letras sean mas propiamᵗᵉ caracteres que letras, con los quales se exprimen los conceptos, quitan aunque no en todo, en parte, la equivocaçion.

Advertencia 2ª

1. Tres modos ai de hablar esta lengua: El primero alto y elegante, y que se usan en el mui pocos, ò ningunos complexos, por hablarse à el modo que se escrive. de este primer modo solo se puede usar con los letrados, pues solos ellos lo entienden, y es çierto, que si el mini

stro

2\. stro puede aprenderle, sera mui bueno, porq. oiendole el chino letrado, conçibirà al Religioso ser hombre docto, pues le habla con elegançia. mas este modo para nosotros es dificultosissimo para la practica, por las circunstançias, q. cadauno con el tiempo experimentarà. El 2do modo es un medio, q. le entiende la maior parte, y se usa con algunos complexos, aunq. no en los terminos, q. ex vi narrationis se entienden, y en el se usan algunos terminos de letra elegantes, q. aunq. tales se entienden; este modo es mui necessario de aprender, para quando se predica la palabra de Dios, assi à los Christianos como à los Gentiles; pues no les cansando por tosco le oien con gusto, y siendo claro penetran la razon de la doctrina, q. se les predica. El terçer modo, es tosco, y grosero, y es para predicar à las mugeres, y aldeanos; este modo por ser el infimo es el que se aprende con menos dificultad, y el por donde comenzamos à hablar.

2º. Para q. se vean en practica estos dos modos de hablar, (dexo à parte el primero) pondre exemplo de ellos en una oraçion. El q. quisiere subir à el çielo, le conviene obrar la virtud, y de no, seguro q. no lo conseguirà. 2º. modo; iŏ xīng tiēn chè, kŏ hīng chīn xén lú, jŏ pŏ jén kỳ tĕ taò. 3º. modo. Tán fàn jìn iáo xīng tiēn, kāi tāng goêi xén, jŏ pŏ goêi xén, çhìi jén pŏ hoél xīng tiēn. En esta misma oraçion dicha por los dos modos, se ue claram.te la differençia: en el prim.º se usa del iŏ, y del chè, que es claro y elegante modo, y qualquiera medianam.te entendido, o que hable razonablem.te lo entendera: en el 2do se usa del tán fàn, con el iáo, que es lo mas baxo y lo entenderà qualquier muger, ò aldeano, q. penetre ò sepa alguna cosa de la lengua mandarina. En el 1º se usa del kŏ, y del chīn, y de lú, que es elegante y intelligibile: en el 2º. del kāi tāng por conviene; del tiĕ, y del hú, que es lo mas baxo. &c.

Adver

Advertençia 3.ª

1. A tres cosas se debe atender para hablar bien este idioma; la primera que el termino, ò voz que dize, sea propio; la 2.ª que la tonada con que la dize, sea la q.e corresponde segun la significaçion, que le quiere dar, la terçera, que tenga la colocaçion que debe; todas las quales tres cosas son neceſſarias, y mas principalm.te la colocaçion, la qual si no es la que debe ser, queda inintelligible la oraçion; en quanto à las tonadas, juzgo que aunq.e una, ò otra se ierre, se puede entender todo el sentido, y como estas tres cosas sean, como dicho es, neceſſarias por si, y para nosotros dificultosas, deben los nuevos ministros en el principio procurar hablar despacio, atendiendo al termino, à la tonada, y à la colocaçion, y mas vale entonçes hablar poco, y bien dicho, que mucho, y mal ordenado, y si en los principios ai ierros, suelen pasar à ser habito, y entonçes no es facil el corregirlos, y aconteçe, que muchas uezes por errar la tonada, ò colocaçion, suelen dezir una cosa por otra.

2. Aconteçe vezes à los nuebos ministros el deçir una clausula, ò oraçion, ò sacada de algun libro, ò echa por si, y emendada por algun otro ministro experto en este idioma, la qual clausula, ò oraçion tiene los requisitos neceſſarios de tonadas y colocaçion, y con todo no entenderla el chino; por lo qual se ue el ministro confuso, y apurado; mas debe aduertir que la razon de esto puede ser no por defecto que tenga la gramatica, si no por falta del modillo, y grazejo en el deçir, à quien el Chino llama *kiāng*, ò *keù kŷ*, para aprender este modillo, no ai regla especulatiua; la communicaçion con los q.e hablan bien la lengua procurando imitarlos, es el unico medio, mas aduierta, q.e este imitar à de ser sin mucha afectaçion, porq.e à no ser assi, hara dissonançia, y otro terçero modillo, y no con-

4. consiguirà el intento de hablar, como ellos hablan; y seria cosa mui acertada, y conveniente, poner à morar à los nuevos ministros en Provincias, y Ciudades, donde se habla bien el idioma Sinico Mandarin, porq.e sin trabajo aprenden el kèu *kŷ*, que es como à los vasos nuebos que se les pega el olor del primero licor q.e recibieron; y lo contrario &c.

3. Suele tambien aconteçer el no entender al ministro por dezir solo un termino, el qual por no estar con complexo, ò por no averse hablado ex antecedenti circa subjectam materiam, siendo la voz por si sola considerada equiuoca, e indiferente à tener muchas significaçiones, no es facil conosca el oiente el intento, o significado, con que la toma el que habla, y esto aunque le de la propia y genuina tonada, como dezir *chí*, que es sabiduria, prudençia, hasta (à qui ò alli) ocacionar. &c. y assi no se debe hablar una voz sola (al aire como diçen) no auiendo precedido materia; He advertido tal que vez (esto es p.a el consuelo del ministro) que hablando con el chino, y pretendiendo dezir alguna razon, ò alguna cosa dificultosa de entender, y al pareçer estar bien dicha, y no penetrando el intento, deçir, *laò ie kiang hoá pǒ ming pĕ*; y entonçes el *pǒ ming pĕ* en la uerdad, esta en su entendimiento que no penetra, y no en el hablar del ministro.

4. Debese atender quando se habla, en que sea no solo propio el termino, si tambien q.e sea usado en el modo de hablar, porq.e podra deçir lo q.e pretende con todos los requisitos, y por este defecto quedar mal entendido, v.g. dezir dos ducados, conuiene dezir *úl leàng*, y si dixese *leàng leàng* se reiran, siendo assi que los terminos tienen la tonada, la colocaçion, y son propios, pues el primero significa dos, y el 2.o ducado; mas aunq.e esto es assi, el modo de dezir es impro-

pro-

propio, por no ser usado, y por traer equiuocaçion. Tam 5.
bien se debe tener cuidado para hablar açertadamᵗᵉ, y
sin yerro. en colocar y unir los terminos complexos, que
sea. segun ellos los colocan y usan, porq.ᵉ à ser de otra
manera varian el sentido, ò no dizen nada, v.g. Rey, —
hoâng tý, vel *chaó tiñg*, vel *tiēn çhù*: y si dixesse à su sal
va, *çý hoâng*, l. *tiñg chaó*, l. *çhù tiēn*, nada diria; ai algu
nos terminos complexos, que bien se antepongan, ò bien
se pospongan, siempre guardan su significaçion. v.g. ne
çessario. *iaó kiñ tiĕ*, l. *kiñ iaó tiĕ*. hermanos. *hiūng tý*, l.
tý hiūng; para esto veanse los vocabularios.

Advertençia 4.ª

1. En la aduertençia pasada diximos los requisi-
tos neçessarios para hablar bien este idioma, en esta di-
remos lo que se requiere para hablarle con elegançia, y
aprenderle con alguna facilidad; para hablarle pues
con elegançia, es neçessario aprender sus letras, mas no
juzgo por açertado que desde luego se metan en este
laberinto los principiantes, y la razon es porq.ᵉ como
los libros tengan junto los terminos q.ᵉ son solo para
escritura, y los de hablar comun y ordinariamᵗᵉ, y de
estos ai menos, de los otros mas, no pudiendo por en-
tonçes separar, ò distinguirlos unos de los otros; de
à qui es. que en un razonamiento ò platica, hablan
muchos terminos que no son usados, y assi no son en-
tendidos, y uienen de esta suerte a causar en si tristeza,
y confuçion en los oientes. Conuiene pues en el princi-
pio à mas. de la communicaçion con el chino, de donde
podra aprender algunos modos particulares que tie-
nen de hablar, reduçirse à escriuir, y estudiar platicas,
y estudiadas predicarlas, de esta suerte se hazen (co-
mo dizen) de una uia dos mandatos, que es apren-
der terminos, y juntamᵗᵉ la fraz, y colocaçion, y
la

6\. la lengua ſe ba expediendo con el exerçiçio: ſi el ministro quiere ſolo en ſu çelda ſin comunicaçion ir aprendiendo terminos, ſe olvidan mucho, y dado q.e por tener feliz memoria no ſe le oluiden, no teniendo la fraz y coloxaçion que es el todo de la lengua no hablarà derechamente.

2\. Y para que el miniſtro de Chriſto q.e eſtudiare eſta lengua tenga no ſolo facilidad en aprenderlos vocablos, ſino aprenderlos radical, y ſcientificamente, aduierto, que en eſte idioma ſe uſa mucho, el componerſe la ſignificaçion de una coſa, q.e en noſtro idioma es un termino ſolo, de dos terminos mui diſtinctos no ſolo en la voz ſino tambien en la ſignificaçion; con que uiene à ſer q.e la ſignificaçion de una coſa enbebe en ſi dos diſtinctos terminos en la voz, y en la ſignificaçion. *Exempli gratia*: infierno en nuestro idioma es ſolo un termino, en el idioma China ſon dos diſtinctos en la uoz y en la ſignificaçion: y ſon tí iŏ, *ty* es tierra, iŏ es carçel, con q.e quiere dezir carcel de la tierra, ò que eſta dentro de la tierra. Conchas para las uentanas. *iû lîng và*. y ſe explica, texas de eſcama de peſcado, el *và* es texas, el lîng es eſcama, el iû es peſcado, ò pes: Apoſtol, *chūng tû*, el tû es diſcipulo, el chūng es primeros, o prinçipales. con que quiere deçir diſcipulos primeros, o principales: de eſta ſuerte ai innumerables vocablos; ſi ſe pone cuidado quando ſe conſtruie alguna coſa (ò ſe aprenden algunos uocablos) en eſto: (o bien ſea por cabeçillas, ò por vocabulatio) con facilidad ſe aprende la ſignificaçion de aquella coſa que conſta de los dos, ò tres terminos, y juntam.te la que tienen los dos, ò tres terminos por ſi diuiſos, como ſe ue por los exemplos referidos. En los terminos complexos es identica la ſignificaçion, y aſſi es lo mesmo uno que otro. Poniendo en obra y

exer

exerçiçio lo contenido en esta aduertençia y la ante-cedente, y teniendo las prendas naturales para aprender este idioma que es buen oido, y buena expresiva, es çierto que en breve se puede aprender mucho.

Aduertençia 5.ª

1. Esta advertençia perteneçe à explicar el modo de escriuir esta lengua, la qual careçe de algunas letras de nro abeçedario, q.e son B. D. R. la Q. y C. se à reduçido à K, por la maior propiedad en la escritura, y assi los terminos que segun nra pronunçiaçion comiençan con Q, ò con C, à la qual no se sigue h, los escriuimos con K. v.g. kō kū &c. ningun uocablo ai en esta lengua q.e comiençe en las vocales A. E. ni acabe en otras consonantes que no sean ng. n. l. todos los demas acaban en una de las sinco vocales. En los vocabularios de los Padres de la Comp.a se hallaran muchos vocablos q.e acaban en m; mas nosotros deuemos escriuirlos, y hablarlos, como si acabasen en ng; y la razon es, porq.e los PP.s Portugueses pronunçian la m final abiertos los labios como ng; mas la pronunçiaçion de los Castellanos no es assi, por lo qual se deue escriuir, y hablar, como queda notado.

2. Tambien se aduierta, que los vocablos que comiençan con ç. antes de la vocal que se le sigue se le à de poner h, v.g. çhó, çhū, porq.e ex vi de su pronunçiaçion se requiere en especial para los Españoles, estos vocablos se apu[redacted] en algunos vocabularios solo con la vocal v.g. çō ò çū; mas advierta se en el modo de pronunçiar el chino, y se uera ser necessari a la h. Tambien se hallaran muchos vocablos, escritos con s. u. y puntillo, y estos de neçessidad an de ser ç. pero sin h. sú, negoçio; sū, muerte; q.e se dirà çū, çū; y esta diuersidad à naçido por la diuersidad

de

de naçiones, las quales eſcriuen, y an eſcrito cada una ſegun la natural ſuia y propia; lo que haſta à qui ſe à explicado es lo mas propio y genuino para los Eſpañoles. Y para no embaraçarse el Italiano, o Françes en el modo de eſcriuir, y pronunçiar, procure preguntar à ſus patriçios, como ſe eſcriue el nombre negoçio, que el Eſpañol eſcriue de eſta ſuerte, çû; y aſsi de los de mas terminos, porqᵉ una uez entendido, hallara mucha facilidad. Y para el açierto en eſto, ſe à de atender al modo con que pronunçia ſemejantes vocablos el Chino, no qualquier Chino, ſino ſolos à quellos que de ſuio, tienen el hablar bien la lengua mandarina, quales ſon los naturales de la Provᵃ de Nan kiñg, y los de otras, donde ſe habla bien el idioma mandarin: porqᵉ ay algunas, como la de Fŏ kién, qᵉ pronunçian y hablan con muchas imperfecçiones la h. con la f. la confunden, y los de otras prouinçias traen otros defectos, y no porqᵉ el Chino ſea letrado, o doctor, habla bien, que ai muchos que lo ſon, y la hablan mal. Y aſsi ſolo ſe deue atender à las cabeçillas, y vocabularios echos ſegun ſe habla en Nân kiñg, ò Pĕ kiñg.

3. Aduiertaſe à qui, qᵉ fuera de la lengua mandarina que es la comun del Reino, ai en cada ciudad, ò villa otra lengua diſtincta à quien llaman hiañg tân la qual ſolo la entienden los naturales de aquella çiudad ò villa; ſi el miniſtro eſta de aſiento en un lugar debe aprenderla para llegar à ſer cabal miniſtro, pues ſi no la ſabe medianamᵗᵉ, no podra predicar, exortar y confeſar como quiſiera à las mugeres, y aldeanos, que no entienden la mandarina; mas no es bien el querer luego aprenderla, es neceſsᵒ eſperar à poder hablar con alguna ſatisfacçion la mandarina, ſo pena de no hablar bien una, ni otra.

Cap.

CAPITVLO 2°.

De las tonadas de esta lengua.

Ya se dixò que los uocablos de esta lengua se pronunçian por diversas entonaciones, ò tonadas; estas pues son çinco, y llamalas el Chino ù in. faltandole esta à la voz, no significa nada; estas çinco tonadas se diuiden en quatro generos, qe son simples. guturales, ò aspiradas, con puntillo, y guturales con puntillo, de baxo de estas quatro diferençias se comprehenden todos los vocablos, y terminos de este idioma.

§. I. De las tonadas simples.

Las tonadas simples se apuntan con las virgulillas siguientes. —, ^, \. /. ᴗ.

Primera, —. 2a ^.. 3a \. 4a /. 5a ᴗ.

1. La primera se pronunçia prolongando la voz igualmte, sin leuantar, ni baxar cosa alguna, como — quando à una persona le duele algo, y quexandose diçe ai, que lo dize ygual: v.g. *goēi fūng*, fausto, ostentaçion; *sī kūa*, sandia, ò melon de agua: cada uno de estos terminos se deuen apuntar, y pronunçiar del modo dicho; à esta tonada llama el Chino — *pīng chīng*, voz llana, clara, y limpia. llaman le tambien *xáng pīng*.

2. La segunda tonada se pronunçia baxando un poco la voz en la segunda silaba si el vocablo tubiere dos, y si tubiere solo una, como ŷ, se ha de prolongar la voz con alguna mora, y pronunçiarla como si fueran dos, y esto se haze a el modo que en nro Castellano deçimos no, à uno que me dize que Juan hizo un hurto, y yo no asintiendo à ello respondo, no diga esso, pues Juan auia de hazer tal cosa; à quel modillo con que se dize à quel no,

10. no, deteniendoſe y baxando un poco la voz, es
el con que ſe haze eſta ſegunda tonada, v.g. *iuên*
ieû, origen; *gô lîng* . pluma, ò cañon de ganzo. à
eſta tonada llama el Chino *chŏ pîng*; voz llana,
turbia, y confuſa: tambien la llaman *hiá pîng*.

3. La terçera tonada ſe pronunçia tomando un
punto en la vocal, y luego baxar una terçera con
algun deſgaire, ò enfado, como quando le digo à uno
que eſta haziendo una coſa que le mande, y la ha-
ze mal, ò de mala gana, no no quiero que lo hagas
pues à quel modillo, con que ſe dize à quel no, es
el con que ſe haze eſta tonada. v.g. *ieù kàn*, inçitar
tentar. tentaçion. *mì fuèn*, arina de arroz. à eſta
tonada llama el Chino. *xàng xing*, voz alta, ò que
ſe pronunçia altamente.

4. La quarta tonada ſe pronunçia tomando
un punto en la primera ſilaba. y ſubir hazia arriba
una terçera, y lo miſmo ſe ha de haçer, ſi el termino
fuere ſolo de una ſilaba, prolongando la voz en lo ul-
timo de la pronunçiaçion, o açento, al modo que noſ-
otros hazemos el interrogante afirmatino; pongo -
por exemplo, eſtoi determinado de hazer alguna
coſa, y dizeme uno (como que quiere eſtoruarme)
no lo hara V.md; y reſpondole con un genero de va-
lentia, como no? pues à quel modillo con que prolon
gamos en lo ultimo del no la voz, es el con que ſe ha-
ze eſta tonada quarta. v.g. *lí hái*, pernicioſo. dañoſo.
pién lún, diſputar, argumentar; à eſta tonada llama el
chino *kiŭ xing*, voz que anda. ò corre.

5. La quinta tonada es en rigor lo meſmo que
la quarta. ſolo que à lo ultimo ſe ha de hazer algun
ahinco con el pecho, pero con ſuauidad, al modo que
quando entre noſotros, uno quiere eſpantar à otro, y
le da una voz con un ſobreſalto diziendo, a. pues de
eſta

esta ſuerte, que es cortando la voz a lo ultimo, es el modo con que ſe haze esta quinta pronunçiaçion. v.g. *pŏ hiŏ*, inſigne en letras, poço de ſçiençia; *hĕ mĕ*, tinta, negregura. a esta tonada llama el chino *jĕ xing*, ſometida, ò que ſe pronunçia dentro. 11.

σ. Deue ſe aduertir que aunqᵉ cada termino por ſi tiene ſixo y determinado aſento, ſegun la ſignificaçion a que mira, mas junta con otra voz dela miſma tonada pierde alguna coſa, de ſuerte que pareçe estar en otra linea, pongo por exemplo, *mài*, en terçera tonada es comprar, y diziendo el chino esta voz por ſi ſola, ſe conoçe ſin genero de duda que es terçera, mas juntandola con otra terçera, como *mài pìng*, pronunçiandolas juntamᵗᵉ el mài ba quaſi à ſer primera, mas ſi la juntan à una quarta como *mài mái* (comprar y vender) ver ſe ha con claridad ſu propio açento. Esto meſmo ſuçede juntandoſe dos quartas, que la primera de ellas declina à primera tonada, ſalvo quando tiene, ò es gutural que entonçes por la aſpiraçion que ſe introduçe ſube la voz con mas expreſion à lo alto que es lo propio y natural de la tonada quarta *v.g. kiŭ xí*: las tonadas primeras ſiempre obſeruan ſu açento ſin declinar à parte alguna. A mas de pareçerme esto ſer aſſi por el oido, me pareçe tiene razon que lo confirma y es el hablar los chinos esta lengua veloxmente, y ſin embarazo, ni canſançio alguno, que aunqᵉ por ſer propio idioma es natural, no obſtante pareçe aiuda mucho para la maior promptitud en el dezir el declinar la tonada, que à no ſer aſſi fuera mas tarda la loquela, *v.g. mài*, (comprar) declinando à primera tiene mas facilidad à coxer la iniçial de la voz ſiguiente ſin fatiga, mas ſi baxa, como para coger el punto initial de la voz ſiguiente à de ſubir, en

12 en muchas continuas repeticiones es canſançio. lo miſmo en las quartas que ſube, y à de baxar, ò deſcanſar la voz, para coger luego el punto initial de la otra quarta, y eſte baxar y ſubir eſtà en la reſpiracion, y halito, y à no ſer aſſi fuera ſubiendo quando uienen muchas quartas juntas, de una en una; y baxando quando uienen muchas terçeras, y por una parte auia de llegar à ir tan alto que no alcançaſe con la reſpiracion, y por otra tan baxo que no pudieſe ſalir la reſpiraçion, eſto me pareçe, que es como en el canto, que ſi ſe ſuben ò baxan muchos puntos continuos por una y otra parte falta la voz, y de qualquier ſuerte ai canſançio. Lo miſmo ſuçede à qui, y lo experimentamos quando nuebam.te aprendemos que ſi uienen tres, ò quatro quartas continuas nos detenemos en ſu pronunçiaçion, y las hazemos con canſançio, lo qual fuera menos ſi con graçia, y deſcuido declinaramos algunas à primera tonada; las primeras tonadas no declinan à otra alguna, por que como el fin es igual con el principio, y ella es voz pareja, que ni ba por punto alto, ni baxo, ſi que es medio entre las otras, es apta à coxer las initiales de las vozes que tienen quarta, ò terçera tonada, pues ſu final tiene tanta facilidad à coxer el initial de la terçera, y baxar, como à coxer el initial de la 4.ta y ſubir, de todo lo dicho en eſte numero ſe puede colegir, que aunq.e algunas veçes les pareçe à los miniſtros nuevos que el chino no dize la tonada, no es que no la diçe, ſi que la dize ſegun queda explicado. Y no por lo dicho el miniſtro dexe de deçir las tonadas con todo ſu rigor en el principio: que eſto es para quando ya ſe ba deſembarazando: que entonçes començara à ir perfeçionandoſe en la loquela.

§. 2.º

De las tonadas guturales.

1. Las tonadas guturales ſe apuntan en quanto à los accentos, como las ſimples, ſolo que ſe les añade una c ſobre las raias de cada una. v.g.

ˉᶜ, ∧ᶜ. ∨ᶜ, ⸝ᶜ, ∪ᶜ,

en quanto al ſubir, y baxar la voz ſe hazen las tonadas como las ſimples, ſolo que en la pronunciacion ſon diverſas, porq. ſe pronuncian haciendo la fuerza al ſalir la voz en la garganta, ò quebrandoſe allí, en los vocablos que comiençan con t, ut tiēn, cielo, tiēn çementera; ſe haze la pronunciacion tocando al principio con la punta de la lengua con alguna fuerça en los dientes de arriba, y luego apartarla, y proſeguir reſpirando con alguna fuerça en la i. por ſer la natural prounnciacion, ò prolacion de la t, tocando un poco en los dientes, y lo gutural comprehenſion del alito en las fauces, lo miſmo pariformente en la pronunciacion de eſte termino pṹg, que ſiendo p. el contacto de los labios, ſe pronuncia tocandoſe en ellos, y aſpirando con fuerça en la y; de ſuerte que ſe guarda à las conſonantes ſu natural prolacion.

2. Ai en nro abecedario letras vocales y conſonantes, y eſtas ſe ſubdiuiden en mudas, y liquidas, vocales las forma la voz ſola ſin intervencion de la lengua. conſonante con aiuda de alguna de las vocales v.g. de, pe, ef, y aſſi la vocal es puramte de las fauces, que por ſi ſe pronuncia, mas la conſonante no es aſſi que tiene neceſſidad de una vocal para ſer proferida; de eſtas conſonantes ai unas que ſu prolacion neceſita de dos, ò mas vocales. como ſon èle, eme, efe, equix, llamanſe eſtas mudas, porq. por ſi no tienen nada de voz, ni antes, ni deſpues; otras ai, y ſe llaman liquidas, y ſon las que por ſi pueden con aiuda de una ſola vocal (pue-

y (puesta despues de ella) pronunçiarse, vg. ç deçimos çe, p. pe, q, qu. esto pues supuesto, es cosa çierta.

3. Que todo vocablo que comenzare en esta lengua con consonante muda, que son l. m, n, f. h, s, x. no pueden ser gutural, solo lo pueden ser las liquidas, que son p, t, c, k, y assi todo gutural se pronunçia en vocablo que comiença con p, t, k, c; y es la razon, porque como las mudas en su principio no tienen por si voz que es donde se forma la gutural, no pueden ser capaçes de aquella morula ò adhesion à las fauçes que en la voz que es gutural se explica, y assi solo las consonantes. t, p, k, c, ch, son capaçes de ser guturales. Tam bien es çierto que todos los terminos que comiençan con las consonantes dichas. si tienen segunda tonada la pronunçiaçion de ella à de ser gutural, y no simple, en las demas tonadas admite simples y guturales, y es la causa que en esta segunda tonada se expressa, mas la comprehençion de las fauçes en las dichas letras, pues acaba la segunda tonada baxando hazia la garganta la voz, como se diçe, en el num.º 1.º exemplo de todos estos, *chăng* largo, *tăng* sala. *kiŭng* pobre, *pĭng* igual, *çăng* esconder.

§.º 3.º

De las tonadas con puntillo.

1. Los vocablos que van por esta regla se apuntan poniendo un puntillo sobre las virgulillas de las tonadas simples. v.g. ˉ·, ^·, \·, /·, ◡·.

La pronunçiaçion de estas tonadas se haze fruniçiendo un poco los labios à lo ultimo de la prolaçion vg. *chū*, cuenta; *chŭ*, señor; *chú*, morar, habitar, y en rigor es el natural modo de pronunçiar la u vocal, (aunque no con tanta afectaçion como lo hazen el chino, y el Frances) y assi es communmente en terminos que tienen u, donde se pone dicho puntillo, y en espeçial

çial en los diptongos de i, y u, como hiũ, cosa vana, ſiũ. niña. y otros à este modo: mas quando no se guarda à la u su especial compresion de los labios, se an de abrir en la i, y fruncir un poco en la u. vg. kiũn, soldado, siũn rondar; lo mismo quando despues de la u se sigue e. que se an de abrir à la i, fruncirlos à la u, y volverlos à abrir en la e, vg. hiũen aficionarse, kiũen quaderno, hiũen excelente, çhiũen, ex omni parte; y la razon de este modo de pronunciar es, por ser natural prolacion de cadauna de aquellas letras, y no pronunçiarse en estos diptongadas las vocales en union, e indivisibilidad; que en estos hiũ, y niũ, se haze de la i y u diptongo, y assi se pronunçia de baxo de la misma prolacion, o compresion de la u, que es fruncjendo.

2. De àqui es, que los terminos que acaban en o, y se apuntan con el puntillo dicho, se pronunçia la o casi como u, porq.e fruncjendo los labios al querer hazer ò es fuerza convertirse en u, porq.e es la articulacion de la u de este modo, y assi para açertar el termino se ha de respirar intentando dezir, ò, y se an de fruncir los labios, con que resultara un mixto imperceptible de o, revestida de u, vg. chŏ caña, hiŏ criar animales, lŏ verde, pŏ no; y no solo las vozes que acaban en o, y se les pone el puntillo dicho, se an de pronunçiar echo un mixto que ni bien salga u, ni bien salga o, mas tambien a las que acaban en e, ò en ie, à quien se pone dicho puntillo, ò bien sean simples, ò guturales, se deven pronunçiar adiptongadas, ni bien e, ni bien i, vg. çhiĕ amontonar, çhiĕ siete, chĕ comer.

3. Se deue advertir que los vocablos y terminos que comiençan por ç, como son çhiũ, y çiŭ con todas sus tonadas aunq.e se les pone puntillo, no obstante no son

ſon comprehendidos en eſta regla de fruncir los labios, antes ſe an de abrir hiriendo con ſuavidad en los dientes con la ç, como algunas mugeres que ſe preçian de cultas, y es la razon porq̃ la ç, ò z es incapaz de eſte fruncir los labios, por ſer ſu natural [illegible] laçion entre los dientes, y aſſi quando à de comprimirſe ſe ſuple con à quel eſpecial ſilnidillo que en tales terminos ſe añade. Todos los vocablos que acaban en un, aunq̃ no ſe les ponga puntillo, ſe an de pronunçiar frunçiendo los labios. vg. *chūn* otorgar; *xūn* puro ſin meſcla.

§. 4.

De las tonadas guturales con puntillo.

1. Los vocablos que ban por eſta regla ſe apuntan con una c, y un puntillo ſobre las virgulillas ſimples. vg. [illegible], [illegible], [illegible], [illegible], [illegible].

Eſtas ſon las que mas diſicultad ſuelen tener en pronunçiarſe, por ſer ſu pronunciaçion inuſitada en los idiomas Europeos; los terminos que ſe pronunçian ſegun eſta regla ſon en dos maneras, unos q̃ comiençan con c, y K, otros con ç, los q̃ comiençan con c, y K, ſe pronunçian frunçiendo los labios y haziendo la reſpiraçion en las fauces, que es como ſe forman las guturales, con q̃ uiene à ſer eſta pronunciaçion mixta de gutural, y compreſion de los labios, por lo qual los terminos que comiençan con ç, ò con ch, ò con k, como queda dicho pueden ir por eſta regla, porq̃ las letras initiales ſon capaçes de ſemejante pronunçiaçion, vg. *chū* lugar, *chū* ſalir, *kiū* ir; los que comiençan con ç, o *çh*, que ban por eſta regla, ſe pronunçian de otra ſuerte, y es, abriendo los labios, que ſe vean los dientes, y ſe ha de herir con la lengua con alguna fuerça en ellos, de ſuerte que haga zumbidillo la voz mientras ſale, por ſer (como

io: se dixo en el §º antecedente num.º 3º) la natural pro 17.
çion dela z, ò ç, abiertos los labios, y tocando con la
ngua en los dientes, y assi no se puede executar seme
nte compresion de labios, los terminos que se pronū
an de esta suerte, son; chū hembra, en las aues; chū
iedad; chū̀ espinia. Requierese para la perfecta pronū
açion de estos à mas de la regla dicha que es lo e-
xeculatiuo, la enseñança practica del maestro; e-
as pues son las diuersas tonadas. y los quatro di-
ersos generos de pronunciaçiones que tiene la len
ua mandarina, y de que hizimos mencion en la
ntroduçion de este segundo capitº, y fuera de e-
as quatro diferençias, aun tienen otros modos
articulares de pronunçiar algunos terminos, pa
a cuia enseñanza es el §º siguiente.

§º 5º

[redacted]plicanse algunos otros modos de
pronunçiar algunos vocablos.

1. Todos los vocablos que acaban en e dela quin
a tonada, y a la e no le anteçede otra vocal, y los qᵉ
aban en su fin otra vocal antes de la e en las tona-
as simples, se pronunçian comprimiendo la voz en-
re los dientes, quebrandose alli sin articulaçion, ò
ouimiento de lengua, y como que ai algo qᵉ ocu-
e la boca, v.g. niě tinta, pě blanco, hě negro, tèu
anta, léu frigoles. No assi empero chièu uino.
të enderse, de se oserse que uno y otro se pronunçi
n corrientemᵗᵉ, por anteceder à la e, y en la vocal
ue queda dicha.

2. Ai diferençia en pronunçiar los vosablos qᵉ
omiençan con i. con j, y con x. los que comiençan
or i se pronunçian como suenan simple, y suave-
mente, v.g. ín imprimir, ín chū plata, ìn ìn enca-
minar, induçir, este pues en rigor es el modo de pro-
nun-

18 nunçiar, mas en algunas partes le mete un genero de fuerzezilla en la pronunçiaçion de suerte que pareçe ai dos i i, mas no es perfecto, no obstante en àquel lugar al hablarle se puede seguir à quel rumbo, por causa que lo entienden mejor. Los que comiençan con j, se pronunçian como si fueran dos i i, hiriendo la una en la otra con alguna fuerza, y un medio zumbidillo, y no como la pronunçian los Europeos; vg. jin hombre, jě caliente, jè provocar. Los que comiençan con x se pronunçian abriendo un poco los labios, y haziendo el mismo zumbidillo primero con mas suavidad, y doblando el pico, ò punta de la lengua hazia arriba como la pronunçian los rusticos de España vg. xiñ espiritu, xǎ matar. xé perdonar, xè dar de mano, &c. Los Lusitanos la pronunçian naturalmente mui bien.

3. Tiene particular modo de pronunçiarse la voz ul, la qual apuntan, y escriuen los PP.^s de la Comp.^a có las dos letras lh, y tiene solo tres tonadas, que son 2.ª, 3.ª, 4.ª pronunçia se juntando un poco los labios, q.^e no se vean los dientes, y abrense un poco las quixadas y la punta de la lengua se llega al paladar entornandola un poco hazia arriba, al modo que nosotros pronunçiamos el ul de chaul, aunq.^e no se declara tanto la u. vg. ul çhŭ hijo, ùl tò oreja, úl kò dos.

4. Los terminos q.^e comiençan por h, se an de pronunçiar hiriendo con fuerza en la vocal que se sigue, assi como la pronunçian los Andaluzes, vg. hén aborreçer, hing obras. hò dar el parabien. Los terminos que comiençan por ch se pronunçian llanam.^te assi como suenan; vg. ché este esto, chāi aiuno, chī saber. Los que comiençan con çh, se pronunçian çeçeando, vg. çhài matar animales, çhín entrar, çhó haçer, y por fin de este cap.^o y §.^o se aduierta, que algunos chinos hablan.

hablando esta lengua dizen guei, o vuei: mas hablando con perfeçion se deue pronunçiar ò çerrada ng-goêi: mas explica el chino quatro pronunciaçiones que son de fauces, labios, dientes, lengua. y las explica con 4.º terminos que significan esso, y son *hêu*. fauçes; y se debe prônunçiar en ellas todos los terminos de *heu*; *chì* dientes, colminos, y todos los vocablos de *chi*, se deben pronunçiar con hiriendo en los colminos. *xê* lengua, y todos los de *xe*, doblando el pico de la lengua. *xùn* labios, y todos los terminos de *xun* se deben pronunçiar fruncçiendo los labios: no se puede escriuir mas claro, el maestro lo podra explicar.

CAPITVLO III.

De las declinaçiones del nombre, y pronombre.

En esta lengua todos los nombres en sus casos son indeclinables, e invariables, solo se diferencian por algunas particulas que se les antepone, ò por lo antecedente, y subsequente; mas se deue notar, que assi como cadauna de estas vozes por si solo en la tonada no tiene çierta significacion. pero es apta para tener muchas; mas puesta ya en la oraçion. y hablando en determinada materia, ò junta con otra uiene à tener determinada significaçion, y se quita la equivocaçion, que por si sola tenia; la misma dificultad y equivocaçion (en su genero) que se halla en estas vozes para la significaçion, tiene cada una de ellas para ser casi en las declinaçiones, ò parte de las ocho generales de que en la latinidad se componen las oraçiones, porq.e à una mesma voz se atribuie unas vezes significaçion de nombre, otras de verbo, otras de adverbio, &c. De àqui es, que ninguna voz por si sola cõsiderada tiene propiam.te razon de verdadero caso, ni ver-

20 verdadera parte de la oracion: juntos pues unos terminos con otros, y colocados ſegun ellos [illegible]ſan, ſe dan à entender los caſos de las declinaciones, y n̄ras ocho partes de la oracion, q̃ ſon nombre, pronombre, verbo, participio, prepoſicion, aduerbio, interjecion, y cō juncion; y aſſi ſegun que [illegible]uede; las explicaremos.

Declinacion del nombre.

Singular. Nom. *ſiēn ſeng*; el maeſtro. Gen. *ſiēn ſēng tiē*; del maeſtro. Dat. *iü ſiēn ſēng*; para el maeſtro. Accuſ. *ſiēn ſēng*; al maeſtro. Voc. *iā ſiēn ſēng*; ò m̄ro. Ablat. *tūng ſiēn ſēng*; con el maeſtro.

Plural. Nom. *ſiēn ſēng mên*; los m̄ros. Gen *ſiēn ſēng mên tiē*; de los m̄ros. Dat. *iü ſiēn ſēng mên*; para los m̄ros. Accuſ. *ſiēn ſēng mên*. à los m̄ros. Voc. *iā ſiēn ſēng mên*; ò m̄ros. Abl. *tūng ſiēn ſēng mên*, con los maeſtros.

Deveſe aduertir, que ſolo algunos apelativos ſon capaces del numero plural, y no los ſubſtantivos, vg. los mandarines, *lào iê mên*; los licenciados, *ſiúng kūng mên*, y aſſi otros; y todos ſe declinan como el de arriba.

Declinacion de los pronombres primitivos.

Nom. gò, yo. Gen. gò tiē, de mi. Dat. iü gò, para mi. Acc. gò, yo. Voc. iā gò, heu mi. Abl. tūng gò, con migo. *Plural.*

Nom. gò mên, noſotros. Gen. gò mên tiē, de noſotros. Dat. *iü gò mên*, para noſotros. Aco. gò mên, noſotros. Voc. iā gò mên, ai de noſotros. Abl. tūng gò mên, con noſotros.

Eſtos tienen rigurosa particula para el plural, q̃ es el mên, y algunos vezes uſan de la particula *tēng*. vg. noſotros, gò *tēng*. los otros dos primitivos tu, y ille, ſe declinan del miſmo modo que el ego. Nomin. tā, aquel. Gen. *tā tiē*, de aquel; &c. *Plur.* Nominat.

aquel

aquellos. *tā mên*. Gen. *tā mên tiĕ*, de aquellos, &c. el Tu, Nom. *nì*, tu, Gen. *nì tiĕ*, tuio. &c. Plur: vosotros. *nì mên*, &c. Aqui ſe advierta que en el veſter puede entrar (ſegun y como deſpues ſe explicara) la particula *tèng*, vg. voſotros, *nì tèng*; mas no en el plural del ille, y aſsi no ſe puede dezir, *tā tèng* ſe dize empero, *tā mên*.

Declinaçion de los derivativos.

Los derivativos ſe declinan como los primitivos, poniendo à lo ultimo la particula *tiĕ*, vg. Nom. *gò tiĕ*, mio, &c. Plur: *gò mên tiĕ*, nueſtro &c. *nì tiĕ*, tuio; *nì mên tiĕ*, vueſtro. *tā tiĕ*, ſuio. Plur. *tā mên tiĕ*, de ellos; y aſsi ſe proſiguen los de mas caſos. Los pronombres adjetivos, *hic, hæc, hoc*, ſe declinan tambien como los primitivos en el ſingular. vg. Nom. hic homo, *ché jîn*, Gen. hujus hominis, *ché jîn tiĕ*. Dat. huic homini, *iù ché jîn*: y aſsi en los de mas caſos de ſingular. En el plural ſe varia; vg. Nom. hi homines, *ché kỳ jîn*, vel *ché kỳ kó jîn*. Gen horum hominum, *ché kỳ jîn tiĕ*, vel *ché kỳ kó jîn tiĕ*; y aſsi de los de mas caſos, poniendo en el dativo la particula *iù*; en el ablatiuo, la particula *tūng*, vel *hǒ*, vel *iù*. Eſte es el modo de declinar los nombres, y pronombres: àora explicaremos los caſos.

§º 2º

Explicaçion de los caſos.

1. El nominativo, como ſe à viſto en el diſcurſo del §º antecedente, no tiene particula que lo determine, mas conoçeſe por el lugar donde ſe colloca, el qual deue ſer antes del verbo. vg. Dios crio el cielo, la tierra y todas las coſas; *tiēn chù ſēng tiēn tí vuán vuě*; el *tiēn chù* es el nominatiuo, el *ſēng* es el verbo, y lo reſtante es el accuſatiuo, y aſsi nunca el nominativo ſe pone despues del verbo que rige.

2. El genitivo ſe haze con la particula *tiĕ* poſpueſta vg.

22. *vg*, beneficio de Dios, *tiēn chù tiĕ gēn*. Señor de lo criado, *çhào vuĕ tiĕ chù*. Algunas vezes no usan de la particula *tiĕ*, *vg*. señor de casa, *kiā chù*; mandarin, de soldados, *pīng kuōn*; echa se de ver que es genitivo, porq̃ se pone antes del nombre que lo rige, de suerte que se hazen los genitivos a la contra de como nosotros los hazemos, y assi viene à dezir de casa señor, de soldados mandarin; y en este modo de hazer los genitivos se deve poner todo cuidado, porque hara otro sentido mui distincto. *vg*. *chù kiā*, quiere dezir, governar la casa, *kuōn pīng*, mandarin soldado, Haze se tambien genitivo con la particula *chī*, en lugar del *tiĕ*, mas es para la escritura, y para hablar con elegançia; *vg*. hijo de Dios, *tiēn chù chī çhù*; en esta regla de anteponer el genitivo solo hallo una exçepçiō, y es en la palabra mal de viento, que no se dize, *fūng pīng*, si no *pīng fūng*, en otras enfermedades se pospone.

3, Quando en el genitivo se pone y expresa el verbo substantivo sum, es, fui, forçosamte. à de posponer la particula *tiĕ*, al nombre que haze, ò dize la posession; *vg*. este vestido es mio, *ché ў fŏ xí gò tiĕ*. Esta plata es de juan, *ché iñ çhù xí johan tiĕ*. y es tan necesaria esta particula en semejantes oraçiones, que si no se pone, quiere deçir. este vestido soi yo, juan es esta plata: *ché ў fŏ xí gò*. *ché iñ çhù xí johan*. En algunos genitivos quales son los que denotan la materia de que es echa alguna cosa, no ei necesidad de poner el *tiĕ*, si no solo de anteponer la materia ex qua al termino, *vg*. moneda de cobre, *tūng çhiĕn* clavo de plata, *iñ tīng*; y si se puñesse el *tiĕ*. y dixera, *tūng tiĕ çhiĕn*; *iñ tiĕ tīng*, lo entenderian, mas es tosco modo de hablar, de suerte que el genuino modo de romançear estos genitivos es deçir, de cobre mone moneda, de plata clavo, y si se pone al reues, no tiene significaçion alguna. Quando se hazen estos genitivos con el verbo sum, es, fui, forçoiam.te se ha de poner la particula tiē à lo ultimo, pospuesta immediatam.te à la materia ex qua; vg. esta moneda es de cobre ché iě kó chiêñ xí tuûng tiē; esta mesa es de madera, ché iě chaûng chǒ çhiñ xí mǒ tiē; si no se pone la particula tiē, haze distincto sentido. Lo mismo se requiere quando preguntando de que materia es alguna cosa; que se deue responder, que significa materia es, y el tiē pospuesto pongase ò no. el verbo sum, es, fui; vg. de madera, mǒ tiē; de oro, kiñ tiē: estas son reglas ciertas, 33

4. Los genitivos que son como contineus, y contentum, y agregado de cosas se hazen posponiendo el genitivo; vg. una ganta de arroz, iě tèu mi, esto es el arroz de una ganta un monton de piedras, iě tūi xě têñ, esto es las piedras de un monton, en estos no se usa de la particula tiē; mas si se pone como dezir, iě tèu tiē mi, lo entenderan, pero es tosco modo de hablar, Quando se habla de las vasijas, ò cosas que contienen en si alguna otra, se ha de anteponer el genitivo; vg. la ganta del arroz, mi tèu; el çesto de la sal. iêñ pāo; si se pone el tiē, como iêñ tiē pāo, no lo entenderan: esta regla es tambien mui cierta Adviertasse. que quando en la oracion ai muchos genitivos unos immediatos à otros, la particula tiē se à de anteponer à el ultimo termino que rige los genitivos: vg. en esta oracion, este hombre es hijo del governador de la ciudad de Fǒ chéu, se dice, ché kó jiñ xí Fǒ cheū fù chī fù tiē ùl çhù; esto es hablando cõ gente ordinaria, que viene à ser en el 3.º que explicamos cap. 1.º, advert. 2.ª, mas hablando con gente politica, y entendida, se dira en 1.º modo que alli mismo se ex

24 ſe explico, y dira; ché iĕ gŏéi xi fŏ cheū fù tái iĕ tiĕ kūng chù; el romançe de eſtas oraçiones es: eſte hombre, o perſonaje es del mandarin de la ciudad de fŏ cheū hijo. Lo miſmo ſe deve obſervar en ſemejantes oraçiones, y advertir en todas eſtas reglas y modos de hazer los genitivos, por ſer çiertas, y neceſſarias.

5. El dativo, en las oraçiones que el verbo tiene ſignificaçion de dar, ſe forma con la particula iù, la qual tiene de ſuio eſſa ſignificaçion; *vg.* dame alguna coſa, *nì iù gò xiĕ mò vuĕ kién*; ſi el que da es ſuperior, ſe añade ỳ antepone à el iù la particula çù, *vg.* el eterno Padre nos dio à ſu unigenito hijo, *Patelĕ* çù iù *gò mên kỳ iĕ gŏéi Filio*; mas en los verbos que no ſignifican dar, donde el dativo tiene fuerza de para, no ſe uſa del iù, ſi nô dela particula ỳ, y eſta particula no ſe uſa con nombres ſolos, ſi no ai verbo que rija. *vg.* eſte arroz es para el ſuſtento de los pobres, ché mì *xi ỳ iang kiûng* tiĕ, mas hablando ellos uſan mui poco de dicha particula, y ſolo ponen el termino ſimple, echa ſe de ver que es dativo, por la ſignificaçion del verbo, que lo rije *vg.* el premiar la virtud, y caſtigar el viçio pertenece à ſolo Dios, *xang xén fă ŏ tŏ xŏ tiēn chù*. mihi vindictam, cheū *paó xŏ gò*; con lo qual ſe ve que no ai regla çierta y determinada para hazer los dativos el uſo lo ira enſeñando. Tambien la particula iù tiene romançe de con, y à; *vg.* eſte negoçio no tiene que ver con migo, *ché iĕ kién çù iù gò vù kān*. dizeſelo à el, *iù tā* xuĕ.

6. El Accuſativo como ſe vido en las declinaçiões no tiene particula que lo determine, echa ſe de ver ſer accuſativo, por ſer la perſona que padeçe, ò por la determinaçion que le da el verbo que lo rije; y aunqᵉ lo ordinario es ponerlo deſpues del verbo: *vg.* tu conviene qᵉ ames à Dios, nì *kāi gái tiēn chù*, algunas vezes lo ſuelen poner antes, *vg.* yo puedo caminar diez leguas en

un

nu dia, se tiēn sĕ pĕ lŷ lú gò hoêi ç̄heu; mas no es tan 25.
buen modo, como pospuesto. En los verbos de llebar y traer el accusativo se antepone à el verbo, *vg.* trae agua, *xùi nà lâi*; lleba vino, *ç̄hièu nà kiŭ*; llebalo, *nà kiŭ*; traerlo *nà lây*; si se quiere hablar aun mexor, y mas elegante, se comiença la oracion por el *nà*, luego poner el significado de la cosa que lleba, ò trae, y à lo ultimo el verbo, *vg. nà xùi lâŷ, nà hò lây*; si en estos modos de hablar se pospone el accusativo, lo entenderan, como *nà lây hò*; mas es baxo modo de hablar. En los verbos de ir, ò venir se puede anteponer, y posponer, *vg.* fue ala civdad, *táo fù lŷ kiŭ*, *l. táo kiŭ fù lŷ*; vino ala villa, *táo hién lŷ lay*, *vel lây hién lŷ*; el antepuesto empero es mas suave modo de hablar, y haze mejor cadençia.

7. El Vocativo tiene como se vido la particula *iā* mas esto solo es en las exclamaçiones, es poco usada en hablar, en la escritura lo es mas; *vg.* a Señor perdonad mis pecados. *iā gù chù xé gò çúi*; en los demas vocativos es usar solo el termino antepuesto al verbo, conoçese ser vocativo por el modillo con qᵉ se dize, *vg.* Pedro uen aca, *petelo chè lŷ lây*. La exclamaçion de o se haze con el *ç̄hāi* pospuesta al nombre, pero es mas para letra que para hablar, *vg.* o admirable beneficio de la redempçion del mundo, *miáo ç̄āi kién xí hiûng gēn*; o que lastima, *gāi ç̄hāi*. ò clemens, ò pia. ò dulcis virgo Maria. *kuōn ç̄hāi, jîu ç̄hāi, kan ç̄hāi çhŏ xí tūng chīng Maliia.*

8. El Ablativo a mas de la particula *tûng*. se haze tambien con las particulas *hŏ, kúng, iù*, que significan con, y tambien con las *túi, y iŭ*; todas las quales se anteponen, *vg.* ve con el, *iù tûng tā kiŭ*, ia se lo dixe, *gò hŏ tā kiàng leào, vel túi tā xuĕ leào*; el *túi* solo se usa en los verbos de deçir, o hablar, por

que

26. q.e su propia significacion es coram; ve con el, *kúng-kiū*, id est id juntos; come con el, *iū tā' chĕ*. La particula *iū* significa ex, vel de, quando se usa de ella, el ablativo se pospone à el verbo. vg. libra nos de nros enemigos, *kién gò iū gò chêu*: los de mas ablativos se anteponen al verbo. como se ve por los exemplos referidos.

§.º 3.º

Del numero plural.

1. Los nombres substantivos no tienen particula para plural, solo la tienen los pronombres, ego, tu, ille, segun y como se vido en las declinaciones; ai mucha differencia entre las particulas *mên*, y *tēng*, porque el *mên* se usa en los pronombres ego, tu, ille; y à mas en algunos apellativos, vg. los mandarines, *laò iê mên* &c. el *tēng* solo se usa en los pronombres, ego, y tu, no en el ille; à mas q.e el *mên* es ordinario, e indiferente, el *tēng* no que se usa solo para nombrarse delante del superior el inferior, como nos delante de Dios, *gò tēng* nosotros. ora pro nobis, *goéi gò tēng kў*. Esta particula *tēng* pospuesta significa lo de mas. ò los de mas, vel este [illegible] vg. Pedro, Pablo, y los de m[illegible]dixeron; *petolo, paulo tēng xūe*; oy no es dia de ayuno, y assi carne, pescado, y todas las de mas cosas se puedē comer, *kīn jĕ mò iên chāi, jŏ, iū, tēng vūe tū chĕ' tĕ*. en esta significacion es muy usada la particula *tēng*.

2. La particula *gû* haze plural; es usada solo en la escritura. mas ya es ordinaria entre los Xpianos, quando nombramos à nro Señor, vg. nro S.r Jesu Xpo *gû chù Jesu kilisuto*. Dios S.r nro, *gû chù*, *gû tiēn chù*: La particula *chè* es indiferente para plural, y singular; vg. el que ama, vel los amantes, *gái chè*. no ai regla de quando esta determinada, de lo antecedente y subsequente se podra colegir. Con la particula *kў iŭ* se haze tambien plural; su propia significacion viene

viene à ser los demas; vg. solo los q.e siguen la ley del Señor podran subir à el cielo. los demas no lo conseguiran, *chí fung tiēn chù kiáo chè, kò ỳ xing tiēn ký-iñ pǒ néng xing tiēn*. en este modo son muii usadas estas particulas, y es retorico, y buen modo de hablar. Debese advertir; que aunq.e en una oracion se usa de una particula y viene bien, no obstante puedese usar de otra, y quedar tambien dicho, como en el exemplo antecedente, que en lugar del *ký iñ*, se puede usar del *piě tiě*. 17.

S. Ai otro modo de hazer plural que es con algun nombre q.e significa pluralidad antepuesto, ò pospuesto. Las particulas *póci* y *chī*, que significan los de un genero hazen plural, la primera para la narracion, la 2.a para la escritura. *vg.* los viejos de edad *fien póci*. Los terminos que significan mucho antepuestos hazen plural; como son: *sū*, algunos. *to*, muchos. *chúng*, l *chū*, todos. *iě hii*, los de una especie. *iě tèng*, los de un grado. *kỳ*, algunos, Es poco usado este, *vg.* Algunos hombres murieron, *sūjiñ cù leào*, Todos los hombres se baptizaron, *chúng*, *vel chū jiñ ling leào xing xùi*. Los paxaros de una especie todos tienen un mismo canto, *iě hii tiě kiñ niao*, *tū ièn iě iáng tiě xing*. Los mandarines de un grado, tienen un mismo salario, *iě pin kuōn fù tū ièn iě iang fúng lŏ*, Los licenciados de un grado, *iě tèng tiě ſiēn chai*.

CAPITVLO I

De los nombres Substantivos, Adjetivos, Comparativos, y Superlativos.

El nombre es el que tiene casos, y no significa tiempo, uno es substantivo, y otro es adjetivo; Substantivo es, el que puede estar de por si solo en la oracion; el adjetivo es el q.e no puede estar sin el substantivo,

18. vo. Ai tambien nombre comparativo, y superlativo; el comparativo levanta, ò baxa la cosa haziendo siempre comparaçion; el superlativo la pone en grado, y estima, ò mui alta, ò mui baxa; otros ai mas, en este capº. solo trataremos de estos quatro.

§.º 1º

De los Substantivos.

1. Los nombres substantivos se forman ordinariamte. en esta lengua, solo con el termino simple, *vg.* aire, *fūng*; agua, *xui*; hombre, *jîn*. Algunas vezes suelen añadir al termino una de tres particulas que son *çhù, teû, ûl.* *vg.* mesa, *chō çhù*; pan, *mién teû*; niña, *niù ûl*. Este *ûl* lo usan mucho en las provinçias de norte, y lo usan por estrivillo en el fin de los periodos, ò razones, *vg.* no ay, *mò ûl*; diferençianse poco, *chā pò tō ûl*; en qs. terminos, y quando se an de usar cada una de las particulas, no ay regla general, el uso lo enseñara. Debese advertir qe. quando se ponen dos terminos complexos, ò Sinonimos, qe. significan una mesma cosa, y se ponen juntos, no se pone entonçes ninguna de las dichas particulas. *vg.* silla, *ỳ çhù*; mas si pone la voz *kiáo*, que tambien significa silla juntamte. con el *ỳ*, no se à de poner el *çhù*, sino solo los dos terminos, y deçir *kiáo ỳ*. Tampoco se usa de las particulas, quando à el substantivo le anteçede un adjetivo. *vg.* silla cubierta, *mûon kiáo*; vi-rete de verano, *leâng uáo*; y si no precediese el adjetivo, se diria *uáo çhù*; no obstante si à los qe. preçede el adjetivo, se añade la particula como deçir *leâng uáo çhù*, lo entenderan mas es tosco modo de hablar.

§.º 2º

De los adjetivos.

1. Los Adjetivos se hazen ordinariamte. con la particula *tiĕ* pospuesta, *vg.* *châng tiĕ*, largo. *tuòn tiĕ* corto,

corto, *pě tiě*, blanco; *hě tiě* negro; y como el adjeti-
vo es el que no puede estar por si solo, la particula *tiě* le haze q.e lo este; y assi quando el adjetivo se antepone à el substantivo, no ai neçesidad de poner el *tiě*, porq.e ya tiene el substantivo, con el qual esta en la oraçion, vg. hombre virtuoso, *xén jîn*, hombre negro, *hě jîn*; alma racional, *lîng hoên*, &c. Algunas vezes se pospone el adjetivo al substantivo, y entonçes se ha de poner en medio delos dos el *xí*, es, *fui*, y la particula tie inmediatamente al adjetivo; vg. aquel es pessimo, *tā xí ŏ tiě*; otras puede ir el adjetivo con el *tiě*, ò sin el, vg. este arroz es bueno, *ché mì hào*, l. *ché mì xí hào tiě*; Quando el adjetivo son dos sinonomos, y se anteponen al substantivo, es mas elegante no usar del *tiě*, vg. hombre rico, *fú kuéi jîn*. No ai mas regla en esto.

§.º 3.º

De los Comparativos.

1. Para formar los comparativos ai diversas particulas, y se forman de diversos modos, no es posible el dar reglas determinadas, mas los exemplos mostraran el uso, y el como se forman, las particulas son las siguientes. *kéng*: *kúo iū*. *pŏ jū*. *iū*. *iūe*. *nîng*. *hoán*. *hò hoáng*.

La primera que es *kéng*, es la mas usada, y que propiam.te significa la comparaçion y se antepone à el termino que compara de suerte que primero se pone el comparado, luego el *kéng*, despues el termino q.e significa la cosa en q.e se compara; y a lo ultimo à quien se haze la comparaçion. vg. tu eres mejor q.e yo, *nì* (ecce el comparado) *kéng* (ecce la particula q.e significa mejor ò mas) *hào* (ecce el termino a quien se haze la comparaçion que soi yo) por à qui se sacaran los de mas. El *kúo iū*, cuia propia significaçion es superar en algo, se

o. ſe poſpone a la coſa en qe ſe haze la comparaçion, y aſſi primero ſe pone el comparado, luego la coſa en qe ſe haze la comparaçion, deſpues la particula de comparativo, que es el *kúo iũ*, y à lo ultimo à quien ſe haze la comparaçion. *vg. yo ſoi mas avil que tu; gò çhũng mîng kúo iũ nì*. El *pŏ jû* ſi tiene la ſignificaçion de melius, pues ſi uſo es, mejor fuera averlo echo: mejor fuera no tenerlo &c. Pongo exemplo. tiene uno un celmin de arroz el qual eſta bueno, teme empero ſe le pierda, y dize; eſte arroz ſe puede dañar, y aſſi mejor es antes dario de limosna à los pobres; *ché iĕ teù mì hoéi hoái, pŏ jû ſiēn ſiúng kiũng jîn*; melius eſſet ſi natus non fuiſſet homo iſte; *çhù jin pŏ jû vû ſeng*. Viaſe tambien de eſta particula haziendo comparaçion de mejor à mas bueno, de alto à mas alto, de largo à mas largo con romançe de negaçion: *vg*. Pedro no es tan bueno como Juan; *petolo pŏ jû johan hào*; eſte no es tan alto como el otro, *ché kó pŏ jû ná kó kaō*: de ſuerte que en eſte modo, primero ſe pone el comparado, luego la particula, deſpues à quien ſe haze la comparaçion, y a lo ultimo la coſa en que ſe haze.

2. Las particulas iŭ, y iue ſignifican mejor, y aſſi ſirven para comparativos, mas comunmte hablando no las uſan. Aquel es mejor, *tā iŭ hào*, l. *iue hào*. Eſtas dos particulas tienen particular y mui ordinario modo de uſarſe, que es para todo lo que dezimos, mientras mas eſto, mas aquello, *vg*. mientras mas como, mas hambre tengo *gò iŭ ché iŭ gó*; mientras mas me raſco, mas me come, *iue pâ iue iàng*. Para eſte modo de hablar ai otra particula qe es *iĕ fă*. *vg*. mientras mas le impido mas viene, *gò çhù tā iĕ fă lâi*: todos eſtos ſon mui uſados modos de hablar; mas ſe aduierta, que los dos primeros ſe repiten en las dos oraciones; y el otro ſolo ſe pone en la 2.ª oracion, como ſe ue por los exemplos dichos.

3. La

3. La particula nîng, *vel* nîng kŏ. ſe uſa ſolo en los verbos, quando deçimos; mas vale. o primero hazer eſto o aquello, y aſsi es mas riguroſe *adverbio melius*, que no comparativo. *vg. primero morir que adorar los idolos.* nîng çŭ pŏ kŏ pái pû́ să; *primero morir que pecar*, nîng kŏ çŭ pŏ kàn fán chúi; ſon mui uſados modos de hablar, mas ſe advierta, que ſi ſe pone el nîng ſolo en la ſegunda oracion, correſponde el pŏ kŏ: mas ſi ſe pone a el principio el nîng kŏ, en la 2ª oracion ſe ha de poner el pŏ kàn, que ſignifica no *atreverse*, y aſsi ſolo ſo pondra en las oraçiones que ſe dize, *no hazer cosa mala. o prohibida.* Vſaſo tambien de eſtas particulas. en todo lo que dezimos, *mejor es que no lo hagas, mejor es dezirſelo*, *nîng kŏ pŏ iáo chó*, nîng kŏ tŭi tà xŭe; ſiempre ſe anteponen, y nunca ſe poſponen; para la paradoxa, es uſado el nîng kŏ; para la eſcritura, el nîng ſolo.

4. El *hoân* cuia ſignificacion propia es aun mas, ſirve tambien para *comparativos: vg eſte es mejor*, ché kò *hoân hào*: *aun ai mas*, *hoân ièu*.

5. Lo que noſotros deçimos *dos reales mas. dos hombres mas*, &c. ſe haze con la particula tŏ, que ſignifica mucho, o muchos antepueſta a el numero. *vg. dos reales mas*, *tŏ leàng chiên*, *anda mas quotro paſos*. *chăi hîng tŏ cû pú*; pero ſi ſe dize dos *hombres menos*, ſe haze con la particula xào, que ſignifica menos, o *poco*. antepueſto al numero; *vg. dos taes menos*, *xào úl leàng*; et ſic de ſingulis. Tambien ſe haze eſte modo de hablar con los terminos que ſignifican mucho, *grande. alto, corto. largo.* &c, poſponiendo a cada uno en lo que excede, ò paſa; *maior una terçia*. *tá iĕ chĭé*; *mas alto un eſtado*, *kāo iĕ chàng*; *mas corto tres pulgadas*. *tuon sān chŭn*. & ſic de aliis.

§. 4 de los *ſuperlativos*.

1. Los ſuperlativos ſe hazen con diverſas particulas, de las quales ai unas que ſe anteponen, otras que

se poſponen, y otras que ſe antoponen. y poſponen; tiene cadauna deellas ſu diverſo ſentido, procurare quanto pudieſe darle a cadauna la ſiguiſicacion que correſponde a nueſtro romançe caſtellano, y traer diverſos exemplos, para que viendo la ſiguiſicacion, y uſo. ſea mas ſacil a los principiantes el aprenderlos, e imitarlos. Las particulas ſon las ſiguientes.

Chí ; *çhúi*; *taí* ; *xáng*; *xĕ fuén* ; *hao*.. *tý iĕ*; *çiuĕ*. Eſtas ſe anteponen al nombre ſuperlativo, y nunca ſe poſponen.

Tĕ kin. *tĕ kiĕ*. *taó kiĕ*. *pŏ kuo* . *tĕ hèn* . eſtas ſe poſponen al nombre, y nunca ſe anteponen.

kiĕ: *çhín*; *iĕ teng*. eſtas unas vezes ſe anteponen. y otras ſe poſponen al nombre.

2. Exemplo delos primeros. *ſanctiſsimo*, *chí xíng* *Altiſsimo*, *çhúi káo*; eſte es mui uſado en la eſcritura y poco en el hablar. *muchiſsimo*, *taí tō*; eſte *taí* ſe uſa en todo lo que deçimos demaſiado.. *vg*. *demaſiado do alto*. *taí kāo*. *demasiado de pequeno*, *taí siào*, *de grande*, *taí tá*. *demasiado de baſto*, *taí çhū*. *de fino*, *taí si*. eſta, o es *demaſiado de bueno*, *taí haò*. *aporreaſtele demaſiado*, *tà tā taí kuó*; &c ſic de cæteris, es mui uſado. *Boniſsimo*, *xáng haó*, eſta particula entra en todo lo que deçimos ſuperior in bonis, de ſuperior herarquia, grado, y dignidad. *ſuperior vino*, *xáng haò tiĕ çhiēn*. *de ſuperior grado*, *xang teng tiĕ*. *hombre de ſuperior hevarquia*, *xáng hao. tiĕ jîn*, *vel*, *xáng teng tiĕ jîn*. &c. *mui ignorante*. *xĕ fuén chi*; correſponde a lo que deçimos de todo punto; el *xĕ* ſignifica dies. el *fuén* parte, que ſon diez partes; que lo toman por todo punto, aſsi como noſotros los ocho grados en las qualidades; que ſi deçimos tiene los ocho grados de frialdad, o calor, es deçir, que ya no puede paſar a mas, que lo tiene todo. *vg*. *calientiſsimo*, *xĕ fuén jĕ*, *frigidiſsimo*, *xĕ fuén leng* : *tiene de diez partes las ſiete*, *o ocho*, *xĕ fuén tçi çhiĕ pă fuén*. *mui abil*. *tý iĕ çhūng mîng*. eſte *tý iĕ*, correſponde a lo que deçimos el

Digitized by Google

primero. *el primer hombre munde del mundo, tý iĕ tá jĩn. el mejor de todos, tý iĕ hào. El primer hombre del mundo en sabiduria fue el Rei Salomon. Xí kiái tý iĕ pŏ hiŏ tiĕ jĩn nài xí Salomon kuĕ vâng. mucho tiempo. hào kieù. muchissimas vezes, hào kí chāo.* Vsase de este hào en estos modos de hablar: *mui blanco, çiuĕ pĕ, id est valde album.* | 33.

3. Exemplos de los segundos. Mui *verdadero, chīn tĕ kin, vel tĕ kiĕ. La ley de Dios es verdaderissima, tiēn chù kiáo xí tĕ kìn. Pessimo, ŏ tá, ŏ kiĕ, id est, maldad que llega a lo summo. Excelentissimo, miáo pŏ kúo, vel miáo tĕ hèn. el pŏ kúo es no pasar:* con que se explica que llega a un grado de bondad &c. que no ai ya a que pasar.

Exemplo de los terzeros. *mui largo, kiĕ chấng. vel chấng kiĕ.* el kiĕ significa lo summo, *lo mas, lo maior. summè bueno, kiĕ hào. sumamᵗᵉ admirable, kiĕ miáo. summè alto, kiĕ kāo.* Finalmᵗᵉ se usa de esta particula kiĕ, para todo lo que dezimos alo menos, y a lo mas, *vg. Cada año a lo menos una vez has reçebido la comunion? nì moèi niên kiĕ xào lìng xíng tý iĕ chiú mò? Vna pieza de manta a lo mas vale quatro reales. iĕ piĕ mién pú kiĕ tō chí tĕ çú chiên iû chìi,* es mui ordinario y comun.

Del chiń se usa como por todo, hasta la fin. *vg. Dixolo todo, kiàng te chín. Las excelençias de N. P. S. Franᶜᵒ en una ora no se pueden dezir. xíng fú Francisco miáo çú chińg iĕ xŷ kiēn xuĕ pŏ tĕ chín. Excelente de bueno, iĕ tèng hào, vel hào iĕ tèng. esto es bueno en primer grado.*

Estas son las particulas, y modos de formar los superlativos; en algunas admitte diversas particulas; *vg. bonissimo, hào pŏ kúo, vel xáng hào, vel hào te kin, vel hào te hèn, vel kiĕ hào.*

4.

4. Otro modo ai de formar los superlativos, que es reduplicando el adjetivo, y poniendo a lo ultimo la particula *tiĕ*. *vg. altissimo, kāo kāo tiĕ. blanquissimo, pĕ pĕ tiĕ. profundissimo, xīn xīn tiĕ*. En algunas partes son unos mas usados que en otras, de lo qual no se puede dar regla fixa, la experiençia lo enseñarà.

Los anomalos se reduçen a qui, y se forman con los terminos simples, y las dos particulas *kéng* y *kiĕ* que son de comparativo y superlativo, las quales se anteponen. *Bonus, haò. melior, kéng haò; optimus, kiĕ haò. Malus, ŏ. peior, kéng ŏ; pessimus, kiĕ ŏ. Multum, tō; plus, kéng tō; plurimum, kiĕ tō. &c.*

CAPIT.° V.

De los nombres Verbales abstractos, diminutivos, frequentativos, de officios, y de los generos.

El nombre no solo tiene la diferençia y division, que queda dicha en el capit. anteçedente; mas tambien se divide en los del titulo de este. y aunque algunos paraphos se podian omittir incluiendolos en otros; mas para maior claridad me pareçio poner cada cosa de por si.

§. I.°

De los Verbales, y abstractos.

I. Los verbales se hazen y forman con la particula *kŏ*, cuia propia significaçion es, *digno de alguna cosa*; la qual particula se antepone al nombre, que haze verbal. *vg. amable, kŏ gái; aborreçible, kŏ ú*: con que el propio sentido es, *digno de amor. digno de odio*. El nombre verbal unas veçes se antepone al substantivo, otras se pospone; *vg. Mater amabilis, kŏ gái chī mu*; mas el *kŏ* nunca se pospone al nombre que haze verbal

y esta

y esta es regla sin excepçion; algunas vezes posponen al verbo la particula tiĕ. vg. aborreçible, kŏ hén tiĕ. Tambien suelen añadir el jîn, que significa hombre, alo ultimo, vg. kŏ hén tiĕ jîn.

2. Los abstractos se hazen con los terminos solos, como los substantivos. vg. blancura. pĕ. negregez, hĕ. virtud, xén; viçio. ŏ; solo que en ellos no se usa nunca de las particulas de los substantivos, que quedan dichas cap.º 4.º §. 1. num. 1. Suelen empero para maior claridad añadir otro termino del mismo significado; vg bondad, xén hào; maldad, ŏ tĕ. y assi de otros.

§. 12.º

De los Diminutivos.

1. Estos se forman con las particulas siguientes. *Siē. Xaò. Siào. vûi. liŏ.* Cadauno se vera por el uso la significaçion que tiene. *el enfermo dormio oi un poco, pińg jîn kiǹ jĕ xúi tĕ siē siē; poquito, xaò xaò. hombreçillo, siao siào jîn. vel siào kŏ tiĕ jîn. delgado, subtil, vûi vûi tiĕ. sabe alguna cosa, liŏ liŏ hiào tĕ*: Este se pone solo con verbos: algunas vezes suelen juntar los dos terminos, vg. *un poco, siē xaò.* Debe se advertir, que el siē, xaò, y liŏ, nunca admiten despues de si la particula tiĕ, que haze adjetivos, pero los otros si; el xaò se pone a todos los verbos, que pueden tener, o tienen significaçion de poco, y el siē tambien; vg. *dame un poco de arroz, iù. gò iĕ siē mì, vel xaò mì.* el siào, y vûi se ponen a todo lo que se puede aplicar, o se aplica significaçion de pequeño: vg. *camino pequeño no es bueno para cabalgar, siào lú pŏ hào kŷ mà.* Suelen añadir a el siē la particula ûl, la quale no significa alli nada, solo es estrivillo, y haze buena cadençia. ***un poco. iĕ siē ûl.***

2. Hazense tambien diminutivos con los terminos

36 nos. que significan diminuçion reduplicados, y puesto a lo ultimo la particula *tiě*, *vg. cortito, tuòn tuòn tiě*. *pequeñito, siào siào tiě*. Tambien se hazen con las particulas de superlativos antepuestas, o pospuestas, (segun conviene) a los terminos que significan diminuçion, *vg. baxissimo, tý tě kìn, pequeñissimo, kiě siào*. y assi de los demas.

§.° 3.°

De los Frequentativos.

1. Los frequentativos se hazen con la particula *châng* reduplicada, y con el *hêng*; *vg. los Christianos deven cuidar siempre sus almas, fuńg kiáo jìn châng châng kāi cháo kiú kŷ lîng hoên. siempre viene, châng châng lây. largo, o mucho tiempo, châng kièn*; en este no se reduplica. El *hêng* que significa perseverançia, es mas para letra: *perseverançia en la virtud, hêng tě*. Tambien se hazen estos con la negativa, que es no descontinuar, *pǒ tuón. vg. siempre viene a oir la doctrina Christiana. pǒ tuón lây tīng xíng kiáo chī lỳ*.

2. La costumbre, o habituaçion en alguna cosa, ò bien sea mala, se haze con el *kuón siě*, *vg. tiene costumbre jurar, kuón siě fǎ xí, vel kuón kèn &c. Si el Christiano se acostumbra a amar no siente pena en ello, kiáo chūng jìn jǒ kuón tá chāi, vû kŭ*. La continuaçion de tiempo se haze reduplicando el termino del tiempo que dize; *vg. en todo tiempo es bueno rezar, xî xî hào nién kīng. todos los años conviene confesar y comulgar, niên niên kāi kiài çhúi, ûl lìng xíng tý. todos los meses ai persona que vaya a la corte, iuě iuě ieù jìn xáng kīng*. Si se dize todo, y no todos, como *todo el dia, todo el año*, se haze con las particulas *chūng, pîng, iě. vg. todo el año, chūng niên. todo el dia, chūng jě. toda la vida, pîng sēng, vel iě sēng*. Son todos estos modos muy usados.

3. Los contrarios de los frequentativos, que son

raras

raras vezes, *pocas vezes &c.* ſe hazen con los terminos ſiguientes antepueſtos; *fȳ chăng; hàn tĕ. xaò tĕ. vg. coſa rara, fȳ chăng tiĕ çū. raras vezes viene, hàn tĕ lây. pocas vezes ai, xaò tĕ ièn.* Tambien uſan del *hàn* ſolo y todos ſon ordinarios.

§º 4º.

De los nombres de officio.

I. Eſtos ſe hazen de diverſos modos; el uno es poſponiendo al termino ò terminos que ſignifican el officio, la particula *tiĕ. vg. tendero, kāi pū tiĕ. mercader, çhò māi mài tiĕ. barbero. tȳ teū tiĕ.* Algunas vezes ſuelen añadir el *jîn*, poſpueſto a la particula *tiĕ: vg. tī teū tiĕ jîn. çhó mài mái tiĕ jîn.* En los officios mecanicos uſan de la particula *çhiáng* poſpueſta a la materia en que trata. *vg. herrero, tiĕ çhiáng. Carpintero, mō çhiáng. pintor, hoá çhiáng.* Para deçir qualquier officiàl uſan de las particulas; *çhiáng jîn.* Para los officios viles y baxos uſan del termino *fū. vg: moço de mulas, mà fū. Cargador de ſellas, o ſilletero, kiáo fū.* Ai unos terminos comunes para officios, y ocupaçiones, que ſon quatro. el primero para mergaderes, y es *xāng jîn.* el 2do labradores, y es *nûng fū.* el tercero p.ª officiales, y es *çhó kūng jîn.* el 4.to para letrados, y es *jû jîn.* De aqui es que tienen quatro terminos, con que explican quatro generos de ocupaciones principales que uſan los hombres, que ſon *çū, nûng, kūng, xāng.* eſto es, *letrados, labradores, officiales, y mercaderes:* que es dezir todo genero de perſonas. De todos los hombres no ai uno que no eſte obligado a ſeguir la ley de Dios. *çū. nûng, kūng. xāng vû iĕ jîn pŏ kāi fúng tiēn chù xîng kiáo.*

§. 5.to

De los generos.

I. En eſta lengua no ſolo ſon indeclinables los nombres, ſi que ni tienen generos. con que viene hazer

que

38. que todos los terminos son comunes de tres, no obstante tienen algunas particulas con que distinguē los masculinos de los femininos, y los machos de las hembras; en los hombres, y animales son las siguiētes.

2. *Hombre, nân çhù, vel nân jîn. Muger, niù çhù, vel niù jîn, vel fu jîn. Marido. cháng fū: uxor: çhī çhù, vel fū çhī. marido y muger, fū fú, vel fū çhī.* Para los animales no se usan del *kūng* para el macho y del mù para la hembra, y no obstante ai otros terminos particulares para algunos animales, con los quales se distingue el macho de la hembra; para las aves volatiles sirve el hiūng: para el macho; y el çhū, *vel çhī* para la hembra. *Gallo, kī kūng, vel kī kiò. gallina, kȳ mù. Perro, kiuèn kūng; perra, kiuèn mù. barraco chū kù; puerca, chū mù. &c.*

3. Usan tambien del *mù, kūng* para la muesca en que encaxa algo: la *muesca es mù*, y lo que encaxa es *kūng*. Otros terminos ai al mismo intento que se hallaran en el vocabulario quando los quisieren aprender. El *genero se llama tūng kung. vel tūng sing. la differençia, ý. vel ý piē, convienen y diferençia, ièu tūng, ièu ý; la especie se llama lùi. de una especie, iē lùi, vel tūng lùi. el individuo* se llama *tō chè*: Esto es en suma todo lo que se ha ofrecido de los nombres, y generos: si otros hallaren nuevas cosas las pueden ir apuntando.

CAP. VI.

Del Pronombre.

El Pronombre es el que se pone en lugar del nombre en la oraçion; y significa cierta, y determinada persona: unos son primitivos, y otros derivativos. los primitivos son los que no tienen origen de otros, los deri-

derivativos nacen de los primitivos: deestos unos son demonstrativos, porque muestran, y señalan la cosa; y son, *Ego, tu, hic, iste, ille.* &c. De estos unos son relativos, quando refieren a cosa pasada: Otros posesivos, que denotan la posesion; y otros reciprocos. De todos trataremos en este capitulo.

§. 1.

De los Primitivos, y Derivativos.

1. Los primitivos se hazen con el termino simple q.^e significa el pronombre; v.g. yo, gò. tu, nì. aquel, tā. *Estos son para hablar: que para escritura ai otros que no se ponen aqui: el modo de declinar estos, esta dicho y explicado capit.° 3.° §. 1.* Los derivativos posesivos se forman con las mesmas vozes que los primitivos, posponiendoles la particula *tiě.* *vg: meus, gò tiě. tuus, nì tiě. suus, tā tiě. Este libro es mio, chè iē puèn xū xí gò tiě; aquel vestido es tuio, ná iē ling, ȳ fŭ xí nì tiě.* &c.

2. El *ipse, ipsa, ipsum,* se haze con los terminos *kỳ. çhú kỳ. çhú kiā:* las quales particulas se posponen a los primitivos: *vg:* el *mesmo vino, tā çhú kỳ lây. yo mismo lo dixe, gò çhú kiā xuě leào. el kỳ es para letra.* Ipsemet se haze con la particula *çhīn* antepuesta; *el mismo en persona; çhīn xīn. propia mano, çhīn xeù. salir el propio rey en persona ala guerra, çhīn chīng.* Tambien para propia persona usan dela particula *kūng; es solo p.^a letra.*

3. Aqui reduçire el *quis, l qui, quæ, quod; y quisq; quæq; quodq; vel quidq;* por no ser mas dilaeado. El *quis,* se haze con las particulas *xûi, vel xí xûi, vel xí nà, vel xín mò: quien viene? xûi lây? quien es, xí xûi? que cosa? xí nà tiě kien? que negocio? xiú mò çú?* *Quilibet* se haze con las particulas *fān, y tán fān. qualquiera que quiere subir ael cielo, debe creer y obrar: fān, vel tán fān iáo xīng tiēn kái sín çhūn xeù kiáo kiái.* Cada año, cada mes, se haze con la particula

40 cula *moèi* antepueſta al termino, que ſignifica el tiempo, que quiere dezir: *vg. cada año, moèi niên: cada dia ai fieſta de ſanto, moèi jĕ ieù xing jîn tiĕ chāi lỳ.* Quisq; , quaeq; , quodq; ſe haze con las particulas, *pŏ lúu, vel pŏ kiū: vg. qualquier Chriſtiano, pŏ lún xín mò kiáo chūng. ſea gentil, o Xpiano, pŏ kiū kiá, vái kiáo niu tiĕ jîn.*

§.° 2.°

De los Demonſtrativos.

Los demonſtrativos, *hic, iſte, ille,* ſe hazen con los terminos ſiguientes: *chĕ, ná, çhŭ, çhiĕ, çhū.*

A las dos primeras ſe les poſpone la particula *kó*; ſi lo que ſe nombra, o ſeñala no tiene particula propia, y particular, de las que ſe dira tratando de los numerales. Exemplo de todos: *eſte hombre es bona indolis, ché kó jîn leàng ſiên; aquella silla eſta mal echa. ná iĕ chāng ỳ çhŭ çhó tĕ pŏ haò.* el *chāng* es particula de ſillas; y porque ſe pone, no ſe uſa del *kó*. Eſtas dos particulas *ché, y ná*, ſon muy uſadas para hablar: Las de mas ſon para letra. *Eſta corteçia, çhŭ lỳ; eſte çhŭ* es elegante y bueno de uſar hablando con letrados y gente entendida *vg: obrando de eſta ſuerte* (ſuponeſe que mal) *como ſubieran a el cielo? hîng jû çhŭ hô tĕ xīng tiēn? Ecce homo, çhiĕ kān iîn çhái çhū. El camino del Cielo conſiſte en eſto: xīng tiēn çhái çhū.* Deeſtos nacen los adverbios *aqui, y alli*; mas por quanto ſe trata de ellos cap 10. no ſe dize aqui nada.

§.° 3.°

De los Relativos.

Eſtos ſe hazen con las particulas ſiguientes: *Tiĕ. chè, tā, chī, kỳ, ſân, tán ſân.*

I. La primera que es el *tiĕ*, es la mas uſada, y ſe coloca immediatamᵗᵉ deſpues de la razon mas immediata y

y conjunta al romançe *los que*: *vg. los que leen*, *kán xū tiē*
los Christianos, *fúng kiáo tiē*; *los q.^e guardan los manda-
mientos ſubiran al Cielo*, *xèu xě kiái tiē*, *hoéi xīng tiēn*.
El *chè*, es mas para la eſcritura, y para hablar con ele-
gançia: *los que non tienen contriçion no alcançaran per-
don de ſus pecados*, *pǒ tūng hoèi chè*, *pǒ tě çhúi chi xe*;
este. como el antecedente ſe poſpone. El *tań*, y *taì fān*
ſignifican qualquiera, y ſe anteponen; *qualquiera que a-
mare a Dios, amara a los hombres*; *taì*. vel *taí fān gai tiēn*,
chu, *piě kīng gai tā jīn*: Estos dos en eſte ſentido ſon
mui uſados para hablar. Las dos particulas *tā*, y *chī*,
ſignifican *ille, illa, illud*, el primero para hablar; el ſegū-
do para eſcritura. El *kŷ* es *ſuus, ſua, ſuum*, es para eſcri
tura, y para hablar con elegançia. *Los que ſon ſeñores de-
ben enſeñar a ſus siervos la doctrina Xp̄ana*: *çhó chū jīn kāi
kiáo taó kŷ hiá tiē jīn xíng kiáo iáo lŷ*. El primero, el ſegundo;
ſe haze con la particula *tí* antepueſta al numero: *vg*; *el pri-
mero*. *tí iě*, *el quarto*, *tý çú kó*.

§. 4.°

De los Reciprocos.

El reciproco ſe forma con las particulas ſiguientes: *ſiāng*, *hiāng*, *hú*, *túi*.

La primera que es el *ſiāng*, es la que propiam.^te ſignifiça
reciproco, y la q.^e es mas uſada: colocaſe en la oraçion deſpues
de los terminos entre quien es la relaçion. *vg dos hombres se
estan alli dando golpes*, *leàng kó jīn çhái ná lŷ siāng tà*. Quan-
do ſe ponen dos terminos propios como Pedro, y Juan; Padre
y hijo, ſi entre ellos ſe pone una conjunçion es mas elegante;
deſpues el *ſiāng*, y a lo ultimo el verbo. *vg Pedro y Juan se a-
man*, *Petolo iû Johan siāng gái*. El *hiāng*, y el *hú* ſignifican
propiam.^te carearſe, hazer relaçion ſon poco uſados para hablar.
El *túi* ſignifica *oponerse, carcarſe* es uſado para hablar. *El ma-
rido y la muger ſe aborrecen*, *fū iû fú túi chēu*; *estar en correſpon-*
denſia

 dençia, uno en frente de otro, se dize, siāng hú.

2. Hazese tambien el reciproco dividiendo los terminos y repitiendo el verbo dos vezes, y entonçes no ai necessidad de alguna de las particulas dichas. vg. los vasallos y el Rey se aman, vùang gái mîn, mîn gái vûang; id est, el Rey ama a los vasallos, y los vasallos a el Rey.

CAPITVLO VII.

De la Interjeçion, Conjunçion. Negaçion, Interrogaçion, y condicional

Aunque tratando de los partes de la oraçion segun el orden que las trae el arte de Nebrixa, no em este el propio lugar de la Interjeçion, y Conjunçion; pues son estas las dos ultimas en orden; mas por pareçerme ser de menor embaraço, y mas facilidad a los principiantes, poner primero estas dos partes que las otras quatro; mude el orden, y reduxe a este capitulo la Negaçion, Interrogaçion y Condiçional.

§.° - I.°

De la Interjeçion, y Conjunçion.

1. La Interjecion, que es la que declara los varios afectos que ai en el anima, se haze con las particulas çhā, vel çhiē. vel çhiē hū; ai murio! çhiē hū, kiē lêao, Assi como no se puede escrivir el modillo de hazer en nro idioma la Interjeçion, por ser un suspiro, que no tiene letras, assi mismo no se puede escrivir en esta lengua, la experiençia lo enseñara, aunque nosotros nunca lo usamos

2. La conjunçion que es la que traba, y ata las oraciones entre si mismas se haze con las particulas siguientes kiĕ, pîng, iĕ, iè, iêu, ẏ́l. Tienen estas diversos modos de usarse, porque unas ai que juntan terminos, y no proposiçiones; otras ai que juntan proposiçiones, y no nombres por los exemplos se vera el uso. El Padre, y el hijo, y el Espiritu Sancto solo tienen una naturaleza, sú kiĕ çhù kiĕ xing.

xing xin chu ien ie tien chu xing ie. Este *kiě* ſolo junta terminos. *Pedro y Juan ſon hermanos*, *Petolo ping johan xi hiung ty*, el *iě* es para letra. el *ûl* junta propoſiçiones, y no nombres; es para letra, y para hablar con elegançia: *le combidaron, y no quiſo venir*, *çhing tā ûl pŏ kung lây*, *y desde alli vendra a juzgar a los vivos y a los muertos*, *çhung pi ûl lây xin piuon ſeng çu che*. El *iè* junta propoſiçiones, y no nombres, *yo voi, y el tambien*, *gò kiù. tā iè kiù*. El *ieu*, junta propoſitiones, y no terminos: *y no nos deres caer en la tentaçion*, *ieu pŏ gò lin hien iu ieu kan*. La rigoroſa ſignificaçion de este *ieu*, es *amas*, y aſsi, en donde ai eſte romançe, entrara; *vg. perdona nos nueſtras deudas, y amas no nos permitas caer en la tentaçion*; *Dio me un veſtido, y mas un tael de plata*; *tā iù gò iĕ ling y fŏ, ieu iĕ leang in çhù*. Fuera de las dichas particulas, ſuelen uſar para la conjunçion de los terminos, *iù*, *tung*, *hŏ*. *kung*; mas eſtas propiam^te^ ſon propoſiçiones, con q^e^ ſe haze el ablativo; de ellas ſe trato cap. 3. §° 2°. num. 8°

3. La diſjunçion ſe reduçe aqui, y ſe haze con las partiçulas *hoě*. *vel hoě chè*; las quales ſe repiten dos vezes en la oraçion, *vg. ſea Pedro, o Juan yo le tengo de matar*, *hoě xi Petolo. hoě xi Johan gò iao xă tā*. *Venga, o no venga yo tengo de ir*, *hoě chè lây*, *hoě chè pŏ lây gò ting iao kiù*

§°. 2°

De la Negaçion.

1. La negaçion es de diverſas maneras, porq^e^ una es abſoluta, otra abſolutiſsima; Interrogante afirmativa una, y prohibitiva otra; de ellas trataremos en eſte parrapho; y primero de la abſoluta, la qual ſe haze con las particulas ſiguientes. *Pŏ*, *fi*, *mŏ*, *foe*, *vû*, *mŏ*. Todas las quales ſe anteponen como ſe vera por los exemplos, *no viene*, *pŏ lây*. eſta es la mas comun, y ſe antepone a nombres Adjetivos, y verbos: *no es blanco*, *pŏ pĕ*. Quando en la oraçion ſe pone el verbo ſubſtantivo *ſum*, *es*, *fui*, ſe

ante

antepone a los nombres substantivos: *vg. no es hombre, pǒ xí jiñ.* & sic de singulis. El *fў* significa propiamente *no ser;* por lo qual se puede antepener, y posponer a substantivos; y Adjetivos. *vg. no es Pedro, fў Petolo. no es ordinario, fў chañg. no es cortesia, ò razon, fў lў.* Este *fў* es elegante assi para hablar como para letra; pero adviertase, que no se le sigue jamas el *xí, sum. es, fui:* porque es su contrario; si no quãdo se antepone quando se pregunta, *fў es, o no es. xí fў.* Tambien se advierta, que hablando este *fў*, no se pone solo con el verbo si no que forzosamente se a de poner un nombre, ò participio, que lo rija. *vg. fў lâi tiē, no es el que vino. fў hó̆i chĕ̄ niĕ jiñ, no es comedor.* Quando se usa dela particula *mǒ*, de ordinario se antepone al ièu; *vg no a venido ninguna persona. mǒ ièu jiñ lâi.* En las provincias del norte suelen usar del *mǒ*, sin el *ièu*, *vg no ai mosqueta, mǒ fúi. no vino, mǒ lâi.* El *foĕ*, y el *vù* son mas para la escritura, que no para interloquendum: *no fue, foĕ kiú. no ai nadie, vù jiñ.* Tambien se usa del *mǒ* sin el *ièu*, en estos modos de hablar: *no tiene gracia. mǒ ghíñ; no ai lugar, mǒ chiú.* El *mǒ* fuera de ser negacion prohibitiva, como se dira, tiene un modo particular de usarse; *vg. no ai beneficio maior que el dela Redempcion del mundo. kién xí mǒ tá gén hoéi* Este modo de hablar es elegante.

2. La Negacion prohibitiva se haze con las particulas siguientes: *pǒ iáo. mǒ. vù. vuǒ.* De estas el *pǒ iáo* es mui usado para hablar; el *vù* para hablar con elegancia; y los otros dos para escritura. *Exemplo* de todos: *No quiero que lo hagas. nì pǒ iáo chó. no lo digas, vuǒ xúe. La ley de Dios tiene precepto de no matar hombres, tiēn chú kiáo ièu kiái vù xǎ jiñ. no vengas, vuǒ lâi.* Todos se antenonen como se ve por los exemplos;

3. La negacion absolutissima, que es la que decimos, *de ninguna manera, de ningun caso,* se haze con las particulas siguientes: Tiǐ; *chiûen, chiûe, vuán.* las quales se anteponen a la negacion *pǒ. vg. nullo modo quiere. tiǐ pǒ keñg. de ningun*

modo

modo viene, chiūên pŏ lâi; *idest de todo en todo no viene o vendra* 45.
por ningun caso lo hagas, chiūe pŏ iáo çhó. *No quiero en todo ca-so salir*, vuán, *vel* chiēn vuán pŏ iáo chŭ. El tū es mas usado, aunq.^e^ los otros tambien se entienden. aqui se debe advertir que quando se niega alguna cantidad, ò accion, la negacion se ha de poner immediatam.^te^ ante el termino que niega, y no sobre toda la proposicion p.^a^ hablar derecham.^te^ *vg. no come mucho*, chĕ pŏ tō, *id est, come no mucho*: y si dixera, pŏ chĕ tō, lo entenderan, mas no es su propio modo de hablar *No camino apriesa*, kheù pŏ kuái. &c. Si se niega todo, la negacion cae sobre toda la oracion; *no come nada*, tū pŏ chĕ. Quando en la oracion se niega algo, siempre se a de poner la negacion antes de lo que niega, y se ha de comenzar por el sujeto de quien se niega; *vg. no voy*, gò pŏ kiŭ. *No viene*, tā pŏ lây. Y en ningun caso se antepone la negacion al individuo, si no es quando se hazen adjetivos. *vg. el gallo no canta*, kȳ pŏ mîng. pero si se dize *gallo que no canta*, se dira, pŏ mîng tiĕ kȳ. *Pedro no estudia*, *Petolo* pŏ tŏ xŭ. y si dize, *Pedro no es estudiante*, *Petolo* pŏ xí tŏ xū tiĕ ȩ̀ò. Quando en la oracion se usa de la particula tĕ, que significa alcanzar, o poder, siempre la negacion pŏ, se à de anteponer a el tĕ, y posponer a el termino q.^e^ niega. *vg. No puede venir*, lay pŏ te. id est, *venir no puede. no puede abrirse*, kāi pŏ tĕ. es mui usado modo de hablar en esta lengua: si se dixesse pŏ tĕ kāi, se entendera; mas no es mui buen modo de hablar.

4 La negacion afirmativa que se haze con interrogante, *vg. como à de aver?* que es lo mismo que dezir, *no ai*, se haze con el nà lỳ antepuesto al verbo; *vg. donde viene?* nà lỳ lâi? *donde à de aver?* nà lỳ ieù! Este modo de hablar es mui usado. Fuera de estas, ai negaciones de tiempo, y se hazen con las particulas siguientes: vī. vī chĕng. hoân pŏ. hoân vī. pŏ chĕng. mŏ ieù. Exemplos de todas. *aun no à venido*, vī lây. *aun no à comido*, vī chĕng chĕ.

aun

 aun no se â ido. hoân pŏ kiŭ; no â entrado, hoân vi çhin; aun no â rezado, tă pŏ çhĕng niên kīng. aun no lo he echo, mŏ ièu çhó. Todos se antepouen al verbo, y son mui usados.

§. Tambien ai la negacion duplicada, que en nuestra lengua tiene fuerça de afirmacion, y se haze en esta ponien do dos negaciones, que hazen sentido afirmativo, claro, y elegante: la primera â de ser el vû; y la segunda el pŏ. vg. no ai cosa que no pueda. vû sò pŏ nêng. no ai cosa que no sepa, vû sò pŏ chī: id est, todo lo puede, todo lo sabe. No ai hombre que no vaya, vû jin pŏ kiŭ. Algunas vezes usan del mŏ ièu al principio; no ai quien no venga, mŏ ièu jin pŏ lây. aunq.e este no es mui elegante. Otras vezes suelen juntar las dos negaciones vû y pŏ. No puede no ir, vû pŏ kiŭ chī lỳ. No ai razon de no concederlo, vû pŏ chun chī lỳ: en este modo es mui usado; y la razon de no ponerse el ièu en medio de las dos negaciones es, porq.e el vû lo tiene en si ratione suæ significationis, inhibito. Tambien se haze este modo de hablar, y elegante con la negacion pŏ reduplicada, y en medio de los dos el tĕ, y alo ultimo la particula, o termino q.e significa lo q.e se quiere afirmar. vg No puede dexar de venir, pŏ tĕ pŏ lâi. no puede dexar de ser, pŏ tĕ pŏ xí. & sic de cæteris, que hazen el sentido de vendrá, será, assertive. El absit se haze con el kỳ antepuesto; vg. absit que aiga tal cosa, o cortesia, kỳ ièu çhū lỳ. absit que me atreva, kỳ kàn. &c. Si se le sigue al absit otra negacion, forçosam.te ha de ser el pŏ, vg. absit que no quiera, kỳ pŏ kēng vel kỳ xí pŏ kēng.

§. 3.

De la Interrogacion.

1. La Interrogacion es de diversas maneras, porq.e una es dubitativa, otra dinquisitiva, ò de causa, y otra de tiempo. La dubitativa se haze con las particulas siguientes. mò. fèu, hû, pŏ çhĕng. pŏ. Por los exemplos se vera el uso de cada una; y lugar donde se coloca. As dormido! ni xúi leào mò! lo hiziste ya!

ya! ni chó leào fcù! Viniéron, ò no! tā mên lâi hù! Estos dos son para letra: quieres o no! hi kēng pǒ chāng! vel kēng yǒ kēng! estos dos son mas usados; y todos se anteponen y preguntan, si, o no.

2. La Interrogaçion inquisitiva de causa, o modo, se haze con las particulas siguientes. Chèng mò! chèng mò iang. hô. hô jû. hô ín. hô goéi. hô kú. xiñ mò,. goéi xiñ mò. xí nà. gān iēn. hô. Todos se anteponen; como se verá por los Exemplos. Como se puede hazer! chèng mò chó tě. vel chèng mò iáng chó tě. Quan grande, hô tá. este es mui elegante. Como lo heriste! preguntando la causa se dize. hô jû xāng tā. y si pregunta el modo phisico, se dize, xāng tā hô jû. Porque te fuyste! hô ín, vel hô goéi nì kiú leào. Estos dos son para la escritura. Porq̃ causa no rezas! hô kú, vel xiñ mò iuên kú, vel goéi xiñ mò iuên kú pǒ niên kīng! Del hô se usa para hablar en estos tres modos que son: hô iáng! hô siāo. hô piě. que provecho! para que! que necessidad ai! xiñ mò çú, que cosa! estos todos se hablan. Donde esta! gān chái! este y el iēn son para letra.

3. La interrogaçion de tiempos se haze con el kỳ: antepuesto; vg. quantos años! kỳ nien! quantos meses! kỳ iuě. quantas oras! kỳ kó xî xiñ. Mas si se pregunta el tiempo indeterminadam.te se ha de poner el tō, vg. quanto tiempo! kỳ tō cháng kiêu! vel tō xào kién! En que tiempo! se haze con el xiñ mò. vg. En que tiempo! xiñ mò xî héu! en que ora, xiñ mò xî, vel nà xî, vel nà iě xî. Todos los modos dichos son mui usados en el hablar. La Interrogacion que pregunta si es assi, o no! se haze con el fỳ pospuesto a el verbo sum. es, fui. ò con el pǒ, en medio del sum. es. fui. vg. es assi, ò no! xí fỳ! vel xí pǒ xí! Algunas vezes ponen a el ultimo la particula mò, xí fỳ mò! mas no es necessario. El Interrogante de aver, ò no aver. se haze con la particula mǒ en medio del iêu repetido; vg. ai, ò no ai! iêu mǒ iêu;

Ponen

40. Ponenle algunas vezes con otros verbos, *vg. ha venido o no?* *laŷ leaò mŏ ieû; vel ieû laŷ mŏ ieû?* aunq.e eſte modo de hablar no es mui uſado.

✠ La Interrogacion de quantos, ò quanto, ſe haze con la particula *kỳ antepueſta, quantos? kỳ kó? quanto? kỳ tō?* el *kó* ſe poſpone al *kỳ*. Quando ſe pregunta la quantitad diſcreta, ſi lo q.e ſe pregunta no tiene particula propia de las que ſe diran en los numerales, entonçes ſe pone el *kó*; y ſi le tiene no ſe pone el *kó*, ſi no ſu propia particula. *vg. quantos libros? kỳ puen?* el *tō* ſe pone quando ſe pregunta la quantidad continua, y ſe poſpone ſiempre al *kỳ*, *vg. quan largo, kỳ tō chàng?* Pero ſi ſe pregunta *quantas varas, ò terçias tiene de largo?* entonçes no ſe pone ni el *tō*, ni el *kó*, ſi no el *kỳ* ſolo, y deſpues *vara, terçia* &c. *vg. quantas terçias de largo? kỳ chĕ chàng* &c.

§. ✠.
De la Condiçional.

I. La condiçional ſe haze con las particulas ſiguientes. *jŏ xí. jŏ. kià jû. jû. pỳ jû. pì iû. pì fang. kỳ xí. ſūi. ſūi jên;* Todos ſe anteponen al verbo. el uſo y ſignificacion de cada uno ſe vera por los exemplos. *ſi guardares los mandamientos te ſalvaras: nì jŏ xí xeù xĕ kiâi hoéi xīng tiēn. ſi el viene, yo ire luego, jŏ tā lây, gò chién kiŭ.* Eſtos dos ſon los q.e mas propiam.te ſignifican Condicional, y ſon para hablar; los ſiguientes no ſon tan propios. *Dado caſo que tu quieras, los otros no querran. kià jû nì kèng pié jîn pŏ kèng.* El *pì jû* ſignifica verbi gratia. y el *pỳ iû*, y *pỳ fang*, es lo meſmo, *id eſt exemp: grat:* &c. que todos tres tienen eſta ſignificacion. El *kỳ xí*, es, ſupueſto q.e *Vg. ſupueſto q.e eres Xpiano debes guardar los mandamientos. nì kỳ, vel kỳ xí kiáo chung kai xeu xĕ kiâi.* El *ſūi* ſignifica aunq.e *Vg. aunq.e lo pidas no se te conçedera, nì ſūi, vel ſūi jên kiêu, pŏ chùn;* todos ſon mui uſados, cada uno en ſu ſignificaçion.

Caq

CAPIT.° VIII.

Del Verbo y sus Coniugaçiones.

EL verbo es una de las partes de la oraçion, el qual tiene modos, y tiempos, y no casos; en esta lengua assi como los nombres son indeclinables; los verbos son inconjugables, por ser la voz invariable; usan se pues de algunas particulas antepuestas unas vezes, y otras pospuestas, con lo qual se vienen à significar los tiempos y modos, q.e en la latinidad se attribuien, y tienen los verbos. Se debe notar, q.e segun Anton.o de Nebrixa, los verbos unos son activos, y otros passivos: con los quales se significan todas las acciones, pues todas se reduçen a agere, & pati. En este capit.o trataremos del verbo Activo, y tambien del participio, el qual es otra parte dela oraçion, y es un adjetivo q.e tiene casos, y tiempos; segun q.e del nõbre y verbo hemos dicho.

§.° 1.°

Del Verbo substantiuo sum, es, fui.

1.° El verbo Substantivo *sum, es, fui*, se haze con la voz *xí* *vg. Pedro es buen hombre, Petolo xí haò jin.* Algunas vezes aunq.e en la oracion ai significaçion de *ser*; se suple el *xí*, y no se pone: *vg. aquel es rico, tā fú kuéi, vel tā xí fú kuéi. tu eres abil, nì çhūng mîng tiĕ, vel nì xí çhūng mîng tiĕ.* en esto no ai regla çierta, el uso lo enseñara; lo mas comun es expresarlo. Los tiempos de este verbo se hazen con las particulas q.e se hazen los adjetivos q.e se diran despues. *Assi es verdad*, se haze con este varbo *xí*, solo, o anteponiendole la particula *chiñ*, *vg.* va uno diçiendo una cosa que es assi, y que lleba razon, y, respondo yo assintiendo à ello, *deçis bien, assi es*, y se dize, *xí, vel chiñ xí.* Lo q.e deçimos, *esso es, açertaste, o assi se explica*; se haze con la particula *çhieú*, antepuesta a el *xí*: pregunta uno, *es Pedro? ò, es assi?* y responde, *es, assi es*; se dize, *çhieú xí, vel çhieú xí leào.* Para explicar una cosa q.e no se entiende, *vg.* digo: *Padre, y Hijo, y Espiritu santo*, y lo quiero explicar

50. plicar en su lengua, se dize: *Patele, çiéu xí fú*, *Filio, chiéu xí chù*, *Spiritu sancto, chiéu xi xing xin*; es mui usado este *chiéu xí*; como mostrarà à cada uno la experiençia.

2 . Aqui se advierta, que en las oraçiones de poseçion se a de poner siempre el *xí* antepuesto à la persona que possee; porq̃ si se pospone, haze distincto sentido. *vg. Juan es mi hijo; Johan xí gò ùl chù: esta casa es mia, ché fang chù xí gò tiē.* y si se pospone, *vg. gò xí ùl chù*, quiere deçir, *yo soy hijo*. Esta regla es cierta, y sin exçepçion alguna. En las oraçiones imperfectas pospuesto el *xí* à la persona, haze distincto sentido. *vg. gò xí*, quiere deçir lo que digo, *o hago, es assi, o cierto, o bueno*; pero si el *xí* se antepone à la persona, *vg. xí gò; xí Petolo*, quiere deçir *soy yo, es Pedro*; ut quando se pregunta *quien es? xí xûi*, y se responde, el *es, xí tā*; y assi en la pregunta y respuesta siempre se ha de anteponer el *xí*; esta regla tambien es çierta; pero dado q̃ se pregunte quien de los dos tiene razon, *xûi xí*, entonçes se à de responder con el *xí* pospuesto: *vg. juan tiene razon, johan xí* 是.

3. El verbo *chó*, que significa hazer, suele tener las vezes de *sum, es, fui. vg. Pedro es Mandarin, Petolo chó kuōn*; aunq̃ tambien se puede poner el *xí*; pero este *chó* solo se aplica alas oraçiones q̃ se puede aplicar el romançe de hazer; *vg. hago el padre, hago el mandarin*; y assi de los demas. El *xí* solo tiene la significaçion de *ser*, que la de aver, ò *estar*, se haze con los adverbios, *ièu, chái*: *vg. est mihi, gò ièu*, esto es, *yo tengo. esta en casa, chái kiā*. y assi de los de mas. El verbo *gôei* suele usarse para passive, ò en lugar de *sum, es, fui*; *vg. aquel es virtuoso, tā gôei xén tiē*; mas la propia significaçion de este verbo es *hazer, obrar, ser echo. Obrar la virtud, gôei xén. Dios fue hecho hombre, tiēn chù gôei jîn*; es mui usado, especial pª los passivos, y assi se volverà à tratar del. Los compuestos de *sum, es, fui, adsum, absum*; no tiene otra dificultad, mas, de recurrir à los vocabularios en prosecuçion de las significaciones de cadauno, y alli se ha-

ra el

ra el verbo con que se hazen; y no ai mas. 51.

§.º 2.º

De las Conjugaçiones de los Verbos.

Presente de Indicativo.

Gò gái. yo amo. Nì gái, tu amas. tā gái, aquel ama. Gò mên gái, nosotros amamos. Nì mên gái, vosotros amais. tā mên gai, aquellos aman.

Siempre la persona que haze se antepone à el verbo, y num cá se pospone. El Presente de Indicativo no tiene particula que lo determine, echa se de ver ser *presente* ex antecedentibus & consequentibus, y en particular se conose, si se le antepone algun adverbio de presente: *vg. aora amo à Dios, gò jîn kīn gái tiēn chù.* y sin el *vg. yo voi, gò kiú*, es presente, porq.e no tiene antes, ò despues cosa q.e lo determine à otro tiempo, qsien los demas tiempos siempre trae con sigo particula q.e los manifieste.

Preterito Imperfecto.

El *Preterito imperfecto* se conose por el adverbio de tiempo antepuesto. *vg. quando yo te amaba tu me aborreçias, gò gái nì xí chiĕ. nì hén gò.* Tambien se puede poner el *xí* solo: *vg. quando yo venia, gò lâi xí.* Quando significa principio de acçion, se le antepone una de dos particulas, que son, *çhāi*, y *fāng. vg. à medio dia comenzo à llover. ú xí çhāi hiá iù. quando yo comenzaba à caminar, gò çāi hîng xí çhiĕ. vel fāng hîng xí çhiĕ:*

Preterito Perfecto.

El *Preterito perfecto* se haze con la particula *leào* pospuesta, o la particula *ỳ* antepuesta; *vg. vendilo, mái leào. vino ya, lâi leào. ya pasò, ỳ kuó.* El primero es mui ordinario; el segundo es mas usado para letra. *Suelen* usar algunas veçes de las dos: *ỳ kuó leào.* Tambien le suelen hazer con el *iêu* antepuesto: *vg. ouvo. iêu çhín.* es poco usado. en interrogante lo es mas. *vg. vino, ò no. iêu lâi. mò iêu!*

Preteri-

Preterito plus quam Perfecto.

El *Preterito plus quam perfecto* se haze con estas dos particulas, *hûon leào*, y *kuó leào* pospuestas: *vg. Quando tu llegaste ya yo lo avia dicho. ni taó xî heú, gò kiang kuó leào. Quando fui à dormir, ya avia rezado, gò kiú xúi xŷ chiě, nién hûon leào.* Suelen usar en algunas partes de la particula *vaôn*, en lugar del *hûon*.

Futuro Imperfecto.

El *futuro imperfecto* se haze con las particulas *çiāng* y *hóei*, *vg. filij Dei vocabuntur, çhiāng gŏéi tiēn chù tĕ çhù. morirà, çhiāng çù: esta para morir.* Tambien se echa de ver ser *futuro* por el tiempo que se le antepone, en que se à de hazer, ò de executar la accion; como, *el año que viene. el mes que viene. el dia de mañana &c.* y entonces basta el verbo solo sin la particula *çhiāng*; *vg. mañana ire. gò mîng jĕ kiú.* Suelen tambien poner el *hoêi*: *vg. gò mîng jĕ hoéi kiú.* mas no es necesario. El *hoéi* propiam.te significa poder, y no obstante le usan muchas vezes para el futuro. *vg. ira, tā hoéi kiú.* Tambien se haze el futuro con el termino solo sin particula alguna, y echase de ver ser futuro por el modillo, y ocasion en que se dize: *vg. preguntame si he de ir, o no? y respondole, ire, kiú. comera ò no? chĕ? respondo, comere, chĕ.* es mui usado este modo.

Futuro Perfecto.

El *futuro perfecto* se haze posponiendo en la primera oracion el adverbio de tiempo al verbo, y en la ultima el *leào* *vg. quando venga ya yo me abre ido, tā lâi xî çhiĕ gò kiú leào* En los verbos que significan *acabar*, ò *perficionar la cosa*, se antepone à el *leào* una de las dos particulas *hûon* y *çhîng*. *vg. para el nombre de Jesus abre acabado la yglesia, Jesu xîng mîng chĕn lŷ, xîng tâng kūng tū. çhó hûon leào: Abre cumplido la penitencia, çhúi fă gò chîng leào.*

Imperativo.

El *Imperativo afirmativo* no tiene particula q.e lo determine

mine; pero se echara de ver por cierto modillo con que le dize, que no se puede escrivir aqui *vg. va, nì kiú. ven aca, nì chě lŷ lây.* En algunos verbos se suele hazer con la particula *kŷ pa puesta; vg. tomalo, nà kŷ. çierra, pý kŷ. abre, kāi kŷ. descubrelo, hién kŷ.* El tiempo imperativo *prohibitivo*. se haze con las particulas que se hazen las negaçiones prohibitivas que quedan dichas *cap 7. §. 2. num. 2.* antepuestas al verbo, pero la mas comun y usada es el *pŏ iáo. vg. no comas, nì pŏ iáo chě. no le aporrees, nì pŏ iáo tà tà.* Quando se habla en determinada materia no es necessario expresar el verbo. *vg. esta uno haziendo una cosa delante de mi, y digole que no quiero q.e lo haga: basta dezirle: pŏ iáo,* y si se pone el verbo como dezir *pŏ iáo çhó:* se entiende, mas no es necessario.

§.° 3.°

Del Optativo, y subjunctivo.

1. El *presente de Optativo* no tiene particula q.e lo determine, si no los verbos de deseo, y adverbios de tiempo, echa se de ver por lo antecedente, ò subsequente. *vg. dame Señor que te ame, tiēn chù çù ùi gò gái nì, quando yo ame, gò gái xî chiĕ. quando yo estudie penetrare la doctrina, gò tŏ xū xî chiĕ hoéi tūng lý.* El *pá pŏ tĕ*, ò *iuén*, son verbos de deseo: *deseo que venga, pá pŏ tĕ lâi. deseo amar, iuén gái. utinam, pá pŏ tĕ.*

2. El *preterito imperfecto. yo amara, amaria, y amasse*, se haze anteponiendo la condicional; *vg. si no fueras malo, yo te amara, jŏ nì pŏ goêi ŏ tiĕ, gò gái nì.* puede se usar de qualquiera de las particulas con q.e se haze la condicional para la formaçion de este tiempo. El *preterito perfecto. aya amado* se haze tambien del mesmo modo q.e el de *indicativo*.

3. El *plusquam perfecto* se haze tambien con la condicional antepuesta al verbo *vg. si no ubieras venido, no hubiera suçedido esto; jŏ nì pŏ lâi, mŏ iéu ché iĕ kién çù. si io estudiare entrare en liçençiado, jŏ gò tŭ xū hoéi chín mŏ.* El *futuro* se haze poniendo en la primera oraçion una de las particulas

las

las del *preterito perfecto de indicativo*, y en la ſegunda una de las ſiguientes, *chiéu*, *chāi*, *tāng*. *vg. quando hubiere comido me ire à dormir*, *gò chě̀ kào, chiéu kiū xúi, vel chāi; vel tāng*.

§. 4.

r. + *Del Infinitivo.*

1. El *preſente de Infinitivo* ſe haze con ſolo el termino del verbo, echaſe de ver, porq̃ le precede otro verbo q̃ lo rige. *vg. yo voi à dormir; gò kiū xúi. aquel quiere venir; tā iáo lâi. yo quiero ſubir al cielo, gò iáo xīng tiēn.*

2. *Aver amado*, ſe haze como el *preterito de indicativo*. *ubiera de amar* circuloquio, ſe haze con el *kāi, vel tāng*, antepuesto; y la particula *leào* poſpueſta; *vg. yo avia de amar, gò kāi, vel tāng gái leào.* Los Gerundios cadauno ſe haze con diverſas particulas; el de *genitivo* ſe haze con la particula *tiě̈* poſpueſta, y deſpues la particula *xî*, q̃ ſignifica tiempo. El de *Dativo* ſe haze con la particula *ỳ* antepueſta. El de *Accuſativo* no tiene particula q̃ lo determine: echaſe de ver ex antecedentib⁹ & conſequentibus. El de *Ablativo* ſe haze con la particula *goéi* antepueſta. *Exemplo de todos: Genitivo, El tiempo de rezar no es tiempo de pensar en las mazaranas, nién kīng tiě̈ xŷ pǒ kǒ váng siàng. Dativo Para andar ſon neceſſarios los pies; ỳ hîng iáo iúng kiǒ.* Accuſat.º *vine à comer; gò lâi chě̈ fán.* Ablat.º *por aprender el rezo no duermo, goéi hiǒ kīng, pǒ xúi kiáo.* El *Supino* ſe forma con la voz ſimple, *a amar, gái.*

3. El *Participio* ſegun diximos en la introducion de eſte cap.º tiene tiempos y caſos; formaſe pues con las particulas de los relativos q̃ quedan dichos *cap. 6. §.3*, poſpueſtas. *vg.* *Participio de preſente. el q̃ ama, gái chè, vel gái tiě̈ jîn.* El de futuro ſe haze anteponiendo una de tres particulas q̃ ſon, *iáo vel hoéi, vel chiāng*, y poſponiendo el *chè*, ò *tiě̈*. *vg. el q̃ à de amar, fān iáo gái chè. el q̃ à de ir, fān hoéi kiū tiě̈ jîn*, En quanto al declinarle, es con las particulas, y forma, q̃ ſe puſieron, y guardo en la declinacion del nombre. *vg.*

Nom,

Nominativo. *gái chè, el que ama.* Gen°. *gái tiě jîn, del q.e ama.* 55.
Dat.° *iù gái chè, para el q.e ama.* Accus°. *gái chè, al que ama.*
Voc. *iā gái chè, o amante.* Abl°. *tùng gái chè, con el que ama.*
Ya se dixo *cap. 3. §. 3. n.° 2.* que el q.e es indiferente para singular y plural. *vease alli.*

CAPITVLO IX.

Del Verbo passivo, y passivas.

Ay en esta lengua algunos verbos, q.e exvi de su significaçion son passivos. *vg. fue vençido. xū leào. fue dañado, hoái leào. arruinado, pēng leào. y* otros à este modo, q.e se encontraran en los vocabularios: En estos no ai necesidad de alguna particula; otros muchos, y son los mas solo activos, y para hazerlos passivos usan de las particulas siguientes: *xí, sò, goéi, pí.* Cadauna delas quales tiene particular modo de usarse, como se vera en los parraphos siguientes. Ly se anteponen a el verbo.

§.° 1.°

De las particulas xí y sò.

1. La particula *xí*, es el verbo substantivo *sum, es, fui*: el qual pide forçosam.te la particula tiě. despues del verbo a quien se junta *vg. yo soi amado de ti, gò xí nì gái tiě. tu eres enseñado de mi, nì xí gò kiaó tiě jîn.* Algunas vezes ponen el *chè; vg. tu eres escogido, nì xí siuèn chè.* el *chè* y el *jîn* solo se añaden à los personales, y racionales: que para los impersonales, e insensibles, basta el *tiě. vg. fue revelado, xí mě chaó tiě, vel xí mě xí tiě.*

2. El *sò* se antepone siempre, y es mui usado: *vg. amado sò gái. oido, sò tīng.* Tambien se le antepone la particula *tiě* como al *xí*, y el *jîn* despues, o *chè.* Debese advertir, q.e quando en la oraçion ai persona que haze, y q.e padeçe, se à de posponer el *xí* ala persona que padeçe; y el *sò* se antepone al verbo: *vg. los hombres buenos son amados de Dios, xén jîn xí tiēn chù sò gái tiě. los malos son aborreçidos de Dios, ŏ jîn xí*

xí tiēn chù sò gŭie. Los impersonales se hazen con el *sò* antepuesto, *vg. acabado, sò huòn tiē. penetrado, sò tūng tiē. oido, sò tīng tiē*; y otros muchos a este modo. el qual modo de hablar, es mui usado, comun. y bueno.

§.º 2.º

De las particulas goèy, y pí.

1. La particula *goêi* sirve para hazer passivas, mas rigurosamente hablando, mas significa; y es el verbo. *fio, fis,* que passiva, por lo qual se usa de ella ordinariamente en los verbos a quien se puede aptar la significacion de ser echo. *vg. Dios baxò desde el cielo à encarnar y hazerse hombre, tiēn chù çhúi tiēn kiáng jêng goêi jîn. Un hombro baxo fue echo mandarin, çhièn jîn goêi kuōn.* Mas posponiendole la particula *tiē* se puede usar tambien para las passivas de otros verbos; *vg. imitado, goêi hiŏ tiē. leido, ò estudiado, goêi tŏ tiē.* pero este modo no es mui usado para hablar. Suelen otras vezes anteponer el *sò* al *goêi,* y despues el *tiē. Vg. todas las cosas son echas de Dios vuan vuĕ xí tiēn chù sò goêi tiē.* Suelen poner todas las tres particulas, y vienen bien, como en el exemplo de supra añadido el *xí*: *Vuán vuĕ xí tiēn chù sò goêi tiē. Esta mesa es echa por el carpintero, ché iĕ chāng chŏ xí mŏ çhiáng sò goêi tiē, vel sò çhaó tiē*; el uso y experiencia de cada dia enseñara quando se a de usar de lo uno. y de lo otro.

2. La particula *pí* se usa pasivamente en las acciones q.e son ad extra, y transeuntes in alternum subjectum, y en este su significado es mui usado. *Vg. acusado, o reo, pí káo. azotado pí tà.* Quando en la oracion se pone, y expresa la persona que haze la accion, ò de quien procede, entonces la particula *pí* se antepone à ella, y a lo ultimo el termino q.e significa la accion: pero al principio se comiençan por el paciente. *Vg. Nuestro Señor Jesu Christo fue crucificado por los judios gû chù Jesu (ecce el paciente) pí Judeo jîn (ecce la partic. pí antepuesta ala persona q.e haze, o executa la accion) tíng xĕ çhû kiá* (ecce

(ecce la accion q.e es clavar.) mas quando no se expresa, ni pone el agente, entonces la particula *pi* cae sobre la accion; vg. *fue azotado, pi pien tă.* *fue captivo, pi lù &c.* Suelen algunas veces anteponer à el verbo el *sò*, y el *pi*, a la persona que haze y à lo ultimo el *chè*, ò el *tiě* vg. *esto fue comprado de mi, chè iě kién vuĕ xi gò sò mài tiĕ.* *Nuestro Señor Iesus fue vendido por Iudas gù chù. Iesu pi Iudasu sò mái chè.* y otros muchos, q.e por los exemplos puestos se pueden ir disenrriendo, y formando

§.° 3.°

De la Conjugaçion del Verbo passivo.

1. Para conjugar el verbo passivo se haze con las particulas dichas, en quanto los tiempos y personas se haze con las particulas de activa, pondrase como en lo antecedente exemplo de todo, el presente de Indicativo, y de cada tiempo, una paraq.e se vea en la praxis donde entran las passivas

Presenteode Indicativo.

Gò xi gái tiĕ. yo soi amado. Nì xi gái tiĕ, tu eres amado. tā xi gái tiĕ, àquel es amado. Gò mên xí gái tiĕ, nosotros somos amados. Nì mên xi gái tiĕ, vosotros sois amados. Tā mên xi gái tiĕ, Aquellos son amados.

Este es el modo de conjugar los tiempos de passiva, poniendo en cadauno las particulas q.e corresponde, y por no multiplicar ojas, solo pondre una oracion de cada tiempo, paraq.e se vea donde entran las particulas de pasiva; y sea la primera de este tiempo de *presente*. *El hombre virtuoso es amado de Dios; xén jin xi tiēn chù sò gái tiĕ.* Con la particula. *sò*, queda mas clara, y pudiera ir sin ella, como en la conjugaçion de supra.

2. *Preterito imperfecto: quando tu eras enseñado del maestro, nì pi siēn sēng sò kiáo tiĕ xi chiĕ* *Preterito perfecto: aquel fue aporreado de Pedro. tā xi Petolo tà tiĕ leào.* *Preterito pluesquam perfecto: quando nosotros auiamos sido oidos; gò mên pi tīng vuôn leào.* *Fut.° imperfecto: Vosotros sereis*

8. *reis agotados del mandarin, ni [illegible] pi kuōn sū ta.* Eut.° *perfecto Aquellos abran sido [illegible] mên pi kiáo.* Los tiempos de optativo, se hazen como los de activa añadiendoles las particulas conq.e se forman las passivas.

3. Por fin de este cap.° y §.° se advieran dos cosas: la una q.e en esta lengua suele tener una misma voz, conservãdo la significacion dos tonadas distinctas. v.g. *hoân, ìloán. bolver. ut al lugar*, y otros muchos q.e se encontraran en las cabecillas. La otra se advierta, q.e aunq.e en este idioma un termino, y tonada significa el nombre, y verbo, con todo ai algunas vozes, q.e por una tonada significan el nombre. y por otra el verbo; de suerte q.e la que es nombre, no se puede hazer verbo: no son muchas, y yo aora pongo algunas.

Cadena. lién. Encadenar. liên. Clavo. tīng; clavar. tíng.
Enojo, nú. Enojarse. nu. Intento çú; intentar, çū.
Obras, líng. Obrar, hīng. Peso, chíng. Pesar; chīng.
Saber, chī; Sabiduria. chí. Sal. iên. Salar. ién.
Semilla, chùng. Sembrar. chúng. Enseñanza. kiáo. Enseñar. kiāo.
Partir, fuēn. Parte. fuén.

CAPITVLO X.

De las Prepositiones, y Adverbios.

De las ocho partes de la oracion. las seis que son nombre, *Pronombre, Verbo, Participio, Interjection, y Conjuncion* quedan explicadas en los capitulos antecedentes, aora en este trataremos de la preposicion, y adverbio, y en cada uno se pondra un exemplo, paraq.e viendo el principiante el lugar donde se colloca, y en praxis el uso. les sea mas facil la imitacion. *ya* de antemano estaban escritos, y ordenados por otro ministro, aora solo añado algunos exemplos donde faltaban: conq.e confiesso, no se me debe todo el trabajo.

§.° I.°

De las Preposiciones de Accusat.°

La preposicion es una parte de la oracion, q.e se antepo-
nen

nen a las demas partes: de estas unas llamamos de Accusativo; y otras de Ablativo: las de *Accusativo*, se hazen con las partienlas, y del modo q̃ se vera infra. 39

1 Ad. iū. *Nrō señor Jesu Christo dixo à los Apostolos, vado ad Patrem. Chû chù tûi chúng tù xuě, gò vàng iū xing fú.*

Propter, góei. *Por ti le mataron. goéi nì xă tā.*

Prope, kin. *Los piratas llegaron çirca delos muros. hài chě taó kin ching.*

Trans. kúo. *Trans flumen ai arroz à comprar. kuó hô ieù mì mài.*

Per. iū. *El hombre por el pecado merecio el castigo de muerte; jîn iū chúi, tě çùi chī fă.*

Versus, túi. *Montem versus. túi xan.*

Contra. kě. vel túi. *Contra soberuia humildad: kiēn jáng kě gaó.*

Todas estas se anteponen, como se ve por los exemplos dichos.

Super, xáng. *Las verdaderas dichas estan sobre los çielos. chīn fǒ çhái tiēn xáng.*

Versus. hiáng. *Versus orientem se vido un astro nuebo. hiáng tūng kién leaò iě sīn síng.*

Extra, vái. *En el Reyno de China los Sepulchros todos estan fuera delas Ciudades, Chūng kuě fuên mú tū çhái ching vái.*

Intra, núi, vel lỳ. *Dios mora dentro el corazon de los justos. Tiēn chù kiū chí iū xén jîn tiě sīn núi.* Intra cubiculum, kiēn lỳ.

Inter, chūng. vel kiēn. *Inter homines. jîn chūng, vel jîn kiēn.*

Infra. hiá. *De baxo del cielo no ai verdadera feliçidad. tiēn hiá vù chīn fǒ.*

Post, heú. *Despues de comulgar es necessario dar graçias. lìng xing tỳ heú iáo sié tiēn chù.*

Estas se posponen, como se ve por los exemplos dichos.

§. 2.

De las Preposiciones de Ablativo.

Las *Preposiçiones de Ablativo*. son las siguientes.

Cum

60. Cum. iû. hô. kung. tung. *Vide cap.° 3.° §.° 2.° num.° 8.°*
De. chûng vel ẽl iû. *Descendit de cælis: chûi tiēn kiáng lây.*
Ex. iû. *Natus ex Maria Virgine. Çûng iû Mâlia chī tûng xin.*
En (ut dicit locum) Fiat. iû. *fiat voluntas tua sicut in cælo et in terra. ùl chì chiñg hing iû tì jû iû tiēn iên.*
En (prout non dicit locum) iñ. *In nomine meo. iñ gò miñg.*
Præ. kuó, vel xiúg. *San Juan præ cæteris sanctis. xing johan kuó tā xing jiñ.*
Pro goéi. *Ora pro mortuis. goéi çù chè kỳ.*
A. iû. *Filius à Patre, Spiritus s. à Patre et Filio. Filio içu iû Pa tele. Supilito santo. içu iû Patele kiē Filio.*
Coram. túi. vel chiēn. *Ante el tribunal de Dios. tiēn chù tái çhûn. Dixolo ante mi. túi gò xue leào.*

Todas estas se anteponen al nombre, y nunca se posponen.

Sub. hiá. *San Francesco deseaba estar debaxo de los pies de todos los hombres. Xing Fungico iuén çhái chúng jiñ kiō hiá*

Otras ai que por tocarse en el parrapho siguiente, no se ponen aqui

§.° 3.°

De los Adverbios.

El adverbio es una parte de la oracion q.e junta à otras partes de ella, las calisica aumentando, ò disminuiendo su significacion, vg. *sumamente amo à Dios*. el modo de colocarse se vera en el discurso de este §.° en el qual se ponen algunos por abecedario.

A.

Antiguamente. kù xì. xáng kù. çhiēn kù. xáng kù xì çhiē. çhiēn kù xì çhiē. Antiguam.te eran los hombres mejores que aora. xáng kù jiñ xi keńg haò kuó jû kiñ.

Assi es, respondiendo. çhieú xí. chiñ xí. chiñ xè. xí. Lo que yo digo es assi? gò kiang, xí pò xí? assi es. çhieú xí.

Aora *jû kiñ. ùl kiñ. kiñ xì. hién xì. Aora quiero ir a la villa de kiēn niñg: gò jû kiñ iáo taó kiēn niñg hién kiû. Sino ai persona se comienza por el adverbio. pero el verbo siempre va despues.*

A1

Al anochecer. *chiāng uán.* *al anochecer vino Pedro y Juan ele media noche. Petolo chiāng uán taó leào, Johan puón iè lâi leào.*

A su voluntad. *súi pién. súi ý. chùng pién. chùng ý. Dexo lo a tu voluntad pùng iù súi pién. A lo q.^e quisieres. súi nì pién.*

Al fin, ut del año. *vièn. de la luna. ùi veisghin. Al fin del año viejo. niên pién lâi leào. Al fin de la luna xeim, iuĕ ùi ghâi kiŭ.*

A caso *geù jĕn. Acaso le encontre geù jĕn iù chŏ tā.*

Aun. *hoûn. Aun llovia quando salio el sol, jĕ têû chŭ lâi hoân hiá iù.*

Aun no, *uî chêng. pŏ chêng. hôan uí. Quando Dios crio el Cielo, aun no avia criado al hombre, tiēn chù chaó tiēn xì ghiĕ, hôan uí sēng jîn.*

Ademas de esto. *iéu. líng, líng vái. Diome un vestido y demas un medio tael tā̂ ùi gò ie líng ý fŏ, iéu puón leàng iĕ chŭ*

Apretadam.^te *kiù. atalo apretadam.^te nì pàng kiù xìn tiĕ.*

A vezes, alternatim. *lûn. siāng lûn. hazed los quartos a vezes, nì mên lûn xèu keng*

Apresuradam.^te *kiù kiĕ. kuái kuái. No vezes apresuradam.^te nì pŏ iáo kuái kuái niēn. Siempre cae el adverbio sobre la cosa, ò accion que es. ò que se exercita.*

Atondadam.^te *luón luón. tiĕn tiĕn. Pedro habla alocadam.^te Petolo luón luón kiàng*

A mas no poder. *mŏ nái hô. A mas no poder hize la reverencia al idolo gò mŏ nái hô pái pŭ sŭ.*

Atropelladam.^te *luon. luón luón. Este moço haze las cosas atropelladam.^te ché kó jîn chó çū tū xí luón luón tiĕ.*

A la par, de dos en dos. *tuî. llegad de dos en dos, nì mên iĕ tuî iĕ tuî taó ché lý lâi. par. xoāng. pareados. ye xoang.*

Alegrem.^te *kái jĕn. huōn jĕn. huōn hì. hì huōn. Cuida alegremente del enfermo. nì huōn hì chaó kú píng iĕn.*

Al justo. ni mas, ni menos. *kân kân. la manta q.^e compro vino al.*

62. al justo para un vestido: tá fö mói iĕ pi kān kān kéu ghŏ iĕ liŭg ŷ fó

Al principio. kŷ téu. chién teu. Al principio de la missa reza la confession. Missa kŷ téu mién kiái chúi kiñg.

A buen tiempo, y ocasion. pién xí. xi xí, chién kiáo. A buen tiempo te baptizaste: nì pien xi liñg xiñg xúi. Veniste a buen tiempo, q.e yo te iba a buscar nâ chén kiáo lâi leào gò chái iáo kiú sin nì.

Notese, que este chén kiáo solo entra en estos modos de venir.

Al anochecer. gán téu. chái gán, chái liĕ. Al anochecer reza las Ave Marias: nì chái gán nién chin chúñg kiñg.

A escondidas. gán tý. téu. mié mié. Los ladrones todos vienen a escondidas: táo chĕ tu teu lâi.

Accessoriam.te de paso. iù pién. Si bas a Canton de paso da esta carta en kán cheu; jŏ nì kiú kuáng tuñg tái ché iĕ fuig xŭ iù pien ký kán cheu fu

B

Basta ya. pá leào. keú leào. ièu leào. Basta ya no le aportes mas. keú leào, pŏ iáo tà tă ya basta no eches mas. ieu leào

C.

Convenientem.te kāi tañg kāi. taùg. kāi jên. tañg jên. Es conveniente el ir a visitarle. kāi kiú pái tă. Conviene se de el castigo a el q.e lo merece: tañg hiñg kāi hiñg chè

Delos dos ultimos solo se usa para responder en cortesia. vg diziendome el guesped pŏ kāu, y respondole kāi jên. es debido

Ciertam.te kuò. kuò jên. Ciertam.te q.e eres un bellaco; nì kuò jên xí tá kuāng kuén.

Con sosiego. çiñg. iuñg. Quando hables vete despacio. nì kiáng hoá xí chiĕ, çhiñg iuñg kiáng,

Como de antes. cháo kién. ŷ kiéu. jû kiéu. jû chĕn. La Virgen nuestra Señora quedo Virgen despues del parto como de antes xiñg mù seùg Jesu heu cháo kieu thiñg xin

Conforme al uso. al tiempo. xí iòng. ŷ xí. Como me el vestido al iqo5 uso. nì tў̆ ṅgò çhò xì kiàng ў fǒ.

Como. assertivè. jû. El hijo de Dios como el Padre. nû çhù xì iêñ chù jû fû iĕ puōn.

Conforme. segun ў. conforme lo tratastes. ў nì mên sò ў tiĕ.

Cada vez. moéi çhĭ. Cada vez q.e rezas la Corona consigues dos indulgencias plenarias. moéi çhĭ niên xing mù hoá kuōn kiūng, tĕ leàng kò tá xé.

Confusam.te hoēn. hoēn tiĕ. hoēn chāng, laò çhaò No hables confusam.te. nì kiàng hoá pŏ iáo hoēn cháng.

Claram.te mîng pĕ. No andes por rodeos dilo claram.te nì mîng pĕ xuĕ pŏ iao xuān kiŏ.

Continuam.te chăng. chăng. El q.e continuam.te sirve à Dios conseguira la bienaventurança. chăng chăng fúng tiēn chù tiĕ, hoéi tĕ tiēn kuĕ hing fŏ.

Con toda voluntad. Vide con afecto.

Cruelmente. kŏ. çhĕng kŏ. çhăng niŏ. çhăng páo. paò niŏ: No azotes cruelm.te a tus hijos. nì pŏ iáo kŏ tà nì çhù.

Claro esta. çhĭ jên. Claro esta q.e viene. tá çhù jên lâi. quieres comer? çhŭ jên. claro esta q.e quiero.

D

Dado caso que. kiă jŭ, kiă ſŭ. Dado caso q.e venga yo no ire. tā kiă ſŭ lâi, gò pŏ kiŭ.

De aqui à un poco. çiéu. tiĕng hoéi. jên héu. De aqui a un poco vendra. tiĕng hoéi lâi.

De aqui adelante. kiū héu. çhŭ kiū ў héu. De aqui adelante debes servir à Dios con mas cuidado. nì çhŭ kiū ў héu kūn keing çhiĕ ў fúng çû tiēn chù.

De balde. en vano. kūng. vŭ iĕ. En vano sirves al Demonio. nì vŭ iĕ fúng çû mô kuèi.

Debido es. chŭ jên. kāi jên. tāng jên. Servir y reverenciar à los Padres es debido. hiao kīng fù mù goéi kāi jên chī lў.

De antemano. iû. siēn. El q.e se à de baptizar de antemano debe saber la doctrina Xpiana. sàn iáo lìng xing xuì iû siēn hiáo tĕ xing kiáo iuên ,tà.

De-

64 Denantes. *fang chài. çhài. pǒ kièu. No á mucho q.e se fue. çhùi kiù.*

De ninguna manera. *ký. tū pǒ chiuên pǒ. De ninguna manera quiere casarse: tū pǒ keng chiū chin.*

De nuebo. *Chuing sin. chài ký teù. Supuesto q.e ya te has confessado, buelve de nuebo à servir à Dios. iù kí xí kiài leào chùi, jù kin kài chuing sin fúng çù tien chù.*

De la misma manera. *iě iáng. iě puōn. Las ceremonias de la missa en todas partes son de una misma manera: çhù tien chù chī lŷ kǒ chù, tū xí iě iáng.*

De otra manera. *Pǒ jen. pǒ jen kien. jǒ pǒ xí. Encarno Xpō por redimir al hombre, porq.e de otra manera no encarnara. Tien chù kiang seng goèi kieu jin, pǒ jen pǒ kiang seng.*

De repente. *Chǒ jen. hǒ jen. Vn hombre murio de repente. iě kó jin chǒ jen çù leào.*

De prestado, por aora. *çhiang chieu kiuèn iung. Vsa de q.e vestido por aora hasta q.e se haga otro. Ni çhiang chieu iúng ché ý sǒ tao chó piě tiě.*

Determinadam.te *kien ý. kien sin. kien xě. sali con determinaçion de persuadirle la fee: gò chu kiú kien ý iáo kiuèn tā çhuing kiáo. Tambien son buenos y usados, ting ý. ting sin. ting xě.*

Derechamente *chě chě. Hablar derechamente nì chě chě kiang.*

Desde el principio. *çhuing xì. Desde el principio hasta la fin de la missa estubo durmiendo. çhuing missa tao çhing tā xúi leào.*

Desde. *çhuing. çhù. Desde donde vienes? nì çhuing nà lŷ lài.*

Despaçio. *màn màn. chiě màn. chien chien. Poco à poco le satisfare: màn màn nì tā.*

Distintam.te por menudo. *chiáng sì. Quando te confiesses di distintam.te tus pecados. Nì kiài chùi xí chiě chiáng sì xiě chù. ký tiě chùi kuó.*

E.

Entonçes. *ná xí. nà xí chiě. Entonçes te acordaras de lo q.e te he dicho. ná xí nì hoéi kí tě gò tiě hoá.*

Estando para. *Chiang. çhiang kin. Estando para morir se volvio à Dios* a Dios y pidio misericordia. Chiūng kin çu̇ hoēi. In kaen tiēn chu̇ xé kỳ çhuì.

En suma. Çhung. iě çhu̇ng. La doctrina santa del Señor es en suma muy necessaria. tiēn chu̇ xing kiáo çhu̇ng xí iáo kin tiě.

En todo lugar. chu̇ chu̇. pien chu̇. kŏ chu̇. çu̇ fañg. xáng hiá. pì miên tiēn hiá. todo lo he andado, gò chu̇ chu̇ ni lāi le ſo.

Extraordinariamte fī chañg. hàn. En China ver al Rey es cosa extraordinaria. Chung kuĕ kién hoâng tý fī chañg tiē çu.

En dias à tras, çhiēn jě. Los dias à tras estube achacoso. çhiēn jě pŏ çhú çhái. ver çhiēn jě ieù siē ping. con cortesia hablando. Çhiēn jě ieù çhiēn iúng.

En un momento. iě xì kien. En un momento se quemo la cassa: fúng çhu̇ iě xỳ kién pî hò xaò leào.

En particular, specialiter. çu̇ hiá. En particular le amo, çu̇ hiá gò gái tā.

En todo caso. chiēn vuán. tuón jên: en todo caso dile q̃ venga. chiēn vuán iù tā xuĕ lâi.

Expressamte. Expressamte dize q̃ no lo quiere hazer. tā míng pě xuĕ pŏ keñg çhó.

En todo tiempo. xỳ xì. mùei xì. No solo por la mañana y noche, mas en todo tiempo es bueno rezar: pŏ tán çhaò vuàn, xì xì iè haò nién kiñg.

En poco tiempo. pŏ kieù. En poco tiempo no se haze muchas cosas. pŏ kieù çhó pŏ tĕ tō çu̇.

F.

Finalmente. Vide en suma.

Forçosamte piĕ tińg. piĕ kińg. piĕ jên. El q̃ no creiere en Dios forçosamte ira al infierno. pŏ sín tiēn chu̇ chè, piĕ kińg hiá tý iŏ.

Fuera de esto. iéu. liñg. liñg vuái. Vide ademas desto.

G.

Groseramte çhu̇. tu̇. Hablas groseramte nì kiàng tĕ çhu̇.

H.

Hasta el fin. taó chuñg. El q̃ perseverare hasta el fin sera salvo: jûn jîn hing xen tao chung kò y xing tiĕ.

Hasta aora. tao kin. *Hasta aora no he tenido nueba. tao kin mò kù sin.*

Humilmte. kien kung. *Humilmte. reconoce tu pecado: kien kung jin nì tiĕ çhúi.*

I.

Ygualmte. çhĭ. iĕ çhў. ping ping. kung ping. *Reparte la hazienda ygualmte. à tus hijos. nì kung ping fuen kiā çhăi iù ùlçhì.*

Ynjustamte. pŏ kung tao. *Tengolo injustamte. xin tuon pŏ kung tao.*

J

Justamte. kung tao. kung ping. *Sentenciolo justamte. gan kung tao xin, relcin tŏ kung tao.*

L.

Luego al punto. çhiên. *Luego al punto que le dieron, murio. tà tă çhieù çù leào.*

M.

Menudamte. çhiang sĭ. *Dile por menudo la ley Sa. de Dios. nì çhiang sĭ hŏ tā xuĕ tiēn chù xing kiáo iáo lỳ.*

Muchas vezes. tō çhŭ. tō çhāo. tō piên. lúi çhĭ. *Tu vienes muchas vezes á pedir cosas. nì tō çhĭ lâi kieù tung sĭ.*

N.

Nada. çhiûen vû. vû. *Dios saco el ser de la nada. Tiēn chù iù çhiûen vû chŭ ieù.*

Ni falta, ni sobra. kan kéu. kan kan kéu. *Vide al Justo.*

No ai duda. claro esta. çhĭ jên *el qe. nace claro es qe. morira. jên chè, çhĭ jên hoéi çù.*

No siendo assi. pŏ jên. *No siendo assi quien quisiera tomar la carga de militar? pŏ jên xĭ xûi iáo tan ping tiĕ kù.*

O

Otro dia. kaì jĕ çhĭ. lìng jĕ. piĕ jĕ. *Otro dia vendre á recibir la enseñanza de Vm. kaì jĕ lâi lìng kiáo*

Oy. kin jĕ. *Oy se baptizaron dos personas: kin jĕ leàng kó jîn lìng xing xùi.*

P. Por

Portanto. ideo. *sò y̆. kú. Portanto es necesario q̃ lo hagas. sò y̆ iáo chó.*

Porque? *goêi xiñ mò? goêi xiñ mò iuên kù. Porq̃ causa le maldi. çes? nì goêi xiñ mò ma tā.*

Poco à poco. *mán mán. chién chien. Ve poco à poco. a la yglesia. nì màn màn taó tāng lỳ kiú.*

Patente. *hièn hién. kién. Patente cosa: kién çū.*

Profundamte. *xiñ. Hallas profundamte. nì kiàng tĕ xiñ.*

Perfectamte, *chíng. hizolo perfectamte. chó tĕ chíng.*

Por poco. *kién. chiāng kín. estuvo p. morir: tā kièn çù.*

Por dicha. *hing jên. híng tĕ. por dicha llegue à verme con V.m. híng tĕ. kién lào iê.*

Por junto *chùng. Compralo por junto: nì. chùng mài.*

Propiamte *puèn tèng. El predicar penitençia propiamte es de los Religiosos Franciscos: kiüen jiñ kĕ kỳ puèn tèng xĭ xing Francicos hoéi siēu taó tiĕ çú.*

Q.

Quanto tiempo. *tō xaò kièu. tō xaò chāng kièu. Quanto tiempo ha q̃ esta àqui este mandarin. ché iê goêi kuōn fù çhái ché lỳ tō xaò chāng kièu.*

R.

Realmte *kuò jên. chiñ xĕ. realmte que es bueno: tā chiñ xĕ hào jiñ.*

S.

Solamente. *tān tān. chì. Solamte tengo un real. gò chì iéu tĕ chiēn iĥ çhù.*

Subtilmte *hiuên ûi. ûi ûi. si siĕ Los Sanctos discurrieron sub-tilmte las perfecçiones. de Dios: xing jiñ hiuên ûi chūi liĥ tiēn chù tiĕ çú ching.*

Sumamente. *xĕ fuén. Los pecadores sumamte aman la gloria mundana: Chúi jiñ xĕ fuen gái xi kiái sŏ lŏ.*

Superficialmte *feū. feū feū. chiēn. pĭ mién. Las cosas dela otra vida no se an de pensar superficialmte. héu xí tiĕ çĥ pò kŏ feū feū tiĕ siāng.* Sin

68. Sin distinçion. *Pŏ lŭn. Sin distinçion de buenos ò malos. pŏ lŭn hào tăi tiĕ jĭn.*

T

Todo el dia. *chūng jĕ. chīng jĕ. Todo el dia me esta molestando. este hombre. ché kó jĭn chīng jĕ nân góç. gò.*

Tanto quanto. *jŏ kān. Pedro jibe el tanto quanto es menester; para la fabrica de un navio. Petŏlo kiào tĕ iĕ chiĕ chûen jŏ kān.*

V.

Vn poco mas. *tŏ siĕ. Echa un poco mas. kīn tŏ siĕ.*

Vn dia si, y otro no. *kĕ jĕ. Vn dia viene, y otro no. kĕ jĕ lâi.*

Otros ai que por ser sinonimos con los dichos àqui, y por averse explicado en el decurso de los capitulos hasta àqui escritos, no se ponen; los dichos bastā para saber la significacion y modo dè colocarse.

CAPITVLO XI.

Del modo de formar las oraciones.

Yaque hemos tratado delas partes dela oracion, se sigue el explicar, como se compongan estas oraciones, las quales son quatro. dos de Activa, *y dos de* Passivo. *De unas y otras se dira en este capit.º q.e es en summa lo q.e esta escrito en el otro arte.*

§.º I.º

De las oraçiones primera y segunda de Activa.

I. La primera oraçion de activa se haze lo comun poniendo primero el nominativo de persona q.e haze luego el verbo, y despues el Accusativo de persona q.e padeçe. *vg. yo amo à Dios: gò gái tiēn chŭ. El maestrō enseña à los discipulos, siēn sēng kiáo tý çhŭ.* En la primera oracion el *gò* es la persona que haze, *gái* es el verbo: *tiēn chŭ* es la persona q.e padeçe. Algunas vezes ponen primero el accusativo, y despues la persona q.e haze, y alo ultimo el verbo. *vg. yo me puedo comer esta gallina; chékó kī nŭ gò hóei chĕ. yo lei este libro, chéiĕ puèn xū gò tŏ leào.* Pero este modo de hablar es baxo, y poco

usa-

usado, aunque intelligible. Quando en la oraçion ai condiçional, se à de començar siempre por ella: *vg. si guardares los mandamientos te salvaràs: jŏ xí nì xèu kiái, hóei xíng tiēn*. Suelen tambien començar por el *nì jŏ xí*, qᵉ es lo mesmo que deçir entre nosotros; *tu si guardares los mandamientos*; qᵉ no es tan propio como el otro modo.

2. La 2da oraçion de activa, tambien se haze como entre nosotros, anteponiendo la persona qᵉ haze al verbo: *vg. yo enseño; gò kiāo. yo leo, gò tŏ. yo oigo, gò tīng* &c. y nunca se pospone al verbo la persona qᵉ haze. y no ai otra dificultad.

§. 2.

De las Oraciones prima y 2da de passiva.

1. La oraçion primera de passiva se forma poniendo primero el nominativo de persona qᵉ padeçe, luego la particula qᵉ haze passiva, y immediate la persona que haze; despues el verbo, y al ultimo la particula *tiĕ*: si es qᵉ segun se explico en las passivas se deve poner: *vg. yo soi amado de Dios; gò xí tiēn chù sò gái tiĕ*; qᵉ el romançe es, *yo soi de Dios amado*. La 2da de passiva se haze anteponiendo siempre la persona que padeçe. *vg. yo soi amado, gò xí sò gái tiĕ. aquel fue azotado, tā xí pí tà leaò.*

§. 3.

Declaranse otras cosas qᵉ pertenezen al modo de formar las Oraciones.

1. Quando en la oraçion ai genitivos se debe atender a la regla de los genitivos qᵉ queda dicha cap.3. §.2. n.3. qᵉ es, que se antepongan los genitivos al nombre que los rige. *vg. yo lei el libro de aquel, gò tŏ tā tiĕ xū*. Quando en la oraçion ai dativo y accusativo, el dativo debe preçeder al accusativo. *vg. yo te di un libro, gò iù nì iĕ puèn xū*: y si se antepone el accusativo, se entendera, mas no es buen modo de hablar. *vg. iĕ puèn xū gò iù nì leaò*. Quando en la oraçion ai nominativo, accusativo, y ablativo, siempre se ha de posponer el ablativo: *vg. yo te mando que vajae con el, gò míng nì tûng tā kiŭ*. Pero

si

). si el ablativo significa conjuncion, en la accion con la persona que haze, entonces se ha de poner immediate à ella. vg. *yo me comere esta gallina con tigo: gò tûng nì hoéi chě ché kó kỳ mù*, id est, *yo con tigo comere esta gallina. Ve con el ala villa, nì tûng tā kiū́ kién lŷ*. y esta es regla cierta. En los verbos de ir ò venir se antepone el termino ad quem al verbo: *vg. vengo de la ciudad: gò fù lŷ lâi. Voi al monte, gò xān xáng kiū́*. y esto se entiende en solos estos dos verbos *lâi, kiū́*.

2. Si en la oracion ai adverbios, lo ordinario es anteponerlos al verbo. *vg. realmente vino, kuò jên lâi leào*: puedese ver esto largam.te en el discurso del §.º 3.º cap. 10. donde tratamos de los adverbios. Debese advertir que si en estos modos de hablar, *kuái cheù, correr aprisa; mán mán chě, comer de espacio*, y otros à este modo, si seusa de la particula tě, que significa poder, y alcançar, se pone primero el verbo, y despues el te, y el adverbio à lo ultimo: *vg. come à spacio, chě tě mán. corre aprisa, cheù tě kuái*. y assi de otros. Quando se habla por imperativo, no se usa del *tě*, y el adverbio forçosam.te se à de anteponer al verbo: *vg. dilo aprisa: kuái xuě. escrive à priesa, kuái siè. reza à espacio, mán mán nién kīng*: y si en estas oraciones se pospone el tě, no haze sentido de imperativo.

3. Si en la oracion ai dos verbos, el adverbio se à de anteponer à el verbo à quien va endereçada su significacion. *vg. ve y dilo luego, nì kiū́ chiéu xuě. Fue, y bolvio luego, tā kiū́ chiéu hoêi lây*. Si en la oracion ai dativo, ò accusativo, ò ablativo, el adverbio se antepone à estos casos: *vg. mañana ve y en todo caso dizelo, nì mîng jě kiū́ chiến vuán iû tā xuě. De ninguna manera le ama, tuón jên pǒ gái tā. iras mañana en todo caso con el ala villa, nì mîng jě kuò jên tûng tā hién lŷ kiū́ &c.* Si se pospone; no es buen modo de hablar. Donde ai negacion que niega el adverbio, se pone primero el verbo, y luego la negacion, y à lo ultimo el adverbio: *vg. no anda à priesa, cheù pǒ kuái. no vino tarde, lâi pǒ chŷ*. Si se pospone el verbo aunq.e se entiende, pero es algo tosco. El adverbio *quo y huc*, se anteponen siempre; *vg. de donde vienes?*

vieres? nà lỳ lâi? donde vas? nà lỳ kiū. voi alli, nà lỳ kiū. vengo à qui ché lỳ lâi. si se pospone, se entiende, pero no es elegante.

CAPITVLO XII.

De los Numeros y Numerales.

Depende mucho el hablar con propiedad del saber los numeros, numerales de cosas, y modo de contar el tiempo, oras, dias, semanas, meses, años, y siglos; y assi me parecio necessario el poner à qui este Capitulo, el qual sera con el mesmo orden de los otros, q. es divididos en parraphos, y estos en numeros, y como sea primero saber los numeros que numeral, sera el primer §. de estos.

§. 1.°

De los Numeros.

1. Los numeros son los siguientes. *Uno, iě. dos, úl vel leàng. tres sān. quatro, çú. sinco, ù. seis, lǒ, vel lieù: siete, chiě. ocho, pǎ. nuebe, kieù. diez, xě. once, xě iě. doce, xě úl. trece, xě sān.* y assi hasta veinte, que viene à ser lo mesmo q.e quando nosotros dezimos *diez y seis*, poniendo primero el numero maior q.e el menor. *Veinte, úl xě,* que quiere decir dos vezes diez. *veinte y uno, úl xě iě. veinte y dos, úl xě úl.* de suerte q.e para decir *veinte y uno &c.* toman primero el numero dos, luego el de diez, y despues los numeros pequenos, que van hasta nuebe: *vg. veinte nuebe, úl xě kieù. treinta, sān xě.* y assi hasta ciento, *exclusivè*, anteponiendo el numero menor. *Ciento, iě pě. docientos, úl pě.* y assi hasta *mil exclusivè*, anteponiendo el numero menor; *mil, iě chiēn. dos mil, úl chiēn.* y assi hasta *diez mil exclusivè. Diez mil, iě vuán. veinte mil, úl vuán.* y assi hasta *cien mil inclusive. cien mil xě vuán.* que es diez vezes *diez mil. docientos mil, úl xě vuán* y assi hasta *un millon exclusive. Un millon (de los pequeños q.e son los Españoles) iě pě vuán.* de los grandes q.e son los Portugueses, *iě chiēn vuán; dos millones. Úl pě vuán; vel úl chiēn vuán millares de millones. vuán vuán. innumerables, vû sú tiě.*

2. Desde veinte hasta *veinte y nuebe inclusivè*, y no en otro

Digitized by Google

72. otro numero, tienen otro modo de contar, que es, *nién iě, veinte uno, nién úl, veinte dos*; dicho modo es mui usado para las quentas dela luna: *vg. veinte ocho de luna, nién pă*. Quando se dize *çiento y quatro* mas se suele poner el *tō*, o la particula *lîng* antes del numero que sobra. *vg. çiento y quatro, iě pě, lîng çú kó, vel tō çú kó*. para deçir *çiento y diez*, se dize *iě pě iě xě kó*, que es *çiento y un diez*. Debense advertir dos cosas; la una, q.^e en los numeros de *diez* para arriba siempre q.^e entra el numero dos, que es en doze, *veinte, veinte y dos, treinta y dos &c.* no se usa del termino, ò voz *leàng*, sino del *úl*. *vg. doçe, xě úl. veinte, úl xě, veinte y dos, úl xě úl. treinta y dos, sān xě úl. &c.* y no se dize doze *xě leàng. veinte, leàng xě. &c.* La otra q.^e assi como nossotros dezimos *tres, ò quatro, seis ò siete*, tambien se dize en esta lengua, pero sin el termino disjunctivo, *vg. tres, ò quatro, sān sú kó. seis ò siete, lǒ çhě kó*. mas por falta de la dis junçion no se puede deçir *nuebe ò diez*, porq.^e muda grandemente el numero y sentido, como deçir *kièu xě kó*, que es *noventa*; puedese empero dezir con la disiunçion, *hoě chè: vg. hoě chè kièu kó. hoè chè xě kó*. De diez para arriba no es necessario la disiunçion.

§.º 2.º
De los Numerales.

1. Los numerales se hazen ordinariam.^te con la particula *kó* pospuesta immediatam.^te al numero, si no es que lo q.^e se cuenta tenga parricula propia, q.^e entonçes no se usa del *kó*, si no dela propia que tiene. *Vg. quatro hombres çú kó jîn. Seis libros, lǒ puèn xū*: usase en la primera del *kó*, porq.^e no ai particula propia para numerar hombres; y en la segunda no se usa del *kó*, porq.^e los libros tienen propia, que es el *puèn*. No aviendo propia particula es tan necessario el *kó*, q.^e si no se pone, muda, y haze otro sentido: *vg. quatro chapas, çú kó çhiēn*. si no se pone el *kó*, y dize *çú çhiēn*, quiere deçir, *quatro reales de plata*. *Seis meses, ò lunas, lǒ kó iuě*; si no se pone el *kó*, y dize *lǒ iuě*, quiere dezir *la sexta luna*; y assi se debe poner cuidado en esto.

2. Es

2. Es çierto que sabiendo las particulas con q̃ se numeran algunas cosas, se habla con propiedad la lengua, y porq̃ desde el principio se habituen a ello, los que la aprenden, le ponen aqui las q̃ se ofreçen, las quales todas se anteponen al numero. vg. una comida. iĕ chang. dos sobrados. leang çeng leu. tres artejos, ò coiunturas, san chiĕ. quatro cortes çii çhó. çinco animales quadrupedos, ù kiēu. vel çù tēu. seis caballos, lŏ piĕ. siete pliegos, ò capitulos, chiĕ chang. ocho navios, pă chĕ chuēn, vel pă hao chuēn. nueve esquadrones, kieù chiú. diez imagenes. pă chang siang. Una casa, iĕ tung fang chù. dos escudillas, leang kuái uuān. tres ensartados, sān chuén quatro çielos, aforros, ò dobleçes, çii chung. çinco pliegos çerrados de cartas, ù fung xū. seis personas honradas, ò dignidades, lŏ goéi. siete paneçillos de tinta, chiĕ hŏ mĕ. ocho palos largos, cañas, ò arboles de navio, pă kan; nuebe porrazos, o golpes, kieù hiá. diez azotes de los que dan con caña, xĕ pan: con disciplina, xŏ piēn. Un grano, iĕ liĕ. vel iĕ kŏ mi, tres de arroz. dos fardos, ò emboltorios, ùl kuēn. vel leang fŏ. tres manojos, ò haçes, sān pà. quatro vestidos çù ling, çinco piezas de seda, o manta, ù piĕ. seis cuerdas, ò sogas, lŏ tiáo. siete emboltorios de mediçina, chiĕ tiĕ iŏ. ocho ojas de papel, ò arbol, pă iĕ. nuebe palabras, kieù kiū. diez pinçeles, plumas, minas pequeñas y clavos, xĕ chī. Una aguja, iĕ moēi chin. dos pedaços, fragmentos. tortillas, ó tablas. leang kuái. tres pares. sān xoang, vel sān tuí. quatro obras de libros çù pú. Cinco peçes ù uĭ. Seis balones de papel, lŏ taò, siete rengleras. ò renglones, chiĕ hang. ocho lazontas de sementera, pă meù tiên. Nuebe misterios, ornzones, kieù tuōn. diez ropas, xĕ hŏ. Una carga, iĕ tan, vel iĕ tiáo. dos tomos de libros. leang puēn. tres sillas, ò mecas, sān chang, quatro negoçios, çù kien, vel. çù chang çù. çinco sillas de camino, ù ting kiáo. seis enguias, ò montes, lŏ teū ling, siete composiçiones, ò retoricas suyas, chiĕ piēn vuēn chang. ocho manadas, ut de ovejas, pă kiūn. nuebe caminos, kieù tiáo lú. diez abanicos ò palos. xĕ pă. Un bonete, iĕ ting mao. dos candelas leang chī chŏ. tres mantas, ò cobertores, sān chang, quatro ciudades, çù ching. çinco cuchillos, lanças, catanas, escopetas, ù pà; seis quadernos, lŏ kiuen. Otros muchos ai q̃ enseñara el uso

§. 3.

§.º 3.º

De los numerales de orden.

En el cap.º 6. §. 3. n. 1. diximos se hazen con la particula *tí*; la qual se debe anteponer al numero: vg. *el primer hombre del mundo fue Adam*, *xí kiái, tí iĕ kó jîn ghiéu xí Atan.* Algunas vezes para nombrar el primero, no usan del *tí*, sino del *têu*. vg. *el primero delos discipulos que siguio a Christo fue san Andres*, *ghúng tû têu iĕ kó sai ghúng gû chú Jesu, ghiéu xí xing gantele.* Para nombrar la primera, la segunda luna &c. no usan dela particula *tý*, si no solo al del numero, a que en orden corresponde la luna: vg. *Pedro volvera la sexta luna*, *Peto lo lŏ iûe ghûi hoêi.* No se me ofreçe otra cosa acerca de estos numerales.

§.º 4.º

De los modos de numerar las horas, dias, semanas, y meses.

1. Las horas de dia y noche segun quenta de los chinas, son solo doçe: y assi una de sus horas tiene dos delas nuestras y las quentan del modo siguiente. *Desde las onçe de la noche hasta la una inclusive*, *gûi xî*, (a cadauna se le pone el *xî*, q.º si-gnifica la hora, ò tiempo.) *De una à tres.* *cheù xî*. *De tres à çinco de la mañana*: *iîn. xî*. *De çinco à siete de la mañana*, *mào xî*. *De siete à nueve*, *xîn xî*. *De nueve à onçe*, *gû xî*. *De onçe à una*, *gù xî*. *De una à tres*, *vi xî*. *De tres à çinco de la tarde xin xî.* *De çinco à siete ieù xî.* *De siete à nueve*, *siŭ xî.* *De nueve à onçe de la noche.* *hái xî.* Tiempo para quando comiença la hora, *ghû* pospuesta, y quando esta en medio ponen *chíng*: y quando se va acabando la hora ponen *mŏ*; con q.ᵉ si queremos decir nuestra hora en punto poniendo uno de los terminos dichos, lo entenderan.

2. En quanto à los dias no ai cosa particular quentan los ò bien segun el orden que van en la luna, ò bien quatro dias, çinco dias &c. à el dia llaman *tiēn*, vel *jĕ ghiú*. por la mañana *ghào*, por la tarde *vuân*: dia y noche diçen *tiēn iĕ*. media mañana, *pûon xáng*

xáng ù. medio dia en punto, *ù xáng.* vel *ù* , vel *ching ù.* vel *ù chui* Despues de medio dia, *hiá ù.* media tarde *hiá ù* media noche, *puón ié.* vel *çhù xang.* vel *çhù ching.* Para los Xp̄ianos ai quenta particular p.ª los dias de la semana. En unas partes quentan assi. Domingo, *chù jĕ*, *idest dia del Señor.* Lunes: *chù úl.* id est *feria 2da.* *chù sān* *feria tertia*, y assi hasta el sabado. *chù çhiē sabado.* En otras partes quentan. *Chù jĕ, Domingo, ò dia del señor.* lunes, *chù iĕ.* martes *chù úl.* y assi hasta el Sabado. *chù lŏ sabado*, que quiere deçir, un dia dos dias &c. despues del Domingo; y todo viene a ser uno. Vea el ministro como halla introduçido donde fuere, y siga aquel orden; y si no halla ninguna introduçion, ponↄa la q.e mejor le pareçiere. Suelen llamar a el viernes *xing kù jĕ*: esto es, *dia de Pasion*; y al Sabado, *xing mù jĕ*. esto es *dia de nra señora*. No he topado en el vocabulario como nombran la semana. me pareçe se puede nombrar *iĕ kó chù jĕ*, y deçir *moèi çhiē jĕ goéi iĕ kó chù jĕ*. Dia de fiesta se dize *chen lỳ jĕ*, quando es, ò se quiere deçir la fiesta de algun misterio, ò Santo. no es necessario poner el *jĕ*, si no el misterio que es, ò nombre del santo antepuesto al termino de la fiesta: *vg. la fiesta de Resurrecçion, fŏ hŏ chen lỳ. La fiesta de san Françisco, xing Françico chen lỳ.* si se pone el *jĕ* tambien no cae mal. *fŏ hŏ chen lỳ jĕ*

3. Consta el año Sinico de doçe lunas, y dias. los quales cada tres años haçen una luna intercalar, y en çinco años dos; esto es que en el tiempo de çinco años caen, ai dos lunas intercalares, y el año que la ai, consta entonces de tres lunas: de estas unas son grandes de treinta dias, à quienes llaman *tá iuĕ*, vel *tá chin*, otras son pequeñas de veinte y nueve dias, a quienes llaman *siào iuĕ*, ò *siào chin*; el orden de contarlas es por el numero q.e ban; a la primera de su año, que es la de Febrero llaman *ching iuĕ*. à la segunda, *úl iuĕ*; à la terçera, *sān iuĕ*, & sic de cæteris; à la duodecima, *xĕ úl iuĕ*, vel *lă iuĕ*. Fuera de este modo ai otro muy usado en la escritura, que es contando por los quatro tiempos, Primavera, verano. otoño, y invierno. A la primera de Primavera

vera

vera llaman, *meng chūn*; ala segunda, *chūng chūn*. ala tercera, *ký chūn*. à la primera de verano (*que en orden del año es la quarta*) llaman *méng hiá*. ala segunda *chūng hiá*; à la terçera *ký hiá*. ¶ *Ala primera de otoño* (*que es la septima en orden del año*) llaman *meńg chiēū*. ala 2da. *chūng chiēū*. a la terçera *ký chiēū*. Alá primera de invierno (*que es la deçima en orden del año*) llaman *méng tūng*: ala 2da *chúng tūng*. ala terçera (*que es la ultima de los quatro tiempos que componen el año*) *ký tūng*. Luna nueva, *sŏ hoéi*, vel *hoéi sŏ*. Conjunçion *iuĕ sŏ*. quarto de luna, *iuĕ hiuên*. primer quarto, *xáng hiuên*; 2do quarto, oposiçion *iuĕ vuáng*. terçer quarto, *hiá hiuên*. Desde el primero de luna hasta el deçimo inclusive, anteponen al numero la particula *chū*, o como otros dizen *chō*: vg. *tres de luna*, *chū sān*. *diez de luna*, *chū xĕ*. Tambien numeran de otro modo, que es, desde primero de luna hasta diez (*hablando en comun de los diez dias*) *chū xĕ kiēn*. *vel chō xĕ pién*, *vel vúi hén*, que es çerca, ò dentro de diez dias. desde diez hasta veinte, *xáng siún*. desde veinte hasta treinta, *hiá siún*. Ecclipse de luna. *iuĕ xĕ*. *Esto es lo que se me ofreçe à çerca de las horas, dias, semanas, lunas, y sus quentas: passemos aora à los años.*

§. 5.

Del modo de numerar los años.

1, El ordinario modo de numerar los años, es anteponiendo el numero de quantos se quieren deçir. a la palabra *niên* (ò otra que signifique año) vg, quatro años, *sān çū niên*, *vel çū çāi*. veinte años *úl xĕ niên*. Fuera de esto tienen un modo particular de numerar los años, el qual es, *velut siclus*, usanlo de esta suerte: tienen diez letras, y terminos que son *kiă*. *iĕ*. *pìng*. *tīng*. *meú*. *ký*. *kēng*, *sīn*. *jîn*. *kuèi*. A cadauna de estas letras, ò terminos, comenzando desde la primera por su orden, se le añade una letra ò termino de las doçe que el chino pone para numerar las horas del dia, y de la noche, comenzando desde la letra, o termino, q. significa la hora de media noche; y assi ala primera letra de los años q. es *kiă*. se añade la letra *chū*, que es

de otro

de once a una, y dice *kiă chŭ.* ecce un año ya determinado. ala ſegunda letra delos años que es *iĕ*, ſe añade la letra *chèu*, que es de una à tres, y ſe dira. *iĕ chèu*: ecce 2do año. y deeſta ſuerte ſe ba numerando haſta la deçima letra del año, a que ban por orden correſpondiendo las letras de las oras: Aviendo ſe complido las diez letras del año à q^e^ correſpondieron diez delas horas; es çierto que ſobraron dos letras delas horas, que ſon *ſiŭ* de ſiete à nueve, y *hái* de nueve à onçe. y aſſi ſe buelven a numerar las del año començando deſde la primera que es *kiă*, y entonçes ſe añade la letra undeçima de las horas, q.^e^ es *ſiŭ*, y aſſi dira *kiă ſiŭ* (undeçimo año.) *iĕ hái*. duodecimo año; cumplido y lleno el numero delas doçe letras de las horas. ſe buelbe al principio de ellas, y proſigue la del año que es la terçera. y aſſi el deçimo terçio año es *pìng chŭ*: el *pìng* es la terçera letra del año, y el *chŭ* es la primera de las horas; y deſta manera ſe proſigue haſta bolver à llenar las diez letras del año, las quales llenas ſobran quatro letras de las horas, y aſſi ſe buelve ala primera delos años q.^e^ es *kiă*, y ſe añade la primera letra delas quatro de las horas q.^e^ ſobraron que es *xiñ*, y aſſi ſe dize *kiă xiñ*, que es el veinte y un año, de eſta ſuerte ſe van proſiguiendo las letras de los años juntas con las de las horas, haſta q.^e^ llegan à eſtar parejas: eſto es q.^e^ no ſobra nada de las letras de las horas, q.^e^ es haviendo dado ſeis bueltas con las diez letras de los años. A la primera buelta y numeraçion de los años, ſobran dos letras delas horas; ala ſegunda buelta ſobran quatro letras de las horas; ala terçera, ſobran ſeis letras de las horas: ala quarta, ſobran ocho letras de las horas: ala quinta buelta, ſobran diez: ſobrando pues diez letras delas horas, y ſiendo diez las delos años, en la ſexta buelta, y enumeraçion vienen à quedar yguales; eſto es, que viene la ultima letra de las diez del año. à caer junto con la ultima de las horas, que ſon *kuèi hái*; y entonçes ſe lleno el numero de ſeſenta, pues paſaron ſeis bueltas con diez letras de años y horas, que llenaron el dicho num.^o^ de ſeſenta años; y entonçes ſe buelve à numerar de nuebo.

2. Pa-

2. Para que ſe vea eſto con claridad hare aqui una tabla de eſtos ſeſenta años: y adviertaſe. q̃ ſegun eſte preſente año lleban ellos la quenta, es el principio de la numeracion el año del Señor de 1624. Sobre las letras pondre el numero de nr̃os años para que quede mas claro.

1624.	kiă çhiù.	1654.	kiă gù.
1625.	iĕ cheù.	1655.	iĕ ùi.
1626.	pìng în.	1656.	pìng xīn.
1627.	tīng maò	1657.	tīng ieù.
1628.	meu xîn	1658.	meú ſiŭ.
1629.	kỳ çù.	1659.	kỳ hái.
1630	kēng gù.	1660.	kēng çhù.
1631.	ſīn vì.	1661.	ſīn cheù.
1632.	jîn xīn.	1662.	jîn în.
1633.	kuèi ieù.	1663.	kuèi maò.
1634	kiă ſiŭ.	1664	kiă xîn.
1635.	iĕ hái.	1665.	iĕ çù.
1636.	pìng çhù	1666	pìng gù.
1637.	tīng cheù.	1667.	tīng ùi.
1638.	méu în.	1668.	méu xīn.
1639.	kỳ maò.	1669.	kỳ ieù.
1640.	kēng xîn.	1670.	kēng ſiŭ.
1641.	ſīn çù.	1671.	ſīn hái.
1642.	jîn gù.	1672.	jîn çhù.
1643.	kuèi ùi.	1673.	kuèi cheù.
1644	kiă xīn.	1674	kiă în.
1645.	iĕ ieù.	1675.	iĕ maò.
1646.	pìng ſiŭ.	1676.	pìng xîn.
1647	tīng hái.	1677.	tīng çù
1648.	meú çhù.	1678.	meú gù.
1649	kỳ cheù.	1679.	kì ùi.
1650.	kēng în.	1680.	kēng xīn.
1651.	ſīn maò.	1681.	ſīn ieù.
1652	jîn xîn.	1682	jîn ſiŭ.
1653.	kuèi çù.	1683.	kuèi hái.

lleno este numero de sessenta letras y años, que sera el año de ochenta y tres se buelve a el principio; con q.^e el año de 84. se dira *kiă chü*, y se ira prosiguiendo con el mesmo orden q.^e queda visto en esta tabla.

3 Es necessario, q.^e sabiendo el ministro lengua, aprenda este modo de contar, porq.^e acontece cada dia preguntarles el ministro quantos años tienen de edad, asistencia en aquel lugar &c. y los entendidos responden el numero de años con una delas letras de supra, y si el ministro no las sabe se queda en aiunas, y si buelve à preguntar que quantos, porq.^e no entendio, no haran tan cabal concepto de el ser entendido, como si supiesse la quenta. Tambien es bueno saberlo para quando ellos nos preguntan que año nacimos, que año entramos en su reino &c. q.^e es bien responderles con este modo de quenta. llaman à este modo de numerar los años, *lŏ xĕ hoā kiă chŭ*, id est las pintas, ò salpicaduras de las 60. letras del *kiă*, que es porque se ban robolviendo, y mesclando unas entre otras. Al año *ut sic*, llaman *niên*, al año bisesto llaman *jün niên* principio del año *chāi niên*: *vel chāi chīng*; *vel chīng iüe chū iĕ*. Vltima noche del año *sān xĕ vuàn*: *vel sān xĕ niên ié*: *vel niên ié*. El siglo suio tiene treinta años: llamanle *iĕ xí*; tambien de una à otra generacion, como de Padre à hijo, de hijo à nieto llaman un siglo. Tambien tienen otro modo de contar los años que es por los reinados de cada Rei. *vg.* quando entro *V.m.* en el Reino? *kān hī xĕ ù niên*. id est el quince año del Reinado *kan hi*: q.^e es el reinado de este Rey de agora. *Que año estubo V.m. en la corte?* *xun chi xĕ niên*. esto es el decimo año del Reinado del Rei *xun chi*, q.^e es el Padre de este q.^e reina este año de ochenta y dos; y dicho el año del Reinado se colige luego quantos años ha.

4. Debese advertir que para decir la mitad, no solo del tiempo, horas, dias, meses, y años, si no tambien de otras cosas, como gantas, cate, carga, pieza de ropa, &c. se haze con la particula *puón* antepuesta: *vg. media hora, puón xí. medio dia, puón tiēn, media luna, puón kó iüe. medio año, puón niên. media ganta ut de arroz, trigo &c.*

*&c. puón tèu; medio cate, pùón kiñ. media carga, puón tán. media pie-
zo. de manta, puón piĕ pú.* &c. y si el *puón* se pospone y dize *iñe-
puón, niĉn puón*. muda el sentido, y quiere deçir *ala mitad de la
luna: año y medio,* &c. que ai de uno à otro gran diferencia. En
quanto alas quentas de pesos, y medidas, no ai cosa particular que
advertir. *Dinero* llaman *chiĕn*. *ducado, leàng*. *deçima parte de
un ducado que es un real. iĕ chiĕn. decima parte del real, fuen. deci
ma parte de fuén, lў. decima parte del lў, hâo. deçima parte del hao
çiī. deçima parte del çiī, hŏ. deçima parte del hŏ, ûi. deçima parte
del ûi, siēn. deçima parte del siēn, miào.* De suerte que la codicia,
y ambiçion q.^e esta naçion tiene por plata le à echo à ser el dividir
una moneda hasta un indivisible.

CAPITVLO XIII.

De diversas particulas.

1. *Este capitulo treçe, se ordena à mostrar el uso de algunas particulas. el qual sabido con mas façilidad se pueden vandear los nuevos ministros, mas se advierta que aunq.^e todas las q.^e se pondran à qui; son en su modo cadauna, mui usadas; mas no deve usarse tanto de alguna que pase à ser viçio, y estrivillo. Pondranse de cadauna tres, ò quatro exemplos para que por la praxis quede mas claro.*

Particula Tang.

2. Esta particula en la voz, significacion, y uso, correspon-de à otra nuestra, que es *tan*, la quale es lo que deçimos *no tan bueno, no tan claro, no tan alto,* &c, el qual uso tiene en esta lengua *vg. No tan claro, pŏ tang mîng pĕ. No tan bueno, pŏ tang hào. No tan alto, pŏ tang kāo, No habla tan bien, pŏ tang hóei kiàng. No tan lexos, o no mui lexos, pŏ tang iuèn. No es tan rico. ò no es mui rico. pŏ tang fú kuei.* &c.

Particula iĕ.

3. Esta particula es la del numero *uno*, la qual puesta en me-dio de algunos verbos reduplicados, haze el sentido de reduplicaçi-on, que ai en la latinidad; y en nro Castellano, qual es, *manda, re manda, expecta. reexpecta: mira y mira, ò da una mirada* &c. y es

segun

ſegun la ſignificaçion del verbo que ſe le llega. *vg. Da una mirada, kàn iĕ kàn. Eſpera un poco, tèng iĕ tèng. Prueba, experimenta, xí iĕ xí. Anda un poco, çhèu iĕ çhèu. Eſcucha, da una oida, tíng iĕ tíng.* En la Provinçia de *Chĕkiāng* es mui uſado eſte modo, y en qualquiera otra ſe puede uſar no ſiendo mui ordinario, maxime en los modos referidos.

§. Particula *Tà*.

4 Eſta particula ſignifica *ſacudir, dar golpes*, la qual es mui uſada en eſta lengua para muchas composiçiones, como ſe vera por los exemplos ſiguientes. *Aderezar caſa ò navio, tà chìng. Deſpertar à otro, tà ſìng tā. Eſparçir, tà ſán. Eſternudar, tà t'í. Sellar con ſello, tà ín. Saltear, ò robar, tà kiĕ. Caçar, tà liĕ. Eſpiar, ſer eſpia, tà tíng. Darse aire con el abanico, tà xén. Dar cabeçadas de ſueño, tà tùn. Torçer el hilo, tà ſién. Hazer la ſeñal de la Cruz, tà xĕ chú kiá. vel tà xíng hào.* De ſuerte que ſe uſa ordinariam.te para todas las acçiones de *romper, dar golpes.* &c. y adviertaſe q.e aunque eſtos modos de hablar ſon mui uſados, mas puedenſe uſar y deçir muchos de ellos de otra ſuerte, ſin la particula *tà*.

Particula Tĕ.

5. De eſta particula Tĕ, que ſignifica *poder, ò alcanzar*, ſe ha tratado cap. 7.º §. 2.º n. 5. y 6. y cap. 11. §. 3. n. 2. veaſe alli ſu uſo. Fuera de los alli referidos, tiene uno particular, comun, y elegante; y es que pueſto en medio de la negaçion *pŏ*, y a lo ultimo un verbo, ò adverbio, haze ſentido afirmativo ſegun la ſignificaçion del verbo, ò adverbio, que eſta à lo ultimo. *vg.*

No puede dexar de ſer, pŏ tĕ pŏ xí. No puede ſer por menos, ò de otra manera, pŏ tĕ pŏ jên. No puede dexar de ir, pŏ tĕ pŏ kiŭ. No puede dexar de venir, pŏ tĕ pŏ lâi. No puede dexar de caſtigarlo, pŏ tĕ pŏ fă tā. No puede dexar de conçederlo, pŏ tĕ pŏ chùn. &c.

Tambien ſe uſa de eſta particula *tĕ*, para deçir **Primado del Rey**; *amado, ò aborreçido de los hombres*, que es lo mesmo q.e deçir *alcanzo la grazia del Rey, vel el aborreçimiento de los hombres, tĕ hoâng tý chúng gái.* &c.

Parti-

Particula Chŏ.

6. La propia significaçion de esta particula es açertar, o en lo que dize, haze, ò habla. &c. *Hablo bien, kiàng te chŏ. Oio lo que dixeron, tīng tě chŏ, vel tīng chŏ. Cogiolo, nâ chŏ, vel nâ tě chŏ. Açerto, chŏ leào. No açerto à deçirlo, kiàng pŏ chŏ. &c.*

Particula Tý.

7. Esta particula en rigor significa *substitulo; ò hazer por otro. vg. hazlo por el, tí tā chó.* Fuera de esto la usan communmente sobre los sujetos, ò terminos de algunas acçiones. *vg. Baptizarle, tí tā sì. Pido al Padre le de la extrema unçion, kiêu xîn fú tí tā fú xing ièu.*

Particula jên.

8. Esta particula sirve para hazer adverbios afirmativos. la qual es assi en algunos modos, asi comunes como elegantes, muy usada. *vg. Clare, chŭ jên. Convenienter, kāi jên. Repentinè, chŏ jên, vel hŏ jên. Aliter, piě jên. Realiter, et vero, piě jên, vel kuŏ jên. Panformiter, iě jên. Materialiter chě jên. Formaliter, mû jên. &c.*

Particula kin.

9. Vsase de esta particula para todo tiempo presente, ò bien de oras, dias, lundo, años, ò siglos. Exemplos de todos: *En este instante, kin chiě, vel kin kě. En esta ora, kin xî. En esta mañana, kin chaò. En, ò esta tarde, kin vuàn. Este dia oi, kin jě. Esta noche, kin iè. Esta luna presente, kin iuě. Este presente año, kin niên. Este siglo, kin xí.*

Adviertase que à mas de poderse deçir esto de otra suerte, y con otros terminos como diximos en el num. 3., suelen usar en algunos de estos modos de la particula *kiēn* pospuesta al tiempo, y viene à tener la significaçion de, en el intermedio de hora, dia, &c. segun que se llega al termino de tiempo *(aunque no en todos) vg. chaò kiēn, por la mañana. vuàn kiēn por la tarde.*

Particulas plén, pě, kŏ.

10. La particula *plén* se usa para todo lo que se dize à proposito.

ſito, acomodado, eſtar à mano: *vg. eſta aparejado, pién leào. compro ſe con comodidad, mài tĕ pien ỳ. Eſta à mano? pién leào mò?* Antepueſta la negaçion *pŏ*, haze ſentido opueſto, y aſſi con ella ſe uſa para deçir que es inconveniente &c. *vg. los Xpianos caſan ſus hijas con gentiles, es grave inconveniente; kiáo chūng jîn kiŏ kў niù ùl, ù kiáo vái tiĕ, tá pŏ pién.* es mui uſado eſte *pién* en eſte ſentido.

11. La particula *pĕ*, ſignifica çiento. pero tambien la toman por *univerſalidad, y omnis. vg. todos los vaſallos, pĕ miñ, vel pĕ ſing. todas las frutas, pĕ kuò. todos los animales terreſtres, pĕ xeú.* El *kŏ* a mas de uſarſe en lo que es digno, como ſe dixo cap §. num. le uſan en otros modos particulares. *Que laſtima! kŏ siĕ. puedeſe hazer, kŏ ỳ chó tĕ. Como no ſera? kŏ pŏ xí.* Es mui lindo, claro, y elegante eſte *kŏ*, uſandole cum grano ſalis Eſtas ſon las particulas que me ſe ofreçen, que por ſer mui comunes ſus modos de hablar me pareçio ponerlos àqui. El arte viejo (que llaman) trae algunos, como *leào, kў, lâi, kiŭ*, que no tienen coſa particular, fuera del comun ſignificado que ſe hallara en el vocabulario, y lo que puede ſer de nota, en el diſcurſo de eſte arte queda dicho. Otras particulas ai como *chiñg, liñg, chién kuéi*, y otras que perteneçen à corteſias, mas de ellas ſe trata en los capitulos ſiguientes. y por concluſion de eſto digo, qᵉ las coſas comunes de eſte idioma ſon eſtas.

12. Otros modos ai, que enſeñara la experiençia, qᵉ no es poſſible reduçirlos à reglas; las dichas abren camino, y dan luz a los principiantes, para vençer la difficultad del principio; que ſi en eſte no ai algun directorio, cauſa pena y triſteza; y es çierto qᵉ ſe aprende con mas dificultad, mas ierros, y mas tarde. Conoçiendo eſte inconveniente los Religioſos de N.P.S. Domingo, luego que ubò quien pudieſe, diſpuſieron arte; y eſte conviene con el en las principales reglas; ofreſcole tal qual à los miniſtros que vienen a predicar nr̄a ſanta lei en eſte Reino; y quiſiera fuera tan infalible en todas ſus reglas, que ſiguiendolas fuera indubitable la çerteza en el deçir, y hablar. La fras es dificultoſſi-

86. ſiſſima, para cuia conſecuçion es neceſſario la comunicaçion con ellos; y tambien el leer ſus libros (*al hic et nunc, y con las circunſtançias que diximos cap. 1. advert.ª 4.ª*) y eſtos primeros ſean algunos de nr̃a ſanta ley, quales ſon; *xing kiáo iáo niún*. *Chù kiáo iáo chúi lún*. *Çhū hóci vuén tă*. los quales con façilidad ſe pueden aprender, por ſer llanos, y coſas para noſotros ſabidas; de àqui podra paſar, à los libros *çú xū*, q.^e ſon del *kumfuçio, y méng çhù*, que ſi los eſtudia, y encomienda à la memoria, lo q.^e pudiere, de ſus ſentençias, podra con la aiuda del ſeñor, q.^e no falta al que haze de ſu parte, aprender mucho: y podra algunas vezes con una ſentençia de dichos libros, que contendra quatro palabras, explicar todo ſu conçepto; y el chino que lo viere lo hara del miniſtro, q.^e es verſado no ſolo en las çiençias europeas, ſino tambien en ſus libros, de q.^e hazen mucho caudal, y apreçio, ac per conſequens, mucha eſtima del miniſtro.

CAPITVLO XIV.

De las palabras corteses de la lengua Mandarina.

Pareçiome ſiguiendo el rumbo de otro arte, poner àqui las palabras corteſes, y modo de hazer las corteſias exteriores, y eſcrevirſe en los papeles de viſita, por ſer coſa neçeſſaria al miniſtro el eſtar en todos eſtos puntos. *Son los Chinos notablem.^te corteſes, y çeremoniaticos, y ponen cuidado mucho en eſto, y ſienten grandem.^te (·S·) el que aſsi en el hablar, como en las corteſias exteriores, (·h·) lugar, y nombre ſe les falte, ſegun la calidad de las perſonas; y le es mui neceſſario al miniſtro eſtar mui advertido en eſto; para con ello captarles la voluntad, y que le oigan con pia afeccion, y hazer fruto en ſus almas. Y aſsi à pareçido poner àqui juntas las palabras de que uſan en ſus corteſias, y el hic et nunc, para q.^e con mas façilidad se encomienden à la memoria.*

§. 1.º

De la particula Líng.

Eſta voz *Líng*, es mui uſada, anteponeſe ſiempre al termino de alde alguna persona, que es pariente, ò perteneçe à aquel con quien yo hablo: *vg. el noble* [redacted] *de Vm.ͤ līng çhūn. la madre, līng t[illegible]. el hijo, līng lâng. la hija, līng gái. si es pequeñita, līng çhiēn kīn.* Adviertase, que estos quatro si no se les pone el *līng*, no tienen esta significaçion. En los demas parientes, y personas aunque no se ponga el *līng*, tienen àquella misma significaçion, pero dizese sin cortesia. *Su noble abuelo, līng çhùn vûng. Abuela, līng çhù mù. hermano maior, līng hiūng. menor, līng tí. Hermanas maior y menor, līng çhiè moéi. Suegro, līng iǒ chàng; vel chàng jîn, vel iǒ fú. Suegra, līng iǒ mù, vel chàng mù. Tio maior de parte de parte de Padre, līng pě. Tio menor, līng xǒ. Tios de parte de madre, līng mù kiéu. Tias de parte de madre, līng ŷ niâng. Tia, muger del herm.º maior de su Padre, līng pě mù. Tia, muger del herm.º menor de su padre, līng xǒ xìn. Cuñada maior, līng sáo. Cuñada menor, līng sý siè. Su muger, līng chíng. Sus parientes, līng çhīn. Su consuegro, līng çhīn kiā. Sus sobrinos, līng chě. Sus nietos, līng sūn. Nietas, līng sūn niù. Maiordomo, līng kuòn kiā. Criados, līng kiái. Discipulos, līng tú tý.* Todos estos terminos se usan hablando con personas honrradas, que no son, ò an sido mandarines; que para estos ai otros terminos que se pondran despues; y adviertase, que este *līng* es solo para personas.

§.º 2.º

De la voz *kuéi*.

Esta voz *kuéi* se usa para nombrar las cosas que pertenecen à aquel que habla con migo, significa preçioso, rico, y noble. *vg. El noble y preçioso reino de Vm.ͤ kuéi pāng, vel kuéi kuě. Su Provinçia, kuéi seng. Su Ciudad, kuéi fù. Su Villa, kuéi hién. Su lugar, ut sic, kuéi chù.* &c. *Su cuerpo, kuéi tỳ. Sus ojos, kuéi mǒ. Su mano, kuéi xèu*, &c sic delos demas miembros del cuerpo. *Su salud, kuéi iáng.* diçese quando esta enfermo. *Su casa, kuéi kiā. Su hospedaje, kuéi iû. Su edad, kuéi kēng.* y assi en otras cosas.

§.º 3.º

De las voçes *Çhūn, kaō. goéi.*

1. El *çhūn* significa noble; anteponese à algunos terminos

36 nos; vg. la alcuña de Vm.ª chūn sing; vel kuéi sing. su nombre (esto es un nombre que tienen para ser nombrados à q.e suelen llamar nombre pequeño, siào ming) chūn haó, vel chūn pìhà. su parentela, chūn chǒ. su mandato, chūn ming. su silla de manos, chūn kiáo. su cavallo, chūn mà. Adviertase que à ninguno se puede nombrar con su nombre propio hablando con el, ni preguntarle por el, usando desta palabra ming, q.e lo significa, aduer q.e se le anteponga alguna delas voces chūn, ò kuéi; puedese pero preguntarsele usando del termino hoéi. vg. el nombre de Vm.ª hoéi. vel chūn hoéi.

2. El kaō significa alto: usase quando se pregunta à uno que es anciano por su edad. vg. la edad de Vm.ª kaō xéu; Tambien se usa quando se quiere alabar à uno, de que tiene alto entendimiento, buenas manos, &c. vg. su entendimiento, kaō ming gú. sus manos, kaō xeù. &c. El goéi significa dignidad, personaje, &c. y se usa para numerar las personas que pertenecen à aquel con quien habla. vg. Quantos hijos tiene Vm.ª kỳ goéi ling lang. Vm.ª lie goéi. dos hermanos, leàng goéi hiūng tý &c. y no solo se usa de estos terminos para nombrar las personas, que pertenecen à aquel con quien hablo, sino tambien, quando nombro delante de otras personas honrradas à sus hijos, padres, &c. los debo nombrar como si aquel à quien pertenecen estubiera presente, y se deve advertir en esto.

§. 4.º

De las voces kiā. siě. siēn, siao.

Estos terminos son para humillarme, ò humillarse delante de la persona con quien hablo, que tambien es honrra que le hago; tiene cadauna de estas quatro particulas distinto uso; el kiā que significa casa, sirve para nombrar mis parientes vivos, y que son mis superiores; anteponiendola al termino que los significa. vg. mi padre, kiā fú. mi Madre, kiā mù. mi abuelo, kiā kung. mi abuela, kiā chù pì. mi hermano maior, kiā hiūng. mi tio, hermano maior de mi padre, kiā pě. el menor, kiā xö. mis tios de par *de parte de madre, kiā mù kieu.* y lo mismo es en todos los demas parientes maiores, anteponiendo à los terminos que quedan dichos en el 1. §º de este cap. el *kiā*. *Si* los parientes q̃ digo ò nombro son menores, en lugar del *kiā* se pone el *siě*. *vg. mi hermano menor, siě tí. mi sobrino, siě chě; mi yerno, siě sí. mi pariente, siě chīn.* Vsan tambien en lugar del *siě* la particula *xé, vg. xé tý; xe chě. &c.* *Si* los que nombro son hijos, *criados*, ò *muger.* usan del *siào. Mi hijo, siào úl. mi hija, siào niù. mi criado, siào kiái. mi muger, siào chī.* Para nombrar la muger, fuera del termino dicho tienen otros, q̃ se diran en el §º siguiente. Del *siēn* se usa para nombrar los parientes difuntos aunq̃ sean menores. fuera de los hijos, hijas, nietos, y sobrinos, que no se usa del. *vg. Mi Padre difunto, siēn fú. mi madre difunta, siēn mù. mi hermº maior, siēn hiūng. el menor siēn tí.* & sic de reliquis.

§. 5º

De las Voces Pí, chién, hân.

Del *Pí, y chién.* se usa en las cosas mias, o que tocan à mi persona; significan, *baxo, humilde*: pondre algunos exemplos para q̃ se vea donde entran, y su uso. *Mi humilde y baxo Reino, pí pāng, vel pí kuě. Provincia, pí sèng. Ciudad, pí fù. Villa pí hién. Mi baxo lugar, pí chū. Mi humilde estelaxe, pí iù. Mi humilde apellido, pí sing. Mi discipulo, pí tū. Mi amigo, pí ièu. Mi muger, pí fāng. Mi concubina, pí chiě. Mi apellido, pí sing. Mi dignidad, pí chě; si es mandarin, y assi se nombran los mandarines inferiores delante de los superiores.* Chién. *Mi salud, chién iáng. Mi cuerpo, chién tỳ. Mi humilde nombre, chién ming. Mi muger, chién fāng.* Del Hân solo he visto usar, para nombrar la casa. *Mi casa, hân kiā.* *Si* queremos deçir *mi yglesia, no diremos hân tâng, si no pí tâng.*

CAPITVLO. XV.

De como se nombran los Mandarines, sus parientes, otras personas: y como me tengo de nombrar, verbo, et scripto.

Fuera de los terminos referidos en el cap.º precedente, q̃ solo sirven

para

98 para nombrar à personas honrradas ay otros distinctivos q.e ensalzan mas la persona, con quien, ò de quien hablo, los quales no se pueden usar con otras personas; delos quales trataremos en este capitulo, y juntamente el modo de nombrarse à si mismo en los papeles de visitas, cosa q.e se debe estar mui en ella, porq.e de errar se suelen seguir graves inconvenientes.

§.º 1.º

Como se nombran los Mandarines.

A los mandarines actuales, quando estan sentados en audiençia pro tribunali les llaman todos *laò iê, Señor Padre*; los mandarines se nombran assi mismos segun el cargo q.e tienen, el q.e lo es de provinçia, se nombra *puèn táo*. Los governadores de Civdad, *puèn fù*. los de Villa, *puèn hién*. &c. sic de alijs; Los inferiores à ellos como son vasallos, *escrivanos, alguaçiles, &c.* se nombran delante de sus Mandarin.s, *siaò tiĉ, pequeñuelos*. A los mandarines podremos llamar segun q.e son. *Al Virrei, tesorero, juez del crimen. Maese campo, y a otros de este porte llamaremos tá laò iê; A los governadores de las Civdades y Villas, laò iê, vel laò tá jin. A los hiŏ kuones, Maestros, y Doctores, laò siēn sēng.* Puedeseles tambien deçir *laò iê*, maxime si ellos nos nombran à nosotros con esos terminos. A los de guerra, como *Çhūng pīng, Çhān chiáng*, se les puede nombrar a mas de con el *laò iê, laò chín tāi*. y si es mas peqneño, *Çhiáng tāi*. Quando una persona tiene el credito de mandarin, aunq.e en la verdad no lo à sido, y alias ni es maestro, ni Doctor, les podremos nombrar *çhūn tāi, vel laò çhūn tāi*. *A los Regulos, Vuâng iê. y a los Duques kūng iê. &c.* Adviertase que quando hablamos como uno, que aliquomodo esta de baxo de la jurisdiçion de otro, y preguntamos por à quel à quien pertenece, le hemos de nombrar, como el le nombra. *Si el dize, tá laò iê*, nosotros diremos *tá laò iê*. si *laò iê*. diremos *laò iê*. Si *siāng kūng*, diremos *siāng kūng*.

§. 2.

§. 2°

De como se hombran los parientes de los Mandarines.

Para nombrar los parientes de los Mandarines actuales tienen nombres honrrosos de los quales no se puede usar para otras personas: *vg. el Padre de Vm.* *tái iê.* *su hijo, kūng çhù, vel siang kūng.* *Su madre lào tái niâng.* *su muger, nài nài.* Si es grande mandarin ut *Virrey,* *tá lào iê.* *su madre. lào tái,* *su muger tái tái.* *Al hijo maior, tá xǒ, vel tá siáng kūng.* *al segundo, úl xǒ. vel úl siáng kūng,* & sic de cæteris. *Su Abuelo, tái kūng.* *su Abuela tái çhù mù.* *Sus hijos, siào chié, lcè.* *los hermanos de su muger, kiéu iê.* *Su tio maior, pě iê.* *la primera concubina, úl niâng; la segunda, sān niâng.* & sic de alijs. *Al primer herm.º úl iê.* *al segundo, sān iê. &c.* y alas mugeres de estos añidir el *niâng* despues. *A la Nuera muger del hijo maior, tá xǒ xīn.* *a la del 2do, úl xǒ xīn & sic de singulis.* *A su suegra, tái nài.* Estos terminos no solo se usan quando se habla con el mismo mandarin. si no quando se habla con otras personas nombrando los dichos parientes de los mandarines, ò con los mismos parientes. Al *maiordomo del mandarin llaman tá xǒ, vel siang kūng.* *La silla de manos de Vm.º hiúng kiá.* Estos terminos son solo para los mandarines, q.º con los q.º no lo son. ò an sido, no se pueden usar.

§. 3°

Como se nombran las personas con quien hablo, y me tengo de nombrar à mi mismo, verbo et scripto.

1. Aviendo dicho el como se nombran los mandarines, se sigue el decir como hemos de nombrar à las de mas personas con quien hablamos, porq.º no à todos se puede nombrar indiferentem.te y assi en esto se debe como en lo demas poner cuidado. A las personas baxas, y humildes nombrandolas, basta decirles *nì*, q.º es *tu*, y nombrarme à mi de *gò*, que es *yo*. y los *Xpianos* ordinarios puedese nombrar con el nombre del santo q.º cadauno tiene; à las de mas personas, quando es gente honrrada podemos nombrar *hiūng.* *hermano maior.* y nombrarse assi *tý*, que es *hermano menor.* Si son viejos, y algo mas honrrados, podemos decirles *lào hiūng.* a los letrados

trados, *sieù çhāi*, y *kiēn sēng*, podemos nombrar *lào hiūng*, vel *siāng kūng*. y anosotros mismos delante de ellos, *siào tý*. Si con los que hablo son *kiù jîn*, *çhín çù*, *hiŏ kuōn*, ò *kūng sēng*, podemos nombrarles, *lào siēn sēng*. id est *señor maestro*, y nombrarnos à nosotros, *hiŏ sēng*, id est *discipulo*. A la gente moça, que es de casa honrada, siendo estudiantes podemos nombrar *hiēn ký* q. es avil. Advertasse q. todos tienen dos letras que llaman *haó*, puedense preguntar, y con ellas nombrar, y si ai algunos Xpianos letrados, es bien preguntarseles, y nombrarlos con ellas; porque aiga diferençia entre ellos, y nros criados, q. llamando à estos siempre por su nombre de baptismo; es fuerza distinguir de los otros, que en todas estas delicadezas tienen, y devemos por Xpo reparar en estos puntillos; lo mismo se puede usar con algunos otros Xpianos honrrados, q. no dexan algo de sentir que le llamen siempre con el nombre del Santo. como à los criados de casa.

2. Ya queda dicho como nos hemos de nombrar à nossotros delante de las personas que no son mandarines, falta el deçir, como debemos nombrarnos delante de estas, y sera que delante de mandarines pequeños, y governadores de villas, y çivdades, nos nombremos *siào tý*, ò *hiŏ sēng*; discurriendo puntos de estado el *siào tí*, es mas à proposito; con los *taó iê*, y demas mandarines de Provinçia, que son grandes, podemos nombrarnos, *vàn sēng*, *discipulos de la tarde*. Delante de los Virreies, y Generales podemos nombrarnos *liù jîn*, ò *iuèn jîn*, id est *hombre de lexos, peregrino*. En quanto al nombrarse en los papeles de visita, es necesario mucho cuidado. *A los pú iuén, fù iuén, Çhūng kiūn, tў tŏ, escriviremos sī jù fulano*. Puedese para maior humildad añidir despues del *sī jù*, à los *çù taó, taó iê, çhung pīng*.

A los Governadores de las çiudades, villas, y otros de este porte escriviremos *sī jù fulano*. y si ya se an visto se puede escrivir. *tūng kiā xi kiáo tī*, vel *kiáo sēng fulano*. *A los Maestros, Doctores, hiŏ kuones, escrivir; tūng kiā xi kiáo tī*, vel *kiáo sēng fulano*. *A los Xpianos, tūng kiā kiáo tī*, vel *hoèi tý fulano*. Advierta se que si no se quiere

quiere usar del *si jù*, se pueden escrevir las dos letras, *luèn ñ*. que
son mai buenas, en lugar de las otras dos. Tambien se advierta, que aunq.e sea visitando à los Virreyes, no conviene usar de *xèu puèn*, si no solo de *chiùén tiě*.

Algunas otras cosillas omitto de escrevir, que por ser usuales no ai que advertirlas, que ellas se vienen; solo digo, que la letra con que se escriven estos tiè, no sea grande, si no pequeña, y siendo o Mandarin mui grande; la letra mas pequeña; alias lo atribuien à suberbia, y sera causa de inquietudes.

CAPITVLO XVI.

De las palabras corteses inter loquendum, y cortesias de las visitas, y combites.

Son los chinos nimios en algunas cosas, pero en especial en las palabras, y acciones que hazen y dizen en las visitas, y tanto, que an echo, ò obligado à los ministros se hagan damas de estrado, y anden siempre como en comedias; lo qual es tan inevitable para ganarles la voluntad, y que oigan la palabra del Evangelio con gusto, y aprecio, como lo es el cebo en el anzuelo, para coger y prender al pez: y pues somos pescadores, es necesario poner este medio con cuidado, para por el prender sus almas, y no dexarlo sin hazer caso, juzgando ser impertinencias.

§.° I.°

De las palabras corteses inter loquendum.

1 La palabra *Chìng* es mui usada en las cortecias, significa *rogar, pedir, y suplicar*: y para llamar à alguna persona usan siépre de ella. *vg. suplico al Señor Mandarin, venga que quiero hablar con el; chìng lào ië xuě hoá. suplico à Vm.d que entre, chìng chin. suplico à Vm.d que vaia delante, chìng siēn. suplico se dexe ver, chìng kién. Coma Vm.d aroz, chìng fán. Vaia Vm.d à dormir, chìng xúi. suplico à Vm.d me enseñe, chìng kiáo*: y assi de otros; de suerte q.e quando se pide, ò ruega alguna cosa à alguna persona grave, siempre se le à de anteponer el *chìng*: vease esta palabra en el vocabulario, que es mui usada.

2.° Tam-

2. Tambien la particula *ling* es mui uſada, de ſuerte que à todo lo que ſe recive de ſuperior, ò perſona grave, ſe à de anteponer eſta particula. *vg. lìng mińg, recivo el mandato, y obedesco à Vm.ᵈ Reçibo la enſeñanza y doctrina de Vm.ᵈ, lìng kiáo. Reçiuo y doi las graçias, lìng ſié.* Quando los eſcrivanos, y officiales de la audiençia ban à reçibir los deſpachos del Mandarin ſe dize, *lìng vuên xū. Reçebir el baptiſmo lìng xińg xùi.* y aſſi de lo demas, como enſeñarà el uſo. La particula *kién* es uſada para las corteſias; y aſſi para deçir à uno con corteçia, *Vm.ᵈ ſe aplaque, y le perdone,* ſe dize *kién xū; le ame, kién gái.* &c. Tambien ſe haze con eſte con eſte *kién* lo q.ᵉ deçimos en nueſtra lengua. à uno q.ᵉ ſabemos nos quiere preguntar alguna coſa, ò ſe la preguntamos, q.ᵉ es lo q.ᵉ *Vm.ᵈ nos dize? ièu xiń mò kién kiáo,* es modo de hablar mui cortes.

3. *Obedeſco à Vm.ᵈ* ſe dize *fǒ mińg.* vel *lìng mińg.* y eſto es, como quando dos eſtan altercando por corteſia, *quien à deçir primero, si yo voi, digo; fǒ mińg.* &c. El darle à uno las graçias, ſe dize por el *tō ſié, vel tō mûng, vel kàn ſié, vel kàn mû.* Reçebi *mucha merçed de Vm.ᵈ tō mûng.* Quando pido à uno haga alguna coſa por mi, le digo deſpues, *Canſe à Vm.ᵈ, reçebi merçed* &c. *tō mûng, vel tō lâo.* Quando voi delante de uno, y le quiero deçir que uſurpe *ſu lugar, pues el devia ir delante,* le digo *çhién ſién.* y lo miſmo ſi como antes de el, ò hago otra coſa, Quando alguno me honrra con alguna acçion, ò palabra, que juzgo por indigna de mi perſona, y quiero deçir, que no me atrevo à reçebir tal merçed, q.ᵉ donde ai, *ni puede aver tal corteçia,* ſe uſa de los terminos, *kỳ kàn, vel pǒ kàn, vel kỳ ièu çhù lỳ,* que ſignifican *abſit que me atreva, abſit que aiga tal corteſia:* y aſſi mueſtro con eſſo no la quiero, ò *no me atreuo a reçebirla.* Quando quiero deçir à alguno que le he canſado por aver hablado mucho, ſe dize con el *kīng chào,* id eſt. *liviam.ᵗᵉ he dado enfado à Vm.ᵈ, y mejor: tō ièn kiì ùl, le he moleſtado con hablar mucho.* Quando uno me viene à viſitar para deçirle que tomo àquel trabaxo ſe dize, *lâo kiá, vel ièu lâo; vel fân lâo, le di trabajo à Vm.ᵈ* Quando voi à viſitar à uno, y me ba à limpiar la ſilla para q.ᵉ me ſiente, le di-

go:

go: *mièn lâo*. vel *pŏ kŏu*. *escuse Vm.ͤ el trabajo*, Quando me sale à despedir, para decirle se buelva, y que no paſe de alli; se dize, *ç̄hiṅg chuèn*, vel *ç̄hiṅg hoêi*, vel *liêu pú*, id est, *buelvaſe Vm.ͤ*, *detengaſe*. y el otro me responde *ſúng táo mùen*, *acompañarè à Vm.ͤ hasta la puerta*; y ſi el gueſped vino en ſilla, o caballo, le dize el ſeñor de caſa, *heú ç̄hiṅg*, *aguardare à que Vm.ͤ ſuba en la ſilla, ò caballo*; y à lo ultimo quando ſe deſpiden, dizen los dos à una, *ç̄hiṅg ïcão*: entre los mandarines tartaros, ſuele decirſe. *kiù ïcão*.

Si el ſeñor de caſa quiere decir, *ſe quiten los bonetes. porq.ͤ haze calor*; ò otra coſa, ſe dize, *ç̄hiṅg kuòn*, vel *ç̄hiṅg pién*, y este ſegundo es tambien para q.ͤ ſe quiten algun veſtido. Quando acaba de llegar el hueſpede, y haze el *pái* al ſeñor de caſa, ſuele decir. *tĕ tĕ lâi fúng pái*, id est, *vengo ſolo à reverençiar à Vm.ͤ*, y el ſeñor de caſa ſuele decir, *kièu vi*; y ſi es mandarin, *kièu niàng*; ò dize: *lâo kiá*, vel *ièu lâo*. deſpues de aver compueſto la ſilla dize el ſeñor de caſa al gueſped, *ç̄hiṅg xáng*, *ſientese Vm.ͤ arriba*. y ſi el gueſped repugna, y es la primera vez que ſe ven, puede deçir el ſeñor de caſa; *ç̄hŭ hoêi xáng ç̄ho kài jên*, id est *esta vez primera que nos vemos, es conveniente el que ſe ſiente arriba*; Si el gueſped es mandarin, ò perſona grave, deſpues de ſentados, haziendo riverençia, ſe le puede deçir: *kúng, hì lâo iĕ kièn mú tá tĕ*, *ſiāng lién chī chī*. Quando ſe le dize *ſaque el abanico para hazerſe aire* ſe dize *ç̄hiṅg xén*. Para pedir a una perſona grave, que mire un negocio q.ͤ depende de ſu determinacion. ſe dize con estas dos letras, *ç̄hiṅg pán*, id est *Vm.ͤ lo mire con buenos ojos*. ſuele reſponder *fúng mińg*, *ſervire à Vm.ͤ*. Para decir le embiare alguna coſa, ſe dize: *fúng xáng*. *Recebire favor de Vm.ͤ*, *mińg ġéu*. *ſientese Vm.ͤ ç̄hiṅg ç̄hŏ*. *No ſali à reçebir à Vm.ͤ xĕ ińg*, vel *xĕ ç̄hiĕ*. *Perdi la corteſia*, *xĕ lỳ*. *Perdi el reſpecto à Vm.ͤ kỳ mán*. *Vengo tarde à beſar à Vm.ͤ la mano*. *pái tĕ chí*. *Pido liçençia à Vm.ͤ pîn mińg*. *Vengo à deſpedirme de Vm.ͤ káo kiá*, vel *káo ç̄hiú*. *Eſpero en Vm.ͤ ç̄ú heú*. *Haga lo q.ͤ Vm.ͤ mas le pareçiere*, *ç̄hūn ç̄hân*. *Vaia Vm.ͤ delante*, *ç̄hiṅg ſiēn*. Otras muchas palabras ai, de las quales algunas ſe diran en los dos §.ˢ ſigu.ͤˢ, y las demas ſe hallaran en algunos vocabularios.

§. 2.

De las corteçias exteriores

1. El ministro que ubiere de visitar mandarines, y personas graves, es neçessario el q^e se imponga bien en las çeremonias exteriores a quien llaman *lỳ maó*; y para aiudar en algo, se pondran à qui las comunes. El lado derecho es el mas hourrado en las provinçias del sur para hazer el *chŏ iĕ*, y assi siempre se à de poner a esse lado el huesped; para hazer el *chŏ iĕ*; se deve advertir, que el señor de casa quando se pone con el huesped à hazer el *chŏ iĕ*, no ha de estar ygual, sino q^e se à de retirar un paso mas atras; En las provinçias del norte se a de poner al huesped al lado isquierdo, pero para andar, y caminar el lado isquierdo es el mas hourrado en todo el reino, y assi à esse he de poner la persona que ba con migo, si la quiero honrrar, como entre los europeos, el lado derecho, y quando voi con el, siempre à de ser quedandome un poco à tras, que se eche de ver q^e el huesped ba un poco delante. Quando algun guesped grave me visita, y poniendole al lado derecho como es costumbre en las provincias del sur para hazer el *chŏ iĕ*, me dize *pĕ lỳ*, he de responder *nâu lỳ* Si visitando io à otro quiero deçir lo mismo, es buena cortesia Dado caso q^e algun guesped, para hazer el *chŏ iĕ* no quiere admitir el lado derecho, despues de echo el *chŏ iĕ*, le digo, *hoéi lỳ*; y si adhuc no quiere ponerse al otro lado, hazerle dela misma manera otro *chŏ iĕ*, que entonces es como si lo admitiesse.

2. Luego que viene al guesped, le à de salir à reçebir el Senor de casa, y si salio hasta la puerta, se à de poner al lado derecho del guesped, y deçirle *chiñg*, y ir con el llevandole à su lado isquierdo, y si llegan à pasar alguna puerta se à de parar alli el senor de casa y deçirle al guesped *chiñg*, y no entrar primero; llegados al *tiñg*, el señor pone à su lado derecho al guesped pasando por delante del sin volverle las espaldas, y entonçes se haze el *chŏ iĕ*, y se dizen las palabras que quedan dichas para este proposito. Si se ven la primera vez, despues q^e el uno delos dos à echo algo por el otro, ò combidado, ò embiado algun presente, la primera palabra q^e à de

deçir

deçir el q.e reçibio el beneficio, quando le haze el *chǒ iě*, es, *tc sic*, 95
ò *tō mûng*, doi *graçias à Vm.d del beneficio, q.e me hizo*. y esto aunq.
aia pasado mucho tiempo despues de recebido el benefiçio. Si yo
le he dado algun presente, y entonçes, o despues, me da los agra
deçimientos de ellos, le respondo: *lỳ kiūng chiūng y̆*, *chuńg*, id est la
dadiva es pequeña, mas la voluntad grande. O sino responderle
pò y̆, id est, *cosa pequeña, una nuestra corta de voluntad*. Si al-
gun mandarin me viene à visitar, saliendole à recebir a la puer
ta le puedo deçir, *tō mûng. kuāng kiáng*; vel *tō mûng çû kiú*. Si
yo voi à visitar à algun mandarin grande, à quien le quiero pe
dir alguna cosa, puedo decirle. *iuèn jîn: kieù vuán lỳ kū liù, vái
vû sò kaŏ, jū kīn lào tē cháo kiú iuen jîn, piē xí lào iē tiē kuñg tě*,
id est: *soi peregr.o venido de nueve mil leguas. no tengo à quien estrivar
cido del m.r nào p.te en Vm.d pongo mis esperanzas: cuidar di me será
por sus buenas fachi; y luego deçirle, lo q.e le quiere pedir, ò suplicar*.

3. Despues de echo el *chǒ iě*, el señor de casa limpia la silla
superior del lado derecho, y si es mandarin, ò persona mui grave
el huesped, la pone en medio del *tūng*, y le haze un *chǒ iě* ala silla,
y el huesped le haze otro diziendo *kỳ kaì*, vel *mièn laò*; y el gue-
sped haze lo mismo con la silla del lado isquierdo, y al sentarse
hazen los dos en la misma silla un *chǒ iě*, y comiençan la con-
versaçion, pero nunca el huesped à de començar por el negoçio
principal que viene à tratar. Venida la *chă* se toma con dos
manos (*es descortesia tomar, ò dar alguna cosa con una mano so-
la*) y se haze otro *chǒ iě*, y dize el señor de casa *kỳ kaì*; la *chă*
se à de ir bebiendo poco, à poco, y nunca se habla quando el o-
tro la esta bebiendo; acabada de beber, se pone la taçilla con dos
manos en la bandexa, y si es tiempo de calor, saca el señor el aba
nico, y antes de abrirle diçe al guesped, *chìng xén*; y luego lo -
ba abriendo poco à poco, y se abanican con suavidad, y el mene-
ar apriesa el abanico no es cortesia, ni menos lo es tener una
pierna sobre otra; si q.e se à de estar sentado derecho, con los -
pies juntos, y sin acostarse en el espaldar de la silla. Tampoco
es cortesia el hazer muchas acçiones con las manos, quando se
habla

6. habla, ni lebantar mucho la voz ni hablar mui apriesa, si no con pausa, y gravedad. Si viene 2da chá, no se haze el chô yě. sino solo se haze una inclinaçion con la cabeça; mas advierta el señor de no tomar, ni poner la tacilla en la bandexa primero que el guesped. Levantado el huesped, ba el señor con el. llebandole à su lado izquierdo, iendo siempre un paso à tras, y detemendose en las puertas que uviere hasta la calle. diciendo de ghiiñg al guesped, que pase primero, y el suele responder pǒ kàn: llegados à la puerta dela calle, se pone el Señor al lado contrario de donde à de ir el guesped su camino, y dizen, ghiiñg leaò. Si el guesped vino en silla, ò caballo, y puede entrar dentro del patio dela casa. la àdemandar el señor entrar, y à de acompañar al guesped, hasta que entre en la silla, ò suba en el caballo, y apartandose los dos dizen à una, ghiñg leaò. Con q.e se da fin à la comedia; y pasamos al entremes.

§. 3.

De las cortesias en los combites, y de algunas otras advertençias.

1. *Algunas occasiones topara el ministro en que le combiden algunos mandarines, y pueden occurrir tales circunstançias, que le obliguen tal vez à admitirlos; el modo con que se à de portar en ellos es el siguiente. A la primera vez que viene el recaudo que es con el villete, ò tiē, se despide, si el combite a sido con tan tiē, con tan tiē, si con ghiuen tiē, con ghiuen tiē, y no el que trae el recaudo le à de llebar, sino mi criado; si buelbe à combidar, puede, si quiere despedirlo, poro ala tercera no, que sera descortesia, (si el que combida es grande personaje como veg. ulo Capitan general, Virrey, &c. al primer combite se debe admitir) admitido el combite y señalado el dia, avisan quando es hora, ido alla se haze el chô iě, si ai otros mandarines, y le dan al ministro el primer lugar; al primero haga el ghiiñg del lugar superior (à los inferiores no) y si el tal es mandarin que tiene el govierno ordinario de la ciudad, ò es maior, puede decirle sin ti ghái laò iě kuéi chú hiá. Venida la châ se haze la acostumbrada cortesia, Quando se levanta el señor de casa, se levantan todos, y en todos à prá.*

à mi mesa à poner el vino y palillos, salgo un pajo suem de ado estoi, y haziendo un chŏ iĕ le digo, pŏ kàn, despues depuesto vino à todos, voi io à ponerselo a el, imitando las ceremonias suias, suelen ahorrar desto haziendo al principio un cumplimiento de querer ir à poner el vino, y escusado se sientan todos, y los pajes lo ponen. Sentados todos puedo decir: ñàotí gôei vái kūe tiĕ jîn, hing lỳ kūng tan tŏ kiéu lào iĕ hài hân. Sentados todos dize en voz alta un paje, chiìng chièn, y entonçes se comienza à beber el vino haziendo primero la cortesia de baxar la cabeça; en diziendo chiìng kàn, se trastorna la tacilla; en diziendo chiìng chái, se cogen los palillos, y teniendolos con ambas manos, se haze la cortesia de baxar la cabeza; se à de comer despacio para dar lugar à los guespedes que coman; en traiendo à apuntar la comedia escusarse con chiñ chiìng pŏ hiào tĕ, y que la señale el que se sigue. quando viene terzera taza q.^e trae caldo se acaba la primera mesa.

2. Levantados pues ban à otro tīng, donde todos en el patio se ponen à orinar, se sientan à parlar; y en traiendo agua para labarse las manos, si el ministro es el primer papel, haze la cortesia à los demas se laben, quando afuera esta todo aparejado, avisan, y buelven à ir, y se sientan à comer frutillas, y entonçes mi criado en quatro bolsas coloradas, q.^e tendra prevenidas con alguna plata, cada bolsa con su rotulo; una que dara para el cosinero; otra para los que echan el vino; otra para los comediantes; otra para los chirimiteros; y aun se suele poner otra para el q.^e trae los recaudos del combite; las dos bolsas de los comediantes y pages an de tener algo mas que las de los otros, porq.^e si es mui poco, repartido en los muchos à nada les cabe; el quanto à de llebar cadauna, no se puede fixar porq.^e es segun el mandarin que combida; siendo grande, lleba algo mas; puestas las bolsas de baxo de la mesa del combidante, si el me dize, tō sié, le respondo pŏ kàn. se ba comiendo poco à poco, y acabada segunda comedia, que es quando ai mucha griteria, se levantan, y le despiden como es costumbre; el dia siguiente se embia un tiĕ, dando las gracias; el qual lo buelve que no se atreve à admitirlo; y con eso se acabo el entremes.

3.º Debense advertir algunas cosas. 1.^a si el combite no es de mandarin, ni ai comedia, ni flautas, no es necesario dar bolsas, aunq.^e à los oficiales

[library stamp]

98 giales otros, si pareçiere se puede dar. si al principio del combite dize el señor, mǒ kién chái, se responde, pǐn vuě. 2. si algun mandarin, o grave persona me vino à visitar, quando le voi à pagar la visita al hazer el chǒ iě. le puedo deçir. chiēn jě muûng laò sie (vel laò siēn sēng) siēn xí; mas si quando fue à pagar la visita no hallo al señor de casa en ella. y despues le enquentra en alguna parte se le puede deçir. chûen jě fúng paí taí kiá kuñg chǔ pǒ iú. si dicho personaje quando me vino à visitar; no me encontro en casa; y despues sucede encontrarnos en otra parte, le puedo deçir, laò iè (si es mandarin) çú kú hió sēng pǒ chái kiā lŷ xě iñg tě chúi. 3.ª Quando viene alguna persona grave à visitarme saliendo à reçebirle (à mas de las palabras que arriba quedan dichas para este intento) puedo deçirle al hazer el chǒ iě, kieù miàng xāu pě. Se yo fui à visitar à otro, al levantarme puedo deçir káo kiá kài jě chái lâi lińg kiáo; y tambien, sié chà. Pero si el guesped al irse de mi casa, me dize. sié châ, respondo chū châ. 4.ª si aviendo algun mandarin combidadome y yo despedido, si despues embiare alguna plata se debe admitir, y embiarle las graçias con un tán tiě. Dar el parabien se haze, ò dize con estas dos letras kiñg hǒ; pero no se le dizen a aquel, à quien se dan, si no se dize kuñg hì, comun gozo. Por fin se advierta que si alguno me vino à visitar, y traxo tiě, aunq.e no sea persona mui grave, le devo pagar la visita; si el traxo chiûen tiě, con chiûen tiě. si tán tiě, con tán tiě. Quando se ha de usar de chiûen tiě, quando de tán tiě, no se puede dar regla; el modo de hazer las inclinaçiones, tomar los palillos &c. no es cosa q.e es para escrevir, si no de aprenderlas, viendo à los otros exerçitarlas.

Ya queda dicho todo lo q.e se ofreçe, assi para poder aprender lengua, como para exercitar las çeremonias, que ellos usan en visitas, y combites, otras cosas abra, que el exerçiçio, y años enseñe, que es çierto, no puede uno saberlo todo. Bien considero que viendo alguno que no es ministro en este Reino, escrito esto de combites dira, en buenas danzas se anda los Padres ministros de china; mas en la verdad podia deçir, en buen calvario se pasean; pues calvario es para el ministro qualquier audiençia, y cruz el andar en algun combite; y no ai ninguno que no procure desecharla, y arrogarla, mas suele aver, y ofreçerse tal ocasion, que aunq.e no quiera,

ò aunq.e

Aunque sea con trabaxo y pesadumbre la lleve; lo qual sea para
honrra, y provecho de estas almas, util del ministro. y lo principal para
exaltacion de nra santa fee, honrra y gloria de nro Dios, en cu-
io honor, y dela purissima Maria madre suia, y señora nra,
se à echo este breve tratadillo; para que los ministros ten-
gan en el principio un modelo para aprender este idi-
oma; que si quien aprende un oficio mecanico tie-
ne necesidad de directorio, y instrumentos pª
conseguir su intento; quanto mas el qe apren-
de estraño idioma tiene necesidad de algu-
nas reglas! Quiera Dios sean estos de
algun util, y abran camino para
salir, y entrar con facilidad en
este laberinto. Vale. Aca-
bose en esta Metropoli
de fŏ kién en 13. de
Febrº de 1682
años.

FINIS.

9555. VARO (fray Francisco). ARTE DE LA LENGUA MANDARINA, compuesto por el M. Ro Po fr. FRANCISCO VARO de la sagrada Orden de N. P. S. Domigo, acrecentado, y reducido a mejor forma, por No Ho fr. PEDRO DE LA PIÑUELA, Por y Comissario Prov. de la Mission Serafica de China. Añadiose un Confesionario muy vtil y provechoso para alivio de los nueõs Ministros. *Impreso en Canton año de* 1703. In-4, dos de maroq. rouge, dans un étui. Acheté en 1884 par M. Platzmann de Leipzig 1500 fr.

Notice extraite du Catalogue de Maisonneuve (quai Voltaire, 25) publié en 1883.

LIVRE D'UNE INSIGNE RARETÉ. C'est peut-être le seul exemplaire qui soit connu en Europe. L'ouvrage ne figure ni à la Bibliothèque nationale de Paris, ni au British Museum. Quant à cet exemplaire, c'est celui qui a appartenu à Rémusat, dans le catalogue duquel ne figure cependant qu'une *copie manuscrite* de cet ouvrage rarissime (V. ci-après). Il avait aussi appartenu à Montucci et à Klaproth car il porte la note : *Emptum à Dom A. Montucci*, Klaproth, Berolini, 23 Febr. 1812. — De Rémusat il passa à de Guignes, puis à Landresse puis à F. Villot, et enfin à M. Thonnelier. Son premier propriétaire a peut-être été Fourmont qui, en tout cas, s'est servi de l'ouvrage, et qui a donné comme trouvées par lui des règles et des remarques déjà consignées dans l'*Arte de la lengua Mandarina*.

Le volume est imprimé à la chinoise, sur papier de Chine, et par le procédé xylographique encore en usage aujourd'hui en Chine. L'ouvrage entier a été gravé sur planches de bois. En voici la description : 1er feuillet, recto blanc, au verso : le titre que nous avons donné ci-dessus dans un encadrement. — *Prologo*, 3 ffnc.— *Arte* 50 ffnc. (le 5e a été tiré à l'envers). — *Brevis methodvs confessionis institvendæ. Non solum confessarijs, ad linguam erudiendam utilis ; sed et necessaria ; præsertim noviter intrantibus, ut eo citius Pœnitentiæ Sacramentum administrare possint Composita à Ro P.* BASILIO à GLEMONA, *vicario apostolico Provinciæ Xèn Si, Ord. Min. Refor.* 10 ff. — Dans tout le cours de l'ouvrage le chinois est écrit en caractères romains.

Nous devons à l'obligeance de M. Cordier, le savant auteur de la *Bibliotheca sinica*, de pouvoir reproduire la note ci-dessous :

« L'ex.que nous avons examiné est celui de M. Thonnelier. Renfermé dans une boîte livre demi-maroquin rouge, il paraît être, sinon le seul, du moins l'un des deux ex. de la grammaire de Varo qui ait paru dans les ventes depuis un siècle. Son histoire mérite donc d'être retracée, car, la bibliothèque de son possesseur défunt étant sur le point d'être dispersée sous le feu des enchères, il est probable qu'il terminera enfin ses pérégrinations en entrant soit à la Bibliothèque Nationale, soit au British Museum où il ne se trouve pas encore. Le propriétaire le plus ancien a tracé son nom « Philippi Telli » sur le frontispice (verso du 1er f.). Dans son ouvrage *De studiis sinicis*, p. 22, Montucci dit qu'il possède un ex. de cette grammaire ; notre ex. paraît être le sien, car sur la couverture on lit : « Emptum à Dom. A. Montucci, H. J. v. Klaproth, Berolini, 23 Feb. 1812 ». D'autre part, l'ex. ne figure pas au catalogue des livres de Klaproth (Paris, 1839), et il porte sur le frontispice également le cachet chinois rouge d'Abel Rémusat ; il y a donc lieu de supposer que l'ex. de Montucci acheté par Klaproth aura été donné ou cédé par ce dernier à Rémusat. Il n'est pas marqué non plus dans le catalogue de vente de Rémusat (1833) où l'on ne trouve qu'une copie (no 476) vendue 32 francs. Dans le catalogue de Landresse (1862), on le retrouve au no 239, la description de la reliure dem.-mar. rouge dans un étui ne saurait laisser subsister aucun doute à cet égard. Landresse avait collaboré au catalogue de la Bibliothèque de Rémusat (*Avert.*, p. 4) ; il était élève de ce sinologue dont il publia après la mort le *Foé koué-ki* (avec Klaproth) ; il est donc permis de supposer que l'ex. passa directement de la collection de Rémusat dans celle de Landresse. De celle de Landresse, il est allé à M. F. Villot qui a écrit une longue note historique au verso de la couverture le 23 octobre 1853, et des mains duquel il passa, par l'intermédiaire d'un libraire de Paris, entre les mains de M. Thonnelier. Il vient d'être revendu à la vente de ce savant (no 1522) au libraire dont nous venons de parler, M. Maisonneuve. »

La reliure (chagrin bleu) a été faite sur brochure ; l'ouvrage n'a été ni découpé, ni rogné ; cet exemplaire est complet ; la pagination en chiffres arabes quelquefois erronée, a été rectifiée à la main ; la pagination en chiffres chinois, ainsi que les réclames des bas de pages témoignent que l'ouvrage est absolument complet. Une seule erreur dans la pagination chinoise (le XXe feuillet est marqué 十三 au lieu de 十二)

9556. VARO. Arte de la lengua mandarina. *Canton* 1703, pet. in-fol., demi rel. mar. rouge. 80 fr.

Copie manuscrite de 64 ff. titre compris, d'une fort belle écriture. Elle provient des collections Rémusat, Landresse et Villot.

...ngée d'un commentaire perpétuel. Voy. le no 9549.

9541. TIEN HIA LOUTCHING. Petit routier de l'empire chinois. In-

9542. TIMKOWSKI (G.). Voyage à Pékin, à travers la Mongolie, en 1820 et trad. du russe par EYRIÈS, publié avec des corrections, des notes et un atl... ar KLAPROTH. Paris, 1827, 2 vol. in-8, et atlas in-4. (24. fr.). 12 fr.

9543. T'ONG TING-KU. *Ying ü tsap ts'üa* ; or, the chinese and english instructor. ... 40 fr.

— 812 —

Colloquial Chinese, as spoken in the Capital and the Metropolitan Department. *London* (*Hongkong* ?), 1867, 4 vol. in-4, cart. 130 fr.

9561. WALTER (Judith). Le livre de Jade. *Paris*, 1867, in-12, br., pap. de Hollande 6 fr

Imitation de poésies chinoises par Mlle Théophile GAUTHIER (Judith Mendès).

9562. WAN SIAO THANG HOA TCHOUAN. Traditions sur les peintures du cabinet, où l'on se livre le soir à une agréable conversation. Édition de 1835, 2 pèn gr. in-8, dans une boîte. 30 fr.

Cet ouvrage imprimé sur papier blanc est une galerie où sont représentés les portraits des principaux hommes illustres (historiens, philosophes, etc.,) des différentes dynasties.

Ces portraits sont gravés avec une grande finesse et accompagnés d'une notice biographique.

9563. WATTERS (T.). Lao-tzu ; a study in chinese Philosophy. *Hongkong*, 1870, in-8, cart. 10 fr.

9564. WESTON (Stephen). *Fan-hy-cheu* : a tale, in chinese and english, with notes and a short Grammar of the Chinese Language. *London*, 1814, in-8, cart. 10 fr.

Cette nouvelle a été publiée en français dans le recueil des contes de Rémusat. Exemplaire de Abel Rémusat avec son cachet sur le titre.

9565. — A chinese poem, inscribed on porcelain, in 1776, with a double translation and notes. *London*, 1816, in-12, br. 4 fr.

9566. WILLIAMS (S. Wells). A Syllabic Dictionary of the Chinese Language, arranged according to the Wu fang yuen yin, with the pronunciation of the characters as heard in Peking, Canton, Amoy, and Shanghai. *Shanghai*, 1874, in-4, cart., de 1252 pages à 3 colonnes. 140 fr.

Le meilleur dictionnaire chinois européen qui ait été publié jusqu'à présent.

9567. — *Ying hwá yun-fú lih-kiái*. An English and Chinese Vocabulary in the Court Dialect. *Macao*, 1844, in-8, cart. (Fa... 40 fr.

9568 ...

漢語劄記

（*Notitia Linguæ Sinicæ*）

［法］馬若瑟（Joseph Henri Marie de Prémare）著

《漢語劄記》，法國馬若瑟著。馬若瑟（Joseph Henri Marie de Prémare，一六六六—一七三六），法國耶穌會士。生於法國歇爾堡，一六九八來華，先抵廣州，後赴江西，一七三三年遷居澳門直至逝世。曾以拉丁文與法文撰寫研究中國著作，又將元雜劇《趙氏孤兒》譯爲法文。此書係世界上首部區分漢語白話與文言並分别論述之著作，書中引用例句達一萬兩千餘，收録印刷漢字五萬餘。除語法知識外，亦彙編漢語文字、音韻、修辭、民間俗諺、禮儀文化、文學寫作等内容，堪稱中國語言及文學知識大全。據一八三一年馬六甲版影印。

NOTITIA

LINGUÆ SINICÆ.

AUCTORE P. PREMARE.

MALACCÆ:

CURA

ACADEMIÆ ANGLO-SINENSIS.

MD.CCC.XXXI.

VIRO AMPLISSIMO

INTER PROCERES BRITANNICOS

OB ERUDITIONEM DOCTRINAMQUE EXQUISITIOREM

MULTIS DE NOMINIBUS INSIGNITO,

TAM LITERARUM ORIENTALIUM

QUAM SCIENTIARUM ARTIUMQUE LIBERALIUM

QUOCUMQUE IN GENERE

PATRONO MUNIFICO,

PATRIÆ ET ORDINIS DECORI AC PRÆSIDIO,

OPUS HOC DOCTUM, CONCINNUM, UTILISSIMUM,

E CODICE MANU EXARATO

MULTOS JAM ANNOS

SCRINIIS BIBLIOTHECÆ REGALIS PARISIENSIS ADSERVATO

MANDATO EJUS AC SUMPTIBUS LARGE EFFUSIS

EXSCRIPTUM,

INDIA DENIQUE TYPIS MANDATUM,

GRATI MONIMENTUM ANIMI

SUMMA QUA PAR EST OBSERVANTIA

DICANT

EDITORES DEVINCTISSIMI.

AD LINGUÆ SINICÆ

NOTITIAM

INTRODUCTIO PRÆVIA.

In hoc procemio tria conabor exequi: 1º. dicam aliquid de libris sinicis: 2º. agam de litteris: 3º. dabo in appendice accuratum indicem omnium vocum quibus lingua sinica componitur.

CAPUT PRIMUM.

DE LIBRIS SINICIS.

Tres erunt hujus capitis partes: 1º. libros sinicos ad certas classes revocabo, ut eorum generalis cognitio statim habeatur: 2º. aperiam quo potissimum ordine et qua methodo eos legendos existimem: 3º. addam nonnulla de dictionariis.

ARTICULUS PRIMUS.

NOTITIA GENERALIS LIBRORUM SINICORUM.

Inter sinicos libros distinguendi sunt plures gradus, neque enim eadem est omnium ætas, non eadem omnibus habenda fides, non eodem omnes stylo sunt conscripti.

In 1º. gradu reponuntur ab omnibus Sinis veterrima illa monumenta quæ vocantur 經 king, et primum locum tenent 易 y king, 詩 chi kīng, et 書 chū king.

In 2º. gradu vulgo numerantur 書 四 sse chū, libri quatuor, qui dicuntur classici, quia illis præcipuam dant operam scholastici Sinæ: 1º. 庸 中 tchōng yōung; 2º. 學 大 tá hiŏ; 3º. 語 論 lûn yù; 4º. 子 孟 móng tseè; quibus addes 秋 春 t'chūn t'siōu, et 記 禮 lì kí.

A 2

In 3o· gradu veniunt 經德道 táo tĕ king, 經花南 nân hoā king, 禮儀 y lì 禮周 tcheōu lì, 經海山 chān hài king, &c.

In 4o· gradu poni debent 辭遂 t'soù tseê, 子尹關 kouān yùn tseè, 子列 liĕ tseè, 子荀 sūn tseè, 子楊 yâng tseè, et móng tseè, qui elatus fuit à modernis sinis et Confucio comes additus.

In 5o· gradu colloco 氏左 tsò chí, 羊公 kōng yâng, 梁穀 koŭ leâng, qui tres librum t'chūn t'sioū explicant. Tsò chí reliquit etiam aliud opus dictum 語國 koŭe yù; his adjunges 韋不呂 liù poŭ oûei, qui multa de temporibus antiquis refert, sicut et 子南淮 hoâi nân tse, item 遷馬司 ssè mà tsiēn, 慎許 hiù chìn, author dictionarii 文說 chouĕ vèn, 樵鄭 tchíng ts'iaô et alios id genus.

In 6o· gradu pones 愈韓 hân yù, tres 蘇 soū, pater et ejus duo filii, 石安王 vâng ngān chĕ, 豐南曾 tsēng nân fong, 修陽歐 ngheōu yâng sieoū, et alios qui eleganter scribunt et de libris king disserunt.

In 7o· gradu reponi possunt interpretes. Inter veteres praecipui sunt duo 孔 k'òng, 肅王 vâng soŭ 萇毛 maô tch'âng, 玄鄭 tching huên, 弼王 vâng pĭ &c. Sub familia 宋 sóng, habentur quam plurimi, quorum coryphœus est 熹朱 tchū hi. Demum inter recentiores primo locó numerari debet Imperator gloriosæ memoriæ in commentariis 講日 gĕ kiàng, et maxime in 中折易周 tcheōu y tche tchōng, quod opus ultimis annis edidit.

In 8o· gradu sunt moderni doctores ex quorum placitis conflata est illa farrago 全大理性 síng lì tá ts'uên. Horum magister est 溪濂周 tcheōu liên k'ī, et post illum præcipue laudantur duo 子程 t'chîng tseè, 載張 tchāng tsái, supra dictus 熹朱 tchū hi et 節康邵 cháo k'āng tsie.

In 9o· gradu pono historicos, non quod male scribunt, sed quia non admodum curo scire facta quæ referunt; alia enim me urgent magis.

De libris familiari oratione ac stylo conscriptis aliquid dicam in prima hujus operis parte; et in secunda, explicabo stylum diversum quo utuntur, non modo libri king, sed authores in his gradibus allati, quotquot venustius et elegantius scribant.

ARTICULUS SECUNDUS.

DE METHODO ET ORDINE LEGENDI LIBROS SINICOS.

Methodus quam mihi multum profuisse confiteor, haec est : Cum initio libris sinicis studere volui, curavi purum textum Móng tseè, lûn yú, tá hiŏ et tchong yōng mihi nitide describi, non in papyro bibulâ qualem amat sinicus penicillus, sed in chartâ bene praeparatâ, ut calamum Europaeum non reformidet. Textus ille lineis sat raris, et in unâ tantum ex duabus paginis sibi invicem adversis scribi debet. Omnes deinde quaterniones curavi compingi in unum volumen, et tali libro instructus, consulere tandem interpretes et textum sedulò examinare aggressus sum.

Notas meas scribebam in alterâ paginâ, quae ad hoc nuda et alba remansit. Tria in ejusmodi notis semper intendi: 1°. quidem quae bona mihi videntur colligo, ut textûs sensum bene capiam, et elegantem etiam stylum addiscam: 2°. quae pejora sunt apud interpretes pariter annoto, ut inde videam quantum in his cœcutiant sinae moderni, et quam turpiter inter se pugnent: 3°. si quid mihi rectius venit in mentem, scribere non omitto, ut in loco litteratis cum sinis de eo disseram. Litterarum quarumdam sonos et sensum ponebam ad earum latus. Utinam omnium accentus et spiritus asperos apposuissem, quando illis assuescere facile erat.

Quot et quanti fructus ex hac methodo colligantur brevi cognoscet quisquis, quod expertus sum, volet experiri; poterunt ad calcem cujusque libri disponi plures indices alphabetici, quorum ope quam plurima quae longo et fastidioso labore, in tot parvis voluminibus sinicis et forte frustra quaereres, statim et sine ullâ molestiâ reperientur.

Vehementer author sum omnibus qui Sinice scire cupiunt, ut mature sibi parent aliquot codices seu libellos albos, et in altero ponant metaphoras omnes quae legentibus occurrent, in altero litteras inter se oppositas, super geminam quasi columnam disponant, in altero notent nomina veterum qui fuerunt aliqua re famosi, ad alterum denique referant loca celebriora et arbores et flores et rivos et animalia et lapides: haec enim politis scriptoribus valde arrident.

Sed unum punctum est majoris adhuc momenti quod tamen plus opto quam à novis missionariis obtineri posse putem. Vellem ut quod nemo me facere monuit, alii facerent, dum viget memoria, et anni adhuc florent: quatuor libros classicos memoriter discerent eo plane modo quo solent pueri sinae; repuerascendum nobis est, si volumus Christum Jesum his gentibus cum fructu annunciare, quem, amabo, laborem talis spes non leniat? Commodo igitur quae hinc certo nascentur paucis attingere volo, ut charissimos fratres meos incendam.

1°. Cum libros illos memoriae mandabis, nulla vox tibi excidet quae non recte pronuntietur. Magistrum quippe Sinam sic tanquam puer audies, nec imbues alios accentus aut sonos quam quos ab illo per aures acceperis.

2°. Non merae voces memoriae creduntur sed ad literarum formam et ad illarum sensum simul attenditur, ita ut non possis pronuntiare v. g. 信 sín, quae vox fidem significat, quin statim non modo virtus illa sese menti offerat, sed ipsam litteram 信 sín, et duas partes ex quibus ejus sensus exsurgit, scilicet 人 gîn hominis et 言 yên verbae, ac demum monosyllabam Sín cum suo accentu in tua phantasia, velut in lucido speculo contempleris.

3°. Non parum ad hoc proderit de memoriâ scribere litteras sinicas illius loci quem postremum didiceris, et altero die, an aliquis error irrepserit, aperto libro diligenter examinare.

4°. Hac via literae sinicae animo firmiter adhaerent, et longe praestat ita cognoscere vel centum, quam mille eo modo quo plerique missionarii eas dignoscunt.

5°. Quod si post tres aut quatuor annos cogitas aliquid sinice componere, tum vero uberrimos atque suavissimos fructus, ex hac radice quae tibi tam amara videbatur, enatos cum ingenti gaudio comedes; offerent enim se suapte sponte litterae sine tuo labore, suo loco se collocabunt.

Video nihilominus vix posse persuaderi nostris Europaeis, ut per hoc iter incedant, insipidumque laborem gratis, ut falso sibi videtur, suscipiant. Atqui duo saltem absolute necessaria mihi concedant rogo. Primum est ut certa loca quae sibi magis placuerint, memoriter teneant: fructum si non tantum, certe non contemnendum ex eo colligent. Brevi enim experientur quanti facient Sinae litterati hominem exterum quem audiunt libros suos in loco laudentem, multaque ex iis memoria tenentem et illa melius quam Sinici doctores explicantem. Secundum est ut quamprimum discant literas sinicas vel cum penicillo, vel saltem cum calamo suo scribere. Initio quidem non erunt bene formatae nec inter se aequales, at manus sensim assuescet ad hoc; autem juvabit aspicere sinam aliquem scribentem v. g. litteram 學 hiŏ sic scribunt: primo quidem 爻, deinde ⺽, tum 彐, quarto 冖, postea 了, denique 一, et ita de caeteris. Hoc ex eo capias commodum, idque non leve, quod ipsemet scribes notas tuas, et quae placebunt excerpes. Amanuensis penicillo semper indigere et est molestissimum et bonam pretiosi temporis partem nobis invitis praedatur.

Studendi ac legendi ordo is erit: principium sumatur a móng tseè, quia stylus ejus non ita laconicus est. Deinde pergatur ad Lûn yú, tertio loco ponatur libellus tá hiŏ, et postremo tchong young. Sic enim ad libros kīng paulatim ascensus fiet, diligenter postea legendi erunt chī kīng et chū king, ac demum per y kīng finietur.

Quaeros quinam interpretes seligendi. Sub familia praecedenti tchāng kó laò quatuor libros classicos, chū kīng et y kīng stylo familiari et humili explicuit ad usum adolescentuli principis quem erudiebat. Idem plane factum est a doctoribus Academiae regiae qui juvenem Kāng hī olim edocuerunt; ita ut quae tchāng kŏ laò in suis 解正 tchíng kiài populari sermone dixerat, isti in suis 講日 gĕ kiàng elegantiori sermone posuerint. Utili esset habere tchìng kiài et gĕ kiàng atque duo commentaria simul legendo styli differentiam notare.

Si quis autem veteres libros accuratius postea rimari velit, debet sibi comparare 1°. 經三十 che sān king, opus centum triginta quatuor voluminibus constat et ibi habentur interpretes praecipui sub familiis hàn et tāng.

2°. 解經刊新 sīn kān kīng kiaì, voluminibus quingentis quinquaginta novem; colligit omnes prope interpretes qui sub dynastia Sóng et Yuên magis floruerunt.

ARTICULUS TERTIUS.

DE VARIIS DICTIONARIIS.

Nihil magis optant recens appulsi Missionarii quam habere aliquod dictionarium quasi nulla ad discendam linguam via alia esset. Itaque in multis lexicis prout afferuntur, accurate describendis, insumunt tempus quod in legendis et memoriae mandandis quatuor libris classicis longe melius collocarent. Nullo certe dictionario habent opus, ut linguae sinicae notitiam quam ipsis offero ac dedico, perlegant. Quisquis autem vel primam ejus partem bene semel didicerit, et indicem quem infra reperiet sibi familiarem reddiderit, is sinica vocabularia nullo negotio consulere poterit, si quando indigeat; cum vero plurima sint apud sinas dictionaria, necesse est de praecipuis aliquid dicere.

1°. 通字正 tchíng tsée tōng. Huic libro non valde credendum est, presertim cum de litterarum analysi vult disserere. 2°. 典字熙康 kāng hī tsée tièn est ipsummet tchíng tsée tōng, quod imperator emendari et eruditione satis inutili et incerta perpurgari jussit. 3°. 箋字品 pìn tsée tsiēn; litteras disponit secundum rhythmos, sed novo modo. Satis facile legitur et quædam habet bona. Vellem ut explicationes quas dat exemplis confirmare curasset. 4°. 文說 choue vên; diu multumque teredus est iste liber omnibus qui veram litterarum analysim scire cupiunt, sed a paucis intelligitur.

Quaeres quomodo quærendae sint literæ in sinicis dictionariis? Quando litterae juxta rhythmos dispositæ sunt, sciendum est quod Sinae habent 107 litteras velut capitales, quas memoriter tenent sicut nos alphabetum: eas partiuntur inter quinque accentus, ita ut quindecim primæ ad primum ¯ pertineant, quindecim sequentes ad secundum ^, postea veniunt 30 pro tertio ` tum totidem pro quarto ´, ac demum 17 pro quinto ˘. Sed Europæi accentibus sinicis non satis assueti, ejusmodi dictionariis difficile uti possunt.

Tchíng tsée tōng et alii assumunt 200 et aliquot litteras ex quibus reliquae nascuntur. Illae sunt veluti radices, sinæ vocant 部 poú; aliae sunt rami qui ab radice pullulant. Disponuntur autem tam istæ quam illæ juxta numerum lineolarum, sinice 畫 hoá, quibus constant, incipiendo semper a simplicioribus. At notandum quod ubi venitur ad ramos, non debent amplius numerari elementa radicum. Sic littera 仁 gîn habet quidem in se quatuor lineolas, sed sublata radice, restant tantum duæ lineolæ 二. Aliud quoque debet attendi, radicales litteras non parum juvare ad detegendum sensum earum omnium quæ ab ipsis pendent. Hinc quæ habent 人 gîn pro radice, dicunt aliquem respectum ad hominem; quæ habent 心 sīn, ad cor, sive animum; quæ 口 k'où, ad os hominis; quæ 目 moŭ, ad oculos; quæ 耳 èll, ad aures; quæ 手 cheoù, ad manus; quæ 足 tsoŭ, ad pedes; quæ 火 hò ad ignem; quæ 土 toù, ad terram; quæ 山 chān, ad montes, &c.

Hæc tamen methodus non paucos secum trahit defectus, quos examinare hoc loco tanti non est. Si vero secundum rhythmos series litterarum fiat, alii defectus nascentur. Index quem tertio capite proferam, potest dare ideam unius dictionarii quod Europæis, ni fallor, placeret et sinis ipsis forte arrideret. Sed quocumque tandem ordine litteræ disponantur, necesse est scire quot lineolas (畫 hoá) unaquæque contineat, id agendum igitur ut illis numerandis statim assuescas. Aspice scribentem Sinam et ipsemet penicillo aut calamo utere et brevi hoc addisces.

CAPUT SECUNDUM.

DE CHARACTERIBUS SINICIS.

Sinicae litterae dupliciter considerari possunt, vel ut sunt in se ipsis, independenter ab omni sono et accentu, vel prout ore proferuntur et sic varios sonos indicant.

ARTICULUS PRIMUS.

DE LITTERIS PROUT SINICE SCRIBUNTUR.

Sinicae litterae ab omnibus aliis hactenus notis differunt, tum quod unaquaeque aliquid significet, ac proinde quot sunt litteræ, tot vocabula; tum quod nullum de se sonum aut accentum dicant, purae sunt imagines et mera symbola quae non auribus sed soli menti loquuntur. Hæc littera 人 tam bene legeretur a graecis *anthropós*, aut a latinis *homo*, quam a sinis solet legi gin uno verbo, sicut notae numericae 1, 2, 3, 4, &c, omnium linguarum sonos recipiunt, sic sinicis litteris omnia mundi regna proprio ejusque idiomate uti possent.

De ejusmodi litteris seu potius hieroglyphis sinae doctiores quam plurima tradunt scitu sane dignissima; sed haec propter brevitatem et alia quaedam motiva silentio praeterire statui. Scholarum magistri litteras simplices seu elementares numerant sex, 丶 一 亅 乀 ノ 乙. Compositas soleo dividere in duas classes. In primâ repono eas omnes quae exhibent quasi unicam figuram, et constant elementis seu lineolis (畫 hoá) vel duabus ut 人 gîn, homo, 十 chě decem; vel tribus ut 口 koù, os, 山 chān, mons; vel quatuor ut 心 sīn, cor, 木 moŭ, lignum; vel quinque ut 目 moŭ, oculus, 石 che, lapis; vel sex ut 血 hiúe, sanguis, 百 pe, centum; vel septem ut 見 hién, aspicere, 谷 koŭ, vallis; vel octo ut 門 mên, porta, 金 kin, metallum; vel novem ut 首 cheoù, caput, 香 hiang, odor; vel decem ut 書 chū, liber &c. In alterâ classe omnes alias colloco quotquot plures quasi substantias seu partes inter se clare distinctas oculis nostris offerunt. Sic v. g. 林 lîn, sylva, sunt duæ arbores 木; et 明 mîng, clarum, est 日 gě, sol, et 月 yuě, luna, &c.

Licet ab ævo litteræ sinicæ semper eædem fuerint, quoad essentiam, quia tamen diversimodè pingi possunt elementa quibus constant, ideo variis temporibus litteræ prodierunt in speciem valde diversæ. Orthographia quæ etiamnum viget, vocatur 隸 lí; quæ vero servatur in dictionario choué vên dicitur 篆 tchu'ên; ex his duabus quaenam sit antiquior satis incertum. De litteris 斗 科 k'ō teôu, nihil certo definiri potest. Sub dynastia hân, prodierunt 書 草 ts'aò chū, quas nunc adhibent litterati vel in suis adversariis vel in prologis vel in epigraphis. Bonum est quod non praevaluerit ejusmodi scriptura; cum enim litteras admodum abbreviet, et plures simul connectat, non apparent amplius partes quibus essentialiter componi debent, atque adeo analysis ex qua verus ac proprius sensus eruitur, divinari nequit.

In ipsâ quae nunc viget orthographia 隸 lí, eadem littera multis modis scripta reperitur. 1° Sunt litteræ antiquae 字 古 koù tsée v. g. 佱 fă imitari, vulgo fit 法; 忎 gîn charitas, vulgo scribitur 仁. 2° Sunt litterae propriae 字 本 pèn tsée, v. g. 扗 tsáí esse, scribi solet 在; sic 厺 et vulgo 去 k'iú, ire; 从 idem 從 tsông, sequi; 処 melius quam 處 tchú, locus; 气 k'í, aer, vulgo, 氣; 与 sive ut vulgo fit 與 yù, dare. 3° Sunt bonae et rectae litterae 字 正 tching tsée, inter quas non paucae variis modis scribuntur. 4° Sunt litterae triviales 字 俗 soŭ tsée. Volunt eruditi quod omnes litterae quae non sunt in choué vên, sint triviales, plures autem non habet choué vên quam 9313. 5° Sunt litterae abbreviatae 字 省 sèng tsée, v. g. 观 pro 觀 kouān, aspicere; 変 pro 變 pién; 礼 pro 禮 lì; 圣 pro 聖 chíng &c. 6° Sunt litterae spuriae 字 僞 ouéi tsée, v. g. 思 sse, cogitare, scribendum 恖.

Ex his sex punctis patet litterarum numerum non mediocriter multiplicari. Dici solet et vere neminem esse qui non possit libros legere et sinice componere, quando semel quatuor vel quinque millia litterarum bene novit. Quis autem missionarius serio dixerit se non habere satis memoriae aut ingenii ut quinquies vel sexties mille litteras addiscat?

ARTICULUS SECUNDUS.

DE LITTERIS PROUT ORE PROFERUNTUR.

Ut sinae doceant modum quo pronuntiari debet aliqua littera, exhibent alias duas, ex quibus inter se combinatis exsurgit sonus tertiae de qua agitur; v. g. vis scire quomodo legatur littera 天, combina has duas 他 t'ā et 年 niên; prima dabit initium soni quem quaeris, secunda dabit ejus finem. Clarum est quod hoc nihil me juvabit, nisi prius sciam quomodo legi debeant duae illae litterae sic assumptae: sed quando scio quod 他 legitur t'ā, et 年 legitur niên, tunc sumendo t ex primâ et ien ex secundâ prodit tien pro sono litterae 天 tien; et sic de aliis. Hoc autem quod facillimum nobis est sinas etiam litteratos qui nullam nostrarum litterarum ideam habent mirum in modum torquet.

Fruamur igitur commoditate quam nostrae litterae nobis suppeditant nihil quippe magis memoriam adjuvabit; cum enim semel sinicae litterae sonum ad ejus latus Europaeis characteribus noverimus, si deinde labitur ex memoria, haeret semper in charta, et quoties volumus statim oculis se subjicit. Is tamen labor inanis esset, si quis hoc pacto paginas integras sine ullis sinicis litteris scribere vellet. Haud enim scio an vel unicae phrasis sensus post aliquos dies posset divinari. Hispanus scribat chi, Italus ci, Gallus tchi, nihil certe vetat; at cum multae sint litterae sinicae quae hunc sonum habent, et sub eodem illo sono, eumdem accentum, si adderent 知, esset scire; si 支 esset ramus; si 之, esset nota genitivi; si 蜘, esset aranea. Quatuor istae litterae plurimum differunt, ut patet aspicienti; tchi vero vel ci vel chi ad earum latus appositum, semper quid unum et idem est nec de se quicquam significat.

Ut sit, istud certe constat, quod sinicae litterae ore prolatae indicant simul et accentum et sonum. Sonus est veluti materia, et accentus est quasi earum forma; duo igitur ex aequo requirit recta pronuntiatio. 1°. ut materialiter cognoscantur litterae, hoc est, ut verus earum sonus habeatur, 2°. ut formaliter etiam notae sint, id est, ut verus earum accentus proferatur. De his duobus agam separatim, et ab accentibus incipiam; sic enim ad appendicem melius deveniemus.

PARAGRAPHUS PRIMUS.

DE SINICIS ACCENTIBUS.

Meri soni sunt litterarum quasi corpus; accentus autem sunt ipsis loco animae; exemplo sit littera 看 videre; sonus quem ipsi dant sinae est k'ān, spiritus est asper k'an, accentus est rectus k'ān, et interdum acutus k'án; atque haec tria, scilicet sonus, spiritus et accentus sunt omnino necessaria. Cum vero sint aliae litterae aliud plane significantes, quae debent eodem modo pronunciari, evidens est quod etiamsi recte dicas k'ān, tamen ex circumstantiis, hoc est, ex materia de qua sermo est, et ex his quae præcedunt vel sequuntur, plerumque colligunt sinæ quod vox illa quam profers significat videre. Et quid igitur esset, si duntaxat dicas k'an, nulla habita ratione nec ad spiritum k'an, nec ad accentum k'ān, atque haec est præcipua causa cur Europæi post tot labores in lingua sinica discenda positos a sinis vix intelligantur. Docti sunt, ingeniosi sunt, attenti sunt, et tamen per totam vitam plerique balbutiunt, interim dum stupidus aliquis cafer (sic) post tempus sat breve tam bene loquitur quam ipsimet sinae. Felices missionarii qui statim atque e navi exierunt, deportarentur ad locum aliquem ubi calamis Europaeis confractis et linguis nativis valere jussis, solos sinas audire cogerentur.

Sinici accentus dividuntur in 平 p'îng et 仄 tse; accentus p'îng seu rectus et planus subdividitur in 清 ts'îng clarum, et 濁 tchŏ sub obscurum, seu quod idem est in purum ts'îng et crassum tchŏ. Accentus 仄 tse sed ad latus, subviditur in 上 chàng, attollere, 去 k'iŭ, ejicere, et 入 jĕ, intrare, quia in his tribus vox quidem a rectâ lineâ deflectit, sed in chàng, attollitur, in k'iŭ, velut deprimitur, et in jĕ, quasi ad intra redit. Quamquam haec verbis exprimere nequeunt, audiendi sunt saepius sinae, ut quinque toni — ^ \ / ‿ bene cognoscantur et distinguantur, ut clarius adhuc dicam sub finem capitis tertii. Non paucae sunt litterae quae modo hoc modo illo accentu debent pronunciari. Sinæ ut hoc pueros doceant, solent exiguum circulum apponere ad unum ex quatuor angulis litteræ de quâ loquuntur. Sic 爲 legitur ouêi, p'îng chīng, et significat *facere*; 爲 legitur oúei, k'iù chīng, et significat *propter*. Sic 惡 ngŏ malum, gĕ chīng; at 惡 est oú, odisse; 惡 vero est oū, particula interrogans. Sic demum 與 est yû, particula; 與 est yù dare; 與 est yú adesse. Volunt aliqui quod mutetur accentus quoties aliqua littera ex nomine fit verbum, 王 vâng, rex, 王 váng, regnare.

PARAGRAPHUS SECUNDUS.

DE SINICIS SONIS.

Quando soni Sinici litteris Europæis pinguntur, ut illos bene pronuncies, attende, 1°. ad elementa quibus incipiunt, 2°. ad litteras intermedias, 3°. ad finales.

NUMERUS PRIMUS.

DE LITTERIS INITIALIBUS.

Numerantur vulgo istae: *ch, tch, f, g, j, h, y, i, l, m, n, ng, p, s, ts, v, ou*. Cum ab initio assuetus fuerim orthographiae gallicae, et nunc pro missionariis laborem, breviter mihi explicandum est in quo gallica orthographia differat ab aliis.

Tria potissimum notanda sunt: 1°. Galli scribunt *ch*, Hispani et Lusitani scribunt *x*, itaque chā et xā idem est. 2°. Galli scribunt *tch*, Hispani Lusitani scribunt *ch*; igitur tchā et chā idem est. 3°. Galli scribunt *ts*, alii scribunt ç; ergo tsă et çă idem est. Nisi hæc tria memoriae bene mandent, qui linguam et pronunciationem gallicam ignorant, pronum est ut errent si quando meum hoc opusculum legere velint.

Notandum praetera quod inter initiales litteras, quinque habent spiritum asperum videlicet, k', p', t', t'ch, et ts': ejusmodi spiritus asper multos fugit, praesertim Gallos, in quorum linguâ non reperitur. Summi tamen momenti est ut à primis statim initiis assuescant missionarii, tàm benè pronunciare spiritum asperum, ut sentiant ipsi, et aliis audientibus faciant sentire, discrimen quod est inter 止 tchì, sistere, et 齒 t'chì, dentes; inter 波 pō, fluctus, et 玻 p'ō, vitrum; inter 幹 kán, humus, et 看 k'àn, videre; inter 尊 tsūn, honorare, et 村 ts'ūn, pagus; inter 迪 tĭ, hortari et 惕 t'ĭ, timere &c. Vides quod tota differentia pendet a solo spiritu et satis est hoc negligere ut non audiaris. c 2

Littera *h* est quidem aspera sed maxime cavendum est ne confundatur cum *k*: quatuor istae voces *y*, *hi*, *ki*, kĭ, valde differunt.

Cum occurrit *ng*, v. g. *ngo*, *ngai ngan*, cave dicas nėgo, nėgai, &c. utraque consona debet quidem pronunciari, sed *g* paulo magis sentitur, quam *n*: dic *ngai*, *ngan*, sicut Sinas dicere audies. Si post *ng* sequitur *e*, inseritur *h*, sicut Italis mos est, ut durior ille sonus servetur *nghe*, *nghen*. De reliquis initialibus nihil dicendum occurrit.

Inter ipsos Sinas in aliquibus non convenit. 1° multi pronunciant *s* pro *ch*, *sai* pro *chai*, et vicissim *ch* pro *s*, *chou* pro *sou*. 2° multi emolliunt *tch* et dicunt, v. g. *tsai* pro *tchai*, &c. 3° alii pronunciant consonantes *v* et *j* et dicunt v. g. *vang* et *jang*, alii dicunt *ouang* et *yang*.

NUMERUS SECUNDUS.

DE LITTERIS MEDIIS.

Notandum 1° quod omnes voces sinicae pro unicâ syllabâ supponunt. Comprimis itaque cavendum ne ex una pessime pronunciatâ plures exsurgant: ne dicas *le-a-o*, sed *leao*; tres vocales raptim et quasi simul exire debent ex ore; noli dicere *ki-e-ou*, sed dic uno spiritu *kieou*.

Notandum 2° quod ù gallicum alias nationes satis incommodet. Quando pronunciandum est *ou*, tunc ego semper scribo *ou*; quando scribo *u*, signum est quod sit nostrum *u* gallicum. Lusitani ponunt unum punctum super illud *u*, ut distinguatur ab *u* quod solent legere *ou*: addunt etiam unum *i* et scribunt kiüen, tsiüen &c. Nullus Sina dicit tsi-ü-en, sed uno ore tsiüen. At in vocibus yù, *yun*, *kiun*, &c. videtur quidem ibi esse *i*, sed non debet separari; non est dicendum *y-u-en* sed *yuen*.

Notandum 3° quod *e* in medio vocis est semper mutum, et ad hoc mihi videtur servire ut *i* quod præcedit blandius ac mollius pronuncietur. Certe *yeou*, *hieou*, *kieou*, longe differunt ab *you*, *hiou*, *kiou*; nec tamen legi debent yé-ou, hié-ou, kié-ou, cum *e* aperto et sonante, sed yėou, hiėou, kiėou, &c.

Notandum 4° quod in vocibus *meou*, *neou*, *teou*, et aliis id genus *e* sit quoque mutum et gallicum, non est mé-ou, té-ou, sed mė-ou tė-ou; istud *e* magis tamen sentitur quam in *mieou tieou*, et similibus, ubi *e* fere totum absorbetur ab *i* præcedenti.

Notandum 5° quod in medio vocum occurrat quoque ó idemque fere sit ac *ou*. Sic chóa, tsóan est idem ac *choua*, *tsouan*; in hóang et *hoa* sentitur aliquatenus *o*. In aliis semper scribo *ou*; soüan, koüan, toüan, &c. Sic assuetus sum.

海上絲綢之路文獻集成 科技與文化編

NUMERUS TERTIUS.

DE LITTERIS FINALIBUS.

Sunt ferè istæ *a, e, i, o,* ȯ, *ou,* ü, *l, n, ng,* de quibus aliquid seorsim dicendum. *A* numquam breve est, nisi notetur accentu quinto ˘; quamquam tunc non est adeo raptum, nisi certis in locis. *E* aliquando est apertum; dic ke, süe, hüe, sicut Galli pronunciant *après, cyprès,* aut sicut Latini *ceres, pes,* &c; aliquando est masculinum et clarum; dic ye, kie, nüe, &c; sicut apud Latinos *fortè dicere, maxime,* &c; aliquando est fœmininum et mutum, v. g. sséė, tséė, chė, &c.

Ad *i* nota 1°. quod isti soni *y, hi, ki, li,* &c. possent in duas species dividi. Sed qui sciunt sinicos accentus, longè melius per aures id sentiunt quam ego per verba possim exponere: in quinto accentu lĭ, kĭ, nŭ &c. addunt aliqui unum *e* mutum liᵉ, kiĕ, miĕ, &c.; Sed tale *e* nec debet audiri, nec vox ex eo produci, itaque ad errorem ducit; ergo potest omitti. 2°. utrum soni fei, hoei koüei, choui essentialiter differant asserere non ausim: in plerisque putem quod *i* finale transeat in *e* mutum, feë, pro *fei,* hoée pro *hoei,* &c. item quod interdum melius scribatur *ou* quam *ho,* dicaturque *kouei* non vero koëi; item quod in istis *soui, toui, choui,* nullo modo appareat esse *e* ante *i.* Ausculta Sinas et auribus disce. 3°. in istis sonis *hai, pai, lai* &c. quando finiunt orationem *i* pronunciatur ut *e* v. g. *lae,* veni; tunc multum sentitur *a,* parum *e,* nullo modo *i*; at si sequatur alia vox resurgit *i* v. g. laî *leao* venit. 4°. in *yai, hiai, kiai, a* debet jungi cum *i* quod sequitur, non cum *i* quod præcedit: non est *kia-i* sed *ki-ai,* unicâ syllabâ non duabus.

O, saepius est longum presertim in primo accentu: dic tō ferè quasi esset tōo. Cum praecedit *a,* v. g. *hao, kao,* non sonat sicut Galli solent legere *haurire, causa,* sic enim *au* desinit in *o,* sed debet sentiri *a* et legi, sicut Normanni dicunt *haut* altus, *causer* garrire, et sicut bene multi legunt Latinè *haurio, caute* &c.

O vix differt ab *ou,* sed accentu quinto oŭ. Lusitani non scribunt oŭ, quia non habent morem hunc et quia revera in aliquibus locis legitur *o,* in pluribus aliis legitur *ou.* Scribunt ȯ ut sic distinguant ab *o,* certe toto cœlo differunt; v. g. 叔 chŏ vel xŏ, avunculus, à 勺 chŏ vel xŏ, cochlcare.

Cum apud multas nationes *u* sonet sicut *ou,* ideo scribunt *pu, mu, nu,* non vero sicut nos Galli *pou, mou, nou,* &c. Si vero occurrat *u* gallicum quo carent, addunt punctum et scribunt v. g çiü; nam si scriberent *çu,* et *tsu,* tunc legerent *tsou*; *niu* ipsis esset *niou* non vero niü.

Pro *u* gallico finali legunt ipsimet Sinae maxime Pekini *ou,* et dicunt *chou* pro *chu, tchou* pro *chu* &c. In certis litteris posset addi unum *e* mutum et scribi v. g. süë et tsüë pro sü, et tsü: per accentus te permitte regi.

N in fine pronunciatur sicut apud Latinos: *an* est domi? *en* adest, *in* antro &c. Caveant ergo Galli ne sinice dicant, *mien, tien, sien* ut in patriâ linguâ dicunt *mien* meus, *tien*, tuus *sien* suus: neque pronuncient *en* cum dicendum *in* v. g. ne dicant *min* sicut in voce *chemin* via; assuescant dicere *gin*, non verò *gen*. Normanni pronunciant sicut Sinae cum dicunt, *du vin* vinum, *matin* mane, non autem Parisini cum aperto ore dicunt *du vain*, et *matain*, licet scribant *vin* et *matin*: item ne jungant *n* cum vocali per quam incipit vox sequens, v. g. *na nien* pro *nan yen*; oportet utramque vocem totaliter separare. In sonis *feu, geu, keu*, &c. videtur esse *e* apertum sicut in *he, ke*, &c. Satis inutile est cum aliquibus scribere poüon, loüon, moüon &c. quia sonus iste vix differet à poüan, loüan moüan. Sunt quaedam litterae quae melius leguntur *pan, man, han*, quam poüan, moüan, hoüan, et vicissim; item aliae quaedam debent legi *men, pen, ven*, non vero moüen, poüen, oüen. At utrum *ouen, hoen, kouen, tchouen*, valde differant ab *ouan, kouan, tchouan*, dubitari potest; plurimùm certè in his valet consuetudo quam primis annis imbuimus.

Ng finalis à Lusitanis scribitur per *m*, v. g. 堂 *tam* 生 *sem*: Hispani scribunt *tang, seng* Nullus est inter Gallos qui non legat *tam* ut latine *tam bonus*, et *sem* sicut *Noe genuit Sem*. Itaque consuevi cum Hispanis scribere *ng, tang, seng*. Sciendum tamen est quod quælibet alia consonans posset poni post *n* et eumdem sonum faceret. Nam illud *g* nullo modo pronunciari debet; indicat tantum quod syllaba sit mollior et forte longior; itaque *long* pronunciabitur ut apud Gallos *long*, longus, et *fong*, sicut Galli dicunt *les fonds de baptême*, non verò sicut latine *dives aquae fons*: dic *ming* sicut gallice *les chemins*, sed normannicâ pronunciatione; *fang* sicut *les enfans*, pueri &c.

Ex eo colliges quàm ineptè quidam velint ex vocibus sinicis latina vocabula procudere, pro *vou vang* ponentes *vouvangum*, et *tchingtangum*, pro *tching tang*, et litteratos familiarum *tang, song* et *ming* barbare et absurde vocantes *Tanganos, Songanos, Minganos*, eodem jure reddunt *kouei chin* per *koueichines*, et *chang ti* per *chantitum*.

Restat finalis *l* cujus pronunciatio difficile potest explicari. Lusitani scribunt *lh*, Hispani *ll*, alii *ull*. Ego malo scribere *eull*. Necessario audiendi sunt Sinæ.

CAPUT TERTIUM.

APPENDIX.

In hoc appendice catalogum texam omnium vocum linguae sinicae; poterat disponi à capite ad calcem juxta nostrum alphabetum, sed utilius fore putavi eum deducere secundum rhythmos, ita tamen ut in omnibus articulis alphabeticus ordo servetur.

Litteras finales omnes ad novem classes revoco, et in quâlibet classe terminationes ad marginem noto.

OMNIUM VOCUM LINGUÆ SINICÆ

INDEX GENERALIS.

PRIMA CLASSIS.

1o. chā 沙 sabulum.
a chà 洒 aspergere.
chá 嗄 sonus vocis mutans.
chă 殺 occidere.
tchā 渣 fæces, *la lie.*
t'chā 差 discrepare.
t'chā 查 inquirere.
t'chā 槎 ramus præcisus.
tchá 詐 decipere.
t'chá 詫 prædicare.
tchă 札 epistola.
t'chă 察 examinare.
fă 法 ars, imitari.
hà 哈 sonus ridentis.
lă 拉 trahere.
mâ 麻 cannabis.
mà 馬 equus.
má 罵 maledicere.
mă 抹 extergere.
nâ 拿 accipere manu.
nà 那 nota interrogantis.
ná 那 ille, illa, illud.
nă 捺 comprimere manu.
pā 芭 ficus indicæ.
p'ā 葩 elegantia, flos.
p'à 爬 repere, scabere.
pà 把 capere.
pá 罷 satis est.
p'á 怕 timere.
pă 八 octo.
p'ă 汃 fluctuum sonitus.
să 薩 idolum, *pou sa.*
tsā 嗟 heu! signum doloris.
tsà 咱 ego. 家咱
tsă 咂 lingere, sugere.
t'să 擦 fricare, *frotter.*
t'ā 他 ille, alter.
tà 打 percutere.
tá 大 magnum.
tă 答 respondere.
2o. t'ă 獺 castor.
ya yā 丫 furca.
yâ 牙 dentes.
yà 雅 pulchrum.
yá 亞 secundus, alter ab illo.
yă 壓 subigere.
hiā 鰕 cammari.
hiâ 遐 remotus.

n 2

hià 下 descendere.
hiá 下 infra.
hiă 瞎 caecus.
kiā 加 addere.
k'iâ 伽 idolum quoddam.
kià 假 falsum.
k'ià 髂 renum ossa.
kiá 稼 plantare.
kiă 甲 lorica, ungues.
k'iă 恰 commodum.
3o. oua ouā 哇 rana.
ouà 瓦 tegula.
ouá 嗏 pueri ploratus.
ouă 襪 tibialia.
hoā 花 flos.
hoâ 譁 pulchrum visu.
hoà 解 ovis cornua.
hoá 話 verba.
hoă 滑 lubricum, *glissant.*
kouā 瓜 cucurbitæ.
k'ouā 誇 gloriari.
kouà 寡 modicum.
k'ouà 髁 ossa lumborum.
koúa 卦 symbola, libri *y king.*
k'oúa 跨 conscendere.
koŭa 刮 abradere.
chouà 耍 ludere, *badiner.*
choŭa 刷 scopulae, *des brosses.*
tchoŭa 檛 flagellum equi

CLASSIS SECUNDA.

1o. e chē 奢 prodigus.
chê 蛇 serpens.
chè 捨 adjicere.
ché 赦 parcere.
chĕ 舌 lingua.
chē 師 magister, (vel sseē)
chê 時 tempus, (vel chî)
chè 屎 stercus, (vel chì)
ché 是 est, (vel chí)
chĕ 室 domus, uxor
tchē 遮 cooperire.
t'chē 車 currus.
tchè 者 particula orationis!
t'chè 扯 manu trahere.
tché 這 iste, ista, istud.
tchĕ 折 plicare, frangere.
t'chĕ 徹 penetrare.
tchĕ 直 directum (vel chi)
t'chĕ 尺 pes, mensura (vel t'chĭ)
gè 惹 lacessere, provocare.
gĕ 熱 calidum.
gĕ 日 dies, sol.
hĕ 黑 nigrum.
kĕ 革 pellis.
k'ĕ 客 hospes.
lĕ 肋 costae.
mĕ 墨 atramentum
'nghĕ 額 frons.
pĕ 白 album.
pĕ 拍 manu plaudere.
sĕ 虱 pediculus.
sseē 私 privatum
ssèë 死 mori.
sséë 四 quatuor.
tsĕ 擇 eligere.
t'sĕ 測 comprehendere.
tseē 髭 barba

海上絲綢之路文獻集成 科技與文化編

	tseè	子	filius.
	tseé	字	litterae sinicae.
	t'seē	雌	fœmina volucrum.
	t'seê	慈	benignus.
	t'seè	此	hic, hæc, hoc.
	t'seé	次	ordo, series
	tĕ	德	virtus.
	t'ĕ	忒	error, peccatum.
	yê	爺	pater.
	yè	野	desertum.
	yé	夜	nox.
	yĕ	葉	folia.
	hiĕ	蝎	scorpius.
	kiĕ	竭	exhaurire.
	k'iĕ	怯	timidus, *lâche*.
	liĕ	列	ordinare.
	miĕ	滅	exstinguere.
	niĕ	蘖	prima germina.
	piĕ	別	diversum.
	p'iĕ	撇	percutere leviter.
	siē	些	parùm.
	siê	邪	curvum.
	siè	寫	scribere.
	sié	謝	gratias agere.
	siĕ	泄	vel 洩 diffluere.
	tsiê	嗟	suspirare.
	tsiè	姐	soror major.
	tsié	借	mutuari.
	tsĕ	節	temperantia.
	tiĕ	蝶	papilio.
	t'iĕ	帖	libellus visitationis.
	chouĕ	說	dicere.
3o.	tchoŭe	輟	cessare.
oue	kouĕ	國	regnum.
	oŭe	物	res, vel oŭo vel oŭ.
	foĕ	弗	non.
4o.	hoĕ	或	vel, sive.
yue	yuĕ	月	luna.
	hiuĕ	血	sanguis.
	kuĕ	決	omninò, certè.
	k'uĕ	缺	deficere.
	suĕ	雪	nix.
	tsuĕ	絕	abrumpere.

CLASSIS TERTIA.

1o.			
i	chī	詩	carmen.
	chî	匙	clavis.
	chì	始	initium.
	chí	勢	qualitas, potestas.
	tchī	知	scire.
	tchì	止	sistere.
	tchí	治	gubernare.
	t'chī	痴	stolidus.
	t'chî	池	fossæ, stagnum.
	t'chì	齒	dentes.
	t'chí	翅	alæ.
	ȳ	衣	vestes.
	ỳ	移	mutare.
	ý	倚	inniti.
	ŷ	義	justitia.
	y̆	益	addere.
	hī	稀	rarum, parùm.
	hî	奚	nota interrogationis.
	hì	喜	lætari.
	hí	戲	comedia, illudere.
	hĭ	隙	foramen, rima.
	kī	基	fundamentum.
	kì	紀	annales.

kí 記 recordari.
kĭ 吉 bonum.
k'ī 溪 rivus aquæ.
k'î 奇 mirabile, rarum.
k'ì 起 surgere.
k'í 棄 abjicere.
k'ĭ 乞 rogare.
lî 離 separari, sejungi.
lì 李 prunus.
lí 利 lucrum; acutus.
lĭ 力 vires.
mî 眉 supercilia.
mì 米 oriza decorticata.
mí 謎 ænigma.
mĭ 密 silentium.
nî 泥 lutum.
nì 你 tu.
ní 膩 pinguedo.
nĭ 逆 contrarius.
pī 卑 vilis, humilis.
pì 比 comparare.
pí 閉 claudere.
pĭ 鼻 nasus.
p'ī 批 sententia, censura.
p'î 脾 stomachus.
p'ì 痞 opilationes.
p'í 譬 comparatio.
p'ĭ 匹 par, *couple*.
sī 西 occidens.
sì 洗 lavare.
sí 細 subtile.
sĭ 夕 serò.
tsī 躋 ascendere.
tsì 擠 comprimere.
tsí 祭 offerre.
tsĭ 疾 morbus; citò.
t'sī 妻 uxor.
ts'î 齊 æquale, planum.
t'sí 砌 murum facere.
t'si 七 septem.
tī 低 humile, non altum.
tì 底 fundum.
tí 地 terra.
tĭ 迪 hortari, dirigere
t'ī 梯 scala, *echelle*.
t'î 題 argumentum.
t'ì 體 substantia, corpus.
t'í 剃 radere, tondere.
t'ĭ 惕 timere.

2º. ai

chāi 篩 cribrum.
chài 灑 aspergere.
chái 殺 differentia.
tchāi 齋 jejunium.
tchái 債 debita.
t'chāi 差 missus.
t'châi 柴 ligna ad comburendum.
t'chài 跐 pedibus terere.
t'chái 嘬 avidè comedere.
hāi 咍 ridentis est.
hâi 孩 parvulus.
hài 海 mare.
hái 害 offendere.
kāi 該 oportet.

k'aī 開 aperire.
kài 改 immntare.
k'ài 愷 lætari.
kái 漑 irrigare.
lâi 來 venire.
lài 攋 pygmæi quidam.
lái 賴 inniti.
mâi 埋 sepelire.
mài 買 emere.
mái 賣 vendere.
nâi 腉 lac.
nài 妳 mammæ.
nái 耐 patientia.
ngāi 哀 commiseratio.
ngài 藹 amabilis.
ngái 愛 amare.
pài 排 disponere.
pái 拜 salutare aliquem.
p'âi 牌 tabella, signum.
p'ài 擘 quot? *combien*?
p'ái 派 fluminis rami.
sāi 腮 genæ.
sái 賽 retribuere.
tsāi 災 calamitates.
tsài 宰 arbiter, dominus.
tsái 在 esse, existere.
t'sâi 財 divitiæ.
t'sài 采 colores.
t'sái 菜 herbæ comestibiles.
tāi 獃 rudis, nescius.
tài 歹 màlum.
tái 代 loco alterius.
t'aī 胎 fætus.
t'aî 臺 agger.
t'aì 奤 valde pingnis.
t'aí 太 magnus.
vāi 歪 non rectus.
vái 外 extra.

3o. ouai

choūai 摔 qui prius incedit.
choúai 帥 dux militum.
hoâi 懷 sinu fovere.
hoái 壞 destruere.
koūai 乖 contradicere.
kouài 拐 rapere per vim.
koúai 怪 monstrum.
k'oúai 快 lætari.

4o. yai

yāi 厓 ripa, littus.
yâi 崖 pes montis.
yàl 矮 statura pusillus.
yái 隘 arctum, angustum.
hiâi 諧 consonare.
hiài 蟹 cancer.
hiái 懈 piger.
kiāi 皆 omnes.
k'iāi 揩 abstergere.
kiài 解 explicare.
k'iài 楷 forma, modus.
kiái 誡 præcepta.

5o. ei

fēi 非 non, reprobare.
fêi 肥 pinguis.
fèi 斐 ornatus moraliter.
féi 肺 pulmones.
oūei 煨 coquere sub cinere.
oûei 惟 solùm, cogitare.
oùei 唯 assentiri.
oúei 位 sedes, persona.

hoēi 灰 cinis.
hoêi 回 reverti.
hoèi 悔 pænitere
hoéi 誨 instruere.
koūei 規 circinus.
kouèi 鬼 spiritus.
koúei 貴 pretiosum.
k'oūei 盔 galea.
k'oûei 揆 conjectari.
k'ouèi 跪 genua flectere.
k'ouéi 喟 suspirare.
moêi 媒 pronubus.
moèi 美 pulchrum.
moéi 妹 soror major.
poēi 悲 compati.
poèi 俾 facere ut.
poéi 貝 conchylia.
p'oēi 丕 magnum; offerre.
p'oêi 培 excolere, alere.
p'oèi 配 comes, sponsa.
6°. uei juēi 甤 de flore pendente.
juèi 蕊 flos nondum apertus.
juéi 睿 valde perspicax.
luèi 雷 tonitru.
luèi 壘 coacervare.
luéi 類 species.
nuèi 餒 fames.
nuéi 內 intùs.
7°. oui choûi 誰 quis?
choùi 水 aqua.
choúi 睡 dormire.
tchoūi 追 post aliquem ire.
tchoùi 箠 baculus, scutica.
tchoúi 墜 cadere.
t'choūi 炊 flare ad ignem.
t'choûi 槌 malleus.
t'choùi 揣 inferre.
t'choúi 吹 fistula canere.
oûi 微 subtile. } vel ouei.
oùi 尾 cauda. } vel ouei.
oúi 味 sapor. } vel ouei.
soūi 雖 licet, quamvis.
soûi 隨 sequi, obsequi.
soùi 髓 medulla ossium.
soúi 碎 minutiæ.
tsoūi 墔 accumulare.
tsoùi 嘴 os, labia.
tsoúi 罪 peccatum.
t'soūi 摧 vigere, excitare.
t'soùi 崔 de monte alto.
t'soúi 啐 prælibare.
toūi 堆 acervus.
toùi 憝 odisse.
t'oūi 推 recusare.
toúi 對 ex adverso.
t'oûi 隤 cadere, destrui.
t'oùi 腿 sura, *les cuisses*.
t'oúi 退 retrocedere.

CLASSIS QUARTA.

1°. o chŏ 杓 vel 勺 cochleare.
tchŏ 桌 mensa.
t'chŏ 綽 indulgere, tardè.
jŏ 弱 debilis.
hō 呵（打 tà）oscitare.

hô 和 concordare.
hò 火 ignis.
hó 貨 merces, *marchandises.*
hŏ 合 conjungere.
kō 哥 frater major.
kò 果 certè, fructus.
kó 个 (——y̆) unus.
kŏ 各 quilibet.
k'ō 窠 nidus.
k'ò 可 decet, convenit.
k'ó 課 preces.
k'ŏ 渴 sitire.
lô 羅 rete, *filet.*
lò 躶 nudus.
ló 稞 cumulus.
lŏ 落 cadere, labi.
mô 摩 palpare, *toucher.*
mò 麽 nota interrogationis.
mó 磨 molâ atterere.
mŏ 末 extremi rami.
nô 儺 blandus, tener.
nò 娜 (婀 ò) pulchrum.
nó 懦 debilis.
nŏ 諾 vox assentientis.
ngô 鵝 anser.
ngò 我 ego.
ngó 餓 esurire.
ngŏ 咢 tympano ludere.
ō 猗猗 de visu pulchro.
ŏ 曷 comprimere, regere.
pō 波 fluctus.
pò 跛 claudus.
pó 播 disseminare.
pŏ 薄 non spissum.
p'ō 玻 vitrum.
p'ô 婆 mulier.
p'ò 頗 valdè, multùm.
p'ó 破 destruere.
p'ŏ 撥 emittere, aperire.
sō 唆 (哄 hong) deludere.
sò 所 locus, qui, quæ, quod.
só 些 parùm; (vulgò siē).
sŏ 索 funis, *une corde.*
tsò 左 læva.
tsó 做 facere.
tsŏ 作 agere.
t'sō 磋 polire, limare.
t'sô 痤 parva pestis.
t'sò 瑳 ridendo dentes ostendere.
t'só 剉 lima, *une lime.*
t'sŏ 錯 errare.
tō 多 multi, multum.
tò 朵 sertum, *un bouquet.*
tó 惰 piger.
tŏ 鐸 campanula.
t'ō 拖 deducere, trahere.
t'ô 駝 camelus.
t'ò 垜 scopus, *le blanc.*
t'ó 唾 sputum, expuere.
t'ŏ 脫 solvere, exuere.

2°. ao

chao 燒 assare.
châo 韶 voces consonæ.
chào 少 parum, deesse.
cháo 紹 connectere.
tchao 招 manu advocare.
tchào 爪 animalium ungues.

tcháo 召 voce vocare.
t'chāo 超 excedere.
t'châo 潮 maris æstus.
t'chào 炒 torrere.
t'cháo 鈔 moneta.
jaô 饒 parcere.
jaò 擾 tumultuari.
jáo 繞 in orbem vincire.
hāo 蒿 absinthium.
hâo 豪 aper.
hào 好 bonum.
háo 好 amare.
kāo 尻 finis spinæ dorsi.
k'aō 高 altum.
kaò 考 examinare.
k'aò 杲 clarum, patens.
káo 告 admonere.
k'áo 靠 inniti.
laô 勞 labor, merita.
laò 老 senex.
maō 毛 plumæ, pili.
mào 卯 hora sexta matutina.
māo 貌 pulchritudo.
naô 撓 scabere.
naò 腦 cerebrum.
náo 鬧 perstrepere.
ngāo 鏖 fortiter pugnare.
ngâo 遨 otiari, vagari.
ngaò 襖 vestis duplex.
ngáo 傲 superbus.
paò 飽 satur.
paō 包 obvolvere.
páo 抱 amplecti.

p'aô 脬 urinæ vessica.
p'aô 袍 tunica.
p'aó 砲 bombardæ.
sāo 騷 tristis.
sào 掃 verrere.
sáo 燥 siccum.
tsāo 遭 offendere, *rencontrer*.
tsào 早 mane.
taáo 造 producere.
t'sāo 操 capere, premere.
t'saô 嘈 strepitum edere.
t'saò 草 herbæ.
t'saó 慥 solidè verus.
tāo 刀 gladius.
taò 島 insula.
taó 道 via, ratio, sermo.
t'aō 叨 concupiscere.
t'aô 桃 mala persica.
t'aò 討 castigare.
t'aó 套 involucrum.
leaô 遼 late circuire.
leaó 療 morbos curare.

3o. yao

yaò 腰 renes.
yaô 堯 valdè eminens.
yaò 咬 mordere, rodere.
yaó 要 necesse est, velle.
hiāo 哮 irati fremitus.
hiào 曉 scire.
hiáo 孝 pietas filialis.
kiāo 交 conjungi.
kiaò 皎 lunæ splendor.
kioá 教 lex.
k'iāo 敲 percutere, virga.

k'iâo 喬 altum.
k'iaò 巧 artificiosè.
k'iaó 竅 foramen.
miâo 猫 feles.
miaò 秒 res minuta.
miáo 妙 mirabile.
niào 鳥 avis.
niáo 尿 urina.
piāo 標 signum, insigne.
piaò 表 stilus horologii.
piáo 裱 benè ligare.
p'iaō 飄 à vento agitari.
p'iaô 瓢 crater, cochleare.
p'iaò 殍 cadaver in viis.
p'iaó 瞟 siccare ad solem.
siāo 硝 nitrum.
siaò 小 parvus.
siaó 笑 ridere.
tsiaō 燋 urere, assare.
tsiaò 勦 destruere, exstinguere.
t'siaō 鍫 instrumentum ruris.
t'siaò 焇 furtim.
t'siaô 瞧 aspicere.
t'siaó 峭 mons altus.
tiaō 刁 falsus, deceptor.
tiaó 弔 condolere.
t'iaō 挑 ferre in humeris.
t'iaô 條 ramus.
t'iaò 誂 verbis seducere.
t'iaó 跳 saltare.

3ᵃ. yo
yǒ 樂 musica.
hiŏ 學 studere.
kiŏ 脚 pedes.
k'iŏ 確 forte, solidum.
liŏ 略 modicum.
niŏ 虐 crudelis.
siŏ 削 dolare.
tsiŏ 鵲 pica.
t'iŏ 爵 calix, officium.

4ᵃ. ouo
ouŏ 窩 nidus, lectus.
ouŏ 斡 circumvolvere.
houò 賀 congratulari.
kouō 鍋 ahenum.
koúo 過 excedere.
koŭo 郭 muri exteriores.
k'ouŏ 闊 amplum.

CLASSIS QUINTA.

---

chŏ 叔 avunculus.
tchoŭ 竹 canna, *bamboa.*
t'chŏ 觸 cornu petere.
foŭ 福 felicitas.
jŏ 辱 injuria, *affront.*
hŏ 忽 titivillitium.
koŭ 骨 ossa.
k'oŭ 哭 plorare.
loŭ 六 sex.
moŭ 目 oculus.
nŏ 恧 pudor.
poŭ 不 non.
p'ŏ 勃 colere, venerari.
soŭ 粟 granum.
tsoŭ 足 pedes.
t'sŏ 數 spissum.
toŭ 讀 legere.

2 F

t'ŏ 秃 calvus.
yoŭ 育 filios enutrire.
hiŏ 畜 alere.
kioŭ 菊 flos autumnalis.
k'ioŭ 曲 non rectum.
ouŏ 沃 irrigare.

CLASSIS SEXTA.

1°. ou foū 敷 promulgare.
foû 扶 adjuvare, *soutenir*.
foù 撫 blandiri, tangere.
foú 父 pater.
hoū 呼 spiritum mittere.
hoû 壺 vas vini.
hoù 虎 tigris.
hoú 互 mutuo.
koū 孤 pupillus.
koù 古 olim.
koú 故 causa.
k'oū 枯 arbor sicca.
k'où 苦 amarum.
k'oú 庫 ærarium.
loû 爐 vas pro igne.
loù 魯 hebes, stupidus.
moû 摸 vel 模 forma.
moù 母 mater.
moú 墓 tumulus.
noû 奴 servus, *esclave*.
noù 弩 arcus, *arbalestre*.
noú 怒 ira.
ngoû 吾 ego, meus.
oū 烏 corvus.
où 惡 odio habere.
oú 誤 decipi.
poú 哺 lac sugere.
poù 圃 hortus.
poú 捕 capere, v. g. papiliones.
p'oū 匍 repere humi.
p'où 浦 ramus ex flumine.
p'oú 舖 taberna.
soū 蘇 revivescere 甦 idem.
soù 數 numerare.
soú 數 numerus.
tsoū 租 locare.
tsoù 祖 avus.
tsoú 助 adjuvare.
t'soū 初 initio.
t'soû 鋤 ligo, *hoyan*.
t'soù 楚 affligi, dolere.
t'soú 醋 acetum.
toū 都 omnes, aula.
toù 睹 vel 覩 videre.
toú 肚 venter.
t'oû 徒 discipuli.
t'où 土 terra, lutum.
t'oú 兔 lepus.
voû 無 nihil.
voù 武 bellator.
voú 務 totus esse in.
2°. eou cheoū 收 recipere.
cheoù 手 manus.
cheoú 受 accipere 授 tradere.
tcheoū 舟 navis.
tcheoù 帚 scopa.
tcheóu 晝 dies.

海上絲綢之路文獻集成 科技與文化編

t'cheōu 抽 extrahere.
t'cheôu 稠 spissum.
t'cheòu 醜 deformis.
t'cheóu 臭 fætor.
feōu 浮 supernatare.
feoù 否 non.
feoú 覆 protegere.
jeoû 柔 mollis, obsequens.
jeoù 揉 molle reddere.
jeoú 揉 gubernare.
heōu 齁 rhonchos edere.
heôu 喉 guttur.
heoù 吼 clamor v. g. tigridis.
heoú 後 post.
keōu 鈎 uncus, fibula.
keoù 狗 canis.
keóu 摳 vacuare, *vider.*
k'eōu 摳 vestes attollere.
k'eoù 口 os hominis.
k'eóu 叩 tundere, v. g. terram capite.
leoû 樓 superior contignatio.
leoù 摟 amplecti.
leoú 陋 vilis.
meoû 謀 consultare.
meoù 牡 masculus, v. g. bos.
meóu 茂 densus, florens.
neóu 耨 occare.
ngheōu 甌 parva patera.
ngheôu 齵 dentes imequales.
ngheòu 偶 numerus par.
ngheóu 漚 macerare, *rouir.*
p'eōu 吥 sorbere.
p'eoû 裒 demere ex.
p'eoù 剖 scindere.
seōu 搜 inquirere, scrutari.
seoù 藪 stagnum pingue.
séou 瘦 macer.
tseōu 陬 angulus.
tseòu 走 ambulare.
tseóu 奏 imperatori referre.
t'seōu 搊 dare manum, *aider.*
t'seôu 愁 mæstus.
t'seóu 湊 addere ut impleatur.
teōu 兜 galea, *un casque.*
teoù 斗 mensura quædam.
teoú 豆 vas quoddam.
t'eōu 偷 furari.
t'eoû 頭 caput.
t'eoù 姓 pulchra puella.
t'eóu 透 bene penetrare.

3°. yeou

yeōu 幽 secretus, remotum.
yeôu 油 oleum.
yeoù 友 amicus.
yeóu 右 dextra.
hieōu 休 quiescere.
hieòu 朽 putrescere.
hieóu 齅 odorari.
kieōu 鳩 turtur.
kieoù 九 novem.
k'ieōu 丘 collis.
k'ieóu 救 salvare.
k'ieoû 求 petere, rogare.
k'ieoù 捄 detinere.
lieoû 留 retinere, v. g. hospitem.
lieoù 柳 salices.
lieoú 霤 medium domus.

海上絲綢之路文獻集成 科技與文化编

mieôu 繆 arcte conjuncti.
mieóu 謬 errare.
nieôu 牛 bos.
nieoù 紐 nodus.
nieóu 狃 assuetus.
pieōu 彪 tigridis maculæ.
sieoū 修 ornare, æternum.
sieoù 滫 aqua lotæ orizæ.
sieóu 秀 amænum, florens.
tsieōu 揫 prehendere.
tsieoù 就 sequi, statim.
t'sieōu 秋 autumnus.
t'sieôu 囚 incarceratus.
t'sieoù 瞅 irati aspectus.
t'sieóu 甃 puteum componere.
tieōu 丢 abjicere.

CLASSIS SEPTIMA.

1°.
u chū 書 libri, litteræ.
chù 暑 æstas.
chú 樹 arbor.
chŭ 述 referre, tradere.
tchū 諸 omnes.
tchù 主 dominus.
tchú 柱 columna.
tchŭ 窋 exire ex antro.
t'chū 樞 cardo.
t'chû 厨 culina.
t'chú 處 locus.
t'chŭ 出 exire.
jû 如 sicut, si.
jù 乳 lac, lactare.
jú 孺 infans.

sū 需 expectare.
sû 徐 paulatim.
sù 醑 bonum vinum.
sú 序 ordo, præfatio.
sŭ 恤 compati.
tsū 苴 species cannabis.
tsú 聚 multitudo, colligere.
t'sū 趨 currere.
t'sù 取 capere.
t'sú 娶 uxorem ducere.

2°.
yu yū 迂 remotus, v. g. à vero.
yû 魚 pisces.
yù 雨 pluvia.
yú 雨 pluere.
yŭ 域 terminus, mundus.
hiū 虛 vacuum.
hiù 許 promittere.
hiú 酗 valde ebrius.
hiŭ 闃 solitarium.
kiū 居 habitare, quiescere.
kiù 舉 erigere.
kiú 懼 timere, *craindre.*
kiŭ 橘 species aurantii.
k'iū 軀 corpus hominis.
k'iû 劬 labor.
k'iu 去 ejicere.
k'iú 去 abire.
k'iŭ 屈 contrahere.
liû 驢 asinus.
liù 侶 collega.
liú 慮 benè cogitare.
liŭ 律 regulæ, leges.
niù 女 puella.
niú 女 puellam maritare.

漢語劄記

CLASSIS OCTAVA.

1°. eûll 兒 filius.
l eùll 耳 auris.
eúll 二 duo.
2°. chān 山 mons.
an chàn 訕 obloqui.
t'chān 攙 juvare ut surgat.
t'chân 慚 erubescere.
t'chàn 産 producere.
t'chán 懺 pænitere de.
tchàn 斬 decapitare (sic).
tchán 賺 lucrari.
fān 番 (一ў) semel.
fân 煩 molestum esse.
fàn 反 contrà.
fán 飯 oriza cocta.
hān 酣 ebrius.
hân 寒 frigus.
hàn 罕 rarò, rarus.
hán 汗 sudor.
kān 甘 dulce.
k'ān 刊 præcidere.
kàn 敢 audere.
k'àn 坎 fossa, periculum.
kán 幹 truncus.
k'án 看 aspicere.
lân 闌 consumi, finire.
làn 嬾 lentus, piger.
lán 爛 putrescere.
mân 蠻 barbari qüidam.
mán 慢 ma'e tractare.
nân 南 meridies.
nàn 赧 ex pudore rubere.
nán 難 difficile.
ngān 安 firmum, quies.
ngàn 闇 obscurum.
ngán 按 archivium.
pān 班 ordo, dispositio.
p'ān 攀 urbaniter detinere.
pàn 版 vel 板, tabulæ.
pán 扮 componere, fingere.
p'án 盼 aspicere.
sān 衫 indusium.
sàn 傘 umbraculum.
sán 散 dispergere.
tsān 簪 acus pro capillis.
tsàn 攢 ligna ad torquendum.
tsán 讚 laudare.
t'sān 參 par, æqualis.
t'sân 蠶 bombyces.
t'sàn 慘 crudelis.
t'sán 粲 oriza candidissima.
tān 丹 color rubens.
tân 談 disceptare.
tàn 胆 fel, *courage.*
tán 淡 insipidum.
t'ān 貪 concupiscere.
t'àn 坦 terra elevata.
t'án 炭 carbones.
ván 萬 decem millia.
houān 完 perficere.
hoân 還 reverti.
houàn 緩 procrastinare.
hoán 患 afflictiones.
kouān 冠 pileus.

koušn 管 curam gerere.

kouán 慣 assuescere.

k'ouān 寬 benignè.

k'ouàn 欵 bene tractare.

louân 鸞 crepitacula.

louàn 卵 ova.

louán 亂 turbare, regere.

moûan 瞞 celare.

moùan 滿 plenus.

moúan 曼 terminus.

nouàn 暖 tepidum.

nouán 懦 debilis.

ouān 剜 celare, *ciseler.*

ouân 刓 præcidere

ouàn 碗 scutella.

ouán 玩 ludere, *badiner.*

poūan 般 modus.

pouán 伴 socius.

p'oūan 潘 nomen oppidi.

p'ouân 盤 lances, vasa.

p'oúan 判 judicare.

soūan 酸 acidum.

souán 筭 numerare.

tsoūan 鑽 terebrare.

tsouàn 纂 compendium facere.

tsouán 鑽 terebra.

t'soūan 竄 in foveam ingredi.

t'souân 攢 in unum colligere.

t'souán 爨 focus, *le foyer.*

toūan 端 extremum, *un bout.*

touàn 短 brevis, curtus.

touán 斷 secare, dividere.

t'oūan 湍 citò fluere.

t'ouân 團 circumdare.

t'ouàn 蹹 calcare.

3ª. t'ouán 彖 herinaceus.

en chēn 羶 hircum olere.

chên 廛 taberna.

chèn 閃 declinare.

chén 善 bonum.

tchēn 瞻 suspicere.

tchèn 展 evolvere.

tchén 戰 præliari.

t'chēn 纏 fascia, vincire.

t'chèn 蟬 cicada.

t'chén 諂 adulari.

fēn 分 pars, partiri.

fên 墳 tumulus.

fèn 粉 orizæ farina.

fén 糞 stercus.

gên 髯 barba.

gèn 染 tingere, *tendre.*

nghēn 恩 beneficium.

hēn 痕 cicatrix.

hèn 狠 rixosus.

hén 恨 odisse.

kēn 根 radix.

k'èn 懇 instanter rogare.

kén 艮 forte, firmum, sistere.

k'én 硍 tumor in lapillis.

mên 門 porta.

mén 悶 tristitia.

pēn 奔 currere.

pèn 本 radix, principale.

pén 体 hebes.

p'én 噴 sternutare.

sēn 森 de multis arboribus.
tsēn 蓁 de amœnis frondibus.
t'sēn 嵾 montes inaequales.
tsèn 怎 nota interrogationis.
tsén 譖 infamare aliquem.
t'sén 櫬 sandapila interior.
vên 文 pulchrum, elegans.
vèn 忿 ira, vulgò legitur fèn.
vén 問 interrogare.
yen yēn 煙 fumus.
yên 言 verba.
yèn 眼 oculi.
yén 諺 adagium.
hiēn 軒 currûs latera.
hiên 賢 sapiens.
hièn 險 periculum.
hién 限 impedimentum.
kiēn 肩 humeri.
k'iēn 謙 humilis.
k'iên 虔 venerari.
k'ién 遣 mittere.
kièn 減 subtrahere.
kién 見 intueri.
k'ién 欠 deesse, defectus.
liên 連 simul, connectere.
lièn 臉 facies.
lién 鍊 igne purificare.
miên 眠 dormire.
mièn 勉 conari, animos addere.
mién 面 vultus.
niên 年 annus.
nièn 撚 digitis premere.
nién 念 cogitare.

piēn 邊 latus.
p'iēn 偏 pravum, non rectum.
p'iên 駢 unum par equorum.
pièn 貶 vituperare.
p'ièn 諞 verbis fallere.
pién 便 commodum est.
p'ién 片 frustum.
sien 先 priùs.
siên 涎 saliva.
sièn 鮮 parùm.
sién 線 filum.
tsien 尖 cuneus, *un coin.*
t'sien 千 mille.
t'siên 前 ante.
tsièn 剪 praecidere, forcipes.
t'sièn 淺 non profundum.
tsién 賤 ignobilis.
t'sién 倩 venustus, ridens.
tiēn 顛 vertex.
t'iēn 天 cœlum.
t'iên 田 ager.
tièn 典 libri *king.*
t'ièn 忝 dedecore afficere.
tién 電 fulgetrum.
t'ién 捵 manum extendere.
ouen ouen 溫 vel 㬈, calor.
hoēn 昏 obscurum.
hoên 魂 anima.
hoèn 混 turbidum.
hoén 溷 sordidum.
kouen 昆 frater major.
kouèn 滾 bullire.
kouén 棍 baculus.

k'ouēn	坤	obediens.
k'ouèn	梱	colligere in fascem.
k'ouén	困	lassus, mæstus.
tchouēn	專	ex toto corde.
tchouèn	轉	vertere, volvi.
tchouén	傳	traditiones.
t'chouen	川	flumina.
t'chouên	船	navigium.
t'chouèn	串	in lineam cogere.
uen yuēn	寃	grande odium.
yuên	原	principium.
yuèn	遠	longè.
yuén	願	desiderium.
huēn	諼	oblivione deleri.
huên	玄	color nigricans.
huèn	烜	calidum siccare.
huén	炫	splendescere.
kūen	涓	purum, nitidum.
k'uen	卷	circulus.
k'uên	拳	pugnus.
kuèn	捲	in spiram colligere.
k'uèn	犬	canis.
kuén	倦	lassus.
k'uén	勸	hortari.
juen	撋	manu fricare.
juèn	軟	debilis.
luén	戀	amare, ardere.
suēn	宣	publicare.
suên	旋	circuire.
suèn	選	eligere.
suén	選	electo uti.
tsuēn	詮	explicare.
t'suēn	拴	januæ vectis.
t'suên	泉	scaturigo, fons.
in ȳn	音	sonus.
ŷn	淫	excessus.
ỳn	引	dirigere.
ýn	印	sigillum.
chīn	身	corpus, ego.
chîn	神	spiritus.
chìn	審	investigare.
chín	腎	renes, testiculi.
tchīn	珍	pretiosum.
t'chīn	嗔	vel 謓, irasci.
t'chîn	臣	vasallus.
tchìn	枕	cervical.
t'chìn	疢	morbus ex repletione.
tchín	朕	ego rex.
t'chín	趁	opportunitate uti.
gîn	人	homo.
gìn	忍	patientia.
gín	認	cognoscere.
hīn	欣	lætari,
hìn	釁	illinere.
kīn	金	metallum.
k'īn	欽	colere, venerari.
k'în	禽	volatile.
kìn	謹	diligentia.
kín	禁	prohibere.
k'ín	搇	manu comprimere.
lîn	鄰	vicinus.
lìn	廩	horreum.
lín	吝	avarus.
mîn	民	populus.
mín	閔	compati.
nîn	紉	filum acui addere.

nín 佞 male disertus.
pīn 賓 hospes.
pìn 稟 superiori significare.
pín 鬢 capilli ad tempora.
p'în 貧 pauper.
p'ìn 品 ordo, gradus.
sīn 心 cor, animus.
sìn 伈 cum metu.
sín 信 credo, fides.
tsīn 津 humor, saliva.
t'sīn 親 parentes.
t'sîn 秦 species orizæ.
tsìn 儘 omnino.
t'sìn 寢 dormire, cubare.
tsín 盡 exhaurire.
t'sín 沁 aquam metiri.
chûn 純 integrum, purum.
chún 順 obediens.
tchūn 窀 fossa tumuli.
t'chūn 春 ver.
tchùn 準 libella.
t'chùn 蠢 rudis, stupidus.
jùn 吮 lambere.
jún 潤 irrigare.
lûn 輪 rota.
lùn 稐 segetum fascis.
lún 論 discurrere.
nún 嫩 tenellus.
sūn 孫 nepos.
sûn 巡 lustrare.
sùn 損 detrahere, ôter.
sún 遜 obsequens, humilis.
tsūn 尊 vas vini, honorare.

t'sūn 村 pagus.
tsùn 撙 plures simul.
t'sùn 忖 perperdere.
tsún 俊 excellens.
t'sún 寸 pollex.
tūn 惇 fidelis, sincerus.
t'ūn 吞 deglutire.
t'ûn 臀 nates.
tùn 盹 dormitare.
t'ùn 汆 aquæ supernatans.
yun tún 鈍 obtusus.
t'ún 褪 exuere.
yūn 氳 de materia prima.
yûn 云 dicere, loqui.
yùn 隕 ex alto descendere.
yún 運 circulariter moveri.
hiūn 薰 herba odora.
hiún 訓 documenta.
kiūn 君 princeps.
k'iûn 群 grex.
kiùn 窘 pauperrimus.
kiún 郡 civitas.

CLASSIS NONA.

chāng 商 mercator.
chàng 賞 præmiare.
cháng 尙 adhuc.
tchāng 章 clarum, pulchrum.
t'chāng 昌 præclara verba.
t'châng 常 semper, ordinarium.
tchàng 掌 mânûs palma.
t'chàng 敞 patens, clarum.
tcháng 帳 conopæum.

t'cháng 唱 vel 倡 **præire.**
fāng 方 **quadratum.**
fâng 房 **domus.**
fàng 訪 **investigare.**
fáng 放 **laxare.**
jāng 瀼 de rore nimio.
jàng 嚷 vociferationes.
jáng 讓 cedere, humilis.
hāng 夯 fortis, robustus.
hâng 航 navi transire.
háng 筕 pertica.
kāng 鋼 calybs.
k'āng 康 laetitia, pax.
k'âng 慷 magnanimus.
káng 掆 duos portare simul.
k'áng 炕 torrere.
lâng 郎 vir.
làng 朗 splendens.
láng 浪 undae.
mâng 忙 occupatus.
màng 莽 homo ruris.
máng 漭 de aquis magnis.
nâng 囊 saccus.
nàng 曩 nuper.
náng 儾 tardus, differre.
ngāng 姎 ego mulier.
ngâng 卬 ego vir.
ngáng 盎 pelvis.
pāng 邦 regnum.
pàng 榜 asser, tabula.
páng 謗 obloqui.
p'āng 滂 pluviâ madidus.
p'âng 旁 latus.
p'áng 胖 pinguis.
sāng 桑 morus arbor.
sàng 顙 frons.
sáng 喪 mori, perdere.
tsāng 臧 bonum.
t'sâng 藏 abscondere.
tsàng 奘 corpore magnus.
tsáng 葬 sepelire.
tāng 當 convenit.
tàng 黨 socii, *cabale*.
táng 當 pignus.
t'āng 湯 aqua calida.
t'âng 堂 aula, *salle*.
t'àng 倘 quod si, etc.
t'áng 盪 pelvis, labrum.
vâng 亡 non esse amplius.
vàng 往 pergere.
váng 望 sperare, spes.
leâng 凉 aura, lenis.
leàng 兩 duo, par.
leáng 亮 clarum, lux.

yang

yāng 央 medium.
yâng 羊 agnus.
yàng 養 alere.
yáng 樣 forma, exemplar.
hiāng 香 odor.
hiàng 響 echo in vallibus.
hiáng 向 finis, objectum.
kiāng 江 maximum flumen.
kiàng 講 loqui.
kiáng 降 descendere.
k'iang 慶 felicitas (k'ing).
k'iâng 強 fortis.

漢語劄記

k'iàng 強 cogere.
niâng 娘 fæmina, mater.
niàng 仰 suspicere.
siāng 箱 arca.
siâng 庠 schola.
siàng 想 cogitare.
siáng 相 adjuvare.
tsiāng 漿 succus escarum.
tsiàng 槳 remi.
tsiáng 匠 opifex.
t'siāng 鎗 hasta.
t'siâng 牆 murus.
t'siàng 搶 rapere.
t'siáng 嗆 tussire.
ouang ouâng 王 rex, (vâng).
ouàng 罔 non (vàng).
ouáng 望 spes (váng).
chouāng 霜 prima.
choàng 爽 errare.
tchouāng 粧 fucus, *se farder*.
tchouàng ⿰忄壯 non contentus.
tchouáng 壯 fortis, robustus.
t'chouāng 窻 fenestrae.
t'chouâng 牀 lectus.
t'chouàng 闖 caput erigere ad irridendum.
t'chouáng 創 incipere, fundare.
kouāng 光 lux.
k'ouâng 狂 stultus, ferus,
kouàng 廣 valde latum.
kouáng 誑 verbis decipere.
k'ouáng 曠 non uxoratus.
hoāng 荒 annonæ caritas.
hoâng 黃 color flavus.
hoàng 謊 mendacia.
hoáng 況 quanto magis.
2o. eng jêng 仍 sicut prius.
hēng 亨 penetrare.
hêng 恆 semper, æternum.
kēng 更 vigiliae noctis.
kèng 梗 ramus inutilis.
kéng 更 iterùm.
k'āng 坑 fovea.
k'èng 肯 velle.
lêng 稜 cossæ, v. g. peponum.
lèng 冷 frigidum.
léng 踜 non recte ambulare.
mêng 萌 pullulare.
mèng 猛 crudelis.
méng 孟 exordiri.
nêng 能 posse.
nghéng 硬 durum.
pēng 崩 cadere, mori.
p'èng 烹 coquere.
p'êng 朋 amicus (p'ông).
sēng 生 nasci, producere.
tsēng 爭 contendere.
tséng 贈 addere.
t'sēng 掙 fulcire.
t'sêng 層 contignatio.
t'séng 撐 impellere, v. g. navem.
tēng 燈 lucerna.
tèng 等 expectare.
téng 橙 scamnum.
t'ēng 鼟 tympani sonitus.
t'èng 疼 dolor.
kouēng 肱 brachia.

3o. yng

chīng 升 ascendere.
chìng 繩 corda.
chíng 勝 vincere.
tchīng 貞 solidum, firmum.
tchìng 整 compositum, ornatum.
tchíng 正 rectum.
t'chīng 稱 laudare, vocare.
t'chîng 成 perficere.
t'chìng 逞 citò.
t'chíng 秤 ponderare.
yn̂g 盈 plenus.
yǹg 影 umbra.
yńg 應 respondere.
hīng 馨 odor diffusus.
hîng 形 corpus.
hìng 悻 odio habere.
híng 幸 felix casus.
kīng 京 regia.
kìng 景 clarum.
kíng 敬 colere.
k'īng 輕 non grave.
k'îng 擎 manu præferre.
k'ìng 頃 kĕ 刻 in momento.
k'íng 磬 tympanum ex lapide.
līng [illegible] raris capillis.
lîng 零 residuum.
lìng 領 recipere.
líng 另 præterea.
mîng 明 clarum.
mìng 酩 valde ebrius.
míng 命 mandatum.
nîng 寧 pax, melius est.
nìng 濘 lutum, lubricum.

pīng 兵 arma; miles.
pìng 炳 clarum, splendens.
píng 病 morbus.
p'īng 娉 pulchrum.
p'îng 平 æquale.
p'ìng 頩 aspectus gravis.
p'íng 娉 arrhæ nuptiales.
sīng 星 planetæ, stellæ.
sîng 餳 dulce, saccharum.
sìng 醒 expergisci.
síng 性 natura.
tsīng 精 subtile, semen.
tsìng 井 puteus.
tsíng 諍 quies, tranquillitas.
t'sīng 清 clarum, nitidum.
t'sîng 情 affectiones, amor.
t'sìng 請 urbanè invitare.
tīng 釘 clavus.
tìng 頂 capitis vertex.
tíng 定 fixum, stabile.
t'īng 聽 audire.
t'îng 廷 palatium imperatoris.
t'ìng 梃 baculus.
t'íng 聽 judicare, v. g. lites.

4o. ong

ōng 翁 senex, honorificè.
òng 聬 tinniunt aures.
óng 甕 hydria.
fōng 風 ventus.
fòng 奉 offerre.
fóng 縫 suere, *coudre*.
jông 戎 arma.
jòng 宂 occupatus.
hōng 烘 siccare ad ignem.

hông	弘	magnum.
hòng	哄	decipere.
hóng	汞	argentum vivum.
kōng	工	opus.
kòng	拱	salutare manibus.
kóng	共	totaliter.
k'ōng	空	vacuum.
k'òng	恐	timere.
k'óng	控	inducere.
lông	聾	surdus.
lòng	籠	cavea.
lóng	弄	ludere, ***badiner.***
mông	蒙	recipere.
mòng	懵	stupidus.
móng	夢	somnium.
nông	農	agricola.
p'ông	篷	navium vela.
sōng	松	pinus.
sòng	聳	surdus.
sóng	誦	legere.
tsōng	宗	honore dignus.
tsòng	總	omnes simul.
tsóng	從	sequi.
t'sōng	聰	valde perspicax.
t'sông	崇	colere.
tchōng	中	medium.
tchòng	踵	talus.
tchóng	重	grave.
t'chōng	充	plenum.
t'chông	蟲	animalia.
t'chòng	寵	favor, gratia.
t'chóng	銃	to menta bellica.
tōng	東	oriens.
tòng	憧	rudis, turbatus.
tóng	動	movere.
t'ōng	通	benè penetrare.
t'ông	童	parvulus, virgo.
t'òng	統	monarchia.
t'óng	痛	dolor.
yōng	雍	concordia.
yông	庸	consuetum.
yòng	勇	fortitudo.
yóng	用	uti, usus.
hiōng	胸	pectus.
hiông	熊	ursus.
hiong	酗	ebriosus.
kiòng	絅	vestis grossior.
k'iōng	穹	arcuatus.
k'iòng	窮	finis.

GENERALIS INDICIS.

FINIS.

NOTÆ

AD INDICEM PRÆCEDENTEM.

1°. Aliud per voces, aliud per litteras intelligi debet. Dictionarium *Pin tsee tsien* continet litteras fere 20,000, sed voces non plures habet quam 1500. Non tot reperies in indice, quia Sinæ de nostris 24 elementis non cogitant, ac proinde multas voces distinguunt quæ nullo modo distinguuntur.

2°. Non intendi facere dictionarium, sed merum indicem texere volui, et ideo unicuique voci unicam litteram, et cuilibet litteræ unicam significationem apposui. 487 sunt soni diversi, qui, superadditis accentibus, dant voces 1445; essent autem 2437 si sonus quilibet quinque accentus susciperet. At non ita est: major enim pars sonorum habet tantum quatuor accentus, quamplurimi hærent in tribus, alii non noverunt nisi duos, alii denique non pauci unicum accentum patiuntur, ut statim patebit indicem percurrenti.

3°. Inter illas 1445 voces quibus index absolvitur, quædam sunt adeò pauperes, ut unicam solummodò sinicam litteram possideant; tales sunt nghèn 恩 beneficium, nghéng 硬 durum, nêng 能 posse, &c. Quædam è contra sunt ditissimæ; exemplo sit vox y: in indice habes 義 justitia, at istæ 異 diversum, 藝 artes, 𡋯 pulvis, 翳 florum umbraculum, 瘞 sepelire, 㙪 opacum, 殪 occidere, 揖 profunde salutare, 議 consultare, 易 facile, 裔 posteri, 毅 tolerantia, 縊 suspendio necare, 肄 rami tenelli, 乂 regere, 劓 nares amputare, 睨 unico oculo dirigere, &c. illæ, inquam, omnes litteræ plurimum inter se differunt et quoad earum figuram et quoad earum sensum ut patet. Sed quoad sonum et accentum, nullum est prorsus inter eas discrimen, atque adeò litteræ quidem multæ sunt, sed vox y unica est.

4°. Quando inter legendum occurrent litteræ quæ in indice non reperiuntur, eas poteris referre ad proprium suum locum, v. g. occurrent istæ 似 similari, 賜 dare, 使 legatus, 事 negotia, 寺 fana, 士 litteratus, 俟 expectare, 耜 aratrum, &c. Quoniam omnes leguntur ssé, eas referes ad 四 ssée, quæ est in indice, atque hoc pacto paulatim multiplicabuntur litteræ donec impleant numerum requisitum, ut libros legere et Sinice scribere possis; adde quod sic longè melius hærent memoriæ, quàm si cum multis sat inutilibus in tuo dictionario sepultæ remanerent.

5°. Quicumque sinicam pronuntiationem discere incipiunt, unum aut alterum mensem in percurrendo indice cum ingenti fructu collocare poterunt. Ad hoc opus est ut habeant ad latus aliquem sinam qui litteras cognoscat quantùm satis est, ut cum accentibus et asperitatibus clara voce paulatim eas legere possit; sed cum in quolibet loco sit admodum diversa pronunciatio, plærique litterati solent usurpare sonus quos in sua provincia vel civitate, à puero didicerunt. Si talis sit Sina qui te docet, nec linguæ mandarinicae sonus benè calleat, ejusmodi magister minus tibi proderit quam nocebit; ideo conatus sum nostris litteris pingere sonus quos in linguâ mandarinâ locum habere credidi. Si plaerique legantur ab illo tuo doctore sicut à me scripti sunt tutò poteris illi homini fidem habere. Si mecum in aliquibus non sentit signum erit me errasse, maximè si plures alios litteratos eodem modo pronunciare audias, paucis tamen sonis exceptis circa quos inter se Sinas non constare monui; omnes porro indicis litterae cunctis fere litteratis notae sunt, paucas excipe quas asterisco notavi. His praesuppositis interim dùm magister Sina leget indicem, novus missionarius totis auribus bibat sonos et accentus quos audit; ipsemet postea easdem voces alta voce coram magistro pronunciet, et cum peccabit, sinat se argui, nec hunc laborem intermittat, donec aures tandem assueverint.

6°. Etiamsi superiori capite nihil omninò dixissem, nec de sonis nec de accentibus, solus index abunde sufficit, ut haec omnia quivis missionarius addiscat.

Quod enim attinet accentus, illos ita disposui ut quinque simul in ordine suo reperiantur. v. g. 迂 yū, 魚 yû, 雨 yù, 有 yú, 域 yǔ, sic 溪 k'ī, 奇 k'î, 杞 k'ì, 弃 k'í; 乞 k'ǐ, &c. Sic facile sentire poteris differentiam quae est inter illos. Si tamen haec via non sufficit, fac ut Sina legat deinceps multas litteras ejusdem accentus, v. g. 燒 chāo, 招 tchāo, 蒿 hāo, 尻 kāo, 包 pāo, 騷 sāo, 遭 t'sāo, 刀 tāo, &c; vel variando sonos, v. g. 該 kāi, 愢 sāi, 非 fēi, 雖 soūi, 酣 hān, 甘 kān, 先 siēn, 心 sīn, 孫 sūn, 方 fāng, &c; pergat deinde ad alium accentum eodem modo, v. g. 扶 fôu, 模 môu, 奴 nôu, 吾 ngôu, 無 vôu, &c, jungat etiam simul duos vel tres eosque diversos, v. g. 兒 êull, 耳 èull, 二 éull; 安 ngān, 闇 ngàn, 按 ngán; 訪 fàng, 放 fáng; 敬 kíng, 景 kìng; 禁 kín, 謹 kìn, vel miscendo aspiratas, v. g. 丹 tān, 貪 t'ān, 坦 t'àn, 胆 tàn; 波 pō, 坡 p'ō, 播 pó, 頗 p'ò, 破 p'ó, 跛 pò, &c; innumeros denique similes modos experiatur, donec tam bene et tam facile sinicos accentus proferat, quam nostri cantores distinguunt tonos musicos, *ut, re, mi, fa, sol, la.*

Quod autem spectat sonos, cum maxime pendeant ab accentibus, missionarius audiat attente quomodo Sina quo utitur legat indicem, et sic dum veram pronunciationem imbuet, videbit in quo erraverim, praecipue circa medias litteras aliquarum vocum, v. g. *hieou, tieou, hoan, tsuen kouei*, &c; item circa vocum quantitatem quae nascitur ex accentibus, videbit v. g. utrùm quintus accentus breves revera faciat, 力 lǐ 匹 p'ǐ, 夕 sǐ, 七 t'sǐ &c. utrum primus è contrà eas producat, 西 sī, 卑 pī, 衣 y, &c; et sentiet quid in eas agant vel, 離 lî, 眉 mî, 泥 nî, 身 chīn, 神 chîn, &c, vel 把 pà, 雅 yà, 哥 kō, 果 kò, 亡 vâng, 往 vàng, &c; vel 小 siaò, 笑 siaó, 遠 yuèn, 願 yuén, 悔 hoèi, 誨 hoéi, 味 ouéi, 碎 soúi, 和 hô, 火 hò, 貨 hó, &c. Uno verbo, quò magis totum indicem sibi familiarem reddet, hoc facilius et melius omnes voces sinicas pronunciabit.

CONCLUSIO.

Licet optimum sit sinicos libros de nomine saltem noscere, et scire quam sit necesse litteras pronunciare sicut Sinæ pronunciant, quæ duo in hac introductione mihi proposueram, nisi tamen Sinicæ linguæ genium benè noveris, numquam poteris nec accurate loqui, nec eleganter scribere. Ut autem vera linguæ Sinicae notitia benè comparetur, sequens opusculum aliquid, ut spero, proderit.

INTRODUCTIONIS

FINIS.

NOTITIA LINGUÆ SINICÆ.

Quamvis eisdem litteris utantur Sinae tam in sermone quotidiano quam in libris elegantius scriptis, lingua tamen quâ vulgo utuntur, longe differt à linguâ quae in veteribus libris conservata est. Ut igitur linguae sinicae plena notitia possit haberi, ordo postulat ut primum tractem de linguâ usu familiari tritâ; deinde ut de linguâ librorum accuratè disseram; utrumque autem duabus hujus operis partibus praestare conabor.

Prima pars missionarios adjuvabit. 1°. ut Sinae eos loquentes facilius intelligant. 2°. Ut Sinas vicissim melius ipsimet audiant. 3°. ut libros humili stylo compositos cum gustu legant, et sic magis expeditè loquantur. 4°. ut in hoc scribendi genere, si quando opus erit, sese etiam exerceant.

Secunda pars eisdem missionariis plurimùm proderit. 1°. ut veterum librorum sensum rectò capiant. 2°. ut libros in aliud idioma sine errore vertant. 3°. ut sinicè non ineleganter scribant, si velint. Latinâ linguâ utor ut pluribus prosim. Unum omnes enixè rogo ut meî peccatoris ad sacrum altare meminisse dignentur.

NOTITIÆ LINGUÆ SINICÆ

PARS PRIMA.

DE LINGUA VULGARI ET FAMILIARI STYLO.

Lingua sinica non solum antiqua illa quae in veteribus libris conservatur, sed vel ea ipsa quae communi nunc usu teritur, suas habet amaenitates, quibus missionarii plaerumque non satis attendunt. Et ideo tam pauci sunt qui Sinicè, non dicam scribere, sed ne loqui quidem possint, ut deceret.

Itaque, quoniam proprium linguae Sinicae genium nativumque leporem exponere mihi proposui, et in hâc primâ parte loquor de linguâ mandarinâ, prout in ore hominum politorum versatur, juvat statim indicare libros aliquot ex quibus hausi quidquid dicturus sum; præcipuos tamen appellare satis erit.

Omnes reducuntur ad comœdias et ad opuscula quae dicuntur 說 小 siaò chouĕ. Emi poterunt 1°. 種 百 人 元 yuên gîn pĕ tchóng. Continet haec collectio centum comœdias quae sub dynastiâ yûen 元 prodierunt; earum quaelibet quatuor vel quinque scenis absolvitur. 2°. 傳 滸 水 choùi hoù tchouén. Sed ut secretus hujus libri sapor melius sentiatur, emendus erit qualis ab ingenioso 嘆 聖 金 kīn chíng t'án fuit editus, cum notis, quibus mirum authoris artificium primus detexit. Huic historiae quae satis longa est, libros enim (sinicè 卷 kuen) continet 75, aliquot multo breviores addentur; quales sunt 緣 圖 畫 hoá t'oû yuén, 流 風 醒 sìng fōng lieôu, 傳 逑 好 haò k'ieoû tchouén, 梨 嬌 玉 yŏ kiaō lì, &c. (*). Quilibet porro horum siaò chouĕ quatuor vel quinque tomis, sexdecim vel ad summun viginti capita (sinice 回 hoei) continet non plures.

Nunc ut sciatur quid in hâc primâ parte operis mei tractare velim, tria erunt ejus capita. In primo, de grammaticâ et syntaxi linguae vulgaris loquar. In secundo, fusè agam de proprio hujus linguae genio, qui certis particulis ac figuris sese prodit. In tertio, ut quae dicta erunt ad praxim reducantur, 1° varios urbanè loquendi modos cum ordine colligam. 2° aliquot dialogos vel historiolas humili stylo scriptas afferam.

CAPUT PRIMUM.

DE GRAMMATICA ET SYNTAXI LINGUÆ VULGARIS.

Sinica oratio, sive ore prolata, sive in libris contenta, suis partibus componitur. Quaelibet sententia seu phrasis, ut integra sit, requirit verbum, sine quo nullus subesset sensus, et nomen quo designetur, et quis agat et quid agat; accedunt adverbia, praepositiones, particulae et alia id genus, quae ad oratoris claritatem et ornatum, magis quam ad ejus essentiam pertinent.

Grammatici Sinae litteras quibus oratio componitur dividunt in 字 虛 hiū tsée, litteras vacuas, et 字 實 chĕ tsée, plenas seu solidas. Vacuas appellant quaecumque orationi non sunt essentiales. Nulla enim littera proprie vacua est, sed in se semper aliquid significat. Adeòque cum litterae supponunt pro meris particulis et dicuntur vacuae, id fit per 借 假 kià tsié, seu metaphoram, hoc est à proprio sensu ad alienum transferuntur. Litterae solidae, 實 chĕ, sunt eae sine quibus oratio constare nequit, easque subdividunt in 字 活 hŏ tsée, vivas, et 字 死 ssēe tsée, mortuas; per *vivas* designantur verba, et per *mortuas* nomina.

* Quinque lineæ in originali codice sequuntur, sed liturâ deletæ, ita tamen ut facilè legantur; sic se habent; *hunc ultimum opusculum* (yo kiao li) *tanti faciebat illustrissimus Dominus de Lione Rozaliensis episcopus, ut omnes ejus phrases in modum dictionariali disposuerit. Non accedit tamen ad pulchritudinem aliorum trium inter quos magis elucet* hoà t'oû yuén.

In quâlibet phrasi statim videndum est an verbum exprimatur, an vero, quod saepissime accidit, subaudiatur. Quaerendum postea quis sit nominativus verbi, ac demum quaenam littera sit verbi regimen. Atque his tribus habitis, quae ad sensum efficiendum essentialiter requiruntur, facile erit colligere quòd reliquae litterae sint vacuae; haec porro locum habent tam in familiari sermone quàm in libris, quare maturè et bene cognoscenda.

ARTICULUS PRIMUS.

GRAMMATICA.

Quatuor paragraphis comprehendam quidquid ad grammaticam pertinet: 1us. erit de nominibus. 2us. de pronominibus. 3us. de verbis. 4us. de reliquis orationis partibus.

PARAGRAPHUS PRIMUS.

DE NOMINIBUS.

Sinae non inflectunt nomina per casus et numeros, sed habent certas notas quibus haec omnia clarè distingunt.

1o. Particula 的 tĭ posita post nomen denotat genitivum, v. g. 恩 的 主 天 t'ien tchù tĭ nghēn, dei beneficium. Cum vero omnes litterae quae pro particulis sumuntur translatitiae sint ut diximus, et in familiari sermone saepè magis attendatur ad sonum quam ad sensum ejusmodi litterarum, idcirco pro 的 tĭ, reperitur aliquando 底 tì et 地 tí. Quando duo sunt nomina deinceps, quorum sensus facile percipitur debet omitti particula 的 tĭ, v. g. dicitur 國 中 tchōng koŭĕ, medii regnum, non vero 國 的 中 tchōng tĭ koŭĕ. Si vero sequatur aliquod nomen ponitur 的 tĭ ante ultimum, v. g. 人 的 國 中 tchōng koŭĕ tĭ gîn, Sinae; tchōng koŭĕ tĭ 話 hoá, Sinica lingua, &c. At saepe omittitur, diciturque tchōng koŭĕ gîn, tchōng koŭĕ hoá.

2o. Dativus exprimitur per particulam 於 yū, seu quod idem est 于 yū; non tamen adhiberi debet ad nauseam, sed vel aliquando debet omitti, vel usurpari in loco, vel utendum aliis particulis, prout usus docebit. Itemque de aliis omnibus quae posteà occurrent, intelligi debet.

Utuntur praetereà in significatione dativi particulis 與 yù, 和 hó, 對 toúi, 替 t'í, &c.

見 厮 他 與 yù t'ā t'sée kién, illi se videndum praebere.

說 他 和 hó t'ā choŭĕ, dic illi.

說 他 對 toúi t'ā choŭĕ, id.

了 說 他 替 t'í t'ā choŭĕ leaò, illi dixi.

海上絲綢之路文獻集成　科技與文化編

In his phrasibus necesse est adhibere aliquam ejusmodi particulam, propter verbum 說 choüĕ *loqui*, nam 他 說 choüĕ t'ā non significat *illi loqui*, sed *loqui de illo*, vel *illum redarguere*, et t'ā choüĕ significat *ille ait*.

3°. Accusativus nullam habet particularem notam; solet poni post verbum, sic 你 打 我 ngò t'à nì, ego te percutio, 我 打 你 nì t'à ngò, tu me percutis. Saepe tamen praecedit, ut dicetur alibi.

4°. Vocativus interdum dignoscitur per particulam 阿 ô, quae ponitur post nomen, vel qualitatem ejus qui vocatur, v. g. 阿 君 郎 lâng kūn ô, id est, ô mi sponse. Quando bis repetitur nomen personae signum est vocantis, maxime cum subsequitur 你 nì, pronomen secundae personae; v. g. 也 緣 無 好 你 和 我 仙 淡 仙 淡 tán siēn, tán siēn, ngò hó nì haò vóu yuén, yè, ô Tàn Siēn, ego et tu bene infelices sumus! 你 娥 嫦 娥 嫦 &c. o Luna, Luna, tu &c. Vocat Lunam t'châng ngô, sicut vocant solem 和 義 y hó, velut poetae nostri dicerent Dianam et Apollinem.

5°. De ablativo vide infra, ubi de verbo passivo, et praeterea haec habe: materia ex quâ vult particulam 的 v. g. 的 鐵 ex ferro. Quando certa res exprimitur, omitte tĭ, v. g. ahenum ex ferro dic 鍋 鐵 tiĕ kō, cymbalum ex cupro 鑼 銅 tông lŏ, patera ex argento 盃 銀 în poēi. Quamquam hæc reduci possunt ad regulam adjectivorum; quid enim est *ex ferro* nisi *ferreum*? Quòd si semel sciverimus ideas nostras ita resolvere, inutilis erit magna pars regularum quas multi obtrudunt, quaeque novos missionarios non alliciunt sed terrent.

6°. Plurale colligitur ex adjunctis litteris quae numerum indicant, v. g. 人 數 soú gîn, multi homines; 句 幾 aliquot verba; item 都 toū omnes, quodque nominibus postponitur, v. g. 天 在 都 人 聖 chíng gîn toū tsái t'iēn, sancti homines sunt in caelo; pessime diceres toū chíng gîn. Potest tamen dici 了 來 都 toū lâi leaò, omnes venerunt; 要 都 toū yāo, omnia velle; 要 不 都 toū poŭ yāo, nihil volo; at in istis locutionibus satis subintelliguntur illi vel ea de quibus sermo est. Item 皆 kiāi etiam postponitur; 病 有 皆 人 gîn kiāi yeoù ping, singuli homines habent morbum, i. e. nemo sine vitiis nascitur. Item 衆 tchóng quae praecedit: 人 衆 tchóng gîn, omnes homines, 說 衆 tchóng choüĕ, omnes, variae opiniones. Item 諸 tchū pariter debet anteponi; 般 諸 tchoū poüān, omnibus modis. Item 們 et 等 teng, v. g. 們 他 illi, 們 爺 domini mei, 等 你 vos. Invenitur quoque 每, v. g. 每 我 ngò mèi, nos. Geminata littera plurale etiam importat, v. g. 日 日 gĕ gĕ, diebus omnibus, 家 家 kiā kiā, omnes domus seu familiae, et tunc saepe additur illud toū de quo supra, v. g. 了 來 都 人 人 gîn gîn toū lâi leaò, omnes venerunt. Demum saepe exprimuntur numeri generales, v. g. 物 萬 ván oüĕ, decem milles res, sive res omnes; 般 百 pĕ poüan, centum modis, hoc est, omni modo, &c.

7°. Nomina substantiva, cum sola sunt, vel cum phrasim claudunt, volunt aliquid post se quo velut fulciantur; 子房 fâng tseè, domus, 頭石 chĕ teoù, lapis, 耳盒 hŏ èll, a‘cula; 兒孩女 niù hâi èll, parvula filia, 子孩小 siaò hâi tseè, puer parvulus. In enumerationibus quaelibet res habet suam notam quâ designatur; exempla pauca haec habe:

Tres viri 爺老位三 sān oûei laò yê.
Una sella gestatoria 子轎頂一 y̆ kìng kiáo tseè.
Una mensa 子桌張一 y̆ tchâng tchŏ tseè.
Unus piscis 魚尾一 y̆ ouèi yû.
Unus porcus 猪口一 y̆ k‘coù tchû.
Duo boves 牛條兩 liang t‘iaô nieôu.

Caetera paulatim docebit usus.

Nomina quæ artem vel officium notant, volunt post se habere particulam 的 tĭ, v. g. litteratus, seu studens, 的書讀 toŭ chū tĭ, tonsor 的頭剃 t‘í teoû tĭ, faber ferrarius, 的鐵打 tà tĭe ti, &c. Sed haec revocari possunt ad participia, ita ut prima littera sit verbum, secunda regimen, tĭ vero nota participii sicut aliàs genitivi.

8°. Nomina adjectiva saepe habent 的 tĭ, v. g. 的好 haò tĭ, bonus; 的歹 tài t’, malus; 的白 pĕ tĭ, albus; 的黑 hĕ tĭ, niger, &c. Quando vero sensus est satis apertus, omittitur, v g. 人聖 chíng gîn, sanctus homo, 邦大 tá pāng, magnum regnum, 言明 mîng yên, clara verba, &c. Si geminatur littera pro adjectivo supponens, tunc debet apponi 的, v. g. tá tá tĭ fâng tseè, magna et ampla domus. Si duae sint voces vel synonymae vel affines, ponitur vel omittitur ad arbitrium; v. g. foù koúei tĭ gîn, vel foù koúei gîn, 人貴富, homo dives est honoratus. Nomina verbalia, ut vocant, designantur per 可 k‘ò; 敬可 k‘ò kìng, honorabilis, seu honore dignus; 惡可 k‘ò oú, odibilis, seu odio dignus. Et potest addi 的 tĭ ut k‘ò kìng tĭ, k‘ò oú tĭ; additur vero semper quando subsequitur res vel persona, v. g. *amabilis flos*, 花的愛可 k‘ò n‿ái tĭ hoá, 人賤的惡可 k‘ò oú tĭ tsíen gîn, vile caput odio dignum, &c.

PARAGRAPHUS SECUNDUS.

DE PRONOMINIBUS.

1°. Ego 我 ngò; tu 你 nì vel etiam 您 gin; 他 t‘ā, ille.
Inurbanum est apud Sinas istud *ego* vel *tu*, nisi maxima familiaritas intercedat, vel homines de plebe loquantur, vel superior alloquatur inferiorem, dominus servum. Itaque sciendum quomodo se et alios compellant Sinae. Plura hoc loco non referam quia satis multa occurrent

in decursu, vel in ultimo capite ponentur, ubi agetur de urbanitatibus. 生門 mên sēng, vel 生學 hiŏ sēng, vel 生晚 oüàn sēng, ego discipulus; 弟小 siaò tí, ego tuus frater minor; 的小 siaò tĭ, ego servulus; 人罪 tsoúi gîn, ego peccator; &c. 爺老 laò yè, tu domine doctor, vel mandarinè, 人大老 laò tá gîn, tu magne vir, aut domine; 生先老大 tá laò siēn sēng, magne magister mi; 公相 siáng kōng, tu litterate; 家人老 laò gîn kiā, senex; 師老 laò sé, magister; 父神 chîn foú, pater spiritualis; &c.

2°. 的我 ngò tĭ, meus; 的你 nì tĭ, tuus. Cum loquimus de nostris; 父家 kiā foù, pater meus, 母家 kiā moù, mea mater; 家寒 hân kiā, mea domus; 親舍 ohè t'sīn, meus cognatus; 价小 siaò kiái, meus famulus; 恙賤 tsién yáng, meus morbus; 處敝 pí t'chú; locus ubi maneo, vel unde oriundus. Sed ista omnia quæ præcedunt rem vel personam in istis modis loquendi sunt adjectiva diminutionis.

E contrario quando sermo est de aliorum rebus vel personis, adhibentur epitheta honorifica; v. g. pater tuus 尊令 lìng tsūn, mater tua 堂令 lìng t'âng, 爺老太 t'ái laò yè, pater tuus; 太太老 laò t'ái t'ái, mater tua; loquendo cum mandarinis, 太太 t'ái t'ái; de uxore mandarini cum quo vel de quo loquimur; 姓上 cháng síng, tuae familiae excelsum nomen; 名芳 fāng mîng, tuum nomen proprium; 顏尊 tsūn yên, tua facies; 體貴 kouéi t'ì, tuum corpus; &c.

3°. De 己 kì, v. g. 己自 tsée kì, egomet, vel ipsimet; 家自 tsée kiā, idem: dicitur etiam 手親 t'sīn cheoù, propriâ suâ manu; t'sīn keoù, ore proprio; 筆親 t'sīn pĭ, proprio calamo; &c.

4°. De 那 ná, ille, illa, illud, v. g. 候時那 ná chî heou, tunc; 日一那 ná y̆ gĕ, illo die; 事的樣那 ná yáng tĭ ss'e, istius modi res; 書本一那 ná y̆ pèn chū, ille liber. 這 tché est iste, ista, istud, seu, hic, hæc, hoc: 人這 tché gîn, hic homo; 事這 tché ssée, ista res, istud negotium; 日三這 tché sān gĕ, his tribus diebus. Adhibetur etiam aliquando, 此 t'seè, v. g. 理此有豈 k'ì yeoù t'seè lỳ, ubi est ista ratio, vel talis modus? Interdumque urbanitatis loco dicitur velut 敢豈 k'ì kàn, quomodo ausim?

5°. De 個 kó; scribitur etiam 箇 et 个. In libris melius impressis, cum agitur de homine, semper adhibetur 個; cum de aliquâ re, ponitur 箇; 个 est satis indifferens, sed usûs rarioris.

Exempla de 個 kó. 兒人個一好 haò y̆ kó gîn êll, iste homo habet praeclaram speciem; 意中不又個那意中不又個這, tché kó yeóu peŭ tchóng y, ná kó yeóu peŭ tchóng ý, iste non tibi placet, ille non tibi arridet; 人的心有個是他 t'ā ché kó yeóu sīn tĭ gîn, ille est vir habens cor, seu conscientiam, cui potest credi. 人好個是必未 oúei pĭ ché kó haò gîn, non constat esse bonum virum; 有也個百一個一說要不 peŭ yaó choŭĕ y̆ kó, y̆ pĕ kó yè yeoù, noli dicere unum, imo centum et amplius.

海上絲綢之路文獻集成 科技與文化编

Exempla de 箇 kó. 容笑箇有曾不 pŏu tsĕng yeoù kó siáo yông, nondum mihi risit; 是不箇說麽怎 tsèng mò choūĕ kó poŭ ché, quomodo dicis hoc non ita esse? 箇有自子日的頭出 tsée yeoù kó t'chū teoù tĭ gé tseè, tandem aliquando caput attollet (vel se vindicabit, litur delet); 物怪的常非箇是 ché kó feï t'châng tĭ koúai oūĕ, numquam fuit ejusmodi monstrum; 文虛箇是過不 poŭ koúo ché kó hiū vên, nihil aliud est quam inanis cæremonia; 了是不又箇那是箇這說若 jŏ chouĕ tché kó ché, ná kó yeóu poŭ ché leaò, si dicas hoc verum esse, illud statim falsum erit; 是不箇認 gín kó poŭ ché, fateri errorem.

Exempla de 个 kŏ. 了不个笑 siáó kó poŭ leaò, vel 住不个笑 siaó kó poŭ tchú, (risum teneatis amici, litur. delet), continere non potest risum; 个一自獨 toŭ tsé ў kó, solus sine comite; 手對个做人才个一生再不天何爲 oúei hô t'iēn poŭ tsái sēng ў kŏ t'saî, gîn tsó kó toúi cheoù, cur cælum non producebat adhuc unum ingeniosum hominem ut esset meus compar?

Nota hoc loco: lectores monitos velim de certis punctis quæ per totum hoc opus millies recurrent. Primum est quod linguam sinicam melius docere non possum quam per varia exempla. Igitur nequis miretur quod tot phrases affero; id enim facio quod iter quod per præcepta longum est, per exempla breve fit. Secundum est quod nulla fere occurret phrasis sinica quæ non contineat aliquam regulam, quam pluribus verbis explicare valde operosum et molestum esset. Tertium est quod vix fieri potest ut phrases illas sinicas de verbo ad verbum latine vertam. Sensum indico. Illum fortè facilius redderem in patriâ meâ linguâ, sed non laboro pro solis Gallis; unusquisque vel per se, vel ope sinarum detegere conabitur, quomodo talis sensus ex tali litterarum contextu nascatur, quod certe difficile non erit.

6º. Frequenter occurrit pronomen 其 k'î, tum in familiari sermone, tum præcipuè in libris; v. g. 故其解不我 ngò poŭ kiài k'î kóu, ego non assequor hujus rei rationem; 故其知未倘 necdum scio illius causam; 理其論若 jŏ lûn k'î lỳ, si sermo sit de tali ratione, seu ideâ; 知不實其夫老曲委中其 k'î tchōng ouéi k'iŭ, laò foū k'î chĕ poŭ tchī, ego nescio hujus negotii omnes anfractus.

PARAGRAPHUS TERTIUS.

DE VERBIS.

Apud nos verba dividuntur in activa, passiva, et neutra; quodlibet verbum habet varia tempora, varios modos, varias personas. Si agatur de pluribus, habent numerum pluralem; si de unica, habent singularem. Hinc variæ nascuntur inflexiones in quolibet tempore et modo. His omnibus carent Sinæ; nec, meâ quidem sententia, adeò magna jactura est, ut ex dicendis patebit.

Verbum substantivum multiplex est. 1° 是 ché, v. g. 兒小是 ché siào êll, est meus filius; 人好個是 ché kó haò gîn, est vir bonus. 2° 爲 ouêi: 實老人爲 ouêi gîn laò chě, est vir probus et sincerus; 弟爲他兄爲我 ngò ouêi hiong, t'ā ouêi tí, ego sum frater major, ille est minor. 3° 在 tsái, cum agitur de loco, v. g. 家在不 poŭ tsái kiā, non est domi. 4° 有 yeoù, v. g. 人有没 mŏ yeoù gîn, nullus est; 有 est etiam verbum auxiliare. v. g. 說有没 mŏ yeoù choüĕ, non dixi.

2° Verbum activum facile dignoscitur ex sensu, v. g. 人愛主天 t'iēn tchù ngái gîn, deus amat homines; 主天敬人 gîn king t'iēn tchù, homines colunt deum. Sed non semper hoc modo exprimitur nominativus verbi cum ejus regimine. Itaque ex contextu orationis hoc sæpius colligitur. In plærisque exemplis quæ affero tam bene potest poni prima, vel tertia persona quam secunda, ubicumque personæ non expressè nominantur, ut fit plærumque, quoniam ex contextu satis colligitur quænam sit persona de quâ agitur.

3° Verbum passivum, si tamen Sinæ illud habent, intelligitur, 1° ex particula 被 pí, v. g. 了喫虎被 pí hoù k'ĭ leaò, a tigride voratus est; 也我殺喜你被 pí nì hì chā ngò yĕ, tu me facis lætitiâ emori. Dicunt etiam sæpe 吃 k'ĭ, manducare, v. g. 驚大了吃 k'ĭ leaò tá king, ad verbum manducavit (magnum) timorem, i. e. magno timore correptus est; 打吃 k'ĭ tà, verberari; 話笑人吃 k'ĭ gîn siaó hoá, ab aliis irrideri. Item utuntur litterâ 見 kién, v. g. 殺見 kién chă, necari. Verum in his et similibus oportet semper attendere quomodo loquantur Sinæ. Si enim, v. g. dicas 好你說我被 pí ngò choüĕ nì haò, a me dictus fuisti bonus vir, certe non intelligeris, et erit barbara locutio. Cave igitur ne facias linguam Sinicam Europeæ tuæ linguæ servire, sed potius hoc age ut tua lingua Sinicæ linguæ sese accommodet.

4° 了 leaò denotat tempus præteritum; 白明了講 kiang leaò mîng pĕ, dictum clare. Potest addi 過 kouó, quæ vox propriè significat rem præteritam, v. g. 了過說 choüĕ kouó leaò, jam dixi; 了來 lâi leò, venit, vel in significatione præsentis, venio, adsum, vel etiam in significatione statim futuri, statim veniam. Verum hic et alibi sæpe attendendum est circumstantiis. Sic 了去 k'iú leaò, abiit, vel abeo. Item 有 yeoù notat præteritum sicut apud nos: 說有没 mŏ yeoù choüĕ, non dixi, et 完 ouân: 了完寫 siè ouân leaò; absolvi scribere.

5° Futurum colligitur ex adjunctis, v. g. 去日明我 ngò mîng gĕ k'iú, ego cras eo, seu ibo. Sæpe utuntur litterâ 要 yáo: 去要我 ngò yaó k'iú, ego volo ire. Si dicas 去我要 yáo ngò k'iú, erit alius sensus, sc. vult me ire. Item littera 將 tsiāng, nota est rei propè futuræ: 死將 tsiāng ssèe, prope moriturus. Item hoéi ponitur pro futuris, sic 天昇會人善 chén gîn hoéi chîng t'iēn, boni ascendent in cælum. Ipsa littera 了 leaò, de quâ supra, in multis phrasibus habet aliquam significationem futuri, ut in ista: 了成做都日明 mîng gĕ, tōu tsó t'chîng leaò, crastina die omnia absolvero. Si vero addas 要 yáo, sic: mîng gĕ tōu yáo tsó t'chîng leaò, sensus erit: cras omnia absoluta volo. Sed hæc et similia ex solo orationis contextu facile percipiuntur; 去不我來你雖 soüi nì lâi, ngò poŭ k'iú, etsi veneris, ego non ibo.

6°. De imperativo. Non patitur Sinica urbanitas ut quicquam imperes, præterquam tibi subditis, aut hominibus ex infimâ plebe. Sic dices 來你 nì lâi, veni, accede; (vel 些來你 nì lâi sie, adesdum. lit. del.) 去你 nì k'iú, abi, vel 罷去你 nì k'iú pá, abi scilicet; 不你我哄要 nì poŭ yáo hóng ngò, ne me fallas; ubi vides quod yáo 要 sit etiam nota imperativi. Si cum honestis viris agatur semper præcedit 請 t'sing, quod est rogantis magis quam imperantis, sive dicatur nì, ut sæpe fit cum familiaribus sive non, v. g. 坐請 sede, quæso; 看你請 aspice sis. Sed hæc et similia magis patebunt in decursu; 休 hieōu et 莫 mŏ sunt prohibentis; 去休 hieōu k'iú, ne eas; 說莫 mŏ choüĕ, ne dicas, &c.

7°. 得不巴 pā poŭ tĕ, vel 得不恨 hén poŭ tĕ, desiderium exprimit respondetque nostro utinam, ac proinde servit optativo.

Infinitivus sicut apud nos, tenet aliquando locum nominis substantivi, v. g. 難官做 tsó kouōn nân, agere mandarinum est difficile. Quamquam mihi videntur ineptum velle linguae sinicæ adaptare pleraque vocabula quibus utuntur nostri Grammatici, consultius multò erit, sepositis illis grammaticæ quisquiliis, per varia selectaque exempla, ad legitimum germanumque Sinicæ loquelæ usum et exercitationem tyrones festinato compendiosoque gressu veluti manu ducere.

PARAGRAPHUS QUARTUS.

DE RELIQUIS ORATIONIS PARTIBUS.

1°. De adverbiis hacc pauca raptim collige: 裡這 tché lì, hìc vel hùc; 裡這在 tsái tché lì, est hic; 來裡這 tché lì lâi, huc veni; 裡那 ná lì, ibi, illic, vel illuc, v. g. 裡那在 tsái ná lì, est illic; 去裡那到 táo ná lỳ k'iu, usque illuc ire. Vel interrogando: 去裡那 vel 去裡那往 oüàng nà lỳ k'iú, quonam pergis? respondetur, v. g. 去裡那往不 poŭ oüàng nà lỳ k'iú, non illo pergo, vel non cogito quoquam ire; 人裡那是你 nì ché nà lỳ gîn, unde es tu? (ex. 人裡那是我 ngò ché nà lỳ gîn, ego sum inde, vel ex hoc loco. lit. del.) 此在 tsái tseè, est hic, vel hic adest; 此到 táo tseè, advenit huc; 樣這 tché yáng, vel 般這 tché poüān, sic vel hoc modo; 樣那 illo modo, istius modi; 快 kou'ái, cito, vel 來些快 kou'ái siè lâi, festine veni, accelera; 慢 mán, lente; 慢慢 mán mán, paulatim; 三再 tsái sān, iterato; 來再 tsái lâi vel 來又 yeóu lâi, iterum venit; 矣再三再 tsái sān tsái ỳ, iterum iterumque, seu repetitis vicibus lit. delet.); 何如 jû hô vel 如何 hô jû, quomodo; 常 tch'âng, semper; 纔 ts'âi vel 纔方 fāng ts'âi, tunc; 還 hoân, adhuc; 寔 chĕ, verè; 寔惟 ouēi chĕ, profectò; 畧 liŏ, parùm; 寡 kouà, idem, &c.

海上絲綢之路文獻集成 科技與文化编

2°. De præpositionibus hæc interim habe : 裡家 kiā ly, domi; 中堂 t'âng tchōng, in aulâ; 中之闇黑 hĕ ngàn tchī tchōng, in tenebris. Et nota quod 之 licet in libris frequentissimum sit, in familiari etiam sermone melius aliquando ponatur quam 的 tĭ; 同 t'ông et 和 hô, cum, simul; 上 cháng, supra, 下 hiá, infra ; v. g. 上天 t'iēn cháng, suprà caelum, aut in cælo; 下月 youĕ hiá, infra lunam, seu sub dio; 前面 mién tsi'ên, vel 面當 tāng mién, coram, in facie; 前跟我 ngò kēn tsi'ên, me coram; 後天三 sān t'iēn heóu, vel 日三了過 koúo leaò sān gĕ, post tres dies, &c.

Nota : cum sæpissime jungantur duæ litterae ut sensus fiat clarior, plurimum juvabit scire utrum transponi possint, annon; essetque bonum, earum litterarum texere catalogum, quae transpositæ eumdem sensum retinent, et earum, quæ transpositae diversum sensum efficiunt. Utriusque generis exemplo affero; 喜歎 houōn hì vel 喜歡 hì houōn, gaudere; 重打 tà t'chông vel 打重 t'chông tà, graviter percutere; 來往 oüàng lâi vel 往來 lâi oüàng, ire et redire, i. e. habere familiaritatem; 生童 t'ông sēng, vel 童生 sēng t'ông, scholares qui nondùm gradum habent; 張主 tchù tcháng, vel 主張 tcháng tchù, liberum arbitrium; 鷄母 moù ky vel 母鷄 ky moù, gallina; 處居裡府 foù ly kiū t'chú vel 裡府處居 kiū t'chú foù ly, manet in civitate.

Secundi ordinis ista sunto : 主家 kiā tchù, domûs dominus, et 家主 tchù kiā, præsse domi; 帝天 t'iēn tí, cæli dominus, 天帝 dominari caelo; 話說 choüĕ hoá, loqui, et 說話 hoá choüĕ, historia ait; 上路 lóu cháng, ex itinere, de viâ, et 路上 cháng loú, iter aggredi; 上天 ti'ēn cháng supra caelum, et 天上 cháng ti'ēn, supremum caelum, vel ascendere caelum; 斤半 poüán kin, semilibra, et 半斤 kin poüán, libra cum dimidia; 馬下 hiá mà, ex equo descendere, et 下馬 mà hiá, sub equo, sub equi pedibus; 火家 kiā hò, supellex, artificum instrumenta, culinæ vasa, &c. 家火 hò kiā, opifices, domestici, socii, &c. 前面 mién t'sièn, coram, et 面前 t'siên mién, anterior facies; 兄弟 tí hiong, fratres et 弟兄 hiong tí, frater minor; 杯酒一 y tsieoù poēi, una porcellana in quâ bibitur vinum, et 酒杯一 y poēi tsieoù, unus calix plenus vino. Sinae dicunt sicut nos 杯三飲 yn sān poēi, siccare tres calices.

ARTICULUS SECUNDUS

SYNTAXIS.

Primò. Adjectivum nomen ordinariè praecedit substantivum. Quando sequitur alius est sensus: 人惡 ngŏ gîn, malus homo, 惡人 gîn ngŏ, homo est improbus; 子房大 tá fâng tseè, magna domus, 大子房 fâng tseè tá, domus est ampla; 性善 chén síng, bonæ indolis; 善性 síng chén, natura bona est; et sic de aliis.

M 2

2°. De comparativis, varii sunt loquendi modi omnes notandi. 1us. Hoc quidem est bonum sed pecunia melior, 好更子銀但好是好 haò ché haò, tán yn tseè kēng haò. 2us. Quo plus, eo melius, 好愈多愈 yù tō yù haò; multo melius, 好發一 y fă haò, vel 好發越 yue fă haò. Quanto melius 好是小多 tō chaò ché haò. 3us. Vinum multò melius est quam aqua, 多好水比酒 tsieoù pì chouì haò tō, vel 水於好酒 tsieoù haò yū choūì, vel 比水酒得不 choüì pì poŭ tĕ tsjoù, vel 好更水比酒 tsieoù pì choüì keng haò. 4us. Melius est mori quam agere contra rationem, 理肯可不死寧 nîng ssè poŭ k'ò poĕi ly, vel 死可寧理背敢不 nîng k'ò ssè, poŭ kàn poéi ly. 5us. Haec ira sic crevit ut sit sicut montes alta, et sicut mare profunda, 深般一海高般一山有得積氣口這 tché k'eoù k'y tsĭ tĕ yeoù chān y poüōn kaō, hài y poüōn chīn 6us. Tres asses plus quam oporteat, 分三多 tō sān fēn; decem anni et amplius, 年多十 chĕ tō niên, vel 年來十 chĕ lâi niên: altius uno pede, 尺一高 kaō y t'chĕ. Si dicas y t'chĕ kaō, erit, uno pede altum.

3°. De superlativis, isti sunt modi: optimum, vel optimè, vel optimius, 緊得好 haò tĕ kìn, 過不好 haò poŭ koüó, 好上 cháng haò, 好極 kĭ haò, 好絕 tsue haò, 好分十 chĕ fên haò 的好好 haò haò tĭ. Facile est hæc exempla transferre ad alia: v. g. admirabile, 妙極 kĭ miaò, 絕妙 miaò tsue, &c. Supremi ordinis, 的等上 cháng tèng tĭ, vel 的品上 cháng p'ìn tĭ; valde diu seu diutissime, 久好 haò kioù, vel 久良 leâng kioù, &c.

4°. De relativo qui, quæ, quod. 1°. 所 sò: 能不所無 voû sò poŭ nêng, nihil (est) quod non possit, seu omnipotens; 知不所有 yeoù sò poŭ tchī, est aliquid quod ignoras; 說所我 quod ego dixi. 2°. Relativum inter duo verba non exprimitur, vel si ponatur, redundat; sic dicitur 的說你是 ché nì choŭĕ tĭ, loco ché nì sò choŭĕ.

5°. De interrogatione et responsione: dixisti ne? 麼了說你 nì choŭĕ laeò mò? R. 了說 choŭe leaò, dixi, vel 說有沒 mŏ yeoù choŭĕ, non dixi; 說曾不 poŭ tsêng choŭĕ, nondum dixi. Item 肯不肯 k'eng poŭ k'eng, visne? 來不來 lâi poŭ lâi, veniet, annon veniet? 好不好 haò poŭ haò, bonum ne est? &c. Alii sunt interrogandi modi de quibus alio item loco dicetur.

6°. De verbis. Nominativus præcedere debet, ut dixi; sed potest etiam præire regimen verbi. Sic in oratione dominica habes: 許我不而 eûll poŭ ngo hiù, et ne nos permittas. Sic quoque dici potest: 來拿水 choùi nâ lâi, aquam affer, loco 來水拿 nâ choùi lâi, vel 來水看 k'ān choùi lâi, ad verbum, aspice aquam, et veni; 去拿酒 tsioù nâ k'iú, aufer vinum, &c.

Hæc pauca de Grammatica et Syntaxi dixisse, abunde est; præsertim cum eadem sæpissimè recurrant in sequenti capite, ubi per exempla longe melius illa disces quam per præceptas plerumque satis ingrata.

CAPUT SECUNDUM.

DE PROPRIO LINGUÆ SINICÆ GENIO.

Linguæ hujus ubertas, amænitas ac vis, ex frequenti certarum litterarum usu, ex variis particulis, denique ex figuris, mirum in modum elucet. Quare hæc tria totidem articulis fusè et accuratè tractare volo.

ARTICULUS PRIMUS.

DE USU ALIQUOT LITTERARUM.

Seligo eas quæ frequentius occurrunt inter loquendum et quarum usus varius est ac multiplex, ut simul cognoscatur illa quam modo dicebam, linguæ sinicæ ubertas, et novi missionarii paulatim et quasi ludendo loqui addiscant.

PARAGRAPHUS PRIMUS.

DE 得 TĚ.

Hæc littera significat obtinere, habere, posse. Quam autem latè pateat ejus usus ex sequentibus notis colligetur.

1°. 得 tě jungi solet cum omnibus propè verbis: quid verò illorum significationi superaddat, et ex versione latinâ quam ubique apponam, et ex usu sensim cognoscetur; 得作 tsó tě, fieri potest; 得不作 tsó poŭ tě, fieri non potest: 得來 lâi tě, veniet, vel ut aiunt Lusitani, *pode passar*; 得不來 lâi poŭ tě, non sic erit; 來得不 poŭ tě lâi, non potest venire: 得說 choue te, dici potest, sive agatur de locutione, sive de re alteri dicenda; et sic 得不說 choue poŭ tě, non potest dici. Hæc tamen ultima locutio sæpe significat, jacta est alea, nihil

N. 2

海上絲綢之路文獻集成 科技與文化編

contra potest opponi; at 說得不 poŭ te choue, non possum dicere; 說得有莫 mŏ yeoù te choue, non potui dicere; 了得不說 choue poŭ te leaò, hoc nunc dici non debet, vel quod gallicè dicemus, *c'est nu faire le faut*; at 他得不說 choue poŭ te t'a, significat, ille non potest incusari, non est ejus culpa, vel nemo potest illum arguere: 快不得行 hing te poŭ k'ouai, non sat cito graditur; 快得不行 hing poŭ te k'ouai, non potest ire propere: 着得講 kiang te tchŏ, vel 理有得講 kiang te yeou lì, vel 實得說 choue te che, cum ratione hoc dicitur: 得通不 poŭ t'ōng te, non percipit; 得不通 t'ong poŭ te, percipere non potest: 意得 te y, est contentus, vel putat se rectè fecisse; 了意得 te y leaò, habet intentum: 矩規得不定 ting poŭ te koūei kiù, non potest determinari mos certus, seu regula fixa; 閑得 te hiên, vacat, habet otium; 閒得不 poŭ te hiên, non vacat, vel 夫工得不 pou te kong fou, non est otium: 已得不 pou te y, non potest se cohibere, non est sui potis; 了得不 pou te leaò, non potest absolvere, nullus est finis; 見得看 k'an te kien, visibile; at sæpe significat parum interest, vel res est parvi momenti; 彀得能不 pou nêng te kéou, non potest, non suppetunt vires, vel non est satis, non sufficit; 彀能 nêng keóu, significat posse; 彀得 te kéou, habere sufficienter; 响得駡 ma te hiang, maledictis egregiè ornatus fuit; 憐可是真得餓 ngò te tchin che k'o lien, fame premitur ad commiserationem; 火如臉滿得惹 gè te mouon lien ju ho, sic excanduit ut totus vultus ardere videretur; 開俱花心得喜 hi te sīn hoa kiū k'ai præ lætitia, cor, ut flos, se totum aperuit; 身在不魂得嚇 he te, hoen pou tsai chin, prae timore, anima non fuit in corpore; 色土如面得嚇 he te mien ju t'ou se, prae timore, vultus ejus emarcuit, factus coloris terrae; 過他得論理何如 ju ho li lun te t'a kouo, quomodo illum aggrediemur, seu quibus rationibus poterimus illum in disceptando vincere? 得難箇真 tchin ko nan te, certe ratissimum; 此到得難 nan te tao ts'ee, difficile est ad hoc pervenire, seu raro admodum huc venitur; 得不話得不說 choue pou te, hoa pou te, coram illo ne mutire quidem fas est; 得不活得不死 sse pou te, ho pou te, nec mori licet, nec vivere. Communius dicitur 活得不活要死得不死要 yao sse, pou te sse; yao hŏ, pou te hŏ.

2°· 得 te jungitur cum 省 seng et 免 mien, v. g. 心勞得省也我氣受得免也他 t'ā ye miēn te cheóu k'y, ngò ye seng te laò sin, hoc pacto ego et ille liberi erimus a molestia; 個一了虧個一了好得省他許都個兩 leang ko tou hiu t'a, seng te hào leaò, y ko, k'ouei leaò y ko, utramque ipsi concede, sic una beata erit, altera non misera; 怨埋來後得省 seng te heou lai mai youen, postea non paenitebit; 走好不的滑滑泥上路得省 seng te lou chang ni hoă hoă tĭ, pou hao tseou, evitabis difficultatem itineris lutosi et lubrici; 舌口非是多許了省 seng leaò hiu to che fei k'eou che, vitatae sunt multae altercationes In hâc ultimâ phrasi, non jungitur 得 te, quia res est de praeterito.

3° 得不 poŭ tĕ, post 巴 pā vel 恨 hén, exprimit desiderium, respondetque nostro *utinam*; 來要得不巴我 ngò pā poŭ tĕ yáo lâi, toto corde volebam venire; 買得不巴酒快他 pā poŭ tŏ mài t'ā ko'úai hoüŏ, nihil magis optabat quam illi parere lætitiam; 翼兩生身得不恨 hén poŭ tĕ chīn sēng leang y, utinam haberem alas; 得不恨我吃狗與把肝心的他出剜 ngò hén poŭ tĕ oüā t'chŏu t'ā tï siā kān, pà yû keoù k'ĭ, utinam possem illius cor jecurque avellere et dare canibus ad vorandum.

4° tĕ 得 jungitur etiam cum nominibus adjectivis, v. g. 極得妙 miáo tĕ kĭ, mirabile in summo gradu, i. e. optimum, &c. vel cum adverbiis, v. g. 得不少 chaò poŭ tĕ, infallibiliter, gallicè, *immanquablement*.

5° Pro 得 reperitur etiam 的 in eodem planè sensu; exempla sunt quamplurima: 大雨緊的 yù tá tï kin, pluvia maxima. 的不吃人文斯他 t'ā ssē vèn gîn, k'ĭ poŭ tï, est homo munditiæ cultor, hæc edulia non tanget; 是的說 choüe ti che, vel 是極的道 táo tï kĭ ché, verum dicis; 的會理 lì hoéi ti, rectè capio, intelligo; 兒法個一的曉 hiŏ ti y kó fă eûlh, scio unum modum; 了去出他的不巴 pa poŭ ti t'ā t'chou k'iu leao, utinam jam abierit; 的曉 hiaò ti, scio, sufficit; 了的不說 choüe poŭ ti leaò, de hoc non est amplius loquendum, seu agendum; 火如光目的不當 tāng poŭ tï moŭ koüāng jû hò, non potest sustinere flammas quæ ex illius oculis erumpunt.

PARAGRAPHUS SECUNDUS.

DE 把 PÀ.

Hæc littera vulgò significat capere, seu manu accipere. Sed in usu sinæ illam adhibent variis modis, quibus plerique missionarii rarò attendunt.

1° Potest utique verti per *accipere* in sequentibus exemplis: 手把 pà cheòu, prehensare manum, ut solent Tartari in salutationibus, recipiendo vel deducendò hospitem. Dicitur vero sæpius 手拉 lā cheòu, arripere vel trahere manu (litur. delet.); 碎粉得扯兒紙把 pà t'chĭ eûll t'chè te fèn soúi, acceptam chartam minutatim laceravit; 他難去目題難把 pà nân t'y mou k'iu nan t'a, elegit argumentum difficile ut illum exerceret, i. e. gravem difficultatem ei proposuit; 關上拽上門把 pà mên cháng sie chang kouan, pessulo fores occlusit; 內房到拉他把 pà t'a, la tao fang nuei, accepit illum traxitque intra cubiculum; 們你著坐個這來抬床把 ni mên pà t'choâng t'âi lâi, tché li tso tcho, accipite, afferte reclinatorium et hic sedete; 罵咒般百我把 pà ngò pe pouon tcheou ma, me mille conviciis excepit, execrationibus oneravit; 了綁縛子索把 pà so tsee fou pang leao, accepto fune colligavit; 碎粉得劈蓋腦把 pà nao kai p'i te fen soui, cranium in sexcenta frusta discidit; 這把 了殺吹都燈 pà tche teng tou tch'oui cha leao, extingue omnes istas lucernas; 頭舌把 來出將伸 pà che t'eou chin tsiang t'chou lâi, linguam exeruit, ut solet cum videtur aut auditur aliquid insolens. 聲一他問事的腦頭沒這把 pa tche mo t'eou nao ti sse ven t'a y ching, circa hoc tam implexum negotium paucis illum interroga; 裡懷在揣兒氣惡把 他看來臉氣好出將 pà ngo k'y ell tcho'ui tsai hoai ly, tsiang t'chou hao k'y ell lai k'an, t'a, vultûs asperam speciem in sinu recondens, hilari fronte illum aspexit; 寒盪來酒把且 tsiè pà tsiou lâi táng hân, vinum affer ad dissolvendum frigus; 任重番一的來天把 頭肩个一他在擔 pà t'ien lai ti y fan tchong gin, tan tsai t'â y ko kien t'cou, onus tam grave, illius humeris imposuit.

2° In sequentibus loquendi modis, 把 non significat *accipere*, nisi improprie; 一把日今 了費全夫工天 kin ge pà y t'ien kong fou ts'uen fei leaò, hodie integræ diei otium perdidi, vel consumpsi; 轉一波秋把 pà t'sieou po y tchouen, leviter oculos deflectit; tsieou po, autumni fluctus, sic oculos vocant formosos; 瞅偷眼把 pà yen t'eou tsun, furtivè aspicere; 了息歇頭念的擇揀把是於 yù ché pa tse si ti nien t'eou, hie si leao, tunc eligendi generi cogitatio quievit et desiit; 淡冷般這得弄意生的們我把 pà ngò mên ti seng y, long te tche pouan leng tan, in causa est cur nostrum commercium ita refrixerit; 壞蹧成翻事好把 pà hao sse, fan t'ching nie tchang, rem quæ erat in optimo statu ad pessimum traduxit: *fàn* est subito vertere; *nie* pessumdare; *tchang*, impedire; 紅緋得揉眼把 pà yen jeou te fei hong, oculos terendo rubere fecit, (sc. ut multum lacrymasse videretur.) 伸一腰把 pà yao y chin, extensis brachiis totum corpus produxit; 了說他對都話心真把 pà chin sin hoa tou t'oui t'a choue leao, ei dixit quidquid habebat in corde; 了後背腦在丟家人老個這我把 pà ngò tché ko lao gin kia, tieou tsai nao pei heou leaò, quia senui, de me non amplius curat; 再把你和我 做去頭分樁一各事大件兩 ngò ho ni pà leang kien ta sse, ko gin y tchun, fen t'eou kiú tso, partiamur inter nos hæc duo gravia negotia, alter alterum suscipiat, et quisque seorsim agat rem; 了變改腸心把 pà sin t'chang kai pien leao, animum mutavi; 摩一摸心把 pà sin mo y mo, pone manum ad cor; 他與遞色眼把 pà yen se ti yu t'a, oculos in illum conjecit; 了紅飛臉把 pà lien fei hong leaò, toto vultu erubuit; 了醉灌他把 pà t'a kouan tsóui leaò, invitum inebriavit.

3°. Non raro significat habere pro, gallicè *prendre pour*; 賤恁得看們我把 pà ngò mên k'án tĕ gín tsién, nos tam nihili facis; 比可雲浮做貴富把 pà fóu kouei, tsò feóu yûn k'ò pì, aspicit divitias et honores sicut nubem quæ transit; 土糞如視銀金把 pà kin în chí oüëi fĕn t'où, divitias arbitratur sicut stercora; 的假了當他把我的眞做認我把他 t'ā pà ngò gín tsó tchīn tĭ, ngò pà t'ā tāng leaò kià tĭ, putat me sincerum esse, et ego illum fictum esse reor; 人好做當子賊那把 pà ná tsĕ tseè, tāng tsó haò gîn, illos nebulones habet pro viris probis; 客當家把家當客把 pà k'ĕ tāng kiā, pà kiā tāng k'ĕ, foris manent velut essent domi, et domi velut essent foris. Id. Sinæ dicunt de mercatoribus.

4°. Servit ad certas res numerandas, v. g. 鎖把一 y pà sò, unâ sera, gall. *cadenas*; 了鎖鎖把一把 pà y pà sò sò leaò, sera benè occlusit; 把 pà est verbum et postea nomen; 鎖 sò, est nomen postea fit verbum; 火把一 y pà hò, ignis, vel fax accensa; 火把一起放地白做燒廟這把 fang k'ì y pà hò pà tché miáo chāo tsó pĕ tí, applicuit ignam et totum hoc fanum redegit in cineres; 天騰焰烈得燒剝剝必必火情無把一起放 fang k'ì y pà voû tsîng hò, pĭ pĭ pŏ pŏ chāo tĕ liĕ yên t'êng t'iēn, gallice, *il y mit le feu cruel, et la flamme en petillant* (pĭ pĭ p'ŏ p'ŏ) *se leva jusqu'au ciel*; 殖骨把兩這 tché leang pà koŭ chĕ, hæc ossa parentum meorum; 子椅把一 y pà y tseè, una sella, sedile; 傘把一 y pà sàn, una umbrella; 菜把一 y pà t'sái, unus herbarum fasciculus; 扇把一 y pà chén, unum flabellum; 刀把一 y pà taō, unus culter, unus gladius; &c.

5°. Notandæ sunt præterea sequentes locutiones; 上臉在打掌巴個一 y ko pa tchang tà tsái lién chang, impegit illi alapam; 掌巴箇幾打該 kai tà kì kó pa tchàng, excipiendus est aliquot colaphis; 巴 pa idem fere est ac pà 把 : sic dicitur: 得不把 pà poŭ te et 得不巴 pa poŭ te, utinam; 柄把了得 te leaò pà píng, habet nunc fundamentum; 鼻巴無全 t'suên voû pa pí, nullum est hujus rei fundamentum. Reperitur etiam 臂把了没 mŏ leaò pà pí, non habebat quo niteretur; 戲把出做 tsó t'chŏu pà hí, murmur excitare, tragædias agere. Item 戲把做 tsó pà hí, gallice *faire des tours de passe passe*. 把年了住 tchú leaò niên pà, toto hoc anno; 子銀把百 pe pà în tseè, centum taeles, seu unciæ argenti; vulgo 子銀百一 y pe în tseè, vel 金百一 y pe kin; 着望的巴巴眼 yèn pa pa tĭ oüáng tchŏ, intentis oculis prospicere.

PARAGRAPHUS TERTIUS.

DE 打 TA.

Vulgo significat verberare, percutere, sed in usu longè latius patet. Afferam 1°. varia exempla in quibus significat percutere. 2°. addam alios usus. 1°. Cum agitur de verberibus quæ

N 2

accipiunt rei jussu mandarinorum: 招不打不 poŭ tà poŭ tchao, si non adhibentur verbera, crimen non confitebitur reus; 條荆百一打 tà y pe king t'iâo, excipi centum virgarum ictibus; 板毛十二打各 kŏ tà éul che mâo pan, quisque accipiat viginti verbera; 板 pan est pertica ex cannis *bamboa* dictis inque duas partes fissis. Hæc verbera recipiunt rei super clunes; 棒桑黃百三打 tà san pe hoâng sang pang, dentur ipsi ter centum verbera quadrato scipione ex flavo moro; 綻肉開皮得打 tà te pî kai jŏ tchán, ex verberibus pellis rupta et caro aperta fuit; 打拷般這得受裡那我 ngò nà lì cheóu te tché poüan kaò tà, quomodo possem pati tam duram quæstionem verberum?

In sequentibus non agitur de reis in judicio: 我打你你打我 ngò tà nì, nì tà ngò, ego te percutio, et tu me percutis; 識相成不打不 poŭ tà poŭ tchîng siang tchí, non nascitur amicitia, nisi post data et accepta verbera; 打些重你 nì tchóng siē tà, percute paulò valdius; 打麼怎 tseng mò tà, quare percutiam, vel quomodo? 打般這 tché poüan tà, hoc modo percute; 成不狗打去你打不他 t'a poŭ tà nì, kiú tà k'eoù poŭ t'chîng, si te ille non verberat, ibit, credo, verberare canem; 去出厮那打我與 yù ngò tà ná sseē t'chŏu k'iú, hunc nebulonem furcillis mihi hinc ejicite; 來聽上打棍一步一我與 yù ngò y póu y koúen ta chang t'ing lai, illum mihi crebris verberibus huc adducite; 地倒打拳一 y k'iuên tà táo tí, uno pugno prosternere; 打來拳雙着掿 niŏ tchŏ choang k'uên lâi tà, compressis pugnis venire ad percutiendum; 打來篙竹把 pà tchoŭ kao lâi tà, arrepto conto volebat percutere; 世出佛一得打 tà te y foe t'chou chí, plagis egregiè fuit exceptus; 子鼻的你破打 tà p'ō nì ti pí tsè, nasum tibi frangam; 血鮮得打上子鼻在打正拳一只邊半在歪子鼻流迸 tchí y kuèn tchíng tà tsái pí tsē cháng, tà te sién hiüe ping lieoû, pí tseè oüái tsái páa pien, pugnum directe in nasum impegit, sanguis abundè fluxit, nasusque ad latus alterum curvatus remansit; 罵是便打是不 pou ché tà, pién ché má, si non verberat, certe maledicit. i. e. non cessat aut verberare aut maledicere; 脾燥得打曾不 poŭ ts'êng tà te saó p'î, nondum illum satis lautè ex sententiâ verberavi. Invenitur et 脾燥 saó p'î, i. e. lætus, vel de se contentus; 子光耳箇幾打連 liên tà ki kó ùll kouang tsee, simul impegit plures alapas.

Loquendo de rebus inanimis hæc exempla sunto: 成不打不器 k'y poŭ tà poŭ tch'îng, vas quod libet non nisi repetitis ictibus perficitur; 的鐵打 tà t'ie ti, faber ferrarius. 的打鐵 t'ie tà ti, ex ferro factum, et sic de aliis metallis; 頭石打 tà che te'oû, lapides elaborare, vel jacere, &c.

2°. Sæpe respondet verbo gallico *faire* v. g. 禮打 tà ly, reverentiam exhibere, *faire civilite*; 去兒夥打 tà hò éll k'iú, simul se dare in viam *faire bande*; 結打 tà kiĕ, nodum nectere, *faire un nœud*; 開不越他急性越你結死箇打 tà kó ssè kiĕ, nì yuĕ sing kĭ, t'ā, yuĕ poŭ k'ăi; est nodus mortuus, (i. e. valde difficilis et implexus), quo magis properas, eo difficilius solves; 心的他動打 tà tong t'ā tĭ sin, ejus animum commovere, *faire impression sur son esprit*; 上身我在打都 toū tà tsái ngò chin, omnia in me refundit, *il fait tout retomber sur moi*; 夢打 tà mong, somniare, *faire un songe*. Reliqua in globo referam; 睡打 tà choûi, dormire; 子擺打 tà pài tseè, febri laborare; 臺擂打 tà loú t'ái, luctari, palestræ ludus; 牌打 tà pài, ludere foliis pictis; 韆鞦打 tà tsioū tsiēn, oscillare, gall. *jour a lescarpo lette*; 呼打 tà hōu, rouchos edere; 睡鼾打內口鼻 pí ke'cù núi tà hán chóüi, dormiendo rouchos naso et ore emitit; 鑼打鼓打 tà koù tà lô, pulsare tympanum et cymbalum; 打吹 tchoūi tà, inflare et pulsare: sic vocantur qui inflant lituos et pulsant tympana; 打大吹大 tá tch'oūi tá tà, omnibus instrumentis perstrepere; 扮打 tà pan, ornare se; 般一仙天如得扮打 tà pan tĕ jû t'iēn siēn y pouân, ornata erat sicut una dea; gallice, *paree comme une nymphe*; 聽打 tà ting, vel 探 tà t'an, inquirere, investigare; 話打 tà hoá, loqui; 語誑打 tà kouáng yú, dicere ineptas; 謊打 tà hoang, mentiri; 涕噴箇兩打 tà leang kó pén tí, sternutare bis; 發打 tà fă, dimittere; 了去他發打 tà fă tā kiú leaò, aliquem dimittere, vel remittere, vel dare quod petit ut abeat; 面照箇打我與 yù ngò tà kó tcháo mién, vultum ad me convertit; 兒狀箇我與打你 nì tà yù ngò kó tchöang êll, da mihi aliquod signum, aliquam ejus ideam; 器兵磨打 tà mō pīng ky, arma polire; 過經前門打 tà mên t'siên king koŭo, ante januam seu domum transire; 來起撈打 tà laô kí lâi, ex aquis extrahere. 掃打 ta sao, verrere; 掌打手拍 p'e cheòu tà tchang, manibus plaudere; 打相齒牙得凍 tong te yâ t'chì siāng tà, ex nimio frigore dentium tremor; 來首驢的你下打 tà hià nì tĭ liu cheou ləi, tuum caput asininum demetam; 點打 tà tien, annotare, item præparare, it tentare. v. g. 他點打賂賄些要 yāo sie hoèi loú tà tien t'ā, offerendum aliquid pecuniæ, ad eum prehensandum, captandum; 水打 tà choüi, haurire aquam; 酒打 tà tsioù, vinum emere vel ex vase haurire; 火打 tà hò, cibos parare; 火中了打 tà leaò tchong hò, paraverunt prandium, vel prandium sumpserunt; 舍劫家打 tà kiā kiĕ ché, deprædari, usurpare; 味野捕打 tà poŭ yĕ oüéi, venari; 獵射圍打 tà ouêi ché lă, idem; 手扶打 tà foū cheoù, aliquid parare quo manus fulciatur; 緊打不 poŭ tà kin, res est facilis; 緊不麼甚打却 k'iŏ tà chín mô poŭ kin, quæ tandem tanta est difficultas?

PARAGRAPHUS QUARTUS.

DE 一 YĔ.

Quam frequens diversusque sit hujus litteræ usus, ex sequentibus exemplis clarè patebit; 個一 y kó, unus, v. g. homo; 箇一 y kó, una res; 一第 tí y, primus; 二第 tí êll, secundus; 來一 y lâi, primo, 來二 êll lâi, secundo, &c. 定一 y ting, certe; 是定一了疑無他 y ting che t'a, vou y leaò, profecto ipse est, nullum est dubium; 定一子狀這了的告要 tche tchoang tsee y ting yao ko ti leao, ratum ac fixum est hanc litem persequi; 氣詭的們他是定一 y ting che ta men ti kouei ki, procul dubio est illorum fraus et dolus; 些一 y sie, tantillum; 毫一 y hao, idem; 點一 y tien, idem; 落下些一見不 pou kien y sie hia lo, nullam angulum videt quo se refugiat; 意主毫一有沒並 ping mo yeou y hao tchu y, nullum consilium capere valet; 的有沒是借假毫一 y hao kia tsie che mo you ti, nulla penitus fictio subest; 意實情眞點一有那 na yeou y tien tchin t'sing che y, habetne vel unum granum sinceræ amicitiæ, et bonæ voluntatis? 切一 y ts'ie, omnino: 都員官武文切一 y t'sie ven vou kouon youen tou, &c. omnes omnino mandarini simul congregati, &c; 備齊得備切一 y t'sie pi te t'si pi, omnia parata sunt; 一萬 van y, affirmat quidem, sed cum aliqua formidine; 語後應不言前一萬 van y ts'ien yen pou ing heou yu, valde timeo ut posteriora verba concordant prioribus; 着得訪一萬他問訪去處各 ko tch'u k'iu fang ven t'a, van y fang te tcho, undecumque explora, nihil magis volo quam ut aliquid certi referar; 得了麼怎手上得弄一萬 van y lóng te chang cheou, tseng mo leao te, si semel potuerit habere in manu, quid faciemus? Si nullum remaneret dubium, non diceret, 一萬 van y, sed 萬萬 van van, aut aliquid simile; 能不萬萬 van van pou neng, nullo modo fieri potest; 發一 y fa, nullo magis, magis adhuc, &c. 笑好得說發一 y fa choue te hao siao, id quod ais longe adhuc ineptius est, vel multo magis ridendum; 說胡發一你 ni y fa hou choue, adhuc magis deliras; 了好發一得做肯他是若 jo che t'a ke'ng tso te y fa hao leaò, si vult ipsemet rem curare, longe sane melius erit; 我恨要發一 y fã yao hen ngò, multo plus me oderit; 了得不看發一樣模的你 ni ti mou yang y fa k'an poŭ te leaò, tunc vultus multo minus potest aspici, v. g. irati hominis; 人是不發一你 ni y fa poŭ ché gîn, abi, multo minus virum te ostendis.

了奇發一這道驚着發一子天 t'iēn tseè y fă tchŏ king táo, tché y fă k'ī leaò, Imperator multo magis timens ait istud adhuc mirabilius est. Hæc verba, 面一 y mién, 邊一 y piēn; 頭一 y te'oû, bis poni debent; 想裡心面一酒歎面一 y mién in tsioù, y mién sin lì siang, bibens vinum simulque in suo corde cogitans, &c; 起不擡作頭低冒只面一說面一 y mién choüĕ, y mién, tchì koüàn tī te'oû tsó y poŭ k'ī, hæc dicens capite demisso salutabat nec audebat oculos tollere; 道問邊一酒食邊一 y piēn in tsioù, y piēn vén, táo, interea dum biberet vinum, simul inquirens, dixit, &c; 道想裡心頭一走頭一 y te'oû tseoù, y te'oû sin lì siang táo, incedens, simul intra se cogitans, dicebat, &c; 日半了吃又吃頭一說頭一人四 ssée gîn y te'oû choüĕ, y te'oû k'y yeóu kì leaò poüán gĕ, quatuor homines simul garriebant, simul que potabant, idque per dimidium diei.

Aliquando idem verbum iteratur interpositâ litterâ 一, maxime quando quid præcipitur; 訪一訪去你要先 siēn yaō nì k'iú fang y fang, prius oportet ut eas quæsitum quid rei sit; 瞧一瞧去不何如 jû hô poŭ k'iú tsiéou y tsiéou, cur non is ad videndum? 開掙你看一看眼 nì ts'ēng kāi yèn k'án y k'án, aperi oculos et vide; 談一談去過你請 tsing nì koüo k'iú t'ān y t'ān, te invitat ad colloquium; 正一反一 y fán y ching, modo inversus modo rectus; 下一上一 y chang y hià, nunc seorsum nunc deorsum; 往一來一 y lâi y ouang, eundo et redeundo; 磨一折一的弄 long tī y tche y mò, indignis modis tractavit; 一 y significat totum integrum; 夜一了坐的白白 pe pe tī tsó leaò y yé, per totam noctem sedens frustra expectavi; 眠無夜一 y yé voû mièn, totam noctem insomnem ducere; 來汗身一出嚇他替也我 ngò yé t'i t'ā hĕ tc'hoŭ y chin hán lâi, propter illum ita expavi, ut toto corpore sudor manaverit; 手動齊一們我 ngò mēn y t'sî tóng cheoù, omnes simul irruamus in illum; 了說都一一 y y toū choüĕ leaò, omnia dixit singillatim. 了罷教領一一 y y ling kiāo pá leaò, omnia tua jussa exequar; 一 y aliquando idem valet ac postquam, et tunc in altero phrasis membro sequitur tsieóu, v. g; 說一今如你了白明就我 nì jû kin y choüĕ, ngò tsieoú ming pe leaò, postquam ita locutus es, statim rem intellexi; 了道知就看一 y k'án tsioú tchī táo leaò, ubi videris, illico scies; 一他等就到 teng t'ā y tao tsioú, &c; expecta donec venerit, &c. Aliquot alias loquendi formulas subdo; 筋狗的你斷打去一 y k'iú, tà t'oüón nì tī keoù kin, si te semel arripio, frangam tuas caninas costas; 飽一了吃覺不 poŭ kiŏ, k'y leaò y paò, incogitanter seu

P 2

sensim, comedit ad saturitatem; 驚一了吃 k'y leaò y king, timore correptus est; 時霎一 y chă chè, in momento; 筆下一 y hià pǐ, uno calami ductu; 口一 y ke'où, uno ore; 生一 y seng, per totam vitam; 心一 y sin, ex toto corde; 萌一 y mêng, statim ac pullulare cæpit.

PARAGRAPHUS QUINTUS.

DE 來 LAI ET 去 K'IU.

來 lâi, significat proprie venire et 去 k'iú significat ire, pergere. Sed duarum istarum vocum usus tam multiplex est, ut distinctis punctis illum explicare mihi necesse sit.

1°. Sæpe junctim vel disjunctim ponuntur in eadem locutione; 去想來想 siang lâi siang k'iú, cogitando hinc et inde, seu animum in omnes partes versando; 去訪來訪 fang lâi, fang k'iú, omnibus modis investigare; 去說來說 choüě lâi, choüě k'iú, inter confabulandum &c.

Alter modus est: 來去裡那你 nì nà lì k'iú lâi, quonam vis pergere? vel unde venis? at sensus hoc loco, ut in multis aliis determinatur ex adjunctis; 來去你叫誰廝這你 nì tché ssēe, choûi nì k'iú lâi, vile caput quis te jussit ire?; 來去花看 k'án hōa k'iú lâi, eamus videre flores.

En etiam alter loquendi modus: 來茶理料去我了坐公相陪你兒我 ngò êll nì poêi siāng kōng tsó leaò, ngò k'iú leao lì tch'â lâi, fili, adesto et asside domino hospiti, interim dum ego ibo curare potionem *tch'â*; 見去了去得只 tchì te k'iú leao k'iú kién, necesse habuit ire ad videndum; notanda ista repetitio litteræ 去 k'iú.

2°. Imprimis locum habent hæ duæ voces, cum aliquid jubetur; 來拿 nâ lâi, cape, veni hoc est affer; 去拿 nâ kiú, aufer; 來起 k'ì lâi, surge; 來出 tch'oŭ lâi, profer, vel egredere huc; 去出 t'choŭ k'iú, exi, abi; 酒看 k'án tsioù, vel 來茶看 k'án t'châ lâi, affer vinum, vel *t'châ*; 來茶泡去 k'iú p'áo t'châ lâi, ito parare t'châ et affer; 來過拿我與 yù ngò nâ koüo lâi, mihi cape et affer ad me.

海上絲綢之路文獻集成　科技與文化编

3°. 年來 lâi niên, anno venturo; 年去 k'iú niên, anno præterito; 世來 lâi ché, venturum sæculum; 世去 kiú ché. exiit è sæculo, i. e. mortuus est; 來將 tsiāng lâi, deinceps aliquando. v. g; 路條這上要竟畢來將 tsiāng lâi pĭ king yāo chang tché t'iaô loú, tandem aliquando necesse erit hanc ingredi viam. Gall. *il faudra bien un jour y venir.*

4°. Interdum 來 lâi et 去 k'iú significant posse. v. g; 來不學 hiŏ poŭ lâi, non possum discere; 去不說 choüĕ poŭ kiú, dici non potest, vel non possum dicere; 來不買 mái poŭ lâi, non possum emere; 去不賣 mái poŭ k'iú, non possum vendere; 我我看你人衆來得應答裡那你看 tchóng gîn nì k'án ngò, ngò k'án nì, nà lì tă ing tĕ lâi, omnes se mutuo respiciebant, quis potuisset quicquam respondere? 來不子銀他弄 long t'ā in tseè poŭ lâi, illum argendo emungere non est possibile; 來不娶低到力氣千萬了費 feí leaò ván tsi'ēn k'ý lĭ, táo tĭ ts'ú poŭ lâi, omnes conatus adhibuit, nec tamen potuit illam in uxorem accipere, &c.

5°. 來 lâi sæpe jungitur cum litterâ 起 k'ì et respondet verbo incipere; 來拳起提 tў k'ì kuên lâi, cæpit pugnum attollere; 來筆起提 t'y k'ì pĭ lâi, penicillum sumens; 就他來起蹈足舞手 tā tsióu cheoù voù tsoŭ táo k'ì lâi, caepit manibus plaudere et pedibus tripudiare; 來起將哭 ko'ŭ tsiāng k'ì lâi, statim caepit flere et gemere; 來起怨埋 mâi yuné k'ì lâi, caepit diris devovere et execrari; 來起說 choüĕ k'ì lâi, vel 來起論 lún k'ì lâi, incipiendi loqui, vel discurrere: at haec locutio significat saepe, hoc igitur modo; 來起不想 siang poŭ k'ì lâi, in memoriam revocare non possum; 來起臉笑面滿 moùàn mién siáo lièn k'ì lâi, subito vultum hilarem ostendens renidere caepit; 來起笑手拍 p'ĕ cheoù siáo k'ì lâi, manibus plaudens ridere caepit; 來仗起打下兩 leang hià tà k'ì tchâng lâi bĭs elato baculo ferire caepit; 來起把 pà k'ì lâi, surgere, levare se; 來起列擺都 tōu pài lĕ k'ì lâi, omnia, (puta lantam supellectilem) depromere et ordinare caepit; 來起醒甦 sōu sing k'ì lâi, cum ad se rediisset, v. g. depulso vino; 來起說等這你照 tchâo nì tché teng choüĕ k'ì lâi, juxta id quod ait; 來鬼起弄又 yeóu long k'ì kouèi lâi, omnia rursum turbavit.

In hoc eodem sensu potest omitti litera 起 k'ì, v. g. 話不來說 choüe lâi poû tch'a, hoc revera ita est, non erravit; 理有是甚來說 choue lâi chin ché yeoù lì, quod ait valde est conforme rationi; 來看 k'an lâi, idem est ac 來說, nec multum differt à 你據來說 k'iú ni choue lai, juxta quod refers; 來道我聽且你 ni tsiè t'ing ngò tao lâi, audi nunc quæ dicturus sum.

6°. Non minus crebrò jungitur cum 出 t'chou proferre, exire, &c. 來出拿 na t'chou lai, extrahe et affer; 來出發 fa t'chŭ lai, proferre, etiam in sensu morali; 來火出惹恐 k'ong je t'chou ho lai, timeo ne tragædias excites; 來火出惹 ge t'chŏu ho lâi, infortunium accersivit; 來戲把出弄 long t'chŏu pá hi lai, tumultuari caepit et turbas ciere; 進忙來出服衣件兩尋去 mang tsin k'iu sin leang kien y fou tch'ŏu lai, festinanter intravit ut quaereret et extraheret vestes; 來麼甚出不說 choue pou tch'ŏu chin mo lai, ne os quidem aperire poterat; 來出他弄子法箇用我待 tai ngò yong kó fă tsee, long t'ā t'chu lâi, expecta, bene faciam inveniam modum faciendi ut exeat; 來物怪箇這出生 seng tchou tche ko kouai oue lâi, hoc monstrum in lucem edidit; 來病出生得不少 chao pou te seng tchou ping lâi, certissime in morbum incides; 的來出做裡肚是子文 vên tseè ché tóu lì tsó t'chŭ lai tĭ, haec compositio ex ventre meo, i. e. ex cerebro prodiit; 的來出惹家自我是事苦樣這 tche yang ko'u ssee che ngo tsee kiā, ge t'chu lai tĭ, hanc calamitatem ego ipsemet accersivi; 來相本出露 lou t'chu pen siang lai, se tandem detexit; 來脚馬出露 lou t'chu ma kio lai; 事了壞弄 long hoai leao ssee, personam posuit vel quod latebat aperuit, et sic negotium pessundedit.

7°. Jungitur item cum 原 yuên, vel 元 yuên. Exempla docebunt quo sensu tunc sumatur; 你是正來原誰是道只我 ngò tchi tao chi choui, yuên lâi tching ché nì, mecum dicebam quis est ille? atqui tu ipse eras; 起不想日白半了認顧只我教你是來原 yuên lâi ché ni, kiao ngò tchi kou gin leaò pouan ge, pe siang pou k'i, ô tu ipse eras, per mediam diem tentabam cognoscere, nec poteram; 人恩正眞是纔這來原 yuen lai tche ts'ai che tchin tching nghĕn gĭn, ô tandem iste est verus benefactor; 中命來原此如該原; yuên lái ming tchōng yuên kāi jû tseè, atqui hoc erat in meis fatis.

曲委多許有事此來原 yuên lâi t'seè ssée, yeoù hiù tō ouèi k'iǒu, in hoc negotio plurimi sunt nodi, ut video, satis implexi; 碎瑣多許有來原 yuên lâi yeoù hiù tō sò souí, video hic multas esse minutias; 你是就來元 yuên lâi tsióu ché nì, tu ergo ipse eras; 來從 t'sông lâi idem est ac 來原 yuên lâi, præsertim cum sequitur negatio, v. g; 的面見肯不來從 t'sông lâi poŭ k'èng kién mién tī, nullus unquam faciem ejus vidit; 理此無來原 yuên lâi voû t'seè lì, numquam fuit hæc ratio, hic mos. In hoc sensu potest omitti 來 lâi, v. g; 該不也原 yuên yè poŭ kāi, hoc quidem non debebat fieri; 你了虧原 yuên k'oūei leaò nì, vere tibi molestiam attuli; 人麼甚個是原你 nì yuên ché kó chín mò gîn? quis tandem es tu?

8°. Jungitur quoque cum aliis verbis; 合攏: 來攏合 hŏ lông lâi, adnuare, appropinquare vel approximare; 來攏走 tseoù lông lâi, propè accessit. Item 說胡來又 yeóu lâi hôu choüe, iterum venit inepta loqui; 了來又廝這 tché ssée yeóu lâi leaò, ecce iterum adest hoc vile caput; 來起我纏來又 yeóu lâi tch'ên ngò k'ì lâi, iterum mihi molestus esse incipis. Item 來裡家他到跑 p'âo táo t'ā kiā lì lâi, accurrit ad ejus domum; 去理府到跑 p'âo táo foù lì k'iú, accurrit in urbem. Item, 月來箇兩有 yeoù leang kó lâi yuĕ, sunt jam duo menses et amplius; 日來十了尋連一 y liên sin leaò che lâi ge, quæsivit per continuos decem dies et ultra; 日來至 tchí lâi ge, sequenti die; 頭來沒好你 nì haò mŏ lâi t'eoû, inepta nec cohærentia dices; 由來問不 poŭ vén lâi yeôu, non quaerere unde hoc venit; 歷來些有話說得聽 t'ing te choue hoá yeoù sie lâi lĭ, videns quod quae dicebantur, non erant sine fundamento; 明不歷來 lâi lĭ poŭ mîng, nescitur quis sit et unde sit; 去不出是只來得入易容 yông y ge te lâi, tchì ché t'chŏu poŭ k'iú, facilis ingressus, sed hinc exire, hoc opus, hic labor.

PARAGRAPHUS SEXTUS.

DE 道 TAO.

Loquor de *Táo* praecisè prout usurpatur in familiari sermone. Tunc fere semper significat loqui, et saepe jungitur cum choüe, v. g; 道說因 In choüe táo, ideo assumens sermonem ait; 道問因 In vén táo, petiit igitur ab eo et dixit; 字不箇道敢誰 chôui kàn táo kó poŭ tseé, quis auderet contradicere? Gall: *qui oseroit dire non*? 道喝 hŏ táo, iratus

Q 2

et vocem attollens ait: 道告 káo táo, illum admonens dixit; 道罵 má táo, maledicendo, dixit, &c.

Hæc littera juncta cum 你 nì, saepius interrogationem importat; 笑好不笑好道你 nì táo hào siáo poŭ hào siao, dic rogo, annon hoc risu dignum est? 奇不也奇道你 nì táo k'ĭ yè poŭ k'ĭ, dic ipse anne hoc mirabile est? 麼是得講我道你 nì táo ngò kiàng tĕ ché mô, dic, amabo, annon verum dicam, vel annon aequa postulem? Gall: *je vous le demande n' ai je pas raison?* 樣模生怎得喜道你 nì táo hì tĕ tsèng sēng moù yàng, an unquam vidisti tantâ laetitiâ exultantem? 好說一那是還道你 nì táo hoân ché nà y chouĕ hào, dic quaenam ex his sententiis videtur melior; 少多費也錢工便飾首樣這道你 nì táo tché yàng cheoù chĕ, pién kōng t'siên yè féi tō chào, dic, hujus calanticae vel solum artificium quanti constitit. In ejusmodi phrasibus, plerumque ponitur in principio id de quo agitur, ut hic 飾首 cheoù che, calantica quae est muliebre capitis ornamentum. Numquam hoc loco posuisset Europaeus 便 pién, et postea 也 yè, sed nativâ linguâ male utens, dixisset: ngò vén nì, tsó tché kó cheoù che, féi leaò tō chào kōng tsiên.

In eadem significatione reperitur 說 choue pro 道 táo v. g; 過不氣過得氣說你 nì choüe, k'ĭ te kouó k'ĭ poŭ kouó, tu ipse dicas velim, istud ne fieri potest? 他叫說你死氣不死氣 nì choue, kiáo t'ā k'ì sseè poŭ k'ĭ sseè, dic annon satis est ut crepet? Gall: *n'est ce pas assez pour le faire enrager?* 殺喜不殺喜他叫說你 nì choŭe kiáo t'ā hì chă poŭ hì chă, annon hoc faciet illum præ lætitiâ mori? 好的淡冷好的熱鬧是還說你 nì choŭe hoân ché náo je tĭ haò, leng tán ti haò, dic mihi, an melius est in negotio esse, an vero in otio? vel, uter tibi magis arridet, amicus calidus, an paulo frigidior?

Sæpe 道 táo jungitur cum 理 lì. Exempla sunt obvia; 理道何是 ché hô táo lì, quisnam agendi modus est iste? vel quid mihi narras? &c; 理道作再地彼到 táo pì tí, ts'âi tsó táo lì, cum erimus in hoc statu videbimus quid agendum sit. Vulgo 理道 tào lì, significat doctrinam.

道難 nân tào, propriè significat difficile dictu est. Sed in praxi servit interrogationi, et quam raro id accidit in nostris Europæis linguis, tam frequenter occurrit in lingua sinica; 了花睛眼我是道難 nân táo ché ngò yèn tsīng hoà leaò, an affusa est meis oculis caligo? Gall: *est-ce que j'aurois la berlue?* 實是就的聞耳你虛是就的聞耳我道難 nân táo ngò èll vên tĭ tsióu ché hiù, nì èll vên tĭ tsióu ché che, ea quæ his auribus audivi falsá sunt scilicet, tibi uni quæ dicuntur vera erunt; 有沒也鬼有沒便人道難 nân táo gîn pién mŏ yeoù, kouèi yè mŏ yeoù, quid nullus homo est, nullus ne etiam Spiritus? Id est, fieri ne potest ut nemo penitus domi sit? Nota pién 便 et deinde 也 yè ejusmodi particulae nos fugiunt, ideo quia de sermonis elegantia parum curamus; 我着想還道難 nân táo hoân siàng tchŏ ngò, an adhuc de me cogitaret? 道難 nân taó proprie exprimit hunc modum temporis, an vellet an cogitaret, faceret ne, &c; 人明聰箏這有上世道難 nân táo chí cháng yèou tché tèng ts'ōng mîng gîn, an posset esse in mundo vel unus ita ingeniosus? 弟小道難年同是不就 nân táo siaò tí tsióu poŭ ché t'ông niên, non fuerim credo tecum eodem anno promotus ad gradum doctoratus?

Optimi quique scriptores addunt in fine poŭ tch'îng 成不, ut exempla docebunt; 罷道難成不了 nân tào pá leaò poŭ tch'îng, vel 成不了罷箏這就道難 nân táo tsioú tché teng pá leaò poŭ tch'îng, an putas quod hoc sic abibit? 成不了忘道難你 nì nân táo oüâng leaò poŭ tch'îng, an illius te cæpit oblivio? 成不的假是道難 nân táo ché kià tĭ poŭ tch'îng, dices ne hoc esse confictum? 成不去進了飛他怕道難 nân táo p'á t'ā fēi leaò tsín ki'ú poŭ tch'îng, an times ne volando illuc intraverit? 成不去天上飛你怕道難 nân táo p'á nì fēi cháng ti'ēn k'iú poŭ tch'îng, an metuo ne volando te in cælum recipias 成不我打就道難 nân táo tsióu tà ngò poŭ tch'îng, an propterea debeo vapulare? 成不死餓眞當道難 nân táo táng tch'îng ngó sseè poŭ tch'îng, an ego continuo fame peream? 錯聽我是道難成不了 nân táo ché ngò t'îng tsó leaò poŭ tch'îng, an forte ego non bene audiverim? 道難成不去了拿都 nân táo tōu nâ leaò ki'ú poŭ tch'îng, an omnia convasavit? 我道難成不你哄 nân táo ngò hōng nì poŭ tch'îng, an vellem te decipere? 字二流風道難成不受用人面後我與餘地些一留不盡占人面前被都 nân táo fōng liôu éûll tsée, toū pí ts'iên mién gîn chén tsîn poŭ liêou y siè yû tí yù ngò heóu mién gîn cheóu yóng pou tch'îng, hanc phrasim attuli, quia cum sit satis longa, litteræ tamen ita sunt dispositæ ut nulla nascatur obscuritas: dono qui vere est fōng liêou 流風 is abhorret ab omni pravâ libidine, et se gerit sicut veteres illi equites, quos prædicant nostræ historiae antiquae, ***Romani*** dicti.

Istud 成不 pou tch'îng reperitur etsi non praecedat 道難 nân táo, v. g; 成不我了吃不莫 mŏ pou k'ĭ leaò ngò pou t'chîng, an me vivum comedet? 成不謊說非莫我 ngò mŏ fēi chouĕ hoang pou tch'îng, an ego tibi mentior? 成不狗打你打不 pou tà nì, tà keoù pou tch'îng, si non te verbero, an pro te verberabo canem?

PARAGRAPHUS SEPTIMUS

DE 見 KIEN.

Littera 見 kién, videre, tam bene convenit auribus &c. quam oculis, sicut apud Gallos *voir*, nonullis exemplis ejus usum ostendam.

見不看 k'án pou kién, non video; 見不聽 t'ing pou kién, non audio; 鬼見你 nì kién koüèi, tu somnias, vides defunctorum manes; 見得看 k'án tĕ kién, res est levis momenti; 利見 kién lì, attendere lucro; 見愚 yû kién, mea sententia; 見高 kāo kién, tua sententia; 見可 k'ò kién, videre licet; 教見事何有知不 pou tchī yeoù hô ssée kién kiao, nescio quid me velis? Urbanitatis est: ad verbum: nescio quid habeas negotii quod me doceas, vel potius a te docear. Sic 招見人大蒙 mông tá gîn kién tchāo, vestra dominatio dignata est me advocare; 蒙 mông, recipere; est etiam vox urbana; 番一教見請 t'sìng kién kiáo y fān, rogo te me doceas; 笑見要不位列 lie oüéi, pou yāo kién siáo, obsecro vos, risum teneatis. Sic urbanè dicitur quando nostra scripta coram litteratis legimus; 喜歡見不 pou kién hoan hì, nullum laetitiae signum dedit; 走該然自好不頭勢見 kién chí t'eôu pou haò, tsée jên kāi tsèou, quando quidem resistere non poteras, certe debebas fugere. Gallice: *voyant quil ny faisoit pas bon, il falloit gagner au pied;* 得見以何他問 vén t'ā hô y kién tĕ, pete ab eo cur sic ipsi videatur, seu quomodo istud probet; 得見不也 yè pou kién te, hoc est incertum, vel forte ita fiet, sed non audeo quicquam asserere. Hæc locutio ponitur in fine sicut et ista; 知可不也 yè pou k'ò tchī, res est incerta; 理有得說他見 kién t'ā chouĕ tĕ yeoù lì, videns quod non loquebatur sine ratione, &c.

PARAGRAPHUS OCTAVUS

DE 心 SIN

Sin est proprie pars illa corporis interior quae vocatur *cor*. Metaphorice sumitur pro animo, sive quatenus intelligit sive quatenus amat.

1°. 看細心留 lieôu sīn sí k'án, videre, vel legere cum attentione; 理論心平 p'îng sīn lûn lì, sine ullo pravo affectu, et tranquillo animo discurrere de aliqua re; 不自心小 tsée poŭ siaò sīn, non sibi satis attendit, vel curam et diligentiam non adhibet; 意着心小須 siū siaò sīn tchŏ y, oportet cautè procedere; 決是腸心的他的變改不 t'ā tĭ sīn tch'âng ché kuĕ poŭ kaì pién tĭ, ejus animus mutari nullatenus potest; 移不死至石鐵如心我 ngò sīn jû tiĕ chĕ, tchí sseè, poŭ y, meus animus est veluti ferrum et marmor, etsi mori oporteat non mutabitur; 頭心在放刻時 chê kĕ fáng tsái sīn t'eôu, semper id cogitat.

2°. 事有上心我 ngò sīn cháng yeoù ssée, sum in magna solicitudine animi; 心惱事件一有我 ngò yeoù y kién ssée naò sīn, habeo aliquid quod angit animum; 心掛夜日 gĕ yè koüá sīn, nocte ac die curis angitur; 樂不然必上心他 t'ā sin cháng pĭ gên poŭ lŏ, non dubium est quid id doleat; 悶納中心 sin tchōng nă mén est animo tristis; 切痛生好中心 sin tchong haò sēng t'óng ts'ie, valde est animo afflictus; 躇躊是甚下心 sin hiá chín ché tcheōu t'chû, valde irresolutus et consilii inops, vel in corde valde cogitat quid opus facto sit: tcheou t'chû est deliberare; 焦心等這須何 hô siū tché tèng sin tsiāo, cur ita tristis es? 割刀如心 sin jû tāo kŏ, perinde ac si gladius secaret ejus cor; 起上心從怒 néu t'sóng sin cháng k'ì, vel 起火頭心 sin t'eôu hò k'ì, cor iracundia exarsit.

3°. 了我絕拒心有他是明分 fēn mîng ché t'ā yeoù sin k'iù tsüe ngò leaò, clarum est quod habeat voluntatem me relinquendi; 了來人的上心你 nì sin cháng tĭ gîn lâi leaò, ecce advenit ille quem amas; 你愛分十上心他 t'ā sin cháng che fēn ngái nì, te deperit, toto corde te amat; 腸心的熱火 hò ge tĭ sin t'châng, cor ardens sicut ignis; 腸心的做鐵是道難 nân táo ché tiĕ tsó tĭ sin tch'âng, an ferreum pectus gerit? 的心負做可不 poŭ k'ò tsó foŭ sin ti, cave ne sis ingratus; 肝心的我 ngò tĭ sin kān, anime mi; amantis et blandientis vox; 膠如意心漆似情恩 nghēn ts'îng ssée t'si, y sin jû kiao, arcta necessitudine conjuncti; 交形在不投心在貴所 sò kouei tsái sin teoû, poŭ tsái hîng kiao, animorum unio, non corporum, plurimi facienda est; 頭心是不頭口 k'eôu t'eôu poŭ ché sin t'eôu, aliter loqui, aliter sentire.

4°. 癢的頭心着不搔 sāo poŭ tchŏ sin t'eôu ti yàng, nequeo illum scabere ubi cor prurit. Gall. *Je ne puis le gratter ou le cœur lui demange*; 撓難癢心 sin yàng nân nâo,

R 2

difficile est scabere cordis pruriginem; 情恩顧不子銀愛只情心的我 ngò tĭ sin t'sîng tchì ngái în tseè, poŭ kóu nghēn t'sîng, pecuniam unicè amo, nec de beneficiis curo; 機心少多了費 féi leaò tō chaò sin ky, quas machinas non excogitavit? 心費你勞 lâo nì féi sin, hunc laborem ne, quæso, suscipias; 心本的家自於出是 ché t'choŭ yū tsée kia ti pèn sin, est propria ejus voluntas, illum nemo coegit; 問自心撫 foù sin tsée vén, manum apponere cordi, seipsumque interrogare. Gall: *mettre la main sur la conscience*; 頭心着模去自人各 k'ò gîn tseè k'iú mŏ tchŏ sin t'eôu, omnes exibant cogitabundi manumque cordi apponentes; 酒下做來肝心他取 t'sù t'ā sin kān lâi tsó hià tsioù, avelle mihi cor ejus jecurque ut illa comedam, *que j'eu fasse un dejeune*; 心剖腹割要 yáo kŏ foŭ, pe'où sin, volo ventrem ejus aperire, et cor secare in partes; 心回他等 teng t'a hoêi sin, expecta donec redeat ad se; 心無淡冷 leng tán vôu sin, frigidum cor nihil amat, *insensible*; 友朋服心 sin foŭ p'ông yeoù, fidelis amicus; 的腹心知 tchī sin foŭ ti, amicus intimus; 這你得難心好片一 nân te nì tché y p'ién haò sin, difficile invenitur bonus animus sicut tu es; 處之愛相腹心到說正 t'chìng choüe táo sin foŭ siang ngái tchi tch'ú, incipiebant sermones teneros miscere; 事心些有 yeoù siē sin ssée, amat; 心願這 tché yuén sin, hoc votum; 願心的許幼自我是 ché ngò tsée yeoù hiù tĭ sin yuén, illud votum feci a puero; 心鳥面人 gîn mién niaò sin, vultus hominis, cor aviculæ. Gall: *volage, inconstant*.

PARAGRAPHUS NONUS,

DE 氣 K'I.

Hæc littera proprie scribi debet 气 k'i, et significat aerem, seu materiam subtilissimam quæ sub sensum non cadit nisi prius condensetur. Huic litteræ addita est altera 米 mì, quæ orizam significat. Itaque 氣 k'i, est propria tenuis vapor qui ex oriza fervente sursum ascendit. Quare 气 k'i, desiit esse in usu. Utrum autem a Sinis metaphorice usurpetur 氣 k'i, sicut apud nos *anima* et *spiritus*, ex exemplis colligetur.

1° De 氣 k'i, materialiter sumpto; 氣之暑寒 hân chù tchī k'i, frigus et calor, Intemperies vel aeris, vel humorum corruptio; 氣天 ti'ēn k'i, tempus v. g. 了煖氣天 ti'ēn k'i noüòn leaò, tempus est calidum; 雪落氣天 ti'ēn k'i lŏ suĕ, tempus quo cadit nix; 氣天更三有已 y ycoù sān kēng ti'ēn k'i, hora erat tertiæ vigiliæ noctis; 氣雲 yûn k'i, nubes; 氣風 fōng k'i, ventus; 氣春 t'chūn k'i, ver benignum; 氣秋 ts'ieōu k'i, autumnus gravis; 氣地 tí k'i, clima; 氣濕 chĕ k'i, humiditas; 氣潮 tch'âo k'i, idem; 氣臭 tch'éóu k'i, putor; 氣霉 moêi k'i, mucor; 氣元 yuên k'i, humor radicalis; 氣力 lĭ k'i, vires corporis; 氣血 huĕ k'i, sanguis et spiritus animales; 氣虛 k'i, hiū, debilis; 氣壯 k'i tchoáng, robustus; 氣霧 oú k'i, pruina, aer caliginosus; 力氣神精 tsīng chîn k'i lĭ, firma corporis constitutio; 色氣 k'i sĕ, vultus, v. g. in ægroto qualis sit: item physionomia; 氳氤氣花 hoā k'i in yūn, de suavi et occulto florum odore; 氣之魚鮑 paò yû tchi k'i, odor malus qualem exhalant pisces saliti; 毬氣 k'i k'ieoû, pila lusoria aere plena. Gallice, *ballon*; 得踢是最毬氣脚好 tsoúi ché tĭ tĕ haò kiŏ k'i ki'eoû, lusoria pila belle ludite; 息氣 k'i sĭ, respiratio; 來趕的吁吁氣人個一見只 tchì kién y kó gîn k'i hiū hiū tĭ kàn lâi, vidit hominem magno anhelitu se consequentem; 吁吁氣 anhelans, Gall *tout essouflé*.

2° 氣 k'i denotat affectus animi, maxime iram; 氣憤 fén k'i, ira; item 氣怒 noú k'i; item 氣忿 fén k'i; 氣着 tchŏ k'i; esse iratum; 氣重了着 tchŏ leaò tch'ông k'i, magna ira correptus fuit; 氣發 fă k'i, prodere suam iram; 氣出 tch'oŭ k'i, iram evomere; 氣之平不子肚一這出兒曲箇唱且 ts'iè tc'háng kó ki'oŭ êll, tcho'ŭ tché y toú tsèe poŭ p'îng tchī k'i, cane mihi unam cantilenam, ad placandum animum, vel ut ira, quæ me totum movet, tantisper ponat; 肚一 y toú, totus venter figura usitatissima, quâ usurpant continens pro contento, ventrem pro anima; 氣悶的皮肚一了受 chéou leaò y toú p'î tĭ mén k'i, tristitia implevit cor ejus; dicit 皮肚 toú p'i, ventris pellem, ut sic exprimat extentionem tristitiæ quâ venter veluti distenditur; 了破氣也子肚把人教 kiaó gîn pà toú tseè yè k'i p'ó leaò, adigis me ita ut ex ira crepem, vel, ira me rumpi facies. Gall. *c'est me faire crever de depit*; 氣淘 t'aô k'i, movere rixas, bilem excitare; 氣漚場一了淘 taô leaò y tch'âng ngheōu k'i, Gallice. *il a falla essuyer sa mauvaise humeur*; 氣漚 ngheōu k'i, hoc me macerat; 氣厭 yēn k'i, hoc indignationem movet; 氣嘔的他受要還 hoân yāo chéou t'ā tĭ ngheōu k'i, adhuc oportet ferre ejus ineptias, ineptamque ejus indolem, ejus injurias, &c; 消不氣 k'i poŭ siāo, ira nondum posuit, quievit, iram non concoxit;

氣閑爭 tsēng hién k'í, sine causa irasci; 氣閒惹莫他叫 kiáo t'ā mó gè hién k'í, suade illi ne frustra iram excitet, in rè quæ ad ipsum nihil attinet; 惱氣要不 poū yāo k'í nào, noli, quæso, irasci; 氣合他與 yù t'ā hŏ k'í, rixari cum alio; 昏發的氣 k'í tĭ fă hoēn, præ ira non est apud se; 的 ti pro 得 tĕ; 聲吞氣忍 gìn k'í t'ūn chīng, vel 氣吞聲忍 gìn chīng t'ūn k'í, patienter ferre, iram comprimere; 人死氣 k'í sseè gìn, adigere ad insaniam, ad mortem, Gall. *faire enrager*; 死氣的活活不他怕不 poū p'á t'ā poū hoüō hoüō ti k'í sseè, non timeas ne ex ira et mærore vivus moriatur. Gall. *surement il mourra de chagrin*; 死氣生氣 k'í sēng k'í sseè, magna ira corripi; 氣斷 touón k'í, mori; 了斷已氣 k'í y touón leaò, jam mortuus est.

3°. 氣 k'í, metaphorice sumitur; 氣義 y k'í, zelus pro justitia; 氣福 felicitas; 氣和 hó k'í, pacificus; 氣傲 ngáo k'í, superbia. Gall. *fierté*; 氣大 tá k'í, magnanimus; 氣小 siaò k'í, pusillanimus, cor arctum; 氣正 tchíng k'í, animus rectus, homo cui fidere possumus; 氣豪 haó k'í, animi fortitudo ac robus, Gall. *un homme courageux*; 夢雲吞氣 k'í t'ūn yûn móng, deglutiret mare integrum. Apud nos, malum sensum habet hæc metaphora; non item apud sinas: 夢雲 yûn móng, est maximus lacus vulgo dictus 湖庭洞 tóng t'îng hôu; 氣有是弟小 siaò ti ché yoù k'í, ego sum firmus et constans; 氣迷 mî k'í, stupidus; 氣瘋 stultus; 氣精 tsīng k'í, vividus et acer, Gall. *vif agissant*; 氣筆 pi k'í, de compositione eleganti, Gall. *lair le style*; 象氣 k'í siang, Gall. *lair, les manières*, v. g; 象氣之人聖 chīng gîn tchī k'í siáng, hoc habet speciem sancti, vel, ita se gerit sanctus.

4°. Sinæ dicunt 氣靈 lîng k'í, intelligens anima; 氣神 chîn k'í, spiritualis anima; 氣志 tchí k'í, animus consilii tenax; 氣知 tchī k'í, cognoscens anima. Utrum porro hæ voces non possint tam bene designare animam hominis, quam illæ duæ litterae; 魂靈 lîng hoên, quibus utuntur christiani sinae, judicent alii.

PARAGRAPHUS DECIMUS.

DE 口 K'EOU.

口 ke'où, os hominis. Non minus late patet haec littera quam 氣 k'í paragraphi superioris; 他罵口破該不 poū kāi p'ó k'eoù má t'ā, non oportebat illum tot maledictis petere; 口角他與 yù t'ā kiŏ k'eoù, vel 口講 kiàng k'eoù, vel 口廝 si koeù, vel 口各 kŏ k'eoù, verbis injuriosis aliquem afficere. Gall. *quereller*; 口其稱 k'iên k'í k'eoù, os ipsi linguario claudere : 箝 k'iên, significat fraenum; 爭厮口交 kiāo k'eoù t'sè tsēng, invicem altercari, v. g. de pretio alicujus rei ; 舌口非是 ché fēi k'eoù chĕ, verborum contentiones ; 吃口 k'eoù k'ĭ ; balbus, linguâ impeditus ; 口簧 hoàng k'eoù, blandus deceptor; Gall. *un enjoleur* ; 口佞 níng k'eoù, adulator ; 口利 lí k'eoù, maledicus mordax; 口毒 toŭ k'eoù, os venenatum; 口長 t'châng ke'où, garrulus; 口多 tō ke'où, loquacior; 滑口 ke'où hoă, os lubricum ; 非是出引滑口家子哇怕只 tchì p'á oüā tseè kiā, ke'où hoă īn tch'oŭ ché fēi, timeo, ut puer est, ne aliquid effutiat, unde jurgia nascantur ; 口了走 tseoù leaò ke'où, garrivit, secretum non tenuit; 了口多我是 ché ngò tō ke'où leaò, nimium fui loquax; Gall. *j'ai eu trop de langue* ; 兒小口黄 hoâng ke'où siaò êll, parvulus puer, Gallice, *un bel jeune* ; 才口有 yeoù ke'où ts'âi, esse disertum, expeditè loqui ; 臭口 ke'où t'cheóu, fædum os, olens halitus ; 口漱 seóu ke'où, os abluere. Gall. *se rincer la bouche*; 口檀 t'ân k'eoù, os suave olens; 口禁 kín ke'ou, ori imperare, quando ægrotas, nihil manducare quod noceat ; 乾口 k'àn kōu, vel 渴口 ke'où k'ŏ, sitire, os siccum habere ; 口上不吃 k'ĭ poŭ cháng ke'ou, non posse manducare, præ nauseâ ; 了乾口一 y ke'ou kān leaò, uno haustu siccavit ; *il la avale d'un trait* ; 口一了呷 hiă leaò y ke'ou, accepit unum haustum, Gall. *une gorgee* ; 汁湯口幾了呷 hiă leaò k ī ke'ou t'āng tchĕ, sumpsit aliquot haustus jusculi ; 口吐 t'ôu ke'ou, mentem aperire ; 氣口這了出 tc'hoŭ leaò tchè ke'ou k'ĭ, cum hunc aditum dedisset, vel alio sensu, cum iram evomuisset ; 氣口的他看 k'án t'ā tĭ ke'ou k'ĭ, videndum quod loquatur, aut quid intendat ; 氣惡口這得消怎 tsēng siāo tĕ tché ke'ou ngŏ k'ĭ, quomodo posset hæc patienter ferre, Gall. *le moyen d'avaler et de digerer cela?* 道氣口一了嘆 t'án leaò y ke'ou k'ĭ táo, suspirans, dixit, &c ; 口隨 souî ke'ou, vel 口信 sin ke'ou, loqui ex tempore, sine præparatione ; 他了吞氣口一得不恨 hén poŭ tĕ y ke'ou k'ĭ t'ūn leaò t'ā, vellet illum unico oris hiatu deglutire ; 口充不食身遮不衣 y poŭ tchē chīn, chĕ poŭ tch'ōng ke'ou, in extrema est necessitate ; ad verbum : nec vestem habet qua tegat corpus, nec cibum quo os impleat; 然了自心我說不雖口他 t'ā ke'ou souī poŭ choüĕ, ngò sīn tseè leaò gên, etsi nihil dixerit, ego tamen bene intelligo ; 口虎於落 lŏ yû hoù ke'ou, est intra dentes tigridis, i. e. in periculum incidit ; 息氣無全鼻口 ke'ou pí ts'uên voû k'ĭ sĭ, nullum dat vitæ signum, efflavit animam ; 遊口一有只裡這在兒氣 tchì yeou y ke'ou yeou k'ĭ êll tsái, tché lì, tantum restat parvus halitus errans circa labia. Gallice, *n'avoir plus qu'un souffle de vie*; 令眞詩其讀香俱舌口人 toŭ k'ī chī, tchīn lîng gîn ke'ou che kiū hiāng, sola carminum ejus lectio totum os suavissimo perfundit odore. Gall. *embaume la bouche*; 得不合口了開 k'āi leaò ke'ou hŏ poŭ te, ore hiante et aperto remansit; 得不語言呆口睜目 moŭ tsēng ke'ou ngai, yên yu poŭ te, remansit apertis oculis, et ore hianti nec ullum verbum proferre poterat; 言無口有 yeou ke'ou voû yên, non audebat loqui; 心無口有 yeou ke'ou voû sīn, tu me verbis deludis; 舌口多許費徒 t'ôu féi hiu to ke'ou che, quam multa verba frustra perdidit! 言狂口誇 k'oūa ke'ou k'ouâng yên, verba jactantiæ et stultitiæ plena; 口大了誇 k'oūa leaò tá ke'ou, se inepte jactare; 道喝大裡口 ke'ou lì tá hŏ táo, magna voce clamans, dixit, &c; 疾道聲喝詞有念念中口 ke'ou tchong nién nién yeou ts'eê, hŏ ching táo tsĭ, incantamento ore immurmurans, elata voce, dixit, cito, &c. (Agitur ibi de magno incantatore); 強口還倘 chàng hoân ke'ou ki'àng, adhuc garrire vis, Gall. *tu raisonnes encore*? 口牲 sēng ke'ou, vel 口頭 te'ôu ke'ou, unum jumentum; 口頭了騎 k'î leaò te'ôu ke'ou, ascenderat jumentum, Gallice, *une monture*; 口海 hài ke'ou, fretum; 口山 chan ke'ou, montium fauces; 口湖 hoû ke'ou, os lacûs; 岸口大 tá ke'ou ngán, magnum emporium; 家口八 pa ke'ou kia, domus hominum octo, Gall. *de huit bouches*; 開不縫口 ke'ou fûng poŭ kai, nulla est rima; 口路字十 chĕ tsée loû ke'ou, quadrivium, Gall. *un carrefour*; 木棺口一 y ke'ou koūan mŏu, una sandapila; 猪口一 y ke'ou tchū, unus porcus; 鍋口一 y ke'ou ko, sartago, Gall. *poele a frire*; 瓦口幾 kì ke'ou oūà, aliquot tegulæ, &c.

PARAGRAPHUS UNDECIMUS

DE 手 CHEOU.

手 cheou, manus; 額加手以 y cheou kia nghe, manum fronti apponere; 俯手兩地在伏 leang cheou fou foŭ tsái ti, manibus innitens prosternit se usque ad terram; 跡筆手親 ts'in cheou pi tsi, litteræ propriâ manu excavatæ; 筆手的人女個一是 ché y kó niu gîn ti cheou pi, hoc a femina scriptum. Gall. *c'est une ecriture de femme*;

手親付交要 yāo kiáo fóu ts'īn cheoù, oportet hoc tradere in manum propriam; 頭手在不却 kiŏ poŭ tsái cheoù te'ôu, non habeo præ manibus; 手匹 pĭ cheoù, de manu in manum; 兒手的白雪雙一 y choāng suĕ pĕ tĭ cheoù êll, manus nive candidiores; 帕手 cheoù pá, sudarium, Gall. *mouchoir*; 去同手着拉手他與 yù t'ā cheoù lă tchŏ cheoù t'ông k'iú, cum illo junctis simul manibus abiit; 去而手分 fēn cheoù, êll k'iú, dimisit ejus manum, abiitque; 跌一步一手着挽手 cheoù oüàn tchŏ cheoù y póu y tiĕ, manibus invicem se trahentes, cadebant ad singulos passus; 手的我了着汚 oú tchŏ leaò ngò tĭ cheoù, inquinavit meas manus; 手我了氷 pīng leaò ngò cheoù, manus mihi glacie frigidiores reddidit; 手放肯不 poŭ k'èng fáng cheoù, non vult desistere; 成而手唾管包 pao koüan t'ó cheoù êll tc'hîng, spondeo (me) rem cito et facile absolutum iri, Gall. *dans un tour de main;* 手砲 p'aó cheoù, is qui tormenta explodit, Gall. *un canonnier*; 手水 choui cheoù, nauta, Gall. *un matelot*; 手書 chū cheoù, scriba, amanuensis; 手賣 mái cheoù, mercator; 高手 cheou kao, est valde habilis; 手老 laò cheou, peritissimus; 段手 cheou touon, habilitas; 一得做線針好手 tsó tĕ y cheou haò tchīn seen, optime scit acu laborare; 手幫了有日今 kīn jĕ yeoù leaò pang cheou, nunc habeo qui me adjuvet; 手幫得來 lái te pang cheou, venit ad adjuvandum; 脚手弄便不 poŭ pién long cheou kiŏ, non est locus strophæ et dolis; 脚手了慌家大 tá kia hoang leaò cheou kiŏ, omnes adeo turbati sunt, ut nullam technam reperire potuerint; 手下 hiá cheou, incipere opus, aliquid aggredi; 下手 cheou hiá, ab aliquo pendere, Gall. *être sous quelqu'un;* 弟子手游班一 y pan yeou cheou tseè tí, otiosorum juvenum turba; 手後 heóu cheou, furtum clam factum; 厮手 cheou sseē, latrinæ; 手淨 ts'íng cheou, vel 手解 kiaì cheou, alvum deponere.

PARAGRAPHUS DUODECIMUS.

DE 大 TA.

小小大大 tá tá siaò siaò, omnes magni et pusilli; 話大 tá hóa, magnifica verba; 胆大 tá t'ân, magna audacia; 化造的大天 ti'ēn tá tĭ tsaò hóa, optima fortuna, maxima felicitas, velut cælum; 大胖 po'ūân tá, crassus et magnus; 尙和大 tá hó cháng, primarius bonzius; 路大馬官 koūan mà tá lóu, latum iter seu via regia quâ transeunt mandarini, et equites. Gall. *grand chemin*; 大老 laò tá, vel 官老大 tá laò koūon, sic appellant primum seu majorem natu inter fratres; 悲傷徒大老 laò tá t'ôu chang pei, senex frustra luget præteritos annos; 爺大 tá yê, sic vocatur urbis gubernator; 步踏大 tá tă pou, cito et magnis passibus; 房大 tá fâng, legitima uxor; 緊要大不 pou tá yao kin, facile est, vel non adeo necesse; 帝皇行大 tá hîng hoâng tí, defunctus Imperator; 便大 tá pién, vel 恭大 tá kong, ventrem exonerare, &c.

PARAGRAPHUS TREDECIMUS.

DE 好 HAO.

Nulla forte littera sæpius occurrit. Hic selectiores tantum ejus usus subjicio; 好是少多 tō chaò ché haò, quanto satius? 好是生怎 tsèng seng ché haò, quid ergo faciendum? 好甚等這 tché tèng chín haò, hic modus est optimus; 是只好是便好 haò pién ché haò tchì ché, bene quidem est at enim &c; 好去裡那想思 ssē siàng nà lì k'iú haò, cogitabat quo se potius reciperet; 好不得弄越事這 tché ssée yuĕ long tĕ poŭ haò, hoc negotium est in statu longe pejori; 好不也我好不也你 nì yè poŭ haò ngò yè poŭ haò, istud nos ambo perderet; 裡這在怪妖有了好不 poŭ haò leaò yeoù yāo kouái tsái tché lì, perii sunt hic lemures; 怎子君文斯是你事人小這行好麽 nì ché ssēe vên kiūn tseè, tsèng mó haò hîng tché siaò gîn ssée? tu vir urbanus es et honoratus, quomodo potes facere ista quæ vilis nebulo vix faceret; 了好加愈 yù kiā haò leaò! Sic multo melius erit; 麽好知可憐見肯若 jŏ k'êng kién liên, k'o tchī haò mó, si vellet mei miserescere bonum profecto esset. Nota in hâc phrasi. 1°. Littera *mo* non interrogat. 2°. littera 見 kién majorem habet gratiam quam si diceretur 憐可 ko liên, vel etiam 見憐可 k'o liên kién, 3°. dicitur quoque 好是知可 k'o tchī ché hao, perspicuum est quod esset bonum; 笑好等這見曾不 poŭ tsēng kién tché teng hao siaó, nihil unquam, vidi tam ridiculum; 看好 hao k'an, pulchrum visu; 相看好不 poŭ hao k'án siāng, habet tristem speciem, vel generatim indecorum est; 吃好 haò k'ī, optimi saporis, Gall. *bon à manger*; 話說好今如 joû kīn haò choüĕ hoá, potest nunc res proponi, Gall. *il fait bon parler*; 飯吃好今如 jû kin haò k'i fán, nunc hora est prandii; 的惹好是不子性我 ngò síng tseè poŭ ché haò gè tĭ, ita sum a natura, ut me irritare tutum non sit.

麽好 haò mó, quomodo vales; 些好 haò sie, paulo melius; 好得不 poŭ tĕ haò, non possum convalescere; 了好 haò leaò, convalui; 了好病 píng haò leaò, ex morbo sanatus; 死餓不豈飯茶了斷若人個一好好 haò haò y kó gîn, jŏ toüòn leaò t'châ fán, k'é poŭ ngó ssèe? homini recte valenti, tolle cibum et potum, nonne fame peribit? Nota discrimen utriusque linguæ, in modo quo disponuntur voces; 了好是還般一命性 hoân ché haò leaò síng míng y poüān, perinde ac si vitam tibi servasset; 思意好不 poŭ haò y ssēe, vix poterat aliter fieri. Istud 思意 y ssee, hunc habet sensum. v. g. 思意些有 yeou sie y ssee, satis belle, v. g. dixit, vel fecit; 意好是不 poŭ ché hao y, non habet bonam intentionem; 好恰 k'iă haò, commode, ex tempore, Gallice, *justement, juste, a point nomme*; 好恰此如 jû tseè ki'ă hao, hoc modo sane ex sententia; 漢好條一 y ti'âo haò hán, fortis ac validus. Gall. *un brave*; 好也 yè hao, transeat, utique, Gall. *passe*; 話好 hao hoá, bona verba, vel sensu contrario et ironice, præclara narras scilicet! *Tu nous en coutes de belles*; 好美 mèi hao, pulchrum et bonum, perfectiones; 歹好 haò tài, determinatè, Gall. *a quelque prix que ce soit*; 來歹好你走走 nì hao tài lâi tseoù tseoù, volo absolute ut ad me venias; 的好好 hao hao tĭ, ne propera, paulatim, Gall. *doucement*, vel noli quæso irasci, vel noli te macerare, vel quod commodo tuo fiat, vel bona valetudine fruitur. Ne tamen putes ex multiplici unius locutionis sensu sermonem sinicum obscurum esse: sensus quippe ex adjunctis clare cognoscitur; 趣沒生好 hao sēng mŏ t'sú, se deridendum præbuit. Istud 生好 hao seng, auget rem; 放生好下不心 hao seng fang sin pou hia, nullo pacto possum animo conquiescere.

貨好 hao hó, divitiarum amans; 色好 haò sĕ, voluptati deditus; 勇好 haò yong, bellicosus, qui amat videri fortis; 酒好 hao t'sioù, vini potator; 玩好 haò oüan, nugator, Gall. *badin.*

PARAGRAPHUS DECIMUS QUARTUS.

DE 待 TAI.

1°. Significat expectare; 你不走待怎的 nì poŭ tseoù, tái tsèng tĭ, non te proripis, quid expectas? 待我問他 tái ngò vén t'ā, expecta donec illum interrogem; 待我費些苦心 tái ngò féi siē k'où sīn, necesse erit ut aliquem conatum adhibeam; 待我回覆他 tái ngo hoêi fou t'ā, expecta dum ei responsum dedero.

2°. Significat tractare; 早晚伏待 tsao oŭan fou tái, mane et sero humiliter servire; 管待 kouàn tái, bene tractare, v. g. 少不得安排些甚麼管待也 chao pou tĕ ngān pâi sie chín mó, kouàn tái t'ā, necesse est aliquid parare ad illum bene excipiendum; 我將好意待他他反無禮待我 ngo siang hao y tái t'ā, t'ā fán voŭ li tái ngo, illum bono animo recte tractavi, et ille me contempsit, inurbaniter habuit; 相待 siāng tái, sese mutuo bene tractare; 優禮相待 yeou li siang tái, in congressu tractare aliquem honorificentius quam ejus conditio exigit; 有福之人人服待無福之人服待人 yeoù fou tchi gîn, gîn fou tái, voû fou tchi gîn, fou tái gîn, is cui fortuna favet, habet servos cui vero non favet, servus esse cogitur.

3°. 待 tái jungitur cum 要 yāo, et satis difficile est divinare quid tunc significet; 欲待要不去我欲待要去 yŏ tái yāo poŭ k'iú ngò yŏ tái yāo k'iú. Si volo ire, si autem volo non ire. Quid ad hunc sensum addant duæ litteræ 待要 tái yāo, nondum scio. Sic 你待要上天我就隨着上天 nì tái yāo chang ti'ēn, ngo tsiou soui tchŏ cháng ti'en, si ascendas in cælum, ego statim sequar et tecum ascendam (in cælum); 你待要探海我就隨着探海 nì tái yāo t'ān hài ngò tsioú soûi tcho t'ān hài, si te projicis in mare, ego me quoque tecum projiciam.

4°. Forte significat *cum vel quando*, ut ex sequentibus exemplis magis patebit; 却待要走 k'iŏ tái yāo tseoù, &c, sed cum vellet fugere &c; 却待出門 kiŏ tái tch'ōu mên, in ipso tempore quomodo exibat; 我待睡些兒 ngo tái chúi sie eûl, vix somnum capiebam, cum &c; 我待要說來又打我也 ngò tái yāo chouĕ lâi yeoú tà ngo yè, si quando volo loqui, statim me verberat. In 3°. n°. potest esse idem sensus.

5°. Jungitur cum 吃 k'i, manducare; 懶待吃 lán tái k'ĭ, cibos non appeto; Gall. *n' avoir pas d'appetit*; 我心裡本不待吃 ngo sīn lì pèn poŭ tái k'i, vel nondum esurio. Si quis dicat quod 待吃 significet expectare cibum, non repugnabo.

6°. 去裡那走待師的我了殺你 nì chă leaò ngò tĭ sēe, tái tseoù nà lì k'iú, magistrum meum occidisti, quo tandem vis effugere? 來待去我 ngò k'iú tái lâi, ego abeo, en adsum &c.

PARAGRAPHUS QUINTUS DECIMUS.

DE 敢 KAN.

1°. 敢 kàn significat proprie audere; 當阻來敢人誰 chôui gîn kàn lâi tsoù táng, quis audeat impedimentum afferre? 葷食敢不 poŭ kàn chĕ hoēn, jejuno, non ausim ista manducare: per 葷 hoēn intellige, cæpe, allia, carnem quoque et pisces &c quæ secta *Foe* manducare vetat; 聲則敢不 poŭ kàn tsĕ chīng, mutire non audet; 、、不也子鼻嗅一嗅輕 pí tsè yè poŭ kàn king hioú y hioú, animam naso ducere ne quidem audet, Gall. *il n'ose pas souffler*; 麽說敢是可話句一有 yeoù y kū hoá, k'ò chí kàn choüĕ mò, habeo unum verbum, licet ne loqui; nos non uteremur illo 是可 k'ò chí, posset quoque dici 麽的得說是可 k'ò chí chuĕ tĕ tĭ mò.

2°. Sæpissime 敢 idem est ac puto, sic existimo, mihi videtur, &c; 生王是敢 kàn chí oüâng sēng, puto quod sit *Ouang seng*, Gall. *je pense que c'est le jeune ouang*; 他是就敢 kàn tsióu ché t'ā, ni fallor ipsus est; 也來哥哥是敢着望遠遠 yuén yuén oüáng tchŏ, kàn ché kō kō lâi yè, aspiciens a longe, videtur mihi quod ille qui venit est meus frater; 了拖猫野被敢 kàn pí yè mâo t'ō leaò, felis agrestis illum forte arripuit; 有是敢鬚髭些 kàn ché yeoù siē t'sée sū, habet, ni fallor, paululum barbæ; 我哄你是敢 kàn ché nì hông ngò, puto quod imponas mihi; 了認错敢你 nì kàn t'só gîn leaò, forte non bene noveris; 麽饑敢你 nì kàn kī mò, videris mihi esurire, Gall. *n'auriez vous point faim*? 了饑肚是敢 kàn ché tóu kī leaò, fame, ni fallor, premeris; 間時一子娃娃養要是敢來起疼肚就 y chî kien tsioú tóu t'óng k'ì lâi, kàn ché yāo yàng oüá oüá tseè, derepente doluit venter, puto quod velit parere. Nota 間時一 y chî kiēn, derepente, et 娃娃養 yàng oüá oüá, filiolum in lucem edere; 與日昨我了惱是敢你笑取你 ngò tsŏ gĕ yû nì t'sù siáo, nì kàn ché naò leaò, heri tecum per jocum loquebar, credo quod mihi sis iratus; 夥入上山來也私家拾収後隨怕敢 kàn p'á soûi heóu cheōu chĕ kiā sēe, yè lâi chān chàng gĕ hò, brevi ut arbitror res domesticas componet, seu, vása colliget, atque hunc montem ascendens in nostrum gregem se recipiet;

也到晚早在只也怕敢 kàn p'á yè tchì tsái tsaò oüàn táo yè, his diebus, vel mane, vel sero, ut opinor adveniet; 也來待敢晚早這 tché tsaò oüàn kàn tái lâi yè, credo quod hodie venturus sit.

3°. Sunt et alii modi quibus idem iste sensus exprimitur. 1°. 管多 tō koüàn, v. g. 管多旬五至及未 tō koüàn ouéi kĭ tchĭ où sūn, vel 旬五及未是管多 tō koüàn ché ouéi kĭ où sūn, nondum, ut puto, annos quinquaginta attigit. Sic dicitur: 他是敢多 tō kàn ché t'ā, non dubito quin ipse sit. 2°. 情管 koüàn t'sîng, v. g. 到先你比情管 koüàn t'sîng pì nì sien táo, puto quod prius perveniet quam tu; 了好就情管 koüàn t'sîng tsioú haò leaò, arbitror quod res statim erit in vado, vel confido quod cito citius convalesces; 有沒兒事些一情管 koüàn t'sîng y siē ssée eûll mŏ yeoù, hoc pacto mihi videtur nihil esse timendum. 3°. 怕 p'á, v. g. 起未是此怕只 tchì p'á t'seè chì ouéi kì, puto quod hâc horâ nondum è lecto surrexerit; 好不怕恐 k'òng p'á poŭ haò, non videtur bonum es.

Facile esset plures adhuc litteras eodem modo exponere. Sed quæ dixi sufficiunt ad dandum aliquod specimen; præsertim cùm lingua sinica sit tam locuples ut nequeat exhauriri. Particulæ de quibus postea tractabo, novum et majus studium postulant.

ARTICULUS SECUNDUS.

DE PARTICULIS

in sermone adhiberi solitis.

Hic articulus nimium excresceret, si vellem singillatim notare bene multa quæ unusquisque tum per seipsum, tum ab amanuensi sinico leviter adjutus, facile poterit cognoscere. Sicque non modo in singulis paragraphis, sed etiam in quolibet cujusque paragraphi numero mecum colliget quamplurimos loquendi modos, quos diligenter imitabitur, si recte loqui desiderat.

Igitur in omnibus exemplis quæ toto hoc articulo proferam, notabis litteras omnes, seu particulas, quæ nobis viris Europæis in mentem venire non solent, ut sic paulatim discas loqui sinice. Frustra enim recte pronuntiabis omnes accentus, si sinicis loquendi modis non uteris. Sed si sermo tuus sinicus est, et côntra sinicos accentus aliquid pecces, apparebit quidem te esse hominem exterum, Sinæ tamen satis facile mentem tuam intelligent.

PARAGRAPHUS PRIMUS

DE PARTICULIS NEGATIVIS.

1°. Sit 没 mǒ, quæ differt à 莫 mó, ut patebit infra; 没 mǒ, fere semper subaudit 有 yeoù, v. g. 柄巴没 mǒ pā píng, idem est ac mǒ yeoù pā píng, nullum est fundamentum, nihil est quod apprehendas; 何奈没 mǒ nái hô, non potest aliter fieri; 法没得弄 lóng tĕ mo fă, tam male habitus est, ut quo se vertat ignoret; 味意毫一没 mǒ y hâo y oúei, nullus erat sensus, nullus sapor, nulla mica salis; 緒頭箇没 mo kó te'oû sú, nullus ordo, nulla series, Gall. *ni pied ni tête*; 趣没塲一了受 cheóu leaò y t'châng mǒ t'sú, exsibilatus est, *il fut sifflé*; 閒不日一没 moŭ y gĕ poŭ hiên, semper vacat, continuo fruitur otio; 腦没頭没 mo te'oû, mo naò, sine capite sine cerebro; 没上身穿得 chīn chàng mo tĕ tcho'ūēn, nihil habet quo se vestiat; 吃得没裡口 ke'où lì mǒ tĕ k'ĭ, nihil habet quod manducet.

2°. 不 poŭ, cujus pauca exempla dabo, quia nimis crebro occurrit; 肯不 poŭ k'èng, non vult; 消不 poŭ siāo, non necesse est; 怕不 poŭ p'á, noli timere; 了好不 poŭ haò leaò, male se res habuit; 人的你是不愁不 poŭ tse'oû poŭ chí nì tĭ gîn, ne sis sollicitus, effugere non poterit, erit tua.

3°. 休 hieōu, v. g. 要休 hieōu yāo, idem ac 要不 pou yāo, noli; 的我哥哥了忘要休語言 kō kō, ngò tĭ yên yù hieōu yāo váng leaò, frater cave ne obliviscaris verba mea; 怪休 hieōu koüái, ne mireris; 話這說休 hieou choüĕ tché hoá, ne quæso hæc dicas; 了走他教休 hieōu kiáo t'ā tseoù leaò, cave ne se det in fugam, *ne se loissen pas echapper*; 見看他教休 hieōu kiáo t'ā k'án kién, non oportet illi ostendere, cave ne videat; 語是不言是要休 hieou yāo ché yên poŭ ché yù, vide ut stes promissis et eadem constanter loquaris; 他理要休料材是不他 t'ā poŭ ché tsâi leaò, hieou yāo lì t'ā, ineptus est, noli de eo curare.

4°. 别 piĕ eodem plane sensu dicitur ac 休 hieōu; 着信要别 piĕ yāo sín tchŏ, ne magnam fidem adhibeas; 嘴說要别你 nì piĕ yāo choüe tsòui, vide ne garrias; 我怪他交他對我說要别你 nì pie yāo choüe ngò toui t'ā choüe kiáo t'ā koúai ngò, ne dicas quod ego hoc illi dixerim, ne forte de me conqueratur; 交 kiáo, idem est ac 教 et 叫 kiáo.

5°. 莫 mó, quæ paulo latius patet. 1°. enim sæpe confunditur cum jam allatis; 他管莫 mó koüàn t'ā, ne cures de illo; 笑莫 mó siáo, ne ludibrio illud habeas; 怪見要莫 mó yāo kiéu koüái, (tam bene diceres 要休 vel 要別 pie yāo,) ne quæso mireris, aut mihi indigneris; 了錯認要莫 mó yāo gín t'só leaò, noli errare; 了錯非莫 mó fēi t'só leaò, nisi forte erraverim. 2°. Jungitur sæpe cum 若 jŏ et sensus tunc est, quod nihil melius sit quam, &c. v. g. 和講兵息若莫計之日今爲 ouêi kīn ge tchī kí, mó jo si pīng kiàng hô, melius consilium quod nunc capi possit, est arma deponere et loqui de pace; 罷也媒做他叫若莫 mó jo kiáo t'ā t'só môei yè pá, satius est illo uti, has nuptias conciliet. Istud 罷也 yè pá vix explicari potest, quia non ita solemus loqui. 3°. Quando sequitur 於 yū signum est quod fiat aliqua comparatio. v. g. 甚莫情七女男於甚莫欲六欲愛於 t'sī t'sîng mó chín yū ngái yo, lou yo mó chín yū nân niù, inter septem passiones nulla fortior est quam amor, et inter sex amores, nullus est fortior eo qui est inter marem et feminam. 4°. Sæpe jungitur cum 說 choū̆, vide infra particulam 就 tsióu; 難不也箇卜帶便子名箇一帶說莫思意些有果若 jo kò yeoù siē y ssēe mó choue tái y kò mîng tseè pién tái che kò yè pou nân, si qua spes affulgeat habendi quod promittis, non tibi nunc duntaxat (baccalaurei) nomen tradam, sed facile concedam decem; 便 pién respondet duabus litteris 說莫, et 就 eodem modo respondet particulæ 便 pién; 人於借假肯不也笑一顰一是就做肯不事樣別說莫子男見 kién nân tseè, mó choue pie yàng sseè pou k'èng tsó, tsioú ché y p'în y siaó yè pou k'èng kià tsée yū gîn, si forte videat aliquem adolescentem, non modo nollet facere quidquam minus honestum, sed nequidem illum intueri et leviter illi subridere licitum putat; 是就 tsioú chí, idem est ac 便 pién.

6°. 無 vou, nihil; 無皆女尺男寸 ts'ún nân tc'he niù kiāi vou, nec filium nec filiam habet; 無上地有上天 t'iēn chàng yeoù, tí chàng voū, in cælo forte reperitur, at super terram non datur; 異無毫纖 sien hâo voū y, ne minima quidem differentia est; 人無方四 ssée fāng voū gîn, ex omni parte nullus apparebat; 寶價無 vou kiá paò, res quæ prætium non habet, *un bijou sans prix.*

7°. 未 oüéi, nondum 未也了說 choüe leaò yè ouéi, dixisti ne an nondum etiam?

8°. 非 fēi, v. g. 可小同非 fēi t'ông siaò k'ò, res est non parva, momenti non levis; 易容同非 fēi t'ông yông y, hoc non est ita facile.

Non dubito quin usurpentur 勿 vou 毋 vôu 弗 fo, et 否 feoù. Sed non occurrunt mihi exempla; 匪 feì 靡 mì 罔 vàng 亡 vâng 无 voū, habentur in veteribus libris.

PARAGRAPHUS SECUNDUS

DE PARTICULIS AUGMENTATIVIS.

1°. 太 t'ái, v. g. 險太計這 tché kí t'ái hièn, hoc consilium nimis periculosum est; 謙太要不 poŭ yāo t'ái ki'ēn, ne nimium modestus sis; 些靜冷太 t'ái lèng tsìng siē, paulo frigidior, hoc dicitur vel de loco vel de homine; 些了易容太又 yeoú t'ái yông y leaò siē, at illud quoque nimis facile est; 了重說太也話句幾這你 nì tché kì kiú hoá yè t'ái choūĕ tch'ông leaò, hæc à te dicta sunt nimis duriter; 太目題易容出 t'î moŭ t'ái tch'ŭ yông y, hoc argumentum facilius est. Nota 1°. transpositionem regiminis 話句幾這 non vero choüĕ tché kì kiú hoá; 出目題 non vero tc'hŭ t'î moŭ; 2°. transpositionem litteræ 太, non ait 重太說 sed t'ái choüe tch'ông, non dicit 易容太出 sed 易容出太. Lingua latina aliter ordinat partes orationis, aliter lingua gallica, vel Lusitana. Sinica habet aliquid ex omnibus; 子鬍有沒光太上嘴 tsoùi chàng t'ái koüāng, mŏ yeoù hôu tseè, ejus labia nimis lævia sunt, nullum apparet barbæ vestigium; 神精了損免未過太心用 yóng sīn t'ái kó, oüéi mièn sùn leaò tsīng chîn, animum nimis intendisti, fieri non potest quin vires imminueris.

2°. 忒 t'ĕ idem fere est ac 太 t'ái, v. g. 我得害是只我留要意好是雖箇些毒忒 sōui chí haò y yāo lieōu ngò, tchì chí hái tĕ ngò t'ĕ toŭ siē kó, licet intentio me detinendi apud vos bona fuerit tamen non leve damnum intulistis mihi; 了狠忒手下 hià cheoù t'ĕ hèn leaò, nimis graviter percussisti; 些了早忒却 k'iŏ t'ĕ tsaò leaò siē, Gall. *il est un peu trop matin*; 了細精忒 t'ĕ tsīng sí leaò, hoc nimis subtile ac delicatum; 高忒睛眼的我是知不又 yeoú poŭ tchī chí ngò tĭ yèn tsīng t'e kāo, forte nimis delicati fastidii sum ego: oculos habeo nimis altos; 心多忒也你 nì yè t'e tō sīn, *vous prenez les choses trop a cœur*, nimis afficeris; 了相醜得看忒 t'e k'án te ngŏ siáng leaò, non ita fædus est ac visus est tibi; 了急吃忒酒 tsioù t'e k'ĭ kĭ leaò, vinum nimis festinanter bibi.

3°. 甚 chín. Exempla sunt innumera; 透通甚不理文 vên lì poŭ chín t'ōng te'óu, *ce n'est pas-un grand clere*, non est admodum acutus et perspicax; 怪奇是甚 chín ché k'ì koüái, *cela est bien drôle*, hoc valde mirum est; 相雅不甚 chín poŭ yà siáng, hoc erat turpe visu, *vous faisiez une vilaine figure*.

4°. 極 kĭ, v. g. 了極笑可也這 tché yè k'ò siáo kĭ leaò, nihil est hoc ineptius et cachinnis dignius; 工畫的巧極 ki k'iaò ti hoá kōng, optimus pictor; 是等這了的妙極 tché tèng chí ki miaò ti leaò, hoc pacto nihil melius; 話的竅沒極 ki mŏ k'iáo tĭ hoá, obscura nec intelligibilis locutio, *on ny comprend rien, cela est bouche*; 精極得說理此 ts'eè lì choue te ki tsīng, de hoc valde subtiliter discurrit; 是極得說 choūe te ki ché, verissime dicis, *c'est parler juste*; 妙極張主哥 kō tchù tchāng ki miào, frater tua determinatio est optima; 極得想想想想 siàng siàng siàng siàng te ki, de illo semper cogitat, repetitio litteræ 想 siàng rem pingit.

5°. 絶 tsue, v. g. 意主的妙絶 tsue miào ti tchù y, mirum sane consilium; 色絶 tsue se, summè pulchra; 會機無絶 tsue voû kĭ hoéi, valde infelix, qui nullam habet bonam fortunam; 居人無絶 tsue voû gîn kiū, locus desertus ubi nemo habitat; 矣加以無而妙絶 tsue miào, êll voû y kiā y, peroptimum, cui nihil addi potest. Hæc phrasis redolet stylum nobiliorem; tales non raro reperire est, præsertim quando interlocutores litterati sunt; 絶决旦一愛恩年四憐可 k'ò liên ssé niên nghēn ngái, y tán kue tsue, eheu! quatuor annorum necessitudo sic uno die abrumpitur; hoc loco 絶 tsue non est particula, sed verbum *abrumpi* et 决 kue idem fere significat.

6°. 最 tsoúi, non valde differt a 極 et a 絶 v. g. 段手高最 tsoúi kāo cheoù touūàn, maxima dexteritas, habilitas, vel in bonam partem sumitur vel in malam; 妙最 tsoúi miào, vel 絶妙 miào tsue, vel 言可不妙 miào pou k'ò yên, nihil potest melius.

7°. 好 haò, sensum auget; 笑人吃好 haò k'ĭ gîn siaó, bene ridiculus fuit; 也怪奇好 haò k'ĭ koūái yè, illud est valde mirum et insolens; 說胡好 haò hoû choüe, magna ineptia; 臭臊好 haò saō tche'óu, quantus fætor! 喜歡好裡肚 toù lì haò hoūān hì, in corde valde lætatur; 子男的情有個好 hao kó yeoù ts'îng ti nân tseè, iste habet optimum cor scit amare, vel scit gratus esse; 物人個好然果 kò gên haò kó gîn oüê, reverà pulcher est, *bien fait, de bon air*; 在所淨潔箇一好 haò y kó kie tsīng sò tsái, iste locus mundus est et secretus. Sæpe post 好 haò ponitur poū 不 quæ vox nullatenus negat, sed potius auget; 也苦不好 haò poŭ k'où yè, idem est ac 苦分十 che fēn k'où, maxime afflictus; 鬧熱不好日一 y ge haò poŭ gĕ náo, toto illo die magnus fuit concursus, *le fut un grand fracas*; 熱鬧得去不好 haò pou k'iú te náo ge, discessit cum magna pompa; 過難不好們我得弄 lóng te ngò mên haò pou nân kó, redegit nos ad magnam miseriam; 害利不好風那

ná fōng haò poŭ lí hái, ventus erat admodum vehemens; 在自得睡不好子漢這 tché hán tseè haò poŭ choüí tĕ tseè tsái, Gall. *voila un drôle qui dort de bon appetit.* Loco 不 poŭ in eodem sensu reperitur 没 mŏ; 趣没好你 nì haò mŏ t'sú, valde ridiculum te prebuisti; 心良没好 haò mŏ leăng sīn, bene oportet nullam habere conscientiam, bene oportet esse improbum; 氣志没好 haò mŏ tchí k'í, nullum animi robur, nullum firmum consilium habet; 理道没好你 nì haò mŏ táo lì, Gall. *tu n'es pas raisonnable*; 思意没好 haò mŏ y ssē, magnam confusionem recepit. Sic etiam potest poni 無 voū, v. g. 分福無好 haò voū foŭ fēn, bene sum infelix; 鼻巴無好 haò voū pā pí, nulla omninò est ansa.

8°. 分十 chĕ fēn, v. g. 讚稱分十 chĕ fēn tch'īng tsán, impense laudare; 得生秀清分十 sēng tĕ chĕ fēn ts'īng sieóu, erat nitidus et ornatus, *il avoit l'air tres fin*; 燥焦分十中心 sīn tchōng chĕ fēn tsiāo ts'aò, valde turbatus erat animo; 熱鬧分十 che fēn náo gĕ, istud de multis variisque dici potest, de hominum concursu, de multo strepitu, de abundantia florum, gratiarum, amoris, &c. Adjungitur 大 tá, v. g. 好分十大不 poŭ tá chĕ fēn haò, non est usque adeo bonus; 酒用分十大不我 ngò poŭ tá che fēn yóng tsioù, *je ne suis pas grand buveur*, ego non multo vino utor.

9°. 過不 poŭ kō, eumdem sensum facit; 過不急 kĭ poŭ kō, maxime præceps animo; 過不到老 laò táo poŭ kō, molestissimus homo; 過不你愛件兩貌才為我 ngò ouéi t'sâi máo leàng kién, ngái nì poŭ kō, maxime te amo propter tuam pulchritudinem et tuum ingenium. Europæus non adderet 件兩 duas res; 的過不道公 kōng táo poŭ kō tĭ, maxime justus et æquus.

10°. 煞 vel 殺 chă, occidere et 死 sseè, mori, rem exagerat, sicut apud nos, gaudio emori, aliquem tristitiâ enecare; 叨嘮煞忒你 nì t'e chă laò t'aō, tu nimis molestus es, tu molestia me occidis; 也用受煞忒也我 ngò yè t'e chă cheóu yóng yè, essem nimium beatus; 了實老煞也你 nì yè chă laò che leaò, tu nimis simplex es, *tu es trop bon*; 殺活快正真 tchīn tch'íng koüái ho chă, *il meurt de joie*, lætitiâ morior; 也子妹殺喜了來然果姊姊 tsiè tsiè kò gên lâi leaò, hì chă moéi tseè yè, mea soror, ergo venisti, facis tuam sororem lætitia mori; 也我殺悶 mén chă ngò yè, tristitia me conficit; 也我殺想乎幾日兩這 tché leàng ge, kī hoû siàng chă ngò yè, his duobus diebus tui desiderio fere perii; 殺愛 ngái chă, amare quam maxime, *aimer à la folie*; 的殺人得愛是 ché ngái te gîn chă tĭ, adeo est amabilis, ut mori cogat; 人 gîn non cadit super 愛 ngái, sed super 殺 chă; 死氣的活活 hŏ hŏ tĭ k'í sseè, *il creve de depit*, præ ira crepat; 定死悶是不死氣是, si tristitia illum non necat, ex ira certe morietur; si non mærore tabescit, certe iræ impatiens crepabit; 也我死氣來又 yeoú lâi k'í seè ngò yè, en iterum venit ut me irritet et incendat; 死嚇要定一 y tíng yāo he sseè, ex timore morietur; 餓的活活成不死 hŏ hŏ tĭ ngó sseè poŭ t'chîng, an fame moriar? 死活活 hŏ hŏ sseè, *mourir tout en vie.*

PARAGRAPHUS TERTIUS

DE PARTICULIS DIMINUTIVIS.

Numerus 1us de 只 tchì.

1°. Jungitur cum 是 chí, v. g. 纏盤有沒是只 tchì chí mo yeoù poū'ân tch'ên, solummodo deerat viaticum; potest verti per *sed,* vel *dumtaxat,* unum dumtaxat deerat, scilicet viaticum; 罷了死是只我 ngò tchì chí sseè leaò pá, atenim moriar, esto sanè; 要不是只我 ngò tchì chí pou yāo, unum deest, nolo scilicet; 言明好不是只 tchì chí pou haò mîng yên, sed non audeo illud clare dicere; 高忒睛眼你是只 tchì chí nì yên tsīng t'e kāo, sed majora petis, delicatus es nimus; 件一是只 tchì chí y kién, atenim unum est, nempe, &c; 笑的暗暗裡肚是只 tchì chí tóu lì, ngán ngán tĭ siaó, solummodo secum in corde tacitus ridebat; 只定便定件一有還是 tíng pién tíng tchì chí hoân yeoù y kién, ratum quidem est, potest tamen adhuc dici, &c; 舌唇番一多要也是只他怕不是怕 p'á chí pou p'á t'ā, tchì chí yè yāo tō y fān tch'ûn che, illum certe non timeo, sed necesse erit verbis iterum altercari. Licet videar forte plura exempla proferre, notandum tamen est unumquodque fere semper aliquam novam loquendi formulam continere, v. g. 他怕不是怕 1a littera 怕 debet quasi seorsim spectari ut sensus sit: *si dicas quod illum timeam,* 不是他怕 illum certe non timeo: atque istud ad alia multa facile est transferre; 忍是只分三耐 tchì chí gin nái sān fēn, quod restat, patientiam habe. Non diceremus 分三 tres partes, id est aliquantulum patĕre.

2°. Jungitur cum 怕 et tunc respondet nostro *forsitan,* vel idem est ac *credo,* quasi per ironiam; 子才生不怕只下天 ti'ēn hiá tchì p'á pou seng tsâi tseè, nullum, credo, nunc est in toto mundo præstans ingenium; 了勾能不怕只 tchì p'á pou nêng keoû leaò, sed istud, opinor, jam fieri non potest; 人了死嘔要氣臭那怕只 tchì p'á ná tch'eóu k'í yāo ngheoù sseè leaò gîn, tantus fætor faceret homines vomendo crepare;

下上相不也怕只並比來走是若 jŏ ché tseòu lâi pì p'îng, tchì p'á yè poŭ siāng chàng hià, si compareatur inter se, nullum erit, opinor, discrimen. Si diceres 是若來起並比 idem sensus esset; sed non diceretur 並比來起是若 ideo pósuit 走 tseoù. Quod initio dixi de ironia interdum verum est, non semper; 們你怕只死嚇要 tchì p'á nì mên yāo hĕ sseè, sed forte vos ex timore moriemini; 怕只礙掛些生 tchì p'á sēng siĕ kouá ngái, sed nascentnr, opinor, impedimeuta et difficultates; 信不你怕只來說 choūe lâi tchì p'á nì poŭ sín, si dixero tibi forte non credes; 了鬼了見你怕只 tchì p'á nì kién leaò koüèi leaò, lemures, credo, vides, *je crois que tu rêves.* Nota 了鬼了見 pro 鬼了見.

3º. Juncta cum 得 tĕ, novum sensum facit; 尙和了做髮削得只 tchi te siŏ fă tsó leaò hó chăng, nécesse fuit comam tondere et bonzius fieri; 只法沒人二他跟得 èll gîn mŏ fă tchì te kēn t'ā, ambo necesse habuerunt illum sequi; 只人差了収得 tchāi gîn tchì te cheoū leaò, qui missi fuerant acceperunt tandem quod offerebatur; 了去齊一得只 tchì te y t'sî k'iú leaò, necesse ipsis fuit simul abire.

4º. Junge cum 好 haò, et novus item fit sensus; 等這好只 tchì haò tché tèng, hoc fere modo, *c'est a peu près cela*; 人文個做好只 tchì haò tsó kó vên gîn, ad nihil aliud aptus est quam ut litteratim agat, *on n'eu peut faire qu'un lettré*; 日六五好只 tchi hao ou lou ge, sunt quinque aut sex dies, *il pouvoit y avair cinq ou six jours.*

5º. Jungitur adhuc cum 管 koüàn: 心放管只箇這 tché kò tchì koüàn fáng sīn, ob hoc ne turberis, *soyez en repos sur cela*, subauditur 爲 oüéi, propter, vel aliquid simile, quod regat 箇這; 心放管只母伯老堂令請 t'sing ling t'âng laò pe mòu tchi koüàn făng sin, domina mater tua potest animo esse tranquillo. Nota 母伯老 laò pe moù, mater tua, seu uxor patris tui, quam pro mea matre accipio, quia te habeo pro meo fratre. Ejusmodi nomina frequentissima sunt apud Sinas, non apud nos.

6º. Interdum 只 non habet litteram sibi cohærentem, et significat *tantummodo*, quem sensum semper includit, sed sæpissime non potest latine exprimi; 因只事別爲非 fēi ouei pie ssée, tchi yn, &c. non propter quidvis aliud, sed unice quia; 苦得叫只 tchi kiao tĕ k'ou, non poterat aliud quam se miserum dicere; 耳件物件一着用只 che yong tcho y kien oue kien eùll, tantum usus est unâ re nescio qua. Nota 耳件物件一 una res; diceremus 物一 y oue, vel 西東箇一 y ko tong si, pessime, nec cogitaremus de 只 tchi, nec de 着 tchŏ, multo minus de 耳件物件一 y kién oüei kién èll; 少日五上不多來就日三只 tō poŭ chàng où ge chaò tchi sān ge tsioù lâi, post dies quinque ad summum, et ad minimum post tres dies statim redibo; 知不當只我 ngò tchì tāng poŭ tchi, hæc simulo me nescire, scire nolo, est quasi nescirem; 嚼應人別有沒話講他有只 tchì yeoù t'ā kiàng hoá, mŏ yeoù piĕ gîn yng tsŏui, loquitur solus, nec ullus est qui respondeat ipsi.

NUMERUS SECUNDUS.

DE 止 tchì

止 tchì paulo latius patet quam 只 tchì; hoc est sæpe adhibetur 止 tchì, ubi non posset poni 只 tchì; v. g. 家在徉女有止 tchì yeoù niù kuén tsái kiā, sola ejus uxor serva domi; 千一止不 poŭ tchì y tsi'ēn, mille et amplius; 歲六五十好止 tchì haò chĕ où loŭ soui, nata erat admodum annos quindecim vel sexdecim; 身如之愛子如止不 ngái tchì jû chin poŭ tchì jû tseè, illum amat quasi seipsum neque solummodo velut filium.

NUMERUS TERTIUS.

DE 但 tán.

1°. Sensum habet valde affinem cum 只 tchì et 止 tchì ut exempla docebunt; 說但妨不 tán choüe poŭ fáng, dic audacter idem est ac 說管只 tchì koŭàan choüĕ, sic 功成管包心放請但 tán ts'ìng fáng sīn, pāo kouàn t'chîng kōng, ne sis quæso solicitus, hoc totum in me recipio; 子無却十四過年恨只但 tán tchi hén niên koüó sseé chĕ, k'iŏ voû tseè, indigne hoc ferebat quod 40 annos natus nondum haberet filium; 是只但說他無也 yè voû t'ā choüĕ, tán tchì chí &c, nihil aliud dicendum habeo, tantummodo &c. Quis ex nobis uteretur isto 只但 tán tchì? 此如願但 tán yuén jû t'seè, nihil aliud desidero; 便尊請但 tán t'sing tsūn pién, fac, quæso, quod tibi magis est commodum; 海人山人見但 tán kién gîn chān, gîn hài, vidit infinitum populum, homines velut montium cacumina et fluctus maris; 妨不坐但 tán tsó poŭ fáng, potes hic sedere. Istud 但 videtur nobis redundare, sed a Sinis numquam omittitur.

2°. 單 tān idem omnino significat; 說胡管只單 tān tchì koüàn hoû choüě, pergit inepta effutire. Tamen proprie significat, *unice, tantummodo*; 個一他少單 tān chaò t'ā y kó, Gall. *il ne manque plus que lui*; 我近親來單人衆落冷 lèng lŏ tchóng gîn, tān lâi t'sin kín ngò, alios omnes frigide excipit, me solum adhibet. Reperitur quoque 但 in hac phrasi: 心寛請但親母 moù ts'in tán t'sing koüān sin, mater ne, quæso, sis sollicita, pande sinum.

NUMERUS QUARTUS

DE 些 sie

1°. Fere semper significat parum, *un peu*; 些好得覺可子身的日今 kīn gĕ tĭ chīn tseè k'ò kiŏ tĕ haò sie, hodie paulo melius me habeo: diceremus 些好日今 sed nec de 子身 chīn tseè nec de 可 k'ò nec de 得覺 veniret in mentem; 來起怠倦些有 yeoù siē kuén tái k'ì lâi, sensit se aliquantulum lassum esse; 身覺便寒風些受免未 便不些有子 ouéi mièn cheóu siē fōng hán, pién kiŏ chīn tseè yeòu siē poŭ pién, frigore correptus est, et ideo paululum œgrotat. Nota 受免未 forte acceperit, 便 pién statim, et pŏu pién 便不 non commodum; 戲把兒些出弄 lóng t'chŭ siē êll pà hí, lepidam aliquam stropham profers de tuo; 脚手些弄 long siē cheòu kiŏ, fere idem, Gall. - *se de quelque tour d'adresse*; 静動兒些見不 poŭ kién siē êll tóng tsíng, nihil quicquam potuit detegere; 水油兒些有 yeoù siē êll yeŏu chouì, dabitur aliquid olei et aquæ, i. e. pecuniæ; 物油些有是若 jŏ ché yeoù siē yeŏu oüĕ, si spes pecuniæ refulserit; 兒些多不下剩 chíng hiá poŭ tō siē êll, parum superat, non multum residui; 來兒些早去兒些疾你 nì tsì sie ell k'iú tsao sie êll lâi, vade cito et cito redi; 兒些好畧畧 liŏ liŏ haò sié êll, paulo melius se habet. Ex his exemplis vides quod sie 些 amat post se particulam 兒 ell quæ sensum adhuc minuit: 畧 idem est ac 些 parum, paululum; 當勾的取而問不些做 tsó sie pŏu vén ell t'sù tí keóu tang, furem agere, Gall. *prendre sans en dire mot* pŏu vèn ell t'sù; 倆不些有他和我 當勾的倆 ngò hó t'ā yeòu sie poŭ lìang lì tĭ keóu tāng, habeo cum illa commercium non bonum: 當勾 negotium, vix sumitur in bonam partem; 烘他與來火些籠 long sie hò lâi yù t'ā hōng, affer carbones in vase, ut se calefaciat: 西東些我貼須 sū t'iĕ ngò sie tong sī, oportet adhuc aliquid addere. Gall *il faut me donner du retour*; 理道分二白明路畧 liŏ liŏ míng pĕ ēll fen taò lì, non nihil intelligit, non omnino est hebes; in hac phrasi, 明 est verbum *cognoscit*, 白 pĕ *clarè*, 分二 duas partes &c; 樣模改別些有 yeoū siĕ piĕ kài môu yáng, videtur paululum mutatus vel se emendaturus.

2°. Jungitur cum 没 mo et subauditur 有 yeòu: 法家些没 mo sie kiā fā, nescit regere familiam, nullæ sunt domesticæ leges; 了情面些没 mo sie mién t'sîng leaò, non amplius respicit me, nullum dat amoris signum; 思意些没 mo sie y sseé, insipidum est.

3°. Item ante 些 ponitur 一 deinde 也 sequi debet, v. g. 有没也响影些一 y sie yng biàng yè mo yeoù, nulla illius umbra est, nullus sonus, nescitur ubi sit; littera 响 proprie scribitur 嚮; 是不也些一是不是不 poū ché poū chè y sie yé poū ché, Gall. *point point, vous ny êtes point du tout*, non est ita, toto cœlo erras; 有没也下高些一 y sie, kāo hià ye mo yeoù, nulla est inter illos differentia.

4°. Bene jungitur cum adjectivis et pronominibus, v. g. 些強們你比還 hoan pi nì mèn k'iâng sie, adhuc vobis omnibus fortior, i. e. hoc loco formosior; 些奥深 chīn ngáo siĕ, paulo profundius ac obscurius; 些浄潔弄子身把澡大箇洗 sì kó tá tsaò, pà chīn tsèe long kie tsíng sie, diù multumque te lava, ut tuum corpus fiat paulo mundius; 些那人婦的氣正不 ná sie poū tching k'ī tí foù gîn, omnes istæ mulieres modicæ virtutis; 的口賤嘴賊些這有你 nì yeoù tché sie tse tsoùi, tsĕ k'ou t'i, habes hanc pessimam linguam; 話假故謅要不的歷來有是句句語言些這 tché sie yên yù kiú kiú ché yeoù lâi lĭ tí poú yāo gîn tsó kià hoá, in his omnibus quæ tibi dico, nihil est nisi verissimum, cave ne hæc sumas pro falsis; 怪古得來話些這 tché sie hoa lâi te koù kouài, mira sunt quæ narras; 理有得說話些這你 nì tché sie hoá choüe te yeoù lì, in omnibus quæ dixisti, rationem habes; 把管只障孽甚了造世前我滅磨來人婦些這 t'siên ché tsaó leaò chín mo nie tcháng tchì koüàn pà tché sie foú gîn lâi mò mie ngò, quid commisi tantum in præterito sæculo, ut per istas mulieres semper ita me exerceret. Quisnam sit qui 把管只 non dicit 些 juncta cum ná 那 et 這 non potest explicari per paululum.

5°. Post 些 ponitur 麽甚 et tunc sæpe interrogatio est; 麽甚些道知們你 nì mên tchì táo sie chín mò? quid vos potestis scire? nihil scitis; 兒說麽甚些見聽必想 siàng pī t'ing kién sie chín mò choue êll, aliquid forte audierit; 當勾麽甚些做 tsó sie chín mò keōu tāng, quid agis? vel sine interrogatione, nonnihil facere unde vivatur, et designatur aliquid mali; ut in sequenti exemplo: 麽甚些做日半裡這在們你 nì mèn tsái tché lì pán ge tsó sie chín mò? hic simul estis ambo per mediam diem; vellem scire quid tandem facitis?

麼甚些做他與不 poŭ yà t'a tsó siē chín mò, nihil cum illo feci; 麼甚些做來田他看 k'án t'ā t'chŭ lâi tsó sié chín mò, vide cur vel ad quid exeat, quid tandem agat; 來趣麼甚些有 yeoù sie chîn mò t'sŭ lâi, quodnam postea erit tuum dedecus? *après cela quel visage aurez vous?* Loco 甚 potest poni 什, v. g. 見只麼什些說口開要剛 kāng yāo k'āi k'eoù choūe sie chĕ mò, tchì kiĕn, &c. cum in eo esset ut aliquid diceret, vidit, &c.

PARAGRAPHUS QUARTUS

DE PARTICULIS INITIALIBUS.

1°. 呸 vel 㕸 p'ī, utraque enim idem plane est; hac utuntur Sinœ per contemptum et interdum etiam quasi execrando in faciem; 鬼弄後背你是都呸 p'ī, toū chè nì poéi heów lóng koūèi, abi, pessime, hæc omnia ipsemet clanculum et à tergo perturbasti; 你呸兒官的大多是, p'ī, nì ché tō tá tī koūàn êll, hui! tu nempe magnus magistratus es; 屁放發一㕸 p'ī y fă fáng p'í, apage, multo fœdius pedis, i. e. longe ineptius loqueris.

2°. 呀 vel 訝 yá, admirantis et stupentis vox; 的做我是不詩首這呀 yá, tchĕ cheoù chí píng poŭ ché ngó tsó ti, ô, isti, versus profecto non sunt mei. Europœus diceret in sua lingua 詩箇這做有沒 sed quam barbare! 人麼甚些是們你呀 yá, nì mên ché siē chín mò gîn, ô? et quinam estis vos? Quis cogitasset de isto 些 sie?

3°. 呀阿 hō yá eodem recidit, v. g. 燈了沒却夜今呀阿 hō yá, kin yè k'iŏ mŏ leaò tēng, hoi, hei! hac nocte lucerna extincta est. Illud 却 k'iŏ nos fugisset; 噯 et 哦 et 喋 耶 sunt fere similes explicationes quæ initio ponuntur.

4°. 兀 oüŏ vel 的兀 oüŏ tĭ, sæpissime occurrit in libro *Yuen gin pe tchong*, v. g. 哭啼要不人婦那兀 oüŏ ná foú gìn pou yāo ti k'oŭ, heus! mulier, noli flere; 也我殺窮不的兀也天 ô cælum cur me inopiâ perire facis; 是不的兀弟兄我 oüŏ ti poŭ ché ngò hiong tī, heus! quemnam video? nonne meus frater est? Alter ex sua parte exclamat etiam 哥哥我是不的兀 oüŏ ti poŭ ché ngò kō kō; 的書寄那兀 oüŏ ná kí chū ti, hola, ho! *porteur de lettres.*

Hic forte locus esset afferendi transitiones, saltem quæ frequentius occurrunt, v. g. 說却 k'iŏ choūe, dico nunc. Item 且 t'siè, cujus exempla passim reperies. Item 竟 king, denique, certe quidem, sed, &c. 爲所其聽竟 kíng ting k'î sò ouêi, permiserunt ut pro libitu suo ageret; 來中縣到竟 king táo hién tchóng lâi, perrexit ad oppidi tribunall. Item 期不 pou kí, ut videre est in libro *Hoa tou yuen*. Sic enim incipit quoties aliter accidit ac spes erat; 想誰 choûi siàng, quis cogitasset, idem fere est ac 期不; item 來元 yuên lâi, vel est mera exclamatio, vel idem est ac si diceret: scire oportet, notum esse debet, &c.

PARAGRAPHUS QUINTUS

DE PARTICULIS FINALIBUS.

Omnes de quibus agam postea nunc omitto. Particula 者 tché non raro legitur in fine phrasis, nec videre possum quare, v. g. 者意在心小 siaò sin tsái y tché, magnam diligentiam adhibe (notat Imperativum).

1°. 呵 hō sæpe confunditur cum 阿 ō, et utraque legi potest ā, vel hā; Hi porro sunt usus. Ante illam ponitur 也, v. g. 呵也悶憂好 haò yēou mén yè hā, heu! quanta tristitia me tenet; 呵也好好是 ché haò haò yè hō, ô quam bonum esset! 生的我得弄阿也悐閙不好意 lóng tĕ ngò tĭ sēng y haò poŭ naò gĕ yè ō, meum commercium longe fructuosius reddidit. Item aliquando suspenditur sensus per conditionem expressam vel tacitam et ibi ponitur 呵, v. g. 阿家在叔叔 choŭ choŭ tsàï kiā ō, avuncule mi, si maneres domi nostræ; 呵你了負若 jŏ fóu leaò nì hā, si te desero, si sum ingratus erga te; *si je suis infidele*, &c. Item servit cum aliquem voce vocamus, v. g. 阿哥 kō ō, ah mi frater; 生怎可呵天 t'iēn hō k'ò tsèng sĕng, ô cælum! quid igitur? 袁的我呵郎 ngo tĭ yuên lâng hō, ô mi sponse; vocabatur 袁 yuén, et mortuum sic inclamat uxor; 處何在人裡這在像的你呵人美劉 lieoû moéi gîn hō, nì tĭ siáng tsàï tché lì gîn tsái hô t'chú, ô formosa *Lieou*, habeo ante oculos imaginem tuam, sed tu ipsa ubi es? Eodem sensu ponitur 呀 yā, v. g. 呀妻的我 ngò tĭ t'sì yā, ô mea uxor! 命薄你與我何呀姐小呀姐小 siaò tsiè yā, siao tsiè yā, hô ngò yú nì pŏ ming, ô misera puella, ego tecum pariter miser sum: vel est admirantis; 呀妙呀妙 miaò yā, miaò yā, nihil melius.

2°. 哩 lì frequenter occurrit; 哩殺愛人令要真 tchīn yāo lìng gîn ngái chă lì, profecto me ex amore mori coges; 哩打要還罵說莫 mó choüĕ má, hoân yāo tà lì, nòn tantùm verbis, sed verberibus adhuc te excipiam; 哩魔風要怕只呵了見若你 nì jŏ kién leaò hō tchì p'á yaó fōng mô lì, si videre illam contingat, haud dubie præ amore insanies; 哩芽發有沒還種下方今如 jû kīn fāng hiá tchòng, hoân mŏ yeoù fā yâ lì, modo seminasti, nondum messis tua germen protulit; 哩緊得切密不好麼甚些說 choūĕ siē chin mô, haò poŭ mĭ t'siĕ tĕ kin lì, magna hic secreta vobis invicem dicitis; 知可哩是 k'ò tchī ché lì, ipsemet erat, vel hoc ipsum est.

3°. Sunt plures aliæ quæ idem dicunt ac 哩, v. g. 呢箇這 tché kó nî, istud vel iste autem quid? item 波是不可 k'ò poŭ ché pō, an non ita est? item 那好不可 k'ò poŭ haò nà nonne istud erit bonum? 那 nà est etiam particula vocantis, v. g. 那天 t'iēn nà, ô cœlum!

PARAGRAPHUS SEXTUS

DE PARTICULIS 兒 êll et 耳 èll.

兒 êll proprie significat filium et 耳 èll est auris. Sed cum sumuntur pro meris particulis, minima et forte nulla est inter utramque differentia.

1°. Jungi solent nominibus substantivis, v. g. 高忒兒眼大太兒心的你 nì tĭ sīn êll t'ái tá, yèn êll t'ĕ kāo, cor grandius habes et oculos altiores, Gall. *vous etes trop difficile*; 你處兒法有也我 ngò yè yeoù fă êll tch'ù nì, scio modum te regendi; 作我與故耳頭對 koú yú ngò tsó toúi t'eôu èll, et ideo vult esse meus adversarius, Gall. *mon antagoniste*; 兒頭老 laò t'eoû êll, senex grandævus; 兒話句說兒禮个見 kién kó lì êll, choūe kiú hoá êll, si leve signum urbanitatis dedisset, si me vel uno verbo allocutus esset; 我覷兒眼雙一將 tsiāng y choūāng yèn êll koüán ngò, me oculis aspexit; 兒話看好句幾說裡口 ke'où lì choüe ki kiú hào k'án hoá êll, conabatur verba magnifica identidem proferre.

2°. Sæpe usurpantur per aliquem contemptum vel certe parvum aliquid esse denotant, v. g. 耳官文的頭筆弄這做喜不 poŭ hì tsó tché lóng pĭ t'eoû tĭ vên koūān èll, nolo esse inter mandarinos pacis, qui solo calamo fortes sunt; 烏頂一這得不拾非耳帽紗 fēi chè poŭ tĕ tché y tìng oū chā māo èll, non quod tanti faciam istud liretum mandarini; 說會都人兒話義忠些這 tché sie tchōng y hoá êll, gîn toū hoéi choūĕ, nemo est qui non possit hoc modo loqui ad pompam de fidelitate et justitia.

x 2

3°. Non raro 兒 et præcipue 耳 meræ sunt finales. Exempla passim obvia; 不怕只耳勾能 tchì p'á poŭ nêng keōu èll.

4°. Amant pluries repeti, v. g.:

。耳花過不便。神精甚發情才無若。矣美云固媚秀目眉子女
黄珠。枯柳。謝花於至。時一過不愛所人爲。耳玉。耳珠。耳柳
。哉在安美其。也時斯當。研玉

Id est: quando puella habet oculos venustos, et supercilia jucunde arcuata, formosa esse dicitur. Sed nisi adsint ingenii dotes, quæ his quasi vitam tribuant, quid aliud est quam flos, quam salix, quam unio, quam onyx? Illo tempore ornatur, scilicet; sed ubi flos marcuit, salix aruit, unio flavescit, onyx elanguit, ubi tunc est illa quæ tantopere laudabatur formositas? In hoc exemplo verba sunt culta et stylus paulo comptior, quia loquitur adolescens nobilis, eruditus et ingeniosus.

5°. Fere semper adhibetur in descriptionibus, v. g. 眉的灣灣。兒臉的白白。兒脚的小小。兒腰的細細。兒, pĕ pĕ tĭ lièn êll, oūān oūān ti mî êll, sí sí tĭ yāo êll, siaò siaò ti kiŏ êll, genae candidæ; supercilia curva, Gall. *la taille legère*, pedes exigui, vel paulo fusius; 。兒眉的灣灣曲。兒臉的瑩瑩白。兒髮的油油烏。兒脚的尖尖小。兒腰的纖纖細。兒鼻的隆隆直。兒眼的生生俏 sic dat nigredinem capillis, candorem genis, curvaturam superciliis, vitam oculis; nasus rectus, latera tenuia, pedes parvi.—Sequens descriptio est in alio genere; 。高兒鼻。深兒眼。髏骷病個箕。癟兒唇。空兒齒, Oculi concavi, nasus macer et proeminens, dentes inter se vacui, labia lata et pendentia, imo verbo viri mortui magis quam viventis caput.

PARAGRAPHUS SEPTIMUS

DE PARTICULIS 也 yè et 亦 y

Valde late patet usus particulæ 也 yè ut distinctis punctis ostendam.

1°. 有也 yè yeoù locum habet in amœnis descriptionibus, v. g. 一見便。時多不也。處疎有也。餘里有約林柳帶這來元。望在青青林柳帶。山依株幾有也。水近株幾有也。處密有: 1 Post breve tempus, 2 amænum salictum nostris oculis se se obtulit. 3 Extendebatur ad unum stadium et amplius, 4 alicubi raris arboribus lucem admittebat. 5 Densus erat et secretus alicubi lucus; 6 pars erat propter aquam pars monti videbatur inniti. Aliud exemplum: o有也草花o清清到房書有都件件o石山假o缸魚金o有也木樹, 1 Erat quietus, nitidus et ad studendum aptus locus, 2 ibi erant flores et gramina, 3 ibi arbores et umbræ, 4 ibi pisces aurei suis labris sic tanquam vivario inclusi, 5 ibi rupes et monticuli arte facti, omnia denique aderant quæ in talibus locis solent esse.

2°. 不也 inter litteram quæ repetitur, et tunc aliquando interrogat non semper, v. g. 苦不也苦道你 nì táo k'òu yè poŭ k'òu, dic, rogo an est quicquam amarius? 我道你妙不也妙巧不也巧意主箇這 nì táo ngò tché kó tchù y ki'ao yè poŭ ki'aò miaò yè poŭ miaò, iste modus quem inveni, annon egregius, annon mirabilis? 也說聲一說不 ne unum verbum quidem proferre dignatur; 肯不也肯他看 k'àn t'ā k'èng yè poŭ k'èng, vide utrum velit necne; 是不也是知不 poŭ tchī ché yè poŭ chí, nescio an ita sit necne; 在不也在知不 poŭ tchī tsái yè poŭ tsái, nescio utrum sit domi vel non sit; 的鬚無也的鬚有小短是也大長胖肥淨白也瘦黑是却 k'iŏ ché hĕ seoú yè pĕ tsing, fĕi p'âng, tch'âng tá yè ché touàn siaò, yeoù sū tĭ yè voû sū tĭ, niger ne est ac macer, an albus et pinguis? procerus et magnus, an brevis et parvus? barbatus an imberbis? In libro *Yuen gin pe tchong*, reperitur 共 kóng pro 也 yè; 兒材身肥共瘦兒皮面o短共長 chîn ts'aî ĕll tch'âng kóng touàn, mién p'î ĕll seoú kóng fei, an est corpore magnus vel parvus, facie macer vel pinguis? 共 hoc loco significat *vel.*

3°. 是也 Gall. *cela même, c'est.* &c. 化造家人老你是也 yè chí nì laò gîn kiā tsáo hoá, hoc tibi homini seni feliciter contigit; 了思心費枉是也 yè ché vàng féi sīn ssée leaò, frustra de his cogitasti, vel posthac cogitares; 的該應上理是也 yè ché lì chàng yng kāi tĭ, hoc debet ita fieri, ratio ita jubet; 用沒也來他要 yāo t'ā lâi yè mŏ yóng, etiamsi veniret esset inutilis. Aliquando inseritur negatio, v. g. 人個是不也 yè poŭ ché kó gîn, vir non est, *c'est un mechant homme, ce n'est pas un homme*; 事難麼甚是不也 yè poŭ ché chín mô nán sseé, non est adeo difficilis; 知可未也意天些有者或 hoĕ tchè yeoù siē t'iēn y yè oüéi k'ò tchi, quis scit num forte sit cœli voluntas? 妙有別或知可未也用, hoĕ piĕ yeoù miáo yóng, yè oüéi k'ò tchī, forte fiet de eo melior usus; 知可未也等這是就者或 hoĕ tchè tsioú chí tché tèng yè oüéi k'ò tchī, fortasse illud ipsum est; 知可未也做官個有來後你者或 hoĕ tchè nì heoú lâi yeoù kó kouān tsó yè oüéi k'ò tchī, quis scit annon aliquam dignitatem tandem adeas; 得見未也 yè oüéi kién tĕ, idem est omnino; 的見不也來他是就不怕 p'á pou tsioú chí t'ā lâi, yè pou kiĕn ti, puto quod ipse est qui venit, sed non tamen certum est; 的 pro 得.

4°. Eleganter repetitur in duabus phrasibus correlativis; 洗不也臉梳不也頭 t'eoû yè pou soū, lièn yè pou si, nec capillos pectere, nec faciem lavare curat; 不也口動不也手開 cheoù yè pou tóng, k'eoù yè pou k'ai, nec manum movere, nec os audet aperire; 惱也左惱也右 tsò yè naò, yeóu yè naò, contra omnes irascitur, Gall. *il se fâche à droite et à gauche;* 裡心在也歹裡心在也好 haò yè tsái sin lì, tái yè tsái sin lì, bonorum meminit, nec malorum obliviscitur; 開你容不也口 o近你容不也身 chìn yè pou yông nì kín, k'eoù yè pou yông nì k'ai, nec sinit, ut accedas, nec permittit ut loquaris; 做不也兒飯掃不也兒地 fán êll yè pou tsó, tí êll yè pou saò, nec orizam coquit nec domum verrit; 蹟筆人女像也蹟筆 o氣口人女像也氣口 k'eòu k'í yè siáng niù gîn k'eòu k'í, pì tsī yè siáng niu gîn pi tsi, ita mulier loqui, ita scribere solet; 不也門步一會不也客個一 o出 y póu mên yè pou t'chu, y kó ke yè pou hoéi, nec egreditur domo nec ullum hospitem admittit; 喫去想不也飯 o讀去心無也書 chū yè voû sin k'iú tou, fán yè poū siàng k'iú t'che, nec de studendo curat, nec de manducando cogitat. In his omnibus loquendi modis 也 non adhæret litteræ præcedenti, sed refertur ad id quod sequitur. Diceremus 書讀心有沒 mŏ yeoù sīn tou chū, quam melius 1 Statim ponitur verbi regimen, nempe 書 chū, libros; 2º Sequitur 也; 3º 讀去 Gall. *aller étudier,* 喫去 *aller manger.*

5º Sæpissime ponitur post 這 tché, post 他 t'ā, post 我 ngò, post 你 nì, &c. et idem fere sensus est ac supra, ita ut 也 cadat in sequentia; 上心在不也他 t'ā yè pou tsái sin chàng, quod ad eum attinet, hoc in ejus animo non hæret, Gall. *lui, il n'y pense seulement pas:* modus loquendi nobis Gallis tam usitatus quam Sinis; 了何奈法無是也這 tché yè ché voū fă nái hô leaò, hoc est prorsus intolerandum; hoc posito nullum datur remedium; 事小是還也這 tché yè hoân ché siao ssée, *cela, ce n'est encore rien,* hoc quidem adhuc parva res est; 理有得說也這 tché yè choüe te yeoù lì, hoc quidem cum ratione dicitur; 他管要不也這 tché yè pou yāo koüān t'ā, sed sinamus hanc rem vadere ut vadit; 得不他怪也這 o驕氣往往人才有 yeoù t'sâi gîn vàng vàng k'í kiao, tché yè kouai t'ā pou te, ingeniosi homines solent altos spiritus gerere; neque hoc mirum videri debet; 了罷也這知不是既 kí ché pou tchī tché yè pa leaò, si quidem ignorabat, ad hoc hac vice non attendo; 了實老煞也你 nì yè chă laò che leaò, tu certe nimis simplex ac bonus es; 思意沒甚也他 t'ā yè chin ché mŏ y ssée, ille magno pudore suffunditur; 意此有正也我 ngò yè tchíng yeoù ts'eè y, equidem hoc ipsemet volebam; 書年幾十過讀曾也我 ngò yè tsēng tou kouō chĕ kì niên chū, et nos etiam decem et amplius annos studuimus; 心放不也你的你受不若我禮此 ts'eè lì ngò jŏ pou cheóu nì tí, nì yè poū fáng sin, si non recipis hæc munera tua, non poteris esse sine metu. Diceret

Europaeus; 心放不你覺必禮的你受不我是若 sed ineleganter.

6°. Non solis pronominibus hoc accidit, ut videre est in exemplis quæ sequuntur: 没也鬼門上個 kouèi yè mŏ kó cháng mên, nemo illum invisit, Gall. *il ne vient par une ame chez lui*; 知不也鬼神 chîn kouèi yè poŭ tchī, ne ipsi quidem spiritus hoc scire possent; 他怕也鬼神 chîn kouèi yè p'á t'ā, ipsi etiam spiritus illum reformidant; 益無也悔了做已做 tsó y tsó leao, hoèi ye voŭ y, acta res est frustra te pænitet; 日半等此在我了鬼見 出個一見不也兒影人 kién kouèi leao, ngò tsái ts'eè teng pouán gĕ, gîn yng êll yè poŭ kién y kó t'chŭ, tu somnias, ego hic adsto expectans totâ die, nec ullum hominis vestigium exire vidi; 心傷也說 chouĕ yè chāng sīn, ipsa narratio dolorem excitat; 此如過不也貌才 t'sâi máo yè poŭ kō jû ts'eè, ingenium et forma hos limites non excedunt; 的喫人與盃一捨不也水 chouì yè poŭ chè y poēi yù gîn t'chĕ tī, ne scyphum aquæ dare vellet; 然枉是也惱煩去失既物財 t'sâi ouĕ kí chĕ ki'ú fân naò yè ché vang gên, quando quidem rem omnem amisisti, frustra te dolore consumeres; 法没也真 tchīn yè mŏ fă, profecto nullum est remedium; 雅幽潔精也却 k'iŏ yè tsing kiĕ yeoū yà, atenim locus erat secretus et amœnus; 來正真也子婆個這 碎瑣得 tché kó p'ó tseè yè tchin tching lâi tĕ sò souì, ista vetula vix sane ferri potest cum suis ineptis minutiis; 你由也聽不 poŭ t'ing yè yeoû nì, hæc sequeris vel non prout voles; 來出不想也仙神較計的妙絕箇有我 ngò yeoù kó tsuĕ miáo tī kí kiáo, chin siēn yè siàng pou t'chŭ lâi, inveni modum certe mirabilem, de quo ne immortales quidem umquam cogitassent; 用没也氣今如氣不你由不 pou yeoû nì pou k'í, jû kīn k'i yè mŏ yóng, non est in tua potestate, non sentire iram, sed nunc irasci nihil prodest; 得可手唾也貴富名功 kōng mîng foù kouéi yè t'ó cheoù k'ò tĕ, Gall. *dans un tour de main les biens et les honneurs pleuvront sur vous*; 遲爲不也訪來後場 tch'âng heóu lâi fàng yè pou ouêi t'chî, finito examine hæc inquirere nondum serum erit; 開不你丢也死 sseè yè tieōu nì pou k'āi, etiam si mori oporteat, non te deseram; 來出不也死中山在躱 tò tsài chān tchōng sseè yè pou t'chu lâi, abditus est in monte, et mallet mori quam hinc exire; 處好得也死便身老 laò chīn pién sseè, yè te hào tch'ú, licet ego vetula statim morerer, bene mihi esset; 心甘也死見一 y kién sseè, yè kān sīn, si modo illum videam moriar libenter.

7°. Littera 一 sæpe præcedit, ut jam dictum est suo loco; 靈不也些一 y siē yè pou lîng, nullus omnino consequitur effectus; 差不也些一 y siē yè pou tch'ā, nihil penitus deest, vel ne tantillum quidem erat, vel rectissime divinasti; 礙無也毫一 y haô yè

Y 2

voú ngái, nullum est vel leve impedimentum; 得不我少也釐一 y lì yè chaò ngò pou te, solves mihi usque ad ultimum teruncium; 有沒也人游個一要 yāo y kó yeōu gîn yè mŏ yeoù, Gall. *on ne voit par une âme à la promenade*; 的饒不是也板一板十三打人每 moei gîn tà sān che pān, y pān yè ché pou jaô tí, quilibet triginta plagis excipietur, ne unicam quidem ulli parcam; 盡不說也時一長話來說 choūe lâi hoá tch'âng. y chê yè choüe pou tsín, longa historia, nec finire possem, si eam narrare inciperem. Vides quod post 也 semper sequatur negatio.

8o. Aliquando præcedit 雖 soūi, v. g. 取可件一有也常尋貌姿然雖 soūi gên tsēe maó sîn t'châng, ye yeoù y kién k'ò t'sŭ, licet forma sit satis communis, unum tamen habet bonum; 是只情才些有薄薄也雖他 t'ā soūi yè pŏ pŏ yeoù siē ts'âi ts'ing tchì ché &c. Licet ingenio et affectu non careat, nihilominus, &c.

9o. 也 ponitur vel initio, v. g. 多不差也 yè t'chā pou tō, Gall. *et oui, vous y etes*; hoc dicitur ironicè; 了子本有算也 yè soüán yeoù pèn tseè leaò, vel ex hoc sciri potest, quod dexteritatem habet. Vel in fine, v. g. 也苦是好 haò ché k'où yè, illud valde luctuosum et amarum est; 也了敢不我 ngò poū kàn leaò yè, posthac nihil tale committam; 也我殺喜要簡眞 tchin kó yāo hì chā ngò yè, profectò vis me lætitiâ emori. Vel in contextu, v. g. 了過受都也難磨的他 t'ā tī mô nân yè toū cheóu koüó leaò, omnia pertulit quæ me pati voluit; 自各命狗條一你賞罷也死免該不理論 罷者農歸 lûn lì pou kāi mien ssèe, yè pá chàng nì y ti'aô keoù mìng kŏ tsée kouëi nông tchè pá, vos omnes mortem commeruistis, sed satis est: do vobis vitam, abite canes et ad aratrum revertimini; 大志高心他得不怪也貌才副一等這有 yeoù tché tèng y foú ts'âi máo, yè koüái pou te t'ā sin kaō tchí tá, cum hoc ingenio et hac formâ, non mirum quod elato sit animo.

Particula 亦 y non multum differt ab 也 yè ut exempla probant; 是就觴巨一說莫 飲痛該亦觴巨十 mŏ choue y kiú chāng, tsióu ché ché kiú chāng, y kāi t'óng yn, non solum magnum hunc calicem, sed decem similes mihi siccabitis; 不可亦見卽 可亦見 t'sī kién y k'ò, poŭ kién y k'ò, vel me videat, vel non videat ut volet; 你雖 憐可亦實取自, soūi nì tsée ts'ù, che y k'ò liên, quamvis tua culpa id acciderit, commiseratione tamen dignus es; 知可未亦念轉思回時有者或 hoe tchè yeoù chî hoêi ssēe tchoüen nién y ouéi k'ò tchī, forte aliquando cogitationem et animum tandem mutabit; 言敢不亦生晚，問必不亦生先老 lao siēn sēng y poŭ pĭ vén, oüàn sēng y pou kàn yên, domine, hoc ne à me quœras enim neque auderem dicere; 見相便不 說可言無亦，時見，見可面無亦 pou pién siāng kièn, y voû mién k'ò kién, kién chī, y voû yên k'ò choüe, non convenit ut illum videam, nec audeo illum videre, nec ut illum videam, habeo quod illi dicere liceat; 看一看能我等不亦快得走惱 可 k'ò naò, tseoù tĕ ko'úai y poŭ teng ngò paò k'án y k'án, me miserum ! celerrime transiit, nec potui ejus visu satiari.

PARAGRAPHUS OCTAVUS

DE PARTICULA yeóu 又

Facile est illam confundere cum 也 yè et 亦 y; sensus enim fere idem est; unum generatim notabis: Scilicet quoties 又 yeóu debet vel potest explicari per *iterum*, *præterea*, differt ab 也 ye.

1°. In exemplis sequentibus vix ulla differentia est; 可不爲未又 yeóu oüéi oüêi poŭ k'ò, tam bene diceres; 可不爲未也 adhuc licet, adhuc tempus est; 應不又他叫我 ngò kiaò t'ā yeóu poŭ yng, illum voco nec mihi respondet; 子妹的他和曾不又你親成 nì yeóu poŭ tséng hò t'ā tĭ moéi tseè t'chîng t'sīn, nondum sororem ejus minorem duxisti; 鬼麽甚弄知不又你 nì yeóu poŭ tchī lóng chín mô koüèi, nescio quid turbarum excitare velis; 西話東指是又怕恐 k'òng p'á yeóu ché tchì tōng hoá sī, adhuc, ut opinor aliud dicit, aliud intendit; 短長出說不並笑是只又 yeóu tchì ché siaò p'íng poŭ choüe t'chu tchàng toüàn, ridere pergebat, nec quicquam dicebat vel pro vel contra; 人何在又而我在不姻婚則 tsĕ hoēn īn poŭ tsái ngò êll yeóu tsái hô gîn, si nuptiæ illae ad me non spectant, quam tandem aliam respiciunt; 求有又托之人受早不得安人於 cheóu gîn tchi t'ŏ, yeóu yeoù k'ieôu yū gîn, ngān tĕ poŭ tsaò, alterius negotium in me suscepi, et alter mihi rogandus est; quomodo summo mane non venirem? 麽怎來起羞害等這是又面了見一 ts:ng mô y kién leaò mién, yeóu ché tché teng hái sieou k'ì lâi, quare sic rubet vultus tuus quoties illum vides? 矣年兩又料不別一自 tsée y pié, pou leaò yeou leang niên y, duo sensim abierunt anni ex quo ab invicem discessimus; 了轉又水風日今料不 pou leaò kīn gĕ fōng choüì yeoú tchoüen leaò, quis putasset fore ut hodie bona fortuna nos reviseret; 惱煩無又慢怠你由 yeōu nì tái mán, yeóu vôu fân naò, quamvis me male tractes non irascar; ·人詩個像不又却·寫不待欲話笑他被怕恐又·篇一寫筆乎信要欲 yŏ t'ái pou siĕ, k'iŏ yeou pou siáng kó chī gîn yŏ yāo sín hoû pĭ sie y pién, yeóu ko'ng p'á pĭ t'ā siáo hoá, si nihil scribit non poetæ speciem dabit; si scribit aliquid timet ne se ridendum propinet; 色月有沒又夜今 kīn yê yeou mŏ yeoù yuĕ se, hodie luna non splendet.

2°. Bene jungitur cum 來 lâi et tunc fignificat *iteràm* v. g. 笑取來又 yeóu lâi t'sù sĕŏ, adhuc iterum irrisum advenis: Non bene diceretur 來也 yè lâi; 了遜謙來又 yeóu lâi k'ién sún leaò, de novo tuam modestiam ostendis; 說胡來又 yeóu lâi hoû choüĕ, inepta loqui pergis: 了怪作來又子孩小 Gall. *ce morveux fil le sot plus que jamais;* 來又可 vel 了來又 ecce autem de integro.

3°. Amat bis terve repeti, et illu l variis modis qui omnes notandi sunt. 1us: 打又了罵罵又了打 má leaò yeóu tà, tà leaò yeóu má, injurias verbera excipiunt et post verbera denuò maledicit sicut prius; 紅又了白·白又了紅孔面 mién kŏ'ng hông leaò yeóu pĕ, pe leaò yeóu hong, ejus vultus pluries mutavit colorem; 想又了哭·哭又了想 siàng leaò yeóu k'ou k'oŭ leaò yeóu siang, cogitationem fletus, fletum cogitatio excipiebat; 哭又了說·說又了哭 k'ou leaò yeóu choue, choue leaò yeóu k'ou; sic 惱又了想想又了惱 siang leaò yeóu naò, naò leaò yeóu siang, sensus satis patet ex prioribus exemplis. 2us modus; 氣又下心·饑又中肚 toù tchōng yeóu kĭ, sīn hià yeóu k'ĭ, venter erat vacuus cibo, et cor erat plenum irâ. Similia exempla non desunt et notanda quando occurrent. 3us modus; 得不就又就·得不辭又辭 t'seê yeóu t'seê poŭ te, tsioù yeóu tsioú poŭ te, non poterat honeste recusare, nec etiam accipere; 退又退·轉不悔又悔去不 hoèi yeou hoĕi poŭ tchoüèn to'úi yeóu to'úi pou k'iú, Gall. *il ne savoit ni comment se repentir d'y être entré, ni comment faire pour en sortir;* 得不捨又死·支不生又病 píng yeóu sēng pou kĭ, sseè yeou chè pou te, morbum non poterat advocare, et mortem timebat subire; 出不發又發·去不洗又洗氣肚一 y tóu k'ï sì yeóu sì pou k'iú, fă yeou fă pou t'chu, non poterat iram nec coquere nec evomere; 寧不又立·安不又坐 tso yeóu pou ngān, lĭ yeou pou nîng, nec sedere poterat nec stare. 4us modus; 看又了看人二詩無喜歡·說又了說 éll gîn k'án leaò yeóu k'án, choue leaò yeóu choue, hoān hì vôu tsîn, non poterant explere animum, vel legendo hos versus, vel eos laudando et incredibili gaudio exultabant. 5us modus; 民個像不又民·官個像不又官 koüān yeóu pou siáng kó koüān, mîn yeou pou siang ko mîn, homo erat quam neque mandarinum, neque plebeium posses dicere; 上不他比又物人·過不他考又考 k'aò yeou k'aò t'ā pou koüō gîn oüe yeou pì t'ā pou cháng, nec illum in ingenii certamine vincere poterant, nec illi quoad formam corporis. 6us modus; 富又家，高又官 koüān yeou kāo, kiā yeou foú, munus ejus est altum et domus dives; 毒又眼·高又才 tsâi yeou kaō, yèn yeóu tou; quia ingeniosus est, alios omnes despicit. 7us modus; 了奇又這道喜又驚又下心 sin hià yeou king yeou hì tao tché yeou k'î leaò, stupens et exultans ait: hoc certe mirabile est; 們他辱羞分十好不又却笑好又惱又氣又上心 sīn cháng yeou k'í yeou nað yeóu haò siaó, k'iŭ yeóu poŭ haò chě fēn sieōu joŭ t'ā mên, hoc ejus excitabat bilem, et risum etiam movebat, nec tamen bonum erat eos nimis contumeliose tractare; 又上心般一夢箇一了做像動恐又喜又疑又驚 sin chang yeóu king yeóu y yeóu hì yeóu hoě, tsioú siang tsó leaò y kó mong y poūān, timor et metus et gaudium et dubia ejus animum simul pulsabant, ita ut homini somnianti similis videretur; 又秀俊又人為他氣和又謙謙又實老又氣俠有又才多且 t'ā ouêi gîn yeóu t'sún sieóu, yeóu t'siè tō t'sâi, yeóu yeoù hié k'i, yeóu laò chě, yeóu ki'en jang yeóu hò k'i, iste quam plurimas dotes habet, est formosus, est ingeniosus, est fortis, est sincerus, est humilis, est pacificus.

PARAGRAPHUS NONUS.

DE PARTICULA 就 tsióu.

1° Sæpe jungitur cum 是 chí, v. g. 他是就必想 siang pĭ tsioú chí t'ā, ipse est, ni fallor; 也來好就必想 siang pĭ tsioú haò lâi yè, videtur modo advenisse vel brevi venturus; 死餓是就死凍是不 poŭ ché tong sseè, tsioú ché ngò sseè, si frigore non moritur, certe frigore fame peribit; 家他是就兒門的比朝那 ná tch'aô pì tĭ mên êll, tsioú chí t'ā kiā, porta illa ante quam murum pictum vides est porta domus ejus; 了是就 tsioú ché leaò, hoc ipsum est, vel ita est, vel ita fiet; 的他受白白道難子公宰家個一我了罷等這是就辱凌 ngò y kó tchōng tsài kong tseè, nân taó pĕ pe cheóu t'ā tĭ ling joŭ, tsiou ché tché teng pà leao, Egone primi ministri filius, tantam ab eâ contumeliam acceperim et hoc impunè?

2° Post 說莫 mó choūĕ, sequi deinde solet 是就 tsioú ché, et postea 也 yè, v. g. 他求去而無也我肯他是就肯不然是他說莫 mŏ choūĕ t'ā chě gên poŭ k'eng, tsiou ché t'ā k'eng ngó yè voû meén, k'in ki'eôu t'ā, nedicas quod absolute non-vult, etiam si vellet, ego certe non auderem illud rogare; 紙說莫書讀心用管只你上身夫老在也得不少事一姻婚是就情不夫老費之火燈資之筆 nì tchì kouàn yóng sin toŭ chū, mó choūe tchī pĭ tchi tsée teng ho tchī féi lao foū pou si tsioú ché hoēn yn y ssée chaò pou tĕ yè tsái laò foū chîn cháng, totis viribus incumbe studiis tuis, non modo charta et calami, ignis et oleum tibi per me non deerunt; sed tuas etiam nuptias promovendas in me suscipio; 道知也我是就人別說莫 mó choue pie gîn, tsióu ché ngò yè tchī táo, noli mirari quod alii nesciant, siquidem ego ipse hoc audivi; 說休

z 2

伱依都件十是就件三 hieoū choüe san kién tsióu ché che kién toū y nì, non tantum hæc tria sed etiam decem ejusmodi tibi libens concedo; 是就本材棺个一說休起得來也八小个十 hieou choue y kó kouān t'sâi pèn, tsióu chí che kó siaò gîn yè lâi te kì, non modo pecuniam pro uno sarcophago tibi dabo, sed vel pro decem facile concederem; 來出不放也在所樣這了明說是就說敢不道莫 mó taó poū kān choue, tsióu chí choüe míng leaò tché yong sò tsái yè fang poú t'chū lâi, dices ne quod non audeam loqui; etiamsi omnia clare patefacerem, tamen ex hoc loco nos expedire non possemus; 妻說莫伱了處何在知不也子身連子 nì mó choüe t'sī tseè liên chin tseè yè poū tchī tsái hô t'chù leao, ne dicas de uxore, ipsemet quonam in loco sim ignoro. Hic 連 liên idem plane est ac 是就 tsióu ché.

3°. Licet non præcedat mó choüe, idem est sensus; 心甘也死就 tsiou sseè yè kān sīn, mortem ipsam libenter suscipiam; 心甘自也死凍他爲就 tsióu ouéi t'a tōng sseè yè tseè kān sīn, pro illo etiam frigore libenter moriar; 詔奉敢不也死就 tsióu sseè yè poū kan fong tchao, prius moriar quam tali mandato paream; 的不禁也人石鐵是就 tsióu chí tie che gîn yè kín poū tī, quamvis esset ferro et lapide durior, tamen non posset obsistere; 吃不是也我年百一跪就伱 nì tsióu koū'èi y pe niên, ngó yè ché pou k'ī, licet per centum annos flexis genibus remaneas, tamen bibere non me coges; 點就他去情人這尋裡那燈着 t'ā tsióu tièn tchŏ teng, nà lì sîn tché gîn t'sîng k'iú, quamvis lucernam accendat, ubi reperiet qui beneficium velit præstare? 年幾他受就的該是也 tsióu cheou t'a ki niên, yè ché kāi ti, licet illam per multos annos pati oportet, non recusabo; 然枉是也子才個一做就 tsióu tsó y kó ts'âi tseè, yè ché vàng gên, quamvis sic ingeniosus, frustra tamen expectas; 些一了喫就們員生了耐忍得只也虧 sēng yùen mên tsióu t'che leaò y siē k'ouēi yè tchī te gîn nái leaò, licet non baccalaurei aliquid passi fuerimus, hoc tamen volumus ultra persequi; 是就伱該也腸心的打鐵 nì tsióu ché tie tà ti sīn tch'ang, yè kāi, &ct. etsi viscera geras ferrea, debes tamen, &c.

4°. Significat *Statim, subito*, v. g. 妨不去就 tsióu k'iú pou fâng, nihil impedit quin protinus abeas; 做就做要做不就做不要 yāo pou tso tsiou pou tso, yāo tso tsiou tso, facio vel non facio prout libet. Agitur de carminibus; 托推是便收不伱了惱就我 nì pou cheoū, pién ché toui t'ŏ, ngo tsiou nào leaò, si hæc non recipis, idem est ac si renueres quod rogaris, et ego tibi irascar; 了死急就我 &ct. 若伱 nì jŏ &ct. ngo tsiou ki sseè leao, si tu &ct. ego statim sollicitudine moriar; 怕我是不說伱兒的我是就說不伱伱 nì choue pou ché ngo p'á nì, nì pou choüe, tsioú ché ngo tĭ ĕll, sic palam hoc facis, ego non timeo te; si taces continuo eris meus filiolus; 你哥的我了來進不就的怎 ngò tĭ kō nì tsèng ti tsioù poŭ tsín lâi leaò, mi frater, cur statim non intrasti? 了處心疑有沒就來講樣這 tché yáng kiang lâi, tsióu mŏ yeoù y sīn t'chú leaò, sic hæc ita sunt, nullus restat dubitandi locus; 了罷就也了错聽我爲以只 tchì y oüêi ngò t'ing ts'ó leaò, yè tsióu pá leaò, esto sanè, non recte audiverim, relinquamus ista.

5º. Solet jungi cum litteris quae similitudinem indicant; 個一像就秀俊姿丰得生人美 sēng tĕ fong tseē tsún sieóu, tsióu siang y kó moèi gîn, tam bellus est ut bella puella esse videatur; 鐵似生就 tsióu sseè sēng tiĕ, totus est ferreus; 肉骨如就我待 t'ái ngò tsióu jû koŭ jŏ, tractavit me sicut seipsum; 般一見聽不像就 tsioú siang poŭ t'ing kién y poüān, se gerit perinde ac si nihil de tota re quicquam audivisset.

PARAGRAPHUS DECIMUS

DE PARTICULA 却 k'iŏ

1º. Servit ut aliquid fortius asseratur; 了惜可不却 k'iŏ poŭ k'ò sĭ leaò, annon magnum foret damnum; 跡筆的樣兩是却 k'iŏ ché leang yàng tĭ pĭ tsi, evidens est non esse eamdem manum; 解不人令却這 tché k'iŏ ling gîn poŭ kiái, istud profecto divinari non potest; 我在却求不求你由且肯不肯 k'èng poŭ k'eng ts'iè yeōu nì, ki'côu poŭ ki'eôu ki'ŏ tsái ngò, pendet à te ut annuas vel recuses, sed certe meum est rogare vel non; 來又却 k'iŏ yeoú lâi, ecce autem de integro; 好不却的恁 gín tĭ k'iŏ poŭ haò, hoc pacto certe non bonum erit; 好是宿去裡那投是却 k'io ché t'eoû nà lì k'iú sióu ché haò, sed quo tandem me hac nocte recipiam; 開却來回你待酒了斷就日今從 tsóng kin gĕ tsiŏu touàn leaò tsiòu, t'ái nì hoêi lâi k'iŏ k'āi, ab hac die vinum mihi interdico, at cum redieris certe bibam ut soleo; 罪甚該却 k'io kāi chín ts'oúi, pro hac culpa quid meroris? 打若看好不却面體此彼了傷 jŏ tà chāng leaò pì ts'eè t'ì mién k'io pou haò k'án, si sanguis effusus fuisset, utrique pariter indecorum fuisset; 時一却辭推要分十下心得回法沒 sīn hià chĕ fēn yāo toūi ts'eê k'io y chê mŏ fă hoêi tĕ, corde volebat se excusare, sed nullum occurrit aptum responsum; 眞當却我夢做便你 nì pién tsó móng ngò k'io tāng-tchīn, tu somnias, ego tanquam certum habeo; 我是非我尋來你是却你尋來 k'io ché nì lâi sîn ngò, fēi ché ngò lâi sîn nì, tu ipse me quaeris, ego te non quæro; 裡那詩律言七首一是却事兵言是, nà lì ché yên ping sseé, k'io ché y cheoù t'si yên liu chi, nullatenus agebatur de bello, sed erant versus septem syllabarum; 知相舊還知不知相新是却 poŭ tchi hoán kiéou siang tchī, k'io che sīn siāng tchī, nescio utrum sit amicus antiquus an novus.

2°. Saepissime post k'io 却 ponitur 也 yè, v. g. 爲鹿指是不雖話的說你牛易羊以是也却馬 nì choüĕ ti hoá soüi poŭ ché tchì loŭ oüêi mà k'io yè ché y yâng y nieôu, id quod ais, non est quidem velle ut cervus sit equus, sed est bovem ove commutare; 得不他何奈也却過不他放雖你, non potes nec illum abjicere nec illum domare et subjicere; 強勉又得只理有得說也却意之我留母父是雖了住 soüi ché foù moù lieôu ngò tchi y k'io yè choüĕ tĕ yeoù lì, tchì te yeóu mièn kì'âng tchú leaò, licet id agant parentes ut me retineant apud se, vere tamen dicunt. Ergo necesse est adhuc manere domi; 惜愛喜歡分十也却兒女個生然雖 soüi gên sēng kó niù êll, k'io yè che fēn hoān hì ngái si, etsi nata esset ipsis filia, maxime tamen gaudebant et eam valde amabant. Vides quod semper prævalat soüi 雖: 生便姐小個一生說莫子兒個一得不莫也却姐小個十 mó choue seng y kó siaò tsiè, pién seng che kó siaò tsiè, k'io yè soüàn poŭ te y kó èll tseè, ne dicas suscepit unam filiolam; etiamsi decem haberet, certe cum unico filio non possent conferri;.... 是也却....得不莫雖 non est quidem....sed tamen est, &c.

3°. Saepe reperitur in phrasibus quae aliquam interrogationem involvunt. v. g. 何爲是却 k'io ché oüêi hò, sed car ita porro? 了怎却 k'io tseng leaò, quid igitur? 好麼怎却 k'io tsèng mò haò, vel 好的怎是却 k'io ché tseng ti haò, quid ergo faciam? quid videtur esse melius? 何奈將却 k'io tsiāng nái hò, vel 處區生怎却這 tché k'io tseng seng k'iū t'chù; quid de eum accidet? quorsum res evadet? quodnam remedium; 相位這人何是却公 tché oüéi siang kong k'io ché hô gîn? quis est iste juvenis? 的你是却何如 jû hò k'io ché nì ti, quomodo probas hoc ad te pertinere? 來裡那從却你 nì k'io tsóng nà lì lâi, unde tandem venis? 處何在却裡這在不旣 kì pou tsái tché lì, k'io ts'ái hô t'chú si quidem non est hic, ubinam igitur erit? 地何於我置將却女此了聘又果若 jŏ kò yeóu p'ing leaò ts'eè niù, k'io tsiang tché ngò yû hô tí, si destinata est ipsi in uxorem, quid de me fiet; 也我死害的活活不却 ki'o pou hŏ ho ti hài sseè ngò yè? annon hoc est me vivum occidere?

4°. Sequentes phrases non sunt negligendae; 笑好也却 k'io yè haò siaò, jocosa res; 平公是也却 k'io yè ché kong p'ing, sed denique hoc aequum est; 見聽曾不當只却 k'io tchì tang pou tseng t'ing kién, facit perinde ac si nihil audivisset; 通不字一又却 k'io yeóu y tseé pou t'ōng, insuper erat in litteris plane rudis; 意好段一你了負辜不却 k'io pou koū fóu leaò nì y toüán haò y, annon esset inutilem reddere bonam tuam erga me voluntatem? 夢一是却來醒 sìng lâi, k'iŏ ché y móng, evigilans cognovit esse somnium; 上身他在定射眼雙一心片一却 k'iŏ y p'ién sin y choāng yèn ché tíng tsái t'ā chin cháng, illum oculis suis, sicut sagittis, confixit; 看偷又却看偷去要疑多自却了錯 k'io tsée tō y, yāo k'iú t'eōu k'an k'iŏ yeóu teōu k'án t'só leaò, omnia timebam, volebam furtim aspicere, et non bene aspexi; 我了却忘你 nì vâng k'io leaò ngò, tu mêi oblitus est.

PARAGRAPHUS UNDECIMUS.

DE PARTICULA 着 tchŏ.

Videtur idem esse ac 却 k'io, præsertim quoties sensum firmat. Sed tamen, sicut in reliquis ejusmodi litteris affinibus accidit, non est omnino pervius utriusque particulæ usus pract. Sentietur ex exemplis.

Jungi solet quamplurimis verbis ac nominibus et ipsis majorem vix addit. Hoc dicitur quoque de 却 k'io. sed k'io praecedit, et 着 tchŏ, semper ponitur post nomen aut verbum; 着等 tèng tchŏ, expecta; 着記 kí tcho memento; 哩着記牢我 ngò lâo kí tcho lì, optime commemini; 着些慢 mán siē tcho, ne tantopere properes; 着拿 nā tcho, accipe; 着遇 yù tcho, alicui occurrere, v. g. in viâ; 了着訪尋 sîn fàng tcho leaò, illum tandem reperi; 氣麼甚有了罷便着不尋 sîn poŭ tchŏ pién pá leaò, yeoù chín mô k'í, non potes reperire, satis est, cur propterea irasceris? 着不睡 choûi poŭ tchŏ, non possum dormire; 口牲匹一着騎 k'î tchŏ y p'ĭ sēng k'eoù, equitabat unum jumentum; 容笑着帶 tái tchŏ siaó yông, ostendit vultum hilarem; 福萬個一深深他着望 váng tcho t'ā chin chin y kó váŋ foŭ, ad illum conversa profunde salutavit; 痛疼着忍 gìn tcho tông t'óng, dolorem sustinet, non dat signum doloris; 着得趕麽怎 tsèng mó kàn tĕ tchŏ, quomodo possem illum assequi? 我着留收 cheóu lieôu tcho ngò, me retinuit apud se; 打實着 tcho chĕ tà, illum benè et lautè verbera; 事本些有實着 tcho chĕ yeoù siē pèn ssée, certe quidem habet industriam; 他偹責實着該就 tsióu kāi tcho chĕ tsĕ pí t'ā, debebas statim illum bene corrigere; 親母着背 poéi tcho moù ts'ìn, celavit matrem. Gall: *en derriere de sa mère*; 處落着沒到 táo mŏ tcho lŏ t'chú, nescio quo me vertam, quid fiet de me; 否落着毫一有曾裡那在却名功的你 nì tĭ kōng mîng k'io tsái nà lì? tseng yeoù y haô tcho lo feoù, ubi sunt illa merita tua? quid hactenus tibi haec profuerunt? 了着不使字二心良那當勾般這做要 yāo tsò tché poüân keóu tang nà leang sin éll tsée sseè poŭ tcho leaò, si tam iniqui vis agere, quo modo probitatem conservabis; 着不摸惱頭些一 y siē t'eoû naò mó poŭ tcho, nihil in hoc negotio capere possum; 他着念記生好 haò sēng kí nién tcho t'ā, non cessat de illo cogitare; 是便你着依 y tcho nì pién ché, faciam ut voles; 急着上心 sīn cháng tcho kĭ, corde turbato et præcipiti; 急着必不你事此 t'sèe ssée nì poŭ pĭ tchŏ kĭ, non necesse est propter hoc ita properare; 氣着不怎 tsèng poŭ tcho k'í, quis posset non commoveri? 惱着須何 hô sū tcho naò, quid opus est irasci? 忙着加愈 yu kiā tcho mâng, multo magis turbatus fuit; 是不右是不左臉看紅急了着 tcho leaò ki, hông tcho lièn, tsó pou chí, yeoú pou chí, corde motus est, vultus erubuit, quocumque se vertat, nihil occurrit quod approbet; 事何着爲來此你 nì t'sèe lâi, oüéi tcho hô ssée, quid habes quod huc veneris? 是想魔了着也 siāng ché yè tcho leaò mô. Gall: *je crois qu'il a le diable au corps*; 杯一飲再他着, effice ut unum adhuc calicem bibat; 來進他着, jube ut intret, *faites le entrer*.

PARAGRAPHUS DUODECIMUS

DE PARTICULIS 到 vel 倒 táo et 轉.

Littera táo 到 vulgo significat *pervenire*. v. g. 手到 táo cheoù, ad manus pervenit; 那到去裡 táo nà lì k'iú, quo pergis? 處之到不無 voû pou táo tchī tchú, semper scopum attingit; 地田此到今如你 nì jû kin táo ts'eè t'ien tí, cum ad hunc statum nunc deveneris; 我到不瘦他着不肥 fēi pou tcho t'ā, seoū pou táo ngò, non pinguis evadit, nec ego macer; 底到 táo tī, usque ad fundum; denique.

Littera 倒 táo, proprie significat *cadere, labi*; 地倒迷昏 hoēn mî táo tí, *il tomba evanoui*, stupore correptus ad terram cecidit; 頭了倒一 y táo leaò t'eoû, statim atque mortuus cecidit; 地於倒拜 pái táo yû tí, salutare usque ad terram; 倒不他處 t'chù t'ā poŭ táo, regi non potest ac subjici; 倒不他服壓 yă foŭ t'ā poŭ táo, idem fere sensus, cogi non potest ut acquiescat; 歪西倒東 tōng táo sī vái, vel de veteri muro jam jam casuro, vel de ebrio titubanter gradiente.

Haud equidem scio utrum hinc per analogiam deduci possint omnes sensus et usus istarum litterarum quando sunt particulae. Unum scio quod minima sit inter utramque differentia.

漢語劄記

Et quia de iis inter loquendum pauci Europæi cogitant, ideo diligentius est attendendum.

1°. 也 yè saepe post illas ponitur, et tunc fere nullum est inter 到 et 倒 discrimen. Exempla de 到 táo: 好也到這 tché táo yè háo, utique hoc bonum est; 是得說也到這 tché táo yè choüĕ tĕ ché, hoc vere dicitur; 罷也到 táo yè pá, Gall. *encore passe*; 計算弟兄 &ct. 也到是只全莫 hiōng tí soüán kí táo yè mó t'suên tchì ché, consilium quod sumis non est sine difficultate, etenim, &ct. 人之計心有是也到生王這 tché vāng sēng táo yè ché yeoù sin kì tchi gîn, iste Vang Seng habet utique varios in corde modos, Gall. *des expediens;* 疑可分三有也到話這 tché hoá táo yè yeoù sān fēn k'ò y, non omnis fides his dictis habenda est; 妙也到見一見步一早 tsáo y poú kién y kién táo yè miáo, uno passu citius, illum vidissem, *j'aurois eu le bonheur de le voir;* 知不也到生學此如來原 yuên lâi jû t'sèe, hiŏ sēng táo yè poŭ tchī, res itaque sic se habet; atqui ego hæc nesciebam; 名有赫赫也到爲敢氣任人爲 oüêi gîn gín k'í kàn oüêi táo yè hĕ hĕ yeoù mîng, est vir magnanimus et audax: praeclaram famam consecutus est.

Exempla de 倒 táo: 了忘也倒字名 ming tseé táó yè vâng leaò, oblitus sum illius nomen; 君不得說也倒話句這你 nì tché kiù hoá táo yè choüĕ tĕ poŭ tch'ā, hoc vere quidem et aperte dixisti; 上心在不也倒窮貧今那 ná kin p'în k'iông táo yè poŭ tsái sīn chang, de miseria praesenti ne quidem cogitat; 有也倒椿一有日今人好個一了害是只味滋些 kīn gĕ yeoù y tchūn, táo yè yeoù siē tsēe oüêi, tchì ché hài leaò y kò haò gîn, est una res non utique injucunda, sed necesse erit perdere hominem innoxium; 好也倒今如他 t'ā jû kin táo yè haò, nunc illi satis bene est; 也倒活快 táo yè k'oüái hoüŏ; volupe utique esset.

2°. Idem est sensus etiam cum omittitur illud 也 yè. Exempla de 到 táo 消不到我 ngò táo poŭ siāo, hoc ego non indigeo; 去回要到何爲兄諸來們弟小 siaò ti mên lâi, tchū hiong oüéi hô táo yāo hoêi k'iu, statim atque venimus, cur illicò vultis abire? 是若了好到物人個一等這 jŏ ché tché teng y kó gîn oüe táo haò leaò, saltem si talis esset, beata essem; 言明好不是只個一有到子樣者美謂所弟小 siaò tí sò oüéi moèi tchè, yang tseè táo yeoú y kó, tchi ché poŭ haò ming yên, quod appello pulchritudinem, hujus equidem formam unam habeo, sed non audeo me explicare; 一有到我此在計 ngò táo yeoù y kí tsái t'sèe, Gall: *voici l'expedient que j'y trouve*; 你你拿我是若了化造到, jŏ ché ngò nâ nì, nì táo tsáo hoá leaò, si ego te caperem, ut dicis, felix quidem esses; 得不去進到們我道難 nân táo ngò mên táo tsín k'iú poŭ te, an nobis solis aditus non patebit? 人別與送到的怎 tsèng tĭ táo sóng yù pie gîn, quare hoc alteri, non mihi, dedisti?

Exempla de 倒 táo: 話說會倒人裡那是你 nì chè nà lì gîn, táo hoéi choüĕ hoá, unde-es tu? expeditam habes linguam; 好的說倒家人老你 nì laò gîn kiā, táo choüe ti haò, recta quidem ais optime senex; 了去身脫要倒你了來我 ngò lâi leaò, nì táo yāo t'ŏ chīn k'íu leaò, ecce advenio et tu statim vis aufugere; 好倒豹吃 k'ĭ tĭ táo haò, si posset aliquid comedere, res esset in vado; 好倒臉了洗 si faciem lavasset, spes aliqua foret; 得慮消不倒這 tché táo poŭ siaō liú te, hoc non tanti est ut tantopere cogites; 有倒事疑椿兩 y sseé táo yeoù leang tchūn, sunt duo puncta de quibus dubitari potest; 後以可寧得不容從倒次一這些容從 nîng k'ò y heou ts'ông yông siē tché y tseé táo ts'ông yông poŭ te, alias paulatim, nunc mora non opus est; 了忘倒們我 ngò mên táo vâng leaò, hoc ex memoria nobis exciderat; 熟爛得記倒我 ngò táo kí te lán choŭ, ego totum hoc apprime recordor; 雅文得生倒 táo sēng te vên yà, non putabam illum habere tam bonam speciem; 些本費太是只好倒意主 tchù y táo haò, tchì ché t'ái féi pèn siē, bonum quidem consilium sed nimios sumptus postulat; 肯不倒他 t'ā táo poŭ k'èng, denique non vult; 好倒了去你 nì k'íu leaò táo haò, Gall: *fasses tu bien loin!* 死不倒死 Gall: *pour mourir il n'en mourra pas*; 消不倒那 ná táo pou siāo, hoc necessarium non est; 鬼怕倒麼怎可人是我 ngò ché gîn, k'ò tsèng mô táo p'á koüèi, ego vivo et valeo, quomodo trepidas quasi videres reducem ab inferis? 日今聽中也倒話的別你他聽煩耐不些有却我話說些這 nì pie tĭ hoa táo yè tchōng t'ïng kin ge tché siē choüe hoá ngò k'iŏ yeoù sie poŭ nái fān t'ing t'ā, alias satis libenter audio te, nunc quae dicis, vix possum audire.

3°. Sæpe debent explicari per *è contra*, ut ex dictis jam notari potuit; sed tunc melius est uti littera 倒 táo; 去而趣沒場一了討倒皮燥欲本 pèn yŏ sáo p'ĭ táo t'ào leaò y tch'âng mŏ t'sú êll k'íu, volebat se jactare, nomenque sibi facere; at è contra cum magno dedecore hinc rediit; 了受倒氣臭的人媒這毫一見聞曾不氣香的人夫子肚一 foū gîn ti hiāng k'í poŭ tseng vên kién y hâo, tché môei gîn tĭ tch'eou k'í táo cheou leaò y tóu tseè, Domina nedum uno verbo me allocuta est; e contra satiatus sum fætentibus dictis illius vetulæ quae de matrimonio tractat; 的死個着拿倒·着不拿的活 hŏ tĭ na pou tchŏ táo nâ tchŏ kó sseè tĭ, vivum non cæpisti, e contra mortuum nobis affers; 緣却今如命性他害去倒何 jû kin k'iŏ yuên hô táo k'iú hái t'ā sing ming, cur nunc e contra vis illum occidere? 有倒才口·無雖才文 vên ts'âi sōui voû, k'eoù ts'âi táo yeoù, non admodum valet ingenio, sed è contra lingua fortis est; 今·假是的眞日前了眞是倒的假日 t'siên ge tchin ti ché kià, kin ge kĭa ti táo ché tchīn leaò, nuper verus habebatur pro falso, nunc è contra falsus habetur pro vero; 請是不酒的日今

了酒交絕是倒·酒的罪 kin gĕ tĭ tsioù poŭ ché t'sing tsoúi tĭ tsioù, táo ché tsuĕ kiāō tsiou leaò, hodiernum vinum non est vinum reconciliationis, è contra vinum est dissociationis; 了極奇也這·來我起罵反倒麽怎 tsèng mô táo fàn má k'ì ngò lâi tché yè k'ì ki leaò, cur è contra maledictis me petis? hoc certe mirabile est; 作做反倒來起 táo fan tsó tsŏ kì lâi, è contra irascitur; 反 fan idem est ac 倒, sed simul junctæ vim majorem habent; 作做 turbari, tumultuari; 婿佳一覓不處無事姻兒女爲我床東個一有倒中家期不 ngò oüéi niù êll yn ssée vôu t'chú poŭ mĭ y kiā si, poŭ k'ī kiā tchōng táo yeoù y kó tōng tch'oüáng, ubi non quæsivi generum me et tua filia dignum? atqui habebam domi; 下不下上不上我得弄倒 táo lóng tĕ ngò cháng pou cháng hià poŭ hià, è contrà me eò redigit, ut quò me vertam ignorem; 思意没箇弄倒 è contra se ridiculum præbuit.

4°. Interdum eleganter repetuntur. v. g. 爺大道難氣性會倒的家管做你氣性没倒 nì tsó koüàn kiā ti táo hoéi síng k'í, nân táo tá yê táo mŏ síng k'í, tu licet servus vis irasci, nihil pati potes, et dominus tuus omnia patietur scilicet; 把个是你脚手了慌倒你,怕不倒我,的舡撐个是我的舵 nì ché kó pà tó tĭ, ngò ché kó ts'ēng tch'oüen tĭ, ngò táo poŭ hōāng, nì táo hoāng leaò cheoù kiŏ, tu naucleri partes agis et ego remigis, ego non timeo, et tu toto corpore contremiscis; 倒他,他説意好倒我我罵的了紅睜眼把 ngò táo haò y choüĕ t'ā, t'ā táo pà yèn tsing hông leaò tĭ má ngò, ego illam bono animo corripueram, et illa oculis ex ira rubentibus mihi maledicit; 短説長説倒你,語言不倒我 ngò táo poŭ yên yù, nì táo choüĕ tchâng choüĕ touan, ego nihil dico, et tu perperam loqui non cessas; 易容倒説家親舍與事此難艱些有倒説兒孩女與怕只 t'seè sseè yù chè t'sīn kiā choüĕ táo yông y, tchì p'á yù niù hâi êll choüĕ táo yeoù siē kien nân, nihil facilius quam haec referre ad meum cognatum, sed de his filiae suæ loqui res est ardua.

5°. Haec ad huc notabis 罷了去如不倒生諸勸我 ngò ku'én tchū sēng táo poŭ jû k'íu leaò pá, nihil melius vobis suadere possum quam ut discedatis; 的見不如不倒好 táo poŭ jû poŭ kién tĭ haò, longe melius fuisset non vidisse; 妙爲....如不倒 táo poŭ jû....oüêi miáo, hoc et hoc modo....multo melius erit. Item 罷教領日明是倒 táo chè ming gĕ lìng kiaó pá, sed hæc remittamus in diem crastinum; 先子女衣青是倒道説口開 táo ché ts'īng y niù tseè sién k'āi k'eoù choüe táo, prior locuta est famula et dixit; 了眞成假弄要倒今如 jû kīn táo yāo lóng kià tch'īng tchīn leaò, nunc vellet

B b 2

ut falsum haberetur pro vero; 兒子公個像倒他說常 t'châng choüe t'ā táo siáng kó kōng tsèè êll, *on disoit qu'il avoit l'air d'un jeune homme de qualité.*

6°. Non raro reperitur 轉 tchoüèn in eodem planè sensu ac 倒 *è contra*; exempla multa sunt in libro Hoà t'ôu yuén et alibi.

PARAGRAPHUS DECIMUS TERTIUS

DE LITTERIS SEU PARTICULIS 叫 敎 ET 交.

叫 kiáo significat voce vocare; 教 kiáo est docere, at in usu de quo nunc loquor utraque eumdem sensum efficit; 敎 kiáo videtur paulo elegantior; 交 kiāo, significat conjungi, et forte per errorem reperitur eodem sensu posita ac aliæ duæ, v. g.: 我負欺來人外交 kiāo vái gîn lâi k'i fóu ngò, efficit ut homines externi me contumeliose tractent; 知不叔 叔處會理沒裡心奴交，門上不誰日幾好，了見錯的怎 choŭ chou pou tchi tsèng ti t'sŏ kién leaò, haò ki ge píng pou cháng mên; kiāo nôu sīn lì hoêi tch'ú, avuncule mi, nescio quid tibi displicuit; à multis diebus non venisti ad nos. Ego certe non possum hoc capere.

Exempla de 叫 kiáo: 回去生怎我叫 quomodo vis ut redeam? non possum, kiáo ngò tsēng sēng k'iú hoêi; 下心得放何如我叫 kiáo ngò jû hô fáng te sin hia, quomodo potes suadere ut animo sim tranquillo? 下不心放我叫免未 oüéi mièn kiao ngò fang sin pou hià, tu me in magnam sollicitudinem conjicies; 謎啞箇這纔方着得猜何如我叫 fāng ts'âi tché kó yà mí kiáo ngò jû hô ts'āi te tchŏ, ænigma quod modo proposuisti qui possum solvere? 得走何如我叫心好段這有既你去開 nì kí yeoù tchè touán haò sīn, kiáo ngò jû hô tseoù te k'āi k'iu, cum hanc habeas erga me tam bonam voluntatem, quomodo potes velle ut ego te relinquam? 的沒我叫口開 kiáo ngò mŏ ti k'āi k'eoù (的 pro 得), id agis ut ne os quidem audeam aperire; 會理做沒們我叫 kiáo ngò mên mŏ tsó lì hoêi, efficis ut quid agendum sit nesciamus; 想望要不們我叫 kiáo ngò mên pou yāo váng siang, id agit ut omnem nobis spem eripiat; 人見目面麼甚將我叫 kiáo ngò tsiāng chĭn mô mién moŭ kién gîn, qua fronte vis ut homines posthac aspiciam; 叫今如到直何爲來就後塲許公相煩耐不得等漢老我 siang kong hiù t'châng heóu tsióu lâi, oüêi hô tchi táo jû kīn kiáo ngò laò hán tèng te pou nái fân, promiseras te finito examine statim rediturum: cur me hominem senem in tantem sollicitudinem conjecisti, dum te tamdiu expecto. Interdum directe accipitur pro *jubere*: 官做他叫個那 nà kó kiáo t'ā tsó koūān, quis illi suasit ut mandarinus fieret; 數不箇打他叫 jussit illum innumeris plagis excipi; 西東多許這守看個那叫上門這完不買也日一 tché hiù tō tōng sī, y gĕ yè maì poŭ oūân, tchē mên chang kiáo nà kó k'án checù, uno die hæc omnia vendere non poterimus; quis interim januam custodiet?

Exempla de 教 kiáo: 悶好裡肚我教 kiáo ngò toú li haò mén, tu me summo mœrore afficis; 見看人教休 hieōu kiáo gîn k'án kién, cave ne quisquam videat; 好麼怎我教 kiáo ngò tseng mò haò, quid igitur vis faciam? 行先自獨何如我教 kiáo ngò jû hô toŭ tsée siēn hîng, quomodo vis ut ego solus hoc iter faciam? 的上心把我教後之去你來說誰對事 nì k'iu tchī heóu kiáo ngò pà sīn chang tĭ ssée toúi choûi choue lâi, quando abieris, cui me jubes intimos animi mei sensus concredere? 苦不得怎我教 kiáo ngò tsèng tĕ poŭ k'cù, an potes velle ut dolore caream? 過得氣生怎我教 kiáo ngò tsèng sēng k'i te kouō, quomodo vis ut tantam iram concoquam, ut talia patienter feram? 我教却他配個一等這尋具去裡那 k'iĕ kiáo ngò nà lì k'iú ts'ái sîn tché teng y kó p'oèi t'ā, ubi possum reperire unum alterum sponsum illi similem? 上的看兒眼箇半有我教 kiáo ngò yeoù pcuán kó yèn êll k'án tĭ cháng, quomodo possum vel leviter oculos sursum nunc attollere? 你愛不我教怎 tsèng kiáo ngò poŭ ngái nì, quomodo vis ut te non amem? 開不丟又丟.得不恨又恨人教 kiáo gîn hén, yeóu hén poŭ tĕ, tieōu yeóu tieōu poŭ k'āi, vis ne ut te deseram, non possum; ut te non amem, multo minus; 又來我叫得不去又去.得不來 kiáo ngò lâi yeóu lâi poŭ tĕ, k'iú yeóu k'iu poŭ tĕ, efficis ut nec accedere possim nec discedere.

PARAGRAPHUS DECIMUS QUARTUS

DE PARTICULA 可 k'ò.

1°. Sæpe significat decet, convenit, v. g. 可不何有 cur non? 動可不口動可只手 tchì k'ò tóng k'eoù, poŭ k'ò tong cheoù, linguam movere fas est, sed ad manus venire non convenit; 餕下他容可不香聞他使可只 tchì k'ò sseè t'ā vên hiāng, poŭ k'ò yông t'ā hía tsoú, potest olfacere sed non est permittendum ut quicquam gustet.

2°. Juncta cum verbis facit gerundiva; 愛可人令 lìng gîn k'ò ngái, se amabilem reddit nimis; 憎可 vel 恨可 vel 惡可箏這兒老這 tché laò êll tché teng k'ò oû, vel k'ò hén, vel k'ò tsēng, iste senex hoc odio dignus; 聽可得說句一這有只 tchì yeoù tché y kíu choüě tě k'ò t'ing, in his sola hæc phrasis meretur audiri.

3°. Quando venit interrogatio 麽 mô, saepe solet præcedere 可 k'ò, et eumdem fere sensum habet, v. g. 麽道知可你 nì k'ò tchī táo mô, illud ne scis bene? 人官那會不要我麽得見可知不 ngò yaò poŭ hóei ná koüan gîn, pou tchī k'ò kién tě mô, vellem convenire illum dominum: est ne visibilis? 麽話說可裡這 tché lì k'ò choüě te hoá mô, licet ne hic tuto loqui? 麽在還可今如 jû kīn k'ò hoâ tsái mô, est ne adhuc ibi? 有望也可麽思意些 k'ò yè liŏ yeoù siē y ssé mô, datur ne vel levis aliqua spes? vel, an est in eo vel exiguus aliquis gustus? 麽致景好麽什有可 k'ò yeoù che mô haò king tchí mô, est ne aliquis amœnus prospectus, aliqua pulchra deambulatio? 麽什 hic non interrogat, sed ultima littera mô 麽 hoc præstat; 的甲指長手左鬚有沒皮面淨白是可麽, k'ò ché pe tsing mién p'î mŏ yeoù sū, tsò cheoù tchàng tchì kiă ti mô, nonne est ephebus ille facie levi et candida, plane imberbis, et sinistra manu unguem prolixum gerens? Non tamen necesse est in fine adhibere 麽 mô in fine vel etiam in contextu; 他見看曾可未也身起 k'ò tsêng k'án kién t'ā k'ì chīn yè oüéi, vidisti ne illum discedentem an nondum etiam; 據柄麽甚有可 k'ò yeoù chín mô ping kíu, quo fundamentum hujus rei fundamentum habes? 的得笑取是可 k'ò ché t'sù siaò te tí, an impune deridendus est? 醜的上世步地般這到醜曾可有也人 ché chang tĭ tch'eoù gîn yè yeoù, k'ò tsêng tch'eou táo tche poüān tí poú, videntur quidem turpi facie multi; an vero visus est unquam usque adeo turpis atque ille est?

4°. Est etiam affirmantis seu potius invitantis et urbane jubentis; 實可人甚是你你饒便我了說 nì ché chín gîn, k'ò che choüe leao, ngo pièn jaô nì, quis tu homo es? dic mihi sincere et ego tibi parcam; 去茶杯喫可 k'o t'che pōei t'châ k'iú, bibe saltem unum haustum t'châ priusquam discedas; 說我對實可你 nì k'o che tŏúi ngo choüe, fatere mihi quod res est; 處好些有管包說我對明可 k'o mîng tŏúi ngo choüe pāo koüàn yeoù siē hao t'chú, clare mihi loquere, non te pœnitebit; 果結局能可知不 pou tchi k'o nêng kéou kie koüo, nescio an possit fructus facere, bonum finem habere; 來進請可在如.面外在可位一那看去你 nì k'iú k'án ná y oüéi k'o tsái vái mién, jû tsái k'o ts'ing tsín lâi, vide num ille homo sit adhuc ad januam. Si etiamnum ibi est, invita illum, meo nomine, ut ingrediatur; 他請我與可你.在還若看一去可你來 Idem est sensus.

5°. Notandi sequentes usus: 可可 k'o k'o, eo ipso momento, Gall. *justement*; 來又可

k'o yeoú lâi, ecce autem iterum advenit, *le revoici encore;* 可小通非也勞功場這 gloria quam hac vice comparasti non minima est; dicitur quoque in fallor, 可小同非 fēi t'ông siaò k'ò, non est quid levis momenti.

PARAGRAPHUS DECIMUS QUINTUS

DE PARTICULA 還 hoân.

1°. Potest vulgò explicari per etiam, adhuc, *encore,* v. g. 得記還他想不 poŭ siáng t'ā hoân kí tĕ, non putabam quod adhuc meminisset; 景光年半上不還 hoân poŭ chang poŭān niên koŭāng king, nondum elapsus erat semi-annus; 做上世在活還我麽甚 ngò hoân houŏ tsái ché cháng tsó chîn mô, post hoc an possem adhuc remanere in vivis? 早尙還他見要時此 ts'cè ché yāo kién t'ā hoân cháng tsaò, Gall. *il est encore trop matin pour le voir;* 信不還若 jŏ hoân poŭ sín, si nondum credis; 麽甚有還得講 hoân yeoù chîn mô kiang tĕ, quid adhuc poteris mihi dicere? 力眼些有還這 tché hoân yeoù siē yèn lĭ, ostendit per hoc se non habere malum gustum; 宜便得自還 hoân tsée tĕ pién y, fuit adhuc pro illo non leve commodum; 個那有還我了除 t'chû leaò ngò hoân yeoù nà kó, si non ego sim quis tandem erit? 鬼弄要還 hoân yāo lóng kouèi, vult adhuc omnia permiscere; 步地般這到不還 hoân poŭ táo tché poŭán tí poú, nondum hucusque pervenit; 活死知不還你 nì hoân poŭ tchī sseè houŏ, tu nedum periculo te proripis? 過得充還也物人他 *sa figure peut encore passer;* 這麽怎好不嫌還西東樣 tseng mô tché yang tōng sī hoân hiên poŭ haò, quid? tam pulchra res tibi non arridet; 話的氣喪等這說還你 tu adhuc tam indigna et iniqua loqueris.

2°. Interdum repetitur et tunc interrogat; 耍當是還眞當是還 hoân ché táng tchīn hoân ché táng choà, an serio hæc agis, an joco? 是還眞當是還話些這你假當 nì tché siē hoá, hoân che tang tchīn hoân ché táng kià, quæ nobis dicis vera ne sunt an falsa; 詩做是還·酒吃是還 an vinum bibimus, an facimus versus? 說是還說纔了完酒飲是還·酒飲過 hoân ché choūĕ koūŏ yn tsioù, hoân ché yn tsioù ouân leaò, t'sâi choūĕ, an statim loquemur de nostro negotio, an prius bibemus et deinde loquemur? 來不也來還知不日今 kīn gĕ poŭ tchī hoân lâi yè poŭ lâi, nescio utrum hodie ventura sit; 留不與留是還你 nì hoân ché lieoû yû poŭ lieoû, illum ne apud te retinebis annon? 他見不他見是還 hoân ché kién t'ā poŭ kién t'ā, an illum admittes coram te annon? In his phrasibus, particulæ 也 yè 與 yû et 不 poŭ locum tenent repetitionis litteræ hoân 還: 鬼是還人是還知不 pou tchī hoân ché gîn hoân ché koûèi, nescio an vivus sit, an redax ab inferis 的我了同他是還·的他了同我是還知不 pou tchī hoân ché ngò t'ong leaò t'ā tĭ, hoân ché t'ā t'ong leaò ngò tĭ, vel 你是還知不作所他是還·作所 pou tchi hoân ché nì sò tsŏ, hoân ché t'ā sò tsŏ, nescio utrum hoc carmen feceris, an vero ille. Litteræ 知不 tollunt interrogationem.

3°. Videtur saepe redundare saltem quantum ad nos; 的聞耳的見眼你是還 hoân ché nì yèn kién tĭ, èll vên tĭ, an oculis vidisti an fama accepisti; 論理他是還得是 hoân ché t'ā lì lûn ché tĕ, oportet ut ille haec omnia disponat; 還事大樁兩這起做樁一那從該 tché leang tchūn tá ssée hoân kāi t'song nà y tchūn tsó k'ì, ex his duobus negotiis tanti momenti à quo potius debet incipi; 十加還死比苦的樣這我倍 ngò tché yáng tĭ k'où pì sseè hoân kīa chĕ pöéi, mallem mori millies quam pati quae patior; 分幾薄淡要還日前比 pì ts'iên ge hoân yāo t'án pŏ kì fēn, adhuc tenuis vivendum quam antea; 緊打不還也這 tché yè hoân pou tà kìn, non magna in eo difficultas; 的緊要是還子銀這 tché yn tseè hoân ché yāo kìn tĭ, *rien n'est tel que l'argent;* 醫藥心將還病心 sīn ping hoân tsiāng sin yŏ y, cordis morbus cordis remedia postulat; 出得認還裡那 nà lì hoân gîn te t'chŭ, quomodo potuisset illum agnoscere? 說就我見識有愛令是還 ngò tsioú choüe hoân ché ling ngái yeoù che kién, bene dicebam, filia tua hæc elucidabit melius quam nos; 妙爲來出他請是還 hoân ché t'sing t'ā, t'chu lâi oüêi miao, nihil melius quam illam rogare ut exeat.

PARAGRAPHUS DECIMUS SEXTUS

DE PARTICULIS 則 tsĕ et 且 ts'iè.

1°. De particula 則 tse plura dicam in secunda parte. Hoc loco sufficit notare quod 箇則 tse kó, solet poni ad finem cum aliquid precamur, v. g. 箇則罪恕 chú tsoúi tse kó, condona mihi, obsecro, peccatum quod feci; 箇則救一救蒼上 ô cœlum, salva me; 箇則救垂憐可天皇 hoâng t'ien k'ò liên tch'oùi kieóu tsě kó, ô cœlum, miserere meî et salva me; 箇則會面要 rogo ut illum coram alloquar; 箇則的小救爺老求 k'ieoû laò yê kieóu siaò tī tsě kó, domine, te rogo, libera me; 箇則心小夜今 kīn yê siaò sīn tsě kó, hac nocte diligenter vigilate; 箇則悶解愁消酒些買 maì siē tsioù siaò ts'eôu kiài mén tsě kó, eme mihi vinum ad depellendam melancholiam; 來過他請箇則話說 ts'ìng t'ā kó lâi choüě hoá tsě kó, roga eum ut veniat huc ad loquendum mecum.

2°. 且 ts'iè plures ac varios usus habet, qui facile per exempla agnoscentur; 你問且我 ngò ts'iè vén nì, peto à te, dic mihi; 說慢且話些這你 nì tché siē hoá ts'iè mán choüě, paulo lentius hæc nobis narra, vel, hæc ne dicas statim; 知不當只且我 ngò ts'iè tchì táng poŭ tchī, perinde me gero ac si hæc nescirem; 看看你據憑些把先且我 ngò ts'iè siēn pà siē p'îng kiú nì k'án k'án, ego statim dabo tibi fundamenta quibus nitor; tu vide; 杯三吃該麽怎說且你 nì ts'iè choüě tseng mô kai k'ī sān pōei, dic rogo cur oporteat tres calices potare? 了完做事經正把且你 nì ts'iè pà tchíng king ssée tsó oüân leaò, prius rem seriam absolvamus. Vides jam quod venire soleat post pronomina, 我 ngò, 你 nì, 這 tché; 起提必不且話這 tché hoá ts'iè poŭ pĭ t'î k'ì, non oportét de hac re loqui; 哭要不且公相 noli flere; 下放且酒 tsieòu ts'iè fang hià, calicem tuum depone. Quis Europæus in his cogitaret de 且 ts'iè? 說其終且是不與是 ché yù poŭ ché, ts'iè tchōng k'î choüě, historiam hanc veram vel falsam absolve; 要不且說 ts'iè poŭ yáo choüe, noli cuiquam hoc dicere; 住且 ts'iè tchú, siste gradum; 他看且的怎 ts'iè k'án t'ā tsèng tī, vide quo in statu sit, vel quare sic illam aspicis? 驗應看且如何 ts'iè k'án yng niên hô jû, videamus quem effectum sortiatur; 活過生怎你看且 ts'iè k'án nì tseng séng kō hŏ, videbimus quomodo et unde vivas; 他說莫且 *laissons-le là*, sed de illo non curemus; 嚇一他嚇我待且 ts'iè t'ái ngò he t'ā y he, expecta, illum terrebo ut oportet; 怕只且 ts'iè tchì p'á, &c. Sed timeo. Vides quod ponatur initio; 來出說可不切你名姓我問若他 t'ā jŏ vén ngò síng míng, nì ts'ie poŭ k'ò choüe t'chŭ lâi, si quærit nomen meum, cave ne illi dicas. Posset quidem poni 且 ts'iè in hâc phrasi loco 切. Tamen 切 t'sie majorem vim habet, *omnino cave ne dicas.*

PARAGRAPHUS DECIMUS SEPTIMUS

DE PARTICULIS 了 leaò et 過 koüō.

1°. 了 leaò denotat tempus præteritum, seu rem jam factam; 了說已說 dixi, jam omnia dixi. Jam notavi hunc loquendi modum Sinis familiarem; &c. 下住便住 mansit, sane mansit, sed &c. 已 y solet jungi cum 了 leaò, et sensum adhuc auget; 已氣的我了出 ngò tĭ k'í y t'chŭ leaò, iram meam penitus evomui; 了來出說明明 mîng mîng choŭe t'chŭ lâi leaò, omnia clare retexit; 了你爲難等這 tché tèng nân oüêi nì leaò, hoc pacto intuli tibi molestiam; 了勾得受也苦之邊海 hài piēn tchī k'òu yè cheóu te keōu leaò, jam satis multa in hoc littore pertuli; 了的眞是來起說等這 tché teng choŭe k'ì lâi, che tchîn tī leaò, juxta id quod ais, hoc itaque verum est; 在不回該你了家 nì kāi hoêi poŭ tsái kīa leaò, debebas dicere me non esse domi; 了已扮打 tà p'àn y leaò, quando se bene præparaverant; 了已拾收 cheōu che y leaò, cum omnia composuerunt; 了來就臉了洗 sì leaò lièn tsioú lâi leaò, postquam faciem lavero, statim ibo; 來了叫他 t'ā kiáo leaò lâi, illum advocavi, venire jussi.

2°. Sæpe incertum est utrum denotet tempus an potius sit mera finalis; 了膽大身老 laò chin tá tàn leaò, ego vetula sum valde audax. Sic loqui solent quoties pecuniam vel aliquid aliud recipiunt; 了嘴多身老是 ché laò chin tō tsoùi leaò, fui loquacior, *j'ai eu trop de langue;* vetulæ se vocant 身老 laò chin; 了慌嚇 he hoāng leaò, non est apud se præ metu; 了退他怕不便 pien poŭ p'á t'ā t'oúi leaò, hoc pacto non poterit retrocedere; 了目題難是又這 tché yeóu ché nân t'î moŭ leaò, istud argumentum adhuc difficilius est; 了怪鬼個是竟 king ché kó kouèi kouái leaò, Gall. *il faut que ce soit un diable.*

3°. Benè ponitur 也 yè initio, et 了 leaò in fine, v. g.: 了處極到富也 yè foú taó kĭ t'chú leaò, divitiæ ad summum pervenerunt; 了事你關不也 yè pou kouān ni ssée leaò, hoc ad te non attinet; 了子日得過就將也 yè tsiāng tsioú koūō te ge tsèe leao, habebis postea unde vivas.

4°. Non necesse est ut semper ponatur in fine: 虧大場這了吃 k'i leao tché tch'âng tá ko'üēi, post tantum damnum, vel post acceptam tantam contumeliam; 了丢肯生怎

事好道 tséng seng k'ëng tieōu leaò tché haò ssée, velles ne rem adeo bonam deserere.

5°. Potest eleganter repeti, v. g.: 了去了拐子拐被都 tōu pí koüài tsèe koüài leaò k'iú leaò, fures omnia ipsi eripuerunt; 了茶了吃纔剛 kāng ts'âi k'i leao tch'â leaò, *justement apres avoir pris une tasse de thé;* 了好了去你 nì k'iú leaò, haò leaò, vix abieras, cum &c. Quæres: 未也了了 leaò leaò yè oüéi, an res jam absoluta est? R. 怕些一有是只了了。了 leaò, leaò leaò, tchè ché yeoù y sié p'á, absoluta? utique absoluta est, sed parumper timeo. Ex his tribus 了 1ª. est quasi diceret, petis utrum res confecta sit; modus loquendi usitatus; 2ª. est verbum *absolvere*; 3ª. est particula.

6°. Collige adhuc quæ sequuntur: 得了雄英分十 che fēn yng hiông leaò tĕ, est vir fortissimus, *c'est un brave à trois poils;* 得了 leaò tĕ, plurimi faciendus; 了何如量力等這得 tché teng lî leáng jû hô leaò te, quantum robur, fortitudo animi, vir ingenii, &c; 得不了 leaò poü te, hoc monstri simile est; dicitur sive in bonam partem, sive in malam; 然了 leaò gên, clarissime; 白明然了了 leaò leaò gên mīng pĕ, hæc meridiana luce clariora sunt; 了不个躊躇下心 sin hià tch'eôu tch'û kó poü leaò, cor ejus infinitis curis angitur.

7°. 過 koüō etiam indicat tempus praeteritum; 了過說 choüĕ koüō leaò, dixi; 已了過 y koüō leaò, jam transiit; 親母了過見 kién koüō leaò moù t'sīn, matre salutata; 手過了 leaò koüō cheoù, ab aliqua re desistere. Sæpe denotat excessum; 慮過 koüō liú, nimis cogitare; 慎過 koüō chín, nimis cautus; 求過 koüō k'ieoû, nimia petere.

PARAGRAPHUS DECIMUS OCTAVUS

DE PARTICULIS 與 yù et 替 t'í.

Utramque conjungo quia nunc de iis loquor quatenus respondent præpositioni *pro, propter,* Gallicè *pour*, alterius loco, ut patebit ex exemplis: 何如伐作兄仁與去弟小容 yông siaò tí k'iú yù gîn hiōng tsō fă jû hô, sine me, ut pro te de hoc conjugio tractem, placet ne? 事此就成你與 yù nì tch'îng tsioù ts'eè ssée, hoc negotium tibi, hoc est pro te perficiam; 的做上身我與似一却 k'iŏ y sseè yù ngò chin chàng tsó tĭ, hœc vestis videtur facta esse pro me; 厮這打力加我與右左 tsò yeoù yù ngò kiā lî tà tché tseè, pueri totis viribus hunc nebulonem mihi verberate; 氣恨口這得消我與纔 ts'aî yù

D d 2

ngò siāo tĕ tché ke'òu hén k'í, tunc me vindicaveris; 恨之窮無口這得消我與 yù ngò siāo te tché ke'òu vôu k'iong tchi hén, idem est sensus; 來他得請我與去快喫同 k'oúai k'iú yù ngo t'sing te t'ā lâi t'ông t'chĕ, curre et meo nomine eum invita ad prandium; 伐作子兒他替人央 yāng gîn t'í t'ā êll tseè tsŏ fá, rogavit qui pro suo filio matrimonium conciliaret; 罪障孽這了除你替 t'í nì t'chū leaò tché niĕ tcháng tsoúi, liberabo te de hoc homine molestissimo, vel pro te dissolvam hoc negotium pessimum; 替 idem plane ac 與 yù. 與 Sæpe est mera nota dativi et explicari potest per *dare*, ut jam alias dixi; 坐他與船大. 穿他與服衣. 吃他與飯酒把 pà tsioù fán yù t'ā k'ĭ, y foŭ yù t'ā tch'oūen, tá tcho'uēn yù t'ā tsó, prandium illi dedit, eum novis vestibus induit, et magnam navem quâ conscenderet, parari jussit; 禮了見他與 yù t'ā kién leao lì, exhibita illi solitâ reverentiâ; 枷了開長兄與不何如 jû hô poŭ yù hiōng tchang k'ai leao kiā, cur illi non abstulistis hanc machinam; 枷 kiā, vulgo *canga*, quadrata tabula, quæ humeris imponitur, ita ut caput exeat per foramen in medio.

與 ponitur in dubio; 是不與是真不與真知不 nescio an hoc verum sit an falsum.

PARAGRAPHUS DECIMUS NONUS

DE PARTICULA 便 pién.

1°. Significat quamvis, etsi, etiamsi, Gallicè *quand même*, et tunc paulo post venit 也 yè: 活快也見夢是便 pién ché móng kién yè k'oūái hŏ, gauderem illum videre vel in somnis; 處好得也死便身老 laò chīn pién sseè, yè tĕ haò t'chú, etiamsi morerer vel in morte mihi bene esset. Idem prope supra notatum fuit de 就 tsiou; 是便. 等這是既了的成不是也馬駙招廷朝 kì ché tché teng, pién ché tch'âo t'îng tchāo foú mà, yè ché poŭ tch'ing tĭ leaò, hoc pacto, licet Imperator vellet tibi dare filiam suam in uxorem, illam nolles ducere; 看人放也. 人殺子天師京是便 pién ché king ssēe ti'ēn tseè chā gîn, yè fang gîn k'án, vel in aula cum imperator aliquem morte plectit, liberum est omnibus hoc spectaculum cernere; 的動不拿是也筆小便. 筆大說莫 mó chouĕ tá pĭ, pién siaò pĭ yè ché nā poŭ tóng ti, quis posset, magnum aliquid componere, ne unam quidem lineam ducere potest.

2°. Ex sequentibus exemplis disces in quo 便 pien differat à 就 tsiou: 有便打要有沒可賞要 yāo tà pién yeoù, yāo chang k'o mŏ yeoù, verbera et pænæ non desunt, at mercedem ullam ne speres; 入嫁不入嫁知不倒.裡這在便在他 t'ā tsái, pién tsái tché lì; táo poŭ tchī kiá gîn poŭ kiá gîn, est quidem domi, at nescio utrum velit nubere. Nota 在便在 sicut supra 下住便住 tchú pién tchú hià, *pour demeurer, il demeura..* 但.了是便是 ché pién ché leaò tan, &c, recte quidem sed, &c; 是便 pién ché, verum dicis; 說等這是便 pién ché tché teng choŭĕ, ita quidem ait; 講得罵便罵 má pién má tĕ toŭ, si de maledictis agitur certe maledicit egregie, *pour des injures, il en dit des plus grosses;* 時何待便 pién t'ái hô chê, si non modo, quando tamen? quid expectas? 好便道公錢價還要只 tchì yāo hoân kia tsién kōng táo, pién haò, detur justum pretium, nihil aliud peto; 着不睡便我着得睡你麼甚爲 oüéi chín mô nì choüi tĕ tchŏ, ngò pién choüi poŭ tchŏ, quare tam facile dormis et ego dormire non possum?

3o. Eleganter repetitur; 罷便買不買便買 mài pién mài, poŭ mài pién pá, si vis emere, eme; si non, desine; 你等便去先我.我等便去先你 nì siēn k'iu, pién tèng ngò, ngò siēn k'iu pién teng nì, si prior iveris, expecta me; si prior ivero, te quoque expectabo.

PARAGRAPHUS XX$^{us.}$

DE PARTICULA 連 lièn.

Littera 連 significat *connectere, undè, simul, usque ad, &c.* Hinc sæpe idem est ac pién, v. g. 洗不也臉連 lièn lièn yè poŭ sì, ne quidem faciem lavat; 知不也我連 lièn ngò yè poŭ tchī, vel ego hæc nescivi; 要他問不也錢房連 lièn fâng tsièn yè poŭ vén t'ā yāo, ne quidem ab eo exigit pretium locationis domûs; 得吃消不也藥連 lièn yŏ yè pou siāo k'ī tĕ, ipsa remedia ne quidem juvare possunt; 身連.子妻說莫你處何在知不也子 nì mó choŭĕ t'sī tseè, lièn chīn tseè yè pou tchī tsài hô tch'ú, quid petis de uxore meâ? ne quidem scio in quo loco ipsemet sim; 影踪有沒子妻他但不見影沒也母丈人丈他連 pou tán t'ā t'sī tseè mŏ yeoù tsōng yng, lièn t'ā tcháng gîn tchâng mòu yè mŏ yng êll, non modo ignorat ubi sit uxor, sed socer et socrus pariter evanuerunt, nec eos reperire potest; 了落着有都妹妹連.落着了有姊愚特不 pou tĕ yû tseù yeoù leaò tchŏ lŏ, lièn moéi moéi toū yeoù tchŏ lŏ leaò, non ego sola maritum habebo, sed tu etiam, dilecta soror, tu nubes; 鬧熱分十也縣府連.動般友親獨不 pou tou ts'în yeoù yn k'in, lièn fóu hién yè chĕ fēn gĕ náo, non tantum cognati et amici frequentes adfuerunt, sed ipsimet mandarini venere et pompam ornavere; 了見不都飾首服衣連 lièn y foŭ cheoŭ chĕ toū pou kien leaò, *elle ne trouva plus ni ses habits ni ses coëffes*; 也你連經正沒 lièn nì yè mŏ tching kīng, tu ipse non satis sapiens es, *je ne me fie pas meme à vous.*

PARAGRAPHUS XXIus.

DE 更 kéng et de 都 toū.

Hoc loco sumo 更 keng, prout significat *magis, multo magis, iterum, ultra, &c*; 在得再妙更行一兄 tsái te gîn hiōng y hîng kéng miaó, si velis hoc iter una mecum facere, longe adhuc erit melius; 言此做更不生栁見若. 生栁得見曾不兄吾是還怕只 tchì p'à hoân chè ngòu hiong poŭ tsēng kién te lieoù sēng; jŏ kién lieoù sēng, pou kéng tsó ts'eè yên, ratio est, opinor, quod tu nondum videris *Lieou seng*; si enim illum vidisses, non posses ultra sic loqui.

Jam alias dixi quod 都 toū, sit universalitatis nota, hujus usum nunc expono: 不都這下話在 tché toū pou tsái hoá hià, hæc alia nunc relinquo et ad alium locum remitto; 他管要不都這 tché toū pou yāo koùàn t'ā, permitte illum de iis omnibus noli curare; 話假是都這 tché toū ché kià hoá, hæc omnia falsa sunt; 話夢是都的說 choūe tĭ toū ché móng hoá, quæ dicis mera sunt somnia; 得不少都件兩 leàng kién toū chaò pou te, ambæ istæ res nobis sunt necessariæ; 得認還都件件 kién kién toū hoân gín te, unamquamque rem adhuc recognoscit; 中腹我在都得說消不事心的你 nì tĭ sīn ssée pou siāo choūe te, tou tsái ngò foŭ tchōng, cordis tui res non opus est mihi, dicas, hæc enim omnia scio memoriter; 裡眼在看都我 ngò toū k'án tsái yèn lì, haec omnia tacitus considerabam; 上不比都們我 ngò mên toū pì pou chàng, ad illum nequidem attingimus; 手了住都人二...說我聽都. 鬬要不且道叫 kiáo táo, ts'iè pou yāo teóu, toū t'ing ngò choūe éll gîn toū tchú leaò cheoù, alta voce exclamavit, cessate á pugnâ et me audite....tunc ambo restiterunt; 道來起大都胆這 tché tàn toū tá k'ì lâi táo, subito plenus audacia dixit; 了勾得瘮都你和我 ngò hó nì toū kīng te keoū leaò, nos ambo satis metuimus; 邊一過放且都事的我把 pà ngo tĭ ssée toū t'siè fáng koūo y pién, omnia mea negotia neglexit; 的中天是都的中人是不 pou ché gîn tchóng tĭ, tou ché t'ién tchóng tĭ, non electi sunt ab hominibus, sed à cœlo; 是都事椿這

許詭的他 tchě tchūn ssée teū tchě t'ā tĭ kouèi kĭ, istud negotium malis suis artibus pessumdedit; 的食裡口你是都 teū chě ssée nì k'eòu lì chě tĭ, tu illa omnia comedisti; 傷重是都身遍 pi'èn chīn toū chě tch'óng chāng, toto corpore graves plagas acceperat.

PARAGRAPHUS XXII[us.]

DE 方 fāng, 放 fáng et 妨 fāng.

1°. 方 fāng, significat tunc, Gall. *alors*; 心放方我 ngò fāng fáng sīn, tandem tunc quietus ero; 學才中腹貧不方·人此配得愛令 lìng ngái te p'óei t'sèe gîn, fāng poŭ fcú hiōng tchōng t'sâi hiŏ, si filia tua huic nubit, tunc illam ingenii sui et scientiae non pœnitebit. Saepe adjungitur 纔 t'sâi, v. g. 去事得行纔方道鬼分三帶要 yāo tái sān fēn kouèi táo, fāng t'sâi hîng tĕ ssée k'iu, Gall. *sans un peu de diablerie on n'en pourra jamais venir à bout;* 來轉活也麼怎·了死纔方你 nì fāng t'sâi ssèe leaò, tsèng mô yè hoŭŏ tch'oŭan lâi, modo eras mortuus: quo pacto iterum redis ad vitam? 麼怎是竟畢意的你得中纔方樣 pi kíng chě tsèng mô yáng, fāng t'sâi tchóng tĕ nì tĭ y, quomodo tandem debet esse factus ut tuis votis tunc respondeat?

2°. 放 fáng significat *solvere, dimittere,* &c. v. g. 心放 fáng sīn, solvere cor, sollicitudinem dimittere; 放不也死 sseè yè poŭ fáng, vel si mori oporteat, illum non dimittet; vel ne mortuum quidem dimittet, &c. Exempla sunt obvia.

3°. 妨 fāng significat obstaculum, v. g. 妨不也死 sseè yè poŭ fāng, etiam si morior quid obstat? 事妨不 poŭ fāng sseé, nihil est, noli timere; 得妨不 poŭ fāng tĕ, non est timendum, nihil impedit; 妨何日幾遲便·就成然果若 jŏ kò gên tch'îng tsioú, pién tch'ĭ kĭ gĕ hô fāng, modo res perficiatur, aliquot dies differre parum refert; 走走去他等便行同個兩我有·礙妨無也 pién tèng t'ā k'íu tseoù tseoù yè vōu fāng ngái, yeoù ngò leàng kó t'ông hîng, cum nos ambo una pergamus, nihil obstat quominus obstat quo volet.

PARAGRAPHUS XXIII^us.

DE 般 poüān et 半 pán.

般 poüān, 1°. significat modum, v. g. 般百 pĕ poüān, vel 般諸 tchū poüān, modis omnibus; 樣各 kŏ yáng, omnis generis; 般般 poüān poüān, idem est.

2°. Servit comparationibus, v. g. 般一命性如他惜愛 ngái sĭ t'ā jû sing míng y poüān, illum amant sicut suam vitam, vel 般一珠珍如就 tsioú jû tchīn tchū y poüān, sicut lapides pretiosissimos; 般一人石如就口河在立 stat ad caput fluminis sic tanquam statua marmorea; 般一林得鳥如水得魚如人兩 leàng gîn jû yû te choüì, jû niaò te lîn y poüan, erant ambo simul velut pisces in aquâ et volucres in silvis, *n'es l'un pour l'autre;* 樣一般一你與貌面 miéa máo yû nì y poüān y yáng, perfecte tibi similis est; 般一年幾了去像意日幾這得去你 aliquot diebus abfinisti, et mihi visi sunt totidem anni; 般一罪受獄地是明分 sum sicut in inferno.

3°. Jungitur cum 這 tché et cum 恁 gín, v. g. 當勾般這 ejusmodi negotia; 般這心動不何如物之白黄, *comment être insensible à la vue de ce doux métal;* 般這樣模 tché poüān moú yáng, hoc modo, *de cet air;* 苦愁般恁要不 noli sic te macerare; 人的量小般恁是不我 non sum animi tam angusti; 恁得來何爲早 oüéi hô lâi tĕ gín tsaò, cur venis tam mane, melius quam si dixisset 早般恁.

半 pán vel poüán, media pars. 1°. amat repeti: 鬼半人半 ex metu semimortuus; 低半高半 de argento partim puro partim malo; 信不半信半 non omnino credit; 推不半推半 non omnino recusat.

2°. Sunt et alii modi; 得不動走也步半 ne unum quidem passum facere potest; 日半這了聽 à multo tempore te loquentem audio; 話說日半這講 totis diebus simul colloquuntur; 的眞是句半有曾何 in his quæ dicit ne unum quidem veritatis verbum est; 半一他得比怎 tsèng pì tĕ t'ā y poüan, *il ne le vaut pas, il s'en faut la moitiè;* 留不個半 *il n'en laissa pas la queue d'un,* interfecit omnes, nemine excepto; 晌半 pán hiàng, aliquandiù per unum momentum; 酣半 pán hān, *entre deux vins,* semi-ebrius.

PARAGRAPHUS XXIV^us.

DE 再 tsái et 纔 t'sâi.

Minima est inter utramque differentia; melius tamen dicitur 三再 tsái sān, repetitis vicibus, sicut melius dicitur 纔方 fāng t'sâi, tunc; 與再弟小·兄仁過見來進他等說他 cum advenerit et te viderit postea tandem illi loquar; 再·知相是又·年同此彼說得沒 erant studiorum socii, erant amici, ne uno quidem verbo contenderunt; 他無再了他是定人 est ipsemet, nec potest esse alius; 來禍出惹纔事生去你是竟畢 pĭ kíng ché nì k'iu sēng ssée, t'sâi gè tch'ŭ hó lâi, tu ipse infortunium istud accersisti, *tu as été chercher ce malheur*; 是纔過做.口誇必不 poŭ pĭ k'oūa k'eoù, tsó kō t'sâi ché, non necesse est gloriari, re absolutâ videbimus; 手到得纔日幾遲要還 hoân yāo tch'ĭ ki gĕ, t'sâi tĕ táo cheoù, expectandi sunt adhuc aliquot dies, ut istud veniat ad manum; 鈎上他得騙纔 t'sâi pi'én tĕ t'ā cháng k'eōu, tunc poterit induci ut hamum mordeat; 這計之久長箇是纔 tché t'sâi ché kó tcháng kieoù tchī kí, *voila enfin ce qui s'appelle un expedient pour maintes années.*

PARAGRAPHUS XXV^us.

DE 耐 nái et 奈 nái.

Sæpe occurrit 煩耐 nái fân, et 何奈 nái hô, in eodem fere sensu, ut patebit ex exemplis; 也煩耐不生好 haò sēng poŭ nái fân yè, valde difficile est hoc patienter ferre; 煩耐不得弄上心 sīn chàng lóng tĕ poŭ nái fân, corde sum ita turbatus et afflictus, ut quid agam non occurrat; 心耐 nái sīn, patientiam habere.

何奈可無於出 t'chŭ yū vôu k'ò nái hô, fuit quædam necessitas, non poteram diutius perferre et pati; 了何奈可無 vôu k'ò nái hô leaò, nullum est amplius remedium, vel, *ou ne peut plus y tenir, ou perd patience;* 他得何奈人誰 choûî gîn nái hô te t'ā, quis posset illum ferre? vel 得不他何奈 nái hô t'ā poŭ tĕ, nullus est modus illum domandi, *il n'y a*

海上絲綢之路文獻集成 科技與文化编

pas moyen de le reduire ; 他何奈要 yāo nái hô t'ā, *il faut un peu l'excuser.* Item 天何奈 nái hô t'iēn, patienter ferre quæ nobis a cælo accidunt ; 何奈没 mŏ nái hô, nihil aliud fieri potest ; 何奈何奈 nái hô, nái hô, quid agendum ? quid mihi autor es ?

乃 nai, certè, scilicet, equidem, certe, &c. frequentius occurrit in libris quam in sermone.

ARTICULUS TERTIUS

DE FIGURIS.

Figuræ de quibus nunc agitur, in verbis præcipuè consistunt. Tales sunt repetitio, antithesis, seu oppositio, et interrogatio, quibus accedet copiosa proverbiorum collectio.

PARAGRAPHUS PRIMUS

DE REPETITIONE.

Ampla certe materia sese offert, nihil enim familiarius est Sinis quam eamdem litteram repetere, sive ut oratio sit clarior, sive etiam ut sit elegantior. Itaque modos omnes quibus repetitio fit proferam, nec timebo in exemplis esse longior, quia quo plura erunt, hoc meliùs ac citius Missionarii Sinice loqui addiscent.

PRIMUS MODUS

Eadem littera bis terve repetitur et majorem inde vim accipit :

EXEMPLA :

語不默默 mě mě poŭ yù, altum silentium servat ; 說的輕輕 k'īng k'īng tĭ choūĕ, demissâ voce loqui ; 見瞧遠遠 yuèn yuèn t'siaô kièn, à longe aspicere ; 呵呵 vel 笑大哈哈 hā hā vel hà hà tá siáo, in cachinnos erumpere ; 意致多多 tō tō tchí y, salutem plurimam ; 着睡的齁齁 heōu heōu tĭ choüí tchŏ, profunde dormit ; 的呼呼了睡 hōu hōu tĭ choüí leaò, ronchos edit ; 了得聽都句句一 y kiú kiú toū t'īng tĕ leaò, distincte omnia audivi; 哭慟哀哀 ngāi ngāi t'óng k'oŭ, amare flere; 心散散 sán sán sīn, animum relaxare; 拂拂風香 hiāng fōng foĕ foe, aer undequaque spargitur; 的洞洞黑 hĕ tóng tóng tĭ, in mediis tenebris, intempestiva nocte; 經誦朗朗 lāng lāng sóng kīng, clara et alta voce legere; 來山上摸步步一 y póu póu mó chàng chān lâi, pedetentim montem ascendit; 是是是道頭點連連 liên liên tièn t'eôu táo, chí, chí, chí, multiplici capitis motu approbando dixit: est, est, est, istud ipsum est.

SECUNDUS MODUS.

Duæ litteræ synonymæ vel saltem affines, eleganter iterantur, efficiuntque usitatissimas quatuor litterarum phrases.

EXEMPLA:

安安平平 p'îng p'îng ngān ngān, secure sine periculo et metu; 倒倒顛顛 tiēn tiēn táo táo, sus deque, inverso et perturbato ordine; 飽飽醉醉得吃 k'ĭ tĕ tsoúi tsoúi pāo pāo, benè potus et bene pransus; 落落冷冷 lèng lèng lŏ lŏ, frigidam vitam agit; 哭哭啼啼 t'î t'î k'oŭ k'ou, flens et ejulans ut solent pueri; 容容從從 ts'ông ts'ông yông yông, sensim, lentè; 當當停停 t'îng t'îng tāng tāng, ad amassim, sicut oportet; 冷冷清清 lèng lèng t'sīng t'sing, de loco solo, sine tumultu, et strepitu; 擺擺搖搖 yâo yâo paì paì, tumidè et superbè ambulare; 喜喜歡歡 hoēn hoēn hì hì, lætitiâ gestiens; 慌張張慌 hoāng hoāng tch'âng tch'âng, ex timore præceps; 聒聒絮絮 siú siú kŏ kŏ, clamitare ad aures; 叨叨絮絮 siú siú t'aō t'ao, inter se garrire; 許了說噥噥唧唧話閒多 tsí tsi nong nông choüĕ leaò hiŭ tŏ hiên hoă, summa garrulitate nescio quid non dixerint; 曲曲委委 ouèi ouèi k'iŏu k'iŏu, per anfractus et per ambages; 烈烈朗朗得說 choüe te làng làng, lie lie, loqui alte et confidenter; 敬敬恭恭 kòng kòng kíng kíng, cum magnâ veneratione; 整整齊齊 tsî tsî tchìng tchìng, cum magnâ pompâ et ornatu multo; 淨淨乾乾得燒 chāo te kān kān tsíng tsíng, omnino conflagravit; 想只念念心心他着 sin sin nién nién tchì siàng tchŏ t'ā, de illo solo semper cogitat; 放的念念心心下不他 sīn sin nién nién tì fáng t'ā poŭ hiá, illum non potest pellere ex corde suo; 覺不來起哭咽咽嗚嗚 poŭ kiŏ mîng mîng yēn yen k'oŭ k'ì lâi, subito in fletus erupit; 昏昏昧昧 hoēn hoen moèi moèi, non est apud se, v. g. præ dolore; 真真假假吐吐吞吞惑惑疑疑人使 t'ūn t'ūn t'où t'où kià kià tchīn tchin, sseè gîn y y hoĕ hoe, partim reticet partim evomit, falsa miscet veris, facit ut plura dubia nascantur; 擠擠挨挨 yāi yāi tsī tsī, de densâ hominum multitudine; 妥妥停停 t'îng t'îng t'ò t'ò, res est in vado; 暮暮朝朝 tchāo tchāo moù moù, mane et serò; 哈哈嘻嘻 hi hi hā hā, hilariter; 跡血是都漓漓淋淋上身 chīn chàng lîn lîn lî lî tou chĕ hu tsī, toto corpore sanguis apparebat, totum corpus sanguine fædatum erat; 拽拽扯扯 tch'è tch'è yĕ ye, aliquem trahere, raptare; 突突鶻鶻 hoû hoû t'où t'ou, sine ordine et attentione, stultè et ineptè; 蹌蹌踉踉 láng láng ts'iāng ts'iāng, de homine ebrio qui superbe graditur; 明明白白 mîng mîng pĕ pe, clarissimè, apertissime; 想想思思 ssēe ssee siàng siàng, profunde cogitare; 酣酣沉沉得飲 yn te chîn chîn hān hān, se inebriavit; 端端得寫正正 sié te touān touān tchíng tchíng, scriptum est egregiè et accuratè.

TERTIUS MODUS.

Eadem littera cum duabus aliis inter se synonymis, vel oppositis, vel affinibus, jungitur. Iste modus est satis elegans.

EXEMPLA:

覺不知不 poŭ tchī pou kiŏ, ne quidem sentit; 白不明不 poŭ mîng poŭ pe, non clare; 事的當不了不 pou leao pou tāng ti ssēe, negotium incertum, nec satis firmum; 不小不大 pou tá pou siaò, neque magnum neque parvum; 忙不慌不 pou hoāng pou mâng, sine præcipitatione; 四不三不 poŭ sān pou ssée, ad unum intentus constans; 死願生願 yuén sēng yuén sseè, mortem optare; 活要死要 yāo sseè yāo hŏ, vult mori; 死氣生氣 k'í sēng k'í sseè, magnâ irâ corripi; 活不死不得弄 lóng te poŭ sseè pou hŏ, in hoc statu nec mortuus nec vivus dici potest; 惱可恨可 k'ò hèn k'ò naò, dignus est omni odio; 巧似奇似 ssée k'î sseé k'iaò, diceres magnam stabilitatem habere; 煖做寒做氣之春初 t'soū tch'ūn tchi k'í tsó hân tsó nouàn, initio veris aer est modo frigidus, modo calidior; 掩半開半 poūán k'ai poūàn yén, partem aperit partim tegit; 吐半含半 poūán han poūán t'où, partem reticet, partem evomit; 雪半雨半 pán yù pán suĕ, imber nive mixtus; 鬼半人半 pán gîn pán kouèi, semimortuus; 猜半疑半 pán t'sāi pán y, licet ferè divinet, adhuc dubitat; 好半病半 pán píng pán haò, nondum penitus convaluit; 鬼弄神弄 lóng chîn lóng kouèi, omnia perturbat tragedias excitat; 舌弄嘴弄 lóng tsoùi lóng che, inepta blaterare, garrire; 去弄來弄

lóng lâi lóng k'iù, de die in diem corradere unde vivas; 語自言自 tsée yên tsée yù, secum solus loquitur; 語輕言輕 k'ing yên k'ing yù, non superbe loqui; 語胡言胡 hoû yên hoû yù, inepta dicere; 小罵大罵 má tá má siaò, injurias temere dicere; 酒大肉大 tá tsioù tá jŏ, convivia quotidie agere; 碗大盤大 tá p'oüân tá oüàn, magnis catinis et grandibus poculis uti, largiter manducare; 賤自輕自 tsée k'ing tsée tsién, seipsum reddere contemptibilem; 樣喬模喬 k'iâo môu k'iâo yáng, altis et grandibus modis; 樣怪模怪 koúai môu koúai yáng, modis ridiculis et ineptis; 親日近日 gĕ kin ge ts'în, necessitudo in dies crevit; 戶離門離 lî mên lî hoú, domum suam deserere; 惱暗氣暗 ngán k'i ngán naò, iram corde premere; 肯意肯心 sin k'èng y k'èng, toto corde annuit; 去說來說 choüĕ lâi choüe k'iú, inter loquendum; 意用心用 yóng sin yóng y, omnem animi conatum adhibere; 去走來走 tseoù lâi tseoù k'iú, eundo et redeundo; 痴如醉如 jû tsúi jû tch'ī, sicut ebrius et hebes; 舌插嘴插 t'chă tsoùi t'chă chĕ, multa verba interserere; 戶各門各 kŏ mên kŏ hóu, suâ quemque viâ progredi; 眼下眼上 yèn chàng yèn hià, undequaque aspicere; 西取東取 t'sù tōng t'sù sī, accipere ab omni parte; 苦吃辛吃 k'i sin k'i k'où, multa amara pati; 話的淨不乾不句幾 ki kiú poŭ kān poŭ tsíng tī hoá, aliquot verba minus honesta; 當勾的俐不伶不 poŭ lîng poŭ lí ti keōu tāng, familiaritas minus honesta; 短面長面他得認不 poŭ gín tĕ t'ā mién tch'âng, miĕn t'oüàn, nescio qualis sit, non illum vidi; 地黑天黑 hĕ tī'en he tí, maximæ tenebræ; 地謝天謝 sié ti'ēn sié tí, magnas agere gratias; 心小胆小 siaò sin siaò tàn, sollicitus, cautus; 想自思自 tseé ssēe tsée siàng, in corde secum reputans; 據有憑有 yeoù p'îng yeoù kiú, illud solide fundatur; 疑將信將 tsiāng sin tsiāng y, adhuc incertus; 故沒原沒 mŏ yuên mŏ kóu, sine causa et ratione; 影沒蹤沒 mŏ tsōng mŏ yng, nihil quicquam de eo auditur; 腦沒頭沒 mŏ t'eoû mŏ naò, sine cerebro, sine ordine et serie; 夢非無笑夢啼夢 móng t'î móng siáo voû fēi móng, somnium sive triste sive lætum non nisi somnium est.

QUARTUS MODUS.

Adhuc elegantius assumuntur duæ litteræ vel synonymæ, vel affines, vel oppositæ, ac decussatim ponuntur. Tunc fere semper non verborum sed sententiæ repetitio fit, et tamen sentitur litteræ ad litteram relatio, quæ non levem gratiam conciliat.

EXEMPLA:

清愛潔好 haó kiĕ ngái ts'ing, munditiæ amator: haó kie, idem est ac ngái ts'ing, haó et ngái significat amare; kie et ts'ing significat purum et mundum esse. Pessime diceres, haó ts'ing ngái kie, optimè autem dicitur haó kie ngái ts'ing. Idem de sequentibus phrasibus esto judicium; 苦共甘同 t'ông kān kóng k'où, utramque fortunam simul experiri; 客敬賓尊 ts'ūn pin kíng kĕ, optime tractare hospites; 合意投情 t'sîng t'eoû y hŏ, concordes; 足意滿心 sin moüàn y tsŏu, abunde contentus; 地喜天歡 hoān t'iēn hi tí, lætitia exultat; 地盟天誓 cum magnis juramentis aliquid promittere; 俗敗風傷 chāng fōng pái soŭ, bonas consuetudines violare et evertere; 友酒朋詩 chi p'ông tsioù yeoù, poesi et vino inter se conjuncti; 友怪朋狂 k'oüâng p'ông ko'üâi yeoù, stulti et ridiculi amici; 怨雪讐報 páo t'cheoû suĕ yuēn, vindictam sumere; 吽小呼大 tá hoū siaò kiáo, vocare cum strepitu, strepitum edere; 怪小驚大 tá king siaò koüái, tumultuari; 齒利牙伶 lîng yā lí tch'ì, qui habet linguam bene expeditam; 齒切牙咬 kiāo yā t'siĕ tch'ì, ex irâ frendere dentibus; 貌月容花 hoā yông yue máo, vultus formosus, vel 貌玉容花 hoā yông yŭ máo; 貌之月似容之花如 jû hoā tchi yông ssée yue tchi máo, formosa ut flos, pulchra ut Luna, vel 玉似花如 jû hoā ssée yŏ, idem; 少實多花 hoā tō che chaò, flores multi sed fructus pauci; 想亂思胡 hoû ssēe loüán siàng, inanes cogitationes nutrire; 想暮思朝 tchāo ssēe moù siàng, mane et serò meditari; 想右思左 tsó ssēe yeoú siàng, omnem in partem cogitando se vertere; 後想前思 ssēe ts'iên siàng heóu, ex præteritis futura cogitare; 念轉思回 hoêi ssēe tchoüèn nién, mutare animum, alia cogitare; 走亂行糊 hôu hâng loüán tseoù, perturbate incedere; 禍惹災招 tchaō tsāi gè hó, infortúnia sibi accersere; 活覓死尋 sîn ssèe mĭ hŏ, se interficere; 渴耐饑忍 gìn kī nái k'ŏ, pati famem et sitim; 衰力邁年 nièn mái lĭ chouāi, senio confectus et debilitatus; 狗罵猪指 tchì tchū má keoù, digito monstrare porcum et maledicere cani; sic 西說東指 tchì tōng choüe sī, ad aliud intendere et loqui de alia re; sic 西罵東指 tchì tōng má si; 望西張東 tōng tcháng si váng, in omnem partem respicere; 腦望頭張 tcháng t'eôu váng naò, caput erigere ad inspiciendum; 腦探頭張 tcháng t'éôu t'ān naò, idem; 嘆短呼長 tcháng hoū tou'ân t'án, vel 吁長嘆短 tou'ân t'ān tcháng hiū, suspirare; 短道長說 choüe tcháng táo tou'ân, vel 黑道白說 choüe pe táo he, male loqui de proximo; 大志高心 sin kāo tchi tá, magna intendere; 骨刺心鑽 tsoüan sin t'sí koŭ, penetrat animum, pervadit usque ad ossa; 心獸面人 gîn mièn cheóu sin, hominis vultum habet et cor bestiæ; 怪做妖粧

tchoūāng yāo tsó kouái, spectri speciem induere; 樣做模粧 tchoūāng moû tsó yáng, magnos spiritus affectare; 跡隱名埋 mâi mîng yn tsī, latēre, sese abscondere; 跡溷名埋 hoén tsi mâi mîng, idem; 跡避踪藏 ts'âng tsōng pí tsi, idem; 尾露頭藏 ts'âng te'oû leú ouèi, caput tegere et caudam proferre; 聲吞氣忍 gìn k'í t'ūn ching, iram comprimere et tacere; 渴似饑如 jû kī ssèe k'ŏ, sicut esuriens et sitiens; 夢如醉似 jû móng sseè tsoùi, sicut somnians et ebrius; 虎似狼如 jû lāng ssèe hoù, sicut lupi et tygres; 漆似膠如 jû kiaō ssèe t'sī, simul tenaciter agglutinati; 水玩山看柳問花尋 k'àn chān oüán choüì sîn hoā vén lieoù, rus amat, quœrit flores et lucos, gaudet montibus et rivis; 香花語鳥綠水青山 chān ts'ing choùi loŭ niaò yù hoā hiāng, amœnus collis, fons dives, volucres garruli, odori flores; 響谷鳴山 chān mîng koŭ hiàng, aves canunt in montibus, resonat in vallibus echo; 珍奇味美 moèi ouéi k'î tchin, vel 錯海珍山 chān tchin hài t'sŏ, delicata fercula; 飯淡茶麁 ts'ōu t'châ tán fán, tenuis et pauper victus; 窮怕富喜 hì foú p'á ki'ông, amare divitias, timere paupertatem; 魑山鬼野 yè kouèi chān siáo, ad summam miseriam redactus; 手白拳空 k'ōng k'uên pĕ cheoù, vacuis manibus; 浪逐波隨 soûi pō soúi láng, se fluctibus permittere, torrentem sequi; 正歸邪改 kài siê kouëi tching, vitam emendare; 去眼來眉 mî lâi yèn k'iú, oculos crebro conjicere in hominem; 笑眼花眉 mî hoā yèn siáo, hilari ac renidenti vultu; 額蹙首疾 tsi cheoù t'si nghĕ, tristi facie, caperatâ fronte; 學抱才懷 hoâi t'sâi páo hiŏ, ingeniosus et doctus; 日白天清 ts'ing t'iēn pe gĕ, in ipso meridie, clara luce et palam; 舌弄唇調 tiáo tsoùi lóng chĕ, vel 舌弄唇調 tiáo chûn lóng che, vel 語亂言胡 hoû yên louán yù, garrire, blaterare, inepta loqui; 舌多嘴多 tō tsoùi to che, nimis loquax; 舌狗嘴油 yeōu tsoùi keoù che, pessima lingua; 快舌尖嘴 tsōui tsiēn che k'oúai, lingua mordax, et volubilis; 舌弄唇翻 fān chûn lóng che, obloqui; 語花言巧 ki'ào yên hoā yù, verba dolosa et fucata; 言良口苦 k'où k'eòu leâng yên, verba salutaria; 舌費口合 hŏ k'eòu féi che, verbis contendere; 舌鐵嘴釘 tīng tsoùi tiĕ che, os ferreum; 犯牙打人和嘴 hó gîn tà ya fán tsoùi, cum aliquo verbis contendere; 量我商你 nì chāng ngò leàng, simul consultemus; 愛我貪你 ní t'ān ngò ngái, mutuo se amare; 西我東你 nì tōng ngò sī, inter se non convenire; 答我問你 nì vén ngò tă, inter se garrire; 活我死你箇併你和 hó nì píng ko nì ssèe ngó hŏ, volo tecum pugnare usque ad mortem; 夜黑日白 pĕ ge hĕ yé, die ac nocte; 詞野歌胡 hoû kō yé ssêe, cantilenæ rusticæ; 實外虛裡 lì hiū vái che, intus inanis, solidus foris; 應裡合外 vái hŏ lì yng, correspondentia intus et foris; 罵暮打朝 tchāo tà móu má, verberibus et injuriis me quotidie excipit; 枕共牀同 t'ông tchoū'âng kóng tchìn, simul cubare; 就暗推明 mîng t'oūi ngán tsioù, palam recusare et clam concedere; 誰名甚姓 síng chìn mîng choûi, quomodo vocatur? 名高姓上 chàng síng kāo mîng, vel 號雅名高 kāo mîng yà haó, quomodo vocaris domine? 飲渴食饑 kī che k'ŏ yn, cum esurit manducat et cum sitit potat; 啞粧聾推 t'oūi lông tchoūāng yā, se fingit surdum et mutum; 亂脚忙手 cheoù mâng kiŏ loūán, perterritus nihil efficere potuit efficere; 盞換杯交 kiāo poēi hoáu tsàn, vel 盞弄杯傳 tch'oūen poēi lóng tsán, simul potare; 舌張口騙 p'ién k'eoù tcháng che, verbis dolosus et pellax; 歪西倒東 tōng taò sī vāi, in pessimo statu positus; 杖弄刀拿 nâ tāo lóng tchàng, arma manibus agitare; 婢使奴呼 hoū noù sseè pí, habere servos quibus imperes; 鬼謫神膀 moūan chîn hoàng koūèi, imponere spiritibus; 樂暮歡朝 tchāo hoān moú lŏ, ducere dies in lætitia; 睡早起遲 k'ì tsaò choúi t'chî, surgere bene mane, et valde sero decumbere; 對戶當門 mên tāng hoú toúi, æquales dignitate et divitiis; 凶眼惡面 mién ngŏ yèn hiōng, homo improba facie; 災逃難躲 tó nân t'āo tsāi, vel 難避災逃 t'āo tsāi pí nán, periculis et infortuniis se subripere; 快手疾眼 yén tsĭ cheoù kou'ái, oculis et manibus celer ac promptus; 志惑心疑 y sīn hoĕ tchí, suspiciones et dubia nutrire; 地動天驚 king t'iēn tóng tí, magnas tragædias excitare; 隨婦唱夫 fōu tch'áng foú soúi, maritus præit, uxor sequitur; id dici solet de optimo conjugio; 竹修林茂 meóu lîn sieōu tchoŭ, amœnus et densus lucus; 爺尋子見弟換兄呼 hoū hiōng hoán tí mĭ tseè sîn yê, in fuga fratres se vocant, pater et filii se quærunt; 落胆飛魂得嚇 hĕ te hoēn fēi tàn lŏ, vel 魂得驚散魄飛 king te hoēn fei p'e sán, magno timore correptus fuit; 地黑天昏得苦 k'où te hoēn t'iēn he tí, de magno ejulatu hoc dicitur; 次兩回三 sān hoêi leàng ts'eè, vel sān hoêi 五 où ts'eè, vel 次三番兩 leàng fān sān t'seè, repetitis vicibus; 飯六茶三日一 y ge sān t'châ loŭ fán, quotidianæ comestiones; numerus 3 et 6 positus est ad arbitrium, ut solet; 友四朋三 sān p'ông ssée yeoù, amici aliquot; 句兩言三 sān yên leáng kiú, aliquot verba; 四阻三推 t'oūi san tsoù ssée, varia obstacula ponere; 舌八嘴七 t'sī tsoui pă che, multi sermones; 活八死七 t'sī sseè pă hŏ, fere mortuus; 舍八鄰四 ssée lîn pă ché, vicini; 脚八手七 t'sī cheou pă kiŏ, manibus et pedibus, omni ope et opera; 利八本七 ts'i pèn pă lí, sors et lucrum; 倒八顛七得弄 lóng te ts'i t'ien pă táo, ad extrema redactus; 喜萬歡千 ts'ien hoan ván hì, maxima lætitia exsultans; 苦萬辛千

ts'iēn sīn ván k'où, omnis generis afflictiones; 謝百恩千 ts'iēn nghēn pě sié, vel ts'iēn nghēn ván sié, mille gratiarum actiones; 計百方千 ts'iēn fāng pě kí, omni arte et modo omni; 難百磨千 ts'iēn mô pě nân, omnia dura expertus; 痛九病千 ts'iēn píng kieòu t'óng, fere semper ægrotat; 金千寶百 pě paò ts'iēn kin, omni pretio, pretiosissimum; 隨百依百 pě y pe soûi, omnia ipsi annuit; 俐百伶百 pe lîng pe lí, ingeniosus solers; 求萬求千 ts'iēn ki'eôu ván ki'eôu, instanter rogare; 算萬算千 ts'iēn soán ván soán, omnem modum excogitare; 肯萬肯千 ts'iēn k'èng ván k'èng, omnino vult, nihil negabit.

Qui serio volent discere recte loqui Sinice, non conquerentur exempla nimis multa proferri; imo hæc potius memoriæ mandabunt, et sic innumeros sinisque familiares loquendi modus ita ediscent, ut accentus quos exacte notavi, studeant semper recte pronuntiare. Quos porro fructus inde percipiant, brevi cum ingenti gaudio experientur.

QUINTUS MODUS.

Eadem phrasis sæpe solet repeti, sive ob numerum, sive ex affectu ut sensus animo melius hæreat.

EXEMPLA:

絕妙絕妙 miáo tsuě miáo tsue, optimè, nihil melius; 奇大奇大 tá k'î tá k'î, mira sane res; 得難 (bis), nán tě nán te, hoc raro contingit, est bona fortuna; 勞重 (bis), t'chóng láo t'chóng láo, tibi plurimum debeo; 感多 (bis), tō kàn tō kàn, gratias quamplurimas; 了勾 (bis), keóu leaò keóu leaò, satis est, sufficit; 怪休 (bis), hieōu kouái hieōu kouái vel 怪莫 (bis), mŏ kouái mŏ kouái, ne quæso mireris; 傷可 (bis), k'ò chāng k'ò chāng, hoc certè est lamentabile; 此如 (bis), 般這 (bis), jû ts'eè, jû ts'eè, tché poūan tché poūan hoc et hoc modo erit agendum; 惜可惜可呀阿 ō yā! k'ò sĭ k'ò sĭ, ô quam dolendum! eheu! quod damnum! 記牢 (bis), lâo kí lâo kí, fac ut bene memineris; 屁放 (bis), fáng p'í fáng p'í, ridiculum est quod dicis, ore pedis; 呀是 (bis), ché yā, ché yā, ita est; 呀苦 (bis), k'où yā k'où yā, eheu! me— miserum! vox dolentis; 他是正他是正 tching ché t'ā tching ché t'ā, vere ipsissimus est; 得說消不了是了是 ché leaò ché leaò, poŭ siaō choŭĕ tĕ, istud ipsum est; quid opus est verbis; 玩遊玩遊去他同 t'ông t'a k'iú yeoū ouàn yeoū ouàn, cum illo ire ad deambulationem.

SEXTUS MODUS.

Idem verbum repetitur interposita particula 的 tĭ quæ participia designat.

EXEMPLA:

走的走坐的坐 tsó tĭ tsó tseoù ti tseoù, sedentes sedent, ambulantes ambulant; 迎的迎送的送路一 y loù sóng, tĭ sóng yng tĭ yng, toto itinere, quam plurimi eum deducebant. alii veniebant obviam; 舞的舞唱的唱彈的彈吹的吹 t'choūi tĭ t'choūi, tân ti tân, tch'áng ti tch'áng, voù ti voù, alii fistula ludebant, alii fidibus, cantabant alii, et alii saltabant; 了選的選了中的中 tchóng ti tchóng leaò, suèn ti suèn leaò, attigerunt quotquot debebant attingere, et electi sunt qui debebant eligi; 打鼓打的鼓打鑼打的鑼 tà koù ti tà koù, tà lô ti tà lô, alii tympanum pulsant, alii cymbalis perstrepunt.

PARAGRAPHUS SECUNDUS.

DE ANTITHESI.

Toto hoc paragrapho vox illa antithesis valde late sumitur; interdum est vera antithesis, interdum est mera correspondentia seu correlatio; nescio quo alio nomine possim appellare hanc figuram, quæ tam sæpe occurrit, cum in sermone, tum in libris, ut ex mille modis loquendi, quos in hoc opusculo legere est, vix duas tres-ve reperiri putem, in quibus non sit oppositio aliqua, vel in sententia vel saltem in verbis. Hoc scilicet linguæ Sinicæ proprium est. Sensus quidem unâ et alterâ litterâ posset absolvi, sed ad oppositionem vel repetitionem recurrere necesse est, ne cadat oratio et ore hiante spiritus per vim abrumpatur, ut notari jam potuit in exemplis paragrapho superiori, et maxime modo quarto relatis.

EXEMPLA:

才有必未的貌有·貌有必未的才有 yeoù t'sâi tĭ ouéi pĭ yeoù máo, yeoù máo ti ouéi pi yeoù t'sâi, amænitatem ingenii rarò comitatur par vultûs gratia; oris venustati vir ingenii non semper respondet; 貌其副才·才其稱貌 máo t'chīng k'î t'sâi, t'sâi fóú k'î máo, corporis et animi dotes in eo pariter elucent; 建子同才·安潘比貌 máo pl p'oüân ngān, t'sâi t'ông tseè kién, pulcher P'oüân ngān non erat pulchrior, nec ingeniosus Tseè kién ingeniosior; 口充不食·身遮不衣 y poŭ tchē chīn, chĕ pou tch'ōng kc'où, non habet quod induat nec quod edat; 尋不處甚·覓不處何 hô t'chû poŭ mī, chín t'chú pou sîn, ubi non quæsivi? Duæ sunt phrases planè similes quæ sese mutuo fulciunt; 送是知不·賣是知不 poŭ tchi ché mái pou tchi ché sóng, an vis vendere, an vis dono dare? 句一熱句一冷 lèng y kiú, gĕ y kiú, modo frigide, modo valde familiariter loquitur; 得不假認·得不真認 gín tchin poŭ tĕ, gín kià poŭ tĕ, certa fides huic rei dari non potest; 你訪我是便·我尋你是不 poŭ ché nì sîn ngò, pien chí ngò fàng nì, si non me quæris, ego te quæro et vicissim; non possunt à se invicem avelli; 推你要不你推我·我 poŭ yāo nì t'oūi ngò, ngò t'oūi nì, cavendum est ne culpam in me transferas, vel ego in te rejiciam; 得不閉又口開要·得不開又口閉要 yāo k'āi k'eoù yeóu k'āi poŭ te, yáo pí k'eoù yeóu pí pou te, non possum nec loqui nec tacere; 淚無泣要語無言要 yáo k'ĭ vōu loúi, yáo yên vōu yù, non invenit nec lacrymas nec verba; 言欲言可情無又·情言欲·言難深恩·恩 yŏ yên nghēn, nghen chīn nán yên, yŏ yên t'sîng yeóu vōu ts'îng k'ò yén, ejus beneficia superant quidquid dicerem, et ejus amorem amor ipse non posset eloqui; 亡他爲必我·死我爲他 t'ā oüéi ngò sseè, ngò pi oüéi t'ā váng, mortuus est pro me et ego pro illo determinata sum mori; 死則你無·生則你有 yeoù nì tsĕ sēng, vou nì tse sseè, tecum vivam, sine te moriar; 唱彼和我或和彼唱我或 hoĕ ngò tch'āng pì hò, hoe ngò hò pì tch'āng, quod volo et ipse vult, quod vult et ego pariter volo; 奔可路無·投可家無 vōu kiā k'ò teoù, vōu loù k'ò pēn, nullum habet refugium; 門無地入·路無天上 chàng t'iēn vōu loù, ge tí vōu mên, non est quò fugiat; 覺不厭可覺不·喜可 poŭ kiŏ k'ò hì, pou kiŏ k'ò yén, istud nec lætitiam affert, nec fastidium parit; vel, nescit gaudere nec tristari; 你的日前是我·我的日今是你 nì chí kīn ge ti ngo, ngò chí ts'iên ge ti nì, tu es sicut ego nunc sum, et ego sum sicut olim tu eras; 作做後背·承應面當 tāng mien yng tch'îng, poéi heóu tsó tsŏ, coram quidem omnia annuit, clam verò cuncta turbat; 渺渺魄七·飄飄魂三 sān hoēn pi'aō pi'ao, t'si pe miaô miaô, nimio timore correptus non est apud se; 睡似醒·醒似睡·想不飯·思不茶

t'châ pou ssēe, fán pou siàng, choüí sséе sìng, sìng ssée choüí, nec bibit nec manducat, nec dormit nec vigilat; 覺不鬼·知不人 gîn poŭ tchī koüèi pou kiŏ, hoc homines nesciunt et spiritus ipsos latet; 虛空內手·餒饑中腹 foŭ tchōng kī nuèi, cheoù nuéi k'ōng hiū, ventre et manibus vacuis; 和慈面外·勇剛邊裡 lì piēn kāng yòng, vái mién tsêe hó, intus rigidus et fortis, foris comis et blandus; 馬乘煖天·轎坐寒天 ti'ēn hân tsó kiáo ti'en noüàn chìng mà, si frigus est in cathedra sedet; si calor est equitat; 必·托之人受事之人終當 cheóu gîn tchī t'o p'ĭ tāng tchōng gin tchi sséé, qui negotium alterius in se suscepit, debet perficere id quod promisit; 不你酒遞我偏·酒吃肯裡手他在吃肯 tsái t'ā cheoù lì k'èng ki tsioù, pi'en ngò tí tsioù nì pou k'èng ki, si tibi offerat vinum, bibis, si offeram ego, non vis bibere; 去水裡水·去火裡火願情 t'sìng yuén hó lì hó k'iú, choùi lì choùi k'iú, libenter me in ignem et in aquam te jubente projicerem; 起頷從歡生腮向喜 hoān ts'òng hàn k'ì, hì hiáng sāi sēng, toto vultu hilaritatem ostendit; 是活你鬼家他是死·人家他 nì hŏ chí t'ā kiā gîn, sseè chí t'ā kiā kouei, mortuus ipsi adhaerebis; 捨不退欲·能不進欲 yŏ tsín pou nêng, yŏ t'oúi pou chè, progredi non potest et regredi non sustinet; 仇無日今·寃無日往他與我 ngò yù t'ā vàng gĕ vōu yuēn, kīn gĕ vou ki'eoû, nihil ego unquam egi unde me oderit; 明到睡夜·夜到睡明 mîng choüi táo yé, yé choüi tao ming, die et nocte semper dormit; 後其顧不·前其顧只 tchì koú k'î ts'iên pou koú k'î heoú, curat quae sunt ante, negligit quae sunt retro; 言一你句一我 nì y yén, ngò y kiú, inter se garriunt; 盞一我鍾一你 nì y tchong ngò y tchàn, inter se potant; 短我說·長我說 chouĕ ngò tch'âng, choue ngò tou'ân, de me male loquitur; 前人於立獨亭亭·上世於孤孤孑孑 kiĕ kie koū koū yū ché chàng, t'îng t'ing tou lĭ yū gīn ts'iên, solitarius in ipso sœculo, heremita in medio hominum; 半一·辭兒半一肯兒 y pán êll t'seê, y pán êll k'èng, partim recusat, partim recipit; 他的隨也長要他的隨也短要 yāo tch'âng yè soûi ti t'ā, yāo toū'ân yè soûi ti t'ā, petat quidquid volet; 的 hoc loco idem est ac 得.

PARAGRAPHUS TERTIUS.

DE INTERROGATIONE.

Quamplurimæ sunt litterae quae serviunt interrogationi; omnes conabor aperire et selectis exemplis earum usum docebo.

1°. Littera 不 poŭ, in medio posita inter eamdem litteram quae repetitur, interrogationem denotat, v. g. 去不去 k'iú poŭ k'iú, abiit ne an non? 來不來 lâi poŭ lâi, veniet ne? 不肯肯 k'èng pou k'èng, vult ne an non vult? 允依不允依 y yùn pou y yùn, concedis hoc an non? interdum tamen nulla est interrogatio, v. g. 動不動 tóng poŭ tóng, ferè semper significat, statim illico, quidquid accidat, &c. 打不子刮耳你打我看 k'án ngò tà nì èll kouă tseè poŭ tà, vide an colaphos tibi non infringam; Gallicè, *je te frotterai les oreilles*, &c.

2°. Particula 也 yè, et post eam negativa particula est etiam interrogantis, v. g. 吃親父未也飯 fóu t'sīn k'ī fán yè ouéi, mi pater, aliquidne comedisti, an nihildum etiam? 有可無也事這 k'ò yeoù tché ssée yè vôu, istud ne negotium contigit revera an non? 未也了了 leaò leao yè ouéi, absolvisti ne an nondum! vel omittitur 也 v. g. 未了飯晚吃 k'ī ouàn fán leaò ouéi, an jam sumpsisti cœnam? sed hoc rarius est. In hac phrasi 肯你知不不也去 pou tchī nì k'èng k'iú yè pou, nescio utrum velis annon? duae litterae 知不 tollunt interrogationem.

3°. Initio ponitur 非莫 mŏ fēi vel 不莫 mŏ poŭ, et in fine 麽 mò, v. g. 是就非莫麽人此 mŏ fēi tsióu ché ts'eè gîn mò, nonne is est quem dixeras mihi? 了做夜昨非莫麽夢好麽什 mŏ fēi tsŏ yé tsó leaò chè mò haò méng mò, nonne hoc est gratum aliquod somnium quod hesternâ nocte somniasti? vel omittitur in fine 麽 mò, v. g. 了見他是非莫鬼 mŏ fēi chí t'ā kién leao kouèi, num forte vigilans somniat? 風秋打來非莫 mŏ fei lâi tà ts'iōu fōng, an non forte venit aliquid pecuniæ transeundo emungere? 的花偷是不莫 mŏ poŭ ché t'eōu hoā tī, nonne est ex illis qui furantur flores? Notandus sequens modus; divina mihi si potes, &c, nonne est, &c. R. minime, &c, forte est, &c, nec istud. Q. an ergò est, &c. R. multo minus; 莫·是不也.... 是不莫·是不.... 是不莫·猜一猜且你是不發一.... 是不 nì ts'iè ts'āi y ts'āi, mŏ poŭ ché, &c: pou che, . mŏ pou ché, &c: yè pou ché, mŏ pou ché, &c: y fă pou ché.

4°. Littera 何 hô, de se interrogat, v. g. 礙妨何有 yeoù hô fāng ngái, quid impedit? 可不何有 yeoù hô pou k'ò, quare non expedit? cur non facerem? 好的等何 hô tèng ti haò, quid potest esse melius? 時何待更走不時此 si nunc non fugis, quando nam dabitur hora opportunior?

5°. 少多 tō chaò, quot? v. g. 耳釘少多得打鐵是身渾 hoên chīn ché tiĕ tà tĕ tō chaò tīng èll, si corpus meum ferreum esset, quot ex eo confici possent clavi? 人少多有 yeoù tō chaò gîn, quot sunt ibi homines? Hæc verba 好是少多 tō chaò ché haò, de se non interrogant: quanto melius esset?

6°. Paulo plura dici debent de 怎 tsèng: 1°. solet jungi cum 麽 mò, v. g. 得使麽怎

tsèng mò ssée te, quî fieri istud potest? 出得看麽怎西東的裡肚 tóu lì tĭ tōng sī tsèng mò k'án tĕ t'chŭ, quomodo videri possunt quæ in animo latent? 說日白天清麽怎來話夢起 tsèng mò ts'ĭng t'iēn pĕ gĕ chouĕ k'í móng hoá lâi, quomodo media luce uobis somnia narrare incipis? 樣麽怎該意主的你依 y nì ti tchù y kāi tsèng mò yáng, quid tibi videtur agendum? Juxta tuam sententiam, quid et quomodo facere oportet. 2°. Jungitur sæpe cum 的 ti, v. g.: 的怎他怕 p'á t'ā tsèng ti, cur illum timerem? 的麽怎怕 p'á tsèng mo ti, quid habes quod timeas? 的怎他說話閒 hiên hoá choūe t'ā tsèng ti, cur otiose de illo male loqueris? 你得捨我教*地怎 tsèng tí kiáo ngò chò tĕ nì, quomodo vis ut ego te carere possim? 的怎他罵又白平 píng pe yeóu má t'ā tsèng ti? cur sine causa illum injuriosis verbis accipis? Nota hanc phrasim: Quamobrem illum interrogas? R. ob nullam quidem: tantummodo quæro unum verbulum, &c. Siquidem quæris, profecto est aliqua causa; 故緣有必問你·兒聲問我·的怎不 R. 的怎他問你 nì vén t'ā tsèng ti? R. poŭ tsèng ti, ngò vén ching êll. Q. nì vén pĭ yeoù yuên koú; 徃般一的命没恁的慌的怎走外 hoāng ti gín mŏ míng ti y poūān, vàng vái tseoù tsèng ti, timore quasi mortuus, cur foras tam præcipitanter te proripis? 的慌 hoāng ti, id est 得慌. 3°. Jungitur cum 生 sēng, v. g.: 扮打生怎 tsèng sēng tà p'àn, quemnam habitum præfert? quonam ornatu vestitus erat? 果結生怎竟畢知不 pou tchī pĭ kíng tsèng sēng kiĕ kouò, quò res ista evadet, nescio. Non interrogat propter istud 知不 nescio. 4°. Jungitur cum 奈 nái, v. g. 何奈怎却 k'iŏ tsèng nái hô, quinam igitur est modus? 影踪無奈怎 tsèng nái vōu tsōng yng, quomodo nihil prorsus de illo auditur? 5°. Demum jungitur cum 敢 kàn, v. g.: 頭低不敢怎 tsèng kàn pou ti t'eoû? quomodo non annuerem? 是可話句一有我麽說敢 ngò yeoù y kiú hoá, k'ò chí kàn choūe mo, habeo unum verbum, licetne illud dicere? In eodem plane sensu reperitur 那 nà, v. g. 那好不可 k'o pou haò nà, hoc modo nonne bonum est? 那麽甚個似可我 ngò k'ò ssèe kó chín mò nà, qualis igitur tibi videor. Item eodem sensu ponunt 波 pō, v. g. 波罷般這則 tse tché pouān pá pó, an ergo id ita erit.

7°. Sola littera 麽 mò indicat interrogationem, v. g. 麽課功樣別有又是想 siàng ché yeoù yeóu pie yàng kōng k'ó mo, an forte habes alterius generis preces dicendas?

8°. Idem fere dicendum de 甚 chín quod supra de 怎 tsèng, ut clare patebit ex exemplis: 羞麽甚害 hài chìn mo sieōu, cur ita pudibundus es? 病麽甚是的害你 nì hāi ti ché chìn mo píng, qualis est morbus quo laboras? 來鬼個出走面裡房洞麽甚為 ouéi chín mò tóng fâng lì mién tseoù t'chŭ kó kouèi lâi, quid est quod ex nuptiali cubiculo tam deforme monstrum exiit? 害利等這得氣故原麽甚為呀 yā ouéi chín mo yuên

---

* 地 *vel* 的 *idem est.*

kóu k'ĭ tĕ tché tèng lĭ hài, cur tam graviter irasceris? 吃難麽甚曾好病得醫他要只 tchì yāo t'ā y te píng haò: kouàn chín mò nân k'ĭ, nihil aliud quærimus quam ut morbus hoc remedio sanetur; quid refert quod amarum sit et difficile sumatur? Sæpe nulla est interrogatio, v. g. 麽甚有你 nì yeoù chín mò, R. 麽甚沒我 ngò mŏ chín mò, quid habes? nihil habeo: sic 麽甚差不也 yè poŭ t'chā chín mo, nihil quicquam deest; 麽甚說曾沒又我 ngò yeoù mŏ tsēng chouĕ chín mò, nondum quicquam dixi. Ante chín mò, solet poni 做 tsó, v. g. 麽甚做去樓空所一是面上 chàng mién ché y sò k'ōng leoû, k'iú tsó chìn mò, sursum est tabulatum vacuum, cur vis illuc ascendere? 麽甚做事閒這管 kouàn tché hiên ssée tsó chín mò, cur hæc aliena curas? 麽甚做他問你 nì vén t'ā tsó chín mò, cur illum interrogas? quid prodest illum interrogare? 麽甚做他理人樣這 tché yàng gîn lì t'ā tsó chín mò, cur tali homini attendis? cur illum curas? Diceret Europæus: 你麽甚為人的樣這理 quia gustum linguæ sinicæ non habet. 的 Jungitur cum 甚 chín sicut supra cum 怎 tsèng: 事的甚你干 kān nì chín tĭ ssée, quid hoc ad te attinet. In hac phrasi, 的甚他道敢不 poŭ kàn táo t'ā chín ti, non audeo quicquam illi dicere, illum arguere; chín non interrogat. Interdum ponitur sola, v. g. 事大甚有 yeoù chín tá ssée, quid est tanti momenti? 人見去出嘴臉甚有 yeoù chín lièn tsoùi t'chŭ k'iú kién gîn, quâ fronte, quo ore possum egredi domo et homines aspicere?

9°. 什 chĕ, idem planè est ac 甚 chín, v. g. 麽什做 tsó chĕ mò, cui bono? 麽什說人古 choŭĕ che mò koù gîn, quid mihi veteres narras? 活過麽什把 pà che mò kŏ hŏ, unde, quæso, vives? 裡眼你在落綻破麽什有 yeoù che mò p'ó tchán lŏ tsái nì yén lì, vidisti ne aliquid in eo unde tibi minus placeret? 麽什說我 ngò choüe che mò, quid igitur dico? Interdum quoque non interrogat, v. g. 飯茶麽什些用來面裡進請 ts'ìng tsín lì mién lâi yóng siē che mò t'châ fán, ingredere obsecro ut aliquid sumas; 麽什知不正症病 tchíng poŭ tchī che mò píng tchíng, nescio quodnam sit morbi genus; 麽什成曾不事大 poŭ tsēng tch'îng che mò tá ssée, nondum magnum est operæ pretium.

10°. Littera 安 ngān, etiam interrogat, v. g. 專自敢安弟小 siaò tí ngān kàn tsée tchouēn, quomodo præsumerem meo me more ac modo gerere? 用錯次造肯安 ngān k'èng ts'aò ts'ée ts'ó yóng, an vellet tam imprudenter ac perperam agere?

11°. Licet particula 豈 k'ì sit frequenter in stylo nobiliori, tamen in humili quoque locum habet, v. g. 敢豈 k'ì kàn, quomodo essem tam audax? 理此有豈 k'ì yeoù ts'èè lì, qui fieri potest? 事大了悞不豈 k'ì pou oú leaò tá ssée, annon esset rem tanti momenti totam perdere? 願人從天是不豈 k'ì pou chè t'iēn ts'ông gîn yuén, annon est quod dici solet,

I i 2

cœlum respondet hominum votis; 死羞不豈 k'i poŭ sieoū sseè, an non deberet emori præ pudore? 美爲不豈 k'i poŭ ouêi moèi, vel 哉美不豈 k'i pou moèi tsāi, quid melius?

12°. Nihil frequentius occurrit quam 那 nà, quæ littera jungitur cum certis aliis, ut exempla docebunt. 1°. cum 個 kó: 筆手的個那是 ché nà kó tĭ cheoù pĭ, cujus hæc scriptura? cujus est manus? 嘴多肯還個那 nà kó hoân k'èng tō tsoùi, quis adhuc vult garrire? 的說你教個那是話句這 tché kiú hoá ché nà kó kiáo nì choüé tĭ, quis te hæc dicere docuit? Gallicè: *qui vous a si bien fait le bec?* 朋好個那·節時的裡鍋在飯沒你看你助資來升五斗一把友 k'án nì mŏ fàn tsái kŏ lì ti chê tsiĕ, nà kó haò p'ông yeoù pà y teoù où chīng lâi tseē tsoù nì, die, amabo, quando non habebis orizam in ollâ, quis ex illis præclaris amicis tuis dabit tibi quod comedas? 你理個一那 nà y kó lì nì, quis ad te respectum habet? 臣奸是個一那臣忠是個一那你問且我 ngò t'siè vén nì nà y kó chí tchōng t'chîn, nà y kó chí kiēn t'chîn, peto à te quis est ex nobis fidelis ille subditus quis est ille homo nequam? 2°. Cum 裡 lì: 辭推死抵受肯裡那 nà lì k'èng cheoú, tì sseè toūi ts'eē, quomodo illud recipere sustinuisset? recusavit usque ad mortem, i. e. omnino noluit; 話裡那說 choüé nà lì hoá, quid istud ais? rides; est urbanitas et idem ferè est ac 敢不 poŭ kàn; 去裡那 nà lì k'iú, quo pergis? 來人個這出得尋裡那 nà lì sîn tĕ t'chŭ tché kó gîn lâi, ubinam hunc hominem reperire potuisti? 理道的家出是裡那 nà lì ché t'chŭ kiā tĭ táo lì, an ita se gerere debet Bonzius? 嚇那靈魂·前面到走他見來話得講還裡那·了去 kién t'ā tseoù táo mién ts'iên, hoēn lîng toū hĕ k'iú leaò, nà lì hoân kiàng te hoá lâi, ubi illum vidit ad se accedere, præ metu non fuit apud se; quomodo vel unum verbum proferre potuisset? 相窮個這是裡那 nà lì ché tché kó k'iông siáng, an quæso habebat talem figuram? iste miser non est profecto ille; 面見勾能裡那 nà lì nêng kéou kién mién, quî tandem posset illius vultum cernere? 上他得比裡那 nà lì pì te t'ā chàng, an possunt cum illo comparari? 出得辨裡那·詩見不若 jŏ pou kién chī, nà lì pién te t'chu, nisi carmina legero, quomodo possum hæc discernere? 裡那右左 tsò yeóu nà lì, heus! servi mei adeste; 道知裡那們你 ni mên nà lì tchī táo, unde vos hæc possetis scire? Interdum ommittitur 裡 li, v. g.: 去那拿你 ni nâ nà k'iú, quonam illud vis ferre? 理之睦不和不有那 nà yeoù pou hô pou moŭ tchī li, quomodo non possunt non concordari inter se? 理道的玩遊去有那 nà yeoù k'iú yeoū oüán ti táo lì, ubinam licet hoc modo ire ad otiosam deambulationem? 3°. cum 曉 hiao: 事的邊外他得曉那 nà hiaò te t'ā vái piēn ti ssée, unde resciret quæcumque agit foris? 4°. Cum 見 kién: 枯見那來花出生上樹 nà kién k'oū chú chàng sēng t'chu hoá lâi, quandonam arbor sicca protulit flores?

13°. **誰** choûi, quis? v. g. 誰罵你罵不 poŭ má nì má choûi, si tibi injurias non dico cui dicam? vel: quemnam ergo injuriis peto, si tibi non loquor? 誰是知那 nà tchi chì choûi, quis scit quisnam sit ille? vel: quid ego curo quisnam sit? Sæpe occurrit 想誰 choûi siàng, quis credidisset? quis in animum induxisset? &c.

14°. **道難** nân táo, proprie significat difficile dictu, sed in praxi servit interrogationi, v. g. 了罷就道難 nân táo tsicòu pá leaò, an putas quod res sic remanebit? Plura exempla vide articulo superiori, litterâ 道. Solent in fine addere 成不 poŭ tch'ìng, v. g. 罷道難成不了 nân táo pá leaò pou tch'ìng, an putas quod sic abibit? Interdum non opus est ponere nân táo, v. g. 成不謊說非莫我 an ego mentior? an tibi volo imponere?

PARAGRAPHUS QUARTUS.

COLLECTIO PROVERBIORUM.

Ex sententiis moralibus et antiquis proverbiis non parum gravitatis ac roboris acquirit Sinicus sermo. Quamobrem quidquid in hoc genere hactenus colligere potui hoc loco congeram. Si quæ mihi nondum occurrerunt aliis commemoranda libenter relinquo. In his porro proverbiis non modo ad sententiam attendendum, sed ipsæ etiam phrases notandæ sunt.

1. 炕火入將相盲眾引盲一 y mêng yn tchōng mêng, siāng tsiāng gĕ hò k'ēng, si cæcis cæcus ducatum praestet, simul omnes in ignis foveam cadent.
2. 入口從病出口從禍 hò ts'ông k'eoù tch'ŭ, píng ts'ông k'eoù gĕ, infortunia ex ore exeunt, et morbi per os intrant.
3. 兵當不人好·釘打不鐵好 haò tiĕ pou tà tīng, haò gîn pou tāng pīng, ex bono ferro non fiunt clavi, nec ex bono homine miles.
4. 浪起不風順 chún fōng pou k'i lâng, secundo vento fluctus non assurgunt.
5. 船推水順舵倒風隨 soûi fōng táo tó, chùn choûì toûi tch'oûen, id agere ut secundo vento et secundo flumine semper naviges.
6. 船行水下·火吹風順是 ché chún fōng tch'ōui hò, hià choûi hîng tcho'ûen, istud est flante vento ignem accendere, et aquâ currente, navim agere.
7. 年萬念一 y nién ván nièn, animus non mutandus.
8. 得兩舉一 y kiù leàng tĕ, vel 便兩舉一 y kiù leàng pién, duos parietes ex eadem fideliâ dealbare, *faire d'une pierre deux coups.*

9. 悔之身終差之念一 y nién tchī tch'a tchōng chīn tchī hoèi, error unius momenti, dolor totius vitae.

10. 謀大亂忍不小 siaò poū gìn louàn tá meoû, parva impatientia, evertit magna consilia.

11. 滿難心人塡易壑谿 k'ī hŏ y t'iên, gîn sīn nân moüàn, vastae lacunæ repleri possunt, cor hominis non potest.

12. 命得不醫·病得醫 y tĕ píng, y poŭ te míng, morbi possunt curari, cœli mandatum non potest mutari.

13. 心得不醫·身得醫 y tĕ chīn, y poŭ te sin, corpus curatur, animus non sanatur.

14. 應故虛惟谷山·靈故虛惟心人 gîn sin ouêi hiū koú lîng, chān koŭ ouêi hiū koú yng, cor vacuum omnia percipit, collis vacua omnia respondet.

15. 散猻猢倒樹 chú taò hoû sūn sàn, excisâ arbore, simiæ fugiunt, vel

16. 陰無倒樹 chú taò voū yn, arbore cadente umbra deficit.

17. 遊同不鹿虎 hoù loŭ pou t'ông yeōu, cervi cum tigride non ambulant.

18. 兔顧不者鹿逐 soûi loŭ tchè pou koú t'oú, qui cervum sequitur leporem spernit.

19. 肉伏吃不蟲大 tá tch'ông pou k'ī foŭ jŏ, tygris non comedit carnem humi jacentem; parcit subjectis.

20. 悔莫後過取不取當 tāng t'sù pou t'sù, kouō héou mŏ hoèi, qui occasionem amisit, ne pæniteat.

21. 亂其受反斷不斷當 tāng touán pou touán fàn cheóu k'î louàn, res, quae suo tempore non secantur magis deinde intricantur.

22. 魚鬻不上湖薪賣不中林 lîn tchōng pou mái sīn, hoù chàng pou yoŭ yû, in silvis non venduntur ligna, nec pisces in lacubus.

23. 水吃的河管·柴燒的山管 kouàn chān tĭ chaō tsée, kouàn hô tĭ k'ĭ chouì, montis custos comburit ligna, et custos fluminis bibit aquam.

24. 聾者雷聽·眩者日視 chí gĕ tchè huên, t'īng lûei tchè lông, solis splendor privat oculis, et fulminis fragor auribus.

25. 中雪走而迹滅欲 yŏ miĕ tsĭ, êll tseoù suĕ tchōng, vult tegere sua vestigia et incedit super nive, *il se jette dans l'eau de peur d'être mouillé.*

26. 芳求而臭懷 hoâi tch'eoù êll k'ieôu fāng, fœtorem gerit et vult bene olere.

27. 驢覓驢騎 k'î liû mĭ lîu, Gallicè: *il cherche son âne et il est dessus.*

28. 慢下則緊不上 chàng pou kìn, tse hià mán, cum dominus remissus est, a servis suis despicitur.

29. 道氣悔跳睛眼 yèn tsīng t'iáo, hoèi k'î táo, cum trepidant oculi, malum est omen.

30. 誅遭族九反造人一 y gîn tsáo fàn kieoù tsoŭ tsáo tchū, pro uno tota familia patitur.

31. 己自了輸先人他說莫 mŏ chouĕ t'ā gîn, siēn chū leaò tsée kì, non alios se te solum incusa.

32. 生復當終根去不草 ts'aò poŭ k'iù kēn, tchōng tāng foŭ sēng, si radix manet, herbæ renascentur.

33. 夫工死下須活快生求欲 yŏ k'ieoû sēng k'oúai hŏ, sū hiá sseè kōng foū, magnæ voluptates nisi magnis doloribus non emuntur.

34. 發不芽萌根除草剪 tsièn ts'ào t'chû kēn, mêng yâ poŭ fā, si radix extirpatur, surculi non pullulant.

35. 跌防路行噎防飯吃 k'ī fàn fâng yĕ, hîng lóu fâng tiĕ, qui manducat cavet ne cibus exorbitet, et qui ambulat cavet ne pes labatur.

36. 知就問一裡口在路 lóu tsái k'eoù lì, y vén tsióu tchī, Gall. *qui langue a, à Rome va.*

37. 油添上火 hò chàng ti'ēn yeōu, oleum in ignem jacere.

38. 裡屋如不里一家離 lî kiā y lì, poŭ jû ouŏ lì, melius est esse domi quam abesse vel uno stadio.

39. 里千謬釐毫差 t'chā haô lî, mieóu ts'iēn lì, error vel minimus ad maximum ducit.

40. 量斗可不水海·相貌可不人凡 fân gîn poŭ k'ò máo siāng, hài choùl pou k'ò teoû leâng, homo ex vultu non cognoscitur ; mare ex modio non mensuratur.

41. 道成不磨不人·器成不琢不玉 yŏ poŭ tchŏ pou tch'îng k'í, gîn pou mô pou tch'îng táo, nec lapis sine labore perpolitur, nec homo sine adversis perficitur.

42. 敵死須必急告臨丘 ki'eou lîn káo kĭ, pí sū sseè tĭ, in urgenti periculo, pugnandum sine modo.

43. 里千於聞言之耳附 foù èll tchī yên, vén yū t'siēn lì, quæ in aurem dicuntur, ad mille stadia audiuntur.

44. 重任能不棟其大不 pou tá k'î tóng, pou nêng gîn tchóng, parva trabs grave pondus non sustinet.

45. 口鼠出不牙象 siáng yâ pou t'chū chù k'eoù, ebur in ore murium non nascitur.

46. 妻我淫不人·妻人淫不我 ngò pou yn gîn t'sī, gîn pou yn ngò t'sī, si uxorem aliorum non tango, nec alii meam.

47. 惡舊念不子君 kiūn tseè pou nién kieóu ngŏ, sapiens veteres injurias obliviscitur.

48. 春一生草世一生人 gîn sēng y ché, ts'ào sēng y tch'ūn, homo sicut flos fœni transit.

49. 無了有可不·有了無可寧 nîng k'ò voū leaò yeoù, pou k'ò yeoù leaò voū, melius est acquirere quam perdere.

50. 鬪子石與子鷄 kī tseè yù chĕ tseè teoú, ovum cum saxo pugnat.

51. 馬爲鹿指 tchì loŭ oûei mà, dicere quod cervus sit equus.

52. 牛易羊以 y yâng y nieoù, dare ovem pro bove, Gall. *donner un œuf pour un bœuf.*

53. 物當不人當 tāng gîn pou tāng ouĕ, probitas omni pignore securior.

54. 離相人惡逢相人好 haò gîn siāng fông, ngŏ gîn siāng lî, boni se quærunt et mali se fugiunt.

55. 線成不絲單 tān ssēe poŭ tch'îng sién, uno filo non fit funis; una hirundo non facit ver.

56. 饑充餅畫渴止梅望 váng moêi tchì k'ŏ, hoá pìng kĕ kī, vanis chimæris se pascere.

57. 揚外可不醜家 kiā tch'eoù pou k'ò vái yâng, domesticæ turpitudines non sunt foris vulgandæ.

58. 容笑何危臨婦烈·色難無死視臣忠 tchōng t'chîn chí sseè, voû nān sĕ, liĕ foú lîn hoêi yeóu siaó yông, fidelis subditus mortem imperterritus videt, et honesta fæmina quodcumque periculum læta suscipit.

59. 假說莫前面友朋·真說莫前面婦夫 foū t'sī mién tsi'ên mŏ chouĕ tchîn, p'ông yeoù mién tsi'ên mŏ chouĕ kià, inter conjuges nihil veri dicendum, inter amicos nihil falsi.

60. 飯家兩淨不吃兒女家一 y kiā niù ĕll k'î pou te leàng kiā fán, puella sapiens non iterum nubit.

61. 後其知便·前其驗 niēn k'î tsi'ên pién tchi k'î heoú, ex præterito futura prospicere.

62. 非無斬不·快雖刀鋼 kāng tāo soūi ko'uái pou tchán voū tsoúi, gladius quamvis acutus non lædit innocentes.

63. 妒個九·八婦個十 che kó foú gín, kieoù kó tóu, inter decem mulieres, novem zelotypiâ laborant.

64. 先爲孝行百·首爲淫惡萬 ván ngŏ yn oûei cheoù, pe híng hiáo oûei siēn, omnium malorum caput est luxuria, et obedientia filialis omnia bona supereminet.

65. 殃之爲福得人惡·賞之爲福得人善 chén gîn te foŭ oûei tchī chàng, ngŏ gîn te fou oûei tchī yāng, lauta fortuna bonis est merces et malis pernicies.

66. 風邊耳說聽人惡·刺中心說聽人善 chén gîn t'ing chouĕ sīn tchong lă, ngŏ gín t'ing chouĕ èll pien fōng, verba in cor sapientium penetrant et aures stultorum prætervolant.

67. 名清得不玷·命性得害 hái te sing míng, tién pou te tsing míng, vita eripi potest, bonum nomen fœdari non potest.

68. 生悲極樂 lŏ kī poei seng, extrema gaudii luctus occupat.

海上絲綢之路文獻集成 科技與文化編

69. 地田者得易·弟兄者得難 nân tĕ tchè hiōng tī, y te tchè t'iên tī, facile comparantur agri, difficile inveniuntur fratres, rara concordia fratrum.

70. 靈無老神·能無老人 gîn laò voū nēng, chîn laò voū lîng, homo senex nihil potest, spiritus qui senuit nihil exaudit.

71. 香屁的家自·臭屁的人別 piĕ gîn tĭ p'í tch'eóu, tsée kiā ti p'í hiāng, homo sibi palpat, aliis nil parcit, alii omnes fœtent, solus bene olet.

72. 踪是筆風是口 k'eòu ché fōng, pĭ ché tsōng, verba volant, scripta manent.

73. 遠久見天·前目見人 gîn kién moū ts'iên, t'iēn kién kieoù youèn, homo videt quæ sunt ante oculos, cœlum vetera et remota conspicit.

74. 脚佛抱來急·香燒不時閒 hiên chê poū chāo hiāng, kĭ lâi paó foĕ kiŏ, Itali dicunt : *passato il pericolo, gabbata il santo.*

75. 色娶妾娶·德娶妻娶 t'sú t'sī t'sú te, t'sú t'sie t'sú sĕ, in uxore virtus, in concubinâ vultus attenditur.

76. 實是見眼·虛是聞耳 èll vên ché hiū, yĕn kíen chí chĕ, quod oculis cernitur verum est, quod auribus accipitur non item.

77. 工舵靠船·工天靠人 gîn k'ao t'iēn kōng, tch'ouên k'ao tó kōng, homo pendet à cœlo, sicut navis a nauclero.

78. 入不犬牢籬 lî laò k'iuen poū gĕ, si sepes bene clausa sit, canes non intrabunt.

79. 壯裡如不壯表 piaò tchouāng poū jû lì tchouāng, melius est fortem esse quam videri.

80. 來人得不喚錢無·動鬼得使錢有 yeoù ts'iên ssè te kouèi tóng, voū ts'iên hoán pou te gîn lâi, cum pecunia potes vel mortuos excitare, sine pecunia vivos movere non potes.

81. 色無文妙德 te miáo vên voū se, virtus non quaerit fucum, se ipsa satis pulchra est.

82. 家人好是必·僕俊無中堂 t'âng tchōng voū tsūn poū, pi ché hao gîn kiā, cum in domo nullus est famulus formosus, signum est quod proba sit.

83. 長不身安·强剛無人 gîn voū kāng kiāng, ngān chīn pou tcháng, qui non est durus, non diu durat.

84. 牢不身安骨剛無人 gîn vou kāng koŭ, ngān chīn pou lâo, idem est sensus.

85. 鄰近如不親遠 yuèn t'sin pou jû kín lîn, bonus vicinus praestat malo cognato.

86. 里千傳事惡·門出不事好 haò ssée pou tch'ŭ mên, ngŏ ssée tcho'uên ts'iēn lì, bona opera domi remanent, mala vero ubique sparguntur.

87. 身由嫁再·親從嫁幼 yeóu kiá t'sông t'sin, tsái kiá yeōu chīn, puella nubit, ex parentum arbitrio, vidua suo.

88. 夫畏女賢·婦畏人痴 tch'ī gîn ouéi foú, hiên niù ouéi foū, stultus maritus timet uxorem, sapiens uxor timet maritum.

89. 路礙不多車·港礙不多船 t'chouên tō pou ngái kiàng, kiū tō pou ngái loú, navium et curruum multitudo non nocet viae.

90. 福禍夕旦有人·雨風測不有天 t'iēn yeoù poŭ t'sĕ fōng yù, gîn yeoù tán sĭ hó foŭ, venti et pluviæ inopinato accidunt, sic utraque fortuna.

91. 去得易來得易 y tĕ lâi y te k'iu, quod facile venit, facile quoque abit.

92. 爲莫非除知不要若 jŏ yāo poŭ tchī, t'chû fēi mŏ oüéi, si rescitum iri times, id ne agas.

93. 了死害纔人害天·死不人害人 gîn hâi gîn pou sseè, t'iēn hái gîn tsái hái sseè leaò, mala quæ ab hominibus veniunt, non sunt extrema, sed qui à cœlo punitur non habet quo effugiat.

94. 佛土勸佛泥 nì foĕ k'uèn t'où foe, quam nigra es nigræ dicebat cacabus ollæ!

95. 嫌人惹直幹·話好說情順 chùn ts'îng choüe haò hoá, kán tchĭ gè gîn hiên, obsequium amicos, veritas odium parit.

96. 壻靠兒無·兒靠兒有 yeoù êll k'áo êll, voū êll k'áo sí, qui filium habet nititur filio; si non habet, nititur genero.

97. 歪梁下正不梁上 chàng leâng poŭ tchíng, hiá leâng vái, si trabs superior curva est, inferior pariter erit.

98. 鐘日一撞·尚和日一做 tsó y ge hô cháng, tch'ông y ge tchōng, uno die monachus es, uno die campanam pulsabis.

99. 主二煩不客一 y ke poú fân èll tchù, hospes hospitium non mutat.

100. 鞍一馬一 y mà y ngān, unus asinus, una clitella.

101. 事有也事沒·寺僧女着對寺僧男 nân sēng ssée toúi tchŏ niù sēng ssée, mŏ ssée yè yeoù ssée, bonzii habitant prope bonzias, et vel cum nihil est negotii, tamen semper habent quod agant.

102. 得不眞的假·得不假的眞 tchin ti kià poŭ te, kià tì tchîn pou te, quod verum est falsum esse non potest et vicissim.

103. 來誰來不時·來不誰來時 chê lâi choûi pou lâi, chê pou lâi, choûi lâi, suo tempore omnia veniunt, alieno nihil.

104. 命薄顏紅 hông yên pŏ míng, formosis brevis est ætas, formosæ miseræ sunt.

105. 心知不面人知 tchī gîn mièn pou tchī sîn, vultus cognosci potest cor non potest.

106. 多頭舌多人 gîn tō che t'eoû tō, ubi multi sunt homines, multæ etiam linguæ.

107. 鬼家得不弄人家着不 pou tchŏ kiā gîn, lóng pou te kiā kouèi, sine domesticorum auxilio pessimus servus detegi non potest.

108. 然未然未理天·此如此如便人 gîn pién jû ts'èe jû ts'èe, t'iēn lì oüéi gên oüéi gên, homo proponit ct cœlum disponit.

109. 人小責不人大 tá gîn poŭ tsĕ siaò gîn, sapiens stultum non arguit.

110. 哄宜不兒孩小·逞可不才奴 noû t'sâi poŭ k'ò tch'ing, siaò hâi êll pou y hōng, mancipiis non decet nimis indulgere, et infantulos decipere turpe est.

111. 鞭一馬快·言一子君 kiūn tseè y yên, k'oüái mà y piēn, unum verbum sapienti dicere sufficit.

112. 磨多竟必事好的來從 ts'ông lâi tĭ haò ssée pĭ kíng tō mô, nihil sine magno labore bene fit.

113. 人迷能也才·人迷能色但不 pou tán sĕ nêng mî gîn, ts'âi yè nêng mî gîn, non solius corporis, sed ingenii etiam pulchritudo dementare potest.

114. 伸大有必屈大 tá k'iŭ pĭ yeoù tá chin, qui multum se deprimit, multum certe exaltabitur.

115. 傷不跌高不飛 fēi pou kāo tiĕ pou chāng, qui non cadit ex alto non læditur.

116. 琴彈而牛對 toúi nieôu êll t'ân k'în, asinus ad lyram.

117. 嚮外見不聲·打內在鼓 koù tsái nuéi tà, ching pou kién vái hiàng, tympani sonus quod intus pulsatur, fores non auditur.

118. 落自熟瓜 kouā choŭ tsée lŏ, fructus maturus sponte sua cadit.

119. 之隨必禍·福獲端無 voū toüān hoĕ foŭ, hó pi soûi tchī, opes malè partae malè dilabuntur.

120. 敵仇暮弟兄朝 tchaō hiōng tí, moú kieoù tí, manè fratres, serò hostes.

121. 四暮三朝 tchaō sān moú ssée, mane ut tria, sero ut quatuor, non constans.

122. 成不年三·旁道舍作 tsŏ ché táo pāng, sān niên pou tch'ing, qui secus viam aedificat in tribus annis non absolvet.

123. 利得人漁·持相蚌鷸 kiŭ póng siāng t'chî, yû gîn te lí, inter duos litigantes, tertius gaudet.

124. 清之流求而源其濁 tchŏ k'î yuên êll ki'eoû lieoû tchī ts'ing, inquinare fontem et velle ut rivus sit purus.

125. 過易時歡·熬難日苦 k'où gĕ nân ngâo, hoūān ché y kó, dies mœroris sunt longi, et laetitiae brevissimi.

126. 席筵的散不無下天 t'iēn hià voū pou sán ti yên sĭ, mundi voluptates finem habent, in terra juge convivium non habetur.

127. 逢相不面對緣無·會相能里千緣有 yeoù yuén ts'iēn lì nêng siāng hoéi, voū yuén toúi mién pou siāng fông, si sic decretum est, quam longè ab invicem dissiti simul conveniunt, secus, coram erunt, nec sibi occurrent.

K k 2

128. 枝之木一非·材之廟廊 lâng miáo tchī ts'âi fēi y moŭ tchi tchī, ligna maximi palatii non ex unâ et eadem arbore prodierunt.

129. 漿夢之渴·赦夢之囚 ts'iôu tchī móng ché k'ŏ tchi móng tsiāng, vinctus catenis somniat se liberum esse, sitiens somniat se bibere.

130. 行單不禍·至雙不福 foŭ poŭ choūāng tchí, hó pou tān hîng, Gall. *un malheur ne vient jamais seul.*

131. 來之燭明憎者裸夜 yé lo tchè tsēng mîng tchŏ tchī lâi, qui nocte nudus est timet lucem quae ipsum retegit.

132. 名留死人·皮留死豹 páo sseè lieôu p'î, gîn sseè lieôu mîng, tigris in morte relinquit pellem, et homo nomen.

133. 秋一生草·世一生人 gîn sēng y ché, ts'aò seng y ts'iōu, homo vivit unum spatium 30 annorum et flores unum autumnum.

134. 紅之日百無花·好之日千無人 gîn voū ts'iēn gĕ tchī haò, hoā voū pĕ ge tchi hông, flos non servat suum colorem per centum dies, nec homo florentem statum per mille.

135. 也人爲非·報不恩知 tchi nghēn poŭ páo, fēi ouêi gîn yè, qui beneficiis non respondet, homo non est.

136. 動不樹來不風 fōng pou lâi, chù pou tóng, si ventus non flat, folia non agitantur.

137. 醉自人·人醉不酒 tsioù pou tsoúi gîn, gîn tsée tsoúi, vinum non inebriat hominem, sed homo ipse.

138. 蛇驚草打 tá ts'aò kīng chê, qui percutit rubum serpentes terret.

139. 別一有終·里千君送 sóng kiūn ts'iēn lì, tchōng yeoù y piĕ, oportet tandem ab invicem divelli.

140. 結可不·解可讐冤 yuē n tch'eôu k'ò kiaì, pou k'ò kiĕ, inimicitiae deponendae, non subeundae.

141. 信全能豈言之後背·眞未恐猶事之目經 kíng moŭ tchi ssée yeou k'òng ouéi tchīn, poéi heóu tchi yên k'ì nêng ts'uên sín, de iis quæ ipsimet cernimus adhuc est dubitandum; quænam ergo fides iis quæ à tergo dicuntur?

142. 追難馬駟·出旣言一 y yên kí tch'u, ssée mà nân tchoūi, volat irrevocabile verbum.

143. 亂不心使·欲所見不 pou kién sò yŏ, ssèe sin pou louán, si non vides quod amas, cor erit in pace.

144. 桃代李以 y lì tái t'aô, Gall. *rendre feves pour poil.*

145. 白露要不客做外出 t'chu vái tsó ke, pou yāo loú pe, si pergis ad mercatum, ne ostendas argentum.

海上絲綢之路文獻集成 科技與文化编

146. 事萬和杯三 sān pèi hô ván ssée, omnia negotia componuntur inter scyphos.

147. 籠被鳥嬌 kiaō niaò pí lông, aviculæ formosæ caveis includuntur.

148. 命從如不敬恭 kōng kíng pou jû ts'ông míng, Gall. *il vaut miens être incivil qu' importun.*

149. 火怕不金眞 tchin kin pou p'á hò, verum aurum nihil timet ab ignæ.

150. 愛人隨各·菜苦油熱 ge yeoū k'où ts'ái, kŏ soûi gîn ngái, quisque habet suum gustum.

151. 事敗能酒·事成能酒 tsioù nêng tch'îng ssée, tsioù nêng pái ssée, vinum bona et mala secum affert.

152. 言之腹心發酒 tsioù fă sin fou tchi yên, in vino veritas.

153. 辨事公到錢·爛頭猪到火 hò táo tchū t'eoû làn, tsiên táo kōng ssée pién, ignis coquit caput porci et pecunia lites absolvit.

154. 子父無上場錢賭 toù tsiên tch'âng chàng voū foú tseè, in alearum palæstrâ, non habetur ratio patris et filii.

155. 行當厭行當 táng háng yèn táng háng, figulus figulo invidet.

156. 耳有壁風有墻 tsi'âng yeoù fōng, pĭ yeoù èll, parietes audiunt.

157. 施西出內眼人情 tsîng gîn yèn nuéi t'chu si che, amor cœcus est; quisquis amat ranam, ranam putat esse Dianam.

158. 醜所有施西·美所有母嫫 moû moù yeòù sò moèi, si chi yeoù sò tch'eòu, turpissima Moû-mou in aliquo pulchra est, et formosissima Si chi in aliquo fœda.

159. 杭蘇說下·堂天說上 chàng choüe t'ien t'āng, hià choüe soū hâng, supra est Paradisus, infra sunt urbes Sou tcheou et Hang tcheou.

160. 散易容雲彩·圓常不月明 mîng yue pou tch'âng yuên, t'sài yûn yông y sàn, Luna non diu plena est, et nubes aurea facile dissolvitur.

161. 火救薪抱 páo sin kieóu hò, ligna ferre ut ignem extinguas.

162. 惡不禮惡·人 gîn ngŏ lì pou ngŏ, lex bona est sed homo malus est.

163. 來初婦教·孩嬰子訓 hiūn tsee yng hai, kiao fou tsou lâi, pueri à teneris annis docendi, et uxor à primo suo adventu instituenda.

164. 殃者人訟·詳者心訟 song sin tche tsiang, song gin tche yang, qui secum pugnat felix, qui cum aliis decertat miser.

165. 近相暮與·醒幼睡老 lao chou i yeou sing, yu mou siang kin, *Jeune qui veille et vieux qui dort, ne sont pas fort loin de la mort.*

F I N I S.

NOTA.

In hâc secunda parte non jam alloquor tyrones; itaque paulatim omitto notare accentus, imo litteras sinicas latinis characteribus reddere necessarium esse non arbitror. Quisquis primam hujus operis partem benè semel didicerit, talibus adjumentis non ultra indigebit.

L l 2

NOTITIÆ LINGUÆ SINICÆ

PARS SECUNDA.

DE SINICA ORATIONE IN NOBILIORI LIBRORUM

STYLO.

Quoniam in introductione non pauca dixi quæ libros sinicos generatim attingunt, utile erit illa identidem consulere, neque enim in his ultra velim diutius immorari.

In quinque capita hanc secundam operis mei partem divido. 1um Caput satis breve quædam exponet circa grammaticam et syntaxim, quorum in primâ parte mentio facta non fuit; 2um Caput continebit tractatum de particulis, quibus proprius hujus linguæ genius maxime cognoscitur, et phrases ab invicem distinguuntur; 3um Caput aget de diversitate styli et de optimo genere scribendi; 4um Caput explicabit varias figuras tam verborum quam sententiarum; 5um Caput varias locutiones ex elegantioribus colliget.

CAPUT PRIMUM.

DE GRAMMATICA ET SYNTAXI RELATIVE AD LIBROS.

Iterum moneo quod verus orationis sinicæ sensus haberi non possit, nisi sciatur, 1o. An in phrasi de quâ agitur exprimatur verbum, et quænam littera illud indicet; an vero, quod sæpe accidit, verbum subaudiatur; 2o. Quis sit nominativus verbi; sive exprimatur, sive non; 3o. Quodnam sit verbi regimen; 4o. An quædam sint nomina quæ a se invicem pendeant, ut apud latinos, *Deus Sanctus, liber Petri.* Cum semel hæc nota erunt, facile colligetur litteras quæ supersunt, vel meras particulas esse, vel adverbia et alia id genus.

Quæ ad grammaticam et syntaxim sinicam pertinent satis fusè jam exposui in prima hujus operis parte, et quoniam hæc omnia etiam in stylo grandiori plerumque servantur, in istis quisquiliis nunc non immoror, sed pauca quæ librorum propria sunt aliquot numeris breviter absolvam.

NUMERUS PRIMUS.

Vocabula quæ multitudinem denotant, quamplurima sunt, nec unicus eorum usus, alia enim postponi debent et alia praeire.

Postponi debent 皆 kiāi, 俱 kiū, 咸 hiên, 都 toū:

1o. 皆 kiāi, omnes; v. g. 也弟兄皆内之海四 ssée hài tchī nuéi kiāi hiōng tí yè, in toto terrarum orbe, omnes sumus fratres; 惡可知皆子童尺三 sān t'chĭ t'ông tseè kiāi tchī k'ò oú, vel parvi pueri omnes sciunt hoc esse odio dignum; 知予曰皆人 gîn kiāi yuĕ yû tchí, homines omnes jactant se scire. Pessimè diceres 曰人皆.

2o. 俱 kiū, idem fere est ac 皆 kiāi. Eleganter Tchoūang-tsee ait: 憂與也生之人生俱 gîn tchī sēng yè, yū yeōu kiū sēng; si simpliciter dixisset 生俱憂與人 sententia multum lucis et roboris perdidisset, ideo suspendit orationem et ait 也生之人 quando homo nascitur; 生俱憂與 ad ærumnas perferendas sine ullo discrimine nascitur. Non nisi post longum usum senties quod hoc loco 俱 kiū melius ponatur quam 皆 kiāi. In libro Chu-king legitur 亡皆汝及予 yû kĭ jù kiāi vâng, utinam nos tecum pariter pereamus. Sed 皆 kiāi hoc loco non mere significat *omnes*, et ideo Mong-tsee hunc textum citans non posuit 皆 sed 偕 kiāi, unâ, simul: 亡偕汝及予 yû kĭ jù kiāi vâng, nos tecum unâ pereamus. Reperitur apud Sun-tsee et in commentariis Gĕ-kiang et alibi littera 舉 kiú, in eodem plane sensu ac 俱 omnes.

3o. 咸 hiên, v. g. 寧咸國萬 ván koūĕ hiên nîng, regna omnia mundi pace fruuntur.

4o. 都 toū: non dicitur 人都 toū gîn, omnes homines, sed 都人 gîn toū. Hoai-nan-tsee ait quidem 得可不都 toū poŭ k'ò tĕ, hæc omnia haberi non possunt, sed illa prius commemoraverat et deinde simul conjungit more solito per 都 toū.

Debent anteponi 衆 tchóng, 諸 tchū, 庶 chú, 多 tō.

海上絲綢之路文獻集成 科技與文化编

1°. 衆 tchóng, omnes, bene multi. Tchoüang-tsee ait: 矣衆技衆 tchóng kì tchóng y, omnes sese mutuo tollunt; 紜紛說衆 tchóng choüĕ fèn yûn, omnes sententiæ confusæ inter se et permixtæ. In libro Chu-king additur 有 yeoù et deinde sequitur adhuc 咸 hiên; 命朕聽咸衆有濟濟 tsì tsì yeoù tchóng hiên t'ing tchín míng, vel: 有方萬爾嗟 誥人一予聽明衆 tsiĕ èll ván fāng yeoù tchóng mîng t'îng yū y gîn kaó; vel 西呼嗚 言朕聽咸衆有土 oū hoū sī t'où yeoù tchóng hiên t'ing tchín yên, tres istæ phrases eodem fere recidunt sensus est: ô vos omnes qui conferti adestis, simul audite mea jussa. Notabis in quo differant, ut vis styli sensim agnoscatur. 師 Ssēe idem prope est ac 衆 tchóng: 有以 師之有九 y yeoù kieoù yeoù tchī ssēe, ut haberet novem regionum multitudinem, i. e. ut totius mundi populis imperaret.

2°. 諸 tchū, v. g. 說諸 tchu choüĕ, omnes opiniones; 儒諸 tchu jû, omnes litterati; 家諸 tchu kiā, omnes philosophorum familiæ; 子諸 tchu tseè, omnes philosophi; 侯諸 tchū heôu de se significat omnes reges tributarios, sed usus invaluit, ut hæ duæ litteræ talium regulorum dignitatem significarent.

3°. 庶 chú, v. g. 士庶 chú sseé, omnes mandarini; 人庶於至子天自 tsée t'iēn tseè tchí yu chú gîn, ab ipso Imperatore usque ad omnes homines.

4°. 多 tō multi, v. g. 士多爾 èll tō ssée, ô vos quotquot adestis mandarini; 方多爾 èll tō fāng, ô vos ex omnibus regionibus collecti. In eodem sensu Chu-king ponit 僉 tsiēn, v. g. 曰僉 tsiēn yuĕ, omnes unâ voce dixerunt.

Quaedam nomina de se multitudinem denotant, v. g. 民 mîn populus; 民下祐天 t'iēn yeóu hiá mîn, cœlum adjuvat inferiores populos; 羣 ki'ûn, grex: 龍羣 ki'ûn lông, omnes dracones. Item assumuntur magni numeri 兆 tchaó, 億 y, 千 ts'ien, 萬 ván, imo 四 ssée, quatuor, et 九 kieoù, novem, v. g. 方萬 ván fāng, omnia loca, 民萬 ván mîn, omnes populi; 海四 ssée hài, omnia maria; 方四 ssé fāng, omnia loca; 凶四 ssée hiōng, omnes improbi; 州九 kieoù tcheōu, vel 有九 kieoù yeoù, totus orbis.

Universalitas etiam declaratur per duas negationes, v. g. 不無 voû poŭ, vel 不莫 mŏ poŭ, nihil non, nullus non, i. e. omnia, omnes. Interdum inseritur relativum 所 sò: 能不所無 在不所無.知不所無 voû sò poŭ nêng, voû sò poŭ tchī, voû sò poŭ tsái, omnia potest, omnia scit, est in omni loco.

Denique potest assumi comparatio aliqua, v. g. 林如 jû lîn, sicut arbores silvarum; 山如 sicut montes, vel omisso jû: 海人山人 gîn chān gîn hài, hominum montes et maria, i. e. homines conferti sicut montium cacumina et fluctus maris.

NUMERUS SECUNDUS.

Pronomen 1ᵃᵉ personae multis modis exprimitur. 1°. Olim quilibet homo poterat dicere 朕 tchîn, ego. Tsin-chi-hoang voluit id esse solis imperatoribus proprium. In Chu-king Rex de se loquens ait: 人一予 yû y gîn, ego unus homo, vel 子小予 yû siaò tseè, ego parvus filius. In Tso-chi, &c., Reges tributarii dicunt 人寡 kouà gîn, vel 仁寡 kouà gîn, ego. In multis locis senes dicunt 夫老 laò fōu, ego. Subditi se vocant 臣 t'chîn, discipuli 生門 mên sēng, &c.

2°. 我 ngò, frequenter occurrit in veteribus libris. Confucius aiebat; 之知而生非我者 ngò fei sēng êll tchī tchī tchè, ego non illud scivi a nativitate meâ. Littera tchi 之 designat virtutem, sapientiam, bonum, &c; praecipue in hoc libro Lun-yu. Idem Confucius ait: 未我者仁好見 ngò oüéi kién háo gîn tchè, ego neminem adhuc vidi qui virtutem vere amaret. Unus ex ejus discipulis ait: 也我諸加之人欲不我 ngò poŭ yŏ gîn tchī kiā tchū ngò yè, ego non amo ut melior dicar quam revera sum.

3°. 吾 ngoû, etiam saepe occurrit; Confucius ait: 學於志而五有十吾 ngoû chĕ yeoù où êll tchí yū hiŏ, ego decimo quinto aetatis meae anno me totum virtutis studio tradidi. Tseng tsee ait: 身吾省三日吾 ngoû gĕ sān sìng ngoû chīn, ego me quotidie examino circa tria puncta; et statim affert illa. Secus potest esse sensus: ego ter in die me examino.

4°. 予 yû, 予於德生天 t'iēn sēng tĕ yū yû, cœlum, inquit Confucius, produxit virtutem quæ est in me; 之愛始予 yû chì ngái tchī, ego tunc amavi librum illum, inquit Nghéou-yang-sieou; 余 yû idem est ac 予 yû. Tchoüang-tsee ait 如語余來 lâi yû yù jù, veni et ego instruam te.

5°. Sæpe adhibeat suum proprium nomen. Sic Confucius vocabatur 丘 k'ieōu; ideò ait: 之知必人過有苟·幸也丘 k'ieōu yè híng, keoù yeoù koüó, gîn pĭ tchi tchi, næ ego sum felix; si quid erravi, omnes statim id resciunt. Ngheou-yang qui vocabatur Sieōu ait: 焉修於取奚 hī tsù yū sieōu yēn, quis ego sum ut alii ex me aliquid discant? Sæpe loco nominis proprii ponunt litteram 某 meoù.

6°. In suis epistolis iidem authores dicunt 僕 poŭ, ego servus tuus, sicut nos in Europâ. Quando agitur de doctrina sua et afferunt sententiam suam, modestè dicunt 愚 yû, ego qui minime sum ingeniosus.

7°. Ista pronomina aliquando respondent Gallicæ particulæ *on*, nec personam ullam indicant, sed hominem ut sic interdum supponunt pro noster, v. g. 朝國我 ngò kouĕ tch'aô,

nostra hæc familia regia; 上皇我 ngò hoâng chàng, noster Imperator. Sic in Chu-king, 后予奚 hî yû heóu, expectamus nostrum regem.

Pronomen 2ª personae non minus diversimodè exprimitur. 1°. Subditi alloquentes suum Imperatorem dicunt 上皇 hoâng chàng, vel 下陛帝皇 hoâng tí pí hià, vel 子主 tchù tseè, si sunt Tartari. Imperator vero regni ministros vocat 卿 k'ing. Alia id genus habes prima parte duobus in locis.

2°. 爾 èll in Chu-king et aliis antiquis libris sæpe occurrit; 及所爾非 fëi èll sò kǐ, hoc vires tuos superat; 夫是有爾與我惟 ouêi ngo yū èll yeoù ché fou, ego et tu soli hoc habemus.

3°. 汝 ju est valde usitata vox. Chu king ait: 矜不惟汝賢汝惟禹來 lâi yù ouêi ju hiên, jù ouêi poŭ kin, adesdum, Yu, tu solus sapiens, tu solus te non jactas. Tchoüang-tsee ait: 乎者虎養夫知不汝 jù poŭ tchī foū yàng hoù tchè hoû, an ignoras mores eorum qui alunt tigres?

4°. Apud Tchoüang tsee legitur 女 jù, 如 jù, et 若 jŏ, in eodem prorsus sensu ac 汝 jù, v. g. 若語吾 ngoû yù jŏ, vel 女語余 yû yù jù, vel 如語余 yû yù jù, tibi dico.

5°. Persaepè utuntur littera 子 tseè, v. g. 若奚爲以子吾 ngoû tseè y ouêi hî jŏ, quid tibi ea de re videtur? Tchoüang-tsee interrogat pisciculum quem cœperat et illum vocat 子 tseè, perinde ac si esset gravis aliquis philosophus. Magistri vocant discipulos 子小 siaò tseè, *filioli*; 如語余進子小 siaò tseè tsín, yû yu ju, ingredere fili mi et ego dicam tibi. Confucius ait; 子小三二 éll sān siaò tseè, filioli mei: 三二 éll sān, duo, tres, numerus indefinitus, signum est quod pluribus loqueretur. In Chu-king, Rex milites vocat 子夫 foū tseè, et sic eos hortatur; 哉勗子夫子夫哉勗 tsoúi tsāi foū tseè, foū tseè tsoúi tsāi, contendite, generosi commilitones, viri estote.

6°. In epistolis multae sunt urbanae compellationes; frequentius occurrit 下足 tsoŭ hià. Ngheou-yang-sieou ait: 哉信取所下足爲足安 ngān tsoŭ ouêi tsoŭ hià sò t'sù sín tsāi, quis ego sum ut a te obtineam fidem? In hoc exemplo littera 足 tsoŭ primo loco posita significat satis, sufficit; sic dicitur 信足不 poŭ tsoŭ sín, hoc non est satis credibile; 足 quae sequitur significat pedes et dicitur 下足 tsoŭ hià, tu domine, sicut dicitur 下陛 pí hià, tu Imperator. Dicitur quoque 子夫老 laò foū tseè, vel 人大老 laò tá gîn, vel 生先老 lao siēn sēng, compellando eos quos volumus honorare, ut pote nobis multum superiores sive dignitate sive scientiâ.

Pronomen 3ª personae etiam late patet. 1°. 是 ché, hic, haec, hoc, v. g. 是於 yū ché, tunc in hoc *sc.* tempore, in his circumstantiis; 以是 ché y, hoc propter, ideo, &c; 也時是當 tāng ché chê yè, in illo tempore; 是反人小 siaò gîn fàn ché, improbi non hoc sed plane contrarium agunt. 2°· In eodem sensu reperitur 時 chê, sed rarius; nam 時 proprie significat tempus. 3°· 斯 ssēe, v. g. 者 三 斯 知 tchi ssēe sān tchè, qui bene novit hæc tria. 4°· 之 tchī quoties est regimen verbi; 之 知 tchi tchi, scire hoc. 5°· 諸 tchū, v. g. 諸 有 識 不 pou chĭ, yeoù tchū, ignoro utrum hoc sit, detur, accidat, et respondent 之 有 yeoù tchi, datur hoc, hoc revera fit, &c. 6°· 彼 pì, v. g. 時 彼 pì chê, vel 時 微 ouêi chê, in illo tempore. 7°· 此 ts'eè, v. g. 此 以 y ts'eè, propter hoc; 此 知 如 jù tchi ts'eè, si semel hæc noverit. Adjungitur 之 tchi, vel 其 k'ī, v. g. 也 謂 之 此 ts'eè tchi ouêi yè, atqui is est hujus loci sensus; 所 其 此 矣 鮮 之 至 以 ts'eè k'ī sò y tchí tchi sièn y, et hoc est propter quod tam pauci huc usque perveniunt. 8°· 夫 foū, v. g. 者 學 夫 foū hiŏ tchè, illi qui litteris student; 夫 foū, bene incipit orationem. 9°· 厥 kuĕ, frequenter legitur in Chu-king: 常 匪 德 厥·位 厥 保·德 厥 常 亡 以 有 九 tch'âng kuĕ tĕ paò kuĕ ouéi, kuĕ te fĕi tch'âng, kieòu yeoù y vâng, qui constans est in virtute conservat suam sedem, si vero virtus non est constans, totum orbem amittes. 10°· 兹 tsēe, v. g. 兹 在 不 文 vên poŭ tsái tsēe, nonne vera doctrina hic adhuc vivit? et in Chu-king, 兹 在 兹 念 nién tsēe tsái tsēe, cogitat de hoc qui hic adest. 11°· 其 k'ī, v. g. 餘 其 k'ī yû, reliquum; amat poni post nomen; 與 也 知 大 其 舜 chún k'ī tá tchi yĕ yū, Chun ille quam sapiens erat! 乎 處 其 地·乎 運 其 天 t'iēn k'ī yún hoū, tí k'ī t'chú hoū, cœlum ne movetur? stat ne terra? inquit Tchoüang-tsee; 乎 矣 神 其 心 人 gîn sīn k'ī chîn y hoū, animus hominis ille annon est spiritus? Valde usitatus est ille loquendi modus: Videtur primo quidem esse veluti nominativus absolutus, 心 人 hominis animus, ita ut lector ibi tantisper hæreat, et deinde rursus incipiat per 其 k'ī, ille sane spiritus, verbum *est* subauditur. Sic 乎 矣 順 其 母 父 foú moù k'ī chún y hoū, parentes, proh! quam contenti et laeti sunt!

Pronomen 己 kì, respondet nostro *sui, sibi, se,* v. g. 之 有 己 若 技 有 之 人 gîn tchī yeoù kí jŏ kì yeoù tchī, oportet de proximi bonis lætari sicut de propriis; 之 欲 而 己 於 同 欲 不 而 己 於 異 t'ông yū kì êll yŏ tchi, y yū kì êll poŭ yŏ, amamus quod nobis est conforme et quod est contrarium odimus; 己 克 kĕ kì, seipsum vincere; 人 從 己 失 chĕ kì ts'ông gîn, aliorum sententiam suæ propriæ præponere. Litteræ 身 chîn, 躬 kōng, et 親 t'sīn, propriam quoque personam denotant. v. g. 身 修 sieōu chin, propriæ perfectioni vacare; 耕 躬 子 天 t'ien tseè kōng keng, Imperator ipsemet propriis manibus terram arat; 之 筆 筆 親 t'sìn pĭ pĭ tchi, propria manu, proprio calamo scripsit hoc; 口 親 ts'in ke'où, proprio ore, nihil porro refert an hoc dicam de me ipso, an de te loquar, an demum de aliquo tertio.

NUMERUS TERTIUS.

Eamdem litteram modo nominis, modo verbi locum tenere posse notum est etiam tyronibus. Id tamen aliquot exemplis juvat ob oculos ponere; 王之下天 t'iēn hiá tchi vâng, totius orbis rex: 下天王 vâng t'iēn hià, regere totum orbem; 帝天 t'iēn tí, cœli dominus; 天帝 tí t'ien, dominari cœlo. Quidam petiit a Mong-tsee, 定乎惡下天 t'ien hiá oū hoū tíng, quomodo possit imperium stabiliri? Stabit, inquit Mong-tsee, quando non erit divisum, 一於定 tíng yū y. Reponit alter quis illud poterit adunare, seu facere ut non sit divisum, 之一能孰 choū nêng y tchī. Mong-tsee respondet, is scilicet qui sanguine non gaudebit, 之一能者人殺嗜不 poū chì chă gîn tchè nêng y tchi. Eadem littera 一 y sumitur ut vides, pro verbo *adunare* et pro nomine adjectivo *unus*. Volunt hodierni scholarum magistri ut littera mutet accentum quoties de nomine fit verbum. Hoc negat author dictionarii Tching-tsee tong, et contendit quod olim non erant hujusmodi accentus. Ut ut sit, certe verbum ex solo contextu orationis et independenter ab accentu cognosci potest, v. g. in his quatuor litteris 之一能孰 choū nêng y tchi, nullus sensus esse potest nisi littera 一 y sumatur pro verbo, nam 孰 choū, *quis?* est nominativus verbi nêng 能 *posse:* quis potest, quis poterit. 之 est relativum supponens pro 下天 t'ien hiá, seu pro orbe de quo sermo est. Restat 一 y, quæ littera nullum omnino sensum efficiet nisi sumatur pro verbo quod regat 之 tchi, et sic clarissime patet litteram 一 hoc loco esse verbum. Sic Han-yu loquens de Bonziis ait oportere 人其人 gîn k'î gîn, facere ut sint homines, illos humanizare, si sic loqui fas est. Sic liber Tao-te-king: 道可道 táo k'ò táo, ratio de qua licet loqui; 名可名 mîng k'ò mîng, nomen quod potest nominari. 1ª Littera 道 táo et 名 mîng est nomen; 2ª est verbum. In 人其人 gîn kî' gîn, 1ª littera 人 gîn est verbum, 2ª est nomen. Facile est Europæis omnia nomina, sic, ut ita loquar, *verbificare.* At in eo non nimis audendum censeo, ne multa nobis excidant sinicis auribus insolita, ac proinde 生 seng, hoc est nova, cruda, et nimis acerba.

Sunt quidem aliquæ litteræ quæ de se actionem aliquam ita significant, ut ad nomina descendere posse vix putem, hoc est, ut cùm grammaticis loquar, quæ de se ita vivunt ut mori nequeant fierique ex vivis, 字活 hŏ tsée, mortuæ et inanimae, 字死 sseè tseé. Sed nullae, nisi fallor, reperiuntur, quibus de se mortuis vita non interdum detur saltem in aliquo sensu. Sic v. g. duae litterae 地天 t'iēn tí, materialiter sumptae designant vulgo cœlum et terram. Si vero dicas 天天 t'ien t'ien, erit cœlificare cœlum, seu constituere cœlum in ratione cœli, et

地地 tí tí eodem modo erit dare terrae ut terra sit. In vulgari sermone 天天 t'ien t'ien idem est ac 日日 gĕ gĕ, quotidie; 地地 tí tí, non puto esse in usu inter loquendum, quamvis recte dicatur 處處 t'chú t'chú, in omni loco. Atque ex ejusmodi notis sensim disces quod lingua sinica, licet amphibologiis suis non careat, tam multas tamen non habet quam videtur imperitis. Circa verborum regimen notandum est, 1°· quod eleganter ponatur ante verbum v. g. 也知吾不 poŭ ngoû tchī yè, nemo me novit, inquit Confucius; si dixisset 也吾知不 poŭ tchī ngoû yè, minus elegans fuisset oratio; si dicas 也知不吾 ngoû poŭ tchī yè, sensus erit ego nescio. 2°· Multa verba postulant ut regimini addatur 於 yū vel 乎 hoū. Sic 善乎明 mîng hoū chén, melius dicitur quam 善明 mîng chén, cognoscere quod bonum est; 我於問人 gîn vén yū ngò, aliquis petiit à me. Plura exempla vide infra, cum agitur de particulis 於 et 乎· Caput sequens longe majoris momenti est.

CAPUT SECUNDUM.

DE SINICÆ ORATIONIS PARTICULIS

TRACTATUS.

Non me fugit eos qui grammaticae tradunt leges vulgo dividere particulas orationis in quaedam genera seu classes, v. g. in copulativas, disjunctivas, augentes, et minuentes, &c. Si vellem eos in eo sequi nullum foret operae pretium. Absit ut ad nostras linguas sinicam revocare velim; nihil è contra cupio magis quam efficere ut missionarii mature assuescant suas ideas resolvere, easque a proprio uniuscujusque idiomate abstractas et nudas sinicis vestibus induant. Valeant itaque Despanterus et Alvarus, dum sinicas particulas in decem et octo distinctis articulis minutatim discutere et explicare conabor.

ARTICULUS PRIMUS.

DE PARTICULA 之 tchi.

---

§us 1us· Quod in familiari sermone est 的 tĭ, hoc in libris est particula 之 tchī: notat genitivi casum, v. g. 道之學大 tá hiŏ tchi táo, magnae sapientiae ratio, seu id in quo consistit magna disciplina; 孝 hiáo, seu pietas filialis est 義仁·宗之善衆·原之行百

N n 2

實之 pě híng tchī yuên, tchóng chén tchī tsōng, gîn y tchi chě, omnium recte factorum fons et radix, bonorum omnium longe præstantius, charitatis et justitiae fructus et soliditas. Solent plures ejusmodi phrases inter se similes deinceps ponere ut suo loco dicetur uberius. Si post nomen quod est in genitivo casu sequuntur duo alia nomina, numquam omittitur 之 tchī, v. g. 之天命明 t'iēn tchī míng míng, cœli clarum mandatum. Si vero duae sint litteræ in genitivo, saepius subauditur 之 tchī, v. g. 命帝上於寧敢不 poŭ kàn nîng yû chāng tí míng, non ausim securus esse mandatorum supremi domini; 命帝上替敢不 poŭ kàn t'í chàng tí míng, non ausim transgredi mandatum domini. At cum sunt duo nomina substantiva deinceps, inter utrumque subauditur 之 v. g. 命天 t'iēn míng, cœli mandatum; 意天 t'iēn y, cœli voluntas et intentio; 心天 t'iēn sin, cœli cor seu animus; 道天 t'iēn táo, cœli via; 典天 t'iēn tièn, cœli leges immutabiles; 討天 t'iēn t'ào, cœli castigationes; 子天 t'iēn tseè, cœli filius; 法國 kouĕ fă, regni leges; 路水 choùì loú, iter per aquam: Si diceres 路之水 choùì tchi loú, tunc esset aquae seu fluminis cursus. Si vero sunt duo nomina vel ante vel post, tunc omittitur vel ponitur 之 tchi, prout docebit usus; 主之物萬 ván ouĕ tchi tchù, omnium rerum dominus; 宰主之地天 t'iēn tí tchi tchù tsài, cœli ac terrae dominus et arbiter; 人之國中 vel 人國中 tchōng kouĕ gîn, sinenses; 人之實老 vel 人實老 laò chĕ gîn, homo rectus, bonus, simplex; 人之土西 sī t'où tchi gîn, occidentales; 强之方北 pĕ fāng tchi k'iâng, borealium robur; 子君之德盛 tchíng tĕ tchi kiūn tseè, homo magnae virtutis. Aliquando repetitur 之 ad quodlibet nomen, v. g. 尊共所世萬道之文之氏韓 hân chí tchi vên tchi táo, ván ché sò kóng tsūn, modus scribendi, eloquentis, *Han-yu* ab omnibus in aevum laudabitur. Ita Ngheou yang: 也心一原心之人之下天與心之人聖 chíng gîn tchi sin yù t'iēn hià tchi gîn tchi sin yuên y sin yè, sancti cor ab aliorum orbis hominum corde primitus non differt. Poterat dicere 心人之下天 sed longe melius ac clarius dixit 心之人之下天 quia 心人 significat affectus naturales homini qui diversi esse possunt, et tunc sensus esset quod affectus naturales omnibus hominibus iidem sint ac cor sancti, quod falsum est. Necesse proinde est repetere 之 tchi post 人 ut sensus sit quod cor (心).. 之人 gîn tchi, hominum, 之下天 totius orbis, &c.; 也神之教之王先此 ts'eè siēn vâng tchi kiaó tchi chîn yè, atque is erat priscorum regum docendi spiritualis modus. Quisquis scit linguam sinicam sentit quod illud 之 inter 教 et 神 non possit omitti quin phrasis et sensus claudicent.

§us 2us. Saepe 之 fit regimen verbi et supponit pro 其 k'î, ille, illa, illud. Dices tunc non est particula. R. Scio, sed quid refert? an mihi nefas est omnes usus alicujus litterae una simul explicare? 實之之行如未要之之知·要之之知如未博之之學 hiŏ tchi tchi pŏ, ouéi jû tchi tchi yaó, tchi tchi tchi yaó ouéi jû hîng tchi tchi che, satius est scire quod est in virtute praecipuum quam addiscere quidquid ad eam spectat, et longe melius est ad praxim illud praecipuum reducere, quam illud praecise cognoscere. Ex duobus illis 之, primus est casus verbi, secundus est nota genitivi. Quod Tchu-hi verbose ait, idem ante brevius et elegantius dixerat liber Lun-yu; 之行如不之樂 ·之樂如不之知 tchi tchi poŭ jû lŏ tchi, lŏ tchi poŭ jû hîng tchi, melius est gaudere bono quam bonum cognoscere, et melius est operari bonum quam sterili amore illud prosequi; 之救誠心 sīn t'chîng ki'eôu tchī, corde sincero salvare eum; 之求心一 y sīn ki'eôu tchi, totis viribus ad eum contendere.

§us 3us. Eadem littera 之 interdum verbaliter sumitur et significat ad aliquem locum transire, accedere. Et si tunc sequatur 之 erit regimen verbi 之, v. g. 之之能不 poŭ nêng tchī tchi, non potest illuc ire, transire; 路之之之知不 poŭ tchi tchi tchi tchi loú, ignoro viam quæ illuc ducit. 1a Littera 之 est verbum pergere; 2a est verbi regimen, pergere ad illum locum; 3a est nota genitivi; et 路 loú, via, est regimen verbi 知 scire.

§us 4us. 之 frequentissime jungitur cum nominibus tam substantivis quam adjectivis, nec tunc est nota genitivi sed potius videtur esse articulus postpositus; 之人 gîn tchī, homo, Gall. *l'homme;* 之民 min tchi, *le peuple,* populus; 之命天 t'iēn mîng tchi, mandatum à cœlo; 也人爲之回 Hoêi tchī ouêi gîn yè, Hoei discipulus Confucii, homo erat qui, &c.; 義仁小之子老 laò tseè tchī siaò gîn y, philosophus Lao-tsee extenuat charitatem et justitiam. Si nomina sint adjectiva vel participia potest poni 之 tchi, sed sæpius ponitur 者 tchè: 之古 koù tchi vel 者古 koù tchè, veteres, 之老 laò tchi vel 者老 laò tchè, senes, 者學 hiŏ tchè, studentes. Cum sequitur aliud nomen non ponitur 之 tchi: 人老 laò gîn senex; 帝古 koù tí, Rex antiquus; 天形 hîng t'iēn, visibile cœlum; 天神 chîn t'iēn, spirituale cœlum; 人詩 chī gîn, Poeta; 人文 vên gîn, homo politus et urbanus; 人罪 tsoúi gîn, peccator.

§us 5us. 之 et 者 simul eleganter ponuntur, idque fit variis modis: 1o. 也經於之者學 hiŏ tchè tchi yū kīng yè, studentes quando agitur de libris *king.* Hunc modum loquendi explicabo fusius articulo quarto. 2o. Ngheou-yang ait: 也過之者易學是 chi hiŏ y tchě tchi koüó yè, atque is est excessus eorum qui toti sunt in libro Y-king; 之者政爲善此也術 ts'eè chén ouêi tchíng tchè tchi chŭ yè, atque hæc est ars eorum qui rectè gubernant; 者學之後 heóu tchi hiŏ tchè, litterati posteriorum ætatum; 者政爲之故 koú tchi ouêi tchíng tchè, veteres qui rempublicam administrabant. Modeste de se loquens Ngheou-yang-sieou ait: 者賤之士某 meoù ssée tchi tsién tchè, ego quo nullus inter litteratos vilior. Scio equidem quod in exemplis 之 tchi designat genitivum. Separatim tamen posui, quia mihi videtur esse styli forma.

§us 6us. Littera 謂 ouéi bene jungitur cum 之 hoc modo: 道之矩絜謂之此 ts'eè tchi ouéi kiĕ kiù tchi táo, atque istud est quod appello mensuram et regulam charitatis erga proximum; 謙自謂之此 ts'eè tchi ouéi tseè k'iĕ, hoc vocatur seipso contentum esse. Han-yu ait: 道謂之焉之而是由 yeōu ché êll tchi yēn tchi ouéi táo, ad hoc pergere et progredi vocatur via. Littera 之 tchi prima est verbum, secunda est particula; inseruit 焉 yēn ob majorem claritatem; vide particulam 焉 yen, articulo decimo. In Ta-hiŏ legitur 本知謂此 ts'eè ouéi tchi pèn, hoc dicitur scire radicem. Sequens phrasis notanda propter stylum: 神謂之者之妙·帝謂之者之主 tchù tchi tchè tchi ouéi tí, miáo tchi tchè tchi ouéi chîn, qui rebus omnibus dominatur, is appellatur Dominus, et qui pulchritudinem illis addit vocatur spiritus. Litteræ 主 et 妙 sunt verba, seu participia propter particulam 者. 1a. littera 之 est casus verbi, secunda est particula. Verti 之 per res omnes, quia hæc phrasis explicat verba libri Y-king: 物萬妙 miáo ván ouĕ, decorat res omnes. Idem sensus potest sic exprimi: 神之謂言之妙以·帝之謂言之主以 y tchù tchi yên, sub hoc respectu, ouéi tchi tí, vocatur dominus,—y miáo tchi yên, sub hoc alio respectu, ouéi tchi chîn, dicitur spiritus.

§us 7us. Notandi adhuc sunt modi sequentes: 行能之未 ouéi tchi nêng hîng, nondum valet hoc agere; Transpositio elegantior quam si diceres 之行能未 Sic Mong-tsee: 之莫禁 mŏ tchi kín, nihil illum prohibere aut retardare potest. Dic 之禁莫 alius sensus exsurget. Soleat statim aliquid ponere quod vulgo accidit, v. g. 之有者至不而行 hîng êll poŭ tchí tchè yeoù tchi, sese movere nec tamen pervenire, hoc quidem contigit. Deinde addunt aliquid quod est ADUNATON: 也有之未者至能而行不 poŭ hîng êll nêng tchí tchè ouéi tchi yeoù yè, sed nullum possum facere et tamen pervenire quo cupis, umquam hactenùs id accidit. Nota 1o. 有之 tranpositio elegans; nam in primo membro non potest dici 有之, sed dicendum 之有 accidit quidem hoc. In secundo autem membro si 之 pingatur cum 未 idem erit ac numquam; 之未 si sit regimen verbi 有 erit elegantius; 曰之有諺故 koú yén yeoù tchi yuĕ, est antiquum proverbium quod ait; 之無 voū tchi, hoc esse, vel fieri nequit.

ARTICULUS SECUNDUS

DE PARTICULA 者 tchè.

---

§us 1us. Jungitur cum verbis et sic participia denotat, v. g. 者生 sēng tchè, viventes; 者死 sseè tchè, mortui. Nunc magistri utpote seniores vocantur 生先 siēn sēng, antea nati;

海上絲綢之路文獻集成　科技與文化编

Juvenes vero dicuntur 生後 heóu sēng, postea nati. Non ita Confucius, sed sine metu mortis dicere solebat 者死先 nos qui prius moriemur, 者死後 vos qui postea moriemini; 無者情 voû ts'îng tchè, homines male nati, nullum affectum habentes. Subauditur verbum 有 yeoù, habere; 之敬恒人者人敬.之愛恒人者人愛 ngái gîn tchè gîn hêng ngái tchī, kíng gîn tchè gîn hêng kíng tchī, qui alios amat ab aliis etiam semper amatur, et qui colunt, vicissim coluntur: ita Mong-tseè. Jungitur quoque nominibus, v. g. 者聖 chíng tchè, sancti; 者愚 yû tchè, stupidi et improbi; 者性 síng tchè, natura; 水樂者知.山樂者仁 gîn tchè lŏ chān, tchī tchè lŏ choùi, viri optimi gaudent montibus et viri docti gaudent aquis.

§us 2us. In nostris linguis frequentissima sunt nomina quæ vocantur abstracta, v. g. bonitas, fortitudo, &c; et qui virtutes illas habet dicitur bonus, fortis. At in lingua sinica cavendum ne nimium audeamus. Longe securiùs est iis tantum uti formulis quæ apud optimos authores reperiuntur, quam velle de suo nova procudere. Liber Tchong yong ponit differentiam inter 者誠 tch'îng tchè, et 者之誠 tch'îng tchī tchè, et addit quod 誠自者誠 tch'îng tchè ts'ée tch'îng, veritas sit a seipsa veritas, sicut 道自道 táo tsée táo, ratio est à se ratio. Unde mihi videtur quod 者誠 tch'îng tchè, sit ipsamet summa perfectio atque veritas, 者之誠 tch'îng tchī tchè vero dicatur de homine qui habet perfectionem labore suo partam, uno verbo 者誠 est in abstracto, et 者之誠 est in concreto.

§us 3us. 者 postulat sæpe particulam 也 yè sibi correspondentem, vel sibi conjunctam, et hinc nascuntur tres modi valde notandi.

Primus modus quoties explicatur aliqua littera, v. g. 也本者德 tĕ tchè pèn yè, virtus est quid principium ac veluti radix; 也原之泉者山 chān tchè ts'uên tchi yuên ye, montes sunt origo fontium; 也人者仁 gîn tchè gîn yè, charitas est ipsemet homo; si sensus sit libri Tchong yong quod charitas sit naturalis homini, sive quod à naturâ suâ homo propensus sit ad charitatem et virtutem; verum utique istud erit: Si vero, ut vis hujus loci videtur innuere sensus est quod homo sit ipsamet charitas, istud de puro homine sine errore dici non potest, de homine-Deo verissimum; 也正者政 tchíng tchè tchíng yè, 也孝者敎 kiáo tchè hiáo yè, littera 政 gubernium, idem est ac 正 rectitudo, et littera 敎 lex, institutio, idem est ac 孝 obedientia et amor filialis. Non erit, opinor, inutile hoc loco pauca notare. Inter duas litteras 政 et 正 sicut inter 敎 et 孝 tota differentia, ut ipsis oculis patet, venit a littera laterali 攵; Porro juxta Choüĕ ven 攵 significat urgere, percutere; unde 敏 min, urgere, maturare, nihil est aliud quam 每 crebrò, 攵 percutere: si semper aliquem urgeas, tandem properabit; dant animos plagæ. Tolle illud adjutorium à 敎 et à 政 nihil aliud remanebit quam 孝 hiáo, amor filialis, et 正 tchíng, rectitudo, nec amplius 政 tching, gubernio, vel 敎 kiao documentis opus

海上絲綢之路文獻集成 科技與文化编

erit. Hinc dicitur quod justo non est lex posita, neque enim rectificatur quod rectum est, nec impellitur ad amorem quisquis à se ipso amat. Sed hæc per transennam.

Secundus modus quoties aliqua littera de qua sermo fuerat resumitur, ut adhuc melius explicetur, tunc post illam ponitur 者也 yè tchè. Sic in libro Tchong-yong, postquam locutus est de lumine naturali, seu de rectâ illâ viâ quæ dicitur 道 táo, sic postea resumit; 者也道也道非離可.離臾須可不 táo yè tchè poŭ k'ò sū yû lî, k'ò lî fēi táo yè, illa recta via de quâ loquor ne puncto quidem temporis potest deseri; si deseri impune posset hoc ipso recta via non foret. Sic idem liber: 也本大之下天者也中 tchōng yè tchè t'iēn hiá tchī tá pèn yè, quod appello medium est veluti magna totius orbis radix. Potest addi 夫 initio; v. g. 也蘆蒲者也政夫 præclarum illud regimen de quo agimus est simile grandibus illis calamis qui crescunt juxta aquas.

Tertius modus: in fine ponitur 也者 tchè yè, sive præcedat 者 sive non: 繼善者孝夫也者事之人述善.志之人 foŭ hiáo tchè chén kí gîn tchī tchí, chén chŭ gîn tchī ssée tchè yè, amor filialis in eo est, ut filius continuet patris incepta, et eum posteritati clarum reddat; 也者嫁后而子養學有未 ouéi yeoù hiŏ yàng tseè êll heoú kiá tchè yè, nunquam visa est puella quæ disceret modum alendæ prolis, ut postea nuberet. Littera 后 heoú in libro Tá-hiŏ sumitur pro 後 heoú, postea; 也者身其及裁者此如 jû ts'eè tchè tsāi kĭ kî chīn tchè yè, qui sic se gerit, procul dubio feret infortunium. Reperitur apud Ngheou-yang 邪者 tchè yê, pro 也者 et idem auctor aliique optimi scriptores habent 也是 v. g. 有人之故也是王武.者之行 koú tchī gîn yeoù hîng tchī tchè, voû vâng ché yè, non desunt inter veteres qui sic fecerunt, talis fuit Vou-vang. In hoc et similibus exemplis, male diceres 也者 pro 也是.

§ us 4 us. Interdum omittitur istud 也 finale, v, g. 出而悖亦者入而悖貨 hó póei êll gĕ tchè y póei êll t'chŭ, male parta, male dilabuntur. Si posuisset 也者 alius esset sensus, nimirum afferret hoc vetus dictum ad probandum id quod intenderet. Nunc autem adducit ejusmodi proverbium præcise ut illud afferat: 者之爲知不而善遷日民 populus quotidie melior evadit, nec scit quomodo sic in virtute proficiat, vel quis talem mutationem efficiat. Notandus est hic locus ex Han-yu 也之言義與仁去者云德道言所之子老 laò tseè tchi sò yên táo tĕ yûn tchè, k'iú gîn yù y yên tchi yè, Lao-tsee discurrens de via et virtute, quidquid dicit, ideo dicit ut charitatem et justitiam de medio tollat. Nota 1°. 言所 habet 者云 cui respondet. 2°. Post 子老 Lao-tsee est particula, at post 言 est regimen et refertur ad 德道. 3°. 之言 respondet ad 言所. 4°. 也 refertur ad 者 more solito. 5°. Denique 言所.... 者云 sò yên....yûn tche, est modus loquendi quem vidi quoque in aliis libris in eodem prorsus sensu.

ARTICULUS TERTIUS.

DE PARTICULA 也 yè.

Licet jam quædam dicta sint de hac particula longe tamen plura dicenda superant.

§us 1us. Non est semper necesse ut præcedat 者 v. g. 也仁己成 tch'ing kì gîn yè, seipsum perficere charitatis est; 也過遠能不而退·退能不而善不見 kién poŭ chén êll poŭ nêng toúi, toúi êll poŭ nêng yuèn, kouó yè, videre malos nec illos abigere, abigere quidem se non ita longè, lenitatis excessus est; 能不 non potest, non debet semper rigorosè accipi, non potest abigere; 退能不 id est non sustinet abigere, non expellit quia non vult; 遠 yuèn, longe, vel est verbum elongare, vel subauditur 退 expellere. Tchouang-tsee ait: 哉遠呼嗚也道於分其 oū hoū yuèn tsāi kǐ fēn yū táo yè, id est latinè 道於遠分其 ille aberrat longe à viâ. Sed sinicè quam ornatius et fortius! 1°. Exclamat 呼嗚 eheu! 2°. affectum suum adhuc exprimit per 哉; 哉遠 proh quam longe! 3°. demum in fine addit 也; sic 哉大也言 tá tsāi yên yè, grandia sunt ista verba. Modus loquendi admodum frequens.

§us 2us. Aliquando videtur esse mera finalis, v. g. 也人猶吾訟聽 t'ing sóng ngoû yeoû gîn yè, audire lites, ego sicut alter; id est, possem ego secare lites sicut quivis alius; 君故也獨其愼子 ideo sapiens comprimis vigilat super ea quorum solus est conscius et testis.

§us 3us. Interdum debet poni 也 in fine primi membri, v. g. 矣之知吾也行不之道 táo tchi poŭ hîng yè, ngoû tchi tchi y, quod vera doctrina peccat, ego scio cur ita sit. Est mera finalis quæ sæpissime sic ponitur post *yè*, ob numerum et gratiam; 猶人也大之地天憾所有 t'iēn tí tchī tá yè gîn yeoū yeoù sò hán, quamtumvis vasta sit cœli et terræ magnitudo, homo tamen aliquid ultra desiderat: &c. 其也下天有之農神若昔, olim Chinnong habuit orbis imperium is, &c. Ngheou yang tsee ait: 也物爲之禮夫具之僻邪其閑而情之人飾以所之人聖 Ritus seu exterior urbanitas in manibus sancti est velut instrumentum quo decorem addit hominum affectibus, et pravos eorum excessus reprimit, Paulò clarius hæc phrasis est enucleanda: Nota 1°. Sex primæ litteræ nihil aliud dicunt quam quod innuit sola littera 禮 ritus. Europæus diceret 也具者禮 ritus sunt instrumenta; ac deinde adderet, &c. 以之用人聖 sanctus illis utitur ut, &c. 2°. Videamus quomodo elegans Sina orationem suam disponat: 1°. Sensum suspendit in primis sex litteris. 2°. Litteram 具 instrumentum remittit ad finem, et facit præcedere quæcumque fiunt cum tali instrumento. 3o. 人聖 sanctus, est nominativus duorum verborum 飭 et 閑. 4o. 情之人 passiones, affectus, est regimen verbi 飭 chĕ. 5o. 而 est particula copulativa. 6o. 其 refertur ad 情 illos affectus. 7o. 僻邪 est regimen verbi 閑. 8o. 之 quod est ante 具 notat genitivum et regitur à 具, qu e littera sic debet poni ultimo loco, propter 以所 quod importat duo, scilicet, ornare 飭 et reprimere 閑, instrumentum per quod, 以所, ornat et reprimit. Si phrases omnes hoc modo vellem grammatice dissecare nullus esset finis. Oportebit ergo ex iis, quas interim minutatim sic expono, periculum facere in aliis quas enucleandas relinquo.

§us 4us. Particula 也 fere semper adjungitur nominibus propriis. Sic in libro Lun yu Confucius loquens de suis discipulis Yeōu, Kieoû, Hoêi, vel ipsos alloquens, dicit : 也由 yeōu yè, 也求 k'ieôu yè, 也回 hoêi yè; 封呼嗚 oū hoū fōng, et 禹來 lâi yù ; fōng et yù, sunt nomina propria : Ridicule diceres 也禹來, si vero dicas 來也禹 poterit esse sensus quod Yù veniat vel venerit. Sed cum dicit 禹來 sensus est quod jubeat Yù accedere, adesdum Yù. 封 Fōng vero satis fulcitur per illam exclamationem 呼嗚 oū hoū. Pessime diceres 也封呼嗚.

§us 5us. 也 locum habet in responsis, v. g. : Quæres: 乎可 k'ò hoū? licet ne? R. 也可不 poū k'ò yè, non licet. Q. 乎善 chén hoū, R. 也盡未而矣善 chén y êll ouéi tsín yè, bonum quidem at nondum optimum : 盡 exhaurire, subauditur 善 chén.

§us 6us. Amat multoties repeti ut dicam cap. 4o. Interim pauca hæc collige; 也同所姓 也獨所名 síng só t'ông yè, mîng sò toŭ yè, nomen familiæ commune est multis, parvum nomen unicuique est proprium; 也一也異無 voū y yè y yè, nulla vel levis differentia est. Affert rationem et deinde concludit : 也異無也一則 tsĕ y yè voū y yè, ergo nullum est discrimen : Ita Ngheou yang tsee. 也符信也燭智也服禮也路義也宅仁 gîn tsĕ yè, y loú yè, lì foŭ yè, tchí tchŏ yè, sín foû yè, charitas est nostra domus, justitia nostrum iter, urbanitas nostra vestis, prudentia nostra fax, fides nostrum sigillum; Ita Yang-tsee. Quinque sunt phrases omnino gemellæ et quælibet praeclaram speciem menti offert. Liber Tchong-yong ait : 也能可不庸中也蹈可刃白也辭可祿爵也均可下天 t'iēn hiá k'ò kiūn yè, tsiŏ loŭ k'ò ts'eê yè, pĕ gín k'ò táo yè, tchōng yōng poŭ k'ò nêng yè, orbis pacificari potest, dignitates possunt recusari, calcari possunt nudi enses, medium teneri non potest; nihil difficilius quam auream mediocritatem servare.

§us 7us. Sæpè adhibetur ut fulciat aliquam litteram quæ secùs injucundè caderet, v. g. 也一賤貴無喪之母父 foú moù tchī sāng voū kouéi tsién, y yè, in luctu parentium, i. e. cum agitur de luctu post mortem patris et matris servando, sinicè 喪之母父, sic oratio suspenditur, et fit quasi nominativus absolutus. Tres litteræ sequentes non referuntur ad 喪 luctum, sed ad filios qui luctum servare debent, non interest utrum sint nobiles aut plebei.

Demum littera 一 y refertur ad 喪 et ostendit quod sive dives sive pauper, ad unum et idem tenentur omnes. Littera 一 y sic sola remanens male rueret et ideo additur 也 yè.

§us 8us. Post 也 in fine orationis non raro reperies 與 yû, v. g. 出同道之民化見可與也揆一 k'ò kièn hoá mîn tchī táo t'ông t'chū y k'oūêi yè yû, unde apparet quod ars convertendi populos ex unâ et eadem orbita procedit: ita Ngheou-yang-sieou; et in libro Lun-yu: 與也回其者惰不而之語 yù tchī êll pou tó tchè, k'î hoêi yè yû, qui non segniter reducat ad praxim præcepta quæ ipsi dentur, ille certe est Hoei discipulus meus: sensus est quod ille Hoei non erat tardus ad agendum. Europæus latinè non sinice diceret 惰不回而回語 vel paulo melius 惰不而之語人爲也回 sed longe pulchrius generatim initio dicitur 者惰不而之語. Illud 之 nullo modo refertur ad discipulum Hoei, sed ad quemlibet in genere; deinde hoc applicatur isti discipulo, 與也回其. Littera 其 refertur ad totam phrasim quæ præcedit.

§us 9us. In libro *Sing-li-ta-tsuen* sæpe legitur 有也 yè yeoù, hoc etiam accidit; 也 tunc præponi debet, ac idem valet ac 又 yeoù vel 亦 y, sed locutio familiaris est et abjecta. Sic enim in hoc libro affectavit loqui.

ARTICULUS QUARTUS.

DE PARTICULA 於 yū vel quod idem plani est 于 yū.

---

§us 1us. Hæc particula respondet latinæ præpositioni *in*. Exempla sunt obvia; 此於 yu ts'eè, hic, in hoc loco; 善至於止 tchì yū tchí chén, requiescere in summo bono; 隅丘於止 tchì yu k'ieōu yû, de ave quæ sistit in latere montis; 仁於止 tchì yu gîn, in charitate manere; 左於交以毋右於惡所 sò où yu yeoú voû y kiāo yu tsò, quod tibi displicet in iis qui sunt ad dexteram, vide ne idem facias erga eos qui sunt ad sinistram; 於優善好乎國魯況而下天 haó chén yeōu yu t'iēn hiá êll hoáng loù kouě hou, quisquis amat virtutem bene tractatur in toto terrarum orbe, nonne à fortiori in regno Lou? 1o. Si 好 sumeretur pro nomine, non esset ullus sensus, ergo est verbum: 善好 amare virtutem; 2o. non dicit 乎國魯於 melius subauditur 於; forte dici posset 乎魯於況而

P p 2

§us 2us. Plurima sunt verba quorum regimini debet addi 於 exempla diligenter colligenda; 我於問 vén yu ngò, petiit a me; 人於求不 pou k'ieôu yu gîn, ad alium non recurrere; Mong tsee: 氣於求勿心於得不心於求勿言於得不 pou tĕ yu yên, oue k'ieôu yu sin, pou tĕ yu sîn, oue k'ieôu yu k'í, si aliquid non occurat ad os, ne quaeras in corde; si non venit in mentem, ne contendas ut veniat. Ex his duobus primum merito damnat, alterum approbat. Contendendus est animus, sed sine perturbatione; 窞於入 gĕ yu t'ân, in foveam cadere; 經於見不 pou kién yu king, hoc non reperitur in libris *king*; 人聖於道不 pou táo yu chíng gîn, de hoc sancti nihil dixerunt; 王於從 ts'ōng yu vâng, sequi regem; 性於害 hái yu síng, hoc naturae nocet, &c.

§us 3us. Particula yu dat verbis significationem passivam; 物於有非物有子君 kiun tseè yeoù oue, fēi yeoù yu oue, sapiens res possidet, non possidetur a rebus. Mong-tsee ait 人於食者人治·人食者人於治·人於治者力勞·人治者心勞 laô sīn tchè t'chî gîn, laô lĭ tchè tchî yu gîn, t'chì yu gîn tchè ssée gîn, t'chì gîn tchè ssée yu gîn, qui vires mentis adhibent, regunt; qui vero solis corporis viribus contendunt, reguntur; qui reguntur nutriunt; et qui regunt nutriuntur; 母父於愛之年三有 y eoù sān niên tchi ngái yu foú moù, amanter educati fuimus a nostris parentibus per tres annos.

§us 4us. Notandus comprimis sequens loquendi modus: 也國於之人寡 &c; ego inquit quidam Rex apud Mong-tsee, ego quidem quantum attinet ad regnum meum, &c. Ngheou-yang tsee ait: 也病於之者醫夫 fou y tchè tchi yu píng yè, &c, medici relative ad morbos, quando volunt aliquem sanare, &c. In ejusmodi formulis quæ crebrò apud optimos authores occurrunt, sic semper ordinantur litteræ.

§us 5us. 於 yu servit comparativis, v. g. 我於富 fóu yu ngò, me ditior est, &c. Cave ne confundas 與 cum 於; discrimen quod est inter utramque hanc particulam facile incipientes fallit.

§us 6us. Juncta pronominibus vel nominibus facit hunc sensum, quoad me, respective ad te, quod illum attinet, &c; 雲浮如我於 yu ngò jû feôu yûn, ego vero haec omnia non pluris facio, quam nubeculam quae a ventri dispergitur. Quot verba latina ut quinque litterarum vim attingas! 乎安女於 yu jù ngan hou, an hoc contentus esses? inquit Tchoûang tsee.

§us 7us. Interdum debet legi *ou* et tunc notat aliquem affectum, vel admirationis vel desiderii. Chi king ait: 天于昭於上在王文 vén vâng tsái chàng, ou tchaō yu t'iēn, Ven-vâng est sursum, proh quam splendet in cœlo!

Invenitur quoque 乎於 ou hou, sed rarius; item 王前戲於 ou hou ts'iên vâng, eheu! antiqui reges. Idem fere est ac 呼嗚 ou hou, sed 呼嗚 saepius est dolentis, 傷哀 ngai chang; contra vero 戲於 ou hou est laudantis et admirantis, 美歎 tān moei; ita Dictionarium *Kang hi tsee tien.*

ARTICULUS QUINTUS.

DE PARTICULA 乎 hou.

§us 1us. Jungitur cum regimine multorum verborum plane ut 於 yu, supra. Han yu ait: 德謂之外於待無已乎足 tsou hou ki, vou tai yu vai tchi ouei te, sibi sufficere nec quicquam expectare extra se, id vocatur virtus. Phrasis longiuscula; decem enim litteris constat, sed clara, imo brevis, cui nihil est quod demas. Tchouang tsee ait: 門乎暨 ki hou men, cum pervenisset ad januam; 身乎臧所 so tsang hou chin, quod abscondit in se ipso, seu in corde; 神鬼乎孝 hiao hou kouei chin, pius erga spiritus; 德乎慎先 sien chin hou te, ante omnia sis attentus ad virtutem; 知乎近學好 hao hio kin hou tchi, qui studium amat non multum abest à sapientia; 聞所乎異 y hou so ven, hoc differt ab iis quae hactenus didici; 爾乎隱無吾 ngou vou yn hou ell, nihil abscondi a vobis, inquiebat Confucius suis discipulis; 矣恆有乎難 nan hou yeou heng y, difficile est ut talis homo diu perseveret; 貴富乎行貴富素 so fou kouei hing hou fou kouei, si dives es age ut divitem decet.

§us 2us. 乎 est admirantis vel commiserantis, v. g. 乎惜 si hou, eheu sane dolendum! 乎巍巍 ouei ouei hou, proh, quanta sublimitas! 乎洋洋 yang yang hou, quam immense diffusum! 乎深乎深 chin hou chin hou, quanta profunditas! Sic saepe repetitur, maxime apud Lao-tsee et Tchouang-tsee. Jungitur in eodem sensu cum 嗚 et tunc solet scribi 呼 hou, v. g. 矣至德之舜堯呼嗚 ou hou yao chun tchi te tchi y, ô quam extrema est virtus regum Yao et Chun. In luctu istud 呼嗚 est dolentis.

§us 3us. 乎 ponitur interdum solius gratiae et numeri causâ, v. g. 興乎是於樂禮 &c. 足乎是於食衣 li yo yu che hou hing, y che yu che hou tsou, tunc urbanitas et concordia incipiunt esse in pretio, tunc omnis populus habet quod satis est ad vestitum et ad victum. Ita Tso chi. Sed de *yu chi hou* iterum infra.

§us 4us. Saepissime interrogationem denotat, sed id fit variis modis.

1us modus. Quando sola est: 乎可 k'ò hou, licet ne? 乎宜 y hou, an justum est? 乎矣仁 gin y hou, an hoc censetur vera charitas? 矣 hoc loco nihil servit interrogationi, sed inseritur pure ad ornatum. Si post 乎 aliquid sequitur, non amplius interrogat; v. g. 悔有乎宜 y hou yeou hoei, æquum est ut illum pæniteat. Si postea eum pænitet, id mœretur. 乎 solummodo sustinet litteram 宜 y.

2us modus. Quando jungitur cum 豈 ki, v. g. 乎得可豈 ki ko te hou, qui fieri vel obtineri istud potest? Frequens admodum est iste modus, nec plura exempla necesse est addere.

3us modus. Quando post 乎 ponitur 哉 tsai, v. g. 哉乎遠仁 gîn yuen hou tsai, usque adeone remota est charitas? poterat dicere: 乎遠其仁 sed longe fortius dixit 哉乎遠仁

4us modus. Quando 亦不 pou y præcedit, v. g. 乎可亦不 pou y ko hou, annon et hoc licitum est? 乎樂亦不 pou y lo hou, annon vel in hoc voluptas est? 乎悲亦不 pou y poei hou, nonne et id dolendum est? 乎遠亦不已後而死 ssee ell heou y, pou y yuen hou, hoc usque ad mortem constanter tenere, quid amabo potest esse diuturnius?

§^us^ 5us. Servit comparativis sicut dictum est de 於 yû, v. g. 爾乎長日一吾 ngou y go tchang hou ell, ego sum te senior uno die. Tunc eleganter ponitur negativa 莫 mo, v. g. 天乎高莫 mo kao hou tien, nihil cœlo altius. Ngheou-yang-tsee ait: 美所之書詩舜堯乎大莫 chi chu tchi so moei mo ta hou yao chun, libri *chi* et *chu* nihil magis prædicant et extollunt quam reges Yao et Chun; 唐與漢乎盛莫者盛之世後 heou che tchi tching tche mo tching hou han yu tang, quod spectat posteriorum temporum gloriam et decus, nihil illustrius familiis Han et Tang.

§^us^ 6us. Debet repeti quoties dubitatur vel de diversis sermo est; Tchouang-tsee ait: 乎者夢其乎者覺其者言之今識不 pou chi kin tchi yen tche, ki kio tche hou, ki mong tche hou, nescio utrum ego qui nunc loquor, vigilem an dormiam. Confucius dicebat: 乎射執乎御執 tchĕ yú hoû, tchĕ ché hoû, agamne aurigam, an potius jaculatorem? 乎否乎宜 y hou feou hou, aequum ne est an non.

§^us^ 7us. Bene jungitur cum 庶 ut sonus, qui paulo durior esset, sic emolliatur, v. g. 矣可其乎庶則 tse chu hou ki k'ò y, videtur quod hoc demum pacto istud facere liceat; 矣至乎庶則中乎及以 mihi videtur quod qui medium semel attigit, nihil habet ultra quo pergat. Urbani sinae non audent durâ fronte asserere, sed dicunt 乎庶 vel 幾庶 parum abest, sic opinor, &c.

ARTICULUS SEXTUS.

DE PARTICULA 諸 tchū.

§^us^ 1us. Aliquando idem plane est ac 於 yu et 乎 hou ut videre est in exemplis; 諸求惟己 a se et in se solo quaerere; 民庶諸徵,身諸本道之子君 kiun tsee tchi tao pen

漢語劄記

tchu chin, tching tchu chu min, ratio seu virtus sapientis radicem habet in ipso et probatur per modum quo populi se gerunt. Mong-tsee ait de custode ovium: 抑亦立而視其死與則反諸其人乎 y y li ell chi ki ssee yu, an oves reddet ei qui sibi eas tradidit? an ipsa stans videbit eas miserè pereuntes? 與 interrogat et respondet particulae 乎 membri superioris; 紳諸書 chu tchu chin, illud scripsit et reposuit ad cingulum; 掌諸示 chi tchu tchang, ostendere super manum.

2°. Videtur esse mera finalis in hac phrasi et similibus: 諸病猶其舜堯 ipsi etiam Yao et Chun satis in eo sudarunt. Nota 其 k'i pronomen post Yao et Chun ad quos refertur ping 病 esse verbum patet, neque enim aliter constabit sensus. Forte hoc loco 諸 est pronomen et casus verbi 病 ping.

§us 3us. Quamvis 諸 sit pronomen, tamen fere semper interrogat, v. g. 諸有 yeoù tchu, datur ne hoc? R. 之有 yeoù tchi, datur utique; 諸舍有人 gin yeou che tchu, illum ne homines rejicient? 諸食而得豈吾粟有雖 soui yeou sou, ngou ki te ell che tchu, etiam si fruges suppeterent an illis vescerer?

ARTICULUS SEPTIMUS.

DE PARTICULA 邪 yê, 耶 idem est.

---

§us 1us. Istae duae particulæ interrogant, et in fine orationis debent poni sicut 乎 hou et 哉 tsai. Quibus porro in locis utendum sit vel 乎 hou vel 邪 aut 耶 vel 哉 tsai docebit attentio in legendis libris. Talia enim usu et aure numero attritâ percipi possunt, praeceptis et regulis tradi non possunt. Selecta exempla haec habe: 耶禱後而病有待豈 ki tai yeoù ping ell heou tao ye, quasi vero expectaverim morbum nec prius preces obtulerim? 大知豈耶者臣 ki tchi ta tchin tche yê, hoc ne scire est quid sit agere magnum mandarinum? 耶者居舟於樂寘豈 an quod revera gauderem esse in navi? maluit dicere 居舟於 quam 舟於居 sic enim particula 者 tche usus est aptius; 邪情人於近豈此 tsee ki kin yu gin tsing ye, an hoc conforme est humanis affectibus? Tchouang-tsee inducit arborem sic loquentem: 邪也大此得且用有而也予使 ssee yu ye ell yeou yong, tsie te tsee ta ye ye, si ad aliquid fuissem idonea, potuissemne ad tantam proceritatem pervenire.? Nota 1°. Sensum qui hâc parabola tegitur. 2°. Numquam Europaeus diceret 用有而也予使 sed Europaeo modo diceret: 我得用人若 si homo me potuisset uti, vel 大得故用無我

海上絲綢之路文獻集成 科技與文化编

eram inutilis ideo crevi. 3º. 邪; si poneres tantum 邪大此得 aures non tam gauderent.

§us 2us. Eleganter ingeminatur, sicut dictum est suprà de 乎 hou. Exempla quae hic affero valde notanda sunt: Tchu hi ait: 客爲.耶主爲.耶二爲.耶一爲.者心謂所則然耶者物於命爲.耶者物命爲.耶 verum enimvero istud quod vocamus animum est ne ens simplex, an vero compositum aliquod? est ne Dominus an hospes? imperatne rebus externis, an contra res externae imperant ipsi? facile est degustare quam dilucida et tersa sit hæc oratio. Tchouang-tsee ait: 邪樂不果邪樂果之樂知未 ouei tchi lo tchi ko lo ye, ko pou lo ye, nondum scio an qui talia gaudent, gaudeant reipsâ, vel minime gaudeant. Idem ait: 不爲以.身活足不矣善爲以若.邪善不誠.邪善誠之善知未人活以足矣善 nescio an illa prurigo comparandæ famæ (de Hoâ quippe agit hoc loco) quæ videtur tam bona, revera ita sit nec ne. Si dixero esse bonam, sentio quod ad recte vivendum non sufficit. Si autem contendo bonam non esse, dices quod ad memoriam nominis æternandam multum juvat. Nota 1º. 之樂 et 之善 lo et chen sunt verba, 之 est regimen. 2º. recte ait 樂不果 ko pou lo, et 善不誠 tching pou chen, si enim dicas 善誠不 erit alius sensus, nec tres illæ litteræ respondebunt tribus primis, 樂不果 3º. 爲以 significat opinari, existimare. 4º. In primo membro posuit 若 jo, in secundo reticuit. Sic postquam dixit 身活足不 non dicit 人活足 sed 人活以足 nimirum ita disposuit quatuor istas phrases, ut prima 矣善爲以若 et tertia 矣善不爲以 quinque litteris constent, secunda vero 身活足不 et quarta 人活以足 non nisi quatuor litteras habeant. Ad hæc tyrones non attendunt. Ngheou-yang-sieou ait: 偶抑.耶舉可其知&c. 則舉而知若.耶之舉 an illum promovisti quia eum bene noveras? an vero temere et casu? Si primum, ergo.... Alio loco sic amicum suum defendit: 也賢不果 si revera sapiens non erat, debebas monere imperatorem, nec miseri casum expectare, ut eum impeteres; 也賢果若 sed si sapiens et bonus erat, oportebat te et hoc ad aulam referre ne in tantam miseriam caderet. Dilemmata ejusmodi plurimum arrident politis sinis præsertim quando inter se disserunt de aliquo puncto et alter ait, alter negat.

ARTICULUS OCTAVUS.

DE LITTERA 與 yū.

Hæc littera spectari potest vel ut est particula, vel ut habet multos alios sensus. Itaque hunc articulum duos in numeros divido. Idem facere possem in multis aliis, sed cum de particulis proprie agamus, semel aut bis extra oleas saltasse satis erit.

NUMERUS PRIMUS.

DE 與 yu PARTICULA.

§us 1us. Est conjunctio et copula, v. g. 仁與命與利言罕子 tsee han yen li yu ming yu gin, Confucius raro loquebatur de lucro, de mandato, et de charitate; 義與仁 charitas et justitia; 也惡所之人是賤與貧 pin yu tsien che gin tchi so ou ye, homo paupertatem et contemptum naturaliter aversatur.

§us 2us. Est mera puraque finalis, v. g. 與謂之此其 ki tsee tchi ouei yu, hoc ipsum est quod dico. Nota istud 之此其; non ita loquuntur nec scribunt Europæi; 也謂之此 idem est sensus.

§us 3us. Aliquando interrogat et tunc saepius scribitur 歟 v. g. 與禁不舜則然 gen tse chun pou kin yu, si hoc ita est, cur Chun non restitit? 與救能弗如 ju foe neng kieou yu, an non poteris tu huic malo mederi? 歟慎不可 ko pou chin yu, annon omni curâ vigilandum? 與放可固則 tse kou ko fang yu, an propterea continuo emittendus? 與人子君 kiun tsee gin yu, an sapiens est homo? R. 也人子君; utique 謬其何歟者論 ho ki micou lun tche yu, quid hoc discursu potest esse absurdius? 謂可果則然歟者章文之 gen tse ko ko ouei tchi ven tchang tche yu, at hoc ne haberi potest pro eleganti et ornata tersaque oratione?

§us 4us. Idem dicendum de 與 yu quod dictum est de 乎 hou et de 耶, ut videbitur in exemplis. Confucius statim sciebat quæcumque fierent in regno ad quod accesserat; unde quærit aliquis, 與之與抑與之求 kieou tchi yu, y yù tchi yu, an haec ipse suscitatur ab aliis, an vero alii haec ipsi ultro renuntiant? in 之與 est verbum *yu* dare; et respondet 之求. Idem Confucius petit utrum agatur de fortitudine borealium hominum, an de fortitudine philosophi: 與強而抑與強之方北 pe fang tchi kiang yu, y ell kiang yu, hoc loco 而 idem est ac 爾 ell, tu, tuus, vel vester, Alloquitur discipulos quos volebat animo magis quam corpore fortes esse.

§us 5us. Est etiam admirantis et laudantis, v. g. 與也知大其舜 chun ki ta tchi ye yu, ô quam sapiens erat Chun! Notavi jam transpositionem 其舜. Pessime diceres in hoc loco 舜其, posset dici 其也舜. Postquam Confucius loquutus fuisset de virtute perfecti viri ait: 與也回吾其 ki ngou hoei ye yu, talis meus Hoei.

§us 6us. Usum habet in comparatione duorum et postea ponitur 寧 ning, ad declarandum id quod melius ac præstantius est, v. g. 儉寧也奢其與禮 li yu ki che ye ning kien, quod spectat externam rituum pompam, satius est esse parcum quam prodignum; 其與喪 戚寧也易 tsang yu ki y ye ning tsi, in luctu parentum longè praestat veram tristitiam corde fovere quam inanem speciem ostendere; 固寧也孫不其與 yu ki pou sun ye ning kou, melius est videri rusticior quam paulo superbus et arrogans. Nota quod eodem modo semper disponuntur litterae, post 與 sequitur 其, et ante 寧 ponitur 也, et ejus loco interdum reperitur 毋 vou, v. g. 足知而茅居寧毋貪肆而宮玉登其與 melius est degere sub humili tecto et paucis contentum esse, quam habitare in palatio et cupiditati frenum laxare. Tchouang tsee idem exprimit sine 與 yu, cum ait 美孰乙與甲 kia yu y chou moei? R. 哉甲 kia tsai, quis ex duobus pulchrior est? An Kia, an vero Y? R. Certe est Kia Idem ait: 乎非孰而是孰乙與甲 kia yu y chou che ell chou fei hou, quis ex illis duobus verum dicit, quis errat? In his duobus exemplis 與 yu est copula. In ultimo bene addidit 而 ell, nec male in fina posuit 乎. 乙甲 sunt notæ sicut apud nos A. B.

§us 7us. 同 similis et 異 dissimilis postulant *yu*, v. g. 同聞不與行不而聞 ven ell pou hing yu pou ven tong, audire aliquid de virtute nec illud opere complere, idem est ac si nihil audivisses; 異與相必彼 pi pi siang yu y, certe differunt inter se.

§us 8us. Respondet nostræ præpositioni *cum*. 樂同民與 yu min tong lo, una cum populo gaudere. In libro *Chi king*, 食我與不言我與不 pou yu ngo yen, pou yu ngo che, mecum non loquitur, mecum non manducat. *Tso chi* ait: 敵王與誰夫 fou choui yu vang ti, quis tunc ô Rex tecum certare audeat?

NUMERUS SECUNDUS.

DE 與 yu NOMINE ET VERBO.

Recte Dictionarium *Pin tsee-tsien* ad hanc litteram ait: 聲平借聲去轉聲上本 pen chang ching, tchoüen kiu ching, tsie ping ching, de se ad secundum accentum pertinet yù, aliquando transit ad tertium yú, per metaphoram legitur in primo accentu yū. Recte dicit 借 per metaphoram, quia nulla littera in sensu proprio particula est.

§us 1us. Yù multa variaque significat.

1o. Idem est ac 授 cheou, tradere; Mong-tsee ait; 之與孰下天有舜 chun possedit totum terrarum orbem; quis illum ipsi tradidit? Respondet: 之與天 tien yu tchi, cœlum illi tradidit.

2°. Idem est ac 歸 kouei, rediit ad. Idem Mong tsee ait, 也與不莫下天 tien hia mo pou yu ye, totus orbis se subjecit et ad eum convolavit.

3°. Idem est ac 許 hiu, permittere, sinere, v. g. 進其與 yù ki tsin, permisit ut intraret. Confucius ait: 也如弗女與吾也如弗 foe ju ye ngou yù ju foe ju ye, dicis te non esse sicut, et ego concedo tibi ut sis non sicut. Modeste dixerat ille se non accedere ad alium quemdam discipulum, et magister respondet: modestia tua facit ut non sis quem te esse putas. Liber Ta hio ait: 國中同與不 pou yù tong tchong koue, non sinit eum communicare cum regno medii.

4°. 之與地天 tien ti yù tchi, cœlum et terra votis ejus respondent.

5°. 與相 siang yu, amici; 曰言與相 siang yu yen yue, dicebant unus ad alterum.

6°. 與黨 tang yu, conjurationis socii.

7°. 與我不歲 soui pou ngo yu, tempus me non expectat. Idem est ac 待 tai; sic 與相禮以 y li siang yu, se invicem urbane tractare.

8°. 與弗 foe yu, idem ac 如弗 non sicut.

9°. 與施 che yu, dare, beneficia spargere.

10°. 心其與容 yong yu ki sin, ejus animum exhilaravit.

11°. 與無 vou yu, i. e. 用弗 inutilis vel non uti.

12°. 問與不 pou yu ven, non potui ab eo quærere.

13°. 言之與巽 suen yu tchi yen, consilia valde caute lata.

14°. 焉與何天 tien ho yu yen, quid ad hoc facit cœlum de quo loqueris.

15°. 知與 scire datur.

§us 2us. yú, v. g. 祭與 yú tsi, adesse cœremoniæ; 席與 yu si, mensæ accumbere; 與猶 vel 豫猶 yeou yu, anceps, irresolutus, quia omnia tuta timet, v. g. 悔有必後與猶疑狐 hou y yeou yu, heou pi yeou hoei, qui tantopore supiciosi sunt, eos deinde semper pœnitet.

3°. Adhuc collige phrases sequentes: 我與孰 chou yu ngo, quis sicut ego? 下天有焉與不而 yeou tien hia, ell pou yu yen, habet orbem perinde ac si non haberet; 與可不道之舜堯入 pou ko yu ge yao chun tchi tao, huic homini non datur ingredi sublimes Yao et Chun vias; 焉存與不下天王而樂三有子君 kiun tsee yeou san lo ell vang tien hia pou yu tsun yen, sapiens gaudet de tribus, sed in iis non numeratur possessio totius terræ: 王 hoc loco est verbum et 下天 est ejus regimen. Ngheou-yang-tsee ait: 皇三非

乎此於與能孰其德之 si non sit sapiens sicut tres Hoang, quis ad tantam perfectionem poterit attingere? Desumpsit hoc ex Capite Hi-tsee ubi sæpe occurrit hic modus; 天非此於與能孰其神至之下 fei tien hia tchi tchi chin, ki chou neng yu yu tsee, quid istud poterit, nisi sit in toto mundo maxime spiritualis et intelligens? 誅可與予於 an pendet à me ut puniatur? 是改與予於 yu yu yu kai che, discipulus Yu fecit ut sententiam mutarem. In 1ª phrasi 予 est pronomen ego, in 2ª est nomen discipuli ejusdam; porro 與予於 yu yu yu suaviter pulsat aures sinicas, nec in eo ulla cacophonia est.

ARTICULUS NONUS.

DE PARTICULA 而 êll, item de 爾 vel 耳 èll.

§us 1us. Tres simul posui ob affinitatem soni, quin imo 而 in antiquis libris sumitur pro 爾 ell.

NUMERUS PRIMUS.

DE 而 êll

§us 1us. Est conjunctio quæ æquivalet nostro *et;* distinguendi sunt tantum tres vel quatuor modi, in quibus licet indicet semper aliquam conjunctionem, respective tamen ad partes quas conjungit videtur esse aliqua diversitas.

1us modus. Fere coincidit cum 與 yu, differt tamen quia 而 postulat aliquam illationem, 與 yu vero non ita: hinc 而 bene vertitur per *et tamen*. Exempla sub oculis hæc ponunt; 國於敎成而家出不 pou tchu kia ell tch'ing kiao yū koüĕ, domo non exit et tamen totum regnum instruit; 作不而述 chu ell pou tso, tradere posteris quod accepisti à majoribus, nec quicquam proferre de suo; 善揚而惡隱 yn ngo êll yang chen, aliorum defectus abscondere, et eorum bona extollere; 及不無而過無 non peccat nec per excessum nec per defectum; 求可而富 fou ell ko kieou, si et divitiæ possent honeste quæri.

2us modus. Si sit aliqua velut oppositio inter partes quas particula 而 conjungit, longe illustrior est oratio et ideo tot exempla occurrunt passim in libris. Hic porro nec 與 yu nec 及 ki aut similes ligaturæ locum habere possunt; 淡而不厭 tan ell pou yen, sine sapore nec fastidium parit; 溫而厲 ven ell li, lenis et tamen gravis; lenis et tamen gravis, leniter gravis et graviter lenis: male diceres 厲與溫. Tchouang tsee ait: 得而不喜失而不憂 te ell pou hi, che ell pou yeou, acquirit nec gaudet, perdit nec tristatur. Liber Tchong yong ait: 不勉而中 pou mien ell tchong, non sibi vim infert et attingit medium; 不思而得 pou ssee ell te, non animum contendit et assequitur; 不動而敬 pou tong ell king, non se movet et honoratur; 不言而信 pou yen ell sin, non loquitur et fidem facit; 極高明而道中庸 ki kao ming ell tao tchong yong, altissima sunt consilia ejus et ambulat tritas vias; 溫故而知新 oüen kou ell tchi sin, antiquitatem amat et novâ non nescit; 不賞而民勸不怒而民威 pou chang ell min kuen, pou nou ell min ouei, præmia non largitur et populus se excitat ad virtutem, iram non ostentat et populus à malo abhorret. Si quis vertat 而民威 per *et populus illum timet,* quid faciat de 而民勸 quod præcedit? Aliud est in verbis philosophi Sun tsee, 未施而親不怒而威 ouei chi ell tsin, pou nou ell ouei, non largitur et tamen amatur, non irascitur, et tamen timetur. Liber Tchong yong ait: 視之而不見聽之而不聞 chi tchi ell pou kien, ting tchi ell pou ven, illum aspicis nec tamen vides, illum auscultas nec tamen audis, &c.

3us modus. Post 而 sequitur 已 y vel 已矣 y y; exempla sunt innumera: 九人而已 kieou gin ell y, novem duntaxat homines; 亦有仁義而已矣 y yeou gin y ell y y, est charitas et justitia et hoc sufficit; 道二仁與不仁而已矣 tao ell gin yu pou gin ell y y, gemina est via, charitatis altera et altera crudelitatis.

§us 2us. Debet poni post 雖 soui, licet, quamvis, 善人雖多而不厭 chen gin soui to ell pou yen, bonorum virorum multitudo satietatem non parit; 已而已而 y ell y ell, ohe! desine tandem! 而今而後 ell kin ell heou, et nunc et in perpetuum. In Ta-hio 而后 ell heou, deinde, postea. Yang-tsee ait de fonte 滿而後洩 moüan ell heou sie, impletur et postea exundat.

NUMERUS SECUNDUS.

DE 爾 vel 耳 ell.

Quamvis 爾 ell, sit pronomen 2æ personæ et 耳 ell proprie significet aurem, sæpe tamen pro meris particulis usurpantur.

§us 1us. Ponuntur in fine et plærumque denotant rem non esse magni momenti, v. g. 好直耳樂之俗世 tchi hao chi sou tchi yo ell, musica quam amo est vulgarior illa quæ ex sonis nascitur. Modeste de se Ngheou-yang sicou ait: 爾人賤窮下天者修如 ju sicou tche tien hia kiong tsien gin ell, sicut ego qui sum pauper et vilis homuncio. Idem ait: 爲不其耳名其有不惟.何幾者君 ki pou ouei kiun tche ki ho, ouei pou yeou ki ming ell, quid illi deest ut sit Rex? solum nomen; 有不 hoc loco melius est quam 有沒 mo yeou; 言前耳戲 tsien yen hi ell, hoc dixeram per jocum; 耳間一 y kien ell, fere nihil est quod interponitur; 矣耳思弗 defectus est attentionis.

§us 2us. Efficiunt adverbia sicut dicam suis locis de 然 et de 如 ju, v. g. 爾卓 tcho ell, confidenter; 爾率 sou ell, subito, derepentè. Item eleganter eas praecedit 云 vel 焉 v. g. 耳云此如過不 pou ko ju tsee yun ell, res est facilis, oportet tantum hoc modo agere. Verba sinica planissima sunt et in usu frequentissime adhibentur, vix tamen possunt de verbo ad verbum explicari; 爾焉之擇所惟 ouei so tse tchi yen ell, hoc pendet ab eo quod elegeris.

ARTICULUS DECIMUS.

DE PARTICULIS 焉 yen et 然 gen.

NUMERUS PRIMUS.

DE 焉 yen.

§us 1us. Saepe reperitur in fine orationis, v. g. 焉思少宜 y chao ssee yen, paululum ad hoc attendas velim; 焉幸不無嘗未賢與聖雖 soui ching yu hien ouei tchang vou pou hing yen, vel ipsi sancti et sapientes non semper omnia habent ex votis suis; 其棄盡焉學而學 tsin ki ki hio ell hio yen, abjecit quae didicerat et caepit rectis studiis incumbere; 焉在不心 sin pou tsai yen, cor avolavit; 焉師我有必行人三 san gin hing pi yeou ngo ssce yen, quoties cum duobus incedo, inquit Confucius, semper invenio qui me

漢語劄記

doceat; 焉得自不而入無 semper contentus est, quidquid accidat, semper se possidet; 焉凝不道至德至不苟 necessaria est summa virtus ad hoc ut summa doctrina vigeat.

§us 2us. Pluries repetitur ad elegantiam et tunc phrases debent esse inter se aequales; 焉生物萬焉行時四 sse che hing yen van oue seng yen, annus suum peragit iter, et omnia suo tempore nascuntur; 焉覆物萬焉繫辰星 sing chin hi yen, van oue feou yen, stellae omnes in eo sunt appensæ, et res omnes contegit.

§us 3us. Adhibetur quoque propter numerum et gratiam, v. g. 者焉下 et 者焉上 qui sunt supra, qui sunt infra. Longe sonantior est oratio quam si diceres 者下者上 superiores, inferiores; 仁得焉知未 ouei tchi yen te gin, an vero charitatem habeat nescio; 得知未否與仁 ouei tchi te gin yu feou, idem plane sensus est, sed sermo laxior; 者焉惑有猶 yeou yeou hoe yen tche, non desunt qui de hoc adhuc dubitant.

§us 4us. Optimi quique scriptores affectant illam collocare post aliquam vocem ejusdem fere soni, v. g. 焉言之人聖有 yeou ching gin tchi yen yen, continet hic liber quædam verba sancti; 焉傳不道 tao pou tchoüen yen, traditio verae doctrinae deficit.

§us 5us. Quando interrogat, debet poni statim initio, v. g. 知焉 yen tchi, quis scit? quid ego scio, &c; 剛得焉 yen te kang, an hoc est forti animo esse? diceret aliquis: 得焉乎剛之謂 et putaret se bene dixisse, at sic multo magis langueret oratio; 殺用焉 yen yong cha, ad quid tot supplicia? 之從其焉 an illum debet statim sequi; 所有焉夫倚 fou yen yeou so y, quomodo vir tantus rebus perituris adhæreret? 能焉有爲能焉亡爲 yen neng ouei yeou, yen neng ouei vang? est ne aliquid aut nihil, vel habet ne an caret? vel est ne vivus an mortuus? oportet videre qua de re agatur, ut determinetur sensus.

§us 6us. Bene respondet particulae 如 jû, prius potius; 焉者丘如 ju kieou tche yen, sicut ego, inquit Confucius; 焉食之月日如過之子君 kiun tsee tchi kouo ju ge yue tchi che yen, sapientum excessus sunt veluti solis ac lunæ eclipsis; 焉天於如地於 in terra sicut in cœlo.

§us 7us. Notat adverbia; 焉忽 vou yen, derepente; 焉欣欣 cum magna lætitia. Tchouang-tsee ait: 焉少 chao yen, paulo post. Tunc 焉 idem plane est ac 然 quæ sequitur.

NUMERUS SECUNDUS.

DE 然 gen.

1°. Sæpe nota est adverbiorum; 曰然喟 ouei gen yue, suspiranter ait: 然循循 sun sun gen, cum ordine et methodo. Exempla passim occurrunt.

S s 2

2°. Affirmat rem ita esse; 乎否乎然 gen hou feou hou, ita ne est an non? 之子然言 tsee tchi yen gen, ita est, ut dicis; 乎然其不 pou ki gen hou, an non ita est? 然必何 ho pi gen, quid necesse est ut ita sit? 然必未 ouei pi gen, dubito an ita sit; 仁未而然 gen ell ouei gin, ita quidem est sed tamen nondum est charitas; 矣然不殆 tai pou gen y, neutiquam sanè ita est; 之有亦然 bene tamen, unum tamen adhuc est; 乎學足不則然 an continuo virtutis studium tanquam inutile desereres? 將則然何奈 gen tse tsiang nai ho, quid igitur faciam? quo me vertam? Apud Mong-tsee et Tchouang-tsee legitur 然既 quando quidem ita est, et 然雖 soui gen, ut ut sit.

3°. 知後然此知 &c, et cum semel hoc scitur, scitur deinde &c; 然皆人之古 kou tchi gin kiai gen, ita sentiebant omnes antiqui; 然不子君惟 sapiens non sic; 然亦 eodem modo; 然當所 so tang gen, vel 則之然當 rerum essentia, ratio sine qua existtere nequeunt; 然以所 so y gen, causa cur vel per quam; 然自 ita sane; 然而然自 suaviter ac sine ulla vi.

ARTICULUS UNDECIMUS.

DE PARTICULIS 則 tse et 且 tsie.

NUMERUS PRIMUS.

DE 則 tse

Tchong-yong ait: 則下天爲世而言 yen ell chi ouei tien hia tse, si loquitur ejus verba sunt exemplar quod totus orbis semper sequetur. Chi-king ait: 則有物有 yeou oue yeou tse, quodlibet ens habet suum esse physicum et dicitur 物 oue; habet suam essentiam metaphysicam, qua constituitur in ratione talis entis, et dicitur 則 tse. Item 理 li; item 當然 tang gen. Sed venio ad 則 particulam.

§us 1us. Conclusionis nota est, ut apud nos, ergo, igitur, &c. Vel saltem indicat rem ex alia fluere, v, g. 立道則身修 sieou chin tse tao li, cum ornatur persona, sequitur ut ratio

漢語劄記

siet. Ratio enim jacet, si quis personæ suæ curam negligit; 清則雜不性之水平則動莫 talis est aquæ natura, si nihil admistum habet, clara et limpida est; si nemò illam moveat, est lævis velut speculum. In hac significatione reperitur 斯 ssee. Mong-tsee ait: 矣慝邪無斯興民庶·興民庶則正經 king tching tse chu min hing, chu min hing sse vou sie te y, si leges rectæ sunt, populus ad virtutem erigit animos, et ubi semel populus ad virtutem animum appulit, ab omnibus vitiis continuo refugit; 從以可斯何如矣政 quid agendum ut populus continuo legibus obediat? pone 以可則 erit idem. Invenies etiam 此 in eodem sensu; 人有此德有 yeou te tsee yeou gin, si rex veram virtutem habet, populorum corda continuo possidebit.

§us 2us. 則 est conjunctio paulo fortior quam 而 ell. De Confucio dicitur quod 則哭歌不 kou tse pou ko, flendo non cantillabat, sine strepitu et sine fastu fluebant lacrymæ. Item solet poni post 然 quoties occurrit aliquid quod objicias; &c. 則然 sed si hoc ita est, sequeretur, &c. Nota hanc phrasim: 也大未而矣美則美 hoc quidem bonum et pulchrum est, sed nondum in summo gradu. Fieri possunt ad instar.

§us 3us. 則一 bis positum respondet nostro tùm tùm, v. g. 知不可不年之母父懼以則一喜以則一也 fou mou tchi nien pou ko pou tchi ye, y tse y hi, y tse y kiu, oportet sæpe cogitare de parentum ætate, tùm ut gaudeamus, tùm etiam ut timeamus.

NUMERUS SECUNDUS.

DE 且 tsie.

§us 1us. Interdum idem est ac 則 tse, v. g.; &c. 況爲不者仁且然 hoc posito quisquis habet charitatem non hoc ergo faciat, multo minus, &c; 且然 idem omnino est ac 則然 nec desunt alia exempla ad id probandum; fateor tamen quod sit rarius.

§us 2us. 且 de se est particula copulativa sicut 而 ell et 與 yu; in eo tamen differunt quod 而 ell sæpe postulat oppositionem, v. g. 樂而貧 pin ell lo, pauper et tamen lætus; 禮而富 fou ell li, dives et tamen urbanus: 與 yu nec oppositionem nec sequelam includit; 爾與予 yu yu ell, ego et tu. At 且 sicut et 則 sequelam innuit, v. g. 賤且貧 pin tsie tsien, pauper et ideo vilis, ex paupertate contemptus plærumque nascitur. Sic 貴且富 fou tsie kouei, dives et honoratus.

§us 3us. Ngheou-yang tsee ait: 田買方老且余呼嗚 ou hou yu tsie lao, fang mai tien, ego jam senex de emendo agello cogitavi: 老且余 idem est ac si dixisset 老余 yu lao; interposuit 且 ad numerum, quia forte 老余 sicut 老吾 potest significare meus senex. His et similibus notulis comparatur linguæ sinicæ notitia.

§us 4us. In libro *Sing-li-ta-tsuen* 卽 tsiĕ et 便 pién, idem fere dicunt ac 則 tsĕ et 且 tsie, sed ad stylum humiliorem magis accedunt.

ARTICULUS DUODECIMUS.

DE PARTICULIS 若 jo et 如 ju.

---

§us 1us. Utraque respondet particulæ hypotheticæ *si;* &c. 則然若 jo gen tse, &c, si hoc ita est, ergo, &c. Cavendum est Europæis ne juxta linguam in qua nati sunt, vel ob suos scrupulos, dum volunt veritatem accurate sequi, cavendum, inquam, ne semper usurpent suum illud 若 jo et 是若 jŏ ché, nihil hominem exterum magis publicat. Itaque mature assuescant interdum cum sinis illud 若 jŏ penitus omittere. Ne dicant 這在人有今如是若裡 si adesset nunc hic aliquis. Haec enim ne quidem in vulgari sermone fieri possunt, sed dicunt maxime cum scribunt vel 焉人一有今 kin yeou y gin yen, vel 有且今此於人 kin tsie yeou gin yu tsee, vel 此於人有設 &c. Mong-tsee sæpe utitur 苟 keou, quod si. Potest quoque adhiberi 儻 vel quod idem est 倘 tang, quod si. Sæpe occurit 使 ssee, fac ut. Idem est ac 設 che, sed paulo elegantius, v. g. 可不身耶善果性使修不以可不身耶惡果性使.修不以 ssee sing ko chen ye, chin pou ko y pou sieou, ssee sing ko ngo ye chin pou ko y pou sieou, si natura, vel potius naturalis indoles bona est, tenemur non minus vacare nostræ perfectioni, si vero mala est, multo magis debemus virtuti operam dare; si bona est, elaborandum est ne mala fiat, si mala est, elaborandum ut bona evadat. Ita Ngheou-yang-sieou.

§us 2us. Utraque significat sicut, v. g. 無若有 yeou jo vou, habere sicut non habere. Sun-tsee ait: 鬼若之惡 ou tchi jo kouei, illum odit sicut diabolum; 是若 vel 此如 hoc pacto. Nota quae sequuntur: 也及可其何之如 ju tchi ho ki ko ki ye, si hoc ita est, quis poterit ad tantem virtutem pervenire? Per 其 k'i notat Confucium de quo sermo est in hoc loco; 也可則何之如 ju tchi ho tse k'o ye, quid igitur facto est opus? Ad verbum 之如 secundum hoc, istud si sit ita; ho 何 quomodo, vel quid agam? 可則 tse k'o, ut continuo conveniat. Solus Europaeus barbare diceret: 此如是若 si hoc ita est.

§us 3us. Saepe occurrunt 若莫 et 如不, indicantque id quod est potius ac melius, v. g. 本其修若莫 mo jo sieou ki pen, nihil potius est quam curare et ornare radicem; 者之樂如不者之好 ·者之好如不者之知 cognoscere bonum minus est, quam illud amare, et illud amare minus est quam illo delectari. Cognitio sine amore sterilis est, amor sine gaudio non est durabilis, nec satis vividus.

§us 4us. 若 jo interdum significat *quod vero ad,* v. g. &c. 則民若 quod ad populum spectat, certe, &c; et 如 ju eodem modo sumitur; 子君俟以樂禮其如 ju ki li yo, y ssee kiun tsee, quod autem ad ritus et musicam attinet, expectandus est sanctus. Hoc loco 子君 non potest significare sapientem ut sic, quia ritus et musica ad solum sanctum spectant.

§us 5us. 如 ju facit adverbia, seu potius adjectivis addita sensum auget et exprimit modum. Innumera sunt exempla, maxime in libro Y-king, et Lun-yu; 也如空空 kong kong ju ye, inhabilis et ineptus; 也如恂恂 rectus et sincerus; 也如與與 yu yu ju ye, cum magnâ gravitate; 也如休休 hieou hieou ju ye, magnanimiter, &c.

ARTICULUS DECIMUS TERTIUS.

DE 亦 y, 以 y et 爲 ouei.

De 亦 nihil quod speciatim dicatur, significat *etiam,* Gall. *aussi*: sufficiunt exempla hinc inde sparsa ut ejus vim sentias.

NUMERUS PRIMUS.

DE 以 y.

---

§us 1us. Respondet particulis latinis *ut, ad,* Gallice *pour,* v. g. 命俟以易居子君 kiun tsee kiu y, y ssee ming, sapiens est in via plana et apta ut expectet mandatum; 正中齊莊也敬有以足 tsi tchouang tchong tching tsou y yeou king ye, gravitas et rectitudo sufficiunt ut omnes illum colant et venerentur; 十知以一聞 vén y, y tchī chě, satis est unam rem audire ut ex ea colligat decem.

§^us^ 2us. 以 fere semper explicari potest per 用 yong, uti aliquo vel aliqua re, v. g. 吾毋也以 vou ngou y ye, me non utitur; 以吾不雖 soui pou ngou y, licet me non utatur, non me evehat. Nota 以吾 transpositio necessaria; si enim ponas 吾以 significabit per me, nec sensus stabit; 以不乎怨 yuen hou pou y, furit, quod regimini non admoveatur. In his exemplis 以 est verbum, 字活 ho tsee, non 字虛 hiu tsee, seu particula. In sequentibus magis ad particulas accedit; 禮之子天以先其祀 ssee ki sien y tien tsee tchi li, honorare parentes mortuos per ritus Imperatori proprios. Sic 士以祭夫大以葬 tsang y ta fou, tsi y ssee, terrae mandatur sicut solent magnates, deinde colitur sicut simplex litteratus. Nghcou-yang sieou ait: 哉者下其况懼爲是以猶明之舜堯以 y yao chun tchi ming yeou y che ouei kiu, hoang ki hia tche tsai, hoc metum incuteret ipsis Yao, Chun, quanto magis timere debent qui ad illorum virtutem non accedunt.

§^us^ 3us. Saepissime jungitur cum 所 sò, v. g. 然以所 so y gen, causa per quam, vel propter quam; 以所其視 chi ki so y, videre quid agat, quo delectetur: 以 hoc loco videtur esse verbum cujus 所 so est regimen; 帝上事以所禮之社郊 ritu dicto kiao-che colitur supremus Dominus; 人治以所知 tchi so y tchi gin, scire quo modo vel per quod regantur homines; 也一者之行以所 so y hing tchi tche y ye, id quod hæc ad praxim reducit, unicum est; 大爲以所之地天此 et hoc ipsum est propter quod coelum, et terra sunt aliquid magnum; 也天爲以所之天 coelum quà coelum, id quod facit ut coelum sit coelum; 以所 vel 以是 quapropter, propterea.

§^us^ 4us. Juncta cum 何 significat quomodo. Tchouang-tsee ait: 耶然其知以何 unde sciam, quomodo sciam quod hæc ita sint. Idem jungitur cum 可 kò, v. g.: 人知思天知不以可不 qui vult cognoscere hominem, non potest per hanc cognitionem non pervenire ad cœli cognitionem. Si dixisset 天知不可不 sensus foret, non decet non cognoscere coelum, quasi vero ipsi esset integrum cognoscere vel non cognoscere.

§^us^ 5us. Demum jungitur cum 爲 ouéi, idque variis modis; 恥爲以不 pou y ouei tchi, non putat hoc esse turpe, de hoc nescit erubescere; 何如爲以明高知不 velim scire quid hac de re sentias; 明高 altus et intelligens, sic urbane compellamus alterum; 以吾鬼爲子 ngou y tsee ouei kouei, puto te esse spectrum cum te aspicio, videor mihi videre aliquod phantasma; 勝孰爲以王則 tse vang y ouei chou ching, quis tuo judicio, Rex, victoriam reportabit? 樂爲以不 pou y ouei lo, non in eo sese oblectat; 大爲以民 populo videtur amplior (hortus); 也急爲產制以君明 ming kiun y tchi tchan ouei ki ye, rex sapiens ante omnia cogitat de alendo populo.

§^us^ 6us. 以 y respondet particulis *juxta, secundum;* 時以民使 ssee min y che, occupare

海上絲綢之路文獻集成 科技與文化編

populum juxta tempus, i. e. nihil ab eo exigere nisi tempore apto et convenienti. Alia exempla passim occurrent. Item respondet præpositioni, *per*, 足以牀剝 po tchoüang y tsou, destruere cubile per pedem. Pluries hoc reperies in libro Y-king.

§us 7us. Adde 以無 vel 已無 v. g. 焉一有則已無 vou y tse yeou y yen, si vis absolute scire quid sentiam, dicam equidem, unum scilicet restat tibi, &c; quantum verborum ut duarum litterarum 以無 vel 已無 vim accurate explices! Item 來以漢自 vel 來已 vel 來而 vel 降而 i. e. a temporibus Dynastia *Han* usque nunc. Item 矣加以無 vou y kia y, nihil est quod amplius addas. Item 乎異以有刃與梃以人殺 cha gin y ting yû gin yeou y y hou, aliquid ne interest utrum aliquem scipione an ense occidas? Respondet: 也異以無, nihil prorsus, nulla inter utrumque differentia.

NUMERUS SECUNDUS.

DE 爲 ouei.

§us 1us. 爲 ouei sæpe jungitur cum 能 neng, nec videtur aliud fere dicere quam sola littera 能 *posse*. 化能爲誠至下天惟 ouei tien hia tchi tching ouei neng hoa, solus ille, qui in toto orbe summe verus ac sanctus est potest corda convertere; 愛所愛能爲王明惟 ouei ming vang ouei neng ngai so ngai, solus Rex sapiens scit amare quod amat; 能爲士惟 ouei ssee ouei neng, soli sapientes id possunt. Vides quod semper præcedat 惟 ouei. Forte 能爲 significat *est potens*. Quamquam valde dubito an una littera sola, sine 者 tchè, vel 之 tchi supponere possit pro participio.

§us 2us. 爲 significat vulgo propter, v. g. 爲誰而慟爲人夫非 si non dolerem propter hunc hominem, propter quem alium tandem! Ita Confucius in morte unius discipuli. Nota transpositionem geminam, 爲人夫 et 爲誰! hæc ultima necessaria est, nam 誰爲 potest significare *quis est homo?* 己爲學 hio ouei ki, studere pro se vel propter se; 人爲學 studere propter alios; 何爲 ouei ho, quare, quam ob rem? 爲何 ho ouei, quid ita?

§us 3us. De 爲 quando non est particula hæc per transennam collige. 1o. Denotat verbum substantivum; 能多才多也人爲其 ki ouei gin ye to tsai to neng, homo est præclaris dotibus ornatus. 2o. Significat facere; 椁之爲以行徒不吾 ngou pou tou hing y ouei tchi ko, non ego pedes incedam ut illi comparem sarcophagum. Verba sunt Confucii. 3o. Significat, agere, administrare, exercere; 官爲 ouei kouan, agere mandarinum; 國爲 ouei koue

海上絲綢之路文獻集成 科技與文化編

administrare regnum; 圃爲 ouei pou, colere hortum, Gallicè *faire le jardin*, &c. 4°. Sæpe dicunt sinæ 能不 pou neng, non possum, cum deberent dicere 爲不 non facio. Illud realem impotentiam importat, hoc vero defectum voluntatis. Est præclarum exemplum apud Mong-tsee. Si res de qua sermo est fieri debet tunc pou ouei 爲不 est vitium; si non fieri debet tunc 爲不 est virtus.

ARTICULUS DECIMUS QUARTUS.

DE 哉 tsai et de 乃 nài.

---

§us 1us. 哉 tsai. 1°. Frequentissimè interrogat ut dicetur infra. 2°. Est admirantis et exclamantis. Exempla selectiora sunt; 哉耳盈乎洋洋 yang yang hou yng ell tsai, musica illa mirabilis, quam jucunde implet aures! 乎 hoc loco idem est ac 哉 sed ideo...... adhibetur, quia paulo-post venit 哉 et utraque simul ponitur, licet nulla fiat interrogatio; 哉乎庶 chu hou tsai, quanta populi affluentia! Tres istæ litteræ possent quoque significare, *parum certe abest*; ex orationis contextu sensus colligi debet. 3°. Eleganter ponitur post aliquod nomen, sive deinde sequatur in fine aliqua particula, sive non; 問哉大 ta tsai ven, quam magna est illa quæstio! 乎言哉富 fou tsai yen hou, quam dives et abundans oratio! 也言哉善 chen tsai yen ye, quam sana est hæc sententia! 也回哉賢 hien tsai hoei ye, quam sapiens erat Hoei! 也由哉野 ye tsai yeou ye, quam agrestis est Yeou! 道之人聖哉大 ta tsai ching gin tchi tao, proh! quanta est sancta doctrina! 也惑其哉甚 chin tsai ki hoe ye, quanta est ejus cæcitas! Littera 其 denotat vel eum qui errat et tunc 惑 erit verbum, vel errorem in quo versatur et tunc 惑 erit nomen, et subanditur est ut sæpissime fit; 哉繆其何 ho ki mieou tsai, quam turpiter errat. Littera 何 nullam hic notat interrogationem.

§us 2us. 乃 nai, significat 1°. nempè, scilicet. Tchouang-tsee ait: 以所乃生吾善也死吾善 chen ngou seng nai so y chen ngou ssee ye, bonam vitam vivo, nempe ut bona morte moriar; 善 est verbum bonificare. In symbolo fidei legitur 瘞乃而死 ssee ell nai y, mortuus et sépultus est. Difficile esset dicere cur positum sit illud 乃 nisi forte ut phrasis hoc pacto sustentetur. 2°. In libro Chu-king quater repetitur 乃: 武乃文乃神乃聖乃 nai ching, nai chin, nai ven, nai vou, loquitur de eo qui simul est et sanctus, et spiritus, et pacificus, et bellator. 3°. Volunt aliqui quod in eodem libro nai sit pronomen 2æ personæ; 心乃度 tou nai sin, scrutare cor tuum; 祖乃父乃 nai fou nai tsou, vestri majores.

ARTICULUS DECIMUS QUINTUS.

DE PARTICULIS QUÆ TEMPUS DESIGNANT.

1°. 將 notat futurum, v. g. 日將者惡爲之世後 heou chi tchi ouei ngo tche tsiang yue, olim qui volent agere malum dicent, &c; 門入將 januam ingressurus; 終將 vel 死將 moriturus; 出可將 tsiang ko tchu, tunc licebit exire; 之問將吾.諾 no ngou tsiang ven tchi, ab ipsomet istud mox sciscitabor; 矣仕將吾.諾 no, ngou tsiang ssee y, recte, ego mandarinum brevi adhibo; 至將之老知不 pou tchi lao tchi tsiang tchi, nequidem advertit quod senectus mox ingruat; 焉至不所無將其知可 ko tchi ki tsiang vou so pou tchi yen, ex quo scire licet quod prope modum nihil non audebit.

2°. 曾 notat præteritum: 問之求與由曾 me interrogaveras de meis discipulis Yeou et Kieou; 說曾 tseng choue, jam dixi. Interpres *Tchang-kin-tching,* familiari sermone utens sic explicat: 了過說曾已 y tseng choue ko leao. Littera 說 significat dicere; quatuor aliæ tempus præteritum designant. Sic 了及言曾未 ouei tseng yen ki leao, non dixi hactenus. 經 king idem est ac 曾 tseng; 見經不 non vidi; idem est ac 見曾不 pou tseng kien, et in humili sermone 過見有沒 mo yeou kien kouo.

3°. 已 y notat quoque præteritum: 死已心而存雖形 hing soui tsun, ell sin y ssee, licet corpus adhuc vivat, animus jam mortuus est; 矣死已 y ssee y, jam obiit; 於鄭毛矣博已亦其詩 mao tchin yu chi k'i y y po y, Mao-tchang et Tchin-yuen satis magnam cognitionem habebant libri Chi-king; 甚已之病 ping tchi y chin, illum nimis male habuit; 病 est verbum, 之 est ejus regimen.

ARTICULUS DECIMUS SEXTUS.

DE PARTICULIS QUÆ AUGENT SENSUM.

1°. 愈 yu, 兪 y, et 彌 mi respondent nostro *quo magis, hoc magis,* ut exempla satis docebunt; 遠愈彼近愈此 tsce yu kin, pi yu yuen, quo propius alter accedit, hoc alter recedit longius;

至不愈而動愈力愈故 kou yu li yu tong ell yu pou tchi, et ideo quo magis contendit et attendit, hoc minus pervenit. Posuit 而 ell, ut ostendat quod 愈 licet ante bis legatur, debet sumi pro eodem; 薄益而遠益聖去 kiu ching y yuen ell y po, quo longius recedimus a sanctis hoc virtus nostra levior ac tenuior est. Supra 而 ell erat necessarium, hic vero est ad ornatum. Yang-tsee loquens de igne ait: 壯彌而之宿.明彌而之用 yong tchi ell mi ming, sou tchi ell mi tchouang, quo magis illo uteris, hoc evadit clarior, et quo plus cohibes, hoc habet plus virium; posuit 而 ell in utroque ut ostendat duas esse phrases.

2°. 況 hoang crebro repetitur. Caput *Ven-yen* ait: 於況乎人於況而違弗且天乎神鬼 tien tsie foe ouei, ell hoang yu gin hou, hoang yu kouei chin hou, cœlum non est contrarium, multo minus homines repugnant, longe minus spiritus adversantur. Tres istæ particulæ 乎於而 hoc modo sæpe, non tamen semper, reperiuntur cum 況 hoang; 德真乎言於況·事於待不 tchin te pou tai yu ssee, hoang yu yen hou, vera virtus non postulat ut magna facias, multo minus ut magna loquaris.

3°. 矧 chin idem fere est ac 況 hoang. Chou-king ait: 苗有茲矧神感誠至 tchi tching kan chin, chin tsee yeou miao, summa sinceritas movet spiritum, quanto magis hos populus *miao*. Sæpe invenitur 日矧 chin yue, plus dico.

4°. Multæ sunt aliæ particulæ quæ summum aliquid indicant, v. g. 聖至 tchi ching, sanctissimus; 明高極 ki kao ming, altissimus et clarissimus; 窮最 tsoui kiong, pauperrimus; 善甚 chin chen, optimus; 矣甚焉謬 mieou yen chin y, error turpissimus; 焉 hic mere ad ornatum; 上上田厥 kue tien chang chang, ille ager bonus et pinguis in summo gradu.

ARTICULUS DECIMUS SEPTIMUS.

DE PARTICULIS QUÆ INTERROGANT.

Poteram hæc remitere ad caput quartum in quo agitur de figuris; sed quoniam id fere totum pendet a particulis, melius erit eas simul hic congerere.

1a sit 哉 tsai cujus usus admodum varius est et aliam particulam fere semper secum trahit. 1°. Jungitur cum 何 ho, v. g. 哉何 ho tsai, quid ita? 哉何故其 ki kou ho tsai, quam tandem ob causam? 哉疑何復 fou ho y tsai, quid adhuc dubii restat? 哉我於有何 ho yeou yu ngo tsai, quid hoc ad me? 2°. Cum 豈 ki v. g. 哉此於加有豈 ki yeou kia yu tsee tsai, quid est quod ad hoc accedere ultra possit? 哉及能以所之子二豈 ki ell tsee tchi so y neng ki tsai, quomodo illi duo discipuli mei ad hunc gradum pervenire possent? 哉惜可深不豈 ki pou chin ko si tsai, an est aliquid magis luctuosum? 3o. Cum 奚 hi, v. g. 哉可奚 hi ko tsai, fieri ne hoc potest, decet? Mong-tsee sæpe jungit *hi* et *tsai* 4o. Cum 烏 ou, v. g. 哉道足烏 ou tsou tao tsai, an meretur ut de eo fiat ulla mentio? 5o. Cum 安 ngan, v. g. 哉悲不而得安心之我 ngo tchi sin ngan te ell pou pai tsai, quo tandem modo cor meum misericordiâ non commoveretur? 哉在安果者性德謂所則 tse so ouei te sing tche ko ngan tsai tsai, hoc posito, istud quod virtus naturalis dicitur, quo abiit? Nota 在安 ngan tsai, ubi est? 哉在 ob affinitatem soni; 者性德謂所 quod est nominativus verbi 在 tsai; 果 ko, in rei veritate. 6o. 哉乎 ponitur in fine; 哉乎人由而己由仁爲 ouei gin yeou ki, ell yeou gin hou tsai, an à me solo, an ab aliis etiam pendet ut charitatem habeam? Hoc loco 而 ell minime conjungit, sed potius dividit, ut sensus sit quod a me hoc pendeat non vero ab aliis, et hoc eruitur ex interrogatione; 哉乎遠仁 gin yuen hou tsai, adeo ne remota est a nobis charitas? 哉乎多子君 kiun tsee to hou tsai, an sapiens tam multa requirit? 7o. 哉也 etiam in fine; 哉也知人求盡必何 ho pi tsin kieou jin tchi ye tsai, quid, amabo, prodest tantum laboris insumere ut alii te noscant? ita Confucius. 8o. 哉與也君事與可夫鄙與 yu pi fou k'o yu ssee kiun ye yu tsai, an quæso, vilis homo regi servire potest? Ita Ngheou-yang sieou, ni fallor. Nota in 與可 potest ne concedi, 與 est verbum, et in 夫鄙與 homini vili, est ejus regimen, et 與 idem est ac 於. Denique 哉與也 tres deinceps particulæ, 與 ponitur ad merum ornatum. 9o. Præcedit 亦不 v. g. 哉宜亦不 pou y y tsai, nonne et hoc æquum ac justum est? Sed sæpius utuntur 乎 v. g. 乎樂亦不 nonne in eo etiam voluptas est?

2a Sit 何 sine 哉 v. g. 死敢何 quomodo mori sustinuissem? 也知其何如 yu ho ki tchi ye, quomodo dici potest prudens; 有何乎政從於 yu tsong tching hou ho yeou, cur non possem rempublicam administrare? nota 政從於 est regimen verbi 有; 有何 idem est ac 哉有之難何 quænam tanta difficultas est? 乎 adjuvat particulam 於 sicut supra in 乎是於 tunc; 之廢其何之如 ju tchi ho ki fei chi, ita ne hoc peribit? Nota 之如 non debet jungi cum 何, sed significat hoc pacto. Inservit 其 quia si diceres 之廢何 sensus esset cur hoc perdis? sed hæc minuta vix possunt verbis doceri; 也何 vel 邪何 ho ye, quare? Tchouang-tsee habet 异何 ho yu, eodem plane sensu; 何如 idem quoque est, sed si nomen aliquod inseritur, alius est sensus, v. g. 何予如 ju yu ho, quid mihi facere potest mali? 何命如其 hoc ne retardare vel mutare potest mandatum; 正如何人 quid hoc ad homines rectificandos? Nota 正 est verbum et 人 est ejus regimen. 必何

作改 ho pi kai tso, cur hæc consuetudo mutari debet? 衰之德何 ho te tchi chouai, eheu quam debilitata est virtus! hoc loco est admirantis, non interrogantis.

3ª 豈 sine 哉 v. g. 害之渴饑有腹口惟豈 ki ouei keou fou yeou ki ko tchi hai, an solæ fauces sitiunt? an solus venter esurit? 理此有豈 ki yeou tsee li, vel 理斯 ssee li, idem fere est ac 敢豈 ki kan, urbane hoc dicitur: bene addunt in fine 乎 hou, v. g. 然其乎然其豈 ki gen ki ki gen hou, ita ne vero hoc ita est? Nota 其豈 sicut supra 哉在.

4ª 奚 sine 哉 v. g. 曰不奚如 ju hi pou yue, cur non dicebas? 如 hoc loco est pronomen 2æ personae; 爲以奚亦多雖 soui to y hi y ouei, licet sit talium rerum abundantia, quem verum usum habent? 亦 y respondet 雖 eodem modo ac 而 ell; 以奚亦 y hi y, sic 也及其既 ki ki ki ye, sunt argutiae sonorum nec nimis curandae, nec rejiciendae cum occurrunt.

5ª Sit 惡 ou, quae reperitur apud omnes qui eleganter scribunt; 之禁而得惡 ou te ell kin tchi, quomodo hoc impediemus? Nota; 之禁惡 vix posset fieri; 之禁乎惡 leviter sensus mutaretur; 之禁得惡 sensum servaret; sed si accedat 而 ell, longe mollior et blandior est oratio; 之當能惡 ou neng tang tchi, istud vires meas superat; quomodo hoc sustinerem? bene adjungitur 乎 hou, v. g. 名成乎惡仁去子君 kiun tsee kiu gin ou hou tching ming, si sapiens charitatem abjiceret, quomodo impleret suum nomen sapientis? 定乎惡下天 tien hia ou hou ting, quis tranquillitatem orbi restituet? 之知乎惡吾 ngou ou hou tchi tchi, unde haec ego rescire potuissem? Tchouang-tsee loquens de 道 táo, suprema ratione petit: 在乎惡果 ko ou hou tsai, ubinam sit, et respondet 在不乎無 ubique est. In his omnibus exemplis 乎 videtur habere eumdem sensum ac 於 de qua supra.

6ª 曷 ho est idem ac 何: legitur in Y-king: 用之曷 ho tchi yong, cuinam usui esse potest? 用之 transpositio pro 之用.

7ª 胡 hou, eumdem sensum habet: 乎立不胡子吾 ngou tsee hou pou li hou, cur non dignitatem aliquam adis; 子吾, sic illum compellat.

8ª 盍 ho, cur non? 志言各盍 ho ko yen tchi, cur cor vestrum mihi non aperitis? inquit suis discipulis Confucius: 志 tchi, desideria, intentio, quidquid in corde versatur; 害 ho, idem plane est. In Chu-king: 違不害 cur non is contra sortes? In Chi-king, non additur 不 pou: 澣害 ho han, cur non lavo meas vestes? Sed haec satis rara sunt.

9ª 孰 chou, quis, v. g. 學好爲孰 chou ouei hao hio, quis ex vobis amat studium virtutis? 足不與孰君足姓百 pe sing tsou, kiun chou yu pou tsou, cum populus nulla re indiget, quid regi deesse potest? 是於大孰 an est aliquid grandius? 孰禮知而子管禮知不 si Kouan-tsee dicitur scire ritus, quis est qui ritus ignorare dici possit?

漢語劄記

10ª 誰 choui, v. g. 誰者亭作 tso ting tche choui, quis est qui hanc aulam fecit? 與過之誰是 cujus est culpa? 戶由不出能誰 choui neng tchu pou yeou hou, quis cui liberum est exire non exit per januam? 誰者殃降祥降 kiang tsiang kiang yang tche choui, quis est ille qui premia et pœnas decernit et immittit? 孰 et 誰 choui, sunt potius pronomina quam particulæ, sed parum refert.

Præterea memineris quod agendo de particulis 乎 hou, 耶 vel 邪 ye, 歟 yu et 焉 yen, monui eas quoque servire interrogationi, atque ex his colliges quam dives sit lingua sinica; et quam copiose ideas aliter atque aliter exponat.

ARTICULUS DECIMUS OCTAVUS.

DE PARTICULIS FINALIBUS.

Non hic annumero 也 ye, 乎 hou, 耶 vel 邪 ye, 與 yu, 耳 ell, 焉 yen, 哉 tsai, quia de his jam fusè actum est suis in locis.

Particula 已 y præceditur ab 而 v. g. 已而一則 tse y ell y, unum est dumtaxat; exempla passim obvia: vel præceditur ab 也 v. g. 已也方仁謂可 ko ouei gin fang ye y hoc dici potest charitatis comparandæ modus; 已也學好謂可 ko ouei hao hio ye y, dici potest quod toto corde virtuti det operam; 已也由末 nullum est remedium, via nulla; 已也覩足不 pou tsou kouan ye y, hoc non meretur aspici; 已也之末 noli illuc ire; 之 hoc loco est verbum.

Particula 夫 fou, vel sola, v. g. 夫善 chen fou, idem ac 也善 recte; 揜可不之誠夫此如 tching tchi pou ko yen ju tsee fou, usque adeo summa sinceritas obscurari nequit: vel cum 矣 præcedente, v. g. 夫矣有 eheu! nimis frequenter accidit! 夫矣命之亡 vang tchi ming y fou, tu morieris, ita mandatum ac decretum est: vel præcedit 也 ye, v. g. 夫也知我莫 mo ngo tchi ye fou, heu! nemo me novit; 夫也意此皆 kiai tsce y ye fou, in omnibus idem est sensus: vel ponitur quoque initio, v. g. 耳其下而目其高能夫夫也天匪者 fou neng kao ki mou ell hia ki ell tche, fei tien ye fou, qui potis est attollere oculos suos et suas aures demittere, nonne cœlum est? hoc est: Cœlum humilis audit et superbos a longe cognoscit.

V v 2

Particula 矣 y est mera finalis: exempla passim obvia; 矣道近則 tse kin tao y, sic non longe abest à via recta; 矣之知不吾 ngou pou tchi tchi y, ego non capio tales homines. Respondet particulæ 者 v. g. 者美其知而惡 ou ell tchi ki moei tche 矣鮮 sien y, pauci sane vident bona quæ habent ii quos oderunt. Hoc loco nihil explicatur sed nudè asseritur; et in hoc ipso 矣 differt ab 也. Post 矣 y ponitur 乎 vel 夫 v. g. 之神鬼乎矣盛其德爲 sed jam vidimus ejusmodi phrasium conformationem; 夫矣已 reperitur vel initio vel in fine; 夫矣已吾 eheu perii.

Particula 兮 hi sæpissme occurrit in Chi-king, apud Lao-tsee, et in quacumque poesi, v. g. 兮人之方西兮人美彼 pi moei gin hi, si fang tchi gin hi, ille formosus præ cœteris, ille vir ex occidente venit. Ad hunc libri Chi-king locum dicunt interpretes, quod author non potest exprimere quidquid sentit, et ideo adhibet 兮 hi, quæ particula magnam emphasim habet. Vocatur 辭歌 seu vox in canticis usurpari solita.

Littera 云 yun significat *loqui, dicere,* verbum, at in Chi-king est particula quæ ponitur initio cum aliqua nota interrogationis, v. g. 何之如云 yun ju tchi ho, quomodo? 誰云思之 yun choui tchi ssee, de quo cogitas? 喜不胡云 yun hou pou hi, vel 樂不胡云 yun hou pou lo, quomodo non gauderem, vel cur non lætaris? Littera 言 yen, quae fere idem ac 云 in eodem sensu legitur in eodem Chi-king; 桑其采言 yen tsai ki sang, plantemus moros; 蝱其采言 yen tsai ki meng, legamus flores qui tristitiam pellunt. Ita quidem interpretes de 云 et 言, sed non certum est quod in eo non errant. Ut ut sit 云 claudit orationem; 云子君俟以 y ssee kiun tsee yun, atque expectando sapientem lectorem.

CONCLUSIO TOTIUS TRACTATUS.

Inter particulas, quas toto hoc capite conatus sum explicare, facile fuit advertere quod multæ sint quæ pingantur simul, sive ut sese mutuo fulciant, seu propter varietatem et elegantiam, sive etiam ob luciditatem, quò sensus fiat clarior. Eas infra per modum recapitulationis hic collocabo. Hunc indicem percurrendo perutile erit secum cogitare quem locum singulæ postulent, quem usum habeant, quem sensum efficiant, &c.

PARTICULARUM INDEX.

者也。也者。者耶。者乎。	者邪。者哉。焉哉，也夫。	也哉。也與。也已。也耶。	矣哉。已矣。已乎。乎哉。	然乎。然矣。然亦。然而。	然且。然則。若然。庶乎。	惡乎。嗚呼。乎耳。云耳。	云爾。焉耳。且如。何如。	如何。何哉。何矣。矣乎。	矣夫。云乎。云何。

Occurrunt non rarò tres simul junctæ 乎矣已 vel 夫矣已; quanquam tunc 已 melius sumitur pro verbo sistere se, non progredi, ut sensus sit, ohe! jam satis est, desine tandem, et idem forte accedit in 矣已而. At in sequentibus revera sunt tres; 也矣而, 哉與也, 以何哉, 哉乎庶,---人得如乎爾焉, ju te gin yen ell hou, dignum ne hominem invenisti? 如 pronomen 2ae personae, 爾 particula, idem ac 耳; 盡矣耳焉心 ex toto corde.

Imo putaret aliquis quod sint aliquando quatuor, v. g. 矣已也何之末吾 equidem quid ultra faciam nescio; 矣已而焉至月日 rite per unum diem aut mensem procedunt ac postea cessant. At in prima phrasi 何 non debet jungi cum tribus litteris sequentibus, et in 2a 焉 cadit in 至 quod præcedit. Adde quod 已, ut dictum fuit, videtur esse verbum et non haec cadit in sequentes. 乎已乎已 vel 而已而已 ô desine tandem. Praeterea nihil est aliud quam 乎已 et 而已 quod bis repetitur.

Non putavi necessarium esse phrases sinicas de verbo ad verbum latine reddere. Hoc enim satis plaerumque inutile est, imo persaepe est prorsus 'ADUNATÒN. Igitur satis habui verum sensum afferre, et hoc ipsum valde proderit, dum unusquisque conabitur sensum illum ex sinicis litteris per semet ipsum eruere, sicut ego feci non semel ut iter aperirem.

In duobus capitibus quae sequuntur, non multum attendam ad particulas; sed totus ero ut stylum edoceam amoenosque horti sinensis flores unde legam, non modo ut Europæi hujus linguae suavitatem degustent, sed etiam ut et ipsi concinne et eleganter sinicè scribant, si velint.

CAPUT TERTIUM.

DE DIVERSITATE STYLI SINICI ET DE OPTIMO GENERE SCRIBENDI.

Quod apud omnes orbis populos contegisse legimus ut feri ac silvestres homines paulatim mansuescere cæperint, sermonisque rusticitatem jucundus verborum lepos, tersæque orationis elegantia sensim perpolierit, istud ipsum sinicae genti accidisse fatebitur quisquis veteri sinarum historiae fidem habere volet. Ex ea enim patet quod sinenses ceteris populis in eo genere feliciores non fuerunt, et tamen ab ipsis velut incunabulis sui imperii sui hieroglyphos habent stupendo artificio efformatos, librosque conservant quos vocant 經 king; eosque cum propter temporis antiquitatem, tum ob arcanae doctrinae mysteria, tum etiam propter laconici styli robur, adeo mirabiles ut nemo inter posteriorum aetatum scriptores inventus sit, qui ad talem orationis formam vel à longè appropinquare potuerit. Atque hoc, quod nullus homo sina negaverit, semel posito, utrum sinica gens ejusmodi monumenta proprio marte procuderit, an vero per traditionem a majoribus illa potius acceperit, quaestio est, quam, cum non sit hujus loci atque operis, relinquo peritis ac cordatis viris disjudicandam, ac praesens caput in tres articulos divido; 1us diversos in stylo gradus assignabit; 2us varia praecepta circa stylum tradet; 3us data praecepta selectis exemplis ob oculos ponet.

ARTICULUS PRIMUS.

GRADUS IN STYLO DIVERSI GENERIS ASSIGNANTUR.

In memoriam revocanda sunt quae jam in introduxione diximus de variis librorum sinicorum classibus. Sed notitia quae ibi datur potius ad ipsos libros spectat quam ad stylum. Cum autem stylum unicuique classi proprium discernere permagni momenti sit, hoc accurate nunc mihi est agendum.

1° Est stylus antiquus, 文古 kou ven, qui reliquos omnes granditate et majestate longe supereminet, litteris perpaucis miros sensus includit. Si verba spectes, nihil brevius ac praestius; si ad sententiam attendas, nihil disertius ac uberius. Ad supremum hunc magnifici styli verticem prope accedunt plurimae sententiae concisae et graves, quae in variis libris antiquis sparsae adhuc leguntur, debentque propterea sic tanquam gemmae studiose et avide colligi.

2°. Post veros 經 king, quos non agnosco nisi tres, scilicet 易 y, 詩 chi et 書 chu, veniunt, 1° Liber Tchong-yong, etsi nimis forte luxuriet. 2°. Liber Ta hio, quoad textum quem

Tseng tsee commentariis explicuit. 3° Liber Lun-yu qui dissipatis sententiis constat, et nullibi particulae sunt frequentiores. 4° Liber Li-ki, non integer, sed selecta ex eo capita et loca in quibus apparet optimi styli color. 5° Liber Tao-te king cujus stylus antiquitatem sic redolet, ut Ssee-ma-kouang ipsis libris *king* ob styli brevitatem illum praeferre non dubitaverit,--不經五也約之子老如,--laus nimia et falsa. Ut enim de Chi-king et Chu-king taceam, quid dicit iste libellus quod Y-king suis symbolis et brevius et validius et melius longe ante non dixerit? 6° Poemata dicta 辭楚 tsou tsee, in quibus suave olentis primi veris flosculos olfacere et omnes amœnioris poeseos veneres degustare licet. 7° Liber 經海山 chan-hai-king, ex quo sic tanquam ex fonte sinici poetae hauriunt quidquid habent quod poesim et fictionem redolet, ita ut sine Chan-hai-king poesis apud sinas brevi periret.

In 3° gradu reponendi sunt authores sequentes: 1° 子莊 Tchouang-tsee, 2° 子列 Lie-tsee, 3° 子尹關 Kouan-yun-tsee, 4° 子荀 Sun-tsee, 5° 子孟 Mong-tsee, 6° 子楊 Yang-tsee, 7° 子南淮 Hoai-nan-tsee, 8° 子呂 Liu-tsee, qui omnes habendi et terendi sunt ei qui sinicam elegantiam consequi desiderat. Inter hos reposui 孟子 Mong-tsee, quia solam scribendi formam hic attendo, nec curo quod iste Mong-tsee tanti fiat à modernis sinis, ut eum eodem prope loco ac numero cum Confucio ac Confucii nepote cui librum Tchong-yong assignant, reponere non dubitent. Satis quidem bene scribit Mong-tsee, quamvis sit natura loquacior; sed Sun-tsee et Yang-tsee illi non cedunt, et mea quidem sententia Tchouang-tsee et Lie-tsee illum superant. His adde 1° 氏左 Tso chi, cujus geminum opus, nempe 傳左 tso tchouen, et 語國 koue-yu tantopere laudatur ob stylum antiquitatis sapore passim conspersum. 2° 遷馬司 Sse ma-tsien, qui sicut Tchouang-tsee et Tso-chi inter ingeniosos et elegantes scriptores, 子才 tsai-tsee vocant, nec plures sunt quam quinque, numeratur. Sat raro particulis utitur, quia luxuriantis orationis flosculos historiæ gravitas resecare debet. 4°. Denique gradu bene multi veniunt scriptores qui licet posterioribus dynastiis floruerint, sermonis elegantia, omnes qui deinde secuti sunt, facile superant. Tales sunt, 1° 愈韓 Han-yu, qui florebat sub dynastia 唐 t'âng. 2° 修陽歐 Ngheou-yang-sieou, in quo nescias quod magis laudes an critices sanitatem an puritatem sermonis. 3° 坡東蘇 Sou-tong-po. 4° 朱熹 Tchu-hi quisi quando vult scribit purissime et eleganti stylo. Bene multos alios possem addere quorum opuscula jussu Imperatoris Kang hi collecta sunt in unum opus dictum 文古鑑淵 kou ven yuen kien. 5° Inter ipsos interpretes, plurimi reperiuntur, qui optime ac nitide scribunt. 6° Inter poetas maxime laudantur 部工杜 Tou-kong-pou et 白太李 Li-tai-pe.

Non loquor de 文世 chi-ven: sic vocant compositiones illas rhetoricas in quibus sinæ litterati totam suam ætatem misere conterunt; ex quo 石安王 vang-ngan-che regni minister sub familia 宋 song, istas amplificationes pro scholasticorum examine instituit. Nihil illis fingi potest pulchrius et inanius. Ventus est qui molli sono jucunde pulsat aures sine ullo alio fructu ; flosculi sunt qui pascunt oculos, interim dum mens jejuna remanet. Calamistris trita est oratio, pigmentis abundans, et sensu vacua; fac illa pulchella membra subeat aliquis succus; sinæ ut sunt ingeniosi illius saporem statim sentient. Sed non sunt verâ philosophia reconditisque litteris satis instructi, ut emortuis suis floribus mentem et vitam addere valeant.

ARTICULUS SECUNDUS.

GENERALIA PRÆCEPTA DANTUR CIRCA STYLUM.

Optime et eleganter 子楊 Yang-tsee tres ordines in stylo distinguit. 1°· Quando major vis adhibetur in sententia quam in verbis, 伉則辭務事 ssee ching tsee, tse kang, tunc stylus est durior et horridior. 2°· Cum non tanta cura est de re, quæ dicitur, quam de verborum lenociniis quibus ornatur, 賦則事勝辭 tsee ching ssee tse fou, stylus est poeticus et nimis comptus. 3°· Cum nec sententiæ gravitas nec elegantia sermonis sese mutuo superant, hoc est cum pulchra sententia pulchris verbis quasi vestitur, 經則稱辭事 ssee tsee tching, tse king, tunc stylus est optimus librisque 經 king dignus. Tres sunt phrases tam miro artificio colligatæ, ut diversæ litteræ plures non sint quam octo, licet unaquæque quinque litteris constet. Eodem sensu Ngheou-yang-sieou ait : assumuntur verba ut aliquid semper secum ferant, 事載以言; et venustos quæritur ut isto lepore verba contingantur, 言飾以文而; quando nihil nisi verum ac solidum dicitur et ornate atque eleganter exprimitur, 文言信事,-- tunc a stylo librorum king, non longe distat oratio, 遠不經去則: quatuor sunt phrases; 1ª et 3ª habent quatuor litteras, 2ª et 4ª habent quinque, et solæ istæ quatuor litteræ 文言信事 ssee sin yen ven comprehendens quidquid de optimo stylo dici potest.

Nihil igitur magis curandum est quam ut oratio sinica sit veluti corpus solidum et succi plenum, cujus membra sibi mutuo tam apte respondeant, ut nihil distortum aut mancum appareat, sed omnia in suo loco et in bono lumine collocentur, ideoque sicut in uno corpore mira cernitur varietas partium, quæ tamen communione quâdam suavissimisque vinculis continentur inter se, sicut insinuo discursu phrases omnes, imo et ipsæ litteræ ita variandæ sunt, ut phrasis phrasim et littera litteram fulciat et adjuvet. Hinc tam sæpe accidit ut eadem littera bis iteretur, vel cum aliqua, quæ sit affinis, maritetur, vel ut aliqua particula ruentem orationem, veluti apta fultura sustineat.

Licet phrases aliæ aliis sint longiores, inter eas tamen debet esse certus quidem concentus,

海上絲綢之路文獻集成 科技與文化編

fere ut in poesi gallica dantur versus, qui liberi et mixti vocantur, quod, ad arbitrium poetæ breviores intertexti sint longioribus. Quamdiu tamen quid, in tanta varietate, sit observandum, ut inoffensâ legantur aure, nesciveris, versus non nisi ridiculos et illepidos facies. Ita omnino dicendum est de sinicis phrasibus quae quatuor litteris plaerumque constant. Si tamen ejusmodi phrases perpetuae sint, fastidium tandem creant, et oratio varietate sic tanquam sale condiri debet. Interponendæ igitur erunt aliae modo trium litterarum, modo quinque, modo sex, septemve. Sed valde notandum quod admodum raro contigit, ut phrasis grata sit, quae sola in suo genere occurrit. Ergo plures ponendae sunt, vel deinceps, vel alterius, vel alio quovis ordine prout usus paulatim docebit.

Praeterea elegans scriptor saepe materiam suam sic ordinat, ut tres aut quatuor ideas statim menti simul offerat, ac eas deinde sub novo lumine bis terve tam jucunde collocet, ut animum rapiat, et ad clamores faciendos excitet.

Talis est apud Ciceronem locus insignis ad quem coronam omnem exclamasse ipsemet narrat. Agitur de supplicio parricidarum, quos vivos insuebant in corio et sic demergebant in profundum. " O singularem sapientiam, judices, inquit Tullius, nonne videntur hunc hominem ex " rerum natura sustulisse, cui repente cœlum, solem, aquam, terramque ademerunt? Ut qui eum " necasset, unde ipse natus esset, carreret his rebus omnibus ex quibus omnia nata dicuntur. " Etenim quid tam est commune quam spiritus vivis, terra mortuis, mare fluctuantibus, littus " ejectis? Ita vivunt dum possunt, ut ducere animam de cœlo nequeant; ita moriuntur ut eo- " rum ossa terra non contegat; ita jactantur fluctibus, ut numquam abluantur; ita postremo " ejiciuntur, ut ne ad saxa quidem mortui conquiescant." Sic et tu materiam tuam aliquando dispone, cum sinice scribes, si vis laudem aliquam apud sinas consequi.

Denique, si ignoret quid valeant accentus, nec eos adhibeat in praxi, ne sinice tentet scribere. Soluta quidem oratio apud Sinas quemadmodum apud Græcos et Romanos non ita severè numeros observat atque poesis; tamen quod Demosthenes et Tullius reliquos oratores tam longe superent intervallo, non hoc ex ubertate materiae et dictionis praecise provenit, sed maxime id debent numeris quos diligenter aucupabantur, ut aures teretes et religiosae norunt. Sinae porro longe scrupulosius vocum accentus temperant, quam Græci et Romani ad syllabarum quantitatem umquam attenderint. Plurimae phrases totidem litteris constantes deinceps poni possunt, dummodo non omnes per eumdem accentum desinant; at si accentus idem perpetuo feriat aures, oratio nec legi nec audiri poterit a sinis nisi cum incredibili nauseâ.

Errant Europaei cum putant tam difficile esse accentibus recte sinicis uti. Quinque enim accentus, ut jam alias monui, ad duos reducuntur ordines 平 ping et 仄 tse. Ping-ching sibi sumit duos, scilicet — et ^ . Tse-ching alios tres ˋ ˊ et ◡ sibi vindicat. Atque adeo cum nostris syllabis, quarum aliae longae sunt et aliae breves, conferri debent. Porrò, quanto difficilius est purum iambum facere, hoc est seligere syllabas duodecim, quarum sex, quae sedes impares occupant, breves sint, et sex aliae in sedibus paribus positae sint longae, v. g.

Bĕātŭs illĕ quī prŏcŭl nĕgōtĭīs.

Quantò, inquam, hoc laboriosius est quam attendere ut post unam vel alteram phrasim, quae per 聲仄 tse-ching desinit, inseratur una vel altera, quae desinat per 聲平 ping-ching, et ut in ipso phrasim corpore simul concinne misceantur, ne si 平 ping vel 仄 tse, crebrius feriat aures, nauseam pariat. Pueri apud nos omnis generis carmina graeca et latina facere brevi tempore addiscunt, et Missionarii non poterunt accentum *ping* ab accentu *tse* distinguere, simulque recte componere, quis hoc serio dixerit.

Frustra hic adderem minuta praecepta multaque in variis ad exempla quae proferam notis longe melius insinuabuntur et clarius per ipsamet exempla intelligentur.

ARTICULUS TERTIUS.

QUÆ DICTA SUNT SELECTIS EXEMPLIS OB OCULOS PONUNTUR.

Ut styli diversitas statim appareat, afferam 1°. unam et alteram sententiam quae variis temporibus variis modis exposita fuit: 2°. plura exempla ex omnibus styli generibus dabo.

PARAGRAPHUS PRIMUS.

EADEM SENTENTIA DIVERSO TEMPORE DIVERSIMODE EXPOSITA.

1a. *Sententia:* 明聰天惟 ouei tien tsong ming. Sumpta est ex Chu king, et significat quod intelligentia soli cœlo propria est, et quatuor litteris absolvitur.

1°. Yang tsee idem dicit sed litteris sexdecim: 聰爲天惟 ouei tien ouei tsong, 天惟明爲, id est, solum cœlum clare audit, solum cœlum clare videt; 目其高能 neng kao ki mou, 耳其下而 ell hia ki ell, potest attollere suos oculos, et demittere suas aures.

2° Sse ma kouang adhibet 38 litteras ut idem dicat; 形無於視聲無於聽則天 id est, coelum non ita, sed audit ea ipsa quae nullum sensibilem sonum reddunt, et videt ea quae nullam figuram corpoream habent; pergit et sese explicat: 之知必天者心於發也明聰之天若無故 vel si levis cogitatio in corde forte pullulet, cœlum illam statim certo cognoscit, et ideo nihil est coelo intelligentius; 卑聽以所下耳遠見以所高目 oculi ejus altissimi et ideo cernit longe, ejus aures infra descendunt et ideo humilia quaeque audit.

漢語劄記

3°. Commentaria Ge-kiang nihil aliud totis 76 litteris dicunt quam quod Chu-king litteris quatuor tam clare dixit; 上在高高天惟 solum cœlum altissimo velut in solio sursum est; 靈至神至公至虛至 [a] summe purum, summe justum, summe spirituale, summe intelligens; 見不無明而視需不．聞不無聰而聽用不 [c] non opus habet oculis arrectis ut omnia minutatim audiat, non intendit oculorum aciem ut cuncta cernat acutissimè; 怒之天逃能不舉戚休之生民．失得之令政惟不 [d] non modo illa quæ bonum vel malum regimen adducunt, populosque vel beatos vel miseros reddunt, oculis cæli sunt apertissima 地之聞不睹不中 [e] 之漏屋室暗間 sed quæ in abditis cœcisque locis facimus putamusque nec videri nec audiri, 察然昭皆亦此如明聰之天．焉遺無 Cœlum haec omnia clarissime scrutatur, nec quicquam ipsi excidit, atque cæli perspicax intelligentia talis est.

Nota : Prolixa quidem oratio, sed nitidissima et elegantissima, ut statim videt quisquis vim particularum sentit, et phrases ad invicem comparat. 1° enim in duobus phrasibus, [a] quam bene quater iteratur 至 tchi. 2° Duæ sequentes, [c] quam exacte sibi respondent? Post tres litteras 聽用不 et 視需不 debet fieri parva pausa. 3°. 惟不 non modo. 舉 kiu ista omnia (quæ duabus phrasibus omnino gemellis enumeravit) 卽 sed 皆亦 etiam omnia hæc, quæ pariter duabus phrasibus [e] absolvit. 4° Particulae 惟不 non numerantur, ne noceant phrasibus [d] quæ sequuntur. Sic nec 卽, ne turbet duas phrases, [e] &ct.

2ª *Sententia:* 草惟民．風惟爾 ell ouei fong, min ouei tsao, sumpta est ex eodem Libro Chu-king, et significat, Tu, Rex, ventus es, et populi tui sunt arbusta. Duae sunt phrases litterarum trium, nec melius ac brevius quicquam dici potest.

1°. Liber Lun-yu id ipsum dicit, sed litteris sexdecim: 草德之人小．風德之子君 kiun tsee tchi te fong, siao gin tchi te tsao, i. e. Regis virtus ventus est, et populi sunt herbulæ et junci; 偃必風之上草 quando ventus transit super calamos, statim inflectuntur; 之 hoc loco est verbum *transire.*

2°. Lieou-hiang opus habet 32 litteris ut idem dicat: 草靡風猶下化之上夫 superior convertit suos inferiores sicut ventus teneras plantas inflectit. Miror cur non posuerit 風之 non modo ut responderet 之上, sed etiam ut duæ istæ phrases ex æquo litteris quinque constarent: Pergit: 東而靡草則風西．西而靡草則風東 si ventus flat ab oriente, planta vergunt ad occidentem; si ventus venit ab occidente, plantæ versus orientem inclinantur. Duæ istæ phrases ex eodem torno prodierunt. Demum concludit: 所風在靡之爲草而由 pendet igitur a vento ut ad hanc vel illam partem arbusta sese convertant.

Verbosior esset oratio, siquis symbolum hoc exponere vellet diceretque: componitur orbis ad regis exemplum. Si rex sanctus est populus virtutem colit. Si rex est malus, populus

x x 2

海上絲綢之路文獻集成　科技與文化編

in vitia regis flectitur. Hoc peccavit Mong-tsee; bene quidem sic incipit: 嘗木之山牛也國大於交其以矣美 silvæ montis Nieou amænœ et densœ erant, ut par erat. Jacet enim in viciniâ magni regni. Duæ phrases eodem litterarum numero constant, sed caetera diverse pergit: 乎美爲以可之伐斤斧, sed ubi semel excisae fuerunt, quaenam formositas monti remanet? Pergit: 之蘖萌無潤所之露雨息所之夜日其是焉生 verumtamen per placidae noctis requiem, occulto iterum crescunt sylvae, et rore atque imbribus recreata radix nova germina paulatim trudit. Sunt duae phrases sibi invicem respondentes: *ge ye tchi so si, yu lou tchi so jun*.. 息, *si* est verbum. Pergit: 牧而從又羊牛也濯濯彼若以是之 cum ecce bonum armenta et ovium preges illuc ducuntur geminasque vix erumpentes certatim tondent et mons denudatus remanet; 以也濯濯其見人焉材有嘗未爲 qui deinde montis calvitiem vident non putant umbrosas silvas ibi aliquando extitisse; 哉也性之山豈此 at istud ne est naturam montis cognoscere? Hic haesissent veteres et ista ipsa præstius ac fortius extulissent. Sed Mong-tsee garrulitatis amantior hoc symbolum fuse ac pueriliter applicat cordi ex quo prodeunt virtutis sicut arbores ex illo monte. Talia lectori cogitanda relinquere satius est.

Nota. Scholastici sinae qui nihil aliud quam suum Mong-tsee crepant, quia nihil fere aliud legerunt, mihi videntur ex hoc loco magistri sui Mong-tsee totum usum particularum, quem habent hausisse. Sic enim solent statim ponere 矣 ac deinde 也 pergunt et venit 乎 et 焉 ac tandem in fine 哉也. His adde 者 et 之 et omnem scholae sinicae supellectilem possidebis.

PARAGRAPHUS SECUNDUS.

VARIA EXEMPLA EX OMNIBUS STYLI GENERIBUS.

I^{um} Ex Y-king symbolo 益 y.

hía	下益上損	益
ki'âng	疆无說民	1.
hía	下 hià 下上自	
kouāng	光大道其	3.
vàng	往攸有利	
ki'āng	疆有正中	5.

Nota. Septem sunt phrases quae desinunt in *ang* ac simul proinde consonant, et illae litterae, ut vides, sunt — vel 人 hoc est 聲平 ping ching; ex septem aliis phrasibus quae lineis. 1, 3, 5, &c, imparibus continentur, quasque minime consonare necesse est quinque sunt ⸝ vel ⸜ seu 聲仄 tse ching, duae nempe 川 tchou'ēn, et 生 sēng, sunt quidem

tchouēn 川大涉利
hâng 行乃道木
sún 巽而動益
ki'âng 疆无進日
sēng 生地施天
fāng 方无益其
táo 道之益凡
hâng 行偕時與

ping-ching, sed 巽 sun et 道 tao quae sunt *tseching*, faciunt ne aures teretes offendantur.

Omnia porro concinnata sunt quatuor litterarum, et rhythmi qui sine ullo negotio sentiuntur accentusque apte ordinati non levem gratiam orationi dese sat venustae conciliant, sensus autem talis fere est:

Symbolum 益 y. Sacrificatur superior in bonum inferioris. Populi lætantur sine fine. Ex alto descendit seque infra subjicit. Propter quod ejus via tota luminosa est. Bonum est ut pergat, medius et rectus singularem felicitatem reducet. Bonum est ut transeat magnum torrentem, sic enim ligni lex ad omnes pervadet. Symbolum 益 y fortis et obediens excitat et subjicit se. Semper ascendit sine fine. Cœlum dat, terra producit. Hæc utilitas est sine loco et modo, quæcumque in sua ratione includit 益 y, cum tempore gradiuntur et tempore suo evenient.

Pænitet me vel egestatis linguæ latinae, vel penuriae ingenii mei, quando versionem hanc cum sinico textu comparo. Si autem hic esset locus, libenter peterem de quo sermo sit; quid significet transire magnum illum torrentem et ligni legem seu doctrinam 道 ad omnes pervadere.

IIum Exemplum ex libro Chou-king.

Eheu attende cogita tecum. Sancta documenta undequaque te premunt, praeclara illa monita illuminant te. Supremus Dominus, non semper erit erga te, sed si mutas mutabit. Qui bene agunt bonis omnibus ab illo cumulantur. Peccatores autem omni paenarum genere idem plectit. In bono nihil tibi leve sit, à levi enim bono totius orbis felicitas. In malo nihil magnum ducas, id enim familiam tuam perdet.

tsāi 哉念呼嗚
yâng 洋洋謨聖
tchāng 彰孔言嘉
tch'âng 常不帝上惟

Nota. Litterae notatae 平聲 ping-ching, sunt ejus deni rhythmi, hoc est eumdem sonum habent, et eumdem accentum. Utrumque enim ex aequo requiritur. Imo quando idem est accentus, aliquando mutantur soni, v. g. 宗 vulgo legitur tsōng; hic debet legi tsāng. Sic 慶 k'ing, et supra 行 hìng, legi debent ki'āng et hâng, *per non offender la ruina*, ut aiunt Itali.

tsi'âng 祥百之降善作
yāng 殃百之降善不作

Videntur sex primae phrases desinere per *ping-ching*; sed nauseae occuritur quia post 善作 et 作

siaò 小罔德惟爾
ki'āng 慶惟邦萬
tá 大罔德惟爾
tsāng 宗厥墜

善不 debet fieri pausa. Littera autem 善 est *tse-ching, chén.* Videntur quoque phrases non tam bene ordinatae quam in exemplo praecedenti; at quando sensus est magnus et clare expressus, talis negligentia ingrata non est. Nunc duae 1ae phrases satis bene sibi respondent. Ita 常不帝上惟 est quasi principium et propositio generalis mox explicanda. Item 善作 et 善不作 sicut 德 et 德不 censentur sibi satis respondere, quia 善不 et 德不 unum designant cui 善 et 德 opponuntur unica. Ultima phrasis non respondet superiori: 宗厥墜 TO 邦萬慶惟; sed vel forte deerit una littera, v. g. 宗厥墜惟

IIIum Exemplum ex eodem Chu-king.

Nihil terribilius corde hominis; nihil subtilius corde virtutis. Esto purus, esto simplex, nec umquam illud medium dimitte. Noli credere verbis inanibus, et consiliis non bene meditatis ne utere. Quis magis amandum populo quam Rex? quid magis timendum regi quam populus. Si populus suum regem non colit, quem colet? Si rex populum non curet, ejus regnum quomodo stabit? Haec cogita, tibi attende et tuis, omnium vota virtus tua superet. Curam habe de omnibus egenis, et a caelo accipies regnum aeternum.

oûei 2. 危惟心人
oûei 2. 微惟心道
y 一惟精惟
tchōng 1. 中厥執允
t'ng 1. 聽勿言之稽無
yōng 1. 庸勿謀之詢弗
kiūn 3. 君非愛可
mûn 3. 民非畏可
tṛi 戴何后元非衆
pōng 1. 邦守與罔衆非后
tsāi 哉欽
oúei 位有乃愼
yúen 願可其修敬
ki'ông 1. 窮困海四

Nota. 1°. Quod omnes litterae notatae 1, simul consonant. 邦 pāng, lege pōng et 聽 t'īng lege t'ōng. 2°. Duae phrases notatae 2 servant metrum sicut duae quae notantur 3. Unde putem legendum 民 mûn propter 君 kiun. 3°. reliquae phrases nullum habent rhythmum, sed earum ope accentus *ping-tse* miscentur. 4°. Ex phrasi 衆非后 libenter tollerem litteram 與 sic enim magis quadraret cum praecedenti eodem modo ex phrasi 敬修, istud 敬 posset abradi, si fas esset in istis veterrimis unum apicem immutare. Porro ejusmodi rhythmi plurimum gratiae orationi tchōng 1. 終永祿天 conciliant.

Sic apud nos Virgilius de Orpheo loquens ait:
Quid *faceret*? quo se rapta bis conjuge *ferret*?
Quo flectu manes, qua numina voce *moveret*?

IVum Exemplum ex eodem libro.

一克於協主常無善師爲善主師常無德 virtus in verba nullius magistri jurat. Determinata voluntas ad unum unicus magister ejus est. Bonum nulli rei mancipatum est, sed semper eo tendit ut omnia cum uno concordent.

Nota: Ingeniosa illa repetitio litterarum 師 *ssee* 主 *tchu* 善 *chen* et 常 *tchang* leporem habet quæ nullis verbis potest explicari. Tales veneres orationis sæpe occurrunt in libris antiquis.

Vum Exemplum ex eodem libro.

及不若身撿備求不與忠克下爲明克上居 cum rex est sapiens, subditi fideles sunt, alios ne urgeas quasi non sat cito facerent. Te semper excita quasi numquam satis esset quod agis.

Nota quam apte phrases sibi mutuo respondeant.

VIum Exemplum ex eodem libro.

逭可不孽作自違可猶孽作天 mala quæ veniunt a cælo declinari utique possunt; sed quæ ipsemet homo facit effugere non potest. Atque adeo nemo proprie læditur nisi a se ipso.

Nota: quatuor istæ phrases tribus litteris constant et auribus valde gratæ accidunt.

VIIum Exemplum ex eodem libro.

位厥保德厥常常靡命諶難天 caelo difficile creditur, ejus favor perpetuus non

Y y 2

est. Si virtus perseverat perseverabit et dignitas; 亡以有九常靡德厥 si vero virtus deficit, omnia quae possides tibi peribunt.

Nota post quatuor phrases trium litterarum sequuntur duae litterarum quatuor. Sed vide quam bene ad invicem sibi respondeant. Non opus est ullis particulis quando tam graves sunt sententiae et tam concinne exponuntur.

VIIIum Exemplum ex eodem libro.

凶不罔動三二德吉不罔動一惟德 si virtus una sit et simplex, in cunctis quae ages felix eris, si vero cor divisum sit ac duplex, in omnibus miser eris.

德在祥災降天惟人在僭不凶吉惟 ut bene vel male agas pendet à te. Ut cœlum præmia vel pœnas decernat pendet ab operibus tuis bonis vel malis.

Nota: Duæ phrases trium litterarum alterius cum duabus quatuor jucundè miscentur. Postea sunt duae litterarum septem ita compositae, ut post quinque primas in utraque fiat pausa. Ejusmodi stylum, si quando tractamus grandia, non minori curâ debemus imitari, quam illum qui variis particulis sic tanquam fuco debet illicis.

IXum Exemplum ex libro Chi-king.

莫之民求方四觀監赫有下臨帝上矣皇 augustissimus Supremus que Dominus appropinquat terræ cum majestate magnà considerat quatuor orbis partes et quærit qui populos felices reddere valeat. Eodem modo loquitur liber Chu-king cum ait quod augustum cœlum respiciat in omnes terræ plagas amanter quaerens hominem cujus virtus una et semper eadem sit: 德一求谷方萬於監天皇.

Nota: In hoc loco ex libro Chi-king littera 莫 legitur vulgò mŏ vel legendum *me*, ut consonet cum *he*, vel littera 赫 *he* debet legi hŏ, ut sit rhythmus cum *mo*. Litteram 皇 verti per *augustum;* dicit in compositione suâ 王自 *tsee vang*, a se rex proprius autem litterarum sensus non poterit aliunde melius peti quam ex earum analysi cum Chi-king dicit 方四 quatuor plagas, idem prorsus est ac 方萬 decem mille, seu omnes mundi partes de quibus Chu-king.

X^um^ Exemplum ex libro Ta-hio.

善至於止在民親在德明明在道之學大 magna et sancta doctrina id unum intendit ut homo sistat in summo bono. Istud autem duobus mediis assequetur, I^um^ est ut sese omnibus virtutibus exornet, 2um est ut diligat proximum sicut seipsum.

Nota. Verum sensum dedi; versionem litteralem non feci, bene repetitur littera 在 ad quemlibet articulum. Ex duabus litteris 明 prima est verbum, secunda est adjectivum pertinens ad 德. Per 德明 intelligitur anima. Quod autem hæc duo prima sint, tantum media patet, quia litteram 止 *tchi, quiescere* non posuit nisi tertio loco. In mediis non debet esse requies, sed in solo fine.

XI^um^ Exemplum ex libro Lun-yu.

哉言何天焉生物萬焉行時四哉言何天 quid opus est ut loquatur cœlum? quatuor anni tempestates suum peragunt iter, et res omnes suo quaeque tempore nascuntur: quid opus est ut cœlum loquatur?

Nota: Si quis diceret 生物萬行時四言不天 sensus utique esset fere idem et phrases aequales. Imo duae litterae 物萬 satis bene respondent aliis duabus 時四 et 行 cum 生 non male componitur. Sed tres litterae 言不天 languent et duae phrases sequentes fulturam aliquam desiderant; non ita textus haec phrasis; 哉言何天 quae in fine repetitur, non modo facit ut oratio sit rotundior, sed etiam duas medias phrases plurimum juvat et particula 焉 illis addita, illas sustinet ac decorat. Hunc locum imitatur quidam missionarius, horologio solari hanc epigraphen posuit:

也時哉愛
見莫焉來
往已焉見
追莫焉往
也時哉愛

Quam pretiosum est tempus! futurum non cernitur; præsens fugit; præteritum non redit; quam pretiosum est tempus! *Nota*: tolle particulas; neglige illam catenulam quam vides in tribus phrasibus mediis; omitte lusum illum in littera 見 *videre*, quae usurpatur pro 現 in sequenti phrasi et tunc significat *actu existere*; primam denique sententiam in fine non itera; dic v. g. 反會不的了過了過已的在現見可不的來未愛可惜時 quamvis aliqua SUMMETRIA inter phrases servetur, oratio tamen frigida est et insulsa, nec aliter cum allatâ epigraphe componi potest, quam Thersites cum Achille. Pauci sunt Europæi qui hæc sentiant, quia pauci libros sinicos legunt, ut eos imitentur.

XII^um EXEMPLUM EX TCHOUANG-TSEE.

Cuidam fuerunt duae uxores, altera pulchra nimis et altera valde turpis. Turpem multi faciabet et negligebat formosam. Quaesitum est ab eo cur ita se gereret. Respondit: pulchra sibi placet in sua forma, et ego formositatem ejus nescio. Altera scit se deformem esse nec insolescit et ego minus formosam esse non video, illa pulchra est suis oculis et faeda meis; ista sibi faeda est et mihi formosissima:

某有妾二人
其一人美
其一人惡
惡者貴而美者賤
或問其故對曰
其美者自美吾不知其美也
其惡者自惡吾不知其惡也

Nota 1°. Sensum egregimus, qui hac parabola sic tanquam involucro tegitur. 2° quam ingeniose litteras disponit et repetit. 3°. Quam non sint ad intelligendum difficiles. Quid opus est tantam litterarum abstractarum cognitionem sibi comparare! illis quas omnes norunt apte utere et concinne scribes.

XIII^um EXEMPLUM EX YANG-TSEE.

天下有三門 tres in orbe portae sunt.

由於情欲入自禽門 qui volunt servire suis cupiditatibus, ingrediuntur per portam brutorum.

由於禮義入自人門 qui malunt sequi justitiam per portam hominum intrant.

由於獨知入自聖門 qui non curant sciri ob hominibus, portam sancti subeunt.

Nota: Aliquis Europæus, qui sinicam elegantiam primoribus labris attigit, et de particulis aliquid didicit, hanc sententiam sic tornaret; 天下之門有三矣。有禽門焉。有人門焉。有聖門焉。是也。由於情欲者。入自禽門者也。由於禮義者。入自人門者也。由於獨知者。入自聖門者也。嗚呼今入自聖門者鮮矣夫 At *Yang-tsee* juvenilem hanc luxuriem resecandam esse existi mavit. Si ex epigraphe solari particulas sustuleris, erit insipida. Si ad sententiam philosophi Yang-tsee particulas addideris, erit nimis juveniliter exultans. Hoc sentire est in linguæ sinicae cognitione jam profuisse.

XIVum Exemplum ex Sun-tsee.

Postquam optimi Regis ideam dedit, hæc addit: hoc pacto populus eum colit velut ipsum Dominum 帝如之貴姓百是如; illum extollit usque ad cœlum 天如之高; illum amat tanquam patrem et matrem 母父如之親; illum veretur sicut spiritum intelligentem 明神如之畏

Nota: quatuor sunt phrases, quarum duæ primae litteris quatuor constant. Neque enim numeratur 是如 hoc pacto, nec 姓百 pe sing, populus quia est nominativus, qui ad quatuor sequentia verba pariter se extendit; 天如之高 respondet superiori 帝如之貴; duæ ultimæ phrases quinque litteras habent; et ratio est quia si dixisset 神如之畏 postquam prius dixerat 母父如之親 aures delicatas offendisset.

XVum Exemplum ex eodem Sun-tsse.

Elementa ut aqua et ignis materiam habent, sed non vivunt 生無而气有火水; plantæ vivunt, at non cognoscunt 知無而生有木草; animantia cognoscunt sed quid sit justitia ignorant 義無而知有獸禽; homo solus habet et materiam et vitam et cognitionem et insuper justitiam 義有且亦知有生有气有人; ideoque in hoc inferiori orbe nihil est homine nobilius 也貴下天爲最故

Nota: 1° Quid aliud dicunt nostri philosophi? 2° Tres priores phrases sunt æquales et eodem modo procedunt. 气 significat materiam 氣 vero proprie significat spiritum qui ad operculum ollæ ascendit igne supposito.

3° Ter repetit 無而有 ut clarius appareat quid habeant et quid non habeant. 4° quam bene postea ponit 有 yeou, ut exponat quæ habet homo communia cum caeteris. 5°. Sed quid homo solus noscit quid sit virtus, ideo paululum phrasim immutat addendo particulas 且亦 6°. 最 tsoui cadit et in litteram 爲 et in litteram 貴, ideo illam statim ponit. Si dixisset 也貴最下天爲故, tunc abverbium 最 caderet in solam litteram *kouei* et phrasis saltem materialiter esset subobscura. Separata enim ab iis quae praecedunt, potest significare quod nihil sit nobilius quam orbem regere. Nisi sic enucleate fiat resolutio sinicae orationis, numquam in linguae adita dabitur intrare.

XVI^um EXEMPLUM EX NGHEOU-YANG-SIEOU.

勸而賞待不故愛以不悅
貴而罰待不故威以不畏
信而約待不故民綱不政
從而誥待不故令申不事

I. e. populi regem amant non quod amorem ostentet et ideo non expectant munera ut ad virtutem sese excitent; eum timent non quod verendam majestatis speciem affectet, et ideo non expectant supplicia ut vitia devitent. Leges ejus non sunt laquei ad populos capiendos, et ideo omnia regi credunt, nec indigent instrumentis quibus fides firmetur. Non iterat eadem mandata, et ideo cuncti statim obediunt, nec novum regis edictum expectant. Sensum hujus loci, ni fallor, attuli. Sed ad styli venustatem attingere non potui. Itaque meas versiones comparare soleo cum piscatorum retibus: opus est rete ut capiantur pisces, sed ubi semel pisces capti sunt, rete projicitur. Versio latina legenda est ut Sinicus lepos gustari possit; sed ubi primum sinicarum elegantiarum habetur sapor, latinus sermo me authore obliviscendus.

XVII^um EXEMPLUM EX EODEM.

辨可髮毫也靜於其·睹有能不則動物鑒之水 aquæ speculum est quod omnia in se pingit. Quando movetur, nihil in ea cerni potest. Cumvero quieta et immota est, vel levem pilum in ea discernes. Denique symbolum hoc explicat verbis elegantissimis hunc in modum: 靜心其則動而晃眩物外爲不者身, cum homo rebus externis non commovetur, animus quietus est; 明識智則靜心 et ab animo tranquillo clare videntur omnia; 中不而施所無非非是是 sive approbet, sive improbet, in omnibus semper scopum attingit. Denique ingeniose addit quisquis approbat ad adulatorem pallidum videtur accedere, qui vero improbat duro et amaro censori similis est. Quod si necesse sit paululum in horum alterutro excedere, satius est censorem fieri quam adulatorem; 非·諂乎近是是夫諂無訕寧過而幸不,訕乎近非.

Multa notanda sunt ad hunc locum. 1° Littera 之 unice fulcit litteram 水. 2° 鑒 kien est speculum hic est verbum et significat in se recipere et depingere, quod facit speculorum æquor. 3° Unica littera 動 sic posita idem est ac si dixisset 也動於其 ut paulo post dicit de aquâ immotâ; gratius putavit variare stylum quam eumdem filum tenere. 4° Ait 者身

海上絲綢之路文獻集成 科技與文化編

non 之身 sicut dixerat 之水, quia forte verbum cujus 身 est nominativus non immediate sequitur. Sic haec ratio non placet, quaeratur alia. Ego certe sentio quod in hoc non posset poni 之身. 5° 是是, prima littera est verbum, secunda est verbi regimen, idem dicendum de 非非, verum vocare quod verum est 是是, et quod falsum est vocare falsum 非非, aliter dispone litteras et dic 是非非是 idem erit ac ponere tenebras lucem et lucem tenebras..... 是是夫 &c, conclusio arguta est et quae authori sic placebat, ut suae bibliothecae nihil aliud inscripserit quam 非非, perende ac si nihil potius foret quam scire quid malum ac falsum sit, et sic brevius ac melius quod sit bonum ac verum 是是 disceretur.

Non minus eleganter sed multo praestius dicit *Sun-tsee.* 是是非知之謂非非是是愚之謂非 qui scit appellare bonum bonum et malum malum, sapiens est, qui vero malum pro bono, et bonum pro malo accipit, stultus est et insanus. 知 ad intellectum et maxime ad voluntatem refertur, sicut et 愚. Sic 知上 est sanctus et 愚下 est improbus.

XVIIIum Exemplum ex Sou-tong-po.

也治治之國中以可不狄夷
亂大於至必治大其求然獸禽若譬
之治治不以故是°然其知王先
也之治深以所乃°者治不以之治 I. e. Barbari haud secus ac pecora, non eodem modo regendi sunt ac reguntur Sinæ. Si quis vellet eos magnis sapientiae legibus instruere, nihil aliud quam summam perturbationem induceret. Antiqui reges istud optime callebant, et ideo barbaros non regendo regebant. Sic autem eos non regendo regere, præclara eos optime regendi ars est.

Nota. Superbissimè quidem sed elegantissime. Non difficile est distinguere quando 治 est verbum regere et quando est nomen. Sic 治大 et 亂大 erunt regimina duorum verborum 求 et 至 et nominativus est *tu* vel *quilibet.* Cum deinceps legis 以之治 之治治不以治不 ne putes quod his laedantur aures; imo grata sunt auribus; sic virgilius:

Omnia sub magnâ labentia flumina terrâ.

Quinque sunt voces quae desinunt in *a,* nec nauseam creant. Sic *Ngheou-yang-sieou* ait: 要之治致知不 pou tchi tchi tchi tchi yao, ignorat quod est, ut extendatur optimum regimen.

Multa similia exempla proponam capite sequenti. Interim moneo stylum ejusmodi nitidum esse et politum, sed a stylo librorum *king* plurimum tamen distat.

CAPUT QUARTUM.

DE FIGURIS ORATIONIS.

Quod stellæ cœlo et pratis flores, hoc orationi sunt figurae. Cœlum sine sideribus non lucet, prata sine floribus non rident; sine figuris languet oratio. Hoc igitur agat politus scriptor ut, sicut herbescens pratorum viriditas amaenis variisque floribus quasi tot sideribus jucunde illuminatur et vastissima cœlorum templa stellæ sic tanquam lucidissimi flores conspergunt, sic orationem suam figuris, velut suis luminibus ac floribus tam apte distinguat, ut stylus neque propter earum raritatem fiat tristior, neque ob abundantiam sit luxuriosior. Ut autem stellis non eadem lux, et floribus non idem color et odor est, sic figurae non omnes eodem nitore micant; sed aliae in verbis ludunt, aliae sententiam concinnant, auribus placent aliae, mentem ipsam aliae rapiunt.

Præsens caput septem articulos continebit: 1us erit de Antithesi; 2us de Repetitione, 3us de Gradatione; 4us de Confutatione; 5us de Descriptione; 6us de triginta modis quibus variatur oratio. 7us de omnibus comparationis speciebus.

Non me fugit quod his articulis non comprehenduntur omnes figurae, quas nostri rhetores explicant; sed sat parum curo de talibus figuris, malo pauca promittere et multa dare, quam magna minari et nil nisi jejunum proferre. Quod unice intendo est deducere missionarios Europaeos ad veram sinici styli notitiam. Hoc si semel assequor, Despaultero longe inferiorem esse me facile patiar.

Sunt aliquae figurae de quibus nihil dicendum putavi, quia rarius occurrunt. Sic in libro *Chu-king* per prosopopœiam inducuntur avi mortui loquentes in coelo cum rege *Tching-tang* et *Tching-tang* alloquentem et rogantem Dominum. Vide caput dictum *Pouan-keng*. Sic apostrophe satis quidem frequens est cum sermo ad homines dirigitur. Sed admodum rara cum ad res ipsas convertitur oratio. Tamen in libro *Chi-king* compellantur amnis et lucus: ô silva quam amœna es? sed erro, non tu formosa, sed formosus ille est quem mihi ad memorium revocas. Non occurrunt verba sinica. Sic *Tchouang tsee* alloquitur piscem quem ceperat, et interrogat calvariam, quam in via repererat et capiti suo, pro cervicali, supposuerat. Sed hæc per transennam indicasse satis erit.

ARTICULUS PRIMUS.

DE FIGURIS ORATIONIS.

Antithesis.

Brevis erit hic articulus, quia multa dicta sunt in primâ parte, quæ facile poterunt huc transferri. Si enim sustuleris certos quosdam loquendi modos, litterasque nimis triviales, idem omninò accidit in grandi stylo quod in tenui.

Præclarum exemplum habes ANTITHESEOS in his ciceronis verbis: " Ex hâc parte pudor pugnat, illinc petulantia; hinc pudicitia, illinc stuprum; hinc fides, illinc fraudatio; hinc pietas, illinc scelus; hinc constantia, illinc furor; hinc honestas, illinc turpitudo; hinc continentia, illinc libido; hinc denique æquitas, temperantia, fortitudo, prudentia, virtutes omnes, certant cum iniquitate, cum luxuria, cum temeritate, cum vitiis omnibus. Postremò, copia cum egestate, bona ratio cum perditâ, mens sana cum amentia, bona denique spes cum omnium rerum desperatione confligit." Similem rerum inter se pugnantium congeriem Sinarum animis objice, et ingenium eloquentiamque tuam omnes extollent.

Hæc tamen figura sinicè non astringitur ejsumodi contrariorum antithesi: oppositio de qua præsertim hic agitur, non semper inimica est quin magis correspondentiam et necessitudinem mutuam sæpius indicat, v. g.: duæ litteræ 天 tien, 地 ti, cœlum et terra sic opponuntur, ut contraria non sint, sed arctissimo potius vinculo, mutuâque communione inter se contineantur; atque id dictum sit de aliis sine numero quarum brevem catalogum in fine hujus articuli reperies.

Itaque sinæ litteras cum litteris, cum accentibus accentus, phrases cum phrasibus ita maritant, ut in hoc solo puncto tota ferè elegantia sinicæ orationis posita esse videatur. Istud autem, ut cætera omnia, ex symbolicis figuris libri *y-king* desumpserunt. Saltem, hæc symbola oculis ipsis subjiciunt totum artificium Sinicæ compositionis. Sumamus v. g. symbola duo ䷾ et ䷿: non modo alterum totum alteri toti opponitur, ut oculi ipsi sunt judices, sed si dividantur in duas partes æquales, unaquæque pars unius symboli opposita est parti alterius, sicut ☵ aqua et ☲ ignis; quin imo quælibet lineola ex tribus quibus constat pars utraque, habet in alterâ parte lineolam cui respondet: 1ª habet 4am; 2ª 5am; et 3ª 6am; &c.

Ad hunc fere modum elegantiores Sinæ disponunt phrases, litteras et accentus sic, ut, in tota oratione, nihil sit mancum, nihil viduum, et quasi pars corporis ab aliis partibus avulsa, sed ut oculus cum oculo, cum manu manus, et cum pede pes decorè componatur. In quo tamen cavendum ut fastidio varietas occurrat, nec nimius verborum cultus sententiae claritati aut nervis noceat.

Frustra vellem plura exempla hic congerere. Aperiendi tantum sunt meliores libri Sinici et cum aliquâ attentione percurrendi. Quoties aliquid verbis vix doceri potest ad exempla recurritur. Exempla vero inutilia sunt, quoties tota vis præcepti solis verbis satis percipitur. Nihil itaque restat quam promissum catalogum texere.

LITTERÆ OPPOSITÆ.

始 chì, principium.
首 cheòu, caput.
理 lì, ratio.
神 chîn, spiritus.
天 t'iēn, cœlum.
晝 tcheóu, dies.
朝 tchāo, mane.
有 yeòu, ens.
日 gĕ, sol.
星 sīng, planetae.
南 nân, meridies.
東 tōng, oriens.
經 king, nord-sud.
山 chān, mons.
水 choùi, aqua.
草 ts'aò, herbae.
鳥 niaò, aves.
牝 p'ìn, faemina.
雌 ts'eê, avis faemina.
男 nân, vir.
彼 pì, ille.
父 foú, pater.
君 kiūn, rex.

終 tchōng, finis.
尾 ouèi, canda.
气 vel 氣 k'í, materia.
形 hîng, corpus.
地 tí, terra.
夜 yé, nox.
暮 moú, sero.
無 voû, non ens.
月 yuĕ, luna.
辰 chîn, stellae.
北 pĕ, septentrio.
西 si, occidens.
維 ouêi, *est-ouest.*
谷 koŭ, vallis.
火 hò, ignis.
木 mŏu, arbores.
獸 cheóu, bestiae.
牡 meòu, masculus.
雄 hiông, mas.
女 niù, puella.
此 ts'eè, iste.
子 tseè, filius.
臣 t'chîn, vassallus.

夫 foū, maritus.
兄 hiōng, frater major.
主 tchù, Dominus.
友 yeoù, amicus.
師 ssēe, magister.
姊 tsiè, soror major.
左 tsó, sinistra.
覺 kiŏ, vigilare.
好 háo, amare.
吉 kī, bonum.
禍 hó, infortunium.
善 chén, virtus.
祥 tsi'âng, bonum augurium.
死 sseè, mori, mors.
存 ts'ûn, conservari.
黑 hĕ, niger.
貧 p'în, pauper.
貴 koúei, pretiosus.
美 mòei, pulcher.
愛 ngái, amare.
好 haò, bonus.
正 tchíng, rectus.
直 tchĭ, directum.
眞 tchīn, verum.
靈 līng, ingeniosus.
聖 chíng, sanctus.
新 sīn, recens.
長 tch'âng, longum.
永 yòng, æternum.
高 kāo, altum.
隘 yái, angustum.
難 nân, difficile.

婦 foú, uxor.
弟 tí, frater minor.
僕 poŭ, famulus.
仇 ki'eôu, inimicus.
弟 tí, discipulus.
妹 móei, soror, minor.
右 yeóu, dextera.
寐 móei, somniare.
惡 oú, odisse.
凶 hiōng, malum.
福 foŭ, felicitas.
惡 ngŏ, vitium.
殃 yāng, malum augurium.
生 sēng, vita, vivere.
亡 vâng, mori, perire.
白 pĕ, albus.
富 foú, dives.
賤 tsién, vilis.
醜 tch'eoù, deformis.
恨 hén, odisse.
歹 tài, malus.
邪 siê, curvus.
曲 kioŭ, tortuosum.
假 kià, falsum.
蠢 tch'ún, rudis.
愚 yū, improbus.
古 koù, vetus.
短 touàn, breve.
暫 tsán, transitorium.
低 tī, humile.
闊 ko'uŏ, vastum.
易 y, facile.

明 mîng, clarum.
清 tsʻīng, purum.
明 mîng, apertum.
強 kiʻâng, fortis.
厚 heóu, crassum.
大 tá, magnus.
細 sí, subtilis.
深 chīn, profundum.
熱 gĕ, calidus.
飽 paò, satur.
鈍 tún, obtusus.
本 pèn, sors.
虛 hiū, inane.
花 hoā, flores.
鮮 siēn, recens.
妍 yên, formosus.
老 laò, senex.
生 sēng, crudum.
公 kōng, commune.
滿 moüàn, plenum.
稀 hī, rarum.
傲 ngáo, superbus.
猛 mèng, crudelis.
野 yè, silvestris.
輕 kʻing, levis.
順 chún, secundus.
剛 kāng rigidus.
方 fāng, quadratum.
上 chàng, sursum.
內 nuéi, intus.
近 kiú, propè.
先 siēn, antè.

暗 ngàn, obscurum.
濁 tchŏ, crassum.
昏 hōen, cœcum.
弱 jŏ, debilis.
薄 pŏ, tenue.
小 siaò, parvus.
粗 tsʻoū, grossus.
淺 tsʻièn, non altum.
冷 lèng, frigidus.
饑 kī, fame pressus.
利 lí, acutus.
利 lí, lucrum.
實 che, solidum.
實 che, fructus.
鹽 yên, salitum.
媸 tʻchī, turpis.
幼 yeoú, juvenis.
熟 choŭ, coctum.
私 sseē, privatum.
空 kʻōng, vacuum.
稠 tchʻeôu, spissum.
謙 kiʻēn, humilis.
良 leâng, lenis.
家 kiā, domesticus.
重 tchʻông, gravis.
逆 nī, adversus.
柔 jeôu, mollis.
圓 yuên, rotundum.
下 hià, deorsum.
外 vaí, fortis.
遠 yuèn, longe.
後 heóu, post.

面 miên, coram.
早 tsaò, mane.
多 tō, multum.
表 piaò, ad extra.
是 ché, est.
開 k'āi, aperire.
流 lieôu, fluere.
往 vàng, ire.
出 tch'ŭ, egredi.
來 lâi, accedere.
賣 mái, vendere.
增 tséng, augere.
損 sùn, nocere.
賞 chàng, præmia.
飲 yu, potus.
升 chīng, ascendere.
取 t'sù, capere.
拿 nâ, prehendere.
散 sàn, spargere.
合 hŏ, conjungi.
刑 hîng, castigare.
笑 siáo, ridere.
栽 tsái, plantare.
受 chéou, recipere.
經 kīng, textus.
賣 mái, vendere.
呼 hōu, animam ducere.
死 sseè, mortuus.
語 yù, loqui.
伸 chîn, extendere.
消 siaō, decrescere.
勝 chíng, vincere.
贏 yng, vincere in ludo.
興 híng. assurgere.

背 poéi, clam.
晚 oüàn, sero.
少 chaò, parum.
裡 lì, ad intra.
非 feī, non.
閉 pí, claudere.
止 tchì, sistere.
來 lâi, venire.
入 gĕ, intrare.
去 k'iú, abire.
買 mài, emere.
減 kièn, minuere.
益 y, prodesse.
罰 fă, pænœ.
食 chĕ, cibus.
降 kiáng, descendere.
與 yù, dare.
放 fáng, dimittere.
收 cheōu, colligere.
離 lî, avelli.
免 mièn, parcere.
涕 t'í, flere.
拔 pă, eradicare.
授 chéou, tradere.
傳 tch'oüen, glossa.
送 sóng, dono dare.
吸 hĭ, animam retrahere.
活 hŏ, vivus.
默 mĕ, tacere.
屈 k'iŭ, retrahere.
長 tch'âng, crescere.
敗 pái, vinci.
輸 chū, perdere.
亡 vâng, perire.

海上絲綢之路文獻集成　科技與文化編

ARTICULUS SECUNDUS.

DE REPETITIONE.

Adeò frequens est illius usus cum in familiari sermone, tum in libris tam antiquis quam modernis ut quem mihi modum ponam satis incertus sim. Sed quoniam *repetitio* sæpe in aliis figuris reperitur, v. g. in gradationibus et in stylo conglobato ; hæc duo ad articulos separatos remitto ; et in præsenti agam, 1° de repetitione in litteris et phrasibus ; 2° de repetitione in lusu verborum.

PARAGRAHUS PRIMUS.

LITTERÆ ET PHRASES REPETUNTUR.

NUMERUS PRIMUS,

DE LITTERIS.

1° Eadem littera bis ponitur, deinceps, nec significationem suam mutat, sed roborat et auget, v. g.: Chi king ait : 上在赫赫下在明明 summe intelligens est infra, et sursum est summe verendus. Nullus liber aperiri potest, quin statim hæc figura sese offerat ; quare plura exempla non afferam.

2° Eadem littera bis ponitur deinceps ; sed prior est verbum, et altera est verbi regimen, v. g. liber Ta-hio ait ; 德明明 illuminare luminosam potentiam, i. e. mentem purgare. Item dic de isto 2° modo quod de 1°. Utique passim occurrit.

NUMERUS SECUNDUS,

DE PHRASIBUS,

1° Una phrasis duarum litterarum bis ponitur ad majorem EMPHASIN, v. g. 哉惜哉惜 sane dolendum maximè ; 事苦事苦 triste quidem istud est; 甚幸甚幸 maxima felicitas, maxima lætandi causa ; 喜甚喜甚 plurimum lætor, multum tibi gratulor ; 荷多荷多 multis me beneficiis cumulasti; 何如何如 quo tandem modo ? 之敬之敬 ad hoc diligenter attendito ; 之思之思 hoc tecum bene cogita, &c.

漢語劄記

2°. Idem potest fieri etiam in phrasibus longioribus, v. g. 哉之沽哉之沽 vendatur per me licet; 予喪天予喪天 cœlum voluit me perdere; 之厭天之厭天 cœlum me odio habeat, si, &c; 人其如人其如 an habet parem in filiali pietate? de hoc enim agitur in hoc loco; 哉廋焉人哉廋焉人 quis poterit talem scrutatorem fallere? 矣了去吾矣了去吾, ego vado, vale, vale: ita *Tchouang-tsee* 也疾斯有而也人斯 et iterum idem repetit: homo tantæ virtutis, tanto malo afflictus. Sic affectum magis exprimit. 哉所其得哉所其得, est in suo elemento, v. g. piscis in aquâ.

3°. Eadem phrasis ponitur initio et in fine: 也回哉賢 quam sapiens erat *Hoei*! deinde affert quædam quibus eum sapientem fuisse probat, et postea repetit 也回哉賢 *Meng-tsee* ait: 矣過子 *tsee-kouo-y*, Domine, erras, excedis. Probat, et in fine repetit 矣過子吾 erras, Domine mi. Bene addidit 吾. Idem ait 下天王而樂三有子君焉存與不 sapiens habet tres causas lætandi, sed inter eas non potest numerare possessionem totius orbis, affert deinde tres illas lætandi causas, et postea totam phrasim initio positam repetit. *Tchouang-tsee* paulo aliter ait: 矣甚也耻知不而愧無其哉矣甚意 Eheu! actum est! omnem plane frontem posuit, non erubescit amplius; actum est.

4°. Quando aliquid pluribus mediis vel probatur vel refellitur, solent statim rem proponere generatim, v. g. sex habeo rationes cur ita sentiam. Deinde unamquamque exponit singillatim, et in fine addunt, atque hæc est prima ratio cur dicam, &c. Si postquam dictum est habeo 4, vel 5 rationes; statim ponitur 一其 1ª. nihil additur in fine. Initio quidem potest poni ad singulas 一其 1ª. 一其 2ª &c. vel 二其 2ª. 三其 tertia. Sed in fine cum numerantur poni debet 也三也二也一 &c. Exempla sunt obvia.

PARAGRAPHUS SECUNDUS.

IN VERBIS LUDITUR.

Tchouang-tsee et *Long-tsee* alios omnes in hoc genere facile superant. Satis erit aliquot exempla dare, ut saltem sciatur quid sint illi lusus. Nemini tamen suadeam, ut talia nimium aucupetur.

1um. Exemplum: 生方死方死方生方 et alio loco 可方可不方可不方可方 Et ne putes in ejus modi inversionibus quibus sæpe utitur *Tchouang tsee* nullum subesse sensum; sed vide quomodo definiat hominem: est inquit 形之形不形不之形 figura non figuræ, seu corpus animæ, et non figura figurae, seu anima corporis. Unum sine altero non constituit hominem. Corpus dicit animam meam, et anima dicit meum corpus. Corpus et anima, anima et corpus homo est,

2um. Exemplum: 言不嘗未言不身終言嘗未言身終言無言言無日古 veteres dicebant, non loqui. Qui loquendo non loquitur, potest per totam vitam loqui, nec tamen umquam loqui, et potest per totam vitam non loqui et tamen semper loqui. Lusus est in littera 言 quæ sensu duplici accipitur: 1o. loqui sicut psittaci et homines stulti loquuntur, hoc est inanibus sonis aerem verberare. 2o. loqui sicut sapientes et sancti loquuntur, hoc est verbis gravibus ac præcipue præclaris exemplis alios docere. Confucius dicebat se velle non loqui 言無欲吾, id est: recte agere et tacere.

3um. Exemplum: 知後而知不所之知其恃知莫而知所之知其尊皆人. Littera 知 sexties repetitur. Bis est nomen, scilicet cum ait 之知其 in reliquis est verbum.

4um. Exemplum.. Discipuli volebant *Tchouang-tsee* magistrum suum terrae mandare post mortem. Dixit ille se non curare de feretro. Reponebant illi: At enim aves comedent te. *Tchouang-tsee* respondit: Si vultis ut fiam praeda vermium, aves coeli jacturam ferent. Si aves me comedunt, vermes terrae non habebunt praedam suam. Deinde ut eos errare ostenderet, subjunxit: 徵不也徵其徵徵不以平不也平其平平不以.

5um. Exemplum; 也指非指喻指非以若不指非之指喻指以 assumis digitum ut ostendas quod digitus non sit digitus potius assume non digitum ut probes digitum non esse digitum; 馬非之馬喻馬非以若不馬非之馬喻馬以 uteris equo ut demonstres quod equus non sit equus; utere potius non equo ut probes equum non esse equum; 也馬一物萬也指一地天 cœlum et terra unus digitus; res omnes unus equus. Non possumus verbi gratia res materiales bene cognoscere, nisi cognoscamus ens quod materiale non est.

6um. Exemplum. Idem *Tchouang tsee* inducet *Confucium* ita loquentem; 旦者酒飲夢泣哭而 alter bibit vinum in somnis et mane evigilans fundit lacrymas; 旦者泣哭夢獵田而 alter in somnis flet ubertim et mane exorto ad venationem pergit; 不也夢其方也夢其知 quandiu somniant, nesciunt se somniare; 焉夢其占又中之夢 imo in somniis conantur explicare sua somnia; 也夢其知後而覺 nec nisi discusso somno agnoscunt se somniasse; 也夢大其此知後而覺大有且 cum perfecte evigilaverimus, tunc sciemus nos non nisi somnia magna somniasse; 知然竊竊覺爲以自者愚而哉固乎牧乎君之 stulti quò somniant profundius, hoc putant se melius vigilare et confidenter asserunt hic est princeps, iste est bubulcus quid inanius? 夢皆女與也丘 ego (ait confucius) et tu, ambo pariter somniamus; 也夢亦夢女謂予 Et cum dico te somniare, etiam ego in hoc somnio. Haec ultima phrasis ingeniose respondet superiori; 焉夢其占又中之夢 in somnis conantur explicare sua somnia.

ARTICULUS TERTIUS.

DE GRADATIONE.

Hæc figura græce vocatur KLIMAX, sinice 文連 *lien-ven.* Industria virtutem, virtus gloriam, gloria æmulos comparare solet. Ita Cicero et Virgilius :

Torva leæna lupum sequitur, lupus ipse capellam,
florentem cythisum sequitur lasciva puella, &c.

Nihil in stylo sinico hâc figurâ formosius, et omnia exempla quæ occurrent, diligenter notanda sunt. Si tamen ejus modi catenas crebrius texeres, nauseolam tandem excitarent. Tantum varietas etiam in rebus optimis pollet. Hæc figura repetitionem aliquam includit; sed statim videbis quantùm nudis verborum repetitionibus illustrior sit et gratior.

Plurimæ sunt in libro *Tao-te-king* ejus modi catenatæ scallæ. Duas ex præcipuis hic describam, nec latine dabo, quia sentio quam difficile sit in illis in aliud idioma vertendis non errare.

1a. 物萬生三o三生二o二生一o一生道

2a. 然自法道o道法天o天法地o地法人

Liber *Tchong-yong* ait: 化則變o變則動o動則明o明則著o著則形o形則誠 in quo loco notabis 1o. elegantem repetitionem litteræ 則. 2o. catenam illam in quâ tot sunt annuli quot phrases. 3o. quomodo continuetur repetendo ultimam litteram phrasis præcedentis. Nemo est qui non possit aliquid simile tentare.

Idem liber sic incipit; 教謂之道修o道謂之性率o性謂之命天 tres sunt phrases eadem arte tornatæ. In 1a vides litteram 性 quæ ingreditur 2am. In secunda habes 道 quæ littera ingreditur tertiam phrasim. Egregium hunc textum latine reddere non possem, prout illum intelligo, sine aliqua dissertatione quae non est hujus loci. Talia enim ad intelligentiam librorum potius quam ad styli sinici notitiam pertinent.

Idem liber ait : 也人者仁o仁以道修o道以身修身以人取o人在政為故 &c. Si quando menti sese offert tam felix et justa series, prætermitti non debet. Hunc textum non explico propter eam ipsam quae me ab explicando superiori textu deterruit.

Liber Ta-hio ait: 安安能后而靜靜能后而定定有后而止知善至於止在得能后而慮慮能后而 qui locus affinitatem habet cum illo libri *Tchong-yong* 形則誠 etc. Præterea ex hoc probatur quod 善至於止 sit ultimus finis quem vera sapientia sibi proponit. Nam ubi semel cognoscitur finis, statim scitur ubi conquiescendum ; tunc animus non amplius fluctuat ; sed fixus est. Ex illa firmitate nascitur mira quies ; ex quiete par tranquillitas ; ex tranquillitate seriæ cogitationes, ac demum crebræ illae et practicae cogitationes ad finem obtinendum recta deducunt.

Alter locus ex eodem libro paulo quidem longior, sed omnibus notus et comprimis notandus. In eo primò pergitur in ordine intentionis. Quod intenditur est 下天平 seu 德明明下天於 exemplo suo totum orbem convertere. Sequitur series mediorum ad hunc finem, donec perveniatur ad 物格 quod est ultimum in intentione. 2°. reditur per viam executionis, et 物格 quod in intentione ultimum erat, in executione primum est, atque hinc colligo quod duo hæc verba ; 物格 pessime explicantur à Sinis modernis dum volunt quod agatur de rerum naturalium cognitione. Ad quid enim talis cognitio, maxime qualis ab istis Sinis comparari potest, ad præclara illa omnia quae ab illo fonte fluere dicuntur ? nec desunt interpretes qui viderunt istud quod dico, et propterea recte explicant 物格 eodem modo kǒ Chu-king ait 心非格 cor nequam deponere. Res quippe materiales 物, sive omnia quae sensus feriunt, sunt nubes quae tegunt solem et sic menti lucem eripiunt ; sunt compedes quibus mens constringitur : tolle et longe remove ista omnia impedimenta 物格 ita res posside ut te non possideant ; 物格 i. e. cum hunc primum passum feceris, ad alios gradus sine ullo negotio conscendes. Hac doctrina Confucius imbuebat discipulos suos, nihilque magis commendabat quam ut sensus suos diligentissime custodirent.

Librum *Ta-hio* *Nyheou-yang-sieou*, sic imitatur 修以所知身修以所知則矣家國下天治以所知則人治以所知人治以所知則身

Idem *Ngheou-yang-sieou*, ait: 經師當者學矣師無世夫 nullum nunc habemus magistrum qui nos doceat ; igitur virtutis studiosi assumant pro doctore suo libros *king* ; 經師意其求先必 qui habet hos libros pro suo doctore, nihil prius debet intendere quam scire verum eorum sensum ; 定心則得意 sensum enim adepti, fixi erunt, nec cor amplius vagabitur ; 純道則定心 corde sic fixo, ratio et doctrina pura est ; 中於充則純道實者 et doctrina puritas facit ut quaecumque animo volvimus vera et solida sint ; 實者中光耀者文爲發則 quando autem illa interior soliditas prodit ad extra, intuentium oculos suo fulgore percellit et rapit ; 文 hoc loco sumitur pro venustate et gratia exteriori.

ARTICULUS QUARTUS.

DE INTERROGATIONIBUS INTER DISPUTANDUM.

Non hic loquor praecise de interrogatione : jam enim ex particulis, capite secundo relatis satis intelligitur quam frequenter adhibeatur. Sed hunc articulum apposui ut monerem eumdem sinis philosophis inter disputandum morem esse, quem semper observat Socrates apud Platonem :

nimirum quærendo longe melius docent quam aliquid asserendo. Variis quippe interrogatiunculis aliunde, ut primo apparet, petitis efficiunt quod volunt. Exemplum quod seligo ex *Mong tsee* rem clare explicabit et sufficit.

Fuit quidam nomine *Hiu-hing* qui veterem *Chin-nong* prædicans ex regno *Tsou* ad regnum *Teng* venit 滕之楚自行許者言之農神爲有 *Tchin-siang* unus ex discipulis hujus magistri adivit *Mong-tsee* et ait 曰言之行許道子孟見相陳 Rex hujus ditionis sapientiae famam collegit, sed nihildum tamen audivit de magna sapientia; 賢誠則君滕也道聞未然雖也君 Rex sapiens pariter cum populo suo arat agros et de labore manuum suarum vivit 食而耕並民與者賢. Non ita facit rex hujus terræ, sed habet plena horrea et populi laboribus fruitur. Quis illum proinde sapientem dixerit; 庫府廩倉有滕也今賢得惡養自以而民厲是則 videamus jam quomodo *Mong-tsee* hunc hominem ex errore in quo versatur, revocet.

Haud dubium est, inquit, *Mong-tsee*, quin magister *Hin* ipsemet suis manibus seminaverit et messuerit grana quibus vescitur 乎食後而粟種必子許曰子孟 annon ita est? R. ita est prorsus 然. Magister *Hin* sine dubio ipsemet texuit telam qua vestitur. R. minime id quidem: magister meus non telâ sed lanâ se vestit 乎衣後而布織必子許曰褐衣子許否曰 Ille magister *Hin* gerit ne pileum 乎冠子許曰 R. utique 冠曰 Quem pileum obsecro 冠奚曰 R. simplicem nec ullo colore fucutum 素冠曰 An ipsemet illum contexuit 與之織自曰 R. neutiquam sed tantum grani quanti pileus valet 之易粟以否曰 Et quare propriis manibus galerum suum ipse non facit 奚子許曰織自不爲 R. quia id agriculturæ noceret 耕於害曰 Magister *Hin*, ut opinor, suam orizam coquit in vasis figlinis, et quando agellum exercet, vomere, rastris, aliisque id genus armis utitur 乎耕鐵以爨甑釜以子許曰 R. rectè sanè 然曰 Ista omnia magister *Hin* ipsemet facit, opinor 與之爲曰 R. minime id quidem, sed cum suo grano commutat, 之易粟以否曰 At enim granum his omnibus mutare, annon est figulorum et cyclopum sudore ac laboribus impune frui? fac ut quotquot lutum fingunt et metallo liquant, velint et ipsi pro suis vasis orizam accipere, an quœso non essent agricolis molestissimi? 農厲爲豈者粟易器械其以亦冶陶冶陶厲爲不者器械易粟以哉夫 cur ergo magister *Hin* artem figuli non didicit? cur fabricam ferream ipse non exercet? Sic enim illa omnia domi haberet, nec omnes artifices cum suis permutationibus ita vexaret. An solus non videt quod hoc pacto cunctis molestus et odiosus est? 陶爲不何子許且煩憚不之子許何易交工百與然紛紛爲何之用而中宮其取皆舍冶 R. atenim velle tot artes simul exercere et insuper terram arare, quî, quæso, fieri istud potest?

之爲且耕可不固事之工百 Egregie quæstionem absolvit *Mong-tsee* his verbis: sola ergo regni administratio cum agricultura rectè componetur? 可獨下天治則然 &c. 與爲且耕.

Ex his satis apparet quomodo *Mong-tsee* illum hominem ad id quod volebat adduxerit: scilicet quod si nemo potest esse simul et figulus et agricola, multo minus orbem regere et simul agros colere poterit.

Multa, quæ de particulis dicta sunt, bonum erit hunc textum legendo notare, et attendere praeterea quod littera 曰 yuĕ loqui, tam interrogationi quam responsioni pariter accommodetur 也泰o則之然既曰o乎然曰o曰, &c. dices, ita ne est? R. Ita, dices siquidem ita est, &c.

ARTICULUS QUINTUS.

DE DESCRIPTIONE.

Græci EKPHRASIN vocant; ego descriptionem appello, quoties verbis luculentis et congestis eleganter et graphice pingitur. In quo quidem sinæ etiam moderni nostris scriptoribus non cedunt. Sed quod spectat sanctae doctrinae divitias et stupendam omnium virtutum congeriem, nihil apud eos invenies quod vel tantillum accedat ad sublimitatem divi Pauli 2ª Cor. 6° a versu 4° usque ad 10um.

Et quamvis multa dicant isti Sinae de 仁 charitate, infantes sunt si cum eodem Apostolo charitatem describente comparentur. Etsi autem ad divinam hanc eloquentiam assurgere non possint, stylus tamen divi Pauli duobus illis in locis valde ipsis placeret. Est enim quoad verborum phrasiumque ordinem plane Sinicus.

1um EXEMPLUM EX *Mong-tsée.*

居廣之下天居
位正之下天立
道大之下天行
之由民與志得
道其行獨志得不
　淫能不貴富
移能不賤貧

Facile est hic statim advertere quae de phrasium dispositione dicebam supra articulo. 2°: In tribus primis tres praecipuas virtutes lectori offert, nimirum charitatem 仁 quam amplissimam habitationem 廣居 vocat; urbanitatem 禮, quae, ut ait sedes rectissima 位正 ac demum justitiam 義 quae magna via est 道大 per quam semper incedit. Postea

屈能不武威
夫丈大謂之此

duas phrases ponit in medio sibi apprimè respondentes, quarum sensus est: Si potest populo prodesse, id agat totis viribus; si non potest, ipse solus vivit hoc modo. Denique tribus phrasibus quae respondent tribus primis, ostendit virum illum quem in fine vocat 夫丈大 eumdem in utraque fortuna, et in ipsa etiam morte impavidum esse.

2um EXEMPLUM EX LIBRO CHU-KING.

而剛o廉而簡o溫而直o毅而擾o敬而亂o恭而愿o立而柔o栗而寬
義而彊o塞

Notanda est in hoc loco 1° mirabilis brevitas. 2° perfecta similitudo inter novem istas phrases. 3° in qualibet phrasi virtutem unam ita designat ut simul vitium, versus quod magis propendere videtur, ab eâ longe removeat. Sicque sancti nobis ideam et formam exprimit. Hæ virtutes in alios sparguntur; solus sanctus eas habet, et omnes, et in summo gradu.

3um EXEMPLUM EX LIBRO TCHONG-YONG.

Tam eximii loci versionem olim à me gallicè factam hic apponere decreveram; sed nunc mihi videtur paulò verbosior. Satis erit varias notas in textum Sinicum facere ut deinde per otium et exercitationis ergo quilibet in latinam linguam tam præclarum transferat. Sic autem describit Sanctum:

能爲聖至下天唯
也臨有以足知睿明聰
也容有以足柔溫裕寬
也執有以足毅剛強發
也別有以足察密理文
之出時而泉淵博溥
天如博溥
淵如泉淵
敬不莫民而見
信不莫民而言
說不莫民而行
國中乎溢洋名聲以是
貊蠻及施
至所車舟
通所力人

1° Vide quomodo formam viri sancti quatuor in partes quatuor generatim dividat, 2° quomodo quatuor litteris adumbret quamlibet partem, ac statim afferat effectum qui ex illa sequitur. Atque is est 1us articulus in quo quater repetis 以是 3° In articulo sequenti sunt quatuor phrases mirâ sane arte dispositæ. 4° Tertius articulus constat tribus sex litterarum phrasibus plane gemellis. 5° Quartus demum articulus post generalem propositionem exhibet sex phrases continuas litterarum quatuor. Sexties repetit litteram 所. In fine stylum parumper variat, et omnia quæ dixit compre-

天之所覆
地之所載
日月所照
霜露所墜
凡有血氣者莫不尊親
故曰配天

hendit his duabus litteris 配天 *poei-tien*, quæ integram dissertationem postulant. Sed tales dissertationes angustis hujus operis spatiis exclusas prætereo, et ad alia tempora reservo. 6°. Licet quoad sententiam totum hunc locum plurimi facio, mihi tamen semper visus est nimium splendescere præsertim in sex phrasibus articuli quarti: 舟車所至 &c. Hæc luxuries leniter depascenda. Nondum ita sentiebam anno 1709, cum primum mihi venit in mentem tentare unum aliquid Sinice scribere possem. Itaque feci descriptionem ad instar somnii scipionis apud Tullium, et opusculum illud appellavi 夢美土記 quia sub imagine terræ formosissimæ adumbrabam Ecclesiam Christi in hac perigrinatione, et patriam cælestem in saeculo futuro. Sic autem terram illam calamo juvenili describebam.

" Proh! quam limpidae sunt ejus aquae! quam amæni flores! quam suaveolentes zephyrorum animae! In eâ laeti montes, opaci lucus, valles tacitæ et umbrosæ. Si velis jactare rivos famosos *Kin* et *Siang*, lutosos ac turbidos esse fateberis. Si nobis affers frigus opacum quod captatur in *vou-yn*, senties ventum esse furentem et infestum. Si loqueris de amabili vere quod regnat in *Lo-yang* ejus fœtorem et turpem speciem ferre non poteris. Sylvas formosis arboribus *ki, tsee, ou, tong* consitas, raris frondibus calvas esse dices, nec sub eis poteris requiescere. Prospectus quem efficiunt luci *vou-yn* et rivi *kin-lo* habent semper aliquid quod desideres. Pulcherrima mea terra sola velut conditissimus onyx sine ullâ maculâ nitet &c."

潾潾其水猗猗其花芬芬其風其山菀菀其林蓁蓁其壑窈然而鮮隥沂湘之流也其濁且混矣洛陽之春也其且嬿矣舞雲之凉也嗚呼其漂洌之風矣杞梓梧桐之林也云何其毗劉而不可休矣舞雲沂洛之景也皆有欠焉獨我美土也其如白玉始無玷焉耳矣

4um Exemplum ex Ngheou-yang-sieou.

Senis ebrii porticus describitur:

Civitas *Tchu-tcheou* montibus undique coronata est; sed cacumina quae sunt inter occidentem et meridiem caeteris propter lucos et convalles amœniorem scaenam praebent. Oculis nihil formosius, venustius nihil. Hinc loci nomen est 邪瑘 *lang-sie* quasi totidem essent inclinata marmora pretiosa. Montes ad sex septemve stadia patent, carpendo viam paulatim— auditur dulce murmur fontis, cujus aqua inter duos montes trepidante rivo fugit, et fons vocatur 泉釀 *jang-tsuen* quasi ex illo prodiret dulce nectar. Ubi modico montis anfractu via sinuatur, occurrit porticus quadrata et aperta, fonti sic tanquam umbraculum imposita; vocatur 亭翁醉 *Tsoui-ong-ting*. Quis hanc porticum extruxit? Si monticolis bonziis fides est vitam immortalium noverat quisquis illam in hoc loco posuit. Quis illi tale nomen dedit? Ita scipsum vocat urbis gubernator. Ibi enim assidue cum amicis venit, et simul ibi pitissant. Post aliquot scyphos diceres illum esse ebrium, et cum provectae jam sit ætatis, propterea ipse se senem ebrium appellat. Id autem nullo modo facit quod de vino cogitet, sed alludit ad tam amæni loci dilicias, quibus jucunde se inebriat, scilicet istud est [illegible] ebrium se esse dicit. Sole oriente silva rore madet et suavem nebulam ex[illegible]. Sole cadente antra et cavernæ tenebris horrescere incipiunt, et [illegible] sive rerum ortus et interitus his rebus adumbrantur. Omnia latè loca gratum ac secretum odorem spirant. Arbores floridæ sunt et opacæ; venti et primæ sese attollunt, purissimus imber cadit; saxa viridi musco spoliata quasi foris prodeunt; atque is est quatuor armi tempestatibus montium prospectus. Si summo mane illuc pergas nec redeas nisi sub noctem, qualibet tempestate cernes nova spectacula, et voluptatis non erit modus. Alii falcibus onusti cantando viam fallunt; alii sub arborum tegumine recubant. Qui præcedunt voce vocant et respondent qui sequuntur. Senes incurvi manibus pinetis ambulant simul. Eunt et redeunt viatores sine fine, atque haec est urbis incolarum deambulatio. Quando ventum est ad locum, piscatu se se oblectant. Aqua satis alta est et pisces pinguiculi. Aqua fontis vinum est Fons balsamo dulcius fragrat; vinum crystallo nitet purius. Inemptae ruris dapes et oluscula temere mixta pauperem mensam ornant, atque lautum gubernatori convivium sic instruitur. Talis scenæ gaudia fidibus ac tibiis non egent. Alii sagitta vincunt, alii latrunculis. Majoribus inde poculis certare, et vina miscere, et voces simul emittere. Id nempe sunt convivarum laetantium lusus. Ille autem senili fronte et capite cano qui titubante pede inter illos ruit exultim, est ipsemet gubernator more suo ebrius. Sub occasum solis, cum per montem errantium umbrae jam evanescunt: gubernator redit ad urbem et illum convivae sequuntur. Silva patulis arborum ramus omnia late loca contegit et volucrum cantibus resonat abeunt homines, et aves laetantur. Sed aviculae illae noverunt quidem quam ex montibus et silvis capiunt voluptatem; at nesciunt quaenam sit hominum voluptas, homines norunt cum suo gubernatore deambulare et laetari, at ignorant quod gubernator ideo laetatur quia videt illos laetos esse atque hilares. Qui scit una cum illis laetari, quique deinde haec victoris chartis mandat, est idem ille gubernator. Sed qui vocatur gubernator ille? vocatur *Ngheou yang-sieou* ex *Lon lin* oriundus.

Elegantis scriptoris gemmas versione mea sic tamquam luto me inquinasse sentio. Sed quo turpior mea rusticitas, hoc lectissime *Ngheou-yang-sieou*, descriptio pulchrior apparebit. 1°. Describit locum omni suavitate amabilem. 2°. Innocentes politiorum hominum simul rusticantium lusus explicat. 3°. Optimi mandarini cor sub finem aperit. Solis fere particulis 者 et 也 utitur, et utramque multoties ab initio ad finem repetit sine ullâ nausea, non modo quia rem totam, quam describendam suscepit, per varias partes explicat, sed etiam quia imagines menti offert adeo lætas et ridentes, ut de istis particulis curare non necesse sit. Phrases autem miro sane modo variat et inter se ordinat, ut, sine me, quilibet notare poterit.

醉翁亭記

歐陽修

環滁皆山也其西南諸峯林壑尤美望之蔚然而深秀者琅琊也山行六七里漸聞水聲潺潺而瀉出兩峯之間者釀泉也峯回路轉有亭翼然臨於泉上者醉翁亭也作亭者誰山之僧曰知僊也名之者誰太守自謂也太守與客來飲於此飲少輒醉而年又最高故自號曰醉翁也醉翁之意不在酒在乎山水之間也山水之樂得之心而寓之酒也若夫日出而林霏開雲歸而巖穴暝晦明變化者山間之朝暮也野芳發而幽香佳木秀而繁陰風霜高潔水落而石出者山間之四時也朝而往暮而歸四時之景不同而樂亦無窮也至於負者歌於塗行前者呼後者應傴僂提攜往來而不絕者塗人遊也臨谿而漁谿深而魚肥釀泉爲酒泉香而酒冽山肴蔌冽雜然而前陳者太守宴也宴酣之樂非絲非竹射者中弈者勝觥籌交錯起坐而諠譁者衆賓懽也蒼顏白髮頹然乎其間者太守醉也已而夕陽在山人影散亂太守歸而賓客從之樹林陰翳鳴聲上下遊人去而禽鳥樂也然而禽鳥知山林之樂而不知人之樂人知從太守遊而樂不知太守之樂其樂醉能同其樂醒能述以文者太守也太守謂誰廬陵歐陽修也

ARTICULUS SEXTUS.

EXPONUNTUR TRIGINTA MODI, QUIBUS VARIATUR SINICUS STYLUS.

Ejusmodi figurae vis et gratia, non in mera certae cujusdam litterae repetitione consistit, sed magis pendet à congerie et conglobatis, quibus animus commovetur. Sic Tullius: " nolite putare homines consceleratos impulsu deorum terreri Furiarum tædis ardentibus. Sua quemque fraus, suum facinus, suum scelus, sua audacia de mente deturbant. Hæ sunt impiorum Furiae hæ flammae, hae faces, &c. " Sic D. Paulus 2ª Cor. Cap. 11°., versu 2° usque ad 30um. Stylus Sinicus eodem prorsus modo procedit, ut toto hoc articulo facile erit advertere. Tria sunt opuscula, quae à Litteratis, ob styli bonitatem, plurimi fiunt. 1um. est *Hi-tsee* quod habetur ad calcem libri *y-king*. 2um. est *kao-kong-ki*, reperitur in libro *Tcheou li*. 3um. est *Tai-ki-tou* per quod incipit liber *Sing-li-ta-tsuen* et ideo fortasse sic laudantur quia modos illos de quibus hic agitur, saepe usurpant. Non necesse porro erit omnia loca quae afferam, latine exponere, quia cum agatur unice de stylo, exemplo oculis ostendisse interdum satis erit.

§us 1us. 或 *hoe.*

Lao-tsee ait: 隳或載或羸或強或吹或呴或隨或行或物故 *Han-yu* hunc locum bis imitatus est, et nos idem facere possumus in hoc loco; v. g. Si vis dicere quod in omni statu sapiens se possidet, enumerabis varios status hunc fere in modum: 賤或貴或得自不無往往子君止或行或退或進或貧或富或

§us. 2us. 也 *ye.*

Liber *Tchong-yong*: 也久也悠也明也高也厚也博道之地天 Et alio in loco bonum regimen revocat ad hæc capita novem: 大敬也親親也賢尊也身修也侯諸懷也八遠柔也工百來也民庶子也臣群體也臣 Est quasi ge-

E e 3

neralis propositio. Deinde resumit 立道則身修 &c. Ac demum iterum repetit ut ostendat quomodo hæc novem capita exerceantur 也身修以所動不禮非服盛明齊 Et eodem filo de aliis. Totus hic locus insignis est.

§us. 3us. 者 *tche.*

Kao-kong-ki-ait: 以者鳴股以者鳴翼以者鳴旁以者鳴咮以者鳴脰以者鳴胷 Id est: sunt animalia quæ murmur edunt per collum, sunt quæ per latus, sunt quae per alas, sunt quæ per culum, sunt quæ per rostrum sunt quæ per pectus. *Tchouang-tsee* hunc locum imitatus est. Et apud *Han-yu*: 者涉者奔者牽者行 —Septemdecim ejusmodi phrases simul continuantur.

§us. 4us. 之 *tchi.*

Lao-tsee ait: 之覆之養之熟之成之育之長之畜之生道故 Nominativus est 道 *tao.* 之 designat res omnes quæ à supremâ illa ratione pro ducuntur 生, aluntur 畜 &c. Liber *Li-ki* ait: 之蹈之足之舞之手知不. Nota 之手 et 之足 idem est act 手 et 足; 舞 et 蹈 sunt verba, et 之 quod sequitur est eorum regimen. Caput *Choue-koua* percurrens octo symbola quibus stat totus *y-king* ait: 潤以雨之散以風之動以雨之藏以坤之君以乾之說以兌之止以艮之烜以日之 Ad quem locum olim respiciens dicebam Christianam religionem sufficere cordi, quia sola affert solidas rationes ut illud illuminet 之燭以理實陳, ostendit verum iter ut illud deducat 眞開之導以道, promittet veniam, ut illud recreet 之慰以赦罪許, confert gratiam ut illud adjuvet 之助以恩特施, aperit paradisum ut illud excitet 之勉以門天闢, minatur infernum ut illud deterreat 之戒以宅穴穽

Mong-tsee secutus *Tao-te-king* ait: 之翼之輔之直之匡之來之勞 Quando 之 genitivum denotat, posset etiam pluries repeti, v. g. Si sinice verteres haec " verba ciceronis: " historia testis temporum, lux veritatis, vitae memoria, magistra virtutis " nuntia vetustatis, &c."

§us. 5us. 之得 *te-tche.*

Tchouang-tsee enumerat omnes per quorum manus verae doctrinae traditio transiit. Nonnullos omitto brevitatis causa; o崙崐襲以之得坏堪o母氣襲以之得羲伏o天雲登以之得帝黃o山大處以之得吾肩o川大遊以之得夷馮&c. 宮玄處以之得頊顓

§us. 6us. 之謂

Hi-tsee ait: 不來往o變之謂闢一闔一o乾之謂戶闢o坤之謂戶闔器之謂乃形o象之謂乃見o通之謂窮 &c. Omnes deinde scriptores hanc styli formam sequuti sunt; 之謂 non differt à 謂之 quod sequitur, nisi quia diversus est iis utendi modus.

§us. 7us. 謂之 *tchi-ouei.*

Hi-tsee ait: 之測不陽陰o神謂之法效o乾謂之象形o易謂之生生神謂 Quem locum feliciter imitatur *Han-yu*: 而發o元謂之人長以仁體聞臣o文謂之地天緯經o神謂之方無而妙o聖謂之通不所無o和謂之節武謂之亂禍定戡

§us. 8us. 以 *y.*

Tchouang-tsee ait: 門爲道以o本爲德以o宗爲天以 Ejus discipuli cogitabant illum post mortem magnificâ sepulturâ donare; dixit illis: 日以o槨棺爲地天以吾何耶備不豈具葬吾o送齎爲物萬以o璣珠爲辰星以o璧連爲月此如必 Usus sum quondam littera 以 hunc in modum: 怨以o也人匿德報怨以儒怨報直以o也人常德報德以o也人俗德報直以o也人野怨報

也人大怨報德以。也人 Id est: reddere mala pro bonis hominis est improbi reddere mala pro malis hominis est et agrestis et feri. Nihil reddere pro malis, hominis est litterati et urbani. Reddere bona pro bonis, hominis est ordinarii; reddere bona pro malis, solius est hominis perfecti.

§us. 9us. 以足 *tsou-y.*

Caput *Ven-yen* egregie ait: 和以足物利禮合以足會嘉人長以足仁體事幹以足固貞義 &c. hoc imitari facile possumus.

§us. 10us. 以不 *pou-y.*

Tso-chi ait: 幣器以不生畜以不疾隱以不川山以不官以不國以不 Puto quod hoc loco 以 possit explicari per 用 uti.

§us. 11us. 以之 *tchi-y.*

Liber *Li-ki* ait: 以之紀。孝以之修。禮以之行。敬以之愛。大以之處仁以之終。義 Fertur præclara sententia confucii dicentis: 以之守。知睿明聰之守。海四有富。怯以之守。世振力勇。讓以之守。下天被功。愚也道之損又之損謂所此。謙以 Tam præclara verba debent latine verti: Si cæteros omnes ingenio et sapientiâ superas, fac ut videaris stupidus et sic illas dotes conservabis. Si merita tua totum orbem replent, aliis semper cedere ama, et merita tua tibi manebunt. Si fortitudine et robore mundum erigis, infirmitatem affecta et sic fortitudinem non perdes. Si quidquid est intrà quatuor maria possides, tanto magis humilis esto, et sic divitias habebis quæ tibi non poterunt auferri, atque hæc est seipsum abnegandi iterumque abnegandi vera methodus.

§us. 12us. 可 *ko.*

Liber *Li-ki* ait: 殺可生可貧可富可賤可貴可君事 Facillimum est hoc imitari, sed videndum ut apte fiat et in loco.

§us. 13us. 以可 *ko-y.*

Tchouang tsee ait: 年盡以可親養以可o生全以可o身保以可 Id est: hoc pacto poteris conservare personam tuam, poteris integre vivere, poteris alere parentes, poteris implere annos tuos.

§us. 14us. 爲 *ouei.*

In capite *Choue-koua* saepissimè, v. g. 爲o玉爲o圜爲o父爲o君爲o天爲乾金 &c. *kien* supponit pro caelo, pro rege, pro patre, &c.

§us. 15us. 必 *pi.*

Kao kong-ki ait: &c. 數必筋施o厚必膠施o正必[illegible]陳o直必[illegible]容 Si de litterarum cognitione ageretur, omnia ejusmodi latine vertenda essent; sed quoniam de solo stylo tractamus, sufficit videre quomodo disponatur 必 *pi.*

§us. 16us. 無 *vou.*

Tso-chi ait: 無o怒復無o禮敖無o同違無o寵恃無o富怙無o亂始無義非犯無o德非謀 non orditur turbas, non fidit divitiis, non innititur favori non resistit aequalibus, non despicit urbanitatis leges; non bis irascitur; nihil meditatur virtuti contrarium; nihil agit contra justitiam. Vide quod sex primae phrases sunt trium litterarum, duae ultimae habent quatuor; possent adhuc addi similes duae vel quatuor.

§us. 17us. 乎大莫

Hi-tsee ait: 月日乎大莫象縣o時四乎大莫動變o地天乎大莫象法

F f 3

§us. 18us. 而 *ell.*

Kao-king-ki docet modum quo praeparatur pulvis vel cinis ex quo fiunt vasa et ait: 之宿而○之塗而○之沃而○之揮而○之盡而灰其清

§us. 19us. 不而 *ell-pou*

Tso-chi ait: ○淫不而遷○携不而逮○偪不而邇○屈不而曲○倨不而直○費不而施○宣不而廣○匱不而用○荒不而樂○愁不而哀○厭不而復流不而行○底不而處○貪不而取 Sunt quatuordecim phrases prorsus gemellae, quibus virum perfectum adumbrat nihil uberius, nihil elegantius. Non miror quod *Tso-chi* tantopere laudatur propter stylum *Sun-tsee* quoque ait: 而察○爭不而辨○慢不而寬子君流不而柔○暴不而堅○激不 sapiens facilis est, sed non languidus; disputat, sed non altercatur; examinat, sed sine minutiis; rigidus est, sed non ferus; indulget sed non diffluit.

§us. 20us. 其 *ki.*

Hi tsee ait: 隱而肆事其○中而典言其○文辭其○遠旨其 Est etiam egregius locus in libro *Li-ki;* sic incipit: 緩以嘽聲其者感心樂其○殺以噍聲其者感心哀其 &c. sunt adhuc plures phrases eodem planè modo ordinatae. Percurrit enim omnes affectus quos musica in corde excitat, et indicat sonos qui ad talem vel talem affectum apti sunt.

§us. 21us. 其得 *te-ke*

Confucius ait: 式其得車節其得樂時其得味象其得鼎 et alia enim multa sic enumerat.

§us. 22us. 兮 *hi.*

Est præclarus locus apud *Sun-tsee:* 敬能其。兮嚴嚴。也理條有其。兮井井也始終有其兮分分。也已 Sic pergit, et locus integer habet ejusmodi partes prorsus similes inter se. Graditur oratio sicut in pares cuneos distincta et phrases, velut maris undæ pellunt et pelluntur.

§us. 23us. 奚 *hi.*

Tchouang-tsee ait: 惡奚樂奚去奚就奚處奚避奚據奚爲奚 hæc ultima littera (惡) forte legenda est non *ou* sed *yu* propter rhythmum.

§us. 24us. 矣 *y.*

Liber *Li-ki* ait: 矣盛矣美矣大則言 Sæpe hoc occurrit et in fine poni solet: 不矣加以可 *Tchouang-tsee* ait: 矣數旬以不。矣治弗矣死生先之子 Tuus magister est homo mortuus, non est vivus, non transibit aliquot dies; 以可弗矣盡矣至矣加 non plus ultra, nihil super addi potest.

§us. 25us. 嘗未 *ouei-tchang.*

Liber *Kia yu* ait: 危知嘗未懼知嘗未勞知嘗未憂知嘗未哀知嘗未 sic est sapiens, nulla passione præpeditur.

§us. 26us. 日 *yue.*

Chu-king ait: 土日五。金日四。木日三。火日二。水日一 In libro *Tcheou-li* sæpissime occurrit 日 yue in enumerationibus, v. g.: Carmina libri *Chi-king* ad quinque species revocat: 頌曰雅曰興曰比曰賦曰風曰 Nota quod non sit necesse apponere &c. 曰二曰一 Caput *Hi-tsee* ait: 曰寶大之人聖。生曰德大之地天財曰之聚以何。仁曰之守以何。位 &c.

§us. 27us. 有 *yeou.*

Tso-chi ait: 類有。假有。象有。義有。信有。五有名 *Mong-tsee* ait: 父信有友朋。序有幼長。別有婦夫。義有臣君。親有子

§us. 28us. 乎是於

Tso-chi ait: 供之事。生乎是於。庶蕃之民。出乎是於。粢之帝上麗致。始乎是於。殖蕃用財。興乎是於。睦輯協和。在乎是於。給成乎是於。固純 Sine negotio hæc ad alia transferri poterunt. Quod unum intendo est varios orationis modos nudè proponere.

§us. 29us. 然 *gen.*

Sun-tsee ait: 然蕩蕩然昭昭然廣廣然恢恢然韡然棋然旺然儼 miror quod tot adverbia deinceps posita non offendant aures.

§us 30us. 焉 *yen.*

Liber *Li-ki* ait: 。焉倫之子父見。焉義之臣君見。焉道之神鬼事見。焉別之婦夫見。焉施之賞爵見。焉殺之疏親見。焉等之賤貴見。焉際之下上見。焉序之幼長見。焉均之事政見 Decem sunt phrases ejusdem omnino coloris. Hæc autem omnia quæ enumerat bona colligantur ex ritibus bene ordinatis. Hic per transennam adverto quod quando phrases excurrunt usque ad octo vel decem, si nulla inter omnes sit diversitas, non tam placent. Liber *Ta-hio* ait : 所其之人所其之。焉辟而敬畏所其之。焉辟而惡賤所其之。焉辟而愛親焉辟而惰放所其之。焉辟而矜哀 Littera 辟 malum sensum habet, et excessum, vel defectum indicat. Vellet *Tsang-tsze* ut eorum quos amamus vitia cerneremus, et eorum quos odimus virtutes nos non laterent : 美其知而惡。惡其知而好

Nullus dubito quin adhuc alia sint ejusdem generis multa ; sed triginta modi quos attuli sufficere possunt, ut Missionarii discant eleganter scribere sinicè ; atque ut omnibus animos addam quantum in me est, juvat hoc loco ponere discursum integrum de Deo et divinis attributis quem quidam è Sociis mihi bene notus post aliquot missionis annos composuit. Ita autem se habet.

天主總論

自開闢而來先聖後聖所相授受之大道也皆宗上帝天主以爲萬物之大本者也蓋萬物之有主猶木之有根川之有源國之有君家之有長身之有首然無首則身不立無長則家不齊無君則國不治無源則川不決無根則木不登無帝則物不生苟有根焉夏之果蕃於是乎實有源焉海之川流於是乎進有君焉國之寧謐於是乎定有長焉一家之人於是乎宜有首焉身之百體於是乎通有主焉天地壹壹於是乎成而萬物化醇於是乎行矣惟一大主羣生本源萬方君師烝民父母無形而形形無象而象象非天而天天非地而地地無聲無臭無限無量無始無終全能全知全善全美惟純惟一自誠自足可以言以指之曰自有者惟自有者爲能有諸有而未始受有惟自有者爲能無無是乃至有獨有全有而不得不有其有其足其誠其福其德其美俱自然而然而不得不然者也惟自有者有知有意有志有情有仁有義有感應之神能有好惡之公理有自主之權衡是故其施乎外而造天造地生神生人者皆非自然而不得不然蓋造天地萬物非是如不得不造焉存天地萬物非是如不得不存焉乃並由天主之意而然者也欲生物則好生之心

G g 3

DE DEO ET ATTRIBUTIS DIVINIS

GENERALIS DISCURSUS.

Ab exordio mundi usque nunc, doctrina quam omnes Sancti per generationes singulas sibi tradiderunt, summo in loco et honore semper habuit dominatorem cæli supremum Dominum, ut pote qui sit rerum omnium magna radix. Res quippe omnes habent Dominum, sicut arbor radicem, amnis fontem, regnum ducem, domus patrem-familias, et corpus caput. Tolle caput et corpus stare non poterit; tolle fontem, fluvius statim arescet; tolle radicem, arbor non crescet. Si desit Dominus nulla res umquam existet. At vero quia est radix, ideo plantæ et arbores per æstatem fructus parturiunt. Quia datur fons, ideo amnes omnes suum peragunt iter. Quia regnat princeps, ideo firma pax viget in imperio. Quia pater-familias præest domui, ideo omnes tranquille habitant in domo, quia stat caput, ideo omnia corporis membra inter se communicant et sic demum quia existit supremus omnium Dominus, ideo secreti cælorum terræque influxus perficiuntur, et rerum omnium conversiones fiunt.

Unicus Dominus Deus omnium quæ vivunt et existunt fons et origo, totius universi rector et doctor populorum omnium pater-mater est; incorporeus omnia corpora producit; invisibilis omnia visibilia creat: non est cælum sed facit ut cælum sit cælum; non est terra, sed facit ut terra terra sit. Ipse solus, sine sono, sine odore, sine limite, sine termino, sine initio, sine fine; omnipotens, omniscius summe bonus, summe pulcher, summe simplex et unus, a se ipso veritas abunde sibi sufficit. Uno verbo illum utcumque indigitare licet, dicendo quod sit ens à se. Solum ens à se dat existentiam omnibus quæ existunt extra se, nec esse suum ab ullo accipit. Solum ens à se nihil habet nihili, sed est extremum ens, perfectum ens, totum ens, nec potest non esse ens. Ejus ens ejus independentia, ejus veritas, ejus bonum, ejus pulchritudo, necessaria sunt quod sunt, nec possunt non esse quod sunt. Ens à se habet à se solo ut cognoscat, ut intendat, ut velit, ut diligat, ut bonum et justum sit, ut spirituali modo—excitet et respondeat, ut justissime aversetur et amet, ut æquissimo Dominii ac libertatis arbitrio cuncta ponderet.

Quamobrem cum operatur ad extra, sive cælum terramque creet, sive spiritus hominesque producat, hæc omnia non existunt necesssariò ita ut non possint non existere. Igitur quando produxit cælum, terram, resque omnes, non existimandum est quod hæc omnia non poterat non producere; quando conservat cœlum terram resque omnes, non putandum est quod non possit conservare si velit. Nimirum cuncta pendent à libera supremi Domini voluntate ut sint vel non sint. Si mundum velit producere, sic optimum res producere amantis cor ad extra exit. Si mundum non vult producere, sic perfecta sibi sufficientis independentia clare apparet. Si conservare non velit quod produxit; sic liberum à se dominantis arbitrium exercetur. In his omnibus nullo modo determinatur ad hoc vel ad illud, ita ut hoc bonum sit, illud autem malum, hoc liceat, illud autem non liceat. Ratio est quod realis existentia cæli, terræ rerumque omnium, supremo enti, quod à se est, nihil addit, et caeli terrae rerumque omnium non existentia supremo illi enti nihil auffers. Quando omnia creat non laborat, quando omnia conservat non movetur. Licet omnia extinguat, id summe ejus bonitati non nocet. Cætera omnia sint vel non sint, idem semper perseverat ipse producere, conservare, destruere et extinguere, actiones sunt quae fiunt in tempore; sed decretum et voluntas producendi, conservandi, vel destruendi, fixum et ratum est ab aeterno et ante omne tempus.

於是乎出欲不生則自足之尊於是乎顯生焉而欲不存則自主之權於是乎行無然而無不然無可而無不可有天地萬物於自有者無所益無天地萬物於自有者無所損生之不煩其力存之不擾其靜滅之不傷其仁有之無之不變其恆生也存也滅也雖以時而始行而或生之或存之或滅之之者則自無始而有定是故變化庶類而自不變化始終萬物而自無終始體萬物而不與物同體包萬時而不與時推移其時也不流其有也不逝其行也無動其靜也無息至玄而非虛至穆而非無至遠而不可遺至近而不可援萬美蘊乎內而萬德流乎外生生不已恩澤無窮此至仁之驗也好善惡惡公賞公罰此至義之昭也天地萬物一命即有不藉氣質不待其勞此全能之顯也安排庶類令各得其所分形別性異性異宜此全智之露也以安以養以保以頤刻無間此至靈之效也人有正物有曲各呈其才各表其德此至美之流也靈蠢高卑相依而歸一向恆古恆今相生而同一原此主宰至一之徵也神或上主之大德同而異異而同至一而不孤至尊而不厲至大而能容至善而好恕至威而可愛至仁而

Quapropter mutat et convertit omnia, nec tamen ipse mutatur aut convertitur, dat omnibus rebus principium et finem, nec ipse finem aut initium habet, rerum omnium substantiis intime conjungitur, nec tamen ejusmodi cum rebus substantiae est. Res omnes complectitur, nec temporum experitur vices. Ejus tempus non fluit, ejus existentia non transit, ejus actio est sine motu, ejus quies est sine requie. Nihil illo magis abditum et secretum, nec tamen est merum vacuum. Nihil remotum ac profundum magis, nec tamen est merum nihilum nihil remotius, nec tamen ab illo quidquam potest separari; nihil propius, nec quisquam tamen illum attrectare potis est, omnes omnino pulchritudines in sinu ejus habitant et virtutes omnes fluunt ad extra quod producat sine ullo fine, nec beneficium ejus sit mensura aut modus, hoc extreme ejus bonitatis effectus est. Quod amet bonos et malos odio habeat, et summa cum aequitate praemia vel paenas decernat, in eo perfecta ejus justitia splendet. Quod omnia eo jubente extiterunt sine ulla præexistente materiâ et sine ullo creantis labore, ex eo ejus omnipotentia colligitur. Quod species omnes ordine disponat, et suo quamque loco collocet, ita ut distinctis corporibus natura distincta, et diversis naturis diversa sit ratio, per illud infinita ejus sapientia se prodit. Quod universa tranquillet, alat adjuvet et conservet, sine ullâ vel minimâ momenti temporis intercapedine, hoc summe ejus intelligentiæ et spirituali operationi, tanquam effectus causae tribui debet. Quod homo rectus sit et alia non ita recta, ita ut tamen quod libet ens suas dotes proferat, et virtutem sibi propriam exerat, id formosae ejus pulchritudinis argumentum est. Quod entia sive ratione donata sint, sive non, resque tam altae quam infimae mutuo sese fulciant et ad unum finem tendant, semperque ab initio sicut et nunc, sibi vitam invicem tradant, atque ex unâ eâdemque origine nascantur, per hoc suprema ejus Dominii potestas et simplicissima ejus essentiae unitas aperte probatur. Proh! quam divinae sunt Supremi Domini excelsae virtutes! Ita simul conveniunt ut differant inter se, ita inter se differunt ut conveniant simul. Summè unus est nec tamen solitarius; summe venerandus, nec tamen ferus; summe magnus, et nihil tamen rejicit; summe justus, et amat parcere. Augusta ejus majestas amorem inspirat; infinita ejus bonitas ad timorem excitat. Summe excellens est, et abditus; spiritus tamen et homines cum eo communicant. Summe aequalis et solidus, et per cordis affectus excitat et excitatur. Illum aspicis, nec vides; auscultas nec audis. De eo non cogitas, et semper habitas cum eo. Ad eum non attendis, et sine intermissione recipis ejus beneficia. Eheu! Eheu! quam caeci sunt hujus saeculi mortales! norunt relationes humanas et caelestes non norunt. Sciunt esse cœlum, terram, regem, parentes, magistros, et nesciunt esse magnum patrem matremque qui fecit hæc omnia. Abeunt post rivos, et deserunt fontem, ramos extremos curant et de radice non curant. Eheu! quam caeci sunt! cælum omnia tegit, tellus omnia portat. At cœli Dominus qui producit et alit omnia longe est supra cœlum et terram. Rex gubernat populos, at Dominus eos regit longe melius quam ullus rex. Parentes filios amant, at cœli Dominus homines ardentius diligit quam mater unigenitum. Discipulos instruunt magistri, at cœli Dominus suis documentis potentius nos imbuit quam ullus doctor. Homines mihi dona offerunt, et omnia mundi bona cum domini beneficiis nequeunt comparari.

海上絲綢之路文獻集成 科技與文化編

可畏至高至玄而神也人也可與相通極乎極實而意也情也可相感應視之而不見聽之而不聞雖爾不知而常與之偕雖爾不覺而時受其恩噫迷惑世人也知有人倫而不知有天倫知有天地君親師而不知有生天生地生人之大父母知流而不知源知末而不知本嗚呼愚哉天以覆之地以載之而天主之生育超乎天地矣君以治之而天主之臨更切乎君矣親以懷之而天主之愛原乎親矣師以誨之而天主之訓篤乎師矣人施於我以恩而天主之恩非世恩可比人賜我以福而天主之福非世福之所羨矣是故尊之也不止於君焉愛之也不止於親焉服之也不止於師焉感之也不止於恩人望之也不止於福主聖經曰欽崇天主信焉望焉愛焉而之之於萬有之上其此之謂也以可見之物推而言天主者人力不過若是而已今以人之力而欲測天主之妙性者真猶以蹄涔而欲注海以螢火而欲照天焉果可乎哉不依聖經而論上主者或迫於一位而孤之或延於多主而二之至尊大主者不貳也不孤也自含有三位共一主故不貳雖然非秉聖經以證其然則吾人之心也其豈能思之耶哉

終

Homines me felicem reddunt, at felicitas Domini omnem mundanam felicitatem supereminet. Quapropter honorari debet multo magis quam Rex, amari debet plus quam parentes, debet audiri diligentius quam ullus alius doctor, ampliores meretur gratias, quam omnes benefactores, major spes in eo ponenda quam in hominibus, à quibus expectamus felicitatem. Sancta scriptura ait: honore prosequendus cœli Dominus illi credendo, in illum sperando, illum amando super omnia. Istud ipsum est quod dico.

Si per ea quæ conspicimus ad rerum omnium conditorem ac Dominum volumus ascendere, nihil fere aliud propriis viribus assequemur quam quæ hactenus dicta sunt. Velle autem humanis viribus mirabilem ejus naturam comprehendere, vere idem est ac velle totum mare exiguo cavo concludere, vel cum lucente muscâ totum cœlum illuminare. Si absque sacra Scriptura de Deo discurrimus, vel in eo unicam admittemus personam, et sic solitarius erit; vel plures statuemus Dominos et sic erit multiplex. At Deus nec multiplex est nec solitarius, quia tres personae unicum constituunt Dominum. Ideo non est multiplex. Licet autem hæc ita se habeant, nisi tamen sacræ scripturæ authoritatem sequamur, quando exiguis nostris viribus talia cogitare possemus?

FINIS DISCURSUS.

ARTICULUS SEPTIMUS.

DE OMNIBUS SPECIEBUS COMPARATIONIS.

Ad quatuor puncta totum hoc refero. 1° agam de simplici comparatione. 2° Explicabo quid sit 喻譬 *pi-ye*. 3° de metaphorâ disseram. 4° desinam in 言寓 *yu-yen* atque adeo plures figuras sub comparationis nomine comprehendi lector satis hinc colliget.

§us. 1us. DE SIMPLICI COMPARATIONE.

Omnis similitudo vel ab hominibus vel à rebus desumitur: de utroque seorsim agendum.

NUMERUS PRIMUS.

DE COMPARATIONE A CERTIS HOMINIBUS DEDUCTA.

Solemus assumere veteres aliqua re famosos ut iis componamus quos vel laudare volumus vel carpere. Sic dicitur aliquis esse pulcher ut Adonis, prudens ut Ulysses, Batto loquacior, Tithone annosior, audacior Icaro; est alter Phalaris, alter Thersites. Et ita etiam Sinæ solent. Igitur operæ pretium est diligenter adnotare nomina veterum omnium, quos passim

海上絲綢之路文獻集成　科技與文化編

reperies, vel ob aliquam virtutem laudari, vel propter aliquod vitium reprehendi. Brevem ejusmodi hominum catalogum hoc loco describam, prout sese menti offerent.

賁孟 *Meng-pen* vir erat magnis viribus pollens, ita ut ex vivi tauri capite cornua suis manibus avelleret.

舟湯奡 *Ngao-tang-tcheou,* iste navim in sicco positam circumducebat.

獲烏 *Ou-hoe,* et 育夏 *hia-hiou* etiam laudantur ob magnas corporis vires.

婁離 *Li-leou,* habebat acutissimum visum, alter Argus.

曠師 *Sse-kouang,* habebat aures delicatissimas.

子輸公 *Koung-chu-tsee,* fuit opifex valde industriosus, Dædalus alter. Laudatur quoque

倕 *Tchoui,* ob eam rem.

佗花 *Hoa-to,* medicus celeberrimus.

鵲扁 *Pien-tsio,* medicus alter qui mortuum excitavit; quod de Æsculapio fertur.

高琴 *Kin-kao,* optimus citharædus.

倫伶 *Ling-lun,* vir musicæ peritissimus.

首隸 *Li-cheou,* arithmeticus insignis.

羿 *Y,* famosus jaculator.

婦馮 *Foung-fou,* venator celebris.

仲奚 *Ki-tchoung,* optimus curruum artifex.

父造 *Tsao-fou,* peritus auriga, alter Automedon.

陽孫 *Sun-yang,* optime sciebat equos alere et docere.

樂伯 *Pe-yo,* vocatur, quod est nomen stellæ quae propter illum dicitur

馬天 *Tien-ma,* caelestis equus.

邪易 *Y-sie,* homo eruditi palati coquus celebris.

秋弈 *Yik-tsieou,* vir erat bonus latrunculis ludere.

和羲 *Y-ho,* solis currum regit, Sinicus Apollo.

伶劉 *Lieou-ling,* famosus vini potator.

髡于淳 alter ejusmodi bibosus.

鮀祝 *Tchou-to,* impudens adulator.

明伯 *Pe-ming,*
極無 *Vou-ki,* et
充江 *Kiang-Tchong,* } tres famosi calumniatores

氛靈 *Ling fen* futuri praescius.

毐嫪 *Mieou-tou,* alter Priapus.

子李 *Li-tsee,* homo lascivus : dicitur equam iniisse 馬儀 hinc Centauri.

施西 *Si-che,* vel 子西 *Hi tsee,* vel 施毛 *Mao-che,* mulier formosissima, Sinica Venus.

文陽 *Yang-ven,* et 嬙王 *vang tsiang,* ob pulchritudinem quoque famosae.

娥嫦裡月子仙池瑤 duae formosae deae, altera lacum dictum 瑤 *jao* incolit, altera in lunâ regnat.

母嫫 *Mo-mou,* et 倠仳 ob deformitatem famosae.

Formosi juvenes sunt 1° 安潘 *Pouan-ngan* 2° 都子 *Tsee-tou* 3° 朝宋 *Tchao* ex regno *Soung* 4° 玉朱 *Tchu-ye.*

Ob ingenii dotes celebrantur 1° 建子 *Tsee-kien* 2° 衛郗 *Hi-ouei* 3° 如相 *Siang-ju* 4° 白太 *tai pe.*

Propter styli elegantiam jactantur 1° 氏左 *tso-chi* 2° 遷馬司 *Ssee-ma-tsi* e 3° 子莊 *Tchouang-tsee* 4° 原屈 *kiu-yuen* 5° author libri 湖水 *Choui-hou* 6° author comediæ dictae 廂西 *Si-siang.* Isti sunt sex 子才 *Tsai-tsee,* sic vocati propter certas ingenii dotes quae in aliis non reperiuntur.

豹王 *Vang-pao,* et 駒縣 *Meen-kiu,* veteres poetae lyrici qui, ut ait *Mong-tsee,* canendi amorem, omnibus illa aetate communicarunt.

周花 *Hoa-tcheou,* vidua famosa propter luctum in morte mariti.

堯 *Yao,* et 舜 *Chun,* optimi reges.

桀 *Kie,* et 紂 *Tcheou,* pessimi tyranni.

跖盜 *Tao-tche,* improbus latro.

夷伯 *Pe y,* homo justus.

彭老 *Lao-pong,* vel 祖彭 *Pong-tsou,* senex longævus ; 700 annos vixisse fertur.

回顏 *Yen-hoei,* optimus juvenis in aetatis flore mortuus.

Non necesse est hic addere multa exempla, ut ostendatur quomodo his et similibus nominibus sit utendum. Unum aut alterum sufficiet.

Hoai-nan-tsee ait : 醜所有施西美所有母嫫 *Mo-mou,* suam habet pulchritudinem et *Si-che* suam deformitatem. Sensus est quod *Mo-mou* sub deformi vultu tegebat pulchram animam, *Si-che* vero egregiam corporis formam animae vitiis inquinabat.

貌之安潘有才之建子有 Ingeniosus ut *Tsee kien,* formosus ut *Pouan-ngan* 生重白太世再如相謂可 diceres *Siang ju,* et *Tai pe* in eo reviviscere.

漢語劄記

Non solùm ejusmodi hominum nomina et dotes colliget quisquis eleganter scribere cogitat sed etiam loca magis celebrata, ut sunt apud nos Olympus, Tempe, Parnassus, &c. imò arbores, et plantas et rivos et vermes, et animalia et lapides praecipuos notabit, atque ex iis amaenas similitudines et pulcherrimas metaphoras cum elegantioribus Sinis emet.

NUMERUS SECUNDUS.

DE COMPARATIONE PETITA EX REBUS.

1°. Ponitur aliqua littera quae similitudinem indicat, tales sunt 猶 *yeou* 似 *ssee*, 若 *jo*, 如 *jou*, etc. *Mong-tsee* ait: 魚求而木緣猶 perinde est ac si, quis ascendat arborem ut in ea quærat pisces. Sic dicitur: 也耕耜而耒舍猶 idem est ac velle arare sine aratro; 流清其求而源其濁猶 idem est ac fædare fontem et velle ut rivus purus sit; 不猶彩文求而玉琢 idem est ac lapidem non polire ac velle ut fulgorem emittat; 人象猶 sicut homo pictus, sicut statua, vel imago hominis; 秋似然淒 frigidus sic tanquam Autumnus. Liber *Lun-yu* ait; 之共星眾而所其居辰北如譬 verbi gratiâ polus borealis stat immotus in loco suo, et omnes stellae circa eum volvuntur; *Chu-king* aít: 馬六馭之索朽若 Idem est ac si cum fune putrido velles retinere sex generosos equos. *Tchouang-tsee* ait: 之鞭而者後其視然羊牧若者生養善 Ars optima alendi populi est imitari pastores ovium: cum vident aliquam incedentem tardius, pedo illam impellunt ut properet.

2°. Frequentissimè occurrit 如 et pluries iteratur, sicut Virgilius in suis Eclogis:

> Vitis ut arboribus decori est, ut vitibus avæ,
> ut gregibus taurus, segetes ut pinguibus arvis,
> tu decus omne tuis.

也性之水者鏡如靜平然湛 aqua est naturaliter plana et quieta velut speculorum æquor; 地如庶眾陛如臣群堂如子天 Imperator est velut aula, mandarini sicut gradus per quos ascenditur, et plebs est veluti solum; 虎犲如聲 vox terribilis sicut vox catulorum tigridis; 矢如直道 via recta sicut sagitta. *Chu-king* ait: 如虎如羆如熊如貔 veluti tigres et lupi, sicut ursi et leones. Sic verto quia nescitur quid sit 貔 p'î et 羆 p'î.—*Chi-king* ait: 磨如琢如磋如切如 sicut artifices qui secant et perpoliunt, qui sculpunt et lævigant. Ex multis comparationibus simul conglobatis nascitur

I i 3

insignis descriptio, seu pictura. Sic in *Chi-king* habes; 如領。脂凝如膚。荑柔如手兮盼目美兮倩笑巧。眉蛾首螓。犀瓠如齒。蝤蠐 manus candidæ sicut lilium, pellis tenera sicut massa pigmenti congelati, collum sicut albæ locustæ, dentes ordinati sicut cucurbitarum semina, caput sicut cicadæ, supercilia sicut papilionis; os et genas ornat gelasinas, oculi pulchri et pupilla nigra in medio candidissimi æquoris micantes.

3°. Potest omitti nota similitudinis quoties satis per se apparet comparatio. Sic Virgilius:

> Nec lacrymis crudelis amor, nec gramina rivis,
> nec cytiso saturantur apes, nec rore cicadæ.

Tso-chi ait: 也輿之德名 fama est veluti currus virtutis. *Sun-tsee* ait: 也宅仁 caritas est veluti propria nostra domus. *Chu-king* ait: Si agitur de corde meo durissimo, te utar vice cotis acutæ. Si de via quæ mihi enaviganda est, eris mihi pro nave et remis. Quando ero aridus sicut terra sitiens, tu mihi eris lætus imber. Aperi ergo cor tuum, et divitiarum ejus partem aliquam in meum refunde. Verba sinica sunt: 礪作汝用金若心朕沃心乃啟。雨霖作汝用旱大歲若。楫舟作汝用川巨濟若。 Et alio in loco ait: 梅鹽惟爾羹若。蘖麴惟爾醴酒作若 id est: Si de me vis facere vinum optimum, oportet ut sis fermentum sine quo nullas habebit vires. Si vis ut sim jusculum suavissimi saporis, oportet ut sis condimentum sine quo semper insipidum erit. Sic *Tchouang tsee* ait: 術道乎忘相人。湖江乎忘相魚 Pisces sese obliviscuntur in aquis profundis, et homines in oceano veræ doctrinæ.

4°. Ad comparationem revocari debet ed omne quod in poesi vocant 興 *hing* et 賦 *fou*; Liber *Chi-king* sic incipit; 洲之河在鳩雎關關 aves dictæ *Tsu-kieou* sibi mutuo respondent ad fluminis ripas, quia ejusmodi avis habet destinatum comparem à suâ nativitate, nec umquam inter se perperam agunt, sed simul vadunt, nec sibi palpant: 不偶定有生狎相不而遊並常偶亂相 Ideo ipsis comparantur sponsus et sponsa et hoc vocatur 興 *hing*.

5°. Longe venustior est comparatio quando lectori divinanda relinquitur, ut exemplis patebit. *Pao-pou-tsee* ait: 也逃能弗直曲員方而故智設不也接形於之水鏡夫 quando aqua velut speculum res recipit, nihil ex suâ parte facit, quam illas recipere, et tamen sive quadratæ sive rotundae, sive curvæ, sive rectae sint, eas repraesentat quales sunt, nec ulla potest sese abscondere. Duas litteras 故智 explicat interpres per 飾巧 artificiose ornare. *Tchouang-tsee* ait: 於免不則山離而介獸之車函夫罟罔。高厭不鳥故。之苦能蟻則。水失而碭魚之舟吞患之罟罔深厭不 Id est; si maximae quaeque ferae deserunt montes suos cadunt in retia; si pisces, vel maximi non remanent in aquâ, formicis praeda sunt, et ideo aves non queruntur quod arbores altae sint nec pisces quod aqua nimis profunda sit. Item ait: 介閒蹊之徑山矣之塞茅則用不閒爲路成之用然 Quando bene teruntur parvae illae semitae in montibus, brevi evandunt viae; sed si nemo per eas ambulat, herbae cito crescunt nec ullum apparet semitæ vestigium. Item ait: 過而之日焉損有也河過之風往而源恃也攖其始未爲以河而河守與相日與風只請焉損有也也者 Cum ventus transit super fluvium, semper ab illo aliquid abradit. Cum Sol radiis illum verberat quoque attrahit aliquid. Ventus et Sol frustra fluvium aggrediuntur. Ille non revertit, sed suo fonte tutus pergit iter suum. Olim Confucius audivit puerulos sic cantantes: 足我濯以可兮濁水之浪滄纓我濯以可兮清水之浪滄 Si rivi *Tsang-lang* aqua pura sit, in eâ lavabimus pileos nostros; si vero sit turbida, lavabimus pedes. Audite inquit, cum pura est, lavat pileum; cum sordida, lavat pedes.—*Mong-tsee* alludens ad locum ex *Chi-king* ait: 者谷幽入而木喬下聞未者木喬於遷谷幽於出聞吾 Audivi quidem quod multi deserunt vallem tenebrosam et proceram arborem conscendunt; sed non audivi quod ullus unquam ex arbore per alta descenderit, ut in imâ valle se sepeliret.—Confucius stabat prope torrentem: 上川在 et suspirans ait: 舍不夫斯如者逝夜晝 Eheu! torrens iste transit, nec ullam die et nocte requiem invenit; 逝 *transire, labi,* tam bene intelligitur de vitâ nostrâ et de rebus omnibus quae pereunt, quam de illo amne qui

Labitur et labetur in omne volubilis ævum.

Hæc omnia exempla proxime accedunt ad 言寓 *yu-yen* et ideo plurimum fulgent.

§us. *SECUNDUS.*

DE 喻譬 *Pi yu.*

Laudatur in primis *Mong-tsee* quod frequenter et bene uteretur ejusmodi comparationibus: 喻譬於善 Ad ea certè saepe confugit, sive ut quaesitis respondeat, sive ut explicet quod habet in mente. Cum autem ista exempla proferre facile sit, et Sinis maxime arrideant, juvabit aliquot loco seligere ex *Mong-tsee*, ut nos ad instar idem in loco faciamus.

1um. Exemplum: Rex quidam mirabatur quod licet ipse melius administraret regnum suum quam ullus alius ex suis vicinis; tamen neque illorum populus minueretur, nec multiplicaretur, suus. Respondet *Mong-tsee*: vestra majestas amat bella. Summamus igitur exemplum ex præliis 喻戰以請戰好王曰對子孟 Denide fingit quod omnes relictis armis fugiunt, sed quidam usque ad centum passus, alii usque ad quinquaginta tantum et quod isti rideant primores 後而步十五或止後而步百或走而兵曳甲棄

步百笑步十五以止 ac tandem petit utrùm bene irrideant 如何則 negat Rex, quia licet post quinquaginta passus steterint, tamen et ipsi fugam ceperunt 直可不曰也走亦是耳步百不 Hinc *Mong-tsee* recte concludit: Si vestra majestas hoc bene novit, non debet sperare forent ejus populus augeatur 鄰於多之民望無則此知如王曰也國 Ratio quae statim intelligitur, quamque ob regis decorum non affert, est quod ipse similis sit iis qui ad quinquaginta passus fugerunt.

2um. Exemplum: vult probare regi quod si non acquirat totum orbem, ejus culpa sit, et hâc comparatione utitur: Si quis vestrae majestati diceret: ego possum attollere pondus ter mille librarum, sed non possum à terrâ levare unam plumam. Ego minutissima quaeque acutissimè cerno; sed non possum videre unum currum faeno plenum 足力吾曰者王於復有薪輿見不而末之毫秋察以足明羽一舉以足不而鈞百舉以 annueret ne vestra majestas? Rex respondet hoc esse absurdum 否曰乎之許王則 Resumit *Mong-tsee* vestra majestas beneficia sua extendit usque ad bestias, sed non curat de populo suo: annon idem est? Igitur non regnat, non quia non potest, sed quia non vult 而獸禽及以足恩今也能不非也爲不之王與何獨者姓百於至不 Fingit rex se non intelligere 異以何形之者能不與者爲不曰 Sic sese explicat *Mong-tsee*: si diceres alicui: accipe mihi montem hunc et projice in mare, illeque respondeat, non possum, vere respondet. Dic ipsi carpe mihi hunc florem et affer ad me, respondetque non possum, mentitur, non legit florem non quia non potest, sed quia non vult. Vestra majestas non est similis illi qui montem non projicit in mare, sed ei qui florem non carpit 語。海北超以山太挾。曰爲不是。能不我。曰人語。枝折者長爲。也能不誠是。能不我。曰人之枝折是王不之王。也類之海北超以山太挾非王不之王故。也也類 Hic advertere poteris hujus hominis verbosam garrulitatem.

3um. Exemplum. Sicut Nathan propheta et mulier illa Themitis inverterunt sermonem suum ad regem David, ita. Sæpe *Mong-tsee*; duo loca seligo. Unus ex vasallis vestræ majestatis proficiscens ad regnum *Tsou* credidit uxorem suam amico suo donec rediret. Misera uxor apud istum amicum fame et frigore pene extincta est: Quid debet facere maritus ejus quando redierit 其餒凍則也反其比者遊楚之而友其於子妻其託有臣之王何之如則子妻 Respondet Rex: perfidum illum amicum deserat 之棄曰王 Urget *Mong-tsee*: quidam mandarinus non potest regere suos inferiores: quid faciendum de illo? 何之如則士治能不師士曰 Reponit rex: ex officio suo deponatur 之已曰王 Instat *Mong-tsee*: Intra quatuor regni partes nulla est regiminis forma: quid agendum? rex respexit adstantes, et ad alia sermonem vertit 左顧王何之如則治不內之境四曰他言而右 Idem *Mong-tsee* in aliâ occasione, sed efficacius fecit: dixit enim mandarino cui nomen *kong-kiu-sin*: si quis ex tuis militibus ter in die de statione suâ decederet, an ferret impunè ? an illum deponeres ? 之去則o伍失三而日一士之戟持之子乎否 Respondit *kiu-sin* : non expectarem ut ter peccasset 三待不曰 Atqui resumpsit *Mong-tsee*, in eadem culpa ipse es 矣多亦也伍失之子則然 Et istud probat, quia populus fame perit. Non hoc à me venit, inquit *kiu-sin*. Respondet *Mong-tsee* hâc parabolâ. Aliquis accepit alterius oves custodiendas. Quærit pascua ut eas alat. Si nulla reperit, an eas miserè pereuntes lentus intuebitur ? an potius reddet ei qui eas sibi tradiderat ? 受有今視而立亦抑o人其諸反則o得不而芻與牧求o者之牧爲而羊牛之人與死其 Ego sum in culpâ, inquit, *kong-kiu-sin* 也罪之心距則此 Alterâ die *Mong-tsee* dixit regi : Inter mandarinos vestræ majestatis, unicum *kong-kiu-sin* novi qui sciret agnoscere suam culpam. Ac deinde quod acciderat totum narravit o 曰王於見日他之誦王爲o心距孔惟者罪其知 Rex respondit : Ego ipse sum qui peccavi 曰王也罪之人寡則此

§us. *TERTIUS.*

DE METAPHORA.

Sinæ unam ex sex classibus, ad quas omnes suas litteras referunt appellant 借假 *kia-tsie* et in ea omnes metaphoræ species comprehenduntur. Sed 借假 *kia-tsie* apud Sinas longe latius patet quam apud nos metaphora.

1o. Litteræ interdum transeunt ab una classe ad aliam, v. g. 二 et 三 proprie pertinent ad primam classem et ideo sunt tam simplices quam ipsamet littera 一. In usu tamen detorquentur, ut significent pluralitatem, 二 *duo* et 三 *tria*. Sed tunc ad quartam classem descendunt, et 二 componitur ex duabus unitatibus, et 三 ex tribus.

2o. Particulæ omnes, sicut et nomina propria locorum, regnorum, familiarum, hominum, etc, ad 借假 *kia-tsie* spectant, quia omnes istæ litterae proprium sensum habent, et tunc ad alienum transferuntur.

3o. Quando deficit una littera ad aliquid significandum, assumitur alia ; v. g. 緣 *yuen*, proprie significat *vestem simplicem* et sumitur ut significet causam alicujus rei 縣 *hiuen*, proprie est appendere ; et desumitur ut indicet civitatem tertii ordinis, etc.

4o. Aliquando ponitur una littera pro alia : Sic in *Chu-king* 知 idem est ac 智 ; in *Chan-hai-king* 俊 pro 舜 *Chun* legitur. Apud *Lie-tsee* 進 idem est ac 盡 *tsin*, et in libro *Ta-hio* 后 reperitur pro 後 *heou* &c.

J j 3

5°. Multis litteris contrarius plane sensus datur; hanc figuram vocamus antiphrasim, v. g. 亂 *louan*, proprie significat *turbas excitare, omnia permixta esse*, at tropice significat 治 *tchi*, et 理 *li*, *optime gubernare* et in ordinem disponere: 臣亂 *louan-tchin*, fidelis subditus, qui regimen praeclare adjuvat; 毒 *tou* proprie est *venenum, veneno necare*, et in *Y-king*, sumitur pro 養 *yang, optime nutrire, alere*; 蠱 *kou*, proprie est vas a tribus vermibus 蟲 corrosum, at per metaphoram est *lavare*, et ejusmodi, vas in bonum statum restituere; 清 *tsing*, significat *purum* ac *mundum*, et per antiphrasim accipitur pro *latrinis*, etc.

6°. Saepe est analogia inter sensum proprium et sensum tropicum, et apud nos vera tunc est metaphora. Sic *neng* 能 proprie est quædam species ursi, et tropice significat *potens*; 象 *siang* proprie est *Elephas* et vulgo significat imaginem symbolum; 豪 *hao*, proprie est *aper* et figurate designat *virum fortem*; 珍 *tchin* proprie est lapis pretiosus et per metaphoram significat delicata fercula, etc.

7°. Quod vocamus continens pro contento, v. g. Domus pro Domino, sedes pro sedente, corona pro rege, crumena pro argento, etc. Nihil apud Sinas frequentius; 川山 *chan-tchouen*, montes et flumina, i. e. montium et aquarum spiritus; 隍城 *tching-hoang*, muri et fossae, sic vocatur Spiritus urbis praeses; 廷朝 *Tchao-ting*, palatium et aula, hoc est Sinicus Imperator, sicut apud nos *Porta* designat Imperatorem Turcarum, et *Sancta sedes*, Summum Pontificem; 府 *fou*, civitas, i. e. civitatis gubernator; 堂 *tang*, aula, indicat matrem, et 室 *che*, domus, designat uxorem; 瑟琴 *kin-se* sunt duo instrumenta musica et sic appellantur duo conjuges. Nihil hâc figurâ, sive in libris, sive etiam in familiari sermone usitatius.

8°. Possunt accedere particulae 若 et 如 *jou* ad emolliendam metaphoram, v. g. 若義就者渴, sitire justitiam; currere ad justitiam sicut sitiens currit ad fontem; 熱若義去 excutere justitiam sicut excutitur ignis; 灰死若心骸槁若形, corpus sicut siccum cadaver, cor sicut cinis emortuus, hoc est, sibi perfecte mori; 灰死木槁如 sicuti truncus aridus et frigidus cinis; 丹激如脣 labia sicut corallium 玉如女 vel 春如 in *chi-king*, puella velut onyx, vel sicut ver novum.

9°. Juvat hic congerere omnes metaphoras, quarum meminisse potero; 辱洗 *Si-jou*, lavare suum dedecus. *Mong-tsee* Scribit 辱洒 dicitur quoque 恥雪 *Sue-tchi*, injuriam lavare, ulcisci de injuria. *Sue* significat *nivem*.

Tchouang-tsee ait: 人餂言以 adulari, verbis alios lingere; 人籠好所其以 aliquem per ea quae amat in caveam includere; 醉心 cor inebriatum.

怒 *nou*, ira, dicitur de aquâ inter lapides murmurante, de fluctibus intumescentibus, &c.

讀怒 *nou-tou*, totis viribus studere libris.

耕怒 arare fortiter; sic Virgilius:

aut unde *iratus* silvam devexit arator.

柳 *lieou*, salices; sic autem *Tchouang-tsee* vocat tumores qui nascuntur in corpore, quia simile aliquid cernitur in salicum trunco.

人鑄 homines refingere, ope doctrinae, sicut metalla igne.

賁虎 *hou-pen*, generosi milites, qui ruunt in hostem sicut tygres in praedam: 賁 idem est ac 犇 *pen* currere. Sic apud Homerum Achilles vocatur PODAS OXUS, non ut fugiat, sed ut fugientes premat.

猾 patriae vipera; 猾 est vermis qui à tygride voratus ejus viscera rodit. Sic *Ven-tchong-tsee* nefarium hominem vocat 蠹之義賸之仁o蠧之智

Mong-tsee ait: 狼豺是援不溺人 omni fera immanior est qui naufraganti non succurrit.

Tchouang-tsee ait: 天𤞞姓百 id est 主無 ut monet glossa. Populus non habet amplius Dominum à quo contineatur.

Occurrunt egregiæ metaphorae quibus hominis animam et corpus designant.

氣志 *tche-ki*, substantia subtilissima quæ vult; 氣神 *Chin-ki* substantia subtilis quæ spiritualis est; 舍道 *tao che* rationis palatium; 府靈 *ling-fou* urbs intelligentiæ; 明神宅之 *chin ming-tchi-tse* spiritûs intelligentis domus, sic appellatur corpus, seu cor carneum, in quo residet anima quæ vocatur 心 cor, sicut 室 *che* designat uxorem *etc.* Corpus vocatur a *Tchouang-tsee* 耦 *ngheou*, quia ut ait interpres, 耦爲神與身 corpus est animæ compar; 耦 proprie dicitur de duobus qui simul arant, ita ut opus procedat ab utroque. Item dicitur; 弢天 saccus in quo Dominus includitur; item 弢天 idem est sensus, nam 弢 est theca quæ tegit et abscondit arcum.

Yang tsee ait: 也畫心書也聲心言 verba sunt cordis soni, et scripta sunt cordis picturæ.

Chu-king ait: 舞翔陵丘 montes et colles præ gaudio tripudiant; 舞率獸而蹌獸鳥 volucres ac bestiæ laetitiâ exultant, et saltant ad citharae sonitum. Item ait: 宗朝漢江海於 Flumina *Kiang* et *Han* ferunt tributum suum ad mare.

Ngheou-yang-sieou, Domum quamdam sic describit: Ejus culmen verberat nubes, sedes est puritatis et silentii, domus munditiae et quietis; hortus hospitii, et societatis: verba Sinica venustatem habent longe majorem: 圃之賓榭堂之謐清閣之虛澄亭之雲拂 etc.

10°. Accurate colligendae sunt omnes istius modi metaphorae quæ in elegantioris styli libris occurrent. Nihil enim plus micat in tersâ oratione quam insignes tropi. Sic amaenissimum carmen dictum 經騷離 *Li-Sao-king* quod 2492 litteris et 70 rhythmis constat, floridis ac delicatis metaphoris totum intertextum est. Loquitur author de rege sicut de formosissimâ puellâ quam ambit. Flores odori virtutes adumbrant et olentes vitia. Bibo, inquit, rorem ex suaveolenti flore *Lan* decidentem, et comedo gratos flores *kiou* qui autumno decidunt: 英落之菊秋餐露墜之蘭木飲 i. e. nutrio me virtute quae ab his hominibus derelicta jacet. Addit quod sese floribus induat, et iter deinde aggreditur, percurrit caelos, jubetque Solis aurigam ut lente procedat, nec tam properanter sese praecipitet: 羲令吾廹勿而崦嵫望兮節弭和 Demum absoluto itinere, tingit equos gurgite in quo Sol mergitur et appendit habenas ad arborem ex quâ sol procedit: 余總兮池咸於馬余飲桑扶乎轡 Ibidem sic loquitur do sole: 射兮矢長與裳霓白兮衣雲青降淪反弧余操狼天 Superne chlamidem caeruleam induo, et deorsum albâ vestior iride. Accipio meas sagittas quibus confodio caelestem lupum. Colligo pharetram meam, et infra descendo. Nota: in ultimo versu ponit 余 *ego*, quia Sol loquitur. Sol surgit in oriente, et in parte opposita cadit. Rex cujus sol symbolum est, malos male perdit, nec tamen suis recte factis inflatur. Ita interpretes ipsi explicant hunc locum.

§us. *QUARTUS.*

DE 言寓 *yu-yen.*

Quod modo referebam ex poeta Sinico plurimum accedit ad 言寓 *Yu-yen*, sed *Yu yen*, latius patet: neque enim nudam comparationem nec solam metaphoram continet, sed insuper parabolas, et symbola, et apologos et aenigmata et fabulas includit. Quisquis nescit quid valeat 言寓 *Yu-yen*, ne libros 經 *king* et maxime eorum fontem 經易 *y king* adeat. Per allegorias enim et symbola libri 經 *king* ab omnibus aliis monumentis distinguntur. *Y king* ad instar caeli, terrae, rerumque omnium factus, totus propterea symbolicus est. Nullam aliam doctrinam tradunt 詩 *chi*, et 書 *chu* quam quae symbolis libri 易 *y* traditur. Ac demum *Y king* pro suo attributionis objecto habet Sanctum, quem omnibus suis symbolis adumbrat. Praecipua sunt cœlum et terra, sol et luna, rex et regis minister, sponsus et sponsa; atque haec pauca de stylo et scopo librorum *king* insinuasse satis est.

Inter authores qui post 經 *king* merentur legi, *Tchouang-tsee* et *Lie-tsee* maxime laudantur ob *Yu-yen*; itaque ex his duabus aliquot exempla decerpam.

1um. Exemplum *Lie-tsee* quoddam regnum quod vocat 胥花 *Hoa-su* et ad quod: 車舟非已而游神及所之力足 nec navi nec curru, nec pedibus, sed sola mente pervenitur, sic describit: In eo regno, nulli sunt duces et magistri, nec populus ullos stimulos concupiscentiae experitur. Pura ibi natura regnat; non amant vitam, mortem non timent. Itaque nulla ibi mors præmatura. Nec unice sibi attendunt, nec res penitus à se amandant. Ideo nec amore praepediuntur nec odio. Neque à tergo carpunt, nec palpant coram. Ideo damna et lucra nesciunt. Subeunt aquam nec merguntur; ignem intrant, nec comburuntur. Illos verberas, nec dolorem habent, nec plagam ullam recipiunt. Illos unguibus scalpis, nec ullum pruritum sentiunt. Conscendunt vacuum, sicut alii solidum calcant; dormiunt in vacuo sic tanquam in molli culcitra. Nubes et pruinæ non officiunt eorum luminibus. Tonitru cum suo fragore eorum aures non percellit. Formosis vel turpibus cor eorum non afficitur. Montes et colles eorum passus non retardant; mente solâ nimirum aguntur:

其國無師長。自然而已
其民無嗜欲。自然而已
不知樂生。不知惡死。故
無夭殤。不知親己。不知
踈物。故無愛憎。不知背
逆。不知向順。故無利害
入水而不溺。入火而不
熱。斫撻無傷痛。指擿無
痟癢。乘空如履實。寢虛
若處牀。雲霧不硋其視。
雷霆不亂其聽。美惡不
滑其心。山谷不躓其步。
神行而已。

Nota 1°. quam bene repetit 知不 usque sexties, ita tamen ut post 知不 bis positum aliquid interponat. 2° quam accuratè haec omnia sint inter se opposita. 3° Quod nulla sit phrasis sola et sine compare. In fine ponit 已而行神 quia statim initio dixerat 游神已而. 4° Quomodo variet phrases suas: 國其 etc. quinque litterarum respondet 民其 etc. litterarum totidem, et repetit 已而然自 quia hoc cadit et super regnum, quod à nemine regitur et super populum qui non indiget regi. Regnum caret magistris, quia populus concupiscentiam non sentit. 5° Sequuntur novem phrases litterarum quatuor, sed miro sane ordine dispositae. 6° Sex quæ postea veniunt, ita quinque litteris constant ut sit tamen inter eas differentia: duae primae similes sunt, sicut duae mediae et ultimae duae. In duabus primis habes 而 et in mediis habes 無, in ultimis 如 *ju* et quod idem est 若 *jo*. Denique desinit per quatuor phrases sex litterarum, in quibus vides 不 et 其 quater poni. Non loquor de accentibus. 滑 *hoa, lubricare facit*, egregia metaphora; est gallice *glisser*.

Utile erit praeclara ejusmodi loca, quae toto hoc capite sparsa sunt sat magno numero, sic grammaticè rimari ut deinde illa vel marte proprio imitari, et ad alia transferre, vel accipere versionem latinam illamque Sinice exponere, sicut nostri Scholastici themata componunt, et post aliquot dies quae Sinice scripserimus, ex ipso authoris Sinici textu corrigere.

2um. Exemplum: *Tchouang-tsee,* deambulabat in monte silvoso. Vidit ibi arborem proceram et ramis foliisque luxuriantem. Prope aderant homines cum securibus, nec illam attingebant. Petiit ab illis quid ita? Responderunt, quia lignum erat prorsus inutile; haec arbor, inquit *Tchouang-tsee,* implebit annos suos, quia inutilis est. Descendit postea de monte et ad amicum divertit. Amicus gaudens jussit puerum ut avem dictam *Yen* occidat et coquat—Reposuit puer: At enim duae sunt, Altera vocalis est, et altera muta: quaenam occidetur? Respondit Dominus ejus: occide illam elinguem.—Altera die, discipuli magistro dixerunt: Arbor vitam conservavit quia nullas habebat dotes, et avis occisa est, quia erat sine dotibus ullis: quid ergo eligis? Subrisit *Tchouang tsee* et ait: Si mediam viam inter dotes habere et non habere cupio, studebo videri quod non sum, atque adeo molestiis non carebo. Longe melius est ut ratione ac virtute quasi magnifico curru invectus ambulem coram primo omnium parente, ita ut res à me pendeant, nec ipse pendeam ab illis. Sic ab omni prorsus molestiâ liber ero, atque haec est methodus veterum *Chin-nong* et *Hoang-ti*:

莊子行於山中見大木枝葉盛
茂伐木者止其旁而不取之也
問其故曰無所可用莊子曰此
木以不材得終其天年夫子出
於山舍於故人之家故人喜命
豎子殺鴈而烹之豎子請曰其
一能鳴其一不能鳴請奚殺主
人曰殺不能鳴者明日弟子問
於莊子曰昨日山中之木以不
材得終其天年今主人之鴈以
不材死先生將何處莊子笑曰
周將處材與不材之間似之而
非也故未免乎累若夫乘道德
而浮游乎萬物之祖物物而不
物於物則胡可得而累邪此神
農黄帝法則也

3um. Exemplum.

Forte transeundo flumen in navi, venit altera navis omnino vacua et impegit in transeuntem navim. Nemo quamvis naturâ ferocior contra navim illam penitus inanem irascitur 怒不人之心褊有雖。舟觸來船虛有。河於濟而舟方 Si vero vel unicus homo sit in illa navi, statim cum clamore admonetur ut videat quid agat. Si post unam et alteram admonitionem nihil respondet, tertia vice inclamatur multo validius et amaris verbis impetitur homo ille 。聞不而呼再。聞不而呼一。之歙張呼則上其在人一有之噓聲惡以必則邪。呼三是於 Prius quidem nulla fuit commotio, et nunc ira tam acriter se prodit: quam ob rem, quaeso? Prior navis erat vacua et secunda plena est: 實也今而虛。也何怒也今而。怒不也向 Si quis corde penitus vacuo transit præsens saeculum, quis ipsi damnum ullum inferre poterit? 就其。世遊以己虛能人之害能 Miror cur talem applicationem *Tchouang-tsee* non omiserit.

4um. Exemplum: Sic inducit umbram loquentem: Ego quidem existo, sed nescio qua ratione. Ego sum veluti cicadarum tunicae, et serpentis spolia, rebus similis, nec tamen res ulla. Cum adest ignis vel sol, statim prodeo. Quando nox venit lateo. Ego expecto quidem illa pariter expectant. Veniant, venio; abeunt, abeo quoque. Sive sistant, sive pergant, ego una cum illis vel sisto, vel pergo 之似。也蛻蛇。也甲蜩。以所知不而有予況而。也待有以所吾彼。也代吾夜與陰。也屯吾日與火。也非而往之與我則往彼。來之與我則來彼。乎者待有以乎 etc. Hoc aenigma seu symbolum interpres sic explicat: Umbra expectat corpus et lucem ut prodeat, et res omnes quae nascuntur et occidunt, ad hoc expectant quoque Dominum qui solus nihil expectat, nullo indiget, et sine quo res nec oriri possunt, nec occidere.

CAPUT QUINTUM.

ELEGANTIORUM LOCUTIONUM COLLECTIO.

Grammaticus Sina quem hic sequor, non mihi videtur sumere litteram 句 *kiu*, satis strictè. *Kiu* enim sinice significat idem quod graecè PHRASIS. Ideo istam litteram 句 dictionaria explicant per 止 *tchi*, sistere, et 絕詞 *sse-tsue*, verborum sensum abrumpere. Ergo ad hoc ut constet 句 *kiu* seu phrasis, sensus debet esse saltem aliquatenus absolutus. At Grammaticus iste

1° nullas colligit *kiu* unicâ littera constantes ; plures tamen esse certum est, quæ unicâ litterâ sensum plane absolutum ac finitum menti afferunt. 2° E contra in suis duarum vel trium litterarum phrasibus, plurimæ occurrunt quæ nullum per se solæ efficiunt sensum, atque hinc colligo, vel quod erret, vel quod per 句 *kiu* aliud intelligat quam nos per phrasim.

Licet praesens caput non tanti momenti sit quam alia quæ præcedunt, non erit tamen, ut opinor, inutile: Ex illâ enim abundantiâ phrasium simul collectarum stylus Sinicus magis ac magis cognoscetur; et eadem hæc copia Europæos Sinice scribentes poterit juvare. In plerisque enim his phrasibus habentur vel vetera proverbia, vel elegantes metaphorae, vel sententiæ graves, ac demum fere semper continent oppositionem vel cognationem aliquam in Sinico stylo prope necessariam.

§us. *PRIMUS.*

LOCUTIONES UNIUS LITTERÆ.

Colligitur sensum post unicam litteram esse absolutum, quoties talis littera juxta grammaticae leges cum sequentibus non potest jungi. Exempla haec habe: In libro *Chu-king* legitur 咨 *tsee*, et interpretes divinando, ut solent, aiunt esse vox admonentis.

吁 *yu*, apage.
於 *ou*, idem ac 嗚 *ou*, vox exclamantis.
都 *tou*, eumdem habet sensum.
俞 *yu*, est assentientis.
何 *ho*, quid ? quomodo ?

In eodem *Chi-king* leguntur nomina propria quae cum sint in vocativo casu, sequentem phrasim non ingrediuntur, sic 棄 *ki*, ô tu *Heou-tsi*; 契 *sie* ô tu *sie* ! 龍 *long*, ô tu *Long*!

Apud *Mong-tsee* et alios reperitur 然 *gen*, ita est : 否 *feou*, neutiquam ; 嗟 *tsie*, dolentis et exclamantis vox ; 噫 *y*, vel 意 et 嘻 eumdem sensum et usum habent; 毋 *vou*, non approbantis vox ; in libro *Lun-yu* 辭 *tsee*, recusavit, accipere noluit; 諾 *no*, benè est, recte mones, expecta tantisper; 惡 *ou*, 也 言 何 是 apage verò, quid dixisti ?

In familiari sermone : 是 *che*, ita est ; 來 *lai*, veni 去 *kiu*, abi ; 等 *teng*, expecta ; 呸 vel 啡 *pi*, vox est indignantis et quasi ad faciem expuentis ; 呀 *ya*, est admirantis &c.

§us. *SECUNDUS.*

LOCUTIONES DUARUM LITTERARUM.

1o. Sunt merae particulae affectus varios indicantes, v. g. 乎於 vel 戲於 et vulgo 呼鳴 *ou-hou*, eheu!

則何, 故何, 爲何, cur, quare, quam ob causam?

然雖 etiam si, ut ut sit.

何奈 *nai-ho*, quid igitur agendum?

來曷 cur venis?

之奚 quo pergis? etc.

2o. Duae litterae vere constituunt phrasim. v. g.

弔弗 *foe-tiao*, me miserum! quanta miseria!

乎怨 *yüen-hou*, an incusabat quemquam?

之亡 moriendum, vel morieris.

矣命 statutum ac mandatum est. Sic Confucius discipulo in extremis posito.

哉美 pulcherrimè, optimè.

云詩 liber *Chi-king* ait.

曰子 Confucius ait.

路首 iter aggredi.

筆潤 dare aliquid scribenti.

腹捧 toto splene ridere, Gallicè, *se tenir les cotes de rire.*

淺膚 non extimâ pelle crassius.

走下 sese demittere.

名釣 piscari famam.

送目 oculis deducere; Gallicè, *conduire de l'œuil.*

泣飲 combibere lacrymas.

言食 promissis non stare.

生平 per totam vitam.

息姑 quiete non debita frui.

L l 3

海上絲綢之路文獻集成　科技與文化编

Confucius à se procul removebat quatuor, 1°. 意毋 non erat judicio suo male alligatus. 2°. 必毋 *vou-pi* nihil tanquam certum asserebat. 3°. 固毋 *vou-kou,* non erat immobiliter fixus in ullâ re. 4°. 我毋 *vou-ngo* nullum erga se proprium ac privatum affectum habebat.

3°. In exemplis quae sequuntur, phrasis non est absoluta, sed sunt tantum appellationes elegantes variarum rerum, et ideo notandæ:

元泰 cœlum.
明朱 vel 君東 vel 龍燭 Sol.
和羲 auriga solis.
桑扶 arbor unde sol oritur.
駒白 aurora.
蝀螮 vel 弓帝 arcus cælestis.
娥嫦 luna.
舒望 vel 阿纖 auriga lunæ.
狼天 infausta stella.
夷女 spiritus florum.
化王 flos dictus *meou-tan.*
木王 arbor dicta 梓 *tsee.*
友仙 flos dictus *kouei.*
友淨 flos nenuphar.
友芳 flos vocatus *Lan.*
牙龍 fructus dictus *Li-tchi.*

Optimus equus dicitur 風追 vel 電追 Sicut dicimus ventis et fulminis ocior alis.
Tigris appellatur 君山
Oves vocantur 毛柔
Hircus est 郎髯 *gen-lang*
Hirundo 女天
Psittacus 鳥言
Testudo 夫玄
Formica 駒玄
Vinum dicitur 友紅 vel 伯歡 vel 郎桑 vel 蘖狂 vel 生蘭
Vinum itineris dicitur 酒佐
Semiebrius est 酒中 Gallicè *entre-deux-vins.*

atramentum 玄陳
lapis super quem teritur 昧鳳 vel 尾龍
penicillus 尾栗
papyrus 版玉
apud *Tchouang-tsee* 髮窮 est terra nuda, sine herbis.
廷殊 immortalium aula.
家世 homo nobilis.
仕筮 de novo factus mandarinus.
祖鼻 avus valde remotus.
孫耳 nepos longe distans ab avo.
鼎貴 aliquid valde pretiosum.
食玉 fercula delicatissima.
首黔 homines.
體玉 de pulchro corpore, quod pario marmore purius nitet.
貲高 dives.
生高 vel 生登 *teng-seng*, senex.
匠大 vel 斲輪 faber lignarius.
里羑 vel 圄囹 vel 土圜 carcer.
選少 vel 臾須 momentum temporis.
月玄 nova luna.
月陽 decima luna.
人舌 interpres, Gallicè *langue*.
玉水 crystallum.
貴翔 volare ad honores.
臺泉 sepulchrum, tumulus.
旁禪 sandapila.
故物 mortuus.
恙亡 sine morbo.
酊酩 valde ebrius.
彘人 inter homines scropha.
鏡水 aquae speculum, etc.

§us. *TERTIUS.*

LOCUTIONES TRIUM LITTERARUM.

1o. Sensus non est perfectus sicut No. 3o. superioris paragraphi, sic:
atramentum vocant 侯滋松
et 侯墨郎 est lapis ad terendum illud.
penicillus dicitur 君書中 vel 筆須鼠 vel 生先楮 : 一楮
est arbor ex qua fit papyrus, hinc charta dicitur 公國楮 vel 侯時好 vel 紙繭蠶
vinum appellatur 才秀麴 vel 物中杯 vel 醪腑換 vel
腸崘崐
pecunia est 兄方孔
brevis epistola est 書筆一 Gallicè, *un mot de lettre.*
杖壽靈 senum baculus 杖節九 idem.
毬晶水 flos dictus *meou-tan.*
奴枝荔 fructur dictus *long-yuen.*
香魂返 odor optimus.
駒里千 caballus juvenis et optimus.
虎中詩 bonus poeta.
龍中人 vir praeclarus.
Mulieres formosae dicuntur 花語解 vel 羞見花 vel 枝柳楊
Exiguus et pauper mandarinus 臣蝨蟣
Cœnobium pauperrimum 庵蝨捫
Sedes idoli Foe 座子獅
Simulacrum hominis 形人偶 Gallicè, *une marionnette.*
Vitæ brevis 人暮朝
Longævus 長秋春
Imber tertiâ lunâ cadens 水花桃
Parum admodum moratus 縱無唇
Citò 手覆反 Gallicè, *en un tour de main.*

海上絲綢之路文獻集成 科技與文化編

蛙中井 vel 蛙底井 Rana quæ ex suo puteo numquam exivit.
子中里 litteratus ruri degens.
食鼎五 Caro bovis, vervecis, porci, canis, et piscium.
蘭勝氣 odor gratissimus
詩聲無 egregia pictura.

2°. Satis raro invenitur una phrasis trium litterarum sola, nisi forte interroget, v. g.: 如何之 quid igitur? quid hoc sibi vult? 也謂何 quid hoc est? 哉以何 Quomodo ergo? 之用安 vel 之用焉 an illo uti quis potest? 知其豈 an hoc est sapientem esse? 誰其怨 quis tunc jure conquereretur?

3°. In optimis quibusque libris sæpe occurrunt phrases trium litterarum, sed plures et ad minimum duæ simul junguntur. Exempla illustriora seligo: 虎從風o龍從雲 Nubes sequntur *Long* et Tygridem venti; 書出洛o圖出河 Sic duæ illae mappæ prodierunt ex aquis; 地法卑o天效崇 alta cœlum, humilia terram imitantur; 懼多四譽多二功多五凶多三 Inter sex symbolorum lineas, 2a. laudari solet, et 4a timere; 3a est infelix, et 5a multis meritis splendet; 響影惟凶逆從吉迪惠 felicitas bonis, miseria improbis respondet, sicut umbra corpori et echo voci; 益受謙損招滿 superbis detrahitur, et additur humilibus; 壽曰二富曰一 etc. In primo gradu sunt divitiæ, in 2o longaevitas &c. Confucius ait: 樂於成禮於立詩於興 virtutis amantes incipiebant ab odis, erigebant se per ritus, perficiebantur per musicam; 近道人遠道天 cœli viae remotae sunt, hominis autem proximae; 範不範模不模 qui debent aliis exempla dare non dant; 隱使非使隱非 nihil valet, nec in negotio, nec in otio; 邵彌德高彌年 quo provectior aetas, hoc virtus illustrior; 狼也秦羊也周 Regnum *Tcheou* erat ovicula, et regnum *Tsin*, lupus rapax; 難業守易業創 facile est familiam fundare, fundatam diu conservare difficile est; 難勝守易勝戰 in praelio vincere facile est, difficile partâ victoriâ frui; 矩規右繩準左 alterâ manu libellam et funem, altera circinum et regulam tenere; 車無出魚無食 in mensâ non apponuntur pisces, in via non apparatur currus; 愈日今疾者昔 heri aegrotabam, hodie valeo; 之述子之作父 pater fecit, filius edidit; 生退無死進有 malo procedere et mori quam retrocedere et vivere; 亡死輕義仁重 malo mori quam peccare. In libro *Tao-te-king* legitur: 雌其守雄其知 et 塵其同光其和 Mong-tsee ait 彘母二雞母五 domi alendae sunt quinque gallinæ, et duae scrofae, seu porcae; 刑而怒賞而喜 homo qui agit prout afficitur, si laetus dabit munera; si vero iratus, verbera; 獸則怒人則好 si places illi eris homo ; si displices eris bestia ; 點五更號三雞 summo mane ; 麗其忘精其得 cum habetur quod subtilius est, oblivioni datur quod est crassius ; 雉野愛雞家輕 fastidit quae habet, et quae non habet desiderat ; 芻青馬飯白奴 quando servi habent albam orizam, equi habent bonum faenum; 穀年荒玉年豐 Cum abundamus, quærimus res inutiles; sterilis est annus, nihil pretiosius orizâ ; 涼者遠熱者近 prope nihil calidius ; longe nihil frigidius. *Tchouang-tsee* ait : 畢事萬一於通 qui unum benè semel penetravit, is omnia negotia perfecit; 人尤不天怨不 non incusat cœlum, non accusat homines; 罰表爲賞裏爲 premia et paenæ faciunt vestem duplicem: merces est textum exterius, paena est assutum, Gallicè *la doublure* ; 鹿麋友鰕魚侶 solitarius qui vitam agit in desertis silvis; 辰靈協日吉歷 fausto die, felici tempore ; 堂玉上○門金歷 ire ad suam domum; 酒美飲○騷離誦 legendo delicatissimum carmen *Li-sao*, optimum vinum bibere. *Han-yu* loquens de Bonziis ait : 人其人○書其火 oportet comburere eorum libros, et efficere deinde ut ipsi homines sint. Confucius ait : 壽者仁○樂者知○靜者仁○動者知 qui multa scire volunt, moventur; qui charitatem fovent, quiescunt; illi gaudent ad tempus; isti permanent diu. *Mong-tsee* ait : 天知則○性其知 Qui bene se novit, statim novit cœlum.

§us. *QUARTUS.*

SELECTIORES PHRASES 4or LITTERARUM.

Ex utraque hujus operis parte jam scitur abunde quod phrases quæ quatuor litteris constant etiam inter loquendum sint usitatissimæ, multo magis in libris. Non ergo mirandum est si plures in exemplum seligo.

懼不者勇○憂不者仁○惑不者知 vir sapiens non dubitat ; vir bonus non se macerat ; vir fortis non trepidat.

憂近有必○慮遠無人 qui non longe prospicit, non multum abest a mærore.
人於施勿○欲不所己 quod tibi non vis fieri, alteri ne feceris.
欺可不人 hominibus non licet imponere.
揜可不惡 malum abscondi non potest.
天在其聽○我在其盡 absolvere quæ à nobis pendent, et cœli voluntati obedire.
之言是由 vel 之覩是自 ex his patet *etc.*

漢語劄記

時之是當 vel 時之此於 tunc.
小則用自 o 裕則問好 qui alios consulit, magnus; qui se solum audit, parvus.
難惟之行 o 難非知 scire facile est; agere non idem.
長可不惡 o 失可不善 bonum non omittendum, malum non æternandum.
至必咎殃 o 時失樂哀 qui cupidines non frænat, feret infortunium.
傅安將毛 o 存不之皮 si pellis amittitur, quid fiet de pilis ?
竭先井甘 o 伐先木直 rectæ arbores primæ exciduntur et puteus bonæ aquæ prior siccatur.
息而入日 o 作而出日 laborare per diem, et per noctem quiescere.
非百其忘 o 善一人見 propter unam bonam actionem, oblivisci centum malas.
蠹生枯魚 o 蟲出腐肉 caro putrida et siccus piscis vermes generant.
亂則極酒 o 悲則極樂 extrema gaudii luctus occupat, et nimium vinum turbas excitat.
故若莫人 o 新若莫衣 in veste laudatur novitas, et in homine antiquitas.
足不者拙 o 餘有者巧 vafer abundat, et stupidus eget.
衰乃色正 o 內襲氣邪 si latet intus aliquid mali, in vultu naturalis color deperit.
青丹於甚 o 入染之學 studium melius tingit hominem, quam ullus color telam.
雨知居穴 o 風知居巢 animalia quæ sunt in nidis sciunt ventos, et quæ manent in cavis, ut formicæ, sciunt pluviam.
刑修食月 o 德修食日 solis eclipsis monet ut virtuti operam demus; et eclipsis lunæ ut de suppliciis cogitemus.
恭學不卑 o 儉學不貧 qui pauper est, sine studio fit parcus, et qui vilis, sine labore est urbanus.
水如心臣 o 市如門臣 boni subditi domus debet esse sicut forum, et ejus cor sicut aqua.
色慚無面 o 人負不心 si cor beneficium non obliviscitur, facies non erubescit.
意生有以 o 心食不菜 si herbarum cor non comedis, iterum pullulant.
刀如損其 o 毛如益其 ejus lucra minima sunt, damna vero maxima. (Agitur de vino.)
道亂學雜 o 德背語綺 verba nimis texta, virtuti nocent, et studium multiplex doctrinam conturbat.
美不言信 o 信不言美 bella verba non credenda, et credenda verba non sunt bella.
愚者矜自 o 敗者滿自 qui se ipso plenus est cadet, qui se jactat, stultitiam prodit.

身保慾寡○謗省言寡 qui parum loquitur detrectationibus non patet, et qui continens est seipsum servat.

爲擇人聖○言之夫狂 In sermonibus stulti non deest quod sanctus tollat et laudet.

肉還枯骨○燃更灰寒 cinis frigidus ignes iterum concipit, et ossa arida iterum carnem induunt.

折則強木○滅則強兵 exercitus fortis deletur, et lignum durius frangitur.

掉不大尾○折必大末 si ramus extremus magnus est, frangitur, si cauda magna est, non agitatur.

深害動利○淺辱輕榮 ubi modica gloria, injuriæ leves, et lucrum magnum magnis damnis patet.

食所無饑○飲所無渴 sitientes non habent potum, nec esurientes cibum.

去不之麾○來不之招 cum advocatur, non venit; cum mittitur non pergit.

市於人刑○朝於人爵 In aulâ palam decernere honores, et in publicis plateis supplicio afficere.

食而耕筆○衣而織舌 lingua texit et arat calamo, vivit ex linguâ et calamo suo : hæc jungo quia non sunt proverbia.

聲吠犬百○形吠犬一 pro uno cane qui latrat contra corpus, centum canes famæ allatrant.

土累於起○臺之層九 altissimus agger ex terrâ paulatim accumulata crevit.

末毫於生○木之抱合 proceræ arbores à virgâ creverunt.

言若辯大○拙若巧大 ingeniosus sit sicut hebes et eloquens sicut elinguis.

耕歸如不○明不經學 cum in veterum librorum studio non proficis, prœstat redire ad aratrum.

舟沉羽積○軸折輕群 levia simul collecta frangunt axim, et plumæ congestae mergunt navim.

仇之女醜○室入女好 puella formosa quae de novo advenit, à deformi tanquam æmula odio habetur.

春如行仁○秋如行威 majestas autumno, charitas veri comparatur.

輕爲鈞千○重爲翼蟬 si non placet, ala cicadae est gravis; si placit, onus mille librarum est leve.

心於事無○事於心無 nihil quaerit curare quia nihil est in corde.

焉面其如○同不心人 tam differunt corda quam ora.

也歸之民○爲所之上 Regis ad exemplar populus componitur.

遠謀能未○鄙者食肉 homo gulæ deditus vilis est, nec potest longe prospicere.

海上絲綢之路文獻集成　科技與文化編

召所人惟。門無福禍 miseria et felicitas nullam propriam januam habent, pendet que ab homine ut miser sit vel beatus.

勇無爲寧。厲素其與 melius est non esse fortis quam fieri crudelis.

名爾知亦。木草淮江 ipsa etiam flumina, ipsæ etiam plantæ tuum nomen loquuntur.

俎於登不。肉之獸鳥 carnem non manducat.

乎再可其。甚謂之一 unâ vice multum est: quomodo bis in id ipsum.

斗北之天。漢江之水 limpidus sicut aqua, sublimis sicut polus.

千三川支。百三川名 flumina ter centum, rivi ter mille.

言之唐荒。說之悠繆 verba inepta et chimerica.

是所其非。非所其是 illi semper in omnibus contradicere.

遊豕鹿與。居石木與 mediis silvis inter feras ætatem agere.

知不者言。言不者知 sapiens parum loquitur; qui loqui non desinit, stultus est.

聾之心猶。學涉不心 animus qui sese (*sic* cætera desunt.)

衆者之攻。心一主人 rex non habet nisi unum cor, sed qui expugnant illud sunt quam plurimi.

義覩惡目。仁聞厭耳 charitas offendit ejus aures, et justitia ejus oculos lædit.

桂於貴薪。玉於貴食 esca prætiosior est gemmis et arbos *kouei* vilior lignis quæ comburuntur.

恐則豺見。皮虎質羊 ovis licet tigridia pelle tegatur, si videt lupum tremit.

惡懲以罰。善勸以賞 premia ut excitentur boni, et supplicia ut terreantur mali.

缺者益自。益者損自 qui sibi detrahit abundat, et qui sibi addit deficit.

響影於敏。人應之天 cœlum citius respondet homini, quam umbra corpori, et echo voci.

尾其亡必。行勇蛇貪 avidus serpens amittit caudam.

貍狐問安。道當狼豺 cum debet loqui vulpes, non interrogatur vulpes.

書異得當。人異得不 defectu viri eminentis, consule libros optimos.

鯉尺無必。涔之蹄牛 in vestigio à bove impresso, non reperitur carpio longus uno pede.

羽藏不鳳。鱗隱不龍 *Long* non tegit squammas, nec *Fong* alas abscondit.

人小動利。子君動義 justitia sapientes, lucrum stultos movet.

墮者騎善。溺者游善 qui melius natant merguntur, et qui peritius equitant decidunt.

止則坎得。逝則流乘 beneficio aquae currentis transit, si occurrit fossa haeret.

N n 3

恃可不富o欺可不貧 pauperem ne decipias, et diviti ne innitaris.

恩蒙棘荆o穀五雨天 cœlum pluit super bonas fruges, et spinæ eodem beneficio fruuntur.

香者蘭近o臭者鮑近 qui appropinquat putridis piscibus fætet, et qui proximus est flori *Lan* bene olet.

交寡賤貧o士多貴富 divitibus multi sunt addicti, pauperem nemo curat.

後牛為無o口雞為寧 melius est percutere quam percuti.

穢形我覺o側在玉珠 ex ejus pulchritudine, sentio quam sim deformis.

我食食推o我衣衣解 vestes sibi detraxit ut me cooperiret, cibo se privavit ut me pasceret.

燭之膏蠟o燈之腦鳳 pretiosissima lampas et candela.

能而學不o染目濡耳 tam ingeniosus est, ut sine studio omnia possit.

二寡內海o雙少下天 non habet parem in mundo.

詩有中畫o畫有中詩 versus picturam oculis offerunt, et pictura est veluti carmen mutum: *ut pictura poesis erit.*

歲若陰寸o甚之思相 amanti vel unum momentum annus est.

槌如鈍我o錐如利君 tu es acutus sicut cuspis, ego vero obtusus sicut malleus.

之寒日十o之暴日一 pro uno die qui calidus efficitur, per decem dies frigidus efficitur.

崩者人失o興者人得 qui tenet hominum cor assurgit; qui vero illud amittit cadit.

胎有生禍o基有生福 felicitas non nascitur sine fundamento, et calamitas fructus est quem unusquisque parturit.

節改不窮o士廉人仁 virum bonum paupertas non immutat.

亡者力恃o昌者德恃 qui nititur virtute splendet, et qui viribus suis confidit peribit.

剛以亡齒o軟以存舌 lingua durat quia mollis, dentes cadunt quia duri sunt.

寧邦固本o本邦惟民 populus est regni radix; si firma radix, regnum in pace stat.

朋為二貝o友為二手 duæ litteræ 友 et 朋 amicos designant: in 友 sunt duae manus; iu 朋 sunt duo 貝; nihil amico utilius, nihil pretiosius.

納恩以難o心野子狼 homines feri et barbari, beneficiis non capiuntur.

志喪物玩 nimius luxus animi robur extinguit.

瑟造羲伏 *Fou-hi* fecit lyram.

琴造農神 *Chin-nong* fecit citharam.

鹽為沙宿 *Sou-cha* invenit sal.

矢作夷牟 *Meou-y* fecit sagittas.
弓作揮般 *Pouan-hoei* invenit arcum
書造頡倉 *Tsang-hie* litterarum author.
曆造成容 *Yong-tching* ordinavit calendarium.
律造倫伶 *Ling-lun* invenit musicam.
數造首隸 *Li-cheou* artem numerandi reperit.
兵造尤蚩 *Tchi-yeou* fecit arma.
車造仲奚 *Ki-tchong* fabricavit currus.
酒造狄儀 *Y-tie* vinum fecit.
楫爲狄共 *Ho-tie* addidit remos.
舟爲鼓共 *Kong-kou* extruxit naves.
井造益伯 *Pe-y* fodit puteos, etc.
市於利爭 o 朝於名爭, in palatio de gloria, in foro de lucro certatur.
心制禮以 o 事制義以 per justitiam negotia, per ritus cor regere.
意盡不言 o 言盡不書 libri non satis loquuntur, et animi sensus verba non satis exprimunt.
視善者聾 o 聽善者瞽 caeci optimum habent auditum, et surdi acutissime vident.
降雨烝雲 cum nubes densae sunt resolvuntur in pluviam.
發電合雲 cum simul junguntur nubes, fiunt fulgura.
聽目視耳 videt per aures et audit per oculos.
腸石心鐵 cor ferreum, saxea viscera.
心獸面人 habet vultum hominis et cor bestiae.
肉走尸行 cadaver ambulans, caro se movens.
歸死行生 vita via est et mors reditus.
禍樂亂好 turbis et calamitatibus delectatur.
珠聯玉綴 eleganter scribere vel loqui.
死觸生忘 vitae oblitus, mortem lacessit.
善累德積 accumulare bona merita.
譽求名干 velle laudari, facere sibi nomen.
勢藉權乘 authoritate abuti.
徒少耦寡 esse solum, paucos amicos numerare.
觀平聽公 aequum ac justum esse.

肝折心剖 viscera dilacerare vel cor aperire, nihil reticere.
書藉經枕 libros è manibus non deponere.
衣綺衿繡 vestes magnificae.
鞍踞馬下 ex equo descendere.
羔炰羊烹 coquere ovem et agnum assare.
胄免介脫 arma deponere, exuere.
兵合戰鏖 arma conserere.
譽香聞令 clarum nomen, pulchra fama.
德背善忘 virtuti nuntium remittere.
寒齒亡脣 sublatis labiis dentes frigescunt.
僞右實左 à sinistris veritas, à dextris mendacium.
吠狗鳴雞 gallus canit, canis latrat.
毛茹血飲 potare sanguinem, vorare carnem cum pilis.
歌朝飲夜 de nocte potare et mane canere.
靜海澄江 magna est tranquillitas.
惡稱美蔽 bona premere et mala silentio extollere.
水臨山登 adire montes et flumina.
新就故去 relinquere vetera et nova sequi.
家離鄉去 patriam et domum deserere.
俗易古變 mutare antiquas consuetudines.
生一死九 maximum periculum.
耘熱耕寒 hieme et aestate agros colere.
亂召禍起 turbas et calamitates accersere.
力竭心苦 toto corde, cunctis viribus.
心知容觀 ex vultu animum cognoscere.
尺退寸進 magis regredi quam progredi.

Haec conjunxi quia sunt merae phrases ab invicem disjunctae.

形隨水如o變之人聖 sanctus non mutatur, sed sicut aqua omnibus sese accommodat.

肉如不竹o竹如不絲 chordarum sonus est infra fistulam, et vox humana est super omnes fistulas.

婢問當織o奴問當耕 de colendis agris consule servos; de texendâ telâ consule ancillas.

心爾貳無o女臨帝上 Supremus Dominus appropinquat tibi; ne divide cor tuum. *Chi-king.*

珍者口適o味定無物 condimentum cibi fames; omnia sapida sunt esurienti.

崩如惡從o登如善從 operari bonum est quasi praeruptum montem ascendere; facere malum est veluti proclivi jugo labi.

載千辱榮o朝一失得 ex uno momento pendet gloria, vel dedecus sine fine.

疾必崩其o高而隙墻 si murus non est solidus, quo surgit altius, hoc cadit citius.

聲聽里千o塵望里百 pulvis cernebatur à centum stadiis, et sonitus audiebatur à mille.

光電如舌o星爍如目 oculi ejus sicut stellae et vox quasi fulgur.

子虎得不o穴虎入不 si vis tigridis catulos oportet penetrare ad tigridis antrum.

邪兎顧當o狗之麋逐 canis qui cervum sequitur an curat de lepore?

霸者臣賓o帝者臣師 qui subdito servit tanquam magistro est *Ti;* qui subditum tractat velut æqualem est *Pa.*

處久可不o下之功成 ne diutius quiescas sub tuis lauris: meritorum gloria parum durat.

殆不止知o辱不足知 qui paucis contentus est, infamiæ non patet, et qui novit sistere non cadit.

人負我毋o我負人寧 satius est injuriam accipere quam facere.

Sunt etiam nomina quatuor litterarum. v. g.:

Pecunia dicitur 人眞水白

Vinum optimum vocatur 事從州青

Atramentum est 守太香玄

Lapis super quem teritur est 侯鄉石離

Porcus 軍將喙長

Caper 簿主鬚長

Psittacus 者使衣綠

Nectare et ambrosia vesci. 芝茹醴飲

Nota. Vides quod in his omnibus exemplis satis raro adhibeantur particulæ; sed proverbia et graves sententiæ his adjumentis non indigent. Neque omnes particulæ locum habent in omni. Stylo quod autem litteræ litteris fere semper respondent et phrasi phrasis opponitur vel conjungitur; hoc vero solemne est in ejusmodi præclare dictis.

o o 3

Hæc selegi ex libro cui titulus 玄鍮學古; sed ex duobus tomis quibus constat, primus quem habeo desinit in phrasibus 4or. Litterarum; secundus quem nondum potui reperire habet phrases quæ quinque, sex, septem et octo litteris absolvuntur. Itaque expecto hunc librum ut præsens caput possim absolvere; aliter non sine labore aliquas phrases ex libris extrahere necesse erit.

§us. *QUARTUS.*

SELECTIORES PHRASES QUINQUE LITTERARUM.

INDEX.

海上絲綢之路文獻集成 科技與文化編

INDEX.

海上絲綢之路文獻集成　科技與文化編

海上絲綢之路文獻集成 科技與文化编

漢語劄記

海上絲綢之路文獻集成　科技與文化编

海上絲綢之路文獻集成　科技與文化編

漢語劄記

海上絲綢之路文獻集成　科技與文化编

漢文啓蒙

（*Élémensde la grammaire chinoise*）

［法］雷慕沙（Jean Pierre Abel Rémusat）著

《漢文啓蒙》，法國雷慕沙著。雷慕沙（Jean Pierre Abel Rémusat，一七八八—一八三三），法國漢學家。生於法國巴黎，一八一四年任法蘭西學院「漢文與韃靼文、滿文語言文學講座」教授，一生未曾來華。著有《韃靼語研究》等，譯作有《中庸》、《玉嬌梨》等。是書以法蘭西學院漢語講義爲基礎，廣採前人及當時中國語言研究成果，堪稱十九世紀漢語語法研究代表性著作。其對官話語法理解深入，不復以拉丁語語法概念生搬硬套。序言介紹西方各國漢語研究史、此書功用、特點、漢語學習方法；緒論介紹漢字及語音知識；語法分古文、官話，介紹文言與白話之區別；附録介紹漢籍標點方法、形式、詩歌及皇家圖書館所藏資料。據一八二二年巴黎版影印。

ÉLÉMENS

DE LA

GRAMMAIRE CHINOISE.

ÉLÉMENS

DE LA

GRAMMAIRE CHINOISE,

OU

PRINCIPES GÉNÉRAUX

DU KOU-WEN ou STYLE ANTIQUE,

ET DU KOUAN-HOA, c'est-à-dire, DE LA LANGUE COMMUNE GÉNÉRALEMENT USITÉE DANS L'EMPIRE CHINOIS.

PAR M. ABEL-RÉMUSAT,

De l'Académie royale des Inscriptions et Belles-Lettres, Professeur de Langue et de Littérature chinoises et tartares au Collége royal de France.

PARIS,

IMPRIMERIE ROYALE.

1822.

...... Mihi videtur ineptum velle linguæ sinicæ adaptare pleraque vocabula quibus utuntur nostri grammatici. Consultius multò erit, sepositis illis grammaticæ quisquiliis, per varia selectaque exempla, ad legitimum germanumque sinicæ loquelæ usum et exercitationem, tyrones festinato compendiosoque gressu veluti manu ducere.

PREMAR. *Notit. Ling. sinic.* I. part. pag. 26.

PRÉFACE.

Les obstacles et les préjugés qui se sont opposés jusqu'ici aux progrès de la littérature chinoise en Europe, semblent diminuer de jour en jour; et l'on peut prévoir le moment où les uns se trouvant levés complètement, et les autres tout-à-fait dissipés, l'étude du chinois deviendra aussi facile que celle de toutes les autres langues orientales, peut-être même que celle de certaines langues européennes. De bons ouvrages composés sur différens sujets d'histoire ou de géographie, de philosophie ou de belles-lettres, ont permis de mieux apprécier l'étendue des richesses contenues dans ces livres chinois, demeurés enfouis depuis si long-temps au milieu de la poussière de nos bibliothèques. La publication du Dictionnaire chinois-latin du P. Basile de Glemona, des premières livraisons de celui du Rév. R. Morrison, du Supplément de M. Klaproth, de quelques textes accompagnés de versions littérales, et, plus que tout cela, la création d'une chaire de langue et de littérature chinoises au Collége royal, semblent autant d'encouragemens qui appellent les étudians à la culture d'un champ trop long-temps négligé, et qui promet à leurs efforts des moissons aussi abondantes que variées.

Au milieu de tant de secours, le plus utile, le plus indispensable de tous manquoit encore, et le besoin s'en faisoit vivement sentir à ceux que leur position ou leurs travaux empêchoient de suivre les leçons du Collége royal, et d'y

a 3

recueillir les dictées qui, depuis six ans, forment la base et comme le texte des leçons du professeur. On devoit desirer une grammaire élémentaire, qui pût contenir toutes les règles vraiment nécessaires à l'intelligence des livres chinois, et qui ne contînt que cela; un livre court, mais substantiel, qui pût suffire aux commençans, et les dispenser de recourir à une multitude d'ouvrages volumineux, rares et chers, dont aucun en particulier n'avoit mérité de devenir classique. Ce besoin, qu'éprouvoient aussi ceux qui suivoient le cours de chinois avec le plus d'assiduité, avoit été prévu par le professeur. Aussi, dès la première année de l'exercice de sa chaire, s'occupa-t-il avec empressement de rédiger par écrit les principes de la langue qu'il enseignoit, pour en faire part à ceux qui voulurent les écrire sous sa dictée; se réservant toutefois d'ajouter de vive voix à ce thème tous les éclaircissemens que pourroient réclamer les difficultés qui lui étoient opposées. Ainsi éprouvée par une expérience de cinq années, et accrue de tout ce qu'une discussion approfondie, des observations répétées, et quelquefois des objections judicieuses de la part d'auditeurs éclairés, ont pu y faire ajouter, cette dictée a paru bonne à publier, tant en faveur de ceux qui ne peuvent assister aux leçons, que de ceux qui les suivent avec exactitude. Les premiers en auront le résumé à leur disposition; les autres seront dispensés de la peine de le transcrire à chaque séance : méthode lente et pénible, qui entrave la marche des études élémentaires, recule l'époque où l'on peut se livrer à l'explication des textes, et exige, de la part des auditeurs, un concours actif et une persévérance soutenue, qu'on n'est pas toujours en droit d'attendre d'eux.

Comme il n'y a rien de plus important pour un auteur

que de se justifier du soupçon d'avoir mis au jour un livre superflu, et, pour un professeur, que de faire voir qu'il n'a pas cédé à une puérile manie d'innovation, en introduisant une méthode d'enseignement qui n'avoit pas encore été suivie jusqu'à lui, on croit utile de passer en revue les ouvrages du même genre qui ont été composés avant celui-ci, et de montrer, par une critique rapide, quelles sont les imperfections qui ont pu rebuter les étudians et s'opposer à leurs progrès. Huit ou dix ouvrages grammaticaux sur la langue chinoise ont été composés depuis plus d'un siècle; et, chose remarquable, ce nombre est peut-être double de celui des Européens qui, depuis la même époque, ont fait de véritables progrès dans le chinois. Il est bon, sans doute, d'examiner si l'on doit attribuer ce défaut de succès aux difficultés dont on a cru si long-temps que l'étude de la langue chinoise étoit hérissée, ou si la faute n'en seroit pas plutôt aux auteurs de grammaires chinoises, au système qu'ils ont embrassé et aux principes qui les ont guidés dans le choix des règles qu'ils avoient à présenter.

La plus ancienne des grammaires chinoises, vraiment dignes de ce nom, dont on ait connoissance, est celle du P. Varo, dominicain, laquelle a été imprimée à Canton, en 1703, avec des planches de bois, à la manière chinoise (1). Cet

(1) Ce livre excessivement rare, et dont la bibliothèque du Roi ne possède pas d'exemplaires, est un volume *in-8.°* de 64 doubles feuillets, pliés à la manière chinoise, savoir: 1 pour le frontispice, 3 pour la préface, 50 pour la grammaire, et 10 pour le *brevis Methodus confessionis* latin-chinois (en lettres latines), du P. Basile de Glemona. L'ouvrage même est en espagnol, et intitulé : *Arte de la lengua mandarina, compuesto por el M. R.° P.e Francisco Varo, de la sagrada orden de N. P. S. Domingo, acrecentado y reducido a mejor forma, por N.° H.° Fr. Pedro de la Piñuela, p.or y commissario prov. de la Mission serafica de China;*

a 4

ouvrage très-rare ne seroit peut-être pas indigne d'être réimprimé ; mais il faudroit qu'on ajoutât les caractères aux mots chinois, qui sont tous en lettres latines. L'auteur, qui travailloit pour les missionnaires ses confrères, ne s'est attaché qu'à donner les règles du style familier, le plus nécessaire pour la publication de l'évangile. Il a beaucoup insisté sur la prononciation, matière si difficile à traiter par écrit, et qui n'a d'importance que pour ceux qui veulent parler le chinois. Si l'on ôtoit du livre du P. Varo les longs détails qui ont rapport à ce sujet, et les instructions sur la civilité chinoise, qu'il donne pareillement avec beaucoup d'étendue, il resteroit moins de trente feuillets pour la grammaire proprement dite. Or, dans cette partie de l'ouvrage, on remarque un défaut essentiel, qui a été imité par presque tous les successeurs du P. Varo. Ce religieux, comme il le dit lui-même, s'est conformé à la méthode suivie dans la grammaire latine de Nebrixa ; et quoiqu'il ait rassemblé un assez grand nombre d'idiotismes chinois, on ne peut nier que l'imitation des procédés grammaticaux suivis pour le latin, ne l'ait souvent éloigné du véritable génie de la langue chinoise. Il est du moins bien certain qu'il eût pu remplir le court espace qu'il s'étoit réservé, de notions plus utiles que ne le sont des paradigmes de déclinaisons et de conjugaisons, pour une langue qui n'admet pas de cas dans les noms, ni de temps ni de modes dans les verbes.

Une grammaire manuscrite et anonyme que possède la

Añadio se un Confesionario muy util y provechoso para alivio de los nuevos ministros. Impreso en Canton, año de 1703. — Le P. Horace de Castorano nous apprend que le P. Placide *a Valsio* est celui qui a gravé ce livre espagnol en planches de bois. *Parva elucubratio*, Ms. de la Propag. 1739, pag. 13.

海上絲綢之路文獻集成 科技與文化编

bibliothèque du Roi, offre la plus grande analogie avec celle du P. Varo, dans l'ordre des énoncés et même dans le choix des exemples : quoiqu'elle semble d'abord plus complète et plus étendue, puisqu'elle occupe cent soixante-dix-huit pages *in-f.°* (1), elle ne contient réellement aucune addition essentielle; elle est pareillement toute en lettres latines, et offre seulement une liste des vocables, accompagnés des caractères originaux. Le jugement que nous avons porté sur la grammaire du P. Varo, s'applique donc tout-à-fait à celle-ci, dont l'auteur ne nous est pas connu. Peut-être est-ce la même que celle du P. Montigny, dont Fourmont parle en plusieurs endroits. Ce missionnaire, ainsi que le P. Horace de Castorano, avoient composé des grammaires chinoises; mais on ignore ce qu'elles sont devenues depuis Fourmont, qui dit les avoir eues entre les mains. Il est permis de croire qu'elles étoient calquées sur la grammaire du P. Varo, et que par conséquent la perte n'en est pas irréparable.

Un autre traité grammatical inédit, que possède la bibliothèque du Roi, est la *Notitia linguæ sinicæ*, du P. Prémare, en trois volumes. Fourmont a aussi beaucoup parlé de cet excellent ouvrage; mais on peut dire qu'il n'en a fait que bien incomplètement sentir le mérite, si même il ne l'a pas sciemment dissimulé. Le P. Prémare est le seul qui ait tracé nettement la division des deux styles chinois, que tous les autres grammairiens ont confondus. Il en donne séparément les règles, et entre en de grands détails sur l'emploi des par-

---

(1) La suite du manuscrit contient des dialogues familiers, composés, il y a plus de cent ans, par un missionnaire portugais. Parmi ces dialogues, se trouvent plusieurs de ceux qu'a publiés M. Morrison, dans les *Dialogues and detached sentences*. Macao, 1816, grand *in-8.°*

ticules, soit dans la langue vulgaire, soit dans la langue savante, en justifiant chaque assertion par de nombreux exemples; ou, pour mieux dire, il fait sortir les règles qu'il propose, de la comparaison de textes pris dans les meilleurs auteurs, rapprochés et expliqués avec le plus grand soin. Fourmont donne à entendre que, dans cet ouvrage, le P. Prémare a fait plutôt une rhétorique qu'une grammaire (1). En effet, le savant missionnaire a réuni beaucoup d'observations sur le style et les figures oratoires, plus utiles à ceux qui voudroient apprendre à composer en chinois, qu'à ceux qui se contentent d'acquérir la connoissance des principes de la langue, et de s'ouvrir un accès à l'intelligence des auteurs; mais il n'a pas pour cela négligé les élémens, et le seul reproche fondé qu'on puisse lui adresser, c'est peut-être de les avoir traités avec trop d'étendue; d'avoir trop considéré de cas particuliers, au lieu de les réunir en forme d'observations générales; d'avoir, en un mot, donné plutôt une liste de phrases expliquées, qu'une grammaire proprement dite. C'est ce qui s'opposera toujours à la publication de ce précieux travail, qui ne contient guère moins de douze mille exemples et de cinquante mille mots chinois. On ne peut dire non plus que le plan suivi par l'auteur convienne à un ouvrage élémentaire destiné à des commençans; mais ceux qui ont déjà une teinture de la langue, gagneront beaucoup à l'étudier, puisqu'ils pourront y puiser des notions de littérature, qu'autrement ils ne sauroient se procurer que par une lecture assidue des meilleurs écrivains chinois, continuée pendant de longues années.

(1) *Grammat. sin. præf.* p. 16.

海上絲綢之路文獻集成　科技與文化編

La partie du *Museum sinicum* (1) de Bayer qu'on peut appeler vraiment grammaticale, se réduit à cent trente-quatre pages du premier volume, avec un appendix de trente-trois pages sur la grammaire du dialecte de *Tchang-tcheou ;* car on ne sauroit y comprendre la longue préface où ce savant rappelle les travaux dont le chinois a été l'objet avant lui, ni l'essai de vocabulaire, si imparfait, qu'il donne dans le second volume, ni les mémoires sur l'antiquité chinoise, que ceux des missionnaires français sur la même matière ont si complètement fait oublier, ni ses tables de cycles, de noms de poids et de mesures, morceaux utiles, mais tout-à-fait étrangers à l'art grammatical. La plus grande moitié de cette grammaire est encore occupée par des détails sur l'écriture, les dictionnaires, la poésie. Il reste cinquante pages environ, qui n'offrent, sur le mécanisme de la langue, que les notions les plus vulgaires, presque dépourvues d'exemples. Les caractères originaux, n'ayant pu être imprimés dans le texte, sont rejetés sur des planches de cuivre, auxquelles il faut recourir par des renvois. Ils y sont d'ailleurs si mal représentés, que c'est tout ce que peut faire un homme exercé que de les reconnoître: qu'on juge de l'embarras qu'ils doivent faire éprouver aux commençans. Du reste, on peut à peine appeler *grammaire* l'explication de quelques pronoms et particules, sans citation d'exemples, sans analyse, sans règles précises sur la construction, le rapport des mots, la contexture des phrases. La langue chinoise étoit sans doute bien mal connue en Europe, dans un temps où un savant tel que Bayer étoit réduit à se

(1) Theoph. Sigefr. Bayeri *Museum sinicum, in quo sinicæ linguæ et litteraturæ ratio explicatur.* Petropol. 1730, 2 vol. *in-8.°*

contenter d'aperçus si vagues et d'essais si peu satisfaisans.

Les deux ouvrages de Fourmont (1) durent paroître infiniment supérieurs au *Museum sinicum*, à une époque où il y avoit si peu de juges compétens. L'auteur avoit grand soin de relever l'importance de son travail ; et les expressions de ses préfaces rappellent plus d'une fois cet auteur espagnol qui a intitulé une grammaire basque : *El imposible vincido*. Il est pourtant certain, comme on l'a déjà dit ailleurs, que Fourmont a grossi les difficultés de la langue, et dissimulé quelques-uns des secours que lui fournissoient ses devanciers : ceux qu'il a laissés lui-même à ses successeurs, ne gagnent pas à être considérés de près. On peut dire que Fourmont est un des auteurs qui ont le plus répandu d'idées fausses sur le chinois. Ses *Méditations* sont un livre obscur et presque inintelligible, rempli de notions vagues, inexactes, ou tout-à-fait erronées. Ce qu'il y a de moins mauvais dans ce volume, est un tableau des radicaux ou clefs, que plusieurs auteurs ont reproduit, et qui n'en est pas moins rempli d'erreurs.

Quant à la grammaire, on voit par le titre même qu'elle est destinée à faire connoître les règles du *kouan-hoa*, ou de la langue *mandarine;* par conséquent, on n'est pas en droit d'exiger de l'auteur les principes du *kou-wen* ou de la langue des *King* et des livres historiques. Mais ce qui étoit indispensable, c'eût été d'avertir les lecteurs de cette particularité. Effectivement, après avoir bien étudié cette grammaire, on seroit fort étonné, en ouvrant un livre, et sur-tout un livre

(1) *Meditationes sinicæ*, 1737, *in-f.°* — *Linguæ Sinarum mandarinicæ hieroglyphicæ Grammatica duplex*, 1742, *in-f.°*

海上絲綢之路文獻集成 科技與文化編

ancien, de n'y trouver, ni les marques des cas, ni les particules, ni le système de conjugaison, donnés par Fourmont. Son ouvrage, en le supposant bon, pourroit servir à ceux qui voudroient parler le chinois; mais il est à-peu-près inutile pour l'intelligence des livres. C'est ce que disoient hautement, dans le temps où parut la *Grammatica sinica*, les PP. Guigue et Foureau, qui ont composé des examens critiques de cette grammaire. Ils blâmoient encore la méthode qui y étoit suivie, comme trop servilement calquée sur celle des grammairiens latins, et comme peu propre, par conséquent, à faire apprécier le génie particulier de la langue chinoise. Il est surprenant que cette observation ne les ait pas conduits à une découverte plus fâcheuse encore pour Fourmont, puisqu'elle attaque tout-à-la-fois l'érudition chinoise et l'honneur littéraire de ce savant philologue.

Fourmont avoit reconnu lui-même que le fonds de sa grammaire et l'ordre qu'il y avoit suivi, s'accordoient admirablement avec ceux d'un ouvrage du même genre, rédigé par le P. Horace de Castorano (1) : *Convenientiam inter nos, quam fieri poterat maximam*, dit-il, *sumus admirati; quoad grammaticam divisio etiam eadem* (2). Et ailleurs : *Quod mirati ambo sumus, non solùm de re summâ, sed in ipsis etiam* titulis, *ac* titulorum *numero collatæ, convenêre et grammatica ejus et mea, ita ut* divisio *earum prorsus eadem* (3). *Caterùm*, ajoute-t-il,

(1) Fourmont appelle par erreur ce missionnaire *Casarano*. On peut voir, sur la vie et les ouvrages du P. de Castorano, une notice dans le *Journal des savans*, de décembre 1760. J'ai parlé de sa *parva Elucubratio*, dans mon *Plan d'un Dictionnaire chinois*, pag. 9 et suiv.

(2) *Gramm. sin. præf.* p. 30.

(3) *Medit. sin. præf.* p. 14.

eâ de re non obstupescat lector, neque id fieri aliter potuit. 1.° Lingua eadem; 2.° si dictionariis usus est sinicis, fons idem. Voilà qui rendroit bien raison de l'identité des règles, mais non de la conformité dans la division et jusque dans les titres des chapitres. Un autre rapprochement eût fait cesser l'étonnement des deux grammairiens, si cet étonnement étoit sincère de leur part : la grammaire de Fourmont (et par conséquent aussi celle du P. Horace, qui lui ressembloit tant) offre encore la plus frappante conformité avec un troisième ouvrage plus ancien, la grammaire du P. Varo. L'analogie, en ce qui concerne la *Grammatica sinica*, ne sauroit être plus frappante. Elle ne s'arrête pas aux titres des chapitres, mais elle porte aussi sur le choix des exemples, et jusque sur leur arrangement dans chaque article. Les mêmes phrases, toujours composées des mêmes mots et disposées dans le même ordre, se retrouvent dans les deux grammaires, de sorte que celle de Fourmont n'est, à proprement parler, qu'une traduction latine de celle du P. Varo. Ainsi, ce dernier a eu le même sort que son confrère le P. Basile de Glemona, dont le dictionnaire chinois-latin, après s'être perpétué par une foule de copies qu'en ont faites les missionnaires de la Chine, a fini par être imprimé, de nos jours, sous le nom d'un autre. Ce qu'il y a de plus blâmable dans le procédé de Fourmont, c'est d'avoir tâché d'atténuer, autant qu'il étoit possible, le mérite de la grammaire du dominicain, et de prévenir le soupçon de plagiat, en assurant qu'il n'avoit reçu le livre du P. Varo qu'après la composition de sa grammaire, *postquam*, dit-il, *dictionaria mea grammaticamque sinicam confecissem* (1).

(1) *Medit. sin. præf.* p. 21.

On ne pouvoit se dispenser de faire mention de cette particularité d'histoire littéraire, d'abord parce qu'elle doit faire compter une grammaire chinoise de moins, puisque celle de Fourmont se trouve n'être qu'une copie ou une traduction de l'*Arte de la lengua mandarina;* et ensuite parce qu'elle montre la source d'une infinité d'erreurs graves qui sont dans la *Grammatica sinica.* Le P. Varo n'avoit pas mis de caractères aux phrases chinoises qu'il rapportoit, mais il avoit marqué régulièrement la prononciation et les accens. Fourmont a ajouté les caractères, mais très-souvent il s'est trompé dans le choix de ceux qui avoient la même prononciation : circonstance qui acheveroit, s'il en étoit besoin, de démontrer jusqu'à l'évidence qu'il ne travailloit pas sur des textes, mais d'après des phrases écrites en lettres latines. Remarquez de plus que les trois cent quarante pages *in-f.°* de sa grammaire ne contiennent presque pas plus de matière que les cent pages du P. Varo, parce qu'il s'est servi, pour l'impression des exemples, d'un *corps* de caractères chinois d'une grosseur excessive, qui occupent une place considérable et laissent beaucoup de *blancs.* Il est, au reste, superflu d'ajouter que tous les reproches qu'on a faits précédemment au travail de Varo, trouvent ici leur application rigoureuse.

De 1742, qui est l'année où parut la *Grammatica sinica,* il faut passer tout d'un coup à 1814, époque où M. Marshman a donné sa *Clavis sinica* (1). Le temps qui s'est écoulé entre ces deux publications, n'a donné naissance à aucun ouvrage sur la grammaire chinoise ; car on ne sauroit compter les *Elementary characters* du docteur Hager, ni quelques autres

(1) Serampore, 1814, gr. *in-4.°* de plus de 600 pages.

ouvrages moins médiocres, qui traitoient plutôt de l'écriture que de la grammaire, et de la composition des caractères que du mécanisme de la langue. On sera court sur l'ouvrage de M. Marshman, ainsi que sur le traité suivant du docteur Morrison, parce qu'on en a rendu ailleurs un compte détaillé (1). La *Clavis sinica* n'étoit d'abord qu'une dissertation préliminaire, ou une sorte d'introduction à la traduction de Confucius, que M. Marshman avoit entreprise, et dont il a publié le premier volume (2). L'auteur a ensuite considérablement étendu cette dissertation, toutefois en conservant le fond primitif de son ouvrage, lequel consistoit principalement en observations sur le style du *Lun-iu*, ce livre des disciples de Confucius qu'il a commencé de traduire. Il s'étoit borné à justifier ces observations par des exemples tirés presque uniquement de cet ouvrage, et de deux ou trois autres de la même époque. Il en résulte que son travail est encore à présent tout-à-fait spécial, et n'offre, pour ainsi dire, que la grammaire d'un seul livre chinois, d'un livre qui, par sa concision antique, est bien loin d'offrir toutes les formes du style plus moderne, et moins encore celles du langage habituel. M. Marshman a d'ailleurs traité beaucoup de questions étrangères à son sujet; et si, laissant de côté ces digressions inutiles, on comptoit les exemples cités et traduits, qui sont tout ce qui peut servir aux étudians, on n'en trouveroit pas deux par page. Il y a donc tout à-la-fois insuffisance et prolixité dans cet

(1) Voyez le *Journal des savans*, février et mars 1817, pour la *Clavis sinica*, et février 1818, pour la *Grammar of the chinese language*.

(2) *The Works of Confucius, containing the original text with a translation*, vol. Ier Serampore, gr. *in-4.°*, 1809. — Voyez la *Notice* de cet ouvrage dans *le Moniteur*, 1814, n.° 36.

ouvrage, qui est d'ailleurs fort rare, et d'un prix à peine accessible au plus grand nombre des étudians (1).

Quant à celui du docteur Morrison (2), c'est le premier ouvrage que cet auteur ait composé sur le chinois, et cette circonstance est nécessaire à remarquer pour un critique équitable. Le premier besoin d'un Européen qui arrive à la Chine, sur-tout dans le but qui y a conduit M. Morrison, est de se procurer, dans la langue qu'il veut apprendre, les équivalens des formes auxquelles il est accoutumé dans sa langue maternelle. Telle est la cause du soin avec lequel l'auteur s'est attaché à traduire en chinois les anglicismes et jusqu'aux locutions composées avec les verbes auxiliaires *to have, to be, to can, to do*, dans leurs divers temps et modes, en les poursuivant dans toutes leurs combinaisons. Ceci fait pressentir le genre particulier d'utilité de cet ouvrage, qui peut servir pour apprendre à traduire de l'anglais en chinois; mais les règles simples de la langue, telles que les comporte la marche ordinaire de sa phraséologie naturelle, y sont remplacées le plus souvent par des patrons de phrases, dont à peine les modèles se rencontreront dans les livres. On n'y trouve pas tout ce qu'on a besoin de savoir, et l'on y trouve bien des choses qu'on peut se dispenser d'apprendre. Du reste, ce petit livre n'en est pas moins rempli d'observations utiles, et l'auteur a bien mérité de ses compatriotes, en leur offrant, dès ses premiers pas dans la carrière, un guide qui leur permet de marcher sur ses traces.

---

(1) 5 liv. 5 shill.

(2) *A Grammar of the chinese language.* Serampore, 1815, *in-4.°* de 280 pag. Prix: 1 liv.

b

En exprimant franchement, sur tous ces différens ouvrages, un jugement dont la forme paroît toujours un peu sévère, quand le défaut d'espace oblige à le renfermer dans un petit nombre de paroles, on n'a pas eu l'intention de diminuer la juste portion de gloire qui peut revenir à chaque auteur, et moins encore de leur refuser le tribut de reconnoissance qu'on leur doit. On aime au contraire à avouer qu'il n'en est aucun auquel on n'ait emprunté des remarques plus ou moins importantes, et que si l'on n'a pas désespéré de mieux faire, c'est qu'on avoit devant les yeux leur exemple à suivre ou à éviter. L'ouvrage du P. Prémare, en particulier, est celui qu'on a le plus souvent mis à contribution, non pas seulement parce que la *Notitia linguæ sinicæ* étant un livre inédit, il pouvoit être plus convenable de faire revivre ce travail d'un compatriote, enveloppé dans un injuste oubli; mais aussi parce que ce savant missionnaire semble avoir eu, sur tous les Européens qui se sont occupés de grammaire chinoise, le précieux avantage d'avoir acquis, par une lecture immense, un plus grand fonds de connoissances philologiques, et d'avoir puisé plus abondamment qu'eux tous aux sources de la bonne littérature. On a cru sur-tout devoir le prendre pour guide dans l'emploi de cette double méthode, qu'on a reconnue éminemment propre à faire pénétrer plus promptement et plus sûrement les étudians dans le véritable goût chinois, en leur présentant d'abord, avec les formes auxquelles ils sont accoutumés et dont ils ont tant de peine à se détacher, tout ce qui, dans la grammaire chinoise, peut rentrer naturellement sous nos divisions de parties de l'oraison, pour se hâter ensuite de revenir au système des Chinois par une récapitulation des emplois divers auxquels ils assujettissent leurs particules.

海上絲綢之路文獻集成　科技與文化編

漢文啓蒙

Il a semblé que cette manière de présenter les choses avoit l'avantage de ne pas effaroucher l'esprit des commençans, et de ne pas non plus altérer les principes de la langue, en les faisant entrer de gré ou de force dans un cadre auquel ils sont étrangers. L'expérience a déjà justifié cette idée dans les leçons orales : on souhaiteroit qu'elle se trouvât confirmée par l'épreuve ultérieure à laquelle l'impression va soumettre le précis de ces leçons.

On ne fait nulle difficulté d'avouer que plusieurs exemples qu'on trouvera rapportés dans ce volume, ont été empruntés, soit à l'ouvrage du P. Prémare, soit aux autres dont on vient de parler : l'invention, en ce genre, n'est pas un mérite à réclamer. Mais ce qu'on croit pouvoir assurer, pour la sécurité des lecteurs et des étudians, c'est qu'il n'est pas un seul de ces exemples qui n'ait été vérifié sur les originaux. On a compulsé à cet effet un grand nombre d'ouvrages anciens, philosophiques ou historiques, pour le *kou-wen*, et de romans, pour le *kouan-hoa*. Quelque importance qu'on doive attacher aux règles qui sont l'expression de ce qu'il y a de commun dans un grand nombre de cas particuliers, on doit par-dessus tout s'attacher aux phrases citées, s'habituer à les analyser pour se faire au goût chinois, et à les graver dans sa mémoire, pour les appliquer aux phrases du même genre qu'on rencontrera ensuite dans la lecture des auteurs. C'est pour rendre ce travail plus facile et plus profitable, qu'on s'est astreint presque par-tout à rapporter les phrases entières, et à donner d'abord le sens isolé de chaque mot, puis le sens complet de chaque phrase. Rien ne sera plus utile que de comparer ces deux sortes d'interprétations, et de reconstruire l'une en employant les élémens de l'autre. Par-là on se fera

b 2

海上絲綢之路文獻集成 科技與文化編

une juste idée de la construction et du rôle que chaque particule joue dans la phrase chinoise. Les analyses qui doivent servir de base à cette étude, ayant été rédigées avec le plus grand soin et d'après un grand nombre de passages similaires, on fera bien de s'en tenir, du moins dans les commencemens, à l'indication des rapports, telle qu'elle est présentée ici, pour ne pas risquer de contracter, dans l'explication de phrases si éloignées des formes auxquelles nous sommes accoutumés, des habitudes qui pourroient écarter du sens chinois. L'expérience qu'on en a faite est le motif du conseil qu'on adresse ici aux étudians.

Ce qui ne pouvoit être emprunté de personne, parce que personne encore n'avoit examiné la langue chinoise sous ce point de vue, ce sont les règles de la construction chinoise, et les observations qui ont pour objet de faire sortir de la position respective des mots et des phrases, la notion précise de leurs rapports, et de la manière dont ils concourent au sens général. C'est une lecture assidue des meilleurs livres, entreprise depuis long-temps, et continuée pendant plusieurs années, qui a permis d'atteindre ce résultat. On ose dire que, par-là, la grammaire chinoise est mise en un jour tout-à-fait nouveau, et tout autrement satisfaisant, soit pour ceux qui étudient le génie des peuples dans la constitution de leurs langues, soit pour ceux qui se bornent à acquérir l'intelligence de leurs monumens littéraires. Car qu'y auroit-il de plus étrange aux yeux des uns, et de plus décourageant pour les autres, que de voir un idiome où les mots, privés de désinences qui marquent leur nature diverse et leurs rapports mutuels, se trouveroient encore jetés arbitrairement dans la phrase; de manière que leur arrangement étant un effet du hasard,

漢文啓蒙

donneroit lieu à vingt interprétations diverses, et qu'une chance heureuse pourroit seule faire retrouver le sens de l'auteur. C'est pourtant là l'idée que des hommes judicieux se sont formée et se forment peut-être encore de la langue de Confucius ; bien plus, c'est d'après cette notion qu'ont été faits en Europe tous les essais de traduction qu'on y a hasardés, parce que ceux mêmes qui ont le mieux su le chinois, traduisoient plutôt par un sentiment vague et incertain, que par une observation rigoureuse des procédés de la langue. Ce préjugé, produit par la manière peu réfléchie dont on avoit examiné les livres chinois, doit disparoître avec les autres ; et quand les observations qui le combattent n'auroient produit que ce bon effet, on ne croiroit pas avoir tout-à-fait perdu la peine qu'elles ont coûté.

On a cru faire une chose utile en distribuant toutes les notions élémentaires renfermées dans cette grammaire, en un certain nombre de paragraphes numérotés. Cette méthode, empruntée des géomètres, a d'assez grands avantages : elle assujettit à un classement plus rigoureux des matières, en détermine la division d'une manière plus analytique, aide la mémoire des étudians, et fait éviter les répétitions, en facilitant les renvois. Ainsi, toutes les fois qu'un terme technique, une expression prise dans un sens de convention, ou une notion qui a besoin d'éclaircissemens, se trouveront reproduits hors de leur place naturelle, on y joindra entre parenthèses le numéro du paragraphe où l'explication détaillée en est donnée. L'étudiant sera toujours en état d'y recourir, et de s'assurer s'il a encore présentes à la mémoire les règles qui ont déjà passé sous ses yeux.

Il y a un point pour lequel on a cru devoir s'écarter

b 3

entièrement de la marche suivie par la plupart de ceux qui ont écrit jusqu'ici sur la grammaire chinoise : c'est le choix des exemples qui sont destinés à justifier les règles, en en montrant l'application, et qui pourroient, à la rigueur, les rendre superflues. Le P. Varo, Montigny et Fourmont ses imitateurs, ont fait exclusivement usage de phrases composées exprès, par conséquent dénuées d'autorité, où l'on reconnoît souvent et où l'on peut toujours craindre de rencontrer la trace d'une main européenne. Le Docteur Morrison avertit (1) qu'à l'exception d'un petit nombre de phrases prises dans les livres, les exemples dont il a fait usage sont tous de la façon d'un maître chinois, qui les a traduites de l'anglois. Ce n'est point encore là une garantie suffisante, ni une assurance telle qu'on est en droit de l'attendre, que les expressions et les tours qu'on va étudier sont bien conformes au génie de la langue, au goût des gens instruits qui la parlent, et au style des bons auteurs. En puisant tous leurs exemples dans les livres les plus estimés, M. Marshman, et sur-tout le P. Prémare, ont donné l'idée d'un système plus judicieux, auquel on s'est attaché strictement dans cette grammaire. Toutes les phrases qu'on y trouvera rapportées, sans exception, sont extraites des meilleurs écrivains ; celles qui servent d'exemples du style antique sont tirées des livres classiques, des autres ouvrages antérieurs à l'incendie, ou des historiens les plus célèbres, lus dans ce dessein, et la plume à la main ; on s'est assujetti à les donner le plus souvent complètes, et l'on a eu soin de citer presque par-tout, à chaque exemple, l'auteur qui l'a

(1) *Grammar*, pag. 289.

漢文啓蒙

fourni. Les phrases qui se rapportent au style moderne ne sont pas non plus forgées à plaisir, ou empruntées à des Européens ou même à des Chinois sans autorité, mais elles sont prises dans les romans les plus estimés pour le style, tels que le *Iu-kiao-li*, le *Hao-kieou-tchouan*, le *Hoa-thou-youan-tchouan*, le célèbre *Kin-phing-meï* (2), &c. Par cette méthode, on a pensé qu'on assureroit à ces Élémens un avantage indépendant du mérite des règles qui y sont proposées, puisqu'à ne les considérer même que comme un recueil de phrases extraites des meilleurs livres, les étudians pourront toujours y trouver le moyen le plus sûr et le plus expéditif de se former à la connoissance du style chinois, et de se préparer à l'intelligence des auteurs.

On avoit pensé d'abord que, pour éviter le risque de fonder des considérations générales sur des cas particuliers, et de transformer les exceptions en principes, il conviendroit de joindre à chaque règle plus d'un exemple pour en montrer les applications; en conséquence, dans les lectures préparatoires qui ont servi de base à ce travail, on s'est occupé d'en rassembler un très-grand nombre: mais en rédigeant l'ouvrage pour l'impression, on s'est aperçu que cette multiplicité de phrases chinoises l'alongeoit considérablement, et nuisoit à l'objet qu'on s'étoit proposé, qui étoit de faire un livre court et qui contînt le plus de choses dans le moins d'espace possible. On a donc restreint à un ou deux au plus le nombre des exemples de chaque règle; mais, afin d'en tirer tout le parti possible, on a mis, après chaque paragraphe, l'indication des autres paragraphes où se trouvent rapportées

(1) Voy. *Livre des Récompenses et des Peines*, pag. 58.

b 4

des phrases similaires. Ceux qui feront usage de ces renvois, verront ainsi se multiplier pour eux les moyens de comparaison, les occasions de s'exercer à l'analyse des phrases chinoises, et les motifs de croire à l'exactitude des règles qu'ils auront apprises.

Une difficulté très-grande, qui eût pu retarder beaucoup la publication de cet ouvrage, sans la munificence du Gouvernement, consistoit à avoir les types chinois en nombre suffisant, et d'une dimension qui permît de les combiner à volonté avec les lignes des caractères européens. On s'est servi de ceux qui avoient été gravés pour l'édition chinoise du *Tchoung-young*, donnée en 1817, et on les a complétés en gravant, d'après les dessins de l'auteur, tous ceux qui manquoient à ce premier fonds. Le nombre total des caractères gravés dans ces deux occasions est d'environ 1400. Ils ont tous été *clichés*, pour servir en plusieurs endroits, et cette opération a très-peu nui à la pureté des traits et à l'élégance des formes, lesquelles, dans les derniers sur-tout, font honneur au talent du graveur en bois (M. Delafond) qui les a exécutés. Le catalogue de tous ces types a paru devoir être utile aux personnes qui se serviront de cette Grammaire; on l'a donc placé à la fin, sous forme de table, avec tous les renvois et toutes les explications nécessaires. Ce sera une sorte de petit lexique, plus commode à consulter que les grands dictionnaires, et avec lequel on pourra s'exercer à la recherche des caractères d'après le système des clefs, en retrouver à volonté le sens et la prononciation, s'habituer à les analyser et à y discerner le radical. On aura bientôt acquis par-là assez d'habitude pour n'être jamais embarrassé en faisant usage d'un dictionnaire plus étendu.

漢文啓蒙

Pour les mots qui se reproduisent plusieurs fois, et notamment pour les particules et les autres termes grammaticaux, on a pris soin d'indiquer de préférence la page où se trouve l'explication la plus complète, ou l'exposé particulier de leurs usages. Enfin on y a fondu le lexique du *Tchoung-young*, qui est jusqu'à présent le seul ouvrage chinois publié textuellement en Europe, et on l'a fait suivre par la table des caractères dont le radical est difficile à reconoître, et par celle des termes dissyllabiques (1).

Il reste à parler de l'étendue qu'on a cru devoir donner à cette grammaire. Il y a deux manières de concevoir le plan d'un ouvrage de ce genre : ou bien, dans un traité approfondi, on cherche à rassembler toutes les règles, à prévoir toutes les exceptions et toutes les irrégularités, à résoudre toutes les difficultés de la langue, à en relever toutes les délicatesses ; ou bien, allant au plus pressé, on se contente d'offrir aux commençans les principes vraiment essentiels, et les documens absolument indispensables pour l'intelligence des livres. Ces deux méthodes ont leurs avantages et leurs inconvéniens. La dernière laisse beaucoup à desirer à ceux qui, ayant surmonté les premières difficultés, veulent faire des progrès dans la littérature. L'autre méthode effraie les commençans, leur exagère les obstacles qu'ils auront à surmonter, en les leur présentant tous à-la-fois, et fatigue leur

(1) Pour ces sortes de mots, où la réunion de deux caractères est nécessaire à la formation d'un sens unique [*v.* n. 175, 284], on a réuni par un crochet les caractères qui les composent, et l'on n'a mis l'expression latine correspondante qu'au dernier des deux, parce que le sens particulier de chacun se perd dans l'acception commune. On trouvera de ces sortes de mots, même dans la grammaire du Style antique, suivant ce qui a été observé dans la note de la page 107.

mémoire par une multitude de préceptes qu'ils se croient obligés de retenir tous également, quoique la plupart ne doivent trouver d'application que bien rarement, et que quelques-uns même puissent n'en recevoir jamais. Il seroit sans doute éminemment utile de posséder, pour chaque langue savante, deux ouvrages rédigés dans cette double vue : on s'initieroit avec l'un aux premiers secrets de la langue; on se perfectionneroit ensuite avec le secours de l'autre. C'est ainsi que, pour la langue arabe, la grammaire d'Erpénius a pu former des élèves, jusqu'au moment où celle de M. de Sacy est venue former des maîtres.

Mais si par malheur on doit être privé de l'un des deux, il semble plus facile de se passer du traité approfondi que de la grammaire élémentaire; car avec celle-ci, on pourra se former à la lecture des auteurs, laquelle suppléera bientôt au défaut de l'autre. C'est, dit-on, un grand mal qu'un gros livre : cela est vrai, sur-tout des grammaires; il semble qu'elles ne puissent jamais être assez concises, et que généralement les plus courtes soient les meilleures, du moins pour les commencemens. Au reste, dans la rédaction d'une grammaire élémentaire, il y a beaucoup de précautions à prendre. Il ne suffiroit pas de recueillir au hasard un petit nombre de règles : ce choix, qui est très-important, veut être fait dans les livres; et une lecture assidue des bons auteurs doit y préparer le grammairien. Il faut ne rien négliger de ce qui peut se présenter souvent, et ne laisser de côté que les particularités d'une application peu fréquente, véritables singularités grammaticales, qui ne sont qu'embarrassantes dans un ouvrage élémentaire, et qu'on peut renvoyer sans inconvéniens à un autre temps. Cela est vrai sur-tout pour certains idiomes et dans certaines circonstances. La langue chinoise n'ayant pas un système grammatical bien compliqué, ne laisse pas sentir le besoin d'un traité fort détaillé. Ses difficultés ayant été exagérées, il importe de démontrer promptement que l'étude n'en sera pas plus pénible que celle de toute autre langue. On le fait voir jusqu'à l'évidence dans ce petit ouvrage; et rien ne semble plus propre à rassurer les étudians, et même à en augmenter le nombre, que l'assurance formelle qu'on ose leur donner ici : dans un si petit espace, tout ce qui est nécessaire est renfermé, rien d'essentiel n'est omis. Quiconque aura appris les quatre cents paragraphes dont il est composé, pourra hardiment aborder l'étude des livres, avec la confiance qu'il saura venir à bout lui-même de toutes les difficultés grammaticales qu'il y rencontrera. Si une telle garantie eût existé depuis cent ans, elle auroit sans doute engagé bien des littérateurs à se livrer à une étude dont la facilité eût été si bien démontrée; la littérature chinoise seroit à présent florissante, et ses trésors mis à profit : mais des rapports confus et des notions vagues, accumulés depuis deux siècles, avoient, pour ainsi dire, entouré ses approches de nuages et de ténèbres, qu'un enseignement public étoit peut-être seul capable de dissiper.

C'est un fait reconnu maintenant par des hommes dont le témoignage est d'un grand poids en ces matières, que l'écriture chinoise, dont l'étude occupoit, disoit-on, les lettrés pendant toute leur vie, peut s'apprendre comme toute autre, et ne demande pas de plus grands efforts d'attention ni de mémoire. Toutes les difficultés qu'on éprouve proviennent de ce système insolite, auquel on a besoin de se faire, en se déshabituant de quelques préjugés d'enfance, qu'un esprit judicieux a bientôt surmontés. Toutes sont au commencement ; et quiconque aura travaillé huit jours à les combattre, n'en trouvera plus par la suite. La multitude des caractères semble effrayante ; mais elle n'importe en rien, puisque la plupart de ces caractères sont inusités, et que celui qui en connoît deux mille n'est jamais embarrassé. Leur forme semble bizarre ; et c'est précisément, quand on sait les décomposer, ce qui les grave plus facilement dans la mémoire. Ils peignent des objets au lieu de sons ; et c'est encore, contre l'opinion commune, ce qui aide à les retenir mieux et en plus grand nombre. Les dictionnaires sont réguliers et méthodiques ; les livres assujettis à un ordre admirable, accompagnés d'*index*, de notes, d'éclaircissemens ; les pages toujours numérotées, avec un titre courant, l'indication des chapitres et autres sous-divisions. Tous les livres sont imprimés, et les préfaces seules, qu'on a coutume d'écrire en caractères cursifs, peuvent offrir quelque vestige de ces difficultés que présente la lecture des manuscrits dans les autres langues orientales. La grammaire proprement dite offre les mêmes avantages. Les particules, qui en sont le principal instrument, tiennent lieu de terminaisons ; la position des mots détermine leur valeur, et cela, d'après des règles si précises et si constantes, qu'il ne règne presque jamais d'incertitude sur le sens ; et quoique la langue soit elliptique et souvent figurée, jamais la même phrase ne peut raisonnablement être entendue de deux manières. On pose ces assertions, parce qu'elles sont directement contraires aux préjugés qui ont eu cours jusqu'ici sur le chinois. Une sorte de fatalité a voulu qu'une suite d'hommes peu instruits et d'esprits faux aient prêté à la langue chinoise le vague qui étoit dans leur imagination. Des études plus approfondies, et sur-tout mieux

海上絲綢之路文獻集成 科技與文化編

dirigées, convaincront facilement tout homme judicieux d'une vérité qui seroit triviale, si l'erreur qui y est opposée n'avoit pas été soutenue de quelques noms célèbres : c'est que les Chinois, comme les autres peuples, s'entendent en parlant et en écrivant. Nous pouvons donc les entendre aussi, si nous avons les secours nécessaires, et sur-tout si nous nous y prenons un peu moins mal qu'on n'a fait jusqu'à présent.

On a dit que les règles contenues dans cette grammaire, quelque peu nombreuses qu'elles fussent, devoient suffire pour l'intelligence de tous les livres, et l'on ne craint pas de répéter positivement cette assertion, justifiée d'avance par des essais réitérés pendant plusieurs années. Il est bien entendu toutefois qu'on devra joindre à la grammaire les secours qui sont indispensables pour l'étude d'une langue quelconque, un dictionnaire et des textes traduits pour s'exercer à l'explication. Pour le premier point, le dictionnaire chinois-anglais du docteur Morrison seroit incomparablement préférable à tout autre, s'il étoit achevé ; mais comme la publication n'en est parvenue qu'au quart environ (1), il faudra se servir du dic-

---

(1) Depuis que cette préface a été composée, M. Morrison a donné en une seule livraison formée de près de 1600 pages grand in-4.° (Canton, tom. I, 1819, tom. II, 1820), toute la seconde partie de son grand Dictionnaire chinois-anglais ; savoir : 1.° le Dictionnaire *tonique*, où les caractères sont arrangés d'après l'ordre alphabétique, suivant l'orthographe anglaise ; 2.° l'index, par clefs, des caractères expliqués dans le Dictionnaire ; 3.° la table des caractères difficiles ; 4.° celle des mots anglais dont les équivalens chinois se trouvent dans le Dictionnaire ; 5.° un spécimen des formes antiques et cursives d'un certain nombre de caractères. Quoique ce beau travail soit déparé par un assez grand nombre de fautes graves, il n'en est pas moins supérieur à tout ce qui a été fait dans le même genre, et il a sur-tout, au-dessus du vocabulaire du P. Basile de Glemona, l'avantage inappréciable d'offrir les mots dissyllabiques et les expressions composées, en caractères chinois, et non pas seulement en lettres

tionnaire chinois-latin du P. Basile de Glemona, publié par M. Deguignes fils, en y joignant le supplément qu'a rédigé M. Klaproth. La première partie de ce dernier ouvrage, qui a paru l'année dernière, contient sur-tout un morceau dont les commençans auroient peine à se passer; c'est la table des caractères dont le radical est difficile à reconnoître, avec des renvois. Quant aux textes, on croit pouvoir recommander le *Tchoung-young*, en chinois et en mandchou, avec une traduction française, une version littérale latine, et des notes pour l'intelligence du texte (1). On devra aussi s'exercer sur quelques-uns des morceaux chinois qui ont été imprimés textuellement dans divers ouvrages, tels que le *Taï-hio*, à la suite de la *Clavis sinica* de M. Marshman, et la première partie du *Lun-iu*, que le même auteur a donnée en chinois et en anglais, à Serampore; les dialogues et phrases détachées, publiés à Macao en 1816; le *San-tseu-king*, ou le livre formé de phrases de trois mots, donné par M. Montucci (2); un fragment du *Tchhun-thsieou*, par Bayer (3); l'oraison dominicale, dans la collection de M. Marcel, et quelques autres prières dans le *Syntagma* de Hyde (tom. II, pl. IV); une patente donnée par l'empereur de la Chine, et publiée par

---

latines. Voyez le compte détaillé que nous en avons rendu dans le *Journal des Savans* de juillet 1821, pag. 387.

(1) Ce morceau a été inséré dans le tome X des *Notices et extraits des Manuscrits*; on en a tiré à part un très-petit nombre d'exemplaires destinés aux personnes qui suivent les leçons du Collége royal.

(2) Dans la réimpression des *Horæ sinicæ* de Morrison, à la suite de son *Parallel drawn between the two intended chinese Dictionaries*. Londres, 1817, *in-4.°*

(3) Dans les *Commentarii academiæ scientiarum imp. Petropolitanæ*, t. VII, pag. 335, en vingt planches gravées.

de Murr (1); et enfin, des fragmens moins considérables, épars dans les écrits de MM. Montucci, Klaproth, Morrison et de quelques autres. Ceux qui se trouveront dans le voisinage des bibliothèques où l'on conserve des livres chinois, pourront pousser plus loin ce travail préparatoire, en comparant aux originaux quelques-unes des traductions qui ont été données dans les langues européennes. Il s'est répandu dans l'occident un grand nombre d'exemplaires des livres chrétiens traduits en chinois par les missionnaires, et aussi des ouvrages moraux attribués à Confucius, qui ont été mis en latin par le P. Intorcetta et par le P. Noël. On y trouve aussi plusieurs exemplaires du *Chou-king*, dont le P. Gaubil a donné la traduction. Enfin, diverses bibliothèques d'Europe possèdent le panégyrique de *Moukden*, le Code des Mandchous, et d'autres livres qui ont pareillement été traduits en tout ou en partie. Celui qui aura pris un de ces ouvrages pour guide, et qui se sera mis en état de le suivre pas à pas, sera bientôt en état d'aller seul. Alors tous les trésors de la littérature chinoise seront à sa disposition; et s'il lui est permis de fréquenter la bibliothèque du Roi, cinq mille volumes s'offriront à lui, la plupart n'ayant pas encore été ouverts, remplis de notions aussi neuves qu'importantes, et renfermant presque tout ce que les Chinois ont de meilleur en fait d'histoire, d'antiquités, de philologie, de géographie, de mythologie, de philosophie, d'histoire naturelle, de politique, de législation, de statistique, de poésie, de romans et de pièces de théâtre. Cette mine si précieuse, et presque intacte au milieu de tant d'autres qui semblent épuisées, suffi-

(1) *Litteræ patentes imperatoris Sinarum* Kang-hi, *sinice et latine*. Norimbergæ, 1802, *in-4.°*

roit pendant cinquante années aux travaux de vingt personnes studieuses. On ne croit plus à présent qu'il faille toute la durée de la vie d'un homme pour apprendre les élémens du chinois : en effet, deux ou trois ans d'études au plus suffiront désormais pour ouvrir à un homme zélé et persévérant, un libre accès à ces richesses variées, dont l'ignorance seule peut méconnoître le prix, et qu'une négligence peu philosophique a laissées trop long-temps en oubli.

16 Septembre 1820.

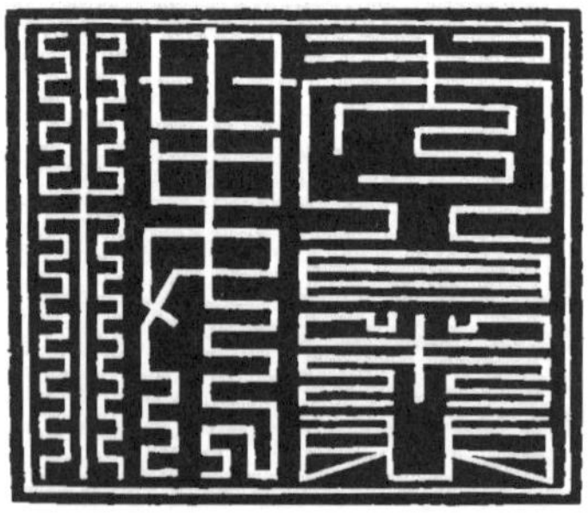

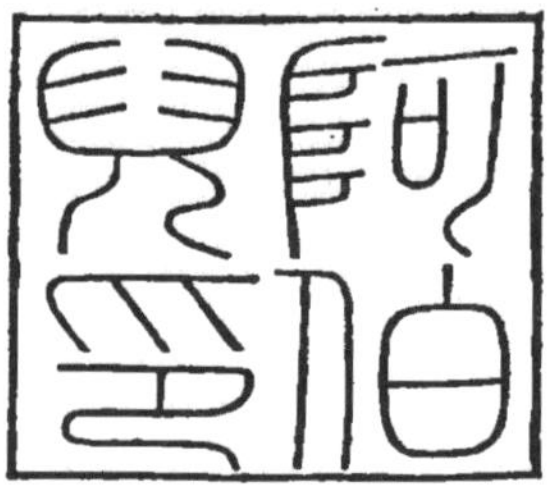

ÉLÉMENS

DE

LA GRAMMAIRE CHINOISE.

PROLÉGOMÈNES.

§. I.er *Écriture.*

1. Les Chinois n'ont point de lettres proprement dites ; les signes de leur écriture, pris en général, n'expriment pas des prononciations, mais des idées. La langue parlée et la langue écrite sont donc bien distinctes et séparées : toutefois chaque mot de l'une répond au signe de l'autre qui représente la même idée, et réciproquement.

2. Les plus anciens caractères chinois étoient des dessins grossiers d'objets matériels, tels que ceux-ci :

 (1)

Soleil. *Lune.* *Montagne.* *Arbre.* *Chien.* *Poisson.*

Ces premiers caractères, dont le nombre a toujours été très-borné (2), se nomment 形象 *siáng-hîng*, c'est-à-dire, *images.*

---

(1) Dans l'écriture moderne [V. ci-après n.° 15], ces anciens caractères ont pris la forme suivante :

日 月 山 木 犬 魚

Les mots correspondans de la langue parlée sont :
jĭ *youĕ'ĭ* *chân* *moŭ* *khiouàn* *iû*

(2) Ce nombre étoit de 200, suivant les recherches que j'ai faites à ce sujet.

A

3. Quand le besoin d'exprimer des objets plus compliqués se fut fait sentir, on réunit ensemble deux ou plusieurs images simples, qui, par leur rapprochement, indiquoient, d'une manière plus ou moins ingénieuse, les notions qu'on vouloit rendre. Ainsi, l'image de *soleil*, jointe à celle de *lune*, signifia LUMIÈRE; l'image d'*homme*, au-dessus de celle de *montagne*, voulut dire ERMITE; *bouche* et *oiseau*, exprimèrent le CHANT; *femme*, *main* et *balai*, rendirent l'idée de MATRONE, FEMME MARIÉE; *oreille* et *porte*, signifièrent ENTENDRE; *eau* et *œil*, LARMES, &c.

 (1)

Lumière. *Ermite.* *Chant.* *Femme.* *Entendre.* *Larmes.*

Ces sortes de mots composés, dont le nombre est très-grand, sont appelés 意會 *hoéï-i* [sens combinés].

4. Les caractères qui indiquent des rapports de position ou de formes, et les signes arbitraires qui, comme disent les Chinois, représentent tout ce qui n'a pas de figure, sont nommés 事指 *tchì-ssé*, *indiquant la chose;* tels sont :

丄 丅 中 一 二 三 (2)

en haut. *en bas.* *milieu.* *un.* *deux.* *trois, &c.*

5. Certains caractères, écrits à rebours ou renversés, acquièrent une signification inverse, antithétique ou correspondante à la

---

(1) Forme moderne et mots de la langue parlée :

明 仙 鳴 婦 聞 泪

mîng *siân* *mîng* *foú* *wén* *loúï*

(2) Forme moderne et mots correspondans :

上 下 中 一 二 三

cháng *hiá* *tchoûng* *ï* *eúl* *sân*

…IPAUX GENRES C…

N.° III
Lì. (13)

隸 秦燒滅經書滌除舊典大發隸卒興役戍官獄職務繁初有隸書程邈作之以趣約易古文由此絕矣

上古結繩而治後世聖人易之以書契百官以治萬民以察

…張[illegible]作艸。成…

N.° VI
Kiài, hîng choû (16)

又楷 行書。今書吏謄寫字人皆用此。戲本傳小說等亦依此以梓行多用省字

上古結繩而治後世聖人易之以書契百官以治萬民以察

signification primitive. Le nombre de ces caractères, qu'on nomme 註轉 *tchouàn-tchú*, est très-peu considérable; tels sont :

 (1)

gauche. *droite.* *debout.* *couché.* *homme* (vivant). *cadavre.*

6. Pour exprimer des idées abstraites ou des actes de l'entendement, on a détourné le sens des caractères simples ou composés qui désignent des objets matériels, ou l'on a fait d'un substantif le signe du verbe qui exprime l'action correspondante. Ainsi le *cœur* représente l'*esprit*, l'*entendement ; maison* se prend pour *homme ; salle*, pour *femme ; main*, pour *artisan ;* trois images d'*homme*, placées l'une derrière l'autre, signifient *suivre*, &c. On appelle ces caractères 假借 *kià-tsiéï*, c'est-à-dire, *empruntés*.

7. Enfin, comme tout signe simple ou composé a son terme correspondant dans la langue parlée, lequel lui tient lieu de prononciation [1, 43], il en est un certain nombre qui ont été pris comme signes des sons auxquels ils répondoient, abstraction faite de leur signification primitive, et qu'on a joints en cette qualité aux images, pour former des caractères mixtes. Ces sortes de caractères, qu'on nomme 聲形 *hing-ching*, ou *figurant le son*, sont moitié représentatifs, et moitié syllabiques. L'une de leurs parties, qui est l'image, détermine le sens et fixe le genre; l'autre, qui est un groupe de traits devenus insignifians, indique le son et caractérise l'espèce.

---

(1) Forme moderne et prononciation :

左 右 正 乏 人 尸

tsò *yéou* *tching* *fă* *jîn* *chî*

A 2

Ainsi, le signe 里, qui signifie *lieu*, et répond au mot chinois *lì*, joint à l'image de *poisson*, forme le nom du *poisson lì*, ou de la *carpe* (1). Le mot 白 *pĕ*, qui veut dire *blanc*, ne porte que sa prononciation dans le caractère composé de l'image d'*arbre* 柏 *pĕ* (2), qui signifie *cyprès*. La plupart des noms des arbres, des plantes, des poissons, des oiseaux et d'une foule d'autres objets qu'il eût été trop difficile de représenter autrement, sont désignés par des caractères de cette espèce, lesquels forment au moins la moitié de la langue écrite.

8. On nomme 書六 *loŭ choŭ*, ou les *six sortes de caractères*, les signes formés par les six procédés qu'on vient d'énumérer. Leurs dénominations chinoises peuvent se traduire ainsi :

Siáng-hîng	[2]	*Images* ou caractères *figuratifs.*
Hoéï-í	[3]	*combinés.*
Tchì ssé	[4]	*indicatifs.*
Tchouàn-tchú	[5]	*inverses.*
Kià-tsiéï	[6]	*métaphoriques.*
Hîng-chîng	[7]	*syllabiques.*

9. Le nombre des caractères qui ont été composés d'après ces six procédés, est très-considérable ; les dictionnaires classiques en expliquent 30 ou 40 mille : mais il y en a beaucoup de synonymes, et les deux tiers environ sont à peine usités.

10. Les instrumens employés à différentes époques pour tracer les caractères, ont fait varier la forme des traits qui les composent. Il est résulté de ces changemens une succession de *styles* d'écriture, analogues à nos lettres unciales, romaines, gothiques, italiques, &c. Chaque caractère chinois peut être transcrit dans ces différens styles,

(1) Forme moderne 鯉 (2) Forme moderne 柏

sans éprouver aucune altération ; on dira ici quelques mots de celles qu'il est le plus nécessaire de connoître.

11. 蝌蚪 *khô-teoù* est la plus ancienne espèce d'écriture, suivant les Chinois. On lui donne ce nom, qui signifie *têtards*, parce que les traits irréguliers dont elle étoit formée, donnoient l'idée de cet animal. On dit que *Fou-hi* [vers 2950 avant J. C.] l'inventa pour remplacer les cordelettes nouées. Cette écriture est maintenant inusitée. L'inscription de *Iu* [XXIII.[e] siècle avant notre ère] offre des caractères qui ont beaucoup d'analogie avec le *khô-teòu* (1).

12. 篆 *tchhouàn*. C'est une écriture composée de traits roides et grêles, qui fut usitée, avec quelques variations, depuis le temps de Confucius [au milieu du VI.[e] siècle avant J. C.], jusqu'à la dynastie des *Han* [au II.[e] siècle avant notre ère]. On a dans cette écriture des monnoies et des inscriptions. On s'en sert pour les sceaux qui tiennent lieu de signatures, et qu'on imprime à la fin des préfaces et ailleurs (2). Il y a une variété de cette écriture qui sert aussi quelquefois ; elle est composée de traits droits et brisés : on l'attribue à *Li-sse*, ministre sous la dynastie des *Thsin* [vers 210 avant J. C.]. On verra dans la planche un exemple de ces deux écritures. Voyez n.[os] I et II.

13. 隸 *lì*, ou l'écriture des bureaux, fut inventée sous la dynastie des *Han* [au II.[e] siècle avant notre ère], pour remplacer le *tchhouàn*, qui étoit trop difficile à tracer. Elle est formée de traits pesamment dessinés. On s'en sert quelquefois pour l'impression des préfaces. Voyez n.° III.

14. 艸 *thsaò*. C'est une sorte de tachygraphie extrêmement cursive et fort difficile à lire, à cause d'une multitude d'abréviations, de licences et de ligatures qui altèrent la forme des caractères. Elle fut inventée sous la dynastie des *Han*, par un

---

(1) *Encycl. jap.* liv. XV, p. 30. — *Monument de* Yu, par Hager ; Paris, 1802, *in-f.°* — *Inschrift des* Yü, *von Julius von Klaproth* ; Berlin, 1811, *in-4.°*, p. 14.

(2) Pour exemple de cet usage, voyez les deux sceaux imprimés à la fin de la préface de cette Grammaire.

海上絲綢之路文獻集成 科技與文化編

nommé *Tchang-ping* [au 1.er siècle de notre ère]. On s'en sert aussi fort souvent pour les préfaces, les inscriptions sur les paravens, les éventails, les bâtons d'encre, ainsi que pour écrire les pièces de vers, les explications des peintures, &c. Voyez n.° IV.

15. L'écriture commune, maintenant usitée pour l'impression de tous les livres, ne diffère de l'écriture *lì* que par certaines règles de calligraphie que l'usage de la gravure en bois a fait adopter. Elle offre un mélange de pleins et de déliés, et une régularité de formes qui la rendent agréable à la vue. Voyez n.° V (1).

16. En écrivant avec le pinceau, les Chinois tracent les caractères de l'écriture commune d'une manière moins régulière, et avec une liberté qui comporte un haut degré d'élégance. Quand cette écriture est tracée sans abréviations, elle est très-facile à lire, et le nombre des traits dont chaque caractère est composé, est même plus facile à compter que dans l'écriture carrée d'impression. On a coutume d'imprimer avec cette écriture courante, à l'imitation des manuscrits, les préfaces, les pièces diplomatiques ou d'administration, les romans et autres morceaux de littérature légère. Voyez n.° VI (2).

17. Comme beaucoup de caractères ont changé de forme par la succession des temps, il y a quelquefois plusieurs orthographes reçues pour le même caractère. L'usage s'est introduit d'appeler *variantes* les différentes formes dont un même signe est susceptible. Ces *variantes*, qui ont leurs renvois dans les dictionnaires, ne s'emploient pas toujours indifféremment les unes pour les autres. On doit faire attention à ces différences, qui sont soigneusement marquées dans les dictionnaires (3).

---

(1) C'est à cette écriture qu'appartiennent les caractères gravés dont on a fait usage pour l'impression de cette grammaire.

(2) Pour mieux faire juger de la différence de cette écriture avec la précédente, on donnera plus bas les radicaux dans les deux formes, en écriture carrée dans le texte, et en écriture courante, dans le tableau gravé.

(3) Ceci a été traité avec plus d'étendue dans l'*Examen critique du Dictionnaire du P. Basile de Glemona*, morceau que M. Klaproth a honoré d'une place à la tête de son *Supplément*.

漢文啓蒙

18. 正 *tching, exacts*. Ce sont les caractères écrits régulièrement avec tous les traits dont ils doivent être composés. Tous les bons livres s'impriment maintenant de cette manière, à l'exception des préfaces [13, 14].

19. 同 *thoûng, identiques* ou synonymes parfaits. Le nombre de ces mots provient de la liberté qu'on s'est donnée de changer la position respective des images, ou même de substituer, dans l'orthographe des caractères, certaines images à celles qui avoient été précédemment usitées : celle des *roseaux*, par exemple, à celle des *plantes* ou à celle des *arbres ;* le symbole de *parole* à l'image de *bouche ;* l'image d'*homme* à celle de *femme*, &c. C'est ainsi que

1 坂 2 夿 3 岅 4 阪

sont quatre formes synonymes du mot *fàn*, qui signifie *digue* (1).

20. 通 *thoûng, pénétrans*, est le nom qu'on donne aux caractères qui ne sont pas de tout point synonymes, mais que l'usage autorise à prendre l'un pour l'autre, dans telle acception qui leur est commune, la prononciation ayant du reste quelque analogie. Ainsi 參 *thsân* [nom d'une constellation] se prend pour 三 *sân* [trois] ; 蜜 *mì* [miel] s'emploie pour 密 *mì* [silence], &c.

21. 本 *pèn* ou *primitif*, ou seulement 古 *koù ancien*. Ce sont d'anciennes formes usitées concurremment avec des formes plus modernes, principalement dans les ouvrages de haute littérature, dont les auteurs ne sont pas exempts d'archaïsme. Ainsi l'on trouve souvent :

从 pour 從 *tsóung*, suivre, avec. 厺 pour 去 *khiú*, aller.

(1) Dans ces quatre formes, le son *fan* est écrit avec le même signe [7, 43]. La première offre l'image de *terre*, placée à gauche ; dans la deuxième, la même image est placée à droite ; dans la troisième, elle est remplacée par celle de *montagne ;* et dans la quatrième, par celle de *tertre*.

巺 pour 巽 *sún*, condescendre. 赱 pour 走 *tséou*, marcher (1).

22. 俗 *soú, vulgaires.* L'usage autorise, sur-tout dans l'écriture courante et les manuscrits [16], certaines altérations de formes ou ligatures, avec suppression ou addition de quelques traits. Ainsi l'on écrit très-habituellement

圡 pour 土 *thoù*, terre. 鬼 pour 鬼 *khouēï*, démon.

来 pour 來 *lâï*, venir. 䖏 pour 處 *tchhoŭ*, lieu (2).

23. Dans l'usage vulgaire, et quelquefois aussi dans les romans et autres pièces légères, on emploie certaines abréviations qui réduisent à quelques traits les caractères les plus composés; on écrit, par exemple :

马 pour 馬 *mà*, cheval. 発 pour 發 *fă*, produire.

声 pour 聲 *chîng*, voix. 变 pour 變 *pián*, changer.

24. Toutes les variantes dont on vient de parler, quoique peu régulières, sont admises par l'usage. Il y en a d'autres qui sont tout-à-fait fautives, et qu'on trouve quelquefois dans les livres. Ces sortes de caractères sont nommés

譌 *'ô*, 誤 *'oú*, corrompus, ou même, 非 *fēï*, mauvais.

25. Pour se reconnoître dans le nombre des caractères composés, on les a classés, dans les meilleurs dictionnaires, en mettant ensemble

---

(1) Voyez deux tables de ces sortes de caractères, dans le *Supplément* de M. Klaproth, n.os V et VI, p. 44 et suiv.

(2) On trouve une table de ces variantes vulgaires dans le même *Supplément*, n.o IV, p. 41. — Dans le tableau gravé qui représente les radicaux avec leur forme manuscrite, on a réuni toutes les variantes vulgaires ou abrégées de chacun de ces radicaux. Elles pourront servir d'exemple pour celles des caractères composés.

ceux qui avoient la même image, et en prenant, dans ceux qui en contenoient plusieurs, l'image la plus saillante. La réunion des caractères qui offrent la même image, forme ce que les Chinois appellent 部 *poù*, *sections* ou *classes*. L'image saillante qui détermine le *poù*, a été nommée en français *clef*, et plus proprement *radical*.

26. Comme la distinction des *poù* a été faite à différentes époques par divers auteurs, et seulement dans la vue de classer les caractères, les uns ont considéré comme caractères simples des signes que d'autres s'appliquoient à décomposer. On ne sauroit avoir de principes bien fixes à cet égard, et c'est ce qui a fait varier le nombre des radicaux, lequel a été fixé à 329, 540, &c. Les meilleurs dictionnaires modernes contiennent les caractères arrangés sous 214 clefs. Cet ordre, enseigné par Fourmont, a été suivi dans l'impression du dictionnaire chinois-latin du P. Basile de Glemona. C'est celui qu'on adopte ici comme étant le plus usuel et le plus connu.

27. L'opération analytique qui a servi de base au classement des caractères, n'a pas toujours fait retrouver les élémens primitifs dont ils étoient composés. Dans les caractères formés de plusieurs images, celle qui a été choisie pour *clef* ou *radical*, n'est pas toujours celle qui influoit le plus sur le sens du composé. D'autres fois, on a préféré pour radical, non pas l'image la plus saillante, mais celle qui déterminoit le sens. De là les irrégularités qu'on observe en chinois dans le sens des caractères rapportés à un même radical, et dont il n'est pas toujours possible de rendre compte.

28. Toutefois les classes nombreuses des caractères *hîng-chîng* (7) se sont trouvées décomposées suivant un procédé précisément inverse de celui qui avoit servi à leur formation. L'*image* a toujours été prise pour radical, et le groupe syllabique a servi à établir des différences entre les espèces. Aussi ces classes forment-elles de véritables familles naturelles, où tous les caractères se ressemblent par un signe générique, pour le sens, et diffèrent par des signes spécifiques, pour le son. Telles sont les classes de l'*homme*, de la *femme*, des *arbres*, des *plantes*, des *quadrupèdes*, des *oiseaux*, et beaucoup d'autres.

29. Il y a des radicaux qui sont presque toujours à la même place

海上絲綢之路文獻集成 科技與文化編

dans les dérivés, et d'autres qui se mettent, tantôt en haut, tantôt en bas, tantôt à gauche, tantôt à droite, dans les caractères composés. On nomme *dominantes* les clefs qui ont une place déterminée: tout caractère qui offre le radical à cette place, appartient nécessairement à ce radical. On distinguera les *clefs dominantes* par un * dans les deux tableaux ci-après.

30. Certains radicaux n'ont pas par eux-mêmes de signification, ou sont actuellement inusités, et ne sont que les élémens auxquels des caractères plus compliqués sont rapportés par convention. On marquera ces radicaux d'une † dans les tableaux ci-après.

31. Les radicaux qui s'emploient isolément, et qui ont une signification par eux-mêmes, sont placés, dans les dictionnaires, à la tête de la classe où sont réunis tous leurs dérivés. Il faut s'attacher à les distinguer des caractères composés, et ne pas y chercher d'autre radical que le caractère même, qui doit être considéré comme *simple* de sa nature, quel que soit le nombre des traits dont il est formé.

32. Dans les meilleurs dictionnaires, les 214 radicaux sont arrangés suivant leur degré de complication. On met dans la I.re section ceux qui sont formés d'un seul trait; dans la II.e, ceux qui en ont deux; dans la III.e, ceux qui en ont trois; et ainsi de suite jusqu'à la XVII.e, où se trouve le dernier des 214, lequel est formé de dix-sept traits.

33. Sous chaque radical, les caractères composés sont rangés dans le même ordre; c'est-à-dire qu'on place d'abord le radical tout seul, s'il est usité par lui-même, ensuite le radical avec un trait, puis avec deux, trois, quatre, et jusqu'à trente ou quarante traits, suivant le plus ou moins de complication du groupe additionnel.

34. Il y a des clefs dont la forme varie ou s'abrége dans les dérivés, de sorte qu'on les écrit autrement, en les employant seules, qu'en composition. Le tableau imprimé ci-après donnera les variantes réputées classiques, et le tableau gravé, celles qui sont l'effet de licences orthographiques et qui tiennent au style manuscrit.

35. Voici le tableau des 214 *clefs* ou *radicaux*, avec leurs variantes et abréviations classiques, leur prononciation, leur signification, et l'indication de la place qu'ils occupent le plus ordinai-

Lith. de C. de Last.

ement dans les dérivés. En outre, pour faire juger de l'étendue de chaque classe, et indiquer celles qu'il est le plus urgent de bien connoître, on place après chaque radical le nombre de dérivés qu'il a dans un dictionnaire chinois de 33,000 mots (1). Ce nombre varie à proportion dans les dictionnaires plus ou moins complets (2).

I.re SECTION. *Radicaux d'un trait.*

1.	一	*ĭ*, un.	32.
2.	丨	† *kouèn*, de haut en bas.	14.
3.	丶	† *tchù*, point.	7.
4.	丿	† *phiĕï*, courbé à droite.	22.
5.	乙	*ĭ*, caractère cyclique.	21.
6.	亅	† *khioŭeï*, crochet.	8.

II.e SECTION. *Radicaux de deux traits.*

7.	二	*éul*, deux.	22.
8.	亠	† *thêou*, ...	20.
9.	人	*jîn*, homme.	741.
	亻	† (à gauche ✱).	
10.	儿	† *jîn*, homme (dessous ✱).	34.
11.	入	*jĭ*, entrer.	12.
12.	八	*pă*, huit.	18.
13.	冂	† *khioûng*, désert.	29.
14.	冖	† *mĭ*, couvrir (dessus).	25.
15.	冫	† *pîng*, glace (à gauche ✱).	86.

(1) Le *Tseú 'wéï.*

(2) Dans le tableau gravé, on a placé une figure circulaire, au lieu où se placent ordinairement, dans les dérivés, les traits qui forment le groupe additionnel. Ainsi,  veut dire que le radical est dominant et se place à gauche du groupe, ou le groupe à droite du radical, ce qui revient au même. On ne donne ces règles que comme des indications utiles aux commençans; car le dictionnaire, et même la table à la fin du volume, fera voir qu'elles sont sujettes à un assez grand nombre d'exceptions.

16. 几 *khi*, banc. 16.

17. 凵 † *khàn*, réceptacle. 15.

18. 刀 *taô*, couteau. 326.
刂 † (à droite ✱).

19. 力 *lĭ*, force (à droite ✱). 132.

20. 勹 † *paô*, envelopper (dessus et à droite ✱). 51.

21. 匕 *pí*, cuiller. 13.

22. 匚 † *fāng*, coffre (autour ✱). 57.

23. 匸 † *hì*, cacher (autour ✱). 13.

24. 十 *chĭ*, dix. 31.

25. 卜 *poŭ*, brûler l'écaille d'une tortue pour tirer les sorts. 19.

26. 卩 㔾 † *tsiĕ'i* (1), article (à droite). 35.

27. 厂 † *hán*, antre (au-dessus et à gauche ✱). 96.

28. 厶 † *ssê*, pervers. 17.

29. 又 *yéou*, main, encore. 60.

III.e SECTION. *Radicaux de trois traits.*

30. 口 *kheoù*, bouche (à gauche ✱). 989.

31. 囗 † *'wĕi*, enceinte (autour). 92.

32. 土 *thoù*, terre (à gauche). 480.

33. 士 *ssé*, lettré. 18.

34. 夂 † *tchî*, suivre. 7.

35. 夊 † *soûi*, marche lente (dessous). 19.

36. 夕 *sĭ*, obscurité. 29.

37. 大 *tá*, grand. 110.

38. 女 *niù*, femme (à gauche ou dessous ✱). 834.

39. 子 *tseù*, fils (à gauche ou dessous). 67.

40. 宀 † *mîan*, toit (dessus ✱). 199.

41. 寸 *thsún*, dixième du pied chinois (à droite ou dessous). 32.

(1) Évitez de confondre ce radical avec 阝, abréviation du 163.e

42. 小 *siaò*, petit. 31.

43. 尢 *wâng*, boiteux, tortu (à gauche). 57.
尣 兀 尣 尣

44. 尸 *chî*, cadavre (dessus ✱). 119.

45. 屮 † *tchhĕ*, rejeton, pousse. 17.

46. 山 *chân*, montagne (à gauche ou dessus ✱). 574.

47. 巛 † *tchhouân*, eau qui coule. 22.
川 巜 巛

48. 工 *koûng*, artisan. 11.

49. 己 (1) *kì*, soi-même. 19.

50. 巾 *kîn*, linge, bonnet (à gauche ✱). 248.

51. 干 *kân*, bouclier. 15.

52. 幺 *yaô*, petit. 15.

53. 广 † *yàn*, toit (dessus ✱). 226.

54. 廴 † *yèn*, long chemin, conduire (à gauche). 10.

55. 廾 *koûng*, joindre les mains (dessous) (2). 33.

56. 弋 *ĭ*, tirer de l'arc (à droite). 14.

57. 弓 *koûng*, arc (à gauche ✱). 142.

58. 彐 † *kí*, tête de cochon. 17.
彑 彑

59. 彡 *sân*, poils (à droite). 40.

60. 彳 † *tchhĭ*, pas, marche (à gauche ✱). 177.

☞ *Variantes de Radicaux plus compliqués, et réduits à trois traits, par abréviation.*

忄 Voyez le 61.e, IVe section. | 扌 Voyez le 64.e, IVe section.

---

(1) Gardez de confondre ce caractère avec ses dérivés

已 *ì*. fin, et 巳 *ssè*, caractère cyclique.

(2) Ce radical est souvent remplacé par le 37.^e

海上絲綢之路文獻集成 科技與文化编

氵 Voyez le 85.e, IV.e section.

犭 Voyez le 94.e, IV.e section.

阝 à droite. Voy. le 163.e, VII.e section.

阝 à gauche. Voy. le 170.e, VIII.e section.

IV.e SECTION. *Radicaux de quatre traits.*

N°	Radical	Prononciation et sens	Nombre
61.	心	*sin*, cœur (dessous ✱).	972.
	忄	✝ (forme latérale, à gauche ✱).	
	㣺	✝ (forme souscrite).	
62.	戈	*kô*, lance (à droite ✱).	87.
63.	户 戶	*hoù*, porte (dessus ✱).	38.
64.	手	*cheoù*, main.	1030.
	扌	✝ (à gauche ✱).	
65.	支	*tchî*, branche (à gauche).	21.
66.	攴	*phoŭ*, frapper.	242.
	攵	(à droite ✱).	
67.	文	*wên*, raie, caractère.	19.
	攵	✝ (à droite) (1).	
68.	斗	*teòu*, mesure, boisseau (à droite).	27.
69.	斤	*kîn*, hache, poids (à droite).	45.
70.	方	*fâng*, carré, côté (à gauche).	68.
71.	无	*woû*, non.	9.
	旡		
72.	日	*jĭ*, soleil (à gauche ✱).	388.
73.	曰	*youĕï*, dire.	23.
74.	月	*youĕï* (2), lune (à gauche ✱).	59.

(1) Cette forme est identique avec la variante de la précédente clef.

(2) Ce radical est presque identique avec la variante du 130.e Ici les deux traits intérieurs ne touchent pas le trait vertical à droite.

75. 木 *moŭ*, arbre, bois (à gauche ✱). 1242.

76. 欠 *khiàn*, expiration, insuffisant (à droite). 193.

77. 止 *tchì*, s'arrêter. 49.

78. 歹 *yà*, squelette (à gauche). 190.
歺

79. 殳 *chû*, bâton (à droite). 58.

80. 毋 *woû*, ne pas. 10.

81. 比 *pí*, comparer. 14.

82. 毛 *maô*, cheveux, poils (à gauche ✱). 156.

83. 氏 *chí*, famille. 7.

84. 气 *khí*, air (1). 9.

85. 水 *choùï*, eau. 1354.
氵 ☩ (à gauche), 氺 ☩ (dessous ✱).

86. 火 *hò*, feu (à gauche ✱). 548.
灬 ☩ (dessous ✱).

87. 爪 *tchaò*, ongles. 23.
爫 ☩ (dessus).

88. 父 *fòu*, père. 10.

89. 爻 *hiâo*, lignes pour les sorts. 12.

90. 爿 *tchhoûang*, lit (à gauche ✱). 38.

91. 片 *piàn*, éclat de bois (à gauche ✱). 75.

92. 牙 *yâ*, dents. 9.

93. 牛 *nieoû*, bœuf (à gauche ✱). 214.

94. 犬 *khioùan*, chien. 421.
犭 ☩ (à gauche).

☞ *Variantes de Radicaux plus ou moins compliqués.*

尣 尢 Voyez le 43.e, IIIe section. | 王 Voyez le 96.e, V.^e section.

(1) Ce radical est, dans le *Tseú 'weï*, à la place du précédent, qui vient après.

海上絲綢之路文獻集成 科技與文化編

罒 ⺳ 罓 V. le 122.e, VIe sect.

月 Voyez le 130.e, VIe section.

艹 Voyez le 140.e, VIe section.

辶 Voyez le 162.e, VIIe section.

Ve SECTION. *Radicaux de cinq traits.*

95. 玄 *hioûan*, couleur du ciel (1). 6.

96. 玉 *iŭ*, jaspe, pierre précieuse. 420.
⺩ ✝ (à gauche ✱).

97. 瓜 *koûa*, courge (à droite). 50.

98. 瓦 *wà*, terre cuite (à gauche ✱). 161.

99. 甘 *kân*; doux. 19.

100. 生 *sēng*, naître, vie. 17.

101. 用 *yoúng*, se servir. 10.

102. 田 *thîan*, champ (à gauche ✱). 151.

103. 疋 *soû*, pied. 12.

104. 疒 *nî*, maladie (dessus et à gauche ✱). 472.

105. 癶 *pŏ*, pieds écartés (dessus). 12.

106. 白 *pĕ*, blanc (à gauche ✱). 88.

107. 皮 *phî*, peau (à droite ✱). 76.

108. 皿 *mìng*, écuelle (en bas ✱). 104.

109. 目 *moŭ*, œil (à gauche ✱). 519.
罒 ✝ (en haut) (2).

110. 矛 *mêou*, hallebarde (à gauche ✱). 48.

111. 矢 *chì*, flèche (à gauche ✱). 55.

112. 石 *chĭ*, pierre (à gauche ✱). 450.

---

(1) Ce radical est le 96.e dans le *tseu-'weï*; mais dans le dictionnaire de *Khang-hi*, on l'a mis à la tête de la Ve section, par respect pour le petit nom de l'empereur, dont il faisoit partie. Par une autre marque de respect, on a ôté une goutte à ce caractère, qui, dans tous les livres postérieurs au règne de *Khang-hi*, se trouve écrit 玄

(2) Sous cette forme, qui n'est pas commune, le 109.e radical est tout-à-fait semblable au 122.^e^

113. 示 *khî*, génie terrestre (à gauche ✱). 180.

114. 禸 *jeoù*, plante du pied des quadrupèdes. 12.

115. 禾 *hô*, céréales (à gauche ✱). 355.

116. 穴 *hiouěï*, caverne. 144.
⺱ ✝ (en haut ✱).

117. 立 *lĭ*, être debout (à gauche ✱). 73.

☞ *Variantes de Radicaux plus ou moins compliqués.*

氺 Voyez le 85.e, IV.e section.

罒 Voyez le 122.e, VI.e section.

歺 Voyez le 78.e, IV.e section.

VI.e SECTION. *Radicaux de six traits.*

118. 竹 *tchoŭ*, bambou. 675.
⺮ ✝ (dessus ✱).

119. 米 *mì*, riz (à gauche ✱). 207.

120. 糸 *mĭ*, fil (à gauche ✱). 628.

121. 缶 *feoù*, vase de terre. 62.
缶 ✝ (à gauche ✱).

122. 网 *wàng*, filet. 121.
罒 ⺳ 罓 罒 ✝ (dessus ✱).

123. 羊 *yâng*, mouton (à gauche ✱). 108.

124. 羽 *iù*, pennes. 157.

125. 老 *laò*, vieux. 14.

126. 而 *eûl*, et. 17.

127. 耒 *loùï*, charrue (à gauche ✱). 77.

128. 耳 *eùl*, oreille (à gauche ✱). 138.

129. 聿 *iŭ*, pinceau. 15.

130. 肉 *joŭ*, chair. 578.
月 月 (1) ✝ (à gauche ✱)

131. 臣 *tchhîn*, sujet. 12.

(1) Comparez le radical 74.e Ici les deux traits intérieurs touchent le trait vertical à droite.

B

132. 自 *tséu*, de, *ex*. 21.

133. 至 *tchí*, parvenir. 17.

134. 臼 *khieoù*, mortier. 40.

135. 舌 *jĕ*, *chĕ*, langue (à gauche). 34.

136. 舛 *tchhoùan*, coucher vis-à-vis l'un de l'autre. 8.

137. 舟 *tcheôu*, barque (à gauche ✱). 166.

138. 艮 *kén*, limite. 5.

139. 色 *sĕ*, couleur. 20.

140. 艸 *thsaò*, plante. 1431.
艹 (en haut ✱).

141. 虍 *hoû*, tigre (en haut ✱). 73.

142. 虫 *hoèï*, animaux à écaille ou cuirassés (à gauche ✱). 810.

143. 血 *hioŭei*, sang. 40.

144. 行 *hîng*, marche (à droite et à gauche, le groupe additionnel au milieu ✱). 35.

145. 衣 *î*, habit. 473.
衤 (à gauche ✱).

146. 襾 *yă*, couvrir. 20.

VIIe SECTION. *Radicaux de sept traits.*

147. 見 *kián*, voir (à droite ✱). 135.

148. 角 *kiŏ*, corne (à gauche ✱). 137.

149. 言 *yân*, parole (à gauche ✱). 750.

150. 谷 *koŭ*, vallée (à gauche ✱). 48.

151. 豆 *teóu*, vase de bois (à gauche). 49.

152. 豕 *chì*, cochon (à gauche ✱). 121.

153. 豸 *tchhî*, ver (à gauche ✱). 114.

154. 貝 *péï*, richesse (à gauche ✱). 218.

155. 赤 *tchhĭ*, rouge (à gauche ✱). 29.

156. 走 *tseòu*, courir (à gauche ✱). 243.

157. 足 *tsoŭ*, pied. 507.
⻊ † (à gauche ✱).

158. 身 *chîn*, corps (à gauche ✱). 67.

159. 車 *kiû*, char (a gauche ✱). 342.

160. 辛 *sîn*, âcre. 32.

161. 辰 *tchîn*, heure. 14.

162. 辵 *tchhŏ*, marcher. 327.
⻌ † (à gauche et dessous ✱).

163. 邑 *ĭ*, cité. 345.
⻏ † (1) (à droite ✱).

164. 酉 *yeòu*, temps de l'automne; vin (à gauche ✱). 251.

165. 釆 *piàn*, séparer. 10.

166. 里 *lì*, lieu. 7.

VIII.e SECTION. *Radicaux de huit traits.*

167. 金 *kîn*, or, métal (à gauche ✱). 723.

168. 長 *tchâng*, long. 49.
镸 † (à gauche ✱).

169. 門 *mên*, porte (dessus ✱). 213.

170. 阜 *feoù*, tertre. 282.
⻖ † (2) (à gauche ✱).

171. 隶 *tdi*, parvenir (à droite ✱). 11.

172. 隹 *tchoûï*, oiseaux à queue courte (à droite ✱). 205.

173. 雨 *iù*, pluie. 237.
⻗ † (dessus ✱).

174. 靑 *thsîng*, vert, bleu. 17.

175. 非 *fēi*, non. 17.

---

(1) Évitez de confondre ce radical avec le 26.e et le 170.e Ce dernier se place à gauche.

(2) Voyez le 163.e radical.

B 2

IX.e SECTION. *Radicaux de neuf traits.*

176.	面	*miàn*, visage (à gauche *).	64.
177.	革	*kĕ*, cuir préparé (à gauche *).	290.
178.	韋	*'wêi*, opposé, peau (à gauche *).	94.
179.	韭	*kieoù*, ognon.	16.
180.	音	*yên, în*, son (à gauche).	34.
181.	頁	*hiĕï*, tête (à droite *).	324.
182.	風	*foûng*, vent (à gauche *).	161.
183.	飛	*fēï*, vol d'oiseau.	10.
184.	食	*chĭ*, manger.	345.
	飠	† (à gauche *).	
185.	首	*cheoù*, tête.	17.
186.	香	*hiāng*, bonne odeur (à gauche).	32.

X.e SECTION. *Radicaux de dix traits.*

187.	馬	*mà*, cheval (à gauche *).	412.
188.	骨	*koŭ*, os (à gauche *).	164.
189.	高	*kaô*, haut.	27.
190.	髟	*pieoû*, cheveux (dessus *).	226.
191.	鬥	*teoú*, combat (dessus *).	20.
192.	鬯	*tchhàng*, herbe odorante.	7.
193.	鬲	*lĭ*, trépied (à gauche)	55.
194.	鬼	*kouèï*, mânes (à gauche *).	121.

XI.e SECTION. *Radicaux de onze traits.*

195.	魚	*iû*, poisson (à gauche *).	498.
196.	鳥	*niaò*, oiseau (à droite *).	622.
197.	鹵	*loù*, sel (à gauche *).	39.
198.	鹿	*loŭ*, cerf (au-dessus *).	85.
199.	麥	*mĕ*, blé (à gauche *).	117.
200.	麻	*mâ*, chanvre (au-dessus *).	30.

XIIe SECTION. *Radicaux de douze traits.*

201. 黃 *hoâng*, jaune (à gauche). 35.

202. 黍 *chù*, millet (à gauche). 44.

203. 黑 *hĕ*, noir (à gauche). 146.

204. 黹 *tchì*, coudre, broder (à gauche). 9.

XIIIe SECTION. *Radicaux de treize traits.*

205. 黽 *mìng*, grenouille. 35.

206. 鼎 *tìng*, trépied. 13.

207. 鼓 *koù*, tambour (dessus). 41.

208. 鼠 *chù*, rat (à gauche). 82.

XIVe SECTION. *Radicaux de quatorze traits.*

209. 鼻 *pí*, nez (à gauche). 47.

210. 齊 *thsî*, arrangement. 16.

XVe SECTION. *Radical de quinze traits.*

211. 齒 *tchhì*, dents supérieures (à gauche *). 148.

XVIe SECTION. *Radicaux de seize traits.*

212. 龍 *loûng*, dragon. 19.

213. 龜 *kouēi*, tortue. 21.

XVIIe SECTION. *Radical de dix-sept traits.*

214. 龠 *yŏ*, flûte (à gauche *). 17.

36. Quoiqu'il ne soit pas possible de donner de règle générale et constante pour fixer la place du radical dans les composés, on peut tirer de ce tableau des observations fort utiles pour la découvrir. Effectivement, sur les 214 radicaux, il y en a 73 qui n'ont pas de place fixe ; quatre ou cinq qui peuvent se placer de deux

B 3

manières, six qui embrassent le groupe additionnel, six qui se mettent dessous, 25 qui occupent la partie supérieure des caractères composés, 20 qui se placent à droite, et 85 qui se placent à gauche. Les radicaux qui se mettent presque toujours à la même place, contiennent au moins les quatre cinquièmes du nombre total des dérivés, parce que les classes les plus nombreuses y sont comprises, et que notamment les 60 radicaux les plus riches en dérivés forment à eux seuls plus de 25,000 caractères sur 33,000. Les autres peuvent être considérés comme des classes irrégulières, qui sont en général très-peu nombreuses.

37. Quand un caractère semble composé de deux parties divisibles, soit horizontalement, soit verticalement, on doit le chercher sous le radical qui est à la place qui lui est assignée comme clef dominante.

38. Si, des deux parties dont un caractère est composé, l'une est formée d'un seul radical, et l'autre de plusieurs radicaux rapprochés en groupe, c'est au premier que le caractère doit appartenir.

39. Si l'on ne trouve pas à faire l'application des règles précédentes, soit parce que ce composé contient plusieurs radicaux auxquels il pourroit également se rapporter, soit parce qu'ils s'y trouvent groupés ou enchevêtrés d'une manière insolite, on aura recours à la table des *caractères difficiles* (1). On y trouvera tous les caractères dont le radical est difficile à déterminer, rangés suivant l'ordre des traits dont ils sont formés, avec le renvoi en chiffres à la clef dont ils dépendent.

40. Pour bien compter les traits des caractères dans l'écriture d'impression, il faut faire attention à la manière dont ils sont tracés dans les manuscrits. 乙 ne compte que pour un trait; 又 et 厶, pour *deux;* 廿 et 口 pour *trois*, au lieu de *quatre*. Les 214 radicaux dont le nombre de traits est fixé par la place qu'ils

(1) *Supplément* de M. Klaproth, p. VII, p. 49 et suiv.

海上絲綢之路文獻集成 科技與文化編

occupent dans les dix-sept sections, peuvent servir d'exercice pour s'habituer à ces apparentes irrégularités.

41. Il y a donc deux opérations à faire pour retrouver un caractère composé dans un dictionnaire par clefs : 1.° reconnoître la clef ou le radical; 2.° compter les traits qui y sont ajoutés, pour pouvoir, si la classe est nombreuse, le trouver promptement parmi ceux qui ont le même nombre de traits. Si la première opération fait éprouver de l'embarras [39], on compte le nombre total des traits, et l'on cherche dans la table des caractères difficiles, dans la section de ceux qui ont le même nombre de traits.

42. Dans l'ordre de l'écriture chinoise, les caractères se placent les uns sous les autres en colonnes verticales, qui s'arrangent elles-mêmes de droite à gauche. Dans les inscriptions composées d'un petit nombre de mots, et où la place ne permet pas d'écrire verticalement, on dispose les caractères à côté l'un de l'autre, en commençant par la droite. Dans cette grammaire, on a suivi cet ordre, qui n'a jamais souffert d'exceptions à la Chine (1).

§. II. *Langue orale.*

43. Chaque caractère chinois répond, dans la langue orale, à un mot qui a la même signification : le caractère éveille dans l'esprit de celui qui le voit, la même idée que le mot, si l'on vient à l'entendre prononcer. Celui qui sait les deux langues est toujours en état de rapprocher ces deux sortes de signes, quoique le premier ne soit pas la peinture du second, ni le second l'expression du premier. Néanmoins, pour abréger, on dit quelquefois *le caractère de tel mot*, ou *la prononciation de tel caractère.* Ces façons de parler doivent toujours être entendues dans le sens du présent paragraphe.

44. Les Chinois n'ayant point de lettres pour peindre les diverses combinaisons de sons qui pouvoient se présenter à eux, s'en sont tenus à ceux qu'ils avoient eus dès les premiers temps. Le nombre

(1) Dans les tables de logarithmes imprimées en chinois, on a adopté l'ordre horizontal, en commençant par la gauche; mais cet arrangement est calqué sur celui des tables originales, et ne se retrouve nulle part ailleurs.

海上絲綢之路文獻集成 科技與文化編

en est peu considérable : ce sont tous des mots très-courts, ou même des monosyllabes, commençant par une articulation, et finissant par des voyelles ou des diphthongues pures ou nasales.

45. Les Chinois ayant des nuances d'articulation très-délicates, il y en a beaucoup qu'on ne peut représenter exactement avec les lettres de notre alphabet; d'autres qui sont à peine usitées, ou qui ne se rencontrent que dans les poëtes. Le nombre des monosyllabes chinois usités, tels qu'on peut les rendre en lettres latines, est d'environ 1,200.

46. Les sons initiaux sont tous réputés articulés. Les Chinois en comptent 36, qui se réduisent pour nous à 26. Ce sont les suivans:

k doux, approchant du *g*, dans *garçon*.
kh dur, mais non guttural.
t doux, approchant du *d*.
th dur, non sifflant.
tch doux.
tchh dur.
p doux, approchant du *b*.
ph dur, qu'on ne doit pas prononcer *f*.
n
ñ des Espagnols, comme notre *gn*, dans *maligne*.
m
f
w qu'on prononce *v* dans le midi, et *ou* dans le nord de la Chine.
ts doux.
ths dur.
s comme dans *sage*.
ss sifflant devant l'*e* muet seulement.
ts sifflant devant *e* ou *eu* seulement.
ch comme dans *chagrin*.
y qu'on écrit *i* quand il est suivi d'un *u* ou d'une consonne.
h gutturale devant *a*, *e*, *o*, *ou*.
h sifflant devant *i*.
l
j comme dans *jamais*.
ng sorte d'anhélation analogue au ع arabe. On l'indique par une ' devant la voyelle.
eul, son guttural, tout à-la-fois initial et final, qui a de l'analogie avec le ł polonais. On a cherché à l'exprimer par *lh*, *ulh*, *urh*, &c.

47. Les sons finaux sont les suivans :

a.	an.	*ang.*	*o.*		
e.	en.	*eng.*	*ou.*		*oung.*
eu ou *e* muet.			*u* français.	un.	
i.	in.	*ing.*			

48. Les sons finaux se réunissent deux à deux ou trois à trois. Les Chinois comptent 108 combinaisons de cette espèce, usitées dans leur langue; elles se réduisent pour nous aux suivans :

aï.	eou.	iao.	ieou.	iang.	ioung.	oe	oen.	oue.	ouen.
ao.	ia.	ie.	iu.	ien.	oa.	oeï.	oang.	oueï.	ouang.
eï.	iaï.	ieï.	ian.	iun.	oaï.	oan.	oua.	ouan.	oueng.

49. Tout mot chinois doit être prononcé suivant une des quatre intonations qu'on nomme 聲 四 *ssé-chîng.* Ces intonations fixent le sens des mots, et établissent entre eux une différence qu'il est utile de conserver. Mais comme les lettres de notre alphabet ne sauroient les exprimer, les premiers missionnaires sont convenus de les indiquer par des accens détournés de leur usage ordinaire (1).

50. La première intonation se nomme 平 *phîng* [égal]; les mots qui en sont affectés se prononcent d'une manière prolongée, sans élever ni abaisser la voix. Exemple : 沙 *châ* [sable]. Le signe de cette intonation, pour les Européens, est ^ (2).

51. La seconde intonation se nomme 上 *c'hàng* [haut]. On la rend en élevant la voix sur le mot qui en est affecté : 灑 *chà* [arroser]. On la représente par l'accent \.

52. La troisième est appelée 去 *khiú* [s'en aller]. La voix, d'abord égale, comme dans le ton *phîng,* s'élève en finissant, et se perd *en s'en allant,* comme l'indique le nom chinois. Ex. : 乍 *tchá* [tout-à-coup]. Le signe de ce ton est /.

53. La quatrième s'appelle 入 *jĭ* [rentrer], parce que la prononciation, brève et coupée, s'interrompt comme si l'on reprenoit

---

(1) Le P. Jacques Pantoja est le premier qui ait employé ces accens (Ath. Kircher. *Chin. illustr.* p. 236); mais on a donné d'après lui une idée fausse des intonations qu'ils représentent, en les comparant aux cinq premières notes de la gamme.

(2) Les anciens auteurs divisoient ce ton en deux, et le marquoient par ces deux signes — ^; ainsi, ils comptoient cinq tons au lieu de quatre. L'arrangement des quatre tons varie aussi, même à la Chine. On les range très-souvent dans cet ordre,

CHANG, PHING, KHIU, JI;

et c'est ainsi qu'ils sont indiqués dans les notes marginales du *Tchoung-young.*

sa respiration : 殺 *chă* [tuer]. On représente cette intonation par le signe prosodique ˘. Il faut remarquer qu'elle exclut les sons nasaux, de sorte que, pour faire disparoître la nasale d'un mot, il suffit de dire qu'il passe au son *jĭ* (1).

54. On a assigné à chacune de ces quatre intonations l'un des quatre angles du carré que les caractères chinois occupent, de sorte qu'on peut les marquer, quand cela est nécessaire, en écrivant un ○ à l'angle du caractère correspondant au ton qu'on veut indiquer. Les tons sont distribués de la manière suivante :

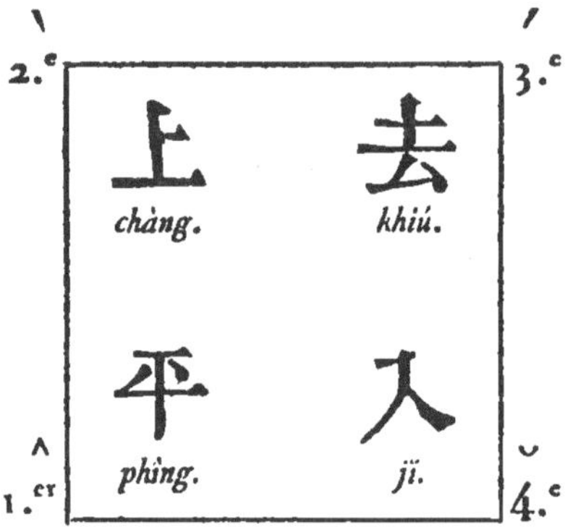

55. Il y a des mots qui changent de ton ou de prononciation, et dont la signification se modifie en conséquence. On n'indique jamais par aucun signe la prononciation habituelle, considérée comme la plus naturelle; mais, dans ce cas seulement, on marque par un ○ le ton nouveau ou la prononciation extraordinaire auxquels le caractère doit passer. Ainsi l'on écrira :

知	*tchî*, savoir.	知	*tchí*, prudence.	鮮	*siân*, frais, récent.	鮮	*siàn*, peu.
朝	*tchâo*, matin.	朝	*tchhâo*, faire sa cour.	樂	*yŏ*, musique.	樂	*lŏ*, se réjouir.

C'est le seul cas où la prononciation soit indiquée dans l'écriture; et encore cet usage, qui est assez moderne, est-il exclusivement borné aux éditions classiques.

(1) C'est par inadvertance que M. Morrison dit le contraire dans sa *Grammaire*, p. 21.

56. Les combinaisons des sons initiaux avec les finaux, usitées dans la langue chinoise, sont, en y comprenant les variations causées par l'usage des intonations, au nombre de 1,203 (1). En voici le tableau dans le système de l'orthographe française. On y joint l'orthographe portugaise, telle qu'elle a été suivie dans plusieurs bons livres anciens, et la désignation des tons dont chaque syllabe est susceptible :

Cha,	∧	\	/	◡	*xa.*
Chaï,	∧	\	/		*xay.*
Chan,	∧		/		*xan,*
Chang,	∧	\	/		*xam.*
Chao,	∧	\	/		*xao.*
Che,	∧	\	/	◡	*xe.*
Chen,	∧	\	/		*xen.*
Cheou,	∧	\	/		*xeu.*
Chi,	∧	\	/	◡	*xy, xė.*
Chin,	∧	\	/		*xin.*
Ching,	∧	\	/		*xim.*
Cho,				◡	*xo.*
Chou, chu,	∧	\	/	◡	*xu, xŏ.*
Choua,		\		◡	*xoa.*
Chouaï,	∧				*xoay.*
Chouang,	∧	\			*xoam.*
Choue,				◡	*xue.*
Chouï,		\	/		*xuy.*
Chun,	∧		/		*xun.*
Fa,				◡	*fa.*
Fan,	∧	\	/		*fan.*
Fang,	∧	\	/		*fam.*
Feï, fi,	∧	\	/		*fy.*
Fen,	∧	\	/		*fuen.*
Feou,	∧	\	/		*feu.*
Fo, fe,				◡	*foe.*
Fou,	∧	\	/	◡	*fu, fŏ.*
Foung,	∧	\	/		*fum.*
Haï,	∧	\	/		*hay.*
Han,	∧	\	/		*han.*
Hang,	∧	\	/		*ham.*
Hao,	∧	\	/		*hao.*
He,				◡	*he.*
Hen,	∧	\	/		*hen.*
Heng,	∧				*hem.*
Heou,	∧	\	/		*heu.*
Hi,	∧	\	/	◡	*hy, hiė.*
Hia,	∧	\	/	◡	*hia.*
Hiaï,	∧	\	/		*hiay.*
Hian,	∧	\	/		*hien.*
Hiang,	∧	\	/		*hiam.*
Hiao,	∧	\	/		*hiao*
Hieï, hie,				◡	*hie.*
Hieou,	∧	\	/		*hieu.*
Hin,	∧	\	/		*hin.*
Hing,	∧	\	/		*him.*
Hio,				◡	*hio.*
Hiou, *v.* Hiu,				◡	*hiŏ.*
Hiouan,	∧	\	/		*hiuen.*
Hioueï,	∧			◡	*hiue.*
Hioung,	∧	\			*hium.*
Hiu,	∧	\	/	◡	*hiu, hiŏ.*

(1) C'est du moins tout ce qu'il est possible d'exprimer avec nos lettres. Les rédacteurs du dictionnaire de *Khang-hi*, ayant égard à des nuances imperceptibles de prononciation [45], comptent 2,193 vocables, et d'autres, par des distinctions encore plus raffinées, vont jusqu'à 4,040. Tout cela n'est, à la Chine même, d'aucun usage dans la pratique.

Ho,	∧ \ / ◡	*ho.*
Hoa,	∧ \ / ◡	*hoa.*
Hoaï,	∧ /	*hoay.*
Hoan,	∧ /	*hoan.*
Hoang,	∧ \ /	*hoam.*
Hoe, *v.* Hou,	◡	*hoe.*
Hoeï,	∧ \ /	*hoey.*
Hoen,	∧ \ /	*hoen.*
Hou,	∧ \ / ◡	*hu, hȯ.*
Houo, *voyez* **Hou, Hoa,**	◡	*huo.*
Houan,	∧ \ /	*huon, hoan.*
Houng,	∧ \ /	*hum.*
I,	∧ \ / ◡	*y, yė.*
Ya,	∧ \ / ◡	*ya,*
Yaï,	∧ \ /	*yay.*
Yan,	∧ \ /	*yen.*
Yang,	∧ \ /	*yam.*
Yao,	∧ \ /	*yao,*
Ye,	∧ \ / ◡	*ye.*
Yen, in,	∧ \ /	*yn.*
Yeou,	∧ \ /	*yeu.*
Ing,	∧ \ /	*ym.*
Yo,	◡	*yo.*
You, *v.* Iu,	◡	*yȯ.*
Youan,	∧ \ /	*yuen.*
Youeï,	◡	*yue.*
Young,	∧ \ /	*yum.*
Iu,	∧ \ / ◡	*yu.*
Yun,	∧ \ /	*yun.*
Jan,	∧ \ /	*gen.*
Jang,	∧ \	*jam.*
Jao,	∧ \	*jao.*
Je,	\ /	*ge.*
Jeng,	∧ /	*gem.*
Jeou,	\ /	*geu.*
Ji,	◡	*gė.*
Jin,	∧ \ /	*gin.*
Jo,	◡	*jo.*
Jou,	∧ \ / ◡	*ju, jȯ.*
Jouan,	∧ \	*juen.*
Joueï,	◡	*jue.*
Jouï,	∧ \ /	*juy.*
Joung,	∧ /	*jum.*
Jun,	\ /	*jun.*
Kaï,	∧ \ /	*cay.*
Khaï,	∧ \ /	*ċay.*
Kan,	∧ \ /	*can.*
Khan,	∧ \ /	*ċan.*
Kang,	∧ \ /	*cam.*
Khang,	\ ∧ /	*ċam.*
Kao,	∧ \ /	*cao.*
Khao,	∧ \ /	*ċao.*
Ke,	◡	*ke.*
Khe,	◡	*k̇e.*
Ken,	∧ \ /	*ken.*
Khen,	\	*k̇en.*
Keng,	∧ \ /	*kem.*
Kheng,	∧ \ /	*k̇em.*
Keou,	∧ \ /	*keu.*
Kheou,	∧ \ /	*k̇eu.*
Ki,	∧ \ / ◡	*ky, kiė.*
Khi,	∧ \ / ◡	*k̇y, k̇iė.*
Kia,	∧ \ / ◡	*kia.*
Khia,	∧ \ / ◡	*k̇ia.*
Kiaï,	∧ \ /	*kiay.*
Khiaï,	∧ \ /	*k̇iay.*
Kian,	∧ \ /	*kien.*
Khian,	∧ \ /	*k̇ien.*
Kiang,	∧ \ /	*kiam.*
Khiang,	∧ \ /	*k̇iam.*
Kiao,	∧ \ /	*kiao.*
Khiao,	∧ \ /	*k̇iao.*
Kieï, kie,	◡	*kie.*
Khieï, khie,	◡	*k̇ie.*
Kieou,	∧ \ /	*kieu.*
Khieou,	∧ \ /	*k̇ieu.*
Kin,	∧ \ /	*kin.*
Khin,	∧ \ /	*k̇in.*

海上絲綢之路文獻集成 科技與文化编

漢文啓蒙

King,	∧ \ /	*kim.*
Khing,	∧ \ /	*k̄im.*
Kio,	◡	*kio.*
Khio,	◡	*k̄io.*
Kiou, *v.* Kiu,	◡	*kiȯ.*
Khiou, *voyez* Khiu,	◡	*k̄hiȯ.*
Kiouan,	∧ / /	*kiuen.*
Khiouan.	∧ \ /	*k̄iuen.*
Kioueï,	◡	*kiue.*
Khioueï,	◡	*k̄iue.*
Kioung,	∧ \ /	*kium.*
Khioung,	∧ \ /	*k̄ium.*
Kiu,	∧ \ / ◡	*kiu,*
Khiu,	∧ \ / ◡	*k̄iu,*
Kiun,	∧ \ /	*kiun.*
Ko,	∧ \ / ◡	*co.*
Kho,	∧ \ / ◡	*c̓o.*
Kou,	∧ \ / ◡	*cu.*
Khou,	∧ \ / ◡	*c̓u.*
Koua,	∧ \ / ◡	*cua.*
Khoua,	∧ \ / ◡	*c̓ua.*
Kouaï,	∧ \ /	*cuay.*
Khouaï,	∧ \ /	*c̓uay.*
Kouan,	∧ \ /	*cuan, cuon.*
Khouan,	∧ \ /	*c̓uan, c̓uon.*
Kouang,	∧ \ /	*cuam.*
Khouang,	∧ \ /	*c̓uam.*
Koue,	◡	*cue.*
Koueï,	∧ \ /	*cuey.*
Khoueï,	∧ \ /	*c̓uey.*
Kouen,	∧ \ /	*cuen.*
Khouen,	∧ \ /	*c̓uen.*
Koueng,	∧	*cuem.*
Khoueng,	∧	*c̓uem.*
Koung,	∧ \ /	*cum.*
Khoung,	∧ \ /	*c̓um.*
Kouo, kou,	∧ / ◡	*cuo.*
Kouon, *voy.* Kouan.		*cuon.*

La,	◡	*la.*
Laï,	∧ \ /	*lay.*
Lan,	∧ \ /	*lan.*
Lang,	∧ \ /	*lam.*
Lao,	∧ \ /	*lao.*
Le,	◡	*le.*
Leng,	∧	*lem.*
Leou,	∧ /	*leu.*
Li,	∧ \ / ◡	*ly, liė.*
Lian,	∧ \ /	*lien.*
Liang,	∧ \ /	*leam,*
Liao,	∧ \ /	*leao.*
Lieï, lie,	◡	*lie.*
Lieou,	∧ \ /	*lieu.*
Lin,	∧ \ /	*lin.*
Ling,	∧ \ /	*lim.*
Lio,	◡	*lio.*
Liouan,	∧ \ /	*liuen.*
Liu,	∧ \ /	*liu.*
Lo,	∧ \ / ◡	*lo.*
Lou,	∧ \ / ◡	*lu, lȯ.*
Louan,	∧ \ /	*luon.*
Louï, leï,	∧ \ /	*luy.*
Loung,	∧ \ /	*lum.*
Lun, louen,	∧ \ /	*lun.*
Ma,	∧ \ / ◡	*ma.*
Maï,	∧ \ /	*may.*
Man,	∧ \ /	*man, muon.*
Mang,	∧ \ /	*mam.*
Mao,	∧ \ /	*mao.*
Me,	◡	*me.*
Meï,	∧ \ /	*moey.*
Men,	∧ /	*muen.*
Meng,	∧ \ /	*mem.*
Meou,	∧ \ /	*meu.*
Mi,	∧ \ / ◡	*my, miė.*
Mian,	∧ \ /	*mien,*
Miao,	∧ \ /	*miao.*
Mieï, mie,	◡	*mie.*
Mieou,	∧ /	*mieu.*

Min,	^ \ /	*min.*
Ming,	^ \ /	*mim.*
Mo,	^ \ / ᴗ	*mo.*
Mou,	^ \ / ᴗ	*mu, mȯ.*

Na,	^ \ / ᴗ	*na.*
Naï,	^ \ /	*nay.*
Nan,	^ \ /	*nan.*
Nang,	^ \ /	*nam.*
Nao,	^ \ /	*nao.*
Neï,	\ /	*nuy.*
Neng,	^	*nem.*
Neou,	^ \ /	*neu.*
Ni, ñi.	^ \ / ᴗ	*ny, niė.*
Nian,	^ \ /	*nien.*
Niang,	^ \ /	*niam.*
Niao,	\ /	*niao.*
Nieï, nie,	ᴗ	*nie.*
Nieou,	^ \ /	*nieu.*
Nin,	^	*nin.*
Ning,	^ \ /	*nim.*
Nio,	ᴗ	*nio.*
Niu,	^ \ /	*niu.*
No,	^ \ / ᴗ	*no.*
Nou,	^ \ / ᴗ	*nu, nȯ.*
Nouan,	\ /	*nuon.*
Noung,	^ /	*num.*
Nun,	/	*nun.*

Pa,	^ \ / ᴗ	*pa.*
Pha,	^ /	*ṗa.*
Paï,	^ \ /	*pay.*
Phaï,	^ /	*ṗay.*
Pan,	^ \ /	*pan.*
Phan,	^ \ /	*ṗan.*
Pang,	^ \ /	*pam.*
Phang,	^ /	*ṗam.*
Pao,	^ \ /	*pao.*
Phao,	^ /	*ṗao.*
Pe,	ᴗ	*pe.*
Phe,	ᴗ	*ṗe.*
Peï,	^ \ /	*poey.*
Pheï,	^ \ /	*ṗoey.*
Pen,	^ \ /	*puen.*
Phen,	^ /	*ṗuen.*
Peng,	^	*pum.*
Pheng,	^	*ṗum.*
Pheou,	^ \	*peu.*
Pi, peï,	^ \ / ᴗ	*py, piė.*
Pian,	^ \ /	*pien.*
Phian,	^ \ /	*ṗien.*
Piao,	^ \ /	*piao.*
Phiao,	^ \ /	*ṗiao.*
Pieï, pie,	ᴗ	*pie.*
Phieï, phie,	ᴗ	*ṗie.*
Pin,	^ \	*pin.*
Phin,	^ \	*ṗin.*
Ping,	^ \ /	*pim.*
Phing,	^ \ /	*ṗim.*
Po,	^ \ / ᴗ	*po.*
Pho,	^ \ / ᴗ	*ṗo.*
Pou,	^ \ / ᴗ	*pu, pȯ.*
Phou,	^ \ / ᴗ	*ṗu, ṗȯ.*

Sa,	ᴗ	*sa.*
Saï,	^ /	*say.*
San,	^ \ /	*san.*
Sang,	^ \ /	*sam.*
Sao,	^ \ /	*sao.*
Se, che,	ᴗ	*se.*
Sen,	^ \ /	*sen.*
Seng,	^ \ /	*sem.*
Seou,	^ \ /	*seu.*
Si,	^ \ / ᴗ	*sy, siė.*
Sian,	^ \ /	*sien.*
Siang,	^ \ /	*siam.*
Siao,	^ \ /	*siao.*
Sieï, sie,	^ \ / ᴗ	*sie.*
Sieou,	^ \ /	*sieu.*
Sin,	^ \ /	*sin.*
Sing,	^ \ /	*sim.*
Sio,	ᴗ	*sio.*

Siouan,	∧ \ /	*siuen.*
Siouеï,	˘	*siue.*
Siu,	∧ \ / ˘	*siu,*
Siun,	∧ \ /	*siun.*
So,	∧ \ / ˘	*so.*
Sou,	∧ \ / ˘	*su, sȯ.*
Souan,	∧ \ /	*soun.*
Souï,	∧ \ /	*suy.*
Soung,	∧ \ /	*sum.*
Sun.	∧ \ /	*sun.*
Sse, chi,	∧ \ /	*sú, szú.*
Ta,	\ / ˘	*ta.*
Tha,	∧ ˘	*ṫa.*
Taï,	∧ \ /	*tay.*
Thaï,	∧ \ /	*ṫay.*
Tan,	∧ \ /	*tan.*
Than,	∧ \ /	*ṫan.*
Tang,	∧ \ /	*tam.*
Thang,	∧ \ /	*ṫam.*
Tao,	∧ \ /	*tao.*
Thao,	∧ \ /	*ṫao.*
Te,	˘	*te.*
The,	˘	*ṫe.*
Teng,	∧ \ /	*tem.*
Theng,	∧	*ṫem.*
Teou,	∧ \ /	*teu.*
Theou,	∧ \ /	*ṫeu.*
Ti,	∧ \ / ˘	*ty, tiė.*
Thi,	∧ \ / ˘	*ṫy, ṫiė.*
Tian,	∧ \ /	*tien.*
Thian,	∧ \ /	*ṫien.*
Tiao,	∧ \ /	*tiao.*
Thiao,	∧ \ /	*ṫiao.*
Tieï, tie,	∧ ˘	*tie.*
Thieï, thie,	˘	*ṫie.*
Tieou,	∧	*tieu.*
Ting,	∧ \ /	*tim.*
Thing,	∧ \ /	*ṫim.*
To,	∧ \ / ˘	*to.*

Tho,	∧ \ / ˘	*ṫo.*
Tou,	∧ \ / ˘	*tȯ, tu.*
Thou,	∧ \ / ˘	*ṫȯ, ṫu.*
Touan,	∧ \ /	*tuon.*
Thouan,	∧ \ /	*ṫuon.*
Touï,	∧ \ /	*tuy.*
Thouï,	∧ \	*ṫuy.*
Toung,	∧ \ /	*tum.*
Thoung,	∧ \ /	*ṫúm.*
Tun,	∧ \ /	*tun.*
Thun,	∧ \ /	*ṫun.*
Tcha,	∧ \ / ˘	*cha.*
Tchha,	∧ / ˘	*ċha.*
Tchaï,	∧ /	*chay.*
Tchhaï,	∧ \ /	*ċhay.*
Tchan, *voy.* Tsan.		
Tchang,	∧ \ /	*cham.*
Tchhang,	∧ \ /	*ċham.*
Tchao,	∧ \ /	*chaó.*
Tchhao,	∧ \ /	*ċhao.*
Tche,	∧ \ / ˘	*che.*
Tchhe,	∧ \ ˘	*ċhe.*
Tchen,	∧ \ /	*chen.*
Tchhen,	∧ \ /	*ċhen.*
Tcheou,	∧ \ /	*cheu.*
Tchheou,	∧ \ /	*ċheu.*
Tchi,	∧ \ / ˘	*chy, chė.*
Tchhi,	∧ \ / ˘	*ċhy, ċhė.*
Tchin,	∧ \ /	*chin.*
Tchhin,	∧ \ /	*ċhin.*
Tcho,	˘	*cho.*
Tchho,	˘	*ċho.*
Tchou, tchu,	∧ \ / ˘	*chu.*
Tchhou, tchhu,	∧ \ / ˘	*ċhu, ċhȯ.*
Tchoua,	∧	*choa.*
Tchouan,	∧ \ /	*chuen.*
Tchhouan,	∧ \ /	*ċhuen.*
Tchouang.	∧ \ /	*choam.*

Tchhouang,	∧	\	/		*ċhoam.*
Tchoue,				◡	*chue.*
Tchhoue,				◡	*ċhue.*
Tchouï,	∧		/		*chuy.*
Tchhouï,	∧	\	/		*ċhuy.*
Tchoung,	∧	\	/		*chum.*
Tchhoung,	∧	\	/		*ċhum.*
Tchu, *voyez* Tchou,					
Tchun,	∧	\			*chun.*
Tchhun,	∧	\			*ċhun.*
Tsa,				◡	*ça.*
Thsa,				◡	*ç̇a.*
Tsaï,	∧	\	/		*çay.*
Thsaï,	∧	\	/		*ç̇ay.*
Tsan,		\	/		*çan.*
Thsan,		\	/		*ç̇an.*
Tsang,	∧	\	/		*çam.*
Thsang,	∧	\			*ç̇am.*
Tsao,	∧	\	/		*çao.*
Thsao,	∧	\	/		*ç̇ao.*
Tse,				◡	*çe.*
Thse,				◡	*ç̇e.*
Tseng,	∧	\	/		*çem.*
Thseng,	∧	\	/		*ç̇em.*
Tseou,	∧	\	/		*çeu.*
Thseou,	∧	\	/		*ç̇eu.*
Tseu,	∧	\	/		*çù.*
Thseu,	∧	\	/		*ç̇ù.*
Tsi,	∧	\	/	◡	*çy, ciė.*
Thsi,	∧	\	/	◡	*ç̇y, ç̇iė.*
Tsian,	∧	\	/		*çien.*
Thsian,	∧	\	/		*ç̇ien.*
Tsiang,	∧	\	/		*çiam.*
Thsiang,	∧	\	/		*ç̇iam.*
Tsiao,	∧	\	/		*çiao.*
Thsiao,	∧	\	/		*ç̇iao.*
Tsieï, tsie,	∧	\	/	◡	*çie.*
Thsieï, thsie,		\	/	◡	*ç̇ie.*
Tsieou,	∧	\	/		*çieu.*

Thsieou,	∧	\	/		*ç̇ieu.*
Tsin,	∧	\	/		*çin.*
Thsin,	∧	\	/		*ç̇in.*
Tsing,	∧	\	/		*çim.*
Thsing,	∧	\	/		*ç̇im.*
Tsio,				◡	*çio.*
Tsiouan,	∧	\			*çiuen.*
Thsiouan.	∧				*ç̇iuen.*
Tsioueï,				◡	*çiue.*
Tsiu,	∧	\	/		*çiu.*
Thsiu,	∧	\	/		*ç̇iu.*
Tsiun,	∧	\	/		*çiun.*
Tso,		\	/	◡	*ço.*
Thso,	∧		/	◡	*ç̇o.*
Tsou,	∧	\	/	◡	*çu, çȯ.*
Thsou,	∧	\	/	◡	*ç̇u, ç̇ȯ.*
Tsouan,	∧	\	/		*çuon.*
Thsouan,	∧	\	/		*ç̇uon.*
Tsouï,	∧	\	/		*çuy.*
Thsouï,	∧	\	/		*ç̇uy.*
Tsoung,	∧	\	/		*çum.*
Thsoung,	∧		/		*ç̇um.*
Tsun,	∧	\	/		*çun.*
Thsun,	∧	\	/		*ç̇un.*
Wa,	∧	\	/	◡	*va.*
Waï,	∧		/		*vay.*
Wan,	∧	\	/		*van.*
Wang,	∧	\	/		*vam.*
We,				◡	*ve, voe.*
Weï,	∧	\	/		*vy.*
Wen,	∧	\	/		*ven.*
Wo,	∧	\		◡	*vo.*
Wou,	∧	\	/	◡	*vu, vȯ.*
'O, a,	∧	\	/	◡	*ngo.*
'Ou,	∧	\	/		*ngu.*
Ou,	∧	\	/		*u.*
'Weï,	∧	\	/		*goey.*
Oung,	∧		/		*um.*
'Aï,	∧	\	/		*ugau.*

'An,	^ \ /	*ngan.*	'En,	^	*ngen.*
'Ang,	^ \ /	*ngam.*	'Eng,	/	*ngem.*
'Ao,	^ \ /	*ngao.*	'Eou,	^ \ /	*ngeu.*
'E,	˘	*nge.*	Eul, ñi,	^ \ /	*ulh, lh.*

En tout 450 syllabes, portées à 1203 par la variation des accens (1).

57. Ces 1200 syllabes servant à prononcer plusieurs milliers de caractères, il est évident que chacune devra répondre à plusieurs caractères, ou, ce qui revient au même, que beaucoup de caractères, ayant des significations diverses, se prononceront exactement de la même manière. Certaines syllabes, plus usitées que les autres, servent de prononciation à 30 ou 40 caractères, et expriment, par conséquent, jusqu'à 30 ou 40 idées différentes (2).

58. Beaucoup de caractères *homophones* appartenant à des radicaux différens ont une partie commune, qui est le groupe additionnel, destiné à peindre la prononciation. Souvent aussi la même prononciation est représentée par des groupes différens [7]. De même qu'on réunit dans les dictionnaires par clefs, les caractères qui ont des radicaux semblables [25], on met ensemble, dans d'autres dictionnaires, les caractères simples ou composés qui, quels que soient leurs radicaux, ont la même prononciation. On a nommé *toniques* ces sortes de dictionnaires, dont la première division est suivant l'ordre des

---

(1) On eût desiré donner une table comparative, propre à faire rectifier la prononciation du dictionnaire du P. Basile de Glemona; mais l'éditeur a substitué à l'orthographe portugaise, que le missionnaire avoit suivie, une orthographe de sa façon, qu'il n'a pas eu soin d'établir sur des principes réguliers. Ainsi, il confond *kŏ* et *koŭ*, sous la syllabe *kŏ*; *tchĕ* et *tchĭ*, sous la syllabe *tchy*, &c. On ne pourroit corriger les fautes de ce genre qu'il a commises, qu'en donnant la table des caractères avec la prononciation, et ce n'est pas ici le lieu d'entreprendre un travail aussi étendu.

(2) Pour indiquer la prononciation dans leurs dictionnaires, les Chinois se servent des *homophones* qu'ils supposent les plus connus. De plus, ils mettent en tête de l'explication de chaque caractère, un autre caractère qui commence par la même consonne, et un troisième qui finit par la même voyelle ou la même diphthongue, marquée de la même intonation : le tout suivi du mot 切 *thsiĕï*, qui signifie *divisez*, pour dire, prenez la consonne de l'un de ces caractères, et joignez-la à la voyelle de l'autre.

C

tons, et la seconde suivant l'ordre des finales ou consonnances (1). On ne peut y chercher un caractère que quand on en connoît d'avance la prononciation : de là vient qu'ils sont plus commodes pour les Chinois que pour les Européens, à moins que ceux-ci ne vivent au milieu des naturels, ou ne sachent déjà la langue.

59. La prononciation des Chinois diffère beaucoup dans les diverses provinces; beaucoup de villes et même de villages ont des patois particuliers, où se trouvent quelquefois des mots tout-à-fait étrangers à la langue commune. Plusieurs de ces dialectes ont des sons et des intonations qui manquent à la prononciation généralement usitée. A Peking, on change souvent le *k* devant l'*i* en *dz*, le *s* en *ch*; on prononce le *k* comme un *kh*. Dans le midi, la langue est plus adoucie : le *eul* se change en *ñi*, *pou* en *m*; on ajoute fréquemment *b*, *t*, *k*, *r*, après les syllabes terminées par une voyelle, sur-tout après celles qui sont affectées du *jĭ-chîng* [53] (2).

---

(1) Les missionnaires, et le P. Basilo, en particulier, ont un peu modifié cet arrangement dans leurs dictionnaires : ils ont classé les syllabes d'après l'ordre de notre alphabet, et subdivisé chaque syllabe d'après l'ordre des tons. C'est le système suivi dans presque tous les dictionnaires chinois-latins dont on possède des manuscrits, et notamment dans la copie qui a servi à l'impression du dictionnaire chinois publié en 1813.

(2) Les patois les plus connus sont celui de *Tchâng-tcheoû*, ville du premier ordre de la province de *Foü-kián*, et celui de Canton. Le premier, connu sous le nom de langue *Chin-cheo*, étoit intéressant à étudier, quand les Européens fréquentoient le port d'*Emouy*. Le second a acquis de l'importance pour le commerce, depuis que Canton est devenu l'entrepôt de celui que les Anglais et les Américains font à la Chine. On peut encore assimiler aux patois les prononciations corrompues que les Japonais, les Tonkinois, les Cochinchinois et les Coréens emploient quand ils font usage des caractères chinois.

海上絲綢之路文獻集成 科技與文化編

GRAMMAIRE CHINOISE.

60. Les mots chinois, pris séparément, sont tous invariables dans leur forme; ils n'admettent aucune inflexion, aucun changement, ni dans la prononciation, ni dans l'écriture.

61. Les rapports des noms, les modifications de temps et de personnes des verbes, les relations de temps et de lieux, la nature des propositions positives, optatives, conditionnelles, ou bien se déduisent de la position des mots, ou se marquent par des mots séparés, qui s'écrivent avec des caractères distincts, avant ou après le thème du nom ou du verbe.

62. Les Chinois appellent 字實 *chĭ tseú* [mots pleins], les mots qui ont une signification propre, comme les noms et les verbes; et 字虛 *hiû tseú* [mots vides], ou 辭助 *tsoú thseû* [termes auxiliaires], les particules qui ne servent qu'à modifier le sens des premiers, ou à marquer les rapports qui les lient entre eux.

63. Beaucoup de mots chinois peuvent être pris successivement comme substantifs, comme adjectifs, comme verbes, quelquefois même comme particules. On peut à volonté marquer précisément le sens où un mot est pris, et le rôle qu'il joue dans la proposition, ou bien laisser au lecteur le soin de le déterminer, d'après le sens du contexte et la position relative des mots.

64. Dans l'antiquité, l'écriture ne servant encore qu'à des usages bornés, on se plaisoit à sous-entendre le verbe ou le sujet des propositions, et à laisser aux mots toute leur latitude d'acception; on marquoit rarement leurs rapports [61]; on exprimoit ses idées avec le moins de mots possible; on écrivoit isolément chaque proposition, sans la lier à celles qui la précédoient ou la suivoient. De là résultoit ce style sententieux, vague, concis et morcelé, qu'on remarque dans les anciens monumens, et qu'on nomme, à cause de cela, 文古 *koù wên* [style antique].

C 2

65. Le *style antique* ayant bientôt cessé d'être en rapport avec les besoins toujours croissans de la société, il s'y est introduit divers changemens, qui tous ont eu pour but de rendre la langue claire, précise et susceptible de formes variées. Pour qu'on pût s'entendre en parlant, on a substitué des mots composés aux termes simples, qui prêtoient à trop d'équivoques, à cause des mots *homophones* [57]. L'emploi plus fréquent des pronoms a permis de déterminer le sens substantif ou verbal des mots; l'usage de particules nouvelles, ou autrement employées, a marqué nettement leurs rapports, et divers procédés phraséologiques ont fait varier la coupe et l'enchaînement des propositions. Le style qui est le produit de ces changemens est celui qu'on nomme 話官 *kouân hoá* [langue des magistrats], ou, comme on l'a dit vulgairement, *langue mandarinique.*

66. Entre ces deux styles, les Chinois en placent un troisième qu'ils nomment 昌文 *wên tchhâng* [style littéraire]. Ce style participe des deux autres: il est moins vague, moins concis, plus fleuri, que le style antique; moins explicite, moins prolixe, et, si on ose le dire, moins grammatical, que la langue mandarinique. Ce style peut varier à l'infini, suivant qu'il s'approche plus de l'un des deux autres.

67. La différence qui existe entre le *koù wên* et le *kouân hoá* est assez marquée, pour qu'il soit nécessaire de donner séparément les règles de l'un et de l'autre. Quant au style intermédiaire, il n'offre, sous le rapport de la grammaire, rien qui ne puisse trouver place dans l'exposé des principes du style antique ou de la langue mandarinique.

68. L'étude spéciale des règles du style antique est nécessaire pour l'intelligence des anciens livres classiques appelés 經 *kìng*, des livres de Confucius et des philosophes de son école, des ouvrages de toute espèce écrits avant l'incendie des livres [l'an 213 avant J. C.], et des livres d'histoire, de géographie, de philosophie et de haute littérature, ainsi que des écrits relatifs à la politique ou à l'adminis-

tration, lesquels sont composés, même à présent, dans un style imité du *koù wên*.

69. Les règles du *kouân hoá* sont celles de la langue usitée actuellement dans tout l'empire. Elles sont donc particulièrement indispensables à ceux qui veulent parler le chinois, ou lire les écrits qu'on a coutume de composer dans un style analogue à celui de la langue parlée, tels que les instructions et proclamations adressées au peuple, ou qu'on destine à être lues à haute voix; les lettres familières, les romans, les pièces de théâtre, certains commentaires des livres anciens, les compositions légères de toute espèce, et généralement tout ce que les Chinois comprennent sous la dénomination de 小說 *siaò chouĕ* [petit langage]. Elles ne sont pas moins utiles pour l'intelligence des ouvrages de littérature ou d'histoire, composés à une époque plus ou moins rapprochée de celle où nous vivons, et dans lesquels il s'est introduit beaucoup de termes composés, de locutions familières, ou de tours de phrases empruntés au style de la conversation, d'après un usage qui paroît remonter aux temps anciens.

PREMIÈRE PARTIE.

DU KOÙ WÊN *OU STYLE ANTIQUE.*

§. I.er *Du Substantif.*

70. Il y a des mots chinois qui sont toujours adjectifs ou substantifs ; d'autres qui sont tantôt noms et tantôt verbes. Le sens de ces derniers se déduit de la position respective des mots.

71. Il n'y a pas de signes pour les genres. Beaucoup de noms spéciaux marquent les sexes dans les animaux. On détermine le sens de ceux qui sont communs, quand cela est nécessaire, par l'addition de certains mots, tels que

父。 *foù*, pater. 母。 *moù*, mater. 人。 *jîn*, homo. 女。 *niù*, mulier.

72. On n'ajoute ordinairement aucun signe pour distinguer le singulier du pluriel. On dit indifféremment :

人	*jîn* homo	l'homme vient, *ou* les hommes viennent.	神	*chîn* spiritus	l'esprit approche (se manifeste), *ou* les esprits approchent.
來。	*lâi* venit.		格	*kĕ* accedit.	

73. Quand il est indispensable de fixer les nombres, on se sert de particules préposées ou postposées, qui marquent la pluralité ou l'universalité. L'emploi des unes et des autres est déterminé par l'usage, suivant la nature de certains substantifs.

74. Il y a quatre particules qui se placent avant le substantif, savoir :

衆。 *tchoúng*, omnes. 諸。 *tchoû*, omnes. 庶。 *chú*, omnes. 多。 *tô*, multi.

眾 tchoúng omnes 人 jîn homines. les hommes. ｜ 庶 chú omnes 士 ssé magistri. les maîtres.

諸 tchoû omnes 儒 joû litterati. les lettrés. ｜ 多 tō multæ 方 fāng regiones. les pays.

75. Il y a aussi quatre particules qui se placent après le substantif, savoir :

皆 kiāi, omnes. 俱 kiū, omnes. 咸 hiân, omnes. 都 toū, omnes.

Par exemple, on dit :

皆 kiāi omnes. 子 tseù filii 童 thoûng adolescentes les adolescens (avant l'âge de quinze ans).

俱 kiū omnes. 人 jîn homines « Les hommes. » 咸 hiân omnia. 國 koué regna « Les royaumes. »

都 toū omnes. 人 jîn homines les hommes.

[Conférez, pour un exemple similaire, le n.° 237].

76. Il faut faire attention à la position de ces sortes de particules; car le sens seroit changé, si elles n'étoient pas à leur place. Par ex. : *Toū jîn*, au lieu de *jîn toū*, ne signifieroit pas *les hommes*, mais *l'homme de la cour*. Il n'y a d'exception à cette règle que quand il y a un mot de sous-entendu :

得 tĕ fieri. 可 khò debent 不 poŭ non 都 toū omnia

« Les choses qui ne doivent pas se faire » ; sous-entendu :

物 wĕ, negotia, pour *wĕ toū poŭ khò tĕ.*

也 yè (p. f.) 是 chí hæc 皆 kiāi omnia

« Toutes ces choses. »

c 4

77. La distinction des nombres est souvent rendue inutile par l'emploi des mots collectifs, tels que

民	*mîn*, populus.	羣	*kiûn*, grex.	&c.

78. On emploie aussi certains noms de nombre dans un sens indéfini, pour indiquer la pluralité ou l'universalité. Ces nombres ne s'emploient pas indifféremment; mais, d'après un usage fondé sur des distinctions systématiques ou d'anciennes traditions, certains nombres sont affectés à certaines classes d'objets; par exemple :

四	*ssé* quatuor	les mers.	百	*pě* centum	les magistrats.
海。	*hài* maria.		官。	*kouân* magistratus.	
九	*kieòu* novem	les provinces (de l'empire chinois).	萬	*wán* decies mille	les peuples.
州。	*tcheoû* provinciæ.		民。	*mîn* populi.	

79. Quand deux noms sont en construction, le terme antécédent se place après le terme conséquent :

民	*mîn* populi	force du peuple.	河	*hô* fluvii	l'orient du fleuve.
力	*lï* vis.		東	*toûng* oriens.	

Cette règle est universelle en chinois, et ne souffre jamais d'exception.

80. La règle précédente s'applique aussi à tous les noms composés; ainsi l'on dit :

天	*thiân* cœli	le fils du ciel (*pour* l'empereur).	宗	*tsoûng* illustrium	temple des ancêtres.
子。	*tseù* filius.		廟。	*miáo* templum.	

81. Souvent, sans rien changer à la construction, on ajoute au terme conséquent la particule 之 *tchî*, qui marque plus positi-

海上絲綢之路文獻集成 科技與文化編

vement le rapport d'attribution, de propriété, d'appartenance. Quelquefois il est indifférent d'exprimer *tchî* ou de le sous-entendre. On dit également :

命 *míng*, mandatum. 天 *thiân* cœli ou 命 *míng*, mandatum. 之 *tchî* (n. g.) 天 *thiân* cœli

« L'ordre du ciel. »

82. Généralement on doit mettre *tchî* toutes les fois que l'un des termes, antécédent ou conséquent, étant composé ou complexe, il est nécessaire d'en marquer la séparation, pour éviter l'amphibologie. Ainsi l'on dira :

道 *taó*, via. 之 *tchî* (n. g.) 學 *hiŏ* studii 大 *taï* magni

« La voie de la grande étude (ou de la philosophie politique). »

始 *chì*, initium. 仁 *jîn* humanitatis 善 *chén* virtutum 之 *tchî* (n. g.) 孝 *hiáo* pietas

義 justitiæque 之 *tchî* (n. g.) 源。 *youân* fons 百 *pĕ* centum

之 *tchî* (n. g.) 宗。 *tsoûng* principalis 衆 *tchóung* omnium 行 *híng* actionum

« La piété filiale *est* la source des *bonnes* actions, la plus illustre des » vertus, et le commencement de l'humanité et de la justice. »

命 *míng*, mandatum 明 *mîng* clarum 之 *tchî* (n. g.) 天 *thiân* cœli

« Le brillant ordre du ciel (la providence). » [Cf. 97, 235, 241.]

83. Le substantif, sujet d'un verbe quelconque, ou complément d'un verbe actif, ne prend aucune marque particulière. Le premier se place avant, et le second après le verbe. Cette règle ne souffre presque pas d'exception [Cf. 157] :

善 *chén* virtutem. 好 *háo* amat 王 *wâng* rex

« Le roi aime la vertu. »

84. Le terme d'une action se marque par des prépositions diffé-

rentes, suivant les idées d'ablation, d'addition, de séparation ou de réunion qu'elle exprime. Les paragraphes suivans feront connoître la manière d'employer les principaux exposans de ces rapports.

85. 與 *iù*, proprement *donner*, marque la réunion, l'addition, la simultanéité, et on peut le traduire par *à*, *avec*, &c.

樂 *lŏ*, lætari. 偕 *kiâi* simul 民 *mîn* populum 與 *iù* ad

« Se réjouir en même temps que le peuple. »

86. 於 ou 于 *iû*, signifie *par*, *dans*, *de*, *à* :

我 *'ò*, me. 於 *iû* à 問 *wén* petiit

« Il a demandé à moi. »

善 *chén*, virtute. 至 *tchí* summa 於 *iû* in 止 *tchì* stare

« Demeurer *ferme* dans la suprême vertu. »

下 *hiá* subjectis 天 *thiân* cœlo 於 *iû* in

« Dans ce qui est sous le ciel (l'empire). »

王 *wâng*, regem. 於 *iû* ad 從 *thsoûng* sequi

« Suivre au roi, *pour* suivre le roi. »

87. 乎 *hoû* marque pareillement l'addition et l'ablation, l'arrivée et le départ :

謂 *'wéi* vocatur 外 *wâi* exteriori 待 *tâi* expectare 己 *kì* seipsum 足 *tsoû* sufficere

德 *tĕ* virtus. 之 *tchî* (p. r.) 於 *iû* ab 無 *woû* nihil 乎 *hoû* ad

» Se suffire à soi-même, et ne rien attendre du dehors, cela s'ap-
» pelle *vertu*. »

門 *mên*, januam. 乎 *hoû* ad 暨 *kí* pervenire

« Parvenir à la porte. »

漢文啓蒙

神 *chîn*, spiritusque. 鬼 *kouèï* genios 乎 *hoû* erga 孝 *hiáo* pius

« Pieux envers les esprits. »

德 *tĕ*, virtutem. 乎 *hoû* in 慎 *chín* invigila 先 *siān* prius

« Avant tout, veillez sur la vertu. »

知 *tchî*, scire. 乎 *hoû* ad 近 *kín* accedit 學 *hiŏ* studium 好 *haó* amare

« Aimer l'étude, c'est approcher du savoir. »

聞 *wên*, audivi. 所 *sò* (eo) quod 乎 *hoû* ab 異 differens

« Différent de ce que j'ai entendu. »

爾 *eùl*, te. 乎 *hoû* à 隱 *yèn* recondi 無 *woû* nihil 吾 *'oû* ego

« Je ne vous ai rien caché. »

88. 諸 *tchoû* [voyez 74] marque ordinairement l'origine, la sortie, l'ablation.

己 *kì*, seipso. 諸 *tchoû* à 求 *khieoû* exspectare 惟 *wêï* solùm

« N'attendre rien que de soi-même. »

掌 *tchàng*, palmam. 諸 *tchoû* in 示 *chí* inspicere

« Regarder dans sa main. »

89. 從 *thsoûng* marque aussi l'ablation.

來 *lâï*, venire. 邊 *piān* finibus 日 *jĭ* solis 從 *thsoûng* ex

« Venir des extrémités du soleil (ou du couchant). »

90. 自 *tseú* signifie aussi *de :*

夏 *hiá*, Hia. 克 *khĕ* vincendo. 自 *tseú* ex 歸 *kouêï* reversus 王 *wâng* rex

« Le roi revint de sa victoire sur la dynastie de *Hia.* »

91. 由 *yeoû* est synonyme de *tseù*, et marque aussi l'origine, la source, la cause, le commencement :

焉 *yân,* (p. f.)	學 *hiŏ* stude	而 *eûl* et.	是 *chí* hoc	由 *yeoû* ex

« Commencez à étudier par ce *livre.* »

92. Le compellatif n'est ordinairement marqué d'aucun signe, et le plus souvent le sujet du verbe en tient lieu :

利 *lí,* lucrum !	曰 *youĕï* loqueris	必 *pĭ* quidem	何 *hô* quare	王 *wâng* rex

« O roi ! pourquoi parler de profit ! » — Le sens littéral est : *Pourquoi le roi parle-t-il de profit !*

§. II. *De l'Adjectif.*

93. Il y a des mots qui par eux-mêmes ont la signification adjective, tels que :

大 *tá,* magnus.	小 *siaò,* parvus.	好 *haò,* bonus.	惡 *'ŏ,* malus.

94. D'autres sont des substantifs qui, joints à d'autres substantifs, expriment un attribut [79, 80], comme :

天 *thiân* cœli / 命 *míng,* mandatum.	l'ordre du ciel, *ou* l'ordre céleste.	金 *kîn* auri / 像 *siáng,* statua.	une statue d'or.

Et ainsi dans tous les cas où un substantif est employé dans un sens attributif, comme dans les noms qui marquent la matière, la nature, la classe ou l'espèce, &c.

95. Les adjectifs sont soumis à la règle des noms attributifs [80], et se placent presque toujours avant le substantif auquel ils se rapportent :

人 *jîn,* homo.	聖 *chíng* sanctus	un saint homme.

海上絲綢之路文獻集成 科技與文化編

言 *yân*, verbum. 善 *chén* bonum — une parole vertueuse.

96. Quelques adjectifs peuvent être pris comme verbes, et alors il arrive souvent que l'accent change pour marquer cette nouvelle acception [55]. Ainsi, de

好 *hào*, bonus. on fait 好 *háo*, amare.

惡 *'ŏ*, malus. 惡 *oú*, odisse.

97. Les adjectifs peuvent être employés comme noms abstraits; alors ils se placent d'ordinaire après un substantif, et se construisent comme s'ils étoient des substantifs :

大 *tá*, magnitudo. 之 *tchî* (n. g.) 地 *tí* terræque 天 *thîan* cœli

« La grandeur du ciel et de la terre. »

98. Tous les verbes forment des adjectifs par l'addition de 者 *tchè* (145, 169); ainsi,

事 *ssé*, servire, fait 者 *tchè*, (p. r.) 事 *ssé*, servire — servant.

死 *ssè*, mori, fait 者 *tchè*, (p. r.) 死 *ssè*, mori — mourant, mort.

99. L'usage de *tchè* s'est étendu à quelques mots qui avoient par eux-mêmes la signification adjective, sur-tout quand on les emploie seuls, le substantif étant sous-entendu ou précédemment exprimé. On dit indifféremment :

聖 *chíng*, sanctus, et 者 *tchè*, (p. r.) 聖 *chíng* sanctus — saint.

愚 *iû*, stolidus, ou 者 *tchè*, (p. r.) 愚 *iû* stolidus — stupide, ignorant.

On peut aussi traduire, en supposant l'ellipse du verbe substantif, *celui qui est saint*, *celui qui est stupide* ou *ignorant*.

海上絲綢之路文獻集成 科技與文化編

100. Le comparatif s'exprime par l'adjectif au positif, avec 於 *iû*, qui signifie alors *præ*, *au prix de*, *eu égard à* :

舜 *chûn*, Chun. 堯 *yaô* Yao 於 *iû* præ 賢 *hîan* sapiens

« *Plus* sage que *les empereurs* Yao et Chun. » *Meng-tseu.*

[Cf. 212, 271].

101. Si la comparaison est exprimée d'une manière absolue, on peut se servir de 尤 *yeoû* [beaucoup], ou de 益 *ĭ* [ajouter]:

備 *pí*, proprius. 尤 *yeoû* magis 意 *í* sensus 語 *iù* vocis

« Le sens de cette parole est plus convenable. »

深 *chîn*, profundum. 益 *ĭ* magis 水 *choùï* aqua 如 *joû* veluti

« Plus profond que l'eau. » *Meng-tseu.*

102. Si la phrase est interrogative, le comparatif n'a pas besoin d'être exprimé :

賢 *hîan*, sapiens! 路 *loú* lou 與 *iù* vel 我 *'ò* meus
孰 *choû* quis 子 *tseu* Tseu 子 *tseù* magister

« De mon maître ou de *Tseu-lou*, quel est *le plus* sage ! » *Meng-tseu.*

103. Le superlatif se forme en plaçant avant l'adjectif un des mots suivans :

最 *tsoúï*, multum. 至 *tchí*, summè. 極 *kĭ*, summum. 甚 *chín*, valdè.

On dit par exemple :

最 *tsoúï* multùm 至 *tchí* summè 極 *kĭ* summè 甚 *chín* valdè
窮 *khioûng*, pauper. 聖 *ching*, sanctus. 高 *kaô*, altus. 善 *chén*, bonus.

Ces quatre particules ne s'emploient pas indifféremment avec toute sorte d'adjectifs ; mais l'usage seul peut en déterminer l'application.

§. III. *Des Noms propres.*

104. Les noms de villes, de fleuves, de montagnes, s'écrivent pour la plupart en deux ou trois caractères, dérivés pour l'ordinaire des radicaux *ville* (CLXIII.e), *tertre* (CLXX.e), *eau* (LXXXV.e), *montagne* (XLVI.e), &c.

105. Les noms d'hommes n'ont en général rien qui les distingue des autres noms. Ils sont ordinairement formés de deux ou trois caractères, et composés suivant des règles assez constantes.

106. Chaque famille a, depuis un temps immémorial, un nom commun à tous les individus qui la composent. C'est ce qu'on appelle 姓 *síng*. Le nombre des *síng* est assez peu considérable, et l'on en a dressé des tables qu'il est utile de consulter, afin d'éviter de prendre les noms d'hommes pour des noms communs (1).

107. Le *síng* se place toujours avant tous les autres noms ; c'est la première syllabe de tout nom d'homme qui en a plusieurs. Pour désigner les femmes et les lettrés d'un ordre distingué, on met le *síng* seul, par antonomase, en y ajoutant le mot 氏 *chí* [famille] :

氏。 *chí*, familia.	許 *hiù* Hiu	pour *Hiù-chín*, célèbre auteur chinois.
氏 *chí*, familia.	顏 *yân* Yan	*Yan-chi*, la mère de Confucius, qui étoit de la famille *Yan*.

(1) Le P. Basile en avait rédigé une table, que son éditeur a fait imprimer (*Dict. chin.* page 972). Le missionnaire ayant négligé d'y comprendre les noms de deux syllabes (姓複 *foŭ síng*), M. Klaproth les a donnés dans son *Supplément*, pag. 30. Au reste, on ne croit pas devoir répéter ici les détails historiques relatifs aux noms d'hommes, qu'on a déjà donnés dans l'*Examen critique* que M. Klaproth a bien voulu insérer dans son *Supplément*, pag. 18 et suiv. On se borne en ce moment à ce qui est réellement du ressort de la grammaire.

Le nom de famille de Confucius étoit 孔 *Khoùng*.

108. Le 名 *mîng* [petit nom, *ou* nom d'enfance], est celui qu'on recoit de ses parens en naissant. On s'en sert, soit en l'ajoutant à son nom de famille, soit en l'employant seul, au lieu de pronom pour se désigner soi-même. On ne doit jamais prononcer le *petit nom* des personnes à qui l'on porte du respect, et c'est un crime de lèse-majesté que de prononcer ou d'écrire en entier, sans employer quelque excuse, le *petit nom* des empereurs régnans, même en le prenant comme nom commun. Le petit nom de Confucius étoit 丘 *Khieoù* [monticule] (1).

109. Le 字 *tseú* est un *titre* qu'on reçoit à vingt ans, en prenant le bonnet viril. Il est ordinairement formé de deux mots qu'on joint au nom de famille pour former la dénomination la plus habituelle de chaque individu. Le *titre* de Confucius étoit 尼仲 *Tchoúng-nî.*

110. Le 諱 *hoéï* est un nom posthume qu'on décerne aux hommes célèbres. Les empereurs n'en ont pas d'autre dans l'histoire (2). Ceux qu'on a donnés à Confucius sont en grand nombre, et expriment la profonde vénération qu'on a pour sa mémoire.

§. IV. *Des Noms de nombre.*

111. Les noms de tous les nombres s'écrivent avec treize figures,

---

(1) C'est ainsi qu'il se nomme quelquefois lui-même, au lieu de dire *je*, *moi*. (V. la 24.e note sur le *Tchoung-young*, pag. 143.) Quand on lit ces passages à haute voix, une note avertit qu'on doit, par respect, prononcer *meoù*, *un tel*, au lieu de *khieoù*.

(2) Les empereurs ont deux sortes de noms posthumes. L'un est le 謚 *chí*, qui a rapport à leurs qualités ou à leurs actions, comme :

帝 皇 武 文 功 神 德 聖

chíng tĕ chîn koūng wên woù hoâng tí

L'empereur saint, vertueux, divin, méritant, lettré, guerrier.

海上絲綢之路文獻集成 科技與文化編

dont les dix premières ont chacune deux formes : l'une, ancienne et très-simple ; l'autre, compliquée à dessein, pour éviter les méprises ou les altérations frauduleuses. Ces figures sont :

一	壹	*ĭ*, unus.	八	捌	*pă*, octo.
二	貳	*eúl*, duo.	九	久	*kieoù*, novem.
三	參	*sân*, tres.	十	拾	*chĭ*, decem.
四	肆	*ssé*, quatuor.	百		*pĕ*, centum.
五	伍	*où*, quinque.	千		*thsiân*, mille.
六	陸	*loŭ*, sex.	萬	ou 万	*wán*, decies mille (1).
七	柒	*thsĭ*, septem.			

帝皇孝廣明欽

khîn mîng kouàng hiáo hoâng-tí

L'empereur respectable, illustre, d'une grande piété. Ces noms s'abrégent dans l'usage ordinaire ; on dit *Wên-tí*, *Mîng-tí*, &c.

L'autre nom est le 號廟 *miáo haô* [nom de temple] ; c'est le nom sous lequel on inscrit le prince défunt sur les tablettes de la famille régnante, et il a rapport à la parenté ; c'est, par exemple :

祖世 *Chí-tsoù*, l'aïeul de la race. 宗成 *Tchhîng-tsoûng*, celui qui a achevé l'illustration, &c.

Les noms de *khâng-hî*, *yoûng-tchîng*, *khiân-loûng*, &c. ne sont pas des noms d'hommes, mais d'années ou de règnes, servant à dater les événemens.

(1) Les Chinois ont des nombres décuples de celui-ci, en montant jusqu'à la XIX.e figure ; mais, dans l'usage ordinaire, on s'arrête aux *wán*, dans lesquels on réduit toujours les nombres plus élevés.

D

112. Les multiplicateurs des nombres *dix*, *cent*, *mille* et *dix mille* (même l'unité, quand il n'y en a pas d'autre), se placent avant ces nombres, et les quantités plus foibles qu'on y ajoute se mettent après. Un nombre très-élevé servira de modèle de toutes les combinaisons de cette espèce:

十 *chĭ*, decem	二 *eúl*, duo	萬 *wán*, decies mille	一 *ĭ*, unum
四 *ssé*, quatuor	百 *pă*, centum	六 *loŭ*, sex	十 *chĭ*, decem
	一 *ĭ*, unum	千 *thsiân*, millia	八 *pă*, octo

« 186,214. »

113. Presque toujours, on ajoute aux noms des nombres une particule qui ne change rien au sens, quoiqu'elle varie suivant la nature des objets nombrés. On nomme ces sortes de particules, *numérales* (1). Les mots employés en ce sens perdent tout-à-fait la signification qu'ils auraient isolément, et l'on en est averti par la présence du nom de nombre.

114. Quelquefois la numérale s'interpose entre le nom de nombre et la chose nombrée :

書 *choû*, epistolæ.	刀 *taó* gladii (p. n.)	三 *sân* tres

« Trois lettres. »

115. Le plus souvent, on place d'abord le nom de la chose nombrée, puis le nom de nombre suivi de la numérale qui convient à cette sorte de chose :

座 *tsó*, (p. n. turrium).	四 *ssé* quatuor	塔 *thă* turres	石 *chĭ* lapideæ

« Quatre tours de pierre. »

(1) Le P. Basile en avoit rédigé une table que M. Morrison a insérée dans sa Grammaire, p. 37 et suiv. L'éditeur du Dictionnaire du P. Basile l'a pareillement fait imprimer, sous le titre très-impropre de *Caractères numériques* (Dict. pag. 933). Le soin qu'il a pris nous dispense de reproduire ici cette table, qui occuperoit un espace considérable.

匹 *phĭ,* (p. n. equorum). 六 *loŭ* sex 馬 *mà* equi

« Six chevaux. »

116. Quand on exprime un nombre dont on n'entend pas garantir la précision, on y ajoute 餘 *iû* ou 許 *hiù*, qui signifient *environ, un peu plus ou un peu moins.*

里 *lì,* li. 餘 *iû* circiter 百 *pĕ* centum 二 *eúl* duo

« Environ deux cents *li* [dixièmes de lieue]. »

117. Pour marquer l'ordre, on met devant le nombre la particule 第 *tí.*

三 *sân,* tres. 第 *tí,* (p. o.) le troisième.

118. Au lieu de nom de nombre, on compte quelquefois les parties d'un tout, en employant des divisions particulières, comme :

下 *hiá,* inferior. 上 *chàng,* superior. *pour* premier, second.

ou bien,

下 *hiá,* inferior. 仲 *tchoúng,* medius. 上 *chàng,* superior. premier, second, troisième.

Les quatre premiers caractères du *Y-kìng* (1) servent quelquefois pour marquer la division en *quatre;* les caractères du cycle dénaire (2)

---

(1) 貞 *tchîng.* 利 *lí.* 亨 *hêng.* 元 *yoûan.*

(2) 癸 壬 辛 庚 己 戊 丁 丙 乙 甲

kiă ĭ pìng tîng meóu kì kêng sîn jîn kouèi

D 2

pour la division en dix, ceux du cycle duodénaire (1) pour la division en douze, et la combinaison de l'un et de l'autre pour la division en soixante. Ces trois derniers moyens de compter sont presque entièrement réservés à la supputation des jours et des années, et servent pour les dates, les quantièmes, &c.

§. V. *Des Pronoms.*

119. Les trois pronoms de la première personne les plus usités anciennement sont 我 *'ò*, 吾 *'oû* et 予 *iù*. Le premier est le seul dont l'usage se soit conservé jusqu'à présent. Voici des exemples :

也 *yè*, (p. f.) 諸 *tchoû* ad 之 *tchî* (p. e.) 欲 *yŏ* cupio 吾 *'oû* ego

我 *'ò* me 加 *kiâ* addant 人 *jîn* homines 不 *poŭ* non

« Je ne souhaite pas que les hommes ajoutent à mes *bonnes qualités* », c'est-à-dire, « *exagèrent mon mérite.* » *Confucius.*

吾 *'oû*, me. 省 *sìng* examino 三 *sân* ter 日 *jĭ* die 吾 *'oû* ego

« Je m'examine trois fois chaque jour. » *Lun-iu.*

予 *iù*, me. 於 *iû* in 德 *tĕ* virtutem 生 *sêng* creavit 天 *thiân* cœlum

« C'est le ciel qui a fait naître en moi la vertu. » *Lun-iu.*

120. Depuis *Thsin-chi-hoang-ti* [212 avant J. C.], l'empereur a un pronom qui lui est affecté, et dont lui seul peut se servir, pour

---

(1) 巳 辰 卯 寅 丑 子

亥 戌 酉 申 未 午

tseù tchhedu yĕn maò tchîn ssé

'où wéï chîn yeoù siŭ hâï

漢文啓蒙

dire *je*, *nous*, &c.; c'est 朕 *tchìn*. Ce mot servoit primitivement pour toutes les personnes d'un rang élevé.

位 *'wéï*, dignitatem. 帝 *tí* imperatoris 宅 *tsĕ* occupo 朕 *tchìn* ego

« J'ai occupé la dignité d'empereur. » *Chou-king.*

之 *tchî* (n. g.) 御 *iú* imperialis 朕 *tchìn* ego
初 *thsoū*, principio. 極 *kĭ* fastigii 於 *iû* in

« Au commencement de notre règne. »

Préf. des Ssé-choû, *trad. en mandchou.*

121. Pour éviter le pronom de la première personne, on se sert quelquefois de son *petit nom* [108 et note]. Confucius dit, par exemple :

知 *tchî*, noverim. 所 *sò* quod 丘 *khieoû* Khieou 非 *fēï* non

« C'est ce que *Khieou* (je) ne sais pas. »

122. Dès l'antiquité, on s'est attaché à supprimer, autant que possible, les pronoms de la première personne, en les remplaçant par des formules d'humilité qui varient suivant l'état des personnes. Les anciens rois se désignoient eux-mêmes, en disant *kouà-jîn* [homme de peu] :

好 *haó* amo 寡 *kouà* parvi 有 *yeoù* habeo 寡 *kouà* parvi
色 *sĕ*, voluptatem. 人 *jîn* homo 疾 *tsĭ* infirmitatem : 人 *jîn* homo

« J'ai une foiblesse : j'aime la volupté. » *Meng-tseu.*

123. Les sujets, s'adressant à l'empereur, se désignent par le mot de 臣 *tchhîn* [sujet], qu'on a soin d'écrire, dans les actes officiels, en un petit caractère, à droite de la ligne, ainsi :

D 3

之 tchî (n. g.) 臣 tchhîn subjecti (mei) 望 wáng spero
孤 koû, orphani. 祖 tsoù avi 憫 mìn miseratum

« J'espère que votre majesté sera touchée de pitié en faveur de » moi, votre sujet, orphelin, à cause de mon aïeul. » (1)

124. Toute autre qualification, marquant le rapport où une personne se trouve placée à l'égard d'une autre, peut remplacer le pronom de la première personne. La civilité prescrit à ce sujet certaines règles qui seront indiquées par la suite.

125. En émettant une opinion, ou en faisant une remarque, un auteur se désigne ordinairement par le mot 愚 *iû* [stupide, homme peu éclairé]. Dans ce cas, les phrases

按 'án, animadverto. 愚 iû stolidus (ego) 謂 'wéï, assero. 愚 iû stolidus (ego)

doivent être traduites par, *je dis*, *je remarque*, &c.

126. Les pronoms de la seconde personne ne sont guère plus fréquemment usités que ceux de la première. Ceux qu'on trouve ordinairement dans les livres sont les suivans.

127. 爾 *eùl* paroît avoir été le plus anciennement usité, et semble plus respectueux.

及 kǐ, assequeris. 所 sò quod 爾 eùl tu 非 fëï non

« C'est à quoi vous n'atteignez pas. »

128. 汝 ou 女 *joù*, est remplacé quelquefois, à cause de l'analogie de prononciation, par 如 *joû* et 若 *jǒ*:

(1) C'est un historien qui parle ainsi, en adressant son livre à l'empereur, et réclamant pour lui-même une partie de la faveur qu'on avoit jadis accordée à un de ses ancêtres, historien comme lui.

海上絲綢之路文獻集成 科技與文化編

賢 *hiân*, sapiens. 汝 *joù* tu 惟 *wêï* solùm

« Il n'y a que vous qui soyez sage. »

若 *jŏ*, tibi. 語 *iù* dico 吾 *'oû* ego

« Je vous dis... »

129. 子 *tseù*, proprement *fils*, étant devenu le titre de beaucoup de philosophes et d'écrivains distingués, remplace le pronom de la deuxième personne, comme quand en français on tourne par la troisième.

奚 *hî*, (p. i.)! 爲 *'wêï* æstimas 以 *ì* ex 子 *tseù* magister

« Qu'en pensez-vous ! » comme on diroit : *Qu'en pense monsieur!*

On se sert dans le même sens de 子夫 *foû-tseù*, qui signifie plus précisément encore *maître* ou *docteur*:

歟 *iû*, (p. i.)! 人 *jîn* vir 聖 *chíng* sanctus 子 *tseù* magister 夫 *foû*

« Êtes-vous un saint homme? »

130. 下足 *tsoŭ-hiá, le dessous des pieds*, est une forme usitée dans le style élevé, pour dire *vous*.

哉 *tsâï*, (p. i.) 取 *thsiù* capias 下 *hiá* tu 爲 *'wêï* esse 安 *'ân* an

信 *sín* fidem 所 *sò* quem 足 *tsoŭ* 足 *tsoŭ* sufficio

« Comment pourrois-je mériter votre confiance? »

131. En s'adressant à l'empereur, on dit presque toujours:

廷 *thîng*, palatium. 朝 *tchhaô*, aulæ palais de la cour,

ou bien,

下 *hiá* infrà 陛 *pí,* gradus — le dessous des degrés.

deux façons de parler qui équivalent à *votre majesté.*

賜 *ssé,* donaque. 賞 *chàng* beneficia 廷 *thîng* palatii 朝 *tchhaô* aulæ 蒙 *mêng* accepi

« J'ai reçu les présens de votre majesté. »

一 *ĭ* unico 神 *chîn* divæ 陛 *pí* graduum 內 *néï* interius 今 *kîn* nunc

統 *thoùng,* gubernio. 靈 *lîng* intelligentiæ 下 *hiá* inferioris 賴 *lâï* donatur 海 *hàï* marium

« Maintenant ce qui est environné de la mer (l'univers), doit au » génie de votre majesté d'être réuni sous un seul gouverne- » ment. » *Sse-ki.*

132. Le pronom de la troisième personne s'exprime par 其 *khî,* 伊 *ī,* ou 厥 *kiouĕï :*

母 *moù,* materque. 民 *mîn* populi 其 *khî* is

也 *yè* (p. f.) 父 *foù* pater 爲 *'wêï* est

« Il est le père et la mère du peuple. » *Meng-tseu.*

Kiouĕï est souvent employé dans le *Chou-king* comme synonyme de *khî.* Ces deux pronoms et plusieurs autres de la troisième personne sont le plus souvent pris comme adjectifs possessifs ou démonstratifs. [V. 139, 141.]

133. On place élégamment le pronom 其 *khî* après le sujet d'une phrase exprimé par un substantif, sur-tout si la phrase est admirative ou interrogative :

也 *yè* (p. f.) 大 *tá* magnâ 舜 *chún* Chun

與 *oû,* (p. a.) 知 *tchí* prudentiâ præditus 其 *khî* is

« Que la prudence de *Chun* est grande ! »

處 *tchhoù* stat 地 *tí* terra 運 *yún* circumagitur 天 *thiân* cœlum

乎 *hoû*, (p. i.)! 其 *khî* illa 乎 *hoû*, (p. i.)! 其 *khî* illud

« Le ciel tourne-t-il? la terre est-elle immobile?

矣 *ì*, (p. f.) 其 *khî* ea 人 *jîn* hominis

乎 *hoû*, (p. i.)! 神 *chîn* spiritualis 心 *sîn* intelligentia

« L'intelligence humaine est-elle spirituelle? [Cf. 211].

134. Quand le pronom de la troisième personne est complément d'un verbe actif, il s'exprime toujours par 之 *tchî*, aussi bien pour les choses que pour les personnes :

之 *tchî*, eum. 征 *tchîng* subjicit 而 *eûl* et 往 *wàng* it 王 *wâng* rex

« Le roi marche pour le soumettre. »

之 *tchî*, illum. 殺 *chă* occidere 以 *ì* ad 可 *khò* potest

« Il peut le tuer. »

135. Le pronom personnel commun, *moi-même, toi-même, soi-même*, s'exprime par 己 *kì* ou 自 *tseú*. Le premier se met avant le verbe, quand il est sujet, et se met après, quand il est complément. Le second se met avant le verbe qui le régit, et forme le sens réfléchi :

有 *yeòu* habeat 若 *jŏ* quasi 有 *yeoù* habeant 人 *jîn* homines

之 *tchî*, illas. 己 *kì* ipse 技 *kí* dotes 之 *tchî* (p. e.)

« Si les (autres) hommes ont des talens, que ce soit pour lui, » comme s'il les avoit lui-même. » *Taï-hio.*

息 *sï*, cessat. 强 *kiâng*, cohibendum 以 *ì*, ad 君 *kiûn*, [sapiens
不 *poŭ*, non 自 *tseù*, seipsum 子 *tseù*,]

« Le sage ne met pas de relâche à la violence qu'il exerce sur « lui-même. » *I-king.*

136. On se sert, dans le même sens, des mots 身 *chîn* [corps, personne], 躬 *koûng* [corps], 親 *thsîn* [proche]:

身 *chîn*, corpus. 修 *sieoû* concinnare.

« Orner sa personne, se corriger soi-même. »

耕 *kêng*, arat. 躬 *koûng* corpore 子 *tseù* filius 天 *thiân* cœli

« Le fils du ciel (l'empereur) laboure lui-même. »

之 *tchî*, illud. 筆 *pi* scripsit 筆 *pi* penicillo 親 *thsîn* proprio

« Il l'a écrit de son propre pinceau. »

137. Il est très-rare que les pronoms personnels soient accompagnés de marque pour le pluriel. On peut toutefois le former, comme pour les substantifs (75), en ajoutant au pronom l'un des mots suivans : 等 *tèng* ordo 屬 *choŭ* classis 儕 *tchhâi* turba &c.

乎 *hoû*, (p. i.) 吾 *'oû* [nobis 衆 *tchoúng* multis 猶 *yêou* sicut 文 *wên* Wên
儕 *tchhâi*] 況 *hoáng* multò magis 用 *yoúng* utitur 王 *wâng* wâng

« Puisque *Wen-wang* emploie tant d'autres, à plus forte raison nous » emploiera-t-il ! » *Tso-tchouan.*

矣 *ì*, (p. f.) 之 *tchî* (p. e.) 今 *kîn* nunc 吾 *'oû* [nos
虜 *loù* captivi 爲 *'wêi* sumus 屬 *choŭ*]

« Nous sommes maintenant prisonniers. »

138. Les rapports des pronoms s'expriment par les mêmes moyens que ceux des substantifs [79, 83, 84], Dans certains cas pourtant, le pronom personnel, complément d'un verbe actif, se place, par inversion, avant ce verbe. [V. 157.]

139. Le possessif se forme d'après la règle des noms attributifs (80), en mettant le pronom personnel avant le substantif, et sans l'intermédiaire de la particule 之 *tchî.*

國 *koue,* regno. 吾 *'oû* meo 利 *lí* lucrandum 以 *ì* ad

« Pour apporter du profit à mon royaume. »

志 *tchí,* sententiam ! 爾 *eùl* vestram 言 *yân* dicitis 各 *kŏ* quisque 盍 *hŏ* quidni

« Pourquoi ne dites-vous pas chacun votre pensée ! » *Lun-iu.*

妃 *fēi,* reginam. 厥 *kiouĕ'i* suam 愛 *'ái* diligebat 王 *wâng* wang 大 *tái* Taï

« *Thaï-wang* chérissoit la reine son épouse. » *Meng-tseu.*

也 *yè* (p. f.) 其 *khî* ejus 將 *tsiâng* (n. f.) 鳥 *niào* avis
哀 *'âi,* tristis. 鳴 *mîng* cantus 死 *ssè* moritura 之 *tchî* (p. e.)

« Quand l'oiseau est près de mourir, son chant devient triste. »
Lun-iu.

140. Outre les pronoms de la troisième personne (132), il y a un assez grand nombre de pronoms démonstratifs. On donnera ici un exemple de chacun des plus usités.

141. 彼 *pì* et 此 *thseù* ou 茲 *tseû,* sont opposés l'un à l'autre ; le premier, comme démonstratif des choses ou des personnes éloignées, et le second, comme démonstratif des choses ou des personnes prochaines : c'est *celui-là* et *celui-ci, cet autre* et *moi-même.* On les emploie également avec ou sans substantif.

此 *thseù*, hoc. 取 *thsiù* cape 彼 *pì* illud, 去 *khiù* amove

« Éloignez de vous cela, et prenez ceci. » *Tao-te-king.*

大 *tá* magnum 殪 *í* interficiamus 小 *siaò* parvam 發 *fă* sagittemus

兕 *ssé*, urum. 此 *thsèu* hunc 豝 *pâ* suem; 彼 *pì* illam

« Tirons nos flèches sur cette jeune laie; frappons ce grand bœuf » sauvage. » *Chi-king.*

此 *thseù* hoc 時 *chî*, tempus.	ce temps-cî, maintenant.	彼 *pì* illud 時 *chî*, tempus.	ce temps-là, alors.

茲 *tseû* hoc. 在 *tsáï*, inesse 茲 *tseû* hoc. 念 *nián*, recogitare

« Songer à ceci, être (tout entier) à ceci...... » *Chou-king.*

142. 夫 *foû* ne se dit guère que des personnes.

也 *yè*, (p. f.) 子 *tseù* pueri 三 *sân* tresve 二 *eúl* duo 夫 *foû* illi

« Ces deux ou trois enfans, *pour*, c'est vous, mes disciples. »

Lun-iu.

爲 *'wêï*, causâ! 而 *eûl* et 爲 *'wêï* causâ 人 *jîn* hominis 非 *fêï* non

誰 *choûi* cujus 慟 *toúng* angere 之 *tchî* (n. g.) 夫 *foû* hujus

« Si l'on ne se désole pas à cause de cet homme, à cause de qui » *se désolera-t-on!* » *Id.*

143. 是 *chí* s'emploie ordinairement comme complément d'un verbe ou d'une proposition :

無 *woû* non 是 *chí* hoc 不 *poŭ* non
悶 *mén*, dolet. 而 *eûl* et 見 *kían* videt

« Il n'éprouve pas de chagrin de ne pas voir cela. » *I-king.*

也 *yè*, (p. f.) 時 *chî* tempore 是 *chí* illo 當 *tâng* in

« Dans ce temps-là. » *Meng-tseu,*

不 *poŭ* non 位 *'wéi* dignitatem 居 *kiû* occupans 是 *chí* hâc (1)
驕 *kiâo*, superbit. 而 *eûl* et 上 *chàng* altam 故 *koú* causâ

« C'est pour cette raison que, placé dans un rang supérieur, il ne » s'enorgueillit pas. » *I-king, Tchoung-young.*

144. 斯 *ssê* paroît tout-à-fait synonyme de 此 *thseù:*

者 *tchè* qui. 三 *sân* tria 斯 *ssê* hæc 知 *tchî* scit

« Celui qui sait ces trois choses... » *Tchoung-young.*

145. Le pronom conjonctif, sujet de la proposition incidente, se rend par la particule 者 *tchè*, placée à la fin de cette dernière, quelle que soit sa longueur, le nombre des verbes qui la composent, et celui des complémens qui peuvent y être attachés (2).

---

(1) C'est le dictionnaire de *Khang-hi* qui fixe le sens du mot *chí*, dans cette phrase. Mais comme il signifie encore, *être*, on pourroit traduire *chí koú* par *est causa.* C'est de cette manière qu'on l'a toujours rendu dans les phrases analogues du *Tchoung-young.* Voyez pag. 88 et *alibi.*

(2) Cette construction, qui est invariable, mérite d'autant plus d'être remarquée, qu'elle donne la clef des seules phrases qui puissent, dans le *Kou-wen*, offrir quelques difficultés grammaticales.

海上絲綢之路文獻集成 科技與文化編

愛 *'ái* amat
人 *jîn* homines
者 *tchè* qui,
人 *jîn* homines
恆 *hêng* constanter
愛 *'ái* amant
之 *tchî* eum;
敬 *kíng* veneratur
人 *jîn* homines
者 *tchè* qui,
人 *jîn* homines
恆 *hêng* constanter
敬 *kíng* venerantur
之 *tchî,* eum.

« Celui qui aime les hommes, en est constamment aimé; celui qui
» honore les hommes, en est constamment honoré. »

行 *híng* agat
而 *eûl* et
不 *poŭ* non
至 *tchí* perveniat
者 *tchè,* qui,
有 *yeoù* habemus
之 *tchî* hunc;
不 *poŭ* non
行 *híng* agant
而 *eûl* et
能 *nêng* possint
至 *tchí* pervenire
者 *tchè* qui,
未 *wéi* nondum
之 *tchî* eos
有 *yeoù,* habuimus
也 *yè* (p. f.)

« Des hommes qui travaillent sans réussir, il y en a; des hommes
» qui réussissent sans travailler, il n'y en a pas encore eu. »

未 *wéi* nondùm
有 *yeoù* habuimus.
義 *í* justum,
而 *eûl* et
後 *héou* post habeat
其 *khî* suum
君 *kiûn* principem
者 *tchè* qui
也 *yè* (p. f.)

« Il n'y a jamais eu d'homme qui aimât la justice, et qui mît
» son prince après quelque chose, *pour dire*, qui ne le préférât pas à
» tout. » *Meng-tseu.* [Cf. 154.]

146. Le pronom conjonctif, complément du verbe de la proposition incidente, se rend par 所 *sò*, qui se place toujours après le sujet et avant le verbe de cette proposition.

於 *iû* erga	勿 *fĕ* ne	不 *pŏu* non	己 *kì* ipse
人 *jîn*, homines.	施 *chî* utaris	欲 *yŏ* cupis	所 *sò* quod

« Ce qu'on ne souhaite pas soi-même, qu'on ne le fasse pas aux » autres hommes. » *Lun-iu.*

所 *sò* quo	觀 *kouân* vide	所 *sò* ad quod	視 *chì* respice
由 *yeoû*, proveniat.	其 *khî* is	以 *ì* adhibeatur	其 *khî* is

« Regardez à quoi il sert et d'où il vient (1). » *Lun-iu.* [Cf. 187.]

Dans toutes ces phrases, il faut se garder de prendre pour l'antécédent du conjonctif, le mot qui précède, et qui est le sujet du verbe qui régit ce même conjonctif.

147. Dans le dernier exemple du précédent paragraphe, *sò* semble régi par deux particules, parce que les verbes 以 *ì* [employer] et 由 *yeoû* [passer] sont devenus de simples exposans de rapports : le premier marquant le but, l'intention, l'instrument ; et le second, l'origine, la cause, ou le point de départ. C'est pour cette même raison que le conjonctif *sò* veut être placé avant la particule, dans cette expression très-usitée :

以 *ì*, propter.	所 *sò* quà	C'est pourquoi, *ou* c'est par quoi.

148. L'emploi du conjonctif est assez rare en *kou-wen*, parce que les phrases y sont en général courtes, et les idées exprimées le plus souvent dans des propositions isolées.

149. Le pronom interrogatif *qui*, *lequel*, s'exprime par 誰 *chôuï* ou par 孰 *choŭ :*

---

(1) Plus littéralement : *Respicere is quid*, ad., *et videre is quo*, ex, en attachant le mot *sò*, comme complément, au verbe ou à la particule qui suit.

讓 *jáng*, se dedere! 不 *poŭ* non 敢 *kàn* audet 誰 *choûi* quis

« Qui osera ne pas se soumettre! » *Chou-king.*

人 *jîn*, vir! 聖 *chíng* sanctus 爲 *'wêi* est 孰 *choŭ* quis

« Quel est le saint homme! »

150. On emploie le pronom interrogatif dans les phrases dubitatives :

之 *tchî* (n. g.) 知 *tchî* scio 吾 *'oû* ego

子 *tseù* filius. 誰 *choûi* cujus 不 *poŭ* non

« Je ne sais de qui il est fils. » *Tao-te-king.*

§. VI. *Du Verbe.*

151. Les verbes que les Chinois nomment 字活 *hŏ-tseú* [mots vivans], sont, comme les substantifs [70], de deux sortes; les uns toujours verbes par eux-mêmes, et les autres alternativement verbes, noms abstraits, adjectifs ou même particules, suivant la place qu'ils occupent dans la phrase, et les marques de rapports qui peuvent s'y trouver attachées (1).

152. On a coutume de faire l'ellipse du verbe substantif, toutes les fois qu'il s'agit seulement d'attribuer une qualité à un sujet; dans

---

(1) Certains mots dont le sens est exclusivement substantif, ont été employés comme verbes, par une licence particulière. Ainsi, dans un discours contre l'établissement des monastères, *Han-iu* va jusqu'à dire, en parlant des religieux :

人 *jîn*, homines. 其 *khî* eos 人 *jîn* hominifacere

C'est-à-dire, « *Faites des hommes de ces hommes*, rendez-les à la condition humaine, aux de-» voirs, aux droits attachés à la qualité d'homme. »

Ces phrases elliptiques sont extrêmement rares : ce sont des hardiesses sur lesquelles il est impossible de donner aucune règle.

ce cas, on met quelquefois une particule insignifiante entre le substantif et l'adjectif, pour marquer la suspension.

君 *kiün* ⎤
子 *tseù* ⎦ sapientis
之 *tchî* (n. g.)
道 *táo* via
費 *fêi* ampla
而 *êul* et
隱 *yên*, obscura.

« La voie du sage est ample et cachée. » *Tchoung-young.*

柴 *tchhâi* Tchhaï
也 *yè* (p. f.)
愚 *iû* stolidus,

參 *sên* Sen
也 *yè* (p. f.)
魯 *loù* ignarus,

師 *ssê* Sse
也 *yè* (p. f.)
辟 *phï* levis,

由 *yeoû* Yeou
也 *yè* (p. f.)
喭 *yán*, rudis.

« Tchhaï *est* peu éclairé; Sen *est* peu instruit; Sse *est* léger; Yeou » *est* grossier dans ses manières (1). » *Lun-iu.* [Cf. 139.]

153. Quand il s'agit d'attribuer plus positivement à un sujet une qualité qui emporte l'idée d'une action, on se sert du mot 爲 *'wêï*, qui peut se rendre par *être* (2) :

回 *hôeï* Hoeï
之 *tchî* (p. e.)
爲 *'wêï* erat
人 *jîn* vir
也 *yè*, (p. f.)

« Hoeï *étoit* (véritablement) un homme. »

Tchoung-young. [Cf. 130, 217.]

---

(1) Ce sont les noms de quatre disciples de *Confucius*, au sujet desquels le philosophe prononçoit ce jugement.

(2) Ce mot signifie proprement *faire* :

爲 *'wêï* agere
官 *kouân*, magistratum.

爲 *'wêï* agere
國 *kouë*, regnum.

E

154. L'idée de l'existence rapportée à un sujet, avec détermination d'un attribut, s'exprime par 有 *yeòu* [avoir], lequel représente exactement l'idiotisme français, *il y a :*

也 *yè,* (p. f.) 親 *thsîn* parentes 遺 *î* negligentes 仁 *jîn* pii 未 *wéi* nondum
者 *tchè* qui 其 *khî* suos 而 *eûl* et 有 *yeòu* fuerunt

« Il n'y a pas encore eu d'homme pieux qui négligeât ses parens. »

Meng-tseu.

學 *hiŏ ;* studentes. 弗 *fĕ* non 有 *yeòu* sunt

« Il y a des hommes qui n'étudient pas (1). » [Cf. 186, 234.]

155. L'idée de l'existence, avec désignation de localité, s'exprime par 在 *tsáï* [être dans], tant au propre qu'au figuré :

陳 *tchhîn,* Tchhîn, 在 *tsáï* erat in 子 *tseù* tseu 孔 *khoùng* Khoung

« Confucius étoit dans le pays de *Tchhin.* »

位 *'wéï,* gradu. 下 *hiá* inferiori 在 *tsáï* esse in

« Être dans un rang inférieur. »

156. Le sujet du verbe est presque toujours placé avant le verbe [83]; mais il est souvent sous-entendu, particulièrement si c'est un pronom personnel, ou s'il a été précédemment exprimé.

157. Les pronoms, complémens d'un verbe actif, font quelquefois exception à la règle précédente, par l'effet d'une inversion élégante; ainsi l'on trouve

---

(1) A l'endroit du *Tchoung-young* d'où cette phrase est tirée (chap. XX, S. 20, pag. 81 de mon édition), il y a plusieurs phrases qui peuvent également servir d'exemples de cette construction.

也 yè, (p. f.) 知 tchî novit 吾 'où me 不 poŭ non

« Il ne me connoît pas. »

au lieu de 也吾知不 qui seroit plus régulier (1).

欺 khî, decipio! 誰 choûï quem 吾 'oû ego

« Qui trompé-je! » *Lun-iu.* [Cf. 252.]

158. Dans les verbes à double rapport, le complément direct se place après le verbe, et est suivi du complément indirect :

天 thiân, cœlum. 人 jîn virum 於 iû ad 能 nêng potest 薦 tsián designare 天 thiân cœli 子 tseù filius

« Le fils du ciel [l'empereur] peut présenter au ciel un homme » (pour lui succéder). » *Meng-tseu.*

下 hiá, imperio. 天 thiân 之 tchî eum 與 iù donare

« Lui donner l'empire. » *Meng-tseu.* [Cf. 119.]

159. On peut encore faire précéder le verbe et son complément direct, du complément indirect accompagné d'une préposition :

人 jîn, virum. 與 iù donare 下 hiá imperio 天 thiân 以 ì ex

« Donner l'empire à un homme. » *Meng-tseu.*

160. Le temps auquel l'action d'un verbe est rapportée, n'est indiqué le plus souvent que par la suite des idées, ou, si cela est nécessaire, par les adverbes de temps, soit qu'ils expriment le temps

---

(1) Remarquez qu'il n'y a pas d'amphibologie, malgré l'inversion, parce que, pour dire, *je ne connois pas*, il faudroit nécessairement :

也 yè, (p. f.) 知 tchî novi 不 poŭ non 吾 'oû ego

E 2

précis, comme *hier*, *demain*, *aujourd'hui*, *maintenant ;* soit qu'ils ne l'indiquent que d'une manière générale, comme, *avant*, *après*, *déjà*, *bientôt*, &c.

161. Pour le futur, l'expression la plus généralement usitée est 將 *tsiâng*.

將	*tsiâng* (n. f.)	惡	*'ŏ* mali	之	*tchî* (n. g.)	後	*heóu* posteriorum
曰	*yoüeï* dicent....	者	*tchè* qui	爲	*'wêi* esse	世	*chí* sæculorum

« Ceux des siècles futurs qui feront mal, diront.... »

之	*tchî*, illum.	問	*wén* interrogabo	將	*tsiâng* (n. f.)	吾	*'oû* ego

« Je lui demanderai. » [Cf. 139, 173.]

162. 曾 *thsêng* marque le passé :

之	*tchî* (p. e.)	與	*iù* et	曾	*thsêng* (n. pr.)
問	*wén*, interrogavisti.	求	*khieôu* Khieou	由	*yeôu* Yeou

« Vous m'avez interrogé au sujet de *Yeou* et de *Khieou.* » *Lun-iu.*

163. 已 *ì* marque aussi le passé, et se met tantôt avant et tantôt après le verbe.

死	*ssè*, mortua est.	心	*sîn* anima	存	*thsûn* exstet	形	*hîng* corpus
		已	*ì* (n. pr.)	而	*eûl* et	雖	*soüî* etsi

« Quoique son corps existe encore, son ame est morte, » c'est-à-dire, il vit encore, mais il a perdu le sentiment.

甚	*chín*, valdè.	已	*ì* (n. pr.)	之	*tchî* illum	病	*píng* malè habuit

« Il le maltraita beaucoup. »

164. 旣 *kí* est synonyme de *ì* (1) :

接 *tsië'i*, occurrerunt. 旣 *kí* (n. pr.) 刃 *jín* laminæ 兵 *pîng* armorum

« Les lames des armes se sont heurtées. » *Meng-tseu.*

食 *chĭ* comedi 烹 *phêng* coxi 予 *iù* ego
之 *tchî*, illum. 而 *eûl* et 旣 *kí* (n. pr.)

« Je l'ai fait cuire et je l'ai mangé. » *Id.*

165. Tous les verbes, même les verbes actifs, accompagnés de leurs complémens directs ou indirects, sont souvent pris en un sens indéfini, et deviennent à leur tour sujets ou complémens d'autres verbes; de sorte qu'on peut les rendre, suivant l'occasion, par l'infinitif, ou par le nom d'action qui leur correspond.

命 *míng*, fatum. 有 *yeoù* habent 生 *sêng* vivere 死 *ssè* mori

« Vivre et mourir (*ou* la vie et la mort) ont l'ordre du ciel, » *pour*, sont soumis à la destinée. *Lun-iu.*

之 *tchî* illud 吾 *'oû* ego 有 *yeoù* habere 怪 *kouáï*, insolita, 素 *soú* sectari
矣 *ì*, (p. f.) 弗 *fĕ* non 述 *choŭ* narrationes, 後 *héou* posterioribus 隱 *yĕn* obscura,
爲 *'wêï* agerem 焉 *yân* (p. f.) 世 *chí* sæculis 行 *hîng* agere

« Rechercher les choses obscures, pratiquer des choses extraordi-
» naires, pour être vanté dans les siècles postérieurs : je ne ferai
» pas cela, » c'est-à-dire, les actions des deux verbes *soú* et *hîng*.
Tchoung-young.

---

(1) Pris comme conjonction, *kí* signifie *puisque*. C'est que cette conjonction marque la liaison d'une action à un fait préexistant et passé. Cette conjonction a la même origine en latin, *quoniam*, *cùm-jam* ; en français, *puisque* ; en anglais, *since* ; en allemand, *nachdem*, &c.

E 3

166. Quand plusieurs propositions sont dans la dépendance l'une de l'autre, celle dont le verbe est au positif se place ordinairement la dernière, et celle où est la conjonction se met avant :

樂 *lǒ* lætari	豈 *khì* qui	池 *tchhî* lacusque	雖 *soūi* licèt
哉 *tsâï,* (p. i.)	能 *nêng* possit	鳥 *niào* avesque	有 *yèou* habeat
	獨 *toŭ* solus	獸 *cheóu* bestiasque	臺 *thâï* turrem

« Quoiqu'on ait une tour, une pièce d'eau, des oiseaux, des qua-
» drupèdes, comment peut-on en jouir isolément ! » *Meng-tseu.*

樂 *yǒ* musicamque	敢 *kàn* audeant	其 *khî* illorum	位 *'wéï* dignitatem,	雖 *soūi* etsi
焉 *yân,* (p. f.)	作 *tsó* facere	德 *tĕ* virtutem,	苟 *keoù* si	有 *yèou* habeant
	禮 *lì* ritus	不 *poŭ* ne	無 *woû* non	其 *khî* illorum

« Quoique (des hommes) aient leur (des anciens princes) dig-
» nité, s'ils n'ont pas leur vertu, qu'ils n'osent pas imaginer des
» rites et une musique (nouvelle). » *Tchoung-young.*

167. On supprime souvent la conjonction dans le premier membre de phrase, particulièrement l'hypothétique *si*, parce que la position respective des deux verbes indique suffisamment que le premier est dans la dépendance du second, et doit conséquemment être pris au sens conjonctif (1). Dans ce cas, pour éviter tout doute, le

(1) En rapprochant cette règle de celle des substantifs (79), des noms composés (80), des noms attributifs et adjectifs (94, 95), et de celle qui est relative aux adverbes et aux expressions modificatives ou circonstantielles (voyez plus bas 177), on s'aperçoit que l'ordre des idées est presque toujours inversif en chinois, comme dans les langues tartares. (Voyez les *Recherches sur les langues tartares*, tom. I, p 279.) Mais il y a quelque différence relativement aux complémens directs des verbes et de certaines prépositions, lesquels se placent, en chinois, après le mot qui les régit. Ces traits caractéristiques du génie d'une langue méritent d'être remarqués.

海上絲綢之路文獻集成 科技與文化编

second membre de phrase peut commencer par une marque de conclusion ou d'induction qui achève de déterminer le sens du premier.

從 *thsoûng*, obsequitur. 弗 *fĕ* non 民 *mîn* populus 信 *sín* fidem assequitur, 不 *poŭ* non

« S'ils n'obtiennent pas de confiance, le peuple ne les suit pas, » *ou bien*, n'obtenant pas de confiance, &c. *Tchoung-young.*

利 *lí* lucrandum 日 *yoŭeï* dicent 國。*koué*, regno; 以 *ì* ad 王 *wâng* rex

吾 *'oû* meæ 何 *hô* quomodo 大 *tá* 夫 *foû* magnates 利 *lí* lucrandum 日 *youĕï* dicat

家 *kiâ*, domui. 以 *ì* ad 吾 *'oû* meo 何 *hô* quomodo

» Si le roi dit : Qu'est-ce qui peut apporter du profit à mon royaume ! » les grands diront : Qu'est-ce qui peut apporter du profit à ma » maison ! » ou bien, *Quand le roi dit.... les grands disent.....* ou bien, *Le roi disant... les grands disent....* &c. *Meng-tseu.*

Avec la marque d'induction au second terme :

河 *hô* fluvii 民 *mîn* populum 移 *î* deveho 凶。*hioûng*, calamitatibus laboret; 河 *hô* fluvii

東。*toûng*, orientem. 於 *iû* in 其 *khî* ejus 則 *tsĕ* tunc 內 *néï* interius

« *Si* le pays qui est au milieu du fleuve éprouve quelque calamité, » ALORS je transporte les habitans à l'orient du fleuve. »

Meng-tseu. [Cf. 135, 142, 171; 226, 240, 265.]

168. Le mode impératif n'a besoin d'aucun signe; le sens se déduit de l'absence de tout sujet autre que le pronom de la deuxième personne :

民 *mîn*, populum. 新 *sîn* novum 作 *tsŏ* fac

« Faites nouveau le peuple », *c'est-à-dire*, renouvelez ses mœurs et ses vertus. *Taï-hio.*

E 4

坐	*tsó*; sede.	復	*fŏu* iterùm

« Rasseyez-vous. »

169. L'adjectif verbal actif se forme par l'addition de 者 *tchè* [98, 145].

何	*hô* quid	者	*tchè* (p. r.)	與	*iù* vel	不	*poŭ* non
以	*i* ad	之	*tchî* (n. g.)	不	*poŭ* non	爲	*'wĕi* agentis
異	*í*, discrimen!	形。	*hîng* forma	能	*nêng* potentis	者。	*tchè* (p. r.)

« Quelle différence y a-t-il du *non faisant* au *non pouvant!* » c'est-à-dire, de celui qui n'agit pas à celui qui ne peut pas agir.

Meng-tseu. [Cf. 186, 251.]

170. 可 *khò* [pouvoir], placé avant les verbes, forme un verbe facultatif au sens passif, et, par conséquent aussi, un adjectif verbal, qui répond aux adjectifs français en *able*, *aimable*, *faisable*, &c. [Cf. 254.]

可	*khò* possunt	白	*pĕ* albi	可	*khò* possunt	爵	*tsiŏ* dignitates
蹈	*taó*, calcari.	刃	*jîn* enses	辭。	*thseû* recusari,	祿	*loŭ* emolumenta

« Les honneurs et les appointemens peuvent être refusés ; les lames » nues peuvent être foulées aux pieds. »

Tchoung-young. [Cf. 241.]

171. Le sens passif n'a besoin d'être marqué par aucun signe, quand il n'y a point d'amphibologie, c'est-à-dire, quand on ne sauroit sans absurdité regarder comme sujet de l'action le substantif qui en est le terme :

行	*hîng*, frequentatur.	不	*poŭ* non	其	*khî* ea	道	*taó* via

« La voie n'est pas parcourue. » *Tchoung-young.*

立 *lĭ,* stat.	則 *tsé* tunc	豫 *iú* præconsiderata	事 *ssé* res	凡 *fân* quælibet

« Toutes choses qui sont pensées d'avance, subsistent. »

Tchoung-young. [Cf. 226.]

172. Quand cela est nécessaire, le sens passif s'exprime par l'addition de 於 *iû* entre le verbe et le mot qui formeroit le complément direct :

父 *foù* patre	愛 *'aï* diligimur	年 *niân* annos	有 *yeoù* habentes
母 *moù,* matreque.	於 *iû* à	之 *tchî* (p. e.)	三 *sân* tres

« A l'âge de trois ans, nous sommes chéris par nos parens. »

Lun-iu.

食 *ssé* aluntur	食 *ssé* alunt	人 *jîn* hominibus;	勞 *laô* laborantes	勞 *laô* laborantes
於 *iû* ab	人 *jîn* homines;	治 *tchhî* reguntur	力 *lĭ* viribus	心 *sîn* animo
人 *jîn,* hominibus.	治 *tchhî* regunt	於 *iû* ab	者 *tchè* qui,	者 *tchè* qui,
	人 *jîn* homines	人 *jîn* hominibus	治 *tchhî* reguntur	治 *tchhî* regunt
	者 *tchè* qui,	者 *tchè* qui,	於 *iû* ab	人 *jîn* homines;

« Ceux qui emploient les forces de l'esprit gouvernent les autres ; » ceux qui emploient les forces du corps sont gouvernés ; ceux » qui sont gouvernés nourrissent les autres, et ceux qui gou- » vernent sont nourris. » [Cf. 217.]

173. On peut aussi donner le sens passif à un verbe, en le faisant précéder de 見 *kiàn* [voir] :

殺 chă, occidi! 將 tsiâng (p. f.) 見 kian videre 知 tchî scire 其 khî illum 何 hô quomodo 以 ì ad 夫 foû 子 tseù magister

« Maître, comment savez-vous qu'il sera tué ! » *Meng-tseu.*

§. VII. *Des Adverbes.*

174. Il y a des mots qui ont par eux-mêmes le sens adverbial, soit qu'ils marquent des circonstances de temps ou de lieu, comme:

今 kîn, nunc.	已 ì, jam.
昨 tsŏ, heri.	前 thsiân, antè.
後 heóu, post.	未 wéi, nondum.

soit qu'ils indiquent une interrogation portant sur la manière, le temps, &c. comme :

何 hô, quomodo. 豈 khì, quomodo. 幾 ki, quantùm.

175. D'autres adverbes sont formés par la répétition d'un mot qui, écrit une fois seulement, auroit une signification adjective ou verbale, ou souvent même n'en auroit pas du tout (1); comme,

喤〻	hoâng, hoâng	en pleurant amèrement.
躍〻	yŏ, yŏ	en sautant.
俅〻	khieôu, khieôu	respectueusement, d'une manière grave et respectueuse.

(1) Cette sorte de mots a été présentée d'une manière peu exacte par le P. Basile dans son Dictionnaire. Il les désigne toujours par cette formule : *dicitur de......* Voyez le Dictionnaire imprimé, n.os 229, 539 et *passim*.

海上絲綢之路文獻集成 科技與文化編

Cette classe d'adverbes, riche en onomatopées, est particulièrement employée dans la poésie et dans le style descriptif.

176. On forme à volonté des adverbes, en ajoutant aux adjectifs ou aux verbes la particule 然 *jân*, qui signifie *ainsi*.

忽	*hŏ*, subitus	subitement.	喟	*'wéï*, suspirare	plaintivement, en soupirant.
然	*jân*, (p.)		然	*jân*, (p.)	

177. Comme les adjectifs et les autres noms attributifs se placent ordinairement avant le sujet auquel ils tiennent lieu de qualificatifs, de même les adverbes et les expressions simples ou composées, modificatives ou circonstantielles, ont coutume de précéder le verbe dont ils spécifient l'action. Cette observation fait voir comment des substantifs ou des verbes peuvent être pris adverbialement, d'après la place qu'ils occupent dans une phrase, et sans qu'il soit besoin d'aucun signe particulier :

來	*lâï*, venerunt.	子	*tseù* filiorum more	民	*mîn* populi	庶	*chú* plures

« Les peuples vinrent *filialement*, comme un fils. » *Chi-king.*

忍	*jìn* ferre	之	*tchî* (p. e.)	知	*tchî* scio	臣	*tchhîn* subjectus [ego]
也	*yè*, (p. f.)	不	*poŭ* non	王	*wâng* regem	固	*kóu* certè

« Je sais certainement que votre majesté ne le supporteroit pas. »

Meng-tseu.

坐	*tsó*, sedebat.	侍	*chí* assistendo	華	*hoâ* hoa	西	*sî* si	公	*Koûng* Koung

« *Koung-si-hoa* étoit assis à ses côtés. » [Cf. 119.]

Dans le cas où plusieurs verbes sont ainsi réunis, le verbe principal est toujours le dernier, et ceux qui précèdent servent seulement à modifier l'action qu'il exprime.

178. La règle précédente s'étend aux expressions adverbiales que nous formons du participe actif des verbes, avec ou sans complément, en observant toujours que l'expression modificative précède le verbe dont l'action est modifiée :

王 *wâng,* regnare.	而 *eûl* et	民 *mîn* populum	保 *pào* tueri

« Régner en conservant (sauvant) ses peuples. » *Meng-tseu.*

et au sens négatif, avec la négative appropriée aux qualificatifs [272] :

勿 *wĕ* ne	非 *fēï* sine	勿 *wĕ* ne	非 *fēï* sine
動 *toúng,* movearis.	禮 *lì* ritu	言 *yân,* loquaris ;	禮 *lì* ritu

« Ne dites pas une parole en n'observant pas les rites ; ne faites » pas un mouvement, en n'observant pas les rites, » *pour,* sans observer. *Meng-tseu.*

§. VIII. *Des Prépositions.*

179. Les prépositions proprement dites veulent en général être placées immédiatement avant leur complément [voyez 85 et suiv.].

180. Plusieurs substantifs se prennent comme prépositions, quand ils sont construits avec d'autres noms [80].

國 *kouĕ* regni 中 *tchoūng,* medio.	dans le royaume.	海 *hàï* marium 內 *néï,* interiori.	dans la mer.

181. Quelques verbes s'emploient comme prépositions, dans un sens dérivé de celui qu'ils avoient primitivement. Ainsi, 以 *ì* [se servir], est devenu la préposition *pour, par, au moyen de,* &c.

§. IX. *Des Conjonctions.*

182. Les rapports qui peuvent exister entre les parties d'une phrase, et les diverses propositions qui dépendent l'une de l'autre, sont marqués, ou par la position respective des unes et des autres [167], ou, quand cela est nécessaire, par des particules qui rattachent ensemble les phrases partielles, et font connoître en quoi chacune d'elles concourt au sens général. Ces particules ayant pour la plupart des usages variés, on en traitera dans un paragraphe séparé.

§. X. *Des Interjections.*

183. Les interjections ou particules qui marquent l'admiration, l'étonnement, la douleur, se placent ordinairement à la fin des phrases :

耳 *eùl* aurem 乎 *hoû*, (p. a.)! 洋 *yâng*, 〈 *yâng*, } immensum
哉 *tsâï*, (p. a.)! 盛 *chíng* adimplet

« Quelle harmonie ! comme elle remplit l'oreille ! »

184. Quelquefois pourtant la particule admirative se place après le mot qui exprime la qualité sur laquelle porte l'admiration :

問 *wén*, interrogatio ! 哉 *tsâï* (p. a.) 大 *tá* magna

« O la grande (importante) question ! »

§. XI. *Des Particules*

Qui servent à former des idiotismes ou expressions particulières au Koù wên.

185. La plupart des particules ou *mots vides* [62] ont été originairement des *mots pleins*, que l'usage a détournés de leur sens primitif. Il est utile de récapituler les sens divers qu'ont acquis les plus usités, tant pour être en garde contre les mal entendus qui

peuvent résulter de cette succession de métaphores, que pour avoir une idée juste des idiotismes ou des expressions que l'analyse ne peut réduire aux principes généraux des autres langues.

186. 之 *tchî*, la plus usitée de toutes les particules du *Koù wên*, étoit primitivement un caractère figuratif, représentant un bourgeon qui sort de terre; d'où le sens verbal de ce mot, qui signifie *sortir, passer d'un lieu dans un autre*, ou *d'un état dans un autre*.

者 *tchè*, (p. r.)。	之 *tchî* transiens	其 *khî* suum	妻 *thsî*	有 *yeoù* fuit
	楚 *thsoù* Thsou	友 *yeòu*. amicum	子 *tseù* uxorem	託 *thǒ* fidens
	遊 *yeoû* peregrinans	而 *eûl* et	於 *iû* ad	其 *khî* suam

« Il y a un homme qui a confié son épouse à son ami, et qui a » passé dans le pays de *Thsou*, pour y voyager. » (1)

Meng-tseu.

187. Il signifie *pour, à l'égard de :*

而 *eûl* et	親 *thsîn* amant	其 *khî* ipsi	人 *jîn* homines
辟 *phí*, deflexi.	愛 *'àï* diligunt que	所 *sò* quos	之 *tchî* erga

« Les hommes sont partiaux à l'égard de ce qu'ils aiment. »

Taï-hio.

---

(1) On peut trouver 之之 *tchî* [passer cela, passer là]; et un missionnaire cite cette phrase :

之 *tchî* (n. g.)	之 *tchî* transeundi	不 *poŭ* non
路 *loú*, viam.	之 *tchî* hoc	知 *tchî* scit

« Il ne connoît pas le chemin pour y passer. »

dans laquelle le mot *tchî* est repété trois fois, et pris successivement comme verbe, comme

Hors ces deux cas, qui sont très-rares, *tchî* doit toujours être construit avec le mot qui précède, soit verbe, soit substantif.

188. Il sert à marquer le rapport de deux substantifs [81], et fait, à l'égard de celui qui précède, la fonction d'une terminaison analogue au génitif.

189. Il a quelquefois été pris comme adjectif démonstratif (1), et les livres anciens en fournissent des exemples; mais d'après l'usage ordinaire, il est réduit à représenter le terme de l'action d'un verbe actif, quand il a été précédemment exprimé [134].

190. Il est souvent encore pris comme particule explétive après le sujet d'un verbe; dans ce cas, on peut le regarder comme faisant les fonctions d'article déterminatif ou partitif.

重 *tchhôung*, graves.	禮 *lì* ritus	報 *pào* retribuent	之 *tchî* (expl.)	士 *ssé* litterati

« Les lettrés rendront (à leur tour) de plus grands honneurs. »

Tchoung-young (2).

191. On le met après les mots 有 *yeoù* [il y a, 154], 未 *wéi* [pas encore, *nondum*, sous-entendu *habuimus*], 謂 *'wéi* [appeler]:

之 *tchî*, eos.	有 *yeoù*. habent	il y a, il y en a....

pronom de la troisième personne à l'accusatif, et comme marque du rapport entre l'action de ce verbe et le substantif qui suit.

(1) Un auteur, cité dans le dictionnaire de *Khang-hi* dit que *tchî* est une particule dont le sens s'attache à la chose qu'on montre, à celle à laquelle une autre appartient, au lieu où l'on va. On trouve, en ce sens, dans le *Chi-king*:

歸 *kouéï*, nubendum.	于 *iû* ad.	子 *tseù* filia	之 *tchî* hæc

« Une fille se rendant à la maison de son mari. »

(2) Voyez d'autres exemples de ce sens dans les exemples cités aux n.os 87, 119, 135, 137, 139, 153, 162, 177, 253.

有 *yeoù* habemus. 之 *tchî* eos 未 *wéi* nondum

« Il n'y a pas encore eu, il n'y eut jamais. » [Cf. 145.]

之 *tchî*, hoc. 謂 *'wéi* vocant — on appelle cela

Et quelquefois, en faisant une inversion, ou ramenant *tchî* à la qualité d'explétive [190]:

謂 *'wéi*, vocare. 之 *tchî* hoc — cela s'appelle (1).

Formule très-usitée pour les définitions. [Cf. 87.]

192. Il se prend pour 者 *tchè*, après les adjectifs et les verbes [98, 99; 145, 169,]; et dans ce cas, il ne s'éloigne pas encore de la fonction déterminative qui lui a été précédemment assignée [190].

古 *koù* veteres / 之 *tchî*, (p. r.) — les anciens, pour — 古 *koù*, veteres. / 者 *tche*, (p. r.)。

之 *tchî*, (p. r.) 年 *niân* annos 三 *sân* tres 有 *yeoù*, habentes

« Ceux qui ont trois ans... » [172]

193. Il s'ajoute quelquefois à 者 *tchè*, et on ne peut alors le prendre que comme explétif ou comme déterminatif [190]:

經 *king* King 之 *tchî* (p. r.) 學 *hiŏ* studerent
也 *yè*, (p. f.) 於 *iû* quoad 者 *tchè* qui

« Les étudians, en ce qui concerne les *King*... »

---

(1) Voyez le commencement du *Tchoung-young*. — Toutes les fois que *tchî* est employé dans le sens de ces deux paragraphes, il a l'avantage de faire éviter une amphibologie, en marquant mieux le rapport qui existe entre les mots qu'il réunit. Il n'est donc jamais véritablement explétif; mais on l'appelle ainsi pour abréger, et pour ne pas insister trop longtemps sur une analyse purement théorique, et que beaucoup de lecteurs pourroient juger trop raffinée.

194. 者 *tchè* est proprement un déterminatif (1) qui restreint un sens général ou vague à l'objet qu'on montre ou qu'on a en vue. De là l'emploi qu'on en fait avec les adjectifs et les verbes [98, 99, 145, 169].

195. Quand un adjectif, ou un mot dont l'acception peut être tour-à-tour substantive, adjective ou verbale, est suivi de *tchè*, et qu'il ne se rapporte pas à un sujet précis, il forme le nom abstrait; et l'on peut, en ajoutant encore 之 *tchî*, reformer l'adjectif, mais avec le sens déterminatif [190, 193]. Ainsi de 誠 *tchhîng* [parfait, perfection], on forme

者 *tchè*, (p. r.) 誠 *tchhîng* perfectum le parfait, ou la perfection, et

之 *tchî*, (p. r.) 者 *tchè*, (p. r.) 誠 *tchhîng* perfectum celui qui est parfait. [Cf. 193, 204.]

196. *Tchè* se met après un ou plusieurs mots qu'on va définir ou expliquer par des équivalens, et la définition, ordinairement composée du même nombre de mots, se termine par 也 *yè*, de sorte que les deux termes se correspondent symétriquement:

也 *yè*, (p. f.) 本 *pèn* fundamentum 者 *tchè* (p. r.) 德 *tĕ* virtus

« La vertu, c'est le fondement ou la base. »

也 *yè*, (p. f.) 人 *jîn* homo 者 *tchè* (p. r.) 仁 *jîn* pietas

« L'humanité, c'est l'homme (tout entier) (2). »

---

(1) Suivant l'analyse du *Choue-wen*, l'ancien caractère étoit composé du signe de *plusieurs* et de celui de *blanc*; ainsi il représentoit ce qui se distingue par son éclat entre plusieurs.

(2) Il y a dans ce dernier exemple une grâce que les Chinois estiment beaucoup et qui est particulière à leur langue: *jîn* [l'amour du prochain], répond pour le son à *jîn* [homme].

197. La résomption se marque en joignant *yè* et *tchè*, de cette manière :

者 *tchè*, (p. r.) 也 *yè*, (p. f.) 中 *tchoûng* medium

« Ce milieu (dont on vient de parler). »

198. 也 *yè* est le plus souvent une finale insignifiante, une sorte de point ou de virgule articulée, qui marque la fin d'une phrase, ou la séparation des membres qui la composent.

199. On l'ajoute souvent aux noms propres, quand ils sont sujets d'une phrase, pour marquer la suspension, et tenir lieu du verbe substantif [152].

200. On l'ajoute aux réponses courtes, pour en marquer la fin, et, dans ce cas, *yè* correspond à la particule interrogative :

也 *yè*, (p. f.) 可 *khò* potest 乎 *hoû*, (p. i.)! 可 *khò* potestne

« Peut-il ! — Oui, il peut. »

---

avec un accent différent. De plus, le premier caractère contient le second joint au signe de *deux* qui marque le rapport de *deux hommes*, ou de l'homme avec son semblable. On cherche ainsi à faire jaillir une image du rapprochement des caractères qui ont de l'analogie dans le son et dans la composition. C'est ainsi qu'on dit :

也 *yè*, (p. f.) 正 *tchîng* rectitudo 者 *tchè* (p. r.) 政 *tchíng* regimen

« L'administration, c'est la droiture », et

也 *yè*, (p. f.) 孝 *hiáo* pietas 者 *tchè*, (p. r.) 教 *kiáo* institutio

« L'éducation, c'est la piété filiale. »

Il y a même dans ces deux exemples une beauté de plus : les deux mots qu'on fait contraster dans chacun, ne se répondent pas seulement pour la prononciation ; le premier caractère contient aussi le second, avec l'addition de la clef 66.e [frapper, mettre en mouvement], de sorte que c'est comme si l'on disoit : *Le gouvernement, c'est la droiture mise en action ; l'éducation consiste à mettre en mouvement la piété filiale.* Mais les phrases chinoises ont bien plus d'élégance et de vivacité.

201. 於 ou 于 *iû*, d'un mot qui signifie *aller*, est l'exposant du rapport de localité, de juxtaposition et de plusieurs autres, tant au propre qu'au figuré [86].

202. Il forme le sens passif dans les verbes [172].

203. Il marque le terme relatif d'une comparaison [100].

204. Il signifie *pour, relativement à, en ce qui concerne:*

也 *yè*, (p. f.) 於 *iû* quoad 者 *tchè* (p. r.) 夫 *foû* illi
病 *ping* morbos 之 *tchî* (p. e.) 醫 *î* medici

« Les médecins, quand il s'agit de maladies... » [Cf. 193, 265.]

205. 乎於 *oû-hoû* se place au commencement des phrases, et marque l'admiration.

王 *wâng*, reges. 前 *thsîan* pristini 乎 *hoû*, proh! 於 *oû*,

206. 乎 *hoû* est, comme la particule précédente, l'exposant de divers rapports des substantifs entre eux, et l'intermédiaire de certains verbes et de leurs complémens [87].

207. Il signifie *en qualité de, en conséquence de*, &c.

貴 *kouëi*, nobilisque. 富 *foú* dives 乎 *hoû* quasi 行 *hîng* agere

« Se conduire en homme riche et honoré. »

Tchoung-young.

208. Il se place à la fin des phrases qui marquent la compassion, la douleur, l'admiration, &c. [183].

乎 *hoû*, (p. a.)! 惜 *sî* dolendum quel malheur!

乎 *hoû*, (p. a.)! 〱 洋 *yâng*, immensitas *yâng*, quelle immensité!

F 2

209. 乎 烏 *oû-hoû*, qu'on écrit communément 呼 嗚 marque l'admiration, la douleur, &c., et se place au commencement de la phrase. [Cf. 205.]

210. *Hoû* marque l'interrogation et se place à la fin de la phrase, seul, ou joint à quelque autre particule interrogative ou finale :

乎 *hoû*, (p. i.)!	矣 *ì*, (p. f.)	仁 *jîn* pietas-ne

« Est-ce là l'humanité ! »

哉 *tsâi*, (p. i.)!	乎 *hoû* (p. i.)	遠 *youân* remota	仁 *jîn* pietas

« L'humanité est-elle si éloignée ! » *pour*, si difficile à pratiquer. [Cf. 133.]

211. On le répète à chaque membre de phrase marquant l'interrogation ou le doute :

乎 *hoû* (p. i.)!	否 *feoù*, nonne	乎 *hoû* (p. i.)!	宜 *î* convenit

« Cela est-il convenable, ou non ! »

者 *tchè* (p. r.)	乎 *hoû* (p. i.)	其 *khî* is	之 *tchî* (n. g.)	不 *poŭ* non
乎 *hoû*, (p. i.)	其 *khî* is	覺 *kiŏ* vigilat	言 *yân* loquens	識 *chĭ* scio
	夢 *méng* somniat	者 *tchè* (p. r.)	者 *tchè* (p. r.)	今 *kīn* nunc

« Je ne sais si (moi) qui parle en ce moment, j'ai ma connois-
» sance, ou si je rêve. »

212. Il sert, comme *iû* [100], à marquer les comparatifs :

天 *thiân*, cœlo.	乎 *hoû* præ	高 *kaô* altum	莫 *mŏu* nihil

« Il n'y a rien de plus élevé que le ciel. » [Cf. 271.]

吾 *'oû* ego	日 *jĭ* die	乎 *hoû* præ
一 *ï* uno	長 *tchàng* major	爾 *eùl,* te.

« Je suis d'un jour plus âgé *que* vous. » *Lun-iu.*

213. 乎庶 *chú-hoû* est une expression qui revient à nos façons de parler, *peu s'en faut, à-peu-près, je pense,* &c. :

則 *tsĕ* igitur	乎 *hoû*	可 *khò* potest
庶 *chú*	其 *khî* is	矣 *ì,* (p. f.)

« Ainsi *je vois* qu'il pourra. »

On dit dans le même sens 幾庶 *chú-kì.*

214. 諸 *tchoû* marque la pluralité [74].

215. Il est quelquefois, comme préposition, synonyme de *iû* [201] et de *hoû* [206. Cf. 119]:

示 *chí* respicere 諸 *tchoû* in 掌 *tchàng,* palmam.

« Regarder *dans* sa main. »

本 *pèn* radicem (habere) 諸 *tchoû* ex 身 *chîn,* seipso.

« Avoir le fondement (de sa conduite) *en* soi-même. »

216. 諸有 *yeoù-tchoû* revient à notre façon de parler, *n'est-ce pas!*

文 *wên* Wen	之 *tchî* (n. g.)	方 *fâng* quadrato	十 *chĭ* decem	有 *yeoù*
王 *wâng* wang	囿 *yéou* hortus	七 *thsĭ* septem	里 *lì* li	諸 *tchoû,* nonne!

« Le jardin de *Wen-wang* avoit soixante-dix li [sept lieues] en
» carré: *n'est-ce pas!* » *Meng-tseu.*

La réponse à cette interrogation est 之有 *yeoù tchî*, « il les » avoit. »

217. 邪 ou 耶 *yê* marque l'interrogation et le doute, comme *hoû* (210, 211); il se place à la fin des phrases, et se répète aussi à chaque interrogation :

大 *tá* magnitudinem	且 *thsièï* equidem	而 *eûl* et	使 *ssé* si
也 *yè* (p. f.)	得 *tĕ* assecuta essem	有 *yeoù* habuissem	予 *iù* ego
邪 *yê*, (p. i.)!	此 *thseù* hanc	用 *yoúng* usum,	也 *yè* (p. f.)

« Si j'avois eu quelque utilité (dit un arbre dans un apologue de » *Tchouang-tseu*), aurois-je atteint cette grandeur ! »

命 *míng* imperatum	爲 *'wêi* est	爲 *'wêi* est	爲 *'wêi* est	然 *jân* sic
於 *iû* à	命 *míng* imperans	主 *tchù* dominus	一 *ĭ* unicum	則 *tsĕ* quidem
物 *wĕ* rebus	物 *wĕ* rebus	耶 *yê* (p. i.)	耶 *yê* (p. i.)	所 *sò* quod
者 *tchè* (p. r.)	者 *tchè* (p. r.)	爲 *'wêi* est	爲 *'wêi* est	謂 *'wéi* vocamus
耶 *yê*, (p. i.)	耶 *yê* (p. i.)	客 *khĕ* hospes	二 *éul* duplex	心 *sīn* animam
	爲 *'wêi* est	耶 *yê* (p. i.)	耶 *yê* (p. i.)	者 *tchè*, (p. r.)

« Ainsi donc, ce qu'on appelle ame est-il un être unique ou double ! » est-ce un maître ou un hôte ! commande-t-il aux objets extérieurs ou en est-il commandé ! »

218. 與 *iù* signifie proprement *donner :*

漢文啓蒙

之 *tchî,* eum.　與 *iù* donavit　天 *thian* cœlum

« Le ciel lui a donné. »

219. Il marque l'addition, la réunion, la simultanéité [85].

220. Il se joint aux adjectifs qui marquent similitude ou différence, même quand les deux termes étant réunis dans un même sujet, la comparaison devient corrélative :

聞 *wên* audire　與 *iù* ad　不 *poŭ* non　聞 *wên* audire

同 *thoûng,* simile.　不 *poŭ* non　行 *hîng* exercere　而 *eûl* et

« Apprendre et ne pas pratiquer, c'est la même chose que ne pas » apprendre. »

異 *í,* diversa.　與 *iù* ad　相 *siâng* mutuò　必 *pĭ* profectò　彼 *pì* illi

« Ils sont sans doute différens l'un de l'autre. »

221. Il marque la comparaison entre deux états ou deux actions, dont l'un est préféré à l'autre. Dans ce cas, le terme qui exprime la chose non préférée, est placé le premier, précédé de *iù*, et ordinairement suivi de 也 *yè ;* l'autre terme vient ensuite, précédé de 寧 *nîng* [il vaut mieux] :

儉 *kiàn,* parcimonia.　也 *yè* (p. f.)　其 *khî* eorum　禮 *lì* ritus

寧 *nîng* præstat　奢 *chê* copiam　與 *iù* ad

« En fait de rites, la parcimonie vaut mieux que la prodigalité. »

222. Il sert de copulative entre plusieurs substantifs, et de disjonctive si le sens est interrogatif.

F 4

海上絲綢之路文獻集成 科技與文化編

與 *iù* et 與 *iù* et 言 *yân* loquebatur 子 *tseù* Confucius

仁 *jîn*, humanitatem. 命 *míng* fatum 利 *lí* lucrum 罕 *hàn* rarò

« Confucius parloit rarement de l'intérêt (1), et de la destinée, et » de la charité universelle. » *Lun-iu.*

美 *mèï*, pulchrior! 孰 *choû* quænam 乙 *ï* I 與 *iù* vel 甲 *kiâ* Kia

« De *Kia* ou de *I* (2), quelle est la plus belle! »

223. Il sert d'explétive et de finale, et marque quelquefois l'admiration ou l'interrogation; alors il prend l'accent *phîng*:

與 *iû*, (p. f.) 謂 *'wéi* dicebam 之 *tchî* (p. e.) 此 *thseù* hoc 其 *khî* id

« C'est ce que je disois. »

與 *iû*, (p. a.) 也 *yè* (p. f.) 知 *tchí* prudentiâ 大 *tá* magnâ 其 *khî* ille

« Que sa prudence étoit grande! »

與 *iû*, (p. i.) 救 *kieóu* vitare 能 *nêng* potuisti 弗 *fě* non 如 *joû* quomodo

« Comment n'avez-vous pas pu vous dispenser! »

Dans ce dernier sens, on emploie actuellement la variante 歟

224. 而 *eûl* est une copulative dont on ne fait jamais usage pour les substantifs, parce qu'elle indique l'opposition ou le contraste de deux qualités simultanées. On peut souvent la rendre par *et tamen*:

(1) Ce mot est employé dans une acception technique, pour *les avantages que procure la vertu.*

(2) Ces deux mots sont deux caractères cycliques pris ici dans un sens indéfini, pour *l'une*, *l'autre*, *la première*, *la seconde*. Voyez 118.

君 *kiūn* 子 *tseù* sapiens 和 *hô* consonans
而 *eûl* et 不 *poŭ* non 同 *thoûng* idem。
小 *siaò* 人 *jîn* insipiens 同 *thoûng* idem
而 *eûl* et 不 *poŭ* non 和 *hô*, consonans

« Le sage s'accorde (avec les hommes vicieux) sans les imiter;
» l'insensé les imite sans s'accorder avec eux. » *Lun-iu.*

ou, en sous-entendant le verbe :

人 *jîn* homo 而 *eûl* et
不 *poŭ* non 仁 *jîn* pius
如 *joû* quomodo 禮 *lì* ritus
何 *hô*, quomodo?。

« *Être* homme et ne pas *être* pieux, est-ce satisfaire aux rites! »
Id.

225. Quand une proposition incidente commence par *quoique*, la proposition principale est ordinairement précédée de *eûl* :

善 *chén* boni 人 *jîn* homines
雖 *souï* etsi 多 *tô* multi,
而 *eûl* et 不 *poŭ* non
厭 *yân*, satiamur.。

« En quelque nombre que soient les gens de bien, on n'en est
» pas importuné. » [Cf. 163.]

226. Pour marquer la priorité, la succession et l'intention, on se sert de 而 *eûl*, souvent aussi de 而後 *eûl-héou*, ou 而后 *eûl-héou [et postea]*.

學 *hiŏ* studere 而 *eûl* et 時 *chî* diù 習 *sǐ* incumbere 之 *tchî*, ei.

« Étudier et s'exercer long-temps. » *Lun-iu.*

禱 *taò* precatus sum	而 *eûl* et	有 *yeoù* habere	豈 *khì* num
邪 *yê,* (p. i.)	後 *heóu* posteà	病 *píng* morbum	待 *tăi* expectavi

« Ai-je attendu que je fusse malade *pour* prier ! »

國 *kouĕ* regnum	而 *eûl* et	家 *kiâ* domibus
治 *tchhî,* regitur.	后 *héou* posteà	齊 *thsî* ordinatis

« Quand les familles sont bien en ordre, le royaume est bien » gouverné. »

Taï-hio (1). [Cf. 91, 134, 143, 239.]

227. Après un adverbe, ou une expression simple ou composée qui en tient lieu, on place souvent *eûl,* et ce mot rattache l'expression modificative au verbe suivant, parce que la première partie de la phrase devient la condition de la proposition principale [167].

怨 *yoüan,* pœnitet.	行 *hîng* agere	利 *lí* lucrum	放 *fàng* vacando
	多 *tô* multùm	而 *eûl* et	於 *iû* ad

« Celui qui agit en se livrant à l'intérêt, a beaucoup de sujets de » s'en repentir. » *Lun-iu.*

Et au sens négatif :

治 *tchhî,* regnat.	而 *eûl* et	嚴 *yân* severum	不 *poŭ* non

« Il n'est pas sévère, et il gouverne, » *pour*, il gouverne sans sévérité. *Hiao-king.* [Cf. 143, 178, 239.]

(1) Voyez vingt exemples de cette façon de parler dans le commencement du même ouvrage.

漢文啓蒙

228. 已而 *eûl-ì [et cessat]* se place à la fin des phrases, pour signifier *sans plus, il n'y a que* :

已 ì, cessat.	而 eûl et	人 jîn homines	九 kièou novem

« Il n'y a que neuf personnes. »

已 ì cessat	義 í justitia	有 yeoù habetur
矣 ì, (p. f.)	而 eûl et	仁 jîn pietas

« La charité et la justice, voilà tout. » *Meng-tseu.*

229. 而已 *ì-eûl*, répété deux fois, signifie *cessez, laissez-là votre projet [jam desine]*. V. *Lun-iu*, l. XVIII, §. 5.

230. 而 *eûl* se prend quelquefois pour le pronom 爾 *eùl*, à cause de la ressemblance des prononciations.

與 iû, (p. i.)	强 khiâng fortitudo	而 eûl tua	抑 ï vel

« . . . . . ou votre force d'ame ! » *Tchoung-young.*

231. 爾 *eùl* [toi], qu'on remplace quelquefois par 耳 *eùl* [oreille], à cause de l'identité de prononciation, se prend souvent comme particule, et se place après un substantif, pour marquer le peu d'importance qu'on attache à l'idée qu'il exprime :

爾 eùl, (p. f.)	人 jîn homo	賤 tsían vilis	窮 khioûng pauper

« Moi qui ne suis qu'un pauvre misérable. »

矣 ì, (p. f.)	耳 eùl (p. e.)	思 ssê advertisse	弗 fĕ non

« Ce n'est qu'une inadvertance. »

耳 *eùl,* (p. e.)	有 *yeòu* habet	何 *hô* (p. i.) !	君 *kiun* princeps	其 *khî* is
	其 *khî* hujus	惟 *wêï* solùm	者 *tchè* (p. r.)	不 *poŭ* non
	名 *mîng* nomen	不 *poŭ* non	幾 *kì* quantùm	爲 *'wêï* esse

« Que lui manque-t-il pour être roi ! Rien que le nom.... »

232. 爾 *eùl* s'emploie quelquefois comme marque du sens adverbial:

卓 *tchŏ,* 爾 *eùl,*	*confidenter,* avec hardiesse.	率 *soŭ,* 爾 *eùl,*	*subitò,* tout-à-coup.

233. 焉 *yân*, au commencement d'une phrase, marque l'interrogation :

殺 *chă* suppliciis	用 *yoúng* uti	焉 *yân* quare

« A quoi bon ces supplices ! » *Lun-iu.*

234. A la fin d'une phrase, c'est une particule finale, insignifiante comme 也 *yè* [198], mais qu'on emploie sur-tout de préférence après les mots qui ont une terminaison nasale :

焉 *yân,* (p. f.)	龍 *loûng* draconem	稱 *tchhîng* vocant	故 *kóu* ideò

« C'est pour cela qu'on l'appelle *dragon.* » *I-king.*

言 *yân* verbum	人 *jîn* hominis	有 *yeòu* est
焉 *yân,* (p. f.)	之 *tchî* (n. g.)	聖 *chíng* sancti

« Il y a une parole d'un saint homme. »

235. On le met après une comparaison qui commence par 如 *joû* [comme] :

食 *chĭ* eclipses 月 *youĕ'i* lunæ 如 *joû* sicut 之 *tchî* (n. g.) 君 *kiŭn*
焉 *yân,* (p. f.) 之 *tchî* (n. g.) 日 *jĭ* solis 過 *koúo* culpæ 子 *tseù* sapientis

« Les erreurs du sage sont comme les éclipses du soleil et de la » lune. »

236. Il remplace 然 *jân* dans la formation des adverbes [176, 238] :

忽 *hoŭ,*	subitò.	少 *chào,*	parumper.
焉 *yân,*		焉 *yân,*	

237. 然 *jân* signifie proprement *ainsi*, et souvent *oui* :

然 *jân,* sic. 皆 *kiâi* omnes 人 *jîn* homines 之 *tchî* (p. e.) 古 *koù* veteres

« *Sic veteres.....* les anciens (pensoient) ainsi. »

乎 *hoû,* (p. i.)! 否 *feoù* nonne 乎 *hoû* (p. i.)! 然 *jân* siccine

« Est-ce ainsi, ou non ! — Oui ou non ! »

曰 *youĕ'i* ait 何 *hô* quomodo 如 *joû* sic
然 *jân,* sic. 子 *tseù* Confucius 之 *tchî* (p. e.)

« Cela est-il ainsi ! — Oui, reprit Confucius. » *Lun-iu.*

238. *Jân* est la marque la plus ordinaire des adverbes [176].

239. 則 *tsĕ* signifie proprement *mesure, modèle :*

則。 *tsĕ,* norma.	天 *thiân*	世 *chí* per sæcula	言 *yân* loquatur
	下 *hiá* imperii	爲 *'wêi* fit	而 *eûl* et

« Quand il parle, ses paroles deviennent la règle de l'empire. »

240. On le prend comme marque d'induction et de conséquence; et on peut le rendre par *donc,* si la proposition qui précède est positive, et par *alors,* si elle est hypothétique [166, 167]:

立 *lĭ,* stabit. 道 *táo* ratio 則 *tsĕ* tunc 身 *chîn* seipsum 修 *siéou* concinnando

« Si l'on se corrige soi-même, la raison sera fixe. » *Taï-hio.*

之 *tchî,* eam. 得 *tĕ* assequeris 則 *tsĕ* tunc 求 *khiêôu* inquire

« Cherchez, et vous trouverez. » *Meng-tseu.*

241. 則一 *ĭ-tsĕ*, répété deux fois, revient à nos locutions disjonctives *tum, tum,* soit.... soit....

懼。 *kiú,* timendum.	喜。 *hì* lætandum	也 *yè* (p. f.)	不 *poŭ* non	父 *foú* patris
	一 *ĭ*	一 *ĭ*	可 *khò* debent	母 *moù* matris
	則 *tsĕ* tum	則 *tsĕ* tum	不 *poŭ* non	之 *tchî* (n. g.)
	以 *ì* ad	以 *ì* ad	知 *tchî* sciri,	年 *nîan* anni

« Nous ne pouvons ignorer (rester indifférens sur) l'âge de nos » parens, soit pour nous en réjouir (s'il leur promet de longs » jours), soit pour craindre (s'il est très-avancé). »

242. 且 *thsièï,* qu'on prend quelquefois pour la précédente, à cause de la ressemblance de prononciation, marque aussi l'induc-

漢文啓蒙

tion, par exemple, le rapport d'une qualité à une autre dont elle est la suite ou la conséquence :

賤 *tsiän*, vilis.	且 *thsiěi* et	貧 *phîn* pauper

» Pauvre et méprisé. » [Cf. 281.]

243. 就 *tsiéou*, proprement *achever*, se prend pour adverbe de temps, et aussi comme conjonction, marquant la suite, la conséquence, l'enchaînement :

利。 *lí*, lucra.	地 *tí* terræ	時 *chî* tempora	天 *thiân* cœli
	之 *tchî* (n. g.)	就 *tsieóu* scilicet	之 *tchî* (n. g.)

« Des saisons du ciel dépendent les profits (productions) de la » terre. » *Hiao-king.*

244. 卽 *tsĭ*, synonyme de *tsĕ* [240] et de *tsiéou*, marque aussi la conséquence, le rapport très-prochain d'une action à faire, avec une autre précédemment énoncée.

245. Il marque l'identité de deux expressions équivalentes :

國 *koué*, regnum.	土 *thoù* terræ	赤 *tchhĭ* rubræ	唐 *thâng* Thang	卽 *tsĭ* scilicet

« (*Sin-lo* ou *Siam*) c'est le royaume de la terre rouge de la dynastie » *Thang.* »

246. 猶 *yeoû* [comme, *ac si, scilicet*], marque aussi l'identité de deux choses ou de deux mots équivalens :

也 *yè*, (p. f.)	猶 *yeoû* quasi	之 *tchî* (n. g.)	兄 *hioûng* fratris majoris
	子 *tseù* filius	子 *tseù* filius	弟 *tí* minorisve

« Un neveu est (comme) un fils. » *Li-ki.*

247. 若 *jŏ* et 如 *joû* signifient également *comme, de même.* Toutefois *joû* est plus usité en ce sens que *jŏ* :

鬼 *kouèï* dæmonem 若 *jŏ* tanquam 之 *tchî* eum 惡 *oú* odit

« Il le hait comme (on hait) un démon. »

248. *Joû*, et plus ordinairement *jŏ*, représentent la particule hypothétique *si* (1), et alors le second membre de phrase commence presque toujours par *tsĕ* [240], même dans le sens interrogatif :

行 *hîng*, agas ! 爲 *'wêï* fit 則 *tsĕ* tunc 善 *chén* laudas 王 *wâng* rex
不 *poŭ* non 何 *hô* qui 之 *tchî* eam 如 *joû* si

« Si votre majesté la loue (cette maxime), comment se fait-il qu'elle » ne la pratique pas ? » *Meng-tseu.*

249. *Jŏ*, suivi d'un substantif ou d'un pronom, signifie *quant à*, parce qu'on sous-entend 論 *lûn* [considérer, parler de] :

者 *tchè*, (p. r.) 人 *jîn* hominem 寡 *kouà* parvi 若 *jŏ* quoad

« En ce qui me concerne. . . . » *Meng-tseu.*

250. *Joû* sert quelquefois à former les adverbes :

也 *yè*, (p. f.) 如 *joû* 〱 *khoûng* 空 *khoûng* inanis

« D'une manière inhabile, insignifiante. »

---

(1) L'ellipse de cette particule a lieu toutes les fois qu'elle peut se faire sans nuire à la clarté de la phrase [167]. D'autres fois on la remplace par le verbe 使 *ssè*, *efficere ut* :

善 *chén*, bona. 果 *kò* reverà 性 *sìng* indoles 使 *ssè* fac ut

» Si le caractère est vraiment bon. . . . »

251. 若莫 *moŭ-jŏ*, ou 如不 *poŭ-joû*, marquent la préférence, la supériorité d'une chose sur une autre :

如 *joû* sicut	好 *háo* amat	如 *joû* sicut	知 *tchî* scit
行 *hîng* agit	之 *tchî* eam	好 *háo* amat	之 *tchî* eam
之 *tchî* eam	者 *tchè* qui,	之 *tchî* eam	者 *tchè* qui,
者。 *tchè* qui.	不 *poŭ* non	者。 *tchè* qui;	不 *poŭ* non

« Celui qui la connoît (la vertu) ne vaut pas celui qui l'aime ; » celui qui l'aime ne vaut pas celui qui la pratique. »

252. 以 *ì* signifie proprement *se servir, faire usage :*

也 *yè,* (p. f.)	以 *ì* utitur	吾 *'oû* me	毋 *woû* non

« Il ne m'emploie pas. » *Lun-iu.*

253. Comme particule, ce mot, suivi d'un complément, a un sens dérivé de celui qu'il a comme verbe ; il marque la manière ou l'instrument, s'il est placé avant le verbe ; le résultat ou l'intention, s'il ne vient qu'après le verbe. On peut le traduire par *ex, ab, juxtà,* &c.

下 *hiá* imperium	孝 *hiáo* pietate	王 *wâng* reges	昔 *sĭ* olim
也 *yè,* (p. f.)	治 *tchhî* regebant	之 *tchî* (p. e.)	者 *tchè* (p. r.)
	天 *thîan*	以 *ì* ex	明 *mîng* clari

« Ces illustres rois des temps passés gouvernoient l'empire par la » piété filiale. » *Hiao-king.* [Cf. 268.]

百 *pĕ* centum　以 *ì* ad　修 *sieóu* concinnare
姓 *síng,* familias.　安 *'ân* pacandum　己 *kì* seipsum

« Se corriger soi-même pour maintenir le peuple en repos. »
Lun-iu. [Cf. 280.]

254. Après 可 *khò* [pouvoir], il conserve au verbe suivant le sens actif [Cf. 170] :

天 *thiân,* cœlum. ∘　不 *poŭ* non　可 *khò* potest　人 *jîn* homines　思 *ssê* meditans
知 *tchî* cognoscere　以 *ì* ad　不 *poŭ* non　知 *tchî* cognoscere

« Celui qui a dessein de connoître les hommes ne peut pas ne » pas connoître le ciel (1). »　*Tchoung-young.* [Cf. 134.]

255. 以所 *sò-ì* ou 以是 *chi-ì* signifie *quam ob rem* [147], *c'est pourquoi, c'est par quoi,* et aussi, *comment :*

也 *yè,* (p. f.)　齒 *tchhì* dentes　序 *siú* ordinant　以 *ì* juxtà　所 *sò* quod

« C'est ainsi qu'on arrange les dents, » c'est-à-dire, que l'on marque des égards aux gens âgés.　*Tchoung-young.* [Cf. 263.]

256. 爲以 *ì-'wĕï,* composé de *ì [ex],* et de *'wĕï [facere, æstimare],* signifie *existimare,* juger, trouver, &c. :

恥 *tchhì,* turpe.　爲 *'wĕï* æstimat　以 *ì* ex　不 *poŭ* non

« Il n'estime pas cela honteux. » [Cf. 129.]

---

(1) Sans *ì*, le verbe *poŭ-tchî* signifieroit *ignorari;* mais ce mot ne pourroit se construire avec le complément qui vient après.

257. 以來 *ì-lâï* [à venir] se dit d'un temps passé, mais postérieur à un temps plus ancien :

自 *tseú* ex (quo)	天 *thîan* cœlum	人 *jîn* homines	以 *ì* ad
有 *yeoù* habentur	地 *tí* terraque	民 *mîn* populusque	來 *lâï*, futurum.

« Depuis qu'il y a un ciel, une terre, des hommes, des peuples... »

Koung-'an-koue.

258. 爲 *'wêï*, proprement, *faire*, tient lieu du verbe substantif [153].

259. Prononcé *'wéï*, il signifie *à cause de*, *en faveur de*, et se place tantôt avant, tantôt après son complément :

爲 *'wéï*, causâ. 人 *jîn* hominis 夫 *foû* hujus

« A cause de cet homme. » [Cf. 142.]

己 *kì*, seipso. 爲 *'wéï* pro   pour soi-même.

260. 哉 *tsaï* est le plus souvent une particule interrogative qui se place à la fin de la phrase, seule ou jointe à une autre particule interrogative ou finale. [Cf. 210.]

261. Souvent aussi elle marque l'admiration; et alors elle peut se placer immédiatement après le mot qui exprime l'idée sur laquelle porte ce sentiment. [Cf. 184.]

262. 乃 *naï* a été pris très-anciennement comme pronom de la deuxième personne :

惟 *wêï* solùm	乃 *naï* tui	之 *tchî* (n. g.)	休 *hieôu*, bonum.

« C'est un bienfait qui ne vient que de vous. » *Chou-king.*

G 2

263. C'est aussi une sorte de conjonction copulative et explicative, qui, comme le *quidem* des Latins, est souvent purement explétive :

死 *ssè* moriar	善 *chén* bonè	所 *sò* quo	生 *sêng* vivo	善 *chén* bonè
也 *yè*, (p. f.)	吾 *'oû* ego	以 *ì* ex	乃 *naï* scilicet	吾 *'oû* ego

« Je mène une bonne vie pour avoir une bonne mort. »

264. 愈 *iù*, répété plusieurs fois, signifie *quò magis*, *eò magis*, avec cette particularité, que le membre de phrase où est l'assertion est ordinairement précédé de 而 *eûl* :

出 *tchhoŭ*, prodit.	愈 *iù* magis	而 *eûl* et	動 *toúng* movet

« Plus elle s'agite, et plus elle sort. » *Tao-te-king.*

不 *poŭ* non	而 *eûl* et	愈 *iù* quò magis	愈 *iù* quò magis
至 *tchí*, pervenit.	愈 *iù* eò magis	動 *toúng* movetur,	力 *lĭ* vires adhibet,

« Plus il s'efforce, plus il s'agite, et plus il ne réussit pas, » *pour*, et moins il réussit (1).

265. 況 *hoáng* qu'on fait ordinairement précéder de 而 *eûl*, sert à conclure du plus au moins, et le verbe exprimé dans le premier membre de phrase est remplacé dans le second par 於 *iû*, qui signifie *quant à* [204] : alors le second membre de phrase est interrogatif :

---

(1) On se sert dans le même sens et de la même manière de 益 *ĭ* et de 彌 *mî*.

伯 *pĕ* tertii,	況 *hoáng* eò magis	國 *koue* regnorum	不 *poŭ* non
子 *tseù* quarti,	於 *iû* quoad	之 *tchî* (n. g.)	敢 *kàn* audens
男 *nân* quinti ordinis	公 *koûng* principes primarios,	臣 *tchhîn* subjectos,	遺 *î* negligere
乎 *hoû*, (p. i.)	侯 *hêou* secundi,	而 *eûl* et	小 *siaò* parvorum

« S'il n'ose négliger aucun de ses sujets des plus petits états, à » plus forte raison (ne négligera-t-il pas) les princes des pre- » mier, deuxième, troisième, quatrième et cinquième rangs (1). »

Hiao-king.

266. 是 *chí*, à la fin d'une phrase, revient à l'expression *c'est, ce sont*, placée chez nous au commencement. On s'en sert sur-tout quand on explique ou qu'on définit :

是 *chí* hoc	蒙 *mêng* Meng	入 *jĭ* ingreditur	扶 *foû* Fou	日 *jĭ* sol
也 *yè*, (p. f.)	汜 *ssé* ostium	於 *iû* in	桑 *sâng* Sang,	出 *tchhoŭ* exit

« C'est dans le pays de *Fou-sang* que le soleil se lève, et c'est à » l'embouchure du *Meng* qu'il se couche. » *Hoaï-nan-tseu.*

267. 故 *koú*, à la fin d'une phrase, signifie *à raison de*, *parce que :*

也 *yè*, (p. f.)	多 *tô* multitudine	人 *jîn* hominum	由 *yeoû* ex
	故 *koú* causâ	之 *tchî* (n. g.)	去 *khiú* euntium

« A cause de la multitude des gens qui y vont. »

(1) *Koung*, *Heou*, *Pe*, *Tseu* et *Nan* sont, dans cet ordre même, les titres que portoient les divers princes feudataires de l'empire chinois, au temps de Confucius.

G 3

268. 類 *loüi* [classe, espèce], placé après un ou plusieurs noms, avec ou sans la marque de rapport, signifie *et cætera :*

蓋 *kăi* operiunt	之 *tchî* (n. g.)	蓑 *thsô* mattâ	止 *tchì* solùm
之 *tchî,* illud.	類 *loüi* cæt.	席 *sĭ* storeâ	以 *ì* ex

« On se borne à le couvrir avec des nattes et autres choses du » même genre. »

On emploie dans le même sens et de la même manière des mots 等 *tèng* et 屬 *choŭ.*

269. 不 *poŭ* est la négative la plus usitée ; elle s'applique aux adjectifs et aux verbes, et nie l'action ou l'état. On le remplace quelquefois par 弗 *fĕ.* [V. 154, 223, 231.]

270. 無 (1) *woû* est une négation très-absolue, qui s'applique à l'existence et à la possession, et qui suppose toujours un verbe exprimé ou sous-entendu :

人 *jîn,* homo.	母 *moù* matre	無 *woû* sine	無 *woû* non	天 *thian* } *hià* imperio
	之 *tchî* (p. e.)	父 *foù* patre	有 *yeòu* habetur	下

« Il n'y a pas dans le monde d'homme qui n'ait un père et une » mère. » [Cf. 166.]

271. 莫 *moŭ* nie l'existence, et peut se traduire par *nul, rien,* sujets d'un verbe exprimé ou sous-entendu :

---

(1) Dans quelques anciens livres, on remplace ce caractère par

毋　亡　无

孝 *hiaó*, pietate.	於 *iû* præ	大 *tá* magna	莫 *moŭ* nulla (res)

« Rien n'est au-dessus de la piété filiale. » *Hiao-king.*

乎 *hoû* præ	莫 *moŭ* nihil	乎 *hoû* præ	莫 *moŭ* nihil
微 *wĕï* subtilibus.	顯 *hián* manifes-tum	隱 *yèn* abscondi-tis;	見 *hián* apparens

« Il n'y a rien de plus clair que ce qui est caché ; il n'y a rien de » plus manifeste que ce qui est subtil (1). » *Tchoung-young.*

272. 非 *fĕï* s'applique de préférence au qualificatif, soit adjectif, soit adverbial :

不 *poŭ* non	非 *fĕï* sine	不 *poŭ* non	非 *fĕï* sine
行 *hîng*, agere.	道 *táo* regulâ	言 *yân*, loqui ;	法 *fă* exemplo

« Ne rien dire de contraire aux exemples (de l'antiquité) ; ne rien » faire de contraire à la raison. » *Hiao-king.*

服 *foŭ*, vestes induere.	不 *poŭ* non	法 *fă* exempla-ris	王 *wâng* regum	非 *fĕï* sine
	敢 *kàn* audet	服 *foŭ* vestibus	之 *tchî* (n. g.)	先 *siân* priscorum

« Il n'ose pas se vêtir d'une manière contraire à l'exemple des » anciens rois. » [Cf. 178, 273.]

273. 勿 *wĕ* et 毋 *woû* sont ordinairement prohibitifs :

---

(1) Cette phrase signifie que ce qu'il y a de plus évident pour chaque homme, c'est ce qui est caché en lui, c'est-à-dire, sa conscience, et que ce qu'il peut voir le plus clairement, ce sont les replis de son propre cœur. C'est par erreur que j'ai donné un autre sens à ce passage, dans la traduction du *Tchoung-young* (pag. 33). Je saisis cette occasion de rectifier la méprise dans laquelle j'ai été entraîné en suivant le P. Couplet (*Confuc. sin. Philos.* p. 41). Le P. Noël avoit donné le véritable sens, qui est aussi le seul sens qu'on puisse donner à la phrase correspondante de la traduction mandchoue (*Tchoung-young*, p. 116).

G 4

視 chí, aspicias.	勿 wĕ ne	禮 lì ritibus	非 fēi sine

« Ne jetez pas un coup d'œil d'une manière contraire aux rites. »

Lun-iu.

於 iû quàm	毋 woû ne	於 iû quàm	毋 woû ne
帶 tái, zona.	下 hiá inferiùs	面。miàn vultus;	上 chàng altiùs

« Ne portez pas (les mains) plus haut que le visage, ni plus bas » que la ceinture. » *I-li.*

274. 未 *wéi* se dit du temps, et signifie *pas encore*, et quelquefois *jamais*. [V. 145, 154, 191.]

275. Ordinairement deux négations valent une affirmation :

食 chĭ comedit que	不 poŭ non	人 jîn hominum
也 yè (p. f.)	飲 yèn bibit	莫 moŭ nullus

« Tout homme boit et mange. »

Tchoung-young. [Cf. 254, 272, 273].

276. La négation interrogative s'exprime en mettant à la fin de la phrase 否 *feoù*, ou en plaçant au commencement la particule 盍 *hŏ*, *quidni;* ou les mots 亦不 *poŭ-ĭ*, qui reviennent à *nonne :*

來 lâi, venire.	乎 hoû ad	歸 kouēi revertor	盍。hŏ quidni

« Que ne vais-je me soumettre à lui ! » *Meng-tseu.*

乎 hoû (p. i.)	樂 lŏ, lætandum.	亦 ĭ -ne	不 poŭ non-

« N'est-ce pas un sujet de joie ! » *Lun-iu.*

海上絲綢之路文獻集成 科技與文化編

漢文啓蒙

277. La présence de l'une des particules finales interrogatives [210, 217, 223, 260] n'empêche pas que l'interrogation ne puisse aussi être marquée au commencement de la phrase par quelqu'un des mots suivans :

何 *hô* 胡 *hoû* 惡 *'oû* 焉 *yân* 豈 *khì*

曷 *hŏ* 烏 *'oû* 安 *'ân* 奚 *hî*

lesquels paroissent se prendre indifféremment les uns pour les autres, et marquent également l'interrogation simple, ou, suivant les cas, l'interrogation sur la manière, le motif, &c.

278. 矣 *ì* est une finale insignifiante comme plusieurs de celles qu'on a déjà vues [208, 223, 231, 234]. Elle n'ajoute ni ne change rien au sens, non plus que *yè* [198].

279. 夫 *foû* est aussi employé comme explétive :

夫 *foû*, (p. f.) 斯 *ssé* hoc 如 *joû* sicut

« De cette manière. »

280. 云 *yûn* [dire] se trouve employé de la même manière :

云 *yûn*, (p. f.), 子 *tseù* sapientem 君 *kiûn* 俟 *ssé* expectandum 以 *ì* ad

« Pour attendre le sage. »

云 *yûn*, (p. f.) 云 *yûn* refert 傳 *tchouán* historia

« L'histoire le rapporte. »

281. 兮 *hî* est une finale usitée, sur-tout dans les vers, pour marquer l'emphase et fixer l'attention, comme si l'on faisoit du mot précédent le sujet d'une interrogation :

兮 *hî*, ! 之 *tchî* (n. g.) 西 *sî* occidentis 人 *jîn* homo 彼 *pì* ille

人 *jîn* homo 方 *fâng* regionum 兮 *hî* ! 。 美 *mèï* pulcher

« Ce bel homme.... cet homme des contrées occidentales.... »

兮 *hî* ! 吉 *kî* felicitas 且 *thsièï* et 安 *'ân* quies

« Repos, *véritable* bonheur ! »

282. Souvent on réunit à la fin d'une phrase deux explétives, ou une explétive avec une interrogative, ou une interrogative avec une particule admirative. [Cf. 210.] Ces sortes de combinaisons, qui varient beaucoup, ne changent rien au sens ; on les rencontre sur-tout dans la poésie ou dans les livres écrits en une sorte de prose mesurée, où elles contribuent à produire la symétrie des phrases, et à multiplier les consonances, deux ornemens particulièrement recherchés dans le style littéraire [66].

SECONDE PARTIE.

DU KOUAN-HOA *OU STYLE MODERNE*,

VULGAIREMENT APPELÉ *MANDARINIQUE*.

283. Les règles du style antique sur l'emploi des termes grammaticaux et la position relative des mots, auxquelles il n'est pas formellement dérogé dans cette seconde partie, sont généralement applicables au style moderne, tant parce qu'elles tiennent au caractère propre de la langue chinoise, que parce que le mélange des styles étant autorisé dans plusieurs sortes de compositions, un grand nombre de phrases ou de locutions prises ou imitées des livres anciens se sont introduites dans la langue vulgaire, tandis que, réciproquement, plusieurs termes vulgaires ont été admis jusque dans les ouvrages où l'on se propose d'imiter le style des compositions antiques.

§. I.er *Du Substantif*.

284. Pour obvier aux inconvéniens qui résulteroient, dans la langue parlée, de la multiplicité des termes homophones [57], et des mots qui peuvent être pris comme verbes ou comme substantifs [70, 151], on y fait fréquemment usage de mots composés, lesquels sont formés d'après divers procédés (1).

285. Les plus communs sont formés de la réunion de deux termes synonymes, dont l'un n'ajoute rien au sens de l'autre, mais sert seulement à le déterminer, parce que l'équivoque, possible à l'égard de chacun d'eux en particulier, ne l'est pas à l'égard du mot dissyl-

(1) On trouve, même dans les livres anciens, beaucoup de noms composés de la même manière, lesquels avoient dû s'y introduire par les mêmes motifs; mais ce n'est que dans le *kouân-hoá* que l'emploi de ces noms est devenu systématique, et a remplacé très-généralement celui des termes simples anciennement usités.

labique qui résulte de leur groupement. Ainsi les syllabes *táo* et *loú*, répondant chacune à plusieurs caractères, et conséquemment à plusieurs idées différentes, savoir :

táo, conduire.
táo, dérober.
táo, parvenir.
táo, renverser.
táo, couvrir.
táo, drapeau.
táo, fouler aux pieds.
táo, céréales.
táo, dire, raison, voie.

loú, chemin.
loú, pierre précieuse.
loú, rosée.
loú, cormoran.
loú, suborner.
loú, char.
loú, nom de rivière.

le composé *táo-loú* ne peut signifier que l'idée commune à ces deux séries, *voie*, *chemin*, et ne peut conséquemment être exprimé que par les caractères 路道

286. Souvent aussi l'on réunit des mots qui ne sont pas tout-à-fait synonymes, ou même qui ont une signification opposée, et l'idée commune à ces deux mots est la seule qui reste attachée au composé ; ainsi :

兄 *hioûng* frère aîné joint à 弟 *tí*, frère cadet, forme le composé *hioûng-tí* [frère], sans désignation d'âge.

鬼 *kouèï* mauvais génie avec 神 *chîn*, bon génie, forme le composé *kouèï-chîn* [esprit *ou* génie], en général (1).

東 *toûng*, orient avec 西 *sî*, occident, forme le composé *toûng-sî*, qui n'a, dans l'usage ordinaire, que la signification vague de *chose*.

287. Il y a un grand nombre de mots formés de la réunion de

(1) Le P. Basile avoit rédigé une table des mots opposés qui peuvent donner naissance à des composés de ce genre. L'éditeur du dictionnaire de ce religieux avoit mal-à-propos supprimé cette table, que M. Klaproth a reproduite, pag. 70 — 84.

deux substantifs, ou d'un substantif avec un verbe, lesquels sont entièrement analogues aux mots composés des autres langues. Tels sont :

書 choû librorum 房 fâng domus.	la maison des livres, *pour* la bibliothèque.	乞 khĭ mendicans 人 jîn homo.	l'homme mendiant, *pour* le mendiant.

288. Les noms d'emploi et de profession sont aussi formés de deux parties ; savoir, d'un mot qui exprime l'action, et d'un autre qui désigne l'agent. Ce dernier est ordinairement

人 jîn homo. 夫 foû homo. 匠 tsiáng artifex. 手 cheòu manus. 家 kiâ domus.

ou quelque autre terme semblable ; ainsi l'on dit :

賣 măi vendens 人 jîn homo.	le vendeur, le marchand.	船 tchhoûan navis 手 cheoù manus.	le matelot, le rameur.
農 noûng arator 夫 foû homo.	le laboureur.	道 táo rationis 家 kiâ domus.	le religieux (livré au culte du *Tao*, ou de la raison primordiale).
鞋 hiâi calceorum 匠 tsiáng artifex.	le cordonnier.	醫 î medicinâ 生 sêng natus.	le médecin.

289. Les noms qui expriment les degrés de parenté et d'alliance, sont ordinairement accompagnés du mot générique 親 thsîn cognatus, ou, suivant l'âge et le sexe, des mots 父 foú pater 母 moù mater 子 tseù filius 女 niù filia Par exemple :

父 *foú* pater 親。*thsîn,* cognatus.	*pour* le père.	
母 *moù* mater 親。*thsîn* cognata.	*pour* la mère.	
伯 *pĕ* patruus 父。*foú* pater.	l'oncle, frère aîné du père.	
伯 *pĕ* patrua 母。*moù* mater.	la tante, femme du frère aîné du père.	
妹 *méï* soror natu minor 子。*tseù* filia.	sœur cadette.	
甥 *sêng* sororis filia 女。*niù* filia.	nièce, &c.	

290. Les noms d'animaux sont aussi, quelquefois, accompagnés de ces mots *foú*, père; *moù*, mère; *tseù*, fils; pour désigner l'âge et le sexe. Souvent aussi on se sert des mots

牝。*pìn* fœmina, 牡。*moù* masculus,	pour les quadrupèdes.
雌。*thseû* fœmina, 雄。*hioûng* masculus,	pour les oiseaux.

291. Beaucoup de mots sont formés d'un radical accompagné du mot 子 *tseù* [fils], qui est alors purement explétif, et qui fait l'office de terminaison :

房 *fâng* domus. 子 *tseù* (p. e.)	maison, logis.
日 *jĭ* dies 子 *tseù* (p. e.)	jour.

292. 兒 *eûl* [enfant], qu'on remplace quelquefois par 耳 *eùl* [oreille], forme des diminutifs :

孩	*hâï* puer	le petit enfant.
兒。	*eûl* (p. e.)	
盒	*hô* arca	le petit coffre, la boîte.
耳。	*eùl* (p. e.)	
石	*chĭ* lapis	la petite pierre, le caillou.
兒。	*eûl* (p. e.)	
玉	*iŭ* gemma	une petite pierre précieuse.
耳。	*eùl* (p. e.)	

293. 頭 *theôu* [tête] est l'explétive la plus ordinaire des objets matériels et de forme arrondie ; mais elle s'emploie aussi pour des substantifs d'un autre genre :

石	*chĭ* lapis	une pierre, un moellon.
頭。	*theoû* (p. e.)	
日	*jĭ* sol	le soleil (1).
頭。	*theoû* (p. e.)	

294. Un assez grand nombre de mots composés sont primitivement des termes poétiques, ou des expressions allégoriques empruntées du *koù-wên*, mais que l'usage a consacrés, et dont il est désormais inutile de rechercher l'étymologie. Tels sont :

府	*foù* urbis primariæ	le jardin de la ville du premier ordre, *pour* le préfet.
園。	*yoûan* hortus.	
天	*thiân* cœli	la fille du ciel, *pour* l'hirondelle.
女。	*niù* filia.	

295. Dans beaucoup de mots composés, l'idée métaphorique qui leur a donné naissance a été totalement perdue de vue, et ils sont

(1) Remarquez que, dans ces deux exemples, la particule sert à déterminer le sens du radical. *Chĭ* tout seul signifieroit également *un rocher, une dalle, une pierre taillée; chĭ-theoû* signifie *une pierre de forme arrondie : jĭ* signifie indifféremment *le soleil* et *un jour; jĭ-theoû* ne peut plus signifier que *le soleil;* pour *le jour,* il faut dire *jĭ-tseù* [291].

海上絲綢之路文獻集成 科技與文化編

devenus de véritables polysyllabes formés d'élémens insignifians. Tels sont :

和 *hô* concordiæ	le religieux.		鼻 *pí* nasi	l'aïeul.
尚。*cháng* altum.			祖。*tsoù* avus.	

296. Enfin, il faut rapprocher de ces mots la classe des mots polysyllabiques qui ont été empruntés par les Chinois, soit à des dialectes autrefois parlés dans diverses parties de leur empire, soit aux peuples voisins de leurs frontières, et qu'ils ont exprimés par des caractères choisis arbitrairement, uniquement pour en représenter le son; par exemple :

琵 *phî*	une guitare.		喇 *lă*	les lamas, prêtres du Tibet.
琶。*phâ*			嘛。*mâ*	

297. Le pluriel se marque, soit par les particules préposées 衆 *tchoúng*, ou 諸 *tchoû* [74], soit par les noms de nombre indéfinis [78], soit enfin par les particules postposées 都 *toû* et 皆 *kiâï* [75].

298. Les substantifs se construisent entre eux, comme dans le *koù-wên* [79, 80], avec cette différence, qu'au lieu de 之 *tchî* [81], la marque du rapport d'appartenance est 的 *tĭ* :

人 *jîn* homo. 的 *tĭ* (n. g.) 國 *kouĕ* regni 中 *tchoûng* medii

« Un homme du royaume du milieu, » c'est-à-dire, un Chinois.

299. Outre les signes de rapports usités en *koù-wên* [85 — 91], on se sert encore de quelques mots particuliers ; savoir :

對 *tóuï*, 替 *thí*, et 和 *hô*.

說 *chouě* dic. 他 *thâ* eum 對 *toúi* ad

« Dites-lui. »

了 *liaò* (n. præt.) 說 *chouě* dixi 他 *thâ* eum 替 *thí* ad

« Je lui ai dit. »

300. Le nom de matière se met avec 的 *tĭ*, suivant la règle des noms attributifs [94]:

像 *siáng* statua. 的 *tĭ* (n. g.) 銅 *thoûng* cupri

« Une statue de cuivre. »

301. Le vocatif se marque quelquefois par 阿 *ô*, placé après le nom, quelquefois par la répétition du nom:

阿 *ô* ô. 君 *kiûn* princeps 郎 *lâng* vir

« O mon époux ! »

緣 *youân* felices 你 *nì* tu 仙 *siân* sian, 淡 *Tán* Tan

也 *yè* (p. f.) 好 *haò* valdè 我 *'ò* ego 仙 *siân* sian

無 *woû* in- 和 *hó* et 淡 *Tán* Tan

« O *Tan-sian* ! vous et moi sommes bien malheureux ! »

§. II. *De l'Adjectif.*

302. Les adjectifs sont souvent accompagnés de la particule 的 *tĭ*, particulièrement s'ils sont placés après le verbe substantif, comme attributs du sujet de ce verbe. On dit indifféremment:

H

花 *hoâ* flos. 的 *tĭ* (p. r.) 白 *pĕ* albus

ou simplement *pĕ hoâ* [une fleur blanche].

善 *chén* bonus 人 *jîn* homo 這 *tchĕ* hic

的 *tĭ* (p. r.) 是 *chí* est 個 *kó* (p. e.)

的 *tĭ*, en ce sens, est tout-à-fait synonyme de 者 *tchè* [99].

303. Les adjectifs verbaux se forment pareillement avec 的 *tĭ*:

的 *tĭ* (p. r.) 來 *lâi* venientes 往 *wàng* euntes

« Les allans et les venans », ou « ceux qui vont et qui viennent. »

的 *tĭ* (p. r.) 賣 *mái* vendens 買 *mài* emens

« Celui qui achète et qui vend, commerçant. »

On peut, après ces sortes de mots, exprimer ou sous-entendre 人 *jîn* [homme].

304. Le comparatif s'exprime, ou comme en *koù-wên* [100, 101], ou en faisant précéder l'adjectif des mots 更 *kéng* magis ou de 還 *hoân* adhuc.

好 *haò* bonus 更 *kéng* magis 你 *nì* tu

« Vous êtes meilleur. »

305. Le superlatif se marque par des particules qui se placent avant ou après l'adjectif. Celles qui se placent avant, sont :

太。 *thái* summè. 甚。 *chín* valdè. 極。 *kĭ* summè. 最。 *tsóui* valdè.

絕。 *tsioŭĕ* absolutè. 好。 *haò* benè.

306. Les expressions qui se mettent après l'adjectif, pour former le superlatif, sont :

得緊 *tĕ* attingens *kìn* arctum. 得很 *tĕ* assequens *hèn* ○ 得極 *tĕ* assequens *kĭ* fastigium. 十分 *chĭ* decem *fēn* partes. 不過 *poŭ* non *koú* superandus.

§. III. *Des Noms de nombre.*

307. Dans le commerce et pour les besoins domestiques, on fait usage de chiffres produits par l'altération de ceux qui servent dans les livres [111]. En voici le tableau (1) :

一	〡	*ĭ.*	1.	八	〨	*pă.*	8.
二	〢	*eúl.*	2.	九	〩	*kieoù.*	9.
三	〣	*sān.*	3.	十	十	*chĭ.*	10.
四	〤	*ssé.*	4.	百	百	*pĕ.*	100.
五	〥	*où.*	5.	千	千	*thsiān.*	1,000.
六	〦	*loŭ.*	6.	萬	万	*wán.*	10,000.
七	〧	*thsĭ.*	7.	零	○	*lîng.*	0.

308. Ces chiffres ne se placent pas, comme les noms de nombre ordinaires, en colonnes verticales et les uns au-dessous des autres, mais, comme les chiffres arabes, en lignes horizontales : les valeurs croissent de droite à gauche, et on les lit de gauche à droite ; les

(1) Hyde est le premier qui les ait fait connaître. Voyez *Syntagm. Dissert.* t. II, p. 530, pl.

海上絲綢之路文獻集成 科技與文化編

coefficiens se groupant au-dessus de chaque degré décuple, à moins qu'il n'y ait pas de quantité fractionnaire. Ainsi l'on dit:

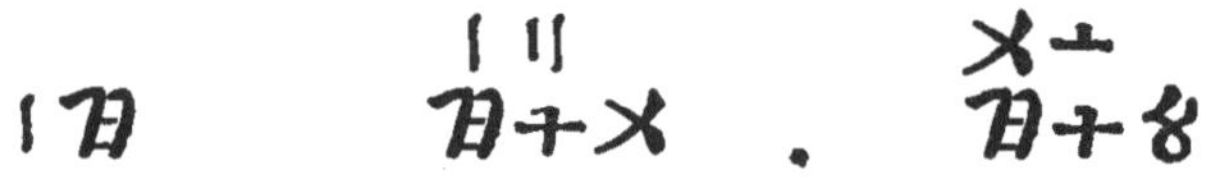

100. 124. 465.

Quand un des degrés intermédiaires vient à manquer, on le remplace par un zéro, lequel toutefois ne se met jamais à la fin d'une quantité. Ainsi l'on écrit:

102. 120. 10,204.
(sans zéro.)

309. Outre les numérales spéciales [113], il y en a une commune qui sert également pour les personnes et pour les choses: c'est la particule *kó*, qui s'écrit de trois manières:

個 pour les personnes. 箇 pour les choses. 个 pour les personnes et pour les choses.

Il faut remarquer qu'en *kouan-hoa* les numérales ne se joignent pas seulement aux noms de nombre, mais qu'on les place aussi après les mots qui marquent la pluralité ou un nombre indéfini, et après les adjectifs démonstratifs [310, 337].

310. 一 *ĭ* [un], suivi de la numérale *kó*, forme l'article indéfini *quidam*, un certain:

人 *jîn* homo. 個 *kó* (p. n.) 一 *ĭ* unus

« Un homme. »

物 *wĕ* res. 件 *kián* 箇 *kó* (p. n.) 一 *ĭ* una

« Une chose. »

Et quelquefois en supprimant *ĭ*, *kó jîn* [un homme, quelqu'un], *kó kián-wĕ* [une chose, quelque chose].

§. IV. *Du Pronom.*

311. Le pronom de la première personne s'exprime par 我 *'ò*, 吾 *'oû* [Cf. 119], 咱 *tsâ* ou 俺 *yán* ; ce dernier est plus usité dans les provinces du nord :

我	*'ò*	ego,
一	*ĭ*	toto
向	*hiáng*	elapso tempore
只	*tchì*	solùm
以	*ì*	ex
父	*foú*	patris
命	*míng*	mandato
爲	*'wêï*	feci
重	*tchoúng*	grave.

« Jusqu'à présent je n'ai considéré que les ordres de mon père. »

吾	*'oû*	ego
欲	*yŏ*	cupio
選	*siouàn*	eligere
擇	*thsĕ*	
佳	*kiâ*	bonum
婿	*sí*	generum.

« Je souhaite de choisir un bon gendre. »

咱	*tsâ*	ego
在	*tsáï*	eram in
他	*thâ*	ejus
家	*kiâ,*	domo.

« J'étois chez lui. »

到	*táo*	ad
那	*ná*	illam
日	*jĭ*	diem
咱	*tsâ*	ego
少	*chaò*	
不	*poŭ*	
得	*tĕ*	profectò
要	*yaó*	(n. f.)
破	*phó*	diffundam
些	*siê*	paucas
銀	*yĕn*	argenti uncias
子	*tseù,*	(p. c.)

« Ce jour-là je dépenserai quelques taels. »

前	*thsiân*	prioribus
日	*jĭ*	diebus
俺	*yán*	nos
兩	*liàng*	ambo
箇	*kó*	(p. n.)
在	*tsáï*	eramus in
他	*thâ*	ejus
家	*kiâ*	domo

« Nous étions tous deux ces jours passés chez lui. »

312. Pour éviter l'emploi du pronom de la première personne, on se sert de diverses formules d'humilité, prises le plus souvent des rapports que l'on a avec ceux à qui l'on parle. Les parens et les alliés se désignent eux-mêmes par le mot qui exprime leur degré de parenté, particulièrement s'il marque quelque infériorité d'âge ou de subordination, comme *fils*, *neveu*, *frère cadet*, souvent avec l'épithète de 小 *siaò* [petit].

313. En s'adressant à des personnes d'un rang égal, on se désigne soi-même par le titre de 弟 *tí* [frère cadet]; 小弟 *siaò-tí* [petit frère cadet]; 晚生 *wàn-sêng [tardè natus]*, en parlant à des personnes plus âgées, ou 老夫 *laò-foû*, en parlant à des personnes plus jeunes :

小 *siaò* parvus	豈 *khì* quî	曉 *hiaò* scire
弟 *tí* frater minor	不 *poŭ* non	得 *tĕ* possem!

« Comment ne le saurois-je pas ! »

方 *fāng* tunc	晚 *wàn* tardè	不 *poŭ* non	面 *mián* facie
知 *tchī* scies	生 *sēng* natum	是 *chí* esse	欺。 *khī* decepto-rem.

« Vous verrez alors que *je* ne suis pas trompeur par le visage, » *pour dire*, « que je n'ai pas le visage trompeur. »

314. Les inférieurs changent ce mot en 小的 *siaò-tĭ* :

小 *siaò* parvus	已 *ì* (n. pr.)	出 *tchhoŭ* exiisse	拜 *pâi* visitare
的 *tĭ* (p. r.)	曰 *youĕ'i* dixeram	門 *mên* portâ	客 *khĕ* hospites

« Je lui avois dit que vous étiez sorti pour faire des visites. »

315. Les lettrés se parlant les uns aux autres avec respect, disent

生學 *hiŏ-sêng [studio natus]*, et quelquefois 生門 *mên-sêng [portâ natus] :*

之 *tchî* (p. c.)	衰 *sâï* debilis,	學 *hiŏ* studio
夫 *foû* homo.	朽 *hieoù* marcidus	生 *sêng* natus,

« *Je* ne suis qu'un homme faible et sans moyens. »

316. Certains offices autorisent ceux qui en sont revêtus à faire usage d'une dénomination empruntée du titre même de leur place. Ainsi :

Le préfet d'une ville du premier ordre dira :	府 *foù* civitas 1.ria	本 *pèn* propria	ma ville, *pour* moi.
Celui d'une ville du deuxième,	州 *tcheoû* urbs 2.ria	本 *pèn* propria	ma ville du deuxième ordre, *pour* moi.

L'intendant des grains, des rivières, des gréniers à sel, ou le receveur des contributions,

道 *taó* præfec-tura.	本 *pèn* propria	mon intendance, *ou* mon district, *pour* moi intendant.

Et ainsi de quelques autres.

317. Le pronom de la deuxième personne est 你 *nì* [Cf. 127]. Il est principalement usité quand on s'adresse à des inférieurs :

訪 *fàng* inquiro	是 *chí* est	我 *'ò* me;	你 *nì* tu	不 *poŭ* non
你 *nì* te.	我 *'ò* ego	便 *pián* potiùs	尋 *thsîn* quæris	是 *chí* est

« Ce n'est pas toi qui me cherches ; c'est plutôt moi qui te » demande (1). »

(1) C'est une expression proverbiale, pour dire : *c'est à qui cherchera l'autre.*

H 4

318. La civilité chinoise fait éviter le pronom de la deuxième personne, et le fait remplacer par des expressions qui marquent le respect, et qui sont empruntées des idées de subordination, de famille, d'âge, ou de rapports sociaux. Ainsi l'on dit communément :

兄 *hioûng* frater major。 ou 兄。年 *nîan-hioûng* annis frater major

哥 *kô*, 〈 *kô* frater major.。 賢 *hîân*, 契 *khí* sapiens amice。 先 *sîan*, 生 *sêng* anteà natus。 仁 *jîn*, 兄 *hioûng* pius frater major。

Ces expressions ne s'adressent pas seulement aux personnes plus âgées (1).

最 *tsóuï* valdè 是 *chí* sic。 之 *tchî* (n. g.) 言 *yân* sermo 年 *nîan* annis 兄 *hioûng* fratris majoris

« Ce que vous dites est bien vrai. »

才。 *thsâi* dotibus [prædití] 年 *nîan* ætate 美 *mëi* eximiis 兄 *hioûng* fratres majores 清 *thsîng* florente 二 *eúl* duo 仁 *jîn* pii

« Vous êtes tous deux à la fleur de l'âge, et doués du plus beau » talent. »

罷。 *pá* cessare. 念 *nîan*, 頭 *theoû* consilium 息 *sî* interrumpere 了 *liaò* (n. pr.) 賢 *hîan*, 契 *khí* sapientem amicum 我 *'ò* ego 勸 *khiouán* hortor

« Je vous engage à abandonner votre projet. »

---

(1) Le deuxième exemple notamment est pris d'un discours adressé par un homme âgé à deux jeunes gens. Rien n'est plus commun que cette sorte de contre-sens, dans le style de la conversation.

漢文啓蒙

319. Souvent aussi on tourne par la troisième personne, et on se sert de l'une des expressions usitées en parlant aux hommes âgés ou aux personnes en place, suivant le rang qu'elles occupent; savoir :

尊	*tsūn* nobilis	monsieur.	大	*tá* magnus	monseigneur.
駕。	*kiá* quadriga.		老	*laò* senex	
大	*tá* magnus	idem.	爺。	*yê* pater.	
駕。	*kia* quadriga.		老	*laò* senex	votre excellence, &c.
老	*laò* senex	seigneur, monsieur.	先	*sian* anteà	
爺。	*yê* pater.		生	*sêng* natus.	

大	*tá* magnum	奉	*foúng* offerre	人	*jîn* aliquis
駕	*kía* quadrigam.	請	*thsìng* invitare	來	*lâi* venit

« Quelqu'un est venu vous inviter. »

高	*kâo* altum.	見	*kían* videt	生	*sêng* natus	老	*laò* senex
		最	*tsoúi* valdè	所	*sò* quod	先	*sian* anteà

« L'idée de votre excellence est admirable. »

320. En s'adressant à des parens ou à des alliés, on emploie le terme qui exprime le degré auquel on est lié avec eux, en y joignant une qualification respectueuse, ordinairement 老 *laò*

[vieux], s'ils sont au-dessus de celui qui parle, et quelquefois une expression de bienveillance, s'ils sont au-dessous par l'âge ou les rapports de famille.

321. Le pronom de la troisième personne est 他 *thâ*, lequel sert également comme sujet et comme complément d'un verbe actif. [Cf. 134.]

322. Le pluriel se marque en ajoutant, après le pronom personnel ou l'appellatif qui en tient lieu [312, 313, 314, 315, 318, 319], l'un de ces trois mots :

們 *mên* ○ 每 *mèi* quilibet 輩 *péi* ordo

Ainsi l'on dit :

我們 *'ò mên* nos. 你們 *nì mên* vos. 他們 *thâ mên* illi.

小 *siaò* parvi 的 *tĭ* (p. r.) 們 *mên* (n. pl.)	nous, esclaves ou domestiques.	老 *laò* senes 爺 *yê* domini 們 *mên* (n. pl.)	vous, messieurs, &c.

323. On remplace *mên* par 等 *tèng*, toutes les fois que les mots *nous*, *vous*, *eux*, emportent l'idée d'une classe ou d'une catégorie, avec exclusion de ceux qui n'en sont pas :

旨 *tchì* voluntati. 遵 *tsûn* obsequimur 謹 *kìn* diligenter 等 *tèng* ordo 我 *'ò* nos

« Nous [autres officiers] nous conformons strictement à la volonté » [impériale] (1). »

(1) C'est ainsi que, dans la version chinoise de l'oraison dominicale, on a mis par-tout

海上絲綢之路文獻集成 科技與文化编

漢文啓蒙

324. Le possessif se forme d'après la règle des noms attributifs, avec ou sans l'intermédiaire de la particule 的 *tỹ.* [Cf. 139.] On dit également :

親 *thsîn* 父 *foú* pater 我 *'ò* mei

pour mon père, *ou bien :*

親 *thsîn* 父 *foú* pater 的 *tỹ* (n. g.) 我 *'ò* mei

et ainsi des autres.

325. Au lieu du pronom possessif de la première personne, il est d'usage d'employer certaines expressions qui marquent l'humilité, et dont le sens s'applique toujours à la personne qui possède, et non à la chose possédée. On ne parlera ici que des plus usitées.

326. 家 *kîa* [maison], s'applique aux parens ascendans, vivans, et autres auxquels on doit du respect, comme *père*, *mère*, *oncle*, *beau-père*, *frère aîné*, *&c.* Ainsi l'on dit :

家 *kîa* domûs 父。*foú* pater. } mon père.	家 *kîa* domûs 兄 *hioûng* frater natu major. } mon frère aîné.

327. 舍 *ché* [maison *ou* logis] sert pour désigner les parens inférieurs en ligne collatérale, tels que *frère cadet*, *sœur cadette*, *gendre*, *cousin* et *parens* en général :

舍 *ché* domûs 弟。*tí* frater natu minor. } mon frère cadet.	舍 *ché* domûs 親 *thsîn* cognatus. } mon parent, &c.

'ò-tèng, *nous*, c'est-à-dire, *nous qui sommes d'une même religion*, nous autres chrétiens. Des Chinois parlant à des étrangers, diront de même, *'ò-tèng*, *nous*, *Chinois*, *&c.*

328. 小 *siaò* [petit] se dit des descendans, des domestiques, quelquefois de la femme de celui qui parle ; comme, par exemple :

小	*siaò*	parva	ma fille
女。	*niù*	filia.	
小	*siaò*	parva	ma femme, &c.
妻。	*thsî*	uxor.	
小	*siaò*	parvus	mon domestique.
介。	*kiâï*	servus.	
小	*siaò*	parvus	mon fils, mon enfant.
兒。	*eûl*	infans.	

329. 敝 *pí* [bas] se dit des personnes et des choses, soit abstraites, soit matérielles, qui sont en notre possession, ou qui ont rapport à nous, comme :

敝	*pí*	humilis	mon ami.
友。	*yeoù*	amicus.	
敝	*pí*	humile	mon royaume, le pays où je suis né.
國。	*kouĕ*	regnum.	
敝	*pí*	humilis	mon contemporain, celui qui est du même âge que moi [*coætaneus*].
同	*thoûng*	ejusdem	
年。	*nîan*	anni.	
敝	*pí*	humile	mon nom de famille, &c.
姓。	*síng*	nomen.	

330. 賤 *tsían* [vil] ne se dit que des choses qui touchent de près à notre personne, comme les parties du corps, les propriétés directes, et les personnes qu'on désigne métaphoriquement par des noms de choses :

賤 *tsían* vilis 手。 *cheoù* manus. — ma main.	賤 *tsían* vilis 恙。 *yáng* morbus. — ma maladie.
賤 *tsían* vile 名。 *mîng* nomen. — mon nom.	賤 *tsían* meum 房。 *fâng* cubiculum. — ma chambre (ce qui peut signifier ma femme).

331. 寒 *hân* [froid] ne s'applique qu'à la maison qu'on habite :

里。 *lì* li.	七 *thsĭ* septem	僅 *kìn* vix	去 *khiú* abest	寒 *hân* frigida
	八 *pă* octove	十 *chĭ* decem	此 *thseù* hinc	舍 *ché* domus

« Ma maison est à peine à 17 ou 18 *li* d'ici. »

332. Au lieu du pronom possessif de la 2.e personne, on emploie presque toujours diverses expressions respectueuses et honorifiques, dont on va voir les plus usitées.

333. 令 *ling* se joint au titre des parens de ceux à qui l'on parle, et ce titre est ordinairement exprimé d'une manière métaphorique. On dit :

令 *líng* nobilis 兄。 *hioûng* frater major. — votre frère aîné.	令 *líng* nobilis 姐。 *tsièi* soror natu major. — votre sœur aînée.

et métaphoriquement :

令 *líng* nobilis 尊。 *tsûn* honoratus. — votre père.	令 *líng* nobilis 堂。 *thâng* aula. — votre mère.

令	*lìng*	nobile	votre fille (encore petite).
千	*thsîan*	mille	
金。	*kîn*	aurei.	
令	*lìng*	nobilis	votre fille (déjà grande).
愛。	*'ái*	amor.	

et ainsi d'une multitude d'autres.

334. 貴 *kóuéï* [noble, illustre], répond, pour la 2.e personne, aux termes d'humilité *pí* [329] et *thsîan* [330], employés pour la première, et se dit aussi bien des personnes que des choses :

貴	*kouéï*	nobilis	votre contemporain (*coætaneus*)
同	*thoûng*	ejusdem	
年。	*nîan*	anni.	
貴	*kouéï*	nobilis	votre main (au propre).
手。	*cheoù*	manus.	
貴	*kóuéï*	nobilis	votre maladie.
恙。	*yáng*	morbus.	
貴	*kóuéï*	nobilis	votre cheval.
馬。	*mà*	equus.	
貴	*kóuéï*	nobile	votre nom.
姓。	*síng*	nomen.	
貴	*kóuéï*	nobilis	votre ville (la ville où vous êtes né).
府。	*foù*	civitas.	

Les deux derniers exemples sont quelquefois interrogatifs, et c'est de cette manière qu'on s'informe de l'âge, du pays, du nom, &c, d'une personne à qui l'on parle.

335. 尊 *tsûn* [honorable] se prend dans le même sens que *kóuéï*; il est encore plus respectueux, mais moins fréquemment employé. Ex. :

尊袍。	*tsûn* honoratum, *phaô* pallium.	votre manteau.
尊駕。	*tsûn* honoratus, *kía* currus.	*votre char*, ce qui se prend pour *votre seigneurie* [Cf. 319].
尊號。	*tsûn* honoratus, *hâo* titulus.	votre titre.
尊筆。	*tsûn* honoratus, *pì* penicillus.	votre pinceau, *au propre* [Cf. 336].

336. 高 *kaô* [haut] se dit des actions de la main, des opérations de l'esprit, et de ce qui en est le résultat :

高明悟。	*kaô* altum, *mîng* clarum, *'oû* ingenium.	votre esprit, votre discernement.
高手。	*kaô* alta, *cheòu* manus.	votre main, *pour* votre adresse, votre talent, soit dans les arts mécaniques, soit dans les arts libéraux (1).
高筆。	*kaô* altus, *pì* penicillus.	votre pinceau, *pour* votre manière d'écrire, votre style, votre éloquence.

337. Il y a deux adjectifs démonstratifs, qui sont :

這 *tché* pour les personnes ou les choses prochaines.

那 *ná* pour les personnes ou les choses éloignées.

On les emploie avec ou sans la numérale *kó* [309], et quand il s'agit même d'une seule personne ou d'une seule chose ; on peut aussi ajouter le nom de nombre *un*, dans le sens indéfini. Ainsi l'on dira :

---

(1) Si l'on vouloit dire *votre main*, au propre, il faudrait se servir de *kóuëi* [334], et de même pour l'exemple suivant.

人 *jîn* homo. 个 *kó* (p. n.) 一 *ĭ* unus 那 *ná* ille

ou *ná ĭ jîn*, ou *ná-kó jîn*, ou simplement *ná jîn*, « cet homme-là. »

物 *wĕ* negotium. 件 *kián* res 个 *kó* (p. n.) 一 *ĭ* una 這 *tché* hæc

ou *tché-kó kian-wĕ*, ou *tché ĭ kian-wĕ*, ou simplement *tché kian-wĕ*, « cette chose, *ceci.* »

338. Dans la suite d'un récit, ces deux adjectifs démonstratifs, et plus particulièrement *ná*, se prennent comme de simples déterminatifs, et peuvent se rendre par nos articles *le*, *la* :

人 *jîn* mulier. 婦 *foú* 那 *ná* illa

« Cette dame, *ou* la dame. »

慶 *khíng* khing 門 *mên* men 西 *sî* si 這 *tché* hic

« Si-men-khing », nom propre d'homme, avec un article.

339. Le pronom indéfini *on* ou *quelqu'un* s'exprime par

或 *hoĕ* quidam ou 人 *jîn* homo

曰。 *yoŭeï* ait. 或 *hoĕ* quidam

« On dit, quelqu'un dit, on dira. »

曰 *yoŭeï* dicens. 謂 *'wéï* 人 *jîn* homo 有 *yeòu* habetur

« Il y a quelqu'un qui dit, *ou* qui dira..... »

340. Pour rendre le sens des pronoms indéfinis *tel*, *un tel*, *l'un*, *l'autre*, on se sert quelquefois des caractères cycliques [118, 222] (1):

---

(1) On s'en sert aussi en géométrie, pour désigner les diverses parties d'une figure, de la même manière que nous employons nos lettres capitales A, B, &c.

海上絲綢之路文獻集成 科技與文化編

漢文啓蒙

兩 *liàng* duæ 婦 *foú* mulieres 對 *tóui* adversis 門 *mên* portis 而 *eûl* et 居 *kiū* manebant ; 甲 *kïa* una 問 *wén* interrogans 乙 *ï* alteram 曰 *youĕi* ait.

« Deux femmes demeuroient porte à porte : *l'une* demanda à » *l'autre*. . . . » [Cf. 222.]

341. Le pronom conjonctif sujet du verbe s'exprime le plus souvent, dans le style familier, par 的 *tĭ*, qui tient lieu de 者 *tchè* [145], et se construit de la même manière :

是 *chí* est 小 *siaò* parva 夫 *foū* 人 *jîn* domina 叫 *kiáo* jussit 我 *'ò* me 暗 *'án* 〈 *'án* clam 送 *soúng* offerre 與 *iù* ad 小 *siaò* parvam 姐 *tsièi* sororem 的 *tĭ* quæ.

« C'est la jeune dame *qui* m'a dit de le porter secrètement à » mademoiselle. »

342. Outre les pronoms interrogatifs qu'on a vus précédemment, on se sert encore de 那 *nà* [Cf.. 337], et de 庅甚 *chĭn-mò*, ou 麼拾 *chĭ-mô* (vulgairement 庅什 *chĭ-mô*). *Nà* s'emploie plus ordinairement pour les personnes, et *chĭ-mô* presque toujours pour les choses [Cf. 149, 403]:

那 *nà* quis 一 *ï* unus 個 *kó* (p. n.) 是 *chí* est 忠 *tchoûng* fidelis 臣 *tchhîn* subjectus ! 那 *nà* quis 一 *ï* unus 個 *kó* (p. n.) 是 *chí* est 奸 *kïan* nequam 臣 *tchhîn* subjectus !

« *Quel* est le sujet fidèle, et *quel* est le méchant ! »

I

你 *nì* tu 害 *hài* laboras 的 *tĭ* (p. r.) 是 *chí* est 甚 *chín* 麽 *mò* quis 病。 *píng* morbus !

« Le mal dont vous souffrez, *quel* est-il ! »

§. V. *Du Verbe.*

343. On réunit fréquemment ensemble deux verbes synonymes ou très-analogues dans leur signification, comme cela a lieu pour les substantifs, et par le même motif [285]. Ainsi l'on dit :

說 *choue* dicere 道。 *táo* loqui. — pour *dire*.

看 *khán* videre 見。 *kían* videre. — pour *voir*. [Cf. 370, 379.]

Et ces sortes de verbes composés sont exempts de l'amphibologie qui pourrait être attachée à chaque monosyllabe en particulier, soit en parlant, à raison de la multiplicité des *homophones* [57], soit en écrivant, à cause de la latitude grammaticale accordée à chaque mot [151].

344. Quand le verbe substantif n'est pas sous-entendu [152], on l'exprime, soit par 爲 *'wêï* [153], soit par 是 *chí* (1), ou 係 *hí* ; ex. :

我 *'ò* ego 爲 *'wêï* sum 兄。 *hioûng* frater major, 他 *thâ* ille 爲 *'wêï* est 弟。 *tí* frater minor.

« Je suis l'aîné, il est le cadet. »

是 *chí* est 個 *kó* unus 好 *hào* bonus 人 *jîn* homo.

« C'est un honnête homme. »

(1) Ce mot est, en *koù-wên*, un adjectif démonstratif, v. 143.

海上絲綢之路文獻集成 科技與文化編

心 *sîn* sin	實 *chĭ* reverà	聘 *phìng* ducere	前 *thsîan* prioribus
小 *siaò* parva	係 *hí* fuit	定 *tíng* determinatum	日 *jĭ* diebus
姐 *tsiĕï*, soror.	氷 *pîng* Ping	者 *tchè* quæ,	所 *sò* quam

« Celle avec qui mon mariage a été conclu ces jours derniers, est » réellement la demoiselle (1) *Ping-sin.* »

同 *thoûng* iisdem	又 *yéou* item	白 *pĕ* Pe	生 *sêng* natus	老 *laò* senex
年 *nîan*, annis [coætanei].	係 *hí* estis	公 *koûng* dominum	與 *iù* ad	先 *sîan* anteà

« De plus, votre seigneurie et le seigneur Pe êtes du même âge. »

345. Il y a des verbes qui, joints à d'autres verbes, forment des expressions dont le sens s'éloigne plus ou moins de celui des mots qui les constituent : ce sont des verbes auxiliaires, non pour la conjugaison, mais pour le sens. Il est nécessaire de donner au moins quelques exemples des plus usités. [Cf. 385, 386, 388, 389, 390, 391, 392, 393, 394.]

346. 將 *tsîang [accipere]* s'emploie souvent dans un sens indéfini, avant le complément d'un ou de plusieurs verbes actifs, lesquels sont alors rejetés à la fin de la phrase, de cette manière :

出 *tchhoŭ* exire	救 *kieóu* liberavit	女 *niù*	將 *tsîang* accipiens
來 *lâi* ad	了 *liaò* (n. pr.)	子 *tseù* mulierem	那 *ná* illam

« Il délivra cette femme et la fit sortir. »

(2) *Siào-tsiĕï, parva soror major*, est le titre qu'on ajoute au nom des filles, et qui signifie *mademoiselle*.

白 *pě* Pe
公 *koûng* dominus
遂 *souî* statim
將 *tsiang* accipiens
相 *siang* ⎤
士 *ssé* harioli ⎦
之 *tchî* (n. g.)
言 *yân* sermonem
與 *iù* et
吳 *'oû* Ou
翰 *hán* Han ⎤
林 *lîn* lin ⎦
請 *thsìng* invitationem ad
酒 *tsieoù* prandium
及 *kí* et
錯 *thsoŭ* erroneæ
讀 *toŭ* lecturæ
弗 *fě* FE
告 *koŭ* KOU
軒 *hian* cubiculi
之 *tchî* (n. g.)
事 *ssé* negotium
細 *sí* ⎤
細 *sí* minutim ⎦
說 *choŭe* enarravit
了 *liaò* (n. pr.)

« Le seigneur Pe lui raconta en détail le discours du devin, ainsi » que l'invitation à dîner chez le docteur Ou, et l'aventure de » la lecture fautive de l'inscription de la salle *fĕ-koŭ* (1). »

[Cf. 161, 356, 392, 394.]

347. 着 *tchŏ* (2), placé après les verbes, donne plus de force à leur signification, en marquant que l'action qu'ils expriment a lieu effectivement, ou atteint le but que le sujet s'est proposé :

望 *wáng* aspiciens ⎤
着 *tchŏ* ⎦
白 *pĕ* Pe
公 *koûng* dominum
便 *pían* tunc
叫 *kiáo* clamans
道。 *táo* ait.

(1) Ces deux mots sont pris du *Chi-king (Koue-foung*, Odes du pays de *'weï, khi-'ao)*. Le dernier se prononce ordinairement *káo*, mais il doit se lire ici *koŭ*, à cause de la rime. Un jeune lettré qui ne connaissoit pas cette particularité, trahit son ignorance, en lisant à la manière ordinaire *(fe káo hian)* les mots *fe-koŭ hian*, qu'un docteur du collége des Han-lin avoit inscrits sur la porte de son cabinet d'études. Ces mots signifioient *salon de la joie intérieure*, ou dont *rien n'avertit* au dehors, *fĕ-koŭ*. — Le titre de Han-lin désigne la plus haute dignité littéraire de la Chine ; elle n'est pas plus honorable, mais elle est infiniment plus honorée que celle d'académicien parmi nous.

(2) Variante vulgaire de 著 *tchú*. Le P. Basile dit avec raison que ce mot répond assez bien à l'*acertar* des Espagnols.

« En apercevant le seigneur Pe, il s'écria.... : »

了 liaò (n. pr.) 着 tchŏ (v. a.) 訪 fàng (syn.) 尋 thsîn quæsivi

« Je l'ai trouvé. » — *Thsîn-fàng liaò* signifieroit seulement *je l'ai cherché.*

罷 pá desine 着 tchŏ assequeris, 尋 thsîn quærens
了 liaò (n. pr.) 便 píen statim 不 poŭ non

« Vous ne le trouverez pas : laissez-le. » [Cf. 360, 387, 399].

348. 得 *tĕ [assequi, posse]*, placé, soit avant, soit après un autre verbe, forme un verbe facultatif dont le sens peut varier :

得 tĕ potuit. 來 lâî venire « Il est venu. »

得 tĕ potest. 不 poŭ non 來 lâî venire « Il ne peut venir. »

得 tĕ assequitur. 通 thoûng penetrando 不 poŭ non « Il ne comprend pas. »

得 tĕ potest. 不 poŭ non 通 thoûng penetrari « Cela est incompréhensible.

此 thseù hoc. 到 taó attingere 得 tĕ posse 難 nân difficile

« Il est difficile d'y atteindre. » [Cf. 375, 387, 403.]

的 *tĭ* remplace quelquefois *tĕ*, à cause de l'analogie de prononciation ; c'est ainsi que l'on dit :

的 tĭ 曉 hiào pour 得 tĕ assequor 曉 hiaò sciens

« Je sais, je suis au fait, cela suffit. »

I 3

349. 去 *khiú [ire]* marque l'ablation, le mouvement pour s'éloigner, l'émission. Il est, en ce sens, l'opposé de 來 *lâï*, qui marque l'arrivée, le mouvement vers une chose, l'intus-susception. L'un et l'autre se joignent aux verbes, et font l'office des particules latines *ab* et *ad*, ou des particules séparables des Allemands, *an* et *auf.* Comme ces dernières, ils sont souvent séparés du verbe auquel ils appartiennent, et rejetés à la fin de la phrase :

拿 *nâ* cape 來。 *lâï* ad.	apporte.	拿 *nâ* cape 去。 *khiú* ab.	emporte.

來 *lâï* ad. 茶 *tchhâ* theam 泡 *pháo* bullire 去 *khiú* ito

« Allez chercher le thé. »

來 *lâï* venit. 不 *poŭ* non 學 *hiŏ* studere

« Je n'étudie pas. »

去 *khiú* it. 不 *poŭ* non 說 *choueˇ* dicere

« Je ne parle pas (1) »

不 *poŭ* non 來。 *lâï* venit, 買 *màï* emere

去。 *khiú* it. 賣 *mâï* vendere 不 *poŭ* non

« Je ne vends ni n'achète. »

(1) Dans cet exemple et dans le précédent, l'emploi de *lâï* et de *khiú* est déterminé par la nature de l'action du verbe principal : il y a *attraction* dans l'étude, et *émission* dans l'action de parler; il en est de même dans l'exemple suivant.

海上絲綢之路文獻集成 科技與文化编

不 *poŭ* non	是 *chí* est	來 *lâi* venire;	入 *jĭ* ingredi	容 *yoûng*
去 *khiú* it.	出 *tchhoŭ* exire	只 *tchì* at	得 *tĕ* assequitur	易 *î* facile

« Il est aisé d'y entrer, mais on n'en sort pas. » [Cf. 394.]

350. 罷 *pá [desinere]*, placé immédiatement après un verbe, ou rejeté à la fin de la phrase, marque la cessation ou l'interruption de l'action que ce verbe exprime :

花 *hoâ* flores.	菊 *kiŭ* chrysanthema	罷 *pá* cessavit	看 *khán* respicere

« Elle cessa de regarder les reines-marguerites. »

也 *yè* (p. f.)	作 *tsó* agere	叫 *kiáo* evocare	莫 *moŭ* non
罷 *pá* cessare.	媒 *mêï* pronubum	他 *thâ* eum	若 *jŏ* sicut

« Il vaut mieux le charger d'être l'entremetteur de ce mariage. » — ***Pá***, dans cette phrase, marque qu'il faut interrompre toute autre affaire, et en finir. [Cf. 347, 382, 385.]

351. La marque la plus ordinaire du prétérit est 了 *liaò*, qui se met après le verbe, et ordinairement avant le complément quand il y en a un :

了 *liaò* (n. pr.)	受 *cheóu* accepit	恭 *koûng* salutationem	一 *ĭ* unam	打 *tà* agens

« Elle le prit en faisant une révérence. »

盃 *pêï* cyathos.	數 *soú* aliquot	了 *liaò* (n. pr.)	飲 *yèn* bibit

« Il but plusieurs tasses. »

352. Quelquefois un verbe suivi de *liaò* doit être entendu au présent, ou même au futur, quand il s'agit d'une action qui s'achève ou s'achevera bientôt, et le signe du passé marque alors la rapidité de cette action :

I 4

了 *liaò* (n. pr.)	成 *tchhîng* perficere	易 *î* facile	容 *yoûng*	便 *pían* potius

« Cela sera facilement achevé. » [Cf. 347, 359, 360, 381, 394.]

353. On se sert encore, pour marquer le passé, de 過 *koúó [transire]*, ce qui toutefois n'empêche pas qu'on ne puisse mettre aussi *liaò* après le verbe, ou quelque autre signe du prétérit auparavant. Le sens alors peut en être diversement modifié, et, s'il y a plusieurs verbes, le rapport d'antériorité exprimé d'une manière plus ou moins précise (1). Ainsi l'on dit :

了 *liaò* (n. pr.)	過 *koúó* (n. pr.)	說 *choueˇ* dixi

« J'ai dit, *jam dixi.* »

姬 *kî* pulchras	幾 *kì* plures	蓄 *hioŭ* aluerat	也 *yè* et
妾 *thsiĕ̆i* concubinas.	個 *kó* (p. n.)	過 *koúó* (n. pr.)	曾 *tsêng* (n. pr.)

« Il avoit entretenu chez lui plusieurs femmes du second rang. »

354. Les adverbes qui marquent le prétérit, et qu'on place avant le verbe, sont :

曾。 *tsêng* [162] 已 *ì* [163] 經 *kîng*

ou, en en réunissant deux ensemble :

經。曾 *kîng tsêng* 經已 *kîng ì*

355. 有 *yeoù* [avoir], placé avant le verbe, marque aussi le prétérit, sur-tout au sens négatif :

(1) Toutefois on ne doit pas, à l'exemple de quelques grammairiens, chercher dans l'emploi de ces diverses marques de temps, des expressions qui répondent exactement à nos imparfaits, à nos plus-que-parfaits, &c. Ces sortes de nuances sont peu d'usage dans le style chinois, et l'on en trouveroit à peine quelques exemples dans les livres.

海上絲綢之路文獻集成 科技與文化編

說 *chouĕ* dictum. 有 *yeoù* habeo 沒 *moŭ* non

« Je n'ai pas dit. » Exactement comme en français.

356. Le futur s'exprime ordinairement par l'addition d'un de ces trois mots :

要。 *yaó* velle 將。 *tsîang* item, mox [Cf. 346.] 會。 *hoéï* unire

相。 *siang* minister. 將 *tsîang* (n. f.) 親 ┘ *thsîn* (p. e.) 今 *kîn* nunc
拜 *páï* honorabitur 又 *yeóu* ampliùs 父 ┐ *foú* pater

« De plus, son père sera honoré de la charge de ministre, »

係 *hí* nodos. 千 *thsîan* mille 脫 *thŏ* solvam 要 *yáo* (n. f.)

« Je leverai cet embarras. »

說 *chouĕ* dices. 會 *hoéï* (n. f.) 講 *kìang* eloqueris 會 *hoéï* (n. f.)

« Vous parlerez, vous vous expliquerez. »

357. Les marques des temps sont ordinairement omises, quand le sens est suffisamment indiqué par la présence des adverbes de temps, ou le rapport des verbes qui précèdent ou qui suivent : c'est là le cas le plus ordinaire, et c'est ce qui explique la rareté de l'emploi des particules qui n'ont d'autre usage que de marquer le temps.

358. L'impératif, quand on parle à des inférieurs, s'exprime en mettant le pronom de la deuxième personne avant le verbe :

來 *lâï* veni. 你 *nì* tu 罷 *pá* ab. 去 *khiú* abi 你 *nì* tu

« Viens. » « Va-t'en. »

359. Par urbanité, on fait ordinairement précéder l'impératif du mot *thsing*, qui signifie *prier*, *inviter* :

袍 *phaô* pallium. 尊 *tsŭn* honoratum 了 *liào* (n. pr.) 寬 *kouàn* exue 請 *thsìng* rogo

« Quittez, je vous prie, votre manteau. »

360. Le prohibitif s'exprime, ou par les particules prohibitives [273], ou par les mots

要。 *yáo* velis 不 *poŭ* ne ou 休。 *hieōu* cave ou 要。 *yáo* velis 別 *pïĕ'ï* aliter

我 *'ò* me. 哄 *hoùng* decipere 要 *yaó* velis 不 *poŭ* ne 你 *nì* tu

« Ne me trompez pas. »

話 *hoá* verba. 這 *tché* hæc 說 *chouĕ* dicas 休 *hieoû* cave ne.

« Ne dites pas ces sortes de choses. »

忘了 *wâng liaò* oblivisci (n. pr.) 休要 *hieōu yáo* cave ne velis 言語 *yân iù* verba 我的 *'ò tĭ* meî (n. g.) 哥〻 *kô kô* frater

« Monsieur, n'oubliez pas ce que je vous dis. »

着 *tchŏ* (v. a.) 信 *sín* credere 要 *yaó* velis 別 *pïĕ'ï* aliter

« Ne croyez pas cela. » [Cf. 350, 382.]

361. L'optatif s'exprime par les mots

巴不得 *pâ poŭ tĕ* ou 恨不得 *hén* oderim *poŭ* non *tĕ* assequi qui répondent à *utinam*, *plût à Dieu*, ou *que ne puis-je* (1).

Ces deux expressions se prennent l'une pour l'autre.

(1) Souvent aussi on peut les rendre au positif par *de tout cœur*, *volontiers*.

海上絲綢之路文獻集成 科技與文化編

我 *'ò* ego	得 *tĕ* utinam	他 *thâ* ejus	肝 *kân* jecur	狗 *keòu* canibus
恨 *hén*	剜 *khoŭ* avellam	的 *tĭ* (n. g.)	把 *pà* dare	吃。 *khĭ* vorare.
不 *poŭ*	出 *tchhoŭ* foras	心 *sîn* cor	與 *iù* (n. d.)	

« Que ne puis-je lui arracher le cœur et le foie, et les donner à » dévorer aux chiens ! »

362. Le sens passif se marque, comme dans le style antique [173], par l'addition du verbe 見 *kian* [voir] :

見 *kian* videre 殺 *chă* occidere être tué *(se voir tué)*.

363. Plus souvent encore le passif est marqué par la particule 被 *pĕï*, qui se met avant le verbe ; et si le sujet de l'action est exprimé, il se place après la particule et avant le verbe :

父 *fóu*	被 *pĕï* ab	朝 *tchhâo*	譴 *khìan*
親 *thsîn* pater		廷 *thîng* imperatore	謫。 *tsĕ* castigatus est.

« Mon père a été puni par S. M. »

恐 *khoùng* vereor 被 *pĕï* ab 人 *jîn* hominibus 恥 *tchhì* dedecorari 笑 *siáo* irrideri.

« Je crains d'être déshonorée et tournée en ridicule. »

364. 吃 *khĭ* [manger, avaler] forme aussi quelques expressions qui ont le sens passif, mais qui semblent contenir une métaphore populaire :

吃 *khĭ* manducare 打 *tà* verberare être frappé.

話 *hoá* verba.	笑 *siaó* irrisionis	人 *jîn* hominum	吃 *khĭ* mandu-care

« Être raillé par les autres. »

365. Le participe se forme par l'addition de 的 *tĭ* [341, Cf. 145]:

的。*tĭ* quæ.	我 *'ò* meam	箇 *kó* (p. n.)	沒 *moŭ* non
	意 *í* mentem	中 *tchoûng* assequens	一 *ĭ* una

« Il n'y en a pas une qui me plaise; » mot-à-mot, *me plaisant.*

的 *tĭ* qui.	來 *lâï* venientes	凡 *fân* omnes

« Tous les *venans*, ou tous ceux qui viennent. »

366. Indépendamment de la réunion des verbes synonymes ou presque synonymes [343], et des verbes auxiliaires [345, Cf. 389], il n'est pas rare de trouver deux ou plusieurs verbes de suite sans conjonction. Ces verbes alors appartiennent à des sujets différens : le premier ou les premiers doivent être pris au sens transitif, et leur complément, sujet de celui ou de ceux qui suivent, peut être, suivant les cas, exprimé ou sous-entendu :

知 *tchî*	門 *mên* men	報 *paó* nuntiare	來 *lâï* venit
道 *táo* scire	慶 *khíng* khing	西 *sî* Si	回 *hoêï* reversus est

« Il revint le dire à *Si-men-khing;* » mot-à-mot, *pour qu'il le sût.*

邊 *pîan* juxtà.	身 *chîn* corpus	在 *tsáï* esse	留 *lieoŭ* retinebat

« Il les retenoit près de lui ; » mot à mot, *il les retenoit* être *à ses côtés* (1).

(1) *Chîn-pîan, à côté du corps*, se dit des femmes qu'on épouse ou qu'on entretient chez soi : *chîn-pîan-jîn*, une compagne, une concubine.

下 *hiá* sub. 地 *tí* terrâ 在 *tsâï* esse 潑 *phŏ* effudit

« Il la répandit par terre ; » mot à mot, *il répandit* être *par terre.*

On dit de même, *offrir prendre, présenter manger, envoyer être, chasser être, porter être, placer être,* pour, *envoyer dans, chasser en tel endroit, porter ou placer dessus ou dedans,* &c., comme nous disons, *faire savoir, laisser courir, envoyer dire,* &c. [Cf. 346, 361, 392.]

§. VI. *Des Adverbes.*

367. On fait fréquemment usage d'adverbes composés, soit de la répétition d'un même mot [175], soit du groupement de deux adverbes synonymes, soit d'une préposition, d'une postposition ou d'une marque de rapport qui en tient lieu, et jointe à un substantif qui exprime le temps, le lieu ou la manière. On dit, par exemple :

慢 *mán* 〱 *mán*。 — lentement, tout doucement.	日 *jĭ* 〱 *jĭ*。 — tous les jours, journellement, *quotidiè.*

ou, en réunissant des synonymes :

方 *fâng* 纔 *thsâï*。 — à présent, alors.	略 *liŏ* 寡 *kouà*。 — un peu.

ou, en faisant l'ellipse d'une préposition :

明 *mîng* crastino 日 *jĭ* die。 — demain.	那 *nà* illo 裏 *lì* loco。 — là.	這 *tché* hoc 般 *pân* modo。 — ainsi.

ou, en exprimant la postposition :

端	touān rectè	bien, véritablement.	怎	tsèng quomodo	comment.
的。	tĭ (p. g.)		的。	tĭ (p. g.)	

S. VII. *Des Prépositions et des Conjonctions.*

368. Beaucoup de prépositions sont des mots qui, dans le style antique, sont plus habituellement pris comme substantifs ou comme verbes [Cf. 180, 181], tels que :

裏。	lì doublure d'habit,	dans, lieu.	隨。	soûi suivre	suivant.
替。	thí ruiner	pour, à la place de, à	到。	táo parvenir	jusque, à.

369. Quoique pris comme prépositions, ces mots se construisent comme s'ils avoient conservé leur signification primitive, c'est-à-dire que ceux qui sont originairement substantifs se placent ordinairement après [Cf. 298], et ceux qui sont verbes, avant leur complément :

替	thí pro	pour elle, en sa faveur.	至	táo usque	jusqu'ici.
他。	thā eâ		此。	thseù hoc	
隨	soûi secundùm	à volonté.	家	kiā domûs	dans la maison.
便。	pían commodum		裏。	lì interiùs	

370. Les mêmes mots, construits comme on vient de le dire, peuvent encore faire l'office de conjonctions, et on doit alors les considérer comme étant les complémens d'une autre préposition exprimée ou sous-entendue. Dans ce cas, le verbe qu'ils régissent

海上絲綢之路文獻集成 科技與文化編

漢文啓蒙

doit être pris comme nom d'action, et la place qu'il occupe est déterminée par la règle des noms en construction [79, 298]:

乾	*khîan*	firma
娘	*nîang*	mulier,
你	*nì*	tu
自	*tseú*	ipsa
成	*tchhîng*	
作	*tsó*	perficiendi
完	*houân*	finiendi
備	*pí*	præparandi
了	*liaò*	(n. pr.)
時	*chî*	tempore
我	*'ò*	ego
自	*tseú*	ipse
重	*tchhoûng*	iterùm
〻	*tchhoûng*	iterùmque
謝	*siéï*	gratias agam
你	*nì*	tibi.

« Madame, quand vous aurez achevé de tout préparer, je vous » renouvellerai mes remerciemens. » — *Khîan-niâng*, femme ferme, est un compellatif usité, en parlant aux femmes d'une condition médiocre. — Les quatre verbes *tchhîng*, achever, *tsó*, faire, *houân*, terminer, et *pí*, préparer, sont régis par le mot *chî*, temps, lequel est lui-même gouverné par *iû*, dans, qui est sous-entendu, *dans le temps de*, pour *lorsque* (1).

---

(1) *Chî*, ainsi placé à la fin d'un membre de phrase, se prend, comme le *wenn* des Allemands, tantôt pour *quand, lorsque*, tantôt pour *si*; et, dans ce dernier sens, l'hypothétique est ordinairement exprimée au commencement:

若	*jŏ*	si
是	*chí*	sit (ut)
他	*thâ*	illius
不	*poŭ*	non
作	*tsó*	faciendi
聲	*chîng*	clamorem
時	*chî*	tempus.

« Si elle ne crie pas. »

若	*jŏ*	si
得	*tĕ*	assequar
娘	*nîang*	
子	*tseù*	dominæ
貴	*kouéï*	nobilis
手	*cheoù*	manus
作	*tsó*	faciendi
時	*chî*	tempus.

« Si madame veut bien me rendre ce service. »

§. VIII. *Des Interjections.*

371. Les interjections les plus usitées sont, au commencement de la phrase :

呀。 *yá* oh! 兀。 *wŏ* ou 的。 *tĭ* 兀 *wŏ* hola! hô!

et à la fin :

哩。 *lì* 呢。 *nî* 那。 *nà* 呵 *hŏ* &c.

Toutes signifiant *oh*, et marquant l'admiration, l'étonnement, &c.

§. IX. *Des Particules et des Idiotismes, ou Façons de parler irrégulières.*

372. Le mélange des styles étant autorisé dans un grand nombre de compositions, et notamment dans celles que l'on appelle 俗半文半 *pán wên pán soŭ* [moitié littéraires, et moitié vulgaires], il n'y a guère de particules usitées dans le style antique qui ne puissent se trouver employées dans les livres écrits en style moderne [283]. On ne parlera ici que de celles qui sont particulières à ce dernier, et l'on fera connoître en même temps les locutions irrégulières les plus usitées, lesquelles sont ordinairement formées de particules ou d'autres expressions détournées de leur usage primitif.

373. 也 *yè* n'est pas seulement une finale insignifiante [Cf. 198]; on le met aussi au commencement ou au milieu des phrases, et il signifie *item*, *etiam*, de plus, même, et :

株	*tchû* arbores	也	*yè* et	株	*tchû* arbores	也	*yè* et
依	*î* innitentes	有	*yeoù* erant	近	*kín* propè	有	*yeoù* erant
山。	*chân* monti.	幾	*kì* aliquot	水。	*choùi* aquam.	幾	*kì* aliquot

« Un bocage étoit près de la rivière; un autre sur le revers de » la montagne (1). »

人 *jîn* homo.	個 *kó* unus	是 *chí* est	不 *poŭ* non	也 *yè* et

« Aussi, ce n'est pas un homme. » (*yè chi*, c'est même...., *yè poŭ chi*, ce n'est pas même...., *vel non*).

不 *poŭ* non	口 *kheoù* os	不 *poŭ* non	手 *cheoù* manus
開 *khăi* aperitur.	也 *yè* et	動 *toúng* movetur,	也 *yè* et

« Il n'osa ni remuer la main, ni ouvrir la bouche. » (*yè poŭ*, pas même). [Cf. 379, 381, 382, 385.]

Dans ces phrases et autres semblables, on pourroit remplacer *yè* par 亦 *ĭ*, qui a la même signification.

374. On le met entre les deux membres d'une phrase interrogative [401]:

也 *yè* vel	不 *poŭ* non	意 *í* propositum	這 *tché* hoc	你 *nì* tu
不 *poŭ* non	巧 *khìao* egregium,	巧 *khìao* egregium	箇 *kó* (p. n.)	道 *taó* dic
妙 *miaó* excellens	妙 *miaó* excellens	也 *yè* vel	主 *tchù*	我 *'ò* meum

« Dites-moi si mon projet est bon ou mauvais. » — *yè*, dans ces sortes de phrases, signifie *ou*.

375. 只 *tchì* [seulement], répond à notre façon de parler, *ne que*, et s'emploie seul, ou joint à d'autres mots pour constituer diverses locutions:

(1) Cette expression *yè-yeoù*, *item erant*, est commune dans les descriptions, et l'on se plaît à la répéter plusieurs fois de suite.

苦。*khoù* miserum. 得 *tĕ* poterat 叫 *kiaó* vocare 只 *tchì* solùm

« Il ne pouvoit que se dire malheureux. »

要。*yaó* volo. 不 *poŭ* non 是 *chí* est 只 *tchì* solùm 我 *'ò* ego

« Mais c'est ce que je ne veux pas. » — *Tchì-chí* peut presque toujours se rendre par *mais*, quand on fait une objection [Cf. 349.]:

信。*sín* credes. 你 *nì* tu 只 *tchì* solùm 說 *choueĕ* dicere

不 *poŭ* non 怕 *phá* timeo 來。*lâi* venit

« Je parlerois bien, mais vous ne me croirez pas. » — Dans cette locution, qui est très-commune, l'idée de *crainte* est souvent prise en un sens ironique [Cf. 407].

他 *thâ* illum. 跟 *kēn* sequi 得 *tĕ* potuerunt 只 *tchì* solùm

« Ils ne purent que le suivre. » — (*Tchì-tĕ*, on ne peut que, il faut bien, il n'y a qu'à....)

等 *tèng* modo. 這 *tché* hoc 好 *haò* benè 只 *tchì* solùm

« C'est bien à-peu-près comme cela. » (*Tchì haò*, c'est bien, il n'est bon que, il n'y a qu'à.....)

心 *sīn* animum. 放 *fáng* relaxare 管 *kouàn* cura 只 *tchì* solùm

« Ayez l'esprit en repos. » — (*Tchì kouàn*, ne songez qu'à.)

376. 止 *tchì* [*sistere*], tient souvent la place du précédent:

如 *joû* sicut 不 *poŭ* non 如 *joû* sicut 愛 *'ái* diligit

子 *tseù* filium. 止 *tchì* solùm 身 *chīn* corpus, 之 *tchī* eum

漢文啓蒙

« Il l'aime, non comme un fils, mais comme soi-même. »

377. 又 *yeóu [iterùm]*, se prend pour *même*, et répond, comme *yè* [373], au *vel* des Latins, dans les phrases où l'on met les choses au pis, avec cette différence qu'il se place au second membre de phrase :

由	*yeóu*	quamvis
你	*nì*	tu
怠	*taï*	
慢	*mán*	malè tractes,
又	*yeóu*	etiam
無	*woû*	non
煩	*fân*	
惱	*naò*	irascar.

« Quelque mal que vous me traitiez, je ne me fâcherai pas : *vel* » *si me malè habeas, et ego non irascar.* »

378. Répété deux ou plusieurs fois, il équivaut à ces façons de parler, où l'on applique à plusieurs propositions une même formule d'affirmation ou de négation :

官	*kouân*	munus
又	*yeóu*	item
高	*kaô*	altum ;
家	*kia*	domus
又	*yeóu*	item
富	*foú*	dives.

« *Et* sa charge étoit élevée, *et* sa maison étoit riche. »

379. 就 *tsieoú* [aussitôt, tout de suite], ne marque pas seulement la succession prompte, immédiate, d'un fait à l'égard d'un autre, mais il sert encore, suivant les cas, à particulariser une assertion, et à indiquer la certitude d'une conséquence, la promptitude et la rapidité d'une action :

不	*poŭ*	non
是	*chí*	est
凍	*toúng*	frigore
死	*ssè*	moritur,
就	*tsieóu*	certè
是	*chí*	erit
餓	*'ó*	fame
死	*ssè*	morietur.

« Si ce n'est pas de froid qu'il meurt, ce sera certainement de » faim. »

想	*siàng*	puto ...
必	*pĭ*	certè
就	*tsieóu*	quidem
是	*chí*	est
他	*thâ*	ille.

K 2

« Si je ne me trompe, c'est lui-même. »

莫說別人。就是我也知道。

莫 *moŭ* ne, 說 *choué* dicas, 別 *piĕï* alios, 人 *jîn* homines, 就 *tsiéou* quidem, 是 *chí* est, 我 *'ò* ego, 也 *yè* etiam, 知道 *tchî táo* scio.

« Non-seulement les autres, mais moi-même je le savois. » — Remarquez *moŭ-chouĕ, ne dicas*, pour *non-seulement.*

你就跪一百年我也是不吃。

你 *nì* tu, 就 *tsiéou* quidem, 跪 *khouëi* genua flecteres, 一 *ĭ* unum, 百 *pĕ* centum, 年 *nian* annos, 我 *'ò* ego, 也 *yè* et, 是 *chí* est, 不 *poŭ* non, 吃 *khĭ* biberem.

« Vous auriez beau rester cent ans à genoux, que je ne boirois » pas. » — Dans cette phrase et dans la précédente, *yè* correspond à *tsiéou*, et marque l'opposition des deux membres de la proposition [373].

380. 還 *hoân* [encore], se dit souvent dans un sens vague et indéterminé :

還是當眞。還是當耍。

還 *hoân* adhuc, 是 *chí* est, 當 *táng* conforme, 眞 *tchîn* vero, 還 *hoân* adhuc, 是 *chí* est, 當 *táng* conforme, 耍 *choùà* joco !

« Est-ce sérieusement ou par plaisanterie ! »

心病還將心藥醫。

心 *sin* cordis, 病 *ping* morbo, 還 *hoân* adhuc, 將 *tsiang* instat, 心 *sin* cordis, 藥醫 *yŏ i* remedium.

« Aux maux du cœur, il faut un remède de cœur. »

381. 連 *liàn* [contigu, continuation], signifie *ensemble*, et marque la connexion, la liaison de deux choses simultanées :

漢文啓蒙

連 *liân* etiam 我 *'ò* ego 也 *yè* et 不 *poŭ* non 知 *tchî* scio.

« Moi-même je ne l'ai pas su. »

不 *poŭ* non 特 *tĕ* solùm 愚 *iû* stolida 姊 *tseù* soror natu major 有 *yeoù* habebo 了 *liaò* (n. pr.) 着 *tchŏ* 落 *lŏ* connubium. 連 *liân* et 妹 *méi* く *méi* sorores 都 *toû* quoque 有 *yeoù* habebitis 着 *tchŏ* 落 *lŏ* connubium 了 *liaò* (n. pr.)

« Non-seulement je vais être établie, mais vous, mes sœurs, vous » allez l'être aussi. »

382. 便 *pian* [commodité, occasion], peut souvent se traduire par *même*, *bien*, et indique une sorte de concession conditionnelle :

便 *pian* vel 是 *chí* sit 夢 *méng* somnio 見 *kian* videre 也 *yè* et 快 *khoúaï* 活。 *hŏ* libentissimè.

« Que je le voie, fût-ce même en songe. »

罵 *má* jurgiis 便 *pian* et 罵 *má* jurgat 得 *tĕ* assequens 毒 *toŭ* venenum.

« Pour des injures, il en dit des plus cruelles. »

買 *mäï* emere, 便 *pian* et 買。 *mäï* eme; 不 *poŭ* non 買 *mäï* emere, 便 *pian* et 罷。 *pá* desine.

« Achetez, si vous voulez; sinon, qu'il n'en soit plus question. »

383. 且 *thsièï* indique la nécessité d'une action qu'on recommande ou qu'on va faire :

〈 *choŭ* patruo. 叔 *choŭ* 問 *wén* petam à 且 *thsièï* jam 我 *'ò* ego

« Je vous demanderai, mon oncle.... »

其 *khî* hanc 且 *thsièï* jam 不 *poŭ* non 是 *chí* sit

說 *chouĕ* narrationem. 終 *tchoûng* absolve 是 *chí* sit, 與 *iù* vel

« Vraie ou fausse, achevez-nous cette histoire. »

384. 却 *kiŏ* [véritablement, en effet], sert à marquer l'opposition, la préférence qu'on accorde à une chose sur une autre :

當 *táng* consentio 我 *'ò* ego 做 *tsó* agis 你 *nì* tu

眞 *tchîn* vero. 却 *kiŏ* quidem 夢 *méng* somnia; 便 *pían* potiùs

« Vous rêvez sans doute, car j'en suis certain. »

何 *hô* quis 却 *kiŏ* verè 相 *siāng* 這 *tché* ille

人。 *jîn* homo ! 是 *chí* est 公 *koûng* dominus 位 *'wéï* (p. n.)

« Enfin, quel est ce jeune homme ! » — *Siang-koung* [monsieur], est le titre qu'on donne aux jeunes gens d'un état honorable.

385. 到 *taó*, ou 倒 *taó* [parvenir, tomber], se prend souvent pour la préposition *jusque* [368], et quelquefois aussi dans un sens adverbial et absolu, comme signifiant *jusque là, encore, à toute force, au contraire :*

罷 *pá* absit. 也 *yè* et 到 *táo* huc usque

« Jusque là, c'est bien, *ou* encore passe. »

漢文啓蒙

疑 *î* dubitari.	分 *fēn* partes	有 *yeoù* habet	到 *táo* adhuc	這 *tchè* hic
	可 *khò* possunt	三 *sān* tres	也 *yè* et	話 *hóa* sermo

« Il y a bien quelque chose à dire là dessus, *ou* il reste encore » quelque sujet de doute ; » *sān-fēn*, trois parties. Un tout est composé de dix parties, d'où vient que *chĭ-fēn*, dix parties, signifie *absolument*, *tout-à-fait* [306]. On dit *une partie*, *trois parties*, &c., pour marquer *un peu*, *moins de moitié*, et *six parties*, *huit parties*, pour dire *beaucoup*, *presque entièrement* :

好。 *haò* benè.	倒 *táo* adhuc	的 *tĭ* (p. r.)	吃 *khĭ* comedens

« S'il mangeoit, cela seroit encore bon. »

倒 *táo* è contrà	口 *kheoù* oris	雖 *soūï* etsi	文 *wēn* litterariæ
有。 *yeoù* habehantur.	才 *thsâi* dotes	無。 *woû* non habebantur,	才 *thsâï* dotes

« Il n'avoit pas d'instruction, mais beaucoup de babil. »

386. 叫。教。交 trois caractères qui se prononcent également *kiáo*, se prennent l'un pour l'autre, à cause de l'identité de prononciation (1) [20] ; ils peuvent souvent se rendre par *faire*, *obliger à*, et alors ils donnent au verbe le sens transitif :

做 *tsó* agere	叫 *kiáo* jussit	那 *nà* quis
官 *kouān* magistratum !	他 *thā* illum	箇 *kó* (p. n.)

« Qui l'a obligé d'accepter une charge ! »

---

(1) Le premier signifie *appeler*, le second *enseigner*, et le troisième *s'unir*.

教 *kiáo* cogis 我 *'ò* me 肚 *toú* ventre 裏 *lì* in 好 *hào* benè 悶 *mén* angi.

« Vous me faites cruellement souffrir. » [Cf. 341, 350.]

387. Très-souvent il faut les traduire par *apprenez-moi*, et *ils* forment des façons de parler interrogatives :

叫 *kiáo* doce 我 *'ò* me 如 *joû* 何 *hô* quomodo 猜 *thsâï* divinare 得 *tě* possim 着 *tchŏ* efficere !

« Comment voulez-vous que je devine ! »

教 *kiáo* doce 我 *'ò* me 有 *yeoù* habere 半 *pán* dimidium 箇 *kŏ* (p. n.) 眼 *yàn* oculum 兒 *eûl* (p. e.) 看 *khán* respicere 的 *tǐ* (p. r.) 上 *chàng* sursùm.

« Comment oserois-je lever les yeux ! »

On dit dans le même sens : 道你 *nì-táo*, ou 說你 *nì chouĕ*, *dic tu :*

你 *nì* tu 道 *táo* dic 好 *haò* bonum 笑 *siáo* risu 不 *poŭ* non 好 *haò* bonum 笑 *siaó* risu.

« N'est-ce pas ridicule ! » [Cf. 374.]

388. 可 *khò* [il convient], forme les adjectifs verbaux facultatifs au sens passif [170, 254]; mais il forme aussi les assertions ou invitations mitigées, comme nos facons de parler *il se peut, vous pouvez :*

你 *nì* tu 可 *khò* potes 知 *tchī* 道 *táo* scire 庅 *mò* (p. i.)

« Le savez-vous bien ! »

我 *'ò* me 實 *chĭ* verè 你 *nì* tu
說。 *chouĕ* loqui. 對 *toúi* ad 可 *khò* potes

« Vous pouvez me parler franchement. » [Cf. 393, 394.]

389. 來 *lâi* [venir], et 去 *khiú* [aller], s'emploïent souvent ensemble pour marquer l'opposition ou le mouvement en sens divers [Cf. 349]:

去 *khiú* it. 訪 *fàng* quærens 來 *lâi* venit, 訪 *fàng* quærens

« Il cherche de tous côtés. »

去 *khiú* it. 想 *siàng* cogitando 來 *lâi* venit, 想 *siàng* cogitando

« Ses pensées errent çà et là. »

390. 起來 *khì-lâi [surgendo venire]*, sont deux mots qui s'emploient après un autre verbe, soit ensemble, soit séparés par le complément de ce verbe, dans le sens de *se mettre à, commencer:*

說 *chouĕ* dicere 起 *khì* surgendo 來 *lâi* venit.

« Il se mit à parler. »

提 *thî* sumens 起 *khì* surgens 筆 *pĭ* penicillum 來 *lâi* venit.

« Il saisit le pinceau, il se met à écrire. »

391. 打 *tà [verberare]*, se joint à d'autres verbes ou à des substantifs, pour former des expressions verbales, dont plusieurs ont de l'analogie avec celles que nous composons en nous servant de notre verbe *faire* (1):

---

(1) Le P. Basile a rédigé une table de 119 idiotismes formés avec le verbe *Tà* (voy. le *Dictionnaire* imprimé, pag. 939). M. Klaproth en a joint une soixantaine à ce nombre *(Supplément*, pag. 31 *)*.

心。 *sin* animum. 的 *tĭ* (n. g.) 他 *thâ* ejus 動 *toúng* movit 打 *tà* percussit

« Il a fait impression sur son esprit. »

水。 *choùï* aquam. 打 *tà* percutere « Faire, ou puiser de l'eau. » [Cf. 351.]

392. 把 *pà [capere]*, reçoit, en composition avec d'autres verbes, des acceptions aussi variées que celles du verbe *prendre*, et souvent il est impossible de le traduire exactement; il se construit comme 將 *tsîang* [346], et doit le plus souvent être entendu de la même manière :

睃。 *tsiūn* respicere. 偷 *theôu* furtim 眼 *yàn* oculos 把 *pà* capere

« Jeter un coup d'œil à la dérobée. »

了。 *liaò* (n. pr.) 他 *thâ* eum 都 *toû* omnia 心 *sīn* cordis 把 *pà* capiens
說 *chouĕ* dixit 對 *toüï* ad 話 *hoá* verba 眞 *tchîn* veri

« Il lui a dit tout ce qu'il avoit au fond du cœur. »

偷 *theoû* furtim 衆 *tchoúng* (n. pl.) 睛 *tsîng* pupillas 不 *poŭ* non
看 *khán* inspiciebat, 人 *jîn* homines 把 *pà* capiens 轉 *tchouàn* vertens

« Elle les regardoit à la dérobée, sans détourner les yeux. »

背 *peï* tergum 丟 *tieoû* abjecit 老 *laò* senem 把 *pà* capiens
後 *heóu* post 在 *tsáï* esse 人 *jîn* 我 *'ò* me
了 *liaò* (n. pr.) 腦 *naò* cerebri 家 *kiâ* hominem 這 *tché* hanc

« Parce que je suis vieille, il ne songe plus à moi. »

土 *thoù* terram 爲 *'wêï* æstimat 銀 *yên* argentum 把 *pà* capiens

糞 *fén* stercus 視 *chí* respicit 金 *kïn* aurum

« Il regarde l'or et l'argent comme du fumier. »

393. 見 *kían [videre]* s'entend aussi par catachrèse des autres perceptions, soit des sens, soit de l'intelligence :

見 *kían* video. 不 *poŭ* non 看 *khán* videndo

« Je ne vois pas. »

見 *kían* video. 不 *poŭ* non 聽 *thíng* audiendo

« Je n'entends pas (1). »

見 *kían* videre 利 *lí* lucrum	« Avoir le gain en vue. »	可 *khò* potest 見 *kían* videri,	« On voit, vous voyez, » il est visible ou évi- » dent que...... » [388.]
愚 *iû* stupida 見 *kían* visio	« Mon avis. » [125.]	高 *kaô* alta 見 *kían* visio	« Votre opinion. » [336.]

招 *tchâo* advocare. 見 *kían* visum 人 *jîn* viri 大 *tá* magni 蒙 *mêng* accepi

« Votre seigneurie a daigné m'appeler. »

教 *kiáo* docere. 見 *kían* videatur « Daignez m'instruire, veuillez me dire.... »

Comme en latin : *Visum est conscribere*, &c.

394. 待 *tāï [expectare]* se prend souvent dans le sens indéfini de *traiter*, *agir*, et souvent aussi comme conjonc-

(1) En ce sens, *kían* est toujours placé après le verbe principal; s'il étoit mis avant, il formeroit le sens passif [173, 362].

tion, pour *à peine*, *au moment où*, *quand*, et quelquefois, *voici*, *ecce* :

待 *tăi* habui 好 *haò* bonum 我 *'ò* ego
他 *thā* eum. 意 *í* animum 將 *tsiāng* accipiens

« Je l'ai accueilli avec bienveillance. »

來 *lâi* ad. 待 *tăi* ecce 去 *khiú* eo 我 *'ò* ego

« Je m'en vais, me voici. »

了 *liaò* (n. pr.) 待 *tăi* ecce 庚 *kēng* ætatis 筆 *pĭ* penicillo 你 *nì* tu
去。 *khiú* ab. 我 *'ò* ego 帖 *thiĕ'i* schedulam 寫 *siĕ'i* scribere 可 *khò* potes
送 *soúng* feram 來。 *lâi* ad 個 *kó* unam 親 *thsīn* proprio

« Écris de ta main le *billet d'âge* (1), et je m'en vais le porter. »

也 *yè* (p. f.) 打 *tà* verberat 來。 *lâi* ad 要 *yáo* volo 我 *'ò* ego
我 *'ò* me 又 *yeóu* iterùm 說 *chouĕ* loqui 待 *tăi* statim ac

« Au moment où je vais parler, il me frappe. »

兒 *eûl* (p. d.) 些 *siē* pauxillùm 睡 *choúi* dormire 待 *tăi* vix 我 *'ò* ego

« A peine commençois-je à sommeiller. »

去 *khiú* ire. 要 *yáo* velim 待 *tăi* statim 欲 *yŏ* cupido 我 *'ò* mea

---

(1) *Kēng-thiĕ'i*, le *billet d'âge*, est un morceau de papier rouge sur lequel on écrit huit caractères qui marquent l'année, le mois, le jour et l'heure de la naissance d'une fille. On l'envoie au fiancé, qui fait déterminer, d'après ces élémens astrologiques, le jour heureux pour le mariage. Voyez Duhalde, t. III, pag. 40, et la traduction françoise du *Hao khicou tchouan*, t. I, pag. 88.

« Si mon intention est d'y aller.... » — Dans cet exemple et dans le quatrième de ce paragraphe, *tâï-yáo*, *expecta velim* ou *dùm velim*, équivaut à notre hypothétique *si*, vulgairement *dès que*...

395. 一 *ĭ* [un] se prend souvent dans un sens indéfini, pour *un certain*, *quidam* [310], et forme diverses façons de parler très-usitées :

一 *ĭ* unum 來 *lâi* venire. — Premièrement (1).

一 *ĭ* unum 定 *tíng* determinatum. — Certainement.

一 *ĭ* unum 些 *sië* paucum. — Un peu.

一 *ĭ* unus 毫 *hâo* pilus. ou 一 *ĭ* unum 點 *tiàn* punctum. — Le moins du monde.

一 *ĭ* unâ 切 *thsië'i* divisione. — Tous, tout-à-la-fois.

一 *ĭ* uno 邊 *pian* latere, 一 *ĭ* uno 頭 *theôu* capite, 一 *ĭ* unâ 面 *mîan* facie, — Répétés deux fois, signifient *d'une part.... de l'autre...*, *d'un côté.... de l'autre....*

一 *ĭ* uno 般 *pân* modo. — « De la même manière. » — Ces mots s'ajoutent après une comparaison.

萬 *wán* decies mille 一 *ĭ* unum. — Probablement, il y a à parier, une fois pour toutes (2).

一 *ĭ* uno 發 *fă* productu. — Bien plus, à plus forte raison.

(1) On dit *eúl-lâi*, secondement; *sân-lâi*, troisièmement, &c.

(2) *Wán-wán* voudroit dire *absolument*, *sans exception*, *de toute manière*.

396. *Ĭ* est très-souvent précédé et suivi du même mot répété deux fois, et pris d'abord comme verbe, et ensuite comme nom d'action :

訪 *fàng* quæstionem. 一 *ĭ* unam 訪 *fàng* quærere.

« S'enquérir, s'informer. »

睃 *tsiún* visionem 一 *ĭ* unam 睃 *tsiún* videre

« Regarder, jeter un coup d'œil. »

Et quelquefois en supprimant *ĭ* :

笑 *siáo* risum. 了 *liaò* (n. pr.) 笑 *siáo* risit

« Il fit un éclat de rire. »

想 *siàng* cogitationem. 了 *liaò* (n. pr.) 想 *siàng* cogitavit

« Elle réfléchit un moment. »

的 *tĭ* (p. r.) 坐 *tsó* sedent, 坐 *tsó* sedentes

走 *tseoù* ambulant. 走 *tseoù* ambulantes 的 *tĭ* (p. r.)

« Les uns sont assis, les autres se promènent. »

397. Répété deux fois avec des termes opposés, il signifie *tantôt* :

下 *hià* infrà. 一 *ĭ* modò 上 *chàng* suprà, 一 *ĭ* modò

« Tantôt en haut, tantôt en bas. »

往 *wàng* eundo. 一 *ĭ* modò 來 *lâï* veniendo, 一 *ĭ* modò

« En allant et en venant. »

398. 來原 *youân-lâï*, et quelquefois 來從 *thsoûng-*

海上絲綢之路文獻集成 科技與文化編

kăi, sont des expressions usitées pour rattacher une proposition à celle qui précède, comme si l'on disoit, *ainsi donc*, ou *eh bien...*; mais souvent il est impossible de les rendre exactement:

是 *chí* erat 來 *lâi* atqui 誰 *choûi* quis! 道 *táo* dicebam 我 *'ò* ego
你 *nì* tu. 正 *tching* rectò 原 *yoûan* 是 *chí* est 只 *tchì* solùm

« Je disois: Qui est-ce ! et justement, c'étoit vous. »

399. 難道 *nân-táo [difficile dictu]* est une expression qui se place au commencement des phrases, pour marquer l'interrogation. La phrase peut être terminée par 不成 *poŭ-tchhîng [non perfectum]*, qui s'emploie aussi seul, quoique plus rarement:

着 *tchŏ* 還 *hoân* adhuc 難 *nân*
我 de me! 想 *siàng* cogitat 道 *táo* nùm

« Est-ce qu'il pense encore à moi! »

成 *tchhîng* (n. int.) 了 *liaò* (n. pr.) 聽 *thîng* audiendo 是 *chí* est 難 *nân*
不 *poŭ* 錯 *thsŏ* erravi 我 *'ò* ego 道 *táo* nùm

« Est-ce que j'ai mal entendu! »

400. La manière d'interroger la plus ordinaire consiste à répéter le verbe, la première fois affirmativement, et la seconde négativement:

肯 *khèng* vis! 不 *poŭ* non 肯 *khèng* vis

« Voulez-vous! » [Cf. 374, 383, 387.]

401. On peut faire l'ellipse du verbe dans le second membre

海上絲綢之路文獻集成 科技與文化編

de la phrase, laquelle finit alors par une négative ordinairement précédée de *yè* [Cf. 374.] :

也 *yè* vel 這 *tché* hæc 可 *khò* potest

無。 *woû* non ! 事 *ssé* res 有 *yeoù* haberi

« Cela est-il possible ! »

未 *wéi* nondùm ! 了 *liaò* (n. pr.) 飯 *fán* cœnam 晚 *wàn* vesperi 吃 *khĭ* comedisti

« Avez-vous soupé ! »

曾 *tsêng* dùm ! 不 *poŭ* non- 了 *liaò* (n. pr.) 來 *lâi* venit

« Est-il venu ! »

402. Dans le style familier, on se sert ordinairement de 庅 *mò* (1), qui se place à la fin de la phrase :

庅 *mò* (p. i.) 安 *'ân* jucundum 平 *phîng* 路 *lóu* iter 一 *ĭ* unum

« La route est-elle agréable ! » [Cf. 388.]

Au lieu de *mò*, on met quelquefois 那 *nà* ou 波 *pô*.

403. 庅 *mò* peut être précédé de l'un de ces trois mots :

甚。 *chín* 什。 *chĭ* 怎。 *tsèng*

Mais l'expression composée qui en résulte, au lieu de se mettre à la fin, se place au commencement de la phrase, ou immédiatement avant le mot sur lequel porte l'interrogation [342] :

---

(1) Abréviation de 麼 cl. 200, tr. 3.

肚 *tóu* ventre 裏 *lì* in
的 *tï* quod 東 *toûng*
西 *sî* negotium 怎 *tsèng*
庅 *mò* quomodo 看 *khán* videre
得 *tě* posse 出 *tchhoŭ* ex !

« Comment voir ce qui est dans le cœur ! »

On dit aussi simplement 怎 *tsèng* ou 的怎 *tsèng-tï.*

404. 非莫 *moŭ-fēi* ou 不莫 *moŭ-poŭ*, au commencement de la phrase, marquent l'interrogation, comme le mot latin *nonne ;* et l'on peut aussi mettre à la fin la particule *mò :*

莫 *moŭ* non 非 *fēi* ne
是 *chí* est 他 *thā* ille
見 *kían* vidit 了 *liaò* (n. pr.)
鬼 *kouèi* phantasmata !

« Est-ce qu'il a le délire ! »

莫 *moŭ* non 不 *poŭ* ne
是 *chí* est 偷 *theoû* furans
花 *hoâ* flores 的 *tï* qui !

« N'est-ce pas celui qui vole les fleurs ! »

405. 少多 *tô-chaò [multum parumve*, 400 *]* marque une interrogation qui porte sur le nombre ou la quantité :

有 *yeoù* habentur 多 *tô* multi 少 *chaò* paucive 人 *jîn* homines !

« Combien y a-t-il de personnes ! »

406. 敢 *kàn [audere]* est un mot employé dans la civilité chinoise, où l'on fait fréquemment usage, en manière d'excuse ou de compliment, des formules

敢 *kàn* audeo. 不 *poŭ* non ou 敢 *kàn* ausim ! 豈 *khì* qui

qu'on peut répéter jusqu'à trois fois de suite.

407. On s'en sert en émettant une assertion un peu hasardée, ce qui suppose l'ellipse du verbe *croire* ou *dire* :

我 *'ò* me. 哄 *hoùng* decipis 你 *nì* tu 是 *chí* est 敢 *kàn* audeo

« Je crois que vous me trompez. »

On se sert, dans le même sens et de la même manière, des mots

多 *tô* multùm 管 *kouàn* curo. 管 *kouàn* curo 情 *thsîng* affectum, et 怕 *phá* timere. [Cf. 375.]

408. La préférence accordée à une chose sur une autre s'exprime de diverses manières [Cf. 221, 251, 304]:

背 *péï* tergum vertere 理 *lì* rationi; 不 *poŭ* non 可 *khò* debet 寧 *nîng* præstat 死 *ssè* mori,

ou bien :

理 *lì* rationi. 敢 *kàn* audere 死 *ssè* mori, 寧 *nîng* præstat 背 *péï* tergum vertere 不 *poŭ* non 可 *khò* posse

« Il vaut mieux mourir que de tourner le dos à la raison. »

更 *kêng* magis 高 *kaô* alta. 金 *kîn* aureæ 塔 *thă* turri 座 *tsó* (p. n.) 比 *pì* comparata 塔 *thă* turris 一 *ĭ* una 有 *yeoù* habetur 銅 *thoûng* ænea

« Il y a une tour de bronze plus haute que la tour d'or. »

Ces façons de parler se varient de plusieurs manières. Ainsi l'on dit, en se servant de 還 *hoân [adhuc]*, ou de 又 *yeóu [item]* :

海上絲綢之路文獻集成 科技與文化編

thoûng thă pì kîn thă hoân kaô, ou *yeoú kaô*, *turris ænea. comparata turri aureæ adhuc alta*, pour *magis alta*.

On peut aussi se servir de 過 *koúo [superare]*, et dire : *Thoûng thă koúo kîn thă kaô, turris ænea superat aureæ turris altitudinem*, ou bien, *thoûng thă kêng kaô koúo kîn thă, turris ænea altior vincit turrim auream*, ou *thoûng thă pì kîn thă kaô koúo, turris ænea comparata turri aureæ altitudine superat.*

On peut encore retourner la phrase, et dire, en employant 如不 *poŭ-joû* [251], *kîn thă poŭ joû thoûng thă kaô, turris aurea non sicut ænea turris alta*, ou bien, avec 得不比 *pì poŭ tĕ : kîn thă pì poŭ tĕ thoûng thă kaô, turris aurea comparata non attingit turris æneæ altitudinem.* Il paroît superflu de multiplier les exemples, et d'expliquer plus en détail ces formules et d'autres du même genre, parce que le sens en découle de lui-même par une traduction littérale. [Cf. 101, 102, 212, 221, 264, 265, 304.]

409. La quantité dont une chose l'emporte sur une autre, s'exprime après l'adjectif :

尺 *tchhĭ* pede. 一 *ĭ* uno 高 *kaô* altum

« Plus haut d'un pied. »

Si l'on disoit *ĭ tchhĭ kaô*, le sens seroit, *haut d'un pied.*

分 *fên* denariis. 三 *sân* tribus 多 *tô* multum

« Trois deniers de trop. »

410. Le mot qui exprime le surplus d'une quantité se met après le nom de nombre et avant le substantif :

年 *nîan* anni. 多 *tô* multum 十 *chĭ* decem

« Dix années, et davantage. » [Cf. 116.]

L 2

海上絲綢之路文獻集成 科技與文化編

411. La répétition d'un même substantif marque la continuité, et quelquefois la pluralité [Cf. 175]:

時 *chî* tempore 時。*chî* tempore.	en tout temps, à toute heure.	年 *nîan* anno 年。*nîan* anno.	chaque année, tous les ans.
人 *jîn* homo 人。*jîn* homo.	chaque homme, tous les hommes.	家 *kîa* domus 家。*kîa* domus.	toutes les familles, chaque maison.

412. La répétition d'un adjectif, ou d'un autre mot pris adverbialement [367], est d'un très-grand usage, et s'emploie de différentes manières. Tantôt on place un seul mot deux fois de suite, comme :

的 *tĭ* (p. r.) 洞 *toúng* profundum 洞 *toúng* profundum 黑 *hĕ* nigrum

« Dans le milieu des ténèbres. »

Tantôt on joint deux termes synonymes, ou presque synonymes, répétés chacun deux fois :

泡 *paô* saturitatem 醉 *tsóuï* ebrietatem 吃 *khĭ* comedendo
〈。*paô* 〈 *tsóuï* 得 *tĕ* assecutus

« Après avoir bien bu et bien mangé. »

Tantôt, enfin, on répète deux fois une phrase courte, pour en renforcer le sens :

了 *liaò* (n. pr.) 是 *chí* est 了 *liaò* (n. pr.) 是 *chí* est

« C'est cela même, c'est cela. »

是 *chí* est. 正 *tchíng* rectè 是 *chí* est 正 *tchíng* rectè

« Oui, tout justement. » — *Tching-chi* est l'expression habituellement usitée pour dire *oui*.

笑 *siáo* risu 可 *khò* dignum 笑 *siáo* risu 可 *khò* dignum

« Cela est très-ridicule. »

413. Souvent il y a répétition, non de termes, mais d'idées, sans que le sens soit considérablement modifié :

覺 *kiŏ* sentit. 不 *poŭ* non 知 *tchî* scit, 不 *poŭ* non

« Il ne s'aperçoit pas. »

語 *iù* alloquitur. 自 *tseú* se ipsum 言 *yân* dicit, 自 *tseú* sibi ipsi

« Il se parle à lui-même, *ou* il dit à part soi. »

足 *tsoŭ* sufficiens. 意 *í* animus 滿 *màn* plenum, 心 *sîn* cor

« Entièrement satisfait, n'ayant rien à desirer. »

Ou, en se servant des noms de nombre, dans un sens tout-à-fait indéterminé :

友 *yeoù* socii. 四 *ssé* quatuor 朋 *phêng* amici, 三 *sân* tres

« Quelques amis. »

活 *hŏ* vivus. 八 *pă* octo 死 *ssè* mortuus, 七 *thsĭ* septem

« A moitié mort, à peine vivant. »

Ces phrases, variées de mille manières par la combinaison de termes analogues ou antithétiques, sont un des ornemens les plus habituels du *wen-tchhang* ou style littéraire, et de la poésie, et contribuent, avec le goût de l'allitération et les formules usitées pour la gradation, la division, l'énumération, à donner à ce style le parallélisme et les formes régulières et symétriques qui en font la beauté, et dont on trouve déjà des traces dans les monumens de la haute antiquité.

L 3

海上絲綢之路文獻集成 科技與文化編

RÉSUMÉ.

En général, dans toute phrase chinoise où il n'y a rien de sous-entendu, les élémens dont elle se compose sont arrangés de cette manière : le sujet [156], le verbe, le complément direct, le complément indirect [158].

Les expressions modificatives précèdent celles auxquelles elles s'appliquent : ainsi l'adjectif se met avant le substantif, sujet ou complément [95]; le substantif régi avant le mot qui le régit [79]; l'adverbe avant le verbe [177]; la proposition incidente, circonstantielle, hypothétique, avant la proposition principale à laquelle elle se rattache par un adjectif conjonctif, ou par une conjonction exprimée ou sous-entendue [166, 167].

La position relative des mots et des phrases, déterminée de cette manière, supplée souvent à tout autre signe dont l'objet seroit de marquer leur dépendance mutuelle, leur nature adjective ou adverbiale, positive ou conditionnelle, &c. [79, 80, 139, 177].

Si le sujet est sous-entendu, c'est que c'est un pronom personnel, ou qu'il a été exprimé plus haut, et que le même substantif, qui est omis, se trouve dans la phrase précédente, dans la même qualité de sujet, et non dans une autre.

Si le verbe manque, c'est que c'est le verbe substantif [152], ou tout autre aisé à suppléer, ou qui a déjà trouvé place dans les phrases précédentes avec un sujet ou un complément différens.

Si plusieurs substantifs se suivent, ou bien ils sont en construction l'un avec l'autre [79], ou bien ils forment une énumération, ou enfin ce sont des synonymes qui s'expliquent et se déterminent les uns les autres [285].

Si l'on trouve plusieurs verbes de suite, qui ne soient pas synonymes [353], ni employés comme auxiliaires [345], c'est que les premiers doivent être pris comme adverbes [177], ou comme noms verbaux sujets de ceux qui suivent [165], ou ceux-ci comme noms verbaux complémens de ceux qui précèdent [364].

Ce peu de mots est le résumé le plus précis qu'on puisse faire de toute la phraséologie chinoise.

APPENDICE.

§. I.er *Des Signes relatifs à la Ponctuation.*

En général, les livres chinois qui traitent de philosophie ou de sujets scientifiques, sont rarement ponctués. Les particules finales, celles qui marquent la division des membres de phrase, la symétrie de ces derniers, font aisément trouver le sens, et ne permettent guère à celui qui a lu une période jusqu'au bout, de la supposer coupée autrement qu'elle ne doit l'être.

Les éditions classiques des *King* et de leurs commentateurs, ainsi que les livres historiques et les romans, sont souvent ponctués. Un ○ placé à droite et un peu au-dessous du dernier caractère, marque la fin de la phrase ou du membre de phrase.

Ce même ○ se place aussi à côté d'une série de caractères, dans les passages sur lesquels on veut fixer plus particulièrement l'attention des lecteurs. Si l'on veut ponctuer un passage ainsi noté, on met un point noir ● au lieu du zéro. Les ronds dont on vient de parler sont souvent remplacés par une sorte de larme ╲, imitant le coup de pinceau que le maître met, dans les livres qui sont le sujet d'une leçon, à côté des caractères sur lesquels il se réserve de donner une explication spéciale. Ces deux sortes de signes répondent à nos guillemets, et l'on s'en sert à-peu-près dans les mêmes cas où nous faisons usage des lettres italiques.

On a vu [55] un autre emploi du cercle, apposé à l'un des coins d'un caractère, pour indiquer qu'il passe à un ton différent de celui qu'il avoit primitivement. C'est encore un usage imité de ce qui se pratique dans les écoles, où les maîtres, se servant d'encre rouge, mettent un coup de pinceau à ces caractères qui doivent être lus à un ton inaccoutumé, et prendre, en conséquence, une signification particulière.

L 4

La répétition d'un caractère employé deux ou trois fois de suite dans une même phrase, ou même à la fin d'une phrase et au commencement de la suivante, est indiquée, dans les livres d'une impression commune, par un double trait 〱, ou par un simple coup de pinceau. C'est ainsi qu'on en a usé dans l'impression de cette grammaire (p. 74, 141, et ailleurs).

Le commencement des articles est souvent indiqué par un ◯ qui occupe la place d'un caractère ; la fin se marque par un point o, ou par un petit tiret à gauche et au-dessous du dernier caractère.

Les caractères qui servent à exprimer les noms étrangers, dans les livres traduits du sanskrit, de l'arabe ou de quelque langue européenne, sont quelquefois accompagnés d'une ligne à la droite, ce qui fait l'effet d'un mot souligné. Les citations de noms d'auteurs ou de titres de livres sont, dans les éditions soignées, enveloppées dans un parallélogramme, quelquefois imprimées en blanc sur un fond noir ; elles précèdent toujours le passage cité.

Les lacunes dont on veut constater l'existence dans un texte, sont annoncées par une ou plusieurs cases laissées vides, et répondant à un ou plusieurs caractères. Quelquefois un mot ou deux placés en note en cet endroit, avertissent qu'il y manque quelque chose.

Beaucoup de livres sont imprimés sans *alinéas.* Dans d'autres, on revient au haut de la ligne après la fin de chaque paragraphe. Dans les pièces administratives, diplomatiques ou autres, où l'on vient à parler officiellement, soit de l'empereur régnant, soit de personnes ou de choses auxquelles on doit marquer un profond respect, on interrompt la ligne pour reporter les termes qui les désignent au haut de la ligne suivante, sans que cette disposition indique aucune interruption dans le sens. On la conserve dans l'impression de certains livres ; et le cadre qui entoure chaque page s'ouvre et se relève pour faire place à un ou plusieurs mots qui dépassent le niveau des autres lignes. On ne s'astreint guère à cet usage que dans les sujets relatifs à la religion ou à la politique.

海上絲綢之路文獻集成 科技與文化編

§. II. *Des Notes, des Commentaires, de la Forme et de la Division des Livres.*

Les notes sont ordinairement imprimées avec un caractère moitié plus petit que celui du texte ; elles se placent à deux colonnes dans l'endroit du livre auquel elles se rapportent : souvent même elles interrompent la phrase. Les notes relatives à la prononciation sont habituellement rejetées dans la marge supérieure.

Les commentaires s'impriment aussi avec un caractère plus fin que le reste du livre, et sont distribués par sections, après chacune des phrases du texte. Les expressions de ce dernier sont presque toujours reprises l'une après l'autre, et expliquées par des expressions synonymes ou des définitions. Quand il y a plusieurs commentaires, ils sont distingués les uns des autres par des titres particuliers : souvent alors les pages sont partagées par une ligne horizontale, en deux divisions ; celle d'en bas contient le texte et l'un des commentaires, et celle d'en haut un commentaire différent.

Peu de livres chinois ont un frontispice : quand il existe, il offre le titre du livre en gros caractères, une ligne à droite et en haut, où l'on indique le nom de l'auteur ou de l'éditeur ; une ligne en bas et à gauche, pour désigner le lieu où l'on conserve les planches gravées qui ont servi à l'impression, et souvent, dans une ligne horizontale et supérieure, la date et les circonstances relatives à la publication. *Voyez le frontispice même de cette Grammaire.*

Presque toujours il y a plusieurs préfaces. Celle de l'auteur est ordinairement la dernière ; les autres sont composées par les éditeurs ou les rédacteurs : la première de toutes est celle de l'écrivain qui a fait l'édition ou dirigé la réimpression. Chaque préface est datée à la fin, et signée de son auteur, qui y ajoute souvent ses sceaux [12] ; c'est là qu'il faut chercher l'époque de l'impression d'un livre, et les noms des auteurs ou éditeurs.

Tous les grands ouvrages ont des *index* ou tables des divisions, plus ou moins détaillés, et un exposé du plan qui a été suivi dans la rédaction. Si l'édition a été publiée par l'autorité impériale, les mots 御製 *iú-tchi* [fait par l'empereur], placés devant le titre, en avertissent ; et le décret qui y est relatif se joint aux autres pièces préliminaires, avec la liste de ceux qui y ont concouru. On trouve souvent dans ces pièces des indications curieuses pour la bibliographie et l'histoire littéraire.

Le titre du livre est toujours placé à la première ligne de chaque division, et reproduit comme titre courant, avec l'indication de la partie ou section, et le numéro de la page, à l'endroit où la feuille est pliée. La pagination recommence à chaque grande division. Les numéros répondent chacun à un feuillet ou double page, *recto* et *verso.*

Les grandes divisions sont appelées 卷 *kiouán, livre* ou *chapitre.* Elles contiennent ordinairement cinquante ou soixante doubles pages, quelquefois davantage. Il faut les indiquer dans les citations, avec le numéro de la page et le titre de l'édition : comme elles sont constantes dans chaque édition, elles font retrouver aisément le passage indiqué. Ordinairement deux ou trois *kiouán* reliés ou brochés ensemble forment un 本 *pèn,* volume ou cahier. Plusieurs *pèn* enfermés dans une couverture de carton forment une *enveloppe ;* mais ces divisions sont au gré du libraire, et sujettes à varier dans les différens exemplaires d'un même livre.

Les *kiouán* sont souvent subdivisés en 章 *tchâng* [articles], et ceux-ci en 節 *tsiĕï* ou paragraphes. Les *alinéas* ou des titres particuliers indiquent ces diverses subdivisions. Le dernier chapitre est ordinairement terminé par le mot 終 *tchoûng,* qui signifie FIN.

Les divisions, dans les romans et autres ouvrages d'imagination, sont appelées 回 *hoĕï.* Les titres de chaque *hoĕï* sont ordinairement accompagnés d'un *argument.*

Dans la plupart des ouvrages historiques ou philosophiques, le texte est imprimé en lignes pleines, c'est-à-dire, qui vont du haut

海上絲綢之路文獻集成 科技與文化編

en bas de la page ; les lignes des commentaires, des préfaces ou morceaux additionnels, commencent plus bas. La dimension la plus ordinaire des caractères est pareille à celle des types qu'on a gravés pour cette grammaire. Quelques ouvrages sont imprimés en caractères plus gros : les romans sont presque toujours en très-petits caractères, de l'espèce de ceux qu'on nomme *cursifs*.

Les planches qui servent à l'impression des livres sont stéréotypes, ou d'un seul morceau, à l'exception de celles de la gazette impériale (1), des journaux de province, et de quelques parties du calendrier, lesquelles se composent en caractères mobiles. Ces planches sont en bois. Les belles éditions sont quelquefois annoncées comme étant en planches de cuivre ; les premières planches ont été faites en pierre, mais gravées en relief, et c'est de cette manière qu'on imprime encore les décrets et autres actes émanés de l'autorité impériale.

§. III. *De la Versification.*

Les plus anciens vers chinois étoient irréguliers, composés de lignes d'un nombre égal ou presque égal de mots, mais soumis, en général, aux règles de la rime pour les finales, et à celles de l'allitération, c'est-à-dire au retour périodique et cadencé de certaines articulations et de certaines désinences. C'est dans cette espèce de prose mesurée que sont écrites les petites pièces dont se composent le *Chi-king* et quelques autres anciens livres du même genre. Le style des longs poëmes, tels que le Panégyrique de *Moukden*, y ressemble beaucoup. La poésie chinoise est parvenue par degrés à l'état où nous la voyons. Les vers modernes sont communément appelés

詩言五 *où yân chî*, vers de cinq mots, ou 詩言七 *thsi yân chî*, vers de sept mots.

Ces deux dénominations font connoître leur longueur la plus ordinaire. Effectivement, quoiqu'on cite des vers de trois, de quatre, de six et de neuf mots, la mesure la plus ordinaire des

(1) Voyez le *Journal des Savans*, d'Octobre 1821, p. 605.

vers est de cinq ou de sept mots, et, par conséquent, de cinq ou de sept syllabes.

Sous le rapport de la versification, on ne distingue que deux accens [Cf. 49], savoir :

平 *phîng* égal [50], et 仄 *tsĕ* inégal.

Ce dernier comprend les trois tons *chàng* [51], *khiú* [52] et *jĭ* [53].

Dans le vers de cinq mots, on ne fait pas attention à la valeur du premier ni du troisième. Le second et le quatrième doivent alterner; c'est-à-dire que si le second est *phîng*, le quatrième doit être *tsĕ*, et *vice versâ*. Le second et le troisième vers doivent être inverses du premier, par rapport à ces deux mots, et le quatrième vers, semblable au premier.

Dans le vers de sept syllabes, la première, la troisième et la cinquième sont *ad libitum;* la seconde et la quatrième doivent alterner, et la sixième être pareille à la seconde. Des quatre syllabes finales, dans le vers de cinq comme dans celui de sept, trois doivent être identiques pour la désinence et l'accent : il est d'usage que la finale du troisième vers ne rime pas, et l'on se dispense souvent aussi de faire rimer les autres.

Pour marquer les syllabes qui doivent être *phîng* ou *tsĕ*, et celles qui sont libres ou communes, les Chinois font usage des signes prosodiques suivans :

○	●	◑
Phîng, égales,	*Tsĕ*, inégales, c'est-à-dire, *chàng*, *khiú* ou *jĭ*, à volonté.	communes, c'est-à-dire, *phîng* ou *tsĕ*, à volonté.

Ils figurent, de cette manière, deux quatrains de vers de sept syllabes, lesquels comprennent les vers de cinq :

Ier Quatrain.

En partant d'une syllabe *égale* (la deuxième du premier vers).

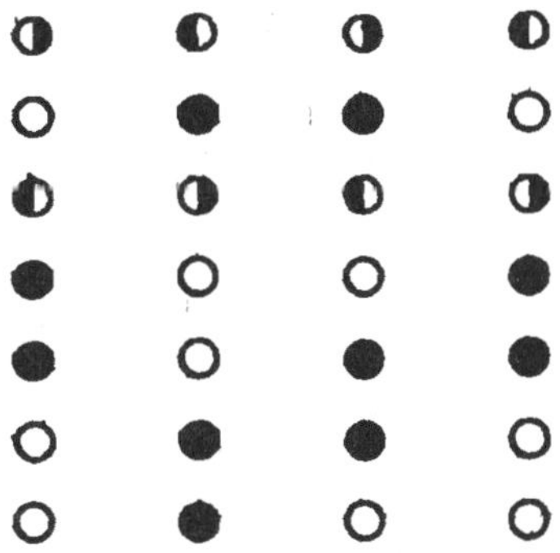

IIe Quatrain.

En partant d'une syllabe *inégale* (la deuxième du premier vers).

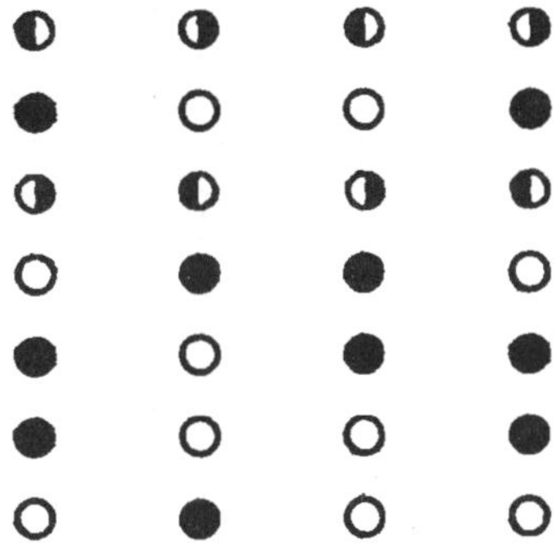

Dans cet exemple, la deuxième syllabe du premier vers étant *égale*, la quatrième est *inégale*, la sixième, *égale*, la deuxième du second vers, *inégale*, la quatrième, *égale*, et ainsi de suite. La succession des syllabes *égales* ou *inégales* a lieu d'une manière inverse au second quatrain : la deuxième syllabe du premier vers étant *inégale*, la quatrième est *égale*, &c. On est libre de se donner cette première syllabe, sauf à se conformer aux conséquences de ce choix.

Dans certains vers, on nomme *œil* le troisième mot du vers de cinq syllabes, et le cinquième du vers de sept. Cet *œil* est l'objet d'une attention particulière : il faut que ce soit un mot *plein* [62], et non une particule ; qu'il rime avec l'*œil* du vers suivant, ou qu'il alterne avec celui-ci, selon la règle qu'on se prescrit.

Quant aux combinaisons de ces différentes sortes de vers, elles varient considérablement : on compte jusqu'à quarante sortes de poëmes, la plupart d'une étendue peu considérable. Il y en avoit six principales usitées dans l'antiquité. Le style des morceaux de poésie est, en général, fort élevé, concis, elliptique, rempli d'expressions allégoriques ou métaphoriques, de mots anciens ou peu usités, et d'allusions à des traits d'histoire ou à des usages, à des opinions ou à des faits peu connus. C'est ce qui rend la poésie chinoise très-difficile : on ne sauroit en donner une idée dans un ouvrage élémentaire. Il suffira de transcrire ici deux pièces de vers tirées, l'une du *Chi-king*, et l'autre d'un roman moderne, seulement pour faire voir l'application des règles qui ont été rapportées ci-dessus :

旣 *kí*	其 *khî*	攜 *hî*	惠 *hoéï*	雨 *iú*	北 *pĕ*
亟 *kĭ*	虛 *hiû*	手 *chèou*	而 *eûl*	雪 *sioŭëi*	風 *foûng*
只 *tchì*	其 *khî*	同 *thoûng*	好 *háo*	其 *khî*	其 *khî*
且 *TSIÛ*	邪 *SIÛ*	行 *HÂNG*	我 *'ò*	雱 *PHÂNG*	涼 *LIÂNG*

« Le vent du nord vient glacer nos climats. »
« La neige tombe à gros flocons. »
« Que l'être bienveillant qui m'aime, mette sa main dans la mienne,
» pour que nous marchions ensemble. »
« Comment peut-il être si long-temps ? »
« Déjà il eût dû s'empresser d'accourir (1). »

(1) Les interprètes voient dans cette pièce une allusion aux dangers qui menaçoient un état. Presque toutes les pièces du *Chi-king* sont expliquées dans le même sens. Les commentateurs chinois rapportent tout à la politique, comme ceux des poésies érotiques des Persans, à l'amour de Dieu. Il faut souvent beaucoup d'efforts pour percer le voile de ces allégories.

古	*koù*	天	*thîan*	笑	*siaó*	六	*loŭ*
今	KÎN	地	TÍ	駡	MÁ	經	KÎNG
聚	*tseoû*	戲	*hí*	皆	*kiâï*	原	*youân*
訟	SOÚNG	場	TCHÂNG	文	WÊN	本	PÈN
眼	*yàn*	觀	*kouân*	好	*haò*	在	*tsâï*
須	SIÛ	莫	MOŬ	細	SÍ	人	JÎN
深	CHÎN	矮	YÂÏ	尋	THSÎN	心	SÎN

« Le contenu des six livres classiques a son fondement et sa source » dans le cœur de l'homme. »

« Les plaisanteries, les injures, grâce aux ornemens (de la poésie), » peuvent être recherchées. »

« L'univers est un théâtre où se joue une longue comédie. »

« C'est un spectacle curieux que les débats des hommes dans tous » les temps. »

N'oublions pas d'avertir, en terminant, que la poésie s'imprime, dans les livres chinois, tantôt en autant de lignes qu'il y a de vers, tantôt en distiques, un vers au-dessous de l'autre, séparé par un espace blanc, tantôt en lignes suivies, de sorte que la ponctuation seule avertit de la coupe des vers. On insère ainsi de petites pièces de poésie dans les romans, dans les pièces de théâtre, et dans d'autres morceaux de littérature légère.

§. IV. *Aperçu des principaux Ouvrages qu'on peut consulter à la Bibliothèque du Roi.*

En attendant que je puisse, dans le *Catalogue des livres chinois de la Bibliothèque du Roi* (ouvrage dont la rédaction m'occupe depuis plusieurs années), présenter un tableau complet de la littérature chinoise (1), j'ai cru qu'il pourroit être agréable aux étudians d'avoir ici, en quelques lignes, l'aperçu des principales richesses de cette espèce qui sont à leur disposition, et dont la connaissance sommaire peut, suivant les vues de chacun, provoquer des recherches et des travaux de genres différens. Je me borne à une mention rapide des ouvrages principaux, ne pouvant essayer d'entrer dans des détails, même superficiels, au milieu d'une matière immense et, pour ainsi dire, inépuisable.

LIVRES CLASSIQUES. Les meilleures éditions des cinq *King*, des quatre livres moraux et des autres ouvrages réputés classiques et antérieurs à l'incendie des livres, se trouvent à la Bibliothèque du Roi, ainsi que les commentaires les plus estimés de ces mêmes livres, notamment ceux de *Tchou-hi* et les paraphrases en style vulgaire connues sous le nom de *Ji-kiang*, ou lectures journalières. On fera bien de consulter sur-tout les n.os CII, CVII, CXIV, CXIX, CXXI et CXXVII du catalogue de Fourmont (2).

PHILOSOPHIE. La collection des anciens philosophes chinois (Fourm. CCXCI), les œuvres de *Tchouang-tseu* et de *Lao-tseu* (CCLXXXIV et suiv.), sont ce qu'on possède de mieux en ce genre.

---

(1) Voyez l'exposé que j'ai donné du plan de cet ouvrage, et quelques détails sur le fonds des nouvelles acquisitions faites depuis le catalogue de Fourmont, dans mon *Mémoire sur les livres chinois de la Bibliothèque du Roi*, 1818, in-8.o — J'ai relevé dans ce mémoire les principales erreurs que Fourmont a commises dans son Catalogue. On doit chercher dans ces remarques l'explication des contradictions qu'on pourra observer entre les indications de ce savant et plusieurs de celles qu'on trouvera plus bas.

(2) On sait que plusieurs de ces livres ont été traduits : le *Chou-king*, par Gaubil (Paris, 1770, in-4.o); le *Chi-king*, par le P. de la Charme (manuscrit à la Bibliothèque du Roi); le *I-king*, par le P. Régis; les *Sse-chou* et le Livre de l'obéissance filiale, par le P. Noël (*Pragæ*, 1711, in-4.o). On a aussi une notice du *I-king* (à la suite du *Chou-king* de Gaubil, p. 399); un extrait du *Tchhun-thsieou* (*Comment. Acad. Petropolit.* t. VII, p. 335 et planch.). On a aussi le *Confucius Sinarum philosophus* (*Lutet.* 1687, in-f.o); le *Lun-iu* de M. Marshman (Serampore, 1810, in-4.o); le *Taï-hio* du même, à la suite de sa *Clavis sinica* (Serampore, 1814, in-4.o); le *Tchoung-young*, dans les *Notices et extraits des Manuscrits*, tom. X, p. 269, et séparément. Ces trois derniers ouvrages offrent le texte accompagné de traductions.

海上絲綢之路文獻集成 科技與文化编

漢文啓蒙

Les principaux articles de jurisprudence sont la collection des lois (Fourm. CLX) et le code de la dynastie des *Ming* (CXI).

THÉOLOGIE. On possède, à la Bibliothèque du Roi, la collection presque complète des ouvrages composés en chinois par les missionnaires. Ces livres peuvent être fort utiles aux commençans qui aiment à s'exercer sur des textes dont le sens leur est connu d'avance.

MYTHOLOGIE. Le Livre des montagnes et des mers (Fourmont, XXVII), le *Lou-sse* de *Lo-pi*, connu par les extraits qu'en a donnés le P. Prémare (Disc. prélim. du *Chou-king*), l'Histoire des dieux et des esprits, en soixante volumes (faisant partie d'une collection qui doit en avoir six mille), un vocabulaire théologique en samscrit, en tibétain, en mongol, en mandchou et en chinois (1), sont les principaux articles de cette section.

DICTIONNAIRES. Outre un assez grand nombre de copies plus ou moins complètes des vocabulaires composés par les missionnaires en chinois et en latin, ou en français, ou en espagnol (2), on possède les meilleurs dictionnaires originaux ; le *Tseu-'weï* (F. II), petit dictionnaire fort usuel, le *Tching-tseu-thoung* (V), ouvrage rempli d'une vaste érudition, le dictionnaire impérial de *Khang-hi* (XI), dont tous les articles sont remplis de citations empruntées aux meilleurs écrivains. Dans ces trois ouvrages, les caractères sont disposés suivant l'ordre des clefs ; l'ordre tonique a été suivi dans le *Thoung-wen-to* (F. X). Pour les caractères anciens, on a deux éditions du *Choue-wen* (F. VII), la règle et la base de la littérature et de la paléographie à la Chine, le dictionnaire des caractères *Tchouan* (F. XIV), une édition des *King*, dans les mêmes caractères, un superbe recueil de monumens et de vases antiques, avec des inscriptions dont un grand nombre remontent au temps des *Chang* (entre 1766 et 1122 avant notre ère), et les trente-deux volumes de l'éloge de *Moukden*, en trente-deux sortes de caractères différens (3).

(1) Voyez la notice que j'en ai donnée dans les *Mines de l'Orient*, t. IV, p. 183.

(2) Voyez la description qu'en a donnée M. Langlès.

(3) Voyez la traduction de ce poëme par le P. Amiot (Paris, 1770, in-8.°), et les spécimens des 32 sortes d'écritures à la suite du *Monument de Yu*, par Hager, 1802, in-f.°

M

LITTÉRATURE et POÉSIE. Les ouvrages de cette espèce qu'on pourra parcourir d'abord, sont le *Kou-wen-youan-kian* (F. XLV) vaste et magnifique collection dont Duhalde a donné des extraits (1), et qui, sous le rapport de la typographie, est peut-être le plus beau livre de la Bibliothèque royale ; l'histoire littéraire en quatre-vingts volumes, faisant partie de la collection en six mille volumes dont on a parlé plus haut; les poésies de *Tou-fou* (F. CLII), celles de l'empereur *Khang-hi*, l'éloge de *Moukden*, &c.

ROMANS et PIÈCES DE THÉÂTRE. On possède à la Bibliothèque du Roi les meilleurs romans chinois (2), le *Choui-hiu-tchouan* (F. CCCV), le *San-koue-tchi* (LXXXVIII), le *Hao-kieou-tchouan* (XXVIII) (3), le *Iu-kiao-li* (XXIX) (4); plusieurs romans dialogués (XXXI, XXXV), et la collection de cent pièces de théâtre, composées par divers auteurs, pendant la dynastie des *Youan* ou Mongols (entre 1279 et 1368) (F. XXXIV) (5).

GÉOGRAPHIE. Les ouvrages qui méritent le plus d'attention sur cette matière, sont la petite géographie intitulée *Kouang-iu-ki* (Fourm. XXXVI), la Géographie générale des *Ming* (XXXVIII), et sur-tout l'immense recueil des géographies et statistiques provinciales, en deux cent soixante gros volumes, avec beaucoup de cartes et de plans.

CHRONOLOGIE et HISTOIRE. C'est en ce genre sur-tout que la Bibliothèque royale est le plus riche: je me borne à indiquer en ce moment la Table chronologique de tous les règnes et des principaux événemens de l'histoire de la Chine et des contrées voisines, année par année, en cent volumes; l'abrégé chronologique intitulé

(1) Tom. II, p. 387.

(2) La Bibliothèque de *Monsieur*, à l'Arsenal, en possède aussi plusieurs qui ont fait autrefois partie de la collection du marquis de Paulmy.

(3) C'est le roman qui a été traduit en français sous le titre de *Hau-kiou-choaan*, histoire chinoise; Lyon, 1766, 4 vol. in-12.

(4) Cet ouvrage, traduit en français, paroîtra incessamment.

(5) Deux de ces pièces ont été traduites, l'une en français par le P. Prémare (Descript. de la Chine, par Duhalde, t. III, p. 339), l'autre en anglais par M. Davis (Lond. 1817 in-8.°), et en français, par M. de Sorsum (Paris, 1818, in-8.°).

漢文啓蒙

Thoung-kian-kang-mou (LXII) (1), le *Sse-ki* de l'illustre *Sse-ma-thsian* (LXVI), et toute la série des grandes annales, c'est-à-dire des histoires particulières de chaque dynastie, avec la vie des personnages célèbres et les notices sur les peuples étrangers (LXVII — LXXXII); le Dictionnaire biographique (XCII); l'Histoire du Japon, manuscrit rapporté par M. Titsingh, et l'Histoire des peuples étrangers connus des Chinois, en soixante-dix volumes.

SCIENCES ET ARTS. On peut consulter plusieurs éditions de l'histoire naturelle médicale, avec planches, intitulée *Pen-thsao* (CCCXXV), divers ouvrages de médecine et de chirurgie (CCCXIV et suivans), différens traités d'astronomie, d'uranographie (CCCXXXV et suivans), des élémens de géométrie (CCCL), plusieurs ouvrages sur le labourage, l'art de la guerre et la musique, et notamment soixante-dix volumes sur ce dernier art, formant une portion de la grande collection *Kou-kin-thou-chou.*

ENCYCLOPÉDIE ET MÉLANGES. Enfin, les ouvrages les plus curieux à consulter sont, l'Encyclopédie figurée, ou le recueil de planches sur toutes sortes de sujets classés méthodiquement, avec des explications, en cent seize livres; l'édition japonaise de ce même ouvrage, avec une foule d'additions relatives, pour la plupart, aux localités et productions du Japon, aux opinions particulières et aux procédés des Japonais (2); le dictionnaire universel et par ordre de matières, en chinois et en mandchou; un recueil de dissertations sur les livres classiques, les monnaies, les antiquités, la littérature, en cent soixante volumes, que Fourmont (CCCIV) a pris pour un livre de cabale; et par-dessus tout, l'excellent ouvrage de *Ma-touan-lin*, intitulé *Wen-hian-thoung-khao* (LVII), le plus beau monument de la littérature chinoise, vaste collection de mémoires sur toutes sortes de sujets, trésor d'érudition et de critique, où tout ce que

(1) Celui qui a été traduit en français par le P. Mailla (Paris, 1777 — 1783, 12 vol. in-4.°), mais avec beaucoup de suppressions et d'interpolations.

(2) Voyez la notice que j'ai donnée de ces deux ouvrages, dans mon mémoire cité ci-dessus, p. 12, et l'extrait plus étendu de l'Encyclopédie japonoise, qui fera partie du t. XI des Notices et extraits des Manuscrits.

M 2

l'antiquité chinoise nous a laissé de matériaux sur les religions, la législation, l'économie rurale et politique, le commerce, l'agriculture, l'administration, l'histoire naturelle, la géographie physique et l'ethnographie, se trouve réuni, classé, discuté avec un ordre, une méthode et une clarté admirables; ouvrage enfin qui, comme j'ai eu l'occasion de le dire ailleurs (1), vaut à lui seul toute une bibliothèque, et qui, quand la littérature chinoise n'en offriroit pas d'autres, mériteroit qu'on apprît le chinois pour le lire.

(1) Voyez la vie de *Ma-touan-lin*, dans la Biographie universelle, t. XXVII, p. 461.

海上絲綢之路文獻集成 科技與文化編

TABLE

DES CARACTÈRES CHINOIS

Employés dans ce Volume, et dans l'Édition du Tchoung-young, *arrangés suivant l'ordre des 214 Clefs.*

Nota. Les caractères contenus dans cette table y sont arrangés d'après l'ordre des 214 clefs [25, 32], et, sous chaque clef, d'après le degré de complication du groupe additionnel [33]. Le chiffre placé au-dessous de chaque caractère indique la page de la grammaire où l'on en trouvera l'explication. Le chiffre précédé de la lettre T indique la page de l'édition du *Tchoung-young,* que j'ai donnée en 1817. Ces derniers renvois se rapportent à la pagination des exemplaires tirés séparément et destinés aux étudians. Pour avoir celle du même ouvrage, dans le tome X des *Notices et Extraits des Manuscrits,* il faut ajouter au nombre indiqué 264, nombre égal à celui des pages qui précèdent, dans ce volume, la première page de la *Notice des Quatre Livres moraux.* Un très-petit nombre de caractères qui ont été employés dans d'autres ouvrages, n'offrent pas de renvois, mais seulement l'indication de leur principale acception. On s'est attaché à rectifier les erreurs très-peu importantes qui avoient pu échapper, relativement à l'accentuation de certains mots; ce qui sert à expliquer les différences qu'on pourra trouver, à cet égard, entre la table et les pages de la grammaire auxquelles elle renvoie. On n'oubliera pas, au reste, que ce qui est relatif à la prononciation des caractères, est, même à la Chine, ce qu'ils ont de moins important.

On a pris soin de placer, autant que l'a permis l'ordre analytique suivi dans cette table, à côté les uns des autres, les caractères dont la forme offre quelque analogie, et qu'on pourroit, pour cette raison, confondre les uns avec les autres. Ainsi rapprochées, les différences qui les distinguent se feront mieux remarquer, et la prononciation et les renvois qu'on trouvera placés sous chaque caractère, serviront à retrouver sa véritable signification.

Les difficultés qu'on pourra rencontrer dans l'usage de cette table [39, 41], seront levées dans la suivante, qui en est le supplément indispensable.

Pour les termes dissyllabiques, voyez la troisième table.

M 3

1.re Clef.

一 *ï* p. 11.
丁 *tîng* 51.
七 *thsĭ* 49.
万 *wán* 49.
三 *sân* 49.
上 *chàng* 51.
下 *hiá* 51.
不 *poŭ* 102.
丑 *tchheoù* 52.
且 *thsiĕï* 94.
世 *chí* 49, 69.
丘 *khieoû* 48.
丙 *pìng* 51.
丟 *tieôu* 154.
並 *píng* T. 104.

2.e

丨 *kouèn* 11.
个 *kó* 116.
中 *tchoūng* 2.

3.e

丶 *tchù* p. 11.
主 *tchù* 86

4.e

丿 *phiĕ'ï* p. 11.
乃 *naï* 99.
久 *kieòu* 49, T. 88.
之 *tchî* 78.
乍 *tchá* 25.
乎 *hoû* 83.
乏 *fă* 3.
乘 *tchhîng* T. 16.

5.e

乙 *ï* p. 11.
九 *kieòu* 49.
乞 *khĭ* 109.
也 *yè* 82, 144.
乾 *khîan* 143.
亂 *louán* T. 76.

6.e

亅 *khioŭeï* p. 11.
了 *liaò* 135.
予 *iû* 52.
事 *ssé* 2.

7.e

二 *eúl* p. 11.
于 *iû* 83.
云 *yûn* 105.
五 *où* 49.
井 *tsíng* (puits.)
况 *hoáng* 100.
些 *siê* 117.
亟 *kĭ* T. 21.

8.e

亠 *theoû* p. 11.
亡 *wâng* 102.
交 *kiaô* 151.
亦 *ï* 104.
亨 *hêng* 51.
京 *kîng* (capitale)
亥 *hàï* 52.

9.e

人 *jîn* p. 11.
仁 *jîn* 81.
仄 *tsĕ* 172.
介 *kiáï* 124.
什 *chĭ* 129.
从 *thsoûng* 7.
今 *kîn* 56.
令 *lîng* 125.
他 *thâ* 122.
仙 *sîan* 2.
以 *ì* 97.
代 *táï* T. 104.
伐 *fă* T. 48.
仲 *tchoúng* 51.
任 *jîn* T. 75.
伊 *î* 56.
伍 *où* 49.

- 伏 *foŭ* T. 21.
- 休 *hieoû* 99, 138.
- 件 *kián* 116.
- 伯 *pĕ* 101, 110.
- 佑 *yeóu* T. 59.
- 你 *nì* 119.
- 似 *ssé* T. 52.
- 位 *'wéï* 53.
- 何 *hô* 10.
- 作 *tsŏ* 71.
- 佞 *níng* T. 16.
- 佳 *kiâ* 117.
- 併 *píng* (avec)
- 使 *ssè* 96.
- 來 *lâï* 134.
- 侍 *chí* 75.
- 依 *î* 144.
- 侯 *héou* 101.
- 便 *pían* 149.
- 係 *hí* 130.
- 俅 *khieoû* 74.
- 俗 *soŭ* 8.
- 保 *paò* 76.
- 俞 *iû* (consentir)
- 俟 *ssé* 105.
- 信 *sín* 55.
- 修 *sieoû* 96.
- 俱 *kiû* 39.
- 俺 *'àn* 197.
- 併 *píng* (avec)
- 個 *kó* 116.
- 倍 *péï* T. 96.
- 們 *mên* 122.
- 倒 *táo* 151.
- 倚 *ì* T. 43.
- 借 *tsiéï* 3.
- 倫 *lûn* T. 99.
- 倭 *wô* (japonois)
- 假 *kià* 3.
- 偏 *phîan* T. 8.
- 偕 *kiâï* 42.
- 做 *tsó* 150.
- 偷 *theoû* 154.
- 備 *pí* 46.
- 傳 *tchhoûan* 105.
- 傾 *khîng* T. 59.
- 僅 *kín* 125.
- 像 *siàng* 44.
- 儀 *î* T. 15.
- 儉 *kián* 87.
- 儒 *joû* 39.
- 儕 *tchhâï* 58.
- 優 *yeoû* T. 95.

10.e

- 儿 *jîn* p. 11.
- 兀 *wŏ* 144.
- 元 *youân* 51.
- 兄 *hioûng* 95.
- 先 *sîan* 43.
- 克 *khĕ* 43.
- 兒 *eûl* 110.
- 兕 *ssé* 60.

11.e

- 入 *jĕ* p. 11.
- 內 *néï* 76.
- 全 *thsioûan* T. 143.
- 兩 *liàng* 117.

12.e

- 八 *pă* p. 11.
- 公 *koûng* 101.
- 六 *loŭ* 49.
- 兮 *hî* 105.
- 兵 *pîng* 69.
- 其 *khî* 56.
- 典 *tiàn* (doctrine)

13.e

- 冂 *khioûng* p. 11.
- 冕 *mièn* T. 16.

M 4

14.e
一 mĭ p. 11.
冥 mîng T. 155.

15.e
冫 pîng p. 11.
冰 pîng 131.
况 hoáng 100.
凉 liâng 174.
凍 toúng 147.
凝 îng T. 96.

16.e
几 khì p. 13.
凡 fân 73.

17.e
凵 khàn p. 12.
凶 hioûng 71.
出 tchhoŭ 101.

18.e
刀 taô p. 12.
刃 jĭn 69.

分 fēn 115.
切 thsiĕ'i 33.
刑 hîng T. 113.
列 liĕ T. 143.
初 thsoû 53.
别 piĕ'i 138.
利 lì 88.
到 táo 117.
刳 khoû 139.
制 tchí T. 99.

刻 khĕ T. 12.
則 tsĕ 93.
前 thsîan 74.
剛 kâng T. 107.

19.e
力 lĭ p. 12.
功 koûng 48.
加 kiâ 52.
助 tsoú 35.
勇 yoùng T. 71.

勉 miàn T. 51.
動 toúng 76.
勞 laô 73.
勸 khioúan 120.

20.e
勹 paô p. 12.
勺 chŏ T. 92.
勿 wĕ 103.

21.e
匕 pí p. 12.
化 hoá T. 84.
北 pĕ T. 43.

22.e
匚 fâng p. 12.
匠 tsiang 109.

23.e
匸 hì p. 12.
匹 phĭ 51.

24.e
十 chĭ p. 12.
千 thsîan 49.
午 'où 52.
半 pán 144.
卋 chí (v. chí, cl. 1)
卑 pēi T. 55.
卓 tchŏ 92.
南 nân T. 43.
博 pŏ T. 80.

25.e
卜 poŭ p. 12.

26.e
卩 tsiĕ'i p. 12.
卯 maò 52.
危 'wêi T. 76.
却 khiŏ 150.
卷 kiouan 170.
卽 tsĭ 95.

27.e
厂 *hán* p. 12.
厚 *héou* T. 76.
原 *yoûan* 158.
厥 *kioûeï* 59.
厦 *hiá* corps de logis
厭 *yân* 84.

28.e
厶 *ssê* p. 11.
去 *khiú* 134.
厺 *khiú* 7.
參 *thsân* 7.

29.e
又 *yéou* p. 12.
及 *kĭ* 54.
友 *yéou* 78.
反 *fàn* T. 35.
叔 *choŭ* 150.
取 *thsiù* 55.
受 *chéou* 135.

30.e
口 *kheoù* p. 12.
古 *koù* 7.
右 *yéou* 3.
只 *tchì* 145.
叫 *kiáo* 151.
可 *khò* 72.
吃 *kĭ* 139.
各 *kŏ* 59.
名 *mîng* 48.
合 *hŏ* T. 8.
吉 *kĭ* 106.
后 *héou* 89.
向 *hiáng* 117.
同 *thoûng* 7.
君 *kiûn* 58.
否 *feoù* 104.
含 *hân* (contenir)
吳 *'oû* 132.
吾 *'oû* 52.
告 *káo* 132.
呀 *yâ* 144.
呂 *liù* (vertèbres)
呢 *nî* 144.
周 *tcheoû* T. 16.
味 *wéï* T. 8.
呵 *hô* 144.
呼 *hoû* 84.
命 *míng* 41.
和 *hô* 89, 112.
咱 *tsă* 117.
咸 *hîan* 39.
哉 *tsâï* 99.
哀 *'âï* 59.
哄 *hoùng* 138.
哥 *kô* 120.
哩 *lì* 144.
哲 *tchĕ* T. 96.
唅 *hán* (manger)
唐 *thâng* 95.
唯 *'wêï* T. 84.
問 *wén* 42.
善 *chén* 41.
喜 *hì* 94.
喟 *khoúéï* 75.
喤 *hoâng* 74.
喪 *sâng* T. 63.
喭 *yán* 65.
喇 *lă* 112.
嘗 *tchhâng* T. 67.
嗚 *'oû* 84.
嘛 *mâ* 112.
嘉 *kiâ* T. 59.
器 *khí* T. 64.
嚭 *phì* T. 143.
嚴 *yân* 90.

31.e
囗 *wêï* p. 12.
四 *ssé* 49.
回 *hoêï* 170.

因 *yên* T. 59.
困 *khouén* T. 71.
固 *koú* 75.
囿 *yéou* 85.
國 *kouĕ* 59.
園 *yoûan* 111.
圖 *thoû* (carte.)

32.e
土 *thoù* p. 12.
圡 *thoù* 8.

在 *tsáï* 66.
地 *tí* 45.
坂 *fàn* 7.
[illegible] *fàn* 7.
均 *kiūn* T. 40.
坐 *tsó* 72.
執 *tchĭ* T. 39.
培 *phêï* T. 59.
堂 *thâng* 125.
尭 *yaô* 46.

報 *paó* 79.
場 *tchhâng* 175.
塔 *thă* 50.
塗 *thoû* T. 44.
塞 *sĕ* T. 43.
塵 *tchhîn* (poussière)
增 *thsêng* T. 134.

33.e
士 *ssé* p. 12.
壬 *jîn* 51.

声 *chîng* 8.
壹 *ĭ* 49.
壽 *cheóu* T. 59.

34.e
夂 *tchì* p. 12.

35.e
夊 *soûi* p. 12.
变 *pián* 8.
夏 *hiá* 43.

36.e
夕 *sĭ* p. 12.
外 *wáï* 42.
夙 *soŭ* T. 103.
多 *tô* 38.
夜 *yé* T. 103.
夢 *méng* 84.

37.e
大 *tá* p. 12.
太 *tháï* 114.

夭 *yào* T. 153.
天 *thîan* 40.
夫 *foû* 55.
失 *chĭ* T. 40.
夷 *î* T. 52.
奉 *foùng* 121.
奏 *tséou* T. 112.
契 *khí* 120.
奚 *hî* 55.
奢 *chê* 87.

38.e
女 *niù* p. 12.
奴 *noû* (esclave.)
如 *joû* 96.
好 *haò* 41.
妃 *fēï* 59.
奸 *khîan* 129.
妖 *yaô* T. 87.
妙 *miáo* 145.
妹 *méï* 110.

姊 *tseù* 145.
姐 *thsiĕï* 125.
妻 *thsî* 78.
妾 *thsiĕï* 136.
始 *chì* 41.
姓 *síng* 47.
姬 *kî* 136.
威 *'wēï* T. 95.
娘 *nîang* 143.
婦 *foú* 2.

媒	*mĕï*	135.
婿	*sí*	117.
39.e		
子	*tseù*	p. 12.
孔	*khoùng*	48.
字	*tseú*	35.
存	*thsûn*	68.
孝	*hiáo*	41.
孟	*méng*	T. 9.
季	*kí*	T. 60.
孤	*koû*	54.
孥	*noû*	T. 53.
孩	*hâï*	111.
孫	*sûn*	T. 59.
孰	*choŭ*	46, 63.
學	*hiŏ*	41.
孽	*niĕï*	T. 87.
40.e		
宀	*mîan*	p. 12.
宅	*tsĕ*	53.
守	*cheoû*	T. 39.
安	*'ân*	55, 98.
宋	*soúng*	T. 100.
完	*houân*	143.
宗	*tsoûng*	40.
官	*kouân*	36.
定	*tíng*	131.
宜	*î*	84.
室	*chĭ*	T. 55.
客	*khĕ*	86.
容	*yoûng*	134.
宰	*tsàï*	T. 143.
害	*hâï*	130.
宴	*yàn* (festin.)	
家	*kiâ*	89.
寅	*yên*	52.
密	*mĭ*	7.
富	*foú*	83.
寒	*hân*	125.
察	*tchhă*	T. 39.
寡	*kouà*	53.
實	*chĭ*	35.
寧	*nîng*	87.
審	*chìn*	T. 80.
寫	*siĕï*	156.
寬	*khouân*	138.
寶	*pào*	T. 18.
41.e		
寸	*thsún*	p. 12.
射	*ché*	T. 52.
將	*tsîang*	68, 131.
專	*tchouân*	T. 99.
尊	*tsûn*	126.
尋	*thsîn*	119.
對	*toúï*	112.
42.e		
小	*siaò*	p. 13.
少	*chaò*	93.
尚	*cháng*	112.
43.e		
尢	*wâng*	p. 13.
尤	*yeòû*	46.
就	*tsiéou*	95.
44.e		
尸	*chî*	p. 13.
尺	*tchhĭ*	163.
尼	*nî*	48.
居	*kiû*	61.
屋	*wŏ*	T. 112.
屬	*choŭ*	58.
45.e		
屮	*tchhĕ*	p. 13.
46.e		
山	*chân*	p. 13.
岅	*fàn*	7.
峻	*tsiún*	T. 95.
崇	*thsoûng*	T. 96.
嶽	*yŏ*	T. 92.

47.e 巛 *tchhouân* p. 13.
- 川 *tchhouân* 13.
- 州 *tcheoû* 40.

48.e 工 *koûng* p. 13.
- 左 *tsò* 3.
- 巧 *khiaò* 145.
- 差 *tchhâ* T. 8.

49.e 己 *kì* p. 13.
- 已 *ì* 13, 136.
- 巳 *ssé* 13, 68.
- 巴 *pâ* 138.
- 巽 *sún* p. 8.

50.e 巾 *kìn* p. 13.
- 布 *poú* T. 67.
- 帖 *thiĕï* 156.
- 帑 *noû* (bru.)
- 帝 *tí* 48.
- 帶 *taï* 104.
- 師 *ssê* 65.
- 席 *sî* 102.
- 常 *tchhâng* T. 155.
- 幬 *taó* T. 104.

51.e 干 *kân* p. 13.
- 平 *phîng* 15.
- 年 *nîan* 73.
- 幷 *pîng* (avec.)
- 幸 *hîng* T. 52.

52.e 幺 *yaô* p. 13.
- 幽 *yeoû* T. 155.
- 幾 *kì* 74.

53.e 广 *yàn* p. 13.
- 庅 *mò* 160.
- 序 *siú* 98.
- 庚 *kêng* 51.
- 府 *foù* 111.
- 度 *toú* T. 56.
- 座 *tsó* 50.
- 庶 *chú* 38.
- 康 *khâng* (paix.)
- 庸 *yoûng* T. 6.
- 廈 *hià* (grande maison.)
- 廟 *miaó* 49.
- 廢 *féï* T. 44.
- 廣 *kouàng* 49.

54.e 廴 *yèn* p. 13.
- 廷 *thîng* 55.
- 建 *kián* T. 100.

55.e 廾 *koûng* p. 13.

56.e 弋 *ĭ* p. 13.

57.e 弓 *koûng* p. 13.
- 弗 *fĕ* 102.
- 弟 *tí* 95.
- 巽 *sún* 8.
- 强 *khiâng* 58.
- 彌 *mî* 100.
- 彊 *kiang* T. 91.

58.e 彐 *kí* p. 13.
- 彙 *'wĕï, lóuï* collection.

59.e 彡 *sân* p. 13.
- 形 *hîng* 1, 3.

60.e 彳 *tchhĭ* p. 13.
- 彼 *pì* 59.
- 往 *wàng* 57.

征 *tchîng* 57.
很 *hèn* 115.
律 *liŭ* T. 104.
後 *héou* 62.
待 *tăi* 155.
得 *tĕ* 39, 133.
從 *thsoûng* 7.
御 *iú* 53.
復 *foŭ* 72.
微 *wêï* 103.
徵 *tchîng* 103.
德 *tĕ* 43.
徼 *kiáo* T. 52.

61.^e^

心 *sîn* p. 14.

必 *pĭ* 44.
忌 *kí* T. 35.
忘 *wâng* 138.
志 *tchí* 59.
忍 *jìn* 75.
忠 *tchoûng* 129.
念 *nián* 60.
忽 *hoŭ* 75.
快 *khoúaï* 149.
怎 *tsèng* 142.
怒 *noú* T. 32.
思 *ssê* 98.
怠 *tăï* 146.
怨 *youán* 90.
怕 *phá* 146.
性 *síng* 96, T. 32.
怪 *kouăï* 69.
恐 *khoùng* 139.
恕 *choú* T. 48.
息 *sĭ* 58.
恙 *yáng* 125.
恭 *koûng* 135.
恥 *tchhì* T. 72.
恆 *hêng* 62.
恤 *siŭ* T. 137.
恨 *hén* 138.
悠 *yéou* T. 91.
患 *hoán* T. 52.
悔 *hoëï* T. 44.
悖 *péï* T. 100.
悟 *'oú* 127.
惑 *hoĕ* T. 75.
惠 *hoéï* bienfaisant
惡 *'ŏ* 44, 105.
悶 *mén* 61.
情 *thsîng* 162.
惜 *sĭ* 83.
惟 *wêï* 43.
想 *siàng* 147.
愈 *iù* 100.
意 *í* 2.
愚 *iû* 54.
愛 *'áï* 59.
感 *kàn* (émotion.)
惱 *naò* 147.
愧 *kouéï* T. 112.
慍 *yún* T. 142.
慎 *chín* 43.
慶 *khíng* 128.
憂 *yeoû* T. 60.
慢 *mán* 141.
慥 *thsaó* T. 51.
慟 *toúng* 60.
憲 *hián* T. 59.
憚 *tán* T. 35.
憫 *mìn* 54.
憾 *hán* T. 47.
應 *îng* (répondre)
懷 *hoâï* T. 75.
懼 *kiú* 94.

62.^e^

戈 *kô* p. 14.

戊 *méou* 51.
戍 *siŭ* 52.
戎 *joûng* T. 60.

戒 *kiáï* T. 32.
成 *tchhîng* 49.
我 *'ò* 52.
或 *hoĕ* 128.
戲 *hí* 175.

63.e
户 *hoù* p. 14.

所 *sò* 62.
戾 *lí* T. 47.
房 *fâng* 109.

64.e
手 *cheoù* p. 14.

才 *thsâï* 120.
打 *tà* 153.
龵 *cheoù* (main.)
扶 *foû* 101.
技 *kí* 57.
把 *pà* 154.
抑 *ĭ* 91.
承 *tchhîng* T. 56.

招 *tchaô* 155.
拜 *pàï* 118.
持 *tchhî* T. 76.
指 *tchì* 2.
按 *'án* 54.
拾 *chĭ* 49, 129.
拿 *nâ* 134.
拳 *khioûan* T. 40.
振 *tchín* T. 92.
捌 *pă* 49.

授 *chéou* T. 8.
接 *tsiĕï* 69.
措 *tsĕ* T. 80.
掌 *tchàng* 43.
提 *thî* 153.
揚 *yâng* T. 39.
揜 *yàn* T. 56.
援 *yoûan* T. 52.
撮 *thsŏ* T. 92.
擇 *tsĕ* 117.

擭 *hoá* T. 39.
攜 *hî* (conduire)

65.e
支 *tchî* p. 14.

66.e
攴 *phoŭ* p. 14.

攸 *yeoû* T. 21.
改 *kàï* T. 48.
攻 *koûng* T. 21.
放 *fáng.* 90.

政 *tchíng* 82.
故 *koú* 61.
教 *kiaó* 82, 151.
敏 *mìn* T. 68.
救 *kieóu* 88.
敝 *pí* 124.
敢 *kàn* 64.
散 *sàn* T. 8.
敦 *thûn* T. 96.
敬 *kíng* 62.

數 *soú* 135.
斂 *lían* T. 76.
斁 *ĭ* (fin.)

67.e
文 *wĕn* p. 14.

68.e
斗 *teoù* p. 14.

69.e
斤 *kîn* p. 14.

斯 *ssê* 61.

新 *sîn* 71.

70.e
方 *fâng* p. 14.

於 *iû* 83.
施 *chî* 63.
旅 *liù* T. 64.

71.e
无 *woû* p. 14.

旡 *kí* 69.

72.e 日 *jĭ* p. 14.	昨 *tsŏ* 74.	73.e 曰 *youĕï* p. 14.	74.e 月 *youĕï* p. 14. v. la 130.e	75.e 木 *moŭ* p. 15.	東 *toûng* 71.	栽 *tsâï* T. 59.	76.e 欠 *khián* p. 15.
旨 *tchì* 122.	昭 *tchaô* T. 92.	曲 *khioŭ* T. 84.	有 *yeoù* 66.	未 *wéï* 104.	果 *kò* 96.	桑 *sâng* 101.	次 *thseú* T. 84.
昆 *kouên* T. 71.	是 *chí* 39, 60.	更 *kēng* 114.	朋 *phêng* 165.	末 *mŏ* T. 8.	林 *lîn* 132.	梓 *tseù* (planches)	欲 *yoŭ* 52.
昌 *tchhâng* 36.	時 *chî* 91.	曷 *hŏ* 105.	服 *foŭ* 103.	本 *pèn* 7.	柏 *pĕ* 4.	梵 *fán* (Indien.)	欽 *khîn* 49.
明 *mîng* 2.	晚 *wàn* 118.	書 *choû* 4.	望 *wáng* 54.	朱 *tchû* T. 6.	柒 *thsĭ* 49.	極 *kĭ* 46.	欺 *khî* 67.
易 *ĭ* 134.	智 *tchí* T. 143.	替 *thí* 112.	朕 *tchín* 53.	朽 *hieoù* 119.	柴 *tchhâï* 65.	楚 *thsoù* 78.	歟 *iû* 88.
昔 *sĭ* 97.	暗 *'án* 129.	最 *tsoúï* 46.	朝 *tchhaô* 26.	材 *thsâï* T. 59.	柔 *jeoû* T. 43.	樂 *lŏ, yŏ* 26, 42.	77.e 止 *tchì* p. 15.
星 *sîng* T. 92.	暨 *kí* 42.	曾 *thsêng* 68, 136.	期 *kî* T. 39.	杞 *khì* T. 99.	柯 *kô* T. 48.	樹 *choú* T. 68.	正 *tchíng* 3, 7.
春 *tchhûn* T. 27.	曉 *hiào* 118.	會 *hoéï* 2, 137.		来 *lâï* 8.	株 *tchû* 144.	橋 *khiaô* (pont.)	
					格 *kĕ* 38.		

此 *thseù* 59.
武 *woù* 48.
歷 *lĭ* T. 149.
歸 *kouēï* 43.

78.e
歹 *yă* p. 15.
歺 *id.*
死 *ssè* 59.
殆 *tāï* T. 16.
殖 *tchĭ* T. 92.

殪 *ĭ* 60.

79.e
殳 *chû* p. 15.
殷 *yēn* T. 16.
殺 *chă* 26.
毅 *ĭ* T. 107.

80.e
毋 *woû* p. 15.
母 *moù* 38.
每 *mèï* 122.

毒 *toŭ* 149.

81.e
比 *pì* p. 15.

82.e
毛 *maô* p. 15.
毫 *haô* 157.

83.e
氏 *chí* p. 15.
民 *mîn* 40.

84.e
气 *khí*
氣 *khí* T. 28.

85.e
水 *choùï* p. 15.
永 *yòung* T. 103.
求 *khieoû* 43.
汗 *hán* (sueur.)
江 *kiāng* (fleuve.)
池 *tchhî* 70.
汝 *joù* 54.
汜 *ssè* 101.
沒 *moŭ* 137.
沙 *châ* 25.
河 *hô* 40.
治 *tchí* 73.
沼 *tchaò* T. 21.
法 *fă* 103.
泡 *phaó* 134.
泪 *loúï* 2.
波 *pô* 160.
泉 *thsîouan* T. 107.
洋 *yâng* 77.
洩 *siĕï* T. 92.
洞 *toúng* 164.
津 *tsîn* (pont.)
洲 *tcheoû* (île.)
活 *hŏ* 64.
流 *lieoû* T. 43.
浩 *háo* T. 111.
海 *hăï* 40.
淡 *tán* 113.
淫 *yên* T. 16.
深 *chîn* 46.
淵 *youân* T. 47.
清 *thsîng* 120.
溫 *wên* T. 96.
測 *thsĕ* T. 91.
源 *youân* 41.
溢 *ĭ* T. 108.
溥 *phoŭ* T. 107.
滿 *màn* T. 12.
漢 *hán* T. 12.
漏 *léou* T. 112.
潑 *phŏ* 141.
潛 *thsîan* T. 11.
潼 *thoung* nom de fleuve
濛 *mêng* 101.
濯 *tchŏ* T. 21.
灑 *chà* 25.

86.e
火 hò p. 15.
烏 'oû 84.
烖 tsâï T. 99.
烹 phêng 69.
焉 yân 92.
然 jân 93.
無 woû 102.
照 tcháo T. 108.
煩 fân 147.
熹 hî T. 6.
燕 yân T. 153.
營 îng T. 21.

87.e
爪 tchaò p. 15.
爭 tsêng T. 112.
爲 'wêï 99.
爵 tsiŏ 72.

88.e
父 foú p. 15.
爺 yê 122.

89.e
爻 yaô p. 15.
爾 eùl 54.

90.e
爿 pán, tchhoûang p. 15.

91.e
片 phián p. 15.

92.e
牙 yá p. 15.

93.e
牛 nieoû p. 15.
牝 phìn 110.
牡 meoù 110.
牣 jín T. 21.
物 wĕ 39.
特 tĕ 149.

94.e
犬 khiouàn p. 15.
狄 tĭ T. 52.
狗 keoù 139.
猜 thsâï 152.
猶 yeoû 95.
獨 toŭ 70.
獲 hoĕ T. 68.
獸 chéou 70.
獻 hián (offrir.)

95.e
玄 hioûan p. 16.
玄 id.
玆 tseû 50.
率 soŭ 92.

96.e
玉 iŭ p. 16.
王 wâng 41.
玩 wón T. 8.
理 lì T. 8.
琴 khîn T. 55.
琵 phî 112.
琶 phâ 112.
瑟 sĕ T. 55.
璘 lìn (éclat.)

97.e
瓜 kouâ p. 16.

98.e
瓦 wà p. 16.

99.e
甘 kân p. 16.
甚 chín 46.

100.e
生 sêng p. 16.
甥 sêng 110.

101.e
用 yoúng p. 16.

102.e

田 *thîan* p. 16.

由 *yeoû* 44.
甲 *kiâ* 51.
申 *chîn* 52.
男 *nân* 101.
畏 *'wéi* T. 75.
略 *liŏ* 141.
異 *í* 43.
留 *lieoû* 140.

當 *tāng* 61.

103.e

疋 *soû* p. 16.

疑 *î* 151.

104.e

疒 *nĭ* p. 16.

疚 *kiéou* T. 79.
疾 *tsĭ* 53.
病 *píng* 68.

105.e

癶 *pŏ* p. 16.

癸 *koueï* 51.
癹 *fă* 8.
登 *têng* T. 55.
發 *fă* p. 8.

106.e

白 *pĕ* p. 16.

百 *pĕ* 49.
的 *tĭ* 112.

皆 *kiâi* 39.
皇 *hoâng* 48.

107.e

皮 *phî* p. 16.

108.e

皿 *mìng* p. 16.

盃 *pēi* 135.
盇 *hŏ* 59, 104.
盍 *hŏ* 59, 104.
蓋 *kái* (couverture.)

盒 *hŏ* 111.
益 *ĭ* 46, 100.
盛 *tchhîng* 77.
盡 *tsín* T. 8.
盧 *loû* T. 68.

109.e

目 *moŭ* p. 16.

相 *siâng* 87.
省 *sìng* 52.
看 *khán* 130.

眞 *tchîn* 148.
眩 *hiouàn* T. 75.
眼 *yàn* 152.
着 *tchŏ* 132.
眾 *tchoúng* 38.
睃 *tsiùn* 154.
睛 *tsîng* 154.
睨 *ní* T. 48.
睡 *choúi* 156.
睹 *toù* T. 32.

睿 *joúï* T. 107.
瞵 *lîn* (regarder.)

110.e

矛 *meoû* p. 16.

矜 *kîng* T. 76.

111.e

矢 *chì* p. 16.

矣 *ì* 105.
知 *tchî* 26.
矧 *chìn* T. 56.

矮 *yăi* 175.
矯 *kiaò* T. 43.

112.e

石 *chĕ* p. 16.

破 *phó* 117.

113.e

示 *khî* p. 17.

社 *chĕ* T. 67.
祀 *ssé* T. 56.
祖 *tsoù* 49.

海上絲綢之路文獻集成 科技與文化編

神 *chîn* 38.
祭 *tsí* T. 56.
祥 *tsiâng* T. 87.
祿 *loŭ* 72.
禍 *hŏ* T. 87.
禎 *tchîng* T. 87.
福 *foŭ* T. 87.
禘 *tí* T. 67.
禮 *lì* 70.
禱 *taò* 90.

114.e

内 *jeoù* p. 17.
禽 *khîn* T. 92.

115.e

禾 *hò* p. 17.
秋 *thsieoû* T. 27.
秘 *pí* (mystère.)
移 *î* 71.
程 *tchhîng* T. 8.
稟 *pìn* T. 76.

稱 *tchhíng* 92.
穆 *moŭ* T. 95.

116.e

穴 *hioŭeï* p. 17.
空 *khoûng* 96.
窈 *yaò* T. 155.
窮 *khioûng* 91.
竈 *tsáo* (foyer.)

117.e

立 *lĭ* p. 17.
竝 *píng* (tous.)
章 *tchâng* 170.
童 *thoûng* 39.
端 *touân* 142.

118.e

竹 *tchoŭ* p. 17.
笑 *siáo* 139.
第 *tí* 51.

筆 *pi* 58.
等 *tèng* 58, 122.
策 *thsĕ* T. 67.
箇 *kó* 116.
管 *kouàn* 146.
節 *tsiĕï* 170.
篆 *tchouàn* 5.
篇 *phiân* T. 8.
篤 *toŭ* T. 59.
籧 *tsŏ* 102.

簡 *klàn* T. 111.
籒 *tchéou* nom d'hom.e

119.e

米 *mì* p. 17.
精 *tsîng* 162.
糞 *jén* 155.

120.e

糸 *mĭ* p. 17.
納 *nă* T. 39.
純 *chûn* T. 95.

素 *soú* 69, T. 138.
索 *sŏ* T. 138.
細 *sí* 132.
終 *tchoûng* 150.
絅 *kioúng* T. 111.
絕 *tsiouĕï* 114.
絧 *thoûng* (toile.)
統 *thoùng* 56.
經 *kîng* 36, 136.
綸 *lûn* T. 108.

維 *'wĕï* T. 95.
緊 *kìn* 115.
緒 *siú* T. 60.
緣 *yoûan* 113.
繆 *miéou* T. 100.
繙 *fân* T. 12.
繫 *hí* T. 92.
繼 *kí* T. 76.
纔 *thsâï* 141.
纘 *tsouàn* T. 60.

121.e 缶 *feòu* p. 17.

122.e 网 *wàng* p. 17.
罕 *hàn* 88.
罟 *koú* T. 39.
罵 *má* 149.
罷 *pá* 135.

123.e 羊 *yâng* p. 17.
美 *meï* 88.
羣 *kiûn* 40.
義 *í* 41.

124.e 羽 *iù* p. 17.
習 *sî* 89.
翔 *thsiâng* T. 15.
翕 *hî* T. 56.

翰 *hán* 132.

125.e 老 *laò* p. 17.
考 *khaò* T. 99.
者 *tchè* 80.

126.e 而 *eûl* p. 17.
耍 *chouà* 148.

127.e 耒 *loùï* p. 17.
耕 *kêng* 58.

128.e 耳 *eùl* p. 17.
耶 *yê* 86.
耻 *tchhì* 98.
耽 *tân* T. 55.
聖 *chíng* 44.
聘 *phíng* 131.

聚 *tsiú* T. 143.
聞 *wén* 2.
聰 *thsoûng* T. 107.
聲 *chîng* 3.
聽 *thíng* 155.

129.e 聿 *iŭ* p. 17.
肆 *ssé* 49.

130.e 肉 *joŭ* p. 17. v. la 74.e
肖 *siáo* T. 36.
肚 *toú* 152.
肝 *kân* 139.
肫 *tchûn* T. 111.
肯 *khèng* 159.
育 *yoŭ* T. 35.
背 *péï* 154.
胡 *hoû* 105.

能 *nêng* 69.
脩 *sieoû* T. 32.
脫 *thŏ* 137.
腦 *nào* 154.
膺 *îng* T. 40.

131.e 臣 *tchhîn* p. 17.
臨 *lîn* T. 107.

132.e 自 *tseú* p. 18.
臭 *hiéou* T. 115.

133.e 至 *tchí* p. 18.
致 *tchí* T. 35.
臺 *thâî* 70.

134.e 臼 *khieou* p. 18.
臾 *iû* T. 3.

與 *iù* 86.
興 *hîng* T. 87.
舉 *kiù* T. 15.
[illegible] *tchhîn* poussière.

135.e
舌 *chĕ* p. 18.
舍 *ché* 123.

136.e
舛 *tchhouàn* p. 18.
舜 *chún* 46.

舞 *woù* T. 16.

137.e
舟 *tcheoû* p. 18.
般 *pân* 141.
船 *tchhouân* 109.

138.e
艮 *kén* p. 18.

139.e
色 *sĕ* p. 18.
色 *Id.*

140.e
艸 *thsaò* p. 18.
花 *hoâ* 114.
苟 *keoù* 70.
若 *jŏ* 96.
苦 *khoù* 145.
茶 *tchhâ* 134.
草 *thsaò* 5.
莊 *tchhoûang* T. 107.
莫 *mŏ* 102.
菊 *kioŭ* 135.
菴 *'ân* T. 134.
華 *hoâ* 75.
萬 *wán* 49.
落 *lŏ* 149.
著 *tchú* 132.
葬 *tsáng* T. 63.
葢 *kaï* (*v.* le suiv.)
蓋 *kaï* 102.
蒙 *mêng* 56.
蒲 *phoû* T. 68.
蓍 *chî* T. 87.
蓄 *hioŭ* 136.
蕩 *táng* T. 144.
薄 *pŏ* T. 76.
薦 *tsiăn* 17.
藏 *thsâng* T. 8.
藥 *yŏ* 148.

141.e
虍 *hoû* p. 18.
虛 *hiû* 35.
處 *tchhoù* 57.
處 *tchhoù* 8.
虜 *loù* 58.
號 *háo* 49.

142.e
虫 *hoëï* p. 18.
蚤 *tsaò* T. 103.
蚪 *teoù* 5.
蛟 *kiaô* T. 92.
蜜 *mĭ* 7.
蝌 *khô* 5.
蠻 *mân* T. 108.

143.e
血 *hioŭeï* p. 18.
衆 *tchoúng* 38. *v.* la Clef 109.e

144.e
行 *hîng* p. 18.
衍 *yàn* (inondation.)

145.e
衣 *î* p. 18.
衽 *jín* T. 43.
袍 *phaò* 127.
被 *péï* 139.
裏 *lì* 141.
裔 *í* (race.)

N 3

裕 *iú* T. 107.
補 *poù* T. 134.
裳 *tchâng* T. 64.
製 *tchí* 170.
複 *foŭ* 47.
襲 *sĭ* T. 12.

146.e
襾 *yă* p. 18.

西 *sî* 106.
要 *yaó* 137.

覆 *foŭ* T. 59.

147.e
見 *kián* p. 18.

視 *chí* 63.
親 *thsîn* 58.
覺 *kiŏ* 84.
觀 *kouân* 63.

148.e
角 *kiŏ* p. 18.

149.e
言 *yân* p. 18.

訓 *hiún* (explication.)
託 *thŏ* 78.
記 *kí* T. 143.
訪 *fàng* 119.
設 *chĕ* T. 64.
許 *hiù* 51.
註 *tchú* 3.
試 *chí* T. 76.

詩 *chî* 171.
詮 *tsiouân* T. 143.
話 *hoá* 36.
語 *iù* 46.
誠 *tchhîng* 81.
誤 *'oú* 8.
說 *chouĕ* 37.
誰 *choûi* 63.
請 *thsìng* 138.
論 *lûn* 96.

謚 *chí* 48.
諱 *hoéi* 48.
諸 *tchoû* 85.
謀 *meoû* T. 146.
謂 *'wéi* 80.
詎 *tcheoû* (injurier.)
謝 *siĕï* 143.
講 *kiàng* 137.
謫 *tsĕ* 139.
謹 *kìn* 122.

謁 *'ŏ* 8.
識 *chĭ* 84.
譯 *ĭ* T. 12.
議 *í* T. 99.
譴 *khián* 139.
譽 *iú* T. 103.
讀 *toŭ* 132.
變 *pián* 8.
讒 *tsân* T. 75.
讓 *jáng* 64.

150.e
谷 *koŭ* p. 18.

151.e
豆 *téou* p. 18.
豈 *khì* 70.

152.e
豕 *chì* p. 18.

豝 *pâ* 60.
象 *siáng* 1.
豫 *iú* 73.

153.e
豸 *tchhì* p. 18.

貊 *mĕ* T. 108.

154.e
貝 *péi* p. 18.

貞 *tchîng* 51.
財 *thsâi* T. 75.
貢 *kóung* T. 153.
貧 *pîn* 95.
貨 *hó* T. 75.

海上絲綢之路文獻集成　科技與文化編

貳 *eûl* 49.
貴 *koué'ï* 83, 126.
買 *mài* 134.
費 *féï* 65.
賛 *tsán* v. plus bas.
質 *tchï* T. 100.
賜 *ss* 56.
賤 *tsián* 91, 124.
賞 *cháng* 50.
賢 *hîan* 46.

賣 *maï* 154.
賦 *foú* (éloge.)
賴 *láï* 56.
贊 *tsán* T. 84.

155.e
赤 *tchhĭ* p. 18.

156.e
走 *tseoù* p. 18.
赱 *tseoù* 8.
起 *khì* 153.

157.e
足 *tsoŭ* p. 19.
跟 *kên* 146.
跡 *tsĭ* (trace.)
跪 *kouéï* 147.
路 *loú* 78.
跲 *khiĕï* T. 79.
踐 *tsián* T. 64.
蹈 *taó* 72.
躍 *yŏ* 74.

158.e
身 *chîn* p. 19.
躬 *koûng* 58.
躰 *thì* (membre.)
軆 *thì* *id.*

159.e
車 *tchhê* p. 19.
軌 *kouĕï* T. 99.
軒 *hîan* 132.
輅 *loú* T. 16.

載 *tsáï* T. 47.
輩 *péï* 122.
輶 *yeoû* T. 115.
轉 *tchouàn* 3.

160.e
辛 *sîn* p. 19.
辟 *pĭ* 65.
辨 *pián* T. 80.
辭 *thseû* 35, 72.

161.e
辰 *tchîn* p. 19.
農 *noûng* 109.

162.e
辵 *tchhŏ* p. 19.
迎 *îng* T. 76.
近 *kín* 43.
述 *choŭ* 69.
送 *soúng* 129.
追 *toûï* T. 63.

退 *thoúï* T. 8.
⿺辶聿 *iŭ* en marchant.
這 *tché* 127.
通 *thoûng* 7.
造 *thsaó* T. 47.
連 *lîan* 148.
逮 *táï* T. 64.
遂 *soúï* 132.
遇 *iú* rencontrer
遊 *yeoû* 78.

運 *yún* 57.
過 *kouó* 93, 136.
道 *taó* 41, 130.
達 *tă* T. 35.
違 *'wêï* T. 48.
遠 *youàn* 84.
遯 *tún* T. 44.
遵 *tsûn* 122.
選 *siouàn* 17.
遺 *î* 66.

還 *hoân* 114, 148.
邇 *eùl* T. 39.
邊 *pîan* 43.

163.e
邑 *ï* p. 19.
那 *ná* 127.
邦 *pâng* T. 16.
邪 *yê* 86.
郊 *kiaô* T. 67.
郎 *lâng* 113.

部 *poú* 9.
都 *toû* 39.
鄧 *têng* T. 134.
鄭 *tchíng* T. 16.

164.e
酉 *yeoù* p. 19
配 *phéi* T. 91.
酒 *tsieoù* 132.
酬 *tchheoû* T. 64.
醉 *tsoüi* 164.

醫 *î* 83.

165.e
釆 *pìan* p. 19.

166.e
里 *lì* p. 19.
重 *tchoúng* 79.

167.e
金 *kîn* p. 19.
鈇 *foû* T. 112.
鉞 *youĕï* T. 112.

鉤 *keoû* T. 138.
銀 *yên* 117.
銅 *thoûng* 113.
錦 *kìn* T. 111.
錯 *thsó* 132.
鑑 *kían* (miroir.)

168.e
長 *tchâng* p. 19.

169.e
門 *mên* p. 19.
開 *khâï* 145.
闇 *'àn* T. 111.

170.e
阜 *feoù* p. 19.
阪 *fàn* 7.
阱 *tsíng* T. 39.
阿 *ô, â* 113.
陛 *pí* 56.

陵 *lîng* T. 52.
陸 *loŭ* 49.
陷 *hián* T. 39.
陳 *tchîn* 66, T. 64.
陰 *yên* obscurité.
隊 *toúï* T. 108.
隨 *soûi* 142.
險 *hiàn* T. 52.
隱 *yèn* 43.

171.e
隶 *táï* p. 19.
隸 *lí* 7.

172.e
隹 *tchôuï* p. 19.
集 *tsĭ* T. 15.
雄 *hioûng* 110.
雅 *yà* (droit.)
雌 *thseû* 110.
雖 *soûï* 68.

雜 *tsă* mélange.
離 *lî* T. 32.
難 *nán* 133.

173.e
雨 *iù* p. 19.
雪 *siouĕï* 194.
雱 *pâng* 174.
零 *lîng* 115.
霜 *chouâng* T. 108.
露 *loú* T. 108.

靈 lîng p. 56.

174.e 靑 thsîng p. 19.

175.e 非 fēï p. 19.

靡 mì T. 112.

176.e 面 mián p. 20.

177.e 革 kĕ p. 20.

鞋 hiâï 109.

178.e 韋 'wêï p. 20.

179.e 韭 kieoù p. 20.

180.e 音 yēn p. 20.

韶 chaô T. 16.

181.e 頁 hiĕï p. 20.

順 chún T. 55.

須 siû T. 32.

頭 theoû 111.

顏 yân 47.

願 youán 48.

類 loúï 102.

顧 koú T. 51.

顯 hiàn 103.

182.e 風 foûng p. 20.

183.e 飛 fēï p. 20.

184.e 食 chĭ p. 20.

飲 yén 104.

飯 fán 160.

飽 paò 164.

餓 'ó 147.

餘 iû 51.

饗 hiàng T. 59.

185.e 首 cheoù p. 20.

186.e 香 hiāng p. 20.

187.e 馬 mà p. 20.

馬 mà 8.

駕 kià 121.

駭 kiáï T. 144.

驅 khiû T. 39.

驕 kiaô 62.

188.e 骨 koŭ 20.

體 thì T. 56.

189.e 高 kaô p. 20.

190.e 髟 pieoû p. 20.

191.e 鬥 téou p. 20.

192.e 鬯 tchháng p. 20.

193.e 鬲 lĭ p. 20.

194.e 鬼 kouèï p. 20.

鬼 kouèï 8.

195.e 魚 iû p. 20.

魯 loù 65.

鮮 siàn 26.

鯉 lì 4.

196.e 鳥 niaò p. 20.

鳴 mîng 2.

鳶 yoûan T. 47

鴣 koŭ T. 55.

鶴 *hŏ* T. 21.

197.e 鹵 *loù* p. 20.

198.e 鹿 *loŭ* p. 20.

麀 *yeoû* 160.

199.e 麥 *mĕ* p. 20.

200.e 麻 *mâ* p. 20.

麼 *mô* 160.

201.e 黃 *hoâng* p. 21.

202.e 黍 *chù* p. 21.

203.e 黑 *hĕ* p. 21.

默 *mĕ* T. 96.

點 *tiàn* 157.

204.e 黹 *tchì* p. 21.

205.e 黽 *mìng* p. 21.

黿 *yoûan* T. 92.

鼉 *thô* T. 92.

鼈 *piĕï* T. 92.

206.e 鼎 *tìng* p. 21.

207.e 鼓 *koù* p. 21.

208.e 鼠 *chù* p. 21.

209.e 鼻 *pí* p. 21.

210.e 齊 *thsî* p. 21.

211.e 齒 *tchhì* p. 21.

212.e 龍 *loûng* p. 21.

213.e 龜 *koûeï* p. 21.

龜 *koûeï* T. 87.

214.e 龠 *yŏ* p. 21.

TABLE

DES CARACTÈRES

DONT LE RADICAL EST DIFFICILE À RECONNOÎTRE,

Arrangés d'après le nombre des Traits qui les composent.

Nota. Ceux des caractères contenus dans la Table précédente, dont le radical est difficile à reconnoître [39], sont rangés ici suivant le nombre des traits qui les composent, en commençant par un, deux, &c. Un chiffre romain placé à la tête de chaque section fait connoître de combien de traits sont formés les caractères qui s'y trouvent réunis. Ainsi, pour y chercher un caractère difficile, il faut compter le nombre total des traits qui s'y trouvent, et recourir à la section à la tête de laquelle ce même nombre est exprimé. Le chiffre placé au-dessous de chaque caractère est le numéro de la clef ou du radical auquel il appartient : il peut donc servir de renvoi, soit à la Table générale qui précède, soit à celle des 214 clefs [pag. 11 — 21], où l'on pourra recourir pour comparer le radical à son dérivé. — On n'a pas compris ici les caractères qui sont composés de deux radicaux seulement, parce que, à l'égard de ces sortes de caractères, il n'y a pas d'économie de temps ni de peine à recourir à la table des caractères difficiles : on les trouve aussi vîte, en les cherchant successivement sous les deux radicaux, avec la chance de les rencontrer sous le premier auquel on aura rapporté le caractère.

Comme il peut arriver, sur-tout dans les commencemens, qu'on se trompe d'un trait en plus ou en moins, dans la supputation des traits d'un caractère [40], on fera bien de jeter les yeux sur la section qui suit et sur celle qui précède la section à laquelle on aura cru devoir le rapporter.

II.

七 1.
乃 4.
九 5.
了 6.

III.

下 1.
上 1.
久 4.
也 5.
于 7.
凡 16.
己 49.
巳 49.
才 64.

IV.

不 1.
丑 1.
中 2.
之 4.
予 6.
五 7.
井 7.
以 9.
今 9.
仄 9.
內 11.
六 12.
公 12.
兮 12.
切 18.
分 18.
化 21.
午 24.
及 29.
友 29.
天 37.
夫 37.
巴 49.
王 96.

V.

丘 1.
世 1.
且 1.
主 3.
乎 4.
乍 4.
令 9.
出 17.
加 19.
北 21.
半 24.
卯 26.
可 30.
左 48.
平 51.
年 51.
弗 57.
必 61.
正 77.
母 80.
民 83.
由 102.
甲 102.
申 102.

VI.

全 11.
危 26.
后 30.
同 30.
向 30.
在 32,
夙 36.
夷 37.
字 39.
存 39.
州 47.
曲 73.
有 74.
朱 75.
此 77.
死 78.
永 85.
百 106.
考 125.
西 146.

VII.

兕 7.
兵 12.
初 18.
垚 24.
吳 30.
赱 32.
坐 32.
孝 39.
廷 54.

弟 57.
我 62.
攸 66.
更 73.
来 9, 75.
每 80.
求 85.
罕 122.

VIII.

並 1.
事 6.
亟 7.

來 9.
兩 11.
其 12.
典 12.
卓 24.
卑 24.
卷 26.
受 29.
命 30.
周 30.
夜 36.
奉 37.

孟 39.
尚 42.
幸 51.
并 51.
所 63.
承 64.
東 75.
果 75.
武 77.
毒 80.
者 125.

IX.

前 18.
南 24.
咸 30.
哉 30.
哀 30.
変 35.
奏 37.
威 38.
幽 52.
巽 57.
拜 64.

甚 99.
皆 106.
美 123.
者 125.
胡 130.
重 166.

X.

乘 4.
唐 30.
哥 30.
堯 32.
奚 37.

專 41.
差 48.
師 50.
席 50.
書 73.
栽 75.
烖 86.
烏 86.
眞 109.
能 130.
豈 151.
酒 164.

XI.

乾 5.
冕 13.
參 28.
執 32.
孰 39.
將 41.
密 46.
御 60.
旣 71.
望 74.
焉 86.

率 95.
衆 109.
禽 114.
章 117.
脩 130.

XII.

喜 30.
善 30.
喪 30.
報 32.
尋 41.
尊 41.

就 43.
巽 49.
幾 52.
最 73.
曾 73.
朝 74.
期 74.
欽 76.
爲 87.
衆 109, 143.
童 117.
舜 136.
象 152.

XIII.

塞 32.
愛 61.
感 61.
會 73.
楚 75.
羣 123.
義 123.
聖 128.
號 141.
裏 145.
載 159.
農 161.

XIV.

亂 5.
嘉 30.
嘗 30.
壽 33.
夢 36.
爾 89.
疑 103.
聚 128.
臺 133.
與 134.
蜜 142.

XV.

慶 61.
憂 61.
樂 75.
魯 195.

XVI.

學 39.
曁 72.
歷 77.
熹 86.
燕 86.
翰 124.
興 134.
豫 152.
賴 154.

XVII.

應 61.
營 86.
聲 128.
膺 130.
舉 134.

XVIII.

歸 77.
爵 87.

XIX.

嚭 30.
獸 34.

XX. et au-dessus.

嚴 30.
獻 94.
變 149.
靈 173.
[illegible] 134.

TABLE

DES MOTS DISSYLLABIQUES

ET

DES EXPRESSIONS COMPOSÉES

Dont l'explication se trouve dans cette Grammaire.

Nota. Quoique l'on ait eu soin de placer à côté de chaque caractère cité dans cette grammaire, son interprétation littérale en latin, on a dû excepter ceux qui sont employés en construction avec d'autres pour former des mots composés. Pour ces derniers, on a réuni, par un tiret, les caractères qui servent à les former, et l'on s'est borné à indiquer le sens du composé, à côté de l'un de ces caractères. On trouvera dans la Table suivante toutes les expressions de ce genre, usitées, soit en *Kou-wen*, soit en *Kouan-hoa*, qui sont citées dans ce volume, avec le renvoi à la page où elles se trouvent expliquées, et où l'on doit chercher les caractères qui servent à les écrire. En jetant les yeux sur cette réunion de termes polysyllabiques, on y trouvera la matière d'une observation importante : c'est qu'en les employant, les Chinois peuvent, quand ils le trouvent bon, éviter l'inconvénient des homonymes [57]. Sur plus de quatre cents expressions polysyllabiques que le hasard a réunies dans ce volume, à peine y a-t-il deux ou trois exemples d'homonymies ; et si l'on a égard à la différence des accens, il n'y en a pas du tout. De là, la faculté de transcrire, en lettres alphabétiques, ces polysyllabes qui ne prêtent à aucune équivoque, et que, par cette raison, nous nous bornons à présenter ici en lettres latines, pour qu'ils occupent moins d'espace.

Les chiffres placés après chaque mot renvoient aux pages de la Grammaire ; ceux qui sont précédés de la lettre T renvoient aux pages du *Tchoung-young.* Voyez la note en tête de la première Table.

CH

F

H

I, Y

O

P, PH

S, SS

T, TH

TCH, TCHH

TS, THS

W, 'W

TABLE

DES ABRÉVIATIONS.

Nota. On a écrit en abrégé les termes grammaticaux qui revenoient souvent. On donne ici la liste de ces Abréviations, avec le renvoi au paragraphe où le sens de chacun de ces termes est plus particulièrement exposé.

n. g.	*nota genitivi* (81 , 297).
p. r.	*particula relativa* (98, 302).
p. n.	*particula numeralis* (113, 309).
p. o.	*particula ordinalis* (117).
p. e.	*particula expletiva* (190, 289, 291).
p. f.	*particula finalis* (198, 223, 234, 278).
p. i.	*particula interrogativa* (210, 217, 223, 402).
p. a.	*particula admirativa* (183, 208, 223).
n. f.	*nota futuri* (161 , 356).
n. pr.	*nota præteriti* (162, 163, 164, 351, 353, 354).
v. a.	*verbum auxiliare* (345).

TABLE

DES MATIÈRES.

FIN.

海上絲綢之路文獻集成 科技與文化編

ERRATA.

PAGE XXIII, (2)........................ lisez (1)

8, dernière note, (1)........................ (2)

17, note (1), lcs........................ les

32, ajoutez la syllabe *won* à celles qui commencent par un *w*.

101, 氾蒙 lisez 氾濛

On a supposé cette correction faite dans le renvoi qui est à la dernière colonne de la page 192.

Nota. On n'indique point ici de corrections pour les accens omis ou mal indiqués dans la prononciation des caractères. Ces fautes sont en petit nombre, et ne sont d'aucune conséquence.

Lors de la publication du tome XI des *Notices et Extraits des Manuscrits*, on donnera un *Errata* pour l'édition chinoise et mandchou du *Tchoung-young* qui fait partie du tome X.

国家出版基金项目
NATIONAL PUBLICATION FOUNDATION

海上絲綢之路文獻集成

總主編　陳支平　陳春聲

科技與文化編 67

主編　王揚宗　葉　農

海峽出版發行集團
THE STRAITS PUBLISHING & DISTRIBUTING GROUP
福建人民出版社

本册目次

漢語官話語法

（*Grammaire mandarine, ou principes généraux de la langue chinoise parlée*）

〔法〕巴贊（Antoine Pierre Louis Bazin）著

《漢語官話語法》，法國巴贊著。巴贊（Antoine Pierre Louis Bazin，一七九九—一八六二），法國漢學家。出生於法國聖布里斯-蘇福雷，早年於法蘭西學院學習，師從雷慕沙與儒蓮。一八四〇年任東方語言學校中文教授。又曾任法國亞洲協會會長助理，於該會刊物《亞洲學報》發表大量論文。主要著（譯）作有《中國戲劇選》、《元朝時代》等。是書側重漢語口語語法之研究，與雷慕沙之研究一脈相承。全書分十一部分，分述名詞、形容詞、代詞、動詞、副詞、介詞、連詞、感歎詞等詞類及漢語句法等，書前有長篇導論。據一八五六年巴黎版影印。

GRAMMAIRE MANDARINE,

OU

PRINCIPES GÉNÉRAUX
DE LA LANGUE CHINOISE PARLÉE,

PAR M. A. BAZIN,

PROFESSEUR DE CHINOIS MODERNE
À L'ÉCOLE IMPÉRIALE ET SPÉCIALE DES LANGUES ORIENTALES VIVANTES,
SECRÉTAIRE ADJOINT DE LA SOCIÉTÉ ASIATIQUE.

PARIS.

IMPRIMÉ PAR AUTORISATION DE L'EMPEREUR
A L'IMPRIMERIE IMPÉRIALE.

———

M DCCC LVI.

INTRODUCTION.

Cette Grammaire est le développement complet du système que j'ai exposé, en 1845, dans la quatrième section de mon *Mémoire sur les principes généraux du chinois vulgaire*.

Frappé de l'art singulier avec lequel les Chinois agrégent leurs monosyllabes pour former des locutions, j'avais essayé de montrer que la composition des mots dans le *Kouan-hoa'* n'est pas un procédé incertain.

A plusieurs égards, mon Mémoire pouvait paraître défectueux, non point dans la quatrième section, mais dans la deuxième, consacrée aux rapports qui subsistent entre l'écriture et le langage, et dans la troisième, où j'établissais le parallèle de la langue écrite et de la langue parlée.

J'avais recherché l'époque à laquelle les Chinois ont commencé à écrire la langue vulgaire. Si l'on étudie les principaux monuments de cette langue, le dialogue des pièces de théâtre et les romans, on n'observe pas que le style devienne plus concis à proportion qu'on s'éloigne davantage du temps où nous vivons; et, comme, en remontant toujours, on ne trouve plus ni Kouan-hoa', ni

海上絲綢之路文獻集成 科技與文化编

romans, ni pièces de théâtre, il me paraissait assez vraisemblable, d'une part, que le Kouan-hoa' écrit ou le 文墨 *Wen-mĕ* avait commencé avec les pièces de théâtre et les romans; d'autre part, que, sous la dynastie mongole des Youèn, l'art d'écrire comme on parle avait fait des progrès considérables. Le siècle des Youèn avait été, j'imaginais, une époque pour la langue vulgaire.

Depuis que ce Mémoire a été écrit, des circonstances heureuses m'ont permis de conférer sur l'origine du Kouan-hoa', sur sa nature, sur le monosyllabisme qu'on lui attribue, avec trois Sièn-seng fort habiles, Ou Tan-jin, originaire du Tche-kiang, Wang Ki-yè, originaire de Péking, et Tcho Siang-lan, originaire du 'Kouang-toung. Wang Ki-yè, amené à Paris vers la fin de 1852, y a fait un séjour de quatorze mois. Lié d'amitié avec lui, j'ai pu recueillir quelques précieuses lumières[1]; et, quant à la nature de la langue, ma persuasion aujourd'hui est que les Chinois ne reconnaissent pas dans le 書話 *Chou-hoa'* et le 俗話 *Sŏu-hoa'* deux langues différentes l'une de l'autre, mais deux formes de la même langue, l'une écrite, l'autre parlée; l'une savante, l'autre vulgaire; suivant eux, ces deux formes ont toujours existé.

En Europe, on part d'un autre principe. On s'est habitué à regarder le Kou-wen ou la langue des anciens livres comme le prototype commun du Kouan-hoa' et de tous les idiomes parlés. Dans le système de Prémare, en effet, dans le système de Morrison et de M. Abel-Rémusat, qu'est-ce que le Kou-wen? Une langue qui a été parlée, une langue mère, sans analogie avec aucun autre idiome connu. Qu'est-ce que le Kouan-hoa'? un idiome dérivé[2].

[1] Voy. mes *Recherches sur les institutions administrat. et municip. de la Chine*, p. 8.

[2] Cette grande question (l'origine des dialectes) a été traitée par M. J. Edkins dans le *Journal de la Société asiatique* de Houng-koung.

Qu'est-ce qu'un dialecte? un idiome tertiaire[1]. Le P. Gonçalves, il est vrai, dans son *Arte China,* envisage la langue chinoise comme renfermant deux parties très-distinctes ou deux formes principales : une forme qu'il appelle *sublime,* et une forme qu'il nomme *vulgar;* mais il attribue à ces deux formes, dont il semble reconnaître, avec les Chinois, l'existence simultanée, un monosyllabisme absolu.

Or, telle est précisément l'opinion que j'ai combattue dans mon Mémoire sur les principes généraux du chinois vulgaire. Je n'ai pas craint d'affirmer qu'on s'était mépris sur la nature des deux formes; qu'on avait confondu le monosyllabisme *absolu* de la langue écrite avec le monosyllabisme *relatif* de la langue parlée, monosyllabisme conditionnel, qui ne se révèle d'ordinaire que par la décomposition facultative des mots, dont je parlerai plus tard; j'ai soutenu que le *Kou-wen,* ou la langue des anciens livres, n'avait été qu'un idiome artificiel et de convention, qui s'écrivait et ne se parlait pas; que les caractères ou les mots de la langue écrite 字 *tseu',* ne sont pas toujours des mots 言 *yên* dans la langue parlée; qu'il arrive même, la plupart du temps, qu'un monosyllabe n'est

[1] M. J. Edkins a trouvé tout récemment un dictionnaire de la langue mandarine, composé sous les Youèn par 周德清. La date de cet ouvrage précieux coïncide avec l'âge du monument que M. Wylie vient de découvrir à Chang-haï, monument sur lequel on lit une proclamation chinoise de Khoubilaï-khan, écrite en caractères chinois et en caractères mongols. Ces deux ordres de témoignages nous montrent, d'après M. Edkins, que la langue mandarine possédait encore, à l'époque des Mongols, la consonne *m* finale du Fou-kièn' et du ʽKouang-toung, en même temps que les consonnes initiales douces *g, d, b,* etc., du Kiang-nan et du Tche-kiang; d'un autre côté, que les monosyllabes terminés par une voyelle et affectés du ton bref ou rentrant, avaient déjà perdu les consonnes finales *k, t, p;* que le monosyllabe *hïo* (étude) se prononçait alors *hiao,* etc.; que le Kouan-hoa', par conséquent, ou la langue chinoise telle qu'on la parle aujourd'hui, *doit être regardé comme une langue moderne, relativement aux idiomes du ʽKouang-toung et du Fŏu-kien'.*

qu'une partie intégrante d'un mot. A cette assertion étrange de M. Abel-Rémusat : « *Pour qu'on pût s'entendre en parlant,* on a substitué des mots composés aux termes simples qui prêtaient à trop d'équivoques, à cause des mots homophones [1], » je me suis récrié. Au fond, je ne saurais encore m'imaginer qu'aucune langue ait été formée de la sorte, et, comme l'a remarqué M. Ernest Renan dans un ouvrage plein d'érudition et de connaissances, la théorie générale du langage élève, contre cette manière de concevoir les choses, d'insurmontables difficultés. « L'histoire des langues, ajoute le savant philologue, ne fournit pas un seul exemple d'une nation qui, par le sentiment des défauts de son langage, se soit créé un idiome nouveau ou ait fait subir à l'ancien des modifications librement déterminées. Une des lois qui s'observent le plus généralement, dans les diverses familles de langues, est celle qui place à l'origine la synthèse et la complexité [2]. »

On croit trouver dans le Chi-king un monument de la langue vulgaire sous les Tcheou; mais il est difficile de se figurer comment une langue aussi savante, aussi artificielle, a pu être vulgaire, j'irai plus loin, comment elle a pu être parlée. On y compte un trop grand nombre de caractères, ayant des significations très-diverses et qui se prononcent exactement de la même manière. Se laissera-t-on persuader que les Chinois, dans le langage commun, aient jamais donné le même nom à trente ou quarante objets différents? La Grammaire mandarine, en montrant que les Chinois d'aujourd'hui ne parlent pas comme ils écrivent, servira peut-être à établir cette opinion très-probable qu'à l'époque de la rédaction des King, les Chinois n'écrivaient pas comme ils parlaient. La langue

[1] Abel-Rémusat, *Éléments de la Grammaire chinoise*, p. 36.

[2] *Histoire générale des langues sémitiques*, par Ernest Renan, Ire partie, page 443.

海上絲綢之路文獻集成 科技與文化编

des King est une langue impénétrable pour le peuple. Évidemment les poésies du *Chi-king,* monument de la langue écrite, différaient autant de la langue que l'on parlait au temps du *Tchun-thsiéou,* que les romances de Tou-fou et de Li Thaï-pe diffèrent aujourd'hui du Kouan-hoa'. L'existence simultanée des deux langues ou des deux formes, au temps de Confucius, n'est un mystère pour personne à la Chine, et, de ce que les monuments de la langue vulgaire ont disparu, il n'en faut pas conclure que la langue chinoise des Tcheou ait été parlée dans la forme où nous la voyons écrite. Quant au reproche d'homophonie qu'on adresse aux mots de la langue des livres, ce reproche tombe dès qu'on cesse de prendre les caractères pour les mots de la langue parlée. Si, dans la langue écrite, le monosyllabe *kin,* prononcé suivant la première intonation, signifie : bonnet, hache, or, maintenant, etc., dans la langue parlée, il faut dire *mao'-'tseu* pour un bonnet, *'fou-'tseu* pour la hache, *hoang-kin* pour l'or, *jou-kin* pour maintenant, etc. Où est donc l'homophonie? Que l'on veuille bien examiner la théorie de la formation des mots dans la langue mandarine, on se convaincra tout de suite que le mot écrit a sa forme et que le mot parlé a la sienne.

Dans l'antiquité, chaque royaume de la Chine possédait son dialecte. Ce qui a manqué aux quatre premières dynasties, aux Thsin et même aux Han, c'est le Kouan-hoa'; c'est une langue commune, homogène, universelle, parlée dans tous les royaumes ou dans toutes les provinces. L'origine du Kouan-hoa' est certainement postérieure à l'introduction du bouddhisme à la Chine. Dans les prolégomènes du Dictionnaire impérial de Khang-hi, l'auteur chinois ne fait nulle difficulté d'avouer que, jusqu'à la dynastie des Han (l'an 202 avant J. C.), les lettrés n'ont point connu l'écriture alphabétique ou le système des sons initiaux (consonnes) et des sons finaux (voyelles et diphthongues) 漢儒識文字而不識字母; mais, observe-t-il, après l'introduction de l'alphabet sanscrit dans l'empire chinois, on adopta trente-six caractères qui furent regardés comme les mères des autres 以三十六字爲母, c'est-à-dire trente-six caractères représentatifs des consonnes de cet alphabet, et on les divisa en séries [1]. Il est une chose qui montre la délicatesse de l'organe chinois, c'est qu'en réunissant les sons finaux (les voyelles et les diphthongues), deux à deux ou trois à trois, on compta cent huit combinaisons de cette espèce, usitées dans la langue [2].

Après qu'on eut discerné les sons initiaux (les consonnes) et les sons finaux (les voyelles et les diphthongues), on trouva le moyen d'indiquer la prononciation des mots dans les dictionnaires. Ce fut sous le règne de Wou-ti, fondateur de la dynastie des Léang, vers l'an 505 (après J. C.), que s'apprit l'usage du mode d'épellation, nommé par les Chinois 切字法 *thsïei-tseu'-fă*. Enfin, dans la période I-foung de la dynastie des Thang (676-679 après J. C.), on publia le 唐韻 *Thang-yun*, ouvrage dans lequel les caractères sont arrangés d'après l'ordre des tons. Ce grand vocabulaire, le premier qui ait été composé suivant l'ordre tonique, devint la règle et la base du Kouan-hoa'. Avant l'introduction de l'alphabet sanscrit et tant que l'art de l'épellation est resté inconnu des

[1] Le *Tseu'-wei*, dictionnaire publié sous les Ming, est plus explicite à cet égard que le dictionnaire de Khang-hi. On lit dans la préface: «Chin-yo est le premier qui ait appliqué au chinois le système indien de la concordance des sons; l'historiographe eut pour continuateur Chin-koung, religieux de la secte de Bouddha, etc. 韻學自沈約始而釋神珙繼。» Chin-yo était historiographe impérial, sous la dynastie des Soung du nord.

[2] Abel-Rémusat, *Éléments de la Grammaire chinoise*, p. 24.

海上絲綢之路文獻集成 科技與文化編

Chinois, la langue n'avait pas une prononciation universellement arrêtée. Comment, en effet, indiquer la prononciation exacte d'un caractère, distinguer une consonne d'avec une voyelle ou une diphthongue, quand on ignore l'usage des lettres? Il est de principe aujourd'hui que tout monosyllabe chinois commence par une articulation et finit par une voyelle ou une diphthongue; mais, sous la dynastie des Han, les hommes les plus habiles n'en savaient rien. La modification profonde que subit l'art de prononcer les mots, au premier contact de l'écriture chinoise et de l'écriture alphabétique, fut un événement. Cet événement est signalé avec beaucoup d'enthousiasme, et surtout avec beaucoup de candeur, dans la préface du Dictionnaire de Khang-hi. Tel est le merveilleux avantage que les Chinois retirèrent de la philologie comparée.

Le Kouan-hoa' est donc une langue moderne. Selon le *Tcheng'-in-thsŏ-yao'*, la prononciation exacte des caractères est ce qu'on appelle vulgairement le *Kouan-hoa'*; suivant Ou Tan-jin, le Kouan-hoa', c'est la langue que l'on parle avec une prononciation correcte. Cette langue se divise en deux branches principales. Il y a le *Pĕi-kouan-hoa'* 北官話, ou le Kouan-hoa' du nord, et le *Nan-kouan-hoa'* 南官話, ou le Kouan-hoa' du midi. Le Kouan-hoa' du nord est le dialecte de Péking; le Kouan-hoa' du midi, le dialecte de Nanking.

Les divergences entre le dialecte de Péking et le dialecte de Nanking sont assez peu considérables. Chacun d'eux a ses locutions préférées. Les phrases, peut-être, sont d'un tour plus naturel et plus agréable dans le dialecte de Péking, plus correct et plus châtié dans le dialecte de Nanking. Les particules interrogatives et les finales varient; mais ces idiomes n'offrent entre eux aucune différence grammaticale. Quand on comprend à la première vue le dialogue d'une pièce de théâtre écrite dans le dialecte de Nanking, on est en état de lire le *Houng-leou-meng* [1], écrit d'un bout à l'autre dans le dialecte de Péking.

« Puisque le Kouan-hoa' est la langue commune, est-il dit dans le *Tcheng'-in-thsŏ-yao'*, d'où vient qu'il existe un Kouan-hoa' du nord et un Kouan-hoa' du midi [2] ? C'est, répond-on, parce que la prononciation n'est pas toujours la même dans les deux dialectes. A Péking, par exemple, on n'articule pas le *k* devant l'*i* comme à Nanking; on change le *s* en *ch*, le *h* en *kh*, etc. Dans les provinces méridionales, la langue est plus adoucie [3]. Tout cela prouve que le mot composé *Kouan-hoa'* s'applique, en général, à la prononciation.

Mais, de quelque manière qu'on les prononce, les mots n'en subsistent pas moins. L'idiome qui est devenu le Kouan-hoa', c'est-à-dire une langue commune, homogène, universelle, a toujours été parlé. On le croit naturel aux habitants de la province de Kiang-nan. Son passage de l'état dialectique 俗話 à l'état d'une langue commune 官話 s'explique facilement par le *thsĕi-tseu'-fă* (art d'indiquer la prononciation des mots), dont l'usage remonte à la dynastie des Thang. On le parlait ailleurs que dans le Kiang-nan, mais avec une prononciation incorrecte et vicieuse, avec des locutions impropres, quelquefois avec des mots d'une provenance étrangère.

Malgré les variations et les modifications que le temps amène dans les idiomes, le Kouan-hoa' s'est maintenu jusqu'à nos jours tel qu'il était sous les Soung. Tout en reconnaissant moi-même que le chinois a l'inappréciable avantage de ne se modifier que très-

[1] Les *Songes du Pavillon rouge*.

[2] Voyez l'ouvrage intitulé : *Tcheng-in-thso-yao*, chap. IV, p. 1.

[3] Abel-Rémusat, *Éléments de la Grammaire chinoise*, p. 34.

海上絲綢之路文獻集成 科技與文化編

lentement, que, si l'on voulait juger des variations de cet idiome ou des modifications qu'il a subies avec le temps, on ne devrait pas prendre nos idiomes d'Europe pour objets de comparaison, je me figurais néanmoins que le Kouan-hoa', par un progrès naturel, avait changé tant soit peu de caractère. Telle n'est pas l'opinion de Ou Tan-jin et de Tcho Siang-lan. Suivant ce dernier, on parle aujourd'hui comme on parlait sous les Ming, sous les Youèn, sous les Soung 話當相同. Les dialogues du *Si-siang-ki* (Histoire du pavillon occidental), dont les neuf dixièmes sont du Kouan-hoa' 官話十九, nous offrent un monument de la langue parlée sous les Soung; or il est visible par ces dialogues que le Kouan-hoa' ne s'est pas modifié.

Ou Tan-jin est allé plus loin. Il a prétendu que, depuis l'antiquité jusqu'à nos jours, la langue parlée a toujours été la même 自古迄今說話皆同, que la langue des anciens ne différait pas de la langue des modernes 古之話猶今之話也, enfin, que les variations et les modifications que l'on aperçoit dans la langue des livres n'ont jamais existé dans la langue parlée; cette opinion me paraît insoutenable. J'admettrai, si l'on veut, que la langue du pays a toujours subsisté, du moins quant au fond; j'admettrai que le Kouan-hoa' n'a point varié depuis la dynastie des Thang ou depuis la dynastie des Soung, car enfin on ne marque point précisément une époque où les Chinois ont cessé de parler un dialecte quelconque et commencé à parler le Kouan-hoa'; mais qu'est-ce qu'une théorie dans laquelle on ne tient aucun compte des changements qui s'introduisent dans le langage, quand le langage n'est pas encore fixé, aucun compte des accroissements qu'il reçoit, des altérations qu'il éprouve? Telle n'est pas, du reste, l'opinion de Tcho Siang-lan. Celui-ci croit, avec raison,

海上絲綢之路文獻集成 科技與文化编

que les hommes de l'antiquité, comme ceux d'aujourd'hui, ne pouvaient se passer les uns des autres, qu'ils émigraient parfois, que le contact des idiomes du nord et du midi amena, sans aucun doute, des altérations profondes dans le langage. «Mon humble opinion, m'a-t-il dit, est que la langue vulgaire a éprouvé, avec le temps, des altérations et a reçu des accroissements 愚意俗話固有隨時遞增者. Quand les hommes du midi s'établirent dans le nord 如南人徙北, quoiqu'ils fussent obligés de parler l'idiome du nord 雖北話是從, il était impossible qu'en parlant, ils n'y mêlassent point l'idiome du midi; à la longue et à force d'habitude, cet amalgame est devenu une loi 久而相沿自成一律. Il en a été de même, quand les hommes du nord s'établirent dans le midi. Si les choses se sont passées ainsi 如是, la langue ancienne différait de la langue moderne par quelques endroits 古今話言各有異處. Rien donc n'était plus nécessaire que d'établir l'unité du langage au moyen du Kouan-hoa' 尤須齊之以正音焉.»

Cette manière de penser sur la question est plus circonspecte et beaucoup plus exacte; elle se rapproche tout à fait de la nôtre.

Avant les Thang, le Kouan-hoa' d'aujourd'hui n'était, comme on l'a vu, que l'idiome du Kiang-nan. Sous les Tcheou, les variétés dialectiques nuisaient à la communication des affaires. Tous les monuments attestent que, dans les principautés tributaires ou dans les petits royaumes de la dynastie des Tcheou, il se parlait, au temps de Confucius, des dialectes qui n'étaient pas compris d'un royaume à l'autre. Il n'y avait, par exemple, aucune ressemblance de la langue de Thsi avec la langue de Thsou. Thsi est le nom d'une ancienne principauté orientale conférée par Wou-wang à Thaï-koung, l'an 1122 avant J. C. A l'époque du Tchun-thsieou, elle était devenue un royaume, qui occupait la partie nord du Chan-toung. Thsou est le nom d'une autre principauté, conférée par Wou-wang; à l'époque du Tchun-thsieou, elle était devenue un royaume, qui comprenait tout le Hou-kouang. On voit par là qu'il existait, sous les Tcheou, une différence de prononciation très-grande entre le nord et le midi; cette différence est encore marquée. Quant à la langue de Thsi, c'était la langue de Confucius, originaire du Chan-toung.

Quelques passages du *Khoung-tseu-kia-iu* nous autorisent à croire que ce philosophe parlait couramment la langue de Thsou. Peut-être que les deux langues n'étaient au fond que deux dialectes, se distinguant l'un de l'autre par la prononciation 音殊而義同; toutefois, comme il n'existe aujourd'hui aucun spécimen de ces idiomes, la question de savoir jusqu'à quel point la langue des Tcheou différait du chinois moderne me paraît insoluble par les livres, par les monuments écrits. « Les hommes de la haute antiquité, dit Ou Tan-jin, parlaient comme nous la langue vulgaire 上古之人亦有問答之話; mais les livres qui la renfermaient n'ont pas été transmis à la postérité dans la forme où ils avaient été primitivement écrits. La langue que l'on parle n'est pas la langue des livres. On a remarqué que les écrits en langue vulgaire disparaissaient au bout de quelques siècles. Quand un ouvrage de ce genre mérite d'être conservé, on substitue le littéral au vulgaire 去俗成文, c'est-à-dire on substitue l'idiome savant (*wen*), tel qu'il est dans les auteurs, à l'idiome vulgaire (*sŏu*), qui se trouve dans l'ouvrage[1]. »

J'arrive maintenant aux rapports de la langue écrite et de la langue parlée.

[1] Dans ce passage, Ou Tan-jin argumente sur une hypothèse qu'il pose.

On appelle *caractères* les signes de l'écriture chinoise. Les caractères sont composés de traits; mais ces traits élémentaires, au nombre de *neuf*, ne représentent pas, comme nos lettres, les éléments de la parole.

Les caractères font naître dans l'esprit de ceux qui les aperçoivent les idées dont ils sont les signes; il n'en est pas ainsi des monosyllabes affectés *conventionnellement* à la prononciation de ces caractères.

On appelle *tseu'* 字 les mots de la langue écrite; on nomme *yèn* 言 les mots de la langue parlée.

Dans la langue écrite, chaque caractère (*tseu'*) est un mot (*yèn*) 字爲一言. Ces mots sont, en général, des termes simples. J'appelle *terme simple* un monosyllabe, qui s'écrit avec un seul caractère et exprime une idée. Tels sont : 房 *fang,* maison; 孝 *hiao',* piété filiale; 父 *fou',* père; 兄 *hioung,* frère aîné; 林 *lin,* forêt; 意 *i',* pensée; 三 *san,* trois; 商 *chang,* marchand. Dans la langue parlée, il est rare qu'un mot (*yèn*) soit exprimé par un caractère (*tseu'*). Les mots y sont, en général, des mots composés. J'appelle *mot composé* un mot formé de l'agrégation de plusieurs monosyllabes, qui s'écrit avec plusieurs caractères et n'exprime cependant qu'une idée. Tels sont : 房子 *fang-'tseu,* maison; 孝順 *hiao'-chun',* piété filiale; 父親 *fou'-thsin,* père; 哥哥 *ko-ko,* frère aîné; 樹林 *chou'-lin,* forêt; 意思 *i'-sse',* pensée; 三个 *san-ko',* trois; 買賣人 *'maè-maï'-jin,* marchand[1].

« Dans la langue écrite, dit M. Abel-Rémusat, les mots peuvent être pris successivement comme substantifs, comme adjectifs, comme verbes, quelquefois même comme particules. Pour marquer précisément le sens où un mot est pris et le rôle qu'il joue dans

[1] Voyez mon *Mémoire sur les principes généraux du chinois vulgaire*, p. 50 et 51.

la proposition, on doit recourir au sens du contexte et à la position relative des mots[1]. » « La langue chinoise, suivant M. G. de Humboldt, ne marque jamais la catégorie grammaticale à laquelle les mots appartiennent[2]. » Tout cela est vrai de la langue écrite, mais la langue écrite, encore une fois, n'est qu'un idiome artificiel et de convention; le mot écrit a sa forme, le mot parlé a la sienne. Dans le chinois, tel qu'il se parle, chaque espèce de mots est caractérisée; il y a, comme chez nous, des substantifs, des adjectifs, des verbes, des adverbes, tandis que, dans le chinois, tel qu'il s'écrit, il n'y a que des caractères. Dès qu'un mot (*yèn*) est articulé, on reconnaît sur-le-champ que, ce mot est de telle espèce et n'est pas d'une autre. On reconnaît, par exemple, à la terminaison, que le mot *fă-ʿtseu* 法子, remède, moyen, et le mot *ʿma-theou* 馬頭, port, sont des substantifs et ne peuvent être que des substantifs; que le mot trissyllabique 朋友們 *pheng-ʿyeou-men,* les amis, est un substantif au pluriel, que le mot 好的 *ʿhao-tĭ,* bon, est un adjectif qualificatif; que le mot 三个 *san-ko',* trois, est un adjectif numéral, tandis que le mot de la langue écrite 三 *san,* trois, n'est qu'un caractère; que les mots 進來 *tsin'-laï,* entrer, et 認得 *jin'-tĕe,* connaître, sont des verbes, et ne peuvent être que des verbes[3].

[1] *Éléments de la Grammaire chinoise*, p. 35.

[2] *Lettre à M. Abel-Rémusat sur la nature des formes grammaticales en général, et sur le génie de la langue chinoise en particulier,* par M. G. de Humboldt. Paris 1827.

[3] Le savant auteur des *Notions élémentaires de grammaire comparée, pour servir à l'étude des trois langues classiques*, s'exprime ainsi, en parlant des parties du discours: « Notre division classique des parties du discours peut servir à la grammaire de toutes les langues indo-européennes; elle peut même s'appliquer en plusieurs points aux langues sémitiques; *mais il y a au moins un tiers des habitants du globe qui suivent des procédés tout différents dans l'expression de la pensée.* La langue chinoise ne connaît pas ces mots organisés avec un radical et des affixes; elle n'a que des monosyllabes, signes d'idées

Dans une grammaire de la langue écrite, on doit, avant tout, fixer l'ordre d'après lequel les caractères se succèdent les uns aux autres dans la phrase, pour y représenter des substantifs, des adjectifs, des verbes, etc. Si l'on prend pour exemple cette phrase: 不知之之之路 «*Pŏu-tchi-tchi-tchi-tchi-lou'*, Il ne connaît pas le chemin pour y passer», dans laquelle le caractère 之 *tchi* est répété trois fois, le monosyllabe *tchi* quatre fois, il faut montrer pourquoi le caractère 之 est pris, dans le premier cas, comme verbe, dans le second, comme pronom de la troisième personne à l'accusatif, et, dans le troisième, comme marque du rapport entre l'action de ce verbe et le substantif qui suit[1]; en un mot, il faut expliquer les règles de la construction chinoise. C'est ce qui a été fait, avec une grande sagacité, par M. Abel-Rémusat. Dans une grammaire de la langue parlée, il faut, avant tout, discerner les termes simples, ou les mots monosyllabiques, d'avec les mots formés de la réunion de deux ou de plusieurs monosyllabes qui s'agrégent et constituent les substantifs, les adjectifs, les verbes, etc., insister particulièrement, et pour chaque espèce de mots, sur la théorie

très-générales, et qui, *selon la place* qu'ils occupent dans une phrase, y remplissent *le rôle* de noms, de verbes, d'adverbes, etc. Pris dans un dictionnaire, les mots *βαίνειν*, *ambulare*, *marcher*, se reconnaissent tout de suite pour des verbes; les mots *κύριος*, *dominus*, *seigneur*, pour des noms; les mots *καλῶς*, *bene*, *bien*, pour des adverbes, et ainsi de suite. Le dictionnaire chinois n'offre pas de ces mots classés d'avance et caractérisés par leur forme grammaticale; il n'offre que des signes capables de devenir, par l'usage qu'on en fera, des verbes, des noms, des adverbes, etc.»

M. E. Egger, on le pense bien, a marché sur les traces de M. Abel-Rémusat, et le dictionnaire chinois dont il parle est, sans aucun doute, un dictionnaire de la langue écrite, car, dans la langue parlée, le mot composé *'tseou-lou'* 走路, marcher, est un verbe et ne peut être qu'un verbe; le mot composé *thièn-'tchou* 天主, le seigneur, est un substantif et ne peut être qu'un substantif; le terme simple *'hao* 好, bien, est un adverbe, dans certains cas, et ne peut être qu'un adjectif ou un adverbe.

[1] *Éléments de la Grammaire chinoise*, p. 78 et 79.

海上絲綢之路文獻集成 科技與文化編

des formes, signaler tous les procédés qu'on y trouve, exposer, enfin, les règles de la syntaxe; c'est le but que je me suis proposé.

Les monosyllabes s'agrégent donc et se combinent deux à deux, rarement trois à trois dans le chinois tel qu'on le parle. Je n'ai pas craint d'affirmer dans ma grammaire qu'un substantif chinois pouvait être composé de sept manières différentes, un verbe de trois manières différentes. Que l'on prenne tous les mots (*yèn*) que j'ai donnés; qu'on les dédouble, qu'on les arrange comme on voudra, pour parler, on aura peut-être un langage à soi, mais on ne parlera dans aucun cas le langage des autres; on n'arrivera pas à se rendre intelligible. Cette loi de l'agrégation est si impérative, qu'il y a des mots qui ne peuvent pas s'écrire seuls, comme l'adverbe *jamais*, 總沒 *'tsoung-mŏu*, ou 總不 *'tsoung-pŏu*. Il faut qu'on y joigne un verbe ou un adjectif.

« On appelle, dit Ou Tan-jin, les mots monosyllabiques 單字 *tan-tseu'*, et les mots polysyllabiques 聯字 *lièn-tseu'*. Dans les livres, il y a des caractères qui expriment à eux seuls plusieurs mots, comme dans le *Sse-ki*[1] et dans une foule d'ouvrages; mais, dans la langue parlée, les mots monosyllabiques qu'on emploie sont extrêmement rares 至於說話並用單字甚鮮. Encore bien que chaque caractère chinois représente une idée 雖則成意, tous les caractères ne sont pas des mots; c'est pourquoi, quand on écrit comme on parle, on est obligé d'unir deux ou plusieurs caractères pour former des mots 亦必聯絡成言. Ces agrégations sont fort ingénieuses[2]. » Assurément, dans une telle matière, l'autorité des Sièn-seng ou des maîtres

[1] *Mémoires historiques de Ssema-thsièn.*

[2] Voyez mon rapport sur un Manuel pratique de la langue chinoise vulgaire par M. Louis Rochet. *Journal asiatique*, octobre 1846.

du pays est d'un très-grand poids. Je reproduis encore, et avec plaisir, l'opinion de Ou Tan-jin, parce qu'elle me paraît concluante, et fortifie les principes que je cherche à établir.

Quand on analyse les mots de la langue parlée, on trouve qu'un monosyllabe perd souvent, dans la composition, le sens primitif qui lui est attribué par le caractère, cesse d'être un monosyllabe, et devient, à proprement parler, une syllabe. C'est ainsi que le monosyllabe *pa,* représenté par le caractère 把, prendre, figurant presque toujours comme un verbe auxiliaire de la première catégorie, devient, au contraire, un substantif auxiliaire et déterminatif dans le substantif composé 一 把 刀 *ĭ-ʿpa-tao,* un couteau, et finit par n'être plus qu'un monosyllabe tout à fait insignifiant, c'est-à-dire une syllabe, dans le substantif composé *ʿpa-tchou,* par lequel on désigne une plante. Si le monosyllabe *ʿtseu* 子, fils, conserve sa signification dans le substantif composé de la quatrième classe 父 子 *fou'-ʿtseu,* le père et le fils, ce monosyllabe est tout à fait insignifiant, et n'est plus qu'une syllabe dans le substantif composé 法 子 *fă-ʿtseu,* remède, moyen, où il fait l'office d'une terminaison. Le caractère 們 *men,* qui sert à former le pluriel des pronoms et des substantifs qui représentent les personnes, n'ayant par lui-même aucune signification, doit être regardé comme un affixe.

L'ordre dans lequel on combine les monosyllabes a une très-grande importance. Quelquefois les mots changent d'espèce, quand on change l'ordre des monosyllabes. 大 胆 *ta'-ʿtan* signifie courage, 胆 大 *ʿtan-ta',* courageux; 高 名 *kao-ming,* célébrité, 名 高 *ming-kao,* célèbre; 謊 說 *ʿhoang-choŭe,* mensonge, 說 謊 *choŭe-ʿhoang,* mentir. D'autres fois les mots acquièrent un autre sens. Ainsi 兄 弟 *hioung-ti'* signifie le frère cadet, 弟 兄 *ti'-hioung,*

漢語官話語法

les frères; 半斤 *pan'-kin*, une demi-livre, 斤半 *kin-pan'*, une livre et demie.

Se hâterait-on d'en conclure que le chinois, dans la forme où on le parle, ne conserve point son caractère monosyllabique? On aurait tort. Le monosyllabisme absolu est le propre de la langue écrite, comme le monosyllabisme relatif ou conditionnel est le propre de la langue parlée. Je sais bien qu'on a fait dans ces derniers temps une découverte précieuse. « Il est positif, écrivait, il y a trente ans, M. G. de Humboldt, que la qualité monosyllabique des mots forme la règle dans la langue chinoise, et je ne me souviens pas d'avoir trouvé nulle part si les Chinois, en prononçant un mot polysyllabique, comprennent ses différentes syllabes sous un même accent, ou non; car *l'unité du mot est constituée par l'accent.* » Or M. J. Edkins, qui a étudié à fond la prosodie chinoise, montre dans sa grammaire, et par une foule d'exemples, que les mots dissyllabiques et les trissyllabiques ont un accent particulier et *prédominant;* que cet accent est placé tantôt sur la première syllabe, et tantôt sur la dernière, quelquefois sur la pénultième, dans les mots trissyllabiques.

Ainsi la première syllabe est accentuée dans les mots :

工夫 *KOUNG-fou,* ouvrage;
中國 *TCHOUNG-koüe,* la Chine;
外國人 *WAÏ'-koüe-jin,* un étranger;
大英國 *TA'-ing-koüe,* l'Angleterre;
曉得 *'HIAO-tĕe,* savoir, etc.

La dernière syllabe est accentuée dans les mots :

女人 *'niu-JIN,* la femme;
城外 *tchheng-WAÏ',* la campagne;

b

多少 *to-*CHAO, combien;
天主堂 *thièn-'tchou-*THANG, une église;
領事官 *'ling-sse'-*KOUAN, un consul, etc.

La pénultième est accentuée dans les mots :

雇工人 *kou'-*KOUNG-*jin*, les ouvriers;
小生意 *'siao-*SENG-*i'*, petit commerce (*détail*);
大娘子 *ta'-*NIANG-*'tseu*, une épouse;
照規矩 *tchao'-*KOUEÏ-*'kiu*, régulièrement, etc.

Cela est vrai de la langue mandarine comme du dialecte de Chang-haï. Dans tous les mots composés, l'intonation affecte de préférence et avec plus de force une des voyelles, simples ou nasales, une des diphthongues ou des triphthongues; le monosyllabe auquel cette voyelle, cette diphthongue ou cette triphthongue appartient, est le *monosyllabe prédominant.* On voit par plusieurs exemples qu'un monosyllabe affecté d'un ton bref ou rentrant peut, chose remarquable, devenir le monosyllabe prédominant d'un mot composé. De pareils faits[1], tout d'abord, semblent être, pour le polysyllabisme, un argument concluant. Je n'en disconviens pas. Ouvrez le vocabulaire du *Tcheng'-in-thsŏ-yao'*, vous n'y trouverez guère que des mots dissyllabiques; mais autre est le mot dans le vocabulaire, autre, souvent, est le mot dans la phrase. La langue chinoise, affirmais-je dans mon Mémoire, a une propriété, que je n'ose point appeler distinctive, car elle est commune à beaucoup de langues;

[1] Ils avaient été signalés en 1846 par feu Rob. Thom : «The student cannot fail to «observe as he reads along, that many words are dissyllables and not a few polysyllables; «that some are accented on the ultimate, others on the penult and others again on the «antepenult, etc.» (Voyez *The Chinese speaker* or *Extracts from works written in the mandarin language, as spoken at Peking*, compiled for the use of students, by Rob. Thom, part. I, p. 2.)

cette propriété, c'est la faculté, pour celui qui parle, de décomposer un mot et de substituer, dans certains cas, un terme simple à un mot composé. Si je dis à un Chinois : 有腰刀么 ʿ*Yéou-yao-tao-ʿmo* « Ont-ils des sabres »? celui-ci me répondra : 有刀 ʿ*Yéou-tao* « Ils ont des sabres », ou bien : 沒有刀 *Mŏu-ʿyéou-tao* « Ils n'ont pas de sabres ». Si je lui dis : 有刀子么 ʿ*Yéou-tao-ʿtseu-ʿmo* « Ont-ils des couteaux »? il me répondra encore, et toujours sur le même ton : 有刀 ʿ*Yéou-tao* « Ils ont des couteaux », ou bien : 沒有刀 *Mŏu-ʿyéou-tao* « Ils n'ont pas de couteaux ». Cependant, lorsqu'il s'exprimera de la sorte, dans le premier cas, le monosyllabe *tao*, articulé par lui, présentera clairement à mon esprit un sens identique à celui du mot composé *yao-tao*, sabre; et, dans le second cas, le même monosyllabe *tao*, articulé par lui, m'offrira tout aussi clairement le sens du mot composé *tao-ʿtseu*, couteaux [1].

« Il y a certainement, dit Tcho Siang-lan, dans la langue parlée, quand on l'écrit, beaucoup de caractères qui expriment des mots à eux seuls 言語固有單字成話者甚多. Si, en interrogeant, on dit : ʿ*Kho-ʿfeou* « Est-ce possible » 如問曰可否? en répondant, on dit : ʿ*Kho* « Cela est possible » 荅曰可, ou bien : *Feou* « Cela n'est pas possible » 或曰否. Si, en interrogeant, on dit : ʿ*Yéou-wou* « Y en a-t-il » 問曰有無? en répondant, on dit : ʿ*Yéou* « il y en a » 荅曰有, ou bien *Wou* « il n'y en a pas » 或曰無之類是也, etc.

[1] « Dans notre langue, on fait un usage fréquent de la décomposition des mots. Le mot *ciel-de-lit*, par exemple, est un mot composé, un mot formé de deux noms unis par une préposition. Un homme qui fabrique des ciels-de-lit dit à sa femme : J'ai vu aujourd'hui un marchand qui m'a demandé trois *ciels*. Le sens du monosyllabe *ciels* est-il clairement indiqué dans cette phrase? — Sans nul doute; il est indiqué par la

b.

Comme tous les Sièn-seng, Tcho Siang-lan constate le fait, il n'en explique pas la théorie; mais enfin, voilà, suivant moi, dans son vrai jour, le monosyllabisme, absolu ou relatif, qu'il convient d'attribuer à la langue chinoise, écrite ou parlée, savante ou vulgaire.

La simplicité est le caractère du chinois, tel qu'il s'écrit; la complexité est le caractère du chinois, tel qu'il se parle. On a vu clairement que les Sièn-seng reconnaissent l'existence simultanée des deux formes, à partir de l'invention de l'écriture, invention qui a été, chez eux, d'une singulière précocité. Si l'on met ces deux formes en parallèle, on trouve que la richesse lexicographique du chinois écrit l'emporte sur la richesse du chinois parlé. Il y a dans le grand Dictionnaire impérial de Khang-hi 43,496 caractères, à savoir : 31,214 caractères usités, 6,423 caractères dont la forme a vieilli, 1,659 caractères qui n'avaient pas encore été classés dans un dictionnaire, et 4,200 caractères dépourvus de signification. On n'a jamais fait le compte des mots (*yèn*) qui existent dans le *Wen-mĕ,* ou le Kouan-hoa' cultivé; je crois que l'on peut en évaluer le nombre à 12,000 environ. C'est à peu près le double des mots que l'on trouve dans la Bible. La langue parlée, infiniment plus restreinte que la langue des livres, exclut de son vocabulaire les mots consacrés aux arts, à l'histoire naturelle, à la botanique, à la médecine, à la politique, etc. Ceux qu'elle admet sont d'un usage universel dans la conversation.

Mais, en laissant la richesse à part, lequel des deux idiomes est le plus parfait? Ou Tan-jin, que j'interrogeais à Liverpool, me répondit laconiquement que c'était une question frivole de se demander si le Kouan-hoa' doit être envisagé comme supérieur au

circonstance de l'état qu'exerce ce fabricant.» (Voyez mon *Mémoire sur les principes généraux du chinois vulgaire*, p. 64.)

海上絲綢之路文獻集成 科技與文化編

Wen-tseu'. « Le Kouan-hoa', ajouta-t-il, est parfait, quand on le parle; le Wen-tseu' est parfait, quand on l'écrit. » Le Sièn-seng n'avait pas compris ma question; je voulais parler du Wen-me, du Kouan-hoa' des romans ou de la langue des romanciers [1].

Le *Wen-mĕ* 文墨, que nous appelons, en Europe, le style moderne, est au Kouan-hoa' 官話 ou à la langue parlée ce que le *Wen-tchhang* 文章 est à la langue écrite 書話. Le degré de culture auquel le Kouan-hoa' est parvenu dans le style moderne, quoique très-remarquable assurément, semblera toutefois, sous le rapport de l'art, inférieur au Wen-tchhang, par la raison fort simple, que le monosyllabisme relatif du premier est moins approprié à l'écriture chinoise que le monosyllabisme absolu du second. Quant au Kouan-hoa', tel qu'on le parle, on le trouvera clair, mais plat, négligé, verbeux, si on le compare au Kouan-hoa' tel qu'il s'écrit. Il faut, pour reproduire un mot composé, au moyen de l'écriture, autant de caractères qu'il y a de monosyllabes dans ce mot, et la surabondance des caractères est à la Chine ce qu'on aime le moins.

Enfin, avais-je dit, dans quel cas les Chinois écrivent-ils exactement comme ils parlent? Quels sont les monuments de la langue parlée? Voici la réponse de Ou Tan-jin à ces deux questions :

« Généralement, tout homme qui écrit, écrit la langue des livres; on n'écrit le Kouan-hoa' que pour apprendre aux Chinois à parler correctement 是教人說話. Il y a du Kouan-hoa' dans les romans et les pièces de théâtre; il y a aussi du Hiang-than (patois); mais la langue du théâtre diffère un peu de la langue que l'on parle dans la société. Aujourd'hui les personnages appelés *tcheng'-seng* et *'siao-seng* (expressions par lesquelles on indique cer-

[1] 小書家

tains rôles, comme chez nous les *pères nobles* et les *premiers comiques*), parlent généralement le Kouan-hoa', tandis que les *tseng* et les '*tchheou* (personnages vulgaires) mêlent au Kouan-hoa' le dialecte ou l'idiome du pays (dans lequel la pièce est représentée). Quant aux auteurs dramatiques, ils se servent, pour écrire, du dialecte de Nanking ou de Sou-tcheou-fou, selon qu'ils lisent habituellement les romans de Nanking ou de Sou-tcheou-fou. Dans les pays où l'on parle un dialecte particulier, l'acteur ne répète jamais son rôle tel qu'il est écrit dans la pièce[1]. »

L'examen comparatif des idiomes de la Chine ne présente encore que deux résultats.

Chaque dialecte a ses analogies et ses anomalies. Malheureusement, sur quinze idiomes provinciaux, on en connaît à peine trois ou quatre. Aux excellents ouvrages dont j'ai parlé dans mon *Mémoire sur les principes généraux du chinois vulgaire,* il faut ajouter la grammaire de M. J. Edkins[2], traité approfondi, dans lequel on trouve une exposition lumineuse et facile; mais on est loin d'avoir un tableau complet de tous les idiomes. Cependant, malgré l'insuffisance des documents, on a pu acquérir la certitude que plusieurs idiomes locaux 土語, comme les langues domestiques 家語, ne proviennent pas du Kouan-hoa', regardé à tort comme un type unique et primitif; que les idiomes du Fou-kièn', par exemple, forment à eux seuls une grande famille, qui s'éloigne très-souvent du Kouan-hoa', non-seulement par l'intonation ou l'accentuation des monosyllabes, mais encore par les mots. On ne saurait admettre non plus que ces idiomes se rattachent à la langue écrite; la langue

[1] *Journal asiatique*, octobre 1846.

[2] *A Grammar of colloquial chinese, as exhibited in the Shang-haï dialect,* by J. Edkins, A. A. univ. coll. Lon. of the London missionary society. (Shang-haï, London mission press, 1853.)

海上絲綢之路文獻集成 科技與文化編

écrite nous offre le spectacle d'un développement très-large, mais d'un développement à part.

Un autre résultat de l'examen comparatif des idiomes, résultat d'une importance très-grande, c'est l'analogie des mots *pleins* (des substantifs et des verbes), et l'anomalie des mots *vides* (des particules). «La particule, dit M. E. Renan, est d'ordinaire l'élément du discours qui passe le moins d'une langue à l'autre et tient le plus profondément au génie de chaque idiome.» Rien n'est plus vrai, quand il s'agit des idiomes chinois. On distingue un dialecte d'un autre par les particules. Des recherches ultérieures nous révèleront si le même phénomène se représente partout.

Il me reste maintenant à parler de la grammaire.

Une des choses les plus remarquables, sous le rapport de la grammaire, est la théorie des mots, d'après les Chinois.

« Qu'est-ce que la grammaire?» disent aux écoliers les instituteurs du pays; 怎么是文法.

«C'est un art très-utile, répondent les écoliers 文法大得緊; un art qui nous apprend à distinguer les *chĭ-tseu'* (mots pleins) d'avec les *hiu-tseu'* (mots vides) 有實字有虛字.»

Les *chĭ-tseu'* (les mots pleins) ont par eux-mêmes une signification propre; les *hiu-tseu'* (les mots vides) ou les particules marquent les rapports que les mots pleins ont entre eux.

DEMANDE.

«Comment divise-t-on les *chĭ-tseu'* (mots pleins) 實字怎么分呢?»

RÉPONSE.

«Il y a les *hŏ-tseu'* (les mots vivants) et les *'sse-tseu'* (les mots morts) 有活字有死字.»

On appelle *hŏ-tseu'* (mots vivants) les mots qui expriment une action ou un état, comme les verbes; on appelle *'sse-tseu'* (mots morts) les mots qui ne servent qu'à nommer ou à qualifier les objets, comme les substantifs et les adjectifs.

DEMANDE.

«Comment divise-t-on le *hiu-tseu'* (les mots vides) 虛字怎么分呢?»

RÉPONSE.

«Il y a les particules initiales, les particules conjonctives, les particules disjonctives, les pronoms, les particules collectives, les particules interjectives et les particules finales 有起語辭。有接語辭。有轉語辭。有襯語辭。有束語辭。有嘆語辭。有歇語辭。»

Telle est aussi, dans la langue arabe, la division des trois parties du discours (nom, verbe et particule). Assurément, les Chinois n'ont point reçu des Arabes cette division, qui est attribuée à Ali. Après avoir discerné, chose digne d'éloges, l'élément *matériel* d'avec l'élément *formel* du langage, les premiers grammairiens de la Chine ont partagé tous les mots en deux grandes catégories, les mots *pleins* et les mots *vides*. La distinction du nom et du verbe émane d'une classification faite postérieurement, mais d'une classification à laquelle aucune influence étrangère n'a présidé.

Voilà tout ce que nous savions de la grammaire chinoise, lorsqu'en 1852 le savant M. J. Edkins mit la main sur un traité grammatical, composé par un indigène, dont le nom est 畢華珍 *Pi-hoa-tchin*. On ne trouve à la Chine, disait-on souvent, rien qui ressemble à un traité grammatical; c'était, comme on le voit, une erreur.

Dans son ouvrage, qui a pour titre 衍緒草堂筆記, l'auteur chinois, après avoir parcouru la surface de la langue écrite, examine l'une après l'autre toutes les parties du discours; mais, loin de s'en tenir au train commun et à l'ancienne méthode, il établit une classification nouvelle, retranche de la première catégorie ou de la catégorie des mots *pleins* (chi-tseu') tous les adjectifs, tous les verbes, n'y laisse que les substantifs, et augmente considérablement la seconde catégorie ou la catégorie des mots *vides* (hiu-tseu'), qu'il subdivise en quatre classes. Il place :

Dans la première, les adjectifs comme 高 *kao,* haut; 低 *ti,* bas; 大 *ta',* grand; 小 *'siao,* petit, etc.

Dans la seconde, les verbes, comme 作 *tsŏ,* faire; 傳 *tchhouèn,* transmettre, etc.

Dans la troisième, les particules interrogatives et les particules finales, comme 焉 *yèn,* 哉 *tsaï,* 乎 *hou,* 也 *'yè;* les pronoms et les particules qui marquent les rapports des mots, comme 此 *'thseu,* celui-ci; 其 *khi,* il ou elle; 所 *'so,* que; 之 *tchi,* du, de la, des; les adverbes et les verbes auxiliaires, comme 甚 *chin',* très-; 可 *'kho,* pouvoir; 爲 *weï,* faire.

Dans la quatrième, les conjonctions, comme 雖 *soui,* quoique; 但 *tan',* mais; 而 *eul,* et; 如 *jou,* comme; les adverbes négatifs et interrogatifs, comme 不 *pŏu,* pas; 何 *ho,* quoi, 豈 *'khi,* comment.

Certes, on peut critiquer la classification établie par l'auteur; relativement aux *hiu-tseu'* (mots vides), elle est trop compliquée; mais il faut convenir pourtant qu'elle se rapproche beaucoup des classifications européennes. A mon avis, les définitions de l'auteur sont encore plus remarquables que ses divisions. Je n'en citerai que deux, la définition de l'adjectif et la définition du verbe.

« L'adjectif, dit-il, est un mot qui s'ajoute au substantif pour exprimer la manière d'être du substantif 與實字相加

以形容實字如何樣.» C'est exactement la définition de nos grammairiens. «Dans la langue écrite (car l'auteur ne parle que de la langue écrite), il y a des adjectifs qui sont formés de la réunion de deux caractères inséparables 有兩字折不開者, etc., etc.»

«Le verbe sert à deux choses : 1° c'est un mot qui lie l'attribut au sujet d'une proposition 活虛字之用。一以聯綴上下. Quand je dis : *Les livres instruisent le monde* 如云文傳世, le sujet est *les livres*, l'attribut est *le monde*, la copule ou le verbe est *instruisent* 文爲主字。世爲賓字而以傳字聯綴上下也; 2° c'est un mot qui exprime une action 一以寫出人事. Ainsi, quand je dis : *Composer un ouvrage, corriger un ouvrage*, etc., 如云作文評文之類, les mots *composer* et *corriger* expriment chacun une action 作字評字皆人事也.»

Malheureusement je n'ai point à ma disposition le traité dont je parle ici; j'en juge par les extraits que M. Edkins en a donnés; mais j'aimerais à faire de l'ouvrage une étude suivie et consciencieuse. Si les définitions de l'auteur méritent toute notre estime et une juste considération, il y a encore loin de quelques vues ingénieuses, comme celles-ci, aux magnifiques travaux des Européens sur la grammaire. Dans le système des Chinois, la grammaire se confond avec la rhétorique, dont elle est le fondement; aucune application n'en a été faite à la langue parlée. Il existe, comme je l'ai dit, pour l'étude du Kouan-hoa' ou de la langue commune, une foule de manuels ou de livres élémentaires. Le *Tcheng'-in-thsŏ-yao'* est peut-être le plus universel; mais cet ouvrage, quelque excellent qu'il soit jugé d'ailleurs, ne nous offre, après tout, que des ressources lexicographiques. On n'y trouve point de grammaire.

海上絲綢之路文獻集成 科技與文化編

S'il en est ainsi, comment doit-on expliquer aux élèves de l'école les principes du Kouan-hoa'? Il me paraît incontestable que les règles d'une langue ne doivent se tirer que de cette langue même. D'un autre côté, ne serait-ce pas une manifeste folie d'étudier le chinois suivant la méthode des *ssẹ'-fou'* 師傅 ou des maîtres ignorants, qui savent à peine distinguer un substantif d'avec un verbe? Que gagnerait-on à les prendre pour guides? Il faut, au contraire, substituer à la méthode de ceux-ci une méthode plus courte et plus facile, plus savante et plus analytique.

J'ai donc adopté, autant que j'ai pu, la méthode européenne, montré que les substantifs chinois sont tout à fait analogues aux mots composés des Anglais, et que les procédés au moyen desquels on les forme paraissent identiques dans les deux langues. Encore moins que l'anglais, le chinois n'a ni conjugaison ni terminaison distinctive des verbes. Si je parle, malgré cela, d'un présent, d'un futur ou d'un plus-que-parfait, j'espère qu'on ne s'en effarouchera pas. Il ne peut entrer dans la pensée de personne de reconnaître au chinois des affinités grammaticales très-rigoureuses avec les langues à flexions. On ne m'accusera pas d'avoir négligé la syntaxe particulière des mots. La syntaxe, objet de la neuvième section, occupe presque autant de place à elle seule que les huit premières sections réunies, où je traite des parties du discours. Toutes les phrases qu'on y trouve rapportées, et qui servent d'exemples, sont extraites, en général, des dialogues de Gonçalves ou du *Tcheng'-in-thsŏ-yao'*. Ces phrases ont été examinées avec le plus grand soin, quelquefois corrigées par le Siên-seng Wang Ki-yè, originaire de Péking. J'ai fait du *'Li-mao'-tĭ-hoa'* ou du langage de la civilité, dont les préceptes s'allient, à la Chine, avec ceux du savoir-vivre, une section à part. Enfin je me suis appliqué, dans la dernière, à éclaircir un point de philologie très-délicat, la différence du style moderne et du Kouan-hoa', deux idiomes que M. Abel-Rémusat avait confondus.

PRONONCIATION.

VOYELLES.

a se prononce comme notre *a* dans *phare;*

é comme notre *é* fermé;

è comme notre *è* ouvert.

e sans accent, ou affecté du signe prosodique ˘, a le son de notre *o* bref dans *mode*. Ainsi les monosyllabes *tche, pĕ, hĕ, koŭe, choŭe, meng, pheng*, doivent se prononcer *tcho, po, ho, kouo, chouo, mong, phong*. Cette voyelle a le son de notre *e* muet dans le monosyllabe *sse*.

ee n'a point, en français, de son analogne et se prononce à peu près *e-eu*.

i se prononce comme en français. Cette voyelle est nulle ou n'est qu'une voyelle imparfaite dans les monosyllabes *chi, ji, tchi* et *tchhi*. A Péking, elle a le son de notre *è* ouvert dans les monosyllabes *chin, jin, tchin* et *tchhin*, qui se prononcent *chèn, jèn, tchèn* et *tchhèn*.

o et *ŏ* sonnent, le premier comme notre *o* long, sur lequel il faut appuyer plus longtemps et le second comme notre *o* bref;

u et *ou* comme en français.

Les voyelles composées *ai* et *ei*, qui se distinguent des diphthongues *aï et eï*, se prononcent comme notre *è* ouvert.

CONSONNES.

Les consonnes ont le même son qu'en français, sauf les exceptions suivantes :

h se prononce comme le *j* des Espagnols, *houan* comme *juan;* cette consonne est sifflante devant *i* et se prononce à peu près *sch* ou *ss*. Après *k, p, t, tch* (*kh, ph, th, tchh*), l'*h* marque une aspiration et ne figure pas dans les monosyllabes comme signe d'orthographe.

海上絲綢之路文獻集成 科技與文化编

A Péking, *k* devant *i* a un son particulier, qui ne manque pas d'analogie avec le *zz* des Italiens.

ng initial est une sorte d'anhélation; elle est marquée, comme dans la grammaire de M. Abel-Rémusat, par une ' devant la voyelle; *ng* ne sonne pas à la fin des monosyllabes et indique seulement que la voyelle ou la diphthongue, qui précède, est nasale.

ph ne doit pas se prononcer *f*, mais *pp*.

ss se prononce quelquefois comme *ch ;*

ths dur quelquefois comme *tch ;*

ts doux et sifflant devant *e* ou *eu*.

w se prononce *ou* à Péking et *v* dans quelques provinces.

eul est un son tout à la fois initial et final. Il est très-guttural dans le midi de la Chine.

DIPHTHONGUES ET TRIPHTHONGUES.

Les diphthongues sont formées de deux voyelles et les triphthongues de trois voyelles qui se prononcent par une seule émission de voix. Chacune de ces voyelles conserve le son qui lui est propre et que l'on vient d'indiquer. Il faut distinguer soigneusement l'*é* fermé et l'*è* ouvert d'avec l'*e* sans accent, éviter, par exemple, de prononcer *kheou* comme *khéou*, *theou* comme *théou*, etc.

INTONATIONS.

Chaque caractère chinois doit être prononcé suivant une intonation particulière. M. Abel-Rémusat, dans ses *Éléments de la grammaire chinoise,* n'en admet que quatre. «La première, enseigne-t-il, se nomme *phing,* ton égal; les mots qui en sont affectés se prononcent d'une manière prolongée, sans élever ni abaisser la voix. La seconde intonation se nomme *'chang ,* ton ascendant; on la rend en élevant la voix sur le mot qui en est affecté. La troisième est appelée *khiu',* ton descendant; la voix, d'abord égale, se perd *en s'en allant,* comme l'indique le nom chinois. La quatrième s'appelle *jŏu,* ton rentrant ou bref, parce que la prononciation, brève et coupée, s'interrompt comme si l'on reprenait sa respiration [1].»

[1] Abel-Rémusat, *Grammaire chinoise*, prolégomènes, p. 25.

Toutefois les monosyllabes, en s'agrégeant dans la langue mandarine pour former des mots, perdent nécessairement quelque chose de l'intonation; cette intonation est moins forte. Il n'y a guère que le ton de la syllabe prédominante qui soit perceptible.

Un demi-cercle ‘, placé à gauche et un peu au-dessus du monosyllabe, indiquera dans cette grammaire le ton ascendant ‘*chang;* un demi-cercle ’, placé à droite et un peu au-dessus du monosyllabe, indiquera le ton descendant *khiu’*. On distinguera par le signe prosodique ◡ le ton bref ou rentrant *jŏu*. Les mots qui ne sont affectés d'aucun signe particulier devront être prononcés suivant la première intonation *phing*.

SYLLABES PRÉDOMINANTES.

Afin d'éviter la confusion des signes orthographiques et des signes prosodiques, on n'a point cherché à indiquer dans cette grammaire quel est le monosyllabe prédominant d'un mot composé. Cela, d'ailleurs, n'eût été que d'un faible secours aux étudiants. L'usage seul peut apprendre à prononcer correctement une langue.

GRAMMAIRE MANDARINE.

GRAMMAIRE MANDARINE.

Iʳᵉ SECTION.

DES SUBSTANTIFS.

§ 1ᵉʳ. NOMS PROPRES.

1. Les noms propres des Chinois ont une signification appellative et générale; les nôtres sont dans ce cas. 王 *Wang*, dans la langue écrite, signifie le Roi; 白 *Pĕ*, le Blanc; 石 *Chĭ*, la Pierre; 紅 *Houng*, le Rouge; 李 *'Li*, le Prunier, etc.

2. Chaque individu a un nom 姓 *sing'* et un surnom 名 *ming*.

3. Le *sing'* ou le *nomen* des Latins est commun à tous les individus qui composent une famille, *gentem;* le *ming*, improprement appelé le *surnom*, est le nom distinctif ou particulier que chaque individu reçoit en naissant.

4. Il faut remarquer que les noms de famille sont en général monosyllabiques[1], et que les surnoms ou les noms

[1] Il y a des noms de famille dissyllabiques; on les appelle 複姓 *fŏu-sing'*. J'en ai trouvé sept cents dans la *Biographie universelle*. (Voyez mes *Recherches sur les institutions administratives et municipales de la Chine*, p. 68.)

1

海上絲綢之路文獻集成 科技與文化編

particuliers sont formés de deux monosyllabes qui s'agrégent. On trouve dans la *Biographie universelle* de la Chine deux mille trois cent quarante-cinq noms de famille différents[1], dont les plus communs sont 陳 *Tchhin*, 楊 *Yang*, 王 *Wang* et 李 *'Li*.

5. Dans les villes du troisième ordre, dans les bourgs et dans les villages, indépendamment du nom de famille (*sing'*) et du surnom (*ming*), chaque individu a encore un sobriquet 混名 *'hoen-ming*. Le sobriquet, comme l'indique le mot chinois, n'est qu'un surnom plus ou moins burlesque. Il remplace le surnom véritable (*ming*), et se met toujours après le nom de famille (*sing'*).

6. Comme le surnom, le sobriquet est formé de deux ou trois monosyllabes qui s'agrégent. Quant à son origine, à sa nature, il est aisé de comprendre que toutes les imperfections du corps, tous les défauts de l'esprit et du caractère, sont les sources communes d'où l'on tire habituellement le sobriquet. « Aussi, remarque un instituteur chinois, chaque homme a-t-il son sobriquet 各人有混名; le nombre des sobriquets ne laisse pas d'être considerable 也多得狠着呢. Je vais vous en apprendre quelques-uns 我告訴伱: Il y a tel homme qu'on appelle le Grêlé 有叫痳子; tel autre qu'on nomme l'Aveugle 有瞎子; tel autre, le Sourd 聾子; tel autre, le Muet 啞吧子; tel autre, le Bègue 結吧子; tel autre, le Bredouilleur 咬牙子; tel autre, le Mâchonneur 咬舌子; tel autre, le Chauve 秃子; tel autre, le Bossu 佗子; tel autre, le Boiteux 蹶子; ce sont là des défauts naturels

[1] Dans la langue écrite, c'est-à-dire 2345 noms de famille qui s'écrivent avec des caractères différents.

avec lesquels les hommes naissent 這是天生成的毛病兒; puis, comme les caractères des hommes ne se ressemblent pas 還有各人的脾氣。也有不同, il en résulte qu'il y a autant de sobriquets que de caractères 都有混名. Ainsi l'on dit: le Nigaud 獃子; le Fou 瘋子; le Lourdaud 蠢子, etc.[1]. »

7. Dans l'imposition des sobriquets, la malignité chinoise ne respecte ni les chefs ni les personnes les plus considérables des districts; le Tchi-hièn (gouverneur) a toujours un sobriquet. Ceux qu'on applique à certaines femmes sont quelquefois d'une grossièreté extrême; mais il y a des sobriquets d'un genre moins trivial, des sobriquets ironiques, fort plaisants et bien appliqués. On en trouve un très-grand nombre dans les pièces de théâtre.

8. Une des plus grandes difficultés de la langue écrite, c'est de distinguer les substantifs propres, par exemple les noms géographiques, des substantifs communs. Cette difficulté n'en est pas une, ou plutôt elle disparaît dans la langue parlée, car le *terme générique*, dont je parlerai dans la syntaxe des noms propres, terme qui accompagne toujours le nom d'une province, d'un département, d'un district, d'une rivière, d'une montagne, fait à peu près l'office d'une terminaison. On reconnaît à cette terminaison commune le nom d'une province, d'un département, d'un district, d'un bourg, d'un village, d'une rivière, d'un lac, d'une montagne, etc.

9. Les villes chinoises n'ont aucun nom particulier. On les désigne par le nom du département, de l'arrondissement ou du district, dont elles sont le chef-lieu. On dit: 順天府 *Chun'-thièn-'fou*, ou le chef-lieu du département de Chun'-thièn, pour Péking; 廣州府 *'Kouang-tcheou-'fou*, ou le

[1] *Tcheng'-in-thsŏ-yao'*, liv. I, fol. 7 r° et v°.

chef-lieu du département de ʻKouang-tcheou, pour Canton. 北京 *Pĕi-king* (Péking) signifie Cour du nord, 南京 *Nan-king* (Nanking), Cour du midi.

10. Voici les noms des dix-huit provinces de la Chine:

PROVINCES SEPTENTRIONALES.

1. 直隸 *Tchĭ-li*ʾ;
2. 山東 *Chan-toung;*
3. 山西 *Chan-si;*
4. 河南 *Ho-nan.*

PROVINCES DE L'EST.

5. 江蘇 *Kiang-sou;*
6. 安徽 *ʾAn-hoeï;*
7. 江西 *Kiang-si;*
8. 浙江 *Tchĕ-kiang;*
9. 福建 *Fŏu-kièn*ʾ.

PROVINCES DU CENTRE.

10. 湖南 *Houʾ-nan;*
11. 湖北 *Houʾ-pĕi.*

PROVINCES DE L'OUEST.

12. 陝西 *ʻChèn-si;*
13. 甘肅 *Kan-sŏu;*
14. 四川 *Sseʾ-tchhouèn.*

PROVINCES MÉRIDIONALES.

15. 廣東 *ʻKouang-toung;*
16. 廣西 *ʻKouang-si;*
17. 雲南 *Yun-nan;*
18. 貴州 *Koueiʾ-tcheou.*

11. La transcription chinoise des mots étrangers présente une foule d'obstacles. On peut juger de ces obstacles par les tableaux des groupes phonétiques de l'écriture chinoise, où l'on trouve à peu près tous les éléments vocaux de la langue.

12. Dans les versions chinoises du Nouveau Testament, particulièrement dans les versions protestantes, les noms propres deviennent quelquefois méconnaissables; on sait, d'ailleurs, que les protestants, pour éviter d'être confondus avec les catholiques, ont abandonné, puis remplacé par des mots nouveaux les termes consacrés, dont les Mathieu Ricci, les Adam Schall, les Prosper Intorcetta s'étaient servis pour exprimer convenablement les noms propres de la Bible [1].

13. Des irrégularités du même genre se retrouvent nécessairement dans les ouvrages d'histoire et de géographie publiés par les Chinois. Ainsi l'auteur du *Ing-hoan-tchi'-lïo* (Géographie universelle) fait remarquer que le nom de la *France* est écrit de six manières différentes, à savoir :

佛郎西。
佛蘭西。
法蘭西。
佛郎機。
佛郎祭。
荷蘭西。[2]

Paris est orthographié :

巴勒

[1] Voy. le Mémoire de M. Abel-Rémusat sur les traductions de la Bible en langue vulgaire. (*Mélanges asiatiques*, t. I, p. 25).

[2] *Ing-hoan-tchi'-lïo*, liv. VII, fol 3 r°.

帕爾勒士
巴黎斯[1]

Mais ici la faute n'en est pas aux protestants; on ne doit s'en prendre qu'à la multiplicité et à la variété des idiomes européens. Tandis que, d'un côté, les noms propres des Chinois se trouvent écrits avec une orthographe sensiblement différente, tandis, par exemple, que le monosyllabe 上 est orthographié à la française, *chang;* à la portugaise, *xam;* à l'anglaise, *shang;* à l'allemande, *schang;* d'un autre côté, le nom de *Napoléon* est écrit en chinois 拿破侖 *Napolun*, par un Anglais, 拿破戾翁 *Napolioung*, par un Portugais, etc.

14. Avec un bon système de transcription, on peut remédier à la plupart de ces inconvénients; mais il faut qu'on adopte, pour la transcription des mots étrangers, les syllabaires de l'empereur Khièn-loung, notamment le 淸漢對音字式 ou la concordance mandchoue et chinoise. M. Stanislas Julien, dont l'autorité est si grande, a déjà montré les ingénieuses applications que les Chinois savent en faire.

§ 2. NOMS COMMUNS.

15. Les substantifs communs sont formés de la réunion de deux ou de plusieurs monosyllabes qui s'agrégent.

16. Un substantif chinois peut être composé de sept manières différentes :

1° De deux monosyllabes exprimés par deux caractères, dont le premier représente étymologiquement un substantif radical, et le second, la terminaison commune des substantifs;

[1] *Ing-hoan-tchi'-lio*, liv. VII, fol. 6 r°.

海上絲綢之路文獻集成 科技與文化编

2° De deux monosyllabes exprimés par deux caractères, dont le premier représente un substantif, quelquefois un verbe, et le second, une terminaison spéciale des substantifs;

3° De deux monosyllabes, exprimés par deux caractères, dont le premier représente un nom de nombre, et le second, un substantif radical;

4° De deux monosyllabes ou de deux substantifs radicaux exprimés par deux caractères;

5° De deux monosyllabes ou de deux substantifs radicaux exprimés par deux caractères, dont le premier est au génitif et le second au nominatif;

6° De deux monosyllabes exprimés par deux caractères, dont le premier représente un adjectif, et le second, un substantif;

7° Enfin, de trois ou de quatre monosyllabes exprimés par trois ou quatre caractères.

17. Il y a donc sept classes de substantifs; on les examinera successivement.

1re CLASSE.

Noms composés de deux monosyllabes, exprimés par deux caractères, dont le premier représente un substantif radical, et le second la terminaison commune des substantifs.

18. La terminaison commune des substantifs *ʽtseu* est exprimée par le caractère 子 fils, qui est la clef de la filiation, de la production. Si l'on retranche d'un substantif chinois la terminaison commune 子 *ʽtseu*, ce qui reste est, à proprement parler, le radical ou la forme écrite du nom, le substantif des anciens livres ou de la langue savante. Les noms substantifs de cette classe ne manquent pas d'une certaine analogie avec les noms latins *corp-us*, *nas-us*, *domin-us*,

barb-a, *barbul-a*, *argent-um*, *sedil-e*, etc., et la terminaison ʿ*tseu* semble répondre aux désinences ou aux terminaisons latines *us*, *a*, *um*, *e*, etc.

鼻子 *piʾ-ʿtseu*, le nez;
女子 *ʿniu-ʿtseu*, la femme;
妹子 *meiʾ-ʿtseu*, la sœur cadette;
獅子 *sse-ʿtseu*, le lion;
日子 *jĭ-ʿtseu*, le jour;
銀子 *in-ʿtseu*, l'argent;
椅子 *ʿi-ʿtseu*, la chaise;
鞋子 *hiai-ʿtseu*, les souliers;
辮子 *piènʾ-ʿtseu*, la queue des Chinois;
桌子 *tchŏ-ʿtseu*, la table;
麥子 *mĕ-ʿtseu*, le blé;
菓子 *ʿkouo-ʿtseu*, les fruits;
刀子 *tao-ʿtseu*, le couteau;
鏡子 *ʿking-ʿtseu*, le miroir;
法子 *fă-ʿtseu*, le système;
廚子 *tchhou-ʿtseu*, le cuisinier;
名子 *ming-ʿtseu*, le nom, etc.

Il faut observer que la terminaison commune ʿ*tseu* peut s'adapter à un substantif formé de deux monosyllabes; on en trouvera des exemples dans la septième classe.

2e CLASSE.

Noms composés de deux monosyllabes exprimés par deux caractères, dont le premier représente un substantif ou un verbe, et le second une terminaison spéciale des substantifs.

19. Les terminaisons spéciales des substantifs sont 頭

海上絲綢之路文獻集成 科技與文化編

theou, la tête; 人 *jin*, l'homme; 夫 *fou*, le maître; 戶 *hou'*, le chef d'une famille; 匠 *tsiang'*, l'artisan; 手 *'cheou*, la main, etc.

1. SUBSTANTIFS TERMINÉS EN *THEOU*.

20. Ils sont formés, comme les précédents, de deux parties : la première est le radical du nom; la seconde la terminaison spéciale des objets matériels et de forme ronde, circulaire, unie, etc.

指頭 *'tchi-theou*, le doigt;
石頭 *chĭ-theou*, la pierre;
日頭 *jĭ-theou*, le soleil;
心頭 *sin-theou*, le cœur;
口頭 *'kheou-theou*, la bouche;
葱頭 *thsoung-theou*, les oignons;
饅頭 *man-theou*, le pain;
木頭 *mŏu-theou*, le bois;
磚頭 *tchouan-theou*, les briques;
斧頭 *'fou-theou*, la hache;
馬頭 *'ma-theou*, un port;
渡頭 *tou'-theou*, un bac;
浪頭 *lang-theou*, les vagues, etc.

2. SUBSTANTIFS TERMINÉS EN *JIN, FOU* ET *HOU'*.

21. Ces terminaisons répondent aux terminaisons latines en *tor* pour le masculin et en *trix* pour le féminin. Les substantifs de cette classe sont formés de deux parties, savoir : d'un substantif radical ou d'un verbe qui exprime, soit une profession soit un état particulier, une manière d'être, une action, et d'une terminaison qui désigne le sujet ou l'agent. Exemples :

鄰人 *lin-jin*, le voisin;
差人 *tchhaï-jin*, le messager;
主人 *‘tchou-jin*, le maître;
家人 *kia-jin*, le domestique;
農夫 *noung-fou*, le laboureur;
挑夫 *thiao-fou*, le porte-faix;
轎夫 *khiao-fou*, le porteur de chaise;
渡夫 *tou'-fou*, le batelier;
屠戶 *thou-hou'*, le boucher;
獵戶 *liĕi-hou'*, le chasseur;
鋪戶 *phou'-hou'*, le boutiquier;
店戶 *tièn'-hou'*, l'aubergiste, etc.

3. SUBSTANTIFS TERMINÉS EN *TSIANG'* ET *‘CHEOU*.

22. Ce sont des noms de métier formés de deux parties : la première est un substantif radical, qui exprime la matière, l'objet; la seconde est une terminaison spéciale qui désigne l'agent. Exemples :

鞋匠 *hiai-tsiang'*, le cordonnier;
木匠 *mŏu-tsiang'*, le charpentier;
石匠 *chĭ-tsiang'*, le maçon;
鐵匠 *thiĕi-tsiang'*, le forgeron;
船手 *tchhouèn-‘cheou*, le matelot;
水手 *‘choui-‘cheou*, le marin;
砲手 *‘phao-‘cheou*, le canonnier;
書手 *chou-‘cheou*, le copiste, etc.

Il est visible que les substantifs chinois terminés en *jin*, *fou* et *hou'*, sont parfaitement analogues (on ne parle ici que de la formation) aux mots composés des Anglais : *husbandman*, laboureur; *huntsman*, chasseur; *waterman*, batelier; *tradesman*, marchand; *chinaman*, faïencier; *tinman*, ferblantier, etc.; et que les substantifs terminés en *tsiang'* et en *'cheou* ne ressemblent pas moins aux mots *shoemaker*, cordonnier; *coachmaker*, carrossier; *hatmaker*, chapelier; *boxmaker*, layetier; *silversmith*, orfévre; *locksmith*, serrurier.

23. Les terminaisons spéciales que l'on vient d'indiquer ne sont pas les seules; il y en a une foule d'autres. Il y en a pour toutes les nomenclatures, pour la médecine, la botanique, la zoologie, l'ornithologie, l'ichthyologie, la minéralogie, etc. De même que, dans l'écriture ou dans la langue écrite, les *caractères* qui servent à représenter les arbres, les plantes, les poissons, les oiseaux, les minéraux, etc., se composent de deux parties, dont l'une fixe le genre et dont l'autre détermine l'espèce; de même, dans le langage ou dans la langue parlée, les *noms* des arbres, des plantes, des poissons, des oiseaux, des minéraux, etc., se composent de deux parties, c'est-à-dire de deux, trois ou quatre monosyllabes, dont le dernier, qui fait l'office d'une terminaison, marque le genre, et dont les autres déterminent l'espèce. Ces noms chinois sont exactement formés comme les mots anglais *pear-tree*, poirier; *plum-tree*, prunier; *ash-tree*, frêne; *maple-tree*, érable; *mulberry-tree*, mûrier; *craw-fish*, écrevisse; *sea-fish*, poisson de mer; *cornelian-stone*, la cornaline; *load-stone*, l'aimant; *brim-stone*, le soufre, etc. Dans la nomenclature, 樹 *chou'*, arbre, est la terminaison spéciale des noms d'arbres; 魚 *iu*, poisson, est la terminaison spéciale des noms de poissons; 鳥 *'niao*, oiseau, est la terminaison spéciale des

noms d'oiseaux; 石 *chĭ*, pierre, est la terminaison spéciale des noms de minéraux. Exemples :

NOMS D'ARBRES.

梨樹 *li-chou'*, le poirier;
柏樹 *pĕ-chou'*, le cyprès;
桃樹 *thao-chou'*, le pêcher;
梅樹 *meï-chou'*, le prunier;
桑樹 *sang-chou'*, le mûrier;
竹樹 *tchŏu-chou'*, le bambou;
槐樹 *hoaï-chou'*, le frêne;
松樹 *soung-chou'*, le sapin;
楡樹 *iu-chou'*, l'orme;
木棉樹 *mŏu-mièn-chou'*, le cotonnier, etc.

NOMS DE POISSONS.

鯉魚 *'li-iu*, la carpe;
鯊魚 *cha-iu*, le requin;
花魚 *hoa-iu*, le goujon;
鱑魚 *hoang-iu*, l'esturgeon;
鰍魚 *thsiéou-iu*, l'anguille;
狗吐魚 *'keou-thou'-iu*, le saumon;
鞋底魚 *hiai-ti-iu* } la sole.
比目魚 *'pi-mŏu-iu* }

NOMS DE MINÉRAUX.

藍寶石 *lan-'pao-chĭ*, l'améthyste;
金鋼石 *kin-khang-chĭ*, le diamant;

紅寶石 *houng-ʿpao-chĭ*, le rubis;
大理石 *ta'-ʿli-chĭ*, le marbre (brun), etc.

On a vu précédemment (8) que les noms dynastiques, les noms de royaumes, de villes, de fleuves, de rivières, de montagnes, etc., sont tous pourvus d'une terminaison spéciale.

3ᵉ CLASSE.

Noms composés de deux monosyllabes exprimés par deux caractères, dont le premier est un nom de nombre et le second un substantif radical.

24. Les substantifs de cette petite classe offrent des points de rapport avec quelques-uns de nos mots composés ou de nos termes de nomenclature, comme un *trois-mâts*, les *quatre-temps*, la *cinq-lignes*, un *six-doigts*, un *sept-œil*, des *huit-pieds*, etc. On dit, à la Chine : les *deux-parents* pour le père et la mère; les *trois-précieux*, pour la triade (locution bouddhique); les *quatre choses précieuses*, pour le pinceau, le papier, l'encre et la pierre à broyer; les *cinq éléments*, pour les éléments; les *six bureaux*, pour l'administration; les *neuf-portes*, pour la capitale; les *cent familles*, pour le peuple, etc. « D'après un usage fondé sur des distinctions systématiques ou d'anciennes traditions, dit M. Abel-Rémusat, certains nombres sont affectés à certaines classes d'objets. » Cela est vrai; ajoutons seulement que la plupart de ces locutions se sont introduites dans la langue mandarine et y ont formé des mots composés. Exemple :

二親 *eul'-thsin*, le père et la mère;
三位 *San-Wei'*, la Sainte-Trinité;
四寶 *sse'-ʿpao*, un nécessaire;
五行 *ʿou-hing*, les éléments;

海上絲綢之路文獻集成 科技與文化編

六房 *lŏu-fang*, l'administration;
七罪宗 *thsĭ-tsoui'-tsoung*, les sept péchés capitaux;
八方 *pă-fang*, la boussole;
九門 *'kiéou-men*, la capitale;
十誡 *chĭ-kiai'*, le décalogue;
百姓 *pĕi-sing'*, le peuple;
萬民 *wan'-min*, les peuples, etc.

4e CLASSE.

Noms composés de deux monosyllabes ou de deux substantifs radicaux exprimés par deux caractères.

25. Cette classe doit être partagée en deux sections.

On rangera dans la première les noms communs formés de l'agrégation de deux termes monosyllabiques, dont l'un exprime étymologiquement une idée principale et l'autre une idée accessoire. Ainsi le mot de la langue écrite 父 *fou'*, le père, joint au mot de la langue écrite 親 *thsin*, le parent, forme le composé 父親 *fou'-thsin*, substantif commun, qui, dans la langue parlée signifie, le père; 孝 *hiao'*, la piété filiale, joint à 順 *chun'*, l'obéissance, forme le composé 孝順 *hiao'-chun'*, qui signifie la piété filiale; 規 *koueï*, le compas, joint à 矩 *'kiu*, la règle, forme le composé 規矩 *koueï-'kiu*, qui signifie la règle.

La seconde section comprend les substantifs communs formés de l'agrégation de deux termes monosyllabiques d'une signification opposée. Par exemple, le monosyllabe écrit 父 *fou'*, le père, joint au monosyllabe écrit 母 *'mou*, la mère, forme le composé 父母 *fou'-'mou*, substantif commun, qui, dans la langue parlée, signifie le père et la mère; 好 *'hao*, le bien, joint à 歹 *'taï*, le mal, forme le composé 好

歹 ʿhao-ʿtai, qui signifie le bien et le mal. Quelquefois l'idée commune aux deux termes de la langue écrite ou de la langue savante est la seule qui reste attachée au composé. Ainsi le monosyllabe 買 ʿmaè, acheter, joint au monosyllabe 賣 maiʾ, vendre, forme le composé 買賣 ʿmaè-maiʾ, substantif commun, qui, dans la langue parlée, signifie le commerce; 弟 tiʾ, le frère cadet, joint à 兄 hioung, le frère aîné, forme le composé 弟兄 tiʾ-hioung, qui signifie le frère, sans désignation d'âge; 東 toung, l'orient, joint à 西 si, l'occident, forme le composé 東西 toung-si, qui n'a, dans la langue parlée, que la signification vague de chose.

1. SUBSTANTIFS COMMUNS FORMÉS DE L'AGRÉGATION DE DEUX TERMES SIMPLES, DONT L'UN EXPRIME UNE IDÉE PRINCIPALE ET L'AUTRE UNE IDÉE ACCESSOIRE.

父親 *fouʾ-thsin*, le père;
母親 *ʿmou-thsin*, la mère;
孝順 *hiaoʾ-chunʾ*, la piété filiale;
祖宗 *ʿtsou-tsoung*, les ancêtres;
風俗 *foung-sŏu*, les coutumes;
朋友 *pheng-ʿyéou*, un ami;
規矩 *kouei-ʿkiu*, la règle;
分別 *fenʾ-piĕi*, la différence;
道理 *taoʾ-ʿli*, la raison;
歡喜 *hoan-ʿhi*, la joie;
憂悶 *yéou-menʾ*, la tristesse;
驕傲 *kiao-ʾaoʾ*, l'orgueil;
願意 *youènʾ-iʾ*, le désir;
意思 *iʾ-sseʾ*, la pensée;

比方 *ʿpi-fang*, la comparaison;
衣服 *i-fŏu*, les habits;
樹木 *chouʾ-mŏu*, les arbres, etc.

2. SUBSTANTIFS COMMUNS FORMÉS DE L'AGRÉGATION DE DEUX TERMES D'UNE SIGNIFICATION OPPOSÉE.

父母 *fouʾ-ʿmou*, le père et la mère;
天地 *thièn-tiʾ*, le ciel et la terre;
日月 *jĭ-yŭei*, le soleil et la lune;
男女 *nan-ʿniu*, les hommes et les femmes;
水火 *ʿchoui-ʿho*, l'eau et le feu;
好歹 *ʿhao-ʿtaï*, le bien et le mal;
大小 *taʾ-ʿsiao*, les grands et les petits;
熱冷 *jĕ-ʿlèng*, le chaud et le froid;
左右 *tsoʾ-yéouʾ*, les assistants;
兄弟 *hioung-tiʾ*, le frère cadet;
弟兄 *tiʾ-hioung*, les frères;
東西 *toung-si*, la chose;
買賣 *ʿmaè-maiʾ*, le commerce;
牙齒 *ya-ʿtchhi*, les dents;
衣裳 *i-ʿtchang*, les vêtements;
問答 *wenʾ-tă*, le dialogue;
遠近 *ʿyouèn-kinʾ*, la distance, etc.

5e CLASSE.

Noms composés de deux monosyllabes ou de deux substantifs radicaux exprimés par deux caractères, dont le premier est au génitif par position, et le second au nominatif.

26. Étymologiquement, les nombreux substantifs de cette

海上絲綢之路文獻集成 科技與文化編

classe sont analogues à nos mots composés : un *garde des sceaux*, un *aide de camp*, une *barbe-de-moine*, une *belle-de-nuit*, un *pied-de-biche*, etc. ; mais, comme, en chinois, lorsque deux noms sont en construction, le terme antécédent se place après le terme conséquent, il s'ensuit que les substantifs composés, formés de l'agrégation de deux substantifs radicaux, dont le premier est au génitif et le second au nominatif, offrent plus de ressemblance encore avec les mots composés des Anglais, *bankbill*, billet de banque; *feather-bed*, lit de plume; *sea-port*, port de mer; *sea-sickness*, mal de mer; *china-ware*, porcelaine; *church-warden*, marguillier, etc. On dit à la Chine, le *Seigneur du Ciel*, pour Dieu; le *Temple du Ciel*, pour le Paradis; le *Royaume du milieu*, pour la Chine; le *feu des passions*, pour la concupiscence; la *maison des livres*, pour la bibliothèque; *l'art du calcul*, pour l'arithmétique; le *souffle de la bouche*, pour l'haleine; la *couleur du visage*, pour le teint; les *cheveux de la tête*, pour les cheveux; *une forêt d'arbres*, pour une forêt; le *repas du matin*, pour le déjeuner, etc.

天主 *Thièn-ˁtchou*, Dieu;
天堂 *Thièn-thang*, le Paradis;
福音 *Foŭ-in*, l'Évangile (vox felicitatis);
中國 *Tchoung-kŏue*, la Chine;
書房 *chou-fang*, la bibliothèque;
算法 *souan'-fă*, l'arithmétique;
口氣 *ˁkheou-khi'*, l'haleine;
早飯 *ˁtsao-fan'*, le déjeuner;
晚飯 *ˁwan-fan'*, le souper;
面色 *mièn'-sĕ*, le teint;

2

地方 *ti'-fang*, une place;
生意 *seng-i'*, le commerce;
頭髮 *theou-fă*, les cheveux;
樹林 *chou'-lin*, une forêt;
手套 *'cheou-thao'*, des gants;
恩典 *'ĕn-'tièn*, une faveur;
禮貌 *'li-mao'*, la civilité;
春天 *tchhun-thièn*, le printemps;
夏天 *hia'-thièn*, l'été;
秋天 *thsiëou-thièn*, l'automne;
冬天 *toung-thièn*, l'hiver;
天氣 *thièn-khi'*, le temps;
年紀 *nièn-'ki*, l'âge;
性情 *sing'-thsing*, le caractère;
性命 *sing'-ming'*, la vie;
牛肉 *niéou-jŏ*, du bœuf;
口音 *'kheou-in*, la prononciation;
眼睛 *'yèn-tsing*, les yeux, etc.

6e CLASSE.

Noms composés de deux monosyllabes exprimés par deux caractères, dont le premier représente un adjectif et le second un substantif.

27. Nous avons dans notre langue une foule de mots composés parfaitement analogues aux substantifs de cette classe. Nous disons : un *esprit fort*, un *faux frère*, un *faux-fuyant*, un *faux jour*, un *faux-monnayeur*, un *faux pas*, une *sage-femme*, la *grand'messe*, un *grand-oncle*, etc. On dit à la Chine : *l'auguste ciel*, pour le ciel; *l'auguste Empereur*, pour l'Empereur; la *ville extérieure*, pour les faubourgs; le *métal jaune*, pour

海上絲綢之路文獻集成 科技與文化編

l'or; le *métal blanc*, pour l'argent; le *légume blanc*, pour le chou; un *vieux rat*, pour un rat; un *vieux tigre*, pour un tigre; un *vent furieux*, pour une tempête; le *cochon mâle*, pour le cochon; le *cochon femelle*, pour la truie. Exemples :

皇天 *hoang-thièn* } le ciel;
上天 *'chang-thièn* }
皇上 *Hoang-'chang*, l'Empereur;
北京 *Pĕi-king*, Péking;
南京 *Nan-king*, Nanking;
外城 *wai'-tchheng*; les faubourgs;
光棍 *kouang-kouen'*, un filou;
老鼠 *'lao-'chou*, un rat;
老虎 *'lao-'hou*, un tigre;
公猪 *koung-tchou*, le cochon;
母猪 *'mou-tchou*, la truie;
白菜 *pĕ-thsai'*, le chou (brassica alba);
小菜 *'siao-thsai'*, les légumes;
暴風 *pao'-foung*, une tempête;
本分 *'pen-fen'*, obligations;
姑娘 *kou-niang*, une fille;
青草 *thsing-'thsao*, le gazon;
老爺 *'lao-yè*, monsieur;
寡婦 *'koua-fou'*, une veuve;
小心 *'siao-sin*, attention;
笑話 *siao'-hoa'*, plaisanterie;
良心 *léang-sin*, la conscience;
高名 *kao-ming*, la célébrité;

大胆 *ta'-ʿtan*, le courage;
白礬 *pĕ-fan*, alun;
長城 *tchhang-tchheng*, la grande muraille;
黃河 *Hoang-ho*, le Fleuve jaune, etc.

7e CLASSE.

Noms composés de trois ou quatre monosyllabes exprimés par trois ou quatre caractères.

28. Les noms formés de l'agrégation de trois ou de plusieurs monosyllabes, qui s'écrivent avec trois ou plusieurs caractères, ne laissent pas que d'être assez nombreux dans la langue mandarine. Étymologiquement, ces substantifs communs n'ont aucun caractère qui les distingue des autres; ils sont tous formés d'après les six procédés que l'on vient d'énumérer, car, si nous examinons l'ordre dans lequel on y combine les monosyllabes, nous trouvons que la terminaison commune *ʿtseu* ou une terminaison spéciale des substantifs peut s'adapter parfaitement à un mot formé de deux monosyllabes, comme dans 啞吧子 *ya-pa-ʿtseu*, le muet; 中國人 *tchoung-koŭe-jin*, les Chinois. Il n'est pas moins évident que le substantif 天主堂 *thièn-ʿtchou-thang*, une église, appartient à la cinquième classe, et que le substantif 小生意 *ʿsiao-seng-i'*, un petit commerce (*retail trade*), correspond à la sixième classe, etc.

啞吧子 *ya-pa-ʿtseu*, un muet;
兩口子 *ʿléang-ʿkheou-ʿtseu*, les époux;
野鴨子 *ʿyè-yă-ʿtseu*, canard sauvage;
外國人 *wai'-koŭe-jin*, un étranger;
中國人 *Tchoung-koŭe-jin*, un Chinois;

海上絲綢之路文獻集成 科技與文化編

天主教 *thièn-‘tchou-kiao’*, le christianisme;
大樹林 *ta’-chou’-lin*, une forêt;
大炮兵 *ta’-phao’-ping*, l'artillerie;
國子監 *koüe-‘tseu-kièn*, le collége impérial;
讀書人 *toŭ-chou-jin*, les lettrés;
買賣人 *‘maè-maï’-jin*, les marchands;
火輪船 *‘ho-lun-tchhouèn*, un bateau à vapeur;
火輪車行 *‘ho-lun-tchhe-hang*, un embarcadère, etc.

§ 3. DES SUBSTANTIFS AUXILIAIRES ET DÉTERMINATIFS.

29. Sans vouloir assujettir les idiomes chinois à la méthode européenne, on ne craint pas d'affirmer ici qu'il existe, dans la langue mandarine, comme dans la langue japonaise, un assez grand nombre de mots que l'on peut appeler, avec le savant M. Edkins, des substantifs auxiliaires. Ils méritent d'en retenir le nom, car ils viennent au secours des substantifs les plus communs, c'est-à-dire des monosyllabes élémentaires et radicaux, qui s'écrivent avec un seul caractère et représentent les substantifs de la langue primitive. « Pour obvier, dit M. Abel-Rémusat, aux inconvénients qui résulteraient, dans la langue parlée, de la multiplicité des termes homophones, on y fait usage de mots composés. » Les substantifs auxiliaires n'ont point d'autre origine.

30. Tous les mots de ce genre servent principalement à fixer le sens des substantifs radicaux ou primitifs, dont l'emploi conduirait aujourd'hui à des équivoques et à des malentendus. Si l'on se bornait à dire 一書 *ĭ-chou*, pour un livre, le sens du monosyllabe *chou* deviendrait équivoque; mais que l'on interpose entre l'adjectif numéral *ĭ*, un, et le substantif radical *chou*, livre, le substantif auxiliaire 本

'pen, l'équivoque cesse à l'instant même; on a le mot composé *ĭ-'pen-chou*, qui signifie un livre. Comme déterminatifs, les substantifs auxiliaires restreignent souvent l'idée d'une plus grande étendue à une plus petite, 一斤羊肉 *ĭ-kin-yang-jŏ*, une livre de mouton.

31. Dans la plupart des cas, le substantif auxiliaire s'interpose entre un nom de nombre et la chose nombrée; de là vient que les missionnaires appellent ce mot une *particule numérale*, et que les Anglais le désignent aujourd'hui sous le titre de *classifier*. Le P. Basile en a rédigé une table incomplète, que l'on trouve à la fin de son Dictionnaire. Il est bon de remarquer : 1° que les substantifs auxiliaires se combinent souvent avec des substantifs dissyllabiques ou trissyllabiques; 2° que ces sortes de mots composés ont parfois de l'analogie avec nos locutions françaises une *paire de souliers*, une *feuille de papier*, un *coup de vent*, une *balle de coton*, une *goutte d'encre*, une *pièce de terre*, etc.

一件事情 *ĭ-kièn'-sse'-thsing*, une affaire;
一把刀子 *ĭ-'pa-tao-'tseu*, un couteau;
一乘轎子 *ĭ-cheng'-kiao'-'tseu*, une chaise à porteurs;
一對鞋 *ĭ-toui'-hiaï*, une paire de souliers;
三張紙 *san-tchang-'tchi*, trois feuilles de papier;
一張桌子 *ĭ-tchang-tchŏ-'tseu*, une table;
九塊大洋錢 *'kieou-khouaï'-ta'-yang-thsièn*, neuf dollars;
一條銅錢 *ĭ-thiao-thoung-thsièn*, une ligature;
一陳風 *ĭ-tchhin-foung*, un coup de vent;
一隻船 *ĭ-tchĭ-tchhouèn*, un navire;
一包棉花 *ĭ-pao-mièn-hoa*, une balle de coton;
一點墨 *ĭ-'tièn-mĕ*, une goutte d'encre;

一段地 *ĭ-touan'-ti'*, une pièce de terre;
一方猪肉 *ĭ-fang-tchou-jŏ*, un morceau de porc, etc.

32. Les collectifs, généraux ou partitifs, les noms monosyllabiques des poids et des mesures, peuvent être regardés grammaticalement comme des substantifs auxiliaires.

DU GENRE.

33. Les substantifs communs représentant des êtres inanimés n'ont point de genre dans la langue chinoise.

34. Le genre d'un nom substantif représentant un être animé se reconnaît ou par sa signification, ou par un monosyllabe avec lequel il se combine. Ces monosyllabes spéciaux sont :

男 *nan*, mâle
女 *'niu*, femelle
父 *fou'*, père
母 *'mou*, mère
} pour les hommes et les femmes;

公 *koung*, mâle
母 *'mou*, mère
} pour les animaux.

On dit :

男人 *nan-jin*, l'homme;
女人 *'niu-jin*, la femme;
伯父 *pĕ-fou'*, l'oncle;
伯母 *pĕ-'mou*, la tante;
公狗 *koung-'keou*, le chien;
母狗 *'mou-'keou*, la chienne.

35. Il y a dans la langue écrite beaucoup de noms qui

marquent les sexes des animaux; on ne fait point usage de ces noms dans la langue parlée.

海上絲綢之路文獻集成 科技與文化編

DU NOMBRE.

36. On forme le pluriel des substantifs qui représentent les personnes *comme on forme le pluriel des pronoms*, en ajoutant au singulier la particule 們 *men;* ce monosyllabe, n'ayant par lui-même aucune signification, doit être regardé comme un affixe :

朋友 *pheng-ʿyéou*, l'ami;
朋友們 *pheng-ʿyéou-men*, les amis;
先生 *siēn-seng*, le maître;
先生們 *siēn-seng-men*, les maîtres;
孩子 *haï-ʿtseu*, l'enfant;
孩子們 *haï-ʿtseu-men*, les enfants;
奴婢 *ʿnou-ʿpi*, la servante;
奴婢們 *ʿnou-ʿpi-men*, les servantes;
中堂 *tchoung-thang*, le ministre d'État;
中堂們 *tchoung-thang-men*, les ministres d'État;
老爺 *ʿlao-yè*, monsieur;
老爺們 *ʿlao-yè-men*, messieurs, etc.

37. La particule *men* équivaut à une désinence; mais elle est infiniment rare. Si l'on excepte les substantifs qui représentent les personnes, on peut affirmer que la distinction des nombres n'existe pas grammaticalement. Ce qui la rend inutile, c'est l'emploi systématique d'un terme collectif, préposé ou postposé, ou bien d'un adverbe de nombre que l'on introduit dans la phrase.

38. Le collectif qui se place avant le substantif est 衆 *tchoung’*; il marque l'universalité.

Le collectif qui se place après le substantif est 都 *tou;* il marque à la fois la dualité et la pluralité.

L'adverbe qu'on emploie le plus habituellement est 多 *to*, beaucoup.

RAPPORTS DES SUBSTANTIFS.

39. Il y a dans la langue mandarine, comme dans la langue turque, la mongole, la mandchoue et la hongroise, des particules qui remplacent les *désinences*, marquent les *cas*, expriment les *rapports* que les mots ont entre eux.

Ces particules se divisent en deux classes, les *prépositives* ou *préfixes* et les *postpositives* ou *affixes*.

40. Le substantif chinois, invariable dans sa forme, incrusté dans le caractère ou dans les caractères qui le représentent, est toujours distinct de la *marque* du rapport, avec laquelle il s'*agrége*, s'associe, mais ne peut pas s'*unir*, comme en latin ou en grec les désinences s'unissent au radical. Toutefois, si l'on écrit les particules avec le thème du mot, on forme alors de la manière suivante le paradigme d'une déclinaison chinoise.

SINGULIER.

Nom. 朋友 *pheng-ᶜyéou*, l'ami;

Gén. 朋友的 *pheng-ᶜyéou-tĭ*, de l'ami;

Dat. 給朋友 *kĭ-pheng-ᶜyéou*, à l'ami;

Acc. { (av. le verbe) 把朋友 *ᶜpa-pheng-ᶜyéou* / (ap. le verbe) 朋友 *pheng-ᶜyéou* } l'ami;

Instr. 被朋友 *pi’-pheng-ᶜyéou*, par l'ami.

PLURIEL.

NOM. 朋友們 *pheng-ˁyéou-men*, les amis;
GÉN. 朋友們的 *pheng-ˁyéou-men-tĭ*, des amis;
DAT. 給朋友們 *kĭ-pheng-ˁyéou-men*, aux amis;
ACC. { (av. le verbe) 把朋友們 *ˁpa-pheng-ˁyéou-men* / (ap. le verbe) 朋友們 *pheng-ˁyéou-men* } les amis;
INSTR. 被朋友們 *pi'-pheng-ˁyéou-men*, par les amis.

41. On traitera séparément des particules prépositives et des postpositives, ou des monosyllabes qui indiquent les rapports des substantifs.

IIᵉ SECTION.

DES ADJECTIFS.

§ 1. DES ADJECTIFS QUALIFICATIFS.

1. ADJECTIFS SIMPLES.

42. La terminaison commune des adjectifs est exprimée par le caractère 的 *tĭ*, qui est aussi la marque du génitif en chinois (conf. 40). Si l'on retranche d'un adjectif simple la terminaison commune *tĭ*, on a le radical du mot ou l'adjectif *élémentaire et radical*. Exemples :

大的 *ta'-tĭ*, grand;
小的 *ˁsiao-tĭ*, petit;
好的 *ˁhao-tĭ*, bon;
惡的 *'ŏ-tĭ*, mauvais;
白的 *pĕ-tĭ*, blanc;

海上絲綢之路文獻集成 科技與文化編

黑的 *hĕ-tĭ*, noir;
紅的 *houng-tĭ*, rouge;
藍的 *lan-tĭ*, bleu clair;
紫的 *'tseu-tĭ*, violet;
青的 *thsing-tĭ*, bleu céleste;
黃的 *hoang-tĭ*, jaune, etc.

43. D'après la logique, tout adjectif suppose un substantif; mais une des plus remarquables singularités du chinois, c'est que l'adjectif élémentaire et radical, l'adjectif qui n'est point *particulé*, n'a de signification qu'autant qu'il est joint (adjectus) au substantif; alors il s'agrége presque toujours avec celui-ci et contribue à former un substantif composé de la sixième classe (conf. 27).

44. Quand l'adjectif simple est placé avant le substantif auquel il se rapporte et conserve sa signification adjective, il offre une assez grande ressemblance avec les adjectifs français qui précèdent *toujours* les substantifs qu'ils qualifient, comme *beau*, dans *beau garçon*; *jeune*, dans *jeune homme*; *cher*, dans *cher ami*; *saint*, dans *saint Thomas*.

2. ADJECTIFS COMPOSÉS.

45. Les adjectifs composés ne se distinguent des substantifs de la quatrième classe (conf. 25) que par la *position* et la terminaison commune des adjectifs 的. Ces mots sont formés de l'agrégation de deux termes simples que l'on regarde à tort comme synonymes, ou de la réunion de deux termes d'une signification opposée.

Adjectifs formés de l'agrégation de deux termes simples, dont l'un exprime une idée principale et l'autre une idée accessoire.

喜歡 *'hi-hoan*, content;

苦惱 *'khou-'nao*, infortuné;
爽快 *'chouang-khouai'*, joyeux;
聰明 *thsoung-ming*, intelligent;
嬾惰 *'lan-to'*, paresseux;
辛苦 *sin-'khou*, fatigué;
淸爽 *thsing-'chouang*, clair;
冷靜 *'leng-tsing'*, solitaire;
窮苦 *khioung-'khou*, pauvre;
乾淨 *kan-tsing'*, propre (sans tache), etc.

Adjectifs formés de l'agrégation de deux termes d'une signification opposée.

富貴 *fou'-kouei'*, riche et noble;
輕重 *khing-tchoung'*, léger ou pesant;
大小 *ta'-'siao*, grand ou petit;
長短 *tchhang-'touan*, long ou court;
厚薄 *heou'-pŏ*, épais ou mince;
深淺 *chin-'thsiën*, profond ou superficiel;
冷熱 *'leng-jĕ*, froid ou chaud;
高低 *kao-ti*, haut ou bas;
新古 *sin-'kou*, nouveau ou ancien;
眞假 *tchin-'kia*, vrai ou faux, etc.

46. Toutes les fois qu'un mot n'est pas susceptible d'être pris adjectivement ou quand un adjectif manque, on qualifie le substantif au moyen d'une proposition incidente, formée 1° du verbe actif 有 *'yéou*, avoir; 2° d'un substantif simple ou composé; 3° de la particule 的 *ti*, qui fait l'office du pronom relatif *qui*.

Cette proposition incidente se place avant la proposition

海上絲綢之路文獻集成 科技與文化编

principale à laquelle elle se rattache, et, par conséquent, avant le substantif qu'elle qualifie.

47. Il existe encore une foule de locutions adjectives, et M. Gutzlaff a raison d'avertir que l'on peut placer avant les substantifs chinois un très-grand nombre de mots, «it is «peculiar to the chinese language to unite a great many «words before nouns, which then assume the nature of «adjectives[1].»

48. On forme le comparatif et le superlatif de plusieurs manières différentes; nous en parlerons dans la syntaxe.

§ 2. ADJECTIFS NUMÉRAUX OU NOMS DE NOMBRE.

1. NOMBRES CARDINAUX.

49. Les noms de nombres cardinaux sont :

一 *ĭ*, un;
二 *eul'*, deux;
三 *san*, trois;
四 *sse'*, quatre;
五 *'ou*, cinq;
六 *loŭ*, six;
七 *thsĭ*, sept;
八 *pă*, huit;
九 *'kiéou*, neuf;
十 *chĭ*, dix;
十一 *chĭ-ĭ*, onze;
十二 *chĭ-eul'* douze;
十三 *chĭ-san*, treize;

[1] *Notices on chinese grammar*, part I, by Philo-Sinensis, p. 38.

十四 *chĭ-sse'*, quatorze;
二十 *eul'-chĭ*, vingt;
二十一 *eul'-chĭ-ĭ*, vingt et un;
二十二 *eul'-chĭ-eul'*, vingt-deux;
三十 *san-chĭ*, trente;
四十 *sse-chĭ*, quarante;
五十 *'ou-chĭ*, cinquante;
九十 *'kiéou-chĭ*, quatre-vingt-dix;
一百 *ĭ-pĕi*, cent;
二百 *eul'-pĕi*, deux cents;
三百 *san-pĕi*, trois cents;
五百 *'ou-pĕi*, cinq cents;
一千 *ĭ-thsièn*, mille;
二千 *eul'-thsièn*, deux mille;
三千 *san-thsièn*, trois mille;
一萬 *ĭ-wan'*, dix mille;
五萬 *'ou-wan'*, cinquante mille;
十萬 *chĭ-wan'*, cent mille;
百萬 *pĕi-wan'*, un million.

50. Ces nombres cardinaux restent invariables et ne prennent aucune marque distinctive, quand ils ne se rapportent pas à un substantif. Il y a des caractères numéraux d'une forme plus compliquée, mais compliquée à dessein, pour éviter les altérations frauduleuses 以杜竄改之敝. On nomme ces caractères 官字 *noms de nombre officiels*, et l'on en fait un très-bon usage dans les actes de l'autorité publique 官吏文書用之. Dans le commerce et pour les besoins domestiques, au lieu de compliquer les

海上絲綢之路文獻集成 科技與文化编

caractères, on les abrége. On forme alors des chiffres qu'on appelle, suivant M. Wylie[1], 暗馬 *ngan'-'ma*[2].

51. Dans la langue écrite, quand on exprime un nombre dont on n'entend pas garantir la précision, on y ajoute 餘 *environ* (Abel-Rémusat, *Gram. chin.* § 117) :

二白餘里 *eul'-pĕi-iu-'li*, environ deux cents *li* (dixièmes de lieue).

Dans la langue mandarine, on fait précéder le nombre de la locution prépositive 差不多 *tchha-poŭ-to*, à peu près :

差不多二百里地 *tchha-poŭ-to-eul'-pĕi-'li-ti'*, environ deux cents li.

2. NOMBRES ORDINAUX.

52. Pour marquer l'ordre et le rang, on met devant le nombre cardinal la particule 第 *ti'*; cette particule peut être regardée comme un préfixe :

第一 *ti'-ĭ*, le premier;
第二 *ti'-eul'*, le deuxième;
第三 *ti'-san*, le troisième;
第四 *ti'-sse'*, le quatrième;
第十 *ti'-chĭ*, le dixième;
第十九 *ti'-chĭ-'kiéou*, le dix-neuvième;
第二十 *ti'-eul'-chĭ*, le vingtième;
第一百 *ti'-ĭ-pĕi*, le centième;
第百一 *ti'-pĕi-ĭ*, le cent unième, etc.

[1] Voyez le *Traité d'arithmétique*, composé en chinois par M. Wylie et intitulé *Sou'-hiŏ-'khi-meng*, liv. I, fol. 1 v°.

[2] Ce mot provient d'un pays étranger.

海上絲綢之路文獻集成 科技與文化編

53. On omet le préfixe ou la particule ordinale toutes les fois que le nom de la chose nombrée représente une division du temps. Exemple :

咸豐二年 *hièn-foung-eul'-nièn*, la seconde année de la période *hièn-foung* (1852);

道光十九年 *tao'-kouang-chĭ-'kièou-nièn*, la dix-neuvième année de la période *tao-kouang* (1839);

正月 *tcheng-yŭei*, le premier mois;
二月 *eul'-yŭei*, le deuxième mois;
三月 *san-yŭei*, le troisième mois;
四月 *sse'-yŭei*, le quatrième mois;
十二月 *chĭ-eul'-yŭei*, le dixième mois;
初一 *thsou-ĭ*, le premier jour du mois;
初二 *thsou-eul'*, le second jour du mois;
初三 *thsou-san*, le troisième jour du mois;
初十 *thsou-chĭ*, le dixième jour du mois;
十一日 *chĭ-ĭ-jĭ*, le onzième jour du mois;
十二日 *chĭ-eul'-jĭ*, le douzième jour du mois;
二十三日 *eul'-chĭ-san-jĭ*, le vingt-troisième jour du mois;
三十日 *san-chĭ-jĭ*, le trentième jour du mois.

Dans les locutions 初一 le premier jour, 初二 le second jour, etc., jusqu'au dixième jour inclusivement, 初 *thsou* fait l'office d'une particule ordinaire et remplace 第 *ti'*.

54. Les Chinois catholiques, se parlant les uns aux autres, indiquent les jours de la semaine par les locutions suivantes :

瞻禮的主日 *tchèn-'li-ti-'tchou-jĭ*, dimanche;
瞻禮二 *tchèn-'li-eul'*, lundi;

瞻礼三 *tchèn-‘li-san*, mardi;
瞻礼四 *tchèn-‘li-sse’*, mercredi;
瞻礼五 *tchèn-‘li-‘ou*, jeudi;
瞻礼六 *tchèn-‘li-lŏu*, vendredi;
瞻礼七 *tchèn-‘li-thsĭ*, samedi.

3. NOMBRES DISTRIBUTIFS.

55. Comme toutes les langues cultivées, le *Wen-fă* ou la langue écrite se compose d'une multitude de langues spéciales, dont chacune a sa nomenclature et sa technologie. Le savant ouvrage de M. A. Wylie[1] montre qu'il existe, en chinois, des mots affectés aux arts, particulièrement au calcul. Nous laisserons à la langue des livres ses expressions techniques et nous n'apporterons ici qu'un certain nombre de locutions familières, au moyen desquelles on exprime les nombres partitifs ou distributifs dans le style de la conversation :

一半 *ĭ-pan’*, la moitié;
一半點鐘 *ĭ-pan’-‘tièn-tchoung*, une demi-heure;
一點鐘半 *ĭ-‘tièn-tchoung-pan’*, une heure et demie;
三分有一分 *san-fen-‘yéou-ĭ-fen*, le tiers;
四分有一分 *sse’-fen-‘yéou-ĭ-fen*, le quart;
四分有三分 *sse’-fen-‘yéou-san-fen*, les trois-quarts;
八分有一分 *pă-fen-‘yéou-ĭ-fen*, un huitième;
十分有六分 *chĭ-fen-‘yéou-loŭ-fen*, les six dixièmes;
二十分有七分 *eul’-chĭ-fen-‘yéou-thsĭ-fen*, les sept vingtièmes;

[1] Le *Sou’-hiŏ-‘khi-meng*.

两天一𠁩 *'léang-thièn-ĭ-thseu'*, de deux jours l'un;
两个两个 *'léang-ko'-'léang-ko'*, deux à deux, etc.

§. 3. ADJECTIFS DÉMONSTRATIFS.

56. Il y a deux adjectifs démonstratifs dans la langue parlée. On emploie 這个 *tche'-ko'*, pour les personnes et les choses prochaines, et 那个 *na'-ko'*, pour les personnes et les choses éloignées :

這个人 *tche'-ko'-jin*, cet homme-ci;
那个人 *na'-ko'-jin*, cet homme-là;
這些人 *tche'-siè-jin*, ces hommes-ci;
那些人 *na'-siè-jin*, ces hommes-là.

57. Les adjectifs possessifs *mon, ma, mes, notre, nos, ton, ta, tes*, etc., se forment d'après la règle des noms attributifs, clairement exposée par M. Abel-Rémusat, en mettant le pronom personnel avant le substantif.

IIIe SECTION.

DES PRONOMS.

58. Les pronoms qui désignent spécialement les trois personnes, sont :

Pour la première personne, 我 *'ouo*, je ou moi;
Pour la seconde personne, 伱 *'ni*, tu ou toi;
Pour la troisième personne, 他 *tha*, il, elle ou lui.

59. Le pluriel des pronoms personnels est toujours énoncé dans la langue mandarine; on le forme en ajoutant au pronom

海上絲綢之路文獻集成 科技與文化編

singulier la particule 們 *men*. Cette particule, je le répète, est l'équivalent d'un affixe. Ainsi l'on dit :

我們 *ʿouo-men*, nous;
伱們 *ʿni-men*, vous;
他們 *tha-men*, ils, elles ou eux.

60. Il n'y a d'exception à cette règle que pour le pronom 咱 *ʿtsa*, nous, qui, dans la conversation, ne s'emploie jamais au singulier. On dit également 咱 *ʿtsa* ou 咱們 *ʿtsa-men*, nous.

61. Indépendamment des pronoms personnels *communs*, que l'on trouve dans la langue écrite, tels que 吾 *ou*, 予 *iu*, 爾 *ʿeul*, 汝 *ʿjou*, 其 *khi*, 伊 *i*, etc., il existe encore dans cette langue des pronoms *exceptionnels*. Par exemple, depuis Tsin-chi-hoang-ti (212 avant J. C.), « l'Empereur, dit M. Abel-Rémusat, a un pronom qui lui est affecté et dont lui seul peut se servir, pour dire *je;* c'est 朕 *tchinʾ*. » M. Abel-Rémusat aurait pu ajouter qu'un auteur, quand il se désigne lui-même, a, comme le souverain, son pronom particulier; c'est 余 *iu;* à peu près aussi comme, en Europe, dans un écrit qui est l'ouvrage d'un seul homme, l'auteur, en parlant de lui-même, se croit obligé de dire *nous*. Tous ces pronoms, communs ou exceptionnels, n'existent pas dans la langue mandarine.

62. Une singularité plus remarquable, c'est l'existence d'un pronom qui ne s'écrit pas, du moins entièrement, et qui est pourtant d'un usage constant, perpétuel. La politesse veut que, dans notre langue, on dise *vous* au lieu de *tu*, quand on adresse la parole à quelqu'un. En Kouan-hoaʾ, le tutoiement, même d'égal à égal, semble contraire aux bien-

séances. On n'emploie le pronom, à la seconde personne du singulier, qu'en parlant aux domestiques ou lorsqu'on s'abandonne à la colère, lorsqu'on veut montrer de l'audace, témoigner du mépris, etc.; mais, dans une situation ordinaire, il faut dire *ni-na*, comme nous disons *vous*. *Ni-na* est un mot composé de deux syllabes, dont la seconde ne répond à aucun caractère et qu'on écrit comme on veut[1].

63. 自巳 *tseu'-'ki*, mis après les pronoms personnels, répond à notre adjectif *même :* 我自己 *'ouo-tseu'-'ki*, moi-même; 伱自巳 *'ni-tseu'-'ki*, toi-même; 我們自巳 *'ouo-men-tseu'-'ki*, nous-mêmes, etc. Pour la troisième personne, il y a, comme en français, deux sortes de pronoms, l'un direct et l'autre réfléchi. Le pronom direct est 他自己 *tha-tseu'-'ki*, lui-même ou elle-même, au singulier; 他們自巳 *tha-men-tseu'-'ki*, eux-mêmes ou elles-mêmes, au pluriel. Le pronom réfléchi est 自家 *tseu'-kia*, soi ou soi-même.

64. Les pronoms démonstratifs se confondent avec les adjectifs démonstratifs. 這个 *tche'-ko'*, adjectif démonstratif des personnes ou des choses prochaines et 那个 *na'-ko'*, adjectif démonstratif des personnes ou des choses éloignées, deviennent des pronoms démonstratifs, quand on les emploie seuls, c'est-à-dire quand ils ne sont pas suivis d'un substantif. Alors 這个 *tche'-ko'* signifie celui-ci et 那个 *na'-ko'*, celui-là.

65. Quant aux pronoms possessifs, ils ne se distinguent pas davantage des adjectifs qui marquent la possession.

[1] Gonçalvès emploie le caractère 納, dans l'*Arte china* et la *Grammatica sinica;* l'auteur chinois du *Tcheng'-in-thsŏ-yao'* adopte le caractère 儜. J'ai suivi le P. Gonçalvès.

海上絲綢之路文獻集成 科技與文化編

Toutes les fois qu'un pronom personnel, ***suivi de la particule*** 的 *tĭ*, est employé seul, ce pronom change de nature et peut être assimilé à un pronom possessif. On dit :

我的 *'ouo-tĭ*, le mien, la mienne, les miens, les miennes;
伱的 *'ni-tĭ*, le tien, la tienne, etc.
他的 *tha-tĭ*, le sien, la sienne, etc.
我們的 *'ouo-men-tĭ*, le nôtre, la nôtre, les nôtres;
伱們的 *'ni-men-tĭ*, le vôtre, la vôtre, les vôtres;
他們的 *tha-men-tĭ*, le leur, la leur, les leurs.

66. Les pronoms relatifs *qui*, *que*, *dont*, s'expriment, dans la langue mandarine, par 的 *tĭ*. Quelquefois on emploie 所 *'so* et 的 *tĭ* dans la même phrase; mais ces deux pronoms conjonctifs ou ces deux monosyllabes ne s'agrégent point. Loin de là, le premier, c'est-à-dire 所 *'so*, se place toujours avant le verbe, et le second, c'est-à-dire 的 *tĭ*, se place toujours après le verbe.

67. La syntaxe indiquera les équivalents chinois des pronoms indéfinis : *on*, *quiconque*, *quelqu'un*, *chacun*, *autrui*, *l'un et l'autre*, *l'un l'autre*, *personne*.

IVᵉ SECTION.

DES VERBES.

§ 1. VERBES SIMPLES.

1° DU VERBE SUBSTANTIF.

68. Il y a, dans la langue orale, un monosyllabe qui exprime l'affirmation, sans exprimer en même temps un

attribut quelconque. Ce monosyllabe est le verbe substantif 是 *chi’*, être.

Nous savons bien que l'on range les monosyllabes 爲 *weï*, 有 *‘yéou* et 在 *tsai’*, dans la classe des verbes substantifs; mais c'est à tort suivant nous, car, d'après les judicieuses remarques de M. Abel-Rémusat (*Gram. chin.* § 153, 154 et 155), 爲 *weï*, qui peut se rendre par *être*, emporte l'idée d'une action et signifie proprement *faire;* 有 *‘yéou* exprime l'idée de l'existence, mais rapportée à un sujet et avec détermination d'un attribut; 在 *tsai*, être dans, implique la localité.

Le verbe substantif des Chinois, qui n'en ont qu'un, est donc 是 *chi’*. Il contient l'affirmation, il ne contient pas l'attribut; il n'exprime ni une action, ni une manière d'être.

2° DES VERBES AUXILIAIRES.

69. Ils ont deux origines et doivent se partager en deux catégories très-distinctes :

Les verbes auxiliaires de la première catégorie ressemblent parfaitement aux nôtres, servent, comme les nôtres, à *conjuguer*, à former les temps simples et composés des autres verbes, le passé, le futur; à exprimer certains modes, certaines formes, l'impératif, le prohibitif, etc. Ce sont :

有 *‘yéou;*	要 *yao’;*
了 *‘léao;*	肯 *‘kheng;*
過 *kouo’;*	罷 *pa’;*
完 *wan;*	着 *tchŏ;*
能 *neng;*	別 *p’ieï.*

Les verbes auxiliaires de la seconde catégorie, joints à d'autres verbes, forment les verbes composés de la première classe, quelquefois des idiotismes ou des expressions verbales particulières à la langue. Ces verbes sont :

可 *‘kho;*	把 *‘pa;*
得 *tĕe;*	叫 *kiao’;*
去 *khiu’;*	請 *‘thsing;*
來 *laî;*	敢 *‘kan;*
入 *joŭ;*	給 *kĭ;*
出 *tchhŏu;*	待 *taï’;*
打 *‘ta;*	讓 *jang*, etc.

Nous reviendrons sur les verbes auxiliaires.

§ 2. VERBES COMPOSÉS.

70. Les verbes sont généralement formés de la réunion de deux monosyllabes qui s'agrégent.

71. Un verbe chinois peut être composé de trois manières différentes :

1° De deux monosyllabes exprimés par deux caractères, dont le premier est un verbe attributif et le second un verbe auxiliaire;

2° De deux monosyllabes ou de deux verbes radicaux exprimés par deux caractères;

3° De deux monosyllabes exprimés par deux caractères, dont le premier est un verbe actif et le second un substantif, complément de ce verbe.

72. Il y a donc trois classes de verbes, comme il y a sept classes de substantifs. (Conf. 16.)

1re CLASSE.

Verbes composés de deux monosyllabes exprimés par deux caractères, dont le premier est un verbe attributif et le second un verbe auxiliaire.

73. Les verbes auxiliaires, qui se mettent après le verbe

海上絲綢之路文獻集成 科技與文化編

attributif, font, dans beaucoup de cas, l'office des particules anglaises *out*, *in*, *up*, *down*. Le complément s'interpose entre le verbe principal et le verbe accessoire, comme dans la langue anglaise entre le verbe et la particule :

進來 *tsin'-laï*, entrer (to get in);
出去 *tchhŏu-khiu'*, sortir (to get out);
斟入 *tchin-joŭ*, verser (to pour in);
斟出 *tchin-tchhŏu*, répandre (to pour out);
拿來 *na-laï*, apporter;
拿去 *na-khiu'*, emporter;
借來 *tsieï'-laï*, emprunter;
借去 *tsieï'-khiu'*, prêter;
買來 *'maè-laï*, acheter;
賣去 *maï'-khiu'*, vendre;
過去 *kouo'-khiu'*, passer outre;
回去 *hoeï-khiu'*, s'en retourner;
飛去 *feï-khiu'*, prendre la fuite, etc.

74. Quelquefois le verbe auxiliaire n'ajoute rien au sens du verbe principal.

懂得 *'toung-tĕe*, comprendre;
認得 *jin'-tĕe*, connaître;
記得 *ki'-tĕe*, se souvenir;
曉得 *'hiao-tĕe*, savoir, etc.

2e CLASSE.

Verbes composés de deux monosyllabes ou de deux verbes radicaux, exprimés par deux caractères.

75. Étymologiquement, les verbes formés de la réunion

de deux termes synonymes ou antithétiques, ne diffèrent point des substantifs composés de la quatrième classe (25); ceux-ci peuvent être pris, soit comme adjectifs, soit comme verbes. Dans la langue écrite, on voit un caractère jouer alternativement le rôle d'un substantif, d'un adjectif ou d'un verbe; mais, par un progrès naturel, les langues changent peu à peu de caractère. S'il existe encore dans le Kouan-hoa' des substantifs verbaux, on y trouve néanmoins une foule de mots composés, qui sont toujours des verbes, c'est-à-dire qui ont par eux-mêmes et ne peuvent avoir que la signification verbale :

知道 *tchi-tao'*, savoir;
告訴 *kao'-sou'*, dire, avertir;
看見 *khan'-kièn'*, voir;
拜望 *pai'-wang'*, faire une visite;
睡覺 *choui'-kiao'*, dormir;
喜歡 *ʿhi-hoan*, aimer;
恐怕 *ʿkhoung-pha'*, craindre;
報答 *pao'-tă*, récompenser;
疑惑 *î'-hŏè*, douter;
答應 *tă-ing*, répondre;
來到 *laï-tao*, arriver;
臨近 *lin-kin'*, approcher de;
乾淨 *kan-tsing'*, nettoyer;
敗壞 *paï'-hoaï'*, détruire;
分開 *fen-khaï*, diviser;
長大 *tchang-ta'*, grandir;
倚靠 *ʿi-khao'*, compter sur, etc.

海上絲綢之路文獻集成 科技與文化編

3e CLASSE.

Verbes composés de deux monosyllabes exprimés par deux caractères, dont le premier est un verbe actif et le second un substantif, complément de ce verbe.

76. On éprouvera d'abord, nous l'avons dit dans notre Mémoire, quelque peine à regarder comme des composés les mots chinois formés de la réunion d'un verbe et d'un substantif ou d'un verbe et de son complément. Toutefois, si l'on ne perd pas de vue le principe que nous avons établi, à savoir : qu'un monosyllabe chinois, isolément articulé, prononcé comme on voudra et de quelque manière qu'on le prononce, n'excite d'ordinaire aucun sens dans l'esprit, on reconnaîtra que, dans les locutions chinoises dont nous allons parler, le verbe *élémentaire et radical* et le substantif *élémentaire et radical* sont aussi étroitement associés, aussi étroitement unis que le verbe et le nom dans nos mots composés, un *brise-raison*, un *casse-tête*, un *couvre-feu*, un *garde-magasin*, un *porte-étendard* et un *souffre-douleur*.

Quand un monosyllabe chinois, pris dans un sens verbal, n'est pas joint à un autre monosyllabe synonyme, pris également dans un sens verbal, ou à un verbe auxiliaire, il arrive presque toujours que ce monosyllabe, détaché de son complément, n'excite aucun sens, sinon dans l'esprit de celui qui parle, au moins dans l'esprit de celui qui écoute. A la Chine, il faut dire : *lire un livre*, pour lire; *écrire des caractères*, pour écrire; *manger du riz*, pour manger; *tuer un homme*, pour tuer; *exhorter un homme*, pour exhorter; *pardonner une faute*, pour pardonner; *obéir à un ordre*, pour obéir, etc.

讀書 *toŭ-chou*, lire;
寫字 *'siei-tseu'*, écrire;

念書 *nièn-chou*, étudier, réciter;
說書 *choŭe-chou*, raconter des histoires;
說話 *choŭe-hoa'*, parler;
吃飯 *tchĭ-fan'*, manger;
吃早飯 *tchĭ-'tsao-fan'*, déjeuner;
賭錢 *tou-thsièn*, jouer (de l'argent);
殺人 *chă-jin*, tuer;
勸人 *khiouèn-jin*, exhorter;
騙人 *phièn'-jin*, tromper;
從命 *tsoung-ming'* } obéir;
聽命 *thing'-ming'* }
說謊 *choŭe-'hoang*, mentir;
得罪 *tĕe-tsoui'*, offenser (quelqu'un);
赦罪 *che'-tsoui'*, pardonner;
中意 *tchoung'-i'*, plaire;
起頭 *'khi-theou*, commencer;
走路 *'tseou-lou'*, marcher;
問好 *wen'-'hao*, présenter ses civilités, etc.

VOIX DES VERBES.

77. On ne peut pas distinguer, dans les verbes du Kouan-hoa', une voix active et une voix passive. Comme le substantif, le verbe chinois, simple ou composé, actif ou passif, reste inaltérable dans sa forme et n'admet aucune inflexion. On reconnaît mécaniquement qu'un verbe est passif toutes les fois qu'il est précédé de la préposition 被 *pi'*, qui signifie par. Cette préposition seule est la marque du passif.

TEMPS.

78. Nous avons vu tout à l'heure que les verbes auxi-

liaires de la première catégorie servent à former les temps des autres verbes (conf. 69). Puisqu'il existe dans la langue deux sortes de mots, les mots simples et les mots composés, on doit reconnaître qu'il y a deux sortes de temps, les temps *simples* et les temps *composés*.

79. Nous nommons temps *simples* ceux qui n'empruntent qu'un verbe auxiliaire de la première catégorie, comme 了 *'léao*, 過 *kouo'*, 要 *yao'*.

80. Nous nommons temps *composés* ceux dans la composition desquels il entre deux verbes auxiliaires, comme 有 *'yéou* et 過 *kouo'*, 完 *wan* et 了 *'léao;* ou un adverbe de temps et un verbe auxiliaire comme 已經 *'i-king* et 過 *kouo'*.

81. Le présent n'a besoin d'être exprimé par aucun signe; on le marque, quand cela est nécessaire, par un adverbe de temps, comme 如今 *jou-kin*, maintenant; 現今 *hièn-kin*, 現時 *hièn'-chi* et 現在 *hièn'-tsaï'*, actuellement, exemple : 我如今學 *'ouo-jou-kin-hiŏ*, j'étudie.

82. L'adverbe 那時 *na'-chi*, alors, en ce temps-là, placé avant le verbe, marque l'imparfait; exemple : 那時我學 *na'-chi-'ouo-hiŏ*, j'étudiais.

83. Il y a dans le temps passé plusieurs nuances qui sont exprimées, en chinois, par des adverbes et des verbes auxiliaires. Ces sortes d'expressions répondent à nos *parfaits* et à nos *plus-que-parfaits*.

84. Pour marquer le *parfait*, on se sert des verbes auxiliaires 過 *kouo', transire;* 了 *'léao, perficere;* 完了 *wan-'léao, finire*. Ces verbes auxiliaires se placent après le verbe principal, exemple : 我學過 *'ouo-hiŏ-kouo'*, 我學了 *ouo-hiŏ-'léao*, 我學完了 *'ouo-hiŏ-wan-'léao*, j'ai étudié.

85. Quand la phrase est négative, indépendamment de

海上絲綢之路文獻集成 科技與文化编

la marque ordinaire du prétérit 過 *kouoʾ*, on place avant le verbe principal, exactement comme en français, le verbe auxiliaire 有 *ʿyéou*, avoir; exemple : 沒有學過 *moŭ-ʿyéou-hĭo-kouoʾ*, je n'ai pas étudié.

86. Les adverbes de temps 已經 *ʿi-king*, déjà, et 從前 *thsoung-thsièn*, autrefois, placés immédiatement avant un verbe au *parfait*, marquent le *plus-que-parfait*. Exemples : 我已經學過 *ʿouo-ʿi-king-hĭo-kouoʾ*, 我從前學過 *ʿouo-thsoung-thsièn-hĭo-kouoʾ*, j'avais étudié.

Au sens négatif, il faut dire : 已經沒有學過 *i-king-moŭ-ʿyéou-hĭo-kouoʾ*, je n'avais pas étudié.

87. On se sert presque toujours, pour exprimer le futur, des adverbes de temps 將來 *tsiang-laï*, dans la suite; 後來 *heouʾ-laï*, ensuite; ou bien du verbe auxiliaire 要 *yaoʾ*, *velle*, que l'on place, comme les adverbes, avant le verbe principal. Exemples : 將來我學 *tsiang-laï-ʿouo-hĭo*, 後來我學 *heouʾ-laï-ʿouo-hĭo*, 我要學 *ʿouo-yaoʾ-hĭo*, j'étudierai.

Au sens négatif, on dit : 將來我不能學 *tsiang-laï-ʿouo-poŭ-neng-hĭo*, 後來我不要學 *heou-laï-ʿouo-poŭ-yaoʾ-hĭo*, je n'étudierai pas.

MODES.

88. Il n'y a pas de signes pour les modes.

89. L'impératif, à la deuxième personne, s'exprime en mettant après le verbe principal le verbe auxiliaire 罷 *paʾ*, *cessare*. Exemple : 你學罷 *ʿni-hĭo-paʾ*, étudie; à la troisième personne, l'impératif s'exprime en interposant, entre le pronom et le verbe principal, la locution 要定 *yaoʾ-tingʾ*. Exemple : 他要定學 *tha-yaoʾ-tingʾ-hĭo*, qu'il étudie.

90. Les locutions 巴不得 *pa-poŭ-tĕe*, ou 恨不得 *hèn'-poŭ-tĕe*, qui répondent à *utinam*, que ne puis-je, etc., indiquent l'optatif. Exemples: 巴不得我學 *pa-poŭ-tĕe-'ouo-hĭo*, 恨不得我學 *hèn'-pŏu-tĕe-'ouo-hĭo*, que ne puis-je étudier!

91. Le prohibitif s'exprime, dans le dialecte de Péking, par le verbe auxiliaire 別 *piĕi*, *cave ne*, que l'on place avant le verbe principal. Exemples : 別學 *piĕi-hĭo*, n'étudiez pas.

92. Si l'on ne rencontre point dans les livres les *équivalents des formes auxquelles on est accoutumé* en Europe, on les trouve, jusqu'à un certain point, dans le langage; cela ne laisse aucun doute. On peut donc offrir à ceux qui veulent parler le chinois le paradigme d'une *conjugaison* comme on a offert le paradigme d'une *déclinaison*.

CONJUGAISON DU VERBE SIMPLE 學 *HIO*, ÉTUDIER.

PRÉSENT.

我如今學 *'ouo-jou-kin-hĭo*, j'étudie;
你如今學 *'ni-jou-kin-hĭo*, tu étudies;
他如今學 *tha-jou-kin-hĭo*, il étudie;
我們如今學 *'ouo-men-jou-kin-hĭo*, nous étudions;
你們如今學 *'ni-men-jou-kin-hiŏ*, vous étudiez;
他們如今學 *tha-men-jou-kin-hiŏ*, ils étudient.

IMPARFAIT.

那時我學 *na'-chi-'ouo-hĭo*, j'étudiais;
那時你學 *na'-chi-'ni-hĭo*, tu étudiais, etc.

PARFAIT.

Au sens affirmatif.

我學過 *'ouo-hĭo-kouo'*, j'ai étudié;

我學了 *ʻouo-hĭo-ʻléao*
我學完了 *ʻouo-hĭo-wan-ʻléao* } j'ai étudié.

Au sens négatif.

沒有學過 *mŏu-ʻyéou-hĭo-kouoʼ*, je n'ai pas étudié.

PLUS-QUE-PARFAIT.

Au sens affirmatif.

我已經學過 *ʻouo-ʻi-king-hĭo-kouoʼ*
我從前學過 *ʻouo-thsoung-thsién-hĭo-kouoʼ* } j'avais étudié.

Au sens négatif.

已經沒有學過 *ʻi-king-mŏu-ʻyéou-hĭo-kouoʼ*, je n'avais pas étudié.

FUTUR.

Au sens affirmatif.

將來我學 *tsiang-laï-ʻouo-hĭo*
後來我學 *heouʼ-laï-ʻouo-hĭo*
我要學 *ʻouo-yaoʼ-hĭo* } j'étudierai.

Au sens négatif.

將來我不能學 *tsiang-laï-ʻouo-poŭ-neng-hĭo*, je n'étudierai pas.

IMPÉRATIF.

你學罷 *ʻni-hĭo-paʼ*, étudie;
他要定學 *tha-yaoʼ-tingʼ-hĭo*, qu'il étudie.

OPTATIF.

巴不得我學 *pa-poŭ-tĕe-ʻouo-hĭo*
恨不得我學 *hènʼ-poŭ-tĕe-ʻouo-hĭo* } que ne puis-je étudier!

PROHIBITIF.

別學 *pĭei-hĭo*, n'étudiez pas.

PARTICIPE.

Présent.

學着 *hŏ-tchŏ*, étudiant.

Passé.

學的 *hŏ-tĭ*, étudié.

Ve SECTION.

DES ADVERBES.

93. Il existe, dans la langue mandarine, quelques *adverbes simples* et un grand nombre *d'adverbes composés* ou de locutions adverbiales, dont on fait un usage très-fréquent.

94. L'adverbe simple a toujours, par lui-même, le sens adverbial, comme 已 *'i*, déjà; 前 *thsièn*, avant; 後 *heou'*, après; 總 *tsoung*, en général, etc. L'adverbe composé n'est qu'un assemblage de mots faisant l'office d'un adverbe, à peu près comme nos locutions adverbiales : *à la fin, à present, tour à tour, tout à coup*, etc.

95. On a mis au rang des adverbes les mots composés formés de l'agrégation de deux, trois ou quatre monosyllabes élémentaires ou radicaux, lorsque ces mots composés indiquent une interrogation ou servent à marquer une circonstance de temps, de lieu, de manière, etc. C'est ainsi qu'on a fait, de la locution adverbiale 差不多 *tchha-poŭ-to*, un adverbe de manière, signifiant *à peu près*, et de la phrase adverbiale 過了四天 *kouo'-'léao-sse'-thièn*, un adverbe de temps signifiant *dans quatre jours*.

Nous examinerons successivement les principales circonstances et les modifications principales exprimées par l'adverbe chinois.

海上絲綢之路文獻集成 科技與文化編

1. ADVERBES DE LIEU.

96. Beaucoup d'adverbes de lieu sont composés d'une préposition, suivie d'un adjectif déterminatif et d'un substantif, c'est-à-dire d'une préposition suivie de son complément; mais on fait souvent l'ellipse de la préposition. D'autres adverbes sont composés d'un substantif et d'une postposition; quelques-uns sont formés par la répétition d'un substantif indiquant un lieu, etc.

97. Les circonstances de lieu les plus ordinaires sont exprimées par les adverbes suivants :

那裏 *ʿna-ʿli* } où?
什么地方 *chĭ-ʿmo-tiʾ-fang* } où?
這裏 *tcheʾ-ʿli*, ici;
那裏 *naʾ-ʿli*, là;
從那裏 *thsoung-ʿna-ʿli*, par où;
從這裏 *thsoung-tcheʾ-ʿli*, par ici (où je suis);
從那裏 *thsoung-naʾ-ʿli*, par là (où vous êtes);
處處 *ʿtchhou-ʿtchhou*, partout;
裏面 *ʿli-mièn*ʾ } dedans;
裏頭 *ʿli-theou* } dedans;
外面 *waiʾ-mièn*ʾ } dehors;
外頭 *waiʾ-theou* } dehors;
前面 *thsièn-mièn*ʾ, devant;
後面 *heouʾ-mièn*ʾ, derrière;
向上 *hiangʾ-changʾ*, en haut (*upwards*);
向下 *hiangʾ-hiaʾ*, en bas (*downwards*);
樓上 *leou-changʾ*, en haut (*up-stairs*);

4

樓下 *leou-hia'*, en bas (*down-stairs*);
中間 *tchoung-kièn*, dans le milieu, etc.

98. Les adverbes de lieu exprimés dans la langue mandarine par un seul caractère sont 此 *'thseu*, ici et 遠 *'youèn*, loin.

2. ADVERBES DE TEMPS.

99. A l'exemple de Gutzlaff et de M. Edkins, nous avons rangé dans la classe des adverbes de temps un très-grand nombre de locutions adverbiales. Afin de reconnaître les divers procédés d'après lesquels on a formé ces locutions ou ces mots composés, on devra nécessairement recourir au vocabulaire. Nous ne donnerons ici que le sens des composés.

Les adverbes de temps les plus communs sont :

什么時候 *chĭ-'mo-chi-heou'*, quand?
今天 *kin-thièn* } aujourd'hui;
今日 *kin-jĭ* }
昨天 *tsŏ-thièn* } hier;
昨日 *tsŏ-jĭ* }
前日 *thsièn-jĭ*, avant-hier;
前二天 *thsièn-eul'-thièn*, il y a deux jours;
前幾天 *thsièn-'ki-thièn*, il y a quelques jours;
明天 *ming-thièn*, demain;
後天 *heou'-thièn*, après-demain;
第二日 *ti'-eul'-jĭ*, le lendemain;
大後天 *ta'-heou'-thièn*, dans deux jours;
過了四天 *kouo'-'léao-sse'-thièn*, dans quatre jours;
今年 *kin-nièn*, cette année;

海上絲綢之路文獻集成 科技與文化編

本月 *'pen-yŭei*, ce mois-ci;
去年 *khiu'-nièn*, l'année dernière;
先月 *sièn-yŭei*, le mois dernier;
明年 *ming-nièn*, l'année prochaine;
下月 *hia'-yŭei*, le mois prochain;
方纔 *fang-thsaï*, tout à l'heure (*just now*);
忽然 *hŏu-jèn*, subitement;
如今 *jou-kin*, maintenant;
現今 *hièn'-kin* ⎫
現時 *hièn'-chi* ⎬ à présent;
現在 *hièn'-tsaï'* ⎭
立刻 *lĭ-khĕ*, immédiatement;
已經 *'i-king*, déjà;
後來 *heou'-laï*, ensuite;
不多時候 *pŏu-to-chi-heou'*, à quelque temps de là;
近日 *kin'-jĭ*, dernièrement;
好久 *'hao-'kiéou*, longtemps;
好久了 *'hao-'kiéou-'léao*, depuis longtemps;
從前 *thsoung-thsièn*, autrefois;
總沒 *'tsoung-moŭ* ⎫
總不 *'tsoung-pŏu* ⎭ jamais;
總有 *'tsoung-'yéou*, toujours;
將來 *tsiang-laï*, dans la suite (*postea*);
天天 *thièn-thièn*, tous les jours (*quotidie*);
白日間 *pĕ-jĭ-kièn*, pendant le jour (*interdiu*);
有幾次 *'yéou-'ki-thseu'*, quelquefois;
頭一次 *theou-ĭ-thseu'*, la première fois.

4.

海上絲綢之路文獻集成 科技與文化編

3. ADVERBES DE MANIÈRE.

100. Dans la langue écrite, les adverbes de manière se terminent en *jèn*, comme les adverbes français en *ment* et les adverbes allemands en *lich*. On y forme à volonté des adverbes, en ajoutant aux adjectifs ou aux verbes la particule 然 *jèn*, qui signifie *ainsi*. Dans la langue parlée, les adverbes de manière sont formés par la répétition d'un mot qui, écrit une fois seulement, aurait une signification adjective. Exemples :

慢慢的 *man'-man'-tĭ*, tout doucement;
漸漸的 *'tsièn-'tsièn-tĭ*, insensiblement;
單單的 *tan-tan-tĭ*, uniquement;
常常的 *tchhang-tchhang-tĭ*, continuellement;
快快的 *khouaï'-khouaï'-tĭ*, promptement;
重重的 *tchoung-tchoung-tĭ*, gravement.

101. D'autres adverbes de manière sont formés par la répétition de deux adjectifs, avec ou sans la particule 的.

從從容容 *thsoung-thsoung-young-young*, lentement;
停停當當 *thing-thing-tang'-tang'*, comme il faut;
歡歡喜喜 *hoan-hoan-'hi-'hi*, gaiement;
顛顛倒倒 *tièn-tièn-tao'-tao'*, sens dessus dessous;
淸淸楚楚 *thsing-thsing-'thsou-'thsou*, clairement, correctement;
平平安安 *phing-phing-ngan-ngan*, agréablement (*comfortably*);
醉醉飽飽 *tsoui'-tsoui'-'pao-'pao*, copieusement (en parlant du boire et du manger);
恭恭敬敬 *koung-koung-king'-king'* respectueusement;

齊齊整整 *'tsi-'tsi-'tcheng'tcheng*, pompeusement;
委委曲曲 *'weï-'weï-khiŏu-khiŏu*, subtilement.

102. Les adjectifs numéraux 一 *ĭ*, un et 兩 *'léang*, deux, s'agrégent avec certains mots pour former des adverbes.

一直的 *ĭ-tchĭ-tĭ*, tout droit;
一齊 *ĭ-thsi'*, ensemble;
一様 *ĭ-yang'*, de même, tout de même;
兩様 *'léang-yang'*, diversement;
頭一件 *theou-ĭ-kièn'*, premièrement;
一定 *ĭ-ting'*, certainement.

ONOMATOPÉES.

103. Beaucoup d'adverbes onomatopées sont formés d'un monosyllabe redoublé ou de deux monosyllabes.

唧唧呱呱 *tsĭ-tsĭ-oua-oua* (voix de plusieurs personnes qui parlent);
唧唧 *tsĭ-tsĭ* (bruit de la navette du tisserand);
喜喜 *'hi-'hi* (imitation du bruit que l'on fait en riant);
喜喜哈哈 *'hi-'hi-ha-ha*, (*idem*);
咯當咯當 *kŏ-tang-kŏ-tang* (bruit que fait le balancier d'une horloge;
哀哀 *'aï-'aï* (imitation du gémissement);
必必剝剝 *pĭ-pĭ-pŏ-pŏ* (bruit que fait la flamme en pétillant);
悉索 *sĭ-sŏ* (qui frôle, qui fait frou-frou), etc.

104. Les onomatopées, très-communes et trés-fréquentes dans le langage familier, varient suivant les dialectes.

105. La recherche de l'expression imitative, comme nous l'avons dit ailleurs, est plus sensible dans la langue mandarine que dans nos langues européennes. On découvre dans le chinois vulgaire l'analogie de certains sons avec certaines idées. Les sons vocaux *khang*, *khèng*, *khing* sont consacrés aux mots qui représentent la lutte, la violence, le combat, le meurtre; les sons vocaux *jou*, *jouèn*, *jouen*, *nouèn*, *nouen*, *no*, sont particulièrement adaptés aux mots qui expriment la douceur, la tendresse, la mollesse, la délicatesse, la finesse, la souplesse, la faiblesse, l'indulgence, la patience, etc.[1].

4. ADVERBES DE QUANTITÉ.

106. Les principaux adverbes de quantité sont les suivants :

多少 *to-ʿchao*, combien;
多 *to*, beaucoup;
少 *ʿchao*, peu;
一些 *ĭ-siè*, un peu;
多的恨 *to-tĭ-hènʾ* (en anglais *very much*);
太多 *thaïʾ-to* (*too much*);
太少 *thaïʾ-ʿchao* (*too little*);
太過 *thaïʾ-kouoʾ*, trop;
恨少 *hènʾ-ʿchao*, très-peu;
至少 *tchĭʾ-ʿchao*, au moins;
勾了 *keouʾ-ʿléao*, assez;
差不多 *tchha-poŭ-to*, environ, presque;
另外的 *lingʾ-waïʾ-tĭ*, en outre.

[1] *Mémoire sur les principes généraux du chinois vulgaire*, p. 83.

5. ADVERBES D'INTERROGATION.

107. Dans le langage familier, l'adverbe interrogatif proprement dit est 么 *'mo*, qui se place à la fin de la phrase.

108. 么 *'mo*, comme le remarquent tous les grammairiens, peut être précédé de l'un de ces trois mots 甚 *chin'*, 什 *chĭ*, 怎 *'tsèn;* mais, dit M. Abel-Rémusat, l'expression composée qui en résulte, au lieu de se mettre à la fin, se place au commencement de la phrase, ou immédiatement avant le mot sur lequel porte l'interrogation. Il y a pourtant des exceptions; la syntaxe les indiquera.

109. 難道 *.nan-tao'*, locution adverbiale, que l'on trouve à chaque page dans les romans, dans le dialogue des pièces de théâtre, se place quelquefois au commencement des phrases, pour marquer l'interrogation.

6. ADVERBES D'AFFIRMATION, DE NÉGATION, DE DOUTE.

是 *chi'*, oui;
是是 *chi'-chi'*, oui, oui;
果然 *'kouo-jèn*, assurément;
一定 *ĭ-ting'*, certainement;
不是 *poŭ-chi'*, non;
不是不是 *poŭ-chi'-poŭ-chi'*, non, non;
或者 *hŏe-'tche* } peut-être.
或然 *hŏe-jèn* }

海上絲綢之路文獻集成 科技與文化編

VIe SECTION.

DES PRÉPOSITIONS ET DES POSTPOSITIONS.

110. Dans la langue mandarine, les rapports qui existent entre les mots sont exprimés :

1° Par des prépositions;

2° Par des postpositions;

3° Par des locutions prépositives.

111. Les particules que nous appelons dans cette grammaire *prépositions* ou *postpositions* n'ont par elles-mêmes qu'un sens incomplet, ou, comme disent les Chinois, ces particules sont des *mots vides*, 虛字 *hiu-tseu'*; elles exigent un complément.

112. Quand une particule unit deux idées et en marque le rapport, on distingue facilement que cette particule est une préposition ou une postposition :

Une préposition, en ce qu'elle est suivie de son complément, c'est-à-dire d'un nom ou d'un pronom;

Une postposition, en ce qu'elle est précédée de son complément, c'est-à-dire d'un nom ou d'un pronom.

113. Les locutions prépositives ont le même caractère que les prépositions.

114. Voici la liste des prépositions, des postpositions et des locutions prépositives les plus usitées :

PRÉPOSITIONS.

被 *pi'*, par;	給 *kĭ* } à;
從 *thsoung*, de, par;	對 *toui'* } à;
同 *thoung*, avec;	替 *thi'* } à;

到 *tao'* } vers;
向 *hiang'* }

近 *kin'*, près;
代 *taï'*, pour, à la place de.

POSTPOSITIONS.

裏 *'li* }
間 *kièn* } dans;
中 *tchoung* }
內 *neï'* }
上 *chang'*, sur;

下 *hia'*, sous;
前 *thsièn*, avant, devant;
後 *heou'*, après, derrière;
外 *waï'*, hors.

LOCUTIONS PRÉPOSITIVES.

沒有 *moŭ-'yéou* } sans;
倒不 *tao-pŏu* }
按着 *ngan-tchŏ*, selon;
裏頭 *'li-theou*, dans;
低下 *'ti-hia'*, sous;
相對 *siang-toui'*, vis-à-vis;
除了 *tchhou-'léao*, hormis, etc.

VIIe SECTION.

DES CONJONCTIONS.

115. A l'exception des copulatives et des circonstancielles, toutes les conjonctions, toutes les locutions conjonctives qui servent, dans notre langue, à lier un membre de phrase à un autre membre de phrase, se retrouvent dans la langue mandarine ou dans la langue chinoise parlée. Voici la liste des conjonctions et des locutions conjonctives les plus usitées :

1. DISJONCTIVES ET ALTERNATIVES.

或 *hŏe*, ou;

或是 *hŏe-chi'* }
還是 *hoan-chi'* } ou bien, soit que.

2. ADVERSATIVES.

但 *tan'* }
到底 *tao'-ti* } mais;

倒有 *tao-'yéou*, néanmoins, pourtant;

連 *lièn*, mais encore;

然而 *jèn-eul*, cependant;

雖然 *soui-jèn*, quoique;

就是 *tsiéou'-chi'*, cependant, mais encore;

便是 *pièn'-chi'*, quand même.

3. CAUSATIVES.

所以 *'so-'i* }
故此 *kou'-'thseu* } c'est pourquoi;

因爲 *in-wei'*, parce que, car, comme, attendu que;

爲什么 *wei'-chĭ-'mo*, pourquoi;

既然 *ki'-jèn*, puisque.

4. CONDITIONNELLES.

若 *joŭ* }
若是 *joŭ-chi'* } si.

海上絲綢之路文獻集成 科技與文化編

漢語官話語法

VIIIe SECTION.

DES INTERJECTIONS,

DES LOCUTIONS INTERJECTIVES ET DES PARTICULES FINALES.

116. Les interjections et les locutions interjectives sont assez nombreuses; ainsi :

Pour exprimer l'aversion, on dit : 罷了罷了 *pa'-'léao! pa'-'léao!* assez! assez! 去罷 *khiu'-pa'!* arrière!

Pour exprimer la douleur, on dit : 噯呀 *'aï'-ya'!* ah! aïe! 天那 *thièn-na'!* ô ciel! 天老爺 *thièn-'lao-yè!* ô ciel! ô seigneur! 可惜 *'kho-sĭ!* 可惜了 *'kho-sĭ-'léao!* 可憐 *'kho-lièn!* hélas!

Pour exprimer la surprise, on dit : 阿 *a!* ha! 噯呀 *aï'-ya'!* ha! ha! 阿彌陀佛 *a-mi-to-foĕ!* ô grand Bouddha! 怪 *kouaï'!* oh!

Pour encourager 好好 *'hao! 'hao!* bien! bien!

Pour appeler 兀那 *oŭo-na'!* hola!

Pour demander du secours, 救人 *kiéou'-jin!* au secours! 救火 *kiéou'-'ho!* au feu!

Pour commander aux soldats de tirer, 放 *fang'!* feu ! etc.

117. Il y a dans la langue mandarine, comme dans la langue écrite, des particules finales insignifiantes, qui varient suivant les provinces et les dialectes; toutefois, ces particules ne servent point à marquer la fin d'une phrase ou la séparation des membres qui la composent; elles sont presque toujours interrogatives.

118. A Péking, la plus usitée de toutes les particules finales est 嗎 *ma'*.

海上絲綢之路文獻集成 科技與文化編

IXᵉ SECTION.

SYNTAXE.

SYNTAXE DES SUBSTANTIFS.

§ 1. NOMS PROPRES.

119. Le nom de famille se place toujours avant le surnom; ainsi, dans 王繼業 *Wang Ki'-yè*, *Wang* est le nom de famille (*sing'*), *Ki-yè* est le surnom (*ming*).

120. On ne prononce guère le nom d'une personne sans indiquer son titre, son rang ou sa profession.

是吏部王爺么 *Chi' li'-pou' Wang-yè 'mo?* Est-ce M. Wang, du ministère du personnel?

滿漢教師茹蓮老爺 *'Man-han' kiao-sse Jou-lièn 'lao-yè*, M. Julien, professeur de chinois et de mandchou.

過老爺 *Kouo 'lao-yè*, M. Kouo.

他的妹子出了嫁么。出了。嫁了誰。嫁了一个舉人名揚。 *Tha-tĭ mei'-'tseu tchhŏu-'léao kia' 'mo? — Tchhŏu-'léao. — Kia'-'léao 'choui? — Kia'-'léao ĭ-ko' 'kiu-jin ming Yang.* Sa sœur cadette est-elle mariée? — Oui. — Qui a-t-elle épousé? — Un docteur, dont le nom est Yang.

周夫人 *Tcheou fou'-jin* } madame Tcheou;
周大娘 *Tcheou ta'-niang* }

鳳姑娘 *Foung kou-niang*, mademoiselle Foung.

121. Les affixes des noms propres, quand ces noms désignent un royaume, une province, un département, un arrondissement, un district, une montagne, un fleuve, un lac, etc., ou les termes génériques dont j'ai parlé (8), sont :

國 *kŏue*, le royaume;
省 *'seng*, la province;
府 *'fou*, le département;
州 *tcheou*, l'arrondissement;
縣 *hièn'*, le district;
山 *chan*, la montagne;
河 *ho*, le fleuve;
湖 *hou*, le lac, etc. Ex.:

大英國 *Ta'-ing-koŭe*, l'Angleterre;

俄羅斯國 *'Olosse-koüe*, la Russie.

人說山西那一省有賊亂起來了么。*Jin-choŭe Chan-si na'-ĭ-'seng 'yéou tsĕ-louan' 'khi-laï-'léao 'mo?* Ne dit-on pas qu'une insurrection a éclaté dans le Chan-si?

廣東廣州府 *'Kouang-toung 'Kouang-tcheou-'fou*, le département de Kouang-tcheou, dans le Kouang-toung.

澳門在香山縣之南 *'Ao-'men tsaï 'hiang-chan-tchi nan.* Macao est situé au sud du district de Hiang-chan.

黃河出崐崘山 *Hoang-ho tchhŏu Kouen-lun chan.* Le Fleuve jaune prend ses sources dans les monts Kouen-lun.

洞庭湖在湖廣武昌府 *Toung-thing-hou tsaï' Hou'-'kouang Wou-tchhang-'fou.* Le lac Toung-thing est situé dans le département de Wou-tchhang, province du Hou-kouang.

122. La terminaison commune des noms dynastiques est 朝 *tchhao*, dynastie. On écrit :

漢 *Han'*, les Han;
唐 *Thang*, les Thang;
宋 *Soung'*, les Soung;
元 *Youèn*, les Youèn;
明 *Ming*, les Ming;
清 *Thsing*, les Thsing.

Mais, en parlant, il faut dire :

漢朝 *Han'-tchhao*, la dynastie des Han;
唐朝 *Thang-tchhao*, la dynastie des Thang;
宋朝 *Soung-tchhao*, la dynastie des Soung, etc.

海上絲綢之路文獻集成 科技與文化編

123. Tous les noms, en général, s'écrivent au pluriel comme au singulier:

如今有幾個諸葛亮 *Jou-kin ʿyéou ʿki-ko' Tchou Kŏ-ʿléang*. Il y a aujourd'hui des Tchou Ko-léang.

§ 2. NOMS COMMUNS.

124. Indépendamment des sept procédés au moyen desquels on compose tous les substantifs communs, il arrive souvent qu'on double un monosyllabe, sans que cette réduplication ajoute rien au sens. La plupart des termes familiers et enfantins sont formés d'un monosyllabe redoublé.

爹爹 *tiei-tiei*, papa (*daddy*);
媽媽 *ma-ma*, maman (*mamma*);
哥哥 *ko-ko*, mon frère aîné;
叔叔 *choŭ-choŭ*, mon beau-frère;
姐姐 *ʿtsiei-ʿtsiei*, ma sœur aînée;
妹妹 *meï'-meï'*, ma sœur cadette;
嫂嫂 *ʿsao-ʿsao*, ma belle-sœur;
奶奶 *ʿnaï-ʿnaï* } madame.
太太 *thaï'-thaï'* }

Si nous n'avons point parlé de ce procédé, en traitant des substantifs, c'est qu'il est commun aux adjectifs, aux verbes et surtout aux adverbes. On double les mots en chinois et on les dédouble avec la même facilité.

125. Le collectif 都 *tou*, qui sert à former le pluriel, se met toujours après le substantif; mais, quand celui-ci est placé avant le verbe *dont il est le complément*, on peut interposer entre le substantif et le monosyllabe *tou* un pronom ou un autre mot. Exemple :

伯父伯母我都沒有 *Pĕ-fou' pĕ-'mou 'ouo tou moŭ-'yéou.* Je n'ai ni oncle ni tante (du côté paternel).

Dans cet exemple, le mot *tou* change d'espèce et devient un adverbe.

RAPPORTS DES SUBSTANTIFS.

126. Les rapports des substantifs sont exprimés, dans la langue mandarine, par des prépositions et des postpositions, ou, comme nous l'avons dit (cf. 39), par des particules prépositives ou postpositives.

127. On a distingué *cinq* rapports différents; on a fait plus, on a offert le paradigme d'une *déclinaison* chinoise. Ce n'est pas qu'il y ait grammaticalement, dans les substantifs chinois, une analogie quelconque avec les substantifs des langues à flexions; mais, pour la commodité des jeunes étudiants, on a voulu suivre l'usage, quoique cet usage contredise la grammaire et les principes généraux de la langue mandarine.

PREMIER RAPPORT (NOMINATIF).

128. Le substantif, placé avant le verbe dont il est le sujet, ne prend aucune marque distinctive, ou, pour parler comme l'abbé d'Olivet, n'est point *particulé*. C'est le substantif dans son état naturel.

在熱道天氣總不冷 *Tsai' jĕ-tao', thièn-khi' 'tsoung-poŭ 'leng.* Dans la zone torride, le temps n'est jamais froid.

中國人不能隨便 *Tchoung-koŭe-jin pŏu neng soui-pièn'.* Les Chinois ne sont pas libres.

他的脾氣恨不好 *Tha-tĭ phi-khi' hèn' pŏu-'hao.* Son caractère est fort mauvais.

母親來了。夫人說 *'Mou-thsin laï-'léao, fou-jin choŭe.* Quand ma mère arriva, ma femme dit.

SECOND RAPPORT (GÉNITIF).

129. Le rapport que le génitif latin établit entre deux noms en construction, ou, si l'on veut, le rapport exprimé en français par la préposition *de,* lorsque cette préposition réunit deux substantifs, se marque, en chinois, par une particule postpositive ou suffixe.

130. Cette particule est 的 *tĭ,* qui remplace le 低 *'ti* de la dynastie des Soung (960 à 1119 après J. C.), lequel avait lui-même remplacé, dans la langue vulgaire, le 之 *tchi* de la langue primitive. Le caractère 的 *tĭ* signifie *clair, manifeste;* pris comme particule, il indique un rapport et n'a point de signification particulière.

131. Si le complément du substantif français est formé de la préposition *de* et d'un mot qui dépend de cette préposition, le complément du substantif chinois est formé de la particule postpositive *tĭ* et d'un mot dont elle dépend; mais il y a cette différence entre le génitif français et le génitif chinois que le mot, suivi de la particule *tĭ,* se place toujours avant le substantif, dont il est le complément. Exemples :

中國的女人作工夫多 *Tchoung-koŭe-tĭ 'niu-jin tsŏ-koung-fou to.* Les femmes de la Chine (les Chinoises) qui travaillent sont en assez grand nombre.

今日就是春天的起頭 *Kin-jĭ tsiéou' chi' tchhun-thièn-tĭ 'khi-theou.* C'est aujourd'hui le commencement du printemps.

大老爺的烟袋在這裏 *Ta'-'lao-'yè-tĭ yèn-taï' tsaï' tche'-'li*. La pipe de Votre Excellence est ici.

耶穌的聖母 *Yè-sou-tĭ cheng'-'mou*, la mère de Jésus.

是老張的兒子 *Chi' 'lao-Tchang-tĭ eul-'tseu*. C'est le fils de Tchang.

Ainsi le génitif se place avant le nominatif, ou, comme le dit M. Abel-Rémusat, le terme antécédent se place après le terme conséquent. Cette règle, ajoute-t-il avec raison, *est universelle en chinois et ne souffre jamais d'exception.*

132. Cependant Gonçalves a cru en trouver une; voici dans quels cas. On sait que le rapport indiqué par le génitif peut s'étendre à une infinité de choses; tantôt, suivant Beauzée, « c'est le rapport de la qualité au sujet, *fortitudo regis;* tantôt, du sujet à la qualité, *puer egregiæ indolis;* quelquefois, c'est le rapport de la forme à la matière, *vas auri;* d'autres fois, de la matière à la forme, *aurum vasis.* Ici, c'est le rapport de la cause à l'effet, *creator mundi*; là, de l'effet à la cause, *Ciceronis opera.* Ailleurs, c'est le rapport de la partie au tout, *pes montis;* de l'espèce à l'individu, *oppidum Antiochiæ;* du contenant au contenu, *modius frumenti*, etc. » Or, le P. Gonçalvès, dans son *Arte China*, cite plusieurs exemples, desquels on peut inférer (on l'a fait) que le terme conséquent (génitif) se place, par exception, après le terme antécédent (nominatif), *toutes les fois que le génitif exprime le rapport de la partie au tout, mais surtout le rapport du contenant au contenu.* Voici les trois exemples de l'auteur:

一斤酒 *ĭ-kin-'tsiéou*, un cati de vin;

一群羊 *ĭ-kiun-yang*, un troupeau de moutons;

一兩銀 *ĭ-'léang-in*, une once d'argent.

海上絲綢之路文獻集成 科技與文化編

Le P. Gonçalvès aurait pu en rapporter une foule d'autres; mais l'exception dont il parle est au moins contestable, et la preuve qu'il en donne, inadmissible. Il a fait, ce nous semble, une fausse application des règles concernant la position des mots, mis le génitif au nominatif et le nominatif au génitif. La locution 一斤酒 ne signifie pas, *mot à mot*, un cati *de vin*, mais le vin *d'un cati;* 一群羊 un troupeau *de moutons*, mais les moutons *d'un troupeau;* 一兩銀 une once *d'argent*, mais l'argent *d'une once.*

Toutefois, ce n'est pas ainsi qu'il faut envisager les locutions de cette espèce. Pour peu qu'on veuille agrandir le cercle étroit dans lequel on a circonscrit jusqu'à présent les mots composés, on reconnaîtra que les monosyllabes *kin*, cati, *kiun*, troupeau, *ʿléang*, once, qui figurent dans les locutions *ĭ-kin-ʿtsieou*, un cati de vin, *ĭ-kiun-yang*, un troupeau de moutons, *ĭ-ʿléang-in*, une once d'argent, comme toutes les particules numérales, comme tous les noms monosyllabiques des poids et des mesures, sont, grammaticalement parlant, *des substantifs auxiliaires et déterminatifs*. Ils servent, comme auxiliaires, à fixer le sens des substantifs *ʿtsiéou*, vin, *yang*, mouton, *in*, argent; comme déterminatifs, à restreindre l'idée d'une plus grande quantité à une plus petite. Quant à la règle de position, la voici : le substantif déterminatif se place toujours avant le substantif qu'il détermine, comme l'adjectif qualificatif, on va le voir tout à l'heure, se place toujours avant le substantif qu'il qualifie.

TROISIÈME RAPPORT (DATIF).

133. Le rapport exprimé en français par la préposition *à* se marque, en chinois, par les prépositions 給 *kĭ*, et 對

toui', à, 同 *thoung*, avec, 向 *hiang'*, vers; nous nommons ces *petits mots* des particules :

給哥哥帶些東西回來 *Kĭ ko-ko taï' siè toung-si hoeï-laï*. Rapportez quelque chose à votre frère aîné.

你叫我同什么人說話 *'Ni kiao' 'ouo thoung chĭ-'mo jin choüe-hoa'?* A quelle personne voulez-vous que je parle?

對朋友們說 *Toui' pheng-'yéou-men choüe*. Parlez à vos amis.

耶穌向宗徒們說 *Yé-sou hiang' tsoung-tou-men choüe*. Jésus dit à ses disciples.

Le complément indirect des verbes est infiniment rare en chinois.

QUATRIÈME RAPPORT (ACCUSATIF).

134. Le substantif placé après le verbe dont il est le complément n'est point *particulé* et ne prend aucune marque distinctive :

父親命我請大夫去 *Fou'-thsin ming 'ouo thsing ta'-fou khiu'*. Mon père m'ordonne d'aller chercher le médecin.

他在鋪子裏學生意 *Tha thsaï' phou'-'tseu-'li hiŏ-seng-i'*. Il est dans une boutique, où il apprend le commerce.

我們去看那个打獵的人 *'Ouo-men khiu' khan' na'-ko' 'ta-lièi-tĭ-jin*. Allons voir le chasseur.

135. Placé avant le verbe dont il est le complément, le substantif est ordinairement précédé du verbe auxiliaire 把 *'pa*, prendre; ce verbe auxiliaire ou cette particule se construit exactement comme le 將 *tsiang* de la dynastie des Youèn, et semble indiquer que le substantif est régi par un verbe actif, lequel alors est rejeté à la fin de la phrase :

5.

他把現時中國的文法講解明白 *Tha ʿpa hièn'-chi tchoung-koüe-tĭ wen-fă kiang-ʿkiai-ming-pĕ.* Il explique les monuments de la langue chinoise moderne.

他把銀子費了 *Tha ʿpa in-ʿtseu feï'-ʿléao.* Il a dépensé l'argent.

他就都藏起來了。把他老人家放在一邊 *Tha tsiéou' tou thsang-ʿkhi-laï-ʿléao, ʿpa tha ʿlao-jin-kia fang'-tsaï' ĭ-pièn.* Elle se mit à cacher tout ce qu'elle avait, et laissa la pauvre femme dans un coin.

136. Il arrive souvent que le complément, placé avant le verbe, ne prend aucune marque particulière :

到低學生的人都不見了 *tao'-ti hiŏ-seng-tĭ-jin tou poŭ kièn'-ʿléao*, mais je n'ai pas vu les écoliers.

那个人不是我殺的 *Na'-ko' jin pŏu-chi' ʿouo chă-tĭ.* Ce n'est pas moi qui ai tué cet homme-là.

樣樣的事情天主都知道么 *Yang'-yang'-tĭ sse'-thsing thièn-ʿtchou tou tchi-tao'-ʿmo?* Dieu connaît-il parfaitement toutes nos actions?

CINQUIÈME RAPPORT (INSTRUMENTAL).

137. L'instrumental est exprimé, en chinois, par la préposition 被 *pi'*. Cette préposition sert à marquer le passif des verbes :

房子被火燒了 *Fang-ʿtseu pi' ʿho chao-ʿléao.* La maison a été consumée par le feu.

被父親打的時候不作聲 *Pi' fou'-thsin ʿta-tĭ chi-heou', pŏu tsŏ-cheng.* Quand il était battu par son père, il ne proférait pas un mot.

他被人笑話 *Tha pi' jin siao'-hoa'.* Il a été raillé par les autres.

海上絲綢之路文獻集成 科技與文化編

On marque l'ablatif par la préposition 從 *thsoung*, de, et le locatif par les postpositions 裏 *'li*, 間 *kièn*, 中 *tchoung*, 內 *neï'*, qui toutes signifient *dans*.

SYNTAXE DES ADJECTIFS.

138. On peut réduire à deux points la syntaxe des adjectifs, 1° à la *position*, 2° à la *terminaison*.

POSITION DE L'ADJECTIF.

139. L'adjectif qualificatif se place invariablement avant le nom qu'il qualifie :

人信伱是个正經的人。伱倒背了良心 *Jin-sin' 'ni chi' ko' tcheng'-king-tĭ-jin; 'ni tao' pei'-'léao léang-sin.* On croit que vous êtes un honnête homme, mais, au fond, vous n'avez pas craint d'agir contre votre conscience.

在縣裏有富貴的人 *Tsaï'-hièn'-'li 'yéou fou'-koueï'-tĭ-jin.* Il y a de grands personnages chez le préfet.

人說他們有不好的來往 *Jin-choŭe tha-men 'yéou pŏu-'hao-tĭ laï-'wang.* On dit qu'ils ont ensemble des relations criminelles.

140. Cette règle ne souffre pas d'exception. Le mot (l'adjectif) change d'espèce, quand il est placé après le substantif, et devient un verbe intransitif, ou, comme l'a dit M. Stanislas Julien, un verbe neutre, qu'on rend en français par le verbe *être* et un adjectif :

東方火輪車行好看的恨 *Toung-fang 'ho-lun-tchhe-hang 'hao-khan'-tĭ-hèn'.* L'embarcadère du chemin de fer de Strasbourg est magnifique.

到低這个不容易 *tao'-ti tche'-ko' poŭ young'-ĭ,* mais cela n'est pas facile.

因爲他的記含非常的。北京福建湖廣各省的話都會說 *In-wei' tha-tĭ ki'-han feï-tchhang-tĭ, Pĕi-king, Foŭ-kièn', Hou'-'kouang, kŏ-'seng-tĭ hoa' tou hoei'-chŏue.* Comme il a une mémoire extraordinaire, il sait parler les dialectes de Péking, du Fou-kièn', du Hou'-'kouang, enfin tous les dialectes.

有書賣么。有。給我看四書。這一部是搬板的。賤的。還有官板的。到侹貴一些 *'Yéou chou mai' 'mo? — 'Yéou. — Kĭ 'ouo khan' sse'-chou. — Tche'-ĭ-pou' chi' thsang-'pan-tĭ, tsièn'-tĭ; hoan 'yéou kouan-'pan-tĭ; tao'-ti kouei'-ĭ-siè.* Avez-vous des livres à vendre? — Oui. — Montrez-moi les *Sse-chou* (les quatre livres classiques). — Voici une édition stéréotype à bon marché; j'ai une édition officielle, mais elle est un peu plus chère.

141. L'adjectif déterminatif se place avant le nom qu'il détermine :

這一樣酒利害 *Tche'-ĭ-yang' 'tsiéou 'li-hai'.* Ce vin-ci est très-capiteux.

那一樣酒沒有力量 *Na'-ĭ-yang' 'tsiéou moŭ-'yéou 'li-léang'.* Ce vin-là n'a pas de force.

142. Le nom de nombre se met avant la chose nombrée :

共總有十萬兩銀子 *'Koung-'tsoung 'yéou chĭ-wan' 'léang-in-'tseu.* Cela fait en tout cent mille taels.

143. Les multiplicateurs des nombres 10, 100, 1,000, 10,000 se placent toujours avant les nombres qu'ils multiplient :

一千八百五十六 *ĭ-thsièn-pă-pĕi-'ou-chĭ-loŭ,* mil huit cent cinquante-six.

(L'année 1856 correspond à l'année 4493 de l'ère cyclique des Chinois, à la cinquante-troisième année du soixante-

海上絲綢之路文獻集成 科技與文化編

quinzième cycle de soixante ans et à la sixième de la période *hièn-foung* ou du règne de l'empereur actuel.)

三萬。六千。二百四十四萬。七千一百八十三 *san-wan', loŭ-thsièn, eul'-pĕi-sse'-chĭ-sse'-wan', thsĭ-thsièn-ĭ-pĕi-pă-chĭ-san*, trois cent soixante-deux millions quatre cent quarante-sept mille cent quatre-vingt-trois.

(Ce dernier chiffre représente le montant général de la population chinoise en 1812, d'après le *Taï-thsing-hoeï-tièn*[1].)

TERMINAISON DE L'ADJECTIF.

144. Tout adjectif élémentaire et radical qui n'est point particulé s'agrége d'ordinaire avec le substantif (conf. 27) :

好好。隨便你說多少笑話 *'Hao-'hao; soui-pièn' 'ni choŭe to-'chao siao'-hoa'*. Bien! bien! poussez la plaisanterie aussi loin que vous voudrez.

Dans cette phrase, l'adjectif verbal 笑 *siao'* s'agrége avec le substantif 話 *hoa'; siao'-hoa'*, plaisanteries, choses plaisantes, complément du verbe 說 *choŭe*, dire, raconter, est donc un substantif composé de la sixième classe. Généralement, l'adjectif élémentaire et radical ne se distingue du substantif qu'autant qu'il est accompagné de la particule 的 *tĭ*, terminaison commune des adjectifs. Il y a toutefois des exceptions à cette règle :

可見打架有多大關係 *'Kho-kièn' 'ta-kia' 'yéou to ta' kouan-hi'*. Il est évident que les querelles ont des conséquences dangereuses (mot à mot, de grandes conséquences).

沒有什么大分別 *Moŭ-'yéou chĭ-'mo ta' fen-piĕi*. Il n'y a pas une grande différence.

[1] Voyez *la Chine moderne*, Ire partie, par G. Pauthier, p. 168.

145. La terminaison commune des noms de nombre, quand ils se rapportent à un substantif, est 个 *ko'* :

一个首飾鋪 *ĭ-ko' 'cheou-chĭ-phou'*, un magasin de modes.

兩个雜貨鋪 *'léang-ko' tsă-ho'-phou'*, deux épiciers.

今日打獵怎么樣。恨好。打獵的東西多。兩下鐘的工夫打了一个野猪。兩个班鳩。八个鷓鴣。五个野兎兒。九个喜雀。一下打了三十个燕。*Kin-jĭ 'ta-lieĭ 'tsen-'mo-yang'? — Hèn'-'hao! 'ta-lĭei-tĭ toung-si to. 'Léang-hia'-tchoung-tĭ koung-fou, 'ta-'léao ĭ-ko' 'yè-tchou. 'Léang-ko' pan-kĭeou, pă-ko' tche'-kou, 'ou-ko' 'yè thou'-eul, 'kieou-ko' 'hi-tsiŏ; ĭ-hia', 'ta-'léao san-chĭ-ko' yèn'*. Avez-vous fait une bonne chasse aujourd'hui? — Excellente! il y a beaucoup de gibier. Dans l'espace de deux heures, j'ai tué un sanglier, deux tourterelles, huit perdrix, cinq lièvres et neuf pies; j'ai tué trente hirondelles d'un seul coup.

146. 初 *thsou*, comme on l'a dit plus haut (53), remplace quelquefois la particule ordinale 第 *ti'* :

如今是幾月。五月。初幾。初十罷。錯了。今日是十一日 *Jou-kin chi' 'ki-yŭei? — 'ou-yŭei. — Thsou-'ki? — Thsou-chĭ-pă. — Thso'-'léao, kin-jĭ chi' chĭ-ĭ-jĭ*. Dans quel mois sommes-nous maintenant? — Dans le cinquième. — Quel quantième avons-nous? — Le dix. — Vous vous trompez, c'est aujourd'hui le onze.

DEGRÉS DE COMPARAISON.

COMPARATIF.

147. Le comparatif absolu s'exprime par le mot 更 *keng'*, plus, que l'on place toujours avant l'adjectif :

這个夫人更美 *Tche'-ko' fou-jin keng' 'meï*. Cette femme est plus belle.

銀子更好 *In-ʿtseu keng' ʿhao.* L'argent vaut encore mieux.

148. Lorsque l'on compare deux objets, le nom qui sert de second terme à la comparaison est toujours précédé du mot 比 *pi'* comparé à :

這个比那个又好 *Tche'-ko' pi' na'-ko' yéou' ʿhao.* Ceci vaut mieux que cela.

巴黎府比順天府好看的 *Pa-li-ʿfou pi' Chun'-thièn-ʿfou ʿhao-khan'-tĭ.* L'hôtel de ville de Paris est plus beau que celui de Péking.

酒比水好 *ʿTsiéou pi' ʿchoui ʿhao* ou 酒比水更好 *ʿTsiéou pi' ʿchoui keng' ʿhao.* Le vin est meilleur que l'eau.

149. La règle est la même quand les deux termes comparés sont des pronoms.

你比他高 *ʿNi pi' tha kao.* Vous êtes plus grand que lui.

150. Lorsque la phrase est négative, on remplace quelquefois le mot 比 *pi'* par la locution 不如 *poŭ-jou,* mot à mot *pas comme :*

他不如你高 *Tha pŏu-jou ʿni kao.* Il n'est pas aussi grand que vous.

151. Comme dans la langue écrite, l'adjectif reste au positif, si la phrase est interrogative :

那个好嗎 *ʿNa-ko' ʿhao ma'?* Quel est le meilleur?

152. Il y a des locutions qui expriment la préférence, le choix que l'on fait ou que l'on doit faire d'une chose plutôt que d'une autre :

不來更好 *Pŏu laï keng' ʿhao.* Il vaudrait mieux qu'il ne vînt pas.

寧死再不敢犯罪 *Ning'-ʿsse tsaï' poŭ ʿkan fan tsoui'.* Il vaut mieux mourir que d'enfreindre la loi.

莫若叫他作個大夫 *Mŏu-jŏ kiaoʼ tha tsŏ koʼ taʼ-fou.* Il vaut mieux en faire un médecin.

我寧要同你們去不要在家．但脚上有病。不能出門 *ʻOuo ning-yaoʼ thoung ʻni-men khiuʼ poŭ-yaoʼ tsaïʼ-kia; tanʼ kiŏ-changʼ ʻyéou-pingʼ, poŭ-neng tchhŏu-men.* J'aimerais mieux aller avec vous que de rester à la maison; mais j'ai mal au pied, je ne puis pas sortir.

153. La quantité dont une chose l'emporte sur une autre[1] s'exprime après l'adjectif, qui reste au positif :

高六寸 *kao loŭ thsunʼ*, plus haut de six pouces.

長我的妹子二年 *tchangʼ ʻouo-tĭ meïʼ-ʻtseu eulʼ niên,* plus âgée que ma sœur de deux ans.

SUPERLATIF.

154. Les monosyllabes qui se mettent avant l'adjectif pour former le superlatif, absolu ou relatif, sont 最 *tsouiʼ* et 至 *tchiʼ:*

那个夫人是最好的 *Naʼ-koʼ fou-jin chiʼ tsouiʼ ʻhao-tĭ.* C'est la meilleure des femmes.

衆人中他最好看的 *Tchoungʼ jin tchoung tha tsouiʼ ʻhao-khanʼ-tĭ.* De tous les hommes c'est le plus beau.

至貴的値五兩銀子 *Tchiʼ koueïʼ-tĭ tchĭ ʻou ʻléang-in-ʻtseu.* Les plus chers coûtent cinq taels.

他是最高的 *Tha chiʼ tsouiʼ kao-tĭ.* Il est très-grand.

155. Les mots qui se mettent après l'adjectif, pour former le superlatif, sont 恨 *hĕnʼ* et 了不得 *ʻléao-pŏu-tĕe* :

老虎利害的恨 *ʻLao-ʻhou ʻli-haiʼ-tĭ-hènʼ.* Le tigre est très-méchant.

[1] Abel-Rémusat, *Grammaire chinoise*, p. 163.

喜歡的了不得 *ʿHi-hoan-tĭ ʿléao-pŏu-tĕe*. Il paraît très-content.

SYNTAXE DES PRONOMS.

156. Dans le langage familier, soit que l'on réponde, soit même que l'on interroge, on omet souvent les pronoms, tant de la première personne que de la seconde :

懂得不懂得 *ʿToung-tĕe pŏu-ʿtoung-tĕe?* Comprenez-vous?
都不懂得 *Tou pŏu-ʿtoung-tĕe.* Je ne comprends rien.
不知道是什么法子 *Pŏu-tchi-taoʾ chiʾ chĭ-ʿmo fă-ʿtseu.* Je ne sais pas ce que c'est.

157. Les pronoms personnels se placent avant le verbe, quand ils sont employés comme sujets; après le verbe, quand ils sont employés comme compléments :

你打我。我打你 *ʿNi ʿta ʿouo, ʿouo ʿta ʿni.* Si vous me frappez, je vous frapperai.
他不能大聲說 *Tha pŏu nèng taʾ-cheng choüe.* Il ne peut pas parler très-haut.
你認得他么 *ʿNi-jinʾ-tĕe tha ʿmo?* Le connaissez-vous?
我想認得他 *ʿOuo ʿsiang jinʾ-tĕe tha.* Il me semble que je le connais.

158. Le pronom réfléchi 自家 *tseuʾ-kia,* soi ou soi-même, peut être employé comme sujet et comme complément du verbe :

就是自家打自家 *Tsiéouʾ-chiʾ tseuʾ-kia ʿta tseuʾ-kia.* C'est exactement comme si l'on se frappait soi-même.

159. Le pronom relatif 的 *tĭ,* qui, que, dont, seul ou avec 所 *ʿso,* se place toujours après le verbe :

昨天來到的船是那一國的 *Tsŏ-thièn lai-*

tao'-tĭ tchhouèn chi' 'na ĭ-kŏue-tĭ? A quelle nation appartient le navire qui est arrivé hier?

你給我的雨傘丟了 *'Ni kĭ-'ouo-tĭ 'iu-'san tiéou-'léao.* J'ai perdu le parapluie que vous m'avez donné.

你看的那个人是我的朋友 *'Ni-khan'-tĭ na'-ko' jin chi' 'ouo-tĭ pheng-'yeou.* Cet homme que vous regardez est mon ami.

所要的東西 *'so-yao'-tĭ toung-si*, les objets dont j'ai besoin.

我所有的錢不彀用 *'Ouo-'so-'yéou-tĭ thsièn pŏu-keou'-young'.* L'argent que j'ai en ma possession ne suffira pas pour ma subsistance.

你害的是什么病 *'Ni hai'-tĭ chi' chĭ-'mo ping'.* Quel est le mal dont vous souffrez?

160. Nos pronoms indéfinis n'existent pas dans la langue mandarine. On dit *quelque personne que ce soit* pour *quiconque; un homme* pour *quelqu'un; chaque homme* pour *chacun; les autres hommes* pour *autrui; celui-ci et celui-là* pour *l'un l'autre*, etc. Exemples :

ON.

有人說 *'Yéou jin choŭe.* On dit, mot à mot, Il y a des hommes qui disent.

人說什么 *Jin choŭe chĭ-'mo?* Que dit-on?

衆人說 *Tchoung'-jin choŭe.* On dit généralement.

QUICONQUE.

一个不論什么人 *ĭ-ko' poŭ lun chĭ-'mo jin*, quiconque.

大凡人做買賣的 *ta'-fan-jin tso' 'maè-mai'-tĭ*, quiconque achète et vend.

凡有大罪的人 *fan 'yéou ta'-tsoui'-tĭ-jin*, quiconque a commis un grand péché.

海上絲綢之路文獻集成　科技與文化编

凡是知道好歹的人 *fan-chi' tchi-tao' 'hao-'taï-tĭ-jin*, quiconque sait discerner le bien d'avec le mal.

QUELQU'UN.

有一个人從書房中把紅樓夢取去了 *'Yéou ĭ-ko' jin thsoung chou-fang tchoung 'pa houng-leou-meng' 'thsiu-khiu'-'léao.* Quelqu'un a pris les Songes du pavillon rouge dans votre bibliothèque.

一定有人報他知 *I-ting' 'yéou jin pao' tha tchi.* Il y a certainement quelqu'un qui l'a prévenu.

CHACUN.

各人風俗不同 *Kŏ-jin foung-soŭ pŏu-thoung.* Chacun a ses habitudes.

各有各人的事業 *Kŏ 'yéou kŏ-jin-tĭ sse'-yĕi.* Chacun a ses occupations.

AUTRUI.

人家的東西 *jĭn-kia-tĭ toung-si*, le bien d'autrui.

我們知道別人的毛病 *'Ouo-men tchi-tao' piĕi jin-tĭ mao-ping'.* Nous connaissons les défauts d'autrui.

L'UN ET L'AUTRE.

他們兩个都好 *Tha-men 'léang-ko' tou 'hao.* L'un et l'autre sont bons.

兩个裏頭誰好。兩个都不好 *'Léang-ko' 'li-theou choui 'hao? — 'Léang-ko' tou pŏu-'hao.* Quel est le meilleur des deux? — Ils ne valent rien ni l'un ni l'autre.

L'UN L'AUTRE.

他們彼此相幫 *Tha-men 'pi-'thseu siang-pang.* Ils s'assistent l'un l'autre.

PERSONNE.

他自已在。沒有別人 *Tha tseu'-'ki tsaï'; mŏu-'yéou piei-jin.* Il était seul; il n'y avait personne.

161. Les rapports des pronoms s'expriment, comme ceux des substantifs, au moyen des particules prépositives et postpositives. (Conf. 40.)

SYNTAXE DES VERBES.

162. Dans toute proposition où il n'y a rien de sous-entendu, le sujet du verbe est toujours placé avant le verbe; les substantifs ou les pronoms compléments d'un verbe actif se placent presque toujours après, quelquefois avant le verbe.

163. On fait souvent l'ellipse du verbe substantif 是 *chi'*, être. On dit :

天氣好 *Thièn-khi' 'hao.* Le temps est beau.

天氣不冷 *Thièn-khi' pŏu-'leng.* Le temps n'est pas froid.

人多。工夫少 *Jin to, oung-fou 'chao.* Il y a beau oup d'ouvriers, mais le travail est rare.

他生的好看么 *Tha seng-tĭ 'hao-khan' mo?* Est-elle jolie?

M. Abel-Rémusat enseigne (*Gramm. chin.* § 152) qu'on omet le verbe substantif toutes les fois qu'il s'agit seulement d'attribuer une qualité à un sujet, c'est-à-dire d'attribuer à un sujet une qualité qui n'emporte pas l'idée d'une action. Cette règle nous paraît trop absolue.

164. Nous avons dit que nous reviendrions sur les verbes auxiliaires de la seconde catégorie. Quoiqu'ils méritent une attention particulière, puisqu'ils servent à former des idiotismes, on ne parlera ici que des verbes les plus usités.

165. 可 *'kho* (*posse*) et 得 *tĕe* (*assequi*), placés le premier avant et le second après le verbe, forment des adjectifs verbaux :

海上絲綢之路文獻集成 科技與文化編

我也有可問的事情 *'Ouo 'yè 'yéou 'kho-wen'-tĭ sse'-thsing*. Et moi aussi j'ai une affaire à débrouiller avec vous. *'Kho-wen'-tĭ* a de l'analogie avec l'adjectif anglais *questionable*.

可怕的就是這个 *'Kho-pha'-tĭ, tsiéou'-chi' tche'-ko'*. Ce que vous avez à craindre, c'est cela. *'Kho-pha'-tĭ* signifie redoutable.

可見 *'kho-kièn'*, il est évident que.

你說可笑不可笑 *'Ni-choŭe 'kho-siao' poŭ-'kho-siao'?* Dites-moi, n'est-ce pas ridicule?

作得 *tsŏ-tĕe* } Cela est possible.
使得 *'sse-tĕe* }

作不得 *tsŏ-pŏu-tĕe* } Cela est impossible.
使不得 *'sse-pŏu-tĕe* }

通不得 *thoung-pŏu-tĕe*. Cela est incompréhensible.

166. Les verbes auxiliaires 去 *khiu'* (*ire*) et 來 *laï* (*venire*), placés après le verbe principal ou rejetés à la fin de la phrase, font, comme on l'a dit, l'office des particules anglaises *out*, *in*, *up*, *down* :

想來想去沒有法子 *'Siang-laï, 'siang khiu', mŏu-'yéou fă-'tseu*. J'ai beau y penser, il n'y a pas de remède.

你學官話來做什么 *'Ni hĭo kouan-hoa' laï tso'-chĭ-'mo?* Pourquoi étudiez-vous la langue mandarine?

去泡茶來 *Khiu'-phao'-tchha-laï*. Allez chercher le thé.

167. 把 *'pa* (*capere*) marque l'accusatif, selon M. Stanislas Julien. Placé avant un substantif ou un pronom, il indique ordinairement que ces mots sont régis par un verbe actif, lequel peut être rejeté à la fin de la phrase :

把小艇往這一邊來 *'Pa 'siao-'thing 'wang tche' ĭ-pièn laï*. Amenez le bateau ici.

把笑的話都對他說了 *ʿPa siao'-tĭ hoa' tou toui' tha choŭe-ʿléao.* Il n'a fait que plaisanter avec lui.

把我打死了 *ʿPa ʿouo ʿta-ʿsse-ʿléao.* Il m'a tué.

168. 打 *ʿta* (*verberare*) offre une assez grande ressemblance avec notre verbe *faire*. Le P. Basile a rédigé une table de cent dix-neuf idiotismes formés avec le verbe auxiliaire 打 *ʿta*. M. Klaproth en a joint une soixantaine à ce nombre [1]; mais, dans la langue mandarine, les deux tiers, au moins, de ces locutions sont inusitées :

打仗 *ʿta-tchang'*, combattre;
打傷 *ʿta-chang*, blesser;
打死 *ʿta-ʿsse*, tuer;
打發 *ʿta-fă*, envoyer quelqu'un;
打賭 *ʿta-ʿtou*, parier, etc.

有時候打獵。有時候打魚 *ʿYéou chi-heou' ʿta-lĭei, ʿyéou chi-heou' ʿta-iu.* Je vais quelquefois à la chasse, d'autres fois à la pêche.

169. Les verbes auxiliaires 叫 (*vocare*) et 教 (*docere*), qui se prononcent également *kiao'*, répondent à nos locutions *forcer, obliger, contraindre à* :

叫人恭敬他 *Kiao'-jin koung-king' tha.* Il se fait respecter, mot-à-mot, Il force les hommes à le respecter.

教我心裏好悶 *Kiao'-ʿouo sin-ʿli ʿhao men'.* Vous me faites bien de la peine.

叫他進來 *Kiao'-tha tsin'-laï.* Faites-le entrer.

[1] Abel-Rémusat, *Éléments de la grammaire chinoise*, p. 153, à la note. On ferait une liste presque aussi longue des idiotismes qui se rencontrent avec le verbe 作 *tsŏ*, faire.

170. Dans le langage de la civilité (*'li-mao'-tĭ-hoa'*), on fait un usage très-fréquent des verbes auxiliaires 請 *'thsing* (*rogare*) et 敢 *'kan* (*audere*):

請你納吃家常飯 *'Thsing-'ni-na tchĭ kia-tchhang-fan'*. Faites-moi, je vous prie, le plaisir d'accepter mon dîner.

不敢當 *Poŭ 'kan-tang'* } Vous êtes bien bon.
豈敢 *'Khi-'kan* }

敢是不來 *'Kan-chi' poŭ laï.* Je pense qu'il ne viendra pas.

Par urbanité on place ordinairement *'thsing* avant l'impératif :

請坐 *'thsing-tso'*, asseyez-vous.
請來 *'thsing-laï*, venez.

171. 給 *kĭ* (*dare*) marque le datif comme 把 *'pa* (*capere*) marque l'accusatif : 給我看 *kĭ-'ouo-khan'*, montrez-moi. On met quelquefois 讓 *jang'* (*cedere*) à la place de *kĭ* : 讓我看 *jang'-'ouo-khan'*, mot à mot, laissez-moi voir.

172. Il y a des verbes auxiliaires dissyllabiques, c'est-à-dire formés de la réunion de deux verbes auxiliaires simples, comme 該當 *kaï-tang* (*oportet*), 能句 *neng-keou'* (*posse*), 起來 *'khi-laï* (*surgendo venire*):

如今該當下雨 *Jou-kin kaï-tang 'hia-'iu.* Il va pleuvoir.

今年該當有許多的果子 *Kin-nièn kai-tang 'yéou 'hiu-to-tĭ 'kouo-'tseu.* Il y aura beaucoup de fruits cette année.

這是能句的事情 *Tche' chi' neng-keou'-tĭ sse'-thsing.* Cela est possible.

他不能句 *Tha pŏu neng-keou'.* Il ne peut pas.

他說起來。不管人知道不知道 *Tha choüe 'khi-laï : poŭ 'kouan jin tchi-tao' poŭ-tchi-tao'?* Il se mit à dire : qu'importe qu'on le sache ou qu'on l'ignore?

想不起來 *'Siang poŭ 'khi-laï.* Je ne m'en souviens pas.

173. Un des principes fondamentaux du Kouan-hoa', c'est qu'un substantif, formé de l'agrégation de deux termes simples ou de deux substantifs radicaux, peut être pris successivement comme adjectif ou comme verbe, soit que la terminaison commune des adjectifs 的 *tĭ*, ou la marque ordinaire des verbes 了 *'léao*, accompagne les deux monosyllabes radicaux, soit que les monosyllabes restent privés d'une forme grammaticale quelconque. Ainsi, le substantif composé 孝順 *hiao'-chun'*, piété filiale, est formé de la réunion de deux termes simples ou de deux monosyllabes radicaux, dont le premier, 孝 *hiao'*, piété filiale, exprime l'idée principale, et le second, 順 *chun'*, obéissance, représente l'idée accessoire. Avec ce substantif composé, on peut former à volonté un adjectif ou un verbe, exactement comme, dans la langue écrite, un caractère peut être pris successivement comme substantif, comme adjectif et comme verbe :

那一个不知道孝順是好事 *'Na-ĭ-ko' pŏu tchi-tao' hiao'-chun' chi' 'hao-sse'?* Qui est-ce qui ne sait pas que la piété filiale est une vertu?

你看這孝順的人。不聽信老婆的說話 *'Ni khan' tche' hiao'-chun'-tĭ jin; poŭ thing' sin' 'lao-pho-tĭ choüe-hoa'.* Voyez les hommes animés de piété filiale; ils n'écoutent pas les bavardages de leurs femmes.

難道我們是他的兒子媳婦。該當孝順他的么 *Nan-tao' 'ouo-men chi' tha-tĭ eul'-'tseu sĭ-fou?*

海上絲綢之路文獻集成 科技與文化編

Kaï-tang hiao'-chun'-tha-tĭ ʿmo? Est-ce que vous êtes son fils? Est-ce que je suis sa bru? Sommes-nous donc obligés d'avoir pour lui de la piété filiale?

Voilà trois phrases tirées du *Cheng'-iu'-ʿkouang-hiun'*; dans la première, 孝順 *hiao'-chun'*, est un substantif; dans la seconde, un adjectif; dans la troisième, un verbe [1].

174. Quand un verbe est formé de la réunion de deux termes synonymes, on peut quelquefois interposer entre le premier terme et le second la négative 不 *pŏu* :

看不見 *khan'-pŏu-kièn'*, on ne voit pas;
看得見 *khan'-tĕe-kièn'*, on voit.
聽不見人說話 *Thing'-poŭ-kièn' jin chŏue-hoa'*. On n'entend pas ce que l'on dit.

175. Il arrive souvent que l'on double un verbe, sans que cette réduplication ajoute rien au sens. (Conf. 124.)

沒有事的時候。看看書寫寫字 *Mŏu-ʿyéou sse'-tĭ chi-heou', khan'-khan' chou, ʿsiei-ʿsiei tseu'*. Quand vous n'avez rien à faire, lisez, écrivez.

176. Le complément inséparable d'un verbe (conf. 76) n'est pas toujours placé immédiatement après le verbe :

拉了我辮子。打了我一个嘴巴。抓了我的臉 *Lă-ʿléao ʿouo pièn'-ʿtseu; ʿta-ʿléao ʿouo ĭ-ko' ʿtsoui-ʿpa; ʿtchao-ʿléao ʿouo-tĭ ʿlièn.* Il m'a tiré par la queue; il m'a donné un soufflet; il m'a égratigné la figure.

替我問張先生好 *Thi' ʿouo wen' Tchang sièn-seng ʿhao*. Faites mes compliments à M. Tchang.

[1] *Mémoire sur les principes généraux du chinois vulgaire*, p. 91 et 92.

177. Dans le langage familier, comme dans les livres, le complément inséparable d'un verbe peut être omis, quand ce complément a déjà été exprimé :

借銀子取利錢么。我取的都是按理三分 *Tsiei' in-'tseu 'thsiu 'li-thsièn-'mo? — 'Ouo' thsiu-tĭ tou-chi' 'an-'li san-fen.* A quel taux d'intérêt prêtez-vous votre argent? — Je ne prends que trois pour cent par mois, conformément à la loi.

Le verbe à complément inséparable est 取利錢 *'thsiu-'li-thsièn*, percevoir un intérêt. Le complément 利錢 *'li-thsièn*, intérêt, énoncé dans la demande, est sous-entendu dans la réponse.

178. Le verbe à complément inséparable est rarement un verbe actif; il y a cependant des exceptions à cette règle, même dans les romans :

得罪老先生 *Tĕe-tsoui' 'lao-sièn-seng.* Je vous ai offensé.
必然要觸怒鉄相公 *Pĭ-jèn yao' tchhŏ-nou' Thĭei siang-koung.* Il ne manquera pas d'irriter M. Thiei.

179. Nous remarquerons, enfin, que les verbes composés, formés de la réunion de deux verbes synonymes (2ᵉ classe) et les verbes à complément inséparable (3ᵉ classe) peuvent être employés substantivement :

恭敬不如從命 *Koung-king' poŭ-jou thsoung-ming.* L'obéissance vaut mieux que le respect.

SYNTAXE DES ADVERBES.

180. L'adverbe chinois, qui modifie un verbe ou un adjectif, peut modifier un autre adverbe :

恨好 *hèn'-'hao*, très-bien.

海上絲綢之路文獻集成 科技與文化編

好一些 *ʿhao-ĭ-siè*, un peu mieux.

你這樣快往那裏跑 *ʿNi tcheʾ-yangʾ kouaïʾ ʿwang ʿna-ʿli phao?* Où courez-vous si vite?

181. On a vu, en commençant, que, dans toute phrase mandarine, les expressions modificatives précèdent celles auxquelles elles s'appliquent; ainsi, l'adverbe se met généralement avant le verbe ou avant l'adjectif qu'il modifie, mais il y a de nombreuses exceptions à cette règle; on les indiquera tout à l'heure :

182. Les adverbes de temps précèdent les adverbes de lieu :

你天天在那裏吃早飯。有幾次在家裏。比方放學的日子。但多一半在店裏吃 *ʿNi thièn-thièn tsaïʾ-ʿna-ʿli tchĭ-ʿtsao-fanʾ?* — *ʿYéou ʿki-thseuʾ tsaïʾ-kia-ʿli, piʾ-fang fang-hiŏ-tĭ jĭ-ʿtseu; tan to ĭ-panʾ tsaïʾ-tiènʾ-ʿli tchĭ.* Où déjeunez-vous chaque jour? — Quelquefois à la maison, par exemple, les jours de congé; mais, la plupart du temps, je déjeune à l'hôtel.

183. Les adverbes de lieu, de temps et de manière, se placent avant le verbe :

ADVERBES DE LIEU.

從那裏來 *Thsoung-ʿna-ʿli laï?* D'où venez-vous?

那裏去 *ʿNa-ʿli khiuʾ?* Où allez-vous?

處處都在 *ʿTchhou-ʿtchhou tou tsaïʾ.* Il est partout.

ADVERBES DE TEMPS.

如今用什么工夫 *jou-kin youngʾ chĭ-ʿmo koung-fou?* Que faites-vous maintenant?

把你的字典借給我。明天還你 *ʿPa ʿni-tĭ tseuʾ-ʿtièn tsiéʾ kĭ ʿouo, ming-thièn hoan-ʿni.* Prêtez-moi votre dictionnaire, je vous le rendrai demain.

你頭一次上學房為什么沒有拿來 *'Ni theou-ĭ-thseu' 'chang-hĭo-fang weï' chĭ-'mo mŏu-'yéou-na-laï?* Pourquoi ne l'avez-vous pas apporté la première fois que vous êtes venu à l'école?

ADVERBES DE MANIÈRE.

常常下雨 *Tchhang-tchhang 'hia-'iu.* Il pleut continuellement.

全懂得 *Thsiouèn 'toung-tĕe.* Je comprends parfaitement.

日子慢慢長了 *Jĭ-'tseu man'-man' tchang-'léao.* Les jours croissent tout doucement.

184. L'adverbe de manière se place quelquefois après les verbes; il donne alors plus de force à leur signification :

打掃乾乾淨淨 *'Ta-'sao kan-kan tsing'-tsing'.* Balayez proprement (comme il faut).

185. L'adverbe de manière peut encore se placer après le verbe, quand cet adverbe est négatif ou quand il est modifié par un autre adverbe :

念的不清楚 *Nièn'-tĭ poŭ thsing-'thsou.* Vous n'avez pas lu correctement.

你說清楚一點兒 *'Ni choŭe thsing-'thsou ĭ-'tièn-eul.* Parlez un peu plus clairement.

186. 恨 *hèn'*, très, excessivement, se met avant l'adjectif ou avant l'adverbe qu'il modifie; mais, si cet adjectif ou cet adverbe est suivi de la particule 的, *hèn'* se place à la fin :

恨少 *hèn'-'chao*, très-peu;
恨多 *hèn'-to*, beaucoup, *very much*;

海上絲綢之路文獻集成 科技與文化編

多的恨 *to-tĭ-hèn'*, beaucoup;

好看的恨 *'hao-khan'-tĭ-hèn'*, très-beau.

這夏天熱的恨 *Tche'-hia'-thièn jĕ-tĭ-hèn'*. Nous avons un été bien chaud.

187. 利害 *'li-hai'*, pris comme adverbe, répond à nos mots *prodigieusement*, *horriblement*, et se met après l'adjectif:

身上熱的利害 *Chin-chang' jĕ-tĭ 'li-hai'*. J'ai horriblement chaud.

188. 好 *'hao*, bien, rejeté à la fin des phrases, a rarement le sens adverbial :

你我在此好 *'Ni-'ouo tsai'-'thseu 'hao*. Vous et moi, nous serons bien ici.

我們在這裏不好 *'Ouo-men tsai'-tche'-'li poŭ-'hao*. Nous ne sommes pas bien ici.

這樣好 *Tche'-yang' 'hao*. C'est bien comme cela.

189. Les adverbes de quantité se placent avant le verbe:

多謝你納 *To-siè' 'ni-na*. Je vous remercie beaucoup.

差不多一百个人 *tchha-poŭ-to ĭ-pĕi-ko' jin*, environ cent personnes.

多少錢一斤 *To-'chao thsièn ĭ-kin?* Combien la livre?

190. Contrairement à la règle générale, l'adverbe interrogatif se met toujours après le verbe :

下雨么 *'Hia-'iu 'mo?* Pleut-il?

你信天主么 *'Ni sin' thièn-'tchou 'mo?* Croyez-vous en Dieu?

有許多的時候伱學中國話么 *'Yéou 'hiu-to-tĭ chi'-heou' 'ni hĭo-tchoung-koüe-hoa' 'mo?* Y a-t-il longtemps que vous étudiez le chinois?

191. On fait quelquefois l'ellipse de l'adverbe interrogatif 么 *'mo :*

好嗎伱納 *'Hao-ma' 'ni-na?* Vous portez-vous bien?
這向好 *Tche'-hiang'-'hao?* Vous êtes-vous bien porté?

192. 怎么樣 *tsèn-'mo-yang'*, comment, se place quelquefois à la fin des phrases :

伱看這个花園怎么樣 *'Ni-khan' tche'-ko' hoa-youèn tsèn-'mo-yang'?* Comment trouvez-vous ce jardin?
天氣怎么樣 *Thièn-khi' tsèn-'mo-yang'?* Quel temps fait-il?

193. Les pronoms interrogatifs 誰 *choui*, qui? quel? quelle? 什么 *chĭ-'mo*, quelle chose? quoi? se placent tantôt au commencement, tantôt à la fin de la phrase :

誰同伱在那裏 *Choui thoung 'ni tsai' na'-'li?* Qui est-ce qui était avec vous?
伱是誰 *'Ni chi' choui?* Qui êtes-vous?
什么是原罪 *Chĭ-'mo chi' youèn-tsoui'?* Qu'est-ce que le péché originel?
聖體是什么 *Cheng'-'thi chi' chĭ-'mo?* Qu'est-ce que l'Eucharistie?

194. 什么 *chĭ-'mo* est souvent un substantif ou un adjectif indéfini, que l'on peut rendre en français par les mots nul, aucun :

有什么新。不知道什么。 *'Yéou chĭ-'mo sin? — Poŭ tchi-tao' chĭ-'mo.* Quelle nouvelle y a-t-il? — Je ne sais rien.

說了什么。沒有說什么 *Choüe-ʿléao chĭ-ʿmo?* — *mŏu-ʿyéou-chŏue chĭ-ʿmo.* Qu'avez-vous dit? — Je n'ai rien dit.

沒有什么要緊 *Moŭ-ʿyéou chĭ-ʿmo yao'-ʿkin.* Je n'en ai aucun besoin.

195. Il y a une manière d'interroger, sans faire usage de l'adverbe 么 *ʿmo*, ni des pronoms interrogatifs 誰 *choui*, 什么 *chĭ-ʿmo;* elle consiste à répéter le verbe, la première fois affirmativement et la seconde négativement :

要不要 *Yao' poŭ-yao'?* Voulez-vous?

知道不知道 *Tchi-tao' poŭ-tchi-tao'?* Savez-vous?

196. 不 *poŭ*, la négative la plus commune, se met toujours avant les adjectifs et avant les verbes; elle ne s'applique jamais au verbe auxiliaire 有 *ʿyéou*, avoir :

不懂得是什么意思 *Poŭ ʿtoung-tĕe chi' chĭ-ʿmo i'-sse'.* Je ne sais pas ce que cela signifie.

我還沒有去過 *ʿOuo hoan mŏu-ʿyéou-khiu'-kouo'.* Je n'y suis pas encore allé.

也不醜。也不好看 *ʿYè poŭ-ʿtchheou, ʿyè pŏu-ʿhao-khan'.* Elle n'est ni laide ni belle.

如今沒有打仗 *Jou-kin moŭ-ʿyéou ʿta-tchang'.* Il n'y a plus de guerre.

SYNTAXE DES PRÉPOSITIONS ET DES POSTPOSITIONS.

197. Les rapports exprimés par la préposition, c'est-à-dire par la particule qui se place avant son complément, sont, en général, des rapports de cause, de tendance, d'union, de simultanéité, de conformité, de proximité :

人說他被家人告訴了 *Jin-choŭe tha pi' kia-jin kao'-sou'-ʿléao.* On dit qu'il a été averti par les domestiques.

從蘇州到北京 *thsoung Sou-tcheou tao' Pĕi-king*, de Sou-tcheou à Péking.

替老妳妳說 *thi' 'lao-'naï-'naï choŭe*, dites à madame.....

198. Les rapports exprimés par la postposition, c'est-à-dire par la particule qui se place après son complément, sont, en général, des rapports de lieu, de situation, d'ordre et de temps :

京報上有什么 *King-pao' chang' 'yéou chĭ-'mo?* Qu'y a-t-il dans la gazette de Péking?

吃飯後。我總要走得這么三五十步 *Tchĭ-fan' heou', 'ouo 'tsoung yao' 'tseou-tĕe tche'-'mo san-'ou-chĭ pou'*. J'ai l'habitude de faire une petite promenade après mon dîner.

就是在天主臺前。當獻的經 *Tsiéou'-chi' tsai' thièn-'tchou-thaï thsièn, tang hièn'-tĭ king*. Ce sont des prières qu'il faut réciter (offrir) devant l'autel.

199. Les locutions prépositives se placent toujours avant les mots qu'elles régissent :

按着他說了 *ngan'-tchŏ tha choŭe-'léao*, selon ce qu'il a dit.

除了這个 *tchhou-'léao tche'-ko'*, hormis cela.

鞋子在床低下 *Hiai-'tseu tsai'-tchhouang ti-hia'*. Les souliers sont sous le lit.

SYNTAXE DES CONJONCTIONS.

200. Les copulatives, que l'on trouve quelquefois dans la langue écrite, n'existent point dans la langue parlée. La parole est plus prompte que l'écriture, et, suivant la remarque de Dumarsais, l'empressement d'énoncer ce que

海上絲綢之路文獻集成 科技與文化编

l'on conçoit fait supprimer les conjonctions, notamment les copulatives :

麵頭妳子妳油乳餅課子 *mièn'-theou, ʿnai-ʿtseu, ʿnaï-yéou, ʿjou-ʿping, ʿkouo-ʿtseu*, du pain, du lait, du beurre, du fromage et des fruits.

201. Comme les substantifs, les verbes à compléments inséparables ne sont unis entre eux par aucune copulative :

人該當學作樂射箭御車寫字算法讀書 *Jin kaï-tang hŏo tsŏ-yŏ, che'-tsièn', iu'-tchhe, ʿsiei-tseu', souan'-fă, toŭ-chou.* On doit apprendre à jouer des instruments, à tirer des flèches, à conduire un char, à écrire, à calculer et à lire.

202. Après une énumération, on se sert ordinairement de la particule 都 *tou*, tous, qui marque la pluralité ou l'universalité :

教化皇。主教。神父都有赦罪的權 *Kiao-hoa'-hoang, ʿtchou-kiao, chin-fou', tou ʿyéou che'-tsoui'-tĭ khiouèn.* Le pape, les évêques et les prêtres ont le pouvoir de remettre les péchés.

如今的中堂們。尙書。侍郎都好。都有本事 *Jou-kin-tĭ tchoung-thang-men, chang'-chou, chi'-lang tou ʿhao, tou ʿyéou ʿpen-sse'.* Aujourd'hui, les ministres du cabinet, les présidents et les vice-présidents des cours suprêmes sont tous des hommes de bien, des hommes habiles dans les affaires.

203. Les conjonctions circonstancielles *quand*, *lorsque*, sont toujours sous-entendues :

我從前在北京。見過育嬰堂 *ʿOuo thsoung-thsièn tsaï' Pĕi-king, kièn'-kouo' iŭ-ing-thang.* Lorsque j'étais à Péking, j'ai visité l'hospice des enfants.

我們看完了。後來能說一定 *'Ouo-men khan'-wan-'léao, heou'-laï neng choŭe ĭ-ting'*. Quand nous l'aurons vu, nous pourrons en parler avec certitude.

到了睡覺的時候。*Tao'-'léao choui'-kiao'-tĭ chi-heou'*. Quand il sera temps de se mettre au lit.

204. Les conjonctions alternatives, adversatives, causatives et conditionnelles, sont presque toujours exprimées :

1. CONJONCTIONS ALTERNATIVES.

或是民人。或是皇上 *Hŏe-chi' min-jin; hŏe-chi' hoang-chang'*. C'est le peuple ou l'Empereur.

或犯罪過。或臨險。或害病 *hŏe-fan'-tsoui' kouo', hŏe lin-'hièn, hŏe haï'-ping'*, ou quand on a péché, ou quand on se trouve dans le danger, ou quand on est malade.

2. CONJONCTIONS ADVERSATIVES.

好是好。但喫烟更好 *'Hao chi' 'hao; tan' tchĭ-yèn keng' 'hao*. Cela n'est pas mauvais; mais le tabac à fumer vaut encore mieux.

雖然待我不好 *soui-jèn taï' 'ouo pŏu-'hao*, quoiqu'il me traite mal.

你們國中有船么。有。到低小 *'Ni-men koŭe tchoung 'yéou tchhouèn 'mo? — 'Yéou, tao'-ti 'siao*. Y a-t-il des navires dans votre pays? — Oui, mais ils sont petits.

3. CONJONCTIONS CAUSATIVES.

既然如此 *kĭ'-jèn jou-'thseu*, puisqu'il en est ainsi.

所以我不給你送信 *'So-'i 'ouo poŭ kĭ 'ni soung'-sin'*. C'est pourquoi je ne vous ai pas écrit.

爲什么要去拜望他 *Wei' chĭ-'mo yao' khiu' paï'-wang' tha?* Pourquoi voulez-vous lui faire une visite?

小心強盜。因爲那个地方這些人

海上絲綢之路文獻集成 科技與文化編

多。我們知道。故此早些回家 *ʿSiao-sin ʿkhiang-tao'; in-weï' na'-ko' ti'-fang tche'-siè jin to. — ʿOuo-men tchi-tao'; kou'-ʿthseu ʿtsao-siè hoeï-kia.* Prenez garde aux voleurs, car il y en a beaucoup dans le pays. — Nous le savons; c'est pourquoi nous rentrons toujours d'assez bonne heure.

4. CONJONCTIONS CONDITIONNELLES.

知縣若不肯 *tchi-hièn' joŭ poŭ ʿkheng*, si le chef du district ne le veut pas;

若沒有什么阻擋 *joŭ mŏu ʿyéou chĭ-ʿmo ʿtchou-tang'*, s'il n'y a point d'obstacle;

他若比我大十歲 *tha joŭ pi' ʿouo ta' chĭ soui'*, s'il est plus âgé que moi de dix ans.

205. Les mots 不單 *pŏu-tan'*, 不單單的 *pŏu-tan'-tan'-tĭ*, 莫說 *mŏu-choŭe*, dans le premier membre de phrase, et 就是 *tsiéou'-chi'*, 也有 *ʿyè-ʿyéou*, dans le second, forment des locutions conjonctives, et répondent au français *non-seulement, mais encore:*

莫說别人。就是我也知道 *Moŭ-choŭe piĕi-jin, tsiéou'-chi' ʿouo-ʿyè tchi-tao'.* Non-seulement les autres, mais moi-même je le savais.

不單單的山西那一邊。在廣東也有 *Poŭ-tan'-tan'-tĭ Chan-si na'-ĭ pièn; tsaï' ʿKouang-toung ʿyè-ʿyéou.* Il y en á non-seulement dans le Chan-si, mais encore dans le Kouang-toung.

SYNTAXE DES INTERJECTIONS.

206. Les interjections et les locutions interjectives se trouvent presque toujours au commencement de la phrase:

罷了罷了。我不過說笑話 *Pa'-ʿléao! pa'-*

'léao! 'ouo poŭ-kouo' choŭe-'siao'-hoa'. Assez! assez! je n'ai dit cela que pour plaisanter.

噯呀我是什么東西。他家人又不認得我 *Aï'-ya'! 'ouo chi' chĭ-'mo toung-si; tha kia-jin yéou' poŭ jin'-tĕe 'ouo.* Ha! que suis-je donc? ses domestiques mêmes ne voudraient pas me recevoir, mot à mot, ne me reconnaîtraient pas.

阿彌陀佛不要死心 *A-mi-to-foĕ, poŭ-yao' 'sse-sin.* Au nom de Bouddha, ne vous découragez pas.

207. 好 *'hao*, au commencement d'une phrase ou d'un membre de phrase, exprime l'admiration, la surprise, l'aversion :

好大冷天 *'Hao ta' 'leng-thièn!* Quel horrible froid!

大街上好熱鬧 *Ta'-kiai chang', 'hao jĕ-nao'!* Quel tintamarre dans les rues!

208. Les locutions 纔好了 *thsaï-'hao-'léao*, 就是了 *tsiéou'-chi'-'léao*, à la fin d'une phrase, peuvent être regardées comme des locutions interjectives :

他來纔好了 *Tha laï, thsaï 'hao-'léao!* Oh! s'il venait!

等我穿上衣服就是了 *Teng 'ouo tchhouèn-chang' ĭ-fŏu; tsiéou'-chi'-'léao.* Très-bien, mais attendez que je m'habille.

209. Après 嗎 *ma'*, la particule finale interrogative la plus usitée est 呢 *ni'*:

可不是嗎 *'kho-poŭ-chi' ma'?* n'est-ce pas?

你府上在這裏嗎。我改日再給你請安 *'Ni 'fou-chang' tsaï'-tche'-'li ma'? 'Ouo 'kaï-jĭ tsaï' kĭ 'ni 'thsing-'an.* C'est ici que vous demeurez, n'est-ce pas? Je viendrai un autre jour vous présenter mes respects.

你不用費心嗎 *'Ni poŭ young' fei'-sin ma'*. Ne prenez aucune peine.

與我什么相干呢 *'Iu 'ouo chĭ-'mo siang-kan 'ni?* Est-ce que cela me regarde, hé?

Xe SECTION.

DU LANGAGE DE LA CIVILITÉ.

210. Le langage de la civilité, 禮貌的話 *'li-mao'-tĭ-hoa'*, est à la langue commune, 平常的話 *phing-tchhang-tĭ-hoa'*, ce que le style épistolaire est à la langue écrite.

211. Rien de plus utile que le *'li-mao'-tĭ-hoa'*, dont les préceptes se confondent, à la Chine, avec les règles du savoir vivre. « On connaît les avantages du Kouan-hoa' ou de la langue mandarine, dit l'auteur du *Tcheng'-in-thsŏ-yao'*, mais on ignore, généralement, que ceux qui parlent le Kouan-hoa' ont encore une foule de locutions à apprendre, concernant la politesse et la civilité. 他只知道會說官話的好處。不知道會說官話的人還有多少儀注禮貌 *Tha 'tchi tchi-tao' hoeï chŏue-kouan-hoa'-tĭ 'hao-'tchhou; pŏu tchi-tao' hoeï choŭe-kouan-hoa'-tĭ-jin hoan 'yéou to-'chao i-tchou' 'li-mao'.* »

212. Trois choses surtout distinguent le langage de la civilité du langage commun :

1° Les titres ou les qualifications 稱呼 *tchheng-hou;*

2° Les termes d'humilité ou de respect, qui remplacent les pronoms possessifs;

3° Certaines façons de parler ou certaines formules de politesse, 應酬的話 *ing'-tchheou-tĭ-hoa'*.

213. Comme les Chinois sont une nation très-polie, on doit s'attendre à trouver dans la langue mandarine un assez grand nombre de termes honorifiques et de qualifications respectueuses. On dit,

En parlant aux personnes en place et suivant le rang qu'elles occupent:

老爺 *'lao-yè* (*senex pater*);
大老爺 *ta'-'lao-yè* (*magnus senex pater*);
大人 *ta'-jin* (*magnus vir*);
老先生 *'lao-siēn-seng* (*senex antea natus*).

Ces mots composés répondent à nos expressions *monsieur*, *monseigneur*, *votre excellence*.

On dit encore,

Aux personnes qui n'exercent pas les professions de la vie commune:

大爺 *ta'-yè* (*magnus pater*);

Aux gens de lettres et aux professeurs:

先生 *siēn-seng* (*antea natus*);

Aux marchands:

掌櫃的 *'tchang-kouei'-tĭ* (*præpositus thecæ nummariæ*);

Aux laboureurs:

大哥 *ta'-ko* (*magnus frater major*);

Aux artisans:

大師傅 *ta'-sse-fou'* (*magnus artifex*);

海上絲綢之路文獻集成 科技與文化編

Aux hommes (en général) :

大爺們 *ta'-yè-men*, messieurs.

Aux femmes d'un âge avancé :

太太們 *thaï'-thaï'-men*, mesdames.

Aux femmes encore jeunes :

妳妳們 *'naï-'naï-men*, mesdames.

Aux filles :

姑娘們 *kou-niang-men*, mesdemoiselles.

Ces qualifications, d'autres encore, remplacent le pronom de la deuxième personne, dont il faut éviter l'emploi quand on s'adresse à des supérieurs ou même à des personnes d'un rang égal.

214. Les termes d'humilité ou de respect, qui remplacent, les premiers, nos adjectifs possessifs *mon*, *ma*, *mes*, et, les seconds, nos adjectifs *votre*, *vos*, varient selon le rang et la qualité des personnes; mais il est une règle universelle et qui s'applique à toutes les circonstances, la voici telle qu'on la trouve dans le *Tcheng'-in-thsŏ-yao'* : 大約稱人俱加一令字。自稱用個家字舍字敝字 « En général, quand on s'adresse aux autres, il faut toujours employer le terme 令 *ling'*, noble; quand on parle de soi, il faut employer les termes 家 *kia*, maison, 舍 *che'*, logis, 敝 *pi'*, humble. » Exemples :

令尊 *ling'-tsun*, monsieur votre père ;
令堂 *ling'-thang*, madame votre mère ;

7

令叔 *ling'-chŏu*, monsieur votre oncle;
令郎 *ling'-lang*, monsieur votre fils, etc.

Mais les termes honorifiques dont on se sert communément varient et ne se ressemblent pas toujours, 官常稱呼自有不同 *kouan-tchhang tchheng-hou tseu' 'yéou pŏu-thoung*. Ainsi, les mots 老 *'lao*, vieux, 貴 *kouei'*, illustre, 尊 *tsun*, honorable et 高 *kao*, haut, se prennent dans le même sens que 令 *ling'*, noble, et sont encore plus respectueux :

老人家 *'lao-jin- kia*, mon cher monsieur;
老太太 *'lao-thai'-thai'*, madame;
老奶奶們 *'lao-'naï-'naï-men*, mesdames;

老張 *'lao-Tchang*, M. Tchang } En parlant à un régisseur, à un surveillant, à un gardien, à un portier, etc.
老李 *'lao 'Li*, M. 'Li }

貴姓 *kouei'-sing'*, votre nom;
貴國 *kouei'-koŭe*, votre royaume;
貴庚 *kouei'-keng*, votre âge;
貴馬 *kouei'-'ma*, votre cheval;
貴府 *kouei'-'fou*, votre ville.

尊名 *tsun-ming*, votre nom;
尊駕 *tsun-kia'*, votre seigneurie (*votre char*);
尊筆 *tsun-pĭ*, votre pinceau (au propre).

高姓 *kao-sing'*, votre nom;
高見 *kao-kièn'*, votre opinion;
高筆 *kao-pĭ*, votre pinceau (au figuré), etc.

215. D'un autre côté, les expressions 家 *kia*, maison, 舍 *che'*, logis, 敝 *pi'*, humble, servent à remplacer nos adjectifs possessifs *mon*, *ma*, *mes* :

家父 *kia-fou'*, mon père;
家兄 *kia-hioung*, mon frère aîné;
舍弟 *che'-ti'*, mon frère cadet;
舍姪女 *che'-chĭ-'niu*, ma nièce, etc.

216. 賤 *tsièn'*, vil, se prend dans le même sens que 敝 *pi'*, humble.

敝姓 *pi'-sing'*, mon nom de famille;
敝處 *pi'-'tchhou*, mon pays;
賤名 *tsièn'-ming*, mon nom;
賤房 *tsièn'-fang*, ma chambre ou ma femme, etc.

217. Les formules de politesse *ing'-tchheou-tĭ-hoa'*, ou les manières honnêtes de parler, de converser avec les autres, sont très-nombreuses dans le *'Li-mao'-tĭ-hoa'*, par la raison que les Chinois, selon la remarque de Montesquieu, ont donné aux règles de la civilité la plus grande étendue. Fourmont, dans sa Grammaire, ne consacre pas moins de soixante et une pages au langage de la civilité. Cependant, le *'Li-mao'-tĭ-hoa'* n'est autre chose que la langue de la conversation, mais de la conversation avec ce qu'elle a de plus élevé et de plus délicat pour un Chinois, de plus fade quelquefois et de plus exagéré dans les termes pour un Européen. A la Chine, un bachelier, un étudiant peut discerner sur le champ ce qui convient par rapport aux circonstances où il se trouve, à la qualité des personnes, 隨時按身分出口 *soui-chî' an-chin-fen tchhŏu-'kheou;* un Eu-

7.

ropéen ne peut acquérir la connaissance de toutes ces formules que par une lecture assidue des romans et des pièces de théâtre. Voici quelques locutions de ce genre :

違教得恨了 *Weï-kiao tĕe-hèn' 'léao*. Il y a longtemps que je ne vous ai vu.

久仰了 *'Kiéou-'niang-'léao*. Depuis longtemps j'aspirais à l'honneur de vous voir.

豈敢 *'Khi-'kan*
不敢 *Poŭ-'kan*
不敢當 *Poŭ'-kan-tang*
} Vous me comblez d'honnêtetés; vous me rendez confus.

短禮得恨了 *'Touan-'li tĕe-hèn'-'léao*. Je suis confus de mon incivilité.

一路平安 *ĭ-lou'-phing-'an!* bon voyage!

好說 *'Hao-choŭe*. Vous avez trop de bonté.

托賴老爺的恩 *Thŏ-laï'-'lao-yè-tĭ-'èn* ou 托你老人家的福 *Thŏ-'ni-'lao-jin-kia-tĭ-fŏu*. Je vous rends mille grâces.

蒙過獎了 *Meng-kouo'-'tsiang-'léao*. Je vous remercie de vos paroles obligeantes.

有什么好謝 *'Yéou chĭ-'mo 'hao-siè'*. Il n'y a pas de quoi me remercier.

請上坐 *'Thsing-'chang-tso'*. Prenez, je vous prie, la première place.

借光先生 *Tsiei'-kouang siēn-seng*. Oserais-je vous demander...?

承你費心 *Tchheng-'ni-feï'-sin*. Je vous ai donné bien de la peine.

不敢勞駕 *Poŭ-'kan-lao-kia'*. Je n'ose pas vous importuner.

請了請了 *'thsing-'léao, 'thsing-'léao!* adieu, adieu!

你納請 *'Ni-na-'thsing*. Portez-vous bien.

海上絲綢之路文獻集成 科技與文化編

再見 *tsaïʾ-kièn*ʼ, au revoir.

明日再見 *ming-jĭ-tsaïʾ-kièn*ʼ, à demain.

不送了 *Poŭ-soung*ʼ-*ʻléao*. Je ne vous reconduis pas.

218. On comprend maintenant la différence qui subsiste entre le *ʻLi-mao*ʼ*-tĭ-hoa*ʼ et le *Phing-tchhang-tĭ-hoa*ʼ; le premier est infiniment plus noble que le second. Ainsi, au lieu de dire simplement et naturellement 你有幾个兒子 *ʻni ʻyéou ʻki-ko*ʼ *eul-ʻtseu?* Combien avez-vous de fils? dans le langage de la civilité, il faut dire: 你納有幾位令郎 *ʻni-na ʻyéou ʻki-weï*ʾ *ling*ʼ*-lang?* Au lieu de dire 你的父親母親都好么 *ʻni-tĭ fou*ʼ*-thsin ʻmou-thsin tou ʻhao ʻmo?* Comment se portent votre père et votre mère? il faut dire: 令尊大人令堂太太都納福阿 *ling*ʼ*-tsun-ta*ʼ*-jin ling*ʼ*-thang thaïʾ-thaïʾ tou nă-fŏu ah?*

Nous terminerons ce que nous avions à exposer par un exemple tiré du *Tcheng*ʼ*-in-thsŏ-yao*ʼ. Cet exemple montrera comment on interroge et comment on répond :

駕上貴省阿。豈敢。敝省是廣東。貴府呢。廣州府。貴縣呢。順德縣。府上在那裏呢。寒舍在桂洲鄉外村。噯呀原來是桂洲嗎。久仰了。聽見桂洲實在好地方。

A. *Kia*ʼ*-chang*ʼ *koueïʾ-ʻseng ah?*—B. *ʻKhi-ʻkan! Piʾ-ʻseng chiʾ ʻKouang-toung.* — A. *Koueïʾ-ʻfou ni?* — B. *ʻKouang-tcheou-ʻfou.* A. *Koueïʾ-hièn*ʼ *ni?* — B. *Chun*ʼ*-tĕe-hièn*ʼ. — A. *ʻFou-chang*ʼ *tsaïʾ ʻna-ʻli ni?* — B. *Han-che*ʼ *tsaïʾ Koueï-tcheou hiang-waïʾ thsun.* — A. *Aïʾ-ya*ʼ*? youèn-laï chiʼ Koueï-tcheou ma*ʼ. *ʻKièou-ʻniang-ʻléao; thing-kièn*ʼ *Koueï-tcheou chĭ-tsaïʾ ʻhao tiʾ-fang.*

A. De quelle province est Votre Excellence? — B. Je ne sais comment répondre à tant de politesses; je suis du ʿKouang-toung. — A. Quel est votre département? — B. ʿKouang-tcheou-ʿfou (Canton). — A. Votre district? — B. Chun'-tee. — A. Où demeurez-vous? — B. Dans un petit village, près de Koueï-tcheou. — A. Près de Koueï-tcheou! J'aspirais depuis longtemps à l'honneur de voir Votre Excellence. J'ai entendu dire que Koueï-tcheou est vraiment un très-beau pays.

XIe SECTION.

PARALLÈLE DU STYLE MODERNE ET DU KOUAN-HOA'.

219. Si le ʿLi-mao'-ti-hoa' ou le langage de la civilité s'éloigne déjà du Kouan-hoa' ou de la langue commune, la différence entre le Kouan-hoa' et le style moderne est encore plus marquée. Ainsi :

1° Les mots vraiment monosyllabiques, dont on fait usage dans les deux idiomes, ne se ressemblent pas toujours;

2° A la place de ces ingénieuses et systématiques agrégations, dont j'ai présenté les règles, et qui constituent, pour la plus grande partie, le matériel des mots dans le Kouan-hoa', les substantifs, les adjectifs, les verbes, les adverbes, on trouve, il est vrai, dans le style moderne ou dans les romans, des mots composés; mais les procédés au moyen desquels on les forme, ne paraissant assujettis à aucune loi, à aucune règle, à aucune méthode, doivent être envisagés comme très-incertains.

Conséquemment, les ressemblances lexicologiques entre les deux idiomes sont nulles ou presque nulles dans beaucoup de cas;

海上絲綢之路文獻集成 科技與文化編

3° Quant aux affinités grammaticales, il faut reconnaître que les relations des mots, indiquées dans les langues européennes par un assez grand nombre de flexions, s'expriment dans les deux idiomes par l'emploi des particules. Un tel système tient, sans doute, à la constitution des idiomes chinois en général. Cependant, à ne voir que le matériel du langage, il n'y a guère d'affinité. Chacun de ces idiomes a des particules qui lui sont propres; ils ne se ressemblent tous que par la grammaire.

4° Dans la langue mandarine, on ne trouve rien de ce que les Chinois appellent 文法 *wen-fă*, art du style, aucune figure de rhétorique, aucune de ces façons de parler qui donnent de l'élégance au discours. Il est donc visible que le Kouan-hoa' est moins noble, mais plus clair, plus naturel et plus simple que le style moderne.

220. L'examen comparatif du style moderne et du Kouan-hoa' est, dans la philologie chinoise, un point essentiel et très-important. M. Abel Rémusat, dans ses *Éléments de la grammaire chinoise*, IIe partie, n'ayant point discerné le vrai caractère du chinois, tel qu'on le parle, et n'ayant connu que le style moderne, nous pouvons choisir ses propres exemples pour objets de comparaison. Nous en rapporterons un assez grand nombre (vingt-cinq) qui ont été mis en Kouan-hoa' par Wang ki-yè, et nous signalerons, sans les discuter, les formes distinctives et caractéristiques des deux idiomes.

1.

STYLE MODERNE.

吾欲選擇佳婿 *'Ou yŏ siouèn-thsĕ kia-si'*. Je souhaite de choisir un bon gendre. (Abel-Rémusat, *Gramm. chin.* p. 117.)

海上絲綢之路文獻集成 科技與文化編

LANGUE MANDARINE.

我願意找个好女婿 *'Ouo youèn'-i' 'tchao ko' 'hao 'niu-si'*. Je souhaite de choisir un bon gendre.

Youèn'-i', souhaiter, verbe composé de la 2e classe; *'tchao-'niu-si'*, prendre un gendre, verbe à complément inséparable de la 3e classe; *'niu-si'*, gendre, substantif de la 5e classe.

2.

STYLE MODERNE.

小弟豈不曉得 *'Siao-ti' 'khi pŏu 'hiao-tĕe?* Comment ne le saurais-je pas? (*Gramm. chin.* p. 118.)

L'adverbe interrogatif *'khi*, *quomodo*, n'existe que dans les livres.

LANGUE MANDARINE.

小弟怎么不曉得 *'Siao-ti' 'tsèn-'mo poŭ 'hiao-tĕe?* Comment ne le saurais-je pas?

Façon de parler très-commune aux étudiants. Au lieu d'employer le pronom de la 1re personne, on se désigne soi-même par le titre de *'siao-ti'*, *parvus frater minor; 'hiao-tĕe*, savoir, verbe composé de la 1re classe.

3.

STYLE MODERNE.

方知晚生不是面欺 *Fang tchi 'wan-seng poŭ chi' mièn'-khi.* Vous verrez alors que je n'ai pas le visage trompeur. (*Gramm. chin.* p. 118.)

Fang, *tunc*, adverbe simple; *tchi*, *scire*, verbe élémentaire et radical. *'Wan-seng*, *tarde natus*, est une formule d'humilité qui remplace, dans cette phrase, le pronom de la 1re personne. *Mièn'-khi, facie deceptor,* est une expression élégante.

LANGUE MANDARINE.

這纔知道我不是說謊 *Tche'-thsaï tchi-tao' 'ouo pŏu chi' choŭe-'hoang.* Vous verrez alors que je ne suis pas un menteur.

Tche'-thsaï, tout à l'heure, adverbe de temps; *tchi-tao'*, savoir, verbe composé de la 2e classe; *choŭe-'hoang*, mentir, verbe à complément inséparable de la 3e classe, pris substantivement.

4.

STYLE MODERNE.

小的已曰出門拜客 *'Siao-tĭ 'i-yŭei tchhŏu-men paï'-khĕ.* Je lui avais dit que vous étiez sorti pour faire des visites. (*Gramm. chin.* p. 118.)

Paroles que l'auteur du Iu-kiao-li met dans la bouche d'un domestique; néanmoins, la locution *'i-yŭei, dixeram,* est une locution de la langue savante.

LANGUE MANDARINE.

我說過出門拜客 *'Ouo choŭe-kouo' tchhŏu-men paï'-khĕ.* J'ai dit que vous étiez sorti pour faire des visites.

'Ouo-choŭe-kouo', j'ai dit, 1re personne du passé indéfini. *Tchhŏu-men*, sortir, et *paï-khĕ, visitare hospites*, sont des verbes à complément inséparable de la 3e classe.

5.

STYLE MODERNE.

二仁兄青年美才 *Eul'-jin'-hioung thsing-nièn 'mei-*

thsaï. Vous êtes tous deux à la fleur de l'âge et doués du plus beau talent. (*Gramm. chin.* p. 120.)

Eul-jin'-hioung, *duo pii fratres majores*, est une formule du '*Li-mao'-tĭ-hoa'*. Les expressions élégantes *thsing-niên*, *florente œtate*, et '*meï-thsaï*, *eximiis dotibus prœditi*, ne s'emploient guère que dans les romans.

LANGUE MANDARINE.

你們二位年少。又有學問 '*Ni-men eul'-wei' niên-'chao; yéou' 'yéou hĭo-wen'*. Vous êtes jeunes tous les deux; vous avez du talent.

Niên-'chao, jeune, est un adjectif composé; *hĭo-wen'*, talent, est un substantif de la 4e classe. On remarquera que la première proposition est elliptique.

6.

STYLE MODERNE.

我勸賢契息了念頭罷 '*Ouo khiouèn' hiên-khi' sĭ-'léao niên'-theou pa'*. Je vous engage à abandonner votre projet. (*Gramm. chin.* p. 120.)

Hiên-khi', *sapiens amicus*, est une qualification respectueuse, au moyen de laquelle on évite le pronom de la 2e personne; *niên'-theou*, pensée, projet, est un substantif composé de la 2e classe.

LANGUE MANDARINE.

我勸你死了心罷 '*Ouo khiouèn' 'ni 'sse-'léao-sin pa'*. Je vous engage à abandonner votre projet.

'*Sse-sin*, abandonner un projet, est un verbe composé de la 3e classe.

海上絲綢之路文獻集成 科技與文化编

7.

STYLE MODERNE.

人來奉請大駕 *Jin laï 'foung-'thsing ta'-kia'*. Quelqu'un est venu vous inviter. (*Gramm. chin.* p. 121.)

Ta'-kia', magnus currus, est une qualification très-respectueuse; on s'en sert en parlant aux personnes en place.

LANGUE MANDARINE.

人來請大駕 *Jin laï 'thsing ta'-kia'*. Quelqu'un est venu vous inviter.

Le verbe *'thsing*, inviter, s'emploie seul dans le style de la conversation; par conséquent, *'foung*, *offerre*, devient inutile.

8.

STYLE MODERNE.

寒舍去此僅十七八里 *Han-che' khiu' 'thseu kin' chĭ-thsĭ-pă 'li*. Ma maison est à peine à dix-sept ou dix-huit li d'ici. (*Gramm. chin.* p. 125.)

Han-che', frigida domus, est une formule d'humilité. *Khiu'*, signifiant *abest*, ne se trouve que dans les livres. On ne fait jamais usage de l'adverbe *kin'*, *vix*, dans la langue parlée. Quant au monosyllabe *'li*, dixième partie d'une lieue, il se joint ordinairement au monosyllabe *ti'*, terre, avec lequel il forme un mot composé.

LANGUE MANDARINE.

我家離這裏差不多十七八里地 *'Ouo kia li tche'-'li tchha-poŭ-to chĭ-thsĭ-pă 'li-ti'*. Ma maison est à peu près à dix-sept ou dix-huit *li* d'ici.

Tchha-poŭ-to, à peu près, est une locution adverbiale très-commune.

9.

STYLE MODERNE.

兩婦對門而居。甲問乙曰 *'Léang fou' toui'-men eul kiu; kia-wen', ĭ-yŭei.* Deux femmes demeuraient porte à porte; l'une demanda à l'autre... (*Gramm. chin.* p. 129.)

Voilà du style ancien, si jamais il en fut; il y a quelques méprises de ce genre dans la Grammaire de M. Abel Rémusat; on s'est permis, ailleurs, d'en relever une, qui est plus singulière.

LANGUE MANDARINE.

二女人對門住。大的問小的說 *Eul' 'niu-jin toui'-men tchou'; ta'-tĭ wen' 'siao-tĭ chŏue.* Deux femmes demeuraient porte à porte; l'une demanda à l'autre...

On voit que la locution adverbiale *toui'-men*, porte à porte, existe dans la langue parlée. *Ta'-tĭ*, la plus âgée, et *'siao-tĭ*, la plus jeune, sont des adjectifs particulés.

10.

STYLE MODERNE.

是小夫人叫我暗暗送與小姐的 *Chi' 'siao-fou'-jin kiao' 'ouo 'an-'an soung' 'iu 'siao-'tsiei tĭ.* C'est la jeune dame qui m'a dit de le porter secrètement à mademoiselle. (*Gramm. chin.* p. 129.)

LANGUE MANDARINE.

是小夫人叫我暗暗送給姑娘的 *Chi*

海上絲綢之路文獻集成 科技與文化編

'siao-fou'-jin kiao' 'ouo 'an-'an soung' kĭ kou-niang tĭ. C'est la jeune dame qui m'a dit de le porter secrètement à mademoiselle.

Kĭ, dare, est la marque du datif dans la langue parlée, comme *'iu, dare,* est la marque du datif dans la langue écrite. *Kou-niang*, mademoiselle, remplace la qualification *'siao-'tsiei, parva soror major,* usitée dans le *'Li-mao'-tĭ-hoa'*.

11.

STYLE MODERNE.

我爲兄。他爲弟 *'Ouo weï hioung; tha weï ti'.* Je suis l'aîné; il est le cadet. (*Gramm. chin.* p. 130.)

Cette petite phrase est composée de termes simples; *hioung, frater major; ti', frater minor.*

LANGUE MANDARINE.

我是哥哥。他是兄弟 *'Ouo chi' ko-ko; tha chi' hioung-ti'.* Je suis l'aîné; il est le cadet.

On a vu (68) que le verbe substantif est *chi'*. *Ko-ko*, le frère aîné, est un terme familier et enfantin, formé par un monosyllabe redoublé; *hioung-tĭ*, le frère cadet, est un substantif composé de la 4e classe.

12.

STYLE MODERNE.

前日所聘定者實係氷心小姐 *Thsiên-jĭ 'so-phing'-ting'-'tche, chĭ hi' Ping-sin 'siao-'tsieï.* Celle avec qui mon mariage a été conclu ces jours derniers est réellement mademoiselle Ping-sin. (*Gramm. chin.* p. 131.)

'So-phing'-ting'-'tche, quam ducere determinatum quæ, est une locution du style antique.

LANGUE MANDARINE.

前日定的。原是水冰心 *Thsièn-jĭ ting'-tĭ, youèn chi'* ‘*Choui Ping-sin.* Celle avec qui mon mariage a été conclu ces jours derniers est réellement ‘Choui Ping-sin.

Ting'-tĭ, desponsata. Comme on bannit du discours les formules et les qualifications, tous les ornements du style, tout ce qui est prolixe pour y substituer le naturel, il en résulte que le langage familier est quelquefois plus concis que le style moderne.

13.

STYLE MODERNE.

將那女子救了出來 *Tsiang na'* ‘*niu-*‘*tseu kiéou'-*‘*léao tchhŏu-laï.* Il délivra cette femme et la fit sortir. (*Gramm. chin.* p. 131.)

LANGUE MANDARINE.

把那女人救出來了 ‘*Pa na'* ‘*niu-jin kiéou' tchhŏu laï* ‘*léao.* Il délivra cette femme et la fit sortir.

Le verbe auxiliaire *tsiang*, qui sert à marquer l'accusatif, est remplacé par le verbe auxiliaire ‘*pa*, prendre; le substantif ‘*niu-*‘*tseu*, femme, par le substantif ‘*niu-jin.* Ce qu'il y a de remarquable encore, c'est que le signe du prétérit ‘*léao*, mis, dans la première phrase, après le verbe simple *kieou'*, délivrer, se trouve rejeté, dans la seconde, après le verbe composé de la 1re classe *tchhŏu-laï*, sortir.

14.

STYLE MODERNE.

容易入得來。只是出不去 *Young'-ĭ joŭ tĕe-*

海上絲綢之路文獻集成 科技與文化編

漢語官話語法

laï, *'tchi-chi' tchhŏu pŏu khiu'*. Il est aisé d'y entrer, mais on n'en sort pas. (*Gramm. chin.* p. 135.)

LANGUE MANDARINE.

容易進來。就是難出去 *Young'-ĭ tsin'-laï, tsiéou'-chi' nan tchhŏu khiu'*. Il est aisé d'y entrer, mais il est difficile d'en sortir.

Les procédés au moyen desquels on forme les verbes de la 1re classe, comme *tsin'-laï*, entrer, et *tchhŏu-khiu'*, sortir, ne sont devenus réguliers que dans la langue mandarine. On sent tout ce qu'il y a d'artificiel et d'embarrassé dans les locutions du style moderne *joŭ-tĕe-laï*, *ingredi assequitur venire*, *tchhŏu-poŭ-khiu'*, *exire non it*.

15.

STYLE MODERNE.

看罷菊花 *khan'-pa' kĭo-hoa'*, après avoir regardé les reines-marguerites. (*Gramm. chin.* p. 135.)

Pa', *cessare*, est un verbe auxiliaire de la 1re classe.

LANGUE MANDARINE.

看完菊花 *khan'-wan-kĭo-hoa'*, après avoir regardé les reines-marguerites.

C'est le verbe auxiliaire *wan*, *finire*, qui remplace *pa'*.

16.

STYLE MODERNE.

莫若叫他作媒也罷 *Mŏu-jŏ kiao' tha tsŏ-meï 'yè-*

pa'. Il vaut mieux le charger d'être l'entremetteur de ce mariage. (*Gramm. chin.* p. 135.)

LANGUE MANDARINE.

莫若叫他作个媒人到好 *Mŏu-jŏ kiao' tha tsŏ-ko'-meï-jin tao'-'hao.* Il vaut mieux le charger d'être l'entremetteur de ce mariage.

Le substantif composé *meï-jin*, entremetteur, est mis à la place du substantif simple *mei*, *pronubus; tao'-'hao, adhuc bene*, à la place de *'ye-pa'*, qui a le même sens.

17.

STYLE MODERNE.

打一恭受了 *'Ta-ĭ-koung cheou'-'léao.* Elle le prit en faisant une révérence. (*Gramm. chin.* p. 135.)

'Ta-ĭ-koung, agens unam salutationem, idiotisme formé avec le verbe auxiliaire *'ta*.

LANGUE MANDARINE.

作一揖受下了 *Tsŏ-ĭ-ĭ cheou'-hia'-'léao.* Elle le prit en faisant une révérence.

Tsŏ-ĭ-ĭ, agens unam salutationem, au lieu de *'ta-ĭ-koung*. On a vu (168) que les deux tiers au moins des idiotismes formés avec le verbe auxiliaire *'ta* n'existent point dans la langue parlée.

18.

STYLE MODERNE.

飲了數盃 *'In-'léao sou'-peï.* Il but plusieurs tasses. (*Gr. chin.* p. 135.)

LANGUE MANDARINE.

他嗑了幾盅 *Tha-hŏ-'léao 'ki-tchhoung*. Il but plusieurs tasses.

La structure de la phrase est presque toujours identique; les mots seulement diffèrent les uns des autres.

19.

STYLE MODERNE.

也曾蓄過幾個姬妾 *'Yè tseng hiŏ kouo' 'ki-ko' ki-thsĭei*. Il avait entretenu chez lui plusieurs femmes du second rang. (*Gramm. chin.* p. 136.)

La marque du prétérit *tseng* et le verbe monosyllabique *hiŏ*, *alere*, sont inusités dans la langue mandarine. *Ki-ṭhsĭei*, *pulchræ concubinæ*, appartient au *wen-fă*.

LANGUE MANDARINE.

也買過幾個小女人 *'Yè 'maè-kouo' 'ki-ko' 'siao-'niu-jin*. Il avait acheté plusieurs concubines. On peut dire aussi : 也收過幾個小女人 *'Yè cheou-kouo' 'ki-ko' 'siao 'niu-jin*. Il avait entretenu chez lui plusieurs femmes du second rang.

'Siao-'niu-jin, concubine, est un adjectif composé de la 6ᵉ classe. On se sert quelquefois de l'expression 如夫人 *jou-fou-jin*, comme une épouse, pour désigner une femme du second rang.

20.

STYLE MODERNE.

今父親又將拜相 *Kin-fou'-thsin yéou' tsiang paï'-*

siang'. De plus, son père sera honoré de la charge de ministre. (*Gr. chin.* p. 137.)

Tsiang est la marque du futur dans le style moderne.

LANGUE MANDARINE.

今父親又要拜相了 *Kin-fou'-thsin yéou' yao' paï'-siang' 'léao.* De plus, son père deviendra membre du conseil des ministres.

Yao' est la marque du futur dans la langue parlée.

21.

STYLE MODERNE.

請寬了尊袍 *'Thsing khouan 'léao tsun-phao.* Quittez, je vous prie, votre manteau. (*Gramm. chin.* p. 138.)

Tsun-phao, honoratum pallium, est une forme du *'Li-mao'-tĭ-hoa'*.

LANGUE MANDARINE.

你把袍子寬了 *'Ni 'pa phao-'tseu khouan 'léao.* Ôtez votre manteau.

Ici le substantif composé *phao-'tseu*, manteau, est placé avant le verbe *khouan*, ôter, dont il est le complément. Le verbe auxiliaire *'pa* est un préfixe.

22.

STYLE MODERNE.

休說這話 *Hiéou choüe tche' hoa'*. Ne dites pas ces sortes de choses. (*Gramm. chin.* p. 138.)

Hiéou est la marque du prohibitif dans la langue écrite.

海上絲綢之路文獻集成 科技與文化編

LANGUE MANDARINE.

別說這个話 *P'iei choüe tche'-ko' hoa'*. Ne dites pas ces sortes de choses.

P'iei est la marque du prohibitif dans la langue parlée.

23.

STYLE MODERNE.

哥哥我的言語休要忘了 *Ko-ko, 'ouo-tĭ yèn-'iu hiéou yao' wang-'léao*. Mon frère, n'oubliez pas ce que je vous dis. (*Gramm. chin.* p. 138.)

Hieou-yao' est encore une marque du prohibitif qui n'est pas usitée.

LANGUE MANDARINE.

哥哥我的話別忘了 *Ko-ko, 'ouo-tĭ hoa' p'iei wang-'léao*. Mon frère, n'oubliez pas ce que je vous dis.

24.

STYLE MODERNE.

別要信着 *P'iei-yao' sin'-tchŏ*. Ne croyez pas cela. (*Gramm. chin.* p. 138.)

LANGUE MANDARINE.

別信這个 *P'iei sin' tche'-ko'*. Ne croyez pas cela.

Il y a autant de mots dans une phrase que dans l'autre; mais le chinois, tel qu'on le parle, est infiniment plus clair.

25.

STYLE MODERNE.

我恨不得剜出他的心肝把與狗

8.

吃 *'Ouo hèn'-pŏu-tĕe khou tchhŏu tha tĭ sin-kan 'pa 'iu 'keou tchĭ!* Que ne puis-je lui arracher le cœur et le foie et les donner à dévorer aux chiens! (*Gramm. chin.* p. 139.)

LANGUE MANDARINE.

我恨不得剜出他的心肝給狗吃 *'Ouo hèn'-poŭ-tĕe wan-tchhŏu tha-tĭ sin-kan kĭ-'keou-tchĭ!* Que ne puis-je lui arracher le cœur et le foie et les donner à dévorer aux chiens!

Hèn'-pŏu-tĕe est la marque de l'optatif; *wan-tchhŏu*, arracher, est un verbe de la 1re classe; *sin-kan*, le cœur et le foie, est un substantif composé de la 4e classe, etc.

FIN.

海上絲綢之路文獻集成 科技與文化編

TABLE ANALYTIQUE.

INTRODUCTION.

1re SECTION. — DES SUBSTANTIFS.

NOMS PROPRES.

NOMS COMMUNS.

海上絲綢之路文獻集成 科技與文化編

IIe SECTION. — DES ADJECTIFS.

ADJECTIFS QUALIFICATIFS.

IIIe SECTION. — DES PRONOMS.

IVe SECTION. — DES VERBES.

VERBES SIMPLES.

VERBES COMPOSÉS.

Ve SECTION. — DES ADVERBES.

VIe SECTION. — DES PRÉPOSITIONS ET DES POSTPOSITIONS.

海上絲綢之路文獻集成 科技與文化編

VIIe SECTION. — DES CONJONCTIONS.

VIIIe SECTION. — DES INTERJECTIONS.

IXe SECTION. — SYNTAXE.

SYNTAXE DES SUBSTANTIFS.

SYNTAXE DES ADJECTIFS.

SYNTAXE DES PRONOMS.

SYNTAXE DES VERBES.

FIN DE LA TABLE.

海上絲綢之路文獻集成 科技與文化編

西漢同文法二卷（卷一）

（*Grammaire de la langue chinoise orale et écrite*）

〔法〕童文獻（Paul Hubert Perny）著

《西漢同文法》二卷，法國童文獻著。童文獻（Paul Hubert Perny，一八一八—一九〇七），漢文名保禄，號文獻，法國巴黎外方傳教會會士。生於法國蓬塔利埃，一八五三年來華，居貴州二十餘年。一八六八年返巴黎，編輯出版《西漢同文法》等漢學書籍多種。此書係對當時漢語口語及書面語全面研究性之著作，凡兩卷：第一卷爲口語，一八七三年出版；第二卷爲書面語，一八七六年出版。第一卷緒論論及語言之起源與分類，漢語之分類，外國學者對漢語之誤解與偏見，漢語之聲母、聲調、基本音節等問題；正文分節討論漢語口語之特點、漢語之方言、名詞、形容詞、數詞、專有名詞、代詞、動詞、副詞、介詞、後置詞、連詞、歎詞、慣用語及敬語，重點描寫不同詞類之意義與功能。第二卷依次討論漢字之起源及産生、漢字之種類及特點、漢字之結構與形體演變、漢字之使用、漢語字典及其編排方式、句法與搭配、漢語詞綴、文體與語料、漢語主要修辭方法及漢語短語等問題。據一八七三年及一八七六年巴黎版影印。

惟斆學半念終始典于學厥德修罔覺

子曰君子博學於文約之以禮亦可以弗畔矣夫

子曰知者樂水仁者樂山知者動仁者靜知者樂

西漢同文法

GRAMMAIRE
DE LA
LANGUE CHINOISE
ORALE ET ÉCRITE

PAR

Hubert

PAUL PERNY

Auteur du Dictionnaire français-chinois

CONFUCIUS disait : je commente les anciens livres, mais je n'en compose pas de nouveaux ; j'ai foi dans les anciens et je les aime.

子曰述而不作。信而好古

(LÚN YU, ch. 7. v. 1.)

TOME PREMIER

LANGUE ORALE

PARIS

MAISONNEUVE & Cie
Libraires (à la Tour de Babel)
15, QUAI VOLTAIRE, 15

ERNEST LEROUX
Libraire des Sociétés Asiatiques de Paris et Calcutta
28, RUE BONAPARTE, 28

ET A LA LIBRAIRIE AD. LAINÉ, RUE DES SAINTS-PÈRES, 19

1873

Tous droits réservés.

子謂子夏曰汝爲君子儒無爲小人儒

AVERTISSEMENT.

Nous avons annoncé la publication d'une grammaire essentiellement pratique de la langue chinoise, soit *orale,* soit *écrite.* Depuis cette époque, on a souvent demandé à nos éditeurs cette grammaire chinoise. L'impression des travaux sinologiques marche avec une lenteur forcée, *même lorsque ces travaux ne sont pas entravés par des obstacles particuliers.*

Notre grammaire chinoise est naturellement divisée en deux parties; chaque partie formerait un volume. Pour satisfaire le vœu public, nous suivons le conseil de quelques sinologues distingués, qui nous ont engagé à publier d'abord la première partie de notre travail, qui traite spécialement de la langue *orale.* La deuxième partie traite de la langue *écrite;* c'est la plus importante et la plus considérable. Elle est sous presse. Nous avons l'espoir que rien ne viendra en retarder l'impression, qui est poussée avec activité. Devant rendre compte de ce travail dans son ensemble, nous attendrons, pour le faire, la publication de la deuxième partie. La préface, que nous y consacrerons, paraîtra seulement avec cette deuxième livraison. Nous avons apporté un soin minutieux à la correction typographique, ainsi que nos lecteurs auront lieu d'en faire la remarque.

Les textes chinois, qui ornent le frontispice de cet ouvrage, sont tirés des anciens livres de la Chine. Nous en donnons ici la traduction :

Texte supérieur de la page :

« *Instruire les autres est la moitié de la doctrine; celui qui, de-*

a.

puis le commencement jusqu'à la fin, s'attache à donner des préceptes aux autres s'instruit lui-même, sans s'en apercevoir. »

(**Choū kīn**, chap. 8.)

Texte inférieur de la page :

« *Confucius interpellant* **Tsè hià** *lui dit : Que votre savoir soit le savoir d'un homme supérieur et non celui d'un homme vulgaire.* »

(**Lén yù**, chap. 6, v. 11.)

Texte vertical du côté droit :

« *L'homme instruit est comme une eau limpide qui réjouit; l'homme humain est comme une montagne qui réjouit; l'homme instruit a en lui un grand principe de mouvement; l'homme humain, un principe de repos; l'homme instruit a en lui des motifs de joie.* »

(**Lén yù**, chap. 6. v. 21.)

Texte vertical du côté gauche :

« *Confucius dit : L'homme supérieur doit appliquer toute son étude à faire son éducation, à acquérir des connaissances; il doit attacher une grande importance aux rites. En agissant ainsi, il pourra ne pas s'écarter de la droite raison.* »

(**Lén yù**, chap. 6, v. 25.)

海上絲綢之路文獻集成 科技與文化編

TABLE DES MATIÈRES.

PROLÉGOMÈNES.

CHAPITRE PREMIER.

DE LA LANGUE CHINOISE EN GÉNÉRAL.

CHAPITRE II.

CHAPITRE III.

CONSEILS POUR L'ÉTUDE DE LA LANGUE CHINOISE.

CHAPITRE IV.

DES INFLEXIONS DE LA VOIX OU DES CINQ TONS DANS LA LANGUE CHINOISE ET DES ASPIRATIONS GUTTURALES.

CHAPITRE V.

DES MOTS RADICAUX OU PRIMORDIAUX DE LA LANGUE CHINOISE.

PREMIÈRE PARTIE.

LANGUE ORALE.

CHAPITRE PREMIER.

NOTIONS PRÉLIMINAIRES SUR LA LANGUE ORALE, VULGAIREMENT DITE : *LANGUE MANDARINE.*

CHAPITRE II.

DU SUBSTANTIF OU DU NOM COMMUN.

CHAPITRE III.

DES ADJECTIFS EN CHINOIS.

海上絲綢之路文獻集成 科技與文化編

DEGRÉS DE COMPARAISON.

CHAPITRE IV.

DES ADJECTIFS NUMÉRAUX OU DES NOMS DE NOMBRE EN CHINOIS.

CHAPITRE V.

DES DIFFÉRENTS NOMS PROPRES EN CHINOIS.

海上絲綢之路文獻集成 科技與文化编

CHAPITRE VI.

DES PRONOMS.

CHAPITRE VII.

DES VERBES CHINOIS.

CHAPITRE VIII.

DES ADVERBES.

CHAPITRE IX.

DES PRÉPOSITIONS ET DES POSTPOSITIONS.

西漢同文法 卷一

Pages.

CHAPITRE X.

DES CONJONCTIONS.

CHAPITRE XI.

DES INTERJECTIONS.

CHAPITRE XII.

DES IDIOTISMES DE LA LANGUE CHINOISE.

CHAPITRE XIII.

DE L'URBANITÉ CHINOISE.

FIN DE LA TABLE DES MATIÈRES.

GRAMMAIRE CHINOISE.

PROLÉGOMÈNES.

CHAPITRE PREMIER.

DE LA LANGUE CHINOISE EN GÉNÉRAL.

1° Origine du langage, d'après les Chinois. — 2° Diversité des langues; ses causes. — 3° Classification générale des langues. — 4° Origine et antiquité de la langue chinoise. — 5° Facilité de la langue chinoise. — 6° Division de la langue chinoise en langue *orale* et langue *écrite*.

I. — ORIGINE DU LANGAGE.

Le langage est la pensée même, considérée dans sa forme essentielle et invariable. La pensée de l'homme ne peut être considérée comme existant individuellement et d'une manière concrète, si elle n'est limitée et circonscrite par la parole. L'homme occupé à créer le langage est une absurdité pareille à celle de l'homme occupé à inventer la société. L'homme, le langage, la société, ont été le résultat d'une création simultanée. Lumière du monde moral, lien de la société, vie des intelligences, dépôt de toutes les vérités, de toutes les lois, la *parole* règle l'homme, ordonne la société, explique l'univers. Tous les jours, elle tire l'esprit de l'homme du néant, comme aux premiers jours du monde une parole divine et féconde tira l'*univers* lui-même du chaos. La *parole* est le plus profond mystère de notre être. Loin d'avoir pu l'inventer, l'homme ne peut même pas la comprendre (1). La raison a été nécessaire pour inventer la raison, la parole pour inventer la parole.

(1) Les écoles rationalistes d'Allemagne et de France ont repoussé, de nos jours, les doctrines matérialistes de Locke, de Condillac, de Tracy, etc.; mais, à des nuances près, qui ne touchent

1

海上絲綢之路文獻集成 科技與文化编

Les philosophes chinois ne paraissent pas avoir jamais discuté sur l'origine du langage. De même qu'ils admettent que le *Ciel* a fait l'homme raisonnable, ils admettent qu'il l'a doué du don de la parole. Penser et parler découle de la nature de l'homme, et appartient à l'essence de son être. Dans la préface du **Chē kīn** 詩經, on lit ces paroles remarquables : « *L'homme naît intelli-* « *gent et comme associé à la spiritualité du Ciel. Son âme se replie sur elle-même* « *quand les objets extérieurs frappent ses sens : de là ses désirs et ses vouloirs. Il* « *ne peut s'y arrêter sans réfléchir ; la réflexion le conduit à la parole, et sa langue* « *n'est que l'écho de son cœur* (1). »

II. — DIVERSITÉ DES LANGUES.

On compte sur la surface du globe au moins *huit cent soixante langues* parlées, divisées en plus de cinq mille dialectes. De ces *huit cent soixante* langues, *cinquante-trois* appartiennent à l'Europe, *cent cinquante-trois* à l'Asie, *cent quinze* à l'Afrique, *cent dix-sept* à l'Océanie, et *quatre cent vingt-deux* à l'Amérique. Sur la cause toujours subsistante de la diversité des langues, les Chinois nous semblent avoir raisonné plus philosophiquement que certains philologues européens. Dans l'ouvrage **Sín lỳ hoúy tōng** 性理會通, le philosophe **Y tcheou** parle ainsi : « *La diversité des langues ne tient assurément pas à notre* « *nature*. Elle n'est point son œuvre, puisque dans les premiers moments de « la joie, de la tristesse, de la douleur, de la colère, de la compassion, où la « nature agit presque toute seule, les cris des hommes de tous les pays sont à « peu près les mêmes. Pourtant, cette cause radicale est si fortement enracinée « dans notre nature que nulle puissance humaine ne peut la détruire. Elle « n'est pas, non plus, l'œuvre de la raison, puisque la diversité des langues « ne suit ni règle ni principe, et brise en quelque sorte tous les liens de la « société. Est-ce une altération insensible de la langue primitive? Est-ce une « suite du peu de commerce des peuples les uns avec les autres? Non, car les « langues sont trop différentes, et l'ont été dès la plus haute antiquité..... Il « faut que l'homme soit déchu de son premier état, car il y a une prononcia-

---

que la forme ou l'expression, toutes leurs doctrines sont comprises dans celles de G. de Humboldt : « *L'homme, au sortir des mains du Créateur, n'aurait pas reçu une langue toute faite, mais simplement le pouvoir de la produire spontanément par un procédé purement instinctif.* » Qui ne reconnaîtra là un simple subterfuge d'amour-propre philosophique?

(1) 人生而靜。天之性也。感於物而動。性之欲也。夫既有欲矣。則不能無思。既有思矣。則不能無言。既有言矣則言之所不能盡, etc. (Préf. du **Chē kīn**, par **Tchōu hȳ** 朱熹). Voir, à la IIe partie de la Grammaire, chap. VIII, la notice sur les livres sacrés de la Chine.

« tion vraie et propre de chaque mot. Quelle est-elle? Sont-ce nos ancêtres « qui ne l'ont pas connue? L'avons-nous altérée? Mais pourquoi? Les cris des « animaux, le chant des oiseaux, ne sont-ils pas encore comme dans les pre- « miers temps? La cause n'est-elle pas qu'ils se sont conservés dans l'état de « leur première origine? Quant à l'homme, il faut qu'il soit déchu de la « sienne, puisque chaque royaume a sa langue à part, et même chaque pro- « vince sa prononciation particulière. La nature est une, la raison est une, le « beau est un. Ce désordre si sensible dans les langues dérive d'un plus grand « désordre. Il est ou une punition *ou un décret du Ciel.* »

Deux savants d'Europe qui n'ont probablement jamais lu les philosophes de la Chine signeraient, sans aucun doute, les paroles que nous venons de rapporter. L'un est Niebuhr (1), le célèbre historien de Rome, qui dit que pour tout savant *les restes de l'ancien monde montrent qu'un tout autre ordre de choses a dû exister avant celui-ci, et que ce dernier ordre a dû subir un changement essentiel.* Quant à Herder (2), l'auteur de l'ouvrage : *Idées sur l'histoire de l'humanité,* il affirme avec assurance que, d'après l'examen des langues, *il est clair que la séparation de l'espèce humaine doit avoir été violente,* c'est-à-dire que les hommes ont dû être violemment et soudainement séparés les uns des autres. On trouve dans le Lỳ ký 禮記 ou *Livre des rites* des Chinois un texte assez curieux qui semble faire allusion à la dispersion des peuples : « *L'univers est égaré de sa voie, depuis que les langues ont été divisées comme en branches et en familles.* » 天下無道自言有枝葉。

III. — CLASSIFICATION GÉNÉRALE DES LANGUES.

Les linguistes s'accordent aujourd'hui à reconnaître trois grands types essentiels, qui ont donné lieu à autant de classes de langues. Cette division des langues est la plus rationnelle, la plus logique. Le premier de ces types renferme les langues *monosyllabiques;* le deuxième, les langues *agglutinantes;* le troisième, les langues *à flexion.*

Toutes les langues ont commencé par le monosyllabisme. Une seule, croyons-nous, est demeurée dans ce même état, parce que, l'une des premières, sinon la première peut-être, elle a possédé un corps merveilleux d'écriture *figurative, imagée, symbolique.* Ce corps d'écriture a comme enchaîné à jamais la langue orale aux signes merveilleux de cette même écriture, et l'a

(1) Niebuhr (Berthold-Georges), né à Copenhague en 1776, mort à Bonn en 1803. Ce savant était lié avec le cardinal Maï. Son *Histoire romaine,* non achevée, a été traduite en français par de Golbéry, en sept vol. in-8° ; c'est un des bons ouvrages du dix-neuvième siècle.

(2) Herder (Jean-Godefroi), né à Mohrungen en 1744, mort en 1803.

fixée très-probablement pour toujours. Est-ce un bien, est-ce un inconvénient? Cette langue est la langue chinoise. Nos lecteurs savent qu'aucune langue du monde n'est parlée autant que l'idiome chinois. Un peuple sagace et intelligent, de plus de 400 millions d'hommes, échange ses pensées dans cette langue. En dehors de la Chine, plus de 100 millions d'hommes lisent et entendent son admirable écriture (1). La Chine a une grande estime pour sa langue, qu'elle regarde comme supérieure à beaucoup d'autres. Pour soutenir son opinion, elle a des arguments qui ne sont nullement méprisables. L'écriture chinoise, dont les images et les symboles ne sont liés à aucun son (2), peut être lue dans toutes les langues du monde. Dans cette langue, les catégories de mots ne sont pas distinguées par des sons acoustiques particuliers. Le même mot peut représenter tour à tour presque toutes les parties du discours. La distinction se fait surtout à l'aide de la *règle de position des mots.* Cette position seule imprime à ces mots le cachet spécial de telle ou de telle relation. Dans la conversation, l'*intonation* qui en dérive, sert surtout à établir le sens des mots.

Le plus grand nombre des idiomes du globe compose le deuxième type général des langues, auquel on donne le nom de *langues agglutinantes.* En général, dans ces langues-ci, les mots qui représentent la relation se collent, pour ainsi dire, à la fin de la racine restée immuable. Cette classe de langues se subdivise en une foule d'autres, selon la manière plus ou moins intime dont les mots de relation s'attachent soit à la racine, soit aux mots entre eux. Toutefois un certain nombre de langues agglutinantes ne repoussent nullement les flexions ou les désinences qui expriment les divers rapports des mots entre eux. C'est là comme un passage naturel entre cette classe et la suivante.

Ce qui caractérise les langues du troisième type, dites *langues à flexion,* c'est qu'il y a fusion complète de la signification et de la relation. Tandis que, dans les langues agglutinantes, les mots sont formés par des membres dont chacun conserve encore une sorte d'individualité, ces membres, au contraire, dans les *langues à flexion,* se confondent en un seul organisme, de façon à n'avoir plus d'existence distincte.

Les langues *à flexion* sont réparties en deux grands groupes que l'on désigne

---

(1) Au Japon, en Corée, dans le Turkestan ou petite Boukharie, au Thibet, dans le royaume de Siam, les savants lisent tous la langue chinoise, s'ils ne la parlent pas. Le royaume d'Annam, qui compte au moins vingt-cinq millions d'habitants, n'a d'autre langue que celle de la Chine. Nous avons entendu parfois en Europe certains savants systématiques voter par acclamation la suppression de la bizarre langue chinoise. Quelle utopie!

(2) Nous faisons ici allusion aux caractères primitifs, qui étaient rigoureusement *figuratifs, idéologiques.* Dans la suite des temps, les Chinois ont admis dans la composition de leurs caractères l'élément phonétique. Nous traitons cette question *ex professo* à la IIe partie de la Grammaire, au chapitre II, qui a pour titre : *Plan des caractères chinois, ou les six règles de leur formation.*

海上絲綢之路文獻集成 科技與文化編

sous les noms de *famille aryaque* ou *indo-européenne* (1) et de *famille sémitique* ou *syro-arabe* (2). Depuis un demi-siècle, l'étude raisonnée et synthétique des langues, notamment celles de la famille aryaque, est entrée dans une voie nouvelle, qui jette un jour précieux et inattendu sur l'histoire même des nations européennes, particulièrement sur les époques de leur vie antéhistorique. Nous admirons les beaux travaux des linguistes modernes, parmi lesquels nous citerons F. Bopp, E. Burnouf, Lassen, Max Müller, Windischmann, Eichhoff, Egge , etc.

Cependant il nous semble que ces savants, épris d'une admiration peut-être trop exclusive en faveur des langues à flexion, décernent à ces dernières, d'une manière trop absolue, la palme sur toutes les autres. Leur argument palmaire est que les langues à flexion sont l'apanage exclusif des peuples qui de tout temps auraient marché à la tête de la civilisation. Pour que ce jugement fût sans appel, il faudrait que les anciennes langues fussent aussi connues que nos langues modernes à flexion. Les anciens peuples n'ont pas été moins civilisés que nous, bien que les langues à flexion leur fussent inconnues.

L'Orient, par exemple, offre encore de nos jours un champ immense aux études philologiques. Ce champ nous semble encore peu exploré, comme la géographie de ces hauts sites de l'Asie, où fut le berceau du genre humain. On a jugé quelques langues de l'Asie sur les rapports de gens peu sérieux, sur des traductions pâles et décolorées d'ouvrages orientaux. Est-il possible de porter un jugement sérieux sur une langue d'après de semblables données?

IV. — ANTIQUITÉ DE LA LANGUE CHINOISE.

La chronologie chinoise est sans doute assez obscure pour les temps primitifs de la monarchie chinoise. Cependant, quelle que soit l'opinion que l'on adopte sur cette question, la langue chinoise est indubitablement la plus ancienne des langues que l'on parle à présent sur toute la surface du globe. Une opinion s'accrédite de jour en jour davantage dans le monde savant; nous la faisons connaître à nos lecteurs sans émettre notre opinion personnelle sur cette grave question. Certains plateaux de la haute Asie auraient été habités et peuplés par des émigrations antédiluviennes. Traversant les plaines immenses du Sennaar, voisines de la petite Boukharie, qui porte le nom chinois de 天山南路, la colonie primitive des Chinois aurait poussé constamment sa marche, ainsi que le firent plus tard les émigrations noémiques,

(1) Cette famille comprend six rameaux, savoir : les rameaux *indien*, *persan*, *gréco-romain*, *germanique*, *slave* et *celtique*.

(2) Elle comprend l'araméen (syriaque et chaldéen), l'hébreu, le phénicien, l'arabe et l'éthiopien.

vers les régions de l'est, et se serait arrêtée, pour s'y fixer, sur le sol qui forme aujourd'hui la province que l'on nomme le Chèn sȳ 陝西。Un fait unique peut-être dans les annales de tous les empires, c'est qu'à cette heure la Chine soit encore, d'une manière certaine, habitée par la postérité de la colonie primitive qui vint s'y établir. La Chine n'a jamais été non plus, comme tous les pays d'Occident, envahie par des hordes de barbares, qui en modifiant les mœurs et les coutumes, altèrent surtout la langue du peuple conquis, quand ils ne la font pas disparaître.

Fixée par son écriture *figurative*, *idéologique*, la langue chinoise, sauf quelques modifications inévitables, qui ont dû tomber plus spécialement sur la prononciation, la langue chinoise a conservé sa forme première, c'est-à-dire un monosyllabisme qui suffit largement à tous les besoins de la pensée. Ses mots sont tout à elle. D'où les a-t-elle tirés? Ce monosyllabisme particulier n'a aucune analogie avec les langues vivantes ou mortes les plus anciennes (1). Au moyen des livres sacrés de la Chine, qu'on nomme Kīn 經, c'est-à-dire *Livres par excellence*, et qui sont incontestablement les plus beaux comme les plus anciens monuments profanes de l'antiquité, on saisit le fil de son histoire à plus de deux mille ans avant notre ère. Les odes sacrées de la Chine, ses inscriptions antiques, nous montrent déjà à cette époque la langue chinoise aussi pleine d'énergie que de beautés pénétrantes. Le style de ces livres sacrés, leurs récits simples, naïfs, touchants, idylliques, surtout les chants en l'honneur du ciel et des ancêtres, ont un parfum inexprimable de grâce et de simplicité, qui laissent bien loin derrière eux les livres homériques et tous les autres de l'antiquité profane. Son Choū kīn 書經 nous montre les arts et les sciences déjà florissantes sous le règne du célèbre Yaô 堯, 2367 av. J.-C. Les propriétés du triangle rectangle n'étaient pas inconnues à Yù le Grand 大禹, non moins illustre par sa sagesse que par ses immenses travaux. L'astronomie, la musique, inséparables en ces temps anciens de la vraie philosophie, étaient cultivées dès lors avec un égal succès. Quel peuple de l'univers peut aujourd'hui présenter des annales qui soutiennent la comparaison avec celles de la Chine? Les Chaldéens, les Babyloniens, les Égyptiens, ne sont plus en cause; leur langue a presque entièrement disparu avec eux. La première mention d'une langue étrangère à la Chine, dont il soit question dans les Annales chinoises, remonte au règne de Taý kēn 太庚, environ 1691 av. J.-C.

---

(1) Les philologues modernes font remarquer justement une analogie plus ou moins frappante entre un certain nombre de mots radicaux dans plusieurs langues. On peut signaler ce même fait dans les langues anciennes. Ce que nous disons du monosyllabisme chinois en général n'est nullement infirmé par les publications récentes de deux savants anglais, M. Chalmers (*the Origine of the Chinese*) 1868, et M. Edkins (*China's place in philology*, 1871). L'intonation chinoise et la liaison étroite de ce monosyllabisme chinois aux caractères idéo-phonétiques de cette langue lui donnent un caractère exclusif entre toutes les langues

Des ambassadeurs étrangers étaient venus rendre hommage à ce Prince. Il fallut leur donner des interprètes. On ignore de quelle contrée venait cette ambassade.

V. — FACILITÉ DE LA LANGUE CHINOISE, SURTOUT DE LA LANGUE ORALE.

L'ignorance a répandu sur la langue chinoise des préjugés épais, qui ont envahi non-seulement les classes ordinaires de la société européenne, mais encore les membres des corps savants de l'Europe. Grâces à ces préjugés, le seul nom de langue chinoise est encore, comme au temps d'Abel Rémusat, le synonyme de *mystère impénétrable*, de même qu'une sorte de ridicule, attaché depuis longtemps au nom du peuple chinois, demeure aussi vivace que jamais. M. Rémusat faisait remarquer qu'à une époque antérieure à lui la suffisance de certains savants se plaisait à alimenter ces ridicules préjugés pour faire déverser sur eux un prestige d'honneur d'autant plus considérable. Malgré les travaux remarquables publiés depuis un demi-siècle sur la langue chinoise, cette langue passe encore de nos jours pour une langue si difficile que peu de personnes osent en entreprendre l'étude. Sur tout le continent européen, c'est à peine si à présent on compterait douze ou quinze personnes en état de lire ou de parler la langue chinoise. Par suite de ce déplorable préjugé, on ne cesse de répéter qu'une langue qui exige toute la vie d'un homme pour en connaître seulement l'*alphabet* est inabordable. Ne dit-on pas chaque jour encore, que toute la science d'un lettré chinois consiste à retenir de mémoire un chiffre plus ou moins élevé de caractères hiéroglyphiques parmi les *cent mille* que l'on dit former le vocabulaire de cette langue? Aussi, imbus de ces funestes préjugés, où est le linguiste qui ose aborder cette langue, dont les symboles antiques offrent pourtant de si vastes horizons aux recherches philosophiques? Où est l'historien qui essaye de visiter les textes originaux du seul peuple de l'univers qui, à travers les révolutions des siècles et la ruine des empires, demeure encore debout, seul débris de tant de ruines accumulées sur ce globe? Où est le disciple d'Hippocrate et de Galien, qui ait le courage de fouiller dans les originaux, ces vastes et riches herbiers de la Chine, dépôt immense des plus minutieuses et sagaces recherches, fruit de l'expérience accumulée de plus de quarante siècles, et dont le résultat serait si utile à l'humanité souffrante? Où est le diplomate qui, en arrivant en Chine, ait le courage de s'affranchir d'un ridicule préjugé et de se mettre de suite à même de parler, de lire la langue chinoise, afin de se passer de *comprador*, dans la discussion si grave des intérêts internationaux? Où est le savant qui ait le désir d'étudier ces immenses encyclopédies, qui n'ont pas leur pareille chez aucun peuple de l'univers, et dans lesquelles les Chinois ont consigné tous leurs procédés ingénieux sur les arts libéraux, sur l'agriculture, etc.? Non, aucun savant n'ose entreprendre une telle étude. Le préjugé vulgaire enlève même le simple désir de se livrer à cette étude.

Voici pourtant la vérité toute nue sur cette langue, qui fait en Europe l'épouvante des esprits les plus cultivés. *Aucune langue n'est aussi simple et aussi facile que la langue chinoise.* Notre travail en sera la preuve à tous nos lecteurs. Nous ajouterons ici : Est-il une langue, dans l'univers, qui ait autant de titres à l'attention des hommes sérieux? Le chinois n'est-il pas le moyen par lequel plus de *cinq cents millions* d'hommes se communiquent mutuellement leurs pensées?

VI. — DIVISION DE LA LANGUE CHINOISE.

La langue chinoise se divise en langue *orale* et langue *écrite.*

La langue orale, que l'on nomme vulgairement en Europe *langue mandarine,* est moins difficile à apprendre que toute autre langue alphabétique. Ses mots *radicaux* sont tous invariables et en fort petit nombre. On n'en compte même pas *cinq cents.* La langue chinoise n'a ni déclinaison ni conjugaison, ce qui aplanit énormément la difficulté d'une langue. L'ordre des mots dans la phrase est toujours fixe et régulier. Les règles de la syntaxe sont également régulières et bien peu nombreuses. La seule difficulté de la langue orale consiste à saisir avec une grande justesse d'oreille les modulations vocales, et à les reproduire en parlant, car ces modulations varient le sens des mots *radicaux.* Cette difficulté est, au fond, peu sérieuse, puisque, sans le secours d'aucun livre, d'aucune grammaire, sans notions préliminaires sur le génie et sur les formes de la langue chinoise, sur ses principes constitutifs, mais aidé seulement d'un indigène chinois, un missionnaire, après six ou huit mois d'étude, est en état d'exercer les fonctions de son ministère apostolique en Chine (1).

On ne peut apprendre seul la langue parlée, puisqu'on ne saurait s'exercer soi-même à saisir et à reproduire exactement la nuance des différentes modulations des mots chinois. Dirigé par le travail que nous publions, exercé par un maître indigène ou un Européen habile, un jeune sinologue, après *trois* ou *quatre mois* seulement d'étude, commencera à parler très-convenablement la langue chinoise. Est-il une seule de nos langues modernes, même parmi les plus faciles, que l'on puisse en aussi peu de temps parler avec la même facilité? Assurément un jeune sinologue ne sera pas capable de saisir le génie, la délicatesse, les grâces de ce langage antique, mais il pourra converser directement avec les Chinois, et suffire à ses besoins.

(1) Voir à la fin de la Grammaire la note A, avec le titre de *Bibliothèque d'un jeune sinologue.*

On peut très-bien entendre et parler la langue chinoise sans pouvoir lire une ligne, un seul caractère. On peut de même lire couramment et comprendre les caractères chinois, sans être en état de parler la langue orale. Les sinologues d'Occident sont à peu près tous dans ce dernier cas. Bien que la connaissance de la langue parlée, celle du génie, des mœurs, des coutumes publiques et privées des Chinois, soient une précieuse ressource pour entendre les livres chinois, cependant ces connaissances ne sont nullement indispensables pour posséder la langue écrite. Un sinologue peut même devenir éminent dans la connaissance de cette langue, sans pouvoir soutenir une conversation chinoise.

L'écriture chinoise dessine aux yeux les idées incorporées dans les images. A l'origine, elle était surtout figurative; peu à peu, elle est devenue partie *figurative*, partie *phonétique*. En somme, l'écriture chinoise est *idéologique*, ou si l'on veut, *idéographique*. Tout ce qu'on a dit sur la difficulté de la langue écrite, à cause de la multitude et de la variété des caractères, n'est, en réalité, qu'une exagération ridicule, qui passe de bouche en bouche, parce qu'on n'examine pas sérieusement la question. Affirmer sans cesse qu'il y a, dans la langue chinoise, *soixante*, *quatre-vingts* et même *cent mille caractères*, n'est-ce pas comme si l'on disait qu'un de nos Dictionnaires français renferme tant de milliers de mots? Nous avons un Dictionnaire français, celui de Boiste (1), qui renferme juste le double plus de mots que les Dictionnaires chinois les plus usuels. Que dirait-on d'un étranger qui, voulant apprendre le français, n'aurait pas de plus grand souci que celui de savoir le nombre exact des mots de cette langue? La langue française est riche, lui dirait-on; jugez-en vous-même. Elle renferme au moins *cent vingt mille* mots. *Apprendre une langue qui renferme un tel nombre de mots, eh! mais la vie de l'homme le plus laborieux n'y suffirait pas!* — Voilà littéralement l'exagération que l'on fait sur la langue chinoise. Des deux Dictionnaires chinois les plus usuels, l'un renferme environ *quarante-trois mille caractères*; l'autre, *trente-trois mille*. Sur ce dernier nombre, plus des *deux tiers* (qu'on ne l'oublie pas), plus des deux tiers sont tombés en désuétude.

Cela simplifie énormément, comme on le voit, le véritable état de la question. Mais ce n'est pas tout: sur dix ou quinze mille caractères qui restent, une partie n'est vraiment nécessaire qu'aux écrivains de profession, aux membres des corps savants, à ceux, en un mot, qui veulent se faire un nom dans la république des lettres et composer des ouvrages. *Cinq* ou *six mille caractères*, *bien*

(1) Boiste, lexicographe célèbre, né à Paris en 1765, mort en 1824. Son *Dictionnaire universel de la langue française* a obtenu, dans le temps, un succès immense; de 1800, date de la première édition, à 1844, il a eu douze éditions.

connus, suffisent très-largement pour lire couramment tous les livres ordinaires.

Or est-ce là une difficulté sérieuse? N'est-il pas incomparablement plus facile, ainsi que le fait judicieusement observer M. Abel Rémusat (1), de retenir des caractères qui représentent des idées, qui peignent la pensée, que de retenir les mots de nos langues alphabétiques qui ne figurent que de simples sons? Ce serait une grave erreur que de s'imaginer que les caractères chinois sont entre eux sans analogie, que la connaissance des uns ne fasse rien pour celle des autres. Réduits par l'analyse à un petit nombre de chefs ou de clefs, les caractères chinois se recomposent suivant des règles plus constantes, plus faciles à retenir que celles qui président à la formation des dérivés dans nos langues les plus savantes.

Avec la langue chinoise, l'esprit n'a qu'une opération à exécuter, au lieu que, dans toute autre langue, on n'a rien quand on a seulement le son d'un mot, parce que ce son ne conduit presque jamais à sa signification. Dans nos langues d'Europe, savoir lire n'est rien; dans la langue chinoise, c'est tout, outre qu'il est bien plus facile à la mémoire de retenir des symboles ingénieux, pittoresques, que des prononciations bizarres ou insignifiantes qui ne disent rien à la vue.

La langue chinoise, comparée à nos langues modernes, paraît sans doute singulière. Ceux qui ne la connaissent pas s'en font seuls une fausse idée, de même qu'ils la jugent propre à entraver le progrès des connaisances. Au reste, comme le fait toujours observer M. Rémusat, si, à cause de la nature de cette langue, les éléments des sciences humaines sont un peu moins accessibles au commun des hommes, il est plus difficile par cela même de s'en tenir à des notions superficielles. En Chine, mais en Chine seulement, l'étude des caractères est véritablement l'étude des choses. Le même sinologue en concluait avec raison qu'en Chine le nombre des demi-savants devait être beaucoup moins considérable qu'en Europe. La plupart de ceux qui taxent les Chinois d'ignorance, dit un sinologue distingué de nos jours, sont hors d'état d'en juger par eux-mêmes, puisqu'ils ne savent point la langue écrite des Chinois, que peu de livres chinois ont été traduits, qu'ils n'ont point vécu en Chine, qu'ils ignorent l'existence et même les noms des immenses travaux philologiques chinois, des vastes encyclopédies de cette langue, et qui n'ont rien de comparable dans aucun pays de l'univers (2).

En se pénétrant bien, dès le début de ses études, du génie particulier de la langue chinoise *écrite*, de la valeur qui résulte *de la position des mots dans*

---

(1) *Discours sur l'origine et les progrès de la langue chinoise.* 1815.

(2) Ainsi, l'auteur de cette Grammaire est, à ce moment, en pourparlers avec la Bibliothèque nationale de Paris pour échanger contre divers ouvrages la fameuse encyclopédie chinoise 永樂大典 Yùn lǒ tá tièn, qui compte près de quinze mille volumes.

海上絲綢之路文獻集成 科技與文化編

la phrase, du rôle que jouent, dans cette langue curieuse, certains mots, que nous désignerons sous le nom d'*affixes* ou de *particules*, dont l'emploi est de déterminer les rapports des mots entre eux; en un mot, en étudiant avec ordre et intelligence, on sera, *en peu de mois*, en état de lire, de comprendre la langue écrite de la Chine. Qu'on ne l'oublie pas, la science d'un sinologue ne consiste nullement dans le nombre plus ou moins considérable de caractères chinois que l'on aura gravés dans sa mémoire, mais bien dans la *connaissance raisonnée* du rôle que jouent dans une phrase les mots chinois selon leur position. On pourrait avoir consacré des années entières à l'étude du chinois, et en savoir beaucoup moins qu'un jeune sinologue qui n'aura étudié la langue que durant quelques mois, mais qui aura compris et observé nos conseils. Il est impossible de préciser la durée du temps nécessaire pour lire aisément le chinois; mais, après avoir lu ce qui précède, il n'est aucun lecteur qui ne sente instinctivement que la langue chinoise n'est pas, au fond, plus difficile que toute autre langue, et surtout qu'elle n'est pas au-dessus de la portée d'aucune intelligence.

CHAPITRE II.

EXPOSÉ DES ERREURS ET DES PRÉJUGÉS VULGAIRES SUR LA LANGUE CHINOISE. — LEUR RÉFUTATION.

Le but principal de cet ouvrage est de *vulgariser* la langue chinoise. Ce but sera en grande partie atteint dès qu'on aura dissipé les erreurs et les préjugés répandus sur cette langue.

On a souvent déjà réfuté ces erreurs. Dans ses *Mélanges asiatiques*, M. Abel Rémusat s'y est appliqué avec un soin particulier. Néanmoins, ces erreurs sont encore très-répandues, même dans le monde savant. Les écrivains de nos jours, qui traitent les questions des langues, se montrent aussi imbus que jamais de ces préjugés, et contribuent à les perpétuer par leurs appréciations inexactes. Voici quelques passages d'auteurs modernes, qui résument à peu près tous les autres, tant ils ont su accumuler d'erreurs exhorbitantes en moins de paroles. Chacun de ces auteurs occupe une chaire hébraïque en France :

« La langue chinoise (1), avec sa structure inorganique et incomplète, n'est-

---

(1) De l'*Origine du langage*, par E. Renan, p. 195.

« elle pas l'image de la sécheresse d'esprit et de cœur qui caractérise cette « langue? Suffisante pour les besoins de la vie, pour la technique des arts « manuels, pour une littérature légère de petit aloi, pour une philosophie qui « n'est que l'expression souvent fine, mais jamais élevée, du bon sens pra- « tique, la langue chinoise exclut toute philosophie, toute science, toute reli- « gion..... Dieu n'y a pas de nom; les choses métaphysiques ne s'y expriment « que par des locutions détournées; encore ignorons-nous le sens précis que « ces locutions présentent à l'esprit des Chinois. »

Voilà un jugement si affirmatif sur la langue chinoise que tout lecteur en tirerait la conclusion que M. Renan est très-versé dans la connaissance de cette langue. Cet auteur, pourtant, ignore complétement la langue chinoise. Nous pourrions relever vingt autres passages aussi erronés que le précédent sur la même langue, dans le même ouvrage. Pour parler pertinemment de la structure d'une langue, ne faut-il pas la connaître au moins convenablement? Si on ne la connaît pas, est-il possible de pouvoir parler de sa littérature, de sa philosophie? Affirmer que la langue chinoise exclut toute philosophie, toute science, toute religion!..... Et l'école philosophique de Confucius! Seul, depuis plus de deux mille ans, ce philosophe fait une école qui n'a jamais eu son égale. A cette heure, ce sage païen compte ses disciples par *dizaines de millions!* Si la langue chinoise exclut toute science, comment se fait-il que les Chinois nous aient devancés en tout et pour tout? Dieu n'y a pas de nom! Cela est aussi inexact que tout ce que le même auteur ajoute.

Dans un travail qui a pour titre : *Origine de l'alphabet*, M. Guinaud, professeur d'hébreu à la Faculté de Lyon, parle ainsi : « La chétive construction « des mots chinois a voué la langue à une pauvreté radicale. L'idiôme littéraire « des descendants de **Tsin** ne possédait que 450 syllabes, et son écriture 450 idéo- « grammes (*sic*). Si leur intelligence se fût bornée à 450 idées, tout était dit; la « race entière, vouée à une espèce d'idiotisme, n'avait pour se mouvoir qu'un « obscur univers de moins de 500 pas de longueur. Mais les fils du Ciel sont « doués d'une riche intelligence; ils possèdent une littérature étendue; leur « civilisation a devancé la nôtre presque sur tout le champ des découvertes « modernes..... Cette langue d'enfant, ébauche informe de la parole, au ser- « vice d'une pensée adulte et pleine, condamnait l'homme à une dure gymnas- « tique intellectuelle. Il s'est produit en Chine ce phénomène inouï d'un esprit « qui valait plus que sa langue, et d'une science qui débordait de toute part la « parole..... Pour découvrir la pensée au travers du dédale de significations « des mots chinois, la pénétration, la finesse, la ruse, étaient indispensables. « Il fallait une espèce de divination pour épier et surprendre au passage le mot « de l'énigme enveloppé sous des expressions équivoques, sans aucun doute : « c'est ce travail perpétuel d'artificieuse interprétation qui a façonné le peuple

海上絲綢之路文獻集成 科技與文化編

« chinois aux habitudes de duplicité, de patience, de sagacité, qui le distingue.
« ..... La combinaison de 450 syllabes avec les 214 clefs ont produit le total « effroyable de 80 mille caractères. En France, pour écrire 80 mille mots de « notre idiome, 24 lettres nous suffisent abondamment. Pour écrire 450 mots « chinois, il fallut 80 mille lettres. C'est plus qu'il n'en fallait pour apprendre « à lire toute sa vie..... Ces 80 mille mots, épuisant à peu près toutes les com- « binaisons des syllabes primitives avec les clefs, la Chine ne peut plus ajouter « un mot à son Vocabulaire, et une conception à son entendement..... Cette « langue infortunée s'est donc constituée, de son vivant, à l'état de langue « morte, et s'est ensevelie elle-même dans son linceul d'hiéroglyphes..... »

L'auteur de l'*Origine de l'alphabet* laisse croire à ses lecteurs qu'il connaît à fond la langue dont il parle. Chaque phrase citée plus haut renferme une erreur. Cela n'est pas étonnant, puisque l'auteur ne connaît point le premier mot de la langue chinoise. Mais ce qui étonne, c'est qu'un homme grave, sérieux, puisse traiter, avec un pareil aplomb, un sujet qui lui est tout à fait étranger. La construction des mots chinois dans le discours n'est pas plus *chétive* que dans toute autre langue. Qu'entend l'auteur par ces mots : *les descendants de* **Tsin**? Comment l'idiome de ces descendants ne possédait-il que 450 syllabes, et l'écriture 450 idéogrammes? Si la langue chinoise est si pauvre, comment les Chinois peuvent-ils posséder une *littérature étendue?* Comment nous ont-ils devancés en tout? L'auteur confond sans cesse les syllabes, les mots avec les caractères de l'écriture. Il insiste sur ces 80 mille caractères; la *vie ne suffit pas pour apprendre à lire.* La langue française compte plus de 120 mille mots. Est-ce que la vie ne suffit pas pour l'apprendre? *La Chine ne peut plus ajouter un mot à son Vocabulaire et une conception à son entendement!* C'est une erreur non moins grande que toutes les autres. Peu de langues peuvent aussi facilement s'enrichir de nouveaux mots que la langue chinoise. La langue chinoise est donc bien loin *de s'être ensevelie dans son linceul d'hiéroglyphes.*

Le passage suivant est d'un auteur qui n'a pas plus pénétré dans le sanctuaire de la langue chinoise que les deux précédents. Donnant carrière à son imagination toute méridionale, il nous livre aussi les rêves de sa pensée pour des réalités. Tout cela est écrit dans un ouvrage qui a pour titre : *la Science du langage* (1) : « La proposition chinoise, privée d'unité, ne connaît aucun de « ces enroulements synthétiques qui forment le discours. Le Chinois ne peut « suivre sa pensée dans ses nuances et dans son étendue. Obligé de la revêtir « d'une expression uniforme et invariable, la vie manque au début du dis- « cours; le Chinois s'arrête essoufflé ..... La langue chinoise ne répond pas

(1) La Science du langage, par M. GILLY, professeur à Nîmes.

« aux catégories réelles des choses. C'est par les formes grammaticales que « les catégories trouvent leur expression dans la parole. Or les formes grammaticales sont totalement absentes de cette langue. N'ayant pas de classes « de mots déterminés, les mots de cette langue sont sans vie, sans mouvement, sans couleur et sans forme..... La Chine est la patrie par excellence « de l'abstraction..... Trois systèmes de religion divisent l'humanité; ils répondent à la division des langues en trois grandes catégories. Ces systèmes « religieux sont le monothéisme, le panthéisme, l'athéisme. L'athéisme, dit « cet auteur, répond à la forme des langues chinoises. Est-ce que cette forme « de langage n'est pas en harmonie avec la forme de l'esprit athée du Chinois « qui fait du vide la première cause, du néant la fin suprême, qui nie les « plus hautes réalités, Dieu et l'âme, qui ne voit partout que des fantômes « sans corps, menés par le hasard, de cet esprit enfin qui renferme sa vie « dans une abstraction universelle? »

Tout sinologue qui lira les extraits précédents ne reviendra pas de son étonnement. Il est impossible, en effet, d'accumuler en moins de mots autant d'erreurs sur une langue. C'est ainsi que se perpétuent les préjugés, cent fois combattus, contre la langue chinoise. Nous citerons, en dernier lieu, un passage d'une dissertation publiée dans le *Journal des savants*, qui a pour auteur M. B..... S.....-H....., membre de l'Institut de France. Ce savant, plein d'admiration pour un sinologue moderne, a voulu rendre compte de l'un des ouvrages de son ami et collègue à l'Institut. Sa dissertation, d'ailleurs remarquable à bien des points de vue, renferme de nombreux passages inexacts. Nous citerons le suivant :

« Lorsque les Chinois ont pu commencer à faire l'analyse de leur propre « langue, ils ont rencontré une difficulté très-sérieuse; c'était la multitude « des caractères composés. Il a fallu mettre de l'ordre dans cette abondance, « qui menaçait d'être une vraie confusion, et l'on a réuni ensemble ceux des « caractères qui avaient des parties semblables. On a fait ainsi des sections « ou des classes, non pas de mots, mais de caractères, et ces classes ont été « appelées par les Chinois d'un mot célèbre : pou, qui veut dire *tribunal*. La « partie identique dans chaque classe est ce qui détermine le pou, c'est-à-dire « la classe ou la section; c'est aussi ce qu'on appelle la clef. Selon les Chinois, « ce serait le tribunal devant lequel chaque caractère vient, en quelque sorte, « *comparaître* et *témoigner*. »

Nos lecteurs ne peuvent se figurer l'étonnement qu'éprouverait tout lettré chinois, en apprenant de semblables jugements portés sur leur langue. *Que les Européens*, diraient-ils avec raison, *apprennent au moins notre langue, et ensuite ils la jugeront*.

海上絲綢之路文獻集成 科技與文化編

CHAPITRE III.

CONSEILS POUR L'ÉTUDE DE LA LANGUE CHINOISE.

1° Nécessité d'une direction pour cette étude. — 2° Fausses méthodes à éviter. — 3° Méthode à suivre pour la langue *orale*. — 4° Méthode pour la langue écrite.

I. — NÉCESSITÉ D'UNE DIRECTION.

Chacun sait, au moins d'une manière générale, que la civilisation chinoise se présente sous un aspect tout à fait exceptionnel. Par ses coutumes publiques, par ses mœurs privées, par le génie singulier de sa race, mais surtout par sa langue idéologique, la Chine tranche, en effet, de la façon la plus complète avec tous les autres peuples du monde. Pourtant, il ne serait ni sage ni raisonnable d'en conclure, comme on l'a fait souvent, que la raison, l'intelligence, la science, les vertus morales et sociales soient l'apanage exclusif des autres peuples, et qu'à cause de son originalité réelle, la Chine n'ait droit qu'à notre dédain. Les sinologues, qui ont étudié le peuple chinois dans ses annales, dans ses monuments littéraires, ont tous été épris d'une véritable admiration pour les habitants de l'Empire du milieu. Les anciens missionnaires de la Chine, avec la dignité de leur caractère apostolique et l'autorité de leur science incontestable, ont constamment rendu justice aux patriarcales institutions de cet empire, à la beauté de son code civil, à l'intelligence et à la sagacité du peuple chinois, aux richesses de sa langue écrite. Ils n'ont pas discerné avec moins de tact les abus que l'élément païen a inévitablement introduits dans l'antique civilisation chinoise, qui, malgré les révolutions des temps, semble encore coulée comme dans un moule de fer.

Plus le génie de la langue chinoise diffère de celui des langues connues, plus il importe de donner une direction aux études du jeune sinologue, afin de ménager son temps et le faire avancer rapidement dans la connaissance de cette langue. Vouloir apprendre seul cette langue comme on apprend une langue d'Europe, marcher à l'aventure, se forger à soi-même *à priori* un système qui sera vicieux, c'est s'exposer à un regrettable mécompte et faire fausse route. C'est ainsi qu'un bon nombre de jeunes sinologues ont renoncé à cette étude qui ne leur a offert tant d'obscurité qu'à cause de la mauvaise méthode qu'ils suivaient.

海上絲綢之路文獻集成 科技與文化編

II. — FAUSSES MÉTHODES A ÉVITER.

Nous allons signaler ici les méthodes défectueuses d'un bon nombre de jeunes sinologues.

1° Certains jeunes sinologues, qui veulent, avant tout, s'adonner à la langue *orale*, s'imaginent qu'il convient d'abord de s'adonner exclusivement à l'étude des caractères chinois, et que la langue orale ne sera plus ensuite qu'un jeu pour eux. C'est là une erreur grave, qui les détourne de la véritable voie. Un sinologue européen, dont le but est uniquement de lire, de comprendre la langue écrite, comme on lit et comme l'on comprend une langue morte, peut seul suivre cette méthode.

2° Quelques-uns, en arrivant dans l'extrême Orient, s'adonnent avec ardeur à la langue orale, mettant tout à fait de côté l'étude des caractères chinois. Cette méthode n'est pas moins défectueuse que la précédente. L'expérience montre que *neuf fois sur dix* on finit alors par mettre de côté l'étude de la langue écrite, ou qu'on l'étudie d'une manière si imparfaite qu'on est censé l'ignorer.

3° Le plus grand nombre de ceux qui, en Orient, se livrent à l'étude des caractères chinois, se bornent à une connaissance vague, superficielle de ces signes idéologiques. Ils ne les analysent point, ils ne les décomposent point; ils ne se rendent pas compte de leur valeur de position dans le discours, encore bien moins des règles qui ont présidé à leur formation. Toute leur connaissance consiste à reconnaître un caractère comme on reconnaît la figure de quelqu'un qu'on a vu plusieurs fois. La belle ordonnance du système de l'écriture chinoise leur échappe totalement.

Au défaut de cette méthode, ils joignent souvent celui d'étudier exclusivement les caractères chinois dans des ouvrages composés par des Européens. Quoique bien écrits, ces ouvrages respirent le parfum du génie européen, et empêchent de saisir le génie chinois dans toutes ses nuances exquises et délicates. L'esprit logique des Européens se fait toujours sentir dans une composition chinoise. Le défaut général de la plupart de ces ouvrages est de manquer de cette élasticité, de ce moelleux délicat, de ce vague élégant qui flatte et charme l'oreille comme une douce musique.

4° On rencontre souvent des jeunes sinologues ardents, intelligents, qui, au début de leurs études, veulent faire de suite des recueils d'expressions pour en meubler leur mémoire. Pleins de cette idée, ils recueillent sans ordre tout ce qui leur tombe sous la main; ils font des extraits, des compilations de vocabulaires imprimés ou manuscrits. Ce travail précoce ne saurait être fait avec discernement. De là une perte de temps irréparable. Le grand *desideratum* des jeunes sinologues est un Dictionnaire bien fait, commode, complet de la langue chinoise. Cet ouvrage n'existe pas encore. Un jeune sinologue se sent le désir de combler ce vide qui ne peut, au fond, l'être qu'après une longue et minutieuse étude de la langue. Signaler cet écueil, sera suffisant pour le faire éviter.

5° Voici une méthode défectueuse qui n'est point rare du tout, malgré sa singularité. On rencontre des jeunes sinologues qui se mettent en tête d'apprendre par cœur des vocabulaires; ils apportent un zèle remarquable à cette étude, mais le chemin qu'ils font n'est pas long. Ils s'arrêtent bientôt découragés et presque dégoûtés de la langue chinoise.

6° D'autres jeunes sinologues visent principalement à l'étude de la langue écrite. Ils se persuadent que les 214 clefs ou radicaux sont les racines primitives, exclusives et complètes de tous les caractères, et que la langue écrite est formée sur ce plan. Ils apprennent par cœur ces 214 clefs, et puis, sans autre secours que l'imparfait Dictionnaire du P. Basile de Glemona ou d'autres vocabulaires non moins incomplets, ils commencent la traduction des livres sacrés de la Chine. Cette entreprise, au-dessus de leurs forces, ne tarde pas à être abandonnée.

III. — MÉTHODE A SUIVRE POUR LA LANGUE ORALE.

1° Aucune langue n'est peut-être aussi simple, aussi facile que la langue *orale* de la Chine. Il est vrai qu'elle ne ressemble en rien à nos langues d'Europe. On ne peut vouloir apprendre le chinois comme on apprend une langue à flexion. Quant aux caractères chinois, dès qu'on en aura saisi l'ordonnance, on sera soi-même étonné de la simplicité merveilleuse et surtout de la richesse de ce système d'écriture.

On ne peut apprendre *seul* la langue *orale* chinoise. Les mots chinois se prononcent tous sur une modulation plus ou moins accentuée de la voix, comme il en existe, au fond, dans toutes les langues du monde. En chinois, cette modulation est beaucoup plus sensible que dans les autres langues. Voilà toute la différence. Pour saisir exactement cette modulation, il est nécessaire de l'entendre. Un maître indigène ou un Européen habile est indispensable pour exercer à la prononciation chinoise. Ce maître doit avoir l'organe très-net et bien articuler tous les sons.

Cette modulation de la voix n'est nullement une espèce de chant, comme on le répète à tort dans une foule d'ouvrages. Il est donc inexact de dire que la langue chinoise soit une langue *chantante*. Dans le chapitre suivant, nous donnerons l'explication des modulations ou des tons de la langue chinoise. Plus on est versé dans la connaissance des règles de prosodie de sa langue

2

maternelle, mieux et plus vite on saisira les nuances des modulations vocales des mots chinois.

2° Quant à ces tons chinois, une bonne méthode à suivre est de s'exercer exclusivement, pendant plusieurs jours, à ne prononcer que des mots chinois qui sont au même ton. Ensuite, on passe à un autre. La comparaison de ces deux tons fera apercevoir sensiblement la nuance qui les distingue. On suivra la même marche pour les trois autres tons, et, enfin, pour les mots aspirés. Cet exercice est très-important. Il convient de ne pas vouloir passer trop vite sur cet exercice de prononciation. Si, dans toute langue parlée, un bon accent a beaucoup d'importance, combien plus dans la langue chinoise, la plus modulée et la plus harmonieuse des langues (1)!

3° Le génie de la langue chinoise est presque l'antipode du génie de nos langues européennes. Pour bien parler chinois, il faut sans doute faire, avec une grande justesse de voix, les modulations et les intonations chinoises; mais ce qui est encore plus important, c'est de *se dépouiller de toute habitude* de construire ses phrases à l'européenne. En quelques semaines, sous la direction d'un maître habile et patient, on saisit promptement les nuances des cinq modulations chinoises; on les reproduit avec assez de justesse, même sans avoir ce qu'on appelle *les oreilles musicales*. Mais l'écueil contre lequel les jeunes sinologues viennent presque tous échouer, est celui de *conserver le génie européen* et de parler *français* en chinois, s'ils sont Français. Il est important d'apprendre à penser comme un Chinois, de ne proférer aucune expression, aucune phrase que l'on ne sache être bien chinoise. Lorsque la tournure de phrase est vraiment chinoise, on sera compris, lors même que la modulation des tons laisserait à désirer. Cette nécessité de se dépouiller du génie européen, de ne pas parler sa langue maternelle en chinois, est d'une importance capitale.

4° Un jeune sinologue évitera de se faire traduire des thèmes, des dialogues en chinois, sous prétexte d'avancer plus rapidement. Cette méthode, commune aux novices, est très-défectueuse. En voici la raison : le maître de langue auquel on s'adresse, traduit toujours ces compositions, ces dialogues mot à mot et d'une manière servile. Cette traduction conserve le génie de la langue maternelle de celui qui a fourni le texte de la composition. Que si cette traduction est écrite en caractères chinois, le style en sera rude, barbare, décousu, et ouvrira la porte à une foule d'équivoques. Le Chinois a ses expressions propres pour chaque chose, pour chaque objet. Voilà ce qu'il est important de retenir.

5° Au bout de cinq ou six semaines d'étude, un jeune sinologue pourra

(1) Voir, à la fin du volume, la note B, sous le titre : Choix de mots sur les cinq tons chinois.

海上絲綢之路文獻集成 科技與文化編

suivre une conversation ordinaire. Les expressions, les tournures de phrases sembleront lui manquer; il éprouvera un cruel embarras pour rendre sa pensée. Cet embarras véritable est pourtant plus factice que réel. Ce jeune sinologue sait assez pour dire bien des choses; mais, sans qu'il s'en doute, son malheur est de penser trop en sa langue maternelle. Cette langue est sur le bord de ses lèvres; il voudrait traduire la pensée qui s'y trouve aussi formulée en sa langue, et il ne le peut. Mais s'il a soin de se dépouiller tous les jours un peu du génie européen, il pourra dire déjà beaucoup de choses et les bien dire, après sept ou huit semaines seulement d'étude. Il est important qu'un jeune sinologue écoute beaucoup un Chinois causant avec un autre, ou qu'il fasse lui-même un dialogue, par exemple, avec un jeune enfant chinois. C'est ainsi qu'on apprend les véritables expressions, les tournures exactes des phrases chinoises.

Convient-il d'avoir toujours à la main, comme le font la plupart des jeunes sinologues, une plume pour écrire tout ce que l'on entend? — *Oui, si l'on veut apprendre mal et lentement la langue parlée.* — *Non,* si l'on veut faire de rapides et sérieux progrès. Plus on se rapproche de la *méthode maternelle,* plus on est dans le vrai. La mémoire est forcée d'agir, et c'est là le point principal.

6° La langue chinoise plus qu'aucune langue de l'Asie est douce et harmonieuse. Cette qualité ne lui vient pas exclusivement de ses modulations vocales; elle vient surtout de l'usage de certaines *particules* dont le rôle est souvent d'être purement phonétique. Ces mots, que nous désignons sous le nom de *particules,* ont, en chinois, un double rôle. Ils servent d'abord à varier les rapports et le sens des mots chinois; ensuite, ils servent à donner de la grâce, du poids, du nombre et de la mesure aux pensées que l'on exprime verbalement ou par écrit. Pour acquérir une diction exacte, facile, agréable, l'usage de ces particules est indispensable. Nous le ferons remarquer en temps et lieu dans le cours de cet ouvrage.

La langue chinoise abonde en idiotismes, au génie tout oriental. Un jeune sinologue ne laissera échapper aucune occasion de remarquer ces idiotismes. Les proverbes, les maximes vulgaires sont presque tous dans cette catégorie. Il importe de retenir tous ceux qu'on entend proférer. Le génie d'un peuple passe, pour ainsi dire, dans ces adages, dans ces maximes et ces proverbes populaires. C'est là qu'on saisit plus aisément le génie d'une langue.

7° Il convient de faire marcher à peu près de front la langue *parlée* et la langue *écrite.* Au début, la méthode paraît lente, mais on ne tarde pas à se féliciter de la suivre. On retient de mémoire, chaque jour, huit, dix, quinze mots chinois bien choisis de la langue *orale.* On a constamment sous les yeux les *caractères* chinois de chacun de ces mots que l'on a gravés dans sa mémoire. On s'exerce soit avec un pinceau chinois, soit avec une plume européenne, à retracer la figure aussi exacte que possible de chaque caractère. On répète cet exercice jusqu'à ce qu'on ne se trompe plus. On reprend, le jour suivant, l'exercice de la veille et des jours précédents, en y ajoutant de nouveaux caractères. Ces caractères ne seront assurément pas gracieux à la vue. Cela importe peu. L'essentiel est de pouvoir les tracer fidèlement. L'exercice et les conseils d'un maître rendront de jour en jour ces traits moins disgracieux et d'une forme plus chinoise. A peine saura-t-on tracer deux ou trois cents caractères simples, que l'on sera conduit à faire une foule de remarques intéressantes sur le retour continuel de ces mêmes caractères *simples* dans les *composés*. Ces remarques ne donneront pas seulement une grande facilité pour retenir et écrire les caractères, mais elles feront saisir, dès le début des études chinoises, l'ordonnance des caractères, la *valeur de position des mots chinois*, laquelle est presque tout en cette langue, etc. Les caractères *composés* sont tous formés de la réunion de deux, trois, quelquefois quatre caractères simples et de quelques traits radicaux purement toniques.

Les caractères simples reviennent continuellement dans la composition des autres, soit comme *éléments idéographiques*, soit comme éléments *phonétiques*, selon leur position dans la construction du caractère. Les exemples suivants feront saisir notre pensée, même aux lecteurs les plus novices en fait de chinois.

Voici des caractères simples, faciles à retenir.

1° 人 Jên. L'homme. *Homo*. (Ce caractère s'écrit 亻 quand il devient *clef*.)
2° 力 Ly̆. La force. *Robur, vis*.
3° 口 Keŏu. La bouche. *Os*.
4° 大 Tá. Grand, élevé. *Magnus, altus*.
5° 子 Tsè. Le fils. *Filius*.
6° 工 Kōng. Le travail. *Opus*.
7° 女 Niù. La femme. *Mulier*.
8° 日 Jĕ. Le soleil. *Sol*.
9° 月 Yuĕ. La lune. *Luna*.
10° 土 Toŭ. La terre. *Terra*.
11° 木 Moŭ. Le bois. *Lignum*.
12° 山 Chān. La montagne. *Mons*.
13° 田 Tiĕn. Le champ. *Ager*.
14° 心 Sīn. Le cœur. *Cor*.
15° 手 Cheòu. La main. *Manus*. (Ce caractère s'écrit 扌 quand il devient *clef*.)

Les caractères suivants sont *composés* avec ceux qui précèdent. Nous donnons deux ou trois caractères composés avec chacun des simples. On discernera sans peine le mode de leur composition.

1° Avec le caractère 人 ou 亻 jên, l'homme :

仙 siēn, génie, immortel. La clef est 亻 jên; l'autre partie du caractère est 山 chān, montagne.

仔 Tsè, porter. Outre la clef 亻 jên, on voit le caractère 子 tsè, fils.

海上絲綢之路文獻集成 科技與文化編

2° Avec le caractère 力 lỳ, force :

加 kiā, augmenter. La clef est 力 lỳ; l'autre membre du caractère est 口 keòu, bouche.

功 kōng, mérite, *meritum*. Dans ce caractère composé, la clef est placée à droite. Le second membre est 工 kōng, qui veut dire travail, art, *opus, ars*, qui donne la prononciation au composé.

3° Avec le caractère 口 keǒu, bouche :

叨 taǒ, désirer vivement. La clef est 口 keǒu, bouche; l'autre membre du caractère est 刀 taō, couteau.

吐 toǔ, vomir. La clef est 口 keǒu, bouche; le deuxième membre est 土 toǔ, terre, qui est le groupe phonétique du composé.

4° Avec le caractère 大 tá, grand, élevé :

夫 foū, secourir. La clef est 大 tá. Le trait 一 est seul ajouté.

天 tiēn, le ciel, *cœlum*. La composition a eu lieu de la même manière que dans 夫 foū, sinon que le trait 一 a été ajouté au-dessus, de manière à donner la figure suivante 天.

5° Avec le caractère 子 tsè, fils, *filius* :

孔 kǒng, vide, trou, *vacuum, foramen*. Outre 子 tsè, qui est la clef, on voit dans ce signe le caractère 乙.

字 tsé, caractère d'écriture, *littera*. Outre la clef 子 tsè que l'on voit au-dessous, l'autre partie est 宀 miên, qui est lui-même une clef, celle des toits, des faîtes.

6° Avec le caractère 工 kōng :

左 Tsò, main gauche. On voit ce caractère composé de deux traits radicaux, placés sur la clef.

7° 巫 oū, magicien, devin, *sagus*. La clef est 工 kōng. Les deux autres membres sont le caractère 人 jên répété.

8° 明 mîn, clair, évident, *clarum*. La clef est 日 jě, soleil; l'autre partie est 月 yuě, lune.

9° 林 Lîn, forêt, *sylva*. Ce caractère est composé du signe 木 moǔ, bois, arbre, répété.

果 kò, fruit, fructus. La clef est placée au-dessous; c'est 木 moǔ, arbre. L'autre partie est 田 tiēn, champ.

10° 打 tà, frapper, *percutere*. La clef est 手 cheòu, main, et l'autre partie 丁.

扣 keǒu, frapper sur ou contre, *tundere*. La clef est 手 cheòu, main; l'autre partie 口 keǒu, bouche, groupe phonétique.

8° Dès qu'on a retenu quelques centaines de mots et autant de caractères, il sera très-utile de s'exercer à en faire toutes les applications possibles, soit dans la langue parlée, soit dans la langue écrite. Si l'on veut devenir un véritable sinologue, il faut pouvoir écrire tout ce qu'on sait. Comment un Européen, dont l'esprit est si méthodique, dont le jugement est si solide, pourrait-il se persuader qu'il ne lui est pas possible de retenir deux ou trois mille caractères? Une fois qu'on a compris l'agencement de ces signes; on fait de rapides progrès.

IV. — MÉTHODE POUR LA LANGUE ÉCRITE.

1° Un sinologue éminent se flattait, il y a un demi-siècle, d'avoir dissipé le préjugé général qui fait supposer la *langue chinoise inabordable*. L'exemple de ce savant, ses travaux, ses leçons de professeur, semblaient de nature à faire atteindre cet heureux résultat. « N'est-il pas temps, disait M. Rémusat en « 1820, que le zèle et la persévérance des orientalistes français leur ouvre enfin « un libre accès à ces richesses si variées de la Chine, dont l'ignorance a pu « seule jusqu'ici méconnaître le prix, et qu'une négligence peu philosophique « a laissées si longtemps dans l'oubli? » Mort à la fleur de l'âge, cet orientaliste distingué n'a pas eu le temps de propager, selon ses louables désirs, l'étude des lettres chinoises en France. Quelques rares savants ont entendu sa voix et ont répondu isolément à son appel. Malgré les deux chaires d'enseignement public, le goût des études chinoises n'a fait presque aucun progrès parmi nous. Les préjugés contre cette langue ne sont ni moins universels ni moins enracinés qu'à l'époque de M. Rémusat. A quelle cause faut-il attribuer cette espèce de défaveur qui pèse encore de nos jours sur la langue chinoise? Un sentiment de discrétion enchaîne ici la parole sur nos lèvres.

L'étude de la langue chinoise a été rendue pourtant bien plus facile depuis cette époque. De nombreux ouvrages élémentaires, des traductions exactes d'ouvrages chinois, ont été publiés soit dans notre propre langue, soit dans les langues d'Europe. Des grammaires, des vocabulaires sont venus aplanir les difficultés que rencontraient les jeunes sinologues. Sous la direction d'un maître habile, on pénètre vite dans le sanctuaire de cette langue. Notre vœu le plus ardent est de rendre le chinois populaire. L'Europe se doute à peine des trésors d'antique philosophie, des richesses accumulées dans les herbiers chinois, dans ses livres médicaux, dans ses vastes encyclopédies. Elle serait particulièrement étonnée d'y trouver presque toutes ses inventions modernes, connues à la Chine depuis des siècles.

2° Même sans cours public, un jeune orientaliste peut aborder seul l'étude de la langue chinoise écrite, comme on le fait pour une langue morte. Qu'il soit d'avance pénétré de la pensée que cette langue n'offre aucune difficulté réelle;

qu'il se rende compte de l'idée-mère qui a présidé à la formation du système de l'écriture idéo-phonétique; qu'il possède les règles si peu nombreuses de la syntaxe chinoise; aidé de quelque traduction littérale d'un ouvrage chinois, il fera seul de rapides progrès.

3° Voici deux conseils importants que le savant P. de Prémare adresse, avec instances, à tout jeune sinologue. Le premier est d'apprendre, chaque jour, par cœur, quelques lignes du texte de l'un des quatre livres classiques de la Chine, et de persévérer jusqu'à ce qu'on les ait retenus tous de mémoire. L'entreprise n'est au-dessus des forces d'aucun jeune sinologue. Jeune missionnaire, que ne m'a-t-on donné ce précieux conseil? dit le P. de Prémare. Il existe une traduction française des **Sé choū** (quatre livres) (1). Le texte chinois sera facile à comprendre avec ce secours. On peut commencer par le livre des *Entretiens philosophiques* de **Móng tsè**. Le style est moins concis que dans les autres. On apprendra ensuite les *Entretiens de Confucius avec ses disciples*, ou le livre dit: **Lén yù**; enfin, on abordera les deux autres. Nous insistons vivement pour que l'on suive ce conseil, si l'on veut bien saisir le génie de la langue chinoise.

Le deuxième conseil est de ne jamais étudier sans avoir sous la main le cahier destiné à recevoir des notes. On y inscrira toutes ses remarques, les tournures élégantes que l'on rencontre, les expressions qui frappent l'esprit, les sentences, les maximes, les proverbes, les idiotismes chinois. On y consignera pareillement les difficultés que l'on rencontre au début de cette étude. On s'amassera des matériaux abondants, en suivant ce conseil, et l'on ne tardera pas à se féliciter de l'avoir mis en pratique.

4° La science d'un sinologue ne consiste nullement à retenir un nombre plus ou moins élevé de caractères, pas plus que celle d'un académicien à retenir un plus ou moins grand nombre de mots de nos Dictionnaires français. Cette science consiste à savoir analyser, composer et décomposer les caractères, à connaître à fond les règles invariables de la syntaxe chinoise, la valeur de position des mots et le rôle si important des particules chinoises. Ensuite on peut aborder avec confiance un texte purement chinois. On commence par les petits livres d'histoire. On y apprend les mœurs, les coutumes du pays, mais surtout le génie de la langue, les tournures les plus ordinaires du langage, les expressions chinoises pour les différents styles. Ces livres portent le nom générique de **Siaò chŏ** 小說 ou *petit langage* (2). Les Chinois ont une foule de romans moraux que l'on peut aborder au début de ses études, avec ou sans

(1) Confucius et Mencius, ou les quatre livres de philosophie morale et politique de la Chine, traduits du chinois par G. Pauthier, 1 vol. in-12.

(2) Voir, à la fin de la Grammaire, la note A, avec le titre de *Bibliothèque du jeune sinologue.*

海上絲綢之路文獻集成 科技與文化編

traduction à la main. Ces romans sont, aux yeux des Chinois, des ouvrages de littérature courante, destinés à former le style des jeunes Chinois. Ils sont infiniment utiles pour la langue parlée. On y apprend, en peu de temps, une foule d'expressions chinoises pour le haut langage comme pour le langage ordinaire (1).

5° Pour devenir un véritable sinologue, il ne faut pas se borner à l'étude des caractères chinois. Il faut étudier l'histoire, les coutumes, les doctrines morales et religieuses du peuple chinois. Sans cette connaissance, il y a une foule de passages que l'on ne comprendra pas dans les livres chinois, ou du moins que l'on ne saisira que vaguement.

CHAPITRE IV.

DES INFLEXIONS DE LA VOIX OU DES CINQ TONS DANS LA LANGUE CHINOISE ET DES ASPIRATIONS GUTTURALES.

1° Des inflexions vocales dans toutes les langues. — 2° Des inflexions de la voix en particulier dans la langue chinoise. — 3° Nombre et distinction des cinq tons de la langue chinoise. — 4° Moyen de saisir et de rendre exactement ces tons. — 5° Des aspirations gutturales.

I. — DES INFLEXIONS DE LA VOIX DANS LES LANGUES EN GÉNÉRAL.

« Le caractère essentiel du langage consiste, non pas seulement dans l'ar-
« ticulation des mots, mais encore dans les inflexions de la voix, qui déter-
« minent souvent le vrai sens des mots.

---

(1) Après bien des années de séjour en Chine, parce que l'on ne parle plus que chinois, on est exposé à employer des expressions impropres, quand on écrit en français. C'est ainsi que dans le premier volume de notre *Dictionnaire français-latin-chinois*, au mot *Roman*, nous avons compris, à tort, sous ce mot, divers ouvrages historiques qui ne devaient pas y figurer. En parlant du roman des *Deux Cousines*, en chinois *yu kiao ly*, nous avons dit alors que Mgr Arthus de Lionne, évêque de Rosalie, vicaire apostolique du *Su-tchuen*, avait fait une traduction de ce livre, sous la forme d'un vocabulaire. Cette opinion assez en vogue est erronée. Le P. de Prémare lui-même l'avait partagée; mais, ayant ensuite reconnu son erreur, il a de sa propre main raturé l'endroit de sa *Notitia sinica* où il en parlait avec éloge sur la foi d'autrui. Nous avons vu à la Bibliothèque nationale de Paris le manuscrit même du P. de Prémare. Nous attachons de l'importance à cette rectification. Quant au manuscrit ou vocabulaire à quatre caractères qui a donné lieu à l'erreur, une de ses copies, écrite de la propre main du savant de Prémare, est en la possession d'un sinologue de Paris, et confirme de tout point la rétractation de ce missionnaire, et la nôtre en même temps.

« Les mots ne peindraient que très-imparfaitement nos idées, s'ils ne rece-« vaient chaque fois leur expression particulière des diverses modifications « des sons et des inflexions naturelles de la voix, qui sont le vrai langage des « sentiments qui nous animent.

« Les sons deviennent plus intenses, plus soutenus, plus forts et plus ap-« préciables, lorsque le sentiment dont ils sont l'expression est plus énergique, « plus fort; ils s'élèvent d'autant plus vers l'aigu que le sentiment qui les « produit est plus animé et plus vif.

« La nature a établi entre notre oreille et l'expression de notre voix des « rapports tellement déterminés, tellement invariables, qu'il est impossible « que nous nous transmettions nos sentiments les uns aux autres d'une autre « manière. Ces rapports sont les mêmes pour tous les peuples et produisent « sur leurs sens la même impression.

« Ainsi, les accents de la joie, de la douleur, etc., ont un caractère si par-« ticulier, si inaltérable, qu'ils sont toujours semblables à eux-mêmes; aucun « d'eux ne peut devenir méconnaissable pour aucun homme de quelque pays « qu'il soit (1). »

On est généralement persuadé que les inflexions de la voix parlée, dans nos langues modernes, se composent de sons absolument inappréciables et qu'il ne serait pas possible, par exemple, de noter la voix parlée. C'est une grave erreur. Lulli et Grétry, tous deux musiciens célèbres, ont souvent *noté* sur-le-champ les paroles qu'on leur adressait en société. Sans nous en apercevoir, sans même y réfléchir, nous changeons la quantité ou l'accent prosodique des mots chaque fois que l'expression l'exige.

Il est hors de doute, ainsi que le fait judicieusement remarquer le savant P. de Prémare, que si Démosthène et Cicéron ont laissé bien loin derrière eux tous les autres orateurs, c'est moins à cause de la richesse de leur diction qu'à cause du talent singulier qu'ils ont eu de rendre leur style suave, harmonieux et surtout sonore par *l'accent prosodique* ou *modulé*.

Cet accent ou ces tons qui composent un élément si important du langage, et dont le rôle fut si considérable dans les premiers âges du monde, ont perdu, par le laps des temps, une grande partie de leur importance; mais on se tromperait en croyant que ces accents ont disparu ou ne jouent qu'un rôle insignifiant.

Si l'on disait à la plupart des Français, par exemple, que leur langage est *modulé*, que, dans une foule de cas, cette modulation de la voix détermine *seule* le *sens*, *l'acception présente* d'un mot, on leur causerait, en vérité, un grand étonnement. Cependant, quoi de plus vrai?

(1) *Analogie de la musique et du langage*, par VILLOTEAU.

海上絲綢之路文獻集成 科技與文化編

N'est-ce pas l'élévation seule de la voix, qui fait souvent distinguer une phrase interrogative d'une phrase affirmative? Ainsi, *il est parti?* interrogatif. Abiit-ne? — Oui, *il est parti!* affirmatif. — Voilà deux tons de voix bien distincts sur le même mot. Personne ne s'y méprend; personne ne songe qu'il fait alors deux tons ou deux modulations, qui, dans chaque cas, déterminent un sens particulier. Nous avons cinq, et quelquefois six manières de varier le sens d'un même mot français, par *la seule modulation de la voix*. Voilà donc notre langue *chantante!* Rien de plus vrai. Prenons pour exemple le mot *oui*. On changera tout à fait son acception par une simple modulation de la voix et cela jusqu'à *six fois*. Voilà *six tons* bien distincts. Il y a le *oui* affirmatif. — Il y a le *oui* qui veut dire *peut-être, cela se peut*. — Il y a le *oui* de surprise, d'étonnement, qui veut dire : *vraiment!* Il y a le *oui* interrogatif. — Il y a le *oui*, qui veut dire : *soit, j'y consens, je le ferai*. — Il y a le *oui, oui*, répété, qui veut dire : *c'est chose entendue, c'est chose convenue!* — En entendant prononcer ce mot *oui* sur chacun de ces tons, il est certain qu'aucun Français ne se méprendra sur le vrai sens du mot, de même que celui qui aura *modulé* ces six inflexions de voix n'aura même pas eu la pensée qu'il modulait de la sorte.

Toutefois, en règle générale, cette modulation de la voix, qui, dans la langue française, détermine le sens et l'acception propre d'un mot, se fait sur tout l'ensemble de la phrase, tandis que, *dans la langue chinoise*, la modulation se fait et doit se faire sur chaque monosyllabe en particulier.

II. — DES INFLEXIONS DE LA VOIX, EN PARTICULIER DANS LA LANGUE CHINOISE.

Les peuples les plus anciens avaient une grande inclination à *moduler* sensiblement leur langage. Malgré la concision des langages primitifs, ou peut-être même à cause de cette concision, les langues anciennes étaient pleines de figures, d'onomatopées et surtout très-imitatives de leur nature. Leur style simple en apparence mais très-imagé, plein de vie, agissait *physiquement* sur les sens, remuait le cœur et réunissait ainsi les deux qualités essentielles de la musique. Chacun sait que, dès son berceau, la Chine a eu une musique très-avancée. Les sages de cet empire ont tous parlé avec admiration de cette antique musique dont le sens et le secret harmonieux est perdu depuis des siècles (1).

Cette musique ancienne, dont quelques lambeaux décolorés étaient encore

(1) Voir ce que nous disons de la musique chinoise dans le deuxième volume de notre *Dictionnaire français-chinois*, page 145, et le catalogue d'ouvrages chinois sur la musique, page 153.

conservés sept ou huit siècles avant l'ère chrétienne et jetaient dans une sorte de ravissement moral les sages de l'époque, s'est reflétée d'une façon toute particulière sur la langue chinoise. Comment dans le cours des siècles cette harmonieuse et musicale modulation s'est-elle conservée aussi rare? Le grand nombre de *termes homophones* de la langue chinoise a contribué, pour sa large part, à la conservation de ces accents modulés. Dans la langue *orale*, c'est la modulation, qui fait discerner les diverses acceptions de tous les termes homophones de la langue.

De toutes les langues parlées, à cette heure, aucune n'admet peut-être encore d'une manière aussi sensible la *modulation* ou *l'inflexion de la voix* que la langue chinoise. C'est là le caractère distinctif, le cachet spécial et propre de ce langage tout monosyllabique. Les Chinois font naturellement les modulations des mots de leur langue, comme nous faisons celles de notre langue maternelle. Il est certain que ces modulations de la voix donnent au langage chinois une douceur, une harmonie qu'on ne retrouve peut-être que dans cette langue à un degré aussi sensible. Un Chinois, qui n'est pas lettré, ne se doute nullement du rôle important des modulations de la voix dans sa langue. Les jeunes étudiants chinois eux-mêmes apprennent, *par l'oreille*, le *son* et le *ton* de chaque caractère de la langue. C'est là le motif pour lequel, dans toutes les écoles de l'Empire, les élèves chinois préparent à haute voix leurs leçons. Ces modulations de la voix dans la langue chinoise se font si finement qu'un étranger ne doit nullement s'étonner de ne point les saisir à la première audition.

III. — NOMBRE ET DISTINCTION DES TONS DE LA VOIX DANS LA LANGUE CHINOISE.

Les modulations ou les inflexions de la voix, dans la langue chinoise, se réduisent, au fond, à *deux tons généraux*. Le premier ton général porte le nom de **pĭn chēn** 平聲 (*voix égale*), c'est-à-dire : *ton uni, sans élever ni baisser la voix*. Le deuxième ton général porte le nom de **tsĕ** 仄, c'est-à-dire : *ton modulé par l'élévation ou par l'abaissement de la voix.*

La poésie chinoise n'a égard qu'à ces deux tons généraux.

Mais, dans la pratique, surtout pour la langue *orale*, on distingue, comme il suit, les tons chinois. Le premier ton général se divise en deux :

1° *Le ton ouvert* (tsĭn, clair 清), que l'on nomme vulgairement : **cháng pĭn** 上平, c'est-à-dire : *ton plain-élevé. — Il se fait d'une manière unie, comme la note longue et octavale de la musique.*

2° *Le ton muet* (tchŏ, obscur 濁), que l'on nomme vulgairement **hiá pĭn** 下平, c'est-à-dire : *ton plain bas. — Il se fait de la même manière que le précédent, mais sur une note inférieure.*

Le deuxième ton général se divise en trois :

1° *Le ton élevé*, chàng chēn 上聲 (voix montante). — *On élève la voix en finissant, comme, par exemple, lorsque quelqu'un ayant fait un refus offensant par le mot* NON, *on lui répète son* NON, *en haussant la voix et en appuyant sur la finale* N. Ou bien encore, si l'on veut, *comme serait un mot que l'on prononcerait du ré au sol.*

2° *Le ton abaissé*, kiǘ chēn 去聲 (voix abaissée). — *On baisse la voix, comme le fait, par exemple, un enfant sur l'i du mot oui, quand il profère un mot à regret, forcément.* Ou bien encore, *en descendant la voix de la note sol à la note ré.*

3° *Le ton rentrant* ou *bref*, joŭ chēn 入聲 (voix rentrée). — *On retire alors sa voix, on l'avale en quelque sorte, comme fait, par exemple, un homme qui s'interrompt sur une finale, soit par surprise, soit par respect pour celui qui prend la parole;* en un mot, comme on prononce une syllabe brève. Ce cinquième ton exclut les sons nasaux. Aussi, pour faire disparaître la nasale d'un mot, on a coutume de dire, en chinois, qu'il passe au son joŭ 入 ou bref.

Voilà donc *cinq* inflexions de la voix ou *cinq* tons dans le langage chinois. Soit que l'on parle le langage oral, soit que l'on prononce à haute voix un caractère chinois, on doit prononcer chaque mot, chaque caractère sur le ton de voix qui lui est propre. Manquer ce ton, c'est s'exposer au double inconvénient ou de n'être pas du tout compris, ou de dire toute autre chose que ce que l'on a en vue.

LES CINQ TONS CHINOIS.

Le 1er ton se nomme :		cháng pĭh	上平。
Le 2e	—	hiá pĭh	下平。
Le 3e	—	chàng chēn	上聲。
Le 4e	—	kiǘ chēn	去聲。
Le 5e	—	joŭ chēn	入聲。

Lorsqu'on écrit les mots chinois avec nos lettres latines, on est convenu de désigner les cinq tons par les signes suivants, que l'on place sur la voyelle des monosyllabes chinois (1) :

Le 1er ton se représente par le trait ‒. Exemple : { mā 媽, mère. / yā 啞, muet. / hō 呵, souffle. }

(1) Le P. Jacques Pantoja, missionnaire de la Compagnie de Jésus, arrivé en Chine en 1566, mort à Macao en 1618, est le premier qui a proposé et employé ce système d'accentuation, généralement adopté aujourd'hui.

Le 2e ton se représente par le signe ^. Exemple : mâ 麻, chanvre. yâ 牙, dent. hô 河, fleuve.

Le 3e ton — — \` — mà 馬, cheval. yà 雅, excellent. hò 火, feu.

Le 4e ton — — ´ — má 罵, maudire. yá 訝, admirer. hó 賀, cadeau.

Le 5e ton — — ˘ — mă 抹, essuyer. yă 鴨, canard. hŏ 合, union.

Quant aux Chinois, ils ne marquent généralement d'aucun signe les caractères de leurs livres pour indiquer les tons. Quand ils le font, c'est surtout dans les livres élémentaires, en faveur des jeunes Chinois. Il y a des caractères qui changent de ton et de prononciation. Il est évident alors que le sens se modifie en conséquence. C'est alors principalement que l'on place un signe au caractère pour indiquer ce changement. Seulement, les Chinois ne divisent pas le premier ton général en deux. Voici la manière dont ils indiquent les *quatre* tons, sé chēn 四聲。 Ils placent un demi-cercle ou petit c à l'un des angles du caractère chinois. Le carré suivant représente un caractère chinois.

IV. — MOYEN DE SAISIR ET DE RENDRE EXACTEMENT LES TONS.

L'unique difficulté de la langue orale, pour un Européen, consiste à saisir et à bien faire les nuances de ces cinq modulations ou inflexions de la voix. Toutefois, cette difficulté ne doit nullement effrayer un jeune sinologue. Il est peut-être moins difficile de bien faire les accents chinois que nos accents latins de prosodie. On parle bien latin lorsque l'on fait distinctement sentir, pour toute oreille exercée, la quantité prosodique, et qu'on le fait avec une certaine harmonie de voix. N'est-il pas plus difficile, dit ici le P. de Prémare, de bien prononcer, par exemple, le vers latin suivant :

Bĕātŭs īllĕ quī prŏcŭl nĕgōtīīs,

que de faire attention au son de mots qui n'en admettent jamais qu'un seul à la fois? Un bon maître et quelques semaines d'exercice suffisent pour lever cette difficulté de la langue orale, qui, en réalité, n'est pas sérieuse. Les premiers jours qu'on étudie le chinois, il n'est pas possible de saisir distinctement les variantes de ces modulations.

A l'aide des conseils suivants, un jeune sinologue saisira promptement et fera correctement les tons chinois en parlant.

1° Au début de ses études, il importe beaucoup de ne pas prononcer indistinctement les mots chinois qui sont sur tous les tons. Alors l'oreille ne saisit rien avec netteté et ne fait aucune différence entre ces tons. Cette confusion inévitable des sons porte naturellement, mais à tort, un jeune sinologue à s'*exagérer* énormément une difficulté plus apparente que réelle. On fait des efforts de voix; l'unique résultat est de se fatiguer en vain. De même qu'un Français ne se *préoccupe* nullement des inflexions réelles de sa langue, ainsi doit faire un jeune sinologue, qui ne devra donc pas s'en aller *disant, répétant, écrivant* qu'avec son chant, la langue chinoise est bizarre et ridicule. Par ses modulations plus accentuées, la langue chinoise est simplement plus harmonieuse. On choisira exclusivement, pendant quelques jours, des mots chinois qui ont l'accent du premier ton; on passera ensuite au deuxième ton, en les comparant l'un à l'autre. La nuance de ces deux tons sera sensible. Le cinquième ton n'étant, au fond, que le premier plus bref, ne causera aucun embarras.

Il ne faut pas perdre de vue que tous les mots de la langue chinoise sont des *monosyllabes*. Lors même que quelques-uns de ces mots ont deux ou trois voyelles de suite, on les prononce *toujours* en chinois comme de vrais *monosyllabes*, dans la rigueur du terme. C'est pour ce motif que nous continuerons de dire, comme l'ont fait presque tous les sinologues, que la langue chinoise est *monosyllabique*.

2° Dans tout l'Empire chinois, les mots de la langue se prononcent sur l'un ou l'autre des cinq tons ci-dessus. Mais, comme la Chine est immense, nos lecteurs n'auront pas de peine à comprendre que, sous une telle variété de latitudes, il y a les variantes de tons sur les mêmes mots, entre les habitants du Nord de la Chine, par exemple, et ceux des provinces méridionales. Voilà d'où proviennent les variantes d'accentuation que l'on trouve dans les ouvrages européens. Les uns ont suivi la tonation de Pékin, d'autres celle du Su-tchuen, d'autres enfin celle de Canton. Chacun accentuera et prononcera selon l'usage de la province dans laquelle il se trouve, sans s'étonner de ces variantes.

3° Voici une observation importante. Pour bien faire les modulations ou les tons chinois, il ne suffit pas d'être tout oreille à la voix du maître, qui exerce à prononcer. Il faut par-dessus tout avoir un œil très-attentif à la bouche du maître, pour discerner le mouvement de sa langue et celui de ses lèvres. Tout le secret d'une bonne prononciation chinoise est là. Les Chinois n'articulent nullement les mots de leur langue comme nous le faisons pour la nôtre. Ce qui donne un caractère particulier à la tonification dans la bouche des Chinois, c'est qu'ils n'ont pas les dents tout à fait disposées comme les Européens. Le rang supérieur, par exemple, sort et avance presque à tous en dehors; le rang inférieur rentre et se retire en dedans. Une telle disposition influe considérablement sur la prononciation.

Les Chinois distinguent les divers sons par la manière dont on les forme en parlant. Pour eux, les sons des dents, de la langue, des lèvres, du palais et du nez sont les plus importants. Ils font aussi, avec beaucoup de raison, une distinction entre les sons qui se forment en appuyant la langue sur les dents d'en haut ou sur les dents d'en bas. Ils compriment légèrement les lèvres ou les resserrent. Un jeune sinologue qui fera promptement et avec intelligence ces observations sur la manière chinoise de faire les mouvements de la langue, prononcera très-bien et sans effort de voix. *Il aura le véritable accent de la langue, ce qui est presque tout.* Le mot chinois eûl tsè 兒子, le fils, par exemple, et quelques autres de ce genre, font, au début, le désespoir d'un novice, uniquement parce qu'il ne suit pas le mouvement de la langue que fait un Chinois; qu'il replie, au contraire, sa langue en demi-cercle contre le palais, il prononcera très-bien ce mot du premier coup. Ainsi en sera-t-il pour les *H* aspirées, qui forment un autre genre de difficultés. Plus la prononciation des tons chinois est douce, moins un jeune sinologue devra faire d'efforts de voix et de gosier pour y parvenir. *Écouter* et *observer* surtout la bouche du maître, voilà la double règle qui renferme toutes les autres.

V. — DES ASPIRATIONS.

Outre les modulations ou tons réguliers dont chaque mot de la langue chinoise est susceptible, il faut y ajouter les *aspirations* ou les *sons durs du gosier*. Ces aspirations ont le même but que celui des tons ordinaires. Elles servent aussi à varier le sens des termes homophones de la langue. Omettre ou faire mal l'aspiration d'un mot qui en est susceptible, c'est absolument comme si l'on manquait le ton ordinaire d'un mot ou qu'on le fît mal. On ne sera pas compris.

Cette aspiration consiste en un son légèrement dur ou provenant un peu du gosier. Elle a beaucoup de ressemblance avec le son de la lettre *H*, commençant les mots chinois, c'est-à-dire qu'elle donne aux mots aspirés un son plus ou moins sifflant.

L'aspiration dans la langue chinoise n'affecte que les mots qui commencent par les cinq consonnes initiales suivantes : **K**, **P**, **Tch**, **Ts**, **T**. Nous avons compté plus de trois cents mots qui reçoivent l'aspiration chinoise. Pour indiquer qu'un mot est aspiré, on a, comme pour les tons, adopté un signe de convention. Ce signe est un petit *c* que l'on place à côté du signe tonique. Ainsi :

MOTS NON ASPIRÉS.			MOTS ASPIRÉS.		
Tchā	楂,	la lie, le dépôt, *fæx.*	Tchā͑	差,	se tromper, *errare.*
Tsē	資,	les biens, *bona.*	Tsē͑	雌,	femelle d'oiseaux.
Keòu	狗,	le chien, *canis.*	Keŏu	口,	bouche, *os.*
Pō	波,	le flot, *fluctus.*	Pō͑	玻,	verre, *vitrum.*
Tān	單,	simple, *simplex.*	Tā͑n	貪.	ambitionner, *ambire.*

Dans les provinces méridionales de la Chine, c'est-à-dire dans tout l'ouest de l'Empire, on fait vivement sentir les aspirations gutturales. Leur omission aurait une véritable importance dans ces contrées-là. Dans toute la partie boréale de l'Empire, l'aspiration est médiocre. Dans les contrées du midi, elle est presque imperceptible, de même que les sons ordinaires s'y font avec une plus grande douceur. Cette remarque s'applique, en général, à la langue parlée des peuples tropicaux. La douceur énervante du climat, qui a coutume de rendre les mœurs très-molles, produit le même effet sur le langage. Les aspirations gutturales, les consonnes rudes, se trouvent rarement dans ces dialectes. M. de Bonald fait remarquer avec raison que les langues des peuples du Nord sont hérissées de consonnes et d'aspirations plus ou moins fortes du gosier; les voyelles dominent, au contraire, dans les langues des peuples du Midi. C'est aussi la raison pour laquelle dans toutes les langues les jurements sont fortement articulés et composés des consonnes les plus rudes. Cette remarque s'applique avec la même justesse à la langue chinoise.

海上絲綢之路文獻集成 科技與文化編

CHAPITRE V.

DES MOTS RADICAUX OU PRIMORDIAUX DE LA LANGUE CHINOISE (1).

1° Caractère spécial des mots chinois. — 2° Du nombre des mots primitifs de la langue. — 3° Erreur des linguistes européens. — 4° Division des sons initiaux de la langue chinoise en neuf séries. — 5° Tableau général des mots radicaux de la langue chinoise avec leur prononciation.

I. — CARACTÈRE SPÉCIAL DES MOTS CHINOIS.

Le monosyllabisme tonique de la langue chinoise *orale*, le génie particulier de cette langue, son écriture surtout, ont donné lieu en Europe à des jugements erronés, à des appréciations inexactes. C'est là sans doute une des principales causes de l'indifférence générale pour l'étude de cette langue.

Tous les mots de la langue chinoise, sans exception, sont des mots primitifs. Ils sont demeurés les mêmes, sans changer de forme ni sans se multiplier. Invariables de leur nature, une seule altération a pu se produire dans le langage parlé, savoir : celle des *modulations* ou des *inflexions* de la voix. Cette altération, qui a eu lieu dans le cours des siècles, n'a pourtant pas été profonde, et ne s'est produite que fort lentement. Aujourd'hui encore on joue sur les théâtres chinois des pièces qui ont plus de mille ans de date et qui sont très-bien comprises par les spectateurs.

II. — DU NOMBRE DES MOTS PRIMITIFS.

Le nombre des mots *radicaux* ou *primitifs* de la langue chinoise est peu considérable. Le génie de cette langue n'admettant que des monosyllabes, il n'eût pas été possible d'en fournir assez pour suffire à toutes les idées. Attacher plusieurs sens à chacun de ces mots n'était qu'obvier en partie à l'inconvénient d'un petit nombre de mots, sans parler du vaste champ qu'on ouvrait

(1) Les expressions de mots *radicaux*, *primordiaux*, et même *primitifs*, sont très-impropres. Nous n'en connaissons pas d'autres en français pour exprimer plus clairement notre pensée. Les mots chinois étant invariables ne produisent aucun dérivé. Ils ne sont donc pas des *racines*. Les mots *primordiaux*, *primitifs*, laissent supposer des séries de mots plus modernes, ce qui est également inexact. Cette explication donnée, nos lecteurs comprendront quel sens il faut attacher à ces expressions employées à défaut de plus claires.

海上絲綢之路文獻集成 科技與文化編

aux équivoques. Qu'ont imaginé alors les Chinois? — Ils ont multiplié et reproduit les mêmes mots avec des différences de tons et de prononciation.

Les grammairiens européens et chinois ne sont pas d'accord sur la manière de compter les mots *primitifs* de la langue chinoise. La raison en est bien simple. Les oreilles ne saisissent pas toutes de la même manière les articulations de la langue. Il y a des oreilles qui saisissent deux sons assez distincts dans une articulation de voix où d'autres ne saisissent qu'un seul son. Telle est la cause de cette différence dans la manière de compter les mots chinois (1). Ainsi, les uns élèvent le nombre des mots *primitifs* à 550, quelques autres à 487. M. Rémusat en compte 450.

Nous prenons pour base du tableau ci-après le *Dictionnaire tonique chinois*, qui porte le titre de où fāng yuên ȳn 五方元音。Ce Dictionnaire jouit, dans le monde lettré de la Chine, d'une réputation universelle. D'après ce guide sûr, nous comptons, nous, 304 mots *radicaux*, *primordiaux* ou sons dans la langue chinoise. Au reste, on peut varier d'opinion sur cet article sans qu'il en résulte de graves inconvénients.

Chaque mot chinois peut être diversifié, quant au sens, par les tons ou les inflexions de la voix. La majorité de ces mots est susceptible de recevoir les cinq tons ou les cinq inflexions de la voix, outre l'aspiration. Il en est qui ne sont modifiés que par trois tons; d'autres par deux, et quelques-uns même ne sont susceptibles que d'un seul ton.

Avec cette variété réelle de tons et d'aspirations, le nombre des mots de la langue chinoise se monte au chiffre de 1289, ni plus ni moins. Ce nombre si restreint de mots a fait dire souvent que la langue orale de la Chine était fort pauvre. Si l'on entend par ces mots l'absence d'un lexique abondant de racines primitives, on a raison. Mais est-ce en cela seulement que consiste la beauté, la clarté, la richesse d'une langue? Avec leurs 304 mots, les Chinois parlent aussi vite que nous, disent même plus de choses en moins de mots que nous.

La civilisation chinoise est, de l'aveu de tous, très-avancée. Cela ne prouve donc pas que le langage chinois soit aussi pauvre que certains savants veulent bien le dire. Les mots chinois, par un artifice aussi simple, aussi naturel qu'il est ingénieux, deviennent souvent, tour à tour, dans une phrase, *substantifs*, *verbes*, *adverbes*, etc., sans que la clarté en soit altérée ni que le langage en soit monotone pour autant. Les métaphores, les allusions et toutes les autres figures des langues les plus riches abondent dans la langue chinoise, et cha-

---

(1) « Les grammairiens ont échoué dans leur classification des sons de la parole. Leur distinction « des sons de la langue parlée d'après les organes qui sont censés les produire, est vicieuse, parce « qu'elle en réunit qui diffèrent totalement les uns des autres, suivant les principes de la physiologie, et parce que plusieurs parties de la bouche concourent à la production de la plupart d'entre « eux. » *Manuel de physiologie*, par J. MUELLER, tome II, page 245.

cune de ces figures, donnant un sens nouveau aux caractères, lui prête chaque fois une grâce nouvelle. Les différentes manières de combiner les mots chinois les uns avec les autres leur donnent tantôt un nouveau sens, tantôt une acception plus ou moins restreinte, et cela selon la volonté de l'écrivain.

Les Chinois ont plusieurs articulations qui nous manquent, de même que nous en avons qu'ils n'ont pas. Ainsi, les sons des lettres latines *B, D, R, X, Z*, ne se trouvent pas dans leur langue. Un Chinois les prononcera par les sons des lettres suivantes : *P, T, L, S, S.* Il ne pourrait donc prononcer avec facilité les mots latins : *Baptizo, Donec, Roma, Xaverius, Zoophytus* (1). Aussi un sinologue moderne a-t-il eu raison de faire remarquer qu'aucune langue n'est aussi rebelle à la représentation alphabétique que la langue chinoise.

III. — ERREUR DES LINGUISTES EUROPÉENS.

N'ayant qu'une idée confuse de la langue chinoise, un bon nombre de philologues européens ont commis une erreur grave en parlant des mots *primitifs, radicaux* de la langue chinoise. Cette erreur est devenue presque générale. *Avec 450 racines environ, les Chinois*, disent-ils, ont su se créer un Vocabulaire de 50, de 80 mille mots.

Ces savants ont fait une confusion fâcheuse entre les mots *radicaux, primitifs*, c'est-à-dire entre les sons de la langue parlée et les caractères de l'écriture. Il n'est pas exact de donner aux caractères de l'écriture le nom de mots comme on le fait communément, puisque ces caractères ne sont en réalité ni des mots ni des lettres exclusivement phonétiques comme les nôtres. L'écriture chinoise est une immense dérogation à tout autre système exclusivement phonétique. Elle est une peinture, souvent une image de l'idée elle-même. Cette peinture a été variée, d'après un système ingénieux, d'une manière considérable. Les sinologues seuls peuvent comprendre l'abondance, la richesse de ce système. Aucune erreur, aucune confusion n'est possible à la vue d'un caractère chinois. Sa vue seule réveille l'idée de la chose exprimée. Aussi, en Chine, savoir lire est presque tout, tandis qu'en français, par exemple, ce n'est presque rien. Un sinologue peut souvent comprendre l'acception d'un mot français qu'il ignore, par la seule vue d'un caractère chinois qui exprime l'objet ou l'idée du mot français qu'il ne comprend pas. Ce cas arrive facilement quand il s'agit de termes spéciaux, de mots français dérivés des langues étrangères. Je trouve, par exemple, le mot *canthus*, terme de médecine dont

(1) Frappés, à tort ou à raison, de cet inconvénient, les anciens missionnaires de la Chine, le P. Couplet en tête, sollicitèrent à Rome, pour tout l'Empire chinois, le privilège d'un *rit chinois catholique*. La bulle de concession fut octroyée dans ce sens par le pape Paul V ; mais, par suite de circonstances que nous ignorons, la bulle ne fut pas expédiée. L'affaire en demeura là.

j'ignore le sens. Le caractère chinois, par sa seule vue, m'apprend qu'il s'agit de l'*angle*, du *coin de l'œil*, comme si je voyais la chose.

Toutefois, il ne faut pas oublier que, dans le laps du temps, les Chinois ont élargi le système de leur écriture d'abord exclusivement imagée, figurative, en y introduisant largement l'élément phonétique. Cependant, même dans ce cas-là, les Chinois s'en sont tenus rigoureusement au nombre de mots ou de sons primitifs de la langue. C'est ainsi qu'il est arrivé que *vingt*, *trente* caractères chinois et plus, tous différents par le sens, ont dû être prononcés par le son ou l'articulation d'un seul et même mot. Par exemple, le mot **lỳ**, qui s'écrit de cette manière 里, veut dire *lieue chinoise*, *stadium*. Si l'on ajoute à ce caractère celui qui veut dire *homme*, on aura le signe suivant : 俚, lequel veut dire *homme vil*, *un méchant*, tout en gardant le son de **lỳ**. Au lieu du caractère *homme*, si l'on ajoute celui de *roi* 王, on aura cette figure : 理 **lỳ**, qui veut dire : *gouverner*, *régir*. Voilà trois caractères différents prononcés par le même son de voix. Le mot **mà**, qui s'écrit de cette manière 馬, veut dire cheval; si on place en avant la clef qui veut dire femme, on aura 媽 **mā**, mère, *mater*; si, au lieu de la clef *femme*, on place la clef *pierre*, *lapis*, **chĕ**, on aura 碼, qui veut dire *pierre précieuse*; si, au lieu de cette dernière clef, on place celle des *vers*, on aura 螞 **mà**, qui veut dire sangsue; avec la clef des esprits, on aura le signe 禡 **mà**, sacrifice, *sacrificium*. La confusion n'est jamais possible à la vue du caractère. Dans la langue parlée, pour éviter la confusion, l'équivoque des termes homophones, on se sert presque habituellement de mots doubles ou composés.

Tous les mots de la langue chinoise commencent par une consonne et finissent par une voyelle ou une diphthongue. Le mot **eûl** est le seul qui fasse exception. Les mots chinois étant très-courts sont aussi faciles à retenir et à prononcer.

Les auteurs chinois du Dictionnaire de **Kāng hȳ** insistent avec raison dans la Préface de cet ouvrage célèbre pour que l'on donne, dans tout l'Empire, une prononciation *exacte* et *uniforme*, afin de rendre le langage partout également clair et net. Ils divisent en neuf séries les sons initiaux des mots de la langue, en indiquant quels sont les organes de la bouche qui servent surtout à bien faire ces sons. Les sons initiaux, tous censés articulés, sont au nombre de trente-six, selon les Chinois. Pour nous, une dizaine rentrent les uns dans les autres; nos oreilles européennes n'y trouvent pas matière à une distinction assez sensible pour la signaler.

海上絲綢之路文獻集成 科技與文化编

IV. — DIVISION DES SONS INITIAUX DE LA LANGUE CHINOISE EN NEUF SÉRIES.

		FORTES.	ASPIRÉES.	TÉNUES.	Nasales correspondantes.
1° Sons prononcés en appuyant la langue contre les dents inférieures, ou consonnes dento-gutturales, en chinois yâ ȳn 牙音。	DENTO-GUTTURALES.	K- Kién 見。	K- Ký 溪。	K- Kiún 郡。	Ng- Y ngŷ 疑。
2° Sons prononcés du bout de la langue contre les dents, ou consonnes dentales, en chinois chĕ teŏu ȳn. 舌頭音。	DENTALES . . .	T- Touān 端。	T- Teŏu 透。	T- Tín 定。	N- Nŷ 泥。
3° Sons prononcés en appuyant la partie supérieure de la langue contre le palais, ou consonnes palatales, en chinois 舌上音。	PALATALES. . .	Tch- Tchē 知。	Tch- Tchĕ 徹。	Tch- Tchén 澄。	Ng-n Niâng 娘。
4° Sons prononcés par les lèvres fortement serrées, ou consonnes labiales fortes 重唇音.	LABIALES FORTES.	P- Pāng 帮。	P-Pāng 滂。	P- Pín 並。	M- Mîn 明。
5° Sons prononcés par les lèvres légèrement fermées, ou consonnes labiales légères, kīn chuên ȳn 輕唇音。	LABIALES LÉGÈRES.	F-Feȳ 非。	F- Foū 敷。	F- Fóng 奉。	O- Oûy 微。
6° Sons prononcés de la langue contre les dents supérieures, ou consonnes sifflantes, yâ tchĕ teŏu 牙齒頭。	SIFFLANTES. . .	Ts- Tsīn 精。	Ts- Tsīn 清。	Ts- Tsŏng 從。	S- Sīn 心。
7° Sons prononcés de la langue placée contre les dents de côté, ou consonnes chuintantes, chân tchén teŏu 禪正頭。	CHUINTANTES. .	Tch- Tcháo 照。	Tch- Tchouān 穿.	Tch Tchouáng 狀.	Ch- Chèn 審。
8° Sons prononcés du gosier, ou consonnes gutturales, heôu ȳn 喉音。	GUTTURALES . .	Y- Ỳn 影。	H- Hiaò 曉。	Y- Yú 諭。	Hy- Hiă 匣。
9° Sons prononcés partie avec la langue, partie avec les dents, ou semi-voyelles, pán chĕ pán tchĕ ȳn 半舌半齒音。	SEMI-VOYELLES .	L- Laŷ 來。	J- Jĕ 日。		

VOYELLES FINALES.	Simples : A. A- Y- y- o- o- e e. Composées : Ay- Ay- ei- eu- ou.
NASALES FINALES.	Ang- ong- yn- en. An- un- yn.

Les Européens ne saisissent point de la même manière les sons des mots chinois. La transcription des mots chinois avec nos lettres latines est, pour ce motif, aussi différente qu'il y a de nations européennes. C'est là un inconvénient immense. Un Francais lisant du chinois, écrit avec les lettres latines, ne comprend presque rien à la manière dont les Anglais l'écrivent, *et vice versâ*, à moins que les caractères chinois n'accompagnent la transcription. Ainsi le caractère **cháng** 上, qui veut dire *sur*, *au-dessus*, *super*, *suprà*, sera écrit **scháng** par un Anglais, **sàng** par un Allemand, **cháng** par un Français. L'uniformité, qui serait si fort à désirer, dans l'intérêt général de la science, est, nous le sentons, un vœu qui ne peut se réaliser. Mais une entente serait possible entre les sinologues d'une même nation; un système uniforme pourrait être facilement adopté. Dans notre *Dictionnaire français-latin-chinois* nous avons suivi l'orthographe des anciens missionnaires de la Chine et de la majorité des hommes apostoliques de nos jours. Nous avons eu sous les yeux le remarquable Dictionnaire manuscrit du P. d'Incarville, qui est heureusement aujourd'hui entre les mains de M. G. Pauthier. Le célèbre missionnaire, dont l'autorité est grande en cette matière, écrivait les mots chinois à peu de chose près comme nous l'avons fait. Quant aux sinologues de l'Occident, qui ont un mode à eux, ils nous permettront de leur dire, avec tous les égards que nous avons pour eux : *Major pars trahit ad se minorem.*

V. — TABLEAU GÉNÉRAL DE TOUS LES MOTS OU SONS DE LA LANGUE.

Ce tableau ne doit nullement effrayer un jeune sinologue. Il lui suffira d'examiner les mots français mis en regard des mots chinois pour connaître la prononciation exacte de ces derniers. Les colonnes suivantes indiquent le nombre de tons dont chaque mot est susceptible, et quels sont ces tons, aspirés ou non aspirés. Le signe ○ indique que le ton manque, c'est-à-dire qu'il n'y a pas de caractère qui se prononce sur ce ton. Il n'est nullement nécessaire d'apprendre ce tableau par cœur; on y aura recours dans le besoin.

海上絲綢之路文獻集成 科技與文化編

西漢同文法　卷一

MOTS RADICAUX.	PRONONCEZ comme dans :	1er TON.		2e TON.		3e TON.		4e TON.		5e TON.	
		Non aspiré.	Aspiré.	Non aspiré.	Aspiré.	Non aspiré.	Aspiré.	Non aspiré.	Aspiré.	Non aspiré.	Aspiré.
		—		^		`		´		˘	
CHA.	Chameau . . .	沙	○	○	○	洒	○	刹	○	灑	○
CHAY.	Chaînette . . .	○	○	○	○	晒	○	𧩹	○	○	○
CHAN.	Chanoine . . .	山	○	○	○	汕	○	訕	○	○	○
CHANG.	Champêtre. . .	商	○	裳	○	賞	○	上	○	○	○
CHAO.	. . . .	燒	○	韶	○	少	○	紹	○	○	○
CHE.	Cheval.	詩	○	時	○	矢	○	是	○	石	○
CHÈ.	Chèvre.	奢	○	蛇	○	捨	○	赦	○	舌	○
CHEN.	Chêne.	升	○	神	○	審	○	甚	○	○	○
CHEOU.	. . . .	収	○	○	○	首	○	受	○	○	○
CHO.	Chocolat. . . .	○	○	○	○	○	○	○	○	說	○
CHOA.	. . . .	○	○	○	○	耍	○	○	○	刷	○
CHOAY.	Choisir	衰	○	○	○	○	○	帥	○	○	○
CHOAN.	Chouannerie. .	拴	○	○	○	舛	○	涮	○	○	○
CHOANG.	Chouan	霜	○	○	○	爽	○	祟	○	○	○
CHOU.	. . . .	書	○	洙	○	暑	○	恕	○	孰	○
CHOUY.	. . . .	衰	○	誰	○	水	○	瑞	○	○	○
CHUEN.	. . . .	○	○	唇	○	楯	○	順	○	○	○
EUL.	. . . .	○	○	而	○	耳	○	貳	○	馹	○
FA.	. . . .	○	○	○	○	○	○	○	○	罰	○
FAN.	Fanal.	番	○	凡	○	反	○	范	○	○	○
FANG.	Fantaisie . . .	方	○	房	○	訪	○	放	○	○	○
FEY.	. . . .	非	○	肥	○	誹	○	費	○	○	○
FEN.	Fenêtre	分	○	墳	○	紛	○	忿	○	○	○
FEOU.	. . . .	不	○	浮	○	否	○	阜	○	○	○
FONG.	Fontaine. . . .	風	○	馮	○	捧	○	鳳	○	○	○
FOU.	. . . .	夫	○	扶	○	府	○	付	○	伏	○
GAY.	. . . .	哀	○	獃	○	唉	○	愛	○	○	○
GAN.	Ganache. . . .	安	○	○	○	唵	○	岸	○	○	○
GANG.	Gant	狭	○	昂	○	坱	○	盎	○	○	○
GAO.	. . . .	咬	○	熬	○	懊	○	傲	○	○	○
GÈ.	Gaîté	○	○	○	○	○	○	○	○	厄	○
GEN.	Guenille. . . .	恩	○	○	○	○	○	○	○	○	○

MOTS RADICAUX.	PRONONCEZ comme dans :	1er TON.		2e TON.		3e TON.		4e TON.		5e TON.	
		Non aspiré.	Aspiré.	Non aspiré.	Aspiré.	Non aspiré.	Aspiré.	Non aspiré.	Aspiré.	Non aspiré.	Aspiré.
		—		ʌ		ˋ		ˊ		˘	
GEOU.	. . . .	謳	○	○	○	嘔	○	漚	○	○	○
GO.	. . . .	阿	○	哦	○	我	○	餓	○	惡	○
HAY (1).	. . . .	咍	○	孩	○	海	○	害	○	○	○
HAN.	. . . .	酣	○	寒	○	喊	○	旱	○	○	○
HANG.	. . . .	[illegible]	○	亢	○	骯	○	沆	○	○	○
HAO.	. . . .	蒿	○	毫	○	好	○	昊	○	○	○
HĒ.	. . . .	○	○	○	○	○	○	○	○	黑	○
HEN.	. . . .	哏	○	痕	○	狠	○	恨	○	○	○
HEOU.	. . . .	齁	○	侯	○	孔	○	厚	○	○	○
HY.	. . . .	希	○	徯	○	喜	○	戲	○	迄	○
HIA.	. . . .	鰕	○	蝦	○	○	○	夏	○	匣	○
HIAY.	. . . .	○	○	鞋	○	駭	○	械	○	○	○
HIANG.	. . . .	香	○	降	○	享	○	向	○	○	○
HIAO.	. . . .	呺	○	爻	○	曉	○	效	○	○	○
HIE.	. . . .	○	○	○	○	○	○	○	○	協	○
HIEN.	. . . .	軒	○	閑	○	險	○	限	○	○	○
HIEOU.	. . . .	休	○	○	○	朽	○	嗅	○	○	○
HIN.	. . . .	忻	○	刑	○	擤	○	幸	○	○	○
HIO.	. . . .	○	○	○	○	○	○	○	○	學	○
HIONG.	. . . .	凶	○	熊	○	迥	○	[illegible]	○	○	○
HIOU.	. . . .	○	○	○	○	○	○	○	○	畜	○
HIU.	. . . .	虛	○	○	○	許	○	呴	○	洫	○
HIUE.	. . . .	靴	○	○	○	○	○	○	○	血	○
HIUEN.	. . . .	萱	○	玄	○	晅	○	楦	○	○	○
HIUN.	. . . .	熏	○	○	○	○	○	訓	○	○	○
HO.	. . . .	呵	○	何	○	火	○	賀	○	合	○
HOA.	. . . .	花	○	華	○	踝	○	化	○	滑	○
HOAY.	. . . .	○	○	懷	○	○	○	壞	○	或	○
HOUAN.	. . . .	澴	○	還	○	俒	○	患	○	○	○
HOUANG.	. . . .	荒	○	黃	○	恍	○	況	○	○	○

(1) *H* devant *a*, *e*, *o*, est aspiré en chinois; *H* devant *i* se prononce comme *s* sifflant et légèrement mouillé.

MOTS RADICAUX.	PRONONCEZ comme dans :	1er TON. Non aspiré.	1er TON. Aspiré.	2e TON. Non aspiré.	2e TON. Aspiré.	3e TON. Non aspiré.	3e TON. Aspiré.	4e TON. Non aspiré.	4e TON. Aspiré.	5e TON. Non aspiré.	5e TON. Aspiré.
		—		^		╲		╱		◡	
HOUEN.	....	昏	○	横	○	混	○	渾	○	○	○
HOU.	....	呼	○	胡	○	虎	○	戶	○	忽	○
HOUY.	....	灰	○	回	○	悔	○	會	○	○	○
HONG.	....	烘	○	紅	○	嗊	○	橫	○	○	○
Y.	....	衣	○	夷	○	以	○	易	○	益	○
YA.	....	丫	○	牙	○	雅	○	婭	○	鴨	○
YAY.	....	挨	○	涯	○	矮	○	呃	○	○	○
YANG.	....	央	○	陽	○	養	○	樣	○	○	○
YAO.	....	幺	○	堯	○	殀	○	要	○	○	○
YE.	....	○	○	耶	○	野	○	夜	○	葉	○
YEN.	....	煙	○	延	○	眼	○	晏	○	○	○
YEOU.	....	憂	○	尤	○	有	○	右	○	○	○
YN.	Inaction....	因	○	寅	○	引	○	印	○	○	○
YO.	....	○	○	○	○	○	○	○	○	藥	○
YOU.	....	○	○	○	○	○	○	○	○	欲	○
YONG.	....	雍	○	容	○	涌	○	用	○	○	○
YU.	....	於	○	魚	○	雨	○	芋	○	玉	○
YUE.	....	○	○	○	○	○	○	○	○	月	○
YUEN.	....	寃	○	元	○	遠	○	願	○	○	○
YUN.	....	氳	○	云	○	永	○	韻	○	○	○
JAN.	Janissaire...	○	○	然	○	冉	○	墠	○	○	○
JANG.	Jambon....	○	○	攘	○	壤	○	讓	○	○	○
JAO.	....	嬈	○	饒	○	遶	○	○	○	○	○
JE.	Jeter.....	○	○	○	○	○	○	○	○	日	○
JE.	Geai......	○	○	○	○	惹	○	偌	○	熱	○
JEN.	....	○	○	人	○	忍	○	訒	○	○	○
JEOU.	....	○	○	柔	○	揉	○	○	○	○	○
JO.	....	○	○	○	○	○	○	○	○	若	○
JOU.	....	○	○	如	○	乳	○	擩	○	肉	○
JONG.	Joncher....	○	○	戎	○	冗	○	○	○	○	○
JOUY.	....	甤	○	○	○	蕊	○	蚋	○	○	○
JOUAN.	....	撋	○	○	○	耎	○	[illegible]	○	○	○

MOTS RADICAUX.	PRONONCEZ comme dans :	1er TON. Non aspiré.	1er TON. Aspiré.	2e TON. Non aspiré.	2e TON. Aspiré.	3e TON. Non aspiré.	3e TON. Aspiré.	4e TON. Non aspiré.	4e TON. Aspiré.	5e TON. Non aspiré.	5e TON. Aspiré.
		¯		ˆ		ˋ		ˊ		˘	
JUEN.	. . . .	○	○	犉	○	蝡	○	閏	○	○	○
KAY.	. . . .	該	開	○	○	改	凱	蓋	慨	○	○
KAN.	Canon.	甘	看	○	○	敢	砍	幹	看	○	○
KANG.	Canton	剛	康	○	○	○	慷	炕	炕	○	○
KAO.	Kaolin.	高	尻	○	○	槁	考	告	焅	○	○
KE.	Kermès	○	○	○	○	○	○	○	○	格	○
KEN.	Kœnigsberg . .	根	○	○	○	○	懇	更	硍	○	○
KEOU.	. . . .	勾	摳	○	○	苟	口	媾	訽	○	○
KY.	. . . .	機	溪	○	其	已	豈	記	氣	吉	喫
KIA.	. . . .	加	呿	○	○	假	跒	價	愘	甲	恰
KIAY.	. . . .	皆	揩	○	○	解	楷	介	○	○	○
KIANG.	. . . .	姜	腔	○	强	講	彊	降	弶	○	○
KIAO.	. . . .	交	敲	○	喬	皎	巧	教	竅	○	○
KIE.	. . . .	○	[illegible]	○	茄	○	○	○	○	潔	挈
KIEN.	. . . .	堅	牽	○	乾	柬	遣	見	欠	○	○
KIEOU.	. . . .	鳩	丘	○	求	九	糗	救	齅	○	○
KIN.	. . . .	斤	欽	○	禽	緊	○	近	慶	○	○
KIO.	. . . .	○	○	○	○	○	○	○	○	脚	却
KIONG.	. . . .	○	傾	○	瓊	○	頃	○	倫	○	○
KIOU.	. . . .	○	○	○	○	○	○	○	○	劣	○
KIU.	. . . .	居	驅	○	朐	矩	秬	句	去	橘	曲
KIUE.	. . . .	○	○	○	○	○	○	○	○	厥	闕
KIUEN.	. . . .	涓	圈	○	拳	○	犬	眷	券	○	○
KIUN.	. . . .	均	○	○	群	窘	○	郡	○	○	○
KO.	. . . .	哥	科	○	○	果	顆	個	課	閤	渴
KONG.	. . . .	工	空	○	○	拱	孔	貢	空	○	○
KOU.	. . . .	姑	枯	○	○	古	苦	故	庫	骨	哭
KOUA.	. . . .	瓜	誇	○	○	寡	侉	卦	胯	刮	○
KOUAY.	. . . .	乖	擓	○	○	拐	塊	怪	快	○	○
KOUAN.	. . . .	官	寬	○	○	管	款	冠	○	○	○
KOUANG.	. . . .	光	匡	○	狂	廣	○	逛	誆	○	○
KOUE.	. . . .	○	○	○	○	○	○	○	○	國	○

MOTS RADICAUX.	PRONONCEZ comme dans :	1er TON. Non aspiré.	1er TON. Aspiré.	2e TON. Non aspiré.	2e TON. Aspiré.	3e TON. Non aspiré.	3e TON. Aspiré.	4e TON. Non aspiré.	4e TON. Aspiré.	5e TON. Non aspiré.	5e TON. Aspiré.
		—		ˆ		`		´		˘	
KOUEN.	. . . .	昆	坤	○	○	鯀	悃	棍	困	○	○
KOUY.	. . . .	規	虧	○	○	鬼	傀	貴	喟	○	○
LA.	. . . .	○	○	○	○	藞	○	○	○	辣	○
LAY.	Lait.	○	○	來	○	唻	○	賴	○	○	○
LAN.	Lanifère. . . .	○	○	蘭	○	覽	○	濫	○	○	○
LANG.	Lampe.	○	○	狼	○	烺	○	浪	○	○	○
LAO.	. . . .	○	○	牢	○	老	○	勞	○	○	○
LE.	Laitue.	○	○	○	○	○	○	○	○	勒	○
LEANG.	. . . .	○	○	良	○	兩	○	量	○	○	○
LEAO.	. . . .	○	○	遼	○	了	○	料	○	○	○
LEN.	Lénitif.	○	○	棱	○	冷	○	論	○	○	○
LEOU.	. . . .	○	○	婁	○	摟	○	漏	○	○	○
LY.	. . . .	○	○	璃	○	里	○	利	○	力	○
LIE.	Liège	○	○	○	○	○	○	○	○	列	○
LIEN.	. . . .	○	○	連	○	斂	○	鍊	○	○	○
LIEOU.	. . . .	○	○	流	○	柳	○	溜	○	○	○
LIM.	Limite.	○	○	靈	○	領	○	另	○	○	○
LIN.	Linéament. . .	○	○	鄰	○	廩	○	吝	○	○	○
LIO.	. . . .	○	○	○	○	○	○	○	○	略	○
LIU.	. . . .	○	○	閭	○	呂	○	慮	○	律	○
LIUEN.	. . . .	○	○	戀	○	砢	○	戀	○	○	○
LO.	. . . .	○	○	羅	○	裸	○	[illegible]	○	落	○
LONG.	Lombard. . . .	○	○	龍	○	籠	○	弄	○	○	○
LOU.	. . . .	○	○	蘆	○	魯	○	路	○	六	○
LOUAN.	. . . .	○	○	鑾	○	卵	○	亂	○	○	○
LOUY.	Louis	○	○	雷	○	累	○	淚	○	○	○
MA.	. . . .	媽	○	麻	○	馬	○	罵	○	抹	○
MAY.	. . . .	○	○	埋	○	買	○	賣	○	麥	○
MAN.	Mânes.	○	○	蠻	○	滿	○	嫚	○	○	○
MANG.	Manger	○	○	芒	○	莽	○	漭	○	○	○
MAO.	. . . .	○	○	毛	○	卯	○	帽	○	○	○
ME.	Mais.	○	○	○	○	○	○	○	○	麥	○

MOTS RADICAUX.	PRONONCEZ comme dans :	1er TON. Non aspiré.	1er TON. Aspiré.	2e TON. Non aspiré.	2e TON. Aspiré.	3e TON. Non aspiré.	3e TON. Aspiré.	4e TON. Non aspiré.	4e TON. Aspiré.	5e TON. Non aspiré.	5e TON. Aspiré.
		¯		^		\`		´		˘	
MEY.	Meilleur. . . .	○	○	梅	○	美	○	妹	○	○	○
MEN.	. . . .	○	○	門	○	憫	○	悶	○	○	○
MEOU.	. . . .	○	○	牟	○	畝	○	茂	○	○	○
MY.	. . . .	○	○	糜	○	米	○	謎	○	蜜	○
MIAO.	. . . .	○	○	苗	○	眇	○	妙	○	○	○
MIE.	. . . .	哶	○	○	○	也	○	○	○	滅	○
MIEN.	Mienne	○	○	綿	○	免	○	面	○	○	○
MIEOU.	. . . .	繆	○	眸	○	○	○	謬	○	○	○
MIN.	Mine.	○	○	民	○	敏	○	詺	○	○	○
MO.	. . . .	○	○	磨	○	麽	○	磨	○	莫	○
MONG.	Montagne . . .	○	○	蒙	○	蠓	○	夢	○	○	○
MOU.	. . . .	○	○	模	○	母	○	暮	○	目	○
NA.	. . . .	○	○	拿	○	那	○	那	○	納	○
NAY.	Naïf.		○	○	○	奶	○	耐	○	○	○
NAN.	. . . .	○	○	南	○	赧	○	難	○	○	○
NANG.	Nantir.	囔	○	囊	○	攮	○	儾	○	○	○
NAO.	. . . .	○	○	撓	○	惱	○	鬧	○	○	○
NEN.	. . . .	○	○	能	○	○	○	○	○	○	○
NEOU.	. . . .	羺	○	○	○	毂	○	耨	○	○	○
NY.	. . . .	○	○	尼	○	你	○	泥	○	溺	○
NIANG.	. . . .	○	○	孃	○	仰	○	釀	○	○	○
NIAO.	. . . .	○	○	○	○	鳥	○	尿	○	○	○
NIE.	Nièce	○	○	○	○	○	○	○	○	聶	○
NIEN.	. . . .	○	○	年	○	碾	○	念	○	○	○
NIEOU.	. . . .	○	○	牛	○	○	○	杻	○	○	○
NIO.	. . . .	○	○	○	○	○	○	○	○	虐	○
NIU.	. . . .	袽	○	絮	○	女	○	女	○	○	○
NIN.	. . . .	○	○	寧	○	濘	○	佞	○	○	○
NO.	. . . .	○	○	儺	○	娜	○	懦	○	諾	○
NOU.	. . . .	○	○	奴	○	弩	○	怒	○	訥	○
NOUY.	. . . .	[illegible]	○	○	○	餒	○	內	○	○	○
OU.	. . . .	汙	○	吾	○	五	○	悟	○	物	○

MOTS RADICAUX.	PRONONCEZ comme dans :	1er TON. Non aspiré.	1er TON. Aspiré.	2e TON. Non aspiré.	2e TON. Aspiré.	3e TON. Non aspiré.	3e TON. Aspiré.	4e TON. Non aspiré.	4e TON. Aspiré.	5e TON. Non aspiré.	5e TON. Aspiré.
		—		^		ˋ		ˊ		˘	
OUA.	. . . .	哇	○	唲	○	瓦	○	窊	○	穵	○
OUAY.	. . . .	歪	○	○	○	崴	○	外	○	○	○
OUAN.	. . . .	彎	○	頑	○	挽	○	萬	○	○	○
OUANG.	. . . .	汪	○	亡	○	枉	○	妄	○	○	○
OUEN.	. . . .	溫	○	文	○	刎	○	問	○	○	○
OUY.	. . . .	威	○	韋	○	委	○	位	○	○	○
OUO.	. . . .	囮	○	倭	○	婐	○	臥	○	蠖	○
OUNG.	. . . .	翁	○	○	○	滃	○	齆	○	○	○
PA.	. . . .	巴	芭	琶	妑	把	跁	罷	帕	八	矾
PAY.	. . . .	○	○	○	排	擺	啡	敗	派	○	○
PAN.	Panache. . . .	班	潘	○	磻	板	○	扮	判	○	○
PANG.	Pantin.	邦	滂	○	傍	綁	髈	傍	胖	○	○
PAO.	. . . .	包	泡	○	袍	保	○	報	砲	○	○
PE.	. . . .	○	○	○	○	○	○	○	○	白	璞
PEN.	Pénible	崩	歕	○	彭	本	○	僨	噴	○	○
PEY.	. . . .	悲	呸	○	培	俾	琲	貝	沛	○	○
PEOU.	. . . .	杯	○	○	○	掊	○	○	○	○	○
PY.	. . . .	○	披	鼙	皮	彼	仳	避	屁	筆	辟
PIAO.	. . . .	標	漂	○	螵	表	摽	驃	票	○	○
PIE.	. . . .	○	○	○	○	○	○	○	○	別	撇
PIEN.	. . . .	邊	扁	○	蹁	扁	諞	便	片	○	○
PIEOU.	. . . .		抔	○	○	○	剖	○	○	○	○
PIN.	Pinacle	賓	○	○	貧	丙	品	病	娉	○	○
PO.	. . . .	波	玻	○	皤	跛	頗	播	破	○	扑
POU.	. . . .	餔	鋪	○	匍	譜	普	布	舖	不	○
PONG.	. . . .	琫	硼	○	埄	○	倗	○	碰	○	○
SA.	. . . .	○	○	○	○	○	○	○	○	撒	○
SAY.	. . . .	腮	○	○	○	○	○	賽	○	○	○
SAN.	Sanitaire. . . .	三	○	○	○	傘	○	散	○	○	○
SANG.	Sang	桑	○	○	○	磉	○	喪	○	○	○
SAO.	. . . .	騷	○	○	○	嫂	○	噪	○	○	○
SE.	. . . .	思	○	祠	○	死	○	似	○	○	○

MOTS RADICAUX.	PRONONCEZ comme dans :	1er TON. Non aspiré.	1er TON. Aspiré.	2e TON. Non aspiré.	2e TON. Aspiré.	3e TON. Non aspiré.	3e TON. Aspiré.	4e TON. Non aspiré.	4e TON. Aspiré.	5e TON. Non aspiré.	5e TON. Aspiré.
		—		^		`		´		˘	
SE.	Sève.	○	○	○	○	○	○	○	○	色	○
SEN.	. . . .	生	○	○	○	省	○	貹	○	○	○
SEOU.	. . . .	鎪	○	○	○	叟	○	瘦	○	○	○
SY.	. . . .	西	○	○	○	洗	○	細	○	息	○
SIANG.	. . . .	相	○	詳	○	想	○	象	○	○	○
SIAO.	. . . .	簫	○	○	○	小	○	肖	○	○	○
SIE.	. . . .	些	○	邪	○	寫	○	謝	○	洩	○
SIEN.	Sienne.	先	○	涎	○	跣	○	線	○	○	○
SIEOU.	. . . .	羞	○	囚	○	滫	○	秀	○	○	○
SIN.	Sinus	新	○	○	○	醒	○	信	○	○	○
SIOU.	. . . .	○	○	○	○	○	○	○	○	削	○
SIU.	. . . .	鬚	○	徐	○	諝	○	序	○	恤	○
SIUE.	. . . .	○	○	○	○	○	○	○	○	雪	○
SIUEN.	. . . .	宣	○	旋	○	選	○	巽	○	○	○
SIUN.	. . . .	○	○	巡	○	筍	○	餕	○	○	○
SO.	. . . .	唆	○	○	○	鎖	○	嗉	○	索	○
SOU.	. . . .	蘇	○	○	○	數	○	訴	○	粟	○
SOUAN.	. . . .	酸	○	○	○	[illegible]	○	算	○	○	○
SONG.	. . . .	松	○	○	○	竦	○	送	○	○	○
SOUY.	. . . .	雖	○	隋	○	髓	○	歲	○	○	○
TA.	. . . .	○	○	○	○	打	○	大	○	答	塌
TAY.	. . . .	懛	台	○	臺	歹	嚎	代	太	○	○
TAN.	Tanner	單	探	○	潭	膽	啖	旦	掞	○	○
TANG.	Tantôt.	當	湯	○	糖	讜	倘	擋	揚	○	○
TAO.	. . . .	刀	叨	○	桃	禱	討	道	套	○	○
TCHA.	. . . .	楂	叉	○	茶	鮓	厏	乍	姹	札	察
TCHAY.	. . . .	齋	釵	○	柴	○	跐	債	嘬	○	○
TCHAN.	. . . .	詀	讒	○	纏	斬	產	站	懺	○	○
TCHANG.	. . . .	章	昌	○	長	掌	敞	丈	唱	○	○
TCAO.	. . . .	招	超	○	朝	爪	訬	召	○	○	○
TCHE.	. . . .	知	絺	○	池	紙	齒	至	熾	姪	尺
TCHE.	. . . .	遮	車	○	○	者	扯	蔗	厙	拆	徹

MOTS RADICAUX.	PRONONCEZ comme dans :	1er TON. Non aspiré.	1er TON. Aspiré.	2e TON. Non aspiré.	2e TON. Aspiré.	3e TON. Non aspiré.	3e TON. Aspiré.	4e TON. Non aspiré.	4e TON. Aspiré.	5e TON. Non aspiré.	5e TON. Aspiré.
		—		^		`		´		˘	
TCHEY.		○	車	○	○	○	○	○	○	○	○
TCHEN.	....	眞	嗔	○	陳	枕	磣	鎮	秤	○	○
TCHEOU.	....	周	抽	○	稠	肘	丑	晝	臭	○	○
TCHO.	....	○	○	○	○	○	○	○	○	桌	擉
TCHOU.	....	朱	姝	○	除	主	楮	柱	處	竹	出
TCHOUA.	....	檛	○	○	○	大	○	○	○	茁	○
TCHOUAY.	....	榸	搋	○	摧	抧	揣	嘬	喘	○	○
TCHOUAN.	....	專	川	○	傳	轉	喘	壯	褚	○	○
TCHOUANG.	....	莊	窓	○	床	憆	磢	狀	創	○	○
TCHOUE.	....	○	○	○	○	○	○	○	○	拙	○
TCHOUY.	....	追	吹	○	垂	搖	揣	礈	吹	○	○
TCHOUN.	....	肫	春	○	○	准	蠢	稕	○	○	○
TCHONG.	....	中	充	○	重	腫	寵	仲	詵	○	○
TE.	Tête.	○	○	○	○	○	○	○	○	德	
TEN.	Tenu	登	呑	○	魨	等	吨	沌	褪	○	○
TEOU.	....	兜	偷	○	頭	斗	斜	豆	詩	○	○
TY.	....	堤	梯	○	提	底	體	地	替	的	剔
TIAO.	....	彫	挑	○	條	屌	掉	弔	跳	○	○
TIE.	....	爹	○	○	○	○	○	○	○	跌	帖
TIEN.	Tienne.	顛	天	○	田	點	診	店	嘾	○	○
TIEOU.	....	丢	○	○	○	○	○	○	○	○	○
TIN.	....	丁	汀	○	亭	頂	町	定	聽	○	○
TO.	....	多	拖	○	佗	躲	沲	舵	帨	奪	託
TOU.	....	都	○	○	跿	賭	土	度	兎	篤	秃
TOUY.	....	塠	推	○	墤	○	腿	隊	退	○	○
TOUAN.	....	端	湍	○	摶	短	疃	段	褖	○	○
TONG.	Ton.	冬	通	○	同	董	捅	洞	痛	○	○
TSA.	....	○	○	○	○	○	○	○	○	雜	擦
TSAY.	....	栽	猜	○	才	宰	采	在	菜	○	○
TSAN.	....	臢	餐	○	殘	儹	慘	贊	粲	○	○
TSANG.	....	臧	倉	○	藏	駔	倉	葬	[illegible]	○	○
TSAO.	....	遭	操	○	曹	早	草	灶	造	○	○

MOTS RADICAUX.	PRONONCEZ comme dans :	1er TON. Non aspiré.	1er TON. Aspiré.	2e TON. Non aspiré.	2e TON. Aspiré.	3e TON. Non aspiré.	3e TON. Aspiré.	4e TON. Non aspiré.	4e TON. Aspiré.	5e TON. Non aspiré.	5e TON. Aspiré.
		一		ˆ		ˋ		ˊ		˘	
TSE.	. . . .	資	雌	○	慈	子	此	字	次	○	○
TSE.	. . . .	○	○	○	○	○	○	○	○	則	宅
TSEN.	. . . .	尊	村	○	存	怎	忖	俊	寸	○	○
TSEOU.	. . . .	鄒	○	○	○	走	○	奏	湊	○	○
TSY.	. . . .	隮	妻	○	齊	擠	泚	祭	砌	疾	威
TSIANG.	. . . .	將	蹌	○	墻	槳	搶	匠	蹡	○	○
TSIAO.	. . . .	焦	鍬	○	樵	勦	悄	噍	俏	○	○
TSIE.	. . . .	嗟	○	銼	○	姐	且	借	趄	節	切
TSIEN.	. . . .	尖	千	○	錢	剪	淺	漸	茜	○	○
TSIEOU.	. . . .	揪	秋	○	○	酒	○	就	○	○	○
TSIO.	. . . .	○	○	○	○	○	○	○	○	爵	鵲
TSIN.	. . . .	津	親	○	秦	井	寢	靜	親	○	○
TSIU.	. . . .	疽	坥	○	○	咀	取	聚	娶	○	焌
TSIUE.	. . . .	○	○	○	○	○	○	○	○	絕	○
TSO.	. . . .	傶	搓	○	嵯	左	瑳	坐	剉	昨	錯
TSOUAN.	. . . .	鑽	○	○	○	鑽	○	濽	○	○	○
TSOU.	. . . .	粗	[illegible]	○	○	祖	粗	做	醋	足	促
TSOUY.	. . . .	嗺	催	○	○	嘴	璀	醉	翠	○	○
TSONG.	. . . .	宗	葱	○	從	總	總	粽	傯	○	○
TSUEN.	. . . .	摧	詮	○	全	雋	儹	○	竄	○	○

FIN DES PROLÉGOMÈNES.

GRAMMAIRE CHINOISE

PREMIÈRE PARTIE

LANGUE ORALE.

CHAPITRE PREMIER.

NOTIONS PRÉLIMINAIRES SUR LA LANGUE ORALE, VULGAIREMENT DITE : *LANGUE MANDARINE.*

1° Caractère propre de ce langage. — 2° Ses nuances. — 3° Son mécanisme simple et facile. — 4° Manière de le saisir promptement. — 5° Des dialectes ou patois de la Chine.

I. — CARACTÈRE PROPRE DE LA LANGUE ORALE.

Dans toute la Chine, à l'exception du littoral de ce vaste Empire, on parle la même langue. Cette langue commune porte en chinois le nom de **Kouān hoá** 官話, expression qui veut dire *langue commune*, *langue générale*. Autrefois, en Europe, on a cru que ces deux mots chinois signifiaient *langue mandarine* ou *langue des mandarins* (1). On supposait à tort que les fonctionnaires publics de la Chine avaient un langage à part. L'usage a prévalu de donner à la langue commune de la Chine le nom de *langue mandarine*. Nous nous conformerons à cet usage, en désignant la langue orale de la Chine tantôt par ces

(1) Ce mot mandarin n'est point chinois. Il est d'origine portugaise, du mot *mandar*, commander, gouverner. Ce sont les Européens qui ont donné cette appellation aux fonctionnaires de la Chine, soit civils, soit militaires.

4

mots : *langue mandarine*, tantôt par l'expression chinoise **Kouān hoá**. La cour de Pékin, les dignitaires de l'Empire, les fonctionnaires civils et militaires, les lettrés, l'aristocratie ou noblesse chinoise, n'ont pas un autre langage que celui du reste de la nation. En Chine, comme dans tous les pays civilisés, la haute classe de la société parle un langage plus élégant, fait usage de tournures plus nobles, d'expressions mieux choisies que ne le fait la classe vulgaire ou plébéienne de la Chine. L'accent est également plus noble et plus harmonieux. Mais l'homme du peuple comprend ce langage relevé aussi clairement que celui dont il se sert.

Certains sinologues de France, qui ne sont point versés dans la connaissance pratique de la langue *mandarine* ou *parlée* de la Chine, se plaisent à la regarder comme une espèce de *patois*. A leurs yeux, savoir parler la *langue mandarine* n'est rien ou presque rien. C'est là un préjugé très-fâcheux qu'il faut combattre. La langue *mandarine* ou le **kouān hoá** n'est nullement l'ancienne langue dégénérée de la Chine, comme ils le pensent. La langue orale de nos jours a été toujours la même en Chine, à peu de chose près. Cette langue a de la force, de la dignité et une grâce incontestable. « Son grand « mérite, selon la parole d'un ancien et savant missionnaire, est d'être comme « l'eau, qui prend toutes les formes et toutes les couleurs. La langue *manda-* « *rine* se plie, en effet, à tous les caractères; elle s'étend à tous les sujets, se « prête à toutes les situations, et ne se refuse à aucun sentiment. » Le **kouān hoá** est aussi propre à la familiarité qu'à l'aisance des discours publics, des instructions et des sujets de morale. Il admet des synonymes, des mots composés, des particules numérales et d'autres mots euphoniques qui servent merveilleusement à l'harmonie, à la cadence du langage. Enfin, on nous pardonnera de dire qu'il l'emporte, sans contredit, sur toutes les langues de l'Europe, par l'avantage de dire plus de choses en moins de temps.

Toutefois, si l'on veut écrire le **kouān hoá**, on éprouve une sorte d'embarras. Les caractères de la langue écrite, si riches en idées et en images, semblent souffrir de se plier à l'air familier, négligé du langage parlé, à son aisance, à son abondance d'expression, laquelle réveille ou supplée l'attention de ceux auxquels on parle. Il arrive même assez souvent que l'on est embarrassé pour trouver le caractère correspondant à l'expression du langage ordinaire.

II. — NUANCES DU LANGAGE PARLÉ.

Dans la langue *orale* de la Chine, on distingue trois nuances assez tranchées Il y a le langage de la classe savante et élevée. Ce langage est plus harmonieux, plus riche en figures, en métaphores. Ceux qui le parlent se plaisent à citer les auteurs de l'antiquité ou à faire allusion aux belles maximes

海上絲綢之路文獻集成 科技與文化編

qu'il renferme. Il y a le langage de la classe ordinaire et aisée de la Chine. Ce langage est plus coulant, plus large, moins orné de figures que le précédent. Le peuple, la classe ouvrière des villes et des campagnes, a son langage à part. Celui-ci est moins doux à l'oreille; il est rempli d'expressions simples et même triviales. Un missionnaire ne pourrait convenablement adopter ce dernier style, bien qu'il doive être en état de comprendre ces expressions triviales et de pouvoir s'en servir au besoin. Malgré ces trois nuances bien distinctes dans le langage *parlé*, la langue orale est la même dans toute la Chine. On se comprend dans tout l'Empire.

Vu l'immense étendue de l'Empire chinois, la prononciation des mots, l'accent tonique de la voix ne sont pas et ne peuvent pas être parfaitement uniformes dans toutes les provinces. Ainsi, dans les contrées du nord de l'Empire, le langage est plus *ferme*; dans les provinces occidentales il est plus *accentué*; dans celles du midi, il est plus *doux*, mais aussi plus *mou*. Chaque province a pareillement ses variantes d'expressions, ses mots favoris; certains termes communs reçoivent ici ou là une acception plus ou moins large. Ces expressions locales se nomment en chinois toû tân 土談。

III. — MÉCANISME SIMPLE ET FACILE DE LA LANGUE ORALE.

Le mécanisme de la langue chinoise *orale* est très-simple, comme, du reste, celui de toutes les langues anciennes. L'ordre des mots suit invariablement la pensée. Les inversions de mots, dans la langue orale, ont lieu dans un seul cas. Le rapport indiqué en français par les mots *de, du,* ou en latin, par le génitif, se place régulièrement avant le sujet. Ainsi, le livre de Pierre, le couteau de Jean, se disent en chinois comme dans la tournure latine : *Petri liber, Joannis culter*. Il n'y a ni déclinaisons ni conjugaisons dans la langue chinoise. Les mots n'ont pas non plus de genres propres. Voilà trois énormes difficultés de moins dans la langue chinoise. On parle bien chinois, si l'on se sert des expressions consacrées pour chaque chose, si l'on fait distinctement les modulations de la voix sur chaque mot, et si l'on emploie une tournure de phrase vraiment chinoise. Tous ces petits mots, connus dans nos langues à flexion, sous le nom d'article et autres, et qui sont une source de difficultés dans l'étude d'une langue, n'existent point non plus dans la langue chinoise. On ne peut imaginer un mécanisme plus simple et plus ingénieux en même temps que celui de cette langue.

海上絲綢之路文獻集成 科技與文化編

IV. — MANIÈRE DE SAISIR PROMPTEMENT LE MÉCANISME DE LA LANGUE.

La connaissance raisonnée de la langue chinoise, soit *orale*, soit *écrite*, consiste principalement à bien saisir le rôle de la position des mots dans le discours. C'est ce que nous appellerons désormais la *règle de position des mots*. Ce point est capital dans l'étude de la langue chinoise. On ne parle jamais d'une manière correcte, élégante; mais surtout on ne traduit jamais avec facilité et exactitude la langue écrite, sans la connaissance de cette règle de position des mots. On peut dire, en effet, que c'est ici la *clef de la langue chinoise*. N'ayant ni déclinaisons ni conjugaisons, les Chinois ont trouvé un système aussi simple qu'il est ingénieux pour exprimer toutes les variétés de sens, les divers rapports des mots entre eux, les nuances des temps, des modes que fournissent, dans les langues à flexions, les désinences des noms communs et des verbes. Voici en quoi consiste le système chinois : au moyen de quelques mots, que nous désignerons sous le nom d'*affixes* ou de *particules*, les Chinois obtiennent tout ce que donnent les désinences. Ces affixes sont peu nombreux et se placent d'une manière uniforme. Mais ce qui suit est encore plus merveilleux. Dans leur langue, par une disposition fort simple, celle du placement, de la disposition des mots dans le corps du discours, un seul et même mot, un substantif, par exemple, peut, en demeurant toujours invariable, devenir successivement *adjectif*, *verbe actif*, *verbe passif*, *verbe neutre et même adverbe*. Ce système, très-simple au fond, et d'une pratique très-facile, a eu pour effet direct de multiplier singulièrement le nombre des mots de la langue et de la rendre très-riche en expressions, malgré sa pauvreté apparente. L'usage de ce mécanisme ne produit aucune obscurité ou équivoque dans la langue. Au reste, on ne peut étudier la langue chinoise, surtout la langue écrite, sans remarquer aussitôt le rôle des mots selon leur position, ou, si l'on veut, la règle de position (1). La seule chose qui pourrait échapper d'abord à un jeune sinologue, c'est l'importance capitale de cette règle. — Quant aux règles de la syntaxe chinoise, elles sont peu nombreuses et toujours invariables, comme nous le verrons à la IIe partie, au chap. VI, qui a pour titre : Règles de la syntaxe chinoise.

(1) Les Européens qui ont écrit les premiers sur la langue chinoise ont parlé de la règle de position tout aussi naturellement qu'un grammairien latin parlerait de la règle *Amo Deum*. Bayer, dans son *Museum sinicum*, les *Mémoires sur les Chinois*, *passim*, le P. de Prémare, le Dr Marshman, M. de Rémusat, etc., ont tous parlé d'une manière plus ou moins explicite de cette règle de position des mots. Les sinologues modernes qui s'en attribuent ou s'en laissent attribuer la première découverte montrent en cela peu de délicatesse scientifique.

V. — DES DIVERS DIALECTES OU PATOIS DE LA CHINE (1).

Sur tout le littoral de la Chine, on parle un langage particulier. Ce langage n'est autre chose qu'une *corruption* de la langue mandarine. Ces idiomes ou ces patois portent en chinois le nom de **hiāng tǎn** 鄉談, qui veut dire *langage campagnard* ou *des gens de la campagne*. On compte sept ou huit espèces de ces jargons ou patois. Mais trois d'entre eux sont plus connus : ce sont ceux de *Canton*, du **Foŭ kién** et du **Kiāng nân**. Chacun de ces dialectes est assez différent d'un autre pour qu'on ne soit pas compris ailleurs que dans son pays. Ce n'est pas ici le lieu d'indiquer les causes qui ont pu donner naissance à ces patois particuliers. Toutefois, même sur le littoral de l'Empire, où l'on parle ces dialectes, la langue chinoise écrite est identiquement la même que dans tout le reste de l'Empire. On peut s'entendre très-bien en écrivant, si on ne peut le faire en parlant. Lorsque l'on possède la langue mandarine, on apprend très-vite un de ces dialectes particuliers. De l'aveu de tous les sinologues, si l'on est obligé d'apprendre un de ces patois, il vaudrait mieux commencer ses études chinoises par la langue mandarine. Au reste, dans les contrées du littoral, la haute classe de la société chinoise, les fonctionnaires publics, parlent tous la langue mandarine.

Dans le cours de cette Grammaire, nous traduirons par leurs équivalents chinois les *termes grammaticaux*. C'est en faveur de ceux qui veulent enseigner aux Chinois nos langues et nos sciences de l'Europe. Un jeune sinologue peut ne pas se préoccuper de la traduction de ces mots spéciaux, tant qu'il n'aura pas besoin de les employer.

Notre Grammaire est à l'usage des Européens qui veulent apprendre le chinois. Tel est le motif qui explique l'ordre et la méthode que nous avons adoptés dans tout le cours de cet ouvrage.

---

(1) Voir, à la fin de la Grammaire, la note A avec le titre de *Bibliothèque d'un jeune sinologue*. Nous donnons les principales publications faites en ces dialectes ou patois de la Chine.

CHAPITRE II.

DU SUBSTANTIF OU DU NOM COMMUN,

En chinois : Tsé lỹ tchē mîn 自立之名, ou Tỹ mîn 體名。

1° Comment les Chinois divisent les mots de leur langue. — 2° Les neuf classes de substantifs chinois. — 3° Du genre dans les substantifs. — 4° Du nombre dans les substantifs. — 5° Des augmentatifs et des diminutifs en chinois. — 6° Des substantifs devenant par position *adjectifs*, *verbes actifs*, *verbes passifs*, *verbes neutres*, *verbes causatifs*, *adverbes*. — 7° Des substantifs *doubles* ou *composés*, dont les uns peuvent à volonté être transposés sans changer de sens, et les autres ne le peuvent pas.

I. — COMMENT LES CHINOIS DIVISENT LES MOTS DE LEUR LANGUE.

Les Chinois divisent tous les mots de leur langue en deux grandes classes. La première classe comprend ce qu'ils appellent les *mots pleins*, chĕ tsé 實字, c'est-à-dire les mots qui par eux-mêmes ont une signification propre. Cette classe se subdivise en deux sections : l'une renferme les *mots vivants*, sēn tsé 生字, ou bien, hô tsé 活字, c'est-à-dire, ceux qui expriment les actions, les passions, tels que les verbes; l'autre renferme les *mots morts*, sè tsé 死字, c'est-à-dire ceux qui expriment les noms et la qualité des choses, tels que les substantifs et les adjectifs. La deuxième classe comprend ce qu'ils appellent les *mots vides*, hiū tsé 虛字, ou bien encore les *termes auxiliaires* de la parole, tsoú yù 助語。 La plupart de ces *mots vides*, de ces *termes auxiliaires*, sont simplement des particules qui ne sont point absolument essentielles au discours. Leur office est de marquer d'abord les rapports des mots entre eux, de modifier plus ou moins le sens des *mots pleins*, et surtout de donner de la grâce, de l'harmonie et du poids à la phrase du discours. Pour les Chinois, ces distinctions ont de l'importance, car le mérite littéraire d'une composition chinoise consiste surtout dans l'emploi plus ou moins habile de ces espèces de mots *pléniers* ou *secondaires*. Pour un jeune sinologue européen, cette distinction n'a pas la même importance.

Un certain nombre de mots chinois demeurent toujours substantifs. Les autres peuvent, *selon leur position dans une phrase*, devenir *adjectifs*, *verbes*, *adverbes*, etc. Nous en donnerons des exemples à la fin de ce chapitre.

Pour plus de clarté, en faveur des jeunes sinologues, nous diviserons les substantifs ou noms communs chinois en neuf classes.

II. — LES NEUF CLASSES DE SUBSTANTIFS CHINOIS.

Ire CLASSE DE SUBSTANTIFS.

Cette classe de substantifs est la plus nombreuse. Elle comprend tous les *substantifs simples*, c'est-à-dire tous ceux auxquels on n'adjoint aucun terme auxiliaire ou explétif. Nos lecteurs n'oublieront pas qu'il n'y a point d'*article*, en chinois, comme, du reste, dans toutes les langues très-anciennes (1).

EXEMPLES :

人 Jên, l'homme, *homo*.	土 Toŭ, la terre, *terra*.
父 Foú, le père, *pater*.	心 Sīn, le cœur, *cor*.
母 Moù, la mère, *mater*.	水 Choùy, l'eau, *aqua*.
子 Tsè, le fils, *filius*.	火 Hò, le feu, *ignis*.
天 Tiēn, le ciel, *cœlum*.	手 Cheòu, la main, *manus*.
王 Ouâng, le roi, *rex*.	月 Yuĕ, la lune, *luna*.
玉 Yú, la marguerite, *lapis pretios*.	

IIe CLASSE.

Cette classe comprend tous les substantifs auxquels on ajoute communément le terme explétif Tsè 子。 Ce terme explétif sert ici à indiquer l'une ou l'autre des trois choses suivantes : 1° que le substantif est pris dans un sens général, indéterminé; 2° que ce mot chinois est un véritable substantif; 3° que les mots de cette classe ne deviennent presque jamais adjectifs. Le terme explétif Tsè 子 s'ajoute de la même manière après les substantifs *doubles* ou *composés*, et y remplit le même office.

EXEMPLES :

刀子 Taō tsè, le couteau, *cultrum*.	名子 Mîn tsè, le nom, *nomen*.
日子 Jĕ tsè, le jour, *dies*.	夫子 Foū tsè, le maître, *magister*.
女子 Niù tsè, la femme, *mulier*.	君子 Kiūn tsè, le sage, *sapiens*.
肚子 Toú tsè, le ventre, *venter*.	法子 Fă tsè, la méthode, *methodus*.
口子 Keòu tsè, la bouche, *os*.	果子 Kò tsè, le fruit, *fructus*.

IIIe CLASSE.

Cette classe renferme les substantifs qui sont presque tous suivis du mot auxiliaire Teôu 頭。 Ce terme auxiliaire se place, en général, après les noms

(1) Nous engageons, avec instances, les jeunes sinologues à graver dans leur mémoire les caractères chinois de ces exemples, avec leur prononciation accentuée, et à s'exercer à les écrire. Ces caractères sont simples et faciles à retenir.

qui désignent un objet de forme *ronde*, *circulaire*, *solide*, *unie*, etc., et après les objets matériels. Souvent aussi ce terme auxiliaire détermine le véritable sens du mot radical.

EXEMPLES :

木頭 **Moŭ teŏu**, le bois, *lignum*.
石頭 **Chĕ teŏu**, la pierre, *lapis*.
舌頭 **Chĕ̃ teŏu**, la langue, *lingua*.
日頭 **Jĕ teŏu**, le soleil, *sol*.
蒜頭 **Souán teŏu**, l'ail, *allium*.
行頭 **Hín teŏu**, le chef d'orchestre.
丫頭 **Yā teŏu**, la servante, *ancilla*.
奶頭 **Laỳ teŏu**, la mamelle.
夫頭 **Foū teŏu**, le chef, *dux*.
枕頭 **Tchĕ̃n teŏu**, l'oreiller, *cervic*.
碼頭 **Mà teŏu**, le port, *portus*.

IVe CLASSE.

Nous groupons, dans une même classe, six espèces de substantifs, auxquels, par une pensée identique, on ajoute un terme auxiliaire spécial, qui indique soit un emploi, soit une profession mécanique ou intellectuelle, soit l'individu ou même toute une classe d'individus. Dans cette quatrième classe, un mot exprime l'*action*, l'autre désigne l'*agent* de cette action.

EXEMPLES :

木匠 **Moŭ tsiáng**, le charpentier, *faber*.
石匠 **Chĕ tsiáng**, le tailleur de pierre, *lapicida*.
工匠 **Kōng tsiáng**, l'ouvrier, *opifex*.
銀匠 **Ỳn tsiáng**, l'orfévre, *argentarius*.
銅匠 **Tŏ̃ng tsiáng**, le chaudronnier, *ærarius*.
鞋匠 **Hây tsiáng**, le cordonnier, *sutor*.
皮匠 **Pý̆ tsiáng**, le corroyeur, *coriarius*.
錫匠 **Sў tsiáng**, le plombier, *plumbarius*.
泥水匠 **Nŷ choùy tsiáng**, le maçon, *cæmentarius*.
土匠 **Toŭ̃ tsiáng**, le potier, *figulus*.
瓦匠 **Ouà tsiáng**, le tuilier, *tegularius*.
鐵匠 **Tiĕ tsiáng**, le forgeron, *ferrarius*.
畫匠 **Hoá tsiáng**, le peintre, *pictor*.
雕匠 **Tiāo tsiáng**, le graveur, *sculptor*.

主人 **Tchoù jên**, le maître, *herus*.
男人 **Lân jên**, l'homme, *vir*.
女人 **Niù jên**, la femme, *mulier*.
夫人 **Foū jên**, l'épouse, *uxor*.
匠人 **Tsiáng jên**, l'ouvrier, *artifex*.
詩人 **Chē jên**, le poëte, *poeta*.
媒人 **Meŷ jên**, l'entremetteur, *proxeneta*.
仇人 **Tcheŏu jên**, l'ennemi, *inimicus*.
恩人 **Gēn jên**, le bienfaiteur, *benefactor*.
証人 **Tchén jên**, le témoin, *testis*.
差人 **Tchaў̃ jên**, le satellite, *satelles*.
罪人 **Tsoúy jên**, le pécheur, *peccator*.

乞人 Kў jên, le mendiant, *mendicus.*
文人 Ouên jên, l'homme lettré.

工夫 Kōng foū, le travail, *opus.*
民夫 Mîn foū, le porteur, *bajulus.*
丈夫 Tchâng foū, le mari, *maritus.*
農夫 Lông foū, le laboureur, *agricola.*
挑夫 Tiāo foū, le porte-faix, *gerulus.*
轎夫 Kiáo foū, le porteur de palanquin, *lecticarius.*
渡夫 Toú foū, le batelier, *navicular.*
人夫 Jên foū, le serviteur, *famulus.*

水手 Choùy cheòu, le marin, *nauta.*
船手 Tchouân cheòu, le rameur.
炮手 Paó cheoù, le canonnier.
書手 Choū cheoù, le copiste, *librarius.*

儒家 Joû kiā, la secte de Confucius.
道家 Taó kiā, la secte de Laò tsè.
農家 Lông kiā, la corporation des laboureurs.
醫家 Ȳ kiā, la corporation des médecins.

醫生 Ȳ sēn, le médecin, *medicus.*
先生 Siēn sēn, le maître, *magister.*

Ve CLASSE.

Le nombre des mots primitifs de la langue chinoise étant très-restreint, on les a multipliés par les inflexions de la voix et par les aspirations. Il en résulte un bon nombre de termes *homophones* dans la langue orale. Chaque terme, chaque idée ayant son caractère spécial, aucune équivoque n'est possible dans la langue écrite. Pour éviter, au contraire, dans le langage parlé, l'amphibologie qui proviendrait soit de ces termes homophones, soit des mots qui pourraient être pris comme verbes, on fait un usage assez fréquent de *mots doubles* ou de *mots composés.* L'équivoque, qui serait possible à l'égard de l'un de ces mots tout seuls, ne l'est plus quand ils sont réunis.

De ces mots doubles ou composés, il en est dont les deux termes sont tout à fait synonymes ou à peu près. Dans d'autres, le premier mot renferme l'idée principale, et le deuxième, une idée accessoire. Unis ensemble, ces deux mots rendent la pensée d'une manière plus vive, plus claire et plus nette. Il y a une série de mots doubles dont les deux termes forment toujours entre eux une antithèse. En français cette classe de mots est unie par une des particules conjonctives *et, ou.* Ces particules ne se rendent jamais en chinois.

Les mots doubles ou composés peuvent, ainsi que les mots simples, selon leur position, devenir *adjectifs, verbes,* etc. (1).

---

(1) On trouve, dans les livres anciens, des mots composés qui étaient primitivement, les uns, des termes poétiques, les autres, des expressions allégoriques. L'usage les a consacrés. Ainsi on dit :

Tiēn niù 天女, la fille du ciel, pour l'hirondelle.
Foù yuên 府園, le jardin de la ville, pour le préfet.

EXEMPLES :

1°

意思 Ý sē, la pensée, le dessein, *mens*, *consilium*.
朋友 Pŏng yeòu, l'ami, *amicus*.
利益 Lý ў, l'utilité, *utilitas*.
牙齒 yâ tchě, la dent, *dens*.
衣裳 Ў chāng, le vêtement, *vestis*.
衣服 Ў foŭ, le vêtement, *vestis*.
恩祐 Gēn yeóu, la faveur, *favor*.
瘟疫 Ouēn yŭ, la peste, *pestis*.

2°

耳朵 Eùl tò, l'oreille, *auris*.
眼睛 Yèn tsīn, l'œil, *oculus*.
本分 Pèn fén, le devoir, *munus*.
記性 Ký sín, la mémoire, *memoria*.
孝敬 Hiáo kín, la piété, *pietas*.

3°

父母 Foú moù, le père et la mère.
男女 Lân niù, l'homme et la femme.
天地 Tiēn tý, le ciel et la terre.
兄弟 Hiōng tý, le frère aîné et le frère cadet.
東西 Tōng sў, l'Orient et l'Occident.
好歹 Haò taỳ, le bien et le mal.
買賣 Maỳ maý, le marchand en détail.
是非 Ché feў, le bien et le mal.
長短 Tchāng touàn, le bien et le mal.
上下 Cháng hiá, le haut et le bas.
左右 Tsò yeóu, la droite et la gauche (1).

VIe CLASSE.

Cette classe de substantifs, assez nombreux et assez élégants, offre une grande analogie avec un certain nombre de mots anglais composés, v. g. *rock fish*, poisson de rocher; *bloody-bay*, baie du sang; *bank-bill*, billet de banque; *sea port*, port de mer, etc. Si l'on transposait un mot, le sens serait tout changé, et quelquefois même les mots n'auraient plus de sens.

EXEMPLES :

書房 Choū fâng, la bibliothèque. *Littér.* : la maison des livres.
天神 Tiēn chên, l'ange. *Litt.* : l'esprit du Ciel.
早飯 Tsào fán, le déjeuner. *Litt.* : le riz du matin.
午飯 Où fán, le dîner. *Litt.* : le riz du midi.
晚飯 Ouàn fán, le souper. *Litt.* : le riz du soir.
天主 Tiēn tchoù, Dieu. *Litt.* : le Seigneur du Ciel.
家主 Kiā tchoù, le maître.
口才 Keoù tsaŷ, l'éloquence. *Litt.* : l'habileté de la bouche.
天堂 Tiēn tâng, le Ciel ou le paradis.

(1) On désigne généralement sous ce nom, en Chine, les domestiques.

信德 Sín tĕ, la foi. *Litt.* : la vertu de la foi.

望德 Ouáng tĕ, l'espérance. *Littéralement* : la vertu de l'espérance.

愛德 Gaý tĕ, la charité. *Litt.* : la vertu de la charité.

靈牧 Lîm moŭ, le prêtre. *Litt.* : le pasteur de l'âme.

煉獄 Lién yoŭ, le purgatoire. *Litt.* : le lieu de la purification.

時菓 Chê kò, une primeur. *Litt.* : le fruit du temps.

外教 Ouáy kiaó, le paganisme. *Litt.* : la religion du dehors.

裂教 Liĕ kiaó, l'hérésie. *Litt.* : la religion qui a brisé.

左道 Tsò taó, l'erreur. *Litt.* : la doctrine de gauche.

天主教 Tiēn tchoù kiaó, le christianisme. *Litt.* : la religion du maître du Ciel.

VIIe CLASSE.

Les Chinois ont eu l'ingénieuse idée de grouper sous certains chefs caractéristiques les noms des différentes familles qui composent l'histoire naturelle. C'est comme une division par famille, qui aide singulièrement à retenir tous les noms qui en font partie. Ainsi, les noms d'arbres ont été groupés sous la clef d'*arbre;* ceux des plantes sous la clef du mot *herbe, plante;* ceux des poissons sous la clef de *poisson*, etc. Chaque fois qu'on rencontre un caractère ayant une semblable clef, on sait d'avance qu'il s'agit généralement d'un arbre, d'une plante, d'un poisson, etc. Il ne reste plus que l'espèce à déterminer.

EXEMPLES :

栢樹 Pĕ choú, le cyprès, *cupressus*.

李樹 Lý choú, le prunier, *prunus*.

桃樹 Taō choú, le pêcher, *malus persica*.

栗樹 Lý choú, le châtaignier, *castanea*.

梨樹 Lŷ choú, le poirier, *pirus*.

松樹 Sōng choú, le pin, *pinus*.

鯉魚 Lỳ yû, la carpe, *carpio*.

鯀魚 Kò yû, la morue, *morua*.

鰣魚 Chê yû, le maquereau, *scomber*.

鯊魚 Chā yû, le requin, *squalus*.

鯨魚 Kîn yû, la baleine, *balæna*.

花石 Hoā chĕ, le marbre, *marmor*.

玉石 Yú chĕ, le jade.

碑石 Tchēy chĕ, le jaspe, *jaspis*.

磁石 Tsê chĕ, le kaolin, *magnes*.

VIIIe CLASSE.

En ajoutant à certains verbes chinois la particule tchĕ 者, *qui, ille*, on obtient une classe de substantifs assez nombreux. Cette particule fait du verbe une espèce de participe présent, que l'on emploie *substantivement*. Ce genre de substantif est élégant et même énergique en chinois. Toutefois on n'en fait guère usage que dans la langue écrite. Ainsi, croire, *credere*, se dit en chinois

sín 信。Si l'on ajoute à ce verbe la particule **tchĕ** 者, on aura : **sín tchĕ**, le croyant ou celui qui croit, *credens*.

EXEMPLES :

信者 **Sín tchĕ**, le fidèle, *credens*.	渴者 **Kŏ tchĕ**, celui qui a soif, *sitiens*.
洗者 **Sỳ tchĕ**, le baptiseur, *baptista*.	有才者 **Yeòu tsăy tchĕ**, celui qui a du talent, *doctus*.
使者 **Chè tchĕ**, l'envoyé, *legatus*.	
苦者 **Koŭ tchĕ**. Celui qui souffre, *patiens*.	有貌者 **Yeòu maó tchĕ**, celui qui est beau, *pulcher visu*.
饑者 **Kȳ tchĕ**, celui qui a faim, *esuriens*.	生物者 **Sēn oŭ tchĕ**, celui qui crée, *créator* (1).

IXe CLASSE.

Voici une classe de mots doubles ou composés, qui a un cachet exclusivement chinois. Soit dans la langue parlée, soit dans la langue écrite, on en fait un très-grand usage. Cette classe de mots est fondée sur les idées générales de la *cosmogonie chinoise*, en conformité avec les maximes des plus anciens rois du pays. Dès les temps les plus reculés, les Chinois, à tort ou à raison, ont cru trouver des rapports entre le ciel et la terre, entre les choses spirituelles et les objets matériels. Ils ont établi de la sorte des distinctions plus ou moins systématiques que l'on trouve à chaque page de leurs anciens livres. Tous les mots composés de cette classe de substantifs sont employés comme *noms collectifs*, indiquant la *pluralité*, la *totalité*. Chaque fois que l'on cite ou que l'on rencontre un de ces termes collectifs, il est évident que la phrase doit être entendue ou traduite au pluriel.

Ainsi, par exemple, la Chine était autrefois divisée en neuf grandes provinces que l'on désignait par ces mots : **Kieòu Tcheōu** 九州, les neuf régions. Aujourd'hui encore, un Chinois se sert de ce mot pour désigner tout l'Empire actuel. — Les Chinois ont coutume de rapporter en général toutes les couleurs à cinq espèces, **où sĕ** 五色, *quinque colores*. Si l'on veut dire en chinois toutes les couleurs sans exception, on dit simplement : **où sĕ** 五色, les cinq couleurs. Pour les Chinois, les éléments pris dans leur généralité sont au nombre de cinq : **où hîn** 五行。A présent encore, il suffit d'employer cette expression pour désigner *tous les éléments sans exception*.

Nous avons fait un recueil, en forme de tableau, avec une explication his-

(1) Quelques substantifs chinois sont formés comme le suivant :

Verbe actif.	*Verbe passif.*	*Substantif.*
Tsăo 造, créer.	**Cheóu tsăo** 受造, être créé, *creari*.	**Cheóu tsăo tỳ** 受造的, les créatures, *creaturæ*.

海上絲綢之路文獻集成 科技與文化编

torique, de cette sorte de *noms collectifs chinois*, les plus usités, en suivant l'ordre des nombres cardinaux. Nous renvoyons ce tableau à la fin de la Grammaire, où l'on pourra le consulter quand besoin sera, sous la note C, avec le le titre de : *Tableau des noms collectifs doubles ou composés*, selon leur ordre numérique.

III. — DU GENRE DANS LES SUBSTANTIFS.

Louý 類(1).

La juste application des genres est une des grandes difficultés dans l'étude des langues. Cette difficulté n'existera pas pour un jeune sinologue. *La langue chinoise n'admet aucun genre ni dans les noms communs ni dans les adjectifs.* Lorsqu'on a besoin d'établir la distinction du sexe parmi les êtres intelligents ou inintelligents, on se sert de quelques expressions particulières, que l'on ajoute au nom dont on veut déterminer le genre.

Ainsi, le mot lân ou nân 男 désigne, en chinois, les êtres intelligents du sexe masculin. On dira : Un homme, lân jên 男人; un jeune enfant, lân ouā ouā 男娃娃 ou lân ŷn hiây 男嬰孩。Le mot niù 女 indique le sexe féminin : une femme, niù jên 女人; une petite fille, niù ouă ouă 女娃娃。

Les noms qui expriment la parenté, l'alliance, sont exprimés en chinois de manière à désigner toujours le genre. Le mot générique tsīn 親, indiquant la parenté, est aussi un terme affectueux que les enfants ajoutent presque toujours au nom des parents en parlant d'eux. Mon père, *meus pater*, ngò tŷ foí tsīn 我的父親; ma mère, *mea mater*, ngò tŷ moù tsīn 我的母親。

Quant aux êtres animés et inintelligents, il y a pareillement quelques termes spéciaux qui désignent les sexes chaque fois que le nom commun ne le fait pas suffisamment. Ainsi, les mots kōng 公 et moù 牡 servent à désigner les quadrupèdes mâles; les mots pīn 牝 et moù 母, les quadrupèdes femelles. Le mot hiông 雄 désigne le mâle chez les oiseaux, et celui de tsē 雌, la femelle.

En général, la langue chinoise écrite est fort riche en expressions variées. Elle n'a pas seulement des caractères pour désigner le sexe des êtres animés, mais elle en a pour marquer, dans un grand détail, leurs qualités ou leurs défauts. Par exemple, mà 馬 veut dire cheval; pā 馴, un cheval de 8 ans; hán 馯, un cheval de 6 pieds de haut; chuén 馴, un cheval doux; lŏ 駱,

---

(1) On désigne, en chinois, les genres de cette manière :

Genre masculin : Lân loúy 男類 ou yâng loúy 陽類。
— *féminin* : Niù loúy 女類 ou ŷn loúy 陰類。
— *neutre* : Oŭ loúy 無類。

cheval blanc dont la queue est noire. Le même caractère, avec une légère variante, exprime ces différentes qualités.

IV. — DU NOMBRE DANS LES SUBSTANTIFS.

Soú 數。

I. *Du nombre singulier :* { Tān soú 單數, ou Chaò soú 少數。

Le singulier, dans la langue chinoise, n'a aucun signe particulier, tous les mots chinois étant invariables.

II. *Du nombre pluriel :* Tō soú 多數。

Le génie de la langue chinoise est tel que, très-souvent, on n'emploie aucun signe pour désigner le pluriel, sans qu'il en résulte d'équivoque. L'ensemble de la phrase, le contexte, indiquent, en général, d'une manière assez claire le nombre pluriel.

Cependant, lorsque l'on veut marquer le pluriel en chinois, il y a cinq manières de le faire :

1° Dans la langue parlée, on emploie souvent le mot mên 們, qui s'ajoute soit au substantif, soit au pronom personnel. Ainsi : l'homme, jên 人 ; les hommes, jên mên 人們 ; je ou moi, ngò 我 ; nous, ngò mên 我們。Dans la langue écrite, on emploie souvent la particule tèn 等, au lieu de mên 們 : nous, ngò-tèn 我等。

2° Le pluriel se fait souvent, en chinois, comme dans l'hébreu, par la simple répétition du mot au singulier. Ainsi :

人 jên, l'homme, *homo*.
人人 jên jên, les hommes.
天 tiĕn, le jour, *dies*.
天天 tiĕn tiĕn, tous les jours, chaque jour.
年 niên, l'année, *annus*.
年年 niên niên, tous les ans, chaque année.
時 chê, le temps, *tempus*.
時時 chê chê, en tout temps, toujours.
刻 kĕ, le moment, *momentum*.
刻刻 kĕ kĕ, tous les moments, à chaque instant.
家 kiā, la famille, *familia*.
家家 kiā kiā, toutes les familles.
處 tchoŭ, le lieu, *locus*.
處處 tchoŭ tchoŭ, partout, en tout lieu.
個 kó, un, *unum*.
個個 kó kó, chaque, chacun.
字 tsé, caractère, *caracter*.
字字 tsé tsé, tous les caractères.

3° Très-souvent, en chinois, soit dans la langue orale, soit dans la langue écrite, le pluriel est suffisamment indiqué par des *noms collectifs* qui se placent les uns *avant* le substantif, les autres *après*. La position de ces mots

西漢同文法 卷一

collectifs ne peut être intervertie à volonté; on changerait le sens de la phrase en le faisant. Voici les principaux de ces collectifs qui font le pluriel.

Les *six noms collectifs suivants* se placent toujours *avant* le substantif.

Tō 多, un bon nombre, beaucoup, *multùm*, *multi;* bien des gens, *multi hominum*, **tō tō tỹ jên** 多多的人。

Tchóng 衆, tous, *omnes;* tous les hommes, chacun, **tchóng jên** 衆人; tous disent, *omnes aiunt*, **tchóng jên chǒ** 衆人說; tous les chrétiens ne sont pas des saints, **tchóng kiaó yeòu poŭ ché chén jên** 衆教友不是聖人。

Tchoū, 諸 tous, *omnes;* tous les philosophes, **tchoū tsè** 諸子; toutes les familles, *omnes familiæ*, **tchoū kiā** 諸家; tous les moyens, *omnes modi*, **tchoū pān** 諸般。

Soú 數, nombre de, *plurimi;* quelques, *aliquot;* nombre de gens, **soú jên** 數人; quelques jours auparavant, **soú jĕ tsiĕn** 數日前。

Kỳ 幾, quelques, *aliquot;* quelques hommes, **kỳ kó jên** 幾個人; quelques paroles, **kỳ kiú hoá** 幾句話。

Choú 庶, tous, beaucoup, *omnes*, *plurimi*. (Ce dernier mot collectif ne s'emploie guère que dans les livres.) Tous les lettrés, **choú sé** 庶士。

Les cinq *noms collectifs* suivants se placent toujours *après* le substantif.

Toū 都, tous, *omnes*, *omninò*. Les hommes et les femmes sont tous venus, **lân niù toū lay̑ leào** 男女都來了; tous venaient le féliciter, **jên toū lay̑ hó tā** 人都來賀他。

Souvent on sous-entend le sujet, et l'on dit simplement: ils sont tous venus, **toū lay̑ leào** 都來了。Il n'en veut pas du tout, **toū poŭ yaó** 都不要。

Kiāy 皆, tous, *omnes*. Tous les hommes ont des frères, **jên kiāy yeòu hiōng tý** 人皆有兄弟。

Kiú 俱, tous, *omnes*. Son père et sa mère sont tous morts, **foú moù kiú kó ché leào** 父母俱過世了。Les vers des trois amis sont-ils tous achevés? **sān hiōng chē kiú ouân leào mô?** 三兄詩俱完了麽? Toutes ces raisons sont de purs prétextes, **tchĕ sȳ hoá kiú ché ché tsĕ** 這些話俱是飾詞。

Hân (ou) **hiên** 咸, tous, *omnes*. Tous les royaumes sont en paix, **ouán kouĕ hiên lîn** 萬國咸寧。

Kiēn 兼, tous. Sa vertu et sa beauté sont égales, **tĕ máo kiēn tsuĕn** 德貌兼全。

4° Il y a, dans la langue chinoise, certains mots qui désignent par eux-mêmes *la multitude*, *la foule*, une *agrégation*. Comme les noms collectifs, ces mots chinois font aussi l'effet du pluriel. Il faut en dire autant des noms de nombre.

Ainsi les mots **mîn** 民, peuple, **kiûn** 羣, troupeau, **pĕ** 百, cent,

tsiēn 千, mille, **ouán** 萬, dix mille et autres noms de nombre, indiquent suffisamment le nombre pluriel dans une phrase.

Pĕ kouān 百官, les cent mandarins, c'est-à-dire tous les mandarins.

Ouán mîn 萬民, les dix mille peuples, c'est-à-dire tous les peuples.

Tous les substantifs composés de la *IXe classe* sont regardés comme des *noms collectifs*, et ils font en chinois la marque du pluriel.

Pareillement, en chinois, l'*universalité* se désigne souvent et même plus élégamment *par deux négations*, **oŭ poŭ** 無不 ou **mô poŭ** 莫不。 Exemple : Chacun sait, *quisque scit*, se tourne en chinois par : *il n'est personne qui ne sache* : **oŭ yeòu jên poŭ tchĕ táo** 無有人不知道, littéralement : *non esse homo non sciens*. Les mots **oŭ** et **poŭ** sont les deux négations.

Dieu est partout. En chinois, il est plus élégant et plus expressif de dire : il n'est aucun lieu où Dieu ne soit pas, **Tiēn Tchoù oŭ sò poŭ tsaý** 天主無所不在 ; Dieu sait tout : il n'est rien que Dieu ne sache, **Tiēn Tchoù oŭ sò poŭ tchē** 天主無所不知.

5° On se sert, mais surtout dans les livres, de quelques comparaisons, qui font l'office du pluriel par leur idée d'*agrégation*. Par exemple : **joŭ lîn** 如林, *comme les arbres d'une forêt* ; **joŭ chān** 如山, *comme des montagnes*.

Jên chān jên haỳ 人山人海, une grande multitude d'hommes.

V. — DES AUGMENTATIFS ET DES DIMINUTIFS EN CHINOIS.

Dans les langues à flexions, il y a deux manières d'exprimer l'augmentation ou la diminution du sens, soit dans les substantifs, soit dans les adverbes. La première consiste à employer quelques particules *adverbiales*, comme celles-ci de la langue française : *bien*, *fort*, *très*, *peu*, *guère*, etc. La deuxième est l'emploi de mots à terminaisons particulières. Ainsi, *aiguillon*, *médaillon*, sont des augmentatifs d'*aiguille*, de *médaille* ; *grandiose* est un augmentatif de *grand* ; *maisonnette*, *fillette*, sont des diminutifs de *maison*, de *fille*.

En chinois, on se sert de particules que l'on ajoute au mot. Voici les onze particules d'un usage plus fréquent pour former les *augmentatifs*. Ces particules ne peuvent être employées indifféremment l'une pour l'autre, bien que, dans les exemples ci-dessous, leur signification puisse sembler la même. L'usage indique peu à peu à un jeune sinologue la manière de s'en servir. Ces particules ont aussi, quant au degré de signification, une valeur différente ; sans parler de l'euphonie, on ne peut, dans notre langue française si morte, faire ressortir les nuances de signification de chacun de ces mots chinois.

1re série. — *Augmentatifs chinois.*

1° **La particule taý** 太 est souvent employée.

海上絲綢之路文獻集成 科技與文化編

EXEMPLES :

Vous venez *très*-matin. Ngỳ laŷ tĕ taÿ tsào 你來得太早。

Ne soyez pas *si* modeste. Poŭ yaó taÿ kiĕn 不要太謙。

Ses lèvres sont *très*-vermeilles ; il n'a pas de barbe. Tsoùy cháng taÿ kouāng ; mŏ yeòu hoû tsè 嘴上太光。沒有鬍子。

Voilà une chose *très*-singulière. Tchĕ taÿ kÿ leào 這太奇了。

2° La particule chén 甚 est d'un fréquent usage dans les livres, surtout dans les *livres classiques*.

EXEMPLES :

La malice du fourbe est *plus* redoutable que la panthère. Kiēn jên tchē ngŏ chén yû tchăy 奸人之惡甚于豺。

Cela est bien étonnant ! Chén ché kÿ kouáy 甚是奇怪。

Il n'est pas bien perspicace. Ouên lỳ poŭ chén tōng teóu 文理不甚通透。

3° La particule tsoúy 最 qui veut dire : *très*, *bien*, *beaucoup*, s'emploie autant dans la langue *orale* que dans la langue *écrite*.

EXEMPLES :

Cela est admirable. Tsoúy miáo 最妙。

Très-grand. Tsoúy tá 最大。

Cela est excellent. Tsoúy hào 最好。

4° La particule tsuĕ 絕, *bien*, *grand*, *beaucoup*, *absolument*, s'emploie également dans la langue *orale*, mais plus encore dans la langue *écrite*.

EXEMPLES :

Le conseil est bien bon, *consilium optimum est*. Tsuĕ miáo tÿ tchoù ý 絕妙的主意。

Il n'y avait aucun homme, *ne quidem unus homo*. Tsuĕ oû ÿ jên 絕無一人。

Ce lieu est absolument désert, *locus desertus*. Tsuĕ oû jên kiū 絕無人居。

5° L'adjectif haò 好, *bien*, *bon*, etc., s'emploie souvent comme augmentatif, mais avec le sens de l'étonnement, de l'admiration.

EXEMPLES :

Qu'il est grand ! Haò tá 好大。

Quelle grande sottise ! Haò hoû chŏ 好胡說。

6° La locution chĕ fên 十分, *dix parties*, est d'un usage très-fréquent, oit dans la langue parlée, soit dans la langue écrite.

EXEMPLES :

Louer beaucoup quelqu'un, *impensè laudare*. Chĕ fên tsán meỳ tā. 十分讚美他。

5

Il avait l'air très-fin, *erat nitidus et ornatus*. Sēn tĕ chĕ fēn tsīh sieóu, 生得十分清秀。

7° L'expression poŭ kó 不過, *au-delà de tout*, fait un augmentatif très-énergique.

EXEMPLES :

Juste au plus haut degré. Kōng taó poŭ kó tў, 公道不過的。

Il est ennuyeux au possible, *molestissimus homo*. Laò taó poŭ kó 老到不過。

8° La particule tĕ 忒, *bien, beaucoup*, est surtout employée dans les livres. Elle est comme une variante de taý 太, quant au sens.

EXEMPLES :

J'ai bu trop vite. Tsieòu tĕ tchĕ kў leào 酒忒喫急了。

Vous prenez les choses trop à cœur, *nimis afficeris*. Ngỳ ỳ tĕ tō sīn 你也忒多心。

9° La particule augmentative kў 極 est plus spécialement en usage dans les livres.

EXEMPLES :

C'est *bien* parler. Chŏ tĕ kў ché 說得極是。

Rien n'est *plus* risible, *nihil cachinnis dignius*. Tchĕ ỳ kŏ siáo kў leào 這也可笑極了。

10° Les particules chă 煞 ou chă 殺 et sè 死 produisent en chinois un sens augmentatif analogue à celui de nos mots français : mourir de *joie*, de *tristesse*, tuer quelqu'un de douleur.

EXEMPLES :

Il est aimable à faire mourir. Ché gaý tĕ jên chă tў 是愛得人殺的。

Vous êtes trop simple. Ngỳ ỳ chă laò chĕ leào 你也煞老實了。

Il meurt tout en vie. Tā hô hô sè 他活活死。

11° Le mot cháng 上 sert aussi d'augmentatif, soit dans la langue parlée, soit dans la langue écrite.

EXEMPLES :

Il a un peu plus de dix-sept ans. Chĕ tsў soúy ў cháng 十七歲一上。

2° série. — *Des diminutifs en chinois.*

1° Le mot chinois eûl 兒 (enfant, petit) ajouté à un substantif, sert à former une classe nombreuse de diminutifs, surtout dans la langue orale.

EXEMPLES :

Un petit enfant, *parvulus*. Hiây eûl 孩兒。

Un petit coffre, *arcula*. Hô eûl 盒兒。

海上絲綢之路文獻集成 科技與文化編

Une petite table, *mensula*. Tchŏ eûl 桌兒。

Un caillou, *lapillulus*. Chĕ eûl 石兒。

Une petite pierre précieuse. Yú eûl 玉兒。

2° L'adjectif siào 小, petit, répété, forme le diminutif tout petit tout petit, ou un petit peu.

EXEMPLES :

Un tout petit couteau. Siào siào taō tsè 小小刀子。

Il est très-jeune. Niên ký siào siào 年紀小小。(Se dit au physique et au figuré.)

3° Le mot sȳ 些 veut dire : un peu, quelque peu, *parum*. Si on le répète, on aura un diminutif expressif, en usage surtout dans la langue orale, sȳ sȳ tȳ 些些的。

EXEMPLES :

Il va un peu mieux. Tā hào leào sȳ 他好了些。

Il y a un peu d'inconvénient. Yeoù sȳ poŭ hào 有些不好。

Un tout petit peu. Ȳ sȳ sȳ tȳ 一些些的。

4° Le mot tièn 點, point, *punctum*, répété, a le même sens que le précédent, *un tout petit peu*, ou très-peu.

EXEMPLES :

Très-peu d'eau. Ȳ tièn tièn choùy 一點點水。

Un tout petit peu de vin. Ȳ tièn tièn tsieòu 一點點酒。

5° Les mots suivants répétés forment aussi chacun un diminutif, savoir : liŏ 畧, sý 細, ouȳ 微, chaò 稍, etc.

EXEMPLES :

Savoir très-peu. Liŏ liŏ tchē taó 畧畧知道。

Il a tout raconté en détail. Sý sý chŏ leào ȳ piēn 細細說了一篇。

J'en ai entendu quelque petite chose. *Littér.* : J'ai entendu, en somme, une ou deux paroles. Liŏ ouên ȳ eûl 畧聞一二。

Prendre une petite collation. Siào tchŏ sān peȳ 小酌三杯。

6° Les Chinois font des diminutifs assez élégants, en se servant des noms de *mesure*, de *poids*, etc., dont on indique une petite quantité de l'un d'eux.

EXEMPLES :

Les petits enfants savent tous que cela est mauvais. Sān tchĕ tŏng tsè kiāy tchē kŏ oú 三尺童子皆知可惡。

Si j'obtiens un peu d'avancement. Tăng tĕ ȳ tsēn tsín 倘得一寸進。

Il était un peu excité par le vin. Tā yeòu sān fēn tsieòu hín 他有三分酒興。

Ayez un peu de patience. Tchè ché jèn laÿ sān fēn 只是忍耐三分。

Il n'a pas un brin (*littér.* : un poil) d'humanité. Oû ÿ hâo tsīn lỳ 無一毫清理。

VI. — DES SUBSTANTIFS OU NOMS COMMUNS DEVENANT, PAR POSITION, ADJECTIFS, VERBES, ADVERBES.

Ce mécanisme si simple, si ingénieux, qui consiste à faire jouer divers rôles dans le discours à un même mot, est surtout l'apanage de la langue chinoise. On trouve sans doute dans plusieurs langues des cas de ce genre, mais ils ne sont pas d'une application aussi étendue, ni aussi fréquente que dans la langue chinoise. Par cette règle de position des mots, la langue chinoise acquiert une souplesse et une abondance excessives. Avec un petit nombre de mots, les Chinois ont su exprimer toutes les idées, de même qu'avec un nombre très-limité de traits, ils ont formé un corps merveilleux d'écriture.

Nous allons donner quelques exemples de ce mécanisme de la règle de position, *appliquée aux substantifs* ou *noms communs*. Nos lecteurs auront ensuite, à chaque pas, dans le cours de leurs études sinologiques, l'occasion de faire les remarques de ce rôle des mots chinois, selon leur place dans le discours.

1re série. — *Noms communs devenant, par position,* adjectifs.

La nature humaine, *humana natura*. Jên sín 人性。

Le genre humain, *humanum genus*. Jên loúy 人類。

On voit dans ces exemples le substantif *homme*, jên 人, devenu l'adjectif *humain, ne.*

Yuên tsoúy 原罪, le péché originel. Le mot yuên signifie : *origine, racine, source*. Dans ce cas, il devient l'adjectif *originel*.

Yâng joŭ 羊肉, *ovilla caro*, viande de mouton.

Pèn ý 本意, propre intention. Le mot pèn, racine, devient l'adjectif *propre, personnel.*

Nièôu joŭ 牛肉. *Bovilla caro*, viande de bœuf.

Tchoū joŭ 豬肉. *Porcina caro*, viande de porc.

Kȳ joŭ 鷄肉. *Gallina caro*, viande de poule.

Chacun des substantifs yâng, mouton, nieôu, bœuf, tchoū, porc, kȳ, poule, est devenu ici adjectif.

2e série. — *Substantifs ou noms communs devenant, par position,* verbes actifs.

Les substantifs, qui deviennent *verbes actifs*, changent, en général, leur ton ordinaire; ils passent au 4e ton, au kiú chēn 去聲, *qui est celui du mouve-*

海上絲綢之路文獻集成 科技與文化編

ment. En bonne règle, on devrait mettre un accent à ces caractères pour indiquer ce changement; on ne le fait guère que dans les livres élémentaires à l'usage des étudiants. Les substantifs, qui deviennent *verbes actifs*, sont fort nombreux. Il en est qui, non-seulement changent de ton et d'acception, mais de prononciation. Ainsi le mot yŏ 樂, musique, *musica*, deviendra lŏ, se réjouir, *lætari*.

EXEMPLES :

1° Par le changement de ton :

Régnez dans mon cœur. Ouáng tsaý ngò sīn louý 王在我心內。

Le mot ouâng 王, roi, *rex*, est devenu ici le verbe régner, ouáng, au 4° ton.

Il n'y a pas de nom par lequel on puisse le nommer. Oŭ mîn kŏ mín 無名可名。 *Non est nomen quo possint nominare (eum).*

Le peuple ne trouva pas de nom à lui donner. Mîn oŭ lên mín yēn 民無能名焉。 *Populus non potuit nominare eum.*

Dans ces deux exemples, le substantif mîn 名, nom, *nomen*, est devenu le verbe *nommer, désigner*, au 4° ton. Le mot yēn qui termine ce dernier exemple est purement *euphonique* et ne s'emploie que dans la langue écrite.

Il peut se marier. Tā kŏ tsý tsý ỳ 他可妻妻也。

Le substantif tsý 妻, épouse, *uxor*, est devenu ici le verbe *épouser, se marier*. Le mot final ỳ est pour la cadence de la phrase.

2° Par le changement de prononciation.

EXEMPLES :

Il entend la musique sans se réjouir. Tā ouên yŏ poŭ lŏ 他聞樂不樂。

Le mot yŏ, musique, est devenu lŏ, *lætari*.

Marquer un criminel du fer chaud sur la figure. Tsý tsé 刺字. Le mot tsé épine, *spina*, est devenu ici le verbe tsý, *acu pungere*.

Députer quelqu'un. Tà tchāy jên 打差人。 Le mot tchā 差 erreur, *error*, est devenu le verbe tchāy, députer, envoyer, *ablegare*.

Publier un édit. Tchoŭ kaó ché 出告示. Le mot ký est devenu ici le verbe ché, avertir, signifier par écrit.

3° série. — *Substantifs ou noms communs devenant, par position*, verbes passifs.

Ce n'est que dans la langue *écrite* qu'on rencontre des exemples de ce genre. L'amphibologie que ces exemples feraient naître dans la langue orale produit un effet tout différent dans la langue écrite.

EXEMPLES :

Si celui qui occupe le premier rang dans l'État se conforme aux rites, alors le peuple est facilement gouverné. Cháng haó lỳ tsĕ mîn ý chè ỳ 上好禮

則民易使也。Littéralement : *Si superiores amant ritus, tunc populus facilè gubernatur*. Le verbe chè 使 est devenu ici verbe passif. Le mot ỳ 也, qui termine la phrase est seulement pour l'euphonie.

Hélas! une liaison affectueuse de quatre années est rompue en une matinée! Kŏ liên! sé niên sē gaý ỳ tán kuĕ tsuĕ 可憐四年思愛一旦決絕。Littéralement : *Eheu! quatuor annorum necessitudo sic uno die abrumpitur*. Le mot tsuĕ 絕, *rumpere*, est devenu ici verbe passif.

Il fut trompé par quelque fourbe. Ouŷ kiēn jên yû leào 爲奸人愚了。Littéralement : *à deceptore homine deceptus fuit*.

4e série. — *Substantifs ou noms communs devenant, par position,* verbes neutres.

EXEMPLES :

Le sage n'est pas un ustensile vulgaire. Kiūn tsè poŭ ký 君子不器。

Le peuple est tranquille. Mîn gān 民安。

La vertu du sage est comme le vent. Kiūn tsè tchē tĕ fōng 君子之德風。

Les premiers qui firent des progrès dans les rites sont regardés comme des hommes grossiers. Siēn tsín yû lỳ yè jên ỳ 先進於禮野人也。

Aimez la vertu et le peuple sera bon. Yoŭ chán eûl mîn chán ỳ 欲善而民善矣。

Ceux qui connaissent la vertu sont rares. Tchē tĕ tchĕ sièn ỳ 知德者鮮矣。

5e série. — *Substantifs ou noms composés devenant, par position,* adverbes.

EXEMPLES :

A la vérité, je ne devais pas refuser. Pèn laỳ poŭ tāng tsê 本乃不當辭。Le substantif pèn 本 est devenu ici l'adverbe *equidem*.

J'ai une affaire dont je devrais *naturellement* charger un ami de vous parler. Ngò yeòu sé, pèn tāng tŏ ỳ kó pŏng yeòu 我有事本當托一个朋友。

Aller à pied, *pedetentim ire*. Poú hîn kó laŷ 步行過來。Le mot poú, en français, pas, *passus*, est devenu ici adverbe, *pedetentim*.

VII. — SUBSTANTIFS DOUBLES OU COMPOSÉS QUI PEUVENT OU NE PEUVENT PAS ÊTRE TRANSPOSÉS SANS CHANGER DE SENS.

Dans la langue *orale*, pour éviter les équivoques que produiraient parfois les termes *homophones* de la langue, on se sert de mots *doubles* ou *composés*. Il y a une série de ces mots dont on peut transposer l'ordre sans changer le sens.

海上絲綢之路文獻集成 科技與文化編

L'usage apprend peu à peu quels sont ces mots doubles. Il suffira d'appeler sur ce point l'attention d'un jeune sinologue, en donnant ici quelques exemples.

1re série. — *Substantifs doubles ou composés dont on peut à volonté intervertir l'ordre.*

EXEMPLES :

Se réjouir, *gaudere*. Hŷ houān 喜歡, ou bien, houān hŷ 歡喜。

Aller et venir, *ire et redire*. Ouàng laŷ 往來, ou laŷ ouàng 來往。

Le libre arbitre, *liberum arbitrium*. Tchoù tchāng 主張, ou tchāng tchoù 張主。

La poule, *gallina*. Moù kȳ 母鷄, ou kȳ moù 鷄母。

Frapper gravement, *graviter percutere*. Tà tchóng 打重, ou tchóng tà 重打。

Les élèves non gradués. Tŏng sēn 童生, ou sēn tŏng 生童。

2e série. — *Mots composés dont le sens change si l'on intervertit leur ordre.*

EXEMPLES :

Chŏ hoá 說話, parler, dire, *loqui*. — Hoá chŏ 話說, l'histoire dit, on raconte, *historia ait*.

Loú cháng 路上, en route, *in viâ*. — Cháng loú 上路, se mettre en route.

Ỳ tsieòu peȳ 一酒盃, un verre à boire le vin. — Ỳ peȳ tsieòu 一盃酒, un verre plein de vin.

Hiá mà 下馬, descendre de cheval, *ex equo descendere*. — Mà hiá 馬下, être sous le cheval, *sub equi pedibus*.

Pán kīn 半斤, une demi-livre, *dimidia libra*. — Kīn pán 斤半, une livre et demie, *una libra cum dimidiâ*.

Hiá cheòu 下手, commencer, *incipere*. — Cheòu hiá 手下, être sous le pouvoir de quelqu'un, *sub ditione esse*.

Mién tsiēn 面前, en présence, *coràm*. — Tsiēn mién 前面, la partie antérieure du visage, *anterior facies*.

Tý hiōng 弟兄, les frères. — Hiōng tý 兄弟, le frère cadet.

3e série. — *Mots* composés *qui n'auraient* plus de sens *si l'on intervertissait leur ordre.*

Cette classe de mots doubles est fort nombreuse; en voici seulement quelques exemples :

多少 Tō chaō, beaucoup, nombreux, *plurimi, ùm.*

好歹 Haò taỳ, le bon et le mauvais, *vitia.*

是非 Ché feȳ, le vrai et le faux, *vitia.*

道理 Taó lỳ, la doctrine, *doctrina.*

異端 Ý touān, les superstitions, *superstitiones.*

慣習 Kouán sȳ, l'habitude, *consuetudo.*

瞻禮 Tchān lỳ, la fête, *festum.*

時候 Chê heóu, le temps, *tempus.*

恩赦 Gēn ché, les indulgences, *indulgentiæ.*

聖蹟 Pȳ tsȳ, les sacrements, *sacramenta.*

銀錢 Ȳn tsiēn, l'argent en général, *argentum.*

本分 Pèn fén, le devoir, *munus, officium.*

忿怒 Fén loú, la colère, *ira.*

齋期 Tchaȳ kȳ, les jours de jeûne, *tempus jejunii.*

眼睛 Yèn tsīn, l'œil, *oculus.*

Chacun de ces mots n'aurait plus de sens si on intervertissait leur ordre. Il en serait de même pour la plupart des verbes composés ou à *doubles mots.*

4e série. — *Exemples de mots composés qui ne perdraient pas leur signification par la transposition, mais que l'usage a consacrés.*

天地 Tiēn tý, le ciel et la terre.

日月 Jĕ yuĕ, le soleil et la lune.

高下 Kaō hiá, le haut et le bas.

陰陽 Ȳn yâng, le principe mâle et le principe femelle.

父母 Foú moù, le père et la mère.

善惡 Chán ngŏ, le bien et le mal.

富貴 Foú kouý, le riche et le noble.

清濁 Tsīn tchŏ, le clair et l'obscur.

晝夜 Tcheóu yé, le jour et la nuit.

貴賤 Kouý tsién, le noble et le vil.

長短 Tchâng touàn, le long et le court. *Au figuré,* les défauts.

En déplaçant un de ces mots composés, le sens existerait de même, mais l'euphonie, à laquelle les Chinois attachent la plus haute importance, serait brisée. L'usage a, d'ailleurs, *consacré* cet ordre. Il pourrait, en outre, arriver que, par le déplacement de l'un des mots doubles de ce genre, ce mot changeât de rôle, et devînt verbe neutre; le ton et la signification, dans ce cas-là, seraient différents.

VIII. — EXEMPLES DE SUBSTANTIFS A SENS OPPOSÉ.

Nous avons surtout pour but l'utilité pratique de nos lecteurs. Bien que les exemples suivants puissent paraître d'une minime importance à divers points de vue, nous n'en jugeons pas ainsi. On retient plus promptement les mots chinois ainsi groupés, et l'on en fait plus vite une grande variété d'applications.

EXEMPLES :

東 Tōng, l'Orient, *Oriens.*

西 Sȳ, l'Occident, *Occidens.*

北 Pĕ, le Nord, *Septentrio.*

南 Lân, le Midi, *Meridies.*

海上絲綢之路文獻集成　科技與文化編

經 Kin, le Nord-Sud.
晝 Tcheóu, le jour, *dies*.
生 Sēn, la vie, *vita*.
丈 Tcháng, le mari, *maritus*.
賞 Chàng, la récompense, *præmium*.
始 Chè, le principe, *principium*.
左 Tsò, la gauche, *sinistra*.
善 Chán, la vertu, *virtus*.
師 Sē, le maître, *magister*.
君 Kiūn, le prince, *princeps*.
飲 Yù, le boire, *potus*.
經 Kīn, le texte, *textus*.
本 Pèn, le capital, *sors*.
花 Hoā, les fleurs, *flores*.
老 Laò, le vieillard, *senex*.
福 Foŭ, la fortune, *fortuna*.
友 Yeòu, l'ami, *amicus*.
主 Tchòu, le Seigneur, *Dominus*.
神 Chên, l'esprit, *spiritus*.
首 Cheòu, la tête, *caput*.
哥 Kō, le frère aîné, *frater major*.
姐 Tsiè, la sœur aînée, *soror major*.
有 Yeoù, l'être, *ens*.
山 Chān, la montagne, *mons*.
草 tsăo, les herbes, *herbæ*.
鳥 niaò, les oiseaux, *aves*.
祥 tsiâng, le bon augure.
朝 tchaō, le matin, *mané*.
榮 yûn, la gloire, *fama*.
雨 yù, la pluie, *pluvia*.
夏 hiá, l'été, *æstas*.
舅 kieoú, le beau-père, *socer*.
僧 sēn, le bonze, *bonzius*.
病 pín, la maladie, *morbus*.
奢 chē̆, la prodigalité, *prodigalitas*.
壽 cheóu, la longévité, *longævitas*.

緯 Ouŷ, l'Est-Ouest.
夜 Yé, la nuit, *nox*.
死 Sè, la mort, *mors*.
婦 Foú, la femme, *uxor*.
罰 Fă, la punition, *pœna*.
終 Tchōng, la fin, *finis*.
右 Yeóu, la droite, *dextra*.
惡 Ngŏ, le vice, *vitium*.
弟 Tý, le disciple, *discipulus*.
臣 Tchĕ̂n, le vassal, *vassallus*.
食 Chĕ, le manger, *cibus*.
傳 Tchouán, la glose, *glossa*.
利 Lý, l'intérêt, *lucrum*.
菓 Kò, les fruits, *fructus*.
幼 Yeóu, le jeune homme, *juvenis*.
禍 Hó, l'infortune, *infortunium*.
仇 Tcheŏu, l'ennemi, *inimicus*.
僕 Poŭ, le serviteur, *famulus*.
形 Hîn, le corps, *corpus*.
尾 Ouŷ, la queue, *cauda*.
弟 Tý, le frère cadet, *frater minor*.
妹 Meý, la sœur cadette, *soror minor*.
無 Oŭ, le néant, *non ens*.
谷 Koŭ, la vallée, *vallis*.
木 moŭ, les arbres, *arbores*.
獸 cheoú, les animaux, *bestiæ*.
殃 yāng, le mauvais augure.
夕 sý, le soir, *vesperé*.
辱 joŭ, l'ignominie, *dedecus*.
晴 tsîn, la sérénité, *serenitas*.
冬 tōng, l'hiver, *hiems*.
姑 koū, la belle-mère, *socrus*.
尼 nŷ, la bonzène, *bonzia*.
安 gān, la santé, *valetudo*.
嗇 sĕ̆, l'avarice, *avaritia*.
殤 chāng, la vie courte, *vita brevis*.

CHAPITRE III.

DES ADJECTIFS EN CHINOIS.

倚賴之名 ou 加名。

Ȳ laý tchē mîn ou Kiā mîn.

1° Formation des adjectifs en chinois. — 2° Place des adjectifs dans le discours. — 3° Adjectifs devenant, par position, *substantifs*, *verbes actifs*, *verbes neutres*, *verbes pronominaux*, *adverbes*. — 4° Manière d'exprimer en chinois les défauts ou les négations des qualités. — 5° Des différentes classes d'adjectifs chinois, savoir : adjectifs *simples*, *composés*, *verbaux*, *démonstratifs*, *indéfinis*, etc. — 6° Adjectifs changeant de *tons* et de prononciation, et, par suite, d'acception. — 7° Exemples d'adjectifs à sens opposé. — 8° Règles générales pour traduire facilement en chinois différentes classes d'adjectifs français. — 9° Degrés de comparaison dans les adjectifs : du comparatif, du superlatif.

I. — FORMATION DES ADJECTIFS EN CHINOIS.

Tout nom commun ou substantif indiquant une qualité, un attribut, devient adjectif en chinois, et cet adjectif se forme par la simple addition de la particule Tŷ 的 (1).

EXEMPLES :

Noms communs	*devenant adjectifs.*
白 Pĕ, le blanc ou la blancheur. . .	白的 Pĕ tŷ, blanc, *albus*.
黑 Hĕ, le noir ou la noirceur. . . .	黑的 Hĕ tŷ, noir, *niger*.
紅 Hông, le rouge ou la rougeur. .	紅的 Hông tŷ, rouge, *ruber*.
黃 Houâng, le jaune.	黃的 Houâng tŷ, jaune, *flavus*.
藍 Lân, le bleu clair.	藍的 Lân tŷ, bleu, *cæsius*.
紫 Tsè, le violet.	紫的 Tsè tŷ, violet, *violaceus*.
綠 Loŭ, le vert.	綠的 Loŭ tŷ, vert, *viridis*.
青 Tsīn, le bleu céleste.	青的 Tsīn tŷ, bleu, *cæruleus*.
活 Hô, la vie.	活的 Hô tŷ, vivant, e, *vivus*.
死 Sè, la mort.	死的 Sè tŷ, mort, e, *mortuus*.

(1) Cette particule ou suffixe Tŷ 的 s'emploie, en chinois, surtout dans les cas suivants : 1° Elle sert à marquer le rapport des mots, désigné en latin par le génitif; 2° ajoutée aux pronoms personnels, elle en fait des pronoms possessifs; 3° ajoutée à un nom commun, elle lui donne le sens d'adjectif; 4° ajoutée quelquefois aux verbes, elle sert d'affixe pour désigner le prétérit ou temps passé.

熱 Jĕ, le chaud.	熱的 Jĕ tỷ, chaud, e, *calidus.*
冷 Lèn, le froid	冷的 Lèn tỷ, froid, e, *frigidus.*
生 Sēn, la crudité	生的 Sēn tỷ, cru, e, *crudus.*
熟 Choŭ, la maturité.	熟的 Choŭ tỷ, mûr, e, *maturus.*
聖 Chén, la sainteté	聖的 Chén tỷ, saint, e, *sanctus.*
明 Mîn, la clarté.	明的 Mîn tỷ, clair, e, *lucidus.*
方 Fāng, le carré	方的 Fāng tỷ, carré, ée, *quadratus.*

II. — PLACE DES ADJECTIFS CHINOIS DANS LE DISCOURS.

En chinois, les adjectifs et les mots pris *adjectivement* se placent toujours avant le substantif ou le nom qu'ils qualifient. Toutefois, *par euphonie*, et sans qu'il y ait équivoque, à cause du génie même de la langue, on supprime très-souvent la particule ou l'affixe Tỷ 的, aussi bien dans les adjectifs simples que dans les adjectifs composés.

EXEMPLES :

Ainsi l'on dira :	*Au lieu de dire :*
白花 Pĕ hoā, fleur blanche	白的花 Pĕ tỷ hoā.
黑紙 Hĕ tchè, papier noir.	黑的紙 Hĕ tỷ tchè.
紅布 Hông poú, toile rouge	紅的布 Hông tỷ poú.
黃帶 Houâng taý, ceinture jaune. .	黃的帶 Houâng tỷ taý.
青天 Tsīn tiēn, ciel azuré	青的天 Tsīn tỷ tiēn.
活魚 Hô yû, poisson vivant	活的魚 Hô tỷ yû.
熱水 Jĕ choùy, eau chaude	熱的水 Jĕ tỷ choùy.
明道 Mîn taó, doctrine lumineuse .	明的道 Mîn tỷ taó.
方桌子 Fāng tchŏ tsè, table carrée.	方的桌子 Fāng tỷ tchŏ tsè.

III. — ADJECTIFS DEVENANT, PAR POSITION, SUBSTANTIFS, VERBES ACTIFS, VERBES NEUTRES VERBES PRONOMINAUX, ADVERBES.

Si l'on déplace l'adjectif chinois, et qu'on le mette, par exemple, après le nom qu'il qualifie, cet adjectif devient alors lui-même soit un *substantif*, soit un *verbe*, et quelquefois un *adverbe*.

Voici des exemples de chacun de ces cas.

I. — *Adjectifs devenant, par position,* substantifs.

好人 Haò jên, bon homme.	人的好 Jên tỷ hào, la bonté de l'homme.

罪人 **Tsoúy jên**, l'homme pécheur.	**人的罪** **Jên tŷ tsoúy**, le péché de l'homme.
明道 **Mîn táo**, la doctrine lumineuse.	**道之明** **Taó tchē mîn**, la clarté de la doctrine.
高天 **Kaō tiēn**, le ciel élevé.	**天之高** **Tiēn tchē kaō**, la hauteur du ciel.
厚地 **Heóu tý**, la terre épaisse.	**地之厚** **Tý tchē heóu**, l'épaisseur de la terre.

君子成人之美 **Kiūn tsè tchēn jên tchē meỳ**, le sage perfectionne les qualités des autres.

吾不知其美也 **Oû poŭ tchē kŷ meỳ ỳ**, moi, je ne connais pas sa beauté.

吾不知其惡心 **Oû poŭ tchē kŷ gŏ sin**, je ne connais pas sa laideur.

II. — *Adjectifs devenant, par position*, verbes actifs.

La loi de la grande étude consiste à développer le principe lumineux de la vertu. **Tá hiŏ tchē táo tsaý mîn mîn tĕ** **大學之道在明明德。**

Le premier mot **mîn** devient ici le verbe *étendre*, développer, *vulgare*.

Le peuple l'estime comme le Seigneur. **Pĕ sín koúy tchē joŭ tý** **百姓貴之如帝。**

Le peuple l'élève comme le Ciel. **Pĕ sín kaó tchē joŭ tiēn** **百姓高之如天。**

Le Ciel seul peut élever ses yeux. **Ouŷ tiēn lên kaō kŷ moŭ** **惟天能高其目。**

Il estimait ce qui est vilain, et méprisait ce qui est beau. **Ngŏ tchĕ koúy eûl meỳ tchĕ tsién** **惡者貴而美者賤。** Littéralement : *turpia æstimabat, et formosa negligebat.*

La piété filiale la plus grande est de respecter son père et sa mère. **Hiaó mŏ tá yû nién foú moù** **孝莫大於嚴父母。**

Dans les exemples ci-dessus, tirés des livres classiques de la Chine, les adjectifs **koúy** **貴**, précieux, **kaō** **高**, élevé, **tsién** **賤**, vil, **niên** **嚴**, sévère, sont devenus des verbes actifs en prenant l'accent du mouvement.

Laò tsè diminue la clémence et la justice. **Laò tsè siaó jên ngý** **老子小仁義。**

L'adjectif **siào**, petit, est devenu le verbe *diminuer*, amoindrir.

L'artisan qui veut perfectionner son œuvre doit, avant tout, bien aiguiser son instrument. **Kōng yoŭ chán kŷ sé. pŷ siēn lý kŷ kŷ** **工欲善其事。必先利其器。**

On voit dans ces derniers exemples les mots **chán** et **lý** devenus *verbes actifs*.

III. — *Adjectifs devenant, par position,* verbes neutres.

善人 **Chán jên**, l'homme droit.	人善 **Jên chán**, l'homme est droit.
冷水 **Lèn choùy**, eau froide.	水冷 **Choùy lèn**, l'eau est froide.
活魚 **Hô yû**, poisson vivant.	魚活 **Yû hô**, le poisson est vivant.
大道 **Tá taó**, Doctrine profonde.	聖人之道大 **Chén jên tchē taó tá**, la doctrine du saint est profonde.
大雨 **Tá yù**, grande pluie.	這幾天雨大 **Tché kỳ tiēn yù tá**, Ces jours-ci la pluie est grande.

士之任重而道遠 **Sé tchē jén tchóng eûl taó yuèn**, le fardeau des lettrés est lourd et leur route est longue.

以約失之者鮮矣 **Ỳ yǒ chě tchē tchě sièn ỳ**, ceux qui se perdent en restant sur leurs gardes sont bien rares.

IV. — *Adjectifs devenant, par position,* verbes pronominaux.

Ces adjectifs sont précédés du pronom **tsé** 自, se, *sui, sibi, se.*

EXEMPLES :

美 **Meỳ**, beau, *pulcher.*	自美 **Tsé meỳ**, se complaire en soi.
惡 **Oǔ**, vilain, *deformis.*	自惡 **Tsé oú**, se mépriser.
輕 **Kīn**, léger, *levis.*	自輕 **Tsè kīn**, se rendre méprisable.
賤 **Tsién**, vil, *vilis.*	自賤 **Tsé tsién**, *idem.*
高 **Kaō**, grand, *altus.*	自高 **Tsé kaó**, se vanter.
大 **Tá**, élevé, *magnus.*	自大 **Tsé tá**, se vanter.

V. — *Adjectifs devenant, par position,* adverbes.

L'adjectif chinois placé devant un mot qui a le sens de verbe actif ou de verbe neutre devient ordinairement *adverbe.*

EXEMPLES :

Adjectifs	*devenant adverbes.*
明 **Mîn**, clair, *clarus.*	明訓 **Mîn hiún**, enseigner clairement, *claré edocere.*
明 **Mîn**, clair, *clarus.*	明達 **Mîn tǎ**, percevoir clairement, *claré percipere.*
善 **Chán**, saint, *sanctus.*	善領祕跡 **Chán lìn pý tsý**, recevoir saintement les sacrements, *sancté suscipere sacramenta.*
冒 **Maó**, téméraire, *temerarius.*	冒領 **Maó lìn**, recevoir témérairement ou profaner, *profanare.*
神 **Chên**, spirituel, *spiritualis.*	神領 **Chên lìn**, recevoir spirituellement, *mentaliter suscipere.*

厚 **Heóu**, épais, *spissus*.	門人欲厚喪之 **Mên jên yoŭ heóu sáng tchē**, les disciples désiraient l'enterrer pompeusement.
大 **Tá**, grand, *altè*, *plurimùm*.	大笑 **Tá siaó**, rire beaucoup, *plurimùm ridere*.
大 **Tá**, grand, *altè*, *plurimùm*.	大信 **Tá sín**, faire grandement un acte de foi, *vehementer fidem elicere*.
眞 **Tchēn**, vrai, *verum*. 假 **Kià**, faux, *falsum*.	老爺是眞醉假醉 **Laò yê ché tchēn tsoúy kià tsoúy**. Le maître est-il vraiment ou faussement ivre? *Magister est-ne verè vel falsè ebrius?*
輕 **Kīh**, léger, *levis*.	輕信 **Kīh sín**, croire médiocrement, *leviter credere*.

IV. — MANIÈRE FRÉQUENTE D'EXPRIMER EN CHINOIS LES DÉFAUTS OU LES NÉGATIONS DE QUALITÉS.

Lorsque l'on veut exprimer, en chinois, la négation d'une qualité, d'un attribut quelconque, on se sert du mot lui-même qui exprime la qualité, en le faisant précéder d'une particule négative. Cette forme répond à nos mots français *illégitime*, *immortel*, *imprudent*, *incrédule*, etc.

EXEMPLES :

好人 **Haò jên**, bon homme.	不好人 **Poŭ haò jên**, méchant h.
合法的事 **Hô fă tў sé**, acte légitime.	不合法的事 **Poŭ hô fă tў sé** acte illégitime.
正人 **Tchén jên**, homme droit.	不正人 **Poŭ tchén jên**, homme vicieux.

V. — DES DIFFÉRENTES CLASSES D'ADJECTIFS CHINOIS.

I. — *Adjectifs simples.*

Les adjectifs simples ne sont composés que d'un seul mot. Tels sont tous ceux que nous avons donnés en exemples, page 74 et suiv. de ce chapitre. — Il n'y a rien de particulier à dire sur ces adjectifs.

II. — *Adjectifs composés.*

Ces adjectifs sont composés de deux ou trois mots, et forment, comme les substantifs de ce genre, une double série. Dans la première, les deux mots sont synonymes ou à peu près, quant au sens général de l'idée, mais ils ont

海上絲綢之路文獻集成 科技與文化编

chacun une nuance différente, en sorte que l'idée est rendue en chinois d'une manière plus vive, plus énergique et souvent plus élégante. Dans la deuxième série, les deux adjectifs font antithèse.

Les particules conjonctives *et*, *ou*, et d'autres de ce genre qui sont employées dans un bon nombre de langues pour unir deux termes, ne s'expriment jamais en chinois.

EXEMPLES :

1re *série*.

窮苦的	kiŏng koŭ tў. Pauvre.	Kiŏng marque le dénûment. Koŭ, marque la souffrance.
懶惰的	Làn tó tў. Paresseux.	Làn marque la lenteur, l'indolence ph. Tó marque l'indolence morale.
驕傲的	Kiaō gaó tў. Orgueilleux.	Kiaō marque la jactance extér. Gaó marque le mépris des autres.
慳悋的	Kiēn lìn tў. Avare.	Kiēn dénote l'avarice extr. Lìn dénote la cupidité d'esprit.

2e *série*.

大小 tá siào. Les grands *et les* petits.
善惡 chán ngŏ. Le bien *et* le mal.
老幼 laò yeoú. Les vieux *et* les jeun.
匹夫 pў foū. Les hommes *et* les femmes du peuple.
富貴 foú koúy. Riche *et* noble.
冷熱 lèn jĕ. Froid *ou* chaud.

長短 tchăng touàn. Long *ou* court.
輕重 kīn tchóng. Léger *ou* pesant.
內中大小事 louý tchōng tá siào sé. Les grandes *et* les petites affaires du dedans *ou* du dehors.
天地 tiēn tў. Le ciel et la terre.

III. — *Adjectifs verbaux.*

Les adjectifs verbaux sont souvent employés dans les livres chinois, et plus rarement dans le langage parlé. On les forme par la simple addition de la particule tў 的 faite au verbe.

EXEMPLES :

往來的 ouàng laŷ tў. Les allants et les venants. *Littéralement :* ceux qui vont et qui viennent.

買賣的 maỳ maý tў. Les commerçants. *Littéralement :* ceux qui achètent et qui revendent.

IV-V. — *Adjectifs démonstratifs et indéfinis.*

Les adjectifs démonstratifs et indéfinis sont presque toujours confondus avec les pronoms du même nom, et s'expriment en chinois de la même manière. (Voyez le chapitre VI des pronoms, articles III et V, pages 133-135.)

6° On trouve dans la langue écrite deux autres classes d'adjectifs, qui se forment par la simple addition de la particule tchĕ 者, *ille, qui*, faite soit à un substantif, soit à un verbe.

1° — *Substantifs devenant adjectifs.*

仁 jên. L'humanité.	仁 者 jên tchĕ. Humain, e.
勇 Yòng. La force	勇 者 yòng tchĕ. Fort, e.
義 ngý. La justice	義 者 ngý tchĕ. Juste.
節 Tsiĕ. La tempérance.	節 者 tsiĕ tchè. Tempérant.
能 lên. Le pouvoir	能 者 lên tchĕ. Puissant, e.

2° — *Verbes devenant adjectifs.*

生 Sēn. Vivre.	生 者 Sēn tchè. Vivant, e, *vivus*.
死 Sè. Mourir	死 者 Sè tchè. Mort, e. *Mortuus*.
知 tchē. Savoir.	知 者 tchē tchè. Sachant, *sciens*.
惡 Oú. Haïr	惡 者 Oú tchĕ. Haïssant, *odiens*.
從 Tsŏng. Suivre.	從 者 tsŏng tchè. Suivant, *sequester*.
孝 Hiaó. Vénérer.	孝 者 hiaó tchè. Pieux, *pius*.

Dans les livres, il n'est pas rare de trouver la particule tchĕ 者, ajoutée à des mots qui sont eux-mêmes adjectifs, *v. g.* 聖 者, les saints. L'adjectif chinois acquiert, dans ce cas, un caractère plus énergique et moins indéterminé yû tchĕ 愚 者, les ignorants.

VI. — ADJECTIFS CHANGEANT DE TONS ET DE PRONONCIATION.

Une foule de mots chinois sont susceptibles de modifier leur *ton* modulé et même leur *prononciation*. Il est bien évident que le mot change alors tout à fait d'acception. Les adjectifs, qui subissent l'un ou l'autre de ces changements, deviennent tantôt de véritables *verbes actifs*, tantôt des *verbes neutres*.

Ainsi :

好 haò, bon, bien, *bonus, bené*, devient haó au 4° ton, et veut dire *aimer*, être *adonné à*.

好 酒 haó tsieòu. Aimer le vin.	好 玩 haó ouân. Aimer le jeu.
好 色 haó sĕ. Aimer la luxure.	好 學 haó hiŏ. Aimer l'étude.

惡 ngŏ. Mauvais, *malus, malè*, devient oú 惡 au 4° ton, et veut dire *haïr, détester*.

VII. — EXEMPLES D'ADJECTIFS A SENS OPPOSÉ.

Certains sinologues pourront regarder ce paragraphe comme peu important. Au point de vue pratique de la langue *orale*, nous savons qu'il aura son *utilité* réelle.

海上絲綢之路文獻集成 科技與文化編

新的 sīn tў. Nouveau, *recens*.
幼的 yeóu tў. Jeune, *juvenis*.
輕的 kīn tў. Léger, *levis*.
短的 touàn tў. Court, *brevis*.
生的 sēn tў. Cru, *crudus*.
嫩的 lén tў. Tendre, *tener*.
公的 kōng tў. Public, *publicus*.
單的 tān tў. Simple, *simplex*.
熱的 jĕ tў. Chaud, *calidus*.
細的 sý tў. Fin, *subtilis*.
乾的 kān tў. Sec, *siccus*.
正的 tchén tў. Vrai, *verus*.
圓的 yuên tў. Rond, *rotundus*.
近的 kín tў. Proche, *proximus*.
高的 kaō tў. Élevé, *altus*.
大的 tá tў. Grand, *magnus*.
多的 tō tў. Beaucoup, *plurimi*.
奢的 chē tў. Prodigue, *prodigus*.
慈的 tsē tў. Clément, *clemens*.
正的 tchén tў. Droit, *rectus*.
貴的 kouý tў. Précieux, *pretiosus*.
胖的 pāng tў. Gras, *obesus*.
肥的 feŷ tў. Gras, *pinguis*.
甘的 kān tў. Doux, *dulcis*.
清的 tsīn tў. Clair, *limpidus*.
美的 meỳ tў. Beau, *pulcher*.
易的 ý tў. Facile, *facilé*.
永的 yùn tў. Éternel, *æternum*.
滿的 màn tў. Plein, *plenum*.
硬的 gén tў. Raide, *rigidus*.
活的 hô tў. Vivant, *vivus*.
明的 mîn tў. Clair, *clarum*.
强的 kiāng tў. Fort, *fortis*.
稀的 hŷ tў. Rare, *rarum*.
野的 yè tў. Sauvage, *sylvestris*.

舊的 kieóu tў. Vieux, *antiquus*.
老的 laò tў. Vieux, *senex*.
重的 tchóng tў. Lourd, *gravis*.
長的 tchāng tў. Long, *longus*.
熟的 choŭ tў. Cuit, *coctus*.
硬的 gén tў. Dur, *durus*.
私的 sē tў. Privé, *privatus*.
雙的 choāng tў. Double, *duplex*.
冷的 lèn tў. Froid, *frigidus*.
粗的 tsoū tў. Épais, *crassus*.
濕的 chĕ tў. Humide, *humidus*.
假的 kià tў. Faux, *falsus*.
方的 fāng tў. Carré, *quadratus*.
遠的 yuèn tў. Loin, *longinquus*.
矮的 gaỳ tў. Bas, *demissus*.
小的 siaò tў. Petit, *parvus*.
少的 chaò tў. Peu, *pauci*.
吝的 lîn tў. Avare, *avarus*.
嚴的 niên tў. Sévère, *severus*.
歪的 ouaȳ tў. Courbé, *inclinatus*.
卑的 pў tў. Vil, *humilis*.
瘦的 seóu tў. Maigre, *macilentus*.
瘦的 seóu tў. Maigre, *macilentus*.
苦的 koŭ tў. Amer, *amarum*.
混的 houén tў. Trouble, *turbidus*.
醜的 tcheŏu tў. Vilain, *deformis*.
難的 lân tў. Difficile, *difficile*.
暫的 tchán tў. Transitoire, *transitor*.
空的 kōng tў. Vide, *vacuum*.
柔的 jeoû tў. Flasque, *mollis*.
死的 sè tў. Mort, *mortuus*.
暗的 gán tў. Obscur, *obscurum*.
弱的 jŏ tў. Débile, *debilis*.
蜜的 mŷ tў. Épais, *spissum*.
家的 kiā tў. Domestique, *domesticus*.

VIII. — RÈGLES POUR TRADUIRE FACILEMENT EN CHINOIS DIFFÉRENTES CLASSES D'ADJECTIFS FRANÇAIS.

On peut donner à un jeune sinologue la règle suivante au moyen de laquelle il traduira lui-même promptement en chinois, non-seulement les classes d'adjectifs français dont la terminaison ou suffixe est régulière, mais beaucoup d'autres mots chinois du même genre.

I. — Les adjectifs français, dont la terminaison ou suffixe est en *able*, du latin *abilis*, qui expriment *une disposition à, une aptitude à, la possibilité d'être ou de devenir*, se traduisent en chinois de l'une ou de l'autre de ces deux manières :

1° Chaque fois que l'adjectif peut se tourner par *digne de, à qui est dû*, on fait précéder l'adjectif du mot kŏ 可, et on le fait suivre de tỳ 的。

EXEMPLES :

可欽的 kŏ kĭn tỳ. Adorable (digne d'être adoré), *adorabilis*.

可愛的 kŏ gaý tỳ. Aimable, *amabilis*.

可厭的 kŏ yén tỳ. Abominable, *abominabilis*.

可罰的 kŏ fă tỳ. Condamnable, *condemnabilis*.

可信的 kŏ sín tỳ. Croyable, *credibilis*.

可比的 kŏ pỳ tỳ. Comparable, *comparabilis*.

可尊敬的 kŏ tsēn kín tỳ. Honorable, *honorabilis*.

可怕的 kŏ pă tỳ. Formidable, *formidabilis*.

可憐的 kŏ liên tỳ. Misérable, *miserabilis*.

2° La plupart des autres adjectifs de cette catégorie en *able* peuvent se tourner par *qui peut être*. Alors on fait suivre le verbe chinois du mot tĕ 得, qui exprime en chinois la *possibilité*. Lorsque ces adjectifs français ont une préfixe qui marque la négation, comme dans *inévitable*, *incroyable*, *impotable*, etc., on ajoute simplement la particule négative poŭ 不 avant le mot tĕ 得。

EXEMPLES :

避得的 pý tĕ tỳ. Évitable (qui peut être évité), *evitabilis*.

醫得的 ỹ tĕ tỳ. Curable (qui peut être guéri).

勝得的 chén tĕ tỳ. Domptable, *vincibilis*.

醫得的 ỹ tĕ tỳ. Guérissable, *sanabilis*.

使得的 chè tĕ tỳ. Faisable, *possibilis*.

喫得的 tchĕ tĕ tỳ. Mangeable.

揾得的 ýn tĕ tỳ. Mesurable, *mensurabilis*.

歠得的 hŏ tĕ tỳ. Potable, *potabilis*.

又買得的 yeoú maỳ tĕ tỳ. Rachetable, *redimendus*.

補得的 poù tĕ tỳ. Réparable, *reparabilis*.

分得的 fēn tĕ tỳ. Sécable, *sectilis*.

當得的 tāng tĕ tỳ. Tolérable, *tolerabilis*.

賣得的 maý tĕ tỳ. Vendable, *vendibilis*.

活得的 hô tĕ tỳ. Viable, *vitalis*.

Les mêmes adjectifs avec la négation.

避不得的 pý poŭ tĕ ty̆. Inévitable, *inevitabilis.*

醫不得的 y̆ poŭ tĕ ty̆. Incurable, *insanabilis.*

勝不得的 chén poŭ tĕ ty̆. Indomptable, *indomitus.*

使不得的 chè poŭ tĕ ty̆. Infaisable, *non faciendus.*

喫不得的 tchĕ poŭ tĕ ty̆. Immangeable, *non manduc.*

補不得的 poù poŭ tĕ ty̆. Irréparable, *irreparabilis.*

當不得的 tāng poŭ tĕ ty̆. Intolérable, *intolerabilis.*

活不得的 hô poŭ tĕ ty̆. Inviable, *non vitalis.*

II. — Les adjectifs dont la terminaison ou suffixe est en *ant*, désinence des participes présents, se traduisent, en chinois, comme ce participe lui-même chaque fois qu'ils sont pris *substantivement*. Mais si ces adjectifs verbaux expriment une *qualité actuelle, effective, inhérente à un sujet*, en un mot, *une propriété d'où résulte un effet*, on les traduit, en chinois, en faisant précéder le verbe qui exprime la qualité, par ce mot chinois : lên 能, lequel indique la *possibilité*.

EXEMPLES :

能和睦的 lên hô moŭ ty̆. Accommodant, *commodus.*

能引人的 lên y̆n jên ty̆. Attrayant, *illecebrosus.*

能安慰人的 lên gān ouý jên ty̆. Consolant, *consolat.*

能肥的 lên feý ty̆. Fécondant, *fecundans.*

能養活人的 lên yàng hô jên ty̆. Nourrissant, *nutriens.*

能得罪人的 lên tĕ tsoúy jên ty̆. Offensant, *injuriosus.*

能透的 lên teŏu ty̆. Pénétrant, *permeans.*

能赫人的 lên hĕ jên ty̆. Terrifiant, *terribilis.*

能噤牙齒的 lên kìn yâ tchĕ ty̆. Agaçant, *hebetans dentes.*

能惹人的 lên jĕ jên ty̆. Agaçant, *provocans.*

III. — Les adjectifs français qui ont la désinence en *bre*, du latin *ber ou bris*, dont le sens est *qui porte en soi*, se rendent, en chinois, par le verbe auxiliaire yeòu 有, que l'on place avant le nom chinois.

EXEMPLES :

有名的 yeòu mîn ty̆. Célèbre, *celebris.*

有凶的 yeoù hiōng ty̆. Lugubre, *lugubris.*

有養活的 yeoù yàng hô ty̆. Salubre, *salubris.*

有淡薄的 yeoù tán pŏ ty̆. Sobre, *sobrius.*

IV. — Les adjectifs, dont la désinence en *é* n'est autre chose que celle des participes passés, expriment en général l'*action soufferte*, l'*effet*, v. g. *abhorré;*

aimé, ou la qualité du sujet, comme dans *zélé*. Ces adjectifs, disons-nous, se traduisent comme les verbes passifs chinois.

EXEMPLES :

受人的恨 cheoú jên tỳ hèn. Abhorré, *odiosus*.
受人的愛 cheoú jên tỳ gaý. Aimé, *amatus*.
受人的淩辱 cheoú jên tỳ lîn joŭ. Injurié, *injuriam ferens*.
受人的傷 cheoú jên tỳ chāng. Blessé, *vulneratus*.
有熱烈的 yeoù jĕ liĕ tỳ. Zélé, *studio incensus*.

V. — Les adjectifs français dont la désinence ou suffixe est : *fique*, du latin *ficus*, *facere*, ont, en général, le sens de *qui fait*, *qui produit*. On les rend, en chinois, par le mot lên 能, pouvoir, *posse*, soit seul, soit accompagné de tchoŭ 出 ou de sēn 生, qui, l'un et l'autre, signifient : *produire*.

EXEMPLES :

能出銀子的 lên tchoŭ ŷn tsè tỳ. Aurifique, *aurifer*.
能生冷的 lên sēn lèn tỳ. Frigorifique, *frigorificus*.
能生病的 lên sēn pín tỳ. Morbifique, *morbificus*.
能兜人睡 lên teōu jên choúy. Soporifique, *soporificus*.
能生的 lên sēn tỳ. Prolifique, *proferens*.
能兜人出汗的 lên teōu jên tchoŭ hán tỳ. Sudorifique, *sudatorius*.

VI. — Les adjectifs, dont la désinence est *ible*, du latin *ibilis*, désignant la *possibilité*, la *capacité d'être ou de devenir*, se traduisent, en chinois, d'une manière assez régulière. On place après le mot chinois le verbe auxiliaire tĕ 得, pouvoir, *posse*, ou auparavant, le verbe auxiliaire kŏ 可, qui indique aussi la possibilité.

EXEMPLES :

分得的 fēn tĕ tỳ. Divisible, *divisibilis*.
選得的 siuèn tĕ tỳ. Éligible, *qui potest eligi*.
軟得的 jouàn tĕ tỳ. Flexible, *flexibilis*.
開得的 kaȳ tĕ tỳ. Extensible, *extensibilis*.
赫得人的 hĕ tĕ jên tỳ. Horrible, *horribilis*.
改不得的 kaỳ poŭ tĕ tỳ. Incorrigible.
壞不得的 houaý poŭ tĕ tỳ. Incorruptible, *incorruptib.*
說不得的 chŏ poŭ tĕ tỳ. Indicible, *ineffabilis*.
錯不得的 tsŏ poŭ tĕ tỳ. Infaillible, *infallibilis*.
覺不得的 kiŏ poŭ tĕ tỳ. Insensible, *insensibilis*.
見不得的 kién poŭ tĕ tỳ. Invisible, *invisibilis*.
摸得的 mō tĕ tỳ. Sensible, *sensibil.*
見得的 kién tĕ tỳ. Visible, *visibil.*

VII. — Les adjectifs dont la désinence est en *eux*, du latin *osus*, forment une classe très-nombreuse en français. Chaque fois que ces adjectifs marquent une qualité, un défaut, ils peuvent se tourner par *qui est*, *qui a*, et s'expriment aisément en chinois par le verbe substantif ché 是 *esse*, ou le verbe auxiliaire yeoù 有 *habere*, que l'on place avant le mot chinois.

EXEMPLES :

有驕傲的 yeoù kiāo gáo tỷ. Orgueilleux, *superbus*.

有利益的 yeoù lý ỷ tỷ. Avantageux, *utilis*.

有多的 yeoù tō tỷ. Copieux, *copiosus*.

有嫉妒的 yeoù tsỷ toŭ tỷ. Envieux, *invidiosus*.

有茦的 yeoù tsĕ̃ tỷ. Épineux, *spinosus*.

有名聲的 yeoù mîn chēn tỷ. Fameux, *famosus*.

有痰火脚的 yeoù tẵn hò kiŏ. Goutteux.

有仁慈的 yeoù jên tsĕ̃ tỷ. Miséricordieux, *misericors*.

有雲的 yeoù yûn tỷ. Nuageux, *nebulosus*.

有熱切的 yeoù jĕ tsiĕ̃ tỷ. Pieux, *pius*.

有味道的 yeoù oúy taó tỷ. Savoureux, *sapidus*.

VIII. — Les adjectifs dont la désinence est en *ique*, du grec ιxος, et du latin *icus*, indiquant une idée de *propriété*, d'*appartenance*, se traduisent, en chinois, par le verbe yeoù 有, avoir, *habere*, que l'on place avant le mot chinois.

EXEMPLES :

有魔鬼的 yeoù mô koùy tỷ. Diabolique, *diabolicus*.

有蠱脹病的 yeoù koù tchâng pín tỷ. Hydropique, *hydropicus*.

有憂氣的 yeoù ngeōu kỷ̃ tỷ. Mélancolique, *melancholicus*.

有瘋癱的 yeoù fōng tẵn tỷ. Paralytique, *paralytic*.

有疑惑的 yeoù nỷ houây tỷ. Sceptique, *scepticus*.

DEGRÉS DE COMPARAISON.

DU COMPARATIF

Pỳ kiáo tchē mîn 比較之名。

Comme il peut y avoir entre les objets comparés un rapport de *supériorité*, d'*infériorité* ou d'*égalité*, on distingue de même trois sortes de comparatifs. Dans ce paragraphe et le suivant, nos lecteurs auront déjà occasion de remarquer la richesse et l'abondance de la langue chinoise. En retenant les exemples suivants, on traduira aisément tous les comparatifs chinois.

1. — COMPARATIF DE SUPÉRIORITÉ.

Ce comparatif se fait, en chinois, de plusieurs manières.

1re *manière.* — L'idée se tourne ainsi : *cela comparé à ceci est.*

EXEMPLES :

M. **Tŏng** est plus savant que M. **Mà** (1). **Tŏng yê pỳ Mà yê kén tsaÿ hiŏ** 董爺比馬爺更才學。 Littéralement : **Tŏng** *dominus comparatus* **Mà** *domino magis (est) doctus.*

Cette maison-ci est plus élevée que celle-là. **Tchĕ ÿ kiēn fâng tsè pỳ lá kó kén kaō** 這一間房子比那更高。 Littéralement : *hæc domus comparata huic est magis alta.*

Ce riz est bon, mais celui-là est meilleur. **Tchĕ kó mỳ haò, taó tỳ lá kó kén haò** 這个米好到底那个更好。 Littéralement : *Hæc oryza bona, attamen illa est melior.*

2e *manière.* — Au lieu de l'adjectif comparatif, les Chinois emploient plus volontiers le nom commun ou substantif. Ainsi, au lieu de dire : *Paul est plus savant que Pierre,* ils préfèrent dire : *la science de Paul est plus grande que celle de Pierre.*

EXEMPLES :

M. **Mà** est plus savant que M. **Lỳ**. Tournez : la science de M. **Mà** est plus grande que celle de M. **Lỳ**. **Mà yê tsaÿ hiŏ pỳ Lỳ yê tỳ kēn tá** 馬爺才學比李爺的更大。 Littéralement : **Mà** *domini scientia comparata* **Lỳ** *domini (scientiæ) est major.*

M. **Pĕ** est plus fervent que M. **Ouên**. Tournez : la ferveur de M. **Pĕ** est plus grande que celle de M. **Ouên**. **Pĕ yê tỳ jĕ-tsiĕ pỳ Ouên yê tỳ kén tá** 白爺的熱切比文爺的更大。 Littéralement : **Pĕ** *domini fervor comparatus* **Ouên** *domini fervori est major.*

3e *manière.* — Le comparatif français exprimé par ces mots : *il vaut mieux, il est meilleur, il est préférable,* se traduit, en chinois, par ces mots : **kén haò** 更好 (meilleur), ou bien par ceux-ci : **poŭ joŭ** 不如, **mô joŭ** 莫如, *non sicut ac,* ou bien encore par ces expressions synonymes : **Lìn kŏ** 寧可, **Lìn yuén** 寧願, il est préférable, *potiùs est.*

---

(1) Ces mots **Tŏng** et **Mà** sont des noms patronymiques chinois.

EXEMPLES :

La charité vaut mieux que l'obéissance. Tĩn mín poŭ joŭ kōng kīn 聽命不如恭敬。Littéralement : *obedientia non potest comparari charitati.*

Il est préférable de mourir que de pécher. Lĩn kŏ ou Lĩn yuén sè poŭ fán tsouý. 寧可 ou 寧願死不犯罪。Littéralement : *potiùs est mori et non peccare.*

L'eau ne vaut pas le vin. Chouỳ poŭ joŭ tsieoù 水不如酒。

La connaissance du bien ne vaut pas l'amour du bien. Tchē chán poŭ joŭ haó tchē 知善不如好之。Littéralement : *noscere bonum non comparari (potest) amori illùs.*

En fait de vêtement, on préfère la nouveauté; en fait de personne, on préfère l'âge avancé. (Prov.) Ȳ mô joŭ sīn ; jên mô joŭ koù 衣莫如新 : 人莫如古。

Il n'y a rien de mieux que de perfectionner sa personne. Mô joŭ sieōu ký chēn 莫如修其身.

4° *manière.* — Souvent on emploie la particule Tō 多, *beaucoup*, que l'on ajoute à l'adjectif.

EXEMPLES :

Cela est meilleur. Haò tĕ tō 好得多。

Plus éloigné. Yuèn tĕ tō 遠得多。

5° *manière.* — La quantité dont une chose l'emporte sur une autre ou en est surpassée s'exprime, en chinois, par l'adjectif au positif, que l'on place avant le nombre de quantité. Ceci est très-pratique dans la langue orale.

EXEMPLES :

Plus haut de 4 pouces. Kaō sé tsēn tō 高四寸多。

Plus long de 2 pieds. Tchăng eúl tchĕ tō 長二尺多。

Plus court de 3 pouces. Touàn sān tsēn tō 短三寸多。

Plus bas de 8 pouces. Gaỳ loŭ tsēn tō 矮六寸多。

6° *manière.* Lorsque les mots de comparaison *plus de*, *moins de* se rapportent à une chose qui peut se compter, *plus* se rend, en chinois, par le mot tō 多, *moins*, par chaò 少。On les place comme dans les exemples suivants :

EXEMPLES :

Plus de dix taëls. Chĕ leàng tō 十兩多 (1).

Trois taëls plus six tsiĕn. Sān leàng tō loŭ tsiĕn 三兩多六錢 (2).

(1) Le taël est le synonyme du mot once, *uncia*. Un taël vaut environ 7 fr. 80 cent.

(2) Le tsiĕn est la dixième partie du taël ou de l'once d'argent.

Dix livres moins 3 onces. **Chě kīn chaò sān leàng** 十斤少三兩 (1).
Quatre ligatures moins 10 sapèques. **Sé tiāo chaò chě kó tsiēn** 四條少十个錢 (2).

7ᵉ *manière.* — Lorsque l'on interroge, l'adjectif reste souvent au positif, parce que, dans ce cas, le comparatif n'a pas besoin d'être exprimé.

EXEMPLES :

Quel est le meilleur? **Là kó haò sȳ** 那个好些。

8ᵉ *manière.* — Les comparatifs faits à l'aide des prépositions suivantes **yû** 於, 于, ne se rencontrent que dans les livres. S'il arrive qu'on s'en serve dans la langue parlée, c'est lorsque l'on cite un texte, une maxime, un proverbe.

EXEMPLES :

L'empereur **Houâng tý** avait plus de prudence que **Yâo** et **Chuén**. **Houâng tý hiên yû Yâo Chuén** 黃帝賢於堯舜。 Littéralement : **Houâng tý** *prudens super* **Yâo** et **Chuén**.

Les feuilles frappées par la bruine sont plus rouges que les fleurs de la deuxième lune. **Chouāng yě hông yû eúl yuě hoā** 霜葉紅于二月花。

9ᵉ *manière.* — L'expression **ȳ fă** 一發, *beaucoup plus, encore plus*, sert à faire des comparatifs, usités seulement dans la langue écrite.

EXEMPLES :

La chose est beaucoup plus facile. **Lá kó ȳ fă yông ý** 那个一發容易。
Cela est beaucoup mieux. **Ȳ fă miáo leào** 一發妙了。

10ᵉ *manière.* — Dans la langue écrite, on emploie souvent aussi le mot **tchoŭ** 出, *surpasser, exceller, sortir de.*

EXEMPLES :

Il est plus savant que les autres. **Tā tchoŭ tchóng jĕn** 他出衆人。
Il est plus habile que les autres. **Tā tchoŭ sĕ tsaý jên.** 他出色才人。

11ᵉ *manière.* — On trouve encore dans les livres cinq ou six autres manières de faire des comparatifs. Nous nous bornons ici à citer l'emploi du mot **ȳ** 益, *davantage, plus.*

EXEMPLES :

Si l'eau est plus profonde. **Jŏ chouỳ ȳ chēn** 若水益深。

---

(1) La livre chinoise est de 16 onces.

(2) La ligature comprend 1,000 sapèques. La sapèque est une monnaie de billon, perforée par le milieu, et d'une valeur minime.

海上絲綢之路文獻集成 科技與文化編

II. — COMPARATIF D'INFÉRIORITÉ.

Ces comparatifs se font presque tous sur le modèle des exemples suivants :

EXEMPLES :

La France est moins grande que la Chine. **Fă kouĕ mô tĕ Tchōng kouĕ tchĕ yáng tá** 法國莫得中國這樣大。Littéralement : *Gallia non habet Sinarum amplitudinem ;*

ou bien :

Fă kouĕ pỳ Tchōng kouĕ siaò sȳ 法國比中國小些。Littéralement : *Gallia comparata Sinis minor est.*

Cette maison est moins vaste que celle-là. **Tchĕ ȳ kiēn fâng tsè mô tĕ lá kó tchĕ yáng kouān** 這一間房子莫得那个這樣寬.

ou bien :

Tchĕ ȳ kiēn fâng tsè pỳ lá kó siaò sȳ 這一間房子比那个小些。

III. — COMPARATIFS D'ÉGALITÉ.

I. — Les Chinois ont une tournure spéciale pour ce genre de comparatifs : *Paris est aussi grand que Pékin.* On dit en chinois : Paris, Pékin, ces deux villes, sont d'une égale grandeur. Telle est la tournure invariable dans la langue orale.

EXEMPLES :

Paris est aussi grand que Pékin (1). **Fă kouĕ kīn tchĕn Pĕ kīn eúl tchĕn ȳ yáng kouān** 法國京城北京二城一樣寬。

Aux solstices, les nuits sont aussi longues que les jours. **Tōng hiá tché tcheóu yé ȳ yáng tchâng** 冬夏至晝夜一樣長。

Ma robe est aussi longue que la sienne. **Ngò tỳ chān tsè tā tỳ chān tsè toū ché ȳ yáng tchâng** 我的衫子他的衫子都是一樣長。

Aimer quelqu'un autant que sa vie. **Gaý sȳ tā joū sēn mín ȳ pān** 愛惜他如生命一般。

II. — Dans la langue écrite, le comparatif ne s'exprime pas s'il y a interrogation.

EXEMPLES :

De Sé ou de Chāng lequel est le plus sage (2)? **Sē yù chāng ỳ choŭ hiên?** 師與商也孰賢? Littéralement : **Sē** *cum* **Chāng** (*si comparentur*) *quis sapiens?*

(1) Si l'on traduisait le nom de la ville de Paris par ces mots : **Pā lỳ** 巴里, peu de Chinois comprendraient. Nous traduisons ainsi : la capitale de la France, comme les Chinois, parlant de Pékin, disent : la capitale du Nord, **Pĕ** *australis* **kīn** *metropolis.*

(2) **Sé** et **Chāng** sont deux disciples de Confucius.

Pour les talents, c'est un homme aussi distingué que **Lỳ taÿ pĕ**. **Tsè jên tāng ché Lỳ taÿ pĕ ÿ lieôu jên oŭ** 此人當是李太白一流人物。

III. — Les Chinois, même dans la conversation, font un usage fréquent de comparaisons, tirées les unes des mœurs de certains personnages anciens qui ont laissé une réputation bonne ou mauvaise, les autres tirées de la nature. De même que nous disons d'un bel homme, c'est un Adonis; d'un prince cruel, c'est un Néron; d'un poëte fameux, c'est un Corneille, etc.; ainsi les Chinois ont-ils une foule de comparaisons du même genre, que tout le monde entend. Il est important de recueillir sur un album toutes ces sortes de comparaisons. (Voir, à la IIe partie de la Grammaire, le chap. VIII, qui a pour titre : *Richesse et abondance de la langue chinoise.*)

DU SUPERLATIF.

Tché kÿ tÿ 至極的。

Nous distinguons trois espèces de superlatifs : le superlatif *absolu,* le superlatif *relatif,* le superlatif *excessif.* — Les formes chinoises sont très-variées et très-nombreuses pour exprimer ces divers degrés de superlatifs.

I. — SUPERLATIF ABSOLU.

Ce superlatif indique une qualité, sans aucune comparaison avec d'autres objets de même espèce.

1re *forme.* — On ajoute à l'adjectif ces mots : **tĕ hèn** 得狠 ou **tĕ kìn** 得緊 (1). Cette forme est la plus usitée dans la langue orale.

EXEMPLES :

Le style de Confucius est très-serré. **Kŏng tsè ouên fă chēn tĕ hèn** 孔子文法深得狠。

La tour de **Nan kin** (2) est très-élevée. **Lân kīn tă kaō tĕ hèn** 南京塔高得狠。

Le palais d'été est très-beau à voir (3). **Yuèn mîn yuên haò kán tĕ hèn.** 遠明園好看得狠。

---

(1) Dans les livres, au lieu des mots **tĕ hèn**, on trouve ceux-ci qui ont le même sens et qu'on emploie pour l'euphonie : **tÿ kìn** 的緊, *v. g. : très-joyeux.* **Houān hỳ tÿ kìn** 歡喜的緊。

(2) Ces mots **Nân kīn** signifient capitale du midi, comme ceux de **Pĕ kìn** signifient capitale du nord.

(3) Ce palais des empereurs de la Chine a été presque ruiné lors de la guerre contre la Chine par les Anglais et les Français en 1860.

海上絲綢之路文獻集成 科技與文化編

Je suis très-content. Ngò hỳ houān tĕ hèn, 我喜歡得狠。
Ce matin il fait très-froid. Kīn tsaò lèn tĕ hèn 今早冷得狠。
Le piment est très-mordant. Hoā tsiaō lă tĕ hèn 花椒辣得狠。

2° *forme.* — On fait précéder l'adjectif de l'un ou l'autre de ces mots : tché 至 ou tsouý 最, qui indiquent l'*extrême*, le *suprême degré*.

EXEMPLES :

Dieu est très-clément. Tiēn tchoū tché jên 天主至仁。
Nous sommes amis intimes. Ngò yù niên hiōng tché kiaō 我與年兄至交。
Cela est très-précieux. Tsoúy koúy 最貴。
Vos paroles sont bien vraies. Niên hiōng tchē yên tsoúy ché 年兄之言最是.
Vous avez là une très-bonne idée. Ngỳ sò kién tsoúy chán 你所見最善。

3° *forme.* — On répète l'adjectif, soit simple, soit composé. Cette forme est aussi élégante qu'elle est expressive.

EXEMPLES :

Très-bon. Haò haò tў 好好的。
Très-petit. Siaò siaò tў 小小的。
Très-évident. Mîn mîn pĕ pĕ tў 明明白白的。
Très-grand pécheur. Tchóng tchóng tsouý jên 重重罪人。
Parler très-obscurément, par mille détours. Ouỳ ouỳ kioŭ kioŭ chŏ 委委曲曲說。
Interroger avec soin. Sý sý fàng ouén 細細訪問。
Faire une révérence très-profonde. Chēn chēn tà ў kōng 深深打一恭。
Parler de la manière la plus positive. Chŏ tĕ hŏ hŏ hién hién 說得活活現現。
Marcher avec de très-grands airs. Hín hín teōu teōu tseòu 興興頭頭走。

4° *forme.* — On emploie l'expression cháng tèn tў 上等的, qui veut dire : *le suprême degré, le degré supérieur,* ou celle de cháng pìn tў 上品的, qui a le même sens. L'opposé est hiá tèn tў ou hiá pìn tў, *le plus bas degré.* L'usage indique les cas où l'on se sert de ces expressions.

EXEMPLES :

La contrition parfaite. Cháng tèn tў tŏng houỳ 上等的痛悔。
La contrition imparfaite. Hiá tèn tў tŏng houỳ 下等的痛悔。
Élève très-accompli. Cháng tèn tў hiŏ sēn 上等的學生。
Élève médiocre. Tchōng tèn tў hiŏ sēn 中等的學生。

Élève très-faible. **Hiá tèn tў hiŏ sēn** 下等的學生。

Remède souverain. **Cháng tèn tў yŏ** 上等的藥。

5° *forme.* — L'expression *dix parties*, **chĕ fén** 十分 fait en chinois un superlatif absolu. Ainsi l'on dit :

Très-grand. **Chĕ fén tá** 十分大。

Très-bon. **Chĕ fén haò** 十分好。

Très-joyeux. **Chĕ fén hỳ houān** 十分喜歡。

D'une beauté incomparable. **Chĕ fén meỳ maó** 十分美貌。

Les reines-marguerites sont épanouies; elles répandent la plus délicieuse odeur. **Kioŭ hoā kaȳ leào, chĕ fén lân mân** 菊花開了十分爛熳。

J'ai ouï dire que sa fille était la plus belle et la plus savante. **Ngò ouên tā lìn gaý chĕ fén tsaý meỳ** 我聞他令愛十分才美。

Cette affaire marche à merveille. **Tsĕ sé chĕ fén chuén lieôu** 此事十分順溜。

6° *forme.* — Dans la langue écrite, on emploie plus volontiers l'une des *neuf* particules suivantes pour faire le superlatif. Ces particules se placent toutes, excepté la dernière, avant l'adjectif. Leur signification est à peu près la même; elles marquent l'*excès*, la *perfection*, le *degré absolu*; mais chacune avec des nuances qu'il n'est pas possible de faire saisir à un jeune sinologue. La lecture des auteurs chinois fait sentir peu à peu la variété légère des acceptions de chacune de ces particules et les cas où il faut les employer.

EXEMPLES :

1° La particule **taý** 太。

太要緊 **Taý yáo kìn.** Très-nécessaire.
太容易 **taý yông ý.** Très-facile.
太早 **taý tsào.** Très-matin.
不要太謙 **poŭ yaó taý kiēn.** Ne soyez pas si modeste.
這太奇了 **tchĕ taý ký leào.** Voilà une chose très-singul.

2° La particule **tsiĕ** 切。

切要緊 **tsiĕ yáo kìn.** Très-nécessaire.
切愛 **tsiĕ gaý.** Très-grand amour.
切碎 **tsiĕ soúy.** Très-menu.

3° La particule **tsuĕ** 絕。

絕妙 **tsuĕ miáo.** Très-admirable.
絕好 **tsuĕ haò.** Très-bon.
絕無 **tsuĕ oû.** Absolument non.

4° La particule **chén** 甚。

甚美 **chén meỳ.** Très-beau.
甚明 **chén mîn.** Très-évident.
甚少 **chén chaò.** Très-peu.
甚靈 **chén lîn.** Très-excellent.
甚醜 **chén tcheòu.** Très-vilain.

5° La particule kỳ 極。

極妙 kỳ miáo. Très-admirable.
極白 kỳ pĕ. Très-blanc.
極厚 kỳ heoú. Très-épais.

6° La particule Tŏng 痛。

痛愛 tŏng gaý. Aimer souverainement.
痛恨 tŏng hén. Détester souverain.
痛欲 tŏng yoŭ. Désirer souverain.

7° La particule tchóng 重。

重愛 tchóng gaý. Aimer excessivement.
重哭 tchóng koŭ. Pleurer amèrement.
重貴 tchóng kouý. Estimer considérablement.
重罪人 Tchóng tsoúy jên. Un très-grand pécheur.

8° La particule numérique ouán 萬, *dix mille*, soit seule, soit multipliée encore par mille, tsiĕn ouán 千萬。

EXEMPLES :

Le roi des rois. Ouán ouâng tchē ouâng 萬王之王。
Le sage des sages. Ouán kiūn tchē kiūn 萬君之君。
Le maître des maîtres. Ouán sē tchē sē 萬師之師。
Venez demain de très-bonne heure. Mîn jĕ tsiĕn ouán tsaò sȳ laŷ 明日千萬早些來。
N'oubliez pas notre engagement de demain. Mîn jĕ tchē yŏ tsiĕn ouán poŭ kŏ ouâng 明日之約千萬不可忘。
Il n'eut pas le plus petit doute. Ouán ouán poŭ ngŷ 萬萬不疑。

9° La particule toŭ 篤, qui se place après l'adjectif.

EXEMPLES :

病篤 Pín toŭ. Maladie très-grave.
敦篤 tēn toŭ. Très-sincère.
渠篤 kiŭ toŭ. Trop bon.

9° *forme*. — Les Chinois ont un idiotisme qui tient lieu de superlatif, soit dans la langue *parlée*, soit dans la langue *écrite*. Il consiste à répéter le mot en plaçant au milieu le nom de nombre *un*, ў 一, et quelquefois ceux de *trois*, sān 三, *quatre*, sé 四。Cette tournure répond assez à un hébraïsme fort commun dans l'Écriture sainte.

EXEMPLES :

Pensez-y fort sérieusement. Ngỳ siàng ў siàng 你想一想。
Regardez très-attentivement. Ngỳ kán ў kán 你看一看。
Rechercher avec une grande diligence. Fàng ў fàng 訪一訪。
Réfléchir beaucoup. Tsaý sān sē 再三思, ou bien Tchŏng sé siàng 重四想。

II. — SUPERLATIF RELATIF.

Ce genre de superlatif exprime la qualité par comparaison avec une autre chose. Voici les deux formes les plus communes pour exprimer ce degré de superlatif.

EXEMPLES :

Il est le plus savant des hommes. **Toŭ choū jên louý, tā ché teŏu ў kó 讀書人內。他是頭一个。** Littéralement : *inter studentes homines, ille est prior.*

Il est mon plus fidèle ami. **Ngò tý pŏng yeòu loúy, tā ché teŏu ў kó 我的朋友內。他是頭一個。** Littéralement : *inter amicos meos, ille est prior.*

De toutes les affaires humaines le mariage est la plus importante. **Houēn ȳn lày jên sēn tý ў kién tá sé. 婚姻乃人生第一件大事。**

III. — SUPERLATIF EXCESSIF.

Les Chinois ont un très-grand nombre de formules pour marquer le superlatif au degré *le plus élevé*, au *degré excessif*. Nous nous bornons à en indiquer dix ou onze des plus usitées.

1re *forme.* — A ces mots **tĕ hèn 得狠**, qui servent à faire les superlatifs ordinaires, on ajoute ceux-ci : **kó yû 過餘** ou **kó fén 過分**, qui peuvent se traduire ainsi : *au-delà de toute expression* ou de toutes les bornes.

EXEMPLES :

Misérable au-delà de tout ce qu'on peut dire. **Tsaō niĕ tĕ hèn kó yû 遭逆得狠過餘。**

Vous êtes trop généreux avec moi. **Jên hiōng kó yû yóng hoúy 仁兄過餘用惠。**

2e *forme.* — On emploie l'une de ces expressions : **mŏ pỳ tý 莫比的** **oû pỳ tý 無比的** qui veulent dire : *au-dessus de tout, qui ne peut être comparé à rien.*

EXEMPLES :

Le péché est le plus grand de tous les maux, ou, un mal incomparable. **Tsouý mŏ pỳ tý tá ngŏ 罪莫比的大惡。**

La piété filiale est ce qu'il y a de plus grand dans les œuvres de l'homme. **Jên tchē hîn mŏ tá yû hiaó 人之行莫大於孝。**

3e *forme.* — Cette tournure chinoise est plus usitée dans les livres que dans la conversation. Elle répond un peu à ces mots français : *par-dessus tout, plus que tout;* seulement l'expression chinoise a bien plus de force. Elle veut dire littéralement : *ce qui surpasse même les dix mille choses.* **Yû ouán yeoù tchē cháng** 于萬有之上。

EXEMPLES :

Aimer Dieu par-dessus tout. **Gaý Tiēn Tchoù yû ouán yeoù tchē cháng** 愛天主于萬有之上。

La difficulté est immense. **Yeoù ouán fén lân tchēn** 有萬分難成。

4° *forme.* — On ajoute au superlatif ordinaire ces mots : **oŭ toný tў** 無對的, *sans aucune comparaison possible.*

EXEMPLES :

Très-respectable. **Tché tsēn oў toný tў** 至尊無對的。

Très-élevé. **Tché kaō oŭ toný tў** 至高無對的。

5° *forme.* — Dans les livres, on rencontre sans cesse ces formes-ci de superlatif excessif : **poŭ chēn** 不勝, *inexprimable, sans bornes,* ou **poŭ tsuĕ** 不絕。

EXEMPLES :

Sa joie était sans égale. **Hỳ poŭ tsé chēn** 喜不自勝。

Ne pas revenir de son étonnement. **Poŭ chēn kīn yá** 不勝驚訝。

Son trouble et sa confusion sont inexprimables. **Poŭ chēn houâng tchén** 不勝惶怔。

Ma reconnaissance sera sans bornes. **Poŭ chēn kàn gēn** 不勝感恩。

La joie du père et du fils à se revoir fut au au comble. **Foú tsè siāng kién poŭ chēn tchē hỳ** 父子相見不勝之喜。

Il vantait ces fleurs d'une manière inouïe. **Kouā tsiàng haò hoā poŭ tsuĕ** 誇獎好花不絕。

6° *forme.* — L'expression *dix parties,* **chĕ fén** 十分, fait un superlatif ordinaire. Mais si l'on emploie un nom de nombre supérieur à celui-là, le superlatif est alors *excessif.*

EXEMPLES :

Le mariage est plus que réglé. **Houēn ўn ỳ yeòu chĕ eúl fén ouèn leào** 婚姻已有十二分穩了。

S'il n'avait pas pour vous une affection sans bornes. **Jŏ poŭ ché eúl chĕ fén kín tchóng** 若不是二十分敬重。

7° *forme.* — Les expressions **feў châng** 非常, **ý châng** 異常, *très-extraordinaire, qui surpasse le commun,* font aussi un superlatif excessif très-souvent employé.

EXEMPLES :

Il était doué, en naissant, d'une beauté prodigieuse. **Sēn tĕ tsē sĕ feў châng** 生得姿色非常。

Ce **Yâng** est d'une perversité dont on n'a pas d'idée. **Yâng tsě kiēn ngŏ ý châng** 楊賊奸惡異常。

Voyant cette beauté si rare. **Kién tā meỳ loŭ ý châng** 見他美麗異常。

8ᵉ *forme.* — Les deux expressions suivantes : **poŭ ỳ** 不已 et **poŭ tỳ** 不題 se rencontrent souvent dans les livres de bonne littérature, et marquent toutes deux le superlatif excessif.

EXEMPLES :

A cette vue les trois hôtes demeurèrent dans un étonnement qui ne peut se rendre. **Sān jên kán leào kiú tá kīn poŭ ỳ** 三人看了俱大驚不已。

Il fut prodigieusement mortifié de ce contre-temps. **Tā tcheoŭ tcháng poŭ ỳ** 他惆悵不已。

Il éprouva la joie la plus excessive. **Màn sīn houān-hỳ poŭ tỳ** 滿心歡喜不題。

Se livrer à des réflexions sans bornes. **Siāng sē poŭ tỳ** 相思不題。

Rire d'un rire inextinguible. **Siaó poŭ tỳ** 笑不題。

9ᵉ *forme.* — L'expression **pỳ tā cháng** 比他上, *en le comparant mettre au-dessus*, est fort élégante, en chinois, mais on ne l'emploie que dans le style écrit.

EXEMPLES :

Personne n'est plus beau de figure que lui. **Jên oŭ jên pỳ tā poŭ cháng** 人物人比他不上。

10ᵉ *forme.* — Les mots **oŭ chouāng** 無雙, *sans pareil, sans égal,* et ceux-ci : **oŭ tsě** 無測, *sans mesure, qui ne peut être mesuré,* sont deux formes d'un bon goût et très-communes.

EXEMPLES :

Vous êtes, en âge, en talent, en beauté, sans pareil dans l'Empire. **Tsīn niên tsaỳ meỳ kouě sé oŭ chouāng** 青年才美國士無雙。

Quel inépuisable sujet de douleur ! **Oŭ poŭ tsě tchē yeōu** 無不測之憂。

11ᵉ *forme.* — On se sert du verbe **tchoŭ** 出, *sortir de, dépasser beaucoup,* pour faire une forme de superlatif excessif.

EXEMPLES :

Ma joie surpasse de beaucoup mes espérances. **Hỳ tchoŭ ouáng ouáy** 喜出望外。

C'est un talent des plus extraordinaires. **Ché tchoŭ sě tsaỳ jên** 是出色才人。

海上絲綢之路文獻集成 科技與文化編

CHAPITRE IV.

DES ADJECTIFS NUMÉRAUX
OU
DES NOMS DE NOMBRE EN CHINOIS (1).

數名 Soú mîn.

1° Système décimal très-ancien chez les Chinois. — 2° Des nombres *cardinaux*. Manière de les former. Cinq formes d'écriture pour ces nombres. — 3° Des noms numéraux, ou autrement des particules numérales, exclusivement propres à la langue chinoise. Leur utilité. — 4° Des nombres ordinaux. — 5° Des nombres partitifs. — 6° Division de l'année, du mois, des jours, des heures, de la semaine, en chinois. — 7° De l'abaque chinois ou machine à compter. Son utilité. Manière de s'en servir. — 8° Des barres numérales. — 9° Spécimens des anciens chiffres chinois en écriture Tchouán 篆 et en écriture cháng fāng tá tchouàn 上方大篆。

I. — SYSTÈME DÉCIMAL CHEZ LES CHINOIS.

Le système décimal, si moderne chez nous, est connu et suivi en Chine depuis une époque fort ancienne. La manière de compter en Chine est très-simple et très-facile à retenir; car tous les mots qui expriment les noms de nombres usuels se réduisent à *treize*. Les dix premiers noms se combinent entre eux dans un ordre naturel et régulier. Avec les *treize mots* consacrés aux termes usuels, on pourrait pousser la numération jusqu'aux *billions exclusivement*. Si l'on avait besoin de pousser plus loin le calcul, il serait possible d'exprimer, même par un seul caractère, les sommes les plus élevées, telles que celles que l'on rencontre dans les calculs astronomiques.

Outre les noms de nombre *ordinaux* et *cardinaux*, les Chinois ont une espèce de mots *explétifs* très-ingénieusement inventée, vu le génie exceptionnel de leur langue. On a donné à ces mots explétifs le nom de *particules numérales*. Nous en parlerons dans un article à part.

II. — NOMBRES CARDINAUX.

Comme tous les mots chinois, les noms de nombre restent invariables et ne prennent jamais aucune marque distinctive, quand ils ne se rapportent pas à un substantif. Bien qu'on les prononce de la même manière, il y a quatre formes

(1) Il y aurait un travail intéressant à faire sur l'*arithmétique des Chinois*. Ce travail serait d'autant plus piquant que leur méthode originale est loin d'être dépourvue de vues neuves pour les Européens.

海上絲綢之路文獻集成 科技與文化編

d'écriture pour les noms de nombre usuels. La première est la plus simple, la plus ancienne et la plus commune dans la pratique. La deuxième a été composée, à dessein, avec des traits plus nombreux, plus compliqués. On s'en sert dans les actes publics, dans les écrits d'achat, de vente, afin d'empêcher les fraudes et les altérations dans les affaires importantes. On leur donne le nom de *chiffres* officiels, **kouān tsé** 官字。La forme d'écriture de ces deux genres est de celle que l'on nomme **kiaŷ choū** 楷書。La troisième manière d'écrire les noms de nombre est une forme abrégée, cursive, à la volée, que l'on nomme : *caractères* **tsaŏ** 草字。La quatrième est une forme simple, exclusivement employée dans le commerce pour numéroter les marchandises, faire d'autres indications de ce genre. On les trace avec une grande facilité. Ils portent le nom de **gán mà tsé** 暗馬字。

Dans la haute antiquité chinoise, la forme d'écriture des noms de nombre était en rapport avec l'écriture courante de l'époque. Nous renvoyons à la fin de ce chapitre deux tableaux qui donnent la forme antique des noms de nombre. Ces tableaux peuvent être utiles à ceux qui s'occupent de l'antiquité.

TABLEAU DES NOMS DE NOMBRE

AVEC LES QUATRE FORMES D'ÉCRITURE.

VALEURS.	PRONONCIATION.	ÉCRITURE dite Kiây choū 楷書。 1re FORME.	2e FORME.	CHIFFRES en écriture tsaŏ 草。 3e FORME.	CHIFFRES du commerce. 4e FORME.
1	ŷ	一	壹	一	〡
2	eùl	二	貳	二	〢
3	sān	三	叁	三	〣
4	sé	四	肆	四	〤
5	où	五	伍	五	〥
6	loŭ	六	陸	六	〦
7	tsy̆	七	柒	七	〧
8	pă	八	捌	八	〨
9	kieòu	九	玖	九	〩
10	chĕ	十	拾	十	十
100	pĕ	百	百	百	白
1,000	tsiēn	千	仟	千	千
10,000	ouán.	萬	萬	萬	万
					○ zéro.

Suite de la manière de compter.

十一	chĕ ў.	11	onze. Littér. : dix-un, *undecim.*
十二	chĕ eúl.	12	douze. — dix-deux, *duodecim.*
十三	chĕ-sān.	13	treize. — dix-trois.
十四	chĕ sé.	14	quatorze. — dix-quatre, etc.
十五	chĕ où.	15	quinze.
十六	chĕ loŭ.	16	seize.
十七	chĕ tsў̆.	17	dix-sept.
十八	chĕ pă.	18	dix-huit.
十九	chĕ kieòu.	19	dix-neuf.
二十	eùl-chĕ.	20	vingt, deux-dix.
二十一	eùl chĕ ў.	21	vingt et un, deux dix un.
三十	sān chĕ.	30	trente, trois dix.
四十	sé chĕ.	40	quarante, quatre dix.
五十	où chĕ.	50	cinquante.
六十	loŭ chĕ.	60	soixante.
七十	tsў̆ chĕ.	70	soixante-dix.
八十	pă chĕ.	80	quatre-vingts.
九十	kieòu chĕ.	90	quatre-vingt-dix.
百	pĕ̆.	100	cent.
一百	pĕ̆.	100	un cent.
二百	eùl pĕ̆.	200	deux cents.
三百	sān pĕ̆.	300	trois cents.
千	tsiēn.	1,000	mille.
一千	ў tsiēn.	1,000	un mille.
二千	eùl tsiēn.	2,000	deux mille.
三千	sān tsiēn.	3,000	trois mille.
一萬	ў ouán.	10,000	dix mille.
二萬	eúl ouán.	20,000	vingt mille.
三萬	sān ouán.	30,000	trente mille.
十萬	chĕ ouán.	100,000	cent mille.
一百萬	ў pĕ̆ ouán.	1,000,000	un million.
二百萬	eúl pĕ̆ ouán.	2,000,000	deux millions.
一千萬	ў tsiēn ouán.	1,000,000,000	un milliard.

L'expression chinoise qui indique l'absence d'une quantité dans un nombre, ou le zéro, est **lîn** 零, *plus, reste.* Ainsi, par exemple, cent trois, **ў - pĕ̆ lîn sān kó** 一百零三个, c'est-à-dire : cent, plus trois. On l'écrit, dans les noms de nombre, par un ○, qui, en chinois, ne veut jamais indiquer autre chose que le vide ou l'absence d'une quantité. Cet ○ ou ce zéro ne sert donc jamais aux Chinois de multiplicateur, comme chez nous.

Bien que, dans l'usage ordinaire, on ait rarement besoin d'autres mots pour exprimer les quantités, et qu'on se serve, en écrivant, d'autres caractères, il arrive de rencontrer, mais dans les livres seulement, des caractères exprimant des quantités fort élevées, et s'écrivant par un seul signe. Nous les donnons ici :

億 ý. Cent mille. Vulgairement : 十萬 chě ouán.
兆 tchaó. Un million. — 一百萬 ý pě ouán.
京 kīn. Dix millions. — 一千萬 ý tsiēn ouán.
秭 tsè. Cent millions. — 萬萬 ouán ouán.
垓 Kaȳ. Un milliard.
壤 Jàng. Dix milliards.
溝 keōu. Cent milliards.
澗 kién. Un billion.
正 tchén. Dix billions.
載 tsaỳ. Cent billions (1).

REMARQUES.

1° Lorsque l'on parle d'un nombre indéterminé, incertain, au-dessous de dix, comme, par exemple, *trois ou quatre*, *cinq ou six*, on n'exprime jamais en chinois la conjonctive *ou*. On dit simplement :

三四 sān sé. Trois-quatre.
五六 où loŭ. Cinq-six.

Si le nombre dépasse *dix*, on l'exprime ainsi :

十多个 chě tō kó. Plus de dix.
十多年 chě tō niên. Plus de dix ans, ou 十年多 chě niên tō.
一百多里 ý pě tō lỳ. Plus de cent lieues, ou bien 一百餘里 ý pě yû lỳ.

Souvent aussi les Chinois se servent, dans ce cas, des mots *à peu près*, *environ*, tchā poŭ tō 差不多 (2).

差不多一百里 tchā poŭ tō ý pě lỳ. Environ cent lieues.
差不多四里 tchā poŭ tō sé lỳ. Environ quatre lieues.

2° Lorsque le nombre cardinal est pris pour nombre ordinal, comme dans les exemples suivants, on les traduit ainsi :

(1) Ces noms de nombre sont tirés du Dictionnaire de Kāng-hȳ. En parlant de ce dernier nombre, l'ouvrage dit : 載地不載也。

(2) Cette expression signifie littéralement : *abesse non multùm*, il ne s'en faut pas beaucoup.

𫓧思第十四位 Louý sē tý chĕ sé oúy. Louis XIV, *Ludovicus, quarta decima persona.*

必約第九位 Pý yŏ tý kieoù ouý. Pie IX, *Pius, nona persona.*

3° Lorsque l'on veut exprimer la durée de règne d'un prince, on dit, en chinois, v. g. : *Il a été sur le trône quatorze ans.* Tā tsaý ouý chĕ sé niên 他在位十四年。

4° Les chiffres de commerce ont une forme particulière, comme on le voit au tableau de la page 98. Ils se placent, comme nos chiffres arabes, en lignes horizontales; on les lit de gauche à droite. Dans les nombres composés de mille, centaines, dizaines et unités, les coefficients se placent au-dessus de chaque degré correspondant. Ainsi, pour représenter les trois sommes suivantes, on disposera les chiffres de cette manière :

4	5	6	2	1	8	7	2	4	2	4
〤	〥	〦		〡	〨	〦		〤	〢	
千	百	十	〢	千	百	十	〢	百	十	〤

Le 〇 ne s'emploie qu'au milieu des nombres pour indiquer seulement l'absence d'un degré intermédiaire. Jamais on ne le place à la fin d'une quantité.

EXEMPLES :

1	0	8	0	4
〡		〨		
万	〇	百	〇	〤

S'il s'agit d'un nombre plein, sans addition d'unités, le multiplicateur se place sur la même ligne et précède le degré décuple.

EXEMPLES :

3	0	0	0	4	0	0	6	0
	〣	千		〤	百		〦	十, etc.

Les Chinois emploient quelquefois dans les livres une sorte de barre, dans le genre des chiffres de commerce. Bien que cet usage soit rare, nous donnons le tableau de ces barres numérales à la page 111.

III. — DES NOMS NUMÉRAUX OU DES PARTICULES NUMÉRALES.

Les anciens missionnaires de la Chine ont donné à cette classe de mots chinois le nom de *particules numérales* ou *numériques*. Malgré l'idée assez vague qui s'attache à ce nom, on a continué à le donner à cette classe de mots. Un auteur moderne a cru mieux les définir, en les appelant : *substantifs auxiliaires*. Cette définition n'a que le mérite d'être plus vague que l'ancienne.

Les Chinois ont eu l'idée de choisir dans leur langue un certain nombre de mots exprimant, les uns, une idée générale, mais caractéristique; les autres, une propriété frappante d'objets. Ces mots expriment, par exemple, la longueur, l'étendue, l'unité, la parité, la rondeur, la hauteur, un fragment, un objet roulé, une forme pointue, etc. Les Chinois ajoutent cette espèce de mots aux noms de nombre cardinaux.

Ainsi, *une table* devrait rigoureusement se traduire, en chinois, par ces mots : **ў tchŏ tsè** 一桌子, *una mensa*, mais on ne serait pas compris. Il faut dire : **ў tchāng tchŏ tsé** 一張桌子。Le mot **tchāng** est ici particule numérale, accompagnant le nom de nombre chaque fois qu'il est question d'un objet de longueur, d'étendue. Un couteau, littéralement : **ў taō** 一刀。Ces deux mots, dans le langage parlé, ne seraient pas compris à cause des nombreux *homophones* chinois. Mais si l'on dit : **ў pà taō** 一把刀, chacun comprendra de suite. La particule **pà** sert à indiquer tout objet ayant un manche. Un parapluie se dira de même : **ў pà sàn** 一把傘。Ces deux mots seuls : **ў sàn** seraient inintelligibles. Une paire de bas : **ў chouāng ouâ tsè** 一雙襪子。La particule **chouāng** indique toute espèce d'objets doubles, ou les noms d'objets pairs. Si l'on demandait à quelqu'un, par exemple, combien il a de paires de bas, il répondrait en chinois, comme nous le faisons en français : trois, quatre paires, **sān sé chouāng**, sans répéter le mot *bas*. Les objets disposés en ligne, en rang, se désignent par la particule numérale **hâng** 行。Ainsi, on dira : une ligne, une rangée de maisons, **ў hâng fâng tsè** 一行房子。Le mot **keoŭ** 口, bouche, est la particule numérale qui sert à désigner, entre autres, les membres d'une famille. On dira : **pă keoŭ jên** 八口人, huit bouches, au lieu de huit personnes.

Par l'usage que les Chinois font de cette classe de mots, on voit que, dans leur esprit, ce ne sont pas de véritables noms de nombre. C'est là pourtant le côté qui a frappé davantage l'esprit de ceux qui les ont désignés les premiers sous le nom de *particules numérales*. Ces mots ne sont pas strictement des noms de nombre. Leur rôle est premièrement de faire éviter, dans la langue parlée, l'équivoque, l'obscurité; deuxièmement, d'exprimer la chose avec plus de grâce, plus d'élégance et plus de clarté; troisièmement, d'établir une sorte de distinction entre les choses générales et les choses particulières. Il est à remarquer que les choses qui ne sont pas susceptibles d'être divisées en parties ne sont jamais précédées de la *particule numérale*. On ne peut jamais omettre à volonté ces particules dans la conversation. Le moindre inconvénient serait de n'être pas compris.

Les particules numérales ne sont pas des mots exclusivement affectés à cet usage. Isolés des nombres cardinaux, ils ont leur signification propre.

Le nombre des particules numérales dépasse un peu la centaine. Nous les avons réunies, en forme de tableau alphabétique, dans notre *Dictionnaire français-chinois*, au mot *caractère*, page 67. Nous y renvoyons le lecteur.

L'usage de ces particules étant très-régulier n'offre dans la pratique aucune difficulté. Nous avons dans la langue française certains mots qui ressèmblent beaucoup aux particules numérales chinoises, et font assez bien le rôle de ces particules. Nous disons, par exemple, une pièce de toile, un rouleau de papier, un acte de comédie, un grain de sable, une goutte d'eau, un monceau de paille, une pile de bois, etc.

Tous ces mots *rouleau*, *pièce*, *acte*, *grain*, *monceau*, *pile*, et une foule d'autres de ce genre, représentent assez bien cette classe de mots chinois, et semblent très-propres à faire comprendre le rôle des particules numérales en chinois.

IV. — DES NOMBRES ORDINAUX.

Les nombres ordinaux se forment, en chinois, par la simple addition du mot tý 第 au nom de nombre cardinal. Ainsi l'on dit :

第一 tý ў. Le premier, *primus*.
第二 tý eúl. Le deuxième, *secundus*.
第三 tý sān. Le troisième, *tertius*.
第四 tý sé. Le quatrième, *quartus*.
第五 tý où. Le cinquième, *quintus*.
第六 tý loŭ. Le sixième, *sextus*.
第七 tý tsў̆. Le septième, *septimus*.
第八 tý pă. Le huitième, *octavus*.
第九 tý kieoù. Le neuvième, *nonus*.
第十 tý chĕ. Le dixième, *decimus*.
第二十 tý eúl chĕ. Le vingtième, *vigesimus*.
第三十 tý sān chĕ. Le trentième, *trigesimus*.
第一百 tý ў pĕ. Le centième, *centesimus*.
第一千 tý ў tsiĕn. Le millième, *millesimus*.

Pour exprimer le nombre *de fois*, on dit en chinois :

一次 ў tsé. Une fois, *semel*, ou bien 一回 ў houў.
二次 eúl tsé. Deux fois, *bis*, — 二回 eúl houў.
三次 sān tsé. Trois fois, *ter*, — 三回 sān houў.
Ainsi de suite.

Dans les livres on emploie souvent, au lieu des précédents, les mots qui suivent : tsaō 遭, piĕn 遍, fān 番。

三遭他這裡來了 Sān tsaō tā tché lў layҙ leaò. Il est venu ici trois fois.
你幾遭這裡來了 Ngў kў tsaō tché lў lay leaò. Combien de fois êtes-vous venu ici?
幾番要來看你 Kў fān yaó lay kán ngў. Que de fois j'ai voulu venir vous voir!

REMARQUES.

1° Dans les livres, on emploie assez souvent, pour marquer la division en quatre, les premiers caractères du livre sacré qui porte le nom de **ý kīn** 易 經。 Ces caractères sont : 元 **yuên**, 亨 **hēn**, 利 **lý**, 貞 **tchēn**.

2° Les Chinois ont un cycle *dénaire* pour la division du temps, et un autre *duodénaire* pour celle des heures de la journée. S'ils ont à marquer une division en dix, en douze parties, ils font usage de chacun des caractères de ces cycles. Toutefois, la pratique en est bannie de la langue parlée. La combinaison de ces deux cycles, répétée cinq et six fois, a fourni aux Chinois leur fameux cycle de soixante ans. (Voir les mots *cycle* et *heure*, dans notre *Dictionnaire*.) En géométrie, ils font usage des premiers caractères de ce même cycle, là où nous employons les lettres *A. B. C. D.*

3° Dans la division d'objets en grand, les Chinois se servent des mots **cháng** 上, **tchōng** 中, **hiá** 下, qui répondent à partie supérieure,
— moyenne,
— inférieure.

Ainsi, la première partie d'un ouvrage se dira **cháng kiuén** 上 卷.
Celle du milieu. . . . . **tchōng kiuén** 中 卷.
La dernière ou troisième partie. . . . . . . **hiá** 下 卷.

V. — DES NOMBRES PARTITIFS.

Voici les expressions en usage dans la langue parlée :

一 半 **ý pán**. La moitié, une moitié, demi, une demie.
一 點 半 **ý tièn pán**. Une heure et demie.
一 里 半 **ý lỳ pán**. Une lieue et demie.
半 點 **pán tièn**. Une demi-heure.
半 里 **pán lỳ**. Une demi-lieue.
半 信 半 不 信 **pán sín pán poŭ sín**. Croire à moitié, à demi.
半 生 半 活 **pán sēn pán hô**. Demi-mort.
半 人 半 鬼 **pán jên pán koúy**. Demi-mort de crainte.
半 酣 **pán hān**. Demi-ivre, entre deux vins.

Les Chinois, pour dire : à demi, à moitié, usent souvent de cette formule-ci :

七 死 八 活 **tsÿ sè pă hô**. A moitié mort.

Souvent on emploie la particule **yû** 餘 pour exprimer ***plus, au-delà de, sans détermination fixe de temps.***

病 了 月 餘 **pín leaò yuĕ yû**, *v. g.* Il a été malade plus d'un mois.
住 了 月 餘 **tchoú leaò yuĕ yû**. Il s'arrêta plus d'un mois.

海上絲綢之路文獻集成 科技與文化編

Pour exprimer la division en parties, les Chinois procèdent comme nous, en prenant pour base le tiers, le quart, le dixième, etc.

Ainsi, ils disent :

Pour le tiers :

三分有一分 **sān fén yeoù ỳ fén**, c'est-à-dire de trois parties il y en a une, ou bien : **sān koù yeoù ỳ koù** 三股有一股。

Pour le quart :

四分有一分 **sé fén yeoù ỳ fén**, c'est-à-dire, de quatre parties il y en a une.

Pour les trois quarts :

四分。四股有三分 **sé fén** ou **sé koù yeoù sān fén**, ou 三股 **sān koù**.

Pour le huitième :

八分有一分 **pǎ fén yeoù ỳ fén**.

Pour les six dixièmes :

十分有六分 **chě fén yeoù loŭ fén**.

VI. — DIVISION DU TEMPS.

Année chinoise.

Le Chinois ont deux manières pour exprimer les dates par années.

La première, la plus commode, est d'employer les dates des années de règne des empereurs. Les empereurs chinois prennent, en montant sur le trône, un titre de règne. Ainsi, le premier empereur de la dynastie actuelle avait pour titre ou nom de règne ces mots : **chuén tchê** 順治。Son règne a été de dix-huit ans. Un Chinois, pour indiquer son âge ou un événement passé, dira : Je suis né, cet événement a eu lieu la première, la huitième, la dixième année de la période dite : **chuén tchê**. Tel événement est arrivé la quinzième année de la période dite : **kāng hỳ**. Ce nom ou titre de règne se nomme en chinois : **kouĕ haó** 國號。Les monnaies chinoises portent le titre des années de règne d'un empereur. Chez nous, le souverain pontife choisit aussi un titre de pontificat, et date ses actes des années de ce même pontificat.

Toutefois, nous ferons remarquer que si tel est en réalité le sens du titre de règne des empereurs de la Chine, dans la pratique on applique ce titre lui-même à la personne de l'Empereur. Ainsi, l'on dit vulgairement :

L'Empereur **Kāng hỳ** 康熙。
L'Empereur **Taó kouāng** 道光。
L'Empereur **Tŏng tchê** 同治。

La deuxième manière de compter les années a lieu par le cycle de 60 ans, nommé en chinois **kiă tsè** 甲子, du nom des deux premiers caractères. En

Chine, chacun sait par cœur ce cycle. Si l'on demande à un Chinois son âge, au lieu de répondre qu'il a tant d'années, il se borne à dire : *Je suis né telle année du cycle* (1).

Des mois.

Les mois chinois sont lunaires, et portent le nom même de la lune **yuě** 月。 Ils sont tous de vingt-neuf ou de trente jours. On donne aux mois de vingt-neuf jours le nom de *petits mois*, **yuě siào** 月小 : aux autres, celui de *grands mois*, **yuě tá** 月大。 Pour combler le déficit que cause naturellement cette manière de supputer le temps, les Chinois ont tous les trois ans une lune supplémentaire. Ces années-là ont *treize lunes* ou *treize mois*. La lune supplémentaire porte le nom de **Juén yuě** 閏月。 Les Chinois ont un cycle de dix-neuf ans, durant lequel ils intercalent sept fois cette lune supplémentaire. Il y a un ordre déterminé pour intercaler cette lune. Si on l'ajoute, par exemple, après la troisième lune ou le troisième mois, on dira alors, en parlant de cette lune intercalée : **Juén sān yuě** 閏三月。 Ainsi des autres. (Voir le mot *Lune* dans le *Dictionnaire français-chinois*.)

Dans l'usage ordinaire, on désigne les mois chinois ou les lunes de la manière suivante :

1re lune ou 1er mois.	**Tchén yuě**	正月。	7e lune ou 7e mois.	**Tsÿ yuě**	七月。
2e lune ou 2e mois.	**Eúl yuě**	二月。	8e lune ou 8e mois.	**Pă yuě**	八月。
3e lune ou 3e mois.	**Sān yuě**	三月。	9e lune ou 9e mois.	**Kieoù yuě**	九月。
4e lune ou 4e mois.	**Sé yuě**	四月。	10e lune ou 10e mois.	**Chě yuě**	十月。
5e lune ou 5e mois.	**Où yuě**	五月。	11e lune ou 11e mois.	**Tōng yuě**	冬月。
6e lune ou 6e mois.	**Loŭ yuě**	六月。	12e lune ou 12e mois.	**Lă yuě** (2)	臘月。

Jours du mois.

Il y a une expression spéciale pour les dix premiers jours du mois. A partir du onzième jour du mois, on emploie les noms de nombres cardinaux.

Le premier jour du mois se désigne ainsi :			**Tsoū ÿ**	初一。
Le deuxième	—	—	**Tsoū eúl**	初二。
Le troisième	—	—	**Tsoū sān**	初三。
Le quatrième	—	—	**Tsoū sé**	初四。
Le cinquième	—	—	**Tsoū où**	初五。
Le sixième	—	—	**Tsoū loŭ**	初六。
Le septième	—	—	**Tsoū tsÿ**	初七。

(1) Voir ce cycle, dans le *Dictionnaire français-chinois*, tome I, page 118.

(2) Ce nom est celui du sacrifice que l'on offre à la fin de l'année aux ancêtres et à tous les esprits avec la chasse de plusieurs animaux.

Le huitième	—	—	Tsoū pă	初八。
Le neuvième	—	—	Tsoū kieoù	初九。
Le dixième	—	—	Tsoū chě	初十。

Ensuite on dit :

Le 11.	十一日	chě ў jě.	Le 20.	二十	eúl chě.
Le 12.	十二	chě eúl.	Le 30	三十	sān chě.
Le 15.	十五	chě où.			

Pour ces dix premiers jours, si l'on veut demander le quantième du mois, on se sert de ces mots : tsoū kỳ 初幾。

Pour demander le quantième à partir du 11, on dit : Chě kỳ 十幾? Quel jour du mois?

EXEMPLES :

Le 6 de la huitième lune se dira : pă yuě tsoū loŭ 八月初六。*Octavæ lunæ dies sextus.*

Le 8 de la cinquième lune : Où yuě tsoū pă 五月初八。

Le 15 de la onzième lune : Tōng yuě chě où 冬月十五。

Le 20 de la douzième lune : Lă yuě eúl chě 臘月二十。

Des heures. Chê chên 時辰。

Les Chinois divisent le jour en douze heures. Chacune de ces heures en vaut deux des nôtres. Nous renvoyons nos lecteurs pour tout ce qui concerne cet article au passage de notre *Dictionnaire français-chinois,* page 230.

Semaine.

Les anciens livres de la Chine, les kīn 經 (livres par excellence) montrent que la division du mois en semaines, c'est-à-dire en séries de sept jours, a été connue autrefois dans ce pays (1). Certains usages chinois corroborent cette croyance. Quoi qu'il en soit, il est certain que l'usage pratique de cette division du temps a disparu depuis fort longtemps. Les Chinois ne connaissent plus l'observance régulière d'un septième jour. Ils n'ont pas d'expression pour

(1) Nous ne citerons ici que les deux passages suivants tirés, l'un des livres sacrés de la Chine, l'autre d'un historien célèbre, Sē mà tsiēn. (Pour plus de détails, lire le travail de M. Bonnetty, rédacteur des *Annales de philosophie*, 4ᵉ série, tome XX, page 362.) — 1° On lit dans le ў kīn 易經 *Vous viendrez honorer de sept en sept jours.* — 2° L'empereur offrait, dans l'antiquité, au printemps et à l'automne, un sacrifice au grand UN ou à la suprême Unité, sur un tertre en pierre situé entre l'Orient et le Midi, en immolant, le 7ᵉ jour, les animaux sur un autel. 古者天子以春秋祭太一東南郊用大牢七日。

indiquer ce mode de division. Les catholiques chinois emploient seuls le mot semaine et ont une expression consacrée à chaque jour de la semaine.

一个主日 ȳ kó tchoù je. Une semaine.

兩个主日 leàng kó tchoù je. Deux semaines.

主日 tchoù jě. Dimanche, *dies Domini.*

瞻禮二 tchān-lỳ eúl. Lundi, *feria secunda.*

瞻禮三 tchān-lỳ sān. Mardi, *feria tertia.*

瞻禮四 tchān-lỳ sé. Mercredi, *feria quarta.*

瞻禮五 tchān-lỳ où. Jeudi, *feria quinta.*

瞻禮六 tchān-lỳ loŭ. Vendredi, *feria sexta.*

瞻禮七 Tchān-lỳ tsȳ. Samedi. *Sabbatum.*

守主日瞻禮 Cheoù tchoù-jě, tchān-lỳ. Garder le dimanche, les fêtes.

VII. — DE L'ABAQUE CHINOIS OU MACHINE A COMPTER.

Souán pǎn 算盤 (1).

Pour faire toute espèce de calcul, au lieu d'employer l'écriture, les Chinois se servent d'un *abaque*, qu'ils nomment souán pǎn 算盤 (table à compter). Son invention est due au célèbre Cheoù lỳ 首隸, ministre de l'Empereur Houâng tý 黃帝, qui régnait 2637 ans av. J.-C. En général, l'abaque chinois compte dix colonnes; on peut en porter le nombre à quinze, à vingt, si l'on veut. Mais il est rare que l'on ait besoin d'un abaque aussi développé. Celui de dix colonnes peut servir jusqu'aux millions de taëls.

Cette machine à compter est d'un usage général dans toute la Chine. On la trouve sur les comptoirs de tous les magasins; les négociants ambulants l'emportent avec eux. Chaque famille chinoise a son abaque. C'est un meuble indispensable, qui entre dans le nécessaire de tout voyageur chinois.

L'*abaque chinois* est si commode, quand on sait s'en servir, que son usage s'est étendu en Russie, en Pologne et même en Turquie. Nous ne voyons pas pourquoi nos comptoirs européens n'adopteraient pas une machine aussi simple et aussi commode.

(1) L'ouvrage chinois que l'on consulte le plus ordinairement, pour apprendre à se servir de l'abaque chinois est celui qui porte le titre de : souán fǎ tǒng tsōng 算法統宗, en six volumes, comprenant chacun deux livres, Kiuěn.

Voici un modèle de l'abaque chinois.

EXPLICATION.

1° L'abaque est divisé, comme on le voit, en deux parties. Une ligne horizontale coupe la machine dans toute sa largeur, laissant deux boules à chaque colonne dans la partie supérieure, et cinq boules à toutes les autres colonnes.

2° Chaque colonne représente une valeur numérique, qui augmente de dix en dix, en allant de droite à gauche. Les boules supérieures valent chacune cinq des boules inférieures de la même colonne. Chacune des cinq boules d'une colonne vaut un des degrés de cette même colonne.

3° On veut marquer, par exemple, le chiffre *quatre* sur l'abaque: on élèvera les quatre boules inférieures de la première colonne à droite. — Que si l'on veut marquer le nombre *six*,on abaissera la boule supérieure, et on ne laissera élevée qu'une des boules de la partie inférieure. Si l'on voulait marquer *dix-huit*, on élèverait la première des cinq boules de la deuxième colonne; on abaisserait la boule supérieure de la premiere colonne, laquelle vaut cinq, et on laisserait trois boules inférieures également élevées, ce qui donnerait le nombre *dix-huit*. Si l'on voulait marquer *cinquante-huit*, on abaisserait simplement la boule supérieure de la deuxième colonne, ainsi que celle de la première colonne, et l'on élèverait trois boules inférieures de cette même colonne. Tout cela est fort simple.

4° Si l'on veut marquer une somme dans laquelle se trouve un zéro ou une absence de dizaine, on ne dérange aucune boule dans la colonne correspondante, mais on passe à la suivante. L'exemple suivant, représenté sur l'abaque, servira de règle pour tous les cas.

Somme représentée sur l'abaque :

763, 809.

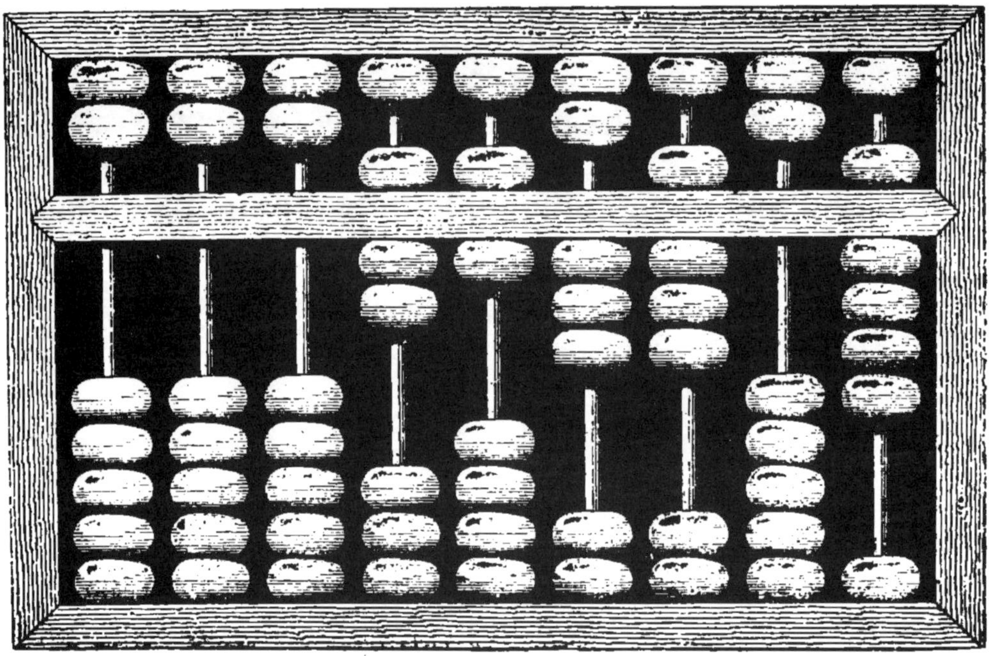

5° Avec un peu de pratique, on se sert aisément et rapidement de l'abaque chinois. Il faut auparavant posséder de mémoire une table très-ordinaire de multiplication.

PROCÉDÉ POUR FAIRE LES *ADDITIONS* AU MOYEN DE L'ABAQUE.

Pour faire une addition, quelque considérable qu'elle soit, au moyen de l'abaque chinois, il suffit de poser les sommes les unes après les autres, en les ajoutant chacune à celle qui précède immédiatement. Au fur et à mesure que l'on inscrit une somme sur l'abaque, on a le résultat ou le total de toute l'addition. Le procédé chinois est vingt fois plus simple et plus rapide que le nôtre.

Au moyen de l'abaque chinois, on peut faire toute espèce de règle d'arith-

海上絲綢之路文獻集成 科技與文化編

métique, même les plus compliquées. Nous engageons très-fort les Européens qui habitent la Chine à apprendre à se servir de cette machine à compter, soit en étudiant l'ouvrage chinois indiqué plus haut, soit en consultant un Chinois habile dans le maniement de cet abaque. Notre but a été seulement d'en donner ici une idée générale.

VIII. — DES BARRES NUMÉRALES.

Ce chapitre serait incomplet si nous ne disions rien des *barres numérales*, employées parfois pour exprimer les nombres. La valeur des barres numérales est déterminée, comme celles de nos chiffres, selon la place qu'elles occupent dans le nombre exprimé. On les lit toujours de gauche à droite.

Les barres numérales se divisent en deux séries; on emploie l'une ou l'autre à volonté.

Première série.

1 2 3 4 5 6 7 8 9

Deuxième série.

1 2 3 4 5 6 7 8 9

Lorsque l'on emploie ces barres numérales, le *zéro* sert à marquer l'ordre des unités manquantes.

EXEMPLES :

8 3 7 0 2 3 0 3 1

Si le nombre finit par un ou plusieurs zéros, on les marque de cette manière :

1 0 8 0 5 0 0 0

Les fractions décimales n'offrent pas plus de difficultés que les nombres entiers.

EXEMPLES :

0 4 2 0 7 3 4

IX. — SPÉCIMENS DES CHIFFRES EN ÉCRITURES ANCIENNES.

1° *Chiffres en écriture* Tchouân 篆。

L'écriture dite : Tá tchouân est fort ancienne. Nous en parlerons explicitement dans la IIe partie de la Grammaire, chapitre III, où nous traitons de la *paléographie chinoise*. Chacun des dix premiers chiffres, mais surtout le chiffre dix mille, est retracé avec des variantes qu'un *vieux sinologue* aura une véritable jouissance à parcourir.

Voici ce tableau.

2° *Chiffres en écriture dite :* **Cháng fāng tá tchouán** 上方大篆。

Cette écriture est formée de lignes droites et brisées. Elle n'est qu'une variété de l'écriture du tableau précédent. Nos lecteurs verront l'origine de cette écriture au chapitre cité plus haut. Cette écriture-ci est encore très-usitée pour les sceaux des mandarins et des personnes privées.

1 2 3 4 5 6 7

8 9 10 100 1,000 10,000

CHAPITRE V.

DES DIFFÉRENTS NOMS PROPRES EN CHINOIS.

1° Du **sín** 姓 ou nom générique des familles chinoises. Caractère de ces noms. Du livre des Cent familles. — 2° Du nom générique secondaire ou du **ché** 氏。 Sa différence avec le précédent. — 3° Du petit nom de lait, en chinois, **laý mîn** 奶名 ou **joŭ mîn** 乳名。 Caractère de ces noms, leur gracieuseté. — 4° Du nom tiré du cycle de famille ou du **tsé peý** 字輩。 — 5° Du nom dit : *titre de famille* **tsé haó** 字號。 — 6° Du nom posthume donné aux Empereurs, aux savants illustres. — 7° Des sobriquets chinois. — 8° Du titre des négociants et hôteliers chinois, ou du **Tchaō paý** 招牌。 Importance qu'on y attache en Chine. — 9° Des noms de l'Empire chinois, des vingt-deux dynasties, des provinces et des villes de la Chine; du nom des royaumes et des pays étrangers à la Chine.

I. — DU NOM GÉNÉRIQUE DES FAMILLES CHINOISES OU DU Sín 姓。

Les Chinois ont des coutumes particulières qu'un sinologue ne peut ignorer s'il veut comprendre le sens exact de certaines expressions de la langue chinoise. Ces coutumes sont, la plupart, en usage depuis la plus haute antiquité.

Dans les premiers âges du monde, l'usage des noms de famille n'était point connu. Chaque individu portait un seul nom, presque toujours *caractéristique, significatif*; on le distinguait de ses homonymes en ajoutant à son nom ces mots : *fils d'un tel*. L'emploi de termes significatifs, exprimant tantôt le rang, tantôt le caractère, tantôt les vices ou les qualités, passa insensiblement en usage pour désigner *toute une famille, toute une tribu* ou une *agrégation d'hommes*. Cette coutume des peuples les plus anciens de l'Asie existait également chez ceux de l'Occident. Ainsi le mot *Galis*, dont les auteurs latins ont fait leur *Galli, Gaulois*, signifiait *blanc*. On donnait ce nom à la tribu primitive des Gaulois *à cause de la blancheur de leur peau*. De même le mot Frank, d'où l'on a fait successivement *Franci* et *Français*, voulait dire *intrépide*. La colonie d'émigrants qui vint peupler la Chine actuelle employait une désignation particulière, caractéristique de ce genre, pour distinguer les familles entre elles. Cette désignation n'était donc pas proprement un nom de famille, tel que nous l'entendons aujourd'hui. Il est important de faire cette différence pour l'intelligence de ce qui suit. Le mot chinois qui désigne cette appellation caractéristique est **sín** 姓。 Chaque famille chinoise avait donc son **sín** 姓, ou, si l'on veut, son *appellation propre*, composé d'un seul mot et d'un seul caractère de la langue écrite. Ce mot chinois **sín** 姓 répond plus exactement à l'idée de *tribu, famille, racine*, ou à celle de *source principale*, qu'à ces mots français : *nom de famille*.

Les Annales de la Chine se taisent sur le nombre de familles dont se composait la colonie primitive qui vint occuper le pays. Tout porte à croire qu'elle n'était pas fort considérable. Il est vrai qu'à cette époque de longévité humaine, chaque famille de la colonie pouvait compter un nombre respectable d'individus. On trouve dans les anciens livres de la Chine l'expression **kieoù tsoŭ** 九 族 (les neuf *générations*) pour désigner toute une famille, c'est-à-dire toutes les générations qu'un seul homme pouvait voir de son vivant. De nos jours encore, si l'on veut dire en Chine que toute une famille a été anéantie soit par une punition légale, soit par une autre cause, on emploie cette vieille expression : *anéantir les neuf générations*, **miĕ kieoù tsoŭ** 滅 九 族。

Quel nom particulier portait la colonie primitive des Chinois? On l'ignore; on sait seulement qu'elle se désignait elle-même par cette appellation générale : *les Cent familles* ou les *Cent tribus*, **pĕ sín** 百 姓。 Par cette dénomination, on est porté à conclure que la tribu d'émigrants comptait environ ce nombre de familles. L'expression chinoise **pĕ sín** se généralisa peu à peu dans le cours du temps. Vers la fin du règne de l'empereur **Yaô** 堯, c'est-à-dire vers l'an 2357 avant J.-C., on commença à l'employer pour désigner l'ensemble de la population chinoise; ce terme devint ensuite le synonyme, l'équivalent de *peuple* (populus), comprenant toute la colonie, absolument comme

海上絲綢之路文獻集成 科技與文化編

chez les Juifs l'expression : *les douze tribus*, désignait toute la nation juive. Maintenant encore, le corps de la nation chinoise se désigne par ces mots : **pĕ sín** 百姓 (les Cent familles).

On dit

百姓反 **pĕ sín fàn.** Le peuple se révolte.

百姓亂 **pĕ sín louán.** Le peuple est agité.

Pour désigner le terme générique de peuple  ou de nation, les anciens Chinois se servaient du caractère suivant qui se prnonce **mîn.** C'est l'équivalent du caractère actuel **mîn** 民。Ce caractère antique représente une *femme nue, ayant de grosses mamelles.* Selon le livre chinois : **Loŭ choū tsīn ouēn** 六書精温 (1) *ce caractère est l'image de la première femme. A cette époque, on ne portait pas encore de vêtements; on habitait les campagnes, couverts de sa seule innocence, qui était grande. Les hommes étaient véritablement les fils ou les créatures du Ciel.*

Bien des raisons portent à croire que la colonie chinoise se développa très-rapidement (2). Elle poussa ses conquêtes depuis la province de **Chèn sȳ** 陝西, *son berceau en Chine*, vers les régions du Nord et vers celles de l'Est. A cette époque, les familles chinoises se divisèrent en grandes branches ou grands rameaux. Chacun de ces rameaux prit une nouvelle *désignation caractéristique*, c'est-à-dire adopta un nouveau **sín** 姓。Ces nouveaux **sín** se formèrent, la plupart, de la manière suivante, qui n'est pas sans analogie avec l'origine de la plupart des familles nobles de l'Europe. Ici on prenait le nom d'un pays, d'une ville que l'on venait de conquérir; là, celui d'un fief accordé par le chef de la famille à un membre de la tribu qui avait fait une action éclatante. Ailleurs, c'était le nom d'un fleuve, d'une rivière, d'une montagne célèbre où était survenue une aventure fameuse, que l'on choisissait. Quelquefois, pour perpétuer dans une famille le souvenir d'un parent célèbre, on adoptait l'un de ses surnoms pour en faire le **sín** d'une nouvelle branche de la famille. Il arrivait également que, pour perpétuer le souvenir d'un événement heureux, d'un fait extraordinaire, une des familles chinoises adoptait un **sín** qui devait rappeler cette idée. C'est aussi à la même époque que plusieurs des familles nombreuses de la colonie chinoise voulant, d'un côté, conserver leur **sín** primitif, et, de l'autre, se séparer de la branche principale, adoptèrent un

---

(1) Livre III, page 52 de l'édition de 1505. Cet ouvrage, dit le P. Cibot, n'est pas seulement un chef-d'œuvre d'érudition et de critique, mais encore de morale et de philosophie.

(2) Parmi les causes de cette exubérante population chinoise, nous signalons ici les suivantes : 1° La piété filiale, entendue au point de vue chinois, oblige à laisser des descendants. 2° Le déshonneur de mourir sans postérité. 3° L'importance attachée au mariage. 4° L'adoption fréquente. 5° La déshéritation des filles. 6° Le mariage des soldats. 7° L'abondance des matières premières et leur prix peu élevé. 8° La vie frugale du peuple. 9° La paix de l'Empire. 10 L'absence de préoccupation politique, etc.

海上絲綢之路文獻集成 科技與文化編

nom composé de deux mots ou deux caractères qui étaient simplement la réunion de deux **sín** 姓 ordinaires. Ce double **sín** se nomme en chinois : **foŭ sín** 複姓。 Nous n'en connaissons qu'une trentaine de ce genre.

Toutefois, malgré l'accroissement prodigieux de la colonie des *Cent familles*, ces désignations génériques appliquées à chaque famille sont demeurées très-restreintes. Depuis bien des siècles, on n'en ajoute plus de nouvelles aux anciennes. C'est ainsi que, dans tout l'Empire du milieu, dont la population dépasse aujourd'hui 400 millions d'habitants, l'ensemble de tous les **sín** 姓 de la nation ne dépasse guère le chiffre de 438. Sous la dynastie des **Sóng**, c'est-à-dire vers l'an 960 de J.-C., on a fait, pour la première fois, un Recueil de tous ces **sín** ou noms patronymiques chinois. Ce Recueil porte le titre de **Pĕ kiā sín** 百 家 姓, c'est-à-dire *Noms des Cent familles.* Ce Recueil est devenu un petit livre élémentaire que tout enfant chinois apprend par cœur au début de ses études (1).

Telle est l'origine et le sens des noms patronymiques chinois. Cette origine, le sens particulier de ces noms, joints à la nature même d'une langue dont l'écriture représente des idées et non pas de simples sons, comme dans nos langues à flexion, feront comprendre de suite à nos lecteurs pourquoi il est impossible de traduire en chinois un nom de famille étranger au Céleste Empire. La presque totalité de nos noms est simplement un son, une réunion de lettres alphabétiques purement phonétiques, sans aucune signification possible. On ne peut donc demander à un Chinois de traduire en sa langue un nom de famille européen. S'il veut le faire, il en sera réduit, comme les géographes chinois le font pour les noms de pays étrangers, à prendre, dans sa langue, deux ou trois sons à peu près équivalents et qui, réunis, rendront plus ou moins exactement celui du nom européen. Traduits et écrits en chinois de la sorte, ces noms européens ne seront pas compris d'un Chinois. Ils ne seront plus de vrais **sín** *chinois*, qui, par leur nature, ont un sens et ne sont composés que d'un monosyllabe, tiré du Vocabulaire même de la langue.

Bien que tous les **sín** 姓 chinois aient ainsi une signification spéciale, on ne songe plus aujourd'hui, comme cela fut aux origines de la colonie, au sens primordial du caractère par lequel on désigne une famille. Ainsi, par exemple, il y a des familles chinoises qui portent le nom de **Chā** 沙, *sable, arena;* d'autres, celui de **Chān** 山, *montagne;* d'autres, celui de **Chĕ**, *pierre, lapis*, etc. Il ne vient pas plus à l'esprit d'un Chinois, en employant ces mots pour désigner une famille, de songer aux mots *sable, montagne, pierre*, qu'il ne nous vient à nous, en pensée, de songer au sens de quelques

(1) Voir à l'*Appendice* de notre *Dictionnaire français-chinois*, n° XV, page 155, la traduction intégrale de cet opuscule chinois, qui paraît pour la première fois en français.

noms patronymiques européens, construits dans le même genre que les **sín** chinois. Ainsi, nous avons en français des noms tels que ceux-ci : *Beau, Bataillon, Blanc, Buffet, Chevalier, Flageolet, Meunier, Vaillant, Vigneron*, etc. Nous portons ces noms, nous les employons, sans songer aucunement à leur sens ordinaire. La première préoccupation d'un Européen, en arrivant en Chine, s'il est obligé, à cause de son séjour dans ce pays, de prendre un nom chinois, est de s'informer minutieusement du sens de son nouveau nom, comme s'il y cherchait une nouvelle à sensation.

Peut-on, en Chine, changer à volonté de nom de famille? Les Chinois sont, en général, très-attachés à leur **sín** de famille. Ils conservent avec le plus grand soin le livre de leur généalogie domestique. Ils peuvent ainsi voir presque tous les noms de leurs ancêtres jusqu'à une époque très-reculée. Nous avons connu un bon nombre de familles communes, plébéiennes, dont la généalogie connue, certaine, remontait à plus de quinze et même de dix-huit cents ans de date. Chaque famille chinoise tient ses actes et les tient fidèlement. Dès les temps les plus reculés, on voit que certaines familles, qui, pour de graves motifs, comme celui de se soustraire aux recherches d'un ennemi puissant, allaient se fixer dans une autre province, y vivaient sous un nom étranger. Elles changeaient leur **sín**, **Kaỳ sín** 改姓。 Il y a un cas où la loi chinoise autorise et même exige expressément le changement du **sín** de famille: c'est le cas de l'adoption. Tout enfant adopté doit prendre le nom ou le **sín** de la famille qui l'adopte. Dès qu'une famille a la certitude qu'elle n'aura plus d'héritier mâle, elle adopte un enfant plutôt que de laisser périr une branche de la famille.

En chinois, les titres d'honneur, de respect, de dignité, se placent toujours, soit dans la langue parlée, soit dans la langue écrite, *aprés* le **sín** de famille. Ainsi, un Chinois a pour **sín** le mot **Tǒng** 董。 Veut-on lui donner le titre de monsieur? on dira : **Tǒng yê** 董爺。 Celui de monseigneur? on dira : **Tǒng laò yê** 董老爺。 Celui d'Excellence? on dira : **Tǒng tá jên** 董大人。 Les catholiques chinois donnent aux missionnaires le titre de *Père spirituel*, **chên foú** 神父。 Cette règle est invariable. (Voir le chapitre de l'*Urbanité chinoise.*)

II. — DU NOM DIT EN CHINOIS **ché** 氏。

Le **sín** chinois ou la désignation caractéristique d'une famille est considéré comme le *tronc*, la racine principale (**pèn** 本) de cette famille. Il y a une autre expression pour désigner *les branches, les rameaux* (**tchē** 枝) de ce même *tronc* ou *racine principale*; c'est le mot **ché** 氏。 On l'emploie particulièrement à l'égard des femmes. En Chine, celles-ci ne sont effectivement considérées que comme des *rameaux*, des *branches secondaires*, que l'on détache

海上絲綢之路文獻集成 科技與文化編

du tronc ou de la souche principale. Au fond, cette expression chinoise, qui semble bizarre, est assez ingénieuse et même juste. Ainsi, une jeune fille chinoise, dont la famille a pour **sín** le caractère **ouâng** 王, se marie avec un jeune homme dont le **sín** est **Lieôu** 劉; après son mariage, la jeune femme est désignée sous les noms de **Lieôu ouâng ché** 劉王氏, comme qui dirait: *rameau* ou *branche de la famille* **Ouâng**, *adjoint à la famille* **Lieôu**. Cette coutume est aussi ancienne que générale dans la Chine. Tel est le sens principal du nom chinois dit **Ché** 氏.

Cette même expression **ché** 氏 a été employée, dès la plus haute antiquité, par une espèce d'*antonomase*, pour désigner les personnages très-célèbres, ceux qui ont laissé un nom brillant dans la république des lettres. Cette expression, qui est alors tout honorifique, s'ajoute au **sín** 姓 de famille de celui qui a mérité de le recevoir. Par exemple, l'auteur du *Dictionnaire étymologique chinois*, connu sous le titre de **Chŏ ouên** 說文, le célèbre **Hiù tchēn** 許愼, est communément désigné sous le titre de **Hiù ché** 許氏. Le grand historien de la Chine, **Sē mà tsiēn**, qu'on a justement surnommé l'*Hérodote de l'Empire du Milieu*, est souvent désigné sous les simples titres de **Sē mà ché**. Ainsi en est-il de tous les autres personnages de grand renom, soit dans l'ordre civil, soit dans l'ordre militaire.

III. — DU PETIT NOM DE LAIT DES CHINOIS, OU DU Siaò mîn 小名。

Dans l'intérieur des familles chinoises, il y a plusieurs manières de désigner les enfants en très-bas âge. A la naissance d'un enfant, un proche parent ou un ami intime de la famille choisit, pour le nouveau-né, un nom qu'on nomme indifféremment *petit nom* **siào mîn** 小名 ou

Nom de lait { **Laỳ mîn** 奶名。 ou **joù mîn** 乳名。

C'est, la plupart du temps, pour celui qui choisit ces noms, l'occasion de faire un compliment gracieux aux parents du nouveau-né, par le sens attaché au nom de lait. Ces noms se composent toujours de deux mots, et par conséquent de deux caractères. Même pour les plus modestes familles de la société, ce *petit nom* renferme toujours une idée gracieuse, honorable, souvent ambitieuse, si l'on pressait le sens rigoureux de ces mots. Ainsi, voici quelques-uns de ces noms:

Pour les garçons :	*Pour les filles :*
玉成 **Yú-tchĕn**. La marguerite parfaite.	來寶 **Laỳ paò**. Future marguerite.
	紅玉 **Hông yú**. Le jaspe rouge.

Pour les garçons.

德明 **Tĕ min**. La vertu éclatante.
良才 **Leâng tsaỳ**. Le talent ingénieux
靜心 **Tsín sīn**. Le cœur tranquille.
太玄 **Taý hiuên**. L'étincelle brillante.
春元 **Tchoūn yuên**. L'origine du printemps.
招財 **Tchaō tsaỳ**. Les richesses abondantes.
長齡 **Tchāng lîn**. Le génie éclatant.
文芳 **Ouên fâng**. La littérature odorante.
蓮仙 **Liên siēn**. Le divin nénuphar.

Pour les filles.

無嬌 **Oû kiaò**. Sans attraits.
新蓮 **Sīn liên**. Nouveau nénuphar.
喜蓮 **Hỳ liên**. Joyeux nénuphar.
雙貴 **Chouāng koúy**. Les deux fortunes.
芙英 **Foû ȳn**. Les fleurs du nénuphar.
長姑 **Tchàng koū**. L'aînée des filles.

Bien que les jeunes filles aient aussi un nom de lait, on le choisit sans solennité et tout à fait dans l'intérieur de la famille. Une matrone chinoise, amie de la famille, se charge de ce soin. Ces noms, comme on le voit ici, sont, en général, une allusion à la beauté, aux grâces de la femme. Les qualités de la femme peuvent, à cause de la nature de la langue, être exprimées avec des formes très-variées.

Il y a une expression chinoise particulière pour interroger quelqu'un sur le sexe d'un enfant qui vient de naître. On la trouve déjà en vigueur à l'époque des écrivains du **Chē kīn** 詩經 ou Livre des vers.

Avez-vous obtenu, demandera-t-on, *une brique de pierre précieuse ou une simple tuile?* **Lóng tchāng hoaỳ lóng ouà** 弄璋或弄瓦? On répond : **Lông tchāng**, si un garçon est né; **lông ouà**, s'il s'agit d'une fille.

Les parents, les membres de la famille, les amis très-intimes, peuvent seuls se servir du petit nom de lait pour appeler quelqu'un.

En le faisant, on se permettrait un excès de familiarité, une violation des règles si exquises de l'urbanité chinoise. Dans la bonne société européenne, les choses ne se passent pas autrement. Un étranger ne se permet pas d'appeler quelqu'un par son seul nom de baptême.

S'il s'agissait du petit nom de lait du prince héritier, devenu Empereur, personne n'oserait l'employer ni même l'écrire. En parlant de ce nom, on dit en chinois : **pý min** 避名, *éviter le nom.* Que si l'on avait à employer ce caractère dans un écrit, la règle est qu'on doit le modifier *légèrement;* on supprime un trait du caractère, assez pour qu'en le défigurant on change ce caractère. Ainsi, l'empereur **Kāng hȳ** avait pour petit nom : **Hiuên yĕ** 玄燁 (Étincelle bleue). Dans le Dictionnaire publié par les soins de cet Empereur, on a supprimé à dessein un trait inférieur du deuxième caractère, en l'écrivant ainsi : 煒。Cet usage constant, qui provient d'un sentiment louable de respect pour l'autorité, est en vigueur sous chaque règne.

Dans l'intérieur de la famille, les parents chinois se servent d'une expression plus intime encore, soit pour désigner, soit pour appeler leurs enfants. Ainsi, ils disent :

老大 Laò tá. Toi, le premier né, ou bien : Tá lâng 大郎。
老貳 Laò eúl. Toi, le deuxième né, ou bien : eúl lâng 二郎。
老六 Laò loŭ. Toi, le sixième né, ou bien : loŭ lâng 六郎。

Pour les filles, ils disent :

大姑 Tá koū. Toi, la première née.
二姑 Eúl koū. Toi, la deuxième née.
六姑 Loŭ koū. Toi, la sixième née.

Les filles comptent l'ordre de leur naissance entre elles seulement et indépendamment de leurs frères. La femme, en Chine, fait une catégorie à part.

Les personnes étrangères à une famille, parlant d'un membre de cette famille, se servent également de la formule précédente légèrement modifiée de la manière suivante : si l'on parle de quelqu'un en son absence, on dira, par exemple : Ouâng laò sé 王老四, c'est-à-dire Ouâng le sixième, ou simplement Ouâng sé kō. Si on lui adresse la parole ou qu'on soit en sa présence, un Chinois n'omettra jamais d'y ajouter un terme honorifique. A l'endroit de l'urbanité, les Chinois ont l'épiderme fort délicat. On dira alors : Ouâng loŭ yê 王六爺, monsieur Ouâng le sixième, ou si l'on veut encore plus honorer ce Chinois, à cause de son âge, par exemple, on dira : Ouâng loŭ kōng 王六公。Le *respectable*, le *vénérable* Ouâng le sixième. — Cette règle est générale en Chine.

Entre eux, les frères et les sœurs s'appellent ou par leur petit nom de lait, ou, plus communément, par leur ordre de naissance. Ils disent :

大哥 tá kō. Toi, l'aîné,
二哥 eúl kō. Toi, le deuxième frère.
八哥 pă kō. Toi, le huitième frère.

Les sœurs disent de même :

大姑 tá koū. Toi, la première.
二姑 eúl koū. Toi, la deuxième.
六姑 loŭ koū. Toi, la sixième.

Les Chinois ont des termes familiers, enfantins, qui sont formés à peu près comme les nôtres, d'un mot redoublé.

Nous disons : papa; les Chinois disent : 爹 tiĕ ou 爹爹 tiĕ tiĕ.
— maman; — 媽 mā ou 媽媽 mā mā.

Nous disons : mon frère aîné; les Chinois disent :		哥哥	kō kō.
—	ma sœur aînée;	— 姊姊	tsiè tsiè.
—	ma sœur cadette;	— 妹妹	meý meý.
—	ma belle-sœur;	— 嫂嫂	saò saò.

IV. — DU NOM TIRÉ DU CYCLE DE FAMILLE, DIT EN CHINOIS Tsé peý 字輩。

Il existe, en Chine, une coutume très-ingénieuse et très-ancienne, au moyen de laquelle deux familles qui ont le même nom générique, le même sín 姓, peuvent, à l'instant même, découvrir si leur souche est commune. Les familles principales ont adopté, à une époque reculée, une sentence, une maxime, qui renferme pour signe distinctif ou devise domestique, quinze, vingt caractères, et s'exprime par le même nombre de mots. C'est comme une petite chaîne dont chaque caractère serait un anneau. Cette chaîne forme le cycle de famille, lequel porte le nom de Tsé peý 字輩. Le premier caractère qui le compose est affecté d'abord au père et à tous ses frères, c'est-à-dire qu'on l'ajoute au sín ou nom patronymique, comme premier caractère d'un nom secondaire. Le deuxième caractère du cycle est affecté aux fils et aux cousins germains de ceux-ci; ainsi de suite. Chacun des caractères de ce cycle domestique est susceptible de se marier avec un autre caractère et de former avec lui un sens entier, complet. Lorsqu'un jeune Chinois a atteint l'âge de raison, qu'il commence à fréquenter l'école, on choisit un caractère chinois qui se combine, d'après une règle déterminée, avec le caractère du cycle de famille qui lui est affecté dans l'ordre de naissance. Ces deux caractères forment ce qu'on appelle en chinois le hiŏ mîn 學名, le choū mîn 書名 ou *beau nom d'école*. Ordinairement c'est le maître d'école qui est chargé du soin de composer ce nom. Le cycle suivant d'une famille chinoise donnera une idée plus nette de cette coutume chinoise. Il n'est composé que de huit caractères; on le recommence après la huitième génération.

1. 森 sīn.	5. 祚 tsoú.
2. 永 yùn.	6. 遐 hiâ.
3. 洪 hông.	7. 昌 tchāng.
4. 錫 sỳ.	8. 道 táo.

Supposons à présent une famille dont le nom patronymique soit Ouâng 王. Le chef de la famille sera désigné ainsi : Ouâng sīn 王森. Ce dernier caractère est le premier du cycle. Tous les collatéraux auront aussi ce caractère ajouté à leur nom de famille.

Le fils et tous ses cousins germains seront désignés ainsi :

王永 Ouâng yùn, deuxième caractère du cycle.

Le petit-fils et ses collatéraux le seront ainsi :

王 洪 Ouâng hông, troisième caractère du cycle.

Et ainsi de suite.

Deux Chinois qui ont le même nom patronymique se rencontrent. Veulent-ils savoir si leur souche primitive est commune et à quel degré ils sont parents? L'un d'eux fait connaître le cycle de famille. S'il est commun, la souche de parenté est certaine. En récitant ce cycle, on voit de suite la distance ou degré de parenté qui sépare l'un et l'autre.

V. — DU NOM APPELÉ Tsé haó 字 號。

Parmi les rares coutumes chinoises, tombées en désuétude, nous signalerons la collation solennelle du *bonnet viril*. Cette collation se faisait avec une solennité plus ou moins imposante, selon le rang de la famille, lorsqu'un homme avait atteint l'âge de vingt ans. On lui choisissait alors un surnom composé de deux mots ou de deux signes chinois, formant un sens complet. L'usage du surnom s'est conservé. On s'en sert dans les écrits publics, dans les actes importants. Si l'on adresse à quelqu'un une invitation, une pièce de quelque importance, c'est toujours par son Tsé haó 字 號 qu'on le désigne, et jamais par son nom d'école. Ce nom n'est pas choisi au hasard; il doit avoir une analogie avec le nom d'école. Dans la langue ordinaire, on désigne ainsi ce nom : Tsĕ tchāng 次 璋 ou *deuxième titre*. La politesse, la déférence chinoises obligent à employer ce titre en écrivant à quelqu'un. Ces titres étant composés de la même manière et dans le même sens que le précédent, nous n'en rapportons pas d'exemples ici.

VI. — DU NOM POSTHUME OU DU Hoúy 諱, EN CHINOIS.

Le hoúy 諱 est un nom posthume que l'on décerne aux hommes célèbres. Il rappelle en général les qualités, le talent, quelques circonstances remarquables de la vie de celui auquel on le décerne. Cet usage est fort ancien, puisqu'il remonte à l'époque de la dynastie Ȳn 殷, c'est-à-dire à l'an 1400 av. J.-C. Toutefois ce ne fut que sous la dynastie Tcheōu 周 (1122 av. J.-C.) qu'il fut confirmé par une loi. On se sert du houý pour nommer les ancêtres et les parents défunts. On l'inscrit sur la tablette, si célèbre en Chine, connue sous le nom de tablette de l'âme, Lîm pay̆ 靈 牌, et qui est exposée d'abord sur l'autel domestique de chaque famille, ensuite dans le temple des ancêtres, dit en chinois le Tsĕ tâng 祠 堂。 C'est au moment où, pour la première fois, après que le défunt a été exposé dans la salle principale de la maison,

海上絲綢之路文獻集成 科技與文化編

revêtu de ses plus beaux habits, la famille se réunit en hémicycle autour de lui, qu'on décerne le nom posthume ou le **hoúy**, en pleurant sur ce défunt.

Quant aux gens de lettres, aux savants, aux magistrats de l'un ou de l'autre ordre civil ou militaire, le nom posthume ou le **hoúy** 諱 qu'on leur décerne est comme le reflet de la mémoire qu'ils laissent ici-bas. Cette coutume chinoise ressemble à celle par laquelle nous décernons, en Europe, un titre élogieux à quelque savant, en l'appelant, par exemple, un *nouveau Tacite*, un *nouvel Horace*, le *Racine*, le *Corneille français*. Voici quelques-uns de ces titres au génie toujours oriental : *fontaine d'éloquence*, *miroir de vérité*, *docteur de la doctrine lumineuse*, *docteur aussi pur que l'eau limpide*. Un des plus grands honneurs auxquels un Chinois puisse aspirer est celui d'un **hoúy** 諱 *décerné par la voix publique*, car il est comme un titre à l'immortalité humaine. Aucun sage, aucun savant de la Chine n'a reçu autant de titres honorifiques que le philosophe Confucius, qui, du reste, est sans contredit le seul sage qui ait eu véritablement une École, et une École sans exemple jusqu'ici. Depuis 2300 ans, les disciples de Confucius font une secte qui compte ses adeptes par dizaines de millions.

Les Empereurs de la Chine ont deux espèces de noms posthumes. L'un de ces noms est le **Chě** 謚. Par ce titre, on exprime, on énumère les qualités ou les actions remarquables du prince défunt. Ainsi, l'on dira, par exemple : *Le saint, le vertueux, le divin, l'héroïque, le savant et guerrier empereur* 聖德神公文武皇帝 **Chén tě chên kōng ouên où houâng tý.**

Le deuxième titre posthume des Empereurs est celui que l'on décerne dans le temple des ancêtres. Il porte le nom de **Miaó haó** 廟號, ou *titre du temple*. On inscrit ce titre honorifique sur la tablette des membres défunts de la famille impériale. Il se rapporte à la parenté. Ce titre devient proprement le *nom historique* de chaque Empereur. Le fondateur d'une dynastie porte, en général, le titre de **Ché tsoù** 世祖.

VII. — DES SOBRIQUETS CHINOIS OU Houén min 混名.

Les Chinois ont l'esprit très-observateur, mais aussi très-enclin à la censure, à la raillerie. Ils saisissent, à la premiere vue, les défauts corporels, les travers d'esprit de quelqu'un. Ils sont, pour ce motif, très-prompts à imposer un sobriquet, qui est toujours l'indice du défaut physique ou moral de la personne qui le reçoit. Ainsi, ils disent :

王麻子 **Ouâng mâ tsè. Ouâng** le grêlé.
文陀子 **Ouên tǒ tsè. Ouên** le bossu.
魯跰子 **Loù paý tsè. Loù** le boiteux.
鳳禿子 **Fōng toŭ tsè. Fōng** le chauve.

厭物 M. yén oŭ. Un tel l'ennuyeux.
蠢才 M. tchoŭn tsaÿ. Un tel l'imbécile.
老賊 M. laò tsĕ. Un tel le vieux fourbe.
多講的 M. tō kiàng tÿ. Un tel le bavard.
狗才 M. keòu tsaÿ. Un tel le maraud.
風子 M. fōng tsè. Un tel le braque.

Bien que cet usage soit principalement en vogue dans la classe populaire, la causticité chinoise ne se fait pas faute de décerner quelque nom de ce genre aux mandarins subalternes qui ont le malheur d'avoir un défaut saillant. Ils diront de lui : un tel le *cupide*, l'*avare*, le *gourmand*. Ils ont aussi un autre genre de sobriquet métaphorique, qui est très-sarcastique. En parlant d'un homme timide et inoffensif, ils diront : *c'est un tigre de papier*; à celui qui s'estime beaucoup trop, on donne le nom de *rat tombé dans une balance où il se pèse lui-même*. On compare malicieusement celui dont les manières sont trop affectées à un *bossu qui fait une courbette*. Les pièces de théâtre chinoises sont surtout remplies de ces sobriquets plaisants, ironiques et bien appliqués, desquels on peut dire le *castigat ridendo mores* du poëte latin.

VIII. — DU TITRE DES NÉGOCIANTS ET DES HOTELLERIES CHINOISES.

Tchaō paÿ 招牌。

Chaque famille de négociant, chaque hôtellerie a son enseigne particulière. On attache, en Chine, une grande importance à ces titres ou enseignes de commerce. Le jour où un nouveau négociant affiche, pour la première fois, le titre de sa maison, de son hôtellerie, c'est une fête de famille chez lui. Ses amis, ses connaissances lui apportent des cartes de félicitations sur lesquelles sont des distiques chinois, exprimant des vœux pour le succès de la nouvelle maison. La nouvelle enseigne est également ornée de guirlandes et de festons. Chacun fait un salut à la tablette en adressant un compliment au propriétaire. Un repas somptueux réunit une foule d'invités. L'usage ne permet pas, en Chine, de prendre, dans la même localité, le titre dont est déjà en possession une autre famille. Un procès en résulterait si on se le permettait. On conserve même avec soin l'enseigne primitive. Son antiquité est regardée comme un excellent titre de recommandation auprès de la clientèle. On désigne presque toujours, en Chine, une maison de commerce, une hôtellerie, comme on le fait chez nous, par le nom de l'enseigne : *au lion d'or*, *au cheval blanc*, *à la croix rouge*, etc. Les titres des négociants chinois, des hôtelleries, sont choisis avec soin et renferment toujours une pensée, un vœu assez expressifs.

I. — *Titres d'hôtelleries chinoises.*

日新店 **Jĕ sīn tién.** Hôtel de la Renaissance.

中和店 **Tchōng hô tién.** Hôtel de l'Union générale.

樂安店 **Lŏ gān tién.** Hôtel de la Joie et de la paix.

三合店 **Sān hô tién.** Hôtel des Trois unions.

恒義店 **Hên ngý tién.** Hôtel de la Justice perpétuelle.

全德店 **Tsuên tĕ tién.** Hôtel de la Vertu parfaite.

慶榮店 **Kĭn yûn tién.** Hôtel de la Félicité et de la gloire.

隆盛店 **Lông chén tién.** Hôtel de la Grande abondance.

興隆店 **Hīn lông tién.** Hôtel qui procure la prospérité.

II. — *Titres de négociants chinois.*

乾盛號 **Kiên chén haó.** A la Grande abondance.

廣濟號 **Kouàng tsý haó.** Au Grand succès.

榮隆號 **Yûn lông haó.** A l'Éclatante prospérité.

泰元號 **Taý yuên haó.** A la Grande origine.

廣興號 **Kouàng hīn haó.** A la Vaste forêt.

德泰號 **Tĕ taý haó.** A la Vertu parfaite.

義盛號 **Ný chén haó.** A la Justice et à l'abondance.

萬全號 **Ouán tsuên haó.** Aux Dix mille perfections.

恒德號 **Hên tĕ haó.** A la Vertu perpétuelle.

大興號 **Tá hīn haó.** A la Grande paix.

正順號 **Tchén chuén haó.** A l'Intègre prospérité.

IX. — DES NOMS GÉOGRAPHIQUES EN CHINOIS.

I. — *Empire.* **Kouĕ** 國。

1° Le mot *Chine* est inconnu des habitants de l'Empire que nous désignons sous ce nom. Il est d'origine européenne. Les Chinois ont quatre expressions pour désigner leur pays : 1° **Tiēn hiá** 天下 (ce qui est sous le Ciel); 2° **Tchōng kouĕ** 中國 (Empire du milieu), ce nom est le plus usité; 3° **Tchōng hoâ** 中華 (la Fleur du milieu); 4° **Hoâ hiá** 華夏 (la Fleur des **Hiá**).

2° L'expression **Houâng tý** 黃帝 est affectée aux *Empereurs*; celle de **Ouâng** 王 aux Rois. Cette dernière implique chez les Chinois l'idée de la vassalité.

II. — *Dynasties*. Tchâo 朝。

Vingt-deux dynasties ou familles ont régné sur la Chine (1). Lorsque l'on parle d'une dynastie, on ajoute au nom propre de la dynastie celui de **Tchâo**.

Ainsi, l'on dira :

宋朝 **Sóng tchâo.** La dynastie des **Sóng.**
元朝 **Yuên tchâo.** — **Yuên.**
明朝 **Mîn tchâo.** — **Mîn.**

Lorsque l'on parle de la dynastie régnante, on ajoute l'épithète : grande. **Tá** 大. On dira aujourd'hui : **Tá tsīn tchâo** 大清朝. La grande dynastie des **Tsīn.**

III. — *Provinces*. Sèn 省。

La Chine a subi de fréquentes mutations dans la division de ses provinces. On compte aujourd'hui *dix-huit* provinces dans la Chine proprement dite. Cette division est de date récente. La dynastie actuelle, ayant annexé les trois vastes provinces de son patrimoine, on porte à présent le nombre des provinces au chiffre de vingt et un.

Chaque province est divisée en deux, trois ou quatre grandes circonscrip tions territoriales dont chacune porte le nom de **Taó** 道。 Un mandarin est à la tête du **Taó.**

La capitale ou métropole de chaque province est le siége d'un gouverneur que l'on désigne communément sous le nom de *vice-roi*, en chinois **Tsòng toŭ** 總督 ou **Tché taÿ** 制臺。 Quatre provinces ont à leur tête un sous-gouverneur **foù taÿ**, et relèvent d'une autre province.

Le **Kouÿ tcheoū** 貴州 relève du **yûn nân.**
Le **Kouàng sȳ** 廣西 — de Canton.
Le **Hoû nân** 湖南 — du **hoû pĕ.**
Le **Kān sieōu** 甘肅 — du **Chèn sȳ.**

On désigne communément la capitale de chaque province par ces mots : **Sèn tchĕn** 省城, *ville par excellence de la province.* Pour exprimer qu'on se rend à la capitale, on se sert de l'une ou de l'autre de ces expressions, selon qu'il faut monter ou descendre pour s'y rendre : **Cháng sèn** 上省 ou **Hià sèn** 下省。 On peut aussi désigner la ville capitale en ajoutant à son nom propre le mot **sèn** 省。 Ainsi :

雲南省 **Yûn nân sèn**, capitale du **Yûn nân.**

(1) Voir le tableau de ces dynasties, au *Dictionnaire français-chinois*, tome 1er, page 150. Au tome II, pages 26 et suivantes, le tableau des Empereurs.

成都省 **Tchĕn toū sèn**, capitale du **Su tchuen**.
西安省 **Sȳ gān sèn**, capitale du **Chèn sȳ**.

Chaque **Taó** 道 est divisé en départements ou préfectures **Foù** 府; en sous-préfectures **Tcheoū** 州; en chefs-lieux de canton **Hién** 縣。 Toutes les villes chinoises sont rangées sous ces trois catégories. Une préfecture a sous sa dépendance un certain nombre de villes du second et du troisième ordre. Le mandarin d'une ville se désigne souvent, en parlant de lui, par ce titre général de propre gouverneur du **Foù** : **Pèn foù** 本府; du **Tcheoū** : **Pèn tcheoū** 本州; du **Hién** : **Pèn hién** 本縣; ou **Pèn tăng** 本堂。

Nous avons lu, avec quelque surprise, dans les ouvrages de quelques sinologues européens, que les villes chinoises n'avaient pas de noms propres. C'est une erreur. Les Chinois désignent ordinairement les villes par leurs noms propres, composés, la plupart, de deux mots ou de deux caractères. Si l'on veut faire connaître le degré hiérarchique de la ville, on ajoute après le nom l'un de ces mots :

府 **foù**, pour les villes de premier ordre,
州 **tcheoū**, pour celles de deuxième ordre,
縣 **Hién**, pour celles de troisième ordre.

Ainsi, l'on dit :

重慶府 **Tchŏng kĭn foù**.
貴陽府 **Koúy yâng foù**.
安平州 **Gān pĭn tcheoū**.
會理州 **Hoúy lỳ tcheoū**.
麻里縣 **Mâ lỳ hién**.
保山縣 **Paò chān hién**.

X. — DES NOMS DE ROYAUMES ET DE PEUPLES ÉTRANGERS A LA CHINE.

Les royaumes qui ceignent la Chine ont tous un nom particulier, selon le génie chinois. Ainsi, le Japon est **Jĕ pèn kouĕ** 日本國, qui peut se traduire par : *regnum originis solis*.

La Corée est **Kaō lỳ kouĕ** 高麗國.
La Mandchourie est **Màn tcheoū** 滿州。
Le **Leaò tōng** est **Leâo tōng** 遼東。
La Mongolie est **Mông koù** 蒙古。
Le Thibet est **Sȳ fān** 西番 ou **Sȳ tsáng** 西藏。
L'Inde est **Tiĕn tchoū kouĕ** 天竺國。

Le royaume de Siam est **Siēn lô kouě** 鮮羅國。

Le royaume d'An-nam est **Gān lân kouě** 安南國。

Mais, pour désigner les pays lointains comme ceux de l'Occident, les Chinois n'ont pu leur donner des noms caractéristiques. Ils expriment aussi approximativement que possible, par leurs signes, les sons des noms et des pays étrangers. C'est pour ce motif que le récit des voyageurs chinois dans des contrées étrangères offre des difficultés assez grandes à un lecteur européen. Ainsi :

L'Europe	se dit :	**Geoū-lô-pā**	歐羅巴。
L'Asie	—	**Yà-sȳ-yà**	亞西亞。
L'Afrique	—	**Yà feȳ lý kiā**	亞非利加。
L'Amérique	—	**Yà-mě-lý kiā**	亞默利加。
L'Océanie	—	**Ouō-sǎ nŷ**	鄂撒尼。
La France	—	**Fǎ kouě**	法國。
L'Angleterre	—	**Ȳn kỳ lý**	英吉利。
L'Espagne	—	**Ȳ sȳ pā nŷ**	依西巴尼。
Le Portugal	—	**Pō eûl toŭ ouà**	波爾土瓦。
L'Italie	—	**Ý tá lỳ yà**	意大里亞。
La Hollande	—	**Hô lân kouě**	活南國。
L'Allemagne	—	**Jě eul ma ny**	熱爾瑪尼。
La Russie	—	**Ō lō sē kouě**	鄂羅斯國。

Si l'on veut désigner un habitant de l'un de ces pays, il suffit d'ajouter le mot **jên** 人, homme, au nom du royaume dont est originaire celui que l'on veut désigner. La France se dit : **Fǎ kouě** 法國 ; un Français : **Fǎ kouě jên** 法國人。Ainsi de tous les autres.

CHAPITRE VI.

DES PRONOMS

En chinois : **Tchè min** 指名 ou **Tỳ min** 替名。

1° Pronoms personnels. Leur usage en chinois. Leur variété. Manière de les remplacer dans le langage de la politesse. — 2° Pronoms relatifs ou conjonctifs. — 3° Pronoms démonstratifs. — 4° Pronoms possessifs. — 5° Pronoms indéfinis.

1. — DES PRONOMS PERSONNELS.

PREMIÈRE SÉRIE.

Singulier.	*Pluriel.*
我 **Ngò** (1). Je ou moi.	我們 **Ngò-mên.** Nous.
你 **Ngỳ.** Tu ou toi.	你們 **Ngỳ-mên.** Vous.
他 **Tā.** Il, elle, lui.	他們 **Tā-mên.** Ils, elles, eux.

Les pronoms personnels sont très-usités, surtout dans la langue parlée. Quand ils sont sujets, ils se placent régulièrement avant le verbe. S'ils sont régimes, ils se placent toujours *après* le verbe.

EXEMPLE :

我愛你 **Ngò gaý ngỳ.** Je vous aime, *ego amo te.*

Au lieu de la particule **mên** 們, qui sert ici à faire le pluriel comme dans les substantifs, on emploie très-souvent, dans les livres, l'une ou l'autre des trois particules suivantes : **tèn** 等, **tchaý** 儕, **choŭ** 屬。Ainsi, l'on dira : **ngò tèn** 我等, **ngò tchaý** 我儕, au lieu de dire : **ngò-mên** 我們。Chacune de ces particules emporte avec elle l'idée de *classe*, de *catégorie*, avec exclusion de ceux qui n'en sont pas.

Les dignitaires chinois, parlant d'eux-mêmes, disent communément : **ngò tchaý** 我儕, ou bien encore : **oû tchaý** 吾儕, nous, dans le même sens que le fait en Europe un supérieur qui parle de lui.

---

(1) Dans les provinces du nord de la Chine, au lieu du mot **Ngò** 我, on emploie souvent ces mots locaux : **tsā** 咱 ou **yèn** 俺。

9

海上絲綢之路文獻集成 科技與文化編

DEUXIÈME SÉRIE.

Riche en expressions qui rendent les formes de la pensée avec ses nuances, la langue écrite a d'autres termes pour exprimer les pronoms personnels. Voici les *neuf* termes qui reviennent souvent dans les livres :

1° Moi ou nous (au singulier) : **yû** 余, **oû** 吾, **yû** 予。

EXEMPLES :

吾見於夫子 **Oû kién yû foū tsè.** J'ai fait une visite à notre maître.

噫。天喪予天喪予 **Ý tiēn sáng yû, tiēn sáng yû.** Hélas! le Ciel m'accable de douleur; le Ciel m'accable de douleur.

2° Toi, tu, votre (au singulier) : **eùl** 爾, ou **joù** 汝。

EXEMPLES :

爾國臨格 **Eùl kouĕ lîn kĕ.** Que votre règne arrive. *Adveniat regnum tuum.*

3° Ils, eux, son, sa. **Ký** 其, ou **ȳ** 伊, ou **kuĕ** 厥, ou **tchē** 之。

Ce dernier mot est souvent régime du verbe actif.

EXEMPLES :

其心不死 **Ký sīn poŭ sè.** Son projet n'est pas mort.

Le philosophe répondit : (Nos parents) étant vivants, il faut les servir selon les règles des rites; morts, il faut les ensevelir selon les mêmes règles, et offrir pour eux des sacrifices de la même manière. **Tsè yuĕ : Sēn sè tchē ỳ lỳ : sè sáng tchē ỳ lỳ : tsý tchē ỳ lỳ.** 子曰生事之以禮。死喪之以禮。祭之以禮。— On voit ici le mot **tchē** 之 pris trois fois comme régime direct, *eux, ils.*

REMARQUES.

1° Dans le style élevé des ouvrages anciens, on trouve assez souvent cette expression-ci : **tsoŭ hiá** 足下 (le dessous des pieds) pour désigner le pronom *vous.*

2° Voici un idiotisme chinois aussi fréquent dans la langue *orale* que dans la langue *écrite.* Ainsi, au lieu de dire : la prudence de **Chuén** est grande, un Chinois dit : **Chuén,** sa prudence est grande. **Chuén ký tá hiên** 舜其大賢。

On emploie surtout cette tournure lorsque la phrase est admirative ou interrogative.

3° Lorsqu'un pronom personnel est suivi de l'adjectif *même,* il se rend invariablement en chinois par ces deux mots : **tsé kỳ** 自己。

On dira :

我自已 **Ngò tsé kỳ.** Moi-même.

你自已 **Ngỳ tsé kỳ.** Toi-même.

他自巳 Tā tsé kỳ. Lui-même.
我們自己 Ngò-mên tsé kỳ. Nous-mêmes.
你們自巳 Ngỳ mên tsé kỳ. Vous-mêmes.
他們自巳 Tā mên tsé kỳ. Eux-mêmes.

4° L'adjectif français *propre*, indiquant la propriété exclusive à toute autre, se rend, en chinois, par le mot Tsīn 親, qui se place ainsi :

我親眼見了 Ngò tsīn yèn kién leào. J'ai vu de mes propres yeux.
親口 Tsīn keoū. De ma propre bouche.
親手 Tsīn cheòu. De ma propre main, ou 親筆 Tsīn pỳ.

Dans les livres, il est plus élégant de se servir soit du mot chēn 身, *corpus*, soit du mot kōng 躬, qui a le même sens.

EXEMPLES :

修巳身 Sieōu kỳ chēn. Perfectionner sa propre personne.
身穿野服 Chēn tchouān yè foū. Il portait des habits grossiers.
躬自厚而薄責於人則遠怨矣 Kōng tsé heóu eûl pǒ tsě yû jên tsě yuèn yuén ỳ. Soyez sévère envers vous-même, indulgent envers les autres, alors vous éloignerez de vous le ressentiment.

5° La politesse chinoise exige que l'on n'emploie jamais seul le pronom personnel *je* ou *moi*, surtout en présence de personnes élevées en dignité. Elle défend également de *tutoyer*, même un égal. Nous indiquons au chapitre XIV, qui a pour titre : *De l'urbanité chinoise*, les expressions consacrées par l'usage.

II. — DES PRONOMS RELATIFS OU CONJONCTIFS.

Les pronoms relatifs ou conjonctifs sont les suivants : *qui*, *que*, *quoi*, *quel*, *lequel*, *laquelle*, *le*, *la*, *les*, *dont*, *en*. Qui, quæ, quod, quinam, quænam, is, ea, id, cujus, in.

Voici, par des exemples, leurs équivalents dans la langue chinoise.

1°

那个 Lá kó, au singulier, 那些 Lá sỳ, au pluriel. Qui, *quis*.
我不曉得是那个 Ngò poŭ hiaò tě ché là kó. Je ne sais qui. *Nescio quis*.
不論那个 Poŭ lén là kò. Qui que ce soit. *Quisquis ille sit*.
那个做這一件事 Là kó tsoú tchě ỳ kién sé. Qui a fait cela? *Quis hoc fecit?*
那个人來 Là kó jên laŷ. Qui arrive? *Quis venit?*

2° Dans les livres, au lieu des mots lá kó, on emploie ceux-ci, qui sont plus relevés : choûy 誰 ou choŭ 孰. Qui.

誰造了天地 **Choûy tsâo leào tiēn tý?** Qui a créé le monde? *Quis creavit cœlum et terram?*

子謂子貢曰汝與回也孰愈 **Tsè ouý tsè kóng yuĕ: joù yù hoûy ỳ choŭ yuĕ?** Le philosophe interpella **Tsè Kóng**: Lequel de vous ou de **Hoûy** surpasse l'autre en qualité?

子貢問師與商也孰賢 **Tsè Kóng ouén: sē yù chāng ỳ choŭ hiên.** **Tsè Kóng** demanda: Qui de **Sē ou de Chāng** est le plus sage?

3° Très-souvent, en chinois, on n'exprime pas le pronom *qui*, parce que la phrase chinoise se dispose autrement:

Dieu, qui est juste, punira les méchants.
Tournez ainsi: Dieu est juste, il punira les méchants.

天主公道。他要罰惡人 **Tiēn Tchoù Kōng taó; Tā yaó fă ngŏ jên.**

2°

Que, pronom relatif, signifiant *lequel* et servant de régime au verbe qui suit, s'exprime en chinois par ces deux mots: **Sò** 所 et 的, que l'on place de la sorte:

EXEMPLES:

我所愛的書 **Ngò sò gaý tỳ choū.** Le livre que j'aime. *Ego quem amo librum.*

你所說的話 **Ngỳ sò chŏ tỳ hoá.** Les paroles que tu as dites. *Tu quæ dixisti verba.*

他所做的事 **Tā sò tsoú tỳ sé.** Les choses qu'il a faites. *Ille quas fecit res.*

Que signifiant *quelle chose* s'exprime par **chén mô** 甚麽 ou **chĕ mô** 什麽, *quid, quod*; *que* signifiant *quoi*: **tsèn yáng** 怎樣.

要做甚麽 **Yaó tsoú chén mô.** Que faire? *Quid agendum? Oportet facere quid?*

你怎樣想 **Ngỳ tsèn yáng siàng.** Que vous en semble? *Quid tibi videtur?*

3°

Quoi, quid, quæ, ne se dit qu'en parlant des choses. On le rend, en chinois, par **chĕ mô** 拾麽 ou **chén mô** 甚麽.

EXEMPLE:

我不知道他想甚麽 **Ngò poŭ tchē taó tā siàng chén mô.** J'ignore ce à quoi il pense. *Ego non scio illum cogitare quid.*

海上絲綢之路文獻集成 科技與文化編

4°

Quel, quinam, interrogatif, s'exprime, en chinois, par là ў kó 那一个 s'il s'agit des personnes, et par chén mô 甚麼 s'il s'agit des choses.

EXEMPLES :

那个人肯 Là kó jên kĕn. Quel homme voudrait? *Quis vellet?*
他有甚麼事 Tā yeoù chén mô sé. Quelle affaire a-t-il?

5°

Lequel, laquelle? Quisnam, quænam? se traduisent comme dans les exemples précédents.

那个人來了 Là kó jên laў leào. Lequel est venu? *Quisnam venit?*

6°

Les pronoms personnels *le, la, les*, is, ea, id, se placent toujours, en chinois, après le verbe.

EXEMPLES :

我愛他 Ngò gaў tā. Je l'aime. *Ego amo illum.*
我恨他 Ngò hén tā. Je le déteste. *Ego detestor illum.*
我要他們 Ngò yaó tā mên. Je les veux. *Ego illa volo.*
我信他 Ngò sín tā. Je le crois. *Ego credo illum.*

7°

Dont, cujus, quorum, s'exprime absolument, comme le *que* relatif, par sò 所 et tў 的.

EXEMPLES :

我所用的書 Ngò sò yóng tў choū. Le livre dont je me sers. *Liber quo utor.*
我所恨的事 Ngò sò hén tў sé. Ce dont j'ai horreur. *Ego quæ abhorreo.*

8°

En, pronom relatif, se rend, en chinois, par ces mots: ўn oúy 因爲. *Quia, propter id.*

EXEMPLES :

因爲莫得那个事 ўn oúy mô tĕ lá kó sé. Il n'en est rien. *Nihil tale est.*
因爲有那个事。我更喜歡你 ўn oúy yeoù lá kó sé, ngò kén hỳ houān ngỳ. Je vous en aime davantage. *Eò mihi carior es.*

III. — PRONOMS DÉMONSTRATIFS.

Ces pronoms se confondent la plupart du temps avec les adjectifs démonstratifs, et s'expriment de la même manière :

EXEMPLES :

Pour les personnes et les choses prochaines.

Singulier.	*Pluriel.*
這个人 **Tché kó jên.** Cet homme. *Hic homo.*	這些人 **Tché sȳ jên.** Ces hommes. *Hi homines.*
這一件事 **Tché ȳ kién sé.** Cette chose. *Hæc res.*	這些事 **Tché sȳ sé.** Ces choses. *Hæ res.*
這一本書 **Tché ȳ pèn choū.** Ce livre. *Hic liber.*	這些書 **Tché sȳ choū.** Ces livres. *Hi libri.*

Pour les personnes et les choses éloignées.

Singulier.	*Pluriel.*
那个人 **Lá kó jên.** Cet homme-là. *Ille homo.*	那些人 **Lá sȳ jên.** Ces hommes-là. *Illi homines.*
那一件事 **Lá ȳ kién sé.** Cette chose-là. *Ista res.*	那些事 **Lá sȳ sé.** Ces choses. *Illæ res.*
那一本書 **Lá ȳ pèn choū.** Ce livre. *Ille liber.*	那些書 **Lá sȳ choū.** Ces livres. *Hi libri.*

Le pronom *ce* devant le mot *que* se rend, en chinois, par **sò** 所. On place **sò** après le sujet chinois et avant le verbe.

EXEMPLES :

我所說的話 **Ngò sò chŏ tȳ hoá.** Ce que je dis. *Quæ ego dico.*
我所想的事 **Ngò sò siàng tȳ sé.** Ce que je pense. *Quæ cogito*

REMARQUES.

1° Dans la langue *écrite*, au lieu des expressions ci-dessus désignées, on se sert de préférence des trois mots suivants pour exprimer les pronoms démonstratifs *ce*, *ces*, savoir : **tsè** 此 et **sē** 斯 pour les personnes et les choses prochaines, et **pỳ** 彼 pour les personnes et les choses éloignées.

EXEMPLES :

從彼而來審判生死者 **Tsŏng pỳ eûl laŷ chèn pán sēn sè tchè.** Il viendra de là juger les vivants et les morts.

2° Pour exprimer, dans la langue écrite, les pronoms démonstratifs *celui*, *celle*, *qui*, les Chinois ont une tournure particulière. On ajoute au verbe de la phrase la particule **tchè** 者. Cette tournure est très-commune.

EXEMPLES :

愛人者 **Gaý jên tchè.** Celui qui aime les hommes.
敬人者 **Kín jên tchè.** Celui qui honore les hommes.

IV. — PRONOMS POSSESSIFS.

Les pronoms possessifs, en usage dans la langue orale, se forment en ajoutant la particule tў 的 au pronom personnel. Souvent on sous-entend cette particule tў, par euphonie, sans qu'il en résulte aucune équivoque.

Pronoms possessifs de la langue orale.

我的 Ngò tў. Mon, ma, mien. *Meus, a, um.*
你的 Ngỳ tў. Ton, ta, tien. *Tuus, a, um.*
他的 Tā tў. Son, sa, sien. *Suus, a, um.*
我們的 Ngò mên tў. Notre, nos. *Noster, ri.*
你們的 Ngỳ mên tў. Votre, vos. *Vester, ri.*
他們的 Tā mên tў. Leur, leurs. *Eorum.*

EXEMPLES :

我的父母 Ngò tў foú moù. Mon père et ma mère.
你的書 Ngỳ tў choū. Ton livre.
他的狗 Tā tў keòu. Son chien.
我們的田 Ngò mên tў tiên. Notre champ.
你們的馬 Ngỳ mên tў mà. Votre cheval.
他們的房子 Tā mên tў fâng tsè. Leur maison.

Pronoms possessifs de la langue écrite.

Son, sien. Tŏ 宅.

宅父 Tŏ foú Son père.

Votre, vos. Vester, ri. Eùl 爾.

爾國臨格 Eùl kouĕ lîn kĕ. Que votre règne arrive.

Leur, de lui. Kuĕ 厥 ou kў 其.

其人品之美 Kў jên pìn tchē meỳ. Sa figure est charmante.
修厥德 Sieōu kiuĕ tĕ. Retracez en vous leurs vertus.

L'urbanité chinoise ne permet guère d'employer le pronom possessif de la première personne. Les expressions consacrées par l'usage, pour remplacer ces pronoms, se trouvent au chapitre XIII : *De l'urbanité chinoise.*

V. — PRONOMS INDÉFINIS.

Bien que plusieurs grammairiens modernes ne rangent plus les mots suivants sous cette catégorie de pronoms, on nous permettra, pour plus de simplicité, de les réunir sous un même article. Les principaux pronoms indéfinis sont :

On, quiconque, quelqu'un, chacun, chaque personne, autre, autrui, nul, tel, tout, un tel, l'un et l'autre, l'un l'autre.

1° *On,* devant un verbe chinois se tourne presque toujours par : *il y en a qui,* sunt qui. Yeoù 有.

On dit. *Aiunt.* Yeoù jên chŏ 有人說. *Sunt homines dicentes.*

On m'aime. Yeoù jên gaý ngò 有人愛我.

On dit généralement, c'est-à-dire, chacun ou tous disent. Kó kó jên toū chŏ 個個人都說 ou Tchóng jên chŏ 衆人說. *Ferè omnes aiunt.*

Dans les livres, le pronom indéfini *on,* quelqu'un, se traduit par jên houăy 人或 ou 或 tout seul.

或問 houăy ouén. On demande.

2° *Quiconque.* Quicunque. Poŭ lén là kó 不論那个.

不論那人說 Poŭ lén là kó jên chŏ. Quiconque dira.

3° *Quelqu'un.* Aliquis. Yeoù jên 有人.

有人來 Yeoù jên laý. Quelqu'un arrive.

有人更我說個了 Yeoù jên kēn ngò chŏ kó leào. Quelqu'un m'a dit.

4° *Chacun.* Quisque. Kó kó 個個.

個個人愛我 Kó kó jên gaý ngò. Chacun m'aime.

各人各樣的本性 Kŏ jên kŏ yáng tŷ pèn sín. Chacun a son caractère, c'est-à-dire, autant d'hommes autant de caractères.

5° *Personne,* avec une négation. *Nemo.* Oŭ yeoù jên 無有人.

無有人不知道 Oŭ yeoù jên poŭ tchē taó. Personne n'ignore. *Nemo nescit. Non est homo non sciens.*

無有人信他 Oŭ yeoù jén sín tā. Personne ne le croit. *Nemo credit illi. Non est homo credens ei.*

ou encore :

莫得一个人信他 Mŏ tĕ ŷ kó jên sín tā. *Non est unus homo credens ei.*

6° *Autre.* Alius. Piĕ tŷ 別的.

Piĕ tŷ jên. Autre homme.

我們要說別的話 Ngò mên yaó chŏ piĕ tŷ hoá. Disons autre chose.

7° *Autrui.* Alienus. Jên kiā tŷ 人家的, ou Tā jên 他人.

人家的財物 Jên kiā tŷ tsaý oŭ. Les biens d'autrui.

毋貪他人的財物 Oŭ tān tā jên tŷ tsaý oŭ. Biens d'autrui ne désireras.

8° *Nul*. Nullus. Oŭ yeoù 無有.

無有人想 Oŭ yeoù jĕn siàng. Nul ne pense. *Non est homo putans.*

我無有事 Ngò oŭ yeoù sé. Je n'ai nulle affaire.

9° *Tel*. Talis. Yeoû joŭ 猶如, siáng 像, táng 當.

事情不是猶如你想 Sé tsĭn poŭ ché yeoû joŭ ngỳ siàng. La chose n'est pas telle que vous pensez. *Res non est sicut tu putas.*

他像父 Tā siāng foú. Il est tel que son père. *Similis est patri. Ille similis (est) patri.*

他當一个豺狼 Tā táng ў kó tchaў lâng. Il est comme un loup. *Ille (est) sicut unus lupus.*

Un tel. Quidam. Mòng ou méy 某.

Dans les livres, on emploie souvent le mot houăy 或.

或曰 Houăy yuĕ. Un tel dit.

Dans les petits romans, que l'on nomme siào chŏ 小說, il n'est point rare de trouver des phrases où l'on emploie les premiers caractères du cycle de soixante ans pour rendre le sens de ces pronoms indéfinis : *tel, un tel, l'un l'autre.*

10° *Tout*. Totum, omne, peut se rendre, en chinois, de cinq ou six manières. L'usage apprend les cas où il faut, de préférence, employer l'une ou l'autre tournure.

樣樣 Yáng yáng. *Omne, omnia.*

一把連 Ў pà liên. *Unà simul omnia.*

不論甚麼 Poŭ lén chén mô. *Quodcunque.*

不句各樣 Poú kiú kŏ yáng. *Quolibet modo.*

無所不 Oŭ sò poŭ. *Nihil quod non.*

EXEMPLES :

樣樣他會做 Yáng yáng tā hoúy tsóu. Il sait tout faire.

一把連你都拿去 Ў pà liên, ngỳ toū lâ kiŭ. Emportez tout.

他無所不知 Tā oŭ sò poŭ tchē. Il sait tout.

11° *L'un et l'autre*. Uterque. Leàng kó 兩个.

兩个都不好 Leàng kó toū poŭ haò. Ils ne valent rien l'un et l'autre.

12° *L'un l'autre*. Ў kó ў kó 一個一個.

一個愛一個 Ў kó gaý ў kó. S'aimer l'un l'autre.

一个相帮一个 Ў kó siāng pāng ў kó. S'aider l'un l'autre.

Dans les livres, l'un l'autre se rend mieux par le mot kў 其 répété.

其一人美 Kў ў jên meỳ. L'une était belle.

其一人醜 Kў ў jên tcheŏu. L'autre était vilaine.

CHAPITRE VII.

DES VERBES CHINOIS.

Yên pién fă 言變法, ou tsañ yên 參言.

1° Facilité des conjugaisons chinoises. — 2° Noms des verbes en chinois. — 3° Espèces de verbes chinois. — 4° Du verbe substantif être ché 是. — 5° Des mots qui font l'office du verbe substantif. — 6° Deux sortes de verbes auxiliaires. — 7° Des verbes simples et composés. — 8° Manière de former, en chinois, les modes et les temps des verbes, ou des conjugaisons en chinois. — 9° Des différentes voix dans les verbes, voix active, passive, neutre, etc. — 10° Des mots chinois qui sont toujours *verbes*. — 11° Des verbes chinois devenant, par position, *substantifs*, *adjectifs verbaux*, *adverbes*. — 11° Règles pour traduire en chinois certaines classes de verbes français.

I. — FACILITÉ DES CONJUGAISONS CHINOISES. NOMS DES VERBES EN CHINOIS.

Un des chapitres de nos langues à flexion le plus bizarre pour un étranger est assurément celui des verbes. Sur quoi est fondée la théorie des différentes classes de verbes, et surtout les flexions si variées de chaque temps des verbes? Quelle règle a déterminé les rapports des verbes? L'usage seul a fixé tous ces points de grammaire. Pourquoi ces verbes régissent-ils tantôt l'accusatif, tantôt un autre cas? Pourquoi ceux-ci veulent-ils être suivis de telles ou telles prépositions? Un Asiatique qui étudie nos langues n'y voit qu'un véritable chaos.

En chinois, au contraire, rien de plus simple et de plus facile à retenir que le chapitre des *verbes*. En *une heure d'étude* on connaîtra tout le mécanisme régulier des verbes chinois; on sera à même de *conjuguer*, si je puis ainsi dire, tous les verbes chinois. Nos lecteurs savent déjà que *les mots de la langue orale* sont invariables dans leur forme; ils ne sont donc ni *déclinables* ni *conjugables*. Toutefois, malgré l'absence de flexion ou de désinences, on exprime, sans difficulté, en chinois, les divers temps, les divers modes, les nuances d'idées représentées par les désinences des verbes. En chinois, le pronom personnel, qui précède ordinairement le verbe, indique le *nombre*. Quelques particules, ou, si l'on veut, quelques affixes, constamment les mêmes pour tous les verbes, indiquent les temps, les modes, les voix des verbes chinois. Cette règle est si générale qu'il suffit d'en connaître l'application faite à un seul cas pour savoir s'en servir pour tous les autres.

II. — NOMS ÉQUIVALENTS EN CHINOIS DES DIFFÉRENTES ESPÈCES DE VERBES.

A cause du rôle qu'il joue dans le discours, les Chinois donnent au verbe, en général, un nom assez expressif. Ils l'appellent *mot vivant, caractère vivant,* sēn tsé 生字, ou bien, hô tsé 活字. Tout en distinguant dans la pratique le rôle des verbes, nous ne voyons nulle part que les Chinois aient établi entre eux des catégories, ni qu'ils désignent par des noms spéciaux les différentes espèces de *verbes,* comme nous le faisons dans nos langues modernes. Si, dans les pages suivantes, nous suivons l'ordre européen, c'est uniquement pour rendre plus accessibles au jeune sinologue nos observations. Les noms de nos différentes classes de verbes, tels que nous les classons dans les langues européennes, peuvent, quant à leur sens, être traduits en chinois de la manière suivante :

助言	Tsoú yên.	Verbes auxiliaires.
行言	Hîn yên.	— actifs.
被受言	Pý cheóu yên.	— passifs.
自行言	Tsé hîn yên.	— neutres.
似受言	Sé cheóu yên.	— déponents.
單三位之言	Tān sān ouý tchē yên.	— impersonnels.
出規之言	Tchoŭ kouȳ tchē yên.	— irréguliers.

Conjuguer un verbe. Yên pién fă 言變法, ou tsān yên 參言.

III. — ESPÈCES DE VERBES CHINOIS.

On trouve dans la langue chinoise les différentes espèces de verbes suivants : 1° le verbe *substantif être,* ché 是; 2° quatre ou cinq mots qui, dans un grand nombre de cas, sont employés en qualité de *verbes substantifs;* 3° une classe de mots qui jouent le rôle de *verbes auxiliaires;* 4° une autre classe de mots qui, par eux-mêmes, sont toujours *verbes.* C'est à cette classe notamment que s'applique l'expression de *mots vivants,* hô tsé 活字; 5° une nombreuse classe de noms communs qui, soit par position, soit par un simple changement de ton, ont le singulier privilége de devenir de véritables verbes. Ce mécanisme si simple de la langue chinoise n'est pas un de ses côtés les moins ingénieux.

La plupart des verbes chinois sont simples, c'est-à-dire qu'ils sont composés d'un seul mot. Cependant, de même qu'il y a des *substantifs,* des adjectifs composés de deux mots, il y a pareillement des verbes composés de deux mots. On en fait usage surtout dans la langue parlée, soit pour éviter l'équivoque, soit pour rendre la pensée avec plus de force, de grâce ou de variété.

IV. — DU VERBE SUBSTANTIF ÊTRE, *ESSE*, EN CHINOIS : Ché 是.

Le verbe substantif chinois *être*, esse, ché 是 exprime toujours une simple affirmation.

是那一个 Ché là ỳ kó. Qui est-ce?
是不是你 Ché poŭ ché ngỳ. Est-ce vous?
是不是他 Ché poŭ ché tā. Est-ce lui?
你是甚麼人 Ngỳ ché chén mô jên. Qui êtes-vous?
我是法國人 Ngò ché fă kouĕ jên. Je suis Français.
富與貴是人之所欲也 Foú yù koúy ché jên tchē sò yoŭ ỳ. Les richesses et les honneurs sont l'objet des désirs des hommes.
貧與賤是人之所惡也 Pīn yù tsién ché jên tchē sò oú ỳ. La pauvreté et le mépris sont le sujet de la crainte des hommes.

On sous-entend le verbe substantif dans la plupart des cas où nous l'exprimons en *français*, particulièrement quand il s'agit seulement d'attribuer une qualité à un sujet. Cette suppression du verbe *être* ne cause aucune équivoque dans le langage.

EXEMPLES :

好不好 Haò poŭ haò. Est-ce bon? Littér. : *Bon non bon*.
好 Hào. C'est bon?
熱不熱 Jĕ poŭ jĕ. Est-ce chaud?
熱 Jĕ. C'est chaud.

天氣冷 Tiēn kỳ lèn. Le temps est froid.
火性上 Hò sín cháng. La nature du feu est de monter.

Dans la langue écrite, au lieu du verbe substantif ainsi sous-entendu, on met à la place une particule qui n'a pas de sens. Son rôle est d'attirer l'attention plus que ne le ferait le verbe *être* lui-même, par la suspension forcée que cette suppression impose à l'esprit.

EXEMPLES :

柴也愚 Tchaÿ ỳ yû. Tchaÿ est peu éclairé (1).
參也魯 Tsān ỳ loù. Tsān est lourd.
師也辟 Sē ỳ pÿ. Sē est léger.
由也喭 Yeôu ỳ yén. Yeôu est grossier.

V. — DES MOTS QUI FONT L'OFFICE DU VERBE SUBSTANTIF.

Cinq mots chinois font l'office du *verbe substantif*, dans un bon nombre de cas. Ces mots sont : oûy 爲, *être*; yeòu 有, *avoir*; tsaý 在, *être dans*, esse

(1) Ce sont les noms de quatre disciples de Confucius.

in; hý 係, *être*, esse; Laỳ 乃, *fieri*, versari, esse. Le premier s'emploie surtout quand il s'agit d'attribuer plus positivement une qualité qui ait l'idée d'action; le deuxième renferme l'idée de l'existence rapportée à un sujet avec un attribut déterminé; le troisième renferme l'idée d'existence avec une désignation de localité; les deux derniers ne s'emploient que dans les livres; ils renferment une simple idée d'affirmation.

I. — *Emploi du mot* Oûy 爲.

傲爲百罪之王 Ngáo oûy pĕ tsouý tchē ouâng. L'orgueil est le premier de tous les péchés. Littér. : *Superbia est centum peccatorum rex.*

謙爲萬德之根 Kiên oûy ouán tĕ tchē kēn. L'humilité est la source de toutes les vertus. Littér. : *Humilitas est decem millium virtutum radix.*

天地之性人爲貴 Tiēn tý tchē sín jên oûy kouý. L'homme est ce qu'il y a de plus noble sur la terre.

他爲兄我爲弟 Tā oûy hiōng ngò oûy tý. Il est mon frère aîné, je suis le frère cadet.

II. — *Emploi du mot* Yeòu 有.

有幾個人 Yeòu kỳ kó jên. Combien sont-ils de personnes? Littér. : *Sunt quot homines?*

他有病麼 Tā yeòu pín mô. Est-il malade? *Ægrotat-ne?*

他有妻子不得 Tā yeòu tsȳ tsè poŭ tĕ. Est-il marié? *Est-ne uxoratus?*

III. — *Emploi du mot* Tsaý 在.

他在那裡 Tā tsaý là lỳ. Où est-il? Littér. : *Ille est in quo loco?*

他在屋裡麼 Tā tsaý oŭ lỳ mô? Est-il à la maison? Littér. : *Ille est domo nec ne?*

父母在不在 Foú moù tsaý poŭ tsaý. Vos parents existent-ils encore? Littér. : *Pater mater vivit non vivit?*

父母在 Foú moù tsaý. Mes parents vivent encore.

富貴在天 Foú kouý tsaý tiēn. Les richesses et les honneurs viennent du Ciel.

成事在天 Tchĕn sé tsaý tiēn. Le succès dépend du Ciel.

這事在我身上 Tché sé tsaý ngò chēn cháng. Cela est en mon pouvoir.

我不在其數 Ngò poŭ tsaý kŷ soú. Je ne serai pas des vôtres.

IV. — *Emploi du mot* **Hý** 係.

原係金陵人 **Yuên hý kin lîn jên.** Je suis de la ville de **Kin lîn.**

老先生既係親戚自然知道 **Laò siēn sēn ký hý tsiñ tsý tsé jân tchē taó.** Puisque vous êtes son parent, vous devez savoir cela.

送書人係一老僕 **Sóng choū jên hý ỷ laò poū.** Le porteur de cette lettre est un vieux serviteur.

二人俱係古舊 **Eúl jên kiú hý koù kieóu.** Ces deux hommes sont d'anciennes connaissances.

原係眉山蘇之後 **Yuên hý Meỷ chān Soū tchē heoù.** Il est de la famille **Soū de meỷ-chān.**

V. — *De l'emploi du mot* **Laỳ** 乃.

Ce mot employé comme verbe substantif, dans la langue *écrite*, est très-gracieux et très-élégant. Le verbe déponent *versari* a quelque analogie avec le mot chinois **laỳ** 乃. Ce mot est employé de quatre manières :

Premier usage. — **Laỳ** employé seul.

婚姻乃人生第一件大事 **Houēn ȳn laỳ jên sēn tý ỷ kién tá sé.** Le mariage est la plus importante des affaires.

此二公乃金陵之望 **Tsè eúl kōng laỳ kīn lîn tchē ouáng.** Ces deux seigneurs sont l'ornement de la ville de **Kin-lîn.**

他乃第一人財主 **Tā laỳ tý ỷ jên tsaý tchoù.** Il est le seigneur le plus riche.

令公子乃文章魁首 **Lín kōng tsè laỳ ouên tchāng koūi cheòu.** Votre fils est un excellent littérateur.

此乃至美之事 **Tsè laỳ tché meỳ tchē sé.** C'est une bonne affaire.

Deuxième usage. — **Laý** répété.

EXEMPLES :

乃生乃王世世 **Laỳ sēn laỳ ouáng ché ché.** Qui vivez et régnez dans les siècles des siècles.

Dans le **Choū kin** 書經, on trouve des textes tel que le suivant, où le mot **laỳ** est répété trois ou quatre fois :

乃聖乃神乃武乃文 **Laỳ chén laỳ chên laỳ où laỳ ouên.** Vous êtes saint, spirituel, pacifique et valeureux.

Troisième usage. — Le mot **laỳ** 乃 indique souvent la *suite*, la *conséquence*, l'*effet* d'une action accomplie. Ainsi, dans le symbole de la foi chrétienne, on dit, en chinois : **Sè eûl laỳ maý** 死而乃埋. Il est mort et a été enseveli.

Le philosophe Tchouāng tsè dit : Si je vis d'une manière vertueuse, ma mort sera aussi précieuse; en d'autres termes : Une bonne vie procure une bonne mort.

莊子曰善吾生乃所以善吾死也 Tchouāng tsè yuĕ : chán oû sēn laỳ sò ỳ chán oû sè ỳ.

Dans ces deux exemples, on voit le mot laỳ 乃 indiquant la *conséquence*, la *suite* d'une action accomplie.

Quatrième usage. — Dans certains auteurs chinois, le mot laỳ sert de pronom à la deuxième personne.

EXEMPLES :

乃父乃祖 Laỳ foú laỳ tsoù. Vos ancètres. *Vestri majores.*
度乃心 Toú laỳ sīn. Sonder votre cœur. *Scrutare cor tuum.*

VI. — DEUX SORTES DE VERBES AUXILIAIRES.

Deux sortes de mots chinois font l'office de *verbes auxiliaires*, non pas quant à la *conjugaison*, mais quant au sens du mot. La première sorte sert à former les temps simples et composés des autres verbes, tels que le *passé*, le *futur*, et aussi à exprimer les différents modes du verbe.

Première sorte de verbes auxiliaires.

有 Yeoù. Avoir. *Habere.*	能 Lên. Pouvoir. *Posse.*
要 Yaó. Vouloir. *Velle.*	肯 Kĕn. Permettre. *Permittere.*

1° *Verbe* yeoù 有. Avoir.

EXEMPLES :

我莫有喫 Ngò mô yeoù tchĕ. Je n'ai pas mangé. *Non manducavi.*
(Le mot *avoir* marque ici, comme en français, le prétérit; mais, dans ce cas, il est toujours accompagné d'une négation.)
我莫有說 Ngò mô yeoù chŏ. Je ne l'ai point dit. *Non dixi.*
我莫有睡 Ngò mô yeoù choúy. Je n'ai pas dormi. *Non dormivi.*
飯有了 Fán yeoù leào. Le riz est prêt. *Oryza parata est.*
我莫有笑 Ngò mô yeoù siáo. Je n'ai pas ri. *Non risi.*
我莫有看見 Ngò mô yeoù kán kién. Je n'ai pas vu. *Non vidi.*

2° *Verbe* yáo 要. Vouloir.

On fait, dans la langue parlée, un très-fréquent usage du verbe auxiliaire yaó 要, vouloir. Ainsi, 1° il remplace presque habituellement notre *oui* affirmatif. Au lieu de dire *oui*, en chinois, on dit : *je veux, j'y consens*, **yaó** 要. tout simplement, sans pronom personnel. Par contre, le *non* chinois, ou le refus, se dit : poŭ yáo 不要, *nolo, non consentio*.

EXEMPLES :

要不要來 Yáo poŭ yáo laŷ. Voulez-vous venir?
要 Yáo. Oui. Littér. : Je veux.
要不要喫 Yáo poŭ yáo tchĕ̆. Voulez-vous manger?
不要 Poŭ yáo, ou poŭ tchĕ̆ 不喫. Non.

2° Le verbe auxiliaire yáo 要 sert à former le futur des verbes.

EXEMPLES:

我要說 Ngò yáo chŏ. Je parlerai. *Loquar.*
我要喫 Ngò yáo tchĕ̆. Je mangerai. *Manducabo.*
我要起身 Ngò yáo kỳ chēn. Je partirai. *Proficiscar.*
我要默想 Ngò yáo mĕ̆ siàng. Je méditerai. *Meditabo.*

他要來 Tā yáo laŷ. Il viendra. *Veniet.*
他要死 Tā yáo sè. Il mourra. *Morietur.*

3° Ce même verbe a souvent aussi dans la langue orale le sens de *falloir, oportet, ere.*

EXEMPLES :

不要說話 Poŭ yáo chŏ hoá. Il ne faut pas parler. *Non oportet loqui.*
不要喫 Poŭ yáo tchĕ̆. Il ne faut pas manger. *Non oportet manducare.*

4° *Du verbe* **Lên** 能. Pouvoir.

1° Ce verbe répond assez exactement au *possum* des Latins. Il ne se place pas après le verbe.

EXEMPLE :

我不能 Ngò poŭ lên. Je ne puis pas. *Non possum.*

2° Le mot lên 能 marque aussi la *puissance*, le *pouvoir*.

他是全能 Tā ché tsuĕ̆n lên. Il est tout-puissant. *Est omnipotens.*

5° *Le mot* **kĕ̆n** 肯. Vouloir. *Velle.*

Ce mot implique l'idée d'une volonté très-ferme, très-accentuée.

EXEMPLES :

我不肯 Ngò poŭ kĕ̆n. Je ne veux pas. *Nolo.*
他全全不肯 Tā tsuĕ̆n tsuĕ̆n poŭ kĕ̆n. Il ne veut pas absolument. *Absolutè recusat.*

Deuxième sorte de verbes auxiliaires.

Placés après le verbe attributif, les verbes auxiliaires de cette classe font l'office des particules latines *in, sub, super*, etc. On met le complément entre

海上絲綢之路文獻集成 科技與文化編

le verbe principal et le verbe accessoire. Leur usage plus particulier est de former des idiotismes ou des expressions propres à la langue chinoise. Comme cette classe de *verbes auxiliaires* est d'un usage très-fréquent dans la langue parlée, nous allons, dans autant de paragraphes, montrer, par des exemples, la manière de les employer.

Voici d'abord ces verbes auxiliaires.

1° 可 **Kŏ**. Pouvoir. *Posse.*
2° 得 **Tĕ**. Pouvoir. *Posse.*
3° 來 **Laŷ**. Venir. *Venire.*
4° 去 **Kiŭ**. Aller. *ire.*
5° 出 **Tchoŭ**. Sortir. *Egredi.*
6° 打 **Tà**. Frapper. *Percutere.*
7° 把 **Pà**. Prendre. *Capĕre.*
8° 將 **Tsiāng**. Prendre. *Arripere.*
9° 罷 **Pá**. Suffire. *Sufficere.*
10° 請 **Tsìn**. Inviter. *Invitare.*
11° 着 **Tchŏ**. Se confier. *Inniti.*

1° *Du verbe* **Kŏ** 可. Pouvoir. *Posse.*

L'usage de ce verbe est fréquent et très-varié. Ainsi : 1° Ce mot sert à former des adjectifs verbaux, lorsqu'il est placé devant un verbe. Nous avons cité un bon nombre d'exemples de ce genre à la page 82. Il en est de même des adjectifs qui ont un sens passif.

EXEMPLES :

可得 **Kŏ tĕ**. Cela est passable. *Id tolerabile est.*
可以 **Kŏ ỳ**. Cela est faisable. *Id fieri potest.*
可聽的事 **Kŏ tīn tў sé**. Cela peut être entendu. *Id audiri potest.*

2° Ce verbe **kŏ** 可 sert à former des assertions ou des invitations mitigées, comme : *il se peut, vous pouvez.*

EXEMPLES :

你可知道麽 **Ngỳ kŏ tchē taó mô**. Se peut-il que vous le sachiez?
可以爲師也 **Kŏ ỳ oûy sē ỳ**. Vous pouvez devenir un instituteur des hommes.
詩可以興。可以觀。可以羣 **Chē kŏ ỳ hīn, kŏ ỳ kouān, kŏ ỳ kiûn**. Le livre des vers est propre à élever les idées, à former le jugement par la comparaison des choses, à réunir les hommes.

3° Souvent le verbe auxiliaire **kŏ** 可 devant un autre verbe donne à celui ci le sens de *verbe passif.*

EXEMPLES :

其知可及也 **Kў tchē kŏ kў ỳ**. Sa science peut être égalée.
三年無改於父之道可謂孝矣 **Sān niên oû kaỳ yû foú tchē taó kŏ oúy hiáo ỳ**. Ne pas s'écarter durant trois ans

10

de la doctrine de son père, voilà ce qui peut être appelé de la piété filiale.

泰伯！其可謂至德也 Taÿ pĕ! kÿ kŏ oúy tché tĕ ỳ. Taÿ pĕ! Voilà un homme qui peut être appelé vertueux.

可謂點鐵成金 Kŏ oúy tièn tiĕ tchĕn kin. On peut dire que vous avez changé le fer en or.

不患莫巳知。求爲可知也 Poŭ houán mŏ kỳ tchē, kieŏu oûy kŏ tchē ỳ. Ne vous affligez pas de n'être point connu, mais cherchez à devenir digne de l'être.

十世可知也 Chĕ ché kŏ tchē ỳ. Les événements de dix générations peuvent-ils être connus?

4° Le verbe auxiliaire kŏ 可 n'a souvent d'autre signification que celle de : Il convient, il est convenable. *Decet, convenit.*

EXEMPLES :

父母之年不可不知也 Foú moù tchē niên poŭ kŏ poŭ tchē ỳ. Il convient de ne pas ignorer l'âge de ses parents.

只可動口。不可動手 Tchè kŏ tóng keŏu, poŭ kŏ tóng cheŏu. Il est permis de remuer la langue, mais non pas d'en venir aux mains.

只可便他聞香。不可容他下筯 Tchè kŏ pién tā ouén hiāng, poŭ kŏ yông tā hiá tsoú. Il est permis de respirer ces parfums, mais non de goûter de ces fruits.

5° On trouve parfois le verbe auxiliaire kŏ 可 répété de suite. Il signifie alors *précisément, justement.* Eo ipso momento.

他可可來了 Tā kŏ kŏ laÿ leaò. Il est arrivé précisément.

6° Le verbe kŏ 可 sert également à faire l'interrogation.

EXEMPLES :

你可冷 Ngỳ kŏ lèn? Sentez-vous le froid?
你可曉得 Ngỳ kŏ hiào tĕ? Savez-vous cela?

2° *Du verbe* Tĕ 得 *Obtenir, pouvoir, avoir,* etc.

L'usage de ce verbe auxiliaire est très-fréquent dans la langue chinoise, surtout dans la langue *orale.* Son acception est également fort variée; parfois, elle est presque imperceptible, mais alors le verbe tĕ remplit un rôle *euphonique* dont l'importance est telle qu'on ne saurait l'omettre. Voici, autant que possible, les dix principaux usages de ce verbe :

Premier usage. — Placé après le verbe attributif, le mot tĕ 得 sert à for-

海上絲綢之路文獻集成 科技與文化編

mer une classe d'adjectifs verbaux, particulièrement les adjectifs dont la terminaison est able, *abilis*, ou ible, *ibilis*. (Voir pag. 82-84.)

EXEMPLES :

做得 Tsoú tě, ou 使得 Chè tě. Cela est possible. *Id possibile est.*
看得見的 Kán tě kién tŷ. Cela est visible. *Id visibile est.*
難得 Lân tě. Cela est difficile. *Hoc difficile est.*
喫得的 Tchě tě tŷ. Cela est mangeable. *Hoc manducari potest.*

Deuxième usage. — Le verbe auxiliaire tě 得 indique souvent la *possibilité* de faire une chose, ou la possibilité qu'une chose se fasse.

EXEMPLES :

免得 Mièn tě. On peut dispenser, c'est-à-dire accorder la dispense.
免不得 Mièn poŭ tě. On ne peut dispenser.
來得 Laŷ tě. Pouvoir venir.
來不得 Laŷ poŭ tě. Ne pouvoir venir.
說得 Chŏ tě. On peut dire.
我說不得 Ngò chŏ poŭ tě. Je ne puis dire, *sive physic. sive moral., impeditus.*
免不得死 Mièn poŭ tě sè. On ne peut se dispenser de mourir.
躲得 Tò tě. On peut éviter.
躲不得審判 Tò poŭ tě chèn pán. On ne peut éviter le jugement.
我走得 Ngò tseòu tě. Je puis marcher.
我走不得 Ngò tseòu poŭ tě. Je ne puis marcher.
他又死不得又活不得 Tā yeóu sè poŭ tě yeóu hŏ poŭ tě. Il ne peut ni vivre ni mourir.
我通得 Ngò tōng tě. Je comprends.
見不得 Kién poŭ tě. Je ne puis voir.

Troisième usage. — Le verbe auxiliaire tě 得, placé avant un nom commun ou substantif, forme un verbe qui a la signification active.

EXEMPLES :

得罪 Tě tsoúy. Pécher, commettre un péché, une faute, insulter quelqu'un. On se sert, en chinois, de ce mot pour demander excuse à quelqu'un. *Je vous demande pardon, excusez-moi :* Tě tsoúy ngŷ.
得空 Tě kōng. 得閒 Tě hiên. } Être libre, avoir le temps. *Vacare.*
我不得空 ou 不得閒 Ngò poŭ tě kōng ou poŭ tě hiên. Je n'ai pas le temps.
得意 Tě ý. Atteindre son but. *Votum assequi.*
得中 Tě tchóng. Même sens.

Quatrième usage. — Placé après certains verbes, le verbe auxiliaire **tĕ** 得 ajoute à leur signification ordinaire un sens si délicat, que la connaissance seule de la langue permet de le sentir et de l'apprécier; mais c'est surtout lorsque ces verbes sont employés avec une négation que l'influence du mot **tĕ** 得 est plus sensible.

EXEMPLES :

Sans négation.	*Avec négation.*
記得 **Ký tĕ.** Se souvenir.	記不得 **Ký poŭ tĕ.** Oublier.
認得 **Jén tĕ.** Connaître.	認不得 **Jén poŭ tĕ.** Méconnaître.
曉得 **Hiào tĕ.** Savoir.	不曉得 **Poŭ hiào tĕ.** Ne pas savoir.
看得 **Kăn tĕ.** Pouvoir voir.	看不得 **Kăn poŭ tĕ.** Ne pouvoir voir.

Cinquième usage. — Le verbe auxiliaire **tĕ** 得 indique souvent le temps passé.

EXEMPLE :

他來得合時 **Tā laŷ tĕ hô chê.** Il est venu bien à propos.

Sixième usage. — Souvent le verbe auxiliaire **tĕ** 得 se place entre les deux mots d'un verbe composé, et modifie le sens de ce verbe composé.

EXEMPLES :

Verbes composés.	*Avec le verbe* **tĕ.**
看見 **Kăn kién.** Voir, examiner, regarder.	看得見 **Kăn tĕ kién.** Regarder et apercevoir.
聽見 **Tīn kién.** Entendre, ouïr.	聽得見 **Tīn tĕ kién.** Écouter et entendre.

Septième usage. — Le verbe auxiliaire **tĕ** 得 a très-souvent le sens du verbe *avoir*, habere.

EXEMPLES :

我不得喫的東西 **Ngò poŭ tĕ tchĕ tŷ tōng sȳ.** Je n'ai rien à manger.
我莫得 **Ngò mô tĕ.** Je n'ai pas cela. *Non habeo hoc.*

Huitième usage. — Le verbe auxiliaire **tĕ** 得 sert à marquer le temps passé.

EXEMPLES :

我不得說 **Ngò poŭ tĕ chŏ.** Je ne l'ai pas dit.
我不得喫 **Ngò poŭ tĕ tchĕ.** Je n'ai pas mangé.

Neuvième usage. — Le verbe **tĕ** 得 avec la négation, placé soit après la particule **pā** 巴, soit après **hén** 恨, exprime le *désir ardent*, et répond à ces mots : *Plaise à Dieu que!* Utinam!

EXEMPLES :

巴不得我發財 **Pā poŭ tĕ ngò fă tsaŷ.** Que ne suis-je riche! *Utinam sim dives!*

巴不得他來 Pā poŭ tĕ tā lay. Plaise à Dieu qu'il vienne!
恨不得我死 Hén poŭ tĕ ngò sè. Puissé-je mourir!
巴幸不得有那个事 Pā hín poŭ tĕ yeòu lá kó sé. Plaise à Dieu que cela soit!

Dixième usage. — Enfin, le verbe auxiliaire tĕ 得 sert à former le superlatif des adjectifs. (Voir page 90 et suiv.)

3° et 4° *Des verbes auxiliaires* lay 來 venir, *et* kiŭ 去 aller.

Chacun de ces deux verbes auxiliaires, placé après un autre verbe ou rejeté à la fin d'une phrase, fait l'office de certaines particules usitées dans les langues modernes, par exemple, dans la langue latine, des particules *ab*, *ad*; dans la langue anglaise, *out*, *in*, *up*, *down*; dans la langue allemande, de *an*, *auf*. Ces deux verbes reviennent sans cesse dans la conversation, soit isolément l'un de l'autre, soit simultanément. Voici les principaux usages que l'on en fait.

Premier usage. — Lorsque l'on commande.

EXEMPLES :

拿來 Lâ lay. Apportez. *Affer*. Littéralement : *Cape et veni*.
拿茶來 Lâ tchă lay. Apportez du thé. *Affer theum*.
拿酒來 Lâ tsieòu lay. Apportez du vin. *Affer vinum*.
上來 Cháng lay. Montez ici. *Ascende hùc*.
下來 Hiá lay. Descendez. *Descende*.
起來 Ky lay. Levez-vous. *Assurge*.
回來 Hoûy lay. Revenir.
拿去 Lâ kiŭ. Emportez cela. *Aufer*. Littér. : *Cape et exeas*.
出去 Tchoŭ kiŭ. Sortez. *Egredere*.
去泡茶來 Kiŭ paó tchă lay. Allez préparer le thé.
回去 Hoûy kiŭ. Repartir.

Deuxième usage. — Les deux verbes lay 來 et kiŭ 去 ont souvent la signification de *pouvoir*, posse. Mais alors la phrase chinoise forme un idiotisme particulier, assez curieux, dans lequel le sens opposé de ces deux verbes ressort très-bien.

EXEMPLES :

我想不來 Ngò siàng poŭ lay. Je ne puis penser. Littér. : *Mihi cogitatio non advenit*.
我學不來 Ngò hiŏ poŭ lay. Je ne puis étudier. Littér. : *Studio impar sum*.
我通不來 Ngò tŏng poŭ lay. Je ne puis comprendre.

我說不來 Ngò chŏ poŭ lay, ou Ngò chŏ poŭ tchoŭ lay 說不出來. Je ne puis dire.

答應不來 Tă ŷn poŭ lay. Je ne puis répondre.

我賣不去 Ngò may poŭ kiŭ. Je ne puis vendre.

我說不去 Ngò chŏ poŭ kiŭ. Je ne puis exprimer.

Troisième usage. — Les deux verbes auxiliaires lay 來 et kiŭ 去 sont souvent réunis dans une même phrase où ils font une antithèse qui ne manque pas d'élégance.

EXEMPLES :

想來想去 Siàng lay siàng kiŭ. Agiter son esprit en tout sens, c'est-à-dire penser beaucoup à une chose. Littér. : *Cogitatio venit, cogitatio redit.*

說來說去 Chŏ lay chŏ kiŭ. Discourir de choses et d'autres, sans ordre.

走來走去 Tseòu lay tseòu kiŭ. Aller et venir.

翻來覆去再睡不着 Fân lay foŭ kiŭ tsay choúy poŭ tchŏ. Ne faire que s'agiter sur son lit sans pouvoir dormir.

去泡茶來 Kiŭ paó tchă lay. Allez préparer du thé et apportez-le.

去趕場來 Kiŭ kàn tchăng lay. Il revient du marché.

Quatrième usage. — Les verbes lay 來 et kiŭ 去, joints à un nom commun, indiquent, l'un le temps *futur*, l'*avenir*, l'autre, le temps *passé*.

EXEMPLES :

來年 Lay niên. L'an prochain. *Anno venturo,*

來世 Lay ché. Le siècle futur. *Sæculo futuro.*

將來 Tsiàng lay. Désormais, à l'avenir. *Deinceps, in futurum.*

去年 Kiŭ niên. L'an passé. *Anno elapso.*

去世 Kiŭ ché. Il est mort. Littér. : Il a quitté le siècle.

Cinquième usage. — Le verbe lay 來 est souvent joint au verbe tchoŭ 出 Sortir de. *Egredi.*

EXEMPLES :

說不出來 Chŏ poŭ tchoŭ lay. Je ne puis exprimer ma pensée. Littéralement : *Verbum exire non potest.*

痘子出來了 Teoŭ tsè tchoŭ lay leào. Il a la petite vérole.

露出馬脚來 Loŭ tchoŭ mà kiŏ lay. Il a montré le bout de l'oreille, c'est-à-dire ses finesses sont dévoilées. *Ros cadens equi pes apparet.*

發出來你的信德 Fă tchoŭ lay ngỳ tỹ sín tĕ. Manifestez votre foi. *Ostende fidem tuam.*

Sixième usage. — Le verbe lay 來 précédé du verbe kỳ 起, *assurgere,* correspond au mot français *commencer*, incipere, ou bien encore il marque la *réitération d'un acte, l'effort pour faire une chose.*

EXEMPLES :

想不起來 Siàng poŭ kў laŷ. J'ai beau faire, je ne puis me souvenir.
說起來 Chŏ kў laŷ. Commencer à parler.
哭將起來 Koŭ tsiàng kў laŷ. Il se mit à pleurer.
把起來 Pà kў laŷ. Se lever. *Assurgere.*
不覺大笑起來 Poŭ kiŏ tá siáo kў laŷ. Il ne put s'empêcher de rire aux éclats.
衆人都大笑起來 Tchóng jên toū tá siáo kў laŷ. Tous se mirent à rire très-haut.
忽然想起來 Hoŭ jân siàng kў laŷ. Une pensée soudaine lui vint.

Septième usage. — Le verbe laŷ 來 est souvent, dans les livres, précédé de yuên 原, ou yuên 元, *origine, principe.* Il signifie alors *originairement, dans le principe, à la vérité, certainement.* Equidem, certòquidem; *en somme*, summatim.

EXEMPLES :

原來命中原該如此 Yuên laŷ mîn tchōng yuên kaў joŭ tsè. Cela était certainement dans mes destinées.
原來無此禮 Yuên laŷ oŭ tsé lỳ. Il n'y a jamais eu cette coutume.
元來就是你 Yuên laŷ tsieóu ché ngỳ. C'était vraiment vous!
兄弟原來也是一个才子 Hiōng tý yuên laŷ ỳ ché ў kó tsaý tsè. Notre frère est vraiment un homme de talent.
原來如此 Yuên laŷ joŭ tsè. Cela est-il bien possible?
原來你是甚麼人 Yuên laŷ ngỳ ché chén mô jên. En somme, qui êtes-vous?

5° *Du verbe* tchoŭ 出. Sortir de. *Egredi.*

Ce verbe est souvent employé dans la langue *orale* avec les deux autres verbes laŷ 來, venir, et kiŭ 去, aller. Nous venons de le voir. Mais, en outre, il entre dans une foule d'expressions chinoises, qui sont des espèces d'*idiotismes* et qui font image.

EXEMPLES :

出頭 Tchoŭ teôu. Se mettre en avant pour une affaire. Littér. : Montrer, sortir la tête.
若肯出一言 Jŏ kĕn tchoŭ ў yên. S'il vous plaisait de dire un seul mot.
喜出望外 Hỳ tchoŭ ouáng ouáy. La joie dépasse mes espérances.
如何做得出 Joŭ hô tsoú tĕ tchoŭ. Comment pourrais-je faire cela?
弗便做不出 Foŭ pién tsoú poŭ tchoŭ. Est-ce que je puis faire cela?

怎敢說年兄做不出 Tsèn kàn chǒ niên hiōng tsoú poǔ tchoǔ. Qui oserait dire que vous ne pouvez faire cela?

6° *Du verbe auxiliaire* Tà 打. Frapper. *Percutere.*

Le verbe auxiliaire Tà 打 signifie *battre, frapper*, percutere. Mais, par antonomase, on lui attribue un grand nombre de significations différentes, comme au verbe *faire*, facere, de la langue française. Voici les acceptions les plus usuelles du verbe tà. L'usage fera connaître les autres.

Verbe tà au sens naturel.

EXEMPLES :

打人 Tà jên. Frapper quelqu'un *Percutere aliquem.*

打三百毛板 Tá sān pě maô pàn. Donner trois cents coups. *Trecentis ictibus cædere.*

拷打 Kaò tà. Mettre à la question. *Tormentis quærere.*

你打我我也打你 Ngỳ tà ngò, ngỳ tà ngỳ (1). Si vous me frappez, je vous frapperai à mon tour. *Si verberas me, etiam ictibus petam te.*

重打 Tchóng tà. Frapper gravement. *Graviter percutere.*

輕打 Kĩn tà. Frapper légèrement. *Leviter percutere.*

打倒人 Tà taò jên. Renverser quelqu'un à terre. *Humi sternere aliquem.*

一拳打倒人 Ÿ kiuĕn tà taò jên. D'un coup de poing renverser quelqu'un à terre. *Pugno aliquem humi sternere.*

打破 Tà pǒ. Briser quelque chose. *Frangere aliquid.*

打碎 Tà soúy. Réduire en poudre. *In pulverem reducere.*

Verbe Tà, au sens figuré.

打發人 Tà fă jên. Envoyer quelqu'un. *Mittere aliquem.*

打發一封信 Tà fă ÿ fōng sín. Envoyer une lettre. *Epistolam mittere.*

打火 Tà hò. Faire du feu. *Ignem elicere.*

打水 Tà choùy. Puiser de l'eau. *Aquam haurire.*

打酒 Tà tsieòu. Acheter ou puiser du vin. *Emere vinum.*

打印 Tà ỳn. Mettre son sceau. *Sigillum imponere.*

打呼 Tà hoū. Ronfler en dormant. *Rhonchos edere.*

打噴 Tà pén. Éternuer. *Sternutare.*

打雷 Tà loûy. Tonner. *Tonare.*

打結 Tà kiĕ. Faire un nœud. *Nodum connectere.*

打劍 Tà kién. Faire une épée. *Gladium conficere.*

(1) On ne traduit presque jamais en chinois la particule conditionnelle *si*.

打罷子 **Tà paý tsè.** Avoir la fièvre. *Febri laborare.*

打動人 **Tà tòng jên.** Émouvoir quelqu'un. *Movere aliquem.*

打主意 **Tà tchoù ý.** Faire un projet. *Consilium inire.*

打鞭 **Tà piēn.** Donner les étrivières. *Loris cædere.*

打家 **Tà kiā.** Se quereller. *Jurgium habere.*

打仗 **Tà tchāng.** Se battre. *Inter se rixare.*

打牌 **Tà paŷ.** Jouer aux cartes. *Foliis ludere.*

打扮 **Tà pān.** Faire sa toilette. *Ornare se.*

打點 **Tà tièn.** Faire une note. *Aliquid notare.*

打一恭 **Tà ў kōng** ou 打禮 **tà lŷ.** Faire une révérence. *Salutem præbere.*

打點 **Tà tièn.** Prendre un parti. *Consilium capere.*

打睡 **Tà choúy.** Dormir. *Dormire.*

打鞦韆 **Tà tsieōu tsiēn.** Jouer à l'escarpolette.

打鑼鑼 **Tà lô lô.** Battre la cymbale. *Cymbalum quatere.*

打算 **Tà souán.** Supputer. *Numerare.*

打掃 **Tà saò.** Balayer. *Verrere.*

打聽 **Tà tīn.** Explorer. *Explorare.*

打篷 **Tà pōng.** Rendre les voiles. *Vela attollere.*

打一課 **Tà ў kò.** Faire une prière aux idoles. *Idola invocare.*

打刼 **Tà kiĕ.** Pirater. *Prædari.*

打夥 **Tà hò.** S'unir en société. *Societatem inire.*

打市 **Tà ché.** Parler artificieusement. *Verbis artificiosis loqui.*

打封 **Tà kouá.** Jeter les sorts. *Sortes ducere.*

打後手 **Tà heóu cheòu.** Frauder sur les achats. *Asserere impensa pluriora quàm de facto fuerint.*

打華拳 **Tà hoâ kiuên.** Jouer à la mourre. *Digitis micare.*

打敗 **Tà paý.** Tailler en pièces. *Profligare.*

打斷 **Tà touàn.** Décréter, définir. *Statuere.*

打更 **Tà kēn.** Battre les veilles. *Excubias agere* (1).

打槳 **Tà tsiàng.** Manier la rame. *Remigare.*

打平水 **Tà pîn choùy.** Prendre le niveau avec de l'eau. *Ex aquâ libellam exigere.*

---

(1) Les Chinois divisent la nuit en cinq veilles de deux heures chacune. La première commence à huit heures du soir. Alors un homme parcourt les rues de la localité en frappant *un* coup sur le tam-tam. A la deuxième veille, il frappe *deux* coups, et ainsi de suite.

7° *Du verbe auxiliaire* Pà 把. Prendre. *Arripere, capere.*

Ce verbe a des usages assez variés. Les principaux sont les suivants :

Premier usage. — Il est employé comme *particule numérale*, devant tous les noms d'objets qui ont un manche. (Voir page 101.)

EXEMPLES :

一把刀 Ў pà taō. Un couteau. *Unum cultrum.*
一把鎖 Ў pà sò. Un cadenas. *Una sera.*
一把傘 Ў pà sàn. Un parapluie. *Unum umbellum.*
一把扇 Ў pà chán. Un éventail. *Unum flabellum.*
一把火 Ў pà hò. Une torche allumée. *Una fax.*

Deuxième usage. — Il sert à faire un idiotisme chinois très-figuratif de l'action accomplie.

EXEMPLES :

把門關 Pà mên kouān. Fermez la porte. Littér. : Prenez, saisissez la porte et fermez-la.

把那一本書抬來 Pà lá ў pèn choū tay̆ lay̆. Apportez-moi ce livre. Littér. : Prenez ce livre et apportez-le.

把索子綁綁了 Pà sŏ tsè foŭ pàng leào. Il le lia avec une corde. Littér. : Il prit une corde et le lia.

把這些燈都吹了 Pà tché sў tēn toū tchoŭy leào. Éteignez toutes ces lampes. Littér. : Prenez ces lampes à la main et éteignez-les.

Troisième usage. — Le verbe Pà 把 a souvent la signification de *prendre pour, regarder comme, faire cas.*

EXEMPLES :

把人看得輕賤 Pà jên kān tĕ kīn tsién. Faire peu de cas de quelqu'un.

不要把富貴看得重。才學轉看輕 Poŭ yáo pà foŭ koúy kān tĕ tchóng tsay̆ hiŏ tchouàn kān kīn. N'accordez pas une si grande estime aux honneurs et aux biens, et ne faites point si peu de cas des hommes de talent.

把銀子放在後 Pà ŷn tsè fáng tsaý heóu. Regarder l'argent comme peu de chose.

Quatrième usage. — Le verbe pà 把 entre dans un bon nombre de locutions vulgaires où son rôle est particulièrement euphonique ou pausatif. Ces locutions étant déterminées, l'application n'offre pas d'embarras.

EXEMPLES :

一百把銀子 Ỳ pě pà ŷn tsè (au lieu de dire simplement ỳ pě ŷn tsè). Cent taëls. *Centum taëlia.* La première locution est plus élégante.

一個把掌打在臉上 Ỳ kó pà tchàng tà tsaý lièn cháng. Il lui donna un soufflet. *Impegit illi alapam.*

該打幾個把掌 Kaȳ tà kỳ kó pà tcháng. Il faut lui donner quelques soufflets.

做把戲 Tsoú pà hý. Faire des tours de passe-passe.

8° *Du verbe* tsiàng 將. Prendre. *Capere.*

Ce verbe est employé de préférence dans les livres, au lieu du verbe pà 把, usité dans la langue *orale.* Il est plus élégant et plus expressif que ce dernier. Il sert, en outre, à marquer le temps futur.

EXEMPLES :

Premier usage.

將功拆罪 Tsiàng kōng tsě tsoúy. Effacer sa faute par un service. Littéralement : Prendre ses mérites pour effacer ses fautes.

將我全交付于主 Tsiàng ngò tsuên kiāo foú yū tchoù. Se donner tout à Dieu. Littér. : Prendre sa personne et la livrer à Dieu.

將禮物呈上 Tsiàng lỳ oŭ tchên cháng. Ils offrirent les présents dont ils étaient chargés.

將人前程黜退 Tsiàng jên tsiên tchên tchoŭ toúy. Oter à quelqu'un son grade de lettré.

他將此話報與楊御史 Tā tsiàng tsè hoá paó yù yâng yù chè. Il alla rendre compte de ces paroles à l'inspecteur Yâng.

Deuxième usage. — Le verbe tsiàng 將 fait le futur des autres verbes, mais en marquant la chose comme très-prochaine.

EXEMPLES :

將來 Tsiàng laŷ. Il viendra. *Jàm venturus est.*

將來主日 Tsiàng laŷ tchoù jě. Le dimanche de l'avent. *Dominica adventùs.*

將死 Tsiàng sè. Il va mourir. *Jàm jàm moriturus est.*

將入門 Tsiàng joŭ mên. Il va entrer. *Ingressurus januam.*

9° *Du verbe* **pá** 罷.

Ce verbe, placé après un autre verbe, ou rejeté à la fin de la phrase, sert, en chinois, à marquer la cessation, l'interruption de l'action marquée par le verbe.

EXEMPLES :

明做一做罷 **Mîn tsoú ỳ tsoú pá.** Agir franchement et voilà.

說罷就叫人収拾行李 **Chŏ pá tsieóu kiáo jên cheòu chĕ hîn lỳ.** Cela dit, il appela quelqu'un pour ramasser les effets.

這都罷了只是還有一件 **Tché toū pá leào tchè ché houân yeòu ỳ kién.** Tout cela n'est plus rien, mais voici encore une autre chose.

旣不肯便也罷了 **Kaý poŭ kĕn pién ỳ pá leào.** Puisqu'il refuse, c'est bien, n'en parlons plus.

今日有客在此放一日學罷 **Kīn jĕ yeòu kĕ tsaý tsé, fáng ỳ jĕ hiŏ pá.** Aujourd'hui il y a un hôte ici, il n'y aura pas de classe.

年兄之言不聽再有何人可往也罷 **Niên hiōng tchē yên poŭ tĩn tsaý yeòu hô jên kŏ ouàng ỳ pá.** Vos paroles, mon cher frère, n'ont pas été reçues; qui pourrais-je encore envoyer? Cela suffit.

看罷菊花 **Kán pá kiŏu hoā.** Elle cessa de regarder les reines-marguerites.

說罷 **Chŏ pá.** Ayant fini de parler.

旣情願喫酒這就罷了 **Kaý tsīn yuén tchĕ tsieòu tchĕ tsieòu pá leào.** Puisque vous aimez mieux boire, soit, n'en parlons plus.

10° *Du verbe* **tsìn** 請. Inviter, prier.

L'urbanité chinoise exige que l'on emploie ce verbe chaque fois que l'on adresse la parole à un supérieur, à un égal ou à un étranger que l'on respecte.

EXEMPLES :

請進 **Tsìn tsín.** Veuillez, daignez entrer.

請坐 **Tsìn tsó.** Veuillez vous asseoir.

請茶 **Tsìn tchă** Veuillez prendre du thé.

請酒 **Tsìn tsieòu.** Veuillez prendre du vin.

請飯 **Tsìn fán.** Veuillez prendre le riz.

11° Tchŏ 着. Se confier. *Inniti.*

Dans la langue écrite, ce mot placé après le verbe lui donne de la force et marque surtout que le but désigné par le verbe a été atteint. Ce mot *suit* toujours le nom ou le verbe auquel il est adjoint.

EXEMPLES :

睡不着 Choúy poŭ tchŏ. Je ne puis dormir.
尋不着 Siûn poŭ tchŏ. Je ne trouve pas ce que je cherche.
遇着人 Yú tchŏ jên. Rencontrer quelqu'un en route.
尋訪着了 Siûn fàng tchŏ leào. Je l'ai enfin trouvé.
収留着我 Cheōu lieôu tchŏ ngò. Il m'a retenu chez lui.
背着母親 Peý tchŏ moù tsīh. En cachette de sa mère.
慢些着 Mán sȳ tchŏ. Ne vous pressez pas autant.
三人說着話 Sān jên chŏ tchŏ hoá. Tous trois en parlant ainsi.

VII. — DES VERBES SIMPLES ET COMPOSÉS.

1° *Des verbes simples.*

Chaque verbe de cette classe n'est composé que d'un seul mot chinois. Les verbes suivants, à sens opposé, sont donnés comme exercices parmi les plus usuels de la langue *orale*.

EXEMPLES :

加 Kiā. Augmenter. *Augere.*	缺 Kiuĕ. Diminuer. *Minuere.*
買 Maỳ. Acheter. *Emere.*	賣 Maý. Vendre. *Vendere.*
愛 Gaý. Aimer. *Amare.*	恨 Hén. Haïr. *Odisse.*
長 Tchàng. Croître. *Crescere.*	消 Siāo. Décroître. *Decrescere.*
信 Sín. Croire. *Credere.*	疑 Ngŷ. Douter. *Dubitare.*
遮 Tchē. Couvrir. *Cooperire.*	開 Kaȳ. Découvrir.
醫 Guérir. *Sanare.*	殺 Chă. Tuer. *Occidere.*
問 Ouén. Interroger. *Interrogare.*	答 Tă. Répondre.
走 Tseòu. Marcher. *Ambulare.*	坐 Tsó. S'asseoir. *Sedere.*
上 Cháng. Monter. *Ascendere.*	下 Hiá. Descendre. *Descendere.*
生 Sēn. Naître. *Nasci.*	死 Sè. Mourir. *Mori.*
開 Kaȳ. Ouvrir. *Aperire.*	關 Kouān. Fermer. *Claudere.*
許 Hiù. Permettre. *Permittere.*	禁 Kiày. Défendre. *Prohibere.*
賞 Chàng. Récompenser. *Remunerare.*	罰 Fă. Punir. *Punire.*
受 Cheóu. Recevoir. *Accipere.*	付 Foú. Livrer. *Tradere.*
穿 Tchouān. Revêtir. *Induere.*	脫 Tŏ. Oter. *Exuere.*
笑 Siáo. Rire. *Ridere.*	哭 Koŭ. Pleurer.
活 Hô. Vivre. *Vivere.*	死 Sè. Mourir.

2° *Des verbes composés.*

Cette classe de verbes forme, comme celle des substantifs composés, une double série. La première comprend les verbes formés de deux mots synonymes ou à peu près synonymes. Ces verbes *composés* rendent la pensée avec plus de force, plus de clarté, surtout dans la langue orale; avec eux l'équivoque n'est pas possible. La deuxième série comprend les verbes chinois qui forment une espèce d'idiotisme propre à la langue chinoise. Ainsi, le verbe *parler*, loqui, dicere, se dit en chinois : *dire des paroles*; *lire* se dit : *étudier un livre*; *écrire*..... se dit : *écrire des caractères*, etc.

Première série des verbes composés.

EXEMPLES :

喜歡 **Hŷ houān.** Se réjouir. *Gaudere.*
幫助 **Pāng tsoú.** Aider. *Auxiliari.*
教訓 **Kiáo hiún.** Instruire. *Docere.*
恭慶 **Kōng kín.** Adorer. *Adorare.*
聽見 **Tīn kién.** Écouter. *Audire.*
聽見 **Tīn kién.** Entendre. *Audire.*
聽見 **Tīn kién.** Ouïr. *Audire.*
答應 **Tă ŷn.** Répondre. *Respondere.*
躲避 **Tò pý.** Fuir. *Fugere.*
起身 **Kỳ chēn.** Partir. *Proficisci.*
起身 **Kỳ chēn.** Se lever. *Surgere.*
看見 **Kān kién.** Voir. *Videre.*
選擇 **Siuên tsĕ.** Choisir. *Eligere.*
推辭 **Toūy tsĕ.** Refuser. *Recusare.*
催逼 **Tsoūy pŷ.** Presser. *Urgere.*

Deuxième série des verbes composés.

說話 **Chŏ hoá.** Parler. *Loqui.*
讀書 **Toŭ choū.** Lire. *Legere.*
寫字 **Sié tsé.** Écrire. *Scribere.*
喫飯 **Tchĕ fán.** Manger. *Manducare.*
出汗 **Tchoŭ hán.** Suer. *Sudorem emittere.*
許願 **Hiù yuén.** Faire un vœu. *Votum emittere.*
說道 **Chŏ taó.** Dire. *Dicere.*
稟道 **Pìn taó.** Répliquer.
出門 **Tchoŭ mên.** Sortir.

VIII. — MANIÈRE DE FORMER EN CHINOIS LES MODES ET LES TEMPS DES VERBES.

Dans la langue chinoise, soit *orale* soit *écrite*, certaines particules ou *affixes* servent à désigner d'une manière régulière les temps et les modes des verbes. Pour l'*euphonie* de la phrase on supprime souvent ces affixes, sans que cette suppression donne lieu aux amphibologies.

海上絲綢之路文獻集成 科技與文化编

I. — De l'INDICATIF, en chinois : Tchĕ chŏ tchē tsē 真說之辭 (1).

1° Le PRÉSENT DE L'INDICATIF. Hién tsaý tchē chê 現在之時.

En règle générale, le pronom personnel précède seul le présent de l'indicatif. Lorsque l'on veut, en chinois, exprimer d'une manière sensible que l'action est au temps *présent*, on fait précéder immédiatement le verbe de l'une des expressions suivantes, à volonté : joŭ kīn 如今, à présent, *nunc*; tsaý 纔, maintenant, *hoc ipso momento*, ou enfin, tsieóu 就, *hic et nunc*.

EXEMPLES :

我愛 Ngò gaý, ou 如今我愛 joŭ kīn ngò gaý. J'aime. *Amo.*
你愛 Ngỳ gaý. Tu aimes. *Amas.*
他愛 Tā gaý. Il aime. *Amat.*
我們愛 Ngó-mên gaý. Nous aimons. *Amamus.*
你們愛 Ngỳ-mên gaý. Vous aimez. *Amatis.*
他們愛 Tā-mên gaý. Ils aiment. *Amant.*

II. — L'IMPARFAIT. Hiáng chê 向時.

On le forme, en chinois, en plaçant avant le verbe ces mots : lá chê 那時, qui veulent dire : *alors, en ce temps-là,* tunc, illo tempore.

EXEMPLES :

那時我愛 Lá chê ngò gaý. J'aimais. *Amabam.*
那時你愛 Lá chê ngỳ gaý. Tu aimais. *Amabas.*
那時他愛 Lá chê tā gaý. Il aimait. *Amabat.*

Dans la langue écrite, très-souvent l'imparfait n'est indiqué par aucune particule. Il se déduit du sens même de la phrase, qui commence alors presque toujours par un de ces adverbes : *autrefois, anciennement, auparavant,* et autres de ce genre. Il est évident qu'il faut traduire, dans ces cas, au temps de l'imparfait.

EXEMPLES :

連日也要來 Liên jĕ ỳ yáo laý. Ces jours derniers je voulais venir.

III. — Le PARFAIT ou PRÉTÉRIT. Kó kiŭ tchē chē 過去之時.

Première règle. — On forme le parfait ou prétérit en faisant suivre le verbe de l'une de ces particules : leào 了 ou kó 過, dont le rôle est uniquement de marquer l'*action passée, accomplie.* Pour marquer avec plus de force l'*ac-*

(1) Nous donnons la traduction équivalente des mots qui expriment les temps et les modes des verbes, en faveur de ceux qui enseignent nos langues aux Chinois. Un jeune sinologue n'a pas à se préoccuper de ces expressions, qui ne sont pas en usage dans le langage chinois.

tion passée, on emploie quelquefois les deux particules ensemble. Ces deux particules, ayant le même sens, c'est l'*euphonie* qui détermine les cas où il faut employer l'une de préférence à l'autre. Si le verbe a un régime, la particule se place, en général, *avant* ce régime.

EXEMPLES :

我愛了 **Ngò gaý leào.** J'ai aimé. *Amavi.*
你愛了 **Ngỳ gaý leào**, etc. Tu as aimé. *Amavisti.*
我喫了 **Ngò tchĕ leào.** J'ai mangé. *Manducavi.*
你喫了 **Ngỳ tchĕ leào.** Tu as mangé. *Manducavisti.*
我笑了 **Ngò siáo leào.** J'ai ri. *Risi.*
你笑了 **Ngỳ siáo leào.** Tu as ri. *Risisti.*

Ainsi pour tous les verbes simples ou composés.

Avec la *double particule* :

我說過了 **Ngò chŏ kó leào.** J'ai parlé. *Dixi.*
我父親亡過了 **Ngò foú tsīn ouâng kó leào.** Mon père est mort. *Pater meus mortuus est.*

Deuxième règle. — Lorsque le parfait ou prétérit est précédé du pronom relatif *que, qui*, au lieu des deux affixes **kó** 過 et **leào** 了, on emploie, dans la langue *orale*, pour une *plus agréable euphonie*, la particule **tў** 的.

EXEMPLES :

我所說的話 **Ngò sò chŏ tў hoá.** Ce que j'ai dit. *Quæ dixi.*
我所穿的衣裳 **Ngò sò tchouān tў ў châng.** Les vêtements que j'ai mis. *Quæ ego indui vestimenta.*
我所許的事 **Ngò sò hiù tў sé.** Ce que j'ai promis. *Quæ ego spopondi.*
我所想的事 **Ngò sò siàng tў sé.** Ce que j'ai pensé. *Quæ cogitavi.*
是誰做的 **Ché choûy tsoú tў.** Qui les a faits?

Troisième règle. — Si l'on veut exprimer la *conclusion*, la *fin absolue* d'une action, on place de suite après le verbe, avant la particule **leào** 了, le mot chinois **ouân** 完, qui marque ce sens-là.

EXEMPLES :

我做完了 **Ngò tsoú ouân leào.** J'ai terminé, j'ai achevé cela. *Omninò finivi.* Littér. : *Ego faciens finivi.*
我讀完了 **Ngò toŭ ouân leào.** J'ai tout étudié. *Integriter studui.* Littér. : *Ego studens finivi.*
我說完了 **Ngò chŏ ouân leào.** J'ai tout dit. *Omnia dixi.* Littér. : *Ego dicens finivi.*

海上絲綢之路文獻集成 科技與文化编

我寫完了 **Ngò siè ouân leào.** J'ai tout écrit. *Omnia scripsi.* Littér. : *Ego scribens perfeci.*

看完了 **Kān ouân leào.** Avoir fini de lire.

Quatrième régle. — Quand le verbe est accompagné d'une négation, au lieu des particules **kó** 過 et **leào** 了, on se sert, comme en français, du verbe auxiliaire *avoir*, **yeòu** 有, avec la négation.

EXEMPLES :

我莫有喫 **Ngò mô yeòu tchĕ.** Je n'ai pas mangé. *Non manducavi.*
我莫有說 **Ngò mô yeòu chŏ.** Je n'ai pas dit. *Non dixi.*
我莫有讀 **Ngò mô yeòu toŭ.** Je n'ai pas étudié. *Non studui.*
他莫有來 **Tā mô yeòu lay̑.** Il n'est pas venu. *Non venit.*
他莫有起來 **Tā mô yeòu kỳ lay̑.** Il n'est pas levé. *Non surrexit.*
他莫有死 **Tā mô yeòu sè.** Il n'est pas mort. *Non mortuus est.*

Cinquième régle. — Au lieu des particules ou affixes **kó** 過 et **leào** 了, usitées surtout dans la langue *orale*, on emploie plus élégamment dans la langue *écrite* les quatre ou cinq adverbes suivants, qui indiquent alors le temps passé et se placent toujours *avant* le verbe. Ces adverbes sont **tsēn** 曾, **y̆** 已, **kīn** 經, **ký** 旣 et **chàng** 嘗. Chacun de ces mots veut dire *déjà*, jàm.

EXEMPLES :

未曾見他 **Ouý tsēn kién tā.** Je ne l'ai pas vu encore.
他曾說先生幾時到此 **Tā tsēn chŏ siēn sēn kỳ chê taó tsè.** Vous a-t-il dit à quelle époque ce maître arrivera?
已定了人家 **Y̆ tín leào jên kiā.** Elle était déjà fiancée.
小的已說出門拜客 **Siào tý y̆ chŏ tchoŭ mên paý kĕ.** Moi, votre serviteur, j'ai bien dit que vous étiez en visite.
不知兄弟爲何就經行了 **Poŭ tchē hiōng tý ouý hô tsieóu kīn hîn leào.** Je ne sais pourquoi mon frère est parti.
予旣烹魚而食之 **Yû ký pēn yû eûl chĕ tchē.** J'ai fait cuire les poissons et je les ai mangés.

Sixième régle. — Dans la langue écrite, le texte suffit pour faire reconnaître, la plupart du temps, le parfait ou prétérit. C'est, par exemple, lorsque l'écrivain rapporte des événements passés, antérieurs à l'époque où il vivait. Il est évident que, dans ce cas, lors même que le verbe chinois n'est précédé ou suivi d'aucun des signes ordinaires du parfait, il faut entendre et traduire au temps passé.

已有成命 **Y̆ yeòu tchên mín.** Le décret est déjà rendu.
已有言在先 **Y̆ yeòu yên tsay̑ siēn.** On avait déjà réglé.
曾許家人否 **Tsēn hiù kiā jên feòu?** Est-elle déjà fiancée?

11

IV. — Le PLUS-QUE-PARFAIT. Hiáng chê ỳ siēn 向時巳先.

Premier mode. — On forme ce temps en plaçant tout simplement avant le verbe le mot : siēn 先, *auparavant*, antè, anteà. Dans la langue écrite, c'est le contexte qui indique presque toujours ce temps du verbe.

EXEMPLES :

我先愛了 Ngò siēn gaý leào. J'avais aimé. *Amaveram.*
我先讀了 Ngò siēn toŭ leào. J'avais étudié. *Studueram.*
我先說個了 Ngò siēn chŏ kó leào. J'avais dit. *Dixeram.*

Deuxième mode. — Dans les livres, on fait un fréquent usage de la tournure suivante pour former le plus-que-parfait; elle consiste à commencer la phrase par ces mots : ȳn oúy, ou simplement ȳn, parce que. *Quia, ideò, eò quod.*

EXEMPLES :

因一門人送了十二盆菊花 Ȳn ỳ mên jên sóng leào chĕ eúl pēn kioŭ hoā. Un de ses clients lui avait envoyé douze vases de reines-marguerites.

因平日來往慣了 Ȳn pîn jĕ laŷ ouàng kouán leào. Ils avaient l'habitude de passer ensemble la journée.

Troisième mode. — Certains adverbes de temps et de qualité qui accompagnent le verbe, dans la *langue écrite*, servent à marquer le plus-que-parfait.

EXEMPLES :

昨日正要來拜 Tsŏ jĕ tchén yáo laŷ paý. Hier j'avais justement formé le projet de venir vous voir.

前天我要起身 Tsiēn tiēn ngò yáo kỳ chēn. Avant-hier je voulais partir.

V. — Le FUTUR. Tsiāng lâŷ 將來.

Le futur peut se former de plusieurs manières en chinois.

Première manière. — Dans la langue *orale*, le mot le plus usuel pour former le futur est yáo 要, vouloir, que l'on place *immédiatement* avant le verbe de la phrase (1).

EXEMPLES :

我要起身 Ngò yáo kỳ chēn. Je partirai. *Proficiscar.*
我要愛 Ngò yáo gaý. J'aimerai. *Amabo.*

(1) Si l'on plaçait le mot yáo 要 avant le pronom ngò, le sens de chacun des exemples ci-dessous serait *tout autre.* On aurait ce sens-ci : Il veut que je parte, que j'aime, que je mange, que je lise, etc.

海上絲綢之路文獻集成 科技與文化編

我要喫 Ngò yáo tchĕ. Je mangerai. *Manducabo.*
我要讀 Ngò yáo toŭ. Je lirai. *Legam.*
他要來 Tā yáo laŷ. Il viendra. *Veniet.*
他要死 Tā yáo sè. Il mourra. *Morietur.*
我要去 Ngò yáo kiŭ. J'irai. *Ibo.*

Deuxième manière. — Certains adverbes de temps, comme *demain*, mîn tiēn 明天, *après-demain*, heóu tiēn 後天; ensuite, heóu laŷ 後來, etc., marquent suffisamment le futur. Dans ce cas, on n'accompagne le verbe d'aucune expression particulière.

EXEMPLES :

我明天去 Ngò mîn tiēn kiŭ. Je partirai demain. *Cras ibo.*
我後天趕塲 Ngò heóu tiēn kàn tchāng. Après-demain j'irai au marché. *Postridiè forum frequentabo.*
我後來看 Ngò heóu laŷ kān. Je verrai ensuite. *Posteà videbo.*
我慢慢想 Ngò mán-mán siàng. J'y penserai peu à peu. *Paulatim cogitabo.*
明天我做完了 Mîn tiēn ngò tsoú ouân leào. J'aurai fini demain. *Cràs* finiam.

Troisième manière. — Le mot tsiāng 將 sert surtout, dans la langue écrite, à indiquer le futur.

EXEMPLES :

他將死 Tā tsiāng sè. Il mourra. *Morietur.*
將來主日 Tsiāng laŷ tchoù jĕ. Dimanche prochain. *Dominicâ proximâ.*

Quatrième manière. — On rencontre, dans les livres, le mot hoúy 會 servant à faire le futur.

EXEMPLE :

善人會升天 Chán jên hoúy chēn tiēn. Les justes iront au ciel. *Boni ascendent in cœlum.*

Cinquième manière. — Dans la langue *écrite*, le futur se déduit très-souvent de l'ensemble, du contexte de la phrase, sans que le verbe y soit accompagné d'aucune des particules précitées. Lorsque la phrase chinoise est interrogative, le temps futur apparaît davantage.

EXEMPLES :

天下紛紛何時定乎 Tiēn hiá fēn fēn, hô ché tín hoû. L'Empire est tout troublé, quand sera-t-il pacifié?
雖你來我不去 Siū ngỳ laŷ ngò poŭ kiŭ. Quoique vous veniez, je n'irai pas. *Etsi veneris, ego non ibo.*

VI. — L'IMPÉRATIF. Mín tchē tsě 命之辭.

L'urbanité chinoise ne permet pas d'employer le commandement à l'égard des supérieurs ou même des égaux que l'on honore. En chinois, c'est surtout le *ton de la voix* qui, dans la langue orale, fait sentir que le verbe est à l'impératif, puisqu'*en réalité* il n'y a aucune particule distinctive pour marquer l'*impératif*. On emploie à volonté le pronom personnel; mais, ni ce pronom à la deuxième personne, ni les particules négatives ou prohibitives qui accompagnent souvent le verbe à l'impératif, ne sont des *signes distinctifs* de ce temps du verbe, ainsi qu'un sinologue moderne annonce l'avoir découvert le premier.

EXEMPLES :

來 Laŷ ou 你來 ngỳ laŷ. Viens. *Veni.*
去 Kiŭ ou 你去 ngỳ kiŭ. Va. *Exi.*
喫 Tchĕ ou 你喫 ngỳ tchĕ. Mange. *Manduca.*
出去 Tchoŭ kiŭ ou 你出去 ngỳ tchoŭ kiŭ. Sors d'ici. *Abeas.*
說 Chŏ ou 你說 Ngỳ chŏ. Dis. *Dic.*

VII. — Le PROHIBITIF.

Le prohibitif s'exprime, en chinois, par les particules négatives oŭ 勿, oŭ 無, mô 莫, poŭ 不, poŭ yáo 不要.

EXEMPLES :

不要說 Poŭ yáo chŏ. Ne dites pas. *Ne dicas.*
不哄我 Poŭ hòng ngò. Ne me trompez pas. *Noli fallere me.*
莫要說這等風流話 Mô yáo chŏ tchĕ tèn fōng lieôu hoá. Ne tenez pas le langage d'une homme de plaisir.
勿偷盜 Oŭ teōu táo. Tu ne voleras pas. *Non furaberis.*
毋貪他人財物 Oŭ tān tā jên tsaŷ oŭ. Bien d'autrui ne prendras ni ne désireras injustement.

VIII. — Le CONDITIONNEL. Jŏ kān tchē chê 若干之時.

La tournure de la phrase, le contexte servent surtout à faire connaître que le temps du verbe est conditionnel.

EXEMPLES :

要開口又開不得 Yáo kaŷ keŏu yeóu kaŷ poŭ tĕ. Quand on voudrait parler, il faut se taire.
要閉口又閉不得 Yaó pý keŏu, yeóu pý poŭ tĕ. Quand on voudrait se taire, il faut parler.
你我既樂看花飲酒自當隱藏山中 Ngỳ ngò ký lŏ kān hoā ỳn tsieòu tsé tāng ỳn tsâng chān tchōng. Puisque nous n'avons de plaisir qu'à boire et à jouir des fleurs, nous n'aurions rien de mieux à faire qu'à nous retirer dans les montagnes.

IX. — L'OPTATIF. Hín chŏ tchē tsé 幸說之辭.

L'optatif s'exprime, en chinois, par cette tournure : *Plaise à Dieu, plût à Dieu que!* Utinam! Pā poŭ tĕ 巴不得, pā hín poŭ tĕ 巴幸不得, Hén poŭ tĕ 恨不得.

EXEMPLE :

巴不得我愛 Pā poŭ tĕ ngò gaý. Puissé-je aimer! *Utinam amem!*

X. — L'INFINITIF PRÉSENT. Poŭ tín oúy tchē tsé 不定位之辭.

1° En chinois, l'infinitif n'est distingué par aucun signe distinctif. Comme dans les langues à flexion, l'infinitif chinois est souvent employé comme *sujet de la phrase*, surtout dans les adages, les proverbes, les maximes populaires.

EXEMPLES :

說是說, 做是做 Chŏ ché chŏ, tsoú ché tsoú. Dire c'est dire, faire c'est faire.

有意栽花花不發 Yeòu ý tsaȳ hoā, hoā poŭ fă. Avoir l'intention de planter une fleur, celle-ci ne poussera pas.

知已知彼 Tchē kỳ tchē pỳ. Se connaître soi-même c'est connaître les autres.

將心比心 Tsiāng sīn pỳ sīn. Prendre son cœur pour mesurer celui des autres.

2° Le parfait et le plus-que-parfait de l'infinitif se rendent, en chinois, comme le parfait ordinaire.

EXEMPLES :

愛了 Gaý leào. Avoir aimé. *Amavisse.*
讚美了 Tsán meỳ leào. Avoir loué. *Laudavisse.*

3° L'infinitif futur peut se faire par ces mots : Kaȳ tāng 該當. *Il convient, il faut.* Oportet.

XI. — Le PARTICIPE PRÉSENT. Hién tsaý tchē mîn 現在之名.

Première manière. — Il se forme, en général, dans le langage parlé, en ajoutant au verbe ces mots : chê heóu 時候, *maintenant, à présent.*

EXEMPLES :

他喫飯時候說話 Tā tchĕ fán chê heóu chŏ hoá. Il parlait en mangeant. *Manducans loquebatur.*

念經時候他睡瞌睡 Nién kīn chê heóu tā choúy kŏ choúy. Il dormait en priant. *Orans dormiebat.*

他走路時候發汗 Tā tseòu loú chê heóu fă hán. Il suait en marchant. *Ambulans sudorem emittebat.*

Deuxième manière. — Le participe présent se forme aussi en ajoutant au verbe la particule tў 的, comme pour les adjectifs, ou, dans la langue écrite, le mot tchĕ 者.

EXEMPLES :

愛的 Gaý tў. Aimant. *Amans.*
好學的 Haó hiŏ tў. Aimant l'étude. *Studio deditus.*
好色的 Haó sĕ tў. Aimant la volupté. *Voluptati deditus.*

Troisième manière. — En plaçant avant le verbe, soit le mot kŏ 可, soit le mot ouў 爲, on obtient un participe présent.

EXEMPLES :

可愛 Kŏ gaў. Aimant, ou pour aimer. *Ad amandum.*
爲讚美 Ouў tsán meў. Louant, ou pour louer. *Ad laudandum.*

Quatrième manière. — En se servant du mot laý 賴, s'appuyer, se confier, *inniti*, on fait, dans la langue écrite, un participe présent très-commun et élégant.

EXEMPLES :

賴天主的恩 Laý Tiēn Tchoù tў gēn. Confiant en la grâce de Dieu.
賴人之力 Laý jên tchē lў. Espérant en la protection de quelqu'un.

XII. — Le PARTICIPE PASSÉ.

Le participe passé se forme, de même que les adjectifs, en ajoutant au verbe le mot tchĕ 者.

忘者 Ouàng tchĕ. Les choses oubliées.
記者 Ký tchĕ. Les choses dont on se souvient.
昔者 Sў tchĕ. Les choses passées.
解者 Kiaў tchĕ. Les choses dont on s'est accusé.

XIII. — Le PARTICIPE PASSÉ PASSIF.

Le participe passé passif se forme en ajoutant au parfait du verbe le mot tў 的. Quelquefois même ce mot tў 的, ajouté seul au verbe, suffit à cause du contexte.

EXEMPLES :

殺了的 Chă leào tў. Tué. *Occisus.*
薦了的 Tsién leào tў. Protégé. *Alicujus cliens.*
愛的 Gaý tў. Aimé. *Amatus.*
爲他喜的是銀子愛的是酒盃 Oûy tā hў tў ché ўn tsè, gaý tў ché tsieòu peў. Pour lui, l'argent était sa joie, le vin l'objet de ses vœux. *Argento et vino tantùm gaudet.*

XIV. — Le GÉRONDIF.

Le gérondif se forme de la même manière que le temps précédent.

EXEMPLES :

他把去的念頭去在一後 Tā pà kiű tỷ nién teŏu kiű tsaý ỷ heóu. Il renvoya à un autre temps sa pensée de partir. *Profectum in aliud tempus distulit.*

IX. — DES DIFFÉRENTES VOIX DANS LES VERBES.

I. — VOIX ACTIVE, OU DES VERBES ACTIFS. Hîn yên 行言.

Les mots chinois étant invariables, il n'y a pas, dans la langue chinoise, différentes classes de conjugaisons. Les mots chinois, pris dans le sens de verbes actifs, se reconnaissent aisément par le régime qui les suit. Dans la langue écrite, le verbe actif est souvent précédé d'une particule et de son régime.

EXEMPLES :

我打你 Ngò tà ngỳ. Je vous bats. *Ego percutio te.*
我學道理 Ngò hiŏ taó lỳ. J'étudie la doctrine. *Studeo doctrinæ.*
我喫飯 Ngò tchĕ fán. Je mange le riz. *Manduco oryzam.*
我看書 Ngò kán choū. Je lis un livre. *Librum lego.*
告病 Kaó pín. Prétexter une maladie. *Valetudinem excusare.*
安慰病人 Ngān ouý pín jên. Consoler les malades.
崇德 Tsōng tĕ. Accumuler les vertus. *Cumulare virtutes.*
辨惑 Pién houāy. Dissiper les erreurs. *Errores depellere.*
醫病人 Ȳ pín jên. Guérir les malades. *Ægros sanare.*

II. — VOIX PASSIVE, OU VERBES PASSIFS. Pý cheóu yên 被受言.

La forme passive directe des verbes est peu employée dans la langue *orale.* Lorsque l'on veut donner à un verbe chinois la forme passive, on se sert de l'un des six modes suivants :

Premier mode. — On tourne la phrase de manière à lui donner la tournure active. Par exemple : *être injurié, être maudit,* se tourneront par : recevoir des injures, des malédictions. Cette forme est la plus usuelle dans la langue orale.

EXEMPLES :

受人的愛 Cheóu jên tỷ gaý. Être aimé. *Amari.*
受人的勸 Cheóu jên tỷ kiuén. Être averti. *Moneri.*
受罰 Cheóu fă. Être puni. *Puniri.*
受造 Cheóu tsáo. Être créé. *Creari.*

受人的罵 **Cheóu jên tў má.** Être maudit. *Maledici.*

受打 **Cheóu tà.** Être battu. *Cædi.*

受人之托 **Cheóu jên tchē tŏ.** Être chargé d'une commission. *Alicui mandatum tradere.*

他父親打了他 **Tā foú tsīn tà leào tā.** Il a été battu par son père. *A patre fuit percussus.*

好不受用 **Haò poŭ cheóu yóng.** N'être bon à rien.

Deuxième mode. — Lorsque la phrase n'est pas susceptible de prendre la tournure précédente, au lieu du mot **cheóu** 受, *recevoir*, on emploie le mot **tĕ** 得, *contracter, prendre.*

EXEMPLE :

得病 **Tĕ pín.** Être malade. *Ægrotari.* Littér. : contracter une maladie.

Troisième mode. — La forme passive d'un verbe se rend très-souvent, dans les livres, par le mot **pý** 被, placé avant le verbe. Cette manière est plus concise et plus énergique dans les livres.

EXEMPLES :

被定十字架上 **Pý tín chĕ tsé kiá cháng.** Être crucifié. *Crucifigi.*

被老爺罵了幾句 **Pý laò yê má leào kỳ kiú.** Être maudit par le mandarin. *A præfecto maledici.*

途中被搶 **Toŭ tchōng pý tsiàng.** Être arrêté sur le grand chemin. *In vià comprehendi.*

恐怕被人見 **Kŏng pā pý jên kién.** Craignant d'être vu par quelqu'un.

Quatrième mode. — Le mot **kién** 見, voir, *videre,* placé *devant* un verbe lui donne la forme passive.

EXEMPLES :

爾名見聖 **Eùl mîn kién chén.** Que votre nom soit sanctifié. *Sanctificetur nomen tuum.*

遯世不見知而不悔 **Tén ché poŭ kién tchē eûl poŭ hoèy.** Fuir le siècle, être méconnu des hommes et n'en avoir aucun chagrin.

願不見知於人 **Yuén poŭ kién tchē yû jên.** Désirer n'être pas connu des hommes.

可見有眞才者。處處見賞 **Kŏ kién yeòu tchēn tsaŷ tchĕ, tchoū tchoū kién chàng.** Cela montre que celui qui a un vrai mérite en est toujours récompensé.

海上絲綢之路文獻集成 科技與文化編

Cinquième mode. — Dans la langue *écrite,* les particules yû 於, yû 于, hoû 乎, y 以, placées entre un verbe actif et son complément direct donnent à ce verbe actif le sens passif.

EXEMPLES :

治於人者食人 Tché yû jên tchĕ chĕ jên. Ceux qui sont gouvernés par les hommes nourrissent les autres hommes.

有三年之愛於父母 Yeòu sān niên tchē gaý yû foú moù. A l'âge de trois ans nous sommes chéris par nos parents.

子華使於齊 Tsè hoâ ché yû tsỹ. Tsè hoâ ayant été envoyé dans le royaume de Tsỹ.

Sixième mode. — Une espèce d'idiotisme chinois sert souvent, dans la langue écrite, à donner au verbe le sens passif. La construction de la phrase, dans ces cas-là, est telle qu'on ne pourrait traduire autrement que par le passif.

EXEMPLES :

他的怒息了 Tā tỹ loŭ sỹ leào. Sa colère s'est apaisée.

道其不行 Taó kỹ poŭ hîn. La voie n'est pas parcourue.

德之不修。學之不講 Tĕ tchē poŭ sieōu, hiŏ tchē poŭ kiàng. La vertu n'est pas cultivée, l'étude n'est pas recherchée.

舜有臣五人而天下治 Chuén yeòu tchĕn où jên eûl tiēn hiá tché. Chuén avait cinq ministres, et l'Empire était bien gouverné.

上焉者。雖善無徵。無徵不信。不信民弗從。 Cháng yēn tchĕ, siū chán oŭ tchēn, oŭ tchēn poŭ sín, poŭ sín mîn foŭ tsŏng. Les règles des anciens, quoique bonnes, ne sont pas authentiques; ne l'étant pas, on n'y ajoute pas une pleine foi; la foi manquant, le peuple ne les suit plus.

汪貴妃册封皇后 Ouāng koúy feȳ tsĕ fōng houâng heóu. La reine Ouāng koúy va être élevée au rang d'impératrice.

III. — VOIX NEUTRE OU DES VERBES NEUTRES.

1° En chinois on connait aisément à la position qu'il occupe dans la phrase qu'un verbe doit être pris dans le sens neutre.

海上絲綢之路文獻集成 科技與文化編

EXEMPLES

魚活 Yû hô. Le poisson est vivant.
人死也 Jên sè ỳ. L'homme est mort.

2° La plupart du temps les verbes neutres chinois sont formés par un adjectif ou même un substantif, qui deviennent tels par leur position. Les livres classiques de la Chine sont remplis d'exemples de verbes neutres ainsi formés.

EXEMPLES :

人性善 Jên sín chán. La nature de l'homme est bonne.
房子大 Fâng tsè tá. La maison est grande.
人窮智短 Jên kiông tché touàn. La prudence du pauvre est courte.
馬瘦毛長 Mà seóu maô tchâng. Les poils du cheval maigre sont longs.
這个人大方 Tché kó jên tá fāng. Cet homme est généreux.
只怕言輕 Tchè pá yên kīn. Je crains seulement que mes paroles soient de peu de poids.

IV. — VERBES PRONOMINAUX.

Ces verbes se forment, en chinois, par le mot tsé 自, *se, soi-même*, se, sui, que l'on place avant le verbe actif.

EXEMPLES :

自辱 Tsé joŭ. Se déshonorer.
自量 Tsé leáng. S'examiner. *Examinare se.*
自誇 Tsé kouā. Se vanter.
自娛 Tsé oú. Se réjouir. *Gaudere.*
自大 Tsé tā. Se vanter. *Jactare se.*
自居 Tsé kiū. Bien penser de soi. *Optimé de se cogitare.*
自得 Tsé tĕ. Content de soi. *Esse contentus sui.*
自用 Tsé yóng. Vivre à sa guise. *Suo arbitratu agere.*
自經 Tsé kīn. Se tuer. *Seipsum suspendere.*
自在 Tsé tsaý. Se bien porter. *Bené valere.*
自訟 Tsé sóng. S'accuser soi-même. *Se accusare.*

V. — VERBES CAUSATIFS.

Cette classe de verbes se forme, en chinois, de plusieurs manières : 1° par l'emploi du mot lîn 令, qui implique l'idée du commandement; 2° par le mot chè 使, qui a le même sens; 3° la *position* d'un substantif ou d'un verbe neutre en font souvent un verbe causatif.

EXEMPLES :

他做了一首清新秀美。使我輩老詩人動手不得 Tā tsoú leào ў cheòu tsīn sīn sieòu meỳ chè ngò peý laò chē jên tóng cheòu poŭ tĕ. Elle composa une pièce de vers les plus beaux qu'on puisse imaginer, si bien qu'elle nous obligea, nous autres vieux poëtes, à ne pas en composer.

使民敬忠 Chè mîn kín tchōng. Faire que le peuple soit respectueux et fidèle.

悅於人 Yuĕ yû jên. Réjouir les autres.

和於神 Hô yû chên. S'accorder avec les esprits.

VI. — VERBES IMPERSONNELS.

Ces verbes sont fort peu nombreux dans la langue chinoise. Nous n'en connaissons que les cinq ou six exemples qui suivent.

EXEMPLES :

下雨 Hiá yù. Il pleut. *Pluit.*

落雪 Lŏ suĕ. Il neige. *Ningit.*

下雹 Hiá paó. Il grêle. *Grandinat.*

起風 Kỳ fōng. Il fait du vent. *Surgit ventus.*

起毬 Kỳ kieôu. Lancer un ballon. *Folle ludere.*

X. — DES MOTS CHINOIS QUI SONT TOUJOURS VERBES.

La plupart des noms communs et des adjectifs peuvent, selon leur position dans la phrase, devenir tantôt *adjectifs*, tantôt *verbes*, et quelquefois *adverbes*. En règle générale, tous les noms communs qui deviennent verbes changent de *tons*; ils passent, comme on dit en chinois, au quatrième ton, qui se nomme kiú chēn 去聲, *lequel est l'accent du mouvement* Nous ne connaissons d'exception que pour un mot ou deux, savoir : cháng 上, *sur, au-dessus, monter*, et hiá 下, *au-dessous*, infrà, lesquels passent au troisième ton. Un très-grand nombre de mots chinois ont le privilége de changer de prononciation, en changeant de sens. Ainsi, yŏ 樂, musique, deviendra lŏ 樂, se réjouir, etc. — La phrase chinoise est si régulière qu'on reconnait aisément le nom commun devenu verbe, de même qu'on reconnait aisément la voix de ce verbe. Le mécanisme chinois est simple, dès qu'on l'a compris; mais il s'éloigne de toutes nos idées grammaticales. La langue anglaise voit souvent ses noms communs devenir verbes, comme dans le chinois.

Cependant, une classe de verbes chinois conserve toujours sa signification *verbale*, de même que certains substantifs demeurent toujours noms communs. Ces verbes ne sont sujets à aucune règle particulière.

海上絲綢之路文獻集成 科技與文化編

Exemples de verbes demeurant toujours verbes.

來 **Laŷ**. Venir. *Venire.*
去 **Kiŭ**. Aller. *Ire.*
作 **Tsŏ**. Faire. *Facere.*
做 **Tsoú**. Faire. *Facere.*
催 **Tsoŭy**. Presser. *Urgere.*
俟 **Sé**. Attendre. *Exspectare.*
有 **Yeòu**. Avoir. *Habere.*
在 **Tsaý**. Être. *Esse in.*
加 **Kiā**. Augmenter. *Augere.*
陷 **Hán**. Tomber. *Cadere in.*
克 **Kĕ**. Vaincre. *Vincere.*
砍 **Kăn**. Couper. *Cædere.*
弄 **Lóng**. Jouer. *Ludere.*
擄 **Liŭ**. Enlever. *Rapere.*
犯 **Fán**. Violer. *Violare.*
耕 **Kēn**. Labourer. *Arare.*
趕 **Kàn**. Poursuivre. *Insequi.*
辨 **Pién**. Discerner. *Distinguere.*

XI. — DES VERBES CHINOIS DEVENANT, *PAR POSITION, SUBSTANTIFS, ADJECTIFS, ADVERBES*, ET QUELQUEFOIS *VERBES ACTIFS*, DE NEUTRES QU'ILS ÉTAIENT.

La richesse et l'abondance de la langue chinoise consistent principalement dans le mécanisme à la fois simple et ingénieux par lequel le même mot change de rôle dans le discours. Les verbes chinois ont particulièrement ce privilége avec les noms communs.

I. — *Verbes devenant*; par position, *substantifs.*

EXEMPLES :

打 **Tà**. Frapper. *Percutere*.	受打 **Cheóu tà** Recevoir des coups.
生 **Sēn**. Naître. *Nasci*.	草木有生 **Tsǎo moŭ yeoù sēn.** Les plantes ont la vie.
知 **Tchē**. Connaître. *Noscere*	禽獸有知 **Kĭn cheóu yeoù tchē.** Les animaux ont la connaissance.
拜 **Paý**. Saluer. *Salutare*.	拜四拜 **Paý sé paý.** Faire quatre saluts.
是 **Ché**. Être. *Esse*.	年兄之言最是 **Niên hiōng tchē yên tsoúy ché.** Les paroles de mon frère sont très-vraies.
治 **Tché**. Régir. *Regere*.	夫狄不可以中國之治治也 **Foû tў poŭ kŏ ỳ tchōng kouĕ tchē tché tché ỳ.** On ne peut régir les Barbares comme on régit les Chinois.

盡 **Tsín**. Épuiser. *Exhaurire*.	謝不盡 **Sié poŭ tsín**. Remercier sans fin.
差 **Tchaȳ**. Députer. *Legare*.	要討個外差 **Yáo taŏ kó ouáy tchaȳ**. Je veux demander une ambassade au dehors.
喜 **Hỳ**. Se réjouir. *Gaudere*.	我是來報喜的 **Ngò ché laŷ paó hỳ tỳ**. Je suis une messagère de joie.
慶 **Kín**. Honorer.	一人有慶兆民賴之 **Ÿ jên yeòu kín, tchaó mîn laý tchē**. Un seul cultive la vertu, des millions de cœurs volent vers elle.
疑 **Nŷ**. Soupçonner. *Suspicari*. . . .	恐白老生疑 **Kŏng Pĕ laò sēn nŷ**. Je crains que le vieux Pĕ n'ait des soupçons.

II. — *Verbes devenant, par position, adjectifs verbaux.*

En ajoutant au verbe la particule **tchĕ** 者, on obtient une classe nombreuse d'*adjectifs verbaux*.

EXEMPLES :

生 **Sēn**. Naître. *Nasci*.	生者 **Sēn tchĕ**. Vivant. *Vivens*.
死 **Sè**. Mourir. *Mori*.	死者 **Sè tchĕ**. Mort. *Mortuus*.
事 **Sé**. Servir. *Servire*.	事者 **Sé tchĕ**. Servant. *Serviens*.
知 **Tchē**. Savoir. *Scire*.	知者 **Tchē tchĕ**. Ceux qui savent. *Scientes*.

III. — *Verbes devenant, par position, adverbes.*

On ne peut lire une page de chinois sans rencontrer des verbes qui, accompagnant un autre verbe, jouent le rôle d'adverbes.

EXEMPLES :

偷看 **Teōu kán**. Regarder furtivement. *Furtim aspicere*.

錯聽 **Tsŏ tīn**. Entendre de travers. *Malè audire*.

令人羞死 **Lîn jên sieōu sè**. Faire mourir quelqu'un de honte. *Pudore aliquem afficere*.

忍忽 **Jèn cheóu**. Supporter patiemment. *Patienter sufferre*.

死亡 **Sè ouâng**. Mourir éternellement. *Æterniter mori*.

IV. — *Verbes neutres devenant*, par position, *verbes actifs*.

EXEMPLES :

陷 **Hán**. Tomber. *Cadere in*.

彼陷溺其民 **Pỳ hán nŷ kỳ mîn**. Ils précipitèrent leurs peuples dans un abîme de maux.

凍 **Tóng**. Avoir froid. *Frigescere*.

餒 **Loùy**. Avoir faim. *Esurire*.

凍餒其妻子則如之何 **Tóng loùy kỳ tsỳ tsè tsě joû tchē hô?** S'il a exposé au froid, à la faim, sa femme, ses propres enfants, que sera-ce des autres?

Dans ces trois exemples, le verbe est suivi d'un régime direct, et prend nécessairement la signification active.

XII. — RÈGLES GÉNÉRALES POUR TRADUIRE EN CHINOIS CERTAINES CLASSES DE VERBES FRANÇAIS.

Première règle. — Tous les verbes français qui dérivent du latin et sont formés de la préposition *cum*, avec, *simul*, ensemble, se traduisent par le verbe chinois ordinaire, précédé du mot **Tŏng** 同, *avec*.

EXEMPLES :

同樂 **Tŏng lŏ**. *Congaudere*.

同苦 **Tŏng koŭ**. *Compati*.

Deuxième règle. — Tous les verbes français dérivés du latin, ayant l'affixe *re*, *rursùm*, se traduisent communément par le verbe ordinaire, précédé soit du mot **foŭ** 復, qui indique *la répétition*, *la réitération*, soit du mot **yeóu** 又, qui a le même sens.

EXEMPLES :

復見 **Foŭ kién**. Revoir. *Iterùm videre*.

復活 **Foŭ hô**. Ressusciter. *Resurgere*.

復入 **Foŭ joŭ**. Rentrer. *Reingredi*.

復新 **Foŭ sīn**. Renouveler. *Renovare*.

復生 **Foŭ sēn**. Renaître. *Renasci*.

海上絲綢之路文獻集成 科技與文化編

CHAPITRE VIII.

DES ADVERBES, Tchouāng tsě 壯辭 ou Kín yên 近言.

1° Adverbes de temps. — 2° Adverbes de lieu et de distance. — 3° Adverbes de quantité. — 4° Adverbes de qualité. — 5° Adverbes de rang. — 6° Adverbes de comparaison. — 7° Adverbes d'affirmation, de négation et de doute. — 8° Adverbes d'interrogation. — 9° Manière de faire les interrogations en chinois. — 10° Locutions adverbiales. — 11° Des adverbes devenant, *par position*, adjectifs, verbes, etc.

La langue chinoise n'a pas, à proprement parler, de mots qui soient *adverbes*. Les mots chinois le deviennent, soit par leur position dans la phrase, soit par l'usage. En général, tous les mots chinois pris *adverbialement* se placent avant le verbe. Dans la langue écrite, le contraire a lieu quelquefois. Il n'y a aucune règle à donner ici à un jeune sinologue, sinon à retenir par cœur ces expressions.

I. — DES ADVERBES DE TEMPS.

今天 Kīn tiēn, ou 今日 Kīn jě. *Aujourd'hui*. Hodiè.
昨天 Tsŏ tiēn. *Hier*. Heri.
前天 Tsiēn tiēn. *Avant-hier*. Nudius tertius.
上前天 Cháng tsiēn tiēn. *Le jour d'avant-hier*. Nudius quartus.
明天 Mîn-tiēn, ou 明日 mîn jě. *Demain*. *Cràs*.
後天 Heóu tiēn. *Aprés-demain*. Postridiè.
第二天 Tý eúl tiēn. *Le lendemain*. Postero die.
第三天 Tý sān tiēn. *Le surlendemain*. Tertio die.
天天 Tiēn tiēn. *Journellement*. Quotidiè.
過了六天 Kó leào loŭ tiēn. *Dans six jours*. Post sex dies. Littér. : Transactis sex diebus.
今年 Kīn niên, ou 本年 Pèn niên. *Cette année*. Hoc anno.
今月 Kīn yuě, ou 本月 Pèn yuě. *Ce mois*. Hâc lunâ.
明年 Mîn niên, ou 來年 laŷ niên. *L'an prochain*. Anno futuro.
去年 Kiŭ niên. *L'an passé*. Elapso anno.
如今 Joŭ kīn. } *Maintenant*. *Présentement*. *A présent*. Nunc.
此時 Tsě chê. }
到如今 Taó joŭ kīn. *Jusqu'à présent*. Ad hanc diem.

海上絲綢之路文獻集成 科技與文化編

那時 **Lá chê**, ou 那个時候 **Lá kó chê heóu**. *Alors*. Tùm, tunc.
到那時 **Taó lá chê**. *Jusqu'alors*.
當時 **Táng chê**, ou 就 **tsieóu**. *Aussitôt*. Extemplò.
、先 **Siēn**, ou 昔 **sÿ**. *Autrefois*. Olim.
有時 **Yeòu chê**. *Quelquefois*. Aliquotiès.
一次 **Ÿ tsé**, ou 一囘 **ÿ hoûy**. *Une fois*. Semel.
二次 **Eúl tsé**, ou 二回 **eúl hoûy**. *Deux fois*. Bis.
第一次 **Tý ÿ tsé**, ou 第一回 **tý ÿ hoûy**. *La première fois*.
第五次 **Tý où tsé**, ou 第五回 **tý où hoûy**. *La cinquième fois*.
一樣 **Ÿ yáng**, ou 一般 **ÿ pān**. *De même*. Pariter.
一定 **Ÿ tín**, ou 必定 **pÿ tín**. *Certainement*. Certò quidem.
一齊 **Ÿ tsÿ**, ou 一路 **ÿ loú**. *Ensemble*. Unà, simul.
後來 **Heóu laŷ**, 一後 **ÿ heóu**, 然後 **jân heóu**, ou 後然 **heóu jân**. *Ensuite*. Deinceps.
自今一後 **Tsé kīn ÿ heóu**. *Désormais*. Posthàc.
不久 **Poŭ kieòu**, ou 不多時 **poŭ tō chê**. *Bientôt*. Brevi.
先 **Siēn**, ou 前頭 **tsiēn teôu**. *Judis*. Olim.
有時 **Yeòu chê**. *Jamais* (sans négation). Unquàm.
全不 **Tsuēn poŭ**, 總不 **tsòng poŭ**, ou 萬萬不 **ouán ouán poŭ**. *Jamais* (avec négation). Nunquàm.
忽然 **Hoŭ jân**. *Subitement*. Subitò.
單 **Tān**, ou 單單 **tān tān**. *Seulement*. Solùm.

Tantôt se rend par le mot ÿ 一 répété avec le nom. *V. g.*

一上一下 **Ÿ cháng ÿ hiá**. *Tantôt en haut, tantôt en bas.*
一來一往 **Ÿ laŷ ÿ ouàng**. *Tantôt en allant, tantôt en venant.*
一下他要一下他不要 **Ÿ hiá tā yaó ÿ hiá tā poŭ yaó**. *Tantôt il veut, tantôt il ne veut pas*. Modò ait, modò negat.
常常 **Châng châng**, ou 不斷 **poŭ touán**. Toujours. *Semper*.
遠多久 **Yuèn tō kieòu**. *Longtemps*. Diù.
永遠久 **Yùn yuèn kieòu**. *Depuis longtems*. Jàm pridem.
多久 **Tō kieòu**, *Depuis fort longtemps*. Perdiù.
許久 **Hiù kieòu**. *Depuis longtemps*.
多久 **Tō kieòu**. *Longuement*. Perdiù.

II. — ADVERBES DE LIEU ET DE DISTANCE.

在 **Tsaý**. *Où* (sans mouvement interrogat.). Ubi.
在那裡 **Tsaý là lỳ**. *Où* (avec interrogat.). Ubinàm.
他在那裡 **Tā tsáy là lỳ**. *Où est-il?* Ubinàm est?

到那裡去了 Taó là lỳ kiű leào. *Où sont-ils allés?*
不拘那裡 Poŭ kiū là lỳ. *Où.* Quò (avec mouvem. et sans interrogat.).
不論那裡 Poŭ lén là lỳ.
到那裡 Taó là lỳ. *Où.* Quò (avec interrogation).
你到那裡去 Ngỳ taó là lỳ kiű, ou 往那裡去 ouàng là lỳ kiű? *Où allez-vous?* Quò vadis?
從那裡 Tsŏng là lỳ, *D'où.* Undenàm.
從那裡來 Tsŏng là lỳ laŷ. *D'où venez-vous?* Undè venis?
你是那裡人 Ngỳ ché là lỳ jên. *D'où êtes-vous?* Undè gentium es?
怎樣 Tsèn yáng. *Quomodò?*
那裡 Là lỳ *Par où?* Quo loco?
這裡 Tchĕ lỳ. *Ici.* Hìc (avec ou sans mouvement)
他在這裡 Tā tsaý tchĕ lỳ. Il est ici.
你這裡來 Ngỳ tchĕ lỳ laŷ. Viens ici.
他是本方人 Tā ché pèn fāng jên. Il est d'ici. *Hinc natus est. Ille est proprii loci homo.*
到如今 Taó joŭ kīn. Jusqu'ici. *Hùc usquè.*
過了幾天 Kó leào kỳ tiēn. D'ici à quelques jours. *Post aliquot dies.*
這裡 Tchĕ lỳ. *Là.* Hìc (sans mouvement)
那裡 Lá lỳ *Là.* Hìc (avec mouvement).
那邊 Lá piēn. Là-bas.
在上 Tsaý cháng. Là-dessus. *Desuper.*
在下 Tsaý hiá. Là-dessous. *Infrà.*
到那時 Taó lá chê. Jusque-là. *Usquè ad*
那邊 Lá piēn. Par-là. *Per hàc.*
你走那邊 Ngỳ tseòu lá piēn. Allez par-là.
底 Tỳ, ou 矮底 Gaỳ tỳ. *Bas.* Demissè.
底下 Tỳ hiá. . . . . } En bas.
在下 Tsaý hiá. . . . }
矮點 Gaỳ tièn. Plus bas. *Demissiùs.*
矮得狠 Gaỳ tĕ hèn. Très-bas.
在世上 Tsaý ché cháng. Ici-bas. *In terris.*
在內 Tsaý loúy. . . }
在裏頭 Tsaý lỳ teŏu. . } *Dedans.* Intrà.
裏頭 Lỳ teŏu. . . }
裡 Lỳ se place après le mot.
心裡 Sīn lỳ. Dedans le cœur.
家裡 Kiā lỳ. Dedans la maison.
裏頭 Lỳ teŏu . . . . } *En dedans.*
內 Louý . . . . . }

12

海上絲綢之路文獻集成 科技與文化編

在外 Tsaý ouáy. . . } *Dehors*. Foris.
外面 Ouáy mién. . . }
外頭 Ouáy teȍu. . . }

他在外頭 Tā tsaý ouáy teȍu. Il est dehors. *Est foris.*

出去在外頭 Tchoŭ kiŭ tsaý ouáy teȍu. Sortir dehors. *Exire foràs.*

趕人出去 Kàn jên tchoŭ kiŭ. Mettre quelqu'un dehors. *Foràs aliquem exturbare.*

外面 Ouáy mién. Par dehors. *Extrinsecùs.*

先 Siēn, ou 前頭 Tsiēn teȍu. *Devant*. Antè, anteà.

先我們說過了 Siēn ngò-mên chŏ kó leào. Nous en avons parlé ci-devant. *De his antè diximus.*

你先去 Ngỳ siēn kiŭ. Va, cours devant. *Abi, præcurre.*

先王 Siēn ouâng. Le ci-devant roi.

去接人 Kiŭ tsiĕ jên. Au-devant. Aller au-devant de quelqu'un.

後頭 Heóu teȍu. *Derrière*. Retrò.

高的 Kaō tў. *Haut*. Altè.

高點 Kaō tièn. . . . } Plus haut.
高些 Kaō sў. . . . . }

高得狠 Kaō tĕ hèn. Très-haut.

先 Siēn. Plus haut, c'est-à-dire auparavant. *Anteà.*

先我說過了 Siēn ngò chŏ kó leào. Je l'ai dit plus haut. *Anteà jàm dixi.*

遠 Yuèn. *Loin*. Procul.

遠點 Yuèn tièn. . . } *Plus loin*. Longiùs.
遠得狠 Yuèn tĕ hèn. . }

好多遠 Haò tō yuèn. Est-ce loin d'ici? *Quàm longè est hinc?*

這裡到城有好多遠 Tché lỳ taó tchĕn yeòu haò tō yuèn. Ya-t-il loin d'ici à la ville? *Quàm longè est hinc in urbem? Hoc loco usquè ad urbem est quanta distantia?*

遠處來 Yuèn tchoŭ laŷ. Venir de loin. *E longinquo venire.*

不久他要死 Poŭ kieòu tā yaó sè. Il n'ira pas loin. *In propinquo mors est.*

不遠 Poŭ yuèn, ou 近 Kín. *Près*. Propè.

他不遠 Tā poŭ yuèn. Il est près d'ici.

不遠 Poŭ yuèn. C'est près d'ici

近點 Kín tièn. Plus près.

近得狠 Kín tĕ hèn. Très-près.

III. — ADVERBES DE QUANTITÉ

多 Tō. *Beaucoup*. Multùm.

更多 Kén tō, ou 多點 tō tièn. Beaucoup plus. *Multò magis*

少些 Chaò sỹ. Beaucoup moins. *Multò minùs.*
多得狠 Tō tě hèn. Beaucoup, au superlatif absolu.
好多 Haò tō, ou 好幾个 haò kỳ kó. *Combien?* Quantùm.
至少 Tché chaò. *Au moins.* Ad minùs.
都 Toū, ou 全的 tsuēn tў. *Tout.* Omninò.
一樣的 Ў yáng tў. Tout de même. *Pariter.*
不久 Poŭ kieòu, ou 就是 tsieóu ché. Tout à l'heure. *Modò.*
忽然 Hoū jân. Tout à coup. *Subitò.*
合時的 Hô chê tў. Tout à propos. *In tempore.*
一齊 Ў tsў. Tout à la fois. *Simul.*
不拘那時 Poŭ kiū là chê. Toutes les fois que.
更多 Kén tō, ou 多狠 tō hèn. *Trop.* Nimis.

IV. — ADVERBES DE QUALITÉ.

Les adverbes français de cette classe ont ordinairement leur terminaison en *ment*, qui n'est autre chose que le mot latin *mente*, *avec un esprit*, *une disposition*, *d'une manière*. Cette classe d'adverbes est la plus nombreuse. Comme les adjectifs, elle est susceptible de divers degrés de qualification. En chinois, on les forme en ajoutant à l'adjectif tantôt le mot yáng 樣, qui répond exactement au *mente* des latins, tantôt le mot jân 然, qui exprime l'*élan*, la *soudaineté* et l'*affirmation*.

Le comparatif et le superlatif de ces adverbes-ci se forme, en général, comme ceux des adjectifs, en ajoutant avant l'adjectif au positif les mots kén 更 ou tché 至.

EXEMPLES

昏迷樣 Houēn mў yáng. *Aveuglément.* Cæciter.
鄙然 Lў jân. *Abjectement.* Abjectè.
果然 Kò jân. . . . . }
自然 Tsé jân. . . . . } *Certainement.* Certè.
其然 Kў jân. . . . . }
清然 Tsīn jân. *Clairement.* Clarè.
全然 Tsuēn jân. *Communément.* Communiter.
合式然 Hô ché jân. *Conformément.* Conformiter.
慨然 Kāy jân. *Courageusement.* Fortiter.
容易樣 Yông ý yáng. *Facilement.* Faciliter.
偶然 Ngeòu jân. . . . . . }
適然 Chě jân. . . . . } *Fortuitement.* Fortuitò.
驕傲然 Kiāo gaó jân. *Hautement.* Superbè.
讓樣 Jáng yáng. *Humblement.* Humiliter

海上絲綢之路文獻集成 科技與文化編

公道樣 Kōng táo yáng. *Justement*. Justè.
貴樣 Kouý yáng. *Magnifiquement*. Magnificè.
了然 Leaò jân, ou 的然 tỳ jân. *Manifestement*. Manifestè.
天然 Tiēn jân. *Naturellement*. Naturaliter.
攝然 Chĕ jân. *Pacifiquement*. Pacificè, quietè.
速然 Sioŭ jân. *Promptement*. Promptè.
聖樣 Chén yáng. *Saintement*. Sanctè.
忽然 Hoŭ jân. . . . . } *Subitement*. Subitò.
乍然 Tchá jân. . . . . . . }
晏然 Yên, ou gán jân. *Tranquillement*. Tranquillè.
傫然 Louý jân. *Tristement*. Tristè.
亂然 Louán jân. *Tumultueusement*. Tumultuosè.
惘然 Ouàng jân. *Vainement*. Inaniter.

V. — ADVERBES DE RANG.

頭一宗 Teŏu ỳ tsōng, ou 第一宗 tý ỳ tsōng. *Premièrement*. Primò.
第二宗 Tý eúl tsōng. *Secondement*. Secundò.
第三宗 Tý sān tsōng. *Troisièmement*. Tertiò, etc.
先 Siēn. *D'abord*. Primùm.
後 Heóu. *Après*. Post. Se place avant l'adjectif.
先 Siēn. *Auparavant*. Priùs.
後來 Heóu laŷ. *Ensuite*. Deinceps.
前 Tsiēn. *Avant*. (Avant l'adjectif.)

VI. — ADVERBES DE COMPARAISON.

這樣 Tchĕ yáng, ou 這般 Tchĕ pān. *Ainsi*. Sic, ità.
事情是這樣 Sé tsîn ché tchĕ yáng. Les choses sont ainsi.
是他的本性 Ché tā tỳ pèn sín. Il est ainsi fait. *Ità ingenio est.*
巴不得 Pā poŭ tĕ. *Utinam*. . . . . } Ainsi soit-il.
亞蒙 Yà mông. *Amen*. }
又 Yeóu, 又如 yeóu joŭ, ou 一樣 ỳ yáng. *Aussi*. Etiam.
你們兩个人都是一樣窮乏 Ngỳ mên leàng kó jên toū ché ỳ yáng kiŏng fă. Il est aussi pauvre que vous. *Vos duo homines omninò estis eodem modo pauperes.*

一樣的 Ỳ yáng tỳ. . . }
一樣多 Ỳ yáng tō. . . } *Autant*. Tantùm.
一樣大 Ỳ yáng tá. . . }
如 Joŭ. . . . . . }

那兩本書價錢是一樣的 Lá leàng pèn choū kiá tsiēn ché ȳ yáng tȳ. Le prix de ces deux livres est le même. *Istorum duorum librorum pretium est simile.*

各人各意 Kŏ jên kŏ ý. Autant de têtes, autant d'avis. *Quot homines, tot sententiæ.*

一回半 Ȳ hoûy pán. Une fois autant. *Alterum tantùm.*

兩回半 Leàng hoûy pán. Deux fois autant. *Bis tantùm.*

吾未見好德如好色者也 Oû ouý kién haó tĕ joû haó sĕ tchĕ ỳ. Je n'ai encore vu personne aimer autant la vertu que la beauté du corps.

怎樣 Tsèn yáng. *Comme* (de quelle manière). Quo modo.

你曉得他怎樣做 Ngỳ hiào tĕ tā tsèn yáng tsoú. Vous savez comment il s'est conduit. *Tu scis illum quomodò egisse.*

論 Lén. *Comme* (En tant que). Quoad.

論天主耶穌受不得苦 Lén Tiēn Tchoù, Yê-Soū cheóu poŭ tĕ koù. Comme Dieu, Jésus était impassible.

猶如 Yeôu joû. *Comme.* Sicut.

翰林們猶如歐陽修 Hán lîn mên yeóu joû Geoū Yâng Sieōu. Les académiciens comme Geoū Yâng Sieōu.

又 Yeóu. Quamvis. 雖然 Siū jân. *Même.* Etiam.

雖然他說過了 Siū jân tā chŏ kó leào. Quand même il l'aurait dit.

猶如 Yeôu joû, ou 當 tāng. De même que. *Sicut.*

當強盜一樣的 Tāng kiâng táo ȳ yáng tȳ. De même qu'un voleur.

能 Lên ou 得 tĕ. A même de. *Posse.*

他能說話 Tā lên chŏ hoá, ou 他說得話 Tā chŏ tĕ hoá. Il est à même de parler.

更好 Kén hào, ou 好些 Hào sȳ. *Mieux.* Meliùs.

好得多 Hào tĕ tō. Beaucoup mieux. *Multò melius.*

好一些些的 Haó ȳ sȳ sȳ tȳ. } Un peu mieux. *Meliùsculè.*
好一點點的 Haó ȳ tièn tièn tȳ. . . . . }

好得狠 Haò tĕ hèn. Tout au mieux. *Optimè.*

論流 Lén lieôu. A qui mieux mieux. *Certatim.*

少的 Chaò tȳ. *Moins.* Minùs.

少些 Chaò sȳ. . . . } Un peu moins. *Paulò minùs.*
少點 Chaò tièn. . . . }

少多點 Chaò tō tièn. . } Beaucoup moins.
少多些 Chaò tō sȳ. . . }

越少 Yuĕ chaò répété, se dit moins répété.

海上絲綢之路文獻集成 科技與文化編

他比你更才學 Tā pỳ ngỳ kén tsaý hiǒ. Il est plus savant que vous. *Tu æquiparatus illi magis (est) doctus.*

多 Tō, 餘 yû. *Plus*. Plùs.

兩百多人 Leàng pě tō jên. Plus de deux cents hommes.

一千多 Ỳ tsiēn tō. Plus de mille. *Super mille.*

我說過十多回 Ngò chǒ kó chě tō hoûy. J'ai dit plus de dix fois. *Suprà deciès dixi.*

一年多 Ỳ niên tō. Plus d'un an. *Diutiùs anno.*

他有六十多歲 Tā yeòu loŭ chě tō soúy. Il a plus de soixante ans.

越多越好 Yuě tō yuě haò. Plus il y en a, plus cela vaut *Eò plus, eò meliùs.*

沒法子 Mô fă tsè. Il n'y a plus moyen. *Non est remedium.*

更不好 Kén poŭ haò. *Pis*. Pejùs.

他更不好 Tā kén poŭ haò. Aller de mal en pis. *In pejùs ruere.*

差不多 Tchā poŭ tō. *Presque*. Fermè, propè. Distare non multùm.

差不多他做完了 Tchā poŭ tō tā tsoú ouân leào. Il a presque fini.

差不多要黑 Tchā poŭ tō yaó hě. Il est presque nuit.

狠 Hèn. . . . . .
得狠 Tě hèn. . . . .
多得狠 Tō tě hèn. . .
} *Très*. Admodùm. Fait le superlatif des adjectifs et des adverbes.

苦得狠 Koŭ tě hèn. Très-amer. *Amarissimus.*

好得狠 Haò tě hèn. Très-bon. *Optimus.*

高得狠 Kaō tě hèn. Très-élevé. *Altissimus.*

VII. — ADVERBES D'AFFIRMATION, DE NÉGATION ET DE DOUTE.

Absolument. Omninò, prorsùs, integriter. En chinois : 都 toū. 全全 Tsuēn tsuēn, 總不 tsòng poŭ, ou 萬萬不 Ouán ouán poŭ.

我都不要 Ngò toū poŭ yáo.
我全全不要 Ngò tsuēn tsuēn poŭ yáo. . .
我總不要 Ngò tsòng poŭ yáo. . . . .
萬萬我不要 Ouán ouán ngò poŭ yáo. . .
} Je n'en veux pas absolument.

我的父母都不在 Ngò tỳ foú moù toū poŭ tsaý. Je n'ai absolument plus ni père ni mère.

果然 Kò jân. *Certainement*. Certissimè.

一定的 Ỳ tín tỳ. . . . } *Certes*. Certè quidem.
必定 Pỳ tín. . . . . }

果然是 Kò jân ché. Oui, certes. *Ità, sanè.*

算 Souán, 可以 kŏ ỳ. *D'accord.* Annuo, esto.

算。我許 Souán, ngò hiù. D'accord; je le veux bien.

Oui. Ità, etiam. — Les Chinois emploient peu ce mot comme particule affirmative, en réponse à une interrogation. Ils répètent plus volontiers le verbe de la demande.

EXEMPLES :

Voulez-vous venir? — Oui.	Un Chinois répond :		Je veux.
Avez-vous mangé? — Oui.	—	—	J'ai mangé.
Croyez-vous? — Oui.	—	—	Je crois.

Si l'on ne répond pas à une demande, l'affirmation *oui* se rend, en chinois, par le verbe substantif ché 是, cela est, que l'on répète, si l'on veut mieux affirmer : ché ché 是是. *Ità, ità.*

Dans une phrase, *oui* se rend par le verbe vouloir. Yaó 要.

又他要又他不要 Yeóu tā yáo yeóu tā poŭ yáo. Tantôt il dit oui, tantôt il dit non. *Modò ait, modò negat. Modò ille vult, modò ille non vult.*

果然 Kò jân, ou 一定 ỳ tín. *Sans doute.* Haud dubiè.

果然他做好 Kò jân tā tsoú hào. Sans doute il a bien agi.

多半 Tō pán. Sans doute. *Probabiliter.*

多半他明天來 Tō pán tā mîn tiēn laŷ. Il arrivera sans doute demain.

恐防 Kŏng fâng. . . } Sans doute (peut-être). *Forsàn.*
恐怕 Kŏng pá. . . . }

恐防你莫有想 Kŏng fâng ngỳ mò yeòu siàng. Sans doute vous n'avez pas pensé que.

En chinois aussi deux négations valent une affirmation très-énergique.

言不可不愼也 Yên poŭ kŏ poŭ tchĕn ỳ. Il faut bien veiller sur ses paroles.

隨你 Soûy ngỳ. . . }
隨便 Soûy pién. . . } *Soit.* Esto, ità, ad libitum tuum.
隨意 Soûy ý. . . . . }
算。隨意 Souán, soûy ý. }

隨你做 Soûy ngỳ tsoú. Soit, faites cela. *Facias, licet.*

算得。我說過了 Souán tĕ, ngò chŏ kó leào. Eh bien! soit, je l'ai dit. *Esto, dixerim.*

算。我許 Souán, ngò hiù, ou 我肯 Ngò kĕn. Soit, j'y consens. *Esto, annuo.*

海上絲綢之路文獻集成 科技與文化編

甘心 Kān sin. . . .
情願 Tsìh yuén. . . } *Volontiers.* Libenter.
喜歡 Hỳ houān. . .

情願得狠 Tsìn yuén tĕ hèn. Très-volontiers. *Lubentissimè.*

莫奈何 Mô láy hô. Peu volontiers. *Invitè, ægrè.*

容易 Yông ý. Volontiers (facilement). *Facilè.*

我容易信 Ngò yông ý sín. Je le crois volontiers.

一定 Ў tín. *Vraiment.* Sanè, profectò.

一定是他做的 Ў tín ché tā tsoú tў. Il a vraiment fait cela

怎樣你信這些事 Tsèn yáng? ngỳ sín tchĕ sў sé. Ah! oui vraiment, vous croyez cela? (Ironiq.) *Quomodò? tu credis istas res?*

不 Poŭ. *Ne.* Haud.

後來一句話我都不說 Heóu laŷ ў kiú hóa ngò toū poŭ chŏ. Je ne dirai plus un seul mot. *Deinceps unum verbum ego, prorsùs non dicam.*

不怕 Poŭ pá. Ne craignez pas.

不消 Poŭ siāo. Cela n'est pas nécessaire.

Ne (interrogatif) ou non?

我說過莫有 Ngò chŏ kó mô yeòu? Ne l'ai-je pas dit?

毋。勿 Oŭ. *Ne* (prohibitif).

毋偷盜 Oŭ teōu táo. Vous ne volerez point. *Non furaberis.*

毋殺人 Oŭ chă jên. Vous ne commettrez pas d'homicide.

不 Poŭ. Non. . . . { *Ne pas.* / *Ne point.* }

我不怕你 Ngò poŭ pá ngỳ. Je ne vous crains point.

你不要怕 Ngỳ poŭ yaó pá, ou 不怕得 poŭ pá tĕ. Ne craignez point.

不可多言 Poŭ kŏ tō yên. Il ne faut pas beaucoup parler.

Ne pas, précédé ou suivi de ces mots : *personne, nul, aucun,* se tourne, en chinois, de la manière suivante :

無有一个人不知道 Oŭ yeòu ў kó jên poŭ tchē taó. Personne ne l'ignore. *Nemo hoc nescit. Non est unus homo non sciens.*

人人, ou 个个人都曉得 Jên jên, ou kó kó jên toū hiào tĕ. *Omnes, quilibet homo, prorsùs scit.*

一邊我都不顧 Ў piēn ngò toū poŭ koú. Je ne suis d'aucun parti. *Nullius partis sum. Uni parti ego absolutè non faveo.*

寸男尺女皆無 Tsén lân tchĕ niù kiāy oŭ. (Idiotisme chinois.) Il n'a ni fils ni fille.

不 Poŭ. . . . . .
不是 Poŭ ché. . . .
莫 Mô. . . . . . .
莫得 Mô tĕ. . . . .
不得 Poŭ tĕ. . . . .
莫有 Mô yeoù. . . .

} *Non, minimé.*

Les Chinois répondent *rarement* par le seul mot *non*. Ils répètent le verbe de la demande, avec sa négation.

EXEMPLES :

要不要 Yaó poŭ yaó. Voulez-vous? Non. Les Chinois disent :
不要 Poŭ yaó. Je ne veux pas. *Nolo.*
你做個莫有 Ngỳ tsoú kó mô yeòu. Avez-vous fait cela? Non. 莫有 Mô yeòu. Je ne l'ai pas fait.
是不是他 Ché poŭ ché tă. Est-ce lui ou non? *Is-ne est an non? Est, non est ille?*
不是他 Poŭ ché tă. Non. *Non est ille.*
你肯不肯 Ngỳ kĕn poŭ kĕn. 我不肯 Ngò poŭ kĕn. Non. Dites oui ou non. *Vel ait vel negat.*
要死。不怕得。你不得死 Yaó sè poŭ pă tĕ ngỳ poŭ tĕ sè. Je suis perdu! Non, non, ayez courage. *Perii! Noli timere, non morieris.*
萬萬我都不許 Ouán ouán ngò toū poŭ hiù. Non, non, je ne consentirai jamais. *Deciès, deciès, non consentiam.*
萬萬我都不背真教 Ouán ouán ngò toū poŭ peý tchēn kiáo. Non, non, je n'abjurerai jamais la vraie religion!

La particule négative mô 莫 implique souvent, en chinois, l'idée de la défense, de la prohibition :

莫笑 Mô siáo. Ne riez pas. *Ne rideas.*
莫管 Mô kouàn. Ne vous mêlez pas. *Ne cures.*

Dans les livres on rencontre encore ces mots : hieōu 休, piĕ 別, feȳ 非, qui jouent le rôle de particules négatives.

未曾 Ouý tsĕn. *Non, pas encore.* Nondùm.
他未曾說 Tă ouý tsĕn chŏ. Il n'a pas encore dit.
不單單另外 Poŭ tān tān lín ouaý. *Non-seulement, mais encore.* Non solùm, sed etiam.
奉教人不單單要愛朋友另外要愛仇人 Fóng kiáo jên poŭ tān tān yáo gaý pŏng yeòu, lín ouáy yáo gaý tcheŏu jên. Un chrétien doit non-seulement aimer ses amis, mais encore ses ennemis.

雖然 Siū jân. *Non pas même*. Quamvis, licet.

雖然我肯 Siū jân ngò kĕn. Non pas même quand je le voudrais.

全全不 Tsuĕn tsuĕn poŭ. *Nullement*. Nequaquàm.

我全全都不知道 Ngò tsuĕn tsuĕn toū poŭ tchĕ taó. Je ne le sais nullement.

Peut-être. Forsàn. Les jeunes sinologues font un usage abusif de ce mot dans la langue parlée. Les Chinois tournent la réponse sous une forme dubitative, qui, pour eux, équivaut au mot *peut-être*.

恐怕 Kŏng pá.

恐防 Kŏng fâng.

不得一定 Poŭ tĕ ỳ tín. *Non est certum*.

昉彿 Fàng foŭ. (Cette expression marque un doute plus prononcé.)

要落雨麼 Yáo lŏ yù mô? Pleuvra-t-il? *Pluet-ne?*

不得一定 Poŭ tĕ ỳ tín. Peut-être.

昉彿有人在那邊 Fàng foŭ yeòu jên tsaý lá piēn. Il y a peut-être quelqu'un là-bas.

VIII. — ADVERBES D'INTERROGATION.

La manière la plus ordinaire de faire les interrogations, en chinois, est de répéter le verbe en plaçant la négation après le premier.

Au lieu de : Voulez-vous venir? on dit : Voulez-vous ou ne voulez-vous pas venir? Si le verbe était au parfait, l'interrogation se ferait par ces mots : 莫有 mô yeòu, à la fin de la phrase.

喫了莫有 Tchĕ leào mô yeòu. Avez-vous mangé? 喫了 Tchĕ leào. Oui. 莫有 Mô yeòu. Non. Sous-entendu : tchĕ.

他來不來 Tā laŷ poŭ laŷ? Viendra-t-il? *Veniet-ne?*

好多 Haò tō. 幾多 Kỳ tō. *Combien?* Quot?

你有好多錢 Ngỳ yeòu haò tō tsiĕn? Combien avez-vous de sapèques?

他要好多錢 Tā yáo haò tō tsiĕn? Combien demande-t-il de sapèques?

有幾天 Yeòu kỳ tiĕn? Combien y a-t-il de jours?

好多回數 Haò tō hoûy soú. } *Combien de fois?* Quoties?
幾多回數 Kỳ tō hoûy soú. }

好久 Haò kieòu. *Combien de temps?* Quandiù?

En combien de se tourne souvent, en chinois, par *employer* 用 yóng ou 費 féy.

EXEMPLES :

你用 ou 費了幾天做那一件事 Ngỳ yóng ou féy leào kỳ tiĕn tsoú lá ỳ kién sé. En combien de jours avez-vous fait cela?

海上絲綢之路文獻集成 科技與文化编

天主造天地萬物用了幾天 Tiēn tchoù tsaó tiēn tý ouán oŭ yóng leào kỳ tiēn. En combien de jours Dieu a-t-il créé le monde? *Deus creans cœlum, terram, mille res, adhibuit quot dies?*

你在路上幾天 Ngỳ tsaý loú cháng kỳ tiēn? En combien de jours avez-vous fait ce trajet?

怎樣 Tsèn yáng. . .
怎麼樣 Tsèn mô yáng.
如何 Joŭ hô. . . . .
} *Comment?* Quomodò?

怎樣做得來 Tsèn yáng tsoú tĕ laŷ? Comment peut-il se faire? *Qui fit ut?*

爲甚麼緣故 Oúy chén mô yuên koú. *Comment?* signifiant *pour quelle cause?* Ob quam causam?

我不曉得爲甚麼緣故他這樣說過了 Ngò poŭ hiào tĕ oúy chén mô yuên koú tā tché yáng chŏ kó leào. Je ne sais comment il a pu dire cela.

爲甚麼緣故 Oúy chén mô yuên koú. .
甚麼意思 Chén mô ý sé.
爲何 Ouý hô. . . . .
} *Pourquoi?* Cur?

所以 Sò ỳ. . . . . .
因爲 Īn oúy. . . . .
} *C'est pourquoi.* Quapropter.

全全不 Tsuēn tsuēn poŭ.
萬萬不 Ouán ouán poŭ.
總不 Tsòng poŭ. . .
不論甚麼緣故 Poŭ lén chén mô yuên koú.
} *Pour quoi que ce soit. Nullâ de causâ.*

那个時候 Là kó chê heóu.
甚麼時候 Chén mô chê heóu. . . .
} *Quand?* Quandò?

那裡 Là lý. *Où?* Ubinàm?

你在那裡 Ngỳ tsaý là lỳ? Où êtes-vous?

你走那裡 Ngỳ tseoù là lỳ? Où allez-vous?

你到那裡去 Ngỳ taó là lỳ kiű? Où allez-vous?

甚麼 Chén mô. *Que* (interrogatif). Quid, quæ.

是甚麼 Ché chén mô? Qu'est-ce? *Quid est hoc?*

甚麼事 Chén mô sé. Quelle affaire? *Quæ res?*

他做甚麼 Tā tsoú chén mô. Que fait-il? *Quid rerum agit?*

IX. — MANIÈRE DE FAIRE LES INTERROGATIONS EN CHINOIS.

Il y a différentes particules qui servent à faire, en chinois, les interrogations, de même qu'il y a des tournures de phrases destinées au même but Voici les huit manières principales de faire les interrogations en chinois.

Première manière. — Cette manière d'interroger est la plus fréquente, surtout dans la langue parlée. Elle consiste à placer la particule négative poŭ 不, *non*, non, après le verbe, et à répéter celui-ci après la négation.

EXEMPLES :

要不要 Yáo poŭ yáo? Voulez-vous? *Velle, non velle?*

On ne refuse presque jamais par la négation seule. On joint celle-ci au verbe de la demande. 不要 Poŭ yáo. Je ne veux pas.

他來不來 Tā lay poŭ lay? Viendra-t-il? *Ille veniet, non veniet?*

你許不許 Ngỳ hiù poŭ hiù? Permettez- vous? *Tu permittis, non permittis?*

下不下雨 Hiá poŭ hiá yù? Pleut-il?

落不落雪 Lŏ poŭ lŏ siuĕ? Neige-t-il?

Deuxième manière. — On emploie la particule là 那, que l'on joint au numéral kó 個 s'il s'agit des personnes ou des choses, et au mot lỳ 裡 s'il s'agit de noms de lieux. Dans les livres, on se sert surtout du mot choûy 誰. Qui? *Quis?*

EXEMPLES :

是那個人說 Ché là kó jên chŏ? Qui dit cela?

Ou bien :

有那個人說 Yeòu là kó jên chŏ?

是那個人寫的 Ché là kó jên siè tỷ. Qui a écrit cela?

誰造了天地萬物 Choûy tsáo leào tiēn tý ouán oŭ? Qui a créé le monde?

你那裡去 Ngỳ là lỳ kiū? Où allez-vous?

Troisième manière. — Tsèn yáng 怎樣, ou Tsèn mô yáng 怎麼樣 *Comment?* Quomodò?

你是怎樣說 Ngỳ ché tsèn yáng chŏ? Comment dites-vous?

怎樣做得來 Tsèn yáng tsoú tĕ lay? Comment cela peut-il se faire?

Quatrième manière. — Lorsque l'interrogation commence par le pronom *que*, quid, quod, on la traduit, en chinois, par ces mots : chén mô 甚麼, ou chĕ mô 什麼, qui se placent à la fin de la phrase.

你說甚麼 Ngỳ chŏ chén mô? Que dites-vous?

你要甚麼 Ngỳ yáo chén mô? Que voulez-vous?

有甚麼事 **Yeòu chén mô sé?** Qu'y a-t-il? *Est quænam res?*
莫得甚麼事 **Mô tĕ chén mô sé.** Il n'y a rien.

Cinquième manière. — Dans quelques provinces, on se sert de l'une ou l'autre de ces tournures: 莫不 **mô poŭ** ou 莫非 **mô feȳ**, placées au commencement de la phrase.

莫非是他見了鬼 **Mô feȳ ché tă kién leào koùy.** *Nunc fortè vigilans somniat.*

Sixième manière. — Le mot 何 **hô** est une particule toujours interrogative, mais on l'emploie surtout dans les livres.

天何言哉 **Tiēn hô yên tsaȳ?** Qu'est-il besoin que le Ciel parle? *Quid opus est ut loquatur Cœlum?*

Septième manière. — **Tō chaō?** *Combien?* Quot?

有多少人 **Yeòu tō chaò jên.** Combien sont-ils de personnes? *Quot sunt ibi homines?*

Huitième manière. — Dans les livres, on trouve souvent le mot **kỳ** 豈 pour particule négative. **Kỳ kàn** 豈敢. *Nùm auderem?*

豈不羞死 **Kỳ poŭ sieōu sè?** Ne devraient-ils pas mourir de confusion? *An non præ confusione emori deberent?*

X. — LOCUTIONS ADVERBIALES.

就是 **Tsieóu ché.** *C'est-à-dire.* Scilicet, nempè.

一邊 **Ỹ piēn.** { D'une part. . . . . . / D'un côté. . . . . . . } *Ex unâ parte.*

Que l'on répète pour exprimer *de l'autre part.*

這一邊 **Tché ỹ piēn.** *De ce côté.* Ex hâc parte.

兩邊 **Leàng piēn.** *De part et d'autre.*

合時 **Hô chê.** *A point.*

來得合時 **Laŷ tĕ hô chê.** Il est venu à point.

一句一句 **Ỹ kiú ỹ kiú.** *De point en point.*

一句一句他都說道 **Ỹ kiú ỹ kiú tă toū chŏ taó.** Il a raconté de point en point.

Sur le point.

他要死得狠 **Tă yáo sè tĕ hèn.** Il est sur le point de mourir.

一面 **Ỹ mién**, ou 一邊 **ỹ piēn**, que l'on répète. *En partie.* Partìm.

偶然 **Ngeoù jân.** *Par hasard.* Fortuitò.

XI. — ADVERBES DEVENANT, PAR POSITION, ADJECTIFS.

今 *Aujourd'hui*. Hodiè devient *hodiernus*. 今者 Kīn tchĕ.
今之孝 Kīn tchē hiáo. La piété de ce jour.
昔 Sў. *Autrefois*. Olìm.
昔者 Sў tchĕ. Passé. *Præteritus*.
前 Tsiĕn. *Auparavant*. Antè.
前朝 Tsiĕn tchaŏ. La dynastie précédente.
前年 Tsiĕn niĕn. L'année précédente.
前人 Tsiĕn jĕn. Les hommes du temps passé.
後 Heóu. *Aprés*. Posteà.
後母 Heóu moù. Mère postérieure.
上 Cháng. *Au-dessus*. Suprà.
上者 Cháng tchĕ. Les supérieurs.
上下無怨 Cháng hiá oŭ yuèn. Les supérieurs et les inférieurs sont en paix.
上 Hiá. *Au-dessous*. Infrà.
下者 Hiá tchĕ. Les inférieurs.
外 Ouáy. *Au dehors, en dehors*. Extrà, foris.
要討外差 Yáo taŏ ouáy tchaў. Je veux solliciter une mission extérieure.
先 Siēn. *Auparavant*. Anteà.
先王 Siēn ouâng. Les anciens rois.
然 Jân. *Certes*. Certò.
雍之言然 Yōng tchē yên jân. Les paroles de Yông sont vraies.

XII. — ADVERBES DEVENANT, PAR POSITION, VERBES.

Un bon nombre d'adverbes, changeant de ton, deviennent de véritables verbes. Ainsi, siēn 先, auparavant, devient sién, précéder, aller en avant, *progredi, antè ire*; cháng 上 devient chàng, monter, *ascendere*; hiá 下 devient descendre, tomber, *descendere, cadere*. — Cette série de mots, du reste peu nombreuse, n'offrant aucune difficulté, il suffit de la signaler au lecteur.

CHAPITRE IX.

DES PRÉPOSITIONS ET DES POSTPOSITIONS.

Siēn ouên 先文 et Heóu ouên 後文.

1° Des prépositions simples. — 2° Des postpositions. — 3° Prépositions prises substantivement. — 4° Prépositions devenant verbes.

Les Chinois donnent à cette classe de mots un nom assez bien choisi : ils la nomment classe des *mots vides*, hiū tsé 虛字, parce qu'en effet, tous ces mots ont besoin d'un complément.

Les mots de la langue chinoise n'ayant pas les désinences qui marquent, dans les langues à flexion, les rapports des mots entre eux, on y supplée, en chinois, par un certain nombre de particules qui font l'effet de nos prépositions. Il est important de saisir nettement le rôle de ces particules, c'est-à-dire le genre de rapports qu'elles déterminent dans le discours. Dans la langue écrite, ces particules perdent quelquefois leur signification ordinaire et deviennent de simples *phonétiques* de régime.

Les particules chinoises, dont nous allons parler, se placent, en général, avant le complément. Cependant, un certain nombre d'entre elles se placent après ce même complément. De là leur nom de *postpositions*. La langue turque offre une classe semblable de postpositions. Ce sont ces mots qui causent le plus d'embarras à un jeune sinologue qui étudie la langue parlée. Pour ce motif, nous prenons pour point de départ les prépositions françaises.

PREMIÈRE SECTION.

I. — DES PRÉPOSITIONS.

A, marquant un rapport de *mouvement*, de *tendance*, de *direction*, ne s'exprime presque jamais en chinois par une particule spéciale.

EXEMPLE

到北京 Taó pĕ kīn. Aller à Pékin.

做當兵 Tsoú tāng pīn. Aller à l'armée.

上船 Cháng tchouân. Aller à bord.

走右邊 Tseòu yeóu piēn. Tourner à droite.

會他 Hoúy tā́. Aller à lui.

A, marquant un rapport de *terme*, de *but*, de *fin*, ne s'exprime presque jamais en chinois.

EXEMPLES :

請喫飯 Tsìn tchĕ fán. Inviter *à* manger.
要死得狠 Yáo sè tĕ hèn. Tirer *à* sa fin.
淩辱人 Lîn joŭ jên. En venir *à* des injures.
中意 Tchóng ý. Atteindre *au* but.
趕人出去 Kàn jên tchoŭ kiú. Obliger quelqu'un *à* partir.

A, marquant un rapport de *destination*, d'*application*, de *production*, s'exprime fort rarement en chinois

EXEMPLES :

出米田 Tchoŭ mỳ tiên. Terre *à* riz.
甘蔗 kān tchĕ. Canne *à* sucre.
麥磨子 Mĕ mó tsè. Moulin *à* farine.
磨石 Mó chĕ. Pierre *à* aiguiser.
讀書 Toŭ choū. S'adonner *à* l'étude.
拜人 Paý jên. Faire un salut *à* quelqu'un.
教人格文 Kiáo jên kĕ ouên. Enseigner *à* q. q. la philosophie.
慶賀人 Kín hó jên. Boire *à* la santé.

A, marquant un rapport d'*attribution*, de *possession*, s'exprime en chinois par le pronom possessif mon, ton, sien, *meus, tuus, suus,* etc.

EXEMPLES :

是我的書 Ché ngò tỳ choū. Ce livre est à moi. *Meus est liber iste.*
是他的刀 Ché tā tỳ taō. Ce couteau est *à* lui. *Illius est culter.*
是我的意思 Ché ngò tỳ ý sē. C'est mon opinion *à* moi. *Hæc est mea opinio.*
是他的怪意 Ché tā tỳ kouáy ý. C'est sa manie *à* lui. *Hoc est ingenium ejus.*
是我們衆人的本分 Ché ngò mên tchóng jên tỳ pèn fén. C'est notre devoir *à* tous. *Officium hoc nobis commune est.*

A, marquant un rapport de *situation*, de *position*, de manière d'être ou d'agir, de moyen, s'exprime par la particule tsaý 在, dans, *in*, *intrà*.

EXEMPLES :

在南京坐 Tsaý lân kīn tsó. Demeurer *à* Nân kin.
在店房喫 Tsaý tién fâng tchĕ. Manger à l'auberge.
銀子在手上 Ŷn tsè tsaý cheòu cháng. L'argent *à* la main.

A, marquant un rapport d'*état*, de *qualification*, ne s'exprime pas en chinois.

EXEMPLES :

可怕的人 Kŏ pá tў jên. Homme *à* craindre.
風鎗 Fōng tsiāng. Fusil *à* vent.
水船 Hò tchouân. Bateau *à* vapeur.
風船 Fōng tchouân. Navire *à* voile.
火機子 Hò kў tsè. Machine *à* vapeur.
喫得的 Tchĕ tĕ tў. Bon *à* manger.
會哄人 Hoúy hòng jên. Habile à séduire.

Au, dans, à l'intérieur, *in*, *intrà*, tsáy 在 ou cháng 上.

EXEMPLES :

在天 Tsaý tiēn. Au ciel.
在窰內 Tsaý yâo loúy. Au four.
在床上 Tsaý tchouāng cháng. Au lit.

De, exprimant le rapport de *relation*, que les Latins rendent par leur génitif, se rend en chinois par la particule tў 的, qui est souvent sous-entendue par euphonie. Nous avons dit ailleurs qu'en chinois, le complément du sujet se plaçait toujours avant celui-ci :

EXEMPLES :

天主的仁慈 Tiēn Tchoù tў jên tsê. La clémence de Dieu.
一句話的意思 Ў kiú hoá tў ý sē. Le sens d'un mot.
伯多綠的書 Pĕ tō loŭ tў choū. Le livre de Pierre.
人的手 Jên tў cheòu. La main de l'homme.

De, exprimant le sens ou le rapport de *relation* rendu, en latin, par l'ablatif, s'exprime en chinois par tsông 從, si le rapport est de comparaison.

EXEMPLES :

從城內到這裡 Tsông tchên louý táo tché lў. De l'intérieur de la ville ici.
從北京到廣東 Tsông pĕ kīn taó kouàng tōng. De Pékin à Canton.

Lorsque le mot *de* exprime un rapport *absolu*, sans comparaison, on ne le rend pas en chinois.

EXEMPLES :

全靈愛天主 Tsuên lîn gaý Tiēn Tchoù. Aimer Dieu de toute son âme.
全心 Tsuên sīn. De tout son cœur.
全力 Tsuên lў. De toutes ses forces.

En, marquant le *lieu*, l'*endroit*, s'exprime par tsaý, *in*, *intrà*.

13

EXEMPLES :

他在城內 Tā tsaý tchĕn loúy. Il est en ville.
他在路上 Tā tsaý loú cháng. Il est en route.

En, marquant le *temps*, se rend comme le participe présent des verbes, par les mots chê heóu 時候.

EXEMPLES :

做夢時候 Tsoú móng chê heóu. En songe.
合時的時候 Hô chê tў chê heóu. En temps et lieu.

En, marquant la *matière* dont une chose est faite, se rend en chinois par tў 的, comme pour les adjectifs.

EXEMPLES :

木的象 Moŭ tў siáng. Statue en bois.
金的聖爵 Kīn tў chén tsiŏ. Calice en or.

En, marquant *la manière*, se rend en chinois par tў 的, lorsque le mot peut se tourner par un adverbe en *ment* :

EXEMPLES :

悄悄的 Tsiăo tsiăo tў. En secret. — Tournez : secrètement.
外面的 Ouáy mién tў. En apparence. — Tournez : apparemment.
明明的 Mîn mîn tў. En public. — Tournez : publiquement.

Lorsque *en*, marquant la manière, ne peut se tourner par un adverbe en *ment*, il s'exprime soit par le mot tsiĕn 前, soit par le mot tāng 當 ou le mot cháng 上, qui se placent après le mot, et sont ici postposition.

EXEMPLES :

面前 Mién tsiĕn. En présence de.
當面 Tāng mién. En face de.
父親在上 Foú tsīn tsaý cháng. En présence de mon père.
外面 Ouaý mién. En apparence.
當皇帝 Tāng houâng tý. En roi.

En, marquant la cause, s'exprime par ouý 爲 ou par tĕ ouý 得爲. *Propter, quia, ad*, à cause de, pour, parce que. Littér. : à cause de vous.

EXEMPLES :

得爲你 Tĕ ouý ngỳ. En votre considération.
爲罰他的罪 Ouý fā tā tў tsoúy. En punition de son péché. Littér. : Pour punir son péché.
爲賞他 Ouý chàng tā. En récompense de. Littér. : Pour le récompenser.

海上絲綢之路文獻集成 科技與文化編

En, précédant un participe présent, se rend par chê heóu 時候, qui indique le temps présent.

EXEMPLES :

喫飯的時候 Tchĕ fán tỷ chê heóu. En mangeant.
睡的時候 Choúy tỷ chê heóu. En dormant.
耍的時候 Choà tỷ chê heoú. En jouant.
笑的時候 Siáo tỷ chê heoú. En riant.

Avec. *Simul.* Tŏng 同.

EXEMPLES :

同我 Tŏng ngò. Avec moi.
你許的時候 Ngỳ hiù tỷ chê heoú, Avec votre permission. *Pace tuâ.*
天主相幫時候 Tiēn Tchoù siāng pāng chê heōu. Avec l'aide de Dieu. *Deo juvante.*
到底 Taó tỳ, Avec tout cela. *Et tamen.*

Avec..., devant un nom d'instrument ou de matière se tourne par employant, *adhibens;* en chinois yóng 用, ou par ỳ 以, qui a le même sens.

EXEMPLE :

他用一把刀子打人 Tā yóng ỳ pà taō tsè tà jên. Il frappe avec un couteau. Littér. : il emploie un couteau pour frapper. *Ille adhibens unum cultrum percutit alios.*

S'il y a commandement, on tourne la phrase de la manière suivante :

把竹子打他 Pà tchoŭ tsè tà tā. Frappe-le avec un bambou. Littér. : prends un bambou et frappe-le. *Arripe arundinem, cæde illum.*
你把篙子打他 Ngỳ pà kiāo tsè tà tā. Frappe-le avec un aviron.

Autour. *Circà.* { 一週 Ỷ tcheōu. / 一對 Ỷ toúy. }

EXEMPLES :

江週城 Kiāng tcheōu tchēn. La rivière passe autour de la ville. Tournez : la rivière tourne la ville.
賊子圍倒城 Tsĕ tsè oûy táo tchēn. L'ennemi est autour de la ville.

Chez, *apud*, s'exprime par tsaý 在. A la question, *ubi;* à la question *quò* il ne s'exprime pas, non plus qu'à la question *undè*.

EXEMPLES :

他在屋裡 Tā tsaý oŭ lỳ. Il est chez lui.

我們到你的屋裡去 Ngò mên taó ngỳ tỳ oŭ lỳ kiű. Allons chez vous.

他纔出門 Tā tsaÿ tchoū mên. Il sort de chez lui.

DANS, *in*, tsáy 在, s'exprime de la manière suivante :

EXEMPLES :

在他屋頭 Tsáy tā oŭ teŏu. Dans sa maison.

不久 Poŭ kieòu. Dans peu de jours.

過了三天 Kó leào sān tiēn. Dans trois jours.

他睡着時候 Tā choúy tchŏ chê heóu. Dans le sommeil.

DÈS. *A*, *ab*. Tsŏng 從.

EXEMPLES :

從小 Tsŏng siào. Dès l'enfance.

從如今 Tsŏng joŭ kīn. Dès à présent.

他見我當時他來會我 Tā kién ngò, tāng chê tā laŷ hoúy ngò. Dès qu'il me vit, il vint à moi.

DÈS LORS. *Jàm*, *tùm*. Tsŏng lá chê 從那時.

ENVERS. *Erga*, *in*. Lén 倫 ou hiáng 向.

EXEMPLES :

倫天主我們本分 Lén Tiēn Tchoù ngò mên pèn fén. Nos devoirs envers Dieu.

EXCEPTÉ. *Præter*, *extrà*. Tchoū 除.

EXEMPLES :

除了他 Tchoū leào tā. Excepté lui.

除了主日 Tchoū leào tchoù jĕ. Excepté le dimanche.

HORS. *Foris*, *foràs*. Ouáy teŏu 外頭.

EXEMPLES :

他不在屋裡 Tā poŭ tsáy oŭ lỳ, ou 他在外頭 Tā tsáy ouáy teŏu. Il est hors de la maison.

MALGRÉ. *Licet*, *quamvis*. Siū jân 雖然.

EXEMPLES

雖然他的年紀不大 Siū jân tā tỳ niên ký poŭ tá. Malgré sa jeunesse. *Licet ejus ætas non magna.*

MOYENNANT. *Modò*, *si*. Jŏ 若, jŏ ché 若是.

EXEMPLES :

若他有工錢 Jŏ tā yeoù kōng tsiēn. Moyennant qu'il reçoive un salaire.

海上絲綢之路文獻集成 科技與文化編

天主相幫時候我要做 Tiēn Tchoù siāng pāng chê heóu, ngò yaó tsoú. Moyennant la grâce de Dieu, je ferai cela.

Nonobstant. *Nihilominùs.* Siū jân 雖然.

EXEMPLES :

雖然有凶險他起身了 Siū jân yeoù hiōng hièn tā kỳ chēn leào. Nonobstant le danger il est parti.

Par. *Per.* Ỳ 以, laý 賴.

EXEMPLE :

賴天主仁慈 Laý Tiēn Tchoù jên tsē. Par la clémence de Dieu. *Fretus Dei clementiâ.*

Pour... *Causâ.* Ouý 爲, tĕ ouý 得爲.

EXEMPLES :

得爲我 Tĕ ouý ngò. Pour moi. *Propter me.*

我怕爲你 Ngò pā ouý ngỳ. Je crains pour vous.

Pour, à cause de. *Quiâ, eâ de causâ.* Ȳn ouý 因爲.

EXEMPLES :

貴重人因爲他發才 Kouý tchóng jên ȳn ouý tā fā tsaŷ. Estimer quelqu'un pour ses richesses.

他死了因爲他喫酒多狠 Tā sè leào ȳn ouý tā tchĕ tsieòu tō hèn. Il est mort pour avoir trop bu.

Pour, marquant la fin, se rend tantôt par oúy 爲, tantôt par ỳ 以.

EXEMPLES :

爲笑 Ouý siáo. Pour rire.

以愛還愛 Ỳ gáy houân gáy. Rendre amour pour amour.

以命還命 Ỳ mín houân mín. Rendre vie pour vie.

Jusque. *Usquè.* Taó 到.

EXEMPLES :

到北京 Taó Pĕ Kīn. Jusqu'à Pékin.

到法國京城 Taó Fă kouĕ kīn tchēn. Jusqu'à Paris.

到如今 Taó joŭ kīn. Jusqu'ici.

這樣 Tchĕ yáng, ou 這般 tchĕ pān. Jusqu'à ce point.

到死不變 Taó sè poŭ pién. Être inébranlable jusqu'à la mort.

Sauf, sans blesser. Poŭ tĕ tsoúy 不得罪.

EXEMPLE :

雖然我不要得罪他。到底我要說 Siū jân ngò poŭ yaó tĕ tsoúy tā, taó tỳ ngò yaó chŏ. Sauf le respect que je lui dois, je dirai.

Sans. *Sine.* Oŭ 無.

EXEMPLES :

無疑惑 Oŭ nŷ hoây.
一定的 Ỳ tín tŷ. . . } Sans doute.
果然 Kò jân. . .

不費力 Poŭ féy lŷ.
容易的 Yông ý tŷ. . } Sans peine. *Facilé.*

不躭擱 Poŭ tān kŏ. Sans différer.
不笑 Poŭ siáo. Sans rire.
莫奈何 Mô laý hô. Sans le vouloir. *Invité.*
無數的 Oŭ sóu tŷ. Sans nombre.
無比的 Oŭ pỳ tŷ. Sans comparaison.
無限的 Oŭ hiéu tŷ. Sans bornes.

Sans, privatif. Mô yeòu 莫有.

EXEMPLES :

莫有錢 Mô yeoù tsiĕn. Sans argent.
莫頭莫腦 Mô teŏu mô laò. Sans tête, sans cervelle.

Sous, indiquant l'*époque*, le *temps* sous lequel une chose s'est faite, se rend par chê heóu 時候.

EXEMPLES :

同治在位的時候 Tŏng tché tsaý ouý tŷ chê heóu. Sous le règne de Tŏng tché. *Dum regnaret* Tŏng tchè.
安大人居官時候 Gān tá jên kiū kouān chê heóu. Sous le mandarinat de Gān tá jên.

Selon. *Secundùm, juxtà.* Ỳ 依.

EXEMPLES :

依我的規矩 Ỳ ngò tŷ koūy kiù. Selon ma coutume. *Pro more meo.*
依理 Ỳ lỳ. Selon la raison.

Vis-a-vis. *Ex adverso.* 相對 Siāng toúy.

A volonté. *Ad libitum.* Soûy ý 隨意, soûy piēn 隨便.

Voici. *En, ecce.*

EXEMPLES :

有計在此. Yeòu ký tsáy tsĕ. Voici mon affaire, voici le bon moyen.
要落雨 Yáo lŏ yù. Voici la pluie. *Impendet pluvia.*
我在 Ngò tsaý. Me voici. *Adsum.*

海上絲綢之路文獻集成 科技與文化编

DEUXIÈME SECTION.

DES POSTPOSITIONS.

Les prépositions françaises qui suivent se rendent en chinois par une particule que l'on place après le substantif, comme dans les mots latins *mecum, tecum, ipse-met*. Elles sont peu nombreuses et faciles à retenir.

AVANT, devant. *Antè, anteà*. Siēn 先, Tsiên 前, ou tsiên teŏu 前頭.

EXEMPLES :

先王 Siēn ouâng. Le roi qui régnait avant celui-ci.
他前頭 Tā tsiên teŏu. Avant lui.

APRÈS. *Post*.

EXEMPLES :

他後頭 Tā heóu teŏu. Après lui.
死後 Sè heóu, ou 身後 chēn heóu. Après la mort.

AU BAS. *Infrà*.

EXEMPLE :

擺在書房堦下也 Pày tsaý choū fâng kiaȳ hiá ỳ. Il les fit placer au bas de l'escalier de sa bibliothèque.

DANS. *In, intrà, intrò*. Lỳ 裡, ou loúy 內, lỳ teŏu 一頭.

EXEMPLES :

心裡 Sīn lỳ, ou 心內 sīn loúy, ou 心一頭 sīn lỳ teŏu. Dans le cœur.
海內 Haỳ loúy. Dans la mer.
急急走到書房中 Kỳ kỳ tseòu táo choū fâng tchōng. Il courut bien vite dans la bibliothèque.
心下想一想 Sīn hiá siàng ỳ siàng. Au dedans de son cœur il pensa.
正統年間 Tchén tŏng niên kiēn. Dans les années de la droiture universelle (de 1436-50).
這村中 Tchĕ tsēn tchōng. Dans ce village.
山中有此花 Chān tchōng yeoù tsĕ hoā. C'est dans les montagnes qu'on trouve cette fleur.

DANS, signifiant après.

EXEMPLE :

過了四天我起身 Kó leaò sé tiēn ngò kỳ chēn, ou 第四天我起身 Tý sé tiēn ngò kỳ chēn. Je partirai dans quatre jours.

DESSUS. *Super, suprà.* Cháng 上 cháng teôu. Tsaý cháng 在上.

EXEMPLES :

桌子上 Tchǒ tsè cháng. Dessus la table.
放在上 Fáng tsáy cháng. Placer dessus.
超過別人 Tchaō kó piě jên. Être au-dessus des autres. Tournez : surpasser les autres.

Placer les jouissances intellectuelles au-dessus des jouissances corporelles.

把神樂放在先。把快樂放在後 Pà chên lǒ fáng tsaý siēn, pà kouáy lǒ fáng tsaý heóu. *Arripere intellectualia gaudia, ponere (ea) in primo loco, accipere corporalia gaudia, ponere (ea) in ultimo loco.*

LA-DESSUS. *Interim.* Lá chê 那時, ou lá kó chê heóu 那个時侯.

DESSOUS. *Sub, infrà.* Hiá 下, hiá teôu 下頭, tỳ hiá 底下.

EXEMPLE :

放在桌子下 Fáng tsaý tchǒ tsè hiá. Placer dessous la table.

DEVANT. Mién tsiên.

EXEMPLE :

門前 Mên tsiên. Devant la porte.

ENTRE. *Inter.* Tchōng 中.

EXEMPLE :

女中爾爲讚美 Niù tchōng eùl oûy tsán meỳ. Vous êtes bénie entre toutes les femmes.

HORS. *Extrà.* Ouáy. Ouáy teôu 外頭.

EXEMPLES :

他在外頭 Tā tsaý ouáy teôu. Il est hors de la maison.
凶險之外 Hiōng hièn tchē ouáy. Hors de danger. *Extrà periculum.*
不合時 Poŭ hô chê. Hors de saison ou de propos. *Intempestivus.*
不興 Poŭ hīn. Hors d'usage. *Obsoletum.*
已出望外. Ỳ tchoŭ ouáng ouáy. Cela est hors de mes espérances.

PENDANT. *Inter.* Tchōng 中, kiēn 間.

EXEMPLE :

夜中 Yé tchōng, ou 夜間 yé kiēn. Pendant la nuit.

SOUS. *Sub.* Hiá 下.

EXEMPLE :

地下 Tý hiá. Sous terre.

Sur. *Suprà.* **Cháng** 上.

EXEMPLE :

他在樹上 **Tā tsaý choú cháng.** Il est sur l'arbre.
放在桌子上 **Fáng tsaý tchŏ tsè cháng.** Placez sur la table.

TROISIÈME SECTION.

PRÉPOSITIONS PRISES SUBSTANTIVEMENT.

Quelques prépositions ou postpositions chinoises deviennent des espèces de substantifs.

EXEMPLES :

居上 **Kiū cháng.** Occuper le rang suprême.
居下 **Kiū hiá.** Occuper le rang inférieur.

QUATRIÈME SECTION

PRÉPOSITIONS DEVENANT VERBES.

EXEMPLES :

上路 **Cháng loú.** Faire route. *Iter aggredi.*
上省 **Cháng sèn.** Aller à la capitale.
下馬 **Hiá mà.** Descendre de cheval.
惟天能下其目 **Ouŷ Tiēn nên hiá kỳ moŭ.** Le Ciel seul peut abaisser ses yeux.
今早命下了 **Kin tsào mín hiá leào.** Le décret a été rendu ce matin même.
却如何下手 **Kiŏ joū hô hiá cheòu.** Voyons comment s'y prendre.

CHAPITRE X.

DES CONJONCTIONS.

Tsiĕ tsē 接辭 **ou liên kiú** 連句.

Dans la pratique, l'usage de cette classe de mots présente quelques difficultés. Toutes nos conjonctions ont leur équivalent dans la langue chinoise. Toutefois, on ne les emploie pas de la même manière. C'est sur ce dernier point que nous appelons l'attention des jeunes sinologues.

海上絲綢之路文獻集成 科技與文化編

PRINCIPALES CONJONCTIONS.

D'ailleurs. *Præter quod.* Lín ouáy 另外 ou kĕ ouáy 格外.

EXEMPLE :

另外他是才學的人 Lín ouáy tā ché tsaŷ hiŏ tỳ jên. D'ailleurs il était fort savant.

Ainsi. *Sic, ità.* Tché yáng 這樣.

EXEMPLES :

你是這樣做 Ngỳ ché tché yáng tsoú. Est-ce donc ainsi que vous agissez? *Siccine agis?* (Le ton de la voix parlée fait sentir l'interrogation.)

事情是這樣 Sé tsîn ché tché yáng. La chose est ainsi.

巴不得 Pā poŭ tĕ. Ainsi soit-il. *Utinam.* Ainsi, par conséquent, se rend par Sò ỳ 所以.

所以不要來 Sò ỳ poŭ yaó laŷ. Ainsi ne venez pas.

Afin que. *Ut, causâ.* (Expression rarement employée en chinois.)

EXEMPLE :

爲免他推故 Ouŷ mièn tā touŷ koú. Afin qu'il ne prétexte pas.

Attendu que. *Quoniam.* Ȳn ouý 因爲.

EXEMPLES :

因爲他認錯 Ȳn oúy tā jén tsó. Attendu qu'il reconnaît sa faute.

因爲他老得狠 Ȳn oúy tā laò tĕ hèn. Attendu son grand âge.

A condition que. *Dummodò*, se tourne en chinois par *si.*

EXEMPLE :

我許若你來 Ngò hiù jŏ ngỳ laŷ. Je vous l'accorde à condition que vous viendrez.

A moins que. *Quin..* Jŏ poŭ 若不.

EXEMPLE :

莫人强勉。我都不做 Mŏ jên kiàng mièn, ngò toū poŭ tsoú. Je ne le ferai pas à moins d'y être forcé. (*Si*) *non sunt homines cogentes, ego omninò non faciam.*

Au moins. } **Du moins.** } *Saltem.* Tché chaò 至少.

EXEMPLE :

至少你許來會我 Tché chào ngỳ hiù laŷ houý ngò. Au moins promettez que vous viendrez me voir.

AU LIEU DE. *Loco, pro,* se tourne en chinois par une particule négative.

EXEMPLES :

他莫有用刀子，用了一根棍 Tā mô yeoù yóng taō tsè, yóng leaò ỳ kēn kouén. Au lieu de couteau il employa un bâton. Tournez : il n'employa pas un couteau, mais un bâton.

他不讀書他耍 Tā poŭ toŭ choū, tā choà. Au lieu d'étudier il joue.

BIEN ENTENDU QUE. *Eâ conditione.* Jŏ 若.

EXEMPLE :

若我去一定你送我一百把銀子 Jŏ ngò kiŭ, ỳ tín ngỳ sóng ngò ỳ pĕ pà ŷn tsè. Bien entendu que vous me donnerez cent taëls, si je vais.

CAR. *Nàm, etenim.* Ȳn oúy 因爲.

EXEMPLE :

不要說白話因爲是罪 Poŭ yaó chŏ pĕ hoá, ŷn oúy ché tsoúy. Il ne faut pas mentir, car c'est un péché.

COMME. *Velut, sicut.* Yeôu joŭ 猶如. Táng 當. (Comme, entre deux substantifs, signifiant *de même que*, ne se rend pas en chinois.) Ainsi, on dit :

EXEMPLES :

善人惡人 Chán jên, ngŏ jên. Les bons comme les méchants.

大小 Tá siào. Les grands comme les petits.

愛人當父親一樣的 Gaý jên táng foú tsīn ỳ yáng tỳ. Aimer quelqu'un comme son père.

DE MANIÈRE QUE. }
DE SORTE QUE. . } *Adeò ut.* Tché yáng 這樣. (Tournure rarement employée en chinois.)

EXEMPLE :

你要這樣安排事情 Ngỳ yaó tché yáng gān paŷ sé tsīn. Disposez les choses de manière que.

DE MÊME QUE. *Perindè ac si.* Yeôu joŭ 猶如. Táng 當.

EXEMPLE :

他做事猶如强盜一樣的 Tā tsoú sé yeôu joŭ kiăng taó ỳ yáng tỳ. Il agit de même que les voleurs.

DE PEUR QUE. *Ne*. Ȳn oúy 因爲, oúy mièn 爲免

EXEMPLES :

因爲他怕受罰 Ȳn oúy tā̃ pā̃ cheoú fā̃. De peur du châtiment.
爲免他出去 Oúy mièn tā̃ tchoŭ kiū̃. De peur qu'il ne sorte.

DONC. C'est pourquoi. *Ergò, igitur*. Sò ỳ 所以 En conversation, il est fort rare qu'on emploie ce mot. Nous en prévenons les jeunes sinologues. La tournure de la phrase chinoise y supplée.

DURANT QUE.
PENDANT QUE. } *Dùm, intereà*. Lá chê 那時, ou chê heóu 時侯.
TANDIS QUE.

EXEMPLE :

他喫飯時候官來了 Tā̃ tchĕ̃ fán chê heóu, kouān. laŷ leào. Pendant qu'il mangeait le mandarin arriva.

ENCORE. *Quinimò, insuper*. Lín ouáy 另外, yeóu 又.

EXEMPLE :

另外他說過 Lín ouáy tā̃ chŏ kó. Il m'a encore dit. *Insuper ipse addidit*.

ENCORE QUE. *Quamvis*. Siū jân. 雖然.

EXEMPLE :

雖然我害病 Siū jân ngò háy pín. Encore que je sois malade.

ET. *Et*. On fait un usage très-rare de cette particule copulative, en chinois, surtout dans la langue parlée.

EXEMPLES :

天地 Tiēn tý. Le Ciel et la terre.
水火 Choùy hò. L'eau et le feu.
父母 Foú moù. Le père et la mère.
大小 Tá siaò. Les grands et les petits.

LOIN QUE. *Nedùm*. Poŭ tān tān 不單單.

EXEMPLE :

不單單我不依他另外我都責備他 Poŭ tān tān ngò poŭ ȳ tā̃, lín ouáy ngò toū tsĕ̃ pý tā̃. Loin que je l'approuve, je le blâme.

LORSQUE.
QUAND. . } *Cùm, dùm*. Le mot chê heóu 時侯 sert à faire ici une sorte de participe présent, et se place après le verbe.

EXEMPLES :

我在中國時候,我看見了四川火井 Ngò tsáy tchŏng kouĕ chê heóu, ngò kăn kién leào sé tchouăn hò tsìn. Lorsque j'étais en Chine, j'ai vu les puits de feu du Su-tchuen.

我小時候害怕 Ngò siaò chê heóu haý pă. Lorsque j'étais jeune, j'avais peur.

Mais. *Autem, verùm.* Tán 但. Taó tỳ 到底. On en fait un usage fort modéré en Chine.

EXEMPLE :

我寬恕你,不寬恕他們 Ngò kouăn choú ngỳ, poŭ kouān choŭ tă mên. Je vous pardonne, mais non aux autres.

Ou. *Vel, aut.* Dans le langage parlé, on fait un très-rare usage de cette particule conjonctive. Si l'on veut l'exprimer, on dit houăy 或.

EXEMPLES :

前後 Tsiĕn heóu. Avant ou après.

先後 Siēn heóu. Devant ou derrière.

AUTRE EXEMPLE :

或他要或他不要 Houăy tă yaó houăy tă poŭ yaó. Ou il veut ou il ne veut pas.

Outre que. Lín ouáy 另外. *Præterquàm, quod.*

Pourvu que. *Dùm, modò.* Jŏ 若.

EXEMPLE :

我對你說若你許不出聲 Ngò toúy ngỳ chŏ jŏ ngỳ hiù poŭ tchoŭ chēn. Je vous le dirai pourvu que vous n'en disiez rien.

Puisque. *Siquidem.* Ȳn oúy 因為.

EXEMPLE :

因為你命 Ȳn oúy ngỳ mín. Puisque vous l'ordonnez.

Ni. *Nec, neque.* Poŭ 不.

EXEMPLES :

不多不少 Poŭ tō poŭ chaò. Ni plus ni moins.

猶如 Yeôu joŭ. 當 Tāng. Ni plus ni moins que si. *Perindè ac si.*

猶如他是主人家 Yeôu joû tā ché tchoù jên kiā. Ni plus ni moins que s'il était le maître.

兩个都不 Leàng kó toū poŭ. Ni l'un ni l'autre.

QUAND. *Licet, quamvis*. Siū jân 雖然.

EXEMPLE :

雖然我要死我都不肯 Siū jân ngò yaó sè, ngò toū poŭ kěn. Quand même je devrais mourir, je ne consentirais pas.

QUOIQUE. *Quanquàm*. Siū jân. 雖然.

EXEMPLE :

雖然他無罪 Siū jân tā oŭ tsoúy. Quoiqu'il soit innocent.

SAVOIR. *Scilicet*. Tsieóu ché 就是.

EXEMPLE :

耶穌有兩性就是天主性人性 Yê-Soū yeoù leàng sín, tsieóu ché Tiēn Tchoù sín jên sín. Il y a deux natures en J.-C., savoir : la nature divine et la nature humaine.

SI. Jŏ 若, ou jŏ ché 若是. Les Chinois font un usage fort rare de ce mot en conversation. Il est même plus élégant et surtout plus énergique de le supprimer en bien des cas.

EXEMPLES :

你做我打你 Ngỳ tsoú, ngò tà ngỳ. Si vous faites cela, je vous frappe.

你來我喜歡 Ngỳ laŷ, ngò hỳ houān. Si vous venez, vous me ferez plaisir.

若有那一宗事 Jŏ yeoù lá ỳ tsōng sé. 倘然 Tàng jân. Si la chose est ainsi. *Si ità esset*.

隨便你 Soûy pién ngỳ. Si vous le voulez.

SINON. *Sin minùs*. Poŭ jân 不然.

QUE SI. *Quod si*. Jŏ yeòu 若有.

SINON. *Sin aliter*. Jŏ poŭ 若不.

EXEMPLE :

衆人除了你 Tchóng jên tchoû leaò ngỳ. Hormis. *Præter*. Tous, sinon vous.

SI GRAND. *Tantus*. Tché yáng tá 這樣大.

SI PETIT. *Tantulus.* Tché yáng siaò 這樣小.

TANT QUE. *Quandiù, dùm,* Chê heoú 時候.

EXEMPLE :

我在的時候 Ngò tsaý tў chê heoú. Tant que je vivrai. *Quandiù vixero.*

TANTÔT. *Modò,* Yeóu 又 répété.

EXEMPLE :

又他要又他不要 Yeóu tā yaó yeóu tā poŭ yaó. Tantôt il veut, tantôt il ne veut pas.

CHAPITRE XI.

DES INTERJECTIONS.

歎詞 Tán tsê.

Nous allons grouper sous certains chefs principaux les interjections les plus usuelles et certains mots employés dans le même sens. L'accent, surtout en chinois, modifie singulièrement le sens de certaines interjections. Souvent il n'y a pas de caractères propres pour rendre chaque espèce d'interjections. On les exprime par des caractères dont le son est equivalent, en y ajoutant seulement la clef de la bouche.

I. — INTERJECTIONS DE DOULEUR, D'AFFLICTION.

呀啞 Yà yà. Ah! ia!
天那 Tiēn lá. O Dieu!
嗚呼 Oū hoū. Hélas!
可憐 Kŏ liên. Quelle pitié!
呼嗟 Hoū tsē. Hélas!
可惜 Kŏ sў. Quel dommage!
噫 Ý. Hélas!
饒恕 Jaô choú. 饒恕 Jaô choú. Pardon! grâce! s'il vous plait. (Les enfants à leurs parents.)
施恩 Chĕ gēn. Grâce, pardon! (Au mandarin.)

II. — INTERJECTIONS DE DÉSIRS.

好好 Haò, haò. . . . . } Ah! bon, bravo!
好得狠 Haò tĕ hèn. . . . }

恰好 Kiă haò ! . . . . . { Quel bonheur! Quelle bonne fortune!

妙得緊 Miáo tĕ kìn. Admirable! admirable!
恰好 Kiă haò. Fort bien!
恰好 Kiă haò. Très-heureusement.
可喜可喜 Kŏ hỳ kò hỳ. Quel bonheur!

III. — INTERJECTIONS DE CRAINTE, D'AVERSION, DE DÉGOUT.

有哰有哰 Yeoù lô, yeoù lô. . } Assez, assez
穀了 Keóu leào. . . . . }

臭 Tcheóu 不好 Poŭ haò. Fi donc!
㕸 Pỳ. Fi! Pouah!

IV. — INTERJECTIONS D'ADMIRATION.

阿呀 Ō yà.
好得狠 Haò tĕ hèn. Ah! bien — Ah!
恭喜你 Kōng hỳ ngỳ.
妙得狠妙得狠 Miaó tĕ hèn, miaó tĕ hèn. Que c'est beau!
好美才 Haò meỳ tsaý. Quel beau talent!
妙妙 Miaó miaó. C'est bien!

V. — INTERJECTIONS DE SURPRISE, D'ÉTONNEMENT.

好 Haò. Bon!
怎樣 Tsèn yáng. Eh bien!
好大膽 Haò tá tán. . . . { Quel front! Quelle audace!
有了有了 Yeoù leào yeoù leào. Voici! voilà!
大奇大奇 Tá kŷ tá kŷ. Quelle chose singulière!

VI. — INTERJECTIONS D'ENCOURAGEMENT.

你用心 Ngỳ yóng sīn. . . }
不怕得 Poŭ pá tĕ. . . . . } Allons! courage!
怕甚麽 Pá chén mô. . . . }

有趣有趣 Yeoù tsú yeoù tsú. C'est juste! c'est bien!

海上絲綢之路文獻集成 科技與文化編

VII. — INTERJECTIONS DE SILENCE.

不說話 Poŭ chŏ hoá. Chut! silence!

VIII. — INTERJECTIONS POUR APPELER.

救人 Kieóu jên. Au secours!
救火 Kieóu hò. Au feu!

IX. — INTERJECTIONS POUR AVERTIR, MODÉRER, APAISER.

小心 Siaò sīn. Gare à toi! *Caveas!*
讓 Jáng 讓 jáng. Gare, écartez-vous!

X. — INTERJECTIONS EN FORME DE MENACES, DE JURONS.

Dans presque toutes les langues de l'Europe, on trouve une foule d'expressions ou de jurons, employés lorsque les passions sont vivement surexcitées, en guise d'interjections. Les Chinois n'ont pas de semblables jurons. En revanche, ils ont des expressions qui s'y rapportent plus ou moins. Les exemples suivants en donneront une idée.

EXEMPLES :

我要掃他的臉 Ngò yaó saò tā̆ tỳ lièn. Je lui en ferai voir! Littéral. : Je veux lui brosser la figure!

我要他認得我 Ngò yáo tā̆ jén tĕ̆ ngò. Je lui apprendrai à me connaître!

我要他喫點辣子湯的味道 Ngò yáo tā̆ tchĕ̆ tièn lă tsè tāng tỳ oúy táo. Je lui ferai manger un peu de *suc* de piment.

我要你知道我的利害 Ngò yáo ngỳ tchē taó ngò tỳ lý háy. Je veux que vous sachiez l'étendue de ma vengeance.

我要収拾你 Ngò yáo cheōu chĕ ngỳ. Je veux ramasser tes effets.

XI. — ESPÈCES D'INTERJECTIONS EUPHONIQUES.

L'élégance de la langue orale comme de la langue écrite consiste dans l'heureux mélange de la cadence prosodique et de certaines particules phonétiques. Le rôle de ces particules est de faire une pause dans la conversation comme dans le style écrit, et surtout de ménager agréablement la chute de la phrase. On

14

reconnait, en Chine, les différentes classes de la société à l'usage plus ou moins habile que l'on fait de ces particules. Nous traiterons plus amplement cette matière dans le chapitre IX de la deuxième partie de cette Grammaire, lequel a pour titre : *Du rôle important des particules chinoises.*

EXEMPLES :

這也使得 Tchĕ́ ỳ chè tĕ̆. A la bonne heure!

學生到也不知 Hiŏ sēn taó ỳ poŭ tchē. Moi, élève, j'ignorais cela.

一句也說不得 Y̆ kiú ỳ chŏ poŭ tĕ̆. Il ne faut pas en souffler un mot.

要開口又開不得要閉口又閉不得 Yáo pý keŏu yeoú pý poŭ tĕ̆. Yaó kaȳ́ keŏu yeóu kaȳ́ poŭ tĕ̆. Quand on veut parler, il faut se taire; si l'on désire se taire, il faut parler.

天下事再也對不定 Tiĕ́n hiá sé tsaý ỳ toúy poŭ tín. On ne peut répondre de rien en ce monde.

我爲才貌兩件愛你不過 Ngò ouý tsaȳ́ mâo leàng kién ngáy ngỳ poŭ kó. Je vous aime surtout à cause de votre beauté et de votre génie.

喫了三道茶 Tchĕ̆ leào sān taó tchă̆. Après avoir pris trois tasses de café.

On voit dans chacun de ces exemples, soit une particule phonétique, soit une particule numérique, destinée à donner de la grâce, de l'harmonie et de la mesure à l'expression de la pensée.

CHAPITRE XII.

DES IDIOTISMES DE LA LANGUE CHINOISE.

1° *Idiotismes de la langue parlée.* — 2° *Idiotismes de la langue écrite.*

Les idiotismes d'une langue sont la partie la plus difficile de cette langue. La connaissance des mœurs, des coutumes, du génie et de l'histoire d'un peuple est nécessaire pour saisir avec justesse le sens métaphorique de la plupart des idiotismes. La langue chinoise, qu'une déplorable ignorance des savants d'Europe proclame très-pauvre, est, au contraire, d'une richesse désespérante en idiotismes, en métaphores et en figures de toute espèce.

海上絲綢之路文獻集成 科技與文化編

Dans le langage oral chinois, les idiotismes sont fréquemment employés. Ils sont pleins de grâce et de sel attique. Nous ne connaissons aucun Dictionnaire, même chinois, qui donne la signification des idiotismes.

Dans le langage écrit, les idiotismes se forment souvent au moyen de simples particules, dont les unes ont un sens large, indéterminé; les autres sont purement phonétiques. Leur position dans la phrase forme l'idiotisme en même temps qu'il lui donne sa force.

Nous engageons les jeunes sinologues à recueillir sur un album tous les idiotismes qu'ils entendent ou qu'ils rencontrent dans les livres.

I. — IDIOTISMES DE LA LANGUE ORALE.

1° 說人 Chŏ jên. Littéralement : *Dire quelqu'un*. Cette locution s'entend toujours en mauvaise part, c'est-à-dire dans le sens de parler mal de quelqu'un. *Il parle mal de vous*. Tā chŏ ngỳ 他說你.

2° 說人的是非 Chŏ jên tỳ ché feȳ. Littér. : *Dire le oui et le non de quelqu'un*. C'est parler à tort et à travers de quelqu'un, dire ses bonnes et ses mauvaises qualités, sans aucun discernement.

3° 說別人的長短 Chŏ piĕ jên tỳ tchâng touàn. Littér. : *Dire le long et le court de quelqu'un*. Cela s'entend dans un sens peu favorable et s'applique à la médisance indiscrète.

4° 喫虧 Tchĕ koūy. Littér. : *Manger ses fautes*. Se dit de ceux qui tombent eux-mêmes dans leurs propres filets. Chercher à tromper et être victime de sa propre ruse.

5° 喫雷 Tchĕ loûy. Littér. : *Manger le tonnerre*. Se dit de ceux qui font clandestinement de petits bénéfices injustes. Ainsi, par exemple, un maître d'hôtel chargé des achats de son patron, qui porte plus haut qu'il ne l'est le chiffre de ses achats, *mange le tonnerre*.

6° 失臉 Chĕ lièn. Littér. : *Perdre la face*. Se dit de ceux qui ont commis un acte déshonorant. *Ils ont perdu la face*, chĕ lièn 失臉, ou bien, *ils n'ont plus de face*, oû lièn mién 無臉面. Dire à un Chinois qu'il a *perdu la face*, qu'*il n'a plus de face*, c'est une grave injure, quelquefois même une accusation, une provocation, qui se termine par une bataille.

7° 擺弄門陳 Paỳ lóng mên tchĕn. *Tuer le temps en racontant des histoires*. Cet idiotisme est d'un usage incessant en Chine. Nous n'avons en français aucune expression qui en rende bien le sens.

8° 傷臉 Chāng lièn. Littér. : *Blesser la face*. Se dit d'une humiliation, d'une confusion grave que l'on inflige à quelqu'un, surtout en pu-

海上絲綢之路文獻集成 科技與文化編

blic. *Il m'a couvert de confusion.* Littér. : *Il a blessé ma face.* Tā chāng leào ngò tў lièn 他傷了我的臉.

9° 打把市 Tà pà ché. Littér. : *Battre le marché.* Cette expression veut dire : *tromper quelqu'un* avec une rare adresse, par de belles paroles.

10° 愛戴高帽子 Gaý taý kaō máo tsè. Littér. : *Aimer à porter un bonnet élevé.* Se dit de tous ceux qui choquent par des prétentions excessives, par un orgueil déplacé.

11° 敲釘鎚 Kaò tīn tchoûy. Littér. : *Battre le marteau.* Se dit, en Chine, de la classe de ceux qui font métier d'intenter des procès, de susciter des chicanes pour extorquer de l'argent. Cette expression se prend toujours en mauvaise part.

12° 撫心自問 Foù sīn tsé ouén. Littér. : *Palpant son cœur s'interroger.* Mettre la main sur la conscience.

13° 將來畢竟要上這一條路 Tsiàng laŷ pў kīn yaó cháng tchě ў tiāo loú. *Bon gré mal gré, il faudra bien y venir un jour.* En chinois : Enfin il faudra bien un jour suivre cette route.

14° 文理不甚通透 Ouên lў poŭ chén tōng teōu. *Ce n'est pas un grand clerc.* En chinois : En fait de littérature, il n'en comprend guère.

15° 打頭子 Tà teōu tsè. *Réprimander quelqu'un.* Littér. en chinois : Battre la tête.

16° 挨頭子 Yāy teōu tsè. *Recevoir une réprimande.* En chinois : Se heurter la tête.

17° 寸男尺女皆無 Tsēn lân tchě niù hiāy oŭ. *Être sans postérité.* En chinois : Une ligne de garçon, un pied de fille, n'avoir rien de tout cela.

18° 這些話是那個教你說的 Tché sў hoá ché là kó kiáo ngỳ chŏ tў. *Qui vous a si bien fait le bec?*

19° 搔不着心頭的癢 Sāo poŭ tchŏ sīn teōu tў yàng. *Je ne puis le gratter où le cœur lui démange.*

20° 你說叫他氣死不氣死 Ngỳ chŏ kiáo tā ký sè poŭ ký sè. *Qu'en pensez-vous, n'est-ce pas assez pour le faire enrager?*

21° 難道是我眼睛花了 Lân taó ché ngò yèn tsīn hoā leào. *Est-ce, par hasard, que j'aurais la berlue?*

22° 這漢子好不睡得自在 Tché hán tsè hào poŭ choúy tě tsé táy. *Ah! voilà un drôle qui dort de bon appétit.*

23° 怎消得這口惡氣 Tsèn siāo tě tché keōu ngŏ ký. *Le moyen, s'il vous plaît, de digérer cela?*

24° 食言 Chě yên. *Manger sa parole,* c'est-à-dire : violer la parole donnée.

西漢同文法 卷一

25° 拿某人的短子 Lâ mòng jên tỳ touàn tsè. *Prendre quelqu'un en parole*. En chinois : Prendre le court de quelqu'un.

26° 開膠 Kaȳ kiaō. *Se tirer d'un mauvais pas.* En chinois : *Se dépêtrer de la colle*.

27° 他手短 Tā́ cheòu touàn. *Il n'a pas le sou.* En chinois : Sa main est fort courte.

28° 逗耳躲 Teóu eùl tò. *Tromper quelqu'un habilement par ses paroles.* En chinois : Prendre par les oreilles.

29° 進了水 Tsín leào choùy. *Se laisser gagner par des présents.* En chinois : L'eau l'a pénétré. Le verbe est ici au sens passif.

30° 喫棉花頭 Tchĕ́ mièn hoā teŏ́u. *Faire des profits illicites*, tels que les pourvoyeurs d'une maison en font. En chinois : Manger les têtes de coton.

31° 拿架子 Lâ kiá tsè. *Se vanter avec emphase.* En chinois : Monter sur une machine.

32° 隔山喫藥 Kĕ́ chān tchĕ́ yŏ. *Prendre une médecine d'après la simple consultation orale d'un tiers.* En chinois : Une montagne séparant, prendre remède.

33° 辦人的燈 Pán jên tỳ tēn. *Railler sur quelqu'un.*

34° 耍背膊子 Choà peỳ pŏ tsè. *Se vanter avec fracas de la faveur de quelqu'un.*

35° 耳躲上掛毛錢 Eùl tò cháng kā mâo tsiĕ̂n. *Croire sans discernement aux paroles des autres.*

36° 背時倒灶 Peý ché taó tsaò. *Tomber dans l'infortune.* Littér. : Tourner le dos à la faveur et regarder le foyer domestique.

37° 野鬼山魈 Yè koúy chān siáo. *Être réduit à la plus affreuse misère.* En chinois : Être avec les démons du désert et les esprits des montagnes.

38° 拷糠頭火 Kaò kā̆ng teŏ́u hò. *Devenir très-pauvre.* En chinois : En être réduit à se chauffer avec de l'écorce de riz.

39° 教人把肚子也氣破了 Kiaó jên pà toú tsè ỳ kÿ́ pŏ́ leào. *Faire crever quelqu'un de dépit.*

40° 鼻子也不敢輕鼻一鼻 Pý́ tsè ỳ poŭ kàn kĭ̄n pý́ ỳ pý́. *N'oser pas souffler.*

41° 脫霉氣 Tŏ́ meý kÿ́. *Trouver la veine de la fortune.*

42° 分薄厚 Fēn pŏ heóu. *Avoir des préférences, être partial.* Littér. : Diviser l'épais et le menu.

43° 不思前不慮後 Poŭ sē tsiĕ̂n poŭ liŭ heóu. *Ne pas voir les suites d'une affaire.* Littér. : Ne pas songer à ce qui est en avant ; n'avoir pas de souci de ce qui est après.

44° 說不出來 Chŏ poŭ tchoŭ laŷ. *Je ne puis le dire.* Au propre et au figuré. Littér. : La parole ne peut sortir.

45° 推三阻四 Toŭy sān tsoù sé. *Faire des mines, des façons,* c'est-à-dire un semblant de difficultés.

46° 露情絲 Loŭ tsîn sē. *S'ouvrir loyalement à quelqu'un.*

47° 失言 Chĕ yên. *Perdre la parole,* c'est-à-dire commettre une indiscrétion.

48° La langue chinoise est fort riche en expressions figurées pour stigmatiser les défauts, les vices. Ainsi on dit d'un avare sordide :

沃濁肥 Ouò tchŏ feŷ, ou bien :

邋遢肥 Lă tă feŷ.

D'un homme sans caractère :

無氣之人 Oŭ kŷ tchē jên.

D'un homme dont l'humeur est singulière :

冷冷落落 Lìn lìn lŏ lŏ.

D'un homme qui se mêle de tout et passe sa vie à tromper :

光棍 Kouāng kouèn.

II. — IDIOTISMES DE LA LANGUE ÉCRITE.

1° 看我打你耳刮子不打 Kān ngò tà ngỳ eûl kouá tsè poŭ tà. *Attends un peu, je te frotterai les oreilles.*

2° 露出馬腳 Loŭ tchoŭ mà kiŏ. *Montrer le bout de l'oreille.* Littér. : Découvrir le pied du cheval.

3° 千方百計 Tsiēn fāng pĕ kŷ. *Faire mille plans, établir mille combinaisons,* c'est-à-dire faire tous ses efforts.

4° 弄一手腳 Lóng ỹ cheoù kiŏ. *Faire des pieds et des mains.*

5° 四下訪問 Sé hiá fàng ouén. *Chercher de tous côtés.*

6° 拜在人門下 Paý tsaý jên mên hiá. *Être le disciple de quelqu'un.*

7° 招他東堂 Tchaō tā tōng tāng. *Attirer quelqu'un dans la partie orientale de sa maison,* c'est-à-dire lui donner sa fille en mariage.

8° 請人來作一個西賓 Tsìn jên laŷ tsoú ỹ kó sŷ pīn. *Devenir l'hôte du pavillon occidental.*

9° 一路上好不興頭 Ỹ loú cháng haò poŭ hīn teōu. *Garder l'incognito en route.* Littér. : Ne pas lever la tête durant toute la route.

10° 把盃與人洗塵 Pà peȳ yù jên sỳ tchēn. *Boire le coup du voyageur à son arrivée.* Littér. : Pour secouer la poussière.

11° 將入桑榆 Kīn joŭ sāng yŭ. *Je vais entrer parmi les mûriers et les ormes,* c'est-à-dire : j'approche du tombeau.

12° 起一課 Ký ỳ kŏ. *Faire une prière divinatrice pour quelqu'un.* Littér. : Lever une fois le coffre dans lequel sont renfermées des monnaies de cuivre, en adressant une prière aux idoles.

13° 不分高底 Poŭ fēn kaō tỳ. *Ne pas discerner les inconvénients qui se rencontrent dans une affaire.* Littér. : Ne pas discerner le haut et le bas.

14° 想色中餓鬼 Siàng sĕ tchōng ouŏ koúy. *Être affamé de plaisirs.*

15° 每欲再栽根于門墻之下 Meỳ yoŭ tsaý ngò kēn yū mên tsiâng tchē hiá. *Désirer se réconcilier avec quelqu'un.* Littér. : Désirer prendre racine au bas du mur de la maison de quelqu'un.

16° 已諧鳳卜 Ỳ hiây fōng poŭ. *Avoir contracté un engagement de mariage.* Littér. : Avoir consenti aux sorts du phénix.

17° 老夫自當然執斧柯 Laò foū tsé tāng jân tchĕ kīn hô. *Revenir sur une affaire abandonnée.* Littér. : Saisir de nouveau le manche de la cognée.

18° 雖犬馬執結亦不能報萬厚千萬矣 Siû kiuèn mà tchĕ ky ỳ poŭ tsên paó kaō heóu tsiēn ouán ỳ. *Quand j'épuiserais mes forces à votre service, je ne saurais jamais reconnaître la dix millième partie de vos bienfaits.*

19° 用是重執斤柯献之東床 Yóng ché tchóng tchĕ kīn hō hién tchē tōng tchouâng. *Saisir une occasion favorable pour présenter quelqu'un que l'on veut faire épouser à sa nièce.* Littér. : Saisir le manche de la cognée en présentant quelqu'un pour le lit oriental.

20° 未知鹿死誰手 Ouý tchē loŭ sè choûy cheòu. *Il est impossible de démêler cette affaire, d'accorder la préférence à l'un ou à l'autre.* Littér. : On ne sait de quelle main le cerf a péri.

21° 做出糊塗 Tsoú tchoŭ hoû toŭ. *Faire une grande sottise.*

22° 出之肺腑 Tchoŭ tchē tchē foù. *Ouvrir son cœur à quelqu'un.* Littér. : Lui montrer ses entrailles.

23° 不是你尋我便是我訪你 Poŭ ché ngỳ siûn ngò, pién ché ngò fàng ngỳ. *Se rechercher mutuellement.* Littér. : Ce n'est pas vous qui me cherchez, c'est bien moi qui vous recherche.

24° 我是想道閨女識字以洗粉之羞 Ngò ché siàng táo koué niù chĕ tsé ỳ sỳ fèn tchē sieōu. *J'imaginais qu'une jeune beauté pouvait racheter par ses connaissances les frivolités de la toilette.* Littér. : Laver la honte de la pommade et du fard.

25° 只弟自是金馬玉堂之物 Tchè tý tsé ché kīn mà yŭ tâng tchē

海上絲綢之路文獻集成 科技與文化編

oŭ. *Vous êtes fait pour devenir académicien.* Littér. : Pour monter le coursier d'or ou siéger dans la salle de jaspe.

26° 他注意東府之選者蘇生也 Tā ouāng ý tchēý foù tchē siuèn tchĕ Soū Sēn ỳ. Celui qu'il a choisi pour son gendre est M. Se. Littér. : Pour le lit oriental.

27° 他說有一妹許結絲罷 Tā chŏ yeoù ỳ meý hiù kiĕ sē pá. Il me dit qu'il avait une sœur cadette à laquelle il s'engageait de me marier. Littér. : avec laquelle il s'engageait de me faire serrer le nœud de soie.

28° 爲何分厚薄 Ouŷ hô fēn heóu pŏ. Pourquoi mettre des différences entre nous? Littér. : partager l'épais et le menu?

29° 千肯萬肯 Tsiēn kĕn ouán kĕn. Être difficile, exigeant. Littér. : vouloir mille choses, vouloir dix mille choses

30° 令我愧死 Lín ngò kouý sè *Vous me faites mourir de confusion.*

31° 他立志必要登了甲榜方肯洞房花燭 Tā lý tché pý yaó tēn leào kiă pàng fāng kĕn tóng fâng hoā tchoŭ. Il a formé le projet de s'élever dans les concours avant de songer à s'établir. Littér. : avant de penser aux cierges parfumés de la chambre nuptiale.

32° 意欲絲蘿附喬 Ý yoŭ sē lô foú kiâo. Désirer qu'un mariage se fasse. Littér. : désirer voir le lierre s'entrelacer autour.

33° 斧柯托人 Foù hô tŏ jên. Confier une affaire à quelqu'un. Littér. : lui remettre entre les mains le manche de la cognée.

34° 骨肉之情千金之托俱在于此 Koŭ joŭ tchē tsîn tsiēn kin tchē tŏ kiú tsaý yû tsè. Ce que j'aime comme moi-même, le bien le plus précieux que j'ai au monde, le voici.

35° 見粉壁上一首詩寫得龍蛇飛舞 Kién fèn pý cháng ỳ cheoù chē sié tĕ lông chĕ feŷ où. Il vit sur un mur de plâtre une pièce de vers d'une beauté charmante. Littér. : il vit des vers écrits avec la légèreté du dragon.

36° 少東沒西那個就大不便了 Chào tōng mŏ sȳ lá kó tsieóu tá poŭ pién leào. S'il manque soit ceci soit cela, la chose n'est pas commode. Littér. : si l'Orient manque un peu et qu'il n'y ait pas d'Occident, alors la chose n'est pas facile.

37° 這任乃是一个清淡衙門 Tchĕ jén laỳ ché ỳ kō tsīn tān yâ mên. Cette place est une charge sans fonctions, une vraie sinécure.

38° 你有此千里駒 Ngỳ yeoù tsè tsiēn lỳ kiū. D'un homme qui peut fournir une belle carrière, on dira : Vous avez là un coursier capable de parcourir mille lieues.

39° 俗曰解鈴人,還是係鈴人 Siŏu yuĕ kiaỳ lîn jên, houân ché hý lîn jên. On dit vulgairement : Celui qui a attaché le grelot doit le détacher.

40° 我意欲他招東坦 Ngò ý yoŭ tā tchaō tōng tàn. Concevoir le désir de donner à quelqu'un sa fille en mar´age. Littér. : avoir le désir de l'attirer dans la partie orientale de sa maison.

41° 椿植定然並丞 Tchoūn nŷ tín jân pìn tchēn. S'informer si les auteurs de nos jours jouissent d'une bonne santé. Littér. : si le frêne paternel et l'hémérocalle sont dans un état florissant.

42° 不幸先嚴見背 Poŭ hín siēn niên kién peý. Malheureusement mon père est mort.

43° 人心不足。得隴望蜀 Jên sīn poŭ tsioŭ; tĕ Lông ouáng choŭ. Le cœur de l'homme n'est jamais content. Littér. : une fois qu'on a la principauté de Lông, on tourne les yeux du côté de celle de Choŭ.

44° 只怕你見了鬼子 Tchè pá ngỳ kién leào koúy tsè. Je crois que vous rêvez. Littér. : Je crains que vous ne voyiez un démon.

45° 早知燈是火飯熟已多時 Tsào tchē tēn ché hò, fán choŭ ỳ tō chê. Si j'avais su plus tôt qu'il y avait du feu dans la lanterne, il y a longtemps que le riz serait cuit.

46° 正當笄年 Tchén tāng ký niên. Elle est arrivée à l'âge où les jeunes filles assujettissent leurs cheveux avec une agrafe, c'est-à-dire à la quinzième année, époque du mariage.

47° 以致他含恨九泉 Ỳ tché tā hân hén kieòu tsuên. La peine et le ressentiment l'ont conduit aux neuf fontaines, c'est-à-dire sur les bords du Styx.

48° 你妹夫九泉之下 Ngỳ meý foū kieòu tsiuên tchē hiá. Votre beau-frère habite le séjour des neuf fontaines.

49° 若不願結羅果然日失身非偶豈不是笑我 Jŏ poŭ yuén kiĕ lô kò jân jĕ chĕ chēn feȳ ngeoù kỳ poù ché siáo ngò. Si je ne témoignais le désir de serrer avec vous le tissu de soie, et qu'à l'avenir je ne trouvasse pas de gendre, ne se moquerait-on pas de moi ?

50° 叔享洞房花燭之福也 Choŭ hiáng tōng fāng hoā choŭ tchē hó ỳ. Jouir du bonheur de placer les cierges parfumés dans la chambre nuptiale.

51° 許贈盤纏 Hiù tsén pân tchân. Il promit de me donner le viatique.

52° 第一是老朱出頭 Tý ў ché laò Tchoū tchoŭ teôu. Celui qui s'est le plus mis en avant est le vieux Tchoū.

53° 敢作敢為 Kàn tsoú kàn oûy. Oser tout.

54° 不甚往來 Poŭ chén ouàng laŷ. N'être pas bien avec quelqu'un.

55° 一夜千思百慮 Ŷ yè tsiēn sē pĕ liù. Toute la nuit se passa en réflexions et en pensées.

CHAPITRE XIII.

DE L'URBANITÉ CHINOISE.

Lỳ sín ou lỳ maô.

禮信　禮貌。

1° Motifs de ce chapitre dans une Grammaire. — 2° Idées des Chinois sur l'urbanité. — 3° Des termes honorifiques en chinois, savoir : 1. A l'égard des hommes ; 2. à l'égard des dames. — 4° Des titres que l'on prend, par modestie, en parlant de soi-même. — 5° Des termes dont on se sert pour désigner ce qui nous appartient ou nous concerne. — 6° Des expressions de politesse qui remplacent le pronom possessif de la deuxième personne. — 7° Des cinq manières de saluer en chinois. — 8° Des formules de remercîments en chinois. — 9° Des visites, savoir : époques des visites, paroles de politesse en visite, cartes de visite, cérémonial des visites. — 10° Des présents. — 11° Des festins et repas. — 12° De la correspondance épistolaire.

I. — MOTIFS DE CE CHAPITRE.

Un chapitre sur l'urbanité pourra sembler déplacé dans une Grammaire. Peut-être le serait-il ailleurs que dans une Grammaire chinoise. L'urbanité chinoise a, pour ainsi dire, un langage à part. On ne peut se livrer à l'étude de la langue orale sans connaître en même temps le langage si exquis, si raffiné, de la politesse chinoise. Les expressions de ce langage sont d'une pratique journalière. Quant aux sinologues qui n'étudient la langue chinoise que comme une langue morte, la connaissance des termes de l'urbanité chinoise ne leur est guère moins indispensable. On ne peut ouvrir un livre chinois, surtout un de ces romans de mœurs, un livre de comédie, sans rencontrer, à chaque pas, ces expressions exceptionnelles. Les Dictionnaires n'en donnent qu'une traduction imparfaite. Enfin, comme simple étude de mœurs, ce chapitre mérite l'attention de nos lecteurs.

Les Chinois ont écrit de volumineux traités sur les *rites* ou la politesse de leur pays. Tout y est minutieusement décrit. Depuis des siècles, ces pratiques se conservent et s'observent avec une rare fidélité. En Europe, nos règles

海上絲綢之路文獻集成　科技與文化編

de politesse se réduisent aujourd'hui à peu de chose. Les habitants de nos campagnes, le bas peuple de nos villes, ne connaissent rien de la politesse du pays. En Chine, au contraire, les classes les moins élevées de la société connaissent et pratiquent d'une manière parfaite toutes les règles de l'urbanité. Aussi l'observance de ces règles donne-t-elle aux habitants des campagnes de la Chine, aux ouvriers des villes, une aisance remarquable dans les manières, une sorte de désinvolture gracieuse mille fois préférable à la rusticité de nos paysans européens. Les Chinois, qui attachent, avec raison, une grande importance à ces pratiques, forment leurs enfants, dès le bas âge, à la connaissance et à l'observation de ces rites de la politesse.

Si les Européens qui résident en Chine ont des rapports avec les Chinois, le grand moyen d'être bien reçus, bien accueillis, est d'observer, autant que possible, les règles de l'urbanité chinoise. Si le gouvernement, si le peuple chinois traitent, non sans fondement, les Européens de *Barbares occidentaux*, ŷ jên 夷人 ou de *diables étrangers*, fân koúy 番鬼, n'est-ce pas à cause du mépris affecté que ces derniers manifestent pour toute espèce de règle et de politesse, comme si, après tout, ces règles n'étaient pas les éléments naturels du *savoir-vivre* de tout homme civilisé? Les anciens missionnaires catholiques, qui, aux vertus apostoliques, joignaient un tact exquis des hommes et des choses, se conformaient avec exactitude aux règles de la politesse chinoise. Les fonctionnaires publics, comme le peuple du pays, leur savaient gré de cette conduite, et les rapports sociaux n'avaient qu'à y gagner de part et d'autre.

II. — IDÉES DES CHINOIS SUR L'URBANITÉ.

Chacun sait qu'il existe en Chine des livres profanes d'une haute antiquité. Ces livres sont appelés kīn 經 ou livres par excellence. Aucun pays du monde ne peut rien mettre en parallèle de ces livres, tant pour l'ancienneté que pour l'excellence de la doctrine philosophique. Un de ces livres anciens porte le titre de lỳ ký 禮記, et traite de la politesse, des rites publics et privés. Ce code de l'urbanité chinoise a été commenté et répandu à profusion, sous toutes les formes, dans le Céleste Empire. L'empereur Kāng hŷ disait aux princes ses enfants : « Le lỳ ký ou le cérémonial de la nation est d'un grand « prix. Il renferme la source des grandes actions, le principe de l'heureuse « réforme des mœurs du peuple... L'observation des règles de ce livre fait « distinguer parfaitement le souverain, le sujet, le supérieur et l'inférieur... « Si l'on observe le cérémonial dans la conduite et dans les actions, la vertu « que le Ciel exige de l'homme est parvenue à sa perfection. Si l'on observe « ces règles et ces usages dans la conduite des affaires publiques, on peut ré-

« puter excellent et accompli le gouvernement du Souverain. Aussi Confucius « disait-il : Celui qui n'étudiera pas le lỳ ký ne pourra jamais parvenir à rien. »

Le peuple chinois est persuadé avec raison que l'accomplissement des devoirs de la politesse ôte à l'esprit sa rudesse naturelle, inspire la douceur, maintient la paix et le bon ordre autant dans la famille que dans l'État. Les jeunes Chinois, qui ne manquent nullement d'une grande sagacité d'observation, voyant l'importance que leurs parents attachent à la pratique des rites, s'y forment sans efforts et les observent avec une aisance exquise. Dire à un Chinois qu'il ne sait pas les rites, c'est un reproche qui va au plus vif du cœur.

La fonction principale du lỳ poú ou du tribunal des rites est de conserver les cérémoniaux de l'Empire dans toute leur pureté. Si quelque cas nouveau se présente (ce qui est rare), c'est le tribunal des rites qui donne la solution. Il est si sévère qu'il veut soumettre même les ambassadeurs étrangers aux rites du pays dans les audiences accordées par le souverain de la Chine.

III. — DES TERMES HONORIFIQUES EN CHINOIS, 稱呼 tchēn hoū.

§ 1er. A L'ÉGARD DES HOMMES.

Des termes honorifiques dont on se sert en adressant la parole à quelqu'un ou en parlant de lui.

Les Chinois sont très-attentifs à décerner à chacun le titre d'honneur qui lui est dû, mais seulement celui-là. Parmi ces titres d'honneur, il y en a qui ne peuvent être donnés qu'à certaines classes de gens. Tous ces titres font l'office de pronoms à la troisième personne. Ils se placent toujours après le nom de famille, quand on emploie celui-ci, soit dans la langue *orale*, soit dans la langue *écrite*.

1° *Monsieur*. En chinois : yê 爺. Monsieur Ouâng, Ouâng yê 王爺. Monsieur Ouâng le III°. Ouâng sān yê 王三爺. Monsieur Ouâng le IX°. Ouâng kieòu yê 王九爺. Ces mots troisième, neuvième, indiquent l'ordre de naissance. Les garçons et les filles font chacun une catégorie à part, et comptent séparément leur ordre de naissance.

Si l'on veut attacher au titre chinois qui répond à *monsieur* un degré plus élevé de respect, on dira : Tá yê 大爺.

2° *Monseigneur*. En chinois : Laò yê 老爺. Littér. : *Senex Pater. Dominatio vestra.* — On donne ce titre aux personnes que l'on considère beaucoup, mais surtout aux mandarins, actuellement en fonction, des villes de 2° et de 3° ordre, soit civils, soit militaires. Ainsi l'on dira : *Monseigneur* Ouâng, Ouâng lào yê 王老爺; *Monseigneur* Tŏng, Tŏng lào yê 董老爺.

海上絲綢之路文獻集成 科技與文化編

On peut donner à ce titre un degré d'élévation en le faisant précéder du mot **Tá** 大, grand. On dira : **Tá laò yê** 大老爺, *très-grand seigneur* (*magnus senex pater*).

Pour mettre cette formule au pluriel, il suffit de la faire suivre de l'affixe **mên** 們. On aura : **Laò yê mên** 老爺們, ou bien, **tá laò yê mên**; *très-grands seigneurs*.

3° *Excellence*. En chinois : **Tá jên** 大人, ou **Tấy yê** 太爺 (*magnus vir*). On ne donne ce titre qu'aux personnes assez élevées en dignité, comme aux mandarins des villes de premier ordre, à ceux qui gouvernent une division de province nommée **Taó** 道. Quant aux trésoriers généraux, **Poú tchén sē**, aux procureurs impériaux (**gān tchă sē**), on leur donne le titre de **Tá laò yê** 大老爺 ou celui de **Laò tá jên** 老大人. Si l'on adresse la parole à ces dignitaires, c'est toujours à la troisième personne : *Votre Excellence*, **Tá jên** 大人; Son Excellence **Ouâng**, **Ouâng tá jên** 王大人. On se sert de ces titres sur la suscription des lettres.

4° Les dignitaires chinois, selon leur rang dans la hiérarchie mandarinale, ont tous un titre officiel d'honneur, que l'on emploie surtout en leur écrivant. Nous renvoyons nos lecteurs au deuxième volume de notre Dictionnaire, pages 126 et suivantes, pour l'énumération de ces titres.

5° Aux parents des mandarins en fonction, on donne les titres suivants :

Au père du mandarin :	太爺	**Tấy yê**, ou 老太爺 **laò tấy yê**.
A la mère.	老太太	**Laò tấy tấy**.
A l'épouse.	太太	**Tấy tấy**.
Aux belles-filles. . . .	奶奶	**Laỳ laỳ**.
A la femme du 1er fils.	大奶奶	**Tá laỳ laỳ**.
A la femme du 2e fils.	二奶奶	**Eùl laỳ laỳ**.
Aux fils du mandarin.	公子	**Kōng tsè**, ou 相公 **Siāng kōng**.
Au 1er.	大公子	**Tá kōng tsè**, ou 少爺 **Chaò yê**.
Au 2e.	二公子	**Eùl kōng tsè**, ou 大相公 **Tá siāng kōng**.

6° *Maître*. En chinois : **Siēn sēn** 先生 (*anteà natus*). On donne ce titre particulièrement aux professeurs, aux maîtres d'école. Un élève, parlant à son maître, lui dit : **Siēn Sēn** 先生. *Le maître veut-il me permettre...?* **Siēn Sēn hiù poŭ hiù** 先生許不許. On donne également ce titre d'honneur à toute personne que l'on respecte, mais à laquelle on ne peut donner celui de *monseigneur*.

Ce titre est susceptible de deux degrés d'élévation. On peut dire : **Laò siēn sēn** 老先生, *le vieux maître*, et **Tá laò siēn sēn** 大老先生, *le très-vieux* ou *respectable maître*.

7° *Maître*. Docteur. *Præceptor*. En chinois : **Foū tsè** 夫子.

Ce titre est plus honorifique que le précédent. On le réserve presque exclusivement pour ceux qui ont la charge d'enseigner. On l'accompagne de l'adjectif laò 老, vieux. Ainsi : Tǒng laò foū tsè 董老夫子, *le très-respectable maître* Tǒng. Confucius est appelé en Chine *le maître par excellence*, Kòng foū tsè 孔夫子. De ces trois mots réunis, les Européens ont fait le mot latin *Confucius*, nom par lequel on désigne le grand philosophe et sage de la Chine. On dit dans le même sens : Laò sē 老師, vieux maître.

Souvent aussi on n'emploie que le caractère 子 tsè, fils, pour désigner un *philosophe*, un savant. C'est un peu le *rabbi* des Juifs.

8° *Honorable, respectable.* Kōng 公. Ce titre est positivement attribué aux vieillards. Ouâng sān kōng 王三公. Tǒng kōng 董公.

Si l'on veut marquer d'avantage son respect, on doublera le mot kōng 公, qui fait ainsi une sorte de superlatif. On peut, en outre, ajouter encore à ce dernier mot double l'adjectif laò 老, vieux. Dans ces deux cas, on ne se sert pas du nom de famille. Les catholiques chinois donnent souvent ce titre aux Évêques, aux prêtres avancés en âge, aux vieillards qu'ils respectent : Kōng kōng 公公, ou laò kōng kōng 老公公.

9° Siāng kōng 相公 (lettré) est une qualification honorifique plus distinguée que la précédente. On en fait usage à l'égard de ceux que l'on veut honorer, surtout lorsqu'on ignore leur position sociale, leur dignité. Avec ce terme honorifique, on n'emploie pas le nom de famille, en adressant la parole.

10° Le nom de tendresse que les tout jeunes enfants chinois donnent à leur père est tiē 爹, qui répond chez nous au terme de *papa*. Ce caractère est composé du mot foú, père, et de l'adjectif tō, *beaucoup, bon*. En le faisant précéder du mot laò 老, vieillard, on a un terme honorifique que l'on donne surtout aux personnes avancées en âge. Ainsi l'on dira : laò tiē 老爹, *respectable père.*

11° *Respectable vieillard.* Ōng 翁. Cette expression est réservée aux personnes avancées en âge. *Votre respectable père.* Tsēn ōng 尊翁. Le préfet de la ville. Tâng ōng 堂翁.

12° *Respectable vieillard.* Laò tsēn niên 老尊年.

Ce titre se donne aux vieillards des classes ordinaires de la société et au-dessous. Dans le même sens, on dit aussi : Laò seoú 老叟, ou bien encore : laò pě 老伯, *vénérable oncle.*

13° *Votre Révérence.* Dominatio tua. Tá kiá 大駕, ou tsēn kiá 尊駕, ou lîn tchēn 令正.

Deux dignitaires chinois, conversant ensemble, se donnent le titre de Niên hiōng 年兄.

14° Quant aux parents ou alliés, on emploie le terme générique qui exprime le degré de parenté ou d'alliance, et l'on y ajoute un terme honorifique, par exemple : laò 老, vieux. En parlant de ses oncles, on dira : Laò pĕ 老伯, laò choŭ 老叔, ou bien pĕ yê 伯爺, choŭ yê 叔爺.

Les parents, en parlant de leurs enfants, disent : siào eùl 小兒, mon petit enfant.

15° Un maître de maison, le chef de famille, est désigné par les termes de laò jên kiā 老人家, *dominus, senex*.

16° Si l'on veut témoigner, dans une juste mesure, du respect, de l'estime à un égal, on lui donne l'un des titres suivants : tá kō 大哥, frère aîné, ou celui de : laò hiōng 老兄, vieux frère.

17° Lorsqu'on adresse la parole à un parent d'un degré égal, à un ami, à un condisciple, souvent on ne veut pas et l'on ne doit pas, à cause des liens d'intimité, leur donner un titre honorifique. La politesse chinoise défendant, d'une autre part, l'emploi du pronom à la deuxième personne, on se sert alors d'expressions affectueuses et polies. Ainsi l'on dira :

仁兄 Jên hiōng. Mon frère pieux, clément.
賢契 Hiên kÿ. Mon ami sage, prudent.

18° Les maîtres d'hôtel ou de jonques reçoivent en Chine le titre de laò pán 老板 ou celui de tchoù jên kiā 主人家. *Domùs dominus*.

19° Tous les patrons d'arts et métiers, les chefs de maisons de commerce reçoivent de leurs disciples et autres employés le titre honorifique de sē foú 師傅.

§ 2. TITRES DÉCERNÉS AUX DAMES CHINOISES.

1° On donne aux dames chinoises du premier rang, de la classe élevée, le titre honorifique de taÿ taÿ 太太. *Très-respectable mère*. Laò taÿ taÿ 老太太.

2° Les dames des mandarins en fonction ont un titre d'honneur particulier, comme chez nous les femmes des Maréchaux, des Amiraux, etc.

Les dames des mandarins		du 1er ordre :	大夫	Tá foū.
—	—	du 2e ordre :	夫人	Foū jên.
—	—	du 3e ordre :	叔夫	Choŭ foū.
—	—	du 4e ordre :	恭人	Kōng jên.
—	—	du 5e ordre :	宜人	Nŷ jên.
—	—	du 6e ordre :	安人	Gān jên.
—	—	du 7e ordre :	孺人	Joŭ jên.

3° Aux dames chinoises d'une bonne condition, on donne le titre de Tá niâng 大娘.

Madame Tōng. Tōng tá niâng 董大娘.

4° Quant aux dames d'un rang ordinaire ou égal, on peut se servir à volonté de l'une de ces qualifications :

大嫂 Tá saò.		Grande sœur.
大姐 Tá tsiè.		
大妹 Tá meý.		

5° Généralement, on donne aux vieilles dames le titre de Laỳ laỳ 奶奶. Littér. : *vieille nourrice*, ou bien encore celui de pŏ pŏ 婆婆, ou de laò pŏ pŏ 老婆婆.

6° Quant aux demoiselles chinoises, on leur donne le titre de koū niâng 姑娘.

IV. — DES TITRES QUE L'ON PREND, PAR MODESTIE, EN PARLANT DE SOI-MÊME.

L'usage du pronom personnel *je* ou *moi*, ngò 我, est très-fréquent dans la langue orale. Cela tient au génie de la langue autant qu'au caractère lui-même du peuple chinois.

Toutefois, dans les relations sociales, dans les visites, en adressant la parole à ceux qui sont en dignité ou que l'on respecte, la politesse chinoise exige que l'on évite, *avec soin*, l'emploi du pronom *je* ou *moi*. On se sert d'expressions qui marquent la *déférence*, le *respect*, l' *abaissement*, pour faire hommage à son interlocuteur ou relever sa personnalité.

Cette coutume est universelle en Chine. Depuis le Souverain jusqu'au dernier des sujets, chacun l'observe. Ces règles de politesse ne sont pas nouvelles à la Chine; on les trouve en vigueur depuis la plus haute antiquité. Le luxe de ces formules est sans doute parfois tout oriental; mais on n'oubliera pas que c'est là une exigence du génie de ces peuples d'Orient.

1° L'Empereur de la Chine, parlant de lui, se sert des expressions suivantes :

朕 Tchén. (Moi qui suis hors des rangs) (1).
寡人 Kouà jên. (Homme de peu de vertu) (2).
孤家 Koū kiā. (Homme de peu de valeur) (3).
不穀 Poŭ keoŭ. (Moi, l'homme insuffisant à la charge.)

(1) C'est l'empereur Tsîn chè Hoâng tý 秦始皇帝 qui, en la 20e année de son règne (212 ans av. J. C), a commencé à employer cette formule. Auparavant les empereurs, en parlant d'eux-mêmes, disaient : yû jên 愚人.

(2) Les anciens rois, surtout en présence des étrangers, prenaient fort souvent ce titre.

(3) L'Empereur prend ce titre surtout aux époques des calamités publiques.

2° Les mandarins, dans leurs édits, se servent d'une dénomination empruntée au titre même de leur place, pour parler d'eux-mêmes. Ainsi :

Un vice-roi (Tsōng toŭ 總督) dira : Pèn toŭ 本督.

Un trésorier général. Poū tchén sē 布致司. } Pèn yûen 本院.
Un procureur impér. Gān tchă sē 安察司. }

Un préfet des villes de 1er ordre. Pèn foù 本府.

— — de 2e ordre. Pèn tcheōu 本州.

— — de 3e ordre. Pèn hién 本縣, ou Pèn tăng 本堂.

En présence de leurs supérieurs hiérarchiques, les mandarins se nomment : Pў chĕ 敝識.

En présence de l'Empereur, ils prennent le titre de Tchĕn 臣, *moi, votre sujet*, ou celui de siào tchĕn 小臣, ou bien encore celui de oûy tchĕn 微臣, *moi votre petit* ou *pauvre vassal*. Les mandarins tartares disent : Loŭ tsaў 奴才, *moi, votre esclave*.

En écrivant à l'Empereur, ce caractère Tchĕn 臣 doit être écrit *très-fin* et en dehors de la ligne courante. Plus on l'écrit fin, plus on témoigne de respect en s'abaissant davantage.

3° Un supérieur, un homme élevé en dignité, s'adressant à ses inférieurs, se sert, en général, du pronom personnel ngò 我, *moi*, ou de celui de yû 余, qui lui est synonyme.

4° Un vieillard, en parlant de lui, a coutume de dire Laò foū 老夫, ou Laò hàn 老漢.

5° Les gens de lettres, parlant entre eux, se désignent par l'une de ces qualifications :

學生 Hiŏ sēn, Moi, élève.

們生 Mên sēn. . . . . } Moi, disciple.
們弟 Mên tў. . . . . . }

Dans leurs ouvrages, les auteurs chinois, pour éviter le pronom ngò 我, *je*, se servent de leur petit nom. Confucius se désignait souvent par Kieōu 丘, moi Kieōu. *Moi* Kieōu, *je ne sais pas cela*. 非丘所知 Feў Kieōu sò tchē.

6° Les vieilles dames chinoises, parlant d'elles-mêmes, disent laò chēn 老身.

7° Un jeune Chinois, en présence de personnes âgées, se désigne par le titre de ouàn sēn 晚生 (*serò natus*).

8° Un négociant parle de lui à la troisième personne : chāng 商 ou kĕ 客, moi, homme de négoce.

9° Un disciple, un élève, un employé de commerce, parlant de lui, en présence de son maître, de son patron, dira : Mên sēn 們生, *moi, votre disciple*.

10° Les bonzes de la secte de Bouddha se nomment Pĭn sēn 貧僧, *moi, pauvre bonze*. Ceux de la secte de Laò tsè : siào taó 小道.

15

11° Un fils chinois, parlant ou écrivant à son père, n'omet pas de se nommer *son tout petit fils*, **Siào eûl** 小兒, bien qu'il soit peut-être l'aîné de la famille et père lui-même de plusieurs enfants. Sur l'adresse des lettres, un fils chinois ne manque pas d'écrire : **Niên foú** 嚴父, à mon père sévère.

Tsē moù 慈母, à ma clémente mère. Ces formules inspirent aux enfants chinois un grand respect pour les auteurs de leurs jours.

12° Les parents, les alliés, se désignent par le mot qui exprime leur degré de parenté, surtout quand ce degré est inférieur à leur interlocuteur.

13° En dehors des expressions précédentes, affectées aux classes de personnes ci-dessus désignées, il y en a qui sont générales et que tout Chinois peut prendre par politesse, pour éviter le pronom de la première personne. Voici ces expressions :

1. 小的 **Siào tý**. *Moi, le tout petit.*
2. 僕 **Poŭ**. Moi, votre esclave.
3. 小弟 **Siào tý**. Moi, votre petit frère.
4. 在下 **Tsaý hiá**. Moi, votre inférieur.
5. 不才 **Poŭ tsaý**. Moi, l'incapable.
6. 愚人 **Yû jên**. Moi, le stupide.
7. 愚懞 **Yû mòng**. *idem.*
8. 蠢子 **Tchoūn tsè**. Moi, l'hébété.
9. 罪人 **Tsoúy jên**. Moi, l'homme pécheur.

V. — DES TERMES DONT ON SE SERT POUR DÉSIGNER CE QUI NOUS APPARTIENT OU NOUS CONCERNE.

Si la politesse chinoise exige que l'on évite l'usage du pronom personnel soit à la première, soit à la deuxième personne, elle défend également que l'on fasse usage des pronoms possessifs à la première et à la deuxième personne, en parlant de ce qui nous appartient, de ce qui nous concerne, ou de ce qui appartient aux autres. Il y a, pour tous les cas, des expressions consacrées qu'il n'est pas permis d'ignorer.

Voici ces expressions qui, par une humble marque de politesse, remplacent le pronom possessif de la première personne.

1° 敝 **Pý**. *Vil, bas, pauvre...*, s'applique aussi bien aux personnes qu'aux choses qui sont à nous ou qui ont rapport à nous. On dira :

敝國 **Pý kouĕ**. Mon *pauvre* royaume.
敝地 **Pý tý**. Mon *pauvre* pays.
敝姓 **Pý sín**. Mon *vil* nom.
敝處 **Pý tchoŭ**. Ma *misérable* demeure.
敝房 **Pý fâng**. Mon *abjecte* épouse.
敝友 **Pý yeoú**. Mon *humble* ami.

海上絲綢之路文獻集成 科技與文化编

敝同學 Pý tŏng hiŏ. Mon *modeste* condisciple.

2° 賤 Tsién. *Vil, abject, méprisable, ignoble...*, ne s'applique guère qu'aux choses qui touchent de près notre personne ou bien encore aux personnes que l'on désigne métaphoriquement par des noms de choses. Ainsi :

賤手 Tsién cheòu. Ma *vile* main (au propre et au figuré).
賤房 Tsién fâng. Mon *abjecte épouse*.
賤室 Tsién chĕ. *idem*.
賤妾 Tsién tsiĕ. Ma *pauvre* concubine, ou
小妾 Siaò tsiĕ.
賤身 Tsién chēn. Mon *humble* personne, ou
賤體 Tsién tỳ.

3° Kiā 家, *maison*, sert *à* désigner les parents vivants de la ligne ascendante ou les alliés auxquels on doit des égards. Ainsi, l'on dira :

家祖 Kiā tsoù. Mon aïeul. *Avus*.
家祖母 Kiā tsoù moù. Mon aïeule. *Avia*.
家父 Kiā foú. Mon père. *Pater*.
家母 Kiā moù. Ma mère. *Mater*.
家伯 Kiā pĕ. Mon oncle. *Patruus major*.
家叔 Kiā choŭ. Mon oncle. *Patruus minor*.
家眷 Kiā kiuén. Mon épouse. *Uxor*.
家兄 Kiā hiōng. Mon frère aîné. *Frater major*.
家寒 Kiā hân. Ma maison. *Domus mea*.

4° Tchoŭ 拙. *Stupide, vil.* 拙筆 Tchoŭ pỳ. Ma pauvre écriture.

5° Le mot chĕ 舍, (maison) est spécialement affecté à désigner les parents vivants de la ligne collatérale moins âgés, tels que les *frères cadets*, les *sœurs cadettes*, les *cousins*, etc.

舍親 Chĕ-tsīn. Mon parent. *Cognatus*.
舍弟 Chĕ tý. Mon frère cadet. *Frater minor*.
舍姪 Chĕ tché. Mon neveu. *Nepos*.
舍姪女 Chĕ tchĕ niù. Ma nièce. *Neps*.

6° L'adjectif siào 小 (*petit*) sert à désigner surtout les descendants, les inférieurs, tels que le fils, les domestiques et autres de ce genre. Les amis se servent aussi de ce mot entre eux. Les domestiques, parlant d'eux-mêmes en présence de leur maître ou de ses amis, n'omettent pas d'employer ce même mot siào 小. Ainsi, l'on dira :

小兒 Siào eûl. Mon fils.
四小兒 Sé siào eûl. Mon 4e fils.
小女 Siào niù. Ma fille.
小孫 Siào sēn. Mon neveu.
小壻 Siào sý. Mon gendre.
小徒 Siào toŭ. Mon disciple.
小僕 Siào poú. Mon esclave.

7° L'expression yû 愚, *méprisable, peu éclairé*, s'emploie non-seulement lorsqu'on parle de soi avec modestie, mais encore de ses opinions, de ses vues, de ses goûts, etc.

愚見 **Yû kién.** Ma *méprisable* opinion.

8° 寒 **Hân.** Froid, grand froid, sert à désigner ce qui est bien pauvre.

寒舍 **Hân chĕ.** Ma pauvre demeure.

9° Le mot **kĭn** 荊, *épine, broussailles*, est souvent employé pour désigner, par modestie, ce qui est à nous.

荊婦 **Kĭn foú.** Ma pauvre épouse.

荊府 **Kĭn foù.** Ma pauvre ville.

10° Si l'on parle d'un parent *ascendant*, déjà mort, on fait précéder le terme qui désigne le degré de parenté du mot **Siēn** 先. On ne l'emploierait pas pour les descendants.

先父 **Siēn foú.** Feu mon père. *Defunctus pater.*

先母 **Siēn moù.** Feu ma mère. *Defuncta mater.*

先叔 **Siēn choŭ.** Feu mon oncle. *Defunctus patruus.*

先兄 **Siēn hiōng.** Feu mon frère. *Defunctus frater.*

VI. — DES EXPRESSIONS POLIES QUI REMPLACENT LE PRONOM POSSESSIF DE LA DEUXIÈME PERSONNE.

1° L'impératrice-mère, en chinois, **Houâng tá heóu** 皇大后, donne à l'Empereur régnant le titre de **kouān kiā** 官家.

2° En adressant la parole à l'Empereur, un Chinois se sert des formules suivantes, qui correspondent un peu à ces mots : *Votre Majesté*, mais qui offrent des nuances variées d'un plus grand respect pour la dignité impériale.

萬歲 **Ouán soúy.**

聖上 **Chén cháng.**

聖駕 **Chén kiá.**

陛下 **Pý hiá.** Le dessous des degrés (1). . } Votre Majesté.

朝廷 **Tchăo tîn.** *Imperialis palatii aula.* . } Votre Majesté.

上 **Cháng.**

Un Tartare dit plus communément : **Tchoù tsé** 主子, en parlant à l'Empereur.

3° Les fils de l'Empereur sont désignés par le titre d'Altesse, selon le rang qui leur est assigné par l'Empereur en récompense de leurs services et à titre d'honneur. (Voir notre Dictionnaire, au mot Altesse.)

4° Il y a quatre ou cinq adjectifs que l'on emploie par honneur, par res-

(1) Le sens est : *Vous qui nous voyez aux pieds de votre trône élevé*, expressions en usage depuis l'Empereur 始皇帝 (213 ans av. J.-C.).

pect pour ceux auxquels on parle, au lieu du pronom possessif à la deuxième personne. Ces adjectifs sont : **kouý** 貴 *noble, illustre, précieux, riche*. On l'emploie en nommant les choses, les villes, les royaumes, etc. **Kaō** 高, *élevé, distingué...*; on l'emploie quand on interroge quelqu'un sur son âge, qu'on parle de l'habileté, de l'intelligence de quelqu'un, etc. **Tsēn** 尊, *vénérable*, et **lîn** 令, qui s'emploie surtout quand on adresse la parole à un proche. Par l'inflexion de la voix, chacun de ces mots a souvent un sens interrogatif. Voici des exemples pratiques de l'application de ces adjectifs.

EXEMPLES :

貴姓 **Kouý sín.** Votre *noble* nom.
貴家 **Kouý kiā.** Votre *noble* famille.
貴國 **Kouý kouĕ.** Votre *célèbre* royaume.
貴府 **Kouý foù.** Votre *illustre* ville.
貴手 **Kouý cheòu.** Votre *habile* main.
貴幹 **Kouý kán.** Votre *précieux* métier.
貴庚 **Kouý kēn.** Votre âge *distingué*.

高姓 **Kaō sín.** Votre nom *élevé*.
高明悟 **Kaō mîn oú.** Votre *haute* intelligence.
高見 **Kaō kién.** Votre *haute* opinion.
高筆 **Kaō pў.** Votre *brillant* pinceau.
高庚 **Kaō kēn.** Votre âge *élevé*, ou
高手 **Kaō cheoù.**
高才 **Kaō tsāy.** Votre *grande* habileté.

尊駕 **Tsēn kiá.** Votre Seigneurie.
尊號 **Tsēn haó.** Votre *beau* surnom.
尊諱 **Tsēn houý.** Votre *noble* petit nom.
尊族 **Tsēn tsoŭ.** Votre *illustre* parenté.
尊內 **Tsēn loúy.** Votre *respectable* épouse.
尊筆 **Tsēn pў.** Votre *brillant* pinceau.
尊面 **Tsēn mién.** Votre *respectable* face.
尊府 **Tsēn foù.** Votre *noble* hôtel.
尊寓 **Tsēn yú.** Votre *honorable* demeure.

令祖 **Lîn tsoù.** Votre *honorable* aïeul. *Avus.*
令祖母 **Lîn tsoù moù.** Votre *honorable* aïeule. *Avia.*
令尊 **Lîn tsēn.** Votre *digne* père. *Pater*, ou
令翁 **Lîn ōng.**

令堂 Lìn tâng. Votre *vertueuse* mère. *Mater*, ou
令慈 Lìn tsê.
令兄 Lìn hiōng. Votre *précieux* frère.
令姐 Lìn tsiĕ. Votre *chère* sœur
令郎 Lìn lâng. Votre *cher* fils, ou
公郎 Kōng lâng.
令愛 Lìn gaý. Votre fille aînée.
令千金 Lìn tsiēn kīn. Votre fille cadette.
令伯父 Lìn pĕ foú. Votre oncle aîné.
令貞 Lìn tchén. Votre épouse.
令龍 Lìn lông. Votre concubine.
令親 Lìn tsīn. Votre parent.

VII. — DES CINQ ESPÈCES DE SALUTATIONS OU DES CINQ MANIÈRES DE SALUER DES CHINOIS.

La langue chinoise, la plus ancienne des langues connues, a quelques rapports, soit de génie, soit de syntaxe, avec un grand nombre de langues modernes. Ces rapports proviennent sans doute de l'unité primitive des langues et des races. Mais sur quoi est fondée la forme si variée, si curieuse, du salut chez les différents peuples du monde, ce salut étant plus bizarre et plus varié que les langues et les races elles-mêmes? En Chine, les différentes espèces de salutations sont en rapport avec le génie de la nation. On demeure toujours couvert; on se revêt selon les rites et selon les époques de l'année. Prendre ou baiser la main de quelqu'un, offrir son bras à une dame, embrasser quelqu'un, choquerait gravement l'œil d'un Chinois. Il serait de la dernière inconvenance de caresser, en société, un animal, un chien, par exemple. Voici les cinq modes de saluts chinois.

1er *Mode de salut, dit :* Tchaō hoū 招呼.

Cette espèce de salutation est fort simple. On adresse quelques paroles polies, gracieuses, à celui que l'on salue; on fait, en même temps, un léger signe de tête. En route, au milieu des rues, ce salut est fort usité. On emploie surtout les paroles suivantes :

恭喜,恭喜 Kōng hỳ, kōng hỳ. *Soyez félicité, soyez félicité*, ou bien encore :

發才 發才 Fă tsây, fă tsây. *Devenez riche, devenez riche.*

Dans un bon nombre de provinces, on dit aussi : Tchĕ fán leào 喫飯了. Avez-vous mangé? ce qui veut dire : *Vous portez-vous bien?*

海上絲綢之路文獻集成 科技與文化編

2° *Mode de salut :* **Tà kòng** 打拱.

Pour faire ce salut, on place les mains fermées l'une sur l'autre, on les agite légèrement, en même temps que l'on incline un peu la tête. Ce salut se fait ou se rend surtout aux personnes auxquelles on veut rendre un devoir, mais sans entamer de conversation.

3° *Mode de salut :* **Tsó ÿ** 作揖. **Yú jên tsó ÿ** 與人作揖. Le faire à quelqu'un.

Si l'on rencontre une personne que l'on estime un peu, on lui fait le **tsó ÿ**. Si l'on reçoit quelqu'un à la maison, c'est encore le salut ordinaire. Ce mode de salutation s'observe en joignant les mains fermées sur la poitrine, en les remuant d'une manière affectueuse et inclinant un peu la tête. Si l'on est en rue, on dit alors : **Tsìn tsín** 請進, qui est un compliment un peu vague et d'un sens large, comme le *favorisca* des Italiens. Si l'on est à la maison, on dira, à volonté, soit : **Tsìn tsó** 進坐, *veuillez entrer et vous asseoir.* **Pîn gān mô** 平安麼? *Êtes-vous bien portant?* Si l'on veut être plus gracieux encore, on dira : **Hŷ kĕ laŷ leào** 希客來了. *Voici un hôte bien rare!*

4° *Mode :* **Tà tsiĕn** 打遷.

Si l'on reçoit, si l'on rencontre une personne que l'on veut saluer avec déférence, on fait ce salut, en joignant les mains, les élevant jusqu'au front, puis en les baissant assez profondément, en même temps que l'on incline tout le corps. On finit comme dans le **tsó ÿ** ordinaire. Tel est ce mode de salut.

5° *Mode :* Le **Kŏ teoû** 磕頭.

Ce grand salut chinois est le plus solennel. C'est proprement le vrai salut chinois. On le fait dans les circonstances importantes de la vie, avant ou au retour d'un voyage; on saluera ainsi ses parents, ses supérieurs; au jour de la naissance des parents ou d'un supérieur, au nouvel an chinois, en abordant un supérieur ou s'éloignant de lui, en sollicitant une grâce, en remerciant d'une faveur obtenue, etc., etc., on fait le **Kŏ teôu** 磕頭. Ce salut consiste à se mettre à genoux, à élever gravement les mains jointes jusqu'au front, à incliner la tête presque jusqu'à terre, et à la relever avec les mains toujours jointes et élevées. On fait trois fois cette même inclination avant de se relever. Dans les occasions importantes, celui qui rend le salut commence par faire une demi-génuflexion (**Kioŭ sŷ** 曲膝); on lui répond en faisant la même révérence, mais plus profonde, comme pour le surpasser en politesse. Ne voulant pas être vaincu, le premier fléchit alors entièrement le genou jusqu'à terre, **tà koúy** 打跪; le second rend le même salut en laissant voir qu'il tient toujours à n'être point vaincu. Le premier met alors les deux genoux en terre et fait le **Kŏ teŏu**.

Un supérieur auquel on fait le **Kŏ teŏu** ne le rend jamais. Il se borne à toucher légèrement l'épaule de celui qui le salue, en l'invitant à se lever, quand celui-ci est d'un certain rang ou d'un certain âge.

Il y a plusieurs circonstances solennelles, telles que la veille du nouvel an au soir, le nouvel an au matin, à une cérémonie de mariage, etc., où le grand salut chinois est accompagné de quelques rites qu'il importe de faire connaître. Un maître de cérémonie dirige les assistants et porte la parole sur un ton grave et élevé.

Voici l'odre de ces rites :

1° *Que chacun prenne son rang et sa place.* **Paý pān** 排班. L'ordre s'exécute.

Le maître de cérémonie :

2° *Que chacun se tienne debout comme il convient.* **Tsieóu ouý** 就位.

3° *Que chacun s'ajuste avec décence.* **Tchēn sieōu** 整肅. A ces mots, toutes les personnes présentes examinent si le bonnet, les habits, les manches des vêtements sont en ordre, et placent leurs mains selon l'exigence de l'urbanité.

4° *Que chacun incline le dos.* **Kioŭ kōng** 鞠躬. Tout le monde obéit et se tient dans cette position durant quelques secondes.

5° *Que chacun se prosterne une première fois.* **Ŷ cheoù foŭ** 一首伏. Les personnes qui composent la réunion tombent à genoux avec ensemble, les mains jointes sur la poitrine.

6° *Que chacun incline profondément la tête une première fois.* **Ŷ keóu cheòu** 一叩首. Chacun incline la tête jusqu'à terre, en tenant les mains jointes.

7° *Que chacun s'incline profondément une deuxième fois.* **Eùl keóu cheòu** 二叩首.

8° *Que chacun s'incline une troisième fois.* **Sān keóu cheòu** 三叩首.

9° *Que chacun se relève.* **Hín** 興. Le maître de cérémonie entonne alors quelques chants, que tout l'auditoire continue.

10° *Que chacun se remette à genoux.* **Tsé foŭ** 次伏. On recommence alors, comme plus haut, les trois salutations consécutives, puis on se relève. La cérémonie est terminée.

Si l'on charge verbalement quelqu'un de saluer un autre de sa part, on dit :

問厚 **Ouén heóu.**

拜上 **Paý cháng.**

平安 **Pîn gān.**

海上絲綢之路文獻集成　科技與文化編

VIII. — FORMULES DE REMERCÎMENTS.

Si quelqu'un se donne de la peine pour être agréable, pour faire plaisir, on lui dira, par manière de remercîments : *Vous prodiguez votre cœur* 費心, ou bien, *vous épuisez vos forces* **Feý lỳ** 費力, **tsaō sīn** 操心, **Tchóng tchóng fāng** 重重芳.

On exprime sa reconnaissance à quelqu'un qui a rendu service, en disant : *Je vous suis bien reconnaissant; mes remercîments ne sauraient avoir de fin.* **Sié poŭ tsīn** 謝不盡.

Si quelqu'un s'est détourné de ses occupations pour rendre service, on le remerciera ainsi : *Je vous suis bien importun.* **Fân lâo** 煩勞. Si l'on parle à un inférieur, on dit : **Lân oûy ngỳ** 難爲你, dans le même sens. — On dit encore très-communément : **Tĕ tsoúy** 得罪. *C'est une grande faute que d'avoir osé prendre une telle liberté.* On répète deux ou trois fois de suite cette formule pour mieux exprimer sa reconnaissance.

Si quelqu'un prévient par des marques d'honneur, on doit avoir l'air de ne pas accepter, en disant deux ou trois fois : **Poŭ kàn** 不敢. *Est-ce que j'oserais? Je ne puis souffrir que vous preniez cette peine.*

Lorsqu'on nous adresse un compliment, une parole flatteuse, on remercie en disant : **Kỳ kàn** 豈敢. *Est-ce que j'oserais? Je ne puis croire de moi de telles choses.*

Si l'on a reçu un cadeau, une rémunération, on se sert des mots **Tō sié** 多謝. *Grand merci*, ou **Kàn sié** 感謝. *Mille et mille obligations à vous*, **Tchóng tchóng sié ngỳ** 重重謝你.

Un inférieur ne remercie jamais un supérieur sans lui faire le **Kŏ teôu** 磕頭.

IX. — DES VISITES.

拜會 **Paý hoúy**. Visites reçues.
回拜會 **Hoûy paý houý**. Visites rendues.

§ 1. *Époque des visites.*

Les Chinois entretiennent entre eux des relations sociales très-fréquentes. On y observe avec soin les règles de la politesse. Cette politesse exquise répand sur toute la population de l'Empire un vernis remarquable de belles et bonnes manières. Les visites font une partie essentielle de l'urbanité chinoise.

Parmi les visites, les unes sont obligatoires, les autres sont facultatives ou de pure bienséance. Les visites obligatoires regardent particulièrement les inférieurs à l'égard des supérieurs, dans toutes les classes de la société et dans la famille. Les jours de visites obligatoires pour un subalterne sont, par exemple, le jour anniversaire de la naissance (**Tān jĕ** 誕日), le matin du nouvel an (**yuên tân** 元旦), certains jours de fêtes civiles, tels que le 15e jour de la 1re lune, ou la fête des Lanternes (**yuên siáo** 旦宵); la fête des morts ou le **Tsīn mîn** 清明, vers le 5 avril; le 5e jour de la 5e lune dit: **Touân yâng** 端楊, anniversaire de la mort du célèbre ministre **Kiŭ yuên** 屈原; le jour de la naissance du fils de quelque supérieur ou d'un ami intime; l'époque du mariage ou de la mort de quelque supérieur, celle au retour d'un voyage lointain entrepris par un supérieur, etc.

Sept jours après la mort d'un parent, on doit faire une visite à ceux qui sont venus faire la cérémonie **Tiáo** 弔. Si un supérieur visite un inférieur, on se sert des mots **Lîn hiá** 臨下.

§ 2. *Paroles de politesse durant les visites.*

En Chine, on n'adresse jamais la parole à un hôte sans employer le mot **Tsìn** 請, qui peut se traduire par : *je vous prie, veuillez bien.* On accompagne naturellement ce mot du geste qui lui convient. Ainsi l'on dit : **Tsìn lây** 請來, *veuillez entrer;* **tsìn tsó** 請坐, *veuillez vous asseoir;* **tsìn fán** 請飯, *veuillez manger.* Souvent on emploie en même temps la qualification de l'hôte auquel on parle. Ainsi : **Tsìn chên foú tchĕ fán** 請神父喫飯. *On invite Votre Révérence* (le miss.) *à prendre le repas.*

請放心 **Tsìn fáng sin.** Veuillez être tranquille.
請寬尊袍 **Tsìn kouān tsēn páo.** Veuillez déposer votre habit.
請上 **Tsìn cháng.** Veuillez monter plus haut.
請期 **Tsìn ký.** Veuillez fixer le jour.
請問 **Tsìn ouén.** Oserais-je vous demander?
請罪 **Tsìn tsoúy.** Veuillez m'excuser.

Un Chinois dira souvent, par un sentiment de modestie et de politesse : *Veuillez m'instruire,* **tsìn kiáo** 請教. La manière polie de refuser, de faire difficulté d'accepter une chose est de dire : **Poŭ kàn** 不敢. *Je n'oserais.* Il faut, toutefois, employer ce mot avec tact et discernement.

Si l'on reçoit un conseil d'une personne que l'on honore, on répondra ; **Lìn mîn** 領命, *je reçois avec respect vos ordres.* Si l'on reçoit des instructions, on dira : **Lìn kiáo** 領教, *je reçois avec respect vos instructions.* Si l'on reçoit un ordre ou quelque chose qui y ressemble, on dira : **Foŭ mîn** 服命, ou **tsēn mîn** 尊命, *je me soumets à vos ordres.*

Si l'on se rencontre avec quelques personnes à la porte d'une maison, comme chez nous, il s'engage un combat de politesse pour céder le pas aux autres. A la fin, le plus honorable se rend et passe le premier, mais alors il s'excuse en disant : *je le fais par obéissance,* **foŭ mîn**, ou **tsēn mîn**. On se sert de ces paroles toutes les fois que, dans un combat de politesse, on est obligé de céder.

Si l'on est pressé de faire un acte dont on se croit trop honoré, on ne manque pas de dire : Kỳ kán 豈敢, *est-ce que j'oserais?*

Quand on veut s'excuser d'avoir beaucoup parlé, dans une visite, et occasionné peut-être de l'ennui, on dit : Kīn tchǎo 輕訬, ou mieux encore : tō yên koú eùl 多言鼓耳, *j'ai assommé vos oreilles de trop de paroles.*

A un hôte qui s'est fatigué pour rendre visite ou un service, on ne manquera pas de dire : Laô kiá 勞駕, ou yeòu laô 有勞, ou fān laô 煩勞. *Que de peines je donne à Votre Révérence!*

§ 3. *Des cartes de visites.* Paý tiě tsè 拜帖子.

Il y a deux ou trois espèces de cartes de visites 二三名帖 Eùl sān mìn tiě. La première et la plus ordinaire consiste en une feuille de papier rouge, sur lequel est imprimé en gros caractères le nom et les prénoms du visiteur. On donne à cette feuille un peu plus ou un peu moins de dimension, selon le rang social que l'on occupe. Le choix du papier, la manière de rendre les caractères brillants et comme couverts de vernis, tout cela est l'objet de l'attention chinoise.

L'autre espèce de cartes de visites (Tsuĕn tiě 全帖) consiste en une sorte de cahier, composé d'une grande feuille de papier rouge, pliée en forme de paravent, d'un format plus ou moins grand, selon la dignité, le degré d'honneur que l'on veut rendre à la personne que l'on visite. Sur le premier pli, on écrit ses nom et prénoms; sur le second, on adresse quelques paroles gracieuses de civilité, en style élégant, mais concis. On dira, par exemple : *Un tel, le bon et sincère ami de Votre Seigneurie, le très-fidèle disciple de sa doctrine, se présente pour vous rendre ses devoirs et vous faire sa révérence.* En chinois, tout cela peut très-bien se rendre par ces quatre ou cinq caractères : 眷弟頓首百拜 Kiuén tý tēn cheòu pě páy. *Ignari discipuli hebetum caput reverentiam exhibet.*

Pour les mandarins ordinaires ou pour les nobles du commun, on écrit Kuĕn tý 眷弟, ou Tŏng kiā tý 同家弟, ou niên kiā tý 年家弟

Plus on veut exprimer de déférence à la personne que l'on visite, plus elle est élevée en dignité, plus aussi menus doivent être écrits les caractères ci-dessus.

En visitant un dignitaire, on ne manquera pas de lui donner les titres fixés par le cérémonial de l'Empire. Les fonctionnaires publics sont fort chatouilleux à cet endroit.

Si un missionnaire envoie une carte de visite aux mandarins des villes de deuxième et de troisième ordre, il peut écrire en caractères de la dimension que ces dignitaires emploieraient. Quant aux Tchē foù 知府, on écrira plus fin, et ainsi de suite en diminuant le format de l'écriture,

海上絲綢之路文獻集成 科技與文化編

§ 4. *Cérémonial des visites.*

En général, dans une visite un peu solennelle, on fait demander audience par l'envoi de sa carte. Si la visite est acceptée, le maître de la maison donne une réponse verbale : *je recevrai M. un tel; sa visite me fera plaisir.* Si la visite n'est pas agréable, on fait répondre que l'on est absent. On rend la carte de visite en disant : **Taó tă poŭ kàn tāng** 倒達不敢當.

Lorsque l'on rend visite, sans avoir prévenu d'avance, on envoie quelques instants auparavant un domestique pour informer de son arrivée prochaine. On demeure dans son palanquin jusqu'à la réponse verbale. Si l'on est reçu, le concierge s'empresse d'ouvrir les deux battants de la porte du milieu 中門 **Tchōng mên**. Ce serait une impolitesse que de laisser entrer ou sortir par les portes latérales 耳門 **Eùl mên** (1).

L'hôte, convenablement vêtu, sort jusqu'à la porte pour recevoir le visiteur 忙出來相見 **Mâng tchoŭ laŷ siāng kién**. Les dignitaires reçoivent dans la salle même de réception. Les visiteurs d'un rang un peu élevé se font porter en palanquin jusqu'aux pieds de l'escalier qui conduit au salon de réception. Dès que le visiteur a franchi le seuil de la porte ou qu'il est arrivé près du salon, le maître de la maison dit : **Kieòu niàng** 久仰. *Il y a bien longtemps que je vous attends.* 久仰臺光無緣進謁 **Kieòu niàng tăy kouāng, oŭ yuên tsín yĕ.** *Depuis longtemps,* j'étais jaloux de faire votre connaissance, je n'avais pas trouvé l'occasion. 接芝宇果是不凡 **Tsiĕ tchē yû kò ché poŭ fân.** *Ce n'est pas une petite faveur que celle de votre visite.*

Si le visiteur vient pour la première fois, on dira : **Kieòu oûy** 久違. *Qu'il y a longtemps que je vous désire!* En dehors de ces cas, on dit : **Tsìn tsó** 請坐, en se plaçant à la droite, tant que l'hôte n'est pas en mouvement. Une fois en marche, c'est le côté gauche qu'il reprend, parce que c'est alors le plus honorable. **Tsìn chēn** 請升, *veuillez aller devant,* dit-il, et il accompagne le visiteur en se tenant un peu en arrière, si celui-ci est d'un rang élevé. Chaque fois qu'il y a une porte à franchir, le maître doit dire à l'hôte : **Tsìn** 請, afin qu'il entre le premier. Si celui-ci résiste, on insiste : **Tsìn siēn** 請先.

La salle de réception porte à volonté l'un de ces noms : **Kĕ fâng** 客房, **kĕ tín** 客廳, ou **kĕ hoúy** 客會. Les siéges de la salle sont, en général, rangés sur deux lignes parallèles, et couverts de tapis plus ou moins élégants. S'il y a des lits de camp (*dorsualia* 墊子靠背) avec escabeau pour les pieds, c'est le grand genre. Lorsque le visiteur est très-élevé en dignité, par

---

(1) Si le visiteur était un haut dignitaire, on devrait de suite envoyer à sa rencontre un domestique lui dire : **Poŭ kàn** : *Je ne suis pas digne d'un tel honneur.*

exemple, qu'il est vice-roi, les siéges de la salle ne doivent pas être égaux en nombre; on place, au milieu de la salle, un siége plus élevé et plus orné.

Dans les provinces du midi de la Chine, le côté sud de la salle est le plus honorable; c'est le contraire dans celles du nord. En Chine, voici le côté droit de la salle. Si la salle regarde le Midi, la droite est à la partie orientale; si elle regarde le Nord, l'Occident est le côté droit. Si elle regarde l'Occident, le Midi est le côté droit, le contraire pour l'Orient.

Dès qu'on est arrivé dans la salle, on se fait mutuellement les saluts d'usage. Selon la dignité, tantôt c'est le visiteur, tantôt c'est le maître de la maison qui le premier fait le salut appelé : **Tsŏ ÿ** 作揖. Quelquefois, c'est le salut appelé **Kŏ teŏu**. L'urbanité exige que celui auquel on va faire ce dernier salut, hôte ou visiteur, cherche à l'empêcher, en disant : **Poŭ kàn**. *Est-ce que j'oserais le permettre?* Ce salut terminé, le maître reprend aussitôt : **hoûy lỳ** 回禮. *je rends votre cérémonie*, et il rend le salut. Le visiteur ne manque pas de dire, au début : **Tĕ tĕ laŷ fóng paý** 特特來奉拜. *C'est exprès que je viens vous visiter.* Le maître répond : **Kieòu niàng** 久仰, ou **kieòu ouŷ** 久違. *Qu'il y a longtemps qu'on vous désire!* 爲何有此高興. *Quelle heureuse inspiration nous procure le plaisir de votre visite?*

Si l'hôte est un grand dignitaire, le maître de la maison peut lui dire : **Laô kiá** 勞駕, ou **yeòu laô** 有勞. *C'est une grande fatigue pour Votre Excellence!* Si l'on a reçu une faveur de l'hôte, on profite de l'occasion pour le remercier : **Tō sié** 多謝, ou **tō mông** 多蒙. Celui qui a accordé le bienfait répond alors : **siào ný** 小儀, *c'est un petit don*, ou bien encore : **Lỳ kĭn tsĭn ý tchóng** 禮輕情意重. *Le don est petit, mais l'affection et la volonté sont grandes.* Lorsque le visiteur a un peu retardé sa visite, il s'en excuse en disant : **Fóng paý tĕ tchĕ** 奉拜得遲. *C'est bien tard que je vous rends mes devoirs.* 多曠于禮 **Tō kouàng yû lỳ**. *J'ai bien manqué à la politesse*, ou 失敬 **Chĕ kín**, qui a le même sens.

Lorsque le maître de la maison a été surpris par une visite ou qu'il s'est fait attendre, voici les paroles d'excuse qu'il prononce en arrivant : **chĕ ŷn** 失迎, *j'ai manqué par ma faute à votre réception;* ou bien : **chĕ lỳ** 失禮, *j'ai violé les rites*, ou enfin : **kĭn mán** 輕慢, *je vous ai méprisé;* il ajoute aussitôt : **Tĕ tsoúy** 得罪. *C'est une grande faute de ma part.* L'hôte ne manque pas de répondre : **Poŭ kàn** 不敢. *Est-ce que j'oserais?*

Lorsque les salutations d'arrivée sont finies, le maître de la maison invite, en faisant un geste, son hôte à prendre le côté le plus honorable du salon. Celui-ci, par un acte de modeste courtoisie, s'empresse souvent de dire : *Oui, j'accepte, parce que nous faisons ici les rites du Nord :* **Pĕ lỳ** 北禮, *je suis donc à ma place. — Nullement,* réplique aussitôt le maître de la maison, *nous suivons ici les rites des provinces du Midi :* **Lân lỳ** 南禮, *vous êtes donc à la place qui* *vous convient.* — En visite ordinaire, la place d'honneur est la plus voisine de l'autel domestique.

Dans le salon de chaque famille chinoise, au fond de la salle, en face de la porte d'entrée, est un autel plus ou moins orné, selon la fortune de la famille. Sur cet autel sont les lares ou divinités domestiques et la tablette des ancêtres, **Lîn pây** 靈牌. Chaque jour, matin et soir, le chef de la famille ou son fils aîné, vient, au nom de sa famille, saluer ces dieux domestiques, brûler des cierges et des parfums en leur honneur, réciter des prières d'invocation et se recommander aux ancêtres.

Au moment où l'hôte va s'asseoir à la place désignée, le maître de la maison, par un nouveau raffinement de politesse, feint d'épousseter le siége avec le pan de sa robe. L'hôte, ce voyant, en fait autant au siége du maître de la maison, qui répond : **Kỳ kàn** 豈敢? *Est-ce que je le souffrirais?* On fait une petite révérence au siége et chacun prend sa place. Durant tous ces rites, la politesse ne permet pas de jamais tourner le dos à quelqu'un. On répète souvent cette parole : **Poŭ kàn.**

A peine chacun est-il assis à sa place que l'on se fait un profond **Tsó ỳ.** La politesse veut que l'on se tienne assis droit, sans s'appuyer contre le dos ou sur le bras d'un fauteuil. Chacun tient les mains sur ses genoux, les pieds un peu avancés. Il serait fort malséant de croiser les jambes. On ne doit pas non plus regarder de côté et d'autre.

La conversation s'engage d'une manière grave et, par conséquent, un peu lente. On souhaite la bonne venue au visiteur. **Laò yê, lǎ foŭ hiáng gān** 老爺納福享安. On peut dire aussi : **Koúy kēn** 貴庚, ou **kaō cheóu** 高壽? *Quel est votre âge respectable?* etc. 為何有此高興? **Ouý hô, yeoù tsé kaō hîn.** *Qui nous procure la haute satisfaction de votre visite, ou le plaisir délicieux de vous voir?*

A peine est-on assis au salon que les domestiques apportent le thé. Les tasses en porcelaine sont rangées sur un cabaret plus ou moins élégant nommé en chinois : **Tchă pân** 茶盤. Les feuilles de thé sont placées au fond de chaque tasse; on y a versé simplement de l'eau bouillante. C'est le grand genre. Si le visiteur est un personnage élevé, on apporte d'abord sa tasse *seule*, puis celle des autres hôtes sur un cabaret. Le maître, prenant la tasse des deux mains, l'offre à son hôte, en lui disant : **Tsìn tchă** 請茶. *Veuillez accepter du thé.*

L'hôte reçoit sa tasse, en la prenant avec les deux mains, et, se tenant debout : **Kỳ kàn** 豈敢. *Comment oserais-je?* Le maître de la maison offre ensuite une tasse à chacun des autres hôtes, en suivant l'ordre de la dignité. Tous les hôtes, ayant reçu leur tasse, se font un grand salut, en prenant garde de rien renverser, ce qui serait malséant. On boit lentement, sans découvrir la

海上絲綢之路文獻集成 科技與文化編

tasse, tous ensemble et en silence, afin d'être prêts à la remettre tous à la fois sur le cabaret. On dépose la tasse des deux mains, après que le principal hôte l'a fait lui-même.

Si la visite doit un peu se prolonger, on apporte du thé une deuxième et une troisième fois. On offre aussi quelques fruits confits ou des pâtisseries chinoises. On ne fait pas alors de nouveau le **Tsŏ ў** 作揖; on prend sa tasse des deux mains, et l'on se borne à un petit salut de tête mutuel.

Si l'on était à l'époque des chaleurs, le maître de la maison, faisant une inclination à la compagnie, dirait : **Tsĭn chán** 請扇, *veuillez prendre vos éventails.* Chaque visiteur est muni de cet instrument. On ne doit pas ouvrir l'éventail d'un seul trait, mais peu à peu; il convient de s'en servir avec grâce et lenteur. Selon la circonstance, le maître juge s'il est à propos d'ajouter : **chēn kouān** 陞冠. *Veuillez déposer vos bonnets.* Il est également reçu d'inviter parfois les hôtes à déposer les habits de dessus : **Tsĭn pién** 請便, lorsque les chaleurs sont très-grandes.

Si le visiteur avait quelque chose de particulier à dire ou à demander, il ne le ferait que sur la fin de la visite, s'y prenant comme s'il n'était pas venu dans ce but et disait cela par accident. Il emploie alors ces mots : **Tchĕn pān** 眕盼. *Seriez-vous assez bon pour écouter ceci?* Le maître de la maison répondrait : **Foŭ mín** 服命, *je suis à vos ordres.*

La conversation finie, le visiteur se lève et demande la prermission de se retirer, en employant l'une de ces expressions : **Kaó piĕ** 告別, ou **pìn mín** 稟命, ou **kaó tsĕ** 告辭. On salue le maître de la maison comme en arrivant. Celui-ci prend la gauche de l'hôte et le reconduit jusqu'au lieu où est déposé son palanquin, tout en s'excusant de ne pouvoir le reconduire plus loin : **Poŭ sóng** 不送. Le visiteur essaie de retenir le maître de la maison : *Est-ce que j'oserais? Veuillez retourner.* **Poŭ kàn** 不敢; **tsìn hoûy** 請囘, ou **lieôu poú** 留步. Le maître insiste : *C'est mon devoir de vous reconduire :* **Sóng sóng** 送送, ou **kaȳ sóng** 該送. L'hôte répète **tsìn hoûy** et **lieôu poú.** Arrivés à la porte, le maître et l'hôte se font encore le **Tsó ў.** Le maître se recule alors un peu sur le seuil de la porte et attend que l'hôte soit assis dans sa chaise ou soit remonté à cheval, en disant : **Heóu tchĕn** 候乘. Le visiteur, remonté dans sa chaise, salue une dernière fois le maître de la maison par ces mots : **Tsĭn leào** 請了. Le maître répète : **Tsìn leào.** Les adieux sont faits. Le cortége part là-dessus.

Si l'on a reçu la visite d'un dignitaire, on ne manque pas de lui envoyer sa carte dès le lendemain, **Sié laô** 謝勞, *pour remercier de la peine qu'on a prise de rendre visite.*

Dans les visites ordinaires, les cérémonies sont moins nombreuses. On présente au concierge sa carte de visite, **Tiĕ tsè** 帖子. En temps de deuil, on se sert de papier blanc. Dans ces visites, le maître de la maison ne se met pas en habit de cérémonie. Il se présente à l'hôte qui arrive à la salle de réception. On se fait mutuellement le **Tsŏ ỳ**, en s'adressant l'un des **souhaits ordinaires**:

恭喜恭喜 **Kōng hỳ kōng hỳ.**
發財 **Fă tsăy.**
受福 **Cheóu foŭ.**
享便 **Hiàng pién.**

Toutes les formules suivantes répondent à notre *bonjour français*, savoir : **Tsĭn tsó** 請坐; *veuillez entrer*, **tsĭn cháng** 請上; *veuillez monter plus haut*. Si le visiteur est un nouveau venu, on lui demande ses noms par une des formules d'usage. On offre le thé, le tabac, mais sans cérémonie.

事務順遂 **Sé oú chuén souý.** Vos affaires vont-elles bien?
生易好 **Sēn ý hào?** Le commerce prospère-t-il?
生易興隆 **Sēn ý hīn lông?** Le commerce marche-t-il bien?
貴庚 **Koúy kēn.** Quel est votre âge? ou
春秋幾何 **Tchoūn tsieōu kỳ hô?**

La visite terminée, on reconduit l'hôte jusque sur le seuil du salon, en lui disant: **Poŭ sóng** 不送. *Je ne vous reconduis pas. — Je me retire.* **Lieôu poú** 留步. *Quand vous reverra-t-on?* **Kỳ jĕ tsáy hoúy** 幾日再會, ou **heóu hoúy yeòu kỳ** 後會有期? *Nous espérons vous voir sans trop de retard.*

X. — DES PRÉSENTS.

Lỳ oŭ 禮物.

« Les hommes, dit l'Empereur **Kāng hỳ**, dans ses instructions aux Princes « ses fils, ne peuvent se dispenser de se faire mutuellement des présents. Il con- « vient que ce présent consiste en une chose utile ou que l'on sache être dé- « sirée par celui auquel on fait le présent. On prouve par là que l'on connaît le « goût de ses amis et qu'on veut les satisfaire. Envoyer à quelqu'un un pré- « sent quelconque et en renvoyer un du même genre, ce serait une sorte d'é- « change qui ne montre pas une véritable intention d'être agréable. »

On ne fait jamais, en Chine, une visite sans la faire précéder ou accompagner de quelques présents. La nature de ces présents varie, selon les personnages auxquels on les offre et selon les circonstances qui déterminent la visite. Il faut au moins cinq ou six sortes d'objets par présent. Il serait inconvenant d'offrir de petits présents à un grand dignitaire. Afin de faciliter le choix des présents que l'on peut offrir, les ouvrages chinois qui traitent de la civilité contiennent une longue énumération des objets que l'on peut offrir, groupés sous six chapitres. On peut en un instant fixer son choix, à volonté, selon son goût et sa fortune. Voici les titres de ces chapitres : 1° *vases et ustensiles;*

海上絲綢之路文獻集成 科技與文化編

2° *oiseaux et animaux*; 3° *comestibles et liqueurs*; 4° *vêtements et broderies*; 5° *fruits divers*; 6° *fleurs curieuses*. Aujourd'hui il est du bon goût d'offrir des objets européens qui, à cause de leur nouveauté, sont reçus avec faveur.

Dans les visites solennelles, l'offrande est envoyée quelques heures auparavant. Un domestique, en habit de cérémonie, va présenter les présents. 家人將禮物呈上 **Kiā jên tsiāng lỳ oŭ tchĕn cháng.**

Outre la carte de visite, il présente une liste des objets offerts, **Lỳ tān** 禮單 sur papier rouge, laquelle est placée dans une grande enveloppe : **Tsuĕn tiĕ** 全帖. En la présentant au nom de son maître, le domestique dit : **Lỳ pŏ** 禮薄 : *c'est un bien petit présent.*

Il est rare que l'on accepte tout ce qui est offert. On s'excuse avec politesse, **Poŭ kàn** 不敢. *Comment accepter?* **Tō sié** 多謝. *Mille remercîments.* On conserve le **Lỳ tān** 禮單, et l'on en remet un autre, également sur papier rouge, sur lequel on inscrit les noms des objets que l'on accepte. Si, par exemple, on choisit quatre espèces de présents, cela se dira : 點四色 **Tièn sé sĕ.** On renvoie le reste 餘者退出 **Yû tchĕ touỳ tchoŭ.** L'on remercie par ces quatre mots : **Yû tchēn pỳ sié** 餘珍璧謝, c'est-à-dire : *les autres dons sont des perles précieuses, je n'oserais y toucher; je vous remercie.* La règle est de donner quelque chose au domestique qui apporte les présents. Le renvoi des autres présents se dit : **Fàn pỳ** 反璧.

La politesse chinoise permet de refuser une première et une deuxième fois les présents qui sont offerts. Un troisième refus serait la marque d'une rupture des liens sociaux avec le donateur.

Le grand genre, lorsque l'on veut être agréable à celui auquel on offre un cadeau, est d'envoyer une simple liste d'objets. Celui-ci fait alors lui-même le choix des objets qu'il accepte, en marquant d'un cercle ces objets. Le donateur les envoie ensuite. On accuse réception, en marquant ce qu'on a reçu, et l'on ajoute : **Yû pỳ** 餘璧. *Le reste est chose précieuse.*

En offrant à quelqu'un un cadeau, on peut employer la formule suivante ou toute autre analogue :

« *Ces bagatelles sans valeur sont de bien faibles marques de mon sincère atta-*
« *chement. Si vous les repoussiez, ce serait exclure votre disciple du seuil de votre*
« *porte. J'ose espérer que vous voudrez bien les accepter comme un gage de sou-*
« *venir.* » 此須薄物聊展鄙忱若是帥臺鯱拒便是棄門在于門墻之外了萬望叱存足徵叔𨥈 **Tsé soū pŏ oŭ, leâo tchèn pỳ tchēn, jŏ ché sē tāy tsén kiú pièn ché kỳ mên sēn yū mên tsiāng tche ouáy leào ouán ouáng tchĕ tsēn, tsioŭ tchēn cheōu lôŭ.**

A quoi l'on peut répondre :

« *Je ne devrais pas recevoir de si grandes marques de courtoisie; mais, parce que*
« *vous me montrez des sentiments si affectueux, je ne puis qu'accepter un de ces*

« objets, et cela en rougissant. » 厚禮本不當受既賢契過千用情只得貴領也 **Heóu lỳ pèn poŭ tāng cheóu ký hiên ký kó tsiēn yóng tsîn tchè tĕ koúy lìn ỳ.**

Les mandarins suivent généralement la coutume de n'offrir que le catalogue des présents. Après que l'hôte a fixé son choix, les serviteurs du mandarin vont les chercher. Il ne convient pas de donner aux domestiques des mandarins des étrennes plus fortes que celles que les mandarins donneraient à nos propres domestiques. On aurait l'air de leur faire la leçon. Il faut, toutefois, en excepter le cas où les cadeaux seraient d'une valeur exceptionnelle.

Les amis intimes apportent quelquefois deux sortes de présents, l'une ordinaire, l'autre extraordinaire. Celle-ci consiste en objets précieux. On refuse avec instances ces derniers, par ces mots : **Pý sié** 璧謝. *Je n'oserais accepter.* Il y aurait de l'inconvenance à les accepter.

Lorsque l'on présente soi-même son cadeau, on fait d'abord les civilités ordinaires de la visite; puis on offre le **Lỳ tān.** Celui qui reçoit le cadeau le livre de suite, sans l'examiner, à un domestique, en remerciant poliment le donateur. La visite finie, on lit le billet et l'on reçoit ce qui convient. Si l'on accepte tout, on garde le **Lỳ tān** et l'on en envoie un autre pour accuser réception et remercier. Chaque fois que l'on accepte un présent, la politesse demande que l'on en rende soi-même un à une époque convenable.

Sur les présents, on voit toujours une carte en papier rouge, qui porte deux gros caractères chinois. Ces caractères sont expressifs et indiquent le motif qui détermine à offrir le présent. Ainsi, lorsque la personne à laquelle on offre un cadeau est sur le point de faire un long voyage, on écrit ces mots :

贐儀 **Tsín ngý.** *Présent de départ.*

Si le présent est offert à quelqu'un qui est de retour d'un voyage, on écrit :

洗塵 **Sỳ tchên.** Littér. : *Pour laver la poussière.*

Si c'est à l'occasion de l'anniversaire d'un jour de naissance, on écrit :

祝敬 **Choŭ kín.** *Don respectueux de congratulation et de vœux.*

Si c'est à propos de la mort de quelqu'un :

奠儀 **Tsín ngý.** *Doléances respectueuses.*

Lorsqu'on offre un cadeau en retour d'un autre qui a été reçu, on écrit :

厚貺 **Heóu hoúang.** *En retour d'un grand présent.*

Si le présent est offert par pure politesse, on dira :

贄敬 **Tchè kín.**
ou 贄見 **Tchè kién.** } *Don de première visite.*

Lorsqu'un haut fonctionnaire chinois va prendre possession de sa charge, les rites veulent que ses subalternes ou ses clients lui offrent un repas ou des cadeaux de départ. On dit alors : 餞行 **Tsién hîn.** *Don offert à l'illustre voyageur.*

海上絲綢之路文獻集成 科技與文化編

Si c'est un mandarin qui offre ce repas ou ce cadeau, on dit alors : 公錢 Kōng tsién.

Si ce sont des amis ou des clients : 私錢 Sē tsién.

Dans tous les cas énumérés ci-dessus, on ne doit jamais manquer de s'excuser d'offrir des présents d'une valeur aussi minime : 禮薄 Lỳ pŏ. *Présent de peu de valeur.*

XI. — DES FESTINS CHINOIS.

Les Chinois s'invitent souvent à des festins où ils se donnent des marques d'estime et d'amitié. Il y a les festins solennels et les repas ordinaires. En bonne règle, tout festin un peu solennel est précédé de trois invitations, qui se font par des cartes de visite. La première se fait l'avant-veille. La deuxième le matin même du jour du festin. La troisième à peu près à l'heure du festin. Dans cette dernière, on annonce que le repas est préparé et l'on manifeste l'impatience où l'on est de voir arriver ses hôtes. Si la carte d'invitation est du genre de celles qu'on nomme : Tān tiĕ 單帖, ou du genre : Tsuĕn tiĕ 全帖, on répond sur une carte du même genre.

Lorsque l'on accepte, on peut dire : « *Vous êtes vraiment trop bon! Je n'oserais refuser votre invitation.* » 老爺盛意不敢來領 Laò yê chên ý poŭ kàn laŷ lìn.

Si au contraire on refuse, on peut dire : « *Je ne puis absolument pas accepter. Présentez mes respects et mes remerciments à votre maître et veuillez remporter ce billet.* » 這个斷不敢領,煩管家與我拜上多謝了原帖煩管家拿去 Tchĕ kó touán poŭ kān lìn fân kouān kiā yù ngò páy cháng tō sié leào, yuèn tiĕ fân kouān kiā lâ kiŭ.

Après la troisième invitation, on part, revêtu des habits de cérémonie, selon la saison. Un domestique précède quelque peu le convoi pour annoncer l'arrivée; les autres accompagnent la chaise du convive.

La salle du festin est parée de vases de fleurs, de peintures, de cartouches élégants et spirituels, de porcelaines, etc. Chaque table est revêtue de parements sur le devant. Les siéges sont couverts de tapis ou de fourrures.

En recevant chacun des convives, à l'entrée de la salle, le maître de la maison les salue les uns après les autres, en leur faisant le Tsó ў 作揖. Quand tous sont arrivés, il se fait servir du vin dans une tasse, qu'on apporte sur un cabaret. Il prend la tasse des deux mains, fait un salut à tous les convives; puis, se tournant vers la grande cour du logis, il s'avance sur le devant de la table. Là, il élève la tasse comme s'il l'offrait au Ciel, en tenant en même temps les yeux élevés en haut; puis il verse un peu de vin à terre, pour reconnaître que tous les biens et tous les dons nous viennent du Ciel.

Il se fait servir ensuite du vin dans une autre tasse, salue le plus honorable des convives et place cette tasse sur la crédence qui est à ses côtés. L'hôte répond à cette civilité en faisant des difficultés pour l'accepter : **Poŭ kàn** 不敢. *Comment oserais-je?* Lui-même se fait servir du vin et le porte à la place du maître de la maison qui, en Chine, est toujours la dernière.

Le maître de la maison conduit le premier hôte à son fauteuil, couvert de tapis ou de fourrures, et l'invite à s'asseoir : **Tsìn cháng tsó** 請上坐. *Veuillez prendre la place supérieure.* L'hôte s'excuse de prendre une place si honorable. **Kỳ kăn** 豈敢 *Est-ce que j'oserais?* Le maître du festin insiste : *Je vous en supplie, prenez cette place.* **Tsìn chēn cháng** 請升上. La place d'honneur est généralement décernée à un étranger, s'il s'en trouve un parmi les invités. Le maître de la maison, après avoir ainsi conduit les hôtes à leur place respective, prend la sienne au dernier siége de la table.

Un visiteur ne manque pas d'apporter quatre ou cinq rouleaux de papier rouge dans chacun desquels il met un peu d'argent ou des sapèques. L'un est destiné au cuisinier; l'autre au servant de table; celui-ci aux comédiens; celui-là aux musiciens; enfin, le dernier, aux porteurs de l'invitation. Sur chacun de ces rouleaux on écrit la destination.

Lorsque tous les hôtes sont rangés, arrive la troupe de comédiens, qui salue gracieusement les convives. Le chef de la troupe présente au premier convive une liste élégante, en papier rouge, sur laquelle sont écrits les titres des comédies. Le premier convive s'excuse souvent sur son mauvais goût et renvoie la liste au deuxième convive. Alors, comme pour couper court au différend, le chef de l'orchestre choisit une comédie, en montre le titre, et les autres hôtes approuvent. Immédiatement après, on commence le premier acte.

Le festin s'ouvre par le vin pur. Après avoir servi tous les convives, le maître d'hôtel salue d'un genou, en disant : *Messieurs, on vous invite à prendre chacun votre tasse.* **Tsìn laò yê mên kiù peỳ** 請老爺們舉盃.

A ces mots chacun prend sa tasse des deux mains, l'élève jusqu'au front, puis la baisse et la portant à la bouche boit lentement à deux ou trois reprises. **Tsìn kān** 請乾. *Buvez tout*, dit le maître de la maison. C'est ce qu'il fait le premier, en montrant qu'il a vidé sa tasse. Les hôtes inclinent un peu leur tasse vers le maître, comme pour lui montrer qu'on a obéi à ses ordres, et la déposent sur la table. On sert du vin plusieurs fois. *Nous allons boire à la ronde,* **Tsìn ỹ siûn** 請一巡. Ensuite, le maître dit : *Vous êtes priés, messieurs, de boire deux verres,* **Kín chouāng peȳ** 敬雙盃. Les hôtes s'excusent : *Nos forces ne le permettent pas,* **Leâng tchoûn** 量蠢. **Leáng tsién** 量淺. — *Ma tête est faible.* 實不得 **Tchĕ poŭ tĕ** ou 量窄 **Leáng tsĕ**. — *Veuillez nous excuser.* 請恕 **Tsìn choŭ**. *Non, je n'admets pas votre excuse; vous êtes très-forts,*

海上絲綢之路文獻集成 科技與文化編

Leâng hông 量宏. *Vos forces sont grandes,* 酒量大 **Tsieoù leáng tá.** *Vous êtes très-forts.* Les convives s'exécutent.

Chaque plat est apporté successivement. Après l'avoir disposé sur la table, le maître du festin, ou le maître d'hôtel, invite les hôtes à se servir : **Tsìn tsaý** 請菜 : *Veuillez vous servir.* Chacun prend alors les bâtonnets (**Kouáy tsè** 快子) des deux mains, les élève jusqu'à la poitrine et fait un salut de tête au maître, qui y répond, puis on se sert du mets qui vient d'être servi. Les mets chinois sont, en général, rangés en pyramides. Il ne convient pas de prendre au dessus, mais vers le milieu. On boit tous ensemble après chaque plat. Le nombre des plats varie selon la solennité du festin. Pour un festin ordinaire, on compte, au moins, 15 à 18 plats. On mange peu de chaque plat. Le maître du festin presse les convives à boire : *Vous cachez vos forces, messieurs,* **Tsāng sín** 臧性. Une fois, au moins, durant le repas, le maître sert lui-même du vin à chacun des hôtes : *Allons, messieurs, trois verres de vin font saisir une doctrine profonde,* **Sān peȳ tōng tá taó** 三盃通大道. Les hôtes se faisant presser la dernière fois, le maître du festin dit avec grâce : *Vous le voyez, messieurs, ma main se fatigue, en tenant ainsi le vase élevé,* **Tȳ hoû jên cheòu jouán** 提壺人手軟. Après que tous les plats ont été servis, on offre du bouillon de viande ou de poisson, et chacun en boit avec sa cuiller. Au moment de servir le riz, le maître du festin dit : *Messieurs, il est de règle de boire, avant le riz, trois verres de vin,* **Kién fán sān peȳ** 見飯三盃. Ensuite, on sert le riz.

Si les convives sont liés entre eux par l'amitié, le maître du repas propose de faire une partie du jeu de mourre : **Tsìn hoá kiuēn** 請譁拳. Si l'offre est acceptée : *M. un tel sera le régulateur du jeu,* **N. tāng kouān** 當官. Le maître, par politesse, commence avec l'un des hôtes. Peu après, il cède le tour à l'un des convives : **Kiāo kiuēn** 交拳. — *Il faut fixer la règle du jeu :* **Hìn tsieoù lìn** 興酒令. Celui qui perd est condamné à boire, chaque fois, une tasse : **Fǎ tsieòu ȳ peȳ** 罰酒一盃.

Après avoir joué quelque temps, on se lève de table et chaque hôte se lave les mains et la figure pour se rafraîchir. On se promène ensuite dans la cour, en examinant les fleurs et en fumant.

Dans les familles nobles, il existe un théâtre sur une des plates-formes du jardin. Il est du bon ton de faire jouer alors une pièce de comédie pour divertir les invités.

A la fin de la pièce de comédie, on se remet à table pour le dessert. Les cérémonies sont les mêmes. A la fin du repas, le maître du festin s'excuse d'avoir aussi mal traité ses convives : **Mô yeoù tsáy** 莫有菜. Les hôtes lui répondent : *Comment! Il y a beaucoup de superflu!* **Pìn oŭ** 品物 ou bien : **Yeoù yû** 有餘. — C'est alors que les domestiques de chaque hôte apportent les bourses à offrir, et on les place sur la table du maître, qui répond : Tō sié 多謝. *Bien merci!* Les hôtes : Poŭ kàn 不敢.

Le lendemain, les convives envoient leur carte pour remercier. Si le repas est ordinaire, on le fait avant de se retirer.

Si l'on avait été invité seulement à boire le thé, à ne prendre qu'une collation : Tièn sīn 點心, on dit : Siè tchă 謝茶. Le maître répond : *C'est de bien mauvais thé*, Tsoū tchă 粗茶.

Dans les repas ordinaires, les convives, levant les baguettes qu'ils tiennent par l'extrémité entre les deux mains, disent aux autres convives : Kiā kouáy sȳ 加快些, et, en déposant ses bâtonnets sur son écuelle, le maître dit : Chaò peý 少陪. *On vous a bien mal reçu.* — Les autres répondent : Tsìn lŏ tchoú 請落筷. *Permettez que nous déposions les bâtonnets.*

XII. — DE LA CORRESPONDANCE ÉPISTOLAIRE.

Le style de la correspondance épistolaire doit être plus ou moins élevé, selon la dignité de celui auquel on écrit. La variété du style épistolaire est donc fort grande. Nous traiterons ce sujet *ex professo* dans la deuxième partie de cette grammaire, au chapitre VII, qui a pour titre : *De la Littérature chinoise.*

Le choix du papier n'est pas indifférent en Chine pour les lettres. Plus on honore quelqu'un, plus on a soin de choisir un papier élégant. Il est du bon ton de prendre du petit papier et d'employer plusieurs demi-feuilles pour une lettre. L'entête de la lettre, les distances à garder entre les lignes, les caractères qui doivent ressortir du niveau de la ligne, ceux qui doivent être placés comme en interlignes et plus fins, tout cela est réglé par les rites de la Chine. Plus le caractère d'une lettre est petit, plus il est respectueux. Une chose fort importante est de donner à chacun les titres d'honneur qui lui sont dus.

Si l'on écrit à une personne élevée en dignité, on doit se servir d'un papier blanc qui ait dix ou douze replis à la manière des paravents. C'est sur le deuxième repli que commence la lettre. Il existe un papier spécial pour les suppliques à l'Empereur ou aux premiers dignitaires des grands tribunaux; c'est comme chez nous le papier dit *ministre.*

On a soin d'appliquer son sceau sur deux endroits d'une lettre, savoir : sur les premiers mots de la lettre et sur sa signature.

Les enveloppes des lettres chinoises sont comme de petits sacs recouverts d'une bande de papier rouge. La dimension de ces enveloppes varie selon la dignité de celui auquel on s'adresse.

Quant à la suscription de l'adresse, voici un modèle pour les lettres les plus ordinaires :

FACE DE LA SUSCRIPTION.

—

董 Tǒng
大 Tá　　面 miēn　煩 fân
老 laò　　呈 tchěn　交 kiaō
爺 yê　　　　　　四 sé
　　　　　　　　　川 tchouān

ou　入 joǔ　目 moǔ
ou　膝 sȳ　下 hiá
ou　臺 Taȳ　前 tsiěn
ou　足 tsioǔ　下 hiá

重 Tchǒng
慶 kín
大 Tá
足 tsioǔ

ou　内 louý　具 ký
ou　内 louý　詳 siáng

ou　玉 yǔ　展 tchěn　開 kāy　折 tsě
ou　升 Chēn　啟 kȳ
ou　親 tsīn　折 tsě　福 foǔ　剖 foú

TRADUCTION DE LA FACE DE LA SUSCRIPTION.

—

On regrette de vous donner la grande peine de faire parvenir cette lettre dans la ville de **Tá tsioǔ**, du département de **Tchǒng kín foù**, province du **Su-tchuen**. On vous prie de la remettre à Son Excellence **Tǒng**, en la déposant respectueusement en sa présence. Son Excellence l'ouvrira elle-même. Le nom de l'auteur de la lettre est écrit à l'intérieur.

REVERS DE LA SUSCRIPTION.

—

[illegible] 護 緘

八 Pǎ

月 yuě

初 tsoū

三 sān

日 jě

緘 封 固

TRADUCTION DU REVERS DE LA SUSCRIPTION.

—

Cette lettre a été écrite le troisième jour de la huitième lune. Elle est bien fermée et scellée.

FIN DE LA PREMIÈRE PARTIE DE LA GRAMMAIRE CHINOISE.

国家出版基金项目
NATIONAL PUBLICATION FOUNDATION

海上絲綢之路文獻集成

總主編　陳支平　陳春聲

科技與文化編 75

主編　王揚宗　葉　農

海峽出版發行集團
THE STRAITS PUBLISHING & DISTRIBUTING GROUP
福建人民出版社

本册目次

上海方言口語語法

（*A Grammar of Colloquial Chinese, as Exhibited in the Shanghai Dialect*）

〔英〕艾約瑟（Joseph Edkins）著

《上海方言口語語法》，英國艾約瑟著。艾約瑟（Joseph Edkins，一八二三—一九〇五），英國倫敦會傳教士。畢業於倫敦大學，一八四八年抵滬，曾協助墨海書館麥都思工作，後主持該館編輯出版事務。一八八〇年被中國總税務司赫德聘爲海關翻譯，先後活動於京滬兩地。此書係在滬西人學習漢語口語之語法教材。沿襲傳統西方語法著作框架，分語音、詞類、句法三部分，涉及上海話聲調及拼音形式、詞類及句式、對偶韻律等，多借鑒西人研究成果，參以己見，後附文理土白、本地聲韻表。據一八五三年上海版影印。

A GRAMMAR

OF

COLLOQUIAL CHINESE,

AS EXHIBITED IN THE

SHANGHAI DIALECT,

BY

J. EDKINS, B. A. UNIV. COLL. LOND.

OF THE

LONDON MISSIONARY SOCIETY.

SHANGHAI:

LONDON MISSION PRESS.

1853.

PREFACE.

Among works on Chinese Grammar, that of Prémare, written a century and a half ago, still stands preëminent. Besides a more extended knowledge, he possessed a better appreciation of the peculiar beauties of Chinese style, than any other writer on the subject. But it has been justly remarked that his work, abounding in good examples, is deficient in order, and the exhibition of principles. Remusat, in his accurate and learned work, has made great use of Prémare, but he has given less attention than his predecessor, to those numerous groups, in which ideas or sounds are repeated, and he says nothing on propositions. The deficiency that the reader of these works feels in the treatment of groups of words, has been pointed out by Bazin in his clever Essay on Colloquial Mandarin. He quotes the section on words, in Gutzlaff's Notices on Chinese Grammar, containing a classification of compound words. Partly from the suggestion of that work, and more from his own researches, he has constructed a comprehensive system of grouped words (mots composés).

The little work now in the hands of the reader, is an attempt to elucidate colloquial Chinese, by taking a limited field of enquiry, that of the dialect of a single district. By this means it has been hoped, something might be done to help the cause of Chinese philology, by collecting facts, which writers having a wider scope, have overlooked.

There are aids for the study of the southern dialects of China, but no one has yet written on the speech of the rich and populous province of Kiáng-nán. On Missionary and Commercial grounds, it is time that some attempt should be made to supply this want.

The mandarin student will meet with scarcely any new idioms here. Of words, there are a few tens not used in the fashionable colloquial. It is in sounds that the greatest variation exists, and an attempt has therefore been made to form a correct nomenclature for tones, and for the alphabetic elements of spoken words. For the latter, Sir W. Jones' system, as introduced by J. R. Morrison in the Chinese Repository, has, with a few necessary modifications, been adopted as by far the best.

For the tones, a new nomenclature is here proposed, based on their real character, as distinct from the arbitrary names, which, though they doubtless represented exactly the tones used by their author, are not applicable, except for convenience sake, to those of other dialects.

Upwards of twenty natural tones, from which each dialect chooses its own set, varying from four to eight, are here described. The early Roman Catholic Missionaries wrote much on this singular characteristic of spoken Chinese, but Bayer in his abstract of their system, in the Museum Sinicum, has not given a very intelligible account of it.

Attention has been paid throughout to the mode of grouping words, as a subject second to none in interest and importance. Some similarity, though an independent one, will be found here to the system adopted by M. Bazin.

The grammars of Morrison and Marshman, beside the excellent works already alluded to, have been of occasional service, especially the latter, which with all its diffuseness, is a useful and suggestive book.

The assistance of friends has been kindly afforded. To Dr. Medhurst special thanks are due, for revising the sheets as they passed through the press, thus adding much to the correctness of the work ; and to Rev. T. M'Clatchie, for material assistance in regard to the laws of Shánghái tones.

TABLE OF CONTENTS.

PART I.

ON SOUND, 1—61.

PART II.

ON THE PARTS OF SPEECH, 62—179.

PART III.

ON SYNTAX, 179—236.

海上絲綢之路文獻集成 科技與文化編

上海方言口語語法

RULES FOR USING THE ORTHOGRAPHY HERE ADOPTED.

1. The accent marks long vowels í, é, á, ó, ú, pronounced as in feel, fail, father, foal, fool.

2. Vowels not accented are the five short vowels corresponding to these ; e. g. in fin, fen, fan, fop, fun.

3. The remaining vowels are ü, ö, au, û, eu, pronounced as in könig, une, auburn, 書, 頭.

4. The initial consonants k, t, p, f, s, are pronounced high and with the pure English sound. When k, t, p, take an aspirate as in the pronunciation of some parts of Ireland and the United States, they are written k', t', p'. These with the vowels and h' a strong aspirate, constitute the upper series.

5. The initials g, d, b, v, z with ng, n, m, l, rh, a soft aspirate *h*, and vowel initials form the lower series. The italic k, t, etc. are to be pronounced two full musical notes lower than the roman k, t, etc. and are counted as the same with g, d, &c.

6. The nasals m, ng, n, without a vowel are italicised.

7. Final u when italicised is pronounced very indistinctly.

8. The superior commas on the left and right of a word, mark the second and third tones. Final h, k and g, indicate the short tone. Words not thus marked are all in the first tone. The series is known by the initial as in the native mode of spelling, 反切. S, M, C, R, denote Shánghái, mandarin, colloquial and reading sounds.

A GRAMMAR

OF THE

SHANGHAI DIALECT.

PART I.

ON SOUND.

Section 1. *Alphabet.*

1. The alphabetical symbols we shall need to employ are the following :—

Symbols.	Pronunciation and Examples.
á	as *a* in father ; 揩 k'á, *wipe ;* 拜 pá', *worship.*
a	as *a* in sand, or in hat ; 鉛 k'an, *lead ;* 蠟 lah, *wax.*
au	as in P*au*l, or as *a* in fall, or *o* in gone ; 老 'lau *old.* Aú expresses the mandarin sound.
b or *p*	as in 病 *ping'*, *sickness ;* 生 病 sáng bing', *to be sick.*
d or *t*	as in 道 *tau'*, *doctrine ;* 神 道 zun dau', *men canonized for their virtues.*
dz	a peculiar Chinese sound ; 盡 dzing', *exhaust.*
dzz	do. as *dze* in a*dze*. The comma marks the want of a distinct vowel ; 辭 dzz, *to leave.*
é	as *ai* in f*ai*l, or *a* in m*a*de ; 來 lé, *come.*
e	as *e* in led or let ; 十 seh, *ten.*
eu	nearly as *ou* in cousin lengthened ; 手 'seu, *hand.* Eú expresses the mandarin sound, as *ow* in c*ow*.
f	as in 夫 fú, or 轎 夫 *k*iau' fú, *chair-bearer.*

A

Symbols.	Pronunciation and Examples.
g or *k*	as in 其 *kí*, *he* ; 共衆 *kóng*‘ tsóng‘, *altogether.*
h	a feeble aspirate, often lost ; 合 *heh*, *combine* ; 皇 *hwong*, *emperor.* When quite lost, as in the latter word, we shall omit it.
h and h’	a strong guttural aspirate, nearly equivalent to *sh* when occurring before í and ü ; 海 ’hé, *sea* ; 喜 ’h‘í, *glad.* Before í and ü, the superior comma will be used.
í	as *i* in mar*i*ne ; 西 sí, *west.*
i	as *i* in s*i*ng or s*i*t ; 心 sing, *heart.*
dj	nearly as *j* in *J*une ; 序 djü‘, *preface.* This sound may also be read *z*. The natives use either.
k	古今 ’kú kiun, *ancient and modern.*
k’	a strongly aspirated sound. It is often mistaken by foreign ears for *ts’* or *ch*, but should be carefully separated from them in pronunciation ; 空 k’úng, *empty* ; 去 k’í‘, *go.*
l	禮 ’lí, *propriety.*
m or *m*	米 ’mí, *rice* ; 唔沒 *m* méh, *there is no more.*
n	女 ’nü, *woman.*
ng or *ng*	a nasal consonant used at the beginning or close of a syllable. When no distinct vowel sound accompanies it, it is marked *ng* ; 江 kong, *river* ; 我 ’ngú, *I* ; 五 ’*ng*, *five.*
a*n*, e*n*, û*n*	a slight nasal best heard before another word ; 但 *tan*‘, *but* ; 敢 ’ké*n*, *dare* ; 幹 kû*n*, *dry* ; 算 sû*n*‘, *count* ; 搬轉 pé*n* ’tsé*n*, *to whirl round.*
ó	as *o* in g*o* ; 怕 p’ó‘, *fear.*
o	as *o* in g*o*ng and g*o*t ; 當 tong, *ought*, *bear* ; 落 loh, *fall.*
ö	as ö in Göthe ; 端 tön *correct* ; 看 k’ön‘, *see* ; 奪 töh, *rob.*

Symbols.	Pronunciation and Examples.
p	比 'pí, *compare.*
p'	as p with a strong aspirate; 譬 p'í‘, *like.*
rh	a peculiar Chinese sound, the same as in mandarin; 而 rh, *and.*
s	所 'sú, *which, therefore.*
sz	a peculiar Chinese sibilant, pronounced as in mandarin, and nearly as *se* in cas*tle*, whis*tle*, t. l. being supposed omitted; 詩 sz, *poetry.*
t	多 tú, *many.*
t'	as t with a strong aspirate; 拖 t'ú, *to draw.*
ts	做 tsú‘, *do.*
ts'	the last strongly aspirated; 秋 ts'ieu, *Autumn.*
tsz	a peculiar Chinese sibilant, pronounced as in mandarin, as *ts* in ha*ts*; 子 'tsz, *a son*; 知 tsz, *know.*
ts'z	the above with a strong aspirate; 雌 ts'z, *female.*
ú	as *u* in *rule*; 素 sú‘, *common, plain.*
u	as *u* in *run*; 門 mun, *door*; 等 'tung, *wait.*
ü	French u as in vert*u*; German ü as in Tübingen; 虛 h'ü, *empty.*
û	處 ts'û‘, *place.* This vowel is between ó and ú.
v or *f*	佛 *f*eh, *Buddha*; 房 *f*ong, *house.*
w	光 kwong, *light*; 王 *w*ong, *king.*
y	右 *y*eu‘, *right-hand*; 要 yau‘, *to want.*
z or *s*	象 *s*iáng‘, *elephant*; 坐 zú‘, *sit.*

An apostrophe ' preceeding the word, denotes the second tone.

A comma ‘ following the word, denotes the third tone.

The fourth tone will be uniformly written with *h* final.

Words left unmarked are in the first tone.*

* The further subdivision into upper and lower tones needs no mark, being indicated uniformly by the initial letter. Thus, b, g, d, z, l, m, n, r, and any letters italicized are in the lower tone; other initial letters denote upper tones. There are a few exceptions which will be noted afterwards. A *final* italic letter denotes a nasal.

海上絲綢之路文獻集成 科技與文化編

2. Mandarin pronunciation wants several of these sounds. Among the vowels, the short a and e together with û are omitted, and aü, eu, are lengthened into aú, eú. Among the consonants, b, d, g, dj, *m*, *ng*, *n*, dz, dzz, v and z are wanting.

3. The Shánghái dialect is deficient in the sh, ch and soft j of mandarin and of Sú-cheú pronunciation.

4. Of the above sounds, those foreign to the English language, and therefore needing particular attention, are the following :—

Of vowels, *eu* as in 口 'k'eu, *mouth* ; ö as in 安 ön, *rest*. û as in 鑽 tsû*n*, *to bore*. A final r should be carefully avoided in these three sounds. Oe is not so common in this dialect as in that of Sú-cheú, where it occurs in 船 jö*n*, *boat*, 滿 'mö*n*, *full*, etc. etc. also ü, French u. This is often convertible with û. 書 sû. *book* is pronounced sü at Súng-kiáng and to the east of the Hwáng-p'ú, while it becomes sz in Paú-shán district.

Of consonants, the sibilants sz, tsz, dzz, with rh, and the nasals *m*, *n*, *ng*, also the strong aspirate h' : the three aspirated mutes p', k', t', and ng at the beginning of a syllable.

5. The native arrangement of the alphabet, as found in the tables prefixed to K'áng-hí's Dictionary, is borrowed from the Sanscrit.* The natural order of the letters as formed by the organs of speech, is as far as possible preserved, and the system adopted contrasts advantageously with the irregularity of the English and other alphabets. The pronunciation there registered is what Chinese authors call the 南音 Nán yin, *Southern pronunciation*, as it was early in the Christian era. It probably agrees in the main with the modern speech of Sú-cheú, Háng-cheú, and the surrounding cities. That the pronunciation of Sháng-hái is one of its dialects, appears from the slightest examination of the tables in question. It is

* Vide Preface to Morrison's Dictionary, and Marshman's Clavis Sinica. None of the western alphabets appear to have been so scientifically arranged as the Sanscrit.

characterized by the same division into Yin and Yáng. i. e. hard and soft, or thin and broad consonants, which form the basis of arrangement, in those tables, and agrees in many of the details. Vide Appendix on K'áng-hí's tables of Initials and Finals.

6. In the native system, while the consonants are accurately distinguished, the initial vowels are placed together, under only two heads. In this respect, therefore, we depart from it in the following table. The initials sh, zh, ch, f', and some others are also omitted as not applicable to our dialect. The imperfect nasal consonants are inserted, though as local variations they have no place in the native tables. In naming the classes, western terms have been adopted.

Tabular view of the alphabetic sounds of the Shánghái dialect.

Fifteen vowels.

Quantity of syll.	Value	
long or short	á	*father*
do.	a	*hand, back*
long	au	*Paul*
do.	é	*May*
short	e	*let*
long	eu	*cousin*
do.	í	*marine*
long or short	i	*sing*
do.	ó	*go*
do.	o	*long, lock*
do.	ö	*Göthe*
long	ú	*rule*
long or short	u	*sun, suck*
long	ü	*Tübingen*
do.	û	as in 書 sû

Thirty three consonants.

	High		Low		
	Thin	Aspirated	Broad	Nasals & liquids	Imperfect nasals
Mutes	k	k'	g	m	*m*
	t	t'	d	ng	*ng*
	p	p'	b	n	*n*
Labio-dentals	f		v		
Sibilants and aspirates	s		z		
	sz		zz		
	ts	ts'	dz		
			dj	ni	
	tsz	ts'z	dzz		
	h'		*h*		
Semi-vocals				l	
				rh	

If from these consonants, we subtract the combinations of t and d, with s and z, the aspirated mutes, and ní, as capable of resolution, there remain twenty three in all. Of those that are left, sz and zz may also be supposed to be made up of s, z, and an indistinct vowel heard in English after the l of beetle, needle, etc.

Section 2. On the Tones.

7. In order to determine the position of the Shánghái *patois* among the dialects of China, something must be said on tones generally. We have therefore given to the discussion of this subject, a place at the beginning of our inquiries. Chinese pronunciation may for our present purpose, be considered in three or more general divisions, according to the number of tones.

(1.) The first of these is the Northern mandarin, 北音 Pih yin, where five tones are in use. It is the pronunciation of the Emperor's court, and professedly of the government officers throughout the empire. It is also spoken in considerable purity in the parts north of the Yellow River (hence its name), and in the provinces of Hó-nán, Sz-ch'uen Kwei-cheú and Yün-nán.

(2.) The second is the Southern pronunciation, 南音 Nán yin, spoken in the part of Kiáng-sú, that is south of the Yáng-tsz'-kiáng, in Cheh-kiáng and part of Kiáng-sí. This is the pronunciation followed in the Dictionaries, from K'áng-hí upwards, nearly to the Hán dynasty.* The tones are four in number, each subdivided into kaú and tí, upper and lower, or as they are also denominated yin and yáng, feminine and masculine. These upper and lower series of tones are also distinguished, by different initial consonants, the one taking such as those in the first two columns, in Table, Art.

* Vide in K'áng-hí, the Fán-ts'ih spelling, quoted from the previously existing Dictionaries. In K'áng-hí's table, the former model is to some extent departed from, in favour of the Northern mandarin. The terms 北音, 南音 are common both in books, and in the conversation of the natives.

海上絲綢之路文獻集成 科技與文化編

6, and the other the remainder. The variations that exist even between contiguous districts, are very numerous, a circumstance which furnishes a mark of distinction between this part of China and the mandarin provinces, where orthographical differences are few. These variations however are more in words than sounds.

(3) The pronunciation of the other provinces presents many extensive departures from the true mandarin. The tones are seven or eight in number, and are often found inverted in position, as well as contradictory in nature to the names they bear. These dialects need classification, but that is not part of our field of inquiry. The Fúh-kien and Canton dialects have long been the subject of foreign study, and have received abundant illustration. Ngán-hwei stands alone in its eccentricities of pronunciation. Hú-kwáng and its adjacent provinces are said to be much nearer to the recognized alphabetic form of mandarin, than either these or the dialects under our second division.

8. The tones may be partially described according to their natural character. In attempting this, we intentionally avoid for the present, the usual Chinese terms 平上去入 *ping*, záng', k'ü', zeh, because, being the same in all dialects, they do not in the majority of cases, represent the actual effect of the sounds on the ear. When first adopted they must have represented the tones of the dialect, most probably the accredited mandarin of the time, spoken by the writer who selected them. But when applied according to universal practice, to the sounds given to the same characters in other parts of the empire, they convey no idea of the actual pronunciation. The descriptions given of the tones by native authors, must of course be taken with this modification.

A. *Upper acute tone.* We pronounce monosyllabic words, when speaking with moderate emphasis, in a quick descending tone. It is heard in commands as Gó, Fíre, Go at ónce. In naming any object, English speakers usually adopt this intonation for a monosyllable, or the penultimate of a dissyllable. It might be called the affirmative tone. It represents the 上平 záng' bing, or upper first tone at Sháng-hái and Sú-cheú, as 天 t'íen, *heaven* ; while in the dialect of Amoy, it is the second, and in the mandarin of Pe-king, the third tone.

B. *Upper even tone.* This is a sound without deflection like a long note in music, and is not so common in English conversation as the former. When high in key, it is in Sháng-hái the upper second tone, as in 水 sz *water*, 火 hú *fire*, 土 t'ú *earth*. In Sz-ch'uen mandarin, and in the Fúh-kien of Amoy, it is the upper first tone.

C. *Upper quick rising tone.* This is nearly like the *staccato* of musical notation, and is usually heard in interjections of surprize and indignation, and frequently in questions. If quick and high, it is in Sháng-hái the upper third tone, as 信 sing *a letter*, 菜 ts'é *vegetables*. In K'ái-fóng-fú mandarin, it is the upper first tone.

D. *Upper slow rising tone.* This is a prolonged intonation rising more slowly than the last, and is not needed for the Sháng-hái dialect.

E. *Upper short tone.* This is the intonation of syllables short in quantity. Long and short quantity may be predicated of vowels or of syllables. In Latin, the short *ă* of *măgis*, becomes long by position in *magnus*. The converse of this example takes place in Sháng-hái pronunciation, where the long and short *a* and *o* are all found in a short tone.* In such cases, we write them all with a final *h ;* the presence or absence of the accent marking the quantity of the vowel, while that of *h* marks the quantity of the syllable ; as in 濕 sáh, *wet ;* 薩 sah, in *Pú sah, disciple of Buddha ;* 哭 k'óh, *weep ;* 惡 oh, *wicked.* This tone might be divided into two, as it ascends or descends ; but as only the former occurs in

* If different symbols were invented for the long and short vowels, so that syllables only should be considered long and short, this anomaly would disappear. All alphabets are deficient in vowel marks.

海上絲綢之路文獻集成 科技與文化編

Sháng-hái sounds, we count only one of these, to avoid too great subdivision.

F. *Lower acute tone.* In proceeding to tones in a lower pitch of voice, we enumerate them in an order corresponding to that followed above; thus the same natural description, except as regards key, will readily apply to them. The lower acute tone is not needed for the Sháng-hái sounds, except in cases of combination. In the Sú-cheú dialect, it represents the lower second tone, while in Fúh-kien, if set very low, it will be the upper third tone.

G. *Lower even tone.* A low musical sound without deflection. It is the lower first tone at Shánghái, as in 能 nung, *can.* 埋 má, *bury.* In the mandarin of Pe-king and Nán-king, it is the upper first tone; while in the Fúh-kien of Amoy, it is the lower third tone.

H. *Lower quick rising tone.* This intonation is nearly that of any common word, when spoken interrogatively, as I? Yes? Indeed? It is the lower third tone of Sháng-hái, and the lower first of Pe-king, Nán-king and Amoy.

I. *Lower slow rising tone.* This is the intonation of remonstrance as in "Et tù Brute," if *tù* were spoken in a deep and rather lengthened tone. So in many antithetical sentences, as "We seek not yours but yoú," the former accented word is in a low slow rising tone, and the latter in a quick falling tone. Writers on Elocution mark them with the grave and acute accents respectively.

J. *Lower short tone.* The remarks appended to the corresponding upper tone apply also to this. 學習 *h*oh dzih, *to learn and practice.*

K. *Upper circumflex.* This is an intonation high in key and having two deflections, apparently ascending and descending. It may be quick or slow in time. It is not used in Shánghái pronunciation. When slow it is the second tone of Nán-king.

L. *Lower circumflex.* This corresponds to the preceding in character and time, but differs from it in key. When

B

quick, it is the lower first tone of the district east of Sú-cheú.

9. While selecting most of their tones from those thus described, some dialects would require a more minute subdivision, and perhaps two high and two low divisions of each series might be found necessary. The preceding arrangement however, will be sufficient to give some conception of the variety of tonic effects, whether harmonious or discordant the listener must judge, existing in the speech of China. If it be recollected that independently of these differences in tones, there are also numberless variations in the alphabetic form of the sounds, an accurate knowledge of so Protean a language might seem unattainable, were it not that the characters are everywhere the same. What one pronounces in a high shrill accent, and another in a prolonged whine, and another in a low musical intonation, they all write in the same form ; and if asked what is its tone, they give the same reply.

The Chinese have themselves described the tones according to their natural character. We quote the following translation of some verses in K'áng-hí's Dictionary, from Medhurst's, Hok-kien Dictionary.

"The even tone travels on a level road, neither elevated nor depressed.

"The high tone exclaims aloud, being fierce violent and strong.

"The departing tone is distinct and clear, gruffly travelling to a distance.

"The entering tone is short and contracted, being hastily gathered up."*

This description must be taken as answering to the tones spoken by the native writer from whom it is taken.

10. The terms used by the Chinese to describe sounds in reference to tones, are such as—

* 平聲平道莫低昻
上聲高呼猛烈强
去聲分明哀遠道
入聲短促急收藏

海上絲綢之路文獻集成 科技與文化编

高低 kau tí, high and low (*key of the tone*).
陰陽 yun yáng, high and low (*key of the tone.*)
緩急 wén' kih, slow and quick (*time of the tone*).
平仄 ping tsáh, even, deflected. 仄 is further divided into 上去入 záng', k'ü', zeh, rising, departing, entering.

To these we add to express quantity apart from tone :—

長短 dzáng 'dön,* long and short (*time in reference to the syllables*).

These terms include all the principles, on which our arrangement of natural tones has been made : thus—

The first two pairs define the upper and lower tones.

The third pair embraces differences in time, the quick and slow tones.

The fourth pair includes even tones and those having deflections, which may rise or fall, and be one or two in number.

The fifth pair distinguishes the three first tones from the fourth.

We gather from an article in the Chinese Repository on the Birmese and Shán languages (Vol. V. page 71), some facts respecting tones as employed in those countries, that are too interesting to the student of tones to be omitted here. The Sháns, inhabiting the country that separates Birmah from China, have two deflected tones rising and falling respectively, two tones short in quantity also rising and falling, and a low even tone.

The Birmese have the two deflected tones, and one short tone.

The Shán language is fundamentally the same as the Siamese, which also has tones.

There is no difficulty in identifying these intonations, although described in so few words, with some of those used by the Chinese as above detailed.

---

* This is one of the words where d is heard in the upper series instead of t. Other cases of departures from the usual law will be subsequently pointed out.

11. TABLE OF TONES IN SEVERAL DIALECTS.* †

i. MANDARIN TONES. 北音

Tones.	Nán-king teacher.	Pe-king teacher	Hó-nán Jews.	Shán-tóng beggars.	Sz-ch'uen teacher.
Upper first, 上平	l. e.	l. e.	u. q. r.	u. q. r.	u. e.
Second, 上	u. s. c.	u. s. r.	u. q. f.	u. q. f.	q. f.
Third, 去	{l. s. r. / q. f.	q. f.	l. s. r.	l. s. r.	l. s. r.
Fourth, 入	sh.	sh.	{u. q. r / u. q. f / l. s. r.	l. s. r. &c.	sh.
Lower first, 下平	q. r.	l. q. r.	l. q. f.	l. q. f.	l. e.

ii. KIANG-NAN AND CHEH-KIANG. 南音

	Tones.		Sú-cheú.	Sháng-hái	Ning-pó.
Upper Series.	First,	上平	u. q. f.	u. a.	u. q. f.
	Second,	上上	u. e.	u. e.	u. q. r.
	Third,	上去	u. s. r.	u. q. r.	u. e.
	Fourth,	上入	u. sh.	u. sh.	u. sh.
Lower Series.	First,	下平	l. q. r.	l. e.	l. s. c.
	Second,	下上	l. q. f.	l. s. r.	l. q. r.
	Third,	下去	l. s. r.	l. q. r.	l. s. r.
	Fourth,	下入	l. sh.	l. sh.	l sh.

iii. FUH-KIEN.

Tones.	Amoy and Cháng-cheú.
Upper first.	u. e.
do. second.	u. q. f.
do. third.	l. f.
do. fourth.	l. sh. f.
Lower first.	l. q. r.
do. second.	u. q. f.
do. third.	l. e.
do. fourth.	u. sh. f.

* u. upper. l. lower. r. rising. f. falling. q. quick. s. slow. e. even. c. circumflex. sh. short.

† Corrections will doubtless be necessary in this table, which an

上海方言口語語法

12. We have placed Nán-king, among those that belong to the 北音 or Northern mandarin division. A native author* says, that this city and two others 淮陽 Hwái *yáng* and 徐海 Sü hái use the northern pronunciation. The lower classes however, of Nán-king speak a dialect, which in regard to the two series of consonants, is essentially like the rest of Kiáng-sú.†

The tonic Dictionaries, or phrase books for writing poetry and others compositions, have the modern mandarin number of tones viz. five. The large Dictionaries are uniform we believe in the adoption of the pronunciation in our (ii.) division, as their basis of spelling. They usually speak of only four tones, distinguishing the upper from the lower by the initial letter. This is also the universal practice among the educated class vivâ voce. They do not speak of 帝 tí' *emperor*, and 地 dí' *earth*, as different in tone, the one the upper third tone, the other the lower, but as different in the alphabetical form tí, dí.

The division into eight tones is preferable for a foreign reader, because (1) there is a difference in elevation of voice, 帝 tí' being we believe at an interval of a fourth in the musical scale more or less, higher than 地 dí'.‡ (2) Although the third and fourth tones, upper and lower, are deflected at Shánghái in a similar way, so that they may be regarded as the same tones, this is not the case with the first and second, which differ decidedly in character.

The fourth tone in the 北音 Póh yun, class (i.) is in many parts of the Northern provinces, long in quantity. The words included under it are distributed among the other tones, and must be learnt separately, in order that they may be correctly pronounced ; e. g. of words written *chúh*, some such as 竹、竺、燭 are at K'ái-fóng-fú in the upper first tone, while 軸、祝、昨 are in the lower first tone.

extended experience would point out. A considerable time is required to form an accurate notation for differences of tóne in any new dialect. All that is intended here, is to aid the student in understanding the nature of some of the chief variations in a few districts.

* Vide 李氏音鑑

† The Nán-king dyers, who are numerous at Shánghái, do not speak by any means a pure mandarin.

‡ In an ingenious paper in the North China Herald not long since, giving the musical notation of the Shánghái tones, the interval was placed at an octave.

This observation does not refer to the standard pronunciation of Peking. In that city, the 入聲 júh shing is short.*

SECTION 3. ON THE SHANGHAI TONES.

13. We shall illustrate the tones one by one with numerous examples, adding a translation for the use of those who wish to acquire at the same time, a vocabulary of common phrases. We have hitherto regarded tones as they are heard, when the sound is enunciated emphatically and single. But

* The analogy between the Chinese tones and the Greek accents probably led the Catholic Missionaries to call the former *accentus*. The distinction between accent and quantity which existed in Greek, has been found also in Sanscrit in the Vedas. (vide Bopp's Sanscrit Grammar, section 30.) In both, there were three accents, acute, grave and circumflex. The grave is described as the negation of the acute, and to be understood where that mark is not written. The acute was a rising in tone; while the circumflex is said to have raised and depressed the tone on the same syllable. (vide Valpy's, Greek Grammar.) Taking accent and quantity together, we obtain four distinctions of sound, which is the nominal number of tones in Chinese. The fundamental difference in the structure of polysyllabic and monosyllabic languages prevents the analogy from being carried far; the tones in the one case being fixed to syllables, and in the other to words. But when it is remembered that those two branches of the great Indo-European stem are among the most ancient of languages, not much later in origin than the Chinese itself, and one of them its geographical neighbour, the fact of these delicate differences of sound existing till now in that language, becomes interesting as throwing light on some of the most precious remains of the literature of the past. Grammarians would not speak with such hesitation as they do, when describing these peculiar intonations of the civilized races of the old world, if they had heard and could discriminate the Chinese tones. Some late speculations on the change in language-forming power that has taken place in modern times, have referred to the gradual diminution of inflexions in new languages, and to other circumstances, as instances of it. From these has been argued the decay of a certain faculty once possessed by the human race. The limited use of accents fixed to words in newly-formed languages, may be viewed as another illustration of that curious theory. (vide Edinburgh Review, October, 1851, page 330.) Clearly-marked alphabetical differences, are now preferred to those nicer distinctions of sounds, which perhaps were familiar alike to the most cultivated branches of the great Arian family, and to the ancient and modern Chinese. It may be added that the use of many of the Hebrew accents is but imperfectly known in modern times.

there are certain changes which occur in combinations of two or more words in rapid conversation, which can be only explained by examples of such groups arranged in separate columns. In the observations appended to each table, the more prominent of these variations will be pointed out, and the place of the accent determined.*

The vowel marks employed in this work are repeated here, that the eye of the reader may be familiarized with them :—

Long vowels.		Short vowels.		Other vowels.	
á	r*a*ther.	a	s*a*ng.	au	P*au*l.
é	r*ay*.	e	s*e*t.	eu	as in 頭 *t*au.
í	r*ea*d.	i	s*i*ng.	ö	Göthe.
ó	r*oa*d.	o	s*o*ng.	ü	vert*u*.
ú	r*u*de.	u	s*u*ng.	û	as in 書 *sû*.

In writing mandarin, the following will also be used :—

aú *á, ú*, combined. Prolongation of au.

eú *cow*. Prolongation of eu.

ei kine. The Greek ei.

The accents denote long vowels, and a symbol is never used for more than one sound. This is the principle of the orthography usually called Sir W. Jones' system. It was proposed in 1836 in the Chinese Repository, (vol. 5. page 22.) for application to the Chinese language. For this part of China, modifications are needed in the details, and hence the differences in the system here adopted, from that described by the writer of that article, in Williams' Chinese Vocabulary, etc.

The long vowels all have, what is called in England, the Italian pronunciation.

The sound eu is something like the French *eu* in dou*leu*r, or the common short English u as in b*u*n prolonged. For the corresponding mandarin sound eú as in 口 'k'eú, Premare uses eou, and Klaproth eu ; from them we have borrowed it. In the lengthened form,

* In an Essay on the Hok-kien tones by the Rev. S. Dyer of Malacca, descriptions of them with a musical notation are given. Tables of examples for groups of two like those we now give, but without the Chinese characters, are annexed.

it is a diphthong eú or uú, as in English c*lou*d. The shorter form eu has no exact English equivalent.

14. *The upper first tone.* This being the common quick falling sound, usually given in English pronunciation to any monosyllable when standing alone, and spoken with emphasis, can scarcely be wrongly enunciated, except in combination.

瓜 kwó, *melon.*	鍾 tsúng, *bell.*
風 fóng, *wind.*	多 tú, *many.*
輕 k'iung, *light.*	飛 fí, *to fly.*

Medhurst when describing this sound in another dialect says, it is "a high shrill tone of voice, pronounced with strength and rapidity." vide Hok-kien Dictionary.

That it may be readily compared with the other tones, by such as have a native assistant at hand, we append here some examples of the same alphabetical sound, varied according to the four upper tones.

希 喜 戲 歇 hí 'hí hí' hih.
多 㛆 覩 篤 tú 'tú tú' tóh.
枯 苦 課 哭 k'ú 'k'ú k'ú' k'óh.

In the fourth word of each series, the vowels change, í into i, and ú into ó. The Chinese regard them as different only in tone; to a foreign ear, the difference is one both of time, as the syllables are long and short, and of vowel sound, as the long *i* becomes short *i*, and long *u* becomes long *u*.

15. In our examples of combination, we give first those which take the upper first tone in the penultimate. (p. s. k. j. in roman type, represent the four upper tones in their order; in italic type, the lower.)

Tones.		Place of the Accent.
p. p.	今朝 kiun tsau, *to-day.*	ult.
	相公 siáng kóng, *sir, husband.*	"
	工夫 kúng fú, *work.*	pen.
	當中 tong tsóng, *in the middle.*	ult.
p. s.	天頂 t'íen ting, *the zenith.*	"
	多少 tú sau, *how many?*	"
	恩主 un tsû, *benefactor.*	"

海上絲綢之路文獻集成 科技與文化編

上海方言口語語法

Tones.			Accent.
p. k.	眞正	tsun tsung, *truly.*	ult.
	相信	siáng sing, *believe, be fond of.*	„
	聲氣	sang k'i, *sound of voice.*	pen.
p. j.	中國	tsúng kóh, *China.*	„
	灣曲	wan k'ióh, *winding, crooked.*	ult.
p. *p.*	中原	tsóng niön, *China.*	„
	天堂	t'ien dong, *heaven.*	„
	差人	ts'á niun, *a messenger.*	pen.
p. *s.*	天理	t'íen lí, *heavenly reason.*	ult.
	裝滿	tsong mén, *to pack full.*	„
	新米	sing mí, *new rice.*	pen.
p. *k.*	天地	t'íen dí, *heaven and earth.*	ult.
	天亮	t'íen liáng, *daybreak.*	„
	鄉下	h'iáng au, *in the country.*	pen.
p. *j.*	風俗	fóng zóh, *custom.*	ult.
	新閘	sing zah, *village near Shánghái.*	„

Obs. In this table, the tone preserves its natural character throughout, but when followed by the quick rising tones, as in p. k. and p. *k.*, or by the short tones, or by a word hurried over without emphasis on account of its unimportance, it is heard with a more distinct accent than in other cases. When the accent is upon the other word, this tone needs to have the voice rest upon it for a time, to prevent its becoming the third tone.

The tone which is the same as this in the Amoy dialect, undergoes a regular change, in combinations such as those in this table. When standing first of two words, it becomes an upper quick rising tone. Thus though a tone be identical when pronounced alone in two dialects, it does not follow that its laws of combination are also the same. For much important information on the Hok-kien tones, and the laws of combination in that dialect, the writer is indebted to Rev. J. Stronach of Amoy.

16. Examples of the upper first tone in the antepenultimate or when first in a group of three.

Tones.			Accent.
p. p. *p.*	蘇州人	Sú-tseu niun, *a Sú-cheú man.*	ult.

C

Tones.			Accent.
p. s. *p.*	天主堂	t'ien-tsû dong, *Roman Catholic Chapel.*	,,
p. k. k.	挑過去	t'iau kú-k'í, *carry it past.*	ant.
p. j. *k.*	當得住	tong tuh-dzû, *able to stand against.*	,,
p. *p. p.*	朝辰頭	tsau-zun deu, *in the morning.*	,,
p. *s.* k.	千里鏡	ts'íen-lí kiung, *telescope.*	ult.
p. *k.* p.	三字經	san-zz' kiung, *the Three Character Classic.*	,,
p. *j. k.*	追勿上	tsûi veh-zong, *cannot overtake him.*	ant.
p. s. s.	多好狗	tú-hau keu, *a number of dogs.*	,,

Obs. i. In the example standing last but one, if 經 is accented, it preserves its proper character, but if, as is often the case, 三 is accented, 經 becomes even and falls in pitch.

Obs. ii. The accent often varies between the first and the last syllable. In regard to position, it is the latter that should receive it. But in reference to tone, that now under illustration admitting emphasis freely, often overbears the accent of position. In such examples as the last but one, this frequently occurs.

17. Examples of upper first tone standing last in a combination of two or three.

Tones.			Accent.
p. p.	當心	tong sing, *take care.*	pen.
	燒香	sau h'iáng, *burn incense.*	ult.
s. p.	祖宗	tsú tsóng, *ancestors.*	pen.
	頂多	ting tú, *greatest number of.*	,,
	講書	kong sû, *explain books.*	,,
	水晶	sz tsing, *rock crystal.*	ult.
k. p.	貴庚	kwé káng, *your honourable age?*	,,
	放心	fong sing, *be content.*	,,
j. p.	插花	ts'ah hwó, *insert flowers.*	,,
	忒多	t'eh tú, *too many.*	,,
p. p.	明朝	ming tsau, *to-morrow.*	pen.
	良心	liáng sing, *good heart, conscience.*	,,
k. *p.* p.	啥辰光	sá zun-kwong, *what time?*	ant.

海上絲綢之路文獻集成 科技與文化編

Tones.			Accent.
s. p.	母親	mú ts'ing, *mother.*	ult.
	老兄	lau hiúng, *venerated brother.*	,,
k. p.	地方	*tí* fong, *a place.*	,,
	念經	nian kiung, *chant sacred books.*	,,
j. p.	逆風	niuh fóng, *contrary wind.*	,,

Obs. In the groups p. p., s. p., and *p.* p. in this table, the tone of the last word falls and becomes even. In such cases, the initial consonants remain unaffected. Thus 工夫 kúng fú cannot become kúng vú, though fú falls in key. The same change may sometimes be observed after the third and fourth tones.

18. Examples of this tone, as the second in a group of three.

Tones.			Accent.
s. p. k.	小生意	siau sáng-í, *small retail trade.*	pen.
k. p. *p.*	顧工人	kú-kóng niun, *workman.*	,,
j. p. k.	束腰帶	sóh-yau tá, *waist-band.*	,,
p. p. *k.*	文昌殿	vun-ts'áng díen, *temple of the patron of Literature.*	,,
s. p. *p.*	軟心腸	niön sing-dzáng, *merciful heart.*	ult.
k. p. j.	大英國	*ta*-yung kóh, *England.*	ant.
j. p. *p.*	讀書人	*tók*-sû niun, *educated man.*	ult.

Obs. i. There is a secondary accent on some other syllable in groups of three, which sometimes predominates over the other. We have not attempted to record more than one. E. g. 讀 the antepenultimate of the last example is often heard with a decided accent.

Obs. ii. An inspection of these tables will shew that the first tone attracts the accent to itself in many instances, and that through rapidity of pronunciation, or from the accent being placed on the word before, it tends to fall in key and become even.

Obs. iii. In regard to position the accent prefers the last syllable.

19. *The upper second tone.* It is a high even tone without deflection, and forms a principal element in producing that curious singing effect in many dialects, which the foreigner notices in first listening to Chinese pronunciation.

海上絲綢之路文獻集成 科技與文化編

Ex.	水 sz, *water.*	好 hau, *good.*
	火 hú, *fire.*	討 t'au, *beg.*
	許 hé, *promise.*	點 tíen, *point.* (verb or subs.)

20. Examples of the upper second tone standing last in a group of two or three.

Tones.		Accent.
p. s.	恩典 un tíen, *favour.*	pen.
	酗酒 h'iúng tsieu, *intoxicated.*	„
s. s.	滚水 kwun sz, *boiling water.*	„
	頂好 tíng hau, *the best possible.*	„
k. s.	救火 kieu hú, *save from fire.*	ult.
	要緊 yau kiun, *important.*	„
j. s.	作主 tsok tsû, *to be master.*	„
	出首 ts'eh seu, *accuser.*	„
p. s.	門口 mun k'eu, *door-way.*	„
	財主 dzé tsû, *rich man.*	„
s. s.	勉强 míen k'iáng, *by compulsion.*	„
	耳朶 ní tú, *ears.*	„
k. s.	面孔 míen k'óng, *face.*	„
j. s.	折手 zeh seu, *maimed hand.*	„
	曆本 lih pun, *almanac.*	„
p. *j.* s.	燒熱水 sau nyih sz, *prepare hot water.*	„
p. k. s.	唔要緊 *m* yau kiun, *not important.*	ant.
j. j. s.	勿缺少 veh k'iöh sau, *not deficient.*	ult.
j. j. s.	實骨子 seh kweh tsz, *in reality.*	pen.

Obs. i. The last syllable, when preceded by a word in the upper first tone, is usually heard to fall in key, as in the first two of the above examples.

Obs. ii. In some examples, the tone under illustration often changes into a quick falling tone, as in 救火 kieu' 'hú, pronounced kieu' hú, and 勉强 pronounced míen' k'iáng.

21. Examples of the upper second tone in the antepenultimate.

Tones.			Accent.
s. p. p.	請先生	ts'ing síen-sáng, *engage a teacher.*	ant.
s. s. *p.*	考舉人	k'au kü-niun, *be examined for Master of Arts degree.*	pen.
s. s. *k.*	手低下	seu tí-au, *under (my) control.*	ant.
s. j. k.	打磕銃	táng k'eh-ts'óng, *nod the head when sleeping.*	ult.
s. *p. p.*	火輪船	hú-lun zén, *steamer.*	„
s. *k. k.*	土地廟	t'ú-dí miau, *temple of the Lares arvales.*	„
s. *j.* s.	考勿起	k'au veh-k'í, *cannot venture to be examined.*	„

Obs. For purposes of accentuation 下, 打, and 勿 in the above examples may be called *enclitics* or *proclitics*. As such they leave the emphasis to rest on the *significant* words.

22. Examples of the second tone in the penultimate of a group of two.

Tones.			Accent.
s. p.	小干	siau kûn, *a boy.*	ult.
	喜歡	h'í hwén, *glad.*	„
j. s. s.	白滾水	páh kwun-sz, *simply boiling water* (weak tea).	„
	打鳥	táng tiau, *shoot birds.*	„
	水手	sz seu, *sailors.*	„
s. k.	寶貝	pau pé, *precious.*	„
	請教	ts'ing kiau, *will you inform me?*	„
	小菜	siau ts'é, *vegetables*	„
s. j.	可惜	k'ó sih, *alas!*	pen.
	曉得	h'iau tuh, *understand.*	„
	打鐵	táng t'ih, *work in iron.*	ult.
s. *p.*	水牛	sz nieu, *water buffalo.*	„
	保全	pau dzíen, *preserve.*	„
	水桶	sz dóng, *water bucket.*	„
s. *s.*	苦惱	k'ú nau, *unfortunate.*	„
	倒滿	tau mén, *pour full.*	„

Tones.			Accent.
s. *k.*	胆大	tan dú, *courageous.*	ult.
	體面	t'í míen, *respectable.*	,,
	請坐	ts'ing zú *please sit down.*	,,
s. *j.*	搶奪	ts'iáng döh, *rob and plunder.*	,,
	寶石	pau záh, *precious stone.*	,,

Obs. The accent is usually on the last word, and it is especially marked when that word is in the first or third tone. When the penultimate assumes the accent, it frequently changes to the upper rising tone, but this is apparently nothing more than an occasional irregularity, produced by rapid pronunciation. Native assistants generally deny the existence of these and all such changes; but on having their attention drawn more closely to the subject, they admit that there are exceptional cases.

23. Examples of the same tone standing second in a group of three.

Tones.			Accent.
p. s. p.	齋祖宗	tsá tsú-tsóng, *sacrifice to ancestors.*	ult.
s. s. k.	比比看	pí-pí k'ön, *compare them.*	,,
k. s. *j.*	做好日	tsú hau-nyih, *keep a wedding.*	pen.
j. s. *p.*	一本頭	ih-pun deu *just one volume.*	ult.
p. s. *p.*	秦始皇	dzing-sz wong, *the emperor who burnt the books.*	,,
k. s. *j.*	字紙簏	zz-tsz lóh, *written-paper basket.*	,,
j. s. *p.*	踗起來	lók k'í-lé. *stand up.*	ult.

Obs. i. The penultimate is heard higher in key than the others. The last falls, but retains the principal accent more or less distinctly.

Obs. ii. The secondary accent is usually on the first word, except in the example 做好日, where the penultimate word changes into an upper rising tone, and receives the accent.

24. *The upper third tone.* This tone being both high in key and deflected upwards, is difficult to imitate correctly.

Ex. 葬 tsong, *bury.* 變 píen, *change.* 四 sz, *four.*
寸 ts'un, *inch.* 姓 sing, *family name.* 店 tíen, *shop.*

海上絲綢之路文獻集成 科技與文化编

Examples of this tone in the penultimate of a combination of two.

Tones.			Accent.
k. p.	意思	í sz, *object, idea.*	pen.
	看書	k'ön sû, *to read.*	ult.
	種花	tsóng hwó, *plant cotton or flowers.*	,,
k. s.	放火	fong hú, *set on fire.*	pen.
	禁止	kiung tsz, *forbid*	,,
k. k.	富貴	fú kwé, *rich and honourable.*	ult.
	教訓	kiau h'iün, *instruct.*	,,
k. j.	愛惜	é sih, *love and pity.*	,,
	過歇	kú h'ih, *at present.*	,,
k. *p*.	算盤	sûn bén, *Chinese abacus.*	,,
	教門	kiau mun, *form of instruction.*	,,
k. *s*.	怕冷	p'ó láng, *afraid of cold.*	,,
	快馬	k'wá mó, *a swift horse.*	,,
k. *k*.	對面	dé míen, *the opposite.*	,,
	算命	sûn ming, *to calculate destiny.*	,,
k. *j*.	氣力	k'í lih, *strength.*	pen.
	做賊	tsú zuh, *be a thief.*	ult.

Obs. i. It may be useful as an aid to memory, to notice that verbs are very numerous in this tone. The majority of the above examples will illustrate this remark.

Obs. ii. In the first example 意 í is irregular, and is pronounced in the first tone.

Obs. iii. When the accent is decidedly on the last word, as in most of the examples, the penultimate is very short and pronounced with the least possible emphasis.

Obs. iv. In the examples k. k. the penultimate word is in rapid pronunciation, heard even, like the second tone. Thus 照‘應‘ is pronounced 'tsau yung‘.

25. Examples of the same tone, as the antepenultimate of three words.

Tones.			Accent.
k. p. s.	照規矩	tsau kwé-kü, *follow the custom.*	pen.

Tones.			Accent.
k. s. k.	種小菜	tsóng siau-ts'é, *plant vegetables.*	pen.
k. k. *k.*	世界上	sz-ká long, *in the world.*	ult.
k. j. *p.*	派出來	p'á ts'eh-lé, *place in divisions.*	ant.
k. *p. k.*	啥時候	sá zz-eu, *what time?*	„
k. *p.* p.	做成功	tsú zung-kóng, *to complete.*	ult.
k. *s. s.*	敬父母	kiung 'vú-mú, *reverence parents.*	„
k. *j. k.*	帶勿動	tá veh-dóng, *cannot carry.*	ant.

Obs. To keep the first word short in time, and deflected upwards, is the chief requisite in examples of this kind. If the voice were allowed to rest on it, it would necessarily become the first or second tone.

26. Examples of the upper third tone standing last of two or three words.

Tones.			Accent.
p. k.	生意	sáng í, *trade.*	pen.
	東喊	tóng han, *eastwards.*	„
	爽快	song k'wá, *in good health.*	„
s. k.	寫信	siá sing, *write a letter.*	ult.
	打算	táng sûn, *consider, plan.*	pen.
k. k.	正派	tsung p'á, *correct conduct.*	ult.
	做戲	tsú h'í, *act a play.*	„
j. k.	得意	tuh í, *obtain one's wishes.*	„
	失信	seh sing, *be unfaithful.*	„
p. k.	皇帝	*wong* tí, *emperor.*	„
	回信	*wé* sing, *letter in answer.*	„
s. k.	禮拜	lí pá, *worship.*	„
	馬掛	mó kwó, *jacket.*	„
k. k.	造化	'zau hwó, *fortunately, to create.*	„
	地畍	*tí* ká, *boundary of land.*	„
	罪過	'zé kú, *sin, an impropriety.*	pen.
k. *j.* k.	看勿見	k'ön veh-kíen, *do not see.*	ant.
p. j. k.	搖勿過	*yau* veh-kú, *cannot row past.*	„
j. k. k.	勿要怕	veh-yau p'ó, *do not fear.*	pen.
j. j. k.	勿適意	veh suh-í, *not in health.*	ult.

Tones.			Accent.
s. s. k.	冷小菜	láng siau ts'é, *cold vegetables.*	ult.

Obs. i. The almost unbroken regularity of the accent in these examples, arises partly from the last word being the proper place for it, and partly from the tone under illustration being naturally adapted to receive it.

Obs. ii. In the examples p. k. the last word falls in key, and its upward deflection and initial consonant remain unaffected.

Obs. iii. The examples k.k. follow the same law as in Art. 24, Obs. iv. In 打算 the former word being merely an auxiliary particle, is short in time as if it were táng'.

27. Examples of the upper third tone as the penultimate in a group of three.

Tones.			Accent.
p. k. *p.*	担過來	tan kú-lé, *bring it over.*	ant.
s. k. k.	寫信去	siá-sing k'í, *send a letter.*	"
k. k. *s.*	細細哩	sí-sí lí, *accurately.*	"
j. k. *k.*	忒過分	t'eh kú-vun, *excessive.*	ult.
p. k. j.	難過歇	nan kú-h'ih, *at present.*	"
s. k. *k.*	理性上	lí-sing long, *according to reason.*	ant.
k. k. *p.*	右半片	yeu pén ban, *right-hand side.*	ult.
j. k. j.	勿見得	veh kíen tuh, *it is not likely.*	pen.

Obs. i. The middle word is always carefully shortened in tone.

Obs. ii. When the last word is one of less significance than the others, it frequently loses the accent.

28. *The upper fourth tone.* This tone is a short syllable, high and deflected upwards.

Ex. 角 kok, *horn;* 刻 k'uk, *quarter of an hour;* 法 fah, *method.*

Examples in which it is the first of a group of two.

Tones.			Accent.
j. p.	出身	ts'eh sun, *rank or profession.*	ult.
	發風	fah fóng, *wind rising.*	"
j. s.	爀顯	hok h'íen, *lightning.*	"
	出產	ts'eh ts'an. *field productions.*	"
j. k.	百姓	pák sing, *people* (hundred names).	"
j. j.	法則	fah tsuh, *method.*	"

Tones.			Accent.
j. *p.*	出門	ts'eh mun, *to go from home.*	ult.
	客人	k'áh niun, *stranger, guest.*	pen.
	磕頭	k'eh deu, *to make a prostration.*	ult.
j. *s.*	瞎眼	hah ngan, *blind eyes.*	"
j. *k.*	識字	sug zz, *able to read.*	"
	質地	tseh dí, *natural powers.*	"
k. *j.*	濶狹	k'weh ah *width* (broad, narrow).	pen.
	骨肉	kweh nióh, *blood relations.*	"

Words of the fourth tone naturally short, are here in a position unfavourable for the accent. Even the few cases of exception marked, do not take it exclusively on the penultimate.

29. Examples of the same tone in the antepenultimate.

Tones.			Accent.
j. p. *s.*	忒伊兩	t'eh-í liáng, *with-him.*	ult.
j. s. *p.*	縮轉來	sok tsén-lé, *return.*	"
j. k. j.	撥過歇	peh-kú-h'ih, *given.*	ant.
j. *k. p.*	跌下來	tih 'au-lé, *fall down.*	ult.
j. *p.* p.	織成工	tsuh zung-kóng, *completely woven.*	"
j. *s.* j.	搨顏式	t'ah gnan suh, *paint on colours.*	pen.
j. *j. p.*	角落頭	koh-loh deu, *corner.*	ult.

The secondary accent is on the first syllable in these examples.

30. Examples of this tone standing last of two or three words.

Tones.			Accent.
p. j.	天色	t'íen suh, *weather.*	pen.
	分別	fun pih, *difference.*	"
s. j.	手筆	seu pih, *hand-writing.*	ult.
	寶塔	pau t'ah, *pagoda.*	"
k. j.	算法	sûn fah, *method of calculation.*	"
j. j.	吃粥	k'íuk tsóh, *eat rice water.*	"
p. j.	頭髮	teu fah, *hair.*	pen.
	沉殺	dzun sah, *be drowned.*	"
s. j.	顏色	gnan suh, *colour.*	"
	五十	*ng* seh, *fifty.*	"

Tones.			Accent.
k. j.	二十	ní seh, *twenty*.	pen.
	吝嗇	ling sih, *parsimonious*.	„
j. j.	沒殺	meh sah, *be drowned*.	ult.
	立刻	lih k'uh, *immediately*.	„
p. *p*. j.	骷髏骨	k'ú leu kweh, *scull*.	„
p. p. j.	龍華塔	lúng hwó t'ah, *Lúng-hwá pagoda*	„

In the first two examples, the penultimate being in the upper first tone, the last word may be heard to fall in key.

In those marked *k*. j. the first word is lengthened in pronunciation, and thus passes into the lower second tone.

31. Examples of the upper fourth tone standing second in a group of three.

Tones.			Accent.
p. j. *p*.	推出來	t'é t'seh-lé, *investigate*.	ult.
s. j. p.	保國家	pau kók-kiá, *defend one's country*.	„
k. j. j.	背脊骨	pé-tsih kweh, *back-bone*.	„
j. j. *p*.	脚節頭	kiák tsih-deu, *toes*.	„
p. j. k.	跑得動	*pau* tuh-dóng, *able to walk*.	ant.
k. j. s.	話得好	*wó* tuh-hau, *well spoken*.	„
j. j. *p*.	額角頭	ngák koh-deu, *forehead*.	ult.

The secondary accent may often be distinctly heard on the first word in these examples.

32. A few examples of larger groups are here appended.

Tones.		
p. p. s. s.	淸淸爽爽	ts'ing-ts'ing song-song, *distinct*.
p. k. j. *k*.	忠孝節義	tsóng hiau tsih ní, *fidelity, filial piety, chastity and uprightness*.
j. k. j. k.	各到落處	kok-tau-lok-ts'û, *everywhere*.
s. s. p. p.	喜喜歡歡	h'í-h'í hwén-hwén, *glad*.
k. k. k. k.	正正派派	tsung-tsung p'á-p'á, *good conduct*.
j. j. j. j.	瞎七瞎八	hah-t'sih hah-pah, *all in confusion*.
j. j. j. *s*.	七曲八鳥	ts'ih-k'ióh pah-niau, *winding about*.

Tones.

p. j. s. s. s. 金木水火土 kiun mók sü hú t'ú, *metal, wood water, fire and earth.*

k. k. j. k. s. 看過歇個者 k'ön-kú-h'ih-kú-tsé, *have seen it.*

p. p. j. j. j. 青黄赤黑白 t'sing wong t'suh huh pah, *blue, yellow, red, black and white.*

p. p. p. j. p. 東西南北中 tung sí nén póh tsóng, *east, west, south, north and middle.*

p. k. j. s. s. 聽過歇拉者 t'ing-kú-h'ih-lá-tsé, *I have heard it.*

For analysing such groups as these, all that would seem to be necessary, is to divide them into smaller combinations. Dissyllables and trisyllables may thus be formed, and linked together by the hyphen as above. They then fall under the same laws as the preceding examples, and the accent of position will be usually on the last word.

When a number of particles are collected, as in k'ön'-kú'-h'ih-kú'-'tsé, they are heard like a word of five syllables with an accent in the first and last syllables. The English words *acceptableness, peremptorily, necessarily*, may be compared with examples of this kind; without the last two words, the accent would be on the first and third.

In the last example, the first accent is on 聽 t'ing, the second on 拉 lá, which being in a long tone, attracts it.

When there is a string of substantives together, as in enumerating the five colours, the five elements, the five constant virtues, etc. more time is allowed for the pronunciation of each. The hyphen has therefore been omitted in such cases.

33. Collecting these results, the following general remarks may be made on the upper tones.

I. The principal accent prefers the last syllable, but enclitic particles often reject it, while it is attracted most readily by the first and third tones.

The reverse of this is true at Ch'á-p'ú and Hái-ning to the South-west of Sháng-hái, where the penultimate takes the accent.

II. A secondary accent occurs in groups of three, which

rests on the most significant word or on the tones naturally requiring most stress of voice, the first and third.

III. An interchange takes place between the second and third tones, when either of them stands before a word which is the same in tone.

IV. The first tone becomes the lower first, i. e. even, low and rising at the end, when standing last, if the word preceding takes the accent. After the third tone, upper and lower, it does not vary.

V. The first tone is lengthened in time in the penultimate, when the stress of the voice is on the last word, and the third, when in that position, shortened.

VI. The upper tones tend to fall in key, where they come after the first tone, and when they do so, always preserve their initial consonants. After any other tone, they usually keep their proper elevation.

34. In entering on the lower tones, we at once meet with new consonants, including all the broad mutes, nasals and liquids that occupy the last three columns in table, Art 6. The exceptions will be found noticed in Art. 56.

Lower first tone. This is a long low tone, deflected upwards at the end. East of Hwáng-p'ú and in the city of Shánghái, this tone is as here described. But to the westward of that river, the quick low circumflex very soon takes its place, and is met with to the immediate neighbourhood of Sú-cheú and Háng-cheú. It appears to consist of a quick rising and quick falling tone pronounced rapidly together.

Ex. 篷 *póng, sail ;* 龍 lóng, *dragon ;* 門 mun, *door.*

35. Examples of this tone in the penultimate of a combination of two.

Tones.			Accent.
p. p.	唐詩	tóng sz', *poetry of Tóng dynasty.*	pen.
	文章	vun tsáng, *essays composed by rule.*	„
p. s.	牙齒	ngá ts'z, *teeth.*	„
	常久	dzáng kieu, *long time.*	„

海上絲綢之路文獻集成 科技與文化編

Tones.		Accent.
p. k.	憑據 *ping kü, evidence.*	ult.
	同姓 *tóng síng. of the same name.*	"
p. j.	頭髮 *teu fah. hair.*	"
p. *p*.	停船 *ting zén. stop a boat.*	"
p. *p*.	窮人 *kióng niun, poor man.*	pen.
p. *s*.	文禮 vun lí, *elegance in style.*	"
	騎馬 *kí mó, to ride.*	ult.
p. *k*.	和尙 *u zong, priest.*	"
	强盜 *kiáng dau. robber.*	"
p. *j*	題目 *tí móh, a theme.*	pen.
	牛肉 nieu nióh. *beef.*	"

Obs. i. The accent is predominantly on the penultimate word, and the lower first tone is thus seen to be one of those, that attracts to itself the stress of the voice. In this combination the penultimate is always carefully enunciated in a low key.

Obs. ii. Where we have written *t*, *k*, *p*, the corresponding soft consonants d, g, b, if the ear only were consulted, might sometimes be employed ; but an orthography ought to be consistent, and it appears to us that the best imitation on the whole of the native sounds, will be secured by writing the latter symbols in the last word of a combination, and the former in the penultimate. The only case it is believed, where this method does not fully represent the true pronunciation, is in such words as 窮,强, *kióng*. *kiáng*, and others whose initial is in mandarin k' and which are in the lower first tone. There could be no objection to the use of g in those cases, except the want of uniformity among the mute consonants : keeping the letter *k*, it will be enough to inform the reader, that there is a peculiar thickness of sound, and a consonant difficult to write with any of our alphabetic symbols.

36. Examples of the lower first tone, as the antepenultimate in a group of three.

Tones.		Accent.
p. p. p.	黃昏星 *wong-hwun sing, evening star.*	ult.
p. s. *p*.	神主牌 zun-tsû bá. *ancestral tablet.*	"
p. k. p.	前世寃 dzíen-sz' yön, *enemy of a former life.*	"

Tones.			Accent.
p. j. j.	靜出出	zing ts'eh-ts'eh, *quiet and empty.*	ult.
p. p. j.	如來佛	zû-lé veh, *the coming Buddha.*	„
p. s. j.	前兩日	zíen liáng-nyih, *two days ago.*	ant.
p. k. p.	堂弟兄	dong tí-hiúng, *cousins on father's side.*	„
p. j. p.	攏勿來	lóng veh-lé, *cannot do it.*	ult.

Obs. The first word in this table, as in the preceding, needs to be studiously kept low, even, and undeflected.

37. Examples of the lower first tone standing last in a group of two or three.

Tones.			Accent.
p. *p.*	京城	kiung zung, *metropolis.*	ult.
	功勞	kúng lau, *merit.*	„
s. *p.*	賞頭	song deu, *reward.*	„
k. *p.*	進城	tsing dzung, *enter the city.*	„
	性情	sing dzing, *disposition.*	„
j. *p.*	北門	póh mun, *north gate.*	„
p. p.	城頭	dzung deu, *city wall.*	„
	衙門	nga mun, *mandarin's office.*	„
s. p.	老爺	lau yá, *a title of respect.*	„
k. p.	養牛	yáng nieu, *keep buffaloes.*	„
	樹皮	zû bí, *bark of trees.*	„
j. p.	月牙	niöh ngá, *moon's horns.*	„
	木頭	móh deu, *wood.*	„
j. p. *p.*	黑心人	huh-sing niun, *black-hearted man.*	ant.
k. *k. p.*	葢地皮	ké tí-bí, *possess land.*	ult.
k. p. *p.*	算希奇	sûn hí-gí, *regard as remarkable.*	„
j. p. p.	木頭人	móh-deu niun, *wooden image.*	ant.
k. j. p.	舊木頭	kieu móh-deu, *old wood.*	ult.

Obs. In the groups not marked p. *p.* and *p. p.* the last word changes to the upper quick falling tone. In the remaining instances it preserves its even character. The way is prepared for reciprocal changes between the upper and lower series, by the initial consonants

海上絲綢之路文獻集成 科技與文化編

being different. The alphabetical distinction prevents the confusion, that would arise from this intermingling of sounds.

38. Examples of the lower first tone, as the penultimate of three.

Tones.			Accent.
p. p. s.	新房子	sing vong-tsz, *a new house.*	pen.
s. p. p.	主人家	tsû niun-kiá, *master of family.*	ult.
k. p. p.	做人家	tsú niun-ká, *to be economical.*	,,
k. p. p.	要銅錢	yau dóng-dien, *he wants money.*	ant.
s. p. p.	老人家	lau niun-ká, *an old man.*	ult.
s. p. p.	洞庭山	tóng-ding san, *island in the Great Lake.*	,,
j. p. k.	十王殿	seh-wong dien, *temple of the ten kings.*	,,

Obs. After the deep deflected tone preceding it in *s. p.* p., the penultimate in these examples is usually raised to the upper falling tone.

39. *Lower second tone.* This tone, properly a low protracted tone rising at its close, contains in it a number of words whose pronunciation is not fixed. These words, sometimes counted in this tone, and at other times in the next in order, are in other parts of China in the third tone. It will be better to consider them under the heading to which they belong in other dialects, and present here such examples as are free from this uncertainty in tone.

Ex 有 yeu, *have;* 五 *ng five;* 里 lí, *Chinese mile.*

40. Examples of the lower second tone in the penultimate of two words.

Tones.			Accent.
s. p.	眼睛	ngan tsing, *eyes.*	ult.
	老君	lau kiün, *founder of Tauism.*	,,
s. s.	冷水	láng sz, *cold water.*	pen.
	鈕子	nieu tsz, *button.*	,,
s. k.	理性	lí sing, *reason.*	ult.

Tones.			Accent.
	買處	má ts'û, *means of buying.*	ult.
s. j.	免脫	míen t'eh, *forgive.*	„
s. p.	領頭	ling deu, *neckband.*	„
	女人	nü niun, *woman.*	„
s. s.	永遠	*yúng yön, very long time.*	„
s. k.	引誘	yun *yeu'*, *to tempt.*	„
	領路	ling lú, *lead the way.*	„
s. j.	擄掠	lú liáh, *rob.*	„

Obs. i. The tone under illustration, keeps its natural character throughout. No initial letters occur but l, m, ng, n, r, and the vowels. Words beginning with mutes and sibilants that were originally in this tone, are in course of transition to the lower third tone. V from w in mandarin, remains in the second tone.

Obs. ii. 'The low deflected tone in the penultimate of *s. p.* and *s. s.* so affects the last words, that they are heard in the quick falling tone.

Obs. iii. This tone is difficult to describe as distinct from the preceding, from the fact that both tend upwards ; the former deviates slightly, after beginning even ; the latter begins low and ascends through its whole time. The first is in its general character even, but when compared with the pure monotone in the Fúh-kien dialect, to which it is most nearly allied, there is a difference perceptible that needs to be specified. It is heard we believe with this peculiarity when pronounced alone, and when standing last in a binary combination, if it does not then change to the upper first tone. When first in order, it is even. It was before observed, that the first upper tone, when last in order, changes to the first lower. In the sound then heard, when enunciated with the true native drawl, the same may be noticed.

Obs. iv. There is nothing even in the second tone when alone, except when enunciated in a high key. When last in order it often rises to the upper second tone, and is then heard even.

For ready comparison of the sounds, a few examples of words in the lower tones are here appended :—

良, 兩, 亮, liáng. in the tones *p. s. k.*

E

海上絲綢之路文獻集成 科技與文化編

埋、買、賣、má. in the tones *p. s. k.*
泥、你、義、ní. „
人、忍、認、niun (R. zun). „
油、有、佑、yeu. „
題、弟、地、dí. „
隨、罪、睿、zûe. „

The last two words here marked as in the second tone, will be shewn immediately to be so for this district.

41. Examples of the same tone as the antepenultimate in a group of three.

Tones.			Accent.
s. p. j.	冷天色	láng t'íen-suh, *cold weather.*	ult.
s. s. s.	耳睬管	ní-tú kwén, *ear cavity.*	„
s. k. *p.*	老太婆	lau t'á bú, *aged dame.*	„
s. k. *p.*	買進來	má tsing-lé, *to buy.*	„
s. k. s.	武藝子	vú-ní tsz, *capacity for an art or business.*	pen.
s. k. p.	領事官	ling-zz kwén, *foreign consul.*	ult.

42. Examples of this tone as the last in a group of two or three words.

Tones.			Accent.
p. *s.*	杴米	k'íen mí, *grind rice.*	ult.
s. *s.*	小雨	siau ü, *small rain.*	„
k. *s.*	囥籠	k'ong lóng, *to hide.*	„
j. *s.*	搭鈕	tah nieu, *an iron hook.*	„
	瞎眼	hah ngan, *blind.*	„
p. s.	情理	dzing lí, *to be respectful.*	„
s. s.	美女	mé nü, *beautiful woman.*	„
k. s.	盡禮	dzing lí, *do everything properly.*	„
j. s.	落雨	loh ü, *it rains.*	„
	着冷	dzáh láng, *catch cold.*	„
p. p. *s.*	珍珠米	tsun-tsû mí, *Indian corn.*	„
k. s. *s.*	最苦惱	tsûe k'ú-nau, *very miserable.*	„
s. k. s.	有道理	*yeu* 'dau-lí, *virtuous.*	ant.

上海方言口語語法

Tones.			Accent.
j. j. s.	勿勒裡	veh leh-lí, *not at home.*	ant.
k. j. s.	話勿理	*wó* veh-lí, *will not listen.*	,,

Obs. In 情理 and 盡禮, where a difference of accent might have been expected, the distinction is kept in the native pronunciation, entirely by means of the tones. In many of these cases, the last word rises and becomes even, i. e. passes into the upper second tone. Thus, 眼 ngan and 理 lí, become high and even.

43. Examples of the same tone, as the penultimate in a group of three.

Tone.			Accent.
p. s. p.	裝滿之	tsong-mén tsz, *having packed full.*	ant.
k. s. k.	看冷破	kön láng-p'ú, *despise others.*	pen.
p. s. s.	情理點	dzing-lí tíen, *be more polite.*	ant.
k. s. s.	廿五里	nian-ng lí, *twenty five Chinese miles.*	,,
j. s. k.	落眼淚	loh ngan-lí, *to weep.*	ult.
s. s. k.	五里路	*ng*-lí lú, *five Chinese miles.*	,,

44. Before proceeding to those words whose tone is undecided, it may be first observed, that in the Tonic Dictionaries,* there is a large class of characters ranged under the second tone, not found there, either in the dialects of the Southern provinces, or in the Northern mandarin as registered by Prémare. These words have for their initials only the sibilant and mute consonants z, dz, zh, b, d, g, with the vowels, and v from f. In the modern pronunciation of Háng-cheú and Sú-cheú, they are also found as in other parts of the empire in the third tone. It follows that they must have made the transition, since the Dictionary system was completed. The earliest works containing it, quoted in K'áng-hí, are said in the preface to have been written in the Liáng and T'áng dynasties,† and must consequently be regarded as the

---

* The names of some of the most commonly used are 詩韻集成。詩韻含英。

† 自說文以後,字書善者,於梁則玉篇,於

tradition of at least a thousand years. While this change has taken place in the sound of a large class of very common words, through the greater part of China, it is curious to notice, that the older pronunciation still lingers in the colloquial practice of one part at least of central China.

Even if the inventors of the syllabic spelling confined themselves in the first instance to the usage of the Kiáng provinces, while north and south of them a different pronunciation prevailed, still this change has taken place in the large cities of Cheh-kiáng and Kiáng-nán, which are now one with their neighbours. In our own dialect it has not yet been completed. After a sufficient time perhaps, this anomaly will have its term, and the boundaries of the tones be as sharply defined, as according to the laws of Chinese pronunciation they ought to be. There are moreover other illustrations that may be drawn from the Dictionaries, of secular changes (to adopt the phraseology employed in sciences of higher mark) occurring in the tones of China.

45. *Lower third tone.* The words that were primarily in this tone, are always heard with the quick rising pronunciation that properly belongs to it. It is like "the tone given to some words, when spoken ironically, or to the word 'indeed!' when use as an exclamation." (Medhurst's Hok-kien Dictionary.)

The words referred to in the last article, are placed here rather than in the second tone, because the other dialects are unanimous in doing so. In fact, however, they are in Sháng-hái usage more in the last tone than in this. The following words for example, when pronounced alone, have the long sound.

後 '*heu*. 上 'záng. 動 'tóng. 奉 'vóng. 坐 'zú. 部 '*pú*.

唐則廣韻。 "From the Shwóh-wun downward, the best Dictionaries, were Yúh-p'ien in the Liáng, and Kwáng Yün in the T'áng dynasties," etc.

禍 *'hú.*	是 'zz.	弟 *'tí.*	父 'vú.	罪 'dzûi.	緩 *'hwén.*
倖 *'h*yung.	市 'zz.	道 *'tau.*	婦 'vú.	造 'zau.	罷 *'pó.*
跪 *'kwé.*	緒 'dzü.	蕩 *'tong.*	犯 'va*n.*	重 'dzóng.	下 *'h*iá.
近 *'k*iun.	善 'zé*n.*		葬 'dzáng.	在 'dzé.	

*** In the department of 嘉興 Ká-hiung, occupying the space between those of Háng-cheú and Súng-kiáng, these words are never the third tone.

Any of these words that occasionally become verbs in the books, being commonly in other parts of speech, are in that case always marked as belonging to the third tone in good editions of native works. E. g. 下善上弟後 when they become verbs, change from the second to the third tone and are so marked. All the authorities are uniform in these matters; and the Dictionaries specify the tones by name, assigning the primary sense to the second tone, and the secondary sense, in all these cases a verb, to the third tone.

46. These words though when standing isolated, they keep the old dictionary tone, are liable to such frequent changes in combination, that teachers who have not studied the subject, are at a loss to affix their true tone. In the following examples, these variations will be indicated as they occur, by the apostrophe on the left, and inverted comma on the right, for the second and third tones respectively.

Tones.			Accent.
k. k.	坐坐	'zú zú', *sit down.*	ult.
s. *k.*	請坐	ts'ing 'zú, *please sit down.*	pen.
k. p.	上頭	'zong deu, *above.*	ult.
p. k.	皇上	*w*ong záng', *emperor.*	"
p. *k.*	兄弟	h'iúng dí', *elder brother.*	pen.
k. p.	弟兄	*'ti* h'iúng, *brothers.*	ult.
k. k.	味道	mí dau', *taste.*	"
k. p.	道臺	*'tau* dé, *Revenue Commissioner.*	"
k. p.	道爺	*tau'* yá, "	"
k. j.	罪過	zé' kú, *sin.*	pen.
k. k.	定罪	*ting* 'dzûe, *to condemn.*	"
k. k.	是個	zz' kú, *it is so.*	"

Tones.			Accent.
j. k.	勿是	veh 'zz, *it is not so.*	ult.
j. k.	活動	weh 'dóng. *living and moving.*	"
k. p.	動身	'tóng sun, *move one's-self.*	"
s. *k.*	寡婦	kwó 'vú, *a widow.*	pen.
p. *k.*	夫婦	fu vú', *husband and wife.*	ult.
p. k.	爲善	wé 'zén. *be virtuous.*	pen.
k. k.	善報	'zén pau, *reward of virtue.*	ult.
p. p. k. *k.*	明知過犯	ming tsz kú 'van, *wilfully transgress.*	ult.
k j.	犯法	van' fah. *break the law.*	"
k. j. k.	是勿是	zz' veh zz, *is it so or not?*	"
k. j. k.	並勿是	ping veh 'zz. *certainly not.*	ant.
k. j.	造屋	'zau óh, *build a house.*	ult.
k. p. s.	造完者	zau' wén tsé, *finished building.*	pen.
p. *k. p. k.*	街市頭上	ká 'zz deu long, *in the streets.*	ult.
k. p.	市頭	zz' deu, *the street.*	"
k. s. k.	動咾動	'tóng lau dóng'. *moving.*	"
k. p. s.	重來死	dzóng' lé sí, *very heavy.*	"
k. *k.*	看重	k'ön 'dzóng, *value highly.*	"

Obs. It will be seen that among these examples, there are nearly as many of the quick or third tone, as of the longer one. Taking the usage all in all, the balance in cases of grouping is however, in favour of the quicker form. When alone the original tone is used almost exclusively. In reading there is about the same amount of variation as in colloquial usage. The quicker tone usually, but not exclusively, prefers to stand last, leaving the penultimate of a combination to the longer tone.

47. In regard to the words that have always been in the lower third tone, there is as much regularity of pronunciation as in any other tone.

Ex. 病 ping, *disease*; 話 wó, *words, to speak*; 大 tú, *great.*

The following are examples where this tone occurs in the penultimate of a group of two.

上海方言口語語法

Tones.			Accent.
k. p.	順風	zun fóng, *fair wind.*	ult.
k. s.	硯子	níen tsz, *ink stone.*	pen.
k. k.	定當	ting tong, *to fix.*	ult.
k. j.	外國	ngá kóh, *foreign state.*	„
	賣脫	má t'eh, *to sell off.*	pen.
k. p.	浪頭	long deu, *waves.*	ult.
k. k.	面貌	míen mau *countenance.*	„
k. k.	謝謝	siá ziá, *I thank you.*	ult.
k. j.	念佛	nian veh, *chant Buddhist classics.*	„

48. Examples of this tone in the antepenultimate of three.

Tones.			Accent.
k. p. *p.*	硬心腸	ngáng sing-dzáng, *hard heart.*	ult.
k. j. *p.*	外國人	ngá-kóh niun, *foreigner.*	ant.
k. p. j.	硬如鐵	ngáng zû t'ih, *hard as iron.*	ult.
k. p. s.	大娘子	tú niáng-tsz, *wife.*	pen.
k. j. j.	飯粒屑	van lih-sih, *rice crumbs.*	ant.

Obs. In the fourth example 子 being an enclitic, throws back the accent on the penultimate. In the last, the accent is on the first word for a similar reason.

49. Examples of the lower third tone standing last in a group of two or three.

Tones.			Accent.
p. *k.*	街上	ká long, *in the streets.*	pen.
	多謝	tú ziá, *many thanks.*	ult.
	燒飯	sau van, *cook rice.*	„
s. *k.*	响亮	h'iáng liáng, *distinct in sound.*	„
k. *k.*	頂大	ting dú, *the greatest.*	„
	性命	sing ming, *life.*	„
j. *k.*	看病	k'ön bing, *cure diseases.*	„
p.k.	國度	kóh dú *a kingdom.*	„
	城外	dzung 'ngá, *outside the city wall.*	„
s. k.	隨便	dzûe bien, *as you please.*	„
k. k.	忍耐	zun (or niun) né, *patient.*	„

Tones.			Accent.
	話壞	*wó wá, speak ill of.*	„
	命令	ming ling, *a command.*	„
j. *k.*	月亮	niöh liáng, *moonlight.*	„
s. s. *k.*	果子樹	kú tsz zû, *fruit-bearing tree.*	„
k. p. *k.*	送羹飯	sóng káng van, *give away food.*	pen.
j. s. *k.*	瘧子病	ngok (R. niák) tsz bing, *fever and ague.*	ult.

In the first example, *long* is always in the third tone. With 街上 ká long or 山上 san long, compare the English *cónvict, wísdom, dárkness.* If the last word however, were not a mere enclitic, the comparison of pronunciation would fail, the accent being on the ultimate.

50. Examples of the same tone in the penultimate of a group of three.

Tones.			Accent.
p. *k. s.*	虛字眼	h'ü-zz ngan, *particles.*	ant.
p. *k. k.*	多謝儂	tú-ziá nóng, *many thanks to you.*	„
j. *k.* p.	執定之	tseh-ding tsz, *obstinate.*	„
p. k. p.	城外頭	dzung ngá-deu, *outside the city.*	ult.
s. k. k.	兩樣個	liáng-yáng kú, *different.*	pen.
k. k. k.	念念看	'nian-nian k'ön, *read a little aloud.*	ant.
j. k. k.	勿碍啥	veh-ngé sá, *no matter.*	pen.
p. k. p.	嘸用人	*m*-yúng niun, *a useless man.*	„

Obs. When an enclitic stands last, as in the 3rd, 5th and 7th examples, the lower third tone preceding it takes the accent.

51. *Lower fourth tone.* While this may be described as the lower short rising tone, and represented as short in *quantity*, it should be observed, that two long vowels, and several diphthongs are also admitted to it. The same is true of the short tone in the upper scale. These vowels and diphthongs are á, ó (vide art. 6.), and iák, iah, iók, iöh, iuk, wák, wah, weh, wok.

Ex. 賊 zuk, *thief;* 嫐 *kah, to press;* 掘 *kiöh, to dig.*

52. Examples of this tone when standing last of two words.

海上絲綢之路文獻集成 科技與文化編

Tones.			Accent.
p. *j.*	遮沒	tsó meh, *cover over.*	ult.
s. *j.*	土白	t'ú báh, *local dialect.*	„
k. *j.*	對敵	dé dih, *oppose enemies.*	„
j. *j.*	覺着	koh (g) záh, *become aware of.*	pen.
	出力	t'seh lih (liuk), *exert strength.*	„
p. j.	明白	ming báh, *clear, to understand.*	ult.
	重疊	dzóng deh, *tautology.*	„
s. j.	煖熱	nön nyih, *warm.*	„
k. j.	樹木	zû móh, *trees.*	„
j. j.	毒藥	tóh (g) yáh, *poison.*	pen.

Obs. The long tones preserve their character before the short tone with great accuracy.

53. Examples of this tone in the penultimate of two words.

Tones.			Accent.
j. p.	陌生	mák sáng, *strange, unknown.*	ult.
	畧些	liák sü, *a little.*	„
j. s.	落水	lok sz, *ebb tide.*	„
j. k.	孛相	*peh* siáng, *amusement, do nothing.*	„
j. j.	狹窄	*hah* tsah, *narrow-minded.*	„
	落脫	lok t'eh, *let fall.*	pen.
j. p.	別人	*pih* niun, *another man.*	ult.
j. k.	實在	*seh* zé, *truly.*	„
j. j.	目錄	móh (g) lóh, *table of contents.*	„

Obs. The terminating consonants of the fourth tone, in some dialects are three, k, t, p, corresponding to the finals ng, n, m, of words in the other tones. Only the first of these is audible in Shánghái pronunciation. It occurs after á, ó, o, u. It is heard k before consonants of the upper series, particularly s, t; and g before those of the lower series, particularly z, d. Both will be found exemplified in these two tables.

54. Examples of combinations of three.

Tones.			Accent.
j. p. s.	學生子	*hok*-sáng tsz, *scholar.*	pen.

F

Tones.			Accent.
j. j. *k.*	勿一定	veh ih-ding, *not necessarily.*	ant.
j. k. p.	落下來	loh ʻau-lé, *fall down.*	,,
j. k. j.	白話脫	páh(g)wó-t'eh, *speak to no purpose.*	pen.
p. j. s.	擔勿起	tan veh-k'í, *cannot lift.*	ant.
p. j. j.	尋勿着	dzing-veh-dzáh, *cannot find.*	ult.

Obs. The first of these may be compared to a trissyllable with an accent on the penultimate, as "convícted," i. e. if 生 sáng be pronounced high. The syllables adjacent to the accent in English are so contracted in time as to sound more like words in short tones or enclitics, than in long tones. Should 生 fall to the lower first tone as it often does, the similarity would not hold.

55. Examples of larger groups in the low tones.

男男女女 nén-nén 'nü-'nü, *men and women.*
明明白白 ming-ming báh-báh, *perfectly clear.*
綾羅緞疋 ling lú dönʻ p'ih, *silks and satins.*
風調雨順 fóng diau 'ü zunʻ, *wind and rain favourable.*
日月星辰 zeh, yöh, sing, dzun, *sun, moon, and stars.*
仁義禮智信 zun níʻ 'lí tszʻ singʻ, *five cardinal virtues.*
天地萬物 t'ien-díʻ vanʻ-veh, *heaven, earth and all things.*
書裡有黃金 sû-'lí 'yeu-wong-kiun, *there is gold in books.*
家常白話 ká-dzáng páh-wóʻ, *household words.*
一眼大一眼 ih-'ngan-dú ih-'ngan, *increase little by little.*
謀衣謀食 meu-í meu-zuh, *seek food and clothing.*

56. General remarks on the lower tones.

I. The initial consonant is a test for any word being in the upper or lower series. Thus, all the broad mutes and sibilants, the weak aspirate, with the liquids and nasals are in the lower tones. The other consonants with the strong aspirate are in the upper series. The following in the higher tones are exceptions.

Ex. 端, 短, 斷, 對, 答, 鬥, 兟, dön, 'dön, dönʻ, déʻ, deh, deuʻ, dén. 拉, 咯, lá, lóh. Yet 對 is heard téʻ in téʻ deu, *adversary.* This is caused by the accent falling on 頭 deu.

海上絲綢之路文獻集成 科技與文化編

This furnishes the principle of the orthography adopted in the present work. The initial letter being an index to the tone, it is needless to employ distinct tonal marks for the upper and lower series. In the same way, the native syllabic spelling marks the series by the first word, and the particular tone by the second. Thus 夫 fú, is spelt with 方徒 fang dú. The initial of the first combined with the final of the second, gives the sound fú in the first tone. We add an example or two from K'áng-hí:—

正 is spelt with 章並 cháng *ping*', giving ching'.
學 „ „ 行酌 *h*ing chóh, „ *h*ióh.

The first word tells us, whether the sound required is high or low, and the second to which of the four tones it belongs. The pronunciation of the words borrowed for this purpose is supposed known.

II. The orthography is in many instances not fixed. Words sometimes heard g, d, b, are at other times heard *k*, *t*, *p*. The former sounds occur invariably after a word in combination; while the latter occur when no word precedes. To indicate that they are always low in pitch, they are printed in italics. V, z, come partially under the same rule. The rest dz, dzz, are scarcely heard in the thin form at all, and are therefore spelt with d in this work. Another peculiarity is that z and dz are interchangeable. Z is more common in conversation; dz in reading.

III. There are many words having sibilants or mutes, or the weak aspirate for their initial consonants, of which the tone is uncertain, being sometimes in the second, and at other times in the third. The liquids and vowels have not this peculiarity, and it only belongs to words that were originally in the second tone.

IV. The first tone, when last in a binary combination, rises to the upper first, except when preceded by the first tone, upper or lower. The initial consonant remains broad as in other cases.

VI. The other tones also frequently rise to the upper series when standing last, each to its corresponding tone, and the initial consonant is unaffected.

海上絲綢之路文獻集成 科技與文化編

VII. The laws of accent are the same as in the upper tones. The last word of a combination being usually accented, affords the best opportunity for the discrimination of the tones.

57. *Relation of Tones to Music.* It is only when they are even, that a musical notation can fully and correctly represent the tones. For deflection, so essential to the latter, is not allowed in music, being destructive of harmony. The short and quick tones may however be described as *staccato* notes, and the violin may be made in passing from one note to another, to produce a continuous sound, which has been adduced in "The Chinese as they are," to illustrate the deflections. In regard to time, so minutely subdivided in music, there do not appear to be more than two classes of tones, the quick and the low. Kircher, supposed that the five tones were the first five notes in an octave do, re, mi, fa, sol; but in reality, differences of elevation are usually not more than two for one dialect. The interval between the two series varies, it being greater for example in some parts of the north of China, than in Kiáng-nán, where it is about half an octave.

58. *Relation of Tones to Accents in other languages.* So far as accent only means the distinction of loud and soft, there seems no analogy. For the Chinese tones may be pronounced as gently or sonorously as the speaker pleases, and loudness in this language also constitutes accent as distinct from tone. In the common accents of English conversation however, there is usually a difference in deflection, or as it is called by some writers, modulation. There is one tone (1) for assertion and determination, and another (2) for asking questions; and these differ not in time, or in loudness, but in the fact that they are deflected downwards and upwards respectively. Again, the tone of interrogation (2) is commonly quick, while that of sarcasm (3) is often slow. These who read aloud, too often confine themselves almost exclusively to the monotone, a fourth variation (4). Now it is these very distinctions of deflection and time that form the essence of the Chinese tones, and they are in daily use in our own language, as aids in expressing the feelings, as marks of emphasis, and as a means of relieving the voice by interchange. All that a foreigner has to do then in imitating the Chinese tones, is to apply forms of utterance, to

which he is already accustomed, to those words in which the Chinese employ them, and to treat the tone thus individualized, whichever it may be, as a part of the word, to be learned contemporaneously with the vowels and consonants. With regard to the doubly deflected tones, and those that are less familiar to us, the ancient Greeks would have had an advantage we do not possess. Their circumflex was made up of two tones, the acute and grave combined. (Buttmann Gr. Gram. Sect. 9) Every syllable had a tone, and the tones were placed on either long or short vowels. There seem also to have been dialectic and secular varieties. These four facts are all suggestive of a similarity in their enunciation to that of China. Mr. Lay in the work alluded to above, has pointed out to what tones the Greek accents appeared to him to correspond. But our data are so scanty on the subject of classical pronunciation, that nothing certain can be said, when we attempt to detail their individual differences.

59. Examples are here annexed of words, which differing slightly, as in a tone or an aspirate, may be mistaken for each other if mispronounced.

鏡子 kiung‘ ’tsz, *a mirror.*
景致 ’kiung tsz‘, *beautiful scenery.*
浪頭 long‘ deu, *waves.*
榔頭 ’long deu, *a hammer.*
此地 ’t’sz dí‘, *here.*
次第 t’sz‘ dí‘, *regularity.*
進教 tsing‘ kiau‘, *enter a religious sect.*
請教 ’t’sing kiau‘, *please inform me.*
第頭 tí‘ deu, *here.*
剃頭 t’í‘ deu, *shave.*
最多 tsûe‘ tú, *very many.*
最大 tsûe‘ dú‘, *very great.*
第八 tí‘ pah, *the eighth.*
提拔 tí bah, *to save.*
大細 tú‘ sí‘, *young son.*
圖死 tú ’sí, *wish to die.*
勿通 veh t’óng, *without reason or proof.*

勿懂 veh 'tóng, *not to understand.*
勿同 veh dóng, *not the same.*
勿動 veh 'dóng, *not moving.*

☞ For some words of constant occurrence, the following contractions will in future be used. C or S. C. Shánghái colloquial form. M. Northern mandarin pronunciation. R. or S. R. Shánghái reading sound.

Section 4. Alphabetical form of the Shánghái sounds.
i. *Initials.*

60. In grammatical works on other languages, more or less is said on orthography or orthoepy, according as the alphabetical symbols are controlled by more or fewer laws. The Chinese sounds are few, and regulated by laws which are easily laid down. A section therefore may properly be devoted to the romanized form of the sounds.

From the time that the Buddhist priests introduced the Sanscrit system, and the initials and finals, the Chinese have had an imperfect method of spelling words. The division of each sound into two parts, represented by two characters, the initial 母 'mú, and the final 韻 yün', constitutes the method. The 字彙 zz' wé', a Dictionary of the Míng dynasty, says 韻學自沈約始,而釋神珙,繼以等韻,列爲三十六母,分爲平仄四聲, yün' yáh, zz' sun' yah 'sz, rh suh zun kóng, kí 'í 'tung yün', lih wé san seh lóh 'mú, fun wé ping tsuh sz' sung. *"The doctrine of arranging sounds by their rhymes began with Shin-yóh, and the Buddhist priest Shin-kóng continued it, forming the rhymes into classes, and the initials into thirty six divisions, and placing them all under the four tones."*

61. From the sixth or seventh century of our era, the system whose origin is thus recorded, has been preserved in the Dictionaries successively made, with apparently few variations. The thirty six initials referred to are contained in the following table :—

Native table of Initials.

k 見 kíen	k' 溪 k'í	g 郡 giün	ng 疑 ngí		t 端 twan	t' 透 t'eú	d 定 ding'	n 泥 ní	ch 知 ch	ch' 徹 ch'eh	j 澄 jing	ni 娘 niáng	
p 幫 páng	p' 滂 p'áng	b 並 bing	m 明 ming		f 非 fí	f' 敷 f'ú	v 奉 vóng	w 微 ví	ts 精 tsing	ts 清 ts'ing	tz 從 dzóng	s 心 sin	z 邪 zié
tsh 照 tshaú	t'sh 穿 t'shuen	dj 狀 jwáng	sh 審 shin	zh 禪 zhen	y 影 ying	h 曉 hiáú	*y* 喩 *yü*	*h* 匣 *hiáh*	l 來 lái	rh 日 jih			

For g, d, etc. perhaps *k*, *t*, etc. ought to be written, according to the system of spelling adopted in this work, but the use of better known symbols makes the difference of the letters more palpable to the eye.

62. From the table it will be seen, that the division into an upper and lower series of initial consonants, the one embracing thin and clear sounds, with strong aspirates, the other including the broader consonants with the liquids and nasals, meets us not only in the study of the tones of a dialect as shewn in the former section, but in the accredited Dictionaries of the general language. This may be readily accounted for from the Kiáng provinces having been the chief seat of literature and political power, when the sounds of the language were first represented by double characters. Since the northern pronunciation became fashionable there has been no attempt in any imperial work to form a new system of spelling.* The difference of the old system and the new will be understood if it be mentioned that 魚 ü fish, is spelt ngü, and that 外, 月, wái', yöh, are also in the column headed NG. More details on this subject will be found in the appendix. In the 五方元音 a small portable Dictionary on the

* In K'áng-hí's Dictionary however, many words in the lower first tone, formerly in the g, d, b, columns, have been transferred to the aspirate column, to be in conformity with northern pronunciation. Words in the short tone having k, t, p, as finals in the old system, have also been classed as terminating in *vowels*, for the same reason. These changes however are only found in K'áng-hí's *second* table, and the older classification, denoted by a circle round the examples placed where they formerly stood, is retained with the new.

海上絲綢之路文獻集成 科技與文化編

alphabetic plan, and containing about 10,000 characters, the modern mandarin is followed in the initials and finals adopted.

63. In eight of the nine divisions above, the second initial is the strong aspirate either alone or following the letters k, t, ch, p, f ts and tsh. Of these the palatal ch. and sibilant tsh, are not needed in Shánghái pronunciation. Ts takes their place. In double initials the aspirate is between t and s, or t and sh.

(ch) 知道 M. ch táú' s. tsz dau', *to know.*

(tsh) 出來 M. ch'úh lái s. ts'eh lé, *come out.*

F' is the same as f. In other instances the aspirate is always preserved.

吹進吹出 t'sz tsing' t'sz t'séh, *blow in and out.*

看歇戲否 k'ön' h'ih h'í' 'vá, *have you seen the play ?*

開口 k'é 'k'eu, *begin speaking.*

In other cases, all these letters with and without aspirates, are the same with mandarin.

64. The third initial of the same eight divisions is wanting for Shánghái, only in the case of those headed ch and tsh. Their place is supplied by z. 形狀 yung zong', *visible form.* Sh and zh in the seventh, are replaced by s and z.

一隻手 M. ih chih 'sheú s. ih tsák 'seu, *one hand.*

時物 M. sh wúh s. zz veh, *things in season.*

扇子 M. shen tsz s. sén' tsz, *fan.*

受領 M. sheú ling s. 'zeu 'ling, *receive.*

65. The h of mandarin is never heard before w or y in the lower tones :—

三魂六魄 san wung lók p'áh, *three mental, and six physical principles of human life.*

無形無像 vú yung vú ziáng', *invisible.*

縣分 yön' vun', *what belongs to a district.*

效法別人 yiau' fah pih niun, *imitate others.*

In other examples among the lower tones, a slight aspirate is retained for the strong hissing sound of mandarin.

紅格紙頭 hóng kák 'tsz deu, *red ruled paper.*

閒書 *han sû, light reading.* 鞋子 *há* 'tsz, *shoes.*

This slight aspirate is lost in a word standing last in a combination.

那能修行 'ná nung sieu *ang* ? *how shall I grow virtuous ?*
幾許濶狹 'kí hau' k'weh *ah* ? *how wide ?*

The English aspirate is between the two aspirates here distinguished, and is the same as that of Fúh-kien. We have no parallel in our pronunciation, to that hissing guttural sound, which in the mandarin provinces, belongs to all the five tones, and in Kiáng-nán to the upper series. Hence Morrison speaks of it as SH. Nor can the weak aspirate of the Kiáng-nán lower series, disappearing as it does so frequently, be regarded as an equivalent to the English H.

66. With regard to the thick mutes and sibilants (g, d, b, v, z,) in the lower tones, it may be remarked generally, that foreigners in learning colloquial phrases, usually acquire the habit of pronouncing these consonants thin, when first in a combination, and broad, when some word precedes. This is so frequently true, that no further proof is needed of the pronunciation being variable.

第個 *tí'* kú' *this.* 次第 t'sz' dí', *good order.*
提拔 *tí* bah, *rescue.* 拔草 *pah* 'ts'au, *to weed.*
罷勿得 *pá'* veh tuh, *indispensable.*
勿罷拉 veh 'bá 'lá, *more than that.*
大同小異 *tá'* dóng 'siau *í'*, *differing but little.*
勿大好 veh dá' 'hau, *not good.*

For *t* and *p*, there is no difficulty in spelling as is here done, but *k, s, f*, are not so easily disposed of. The initial *k* or g is enunciated thickly before the vowels i and ü, though according to the system of the Dictionaries, the initial is the same in all cases. Some foreign students regard it as an aspirated consonant. Others write it dj or d. This anomaly of pronunciation, so difficult to express, does not occur before w, a and é. Limited thus to í and ü, it is thought preferable not to depart from the analogy, by inventing a new symbol for the few words in use that contain this unmanageable consonant.

插旗 t'sah gí, *set up a flag.* 顯轎 'h'ien giau', *mountain chair.*
葵花 *kwé* hwó, *olea fragrans.* 求告 *kieu* kau', *pray.*

G

海上絲綢之路文獻集成 科技與文化編

67. The lower f and s, are often heard v, z, even without a word preceding. Thus the actual pronunciation cannot be fairly represented by the law that answers for the other letters, and the only resource is to follow the natives in each case. This v, as well as that from w (M.) are pronounced w on the eastern side of the Hwáng-p'ú.

服事 *foh* zz', *to serve.*
牢實 lau zeh, *honesty.*
謝謝 *siá*' ziá', *I thank you.*
俗字眼 *sóh* zz' 'ngan, *colloquial expressions.*
尙書 zong' sû, *the Historical Classic.*
飯吃曼 van' k'iuh man', *have you dined?*
邪派 *siá* p'á', *depraved customs.*
罰咒 vah tseu', *to swear*
實在 *seh* zé', *truly.*

68. The initials z and dz correspond, through somewhat irregularly, to the tabular initials z, zh and j, dz, dj.

樹丫枝 zû' au tsz, *branches of trees.*
若使 zák sz', *if*
烹茶 p'au' dzó, *make tea.*
傳下來 dzén 'au lé, *deliver down.*
聚攏來 dzü' 'lóng lé, *collect.*

The d is often dropped, both in reading and in the conversational form.

勿會寫字 veh *wé*' 'siá zz', *cannot write* (M. tsz').
擺渡船 'pá dú' zén,* *ferry-boat* (M. ch'uen).
養蠶 yáng' zén', *keep silkworms* (M. tsán).

The d is in some words retained in reading, when dropped in the colloquial form.

豺狼虎豹 zá (R. dzé) long 'hú pau', *wolves and tigers.*
稻柴 *tau* zá (C.), *rice straw.*

---

* 船 The Dictionary pronunciation is 食川切 zhuen.

柴門 dzé (R.) mun, *wooden gate.*
造完 'zau (R. dzau) wén, *finish building.*

69. Words beginning with a vowel, belong to the thirty-first or thirty-third initials (y, *y*), according as they are high or low in tone. In giving the romanized form, a more extended subdivision of the vowels must of necessity be adopted. In the present work, the initial vowel is italicized, when its word belongs to the lower series.

遠來死 '*y*ön lé 'sí, *very far off.*
冤枉 yön 'wong, *falsely accuse.*

Those words in the dialect that begin with n, m, v, while in northern mandarin they have only a vowel as their initial, are placed in the Dictionary system under those consonants, and they are all in the lower tones.

原是 'niön 'zz, *well then it is—*
千山萬水 t'síen san van' 'ss, *a long distance.*
一百萬 ih páh man', *a million.*

Words in the upper series beginning with a vowel, which in northern mandarin take the sound *ng* before them, never have it in the Shánghái dialect, nor in the Dictionary system. E. g.* 愛 ngái', 惡 ngóh,† are pronounced é' and oh.

愛伊樣物事 é' í *y*áng' meh zz' *love that thing.*

In the lower tones the initial ng is always preserved.

勿碍啥 veh ngé' sá', *no matter.*
一眼勿硬 ih 'ngan veh ngáng', *not in the least hard.*
咬牙切齒 'ngau ngá t'sih 't'sz, *grind teeth with rage.*
我勿餓 'ngú veh ngú', *I am not hungry.*

70. The remaining initials are ng, n, ni, m, v, l, and j. They belong with few exceptions to the lower tones.

---

* 安 M. ngan. s. ön, 恩 ngun. s. un, 哀 ngái. s. é, 暗 ngán'. s. én'. The true sound as heard in the provinces where mandarin is spoken, is a guttural to which the English alphabet has no equivalent. NG is employed for want of a better symbol.

† In the mandarin Dictionary 五方元音, the initial NG is placed with U and A under W; I is placed with ü under Y.

Ng. I. Many words classed in the Dictionaries under this initial, are pronounced differently in this dialect. Thus 堯 yau, 言 íen, have no initial consonant. 疑 ní. 語 'nü, 義 ní', belong to the t nasal (N). 午 五 魚 are read ü, ú, but spoken ng. Ng precedes a, e, o ö, u, but not i, ü.

II. Other words as 月 niöh, 牛 nieu, 願 niön, belong more properly to the class headed ni, or the Spanish circumflexed n. The Sú-cheú dialect agrees better with the Dictionaries in this class of words, than that of Shánghái.

III. All the words in Morrison with the initial G belong to this class, except such as are in the upper tones. Such words as he writes aou, ae, yae, follow the same rule.

71. N. NI. These though distinguished in some alphabets as in Sanscrit and Spanish, may be for our purpose more usefully regarded as identical, the i being considered to belong to the final. Accordingly such words as 女 'nü 你 'né, 鈕 nieu, though placed under the palatal nasal NI in the native system, will be regarded as belonging to the tooth nasal N, and the remainder of the sound reckoned as the final. Even in the tables, these two consonants are in intentional juxtaposition. The consonants T, CH, to which they respectively belong are also naturally allied, as may be illustrated from our dialect, where CH becomes TS.

Many words written by Morrison yŭh, yin, yen, ying, yŏ, yu, yuen, yuĕ, take this initial, when they are in the lower tones. N, when thus prefixed, precedes no vowel but i, ü. The following are examples :—

玉 niók.	硯 níen'.	獄 niók.	源 niön.
銀 niun.	驗 níen'.	語 'nü.	願 niön'.
諺 níen'.	迎 niung.	愚 nü.	月 niöh. R. yöh.

72. M. V. The class headed M includes not only the mandarin words in m, but some that in mandarin begin with w. They are therefore placed together in the Dictionary system. Words thus transformed have v in reading as an intermediate sound, and often retain that form in the collo-

quial. If they are not words in very common use, they do not assume M as their initial. The following are examples :—

夫 mí and ví, C. ví R. 襪 mah, 蚊 mun, C. and R.

萬 man' and van', C. van'. R. 文, 武 vun, 'vú C. and R.

Also 問忘網望味物 are spoken mun', &c., and read vun', etc.

73. L. J. The former of these, as used in our dialect, agrees with the native system, and with the northern mandarin, and calls for no remark except that a very few words as before noted belong to the upper series. See Art. 56.

Under the initial j, are found all the Shánghái words in ni (C), and z (R), which are j in mandarin. E. g. 讓饒熱染日忍軟閏絨認撚 are spoken niáng, &c., and read záng, &c.

Thus, 人 niun, C. zun, R. jin, M. *a man.*

肉 nióh, C. zóh, R. júh, M. *flesh.*

Words that are *semi-colloquial*, or only used in combination retain z. E. g. 惹仁仍弱乳 are read and spoken 'zá, zun, etc.

Thus, 自然 zz' zén, C. and R. tsz' jen, M.

*** Words in z from sh, or s in mandarin, never change into ni. Thus, the natural separation between distinct classes of words is maintained, when their reading sounds are identical.

74. This class also includes RH. The native tables make no difference between J and RH, and in some parts of China the initial J is in jih *sun*, and some other words pronounced like R.

而且 rh 't'siá, *perhaps.*

When thoroughly colloquialized, however, these words pass into ní, and must be placed under n or ng.

二 ní', C. rh'. R. *two.*

兒子 ní 'tsz, or *ng* 'tsz, C. rh, R. *son.*

耳朵 'ní 'tú, C. rh tó, R. *ears.*

ii. *Finals.*

75. The Shánghái finals are about 60 in number. According to the native system, the whole of a word except the initial letter and the aspirate if there be one, is included in the final. In the Dictionaries,

the finals, which unlike the initials differ but slightly from modern mandarin pronunciation, are less numerous. The 字彙 tsz' hwei' has 44. The short tones which should be considered independent rhymes are counted with the corresponding long ones, and thus the number is diminished. The first table in K'áng-hí has sixteen, and the second, twelve. Under each are several subdivisions. Another small and very convenient Dictionary, the 五方元音 'Wú fáng yuen yin, taking the court dialect for its guide both in initials and finals, adopts twenty of the one, and twelve of the other, and arranges them under five tones. In reducing them to this small number, some violence is done to the sounds. All words beginning with a vowel, or NG are arranged under W and Y. In the finals, expedients are also employed to diminish the number of headings.

76. In the finals, the departures from the mandarin type are numerous, but they are according to system, and the knowledge of one variation is usually a key to the pronunciation of many tens of other words. The variations are usually the same for one long tone as for all.

In the following table which consists of words without a diphthong, the first column contains the final according to Shánghái pronunciation; the second, all the examples of it having different rhymes in mandarin; the third, the mandarin spelling; and the fourth, the Shánghái reading sound.

Finals.	Shánghái colloquial.	Mandarin.	Shánghái reading sound.
á	拉 lá (upper series.)	lá	
	拜 pá'	pái	pé
	家 ká	kiá	kiá
	解 'ká	kiái	kiá
	惹 'zá	jé	
ah	法 fah	fáh, fá	
	瞎 hah	hiáh, hiá	
	隔 kah	kuh, kó	kuh
ák	百 pák	puh, 'pá	puh
	若 zák	jóh, jó'	

Finals.	Shánghái colloquial.	Mandarin.	Shánghái reading sound.
	目 mák, mok	múh, mú'	mok
	石 zák	shïh,* sh	
an	但 *t*an'	tán	
	簡 'kan	kian	kíen
áng	張 tsáng	cháng	
	生 sáng	sung	sung
	宕 *t*áng'	táng	*t*ong
	行 *h*áng, *y*ung	hing, háng	
au	好 'hau	háú	
	下 '*h*au, *h*ó	hiá	*y*á
	叫 kau'	kiáú	kiau
é	海 'hé	hái	
	衰 sé	shwái	
	倍 *p*é'	pei	
eh	雜 dzeh	tsáh,* tsá	
	實 zeh	shih,* sh	
	沒 meh	múh,* mú	
	活 *w*eh	hwóh,* hwó	
én	半 pén'	pwán	
	船 zén	ch'uen	
	善 'zén	shen	
eu	溝 keu	keú	
í	理 'lí	lí	
	非 fí	fei	
	去 k'í'	k'ü	k'ü
	些 sí	sié	
ih	立 lih	lih, lí'	

* Where there are two modes of spelling in the column of mandarin pronunciation, the second is taken from the work quoted in page 13, which contains the northern pronunciation of words in the short tone, spelled according to the syllabic system. Those to which an asterisk is prefixed are all in the lower first tone.

Finals.	Shánghái colloquial.	Mandarin.	Shánghái reading sound.
	切 t'sih	ts'ieh, t'sié	
	雪 sih	siöh, 'sió	
	恤 sih	siuh, sió'	
ing	循 dzing	siün	
	心 sing	sin	
	信 sing'	sing	
ó	怕 p'ó'	p'á	
	遮 tsó	ché	tsó
	赦 só'	shé	sé
öh	奪 *t*öh	tóh,* tó	
ók	獨 *t*ók	túh,* tú	
	木 mók, mok	múh mú'	
	國 kók, kweh	kwóh,* kó	
ok	薄 *p*ók, *p*ok	póh,* pó	
	樂 lok	lóh, ló'	
	角 kok, kók	kióh, chió	kiák
ö*n*	端 dö*n* (upper series.)	twán	
	岸 ngö*n*	ngán	
óng	松 sóng, súng	sóng, súng	
ong	喪 song	sáng	
	雙 song	shwáng	
	夢 mong'	móng, múng	móng
	江 'kong	kiáng	kiáng
ú	所 'sú	só	
	大 *t*ú'	tá	*t*á
	古 'kú	kú	
ü	句 kü'	kü	
	歸 kü	kwei	kwé
û (ü)	主 'tsû, tsü	chú	
uk	直 dzuk	chih,* ch	
ûe (üe)	雖 sûe (ü)	súi	
un (ńg)	根 kun (g)	kun	

海上絲綢之路文獻集成 科技與文化編

Finals.	Shánghái colloquial.	Mandarin.	Shánghái reading sound.
	身 sun (g)	shin (un)	
	尊 tsun (g)	tsün	
ûn	杆 kûn	kán	
	篡 sûn'	swán	
óng (ú)	龍 lóng (ú)	lóng (ú)	
ung	亨 hung	hung	
	門 mung (n)	mun	
m	無 vú, *m*	wú	vú
ng	恒 *h*ng	hung	
rh	而 rh	rh	
sz	思 詩 sz	sz, sh and shí	
	水 'sz	shwúi	sûe

76. The intermediate vowel i forms the following finals:—

iá	邪 *s*iá	sié	*s*ié
iah	甲 kah	kiáh, kiá	kiah
iák	畧 liák	lióh, liáu'	
ian	念 nian'	nien	
iau	教 kiau'	kiáu	
iáng	强 'k'iáng	k'iáng	
ié	且 't'siá	t'sié	t'síe
íen	選 síen	siuen	
	田 *t*íen	t'ien	
	全 dzén	t'siuen	dzíen
ieu	求 *k*ieu	k'ieú	
iih	熱 nyih	jeh	zeh
íóh	曲 k'ióh	k'iúh, 'k'ü	
iöh	月 niöh	yueh	yöh
iön	權 *k*iön	k'iuen	
ióng	窮 *k*ióng	k'ióng (ú)	
iú	靴 hiú	hiö	
iuk	逆 niuk	nih	

Finals.	Shánghái colloquial.	Mandarin.	Shánghái reading sound.
iun (ng)	勤 *k*iun (ng)	k'in	
iung (n)	今 kiung (n)	kin	
	京 kiung	king	
iúng	兄 h'iúng	h'iúng	
iün	訓 h'iün'	h'iün	

77. The other intermediate vowel u, occurring only after k, g, forms the following finals:—

uá	乖 kwá	kwái	kwé
uah	括 kwah	kwáh	
ua*n*	關 kwa*n*	kwán	
wé*n*	官 kwé*n*	kwán	
wó	瓜 kwó	kwá	
wok	槨 kwok	kwóh, 'kwó	
wong	光 kwong	kwáng	
wun (ng)	滾 kwun (ng)	kwun	

Obs. i. For *óng* and *úng*, Morrison writes úng; Prémare óng. It will be seen that in our dialect they are both in use. When a word is pronounced alone, or when last in order, ó is more common, while ú prefers the first place in combination; 松江 Súng-kong, *Súng-kiáng*; 吳淞 *Ng* sóng, *Wú-súng*; 中國人 tsúng kóh niun, *Chinaman*; 勿拉當中 veh 'lá tong tsóng, *not in the centre*.

Obs. ii. Words in é from M. ái have two sounds. Some employ the Scotch *ae* in *sae*, *nae*, etc. nearly like e before r in the English words *there*, *where*. Others pronounce the English *a* in *cake*, *same*, i. e. in our orthography é. Ex. 來, 海 lé, 'hé, are constantly heard with both these sounds.

Obs. iii. Words in é*n*, beyond 黃渡 *W*ong dú', and 朱家閣 Tsû ká koh, to the west of Shánghái, change into ö*n*.

Obs. iv. On *án*, *wán*. The second of these mandarin finals passes into é*n* or ö*n*. The former retains a for á. Ex. 滿洲 Mé*n* tseu, *Manchu*; 五六萬 '*ng* lóh ma*n*', 50,000 or 60,000.

78. If the old native tables of finals could be reduced to a fixed

Roman orthography, our dialect would be found to bear more similarity to that pronunciation as its maternal stem, than to its northern relative the modern mandarin. The final k in the short tone appears to have been recognized, and many subdivisions of a final into two or more branches agree with our usage ; e. g. kwán into kwön and kwan. At present it is still doubtful what city or district preserves most accurately this traditional pronunciation. The work before referred to, Lé' sh' vin kíen' says, in the 凡例 Fán lieh, *Introductory Notes*. "南音於𢛂彎,官關,般班,分之甚細。北或合而爲一, Nén yun ü wén wan, kwén kwan pén pan, fun tsz zun' sí'. Poh *w*óh *h*eh rh *w*é ih." "In the south (Kiáng-nán etc.), the pronunciation of the words pé*n* pa*n*, etc. is carefully separated, while in the north, they combine in one (á) sound."

Another instance there given, of difference between the north and south in the final, is in such words as 銀盈,勤檠,神繩,林靈,貧平,金京, M. yin ying, k'in k'ing, shin shing, lin ling, p'in p'ing, kin king. These the author says, are carefully distinguished in the north, while in the south they are identical in sound.

The rule of Shánghái pronunciation is this. Those words that end in NG in mandarin keep it. Those words that end in IN change N into NG, while such as terminate in UN take N or NG indifferently. Thus the above examples are read niun (g) yung, *k*iun (g) *k*iung, *z*un (g) zung, ling ling, *p*ing *p*ing, kiun (g) kiung.

Both of this writer's observations are exemplified in the table. It is there shewn how far precisely this coalescing and subdividing of rhymes extends. One rhyme in either of the dialects, may branch off in the other into four or even six independent finals.

79. The most curious fact deducible from the table is, the affinity of certain vowels for the terminating consonant k (g before words in the lower tones) found in the short tone ; a peculiarity which disappears a little south west of Shánghái, and is not noticed at Ningpo.

The principal forms of words in the short tone in mandarin, according to different systems of orthography in common use are as follow :—

Morrison & Medhurst	ă	ĕ	eĕ	·ĭh ih	uĕ	ĭh	ŭh	ŏ
Prémare	ă	ĕ	iĕ	ĭ	uĕ	ĕ	ŭh	ŏ
Williams	áh	eh	ieh	ih	ueh	eh	uh	óh
This work	áh	eh	ieh	ih	iöh	uh	úh	óh

海上絲綢之路文獻集成 科技與文化編

Most words in the short tone ending in k, are of the last three of these finals u, ú, ó. Of the others, those in ih if they take k often insert a short u. E. g. 力 is heard lik or liuk. Similarly when words in úh and óh do not take k, they change úh and óh into eh. Thus, 末 móh becomes meh. Many words in conformity with this law, change their places among the finals, and the collocation of a and e, with k is carefully avoided, while u, ú, ó, retain it with equal consistency.* It should be observed however, that the á of mandarin becomes a in the short tone, and the longer a is only used as the colloquialized form of u. E. g. 百 c pák, s. puk. Thus in Shánghái usage, á, u, ó, o, take k in the short tone, a, e, ö, admit no terminating consonant, while i remains common.

This law is much simpler than that of the Fúh-kien and other dialects of the south of China. But while in that more complicated system, there are found three terminating consonants, k, t, p, similar affinities to vowels are traceable. In Fúh-kien with the exception of á, which all three share between them, k usually prefers one set of vowels, and t and p another.

The native rule in the southern dialects, that k, t, p, are merely the form assumed by the final letters ng, n, m, in the short tone, is inapplicable to dialects, so far north as this. In the native system of finals, this limitation is found indeed, but is not rigidly adhered to. Some words in t are placed under ng as well as n. Others in k occur under vowel finals. The cases of conformity however, are so much more numerous than the exceptions, that the rule is indubitable. Since here only k is in use, the seat of the old pronunciation of the Dictionaries must either lie farther south, or more probably the aim of its authors, was to include in their tables, the peculiarities of a large tract of country, embracing several provinces, and Fúh-kien among them.

80. The letter n is also affected by the preceding vowel. After a, e, ö, û, it is almost unheard when no word follows, and though a well-defined consonant in the next word brings it into notice, it is still

* Words in k frequently interchange. Uk and ák do so throughout, while ók ok are often both in use for the same words.

Ex. 木行 moh *hong*, or móh *hong*, *a timber yard.*

上海方言口語語法

only audible as a slight nasal sound. The vowels i, o, refuse to be associated with it, and when u precedes, it only holds its position in common with ng. After ü it is as in mandarin.

81. Out of 63 finals, there are twenty that vary their sound in reading. In all these, there is an approach to the mandarin pronunciation, and they are therefore employed, by those born within the limits of the dialect, when they wish to make themselves intelligible to strangers. In such cases, they are usually under the delusive impression that it is mandarin they speak. Such is the advantage of the alphabetic system, with its all-versatile and exhaustive applicability, that a foreigner can pass from one dialect to another so far as sound is concerned, with much greater quickness than a native. The latter has no ready method of writing new sounds down, nor is he practised in the art of separating them into their alphabetic elements. Nothing but a long residence in the region of another pronunciation, and some natural flexibility of organs, can give him a different set of tones, and a new arrangement of vowels and consonants. The sight of a character suggests to him the sound, that he learnt in his childhood, and having always regarded each sound as a unity not separable into alphabetic parts, any variation is too confusing and difficult of appreciation to be readily adopted.

The total number of sounds in our dialect independent of tones, is about 570. Morrison counts those of mandarin at 411. The difference is due to the broad initials B, G, D, V, Z.

82. *Irregularities of Pronunciation.* Words that do not conform in sound to the rules given in this section are few.

十五 só' *'ng* (for *seh* ng) *fifteen.*
錢 dzíen, R. is pronounced díen', C.
逐軸 dióh, R. They should be dzóh.
打 'tá, *to strike*, in reading and colloquial is 'táng.
那 R. ná, C. *á*, in *á* lí, *where.*
所在 R. 'sú 'dzé. C. 'sû zé, *a house.*

To these may be added the tendency of the initial K to be pronounced, when standing before I, like T in the upper series, and like D or DJ in the lower.

海上絲綢之路文獻集成 科技與文化編

PART II.

ON THE PARTS OF SPEECH.

Section 1. *Native divisions.*

83. Common teachers of the language in distinguishing words, only use two pairs of terms. viz. 實, 虛 zeh, h'ü, and 死, 活 'sz, weh. The former signifies words that have a meaning (full) and such as have not (empty). All substantives are 實字眼 seh zz' 'ngan. Auxiliary words or particles receive the name of 虛字眼 h'ü zz' 'ngan. Verbs and adjectives are placed by some writers in the first of these classes, and by others in the second. Remusat says that verbs are 實字 zeh zz'; a native author 畢華珍 Pih *wó* tsun treats, all words except substantives, as in the second class.

84. The other pair of terms views words as nouns, which are spoken of as 死字眼 'sí zz' ngan, or verbs which are 活字眼 weh zz' ngan. The usual sense of 活 is *living*, but by an extension of meaning, it is applied to anything not fixed to its place, or liable to change in its appearance or form. Hence, verbs as dependent on circumstances of time, will, etc. are termed *moving* or *transferable* words, while substantives are said to be *fixed* or *dead*.

85. The native writer just referred to, in a recent work, 衍緒草堂筆記 'ien 'zü 't'sau dong pih kí', on the parts of speech and construction of sentences, has extended these divisions, by forming the 虛字 h'ü zz', or words not substantives, into four classes :—

1. Adjectives 呆虛字 ngé h'ü zz' :—

Ex. 高 kau, *high*. 多 tú, *many*. 大 tá', *great*.
低 tí, *low*. 少 'sau, *few*. 小 'siau, *small*,

2. Verbs 活虛字 weh h'ü zz' :—

Ex. 作 tsok, *to do*. 傳 dzén, *to deliver down*,

3. 口氣語助虛字 'k'eu k'í' 'nü 'dzú h'ü zz'. Under this head he gives as examples :—

焉 *ien*, ? 乎 *ú*, ?	哉 tsé. ? 也 'yé, .	Interrogative and other finals.
此 't'sz, *this*. 所 'sú, *which*.	其 gí, *he*. 之 tsz, *of*.	Pronouns and the sign of the possessive.
甚 zun', *very*. 可 'k'ó, *can*.	最 tsûe', ,, 爲 *wé*, *be*.	Adverbs & auxiliary verbs.

4. 空活虛字 k'óng *weh* h'ü zz'.

Obs. The word *weh* is apparently employed, because conjunctions like verbs connect what goes before with what follows. Similarly, in English grammar the verb is the *copula*, while a large class of conjunctions consists of such as are termed *copulative*. The word 空 is prefixed to distinguish these particles from verbs. The examples he gives are—

雖 sûe, *although*.	如 zû, *like*.	Conjunctions.
但 *tan'*, *but*.	若 zák, *as*.	
而 rh, *further*.	乃 né, *then*.	
非 fí, *it is not*.	何 *ú*, *what ?*	Negative and interrogative adverbs.
不 peh, *not*.	豈 'k'í, *how?*	

These examples are from the language of books. The corresponding words in the dialect will be found in their places.

86. The frequent interchange of the parts of speech, and the rhythmical construction of sentences, have almost kept in concealment among the natives, the classification of which words naturally admit. Much attention has been given to the successive forms of the characters ; the changes that have occurred in them, and the principles of their original formation have been carefully chronicled ; but etymological studies have been comparatively neglected.

The rules of the Wun-cháng, or exercises in fine writing, have indeed been laid down, but they do not constitute the grammar of the language. While grammar is a science still unknown to the Chinese, it is a mark of the intelligence of our author that he has approached so nearly, as the preceding article shews to a western classification, and that he has defined with precision, all the principal parts of speech.

海上絲綢之路文獻集成 科技與文化编

The division into parts of speech, and simple and compound words, gains in distinctness as we leave the books and restrict our illustrations to the language of conversation, and much more when instead of embracing the universal mandarin medium, we aim to exhibit the dialect of a single district.

For example the words 過 kú', 能 nung, 生 sáng, are in the books verbs or nouns according to their position, their tones remaining unchanged. In the Shánghái dialect they are all verbs, viz. to pass, can, to produce, if they stand alone; but the combinations of which they form part are often substantives. Ex. 過失 kú' seh, *a fault*; 能力 nung lih, *strength*: 生活 sáng weh, *work*. Ming, 明 which in the books is an adjective or verb, must if used as a verb in the colloquial have 白 páh appended to it, otherwise it is an adjective. Thus instead of terminations invented to carry a root through two or more parts of speech, we have two roots in apposition for the same purpose. In the following pages accordingly, the terms noun, adjective, etc. will be predicated of the combined forms each as a whole, and not of its constituent words except when viewed independently.

Section 2. Relation of the dialect to the written language, and to other dialects.

87. The resemblances and differences of dialects, may be treated under three heads, viz. those of sounds, words, and idioms. It is only with the second of these that we have to do in this part of our inquiries.

In comparing the dialect with the language of books, it will be best to go at once to the oldest. The earliest portions of the Shú-king, *Book of History*, date from a period that must have been previous to that of Moses. The occurrence of many of the commonest words now found in the colloquial *media* of China in records about 4,000 years old, is a sufficient illustration of the remarkable persistence of the language. It thus appears that many of the nouns and pronouns, adjectives and verbs, that formed the staple of conversation in the days of Yáu and Shun, are found not merely in the pages of an old-world literature, but are still "familiar household words," among the whole Chinese race. The selected examples that follow are all of constant use in the Shánghái dialect.

88. Examples of single words used in combination or singly.

Names of natural objects, animals, &c.

天 t'íen, *heaven.*	月 niöh, *moon.*	馬 'mó, *horse.*
地 tí', *earth.*	星 sing, *stars.*	牛 nieu, *ox.*
人 niun, *man.*	山 san, *mountain.*	羊 yáng, *sheep.*
水 'sz, *water.*	海 'hé, *sea.*	
火 'hú, *fire.*	草 't'sau, *grass.*	

Divisions of time.

春 t'sun, *spring.*	日 nyih, *day.*
夏 'hau, *summer.*	月 niöh, *month.*
秋 t'sieu, *autumn.*	歲 sûe', *solar year.*
冬 tóng, *winter.*	夜 yá', *night.*

Meteorological terms.

風 fóng, *wind.*	雷 lé, *thunder.*	雨 'ü, *rain.*

Numbers.

一 ih, *one.*	六 lóh, *six.*
二 ní', *two.*	七 t'sih, *seven.*
三 san, *three.*	八 pah, *eight.*
四 sz', *four.*	九 'kieu, *nine.*
五 'ng, *five.*	十 zeh, *ten.*

Cardinal points.

東 tóng, *east.*	南 nén, *south.*
西 sí, *west.*	北 póh, *north.*

Verbs.

定 ting', *to fix.*	能 nung, *can.*
歸 kwé, *return home.*	有 'yeu, *have*

Adjectives.

大 tá', *great.*	希 hí, *few.*
遠 'yön, *distant.*	直 dzuk, *straight.*

F

Nouns.

罪 zûe, *sin.*	禮 'lí, *ceremony.*
門 mun, *door.*	詩 sz, *poetry.*

Pronoun.

我 'ngú, *I.*

89. Examples of nouns composed of two characters, or as they may be termed, dissyllabic forms.

百姓 pák-sing', *the people.*	上帝 záng'-tí', *God.*
天下 t'íen-'au, *the world.*	鳳凰 vóng-wong', *phœnix.*
正月 tsung'-niöh, *1st month.*	法度 fah-dú', *mode of government.*
聰明 ts'óng-ming, *intelligent.*	

90. Examples of words used in combinations in the dialect, but not singly.

鳥 as in 寫鳥 'tiau-niau, *birds.*
帝 as in 皇帝 wong-tí', *emperor.*
神 as in 神明 zun-ming, *the inferior divinities.*
位 as in 地位 tí'-wé', *station.*
事 as in 事體 zz'-'t'í, *matter.*
可 as in 可以 'k'ó-'í, *may, can.*
日 as in 日頭 nyih-deu, *the sun.*
聞 as in 新聞 sing-vun, *intelligence.*
說 as in 說書 söh-sû, *relate stories.*

91. These examples, which might if it were necessary, be extended to a much greater length, will be sufficient to exhibit, how the most ancient forms of speech, the primitive words of the Chinese race. have maintained their position to the present time. In a similar way, the later classics comtemporary with Hebrew literature, and the most flourishing part of the Greek, might be shewn to possess in a still greater abundance, the materials from which this and other dialects have grown into their existing form. But there are also many new words; the passage of time must witness changes, even in the language of a people so devoted to antiquity as that of China. It has been shewn that there has been variation in tones, by referring to the pronouncing Dictionaries made long since. The natives recognize great differences in modern and ancient sounds, as seen in the rhymes of the

Book of Odes. Words also have changed; many expressions once common have become antiquated, and new ones have appeared. A reference to colloquial mandarin will illustrate this statement, and bring before us another large portion of the materials of the dialect.

Relation to colloquial Mandarin. 92. The earliest examples of this form of Chinese, are found in the historical novels. Mencius so remarkable among the classic authors, for his picturesque imagery and the animation of his style, sometimes uses combinations, such as 朋友 *páng yeu'*, *friend*; 自己 zz' 'kí, *self*; seldom found in ancient books, and which may be considered as conversational. But the first works written intentionally in this form, that have been preserved, are the 列國 Lih kóh, 三國 San kóh, and the works that followed them. Their style exhibits a very manifest approach to the language of common life. The former of these was composed under the earliest Han dynasty, and its scene is laid in the closing part of the Cheú dynasty, when the empire consisted of many small states constantly contending with each other. The History of the Three Kingdoms was written under the 晋 Tsin dynasty, A. D. 265-420, and the events it describes occurred under the Han.

93. The following are examples selected from these two works, of new words not found in the classics, and all in common use in our dialect.

Substantives.	Verbs.*
樹 zû', *tree.*	會 *wé'*, *am able to.*
脚 kiáh, *foot.*	吃 k'iuh, *eat.*
船 zén, *boat.*	叫 kiau', *call a person.*
撇 p'ih, *stroke to the left.*	攏 'lóng, *bring together.*

Some of these characters are found in older books, but with a different

* Further examples of such verbs, are here added—

挨 á, *take in order.*	惹 'zá, *provoke.*
敲 k'au, *knock.*	揪 t'sieu, *restrain by holding.*
撑 t'sáng, *pole a boat.*	瞧 dziau, *to look.*
抄 t'sau, *to copy.*	抖 'teu, *shiver.*
喝 höh, *call to.*	拖 t'ú, *to pull.*
爬 pó, *to scratch.*	勦 tsiau', *destroy.*

海上絲綢之路文獻集成 科技與文化編

sense. Almost all words of these two classes are in use at Shánghái.

94. Of the following new pronouns, and interrogative adverbs first found in the historical novels, there is scarcely any use made in the Shánghái dialect.

甚麼 M. shin' 'mó ? *what ?* 那裡 M. 'ná 'lí ? *where ?*
什麼 shih 'mó ? *what ?* 這箇 ché' kó', *this.*
怎麼 'tsun 'mó ? *how ?* 他 t'á, *he.*

Obs. i. The Shánghái pronouns are all different from these, except the mutilated form 那裡 *'á 'lí ? where ?* So for the most part those of Fúh-kien ; which again differ entirely from those of the Canton dialect as contained in Bridgman's Chrestomathy. Some pronouns are widely spread. Thus, ngó 我 I, exists in all these dialects. As a class however, they are among the words most liable to variation in colloquial Chinese.

Obs. ii. These words taken from the works mentioned, are indeed not so frequently found there, as the corresponding expressions employed in the higher styles of Chinese composition. E. g. 何, 如何, 此, 之 *What ? how ? this, he.* But their occurrence here and there is sufficient to shew, that the phraseology of conversation has suffered no material change for two thousand years.

95. The following examples of double words taken from the same works, will further illustrate the extent to which mandarin phraseology agrees with that of our dialect. They are all such combinations as are not found in the classics, and might be increased indefinitely.

人家 niun ká, *a man.*
低頭 tí deu, *lower the head.*
開船 k'é zén, *unmoor a boat.*
時辰 zz zun, *an hour,* i. e. *twelfth of a day.*
招架 tsau ká', *shield one's-self.*
(c) 帮助 pong dzú', *to assist.*
容易 yúng i', *easy.*
船隻 (c) zén tsáh, *boats ; or a boat.*
拚命 'p'ing ming', *throw away life.*

看見 k'ön' kíen', *to see.*
蹩手 zeh 'seu, *maimed hand.*
利害 lí' é', *dangerous, severe.*
(c)仔細 'tsz sí', *minutely.*
解說 'ká seh, *explanation.*
撞倒 dzong' 'tau, *push down.*
敬重 kiung' 'dzóng, *revere.*
最好 tsûe' 'hau, *very good.*
認得 niun' tuh, *know a person.*
唱喏 (c) t'song' 'zó, *join one's hands in respect.*
倒豎 'tau 'zû, *set up on end.*

The characters marked (c) are those that were invented, to represent colloquial words written for the first time. The rest are old classical characters, but they are not found in these combinations.

97. On comparing the old historical novels, with mandarin colloquial tales of the present dynasty, such as the well-known *Dream of the Red Chamber*, no closer analogy with our dialect appears. The style indeed is much more diffuse, being a faithful copy of what real conversation is, and so far it is more like provincial dialects. But as to words, the auxiliary particles (in which the chief changes occur), are peculiar to mandarin, and the verbs and nouns are the same as those of earlier works.

Thus, 的 tih occurs constantly instead of 之 ch, which is the most common sign of the possessive in the *Three Kingdoms.* As the third personal pronoun, 那 'ná takes the place of 其 gí. The word for *said*, 曰 *yöh*, a term not used in conversation, is replaced by 說道 shwóh táu', either together or apart. While some words are thus seen pushing others out of use, there does not seem to have been any extensive introduction of new terms.

98. Having thus briefly considered the historical division that the dialect admits of, into primitive and middle-age words, something should be added on local terms, constituting the remainder. On examination it will be found that the words, single and compound, not in mandarin, are few. They can scarcely be many more than a hundred. In a list drawn

up for the purpose by a native, of about 100, a third part consisted of verbs, another third part of particles, the rest comprised substantives, adjectives, and words imitative of sounds.

Many of these belong also to the dialects of the neighbouring cities. In the histories of Sú-cheú and Súng-kiáng, the short chapter devoted to the subject of colloquialisms, enumerates several that belong equally to Shánghái. They appear to have been copied in great part from one work into another, and the whole number recorded in each does not reach fifty. Those contained in the history of Shánghái, will be found in the following pages under the parts of speech to which they belong. In Medhurst's Dictionary of the Fúh-kien dialect, there are classified lists of about 250 phrases peculiar to that province. Some of these however are corrupted forms of expressions used in the other parts of China.

99. The neighbouring dialect of Sú-cheú may be expected to have much in common with that of Shánghái. The system of pronunciation is in general the same, the initial consonants forming a hard and soft series, corresponding to the upper and lower tones in the southern provinces. It is said, the city contains two dialects. The following are examples of phrases, the same as those of Shánghái.

那哼 'ná háng ? *how ?*
自家 zz' ká, *self.*
弗个 veh kú', *not so.*
做啥 tsú' sá' ? *what do you ?*
個歇 kú' h'ih, *at present.*
弗是 veh zz', *it is not.*
多許 tú hau', *very many.*
慢點 man' 'tíen, *little slower.*
個頭 kú' deu, *there.*
個个 kú' kú', *that.*

哉 tsé (M. 了) sign of completion.
子 'tsz (M. 了). sign of past participle.
个 kú' (M. 的), sign of possessive.
勿 veh (M. 不), simple negative.
全 dsíen (M. 都), *all.*
啥 sá' (M. 甚麽)? *what ?*
好好能 'hau 'hau nung, *well.*
想着之 'siáng záh 'tsz, *having thought of.*
拉屋裡 'lá óh 'lí, *at home.*

海上絲綢之路文獻集成 科技與文化編

是介 zz' ké' (s. seh ké nung), *thus.*

In some words very commonly occurring, that dialect differs from Shánghái and agrees with mandarin.

This, M. 這个 ché' kú'. s. 第个 tí' kú'.
He, M. 他 t'á. s. 伊 í.
How? M. 怎麼樣 'tsun 'mó yáng'?
do. s. 那哼能 'ná háng nung?

Section 3. On the Substantive.

100. The native grammarian already introduced to the reader defines substantives, or rather substances, thus 天地名物、象數事理 T'ien dí' ming veh, ziáng' sú' zz' 'lí, "Heaven, earth, names and things, images, numbers, facts and principles;" 凡有形有質、有氣有聲 van 'yeu yiung 'yeu tseh, 'yeu k'í' 'yeu sung, "all things that have form, material substance, breath and sound;" 一切有端可指者 ih t'sih 'yeu tön 'k'ó tsz 'tsé, "all things having any property that can be pointed out;" 皆謂之實字 kia wé' tsz seh zz', "are called substantives."

"The names of substances," he adds, "may consist of one or several characters, which must be arranged in classes, brought under the dominion of the rhythmus, and stored in the memory for use when required." Such nouns as express the properties of substances he calls 子字 'tsz zz', "son characters," while the names of the substances themselves are termed 母字 'mú zz', "mother characters." Attributes he further subdivides into "universal," 公共子字 kóng góng' 'tsz zz', and "special," 實在子字 seh zé, 'tsz zz'.

Combined and uncombined substantives. 101. One of the most striking peculiarities of Chinese words, whether nouns, verbs or particles, is the strictness with which the laws of combination and order are observed. Each dialect has many words that can be used with or without an adjunct, and may be regarded as purely monosyllabic; another large class embraces such as are never used by the natives, except in apposition with some other word, and constituting for that dialect, what may be considered dissyllables. Of the former or monosyllabic kind are the following examples (s. c.).

飯 van' *cooked rice*. 貓 mau', *cat*. 狗 'keu, *dog*.
雲 yün, *clouds*. 墨 muh, *ink*. 藥 yáh, *medicine*.
理 'lí, *moral law*. 煤 mé, *coal*. 雪 sih, *snow*.

102. In construction, these and similar words may be observed to remain in an uncombined state. The first word in each of the following sentences exemplifies this remark.

米糴好否 'mí tih 'hau 'vá ? *have you brought rice ?*
人是一樣个 niun 'zz ih yáng' kú', *I am a man as well as you.*
袖要大 dzieu' yau' dú', *let the sleeve be large.*

These words may all of them be used in combination, according to some of the laws described in the succeeding paragraphs. Thus they appear in dissyllabic forms such as—

米價 'mí ká', *price of rice*. 大人 tú' niun, *father*.

103. The other class consists of those words that are never used without an adjunct. For example 衣 í *dress*, not used alone, is found among other combinations in the following.

衣裳 í zong, *clothes*. 布衣 pú' í, *cotton clothes*.

So also 猪 tsz, 日 zeh, 房 vong, 禮 'lí, are found in combination only.

猪玀 tsz lú, *a pig*. 過房 kú' vong, *adopted child*.
江猪 kong tsz, *the river pig* (a fish).
禮物 'lí veh, *presents*. 日食 nyih zuh, *eclipse of the sun*.

104. In construction, the adjuncts unless the rhythmus requires it, cannot be omitted.

着衣裳 tsáh í zong, *put on clothes*.
殺猪玀个 sah tsz lú kú', *pork butcher*.
日頭落山 nyih deu lok san, *sun is setting*.
租房子 tsú vong 'tsz, *let a house*.
送禮物 sóng' 'lí veh, *offer presents*.

Combination. 105. Substantives are formed of two or more substantives combined in various ways. If the collocation consist of species and genus, the former precedes.

栢樹 páh zû‘, *cypress.* 茶壺 dzó ú, *teapot.*
松樹 sóng zû‘, *pine.* 鐵蛋 t‘ih dan‘, *iron bullet.*
酒壺 ’tsieu ú, *wine chalice* 雞蛋 kí dan‘, *hen’s egg.*
牡丹花 mau‘-tan‘ hwó, *moutan pœony.*
孛相船 peh-siáng‘ zén, *pleasure boat.*
堦沿石 ká-ien záh, *first door-step.*
磨刀石 mú tau záh, *grind-stone.*
紅緯帽子 hóng wé‘ mau‘-’tsz, *red-tasselled hat.*

Obs. In the last five examples, the two first words constitute the species. The word 石 záh requires 頭 as its appendage, if there is no specific term prefixed. When compounds are formed, the auxiliary word is omitted. In the last case 子 tsz, the auxiliary is retained, or dropped at pleasure.

106. When the compound substantive formed by juxtaposition, consists of whole and part, or substance and accident or attribute, the former precedes.

手心 ’seu sing, *palm of the hand.*
手套 ’seu t‘au‘, *gloves.*
樹根 zû‘ kun, *root of a tree.*
樹葉 zû‘ ih, *leaves of a tree.*
頭髮 teu fah, *hair.*
首飾 ’seu seh, *head ornaments.*

107. When two or more substantives, cognate in meaning, or in some logical relation, are in apposition, their order depends on native usage.

親眷 t‘sing kiön‘, *relations.* 信息 sing‘ sih, *letters and news.*
街路 ká lú‘, *the road.* 貨色 hú‘ suh, *goods.*
榮光 yóng kwong, *glory.* 財帛 dzé báh, *money and silk.*
福祿壽 fóh loh zeu‘, *happiness, affluence and age.*
酒色財氣 ’tsieu suh dzé k‘í‘, *wine, lust, riches and anger.*

Obs. i. The primary reason of the order in which these words are used, may have been a real or fanciful sequence of ideas, convenience of pronunciation, rhythm or caprice; but whatever it was, it is strictly preserved. Should another order be adopted, the meaning would

海上絲綢之路文獻集成 科技與文化編

not be conveyed. To these and other fixed combinations, found in all parts of speech, must in great part be attributed, the facility with which a language of monosyllables and tones such as the Chinese, is employed as a conversational medium.

Obs. ii. Many words found in compounds of this sort are inseparable. Thus 眷 kiön' has no other use in the dialect, than to form these combinations. As a verb *to compassionate*, its use is limited to the books.

Obs. iii. Under this head may be included antithetical substantives (*Literæ oppositæ*. Premare), of which there are several in common use without a particle between them. 姊妹 tsí *(elder sister)* mé' *(younger do.)*, *sisters ;* 禽獸 *k*iun *(birds)* seu' *(beasts)*, *animals ;* 天地 t'ien dí', *heaven and earth ;* 夫婦 fú vú', *husband and wife ;* 山水人物 san 'sz niun veh, *mountains*, *water*, *men and things ;* 銅錢銀子 *t*óng díen niung 'tsz, *copper and silver money.*

Obs. iv. Phrases of this sort are not coined *ad libitum*. They are old forms, and the modern Chinese do not allow themselves to make new ones. Each dialect has its own traditional arrangement of words, as well as its particular mode of enunciating the tones, and its alphabetical variations. But there is in all the dialects, so large a majority of phrases as well as words, common to the rest of China, even in that of Fúh-kien, that the identity of the language is in no district brought into question by these differences.

108. Some of these combined forms consist of a substantive and an enclitic. Of the auxiliary words thus used 子 'tsz, 頭 *t*eu, are the most common.

鴿子 keh 'tsz, *a pigeon.* 席子 *s*ih 'tsz, *matting.*
刮法子 *k*wah fah 'tsz, *machinery.*
鑵頭 kwén' deu, *saucepan.* 流頭 lieu deu, *pulley.*
甎頭 tsén deu, *bricks.* 話頭 *w*ó' deu, *words.*
骨耳頭 kweh-'rh deu, *an axle.*

These enclitics are never used in the classics; they form a leading characteristic of colloquial Chinese. 'Tsz and *t*eu give individuality and definiteness to the term they qualify. Their proper meaning, *son*, *head*, is in these cases lost; they help also to fill up the rhythm of the sentence, and to distinguish the words to which they are appended from other terms like them in sound. The enclitic 兒 rh, so common in the mandarin provinces, and also in the dialect of Háng-cheú, has its place supplied by 子 'tsz. Nyih 'tsz 日子 *day* is distinguished from nyih deu 日頭 *the sun*, by the enclitic.

109. To express a place where persons come and go, the words 頭 deu and 場 dzáng are appended to substantives.
粒屑 lih sih, or sih alone, expresses *small fragments of.*
局頭 *k*ióh deu, *place of carrying on trade.*
橋頭 *k*iau deu, *landing place of a bridge.*
碼頭 'mó deu, „ *of a ferry.*
賭場 'tu dzáng, *place for gaming.*
戲場 h'í' dzáng, *place for seeing plays.*
牛場 nieu dzáng, *place for tethering cattle.*
柴粒屑 zá lih sih, *small fragments of firewood.*

110. Verbs and adjectives form compound substantives, by taking after them such auxiliaries as 頭 *t*eu, 法 fah and 處 t'sû'.

有辦頭 'yeu pan' deu, *there is a way of doing it.*
唔坐處 *m* 'zú t'sû', *no place to sit down.*
有啥做法 'yeu sá' tsú' fah? *is there a way of doing it?*
唔啥好處 *m* sá' 'hau t'sû', *no benefit in it.*
那能好法 'ná nung 'hau fah? *how is it good?*
長頭 dzáng deu, *overplus.*
剩頭,餘頭 dzung' deu, *ü* deu, *remainder.*
牢實頭 lau zeh deu, *simpleton.*
苦惱子 'k'ú 'nau 'tsz, *an unfortunate.*

111. Many of the auxiliary substantives treated of in the next section, whose office it is to stand between numerals and their nouns, often follow their substantives without a numeral. A compound is thus formed, in which the sense of the classifying particle is often preserved. *A piece of* is expressed by k'wé. *A bar of* by *t*iau.
冰塊 ping k'wé', *piece of ice.* 鋼條 kong diau, *steel spring.*

海上絲綢之路文獻集成 科技與文化編

船隻 *zén* tsáh, *boats.* 人頭 niun deu, *a man.*
書本 sû 'pun, *books.* 紙張 'tsz tsáng, *sheet of paper.*

112. The words 夫 fú, 手 'seu, 作 tsoh, 匠 ziáng', 司務 sz' vú', 家 ká, 人 niun, are appended to substantives to denote agents, trades and professions.

脚夫 kiák fú, *a porter.* 兇手 h'iúng 'seu, *murderer.*
木作, 木匠 mok tsoh, or mók ziáng', *carpenter.*
水作, 泥水匠 'sz tsoh, or ní 'sz ziáng', *bricklayer.*
鞋匠司務 *há* ziáng' sz' vú', *shoemaker.*
裁縫司務 dzé vóng sz' vú'. *tailor.*
店家 *tíen* ká, *shop-keeper.* 船家 *zén* ká, *boatman.*
捉魚人 tsoh *ng* niun, *fisherman.*
拾柴人 *sih* zá niun, *wood gatherer.*
東家 túng (*east*) ká, *master* (*who places his guests on the right.*)
禮生 'lí sáng, *director of rites.* 先生 *síen* sáng, *teacher.*

Obs. In the longer examples, some verbs will be found which enter into composition, as those in Art, 113.

113. Verbs and adjectives are frequently compounded in the same way as substantives.

屏風 ping (*to screen*) fóng (*the wind*), *a screen.*
扶手 vú (*to support*) 'seu, (*the hand*), *hand-rail.*
吃局 k'inh (*eat*) gióh (*food*), *food.*
小姐 'siau tsiá, *young lady.*
古董 'kú (*old*) 'tóng, *curiosities.*
夥計 'hú (*combine*) kí' (*plans*), *partner in business.*
辮子 *píen'* (*to plait*) 'tsz, *the queue.*
黃狼 *wong* (*yellow*) long (*wolf*), *weasel.*
抽屜 t'seu (*to draw out*) t'í' (*drawer*), *a drawer.*
生梨 sáng (*raw*) lí (*pears*), *pears.*
花紅 hwó (*flower*) óng (*red*), *small apples.*
金箔 kiun boh (*thin*), *gold-leaf.*
相好 siáng (*mutual*) hau (*good*), *intimate friends.*

114. The word 阿, merely euphonic, is joined to the names of persons, both relative and proper. Thus instead of 哥哥

kó kó, *elder brother*, we have in Shánghái 阿哥 ah (R. á) kú, also 阿爹 or 爹爹 tiá tiá, *grandfather*. When applied to the names of children and others in humble life, either word in the proper name may be annexed.

115. Some examples of foreign words used in the dialect, and of colloquial substantives, extracted from the History of Shánghái, are here appended.

鴉片 á p'íen', *opium*. Ins.
袈裟 ká só, *Buddhist priest's robe*. Ins.
記(c)翼(c) kí' lih, *wings*. Ins.
尾䏢(c) ní' pó, *tail*. Ins. (尾 R. ví').
小囝(c) 'siau nön, *little boy*.
鱟(c) heu', *shrimps, rainbow*.
簷凙(c) *híen* doh, *icicles*. Ins.
羊乳(c) *yáng* 'ná, *goat's milk*.
筷(c) k'wan, *chopsticks*.
烟囱(c) íen t'sóng, *chimney*.
爺娘 *yá* niáng, *father and mother*.

Obs. Characters followed by (c) are such as are borrowed, to represent purely colloquial words.

Phrases marked Ins. are inseparable; that is, their component words cannot appear in other combinations, and if the Chinese method of writing permitted it, they would be properly written as dissyllables.

New and colloquial words are usually written on the phonetic principle, as may be noticed in the first three examples. Natives differ much in their way of writing purely colloquial words, and being never made use of in books, it matters little what character is adopted.

116. The last way of forming compound substantives to be exemplified, is by the particle 個 kú', which coming after a verb and noun expresses an agent.

吃糧个 k'iuh liáng kú' (*living on imperial rice*), *soldiers*.
撐船个 t'sáng zén kú', *those who work boats*.
管賬个 'kwén tsáng' kú', *account-keeper*.
賣花个 má' hwó keu', *flower-seller*.
擺渡个 'pá dú' keu', *ferryman*.

海上絲綢之路文獻集成 科技與文化編

Obs. The common word 者 'tsé is not used in this dialect, its place being supplied by 個 kú' as in these examples.

Repetition. 117. Substantives are in some cases repeated. Forms indicative of diminutiveness are such as occur in the following examples.

曉一星星 'nau ih sing sing, *look ! there is a star.*
要一點點 yau' ih 'tíen 'tíen *I want a very little.*

118. A few repeated forms occur, with an adjective preceding in apposition.

暗洞洞 én' dóng dóng, *a dark place.*
亮晃晃 liáng 'kwong 'kwong, *a glimmer of light.*

Obs. Such forms of repetition are rare, except when they express plurality (v. Art, 129). In the adjective and verb, they are much more common. See also Part III. Repetition.

119. The formation of compound substantives, by the simple apposition of two or more roots, is also found in other languages. English and German contain many examples. Substantives, adjectives, and verbs all enter into these forms. E. g. hearsay (v. v.), sunset (s. v.), windfall (s. v.), footstool (s. s.), farewell (v. adv.), lebewohl (do. German), adieu (prep. s. Fr. Eng.), addio (do. Ital.), safeguard (a. s.), white-bait (a. s.), Rath-haus (s. s.), council-house (s. s.). Though many of these words are written without a break, the accent on the penultimate indicates, for these that are English, that they are compounds. In languages that have an extensive system of terminations such as Latin, Greek, and Sanscrit, when composition occurs, the constituent roots become one word, and the affix of declension, &c. in the word that precedes, is usually omitted. Thus, in αὐτάδελφος and αὐτόχειρ, the simple root *aut* precedes the word to which it is joined, in one case with no adjunct, and in the other with the connecting vowel *o*. In the Latin word *respublica, reipublicæ*, we have two roots in apposition, without the process of declension being interrupted. Cases of simple juxtaposition such as this, are much rarer in the ancient languages than in the modern, where the root admits of few variations in its form.

120. In the development of a language consisting of monosyllabic roots, where nothing can be added or altered, some equivalent for

terminations and compounds must be expected. This want is met in the Indian languages of America, by combining several independent roots into one word. If for these agglutinated syllables, separate characters were reserved, it would be a system resembling the Chinese. We have in the latter (1), simple apposition of roots, as exemplified in articles 105, 106, 107. Second, there is a change of certain substantives into mere particles which are appended, deprived of their primitive meaning, to large classes of words, as seen in articles 108, 109, 110. Forms of this second kind are usually expressive of simple ideas only ; the others may be simple or compound. Many modern philologists maintain that the terminations of tense and case in the classical languages came from the simple apposition of separate words. Those of the first, second, and third persons of a verb are derived by them, for example, from the three corresponding personal pronouns. Obsolete forms preserved in the oldest writers give some countenance to this theory. Whether the primitive speech of mankind was of this sort, may be matter of controversy, but there can be no doubt that the Chinese have this peculiarity.

121. Variation in tone might be enumerated as a third mode of supplying the want of inflexions. Examples in the spoken language are however extremely few. In 種 tsóng', *to sow*, and 種子 tsóng 'tsz, *seed*, the tone differs. But even here the enclitic 子 is an inseparable appendage to the noun. Some other examples here ollow :—

一囘 ih wé', *one time.*	囘來 wé lé, *come back.*
磨子 mú' 'tsz, *a mill.*	磨麥 mú máh, *grind wheat.*
牽繩 k'íen' zung, *towing-rope.*	牽船 k'íen zén, *tow a boat.*
鐵釘 t'ih ting, *iron nail.*	釘牢 ting lau, *nail fast.*
應該 yung ké, *ought.*	應許 yung' 'hü *a promise.*
相帮 siáng pong. *to assist.*	宰相 tsé' siáng', *chief mandn.*

Obs. The superior comma on the right shows where the words, whose tone varies should receive the quick rising tone, or Shánghái *k'ü shing*. The second tone takes no part in these changes.

Gender. 122. Gender is expressed by auxiliary words set apart for the purpose. It being thus merely an instance of adjectives and substantives in apposition, the arrangement

海上絲綢之路文獻集成　科技與文化編

requires the words descriptive of sex (男 *nén*, 女 nü'), or gender (雌 t'sz, 雄 *yióng*) to precede.

雄鷄雌鷄 *yióng*-kí t'sz-kí, *a cock and hen.*

一隻雄獅子 ih tsáh *yióng* sz-tsz, *a male lion.**

男人 *nén* niun, *husband.* 女囝 'nü nön, *a girl.*

123. Among the words used in the Shánghái dialect to express family relationship are the following :—

爹爹 tiá tiá, *grandfather.* 姊夫 tsí fú, *brother-in-law.*
阿媽 ah 'má, *mother.* 孫女 sun 'nü, *granddaught.*
阿奶 ah 'ná, *grandmother.* 外甥 ngá' sáng, *do. f.*
伯伯 pák páh, *eldest uncle.* 女壻 'nü sih, *son-in-law.*
爺叔 *yá* sóh, *younger do.* 姑媽 kú mó, *husband's sister.*
娘舅 niáng gieu', *uncle f.* 阿姨 ah *i*, *wife's sister.*
丈人 dzáng niun, *fr.-in-law.* 姑娘 kú niáng, *aunt.*
丈姆 dzáng *m*, *moth.-in-law.* 阿嫂 ah sau, *brother's wife.*
媳婦 sing vú, *daug.-in-law.* 阿姪 ah dzeh, *nephew.*
阿姊 ah tsí, *elder sister.* 外公 ngá' kóng, *gd.-father. f.*
妹妹 mé' mé', *younger do.* 外婆 ngá' bú, *gd.-mother. f.*

Obs. i. These words will serve also to illustrate the formation of dissyllabic compounds, e. g. with 阿 á (ah), a meaningless phonetic.

Obs. ii. The letter *f* denotes those on the female side.

Number. 124. The form of the substantives in the singular and plural is the same. The auxiliary adjectives and adverbs used to express plurality are placed some before and some after their words. *Tsóng*', *tú hau*', '*hau* '*kí*, and *tá* precede their noun. *Dzén t'óh*, invariably follow their words.

125 衆 tsóng' precedes its noun and expresses universality.

衆百姓 tsóng' pák sing', *all the people.*

衆位阿 tsóng' *wé'* á, *all you persons.*

---

* In the books and in mandarin *yóng*, t'sz, are restricted to birds, and *ping*' and meu' to animals. In the colloquial of this part of China, however, the words 牝 *ping*' and 牡 meu' are never employed ; the pair of words given above being used in all cases.

126. 多許 tú hau‘, and ’hau ’kí 好幾 describe *a great number or several.* Being double inseparable particles, they form a complete member of a sentence alone, and therefore can be separated from their words, and placed afterwards with a copula and a terminating particle.

多許物事 tú hau‘ meh zz‘, *a great many things.*
物事有多許拉 meh zz‘ ’yeu tú hau‘ ’lá, *there are very many things.*
好幾个人 ’hau ’kí kú‘ niun, *a good many men.* [*men.*
人有好幾个 niun ’yeu ’hau ’kí keu‘, *there are several*

127. 大 tá, *several,* like tsóng‘ cannot form a complete member of a sentence alone, and therefore precedes its word. It is used extensively with the specific substantive particles already alluded to. [*catties.*

買之大斤者 ’má tsz tá kiun ’tsé, *have bought several*
大回 tá *wé*‘, *several times.*
大个國度 tá keu‘ kóh dú‘, or tá kóh, *several kingdoms.*
大句說話 tá kü‘ seh *wó*‘, *many sentences.*

Obs. This is a different word from 大 *tá*‘, *great.* The same character is used, because there is none with the sound tá.

128. The words 全、禿 dzé*n*, t’óh following their substantives, usually form the first word in the antidosis or concluding member of the proposition. [*and meat.*

米咾肉禿有 ’mí lau niók, t’óh *y*eu, *there are both rice*
人全拉看戲 niun dzé*n* ’lá k’ö*n*‘ hí‘, *they are all looking at the play.*

Obs. Pronunciation places these auxiliary particles in closer union with the following word, than with their own noun. Yet the rhythmus often attracts the two members into one sentence. E. g.

男女禿有 né*n* ’nü t’oh ’*y*eu, *the men and women are all there.* [*good.*
官府全好 kwé*n* ’fú dzé*n* ’hau, *the mandarins are all*

129. The plural is also formed by repetition.

人人來者 niun niun lé ’tsé, *the men are all come.*
國國太平 kók kók t’á‘ bing, *nations all at peace.*

世世代代 sz' sz' dé' dé', *age after age.*

Case. 130. The genitive or possessive case is expressed by 個 kú' or keu'. It corresponds to 的 tih, M. 个 gé, *é*, Fúh-kien, 個 kó', Canton.

伊个聲氣 í kú' sáng k'í', *his voice.*

花个女頭 hwó keu' 'nü deu, *the buds of flowers.*

人个面孔 niun kú' míen' 'k'óng, *the human face.*

Obs. When the possessive particle is omitted, a compound substantive is formed, as hwó 'nü deu, *flower buds.* Here no transposition is necessary, the predicated part standing last in both cases. English idiom placing the subject after the possessive particle, also requires the definite article to begin the sentence, "the buds of flowers." When the constituent words are not adapted to form a compound substantive, as in the first of the examples above, the particle is always retained.

131. The objective case has no particle to mark it. It is known by position, coming after the verb. The nominative always precedes the verb.

我告訴伽 'ngú kau' sú' ná', *I tell you.*

送我一本 sóng 'ngú ih 'pun, *give me a book.*

勿要罵人 veh yau' mó' niun, *do not rail at people.*

告訴伊拉者 kau' sú' í 'lá 'tsé, *I have told him.*

132. Only the verb 話 *wó' to say,* requires a particle to precede the objective noun. The words 替、對、忒、 t'í', té', t'eh, may either of them be employed.

吾替伽話 'ngú t'í' ná' *wó'*, *I tell you.*

忒伊話末者 t'eh í *wó'* meh 'tsé, *tell him.*

對伊話拉者 té' í *wó'* 'lá 'tsé, *have told him.*

Obs. This verb being intransitive, and standing last, leaves the substantive ungoverned, and renders a preposition necessary. So in English *say* requires *to* after it. In Latin, the noun is put in the dative without a preposition, as *dico vobis.*

133. The sign of the dative in *da mihi*, and *give it to me* is omitted. The euphonic particle 'lá 拉 is used to fill up the rhythmus.

撥我一箇 peh 'ngú ih keu', *give me one.*
撥飯拉我 peh van 'lá 'ngú, *give me rice.*
撥飯我吃 peh van' 'ngú k'iuh, *ditto.*
撥之我末者 peh tsz 'ngú meh 'tsé, *give it to me.*
撥拉伊拉者 peh 'lá í 'lá 'tsé, *have given it him.*

Obs. i. In English *to* is omitted or not at pleasure. Such datives as occur in *Gloria Patri, dedicated to the interests of truth, my love to you,* cannot be expressed.

Obs. ii. In the example peh 'ngú ih kú', the dative comes next to the verb, while in the following sentence, the object precedes it. These differences of position are occasioned by the rhythmus. v. Pt. III. Syntax.

134. *To a place* is expressed by 到 tau', usually with a verb of motion following the substantive.

到蘇州去者 tau' Sú-tseu k'í' 'tsé, *gone to Sú-cheú.*
幾時到上海 'kí zz tau' Zóng' 'hé, *when did you come to Shánghái?*
到此地來做啥 tau' 't'sz dí' lé tsú' sá'? *what do you come to do?*

135. *Motion from* or *by* (ablative) is expressed by 自 zz', 從 zóng, 由 yeu or 打 'táng. The last of these is most frequently employed.

打啥戶堂來 'táng sá' ú dong lé? *whence do you come?*
打故邊走 'táng kú' píen 'tseu, *go that way.*
從第搭到屋裡 dzóng dí' dah tau' óh 'lí, *from hence home.*

136. The sense of *for, instead of* is given by several particles, 替、代、代替、忒、爲, t'í, dé, dé t'í, teh and wé', are all in use.

忒我去買 t'eh 'ngú k'í' 'má, *go and buy for me.*
爲之我咾 wé' tsz 'ngú lau—, *on my account—.*
替儂做生活 t'í' nóng' tsú' sáng weh, *do work instead of you.*

137. *In* and *at* (locative case) are expressed by 勒拉 leh 'lá and 拉 'lá before, and 裏 'lí or 裏向 'lí h'iáng', af-

for the substantives. (M. 在 tsai' prefixed, 裏, 內, 中, 'lí, núi', cháng, suffixes.)

勿拉屋裏 veh 'lá óh 'lí, *not at home.*

勿拉上海 veh 'lá Zóng' 'hé, *not at Shánghái.*

勒拉勿勒拉 leh 'lá veh leh 'lá? *at home or not?*

勿勒裏 veh leh 'lí, *not at home.*

嘴裏工夫 tsz' lí kúng fú, *mere words.*

心裏向 sing 'lí h'iáng, *in the mind.*

Obs. The Locative and Instrumental cases are terms taken by Marshman from the Sanscrit; Julien has followed Marshman, in applying them to illustrate the case particles of Chinese nouns.

138. *With, of* (instrumental case) are expressed by the verb *tan* (also na*n* west of Shánghái), or nó, *to bring*, preceding the noun and a verb following it. (M. 將 tsiáng; in books, 以 'í), and by the suffix 個 kú, which usually takes a verb between it and the noun.

担刀來割 ta*n* tau lé kweh (köh), *cut it with a knife.*

錫做个 sih tsú' kú', *made of tin.*

139. In expressing *by* (instrumental case), the auxiliary verb peh 撥 precedes the instrumental noun, and the principal verb with or without its regimen follows (M. 彼 pei):

撥勒爺娘責備 peh 'lá *yá* niáng tsah bé', *he was reproved by his parents.*

140. *Along with* is expressed by t'eh 忒, t'í 替 and 同 *tóng*. The governed noun is followed by ih dau 一淘 together. This appendage is sometimes omitted, when 同 is used.

忒伊一淘去 t'eh í ih dau k'í', *go with him.*

同我伲跑 *tóng* 'ngú 'ní pau', *go with us.*

替我一淘去 t'í' 'ngú ih dau k'í', *go with me.*

我忒儂做朋友 'ngú t'eh nóng' tsú' *páng* yeu', *I will be your friend.*

141. As a sign of the vocative, the suffix 阿 á is sometimes used. 老兄阿 lau h'iung á, *brother* (addressed to strangers as a friendly salutation).

海上絲綢之路文獻集成 科技與文化編

142. *Case particles in other languages.* Prepositions standing before the noun, and terminations making up one word with the root, are used together in the classical languages to express case; and very frequently the suffixes alone. In the modern European languages, suffixes are much less used, prepositions performing the office of case particles. So also in the Semitic languages case-endings are rare, occurring only in Arabic, while prepositions take their place in Hebrew and Syriac. In the Tartar languages, the particles called in other languages prepositions, come after their words, and are therefore called postpositions. In Manchu, the oblique cases four in number, are formed by suffixes selected from this class of particles. When written they are joined to the noun or not at pleasure, and may all be used independently as particles. Thus it appears that the Chinese in using separate case particles, some before and some after, the nouns to which they belong, do not depart from the practice common to other races.

143. Premare's method of illustrating one by one, the words most important in a grammatical view, by numerous examples, is here followed in regard to some commonly used nouns.

口 'k'eu, *mouth, an opening.* It is only used in combination.

口音 'k'eu yun, *speech.* 口才 'k'eu dzé, *fluency.*

口是心非 'k'eu 'zz sing fí, *plausible but not sincere.*

三岔路口 san t'só lú' 'k'eu, *where three roads meet.*

口頭言語 'k'eu deu *ien* 'nü, *colloquial particles.*

一口土白 ih 'k'eu 't'ú báh, *all he says is in the dialect.*

門口 mun 'k'eu, *opening.* 海口 'hé 'k'eu, *sea-port.*

乍浦口嘴 Dzó' p'ú' 'k'eu tsz', *Háng-cheú bay.*

口說無憑 'k'eu söh *m* bing, *words without foundation.*

有口無心 'yeu 'k'eu *m* sing, *always forgetting.*

一口咬定 ih 'k'eu ngau ding', *spoke decisively.*

144. 氣 k'í'. 1. *Breath, vapour.*

透氣 t'eu k'í', *to breathe.* 地氣 *tí'* k'í', *climate.*

濕氣 sák k'í', *moisture.* 斷氣 dön' k'í', *to die.*

2. *Anger.*

惹氣儂 'zá k'í' nóng', *provoke you.*

海上絲綢之路文獻集成 科技與文化編

勿要動氣 veh yau' dóng' k'í', *do not be angry.*
氣殺我 k'í' sah 'ngú, *provoke me greatly.*

3. *Manner, expression, meaning.*

陽氣來咾 yáng k'í' lé lau, *beautifully ornamented.*
神氣宛然 zun k'í' wén zén, *the likeness is perfect.*
勿要客氣 veh yau' k'ák k'í', *do not stand on ceremony.*
大有福氣 tú' 'yeu fóh k'í', *has great happiness.*

145. 心 sing, *heart, mind.*

心拉書上 sing 'lá sû long', *attend to your book.*
心裏明白個 sing 'lí ming bák kú', *has an intelligent mind.*
摳心挖胆 k'eu sing wah 'tan, *mind set on schemes.*
當心、留心、小心、tong sing, lieu sing, 'siau sing, *pay attention.*
盡心竭力 dzing' sing gih lih, *do your utmost.*
兩條心思 'liáng diau sing sz, *double-minded.*
白費心思 pak fí' sing sz, *planning in vain.*
一心一念 ih sing ih nian', *all intent upon.*
直心直肚腸 dzuh sing dzuh tú dzáng, *honest, sincere.*
心心主念 sing sing 'tsû nian', *resolutely intent on.*
赤胆忠心 t'suk 'tan tsóng sing, *faithful.*

146. 手 'seu, *hand, an artisan.*

上手、下手 zong' 'seu, 'au 'seu, *superior and inferior workmen.*
動手勿得 'tóng 'seu veh tuh, *may not put hand to it.*
手忙脚亂 'seu mong kiáh lön', *confused and wrong.*
親手 t'sing 'seu, *with his own hand.*
一手難遮天下目 ih 'seu nan tsó t'íen au' mók, *one hand cannot cover the eyes of all the world.*
白手求財 pák 'seu gieu dzé, *want money without earning it.*
幇手 pong 'seu, *assistant.* 傳手 dzén 'seu, *from hand [to hand.*

147. 分 vun', *duty, divisions.*

十分裏一分 seh vun' 'lí ih vun', *one tenth.*

名分、本分 ming vun‘, ’pun vun‘, *duties.*
職分 tsuh vun‘, *an office.* [*time.*
一生安分 ih sáng ön vun‘, *do my duty a whole life-*
分所當然 vun‘ ’sú tong zén, *as in duty bound.*

148. 頭 *teu, head.*
唔頭唔腦 *m* deu *m* ’nau, *without order.*
頭二百里 *teu* ní‘ páh ’lí, *about 200 Chinese miles.*
幾許人頭 ’kí hau‘ niun deu ? *how many men ?*
起頭 ’k’í deu, *at the beginning.*
頭頭是道 *teu* deu ’zz dau‘, *it is all reasonable.*

149. 眼 ngan, *eye, a point, a small hole.*
一眼勿差 ih ngan veh t’só, *quite right.*
眼睛勿好 ’ngan tsing veh ’hau, *his eyes are bad.*
只得一眼 tseh tuh ih ’ngan, *only a very little.*
眼底無人 ’ngan tí *m* niun, *thinks none so good as he.*

150. 目 moh, *eye.*
頭目 *teu* móh, *chief.* 賬目 tsáng‘ móh, *accounts.*
眼目 ’ngan moh, *eyes.* 數目 sú‘ moh, *numbers.*
大關節目 *tá*‘ kwan tsih móh, *important doctrine.*

151. 底 ’tí, *bottom.*
月底 niöh ’tí, *end of month.* 年底 níen ’tí, *end of year.*
私底下 sz ’tí ’*au*, *secretly.*
底裡 ’tí ’lí, *at the bottom.*
底下挽通 ’tí ’*au* ’wan t’óng, *to inform secretly.* [*ing.*
底面不和 ’tí míen‘ peh *ú*, *heart and looks not agree-*
直到底 dzuk tau‘ ’tí, *to the end.*
脚底下 kiák ’tí ’*au*, *under the feet.*

152. The following substantives combine with the cardinal points to form nouns of place. They are arranged in the order of their frequency. 沿、半爿、面、邊、首、頭、方、 han‘, pén‘ ban, mien‘, píen, ’seu, *teu*, fong. One or two examples will suffice to explain this usage. [*side.*
東半爿、東面 tóng pén‘ ban, tóng mien‘, *on the eastern*

The combinations with 裏 ’lí, *within,* include two other

海上絲綢之路文獻集成 科技與文化編

words which are here appended. 向, 勢, 面, 邊, 頭, h'iáng', sz', míen', píen, teu.

Thus, 裏向, 裏面, 'lí h'iáng'; 'lí míen', *inside.*

Obs. Other words, such as the demonstrative pronouns, and some of the prepositions form similar combinations, as will be afterwards seen.

Section 4. On numeral particles and auxiliary substantives.

153. Under this head, are included the classifying particles, called by some writers numerals, with weights and measures, and any parts not being themselves full appellative nouns, into which substantives admit of being divided.

Obs. i. The distinctive numeral particles applied to different substantives, belonging as they do themselves to that class of words, could not be placed with propriety among or after the adjectives; yet their Syntax is sufficiently unlike that of the substantive to require them to be placed apart.

Obs. ii. A comprehensive classification of substantives has been presented to philologists, by Dr. Legge in his "Letters on the rendering of the name God in Chinese," Hongkong, 1850. Several useful terms are there introduced, partly from Nordheimer, but a place for the nouns now under discussion is not provided for except under class (4). The classes into which common nouns or nouns not proper are there divided, are—

1. "Appellative or generic nouns, or names of species of individual existences, e. g. man, mountain, tree, house, garment." Here shape and substance are both included, and the indefinite article can be prefixed in all cases.

2. "Material nouns, e. g. corn, gold, water." Here matter only is embraced, while the limitations of form must be supplied by other words, as "a bushel of corn," "a handful of gold," "a cup of water," "a sceptre of iron." Nordheimer, Hebrew Grammar, Vol. II. 796, invents no name for the former words in these cases, merely saying that the second limits the first in meaning. He considers them all concrete nouns.

3. "Collective nouns, or nouns which though singular in form, yet express a multitude."

4. "Abstract nouns or names of qualities or modes of existence,

abstracted from the object with which they are in combination." Numeral particles and nouns of measure and shape must be placed here, although they are thereby associated with a multitude of mental and moral terms, with which they have little in common. Abstract nouns might form two classes distinguished as material and moral.

5. "Relative nouns, e. g. father, king." Since the second class material nouns furnishes the matter of which the words 'bushel,' 'handful,' 'cup,' etc. supply the form, perhaps these auxiliary words should be called formal nouns, and form a sixth class.

154. The classes (1), (2), (5) and part of (4), are embraced in the preceding section. The remainder form the subject of the present. With regard to their use, combined with the numeral, they cover the ground of the article *a*, *an* in the first class, and of the auxiliary words in the second.

Thus, A mountain, 一座山 ih zú' san.
Call a man, 告一个人來 kau' ih kú' niun lé.
Two measures of rice, 二斗米 ní' 'teu 'mí.
A cup of cold water, 一碗冷水 ih 'wén 'láng 'sz.

Obs. In Hebrew no word like *of* is necessary, e. g. shébet (constr.) barzel, *a sceptre of iron*. Lat. *virga ferrea*.

155. The number and auxiliary word are both necessary to the idiom, but the latter is sometimes used alone after the substantive, as noticed in Art, 111. Yet in this case, the same construction is admissible. Thus we have,

兩間房間 'liáng kan vong kan, *two rooms*.
兩條鋼條 'liáng diau kong diau, *two steel springs*.
三隻船隻 san tsáh zén tsáh, *three boats*.

156. The distinctive numeral particles, or those employed with the appellative or generic nouns, here follow.

箇 'kú (keu'), of men, fish, cash, dials, collars, and all relative terms.
顆 'k'ú, of pearls.
根 kun (root), of candles, hairs, trees, masts, bamboos.
管 kwén (pipe), of flutes, pencils.
口 'k'eu (mouth), of coffins, men (as consumers).

L

科 k'ú, of plants, trees, roots, 三科樹 san k'ú zû', 3 *trees.*
塊 k'wé', of stones, bricks, dollars.
件 *kíen'*, of garments, affairs, news, things.
頭 *teu*, of men, of cattle (when reckoned by heads).
頂 'ting, of sedan chairs, hats, umbrellas, curtains.
朶 'tú, of single flowers.
燈 tung, of candles, lights, 一燈火 ih tung 'hú, *a light.*
堵 't'ú, of walls, 一堵牆 ih 't'ú dziáng, *a wall.*
條 *tiau*, of snakes, dragons, bridges, ropes, roads.
把 'pó (hold in hand), of chairs, knives, fans, wine bowls.
本 'pun (root), of books, account books, plays.
匹 p'ih, of horses, (隻 is more common.)
面 mí*en*, of mirrors, brass and skin gongs.
幅 fóh, of pictures, maps.
封 fóng, of letters, 一封信 ih fóng sing', *a letter.*
文 vun, of cash, (个 is more common.)
隻 tsáh, of birds, quadrupeds, tables, temples, hands, feet, watches, shoes, clocks, eyes, ears, vessels.
盞 'tsa*n*, of lamps.
樁 tsong, of matters.
種 'tsóng, of matters.
枝 tsz, of pencils, branches, stalks.
座 zú', of houses, mountains, pagodas.
乘 zung, of carriages.
圓 yö*n*, of dollars.
樣 *yáng'*, of affairs, matters.
項 *háng'*, of things, matters. Also 星 sing, of things.

Obs. i. The office of these substantive particles is simply indicative. The reason of their application to particular words is custom only, but etymological connection is sometimes traceable as in 封 *to close up*, 頭 is applied to men only as a suffix.

Obs. ii. All generic and relative nouns are here included. They are distinguished in English from material nouns by taking the plural, and admitting *a*, *an*, before them.

Obs. iii. These words differ frequently, in their application to particular nouns, from the usage of other parts of the country. A native of Fúh-kien would laugh to hear 隻 tsáh, instead of 枝 tsz, applied to hands and feet. In mandarin 尾 ví', is the distinctive particle for fish instead of 个 kú', which is employed in this dialect.

Obs. iv. Most of these particles are employed in mandarin. They are used sparingly in the historical novels, because the semi-colloquial, semi-literary style of those works only occasionally expands into full conversational idiom. When it does so, they are always found.

157. The next class of the auxiliary substantives are such as are significant, or retain their meaning when translated into English, giving to their substantives, which are either material nouns or are construed as such, limitations of form and quantity.

Obs. Weights and measures, names of vessels, divisions of books, etc. though belonging to the significant auxiliary particles, will be placed separately (see Art. 158-160).

間 ka*n*, *a room of* a house, ih ka*n* vong deu, *a room.*
口 'k'eu, *mouthful of* breath, words, rice.
句 kü', *a sentence of* speech, ih kü seh *wó'*.
竿 kû*n*, *rod of* bamboo for fishing, ih kû*n* diau' kû*n*.
科 k'ú, pluck up *a heap of* grass, *pah* ih k'ú 't'sau.
塊 k'wé', *a piece of* land, meat, silver.
梱 'k'wun (to roll), *a faggot of* wood.
局 *k*ióh, play *a game at* chess, tsoh ih gióh gí. [thing.
眼 'nga*n* (eye), *holes in* nets, *of* nails, cash, *a little of* any-
担 ta*n*' (to carry), *a load of* anything, ih ta*n*' meh zz'.
點 'tíen, *drop of* ink, *little of* anything.
湯 t'ong, how many *kinds of* food, 'kí t'ong va*n*'.
墩 tun, *heap of* earth, rubbish.
檯 *t*é, *a stage of* plays, *table of* wine, food.
頭 *t*eu, bring *an end of* rope, ta*n* ih deu zung.
條 *t*iau, *long piece of* iron, wood, *string of* cash.
段 *t*ön, *piece cut off*, of wood, string, etc.
板 'pan *half sheet of* paper.

海上絲綢之路文獻集成 科技與文化編

包 pau (to wrap), *a parcel, bundle of* cotton, sugar.
把 'pó, *handful of* rice, ih 'pó 'mí.
派 p'á', *division of* things, *kind of* men, customs.
篇 p'íen', *a piece of* elegant composition, ih p'íen vun tsáng.
片 p'íen, *piece of* gold, ih p'íen kiun 'tsz.
疋 p'ih, *piece of* cloth.
鋪 p'ú (to spread), *covering of* carpets, coverlids.
門 mun (touch-hole), *piece of* artillery.
方 fong (square), *a piece of* cloth, land, ih fong *tí* bí.
封 fóng, *a packet of* silver, ih fóng niung 'tsz.
張 tsáng (to extend), *sheet of* paper.
節 tsih, *knot of* bamboo, *joint of* finger.
串 t'sén, *string of* flowers, cash, beads.
餐 t'sön, *meal of* rice.
軸 dzóh (rollers), map *on rollers*, ih dióh *wó'*, *a picture*.
席 dzih (mat), *party at* dinner.
扇 sén', open *one leaf of* the door, ih sén' mun, k'é k'é.
重 zóng, *layers of* books, dress.
層 zung, *story of* pagodas, *step of* ladders.
陣 dzun', *gust of* wind, *shower of* rain.
葉 ih, *leaf of* grass, flowers, ih ih 't'sau, *a blade of grass*.
圓 yön, *small cake of* meat, medicine.
粒 lih, *seed of* corn.

Obs. i. Words expressing *kind of*, *sort of*, such as 種樣星 tsóng yang' sing, have been placed with those particles that are simply indicative, because they are applied to nouns complete in their form and organization, e. g. 伊種人 í 'tsóng niun, *that sort of men;* 第星事體 *tí'* sing zz' 't'i, *this sort of thing*. Having a significance of their own, they should also be mentioned here.

Obs. ii. Material nouns often in English become generic, assuming the plural termination, and when singular the indefinite article, e. g. earth, stone, etc. In Chinese, if we wish to speak of *a* stone, the affix 頭 must be used, and 塊 prefixed. Some words need only the auxiliary prefix, e. g. 一塊煤 ih k'wé' mé, *a piece of coal.*

Obs. iii. Some auxiliaries as 塊 are found both in the significant and simply indicative class; a circumstance which suggests that all the particles in the former table had a meaning of their own originally, though now in some instances not to be traced.

Obs. iv. A few verbs are found among these words, viz. 把、捆、担、包、張、舖; they are here to be construed as substantives. In English, verbs construed as nouns are very numerous, e. g. *hold*, *handle*, *touch*, *walk*, *roll*.

Obs. v. The examples given in the table, are sufficient to shew that for this class of nouns English usage is similar, except that the particle *of* must be inserted. It is different with the words of the former table, for which there is no equivalent idiom in English. These two kinds of auxiliaries should therefore be kept distinct.

158. The definite subdivisions of material nouns will now be noticed. It is not only the numeral particles and the other auxiliaries, as registered in the two preceding articles, that intervene between numbers and their substantives. Many nouns are divisible into several parts, which have appropriate names and may be used as the words of the preceding table. The most useful names of divisions are here given, and first of books and characters.

Divisions of books.	Strokes of characters.
句 küʿ, *sentence.*	點 ’tíen
節 tsih, *verse.*	劃 *wáh*
大 *táʿ*, *column.*	竪 ’zû
行 *hong*, *column.*	剔 t’iuh
張 tsáng, *leaf.*	撇 p’ih
頁 *yih*, *a leaf.*	捺 nah
章 tsáng, *section.*	挑 t’iau
首 ’seu, *ode.*	彿 liuk
篇 p’íen, *chapter.*	
本 ’pun, *volume.*	圈 k’iön, *small circle.* ○
部 *púʿ*, *a whole work.*	

Obs. These words do not take any numeral particle. Thus in

海上絲綢之路文獻集成 科技與文化編

giving directions to a scholar to write the character 受 'zeu, a teacher would say 一撇、三點、帽下又字 ih p'ih, san tíen, mau' 'au 'tí yeu' zz'. The eight strokes given above are all contained in the character 永. Information on this subject is given in Dr. Bridgman's Chinese Chrestomathy and other works.

159. The most common names of vessels of capacity are the following.

碗 wén. *bowl.*	盤 pén, *tray.*
盞 tsan, *ib.*	桶 'tóng, *bucket.*
鉢 pun, *a plate.*	匣 hah, *casket.*
缸 kong. *large jar.*	箱 siáng, *chest.*
甏 páng', *pitcher.*	籃 lan, *basket.*
瓶 ping, *bottle, jar.*	簍 'lieu, *small hamper.*

Obs. These words are used as the auxiliary particles of that which is contained in them. But if they are construed as independent substantives they all take 隻 as their distinctive particle. Thus we find, 一隻碗、一碗茶、ih tsáh wén, *a cup;* ih wén dzó' *a cup of tea.*

160. Of definite measures, the following are in common use.

Land and Long Measure.	Dry Measure.
畝 meu, 240 *square pú'.*	石 sáh, 10 *teu.*
站 dzan', 90 *'lí.*	斗 'teu, 10 *sung.*
里 'lí, 360 *pú'.*	升 sung, *a pint.*
步 pú', *five feet.*	合 keh, *tenth of a pint.*
丈 záng', *ten feet.*	抄 t'sau, 100*th of keh.*

尺 t'sáh, *foot* (14 Engl. in. taylor's ft., 10$\frac{7}{8}$ in. carpenter's ft).

寸 t'sun', *tenth of a foot.*

分 fun, *tenth of a t'sun'.*

Weights.

担 tan', *pecul.*	角 koh, 10 *cents.*
斤 kiun, *catty.*	分 fun, 1 *cent.*
兩 'liáng, *tael.*	毫 hau, *tenth of fun.*
錢 dzíen, *mace.*	釐 lí, *tenth of hau.*

上海方言口語語法

Measures of time.

代 dé', *generation.*
世 sz', *ib.*
年 níen, *year.*
歲 sûe', *ib.*
日 nyih, *day.*
點 'tíen, *hour* (with 鐘).
刻 k'uh, $\frac{1}{4}$ *hour.*
分 fun, *minute.*
秒 miau, *second.*
歇 h'ih, *instant.*

Obs. 時 zz, *hour*, and 月 niöh, *month*, are here omitted, because they usually take 个 before them. This must be to distinguish them from words similar in sound, or from their own other senses.

161. Collective auxiliary nouns varying through all the forms of plurality, from *a pair* to *a multitude*, here follow:—

聯 líen, *pair of* corresponding sentences of poetry.
雙 song, *pair of* shoes. [*fowls.*
對 té', *opposite pair of* candles, geese, ih dé' kí, *pair of*
股 'kú, 2 *or* 3 *in a trade ;* san 'kú k'é, *divide between three.*
排 pá, *a pile or raft of* timber, *row of* trees.
隊 té', *a rank of* soldiers, ih dé ping.
帖 t'ih, *parcel of ten* pencils, ih t'ih pih.
刀 tau, 100 *sheets of* paper, ih tau 'tsz.
炷 tsû', *bundle of* incense, ih tsû h'iáng.
套 t'au', *coverful of* books, ih t'au' sû.
串 t'sén, *chain of* 1,000 cash.
羣 kiün, *flock of* birds, beasts, ih giün 'tiau.
副 fú', *suit of* clothes, ih fú' í zong.
行 hong, *rows of* birds flying, trees.

162. From the lists here given, it appears that there are at least 130 of these imperfect substantives, almost all in common use. They admit of a fourfold division.

I. Of the first kind, whose office is simply indicative of appellative nouns, or distinctive to some extent of classes, there are upwards of 30. A few examples are appended.

一口棺材 ih 'k'eu kwén zé, *a coffin.*
造一條橋 'zau ih diau giau, *build a bridge.*
殺一隻鷄 sah ih tsák kí, *kill a fowl.*

海上絲綢之路文獻集成 科技與文化編

一枝大筆 ih tsz dú' pih, *a large pencil.*

Obs. i. At first sight, these words look like a capricious superfluity of articles, arising merely from a fondness for multiplying words. They appear appropriate in a language, where there is so much arbitrary classification, and so little exhibition of the power of generalizing by means of deep and comprehensive principles. Here are thirty words made use of, where one would be sufficient It should however be remembered, that when used as adverbs, there is great clearness given to the conception they express, and that they diminish the confusion that arises from similarities of sound. They are found also in Manchu and Japanese.

Obs. ii. When an adjective is used, it comes between the particle and the verb, as in the last example. This is also true of the other particles that are the subject of this chapter.

II. Of the significant particles, or those that are applied to material nouns, and define quantity and form, apart from number, there are about 40. E. g.

一張紙頭 ih tsáng 'tsz deu, *a sheet of paper.*
二十担泥 ní' seh tan' ní, *twenty loads of earth.*
九層塔 'kieu zung t'áh, *pagoda of nine stories.*

Obs. i. When they become parts of compound appellative nouns, one of the distinctive particles precedes.

一个面孔 ih keu' míen' 'k'óng, *one face.*
一隻節頭 ih tsák tsih deu, *one finger.*

Obs. ii. 點, 眼, tíen, ngan, are applied to any material noun in the sense of *a little of.* Ih — precedes them.

III. The subdivisions or definite parts of material nouns, form the most numerous class of the auxiliary substantives. Upwards of 50 are here collected. They take no particle after the number preceding, and must therefore be classed as imperfect substantives. Thus the construction in the following examples is similar.

(III.) 一斤花 ih kiun hwó, *pound of cotton.*
(II.) 一包花 ih pau hwó, *bundle of cotton.*
(II.) 一粒米 ih lih 'mí, *a corn of rice.*

(III.) 一斗米 ih 'teu 'mí, *a peck of rice.*

IV. Collectives compose the remaining, and smallest class of qualifying particles applied to substantives. The use of words in the four classes of particles may be seen in the following examples.

一隻羊 ih tsáh *yáng, a sheep.*
一塊羊肉 ih k'wé *yáng* nióh, *piece of mutton.*
一斤羊肉 ih kiun *yáng* nióh, *catty of mutton.*
一羣羊 ih giün *yáng, flock of sheep.*

163. Another small class of auxiliary substantives, consists of those that are used with verbs, expressing like our word *times*, the number of times the action has been performed. They are 次、遡、囘、轉、記; their use will be understood by examples.

來過兩次 lé kú' 'liáng t'sz', *I have come twice.*
去之一遡 k'í' tsz ih t'ong, *having gone once.*
要讀兩囘 yau' dóh 'liáng *wé', you must read it twice.*
走兩轉就定 'tseu 'liáng 'tsén dzieu' ding', *after going round twice, he stops.*
打三十記 'táng san seh kí', *received* 30 *blows.*

Obs. Numerous examples of the use of the particles forming the subject of this section, may be seen in Morrison's Grammar and Williams' Easy Lessons.

Section 5. On the Adjective. 呆虛字

164. The native writer before alluded to says, the office of adjectives is "to describe the attributes and appearance of things." "In apposition with nouns, they express their qualities." (與實字相加、以形容實字如何樣.) "Some adjectives consist of two words which are inseparable. Thus, repetition of the initial, the rhyme, and the whole character, frequently occurs." (有兩字折不開者、如雙聲、疊韻、疊字等類.) "There are not more than a few tens of characters, that are adjectives."

Antithesis. 165. In substantives, the principle of combination came prominently to view, and it will be found to belong though not so extensively, to the other parts of speech.

海上絲綢之路文獻集成 科技與文化編

That of antithesis belongs especially to adjectives. Most of the single-worded adjectives in daily use will illustrate this.

輕重 k'iung, 'dzóng, *light, heavy.*
大小 tă', 'siau, *great, little.*
多少 tú, 'sau, *many, few.*
長短 dzáng, 'tön, *long, short.*
厚薄 *'heu*, póh, *thick, thin.*
濶狹 k'weh, hah, *broad, narrow.*
高低 kau, tí, *high, low.*
深淺 sun, 't'síen, *deep, shallow.*
冷暖 'láng, nön, *cold, warm.*
淸濁 t'síng, dzóh, *clear, muddy.*
快慢 k'wá', man', *quick, slow.*
好孬 (c) 'hau, k'ieu, *good, bad* (k'ieu=歹 'té).
淡濃 *tan'*, nióng, *pale, deep.*
早晚 'tsau, *an'*, *early, late.*
硬軟 ngáng', 'niön, *hard, soft.*
曲直 k'ióh, dzuh, *crooked, straight.*
正斜 tsung', siá, *right, bent.*
壯瘦 tsong', seu', *fat, lean.*
生熟 sáng, zóh, *ripe, unripe.*
鬆緊 sóng, 'kiun, *loose, tight.*
粗細 t'sú, sí', *coarse, fine.*
新舊 sing, 'kieu, *new, old.*
稀繃 (c) h'í, 'máng, *few, crowded* (máng=密 mih).
貴强 (c) kü', giáng, *dear, cheap* (giáng=賤 dzíen).
眞假 tsun, 'ká, *true, false.*
暗亮 liáng', én', *light, dark.*

Obs. i. Those words only that are marked (c) are not used in literary compositions. There is no class of words more extensively spread through all Chinese, spoken and written, than the majority of these adjectives.

Obs. ii. Antithetical substantives of one character each, are rare in the colloquial. See 107. Obs. iii.

上海方言口語語法

Obs. iii. In Premare's list of antithetical characters, more than fifty of 117 are adjectives. Many also of those that belong to other parts of speech, have the antithesis less strongly marked.

Obs. iv. Many abstract substantives are formed by the union of these antithetical adjectives, in the order in which they stand above; e. g. *how long?* 'kí hau' dzáng 'dön? *to say nothing about speed*, veh 'kong k'wá man'. v. Part III. Syntax.

166. Sometimes in the antithesis, one member is a single, and the other a double form.

佳 kiá, *capable.*	唔用 *m* yúng', *useless.*
亂 lön', *disturbed.*	太平 t'a' bing, *peaceful.*

167. Other words having no obvious antithesis form it by assuming the sign of the negative.

勿像我能 veh ziáng' 'ngú nung, *not like me.*

勿肯做 veh 'k'ung tsú', *not willing to do it.*

勿便當 veh bíen' tong', *not convenient.*

Obs. The negative here just corresponds to our English prefix *un*, e. g. *unlike, unwilling.*

Combination. 168. Many adjectives are formed by the apposition in a fixed order, of two adjectives, and in these compounds many book words occur.

清爽 t'sing 'song, *clear.*	忠厚 tsóng 'eu, *faithful.*
懶惰 lan dú', *lazy.*	謙虛 k'íen h'ü, *humble.*
乾淨 kûn zing', *clean.*	煩難 van nan, *difficult.*
聰明 t'sóng ming, *clever.*	須少 sü 'sau, *few.*
毛草 mau 't'sau, *rough.*	許多 h'ü tú, *many.*
冷靜 'láng 'zing, *solitary.*	新鮮 sing síen, *new.*
粗疎 t'sú sú, *coarse.*	呆笨 ngé bun', *stupid.*
窮苦 kióng 'k'ú, *poor.*	兇狠 h'iúng 'hun, *fierce.*

Obs. The antithesis that occurs in examples of this sort, is sufficiently indicated by the sense.

169. In addition to compounds such as those already given, formed by two adjectives, substantives and verbs make part of many.

小器 'siau (*small*) k'í', (*vessel*), *parsimonious.*

海上絲綢之路文獻集成 科技與文化編

雪白 sih báh, *snow-white.*
厚道 'heu (*thick*) dau' (*doctrine*), *liberal.*
大量 tú' (*great*) liáng' (*capacity*) *generous.*
刻薄 k'uh (*to cut*) boh (*thin*), *exacting.*
認眞 niung' tsun, *diligent.*
拗强 'au (*to bend*) giáng, *unyielding.*
完全 *wén* (*finish*) zíen, *complete* (R. dzíen).
氣悶 k'í' (*anger*) mun' (*sad*), *secretly sad.*
高興 kau (*wish*) h'iung' (*ready for*), *willing.*
難過 nan (*hard*) ku' (*to pass*), *painful, sad.*
胆大 'tan (*liver*) dú' (*great*), *bold.*
出客 t'seh (*outside*) k'áh (*visitor*), *handsome.*
好笑 'hau (*good*) siau' (*laugh*), *ridiculous.*

Obs. There are also triple forms, in which other parts of speech enter, e. g. 壁立直 pih lih dzuh, *straight as a wall*; 的溜圓 tih lieu' *yon, very round.* In these examples, the adjective which stands last is qualified by the preceding words.

170. Some adjectives of two words are exclusively local in their use, and present no etymology in their characters, being written phonetically. They are always inseparable.

踏跎 sá dú, *tired.*
齷齪 ok t'soh, *dirty.*
囫圇 *weh* lun, *entire.*
葛列 köh lih, *clean.*
豪燥 au sau', *active.*
瘖瘩 keh dah, *blind to reason.*
巇蠚 h'iá tsá, *skilful.*
玲瓏 ling lóng, *intelligent.* M.

171. Combinations of three are also numerous, in which the first word contains the principal meaning. The second is repeated, and as will be seen in the examples, sometimes conveys only sound. The phonetic formation of the characters will usually serve to indicate this.

瞎搭搭 P. hah tah tah, *irregular.*
硬甏甏 P. ngáng' báng báng, *hard and stiff.*
軟滋滋 'niön tsz tsz, *soft.*
滑撻撻 P. *wah* t'ah t'ah, *slippery.*
鬧嚷嚷 'nau záng záng, *noisy, humming.*

毛蓑蓑 mau ts'í ts'í, *rough.*
暖筒筒 P. 'nön dóng dóng, *warm.*
直條條 dzuh diau diau, *straight.*
矮矬矬 'á t'sú t'sú, *dwarfish.*
短悠悠 'tön yeu yeu, ,,
白雪雪 pak sih sih, *snow-white.*
黑搨搨 P. huk t'ah t'ah, *black.*

Obs. i. In examples not marked P, the repeated word has an independent sense, in agreement with that of the leading word, and is so used in the books.

Obs. ii. These phonetic appendages, destitute of any significance of their own, are interesting to the comparative etymologist as corresponding to adjectival terminations in other languages.

172. Combined forms of four words, often consisting of adjectives and either substantives or verbs, and still more frequently of double adjectives repeated are, such as follow.

正大光明 tsung' dá' kwong ming, *upright and wise.*
寬弘大量 k'wén óng dú' liáng', *generous.*
井井有條 'tsing 'tsing 'yeu diau, *very regular.*
希奇古怪 h'í gí 'kú kwá', *extraordinary.*
長長遠遠 dzáng dzáng 'yön 'yön, *long in time.*
高高低低 kau kau tí tí, *irregular in height.*
忙忙碌碌 mong mong lóh lóh, *busy.*
胆胆大大 'tan 'tan dú' dú', *boldly.*

Obs. The monosyllabic adjectives are not repeated. These double forms when repeated, are also correctly translated as adverbs in almost all cases. It will be seen in subsequent sections, that repetition is used most extensively among verbs and adverbs.

173. The place of the adjective is before its noun if they go into combination, but with the substantive verb as copula or an equivalent, it may become a supplementary member of the sentence.

好人 'hau niun, *good man.*
人是好個 niun 'zz 'hau kú', *the man is good.*
白糖 páh dong, *white sugar.* 清水 t'sing 'sz, *clear water.*

海上絲綢之路文獻集成 科技與文化編

快馬 k'wá' 'mó, *swift horse.* 冷飯 'láng van', *cold rice.*
舊書 kieu' sû, *old books.*
馬倒勿快 'mó 'tau veh k'wá', *yet the horse goes slowly.*
水清是清個 'sz t'sing 'zz t'sing keu', *the water is clear.*

174. Substantives become adjectives to other substantives, if placed before them in combination

洋刀 yáng tau, *foreign knife.* 石路 zah lú', *stone road.*
牛㚷 nieu 'ná, *buffalo milk.* 海船 'hé zén, *large junk.*

Obs. Compounds of this kind have come under notice before, Art. 106. Thus it appears, that cases occur, which prevent the accurate defining of the parts of speech. For the words standing first in these examples, while they may well be claimed as adjectives, according to the grammar of the classical languages, are unquestionably substantives when alone. As roots they are substantives. It is by position, that they are changed into adjectives. For corresponding examples in English, see Art, 119.

175. Verbs with the particle 個 or 拉個, become adjectives to the following noun.

種拉个稻 tsóng' 'lá kú' dau', *the sown rice.*
死个人多 'sí kú' niun tú, *those that die are many.*
愛拉个小囝 é' 'lá kú' 'siau nön, *a dear child.*
活个物事 weh kú' meh zz', *living thing.*

Obs. i. In examples like the second of these, the sense is also complete without the noun as 'sí kú' tú. We have in English *a darkened* room, *a beloved* child. Participles are here construed as adjectives, a usage similar to the Chinese.

Obs. ii. Some verbs enter into combination as adjectives, without the intervention of any particle. 死人 'sí niun, *dead man*; 孝子 h'iau' 'tsz, *filial son*; 孝女 h'iau' 'nü, *filial daughter.*

176. A few adjectives are also employed as transitive verbs. The second and fourth of the following sentences are examples. In the 1st and 3rd, the same words are adjectives.

喜歡得極 'h'í hwén tuh giuh, *exceedingly glad.*
牛喜歡水 nieu 'h'í hwén 'sz, *buffaloes are fond of water.*
快快活活 k'á· k'á' weh weh, *very glad.*

伊總快活儂 í tsóng k'á' weh nóng', *he will certainly be pleased with you.*

Comparison of adjectives. 177. The comparative is expressed in several ways, as by—

a. 再 tsé', *again*, which precedes the adjective it qualifies.

勿能再少 veh nung tsé' 'sau, *I cannot say less.*

再大無沒 tsé' dú' m měh, *there are none larger.*

再强有否 tsé' giáng 'yeu 'vá? *have you any cheaper?*

b. 點 'tíen, *a little*, follows the word that it qualifies.

第本書好點 tí' 'pun sû 'hau 'tíen, *this book is better.*

快點走 k'wá' 'tíen 'tseu, *walk a little faster.*

多點末者 tú 'tíen meh 'tsé, say *a little more.*

c. 一眼 ih 'ngan, *a little*, is similar in use to the last.

倒好一眼 'tau 'hau ih 'ngan, *this is however something better.*

高大一眼 kau dú' ih 'ngan, *let it be better and more.*

d. 還 wan, *still, further*; this word combined with 要 yau', *to want*, makes the adjective that follows comparative.

還要好 wan yau' 'hau, *I want better yet.*

工夫還要細 kúng fú wan yau' sí', *I want the work finer.*

e. 比 'pí, *compare*; this word makes the adjective that follows comparative. When 比 is in the negative form, the adjective may be omitted.

上海勿比蘇州 Zong' 'hé veh 'pí Sú tseu, *Shanghai cannot be compared to Sú-cheú.*

比我還好 'pí 'ngú wan 'hau, *he is better than I.*

比我好 'pí 'ngú 'hau, *ditto.*

勿算比我好 veh sûn 'pí 'ngú 'hau, *he is not to be thought better than I.*

f. 更 kung, *better.* Sometimes 加 ká, *to add*, follows it.

勿去更好 veh k'í' kung 'hau, *not to go would be better.*

更加勿對 kung ká veh té', *still more wrong.*

更加無用 kung ká m yúng', *much more useless.*

g. 越越 yöh yöh. The use of this double particle is to

place, the two members of a sentence in strong antithesis; sometimes 法 fah, *to express* follows it.

越多越好 yöh tú yöh 'hau, *the more the better.*

越發窮越發要生病 yöh fah gióng yöh fah yau' sáng bing', *the poorer men are, the more liable they are to sickness.*

越發明白末越發要喜歡 yöh fah ming báh meh, yöh fah yau' 'h'í hwén, *the more you understand it, the better you will be pleased with it.*

h. 又 i' *again*, is a very common form. 比 'pí, often commences the sentence.

第个人又好 tí' kú' niun i' 'hau, *this man is better.*

落雨又多 loh 'ü i' tú, *it rains still more.*

i. 又加 i' ká, *still more* is often preceded by 比 'pí.

比我又加明白 'pí 'ngú i' ká ming báh, *he is still more intelligent than I.*

k. 加, 添, 放大, ká or t'íen, *add*, or fong' dú', *increase.*

加伊個膽量 ká í kú' 'tan liáng', *grew more courageous.*

今朝風加大 kiun tsau fóng ká dú', *the wind is higher to-day.*

鞋子要放大 há 'tsz yau' fong' dú', *make the shoes [larger.*

銅錢要添點 tong díen yau' t'íen 'tien, *you must give more money.*

l. Beside the formation of the comparative by particles, it is expressed by the positive standing first, when the difference of the compared objects is mentioned.

高六寸 kau lók t'sun', *taller by six inches.*

Obs. i. The verb 比 is however in examples of this last kind, understood as going before.

Obs. ii. Three kinds of auxiliary words appear in the examples given. 1. Substantive particles which follow the adjective they qualify, and imply a slight variation only. This variation may be increase or diminution, according to the sense of the adjective compared. 2. Verbs. Of these, the verb 比 *compare* is in constant use. It is found with other particles, or without any particle, and retains its

Syntax as a verb, unaffected by its use as an auxiliary in the comparison of adjectives. The other verbs employed express addition. Their opposites are used in a similar manner; e. g. 減少 'kan 'sau, 減脫 'kan t'eh, *subtract*. 3. Conjunctions and adverbs form the remainder of the particles employed in comparison. They imply a *difference* without specifying whether it be greater or less, so that they correspond more nearly to the English suffix *er*, than to the particle *more*. The repeated form 越越 just answers to the particle *the*, in "the sooner the better." Such English forms as this are usually regarded as elliptical, and in explaining them, words supposed to be omitted are supplied. In the corresponding Chinese phrases, there is no ground for the hypothesis of an ellipsis.

178. The subjoined auxiliary particles supply the place of a superlative. The first three are placed before the adjective they qualify. The rest follow their word.

a. 頂 'ting, *highest, top.*

天狼心頂亮 t'íen long sing 'ting liáng', *Sirius is a very bright star.*

頂强者 'ting giáng 'tsé, *at the lowest price.*

伊个人頂明白 í keu' niun 'ting ming báh, *that man is very intelligent.*

頂大頂多 'ting dú' 'ting tú, *very great, very many.*

b. 最 tsûe', *exceedingly, the most.*

老虎最利害 'lau 'hú tsûe' lí' é', *the tiger is very fierce.*

禽鳥當中鳳凰最好看 'tiau 'niau tong tsóng, vóng wong' tsûe' 'hau kön', *among birds, the phœnix is the most beautiful.*

天地當中人最玲瓏 t'íen dí' tong tsóng, niun tsûe' ling lóng, *of all things in heaven and earth, man is the most intelligent.*

c. 極 kiuh, *extremely*; this particle is used before or after the adjective which it qualifies.

聰明得極 t'sóng ming tuh giuh, *extremely intelligent.*

極深奧 kiuh sun au', *extremely profound.*

有文理得極 'yeu vun 'lí tuh giuh, *very beautifully written.*

斯文得極 'sz vun tuh giuh, *extremely polite and elegant.*

N

d. 野 yá, *wild, great ;* this word requires one of the auxiliary verbs 來 or 得 before it. (野大 'yá dá', is *great.*)

黃浦裡險得野 Wong-p'ú' 'lí 'híen tuh 'yá, *the Hwáng-p'ú is very dangerous.*

天高來野拉 t'íen kau lé 'yá 'lá, *heaven is very high.*

e. 些 'sí, *a little ;* this word takes the auxiliary verb 來 between it and its adjective.

米行情貴來些 'mí hong zing kü' lé 'sí, *the price of rice is very high.*

年勢好來些 níen sz' 'hau lé 'sí, *it is a very good year.*

今朝風大來些 kiun tsau fóng dú' lé 'sí, *to-day the wind is very high.*

f. 嘸做 *m* tsú', *there is nothing that can be done ;* this form of expression also requires 來 lé.

風大來嘸做 fóng dú' lé *m* tsú', *the wind is very high.*

日頭旺來嘸做 nyih deu yong' lé *m* tsú', *the sun is very bright.*

學問深來嘸做 *h*oh vun' sun lé *m* tsú', *his learning is very profound.*

g. 煞 sah, *very*, lit. *a twinkling* (Premare has this particle, though it is certainly rare in mandarin).

强盜多煞 *k*iáng dau' tú sah, *the robbers are very many.*

勿輕煞 veh k'iung sah, *not very light.*

h. 頭一 *teu* ih, *the first in importance.*

頭一要緊 *teu* ih yau' 'kiun, *the most important.*

敬父母頭一 kiung' 'vú 'mú deu ih, *filial piety is most important.*

i. 了勿得 'liau veh tuh, *remarkable, exceedingly.*

好來了勿得 'hau lé 'liau veh tuh, *exceedingly good.*

k. 了反勿得 'liau fan veh tuh, *ib.*

重來了反勿得 'dzóng lé 'liau fan veh tuh, *extremely heavy.*

l. 話勿得 *w*ó' veh tuh, or 話勿來 *w*ó' veh lé, *very, unspeakable.*

大來話勿得 *t*ú' lé *w*ó' veh tuh, *unspeakably great.*

海上絲綢之路文獻集成 科技與文化編

話勿來个苦惱 *wó'* veh lé kú' 'k'ú 'nau, *unspeakably wretched.*

m. 得利害 tuh lí' *é'*, *severe, dangerous.*

重得利害 'dzóng tuh lí' *é'*, *exceedingly heavy.*

Obs. i. Among the words admitted here are many forms of expression equivalent to our qualifying adverbs *very*, *extremely*, etc. In actual usage no distinct line is kept between the adjectival and adverbial sense; e. g. 最好 tsûe' 'hau, may mean *best*, or *very good*. It seemed therefore preferable to give in one view, the more common forms for framing an absolute or modified superlative. Most of these particles are also used to qualify verbs, as will be shewn. They are therefore true adverbs.

Obs. ii. Here may be distinguished four modes of forming the superlative. 1. By particles appropriated to this use 最、頂、極、tsûe', 'ting, *k*iuh. The three former stand before the adjective, the third and fourth are found after their word. 2. The ordinal 頭一 *t*eu ih, in mandarin 第一 *tí'* ih, *the first*, also places the adjective it precedes in the superlative. 3. Auxiliary verbal particles 得、來、tuh, lé, with the appendages 野、極、利害、'*yá*, *k*iuh and lí' *é'*, to the former, and 野、死、唔做、'*yá*, 'sí and *m* tsú', to the latter, form a third class. 4. The forms 了勿得 'liau veh tuh, or 'liau fan veh tuh, *wonderful*, *very*, and 話勿得 *wó'* veh tuh (lé), *unspeakable*, when appended to an adjective with 來 intervening, also convey a superlative sense.

Obs. iii. The verb 完 *wén*, *finish*, is also applied to adjectives with the same force as the preceding intensitive particles. 畫來像完者 *wó'* lé ziáng' *wén* 'tsé, *painted extremely like;* 容貌黃完 *yóng* mau' *wong wén*, *countenance very pale.*

Obs. iv. Extreme excellence is also predicated of an adjective by the phrases 十分 seh fun, *ten parts*, and 十二分 seh ní' fun, *twelve parts;* 物事十分好 meh zz' zeh fun 'hau, *the thing is thoroughly good.*

179. Ordinal numbers are often expressed by the cardinal numbers, when on rhythmical grounds, there is no empty place in the sentence for a particle.

海上絲綢之路文獻集成 科技與文化編

今朝念一 kiun tsau nian' ih, *to-day is the 21st of the month.*
咸豐二年 yan fóng ní' níen, *the 2nd year of Hien-fúng.*

Obs. In regard to the cardinal numbers (for which see page 65), a few examples only need to be added 五十三 'ng zeh san, *fifty three*; 九十二 'kieu zeh ní', *ninety two*. From a hundred to a hundred and ten, 零 ling is inserted, 一百零四 ih páh ling sz', *a hundred and four*. Instead of saying 一百三十 ih páh san seh, it is more frequent to omit 十 seh. Thus, ih páh san, *a hundred and thirty*, and so for other numbers. The omission of 一 ih, *one*, sometimes occurs 百八 pák pah, *a hundred and eighty*; *one thousand four hundred* is 千四 t'síen sz'; *fourteen thousand* is 萬四 man sz'.

180. Days of the month take 初 ts'ú, before them as a numeral particle, but it is omitted when the number consists of two characters. Ordinal numbers are regularly formed by prefixing 第 tí', to the cardinal numbers.

正月初一 tsung' niöh t'sú ih, *the 1st day of the 1st month.*
明朝初幾 ming tsau t'sú 'kí, *what day of the month is to-morrow.*
後日初一者 'heu nyih t'sú ih 'tsé, *the day after to-morrow is the first.*
考歇第一百名 'k'au h'ih tí' ih páh ming, *he has passed the examination as the one hundredth.*
第三十本 tí' san seh 'pun, *the thirtieth volume.*
是儂第幾個兒子 zz' nóng' tí' 'kí kú' ní 'tsz? *which son are you?*
排行第幾 pá hong dí' 'kí? *which are you in order?*

Obs. *First* is translated by 頭一 teu ih.

181. The numeral of multiplication is expressed by means of 倍 pé', *times*; 要加倍 yau' ká bé', *make it twice as large*; 加長四倍 ká dzáng sz' bé', *make it four times as long.*

182. Distributive numbers are formed by the addition of 個 kú', or any other auxiliary substantive particles.

一个一个 ih keu' ih keu', *one by one or one after another.*
兩个兩个 'liáng kú' 'liáng kú', *two and two.*
一行一行 ih *hong* ih *hong*, *row by row.*
一條一條 ih diau ih diau, *in successive lengths.*

183. Indefinite numbers are expressed by 百 páh, 100; 千 t'síen, 1,000; 萬 man', 10,000, with or without 論 lun.
論千論萬 lun t'síen lun man', *thousands and myriads.*
萬百樣物事 van páh *yáng*' meh zz', *all things.*
論千來者 lun t'síen lé 'tsé, *many thousands are come.*
文武百官 vun 'vú pak kwén, *all officers civil and military.*
會醫百病 *wé* í páh bing', *can cure all diseases.*
百花生日 pák hwó sáng nyih, *the flowers' birth-day.*
萬國九州 van kóh 'kieu tseu, *all countries.*

184. Numbers enter into many common phrases.
三心兩意 san sing 'liáng í', *vacillating in opinion.*
三轉九囘頭 san 'tsén 'kieu *wé* deu, *constantly turning back.*
七橫八豎 t'sih *wáng* pah 'zû, *lying in all directions.*
三伸四縮 san sun sz' soh, *timidly advancing and retreating.*
瞎七瞎八 hah t'sih hah pah, *all in confusion.*

Obs. Though not commonly occurring in English and other languages, examples similar to these are not wanting; e. g. *at sixes and sevens.*

185. Examples of some adjectives, extensive in their use and varied in their meaning, are here appended.
一 ih, *one, whole, immediately upon.*
獨一無二 tóh ih vú rh', *there is only one.*
一切說話 ih t'sih seh *wó*', *all he said.*
一統天下 ih t'óng t'íen 'au, *the whole empire.*
一言既出 ih *íen* kí' t'seh, *the words have been said.*
一定不易 ih ding' peh *yuh*, *certainly unchangeable.*
一念囘頭 ih nian' *wé* deu, *sincerely repent.*
一居一動 ih kü ih 'dóng, *all he does.*

海上絲綢之路文獻集成 科技與文化編

一動就打 ih 'dóng dzieu' 'táng, *at the least thing, he fights.*
一走就跌 ih 'tseu dzieu' tih, *the moment he begins to walk, he falls.*

185. 全 dzien, *complete, all.*
勿完全 veh wén dzíen, *not complete.*
人全拉上 niun zén 'lá long', *they are all there.*
全關着 zén kwan zah,— *they are all connected with—*

187. 大 tá', *great, very.*
國度是大個 kóh dú' 'zz dú' keu', *it is a large kingdom.*
要大呢小 yau' dú' ní 'siau, *will you have it large or small?*
勿大煞個 veh dú' sah kú', *it is not very large.*
大人小囝 tú' niun 'siau nön, *parents and children.*
大勿喜歡 tú' veh 'h'í hwén, *much displeased.*
勿大哩好 veh dá' 'lí 'hau, *not very good.*
勿大哩吃個 veh dá' 'lí k'iuh kú', *seldom eat it.*

188. 好 'hau, *good, well, that I may, it may.*
禿是勿好 t'óh 'zz veh 'hau, *all are bad.*
頂勿好 'ting veh 'hau, *worst of all.*
恰好 hah 'hau, *fortunately, just at the time.*
勿好意思 veh 'hau í' sz, *ashamed.*
好拉否 'hau 'lá 'vá, *are you well?*
醫勿好 í veh 'hau, *he cannot be cured.*
勿能好 veh nung 'hau, *I cannot recover.*
好去回頭 'hau k'í' wé deu, *that I may go and inform him.*
好做個 'hau tsú' keu', *it may be done.*

189. 靈 ling, *efficacious, intelligent.*
勿靈個 veh ling kú', *powerless, inefficacious.*
唔沒靈處 m meh ling t'sú', *having no efficacy.*
靈性勿拉心裏 ling sing' veh 'lá sing' 'lí, *always forgetting.*
魂靈勿拉身上 wung ling veh 'lá sun long', *ib.*

190. 快 k'wá', *fast,* (adv.) *near, soon, lively.*
快快搖 k'wá' k'wá' yau, *row quickly.*

夜快者 *yá*' k'wá' 'tsé, *it will soon be night.*
死快者 'sí k'wá' 'tsé, *he is dying.*
快活,快樂 k'á' weh, or k'wá' loh, *glad.*
爽爽快快 'song 'song k'wá' k'wá', *well in health.*

Section 6. On the Pronoun.

191. The pronouns are regarded by the Chinese as part of the auxiliary particles, and they have not proceeded to separate them from the rest of that numerous family by a peculiar denomination.

They are chiefly single words, but frequently admit of the dissyllabic form. Other pronouns, or particles having no meaning of their own (e. g. 是, 個), are prefixed or affixed to give them this form. The details will be found below.

Among the many simple and compound forms used as pronouns, the following may be distinguished as properly and originally such for this dialect. 1. Personal, 我儂其伊㑚㑚 'ngú, nóng', gí, í, ná', 'ní, *I, thou, he, you.* 2. Reflexive, 自 zz', in combination. 3. Demonstrative, 第伊個 *tí*', í, kú', *this, that;* also 此彼 't'sz pé, inseparable demonstratives. 4. Interrogative, 啥幾 sá', 'kí, *what? how many?* inseparable, and 何 *hú, what?* 那 'ná (pron. 'á), *which?* inseparable. 5. Relative. There is no separable relative pronoun, its place being supplied by 个 kú', 所 'sú is inseparable, and very limited in its use. 6. Possessives. None. Their place is supplied by 个 kú', following the personal pronoun. 7. Distributives. 各每逐 koh, 'mé, dzóh, *each, every.* 8. Reciprocal. None. The borrowed form 大家 is the substitute. 9. Indefinite. 某啥幾大 'meu, sá', 'kí, tá, *some, several.* 10. Correlatives or adjective pronouns. 禿全別 t'óh, dzén, bih, *all, other,* separable and 凡 van, inseparable.

Personal pronouns. 192. The first personal pronoun in the singular is 'ngú, 我 *I;* the second, 儂 nóng' or 那 ná', *thou;* the third, 伊 í or 其 *kí, he.*

我去者 'ngú k'í' 'tsé, *I am now going.*
叫儂就來 kau' nóng' dzieu' lé, *I told you to come at once.*
撥拉伊者 peh 'lá í 'tsé, *I have given it him.*
其撥拉我 *kí* peh 'lá 'ngú, *he gave me.*

In the plural 伱 'ní or 我伱 'ngú 'ní, express *we*; 那 ná or 儂那 nóng' ná', *you*; and 伊 í, *they*.

我伱兩个 'ngú 'ní 'liáng kú', *we two*.

那多許人 ná' tú hau' niun, *all you men*.

When the pronoun consists of one word only, the vacant place is often filled up by 是 'zz.

是我 'zz 'ngú, *I*.

是伊是其 'zz í, 'zz gí, *he*.

是那衆人 'zz ná' tsóng' niun, *all you men*

Obs. i. The personal pronoun is often omitted, as 拾蓋看起來 seh ké k'ön 'k'í lé, *thus you see*; 勿來末總勿好 veh lé meh tsóng veh 'hau, *if you do not come it will be unfortunate*.

Obs. ii. The impersonal pronoun in English *it*, is not expressed, as 落雨者 loh 'ü 'tsé, *it is raining*.

Obs. iii. In mandarin 我, 你, 他, 'ngó, 'ní, t'á, *I*, *thou*, *he*, all form their plural by taking 們 mun, as a suffix.

Obs. iv. Sometimes 我 'ngú, may stand for the third person *he*. This occurs, when two persons in relation to each other are the subject of conversation. The nominative is then considered as *I*, and the third person, *he*. Thus, 兄弟曉得呵哥勿喜欣我 h'iúng dí' 'hiau tuh á kú veh 'h'í hwén 'ngú, *the younger brother knows that the elder is displeased with him*. This is not the case when no confusion of persons is likely to happen; e. g. 眼睛睃之伊個男人 'ngan tsing sú tsz í kú' nén niun, *she looked on her husband*.

193. The idea of self is expressed by zz' ká, 自家 for all persons, generally preceded by the appropriate pronoun.

伊自家話 í zz' ká wó', *he himself said*.

儂自家要去個 nóng' zz' ká yau' k'í' keu', *you must go yourself*.

Obs. i. In mandarin 自己 tsz' 'kí; Fúh-kien, 家己 ká 'kí.

Obs. ii. The pronoun 自 zz', *self*, though not used out of combination, occurs in several fixed phrases. 自殺自 zz' sah zz', *to kill one's-self*; 自害自 zz' hé' zz', *to injure one's-self*. These concise forms are more agreeable and impressive to the native ear, than the equivalent long forms 自家殺脫自家 zz' ká sah t'eh zz' ká; 自家害脫自家 zz' ká hé' t'eh zz' ká.

Demonstratives. 194. The demonstrative pronouns are 第個 tí' kú', *this*, and 個個 kú' kú' or 伊個 í kú', *that*.

第个事體 tí' kú' zz' 't'í, *this matter*.

故个物事 kú' kú' meh zz', *that thing*.

伊个小囝 í kú' 'siau nön, *that boy*.

伊歇辰光 í h'ih zun kwong, *at that time*.

Obs. i. When these words combine with any of the auxiliary substantives, to form demonstrative adverbs, the particle 个 kú' is omitted.

第頭好跑 tí' deu 'hau pau', *here it is good walking*.

故搭去住 kú' dah k'í' dzû', *go and live there*.

伊塊人少 í k'wé' niun 'sau, *the people there are few*.

Obs. ii. Some of the mandarin demonstratives 那此彼 'ná, 't'sz, pé, *that, this, that*, though not belonging to our dialect in their monosyllabic form, are found in some combinations. 那裏 'á 'lí, *where?* 此地 't'sz dí', *here*; 彼此 pé 't'sz, *that and this*. Facts of this sort illustrate the necessity for distinguishing between words of one or more syllables, and between roots in apposition, as separable and inseparable.

Interrogatives. 195. The interrogative forms are 啥 sá', *what?* 那裏 'á lí, *where? and which?* and 幾 'kí, *what? which?* Also 'kí hó' (hau'), *how many?*

啥人拷門 sá' niun k'au mun, *who knocks at the door?*

啥物事 sá' meh zz', *what is the matter*.

儂要啥事體 nóng' yau' sá' sz' 't'í, *what do you want?*

啥所去 sá' sü k'í', *where are you going?*

爲啥實葢能 wé' sá' seh ké' nung, *why do you do so?*

到那裏去 tau' 'á 'lí k'í', *where are you going?*

那裏堂 'á 'lí dong, *where?*

那裏个戶堂 'á 'lí keu' ú dong, *which place?*

那裏个人 'á 'lí keu' niun, *which man?*

那裏條路 'á 'lí diau lú', *which road?*

幾時 'kí zz, *what time?*

o

啥時辰 sá' zz zun, *what time?*
幾點鐘 'kí 'tíen tsóng, *what is it o' clock?*
幾許銅錢 'kí hó' (hau') dóng díen, *how many cash?*
轎夫幾家頭 kiau' fú 'kí ká deu, *how many chair-bearers?*

Obs. i. In the compound forms here exhibited, 裏 may be taken to indicate *place;* 許 hó' is a meaningless particle used to complete the rhythmus.

Obs. ii. The interrogative of the books 何 *hú, what?* is found in combinations, such as 沒奈何 meh né' *hú, there is nothing I can do.* But it is not used alone.

Relative pronouns. 196. The regular relative pronoun 所 'só, is only used in combination with 以 'í in the sense *therefore*, and with 'dzé, 所在, as a noun substantive, *house.*

新所在 sing sû 'dzé, *a new house.*
所以要預備 'sú 'í yau' ü' bé', *therefore you must prepare.*

The place of the relative particle 所, used in books and in some dialects, is supplied by the particles 拉個 'lá keu', or 個 alone, coming after the verb.

買拉个米就擔來撥拉窮人 'má 'lá keu' 'mí dzieu' tan lé peh 'lá gióng niun, *bring the rice you have bought at once, and give it to the poor.* M. 'só 'mái tih 'mí.

網咾機檻咾坑坎咾禿是捉禽獸个 'mong lau kí 'k'an lau k'áng k'én' lau, t'óh 'zz tsoh giun seu' kú', *nets, traps and covered pits, are all for catching animals.* M. chúh k'in sheu' tih.

儂造拉个房子 nóng' 'zau 'lá kú' vong 'tsz, *the house which you have built.* M. 'só tsaú' tih fáng 'tsz.

皇帝賞个俸祿 wong tí' 'song kú' fóng lóh, *the emoluments which are conferred by the emperor.*

Possessive pronouns. 197. The possessive pronouns are expressed by the personal pronouns, with the auxiliary particle 个 kú'.

我个兒子 'ngú kú' ní 'tsz, *my son.*

海上絲綢之路文獻集成 科技與文化編

儂个祖宗 nóng' kú' 'tsú tsóng, *your ancestors.*
第塊地皮是倷个 tí' k'wé' dí' bí 'zz ná' kú', *this piece of land is yours.*

Obs. i. In mandarin, 的 tih. The southern Fúh-kien dialect, besides having two distinct plural forms for the personal pronouns 恁 'lin, *you*, 咱 'lán, *we*, has also separate possessive forms for all the three persons 恁 'lin, *your* ; 阮 'gwan, *mine* ; 咱 'lán, *ours* ; 因 in, *their*, *his*. The intervening particle 个 is thus rendered unnecessary for that dialect. It is however often inserted. When these forms 'gwán, 'lin, in, are compared with the personal pronouns 我你伊 'gwá, 'lí or 'leu, í, the termination N looks extremely like an appendage to the root in each case.

Obs. ii. After the personal pronouns, when a preposition of motion precedes, a substantive of place is required ; e. g. 到我喊頭來 tau' 'ngú han' deu lé, *come to me.* This is generally true in all instances, where place is left to be understood in English. 倷塲好個狗 ná' dzáng hau' kú' 'keu, *one of your dogs.* It will be seen that the pronouns in these examples are possessive, though in the former, the corresponding English word is a personal pronoun.

Distributive pronouns. 198. The words corresponding to our distributive pronouns, each, every, etc. are the following 每逐各 'mé, dzóh, koh.

每 'mé, *each.*
每人撥一塊 'mé niun peh ih k'wé', *give one piece to each.*
每家兩个人 'mé ká 'liáng kú' niun, *in each family there are two.*

逐 dzóh, *each in succession.*
逐一个殺一干 dzóh ih kú' sah ih kûn, *let each person kill one.*
逐日出門一回 dióh nyih t'seh mun ih wé', *go out once [a day.*
逐樣菜拔脫一科 dióh yáng' t'sé' bah t'eh ih k'ú, *of each kind of vegetable, pull up one plant.*
逐科花摘一朶 dióh k'ú hwó tsáh ih 'tú, *of each plant pluck one flower.*

海上絲綢之路文獻集成 科技與文化編

各 koh, *each, every.*

各樣書買一部 koh *yáng*' sû 'má ih bú', *buy a book of every sort.*

各樣顏色要 koh *yáng*' 'ngán suh yau', *I want every kind of colour.*

各人良心勿差 koh niun liáng sing' veh t'só, *men's consciences tell them what is right.*

各管各 kok 'kwén koh, *each attends to his own affairs.*

各處風俗不同 kok t'sû' fóng zóh peh dóng, *different places have different customs.*

Obs. i. Like the Greek *pas, all* or *each,* 各 koh is also an adjective *all;* e. g. 各處 kok t'sû', *all places.*

Obs. ii. 每 mé, means *always,* in such phrases as 每要望望儂 'mé yau' mong' mong' nóng', *I wish constantly to come and see you;* 每每 'mé 'mé, *always.*

Reciprocal pronouns. 199. Phrases such as *one another* are expressed by 大家 *tá*' ká and 介家 ká' ká, *mutually;* or by 相 siáng, *together,* in combination.

總要介家相帮 'tsóng yau' ká' ká siáng pong, *you ought to help one another.*

我忒儂相遇 'ngú t'uh nóng' siáng nü', *you and I meet.*

大家吃茶 *tá*' ká k'iuh dzó, *take tea together.*

Indefinite pronouns. 200. The word *some* in *some one, something,* is expressed either by 某 'meu, or by the verb 有 'yeu, *have. Anything* is expressed by sá', usually with 有 'yeu preceding; in the negative, 唔 *m* takes the place of 'yeu.

某處某人 'meu t'sû' 'meu niun, *a certain man of a certain place.*

某書某人做個 'meu sû 'meu niun tsú' kú', *such a book written by such a person.*

有人來話 'yeu niun lé wó', *some one came and said.*

有是有個 'yeu 'zz 'yeu kú', *there is some.*

唔啥事體 *m* sá' zz' 't'í, *it is nothing.*

有啥信息否 'yeu sá' sing' sih 'vá, *is there any news.*

201. *Several* is expressed by 'kí kú', 好幾個 'hau 'kí kú', 大 tá, and the borrowed form 多許 tú 'hau; 幾許 'kí hó' is also used.

來之幾個人 lé tsz 'kí kú' niun, *several men having come.*

好幾回數 'hau 'kí wé' sú', *several times.*

大日勿來 tá nyih veh lé, *it is long since you came.*

唔啥幾許 *m* sá' 'kí hó', *not many.*

Obs. The Greek *tis* is either interrogative *who?* (Lat. *quis?*) or indefinite *some one*, (Lat. *aliquis.*) In the same way, 幾 'kí is sometimes *how many?* and at other times *several.* In the latter sense however, 好 is usually prefixed. So also sá' means either *what?* or *any thing.*

Correlatives or adjective pronouns. 202. The pronouns used as signs of the plural, as already illustrated in the section on substantives are 禿全 t'óh, dzén, *all*, or *both*, and 總 tsóng', *all.* *None* and *neither* are also expressed by t'óh, and dzén with a negative.

兩個人禿去者 'liáng kú' niun t'óh k'í' 'tsé, *the two men are both gone.*

全勿是 dzén veh 'zz, *it is neither of them.*

全是笨個 dzén 'zz bun' kú', *they are all stupid.*

對否禿對個 té' 'vá, t'óh té' kú', *are they right? they are all right.*

Any one you please, whoever, whatever, are expressed by several borrowed phrases.

a. 大凡 *tá*' van, *generally speaking, whoever.*

大凡人做好個就有好報 *tá*' van niun tsú' 'hau kú', dzieu' '*y*eu 'hau pau', *whoever does well, will be at once rewarded.*

Obs. 凡 van and sá' are the only true pronouns among these forms.

b. 勿拘 veh kü, *does not matter what.*

勿拘多少 veh kü tú 'sau, *however many.*

勿拘早晚 veh kü 'tsau an', *however early or late.*
行事勿拘那能總勿局 háng zz' veh kü 'ná nung 'tsóng veh gióh *whatever he does it is never right.*

c. 隨便 dzûe bíen', *as you please, whatever.*
隨便啥辰光 dzûe bíen' sá' zun kwong, *at whatever time.*
隨便啥人肯个 dzûe bíen' sá' niun 'k'ung kú', *any one would be willing to do it.*

d. 勿論 veh lun, *whatever.*
勿論啥日脚 veh lun sá' nyih kiáh, *on whatever day.*
勿論幾時儂要就有 veh lun 'kí zz, nóng' yau' dzieu' 'yeu *at whatever time, when you want it, you have it at once.*

g. sá', *whatever.*
想啥話啥 'siáng sá' wó' sá', *whatever he thinks, he says.*

Obs. i. Buttmann, Greek Grammar, section 78, says "Correlatives are words in connection with each other, of which one contains a certain question, and the corresponding one expresses the simplest relation which answers that question." Thus, the question 啥人 sá' niun, *who?* may be answered by 第個人 tí' kú' niun, *this man;* 隨便啥人 dzûe bíen' sá' niun, *any one whatever;* 唔啥人 m sá' niun, *no one;* 多許人 tú hau' niun, *many men.* So also. 那裏隻船 'á 'lí tsáh zén, *which boat?* may be answered by 第隻 tí' tsáh, *this one;* 勿論那裏隻 veh lun 'á 'lí tsáh, *any one whatever;* 禿勿是 t'óh veh 'zz, *it is neither;* 不過第搭幾隻船裏 peh kú' tí' dah 'kí tsáh zén 'lí, *it must be one of those that are here;* 是別隻船 'zz bih tsáh zén, *it is another;* 忒前頭一樣個船 t'uh zíen deu ih yáng' kú' zén, *the same as before.* Several of these questions are answered by particles already presented under other denominations. The remainder not finding a place readily under any one class, are collected under the name of correlatives.

Obs. ii. The corresponding forms in Latin. *Omnis, neuter, nullus, alter, alius,* are classed with adjectives; Zumpt calls them *pronominalia.* Buttmann says, that the line between the corresponding words in Greek, as adjectives and as pronouns, cannot be

海上絲綢之路文獻集成 科技與文化編

clearly drawn. Marshman says, the Sanscrit grammarians call all these words pronouns. If they can stand without a substantive, they should be called pronouns, otherwise they are adjectives.

Obs. iii. 總 tsóng', *all*, is found only in the compounded forms, 共總 *kóng'* tsóng', 攏總 lóng' tsóng', *in all*; 攏總个百姓 lóng' tsóng' kú' pák sing', *all the people*. The substantive must accompany 衆 tsóng', as in 衆弟兄 tsóng' 'dí h'iúng, *all the brothers*, and therefore, it must be considered an adjective. 衆 is not found compounded.

Obs. iv. *All* is also expressed by repetition of the substantive, 處處有個 t'sû' t'sû' 'yeu kú, *every where they are to be had*. v. Art, 129. Another mode is by phrases, such as 一共 ih góng', 一切 ih t'sih, *the whole*.

Obs. v. Another translation of *all* is by 大凡 *tá'* van. Van is used in the sense of *all* in books, but in the dialect of Shánghái is only met with in this compound form.

203. *Other*, *different*, are expressed by *pih* 別 or by 勿同 veh dóng, or by 兩樣 'liáng *yáng'*, *not the same*, or by the particle 又 preceding the substantive verb. *The same* is ih *yáng'* 一樣, or 相同 siáng dóng.

要叫別人 yau' kau' bih niun, *call another man*.

總是別樣 'tsóng 'zz bih *yáng'*, *it is certainly different*.

到別場化去 tau' bih dzáng hau' k'í', *go elsewhere*.

別個國度 bih kú' kóh dú, *another nation*.

道理勿同個 'tau 'lí veh dóng kú', *different in principle*.

話頭兩樣個 *wó'* deu 'liáng *yáng'* kú', *what he says is different*.

勿一樣個 veh ih *yáng'* kú', *not the same*.

又是一個 *í'* 'zz ih kú', *that is another*.

一樣個否 ih *yáng'* kú' 'vá, *is it the same?*

相同個 siáng dóng kú', *the same*.

Words used as pronouns. 204. The use of some other words in combinations, where they occur instead of the pronouns will now be illustrated.

a. 本 'pun, *belonging to this place*, as demonstrative pronoun.

本地人 'pun dí niun, *people of this place.*
本地話 'pun dí' wó', *dialect of this place.*
本廟和尙管個 'pun miau' ú zong' kwén kú', *this temple to which I belong, is superintended by Buddhist priests.*
本國個規矩 'pun kóh kú' kwé 'kü, *custom of this* [*country.*

b. 今 kiun, *now, the present.* As demonstrative pronoun, *this*, in reference to time.

今朝今日 kiun tsau, kiun nyih, *to-day.*
今月今年 kiun niöh, kiun nien, *this month, this year.*

c. 親 t'sing, *one's own*, as reflexive pronoun *self;* 親身 t'sing sun, *himself;* 親口 t'sing 'k'eu, *his own mouth.*

d. 多少 tú 'sau, *how many?* as an interrogative pron.

多少年紀 tú 'sau nien 'kí, *how many years old?*

205. The adjectives that follow, are used to avoid the personal pronouns. Those that describe the speaker are depreciatory in their meaning, while if others are addressed, the adjectives employed are respectful.

尊 tsun, *honoured*, 貴 kwé', *ib.* 高 kau, *high*, combine with 姓 sing, *family name*, 國 kóh, *kingdom, etc.*

尊姓 tsun sing', 貴姓 kwé' sing', 高姓 kau sing', *your* [*name?*
尊庚 tsun káng, 貴庚 kwé' káng, 高壽 kau zeu' *your age?*
尊處 tsun t'sû'; 貴處 kwé' t'sû', *where do you live?*
尊府 tsun 'fú, 貴府 kwé' 'fú, *where is your residence?*

Obs. i. 府 'fú, also forms part of the combination 府上 'fú long', *residence:* e. g. 府上那裏 'fú long' 'á 'lí, *where do you reside?*

Obs. ii. 貴國 kwé' kóh asks *of what honoured country are you?* 貴地 kwé' dí', *what is your place of residence?* 高徒 kau dú is translated *your scholar;* 尊駕 tsun ká and 相公 siáng kóng, are used in place of *you*, among those who are not in an inferior social position.

海上絲綢之路文獻集成 科技與文化編

上海方言口語語法

206. 令 ling, *honoured*, *good*, applied to persons, enters into many combinations, where it represents the possessive *your*.
令尊 ling tsun, *your father.* 令堂 ling dong, *your mother.*
令兄 ling h'iung, *yr. eld. bro.* 令姪 ling dzeh, *your nephew.*
令弟 ling dí', *yr. younger bro.* 令郎 ling long', *your son.*
令夫人 ling fú zun, *your wife.*
令高徒 ling kau dú, *your scholars.*

207. 老 'lau and 大 *tá'* are found in similar combinations.
老(大)爺 'lau (*tá'*) *yá*, *sir.* 大人 *tá'* zun, *ib.*
老(大)兄 'lau (*tá'*) h'iúng, *elder brother.*
老(大)哥 'lau (*tá'*) kú, *ib.*

Obs. i. 老 'lau is also prefixed to 先生 sien sáng and 夫子 fú 'tsz, addressed to teachers, and to 相公 siáng' kong, addressed by servants to masters. The form of address to priests, is 老師太 'lau sz t'á', and to instructors 老師 'lau sz.

Obs. ii. Some other terms are employed in a similar way, instead of the pronouns of the second person; 台 t'é, *honoured*, with 甫 'fú or 篆 dzén', *what is your honoured name?* In the plural are found 衆位 tsóng' *wé'* or 列位 lih *wé'*, *all you gentlemen!*

208. Self depreciatory phrases employed instead of pronouns of the first person are equally numerous. 寒 *hön*, *cold*; 敝 *pí*, *spoilt*, *inferior*; 賤 dzíen, *poor*, *cheap*, form such groups, as—
寒門(家) *hön* mun (ká), *my house.*
寒荊 *hön* kiung, *my wife.*
敝處(地)(鄉) *pí* t'sû (dí') (h'iáng), *my abode.*
敝(賤)姓 *pí* (dzíen) sing', *my family name.*
賤名 dzíen ming, *my proper name.*
賤內 dzíen né', *my wife.*

Obs. One's wife is also denominated 拙荊 tseh kiung, *stupid thorn.*

209. The antithesis of 令 ling, is usually 舍 só', *a cottage.* Among the groups into which it enters, are—
舍弟 só' dí', *my brother.* 舍姪 só' dzeh, *my nephew.*

舍下 só' 'au, *my house.* 舍親 só' t'sing, *my relations.*

210. Many groups take 小 'siau, *small*, or 家 ká, *family*, both being regarded as sufficiently depreciatory to represent the pronoun *my*. [*my son.*

小兒 'siau rh, *my boy*, or 小犬 'siau k'iön, *small dog*,
小徒 'siau dú', *your scholar.* 小孫 'siau sun, *grandchild.*
小弟 'siau dí', *I.* 小女 'siau nü, *my daughter.*
家兄 ká h'iúng, *my brother.* 家母 ká 'mú, *my mother.*
家父 ká 'vú, *my father.* 家叔 ká sóh, *my uncle.*

Obs. i. These words form a principal part of the complimentary style of speech, or 客氣個說話 k'ák k'í' kú' seh *wó'*. In the every day colloquial of the lower class, i. e. the majority of the people, they are little used. *Thou* and *I*, *thine* and *mine* are prefixed.

Obs. ii. While these words are given as substitutes for the pronouns, it should be remembered that the tendencies of the language are against the introduction of the pronouns, whether there be a substitute or not. Thus instead of asking, "Is your eye better?" The Chinese say, 眼睛好點否 'ngan tsing 'hau 'tien 'vá, *eye better, eh?* So, for "what is your name?" 姓啥 sing' sá', *name, what?* While the pronoun is thus entirely omitted, room is left for the speaker to introduce whatever terms of adulation or humility he may think fit. Those of the former kind are for convenience taken to mean *you* and *your*, while their opposites are *I* and *mine*.

Obs. iii. Many other phrases of the same kind are used in letters, but as they do not occur in conversation they are here omitted. Many of them are collected in Gutzlaff's "Notices of Chinese Grammar."

Section 7. On the verb, 活虛字.

211. Pih Hwá-tsun says, "One use of verbs is to connect the parts of a proposition." 活虛字之用、一以聯綴上下。"Thus if it be said, books instruct mankind," 如云文傳世 (lit. writings delivered down to mankind); "the word books is the subject, mankind the predicate, and instruct the copula." 文爲主字、世爲賓字、而以傳字、聯綴上下也。"Another use is to express actions." 一以寫出人事. "Thus if it be said, write a book, or correct an essay," 如云作文評

文之類. "write and correct are both actions;" 作字，評字皆人事也 "for both these uses, verbs are indispensable." "Verbs are very numerous; of those in constant use, there are about two thousand." "There are also verbs of two inseparable characters; e. g. 婆娑 *pú sú, move confusedly*, and 盤桓 *pén wén, to linger.*"

Where our author speaks of 2,000 verbs, he means from among the single characters commonly used in writing. Many of these are, in colloquial dialects, expressed only in a dissyllabic form; thus, 慕 mú', *to desire*, is only used in common conversation in such compounded forms, as 愛慕 é' mú', *to love*. The number of inseparable compounds is thus rendered greater in the colloquial than in the written style. With regard to monosyllabic verbs, there are many in the books which are not in the colloquial, and vice versâ. For examples of verbs found in written colloquial mandarin, v. page 67.

Verbs will be treated (1.) according to their modes of grouping; (2.) according to their most general nature, as transitive, intransitive, or substantive (voice); (3.) according to the particular modes in which their sense may be conveyed (moods); (4.) according to time (tenses).

(1.) *Grouping of verbs.*

Simple and compound verbs. 212. Examples of verbs of one word have been already given. A few more will be here sufficient.

放 fong', *let go.*	鑽 tsûn, *to bore.*
切 t'sih, *cut in pieces.*	修 sieu, *to prune.*
刋 t'síen, *cut away.*	鏍 pau', *to plane.*
嶄 tsan, *chop small.*	搭 tah, *pitch tents.*
斫 tsoh, *to reap.*	拆 t'sáh, *pull down.*
挖 wah, *scoop out.*	撞 dzong', *meet.*

213. Many combinations of two words consist of verbs similar in meaning, but with no reason except custom for the order in which they are employed.

埋葬 má tsong', *to bury.*	哀憐 é líen, *to pity.*
遮瞞 tsó mén, *conceal.*	禱告 'tau kau', *to pray.*
咒罵 tseu' mó', *revile.*	保庇 'pau pí', *protect.*
調換 *tiau wén', exchange.*	指點 'tsz 'tíen, *point to.*

加添 ká t'ien, *add.* 煩勞 van lau. *importune.*
話壞 *wó' wá'*, *calumniate.* 稱讚 t'sung tsan', *to praise.*

Obs. i. The tautology existing in examples of this sort is no objection whatever to their use. Thus, 埋 má and 葬 tsong', may be used separately or together, as the speaker pleases. There is an advantage to the foreigner in using the compounded forms, because a mispronunciation of the tone of a single word is nearly compensated by the repetition of the idea. So also for natives speaking different dialects.

Obs. ii. The principle of antithesis may be noticed in some of these dissyllabic combinations; e. g. 往來 'wong lé, *go and come*; 買賣 'má má', *buy and sell.*

214. In many instances the first verb governs the second, as a verb does a substantive.

惹笑 'zá siau', *cause to laugh.*
怕打 p'ó' 'táng, *fear being beaten.*
怕死 p'ó' 'sí, *fear dying.*
開講 k'é 'kong, *begin speaking.*

Obs. In these examples, were the language one that admitted grammatical forms, the second verb in each case would become either a substantive, or an infinitive, (i. e. they would be always substantives, infinitives as destitute of time, person and number, being not true verbs). In reality 笑, 打 siau', 'táng, etc. are according to the principles of classical grammar, neither verbs nor substantives, not being able to take the necessary changes of form. They are bare roots, and their grammatical sense is determined by position. Verb however, is the most convenient denomination for them, because when taken alone, they are necessarily translated as verbs.

215. In some of these dissyllabic forms, the first verb qualifies the second; as in other languages, participles and adverbs qualify verbs.

歸去 kü k'í', *return home* (lit. *return go*).
跑來 *pau'* lé, *come running* (lit. *run come*).
殺來 sáh lé, *come fighting.*
抄寫 t'sau siá, *to copy in writing* (lit. *copy write*).

Obs. i. The verb of more general meaning 去 k'í', *go*, is limited

海上絲綢之路文獻集成 科技與文化編

by that which precedes, 歸 kü, to the sense of returning home. If the idiom be compared with the English phrase *go back*, 歸 kü is the adverb placed before instead of after its verb. In 轉來 'tsén lé, *come back;* the verb 'tsén is also best translated in English as an adverb *back*.

Obs. ii. Substantives sometimes by ellipse stand for verbs, as qualifying the following verb. 馬來呢轎子來 'mó *(horse)* lé ní, giau' 'tsz *(sedan)* lé, *did you ride, or come in a chair?*

216. The order of the words in many of these phrases, may also properly be referred to priority and sequence in time. That is, two actions are successively expressed.

打敗 'táng bá', *fight and be defeated.*
敲開 k'au *(to beat)* k'é *(to open)*, *to knock open.*
咬破 'ngau p'ú', *break by biting.*
請坐 't'sing 'zú, *please sit down.*
寫完 'siá wén, *finish writing.*
做定 tsú· ding, *finish making.*
吊死 tiau' 'sí, *die by strangling.*

Obs. The English verb *open*, which is an adjective, verb, or adverb, like the Chinese, has evidently nothing to indicate to which part of speech it belongs, but position. It is on the principle of position, that in such phrases as *an open door*, *knock open a door*, and *to open a door*, the word is referred to its proper place in the parts of speech. There is this difference; (1) that in k'au k'é 敲開, the latter word is still a verb, while in the corresponding English example, it becomes a true adverb; (2) the Chinese word cannot be used as an adjective. The qualifying notion contained in the adjective, is expressed as a separate proposition; e. g. for *an open door*, 門開拉 mun k'é 'lá, *the door is open.*

217. In verbs of two syllables, many auxiliary words occur, which have nearly or quite lost their primary meaning as independent verbs. In the following examples, it will be observed, that these enclitics or proclitics, as they may be termed, often add nothing to the meaning of the principal verb. They are 得 tuh, 脫 t'eh, 打 'táng, 見 kíen', 着 záh, 住 dzû'.

a. 得 tuh, *get, may.*

聽得 t'ing tuh, *hear.* 曉得 'hiau tuh, *know.*

記得 kí' tuh, *remember.* 認得 niung' tuh, *be acquainted.*

Obs. This term, though here it has no meaning, will be seen to be a very important word among the mood particles, as giving a permissive sense to the principal verb. Such is its most common signification in such phrases as 做得 tsú' tuh, *it may be done.*

b. 脫 t'eh, *let go, escape, remove out of the way.*

去脫 k'í' t'eh, *remove.* 除脫 dzû t'eh, *to remove.*

滅脫 mih t'eh, *destroy.* 放脫 fong' t'eh, *let go.*

漏脫 leu t'eh, *to leak.* 走脫 'tseu t'eh, *escape.*

踢脫 t'iuk t'eh, *kick away.* 卸脫 siá t'eh, *flow away.*

斷脫 dön' t'eh, *sweep away.* 奪脫 töh t'eh, *rob of.*

Obs. This word may be regarded as forming a derivative verb. Its primary meaning is seen in 脫衣裳 t'öh í zong, *take off one's clothes.*

c. 打 'táng, *to beat, apply one's-self to.*

打掃 'táng sau, *to sweep.* 打聽 'táng t'ing, *to inquire.*

打發 'táng fah, *to send.* 打扇 'táng sén', *to fan.*

打算 'táng sûn', *consider.* 打結 'táng kih, *tie a knot.*

Obs. The primary meaning of 打 'táng, is seen in such phrases as 打樁 'táng tsong, *drive piles;* 打火 'táng 'hú, *strike a light.*

d. 見 kíen', indicates a single act of perception.

看見 k'ön' kíen', *see.* 聽見 t'ing kíen', *to hear.*

望見 mong' kíen', *see.*

e. 着 dzáh. This word expresses that the object implied in the verb is effected.

碰着 páng' záh, *to meet.*

遇着 nü' záh, *ib.*

捉着 tsoh záh, *catch*, or *succeed in catching.*

擒着 kiun záh, *ib.*

摸着 móh záh, *rub*, or *can be rubbed.*

奪着 döh záh, *succeed in robbing.*

得着 tuh záh, *succeed in getting.*

買着 'má záh, *succeed in buying.*

Obs. i. In these examples, this meaning of the auxiliary is preserved, and must be regarded as additional to the sense of the principal verb, except in the two first instances.

Obs. ii. In 想着 'siáng záh, *think of*, the word 着 záh limits 想 *think* to the sense of *think of some particular thing.* In 覺着 koh záh, *become aware of*, the verb 覺 koh, cannot in our dialect be used separately. It is however found in 勿知勿覺 veh tsz veh koh, *not be aware of.*

f. 殺 sah, *to kill.*

勿話殺 veh *wó*' sah, *he did not say decisively.*

g. 住 dzû', *resist, take firm hold.* This word always preserves its meaning, but it occurs so frequently in union with verbs of resistance and interruption, that it deserves a place with the preceding enclitics.

阻住 tsú dzû', *resist.*
鎖住 'sú dzû', *prevent motion by locking up.*
縛住 vóh dzû', *ib. by tying up.*
咬住 'ngau dzû', *hold with the teeth.*
捏住 niah dzû', *hold in the hand.*
揪住 t'sieu dzû', *hold with the hand.*

h. 到 tau', *arrived.*

用到 *yúng*' tau', *employ to the utmost.*
做到 tsú' tau', *do to perfection.*
走到 'tseu tau', *complete a journey on foot.*
昨日搬到 dzoh nyih pau' tau', *he arrived yesterday.*

218. In many cases a substantive follows the verb, when it is unnecessary in English.

走路 'tseu lú', *to walk.*
射箭 zok tsíen', *to shoot.*
搖船 yau zén, *to scull.*
織布 tsuk pú', *to weave.*
紡紗 'fong só, *to spin.*
活命 weh ming', *to live.*

Obs. i. So also 話說話 *wó*' seh *wó*', *to speak.* The words seh *wó*', *words* are as to sense superfluous. Yet many of these examples may be closely translated; e. g. 領路 'ling lú', *lead the way*; 燒飯 sau van', *to boil rice*, or *to guide, to cook.*

海上絲綢之路文獻集成 科技與文化編

Obs. ii. When the substantive comes under the government of another verb, its usual companion is frequently appended; e. g. 尋飯吃 dzing van' k'iuh, *seek for food*, where 吃 is superfluous.

Obs. iii. When the sense does not require a substantive, the reason of its introduction must be sought in the rhythmical construction of sentences, peculiar and essential to the Chinese language.

219. Compound verbs are formed by the apposition of a transitive verb and adjective.

加長 ká (*add*) dzáng (*long*), *to lengthen.*
親近 t'sing (*to make near*) 'giun, (*near*), *become near, to approach closely.*
掘深 kiöh. (*dig*) sun (*deep*), *to deepen.*
減輕 'kan (*subtract*) k'iung (*light*), *subtract from.*
塡高 tíen (*place layers*) kau (*high*) *raise by layers.*
話大 wó' (*speak*) dú' (*great*), *speak highly of.*
佈滿 'pú (*to cover*) 'mén (*full*), *fill up.*
教差 kau' (*instruct*) t'só (*wrong*), *teach wrong.*
改正 'ké (*change*) tsung' (*correct*), *to correct.*
捉牢 tsoh (*catch*) lau (*firm*), *catch and retain.*

Obs. i. The word 好 'hau, *good*, is found appended to many verbs, giving to them the sense of completeness, 做好 tsú' 'hau, *complete the making of.*

Obs. ii. These examples shew how in Chinese, compensation is made for that class of words called derivatives in languages possessing a system of terminations. Instead of a formation like *prolongare, to lengthen*, from *longus* or *long* in Latin, or *lengthen* from *length* in English, we have a separate word prefixed to the adjective *dzáng, long.* Many English phrases are compounded in the same manner; e. g. *rub smooth, rub dry*, which are equivalent in sense and grammatical construction to the Chinese forms, 磨光 mú kwong, 揩乾 k'á kûn.

Obs. iii. 差 t'só, *wrong*, is found after many other verbs; e: g. 懂 'tóng, *understand*; 聽 t'ing, *to hear*; 待 té', *treat any one.* In every case, it is predicated of the action, that it is wrong.

220. In some dissyllabic verbs used transitively, one of the constituent words is a substantive.

回頭 *wé* (*turn*) deu (*head*), *to answer, to tell.*
弄神 lóng' (*trick*) zun (*spirits*), *to deceive.*
到手 tau' (*reach to*) 'seu (*hand*), *have in possession.*
算計 sön' (*calculate*) kí' (*a plan*), *to plan.*

Obs. These may be seen to be transitive, in such sentences as 勿好弄神朋友 veh 'hau lóng' zun báng 'yeu, *you should not deceive friends;* 就來回頭我 dzieu' lé *wé* deu 'ngú, *come at once and tell me.*

221. Some colloquial verbs, with examples of the manner in which they combine with other words, are here inserted.

踛上去 lóh 'zong k'í, *go up* (M. 升 shing).
跑出來 pau' t'seh lé, *walk out* (M. 行 hing).
搿住拉 geh dzû' 'lá, *held by the arm* (M. 挾 yáh).
碰着 páng' záh, *meet* (M. 遇 ü').
孛轉 peh 'tsén, *turn round* (M. 回 hwei).
担到此地 tan tau' 't'sz dí', *bring here* (M. 拿 ná).
甩脫 hwah t'eh, *throw away* (M. 去掉 k'ü' tiau').
孛相 peh siáng', *to ramble* (M. 遊玩 yeu wan).
坍銃 t'an t'sóng, *to be ashamed.*
撥拉我 peh 'lá 'ngú, *give it me* (M. pá).
做唆 tsú' sú', *to deceive.*

Obs. At Súng-kiáng 'pun, is used for peh, in the sense of *give.* 跑 has two pronunciations, *pau run,* and pau' *walk.*

222. Some adverbs enter into combination with verbs.

預備 ü' (*before*) bé' (*prepare*), *to prepare.*
相打 siáng (*mutually*) 'táng (*beat*), *to fight.*
相罵 siáng (*mutually*) mó' (*rail*), *rail at one another.*

Groups of three. 223. Prepositions and words equivalent to them combine with 來 lé, *come,* and 去 k'í', *go,* to express the direction of the action of verbs.

敲進去 k'au tsing' k'í', *knock in.*
担上來 tan 'zong lé, *bring forward.*
走下來 'tseu 'au lé, *walk down.*
殺前去 sah zíen k'í', *fight on before.*

踛起來 lok 'k'í lé, *stand up.*
坐下來 'zú 'au lé, *sit down.*
坐進去 'zú tsing' k'í, *sit farther up.*
飛出來 fí t'seh lé, *fly out.*
走過來 'tseu kú' lé, *come through.*
拉過去 'lá kú' k'í', *drag past.*
掇起來 töh 'k'í lé, *lift up.*
縮轉來 sók 'tsén lé, *turn back.*
丟下來 *kwan'* 'au lé, *throw down.*
走開來 'tseu k'é lé, *walk away.*

Obs. i. Thus we have an idiom similar to the English, except that the verbs of motion are added. The common prepositions annexed to verbs (and therefore sometimes called adverbs), follow the verbs in both instances. Of the Chinese five are verbs, which are all used as prepositions, 出 t'seh, *to go out, outward ;* 進 tsing', *to go in, inward ;* 起 'k'í, *to rise up, upward ;* 過 kú', *to pass, through, across ;* 轉 'tsén, *to return, back ;* 開 k'é, *to open, away.* Of the prepositions 上 'zong, *forward,* 下 'au, *backward, downward,* 前 zíen, *before,* the two former are also frequently employed as verbs in the dialect as well as in books ; e. g. 上蘇州 'zong Sú-tseu, *go to Sú-cheú ;* 下船 'au zén, *to enter a boat.*

Obs. ii. In the classical languages, the prepositions were put before the verbs instead of after them, as in the derived words *ascend, descend ;* and another numerous class of terms belonging to our western tongues, is thus seen to have its equivalent compound form in the Chinese language.

224. The *beginning* and *completion* of an action are expressed by appending, 起來 'k'í lé, *begin,* and 成工 zung kóng, *complete,* to the verb ; 起 'k'í is also used alone, and the words 完, 停, wén, ding, *finish,* and 好 'hau, *well,* stand for *completion.*

寫起來 'siá 'k'í lé, *begin writing.*
做成工 tsú' zung kóng, *to finish making.*
畫成工 *wó'* zung kóng, *finish painting.*

今朝做起 kiun tsau tsú' 'k'í, *begin to-day.*
幾時做完 'kí zz tsú' *wén, when will you finish ?*
勿曾話停 veh zung *wó'* ding, *has not done speaking.*
造好者 'zau 'hau 'tsé, *finished building.*

Obs. i. In examples with 起 'k'í, we have an equivalent to that class of Latin derivative verbs called Inchoative or Inceptive ; e. g. calesco, *I grow warm*, from *caleo.*

Obs. ii. 起 'k'í is sometimes omitted, e. g. 做來勿好 tsú' lé veh 'hau, *do a thing badly.* But then the sense of *beginning* is lost also.

Obs. iii. This form is also assumed by adjectives, as 熱起來 nyih 'k'í lé, *become hot* : 熱來話勿得 nyih lé *wó'* veh tuh, *it is excessively hot.* In dialects west of Shánghái 熱得來 nyih tuh lé, is used for *it is hot.*

Obs. iv. The substantive governed is placed between 起 'k'í and 來 lé ; e. g. 動起手來 *'tóng* 'k'í 'seu lé, *to move one's hand.* The same thing occurs with some of the other groups. 撥轉身體來 peh 'tsén sun 't'í lé, *turn one's body round* ; 担出洋錢來 tan t'seh *yáng* díen lé, *bring out dollars.*

225. Collective and separating verbs are formed by 攏 'lóng, *collect*, and 開 k'é, *open.*

聚攏來 dzü 'lóng lé, *collect together.*
幷攏來 'ping 'lóng lé, *add together.*
散開來 san k'é lé, *scatter.*
拆開來 t'sáh k'é lé, *undo.*
分開來 fun k'é lé, *divide.*
解開來 'ká k'é lé, *untie.*

226. Reflexive action is expressed by placing 自 zz', before and after the verb.

自嚇自 zz' háh zz', *frighten one's-self.*
自騙自 zz' p'íen' zz', *deceive one's-self.*

Obs. In examples of this sort, the constituent words are pronounced closely together, and might be written with hyphens. They correspond in their sense, to the Hithpahel conjugation of Hebrew verbs, and the middle voice of Greek and Sanscrit. In a monosyllabic agglutinating language, no nearer approach could well be made to an equivalent of those forms, than is exhibited in such groups as these.

Groups. Affirmative and negative. 227. The groups formed by help of the affirmative and negative particles are very numerous, so much so, that they constitute of themselves a feature of the language. The Chinese colloquial idiom is very much indebted to them, for the force and precision which it is acknowledged to possess.

In these groups 得 tuh and 勿 veh (不 púh M.), take the centre, and certain auxiliary words, with some adjectives and verbs stand last. The sense of the principal verb is thus limited and modified in various ways. 得 tuh and 勿 veh being opposite in sense, the modifications they produce in the sense of the verb must be opposed also. They may be reduced to the following pairs of terms.

1st. It is predicated of the *agent*, that he is *able* or knows how to effect the action of the verb and the contrary; e. g. 做得來 tsú' tuh lé, *able to do* or *make*; 做勿來 tsú' veh lé, *unable to do* or *make*.

2nd. It is predicated of the agent, that circumstances allow him to effect the action and the contrary. Thus, 當得起 tong tuk 'k'í, *in circumstances to bear*; 讀勿起 tóh veh 'k'í, *cannot afford to learn to read*; 拖勿起 t'ú veh 'k'í, *not strength to drag*.

3rd. It is predicated of the action, that it can or does *succeed*, and the opposite; e. g. 尋得着 zing tuh záh, *can find* (尋 zing *seek*); 打勿着 'táng veh záh, *it did not*, or *cannot hit*.

4th. It is predicated of the action, that it can, or cannot be performed in a particular *direction*; e. g. 走勿進 'tseu veh tsing', *cannot go inside*.

5th. Of verbs of *motion*, *resistance* and *destruction*, it is predicated, with the help of auxiliary verbs cognate in meaning, that the act they represent, can or cannot take place. 走得動 'tseu tuh 'dóng, *can walk*; 阻勿住 tsú veh dzû', *unable to resist*; 解勿脫 'ká veh t'eh, *cannot get rid of*.

6th. It is predicated of a verb followed by an adjective, that the act is or can be performed, to the extent indicated by the adjective or the contrary; e. g. 醫得好 í (cure) tuh 'hau (good), *can be ecrud*; 填勿滿 tíen veh mén, *cannot be filled by layers*.

海上絲綢之路文獻集成 科技與文化編

228. Of the auxiliary words, used in affirmative and negative groups, verbs are the most numerous.

a. 來 lé, *come*, 出 t'seh, *go out*, express *able to.*

寫勿來 'siá veh lé, *do not know how to write.*

聽勿來 t'ing veh lé, *have not the power to hear.*

叫勿出 kiau' veh t'seh, *know not what to call it.*

講得出 'kong tuk t'seh, *can discourse on it.*

Obs. A group of four is sometimes made by introducing an adverb.

聽大勿出 t'ing dá' veh t'seh, *I do not hear very well.*

b. 起 'k'í, *rise*, expresses *in circumstances to.*

板勿起 'pan veh 'k'í, *it is not for me to look angry.*

睏勿起 k'wun' veh 'k'í, *afraid to sleep.*

染勿起 'níen veh 'k'í, *will not bear to be dyed.*

印勿起 *yun'* veh 'k'í, *will not bear more impressions.*

見勿起 kíen' veh 'k'í, *do not dare meet him.*

c. 着、出、見、záh, t'seh, kíen', express success in any single action; verbs of striking and seeking taking záh; while verbs of thinking and perception take t'seh and kíen'.

叫得着 kiau' tuh záh, *succeed in calling him.*

殺勿着 sah veh záh, *not succeed in killing.*

懂勿出 'tóng veh t'seh, *cannot understand.*

看勿出 k'ön' veh t'seh, *I do not see.*

看勿見 k'ön' veh kíen', *ib.*

d. 進、出、落、過、轉、開、express *direction* as in the examples.

進得進 tsing' tuh tsing', *able to enter.*

行勿出 háng veh t'seh, *cannot pass out.*

吃勿落 k'iuh veh loh, *cannot swallow* or *eat.*

跑勿過 pau' veh kú', *cannot pass by.*

縮勿轉 sóh veh 'tsén, *cannot return.*

打得開 'táng tuh k'é, *can move by beating.*

睏勿落 k'wun veh loh, *cannot lie down.*

e. 脫、動、住、t'eh, 'tóng, dzû', express *destruction, motion*, and *resistance.* e. g.

滅勿脫 mih veh t'eh, *cannot destroy.*
做勿動 tsú' veh 'dóng, *disabled from work.*
跑勿動 pau' veh 'dóng, *unable to walk.*
免勿脫 'míen veh t'eh, *unable to avoid.*
立勿住 lih veh dzû', *not able to stand.*
當得住 tong tuh dzû', *able to resist.*

f. 得 tuh, expresses *permission* and *prohibition.*
動勿得 *tóng* veh tuh, *may not do it.*
去得 k'í' tuh, *may go.*
逃走勿得 *tau* 'tseu veh tuh, *may not flee.*

g. 停, 完, express the *cessation* of an act.
叫勿停 kiau' veh ding, *not cease to call.*
哭勿停 k'óh veh ding, *not cease to weep.*
用勿完 *yúng'* veh *wén, cannot exhaust by using.*
痛得停 t'óng' tuh ding, *ceases to pain me.*

h. 成工, 盡, 到, express *perfection* of an act.
做勿成工 tsú' veh dzung kóng, *cannot complete.*
走得到 'tseu tuk tau', *can walk to.*
想勿到 'siáng veh tau', *cannot reach in thought.*
及勿到 *k*ih veh tau', *cannot reach.*
報答勿盡 pau' tah veh dzing', *unable to shew sufficient gratitude.*

i. 及 *k*ih or *k*í, expresses *there is time for.*
抄勿及 t'sau veh gí, *not time to copy.*
追得及 tsûe tuh gí, *time to overtake.*
來勿及 lé veh gí, *not time for it.*

k. 落 loh, expresses *room for.*
擱得落 kok tuh loh, *room to pack.*
安勿落 ön veh loh, *not room to place.*
坐勿落 'zú veh loh, *not room to sit.*

l. 過 kú', indicates that the verb it qualifies will give *superiority.*

打也打伊勿過, 話也話伊勿過 'táng *'á* 'táng í veh kú', *wó' 'á wó'* í veh kú', *cannot conquer him by beating, nor by using the tongue.*

上海方言口語語法

敵得過 *tih* tuk kú‘, *can oppose him successfully.*

m. 理 ’lí, *to control*, ’lóng, *bring together*, 殺 sah, *kill*, and *yung*‘, *answer*, add their own sense to the verb.

話勿理 *wó*‘ veh ’lí, *not attend to what is said.*

喊得理 han‘ tuh ’lí, *will come when called.*

合勿攏 *heh* veh ’lóng, *cannot agree together.*

叫勿應 kiau‘ veh *yung*‘, *not answer a call.*

Obs. i. In some instances, the sense of the auxiliaries varies from that assigned to them here; e. g. 看勿起 k’ön veh ’k’í, *to despise*; 買勿動 ’má veh ’dóng, *not succeed in buying*; 相信勿過 siáng sing‘ veh kú‘, *incredible*; 意勿過 í veh kú‘, *cannot but pity*; 罷伊勿得 *pá*‘ í veh tuh, *indispensable.*

Obs. ii. 有 ’*yeu*, *have*, and 嘸 *m*, *not to have*, form with *tuh* a few groups; e. g. 有得吃 ’*yeu* tuh k’iuh, *have something to eat*; 嘸得着 *m* tuk tsáh, *have nothing to wear.*

Obs. iii. Examples are rare in the case of 見, 脫, 動, 應 and 理. The rest are all extensively used.

229. Prepositions similarly employed in these negative and affirmative groups are rare. Those that are used may also be construed as verbs.

a. 前 zíen, *before.*

殺勿前 sah veh zíen, *does not go forward fighting.*

b. 上 ’zong, *forward.*

踱勿上 lóh veh ’zong, *cannot be climbed.*

鎖勿上 ’sú veh ’zong (*key*), *cannot be turned.*

門關勿上 mun kwan veh ’zong, *door will not shut.*

c. 下 ’*au*, *down.*

踱勿下 lóh veh ’*au*, *cannot climb down.*

吃勿下 k’iuh veh ’*au*, *cannot swallow.*

230. Several adjectives are found in these combinations; e. g. 全, 直, 多, 好, 滿, 完全, 通, 明白, etc.

讀勿全 *tóh* veh dzíen, *cannot be read through.*

伸勿直 sun veh dzuh, *cannot stretch out straight.*

差勿多 t'só veh tú, *differs little.*
話得好 wó' tuh 'hau, *well spoken.*
補得滿 'pú tuh 'mén, *can be filled up.*
走勿通 'tseu veh t'óng, *no thoroughfare.*
話勿明白 wó' veh ming báh, *cannot be made to understand.*

Obs. In the third and fourth examples, and others like them, such as 跑得快 pau' tuk k'wá', the proposition is not one of possibility, *he can walk fast*, but of fact, *he walks fast.*

Repetition. 231. This occurs extensively among the verbs. The meaning of the word repeated remains unaffected.

a. Many single intransitive verbs, or verbs used intransitively are repeated.

坐坐 'zú zú', *sit down.* 看看 k'ön' k'ön', *look.*

b. Transitive verbs are repeated before the word they govern.

寫寫字 'siá 'siá zz', *write.*
種種田 tsóng' tsóng' díen, *work in the fields.*
候候儂 heu' heu' nóng', *I come to see you.*

c. k'ön, *see*, occurs after a repeated verb, in a metaphorical sense.

睃睃看 sú sú k'ön', *see what it is.*
聽聽看 t'ing t'ing k'ön', *listen to it and see.*
試試看 sz' sz' k'ön', *try it and see.*
做做看 tsú' tsú' k'ön', *make it as a trial.*

Obs. K'ön' also follows other groups, as 念起來看 nian' 'k'í lé k'ön', *read and let me hear.*

d. The components of dissyllabic verbs are often repeated.

談談說說 tan dan söh söh, *conversing.*
啼啼哭哭 tí dí k'óh k'óh, *weeping.*
來來去去 lé lé k'í' k'í', *coming and going.*

e. Some dissyllabic verbs repeat themselves, not their component parts.

攀談攀談 p'an dan p'an dan, *talking.*
恭喜恭喜 kúng 'h'í, kúng 'h'í, *I congratulate you.*

上海方言口語語法

f. When a dissyllabic form consists of a verb and its subject, a group of four is formed by repeating the former, and supplying the place of the latter by a synonimous or contrasted word.

唔邊唔岸 m píen m ngön', *not having a shore.*
動手動脚 'tóng 'seu 'dóng kiáh, *move hands and feet.*
有憑有據 'yeu bing 'yeu kü'. *there is evidence.*

g. Sometimes both the verb and its object are varied by synonimous or contrasted words.

求天拜地 kieu t'íen pá' dí', *pray to heaven and worship earth.*
并心竭力 ping' sing gih lih, *employ one's whole mind and efforts.*

h. Some verbs are repeated with a pair of antithetical verbs in alternation.

跑來跑去 pau' lé pau' k'í', *walking about.*
搖進搖出 yau tsing' yau t'seh, *row in and out.*

232. The verb is repeated with the intervention of kú', or of 一 ih to represent *a little* of the act in question.

走一走 'tseu ih 'tseu, *walk a little.*
等一等 'tung ih 'tung, *wait a little.*
待個待 té' kú' dé', *wait.*
坐個坐 'zú kú' 'zú, *sit down.*

Obs. Sometimes auxiliary substantives supply the place of the repeated verb; e. g 加一倍 ká ih bé', *make it as large again.* Other auxiliaries are 次, 趟, 回, t'sz', t'ong', wé', applied to any verb in the sense of *times.* For going round in a circle 轉 'tsén with the numeral expresses the number of times. For beating 記 kí' expresses the number of blows. See Art. 163.

(2.) *Different kinds of verbs.*

Substantive verb. 233. The verb *to be* used as a copula is often omitted.

吾呢讀書個 ngú 'ní tók sû kú', *we are persons of education.*
第個人長 tí kú niun dzáng *this man is tall.*
今朝最冷 kiun tsau tsûe 'láng, *to-day it is very cold.*

R

海上絲綢之路文獻集成 科技與文化編

234. The words 是 'zz and 做 tsú' are employed as substantive verbs.

是儂個否 'zz nóng' kú' 'vá, *is it yours?*

是個勿是個 'zz keu, veh 'zz keu', *it is; it is not.*

我做裁縫 'ngú tsú' dzé vóng, *I am a tailor.*

做兒子要孝 tsú' ní 'tsz yau' h'iau', *he who is a son should be filial.*

Obs. i. The verb 叫 kiau', *to call* is sometimes so used that it may be translated as a substantive verb; e. g. í yáng' 'tau 'lí veh kiau' 'hau, 伊樣道理勿叫好 *that mode of action is not good*, or *is not what may be called good.*

Obs. ii. The words 當, 爲 and 作 are used in fixed phrases, from which they cannot be disengaged. 自家作主 zz' ká tsok 'tsû, *be your own master*; 改惡爲善 'ké oh wé 'zén, *repent and be virtuous*; 强盜作反 kiáng dau' tsok 'fan, *the robbers are rebelling*; 當兵 tong ping, *to be a soldier.*

Obs. iii. 做 is also used as a transitive verb *make* or *do*, which is its primary meaning.

Obs. iv. 有 *to have* is often to be translated by the impersonal substantive verb in English; e. g 魚有否 ng 'yeu 'vá *are there any fish?* 豈有此理 'k'í 'yeu 't'sz 'lí, *how can this be? It snows*, is 落雪者 lok sih 'tsé.

235. Transitive verbs take the object after them, while the nominative precedes.

官府刻薄百姓 kwén 'fú k'uh bóh pák sing', *the mandarins exact from the people.*

兵搶物事 ping 't'siáng meh zz', *the soldiers commit robberies.*

236. When there are two objects as in verbs of *giving*, the nearer comes next to the verb, and the more remote stands last usually with 拉 'lá.

送禮物拉儂 sóng' 'lí veh 'lá nóng', *present you with gifts.*

撥飯拉儂吃 peh van' 'lá nóng' k'iuh, *give you rice.*

Obs. This is the same as Remusat's rule, "Dans les verbes à double rapport, le complément direct se place après le verbe, et est suivi du complément indirect." 天子能薦人於天 t'íen 'tsz nung tsíen zun ü t'íen, *the emperor can propose a person to Heaven;* the order is not however confined to this one form; e. g. 送勒儂個物事 sóng' 'lá nóng' kú' meh zz', *I bring you a present*, is the same as, sóng' meh zz' 'lá nóng'; 送儂兩個物事 sóng' nóng' 'liáng kú' meh zz' *I bring you a few things*, is just as proper as sóng' 'liáng kú' meh zz' 'lá nóng'.

237. The object is made to precede the transitive verb, by the use of the auxiliary 担 tan, which is also the sign of the instrument.

担蠟燭火隱 tan lah tsóh 'hú 'yun, *extinguish the candle.*
担竹爿來打 tan tsók pan lé 'táng. *strike with bamboo.*
担門關子 tan mun kwan tsz. *shut the door.*

238 Intransitive verbs when not followed by a preposition or another verb, prefer the last place.

此地坐 't'sz dí' zú', *sit here.*
第頭跑 tí' deu pau' *walk here.*
幾時來 'kí zz lé, *when did you come.*
我船上來 'ngú zén long' lé, *I come from the boat.*

Obs. When a preposition is employed to connect an intransitive verb with a substantive, the verb may precede or follow; e. g. 到此地來 tau' 't'sz dí' lé. *come here*, is equivalent to lé tau' 't'sz dí'. So also 坐拉第搭 'zú 'lá tí' tah, *sit here*, is the same as 'lá tí' tah 'zú.

239 The passive is formed by prefixing the auxiliary verb 撥 peh, *give*, with the substantive that represents the agent, to the transitive verb.

撥別人打 peh bih niun 'táng, *was beaten by others.*
撥伊做唆我 peh í tsú' sú 'ngú. *I was deceived by him.*

Obs. i. This auxiliary particle often means *let;* e. g. veh yau' peh bih niun hóng' p'íen' nóng', 勿要撥別人哄騙儂 *do not allow others to deceive you:* 我勿撥鄉話得過我 'ngú veh peh ná' wó' tuk kú' ngú, *I will not let you be superior to me in talking.*

Obs. ii. In mandarin it is not the common word *to give*, that is chosen for the passive auxiliary, but a word set apart for this purpose 被 pei'.

Obs. iii. 'Zeu 受 *to receive*, is often used as a passive; e. g. 勿肯受別人罵 veh 'k'ung 'zeu bih niun mó', *unwilling to be spoken ill of by others.* K'iuh. 吃 is found in combination as in the next examples. When separated from the groups where it is the sign of the passive, it recovers its transitive sense *to eat.*

240. Verbs are made causative by prefixing kau', *to call,* or peh, *to give.*

叫我吃虧 kau' 'ngú k'iuk k'ü, *causing me to suffer loss.*

勿要叫吾白送脫 veh yau' kau' ngú bák sóng' t'eh, *do not cause me to give it away* (or *say it*) *in vain.*

叫水勿會滾 kau' 'sz veh wé' 'kwun, *prevent the water from boiling.*

撥拉我吃官司 peh 'lá 'ngú k'iuk kwén sz', *causing me to be the subject of a lawsuit.*

Obs. i. The English auxiliary verb *must* is expressed by *tsóng,* as in 終要牢實 tsóng yau' lau zeh, *you must be upright.*

Obs. ii The derivative verbs which have been already illustrated are the following:—Inchoative, 提起筆來 tí 'k'í pih lé, *take up the pen*; Reflexive, 自怨自 zz' yön zz', *be one's own enemy*; Collective, 合攏來 heh 'lóng lé, *combine together*; Separative, 拆開來 t'sák k'é lé, *pull open*; Completing, 造完 zau wén, *finish building*; Resisting, 擋住 tong dzû', *stand against*; Destroying, 丟脫 tieu t'eh, *throw away.* There are also forms for the various directions indicated by prepositions. v. Art. 223.

(3.) *Modes of verbs.*

241. In very many cases the mood is determined entirely from the sense, and has no particular sign.

我去買 'ngú k'í' 'má, *I will go and buy.* (Ind.)

是儂去還便當 'zz nóng' k'í wan bíen' tong, *if you should go, it would be more convenient.* (Subj.)

儂去買 nóng' k'í' 'má, *do you go and buy.* (Imp.)

買是容易 'má 'zz yúng í', *to buy is easy.* (Inf.)

上海方言口語語法

Obs. Here the four principal moods of Latin grammar are exemplified without any distinctive sign.

242. The particles 者 'tsé and 末 meh, at the end of the clause often mark *indicative* and *conditional* propositions respectively.

難落雨末年世好者 nan loh 'ü meh, níen sz' 'hau 'tsé, *should it now rain, it will be a good year.*

年紀大末勿要者 níen kí' dú' meh veh yau' 'tsé, *if old, they are not wanted.*

Obs. i. The conditional clause always precedes.

Obs. ii. These particles may in many cases be omitted without affecting the sense. 勿落雨百姓要苦惱 veh loh 'ü pák sing' yau' 'k'ú 'nau, *if it does not rain, the people must suffer.*

Obs. iii. In any two connected clauses, whether the former be conditional or not, these particles are frequently used; e. g. k'ön kíen' tsz 't'au van' kú' meh, dzieu' 'táng 'k'í lé 'tsé, 看見之討飯個末就打起來者 *when he saw the beggars, he began beating them.* Both these clauses are in past time.

Obs. iv. An indicative clause standing alone often takes 者 'tsé. Thus, 來者 lé 'tsé, *I am come*, or *I come*; 去者 k'í' 'tsé, *I go.*

243. Another conditional particle is 之 tsz, appended to the verb.

常怕要跌殺之咾死 dzáng p'ó' yau tih sah tsz lau 'sí, *lest he should fall down and die.*

244. A *potential* mood is formed by many of the groups already illustrated. Both kinds of ability, absolute or natural, and limited or moral, are found in them. For example of the former kind —

寫勿來 'siá veh lé, *I cannot write.*

講究得來 'kong kieu' tuh lé, *I can discuss it.*

彎勿轉 wan veh 'tsen, *cannot turn round.*

Obs. 會 wé', prefixed to verbs makes them potential 念勿來 nian' veh lé, *I cannot read*, is equivalent to veh wé' nian'.

245. The limited potential mood is formed by 起 'k'í. e. g. 當勿起 tong veh 'k'í, *I do not deserve to receive it.*

海上絲綢之路文獻集成 科技與文化編

牽勿起 k'ien veh 'k'í, *not able to pull.*
磨勿起 mú veh 'k'í, *will not bear rubbing.*
吃勿起 k'iuh veh 'k'í, *cannot afford to eat it.*
打勿起 'táng veh 'k'í, *cannot bear beating.* [*roughly.*
硬手勿起 ngáng' 'seu veh 'k'í, *could not use my hand*

246. A *permissive* and *prohibitive* mood is formed by,—

a. 得 tuh.

看得 k'ön' tuh, *you may look at it.*
看勿得 k'ön' veh tuh, *you may not look.*

b. 好 'hau, and 可以 'k'ó 'í, also give a permissive sense.

好進去否 'hau tsing' k'í' 'vá, *may I enter?*
勿好出去 veh 'hau t'seh k'í', *you must not go out.*
可以吃得 'k'ó 'í k'iuk tuh, *you may eat it.*

247. An *optative* mode of the verb is formed by 'pó veh tuh, and *hng'* veh tuh. (恨 *hng'*, west of Shánghái *hung'*.)

我巴勿得快點到 'ngú 'pó veh tuh k'wá' 'tíen tau', *would that I could arrive quickly.*

恨勿得做好 *hng'* veh tuh tsú' 'hau, *I wish I could do it.*

248. The *imperative* (1) in its negative form takes 要 yau', *want*, with the common negative particle 勿 veh.

勿要鬧 veh yau' nau', *do not be noisy.*

(2) The affirmative form of the *imperative* is expressed by the verb alone, or by 末者 meh 'tsé, or 罷 *pá'* appended sometimes to a few verbs.

走末者 'tseu meh 'tsé, *go.* 去罷 k'í' bá', *go.*

Obs. All the verbs single and grouped, except those with the affirmative and negative, may be used as imperatives without a particle. 走過來 'tseu kú' lé, means either *I am passing you*, or *pass over to me.*

249. Of the *infinitive* it may be remarked, (1) that it stands first in many negative groups not potential. v. Art. 229. g.

念勿停 nian' veh ding, *does not cease to recite.*
吵鬧勿停 t'sau nau' veh ding, *does not cease to be noisy.*

(2) That when a verb is made the subject of a proposi-

tion, while the predicate follows with a copula, the verb is translated in the infinitive. e. g.

去是可以 k'í' 'zz 'k'ó 'í, *it is easy to go.*

250. When a verb takes a case particle, it is construed as a present participle or gerund.

物事勒拉來 meh zz' leh 'lá lé, *the things are coming.*
吃飯個辰光 k'iuh van' kú' zun kwong, *time for dining.*
我拉寫字 'ngú 'lá 'siá zz', *I am writing.*
吃個物事 k'iuk kú' meh zz', *things to eat.*

Obs. The supine *in order to* has no sign, 買點啥去者 'má 'tíen sá' k'í' 'tsé, *he is gone (in order) to buy something;* 我來望望儂 'ngú lé mong' mong' ná', *I come to see you.* v. 251. f.

251. The forms of interrogation are of two kinds.

I. By the interrogative particles man' and 'vá.

飯好曼 van' 'hau man' *is dinner ready?*
去否 k'í' 'vá, *will you go?*

II. By putting the question in the form of an affirmative and negative, side by side. The particle ní is often placed between.

肯去勿肯去 'k'ung k'í' veh 'k'ung k'í', *will you go or* [*not?*
曉得勿曉得 'h'iau tuh veh 'h'iau tuh, *do you know?*
買呢勿買 'má ní veh 'má, *will you buy?*

Obs. After ní, the second clause is sometimes supplied by sá'; e. g. 要打呢啥 yau' 'táng ní sá', *do you want to fight, or what is it you want to do?*

(4.) *Particles of time, forming tenses of verbs.*

252. For the expression of present time, no auxiliary word is necessary.

我勿做啥 'ngú veh tsú' sá', *I am doing nothing.*
來呢勿來 lé ní veh lé, *is he coming or not?*
懂勿懂 'tóng veh 'tóng, *do you understand or not?*
怕冷否 p'ó 'láng 'vá, *do you fear cold?*
勿能勿怕冷 veh nung veh p'ó 'láng, *I cannot but fear* [*cold.*

海上絲綢之路文獻集成 科技與文化編

Obs. Instead of considering the rest of the tenses in their order, it will be better to take the particles in succession, and shew what tenses they may be used for.

a. 歇 h'ih, *a moment ;* this particle gives a past sense to the phrases in which it occurs, and is perhaps most accurately designated an *aorist.*

看歇戲否 k'ön' h'ih hí' 'vá, *have you seen the play ?*
去歇兩回 k'í' h'ih 'liáng wé', *I have gone twice.*

b. 者 'tsé, 哩 'lí ; these particles express that the action is completed, or determined on. M. 了 'liaú. Their English grammatical equivalent is usually the passive participle joined with the auxiliary verb *to be.*

買好拉者 'má 'hau 'lá 'tsé, *they are bought.*
賣忒者 má' t'eh 'tsé, *it is sold.*
我去者 'ngú k'í' 'tsé, *I am going.*

c. 過 kú', *past ;* this particle has the sense of the preterite tense.

到過兩回 tau' kú' 'liáng wé', *I have gone twice.*
花種過多少 hwó tsóng' kú' tú 'sau, *how many flowers have you planted ?*
路跑過幾化里 lú' pau' kú' 'kí hó' 'lí, *how many miles of road have we walked ?*

Obs. 有 'yeu and 可 'k'ó, employed in some dialects as signs of the past, are never so used in this.

d. 歇者 h'ih 'tsé or h'ih 'lá 'tsé, express perfect time.

認得過歇者 niung' tuh kú' h'ih 'tsé, *have known him.*
忒伊話歇者 t'eh í wó' h'ih 'tsé, *have told him.*
鐘拷歇拉者 tsóng k'au h'ih 'lá 'tsé, *bell has rung.*
托撥歇者 t'ok peh h'ih 'tsé, *have entrusted to him.*

e. 過歇 kú' h'ih, form a perfect farther in the past than the above.

來過歇者 lé kú' h'ih 'tsé, *I have come formerly.*
勿曾去過歇 veh zung k'í' kú' h'ih. *I have not yet gone.*
學過歇拉者 hok kú' h'ih 'lá 'tsé, *I have learnt it before.*

f. 要 yau‘, expresses future time; sometimes *tsiáng* precedes. 要 may often be translated *in order to* (supine).

要落雨者 yau‘ loh ’ü ’tsé, *it will rain.*

明朝要去 ming tsau yau‘ k’í‘, *I shall go to-morrow.*

g. 將 tsiáng, is frequently used for the future.

將有鬧事 tsiáng ’yeu nau‘ zz‘, *there will be disturbance.*

Obs. These particles give the affirmative future. The form for the negative is different as is shewn below.

h. 之 tsz; this particle appended to a verb, gives it the time of a past participle. Angl. aux. participle *having*.

看之書末曉得者 k’ön‘ tsz sû meh, ’h’iau tuk ’tsé, *when you have read it, you will know.*

懂之末好講 ’tóng tsz meh ’hau ’kong, *when you understand it, you can explain it.*

做之兵咾打帳去者 tsú‘ tsz ping lau ’táng tsáng‘ k’í‘ ’tsé, *having become a soldier, he has gone to fight.*

Obs. As a relative tense particle, this word may be used in past or future time. In the former case, it is the sign of the narrative participle; e. g. 看見之山高咾走上去者 k’ön‘ kien‘ tsz san kau lau, ’tseu ’zong k’í‘ ’tsé, *seeing the hill was high, he went up.* In the latter case it forms a future perfect, such as is introduced in English with "when," 寫好之撥拉我看 ’siá ’hau tsz peh ’lá ’ngú k’ön‘, *when you have written it, let me see it.* The conditional particle 末 meh, is frequently introduced at the end of the first clause.

i. 曾 zung; as 之 tsz expresses the past in affirmative sentences, so zung in those that are negative.

勿曾看歇 veh zung k’ön‘ h’ih, *I have not seen it.*

勿曾來 veh zung lé, *he has not come.*

Obs. In a negative reply to a question, this particle is introduced, when in English the present tense is employed; 勿曾去 veh zung k’í‘, *he is not gone.*

253. Adverbs of time often render these particles unnecessary.

昨日去個 zoh (g) nyih k’í‘ kú‘, *he went yesterday.*

海上絲綢之路文獻集成 科技與文化編

我後日去 'ngú 'heu nyih k'í', *I shall go on the day after to-morrow.*

254. The particles for future time are not used in the negative form.

我勿去 'ngú veh k'í', *I shall not go.*

Obs. i. If yau' 要 is employed in a negative sentence whose time is future, it is in the sense of *wish* or *must*; e. g. 我勿要去 'ngú veh yau' k'í', *I do not wish to go.* 將 tsiáng, when it occurs, must stand first, so that when 勿 veh introduces the sentence, it cannot form a part of it.

Obs. ii. 勿見得 veh kíen' tuh, *it is not likely.* is very commonly employed as a negative future; e. g. 勿見得落雨 veh kíen' tuh loh 'ü, *it is not likely to rain*, or *it will not rain.*

255. Examples of some verbs that require illustration are here appended.

a. 當 tong, *regard as*, in combination *ought*, *receive*, tong', *to pawn.* N. B. The tone differs in the last sense.

當之牛撥草伊吃 tong tsz nieu peh 't'sau í k'iuh, *regard him as a buffalo, and feed him on grass.*

輕個當之重個 k'iung kú' tong tsz 'dzóng kú', *what is light regard as heavy.*

該當個 ké tong kú', *ought.*

勿敢當 veh 'kén tong, *not dare receive it.*

當衣裳去 tong' í zong k'í', *am going to pawn clothes.*

b. 打 'táng, *beat, set in operation.*

打官司 'táng kwén sz', *go to law.*

打官話 'táng kwén wó', *speak mandarin.*

打抽豐 'táng t'seu fóng, *make presents in hope of gain.*

c. 待 té', *to treat, wait.*

待慢 té' man', *treat contemptuously.*

待人接物 té' niun tsih veh, *treat persons respectfully.*

待我來 té' 'ngú lé, *wait till I come.*

d. 銷 siau, *consume, melt.*

開銷 k'é siau, *to expend.* 銷烊 siau yáng, *to melt.*

e. 對 té‘ (d) *correspond, opposite.*

終勿對境 tsóng veh té‘ ’kiung, *nothing pleases him.*

更加勿對 kung ká veh té‘, *still more wrong.*

對面看來起 té‘ míen‘ k’ön‘ ’k’í lé, *on the other hand you see.*

f. 弄 lóng‘, *meddle with, play with.*

弄壞 lóng‘ wá‘, *spoil.* 作弄 tsoh lóng‘, *deceive.*

弄假成眞 lóng‘ ’ká zung tsun, *making-believe becomes truth at last.*

弄孛相 lóng‘ beh siáng‘, *amuse one's-self with.*

g. 費 fí‘, *to expend.*

費用 fí‘ yúng‘, *expenses.*

費神 fí‘ zun, 費心 fí‘ sing, *may I trouble you.*

h. 是 ’zz, *it is, it is right, right.*

是非 ’zz fí, *right and wrong.*

是得極 ’zz tuh giuh, *very right.*

唔啥勿是 m sá‘ veh ’zz, *not at all untrue.*

i. 話 wó‘, *say* (M. ’kiáng, or shwóh), in combination *words.*

話勿轉 wó‘ veh ’tsén, *will not listen to words*, or *he keeps his word.*

話定當 wó‘ ding‘ tong‘, *said decisively.*

啥話頭 sá‘ wó‘ deu, *why use such words?*

k. 可 ’k’ó, *can, may.*

可恨 ’k’ó hng‘, *hateful.*

實在可愛 seh zé‘ ’k’ó é‘ *truly to be loved.*

Obs. These forms with ’k’ó, might also, if construed as dissyllables, be placed among the adjectives, as derivatives from verbs.

l. 倒 ’tau, *to overturn.*

推倒 t’é ’tau, *to turn over.*

顚倒轉來 tíen ’tau ’tsén lé, *place upside down.*

倒勿是 ’tau veh ’zz, *and yet it is not.*

m. 生 sáng, *produce, be by nature, be born.*

耳聡生得好 ’ní ’tú sáng tuh ’hau, *has handsome ears.*

生來好看 sáng lé ’hau k’ön‘, *naturally handsome.*

海上絲綢之路文獻集成 科技與文化編

末生之前 ví' sung tsz zíen, before birth.
生出果子來 sáng t'seh 'kú tsz lé, bear fruit.

Section 8 Prepositions and Postpositions.

256. The words that express the relations (cases) of nouns to one another are placed, some of them before and some after the governed substantive. The case particles that are used for the dative and ablative are prepositions, as also those that express *motion towards* and *substitution*.

打 'tang *from*, *by*.	對 té'. *to*, *towards*.
從 zóng, *from*.	到 tau', *to arrive at*.
拉 'lá (M. 於), *to*.	替 t'í', *to*, *with*, *instead of*.
搭 tah, *with*.	忒 t'eh. *to*, *for*, *with*.
同 tóng, *with*.	代 té', *instead of*.
聯 líen, *ib*.	由 yeu, *by*.

Obs. i. 勒拉 leh lá, a locative particle also precedes its noun. 在 zé', its M. equivalent is in our dialect only used in fixed collocations, as 實在 zeh zé', *certain*.

Obs. ii. 自 zz' is an inseparable preposition used in combination with zóng, *from*. 當 a locative preposition preceding its noun, is also only found in fixed groups; e. g. 當初 tong t'sú, *formerly*.

Obs. iii. Several of these words are also used as verbs with a cognate sense, viz. 從,到,對,由, *to follow*, *to arrive at*, *to correspond*, *to take origin from*.

Obs. iv. 爲 wé', *on account of*, is found with the particles 之 tsz, or 着 záh; 搭 tah also very frequently takes 之 tsz.

Obs. v. 連 líen. *together with*, is also used as a verb *to connect*. It frequently takes 搭 tah, after it; e g. 連搭一家屋裏人 líen tah ih ká óh 'lí niun, *together with all his family*.

257. The particles that are used for the locative case are postpositions.

裏 'lí, *inside*.	前 zíen, *before*.
外 ngá', *outside*.	後 'heu, *behind*.
上 long', *above*. R. 'zong.	下 'hau, *below*.

Obs. i. 裏 'lí, forms the compound 'lí h'iáng' 裏向, *inside*, M. 中 chóng; 以 'í, combines with 外 ngá', 前 zíen and 後 'heu, in the sense of *beside*. *before* and *after*, or *since*; e. g. 今朝以後 kiun tsau í heu', *after to-day*. Numerous compounds of these words, which will be found among the adverbs, are also often used as prepositions. See section 9.

Obs. ii. The mandarin 中 chóng, *inside*, is found in some compounds; e. g. 空中 k'óng tsóng, *in the air*.

258. Forms borrowed from other parts of speech, compensate for the absence of several prepositions.

I. *Of*, the particle of the genitive case is compensated for either by juxta-position, or by the particle 個 kú'.

中國規矩 Tsúng kóh kwé 'kü, *custom of China*.

別人個事體 pih niun kú' zz' 't'í, *what concerns others*.

II. *With*, (instrumental) by, are expressed by 担 tan, and peh 'lá or peh.

担篙子撐 tan kau 'tsz t'sáng, *pole the boat with the bamboo.*

III. *Except* is expressed by the verb 除脫 dzû t'eh, usually with 以外 í ngá', or 外頭 ngá' deu, ending the clause.

除脫之儂個外頭就是我 dzû t'eh tsz nóng' kú' ngá' deu. dzieu' 'zz 'ngú, *excepting you, there is only myself.*

IV. *Beside* is expressed by 勿筭 veh sûn', at the end of the clause.

小末勿筭共總有一百 'siau meh veh sûn', kóng' tsóng' 'yeu ih páh, *without counting the small, there are 100 in all.*

V. *Beyond* takes 過去 kú' k'í', or 外頭 ngá' deu.

廣東過去 'Kwong tóng kú' k'í', *beyond Canton.*

VI. *Through* or *pass by* is expressed by kiung kú', or kú' alone.

路上經過杭州 lú' long' kiung kú' Hong-tseu, *go through Háng-cheú on the way.*

VII. *Towards* is expressed by the verbs 朝, 望, 對 zau, mong', té'.

海上絲綢之路文獻集成 科技與文化編

朝西轉灣朝南 zau sí 'tsén wan zau nén, *go to the west, and turn to the south.*
朝第邊走 zau dí pien 'tseu, *go this way.*
望之第邊走 mong' tsz dí' píen 'tseu, *ib.*
對故塊走 té' kú k'wé' 'tseu, *go that way.*

Obs. Some of these prepositions in English, are easily reduced to verbs and substantives. The author of the Diversions of Purley would readily find an etymology for them all. In common English grammars, such words as *regarding* and *respecting*, are set down among the prepositions, without a word to tell the juvenile student, how it is that prepositions come to be formed by the termination *ing*.

Section 9. On Adverbs.

Quality. 259. Adverbs of manner are formed by affixing zén, hú, nung and 'lí, to repeated adjectives.
隱隱然 'yung 'yung zén, *not clearly.*
興興然 h'iung h'iung zén, *prosperously.*
約約乎 yáh yáh hú, *indistinctly.*
幾幾乎 'kí 'kí hú, *very near.*
稀稀能 h'í h'í nung, *seldom met with.*
險險能 'h'íen 'h'íen nung, *dangerously.*
快快裏 k'wá' k'wá' 'lí, *quickly.*

Obs. i. Zén and hú, are found in book phrases transferred to the dialect. Expressions formed with nung and 'lí, are pure colloquial, and are very numerous.

Obs. ii. Kiau' is used in one instance 慢慢教 man' man' kiau', *slowly.*

Obs. iii. Long adjective groups are more frequently used as adverbs than as adjectives. They do not take the formative particles zén, nung, etc. 走路一門心思 'tseu lú' ih mun sing 'zz, *he walks eagerly.*

260. The numerals 一 ih, 兩 'liáng, combine with certain words, principally adjectives, to form adverbs.

一直 ih dzuh, *straight.* 一連 ih líen, *joined together.*
一氣 ih k'í *together.* 兩氣 'liáng k'í', *separate.*

一樣 ih yáng‘, *the same.* 兩樣 'liáng yáng‘, *different.*
一向 ih h'iáng‘, *hitherto.* 一齊 ih dzí, *together.*
一切 ih t'sih, *the whole.* 一淘 ih dau, *ib.*
一般 ih pén, *the same.*

Obs. These may be shewn by examples to be adverbs. 放拉兩起個 fong‘ 'lá 'liáng k'í‘ kú, *place them apart*: 當伊爻母一般 tong‘ í 'vú 'mú ih pén, *treats him in the same way that he does his parents.*

261. Repeated adjectives standing before verbs. are used as adverbs.

早早來 'tsau 'tsau lé, *come early.*
慢慢走 man‘ man‘ 'tseu, *walk slowly.*

Obs. Sometimes the adjective is not repeated, as in 慢去 man‘ k'í‘, *be slow to go, good bye.* In 走好 'tseu 'hau, *walk carefully*, the adverb follows the verb as in English.

262. Repeated forms imitative of natural sounds are in frequent use.

丁冬丁冬 ting tóng ting tóng, *sound of drum* ('kú).
榔當榔當 long tong long tong, *ib. horse bells* (ling).
帖塌帖塌 t'ih t'ah t'ih t'ah, *sound of shoes.*
結怪結怪 kih kwá kih kwá, *calling of crows.*
刮臘刮臘 kwah lah kwah lah, *wind blowing on reeds.*
乒乒乓乓 ping ping páng páng, *noice of beating ice.*
以列以列 'í lih 'í lih, *braying of asses.*
以挨以挨 'í á 'í á, *creaking of doors.*
胡盧胡盧 ú lú ú lú, *sound of piping.*
必卜必卜 pih póh pih póh, *sound of splitting bamboo as by fire.*

Obs. Words of this sort occur so frequently in conversation, that at the risk of their being thought too amusing for a serious book they are here noticed. The second and third tones scarcely occur in these onomatopœia. The forms used in other dialects differ from these.

263. Adverbs of manner applied to qualify actions, and not reducible to the heads already given are such as,—

白白裏 páh báh 'lí, *in vain*; or, páh above.
特特裏 teh deh 'lí, *on purpose.*

海上絲綢之路文獻集成 科技與文化编

特意 tuh í', *intentionally.*
偷伴子 t'eu bén 'tsz, *secretly.*
假佯頭 'ká yáng deu, *falsely.*
倖喜 yung' 'hí, *luckily.*
造化 'zau hó', 恰好 hah 'hau, *fortunately.*

264. There is a large number of primitive adverbs, applied to qualify adjectives.

a. 更 kung, 還 wan, 又 í, 再 tsé, signify *more.* They precede their word, and form the comparative degree. v. Art. 177.

b. 頂 'ting, 最 tsûe', 極 kiuh, 蠻 man', 怪 kwá', 好 'hau, 狠 'hun, *very.* These words precede their word and form the superlative. v. Art. 178.

c. 些 'sí, 煞 sah, 極 kiuh, 野 'yá, come after their word and form a superlative.

d. 忒 t'eh, gives to adjectives the sense of *too;* e. g. 忒大 t'eh dú', *too large.*

Obs. i. These words which in English qualify only adjectives, sometimes qualify verbs whether construed as participles or not. 頂愛拉個 'ting é' 'lá kú', *the most beloved;* 蠻會做 man wé' tsú', *extremely well able to do it;* 話煞 wó' sah, *say decisively;* 極有文理 kiuh 'yeu vun 'lí, *has very (great) literary beauty;* or, *it has extreme beauty.*

Obs. ii. The mandarin intensitive particle 好 'hau is found only in the phrase 好幾 'hau 'kí, *very many.*

Obs. iii. It has been seen in illustrating the comparison of adjectives, that some verbs, single and grouped with the auxiliaries tuh and lé, (得, 來,) are applied to adjectives. In addition to the examples there given, may be noticed 熱勿過 nyih veh kú', *unbearably hot.*

Correlative Adverbs. 265. The questions how? how much? how many? why? when? and where? are formed by interrogative pronouns with the most general words for manner, place and time, and a mere particle for the rest.

那能 ná' nung, *how?* 幾時 'kí zz, *when?*
幾許 'kí hó', *how much?* 那裏 'á 'lí, *where?*
" *how many?* 啥所 sá· sü, "
啥咾 sá· lau, *why?* (Also 為啥 wé· sá', 有啥 'yeu sá',)

Obs. i. *How many parts in ten?* is 十分裏幾分 seh vun' 'lí 'kí vun'. The answer might be 十分裏有三分 seh vun' 'lí 'yeu san vun', *three tenths.* Questions and replies may be framed in the same way with any numerals.

Obs. ii. For other examples, see section on pronouns, to which etymologically these words belong.

Obs. iii. *How much more, used as a logical particle*, is expressed by 何況於 hú hwong' ü.

266. The adverbs corresponding to these *thus, however, whenever, wherever* are expressed in various ways.

什蓋能 seh ké' nung, *thus.* seh ké·, *ib.*
隨便那能 zûe bíen· ná' nung, *which ever way you please.*
勿論幾許 veh lun 'kí hó', *however much.*
勿拘那裏 veh kü 'á 'lí, *wherever you please.*
要那能就那能 yau· ná' nung dzieu· ná' nung, *however you want it, it shall be so.*
我那能做勿要問 'ngú ná' nung tsú' veh yau' mun', *do not ask how I do it.*

Obs. i. Other examples may be seen in the section on pronouns. The answers to *when? where? how many?* will be found among the adverbs of time, place and number. *Why?* is answered by any direct statement, with or without the conjunction 因為 yung wé'.

Obs. ii. Dzûe bíen', veh lun, veh kü, are properly verb combinations. They mean *following your convenience, without regarding, not constraining.*

Quantity. 267. The forms for *about, enough, much, little, together*, etc. are such as follow :—

a. About, is expressed by pó, kwong 'kiung, after their word, and yáh, *teu*, before.

約歸一百 yáh kwé ih páh, *about a hundred.*
約畧,約模 yáh liáh, yáh máh, both signify *about.*

T

約數幾許 yák sú' 'kí 'hau, *about how many.*
里巴 'lí pó, *about a le.* 尺巴 t'sák pó, *about a foot.*
步巴 pú' pó. *about a step.* 寸巴 t'sun' pó, *ib. inch.*
桶巴 'tóng pó, *a bowlful.* 本巴 'pun pó, *ib. volume.*
半夜巴 pén' yá' pó, *about midnight.*
半托巴 pén' t'ok pó, *arm's length* (t'ok, *stretch out both arms*).
頭二百 deu ní' páh, *about two hundred.*
約百錢 yák páh díen, *about* 100 *cash.*
約有二十 yák 'yeu ní' seh. *there are about* 20.
一千光景 ih t'síen kwong 'kiung, *about* 1,000.

Obs. A very common form is 差勿多 t'só veh tú, *not far wrong*, which is used in the same sense as the above words.

b. Enough and *not enough* are expressed by keu, veh tsóh, veh kûn zz, k'iöh 'sau, and some verbs with the negative.

够哩, 干事個 keu 'lí, kûn zz' kú', *enough.*
勿够, 勿干事 veh keu', veh kûn zz', *not enough.*
有哩 'yeu 'lí *it is enough.* 勿足 veh tsóh, *not enough.*
勿到三十 veh tau' san seh, *not so many as* 30.
勿滿三十 veh mén san seh, *ib.*
勿缺少個 veh k'iöh 'sau kú', *not insufficient.*

Obs. These words might be divided between adjectives and verbs, and no place reserved for them here, were it not that their equivalents in English and other languages are adverbs.

c. Much, more, many are all expressed by the adjective 多 tú. If tú precedes it is *more* (adv.): if it follows its word, it is *much* or *many* (adj.) Other words for *more* are 還 wan, 越 yöh, and the verbs ká, t'íen, 'tíen, etc.

多撥點 tú peh 'tíen, *give more.*
人多個 niun tú kú', *the men are many.*
越加勿好 yöh ká veh 'hau, *much worse.*
加點, 添點 ká 'tíen, t'íen 'tíen, *give more.*
一錢勿加 ih díen veh ká, *I will not give one more cash.*
勿罷一百 veh bá' ih páh, *there are more than a hundred.*
也勿罷 'á veh bá', *and more too.*

海上絲綢之路文獻集成 科技與文化編

上海方言口語語法

銅錢還要 *tóng díen wan yau'*, *I want more cash.*

Obs. For examples of such forms as 好幾 'hau 'kí, 多許 tú hau', *many*, see section on pronouns. The only words here adduced that can claim to be adverbs are 越 *still more*, 也 too, and *wan* 還. *Too* is an adverb in English, but its equivalent 也 becomes by its position a conjunction, and *wan* when it is not an adverb of time *still*, may often fairly be considered a conjunction

d. Less, few are represented by 少 'sau, standing before its word, and by such borrowed phrases as veh siau, *not necessary, less* : 'yeu *hien'* kú', *few, not much.*

兩日勿消 'liáng nyih veh siau, *in less than 2 days.*

少吃點 'sau k'iuk 'tíen, *eat less.*

減脫點 'kan t'eh 'tíen, *take less, subtract a little.*

勿能減少 veh nung 'kan 'sau, *cannot take less.*

人有限個 niun 'yeu *hien* kú', *of men there are few.*

e. A little, any are used sometimes adverbially in English. Their representatives in our dialect are liák sü, 'sau *wé'*, sü 'sau with the auxiliary substantive forms ih '*ngan*, 'tíen, etc.

畧須曉得 liák sü 'h'iau tuh, *know it a little.*

須爲明白 sü *wé'* ming báh, *understand it a little.*

須少懂得 sü 'sau 'tóng tuh, *ib.*

些須加點 'sí 'sü ká 'tíen, *add a little.*

少爲要個 'sau *wé'* yau' kú', *I want it a little.*

脚有一眼酸 kiáh 'yeu ih 'ngan sûn, *my feet are a little tired.*

有點怕個 'yeu 'tíen p'ó' kú', *he is a little afraid.*

一點點 ih 'tíen 'tíen, *a very little.*

有點躊躇 'yeu 'tíen sá dú *I am a little tired.*

有點會飛 'yeu 'tíen *wé'* fí', *can fly a little.*

Obs. 'Tíen, ih 'ngan, when they follow an adjective, while placing it in the comparative degree, preserve their own sense *a little* ; e. g.

好一眼多謝 'hau ih 'ngan tú siá', *a little better thank you ;*

快點走 k'wá' 'tíen 'tseu, *walk a little faster.*

f. Not very, very much, too much are expressed by the derivative adverb, veh dá' 'lí, and the forms seh fun, seh ní' fun, kú vun', t'uk kú vun.

勿大哩要 veh dá' 'lí yau', *he does not much want it.*
勿大哩多 veh dá' 'lí tú, *not very many.*
十分要 seh fun yau', *wants it very much.*
十二分好 seh ní' fun 'hau, *very good.*

g. *Not at all, not in the least,* are translated in several ways.

一無用頭 ih vú *yúng'* deu. *of no use.*
萬無好處 van' vú 'hau t'sû' *of no use at all.*
絲毫勿對 sz *hau* veh té', *not in the least agreeing.*
唔啥蹉跎 *m* sá' sá dú. *not at all tired.*
一眼勿差 ih 'ngan veh t'só. *just so, not at all wrong.*

h. To *altogether* correspond 'lóng tsóng', *kong'* tsóng', tseu sun, 'lóng t'óng.

共總二百 *kóng'* tsóng' ní' páh. *in all two hundred.*
週身幾許 tseu sun 'kí hau', *in all how many?*
盡用勿好 dzing' *yung* veh 'hau, *altogether wrong.*
一氣賣完 ih k'í' má' *wén, altogether sold off.*
攏統三萬 'lóng t'óng san man'. *altogether* 30,000.

i. *Mostly, chiefly,* are expressed by pronominal forms, which have been already partially illustrated.

大一半 *tú'* ih *pén'*, *the greater part.*
大凡人勿懂 *tá'* van niun veh 'tóng, *men mostly do not understand.*
大槩百姓 *tá'* ké pák sing'. *most people.*

k. *Half* is sometimes used in English as an adverb; so also it is in Chinese, as in the following phrases.

半死半活 pén' 'sí pén' *weh, half alive.*
半假半眞 pén' 'ká pén' tsun. *half false and half true.*
半推半愛 pén' t'é pén' é', *refuse and yet wish for.*
半呑半吐 pén' t'un pén' t'ú', *cease from saying a thing when half through it.*

Obs. The other proportional parts, such as 四分裏一分 sz' vun' 'lí ih vun', *a quarter;* 十分裏一分 seh vun' 'lí ih vun', *one tenth,* are much too long to enter into such groups.

上海方言口語語法

l. *Only*, *alone*, are represented by tseh, *tók*, tan, *tan*', and forms into which they enter.

只得一眼 tseh tuh ih 'ngan, *only a little.*
獨一干 *tók* ih kûn, *only one.*
獨干子 *tók* kûn 'tsz, *alone.*
勿但一個 veh dan' ih kú', *not only one.*
惟獨兩個人 ví' dóh 'liáng kú' niun, *only two men.*
勿獨之一個 veh dók tsz ih kú', *not only one.*
一干子 ih kûn 'tsz, *alone.*
單單一個 tan tan ih kú', *a single one.*
不過一個 pih (e) kú' ih kú'. *only one.* [*it*;
獨獨哩我會做 *tóh* dóh 'lí 'ngú *wé*' tsú', *only I can do*

Obs. i. Tan, is also an adjective, as in the question, 花單個呢雙個 hwó tan kú' ní song kú', *is the flower single or double?* *Tóh* and *tan*' are both conjunctions, when joined to 'zz, as 但是, 獨是 *tan*' 'zz, *tóh* 'zz. *but.*

Obs. ii. The numeral adverbs *once*, *twice*, etc. translated by 一次 ih t'sz', etc. may be seen in section 4. on auxiliary substantives, Art. 163.

Negative and Affirmative. 268. One of the most common negative particles is 嘸 *m*, to which 沒 meh, the same in meaning, is frequently appended. 嘸 *m* is properly a verb *not to have.*

唔啥事體 m sá' zz' 't'í, *it is nothing.*
唔形唔踪 m yung m tsóng, *there is no trace of him.*
唔沒啥話頭 m meh sá' *wó*' deu, *there is nothing to say.*
唔憂唔慮 m yeu m lü, *having no grief or care.*

269. The literary word that corresponds to this particle is 無 vú, which is also in common use in colloquial phrases derived from the books, or formed on book models.

無財無勢 vú dzé vú sz', *having no riches or influence.*
無親無戚 vú t'sing vú t'sih, *having no relations.*
無冬無夏 vú tóng vú 'yá, *having no winter or summer.*

270. The negative particle in most general use is 勿 veh,

It is not prohibitive as in the books, but simply denies like 不 peh in mandarin.

勿會度日 veh wé' dú' nyih, *I cannot live on.*

勿三勿四 veh san veh sz', *neither this nor that.*

勿聲勿响 veh sung veh 'h'iáng, *he said nothing.*

勿薦拉儂 veh tsíen' 'lá nóng, *I shall not recommend him to you.*

勿是, 勿個 veh 'zz, veh kú' *it is not so* (or veh alone).

271. The particles 惟 ví, 不 peh and 非 fí, are used in a few combinations.

惟獨 ví dóh, *only.*

惟我一人 ví 'ngú ih zun, *only I.*

不止一人 peh 'tsz ih zun, *not one man only.*

不知下落 peh tsz 'yá loh, *do not know where he is.*

眼不能見 'ngan peh nung kíen', *not to be seen.*

非獨之我 fí dók tsz 'ngú *not only I.*

272. The simplest affirmative is 是 'zz; certain auxiliary particles are often appended or prefixed.

是個, 是拉個 'zz kú', 'zz 'lá kú', *it is so.*

就是, 是者 dzieu' 'zz, 'zz tsé, *ib.*

273. When some quality is affirmed, an adjective of opposite meaning, with the negative particle prefixed, is often employed.

勿孬 veh k'ieu *that is good.*

倒勿對 'tau veh té', *but that is wrong.*

勿差 veh t'só, *you are right.*

274. The emphasis of positive certainty is conveyed by phrases such as tsun' tsung', seh zé', etc., and the double negation 無非 prefixed to the proposition affirmed.

准正唔沒 tsun' tsung' m meh, *certainly there is none.*

畢竟勿曾到 pih kiung' veh zung tau', *certainly he has not come*

實在有個 seh zé' 'yeu kú', *there certainly is.*

斷斷乎是個 tön' tön' ú 'zz kú', *it certainly is so.*

海上絲綢之路文獻集成 科技與文化編

上海方言口語語法

果然勿差 'kú zén veh t'só, *it is certainly right.*

Obs. The interrogative final man, is often used to express the same sense with these words, 小囝蠻麼 'siau nön man mau, *the boys are wild indeed.*

274. Some phrases imply a moral certainty or necessity (*must*), and with the negative, the absence of that necessity (*need not*).

柴終有個 zá tsóng 'yeu kú', *there must be wood.* [ver.
銀子一定有 niung 'tsz ih ding' 'yeu, *there must be sil-*
終要解說個 tsóng yau' 'ká seh kú', *you must explain it.*
必定要去 pih ding' yau k'í, *you must go.* [come.
板定要來者 'pan ding yau' lé 'tsé, *he must necessarily*
板要做個 'pan yau' tsú' kú'. *you must do it.*

276. There are several phrases to express that the thing affirmed is naturally so, and that nothing else ought to be expected.

本來什蓋能 'pun lé seh ké' nung, *it is originally so.*
本者來自家要來 'pun 'tsé lé zz' ká yau' lé, *he originally wished to come himself.*
自然者 zz' zén 'tsé, *as might be expected.*
自然而然 zz' zén rh zén, *spontaneously.*
原來唔啥 niön lé m sá', *it is really nothing.*
本者乎勿肯 'pun 'tsé ú veh 'k'ung, *by nature unwilling.*
良心本底子有個 liáng sing 'pun 'tí 'tsz 'yeu kú', *conscience belongs to us by nature.*

277. Different words are usually appropriated to the affirmative and negative forms of assertions. Thus (1) absolute certainty in the negative is expressed by,—

並勿是 ping' veh 'zz, *certainly it is not.* [done.
决勿好做 kiöh veh 'hau tsú', *it ought surely not to be*
切勿可以 t'sih veh 'k'ó 'í, *you certainly may not.*

(2). The denial of necessity (need not) is conveyed in such expressions as the following.

勿必得去 veh pih tuh k'í, *you need not go.*

海上絲綢之路文獻集成 科技與文化編

勿必多 veh pih tú', *do not need many.*

Obs. The imperative also, as in 勿要去 veh yau' k'í', *do not go;* 去末者 k'í' meh 'tsé, *go,* has distinct auxiliary words for the affirmative and negative forms.

278. There are some adverbs appropriated to express affirmative and negative propositions in the interrogative form.

豈勿是頂好 'k'í veh 'zz 'ting 'hau, *how is it not admirable?*
難道儂勿曉得我 nan dau' nóng' veh 'h'iau tuh 'ngú, *it can hardly be that you do not know me.*
有啥勿識字 'yeu sá' veh suh zz', *why should I not know how to read?*

Obs. i. The final interrogative 麽 mau, or 呢 ní, is appended frequently to any sentences of this sort.

Obs. ii. Affirmative questions implying a strong denial are also occasionally asked by these particles; e. g. 豈有此理 'k'í 'yeu 't'sz 'lí, *how can this be?* 難道我哄騙儂否 nan dau' 'ngú 'hóng p'ien' nóng' 'vá, *could I deceive you?*

Adverbs of Place. 279. Demonstrative adverbs are derived from pronouns, as adverbs of manner from adjectives. Thus *here* and *there* are translated by compounds, formed from the three pronouns *tí'*, kú', í.

第塊第搭第頭 *tí* k'wé', *tí'* tah, *tí'* deu, *here.*
故塊故搭故頭 kú' k'wé', kú tah, kú deu, *there.*
伊塊伊搭伊頭 í k'wé', í tah, í deu, *there.*

Obs. From 此 't'sz is formed 此地 't'sz dí', *here;* 堂 tong, also forms *tí'* dong, *here,* etc.

280. *On this,* and *on that side* are formed in a similar manner with the auxiliaries mien', *face,* and pien, *side.*

第面第邊 *tí'* mien', *tí'* pien, *on this side.*
第半爿 *tí'* pén' ban, *ib.*
故面故邊 kú' mien', kú' pien', *on that side.*
故半爿伊半爿 kú' pén' ban, í pén' ban, *ib.*
伊面伊邊 í mien', í pien, *ib.*

上海方言口語語法

281. The postpositions or case particles corresponding to our locative prepositions enter similar forms.

上面上頭 'zong míen', 'zong deu, *above.* [*side.*
上邊上半爿 'zong píen', 'zong pén' ban, *on the upper*
上手上肩上底頭 'zong 'seu, 'zong kíen, 'zong 'tí deu, *on the upper side.*
前面前頭前底 zíen míen', zíen deu, zíen 'tí, *before.*
後面後頭後手 'heu míen', 'heu deu, 'heu seu, *behind.*
後底後底頭 'heu 'tí, 'heu 'tí deu, *behind.*
裏頭裏廝裏面 'lí deu, 'lí sz', 'lí míen', *inside.*
裏向裏邊 'lí h'iáng', 'lí píen', *ib.*
裏半爿 'lí pén' ban, *ib.*

Obs. i. 下 'au, forms the same compounds as 上 'zong, with one other 下底 'au 'tí, all of them with the sense *below.* Gná', 外 forms the same compounds as 裏 'lí (excepting that with 向 h'iáng'), in the sense of *outside.*

Obs. ii. For similar groups of nouns, with the points of the compass, see Art. 152.

282. The adjectives 'tsú yeu', *right and left,* form some groups.

右邊右半爿 yeu' píen, yeu' pén' ban, *on the right hand.*
左邊左半爿 tsí' (ú) píen, tsí' pén' ban, *on the left hand.*

283. The adverbs of place and direction that remain are few.

週圍,四週圍 tseu wé, sz' tseu wé, *all round.*
當中 tong tsóng, *in the middle.*
空中 k'óng tsóng, *in the air.*
橫肚裏 wáng 'tú 'lí, *obliquely.*
射角 dzák kok, *obliquely.* 對直 té' dzuh, *straight before.*
那裏那裏堂 'á 'lí, 'á 'lí dong, *where?*
各處,處處,到處 kok t'sû', t'sû' t'sû', tau' t'sû', *every-where.*
各到落處 kok tau' loh t'sû', *every-where.*

284. *Wáng* and *zû* form with verbs, many groups of four

U

characters, in which the action is said to be done in various ways, literally *across* and *perpendicularly*.

橫做竪做 *wáng* tsú' 'zû tsú', *do this and that.*

橫勿是竪勿是 *wáng* veh 'zz, 'zû veh 'zz, *wrong in this and in that.*

Obs. In weaving, the cross thread is 芋紗 *ü'* só, the other 經紗 kiung' só.

286. The adverbs *in and out*, *up and down*, *here and there*, etc. are translated in Chinese by repeated verbs,

飛進飛出 fí tsing' fí t'seh, *fly in and out.*

跳上跳下 t'iau' 'zong t'iau' 'au, *jump up and down.*

搖來搖去 *yau* lé *yau* k'í', *row about.*

Adverbs of time. 287. The following are the primitive adverbs of time employed in the dialect.

曾 zung, *already ;* 勿曾 veh zung, *not yet.*

向 h'iáng', 一向 ih h'iáng', *hitherto ;* (it embraces the whole of the past time), 向來 h'iáng' lé, 向係 h'iáng' í', *ib.*

已 'í, *already ;* e. g. 已經 'í kiung, *already.*

昨 zoh (zóh, zog), in 昨日 zoh nyih, *yesterday.*

先 síen, *first ;* 第個先要做 tí' kú' *síen* yau' tsú', *this must be done first.*

暴 *pau*, *at first ;* e. g. 暴時 *pau* zz, *at first ;* 暴時間 *pau* zz kan, *ib.*

預 *ü'*, *beforehand ;* 預先傍備 *ü'* síen bong bé', *guard against beforehand.*

初 t'sú, *at first*, is only found as an adverb in the phrase 當初 tong t'sú, *formerly.*

今 kiun, *now ;* e. g. 目今 mók kiun, 刻今 k'uk kiun, 現今 *híen'* kiun, *now ;* 今朝 kiun tsau, *to-day ;* 今日 kiun nyih, *ib. ;* 今月 kiun nïöh, *this month ;* 今年 kiun níen, *this year.*

難 nan, *now ;* 難故歇 nan kú' h'ih, *at the present moment ;* 難朝後 nan dzau 'eu, *from this time forward ;* 難下來 nan 'au lé, *ib. ;* 難末 nan meh, *then.*

准 tsun', *just* ; 准勒拉 tsun' leh 'lá, *just while* ; 貼准 t'eh tsun', *just at the moment* (正字亦通).

現 *híen'*, *now* ; 現在 *híen'* dzé', *now* ; 現時 *híen'* zz, *ib*.

暫 dzan', *temporarily* ; e. g. 暫時 dzan' zz, *for a short time* ; 暫為 dzan' *wé'*, *ib*. [*that*.

將 tsiáng, *about to be* ; 將來 tsiáng lé, *it will happen*

即 tsiuk (tsih), *just* ; 隨即 zûe tsiuk, *just* ; 即刻 tsih k'uh, *ib*. ; 即鉛 tsih k'an', *ib*.

再 tsé', *again* ; 再會 tsé' *wé'*, *we shall meet again*.

恰 k'an', *just* ; 恰恰 k'an' k'an', *just* ; 恰起始 k'an' 'k'í sz', *at the beginning*.

又 *í'*, *again* ; 又來者 *í'* lé 'tsé, *come again*.

還 *wan*, *still* ; 還要來 *wan* yau' lé, *come again*.

就 dzieu', *immediately* ; 就轉來 dzieu' 'tsén lé, *return directly* ; 就此 dzieu' 't'sz, *immediately*.

一 ih, *the moment that* ; 一睏就覺 ih k'wun' dzieu' kau', *the moment he went to sleep, he awoke*.

Obs. i. Of these words, only 難、將、再、又、還、就 nan, tsiáng, tsé', *í'*, *wan*, dzieu', are separable from the groups in which they are found. 末 as in 末哩 mí' 'lí *not yet*, is a negative adv. of time.

Obs. ii. All these adverbs are book words, except *pau* and nan, tsun' and k'an'.

288. The demonstrative pronouns 第、伊、故 *tí'*, í, kú', and some other words combine with the substantives 歇、刻、時 h'ih, k'uh, zz, *a short time*, to form adverbs of time.

第歇故歇 *tí'* h'ih, kú' h'ih, *at this moment*.

故歇頭上 kú' h'ih deu long', *at that time*.

伊歇頭上 í h'ih deu long', *ib*.

一時頭上 ih zz deu long', *all at once*.

立刻 lih k'uh, *immediately*.

立時立刻 lih zz lih k'uh, *ib*.

立時三刻 lih zz san k'uh, *ib*.

歇 h'ih, also helps to form 大歇 tá h'ih, zong h'ih 爽歇 *after a little time* ; 少歇 'sau h'ih, *ib*.

289. Several adjectives and prepositions are borrowed to form compound adverbs of time.

a. 明 ming, *bright.* 明朝 ming tsau, *to-morrow;* 明日 ming nyih, *ib.;* 明天 ming t'íen, *ib.;* 明年 ming níen, *next year.*

b. 早 'tsau, *early.* 早早 'tsau 'tsau, *early;* 老早 'lau 'tsau, *ib.*

c. 古 'kú, *ancient.* 古時間 'kú zz kan, *in ancient times;* 古時節 'kú zz tsih, *ib.;* 古來 'kú lé, *from ancient times.*

d. 新 sing, *new.* 新年 sing níen, *new year;* 從新 dzóng sing, *afresh.*

e. 近 'kiun, *near.* 近年 'kiun níen, *of late years;* 近時 'kiun zz, *lately;* 近來 'kiun lé, *ib.;* 近今 'kiun kiun, *ib.;* 近世 'kiun sz', *in modern times.*

f. 舊 'kieu, *old.* 舊年 'kieu níen, *last year;* 仍舊 zung 'gieu, *as before;* 照舊 tsau' 'gieu, *ib.;* 依舊 í 'gieu, *ib.*

g. 常 dzáng, *constant.* 常庄 dzáng tsong, 打常 'táng dzáng, 常常 dzáng dzáng, 不常 peh dzáng, *always;* 常時 dzáng zz, *sometimes;* 日常 nyih dzáng, *daily.*

h. 前 zíen, *former.* 前日子 zíen nyih 'tsz, *day before yesterday;* 目前 móh zíen, *now;* 前年 zíen níen, *year before last;* 從前 dsóng zíen, *formerly;* 以前 'í zíen, *before;* 前代 zíen dé', *the former dynasty;* 前朝 zíen zau, *ib.;* 前世 zíen sz', *in a former life.*

h. 後 'heu, *after.* 後來 'heu lé, 以後 'í heu', *after;* 後月 'heu niöh, *next month;* 後年 'heu níen, *year after next;* 後日 'heu nyih, *day after to-morrow.*

k. 下 'hau, 目下 móh hau, *at present.*

l. 多 tú, 日多 nyih tú, *daily.*

Obs. Zíen deu, 'heu deu, *before, after*, and the cognate adverbs of place are used also for time.

290. Sometimes verbs take the place of what in English are adverbs. They are 來, 過, 歇, 隔 lé' kú', h'ih, kah.

上海方言口語語法

自古以來 zz‘ ’kú ’í lé, *from ancient times till now.*
周朝以來 Tseu dzau ’í lé, *from the Cheú dynasty till now.*
歇之兩日 h’ih tsz liáng nyih, *after two days.*
隔之幾十年 kák tsz ’kí zeh níen, *after several tens of years.*
再過一月 tsé‘ kú‘ ih niöh, *after another month.*

291. There are some provincial adverbs of time, whose etymology is uncertain, or at least not referable to words of time.

作慣 tsok (kwan‘) kûn‘, *constantly (in the habit of).*
只管 tseh ’kwén, *ib.* or *my only concern is*, etc. (M.)
冷陌生頭 ’láng mák sáng deu, *suddenly.*
難板 nan ’pan, *seldom (difficult to fix).*

292. The adjective pronouns combine with substantives of time to form common phrases, which are often used as adverbs.

大 tá, *several*; 大歇 tá h’ih, *after a little time*; 大日 tá nyih, *after some days*; 大年 tá níen, *after some years*; 大時 tá zz, *a considerable time* (多字亦通).

幾 ’kí, *several*; 連幾日 líen ’kí nyih, *during several days.*

多 tú, *many*; 介多 ká‘ tú, *mutually.*

逐 dzóh, *each*; 日逐 nyih dzóh, *daily*; 逐點逐點高 dzók ’tíen dzók ’tíen kau, *gradually growing higher.*

293. Substantives of time, when repeated, are adverbs.

日日 nyih nyih, *daily.* 年年 níen níen, *yearly.*
時時刻刻 zz zz k’uh k’uh, *constantly.*
歇歇 h’ih h’ih, *ib.*
出出變,回回變 t’seh t’seh píen‘, wé‘ wé‘ píen‘, *constantly changing.*

Obs. Succession in time is frequently represented in English by repetition of a noun, with an adverb inserted. Thus, *day by day* corresponds to 日日 nyih nyih. Such phrases as *year after year,*

海上絲綢之路文獻集成 科技與文化編

one after another are other examples, and have their Chinese equivalents in the next article.

Order and Succession. 294. Succession of periods of time is represented by repetition, and the intervention of the verb 過 kú‘, *pass* (English adverb *after*).

一世過一世 ih sz‘ kú‘ ih sz‘, *age after age.*

295. The particles *and*, *after*, *by*, in *one by one*, *two and two*, *in rows*, etc. are not represented, succession being expressed by mere repetition of the numeral and its particle.

一個一個出去者 ih kú‘ ih kú‘ t'seh k'í‘ 'tsé, *one after another they went out.*

要種個一行一行個 yau‘ tsóng‘ kú‘, ih hong ih hong kú‘. *plant them in rows.*

Obs. For the repetition of verbs, in phrases such as 站一站 dzan‘ ih dzan‘, *stand waiting a little*; 研一研 níen ih níen, *rub a little ink*: 冷個冷 'láng kú‘ 'láng, *cool it a little*; 調個調 diau kú‘ diau, *stir it a little*; 淘個淘 dau kú‘ dau, *wash it* (of rice); 淨個淨 zing‘ kú‘ zing‘, *wash it* (of clothes); 我要辨個辨清爽 'ngú yau‘ bíen‘ kú‘ bíen‘ t'sing 'song, *I wish to distinguish clearly*; see also Art, 232.

296. Gradual increase by little and little, is expressed by repeating the auxiliary phrases ih 'ngan, ih 'tíen, with the adjective in the centre. When the gradual change is in time, words of time form similar phrases.

一眼高一眼 ih 'ngan kau ih 'ngan, *to become gradually higher.*

一點大一點 ih 'tíen dú‘ ih 'tíen, *grow gradually greater.*

一歇大一歇 ih h'ih dú‘ ih h'ih, *greater every moment.*

一日小一日 ih nyih 'siau ih nyih, *grows less every day.*

297. Many adverbial phrases are formed by verbs and other words. Thus, the adverb *when* is often supplied by a noun of time, following the verb with the connecting particle 個 kú‘.

覺個辰光 kau‘ kú‘ zun kwong, *when you awake.*

出門個時候 t'seh mun kú' zz heu', *when on a journey.*

298. *Never*, is expressed by 一向 ih h'iáng', with a negative phrase following it.

一向勿曾讀書 ih h'iáng' veh zung tŏk sû, *I have never gone to school.*

299. The questions why? and how? are often asked by verbs with a pronoun *what?* thus rendering an adverb unnecessary.

昨日想啥咾勿來 zŏh nyih 'siáng sá' lau veh lé, *why (thinking of what) did you not come yesterday?*

聽之啥咾曉得個 t'ing tsz sá' lau 'h'iau tuh kú', *how (having heard what) do you know?*

Adverbs of Similarity and Reciprocity. 300. The adverb 瞎 hah, and adjective 像 siáng', *like*, assist in forming several compound phrases in the sense *like.*

瞎像 hah siáng', 瞎替 hah t'í', *like.*

好像 hau ziáng', *very like.*

瞎得小囝能個 hah tuh 'siau nön nung kú', *like a child.*

倒像 'tau ziáng', *or rather it is like.*

Obs. 能 nung, is usually appended to the noun that follows these words, in the sense of *like;* 一樣 ih yáng, 一般 ih pén, are also thus employed in the sense *in the same manner.*

301. The adverbs of reciprocity are 大介 tá' ká', 介家 ká' ká, 介多 ká' tú, *mutually, one to another*, and 相 in combination with verbs and adjectives; e. g. siáng ziáng', 相像 *like one another.*

Obs. *Together with*, is expressed by means of certain adverbs 一淘 ih dau, 一氣 ih k'í', following the preposition and its noun, 忒我一氣進城 t'eh 'ngú ih k'í' tsing' zung, *go with me into the city.* v. Art, 140.

302. The primitive adverbs are not repeated, except in one or two instances. It is different with those that are derived. Some examples in addition to those already given are here appended.

海上絲綢之路文獻集成 科技與文化編

自自在在 zz' zz' 'zé 'zé, *at ease.*
活的活的 weh tih weh tih, *constantly moving.*
什蓋什蓋 seh ké' seh ké', *thus.*
適適意意 suh suh í' í', *comfortably.*

Obs. It has been shewn that adjectives, and also substantives of time, become adverbs by repetition.

303. Some verbs combine intimately with adverbs, so as to form compound adverbs.

加 ká, *add*, forms yöh ká, 越加; í' ká, 又加; kung ká, 更加 *still more.*

發 fah, *produce*, forms 越發 yöh fah, *still more.*

隨 zûe, *follow*, 隨時 zûe zz, *always*; 隨處 zûe t'sû', *every-where.*

304. It will be seen in the next section, that some words marked as adverbs are also conjunctions. The converse is also true. For some words, such as 越, 且, 如, yöh, 't'sié, zû, regarded in this work as primitive conjunctions, form adverbial phrases.

並且勿是 ping' 't'sié veh 'zz, *it certainly is not so.*
如同皇帝能 zû dóng wong tí' nung, *like the emperor.*

305. The foregoing analysis shews that adverbs qualifying verbs, and expressive of place and quantity are for the most part derived. On the other hand, those adverbs that qualify adjectives, and express time are usually primitive. In our own language, the adverbs that qualify affirmations, e. g. assuredly, certainly, etc. are derived, while here they are primitive. The old division of this part of speech by western grammarians into two parts, viz. primitive and derivative, thus appears to be properly applicable to a language, that has been often supposed to present no resemblance in etymological development to the speech of the rest of mankind. The Romans made their adverbs of place out of demonstrative pronouns, and prepositions, in a manner very similar to the Chinese, (e. g. hic *here*, supra *above*, etc.) Adjectives with particular terminations supplied them with adverbs of manner, (cito, bene, omnino.) Nunc, jam, are examples of primitive adverbs of time, while the root stá *stand*, in statim, exactly corres-

上海方言口語語法

pends to 立 lih, *stand*, in 立刻 lih k'uh, *immediately*. It may be added that jen, *hú*, etc. in Art. 259, form appendages to the root, of the same value as the terminations *-ly*, *-like*, to which we are accustomed. What is new, is the extensive use of repetitions, the great number of fixed phrases, and the peculiarities in the laws of grouping.

Section 10. *Conjunctions.*

306. The primitive conjunctions may be thus classed :—

a. Connectives, 咾 lau, 也 'á, *and*; 如 zû, *as*; 且 't'siá, 而 rh, *and*, *further*.

b. Disjunctives, none; 但是 *tan'* 'zz. 獨是 *tóh* 'zz, *but*, etc. are compounded of adverbs, verbs, etc.

c. Illative 故 kú', 格 kuh, *therefore*.

d. Causal, 因 yung, 爲 *wé'*, *because*.

e. Conditional. 末 meh 若 záh. 倘 't'ong.

f. Antithetical, 雖 sûe, 然 zén, 或 *wóh*, 越 yöh, 也 'á, 又 *í'*.

Obs. The compounds formed by these words, and words and phrases used as conjunctions derived from other parts of speech, will most of them be found in the following articles.

Connectives. 307 The particle that connects words like the English *and*, is 咾 lau.

進咾出 tsing' lau t'seh, *going in and out*.

中牲咾鳥咾魚 tsóng sáng lau 'tiau lau *ng*, *beasts*, *birds and fishes*.

Obs. The prepositions tah, t'uh, *with*, often serve the same purpose, e. g. 儂忒我 nóng' t'uh 'ngú, *you and I*: 日頭搭之月 nyih deu tah tsz nióh, *the sun and moon*.

308 *As*, as a particle of comparison is represented by 如 zû. The following examples are all in use.

高如山岳 kau zû san ngok, *high as a mountain*.

明如日月 ming zû zeh yöh, *bright as the sun and moon*.

黑如墨 huh zû muh, *as black as ink*.

薄如紙 póh zû 'tsz, *as thin as paper*.

猛如虎 'mung zû 'hú, *as fierce as a tiger*.

冷如冰 'láng zû ping, *as cold as ice.*
白如雪 páh zû sih, *as white as snow.*
紅如血 hóng zû h'iöh, *as red as blood.*

Obs. In the books 如 zû and 若 záh, both mean *as* and *if*. In our dialect 如 restricts itself to the former of these senses, and 若 to the latter.

309. Clauses are connected by 也 *'á* and 還 *wan*. They are also frequently used merely as introductory particles.

南京去過之末,我也要上北京去 Nén kiung k'í' kú' tsz meh, 'ngú *'á* yau' 'zong Póh kiung k'í', *after going to Nanking, I also wish to go to Peking.*

明朝我也要歸去 ming tsau 'ngú *'á* yau' kü k'í', *to-morrow. I wish to go home.* (introductory).

也要買否 *'á* yau' 'má 'vá, *do you wish to buy?*

Obs. i. If the *'á* or *wan* is emphasized it means *also*. If pronounced without emphasis, it adds no sense to the clause.

Obs. ii The adverbs dzieu', niön, are used as introductory particles to affirmative propositions: 就是我 dzieu' 'zz 'ngú, 原是我 niön 'zz 'ngú, *it is I.*

310. Another circumstance to be considered, in addition to what has preceded, is introduced by 而且 rh 't siá, 尚且 'zong 't'siá, *and further.*

今朝路勿好跑個而且我脚跑勿動 kiun tsau lú veh 'hau pau kú', rh 't'siá 'ngú kiák pau' veh 'dóng, *it is bad walking to-day. and besides I am lame.*

有個朋友話昨日來,尚且勿曾來 'yeu kú' báng 'yeu wó' zóh nyih lé, zong' 't'siá veh zung lé, *a friend told me he would come yesterday, and still he has not yet come.* (adverbial).

前頭借拉個銅錢,而且勿曾還哩,難又要借否 zien deu tsiá' 'lá kú' dóng díen, rh 't'siá veh zung wan 'li, nan í' yau' tsiá' 'vá, *you borrowed money before, and still have not returned it, and do you wish to borrow again?* (adverbial).

水深而且渾 'sz sun rh 't'siá wun, *the water is deep and also muddy.*

Obs. 尙且 zong' 't'siá, might be used in any of these examples.

311. A new subject of remark is introduced by 再者 tsé' 'tsé, *again, to proceed;* 還有 *wan 'yeu, there is another thing;* 那裏曉得 *'á* 'lí 'h'iau tuh, *meantime.*

托儂買蒔菇,再者叫船一隻 t'og nóng' 'má zz 'kú, tsé' 'tsé kiau' *zén* ih tsáh, *I commission you to buy fruit, and also to call a boat.*

還有一樣事體 *wan 'yeu* ih *yáng* zz' 't'í, *there is another thing, I have to say.*

Disjunctives. 312. *But* is represented by 但是 *tan'* 'zz, 獨是 *tóh* (g) 'zz; *however* is 到底 tau' 'tí, or 究竟 kieu' kiung'.

說話好聽,但是道理唔啥好 *seh wó'* 'hau t'ing, *tan'* 'zz *'tau* 'lí *m* sá' 'hau, *his words are plausible, but his doctrine bad.*

現在還勿起到底要還儂個 *hien'* zé' *wan* veh 'k'í tau' 'tí yau' *wan* nóng' kú', *I cannot pay you now, but I intend to do so in the end.* (adverbial).

Obs. Of these words, tau' 'tí is the most common. It sometimes preserves its etymological meaning *in the end,* as in the example given.

313. *Lest* is expressed by 常怕 dzáng p'ó'. The compounded phrase 只怕 tseh p'ó', *I am only afraid that,* has come to mean *I suppose that.*

要打伊隻狗常怕要咬 yau' 'táng í tsáh 'keu dzáng p'ó' yau' 'ngau, *beat that dog lest he should bite.*

伊個話頭只怕虛個 í kú' *wó'* deu tseh p'ó' h'ü kú', *that account is I suppose false.* (or 恐怕 'k'úng p'ó').

Obs. 恐怕 'k'úng p'ó' is *I fear that;* 只怕 tseh p'ó' has sometimes a similar meaning. 燈旺來些只怕燙壞之手 tung yong' lé 'sí, tseh p'ó' t'ong' *wá'* tsz 'seu, *the lamp is very hot; I fear it will burn your hand.*

314. The conjunctional phrases *and yet, on the other hand*, are expressed by 倒 'tau and 偏 p'ien, *perversely*.

第個事體叫儂做,儂倒撥拉別人做 tí kú zz' 't'í kau' nóng tsú', nóng 'tau peh 'lá bih niun tsú', *I called you to do this, and yet you have given it to some one else to do*

打伊倒勿痛 'táng í 'tau veh t'óng', *he is beaten and yet feels no pain.*

勸儂好偏勿肯好 k'iön nóng' 'hau p'ien veh 'k'ung 'hau, *when exhorted to be good, you on the other hand will not.*

315. Such conjunctional phrases as *it would be better to*, are represented by 勿如 veh zû *not so good as*, or 寧可 niung 'k'ó, *I would rather*, 勿比 veh 'pí, *it cannot be compared with.*

勿如轉去更好 veh zû 'tsén k'í' kung 'hau, *it would be better to go back.*

讀勿熟勿比再讀 tóh veh zóh veh 'pí tsé' dóh, *not having learned it perfectly, it would be better to study it again.*

Illative or Transitional Conjunctions. 316. *Therefore* is represented by 所以 sú í, 故此 kú' 't'sz, 故所以 kú' 'sú 'í 嗑咾 keh lau.

心裏勿忘記儂故此又來 sing 'lí veh mong' kí' nóng', kú' 't'sz í' lé, *I have not forgotten you, and therefore have come again.*

317. *Then*, is expressed by 嗑末 ké' (kuh) meh, when it denotes a logical consequence, and by 難末 nan meh, when the transition is one of time.

撥勒儂勿要,嗑末要啥 peh 'lá nóng' veh yau' ké, meh yau' sá', *I give it and you do not want it, then what do you want?*

懂之道理難末好者 'tóng tsz 'dau 'lí nan meh 'hau 'tsé, *the doctrine being understood, then all is well.*

Obs. Nan meh, has also been placed among the adverbs as a particle of time. Its book equivalent is 於是 ü 'zz, *consequently.*

海上絲綢之路文獻集成 科技與文化編

Causal Conjunctions. 318. 因爲 *yung wé'*. 爲 *wé'* and 爲之 *wé* tsz correspond to our word *because.*

Conditional Particles. 319. 末 meh, *if*, is placed at the end of the clause.

賤末要買,貴末勿要買 kiáng meh yau' 'má, kü meh veh yau' 'má. *if it is cheap buy it, but not if it is dear.*

320. 若使 zák sz', 若是 zog 'zz. 若然 zog zén. 倘或 't'ong woh. 倘使 't'ong sz', 倘然 't'ong zén, are used in the sense of *if*; 旣然 kí' zén is *if it was already so.*

若使勿看見末就歸來 zák sz' veh k'ön' kien' meh, dzieu' kü lé, *if you do not see him, return at once.*

Obs. The verbs 使, 是, and adverb 然 lose their primary sense, and form in colloquial usage merely a terminating syllable to the conjunction with which they combine.

321. *Even if* is expressed by 就是 dzieu' 'zz, 也怕 *'á* p'ó'. 那裏怕 *'á* 'lí p'ó'.

就是其哭,也勿要憑其 dzieu' 'zz gí k'óh, *'á* veh yau bing gí. *even if he cries, do not yield to him.*

也怕唔末銅錢,終勿好去偷人家 *'á* p'ó' *m* meh dóng dien, tsóng veh 'hau k'í' t'eu nimi ká, *even if you have no money, you must not steal from others.*

322. *If*, with the negative is represented by 勿然 veh zén, or 再勿然 tsé' veh zén, *should it not be so.*

快點撥勒我,勿然我要去者 k'wá 'tien peh 'lá 'ngú. veh zén 'ngú yau' k'í' 'tsé. *If you do not give it me quickly, I shall go.*

再勿然我自家去 tsé' veh zén 'ngú zz' ká k'í', *if it is not so, I shall go myself.*

Obs. This amounts to an entire omission of the *if*: for 然 zén is an adverb *so*. In fact, the *if* is often not used in affirmative sentences as well as negative.

323. The conjunctional phrases *suppose that, for instance, for example*, are expressed by 比方 'pí fong 譬如 'p'í zû, 猶如 yeu zû, etc.

比方死之末那能 'pí fong 'sí tsz meh ná' nung, *if you should die, what then?*

猶之乎 yeu tsz hú. *just as if.* 猶如 yeu zû. *ib.*

Obs. The adverbs of likeness (see Art. 300) are also similarly employed. 好像日頭忒旺,眼睛勿好對之伊𪚩看 'hau ziáng' nyih deu t'uh yong'. 'ngan tsing veh 'hau té' tsz í lau k'ön, *just as the sun is too bright for our eyes to gaze on him.*

Antithetical Conjunctions. 324 Clauses with the particles *although, yet,* are formed by 雖然 sûe zén and 然而 zén rh. etc.

雖然巧個,然而勿牢實個 sûe zén 'k'iau kú', zén rh veh lau zeh kú' *although clever, he is not trustworthy.*

好是好個,到底本事平常 'hau 'zz 'hau kú', tau' 'tí 'pun zz' bing dzáng *he is well disposed, but his abilities are not great.*

雖然路遠,究竟走得到 sûe zén lú' 'yön, kieu' kiung' 'tseu tuk tau', *although it is a long way, yet I can walk it.*

Obs. *Although* is very frequently omitted, as in the second example.

325. *Either,—or* are expressed by 或者 wóh 'tsé, 或者 wóh 'tsé, or by 勿是,就是 veh 'zz—dzieu' 'zz.

勿是打贏,就是打敗 veh 'zz 'táng yung, dzieu' 'zz 'táng bá', *you must either conquer, or be vanquished.*

或在東,或在西 wóh 'dzé tóng, wóh 'dzé sí, *it is either east or west.*

勿是儂,就是儂個兄弟 veh 'zz nóng, dzieu' 'zz nóng' kú' h'iung dí' *it is either you or your brother.*

或是姓張,或是姓李 wóh 'zz sing' tsáng, wóh 'zz sing' 'lí, *it must be some one named Cháng or 'Lí.*

326. *Neither,—nor* are represented both by 也—也 'á—'á, and by 又—又 í'—í', with a negative.

也勿會飛,也勿會走 'á veh wé' fí, 'á veh wé' 'tseu, *he can neither fly nor walk.*

口也勿開,手也勿動 'k'eu 'á veh k'é, 'seu 'á veh 'dóng', *he neither opens his mouth, nor moves his hands.*

上海方言口語語法

又勿賤又勿貴 í veh giáng, í veh kü', *it is neither cheap nor dear.*

327. When the first clause is interrogative, and the second commences with *or*, the equivalent form is ní, the interrogative particle at the end of the first clause, and 還是 *wan* 'zz beginning the second. Sometimes 也 *'á* alone is used.

明朝要去呢還是要待兩日 ming tsau yau' k'í' ní, *wan* 'zz yau dé' 'liáng nyih, *will you go to-morrow, or wait for a few days?* (See also Art, 251).

328. *Because,—therefore* are expressed by 因爲 yung *wé'*, or 爲之 *wé'* tsz, in the first clause, and any of the illative particles in the second.

因爲勿曾熟哩所以還要燒 yung *wé'* veh zung zóh 'lí, 'sú 'í *wan* yau' sau, *since it is not yet well done, you must boil it longer.*

爲之儂勿快活咾故此我勿來 *wé'* tsz nóng' veh k'á' *weh* lau, kú' 'tsz 'ngú veh lé, *because you were displeased, I did not come again.*

329 *Why—? because—*are expressed by any of the adverb forms for *why?* and the causal conjunctions in the answering clause.

爲啥要眠檣因爲要過橋拉 *wé'* sá' yau *mien* dziáng? yung *wé'* kú' giau 'lá, *why do you take down the mast? because there is a bridge to pass.*

330. *On the one hand, on the other hand,* are expressed by ih *mien*, or ih deu repeated.

一面近河咾要沒煞一面兵過來咾要嚇昏 ih *mien'* 'giun *hú* lau yau' meh sah, ih *mien'* ping kú' lé lau yau' hák hwun, *on the one side it is near the river, and they will be drowned, on the other side soldiers are coming who fill them with fear.*

一半哭一半笑 ih *pén'* k'óh, ih pén' siau', *partly crying and partly laughing.*

一頭走一頭想 ih deu 'tseu, ih deu 'siáng, *while he walks he thinks.*

331. *Not only—but even,*—are expressed by 勿獨之 veh dók tsz, 惟獨 ví tók, *not only*, or 勿但不過 veh *dan*' pih kú', in the first clause, and 就是 dzieu' 'zz, or 連搭 líen tah, in the second.

勿獨之朋友什蓋.就是陌生人也什蓋 veh dók tsz páng 'yeu seh ké', dzieu' 'zz mák sáng niun 'á zeh ké', *it is not only friends that are so, but even strangers too.*

勿獨自家.連搭子孫 veh dók zz' ká, líen tah 'tsz sun, *not only himself, but even his children also.*

非獨逆風.連水也逆個 fí dók niuk fóng, líen 'sz 'á niuk kú', *not only the wind is contrary, but the tide is also against us.*

332. *The—the*—are expressed by 越 yöh repeated.

越早越好 yöh 'tsau yöh hau, *the earlier the better.*

Obs. Similar phrases are formed with 越發 yöh fah, *the more*, in each clause, also with 越加 yöh ká.

333. When the supplementary clause, is *how much more*, 何況于 hú hwong' ü, 況于 hwong' ü, or 況且 hwong' t'siá, are employed.

天好勿看見.何況雨落 t'íen 'hau veh k'ön' kíen', hú hwong' 'ü loh, *when the weather is fine you cannot see it, how much more when it rains.*

小個做勿來.況且大個 'siau kú' tsú' veh lé, hwong' 't'siá dú' kú', *if you cannot do a little thing, what can be expected of a greater one.*

自家勿會做.何況于別人 zz' ká veh wé' tsú', hú hwong' ü bih niun, *since you cannot do it yourself, much more cannot others do it.*

Section 11. Expletives and Interjections.

334 There are some words which though they have important grammatical uses, cannot be conveniently set down among the preceding parts of speech, and they are therefore placed here. Such are 個.之.者.哩 kú', tsz, 'tsé, 'lí.

海上絲綢之路文獻集成 科技與文化編

a. 個 kú', besides its use as a numeral particle (Art. 156), as the sign of the possesive (130), and in relative-pronoun sentences, takes its place as a final after a verb, or adjective in any indicative proposition.

好個,好拉個 'hau kú', 'hau 'lá kú', *it is good, well.*

勿能做個 veh nung tsú' kú', or veh nung kú' tsú', *I cannot do it.*

b. 之 tsz is the sign of the past or past participle, but as will be seen in the second and third examples, it is not limited to these senses.

前年做之宰相者 zíen níen tsú' tsz tsé' siáng' 'tsé, *the year before last, he was prime minister.*

本地白也會話之 'pun dí' pah 'á wé' wó' tsz, *he can speak in the dialect of this place.*

明朝要寫好之末者 ming tsau yau' 'siá 'hau tsz meh 'tsé, *finish writing it to-morrow.*

做之十年官咾告老者 tsú' tsz zeh níen kwén lau kau' 'lau 'tsé, *after having been in office for ten years, he retired on the plea of old age.*

c. 者 'tsé is the sign of an action completed, or in course of being done, whether expressed by a verb or adjective; also of the imperative.

做拉者,好者 tsú' 'lá 'tsé, 'hau 'tsé, *it is done, it is right.*

去拉個者 k'í' 'lá kú' 'tsé, *he is gone.*

吾拉做者 ngú 'lá tsú' 'tsé, *I am doing it.*

d. 哩 'lí and 拉 'lá, are used like 'tsé and kú', as finals to any indicative proposition. 拉 'lá is also a preposition (Art. 256).

好哩,勿好拉哩,好個哩 'hau 'lí, veh 'hau 'lá 'lí, 'hau kú' 'lí, *good, it is not well, it is well.*

e. 咾 lau, the particle that connects a string of substantives, occurs at the end of sentences that require something to complete their sense.

已經話拉者咾,有啥再話 'í kiung wó' 'lá 'tsé lau, 'yeu sá' tsé' wó', *I have said it, and why should I say it again.*

W

Obs. 乃 ná is a final expletive used with 者 'tsé. 讀者乃 *tók 'tsé ná, I am reading.*

335. The final interrogatives are 呢, 否, 蠻, 麽 'ní, 'vá, man', mó. Characters are borrowed for 'vá and man'.

a. 呢 'ní is used either at the end of the first clause in an interrogative antithesis, or at the end of a single clause. It is sometimes pronounced 'nian.

做呢勿做 tsú' 'ní veh tsú, *will you do it or not?*
好勿好呢 'hau veh 'hau 'ní, *is it right or not?*
勿懂呢啥 veh 'tóng 'ní sá', *do you not understand?*
物事忒貴個呢 meh zz' t'uh kü' kú' 'ní, *are the things too dear?*

b. 否 vá and 蠻 man' are appropriated to direct interrogations where not antithetical. They are colloquialisms.

飯用蠻 van' yúng' man', *have you dined?*
還要再來否 *wan* yau' tsé' lé 'vá, *shall you come again.*
曉得否拉 'h'iau tuh 'vá 'lá, *do you understand?*

c. 麽 mó (mau), besides expressing direct and indirect interrogation, also implies a strong affirmative. (Art. 273).

第個稀奇個物事有麽 *tí'* kú' h'í gí kú' meh zz' 'yeu 'vá, *is there this remarkable thing?*
倒勿是十分壞良心麽 'tau veh 'zz seh vun *wá'* liáng mó? *it is not most wilfully unconscionable?*
是否.是麽 'zz vá, 'zz mó, *is it so? indeed it is?*
第個價錢大麽 *tí'* kú' ká' díen dú' 'mó, *the price of this is great indeed* (亦通嗎).

336. The initial interrogatives 豈 'k'í, *how?* 幾 'kí, *how many?* with 那 'ná, forming *'á* 'lí, 那裏 *where? which?* and 那能 'ná nung, *how?* have already been illustrated among the pronouns and adverbs.

337. The interjections properly so called, are such as—
噯 é, *ah!* 噯動勿得個 é 'tóng veh tuh kú', *ah! you must not do such a thing.*
呔 t'é, *ho!* 呸 'p'é, *it is bad.*

上海方言口語語法

阿唷 ah yóh, *alas! oh!*

呸 au', indicates assent, *yes*, or *I understand.* In the first tone, it calls attention or conveys a warning, 當心呸 tong sing au, *be careful, mind what I say.*

呀 á, 喲 yá, as in 是呀 'zz á, 是喲 zz yáh, *it is so.*

哇 vá, *is it not so?* 哈 hé, *ah!*

PART. III.

ON SYNTAX.

Section 1. On Government.

338. The rules for the relative position of the parts of speech are few and simple. They will be first considered without reference to grouping, repetition, etc.; the syntax of words used under those forms will be presented in subsequent sections.

A substantive that governs another logically always precedes it, and the particle 個 kú' is inserted.

牛個角比之鹿個角短 nieu kú' koh 'pí tsz lók kú' koh 'tön, *the horns of oxen are short compared with those of deer.*

羊咾牛個皮有多許用頭拉 yáng lau nieu kú' bí 'yeu tú hau' yúng' deu 'lá, *the skin of sheep and oxen has many uses.*

雞個聲氣最响 kí kú' sáng k'í' tsûe' 'h'iáng, *the cock crows very loud.*

Obs. i. Thus substance precedes accident or attribute, and the whole its part.

Obs. ii. In English this order is reversed, when the particle *of* is employed; e. g. *affairs of the nation* is in our dialect, 國家個事體 kók kiá kú' zz' 't'í. When a possessive case is formed with *'s*, the order agrees with that of the Chinese; e. g. *the emperor's palace*, 皇帝個宮殿 *wong tí'* kú' kóng díen'.

Obs. iii. 個 kú' is omitted in some instances where it would incommode the rhythmus; e. g. 外國人終要來帮助此

地咸豐皇帝 ngá‘ koh niun tsóng yau‘ lé póng ’zú ’t‘sz dí‘ *Yan* fóng *wong tí*‘, *foreigners must come and assist Hien Fung the emperor of this country;* 一向唔沒興旺辰光 ih h‘iáng‘ *m* meh h‘iung *wong*‘ zun kwong, *it has never had a time of prosperity.*

339. Adjectives precede their substantives with or without 個 kú‘.

大地方 *tú*‘ *tí*‘ fong, *a large place.*

西國 sí kóh, *western nations.* 黑天 huk t‘íen, *black sky.*

晒拉旺日頭裏 só ’lá *yong*‘ nyih deu ’lí, *dry it in the hot sun.*

利害個物事 lí‘ *hé*‘ kú‘ meh zz‘, *a dangerous thing.*

Obs. Numbers take the auxiliary word (Part, II. section 4.) appropriated to the substantive they precede, between them and the substantive. An adjective if needed, is inserted after the auxiliary. e.g. 一座大房子 ih zû‘ dú‘ vong ’tsz, *a large house;* 四匹白馬 sz‘ p‘ih báh ’mó, *four white horses.*

340. Transitive verbs precede their objects.

生火 sáng ’hú, *light a fire.* 染布 ’níen pú‘, *dye cloth.*

買紅紙頭做帖子 ’má *hóng* ’tsz deu tsú‘ t‘ih ’tsz, *buy red paper to make cards.*

Obs. i. If there is a dative and accusative, the latter comes next to the verb. For examples, see Art. 236 and 133.

Obs. ii. Impersonal verbs take a substantive after them as transitive verbs; e. g. 難開花者 nan k‘é hwó ’tsé, *now the flowers open* (lit. *open the flowers*): 落雨 loh ’ü, *it rains* (lit. *falls rain*).

341. Adverbs are placed for the most part before the adjectives and verbs that they qualify.

忒認眞 t‘uh niung‘ tsun, *unnecessarily industrious.*

廟裏最興 miau‘ ’lí tsûe‘ h‘iung‘, *in the temple, it is most crowded.*

此地寫 ’t‘sz dí‘ ’siá, *write it here.*

歇兩日再會 h‘ih ’liáng nyih tsé‘ *wé*‘, *after a few days, we shall meet again.*

又是一氣 í‘ ’zz ih k‘í‘, *that is a different set.*

Obs. The adverbs that follow their adjectives, such as 近煞 *'kiun* sah, *very near*, 好極 'hau giuh, *very good*, will be found in their places, where the comparison of adjectives and adverbs of quality are treated of.

342. Of the prepositions, some forming the locative case follow their words; the rest inclusive of 在 'dzé, 勒拉 leh 'lá, 勒裏 leh 'lí, all meaning *at* or *in*, precede their substantives. 勿在鄉下 veh 'dzé h'iáng 'au, *not down in the country*.

Obs. Prepositions of motion and direction preceding the personal pronouns require a substantive of place to follow. 到我堂來 tau' 'ngú dong lé, *come to me*; 拉㑚堂勿有 'lá ná' dong veh 'yeu, *where you come from, there are none*. See also Art, 197.

Section 2. Interchange of the Parts of Speech.

343. Under this heading, will be exhibited examples of the manner in which words by a change in position, must be construed as included in parts of speech, different from those to which when alone, they obviously belong. First, there are three principal changes of position, by which *adjectives* become *substantives*.

a. Adjectives when they follow a substantive with 個 kú' are to be construed as substantives.

心裏向個勿好,終要改正 sing 'lí h'iáng' kú' veh 'hau, tsóng yau' 'ké tsung', *the evil of the heart must be rectified.*

泰山個高量勿出 t'é' san kú' kau liáng' veh t'seh, *the height of T'ái-shan cannot be measured.*

房間個濶狹勿清爽 vong kan kú' k'weh hah veh t'sing 'song, *the width of the room, I do not know.*

吾個相好死者 ngú' kú' siáng 'hau 'sí 'tsé, *my friend is dead.*

Obs. i. Compare in English "the theory of the beautiful," etc.

Obs. ii. Sometimes 處 t'sû' is added to the adjective, as also 頭 deu and fah 發, compound substantives are thus formed; cf. Art. 108, 109. The same words also form substantives from verbs.

b. Adjectives are frequently the objects of transitive verbs, and in consequence are necessarily translated in such cases as substantives.

學好 hoh 'hau, *to grow good* (*to learn good*).
講和 'kong hú, *treat for peace*.
學壞 hoh wá', *to grow bad*.

Obs. These examples differ from compounds, such as 加大 ká dú', *make larger*; 開濶 k'é k'weh, *to extend in width* (see Art, 219), which in their combined form, constitute transitive verbs with a regimen. These on the other hand contain the verb and its object within them.

勿論大咾小、全是一樣個 veh lun' dú' lau 'siau, dzén 'zz ih yáng' kú', *without taking account of the great and the small, all are the same.*

勿要話別人個長短 veh yau' wó' bih nlun kú' dzáng 'tön, *do not speak of the faults of others.*

Obs. 短處 'tön t'sû' is also used for *faults*.

第條河開多少濶 tí' diau hú k'é tú 'sau k'weh, *how wide is this river?*

Obs. Adjectives with the interrogatives *how much? how many?* preceding them, the verb being understood, are in common use; e. g. 幾許深淺 'kí hó' sun 't'sien, *how much depth is there?* or *how deep is it?* 多少深 tú 'sau sun, *ib.*; 勿知多少高低 veh tsz tú 'sau kau tí, *I do not know how high it is.*

c. When one adjective is qualified by another, it becomes a substantive; with this, English usage agrees, as in the following names of colours.

濃黑 nióng huh, *deep black*. 淡紅 'tan hóng, *light red*.
老黃 'lau wong, *faded yellow*. 嫩黃 nung' wong, *fresh yellow*
重藍 'dzóng lan, *deep blue*. 淺藍 't'sien lan, *light blue*.

Verb as Substantive. 344. Construing verbs as substantives is common to many languages. The infinitive and gerund forms are used for this purpose, as also the present participle. In Chinese these are all identical, being the root itself.

海上絲綢之路文獻集成 科技與文化編

a. The verb as *subject* of a proposition with a predicate following (inf. and pres. part.)

活命難 *weh* ming' nan, *it is hard* (predic.) *to live.* (subj.)

會得勝終好個 *wé'* tuk sung' tsóng 'hau kú', *to be able to conquer must be a good thing.*

行篷船走得快個 háng bóng, z*én* 'tseu tuk k'wá' kú', *by using a sail, the boat will go quickly.*

國度亂做生意勿便當個 koh dú' lö*n*' tsú' sáng í' veh bíe*n*' tong kú', *the country is disturbed and in consequence, it is hard* (pred.) *to carry on trade.* (subj.)

兵勿好咾打仗勿見得成功 ping veh 'hau lau, 'táng tsáng' veh kíe*n*' tuh zung kóng', *the soldiers are bad, and consequently fighting* (subj.) *is not likely to be successful.* (pred.)

b. The verb as *subject*, with a noun as *attribute* (in Latin grammar, the genitive of the gerund).

種田個家生有鋤頭鐵搭咾還有多許 tsóng díe*n* kú' ká sáng '*y*eu zz deu, t'ih tah lau, *wan* '*y*eu tú hó', *the implements of husbandry are the spade, the spiked hoe, and such like* (arma colendi).

唔沒反个意思 *m* meh 'fan kú' í' sz, *he has not the intention of rebelling* (consilium deficiendi).

教書个本事勿有 kau' sû kú' 'pun zz' veh '*y*eu, *the ability to instruct, he does not possess.*

c. The verb preceded by or followed by case particles.

我現在拉做 'ngú *híen*' dzé' 'lá tsú', *I am now doing it.*

勒拉吃茶 leh 'lá k'iug dzó, *drinking tea* (*inter bibendum*). [*tandum*).

勒裏打算 leh 'lí 'táng sû*n*', *he is considering* (*inter pu-*

做官裏向也有辛苦 tsú' kwé*n* 'lí h'iáng 'á '*y*eu sing 'k'ú, *in the office of mandarin, there is much care and anxiety* (in magistrato gerendo).

寫字裏向也有法則 'siá zz' 'lí h'iáng 'á '*y*eu fah tsuh, *in writing, there is a method.*

d. The verb as regimen of another verb.

海上絲綢之路文獻集成 科技與文化編

斷絶往來 'tön dzih 'wong lé, *cease to have communications.*

唔啥做 m sá' tsú', *I have nothing to do.*

勿曾有啥爭論 veh zung 'yeu sá' tsáng lun', *there has not been any quarreling.*

我勿相去 'ngú veh 'siáng k'í', *I do not think of going.*

勿要討我厭 veh yau' 't'au 'ngú ién' *do not make me displeased.*

e. The verb as the *instrument* of effecting an action.

問之咾曉得 mun' tsz lau 'h'iau tuh, *you would know by asking.*

開之砲咾攻破城頭 k'é tsz p'au' lau kóng p'ú' zung deu, *he made a breach in the wall by firing cannon.*

勿留心咾忘記脫者 veh lieu sing lau mong' kí' t'eh 'tsé, *through not attending to it, I have forgotten it.*

Obs. Some verbs are found among substantives and adjectives too. 孝 h'iau' is a substantive in 百善孝爲先 puh 'zén h'iau' wé' sien, *of all the virtues, filial piety is the chief*: an adjective in 孝子 h'iau' 'tsz, *a filial son*, and a verb in 孝順父母 h'iau' zun' 'vú 'mú, *to reverence parents.* In the books such variations of grammatical character in the same words are very numerous. In the verse 庶民子來 sû ming 'tsz lé, *all the people came as if they were his sons*, 子 'tsz is used adverbially.

Verb as Adjective. 345. The passive gerund of Latin is related to adjectives as the active gerund is to substantives. The corresponding forms in our dialect are compounds which may be translated either as adjectives or passive gerunds.

可惡 'k'ó ú', *to be hated*, or *hateful.*

可殺 'k'ó sáh, *ought to be killed.*

好笑 'hau siau', *laughable, fit to be laughed at.*

好種个 'hau tsóng' kú', *capable of cultivation.*

Obs. The examples given in Art. 246, as in the *permissive* mood, might also be explained as verbs construed as adjectives.

346. Many of the longer verb groups are translated most conveniently as verbal adjectives.

耐勿過 né' veh kú', *unbearable.*
話勿來 wó' veh lé, *unutterable.*
數勿明白 sú' veh ming báh, *incalculable.*

Obs. i. For a classification of these phrases v. Art. 227.

Obs. ii. Adjectives coming after verbs, with 得 tuh and 來 lé are best translated as adverbs; 做來勿好 tsú' lé veh 'hau, *it is done badly*; 寫來通極 'siá lé t'ong giuh, *it is written exactly to the purpose*; 燕子飛起來頂快 'íen 'tsz fí 'k'í lé 'ting k'wá', *the swallow flies very swiftly*; 帽子戴得齊整 mau' 'tsz tá' tuh zí tsung', *he wears his hat properly.*

347. Many verbs are used as prepositions. They are 從 zóng, 由 yeu, 到 tau', 連 líen, 朝 zau, 望 mong', 對 té', 上 'zong, 下 'hau. Examples of both uses are given.

由儂末哉 yeu nóng' meh tsé', *it will be as you decide.*
由那裏一條路 yeu 'á 'lí ih diau lú', *by which way?*
字眼要連下來 zz' 'ngan yau' líen 'au lé, *words and expressions should be connected.*
紙頭連筆全勿有 'tsz deu líen pih dzén veh 'yeu, *paper and pencil are both wanting.*

Adverb as Substantive. 348. Adverbs of time and place precede substantives with 個 kú', just as one substantive precedes another.

此地個百姓 't'sz dí' kú' pák sing', *people of this place.*
什蓋能個人 seh ké' nung kú' niun, *people of that sort.*
明朝個事體測度勿出 ming tsau kú' zz' 't'í t'suh doh veh t'seh, *the things of to-morrow cannot be known by thinking.*

Obs. 先 síen, is an adverb in síen yau' 'tsung 'tung 'hau, 先要整頓好, *you must first make preparations*, and an adjective in 出世最先 t'seh sz' tsûe' síen, *he was born very early.*

349. When the adverbs take case particles, they must be regarded as substantives.

轎子拉前頭 kiau' 'tsz 'lá zíen deu, *the chair is before.*

Adverb as Adjective. 350. The derivative adverbs like

X

海上絲綢之路文獻集成 科技與文化編

the pure adjectives, form the predicate of a proposition.

人是好好能個 niun 'zz 'hau 'hau nung kú', *the man is good.*

Or they qualify substantives. [*derhand things.*

做私底下個事體 tsú' sz 'tí 'au kú' sz' 't'í, *to do un-*

Adjective as Adverb. 351. Some adjectives precede verbs, and must in such cases be regarded as adverbs.

多話兩句 tú wó' 'liáng kü', *say a few sentences more.*

好聽來些 'hau t'ing lé 'sí, *very pleasant to hear.*

酒要少吃 'tsieu yau' 'sau k'iuk, *drink sparingly of wine.*

好走進去 'hau 'tseu tsing' k'í', *you are quite at liberty to enter.*

Obs. 前 zíen is an adjective in 前門 zíen mun, *the front door*; a postposition in 門前 mun zíen, *before the door*; and an adverb in 前兩日 zíen 'liáng nyih, *a few days ago*: 大 is an adjective usually, but in 大兩樣個 tú' 'liáng yáng' kú', *very different*, and in 勿大哩典 veh dá' 'lí h'iung', *not very crowded*, it is an adverb.

Postposition as Adjective. 352. When the locative case particles 外 ngá', 上 'zong, 下 'hau, 前 zíen, 後 'heu, precede their words, they are adjectives. When they follow them, they are postpositions.

外國 ngá' kóh, *foreign nations.*

城外 zung ngá', *outside the city.*

下手 'hau 'seu, *an under workman.* [*thority.*

手下 'seu 'au, 手底下 'seu 'tí 'au, *under another's au-*

後門 'heu mun, *back door.* 飯後 van' 'heu, *after breakfast.*

Obs. The words for north, south, east and west, are employed in the same manner, and may be regarded as postpositions. 北斗星 póh 'teu sing, *north star*; 江北 kong póh, *north of the river*; 浦東 p'ú' tóng, *east of the Hwáng-p'ú' river.* In the last two examples, 北 and 東 may be considered locative case particles.

Substantive as Adjective. 353. When one substantive qualifies another, it may be regarded as an adjective.

鳥籠 'tiau lóng, *bird-cage.* 牛棚 nieu báng, *cow-shed.*
花園 hwó *yön*, *flower garden.*
玻璃窗 pú lí t'sóng, *glass window.* (See Art. 174).

Section 3. *Government of words in groups or combinations.*

Inseparable groups. 354. In the closest kind of combinations, when words of different parts of speech form a dissyllabic word, one of them loses its proper grammatical validity by becoming a syllabic appendage to the other.

a. Thus, 交 kiau, *to join*, in the noun 交界 kiau ká', *a boundary*, has not the property of governing a substantive, that belongs to it in 相交朋友終要實際 siáng kiau báng 'yeu tsóng yau' zeh tsí', *in treating friends you must be true.* So also other verbs, as—

應 *yung'*, *to correspond*, in 應驗 *yung' nien'*, *agreement with prediction.* (Sometimes also *to agree*, etc.)
容 *yóng*, *to allow*, in 容易 *yúng í'*, *easy.*
過 kú', *to pass*, in 過失 kú' seh, *a fault* (cf. *trans*gression).

b. In the same manner 功 kóng, *work*, 形 yung, *form*, and 氣 k'í', *anger*, in the following examples are not nouns, since they are neither in the nominative or accusative, or any other case. They simply add their primitive sense to the verbs they assist to form.

勿會成功太平 veh *wé'* zung kóng t'á' bing, *he cannot establish peace.*
形容出來 yung *yóng* t'seh lé, *bring into visible form.*
有啥要動氣我 'yeu sá' yau' 'dóng k'í' 'ngú, *why are you angry with me?*

c. Similarly, adjectives in composition, while retaining their etymological sense, lose their individuality, and cease to qualify substantives, or to form a predicate to a subject.

討一個大娘子 't'au ih kú' dú' niáng 'tsz, *to take a wife.*
燒小菜 sau 'siau t'sé', *to cook vegetables.*

海上絲綢之路文獻集成 科技與文化編

定牢個主意 *ting*' lau kú' 'tsû í', *to fix one's determination.*

保全萬物 'pau dzíen van' veh, *to preserve all things.*

Obs. In the first example 大 *great* is prefixed to the word for *wife*, independently of any second wife, and is usually equivalent to niáng 'tsz. In the third 牢 *firm* is joined with 定 *ting*', and the two words together govern the following substantive.

355. So in larger groups, when words of different parts of speech combine, the predominant character of the group is communicated to words, which alone have quite another kind of force; e. g. 針 tsun, *needle;* 線 síen', *thread;* 情 zing, *feeling*, represent *actions* not *things* in the sentences—

女人認眞針線紡織 'nü niun niung'-tsun tsun-síen'-'fong-tsuh, *women diligently sew, spin and weave.*

甘心情願 kén sing zing niön', *ready for and wishing.*

356. When words combine to form a new compound term, different in sense from both of them, their grammatical validity is lost, and the new phrase is recognized in its entirety as a noun, verb, etc. according to its meaning. Thus, 引 'yung, *to lead*, and 線 síen', *thread*, form the compound 引線 'yung síen', *a needle;* 方 fong, *square*, and 便 píen, *convenient*, form 方便 fong bíen', *alms:* 裁 dzé, *to cut with scissors*, and 縫 vóng, *a seam*, form 裁縫 dzé vóng, *tailor;* 招 tsau, *to call*, and 軍 kiün, *an army*, form 招軍 tsau kiün, *a trumpet.*

開路先鋒 k'é lú' síen fóng, *a herald.*

牢頭禁子 lau deu kiun' 'tsz, *jailor.*

地保 *tí*' 'pau, *village bailiff.* 代書 té' sû, *notary.*

357. Coordinate words having the same grammatical power, arranged in groups of from two to five or even more characters, form a numerous class. In regard to the laws of position, the whole group is treated as a single noun or verb, or adjective as the case may be. In the examples, a hyphen connects the coordinate words.

伊個行事、全是仁義道德 í‘ kú‘ *háng*-zz‘, dzén ’zz zun-ní‘-’*dau*-tuh, *his actions are all based on benevolence, rectitude, reason and virtue.*

做親個時氣、夫妻兩個板要拜天地神明 tsú‘ t’sing kú‘ zz-k’í‘, fú-t’sí ’liáng kú‘ ’pan yau‘ pá‘ t’ién-dí‘-zun-ming, *at the time of marriage, the husband and wife must worship heaven, earth and the inferior deities.*

大細有啥事體、爺娘要問醫卜星相要好勿要好 tú‘ sí‘ ’*yeu* sá‘ zz‘ ’t’í, *yá*-niáng yau‘ mun‘ í-póh-sing-siáng‘ yau‘ ’hau veh yau‘ ’hau, *if there be anything that concerns their children, the parents will ask the docter, the diviner, the astrologer, and the physiognomist, if all will be well.*

勿能用之器皿傢生、測量伊個長濶高深 veh nung *yúng*‘ tsz k’í‘-’ming-ká-sáng, t’seh liáng‘ í‘ kú‘ dzáng-k’weh-kau-sun, *you cannot by taking instruments measure its length, breadth, height and depth.* (four adj. here form one substantive, viz. *dimensions.*)

人勿好担兇來、待之馬牛羊三樣中牲、因備人用 niun veh ’hau ta*n* h’iúng lé, dé‘ tsz ’mó-nieu-*yáng* san *yáng*‘ tsóng sáng, yung bé‘ niun *yúng*‘, *men ought not to be cruel in treating the three animals, horse, cow and sheep, because they are useful to man.*

人唔啥事體個辰光、担琴碁書畫來、消悶過日 niun *m* sá‘ zz‘ ’t’í kú‘ zun kwong, ta*n*‘ giun-gí-sû-*wó*‘ lé, siau mun‘ kú‘ nyih, *when men have nothing to do, they take to the harp, chess, writing and painting, to dissipate care and pass away the time.*

被褥鋪盖 pí-niók-p’ú-ké‘, *coverlid and mattrass, for bedding.*

鞋襪衣帽 *há*-mah-í-mau‘, *shoes, stockings, clothes and hat.*

順從 zun‘-zóng, *to yield to and follow.*

等待 ’tung-dé‘, *wait for.*

骨頭指節 kweh-deu-tsz-tsih, *bones, limbs and joints.*

海上絲綢之路文獻集成 科技與文化編

廣大 'kwong dú', *wide and great.*

牢硬 lau ngáng, *firm and hard.*

播揚奥妙個道理 pú'-*yáng* au-miau kú' '*tau*-'lí, *to propagate mysterious and wonderful doctrines.*

358. Another numerous class of compounds consist of words, which, while helping to form a larger group, retain a grammatical relation to each other.

有一種爲非作歹個人 '*yeu* ih tsóng *wé*'-fí-tsok-'té kú' niun, *there is a sort of vicious mischief-making men.*

一眼唔情唔義個 ih 'ng*an* *m*-dzing-*m*-ní' kú', *quite destitute of feeling and principle.*

正管偷閑懶惰 tsung' 'kw*én* t'eu *han* lan dú', *they do nothing but waste time and be lazy.*

認差之假佯頭發囘往心 niung' t'só tsz 'ká *yá* deu fah *wé* 'wong sing, *he was misled by his pretended change of mind.*

領之傳杯弄盞個朋友出去 'ling tsz dz*én* pé lóng' 'tsan kú' *páng* '*yeu* t'seh k'í', *he led out his friends who were his drinking companions.*

嘸沒出典 *m* meh t'seh 'tí*en*, *has no classical authority.*

Obs. i. 出 governs 典 *ancient books*, and the two words together form a substantive in the objective case, after the verb *m* meh. The whole is equivalent to 勿上書本 veh 'zong sû 'pun, *it is not used in books.*

Obs. ii. In phrases of this sort, we have government within government. A transitive verb with its regimen, may form part of a group, which is an elongated adjective, qualifying the following noun. Compare in English, such phrases as "a luxurious, *do-nothing* life."

Obs. iii. Verbs with their regimen are freely used as adjectives, and connected by means of 箇, with the following noun; e. g. 養蠶咾種茶葉個百姓, 今年苦惱者 *yáng*' z*én* lau tsóng' dzó *yih* kú' pák síng', kiun ní*en* 'k'ú 'nau 'tsé, *the silk-worm keepers and tea cultivators will this year suffer greatly.* So also other combinations, 拉廣東做個物事, 全是巧個 'lá 'kwong tóng tsú' kú' meh zz', dz*én* 'zz 'k'iau kú', *things made at Canton are all ingeniously worked.*

359. In many cases, while there is a common grammatical character belonging to the whole group, only part of the constituent words give the *sense*. Thus in 苦楚 'k'ú 't'sú, *miserable*; 福氣 fók k'í', *happiness*; 恩典 un 'tíen, *favour*; the second word in each has no influence on the sense. So also 相 in 相信 siáng sing', *to believe in*, does not in colloquial usage retain the sense of reciprocity. To give that idea, an adverb such as 大介 *tá*' ká', must be prefixed.

360. Some terms originally consist of two syllables, which are written separately, only because the Chinese mode of writing requires each character to be the sign of a monosyllable.

吩咐 fun fú, *to command.* 須障 sü tsáng, *to nurse* (c).
叮囑 ting tsóh, *give directions.*

Obs. Such words as these are construed as verbs, just as if they were monosyllabic words.

Separable groups. 361. Those combinations that admit of the insertion of other words, so as to lengthen the group will now be illustrated.

a. Those that consist of two coordinate words, admit of a qualifying or governing term being applied to each word.

飛禽走獸 fí giun 'tseu seu', *birds and beasts.*
歡天喜地 hwén t'íen 'h'í dí', *exceedingly pleased.*
通文達理 t'óng vun tah 'lí, *thoroughly understands literary composition.*
心滿意足 sing 'mén í' tsóh, *satisfied.*
咬牙切齒 'ngau ngá t'sih 't'sz, *grinding the teeth in pain.*
回心改意 *wé*' sing 'ké í', *to change one's mind.*
思前想後 sz zíen 'siáng heu', *thinks of the past and future.*
循規蹈矩 dzing kwé dau' 'kü, *follow the rule of propriety.*
求神拜佛 *k*ieu zun pá' veh, *pray to spirits and worship Buddha.*
早思暮想 'tsau sz mú' 'siáng, *meditate early and late.*

b. The groups formed by the numeral particles admit the insertion of adjectives and adjective phrases, between those particles and their substantives. Material nouns sometimes take their auxiliary after them. [*wire.*

一根長銅絲 ih kun dzáng dóng sz, *a long piece of brass*

一片大鐵片 ih p'íen' dú' t'ih p'íen', *a large piece of iron.*

一隻會白話個鸚鴉 ih tsáh *wé*' báh *wó*' kú' áng kú, *a talking parrot.* [*bamboo.*

一根長竹頭 ih kun dzáng tsóh deu, *a long stick of*

一隻花狗 ih tsáh hwó keu, *a spotted dog.*

一張厚紙 ih tsáng '*heu* 'tsz, *a thick sheet of paper.*

一張薄紙張 ih tsáng bóh 'tsz tsáng, *a thin piece of paper.*

一枝有鋒鋩個筆 ih tsz '*yeu* fóng mong kú' pih, *a pencil that has a point.*

c. When a group consists of a transitive verb and its regimen (which sometimes answer to a single verb in English), auxiliary words come between the verb, and its object.

上之檔者 'zong tsz tong' 'tsé, *he has been entrapped.*

專之權咾殺脫之皇帝者 tsén tsz giön lau sah t'eh tsz *wong* tí' 'tsé, *relying on his influence, he killed the emperor.*

惹有見識個笑 'zá '*yeu* kíen' suh kú' siau', *causing the laughter of those who are intelligent.*

叨儂光哹 t'au nóng' kwong, au, *I beg your favour* (light).

Obs. When a verb and adjective are combined, the tense particle follows the adjective ; e. g. 繩放鬆之末好 zung fong' sóng tsz meh 'hau, *it would be better to slacken the rope.*

d. In the verb groups of direction and motion, the substantive governed is sometimes inserted after the principal verb, sometimes between the second and third auxiliaries when there are two, and sometimes it is placed at the end.

銅壺滴水下來 *tóng ú* tih sz '*au* lé, *brazen urn dropping water.*

放轎子下來 fong' giau' 'tsz '*au* lé, *let the chair down.*

放我開來 fong' 'ngú k'é lé, *let me go.*

趕兵出去 kûn ping t'seh k'í', *drive out soldiers.*
挑担出來 t'iau tan t'seh lé, *carry out a load.*
打馬前去 'táng 'mó zíen k'í', *drive a horse forward.*
併傢生攏來 'ping ká sáng 'long lé, *collect domestic articles.*
再活別人轉來 tsé' weh bih niun 'tsén lé, *call a man to life again.*
轉水進去 'tsén 'sz tsing' k'í', *pour in water.*
殺進城來 sah tsing' zung lé, *enter the city fighting.*
趕出狗來 kûn t'seh 'keu lé, *drive out dogs.*
担出衣裳來 tan t'seh í zong lé, *bring clothes out.*
反轉手來 'fan 'tsén 'seu lé, *turn one's hand over.*
旋轉盤來 zíen' 'tsén bén lé, *turn the tray round.*
撐開船來 t'sáng k'é zén lé, *pole the boat away.*
推開窻來 t'é k'é t'song lé, *push the window open.*
行起風來 hang 'k'í fóng lé, *take the wind to work the boat.*
擎起刀來 kiung 'k'í tau lé, *lift up a knife.*
放起炮來 fong' 'k'í p'au' lé, *commence firing cannon.*

Obs. Rarely the nominative is placed after the verb it governs, 走人下來 'tseu niun 'au lé, *men are coming down;* 吹風進去 t'sz fóng tsing' k'í', *wind blows in.*

e. Negative verb groups sometimes admit of an adverb qualifying the principal verb, and coming immediately after it.

認大勿出 niun' dá' veh t'seh, *I scarcely recognize him.*
話太勿來 wó' dá' veh lé, *I cannot well talk.*
看太勿見 k'ön dá' veh kíen', *I can scarcely see it.*
吃大勿落 k'iuh dá' veh loh, *I cannot well eat.*

f. Verb groups with the affirmative and negative particles, also admit the objective case after the principal verb.

叫伊勿出 kiau' í veh t'seh, *I do not know its name.*
甩伊勿開 hwah í veh k'é, *I cannot throw him off.*
拔伊勿起 pah í veh 'k'í, *I cannot pull it up.*

Obs. In many cases, the object comes after the whole group; e. g.

Y

當勿住大兵 tong veh dzû‘ dá‘ ping, *he cannot resist the great army*; 做勿動生活 tsú‘ veh 'dóng sáng weh, *I cannot do any work.*

g. Repeated verbs with the tentative 看 k'ön‘, take their accusative case before 看 k'ön‘.

問問伊看 mun‘ mun‘ í k'ön‘, *ask him and see.*

做做文章看 tsú‘ tsú‘ vun tsáng k'ön‘, *write an essay as a specimen.*

Section 4. On Repetition.

362. The repetition of words frequently affects the grammatical sense of the words repeated. At other times it is mere tautology adopted for rhythmical reasons, or for the purpose of emphasis as in English. Cases in which the repeating of a word has a grammatical value, will be first considered.

Appellative and relative substantives, when repeated, are translated by *all* or *every*.

人人算日頭無價之寶 niun niun söŭ‘ nyih deu, vú ká‘ tsz 'pau, *all men feel that the sun is inestimably precious.*

處處反亂 t'sû‘ t'sû‘ 'fan lön‘, *rebellion and disturbance everywhere.*

君君臣臣 kiun kiun zun zun, *all princes and magistrates.*

樹樹有皮、人人有面 zû‘ zû‘ 'yeu bí, niun niun 'yeu míen, *trees all have bark, and men all have faces.*

363. The numeral particles are all repeated, thereby giving the sense of *all* and *every* to their substantives. Subdivisions of time, and space, measures of material nouns, etc. are also repeated in the same sense.

店家家關者 tíen‘ ká ká kwan 'tsé, *the shops are all shut.*

門扇扇鎖好拉 mun sén‘ sén‘ 'sú 'hau 'lá, *the doors are all locked.*

羊隻隻要修 yáng tsáh tsáh yau‘ sieu, *the sheep all need to be shorn.*

海上絲綢之路文獻集成 科技與文化編

城裏向鋪鋪有小甲 zung 'lí h'iáng' p'ú' p'ú' 'yeu 'siau kah, *in the city every ward has a bailiff.*

天天好日頭 t'íen t'íen 'hau nyih deu, *the sun shines every day.*

物事斤斤缺少 meh zz' kiun kiun k'iöh 'sau, *each catty of articles is short.*

把把刀磨快末者 pó pó tau mú k'wá' meh 'tsé, *grind all the knives.*

間間房子坍脫者 *kan kan* vong 'tsz t'*an* t'eh 'tsé, *every house is fallen.*

今年菓子種種勿好 kiun níe*n* 'kú 'tsz 'tsóng 'tsóng veh 'hau, *this year all kinds of fruits have failed.*

姊妹雙雙出來 tsí mé' song song t'seh lé, *the elder and younger sisters are come out in pairs.*

寫字個法則是筆筆中鋒 'siá zz' kú' fah tsuh pih pih tsóng' fóng, *the method of writing is for each stroke to be made with the point of the pencil.*

條條大路 *t*iau diau dá' lú', *they are all great roads.*

句句眞話 kü' kü' tsun *w*ó', *every sentence is truth.*

Obs. i. The difference between full appellative or other nouns, and the auxiliary nouns that define time, space, quantity, and form, is here again prominently brought to view. Duplication serves to show where the two classes of terms border on each other. Thus, 街 ká, *a street* is not repeated ; the form being, such as 街路條條沒滿之一寸高血 ká lú' diau diau meh 'mé*n* tsz ih t'sun' kau h'iöh, *the streets were all covered with blood an inch high.* 衖 lóng', *a lane*, on the other hand is treated as a subdivision in space, and takes no numeral particle ; e. g. 衖衖有十外家人家 lóng' lóng' 'yeu seh ngá' ká niun ká, *in every lane there are ten families or more.*

Obs. ii. It has been shewn in the section on adverbs, that substantives of time when doubled are used in the sense *always.* This is an instance in agreement with the broader principle, that all names of subdivisions and auxiliary numeral particles are repeated, and that the repetition implies universality.

364. Adjectives are sometimes repeated before a substantive, but much more frequently when placed as predicate after it. No addition is thereby made to the sense.

做生活個人勞勞碌碌 tsú' sáng weh kú' niun lau lau lóh lóh, *the workmen are tired.*

好好物事 'hau 'hau meh zz', *a good article.*

小小個一圓鐵蛋 'siau 'siau kú ih yön t'ih dan', *a small iron shot.*

多多百姓 tú tú páh sing', *very many people.*

花卉妖妖韶韶 hwó 'hwé yau yau zau zau, *the flowers are beautiful.*

樹林密密層層 zû' ling mih mih zung zung, *the wood is crowded with trees.*

山頭玲玲瓏瓏 san deu ling ling long long, *the hill is picturesque.*

苦惆惆 'k'ú tseu tseu, *unhappy.*

聽見之書聲朗朗 t'ing kíen' tsz sû sung long' long', *we heard the sound of reading pleasant and clear.*

眼淚汪汪 'ngan lí' wong wong, *tears flowing abundantly.*

火星燄燄 'hú sing yan' yan', *the sparks are very bright.*

十指尖尖 seh 'tsz tsíen tsíen, *ten sharp-pointed fingers.*

365. When doubled adjectives follow verbs they are translated as adverbs.

物事安排舒舒徐徐個 meh zz' ön bá sû sû zí zí kú', *the things were placed in admirable order.*

做來潦潦草草 tsú' lé lau lau t'sau' t'sau', *it is done in a coarse way.*

Obs. It has been shewn that repeated adjectives placed before verbs qualify them like adverbs. We have also 攏攏總總有一百 'long 'long tsóng' tsóng' 'yeu ih páh, *altogether there are a hundred.* The primitive adverbs are not repeated.

366. Several relative substantives are repeated without any alteration in the sense.

叔叔 soh soh, *uncle.* 嫂嫂 sau sau, *sister-in-law.*

爹爹 tiá tiá, *grandfather*. 弟弟 'tí 'dí, *younger brother*.
姊姊 tsí tsí, *sister* (ah tsí, *idem*).
媽媽 má má, *mother* (or ah má).
哥哥 kú kú, *elder brother* (ah kú, *ib.*).

367. When verbs are repeated, it is for rhythmical reasons, and for the sake of alliteration. In addition to the examples given in Art. 231, the following will serve to exhibit the use of these seeming tautologies.

A. Single verbs are repeated with or without a regimen.

要買點飯吃吃 yau' 'má 'tíen van' k'iuh k'iuh, *I wish to buy a little rice to eat.*

我不過澆澆花咾修修丫枝 'ngú puh kú' kiau kiau hwó lau, sieu sieu au tsz, *I am just watering the flowers, and pruning the branches of the trees.*

B. In a verb group of two, the second word is often repeated.

孛相相 peh siáng' siáng', *rambling for amusement.*
笑嘻嘻 siau' h'í h'í, *laughing.*
魚拉水裏活動動 ng 'lá 'sz 'lí weh 'dóng 'dóng, *the fish are swimming actively in the water.*

遊嬉嬉咾勿肯用心 yeu h'í h'í lau, veh k'ung yúng' sing, *he rambles about amusing himself, and will not attend to anything.*

哭漓漓 k'óh lí lí, *he is weeping.*

C Many groups of four contain a single repeated verb.

打敗之咾紛紛各散 'táng bá' tsz lau fun fun koh san', *being conquered, they divided and were all scattered.*

打贏之咾歸來得意揚揚 'táng yung tsz lau kü lé tuh í' yáng yáng, *having conquered, he came back satisfied and elated.*

衣袂飄飄 í meh p'iau p'iau, *the skirts of clothes blowing about.*
星光閃閃 sing kwong sén' sén', *the star-light twinkles.*
枝葉洽洽 tsz ih yah yah, *the branches and leaves are waving.*

D. Many verb groups of two are extended by the repetition of each word.

事體定定當當 zz' 't'i ting' ding' tong' tong', *the thing is brought to a settlement.*

勿必疑疑惑惑 veh pih ní ní óh óh, *you need not suspect.*

牙齒活活落落 ngá 't'sz weh weh loh loh, *his teeth are shaking and falling out.*

走踏趾之咾與與夯夯 'tseu sá dú tsz lau h'iung h'iung hong hong, *he has walked himself tired and is panting for breath.*

碗盞相碰响咾歷歷碌碌 'wén 'tsan siáng báng' 'h'iáng lau lih lih lóh lóh, *the cups and saucers are falling together and making a noise.*

E. Frequently in repeated groups of four, the constituent words alternate.

打算打算也勿對景 'táng sön' 'táng sön' 'á veh té' 'kiung, *with all his meditating, he cannot satisfy himself.*

留步留步勿要送者 lieu bú' lieu bú' veh yau' sóng' 'tsé, *stay, stay, do not escort me out.*

物事好吃有味有味 meh zz' 'hau k'iuh 'yeu mí' 'yeu mí', *this thing is very nice, it has a fine taste.*

F. The verb is repeated alternately with two accusatives.

終要勞心勞力 tsóng yau' lau sing lau lih, *you must use your mind and all your efforts.*

年成好者謝天謝地 níen zung 'hau 'tsé ziá' t'ien ziá' dí', *it is a good year, and we must thank heaven and earth for it.*

為皇為帝 wé' wong wé' tí', *to be an emperor.*

做官做府 tsú' kwén tsú fú, *to be a mandarin.*

368. With regard to their syntax, groups consisting of repetitions frequently form separate clauses of a sentence, but not exclusively so. They also like other groups, obey the laws of position of section 1. in relation to neighbouring words, and in their internal structure, and are construed as

adjectives, verbs, or adverbs according to their particular character and use as a whole.

a. As adjective, whether forming a predicate or in apposition.

做一個人終要正正派派 tsú' ih kú' niun tsóng yau' tsung' tsung' p'á' p'á', *as a man, you must be correct in conduct.*

人住勒拉花花世界大有福氣拉 niun dzû' leh 'lá hwó hwó sz' ká', dú' 'yeu fok k'í' 'lá, *man living in a beautiful world, has great happiness.*

b. As verb.

看看多許人跟拉 k'ön' k'ön' tú hau' niun kun 'lá, *he saw* (or *see there is*) *a great number of persons following.*

c. As adverb.

逃走脫者就快快活活接到船上 tau 'tseu t'eh 'tsé dzieu' k'á' k'á' weh weh tsih tau' zén long', *when he had escaped, they gladly received him to the boat.*

明明亮亮收受徒弟 ming ming liáng' liáng' seu 'zeu tú dí', *they openly received disciples.*

詳詳細細考究實骨子那能個 ziáng ziáng sí' sí' 'k'au kieu' zeh kweh 'tsz ná' nung kú', *carefully examine how it truly is.*

Obs. Groups of four, whether formed by repeated words or not, very commonly fall into separate clauses; e. g. 文理唔啥好草草不工 vun 'lí m sá' 'hau, 't'sau 't'sau peh kóng, *it is not at all well written, but coarse and unpolished.*

Section 5. Order in groups.

369. There are various principles of arrangement in the words of a group. A group of four (1) may contain in itself an entire sentence; e. g. 懂呢勿懂 'tóng ní veh 'tóng, *do you understand;* (2) or it may consist of verbs and their regimen, nouns and their adjectives, or other combinations of the parts of speech; e. g. 伸冤理枉 sun yön 'lí 'wong, *to redress injuries.* (3.) Repetition direct

and alternate, forms many short phrases into longer groups. (4.) The principle of arrangement in many groups is, the order of nature, species being placed before genus, and the whole before its parts. (5.) The constituent words may be coordinate in meaning, and alike in grammatical character.

In addition to these varieties of structure, there are also mixed groups in which repetition for instance forms one part, and words combined grammatically, another; e. g. 念念不忘 nian' nian' peh vong, *think of constantly*.

370. Complete sentences are here placed with the other groups, because they fall into regular forms, and obey the laws of rhythm in a manner similar to the fixed phrases of two, three, four or more words here referred to. Hence the predominance of short pithy sentences in common conversation.

有啥勿懂 'yeu sá' veh 'tong, *why should I not understand?*

勿曾曉得 veh zung 'hiau tuh, *I do not know.*

洋價大者 yáng ká' dú' 'tsé, *the price of the dollar is high.*

那能辦法 ná' nung' pan' fah. *how should we proceed.*

要好就好 yau' 'hau dzieu' 'hau, *if you want it good, it is at once good.*

Obs. The order of the words in these phrases is regulated by the rules of Part III, section 1, and the sections on propositions.

371. Many groups have an internal syntactical arrangement, and they are so numerous, that although some examples have already been given, more will here be appended. They may be divided into (a), those in which there is a repetition of the idea, and (b) where there is none.

嘴尖舌快 'tsz tsíen zeh k'wá', *sharp lips and tongue.*

青天白日 t'sing t'íen báh nyih, *clear sky and bright sun.*

忘恩負義 vong un veu' ní', *to forget kindnesses.*

欺天瞞地 k'í t'íen mén dí', *deceive heaven and earth.*

東倒西歪 tóng 'tau sí hwá, *all is in disorder.*

話長話短 wó' dzáng wó' 'dön, *very loquacious.*

搬嘴弄舌 pén 'tsz lóng' zeh, *fond of using the tongue.*

吞飢忍餓 t'un kí 'niun ngú', *to endure hunger.*

人面獸心 niun míen' seu' sing, *in face a man, but in heart a wild beast.*

苦口良言 'k'ú 'k'eu liáng ien, *advice bitter but salutary.*

山珍海味 san tsun 'hé mí', *delicacies from the mountain and the sea.*

指東話西 'tsz tóng wó' sí, *advising this and then that.*

藏頭露尾 dzong deu lú' 'ví, *act contrary to propriety.*

喜富怕窮 'h'í fú' p'ó' gióng, *pleased with riches but fearing poverty.*

損人利已 'sun niun lé' 'kí, *rob others to enrich one's-self.*

呼兄喊弟 hú h'iúng han' dí', *to call brothers.*

或三或四 wóh san wóh sz', *sometimes this and sometimes that.*

引經據典 'yung kiung kü' 'tíen, *to cite books and appeal to the classics.*

吹歌唱曲 t'sz kú t'song' k'ióh, *to play airs and sing songs.*

372. Passing over repetition groups, as already sufficiently illustrated, some examples will be given of those in which several words coordinate in sense are placed in proximity. In many instances such words as express relative superiority stand first.

風雲雷雨 fóng yün lé 'ü, *wind, clouds, thunder and rain.*

雨雪霜露 'ü sih song lú', *rain, snow, hail and dew.*

賢良方正 híen liáng fong tsung', *the wise, good, noble and upright.*

柴米油鹽 zá 'mí yeu ien, *fuel, rice, oil and salt.*

荳穀米麥 teu' kóh 'mí máh, *beans, rice and wheat.*

始終本末 'sz tsóng 'pun meh, *beginning and end, origin and conclusion.*

牛羊犬馬 nieu, yáng, 'k'iön, 'mó, *cattle, sheep, dogs and horses.*

君親師友 kiün t'sing sz 'yeu, *king, parents, teacher and friends.*

磚瓦石灰 tsén 'ngó záh hwé, *bricks, tiles and lime.*
禽獸昆蟲 kiun seu' k'wun dzóng, *birds, beasts and insects.*
瓶甏罐頭 ping báng kwén deu, *pitchers, pots and pans.*
耳目口鼻 'rh móh 'k'eu bih, *ears, eyes, mouth and nose.*
魚鱗蝦蟹 ng ling 'há hön, *fish, crabs and shrimps.*
金銀銅鐵錫 kiun, niun, dóng, t'ih, sih, *gold, silver, copper, iron and tin.*
解釋 'ká seh, *explain.* 審斷 'sun dön', *to judge.*
離散 lí san', *to be scattered.* 偷竊 t'eu t'sih, *to steal.*
圓滿 yön 'mén, *round & full.* 端方 tön fong, *upright.*
紡織 'fong tsuh, *spinning and weaving.*

Obs. On presenting these examples to a Fuh-kien literary man, it was found that half of the groups were in use in his dialect; of the remainder, more than half were partially the same with collocations familiar to him, while the rest were entirely different.

373. Species invariably precedes genus, and matter form, in groups formed of words thus related.

筆筒好插個 pih dóng 'hau t'sah kú', *you can stick it in the pencil holder.*
唔沒筆帽子 m meh pih mau 'tsz, *there is no top to the [pencil.*
蚊帳破個 mun tsáng'p'ú' kú', *the musquito curtain is torn.*
扇骨綠漆個 sén' kweh lók t'sih kú', *the frame of the fan is painted green.*
鐵店裏打拉個 t'ih tíen' lí 'táng 'lá kú', *it was made in the blacksmith's shop.*
石馬 sáh 'mó, *stone horse.* 蒲扇 pú sen', *broad-leaf fans.*
砂皮 só bí, *sand paper.*
瓦粒屑 'ngó lih sih, *earthenware fragments.*

Obs. i. Substance precedes accident or attribute, and the whole its part. This is sometimes the same with the proposition immediately above, *genus* being only such part of *species* as happens to belong commonly to several objects. We may fix our attention on either word in the compound indifferently, considering it as the *essence*, while the other is the *accident*. Thus, 屋基 óh kí, *foundation of a house*; 屋頂 óh 'ting, *house roof*, are parts of the appellative substantive ***house***. So, if speaking of the articles into which bamboo is manufactured, the second word in 竹牌 tsóh bá, ***piece of flattened bamboo***; 竹簾 tsóh líen, ***bamboo window-blinds***; 竹紙 tsóh 'tsz, ***bamboo paper***, is in each case that which expresses ***form***, while the first describes the ***material***. The latter may be viewed as accidental to the former, or if preferred, the second word may be called ***genus***, while the first is considered as limiting it to a particular ***species***.

Obs. ii. In conformity with the principle, that the word in which the substance of the noun inheres should stand first, the auxiliary appendages 頭 deu, 子 'tsz, 處 dzû', 法 fah follow their words; e. g. 飯唔尋處 van' m zing dzû', ***there is no way of getting a living***; 寫法終有個 'siá fah tsóng 'yeu kú', ***there must be some mode of writing it***.

Obs. iii. The auxiliary substantives and numeral particles appropriated to particular nouns, when they follow their words without a numeral, exemplify the same law; e. g. 白話裏向勿要加出多許書句 ***páh wó'*** 'lí h'iáng' veh yau' ká t'seh tú hau' sû kü', ***do not mingle so many book sentences in what you say***.

Obs. iv. In double substantives formed partly with a verb, the verb as giving the species stands first; e. g. 算盤 sön' bén, ***counting board***; 印板 yun' 'pan, ***printing blocks***; 話柄 ***wó'*** ping', ***a bon mot***. (See Art, 113.)

Obs. v. Many inseparable dissyllabic substantives, in which the distinction of matter and form is not obvious in their daily use, if viewed etymologically may be noticed to have the same order; e. g. 文章 vun tsáng, ***literary compositions***; 地方 tí' fong, ***a place***. The word giving the matter stands in each case first.

374. If the action be gradual in a compound verb, the word first in time is first in order. The word that concludes the action comes last.

担來消化 tan lé siau hwó', ***to take and burn***.
燈點完者 tung 'tíen wén 'tsé, ***the lamp is burnt out***.
撥拉賊匪打輸 peh 'lá zuh fí' 'táng sû, ***he was defeated by the rebels***.

Obs. i. Most of the auxiliary particles occurring in compound verbs

海上絲綢之路文獻集成　科技與文化编

follow the principal word; v. Art. 217, 222, but 打 'táng, and such adverbs as help to form compound verbs precede the principal words; e. g. 打切打切看 'táng t'sih 'táng t'sih k'ön', *make inquiries.*

Obs. ii. The auxiliary verbs of *power*, forming a potential mode, precede their verbs. 勿會白話 veh *wé'* báh *wó'*, *he cannot talk*; 勿能去 veh nung k'í', *he cannot go.* In English, there are also auxiliaries of this kind preceding other verbs in apposition, without the sign of the infinitive intervening; e. g. *may, can.*

Variation in Order. 375. The components of some groups admit of more than one mode of arrangement. The following may be used in a direct or inverted order.

來往 lé 'wong, *communication.* 氣力 k'í' lih, *strength.*
笑談 siau' dan, *laughing and talking.*
征戰 tsung *tsén'*, *to fight.*
週身上下 tseu sun 'zong 'au, *the whole body* (or 下上).
歡喜 hwén 'h'í, *pleased.*
勿論損益 veh lun' 'sun yuh, *without regarding whether it be good or bad.*
小大 'siau, dú', *small, great.* 黑白 huh, báh, *black, white.*
南北東西 nén póh tóng sí, *south, north, east and west.*
靈魂 ling *wung*, *the soul.*
彎轉 wan 'tsén, *to turn round.* 長短 dzáng 'tön, *long and short.*

Obs. The number of groups variable in order, is comparatively extremely small. The number of cases in English, where one particular order of coordinate words is maintained, is by no means small; e. g. *long and happy* reign; *far* and *near*; *kings and queens.*

376. The following principles of arrangement may be distinguished in the apposition of verbs.

a. The auxiliaries of the future tense, and the imperative and potential moods precede their verb. 要 yau', 會 *wé'*, 能 nung.

終要去 tsóng yau' k'í', *you must go.*
我會寫 'ngú *wé'* 'siá, *I can write.*
勿能來 veh nung lé, *he cannot come.*
勿要來 veh yau' lé, *I do not wish to come*; or *do not come.*

勿曾話要來 veh zung wó‘ yau‘ lé, *I did not say, I should come.*

儂也要來 nóng‘ ’á yau‘ lé, *you must come.*

b. When the object of a verb is an action, it is expressed by a verb in Chinese, instead of a verbal derivative, or infinitive, or gerund form, such as would be used in languages having grammatical forms.

勿免死 veh ’míen ’sí, *cannot avoid dying.*

勿想吃 veh ’siáng k’iuh, *I do not think of eating.*

勿算逃走 veh sön‘ dau ’tseu, *not to be regarded as flight.*

勿敢做 veh ’kén tsú‘, *he does not dare do it.*

幾時想修 ’kí zz ’siáng sieu, *when do you think of reforming.*

打算謀反 ’táng sön‘ meu ’fan, *to meditate a revolt.*

愛吃酒 é‘ k’iuk ’tsieu, *to be fond of drinking wine.*

c. The auxiliary verbs expressive of direction and motion, beginning and completion, etc. follow the principal verb.

買進來 ’má tsing‘ lé, *to buy in.*

抱進抱出 ’pau tsing‘ ’pau t’seh, *to carry in and out in in one's arms.*

d. Priority in time often determines the order of verbs.

我去送 ’ngú k’í‘ sóng‘, *I will go and present it.*

要來相帮 yau‘ lé siáng pong, *you must come and assist.*

勸化世界上人 k’iön‘ hwó‘ sz‘ ká‘ long‘ niun, *to exhort and convert mankind.*

打殺別人 ’táng sah bih niun, *to beat persons to death.*

e. Coordinate verbs.

保護鰥寡孤獨 ’pau ú‘ kwan kwó kú dóh, *to protect and save widows, orphans, and those who have no relatives.*

Section 6. *Simple Propositions.*

377. The simplest sentence is that in which there is a single word, forming the subject (主 ’tsû), and another the predicate (賓 ping). The subject always precedes.

馬來 'mó lé, *a horse comes.*
天熱 t'íen nyih, *the weather is hot.*

Obs. i. Occasionally the predicate precedes, 出會 t'seh wé', *the procession is out*; 落水 lok 'sz, *the tide is falling.* These forms may also be explained as impersonal verbs with an accusative.

Obs. ii. An adjective forms of itself a complete predicate, and usually has no copula to connect it with the preceding nominative.

桃子熟者 tau 'tsz zók 'tsé, *the peaches are ripe.*

378. The simple proposition in its full form has also a copula.

是我作主 'zz 'ngú tsok 'tsû, *I act for myself.*
海裏個水是深個 'hé 'lí kú' 'sz 'zz sun kú', *the water of the sea is deep.*
天來得熱 t'íen lé tuh nyih, *the weather is hot.*

Obs. When the predicate is a verb, the copula may be always considered as included in it. It is when the predicate is an adjective that a vacuum becomes obvious to a foreign ear.

379. The subject may consist of a substantive, or a substantive group, a pronoun, a verb or a verb group, or adverbs of place and time, construed as nouns.

日頭勿出來 nyih deu veh t'seh lé, *the sun does not come out.*
菴堂寺院禿有燒香 én dong zz' yön' t'óh 'yeu 'sau h'iáng, *in all convents and monasteries there is incense burning.*
得够是好點個 tuh keu' 'zz 'hau 'tíen kú', *this is better.*
買是勿能 'má 'zz veh nung, *to buy is impossible.*
挑咾扛勿會個 t'iau lau kong veh wé' kú', *to act as porter alone or with others, is what I cannot do.*
此地有雪 't'sz dí' 'yeu sih, *it snows here.*
明朝初六 ming tsau t'sú lóh, *to-morrow is the sixth.*

Obs. i. Sometimes the subject is understood; e. g. 總要立定主意 tsóng yau' lih ding' 'tsû í', *(you) must be resolute.*

Obs. ii. Adjectives also sometimes form a predicate. 好有好報 'hau 'yeu 'hau pau', *goodness has a good reward*; 善咾惡總要辨出來 'zén lau oh tsóng yau' bíen' t'seh lé, *virtue and vice must be distinguished.*

Obs. iii. Any word that qualifies a noun may be removed from its place in apposition, and become a predicate. Thus, 第座房子是拉個 *tí‘* zú‘ vong ’tsz ’zz ’lá kú‘, *this house is the right one*, may become, 是第座房子 ’zz dí‘ zú‘ vong ’tsz, *it is this one*: 兩條橋有 ’liáng diàu giau ’yeu, *there are two bridges*, or 橋有兩條 *kiau ’yeu* ’liáng diau, *of bridges there are two*.

380. When the copula is used, it takes the forms of 是 ’zz, 得 tuh, 來得 lé tuh, and 來 lé before adjective predicates, while 做 tsú‘, and in some groups 爲 *wé‘* and 作 tsoh precede substantives.

道理是勿差個 ’*tau* ’lí ’zz veh t’só kú‘, *the doctrine is right*.

心裏來得笨 sing ’lí lé tuh *pun‘*, *in mind he is stupid*.

我勿做兵 ’ngú veh tsú‘ ping, *I am not a soldier*.

我勿爲官府 ’ngú veh *wé‘* kwén fú, *I am not a mandarin*.

寫來好看 ’siá lé ’hau k’ön‘, *it is well written*.

寫得勿好 ’siá tuh veh ’hau, *it is written badly*.

Obs. Educated men appear to avoid the use of 來 lé, as a substitute for 得, but it is extremely common among the lower classes.

381. In the predicate are found, a substantive, adjective, verb, or adverb, or a group of either.

比我大個是阿哥 ’pí ’ngú dú‘ kú‘ ’zz á kú, *he who is older than I is called elder brother*.

赦免小過失好個 só‘ ’míen ’siau kú‘ seh ’hau kú‘, *to forgive little faults readily is good*.

戲咾戲法咾啥勿看 h’í‘ lau h’í‘ fah lau sá‘ veh k’ön‘, *plays, jugglery and such things, I do not go to see*.

價錢最大個是珍珠八寶 ká díen tsûe‘ dú‘ kú‘ ’zz tsun tsû pah ’pau, *things of the highest price are pearls and the eight precious stones*.

Obs. The final expletives are usually appended to the predicate.

說話好個 seh *wó‘* ’hau kú‘, *your words are good*.

382. In very many sentences, the predicate is a transitive

verb with an object, which in its simplest form is a substantive, monosyllabic or consisting of a group.

做好事就是周濟窮人 tsú' 'hau zz' dzieu' 'zz tseu tsí' gióng niun, *charity consists in giving to the poor.*

伊勿能辦事體 í veh nung pan' zz' 't'í, *he cannot transact business.*

有銅鈿個人要吃燕窩咾魚翅 'yeu dóng díen kú' niun yau' k'iuh 'íen ú lau ng t'sz', *those who are rich eat birds' nests and sharks' fins.*

383. Great variety is introduced into sentences, without the addition of separate clauses, by applying qualifying words and groups to the parts just enumerated. Extension by the apposition of words, alike or contrasted in meaning, and in the same parts of speech, is also very common. The subject is extended :—

a. By prefixing an adjective.

聖人出世 sung' niun t'seh sz', *a wise man was born.*

窮苦個人多 kióng 'k'ú kú' niun tú, *poor men are very many.*

好老個讀書人少 'hau 'lau kú' tók sû niun 'sau, *really good scholars are rare.*

b. By apposition of substantives with or without kú', whether in the relation of species and genus, or subject and attribute.

鄉下人告荒去者 h'iáng 'au niun kau' hwong k'í' 'tsé, *the country people are gone to announce that there is a famine* (or 哭荒).

上輩個好處要講拉子孫聽 'záng pé' kú' 'hau t'sû' yau' 'kong 'lá 'tsz sun t'ing, *the goodness of their forefathers, you should tell to their descendants.*

c. By a transitive infinitive with its objective case.

吃牛肉眞正罪過 k'iuh nieu nióh tsun tsung' 'zé kú', *to eat beef is an unquestionable sin.*

d. By the addition of nouns or verbs governed by case particles.

海上絲綢之路文獻集成 科技與文化编

屋裏向唔沒人 óh 'lí h'iáng' m meh niun, *there is no one at home.*

勒拉睏個辰光有賊偷之去者 leh 'lá k'wun' kú' zun kwong 'yeu zuh t'eu tsz k'í' 'tsé, *at the time of sleeping, thieves came and stole it.*

Obs. The so-called genitive with 個 kú', is included under (b) as an instance of apposition. It is the attributive genitive, or possessive case of western grammars. The genitive sense is given by the relative position of the words, and not by the connecting particle kú' often omitted.

e. By prefixing numbers and numeral particles to substantives.

兩個女人投井者 'liáng kú' 'nü niun deu 'tsing 'tsé, *two women have thrown themselves into wells.*

三隻廟燒毀完者 san tsáh miau' sau 'hwé *wén* 'tsé, *three temples have been burnt to ashes.*

f. By prefixing demonstrative, possessive and other adjective pronouns to substantives.

是伲個房屋勿穩足個 'zz ná' kú' vong óh veh 'wun tsóh kú', *your house is not safe.*

第步牛車了脫者 tí' bú' nieu t'só 'liau t'eh 'tsé, *this chain pump is broken.*

各人個脾氣各樣個 koh niun kú' bí' k'í' koh *yáng'* kú', *each man has his own disposition.*

g. By prefixing adverbs of place or time with the sign of the possessive, or with no intervening particle. It might also be said, that these adverbs are here all treated as substantives.

此地個水清個 't'sz dí' kú' 'sz t'sing kú', *the water of this place is clear.*

蕩搭個人掉皮個 *tong* tah kú' niun *tiau'* bí kú', *the men of this place are not honest.*

間壁房子火灼 kah pih vong 'tsz 'hú dzáh, *the house next door is on fire.*

什蓋能個謠言拉城裏 seh ké' nung kú' *yau* íen 'lá zung 'lí, *there is a report of that sort in the city.*

A a

現在個百姓勿比古時間 *ien*' 'zé kú' pák sing' veh 'pí 'kú zz kan, *people of the present time are not to be compared to those of antiquity.*

384. Several of these adjuncts may concur in forming a subject.

外國梳頭個規矩又是一樣者 ngá' koh sz deu kú' kwé 'kü í' 'zz ih *yáng*' 'tsé, *the foreign method of dressing the hair is different.*

孝順父母恭敬祖宗原是一樣個道理 h'iau' zun' 'vú 'mú, kúng kiung' 'tsú tsóng, niön 'zz ih *yáng*' kú' 'tau 'lí, *filial regard to parents and reverencing ancestors are the same thing.*

385. The predicate is extended in a similar manner. It may assume the following forms.

a. Substantive with its adjective.

是其勿是正派人 'zz gí veh 'zz tsung' p'á' nïun, *he is not a man of good morals.*

一日到夜做正經事體 ih nyih tau' *yá*' tsú' tsung' kiung zz' 't'í, *all day long, he does what is lawful and right.*

b. Substantives in apposition, in the relation of species and genus, or subject and attribute, with or without 個 kú'.

伊話個勿是上海話 í *wó*' kú' veh 'zz 'song 'hé *wó*', *what he speaks is not the dialect of Shánghái.*

八月裏開個有桂花 pah niöh 'lí k'é kú' 'you kwé' hwó, *among the flowers that blossom in the eighth month is the olea fragrans.*

c. Verbs in apposition. Any verbs in English connected by *and*, *to* and *of* are translated by two corresponding verbs in apposition.

我要走前去做 'ngú yau' 'tseu zí*en* k'í' tsú', *I wish to go forward and do it.*

我勿想考 'ngú veh 'siáng 'k'au, *I do not think of being examined.*

我勿來打儂 'ngú veh lé 'táng nóng', *I do not come to beat you.*

d. Verb with an object.

別人恨伊拉 pih niun *hung*' í 'lá, *men hated him.*

脚勿踏斜路 kiáh veh tah ziá lú', *his foot does not tread the path of evil.*

早夜用功 'tsau *yá*' *yúng*' kóng, *morning and night, he applies himself to study.*

雲裏向看相殺 yün 'lí h'iáng' k'ön' siáng sah, *to take a bird's-eye view of a battle* (相殺 is construed as a noun).

e. Verbs, nouns or adverbs of place and time in construction with 拉 or 在, some writers regard 在 as a verb.

東家勿拉屋裏 túng ká veh 'lá óh 'lí, *the master is not at home.*

百姓勒拉掛墓 pák sing' leh 'lá kwó' *m*', *the people are hanging* (paper) *on the tombs.*

f. Adjective pronouns, and numbers with the particles appropriated to the substantives contained in the subject.

銀子有一百兩 niung 'tsz '*yeu* ih páh 'liáng, *of silver, there are a hundred taels.*

第把雨傘是我個 *tí*' pó '*ü* san' 'zz 'ngú kú', *this umbrella is mine.*

g. The verb is qualified by the various kinds of adverbs, either preceding it in apposition, or following it with 得 tuh, or 來 lé, as subordinate copula.

件件事體秃是做得正經個 *kíen gíen* zz' 't'í t'óh 'zz tsú' tuh tsung' kiung kú', *everything is done as propriety requires.*

菩薩一定曉得 *pú* sah ih ding' 'h'iau tuh, *the gods will certainly know it.*

h. The cause, manner, instrument, place or time of the action are expressed by nouns preceding the verb.

黃衣裳是皇帝送個 *wong* í zong 'zz *wong* tí' sóng' kú', *yellow dresses are given by the emperor.*

海上絲綢之路文獻集成　科技與文化編

團扇是蘇州做個 'tön sen' 'zz Sú-tseu tsú' kú', *round (silk) fans are made at Sú-cheú.*

人個過犯全是神道查察個 niun kú' kú' 'van dzén 'zz zun dau' dzó t'sah kú', *mens' sins are all watched and noted by the spiritual powers.*

人全是一個祖宗傳下來 niun dzén 'zz ih kú' 'tsú tsóng zén 'au lé, *men are all descended from one ancestor.*

我下半晝轉來個 'ngú 'hau pén' tseu' 'tsén lé kú', *I will return in the afternoon.*

地皮是牛犂個 tí' bí 'zz nieu lí kú', *the ground is ploughed by oxen.*

從小到大是爺娘照應 dzóng 'siau tau' dú' 'zz yá niáng tsau' yung', *from childhood till they are grown up, they are watched over by their parents.*

Obs. The number of prepositions omitted in examples similar to these is very great. Few of them are so essential that they may not be rejected. The remarkable conciseness of written and spoken Chinese is due very much to the omission of prepositions in the manner here illustrated. For that conciseness, there is however in many cases full compensation, in the wordiness or richness, whichever term be preferred, of the groups.

j. The same circumstances of cause manner, etc. are also expressed with case particles attached to the noun.

張舉人到蘇州去者 Tsáng 'kü niun tau' Sú-tseu k'í' 'tsé, *the Master of Arts named Cháng, is gone to Sú-cheú.*

第個砲架子替吳道台做個 tí' kú' p'au' ká' 'tsz' t'í' Wú 'dau dé tsú' kú', *this cannon-carriage is made for Wú the Taú-t'ái.*

k. Adjective with a qualifying adverb.

是伽飄流個人忒多 'zz ná' p'iau lieu kú' niun, t'uk tú, *you wandering people are too many.*

打官司要速訊定當 'táng kwén sz' yau' sók sing' ding' tong', *lawsuits should be quickly decided.*

386. The predicate is further enlarged by a combination of the above forms of arrangement, by simple apposition as

coordinates, or according to the laws of position already detailed.

生活要做到夜 sáng *weh* yau' tsú' tau' *yá*', *work must be done till evening.*

我白費脫之許多手脚 'ngú *pák* fí' t'eh tsz h'ü tú 'seu kiáh, *I have gone through a great deal of labour to no purpose.*

賭銅鈿勿曉得敗脫之幾千幾萬個人家 'tú dóng díen veh 'h'iau tuh bá' t'eh tsz 'kí t'síen 'kí man' kú' niun ká, *gaming has ruined I do not know how many thousands and myriads of men.*

我看見伊出來 'ngú (subj.) k'ön' kíen' í t'seh lé, *I saw him come out.*

387. The copula by a little extension of the meaning of the terms, may be considered as embracing the emphatic adverbs, and the verb forms for affirmation and negation. In conformity with this, the substantive verb 是 is constantly used in the sense of *yes*, and with the negative particle (勿是), *no*. The adverbs of emphasis precede the copula.

心眞正來得硬 sing tsun tsung lé tuh ngáng', *his heart is certainly hard.*

一定是牢實 ih díng' 'zz lau zeh, *he is certainly trustworthy.*

總是花頭花腦 tsóng 'zz hwó deu hwó 'nau, *it is surely false.*

昨日來個就是我 zóh nyih lé kú' dzieu' 'zz 'ngú, *he who came yesterday was I myself.*

Obs. The verb *to have* 有 'yeu (with its opposite 呒沒 *m* meh) describes existence, as in French the verb *avoir*. The adverbs of emphasis precede it, as they do the other substantive verbs; e. g. 一點呒沒啥 ih 'tíen *m* meh sá, or *m* sá', *there is nothing the matter*; 第個道理實在有 *tí*' kú' 'tau 'lí zeh zé' 'yeu, *there certainly is this doctrine.*

388. When there is a negative particle, the adverb of emphasis precedes it.

一眼勿疑心 ih 'ngan veh ní sing, *not at all incredulous.*

伊並勿是要騙打倻 í ping' veh 'zz yau' p'ien' 'táng ná', *he surely does not attempt to deceive you.*

樹木倒勿曾發青 zû' móh 'tau veh zung fah t'sing, *the trees have still not yet opened their buds.*

Obs. When the necessity is denied, the negative precedes the adverb expressing the necessity; e.g. 勿必要去 veh pih yau' k'í', *you are not obliged to go.*

389. There are several verbs, not having a full transitive power, that are often to be taken as little more than an extension of the copula. They are such as, 叫 kiau', 做 tsú', 爲 *wé*, 作 tsoh.

第個勿叫公道 *tí'* kú' veh kiau' kúng 'dau, *that is not (or cannot be called) just* (or veh kúng 'dau), (or veh sön' kúng 'dau, *cannot be considered as just*).

我做用人 'ngú tsú' yúng' niun, *I am a servant.*

謀反爲大事體 meu '*fan wé* dú' zz' 't'í, *rebellion is a great matter.*

女人勿好作主張 'nü niun veh 'hau tsok 'tsû tsáng', *women should not be rulers.*

Obs. The equivalents of these words, in languages having forms of declension, usually take the nominative case after them.

390. The correlative pronouns and sometimes adjectives, are placed like the emphatic adverbs before the copula, the substantives they represent being the subject. [*all honest.*

人禿是劃一個 niun t'óh 'zz *wah* ih kú', *the men are*

惡事體一切全要甩脫個 og zz' 't'í ih t'sih *dzén* yau' hwah t'eh kú', *bad actions are all to be abandoned.*

字目大有用頭 zz' móh *tú* 'yeu yúng' deu, *great is the use of the written character.*

391. The most remarkable use of the copula is in the potential verb groups, where 得 tuh and 勿 veh stand between two verbs; e.g. 打勿贏 'táng veh yung, *fighting he does not conquer*; 話得出 *wó'* tuh t'seh, *speaking can express it*; 走得轉 'tseu tuk 'tsén, *walking you can turn back.*

Obs. i. In colloquial use, these words mean *he cannot conquer, it can be described in words, he can turn back.* If viewed alone as separate sentences, the first verb is the subject, and the second the predicate. So when the last word in these groups is an adjective, it may be regarded as predicate to the verb which stands first. This is particularly obvious where the potential force of 得 tuh and 勿 veh are wanting, 推板勿多 t'é pan veh tú, *there is no great difference*; 寫得快 'siá tuh k'wá', *he writes fast.* Where the potential force exists in these phrases; e. g. 吹勿响 t'sz veh 'h'iáng, *it cannot be sounded* (of a flute); 豎勿直 'zû veh dzuh, *it cannot be set upright*; 改勿正 'ké veh tsung', *it cannot be corrected*; though the relation of subject and predicate is less manifest, it is perhaps the best explanation.

Obs. ii. When adjectives occupy both the first and last places, there is no potential force, and the second adjective becomes comparative. 高得多 kau tuh tú, *it is much higher.*

Obs. iii. Wherever the potential force is wanting, 來 lé is used convertibly with 得 tuh; e. g. 寫來快 'siá lé k'wá', *he writes fast.* Of the two, 得 is most used by the educated.

392. The subject and predicate are still further lengthened by expletives. 末 meh belongs to the former, and 個, 拉, 哩, 者 kú', 'lá, 'lí, 'tsé to the latter.

Obs. Educated natives use these words much less frequently than the common people, except when they modify the verb in time, or as in the case of 末, give a conditional sense. The predicate if an adjective has time given to it by these particles, just as if it were a verb.

Section 7. Subordinate Sentences.

393. Sentences illustrative of verbs of knowing saying and wishing, etc. taking the initiatory particle *that* in English, usually follow the proposition or verb they explain.

不過聽見儂欵待讀書人 pih kú' t'ing kíen' nóng' k'wén dé' tók sû niun, *I have merely heard that you treat with generosity, literary men.*

伊話勿能來 i wó' veh nung lé, *he said he could not come.*

我曉得伊難過日脚 'ngú 'h'iau tuh í nan kú' nyih kiáh, *I knew that he lived on with difficulty.*

我勿相信第隻船將要翻脫 'ngú veh siáng sing' tí' tsáh zén tsiáng yau' 'fan t'eh, *I do not believe this boat is going to overturn.*

Obs. i. The clause introduced with *that* is often placed first. 官府唔沒銀子是人人曉得個 kwén 'fú *m* meh niung 'tsz 'zz niun niun 'h'iau tuh kú', *that the mandarins have no money is known by every one;* 要進城話拉 yau' tsing' zung *wó*' 'lá, *he said that he wished to go into the city.* The educated usually place the verb 話 *wó*' first.

Obs. ii. In Latin the construction of the explanatory clause is that of the accusative and infinitive.

394. Clauses expressing the object of an act, usually follow the sentence that contains the act.

領伊到學堂讀書 'ling í tau' *h*oh dong tók sû, *take him to school. that he may learn to read.*

請和尙拜懺 't'sing *ú* zong' pá' t'sén, *invite Buddhist priests to perform a service.*

叫畫工來畫小照 kiau' *wó*' kóng lé *wó*' 'siau tsau', *call a painter to draw a likeness.*

講鄉約勸士農工商做本分 'kong h'iáng yah, k'iön' 'zz nóng' kóng song tsú' 'pun vun', *read the sacred edict (country regulations), to induce the reading, agricultural, artizan, and mercantile classes to perform their duties.*

Obs. In English, the subordinate clause is introduced often by the final *that*, as the previous examples are by the explanatory *that.*

395. The final *that* or *to* is often expressed by the auxiliary verbs 要 yau' and 叫 kau'.

橫勸豎勸叫伊學好 *w*áng k'iön' 'zû k'iön' kau' í *h*oh 'hau, *use all kinds of exhortations to make him improve.*

關鳥拉籠裏要伊叫個 kwan 'tiau 'lá 'lóng 'lí yau' í kiau' kú', *shut birds in cages that they may sing.*

Obs. In examples such as those of the present, and the previous article. the clauses may be inverted. 要捉魚咾出去登拉更舍裏 yau' tsoh ng lau t'seh k'í' tung 'lá káng só 'lí, *in order to catch fish, he goes out to stay in the watch-hut.* 咾 lau must be appended to the clause expressing the object of the action.

396. The final *that* being often omitted, or expressed by verbs, the way is open to form one sentence out of the two component clauses, so as to improve the general rhythmical effect. This is done in such common sentences as the following.

送勒儂看 sóng' 'lá nóng k'ön', *I present it to you to look* [*at.*
講勒伲聽 'kóng 'lá ná' t'ing, *I speak that you may hear.*
話撥伲聽 wó' peh ná' t'ing, *ib.*
撥飯伊吃 peh van' í k'iuh, *give him rice to eat.*
斟酌起來看 tsun tsoh 'k'í lé k'ön', *deliberate upon it and see.*

Obs. These examples differ from those of the next article, only in being obviously pronounced as one sentence.

397. The clause expressing the object of the verb is often a single verb repeated or not. (In Latin, often the supine.)

拾點物事拉我吃吃 só 'tíen meh zz' 'lá 'ngú k'iuh k'iuh, *give me something to eat.*
要到店裏去買 yau' tau' tíen' 'lí k'í' 'má, *go to the shop* [*and buy it.*

398. The clause containing the action frequently consists of a substantive, or substantive group, with any of the auxiliary verbs of causing, or instrumentality, and the verb of motion 來, or 去 concluding the clause.

叫瞎子來拜斗 kau' hah 'tsz lé pá' 'teu, *call a blind man to worship the north star.*
担衣裳來晾 tan í zong lé long', *take the clothes and hang them out to dry.*
挪石灰漿來刷壁 nó záh hwé tsiáng lé seh pih, *bring lime to white-wash the wall.*
担馬來騎到海灘去 tan 'mó lé gí tau' 'hé t'an k'í', *bring a horse and ride to the sea shore.*
担棕來絞繩 tan tsóng lé kau zung, *bring tsóng wood* [*bark to make ropes.*

担茄瓢舀水 tan ká biau yau 'sz, *bring a cocoa-nut shell to lade water.*

Obs. The object of any transitive verb may be made to precede its verb, by prefixing some of these auxiliary verbs and appending 來 lé or 去 k'í'.

399. Substantive groups of many words are inserted between the instrumental verb, and the verb of motion.

担合天底下個事體來講究明白 tan heh t'ien 'tí 'au kú' zz' 't'í lé 'kong kieu' ming báh, *he takes the affairs of the whole world and explains them clearly.*

担各家人家個姓咾名頭寫拉人丁册上 tan kok ká niun ká kú' sing' lau ming deu 'siá 'lá niun ting t'sáh long', *take the names and surnames of every householder and write them in the register.*

400. A relative clause precedes its word as an adjective, and is connected with it by the particle 個 kú'.

做慣拉個生活勿吃力個 tsú' kwan' 'lá kú' sáng weh veh k'iuh lih kú', *work to which one is accustomed does not fatigue.*

行方便個人家子孫要多者 háng fong bien' kú' niun ká 'tsz sun yau' tú 'tsé, *he who gives alms will have many descendants.*

圍困拉個城頭有四五六個 wé k'wun' 'lá kú' dzung deu 'yeu sz' 'ng lók kú', *of besieged cities there are five or six.*

Obs. The relative or adjective clause standing thus in apposition with a noun, may be considered as forming with it the subject of the sentence, i. e. the *logical* subject as distinguished from the *grammatical*, which consists of the substantive only.

401. Circumstances of cause, manner, instrumentality, etc. precede in the same way, the words to which they belong.

皇帝送個翎毛咾蟒袍總要看重個 wong tí' sóng' kú' ling mau lau 'mong bau tsóng yau' k'ön' 'dzong kú', *peacock's feathers and embroidered tunics presented by the emperor are sure to be highly valued.*

祖宗傳下來個派頭勿好改換 'tsú tsóng dzén 'au lé kú' p'á' deu, veh 'hau 'ké wén', *customs delivered down by ancestors should not be changed.*

聖人賢人講個道理莫非三綱五常 sung' niun hien niun 'kong kú' 'dau 'lí mók fí san kong 'ú dzáng, *the doctrine taught by sages and learned men is all on the three relations and five constant virtues.*

山上泉眼出個水清個 san long' dzíen 'ngan t'seh kú' 'sz, t'sing kú', *water that comes from mountain springs is clear.*

石頭造拉個房子堅牢個 záh deu 'zau 'lá kú' 'vong 'tsz kíen lau kú', *houses built of stone are strong.*

Obs. Many such sentences admit of the clauses being inverted. Thus, **天定拉個數目人勿曉得** may also be read, niun veh 'h'iau tuh t'íen ding' 'lá kú' sú máh, *man does not know the times decreed by heaven.*

402. There are some auxiliary verbs, and preposition forms employed to introduce the subject, which then appears in the form of a subordinate sentence.

話到死過以後個事體難講 wó' tau' 'sí kú' 'í heu' kú' zz' 't'í nan 'kong, *in reference to what happens after death, it is difficult of discussion.*

造到發大財是勿能個 'zau tau' fah dú' 'dzé 'zz veh nung kú', *as to getting rich, I cannot.*

講到登基坐江山勿見得實蓋能造化 'kong tau' tung kí 'zû kong san veh kíen' tuh zeh ké' nung 'zau hwó', *but as to ascending the throne, and taking his seat on the rivers and mountains, it is not likely he will be so fortunate.*

Obs. These words are not indispensable to the introduction of a subject as a subordinate clause; e. g. **大是大個** dú' 'zz dú' kú', *as to size it is large.*

403. Similar to these is the construction of the verb forms prefixed to interrogative pronouns which thereby become relatives.

隨便那裏一樣事體要做差個 zûé bíen' 'á 'lí ih yáng' zz' 't'í, yau' tsú' t'só kú', *whatever thing it be, he will do it wrong.*

勿論啥官總要得賄個 veh lun' sá kwén tsóng yau' tuh 'hwé kú', *mandarins of all offices whatsoever will take bribes.*

勿拘幾許兵卒終會戰敗 veh kü 'kí hó' ping tseh, tsóng wé' tsén' bá', *however many soldiers there be, we are sure to conquer.*

404. Subordinate clauses expressive of time and place, are placed before the principal clauses.

住拉啥地方勿肯話 dzû' 'lá sá' tí' fong, veh 'k'ung wó', *he is unwilling to say where he lives.*

清明節氣幾時黃曆上有 t'sing ming tsih k'í' 'kí zz, wong lih long' 'yeu, *the time at which the Tsing-ming solar period occurs, is recorded in the calendar.*

到明朝我又到伊喊頭去 tau' ming tsau 'ngú í' tau' í han' deu k'í', *on the next day I went to him again.*

405. The subject consisting of a verb and substantive, often takes the form of a subordinate introductory clause.

待別人要用禮貌 té' bih niun yau' yúng' 'lí mau', *in treating others, a man should be polite.*

存心要存得好 dzun sing yau' dzun tuh 'hau, *in keeping the heart, a man should keep it well.*

406. Many subordinate circumstantial clauses are introduced by verbs and precede the principal proposition.

落大雨個辰光去者 loh dú' 'ü kú' zun kwong k'í' 'tsé, *while it was raining heavily, he went.*

照之我個想頭要換朝代者 tsau' tsz 'ngú kú' 'siáng deu, yau' wén' dzau dé' 'tsé, *according to my idea, the dynasty needs to be changed.* (or, *will be*, &c.)

照之古聖王個話頭一心一德 tsau' tsz 'kú sung' wong kú' wó' deu ih sing ih tuh, *according to the words of the ancient king, "one in heart and one in virtue."*

讀之七年書咾考之秀才 tók tsz t'sih níen sû lau 'k'au tsz sieu zé, *having studied seven years, he took his degree of Bachelor.*

囂之書開來咾讀之兩張者 h'iau tsz sû k'é lé lau tók tsz 'liáng tsáng 'tsé, *having opened the book, he read two sections.*

得勝之大回咾末脚死拉戰場上 tuh sung' tsz tá wé' lau meh kiáh 'sí 'lá tsén' dzáng long', *after gaining many victories, he died at last on the field of battle.*

Obs. i. Sometimes the verb of the subordinate clause, is when preceded by the negative particle put at the end; e. g. 兵丁勿算武官死有五十千 ping ting veh sön', 'vú kwén 'sí 'yeu ng seh kûn, *without counting the common soldiers, fifty military mandarins died.*

Obs. ii. Circumstantial subordinate propositions often come between the subject and predicate, 貪官已經受之姓張個銀子就拿姓李個放拉監牢裏 t'én kwén 'í kiung 'zeu tsz sing' Tsáng kú' niung 'tsz dzieu' nó sing' 'Lí kú' fong' 'lá kan lau 'lí, *the avaricious mandarin having received money from Mr. Cháng, will take Mr. Lí and put him in prison;* 好人做之將官總勿瞎殺一個人 'hau niun tsú' tsz tsiáng kwén tsóng veh hah sah ih kú' niun, *the good man on becoming a general, will not kill a single man without reason.*

407. Many subordinate clauses are causal, and are connected with the principal sentence by the particle 咾 lau, or they are inserted in the principal clause with 因爲 yung wé' to introduce them.

做事體勿勤謹咾勿成功者 tsú' zz' 't'í veh giun kiun lau veh zung kóng 'tsé, *not being diligent in performing his duty, he did not succeed.*

家當敗完之咾做之窮人者 ká tong' bá' wén tsz lau tsú' tsz gióng niun 'tsé, *he wasted all his property and became poor.*

打傷之人咾帶之枷者 'táng song tsz niun lau tá' tsz ká 'tsé, *for beating and wounding a man, he was condemned to wear the cangue.*

衣裳摜拉石頭上碎完者 í zong gwán' 'lá záh deu long' sé' wén 'tsé, *the clothes from being beaten on stones are torn to pieces.*

總督唔奈何咾服毒者 tsóng' tóh m 'né ú lau vóg dók 'tsé, *the viceroy having no alternative, poisoned himself.*

上司參之伊咾革脫之官者 'zong sz t'sén tsz í lau kák t'eh tsz kwén 'tsé, *his superior having reported him as culpable, he was discharged.*

勿要因爲事體多咾勿盡心 veh yau' yung wé' zz' 't'í tú lau veh zing' sing, *do not on the ground of having so much to do, pay no attention.*

Obs. Conjunctions may be prefixed to the introductory clause.

因爲三代前頭題過第個名字勿可再題 yung wé' san dé' zíen deu tí kú' tí' kú' ming zz' veh 'k'ô tsé' dí' *because three generations ago this name was used, it could not be employed again.*

408. Conditional introductory clauses are formed by means of particles, or they are understood to be conditional from their position, or from the nature of the sentence.

a. Examples of conditional clauses without particles.

勿教訓個兒子伊總要入下流 veh kiau' h'iün' kú' ní 'tsz í tsóng yau' zeh 'au lieu, *if you do not teach your son, he will certainly fall to the lowest grade of character.*

勿服金原要受皇帝個埋怨咾殺脫 veh vók kiun niön yau' 'zeu wong tí' kú' má yön' lau sah t'eh, *if he does not take gold and commit suicide, he must suffer the emperor's displeasure and be put to death.*

b. Examples with 末 meh, at the end of the conditional clause.

家裏窮末勿要怨恨爺娘勿發財 ká 'lí gióng meh veh yau' yön hung' yâ niáng veh fah dzé, *if you belong to a poor family, you should not be discontented that your parents are not rich.*

發財發福末勿要怠慢脫時落運個人 fah

海上絲綢之路文獻集成　科技與文化編

dzé fah fóh meh veh yau' té' man' t'ah zz loh yün' kú' nium, *if you grow rich, do not treat superciliously those who are unfortunate.*

兒子話勿來末巴勿得要伊會話 ní 'tsz wó' veh lé meh, pó veh tuh yau' í wé' wó', *if their son cannot speak, they wish much that he should be able.*

要做好官末只要念頭動、舌頭動、筆頭動、造出多許善事體 yau' tsú' 'hau kwén meh, tseh yau' níen deu tóng, zeh deu tóng, pih deu tóng, 'zau t'seh tú hau' zén zz 't'í, *if you want to be a good magistrate, you have only to move your thoughts, tongue and pen, and you can do much good.*

c. Examples of the conditional clause as a case supposed, introduced by conditional conjunctions.

若使考過秀才要伊去鄉試 zák sz' 'k'au kú' sieu zé yau' í k'í' h'iáng sz', *if he has taken his Bachelor's degree, they wish him to go to the examination for that of Master.*

若使勿高興讀書千方百計騙伊到學堂去 zák sz' veh kau hiung' dók sû, t'síen fong pák kí' p'íen' í tau' hoh dong k'í', *if he is unwilling to learn to read, they use a thousand arts to trick him into going to school.*

若然勿聽好說話必定敗家蕩產 záh zén veh t'ing 'hau seh wó' pih ding' bá' ká dong' 't'san, *if you are unwilling to listen to good advice, you will certainly ruin your family and lose your property.*

倘有婚喪喜慶應該請伊吃酒 't'ong 'yeu hwun song 'h'í k'iung', yung ké 't'sing í k'iuk 'tsieu, *if there be marriages, funerals and rejoicing days, you ought to invite them to a feast.*

d. Examples of the conditional clause as a fact introduced by 既然 kí' zén, or 末 meh.

既然望雨落勿要惹厭日頭 kí' zén mong' 'ü loh, veh yau' 'zá ien' nyih deu, *if you long for rain, still you should not murmur at sun-shine.*

海上絲綢之路文獻集成 科技與文化編

既然唔末勿要昨日話有 kí' zén m meh veh yau' zóh nyih wó' 'yeu. *there being none, you need not have said yesterday that there was any.*

既然要末再去買末者 kí' zén yau' meh tsé' kí' 'má meh 'tsé, *since you want it, go again and buy it.*

e. Examples of conditional clauses introduced into the midst of the principal clause.

但是娘子雖然聰明勿好撥伊辦外頭個事務 tan' 'zz niáng 'tsz sûe zén t'sóng ming veh 'hau peh í pan' ngá' deu kú' zz' 'vú, *but your wife, although she be clever, you should not allow to act in matters beyond her sphere.*

Obs. Several illustrations have occurred in the preceding pages of the fact, that the laws of position often render particles superfluous. Thus, in adverbial phrases of succession, *and, by*, etc. are omitted in 一個一個 ih kú' ih kú', *one by one;* 一日大一日 ih nyih dú' ih nyih, *greater and greater every day.* So, prepositions are usually omitted in subordinate clauses of cause, manner, agent, etc. because they precede their subject and are readily understood. The omission of the conjunction, for the same reason does not affect conditional clauses (a).

409. If the verb and adjective groups with 得, 勿, 來 are rightly considered as originally forming independent propositions, including in themselves a subject and its predicate, they must be regarded in many instances as subordinate clauses.

a. One of these groups may form an adjective clause, or a predicate to a subject.

做勿來個事體多 tsú' veh lé kú' zz' 't'í tú, *things that cannot be done are many.*

禮體好得極 'lí 't'í 'hau tuh giuh, *the system of observances is excellent.*

b. A group may form the explanatory clause to the verb of a preceding sentence.

勿好話弄勿來 veh 'hau wó' lóng' veh lé, *you must not say that you cannot do it.*

上海方言口語語法

410. There are some fragmentary clauses placed at the end of a proposition that need especial notice.

a. 罷 *pá, to end*, or *then there is no more to be said.*

小銅錢換之末就罷哉 'siau dóng díen *wén*' tsz meh dzieu' 'bá 'tsé, *as to the small cash, you have but to change them, that is all.*

身邊勿帶就罷 sun píen veh tá' dzieu' 'bá, *if you have none, that is enough.*

現在話明白就是哉 *híen*' 'dzé *wó*' ming báh dzieu' 'zz 'tsé. *you have now made it all clear, and that is enough.*

勿肯末罷哉 veh 'k'ung meh 'bá 'tsé, *if you will not, there is an end of it.*

b. Several adverbial clauses used with adverbs of similarity.

皇帝如同父母一般 wong tí' zû dóng 'vú 'mú ih pén, *the emperor is just like one's parents.*

兄弟忒我一樣 h'iúng dí t'uh 'ngú ih *yáng*', *my brother is just as I am.*

恰像我能 hah ziáng' 'ngú nung, *like me.*

c. Some words with the negative.

苦惱勿堪 'k'ú 'nau veh 'k'én, *intolerably wretched.*

路上爛來勿堪 lú' long' lan' lé veh 'k'én, *the road is exceedingly dirty.*

d. After substantives needing to be spoken of in the dual number 兩個 'liáng kú', or 兩個字 'liáng kú' zz' are appended; the former is applied to living agents, and the latter to *characters* as representatives of abstract nouns.

吾你弟兄兩個勿好爭論 ngú 'ní 'dí h'iung 'liáng kú' veh 'hau tsáng lun', *we are brothers and ought not to quarrel.*

善㗎惡兩個字本來對面個 'zén lau oh 'liáng kú' zz 'pun lé té' *míen*' kú', *virtue and vice are originally opposite terms.*

e. Prepositions of motion take after the nouns they govern, the fragments 兩 'liáng, 一淘 ih dau, separately or together.

海上絲綢之路文獻集成 科技與文化編

我忒儂出外兩日咾再來 'ngú t'uh nóng' t'seh ngá' 'liáng nyih lau tsé' lé, *you and I will go out for two days and return.*

伊忒我兩一淘牽兩隻牛䏲拉水裏 í t'uh 'ngú 'liáng ih dau k'íen 'liáng tsáh nieu k'wun' 'lá 'sz 'lí. *he and I together led two oxen to lie down in the water* (or 一氣).

Obs. These are perhaps fragments of propositions, of which only the predicate remains.

Section 8. *Coordinate Sentences.*

411. In further illustration of the connection of groups and propositions, it may be observed, that coordinate sentences often occur in juxta-position without any particle.

a. There may be several subjects to one predicate.

文武百官鄉紳士庶秃出來求雨 vun 'vú puh kwén, h'iáng sun 'zz sû' t'ók t'seh lé gieu 'ü. *the civil and military mandarins, the gentry and common people are all come out to pray for rain.*

按察司布政司撫臺各省有個 ön' t'sah sz', pú' tsung' sz', 'fú dé, kok 'sáng 'yeu kú', *a judge, treasurer and lieutenant-governor belong to each province.*

b. There may be several predicates to one subject, or several explanatory clauses to one proposition.

多請朋友勿免浪用錢財廢事失業 tú 't'sing páng 'yeu veh 'mien long' yúng' zíen zé fí' zz' seh nyih, *if you invite friends much, you will not avoid wasting money and expending property.*

風水兩個字池湖末水龍氣末風 fóng 'sz 'liáng kú' zz, dzz ú meh 'sz, lóng k'í' meh fóng, *in the phrase wind and water, the pond represents the water, and the winding path (dragon vapour) the wind.*

松江提督手下有前營後營左營右營中營一府裏五營 Súng kong dí tok 'seu 'au 'yeu dzíen yung 'keu yung tsú' yung yeu' yung tsóng yung ih 'fú 'lí 'ng yung, *the general at Súng-kiáng has under him, the*

上海方言口語語法

front, hind, left, right and central divisions, in all five for the whole prefecture.

412. The connective 咾 lau is very frequently introduced between groups; and the constituents of any group of coordinate words may be broken up into separate subjects, or predicates or objects by the insertion of this particle.

墳墓週圍種個樹木咾築個籬笆 vun mú' tseu wé tsóng' kú' zû' móh lau tsók kú' lí pó, *round the grave are planted trees, and a hurdle hedge is erected.*

一家裏向有爺咾娘咾小囝咾差囝咾丫頭 ih ká 'lí h'iáng' 'yeu yá lau niáng lau 'siau nön lau t'sá nön lau au deu, *in one family there are the father and mother, children, men and women servants.*

知縣要管個一縣裏個漕白咾詞訟咾驗屍個事體 tsz yön' yau' 'kwén kú' ih yön' 'lí kú' zau báh lau zz zong' lau nien' sz kú' zz' t'í', *the city magistrate presides over the revenue, crimes, lawsuits and inquests of his district.*

關稅咾兵丁咾啥是道臺管拉個 kwan sûe' lau ping ting lau sá' 'zz 'tau dé 'kwén 'lá kú', *the customs and army matters are superintended by the Intendent of Circuit.*

Obs. It has been shewn in section 7, that 咾 lau also frequently terminates causal subordinate sentences.

413. When there are two coordinate ideas to be expressed connectedly, as with *both— and—* 而且、也 and 又 are employed.

又是長又是濶 í' zz dzáng, í' zz k'weh, *it is both long and broad.*

也要加長也要加濶 'á yau' ká dzâng, 'á yau' ká k'weh, *you must make it both longer and broader.*

Obs. i. *Even* as an initiatory particle is expressed by 就是

就是生意清也勿要甩脫工夫 dzieu' 'zz sáng í' t'sing 'á veh yau' hwah t'eh kúng fú, *even if trade is slack, you must not waste time.*

Obs. ii. 也 is also used when no sentence precedes, as in 外國米也有否 ngá' kóh 'mí 'á 'yeu 'vá, *is there rice in foreign countries?*

Obs. iii. When the clauses are negative, the negative particle is inserted after the conjunction. 也勿會開口也勿會動身 'á veh wé' k'é 'k'eu, 'á veh wé' 'dóng sun, *he can neither speak nor move.*

414. When two objects are compared, they stand as coordinate clauses with the verb 比 'pí between them, and the attribute of comparison at the end.

生果子勿比熟果子甜個 sáng 'kú 'tsz veh 'pí zóh 'kú 'tsz díen kú', *unripe fruit cannot be compared to ripe fruit in sweetness.*

做生意勿比念書個好 tsú' sáng í' veh 'pí nian' sû kú' 'hau, *to engage in trade is not so good as studying books.*

儂比之我年紀大 nóng' 'pí 'tsz 'ngú níen kí' dú', *you are older than I.*

Obs. i. 又 í' is sometimes prefixed to the attribute; e. g. 伊比我又好 í 'pí 'ngú í' 'hau, *he is still better than I.*

Obs. ii. 又 í' with the negative is thus seen to have the force of a separative particle, while in the examples of the preceding article it is clearly connective (*both— and—*) in one case, and separative in the other (*neither— nor—*).

415. Propositions introduced by the adversative particles *only*, *but*, *yet*, etc. (v. Art. 312), form another class of coordinate sentences.

小道理聖人賢人勿屑為但是平常人在要曉得個 'siau 'dau 'lí sung' niun hien niun veh sih wé tan' 'zz bing dzáng niun zén yau' 'h'iau tuh kú', *small matters are not attended to by the wise and learned, but ordinary people must know them.*

好人該當親近個倒要遠開伊 'hau niun ké tong t'sing 'giun kú' 'tau yau' 'yön k'é í, *you ought to attach yourself to good men, but on the contrary you avoid them.*

爺娘個棺材勿可以常安拉家裏恐防火灼 yá niáng kú' kwén zé, veh 'k'ó 'í dzáng ön 'lá ká 'lí 'k'óng bong 'hú dzáh, *your parents' coffins must not be long retained in the house, lest a fire should break out.*

上海方言口語語法

416. Illative and causal sentences form another class of coordinate sentences.

故此呒沒出頭個日子 kú‘ ’t’sz *m* meh t’seh deu kú‘ nyih ’tsz *therefore there is no day of escape.*

半個身體三個時辰浸拉水裏所以怪勿得有點勿自在 pén kú sun ’t’í san *zun* kú‘ zz zun tsing ’là ’sz ’lí ’sú ’í kwá‘ veh tuh ’yeu ’tíen veh zz‘ ’zé, *his body was up to the waist in water for 6 hours, and therefore it is not to be wondered at that he feels a little uncomfortable.*

417. In causal sentences, the causal conjunctions are used, or the word for "cause" at the end of the sentence; sometimes both are employed.

勿能得勝兵丁勿好個緣故 veh nung tuk sung‘, ping ting veh ’hau kú‘ yön kú, *he cannot conquer, because the soldiers are bad.*

文理爲啥勿好因爲讀書少 vun ’lí wé‘ sá‘ veh ’hau yung wé‘ dók sû ’sau, *why is his style of writing bad? because he has read but little.*

Obs. The answer to a question requiring "because," is very often ended with 咾 lau, which then takes that sense. But this is an irregular colloquialism, since lau as connective conjunction ought to be followed by another clause. 船吹壞脫哉風大咾 zén t’sz wá‘ t’eh ’tsé fóng dú‘ lau, *the boat was broken to pieces, the wind being high.*

418. Conjunctions forming pairs of sentences have already been partially illustrated in Arts, 324—332. It may in addition be observed, that short phrases sometimes take the place of conjunctions.

a. Thus for, *not only— even—*, we have 勿要話 veh yau‘ wó‘ and 就是 dzieu zz in the supplemental sentence.

勿要話爺娘教訓伊勿轉,勿要話親友勸戒伊勿轉,就是菩薩也點化伊勿轉 veh yau‘ wó‘ yá niáng kiau‘ h’iün‘ í veh ’tsén, veh yau‘ wó‘ t’sing ’yeu k’iön‘ ká‘ í veh ’tsén, dzieu‘ ’zz pú sah ’á ’tíen hwó‘ í veh ’tsén, *do not say that his parents were unable to influence him by instruction, and his friends by exhortations; supernatural beings even could not reclaim him by their warnings.*

b. English initiatory phrases such as *I suppose that, probably,* are represented by 只怕, 空怕 tseh p'ó', 'k'úng p'ó', or by 我想 'ngú 'siáng, *it appears to me that.*

打殺之雄鳥雌鳥獨干子躲拉恐怕要氣殺 'táng sah tsz yióng 'tiau t'sz 'tiau tók kûn 'tsz 'tú 'lá 'k'úng p'ó' yau' k'í' sah, *if the male bird were killed, the female from being solitary, would probably die of grief.*

Obs. i *On the one side— on the other side—* are represented by the common substantive for *side* with 一 ih *one*, in both clauses. The preposition and article are rejected as unnecessary, cf. Art. 330.

Obs. ii. Although is sometimes expressed by a verb, in the sense *let it be that,* 憑儂地獄拉前面,伊也勿肯回心改念 bing nóng' tí' mók 'lá zíen míen', í 'á veh 'k'ung wé sing 'ké nían', *granting you that hell were in sight, he would still be unwilling to repent.* 隨儂 sûe nóng', 但憑儂 tan' bing nóng', are also used in the same sense.

419. Comparisons are introduced by several compounds of 如 zû, and some fragmentary sentences, as 比方 'pí fong *for example.*

病好爺娘十分快活猶如尋着之寶貝一般 ping' 'hau 'yá niáng zeh fun k'á' weh yeu zû zing zák tsz 'pau pé' ih pén *when they recover from sickness, the parents are delighted just as if they had found a treasure.*

如同樹木個根 zû dóng zû' mók kú' kun, *it is like the root of a tree.*

假如見之長輩勿要忽畧伊 'kiá jû kíen' tsz tsáng' pé' veh yau hweh liák í, *suppose that you see your elders, you must not treat them disrespectfully.*

比如担別人家個祖宗認做自家個祖宗有第個道理否 'pí zû tan bih niun ká kú' 'tsú tsóng, niun tsú' zz' ká kú' 'tsú tsóng, 'yeu tí' kú' 'tau 'lí 'vá, *if for example you take the ancestors of others, and recognize them as your own, could this be right?*

Section 9. On Antithesis.

420. Of antithesis there are three kinds; (a) that of words in the formation of groups; (b) that which gives an interrogative force by the juxta-position of positive and negative clauses. (c) That of sentences contrasted in sound or sense.

Obs. The first of these should be placed with the sections on groups, but the other kinds (b) and (c) are naturally discussed after propositions, and therefore they are all placed together here.

421. Substantives that are opposite in sense, when they combine into groups are treated just as other coordinate words.

晝夜 tseu' yá', *day and night.*

山海 san 'hé, *land* (hills) *and sea.*

422. Adjectives and verbs when they form antithetic groups, often lose their proper character as attributives, and become substantives.

斬絞流徒 'tsan kau lieu dú, *beheading, strangling and banishment.*

酸甜苦鹹 sûn dien 'k'ú han. *sour, sweet, bitter, salt.*

第條路多少遠近 tí dian lú' tú 'sau 'yön 'giun, *how far is it by this road?*

423 Antithesis in the formation of interrogatives has an important grammatical use. Thus a verb with or without its object, expressed successively in the affirmative and negative form, asks a question [*or not?*

去過勿曾去過 k'í' kú' veh zung k'í' kú, *have you gone*

Obs. The subject is prefixed and is not repeated; e. g. 遭蹋字紙儂想罪過勿罪過 tsau t'ah zz' 'tsz 'ná 'siáng zé' kú' veh zé' kú', *do you think the misuse of written paper is a sin or not?*

424 Among instances of the antithesis of propositions, many consist simply of a tautology of ideas by introducing opposite qualities or actions with the negative particle.

有銅錢就做|唔沒銅錢勿要做 'yeu dóng díen dzieu' tsú', m meh dóng díen veh yau' tsú', *if you have money do it, if not you need not do it.*

海上絲綢之路文獻集成 科技與文化編

各人要心平勿要做怨恨 koh niun yau' sing bing veh yau tsú' yön' hung, *every one ought to be contented, and not dissatisfied.*

Obs. This figure of speech would in many of its examples be intolerable in English, but the brevity and rhythmical structure of Chinese sentences make it agreeable. It gives an air of simplicity to conversation, and allows the speaker time to prepare his next idea, without forcing his thinking faculties to a too rapid productiveness. The same advantage is obtained by the use of a long group, where in English, one or two of its constituent words would be sufficient.

426. Of antithetical propositions some of the most ornamental are those that consist of the words of a common group lengthened into clauses.

上有天理下合人情 'záng 'yeu t'íen 'lí. 'hau heh niun zing, *it coincides with the law of heaven on one hand, and the natural sentiments of mankind on the other.*

先有風後有雨 síen 'yeu fóng heu 'yeu 'ü, *wind comes first and rain after.*

明醫家會救人,笨醫家會殺人 ming í ká wé' kieu' niun. pun' í ká wé' sah niun, *a good physician can cure men. while an incompetent one can kill them.*

遠水救勿得近火 'yön 'sz kieu' veh tuh 'giun 'hú, *distant water cannot save from a fire that is near.*

前世無讐今世無冤 zíen sz vú zeu kiun sz' vú yön, *if in a former life you were the enemy of no one, you will have no enemy in this.*

東耳聎進西耳聎出 tóng 'ní 'tú tsing' sí 'ní 'tú t'seh, *enter by the left ear. and disappear by the right.*

推勿轉頭捽勿轉腦 t'é veh 'tsén deu peh veh 'tsén 'nau, *he cannot be brought to change for the better.*

Obs. This is a principal means of decorating the 文章 vun tsáng, the literary compositions on which the educated class expend so much time and effort. With the classics before them, and ten or twenty thousand words at command, there is a wide field for variety. In addition to the care required in the general structure of the essay, that all its parts may be conformed to rule, the separate sentences must be framed in obedience to the laws of grouping and antithesis, so that there may be no infringement of the order of the words, as they stand in the ancient books.

427. Another class of antithetical propositions consists of such as correspond word for word with each other in structure and relative meaning. Many proverbs are of this kind. 債有主冤有頭 tsá' 'yeu 'tsû *yön* '*yeu* deu, *to every debt there is a creditor, and to every enemy a foe.*

Obs. Prémare has a large collection of such proverbs, to which the reader is referred.

Section 10. *On Rhythmus.*

428. Chinese sentences spoken or written are symmetrically arranged. The same rhythmus that pleases and aids the reader, in such works as the Historical Novels exists in a less elaborated form in the colloquial medium of daily life. In the style of a fluent Chinese speaker, clauses of four words each, will be found to occur more frequently than of any other length. This measure may be called for the Shánghái dialect the Double Iambus, the accent being on the last syllable of a group of two words; e. g. 財主人家有喪事要請和尙道士做做功德 zé-'tsú-niun-ká '*yeu* song zz' yau' 't'sing *hú*-zong'-'*tau*-'zz tsú'-tsú' kúng-tuh, *rich men at a funeral will invite Buddhist and Taúist priests, to perform a religious service.* Here there are 3 groups of four.

Obs. i. Chinese colloquial syntax might be divided into two heads, treating of grammatical (or syntactical), and prosodial (or rhythmical) relations respectively. Under the former might be placed, government, propositions, and a part of the system of groups. Under the latter would be properly found repetition, antithesis, and the remainder of the system of grouping. The latter might be called prosody, but that word is more properly applied to the laws of poetry. In the present work it has been thought more convenient to mix these divisions under a common heading.

Obs. ii. Words in the fourth tone are just as important in the groups as other words, unless they happen to be enclitics; e. g. 大

關節目 *tá*' kwan tsih móh, *the general object.* The last two words have no less emphasis of voice than the former, and 目 móh is distinctly accented.

Obs. iii. In dialects where the accent is on the penultimate syllable, the four-word measure might be called a Double Trochee. These classical names of feet are not strictly applicable, descriptive as they are of the long and short syllables of poetry. They are here used for want of better terms, just as is done by writers on English versification, to express the pronunciation of words as accented or not accented. At Súng-kiáng the fú city to which Shánghái belongs, the accent changes to the penultimate.

Obs. iv. In 讀起來 *read*, and *tók* k'í' lé k'ön', *read it and try*, the accent is on the first and last words of both these sentences, the middle words being enclitic.

429. The three-word foot may be called, if it consists of two unaccented, and one accented syllable, an *anapaest*; e. g. 壁立直 pih lih dzuh, *exactly straight*; 敲敲鼓 k'au k'au kú, *to beat a drum*; 梁惠王 liáng we' wong, *a king in Mencius.* If the accent is on the first word of three, the foot might be called *a dactyl*; e. g. 做末者 tsú' meh 'tsé, *do it.* Instances of such dactyls are rare and are chiefly confined to sentences containing enclitics, which reject the accent. In some cases, the accent is on the middle word as in 放飄子 fong' yau' 'tsz, *to fly a kite*; 子 'tsz as an enclitic throws back the accent on the preceding word.

430. The number two occurs in innumerable combinations, which may be called *iambs*; i. e. 上山 'zong san, *ascend a hill.*

431. Common recognized groups numbering more than four coordinate words are not very numerous. They may be readily resolved into smaller feet of two, three, or four words, by attending to the *cæsura*, which will be always found in them; e. g. 喜怒哀懼愛惡欲 'hí nú' é gü' é' ú' *yóh*, *joy, anger, grief, fear, love, hatred, desire.* That mark of division occurs after the fourth word for groups of seven, and

after the second for groups of five; others may be divided into groups of two or three words each.

Obs. i. The cæsura of seven word and five word versification in good poetry, and in street ballads, is generally after the fourth and second words, but variations occur according to the taste of the writer, and the exigencies of composition.

Obs. ii. By marking the cæsura, groups of four words may be divided into smaller divisions of two, and those of three words into parts of one and two words. Thus the secondary accent heard in the first part of the group, and referred to in the sections on tones may be accounted for, as properly belonging to the smaller groups, or single word, to which it is affixed.

Obs. iii. The accent here spoken of is, that which is understood by the word in English and French, viz. that emphasis which is predominantly on the penultimate or antepenultimate in the former, and on the last syllable in the latter language. It is one simply of position, and is so far independent of tones on the one hand, and of the quantity of vowels as long or short, on the other. English versification is entirely regulated by the accent of position, and not by the consideration of vowels and syllables being long and short. Thus in the line "our voices keep tune, and our oars keep time," the quantity of "keep," and "our" is long, yet they stand as short syllables. Chinese poetry is like that of England in possessing rhymes, and instead of a rhythmus of long and short vowel quantities, such as formed the framework of Greek and Latin versification, it has one of even and uneven tones.

Obs. iv. In some groups of four, the accent is on the first and fourth words; e. g. 鄉下百姓 h'iáng *'a*u pák sing', *country people*. But it is most frequently on the 2nd and 4th, e. g. 富貴貧賤 fú' kwé' bing dzíe*n*', *rich and poor*; 去邪歸正 k'í' ziá kwé tsung', *to abandon vice and reform.* When it passes to the first or third, it is because the word on which it should be is an enclitic or has a weak tone. Cf. Part I. section 3. for remarks on the accent of three-word groups.

432. From this analysis it may be concluded, that much of Chinese prose falls spontaneously into groups of two, three and four words, with an accent of position to mark them;

enclitics do not usually take the accent and are very often not to be counted as independent members of the groups to which they are attached.

Obs. i. It has been already shewn that the tones of a dialect are affected by the rhythmus. This happens for example, in the Amoy dialect particularly in the penultimate, where the second and seventh tones change into the high quick rising, and high quick falling respectively. In Chinese prose compositions, it is usual to end sentences with a word in the first tone, and one of the three other tones alternately. In their versification, words that rhyme have their alphabetical sound, and their tones in harmony. For an accouut of the use of tones in poetry, see Remusat's grammar.

Obs. ii. The tendency of words as thus illustrated, to agglutinate into groups numerically conditioned, is made the basis of all new sentences, and insensibly regulates the composition of the native speaker. He would be quite as likely to transgress the laws of intergovernment among the parts of speech, as to overlook the rhythmus of his words.

APPENDIX I.

ON THE HIGHER COLLOQUIAL, CALLED VUN 'LI 'T'U BAH, 文理土白.

Occasionally in the preceding pages, examples have been introduced, from the style of conversation prevailing among literary men. A common knowledge of the books, and the existence of a universal mandarin colloquial, have given rise to an enlarged vocabulary of phrases bearing this name. The consideration of their etymological and syntactical peculiarities belongs to the grammar of the books and of mandarin, the two sources from whence they are derived.

An example or two will be given. Among the verbs, the auxiliary of destruction 脫 t'eh, is replaced by 掉 *tiau'*. 殺掉 sah diau', *to kill*; 滅掉 mih diau', *destroy*. Many new groups are also employed, whose meaning would not be understood by the common people. 燈燭輝煌 tung tsóh hwé wong, ***the brightness of the candle in its lanthorn***; 衣冠楚楚 í kwé 't'sú 't'sú, ***his dress and hat look neat.***

In carrying on conversation with the educated, it is necessary to know these phrases when they occur, and it is a great advantage to be able to use them, but in an elementary work like the present, it is enough to say that the path to that knowledge lies in the study of the books, and of the general language. This part of the colloquial medium is common ground to all dialects, where no distinction remains, but that of pronunciation. In many cases, however, phrases not used in the every-day dialect of this district, and which therefore, are considered 文理 vun 'lí, are found in the colloquial of other parts of China, much farther removed from mandarin.

APPENDIX II.

ON THE NATIVE TABLES OF INITIALS AND FINALS.

Marshman long ago made a study of these tables, for which he was peculiarly fitted from his knowledge of Sanscrit. On comparing the alphabetic system of that language with the Chinese tables, now to be considered, he at once pronounced them identical in principle. This conclusion is fully confirmed by what Chinese authors say. The explanation in K'áng-hí's Dictionary of "the method of separating a word into its component sounds," (切字樣法) says, "now tabulated rhymes are in the Sanscrit called sih-t'ai," 夫等韻者梵語悉曇. "Here we speak of mother characters, the sounds from which all words originate," 此云字母乃是一切文字之母. "That which in Sanscrit is called p'í-k'á-lah is here called the division of sounds, which constitutes the foundation of the science of words," 梵語毘佉囉此云切韻一切文字之根本. If there be any doubt as to what language was meant by the word 梵 Fan, it will be removed by adducing a passage in the Life of the Grand Lama, Pa-sz-pa, translated from the Chinese History of the Mongols by Remusat in Mélanges Asiatiques, Vol. II. 145. "Ce sont les religieux Indiens qui l'ont (the 36 initials) fait connaître á notre empire." "Nos prêtres chinois ont retenu cet usage qu' ils avaient pris des Indiens."

The accompanying table is taken from Bopp's Sanscrit grammar, the characters of the Chinese tables being placed instead of the Sanscrit characters.

Gutturals.	見	ká.	溪	khá.	群	gá	ghá.	疑	ngá.
Palatals.	知	chá.	徹	ch'á.	澄	djá	d'zá.	娘	niá.
Linguals.	端	tá.	透	t'á.	定	dá	dh'á.	泥	ná.
Dentals.		tá.		thá.		dá	dhá.		ná.
Labials.	幫	pá.	滂	phá.	並	bá	bhá.	明	má.
Semivocals.	影	já (y)	日	rá.	來	lá			wá (v).
Sibilants.		sá (s').	審	shá (s').	心	sá (s).		曉	há.

Marshman possessed a genuine philological spirit, which often appears in the midst of the somewhat extravagant theories in which he frequently indulged. He saw in the present instance, that in the Chinese spoken language, the consonants g, d, b, etc. should each commence a series of words, and this led him to the remark "that a further investigation of the Chinese pronunciation, would probably discover some vestige of this existing at the present day." Diss. p. 37.

The passage cited in page 46, also ascribes the arrangement of these tables to a Buddhist priest ; he improved upon the system of finals invented by Shin-yoh, who wrote owe of the *twenty one histories*, viz. that of the northern Sóng dynasty.

It will now be shewn that in a great part of central China such a system prevails. Before attempting to sketch the boundaries of that tract of country, a brief statement will be given of what conditions must be fulfilled; in order to identify an existing pronunciation with these relics of the Buddhist industry of former days.

By referring to the table in page 47, it will be seen that there are in all 36 initials including, beside those whose Sanscrit equivalents are now given, f, f', v, w, z, zh, a lower h and y, and the compounds of t and d, with s, z, sh and zh.

The required dialect should have therefore an extensive system of initials, and as the tonic Dictionaries of Canton and Cháng-cheú, very accurately represent the dialects of those places, it may be assumed of the Dictionary tables, that they are no less careful in exhibiting the pronunciation of their time.

Among the finals, ng, n and m, terminate words in the three long tones, and the corresponding mutes k, t, p, are recognized as the terminations of words in the short tone, few of them having a vowel ending.

This is very clearly perceptible in the tables of the 字彙 a Dictionary, which was published many years before that of K'áng-hí, and in those of the Dictionary called 洪武正韻 *hóng 'wú chung' yün'*. In the latter for example words in the short tone ending in k, are classed under 屋, 藥, 陌. Those in t are found under 質, 曷, 轄, 屑. Those in p are under 緝合葉. pron. tsip, etc.

The same careful separation of the finals ng, n and m is also found in these Dictionaries. The modern mandarin sound kíen, is found subdivided into the four words kíen, kiem, kan, kam ; e. g. the 字

彙 classes words in ten under the headings, 堅, 廉, 艱, 監. Mandarin words in óng are found under two heads, 公 kóng and 弓 kióng respectively. While the first medial i is thus affected, the other medial u is found as it is in modern mandarin spelling, except that 戈 is spelt kwo, and heads a class distinct from another which is ranged under 歌.

The number of classes into which the finals are divided varies in different Dictionaries. That of the 字彙, perhaps the best arrangement, consists of 44. This includes the 入聲 finals k, t, p, as the same in sound with ng, n, m. The difference between these two sets of letters, is supposed to be due only to rapid pronunciation occasioned by the tone. In that work, the finals are as follow:—

1. Kóng 公, kí 基, kung 庚, kin 巾, kiün 鈞, kwáng 光, kwei 規, kwái 乖, kwá 瓜, kié 迦, kó 歌, kán 干, kwán 關, kien 監, keú 鉤.

2. Káng 岡, kü 居, kun 根, kim 金, king 扃, kwung 觥, kú 姑, kái 該, kiá 嘉, k'iö 𣵀, kwön 官, kíen 堅, kán 艱, kaú 高, kieú 鳩.

3. Kiaú 驕, kióng 弓, king 京, tshim 簪, kwun 裩, kiáng 江, tsz 貲, kiái 皆, ná 拿, kwó 戈, kiuen 絹, kiem 兼, kam 甘, kiaú 交.

The remaining principal element of these tables is their arrangement according to tones; which are neither five, seven, nor eight, but always four. Thus, 東, 通, 同 are all in the first tone 平聲, under the initials t, t', d. So also 兵 評 平 明 are all in the first tone 平聲, under the initials p, p', b, m.

Among the words registered in the second tone, are many that are in modern Chinese in the third tone. Such are—

後上動奉坐部禍倖跪近是市緒善弟道父婦犯罪造重在緩罷下丈蕩牝舅社單被倍似曙柱拒忿殍抱豎

下 being in the second tone, we see the probable reason, why it was not chosen for the name of the third tone. The character 去 was preferred, because it exemplified the tone of which it was the name.

The tables thus described are employed, to spell words throughout

海上絲綢之路文獻集成 科技與文化編

上海方言口語語法

the Chinese dictionaries from K'áng-hí and the 正字通, upwards to the T'áng dynasty and even earlier. There is but one system and one set of tones, the tone is included in the final, or second word in the 反切, while the first gives the initial, and both are in constant accordance with the tables. The characters 犯 and 下 for example are always given in the 上聲 second tone, but the latter is as a verb also given in the 去聲 third tone. Different dictionaries choose different words to spell with, but the system is one; e. g. 動 is spelt with 徒 dú and 棇 'tsóng, making 'dóng. It is added 𢘿同上聲, it is the same as dóng read in the second tone.

In considering to which system of pronunciation now existing these characteristics best apply, there occur several objections to the modern mandarin.

The mandarin of Nán-king and Yáng-cheú in Kiáng-nan, of Ngán-k'ing in Ngán-hwei, and of Ch'áng-shá in Hú-nan has five tones, viz. 上平、下平、上聲、去聲、入聲. In the northern parts of Kiáng-nan another system begins. Words in the 入聲 júh shing become distributed among the other four tones, and this peculiarity extends over the northern provinces including the metropolitan city. The 上平 and 下平 differ as much from each other, as they both do from the other tones, so that the nomenclature of tones, when first invented, could not have referred to the Nanking or Peking mandarin, as they are at present. Evidently the literati speaking those dialects have taken their names of tones from the dictionary system, and not vice versâ. Nor have these two modes of pronunciation any such finals as *m* among the long tones, or k, t, p in the júh shing. Not to insist on the differences in the medial vowel i, the want of the initials g, d, b, is another reason for our seeking elsewhere for the prototype of the dictionary system. The western provinces of China are the same in principle as to their pronunciation. Like the mandarin of northern China, they always admit the aspirate after k, t, p, in the 下平, and reject it, except in irregular instances, in all words that are in the southern and eastern provinces in the 下上, 下去, and 下入.

Further, the irregularities of the initial consonants found in the mandarin provinces, are not taken into account in the native tables.

Such are the changes of *ki* into *chi* at Peking; *l* into *n*, and *n* into *l* in many dialects; the coalescing of ki and tsi in others. The 下平 aspirates, and some other changes are included in the second table formed to accompany K'áng-hí's dictionary; yet that table is but a modern and incomplete revision of the older system.

If any one desires native tables of the mandarin pronunciation, he must look for them in the 五方元音 and such works, which give them with great accuracy; though of course their authority is not equal to that of the celebrated dictionaries already cited.

For investigating the sounds of Canton and Fúh-kien, every facility is afforded by the careful dictionaries of those systems of pronunciation that have been prepared by native authors. The Cháng-cheú dialect with its fifteen initials, its sharp nasal endings, and its want of a lower 上聲 is definitely marked. Although like the Canton pronunciation it contains the finals m, p, t, k, admits a medial *i* in words such as 弓, and rejects it in 躬, thus agreeing with the tables in some of their peculiarities, it can only be regarded so far as the tables are concerned, as an isolated, out-lying member of the general system of dialects. The finals, m, t, p, k, disappear on the Fúh-kíen coast at Hing-hwá.

The Canton dialect possesses very regular tones, none of them being inverted in pitch as in Fúh-kíen and Kiáng-sí, and it has among them the lower 上聲, or as it is usually called, the sixth tone. In this tone are found perhaps half of the words, having the dictionary initials, g, d, b, zh, z, some of which are given in page 240. But they are pronounced k, t, p, etc. E.g. 似、倍、柱、重、婦、牝. These words with many others are in the Canton 分韻 marked lower 上聲. In mandarin they are 去聲.

Nowhere do we find such an accurate general correspondence with the tables, as in the pronunciation of the central parts of China. The tones are such, that the dictionary system is seen at once on examination to apply to them with accuracy. The alphabetical peculiarities of the native tables are found with one or two doubtful exceptions, to be embraced in a tract of country, which will now be roughly indicated.

In the north, the thick series of consonants, g, z, etc. marking the lower series, i. e. in southern China words in tones 5—8, makes its appearance in 南通州 Nán T'óng-cheú, a prefecture lying along the northern bank of the Yáng-tsz-kiáng, where it enters the

海上絲綢之路文獻集成　科技與文化編

ocean. The transition from d, etc. to t, etc. where the region of the northern mandarin is approached, is marked by the introduction of the aspirate. Thus, 地 dí' becomes t'í', before it becomes tí'. The two pronunciations are mixed in Chun-kiáng fú 鎮江. There the mandarin system of five tones crosses the river to the south and extends to Nanking. All round Háng-cheú bay, the two correlate series of consonants, and the four-tone system mark the colloquial dialect. Chu-san and Ningpo, Shaú-hing and Hang-cheú, on the south, are at one with Sú-cheú, Ch'áng-cheú and Súng-kiáng, on the north. Perhaps the whole of Cheh-kiáng province has substantially the same spoken medium. Passing the point where the three provinces Cheh-kiáng, Fúh-kíen and Kiáng-sí meet, the thick consonants are still found partially prevailing in the two prefectures of the latter province Kwáng-sin and Kíen-ch'áng, lying to the west of the Wú-í hills. But at 副州 Fú-cheú, a little farther westward they have entirely disappeared, and are replaced by aspirates. Instead of dí' *earth*, they there say t'í, for bing *sickness*, p'ing, and so through all words beginning with k, t, p, in the lower series. The same peculiarity marks the dialect of Kiá-ying cheú 嘉應州, in the eastern part of Canton province. Nothing can be said in the present notice of the southern parts of Kiáng-sí, but Nán-ch'áng the provincial capital has the aspirates only in the fifth tone where they should properly be, and in the other lower tones has k, t, etc. distinguished from words in the upper series, simply by difference in tone. Immediately north of this city, on both sides of the Pó-yáng lake, the broad consonants occur again. It might be expected that through Ngan-hwei, a connecting chain of dialects should link the broad pronunciation of this region, including the Potteries 景德鎮, and 南康府 on the other side of the lake, with the similar system extending over Cheh-kiáng, and a great part of Kiáng-sú. This line exists and extends through Ning-kwóh fú, but it is so narrow that it does not reach the great river on the north, nor the city of Hwei-cheú on the south. The last mentioned place has two dialects within its walls, in one of which two sets of tones exist, the tones of conversation being quite distinct from those of reading. This is independent of the alphabetical differences of the reading and the spoken sounds, which also here appear to reach their maximum. Near this city, the pronunciation varies so fast that

海上絲綢之路文獻集成 科技與文化編

three dialects are found in one *hien*. The belt of country across Ngan-hwei, where the lower series of consonants is in use, is bordered on the north by dialects containing the aspirates, that so frequently form the medium of transition to the thin consonants and fewer tones of mandarin.

Beyond the Pó-yáng lake westward, are also found the g, d, b, initials on the banks of the 洞庭湖 Tóng t'ing hú, in Hú-nán. Boatmen from the district of 安化, on the south of that celebrated lake, may be readily conversed with by using the thick consonants in all words in the lower series of tones. Round these two lakes, the favourite resorts of the Chinese muse, and from the natural beauty of which Lí T'ái-puh drew the inspiration of his poetry, the same system of pronunciation with that of Háng-cheú and Sú-cheú, the most polished cities in China, is found to exist. This consideration with the extent of the territory thus delineated, may help to remove any strangeness in the assertion, that the native tables of sounds made in the Liáng dynasty, and copied into K'áng-hí are not at all founded on mandarin, but on what is now a provincial system.

In the territory thus delineated, there is not the same uniformity in finals that exists in initials. Of the three terminating consonants in the 入聲 *k* only is developed at Shánghái, and even this is wanting in all the large cities near, including those in the northern part of Cheh-kiáng. N is not as a final in the long tones, clearly separated from NG, and there is no representation of M.

On the other hand *t* and *p*, with their correlates *n* and *m* are found at Fú-cheú fú, 撫州府 in Kiáng-sí, but *k* does not appear. At 南康府 Nán-k'áng fú, at the western extremity of the same province, *p* and *m* are distinctly represented, but there is no *k* or *t*, and *ng* is confounded with *n*. *Kien* and *kan* are distinguished at Shánghái, and in these more southerly cities. *Kóng* 公 is separated from 弓 at Fú-cheú fú.

In dialects farther south, while the initials differ from those of the dictionaries, the consonantal terminations of the short tone are all clearly marked, and are in harmony with the native system. Thus we are led to the conclusion, that in regard to initials, the Kiáng-nán and Cheh-kiáng pronunciation agrees best with the written pronunciation as given in the native tables. But in reference to finals,

上海方言口語語法

Kiáng-sí and the southern provinces best represent them. Kiáng-sí appears to be the province that contains within its limits, the greatest number of the peculiarities in question.

In K'áng-hí's second table, the distinction between the finals, m and n is neglected; e. g. 三 is spelt not *sam* but *san*. Further all words in the short tone are spelt with vowel finals; k, t, p, not being recognized, except as secondary forms retained out of respect to the old system. They are cut in small circles. No change is made in the tones or initials, except that words in 下平 are many of them placed in the aspirate column.

The spelling of many words in W with an initial V, and of others in Y with NG or N, will be found explained in Part, I. section 4. With respect to the two columns headed CH and TSH, which are the same to our ears it may be observed, that at Sú-cheú words under the former heading are pronounced CH, and under the latter TS, indicating a natural separation between the two columns.

The resumé of this appendix, and of what was said on the Dictionary tables in the sections on sounds at the commencement of the present work may be stated thus:—

1. The peculiarities of the tabulated initials, finals and tones are all explained, by bringing the different dialects of the three Kiáng provinces together; the aspirated f column being the only prominent anomaly that has not been illustrated.

2. The peculiarities of mandarin pronunciation, such as the interchange of some initial consonants, the prefixing of NG to many words in the upper tones (v. page 51), the coalescing of the upper and lower tones in all cases except that of the *p'ing shung*, the uniform occurrence of the aspirate after k, t, p, in the hiá' p'ing, and the loss of the short tone in the northern provinces, are all unnoticed in the old tables, while they are all recognized in modern works on sounds.

There are apparently no data, to determine which of these two systems is the more ancient, and at what time they separated. In conjecturing on these points, it should be remembered, that the tendency of words in mandarin is to coalesce in sound. In the other system, the tendency is to more minute subdivision. The mandarin is the most widely spread, embracing two thirds of the 18 provinces.

海上絲綢之路文獻集成　科技與文化編

ADDENDA ET CORRIGENDA.

A. The circumflex tones in page 9, may be further divided. The bend of the voice may be upward or downward. Perhaps the Sháng-hái fifth tone may be best described, as sometimes a low slow falling circumflex, (l. s. f. c.) and at other times as a low even tone. (l. s. e.) There would with this extension of the natural tones mentioned in section 2, be seven starting from the same key, viz. the even, rising, falling, rising circumflex, falling circumflex, rising short, and falling short tones. If subdivided into an upper and lower key, they become fourteen, and if considered according to their time as quick or slow, we have in all (the short tones not admitting of this subdivision) 24 natural tones.

B. If Roman numerals i to viii be used for the eight tones, the changes of tone occurring in combination in our dialect may be represented as follows :—In the groups v—i, and viii—i, i become v. In ii—ii, ii—vi, vi—vi and vi—ii, the last tone often becomes i, or else the former becomes iii or vii. In iii—iii, iii—vii, the former becomes ii. In v—v, iv—v, viii—v, v does not change, but in other cases v becomes i.

C. In page 67, the dates of the two historical romances, San-kwóh and Lieh-kwóh have been mis-stated. They were written in the semi-colloquial style, under the Ming dynasty. The dates mentioned belong to the histories on which these popular works are based. Dr. Gutzlaff has fallen into the same mistake. v. Chinese Rep. VII. 233.

D. Among the finals omitted in table page 54—58, are the following :—

á.	快	k'á',	S. C.	k'wái,	M.	k'wá,	S. E.
é.	雷	lé (í),	..	lúi,	..		
eh.	說	seh,	..	shwóh,	..	söh,	..
í.	死	'sí,	..	sz,	..	sz,	..
sz.	鼠	'sz,	..	shú,	..	sû,	..
ieu.	宿	sieu	..	suh,	..		
ióng.	宮	kióng,	..	kóng,	..	kóng,	..

ERRATA.

Page	4	line	15	for	also ü French u.	read	Also ü (French u).
,,	5	table		,,	m, ng, n.	,,	ng, n, m.
,,	,,	,,		,,	*m, ng, n.*	,,	*ng, n, m.*
,,	12	line	12	,,	u. a.	,,	u. q. f.
,,	,,	,,	8	,,	sh. sh.	,,	sh. l. e. etc.
,,	14	,,	1, 2	,,	omit these two lines.	,,	
,,	,,	,,	42	,,	Arian.	,,	Indo-European.
,,	15	,,	11	,,	*t*au.	,,	*t*eu.
,,	,,	,,	25	,,	in.	,,	and in.*
,,	16	,,	24	,,	long *u*.	,,	long *o*.
,,	18, 25	,,	32, 18	,,	t'eh.	,,	t'uh.
,,	28	,,	6	,,	*p*ah.	,,	*p*áh.
,,	31	,,	2	,,	*p*.	,,	*k*.
,,	,,	,,	6	,,	*p. j. p* 攏	,,	*k. j. p.* 弄
,,	32	,,	7	,,	kiá.	,,	ká.
,,	37	,,	4	,,	葬	,,	丈
,,	44	,,	14	,,	low.	,,	slow.
,,	49	,,	bottom	,,	olea fragrans.	,,	sun flower.
,,	47	,,	5	,,	ts.	,,	dz.
,,	49	,,	3	,,	*a*ng.	,,	*á*ng.
,,	55	,,	11	,,	hiá.	,,	hiá'.
,,	56	,,	19	,,	ngö*n*.	,,	ngö*n*'.
,,	65	,,	9	,,	yáng.	,,	*y*áng.
,,	,,	,,	16	,,	yá'.	,,	*y*á'.
,,	72	,,	4	,,	yün.	,,	*y*ün.
,,	98	,,	24	,,	'kieu.	,,	'*k*ieu
,,	102	,,	7	,,	yáng, zah.	,,	*y*áng, záh.
,,	111	,,	19	,,	inseparable.	,,	separable.
,,	125	,,	17	,,	定	,,	停
,,	127	,,	26	,,	擻	,,	跑
,,	140	,,	31	,,	wa*n*.	,,	*wan*.
,,	149	,,	25	,,	kóng'.	,,	*k*óng'.

* From the index to the Chinese Repository, it appears that the writer who introduced Sir W. Jones' orthography in that periodical was the Hon. J. R. Morrison.

Page 150	line 29	for 'zz.	read sz.
„ 152	„ 16, 17	„ t'eh.	„ t'uh.
„ 151	„ 34	„ above.	„ alone.
„ „	„ 35	„ *t*eh deh	„ *t*uh duh.
„ 156	„ 18	„ 用	„ 形

天方字母解義

〔清〕劉智撰

《天方字母解義》，清劉智撰。劉智（一六五五—一七四五），字介廉，晚號一齋，江蘇江寧（今南京）人。精研儒家及阿拉伯文、波斯文典籍，曾遊學於蘇杭魯豫等地。是書係説解阿拉伯字母起源及其字形、含義之專書。卷前有自序、兩個阿拉伯字母（一點、一圈）之解義、古今字母對照表、古今點畫對照表。正文三篇，上篇注解二十八個阿拉伯字母之關係，中篇介紹阿拉伯文之單詞屬性及分類情況，下篇論及點畫與文字之關係、阿拉伯字母字音之數等。有清同治二年（一八六三）刻本、光緒五年（一八七九）刻本、光緒十二年（一八八六）成都周氏敬畏堂刻本等多種版本。據光緒五年刻本影印。

光緒五年冬月新鐫

金陵劉介廉先生著

天方字母解義

鎮江清眞寺藏板

天方字母解義題

壽春常鎮國忠一氏
東曾展士廉介庵氏　較訂

金陵劉　智介廉氏甫著

江寧　劉國樞以德氏
袁士衡秉鐸氏　參閲

中州　買肇祥長發氏
王永安萬年氏　仝梓

粤稽初古元皇誕降闕居中土敷治四方帝庭

下遷作天人向定八極準生萬物光庭前右畔一心清渠形如弦月澄若玻璃中涵異石石面見文二十八象點畫攸分帝降神命示覺元聖凝眸澄碧識厥形韻聖智天通受制文字審物象形命名配義始授語言創立書契編類屬辭乃自施位初惟一點因點成畫畫配成字字配成文文以寄道道以文明故惟點畫萬彙之根聖作賢述近附遠蹈以漸更易爲萬國音赤泥鳥篆墨絕蟲文欣都草偃曾客柯分直行倒走

反畫逆書形聲體勢三百種餘符祝梵咒唎嚩伊喔聲牙鴂舌七十萬區允矣天方學宗正脉抉隱發微妙義昭揭厥初一一本然實體動焉爲圜妙用實理剖圜爲弧兩一錯置會意諧聲二十八字點畫縱橫自然成序　奇偶錯綜隨機作語象呈理見聲出意達舉類約宗天人皆括日星爲文江河爲理位列時行二十八數自昔聖皇以思馬儀考古正今文明振丕後賢歐墨統分三類虛實語詞文理斯叙配名稱實

事爲日虛單字語辭萬義斯拘三義發明斯文
䶑䶑吐言屬辭觸處見道四七爲形四九爲音
形音相聲干有八字字爲一本本十二源源十
二支支十二泒陰陽易制分呼明晦强弱音別
時際義殊一字變化六千四百千千相乘爲數
無極徧珠織錦載諸方策示法人達無往不服
嗚呼文字載道之器文字其紀爲道之猝母曰
聰明母曰脋智損益毫釐流獘百世是故天方
十萬區域形聲楷模今古同轍流被殊方不離

俗大化元聲感于寂默發于氣機顯于喉舌喉舌齒唇四體爲根高低偃仰開合升沉剛柔揚抑重濁輕清錯宗變化三十六音先天四韻後天五聲　音聲之變調叶文明音斯備矣樂斯成焉是故樂者聲音之文若夫文者形宗之樂文以載道樂以傳情因物取象觸處機生惟先聖知能薦斯文因文變字以字傳文仰觀俯察理象縱横陰陽奇偶單配連并寓意轉注横象諧聲牽合引類反疊去增虛文逓意實字傳

名虛實連屬助語斯稱總以達義遍意通情三十大藏六千餘章玄文妙理天地斯光賢學此迷聖哲闡揚宣化明教被及萬方是故文字肇始中域流衍宇宙乃土不一隨處更張揣私用意改革興亡或沿舊制或失初真迷離點畫任附邊旁考古無證論義莫詳遡原門擬議徵渺茫天方字母二十八畫有點無點陰陽異跡左行右曲蟠際之買載道東來誰能薦識茲遍一線聊揭粗旨尙詒後學發明精理

旨

康熙四十九年庚寅三月上浣

天方學人劉　智謹識

此一點乃萬字之根原也凡字皆由此一點而出而變化生焉

此一圖乃萬字之本實也凡字皆從此一圖剖而爲兩半而錯宗之也

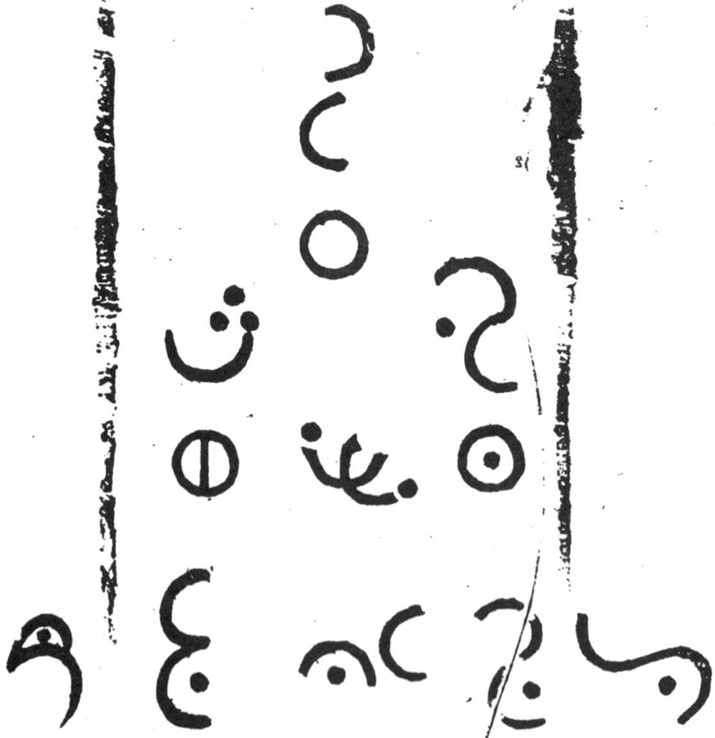

古今字母

ٮ 古 ا 今 額立甫

ب 古 ب 今 巴物

ت 古 ت 今 他物

ث 古 ث 今 些物

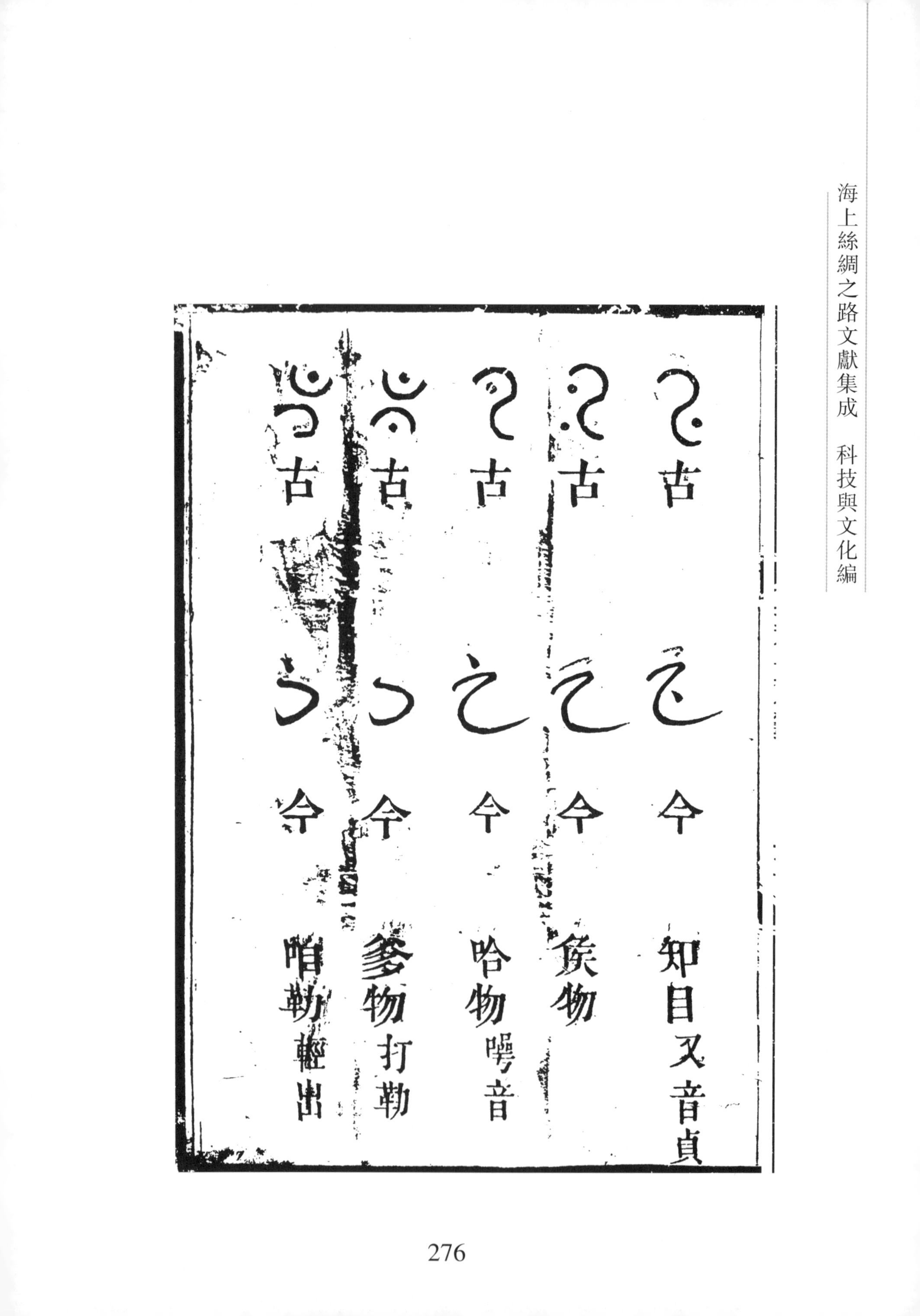

古 今 知目又音貞

古 今 侯物

古 今 哈物嘐音

古 今 爹物打勒

古 今 哨勒輕出

ج 古 ر 今 拉物 變音用舌

خ 古 ز 今 咱物重音

پ 古 س 今 西音又曰心

ش 古 ش 今 施音又音身

ن 古 ص 今 索德沙音

ض 古 ض 今 若德

ط 古 ط 今 它物

ظ 古 ظ 今 嗒物

ع 古 ع 今 而哀音

غ 古 غ 今 哀音

ف 古 ف 今 法物花音

ق 古 ق 今 噶福

ك 古 ك 今 喀福

ل 古 ل 今 拉目

م 古 م 今 米目又日民

 古 ن 今 努尼

⊙ 古 و 今 洼物

○ 古 ه 今 嗶物 虛呼張口 又音哈

 古 ى 今 呀物

古今點畫

· 古　丶 今　一點

‥ 古　〃 今　二點

∴ 古　⸫ 今　三點

〜 古　︶ 今　默德

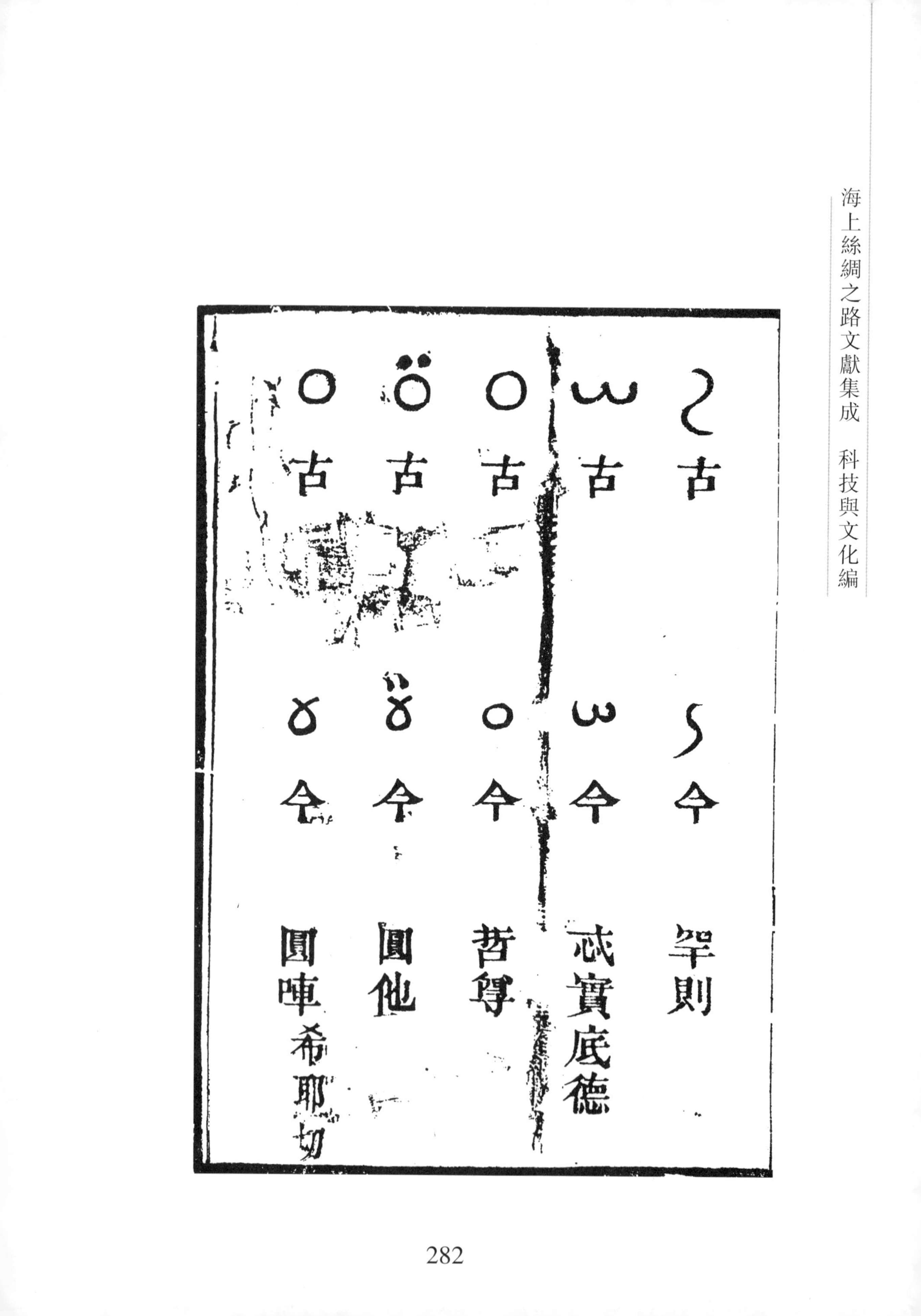

古 今 罕則

古 今 忒實底德

古 今 哲得

古 今 圓他

古 今 圓唓希耶切

天方字母解義

上篇

初為一點點點實體也動則為圜○妙體也ا者○之化妙用而流行也 ب 者ا之變氣著而理隱也 ت 者ʃ之明形著而氣隱也 ث 者ʃ之著象著而理見也 ج 者ʃ之成理氣渾同色妙同然之會也萬化之理至此而條 ح 氣也天命流行統體一太極也 خ 物也各正性命各具一太極也萬造之形至此而止此以上言

造化之序以後言成物之形 د 心也 ذ 性也 ر 知識也 ز 狀貌也 س 天也日星麗乎下 ش 地也品物陳乎上 ص 男也剛健中正自立之質也 ض 女也柔順附從依類之象也 ط 鳥也稟天地與氣而生者 ظ 獸也稟地與氣而生者也 ع 金也合地與水而生者也 غ 石也合地於火而生者也 ف 草木也合天與地與水與火而生者也 ق 山也盤根峙立所以固地者也 ک 川也旁流行廻所以適地者也 ل

豆穀也所以食人者也م果實也所以補人者也ن人之生也即نون壘池也萬物之所由出也و人之死也即واو約會也萬物之所由歸也ه還○之初而有丨之跡也即兩弓相對而中有弦影之象也天人之往復造化之始終至此而止ی我也萬化歸終于我也我外無物故ی之後不復有字矣此見萬化之序至我而止也妙喻經曰ی即丨之屈丨即ی之伸執我則爲ی還他則爲丨此歸根

復命之謂也由丨而至于○則歸復之跡化渾同一體之謂也

或問兩弓之象曰人人有箇兩弓之象但未敢圓到頭耳如ه兩弓之象也ی我之象也使ی而成ه最易也何以易設一近乎之象如ی展之則爲ی收之則成ه不至易乎修道者之所易而無難也幾于返矣

或問字母經中ه與ی之間增一و字何謂曰ه他也卽是物　主也ی　我也卽受造

者也 لا 不也他不即我我不離他也又非也他非我我非他也又無也只有他無我也又勿也只視他勿視我也只歸他勿歸我也此乃為初進之人立一分隔不使彼我相混之義也又為道愚之人施一指點不使其立于疑二之地也若以卜里思曰他是他我是我則至迷之語也增 لا 之意義大矣哉深矣哉

。一點體也 ∴ 二點體與用也 ∴ 三 • 體用與為也 ـٓ 點德長也 • 點之舒也有承上起下之象卽丨額里甫也但丨額里甫爲先天之化乀爲後天之化也丨爲直序一爲横排也ς罕則卽乀之竪也有繼天立極之象上承下授（包天地人三極）之全義丨爲化之始乀爲化之中ς爲化之末終萬化歸終于人也故ς與丨乀三畫同義而同用ɜ式實低得强盛也造化至人而止人生則天地位萬物育澤元全剖理氣現然而底義見焉强盛熟有逾于此者〇哲尊卽ɜ之合也物不終盛而必歸

合于一○即萬化之元始也萬化歸原無餘意矣ه即ى也但ى爲生之象ه爲還元之象也○即◎也但◎有丿之跡○則圓滿無界也ه與○一義也雖有二形無有二理但ه用于人物森然而有象之時○用于人物渾化而歸體之際也丿爲起字之始○爲收字之終也丿至○○至丿始終如環也合○與丿爲◎又兩弓之象也

一曰丿額立甫[illegible]五會喜葉爲主品也ب巴

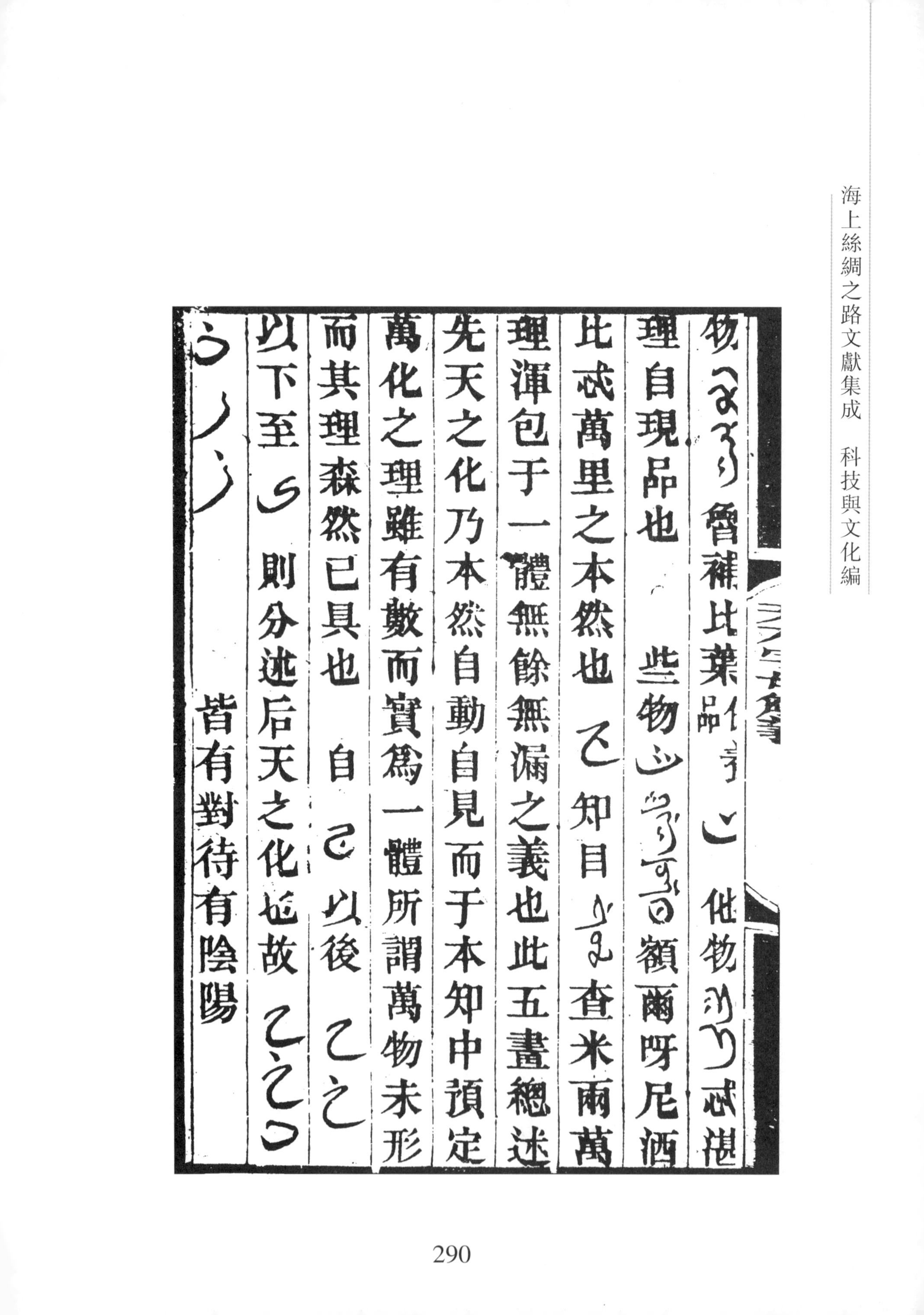

物　會補比葉品　他物　惑湛

理自現品也　些物　額爾呀尼洒

比惑萬里之本然也　乙　知目　查米爾萬

理渾包于一體無餘無漏之義也此五畫總述

先天之化乃本然自動自見而于本知中預定

萬化之理雖有數而實爲一體所謂萬物未形

而其理森然已具也　自　以後

以下至　則分述后天之化也故

皆有對待有陰陽

凡字皆有點去◌َ省之也凡字皆原○而剖爲
兩半而錯置之也其中一●或在先半圓或在
後半圓在先半圓者古字有之今字有之點在
後半圓者古字有之今則去之　文之別格也
如ح ب ر　點皆在後半圓則去之ح
ت ز　俱在先半圓　存之ق　之二●●非本
一●也是爲分則之●乃以分別و　注物也
ل　拉目不用●恐混ن　努尼也و　古●
在正中亦去之恐混ف　也ه無●因有ی矣

即•也ى古有•今悉去之亦非本•也
以分別ب ت ث ا也此•亦名分別之
點
通二十八字除ا ب ت ث ج五字餘二十三
字自乙起至ه皆有陰陽對待而其中و與
ه又陰陽對待歸化之境也惟ى爲單字無
你無對蓋ى者我也萬化總歸之我也我外
無物也故先輩增一ل字格之其義深矣二
十八字寫丶畫之體丶畫爲二十八字之用一

丶為本然之體二丶為分別之用三丶為顯著之象故 ّ 用三丶明萬里為本然內裏之顯著也 ّ ّ 用三點明三光三子為造化外表之顯著也ノヘ即丨之變同理同用 ّ 即 ّ ّ 之本合義合形○即 ه 之實即兩弓而去弦影之象故凡字用此則行者止顯者隆而斷絕一切聲音牽繫矣故名之曰斷絕用二丶亦為分別之點以別于○而即○之表也裏惟一體表著陰陽故從二點也一曰○

عالم也ئ عوالم也○為理世之元ئ
為象世之始○ئ非丶非畫而為一切丶畫之
根原也故○似同于○而不即○也又○然重
為一切丶畫之歸終即○圓哈物也○ئ為一
切丶畫之外列也

中篇

○丨 الف 節也停傳也止也住也又 الف
牽愛也圓合也丨有二換者不換者換者從 [illegible]
換也不換者能冠萬字之首

[illegible] 榮也由本發枝爲生榮也又自
强也系也有所粘系也 [illegible] 爲唇邊之字以文起
語必隨粘于前又助語辭爲虛實字其間之用
也由體起用多此字系之〇 [illegible] [illegible] 單也
一也各自獨任不相爲偶也取其各正性命之
義入于名字則爲女跡入于事爲則可男可女
如 [illegible] 可爾可我如 [illegible]
〇 [illegible] [illegible] 傷也專也常守于一物也又讚
人之生也又 [illegible] [illegible] 大荒中砂堆也取其一而有

數之義

○[illegible] [illegible] 含也互相吞唫也又[illegible] 五色

攙和也又[illegible] 聚會也取其渾包一切之義

○[illegible] [illegible] 聚也圜也周圍也又生也活也

又一簇也又[illegible] 恥也竅也又如舊也喉中音

誦之可代呼吸取其理化而氣生之義

○[illegible] [illegible] 無雨也昏也落也又[illegible] 乾也

空也又聲也汞也又[illegible] 造化也物類也性情

也此字可以形可以理可以入于形理之中可

以超乎形理之外取其氣著而理隆之義

○[illegible] [illegible] 引領也取其援引之義又[illegible] 心也人之身命統會之所也取萬物各具一太極之義

○[illegible] [illegible] 性也人生本然之體也二又[illegible] 順服也取其承順之義總一[illegible]也而男爲[illegible]女爲[illegible] 取萬物各具一本然之義

○[illegible] [illegible] 主意也又[illegible]見也品識也取萬物各自有知能之義

○[illegible] [illegible] 狀也貌也轉變也了立也取萬物

各自有規模之義

○ 顯跡也高也 天也

○ 鋪陳也平也地也

○ 體質也凡物所依賴之體也

○ 依賴也凡所依物之象也

○ 鳥也

○ 獸也

○ 金也

○ 石也

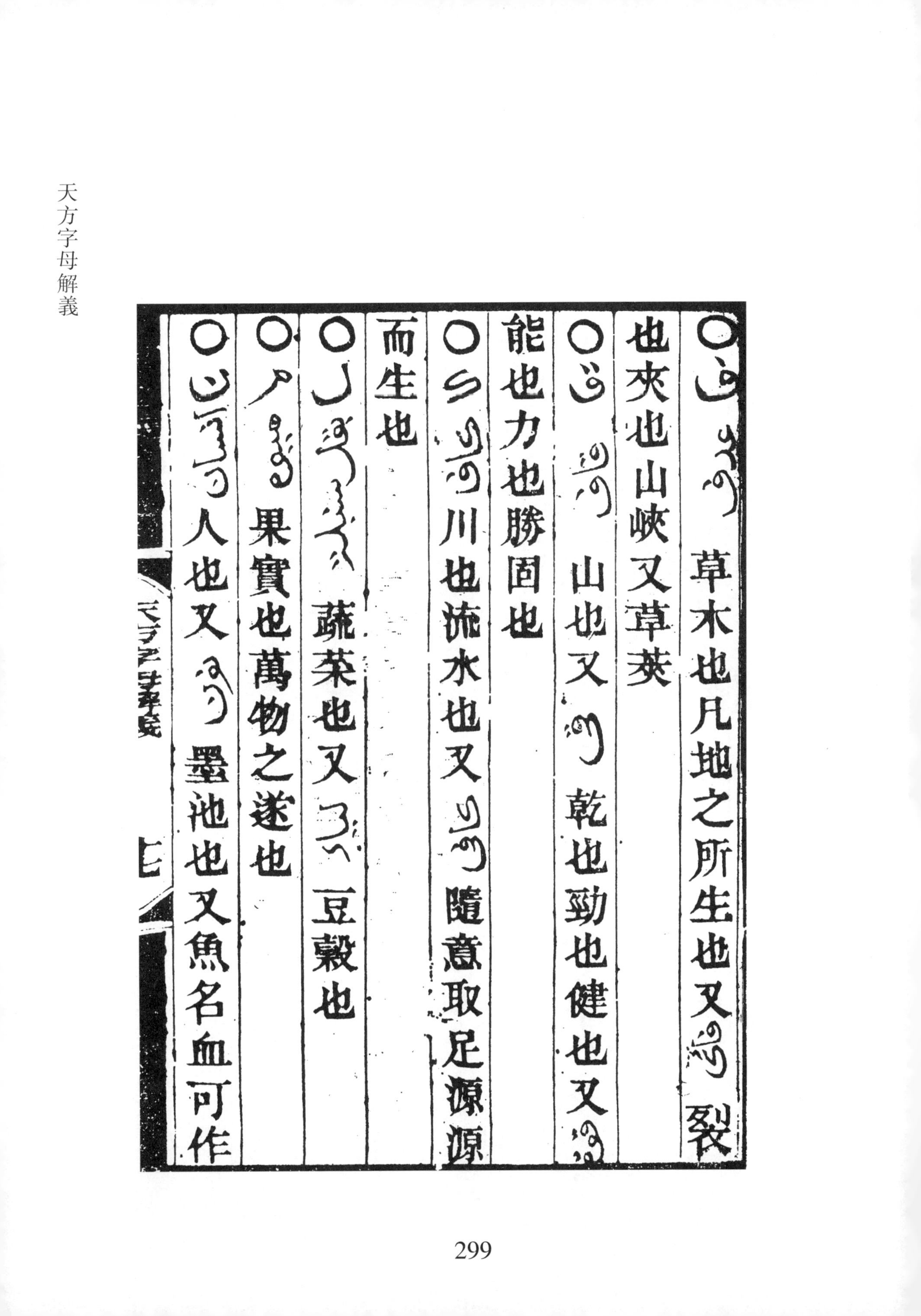

○ 草木也凡地之所生也又 裂也夾也山峽又草莢

○ 山也又 乾也勁也健也又 能也力也勝固也

○ 川也流水也又 隨意取足源源而生也

○ 蔬菜也又 豆穀也

○ 果實也萬物之遂也

○ 人也又 墨池也又魚名血可作

墨

○到也全豹也又死也盡也又

來也到也完也

○他也又道也路也又顯道

也覺之也又空也虛也又心竅也喜也委

順也陷也又一圓破而爲兩半象形也此一字

用法最廣或用之于言語之初如省令也或用

于言語之終如續之也或用于至顯處如

指點也或用于至隱處如諱言也顯

聲言者如[illegible] 隱聲念者如[illegible]又用之而實
用者如[illegible]又用之而不用者如[illegible]又作行
者之跡如[illegible]又作受者之跡如[illegible]又常嚕
于[illegible]中以分男女别一數如[illegible]
[illegible]又用之以變等殺入多衆如[illegible]又
當用于字中實從[illegible]換也如[illegible]凡字至
于孤子無托即托于此孤行無止即止于此如
[illegible] [illegible]之類
○[illegible] [illegible]我也所以别[illegible]他要其實[illegible]即[illegible]之

表也此字之形包含以前二十七字之形此字之義包含以前二十七字之義

○／上也始也／下也終也ノ前也中也上中下也始終前也總三極之理也合內外之道也

○[illegible]奇也[illegible]偶也奇偶為萬字之用而萬字所得以明而行也故曰[illegible]明之也

下篇

○點者文字之根原也畫者文字之資始也字者點畫之顯象也文者字畫之變化也是故文

之千變萬化不離乎字字之千變萬化不離乎點畫也

○總一點也施而成畫配而成字行而成文畫也字也文也一點而已

○畫有對待點無對待故有畫與畫配而成字者未有點與點對而成字者

○凡字皆有點其有無點者省之也惟丿無點因其原卽點也

○字母二十有八太陰之數也爲音三十有六

太陽之數也二十八承三十六共得六十四以合天地相承之數也

○道載于文文寄于字丶成于點畫丶本成于丶故丶畫者文字之元始也文字者理道之盛器也

○丶者畫之體畫者丶之用字者丶之象文者丶之變化流行無往而不通者也

○或問丫從一丶而在下乚從二丶而在上何也答曰一丶理也理無對待故一丶理本隱故

在下二丶象也象有陰陽故二丶象顯著故在上或問ث從三丶何也答曰上一丶即理也理因象而顯也或問س ش俱三丶而在上在下之義答曰س天也天之所麗乎下者三曰月星也故三丶而在下ش地也地之品物陳于上者亦三金木活類也故亦三丶而在上或問ق空無丶而反用二丶何也曰非本丶也也乃以分別و之[illegible]也曰然則ف當無丶而當加丶以別于و ق當有一丶即加一丶以別

于ن有何不可曰似可也若則因一字而更二字殊不爲合矣何若ق原該無丶而在前增丶以别ر而置後因凡增者當居所增者之後也理不更順乎或曰ر當用丶曰去丶以别ن也曰何不去ن之丶以别ر曰ن去丶則蒙朗多矣لا شى俱爲所渾矣不可因少而渾多也

○الله與樂平眞主尊名也五畫而三音　本成于二لا背合而加ه也لا無也不也非也凡

單用皆革去之義若疊用則有定有之義如曰無非無不非不不無之類他也即主也奧樂乎猶曰無不是主也無非主也非不是主也不無主也一名而含數義則難以一字訓之而訓之曰主　訓也一曰即言也即之提文即也各經解如許義理未見此二義

○穆罕默德吾聖人名也四畫四音本乎而成也葢有三論一象形一取義一

論理象形則محمد爲人極之樣子م象首ح象兩臂又م象腹د象兩足蓋如[illegible]此狀也取義則محمد爲普天讚頌普天之神蓋地之祇尊自眞主賤而生靈莫不稱頌其德而讚揚其美也論理則م果實也ح氣也د心也造化如一殊樹محمد爲其種又爲其果先天地爲種爲萬理之根元後天地爲果爲萬聖之封印故一字而有兩م也ح居兩م之間之氣實居先後天之間也先後天成而命立焉承命者心也故د

居于其末一曰第一[illegible]即[illegible]第二[illegible]
[illegible]是[illegible][illegible]是[illegible]先后天總
一[illegible]故曰[illegible]也
○一[illegible]額合默德吾聖先天之名也亦四畫
四音本乎丨乙[illegible]而成也亦有三論一象形
一取義一論理象形則為萬造之規模萬造不
離乎四金石草木鳥獸與人也金石為鑛類草
本為長類鳥獸為活類人為萬有之至灵人象
丨頂天立地中立無倚活類象乙背天伏地傍

驅橫走長類象ل抱首下垂花實上長鑛類象
ه下盤上銳中虛藏育一名也而萬象與焉又
ا ل ل ه象人禮拜之四儀跕立象ا鞠躬似
ل叩頭似ل跪坐象ه是故禮拜為奉主體聖
所以聖人云凡人禮拜不似我為聖的拜不准
其功此之謂也人能具آدم之形復遵احمد之
功而兩世無失取義則احمد至善讚者也所謂
讚者即禮眞敬眞之功也惟聖人至善禮拜惟
聖人至善奉主皆取احمد之義論理則الله也

乙 [illegible] 也 م ملكوت 也 [illegible] 也

ﷲ 乃萬化之主宰 [illegible] 乃主宰首顯之大

命 ملك 乃色世 ملكوت 乃妙世 [illegible] 人類也蓋曰

吾聖乃繼

眞主之命而開色妙兩世而立人道之極也

天方之字畫形簡而義廣略 [illegible] 其一

二餘可類推

英文漢詁

（*English Grammar, Explained in Chinese*）

嚴復撰

《英文漢詁》，嚴復撰。嚴復（一八五四—一九二一），福建侯官（今福州）人，近代啓蒙思想家、翻譯家、教育家。畢業於福州船政學堂及英國皇家海軍學院，曾任京師大學堂譯局總辦、上海復旦公學校長、北京大學校長等。譯有《天演論》、《原富》、《群己權界論》、《穆勒名學》、《法意》等。此書係爲英語初學者所編之英語語法書，書前卮言闡明西語習得之目的。正文凡十八章，涉及發凡、正書、字論、名物、區別、稱代、云謂、疏狀、介系、挈合、驚嘆、造字、句法、句主與謂語、句法分類、造句通例、析辭、句讀點頓等。據一九〇八年上海商務印書館版影印。

詁漢文英

ENGLISH GARMMAR

(Including Grammatical Analysis)

Explained in Chinese

BY

JULIN KHEDAU YEN-FUH.

Translator of "Wealth of Nations," Mills "A System of Logic," Spencer's "Study of Sociology." etc., etc.

SEVENTH E

COMMERCIAL PRESS.
SHANCHAI
AND
PEKING, HANKOW, KWANG-CHOW.
1908.

All Rights Reserved.

英文漢詁叙

揚子雲曰言心聲也心聲發於天籟之自然必非有人焉能為之律令使必循之以為合也顧發於自然矣而使本之於心而合之於耳而通特自有其不可畔者然後并其律令謂之出於自然可也於植物者攷所掌之律令也馮相者察天行之律令也治名學者體

之於思慮明學理者語之於人倫凡皆求之自然若其大例以為循守文譜者特為此於語之文字間耳故文法有二有大同者為為一切語言文字之所公焉專國者焉為一種之民所獨用而呈二者皆察於成蹟果其所會通以為之譜夫非若緣禮典刑者有所制作須毫則一而已莊周曰生於高者不能知高

言生於楚者不能不楚言小兒之學語耳熟口從習然而已未有語法者其故文譜者傳其所已習非由此而得其所習也十稔以還吾國之習英文者益衆然學者每苦其法之難通求之於其國文罕能解其惑而饜其意癸卯南昌熊子訪不佞於京師慇然諈諉言語必纂是編乃有以答海內學

者之憤悱竊念吾國以者方求西學夫求西學而亦由其文字語言則經費時而無效乃以為多之力襍采英人馬孫摩栗思等之說至於析辭而止旁行斜上擇以漢文廣為設解之訣曰英文漢詁庶幾為以解學者之惑而一饜其言之斷未可知也雖往文諳者講其所已習外由此而得其所習者也誠欲精通英文則

在博學多通熟之而已使徒執是編以為已足其異鈔食單而以為果腹誦書譜而遂謂能書斯其惑已

侯官嚴復

卮言

中國自甲午一創於東鄰。庚子再困於八國。海內憬然。始知舊學之必不足恃。而人人以開瀹民智爲不可以已。　朝廷屢降明詔。詔天下廣立學堂。省府州縣。有大中小之程級。尋常高等民立官設。名稱紛繁。又設大學於京師。置學務大臣以總通國之教育。且慮利祿之路不開。不足導天下使歸之於一也。則議遞減制科。所歲進之人數。欲十年以往中國之人才。無一人不出於大學。蓋百年之間行政之殷。求效之切。未有過於此一事者。可謂盛已。

然而事有至難。夫吾國教育所不可不改圖者。以舊有之經義詞賦。議者以爲無所用也。德行道義。一切形上之學。此吾所歸求之而有餘。獨功利機巧兵商工虞之事。吾國失官久矣。是必求之於彼而後能。此體用主輔之談。所以日騰於士大夫之口也。然學固不可以徒得。是必有講業解惑之師資。又必有覘畢揣摩之編簡。是二者將皆求之於外乎。則文字語言。又爲山之一簣。而不可闕矣。循此說也。又慮鞮寄象胥之業。古先聖王所視爲至賤者。浸假乃徧於黨庠術序之中。而吾之典籍文章。所謂支那之國粹者。舉以掃地。此亡國淪種之先驅也。又惡乎可。

由是不得已而有譯書之說焉其意以謂。吾之所患特無書耳。第藉令有書。雖有至深之術業。與衍之文辭。伏而讀之。皆可闇解。中西新舊。不過一轉移間耳。則由是向之所苦於無師者。今可以我爲之師。其所誦讀而揣摩者。將皆舊有之文字。凡學校之師保。依然往日之搢紳先生也。而西國之文字語言。卽欲治之。爲吾一科之譯學焉可耳。烏有異言之人。接跡於學校。操其賤業。以比諸吾國經史之列者乎。此眞今日海內講教育者之公言也。

雖然吾嘗思之。昔英博士約翰孫有云。民無論古今也但使其國有獨擅之學術有可喜之文辭而他種之民有求其學術賞其文辭者是非習其文字語言必不可文字語言者其學術文辭之價値也夫入市求物不具價者無所得也矧文辭之精學術之寶貴者乎此其言盡之矣。又使反而觀之。仲尼之述作。莫大於易春秋。今使西人欲會其微言。考其大義。則譯而求之。可乎。秦漢之文辭。屈原之離騷。司馬遷氏之史記。非絕作歟。今使西人欲知其悃款之誠。賞其弔詭之觀。則譯而求之。得乎。而西之與中何以異且西學之難以譯求者不止此已其名詞標目則未有其觀念也簡號公式則未有其演習也使聞者而疑吾言乎。則試與舉其淺易者以譬之。今夫讀歷史固莫重於其人之氏姓也。

言與地又莫切於國土之專名也。其在本文。一舉其形聲。則章別源流。靡弗具焉。不獨易爲稱而便記憶也。而於譯則何如。一名之轉寫。輒聚佶屈鉤磔雅俗互有之字以爲之。少者一文。多至八九。羌無文義。而其音又終不相肖。雖有至敏强識之夫。尚猶苦之。以之閲圖則溢目。以之讀史則吃口。脣呿舌縛。前後相忘。又况名不一譯。字不一音。謂能融會貫通。了然心目者。欺人而已。此非天下至難而困憊學者腦氣者歟。且史乘地志。西學之粗者耳。待譯而治之。其扞格不操。既若此。遑問其精者哉。嗟夫。南民不可與語冰者。未有其閲歷也。生瞽不足以喻日者。無可爲比例也。天下言西學而云可不習其文字者。惟未之學。故耳。

而不佞嘗聞世俗之論矣。曰吾云西國語言文字之不必學者。非惡其物也。妨其學之流弊也。夫中才莫不牽於所習。彼習某國之語言文字者。莫不崇拜某國之文物而心儀之。海通以來。互市之場。所在多有。不獨官求譯人也。而彼族亦需之。使學堂而課外國之語言文字乎。彼玗于而來者。其志非以求學也。變其口耳。冀爲西人效奔走以要利耳。夫立學堂。將以植人才。鑄國民也。乃今以習其語言文字之故。驅吾國之少年。爲異族之奴隸。如立學之本旨何。吾聞國之將興。未嘗不尊其國文。重其國語。未聞反是而以興者。且今日學堂所以進西學而躋於舊文之列者。所望其學浸假將爲吾學也。使猶治之以西國之文字乎。則所謂西學者必終於爲西學。西學既日興。則中學固日廢。吾觀今日之世變中學之廢殆無可逃。顧必自吾曹爲之開關延敵而助之攻。夫非與於不仁之甚者耶

今之主毋治西文毋學西語者。其憂深慮遠。而持有故言成理者。有過於前說者乎。殆無有也。雖然吾又思之。竊以謂凡此皆見淺而不見深。知一而不知二之論也。夫事變之來也。往往果者非其所期。而所期者不必果。非所果與所期者。必相遁也。坐常人之爲慮粗。而鶩於近似之說故耳。今且無言其懸理而請證之以已形之事實。夫國學而習外國之文字者。不徒中國有此事也。故今日東西諸國之君若臣。無獨知其國語者。有之獨中國耳。且所習者不止一國也。兼五六國者常有之。果使必牽於所習而崇拜之。則西國之卿大夫將人人皆犯交通之刑憲。此其事然耶否耶。且交通之爲賊。固莫甚於使與將。而彼職外交者。於外國之語言固最習也。所不習者且不中選焉。英之陸軍。互增其資俸以勸將弁之通俄語者矣。法之陸軍。其將校且必嫻德語。至於各國海陸軍中。莫不重其通知外國語者。何我之所忌與彼之所求竟如是其相反也耶。

至謂習西語者多爲西人效奔走。此誠數見不鮮之事。雖然。爲此者其能事皆至淺薄。至

於精通。吾見亦罕。且吾人於此。上不責之用人行政之家。下徒責之急謀生計之學子。此其爲論。無乃苛歟。夫草野之人。恆產無資。固必以治生爲最切。此人之至情也。且使其人治業十餘年。或具私財。或資官帑。幸而成業。於其身有一節之用。而爲上者。於其才之短長。既莫之鑒別。於其身之飢飽。又漠然無槩於其心。則相率而聽外人之招。又奚足怪乎。夫開學堂。固云植人才。鑄國民也。彼治西學習西語者。固不盡爲人才。亦不盡及國民之平格。然使果有人才。而得爲國民之秀桀者。必不出於不通西語不治西學之庸衆。而出於明習西語。深通西學之流。則今日之釐然可決者矣。嶺表之民。有習京師之言。而從官爲胥役者。其鄉之人。乃以子弟之習官音爲戒。曰是且相率爲奴隸也。彼謂習西文則爲異族之奴隸者。其持論與此。豈有異乎。

至謂國之將興。必重國語。而尊國文。其不興者反是。此亦近似得半之說耳。夫將興之國。誠必取其國語文字而釐正修明之。於此之時。其於外國之語言。且有相資之益焉。吾聞國興。而其文字語言。因而尊重者有之矣。未聞徒尊重其語與文。而其國遂以之興也。二百餘年以往。英荷法德之碩師。其著書大抵不用本國之文。而用拉體諾語。此如斯平訥查之外籀哲學。虎哥覺羅挾之戰媾公法。奈端之格物宗論。培根之窮理新機。凡此皆彼中之不廢江河萬古流也。顧其爲書。不用本語。而當時之所以爲習者。又可知已。然則必如議者之言以西文治西學者西學將終於爲西學是必英至今無格物德至今無哲學法至今無公法而後可否則所議去事實遠矣

曩者吾人以西人所知。但商業耳。火器耳。術藝耳。星歷耳。自近人稍稍譯著。乃恍然見西人之所以立國以致強盛者。實有其盛大之源。而其所爲之成績。又有以豐佐其說。以炫吾精。於是羣茶然私憂。以謂西學必日以興。而中學必日以廢。其輕剽者。乃謂舊者既必廢矣。何若恝棄一切。以趨於時。尚庶幾不至後人。國以有立。此主於破壞者之說也。其長厚者則曰。是先聖王之所留貽。歷五千載所僅存之國粹也。奈之何棄之。保持勿墜。脫有不足。求諸新以彌縫匡救之可耳。此主於保守者之說也。往者桐城吳先生汝綸其用心即如此其哲嗣辟疆有句云飢飽上通黃帝鬼存亡高饜素王文情見乎辭矣二者之爲說異而其心謂中國舊學之將廢則同。雖然。自不佞觀之。則他日因果之成將皆出兩家之慮外而破壞保守皆憂其所不必憂者也果爲國粹固將長存西學不興其爲存也隱西學大興其爲存也章蓋中學之眞之發現與西學之新之輸入有比例爲消長者焉不佞斯言所以俟百世而不惑者也百年以往將有以我爲知言者矣嗚乎世變之所以不測以篤時者觀化之甚膚救敗之所以難爲以拘墟者

可以中文治也。特謂欲以中文治西學讀西史者。此去今三十年以後之事。居今日而言教育。使西學不足治。西史不足讀。則亦已矣。使西學而不可不治。西史而不可不讀。則術之最簡而徑者。固莫若先通其語言文字。而爲之始基。假道於迻譯。借助於東文。其爲辛苦難至正同而所得乃至不足道智者所爲固若是乎夫此時之所急者。通其術而得其情云耳。而所以通所以得之塗術。不暇校也。洎夫家通其術。人得其情。將向所謂授業解惑之師資。呫畢揣摩之編簡。皆不期而自集。而不必勤求乎其外。夫而後以外國文字爲一科之學可也。一切之學。治以國文。莫不可也。夫公理者人類之所同也。至於其時。所謂學者。但有邪正眞妄之分耳。中西新舊之名。將皆無有。而吾又安所致其齗齗者哉。

光緒甲辰四月下澣識於海上之嬛琴寓齋

CONTENTS.

詁漢文英

ENGLISH GRAMMAR

EXPLAINED IN CHINESE.

篇一 CHAPTER I.

發凡 INTRODUCTION.

§ 1. 語言文字者所以達人意 thought 者也.

其所達者謂之辭, Speech or Language.

究辭之理, 著其律令, 使文從字順者, 謂之文譜.

文譜 Grammar, 其字原於希臘之 gramma (文字).
英文譜, 其所論者爲英文.

§ 2. 積句而成篇, 積字而成句, 積母而成字, 故論英文從字母始.

字母曰 Alphabet, 所以名 Alphabet 者, 因希臘之字母其首二文 α, β 猶英之 a, b 讀曰 Alpha, beta 合之成 Alphabet.

故漢文[illegible]字之立, 皆有三者可論, 一曰其字之音 sounds; 二曰其字之義 meaning, 旣言其義, 則必講其分合增減之形 form 與其所從來之原流 origin; 三曰其字之職 function, 用於句中, 所與他字相爲繫屬對待者, 是謂其序 relation.

(i) 是故一字之讀,從其耳治,則有其音之不同;從其目治,有拼切之爲異.

(ii) 且字所以達意矣,則從其意之相異,可區之 classified 以爲類聚,且有形變讀破之事 inflexions, 以分虛實之殊.

(iii) 而字之入句也,其相爲繫屬,皆有定法之不可紊,紊則不通,而意有不達,斯文字之用廢矣.

§ 3. 從以上三事,故文譜所論,其大者可分爲三科:—

(i) 音也,字母也,論此者是謂正書 Orthography.

(ii) 字有分類 classification, 有變形 inflexion, 有制作 word-making, 有源流 derivation, 是謂字論 Etymology.

(iii) 字與字之相係,句與句之相屬,著其法例,析其條理,是謂成文 Syntax.

篇 二 CHAPTER II.

正 書 ORTHOGRAPHY.

論字母與其音 SOUNDS AND LETTERS.

§ 4. 人語之音，乃有節之音 articulate，與禽獸之鳴，小兒之啼，無節之音 inarticulate 異，而可分之爲二類如下. 有元音焉，隨口中空處大小，以爲高下，而其呼而出之也，又可用脣舌齒齶以調之，是謂 vowels. 元音有五，曰 a, e, i, o, u，同於中國之宮商角徵羽；a 商，e 角，i 徵，o 宮，u 羽也；亦有變音，與中國同，謂之雙音，Diphthong，如 *oi* 之在 *boil*，*ai* 之在 *aisle*，皆變徵之音也.

§ 5. 其次謂之僕音 consonants，僕之爲言附也，言必有所附而後可聞，蓋其音同於嘘氣，而脣齶齒舌鼻爲之轉變通閉，以生不同；此如 *b*, *h*, *f* 等字是已.

有脣音，謂之 labials；有齒音，謂之 dentals；有喉音，謂之 gutturals；有齶音，謂之 palatals；有鼻音，謂之 nasals；此外尚有對齒嘶音，謂之 sibilants，如下圖.

僕音有舒有促，舒者謂之 aspirants or continuous，促者謂之 stops, or mutes.

僕音又有鈍銳之別，soft and hard，皆於下圖明之.

§ 6.　英字僕音表

I. Table of English Consonants.

諸音	促者		舒者		捉鼻
	鈍	銳	鈍	銳	
喉音	G 如在(*go*)	K, C 如 Ch hard		H	Ng 如在(*sing*)
腭音			Y 如在(*yes*)		
齒音	D	T	Dh 如在 (*bathe*)	Th 如在 (*bath*)	N
脣音	B	P	V, W	F, Wh	M
對齒			Z, Zh =soft s.	S, sh.	
弄舌			R	L	

此外尚有 *ch* in change=*t*+*sh*.　*J*=*d*+*zh*.
J 在他國, 其音與 y, i 畧同, 故 *Johan*=約翰.

II. 英字元音表 Vowels.

a in father 音阿, 正六麻, 二十一馬, 二十二禡音.

a „ all (=au in laud) 五歌, 二十哿, 二十一箇.

a „ fame (=ei in vein) 唉

a „ pair (=e in there) 挨

a „ gnat 入聲短呼, 七曷, 八黠.

e „ me 音伊, 正四支音.

e „ met 入聲短呼, 九屑.

ea(r) in earth 而

i in knit 入聲, 十二錫, 十四緝.

o in not 入聲, 十藥.

o in no 在五歌七虞之間.

o in move (=u in rude) 七虞音.

oo in wood (=u in put) 入聲一屋.

u in nut 入聲十五合十七洽.

XII. 雙音 DIPHTHONGS.

i in high (=ai in aisle)	九佳	ou in bow bound	四豪
oi in boil	十灰	ew in mew (=u in tube)	十一尤

英語無六魚音,惟法語之u字,乃眞六魚音也.

凡讀字母,須知所讀得出者皆其字母之名,非其本母之音,若必讀音,則除a, e, i, o, u五字外,其餘皆幾於讀不出而不可聞矣;即如b字,所讀爲"bee"者其名也,非其重脣促氣之音也.

§ 7. 字母餘談 ALPHABET.

字母或云始於腓尼加 Phœnica,歐國沿用畧殊,英法皆用羅馬字母,而英多一w字.

字母之完備者,perfect alphabet,其國所有之音,字母宜皆有之,而亦無贅複者;其母所代,各有一定之音,而不可相貿,乃爲完備. 若英國之字母,其不完備甚矣,何以言之:—

(i) 一母可以代數音,如*g*之一母,其在pa*g*e與*g*ive,迥不同也,*c*之在*c*oin與其在*c*igar,又相異也,甚且一字之中,二見異讀,此如*seas*其*s*前銳後鈍. *Ch*之用,實同一母,而字母無之,及其入字也,如在*ch*ur*ch*, ma*ch*ine, *ch*emistry,三者舒促鈍銳,雜然不齊.

(ii) 一音可以用數切;此如not*e*, bo*a*t, t*oe*, cr*ow*皆*o*音也;f*a*te, br*ai*d, s*ay*, gr*ea*t, n*eigh*, pr*ey*, g*ao*l, g*au*ge皆*a*音也;諸如此類不可勝舉.

(iii) 母見字中,同於無用:如*p*salm, *g*nat, *k*now, cal*f*是也. 此固源流之異,往往音變形存,然而學者難之.

(iv) 字母中有贅設者;此如 c 字促者可用 *k*,舒者可用 *s*, *qu* 與 *kw* 實無分別, *x* 則 *k s* 之合也

§ 8. 論倶音相從爲變 Assimilation of Consonants.
倶音有舒促銳鈍之殊,然於入字拼合之時,往往相從爲變,譬如 *d* 之音鈍,而 *t* 之音銳,顧 *tricked* 則讀 *trickt* 蓋因 *ck* 音促,故 *d* 之音亦從而變也,又如 *f* 之音銳,而 *v* 之音鈍,顧 *Calf* 得 *es* 則變爲 *calves*, 而 *wife* 得 *s*, 亦變爲 *wives*, 亦因所加之 *es* 與 *s* 鈍音如 *z*, 故 *f* 之銳音,亦從之而變爲 *v* 之鈍。 他若在 *house* 之 *s* 爲銳,得 *s* 爲尾,則讀如 *houzez*, 此亦二鈍相從之理,(但在 horses 則不變).

§ 9. 一音之成,或以一元音爲之,如 *a*, 如 *I*, 如 *o*, 是已;或以數母會而爲之,如 *palm*, *head*, *sky* 之類,皆一音也;如是者謂之 syllable, 其字原於希臘之 syllabe, 正譯一會,或曰一拼一切. 'a taking together.'

西文之字,有一音者,如 *man*, *dog*, *eye* 之屬,謂之 monosyllable. 有二音之字,如 *heaven*, *grammar* 謂之 Disyllable. 有三音之字,如 *tobacco*, *penmanship* 謂之 Trisyllable, 至四音以上之字,如 *divisibility* 等. 通曰多音 Polysyllable, 蓋 Mono, Di, Tri, Poly 卽一二三多之義也.

§ 10. 凡於原字更加一音,如所加之一音,前無倶音,而原字係單音,或其重音在末,而末一母爲倶,末第二母爲元者,於加音時,例將末一母複書一字, double the last consonant: 如 *sin* 罪業, *sinner* 罪人; *sit* 坐, *sitting* 方坐; *expel* 逐, *expelled* 逐過; *confer* 會, *conferred* 已會.

但若其字不止一音,而重音在前,則加音時,末一母毋庸複書,如 *offer* 予, *offered* 已予; *differ* 立異, *different*

異; *visit* 過視, *visitor* 訪者. 但此例不純: 如 *worship* 崇拜, 乃兩音之字, 而重音在前, 乃加 *er* 時, *p* 字複寫, 成 *worshipper* 崇拜人, 故曰不純.

又若末一母爲 *l*, *s*, 則加音時皆爲複寫, 如 *travel* 出行, *traveller* 出行人; *hocus* 讕語, *hocussing* 讕語之事.

複末一母者, 乃所以見其末之爲促音, 假使不複, 則其形與長音相混, 此觀於 *running*, *tuning*, *sinning*, *dining* 諸字之異讀, 可以悟. 凡 *a* 與 *o* 在 *ll*, *ss* 之前者, 其音大抵皆長: 如 *roll*, *stroll*, *squall*, *fall*, *grass*, *gross* 諸音皆長.

又使末一母爲 *y*, 第二母爲僕者, 於加音時(所加之音非以 *i* 起)例先轉 *y* 爲 *i*: 此如 *happy* 之爲 *happier*, *happily*; *busy* 之爲 *business*; 皆如此矣; 但若末一母爲 *y*, 而第二母爲元者, 不在此例: 此如 *buy* 之爲 *buyer*, *hay* 之爲 *haycock* 是. 加 *ing* 於 *ie* 之後者, 例轉 *ie* 爲 *y*, 如 *die* 死, *dying* 方死; *lie* 謊, *lying* 作謊. 以 *dye* 字之訓爲染, 欲以別於 *dying* 之爲將死, 故染事之 *dyeing*, 不去中間 *e* 母爲之. 又 *dry* 爲長音, 故 *dryness* 亦不改 *y* 爲 *i*. 案以上諸例, 不盡純而多變, 學者多讀多寫, 不期自合, 固不必於此等處求達例也.

英字綴尾孤 *e*, 例所不讀, 但得此即知其前元音之爲長非短, 此如 *shin* 爲短音, *shine* 爲長音; *ban* 爲短音, *bane* 爲長音. 如加尾聲, 例除 *e* 字: 如 *pine*, *pining*; *force* *forcible*. 乃若尾聲之第一母爲僕, 亦除 *e* 而後綴入: 如 *due* 之爲 *duly*, *true* 之爲 *truly* 皆可見也. 但若 *e* 之去留, 與字音之舒促長短, 有關係者, 其加音時, 例不去之, 故 *change* 之爲 *changeable* 則 *e* 存; *judge* 之爲 *judgment*, *acknowledge* 之爲 *acknowledgment* 等, 則 *e* 去. 又 *v* 後例不去 *e*, 如

move 之爲 *movement, moveable* 是. 按此例亦不純, 如 *judgment* 無 *e* 矣而 *judgeship* (理官事職)則留之; *movement* 有 *e* 矣, 而 *moving* 則去之; 是殆難以一概論也.

§ 11. 一字分爲數段, 其用蓋以審音, Words must be divided according to syllables. 其用或以便初學之人, 或以紙幅告盡, 須另行作寫; 故如 *facing* 字, 分之當作 *fa-cing*, 不當作 *fac-ing*, 又 *decent* 字, 分之當作 *de-cent*, 不當作 *dec-ent* 也. 但若於音無害, 則其分之也, 當依造字之意爲之, 此與中文偏旁之義正同: 如 *trans-port* 不當作 *tran-sport*, *in-spect* 不當作 *ins-pect*, 蓋前法有說, 乃依羅馬希臘原文, 而後法割裂不成文故耳.

凡學英文, 於每句之中, 所應重讀何字, 每字應重何音, 不可不審, 蓋英文虛實轉注之法, 即於是中求之, 說詳後第一百八欵. 初學遇難明之字, 不妨於審音字典求之, 自不至悞. 多音之字, 其所重者或不止一音, 如 *démocrátical* (民主之屬) *látitúdinárian* (龍鍾之人) 可以見也.

英字重音有兩法, 其本爲倏頓之字者, 所重多在其根: 如 *lóve, lóveliness.* 其原於拉體諾與法蘭西語者, 則所重多在末, 字音多者, 往往在末第三音, 次之則在末第二, 其新由法語引入者, 或如其舊, 竟在尾聲: 如見於 *monópoly, théatre, remónstrate, benefáctor, políce, physíque* 等字是已. 此事非初學所及, 而又不可不留意, 捨聞之於師, 考之於字典, 無他道也.

海上絲綢之路文獻集成 科技與文化編

篇三 CHAPTER III.

字論 ETYMOLOGY。

§ 12 八部 PARTS OF SPEECH.

在口爲言,在書爲字,言與字,必有所告之義,是故從其所告之義之殊,而字可分爲八部.

1. 物各有名,而字爲之名者,謂之名物之字 NOUNS. 如云"鳶飛戾天,魚躍於淵,"若鳶若魚若天若淵,皆名物已. "*John* puts *books* upon *table*."

2. 名以代物,以屢稱之不便於辭,故又有其代名者,謂之稱代之字, PRONOUNS. 如云"吾亦欲東耳安能鬱鬱久居此乎,"吾與此皆稱代字,吾以代劉邦,此以代漢中. "*You* will tell James to take *it* with *him* to *me*."

稱代所與名物之字異者,蓋其指物,非以其名;而所用者,或以泛屬,如 *any*, *some*, *either*, *one* 等;或有所特指,如 *I*, *him*, *who* 等.

3. 物有所異,用以立別,或寫其情狀品德,以區分之,是謂區別之字 ADJECTIVE. 如人有善惡,花有白紅. "*The* humble-bees are known by their *large* size and *hairy* bodies, often of *a black* colour with *orange* bands." *The* 與 *a* 亦爲區別,以指物故;舊法或以此爲別一類,謂之 ARTICLE, 今其說廢矣.

區別之於物也,或言其何如, of what sort, 或言其幾何, how many, 或言其何者, which of them.

4. 物必有所可言,或動或靜,靜而有所受, what is done to it, 動而有所施, what it does, 二者之外,尙有其所處者; in what state it exists, 凡此之字,以其謂物,故名云謂, Verbs. 如云"月明花開水流雲在"其第二字皆此屬也, 又如"瞽叟殺人舜爲天子"殺與爲字又此屬也. "One day Tom *saw* a sparrow *fallen* from the tree; he *found* it *was hurt*; it *seemed* very young." Verb 即拉體諾之 word 字, 正譯爲言,蓋所以謂物者,專屬此部.

5. 物所施受居處,異態殊方,又必有字以分疏之,是謂疏狀, Adverbs. 如云"浙浙惡寒,翕翕發熱"其疊字皆疏狀類也. "The pony gallops *afar*, *now*, and *so* perspires *profusely*."

疏狀字之於云謂,或言其事之當何時 when; 或言其事之見何地 where; 或言其事之何如 how.

其所疏狀者,不但云謂之字也,或取區別字而狀寫之,如詩"皎皎白駒;"或即取他疏狀字而斟酌之,如易"突如其來如,"來如二字已是疏狀字,又以突如斟酌之者也. "My father is *quite* well; he is *very seldom* ill; he does *not* like to take *too* much medicine."

6. 有一名物之字或稱代之字於此,將以系之於云謂區別,及他名物稱代諸字,必有居間爲之系屬者,是謂介系之字 Prepositions. 如"大學之道"之之字; "束帶立於朝"之於字; "雲淡風輕近午天"之近字; "以杖叩其脛"之以字; 皆介系類也. "*On* Monday last, early *in* the morning, John was walking *along* the side *of* the river, he saw a snake *of* a large size, which he killed *by* striking it *with* his cane."

海上絲綢之路文獻集成 科技與文化編

名物得介系而後對待見;如云"在河之洲"在與之皆介系字,得之字而知洲爲何屬,得在字而知雎鳩於河洲爲何如.

大抵介系,其下必名物稱代之字,其上則如前言,可爲云謂字,如"立於朝,"或爲區別字,如言"白如雪;"或名物字,如云"臨江之麇."

名物與介系合,其加於名物,可作區別字觀;如云 Man *of wisdom*, 此無異云 *Wise* man 也;其加諸云謂,或區別字者,可作疏狀字觀;如云 he comes *on shore*, 此無異云 he comes *ashore* 也;其在中文,實亦同此,如於朝,乃言立何所也,如雪乃言何如白,臨江之三字猶言是何等麇耳.

英文中區別名物諸字,其前有一定介系,如 *in* vain, *at* last, *in* stead, *on* leave, &c., 此其用皆無異疏狀字.

§7. 介系者所以系一名物(言名物則並稱代而舉之)於云謂區別,及他名物也,而尙有所以提挈聯合句段者,是謂挈合之字 Conjunctions. 此在中文,凡領句虛字,如且夫,然而,蓋,抑,嘗謂等字皆歸此類. "Birds fly *and* fish swim, *but* worms creep along the ground, *for* they have no power to do otherwise, *or* else they would."

And 之一字,往往挈名不挈句,然必作 Conjunction 觀者,以雖挈名,其義與挈句同也,假如吾云"Tom *and* Mark go to school,"此雖一句,義同兩句,猶云 Tom goes to school *and* Mark goes to school, 特約而言之,以取簡耳;"I eat *and* drink,"猶言 I eat *and* I drink, 皆兩句而省爲一者也.

8. 最後一類是爲叱歎之屬,其字無可言之義,特言者有觸於中,忽然出口,故曰 Interjection 也. 此如嗚呼,噫嘻,嗟,都,咄嗟是已,英語如 Oh! Alas! Bravo!

總前觀之,可知以義爲分,字有八部 Eight Parts of Speech.

1	Noun … … … …名物		5	Adverb… … … …疏狀	
2	Pronoun … … …稱代		6	Preposition… … …介系	
3	Adjective … … …區別		7	Conjunction … …挈合	
4	Verb … … … …云謂		8	Interjection… … …叱嘆	

案泰西文字,八部而止,惟中國若多一部,若語助之焉哉乎也是已,雖然,諦而審之,即以爲未嘗多亦可,蓋語助之字,常函云謂疏狀之義. 此如也字,實無異於英之 *is*, 法之 *est*. 如"仁者人也義者宜也"譯之爲"Charity *is* humane; Righteousness *is* what ought to be." 至於"柴也愚參也魯"等句,尤爲可見. 矣之爲言,亦含英文 perfect tense 之意,可當 have 字之用. 至乎哉歟耶則發問之疏狀字 Interrogative Adverbs. 東洲之語,古例以云謂之字,用於句末,如莊子"奚以之萬里以南爲,""技經肯綮之未嘗,"皆循此例;其在日本語言,尤爲顯著,美洲茵陳人語亦然,故治言語學者,謂此乃亞墨原人同種之證.

§ 13. 指部 On Parsing.

學者期於文法精熟,必自凡字能指其部始,如是者謂之指部 parsing

欲指一字部居,徒認定字無益也,譬如唱戲人,此齣可爲帝王,他齣可爲走卒,惟字之於文辭言語亦然,韓昌黎云"文從字順各得職"故欲指所屬之部,必審其字於一句中,所居爲何職, What duty it is doing in the sentence to which it belongs.

蓋同此字也,在此爲名物,在彼可爲云謂,可爲區別,可爲疏狀,但觀所用之何如;如公羊"入其宮無人宮焉,"第一宮字是名物,第二宮字是云謂;又如云"宮居帷處"此宮字又爲疏狀,言其居之何如;又言"宮女宮鷄,"則皆爲區別之部,古人造句,若史漢蕭選文字,其能事正如此耳. "John exchanged *silver* watch for a lump of *silver* with which he meant to *silver* his copper plate." 此句 *silver* 字凡三用,第一爲 adjective, 第二爲 noun, 第三爲 verb, 其異職如此.

如云 "I cannot *second* you in trying to get the *second* place on the list, without thinking a *second* or two about it;" 第一 *second* 猶言副也,助也,云謂部;第二次也,區別部;第三秒時也,名物部.

如云 "I learnt all my lessons *but* one, *but* that was very hard; had I had *but* more time I could have learnt it very well;" 第一 *but* 字猶云除却, preposition 也;第二訓但 conjunction 也;第三猶祗義,則 adverb 也.

又 *that* 字可爲區別,可爲稱代,可爲挈合,如云 "William said *that that* word '*that*' he had just parsed was a pronoun;" 此猶中文夫字,吾言'不仁哉夫夫也夫,'又云'夫道二,仁與不仁而已,'此數夫字亦異部者也.

又 *as* 字,可爲疏狀,可爲挈合,可爲稱代諸部;如云 "I am *as* wise *as* my elder brother, who has had the same teaching *as* I have had," 第一 *as*, 所以指我之如何智,故屬疏狀,其第二 as, 其用同 than, 所以聯二詞,'我智 *as* 兄智,'

故爲挈合，蓋此句有省文，不省則當云"I am *as* wise *as* my brother is wise,"其第三 *as* 當 *that* 字用，故爲代名，學者由此類推，可以自悟.

稱代部字可爲區別；如"*That* is the boy *that* took *that* beautiful book of yours off the table,"又有其字，本爲疏狀部，但以習用提挈句法之故，而化爲挈合部；如"*Now* all is ready, come *now*, and don't delay a moment."又"Tom was *so* naughty, he would climb the tree, *so* he fell down."

§ 14. 字常以異職變形 On Changes that Words Undergo.

前謂同字可爲異部之用，此在中文，往往其形不變，而變其音，在古則有長呼短呼，在今則有圈破之法；如云"惡惡臭好好色，""春風風人夏雨雨人"皆此例也，然皆異其音而不變其形，是固不便，而西文以其拼切爲字，故得即其形而變之；如 *Child* 之變爲 *Children*，以示所言之不一；又變爲 *Child's*，以見其有所主；又變爲 *Childish*，則由名物而爲區別，言其事之同於小兒.

他如行事有所當之時，於云謂字欲標其異，中文惟有句中別行加字爲之，如云"今之隱几非昔之隱几"二隱無殊，後隱之不同前隱，僅於人意領會之耳，惟西文不然．如云"*we sleep*"聞者即知此所言爲現在之事，乃至變爲"we slept,"其事爲過去，而非尚存者可知.

雖然，八部之字，其中有受變者，有不受變者，受變者何，如名物 Noun，稱代 Pronoun，區別 Adjective，云謂 Verb，四者最多，而疏狀之字 Adverbs，亦或有變，特不常耳.

變形，英語謂之 Inflexions，其法大抵於原有本文 roots 之後，增音爲之，其所增者，謂之形變尾聲 inflexional endings，或曰變文後系 Suffixes of inflexion.

然聲音之道，成於自然，往往一字以尾聲之故，本文之音，從之亦變，大抵由長呼而成短呼，由平音而成仄音，此其大較也；如 sleep 之字，一變爲 sleep-d，再變而爲 slept，則由長而短矣；又如 nation 之變 national，goose 之變 gosling，benign 變爲 benignity，皆此例之行也.

以本字之得尾，由長而成短，由平而成仄，則行用歷久之餘，往往尾聲磨損失亡，而僅留短仄之本文以爲別；如 lead (引) 字一變爲 ledde，再變爲 led；feed 一變爲 fedde，再變爲 fed；gold (鍍) 字一變爲 gilden，再變爲 gild；man 一變爲 mannize，再變爲 men；凡此皆變體漸即今形之可考者也.

§ 15. 英文當古之日，所以著異職異用之尾聲最多，洎久之，什八九皆磨損失亡，不可復見，然不以此而形不便，蓋於文中別用字以著其殊，亦無不可，譬如言 my *father's* house，此以尾聲著異者也，the house *of* my father，此別用字以著其異者也，而二者之用，無幾微殊.

又如吾言 lion-ess，此於尾聲，見此獅之爲牝而非牡，然使此或磨損失亡，不存其用，而吾言同物，可曰 She-lion，此與前文正同，特加另字耳. 中國古文，用一字以著異物者最衆，倉雅說解之書，幾於皆是，如黑馬曰驪，牡羊曰羝，皆以一字，此 lioness 之類也，謂之黑馬，謂之牡羊，此 She-lion 之類也.

謂古英文尾聲爲多，此亦言其見於中古者耳，再推之至於上古，則尾聲皆獨立之字，就淺學所知者言之，如云 god-ly，其尾聲 ly，古乃 like，正如中文之用如用然，"足躩如也，""勃然變色，"及久之乃由 god-like 而成 god-ly 耳

可知西文上古，與中國文字正同，顧西文能合能變，而成於如是者，以其爲字母拼切，柔而易流之故，而中國旣用六書，木彊難變，然而字音切合，由二成一者亦多，如不可爲叵，之於爲諸，而已爲耳，小學之家皆能舉似，不可言不變也。

篇四 CHAPTER IV.

名物部 NOUNS.

§ 16. 界說 DEFINITION.

名物者何,字之爲物名者也; a NOUN is a word used as a name.

Noun 之一字,法文謂之 nom, 拉體諾謂之 nomen, 皆言名也.

§ 17. 門類 CLASSIFICATION.

名物之字,分二大類.
一曰本名 PROPER NOUN.
二曰公名 COMMON NOUN.

所以爲本名者,以其爲一人一物之名也,此如堯,舜,孔子,約翰,濟南,上海,獅子花,北落師門,皆歸此類.

本名西文所以稱 Proper 者,因其文本義爲 'belonging to oneself,' 爲其物所獨有,而非他物所同有,如 property (產業) 亦謂其專屬一家也

所以爲公名者,以其爲一屬之物之人之所同有者,故曰公也,凡員顱方趾皆可以稱人,凡兩翼而飛者皆曰禽,凡四足而走者皆曰獸,是故人與禽獸皆公名也.

公名又可區之爲三種—

1. 常物公有之名, Ordinary Class Names.
2. 凡最之名, Collective Names.
3. 懸意之名. Abstract Names.

常物公有之名，有一類之物，而此爲其一箇，an individual of a class; 或一段之物，而此爲其一部，a portion of a sort of material; 前如橙，狗，星，葉是也後；如金，水，沙，布是也；前者可數，後者可量.

凡最之名，乃所以名可數者之總會；如云馬羣，社會，翰林院，淮軍，西名如 *class, herd, college, jury* 皆所以名一衆者，故曰 collective 也.

懸意之名，形上之物之名也，文明之國，此類之名最衆，物德，行爲，與所居之境詣，皆無形者，the name of a quality, action, or state: 如"白馬之白"第二白字；"心之官則思"思字；又"富貴如一場春夢，"句中名物字，皆意境之懸名也；所以云懸 abstract，者，蓋雖附物而見，然可離物爲言，若孤懸也者，其在英文，若 *whiteness, honesty, love, sleeping, evolution, astronomy, grammar,* 及一切學術之名；又中文之最顯者，莫若周易之六十四卦名，皆此類矣.

又如 verb in the infinitive mood，如 *to learn,* 又如所謂 gerund 則 verb 之以 ing 爲尾聲者，此二種字常爲名物，亦懸名也. 如云"*To live* is *to struggle*"又云"*Riding is good exercise.*"

§ 18. 三變形 Inflexions.

名物與稱代之字所以變形者三：

(1.) 一曰陰陽之變，Gender 屬.
(2.) 二曰單衆之變，Number 數.
(3.) 三曰施受之變，Case 位.

§ 19. (一)變以屬者. (i) Gender of Nouns.

名物(或稱代)字所名之物爲雄,謂之陽屬 masculine gender; 若其爲雌, 則謂之陰屬, Feminine gender; 陰屬形異陽屬, 此中文爾雅多有之. 如牡羊爲羝, 牝牛爲牸, 特不常用耳.

謂之 gender 者, 法文謂之 genre, 皆原於拉體諾 genus, 字類也屬也, 於字則稱屬, gender, 於物則稱體, sex, 如男乃陽屬之字, 而其人則爲男體, male sex, 不得以 masculine gender 稱之.

法國文字之分陰陽也, 其分殆起於形, 不起於義, 其名物幾無字不分陰陽, 而於義或無取, 往往宜陽之字而反爲陰, 故學法文, 取別陰陽最難, 而大抵從習慣, 英文古亦如是, 降而此弊漸祛.

是故物之無牝牡陰陽可論者, 別立一屬, 謂之罔兩 Neuter Gender, 罔兩者非此非彼, 兩無屬也: 如几, 如紙.

更有所名之物, 可陰可陽, 可牝可牡, 中文如牛如羊如人, 西文如 *parent*, 親, 如 *child*, 子, 皆雙用之字, 謂之 Common Gender.

英字以尾聲別屬, 其陰字例於陽字而加尾聲, 如 *tiger* 爲虎, 而 *tigr-ess* 則爲牝虎, 獨鰥夫 Widower 之字, 則取寡婦之字, Widow, 而加尾聲 er, 從陰屬轉爲陽屬, 此爲惟一之變, 此外無第二字如此者.

由陽屬而轉爲陰屬, 其尾聲多用 -ess, 此如:—

海上絲綢之路文獻集成 科技與文化編

陽 Mas.		陰 Fem.	
heir ...	承業男, 家子	heir-ess... ...	承業女
founder	創業人	foundr-ess ...	創業婦人
actor...	戲子	actr-ess...	女伶
cater-er	辦食人	cater-ess ...	辦食婦人

然此法所變之字有數, 非普通之例, 其有緣他國字例者如下:—

executor	臨終所托之人	executr-ix	臨終所托之女人
hero	烈士	hero-ine	烈女
Sultan ...	回部皇帝	Sultan-a... ...	回部皇后
Czar	俄皇	Czar-ina...	俄后
Czarowits	俄太子	Czar-evna ...	俄太子妃

§ 20. 變陰古法, Older Modes of Marking the Feminine.

1. 以 -ster 爲尾聲; 如 *spin-ster* (處女) 字, 其始乃 *spinner* (紡工) 之變形也; 又如 *baker* 之變爲 *baxter; singer* 之變爲 *song-stress;* 皆此例也.

2. 又有以 *-en* 爲尾聲者; 如 *fox* 爲雄狐, 而 *vix-en* 爲雌狐, 蓋古 *fox* 音同 *vox;* v 讀如 f, 至今德人尙爾.

3. 其無定之法, 皆有由來; 如新婦曰 bride, 而新郎曰 *bride-groom*, 蓋 groom 古義爲丈夫爲男子, 云 bride-groom 者, 猶云新娘之壻云爾. 鵝之雄者曰 gander, 則本於古之 gans 字, 同今之 goose 也. Woman 者, 乃取 wife 與 man, 二者而合之, wife 猶言織者, 觀 weave 之字而可知.

§ 21. 尾聲離之則不成字者也，然分屬之變，尙有合之他字，其陰陽易明者以爲別，所常用也；此如:—

he-goat	公羊	she-goat	母羊
man-servant	男僕	maid-servant	女僕
tom-cat	公貓	tib-cat	母貓
buck-rabbit	公兎	doe-rabbit	雌兎
dog-fox	雄狐	bitch-fox	雌狐
pea-cock	孔雀	pea-hen	母孔雀
he-devil	男魅	she-devil	女魅
jack-ass	公驢	jenny-ass	母驢
bull-calf	公犢	cow-calf	母犢
cock-sparrow	公雀	hen-sparrow	母雀

§ 22. (二)變以數者. (ii) Number.

名物與稱代字，有單衆之別，使其字之所言盡於一物，則曰單數之字，of Singular Number.

使其字之所言，不止於一物，則曰衆數之字，of the Plural Number.

案於名別數，於中文不多見，然亦不可謂無；譬如於吾一身則曰我曰吾，於吾同類則曰吾黨我曹，於所語之衆則曰爾曹汝輩，是已；特皆用別立之字以明之.

變單爲衆例. Formation of the Plural.

§ 23. 常例，於單數字之末，加 -s 母，以明其不止一物；如 *book-s*, *bag-s*, *lanterns*.

字尾之 -s，有銳有鈍，銳者其音如 ç，鈍者其音如 z，如在 *book-s* 銳也；在 *bag-s*, *boy-s* 則鈍也，讀與 *bagz*, *boy-z* 正同.

海上絲綢之路文獻集成 科技與文化編

古英語衆數之尾聲,係用 -as, 如單者爲 smith, 衆者則爲 smith-as, 降而轉爲 smith-es, 至今乃轉 smith-s 矣. 蓋其始用另立之字,漸乃合爲一形.佛書亦有此別,如一則云微塵,多則曰微塵衆;一則曰鐙,多則曰鐙海;假六書爲合,易同拼切之字,則久之亦將化爲尾聲,而衆海二文皆不爲另字矣.

變例 MODIFICATION OF THE GENERAL RULE.

1. 假如單數之字,其收音巳爲合齒泄氣之音,所謂 sibilant 者,則以 s 又爲合齒,故用 e 字居間,使之易聞,故所加於單數者爲 -es, (讀如 ez); 如 *gas-es, box-es, brush-es, church-es, judg-es, priz-es.*

2. 如名物之字,其收母爲 f, 而其前又有 l, 或長呼之元音,(獨 oo 不然) 則銳音之 f, 常變而爲鈍音之 v, 而後再加 -s, 或 -es, 以爲衆數; 此如 *loaf*, 其衆爲 *loaves; wife, wives; wolf, wolves.*

3. 如收母爲 y, 而其前又非他元, vowel, 則變單字之 y 爲 i, 而後綴 -es 以成衆字; 如 *lady*, 其衆爲 *ladies, fly* 其衆字爲 *flies, country* 爲 *countries*, 至於 *soliloquy* 獨語, 其衆爲 *soliloquies* 者, 以 qu 之用, 實同僕音也.

§ 24. 古法異常例者, Older Modes of Forming the Plural.

1. 一曰變其元音,以爲衆數,如:—

單數爲	man	人,	衆數爲	men.
,, ,, ,,	foot	足,	,, ,, ,,	feet.
,, ,, ,,	tooth	齒,	,, ,, ,,	teeth
,, ,, ,,	mouse	鼢,	,, ,, ,,	mice.

2. 二曰加 -en 爲收音；如：—

(a) 單數爲 ox 牛，衆數爲 ox-en.
(b) „ „ „ child 兒，„ „ „ childr-en
(c) „ „ „ brother 兄弟，„ „ „ brethr-en

後二字衆數有二形，child-s 與 brother-s 亦可用，特義有微殊，如一家之同胞，brothers 也，社會之同胞，brethren 也.

3. 三有單衆同形之字；如 *sheep* 綿羊，*deer* 鹿，*grouse* 鷓鴣，*fish* 魚以隊言（如 *cod*, *salmon*, *trout*, *pike*, &c., 諸魚名皆無衆字，而 *sharks*, *whales*, *eels*, *herrings*, *turbots*, &c., 又有之，不可解也），*head* 頭（以數物者如云 'ten *head* of cattle,' 十頭牛）.

往往舉數之名以單爲衆，(expressing a quantity or number)，如云 'a *ten foot* rule'; 'a *five pound* note; 'The iron weighs ten *hundredweight'*; 'He shot *five brace* 雙 of birds'; '*Ten gross* of pencils'; 'My weight is *eleven stone*', '*Three dozen* knives'; '*Two pair* of trowsers'; '*Four score* years'; '*Thirty fathom*'; '*Twelve month*', '*fortnight*,' &c.

又馬兵稱 Horse，步兵稱 Foot，如云 "*Five thousand foot*", "*Two thousand horse*"，不爲衆字.

至於 *shot* 彈，*cannon* 礮，*fish* 魚，*fowl* 鷄，*people* 民，皆凡最一羣之名，故無別立衆字.

§ 25. (一) 單形一而衆形二，Double Plural 然有異義；如 brother 之 brothers 與 brethren 前言之矣；此外尚有：—

單形爲 Cloth	以異布言則曰	Cloths,	以衣服言則曰	clothes.
„ „ „ Die	在印	„ „ dies,	在骰	„ „ dice.
„ „ „ Fish	稱異魚	„ „ fishes,	稱羣魚	„ „ fish.
„ „ „ Genius	稱才傑	„ „ geniuses,	稱神	„ „ genii.
„ „ „ Pea	稱異豆	„ „ peas,	言升豆	„ „ pease.
„ „ „ Penny	分言之	„ „ pennies,	言其値	„ „ pence.
„ „ „ Shots	言所施	„ „ shots,	言其聚	„ „ shot.

(二)有獨用單數之名物:—

(a) 專名 Proper names 如云 Milton.

(b) 懸名 Abstract nouns „ „ Whiteness, education.

(c) 最名 Collective nouns „ „ people, cavalry.

(d) 物材 Name of material „ „ gold, leather.

(三)有獨用衆數之名物:—

(a) 臟腑 Parts of the body 如云 lungs, bowels.

(b) 衣袴 Articles of dress „ „ breeches, drowers.

(c) 器用 Tools „ „ Tongs, scissors, shoes.

(d) 堆物 Masses of things „ „ ashes, billiards.

§ 26. 有非本英之字,則衆形從其故所有者;此如:—

(i) 拉體諾之字 Latin Words.

名物之收音以 us(陽屬)而衆形用	i	者,如	radius, radii	... 輻
„ „ „ „ „ „ us(罔兩)	„ „ „ „ era	„ „	genus, genera	... 類
„ „ „ „ „ „ um	„ „ „ „ „ a	„ „	datum, data	...與數
„ „ „ „ „ „ ix	„ „ „ „ „ ices	„ „	radix, radices	... 根
„ „ „ „ „ „ ex	„ „ „ „ „ „	„ „	apex apices	... 尖
„ „ „ „ „ „ a	„ „ „ „ „ æ	„ „	formula, formulæ	訣例
„ „ „ „ „ „ ies	„ „ „ 仍 „ ies	„ „	series	... 一宗,級數

(ii) 希臘之字 Greek Words.

名物收音以 on, 衆形用 a 者, 如 phenomenon, phenomena 現象
" " " " " sis " " " ses " " crisis, crises 轉極

(iii) 法國諸字 French Origin.

如 Mister 先生 其衆形爲 Messieurs (簡寫 Mr. 與 Messrs.)
如 Madame 夫人 " " " " Mesdames
如 beau 美物 " " " " beaux

(iv) 形衆而義單者, Plurals used as singulars

(a) 字之以 -ics 收音, 從希臘來者, 如 mathematics 算學, physics 格致, &c.

(b) 又如 means 具, amends 賠償, wages 庸錢, pains 辛苦 news 新聞, gallows 縊架, riches 財產, alms 檀施, eaves 簷宇 summons 火籤; 皆作單義觀, 而無單形者也.

§ 27. (三) 變以位者. (iii) Case.

名物字之在句中也, 察其相爲對待, 而位形焉. 方人有言, 意必有所屬, 是所屬者, 謂之句主 subject; 假言句主, 而無所謂, 如戰國策之言"海大魚," 所欲達之意, 猶莫測也, 故必於句主而有所謂, 則 predicate 是已. 故言鳶則云飛, 言魚則云躍, 鳶魚 subject 也, 飛躍 predicate 也. 雖然, 飛躍者不及物之云謂也, 若及物之云謂, 則必有爲事所加之物 object. 如言"君乘車我戴笠," 君與我皆 subject 也, 乘車戴笠其 predicate 也, 而中涵二部之字, 乘與戴云謂 verbs 也, 車與笠所加之名物 objects 也, 此一切句法之大經也.

§ 28. 名物稱代字, 爲句主者, 謂之主名之位, Nominative case; 如言 "*John* sings, and *I* like to listen." 所以稱主名

nominative 者,乃得此以名事主,事主爲施事者可,爲受事者亦可;如云"曾參殺人,"曾參施事者也;又云"盆成括見殺,"盆成括受事者也;而其爲主名則同. 說文'我,'其解曰,'施身自謂也,'此與西文'I'字界說正吻合

§ 29. 將有所與語,則呼其名而告之,謂之受呼之位, Vocative case. 此在他國,或與主名之位異形,而英字則無稍異,故不爲別;如云"參乎吾道一以貫之,"又曰"賜也賢乎哉,"參與賜皆在受呼之位. as "*Father*, come and look here!" "O *Sir*, do not be angry!"

§ 30. 名物稱代爲事之所加,則在受事之位, objective case;如云"鮑子知我"我爲鮑子所知,受事位也,又云'植其杖以芸,"杖爲所植,亦受事之位. "Jack killed a *snake*." 他國之字,主名與受事之位,其字有變形,英古亦然,至於今不爾,爾者獨稱代字耳.

英之受事字有二種:—

(1) 有直接之受事, Direct object, 其字徑居一云謂字之下;如云"高力士脫靴"靴字徑居脫字之下,直接受事. "Jenny beats *John*; Robin hurts his *foot*." 此在拉體諸文則謂之 Accusative case.

(2) 有閒接之受事, Indirect object, 事爲彼而有作,物因之而受事. 此在英文,大抵其字之前可加 for 與 to 二介系字,而義不變;如云"Give *Peter* his book," 此同 Give *to Peter* his book; "Build *me* a house," 此同於 Build *for me* a house. 在中文,如云"投其璧於河,"璧直接受事者也,河閒接受事者也;又如云"贈季子金"金直接受事者也,季子閒接受事者也. 此在拉體諸文,謂之 Dative case.

(3) 上有介系字之名物, after a preposition 亦稱受事. 如云"遇諸塗"此猶'遇之於塗'之爲陽貨之代名, 而塗之上有於字爲之介系, 故塗爲間接受事字. 又云"殺人以梃"梃字有以在前, 亦爲間接之受事. 英語"He puts his foot on the *ground*." "He came back from *London*." 此在拉體諸文, 則介系字與名物字合, 而爲異形之事字, 而英文不然, 故無別體.

§ 31. 主名受事而外, 尙有主物之位, Possessive case. 中文之於主物, 常法於西文爲倒, 如云"黔之驢"西文作"驢 of 黔"正譯當云驢之屬黔者, 獨用主物之形, 則與中文合, 如云'孔子之墓' Confucius' tomb, 其先後與中文正同; 又如 "the *boy's* book," "the *cat's* tail," "the *sun's* rays," 此三名物皆在主物之位者也.

(a) 察主名受事之辨, 大抵從文義語意而得之, 其於稱代字有形異, 於名物字無形異也; 獨至主物之位, 則視而可識矣, 蓋其字常用 's 爲收; (') 曰 apostrophe, (譯言中畧, 西文凡有漏略不書者, 皆用此爲記), 如 my son 吾子, my son's 吾子的.

(b) 然英文今法, 此形常用於生物, 如云 "*Shepherd's* wand," 至於無生之物, 則仍用 of, 如云 "the roof *of a house*," 不得言 the house's roof 也. 然常言猶用之, 如云 a *week's* journey, 七日之程, a *month's* provision, 一月之糧, 仍合法也.

§ 32. 主物之形 Formation of Possesive.

凡主物之字皆於主名之字加 's.

如單數主名 man, 其主物之形爲 man's.
,, 衆 ,, ,, men, ,, ,, ,, ,, ,, ,, men's.

假如其衆數主名收處已有 s, 則主物之形, 只用中路之簡號 (') 而無 s.

如單數主名 boy, 其主物之形爲 boy's.
,, 衆 ,, ,, ,, boys ,, ,, ,, ,, ,, ,, boys'.

此其異特可見於行文耳, 至於言語則 boy's 與 boys' 無異讀也.

(a) 古之英文, 其主物之形, 加 es 於單數主名以爲之, 至十七世紀, 乃去 e 存 s, 以 e 之去, 故作 (') 於其上, 此中畧之名所由起也. 英詩句中, 往往化兩音爲一音, 以求叶, 則亦用此號, 如 even 之作 e'en; ever 之作 e'er 皆如此矣.

(b) 's 之號, 與中文"之"字爲用正同, 而昔人或謂其號爲獨字 his 之省, 如言 "the *King's* crown," 依其說, 古乃 "the King *his* crown," 雖然其說悞也.

§ 33. 別位異形表 Declension of Noun.

Nom. & Voc.	主名呼名,	單	man	衆	men	單	child	衆	children
Poss.	主物,	,,	man's	,,	men's	,,	child's	,,	children's
objec.	受事	,,	man	,,	men	,,	child	,,	children
Nom. & Voc.	主名呼名,	,,	boy	,,	boys	,,	thief	,,	thieves
Poss.	主物,	,,	boy's	,,	boys'	,,	thief's	,,	thieves'
objec.	受事,	,,	boy	,,	boys	,,	thief	,,	thieves

篇五 CHAPTER V.

區別部 ADJECTIVES.

§ 34. 界說 DEFINITION.

區別字者,所以表物之異,以區之於其名之所類也; to distinguish or describe the thing named. 譬如言人,是盡人類而舉之矣,乃今吾言古人,則聞者知吾言為專屬於已往之人,而於今人為無涉;又言此人,則聞者知吾言有所特指,而與僚人為無涉;然則古與此字,皆所以立別者,故曰區別也. Adjective 字原於拉體諾之 Adjectivum, 譯言所附益者.

§ 35. 門類 CLASSIFICATION.

凡物之所以殊,一曰其品 QUALITY, 品同則以量, QUANTITY. 品之殊如美惡,大小,貧富;量之殊見於數, number, 如一二,多寡,廣狹;而二者之外,將有以指吾意之所屬與否,不論其品量也,故又有指示之一門,如云"一書""彼美""此座"皆指示也.

是故區別字有三科之可立:—

一 言物之品, 1. Adjectives of Quality.
二 ,, ,, ,, 量, 2. ,, ,, Quantity.
三 所以指示, 3. Demonstrative Adjectives.

代名之字,如 *this, that, each, every,* 等;中文如'之''此''其''若'等字,往往用為區別,觀其所用而可知也.

§ 36. 區別字之 an, a 與 the, 乃最常用之指件字,故舊法每特區爲專部,謂之指件之字, ARTICLE, 而其實爲無取. 彼謂 an 與 a 爲無定之指件, Indefinite article, 如云一人一日,乃任何一人,任何一日,無定者也;而 the 爲有定之指件字, Definite article, 如云其人其日,吾意中固有定人定日也.

An 與 a 之用不同,使所指之名物,其發聲之第一字爲僕音,則 an 字去 n 而獨用 a; 如云 "*an* orange." "*an* apple," "*a* king," "*a* house," 亦取便聲音而已.

An, a 之爲義同 One; 如云 "all of *a* size," 猶言 "all of *one* size 也.

No 字之義,與 an 爲反對,猶言無一, not one; 如云 "He is *no* soldier" 乃云 "He is *not-a* soldier" 也.

有時 *the* 字可作疏狀字觀;假如言 "so much *the* better," 又如云 "*the* younger *the* merrier;" 此種 the 字與 "by that" 同,以言區別字之程度,故曰疏狀.

§ 37.　變形 Inflexions.

言物之品量,則大畧有三級之可言. 一曰尋常 Positive; 二曰較勝 Comparative; 三曰尤最 Superlative.

他國之區別字,常從所加名物之屬數位而爲變,英之古法亦然,今乃不用,而獨有程度之變 Degrees of Comparison.

§ 38. 尋常程度曰 Positive, 用本字不變者;如云 "a *small* boat," "a *strong* man."

較勝程度曰 Comparative, 用本字而益以 er 爲尾聲;如云 "a *small-er* boat," "a *strong-er* man."

尤最程度曰 Superlative, 用本字而益以 est 爲尾聲; 如云 "the *small-est* boat," "the *strong-est* man."

較勝者, 擬兩物而見之者也, 尤最者, 即衆物而見之者也; 故擬兩物不得用尤最之字, 如云"二者之中, 甲爲最美," 斯爲不通, 當云"甲爲較美," 其在中文或僅云"甲爲美," 其較勝之程度已見; 又如論數物而言其尤, 不得用較勝之字, 如云"西國英爲較富," 亦不通語, 當言"英爲最富," 或但言"英爲富," 其尤最程度亦見也, 如太史公西南夷列傳云, "西南君長以十數夜郎最大," 極合法矣.

變例: (a) 如本字以無音之 e 收, 則僅加 r 爲較勝, 加 st 爲尤最, 不更用 er 與 est: 如 large, large-*r*, large-*st*.

(b) 如本字以 y 收者, 而 y 之前又非元音, 每先轉 y 爲 i, 而後加 er 與 est: 如 happy, happi*er*, happi*est*.

中文字不變形, 而所以著較勝尤最者, 或因文以見意, 或用他字如'較''愈''加''更,' 與'最''極'諸字以著之, 惟英文亦然, 而用於字之拼切過兩音者, more than two syllables; 其字則疏狀部之 more (較), 與 most (最); 如云 *more* valiant, *most* valiant.

凡區別字之以 er, est 分程度者, 大抵皆條頓之本字, 而非外來者.

§ 39. 不整齊之比較 Irregular Comparisons.

尋常 Positive;		較勝 Comparative;		尤最 Superlative.	
(1) late	晚	latter	later	last	latest
nigh	將近	nigher	(near)	nighest	next
near	切近	nearer		nearest	
old	老,長	elder	older	eldest	oldest

尋常 Positive		較勝 Comparative	最尤 Superlative.
(2) good	善	better	best
bad, ill, evil	惡	worse	worst
little	少	less	least
much 以段言, many 以枚言	多	more	most

以上諸區別字，如(1)之 late 字其比較有兩法，latter 與 last，乃指物之次第而言，latter 與 former 對，如行文，有兩事在前，今欲覆舉，於其前則曰 former，於其後則曰 latter；至 later 與 latest，乃以時言，如言某人來遲，某人更遲，則用此字. Near 與 next 之異於 nearer 與 nearest，亦正如此，前二以位次言，後二則泛言遠近者也.

Last 字，乃古 lat-st，即 lat-est 之變形.

Next 字，今云其次，乃古 neh-st，即 nigh-est 之變形.

Near 字，今乃尋常近義，然古爲 nigh 之較勝字.

Elder, Eldest，用以言兄弟姊妹之少長，而泛言凡物新故者，必用 older 與 oldest.

其第二類(2)，大抵比較之字與本字，在古皆不相涉，而後世强爲牽合者也.

如 Better 之本字古爲 bat 字，其義爲佳，元音 a 經變爲 e，而加 ter 又 best，即古 bet-st，乃 bet-est 之變形. 與(1)之 last 同一演法.

Wor-se，源於條頓古字之 wers；less，源於古字之 lais；much 古義同 large, great，非多也.

而 More, most 二字，以 mo 爲之根，於古義亦爲大

(3) 舍前(1)(2)二種之外,尚有第三種不整齊比較:—

如 far (遠),之比較字爲 farther, farthest, 其中 th 本不當有,乃緣 forth 之變爲 further, furthest, 牽涉成誤切,而後人沿用之.

又 Rather 譯寧爲,又作殆義,此今爲疏狀字久矣,然古爲區別,其尋常字乃 rathe, 於義爲蚤.

Fore (前)之較勝字爲 former, 尤最字爲 foremost, 又爲 first, 其 former 之字,乃與古之 formë 相亂, formë 即今之 first.

Other 古義爲第二,故今語猶云 Every *other* day. 猶云每第二日,即間日也.

篇六 CHAPTER VI.

稱代部 PRONOUNS.

§ 40. 界說 DEFINITION.

稱代者，以代名物，省其屢稱也.

稱代所代者，不止名物，有時乃一事實，或一語句，均無不可；此如"*It* mattered not to him, whether it were night or day," 第一 'It' 字所代正是下文 'whether it were night or day,' 卽言此事於彼爲無關得失也.

稱代與區別，往往相通用 (1) 其在主物之位者如 *his* pony; (2) 指事之稱代，如 *that* day; (3) 複牒與發問 Relative and Interrogative 之稱代，如 "whose house?" (4) 無定之稱代 Indefinite; 如言 "*some* oranges." 凡此皆以稱代而居區別之地者，故曰相通用也.

§ 41. 分類 CLASSIFICATION.

稱代字共分五種.

1. Personal 三身之稱代
2. Demonstrative 指事 " " "
3. Interrogative 發問 " " "
4. Relative 複牒 " " "
5. Indefinitive 無定 " " "

此五者今依次論之:—

§ 42. I. Personal Pronouns 三身稱代.

三身云者，以人言語之際，有言者，有所語者，有所言者，凡此謂之語次三身 Three Persons

(a) 其第一身 First person 則言者也,其所用之稱代如我,吾,台,朕,吾曹,我輩, I, we, &c.

(b) 其第二身 Second person 乃所語者也,其稱代如爾,汝,若,而,汝曹,君等 thou, thee, you, ye, &c.

(c) 其第三身 Third person 乃所言者也,其稱代如彼,若,他,渠,彼等,若人, he, she, they, one, &c.

§ 43. Declension of Personal Pronouns.

稱代異形表

稱代之異以屬,以數,以位:

The First Person 第一身

單數主名	Nom.	I.	衆數主名	Nom.	we
„ „ „ 物	Poss.	mine, my	„ „ „ 物	Poss.	our, ours
„ „ 受事	objec.	me	„ „ 受事	Objec.	us

The Second Person 第二身

單數主名	Nom.	thou	衆數主名	Nom.	ye, you
„ „ „ 物	Poss.	thine, thy	„ „ „ 物	Poss.	your, yours
„ „ 受事	Objec.	thee	„ „ 受事	Objec.	you

(1) 英文古似德文,故 I 字古作 Ic, 又作 Ich, 西文稱謂,當隆古時,與中國同,如 I 則中國之台也,拉體諾文作 Ego, 我也; thou 之與 you, 與法文之 vous, tu 皆在中文汝若之閒;而第三身之 he, it, they, 與法之 il 等,尤與吾文之伊他同原.(案中西古語多同,西人如艾約瑟等所言多與鄙人合者,可知歐亞之民,古爲同種,非傅會也).

(2) 古無 my, thy 等字,而用 mine, thine. 今則言下有名物者,必用 my, thy; 而 mine, thine 則言下無名物者;如云 "This book is *mine*," or "this is *my book*," 此其異也.

(3) Thou 字今於常稱不用,與 thine, thee 等字,皆用於對越稱謂之時,至於常稱,雖所語者爲一人,亦用 you 字;卽 ye 字,亦僅於詩句中用之.

The Third Person 第三身

	陽屬	陰屬	罔兩	衆數
Nominative	he,	she,	it	they.
Possessive	his,	her, hers,	its,	their.
Objective	him,	her,	it,	them.

§ 44. 三身之主物字,其用皆與區別字同:—

其單者如 my, mine; thy, thine; his, her, hers, its.
„ 衆 „ „ our, ours; your, yours; their, theirs.

以上如 mine, thine, hers, ours, yours, theirs 等,主物之稱代,皆用之言下無名物字者, not followed by a noun. 其在 Latin, 如 my, thy 等字,則用 meus, tuus; 而 of me, of thee 等字面,則用 mei, tui.

§ 45. 三身稱代,如得 self 合之,則爲反身之稱代, Reflexive Pronouns; Self 之義爲己爲自.

其單數者,如 myself, thyself, yourself, himself, herself, itself, oneself.

其衆數者,如 ourselves, yourselves, themselves.

(1) 其謂之反身者,以其人所爲,乃非及物,而在己身,此如云 "I laid *myself* down." "He hurts *himself*." "Cleopetra poisoned *herself* with a viper."

(2) 有時爲鄭重分明之語,如云 "I saw the thing *myself*"; "He *himself* has done it." 吾見之,彼爲之,以常語爲未足,而曰"吾親見之","彼自爲之,"則鄭重分明之意也.

(3) 如 Self 獨用,則爲名物,猶言其身,其一己;如言 "your good *self*", "your innocent *self*", "He thinks too much of *self*," 末一語,猶言彼之爲己太深耳,故克己英語謂之 *selfdenial*, 自靖謂之 *selfdevotion* (盡己),而自盡則云 *suicide*, 因 sui 乃拉體諾之 *self*, 而 cide 之爲言殺也. (案 sui 與自亦見東西古語之同).

§ 46. II. Demonstrative Pronouns 指事稱代

指事稱代者,所以直指言者意所屬也;如云"我不任往彼所問疾";"此謂知本";"其心休休然." 彼此其等字皆指事者 "*This* is the book I want, but I should like *that* which is on *yonder* table if it is not the *same*." "I have never seen *such* books as *these*."

§ 47. 指事稱代中文最顯者,如'彼''此''其''之'等字,而英之 Demonstrative Pronouns are *this*, *that* (plurals, *these* and *those*), *same*, *so*, *such*, *yon*, *self-same*.

That, 所以指遠者,其字於古爲 the 字之 neuter gender.

Such, 若此, "so-like," 後失 l, 而成今形

Yon, 那裏,彼處,今常作區別字用,而蘇格蘭常用爲稱代字,如云 "yon's a grand house," 那是大屋.

Self-same 猶言本物.

Such (同 so), 用在區別字前, 而從之以挈合字 that 者, 則作疏狀字觀; 如言 "He has *such great* confidence *that* he will be sure to succeed;" 此同於 "He has confidence *so* great that he will, &c." "So" 字爲指事稱代; 如云 "I tell you *so*"; "Is he your friend? Yes. He is *so*." "I walked three miles or *so* a day." 皆有所指者.

§ 48. III. Interrogative Pronouns 發問稱代.

發問稱代, 於問事時用之, used in asking questions: 如 *Who?* 誰; *Which?* 若箇; *What?* 何者.

Who 字以施受主物別位, 如下:—

其主名 Nom.	Who	陰陽之屬 單衆之數	皆同.
其主物 Poss.	Who-se		
其受事 Obj.	Who-m		

大抵所問者人, 則用 Who; 所問者物, 則用 What; 而數物當前, 叩其所指, 則用 Which. What 字如用於名物之前, 則同區別; 如 "*What* book do you want?" "*What* boy has got my book?"

What 所以問物, 其字乃古 Who 字之 neuter.

Which 同於 "who-like," 後失 l, 而成今形. 前此亦可以代人, 故新約祈禱之詞云, "Our Father, *which* art in Heaven." 今之用法, 乃同 Whether, 問於彼此之間, 孰是所指者.

Who-se 爲 who 之主物矣, 而 what 字之主物, 形亦同之, 不爲異字; 此正如 he, it 二者古主物形同用 his, 而 its 乃後造之字.

§ 49. 併字之發問稱代 Compound Interrogatives.

其字乃以 ever 合之 who, what, which 諸字而成, whoever 不論誰某, whatever 任爲何物, whichever 無論若箇.

§ 50. Relative Pronouns 複牒稱代

此類之字, 幾爲中文之所無, 而中西句法大異由此. 蓋西文凡有定之云謂字, finite verbs, 皆必有其主名, nominative case, 又往往有句中之句, 以注解所用之名物, 於是前文已見之名, 必申牒複舉, 而後句順, 每有句中之句, 至三四層, 如剝蕉然, 而法典之文, 如條約合同等, 欲其所指不可游移, 其如是之句法愈衆, 或聚百十字, 而後爲成句者, 此西文所以爲初學者之所難也. 譬云 "Sir Thomas Wade, *who* was British minister in Pekin, took chair in Cambridge," "威妥瑪前曾在北京爲英公使者, 於庚布立茨居一師席." 此其正文, 不過言威居師席而已, 故 Sir T. Wade 爲本句主名之字, 而其云謂字, 則 took 也, 乃今欲釋威爲何如人, 故楔入爲北京故英使一語; 然此爲字, *was*, 若無主名, 於句法爲不通; 欲與 took 字同用 Sir T. Wade 爲主名, 則二事非並列者; 更用本名, 又嫌贅複; 故別立此種稱代, 以爲申牒前名之用, 則 Who 字是已.

後者爲複牒, 而所複牒者, 謂之前名, Ante-cedent, 如在前語, 威妥瑪 Sir T. Wade, 乃 who 字之前名也; 複牒對於前名, 謂之後牒 consequent.

複牒稱代凡五: 如 who 所以牒人者, what, which, 所以牒物者, that 與 as 所以人物並牒者, 其用如下.

What, which 皆以牒物矣，然而有辨，用 which 字必明著前名；如云"The animal *which* you saw was a lion;" 用 what 字，其前名在意中，其義同於 that which 二字之合；如云"*What* I have, you are welcome to;" 同於"*That which* I have, you are welcome to;" 其所以不必著者，以其字已含 that 字爲之前名也. That which 猶云 the thing which.

Who 所以牒人，然有時前名亦可不著，則其用同 he who, 如云"*Who* steals my purse steals trash."

後牒有時用主物之 whose, 有時用受事之 whom, 視其位；如云"This is the man, *whose* house we saw;" 又如"This is the man, *whom* you mentioned;" 前居主物，後居受事故也.

That 字之爲複牒稱代最古；如云"He is reading about the battle *that* was fought at Waterloo;" 又"Happy is the man *that* findeth wisdom;" 前以牒事，後以牒人.

That 字之爲複牒字，有時與 that which 同；如云"We speak *that* we do know;" 猶云"We speak *that which* we do know;" 猶云"We speak *the thing which* we do know."

That 字之爲複牒，其前不得用介系字 preposition: 如云"I know the person *that* you speak *of*;" of 字必用諸句尾，不得用之於 that 字之前；不若 whom, which 等字，其上可用介系；如云"I know the person *of whom* you speak;" or "I know the place *of which* you are a native;" 此其辨也.

§ 51. As 之爲複牒，常用於 same 與 such 之後；如云，"This is the *same as* that;" 又如云"These apples are very good, you may eat *such as* are ripe," 猶云"取其熟者而食

海上絲綢之路文獻集成 科技與文化編

之"也,故 such as 二字,爲用若中文之'其'字. 又如云"His character is not *such as* I admire;" such as 在此,其用同'者'字. 又如云"*As* to that, I have nothing to say,"猶云"於此吾無閒焉,"所謂'於此'者,猶云'what (relates) to that'也,此在拉體諸文,乃"quod ad hoc,"亦'於此'二字之義.

§ 52. 併字之複牒稱代 Compound Relatives. 其字與併字之發問代名同形,而稍異,蓋加 -ever 之外,又有加 -soever 者也;如 who-ever, which-ever, what-ever; who-soever what-soever, which-soever. Who-so-ever 者猶言凡同此之任何人也.

Who 字之三位,皆可加 -soever,如 whosesoever, whomsoever 是.

疏狀之字,有古爲代名者,往往得介系,而有複牒之用;如

where-of 於其中=of which, of what

where-to 至彼=to which, to what

where-by 以是,由是=by which, by what

更有 there-of, there-to, there-unto, there-by, here-of here-by, herewith, &c., 皆疏狀字也,而皆有複牒之用,此等字見之合同文約爲最多.

複牒之字,其始皆以發問者也,獨 that 與 as 二者,非發問字耳.

複牒之 Who, which, what, 其別位 declension 與發問之 who, which, what 正同.

§ 53. V. Indefinite Pronouns 無定之稱代

所以謂之無定者,以其用恰與前之指事稱代相反. 指事,見言者之意有所專屬,無定,見言者之意無所專屬也.

此類稱代,其大畧可舉者,如中文之'或''有人''人''夫己氏';英文如 one, none, any, some, each, every, either, neither, other, another (以上皆可作區別字用者);又如 aught, naught, somebody, something, nothing, anything.

One 一也,其字若作區别字用,則與 an 同,如云 "This habit will *one* day ruin you;" 若作名物用,則指類中之一物,猶中文之'者'字;如云 "Get me some better pens, these are bad *ones*." 若其字義屬人,則猶法文之 on 字,爲 homme 字之轉;如云 "A quiet conscience makes *one* so serene." 論語"人而不仁如禮何"人字同此.

None 無一也;乃合 ne (=not) 與 one 而成之.

Any 亦一也;其字自 an, one 而來,乃區别字而轉爲稱代者, "I don't want *any*," 此歇後語, understood, 其下有物.

Some 猶有一也; "a certain," 乃模畧無慮之詞:如云 "He will last you *some* eight year or nine year," (Hamlet). "I have *some* money," 皆不精審之意也.

Each 兩中之一也;然衆中之一亦可用之,如云 *each* boy; 其義猶每. 惟 "*each* other" 與 "one another" 二語之别,則前用於兩,後用於衆;如云 "They did not speak to *each other* for a week;" 言兩人之事也; "They hear from *one another* daily:" 言一衆之事也.

海上絲綢之路文獻集成 科技與文化編

Every 衆中之一也; each 古作 'any one like,' 後變而成 ea-ch, 若前者 such, which 之變; every 古作 'ever each,' 後變而成 Every 雖二者皆有每義,然 each 可用於衆一,如云 'each time,' 而 every 斷不可用於兩一,猶中文只有兩物者,不合稱每,亦不得言箇箇也.

Ei-ther 彼此之中有一也; 此字有二義, (1) 'each of two,' 猶中文之'各'字; 如云 'On either side, one, (2) 'one of two, but not both;' 如云 'Either you or I;' (1) 爲區別部, (2) 爲挈合部. 獨云 'Either will do,' 則其字爲稱代部矣.

Nei-ther 彼此之中無一也; 其字乃合 ne 與 either 而成者, 猶言 not-either, 故與上爲反對.

Other 第二之一也; 如云 'every other day,' 每次日也,故引伸之義,爲另,爲別,爲他.

Aught 任何物也; 其字等於 'Any whit,' or 'any wight,' 何等物事; 如云 'for aught I know,' 言凡吾所知者.

Naught, nought, 無一物也; 與上爲反對. '*Not*' 爲疏狀字, 卽此之變形也; 算家謂 *O* 爲 "*naught,*" 言無度也; 中文謂之曰零.

Else 之在 what else, 與 something else, 亦無定之稱代, 猶云其餘其他.

篇七 CHAPTER VII.

云謂部 VERBS.

§ 54. 界說 DEFINITION.

云謂字者，言物之所施所爲，what a thing does，或其所受所被，what is done to it，或其所以存，與所處者，in what state it exists. 以其所以謂物，得此而後物有可言，故名云謂.

如詩云"言(我)'告'師氏，"其人之所爲也；what she does. "參差荇菜，左右'流之'，"其物之所被也；what is done to it. "關關雎鳩，'在'河之洲，"其物之所處也；in what state it exists. 英語如"James *studies* his lesson;" what he does. "John *is beaten;*" what is done to him. "The child *sleeps;*" in what state it exists.

§ 55. 分類 CLASSIFICATION.

云謂之字，從其義而分之，可爲二大類，一曰事之及物者，TRANSITIVE；一曰不及物者，INTRANSITIVE.

先言其不及物，所以云不及物者，其事盡於作者之身，而無物蒙其影響也；如云"孔子聖人'也'"="孔子'爲'聖人，"又曰"宰予晝'寢'，""子路'拱'而'立'，"他若"鳶'飛'魚'躍'，""水'流'花'開'，"凡此雖有爲作，其事皆盡於作者之身，而無外物被其事者，故曰不及物也. 英語如"The tree *blossoms;*" "The child *dances.*"

然則及物之云謂字,可不煩言解已,如"子'擊'磬於衛,""孟子'見'梁惠王,"其擊必有所擊,其見必有所見,"水'流'濕火'就'燥,""雲'從'龍,風'從'虎,"皆及物之云謂字也;英語如"He *locks* the gate;" "He *pulls* his hair."

Transitive = passing over; 其字於拉體諾文,乃transitus, 正及物之義,惟其及物,故無物則辭意爲不全,而必有所謂 object, 受事之物者;如云子擊,聞者將曰擊何物耶,如云孟子見,將曰見誰某耶;是故吾言"The boy *tore* his coat," the boy 施事者也, *tore*, 言其所爲作也,而所裂者則 his coat, 乃受事之物矣.

亦有及物之云謂,而用之若不及物者;如云"He *eats* voraciously,"其在中文,如"式'飲'庶幾,式'食'庶幾,"飲食本及物之云謂,而其用之如此,則以專言其事,而無取於所及者故耳.

若不及物之云謂,而用之若及物者,則亦有之矣,但常假介系字以爲之;如云"'偃蹇''在'床,""魚'躍''於'淵,"'偃蹇'與'躍',皆不及物之事,得'在'與'於',乃成及物;英文如"he *laughs*,"不及物者也,"he *laughs-at* me,"及物者也;"the river *flows*," "the river *flows over* the land."

凡造因之云謂字 Causative verbs, 事因之而後見,其後常有受事之名物;如云"旨酒可以'亡'國","殷憂'啓'聖"之類;英文如"he *fells* the tree,"="he *causes* the tree to *fall*;" "he *flies* the kite,"="he *causes* the kite to *fly*."

有不及物之云謂,若加反身之稱代 reflexive pronoun, 便成及物;如云"he *turned* aside,"="he *turned himself* aside."

有其語乃柔聲 passive voice, (解見下)而變之爲剛聲 active voice 者,則及物者,又可使之不及物;如言"几'爲'人'移',"此柔聲也,乃今言"几'移',"夫几之不能自移明矣,"故几移"雖剛聲,然不及物也,蓋"table *moves*,"="table *is moved*;" "the vessel *broke* in two,"=the vessel *was broken* in two."

總之云謂或及物,或不及物,欲爲分別,全視語意之何如,此在西文然,在中文尤然,如云"時還'讀'我書,"此及物也,"窗前勤苦'讀',"不及物也,不能舉一字而定其常爲何類也.

§ 56. 云謂之字,有常以第三身 third person 爲主名者謂之無主云謂, Impersonal Verbs, 無主者,謂其無事主也;如"It *rains*", "It *seems* to me," 尙有"me*thinks*," 其中之 *thinks* 不作思想解,釋爲吾思者誤,蓋吾思當云 I think, 不得用 me, 亦不得著 s 於字尾也,須知此 *thinks* 同於 *seems*, 其字由盎格魯古文 *thincan*=to *appear* 而來,故 *thinks*, 正無主之云謂,而"me-*thinks*,"="it *appears* to me."此種云謂,中文亦有之,詩云"其'雨'其'雨'杲杲出日,"雨與出日,爲云謂部之字,皆爲不知事主,而姑以'其'字當之者,其猶 it 也.

§ 57. 形變 Inflexions.

云謂字在英文,其形變最爲詳備,蓋其字關於言語最深,而人意之淺深,嘗於此部之字見之也. 察其所以爲變,有五事焉,玆舉其目,後乃以次論之. 1. Voice 聲也; 2. Mood, 情也; 3. Tense, 候也; 4. Number, 數也; 5. Person, 身也.

§ 58. 論聲 1. Voice.

凡云謂字，先分及物不及物二類，及物者有異聲之可言；聲有二，two voices.—

其一曰施事之剛聲 Active voice.

„ „ „ 受 „ „ 柔 „ Passive voice.

剛聲之句，其句主即事主也，The subject is the doer or agent of the action: 如．

(1) "僧'敲'月下門；"敲者即句主之僧．
"The boy *struck* the table;" boy being the striker.

柔聲之句，其句主乃受事者也，subject is the object of the action: 如．

(2) "白髮終難'變'；黃金不可'成'；"所變者白髮，所成者黃金．
"The horse *was stolen* by the thief;" the action stealing was done to 'the horse.'

觀以上所引句法，可知聲之剛柔，以句主之施受爲斷．使句主爲施事，則其云謂爲剛聲；覩句主爲受事，則其云謂爲柔聲．

他國文字之云謂，有以聲變形，視而可識者；如拉體諾文 amatur = he *is loved*.

英文柔聲 passive voice 之云謂，例用 -en 與 -ed 收音，而其前必有 be 字，或其變形，以合成之；如云"the cup *was broken*;"蓋 break 字正譯破，而 broken 正譯'所破，'又 was 乃 be 之變形，正譯爲'爲'，故合之成"爲所破．"又如云"The cup which *was broken* by John *has been mended*;""有盃舊爲約翰所破者，業補之矣；"由此可見，中文'矣'字含西文 perfect tense 之意(解見下文)．以'有'字譯 the，'者'字譯 which，皆可細參義意．

英文柔聲尙有一法;如云"The house *is being built*,"此譯"其屋方爲所建,"舊法則云"the house *is a-building*,"="the house *is on building*,"猶 *ashore* 之爲 *on shore* 也.

但此是柔聲句法,至於剛聲,如云"The house *is tumbling*,"此譯"其屋方圮;""the man *is dying*,"="其人垂死;"皆正然未已,爲進方將之義,故稱 active voice, 而又曰 progressive 進步也.(解見下文).

§ 59. 二論情 2. Mood.

云謂之因情而異者,所以著言者之語氣,見所言事實之不同也; the *mode* in which an action is viewed or stated; 蓋謂物之頃,其於物之所爲作,有吾心所以爲事實者,有吾心所擬議而非以爲事實者,有其事之行否,待所與語之人而後決者,而吾之意異焉,吾詞所用之云謂字,亦從之以爲殊,是之所殊,則云謂字之情變也. Inflexions of Moods.

§ 60. 云謂字之情變有三 Three Principal Moods.

(1) 一曰實指語氣 Indicative Mood.

(2) 二曰虛擬語氣 Subjunctive Mood.

(3) 三曰祈使語氣 Imperative Mood.

凡云謂字,使其情屬於此三,則必有句主,而所用者爲有定之云謂 a finite verb, 所以言有定者,蓋其事有主,而身 person, 聲 voice, 候 time, 數 number, 皆有可言者也.

常俗文法書,其言爲作之情,每不止此,然英文云謂,其情可指,而其變可尋,實不外此三者.

§ 61. 何謂實指之情 Indicative Mood；蓋其字之形法，乃直指事實，或問或答，言下無疑，皆此類也．　如云"子華'使'於齊；"英語如"He *talks*;"其在問語，如"孰'爲'夫子？"英語如"Who *talks*?"

§ 62. 虛擬之情，Subjunctive Mood；所言在或然或否之閒，possibility，抑有可疑，doubt，抑其事爲有待，dependency，皆此類也．

所以云虛擬者，以其事徒存思想之中，which is only thought of，而言者非徑以爲事實，as a matter of fact.

§ 63.　蓋事實與思想，兩者固不相待，吾念明旦日亡，而日出自若，吾謂地爲方，而地之眞形自爲員也．

故哲學家謂事實之類，爲 Objective phenomena，在物之事（客觀）；謂思想之類，爲 Subjective phenomena，在心之事（主觀）．

實指之情 Indicative mood，　言及客觀者也 Objective.

虛擬之情 Subjunctive mood，言及主觀者也 Subjective.

今云"雖'與之'天下不能一朝居也，"天下固未嘗與，特設思然耳；又如云"使武安而在族矣，"武安侯田蚡，於言時固不在也；又如云"如恥之，莫若師文王，"當言之時，無恥之者；又如言"勿打鴨，勿打鴨，打鴨驚鴛鴦，"當言之頃，鴛鴦未嘗驚也，待打鴨而後驚耳；是故若此類之云謂，皆屬虛擬之情，中文字同，而西文字異．

其在英語，如云"Thy kingdom *come*，"此見於主禱文，Lord's Prayer，乃希望之詞，非爲事實，設爲事實，則當標直指之情，言 Thy kingdom *come-s*.　"Love not sleep, lest it *bring* thee to poverty,"勿好睡,恐將'致'汝於貧. "If thou *keep* thy promise, I shall end this strife,"若汝不食言,吾復何爭. 此數語所用之云謂字,如 *come, bring, keep* 諸字,皆與實指之 *comes, brings, keepest* 異者.

前此虛擬之云謂,固有專形,與拉體諸同,今已亡矣,所存者,獨 *should, would* 等字而已.

虛擬之云謂,其前常有數種之挈合字,如'雖''縱''夫使''苟''就令''如''果'等;英文如 *If, whether, provided, though, that, so that, lest, until, ere, unless, except* 等,然有不必此而亦爲虛擬者,如上之"Thy kingdom *come*,"及中文之"舜'爲'天子,皋陶'爲'士,瞽叟'殺'人,"皆不用挈合字,而虛擬瞭然,故挈合字實與虛擬之情爲無涉.

§ 64. 祈使之情最易別,蓋凡有所飭戒使令,或有所籲請求乞,皆此類也;如云"以羊'易'之,"此飭令也,"將子無怒;""'願得'笑臣者頭,"皆請乞也;西文如"*Call* him back," "*Pardon* my fault," "*Let* us go," "*Hie* thee home."

此類之云謂,皆第二身,蓋方有所祈使,必有所語者,特汝字隱不見耳;其 verb 皆用本字不變形者.

§ 65. 云謂字三情而外,尚有二式,皆泛言其事,而無所屬者, not finite.

1. 其一曰無定之式 Infinitive Mood, 雖云謂,可當名物字用之, it can be used as a Noun.

2. 其二曰兩用之式 Participles 雖云謂,可當區別字用之, it participates the nature of an adjective.

1. 凡無定式之云謂 Infinitive Mood, 其前皆有 to 字;如 *to see, to sing, to write.*

海上絲綢之路文獻集成 科技與文化编

然有時不用 to 字，則必在 may, can, shall, will, dare, must, let, bid, do, make, see, hear, feel, need 諸助字之後；如云 "Louis, you *may sit down*," "He *made* me *laugh*."

其當名物用者，蓋舉其事以爲言也；如云 "*To do* ill is a sin;" "*To hear* is *to obey*;" "*To see* is *to believe*;" "I should like *to see*."

其他用尙有三：—

(*a*) 以區別名物；如云 "a house *to let*," 一屋出租，= a house *for letting*, 言其何等屋也.

(*b*) 加於區別，作疏狀字用；如云 "easy *to find*," 易於尋撿 = easy *for finding*, 言其於何而易也.

(*c*) 加諸云謂，作疏狀字用；如 "he came *to see* me," 彼來看我，= he came *for the purpose of seeing* me, 言其何以來也.

§ 66. 2. 兩用式之云謂，其得名卽以兼用爲區別之故；凡云謂得 -ed, -en, -ing 而變形者，皆此類也，故又謂之云謂區別, verbal adjectives.

其以 -ed, -en 收聲者，謂之 past participle 過去式，又曰 perfect participle 旣事式，又曰 passive participle 受事式，三名皆可用，今謂之受事之式；如 *boiled* 煮過, *written* 所書，如 *heard*, *seen*, 乃變例者.

其以 -ing 收聲者，謂之 present participle 現在式，又曰 imperfect participle 方事式，又曰 active participle, 施事式；三名皆可用，與前爲對，今謂之施事之式；如 *seeing* 見, *reading* 讀，無變例者.

如云 a *loving* son, 孝子, 愛親之子, 施事者也.

又云 a *loved* son, 驕兒, 所愛之子, 受事者也; 前不必其所愛, 後不必愛其親, 故字雖近似, 必不可混也.

所必謹爲分別者, 以 -ing 收音之云謂字, 有三用法:—

(*a*) as an adjective, 作區別字用, 如 "a *reading* book,"

(*b*) " a noun, 作名物字用, 如 "a fine *building*."

(*c*) " a participle, 與他字合而成云謂字之一候; 如 "he *is drawing* a plan."

以 -en 與 -ed 收音者, 亦有三種用法:—

(*a*) as an adjective, 作區別字用, 如 "the *dreaded* hour," 所畏之時.

(*b*) in passive voice 爲柔聲云謂, "the horse *was killed*."

(*c*) in perfect tense 爲旣事云謂, "he *has killed* the horse."

以及物之云謂 transitive, 而爲施事之式者, active participle, 其下可得受事之名物, an objective case: 如云 "*Hearing the noise*, I went to the window."

施事之式 active participle, 當名物字用者, 又稱 GERUND; 可用爲句主, 如 "*Losing* his fortune drove him mad;" 可用爲受事位, 如 "I like *reading history*;" 可用於介系字之下, 如 "He is fond of *studying mathematics*."

Gerund 之在他國語言, 與 Active participle 絕然兩形者也; 其在英語, 古亦不同, 故今雖形同, 而溯其本原, 絕不可合, 此可求之深廣之英文譜中, 今爲初學說法, 不必論也.

三論候 3. TENSE.

§ 67. 云謂可以時言者三.

過去 Past: 現在 Present: 未來 Future.

可以事言者亦三.

方事 imperfect: 既事 perfect: 不論方既 Indefinite.

合以上二者而言之,三三作九,故云謂有九候,此其大畧可言者也, Nine Primary Tenses.

過去

1. 過去之方事, The Past Imperfect, 亦稱 Past Progressive; 如"歐陽子方夜讀書;""中國方困於匈奴;" "I was writing;" "I was being taught."

2. 過去之既事, The Past Perfect; 如"越既滅吳;""邯鄲既拔;" "I had written;" "I had been taught."

3. 過去之不論方既, Past Indefinite, 亦稱 Preterite; 總言已往之事; 如"莊暴見孟子;""盆成括見殺;"(書傳所載皆往事); "I wrote;" "I was taught."

現在

4. 現在之方事, The Present Imperfect, 亦稱 Progressive; 如"吾方慮子之功;" "吾方為虜所困;" "I am writing;" "I am being taught."

5. 現在之既事, The Present Perfect, 言事畢功存者, 如云"國亡矣;" "唐既受命為天子;" "章不既成乎;" "I have written;" "I have been taught."

6. 現在之不論方既, Present Indefinite, 亦稱 Simple Present, 總言見行之事; 如云"葛藟縈之;" "吾為二豎所困;" "I write;" "I am taught."

將來

7. 將來之方事, The Future Imperfect, 亦稱 Future Progressive; 言後有一時,其事方爲而未已者;如"二十五年吾將就木;""恐子來時吾方爲敵所困;" "I shall be writing;" "I shall be being taught."

8. 將來之既事, The Future Perfect, 言後一時其事恰畢者;如云"索我於枯魚之肆矣;""足下雖來,吾困於敵久矣;" "I shall have written;" "I shall have been taught."

9. 將來之不論方既, The Future Indefinite, 亦稱 Simple Future, 言後來之事;如云"五日之子將禍其父;""齊雖强終爲秦所滅耳;" "I shall write;" "I shall be taught."

如上所列九候,云謂之變體因之;初學人往往以分別既事 perfect, 與過去 past, 爲難,然細意察之,其分易見,假如韓文石鼎聯句,軒轅彌明言,"章不'既成'乎,"見聯句之事雖爲既往,而章則至今始成,故其語所稱既成,乃現在之既成,而非過去之候也,如英文"I have written," 雖寫字之事 the act of writing, 乃爲過去,而終事 completeness of the action, 則在言時 referred to present time. 故雖既事 perfect, 而爲現在 present. 凡用此候,必所爲之事,功往而業存,假云"England *has founded* a mighty empire in India," 此用現在既事者,以其業至今存也;然使有云"Napoleon Buonaparte *has conquered* Austria and Germany," 此必不可,何以故,蓋拿破侖雖勝奥德諸邦,然其功與業皆成往事,法當言 *had conquered*, 或但云 *conquered* 足矣,當田單言"國'亡'矣,"其國始亡,當韓愈言"唐'既受命'爲天子,"唐運未絕,故其云謂字,皆現在既事之候. 大抵中國文理,其用'也'字,皆含西文'to be'之義;其用'矣'字多含'to have'之義,此余所前及者,特中文於現在過去將來之既事無以爲別耳.

§ 68. 以上所言九者，謂之云謂正候 Primary Tenses, 此外尙有副候三，乃兼方既事而言者, Perfect and Progressive: 如現在之兼言方既 Present Perfect and Progressive; "I *have been writing.*"

過去 " " " " " Past " " " "I *had been writing.*"

將來 " " " " " Future " " " "I *shall have been writing.*"

蓋其爲作需時，而今始竟；以其需時，故曰 progressive, 以其今竟，故曰 perfect; 譬如吾據几作書，閣筆而出，有人問我, "what have you been?" 則答云 "I have been writing." 其過去，猶言'當時吾作書甫歇;' 其將來，猶言'於時吾當作書而閒也.'

爲作分候表 Table of Tenses.

Active and Passive voice; 上剛下柔 以頸字 '*Praise*' 爲式

候 Tense.	方事 Imperfect.	既事 Perfect.	不論方既 Indefinite.	兼言方既 Perfect & Progressive.
現在 Present.	I am praising	I have praised	I praise	I have been praising.
	I am being praised.	I have been praised.	I am praised.	
過去 Past.	I was praising	I had praised	I praised	I had been praising.
	I was being praised.	I had been praised.	I was praised.	
將來 Future.	I shall be praising.	I shall have praised	I shall praise	I shall have been praising.
		I shall have been praised.	I shall be praised	

§ 69. **論 'do' 字用法**

The Present and Past Indefinite, 不論方旣之現在過去二候,往往用助謂字 auxiliary verb 之 'do' 字,以成常語之式;如 "you *do* assist the storm;" 此語見於狹斯丕爾 Shakspeare 詩篇,乃助風爲虐之意,猶云 "you assist the storm" 也;又如 "They set bread before him, and he *did* eat;" 此語見於舊約, he did eat, 猶云 he ate 也. 又問詞 interrogative, 及咈詞 negative, 亦常用此式;如云 "*Do* you *know* the man?" 不云 "Know you the man?" 云 "*Does* it *concern* you?" 不云 "Concerns it you?" 也;云 "you *do not say* so;" 不云 "you say not so;" 云 "It *does not make* any difference;" 不云 "It makes not any difference." 蓋後諸語,雖於法無差,而詩文亦常遇此,顧於常語則用前式爲多也.

假如言時取 *do* 字而重讀之,則爲著意懇切之語式;如云 "*Do* let me go and fetch him back"; "You *do* spoil the child;" "He *did* steal my watch;" 皆情急語重者也.

剛壁各候字法

§ 70. Formation of Tenses in the Active Voice.

云謂之變形者,獨現在過去而已, Present Indefinite and Past Indefinite; 如 I praise 改爲 I praised 是也.

方事之云謂, Imperfect tenses, 皆用 '*to be*' 之變,而繼之以方事之兩用式, Imperfect Participle of verbs.

既事之云謂, Perfect tenses, 皆用 '*to have*' 之變,而繼之以旣事之兩用式, Perfect Participle of verbs.

海上絲綢之路文獻集成 科技與文化編

將來之云謂 Future Tenses, 皆用副謂 '*shall*' 字或 '*will*' 字而繼之以無定之式 Infinitive Mood. 凡言將來,其明候之助謂,於第一身必用 *shall*, 於第二三身必用 *will*. 然在複牒句法, subordinate clause after a relative, 或在 *if*, *when*, *as*, *though*, *unless*, *until* 等挈合字之後,無論何身,皆用 *shall* 以達將然之義;此如 "If it *shall be* proved," "When He *shall appear* we *shall be* like Him." 蓋 *will* 字含欲爲定見,用於虛擬之地,乃不可通,此理後節更詳論之.

§ 71. 論 'Shall' 與 'Will' 二副謂之用法:
Uses of 'Shall' and 'Will.'

I *will* 正譯吾欲; you *shall* 正譯汝當;而吾欲汝當之外,皆含吾將汝將之意,故用 *will* 於第一身,用 *shall* 於第二三身,皆有言者爲政之思,見於言外,若但言後來之爲作,而言者無所主張,則其用反之,而云 I *shall*, we *shall*, 與 you *will*, they *will* 也.

凡用 shall, 見責任義務之當盡,於誥誡命令用之爲宜,故上帝十誡,皆用 shall; 如 "Thou *shalt* not steal," 等語是已,其次則先知之讖語,漢書翟方進傳, "反乎覆,陂'當'復," 亦此例也. 至於用於第一身,如 I shall, 見事非我主,亦自明謙遜之意,與云吾欲 I will 者,懸殊. 且反是而觀,則用 will 於第二三身者,如 you will, she will, 亦同此意,見事由彼主,非我言者使然也. 昔有人墜水呼救,云 "I *will* be drawned, no body *shall* save me," 卒以溺死;蓋其意固云"我將滅頂,無人見援,"而所言與此正反,乃云"我願溺死,人勿來救也." 至於發問之語,則所用之字宜同答語,又非前說所得拘;如問云 "*Shall* you be present?" 答曰 "I *shall*;" 問云 "*Will* you go?"

海上絲綢之路文獻集成 科技與文化編

答曰 "I *will*;" 又如聞人言 "I *shall* not set out to-morrow;" 吾述其詞云 "John said that he *should* not set out to-morrow," 蓋其所用之字,卽取所期之答詞,與在他人口中者耳.

故有人 (Dr. Lantham) 謂英字有兩將來:—

一曰預指之將來 the Predictive Future;

一曰允諾之將來 The Promissive Future.

預指將來,於第一身用 shall, 於第二三身用 will,

允諾 ,, ,, ,, ,, ,, ,, ,, will, ,, ,, ,, ,, ,, ,, shall.

而有時用此二字,無將來義,而純主張之義者;

如云 "Thou *shalt* not kill," 汝不可殺; 又如 "I *will* have obedience,"="I *am resolved on having* obedience," 吾必使服從. 如此二用法,皆毫無將來之義,旣非預指,亦非允諾. 有人起意爲盜,而爲吾所窺,吾告之曰, "Thou *shalt not* steal," 與告之曰 "Thou *wilt not* steal," 其語意和峻大異,蓋使用後語,猶曰"吾知汝之不爲此事也," 設用前語,其語氣無殊法官,猶曰"汝毋爲爾,爲且有刑也." 不佞每見他國人學英語,於此二字,每多謬誤,故不憚爲細釋如此,蓋其字以名學言之,本有歧義, will 字以'欲'爲'將', shall 以'須'爲'將',故見轇轕難明如此耳.

§ 72. 柔聲各候字法; Formation of Tenses in the Passive Voice.

凡柔聲之云謂, Verbs in Passive Voice; 無論何情何候,皆藉副字 auxiliary 而成之; 其成之之法,在取云謂字受事之兩用式, passive participle, 而用 to be 之變形於其前也.

亦有此式而非柔聲者；如云 "I *am come*", "He *is gone*," 與 "I *have come*;" "He *has gone*," 無異，其所以然者，以 come 與 gone 乃不及物之云謂，既不及物，自不能爲受事之形，以與 to be 相合成柔聲句法也，學者細參自悟.

§ 73. 以上正副十二候之中，其最常用者，莫若不論方既之現在與過去，Present Indefinite and Past Indefinite, 或稱 Simple Present and Preterite, 故其用法得爲學者論之.

A. 現在簡式 Simple Present Tense 之用法：

1. 言時所見；如 "Here *comes* my father."

2. 物理公例；如 "Man *is* mortal."

3. 習見之事；如 "It *rains* here almost daily."

4. 史傳中事，記者寫生，若親見之者，則亦用現在簡式，此名 Historic Present; 如嘉來勒 Carlyle 法民革命史，"French Revolution," 其記事大都用現在字.

5. 雖指後來，其時已定；如 "We *hold* the meeting next Monday."

B. 過去簡式 Preterite 之用法：—

1. 已往事業；如 "Colombo *discovered* West Indies."

2. 已往之方事；如 "They *danced* while I *played*."

3. 古時所常見；如 "In those days people *lived* in caves."

§ 74. 四論身與數 4. Person and Number.

云謂字之身與數，與句主同.

前謂名物稱代二部有三身兩數，故其云謂字亦有三身兩數. 其身數皆察句主而知之.

衆數之云謂於三身皆無所變 as 'We *love*,' 'you *love*,' 'the boys *love*,' or 'they *love*,' 皆不變也.

單數之第一身不變; 如 "I *speak*."

" " " " 二 " 變矣, 而不常用, 俗惟禱祈用之; 如 "Thou *Knowest*," 加 -est 或 -st. 過去同此

單數之第三身必變, 其現在簡式, 例加 -s, 於古則加 -eth; 如云 "He *talk-s*," "Edward *reigns*," or "She *talk-eth*," "Japan *declare-th*."

然有變之云謂, 必屬實指之情, 現在之時, 此外如虛擬等情, 過去旣事諸式, 皆不以句主之身數而變者.

§ 75. 五論讀破法 5 CONJUGATION.

讀破者, 字之用變, 而聲形從之而異也.

云謂字之讀破法有二類:—

A. 强破之云謂 Verbs of the Strong Conjugation.

B. 弱破 " " " " " " " weak " .

A. 强破者, 其過去以變其本音而爲之; by modifying the vowel-sound of the root.

如 Present, I *write*; Past, I *wrote*.

B. 弱破者, 其過去以加 -ed 或 t 於字尾而爲之; by adding *-ed* or *-t* to the word. 若本字之末有 *e* 則不複.

如 Present, I *love*;	Past, I *love-d*.
" I *sleep*;	" I slept.
" I *deal*;	" I dealt.

於云謂字而認强弱破法, 須知强破之字, 除變形外, 不得有所別增. 故 *get* 之過去爲 *got*, 此强破也.

海上絲綢之路文獻集成 科技與文化編

而 *tell* 之過去爲 *told*, 乃於變 *e* 爲 *o* 之外, 別增 *d* 字爲收, 故爲弱破. 總之, 强破之變, 無以 *d* 與 *t* 收者.

有變音, 有促音, 變音者, 强破也; 如 *fall* 之變爲 *fell*; 促音者, 弱破也; 如 *feed* 之變爲 *fed*.

英人所以重强弱二破之別者. 蓋强破之云謂字, 類皆條頓所舊有者, 而弱破不然.

弱破以 *-ed* 收音者, 必在 *t* 與 *d* 之後方可讀出, 不然則否; 如 *need, needed; pat, patted; locate, located*. 欲加 *-ed*, 而本字以 *y* 終, 其前文無元音, 則轉 *y* 爲 *i*, 而後加 *-ed*. 單音之字, 以一僕音收, 則重僕而後加 *ed*; 如 *tip, tipped*.

考古英文, 此 *-ed* 之尾聲, 本爲另字 *did*, 如愛爲 love, 而既愛爲 love *did*, 猶中文之已愛, 俗語之愛了, 但西文以拼切, 故易磨損而合一, 久之 love *did* 乃化爲 love-*d*, 中文不易合也, 不易合, 故終爲分立之字.

其受事之兩用式 Passive Participle, 在弱破者, 常與過去 past tense 字同, 古法尙有 *ge* 在前, 今亡之矣. 其在强破, 古皆以 *-en* 收; 如 *drink, drunk, drunk-en*, 乃今 *-en* 亦或不用. 字或有兩破法; 如 he has *mown*, 强破也, he has *mowed*, 弱破也, 而義無異.

§ 76. A. 强破之云謂 Verbs of the Strong Conjugation.

(1) 過去變音, 與受事之兩用式, 以 *-en* 或 *-n* 收者:

現在		過去	受事	現在		過去	受事
blow	吹	blew	blown	throw	拋	threw	thrown
crow(雞)叫		crew	crowed [crown]	mow	刈	mowed [mew]	mown
grow	生	grew	grown				
know	知	knew	known	draw	牽	drew	drawn

現在		過去	受事	現在		過去	受事
hold	持	held	holden, held	stride	跨	strode	stridden
fall	倒	fell	fallen	strive	爭	strove	striven
lie	臥	lay	lien, lain	thrive	興	throve	thriven
slay	殺	slew	slain	write	寫	wrote	written
see	看	saw	seen	bite	咬	bit	bitten, bit
eat	食	ate	eaten	bid	囑	bade, bid;	bidden, bid
beat	克,打	beat	beaten	give	與	gave	given
drive	驅	drove	driven	spit	吐	spat, spit;	spit [spitten]
ride	騎	rode	ridden	forsake	棄	forsook	forsaken
rise	起	rose	risen	shake	搖	shook	shaken
smite	擊	smote	smitten	take	取	took	taken
chide	罵	chid [chode]	chidden, chid	stave	刺破	stove [staved]	staved
slide	溜	slid	slidden, slid	come	來	came	come [comen]

*凡用方弧所括,皆古字而今不恒用者.

(2) 以下諸字,皆過去受事二字之音將合者:

現在		過去	受事	現在		過去	受事
bear	懷,當	bare, bore	borne born	break	破	brake, broke	broken
shear	剪	shore	shorn	wear	服	wore	worn
speak	說	spake, spoke	spoken	weave	織	wove	woven
steal	偷	stole	stolen	climb	緣	clomb	[clomben]
swear	誓	sware, swore	sworn	fight	戰	fought	fought
tear	扯	tare, tore	torn	hang	懸	hung [heng]	hung

(3) 其受事字,即用過去之形以爲之者:

現在		過去	受事	現在		過去	受事
abide	住	abode	abode	tread	踐	trod	trod, trodden
shine	照	shone	shone	sit	坐	sate, sat;	sat
awake	醒	awoke	awoke	get	得	got	got, gotten
stand	立	stood	stood	Forgot	忘	forgot	forgot, forgotten.

(4) 其過去有兩式者:

現在		過去	事
begin	始	began, begun	begun
drink	飲	drank, drunk	drunk / drunken
ring	搖	rang, rung	rung
sing	歌	sang, sung	sung
sink	沈	sank, sunk	sunk / sunken
spin	紡	span, spun	spun

現在		過去	受事
shrink	縮	shrank / shrunk	shrunk / shrunken
spring	躍	sprang, sprung	sprung
stink	臭	stank, stunk	stunk
strike	擊	strake, struck	struck / stricken
swim	游	swam, swum	swum

(5) 其現在元音爲 *i*, 而過去轉爲 *ou* 或 *u* 者:

現在		過去	受事
bind	約	bound	bound
grind	磨	ground	ground
cling	抱	clung	clung
fling	擲	flung	flung
hide	匿	hid	hidden, hid
sling	套	slung	slung
slink	遁	slunk	slunk
stick	黏	stuck	stuck
string	串	strung	strung

現在		過去	受事
find	尋	found	found
swing	揮	swung	swung
win	贏	won [wan]	won
wind	絞	wound	wound
wring	絞	wrung	wrung
run [rin]	走	ran	run
burst [berstan]	綻	burst	burst

(6) 强破餘字:

現在		過去	受事
freeze	凍	froze	frozen
choose	擇	chose	chosen
fly	飛	flew	flown
*cleave	析	clove	cloven

現在		過去	受事
seethe	沸	sod	sodden, sod
shoot	射	shot	shot [shotten]
*heave	擧	hove	hoven
*dig	掘	dug	dug

* 此三字，皆兼有弱破法；如 cleave, cleft, cleft, 以斧析薪也；heave, heaved, heaved 以力起重也；dig, digged, digged 以鍬掘地也.

§ 77. B. 弱破之云謂，英文最多，俗謂之整齊云謂 Regular Verbs，蓋其破法，皆於本字之末加 *-ed*，以為過去 preterite，與受事之式 passive participle. 凡其字原於羅馬法蘭西者，其破法盡如此. 然亦有其始整齊，而歷久漸變，乃若不整者，第其字終屬弱破，不可混於前所列諸類中，今特表之如下.

(1) 其字既得 *d* 或 *t* 為尾聲而元音從之而縮者：

現在		過去	受事	現在		過去	受事
Bereave	奪	bereft	bereft, bereaved	kneel	跪	knelt	knelt
creep	[illegible]	crept	crept	leave	離	left	left
deal	與	dealt	dealt	lose	失	lost	lost
dream	夢	dreamt	dreamt	mean	謂	meant	meant
feel	覺	felt	felt	sleep	睡	slept	slept
flee	奔	fled	fled	sweep	掃	swept	swept
hear	聞	heard	heard	weep	泣	wept	wept
keep	守	kept	kept	shoe	履	shod	shod

(2) 有元音既經轉促之後，並其尾聲 *d*, *t*, 而失之者：

現在		過去	受事	現在		過去	受事
bleed	流血	bled	bled	read	讀	read	read
breed	乳	bred	bred	speed	[illegible]	sped	sped
feed	哺	fed	fed	hide	藏	hid	hid, hidden
lead	引	led	led	light	點	lit	lit
meet	遇	met	met	betide	皆	betid	betid

(3) 其字既得 *d*, *t* 為尾聲，而元音從之而易者：

現在		過去	受事	現在		過去	受事
beseech	懇	besought	besought	sell	售	sold	sold
buy	買	bought	bought	seek	訪	sought	sought
catch	捉	caught	caught	teach	教	taught	taught
bring	持	brought	brought	think	想	thought	thought
tell	告	told	told	work	用功	wrought	wrought

(4) 其尾聲由鈍而轉爲銳者：

現在		過去	受事
bend	拗	bent	bent
blend	雜	blended	blent
gild	鍍,塗	gilt, gilded	gilt
gird	圍	girt, girded	girt
lend	貸	lent	lent
build	建	built	built
rend	裂	rent	rent

現在		過去	受事
send	遣	sent	sent
shend	罰	shent	shent
spend	用	spent	spent
wend	旋去	went,* wended	wended

*此字俗以爲 'go' 字之過去.

(5) 其尾聲既失，而即用本字不更易者：

現在		過去	受事
cast	擲	cast	cast
cost	值	cost	cost
cut	割	cut	cut
hit	中	hit	hit
hurt	傷	hurt	hurt
knit	結	knit	knit
let	放	let	let
put	置	put	put
rid	脫	rid	rid

現在		過去	受事
set	定	set	set
shed	灑	shed	shed
shred	裂	shred	shred
shut	閉	shut	shut
slit	縫	slit	slit
split	析	split	split
spread	張	spread	spread
thrust	刺	thrust	thrust

(6) 其過去用弱破，而受事雜用强破法者：

現在		過去	受事
go	去		gone
grave	彫	graved	graven*
help	助	helped	holpen*
hew	斫	hewed	hewn*
lade	載	laded	laden
melt	融	melted	molten*
mow	耘	mowed	mown*
rive	裂	rived	riven*
saw	鋸	sawed	sawn*
shape	定形	shaped	shapen*

現在		過去	受事
shave	薙	shaved	shaven*
shew } show }	示	shewed showed	shewn } shown }*
shrive	受懺	shrived	shriven
sow	播	sowed	sown*
strew	散	strewed	strewn*
swell	脹	swelled	swollen*
wash	洗	washed	washen*
wax	長	waxed	waxen*

*其受事有同過去者，如 'helped.'

海上絲綢之路文獻集成 科技與文化編

(7) 弱破餘式:

現在		過去	受事	現在		過去	受事
have	有	had	had	work	工作	wrought*	wrought*
make	作	made	made	lay	放下	laid	laid
clothe	衣	clad	clad	say	言	said	said
freight	載	freighted	fraught*				

*有但加 -ed 者.

(8) 此外有可言者,如 *go* 無過去,而借 *wend* 字之過去爲之, *wend* 者,折而去也,義與 *go* 微異. 又有今成區別部,而古爲云謂之受事式者;如 *tight* (緊),乃 (束) 之受事也. *Distraught* 乃 *distract* (紛紜) 之受事字也. *Straight* (直) 即 *stretched* (張) 也. "I *wont*" 者,云吾常也,其字從古 *won* (習) 字而來.

§ 78. 强破云謂用法表. I. Strong Conjugation.

To '*Smite*' 擊

現在 Smite; 過去 Smote; 受事 Smitten.

現在之候 Present Tense.

單數 Singular.

實指語氣 Indicative Mood.			虛擬語氣 Subjunctive Mood.		
第一身	1st. pers.	I smite	第一身	1st. pers.	I smite
,, 二 ,,	2nd. ,,	Thou smite	,, 二 ,,	2nd. ,,	Thou smite
,, 三 ,,	3rd. ,,	He smites or th	,, 三 ,,	3rd. ,,	He smite

衆數 Plural.

第一身	1st pers.	We smite	第一身	1st. pers.	We smite
,, 二 ,,	2nd. ,,	Ye, you smite	,, 二 ,,	2nd. ,,	Ye, You smite
,, 三 ,,	3rd. ,,	They smite	,, 三 ,,	3rd. ,,	They smite

過去之候 Past Tense.

單數 Singular.

第一身 1st. pers.	I Smote	第一第 1st. pers.	I smote
„ 二 „ 2nd. „	Thou smotest	„ 二 „ 2nd. „	Thou smote
„ 三 „ 3rd. „	He smote	„ 三 „ 3rd. „	He smote

衆數 Plural.

第一身 1st. pers.	We smote	第一第 1st. pers.	We smote
„ 二 „ 2nd. „	Ye, You smote	„ 二 „ 2nd. „	Ye, You smote
„ 三 „ 3rd. „	They smote	„ 三 „ 3rd. „	They smote

Imperative Mood. 祈使語氣

Singular Smite (thou) *Plural* Smite (ye, you)

無定之式 to smite 施事之兩用式 smiting

§ 79. 弱破云謂用法表. II. Weak Conjugation.

To '*Lift*' 舉

現在 lift 過去 lifted 受事 lifted

現在之候 Present Tense.

單數 Singular.

實指語氣 Indicative Mood.		虛擬語氣 Subjunctive Mood.	
第一身 1st. pers.	I lift	第一身 1st. pers.	I lift
„ 二 „ 2nd. „	Thou liftest	„ 二 „ 2nd. „	Thou lift
„ 三 „ 3rd. „	He lifts (-eth)	„ 三 „ 3rd. „	He lift

衆數 Plural.

第一身 1st. pers.	We lift	第一身 1st. pers.	We lift
„ 二 „ 2nd. „	Ye, You lift	„ 二 „ 2nd. „	Ye, You lift
„ 三 „ 3rd. „	They lift	„ 三 „ 3rd. „	They lift

過去之候 Past Tense.

單數 Singular.

第一身	1st. pers.	I lifted.	第一身	1st. pers.	I lifted
,, 二 ,,	2nd. ,,	Thou liftedst	,, 二 ,,	2nd. ,,	Thou lifted
,, 三 ,,	3rd. ,,	He lifted	,, 三 ,,	3rd. ,,	He lifted

衆數 Plural.

第一身	1st. pers.	We lifted	第一身	1st. pers.	We lifted
,, 二 ,,	2nd. ,,	Ye, you lifted	,, 二 ,,	2nd. ,,	Ye, you lifted
,, 三 ,,	3rd. ,,	They lifted	,, 三 ,,	3rd ,,	They lifted

祈使語氣 Imperative Mood

Singular lift (thou). *Plural* lift (ye, you).

無定之式 to lift 施事之兩用式 lifting.

§ 80. 論助謂 The Auxiliary Verbs.

助謂之屬,乃與他云謂字合用,以助成聲情意候之別者也,約而數之,如 be, have, do, shall, will, may, must, can, ought, wit, dare, need 十數字,皆有各當之用,其以關於英語最切,故特逐舉而詳論之,學者於此而精熟之,其於英之文字,思過半矣.

前所用爲式之 '*smite*' 與 '*lift*' 之二云謂,備一切之變,皆可用之,而助謂之字,則不能盡然,如 *must* 無九候之變,亦無虛擬語氣, *ought* 字亦然,實爲 *owe* 字之過去;故又名不全特異之云謂, Defective and Anomalous Verbs, 如上十二字,捨 *be, have, do* 三者而外,皆如此矣.

所謂助成聲 voice, 情 mood, 意 sense, 候 tense 者:—

如凡既事之候,其及物者,則必用 'have,' 是其字乃別候之助字 a tense sign. (候助)

方事之候,則用'be,'而受事之柔聲,亦必用 be,(或其變體),是其字乃助以別候,亦助以成聲者也,a tense sign and also a Voice sign.(聲候助)

欲指將來之候,於第一身則用'shall,'於二三身則用'will,'是亦別候者也,also tense signs.(候助).

他若'may,''might,''should,''would,''had'等字,皆以達虛擬之情,與實指異,故爲 mood signs(情助).

其爲意助者,如'do'乃懇切之意,(有時取便言語亦用之);'must,''need'皆達必須之意者,除上所已言,大抵皆(意助)矣.

§ 81. 'Be'爲

無定之式 Infinitive, to be. 無定旣事之式 to have been.

其兩用式 方事則用 being; 旣事則用 been;

兼言方旣用 having been.

實指語氣 Indicative Mood

現在之候 Present Tense.

單數者 Singular	衆數者 Plural
1. I am	1. We are
2. Thou art	2. Ye, You are
3. He is	3. They are

過去之候 Past Tense.

單數者 Singular	衆數者 Plural
1. I was	1. We were
2. Thou wast	2. Ye, You were
3. He was	3. They were

海上絲綢之路文獻集成 科技與文化編

虛擬語氣 Subjunctive Mood.

現在之候 Present Tense.

單數者 Singular	衆數者 Plural
1 I be	1. We be
2. Thou be	2. Ye, You be
3. He be	3. They be

過去之候 Past Tense.

1. I were	1. We were
2. Thou wert	2. Ye, You were
3. He were	3. They were

祈使語氣 Imperative Mood.

單數者 be (thou)　　衆數者 be (ye, you)

於助謂中，'be'爲最要之字；初學人遇 *am, is, are* 等字，往往即譯作'是'字，語意遂因之不明，蓋使其下爲名物，爲區別，如"he *is* a *fool*,""she *is young*,"以 *is* 作是尙無悞解：第遇受事之字，如"he *is taught*,"或"I *am wronged*,"等語，以之作是，必致大謬，如譯他是敎導，我是錯了，皆與本文語意正背者也；故學者於 be 字諸變體，皆當譯作'爲'字，而下一字之受事式，當譯'所某，'如"he *is taught*,"=="彼爲所敎""I *am wronged*,"="我爲所訛，"乃與原意恰合，即在前二語，如是作譯亦不至誤，如"他爲愚人，""彼爲年少，"皆正合也.

又 *could, would, might* 等助字，皆實指虛擬而用之字；有時一句法中，不能定其何屬，則改爲同意之句，察其中可用 be 之諸式與否，如其可用，則皆實指語氣，

Indicative mood; 如其不可, 則爲虛擬; 如云 "He *would* not come, when I called him," 此猶云 "He *was* not *willing* to come when I called him;" 又如云 "He *could* not lift the weight when he tried," 此猶云 "He *was unable* to lift, &c.," 又如云 "He told me that I *might* sit down," 此猶云 "He told me that I *was permitted* to sit down;" 故凡此諸語, 皆實指語氣而爲過去之候. 但若云 "I *could* not do it *were* I to try;" "I *should* not have said that, *had* you not asked me;" "I *would* not tell you even I *could;*" "They *might* have done so, if y *had* liked." 凡此諸語, 皆合虛擬之情, 其中助謂皆 in subjunctive mood, 任如何, 不能轉爲實指之句, 如前法也. 故文法家謂 'be' 爲 test verb 試別之云謂字.

名學言一切句法, 皆名物(區別亦名物)字居句之兩端, 其前曰句主, Subject, 其後曰所謂, Predicate, 而中閒有一連綴之字, 曰綴系 COPULA, 即 *am, are, is,* 及 'be' 字之餘體耳.

中文句法往往綴系不見, 或寓於句末之 '也' 字; 如云 "妻者齊也," "舜聖人也," 法皆如此, 非其理與西文殊. 此說前巳及之.

§ 82. 'Have' 業, 曾

無定之式 to have. 無定旣事之式 to have had.

方事兩用式 Having; 旣事 Had; 兼言方旣 Having had;

實指語氣 Indicative Mood.

現在之候 Present Tense.

單數 Singular,	衆數 Plural,
1. I have	1. We have
2. Thou hast	2. You have
3. He has	3. They have

過去之候 Past Tense.

1. I had	1. We had
2. Thou hadst	2. You had
3. He had	3. They had

虛擬語氣 Subjunctive Mood.

現在之候 Present Tense.

1. I have	1. We have
2. Thou have	2. You have
3. He have	3. They have

過去之候 Past Tense.

1. I had	1. We had
2. Thou hadst	2. You had
3. He had	3. They had

祈使語氣 Imperative Mood.

單數 Have (thou)　　　衆數 Have (you).

助詞之最常用者,除 'be' 而外,即爲 'have,' 其字常譯作'有,'亦未盡合,蓋譯 have 爲有,必其下乃名物字而後可,如言 "He *has a house*," 是已;第使名物爲事,需時乃了;如云 "to *have a game*," "to *have my dinner*," 譯作有字,便不盡合. 至於用爲既事之助字,則有之義,幾於全無,必譯爲'嘗,'爲'經,'爲'業,'方合語氣;如云 "I *have written a letter* to my father," 正譯 "吾既寫成一書與吾父; 且 *written* 在 *was* 或 *to be* 之下,譯'所寫,'此受事之義,在 *have* 之下,則譯'既寫,'此既事之義,故 *written* 字,在前謂之 passive, 在後謂之 perfect participle 也.

'Have' 有主使之義；如云 "I *have* it washed away," 又有持守之義，如云 "to *have* the rule in mind," 義隨用異，無執一可行者也.

因俗譯 'have' 作有，於是有不通之語；如其地有虎，當云 "there *are* tigers," 蓋英字 'to be' 實兼存在 exist 之義，故可言有，至於 'have' 之有，乃產業執守之意，必有主者，乃可用之；如云 "he *has* a tiger," 正譯 "彼畜一虎" 也. 每見初學人，言 "There *has* a horse," 此於文理爲不可通. 餘見 § 67.

§ 83. 'Do' 行.

無定之式 Infinitives, to do; 方事 to be doing; 既事 to have done.

兩用之式 Participles, 方事 Doing; 既事 done; 兼方既事 having done.

實指語氣 Indicative Mood.

Pres. tense	Singular, 1. I do; 2. Thou dost; 3. He does. Plural, 1. We do; 2. You do; 3. They do.
Past tense	Singular, 1. I did; 2. Thou didst; 3. He did. Plural, 1. We did; 2. You did; They did.

祈使語氣 Imperative Mood.

Sing. 單數 do (thou). Plur. 衆數 do (ye, you)

Do 字正譯爲行，若以尋常云謂觀之，則爲及物强破之字，如云 "He *did* the deed," "You will *do* me justice;" 皆用此也. 其爲不及物之字，則如云 "I shall not *do so* again," 有時含致使之義, 如英古語 "We *do* you *to wit*," 猶云吾令子知. 蓋 'do' 之古體, 在沙孫盎格魯語 Anglo-Saxon 原有兩字, 一爲 *don* 字, 此今之常義也, 一爲 *dugan* 字, 譯言利用有益, 後義傳者較少, 獨見於常語 "That will *do*," "How do you *do*," 等語, 至今形混, 故其過去皆用 *did* 字, 然其別異, 學者所宜知也.

以 do 爲助字, 合他云謂而用者, 實與尋常之現在過去無異, 特便語言耳; 如云 '*I do see*,' 同於 'I *see*,' 'He *did fall*,' 同於 'he *fell*,' 其第二字乃無定式而省去 to 字者, 前已言之矣.

若將 do 字重讀, 則爲懇切之詞, 可譯作 '果,' 如云 "I *do* love you;" 又 "he *did* astonish me;" 因重讀而語意遂別, 此亦前及者.

前謂 do 字於負詞問詞最合用, 雖然, 用於問詞矣, 使問詞中已見發問稱代, 或發問疏狀諸類字, 又例不再用 do 字; 如云 "*Who broke* this window?" 不云 "*Who did break*?" 也; "*Which* boy *said* this?" 不云 "*Which* boy *did say*?" 也; "*How many* persons *meet*?" 不云 "*How many* persons *do meet*?" 也. 此又所當知者.

句中用過之云謂字, 其複稱可用 do 或 did 代之; 如云 "I do not come so often as he *does*," "she went away before you *did*;" 蓋 he does, 即 he does come, you did, 即 you went 也.

Do 字之爲助, 不與 have, be, may, can, must, shall, will 等字合而居其前, 惟爲懇詞或與首兩字用之, 如云 "*Do have* patience," "*Do be* quiet," 皆合法者. 餘見前.

§ 84. 'Shall' 將,須,古義爲負.

前於七十一款,已將 Shall 與 Will 二字之用法詳論,今以其字之要,畧更言之.

實指語氣 Indicative Mood.

現在 Present Tense		過去 Past Tense	
單 Sing.	衆 Plur.	單 Sing.	衆 Plur.
1. I shall	We shall	1. I should	We should
2. Thou shalt	You shall	2. Thou shouldst	You should
3. He shall	They shall	3. He should	They should

虛擬語氣 Subjunctive Mood.

無現在之式. 其過去之式 Past Tense 如下:—

Singular,	1. I should	2. Thou should	3. He should
Plural,	1. We should	2. You should	3. They should

'Shall,' 乃古盎格魯字 'sceal' 之變,而 'sceal' 又爲 'sculan' 之過去字, 'sculan'='to owe,' (該)(須)(負),故其本字於古已爲過去之式,後經作現在式用,乃更製弱破之 should 以爲其過去.

然而本義則未嘗失而常存,大抵皆言分所應爲者,爲長上之命令,或爲法令事勢之所限而不可以不然,此與中文須當二字義同,凡言須當,皆禮義法令時勢之所前定也;譬如言 "Ye *shall* not surely die," 此謂 "本無明文言汝當死;" 又如 "The tyrant *shall* perish," 此言 "人情事勢,須民賊權臣之亡;" 又如云 "He demanded where Christ *should* be born," 此云 "依舊識所言耶穌法應降生何地" 也. "You *should* obey your parents," 此謂 "禮經已言汝宜順親" 之意. 乃至常語 "What *shall* I do?"

亦云以理法言,吾當行何事,是故 shall 字以'須'爲'將,'與 will 之以'欲'爲'將'有異. 欲之權操於我,須之權主於外也.

據文法家 Grimm 云,'shall' 字古作 'scal,' 與 'kill' 字同源,蓋古殺人則有血鍰, Blood Fine (見社會通詮),故曰 'I owe,' 案此說與中文負字同解,殺人而負,故其字從人貝.

§ 85. 'Will' 欲,願,志,命.

實指語氣 Indicative Mood.

現在 Present Tense.		過去 Past Tense.	
單 Sing.	衆 Plur.	單 Sing.	衆 Plur.
1. I wilt	We will	1. I would	We would
2. Thou will	You will	2. Thou wouldst	You would
3. He will	They will	3. He would	They would

虛擬語氣 Subjunctive Mood.

無現在式,其過去式,與實指之過去正同.

Will 與 Shall 所助之正云謂,皆用無定式而去其 to, 如 "He *will* not *do* it." Will 用於第二三身,成將來之候,則名助謂, Auxiliary verb; 然其字正用,則無論何身,皆必欲立志之義,此如 "Not as I *will*, but as thou *wilt*;" 又如 "he *will* continue his evil practices, in spite of warning," 皆用此義. 又其字可爲名物,如云 "He has a strong *will*," "This is your free *will*," "God's *will* must be done;" 皆名物字,其譯爲志爲命,故遺囑亦稱 'Will.'

習行不歇，屢見之事，可用 will 言之：如 "When he was irritated, (激怒) he *would* rave (發狂) like a madman;" 又如 "Some times a thousand instruments *will* hum about my ears."

"I *will not*," 於語言急切則縮省爲 "I *won't*," 因古 *will* 作 *wol*, 拉體諾作 *volo*, 故 volition, 正譯爲志願. Will (願) 用爲正字，乃弱破及物云謂字，如云 "God *wills* it," "He *willed* my ruin; 乃於字尾加 -ed, 而不可用助體過去之 *would* 字也.

§ 86. 'May' 得，可，堪.

實指虛擬同式 Indicative and Subjunctive Moods.

現在 Present Tense. Singular,	Plural,	過去 Past Tense. Singular,	Plural,
1. I may	We may	1. I might	We might
2. Thou mayest or mayst	You may	2. Thou mightest	You might
3. He may	They may	3. He might	They might

助謂之 may 字，其古義正譯作克作堪，言主者能力權地，與事相副，此就事主而言之也；至於今義，正譯爲得，爲可，乃言其行成一事，外無沮力使之不得自繇，此就外境而言之也；其古義今則屬 can 而不屬 may 矣：如云 "He *might* be seen any day walking on the pier," 言無物障礙，使不可見也；又如云 "A man *may* be rich, yet not happy," 此言福之與富，不必並存也. 由此乃生容許之意，如言 "Louis, you *may* sit down," 猶言許汝坐也.

今 may 字多用諸虛擬之詞；如云；"Give me this water, that I *may* not thirst," 此其不渴，於言時並非實事.

須待得水而後然，故用於 that 字之後，而爲虛擬之語氣. 又祈禱之詞，例用此字，如 "*May* Heaven guide our path."

§ 87. 'Must' 不可不，不能不，務.

此助詞絕無變體，兩數三身九候四情，所用皆此一字. 其古字爲 'motan' 之過去，乃准許之義，今其用異，雖然尙有存者；如云 "You *must* not come in," 即言不准入內也.

今之用此字者其義有三:

(1) 有所覊束，欲無然而不可；如云 "I *must* obey the order."

(2) 性習旣成，不能改變；"I *must* and will have my own way;" 又 "So you *must* always be meddling, *must* you?"

(3) 理有必至，勢所固然；如云 "It *must* be so: Plato, thou reasoned well," "All men *must* die," "He *must* have arrived by this time," "I *must* have been mistaken," 皆爲此例.

§ 88. 'Can' 能，知.

此字之今義，正 may 字之古義，蓋專言事主能力之何如. 其字古與 know 字同原，故舊有知義.

實指語氣 Indicative Mood.

現在 Present Tense.		過去 Past Tense.	
Singular,	Plural,	Singular,	Plural,
1. I can	We can	1. I could	We could
2. Thou canst	You can	2. Thou couldst	You could
3. He can	They can	3. He could	They could

虛擬語氣所用者，即實指過去之式.

此字之過去式 *could* 當作 *coude*, 其用 *l* 者，以 *should*, *would* 之式而誤，然沿用已久，不可改也.

字學家謂此字與古之可汗，'khan,' 今之 'king' 字皆有系屬，蓋古之 'king' 字，作 'canning,' 言能者，猶成吉思之譯壯士也.

§ 89. 'Ought' 宜

單 Singular,	衆 Plural,
1. I ought	1. We ought
2. Thou oughtest	2. You ought
3. He ought	3. They ought

此字之始，本 'to owe' 之過去，其義爲負，故古詩如狹斯丕爾 Shakspeare 中，倘有如是用法，"You *ought* him a thousand pounds," 此在今語，當云 "you *owed* him a thousand pounds," 汝負彼千鎊也.

至今此字無九候之別，其爲過去現在，純於上下文觀之；如云 "He said, I *ought to be* satisfied," 此過去也. 又用既事候助 have 以爲過去；如云 "You *ought to have been* there," 此猶言 "It *was* your duty to be there," 故爲過去；若其現在，則云 "You *ought to be* there."

區別部之 'Own' 字，本爲 'owe' 之既事字，今之用法亦殊，如云 "my *own* coat," 此猶云 "my *possessed* coat," 與負義全別；至於云謂部之 'own,' 乃承認之義，係及物弱破之字；如云，"I *owned* my fault," 蓋其變化久矣.

§ 90. 'Wit' 知; 'Dare' 敢; 'Need' 須.

'To wit'='to know,' 此字今不常用爲助字; 獨 'to wit' 連用爲起語, 與 that is to say; namely 諸起語相同, 契約文書用之, 以爲由總入目之語, 蓋猶中文之計開矣.

'Dare' 字常見於 "I *dare* say," 諸語; 其過去爲 "I *durst* say," 然不常見. 其正字 'dare,' 乃冒險之義, 係不及物而弱破. 當法民革命之日, Danton 但敦在國會言: "Il nous faut de l'audace, et encore de l'audace, et toujours de l'audace;" 其英譯爲 "It is for us to *dare*, and again to *dare*, and without end to *dare*," 即冒險無畏之說也.

'Need' 字有兩義, 一爲事勢所必須; 如云 "School boys *need* control," 此及物而用弱破者也; 一爲俟待之義, 如云 "It *need* hardly be said, that murder is criminal," 此爲不及物弱破, 但 impersonal, 無所主名, 而常用於 *it* 字之下. 此字可用爲名物字; 如云 "A friend in *need*, is a friend indeed," 此其義爲急難之頃.

其爲疏狀字, 則常加 s, 而與 *must* 同用; 如云 "He *must needs* go through Samaria," "If it *must needs* be, we will go," 疏狀之 *Needs=necessarily*, 名物之 *Need=Necessity*.

篇八 CHAPTER VIII.

疏狀部 ADVERBS.

§ 91. 界說 DEFINITION.

疏狀字者,所以斟酌云謂者也,所以言區別之等差者也,所以斟酌其所斟酌,等差其所等差者也;以其大用,乃所以斟酌云謂,故其名曰 Adverb, 言其常與 verb 俱也;如云"勃然變色,""勃然"正寫變色之事;又如"其鳴'喈喈,'""喈喈"疏其鳴之何如,又云"式微式微,'胡不,歸,'""曷月'余還歸哉,""胡不''曷月'等字,乃言歸之情與時;又如云"'昨日'風雪中,故人'從此'去,""從此'者言其去之地,'昨日'者疏其去之時,故皆爲疏狀之屬,英語如"The lark soars *aloft*, and *always* sings *sweetly*."

雖然,語之可以疏狀者,不獨云謂已也,如云"'頎然'而長,""'黝然'而深,""長'與'深'皆所以別物,而'頎然''黝然'又所以狀別物者之獨異,故界說曰,言區別之等差, adverb qualifies an adjective, 如云"My boot is *too* long," "I am *awfully* tired," 皆疏狀區別者也.

不寧唯是,即疏狀之字,又可以斟酌,又可以等差, an adverb modifies another adverb; 如易云"君子終日乾乾'夕惕若厲,"此句以君子爲句主,以厲爲云謂,乾乾惕若,皆疏狀厲之何如,而'終日'與'夕'又所以疏狀乾乾惕若,言其何等乾乾,何等惕若者也. 又如常語"某行極疾,""某睡稍遲,""疾''遲'所以疏狀行睡,而'極'與'稍'字又所以斟酌疾遲,故界說曰斟酌其所斟酌,等差其所等差,英語如云"My brother is *quite* well; he is *very* seldom ill; he does not like *too* much medicine." 其用法皆如此.

故又有界說云, "An adverb is a word which adds to the meaning, but limits the application of verb, adjective or other adverb." 蓋云謂區別疏狀三部之字,往往得疏狀之附益,其字內之函義愈多,而其外之所賅益狹,疏狀部之加諸虛,猶區別部之施諸實.

§ 92. 分類 Classification.

疏狀字可分為七類:

1. 以時言者 Adverbs of time: 此如 *now* 今, *then* 當時, *after* 嗣是, *before* 先是,初, *presently* 遂, *immediately* 即, *when* 其時, *as* 方; 如 "*As* I was returning home, I met him."

2. 以地言者 Adverbs of place: 此如 *Here* 此, *there* 彼, *thence* 從彼, *where* 彼許, *whither* 及彼, *whence* 何由, *wherein* 於是, *whereat* 當此,際, *in* 在, *out* 出, *up* 上, *down* 下, *within* 內, *without* 外, *firstly* 一則, *secondly* 其次, (此等字隨宜為譯,不可膠執).

3. 更番之疏狀 Adverbs of Repetition: 如云 *Once* 度, *twice* 兩度,等 &c.

4. 以容狀言者 Adverbs of Manner: 如云 *Well* 佳, *ill* 病, *badly* 惡, *how* 何如, *however* 雖然,不論如何, *so* 如是, *as* 以是. 疏狀部中此類最要, 其字多於區別部字後加 ly 為之, ly = like, 與中國之'如''然'等字同義,中文云'繹如,' '皦如,' '翕然,' '勃然,' 西文云 *Continuously, distinctly, unanimously, suddenly,* 其製字之法,中西正同.

然學者須知 ly 之尾聲,必加諸區別部者,而後成疏狀字 suffix *ly* to adjective, 若加之於名物, 乃成區別, 其義為屬為似; 如云 *earthly* = 屬於地者, *heavenly*

海上絲綢之路文獻集成 科技與文化編

屬於天者, *godly* =神, *gentlemanly* =斯文, *lovely*=可愛; 若後三字皆函似意, 皆區別部字也.

欲加 ly 於云謂部字, 法宜先轉之爲兩用式 participle 而後可; 如云 *flourishingly* 繁盛, *obligingly* 樂助, *obligedly* 若不得已, 蓋兩用式可作區別觀, 故加尾聲 ly, 即成疏狀.

5. 程度之疏狀 Adverbs of Quantity or Degree: 此如 *very* 甚, *nearly* 庶幾, *almost* 殆將, *quite* 十分, *much* 甚, *more* 愈, *most* 最, *little* 少, *less* 遜, *least* 極, *all* 皆, *half* 半, *any* 任何, *the* 所, (此 the 字與指事字之 the 字不同, 如在 "*the* sooner *the* better," = "愈速愈妙," 或云 "以速爲妙," 蓋此 *the* = *by that*, 故譯作 '所,' 猶云 "所愈速者所愈妙也").

6. 俞咈之字 Adverbs of Affirmation and Negation: 此如 *Not* 不, *No* 否, *Nay* 不然, *Yes* 然, 唯, *Aye*, 諾, *Yea* 然.

7. 因果之字 Adverbs of Cause and Consequence: 此如 *therefore* 是以, *wherefore* 是故, *why* 何以故, *consequently* 緣此, (此類之疏狀幾皆與絜合相混).

§ 93. 字形 FORMATION.

疏狀字大抵非原有, 多從名物區別稱代三部轉變而來, derived from Nouns, Adjectives and Pronouns.

(a) 從名物部而來者, Adverbs derived from Nouns.

此類之疏狀, 乃於名物之前加介系部字, a noun preceded by a preposition; 譬如言 "彧偃蹇在牀," '在牀' 二字, 乃言偃蹇之所, 而牀之前加在, 本爲分立之字, 至於用之已久, 切音之字, 不同六書, 往往相拼爲一, 而疏狀字成; 此如 *abed*=on bed 在牀, *ashore*, *asleep*, *aloft*, *ahead*, *adrift*, *afoot, abroad, away,* 又如 *betimes*=by times, *desides, between, forsooth, overboard, to-day, to-morrow.*

有時介系字與之合同而化,或古字中已含其意;此如 *Needs*=of necessity 必須, *whilom*=at whiles 前此,(此如言'故將軍'可言 whilom general). 又-*meal*=by portions 零星,於是有 *piecemeal, inchmeal* 等字.

又有名物,合之區別而成疏狀者, a noun preceded by an adjective; 此如 *meantime, sometime, sometimes, always, midway, straightway, likewise, yesterday, somewhat, noways, meanwhile* 等字.

有時名物在受事之位,亦可自成疏狀;如言 "He journeyed *home*," 此譯'向家而歸,'故 *home* 乃疏狀部字.

(b) 疏狀字之從區別部而來者, Adverbs derived from Adjectives. 故其字亦有比較,與區別字同.

今之學英文者,莫不知疏狀字,多成於區別字之後加 *ly* 之尾聲,又知 *ly* 與 *like* 同意,猶中文之'然''如''若'等字矣,然須知英之古文本不如是. 英之古文所謂盎格魯語, Anglo-Saxon, 其別疏狀字之例,乃於區別字之末,而益之以 *e*; 如云 He smote him *harde*,"="彼重擊之,"以 *harde* 之狀擊,故不云 *hard*, 而於其末加 *e* 作 *harde* 以示別,然此別久而失之,故如前語,後人直書作 "He smote him *hard*," 以 e 爲誤筆而去之,遂使至今,有甚多之疏狀,乃與區別同形,無所殊異;如 "His spear stuck *fast*," "I run fast," "The wind blows *fresh*," "To speak *low*," "to come *early*," "to sleep *sound*," "to talk *like* a fool," 皆如此作. 設於其後加 ly, 轉爲破例,而使語意懸殊;譬如云"He came to me *direct*;"此言彼與吾爲'直接'也,"He came to me *directly*;"此言彼'即時'而至吾前也;其爲不同如此.

盎格魯語之區別字,以 *lic* 爲尾聲者甚多,其義亦爲似,如中國某然某若之字,不獨爲寫事之疏狀,亦爲寫物之區別,如云色勃如也,足躩如也是已. 第其區別字,既以 *lic* 爲尾,則加 *e* 爲形況者,自以 *lice* 爲尾聲. 自古法之加 *e* 不用,而 *lice* 始轉爲 *like*,繼轉爲 *ly*,遂成疏狀之專尾,不獨加諸盎格魯之舊文,乃至拉體諸諸國之區別類字,亦通以此例爲之,如 *perfectly*, *divinely* 等字是已.

有區別字而帶介系字於前,成疏狀者;如 *awry* 歪, *afar*, *anon*, *amid*, 其始猶 *in vain*, *in general* 之分立也.

(c) 疏狀字之從稱代部而來者, Adverbs derived from Pronouns. 亦稱稱代疏狀 Pronominal Adverbs.

此類之字,以 *he*, *that*, *who* 三者爲之根.

1. 以所處言,則以 -re 爲尾聲;如 *here* 此處, *there* 彼處, *where* 何處.

2. 以所趨言,則以 -ther 爲尾聲;如 *hither* 到此, *thither* 赴彼, *whither* 何向.

3. 以時言,則用 -n;此如 *then* 當時, *when* 何時.

4. 以所由言,則以 -nce 爲尾聲;如 *hence* 從此, *thence* 由彼, *whence* 何從.

5. 他若 *how* 何如, *why* 何故, *thus* 是以;大抵皆由前字而成者也.

尙有合諸 *some, any, ever* 而成者;如 *somehow* 有術, *somewhere* 任何所, *any how* 任何術, *whenever* 任何時.

有時介系字可以爲疏狀;如云 he rode *by*, 相傍而騎,則 *by* 字爲疏狀;"come *on* lads," 則 *on* 字爲疏狀;"Be *off*," 則 *off* 字爲疏狀. 其不爲介系,以其下無名物故.

如是之介系,合之稱代疏狀.又成一類字,謂之合字疏狀, Compound Adverbs; 如 *herein, thereby, wherein* 等字.

§ 94. 俞咈之字屬疏狀者,以所俞咈者在云謂也;其爲俞者,如 *ay*, 如 *aye*, 如 *yea*; 至於 *yes*, 乃後起之字,合古之 *yea* 與 *si* = 'be it' 而成其字,故 *yes*, 正譯'如是,'非但唯諾.

所爲咈者,其字古英作 *ne*, 與法文同. 'Not' 正譯'無有,'乃 *nought* 與 *naught* 之變體. 此外 *No, nay, Never*, 古實同意. *No* 字爲疏狀,常居於比較字之前,如云 *no longer, no further.* 或獨用爲咈語,如云 "Did you eat? *No.*" 至於他用,皆區別也.

疏狀字,可用於介系字之後,如名物然;如云 "I have heard it *before now;*" "He has changed *since then;*" *Now* 今時, *then* 其時,固可當名物也.

總前說觀之,可知文字之始,本無所謂疏狀者,大抵名物,區別,稱代,諸此類字,合之介系,或不合介系爲用,以言事狀時地,及用之既久,乃漸漸自成一部之字,如千家詩之"傍花隨柳過前川,"其在中文,固皆別立,'傍花隨柳,'皆言過之如何,設在西文,則久用之餘,乃成疏狀部字,此 Adverbs 之所由來也.

篇九 CHAPTER IX.

介系部 PREPOSITIONS.

§ 95. 界說 DEFINITION.

介系字者,所以牽引名物(稱代亦名物)以綴於他物,他事,以著其對待之情者也. 其字曰 Pre-position 譯言'前位',以其字常在名物之前故也. 而其所牽合者如下:—

1. 綴一名物於他名物;如云"白雲'在'天;"天雲爲二物,而'在'爲之聯綴; as "There is a *book on the table*."

2. 綴一名物於一區別;如云"張旭聖'於'草書,"草書爲一物,而聖爲區別,'於'字爲之聯綴; He is *fond of music*."

3. 綴一名物於一云謂;如云"交'以'道,接'以'禮;'道禮皆物,交接皆事,'以'字爲之聯綴; as, "Thomas *peeped through* the *keyhole*."

4. 綴一名物於一疏狀;如云"煢然'在'疚,"疚爲名物,煢然爲疏狀,而'在'字聯綴之: as "I have tricked him *sufficiently for* my *purpose*."

§ 96. 分類 CLASSIFICATION.

介系字大較可分繁簡二宗, Prepositions are either Simple 簡, or Compound 繁.

(1) 簡者 Simple; 如, *at* 當, *by* 由, *for* 爲, *in* 在, *of* 屬, *off* 去, *out* 出, *to* 與, 向, 及, *up* 上, *with* 以. on 在.

海上絲綢之路文獻集成 科技與文化編

(2) 繁者 Compound:—

i. *After* 後, *over* 越, *under* 在下, *but* 除却, *about* 近, *above* 高於, *unto* 及, *into* 入, *behind* 在後, *within* 在內, *out of* 出於, *from* 由, *forth* 出, *outside* 外, *inside* 裏; 若此類之字, 所以云繁者, 蓋其始皆非一字也.

ii. *Among* 於中, *again* 又, *ahead* 居先, *beside* 左右, *beyond* 踰, *athwart* 橫過, *betwixt* 介, *around* 繞, *along* 傍.

iii. *Owing to* 以爲, *notwithstanding* 雖有, *except, save* 除却, 此類皆由云謂之兩用式而來.

iv. *instead of* 代, *close to* 近, *on account of* 以, *in spite of* 不恤; 此類皆成於疏狀仂語, (解見後篇) adverbial phrase.

§ 97. 介系字所指明之對待 Relations indicated by Prepositions.

介系字所指示者, 大畧有三, (一) 地位 Place 之對待; (二) 時候 Time 之對待; (3) 因果 Causality 之對待.

其見於言語也, 其次第亦然, 大抵其字必先用於有形之地位, 次乃推例而用之於時, 最後乃取喻引伸, 而用之於事理, 則因果對待之義見矣.

今以此類之字, 所關於文理者深, 特舉最要之介系而一一詳言其用如下:—

'*At*' 正譯爲 '即,' 其始以見一動物之所趨, 如言 "The tiger pounced *at* him;" 或曰 "Look *at* this;" 抑言所至之地, "We have arrived *at* our station;" 其次乃言行事之地,

此正譯'於';如云"We dined *at* the hotel," 又如 "The man *at* the helm;" 凡此皆有形者也,浸假乃用諸無形之事,如云"We were present *at* the battle," 又 "The train goes *at* full speed," 又 "We rejoice *at* your success," "I am *at* your mercy," "The house is papered *at* my expense," 或言一定之時,如言 "*at* noon," "*at* any time," 或指一定之數,如 "*at* a great price," "It is estimated *at* three millions," "at least," "at its best;" &c.

'*By*' 正譯爲'傍'爲'依附'皆近旁之義,如云"He sits *by* me," "The path runs *by* the stream," "We went *by* the school," "He lives *by* himself," 正指獨居,以己爲鄰之意;物之旁置者,曰"to put it *by*," 旁及之事,曰 "*by* the way," 近指一物爲誓,曰"to swear *by*," 進近一物若可取之,曰"to come *by* a thing;" 傍其時而來,亦曰 *by*, 如云 "I came *by* ten o'clock," 若當其時則稱 *at* 矣. 由'傍'之義,引伸爲'緣'之義;如云 Italy was conquered *by* Bounaparte," "Stifled *by* smoke." 用一物爲儀式者,亦言 *by*, 如云 "Draw *by* a model," "to sell *by* the yard," "*by* your advice," "*by* your leave." 由'緣'義又得'以'義;如云 "*by* turns," "He did the thing *by* fits and starts," 乃言作輟之意; "They came *by* twos and threes," 三三兩兩而來,如是之 *by* 字,皆'以'義也.

'*About*,' 正譯'將近,' 'very near to,' either in space or in time; 如云 "It is *about* ten o'clock," "Have you any money *about* you," 乃問其人身邊有錢否也; "To set *about* a business," 言自進於一業,爲經始也; "I was *about* to observe," 猶言將發論也;故模畧之詞,亦稱 *about*; 如云 "I spent *about* ten thousand;" 籠統之詞亦用 *about*, 如 "He told me all *about* it," "I will see *about* it."

'For' 字之爲介系,與區別部之*'fore'* 字同原,故有在前之意,或地或時,皆可用之. 以其在前,遂有保護之意;如云"I fight *for* my fatherland." 由是而相爲 (on behalf of) 之意生焉;如云"I pleaded *for* him;" "All this was done *for* you." 又由是而有代表代理之義;as we say "An advocate appears *for* his client;" "An attorney stands *for* the proprietor." 亦由此而互易之義生;如云"to exchange, barter, or sell a thing *for* another;" "Eye *for* eye;" "Blood *for* blood." 由互易而轉爲相報,"He was punished *for* his crime;" 且言一事之始意原因,可皆用 *for*;如云"He did this *for* love of me;" "I am sorry *for* it." 然 *for* 有時亦函'雖'義;如云"*For* all his wealth, he is unhappy."

'In' 之與 *'On,'* 異字同原,其始若無殊用,迨後乃 *'In'* 爲在中之意,*'On,'* 爲在上之意,此常義也. 然由有形之對待,漸及於無形,故事難,則稱"*in* difficulties;" 有所希冀,則云"*in* the hope;" 物動,言"*in* motion." 由是而所用之物亦言 *in*;如云"written *in* blood," "wrought *in* silver." *In* 在內也,有時代 *into* (入)之用;如言"Put his hand *in* his pocket;" "Dipped his pen *in* the ink;" 是已. *On* 字同 *in* 爲用,倘可見於"*on* hand," "*on* a journey," "*on* Monday," "The house is *on* fire," 諸語;但今之正用,皆在上之義;如云"He lay *on* the bed;" 由是引伸而得事所由起,意所由發;如云"*On* condition of" (須得), "*On* account of" (只爲), "He prides himself *on* his skill;" 故其用往往與 *upon* 相混;如云"Depend *on* my word," 與云"Depend *upon* my word; 無所異也. 即 *in* 字有如是用者;如云"to rejoice *in*," 以之喜也, "to be offended *in*," 以之怒也.

海上絲綢之路文獻集成 科技與文化編

'*Off*'爲離,'*Of*'爲屬,於英古文實無二義,至其後而始分,此如詩云"'離'裏'屬'毛"二字,皆附著之義也. *Off* 字至今多爲狀事之字,而介系之字,則多用 *of*, 然以是故,而 *of* 字常含離去之意,此於以下諸語,學者可自得其漸變之致也. 譬如今云"Get *off* the chair," "A long way *off* the mark," "To do a thing *off* hand," (猶云脫手而成,捷敏之意);此猶用古 *off* 字者也. 乃至"He went out *of* the room," "He comes *of* a good stock," (系出良家), "He stood within a yard *of* the fire," 又如"This is very kind *of* you," 他若"To cure *of*," "To cleanse *of*," "To deprive *of*" (奪), "To be free *of*" (免), "To be destitute *of*" (欠), "To beware *of*" (留神);諸如此語,皆有離距之義;又若"It smells *of* musk,', "It tastes *of* onions," 此中 *of* 字兼含 *from* 之意, *from* 之意即由 *off* 字而得之,其最初之用固如此.

'*Of*' 之義,其始爲離,引伸之而爲凡屬之介系,此於英語最常用者;然有兩義,一爲部分之屬,一爲所有之屬. 部分之屬 in partitive sense; 如"One *of* my men," "a piece *of* cheese," 此在中國,其稱最多,如云'一張桌,''一片葉,''一箇人,''一間屋,'中間並無介系之之字,而在西文,此爲特别枚舉. 所有之屬, in possessive sense; 如"The house *of* my husband," 此可以分見之外物也, "The brightness *of* the sun," 此不可分見之物德也,而其爲所有則同;中國遇此,往往與西文倒,如前語,西人言'其屋屬吾夫者,'華人言'吾夫之屋'也.

由是以材成物,亦用'*of*'字,如"A bar *of* iron," "A book *of* poetry," "He made a fool *of* me," 皆用其後,以成其前,若曰前之爲物,乃生於後也者. 引伸之,而指一物之特色,亦用 *of* 矣,如云"He is a man *of* great learning;" "A person *of* fabulous wealth," 則其用同於區别.

乃至事業文章,以有所由,故亦用 '*of*'; 如云 "A play *of* Shakspeare," "A symphony *of* Beethoven," "He was led *of* the Spirit," 言爲神所引也, "Tempted *of* the devil," 言爲魔所惑也:蓋如此用 *of*, 幾同於 *by* 字矣.

故因緣所由,亦用 *of* 字;如云 "He died *of* a broken heart," "To do a thing *of* his free will," "*of* right," (所應得者); "*of* necessity," (所不得已); "To be sick *of* a fever," "The love *of* money," 皆後因前果之句法也. 又如言 "Fond *of*" (愛), "Weary *of*" (厭), "Guilty *of*" (犯), "Conscious *of*," (覺)等;大抵皆言如是之情起於某物也.

又其字有始及之意;如云 "I heard *of* his death," 猶言吾始聞此事;由是而他所及者,亦可云然;如云 'To think *of*,' 思及, 'To accuse *of*,' 責及, 'When you speak *of* Cicero,' 語及;皆及義也.

'*To*' 字正譯作'及,' 凡動物所趨,而行且及者,宜用此字;如云 "He went *to* the door;" "It goes on day *to* day," 乃至疏狀之字,如 '*to*-day' 本日, '*to*-night' 即夕,皆以其旣及,而得此稱. 引伸作'至於'解,或但作'於'解,如云 "Brave *to* excess," "Equal *to*," "They *to* him are angels," "Ten *to* one," 皆'於'義也. 有時亦指所爲;如云 "He came *to* see me." 若云謂之無定式,其前皆有 *to* 字,此如詩之 "'載'號'載'呶," "'式'飲'式'食," 其用在以發言,初無深義.

'*With*' 字正譯作'以'如孟子"殺人以梃與刃,"譯爲 'To kill man *with* cudgel or sword.' 然古義則釋爲'與'; 如云 "Come *with* us!" "To be angry *with* some body," 又含挾帶之義;如云 "I will come *with* much pleasure."

以上所釋,大抵取常用而有異施者,顧其事如中文之釋詞,非一篇所足以歷指,多讀書,習談論,其用自明也.

篇十 CHAPTER X.

挈合部 CONJUNCTIONS.

界說 DEFINITION.

§ 98. 挈合字者,居於辭句之間,而爲之關合轉捩者也. 亦有居二字之間,而爲之關合者,如云"You *and* I go to Tientsin;"然審而論之,其所合者,雖爲二字,其義實與關合二句無殊,蓋如前語,實 You go to Tientsin, *and* I go to Tientsin,"之簡法,雖一句實兩句也,故挈合一部,所鈕紐牽合者,皆句法,與介系部之連綴字法者絕不同,凡中文起承轉合諸虛字皆歸此部.

分類 CLASSIFICATION.

§ 99. 挈合字有二類:—

(1) 並列之挈合 Co-ordinative Conjunctions;

(2) 相從之挈合 Subordinative Conjunctions.

(1) 所以稱並列者,蓋所關合之句,平等並立,不相攝屬,雖分言之而其意亦完;如'與''及''又''再'諸字,然英文於此一類,又分三別.

1. Simple Conjunctions 平連之字; as, *and*, *both*, 中文如'與''且''暨'諸字,書"汝羲'暨'和."

2. Adversative Conjunction 反對之字;如 *but*, 若中文之'然而''顧''但''第''獨''惟'諸字.

3. Alternative Conjunctions 轉互之字;如 *either—or*; *neither—nor*; *whether—or*, 中文如'或''抑''若'諸字.

海上絲綢之路文獻集成　科技與文化編

(2) 所以云相從挈合者,因其所引起之句,乃以補前有之句不足之義,前句爲主,而所引起之句爲從,從必得主,而後義有所歸,主必得從,而後義完.故曰相從;此類之字,其在英文又分七別.

1. Simple Subordination 引隸之字;如 *that*, 中文此字,常寓於'之''其'諸代名中,無獨用之挈合,如英文"I know *that* he is a liar," 正譯"吾知其爲誑者;" '其'字攝 that he 二字.

2. Temporal Conjunctions 接時之字;如 *after* 嗣是,後;*before, ere* 先是,初;*till* 洎夫,逮至;*while* 當是,適;*since* 自;*now* 今,此時.

3. Causal Conjunctions 原因之字;如 *because* 因;*since* 自夫;*for* 蓋;*lest* 爲恐;*that* 夫.

4. Hypothetical Conjunctions 虛擬之字;如 *if* 若使,假,令,倘;*unless* 設非;*except* 除是;*but* 微,舍.

5. Concessive Conjunctions 縱設之字;*though* 即令,雖然;*although* 縱數;*albeit* 儘數,遮莫.

6. Conjunction of Comparison 較絜之字;如 *than* 過於,以比.

7. Alternative Conjunctions 互轉之字;*whether—or*, 此別與前類之第三別同,以引起句法之並列相從爲異.

§ 100. 以下取常用之挈合字而詳其用法.

'*And*' 字最常見,拉體諾法蘭西皆作 *et*, 讀挨,故其簡寫作 &, 正譯'與,'如"子罕言利'與'命'與'仁,"又譯作'且,'如詩"洵美'且'仁."

'Both' 亦歸疏狀部，與 *'and'* 字同用成相應挈合；如云 "*Both* John *and* Harry are here," 猶言 "Not only John, but also Harry is here," 故 *Both* 正譯爲'不但,'而如 Milton 詩云, "The God that made *both* sky *and* earth *and* heaven;" 於語爲通，第今常俗用法，多以爲兩，此字義之漸變也。

'But' 字亦歸介系部，必引起與上文反對立別之詞，而後爲挈合，中文'然而''第''特,'皆其譯也，韓文"千里馬常有,'而'伯樂不常有，而字即 *but* 字。 英文 "Your opposition is not the effect of good principle, *but* of bad temper," 凡此皆反對立別之用，而歸諸第一類並列 Coordinative 者。 顧 *but* 字之用，如中文獨字，古有除非之義，如中文云"秦之重楚者,'獨'以齊耳;"英文云 "Ye have not life in you, *but* ye eat my flesh;" 如此爲用，則所起之句，不必反對，而歸第二類之第四別，蓋二句爲合，而後足前義者，故爲相從挈合，而前爲平列者也。 如後用法，在西文與 *unless* 正同，在中文可譯爲'微'字，如云"'微'吾子助我，吾其敗矣;"可譯 "*But* you helped me, I must have been ruined."

'Either' 常與 *'or'* 同用，亦爲相應挈合, correlatives, 乃非此則彼之詞，二者必居一，然而不可得兼; "*Either* you *or* I must be in the wrong," 非皆失也。 *Neither* 常與 *nor* 同用，乃兩無一可之詞, "*Neither* Jeane *nor* Nelly is beautiful;" 言二女之無一美也。 *Whether* 與 *or* 同用，成相應挈合，如云 "*Whether* did this man sin, *or* his parents?" 此其語氣，於中文正用抑字，如"求之與抑與之與," (*Whether* he solicited it, *or* it is given to him?")

以上皆第一類並列句法之挈合字.

海上絲綢之路文獻集成 科技與文化編

'That' 字前見於稱代部,所用以複牒名物者也,顧所複牒者名物,則爲稱代,若所複牒者句語,則成絜合,而所牒之句,必爲母句所包,而爲子句,故成相從句法之絜合. 如云 "*That* he did it is certain," = "He did it, *that* is certain," = "*That*, namely 'he did it' is certain;" 蓋 'He did it,' 句義已完,今用 '*that*' 字牒起此句,而下加 is certain, 成一母句而包 'He did it' 子句於其中. 英文中如此句法最多,往往如剝蕉心,句中藏句,分言之,皆有句主 subject, 所謂 predicate, 其義皆完,而其結搆之法,大抵用 *that*, 故學者不可不明其用也. 如云 "The notion *that* such a plan is possible is absurd."

That 字常與 *after*, *before*, *ere*, *since*, *till*, *until*, *for*, *but* (除), *without* 諸介系字同用,而成一絜合;如 "*Before that* the cock crows," "*Since that* you insist upon it," 等語是已. 久而去 *that* 字,獨用以上諸字,則其字去介系而自成絜合,歸第二類之第二别矣;如 "*Before* the cock crows;" "*Since* you insist upon it." 但當 *that* 字未去之先,以上諸字,仍係介系,而絜合之職,則領牒之 that 字當之. 蓋去 that 獨用,則以上諸字已取 that 意而含之,故可指爲接時絜合也.

'Now' (今),本疏狀字也,所以詳一云謂之時,其成絜合字者,理與以上諸介系字之成絜合正同. 假如吾云 "*Now that* you have finished your work, you may go;" 則 *Now* 爲疏 'may go' 之字,而 *that* 字牒起子句 'you have finished your work,' 爲之絜合. 此其結搆甚明. 然使吾云 "*Now* you have finished your work, you may go;" 則 *that* 字之領牒不見,而其義含於 *now* 字之中,故 *now* 字成接時絜合,絜 you have finished your work, 子句,以合於 you may go' 之母句.

'Because' ='by cause,' 正譯'衹因,'其用與問語之 *Why?* 字相應. 此第二類第三別 Causal Conjunctions 諸字,爲用易知,無煩覼縷.

'Lest' ="for fear that" (只恐);然其字古義,實同於 "that by so much less," 正譯'苟不及此,''亦譯'自非然者,' 於義皆通:如云 "I put it up here, *lest* we forget," '吾張之於此,'爲恐'其忘,'又如舊約有云 "Ye shall not eat of it, nor shall ye touch it, *lest* ye die." 汝曹勿食之勿觸之,自非然者,汝曹且死. 細繹語意,以上兩譯義皆可用也.

'That' 字所以復見於此別者,蓋領牒之句法,每卽爲母句之原因,之解釋,之效果;如羅馬布魯達 Brutus 殺凱撒 Cæsar,自解於衆曰; "Not *that* I love Cæsar less, but *that* I love Rome more:" "非因吾愛凱撒淺,實因吾愛羅馬深." 又如云 "I know him to be so honest a man *that* I could not reject his proposal," "吾知其忠信,乃不能不納其言;" 凡此皆用 *that* 字以指因果,與前之徒爲領牒,稍有不同.

'If' 於盎格魯故爲 gif, 卽今 give 字之變,此正與中文'假使'字同意,蓋事不盡然,而借與爲然以論,故非事實,而爲虛擬; Hypothetical (希卜梯西) or Conditional (設緣). 俟見云謂部之論虛擬語氣, Subjunctive Mood, 可以參考.

'Unless,' *'Except,'* *'but'* 三者皆譯'除却':如云 "He will be ruined, *unless* you help him;" *unless*='on less' 正除却之義,如左氏云"'微'禹吾其魚乎,"'微'字正譯 *unless*. But 字前已發明,今姑復及,凡 but that 同用,則 but 爲介系,如 that 字不見,卽爲挈合. *Except* 亦譯'除外,'如云 *Except* ye

海上絲綢之路文獻集成　科技與文化编

repent,'' 譯'除汝悔過外,'但若其下有 *that* 字,則爲 preposition, 非 Conjunction 也. 此外尙有 *without* 字,亦同上三字用法,如云"Not *without* the Prince be willing," 猶言"須待王子首肯"也,總之,以上諸字,其用皆等於"leaving out;" 如後一語,同於"Not leaving out the Prince be willing," 視"王子首肯,"同於一物,乃不可離者.

'*Though*'='nevertheless,' 原屬疏狀,至今尙如是用,如云"You are still in time, make haste *though:*" 譯"汝猶及之,雖然宜速," *though* 字在此固疏狀云謂者也. *Although* 與 *albeit* 二者,皆設縱之字,'all-be-it' 縮爲 albeit, 義正'儘教,'古英語如"*al be that* he was a philosopher;" 又如"*all* were they sore hurt;" *al-be-that*, 與次句之 *all*, 皆同 although, 而皆縱使者.

'*Than*' 字可譯'以比,'乃英字 then 之變,故其始同於 when 字,皆疏狀屬字;如云"He came sooner *than* I expected," 此猶言"*When* I expected him to come soon, he came sooner." 其所以爲挈合者,以其字之所關合,常係兩完義之句,特簡削之耳;如云"John is taller *than* Charles;" 實無異言"John is taller *than* Charles is tall;" 中文"由也好勇過我;" 猶言"以比於我,由之好勇過之," 故英文 *than* 字之下,例必用句主,如"He walks faster than *I*," 不可言"He walks faster than *me*," 但使所比較之物,係在受事位者,則 than 字之下,亦用受事;如云"He loves *her* better than *me*," 此言"彼之愛他,篤於愛我:" 上句全敍,則爲"He walks faster *than* I walk;" 下句全敍,爲"He loves her better *than* he loves me." 然句法在 *than* 字之後者,皆經簡削,簡削,曰 ELLIPTICAL, 正譯橢句,猶橢員之於平員,形減而意則全也.

§ 101. 以上粗舉挈合字，而論之如此，此外尙有常居句首之字，如 *therefore* 是故，*hence* 由是，*still* 畢竟，*consequently* 所以，*accordingly* 相應，*yet* 尙猶，*likewise* 同此，*also* 亦然，等虛字；文法家或謂其皆屬挈合；顧大家如 Mason 諸公，則不謂然，而云其字只宜歸諸疏狀部，並無挈合之專職性情，雖以領句，不得以此，遂云挈合也；譬如有云 "He was idle; *therefore* he did not succeed;" 此 *therefore* 字，文法家大半以謂挈合之字矣，然不知此語實同 "He was idle; *for that reason* he did not succeed;" 假使文法家遇此，彼於 *for that reason* 三字，必不指爲挈合而云乃疏狀之仂語 adverbial clause，可知其稱 *therefore* 爲挈合，爲不確也。Mason 馬孫之意，謂挈合之字，必其職專主關合句法而後爲眞，若此節所舉諸字，皆以寫行事之時地因緣，故以歸疏狀部爲是，然自我觀之，則一切挈合之始皆以寫時地因緣者，其漸成專部，亦以其常用領句而已，故彼雖爲之區別發明如此，然使初學之人，指如此諸字爲挈合部，其師必不以此而遂訾其誤而不通文法也。

篇十一 CHAPTER XI.

嗟歎部 INTERJECTIONS.

§ 102. 嗟歎之字，有情而無義，故於句中他字，常無眷屬，其用不用，無關文理之出入，此在中文，如'嗚呼''噫嘻''唉''嘆''唶''啐''叱嗟'諸字；英文如 *Oh! O! Ah! Ha! Alas! Fie! Pshaw! Hurrah!* 等是已.

每有一句之語，以常用而得簡稱，以簡稱而成嗟歎，此如 "*Good bye!*" 者，"God be with you" 也；*Marry!*" 者，"The Virgin Marry" 也；他若 *Wassail! Lack a day! Hail! All hail! Welcome! Adieu! Farewell!* 皆得部皆由此道.

亦有他部之字，如疏狀云謂介系等，隨其常呼，而成此部，此如 *how! well! out! look! behold!*

凡嗟歎字皆用(!)於其後，以著感情之事，故初學者指部無難，以其視而可識.

此部之字，無他可論，然得此而後八部爲全. 自篇三至此，皆爲字論之最要者，學者必深明於心，而後可與言文字之事，蓋字各有職，以往八篇所論，皆以著其職者也；其繼此所言，則英文造字之要，求之中國，與文字之偏旁六書，乃最近也.

篇十二 CHAPTER XII.

制字 WORD-MAKING.

103. 從成字之法而言之，英字又可分為兩大類；其一曰'文' PRIMARY WORDS；其一曰'字' SECONDARY WORDS.

文者何，原成之字，不可復析者也，如化學之原質然．字者何，孳乳寖多之字，所可更析之以為文者也，如化學之雜質．字分二類，中西皆然，中國之'文'，如一，人，夕，口，馬，日諸字；西國之 primary words，如 *one, man, night, mouth, horse, sun* 等；中國之字，如信，武，老，我，吟，詩，皆合文而成者也；西國之 secondary words，如 *tea-spoon, midday, kingdom, beautiful* 等，亦可更析者也．

字之制成，其法亦有二，一曰會合，COMPOSITION. 會合者，取分立之文字而合之，使成一也：如 *lighthouse, inkstand* 是．一曰轉成，DERIVATION；轉成者，由一字之根 root，以意義之殊，而變化其體成異字也；如 love 字為根，而 *loving, lover, lovely, loveable* 諸字由之而出．前之法，即中文六書之會意；後之法，即中文六書之轉注；於以下分論當自見之，蓋六書會意，人言為信，止戈為武，本合有義分立之文；而轉注，如轉老為考，轉德為得，皆義歸一首，而用有不同，特變其形，以著其異，西國制字之二法，亦如此耳．

按中國六書，象形，指事，諧聲，三者，為泰西拼切之字所無，象形指事，間見於記號，如天學以☉為日，以☽為月，然非文字，至於諧聲，固無從有，獨會意，轉注，叚借,三者,其爲用於中文正同,會意,轉注,既前論矣,其叚借法,以一字而當數義,如 box 字有二十餘詁,此則西文謂之 ambiguity,所最多者,皆由叚借而得之.郭侍郎謂西字獨有諧聲,其說與不佞正反.

西字之孳乳寖多,大抵皆即一字爲根,而前後附益之,其益於前者,謂之前係(亦稱换頭) *Prefixes*,其附於後者,謂之後係(亦名尾聲) *Suffixes*.

轉成之字, Derivatives, 多用尾聲,如 *man* 男子也,(名物部); *man-ly* 好漢,(區別部); *drink*, 飲也,(云謂部); drinking 方飲也,(兩用式). 會合之字, Compound words, 多用换頭,如 *manly* 好漢也, *un-manly* 不好漢; *deed* 行也, *mis-deed* 敗行;依此可以類推.顧以中文與西,比例爲論,有甚難者,則西文常用之名,例爲一字,而中文或以數字爲一名,故其相似難見,此在學者以意通之而已.

論本英轉成之字. English Derivative.

§ 104. 一名物之字 I. Nouns.

(1) The Agent 事主之尾聲. 如:—

-er (或用 -ar 亦用 -or); 如 *bak-er* 炊者, *beg-g-ar* 乞兒, *do-er* 爲者, *sail-or* 舟人, *cloth-i-er* 裁縫, *law-y-er* 律師.

-ster; (其始皆用於陰屬) *spin-ster* 紡者,處子;乃至 *song-ster* 歌者, *malt-ster* 麴師,無陰陽之別矣.

(2) Abstract Nouns 懸名之尾聲,用之以見其所居之地位,所交之外緣,所具之德,所修之業者也;如:—

-dom; 故國曰 *king-dom*, 智識曰 *wis-dom*, 所享自繇曰 *free-dom*.

-hood, -head; 成人之德曰 *man-hood*, 神通之能事曰 *God-head.*

-ing; 學業謂之 *learn-ing*, 翰札謂之 *writ-ing.*

-ness; 善良之德曰 *good-ness*, 黑暗之狀曰 *dark-ness.*

-red; 相惡之情曰 *hat-red*, 眷屬戚好曰 *kind-red.*

-ship; 朋友之交曰 *friend-ship* 主權所居曰 *lord-ship.*

-th, -t; 精神曰 *heal-th*, 穿窬之行曰 *steal-th*, 寬之量曰 *bread-th*, 深之量曰 *dep th*, 高之量曰 *heigh-t*, 波靡之狀曰 *drif-t*, 而眼界曰 *sigh-t.*

(3) Diminutives 系之以著其物之小於常見者;則有:—

-en; *chick-en* 雞雛也.

-ing; *farth-ing* 小錢也, *tith-ing* 小稅也, *shill-ing* 先令也, *whit-ing* 白小魚也.

-ling; *duck-ling* 鴨兒, *gos-ling* 鵝兒 *dar-ling* 所愛憐之小物.

-kin; *lamb-kin*, 小羔羊, *nap-kin* 小巾(食時用之).

-ock, *hill-ock* 小堆阜也, *bull-ock* 小犍牛也.

§ 105. 二區別之字 II. Adjectives.

-ed 所以著其有之之義: 如左道曰 *left-hand-ed*, 無賴曰 *wretch-ed*, 有文字曰 *letter-ed*, 具三足曰 *three-legg-ed*, 凡此與尋常云謂之受事式 common participial 異, 蓋彼加於云謂, 而此系於名物也.

-en, or -n 所以著其物質者; 如金之所成曰 *gold-en*, 木之所成曰 *wood-en*, 麻布曰 *lin-en*, 巫覡之民曰 *heath-en*, 其本義則榛莽之民而已, 此亦系於名物之後, 與强破之兩用式不同.

-ful 本 fuli 字,言一物之富有也;故富於信義謂之 *truth-ful*, 可駭之端曰 *fear-ful*, 多賴之子弟曰 *hope-ful;* 此亦系於名物之後者.

-ish 言相似也,微有之,華言曰帶;若女兒然曰 *girl-ish*, 童騃曰 *child-ish*, 帶紅色曰 *red-d-ish.*

-ly 與 like 同義;如神曰 *god-ly*, 可愛曰 *love-ly*, 有君子之風曰 *gentleman-ly:* 此與疏狀字殊者,彼之 ly 加諸區別部之後,而此則系之名物者也,說見前篇.

-like 其用同上;合於天德曰 *god-like*, 民氣憤與兵爭將起曰 *war-like.*

-less 著其物之所闕也,華言曰欠;故無恥曰 *shame-less*, 喪家曰 *house-less.*

y 著其所屬,或言其所多;故地之崎嶇者曰 *hill-y*, 飢曰 *hungr-y*, 渴曰 *thirst-y*, 貪曰 *greed-y*, 貧曰 *need-y*, 血模糊與流血之事曰 *blood-y*, 多憂曰 *sorr-y*, 凡此皆系於名物者,亦有系於云謂字之後者,如黏曰 *stick-y*, 瑣碎曰 *sundr-y* (from sunder) 是已.

-some 其義與 -ful 同,然常系於云謂區別之後,與 ful 之系於名物後者異;如 *win-some* 言輕銳歡樂也, *tire-some* 言煩猥也, *quarrel-some* 言喜爭鬥也, *whole-some* 有益也, *blithe-some* 愷豫也,小變而得 *buxom* 言隨緣從順而爲樂也.

ward 著其物之所趨;故進往曰 *for-ward*, 向往曰 *to-ward*, 北首曰 *north-ward*, 西南首曰 *Southwest-ward*, 不便利曰 *awk-ward.*

-*ern* 著其部分也;北曰 *North-ern*, 南曰 *South-ern.*

-teen, ty 十之數也；如十九曰 *nine-teen*, 九十曰 *ninety*

-th, 其次第也；如第六曰 *six-th*, 第七曰 *seven-th*.

-fold 言幾倍也；如多倍曰 *many-fold*, 十倍曰 *ten-fold*.

-le, or -el 亦物德區別之尾聲也；此見於 *fick-le* 無定而善變也、litt-le 幺麼小也, *britt-le* 脆易折也, *id-le* 憪無賴也.

-ard or -art (hard) 加於區別云謂等字之後，以著其習之深，其德之辟者；故湛湎曰 *drunk-ard*, 怯懦無勇曰 *cow-ard*, (此字本 Latin 之 Cauda (尾) 言狗之夾尾於尻而走者)，愚闇不憭曰 *dull-ard*, 老誖溺愛曰 *dot-ard*; 夸張撞騙曰 *bragg-art*, 遲鈍退縮曰 *lag-gard*, 卑鄙穢濁曰 *stink-ard*, 瞬目成癖曰 *blink-ard*, 闒不能人曰 *dast-ard*, (無勇者亦被此稱).

§ 106. 三 疏狀之字 III. Adverbs.

疏狀之尾聲，前於本部字論，已詳言之，似毋庸以複述，然不妨更著之如下:—

-ly (like) 即中國疏狀字面之'貌''然''若''如''爾'等字，但區別之部，此尾系於名物；疏狀之部，此尾系於區別，其不同也；如 *bad-ly*, *merri-ly*, *on-ly*, 是.

-ling, -long 與 -wise, -ways 同意，言其狀也；如衝前曰 *head-long*, 旁迤曰 *side-long*.

-meal 破碎分析之謂；如 *piece-meal* 支節.

-ward, -wards 趨向也；*up-wards* 向上也.

-wise, -ways 塗術也；如不然曰 *no-wise*, 恆如此曰 *al-ways*.

-s, -ce, -st; 如 *need-s*, 須, *twi-ce*, 再, *whil-st* 同時.

海上絲綢之路文獻集成　科技與文化編

他若 -nce 之見於 *hence, thence;* -om 之見於 *whil-om, seldom;* -re 之見於 *he-re, whe-re,* -ther 之見於 *whi-ther, thither,* 皆已論於疏狀部者.

§ 107. 四 云謂之字 IV. VERBS.

云謂之尾聲,所由條頓本語而來者,如:—

-el 或 -le, 加於原云謂字,加於名物字之後,而著其瑣屑而數見之意:如 (daze) 照耀也,乃從之而得 *dazzle* 之羞明; (stride) 跨也,奎禹也,而得 *straddle* 之躊躇; (shove) 推排也,而得 *shovel* 之揚鏟; (swathe) 束縛也,而得 *swaddle* 之襁褓; (drop) 涓滴也而得 *dribble* 之流涎; (game) 百戲也,而得 *gamble* 之蒲博; (wade) 厲涉也,而得 *waddle* 之彳亍(促步如鳧鴨); (sniff) 嗅也,而得 *snivel* 之流涕; (grab) 急促也,而得 *grapple* 之肉薄而鬪;凡此皆自云謂字而轉者也.

至於由名物而轉者,則如 (knee) 膝也而 *kneel* 爲跪; (nest) 窩也,而 *nestle* 爲偎擁; (spark) 火星也,而 *sparkle* 爲迸散; (throat) 喉也,而 *throttle* 爲鼓嚨胡; (nib or neb) 鳥喙也,而 *nibble* 爲小食; (scribe) 胥也,而 *scribble* 爲潦草書; (curd) 塊也,而 *curdle* 爲血凝;凡此皆可類推者矣.

-er, 以 r 之爲母,近於 l, 故 -er 之尾聲,其用與 el 相若;如 (gleam) 光也,而 *glimmer* 爲閃爍; (wend) 行去也,而 *wander* 爲逍遥; (fret) 雕鏤也,而 *fritter* 爲細切; (flit) 翾飛也,而 *flitter* 爲頡頏; *flutter* 爲鼓翅爲飛揚不定; (fault) 過失也,而 *falter* 爲怯避,爲語吃.

-k 之尾聲,亦著數數之意;此見於轉 (tell 告) 爲 *talk* 談,轉 (hear 聞) 爲 *hark* 聽,轉 (stall 亭) 爲 *stalk* 軒昂高步.

-en 之爲尾聲，常加於名物區別二根，而成致然之云謂：如 *strength-en* 使有力也，*length-en* 引而長也，*fright-en* 嚇使恐也，*fati-en* 使之肥也，*sweet-en* 調令甘也，*slack-en* 縱使緩也.

-se 亦加於區別以成云謂者；如(clean)潔也，*cleanse* 則拭也，(rein 古淨義)而傾水入器搖而盪滌之曰 *rinse*.

§ 108 以上諸云謂，皆得尾聲而成者，凡見於英本語者具如此，顧此外尚有不加尾聲，但變其主音，而名物諸實字轉爲云謂之虛者，此其流變之趣，乃與吾國文字正同，蓋即中文之讀破法，如"春風扇微和，"扇讀平聲，而名物轉成云謂，"春風風人，夏雨雨人，"風雨皆讀去，亦轉名物爲云謂者，他若好惡上下諸字，皆緣破法而區別轉云謂，蓋不勝枚舉焉. 此於英字如下，可略舉以爲釋例者也:—

云謂部		名物部		云謂部		名物部	
bind	束	bond	束	halve	半之	half	半
sing	歌	song	歌	breathe	呼吸	breath	呼吸
breed	養育	brood	乳	bathe	浴	bath	浴
feed	飼之	food	食	shelve	閣置	shelf	架板
knit	結	knot	結	grase	齕草	grass	草
drip	滴	drop	滴	glaze	鑲玻璃	glass	玻璃
heal	愈之	whole	愈	hitch	罣	hook	鈎
calve	生犢	calf	犢	shoot	射	shot	彈

此類之轉甚多，而皆倏頓之本字，然而羅馬拉體諾之字，亦有用是法者，蓋被其所推槩矣；此如 *prize* 寶貴，其字由 price 價值而來，*advise* 忠告，其字由 advice 箴規而變，可以見矣. 雖然，音變而後義異者固多，而音不變而義異者尤夥，此如中文"人其人，火其居，"未聞人火二字有讀破也，公羊傳"入其宮，無人宮焉，入其門，

無人門焉,"其第二宮第二門字,亦不說破也,此在英文如 help (助) 可為云謂,可為名物,他若 water, paper, stuff, dance, book, smoke, fire 等,蓋幾無名物實字,不可虛用者,亦觀其句中之職為何如耳,烏待變乎,此文字之祕也.

§ 109. 又有不及物之云謂,欲轉之以為及物之云謂, to form transitive from intransitive verbs, 亦以變音為之;此如 *fall* 傾倒,不及物者也,而 *fell* 則使之傾倒,及物者矣;又如 *sit* 坐,亦不及物者也,而 *set* 則定其物,又及物者也; *rise* 起,自起也, *raise* 扶之使起; *lie* 臥,自臥也, *lay* 放之使臥;他若 *drench* 傾盡之由於 *drink* 飲; *wend* 還轉之由於 *wind* 繞; *quell* 毀滅之由於 *quail* 死;大抵皆此例之行者矣.

§ 110. 以上所言,皆條頓本語中轉注 derivatives 之字,今將論其會合之法,亦就條頓本語,先為詳論.

會合所成之字曰 Compounds 合文.

所會合者,自二字,有時至於三字,如 *spendthrift* 豪奢之子,合二字者也, *midsphiman* 船上小弁,合三字者也.

會合成字之法,大抵以第二字連類,而於其前加第一字以著別,蓋後一為 genus, 而前一為 species. 言語所以達意,其重在別,故如是之字,其讀時重音皆在前一字;如云 "Crow is a black bird," 此常語也,至於 *bláckbird*, 則為新字,而鳥之特名(黑畫眉),故前一字 *black* 應得重讀.

既合之字,往往與未合者殊義,如前舉 blackbird 是已;他若 *bluebell* (紫藤花) 之非 blue bell; *redbreast* 紅襟鳥之非 red breast 皆此可由此類推.

§ 111. (甲)會意之名物字 A. NOUN COMPOUNDS.

此類之字,大畧可分三別:—

(i) Adjective+Noun, 以區別加於名物之前: 如 *quicksilver* 水銀, *midday* 日中, *twilight* 昧爽, *roundhead* 圓頭,(為人名猶中國之稱長髮), *fortnight* 半月.

(ii) Noun or Pronoun+Noun; 以名物(或稱代)加於名物: 如 *churchyard* 寺場, *wine-shop* 酒肆, *oaktree* 橡樹 *haystack* 草堆; 凡此皆著一物之所有者, 又如 *teaspoon* 茶匙, *inkstand* 墨壺, *sunshade* 日遮, *mankiller* 兇手; 凡此皆言一物之爲用者. 前以明體, 後以達用. 又有專以指事者: 如 *swordsman* 劍客, *kinsman* 親串, *sunbeam* 日光, *noontide* 午時, *daystar* 啓明, *Wednesday, Monday* 等, 皆所加者有區別之用.

(iii) Verb+Noun, 以云謂加諸名物之前: 如 *stop-gap* 塞口, *pickpocket* 胠篋, 剪綹, *makeweight* 加重, *wagtail* 翹尾(鳥名), *spitfire* 吐火(謂懆烈人), *telltale* 說故事, 饒舌, *scarecrow* 嚇鴉(草人用於田間以逐鳥雀者), *daredevil* 冒險鬼, 敢作之點.

會意名物, Noun Compounds, 以此三類爲最多, 此外尙有能取二名之會合, 如 *manslayer* 殺人賊, *peacemaker* 和事人, *wire-puller* 弄唆者等字, 又有主事之合, 如 *Godsend* 天賜, *eavesdrop* 竊聽是.

§ 112. (乙)會意之區別字 B. ADJECTIVE COMPOUND.

此類之字,大畧亦可分三別:—

(i) Noun+Adjective, 以名物加諸區別之前: 如 *skyblue* 天青, *bloodred* 血赤, *footsore* 脚痛, *seasick* 海暈, *heartrending*

肝摧, *heartbroken* 心崩,凡此皆用名物於前,以著所區別之特異.

(ii) Adjective + Noun 以名物從區別之後:如 *barefoot* 赤足, *roundhead* 圓頭, *twofold* 兩倍, *manifold* 多倍, *twopenny* (cake) 二錢(餅), *sixpounder* (shot) 六磅(彈);至如 bareleg, hot-head, one-eye 諸字,在今文法,多轉後一字爲兼用式:如 *barelegged* 赤脚, *hotheaded* 熱腦, *one-eyed* 獨眼,似較古法爲長也;然如是便成第三種如下.

(iii) Adjective + Adjective 於區別之上復加區別,著其特異:此如 *blue-green* 藍綠, *red-hot* 紅熱, *new-made* 新成, *shame-faced* 赧顏, *six-sided* 有六邊,皆此類也.

§ 113 (丙)會意之云謂字 C. Verb Compounds.

亦有三別:—

(i) Noun+Verb, 於云謂之前著其所及之物:此如 *back-bite* 背毀, *way-lay* 途伺, *brow-beat* 色拒之屬.

(ii) Adverb+Verb 於云謂之前加以疏狀之字:此如 *overdo* 作過, *understand* 闇解, *fulfil* 踐言, *undergo* 經歷, *cross-question* 覆訊, *whitewash* 白灑, *rough-hew* 粗斲等字皆如此.

(iii) Verb+Adverb 於云謂之後附以疏狀:此如 *don* (= put on) 加上,此字與 *doff* (= put off) 脫去,爲對文.尙有 *dout* or *douse* = do out 滅之, *dup* = do up 進之:然此四者於今日文字皆不常見也.

其有併字稱代疏狀介系挈合,皆前於其部觀縷及之,無俟於此爲複列也.

§ 114. 前論轉注,次及會意,轉注重後系,會意重前系,顧此外尚有本英換頭之字,宜連類而言之者,蓋換頭之字,精而言之,實與會意無甚異耳. 請先卽條頓語所有者,而歷數之.

1. A-, (on, in): 如見諸 *a-bed* 在牀, *a-shore* 於岸, *a-bout* 左近. 案此 a 字換頭,正與中國'於'字符合,蓋我之於字乃象形,在古正讀爲鴉也,中西言語,當上古時,本爲合一,今不暇論,姑爲學者豫告而已.

2. A-, (out of, from): 如見諸 *a-rise* 起, *a-wake* 醒, *a-go* 前去,各等字,此亦爲於義.

3. A-, (of, off): 如見諸 *a-kin* 親屬, *a-new* 新者, *a-down* 墜落,等字,此 a- 作屬解.

4. After-, (following) 後,晚: 如見諸 *after-noon* 下午, *after-ward* 嗣後, *after-taste* 回味等字.

5. Al-, (all) 皆: 如見諸 *al-right* 不錯, *al-one* 獨, *al-most* 幾,殆, also 盡然,亦然,等字.

6. At-, (to) 及: 如見諸 *at-one* 爲一,其引申之義爲補苴,又有 *at-one-ment* 補苴之事.

7. Be-, (by) 之: 此換頭之用最多:
一以成云謂部之字,大抵皆以著一事之及物,故 (a) 加於云謂之首,可以化不及物者爲及物; 如 *be-moan* 哀悼, *be-speak* 豫告, *be-stride* 跨越, *be-fall* 見於; (b) 加於一名物,或一區別之前,可轉之爲及物之云謂; 如 *be-dim* 蝕其明也, *be-grudge* 妒其有也, *be-head* 斷頭也, *be-cloud*, 爲雲霧致模糊也, *be-friend* 友之也, *be-dew* 露零也; (c) 或加諸及物云謂之前,而爲益深之義;

如 *be-take* 勉自將也 *be-stow*, 加賞賚也, *be-dazzle* 爲所眩也, *be-smear* 被塗豎也.

二以成他部之字, 如名物, 疏狀, 介系等字; 此如 *be-half* 利益, *be-quest* 傳業, *be-low* 在其下, *be-neath* 低於, *be-sides* 再者, 皆此類也.

8. For-, (through, thorough), 其字本爲透盡之義, 引申之由盡情而得無所審慮周章之意, 於是劣義附之以生: 譬如 *For-swear* 猶云無所顧慮而誓, 故由之而得誓言之不實不固, 而 forswear 之今義, 乃爲背盟, 爲誓而不信矣. 又如 *For-give* 今義爲宥過, 爲赦罪, 然其本義乃盡情而予, 無所責報而予, 此與中文錫字之意正同, 由錫而得赦宥, 其轉變固如此; 他若 *for-bid* 禁也, *for-get* 忘也, *for-bear* 戒也, 其義所由來, 與前二字同.

9. Fore-, (before) 前: 如 *fore-cast* 前定也, *fore-tell* 預言也, 此見於云謂者也; 他若 *fore-head* 之爲額, *fore-ground* 之爲前地, 則見於名物者也.

10. Forth-, 出也進也, 獨用則爲疏狀字: 如 *forth-coming* 隨至, *for-ward* 前發, "*and so forth*" 餘倣此, 其語與拉體諾之 "*et cetera*" 同, 常法作 &c. 簡寫; 他若 *forth-bring* 舉出, *forth-draw* 提出, 皆循前例.

11. Gain-, 相反也, 故條頓語之 *gain-say* (以爲不然) 與拉體諾之 contradict 同意; 又 *gain-strive* 爭也.

12. In-, 入也內也: 如見於 *in-come* 進款, *in-land* 內地, *in-lay* 嵌伏, *in-to* 入於, 等字; 然此項換頭, 與下所列拉體諾負意換頭 in- 大異, 初學者不可混而一之也.

13. Mis-, (amiss) 失誤也: 如見於 *mis-deed* 墮行, *mis-lead* 誆誤, *mis-take* 錯謬等是.

14. Of-, (off, from) 所自出也: 如 *off-al* 殘棄之物, *off-spring* 子姓, *off-scape* 畫中遠景, 皆距遠之義矣.

15. On-; 於也卽也: 如見於 *on-set* 攻, *on-slaught* 突擊, *on-ward* 進發, 諸字是已.

16. Out-; 出也外也: 如見於 *out-cast* 爲同類之所棄, *out-let* 出路, *out-side* 表, *out-landish* 人外, 諸字是.

17. Over-, (above, beyond, to) 過也, 踰也: 如見於 *over-fed* 食之而過, *over-flow* 漫溢而流, *over-hear* 不期而聞, *over-coat* 外褂, 諸字是.

18. To-, 卽也到也: 如見於 *to-day* 卽日, *to-night* 卽夕, *to-morrow* 明日, *to-gether* 聚集, *to-ward* 向, 等字是.

19. Un-, (not) 非也, 不也; 若 *un-true* 不實, *un-truth* 詐僞, *un-wise* 不智, 等字是.

20. Un-, (back) 反之也: 如 *un-do* 解散前事也, *un-bolt* 闢關也, *un-tie* 解結也; (20) 之 un 與 (19) 之 un 不同, 如 (19) 常爲區別之換頭, 而 (20) 則當爲云謂之換頭. (19) 之用最宏, 幾於一切區別, 凡有正負可論者, 皆可用之, 與下所用之拉體諾負意換頭義正相等, 以 un 爲條頓語, 而 in 爲羅馬語, 故以正法論, 凡英之本字, 宜用 un 爲負, 而拉體諾語, 宜用 in 爲負, 此其大畧也. un 與 in 尙有殊者, 以 un 換頭之負字, 每用於'未'然 privation, 而以 in 換頭之負字, 則用於'不'然 negation: 譬如童子, 言詞直質無文, 人曰 "The child's language is *un*-artistic;" 假使一書其文章俚質, 則云 "The writer's diction is *in*-artistic, 此其辨也.

21. Under-, 在下: 如見於 *under-go* 經歷, *under-mine* 傷動基址, *under-hand* 暗算, *under-neath* 下藏, *under-ling* 皂隸末秩, 等字是.

22. Up-, 上也: 如見於 *up-hold* 高舉, *up-shot* 翻起, *up-right* 正直, *up-ward* 向上, *up-on* 加諸其上, 等字是已.

23. With-, (against, back) 抵拒也, 背也: 如見於 *with-draw* 委而去之, *with-hold* 相持不下; 皆此義矣.

自 (104) 一百四欵至此, 所論制字之法, 有轉注 derivatives, 有會意 Compounds; 有尾聲 suffixes, 有換頭 prefixes, 然而所舉者皆英或條頓語之本文, 而外來之字, 則未有及也, 以下所論, 則羅馬希臘二種文字, 經英國所引用者, 必遞及之, 而後偏旁之學, 乃差完耳.

§ 115. 拉體諾與法文之尾聲 LATIN AND FRENCH SUFFIXES.

一名物之字 I. NOUNS.

(1) 事主與受事者之所用 Denoting Persons.

1. -ain, -an (Latin *anus*. 'connected with'), 以著其業之所屬: 此如 *librari-an* 掌書, *vill-ain* 村父, 引申爲無賴子, *artis-an* 工匠, *pag-an* 鄉人, 引申爲奉祀物彪人鬼不信景教之人.

2. -ee, 此尾本用於云謂部之受事, 猶本英之 -ed, 浸假由云謂而成區別, 復由區別而爲名物; 如 employ (*v*) 雇倩也 *employée* = *employed* 所雇也; 由是而傭作受雇之工, 皆稱 employée, 以與雇人倩人之 employer 對立, 爲能所相生之字矣; 若 *trustee* 所託之人, *consignee* 受貨之家, *absentee* 告假者, 其成字之法皆如此.

英文漢詁

3. -er, -eer, -ier, -or, -ary (Lat. -arius), 加於名物之後, 亦以見所操之業者, 與條頓尾聲 -er 之加於云謂部後者, 致不同也; 如 *engin-eer* 機師, *arch-er* 箭手, *brigad-ier* 校尉, *chancel-lor* 廷尉, 御史大夫, *lapid-ary* 玉人, 寶石匠, *not-ary* 丞史, 勘驗文書之官吏.

4. -or, -er, -tor, sor, our: 如 *doct-or* 博士, *success-or* 承繼人, *emper-or* 君, 令尹, 皇帝, *savi-our* 救主, 度世者, *enchant-er* 巫, 能咒人, (此尾多與條頓之 ere 尾相亂).

5. -trix (fem. 陰屬), 猶 (4) 之用於陽屬: 如 *execu-trix* 受遺囑辦事之婦人, *testa-trix* 付遺囑之婦人.

6. -ess (fem. 陰屬): (5) (6) 二尾聲, 均見於名物部, 如 *lion-ess* 牝師子, *songstr-ess* 女伎, *count-ess* 子男夫人, *traitr-ess* 女奸.

7. -ive (Lat. *-ivus*), 本加於拉體諾受事兩用式 passive participle 之後, 以著其物之性情, 故其始皆區別也, 久之乃由區別而得名物之用, 蓋字之轉變, 由區別而成名物者, 固最易耳: 此如 *capt-ive* 軍所俘虜者也, 而有所繫戀不能自拔者亦稱之, 其字皆原於拉體諾之 capere, 捉也, 執也; 又 *fugit-ive* 逋逃者.

8. -iff: 此系與 (7) 爲同原, 而於法典名物中最多見; 如 *Bail-iff* 監守官吏, 若中國之捕廳, 其原文 bail 保也; *plaint-iff* 原告, 受屈有所苦者, 其原文 plaint 哀祈乞援也; *cait-iff* 虜也, 無狀小人也, 與前 captive 字, 同所出, 故義相近.

9. -ant, -ent (participles), 本拉體諾兩用式之尾聲: 如 *merch-ant* 商, 正譯市人, merch=mark, 坰也, 市也;

stud-ent 學者，其字原本 studere 勉勵也；*assist-ant* 相助者，*inform-ant* 探告者.

10. -ist, (Latin *ista*), 於學藝諸科最多用之：如 *Bapt-ist* 教會浸沐人，*evangel-ist* 宣福人，*Scient-ist* 科學家，*Physics-ist* 格物家，(physician 醫士，與此異，猶 physics 爲格物學，而 physic 爲藥品，physique 爲氣體，皆相近而義不同者)；*novel-ist* 小說家，*econom-ist* 計學家，*social-ist* 均富黨人，*nihill-ist* 無君黨人，皆用此爲尾聲以成其名目.

11. -ite, -it, (Lat. *-ita*, *ites*), 用爲尾聲，以見其物所屬之國土，所原之種族，所守之主義宗旨：如 *Israel-ite* 以色列族也，*Jesu-it* 耶穌會人也，其系於化學金石物品之名亦常用之.

§ 116. (2) 懸名之所用者：ABSTRACT NOUNS.

1. -age, (Latin *-agium*), 此系之用，其大畧可言者有四：(a) 以著一人之居業，此常加於名物字之後；如 *vassal-age* 臣職也，*pilot-age* 海船領港之事業也，(b) 總一物之度量以爲言；如 *pound-age* 磅算. *mile-age* 遠度，里數，*herb-age* 蔬圃. (c) 一境或一事，與人物有相關者；如 *wharf-age* 碼頭租或捐，*bond-age* 約束，範圍，*wind-age* 所留餘地以通風疏氣者. (d) 若夫總一事之功效而言之，則此系常綴於云謂字之後；如 *break-age* 總所破壞者也，*leak-age* 計所漏多寡也，*pill-age* 約所劫奪之贓物也，*coin-age* 言一國之圜法也. 他若 *voy-age* 水程，*person-age* 人物，脚色，*hom-age* 服屬之職，*marri-age*

嫁娶之事, *sav-age* 化外之生, 各字皆可從上四種而求之.

2. -ance, -ence, -ancy, -ency, (Latin *-antia, entia*); 此系亦用之以轉虛爲實者: 如 *distance* 相距之度, continence 戒也, 範圍不過者也, *infancy* 幼稚之德, *decency* 淸整之德, *chance* 偶然之事, 其字原於 cadentia 所降墜者, 猶 *province* 省(州郡)之原於 providentia, 所分定者.

3. -ess, -ice, -ise: 如見於 *larg-ess* 賞賜, *rich-es* 財物, *prow-ess* 勇德, *merchand-ise* 貨物, *just-ice* 公道.

4. -son, -som: 此系在法文中, 本作 -çon 與 çom: 如見於 *beni-son* 福祉, 受釐, *poi-son* 諸毒, *ran-som* 贖金, *rea-son* 理想, *sea-son* 農時.

5. -sion, -tion, -ion: 此系見懸名者最多, 大抵皆事行之名, 而亦有時爲器物者; 如 *educa-tion* 敎育, *opin-ion* 意識, *act-ion* 行爲, *tens-ion* 扯力, *redemp-tion* 贖復, *ra-tion* 理想, *provi-sion* 糧食, *conver-sion* 改易, *proces-sion* 儀從, 蓋有不勝枚擧者.

6. -lence: 如見於 *pesti-lence* 瘟疫, *vio-lence* 蠻暴之行.

7. -ment, (Lat. *mentum*) 此系常加於云謂字之後, 以著其事之效驗 result, 外緣 conditions, 事跡 action, 或其所由 agent: 如 *achieve-ment* 成事, *attain-ment* 所得, *docu-ment* 文書, *atone-ment* 補苴, *pay-ment* 償欵, *command-ment*, 誡條, *nourish-ment*, 補益, *orna-ment*, 靚飾, 蓋舍 (5) 而外, 此系見於懸名爲獨多矣.

8. -mony, (Lat. *monia, monium*), 以加於名物區別云謂三部之後而成懸名: 如 *matri-mony* 兩姓之合, 嫁娶之禮, *parsi-mony* 慳嗇之行, *testi-mony* 證據, 證人之詞, *ali-mony* 養贍.

9. -our, (Lat. *or-*), 此系今美利堅皆寫作 -or, 蓋從拉體諾之舊也: 如 *col-our* 色, *fav-our* 恩寵, *hon-our* 光寵, 名義, 節操, 貴位, *lab-our* 力役, *ard-our* 熱心.

10. -eur: 此系所見之字, 大抵由法文而來者, 蓋法之 eur, 猶拉體諾之 -or, 與英之 -our 也: 如 *grand-eur* 光彩也, 崇高也, *liqu-eur* 甘醴, 法所特製, 約數十種, 皆有名字, 爲酒客之所珍, 故其字與尋常所用之 liquor, 凡酒醪之稱殊; liquor 重第一音, 而 liquéur 重第二音.

11. -ry, -ery, (Lat. *-aria*, or *-eria*) 此系所見之字, 皆有建類一首之意, Collective or Generic Sense: 故攻木之工曰 *carpent-ry*, 武俠之風曰 *chival-ry*, 寶玉之屬曰 *jewel-ry*, 詩歌之文曰 *poet-ry*, 庵尼之事曰 *nunne-ry*, 辛薌之族曰 *spice-ry*, 鄉野民俗曰 *peasant-ry*, 廚傳烹宰曰 *cooke-ry*, 穿窬之行曰 *thieve-ry*, 騙詐之事曰 *knave-ry*, 騎軍曰 *caval-ry*, 而鬼神曰 *fai-ry* 也.

12. -tude: 此系多見於度數之懸名: 故緯度曰 *lati-tude*, 經度曰 *longi-tude*, 一物之量曰 *magni-tude*, 數之多者曰 *multi-tude*, 堅忍之德曰 *forti-tude*, 捷速之形曰 *apti-tude*, 寬舒之量曰 *ampli-tude*, 感恩之意曰 *grati-tude*.

13. -ty, (Lat. 作 *tas*. French 作 *té*): 如見於 *boun-ty* 好施之德, *cruel-ty* 殘忍之虐, *frail-ty* 脆朽之意, *liber-ty* 自繇之境

14. -ure, (Lat. 作 *ura*. French 作 *ure*) 此系常加於拉體諾云謂受事式之後，著其事效者也：如所創造者曰 *creat-ure*，所服著者曰 *vest-ure*，所褫奪者曰 *forfeit-ure*，所繪寫者曰 *pict-ure*，所自修者曰 *cult-ure*，所責劾者曰 *cens-ure*，所轉綠者曰 *verd-ure* (綠野)，所製造者曰 *manufact-ure*，所與生俱生者曰 *nat-ure*，蓋拉體諾 natus 字，義曰所生也.

15. -y, (Lat. 作 *-ia*)：如見於 *miser-y* 苦境，*memor-y* 記憶界，*victor-y* 勝者之業，*felon-y* 奸宄之罪. 舉此可見其系常綴於名物字之後，而指其人與事所居所被之境界矣；由是而 *bastard-y* 奸生之事，*glutton-y* 饕餮之德，*beggar-y* 行乞之境，*simon-y* 私售神器之行，Simon 者人名，嘗以此事而得罪，故後有犯此者，即云其人犯西蒙之罪也.

§ 117. (3) 著小之尾聲 DIMINUTIVES:

1. -aster：見於 *poet-aster* 小詩家，*critic-aster* 小評騭家，以其著小，故為相輕薄之名詞.

2. -el, -le：見於 *parc-el* 小包裹也，*dams-el* 小女郎也，*cast-le* 小堡砦也 *chap-el* 小寺也.

3. -icle, -cule：見於 *art-icle* 瑣屑物件、*part-icle* 猶云小字眼，*animal-cule* 微生物.

4. -ule：見於 *glob-ule* 魚蟹眼泡，*pill-ule* 極小丸.

5. -et, -let：見於 *hatch-et* 小斧也，斨也，*lanc-et* 小尖刀也，*pock-et* 小囊也，*brace-let* 釧條脫也，小帶圍也，*owl-et* 小鴟也，*ballet* 小舞會也，*arm-let* 小海股也，*cut-let* 脯也，脊骨肉也，*stream-let* 小畎澮也.

6. -ette: 此與(5)之 -et 同用,特羅馬法蘭諸文,有陰陽之異屬, -et 陽系也, -ette 陰系也: 如 *etiqu-ette*, 小禮節也, *coqu-ette* 其本義爲小雞,而其稱則加諸先蠱後斬之女兒.

此外尙有見大之尾聲,如 -oon, -one, -on: 見於 *ball-oon* 輕氣毬, *milli-on* 大萬也, *flag-on* 大觴也, *trom-bone* 大笳也, *buff-oon* 大愚也;中文六書,凡字之從于聲,及奔賁諸聲者,皆含大意,如訏竽墳蕡諸字是,其制字之音義,與此乃暗合,于之古音正爲 o, 而奔賁收音則 oon 也.

§ 118.　二 區別之尾聲 II. ADJECTIVES.

1. -al, (Lat. *-alis*) 皆系於名物之後,以著其所屬,或指其相似之德,故法典之屬曰 *leg-al*, 王者之事曰 *reg-al*, 或 *roy-al*, 其字由於竺乾,蓋梵語謂王爲賴耶 raja 也. 普於其類 (genera) 者曰 *gener-al*, 將軍稱 general 者,以其無所不統也;詼諧可笑曰 *comic-al* 人力爲渠曰 *can-al*, 其字亦本梵語,梵語謂導豎曰嵌 'khan' 也. 浸假而轉爲

-el, 於是有 *chan-nel* 水道, *hot-el* 逆旅, *jew-el* 寶飾諸字,由 -el 復轉爲

-le, 於是有 *cattle* (capitalia) 猶云頭生,畜以頭計也, *cru-el*=crudelis 鹵莽行兇虐也,若夫 *tri-al* 審鞫, *deni-al* 不承,抵賴, *propos-al* 所陳請者,皆後起之字所推概者. 人行事不詳曰 *whimsic-al*, 則依 *comic-al* 之例而製者也. 且其系有時亦綴於條頓之文,如 *withdraw-al* (引退) 是.

2. -an, -ain, -ane, -en, (Latin *-auus*) 此與(115)欵之第一條爲一,區別常轉爲名物也,然必先爲區別,而後

爲名物,此自然次第也,其尙爲區別者,如 *cert-ain* 有定指, *hum-an* 屬人道也, *hum-ane* 仁慈愷悌也, *ali-en* 非同類也.

3 -ant, ent, (participles) 此本拉體諸兩用式之尾聲,故此類之爲區別字,實無異本英 loving, figthing 等之爲區別也:如 *ten-ant*, 其義爲居留者,在屋宅則爲租戶,在田畝則爲佃人; *ramp-ant* 躍者,緣者,獸之立者;引申爲事勢之方興,皆謂 rampant 也. *pati-ent* 受事者,引申之爲病人爲忍耐; *vol-ant* 飛者,遨者,鳥之張翼者;引申之爲流盪,爲輕迅; *flu-ent* 流者,故言辭之流利,書法之流美皆用之; *pat-ent* 開者,以 patere 爲拉體諸開,故事之顯無隱者,塗之通者皆謂之;其製造專利云 patent 者,以其得國家之明諭,故有此稱也.

4. -ary, -arious, (Lat. *-arius*); 見於 *necess-ary* 必須,必然之數, *greg-arious* 聚也;其轉成名物則有 *sal-ary* 俸賸. *gran-ary* 倉廩等.

5. -ate, -ete, -eet, -ite, ute, -te, -t, 此類尾聲,大抵皆從拉體諸區別字而來:如 *in-nate* 生而有者,如孟子'良知',西哲謂之 *in-nate* ideas; *consider-ate* 所熟計者; *desol-ate* 荒棄人煙也; *priv-ate* 私也,密也,其本義爲褫奪,以褫者之常退藏不乘著,因之而有私秘之義焉; *concrete* 著也,附也,物相聚而生也,其字與 abstract (予) 爲對,附於物而後著者曰 concrete, 故專科格物之學曰 Concrete Sciences; 離於物而懸者曰 abstract, 故通論懸理之學曰 Abstract Sciences.

海上絲綢之路文獻集成　科技與文化編

三夾土之凝聚，亦曰 concrete，蓋其初義如此；*dis-creet* 能分別審去取也，其字與 discrete 稍殊，dis-crete 分立也，離生也；*hirs-ute* 蒙茸鬖髿，多毛髮也；*stat-ute* 屬國典也；*pol-ite* 有禮讓也，文明也；*chaste* 貞潔也；*hon-est* 忠信不妄取也. 他若 *mandate* 勅令，minute 日注小紀，*fact* 事實，*effect* 效果等字，皆從區別而轉名物者矣.

6. -ble, -able, (Lat. *-abilis*) 此系常加於云謂字之後，以見其可然宜然與將然；如 *culp-able* 有罪可以論也，*edi-ble* 可以食也，*feeble* 可流涕也，引申之義爲微弱，*sta-ble* 可以立也，穩也，*mov-able* 動者也，*laugh-able* 可笑也，*teach-able* 可教誨也，*leg-ible* 明晰可以讀也.

7. -ese：此系常加於國土城邑專名之下，以著其所屬之人物：如 *Chin-ese*，脂那人物也，日本之所有，曰 *Japan-ese*，暹羅之所有曰 *Siam-ese* 北京人曰 *Pekin-ese*，可類推也.

8. -esque：此系本法文；見於 *burl-esque* 科諢詞曲也，滑稽嘲謔也；*pictur-esque* 如畫，言景物與文詞也.

9. -ile, -il, -eel, -el, -le, (Lat. -ilis and -īlis)：見於 *frag-ile* 脆，不堅韌也；*servile* 諂事卑伏也；*sen-ile* 高年也；civ-il 城市屬也；故引伸之，其義爲文物，爲治化，與 polite 字同意，蓋 polite 之本於 polity，人羣，猶 civil 之本於 civic，城市也；由此可見，西國所謂教化文明禮讓，其精義爲何等矣. *Fra-il* 脆弱易毀，與 frag-ile 義同，然言人節操不貞，守道不篤，則用 frail. *Gent-eel* 名貴，有大家風，此與 gentle

字皆原於 genus 族類, gents 養育也, 蓋其字傳自宗法社會之世, 所以稱氏族有門第者, 抑以稱其同種, 別於客虜之賤者; 乃至於今, 則其字爲雍容, 爲文秀, 爲溫和, 爲蘊藉, 然而皆後起之義也.

10. -ine, -im, (Lat. *-imes, -a, -um*): 如見於 *femin-ine* 陰道, 女屬也; *div-ine* 天道, 神屬也; *can-ine* 犬屬, *fel-ine* 貓屬; *fam-ine* 饑饉, 以拉體諾謂飢曰 fames 也; *rap-ine* 掠剽也, 以 rapidus, rapere 爲拉體諾法語之刦奪疾取也; *doctr-ine* 道藝之事也; *pilgr-im* 訪道求眞之人也.

11. -ian: 見於 *Christ-ian* 崇信景敎者, *Austral-ian* 南洲人, *librar-ian* 祕書監, *antiquar-ian* 博古家.

12. -ive: 此系已見於 § 115 之 7,8 條, 然其用施於區別字, 由區別而後成名物; 區別之字, 用此系者, 如 *act-ive* 施事者, 與 *pass-ive* 受事者, 爲對待字, 而引伸之爲捷速爲精能; *coerc-ive* 壓制束溼也, *sport-ive* 嬉戲也, 作劇也, *talkat-ive* 呫喋多言也.

13. -ose, -ous, (Lat. *-osus*) 著盛多也: 見於 *copi-ous* 盈溢, 更番衆也, *verb-ose* 多語言也, *grandi-ose* 顯赫籠罩人也, *joc-ose* 諧謔笑傲也, *fam-ous* 名聲盛也; *peril-ous* 多死機也, *danger-ous* 危也, *wonder-ous* 奇也, *murder-ous* 多殺人也, *pite-ous* 哀怨也, *righte-ous* 富於義也. 然同以 ous 爲尾聲矣, 有其字從 Latin 之 -us 而成者, 其與前稍有別, 此如 *anxi-ous* 憂懸也, *omnivor-ous* 無所不食之生類也. 又有以 -acious 與 ious 諧尾聲收者, 其在 Latin 乃以 -ius 收之區別, 與前之多義不同, 此如 *mend-acious* 欺

罔無信也, *loqu-acious* 多言辭費也, *viva-cious* 輕迅佻脫也, *feroc-ious* 獰猛殘兇也, *censor-ious* 刺舉過失也, Latin 之 -ius, 其系在英字有轉爲 -y 者, 如見於 *illusor-y* 易迷熒者, *amator-y* 屬情愛者.

14. -ple, -ble: 此系實原於法文之 plus, 多也, 滿也, 故言數量之字常用之, 如倍其數曰 *double*, 三倍曰 *tre-ble* 又曰 *tri-ple*, 而簡單不繁之理數, 皆稱 *simple* 也.

§ 119. 三 云謂之尾聲 III. VERBS.

1. -ate, (Lat. *-atus*) 本拉體諾云謂受事式之系: 此見於 *alien-ate* 使離異也, *assassin-ate* 致戕殺也, *accentu-ate* 作重讀也.

2. -ish, (Lat. *-esco*) 使也, 致也: 如見於 *flour-ish* 蕃也, *nour-ish* 養也, *pun-ish* 施刑罰也, *ban-ish* 屏遠方也, *fin-ish* 終事功也.

3. -fy, (Lat. *-ficare*) 即英之 make 字, 故 fy 雖爲尾聲, 而實同於會意: 此如 *magni-fy* 使之大也, 拓也, *terri-fy* 使之怖也, 嚇也, *simpli-fy* 使之簡也, 删也, *signi-fy* 爲之說也, 意謂也.

蓋英之云謂部, 其取材於拉體諾語者最多; 溯其由然, 則中古宗敎之力也. 然大要不出二塗, 一取其現在簡式而用之, 此如 *intend* (起意), *defend* (防守), *manumit* (放任), *incline* (偏倚), *opine* (設想, 思惟) 等字是已; 一取受事式略變而用之, 如上之第一條, 如 *create* 創造 (由 creatus 所造), *conduct* 將事 (由 conducius 所進); *credit* 憑信 (由 creditus 所信), *expedite* 便利 (由 expeditus 所便, 其本義爲出足,出足者無羈絆也). 及其旣成,往往函義淺深,各有異用,故今英語,有 *conduce* 之獎進矣,而又有 *conduct* 之引贊,有 *construe* 之會意釋義矣,而又有 *construct* 之結構,有 *reverse* 之顚倒矣,而又有 *revert* 之回復,學者硏習旣深,自能知其用之各當,初學人置爲後圖可耳.

有不可不知者,英文中拉體諾字,往往同此一字,在此爲名物爲區別,在彼爲云謂,其形無殊,而重音則異,大較名物區別所重在前音,而云謂所重在後,此可舉十數字以例其餘者.

名物 Noun.		云謂 Verb.		名物 Noun.		云謂 Verb.	
áccent	重音	accént	重讀(之)	óbject	外物	objéct	嫌惡
áffix	後附	affíx	附後	próduce	所產	prodúce	取出
cóllect	總會	colléct	攟集	fréquent	常有	frequént	習至
cóncert	和會	concért	相和	ábsent	所亡	absént	脫去
cónvert	新進	convért	勸轉	cómpound	雜質	compóund	會合
éxtract	精英	extráct	撮取	présent	現在	presént	奉獻
ínsult	羞辱	insúlt	欺陵	rébel	反者	rebél	爲叛

§ 120. 拉體諾與法文之換頭 LATIN AND FRENCH PREFIXES.

1. A-, ab-, abs-, (away, from) 此項換頭,與英文之 off 爲義正等,故有違離相左之意;如見諸 *a-vert* 使違去也, *ab-normal* 違正,非經道也, *ab-dicate* 自棄位也, *ab-stract* 提使離也, *ab-stain* 自禁止也, *ad-vance* (舊作 abante) 進益遠也.

2. Ad-, (to) 向之也,此項換頭,往往隨後文之僕音爲變,故有 ac-, af-, ag-, al-, am-, an-, ap-, ar-, as-, at-, 之異,其實皆同字也:如 *ad-join* 與合也, *ad-verb* 加於云謂爲疏狀也, *ac-cede* 合意與偕之也, *af-firm* 謂坐實也,

海上絲綢之路文獻集成 科技與文化编

ag-gress 進侵入也, *al-lude* 言外有指也, *a-mount* 數漸積也, *an-nounce* 與布告也, *ap-pear* 事出現也, *ar-raign* 使自陳也, *as-sent* 以爲然也, *at-tract* 相牽引也, *as-pire* 慕欲得也, *a-venge* 相報復也.

3. Amb-, Am-, (round): 見於 *am-putate* 環割也, *am-biguous* 兼兩義也.

4. Ante-, 亦用 Anti-, 與下希臘換頭爲反對者異, 此言居前而已: 如 *ante-chamber* 前廳, *ante-date* 先押日子, *ante-diluvian* 洪水前事, *anti-cipate* 豫言.

5 Bene-, (well) 善也, 故有益之事曰 *bene-fit*, 行善之人曰 *bene-factor*.

6 Bi-, (two), (twice) 兩, 或兩之也: 見於 *bi-ped* 兩足類, *bi-ennial* 兩年一種之草木, *bi-sect* 平分, *bis-cuit* 乾糗. (再熬再煎而成, 故名).

7. Circum-, circu-, (around) 周遭也: 見於 *circum-stance* 外境也, *circum-spect* 環顧也, *cir-cuit* 圓場也.

8. Com-, con-, co-, col-, cor-, (with) 合也, 聚也, 相應也; 此系見者極多, 與前之 ad, 後之 pro 等, 皆常見者: 如 *con-tend* 相抵拒也, *col-lect* 聚斂也, *cor-rect* 相正也, *co-here* 黏合也, *com-munity* 邑居也.

9. Contra-, Counter-, (against) 反對也: *contra-dict* 駁斥也, *counter-act* 相背行也, *counter-feit* 僞爲似也.

10. De-, (down) 下也, 降也: 見於 *de-part* 離去也, *de-scend* 降, *de-duce* 引而下也, *de-form* 毀形也.

11. Dis-, di-, (asunder, not) 離也, 否也: dis-cord 不和也, *dis-honour* 辱恥也, *dis-please* 不懌也, *dis-like* 不喜好也, *dif-fer* 相異也.

12. Demi-, (half) 半: *demi-god* 如神.

13. Ex-, e-, 稍變而爲 ec-, ef-, 外也, 出也 (out of): 如 *ex-trude* 凸, 推出, *efface* 擦去, *educe* 引出, *elect* 舉出 *ex-mayor* 前府尹是已; 他若 *astonish* 駭怪 (extonare), *afraid* 恐怖 (effrayer), *scourge* 罰譴 (excorrigere), 其始皆以 ex 爲前系, 後乃漸變而隱者, 於法文猶可見也.

14. Extra-, (beyond) 出類也: 如 *extra-ordinary* 非常, *extra-vagant* 逾制.

15. In-, (into) 入也, 稍變而爲 il-, im-, ir-, en-, em-: 如 *in-vert* 倒也, *il-lusion* 迷眩, *im-pel* 推進, *ir-ruption* 綻裂, *il-lumine* 然照, *en-rich* 致富, *en-dear* 珍之, *em-balm* 薰腊, *en-dure* 忍受; 此系皆加於云謂之前, 以深其義, 然後乃更轉爲名物字; 如 *join, in-join, in-junction.*

16 In-, (not) 否也, 此爲負系, 與條頓之 un 以下之 non 正同, 與前系 in 形同而義異, 所可別識者, 前系加於云謂, 以著益深之意, 此系加於區別, 而明相反之情: 如 *im-pure* 不清淨也, *in-cautious* 不早誡也, *il-legal* 非法也, *ir-regular* 不整齊也, 無法形也, *ir-rational* 不明事理也.

17. Inter-, intro-, enter-, (裏也): 如 *inter-course* 交通也 *intro-duce* 介紹入內也, *enter-tain* 接待也, *enter-prise* 冒險也, 入(虎穴)而執(虎子)也.

18. Male-, mal-, (ill, badly) 惡也, 梵語謂惡爲麻拉, 故西語謂惡亦然; 如見於 *male-factor* 爲惡者也, *mal-treat* 惡相待也.

海上絲綢之路文獻集成　科技與文化編

19. Mis-, (Lat. *minus* 損也): 如 *mis-fortune* 不幸也, *mis-take* 過失也, *mis-chief* 惡作劇也.

20. Non-, (not) 非也, 此系多用以別類, 名學用之, 如 *Non-metal* 非金類, *non-Chinese* 非中國; 其見於常語者, 如 *non-sense* 無理悖謬也, *non-existence* 無是物也, *non-entity* 空也.

21. Ob-, (in front of or against) 倚也, 距也, 稍變爲 oc-, of-, op-: 如 *ob-lige* 强束也, 引申爲感激, *oc-cur* 發現前也, *of-fend* 犯冒也, *op-posite* 對峙也.

22. Par-, per-, pel-, (through) 透也: 如 *per-spire* 汗出也, *par-don* 全予, 赦宥也, *per-force* 勢必至也. *per-jure* 苟爲誓也, *pel-lucid* 透光也.

23. Post-, (after) 居後也: 如 *post-pone* 置在後也, *post-script* 又及, 後所書也.

24. Præ or pre, (before) 前時也: 如 *pre-dict* 豫言也, *pre-face* 前序也, *pre-vision* 先見之明也.

25. Pro-, pol-, por-, pur-, (forth) 進也: 如 *pro-mote* 升遷也, *pro-ject* 前晝也, *pol-lute* 被汚穢也, *por-tray* 爲繪寫也, *pur-chase* (procaptiare) 先獲, 購買也.

26. Re-, (again) 更也, 又也: 如 *re-turn* 還也, *re-join* 回報也. *re-act* 反動也, *re-claim* 收取也, *re-new* 更始也.

27. Retro-, (backwards) 退也: 如 *retro-spect* 回觀也, *retro-grade* 退行也.

28. Se-, (apart) 分張也: 如 *se-parate* 分離也, *se-clude* 別置也, *se-dition* 犯上囂陵也.

29. Simi-, (half) 半: 如 *semi-circle* 半圜.

30. Sub-, subs-, suc-, suf-, sur-, sup-, sus-, (under) 在下也：如 *sub-due* 降伏, *suc-ceed* 濟,繼承, *suf-fuse* 布散, *sur-rogate* 發審,代問官, *suf-fer* 承受, *sug-gest* 抒所見也, *sus-tain* 扶持也

31. Super-, sur-, (above, beyond), 在上也：如 *sur-face* 表面, *super-vise* 監視, *sur-pass* 勝也.

32. subter-, (beneath) 居下：如 *subter-fuge* 遁伏也, *subter-ranean* 地下也.

33. Trans or tra, (across) 遥及也, 穿過也：如 *trans-parent* 透光也, *trans-port* 外運也, *trans-form* 變形也, *trans-late* 移譯也, *tra-verse* 旁午也, *tres-pass* 過越冒犯也.

34. Ultra-, (beyond) 踰也：如 *Ultra-montane* 嶺表也, *ultra-liberal* 自繇而過也.

35. Vice-, vis-, (instead of) 代也,假也,副也：如 *vice-roy* 總督,假王也, *vice-president* 副上座,侍郎也. *Vis-count* 次伯,子男也.

§ 121. 希臘之前系 GREEK PREFIXES.

1. Amphi-, (about) 繞也,兩旁也：故四周景物曰 *amphi-theatre;* 而動物之水陸並居者曰 *amphi-bious.*

2. An-, a-, (not; like Eng. un) 無也,梵語曰阿,如阿彌陀者, 'a-metre' 也,譯言無量,故無政府黨曰 *an-archist,* 無心肝者曰 *a-pathy.*

3. Anti-, ant-, (opposite to, against) 反對也, *anti-Christ* 背耶穌, *Ant-arctic* 南極.

4. Apo-, (away from, from) 距也,離也：如 *apo-gee* 日躔最高點,距地最遠也, *apo-logy* 自解也.

5. Arch-, archi-, (chief, head) 首也,長也:如 *arch-duke* 元子, *archi-tect* 梓人,首匠.

6. Auto-, (self) 自也:如 *auto-graph* 手跡所自書者, *auto-biography* 自序.

7. Cata-, cat-, (down) 落也,降也: *cat-aract* 瀑布, *cat-hedral* 降坐,大禮拜寺也.

8. Dia-, (through) 橫過也,徑也:如 *dia-meter* 圜徑也, *dia-logue* 對答之文.

9. Di-, (in two) 雙也:如 *di-syllable* 兩音字, *diph-thong* 駢韻.

10. Dys-, (ill) 病也: *dys-peptic* 胃疾也, *dys-entery* 下利也.

11. Ec-, ex-, (out from) 外也,出也:如 *ex-odus* 出奔, *ec-centric* 違心.

12. En-, or em-, (in or on) 於也: *em-phasis* 於此特重也, *en-thusiasm* 與神通也, *el-lipsis* 於中略也.

13. Endo-, (within) 在內也:如 *endo-smose* 內漸而流也 *endo-cardium* 心內膜也.

14. Epi-, (upon) 加於上也: *epi-sode* 旁及也, *epi-taph* 墓誌也, *epi-demic* 時疫也.

15. Eu-, (well) 美也:如 *eu-phony* 美音也, *eu-logy* 贊揚也.

16. Exo-, (outside) 在外也:如 *Exo-smose* 外漸而流也.

17. Hemi-, (half) 半也;如 *hemi-sphere* 半球; demi-, hemi-, semi-, 實皆一字之轉.

18. Hyper-, (over) 過也,太也:如 *hyper-critical* 吹求也,指摘而過也, *hyper-bola* 分行曲線.

19. Hypo-, (under) 在下也,與拉體諾之 sub 同義:如 *hypo-thesis*=supposition 懸義未定也, *hypo-crite* 僞君子也.

20. Meta-, (after, across, change) 繼也, 越出也, 變也: *meta-morphosis* 變形, *meta-physics* 出形氣也.

21. Mono-, (single, alone) 孤也, 一也: 如 *mono-graph* 專論之書, *mono-cracy* 獨治之制.

22. Pan-, (all) 凡也, 全也: 如 *pan-theist* 以宙宇萬物爲神體者, *pan-acea* 萬應藥也.

23. Para-, (beside) 旁也: 如 *para-bola* 旁行曲線, *para-phrase* 同義而爲異辭也.

24. Peri-, (around), 周遭也: 如 *peri-meter* 周線, *peri-phrase* 意簡而辭繁也.

25. Pro-, (before), 在前也: 如 *pro-gramme* 前晝也; *pro-logue* 開宗之言, 詞曲之楔子.

26. Syn-, (with), 幷合也: 如 *syn-thesis* 會通也, *syn-tax* 合文字也, *sym-pathy* 同情也, *syl-lable* 幷音也.

§ 122. 希臘之後系 Greek Suffixes

1. -e: 見於 *catastroph-é* 結局收場也.

2. -y: 此系幾於凡科學之名皆用之: 如 *geograph-y* 輿地也, *anatom-y* 解剖也, *monarch-y* 專制政體也.

3. -ic, -tic: 亦科學名之常用者: 如 *log-ic* 名學, *econom-ics* 計學, *cyn-ics* 凱匿學派.

4. -ac: 如見諸 *mani-ac* 淸狂, *Syri-ac* 叙利亞.

5. -sis, -sy, -se: 見於 *cri-sis* 事極將轉之時, *empha-sis* 重音, *hypocri-sy* 掩著之情, *eclip-se* 日月食.

6. -ma: 如 *dra-ma* 劇曲, *ene-ma* 射腸藥.

7. -tre, -ter: 如 *cen-tre* 形心, *me-ter* 量度.

8. -st: 如 *bapti-st* 洗禮者, *sophi-st* 狡辯之士.

9. -te, -t: 如 *apostate* 叛教之人, *comet* 彗星, *patriot* 愛國者.

10. -sm: 如 *fatalism* 命運之說, *barbarism* 蠻夷之事, *magnetism* 磁氣, *spasm* 掣縱.

11. -isk, (diminutive) 所以著小者: 如, *asterisk* 小星, *obelisk* 四方石柱, 又書中懸針爲記號者也.

12. -ize, 所以轉區別名物爲云謂字, 因以著致然之義者: 如 *civil-ize* 教化之也, *fertil-ize* 使土肥也, *bapt-ize* 薰洗也, *critic-ize* 評隲也, *minim-ize* 令少極也.

§ 123. 英字有會意 compound, 有轉注 derivatives, 此皆合異字或偏旁而成之, 然有根有系, 使根爲某國之文, 則其系亦宜以某國, 假如拉體諾之本字, 而系之以希臘之換頭之尾聲, 則謂之雜種之形 Hybrid forms, 若馬與驢合而生騾也, 是以人情惡之, 以爲不宜. 雖然, 此苛論也, 夫其字旣受之以爲英語矣, 則轉會固各出於自然, 期於適用而已, 今如 *falsehood*, 欺罔, *grateful* 感激, *unjust* 不公, *rudeness* 粗莽, *doubtless* 無疑, *politeness* 禮貌, *grand father* 大父, *conceited* 自負, 各等字, 其爲用至常, 然而皆非用一國之文以爲合者也, 如若人言, 將必取如是之字而盡去之, 能乎否耶, 然則雜種之形, 固不爲文字病, 然而有律令焉, 使第一轉之系, 爲某國, 則第二轉之系從之, 假如由 *decide* 本字, 而用英之尾聲 *ed*, 而得 *decided*, 今欲再轉以著負義, 則宜用英之換頭 *un*, 而曰 *undecided*, 不曰 in*decided* 也, 唯 indecisive 則前後系皆用拉體諾文, 自無嫌耳. 推之如 *ungrateful*, *in*-*grati*tude (負恩), *unjustly*, injustice (不公), 皆此例之行也. 且卽此亦有不盡然者, 如不可言喻之 *unspeak*able, 換頭 un 爲英系, 而尾聲 able 則拉體諾文也. 其不可執一如此

篇十三 CHAPTER XIII.

句法 SYNTAX.

§ 124. 造句法,英文謂之 SYNTAX, 其字從希臘來, syn 合也, tax 排比也,故造句之事,在於排比文字而得其當云耳.

然言造句,則當知句爲何物,句者取一族之字,或言,而排比之,使足以達一完全之思也. "A sentence is a collection of words so arranged as to convey a complete thought."

將欲言,必有所言,其所言者 SUBJECT 句主也,且於所言必有所謂,其所謂者 PREDICATE 謂語也. 是故欲成句,至少必用二文,一以當句主,一以當謂語,下此不能達完全之思矣;如云'鳥飛,'如云'魚躍,'如云'人壽,'如云'月圓,'凡是四者,皆完全之思而最簡之句法也.

名家論句,與文家稍殊,名家有句主,有所謂,而中間以綴系爲之闔合,故其句法,皆以 "Snow is white," '雪爲白物'爲程式,而一切之句,雖繁簡迥殊,皆可範爲此式,綴系西名曰 COPULA, 即 *is*, 與其字所變之他形也譬如 "*Bird flies*" 之句,名家則轉之以爲 "Bird is flying," 而文家謂此爲不必,故其謂語常函綴系於其中,而未嘗別舉之以爲一事.

中國字分虛實兩大類,此實不差,西字亦然,名物稱代二部皆實,謂之 SUBSTANTIVES, 人意所欲言者,皆實字也,至於虛字,非語助之謂,虛字最要者,莫若云謂部 Verbs, 得此而後有以謂物也. 故句主常實,而謂語常虛,此其大經也.

以實字之名物爲句主,然而物之同類者至衆也,是不可以無別,於是區別之部用焉,如馬則曰'白'馬,'Horse,' into '*white* horse.'

以虛字爲謂語,然而事不一致也,欲達吾意,必將有以形容疏寫之,於是疏狀之部生焉,如馳而曰'疾'馳,'gallop,' into 'gallop *fast.*' 於是合前二者而成句,曰"白馬疾馳," "White horse gallops fast." 雖然,其在中文,合之而已,無所變也,而在英語,則 gallop 之字,必益之以s之尾聲,於以見馬馳二文之相屬,此其所謂句法者也.

自言語之理而觀之,則八部之成,有所先後,所見之次第則名物也,云謂也,區別也,疏狀也, noun, verb, adjective and adverb, 此其最先者也,故曰 primary parts of speech.

語言既立,而他部見焉,如稱代所以避一名之亟稱也,如介系其始固疏狀也,如挈合其始亦疏狀也,特以其用之不同,或以綴一物,或以起一思,久之而自爲一部云爾.

§ 125. 由是知造句之祕,在知一句之中,文字語言相屬之理,知其理而立之律令,欲辭之達,必不背此律令而後可. 今且無標律令,試先取一句之中之文字,所相係屬之理而論之,蓋使所相係屬之理明,律令之事不待煩言而可喻.

夫句中之文字,其相係屬之理,所可言者有三大綱.

1. 一曰謂語係屬,見句中之云謂虛字與句主實字之相關:如"Time *flies*" (時逝); 此謂 The Predicative Relation.

2. 二曰區別係屬，見區別字與名物實字之相關：如言"*A good* man"(善人)；此謂 The Attributive Relation.

3. 三曰疏狀係屬，見疏狀字與所名言之謂語，所標目之區別，與所用他疏狀字之相關：如言"The lark soars *aloft* and *always* sings *sweetly*,"(鷚飛高高其鳴常美)；此謂 The Adverbial Relation.*

以下乃取是三者之係屬而遞論之.

§ 126. The Predicative Relation. 謂語之係屬

以實字爲句主，以虛字爲謂語，故謂語者得一云謂可也；如云"The boy *ran*,"其云謂字 ran，與句主之 boy 字，有係屬，有應循之律令，(見後篇)；得一云謂字而不足，別附益之以完其思可也；如云"The boy learns *geography*,"但言學未足，必益之以所學之書，而後義完，是總 *learns geography* 爲一謂語也；或云"The boy *is tall*,"僅得 *is* 未足也，必得 *tall* 而後意足，是合'*is tall*'而成一謂語也.

句主謂語，二者合而成句，使言者而有言，則所言無不成句者，顧其所以言則有四：—

1. 一曰實指某事之是非有無也；此謂 a Declarative sentence，指實之詞：如云"顏淵問仁，"實言其有此事也，"*John is not clever*,"實言其非如是也.

2. 二曰叩問某事之是非有無也；此謂 an Interrogative sentence，叩問之詞：如云"賜也賢乎哉，"問其如是否也，"*Did you get the money?*"問其有此否也.

---

* 俗文法家，此外尙有受事係屬 objective Relation，然篤而論之，受事係屬，乃包於疏狀係屬之中，無取別立一屬，其說入後將自見之.

海上絲綢之路文獻集成 科技與文化編

3 三曰心有所欲，而以命人請於人也；此謂 an Imperative sentence，祈使之詞：如云"啓予足，啓予手，"其前固有汝字，不言而可知也，"*Leave* (you) *the room, John,*"皆命人也，"*May China be saved!*"爲中國祈天永命也。

4. 四曰懸擬其事之是非有無也：此謂 a Conceptive sentence，懸擬之詞：惟此類之詞，必兩句相接者；如云"我欲仁，斯仁至矣，"仁之至，待我之欲，未欲未至也，"*Govern thy apetite, lest sin surprise thee,*"使不縱欲，斯不造業，故如此之句，皆爲懸擬，方其爲言，事尚未然，其然也有待，故又謂之 Conditional sentence.

句法盡於此四，而其中皆有句主謂語之係屬，而所用之云謂字有或不同，則後此所標之律令也。

§ 127. The Attributive Relation. 區別之係屬

曰句主，曰謂語，曰區別，曰疏狀，凡此句中之分職，皆不僅以一字當之而已，蓋言者之意，每有非一字所能達者，於是則連數字以當一意，亦用數字以當句中之一職，functions，而所連之數字，有自成完句者，如是者曰子句 CLAUSE：如云 "The report *that he was killed* is untrue，" 蓋 'The report is untrue，' 義已圓足，成一句矣，而 '*that he was killed*' 亦自成句，而居前句之中爲其所孕，爲 report 字之注脚，故曰子句，而其用實無異於一區別，故又可稱爲區別子句，其疏狀子句，可以此類推矣。

又有不成完句者，謂之仂語 PHRASE：如云 "I waited *days and days* for him，" 其 'I waited for him，' 已足成句，而 '*days and days*' 三字，乃疏狀相遲之何如，故爲 waited 字之注脚，然其中無云謂字，無句主謂語，即非成句，故祇稱仂語,仂者殘也,猶曰一句法之殘分而已;若夫其用,則與一疏狀字無殊,故又稱疏狀仂語,其區別仂語,亦可類推矣;子句仂語,二者之外,則最簡者至於一字,此謂襯字 QUALIFYING WORDS,如區別疏狀等部是已,爲襯字,爲仂語,爲子句,此三者有公共之名,曰屬詞 The ADJUNCTS. 今爲列表如下:—

三種屬詞 The Adjuncts	A qualifying	word	襯字
	" "	phrase	仂語
	" "	clause	子句

於一名物,或一稱代,加一襯字,若仂語,若子句,以著其品量之不齊,及與他物對待之異情者,則爲區別屬詞 an Attributive Adjunct.

§ 128 凡實字之區別屬詞共有數種如下:—

(i) An adjective or participle with or without adjuncts of its own; 用一區別字,或一兩用式字,或單用,或自帶屬詞:如云 "*A large* apple," "*Many* men," 此區別單用者也;又如 "The soldier *covered with wounds*, still fought;" 此一兩用式之受事字 *covered*, 而帶屬疏狀屬詞 *with wounds* 者也.

(ii) A noun in apposition; 用一釋解之別名:如云 "Whang, *the miller*, is avaricious;" 或用一釋解之子句:如云 "The book, *which was on my table*, is stolen."

(iii) A substantive in the possessive case; 用一實字,在主物位,於其字之前:如云 "*My father's* house," 如 "*John's* watch," 或用一帶 of 字仂語,於其字之後:如云 "The leader *of the party*," "The lover *of money*."

(iv) A substantive preceded by a preposition; 用一實字帶一介系字者於其後:如云 "A cart *for conveyance*," "Water *to drink*," "The trees *in the garden*," "A time *to weep*," 皆此類也. 亦有時用一疏狀字者: 如云 "The house *here*," "An *outside* passenger," "The *then* state of affairs."

(v) An adjective clause or a relative phrase; 用一子句, 或用一仂語. 有專屬之云謂字 finite verb 者爲子句; 如云 "They *that will be rich* fall into temptation," (彼欲求富乃至行差). 無專屬之云謂字者爲仂語; 如云 "They *wishing to be rich* fall into temptation." 二語之意正同, 前有 *will be* 乃專屬之云謂, 以 that 爲之句主, 後無專屬之云謂, 所用者, 乃兩用式 *wishing* 與無定式 *to be rich* 也.

大抵實字之屬詞, 盡於以上所列之五者, 而頗難明者, 如第四條之以疏狀字而屬於名物, 凡如此之字, 皆自所用名物之有所行事而生: 如云 "Our return *home*," 與 "We returned home," 異也; "His journey *to Paris*," 與 "He journeyed to Paris," 異也; The revolt of Netherland *from Spain*," "Progress *towards completion*," 此等雖皆疏狀, 而其用則解釋名物者, 故文法稱此爲 Adnominal Adjuncts 名物屬詞, 不以爲形況也.

以上五者, 同爲屬詞, 故亦隨宜可以互易: 如云 "The *king's* palace," 可云 "The palace *of the King*," 又可云 "The palace *which belongs to the king*," 第一爲櫬字, 第二爲仂語, 第三爲子句, 然而意義無毫髮之殊也.

區別屬詞, 不出二種用法, 一以之爲界別也: 如云 "*The black* horse," 是黑馬非他馬; 一以之爲寫疏也: 如云 "Louis Napoleon *the Emperor of the French*," 前曰 Defining 後曰 Descriptive.

一實字所用之區別屬詞,可以無數,有時爲平等,有時爲相從:如云 A *wise*, *just* and *powerful* king, 此平等區別也, "I honour *all* men *who love virtue*," 前之 all 字必後於 'who love virtue,' 不然非言者之意也.

§ 129. 疏狀係屬 The Adverbial Relation.

用一襯字,一仂語,或一子句,以形容增損限域一云謂,區別,及疏狀字者,其襯字仂語子句,於句中有疏狀之係屬,則名爲疏狀屬詞, Adverbial Adjuncts.

由此觀之,則句中用及物之云謂, transitive verb, 而從之以受事位之實字, substantive in objective case, 是受事位之實字,實乃疏狀屬詞.以其附於云謂之故, attached to the verb, 且必得此,而後云謂之義乃完,或得此而後其義乃晳,以此類屬詞,可論者繁,故文法家常法,每特區之以爲受事係屬, Objective Relation, 然則受事係屬,固即疏狀係屬中之一部分耳.

§ 130. 論受事係屬 The Objective Relation.

一云謂字之下之名物,無論其云謂字有所專屬, a finite verb, 抑爲方事之式, a participle, 或爲無定之式, an infinitive mood, 但使義爲及物,則是名物,皆爲受事:如云 "The dog *bites* the boy," 此專屬之云謂也:如云 "*Seeing* the tumult, I went out," 此方事式之云謂也; "*To do* ill is a sin," 此以無定式,爲實字用也,然而 the boy, the tumult, 與 ill 等字,皆名物之受事者,且及物云謂之下,必有受事,此受事者,一實字可也,一仂語可也,一子句亦可也.

§ 131. 云謂字下之受事實字有兩種; (1) 一爲直接之受事, the DIRECT Object; (2) 一爲間接之受事, the INDIRECT Object.

海上絲綢之路文獻集成 科技與文化編

A. 直接受事,又分兩別:—

(i) 一曰事之所及者; the Passive Object: 如云"國人逐瘈狗,""人聞淸鐘"之類; as "He strikes *the ball*," "I heard *a noise*."

(ii) 次曰事之所成者; the Factitive Object: 如云"舜爲天子,""五子作歌"之類; as "He wrote *a letter*," "They made *a noise*."

如上二類,其在拉體諾,希臘,德國,皆謂之 Accusative case.

B. 其間接受事,乃云謂所間及者: 如云"遺子產'書',""饋孔子'豚',"書豚間接受事者也,子產孔子直接受事者也, as, "Give *him* the book," "Make *me* a coat."

此類受事,在拉體諾語,謂之 Dative Case; 而英語乃並稱 Objective Case; 但凡間接受事,其前常可加 'to' or 'for' 等介系字,如以上二英語,可云 "Give the book *to me*," and "Make a coat *for me*," 如遺子產書,可云遺子產以書,饋孔子豚,可云饋孔子以豚也: 如 "Teach the boy *geography*," 可云 Teach the boy *with geography*, 則 boy 爲直接 geography 爲間接也.

§ 132. 論直接受事 Direct Object.

云謂之下,而有兩受事,往往孰爲直接,孰爲間接,頗難分別,大較在斟酌云謂所指之事,與孰爲切而已,自英文之例言之,則直接受事者,其前不得改加介系字者是,而中文多二字皆可改加介系,如"遺子產書,"改爲"遺子產以書"可也,改爲"遺書於子產,"亦未爲不通也. 蓋即英文之中,亦多云謂,其下宜用兩受事者,其一爲人,其一爲物,此如 *teach* (教), *ask* (問), *tell* (告), *forgive* (宥)等字,皆如是也:如云 "He *asked* me my name," "John *tell* Tom the secret," 皆一云謂得兩受事者矣. 又若 to *make* (以爲), *name* (名), *call* (呼), *esteem* (視爲)諸字,其下亦兩受事,同實異名:如云 "They made him *King*," "We esteem John *a scholar*," "He called James *a traitor*," 顧以義言,自應以在前者爲直接,在後者爲間接也.

亦有不及物之云謂,其下可得受事實字者,第此實字,必即從所用虛字生者而後可:如 *dream* (夢),不及物者也,而可云 "I *dreamt* a *dream*;" 又 go (去),亦不及物者也,而 "He *goes* his *way*," or "He *went* his *way*," 皆中律令也.

又有名物,居不及物云謂字之下,而指時間之長短,與空間之遠近者:如云 "He slept *three hours*," "I walked *two miles* a day," or "The battle fought the *whole day*," 皆以數言,而若爲不及物云謂之受事.

前 § 58 有言,無主之云謂,而姑以第三身 'it' 字爲之主名者,然此等云謂之下,例得有受事之實字:如 "it ails (病) *me*," "it irks (膩煩) *me*," "it concerns *us*," "it grieves *me*," "it repents *me*," "it recks *me*," 乃至 "*me* thinks," "*me* lists," 各等語,皆以無主云謂而得直接受事者矣.

§ 133. 論間接受事 Indirect Object.

云謂及物或不及物,其下皆可有間接之受事大抵以'於何' '爲何'二問而得之, known by the question *to* or *for whom* or *what*. 其說已見前 § 30 (2) 矣.

無主名 impers)nal 之云謂,如 *become* (宜), *behove* (須), *please* (悅), *likes* (似), *beseems* (像) 等,其下例用間接受事:如云 "It becomes *us*, (吾黨所宜);" "It behoved *Christ* to suffer, (基督應受);" "If it plaese *you*," or "If *you* please;" 此外尙有 *worth*=be to 咒詛之詞用之:如云 "Woe worth *the day*," "Woe is *me*," "Well is *him*," 若以上 us, Christ, you, the day, me, him 等字,皆在受事之位;自來 to be 前後,皆用主名之位,而此略有不同者,則此例之行也.

他若 *like* (and *unlike*), *nigh*, *near*, *next* (三字皆近義) 等字,其後亦例用間接受事之名物:如 "He is like a *giant*;" "He was near (or next) *us*."

又有區別部,與云謂部字,其下常接用介系 'to' 字者,其後之名物,亦當作間接觀:如 *dear* to, *cruel* to, *fair* to, *similar* to, *obedient* to, *equal* to;譬云 'This is *dear to me*,' 其 me 字乃間接受事字也. 他若 *slow* of, *swift* of, *hard* of, *weary* of, *worthy* of, *guilty* of, *fond* of, *proud* of, *ashamed* of, 諸區別; *think* of, *smell* of, *taste* of, *laugh* at, 諸云謂;其後之名物,亦可作間接觀也.

凡一云謂及物,而下有兩受事者,例可轉爲柔聲, Passive Voice, 而兩受事皆可居主名之位:譬如云 "I told *him* the *story*," 此剛聲也,今將轉爲柔聲,則云 "The *story* was told him," 可也,云 "*He* was told the story," 亦可也;又如云 "They refused *him admittance*, 此剛聲也,轉以爲 "*admittance* was refused him," 可也; "*He* was refused admittance," 亦可也;於此益見,一及物云謂,以一人一物爲受事之義,而直間接之爲分蓋微.

英文漢詁

§ 134. 論疏狀屬詞 Adverbial Adjuncts.

前論受事之係屬,而受事有直接間接之二種,其實此等,皆爲疏狀屬詞,蓋明受事之爲何等,卽所以足一云謂之義,則疏狀職也. 故疏狀係屬,受事係屬,二者同物,特所從言之有異耳,吾今將卽疏狀屬詞而論之,學者將見繼此所陳,與前陳者多重複也.

雖然,前所言者,重在受事之名物,Object of the Verb,捨此而外,其爲疏狀屬詞,而以足云謂與區別之義者,大較如下:—

1. A Noun in the Objective case, 一名物字,或帶區別,或不帶區別,而在受事之位者,其所達之意,大類有三.

(a) 以達空間之意也, extent or direction in space: 如云 "He lives *miles* away;" "We walked *ten miles*," 凡此所言,與 § 132 之第三節所言無異.

(b) 以達時間之意也, duration or point of time: 如云 "He arrived *last night;*" "We stayed there *all the summer;*" "He wore the dress *summer and winter;*" 此亦前論於 § 132 之第三節者.

(c) 以達一切之外緣也, attendant circumstances, 與其物之品量, manner, measure, or degree: 如云 "The ship drove *full sail*," "He came *post haste*," (速於置郵). "I don't care *a button* for him," (不值一文), "Bound *hand and foot*," "a *hundred times* better," "She is *six years* old," "That is not worth *the cost*," "It is worthy of *the owner*, and the owner *it*," "They went over *dry foot*.

凡此三者，皆以名物，居云謂之下，其字在受事之位，其所受之事，非卽云謂之所指者，故前節 §133，以此爲間接，而此節以爲形況之屬詞；姑取一句明之：如云 "He was bound *hand and foot*," 手足雖居拘縶之下，然所拘縶者乃其人，故曰 "He was bound," 而 "*hand and foot*," 乃言其拘縶之何若，此句正譯，當云 "械其手足而拘之，" 不當云 "彼之手足爲人所拘也；" 若用後譯，則手足正所拘縶，乃直接之受事矣．學者細觀以上所列諸句法，莫不皆然，其字雖在受事之位，然不與句中之云謂爲直接，與 §133 所論間接受事，合而觀之，當益明也．

2. A Substantive in the Objective case, (older dative form)，一實字在受事之位，舊有 to 字在前，而今不見：如云 "He looks like *me;*" "You are nearest *the door;*" 此於 §133 之第三節所已言者．

3. The Cognative Objective, 虛實相生之受事字，此於 §132 第二節所已言者：如云 "We ran *a race,*" "He died *a cruel death;*" ran, died 二云謂，皆不及物，法不應有受事，然以實從虛生，得成達語：又如 "Men live *that life,*" "He fought great *fights;*" 皆用此例，又有比擬設喻之詞：如云 "He looks *daggers* at me," 謂怒目也；"It rains *cats and dogs,*" 言滂沱也；又 "To rain *fire and brimstone* (磺)；" 言降災也．

4. A substantive preceded by a preposition, 實字得介系字以爲之紹介，約而言之，凡句，一實字而其前有介系者，非區別仂語，卽疏狀仂語，使其居一實字之後，則其用同區別，使其居云謂區別疏狀之後，則其用同疏狀：如云 "He hopes *for success,*" "I heard *of his arrival,*" "He killed the bird *with one stone.*" "He is fond *of reading,*" "All

海上絲綢之路文獻集成　科技與文化編

英文漢詁

but one were present;" 他若§133第四節所云,皆歸此類,乃至云謂區別之後,而繼之以無定式之云謂:如云"We toil *to earn* a living," "He strives *to succeed*," "We eat *to live*," "He has gone *to fetch* his hat," "His house is *to let*," "He is *to blame*," "He is a foolish man *to throw* away such a chance;" 又有無定式之前,以介系字爲介紹者,蓋無定式之云謂字,固可作實字觀也:如"I was *about to observe* (吾將謂)," "The night is too dark *for us to see*," 或於 but 字之後,而用仂語子句者:如云 I cannot *but pity him*," "I would buy it *but that I have no money;*" 凡此諸屬詞,皆得介系爲之牽合,而其用非區別一名物,卽疏狀一云謂與區別耳.

5. A substantive in the nominative or objective absolute, 一實字,在主名之位,或受事之位,獨用無所旁屬成仂語者:如云"*The sun having risen*, we commenced our journey," "*He being absent*, nothing could be done;" 兩前半句之 *sun* 與 *He* 皆居主名之位,然 *having risen*, 與 *being absent*, 皆非所屬之云謂,故稱獨用 absolute. 其獨用實字在受事之位者:如"*Him destroyed*, for whom all this was made, all this will follow soon," 見彌勒登詩,其上半句之 *Him* 係獨用,自 *destroyed* 以下,乃區別屬詞,而正句乃"All this will follow," 此乃"天國失主"詩中,魔王之語,意謂"天爲人而造世界,使人而毀,則世界之毀將不期而自至"也. 凡此皆實字獨用,而帶屬詞者;然又有一子句獨用,如一實字者:如云"*Granted this is true*, you are still in the wrong;" 譯云"縱此非誣,汝終爲過;"其前半句中,*this is true*, 有主名,有云謂,故爲子句,然此子句係獨用,同一實字;*granted* 正譯縱敎,'*Granted this is true*'一語,爲後半 are wrong 之疏狀仂語. 有時一兩用式亦可獨用, Participials used absolutely: 如云"*Speaking generally* Russia is

of despotic monarchy." 前半係兩用式獨用，而成仂語，以形況後之 is 也.

6. An Adverb, 用一疏狀部字，此爲最常，說見前篇本部：如云 "He fought *bravely;*" "I set out *yesterday,*" "He is *very* industrious."

7. An Adverbial Clause, 前五條皆仂語或獨字，此乃言疏狀之子句：如云 "I will come *when I am ready;*" "I would tell you *if I could;*" 此亦易明，大抵以句爲字而已，而其所疏狀者，要不出第一條所指之 (a), (b), (c) 三者，詳見後篇，論包孕句法.

§ 135. 上欵論疏狀屬詞，共分七種，約而言之，則不外襯字仂語子句三物之用而已，顧行文之時，可隨宜互易相轉，與前 § 128 謂區別屬詞，可以互易，其理正同：假云 "He suffered *patiently,*" 此用一字者也，可以易云 "He suffered *with patience,*" 此用仂語者也；又如云 "He succeed *through industry,*" 此仂語也，可以易云 "He succeeded *because he was industrious,*" 此則子句，而 because 爲之絜合，猶前之用 through 以介系乎名 industry 也. "*This being granted,* the proof is easy," 此實字獨用，成仂語也，然可轉云 "*If this be granted,* the proof is easy," 此則懸擬之詞，而自成子句.

事有程度之差，則疏狀之外又加疏狀：如云 "He writes *very badly;*" "We came here *almost immediately,*" 皆如此. 且有時介系字亦用疏狀字爲之進退淺深：如 "He went *all round* the town," "He cut *half through* the beam."

前謂一實字所用之區別屬詞，可以無數，今知一虛字所用之疏狀屬詞亦可以無數；中間亦有平等者，亦有相屬者：假如云 "He speaks *calmly, distinctly* and *without hesitation*," 此平等疏狀也　又云"I will *not* stand *in your way*;" "We do *not* play at cards *every day*," 此二語中 *not* 字, 皆受之於後意既成之餘, 蓋吾所不爲, 以礙汝故, 以日日爲戲故, 則前之疏狀必有待於後之疏狀而後可加, 故曰相隸屬.

篇十四 CHAPTER XIV.

論句主謂語 SUBJECT AND PREDICATE.

§ 136. 前篇論造句之原理，其大經則人有所言，使其一語義完，則必有虛實二者，實者所言之句主也，虛者所以謂句主者也，而自實言之，則有區別之事，自虛言之，則有疏狀之事，故一句可論者三，云謂之係屬也，區別之係屬也，疏狀之係屬也，而疏狀係屬中自別爲一部分者，則受事名物之係屬，故句有四式，皆句主云謂之相系也，區別分爲五，疏狀釐爲七，而受事之位，則分爲二，凡此皆所已明者矣．乃今將舉其律令而言之，亦從其最大之句主謂語始焉．

論句主與謂語相係之例 Subject and Predicate:

西文虛實諸字，皆以身數之異而變形，如身有一二三之別，數有單衆之殊，此實字之名物(稱代同此)，與虛字之云謂之所同也，(他國區別亦從爲異，英文無之)．夫一句之詞，意之所及，自爲同物，是故句主與謂語，二者其身數必合，而造句之第一例曰：The Subject and Predicate must agree in number and person.

凡句中有所專屬之云謂，字無虛設，其句中必有主其事之名物字，是在主名之位，與其事之所直及間及，或在介系字之後，致不同也，故其例曰：The Subject of a finite verb is put in the Nominative Case.

名物分二大類，曰本名 Proper，曰通名 Common，而通名又分三別，曰公名 Class names，曰凡最之名

Collective names, 曰平意之名 Abstract nouns. 今假有凡最之名以爲句主，則其下之云謂字，以名言則爲單，以物言則爲衆，宜用單數乎，抑衆數乎，曰均可用也，視所言之何如，使言及其中之一一，則宜衆矣，使總而稱之，則用單也，此如云 "The Parliament *were* of one mind," 此所以用衆數 were' 者，以所言乃其中之議員也：又如云 "The army *was led* into the defile," 此所以用單者，以所引者謂全軍也，則其餘可類推已，例曰：A singular collective noun may have its verb in the plural number, when the idea referred to the individuals of which the multitude is composed.

假如主名之字雖單，而有二三主名，用 and 字爲之關合，此其云謂宜用衆數：如云 "John and Harry *are* walking together;" 其用 or 字關合者，則主名雖不一，其云謂宜單：如云 "Mabel, Nelly or Maud *has* taken my violin," 例曰：When two or more Nouns in the singular number coupled by the Conjunction *and*, the verb is put in plural number; by or, singular.

第此例亦有變時；如 "Hill and valley *rings*," 則大詩家 Milton 之句也；"Wherein *doth sit* the dread and fear of Kings," 則 Shakspeare 之詞也；其所用云謂皆從單數者，蓋主句雖多，而言者視同一物，卽如今云 "The mind and spirit *remains* invincible," 亦達語也；學者總以不違大例爲宜.

§ 137. 初學人於英文籀句之法，但凡遇一專屬云謂，則必討其主名之爲何；又如先見主名則觀云謂字爲何許，蓋此二之在句中，如人身之頭脊，頭脊既立，則肢體從之，此定法也；故其例曰：Every finite verb must have a subject in the nominative case expressed or understood

假如有云"That is the man *whom* I heard was ill，" 此爲破例不通之句，蓋言者以 whom 爲 heard 之受事，而不知 was ill 乃專屬云謂，莫得主名，故當云"That is the man *who*, I heard, *was ill*，" 以 *who* 爲 *was ill* 之主名，而我之所聞者，卽 *who was ill* 之事實，然則此係短句而當受事之位者也，(objective clause). 又如"I will give to *whomsoever wants it;*" 其誤同前，當云"I will give to *whosoever wants it*，" 然後爲通，蓋'*whosoever wants it*，'亦短句之在受事位者.

前例云'or understood，'此言句中無有，而可以意會，知其有者；此見於祈請飭令之句者最多，如云"往哉汝諧，"卽汝往哉汝諧也；他若"I have a mind *presages* me such thrift，"(吾有此心預知此利)，其 *presages* 之前，自應有 *which* 字爲之主，又如"Do what he will, he cannot make matters worse，" 其'Do'字之後，亦有 he 字，不然，do 之云謂無所屬矣，其所以用 do 而不能用 does 者，以言者語氣乃爲先事之虛擬，非旣事之實疏故也.

前例旣明，反而觀之，凡有句主，必有云謂，且句主以名物可也，以稱代可也，以仂語可也，以子句可也；故例曰：Every noun, pronoun, or substantive phrase or clause used as a subject ought to have a verb attach to it as predicate.

§ 138. 論句主 Subject.

句主有三種: 1. 單簡句主 Simple.
2. 合沓句主 Compound.
3. 包孕句主 Complex.

第一爲簡,而二三爲繁,其二三之異,以二之句主不一矣,然皆平列無輕重者,而三則大小相統,故二曰 Compound, 譯合沓,三曰 Complex, 譯包孕也.

單簡句主,如以一實字居主名之位 a single substantive: 如云 "*Man* is mortal," "*Planets* go round the sun," 或用云謂之無定式 infinitive, 或兩用式 gerund; 如云 "*To err* is human," "*Walking* is good exercise," 或區別字作實字用,或舉任何部之一字以爲論目: 如云 "The *poor* shall be blessed," "*I* is a pronoun," 等語皆單簡句主也.

合沓句主,如累舉主名之實字,用 and 字,或竟不用 and 字,以爲之關合: 如云 "*You and I* may travel together," "*Cæsar, Pompey, Augustus* are Roman rulers," "Where *Nature, Freedom, Art*, smile hand in hand" (Campbell.)

然累舉主名之實字矣,而關合之者非 and 乃 either—or, neither—nor, whether—or 等關捩字,則句主雖並立而不得云 compound, 蓋 compound 之義主合,而以上諸挈合,其用主分,故使諸實字皆單數者,其下之云謂亦應用單: 如云 "*Either he or his brother was* in fault," "*Neither John nor Thomas has* come," 皆此說矣.

包孕句主者,則一語一事爲之句主者也,或仂語,或子句,皆可用之: 如云 "Better *be with the dead*,"="*To be with the dead* is better;" 此以無定定式仂語爲句主也,又如云 "*How to do it* is the question." 此以問詞爲句主也,又

如云"*That he said so* is certain,"此以實疏短句爲句主,而以 *that* 爲之挈合也. 乃至云"'*England expects every man to do his duty*' was Nelson's signal,"此則用成語建言爲句主者.

包孕句主,有時不居句首,而先以第三身之稱代'it'字點之在前,其用猶中文之其字:如"*It* is wicked *to tell lies*,"="*to tell lies* is wicked,"又如"*It* is certain *that he said so*,"="*that he said so* is certain."

§ 139. 添字句主 EXPANDED SUBJECT.

凡句主皆實字,或虛字而作實用,惟其爲寔,故可加以區別屬詞,今列如下:—

如云"*The* man told a lie,"此加指件之區別者也.
" " "*Good* men love virtue," " " 物品 " " " " "
" " "Edward *the Black Prince* did not succeed his father," 此加注釋別名者也.
" " "*John's new* coat, *which he was wearing for the first time*, was torn,"此在句主之前則加主物之名,次加物品之區別,而在句主之後,則加區別之子句者也.

假使以無定式之云謂,或兩用式之云謂,爲句主,則可加受事之屬詞,或疏狀之屬詞,如下式.

如云"To rise *early* is healthful,"此加單字疏狀者也.
" " "To love *ones enemy* is a Christian duty,"此加直接受事之名物者也.
" " "Playing *with fire* is dangerous,"此以兩用式爲句主,而加疏狀句語(亦可稱間接受事)者也.

§ 140. 論謂語 PREDICATE.

有句主,則必有所以謂句主者,故曰謂語,謂語亦有兩種,有簡有繁, Simple and Complex.

所謂簡者,例用單云謂字有專屬者, by a single finite verb: 如云 'I *eat*,' 'Time *flies*,' 'The President of United State of America *speaks*,' 凡此皆簡者.

謂語繁者,其意非一云謂字所能盡達.

蓋云謂部中字語,往往須餘字語找足,而後其意始完,此如不及物之云謂 *be, become, grow, seem, can, do, shall, will, &c.* 是已, 至其及物之云謂乃更多, 如 *make, call* 諸此類字,皆不能獨達完義者. 何以言之,今使但云 "The horse *is*," "The light *becomes*," "I *can*," or "It *made the man*," 聞者必不知言者之何謂,必云 "The horse is *black*," "The light becomes *dim*," "I can *read*," "It made the man *mad*," 如是諸語,乃爲成句,是故文法家謂前之云謂字,爲不完謂語, Verbs of Incomplete Predication, 必待餘字餘語,補足其義,而此餘字餘語,名曰補足謂語之詞, COMPLEMENT OF THE PREDICATE. 但學者不可執固不通,須知一云謂有在此語,其義已足,而在彼語,意未完者,如問某人在否,答曰 "He *lives*," 此意完也,假云 "He *lived* [happy and honest afterwards]" 其在此語,則未完也,故亦視言下之意爲何如耳,其界說曰: The predicate of a sentence is complex when it consists of a verb of incomplete predication accompanied by its complement, 謂語繁者,於一云謂字外,又加補足謂語.

§ 131. 論補足謂語 COMPLEMENTS OF THE PREDICATE.

其所補足之語,有以疏明句主之何如者,如是者名曰 Subjective Complement, 句主補謂;有以疏明受事之物之何如者, 如是者名曰 Objective Complement, 受事補謂; 其三又有一種之云謂, 必待無定式附之, 而後意足者; 如是者謂之 Infinitive Complement, 無定式補謂; 此三者可分論之如下.

1. Subjective Complement. 一 句主補謂

假如句中之云謂字, 於所謂之意不完, 而又爲不及物之云謂, 或爲被事之柔聲, 則所找足之詞語, 皆言句主之事, 如指其品德, 或其度量, 或其所遇之外緣: 此如云 "He is *good*," "She became *wealthy*," "He is *called Peter*," "The wine tastes *sour*," "The wind veered *south*," "I felt *sick*," 凡此諸句, 其云謂字後所云云, 係疏明句主之情狀者. 且此所補足者, 如以上之爲區別字可, 爲區別處詞亦可, 乃至用無定式之仂語, 或意完之子句, 均無不可者; 如云 "The coat was *of many colours*," 此區別仂語也, 又如 "My advice is *that you do not meddle with the matter*," 此以子句明句主之爲何等也, 又如 "He seems *to have forgotten me*," "He appears *to be honest*," 此則用無定式仂語, 以疏句主之何如也, 凡此皆補足謂語.

今以所補者, 即疏明句主故, 此種云謂字, 其後用之名物, 必與句主同位, 同處, 同數, 同身, 蓋雖異名, 實同物耳, 故其例曰: The Verb "to be" (or other verbs used like 'to be') takes a Nominative Case after it as well as before it, 譯云 "爲字也字, 前後同實," 如云 "孔子爲魯司寇," 魯司寇即孔子, "柴也愚," 愚者即柴, 故魯司寇愚等字, 不可作受事觀.

譬如有人相問 "*Who* came here this morning?" 其答語當云 "It was *I*," 不得言 "It was *me*" 也; 蓋句主 '*it*,'

乃問者意中之一物，此物乃我，而'我'於答語，即爲補足所謂之詞，乃至有時倒之，亦無不可，如云 '*I it* am, '*It* am *I*,' 是已，然有時又須云 "*It* is *me*," 者；假如有人問云 "*Whom* the dog bites?" 則答者須取受事之稱代告之，不得云 "*It* is *I*," 也，蓋施者曰 I，而受者曰 me，其餘可類推已.

有不可不知者，凡於云謂部字，固可以加疏狀與夫疏狀之屬詞，然疏狀之字與詞，從無爲補足謂語之理，adverbs never form the complement of a predicate，此理學者思之自得，蓋所謂補足者，謂必得此而後足也，觀 §140 所論自明，至疏狀字，則非必得之而後語足，不得之則爲不辭者矣.

2. Objective Complement. 二 受事補謂

假如句中之云謂字乃及物者，或爲施事之剛聲，則往往於疏明受事之後，必尚有名物區別諸字而後意完辭足者，如吾云"楚以子西，"此中有句主有云謂，有受事者矣，然而不可喻也，必當云"楚以子西爲令尹"而後曉然；但'爲令尹'乃言子西之事，故謂之補足受事之謂語，其在英語，如云 "He dyed the silk *red*," "She called the man *a liar*," 皆此法也，他若 "Hold the reins *tight*," "He took the man *prisoner*." "He left his nephew *heir to his estate*," "Attention held them *mute*," "Let me *alone*," "He paint the house *white*," 其與前論一云謂得兩受事不同者，以其中一名不得轉爲柔聲句主之故，譬如以上之第二句式，其中 a liar 字，必不能轉爲句主也. 又此等句法與下言 Indirect Predicate 者亦殊，俟後論之

海上絲綢之路文獻集成 科技與文化编

3. . Infinitive Complement. 三 無定式補謂

此類補足之法,大抵用於 can, will, must 諸助謂之後:如云 "I can *write*," "He must *go*," "I am *to go* to Paris," 或有 *to*, 或無 *to*, 而所補足者,皆爲 infinitive phrase, 故謂之無定式補謂也.

§ 142. 論受事 Object.

前論句主,次言謂語與補足謂語之三例,雖受事常括於謂語之中,而爲及物云謂之歸宿,然以在句中,頗爲一部,故文法家每取而分論之.

Object 與 Subject, 雖有受事施事之不同,然皆爲實字,故其可分,與句主正等,而列三物:—

一單簡者 Simple; 二合沓者 Compound; 三包孕者 Complex; 其相異之處,亦與句主之三者同,無取複論,如言其式,則單簡者如云 "The sun attracts *the earth*," 合沓者如云 "The solar system comprises, *Mercury*, *Venus*, *Earth*, *Mars*, *Jupiter*, *Saturn* and *other minor asteroids*;" 其包孕者如云 "The Chinese believe *that the fox can transform itself into human and spiritual beings*."

但第三種包孕受事,有特別一式,乃一實字而與無定式兩用式,或區別字,相合爲仂語,如此者名間接謂語, INDIRECT PREDICATE; 此如 "I saw *him fall*," "He made *the bear dance*," "Let there *be light*," "Let *us pray*," "I know *the man to have been accused unjustly*," "We saw *the man hanged*," "They found *the child dying*," "We found *the man honest*." 凡此皆間接謂語也.

要知間接謂語，與以上所指(1)受事補謂 objective complement, (2) 尋常之疏狀屬詞 adverbial adjunct, (3) 區別屬詞 attributive adjunct, 皆相似而實不同；此學者所宜細意徵辨者也.

(1) 其所以與受事補謂不同者；蓋補足之義，必非此則其義爲未了；如云 "He *struck* the man *dead*," 前擊後死，二義緊連，故爲補足，又以死者乃所擊之人，故所補足者乃屬受事，假如言 "He *found* the man *dead*," 前見後死，二義乃不相涉，其人之死非一見之所致，乃必察而始知，斯爲間接謂語.

(2) 其所以異於疏狀屬詞者；譬如云 "He commanded the drawbridge *to be lowered*," 或云 "He held the man *to be in the right*," 此皆間接謂語也；若 "He urged me *to come*," "They entreated us *to remain*," "We compelled the men *to desist*," 其末之無定倣語，即解句中云謂之所以有事，denoting purposes, 故皆爲疏狀屬詞，而非間接謂語也. 且後三語之 *me*, *us*, *the men* 等字，皆直接受事之名；而前二語之 the man, drawbridge 等，非直接受事者，其直接受事必全舉後半之語，而後合言者之旨.

(3) 其間接謂語，不可以爲受事之區別屬詞者；如云 "I saw the man *clothed in blue*," 此後三字，乃言其人所本然，而今者爲我所見，此區別屬詞也；但若云 "I saw the man *hanged*," 吾所見者非懸掛之人，乃見其爲人所縊殺，前者其物之本然，後者從見而後覺，故爲間接謂語. 即如 "We found the man *honest*," 亦其人之忠信，經察試而後知，故 *honest* 字，不爲 the man 之區別屬詞，而爲 found 之間接謂語也.

總之,間接謂語,與前三者,其辨固微,大率言之,其與句中謂語相系之情,不若 objective complement 之密,而又切於 adverbial 疏狀及 attributive 區別二者之屬詞,學者取所引句式而細思之,自不難辨也.

前論添字句主, Expanded Subject §139; 今以受事之名,與句主同為實字,故亦可以添字為之,其添字之法,亦與前之所論於句主者同,如是者謂之 Expanded Object.

假使以無定式,或兩用式之云謂字為受事者,則其下又可加疏狀屬詞,與受事名物,此亦同於在句主者. 總之,其一切與句主之添字從同,特易位耳.

篇十五 CHAPTER XV.

句法分類 CLASSIFICATION OF SENTENCES.

§ 143. 句有三種

A. Simple 單簡句法:如"Fire burns," "I see him."

B. Compound 合沓句法:如"He is happy, but I am not."

C. Complex 包孕句法:如"They lived unknown, till persecution dragged them into fame."

凡語成句,則必有句主,必有謂語,句主以實字爲之,謂語以虛字爲之,使所用之云謂而及物,則必有所及之物,此又爲實字,實字則可隸以區別,虛字則可益以疏狀,第使一句之中,所爲句主之名物,與所爲謂語之云謂,皆止一而無餘,斯其句皆有單簡者,不論字數之多寡也,如"*Brids fly,*"僅兩字,簡句也,"The cunning *serpant* eloquently *persuaded* the mother of human race, Eve, to taste the apple, fruit of knowledge, forbidden by Almighty God,"幾二十餘字,亦簡句也,以句中專屬之云謂字,止一*persuaded*,而外無餘字故.

有數簡句,積疊排比,然義各自立,輕重相等,而挈合字爲之連綴者,則其句法爲合沓之句.

一句之中,函區別疏狀諸子句,或以短句爲句主爲受事者,是爲包孕句法. 包孕句所與合沓句不同者,合沓一句之中有數句,每句有句主,有云謂,然義各自立,輕重差均;包孕,一句之中,亦函數句,每句各有句主,各有云謂,然義相隸屬,常以小句注解正句中之名物,形容正句中之云謂,以大包小,故曰包孕,合沓包孕,皆爲繁句,特合沓句中之小句,其對待如兄弟,如朋友;而包孕句中之小句,與正句對待,如母子,如君臣. 除簡句已明外,其二種繁句,後分論之.

§ 144. 合沓句法 COMPOUND SENTENCES.

合沓句者,以數句之義均者,用挈合字以連綴之使成一句. 所必使之成一句者,蓋數小句,其體雖均,而義相涉,必併合言之,而後達言者之意也;如云"He is happy, *but* I am not," 彼樂我苦,事固均也,然以 *but* 字爲之轉捩而連言之,而言者以二相較之情,乃見夫辭.

合沓句法爲挈合字所牽合者,不必皆單簡之句,雖合繁句而成繁句可也,譬如云"I *will tell* your brother when I *see* him, but I *do not think* that he *will arrive* this week," 此亦兩句,用 but 字爲轉者也,第前後兩句,各爲包孕,前半函疏狀子句,後半以注句爲受事位,則合繁句而成一句者矣.

凡舉論子句,皆不帶挈合字爲言,學者審之, Conjunction enters not into the construction of the clauses.

尙有句法相等,絕不用挈合字爲之連接承轉者,如是謂之平列句法 COLLATERAL SENTENCE. 有如中文"花好月圓人壽,"雖各自爲句,而意實相涉,西文如凱撒之言, "I came, I saw, I conquered." 三句平列,中文又如"設其裳衣,陳其宗器,"西文如 "Fear God, Honour the King." 有時中間雖有銜接字面,亦不害其爲平

英文漢詁

列者,如云"I am robbed of all my money; *for that reason* I was unable to proceed," "I believed; *therefore* have I spoken."

數句相類,其中或同一句主,或同一謂語,或同一受事,或同一區別,或同一疏狀,凡所同者,皆可一舉以槩其餘,如是者謂之節省句法 CONTRACTED SENTENCE: 中文節省句法,如左傳"澗溪沼沚之毛,蘋蘩蘊藻之菜,筐筥錡釜之器,潢汙行潦之水,可薦於鬼神,可羞於王公,"六語爲一句讀,其前四語皆句主也,其後二語皆謂語也,然以一句主得一謂語,便足成句,如"澗溪沼沚之毛,可薦於鬼神,"以四句主分配二謂語,可成平列八句,又前四語中,每語以西文法言之,實有四物,如澗之毛,溪之毛,沼之毛,沚之毛,凡此可薦可羞者,於前拓八句中,每各成四,是爲三十二句,而受事之鬼神王公四者,各爲一物,然則三十二又須以二因之,而所引之六語,乃成平列之六十四句,意足義完,其樣句則如"澗之毛可薦於鬼,""蘋之菜可羞於王;"是已.

英文如"Neither I nor you have seen that,"此即"Neither I *have seen that* nor you have seen that,"省去 *I* 字下 *have seen that* 三字. "Religion purifies and ennobles the soul,"此卽"Religion purifies *the soul*, and *religion* ennobles the soul"也. "He is either drunk or mad,"此卽"Either he is drunk or *he is* mad"也. "We advance slowly but surely," 卽"We advance surely but *we advance* surely"也.

名學家謂此種句法,無異數句,譬如云"John gave me a book and a sovereign,"無異"*John gave me a book,*" "*John gave me a sovereign,*"之兩句;於是凡如此句法,皆可類推矣,雖然,其說有不可通者.假如吾云"Charles and

Thomas are brothers;" 此必雙舉而後可言，不得分言 *Charles are brothers, Thomas are brothers* 也，他若 "*3 and 5* make 8," "The boy has a *red and white* ball," "He confounds *right and wrong*," "The path led *onward and upward*," "He came *now and then*," "I saw the Russians *here and there*," 諸如此類，其合言者與分言之意大異，且有時有必不可分者，然則名學家之說，須尙有分別明矣.

然有可知者，如字為挈合字所連綴者，其所牽連之字，不但必須同部，且須銖兩悉均而後可，如名物則同位，如云謂則同情，區別形況則同度，違此則其語為不通；其例曰：Coordinative Conjunctions must always join words and clauses which stand in the same relation to the other parts of the sentence.

§ 145. 論橢句 ELLIPTICAL SENTENCE.

橢句 elliptical，與節省句法最相類，然而有別，節省句法於平等合沓諸句之中，緣其相同，故不複敘，其複敘者，必相同也. 至於橢句不然，其所省之字，雖思而可得，使其敘明，則不必與上文所已見者正同無異；如云 "He is taller than I," 此橢句也，使全敘之，則云 "He is taller than *I am tall*," 又如 "This does not cost so much as that," 亦橢句也，全敘為 "This does not cost so much as that *costs much*," 所省之文，與前文不盡似，故稱橢句，所以別於節省者.

§ 146. 論包孕句法 COMPLEX SENTENCE.

包孕句法者，句中有句主，有謂語，而正者而外，別函子句，其中亦有句主謂語，故論包孕句法，須察子句之有幾種. 子句有三種, Three kinds of Subordinate Clauses:—

1. 一曰實字子句,代實字用者 Substantive Clause.
2. 二 „ 區別 „ „ „ 區別 „ „ Adjective „
3. 三 „ 疏狀 „ „ „ 疏狀 „ „ Adverbial „

凡一句之中,有如是之子句者,皆爲包孕句法,其句可稱母句 CONTAINING SENTENCE, 爲所包孕者,可稱子句 CONTAINED CLAUSES.

請列句式如下

如今云 "The Japanese announced *the destruction of Retvisan*," 此簡句也,今改云 "They announced *that Retvisan has been destroyed*," 此則包孕句法,其子句 *that Retvisan has been destroyed*, 即代前句之受事仂語 *the destruction of Retvisan*, 故爲實字子句.

假如云 "He has lost the book *given him by me*," 此簡句也,今改云 "He has lost the book *which I had given him*," 便成包孕句法, *which I had given him*, 乃區別子句,所以言何等之書,以代前句中之區別仂語 *given him by me.*

假如云 "The boy went out to play *on the completion of his task*," 此簡句也,今改云 "The boy went out to play *when he had completed his task*," 便成包孕句法, *when he had completed his task*, 言如何而後出戲,故爲疏狀子句,所以代疏狀仂語 on *completion of his task.*

要知子句,乃以數字代一字之用,故當析句盤詰之頃,此等子句,視同一字;如云 "*That he speaks truth* is undeniable," 首四字,與一名物其用正同,猶上兩節子句之一爲區別,一爲疏狀也. 此下乃取三種子句而詳論之.

海上絲綢之路文獻集成 科技與文化編

§ 147. 論實字子句 SUBSTANTIVE CLAUSE.

一實字子句之在一母句也，可以爲句主，可以當受事位之名物，可以爲解釋之句，可以用於無定式兩用式與一切介系字之後，總之同於一實字而已，故曰實字子句也。

實字子句，其發端往往用 that，或用一問語之 how 字。然有時並此可以不用；如云 "I saw *he was tired*," 其後三字乃子句，然不用 *that* 爲紹介也。

包孕句法如 "I know *that he did it*," 此子句 *that he did it*，乃同一受事名物，爲 *know* 字之所及者。

如 "He asked me *how old I am*," 子句 *how old I am*，乃爲間接受事，與 *me* 字同爲 *asked* 之所及，他若 whether, if 等字，均可用以紹介如是之子句；如云 "He asked me *whether* I was hungry," 或云 "He asked me *if* I like to go."

其有用爲句主者；如云 "*When I set out* is yet uncertain," 首四字乃子句，然而母句之主也。

其有用以解釋一實字者；如云 "The idea *that I shall give my consent* is ridiculous," 此以子句 *that I shall give my consent*，釋實字 *idea* 爲何等也。其句譯爲中文，爲 "謂吾將許之此想可發笑，" 於此見中文句主與謂語，常須切密而後意顯，不能如西文之無妨懸隔。又如 "Why we have done this, *that we have let Israel go*," 譯云 "竟令以色列行，吾何因而爲是，" 在中文須先以釋語提明，而後以是字代前語，蓋西文 *this* 所代，即後之子句，而子句乃釋稱代 *this* 者。

其用於介系字之後者；如云"We should have arrived sooner, but *that we met with an accident*,"句中 *but* 字作'除却'解，作'若非'解，蓋語意云"若非遇不意事當早到也；" *but* 字之後，乃爲子句，合爲早到之疏狀屬詞.

有時先以 it 字代子句，而敍子句於其後；如云"*It* is not true *that he died yesterday*."

§ 148. 論區別子句 ADJECTIVE CLAUSE.

子句之用，等於區別字者，謂之區別子句，其入句也，皆於實字之後，用複牒之稱代爲介紹，或用複牒之疏狀字；如 Which, that, what, who, whom, when, where, 之類是已.

假如云"Look at the exercise (試練文字) *written by me*," 簡句也；今云"Look at the exercise *which I have written*," 則以子句見試練文字之爲何等，故其用與前仂語，皆同一區別字，如"Look at *my* exercise," 其意亦可粗達，與前之仂語子句，差相似也.

又如云"That is *my* house," 此用一字爲區別也，今云"That is the house *where I dwell*," 便成包孕句法，其中 '*where I dwell*' 一語，又同於 *in which I dwell*，故 where, when 諸此類字，其用皆同一複牒稱代，而前有介系者.

有時複牒稱代，竟可不用；如云"Where is the knife *I gave you*;" 於 *knife* 之下不用 *which*，其語亦通.

又有時區別子句，可作句主受事之實字用者，如云"*Who steals my purse*, steals trash;" 依常例，句首當用 *He* 字. 至如"I heard *what he said*," "There is no truth in *what he said*," 則 what 字等於 that which 二字聯用者

子句在 Such—as 之後者,亦作區別子句觀;如云 "I do not like *such* books *as* he writes," 後三字 *as he writes*, 自是言書之何等,故爲區別子句. 他若 same—as 之後,其例同此.

§ 149. 論疏狀子句 Adverbial Clause

在母句中,其用同於疏狀字者,謂之疏狀子句,其所疏狀者,云謂可也,區別可也,他疏狀字亦可也,如云 "He was writing a letter *when I arrived;*" 後三言成子句以明 *was writing* 之時. 如云 "He still lay *where he had fallen,*" 後四言爲子句以指所 *lay* 之地. 如言 "I gave you this ring *because I love you,*" 後四言子句以明 gave 之何因,凡若此者,皆子句而有疏狀之用者也.

疏狀子句可分八種

1. That which relates to Time, 以言其時; 如云 "Every one listens *when he speaks,*" 此等子句多用 when, before, ere, after, while, whilst, since, until, &c. 爲發端.

2. That which relates to Place, 以言其地; 如云 "*Whither I go*, ye cannot come," 此等子句多用 where, whence, whither 等爲發端.

3. That which relates to Manner, 言其情狀; 如云 "It turned out *as I have expected,*" 此類子句以 as 爲發端者最夥.

4. That which relates to Degree, 言其程度; 如云 "He is not so tall *as I thought,*" 此爲縮句,蓋全敘之,其末尚有 *he was tall* 三字也. 前三種所疏狀者,專屬云謂,而此種既言程度,須得區別疏狀二部,其發端常用 as 與 than

海上絲綢之路文獻集成 科技與文化编

二挈合字,此定法也,前語所比較者乃其人之長 tall, 而其前之 so 字,與其後之子句,同爲疏狀此字之用　假如云 "He is taller *than his brother*," 則 than 字之後亦爲子句,蓋此亦橢句,其所削者乃 *is tall* 二字也.　又如云 "I love study more *than ever*," 其後半亦爲疏狀橢句,全敘之當云 than ever I loved study much, 其 ever 字,乃牒前之疏狀字,所以牒一切前此好學之情者也.　假如句法爲 "*The more I learn* the more I wish to learn;" 此中二 the 字,皆與尋常不同,前論區別及指部既已言之,蓋常法 the 字,乃指物區別,而在此爲疏狀,義同 thus much, 以疏狀前後二 more 字也.　首四字爲疏狀子句,以斟酌後半句之 more 字,而著其程度.

5. That which relates to Cause, 言其原因;如云 "I love him *because he is my benefactor*," 又 "He could not have seen me *for I was not there*," 凡此等子句,其發端例用 because, for, 等字.

6. That which relates to Purpose, 言其所由,所由與原因異者,原因得於物理之自然,所由出於人情之有爲;如云 "He labours *that he may become rich*," 又如云, "I will not make a noise *lest* (爲恐) *I should disturb you*," 此類子句,有時可用虛擬語氣,如第二句是.

7. That which relates to Consequence, 言其效果;如云 "He ran *so* fast, *that he was out of breath;*" fast 字疏狀云謂 ran 字,而其前之 so 字,與後之子句,皆疏狀疏狀者也.又如 "I will not open my mouth *so* wide *as a bristle may enter*," 此 wide 字,疏狀 open 字,而其前之 so 字,與其後之子句,亦皆疏狀 wide 字者也.　特前子句,以 that 字發端,後之子句,以 as 字發端,以文法言,用 as 字爲較合也.

8. That which relates to Condition, 言其有待而後然.疏狀子句,此類最繁.然無難別識,蓋其發端,大抵用以下諸挈合字,如 if, unless, except, though, although, however, whoever, whatever 等. 子句所言,乃其所待,故謂之待然之句, Conditional Clause; 或為擬議之句, Hypothetical Clause; 或為縱予之句, Concessive Clause; 而其母句所言,乃其效驗,故謂之遂事之句, Consequent Clause.

此在中文,如"我欲仁,斯仁至矣;""如有用我者,吾其為東周乎;""使驕且吝,其餘不足觀也已;""未有仁,而遺其親者也;"漢書穆生云,"不去,楚人將鉗我於市;"凡此皆子母句,前為所待之句,後為遂事之句,特中文例多櫥削,故難猝明耳.

然而所待之事,有為事實,有為非事實,而姑設是想者;如前則宜用實指語氣,如後則宜用虛擬語氣,而其發端之用 if, though, as 與否,又不論也,故此類疏狀子句,可遞分為二別:—

A. 所待之事,實有此境, i.e. which was, is or will be real, 如是者,用實指語氣 Indicative Mood. 如云"If the prisoner *committed* the crime he *deserves* death," "If he *did* not, all the witnesses *swore* falsely," 又 If your father *is* at home I *shall see* him," 又 "If your letter *is finished*, please *bring* it to me," 凡此皆用實指語氣,無虛擬者也,如中文"今日之受是,則前日之不受非也;""如知其非義,何待來年,"等語,皆言事實者.

其所謂縱予句法,則用 though, although, even, as 等字為發端;如云"*Though* he *was* there, I *did* not *see* him," "Bad as the accommodation *is*, we *must put* up with it," 以所

海上絲綢之路文獻集成 科技與文化编

言爲事實,故亦用實指語氣,中文如"縱然一夜風吹去,總在蘆花淺水邊,"是已

B. 若所待之事,本無此境,而特爲之擬議意設,如此者,例用虛擬語氣 Subjunctive Mood.

使所設想者,意存於現在,則句中云謂字,例用虛擬之過去;如"If she *were* here she *would be scared* to death,"所言之頃,此婦固不在也.

使所設想者,意存於既往,則句中云謂用過去之既事, past perfect; 如"If our horse *had* not *fallen* down we *should* not *have missed* the train,"當言之前,其馬固已躓也. 凡此皆與事實相反者也.

乃至意中所願欲之事,亦可用虛擬語氣;如云"I wish that he *were* here,"蓋欲其在此而實不在也.

使所設想者,意存於將來,而其事在或然或不然之數,其句中云謂用虛擬之現在;如云"If the weather *be* fine I will come to-morrow."

使所設想者,係泛論事理,無九候之別者,其云謂字同前;此如云"If the line *be bisected* its segment will contain a square,"又"If thy right eye *offend* thee, pluck it out,"又"We will start to-morrow, though it *rain* cats and dogs."

迺當用 If 字爲發端者,亦有時省去,而虛擬之語氣自若;如云"*Had* I *known* this, I *would* not *have come* here,"此與"*If* I *had known* &c."其用無異.

篇六十 CHAPTER XVI.

造句集例 SUMMARY OF THE RULES OF SYNTAX.

§ 150. 此篇所集諸例,大要皆前十餘篇所已言者,以欲便於學者誦習之故,特類聚而分釋之於此. 欲諸例之嫺熟,須有問答練習之事,此當求於英文法諸書,非茲篇之所暇及矣.

Rule I.

A finite verb is in the same number and person as its subject: 有專屬之云謂,其數與身從句主而爲異. The subject of a finite verb is said to be in the Nominative Case: 句主常在主名之位; 如云 "I *am*," "He *thinks*," 不得云 "*Me* say," 亦不得云 "I *love-s*," 或 "They *sleeps*."

Rule 1. A. Singular Nominatives connected by *and*, require the verb and pronoun to be in the plural: 主名雖單,然合沓不一,而用'及'字爲關合者,其下之云謂字稱代字,例用衆數者; 如云 "England, Scotland *and* Wales *form* Great Britain."

Rule 1. B. Singular Nominatives separated by *or* or *nor*, require the verb and pronoun to be in the singular: 主名單而不一,用'或'字爲分析者,其云謂稱代,例用單數; 如云 "John *or* his brother *takes* your book."

Rule 1. C. When Nominatives of different numbers are separated by *or*, or *nor*, the verb and the pronoun must be in the plural: 主名單衆不等,雖用'或'字分析,其云謂稱代,均

用衆數者；如云 "Neither the teacher nor the students *have* arrived; *they* were expected earlier."

Rule 1. D. When Collective Nouns imply plurality the verb and the pronoun are plural: 總名用於句中，其義爲衆者，其云謂稱代皆用衆；如 "The people *give* their opinion." When unity or oneness is implied the verb and the pronoun must be in the singular: 若其義爲總言，則云謂稱代皆單；如 "The mob *is* now dispersed, it *was* very riotous."

Rule 1. E. Nouns with plural signification used figuratively in the singular form, require the verb to be plural: 主名之字，用以舉數，形單而意衆者，其云謂宜從衆；如云 "There *are* seventy head of the cattle in the meadow," 他若 'Ten sail of the line,' 以言舟師；'Five hundred horse,' 'Three thousand foot,' 以言步騎等，皆循此例.

Rule 1. F. Some nouns which have plural termination are used with verbs in the singular: 主名有形衆而例作單用者；如 "What *news is* abroad." Some are used with verbs in the plural: 然亦有獨具衆形，例作衆用者；如云 "*Riches take* wings and *fly* away."

Rule 1. G. The verb '*to be*' takes a Nominative case after it as well as before it: 云謂如爲也等字，其前後皆主名之位；如云 "*He* is a *king*."

Rule 1. H. When a Noun or a Pronoun followed by participle, neither governs nor is governed by any word, it is in the Nominative Absolute: 名物或稱代與兩用式獨用，與中他字無涉，謂之無對待主名；此如 "*He being* penitent, ...rdoned him."

§ 151. Rule 2

The Objective case follows active verbs or prepositions: 名物在刚聲云謂之後,與介系字之後者,為受事之位;如 "You see *me*," "He called on *me*."

Rule 2. A. The direct object of a transitive verb is put in the objective case: 及物云謂其所及之物,例居受事位;如云 "The lightning *struck* the *tree* and *made it* wither."

Rule 2. B. The verbs *teach, ask, forgive, tell,* &c., take two objectives, one of a person and the other of a thing: 如'敎' '問' '宥' '告'等云謂,其下例有兩受事,其一為人,其一為物;如 "He asked *him his name.*"

他若 *make, name, call, esteem* 等,亦有兩受事字,而言同物;如 "They made *Peter King*," "He calls *me* a *coward.*"

Rule 2. C. Passive voice when the verb signifies asking, telling, teaching, granting, refusing, showing, paying, promsing or offering, may be followed by an objective: 柔聲之云謂,其下例無受事名物,(以句主乃受事故),然使其云謂字為'問' '告' '敎' '准' '辭' '示' '給' '賜' '諾' '許'諸義,則其下可更有受事者,(其理與前例通);如云 "He was paid *a large sum* of money for his service," 又如 "I was shown *the picture gallery,*" 或云 "The picture gallery was shewn *me.*"

Rule 2. D. Prepositions govern the objective case: 介系字後,例為受事;如云 "I sent a book *to him,*" 又如 "The ship sails *across the sea.*"

Rule 2. E. The objectives case in sometimes used after intransitive verbs to express Time—how long? Space—how much? without a preposition: 不及物之云謂,例無受事,然使著

一名物，以著時間之長短，空間之遠近廣狹，則其名物在受事位，而其前不必有介系字；此如 "The battle lasted the whole *day*," "He slept three *hours*," "I walked two *miles* per day."

Rule 2. F. *Than* and *as* are conjunctions they never govern the objective: 凡挈合字，其前後之名物，位必平均，故云其攝受事字者誤；如云 "He is better than *I*," 然亦可云 "She loves him better than *me*," "He writes as well as *I*,' 然亦可云 "I told him the same as *her*," 視所比爲何事，前之 *me* 爲 loves 之所攝，後之 *her* 爲 told 之所攝，非 than 與 as 之所攝也.

§ 152. RULE 3.

When two substantives so come together that the latter is considered to belong the former, the former is put in the Possessive case: 兩實字毗連，而後爲前之所有者，其前字居主物之位；如云 "*Richard's* apple," 於中文則用之字綴之，於西文則末綴 s 而上加省點 apostrophé.

Rule 3. A. When something belong to two or more persons in common the inflexion of the possessive is placed only after the last of nouns which denote the possessors when they followed each other immediately: 如有一物，爲數人之所主，而其名緊列無間字者，其主物變形，用於最後之名而已足；如云 "This is Smith, Brown and *Collinson's* shop," "In William and *Mary's* reign &c."

Complex Name has possessive inflexion in the end: 多字之名，其變形亦在末字；如云 "*The Prince of Wales'* yatch."

Rule 3. B. But when any words intervene between the names the inflexion of possessive has to be put on each of them: 如列名之間，又有餘語，則名名皆變；如云 "Not the *Invincible's* (船名) nor the *Victory's* (船名) but the *Andromedæ's* 船名 crew has been paid off."

Rule 3. C. The name of thing possessed may sometimes be omitted when it can be readily supplied by thought: 所有之物，可以意會者，可不必言；如云 "I bought this at *Jacque's*," 此猶言 at Jacque's shop 也，又如云 "We went to attend the service at *St. Paul's*," 此爲敎寺亦可意會者也. 大抵行文用 of 以見所屬者爲多，惟其下無實字者，則用主物之式爲最宜；如云 "The earth is the *Lord's*," "This book is one of *my brother's*," 等語是已.

§ 153. RULE 4.

When Nouns are in apposition, they are in the same case: 名物相釋者，其位必同；如 "Napoleon Bounaparte, *the Emperor of France* conquered half Europe."

Rule 4. A. When possessives are in apposition the sign of possession is used with only one of them: 名物相釋而同居主物之位者，其一變形；如 "I have been reading an essay of *Bacon's*, the philosopher."

§ 154. Rule 5

Gerunds or Verbal nouns are those which derived from verbs: 由云謂轉爲名物者，謂之虛字實用；如云 "Early *rising* is conducive to health."

Rule 5. A. The Verbals in *ing* may like other nouns, take *of* after it: 虛字實用, 與他名物相係, 其法同實字; 如云 "The *cheering of the people* gratifies the sovereign."

Rule 5. B. But it has the power of governing a noun in the objective like other verbs: 虛字實用者, 其下可攝受事位之名物; 如 "The *receiving this news* gave him great pleasure."

Rule 5. C. Verbals can be used after a possessive: 虛字實用, 理同名物, 故可爲人所有; 如 "My *friend's deserting* me, gave me trouble."

§ 155. Rule 6.

Pronoun must agree with the nouns they represent in Gender, Number and Person: 稱代之身屬數, 皆與所代之名物同; 如 "The officer has returned *he* is praised for *his* courage."

Rule 6. A. When antecedents of different persons are connected by *and*, the Pronoun plural agrees with the first rather than with the second, and with the second rather than with the third: 稱代字所代之名物不一身, 第一與第二並見者, 則取第一; 第二與第三並見者, 則取第二; 如 "He and I have made an arrangement, *we* require no assistance now."

Rule 6. B. When pronouns of different persons are mentioned together, the second precedes the others, and the third precedes the first. But when the pronouns are plural, the first precedes the second, and second, the third: 異身稱代並見, 設其數爲單, 則先第二, 次第三, 而後第一: 如 "*You*

海上絲綢之路文獻集成　科技與文化編

and *he* will go," "*He* and *I* now agree," 但設其數爲衆,則首第一,次第二,三第三;如 "*We* and *they* start to-morrow."

Rule 6. C The neuter pronouns *it*, may represent nouns or pronouns of any gender, number and person, and may sometimes stand in the place of a phrase or a clause 稱代之 it 字(猶中文之'其'與'之')無所不可代,不論其何屬何數何身也,且有時可以代一語;此如 "It was *I*," "It was *you*," "It is a Christian duty *to love your enemies*," "It is certain *that he lied*."

Rule 6. D. When *as* has the force of a relative pronoun, the verb after it agrees with its antecedent: 假 as 字作複牒稱代用,其下之云謂字,必與其所牒之名相得;如云 "His *statements* are *as* follow," but "His *statement* is *as* follows."

Rule 6. E. The relative *which* has sometimes a clause as its antecedent: 複牒稱代,雖用以牒一子句可也;如 "*He is fond of study* which I am glad to hear."

Rule 6. F. After the interrogative *who*, the adjective *same*, the adjective of the superlative degree, and after two or more antecedents one requiring *who* and the other *which*; the relative *that* should be used: 在問語 who, 區別字 same, 他尤最程度之區別,或所牒者多,人物並有,凡如是者,其複牒字均應用 that, 不宜用 who, which 等字;如 "*Who that* has examine him, can doubt his guilt?" "The *same* story *that* you told before." "Newton is the *greatest* philosopher *that* England has produced." "The *men* and *measures that* you talk about."

Rule 6. G. The relative should be placed as near as possible to its antecedent: 複牒稱代與所牒之前名宜極相近爲

次；如"I required *the officer who* arrested the man to state the charge against him,"假如略易其次，其意可以大異；如云"I required the officer to state the charge against *him who* arrested the man,"又如"*I who* arrested the man required the officer, &c.,"更無論矣.

Rule 6. H. If no nominative come between a relative and a verb, the relative must be put in the nominative case: 子句，複牒字與云謂字之間，如無主名之字，則複牒即其主名. Otherwise the relative shall be in the objective case governed by the verb or a preposition: 不然，則複牒字在受事之位，而爲子句中云謂字若介系字之所攝；如"The boy *who was* here is gone,"又如"The boy *whom you saw* and *to whom* you spoke, is gone."

Rule 6. I. When a clause is used in the place of a subject, an antecedent may sometimes be omitted: 有複牒而無前名，則以子句代句主者也；如云"*who will*, may weep," "*Who seizes too rapidly*, drops as hastily"(其進銳者其退速).

Rule 6. J. The relative in an attributive clause is often omitted: 區別子句中，所應用之複牒稱代，多竟省不用者；如"I received the books you sent me."

Rule 6. K. When the demonstratives relates to two different subjects previous mentioned, *This* retates to the *second* which is nearest, *That* to the *first:* 凡上文有兩事，後以'彼''此'指事爲言者，以'此'言後，以'彼'言前，蓋後近而前遠也；如"Laziness and industry lead to different results, *this* to comfort and respectability, *that* to want and degradation,"常法又有用the *former* 前 the *latter* 後；the *one* 其一 the *other* 其餘者；皆以第一指近者，第二指遠者.

§ 156. RULE 7.

Every adjective refers to some noun or pronoun expressed or understood, or to some clause equivalent to a substantive: 凡區別字,必有所區別之名物,明敘可也,不敘而意會亦可也,且有時所區別者,乃一子句中所言之事理;如云"The good men are happy,"前之 good 字下有名物,後之 happy 字下無名物,然而 *men* 字可以意會;又如云"*That he should have refused the appointment*, is extraordinary,"此末一字所區別者,即係前言之事.

Rule 7. A. An adjective may be used substantively: 區別字可作實字用;如云"The good are happy,""The merciful will be blessed,"但此等用法,於其前宜用 the 字,其下之云謂,設言人則用衆,言德則用單.

Rule 7. B. Distributives such as *each*, *every*, *either*, *neither* are used before nouns in the singular: '每''各'等字,其義皆單舉,故其下之虛實字,用單數者;如云"*Every man has* his own vote,"然亦有時可衆;如云"*Every fifty men were* formed into a company."

Rule 7. C. Demonstratives agree with its noun in number: 指事之區別字有單衆;如云"*These* books are worthless," "I know *this* man."

古之英文,若今德法文區別字之陰陽單衆隨所區之名物爲變形;後乃不然,漸歸簡易,若 *this*, *these*, *that*, *those* 等字,乃其僅傳者也.

Rule 7. D. Plural numerals may have singular nouns: 舉數之名以單爲衆;如云"*Ten sail* of the line," "*Three brace* (雙) of pheasants,"餘見前 §24.

Rule 7 E. *Much, little, whole* are used only with nouns of quantity; *many, few, several,* with nouns of number; and *some, no, all, enough, any,* with nouns of either: 區別如 *little, much, whole* 等,用於可量不可枚舉之物;若 *many, few, several,* 則用於可枚舉者;而 *some, no, all, enough, any* 等,則於二者名物之前,皆可用;如云 "I will not take *much* wine," "You have *many friends.*"

Rule 7. F. *Many* may sometimes be used with a singular noun with indefinite article *a* between them: *Many* 言多,然有用於單數名物時,特於名物之前,加一指件之 a 而已,此相傳古習,不知其故者;如云 "*Many a* time," "*Many a man,*" "Full *many a flower* is born to blush unseen," (好花多是無人見).

Rule 7. G. The Correlative to *such* is *as*: *Such* 與 *as* 爲相應字; 如 "*Such* men *as* these do not suit me," "*Such* a scene *as* this is too painful for her."

Rule 7. H. The Comparative is used when two are compared, the superlative when more than two: 比兩物者用較勝,比三物以上者用尤最程度;如云 "This is the *better* house of *the two,*" "This is the *best* scholar in *the class.*"

§ 157. Rule 8.

The definite article is used with either number but the indefinite with singular only: 指件之字,如 the, 其下名物可單可衆,但於 a 若 an 之下,則可單不可衆;如 "*The* good boys," "*The* pretty girl," "*An* apple;" 然亦有變例;如云 '*A* hundred men;' '*A* few boys;' '*A* great many people' 是已.

Rule 8. A. The definite article points to some particular person or thing; but the infinite is put before nouns used generally: *The* 字猶中文之此字，言者之意有所屬者；*a* 字猶一字，任指其類之一可也；如云"*The* emperor is now better," "*An* emperor is the monarch of an empire."

Rule 8. B. When a noun stands for a whole species which is made up of separate individuals, the definite article must be used: 假使一名物統一類之物而言之，則其上當用 the 字；如云"*The* lion is the strongest of all quadrupeds."

Rule 8. C. Before the name of material and abstract noun the article is omitted: 若名物字乃物材，可量而不可數者，又若其字爲懸名，則指件之字常勿用；如云"*Silver* is lighter than gold," "*Blood* is thicker than water," "*Generosity* is praiseworthy."

Rule 8. D. After the words *such*, *many*, *what* and adjectives preceded by *too*, *so*, *as*, and *how*, the indefinite article should be used; but after '*all*' use the definite: 在 *such*, *many*, *what* 之下，或區別字之下，而其前得 *too*, *so*, *as*, *how* 等字爲疏狀者，例應用 *a* 與 *an*；獨 *all* 字之下則用 *the*；如云"*Such a* friend as he," "*Many a* time," "*What a* trouble," "*So* large *a* house," "*Too* good *a* boy," "*How* timid *a* creature," "*All the* earth."

Rule 8. E. When several adjectives, qualifying a noun refer to the same person or thing, the article is used only before the first: 一名物而得區別字甚多，使所言者不過一物，其指件一用於其初而已足；如云'*A* black and white ball,' 此言一球而有黑白二色者；假如云'*A* black and *a* white ball,' 此言一球黑一球白，乃兩球也；又如云"*An* amiable and

海上絲綢之路文獻集成　科技與文化編

learned friend is invaluable," 又如云 "*An* amiable and *a* learned friend are worthy of one's regard," 此亦前言一人而後言兩人者也.

§ 158. Rule 9.

Adverbs should be placed nearest the words they qualify, usually before the adjectives, after the verbs and between the auxiliary and principal: 疏狀字雖可移易,然以最近所揭酌之字爲常法,如於區別則居其前,於云謂則居其後,如遇二字之云謂,則介於其間,此通例也; 如云 "Henry lives in a *very* large house, and pays *dearly* for it, although he has *lately* sustained a *most* serious loss."

Rule 9. A. The adverb does not often separate the verb and its Objective: 雖然,云謂與其所及之物,宜最親切,故少爲疏狀字所分隔者; 如云 "He told his story *truly*," 乃常法,雖 "He told *truly* his story," "*Truly* he told his story," 均無不合之文法也.

Rule 9. B. When the predication is qualified, Adverb is often put first: 設所疏狀者,卽所言之情事,則先言之; 如云 *Unfortunately* he thinks too highly of himself."

Rule 9. C. Interrogatives are always the first word of the question: 發問之字,宜居句首; 如云 "*When* will you go?"

Rule 9. D. The adverbs *never*, *always*, *sometimes*, *often*, *&c.*, are generally put before the verb qualified, or between the auxiliary and the principal: 疏狀字如 *never*, *always*, *sometimes*, *often* 等,常居云謂之前,或介於二字之間; 如 "He *always* walks before dinner," "He is *always* kind," "He was *never* loved."

Rule 9. E. Two negatives make an affirmative: 兩否乃成一然，再負常爲一正：故言無所聞者，常云 "I have heard *nothing*," 或云 "I have *not* heard *anything*,' 不得云 "I have *not* heard *nothing*;" 此例下流人常犯之.

Rule 9. F. The reply "*yes*" or "*no*" refers to the declaration whether affirmative or negative; but not to the declaration whether true or untrue. 凡答語，用 *yes* 與 *no* 者，乃卽其語之正負而答之，非以其語之是非而答之，假如有人見天氣不佳，告我云 "It is *not* a fine day," 吾見其語爲然，便答云 '*No*,' 與之相應作負，不當以其語不錯，遂云 *Yes* 也，言 *Yes* 者無異與爲反對，而云天氣佳也，此例中國人習西語者每犯之.

§ 159. RULE 10.

The third person singular number of the auxiliaries *need* and *dare* are without *s*: 助謂如 *need* 與 *dare* 無論何身單衆，概不加 s; 如云 "He *need* not go," "She *dare* not come," 再 need 字有 s 者，其義與以上之 need 字異；假云 "He *needs* money," 此言其無財；又如云 "He must *needs* go through Samaria," 此又爲疏狀字，與上之兩作云謂用者又皆異也.

Rule 10. A. Some intransitive verbs have their perfect tense formed by means of the auxiliary "*be*" followed by perfect participle: 有不及物之云謂其旣事之式，用 be 不用 have 者；如云 "I *am* come," "He *was* gone."

Rule 10. B. A plural used as the title of the book or denotes a whole of some kind the verb must be in the singular: 書名雖係衆形，其云謂宜單數，句主雖衆數，然意在一

物者,其云謂亦宜單;如云"*Lives* of the Poets' *is* a work of great interest," "Forty *miles is* a good distance," "Two *thirds* of this *is* mine."

Rule 10. C. Some verbs can be used both as transitive and intransitive: 云謂字有可及物可不及物者;如云"He *moves* the table," and "the table *moves*." "He *breaks* the glass," and "The glass *breaks*."

Rule 10. D. Intransitive verb can take an object akin in meaning to the verb: 不及物之云謂,其下可以有受事字,其義卽從云謂而來者;如云"He *ran* a *race*," "I *dreamed* a *dream*," "They *went* their *way*."

Rule 10. E. Intransitive verb can take an object to express space and time: 不及物云謂,其下能有時間空間之受事字,其用蓋同於疏狀;如云"He slept *three hours*," "I run *two miles*."

§ 160. Rule 11.

The indicative mood is used in all kinds of declarative and interrogative sentences: 凡直疏發問之句法,皆用實指語氣;如云"John *has gone to* France," "When *will* the work *be completed?*"

Rule 11. A. The indicative mood may be used with conjunctions *if*, *unless*, *though*, *although*, *&c.*: 實指語氣亦有用'假使,' '縱令,' '雖然,'爲發端者;如云"*If* you *finished* your lesson, you may go to play."

§ 161. Rule 12.

The subjunctive mood is used when a statement, question, or supposition relating to an event or state which is only *thought of* and which is not a *matter of fact:* 使所言之事僅存設想而非事實者,則用虛擬語氣;如云"If he *were* here he *would* act differently," 此其人不在而設思之詞也.

§ 162. Rule 13.

The imperative mood is sometimes used absolutely: 祈使語氣之云謂,有無所攝屬而獨用者;如云"Let us have some money; *say*, ten pounds," 句中 *say* 字即係如此用法.

§ 163. Rule 14.

After the verbs *behold, bid, dare, feel, find, hear, know, let, make, need, observe, perceive, see, have, &c.*, come the infinitive without '*to*': 於以上諸云謂字之後,用無定式者,例不更著 to 字;如"I *see* the sun *rise*," "I *have observed* him *study* very diligently;" 其在 passive voice 者,不在此論;如云"The sun *was seen to rise* on the horizon."

Rule 14. A. The infinitive is sometimes used absolutely: 無定式有無所攝屬而獨用者;如云"*To tell* you the truth, I have no high opinion of him."

§ 164. Rule 15.

Verbs that depend on one another must be put in corresponding tenses: 句中所用之云謂字,其候之去來今,必使相應;如云"He *does* this that he *may please* you," "He *will* do this that he *may please* you," "He *has done* this that he *may please* you;" 獨至過去之候,則云"He *did* this that he *might please* you;" 又如"He *says* that he *is* better (愈)," "He *said* that he *was* better;" 蓋病痊之事,固有異時故也. 是以事有不以時變者,不在此論;如云"He

英文漢詁

allowed that all men *are* liable to err," "He *denied* that God *exists*," 其後半皆不以時變之事理.故不從其云謂之異候而爲殊.

§ 165. Rule 16

More futurity is expressed by *shall* in the first person and by *will* in the second and third: 以指將來之候,於第一身用 *shall* (須),於第二三身用 *will* (欲); 如云 "I *shall* see you to-morrow," "He *will* come here soon."

Rule 16. A. The determination of the speaker is expressed by *will* in the first person, and *shall* in the second and third: 於第一身用欲,於第二三身用須者,以見言者之有所主張,不僅說將來之事而已; 如云 "I *will* not give in," "Thou *shalt* not lie."

§ 166. Rule 17.

The participle is often used absolutely: 兩用式之云謂常可獨用; 如云 "*Calculating* roughly, it will cost five pounds."

Rule 17. A. When a participle is used as an adjective, the active is to qualify noun which is an agent of the action signified by the original verb; and the passive: to qualify an object of the action: 以兩用式之云謂爲區別字用者,須分施受,施者著其物之所能爲,受者著其物之所受事; 如云 "A *galloping* horse," 方馳之馬,馬能馳也; "The *galloped* horse," 所馳之馬,馬之被驅者也. 假如以繩量物,量物之繩稱 "The *measuring* line," 若云 "The *measured* line," 則此繩爲他度所量者矣. "The *loving* son," 孝子也.愛親之

子也;"The *loved* son," or "the *beloved* son," 驕兒也,爲親所愛者也. 中國初學人,往往於二者不能辨.於句法之剛聲柔聲亦然.

§ 167. Rule 18.

Certain words must be followed by particular prepositions: 用介系字於虛實各字之下,常有定法;如云"I *Confide* (倚信) *in* your promise," 於 *confide* 之下必用 *in* 字爲介系,設用他字如 to, on, through 等字,便不可通. 他若 *similar* 之後用 *to*, *different* 之後用 *from*, 而 difference 之後又用 *between*, 皆定例也;此當於讀文字聽言語時留意久則自知,今欲求便學人,爲列百餘常用之字如下,不能盡也.

Abhorrence *of* 惡,憎
Abound *in* 富於(某物)
Abridge *of* 節去,删却
Accede *to* 到得
Accord *with* 合(不及物)
,, *to* 依(及物)
Accuse *of* 責以(某罪)
Accuse *by* 爲(某)所責
Acquiesce *in* (於某事)順受
Adapt *to* 體合(於某境)
Adequate *to* 足以
Admonish *of* 箴以(某事)
Remind *of* 誡以
Warn *of* 告以
Affinity *to* 以一及一之愛力
,, *between* 言二物之愛力
Agreeable *to* 合於(某人)
Alienate *from* 離,止(某黨)
Ambitious *of* 熱於(某名某利)
Antipathy *to* (與某違行)異意
,, *against* 反對(意重於前)
Attend *to* 聽之(於人之詞)
Attend *upon* 伺候於人
Averse *from* 避惡
,, *to* (於某事)避惡之
Avert *from* 違之
Betow *upon, on* 加於(其身)
Boast *of* 以某事自衒
Blush *at* 於某事忸怩,面赤
Call *upon, on* 謁於(某人之門)
Clear *of* 絕於某事
Clear *from* 脫離(某物)
Compatible *with* 合於
Confer *on, upon* 賜及(某人), *with* 與商
Confide *in* 信倚
Conformable *to* 與(某法)合
Congenial *to* 與(某)同(物)
Consonant *with* 與之相和

Consonant *to* 和之
Convince *of* 篤信(某理)
Correspond *with* 與之相應
" *to* 應之
Deficient *in* 欠於(某物)
Depend *on, upon* 恃倚
Derogate *from* 減
Derogatory *to* 有損於(彼)
Devolve *on, upon* 歸於
Differ *with, from* 異於
Different *from* 別於
Diminution *of* 減却
Discouragement *to* 使人氣索
Dissent *from* 與之不合
Distinguished *from* 與(某)有異
Enamoured *of* 篤嗜
Endeared *to* 爲某所愛
Endowed *with* 遺之以
Enjoin *upon* 禁
Exception *to* 不在此例
Exclusive *of* 除却
Fall *upon* 見於某處
Fall *under* 歸於某類
Fawn *up* 媚於
Foreign *to* 於某事爲外數
Frown *at* 待以冷面
Greedy *of* 貪於
Ignorant *of* 闇於
Inculcate *upon* 習以
Independent *of* 無待於
Initiate *in* 新進於
Inseparable *from* 不得由之而分
Intent *upon, on* 屬於
Inured *to* 習於
Militate *against* 與之爭鬭
Mistrustful *of* 心疑於
Overwhelmed *with* 覆以
Prejudice *against* 損於
Prejudicial *to* 於某事不利
Proud *of*, Glad *of* 以某事自喜
Pursuance *of* 照得, 依於
Pursuant *to* 隨, 從
Recreant *from* 怯於
Reflect *upon* 慮在
Versed *in* 熟於
Want *of* 欠
Deficiency *of* 短於
Rejoice *at* 樂以
Grieve *at* 憂在
In relevant *to* 無關於
Indifferent *to* 不關痛癢
Rely *upon, on* 全恃在
Replete *with* 盈以, 實以
Repine *at* 怨望
Significan: *of* 寓意, 由之可知
Smile *at* 哂之
Sympathize *with* 與之同情
Taste *of* 帶某物之味, *for* 嗜好
Thirst *after* 渴於
Triumph *over* 以之愈得
Trust *in* 恃有
Wait *upon* 侍奉 *for* 俟
Worthy *of* 値得, 合作
Guilty *of* 犯得某罪

以上所列諸字，不過取其常見者而列之，非曰某字之後，捨某字爲介系別無合用者也，大抵其所以定之者，觀上下文之何如；譬如上云 "I *confide in* his promise," 吾信其諾之不負,此用 *in* 字宜矣,而若云 "I confided *to* him *with* my secret," 吾告之以吾隱事,此其下又用 *to* 用 *with*, 而其語亦通,可知無定法達例也,學者讀書既多,自然所用皆合.

Rule 18. A. *To* or *for* is generally used before places after Verbs of Motion, *In* or *at* is used after Verbs of Rest: 云謂字之言動趨者,其下有名物以指其地,所用介系多 to 與 for; 如云 "He goes *to* Shanghai," "The ship sails *for* Foochow" 是已. 云謂之言居處者,於地名之前,多用 in 與 at; 如云 "He lived *in* Pekin," "The cargo is landed *at* Tangku" 是已. But *in* is generally used before countries, districts, &c., and *at* before a station or any other comparatively small places: 然 in 之正譯爲在, at 之正譯爲當,故 in 字常用於郡省國島之前, at 字則加於一鎮一站之上,蓋在者見其所容,當者著其定點,苟知此義,自不至或悞用也.

§ 168. Rule 19.

Some conjunctions go in pairs called correlatives; used as *Either—or; whether—or; Neither—nor; though—yet; Both—and; as—as:* 挈合字,有相應爲用者.

Rule 19. A. The conjunction *that* is usually omitted: 挈合字 that, 常以介紹子句,然可勿用,以著簡潔;如云 "He knows *I must go*," 後三字乃受事子句,法當用 that 字引起,然不用,語亦通也.

§ 169. Rule 20.

In colloquial language objective case is some times used in the place of nominative: 談言之際,有宜用主名,而當以

受事之位者；如云 "That's *him*"=that is he; "Who is there? *me*, sir," "*Whom* do men say that I am," 皆此類也，而不得以破例論.

Rule 20 A. The objective case is used in exclamations; 歎吡之詞，常用第一身之受事位；如云 "Dear *me!*" "Ah *me!*" "Oh *me* unhappy!" "*Me* to be thus jeered at!"

§ 170. RULE 21.

Great caution must be used in elliptical sentences (especially with *as* and *than*) to see the right cases are used. The best way is to fill up the ellipsis: 櫛句審位常難，須先將所櫛削者補足，則其義自見；如云 "He loves me better than [he loves] *thee*," 此見其所比擬者在受事；又如 "He loveth me better than *thou* [lovest me]," 此見其所比擬者在主名也.

篇十七 CHAPTER XVII.

析辭 ANALYSIS OF SENTENCES.

§ 171. 析辭者何,取成句之辭,而觀其句中之字之分職也,其事與前之指部 "Parsing," 稍異,指部者獨指其字之部居而已,至於析辭,則並明其當句之職,且所舉者又不嫥嫥於分立之字,其當一職,仂語 phrase 可也,子句 clause 可也. 是故析辭,有文字 grammatical 與名理 logical 之殊功,譬如言文字之句主 grammatical subject, 不過一字而已,而言其名理句主 logical subject, 常兼其屬詞 adjuncts 而舉之,而後得句中之眞主,於句主如是,於其謂語亦然,欲得句中之謂語 predicate, 一云謂字未足也,必兼其受事補詞 complement, 與其疏狀之仂語子句等而舉之,而後爲確. 如下表中所列,即照名學之法,而析句主謂語者:—

名理句主 以文字句主之名物,兼區別注解之屬詞	名理謂語 以專屬之云謂,兼受事補語與疏狀屬詞
Our *messenger*	*had* not *arrived*.
We	*will carry* all our property with us.
The village preacher's modest *mansion*	*rose* here.
The wretched *prisoner* overwhelmed by his misfortunes	*was* on the point of putting an end to his existence.
A *bird* in the hand	*is* worth two in the bush.

OTE. 文字句主與專屬云謂,皆用草書體.

故總之，自名學言，一句之中，必有兩物，亦不逾兩物，多不可減，少不可增，曰句主，曰謂語，前者以實，後者以虛，雖然，是二者非一實一虛所能盡也，故欲達吾意，必各附以應有之屬詞，如實者必得其區別，而後有以著其特異者，虛者必得其疏狀，而後有以見其情實，而區別疏狀不必皆分立之字，有時聯數字爲之，而其用正等，其不成句者曰仂語，其成句者曰子句，且有時是仂語子句中所用之虛實各文字，又自有其疏狀區別之爲附，如剝蕉，如繅繭，然一一有枝葉本幹之可尋，雖視若甚棼，而終之固不外一實之句主一虛之謂語而已，此五洲諸種語言文字之所大同，而未嘗有一國之或異，學者知此，其於文字之事無難知者矣。

§ 172. 中國文字最古，然先民從未爲之律令，如西國之文規者，其正書 Orthography，字論 Etymology，固間見於小學諸書，顧獨詳於形義詁訓，至於指部析辭之事，則寓於蒙學之屬對，與前者經義之文，以無專書，故師弟皆知其當然，而能言其所以然者寡，今欲示學者以中西之相合，試取詩古文中一二語爲式，而覈以析辭之法，庶幾可互相發明也。

則如韓退之石鼓歌，其發端云"張生手持石鼓文，勸我試作石鼓歌，"此十四字，以律令言，實爲一句，前七字爲名理句主，後七字爲名理謂語。

"張生手持石鼓文" The logical Subject.
"勸我試作石鼓歌" ,, ,, Predicate.

若以文字句法言，則'張生'爲句主，'勸我作歌'爲謂語，勸字爲專屬句主之云謂字，A finite verb agrees with its Subject

張生也。"手持石鼓文"五字,乃句主區別屬詞,所以見其異於他時之張生,謂之仂語可,謂之子句亦可,若作子句,依西文法,其前當有複牒代名之 who 字,而手持之云謂屬之,以爲仂語,則手持當用兩用式,如 handing,凡此則西文所有之殊異,而中文之所無者。其後七字,我字在受勸之位,正譯爲 me,不得爲 I,而試作石鼓歌五字,正前第百四十一欵末段,所謂無定式之補足謂語,此一說也,然或以"我試作石鼓歌"爲受事之子句,則我當譯 I,而以試作爲 finite verb 屬之,而石鼓歌爲試作之受事,亦無不可,此又一說也。總之,中西文字不同,故同一詞而有數式之譯,至於仂語子句,尤爲難分,所可知而不易者,則張生於此必爲句主,勸我作歌,必爲謂語而已,所以知上七字不爲成句,不與下七字並列爲合沓句法 Compound sentence 者,則以詩意重在作歌,其手持石鼓文,乃一時附見之事,理不得與作歌並重,凡此則意之所可通者矣。

又此篇句法,類此者尚多,即如"孔子西行不到秦,掎摭星宿遺羲娥,"孔子爲句主,西行不到秦,爲句主之區別屬辭,而掎摭與遺乃並峙之云謂字,故所不同於前者,前爲包孕句法,此爲合沓而兼包孕句法也。

至氈苞席裹可立致以下數韻,純屬虛擬語氣 Subjunctive mood,如"聖恩若許留太學,諸生講解得切磋"一句,正與第百四十九欵第八段之下半 B 所言者合,蓋後七字之事,有待於前七字之所言,而所待者又本無此境,徒存想望之中,且作者之意存於既往,依西文律令,前之'許'字,後之'得'字,皆應用過去既事者,此則亦西文有而中文無者。

§ 173. Analysis of Logical Subject: 析名理句主.

名理句主,必兼數字而幷收之,而後於理爲實,今將取之而更析如下:

譬如有句云"The soldiers of the tenth legion, wearied by their long march, and exhausted from want of food, were unable to resist the onset of the enemy," 譯云"第十旅之卒,羸於長征,力竭以不得食,遂不能當其敵之猛攻."

Logical Subject 名理句主		Logical Predicate 名理謂語
Grammatical subjective 文字句主	Attributive Adjunct of the subject 句主之區別圍詞	
Soldiers 卒	1 The 此 2 Of the tenth legion 第十旅之 3 Wearied by their long march 羸於長征 4 Exhausted from want of food 力竭以不得食	Were unable to resist the onset of the enemy 遂不克當其敵之猛攻

Analysis of Logical Predicate: 析名理謂語.

Example: "The sight of distress fills a benevolent mind always with compassion, 譯云"困難之眼界常盈仁心以悲惻之情."

Logical Subject 名理句主	Logical Predicated 名理謂語		
	Finite verb 專囿云謂	Object with Adjuncts 受事帶區別	Adverbial Adjunct 疏狀圍詞
The sight of distress 困難之眼界	Fills 盈	A benevolent mind 仁心	1 Always 常 2 with compassion 以悲惻之情

Analysis of both Subject and Predicate: 句主與謂語並析,如"The mournful tidings of the death of his son filled the proud heart of the old man with the keenest anguish," "其子死之凶耗,填塞此老之雄心,以至酷之酸痛."

Subject 句主	Attributes of the subject 句主之區別屬詞	Predicate 專屬云謂	Object 受事名物	Attributes of the object 受事之區別屬詞	Adverbial adjuncts of Predicate 疏狀屬詞
tidings 耗	1 The 之 2 Mournful 凶 3 Of the death of his son 其子死	filled 填塞	heart 心	1. the 之 2. proud 雄 3. of the old man 此老	with the keenest anguish 以至酷之酸痛

§ 174. Analysis of Complex Predicate: 析包孕謂語法.

Example: "That hero was deservedly called the saviour of nis country," "此賢見稱其國之救主,可無媿色." (參看 §141).

Subject with Adjunct 句主帶指事之字	Predicate 謂語		Adverbial Adjuncts 疏狀屬詞	
	Verb of incomplete predication 不完謂語	Subjective complement 句主補謂	of Verb 云謂之疏狀	of Complement 補謂之疏狀
That hero 此賢	Was called 見稱	the saviour of his country 其國救主	deservedly 可無媿色	

Example: "This misfortune will certainly make the poor man miserable for life," "此災將使此無福人畢生悽慘無疑." (參看 §141)

Subject with Adjuncts 句主帶指事之字	Predicate 謂語		Object with adjuncts 受事帶指事區別	Adverbial adjuncts 疏狀屬詞	
	Verb incomplete predicate 不完謂語	objective complement 受事補謂		of Verb 云謂之疏狀	of complement 補謂之疏狀
This misfortune 此災	will make 將使	miserable 悽楚	the poor man 此無福人	certainly 無疑	for life 畢生

Direct and Indirect Object: 析直接與間接受事法

如云 "Henry's kind father gave him a beautiful new knife," "顯理之慈父賜之(以)一美麗新刀."

Subject 句主	Attributive adjuncts 區別屬辭	Predicate 專屬云謂	Objects 直接與間接受事	Attributive adjuncts 區別屬辭
Father 父	Henry's 顯理之 kind 慈	gave 賜	1 間接 him 之 2 直接 a knife 一刀	間接無有;直接 1 beautiful 美麗 2 new 新

Analysis of Questions: 析問語法

Exactly tne same way as analysing its answer: 其法將問語之字,與副語之字相應而析之

譬如問 'Whose house is this [house]?' 此屋屬誰.

(a). 其答云 'This [house] is John's house,' 此屋屬約翰.

(b). 又如問 How did you break the dish? 汝如何破此盤

其答云 I broke the dish thus, 吾如是破此盤.

(c). 又如問 What have you in your hand? 汝手中何物.

其答云 I have this in my hand, 吾手中有此物.

	Subject 句主	Attribute 區別	Predicate 專屬云謂	Objects 受事字	Attribute 區別	Adverbial Adjective 疏狀屬詞
(a) 答	house 屋 house 屋	this 此 this 此	is whose house? 爲誰之屋 is John's house 乃約翰之屋			
(b) 答	you 汝 I 我		did break 破 broke 破	dish 盤 " "	the 此 " "	how? 如何 thus 如是
(c) 答	you 汝 I 我		have 有 have	what? 何物 this 此物		in your hand 在汝手 in my hand 在吾手

舉此三式,其餘問語析法,自可仿推.

Analysis of Attributive Clauses.

問語既依答語爲析;則區別子句之析法可推,蓋區別子句,其用乃以解句中之實字,其發端例用複牒稱代,故其爲析,須先察複牒者所代之爲何名,則其析法自見;如下

a. "The money *which I owe you* shall be paid to-morrow."

b. "We went to see the man *whose son was drowned at sea.*"

c. "This is the house *that we live in.*"

d. "I will show the spot *where the accident happens.*"

以上四語中,皆有區別子句,而句中亦皆有複牒之稱代;與複牒之疏狀字,故欲析此等子句,須先了所牒之爲何字,則其語意自明.

如 a. *Which* I owe you, 猶言 I owe you *the money* 也.

„ b. *Whose* son was drowned 猶言 *his* son was drowned 也.

„ c. *That* we live in, 猶言 we live in *the house* 也.

„ d. *Where* the accident, &c., 猶言 the accident happened *there* 也.

今表而出之,牒與所牒之字皆可界出如下.

	Subject 句主	Attribute 句主區別	Predicate 正云謂字	Objects 直間接之受事	Attri. 區別	Adv. Adj. 疏狀副詞
a 猶言	I 我 I „		owe 欠 owe „	直接 *which* (者) 間接 you 汝 直接 *the money* 財 間接 you 汝		
b 猶言	Son 子 Son „	*whose* (其) *his* 彼	was drowned 被溺 was drowned			at sea at sea } 於海
c 猶言	We 吾曹 We „ „		live 住 live			*that*—in 於其屋 in *the house*
d 猶言	Accident 不期之事 Accident	the 是 the	happened 見於 happened			*where* *there* } 其地

§ 175. 由上所列諸式觀之，析辭之事可條其大法如下:—

i. Set down the subject of the sentence: 第一先定句中之主名 主名，名物稱代無定式，兩用式及子句等皆可.

ii. Set down the words phrases, or adjective clauses which may form attributive adjuncts of the subject: 其次則認所以區別此主名者，或分立之字，或仂語，或子句，仂語與子句皆不一字，而其相異者，子句必有專屬之云謂，而仂語無之，仂語之發端，用無定式之云謂，或兩用式之云謂，或以介系字而介一名物.

iii. Set down the predicate verb: 三則定專屬句主之云謂字，斯爲謂語，謂語有完不完之分，不完者須指其補足之謂語，合之而後謂語爲完.

iv. Set down the object of the verb, if the verb be transitive: 如句中之正云謂乃及物者，則標其所及之受事名物，而著其直間接之分，又使其云謂爲不完謂語，而與無定式合用者，如無定式爲及物，亦著其所及之物.

v. Set down the words, phrases, or adjective clauses which may form attributive adjuncts of the object: 以受事名物，與主句名物，同爲實字，故主句者有區別，受事者亦有區別，爲獨字，爲仂語，爲子句，均與前同.

vi. Set down the adverbial adjuncts to the predicate of the sentence, or the complements of the predicate: 定句中謂語之疏狀屬詞，或其補足之謂語，此等屬詞，獨字仂語子句，均無不可.

海上絲綢之路文獻集成 科技與文化編

vii. When there are subordinate clauses, the sentence is complex; the analysis must first be conducted as if for each clause we had a single word; mark their relation to the main sentence clearly; and then take out the subordinate clauses and deal with each of them as a simple sentence: 假如母句中含子句,(子句不外三種,實字子句,區別子句,疏狀子句)其句法乃包孕句法,析之之法,先析母句,視其子句無異分立之獨字,著明各居之職,最後乃將子句別析,法如析一簡句

viii. If there are subordinate clauses contained within clauses which are themselves subordinate, take a second or third step and deal with these clauses in a similar way: 假使子句之中又含子句,法與前同,事資再析而已;如有云"We inferred from this *that* the opinion of the Russian public was *that* the Japanese government was unwilling to fight," 譯云"我曹由此推知俄民之意,以爲日本政府固不欲戰," 此文自第一 that 以下,乃一子句,在受事之位,爲我曹所推知者,自第二 that 以下,又一子句,乃補足謂語屬句主者,明俄民之意云何. 若以甲爲母句,乙爲第一層子句,丙爲第二層子句,則

甲 = From this we inferred 乙.

乙 = the opinion of Russian public was 丙.

丙 = the Japanese government was unwilling to fight.

今欲析前語,當作三層,或由甲而丙,或由丙而甲,均無不可,特於每析之時,其所析者皆爲簡句,何則以子句之用,理同獨字故也

ix. In analysing a compound sentence, leave out the introducing conjunction and deal with the co-ordinate clauses separately: 若所欲析者爲平常合沓句法,法置其挈合之字,而分析之如簡句.

x. When the sentence to be analysed is either elliptical or contracted, the parts omitted must be expressed at full length before analysing: 假使所欲析者,爲橢句,爲縮句法宜先將所橢與所縮者,悉行補敘,而後如常法析之,蓋既補敘,則所謂橢節諸句,皆不外尋常繁簡句而已,無他巧也.

§ 176. 以上析辭法例十條,一切句法無能出其範圍者,學者得此,其用有二,一讀書時遇難通文義,依法析之,其義自見,一爲文時,有所未安,依法析觀,其疵累立顯,使學者習於其法,將舉入心通,無待筆之於紙而後可知也,今以其事之裨於文字者深,特多爲法式如下,蓋使學者於此而通,其於西文,固恢恢乎游刃有餘地矣.

Examples of the analysis of simple sentences.

析諸簡句之模式

1. "*Having ridden up to the spot, the enraged officer struck the unfortunate man dead with a single blow of his sword,*" "既馳至其地,此盛怒之軍官,以其劍之一揮擊死此不幸之人," 依中文法,或譯云 "軍官仗劍怒馳,抵此不幸之人擊殺之."

句主 Subject............*officer* 軍官

句主區別之屬詞	attrib. adjuncts	....	1 *the* 此 2 *enraged* 怒 3 *having ridden, &c.* 馳至其地

謂語	Predicate.........	*struck* *dead*	不完謂語:擊 受事補謂:死
受事	Object......... ...*man*		人
區別受事之屬詞	attrib: adjuncts	1 *the* 2 *unfortunate*	此 哀
疏狀謂語之屬詞	adverbial adjuncts	*with a single blow of his sword*	以其劍之一揮

2. "*Coming home, I saw an officer with a drawn sword riding along the street,*" "吾方還家,見一軍官露刃騎過街中.'

此文析法,與前文同,其句主'吾',其謂語'見',其受事'軍官,'而前之'方還家'乃句主之屬詞,而後之'露刃'與'騎過街中'二者,則受事之屬詞也.

3. "*I asked him his business,*" "吾問彼以其事業."

此句句主爲'吾,'其謂語爲'問,''問'乃及物之云謂字,而常得人物兩受事,如此句'彼'所問之人,'其事業'所問之事也,而中文於兩受事之一,必得介系字於前'而後句順,如上云'問彼以其事業'可也,或云'問其事業.於彼'亦可也,若依西法直云'問彼其事業,'則於文爲强矣'

4. "*He was asked his business,*" "彼乃見問以其事業.

前百三十三欵云,及物云謂而下得兩受事者,例可轉爲柔聲,以其一居主名之位,此句法即如此,故*his business*可指爲謂語之受事字,與尋常他所柔聲句法稍有不同.

5. "*They granted him liberty,*" "彼等許其自由."

此句法,與第三式同,亦一云謂而及兩物者,英文法以'自繇'爲直接,以'其'字*him*爲間接,所與第三式微異者,第三式人物皆直接,然此分甚微,鄙意不以爲有異同也.

6. "*It is I,*" "彼乃我也."

此句 *It* 字爲句主,所以指言與聽者意境中之一物,'*is I,*' 合爲謂語,故 *is* 字爲不完謂語,以 *I* 字補足之,又所補足者句主之義,故謂之句主補謂 Subjective complement, 其說見百四十一欵.

7. "*Who are you?*" "子爲誰."

此句同前,以子 *you* 字爲句主,而 '*are who*' 二字合成謂語,故中文以'子'居先爲正,而西文以問語發端,例用問字,故 *Who* 字居先,然中文亦有如是者,如云"孰爲夫子,"即以問字發端者矣.

8. "*You must not speak so fast,*" "汝毋如此疾言."

中文毋字正譯 *must not*, 然就中文析之,則汝爲主名,'言'爲謂語,而'毋疾'者,所以云言之宜何如,故爲疏狀屬詞,而西文

句主……………………*you*

謂語……………………{ *must* 爲不完謂語合下 / *speak* (無定式)乃成謂語 }

而疏狀屬詞…………{ *not* 字屬上 *must* 字 / *so fast* 屬下 *speak* 字 }

9. "*Now the bright morning star, day's harbinger comes dancing from the East,*" "是時爍爍晨星,耆日之嚆矢,乃歌舞而出於東方."

句主……………………*star* 星

句主區別……………{ *the* 此 / *bright* 熤熤 / *morning* 晨 }

區別屬辭……………*day's harbinger* 耆日嚆矢

謂語……………………{ *comes* (不完謂語)來 / *dancing* (句主補謂)舞蹈 }

謂語疏狀……………from the East 於東方

10. "*A man of weak health is incapable of the thorough enjoyment of life,*" "人之體弱者乃不克享其生趣."

句主 Subj………………*a man* 人

區別 attr. adj………*of weak health* 體弱者

謂語 Predi……………{ *is* (不完謂語) 乃 / *incapable* (補謂) 不克

謂語疏狀 adverb. adj. to "incapable" } *of the thorough enjoyment of life* 盡享生趣

11. "*He is believed to have perished,*" "彼見謂爲已死者."

句主 Subj……………*he* 彼

謂語 Predi…………{ *is believed* 見謂 (不完謂語) / *to have perished* 爲已亡滅

12. "*The bell sounds cracked,*" "此鐘聲嘶."

帶指事句主 Subj……*the bell* 此鐘

謂語 Predi……………{ *sounds* 聲 (不完謂語) / *cracked* 嘶 (句主補謂)

13. "*They made Claudius Emperor,*" "彼立覺羅紂爲皇帝."

句主 Subj………………*they* 彼

謂語 Predi………………*made* 立 (不完謂語)

受事 Obj…………………*Claudius* 覺羅紂

成物受事 Fact. obj…………*Emperor* 皇帝 (合立字爲完全謂語).

14. "*We felt the ground tremble,*" "我曹覺地震."

句主 Subj…………………*we* 我曹

謂語 Predi…………………*felt* 覺

受事 Object………………*the ground tremble* 地震

地震二字,在中文乃 *earthquake* 正譯,而此處原文爲 *the ground tremble*, 乃受事實字,而兼間接謂語者 substantive with indirect predicate, 固與尋常受事不同也.

15. "*Let us pray*," "容吾曹禱."

會意句主 Subj. (understood).........*you* 汝

謂語 Predicate verb..............*let* 容

受事兼間接謂語 Object (subs. with ind. pred.) ......*us pray* 吾曹禱

16. "*The duke will never grant this forfeiture to hold*," "公將不許是籍產之罰之不行."

帶指事句主 Subject........................*the duke* 公

謂語 Predicate......................*will grant* 將許

疏狀 Adv. adjunct...............*never* 不

受事兼間接謂語 Object (subs. with ind. pred.) ... *this forfeiture* 是籍產之罰 *to hold* (infinitive phrase) 不行

17. "*How oft the sight of means to do ill deeds makes ill deeds done*," "以得爲惡之術,而後竟爲其惡者,天下常有之事也."

(前語出狹斯丕爾詩,爲古今傳句,頗難譯,前譯僅翻其意而已).

句主 Subject.........................*the sight* 見

首層區別屬詞 Att. Adj..........................*of means* 術之

第二區別屬詞 2nd. Att. Adj......................*to do ill deeds* 爲惡之

謂語之正云謂 Predicate.........................*makes* 使

實字兼間接謂語之受事 Object (subs. with ind. pred.) ....*ill deeds done* 惡竟行

疏狀屬詞 Adverbial adjunct............*how oft* 何等常事

海上絲綢之路文獻集成　科技與文化編

18. "*I must not have you question me,*" "吾必不可使子吾詰."

此句謂語,自是以未完謂語之 *must* 合之補足之 *have*, 而中插疏狀 *not* 字,使成負義,而受事之位乃以 *you* 字合之間接謂語 *question me* 而成,其說見上第一百四十二欵論間接謂語. 他若 "*I heard the man say so,*" "*Make the bell ring,*" "*Let the cattle be sold,*" 皆當以此法縮之.

19. "*It is pleasant to feel the sun's warmth,*" "負日之暄是爲快事."

發端以無所主名之 neuter pronoun '*it*' 代所欲言之一事,西文多有此法,故此語其眞句主 real subject, 乃無定式仂語 '*to feel the sun's warmth,*' 而 *it* 字不過暫代 provisional subject 而已,至其謂語則以未完謂語之 is 合之於句主補謂 subjective complement 之 *pleasant* (快) 而成者也. 凡句中用 to be 諸變形爲謂語而後從以區別字者,其析辭縮句,均同此法.

20. "*It is time to go,*" "此是去時."

句主	Subject...........................	*it* 此
謂語	Predicate made up by incomplete predi. and complement } ... {	*is* 爲 *time to go* 去時 (猶云 time for going): Noun+attribute.

21. "*It is time for the work to be finished,*" "此是工程報竣之時."

此句以 *is time* 爲謂語,而 *for the work to be finished,* 乃言其時之爲何時,故爲區別仂語,以介系 *for* 字攝起 *the work to be finished,* 乃名物帶無定式仂語爲區別者也.

22. "*It is shameful for such waste to be allowed,*" "使如是侈靡而莫之禁, 是可羞已," 其義等於 "*That such waste should be allowed is shameful.*"

故 *It* 字爲假主, 而眞句主乃 "*for such waste to be allowed,*" *is* 字爲未完謂語, 合之 *shameful* 之補足, 而謂語始全.

23. "*I had rather stay at home,*" "吾寧家居耳."

此句常式如此, 其結搆之理, 頗爲難明, 或云 *had* 字乃 *would* 字之譌, 然無確證, 又有句法如

"*I had as lief not be, as live to be bereft of honour, and fallen prostrate before my enemies,*" "與其生而無譽(生而辱), 伏於仇人之前, 寧無生耳;" 蓋此句之 *had as lief*, 與前之 *had rather*, 其意正同, 皆譯寧字也.

故析原句當云

句主 Subject..................	'*I*'
謂語 Predicate............	以未完謂語之 "*had*" 合於補足謂語 "*rather.*"
受事 Object................	"*stay at home*" 乃無定式而前删 to 字者

24. "*And now, their mightiest quelled, the battle swerved with many an inroad gored,*" "當是時其雄旣亡, 軍勢乃搖, 敵人陷陣衝入者衆."

此是簡句, 其句之本幹不過 *battle swerved* 軍搖二字, 軍爲句主, 搖爲謂語, 而其餘皆枝葉耳.

其附於句主爲之區別屬詞者 attributive adjunct to the subject 有指事之 *the* 字, 有 *with many an inroad gored* 之仂語.

其附於謂語而爲疏狀屬詞者, adverbial adjunct to the predicate, 有言時之狀疏 '*now*' 字.

至 *their mightiest quelled*, 乃無對待無交涉之主名, nominative absolute, 其 *mightiest* 乃以區別而當名物之用, 前加主物之 *their*, 後加受事之兩用式 *quelled* 以區別之, 然自全句論之,此無對待仂語於謂語 *swerved*, 有疏狀之用, 亦言以何因緣而後陣勢搖耳.

25. "*All but one were killed,*" "一人而外皆見殺矣." 此句 *but* 字, 乃介系部, 非挈合部字.

故 *all* 爲句主, 而 *but one* 爲區別仂語, 以增損之, 故自名理言 logically, 必以 *all but one* 爲句主, 若但即文字言 grammatically, 其句主爲 *all*, (亦以區別當名物者), 乃不實矣.

26. "*But being charged, we will be still by land,*" 除非被攻, 吾之陸軍勿動." 此語亦出狄斯丕爾詩句 ("Antony and Cleopatra").

其句主 *we*, 其謂語 *will be still*, (不完謂語 *will be* 加句主補謂 *still*), 而前之 *but being charge*, 後之 *by land*, 皆謂語之疏狀也.

27. "*Whence, but from the author of all ill, could spring so deep a malice,*" "使非由諸惡之主, 如是甚深之孽, 何從而生."

此係櫛句, 有兩種析法, (一) 以 *but* 爲介系部之字, 而於其下補 *springing* 之兩用式, 成 "*but springing from, &c.,*" 則此段爲疏狀仂語, 與單字 *whence*, 同於謂語 *could spring*, 有斟酌損益之用, 而句主 *malice*, 以 *so deep a* 三字爲區別.

(二) 以 *but* 字爲挈合,則於其下當加 *it* 爲 *sprang* 之句主,成疏狀子句,亦與單字 *whence,* 同附於 *could spring* 爲疏狀屬詞,特母句成包孕繁句而已.

28. "*He does every thing but attend to his own business,*" "彼固無所不爲,特不務本業而已."

此句 *but* 字亦爲介系,而 *attend* 字之前,有 *to* 字削去,故後半乃以介系領起無定式仂語 infinitive phrase 爲區別屬詞,以斟酌受事位之 *thing* 字也.

28. "*He does nothing but playing all day long,*" "彼長日不事事,但游戲耳,"或"除嬉遊,彼無所事於長日也."

此句與上式同,而意反, *but* 字以下,乃兩用式仂語,以斟酌受事位之 *nothing* 者也.

29. "*I have but one friend in the world,*" "吾於世獨有一人厚我而已,"(所以不譯 friend 爲朋友者,以西義 friend, 實兼親友凡見厚者皆 friend 也,其字與仇敵 enemy 對,獨譯友朋不確).

此句俗說皆以 *but* 字爲疏狀字,其義與 *only* 同,如此亦通,亦無難析之處. 第古法不然,前語於古爲楕句,若全敘之,當云"*I have not, but that I have one friend, a friend in the world,*"其譯云"除却一人,吾於世間無厚我者,"除却一人,乃爲斟酌母句謂語之子句.

30. "*I can but lament the result,*" "於其事效,吾有傷心而已;"此句與以上一句皆經俗用而削一負字 *not* 者也,上句 *have* 字之下,原有 *not* 字,如"*I have not, but one friend in the world,*" 此句 *can* 字,應作 *cannot,* 如"*I cannot but lament the result;*" "吾不能不傷心於其事;"所足異者.至今前後二語,雖若有正負之別,而所達之意乃同. 其語本爲楕句,若全敘之,亦有相近之二法.

(1). "*I cannot (do anything but lament the result.*"

(2). "*I cannot (do anything) but (that I can) lament the result,*" *but* 字之下，前爲仂語，後成子句，皆所以斟酌謂語之受事字 *anything* 者，而譯以中文，亦無二致，皆云"捨却爲之傷心吾他莫能爲."

以上所以籀析簡句者三十條，所不憚覼縷者，期有益於初學，且使學者於籀析簡句無所疑難，則於繁句自然迎刃而解，是用繼此乃列繁句之式

§ 177. Analysis of Complex Sentences.

析包孕句法之法式.

A subordinate clause must contain a finite verb: 凡子句其中必有專屬之云謂字，(否則仂語 phrase 而已).

There are three kinds of Subordinate clauses viz:—A substantive (or noun sentence) clause does the same work as a noun. An attributive clause does the same work as an adjective. An adverbial clause does the same work as an adverb. 子句有三種；一實字子句，其用同名物；二區別子句，其用同區別；三疏狀子句，其用同疏狀.

以欲便於分析之事，使之一目瞭然，故用三種括弧，以爲別識，凡實字子句用方括弧[]；區別子句用雙彎括弧{}；疏狀子句用單彎括弧()別之，如

"*I heard [that my brother has lost at play the money {which was given to him (that he might pay his debt,)}]*" "吾聞吾弟以博失財其財，乃畀之以還其債者."

自第一 *that* 字至終，乃一實字子句，當受事之位，故用方弧括之，自 *which* 字至終，乃一區別子句，著財之

海上絲綢之路文獻集成　科技與文化編

爲何等財,故用雙彎之弧括之,又自第二 *that* 至終,乃一疏狀子句,言其財之所由畀,故用單弧括之. 以上句法如剝蕉然,其子句三層,皆於子句之中復容子句.假甲＝實字之句;乙＝區別子句;丙＝疏狀子句.其句法乃以母句容甲,甲句容乙,乙句容丙;而四者之中,逐層皆有專屬之云謂字爲之謂語. 母句之謂語 *heard* 聞,甲句之謂語 *had lost* 失,乙句之謂語 *was given* 畀,丙句之謂語 *might pay* 還,設其無此不成子句.

§ 178. Sentences Containing Substantive Clauses.

句法中容實字子句析法

I. As Subject of a verb. 當句主之位者

1. 如云 "[*That you have wronged me*] *doth appear in this*," "然則子之嘗加害於我,於此可見已."

句主(實字子句)......... *That you have wronged me* 子嘗害我

謂語......................... *doth appear* 可見

謂語之疏狀.............. *in this* 於此

Analysis of Substantive clauses. 更析實字子句

句主...................... *you* 子

謂語...................... *have wronged* 嘗害

受事...................... *me* 我

2. "*It is not true* [*that he said that*]," "謂彼云然,此不足信."

暫代句主 provisional subj............ *it*

眞實句主(實字子句) .... *that he said that*

謂語(以未完而加句主補謂)...... *is true.*

謂語之疏狀字.............................. *not*

海上絲綢之路文獻集成 科技與文化編

3. "*Methinks* [*the lady doth protest too much*]," "吾以爲夫人所指斥者過多." '*Methinks*,' 字義見上第五十八欵,又於子句之前删去絜合 that 字爲覆 understood.

句主子句.........(that) *the lady doth protest too much*
謂語..................*thinks*=*appears* 著現(不及物)
疏狀屬詞.........(to) *me* 介系 to 字覆

析子句

句主......................*lady* 夫人,帶指事 the 字
謂語......................*doth protest* 指斥
受事......................*too much* 過多,乃以區別當名物者.

4. "*Him thought* [*his sorrowful heart would break*]," "使彼若覺其悽苦之心若將破者," 此 thought 字義同上句.

句主子句............ (that) *his sorrowful heart would break* 覆絜合 that 字
謂語...........................*thought* 若覺
疏狀...........................(to) *him* 介系 to 字覆.

析子句

句主......................*heart* 心
區別......................1. *his* 彼之: 2. *sorrowful* 悽苦,多憂
謂語......................*would break* 將破(不及物)

II. As Object of a Verb. 當受事之位者

5. "*You know very well* [*that I never said so*]," "若知我未嘗爲此言甚明."

句主..*you* 若
謂語..*know* 知

受事子句……………………{*that I never said so* 我未嘗爲此言

疏狀屬詞……………………*very well* 甚明

析受事子句

句主……………………*I* 我

謂語……………………*said* 爲言

疏狀屬詞……………………1. *never* 未嘗；2. *so* 如是

6. "*He asked me* [*how old I was*]," "彼問我年幾何矣," 此語云謂字爲'問'前於第一百三十二欵,已言此等云謂,其下例有兩受事字,其一爲人,其一爲物,今此句即釋此例,而賓字子句所括出者,即其所問之物也.故析云:—

句主……………………*he* 彼

謂語……………………*asked* 問

第一受事之人…………*me* 我

第二受事之物…………*how old I was* 吾若何老

析受事子句

句主……………………*I* 吾

謂語(以未完加句主補謂)……*was* + *old* 爲老

疏狀即以發問之字…………*how* 若何

7. "*Tell me* [*what you bought at the fair*]," "告我汝何所購於其墟," 此 *tell* 告字,亦其下例得兩受事者.

句主……………………(*you*) 汝字所according者

謂語……………………*tell* 告(祈使語氣)

受事……………………{1. *me* 我(其所告之人) 2. 子句,(其所告之事)

析子句

句主……………………………………you 汝
謂語……………………………………bought 購
受事……………………………………what 何物
疏狀(空間)……………………………at the fair 於其墟

須知 *tell* 字,正譯爲言爲'誦,'與上'告'字微差,故自西文言,以上之二受事,若分直接間接,其子句之事,㮣爲直接,何則,惟一事實,乃可言可誦,而其人乃其所誦與者,故爲間接也,此理請更以以下二語意,極相近者明之.

8. "*I told him [that China was in danger].*"

"*I convinced him [that China was in danger].*" 以上二語正同,其不同者,前用 *told* 正譯爲言,後用 *convinced*,正譯爲喻,爲破其疑,然在前則 *him* 爲間接,而子句爲直接之受事,在後反是,*him* 爲直接,而子句爲間接,此其理易明,蓋惟事實可誦言,亦惟人心乃可喻信也,至所與言之人,所以喻之事理,由此而云,自爲間接.故在羅馬舊文,於前句則 *him* 字加 *to*,於後句則子句前加 *with*,而各指之爲疏狀之屬詞,以斟酌句中之謂語,蓋羅馬文無兩受事字也.

III. As in Apposition to a Substantive.

用以註解一實字者

9. "*Who can want the thought [how monstrous it was for Malcolm and Donalbain to kill their gracious father],*" "馬爾袞與都訥柄之弑其慈父,爲天下之窮奇,疇無此想,"此文子句乃註解實字 '*thought.*'

今置母句而析子句

暫代句主..........................*it* 此

眞實句主(仂語)................ *to kill their gracious father* 弑其慈父

謂語(以未完加句主補謂) *was* + *monstrous* 爲窮奇

疏狀屬詞 .... *for Malcolm and Donalbain* 以馬爾袞與都訥柄(斟酌 *was* 爲字)
how 何等(斟酌 *monstrous* 窮奇)

10. "*The hope [that I shall be successful] sustains me,*" '吾其濟乎,以此希望持吾不墜,'"吾其濟乎"卽希望之註解,故此子句,合之 *the hope* 或謂爲添字句主,(見§139). 又以所望卽此,故又謂爲 Objective adjunct of the noun 名物歸宿屬詞,或所事屬詞,然其名物,必一'行爲'之名,而後有此,如云 "*There is no proof [that he said so],*" "*There was a report [that the empress was dead].* 皆此等子句也.

IV. As after a Preposition.

用於介系字之後而爲所攝者

11. "*Spare me not for [that I was his father Edward's son],*" "勿以我爲其父愛德華之子而宥之."

此句正文,但有'勿宥之'三字,而"以我爲其父愛德華之子,"乃著其所以宥者,故子句兼介系,乃母句 *spare* 字之疏狀屬詞,而 *for* (以)字之下,爲實字句. 此子母句,二者皆非難析,故不必論.

12. "*I have sinned in [that I have betrayed the innocent blood],*" "吾之得罪以陷一淸白之身於姦惡."

此句析法,與析 *I have sinned in this* 同,此短句之指事稱代,即代長句中之子句者.

13. "*I should have forgiven him, but* [*that he repeated the offence*]," "除非再犯,吾當宥之."

除非再犯,於原文乃實字子句,帶介系 *but* 字,所以斟酌當宥之疏狀屬詞.

或以 *but* 字爲挈合字,爲二句之樞紐,則於 *but* 字下,增入所楕之 *it had been* 而各析之;或無所加並去 *that* 字.

14. "*Never dream but* [*that ill must come of ill*]," 從惡必得惡,欲無然,雖夢想不能."

句主……………………(*you*) 汝字所覆者
謂語……………………*dream* 夢
疏狀屬詞 ……………*but that, &c.*

析子句

句主……………………*ill* 惡
謂語……………………*must come* 必來(不及物)
疏狀……………………*of ill* 從惡

§ 179. Sentences containing Adjective Clauses.

句法中容區別子句析法

15. "*The cohort* {*which had already crossed the river*}, *quickly came to blows with the enemy*," "業已渡河之軍校立即與敵接戰," 此中子句乃言軍校之事,爲故區別子句.

句主……………………*cohort* 羅馬軍隊之稱
區別…………………… { 1. 指事之 *the* 字
　　　　　　　　　　　 { 2. 區別子句 {*which,&c....river*}

謂語……………………*came to blows* 接戰

疏狀……………………{ *quickly* 立卽
with the enemy 與敵

Analysis of the Adjective Clause. 析區別子句

句主……………………*which* 牒軍校字

謂語……………………*had crossed* 已渡

受事……………………*the river* 河

疏狀……………………*already* 業

16. "*Give me that large book* {*that you have in your hand*}," "予我以汝手中所有之大册."

以上子句與 *that* 及 *large*, 皆所以區別 *book* 字者, 其發端 *give* 係祈使語氣, 而覆句主 *you* 字, 又 *me* 之與 *book*, 皆 *give* 下之受事, 所謂一人一物者也. 今析子句.

句主……………………*you* 汝

謂語……………………*have* 有

受事……………………*that* '彼' 以牒册字故在前

謂語疏狀………………*in your hand* 在手

17. "*Give me* {*what you have in your hand*}," "予我以汝手中之所有者."

學者當知, 一區別字, 有可用爲句主受事之時, 其在名學, 區別之用, 理同常名, 蓋旣區別, 固必有所別之物, 特未言而爲所覆之字而已, 如云"舉直錯諸枉," "尊尊親親," 又西語云 "*The good is happy*" 等, 皆卽區別部之字, 而當名物者也, 夫區別獨字, 旣可爲主名受事矣, 則區別子句, 亦可用爲主名受事, 何則, 子句之職, 同一字也. 上文兩弧所括, 乃區別子句, 與16同, 用 *what* 字領句, (*what* = *that which*), 故謂之賓字子句, 居受事之位,可也,謂之區別子句,以斟酌指事稱代 *that* 字,亦無不可. 但有子句,可爲實字子句,而不可爲區別子句者,如云 "*Tell me* [*what he said to you*]," 其子句亦用 *what* 字領起,然與前不同,此係發問之 *what*,與複牒之 *what* 字有殊,複牒之 *what*,可與 *that which* 通用,發問之 *what* 不可,故後語中所包孕者,係實字子句,同於名物,不得與區別子句相混.

18. "*I return to view* {*where once the cottage stood*}," "吾乃還觀向日廬舍所居之所."

此中子句所以爲區別者,以母句中覆 *the place* 二字,在子句之前,而此子句,即用以釋明所覆之字,故爲區別子句,其發端之 *where* 字,乃複牒疏狀,其所複牒者,卽 *the place* 也. 如析之,則 *I* 爲句主,*return to view* 爲謂語,(譯還觀,乃以不及物之云謂,合之無定式之補謂,說見 §141 三段); *the place* 爲所覆之受事. 至於子句,其句主乃 *the cottage*,其謂語 *stood once*,乃時間之疏狀,而 *where* 乃空間之疏狀也.

19. "*I have not from your eyes that show of love* {*as I was wont to have*}," "吾常卽子之目得徵愛我之情,乃今不復見矣"

句主……………………………*I* 吾

謂語……………………………*have* 得

受事……………………………*show* 徵

受事之區別屬詞………
1. *that* 其
2. *of love* 愛之
3. {區別子句}

Analysis of the Adjective Clause. 析區別子句

句主........................*I* 吾

謂語........................ { *was* 爲(未完謂語) *wont to have* 所常得(句主補謂)

受事........................*as* 複牒稱代(說見 § 51).

20. "*His conduct is not such* {*as I admire*}," "彼之制行非若吾所尙者.

子句 *as I admire*, 以 *I* 爲句主 *admire* 爲謂語而 *as* 爲受事,(說見 § 51, 乃複牒稱代而常用於云謂字之前,中文合所者二文如上譯,足達其義). 子句與獨字 *such* 乃二區別,用於未完謂語 *is* 之後,爲句主之補謂 Subjective Complement; 其句與云 *His conduct is good* 同. 或云 *such* 與子句之間,中覆 *conduct* 字,與云 *The man is a good man* 同,亦通;總之, *as I admire* 爲區別子句,與 *such* 字同於斟酌 *conduct* 之用,則無疑義.

§ 180. Sentences containing Adverbial Clauses.

母句中容疏狀子句之法式

疏狀子句者,其在母句之中,與疏狀部字同職, they fulfil the same function as an adverb; 疏狀部字有斟酌云謂區別疏狀三種字之用,是故其子句所斟酌者,亦不外此三者.

假如疏狀子句,其發端用挈合字者,可置不論;若係疏狀部字,而以領句關合,則析句時,必言其用之何居.* 前者謂之 subordinative conjunction, 後者謂之 connective adverb.

21. "(*When, in Salamanca's Cave*
"*Him listed his magic wand to wave*)
"*The bells would ring in Notre Dame.*"

此句係古詩, 今譯其意云, "每居沙拉曼加洞, 動搖神杵聊自娛, 諾特達米寺中鐘, 自然鳴吼與相應." (案沙拉曼加乃 Spain 之一省, '*Notre Dame*' 譯言 '我后' 巴黎大教寺, 崇奉耶穌母馬利亞).

此詩母句在第三行, 而前二乃子句, 言其鐘之何時何由而鳴, 故爲疏狀子句. 今析之如下.

母句主.........*the bells* 鐘

謂語.............*would ring* 鳴吼,

疏狀屬詞....... { 1. *in Notre Dame* (其地). 2. 子句 (原因).

Analysis of the Adverbial Clause. 析疏狀子句.

子句句主 (用無定式仂語).. { '*to wave his magic wand*' 動搖其神杵

謂語.....................*listed* 娛

受事......................*him* 彼

疏狀屬詞............. { 1. *when* 當其 (時) 2. *in Salamanca's Cave* 在某洞 (地)

22. "*He ran so fast* (*that I could not overtake him*)," "彼走之疾, 吾不克及," 此句有兩層疏狀 *fast* 疾, 斟酌其走者也, 而子句 *that I could not over take him*, 與其前之

Note. * 若 After, before, since, ere, till, while, for 等字, 皆疏狀絜合兩國之字, 所以別者, 祇與絜合字之 that 字同用與否, 若不同用, 則自爲絜合, 若與同用, 則絜合之職, 已有所屬, 而其字乃疏狀部耳. 其自爲絜合, 乃領起疏狀之詞, 而不自爲疏狀者, 其別如此.

so 字，皆第二層疏狀字句，所以疏狀其如何疾者也明此自無難析。

句主……………………………he 彼

謂語……………………………ran 走

斟酌謂語之疏狀字……fast 疾

斟酌疏狀字之疏狀 { so 如是之(在前) / (子句)吾不克及(在後) } 是二者皆言程度

析疏狀子句

句主……………………………I 吾

謂語……………………………could overtake 能及

受事……………………………him 彼

疏狀斟酌謂語者………not 不

23. "*He spoke loud (that I might hear him)*," "彼言聲大，使我以之得聞。"

此語中，子句，使我得聞，乃所以言聲大之程度，而 *that* 字在此，不獨爲挈合，實有斟酌 *might hear* 之義，故爲 conjunctive adverb，而譯語中乃有以之二字。

24. "*(Whatever the consequence may be), I shall speak the truth*," "無論後效之爲何，吾且言其實。"

母句之句主爲 *I*，其謂語爲 *shall speak*，而所言者，則 *the truth* 也，至其子句，則第一百四十九欵第八節中所謂縱予之句法 concessive clause，猶言縱有後害，吾不爲誑也。

子句之句主爲 *the consequence* (後效)，而謂語乃未完者 *may be* (可爲)，合之句主補謂 subjective complement *whatever* (不論爲何)，乃爲完全謂語，若指其字職，*whatever*，乃併字稱代，與 *the consequence* 同在主名之位，不分重輕施受者也。

25. "*He is not so wise (as he is witty).*" "彼之爲智,不如其佞," 此中子句 *as he is witty,* 乃與前之 *so* 字,同以斟酌 *wise* 字之疏狀. 故母句無難析者,而子句之 *as,* 在此乃以斟酌區別 *witty,* 與前 19, 20 二式中之 *as* 攝於云謂字,而爲複牒稱代者異.

26. "*He is as worthy a man (as ever lived),*" "彼之爲賢,不讓古人." 此句頗難析,而其難卽在知兩 *as* 字之別,蓋前之 *as,* 用於區別 *worthy* 之前,而爲斟酌程度之疏狀,後之 *as,* 用於云謂字 *lived* 之首;而爲子句之主名,且其代表,乃古賢之程度與相等者. 今析其句.

句主……………… *he* 彼

謂語……………… *is man* 爲人

人字之區別……………… 1. a 一; 2. *worthy* 賢

賢字之疏狀……………… { 1. *as* 如,不讓 2. 子句 *as ever lived* 賢同而生於古代 }

更析子句

句主……………… { *as* 若 = *a man of which degree of worthiness* }

謂語……………… *lived* 生

疏狀……………… *ever* 前曾

故如其原文而譯之,當云"彼爲人賢,不讓古所有之賢人," 以古所有譯 *ever lived,* 以 '之賢人' 譯 *as* 字,乃爲合也.

27. "*Beware (how you meddle with these matters),*" "知汝如何攪局乎," 此爲祈使語氣 Imperative mood.

所覆句主……………… *you* 汝

謂語……………… *be* + *ware* 須知(未完謂語加補謂)

疏狀屬詞 ……………… 以實字子句作疏狀用 *how you, &c.*

海上絲綢之路文獻集成 科技與文化編

更析子句

句主……………you 汝

謂語……………meddle 攪紛

疏狀屬詞…………… { 1. *how* 如何 / 2. *with these matters* 於此等事 }

29. "*Thieves are not judged, (but they are by to hear),*" "雖有盜賊,未聽其獄,不可斷也," 或云 "盜賊不可斷,除非既聽其獄." 此句 *but* 字,下無 *that* 字,可指爲挈合部,惟其義非惟但,而爲除却 *unless*.

句中有兩疏狀,一爲 *not* 字以斟酌未完之謂語 *are*, 又子句 *but they are by to hear*, 以斟酌補謂之詞 *judged* 字,其中 *by* 字,乃疏狀部,非介系部字, *are by to hear*, 猶云 *to hear by*, 爲一邊之義,餘無難析.

§ 181. SUBORDINATE CLAUSES CONTAINED WITHIN CLAUSES, WHICH ARE THEMSELVES SUBORDINATE.

析子句中之子句

30. "*He inferred from this [that the opinion of the judge was that the prisoner was guilty],*" "彼由此推知法官之意,乃以囚爲不寃."

此句,自第一 *that* 至終,爲實字子句,當受事之位,即爲其人所推知者,而自第二 *that* 至終,又爲實字子句,用於 *was* 之下,故與句主 *the opinion* 爲同位,所謂句主補謂,以補足 *was* 字未完之謂語. 今析母句.

句主……………*he* 彼

謂語……………*inferred* 推知

疏狀……………*from this* 由此

受事……………[*that, &c.*] 實字子句

海上絲綢之路文獻集成 科技與文化編

析第一層子句

句主..................*the opinion of the judge* 法官之意

謂語 .... { *was* 乃以(未完謂語)
that, &c. (實字子句爲句主補謂)

析第二層子句

句主..................*the prisoner* 此囚

謂語 .... { *was* 爲(未完謂語)
guilty 不寃(句主補謂)

31. "*Tell me [who you think that man is]*," "告我,汝揣若人爲誰."

此句見 *tell* 字之下,有兩受事,一人一物,人卽 me 字,而物則第一層之子句是已. 而第二子句,亦代實字居受事之位,爲所揣者,其中句主爲 *that man*, 其謂語亦以 *is* 之未完,而 *who* 字爲之補謂,以成問語.

32. "*(If it were done when 'tis done), then it were well [it were done quickly]*," "假使事了卽爲了,則速了之固佳."

此語後半爲母句正文,而前半爲所待之疏狀子句. 顧母句中 *it* 字,乃暫代之句主,其所代句末之實字子句乃眞句主. 其前半之疏狀子句,又有子句以斟酌其謂語. 故析此文,從母句始,於第一層,得疏狀子句於前,得實字子句於後,於第二層,得疏狀子句中之疏狀子句. 今析之如下.

Provis. Subj. 暫代句主.........*it*

Real Subj. 眞實句主............ { 實字子句 *(that) it were done quickly* 速了之

Predicate 母句謂語..............*were* 固

Adverbial Adj. 疏狀屬詞……
1. *well* 佳
2. *then*
3. 疏狀子句 *if it were done when 'tis done* 使事了即爲了

析實字子句

Subject 句主……………………*it* 之
Predicate 謂語……………………*were done* 了 (pass. verb)
Adv. Adjunct 疏狀……………*quickly* 速

析疏狀子句

Subject 句主……………………*it* (其)
Predicate 謂語……………………以未完謂語 *were* 加句主補謂 *done* 爲了*
Adv. Clauses 疏狀子句……*when 'tis done* 事了

析第二層疏狀子句

Subject 句主……………………*it* 其
Predicate 謂語……………………*is done* 了
Adverb 疏狀……………………*when* 當

§ 182. Analysis of Compound Sentences. 析合沓句法

合沓句法,合多句以成一句,其析之之法,視所合之句如分立者,故無難析特異之處. 但有時其前後爲麤盧析法,相因而生,則於銜接複牒之字,宜爲細審而已.

*Note. 此係第一了字,義較他了字 'done' 爲深,他了字猶云料理,此第一了字,則有完結無餘之意,故爲異也.

33. "*This is now our doom, which if we can sustain and bear, our supreme foe in time may much remit his anger,*" "此是吾人今者應受之罰,然使吾人能忍而受之,吾人之元仇庶幾以時大殺其怒."

此文乃合兩句而成.

A. '*This is now our doom*' 即爲接處 which 之所牒者.

B. '(*Which if we can sustain and bear,*) *our supreme foe in time may much remit his anger,*' 前半爲疏狀子句. 上半 A 固爲易析,今析 B 句.

句主……………………*our supreme foe* 吾之元仇

謂語……………………*may remit* 庶殺

受事……………………*his anger* 其怒

疏狀屬詞……………… 1. (疏狀子句 *which if, &c.*) 使其能忍而受之
2. *in time* 以時
3. *much* 大

析疏狀子句爲後語所有待者

句主……………………*we* 吾人

謂語……………………*can sustain and bear* 能忍而受

受事代名………………*which* 之(卽牒前半應受之罰)

§ 183. 有時母句中,有數子句平列者,此亦無難,法將所略者全敍之而後分析;如云

34. "*He told me [that the dyke had burst] and [that the river was flooding the country],*" "渠告我云,隄已決,而河遂漫流原野間."

海上絲綢之路文獻集成 科技與文化編

於此見所告者，雖相因，實兩事，若全叙之，則

A. *He told me that the dyke had burst,* 彼告我隄已決.

B. „ „ „ „ „ *river was flooding the country,* 彼告我河乃漫流原野間.

云謂告字之下，例得一人一事，故前二事，皆在受事之位，爲所告者.

§ 184. 以上所論，實爲節縮句法之一種，可見析節縮句法 to analyse Contracted sentences, 皆須將所節縮者補列則其義法自見也：如云

35. "*We perceive [that these things not only did not happen], but [could not have happened],*" "吾覺此等事，不獨所未曾有者，實且爲所不能有者."

此語顯然兩句，若全叙之，則爲

A. '*We perceive that these things not only did not happen.*'

B. ' „ „ „ „ „ *could not have happened.*'

此而分析，自爲無難，蓋前後二語，*that* 字之後皆爲實字子句，而居受事之位，爲云謂字 *perceive* 之所攝者.

36. "*Many instances were related of wise forethought, or firm action, or acute reply, on his part, both in the senate and in the forum,*" "甚多軼事爲所叙說，若於其智慮之所預計，於其堅定之行事，於其犀利之答詞，在朝廷在城市皆有之，"或譯"若其預計之智，操行之堅，酬對之穎敏，或見於朝廷或著於市會，凡彼之軼事，皆有述焉."

此語所平列者，前爲三事，後爲二地，觀前篇一百四十四款之所論，則知此而全叙，必成六句.

A. Many instances were related *of wise forethought* ***on his part in the senate.***

B. Many instances were related *of wise forethought* ***on his part in the forum.***

C. Many instances were related *of firm action* ***on his part in the senate.***

D. Many instances were related *of firm action* ***on his part in the senate.***

E. Many instances were related *of acute reply* ***on his part in the senate.***

F. Many instances were related *of acute reply* ***on his part in the forum.***

如此則析其一支而已足;如

Subject **句主**..................*many instances* **甚多之軼事**

Predicate **謂語**..................*were related* **經其叙述**

Adverb. Adj. **疏狀屬詞** { 1. *of wise forethought* **預計之智**
2. *on his part* **出於彼者**
3. *in the senate* **見於內閣**

37. "*Every assertion is either true or false, either wholly or in parts,*" **"凡詞非信則誣,或於其全,或於其分."**

此若全叙則得四句

A. An assertion is *true wholly.*
B. ,, ,, ,, ,, *in part.*
C. ,, ,, ,, *false wholly.*
D. ,, ,, ,, ,, *in part.*

此分一語爲四語,而置其 *either* **與** *or*, **然如此則宜易** *every* **字爲** *an*, **不然,是所合之一語理確,而所分之四語理虛,是固不可.**

若語中有 neither 與 nor 等字, 可置勿論, 然必易正語爲負語, 而後義確. 如下

38. "*The man* {*who neither reverences nobleness nor loves goodness*} *is hateful,*" "人而不尊賢好善, 斯可惜矣"

全敘之爲二句

A. "*The man* {*who reverences not nobleness*} *is hateful.*"

B. " " { " *loves* " *goodness*} " "

39. "(*Whether he succeed or fail*) *it will not matter to me,*" "彼之濟否不涉吾事."

全敘 A. (*If he succeed*), *it will not matter to me.*

B. (*If he fail*) " " " " " "

40. "*Tell me* [*whether this is true or not*]," "告我此事爲實爲虛."

全敘 A. '*Tell me whether this is true*

B. ' " " " " " *not true.*'

此 *whether* 字, 與前稍別, 此爲發問, 引下實字子句爲所告者.

§ 184. 以上所列, 皆爲節縮句法, 與檣句不同, 節縮所略者, 以語同故, 至檣句, 其所略者, 乃不必同, 且有時爲句中要語, 特以在人意中, 故略之不舉. 故析檣句 to analyse an Ellipt cal Sentence, 補敘尤亟. 其最淺者, 則削複牒之字, 如下

41. "*He left the day* {*I arrived*}," "吾至之日彼去."

'吾至' 乃區别子句, 乃以明彼去之日爲何等日也, 然其上削 *on which* 二字, 故全敘之, 乃

"*He left the day* {*that* (*or on which*) *I arrived*}," *the day* 二字，於 *left* 已爲時間之疏狀字，而子句則又指其日爲何如日.

然橢句最爲費手難析者，在其語以 *as* 與 *than* 字爲發端者，二字常用，皆爲疏狀，常法須認明子句中以何者爲謂語，而疏狀 *as* 所斟酌之字語爲何，如云

42. "*He is as tall* (*as I am*)," "彼長如我."

全叙 "*He is as tall* (*as I am tall*)," "彼爲許長，如我之爲長."

此中後半 *as I am* 三字，係一橢句，係一子句，既爲子句，自有謂語，其謂語爲何，則謂我長也 *being tall*，且不獨謂我長而已，其長有一定之程度，是程度於何見之，則 *as* 字是，故此 *as*，稱複牒疏狀 relative adverb，其所斟酌者，乃所橢之長字 '*tall*' understood. 前之 *as* 字，稱指事疏狀 demonstrative adverb，其所斟酌者，則前半之長字 '*tall*' expressed.

凡疏狀子句，以 *as* 字發端者，常與其前之 *so* 或 *as* 字爲叫應，以斟酌其中間之區別字，如上句乃一 *tall* 長字，而前有獨字之 *as*，後有 *as I am tall* 之子句，以相叫應爲之疏狀焉，故析其句.

Subject 句主…………………*he* 彼

Predicate 謂語…………… { *is* (爲未完謂語) / *tall* 長 (句主補謂) }

Adv. adj. 疏狀屬詞…… { 1. *as* 許 / 2. *as I am tall* 若我之長 }

更析子句

Subject 句主…………………*I* 我

Predicate 謂語…………… { *am* 爲 (未完謂語) / *tall* 長 (句主補謂) }

Adverb. adj. 疏狀屬詞……*as* 如

43. (a) 至句法如 "*He has not written so much (as I have),*" "彼之所寫不若吾多."

(b) 又如 "*He has lived as many years (as you have lived months),*" "彼之生年如汝所生之月."

(c) 又如 "*He does not write so well (as you),*" "彼書之佳不及子."

(d) 又如 "*I would as soon die (as suffer that),*" "與其遭是吾寧死耳."

(e) 又如 "*He looks (as if he knew me),*" "彼之顧視若與吾稔."

(f) 又如 "*I cannot give you so much (as five pounds),*" "吾不能予子以五鎊之多."

(g) 又如 "*He cannot so much (as read),*" "彼乃讀亦不能."

(h) 又如 "*I saw John as well (as Thomas),*" "吾見安瑪亦見約翰."

(i) 又如 "*That is as much (as to say),*" "此猶云."

以上略列九種,皆爲常用橢句,苟欲析之,法宜同前,先補所橢削者,而後析之. 大抵as字以下,皆貿疏狀子句,既爲子句,斯其中必有句主,必有謂語,觀其所橢,以意補之,如此則母子二句中,字語所當之職,皆可見矣,今欲爲式,試爲學者補之如下.

(a) *He has not written so much as I have* written much.

(b) *He has lived as many years as you have lived* many *months.*

(c) *He does not write so well as you* write well.

海上絲綢之路文獻集成　科技與文化編

(d) *I would as soon die as* I would soon *suffer that.*

(e) *He looks as* he would look *if he knew me.*

(f) *I cannot give you so much as five pounds* are much.

(g) *He cannot* do *so much as* to *read* is much.

(h) *I saw John as well as* I saw *Thomas* well.

(i) *That is as much as* it would be much *to say.*

凡用 as 字與 such 字作叫應,如云"*We are such stuff as dreams are made of;*"其 *as* 字,非疏狀部,乃爲複牒稱代,又譬如言

44. "*I am not such a fool as believe that,*" "使吾信此,吾不如是之愚,"此語有橢削者,若補之,當云"*I am not such a fool as* I should be to *believe that,*" "使信此者,乃爲愚人,而吾不如是."

若析其句,則 as I should be 爲一子句,與上之 *such* 字,皆所以斟酌 *fool* 字者,而子句之中 should be, 爲未完謂語,其 *as* 爲補足謂語之複牒稱代也.

45. "*He is taller (than I am),*" "彼長過我,"若補其所橢者,則當云"*He is taller than I am* tall," 彼之爲高過於我之爲高," than 爲挈合部字,而其下子句,常爲疏狀,乃所以斟酌其上之區別字,如 *taller* 者,此定例也.

其與此相類句法:如

(a) "*He is more industrious than clever.*" "彼之精勤過於穎悟."

(b) "*He has written more letters than you,*" "彼之寫信多於汝."

(c) "*He is richer than you suppose,*" "彼富過汝之所料."

(d) "*Our habits are costlier than Lucullus wore,*" "吾之衣貴於魯古拉之衣."

(e) "*I had rather die than suffer that,*" "與其忍此吾甯死耳.

以上諸語,皆有櫛削不言之字,今若補之,則當云

(a) *He is more industrious than* he is *clever.*

(b) *He has written more letters than you* have written many letters.

(c) *He is richer than you suppose* that he is rich.

(d) *Our habits are costlier than* the habits which *Lucullus wore* were costly."

(e) *I had rather die* than I would *suffer that.*

其析法皆同第四十五條.

46. "*I agree with you in so far as you adopt his opinion,*" "吾之與汝合者,在汝之取彼說也."

此句中之仂語 *in so far*, 與子句 *as you adopt his opinion*, 皆所以斟酌云謂字 *agree* 者.

如云 "*He knows the matter inasmuch as I have told him,*" "渠知此事, 如我所告彼者而已," 其中之 *inasmuch* 與子句之 *as I have told him*, 亦皆所以斟酌 *knows* 字者.

47. "*I cannot stay longer than a month,*" "吾之擔閣不逾一月," 此句末削 is long 二字, 其同此句法, 如 "*I cannot give you more than five pounds,*" 其末亦削 are much 二字, 補之則後半之爲子句自見, 而其用則以斟酌其前之區別字 *more, longer* 等也.

48. "*He would have been perished but for me,*" "彼非得我亡矣," 此中 *but* 字, 亦譯除却, 倘非; 不譯作但, 其下權部 *it had been* 三字, 若補之, 則見其爲子句, 所以疏狀斟酌其前之謂語者.

49. "*As for me, I care nothing about that,*" "至於爲我, 吾所不恤者也," 此句 *as* 之下, 當補 the matter stands 三字, 則見其爲疏狀子句.

50. "*To tell you the truth, I don't know what to do,*" "實情告汝, 吾不知所爲," 此句若將所權補出, 則當云 "If I have *to tell you the truth,* I *must say* I don't know to do what," 又如云 "*Were he my brother, nay, my kingdom's heir, &c.,*" "即彼爲吾弟, 乃至爲吾傳國之冢子云云;" "此句所權更多, 蓋其語猶云 "*Were he my brother*—I will not say that, I will even say, were he *my kingdom's heir, &c.,*" 其中一段, 於前乃以一 '*nay*' 字括之.

§ 184. 凡此篇所以爲析辭縮句者具如此, 析簡句之式共三十條, 析繁句之式共五十條, 所不憚更僕者, 以謂使學者講於此術, 不獨讀他人之文辭, 而有以知其意, 即己之辭, 亦將自知其合法達意與否, 而紕繆不通之疵, 可以免已.

且其用不獨見於西文而已, 乃至通之中文, 亦將擘理分肌, 尋條討源, 而得其用意之所在, 此實文析義之秘也, 學者其知之.

海上絲綢之路文獻集成 科技與文化編

英文漢詁

篇十八 CHAPTER XVIII.

句讀點頓 PUNCTUATION.

§ 186. 聲之於口者曰語言,語言必有停歇,筆之於書者曰文字,文字必有句主,(或作句讀,皆音逗).

故欲句讀點頓之得宜,必先通其句法,通句法必自能析句始,未有既能析句,而點頓或不合者也.

點頓英文曰 PUNCTUATION, 其字原於拉體諾之 *Punctum*, 譯言點也.

西文之爲點四,其最輕者曰 Comma 逗,逗如此作 (,), 若豆之句萌. 其次曰 Semicolon 半支,半支如此作 (;), 於逗之上加員點焉. 再進曰 Colon 支,支如此作 (:), 兩點相承. 語完義足曰句,句乃加點 (.), 西名曰 Full stop, 譯言滿頓,又曰 Period, 譯言候,猶句也.

學者須知,此四種之名,如 Comma, Semicolon, Colon and Period, 其始非以名點,乃以名句法者. 且用點之法有大例,而無定規,雖在文家,往往此用微逗,而彼用半支,至於全支,捨引語申言而外,尤不常用,故今所列,僅能著其大法於篇,其詳非所論也.

§ 187. 點頓之最爲易明者,莫若全點 Full Stop, 但使句主謂語已具,語意已完,少至於一二字,多至數十百言,均可爲成句,成句則勒之以全點. 然有合沓句法,萃數句爲一句,雖義各完,以意相涉,如是者謂之支句,猶人之肢體,則例不用滿頓,而用全支或半支諸點.

大抵初學爲英文,不可好爲長句,其合敘者宜分敘之,則易於了當,而無葛藤晦澀諸病.

§ 188. 進於全點者則有支點,英曰 Colon. 凡用支點,大抵皆在可用全點之處,其用支點者,以其義之已完,其不用全點者,以句法平列而意相涉也. 故支點係用於合沓之繁句,包孕句法,從無用支點者,而簡句無論已. 如文家瑪可理 Macaulay 句云: "The chief must be Colonel: his uncle or his brother must be Major: the tacksmen (佃戶) must be the Captains." 又文家藍陀 Landor 句云: "Nothing else could have united her people: nothing else could have endangered or interrupted our commerce." 皆徵此例,然他文家遇此,多不用支點,而用半支,故此事初無定法可立.

大抵全支,乃四者之中最爲罕用之點頓,其有必用全支作點者,則遇引一成句,如此則往往另加一畫 a dash: 如云 'On his tombstone was this inscription:—"Here lies an honest man."' 又或其下之語,即爲上文之註解變文者,則亦必用支點: 如文家嘉來勒 Carlyle 法史有句云:—"One can judge what stir there was now among the thirty thousand royalist: how the plotters (設計者) shrank each closer into his lurking-place." 如後二則,必用全支作頓,而不能代以半支者.

§ 189. 再進則有半支之點,英語曰 semicolon. 半支之用,大致與全支同,亦多見於合沓之繁句,義完而意相涉者,然所與全支之點頓異用者,半支所以分斷平列之句矣,而其句常有 and, but, nor 等字爲之挈合,而全支則用於無此等字者,觀上欵所引瑪可理文可見; 又如

"Time would thus be gained; and the royalists might be able to execute their old project." 蓋兩句之間，得挈合字者，其相緊較不用挈合者爲密故也.

如平列句法甚多，例於最後一句乃用 and 字牽合，而如是諸支句，皆用半支點作頓：此如吉貢 Gibbon 羅馬史有句云："A battering-ram was invented, of light construction and powerful effect; it was transported and worked by forty soldiers; and as the stones were loosened by its repeated strokes, they were torn with long iron hooks from the wall."

平列句法，甚短而意相屬，或經節縮者，例不用半支頓而用逗 如"I ran after him, but could not catch him.'

有時幷逗可以不用：如"He reads and writes incessantly," "He learns neither Latin nor Greek."

§ 190. 逗 comma 之爲用最多，大抵於言語有停頓者，於文字則有逗點也. 蓋一句之字，自有當連讀分讀者逗之所以見其分合也. 譬如中文千家詩之第一首'雲淡風輕近午天，傍花隨柳，過前川. 時人不識予心樂；將謂偸閒學少年." 此其第一句乃言過川之時，故只宜用逗，傍花隨柳乃狀過川之事，故亦可用逗，惟至二句之末則語意已完，句主爲暗會之予字，謂語乃過字，前川乃受事之物，故可用全點滿頓也. 第三語意亦完，然而爲第四句之前事原因，故只宜用支點，而第四句之用滿頓不待言矣. 若以不識予心樂五字爲子句；如 who know not my heart was gladdened，或爲仂語，如 not knowing my heart was gladdened，則幷半支不可用，必用逗頓而後爲合，蓋時人乃將謂之主名 nominative，必合兩句而後意完故耳.

大抵用點頓，與其太多，無甯太少，故此事總無詳細定例可言，且用之人各互異，今所可言者，不過著其常法而已. 以下八條，乃簡句中用逗之法

1. 假如句主得區別屬詞，其文稍長者，則於謂語正云謂字前宜作一逗，如上所引千家詩第二句過字之前，第三句樂字之後. 皆宜作逗者也. 西文如"The injustice of the sentence pronounced upon this wise and virtuous man, is evident." 自正云謂 is 字之前，皆爲句主之屬，故宜作逗. 然使屬詞無多，雖不作逗可也：如云"The injustice of the sentence is evident," 並無逗處.

2. 使區別屬詞爲兩用式仂語，則其前後往往皆作逗：如云"The man, *having slipped*, fell over the cliff." 又如"The general, *having rallied his soldiers*, led them forward." 又如"*Undaunted*, he still struggles on." 第一語之 having slipped, 第二語之 having rallied his soldiers, 第三語之 undaunted, 皆所謂兩用式仂語者也.

3. 句主之區別屬詞，如釋名之類，其文長者例得前後用逗：如云"Bacon, *the illustrated author of Novum Organum*, declared his meaning." 又如"The soldier, *afraid of the consequence of his insubordination*, deserted."

4. 引一成語，而以爲句主或一云謂字之受事者，或前或後，例得用逗：如云"Nelson's signal was, '*England expects every man to do his duty*.'" 又如 *He said* to his disciples, '*watch and pray*.'

5. 疊用實字而不用 and 字牽合者，每字之後，例得用逗：如云"*John, William*, James and Henry took a walk together." 其虛字疊用者，亦同此列：如云"He was *wealthy*,

prudent, active and kind." "He wrote his exercise *neatly*, correctly and quickly." "We *see*, *hear*, *smell*, taste and feel."

6. 一疏狀仂語,其中有獨用名物,或用無定式之云謂字,與兩用式之云謂字者,其仂語之後,例應加逗;如云"*To conclude*, I will only say, &c." 又如云"*The man being dead*, his heirs took possession of his estate."

7. 疏狀子句或仂語,所以斟酌句中謂語者,其前後常加逗點:如云"*By studying for five hours a day*, he mastered the language in six months;" 又如云"The foolish man, *in defiance of all advice*, persisted in his project." 獨用一疏狀字,或仂語簡短者,例不用逗;如云"The man in vain protested his innocence;" 然使其字乃當一橋句用者,則又須前後用逗:如云"The man, *however*, escaped." "The figure, *therefore*, is an hyperbola."

8. 呼顲之名,前後加逗:如云"*John*, shut the door." "I said, *Sir*, I had not done that."

§ 191. 包孕句法中,所用點逗,可以略言如下:—

1. 實字子句用作句主者,其下宜逗:如云"*That the accused is innocent of the crime imputed to him*, admits of demonstration." "*How we can ever get there*, is the question."

然實字子句,用在云謂字後者,其前不作逗:如"*It* is of great importance *that this should be rightly understood*." 在受事之位者,例與此同:如云"Tell me *how you are*." "He acknowledged *that he has wronged you*."

2. 區別子句,其義與所區別之名物密切,非得此則其意不明者,不可作逗:如云"The man *who told me this*

stands there. "I do not see the meaning *that you are explaining.*" 假使其義與所區別之名物並非密切,雖不得此,其意亦明,如是區別子句,乃爲附益之語,其前或後可以用逗:如云"We are studying the history of Russia, *which is now in war with Japan.*" 又如云"I must report this to my father, *who is expecting this news every hour.*"

3. 疏狀子句在一云謂之前者,例應作逗,其在云謂字後者,則否:如云"*When you have finished your work*, tell me the story;" 又如"*Except you repent*, ye shall all likewise perish." 此皆疏狀子句,見於謂語之前者也. 至如"I will wait till *I hear from you*;" "I did not see him when *he called on me*;" "He ran away as soon as *I saw him*." 此皆見於謂語之後者,故其前不逗.

§ 192. 除以上四種點頓之外,尚有他項記號,見諸文字者,取其多見者而言之,則如:—

1. 發問記號 Note of Interrogation (?), 凡問語之終,無論長短,必著此號,但引述問詞則不用之:如云"Who are you ?" "He asked me who I am."

2. 驚歎記號 Note of Exclamation or of Admiration (!), 凡嗟歎之詞,呼籲之名字,下皆作此:如 Oh! My Lord! Four hundred thousand souls perished in a day! 四十萬人同日死!亦有一句之詞,爲咒詛爲祝禱者,其下用之:如云 May Heaven defend us !

3. 括弧( )者,乃用以界旁及之詞,與正文無直接關係者,其內容英語謂之 Parenthesis, 其形式名 Brakets: 如"These is singular harmony between the language (*whatever that may mean*) and the thought." 然其中之文字,必可用可

英文漢詁

捨,而與句法無傷者. 凡旁及之文,有時不用括弧,而用橫畫(—) a dash, 然用橫畫,所關於文理者較深,常見於用意忽轉之時,或正意已申,而更加喻語:如云 In the one case, the reader has come into contact with a mere abstraction—*a man of straw, with not a single feature that impresses itself on the imagination.* In the other, he has come into communion with a living soul—*a man of like passions with ourselves.*" 見戴英英文雕龍 Taine's English Literature.

4. 此外有雙單之引號: Double or single inverted commas, 亦名"俯仰逗,"則用之於徵引他人成語句法之時,此無難解者,若所引不全,其所略處,常作渡點,名曰中略(.........):如"Then Robin took them both by the hands and danced round about the oak tree.........Three merry men we be' Robin Hood.

圖書在版編目（CIP）數據

海上絲綢之路文獻集成．科技與文化編．第九輯 / 王揚宗，葉農主編．-- 福州：福建人民出版社，2024.7. -- ISBN 978-7-211-09497-4

Ⅰ. K203

中國國家版本館CIP數據核字第2024J9X939號

海上絲綢之路文獻集成·科技與文化編（第九輯）

主　　　編　王揚宗　葉　農
文化卷主編　葉　農
責任編輯　劉挺立
美術編輯　白　玫
出版發行　福建人民出版社
電　　　話　0591-87533169（發行部）
電子郵箱　fjpph7221@126.com
地　　　址　福建省福州市東水路 76 號
經　　　銷　福建新華發行（集團）有限責任公司
印刷裝訂　上海中華印刷有限公司
地　　　址　上海市青浦區匯金路 889 號
電　　　話　021-69213456
開　　　本　787 毫米 ×1092 毫米　1/16
印　　　張　331
版　　　次　2024 年 7 月第 1 版第 1 次印刷
書　　　號　ISBN 978-7-211-09497-4
定　　　價　4000.00 元（共 10 册）

本書如有印裝質量問題，影響閱讀，請直接向承印廠調换。
版權所有，翻印必究。

国家出版基金项目
NATIONAL PUBLICATION FOUNDATION

海上絲綢之路文獻集成

總主編 陳支平 陳春聲

科技與文化編 68

主編 王揚宗 葉 農

海峽出版發行集團
THE STRAITS PUBLISHING & DISTRIBUTING GROUP
福建人民出版社

本册目次

西漢同文法二卷（卷二）

（*Grammaire de la langue chinoise orale et écrite*）

〔法〕童文獻（Paul Hubert Perny）著

GRAMMAIRE

DE LA

LANGUE CHINOISE

ORALE ET ÉCRITE

PARIS
TYPOGRAPHIE GEORGES CHAMEROT
19, RUE DES SAINTS-PÈRES, 19

覺罔修德厥學于典始終念半學斆學惟

子曰君子博學於文約之以禮亦可以弗畔矣夫

子曰知者樂水仁者樂山知者動仁者靜知者樂

西漢同文法

GRAMMAIRE
DE LA
LANGUE CHINOISE
ORALE ET ÉCRITE

PAR

PAUL PERNY

Auteur du Dictionnaire français-chinois

CONFUCIUS disait : je commente les anciens livres, mais je n'en compose pas de nouveaux ; j'ai foi dans les anciens et je les aime.

子曰。述而不作。信而好古

(LÉN YU, ch. 7, v. 1.)

TOME SECOND

LANGUE ÉCRITE

PARIS

MAISONNEUVE & Cie
Libraire (à la tour de Babel)
25, QUAI VOLTAIRE, 25

ERNEST LEROUX
Libraire des Sociétés Asiatiques de Paris et Calcutta
28, RUE BONAPARTE, 28

1876

Tous droits réservés.

子謂子夏曰汝爲君子儒無爲小人儒

PRÉFACE

En publiant une nouvelle grammaire, l'auteur ne manque presque jamais de passer en revue tous les ouvrages de ce genre qui ont paru jusqu'à son époque. La conclusion de cette revue est toujours un *satisfecit* qu'il se délivre à lui-même avec plus ou moins de complaisance. *Son livre est plus complet, plus clair, mieux approprié aux besoins du temps, surtout aux progrès de la science, et comble ainsi un vide regrettable qui se faisait sentir.*

Le meilleur moyen, selon nous, de juger de l'opportunité et de l'utilité d'une nouvelle grammaire chinoise se reconnaît à l'accueil que lui fait le public. La pensée qui nous a guidé, durant notre travail, est résumée tout entière dans la parole de Confucius, qui sert d'épigraphe à ce livre. Nous avons réuni des matériaux dispersés de tous côtés; nous les avons rangés dans leur ordre naturel. Nous n'avons pas eu, comme certain sinologue, l'heureuse chance de découvrir *une règle de position* nouvelle, qui donnât du relief à notre œuvre. On ne peut, à notre avis, rien dire de nouveau sur les règles si simples, si peu nombreuses de la syntaxe chinoise, mais il est possible d'en parler d'une manière plus explicite et plus attrayante pour le commun des lecteurs.

La multiplicité des ouvrages de ce genre n'est pas un malheur pour la science. Chaque lecteur choisit la *Grammaire* qui va le mieux à son goût particulier. On trouve de bonnes choses dans les ouvrages publiés soit en France, soit à l'étranger, sur la langue

a

chinoise, depuis l'informe *Museum sinicum* de Bayer jusqu'au livre le plus récent sur cette matière, la *Syntaxe chinoise* de M. Stan. Julien.

Les études sinologiques sont malheureusement très-peu florissantes en France. Cela tient à des causes particulières qui ne disparaîtront pas de sitôt. Nous ne pourrions les énumérer ici sans froisser plus d'un amour-propre. La langue chinoise serait, pourtant, digne de fixer l'attention des philologues, des savants qui, par la comparaison des langues anciennes, cherchent à reconstruire l'histoire des monarchies célèbres qui ont disparu du globe. Les savants, les linguistes de nos jours sont malheureusement aussi imbus que ceux du siècle dernier de ce préjugé très-faux que *la langue chinoise est inabordable, qu'elle est un vrai labyrinthe, que la vie entière d'un homme ne suffirait pas pour retenir ses quatre-vingt mille caractères hiéroglyphiques.*

La vérité est qu'après trois ou quatre mois d'étude, on parle convenablement en chinois ; qu'après quinze ou dix-huit mois, on est en état de lire les *livres courants* de la langue écrite. Telle est la difficulté de cette langue qui fait la frayeur d'une foule d'hommes éminents, vaincus d'avance par le plus faux des préjugés. Nous serions heureux que notre témoignage et notre livre servissent à les désabuser de ce préjugé et à les engager à aborder courageusement l'étude de la langue de la plus ancienne et plus populeuse monarchie du monde entier.

L'histoire de l'Asie centrale, berceau du genre humain, nous est fort peu connue. Les vastes et riches collections des historiens chinois renferment des trésors encore inexplorés et inconnus à l'Europe savante. La seule encyclopédie : **Yùn lǒ tá tièn** (永樂大典), qui renferme plus de *vingt-quatre mille* volumes, serait une mine féconde où chaque sinologue aurait à puiser à pleines mains pour faire connaître cette partie si intéressante du monde primitif. La médecine, l'histoire naturelle, les arts auraient tout à gagner dans l'exploration de ces vastes encyclopédies chinoises. S'il est vrai, comme le fait observer M. Abel Rémusat (1), que l'*Encyclopédie d'une nation est, en réalité, le tableau le plus fidèle*

(1) Notice sur l'Encyclopédie japonaise.

海上絲綢之路文獻集成 科技與文化编

et le plus complet de ses lumières et de son génie, nous devons faire ici une mention toute spéciale de la fameuse encyclopédie de l'Empereur **Kiền lông**, à nulle autre pareille dans tout l'univers, et que poursuit activement l'Institut impérial de Pékin. Cette encyclopédie gigantesque, dont le plan général a été tracé par l'Empereur lui-même, ne compte pas moins *de cent soixante mille volumes;* plus de cent mille ont déjà vu le jour. De semblables travaux scientifiques, que nos Académies de l'Europe ne soupçonnent même pas, ont plus d'un titre à notre attention et méritent d'être particulièrement connus.

Un bon nombre de voyageurs et même de missionnaires ont répandu de fausses idées sur la Chine. Ils jugeaient ce vaste empire d'après quelques faits ou quelques abus isolés dont ils étaient les témoins. Si l'on veut juger sainement la Chine, ce sont ses *monuments écrits* qu'il faut consulter dans les originaux, et non point ces touristes de tout nom qui ont visité seulement les côtes du Céleste-Empire, ou ces Européens qui, parqués dans un port de mer chinois, ont vécu côte à côte des habitants de cet empire, mais sans avoir vécu de la vie chinoise, sans avoir conversé directement avec ce peuple spirituel, et surtout sans avoir lu les prodigieuses collections littéraires et scientifiques de cette nation.

La stabilité de l'empire chinois, au milieu des ruines accumulées de l'ancien monde, est un grand problème philosophico-religieux à résoudre. Le gouvernement chinois a des principes généraux d'économie sociale, fruits d'une expérience de plusieurs milliers d'années, dont ne se doutent guère nos monarchies d'Europe, emportées qu'elles sont vers des abîmes insondables, par l'absence de sages maximes de ce genre. Il faut lire ces mémorables traités pour se faire une juste idée de l'esprit pratique de la nation la plus sagace de l'extrême Orient.

Le deuxième volume de cette grammaire chinoise est attendu depuis longtemps. Une publication où l'auteur doit être, pour la partie chinoise, l'ouvrier typographe de son œuvre, ne peut marcher qu'avec une extrême lenteur. Notre intention avait été d'ajouter encore à ce volume deux chapitres, l'un sur le *symbolisme des caractères chinois*, l'autre sur *les affinités du chinois avec les langues anciennes,* mais un seul volume n'eût pas suffi pour remplir ce vaste

cadre. Nous publierons deux traités à part sur ces matières. C'est le même motif qui nous a forcé à mettre dans un petit *Appendice* séparé les notes auxquelles les deux volumes de cette grammaire renvoient le lecteur. D'autres circonstances indépendantes de notre volonté sont encore venues retarder la publication de ce deuxième volume.

Plus de six cents exemplaires du premier volume ont été écoulés, sans qu'une seule annonce-réclame ait été faite. Les *Annales de philosophie chrétienne*, rédigées par l'honorable et savant M. Bonnetty, et la revue bibliographique, connue sous le nom de *Polybiblion,* sont les seules revues qui, *de leur propre mouvement,* aient bien voulu signaler le premier volume de cette grammaire. Nous avons la confiance que le même accueil sera fait à ce deuxième volume beaucoup plus important à tous les points de vue que le précédent. Puisse cet ouvrage, qui termine la *première série* de nos travaux sur la langue chinoise, rendre cette même langue un peu moins impopulaire et faciliter son étude, non pas seulement aux zélés missionnaires de la Chine, mais encore à tous les amis de la science et de la philologie.

Étudiez toujours comme si vous ne pouviez jamais atteindre au sommet de la science, comme si vous craigniez de perdre le fruit de vos études.

(Confucius, Lén Yù, chap. 8, n° 17.)

學如不及猶恐失之

TABLE DES MATIÈRES.

DEUXIÈME PARTIE DE LA GRAMMAIRE CHINOISE.

LANGUE ÉCRITE.

CHAPITRE PREMIER.

DE L'ÉCRITURE CHINOISE EN GÉNÉRAL.

CHAPITRE II.

PLAN DES CARACTÈRES CHINOIS OU LES SIX RÈGLES DE LEUR FORMATION.

EN CHINOIS : LES Loŭ choū 六書, OU Loŭ ngý 六義.

CHAPITRE III.

I. — HISTOIRE DES RÉVOLUTIONS OPÉRÉES DANS LA FORME DE L'ÉCRITURE CHINOISE.
II. — TABLEAUX D'ANCIENNES FORMES D'ÉCRITURES, AVEC MONOGRAPHIES.

Première Section.

Deuxième Section.

CHAPITRE IV.

DE L'ÉCRITURE CHINOISE AU POINT DE VUE DE L'EXÉCUTION.

Première Section.

Deuxième Section.

海上絲綢之路文獻集成 科技與文化編

西漢同文法 卷二

CHAPITRE V.

Pages.

DISPOSITION DES CARACTÈRES CHINOIS DANS LES DICTIONNAIRES. — SYSTÈME DES CLEFS; SON INVENTION. — TABLEAU DES 214 CLEFS. — MÉTHODES POUR CHERCHER LES CARACTÈRES DANS LES DICTIONNAIRES.

CHAPITRE VI.

RÈGLES GÉNÉRALES DE LA SYNTAXE CHINOISE.

Première Section.

Deuxième Section.

Troisième Section.

Quatrième Section.

Cinquième Section.

Sixième Section.

CHAPITRE VII.

DU ROLE DES PARTICULES CHINOISES.

Première Section.

Deuxième Section.

CHAPITRE VIII.

DE LA LITTÉRATURE CHINOISE EN GÉNÉRAL ET DE SES PRINCIPAUX MONUMENTS LITTÉRAIRES.

Première Section.

De la littérature chinoise en général.

海上絲綢之路文獻集成 科技與文化編

Deuxième Section.

Des principaux monuments littéraires de la Chine.
1re série. — Ouvrages du premier ordre de chaque école.

2e série. — Ouvrages littéraires du deuxième ordre, ou des écrivains anciens et modernes qui ont reçu le titre de **Tsaȳ tsè**.

海上絲綢之路文獻集成 科技與文化編

西漢同文法 卷二

CHAPITRE IX.

DE LA LITTÉRATURE CHINOISE EN PARTICULIER.

Première Section.

Deuxième Section.

Des principales figures de rhétorique.

CHAPITRE X.

LOCUTIONS CHINOISES.

CHAPITRE XI.

DE LA POÉSIE CHINOISE.

FIN DE LA TABLE DES MATIÈRES.

GRAMMAIRE CHINOISE

DEUXIÈME PARTIE

LANGUE ÉCRITE.

CHAPITRE PREMIER.

DE L'ÉCRITURE CHINOISE EN GÉNÉRAL.

1° Origine et invention de l'écriture chinoise. — 2° Deux Écoles chinoises sur cette question. — 3° Génie et cachet particulier de cette écriture.

I. — ORIGINE ET INVENTION DE L'ÉCRITURE CHINOISE.

Le langage, étant la condition même de la pensée, n'a pu venir que d'une communication divine. L'écriture n'est pas rigoureusement dans les mêmes conditions que le langage. Doué de la pensée et de la parole, l'homme pourrait *absolument* en être l'inventeur.

Cependant, l'admirable procédé de *fixer*, de *conserver*, par des signes tracés sur une matière quelconque, la pensée et la parole humaine, a paru aux phi-

1

losophes de tous les pays un art si merveilleux, si fort au-dessus de la portée des intelligences, même d'élite, qu'ils en ont presque tous attribué l'invention à la divinité. Ainsi, nous voyons les Égyptiens en faire honneur à leur dieu *Thot*; les Grecs, à *Saturne*, à *Mercure*, à *Cadmus*, personnage équivoque, dont on place l'existence vers l'an 1580 avant Jésus-Christ; les Hébreux l'attribuent aux anciens Patriarches et même à Adam; enfin, les Indiens, ne supposant pas que l'écriture puisse être une invention humaine, lui donnent le nom de *deva nâgari*, qui veut dire : *écriture des dieux*.

Quant aux Chinois, comme ils ne sont tombés que fort tard dans le polythéisme, les plus anciens écrivains du Céleste Empire n'ont pu faire honneur de l'invention de l'écriture à quelque divinité de fabrique humaine. En sages véritables, les Chinois ne se sont pas bornés à une admiration théorique pour cette merveilleuse invention; ils ont voulu manifester cette admiration par une espèce de culte pour l'écriture; culte qui, renvoyé à l'Auteur même de la pensée et du langage, émane d'une idée grande et spirituelle. Ce culte pour l'écriture est universel, même de nos jours, dans toute la Chine.

Toutefois, les philologues chinois n'ont pas manqué de se poser à eux-mêmes cette double question : *Quel est l'inventeur de l'écriture? A quelle époque a-t-on découvert cet art merveilleux?* Sur cette double question, les Chinois se sont divisés en deux écoles.

II. — DEUX ÉCOLES CHINOISES SUR L'ORIGINE DE L'ÉCRITURE.

1re ÉCOLE CHINOISE.

La première école comprend les critiques les plus sensés de la Chine. L'opinion de tous les savants de cette école se résume parfaitement dans ces paroles de l'écrivain **Nân siuên** : « Il n'est plus possible de savoir quelle « est l'origine des caractères; car cette origine se perd dans la nuit des « temps. Les résultats des plus savantes discussions ne laissent que doute et « incertitude. »

L'auteur de l'ouvrage **Sîn lỳ tá tsuên** 性理大全 dit, à son tour, que « *les caractères sont de toute antiquité* ». C'est un fait incontestable que les plus anciens, les plus authentiques monuments de l'histoire, qui existent de nos jours, sont les *Livres sacrés* de la Chine; c'est-à-dire les **Kin** 經. Or, ces livres gardent tous un profond silence sur l'origine de l'écriture. Cependant, ils mettent un soin digne de remarque, à faire connaître le nom de presque tous les inventeurs des sciences, des arts et des métiers en usage dans la Chine. Leur silence sur le nom de l'inventeur de l'écriture est au moins étonnant.

海上絲綢之路文獻集成 科技與文化編

Ces anciens livres de la Chine, le Choū kīn 書經 par exemple, ne laissent aucun doute sur l'état très-avancé de la civilisation chinoise, à l'époque des Empereurs Yâo 堯 et Chuén 舜, non plus que sur l'existence de l'écriture dans cette même période de temps.

Le règne de ces Souverains de la Chine concorde avec celui des premiers monarques des peuples les plus anciens que l'on connaisse, en dehors de la Chine; peuples qui, depuis longtemps, ont disparu de la scène du monde, à savoir : les *Égyptiens*, les *Chaldéens*, les *Phéniciens*, les *Éthiopiens*, les *Étruriens*, les *Scythes*, etc. (1). L'écriture de ces peuples si célèbres était au niveau de leur propre civilisation et la même à peu près chez tous, quant à la forme générale, c'est-à-dire qu'elle était *figurative* ou *idéographique* dans son ensemble, dans sa base surtout (2). La langue de ces peuples avait évidemment une source, une origine commune. Les découvertes les plus modernes de la science ont mis en lumière un fait très-remarquable. Tous ces anciens peuples, que nous venons de citer, ont été unanimes à employer ces signes symboliques, figuratifs, idéographiques, surtout dans un sens *mystique* ou *religieux*, et cela pour consacrer le dépôt des espérances et des dogmes de la vie future. Malgré la divergence des détails de forme de ces langues, cet accord, dans une idée commune de ce genre, mérite d'être signalé à nos lecteurs.

Les philologues européens, divisés sur la question de l'unité des langues, admettent, pourtant, aujourd'hui l'unité primitive de l'écriture qui, dans le principe, a été idéographique ou hiéroglyphique. L'écriture a dû exister dès les premiers temps du monde, dans la proportion des besoins de la société. Une erreur générale des savants modernes de l'Europe est de supposer que le premier homme a été créé dans une véritable *enfance intellectuelle*, et que sa postérité n'est sortie qu'à force de labeurs, et après une période de siècles indéterminée, de cette enfance primitive. La tradition chrétienne, plus solide et plus rationnelle, enseigne, au contraire, de la manière la plus nette, que le premier homme n'a pas eu d'enfance, qu'*il a eu de suite la science des choses naturelles, et dans leur principe et dans leur terme* (saint Thomas). Le premier homme s'est trouvé, au moment même de sa création, parfait dans tout son être, et par rapport au corps, de manière à pouvoir *incontinent* devenir père, et, par rapport à l'esprit, de manière à pouvoir *de suite* instruire ses enfants.

---

(1) *Mesraïm*, fils de *Cham*, a fondé l'Égypte; *Chus*, frère de *Mesraïm*, l'Éthiopie; *Assur*, chassé par Nemrod, a fondé l'Assyrie où les arts ont fleuri aussitôt d'une manière étonnante. La Chaldée reconnaît dans *Nemrod* son fondateur, environ vers l'an 2680 avant Jésus-Christ. Or, la colonie chinoise est bien antérieure à tous les Fondateurs de ces anciennes et illustres monarchies. L'Empire chinois seul a traversé tous les âges et subsiste encore avec ses vieilles traditions.

(2) On vient de nos jours (1872) de découvrir en Russie, au Nord de l'Oural, sur la propriété de M. Lazareff, un lingot d'argent couvert d'antiques caractères chinois, entouré d'antiquités scythiques, ce qui est une preuve évidente de la haute antiquité de l'écriture en Chine.

A peine créé, Adam eut tout ce que nous obtenons successivement pendant la plus grande partie de notre vie. Dans la société naissante des premiers hommes, tout était en germe, il est vrai; mais tout existait et se développait rapidement, sans passer par mille tâtonnements ou par mille essais, comme le naturalisme moderne se l'est imaginé. Simple d'abord, c'est-à-dire *figurative, symbolique,* l'écriture a dû exister dès l'origine même de la société humaine.

2° ÉCOLE CHINOISE.

Tout porte à croire que la colonie primitive des Chinois, venant des plaines du Sennaar, apportait avec elle l'écriture symbolique dont l'usage avait cours au berceau du genre humain. Les raisons que nous allons en donner sont la réfutation de la seconde école chinoise, touchant l'invention de l'écriture.

Dans cette deuxième école, les uns font honneur de l'invention de l'écriture à **Foŭ-Hȳ** 伏羲, les autres au ministre de la droite de l'empereur **Houâng tý** 黃帝 qui aurait inventé l'écriture, d'après l'ordre que lui en aurait donné ce Souverain. En Europe, où les moyens de vérifier ces opinions font défaut, on s'en est tenu à l'opinion de cette école-ci. D'honorables linguistes, sur *l'autorité les uns des autres,* mais sans remonter aucunement aux sources, répètent les uns que **Foŭ-Hȳ**, les autres que **Tsāng kiĕ** 倉頡, ministre de l'Empereur **Houâng tý**, sont, chez les Chinois, les inventeurs de l'écriture.

Il est admis, sans contestation, dans toute la Chine, que les premiers chefs de la tribu chinoise, tels que **Foŭ-Hȳ**, **Chên-Lông**, propageaient un enseignement noble et sublime et que leur doctrine a été consignée dans des monuments écrits. Les anciens écrivains ne tarissent pas en éloges sur *cette pure et lumineuse doctrine* qu'ils nomment **Tá taó** 大道. — Ces monuments écrits ont malheureusement péri; mais leur existence est attestée par l'enseignement oral de tout le monde savant de la Chine. L'écrivain **Ouâng tchāo** affirme que l'on est unanime, dans l'Empire, pour attester ce fait. Les auteurs de l'époque de la dynastie **Tcheōu** 周 tiennent tous le même langage, et **Tchouāng tsè** 莊子 qui est postérieur au philosophe **Móng tsè** 孟子 dit avoir eu sous les yeux des exemplaires de ces anciens monuments écrits. Il y avait donc à cette époque une écriture générale. L'ouvrage **Loúy pién** 內篇, sorti de la plume du savant **Sē Mà Kouāng** 司馬光, sans faire honneur de l'invention de l'écriture à **Foŭ-Hȳ**, dit clairement qu'il y avait des caractères à cette époque, mais qu'on les compléta et qu'on les perfectionna du temps de **Houâng tý**. Le livre de l'origine des caractères tient le même langage.

On parle beaucoup de cordelettes à nœuds coulants, qui, dans l'origine de

海上絲綢之路文獻集成 科技與文化编

la monarchie chinoise, auraient tenu lieu d'écriture. L'usage de ces cordelettes a véritablement existé en Chine, mais ce n'était pas comme écriture courante et générale. C'était simplement un mode, un procédé abrégé, symbolique et de pure convention, pour *publier les ordonnances administratives.* Chacune de ces cordelettes avait son idée et sa signification particulière. Elles étaient disposées sur deux tables en forme d'abaque où l'on faisait mouvoir à volonté ces nœuds coulants. Outre la variété des couleurs respectives de chaque nœud, la facilité de mouvoir ces nœuds servait également à varier le sens conventionnel de chacune d'elles. Ces deux tables portaient les noms de **hô-toû** 河圖 et de **lŏ-choū** 洛書. Comme il est sans cesse question de ces deux tables et de ces deux expressions, dans les ouvrages chinois, nous croyons devoir en donner ici la figure. La première signifie : *Tableau des eaux du fleuve;* la seconde : *Figure de l'écriture sortie des eaux.*

Les notes blanches marquent l'impair, qui, chez les Chinois, est le symbole de ce qui est parfait, de même que la ligne brisée ou interrompue, comme nous la donnons ici : — —. Les Chinois attribuent ce qui est parfait au jour, à la chaleur, au soleil, au feu, etc. Ce qui est imparfait, ils l'attribuent à la nuit, au froid, à l'eau, à la terre, etc. Le **hô-toû** finit par dix; le **lŏ-choū** ne va que jusqu'à neuf.

Voici ces deux tables ou abaques.

LE HÔ-TOÛ.

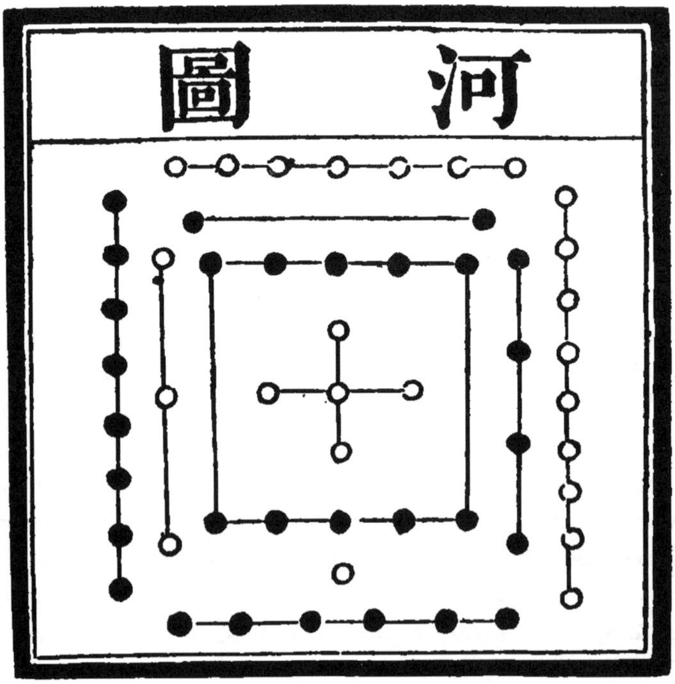

LE LŎ-CHOŪ.

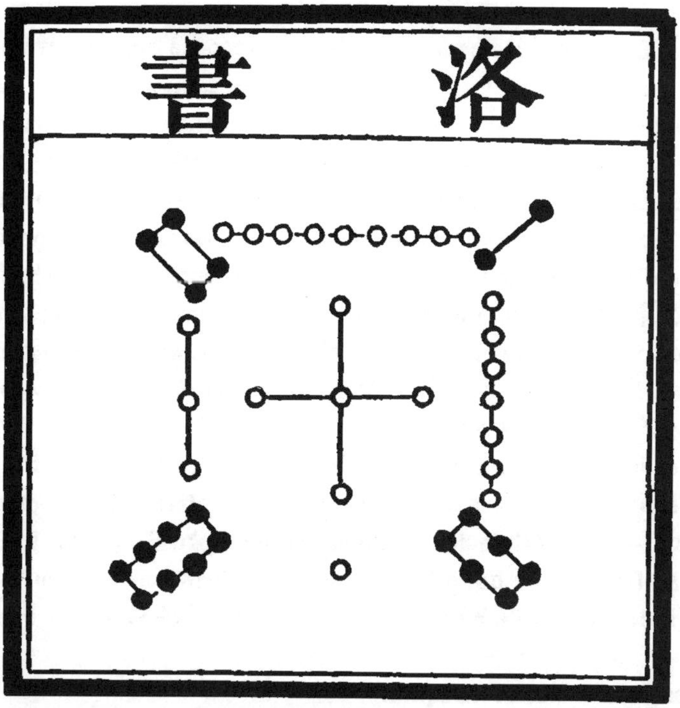

L'abaque à nœuds coulants était donc un mode simple et abrégé, un procédé primitif, si l'on veut, mais assez ingénieux, *pour faire connaître au peuple les ordres du gouvernement*. Cette machine était suspendue dans un lieu public, et chacun avait ainsi sous les yeux les décrets du gouvernement. De nos jours, lorsque deux navires se rencontrent en pleine mer, ils échangent, au moyen de signaux de pure convention, une véritable conversation; notre ancien télégraphe aérien était un procédé aussi primitif que celui des cordelettes chinoises. Tout ce que nous avançons ici est fondé sur les textes les plus clairs des anciens écrivains de la Chine.

Dans son commentaire sur le livre hŷ tsé 繫辭, composé par Ouên ouâng 文王 (1) et par son fils Tcheōu kōng 周公, ouvrage rédigé onze siècles avant Jésus-Christ, Confucius dit, en propres termes : *Dans la haute antiquité, on se servait, pour l'administration des affaires publiques, de cordelettes à nœuds coulants.* Cháng koù kiĕ chuên eûl tchê 上古結繩而治. Les écrivains postérieurs les plus estimés de la Chine répètent mot pour mot les paroles de Confucius, dont ils embrassent l'opinion. Nous citerons seulement ici le célèbre historien Sē mà tsiēn 司馬遷, qui, dans son supplément à l'ouvrage Ché

(1) Fondateur des anciens Tcheōu, dynastie qui commença en 1122 av. J.-C. et dura jusqu'à l'an 221 av. J.-C.

ký 史紀 dit que **Foŭ-Hȳ** inventa un genre d'écriture, pour remplacer les cordelettes à nœuds coulants, *dans l'administration des affaires publiques*. **Foŭ hȳ tsáo choū ký ỳ taý kiĕ chuên tchē tchén** 伏羲造書契以代結繩之政. Ces textes ne laissent rien à désirer pour la clarté; il ne s'agit ici que d'un mode de publication des ordonnances administratives autre que le mode imparfait des cordelettes.

Assurément, le procédé des cordelettes laissait beaucoup à désirer. **Foŭ-Hȳ**, fondateur de la monarchie chinoise, qui vivait vers l'an 2852 avant Jésus-Christ, songea à remplacer le procédé des cordelettes par un autre plus large et plus expressif. Il imagina, toujours dans le but de *publier les ordonnances et surtout de transmettre au peuple certains enseignements moraux*, un système de lignes, qui devaient se combiner de différentes manières. Les tables **Hô-toû** et **Lŏ-choū** étaient encore ici la base du nouveau système de **Foŭ-Hȳ**. Chaque ligne avait un sens conventionnel et chaque mode de combinaisons introduisait un nouveau sens. On a donné à ces huit lignes le nom de *huit trigrammes de* **Foŭ-Hȳ**; en chinois : **Pă kouá** 八卦, c'est-à-dire, les huit signes ou les *huit symboles suspendus*. Ces **kouá** étaient simplement deux lignes, l'une entière, l'autre brisée. Rangées parallèlement l'une sur l'autre au nombre de trois, on obtient huit combinaisons; rangées de six en six, on en obtient soixante-quatre. La première ligne représente, dans l'ordre physique, métaphysique, politique, civil, moral, etc., tout ce qui est parfait, le principe, la cause, etc. La deuxième ligne représente ce qui est moins parfait, les défauts, etc. La position de ces lignes, tracées avec un pinceau, offrait, par l'ensemble des figures, par leur couleur même, des sens divers, selon la matière du sujet que l'on traitait (1).

Ces **kouá** avaient un double but : 1° celui d'intimer un ordre, une défense du gouvernement. Dans ce cas, il est évident qu'ils devaient indiquer un texte, une loi, une coutume déjà connus. 2° Ils servaient de thèmes aux fonctionnaires publics pour les discours qu'ils adressaient au peuple dans le but de l'instruire de ses devoirs (2). Les textes chinois suivants prouvent jusqu'à l'évidence que tel fut le but que se proposa **Foŭ-Hȳ** en établissant ses **kouá** qu'il ne tarda pas à remplacer lui-même. Voici celui de Confucius, tiré de l'ouvrage cité plus haut : *Dans la haute antiquité, on se servait de cordelettes pour gouverner; dans la suite, les saints hommes les remplacèrent par l'écriture dont les mandarins se servirent pour gouverner les populations, et le peuple, pour les prières des*

---

(1) Voir à l'Appendice, sous la note C, le *Tableau des noms collectifs, doubles ou composés*, au mot *huit*, n° 3, les figures des **Kouá** de **Foŭ-hȳ** et leur explication.

(2) En Chine, les magistrats doivent adresser de temps à autre des instructions morales au peuple qui leur est confié. Souvent, à l'occasion de certains crimes, on voit les mandarins de tout un canton dégradés, pour n'avoir pas suffisamment instruit le peuple de ses devoirs et être ainsi la cause indirecte des crimes qui se commettent.

sacrifices. Cháng koù kiĕ chuên eûl tchè, heóu ché chén jên ỳ tchē ỳ choū kỳ, Pĕ kouān ỳ tchè ouán mìn ỳ tsý 上古結繩而治。後世聖人易之以書契。百官以治。萬民以祭. Le texte suivant est de Sē mà tsiēn : Foŭ-Hȳ *inventa un genre d'écriture pour remplacer les cordelettes à nœuds coulants dans l'administration des affaires publiques.* Foŭ-Hȳ tsáo choū kỳ ỳ taý kiĕ chuên tchē tchén. 伏羲造書契以代結繩之政. Un autre auteur, Tchăng tsè, dit en termes formels : *Les* kouá *étaient des instruments de police et de gouvernement, qui correspondaient à des images dont ils étaient les signes abrégés.* Au reste, la simplicité même du procédé de Foŭ-Hȳ ne comportait pas l'idée d'un système d'écriture complet, s'étendant à tout et pouvant exprimer toute espèce de pensée.

L'histoire chinoise raconte de la manière suivante comment Foŭ-Hȳ a été amené à sa découverte :

« Dans la haute antiquité, Paó ný chè (Foŭ-Hȳ) gouvernait la Chine. Ayant « levé les yeux en haut, il vit des figures dans le Ciel; les ayant ensuite baissés, « il vit des modèles à imiter sur la terre; il contempla les formes variées des « oiseaux et des quadrupèdes, ainsi que les propriétés diverses de la terre. « Des corps à proximité de lui et qu'il pouvait saisir, comme des objets éloi- « gnés qu'il pouvait déterminer, il commença à tracer les huit symboles, dans « le dessein de pénétrer la vertu de l'intelligence divine, et dans celui de classer « par espèces les propriétés de tous les êtres, comme les figures des lacs, des « montagnes, du vent et du tonnerre. »

Koù tchĕ Paô hȳ ché tchē ouáng Tiēn hiá ỳ, foú tsĕ kouān siàng yū tiēn, niàng tsĕ kouān fă yū tý, kouān niaò tcheóu tchē ouên yū tý tchē ný, kín tsiù tchoū chēn, yuèn tsiù tchoū oŭ, yū chè tchè tsoú pă kouá ỳ tŏng chên mìn tchē tĕ ỳ louý ouán oŭ tchē tsîn. 古者包羲氏之王天下也。俯則觀象于天。仰則觀法于地。觀鳥獸之文與地之宜。近取諸身。遠取諸物。于是始作八卦以通神明之德。以類萬物之情。

L'ouvrage Tŏng kién 通鑑 (au 1er livre) raconte à peu près dans les mêmes termes l'invention des huit trigrammes. Puis il ajoute : Foŭ-Hȳ *inventa un genre d'écriture pour remplacer les cordelettes nouées, dans l'administration du gouvernement.*

Nous ferons une remarque qui doit avoir sa place en ce lieu : les auteurs chinois attribuent généralement à Foŭ-Hȳ, outre l'invention des huit trigrammes, celle d'une forme, d'un genre de caractères, auquel on a donné le nom de *caractères en forme de dragon,* 龍篆 Lông tchouán. C'est là, croyons-nous, ce qui a donné naissance à l'erreur que nous réfutons ici, à savoir que Foŭ-Hȳ était l'inventeur de l'écriture chez les Chinois. Ce Souverain est simplement l'inventeur d'une *forme spéciale* d'écriture, mais non pas de l'écriture en général.

De tous ces textes anciens, le but de **Foŭ-Hŷ** ressort avec la plus grande évidence : *intimer au peuple, au moyen d'une forme simple et frappante, les ordres du gouvernement.* Un auteur chinois, **Siû kŷ**, fait, à ce sujet, une remarque pleine de justesse : « Dans ces premiers temps, les mœurs des hommes « étaient pures, leurs cœurs dociles et sincères; le plus petit signal de la vo- « lonté du Prince suffisait pour obtenir leur obéissance. La simplicité et l'in- « nocence s'altérant peu à peu, il fallut intimer les ordres par écrit pour ôter « toute ambiguïté, prévenir les prétextes d'oubli et empêcher les surprises de « la malversation. »

Certains écrivains répètent (1), sans fondement, que l'écriture chinoise a pour inventeur un ministre de l'Empereur **Houâng tŷ**, auquel ce souverain aurait donné l'ordre d'*inventer l'écriture.* Ce ministre est le célèbre **Tsâng kiĕ** 蒼頡. — Les premiers auteurs de cette assertion n'ont jamais dit à quelle source ils l'avaient puisée. Ils n'ont jamais invoqué ni pu invoquer les **kīn** 經 en faveur de leur thèse, ni aucun monument écrit, qui aurait péri depuis eux. Ces auteurs n'ont pas même invoqué la tradition admise de leur temps. Quel est le *critique sensé* qui admettrait jamais que, si l'écriture n'existait pas, un prince puisse soudainement en avoir l'idée et ordonner à un de ses ministres de la créer?

Au reste, nous avons vu qu'à l'époque de **Foŭ-Hŷ** et de **Chên-Lông**, il y avait une écriture générale, puisqu'il existait des livres. On n'a pas fait assez attention aux nombreuses révolutions des formes de l'écriture en Chine; de là, une foule d'erreurs courantes. **Tsâng kiĕ**, le ministre de **Houâng tŷ**, est lui-même le simple inventeur de l'une de ces formes d'écriture. L'écriture imagée et symbólique des premiers Chinois était lente à former et peu abondante. Sur les ordres de **Houâng tŷ**, son ministre travailla à simplifier la forme de l'écriture courante et en produisit une autre à laquelle on a donné le nom de **niào tsŷ tchouán** 鳥跡篆, c'est-à-dire : *écriture en forme de vestiges de pieds d'oiseaux.*

L'exemple donné par **Tsâng kiĕ** ne demeura pas sans imitateurs. A partir des Empereurs subséquents, on voit surgir une foule de nouvelles formes d'écriture. Nous consacrons un chapitre tout entier à raconter les révolutions opérées successivement dans la forme des caractères chinois. Ce qu'il importe, toutefois, de remarquer dès à présent, c'est que, si la forme variait, le système fondamental, sur lequel reposait le principe de la formation de l'écriture chi-

---

(1) **Houây nân tsè**, prince de la maison des **Hán**, feudataire de l'Empire, et que, pour ce motif, on désigne souvent sous le titre de **Houây nân ouâng** est le premier qui ait mis en avant cette opinion. C'est sur sa seule autorité que tous les autres écrivains la répètent. Ce prince lettré vivait vers l'an 189 av. J.-C. Ses ouvrages ont été perdus; il n'en reste que six livres, où l'on trouve d'excellentes choses.

noise, demeurait le même. Il ne se modifia que très-tard, sans se perdre tout à fait, et par suite de l'accroissement considérable des signes primitifs. Dans nos formes d'écriture que l'on nomme la *ronde*, la *gothique*, l'*anglaise*, l'*italique*, l'*égyptienne*, etc., la forme seule varie; l'alphabet demeure la base constitutive de ces formes différentes. Ainsi en est-il de l'écriture chinoise.

Il résulte de ce qui précède que, si la tradition chinoise nous a bien conservé les noms des auteurs des nouvelles formes de l'écriture, nulle part elle ne fait honneur de son invention à un personnage en particulier. Nous sommes donc plus que jamais autorisés à faire remonter l'origine de l'écriture au berceau du genre humain.

En tout cas, on peut affirmer que la langue chinoise est la plus ancienne des langues connues et parlées de nos jours. Elle est de beaucoup antérieure à l'époque de la diversité des langues. Elle est la seule des premiers âges qui soit encore vivante. Les monuments écrits de la Chine, qui remontent à plus de 5,000 ans, nous la montrent simple, concise, mais sublime et énergique dès cette époque.

III. — GÉNIE ET CACHET PARTICULIER DE L'ÉCRITURE CHINOISE.

Les philologues modernes admettent assez généralement trois souches d'écriture dans le monde: l'écriture chinoise, l'écriture indienne et l'écriture sémitique. On distingue de même trois âges dans l'écriture.

Au premier se rapporte l'écriture figurative, symbolique, idéologique, hiéroglyphique. Tous les genres d'écriture ont commencé de la sorte. L'ancienneté d'un peuple peut ainsi, à l'aide de son écriture, être en quelque sorte déterminée. La Chine a seule conservé ses symboles primitifs. Six cents millions d'hommes lisent, entendent, à cette heure, sur la surface du globe, les caractères antiques de la Chine.

Le deuxième âge laisse apercevoir une transition sensible dans l'écriture. L'écriture primitive s'y dégage de ses formes trop figuratives, de ses symboles trop subtils. Elle adopte des formes différentes selon le génie des tribus qui peuplent le globe et selon les climats de ces mêmes nations. La forme phonétique caractérise surtout le deuxième âge.

Au troisième se rapporte l'écriture alphabétique. On s'accorde généralement à la faire descendre de l'écriture idéographique elle-même. Les philologues modernes réservent leur admiration exclusive pour cette dernière forme, qui leur semble sans doute le dernier effort du génie humain en cette matière.

海上絲綢之路文獻集成 科技與文化编

L'écriture chinoise, dans les temps les plus anciens, était toute figurative. Chaque objet visible était représenté par un signe plus ou moins expressif, qui le faisait reconnaître aussitôt. On peignait les pensées par les images des êtres matériels et sensibles et par les symboles des êtres spirituels et invisibles.

Deux ou trois cents images et symboles, mélangés et variés de bien des manières, suffisaient aux besoins de la société. Cette écriture, ou mieux cette peinture, parlait à l'esprit par la vue, rapprochait les choses les plus disparates, donnait un corps aux pensées et spiritualisait, en quelque sorte, les êtres les plus matériels. Chacune de ces images était un signe immédiat des idées et non pas des signes de sons, de mots. Aussi, par ce fait très-remarquable que ces signes ne sont liés à aucun son, on peut les lire dans toutes les langues. Chaque objet des connaissances humaines a son caractère propre, qui en est comme le portrait. Quelques caractères bien choisis suffisent pour peindre un fait, un raisonnement, une pensée, avec une force, une grâce, une énergie dont aucune langue n'est peut-être capable.

Un ancien missionnaire de la Chine définissait avec raison les caractères de la langue chinoise *l'alphabet des pensées humaines, l'algèbre pittoresque des sciences et des arts.*

CHAPITRE II.

PLAN DES CARACTÈRES CHINOIS,

ou

LES SIX RÈGLES DE LEUR FORMATION.

En chinois : Loŭ choū 六書, ou Loŭ ngý 六義.

1° Antiquité des règles de formation des caractères. — 2° De chacune d'elles en particulier, ou des six espèces de caractères chinois, savoir : *caractères figuratifs, caractères indicatifs, caractères combinés, caractères métaphoriques, caractères syllabiques, caractères inverses.* — 3° Classification synoptique des caractères chinois à l'époque de la dynastie des Sóng. — 4° Exception à la règle des Loŭ choū. 5° Les Chinois ont entrevu assez distinctement l'alphabet. Pourquoi ils ne l'ont pas adopté.

I. — ANTIQUITÉ DES RÈGLES DE FORMATION.

Les plus anciens caractères chinois étaient des images et des symboles. Selon toute apparence, ils étaient en fort petit nombre. En se développant, les besoins de la société augmentèrent et firent créer de nouveaux signes.

Ici se dressait une difficulté immense. Comment varier convenablement ces images, ces symboles écrits, de manière à suffire à tous les besoins et sans tomber dans la confusion? Multiplier sans règle et sans mesure tous ces signes pour exprimer chaque espèce d'idée avec ses nuances, n'était-ce pas un malheur pour l'intelligence, un obstacle insurmontable à toute espèce de progrès? Comment les anciens Chinois ont-ils su éviter ce redoutable écueil?

Ils ont, avec une sagacité qui les honore, imaginé différentes combinaisons ou différentes classes au moyen desquelles un nombre restreint d'images, de symboles, pourrait suffire à représenter d'abord les objets sensibles et ensuite à exprimer, par figure, par métaphore, toutes les pensées, tous les souvenirs, toutes les idées que l'homme a besoin de retrouver et de communiquer. Au moyen de l'ingénieux système que nous allons exposer dans ce chapitre, la langue chinoise ne s'est pas seulement trouvée fixée à jamais, mais il est arrivé qu'elle est devenue la langue la plus riche, la plus imagée, la plus féconde qui existe peut-être sur la surface du globe. Sans doute, l'écriture chinoise a subi bien des révolutions, mais la forme extérieure, la figure, le contour des signes, en était seule atteinte. Le plan de formation des caractères a été constamment respecté dès la plus haute antiquité jusqu'à nos jours. A-t-on besoin, en Chine, d'un signe nouveau pour exprimer un objet sensible, auparavant inconnu, une modification même d'idée, ce nouveau signe sera promptement formé et le sera sur le plan des anciens caractères. L'homogénéité la plus parfaite règne ainsi dans la langue écrite, au moyen de ce système uniformément employé. Peu de langues jouissent d'un semblable bénéfice. La langue française, comme beaucoup d'autres, est un mélange hétérogène de langues et de dialectes perdus. Si elle s'enrichit de mots nouveaux, ces mots sont dus, la plupart du temps, au caprice des écrivains et introduits d'une langue étrangère. Tout en acquérant ces mots nouveaux, elle perd d'autant ce beau cachet de simplicité, de naïveté, de candeur, et surtout de noblesse, qu'on lui trouve dans ses premiers écrivains.

Quelques auteurs chinois donnent une haute antiquité au système des règles de formation des caractères. Ils l'attribuent au monarque Foŭ-Hȳ 伏羲. Quoi qu'il en soit du véritable auteur de ces règles (1), ce qui paraît évident, c'est que le célèbre auteur du *Dictionnaire* chŏ ouĕn 說文 est le premier qui ait fait usage d'une manière très-claire de ces règles pour la formation des caractères. Il est surtout le premier qui ait marqué avec soin la nature de chacune de ces règles.

(1) Le Tcheōu lỳ ou *Livre des rites* de la dynastie Tcheōu, que l'on croit composé vers l'an 1109 avant notre ère, parle clairement de ces six règles de formation des caractères et dit qu'on les enseignait aux enfants du Royaume.

海上絲綢之路文獻集成 科技與文化編

Ces règles, au nombre de six, portent en chinois le nom de **Loŭ choū** 六書, c'est-à-dire : *six règles*. Tous les caractères de la langue chinoise se groupent donc sous six chefs ou six catégories. Il est très-important de se faire une juste idée de ces six règles pour ne pas se livrer, comme l'ont fait un bon nombre de savants, à des appréciations de fantaisie sur la langue chinoise. Les caractères qui composent chacune de ces six classes n'ont pas été formés en même temps, mais *successivement*. C'est ce qui explique la bizarrerie de la classification de certains signes, introduits plus tard dans certaines catégories.

Voici les noms que l'on donne, en français, aux six règles, ou aux six espèces de classes des caractères chinois :

1re classe. — *Les caractères figuratifs*, ou **Siàng hîn** 象形.
2e *id.* — *Les caractères indicatifs*, ou **Tchè sé** 指事.
3e *id.* — *Les caractères combinés*, ou **Houý ý** 會意.
4e *id.* — *Les caractères métaphoriques*, ou **Kià tsiĕ** 假借.
5e *id.* — *Les caractères syllabiques*, ou **Hîn chēn** 形聲.
6e *id.* — *Les caractères retournés ou inverses*, ou **Tchouàn tchoù** 轉主.

II. — DE LA FORMATION DES CARACTÈRES.

§ 1er. — PREMIÈRE RÈGLE.

Des caractères figuratifs.

La première règle de la formation de l'écriture chinoise consiste à *figurer la forme de la chose exprimée*. Cette manière de figurer la forme se désigne, en chinois, sous le nom de **Siàng hîn** 象形. Nous donnons en français aux caractères de cette classe le nom de *caractères figuratifs*. Ils sont, en effet, comme une véritable peinture, comme de véritables images des objets sensibles, des symboles simples des idées. Ce mode est le premier qui a dû se présenter à l'esprit de l'homme pour exprimer ses idées par l'écriture : aussi le trouve-t-on en usage chez tous les peuples les plus anciens. Toutefois, si ce mode est le plus simple, le plus naturel, le plus direct, on ne peut disconvenir qu'il ne soit imparfait et d'une pratique difficile. Cette classe de caractères mérite d'être étudiée avec soin, parce qu'elle renferme en germe et en principe toutes les autres. Ses figures, ses images, sont comme la matière première qui a servi à faire les autres caractères, notamment ceux de la deuxième classe, qui se les approprie d'une manière ingénieuse. Cette première classe de caractères n'est pas aussi nombreuse qu'on serait porté à le croire, puisqu'elle ne compte guère qu'environ 608 caractères.

Quant aux choses spirituelles, comme l'âme; aux choses abstraites, comme la beauté; aux choses intellectuelles, comme les nombres; aux choses morales, comme le bien et le mal, on les rèprésentait métaphoriquement, allégoriquement, indirectement, en tant que signes de l'idée qu'on y attachait par convention, par analogie, par l'usage. Il est curieux de voir que tous ces symboles, tracés d'après les objets sensibles, ont du rapport avec ce qu'ils signifient. Ainsi la figure de cœur, qui est le symbole de l'affection, de l'amour, a une certaine analogie avec l'idée spirituelle attachée à ce signe.

Les caractères suivants, mis en parallèle avec les caractères modernes, donneront une idée de cette première catégorie de caractères, les plus anciens de la Chine.

	FORMES ANTIQUES *ou* Koù ouên 古文.	FORMES MODERNES *ou* Kiày choū 諧書.	
SOLEIL.		日	jĕ.
LUNE.		月	yuĕ.
PLUIE.		雨	yù.
AURORE.		旦	tàn.
FEU.		火	hò.
EAU.		永	choùy.
MONT.		山	chān.
BRANCHE.		枝	tchē
RIZ.		米	mỳ.
LION.		獅	sē.
TIGRE.		虎	hoù.
ÉLÉPHANT		象	siàng.

龠 Yŏ.	鬯 Tchăng.	女 Nià.	几 Kỳ.
	鬲 Lỳ.	子 Tsè.	凵 Kăn.
	鬼 Koùy.	宀 Miên.	刀 Taō.
	魚 Yû.	寸 Tsĕn.	力 Lỳ.
	鳥 Niaò.	小 Siaò.	勹 Paō.
	鹵 Loù.	尢 Ouâng.	匕 Pỳ.
PHOTOGRAVURE DUJARDIN	鹿 Loŭ.	尸 Chē.	匚 Fāng.

FORMES ANTIQUES ou Kòu ouên 古文.	FORMES MODERNES ou Kiây choū 楷書.	
CHEVAL.	馬	mà.
BÉLIER.	羊	yâng.
CHIEN.	犬	kiuèn.
OISEAU.	鳥	niaò.
VOLER.	飛	feȳ.
HIRONDELLE.	燕	yēn.
POULE.	雞	kȳ.
POISSON.	魚	yû.
DRAGON.	龍	lông.
TORTUE.	龜	kouȳ.
SERPENT.	蛇	chĕ.
TÊTARD.	黽	mòng.
SCORPION.	萬	tcháy.
COQUILLE.	貝	peý.
MAIN.	手	cheòu.
GRIFFE.	爪	tchaò.
ŒIL.	目	moŭ.
NEZ.	鼻	pý

	FORMES ANTIQUES *ou* Koù ouên 古文.	FORMES MODERNES *ou* Kiây choū 楷書.	
BOUCHE.		口	keoù.
MAMELLE.		乳	joù.
CŒUR.		心	sīn.
TOIT.		宀	miên.
FENÊTRE.		牕	tsāng.
JARDIN.		囿	yeóu.
TREILLAGE.		冊	tsĕ.
CHARIOT.		車	tchēy.
VASE.		爵	tsiŏ.
TRÉPIED.		鬲	lў.
VASE POUR LE SACRIFICE.		鼎	tìn.
VASE POUR LE VIN.		壺	hoû.
HACHE.		斧	foū.
HACHE.		戚	tsў.
CLOU.		釘	tīn.
CROCHET.		鉤	keōu.
CAGE.		籠	lông.
PLAT.		盤	pân.

海上絲綢之路文獻集成 科技與文化编

	FORMES ANTIQUES *ou* Koù ouên 古文.	FORMES MODERNES *ou* Kiây choū 書諧.	
Arc.		弓	kōng.
Flèche.		矢	tchè.
Anneau.		環	houân.
Boule.		丸	ouân.

Les inventeurs d'une semblable écriture n'ont pas tardé à sentir la pénurie, le vide de ce mode de représenter les pensées humaines. L'imperfection du système se faisait surtout sentir, dès qu'on voulait désigner autre chose que des objets naturels, visibles et palpables. Aussi a-t-on promptement fait un pas en avant, en groupant, par exemple, deux ou plusieurs objets naturels pour indiquer une idée qu'il eût été impossible de peindre autrement. Tel est le but de la deuxième règle qui suit.

§ 2. — DEUXIÈME RÈGLE OU DEUXIÈME ESPÈCE DE CARACTÈRES, savoir :

Caractères indicatifs.

La deuxième règle consiste à faire *indiquer par les signes la chose que l'on a vue.* Ces caractères portent le nom de Tchè sé 指事 (indiquant la chose). Ce genre de caractères se forme par une addition de quelques traits, faite à la figure, au symbole primitif, qui met la chose sous les yeux. Par exemple, le caractère Siaò 小, *petit,* placé sur le caractère Tá 大, *grand,* signifiera *pyramidal, terminé en pointe,* ou Tsiēn 尖. La ligne simple — marque l'*unité;* la ligne rompue — —, ce qui est divisé.

Ces caractères font connaître : 1° les objets qui n'ont pas de forme, comme les noms de nombre *un, deux, trois,* etc.; 2° ils indiquent la qualité, la propriété d'une chose ou la chose elle-même; 3° ils expriment les rapports de position ou de forme, comme *en haut, en bas, le milieu;* 4° tous les caractères arbitraires, destinés à représenter ce qui n'a pas de figure, font spécialement partie de cette catégorie. Les lettrés chinois regardent cette classe de caractères

2

comme ingénieusement inventée. Ces caractères ont, en effet, un sens étendu ; ils représentent ce qu'ils signifient, indépendamment de toute idée antérieure, de quelque manière qu'ils soient placés. Pourtant les caractères de cette classe sont peu nombreux.

En voici des exemples :

Un point placé sur une ligne horizontale veut dire *en haut, au-dessus*, suprà.

Signe ancien :  Signe moderne : 上 chàng.

Un point placé au-dessous d'une même ligne exprime l'idée de *en bas, au-dessous*, infrà.

Signe ancien :  Signe moderne : 下 hiá.

Le milieu est représenté par une ligne verticale qui traverse un cercle.

Signe ancien :  Signe moderne : 中 tchōng.

Un triangle superposé désigne un *tas*, un *monceau*.

Signe ancien :  Signe moderne : 疊 tiĕ.

Pour exprimer l'idée d'*enfiler*, on dessinait deux anneaux, traversés par une ligne droite, qui représente le fil.

Signe ancien :  Signe moderne : 串 tchouān.

L'action de tirer les flèches se dessinait ainsi.

Signe ancien :  Signe moderne : 射 chè.

Deux carrés placés à côté l'un de l'autre indiquaient le voisinage.

Signe ancien :  Signe moderne : 隣 lîn.

Pour exprimer le tonnerre, les Chinois dessinaient quatre roues, jointes par des lignes en zigzag.

Signe ancien :  Signe moderne : 雷 louî

海上絲綢之路文獻集成 科技與文化編

Le blanc était désigné par un *œil qui louche;* de sorte que l'on n'en voyait presque que le blanc.

Signe ancien :  Signe moderne : 白 pĕ.

Pour exprimer l'idée de regarder, d'examiner avec soin, on réunissait deux yeux.

Signe ancien :  Signe moderne : 䀠

Le soleil et la lune indiquaient une brillante clarté.

Signe ancien :  Signe moderne : 明 mîn.

Les perdrix et les faisans étaient représentés par le signe *oiseau* et celui de *flèche;* car on tue ces oiseaux à coups de flèche.

Signe ancien :  Signe moderne : 雉 tchè.

Un casque militaire indiquait les vassaux de l'empereur.

Signe ancien :  Signe moderne : 臣 tchĕn.

Le matin fut indiqué par le soleil faisant descendre la rosée.

Signe ancien :  Signe moderne : 早 tsaò.

Pour exprimer l'idée de *mourir, mort, tuer,* les Chinois dessinaient une urne sépulcrale.

Signe ancien :  Signe moderne : 殪 ý.

Le *principe, la vertu du Ciel,* était figuré par le caractère 吉 kў, bonheur, que l'on plaçait dans un vase.

Signe ancien :  Signe moderne : 氤 ȳn.

Le *principe, la vertu de la terre,* était, au contraire, exprimé par le caractère 凶 hiōng, malheur, infortune, également renfermé dans un vase pareil.

Signe ancien :  Signe moderne : 氳 yūn.

L'idée de *descendant, descendance,* fut représentée par un enfant suspendu à une chaîne.

SIGNE ANCIEN :  SIGNE MODERNE : 孫 sēn.

Le sentiment de la compassion fut peint par un cœur surmonté de deux traits horizontaux, qui signifient deux, pour marquer l'idée de sentir les peines d'un autre cœur.

SIGNE ANCIEN :  SIGNE MODERNE : 仁 jên.

3. — TROISIÈME RÈGLE OU TROISIÈME ESPÈCE DE CARACTÈRES,

savoir :

Caractères combinés.

La troisième règle consiste à *réunir deux caractères* pour exprimer une chose qu'ils ne signifient ni l'un ni l'autre, pris séparément. Leur nom chinois Hô tchè ý 合指意 ou Hoúy ý 會意 signifie : *jonction d'idée* ou *idée combinée*. Le rapprochement de ces deux caractères constitue un sens nouveau et souvent très-ingénieux. Ainsi, le caractère *bouche*, Keŏu 口, mis à côté de celui de *chien*, Kiuĕn 犬, signifiera *aboyer*, Feý 吠; le signe de *maladie*, Tsŷ 疒, avec celui de *parole*, Yên 言, indiquera quelqu'un qui ne peut parler. L'image de *feu*, Hò 火, avec le caractère de *beaucoup*, Tō 多, dénotera un grand incendie. Le caractère *homme*, Jên 人 placé sur un *champ*, Tiên 田, voudra désigner un *village*. Un *homme*, Jên 人, sur une *montagne* donnera le sens d'*ermite*, Siēn 仙. La *bouche*, Keŏu 口, avec un *oiseau*, Niaò 鳥, voudra dire le *chant*, Mîn 鳴. Le signe *oreille*, Eùl 耳, joint à celui de *porte*, Mên 門, signifiera *entendre*, Ouén 聞. Le signe de l'*eau*, Chouỳ 水, joint à celui d'*œil*, Moŭ 目, dénotera les *larmes*, Loúy 泪. Deux arbres réunis indiqueront une *forêt*, Lîn 林. Le *soleil*, Jĕ 日, joint au caractère de la *lune*, Yuĕ 月, voudra dire *lumière*, *clarté*, Mîn 明, tant au physique qu'au figuré. Sín 信, *foi*, *fides*, est composé de Jên 人, *homme*, et de 言 Yên, *parole*. Où 武, *guerrier*, est composé de Kō 戈, *arme*, et de Tchè 止, *celui qui va à pied*.

Voici un autre exemple avec les anciens caractères en regard.

	Lumière.	*Ermite.*	*Forêt.*	*Chant.*	*Larme.*	*Femme.*
FORMES ANCIENNES. —						
FORMES MODERNES. —	明	仙	林	鳴	淚	婦
	Mîn.	Siēn.	Lîn.	Mîn.	Loúy.	Foú.

Cette classe de caractères est une des plus abondantes et des plus pittoresques. Tout préjugé mis à part, on ne peut s'empêcher d'admirer une manière aussi simple et aussi sublime de peindre les pensées. Aussi M. Abel Rémusat fait-il remarquer qu'un bon nombre de caractères de cette classe fournirait matière à des considérations philosophiques fort intéressantes.

Ajoutons qu'on emploie généralement les caractères de cette troisième classe pour exprimer les idées générales, les idées abstraites. Ses caractères composés supposent la connaissance d'un rapport des images, des symboles dont ils sont formés. Ils représentent moins les choses qu'ils ne les indiquent, en réveillant l'idée de ce rapport, soit naturel, soit conventionnel.

§ 4. — QUATRIÈME RÈGLE OU QUATRIÈME ESPÈCE DE CARACTÈRES,

dits :

Caractères métaphoriques.

Cette quatrième règle consiste à détourner les caractères de leur sens propre pour les employer dans un sens figuré. De là le nom bien choisi de cette classe de signes : Kià tsiĕ 假借, qui veulent dire *emprunter*. On emprunte, en effet, ces figures des objets matériels pour les appliquer par analogie à des choses immatérielles ou à des idées abstraites.

Cette classe a ouvert un champ presque sans bornes à la multiplication des caractères chinois. On peut dire qu'elle renferme, à elle seule, toutes les autres classes de caractères; car presque toutes les images, les figures des choses sensibles, entrent dans cette classe et y deviennent de vraies métaphores. Le célèbre ouvrage Chŏ ouên 說文 dit avec raison que, sans la connaissance de la règle du Kià tsiĕ 假借, on ne peut entendre les livres sacrés ou les Kin 經, qui sont, en effet, d'un style brillant, mais tout rempli de figures et surtout de métaphores.

On rencontre donc dans cette catégorie : 1° toutes les images qui passent du sens propre au sens figuré. Ainsi le *soleil*, Jĕ 日, à côté de la *lune*, Yuĕ 月, veut dire au figuré : *lumière*, *éclairer*, Min 明. Le caractère Sin 心, *cœur*, devient *pensée*, *sentiment*; 2° tous les caractères qui, de leur sens primitif, passent à un deuxième ou troisième sens. Par exemple : les caractères qui signifient *âme*, *force*, *repos*, etc., quand ils passent du sens physique au sens moral; 3° tous les caractères qui, par analogie, reçoivent une nouvelle extension de sens. Ainsi, pour désigner une femme bien élevée, on dira *une femme de mandarin*.

Cette classe de caractères donne à la langue chinoise une force, une vivacité, un coloris, un air de vie qu'aucune langue du monde ne possède peut-être au même degré. Un seul caractère y fait souvent toute une image, y exprime toute

une pensée, avec de nombreux détails de nuances. C'est comme un tableau en petit. En vertu de cette quatrième règle du **Kià tsiĕ**, un caractère est pris quelquefois pour un autre; il est choisi pour exprimer un nom propre, un nom détourné à un sens allégorique, métaphorique, ironique, poussé même parfois jusqu'à l'antiphrase, en lui donnant un sens tout opposé à celui où il est employé ailleurs. M. Pauthier fait remarquer avec raison que cette classe de caractères est très-importante à bien connaître pour l'intelligence des sciences abstraites.

En Chine, on ne dit pas que l'Empereur est mort, mais qu'il s'est *écroulé*, **Pōng** 崩. Ce caractère figure, comme on le voit, une montagne très-élevée qui tombe dans un abîme. Ce caractère présente une image frappante et fait tableau. Le caractère *flatter*, **Tiên** 餂, est composé du caractère *langue* et du caractère *lécher*, comme qui dirait *lécher avec des paroles*. Au moyen de cette classe de caractères, les Chinois ont, au dernier degré, le talent d'envelopper leurs pensées d'un voile plus ou moins épais, de ne dire que ce qu'ils veulent, et même de ne laisser entrevoir de leur pensée que ce qu'il leur convient. Un ancien missionnaire de la Chine ajoute ici, avec beaucoup de sagacité, que ceci n'a pas dû médiocrement contribuer à donner aux Chinois ce génie flexible, tortueux, qui les distingue essentiellement et qui en fait les premiers diplomates du monde.

« Dans les quatre classes précédentes les caractères représentent les objets « d'une manière plus ou moins pittoresque, expriment les idées d'une manière « plus ou moins ingénieuse; mais ils n'ont aucun rapport avec les sons; tout « y parle aux yeux et rien n'en détermine la prononciation. Ce sont des signes « d'idées et non de mots; ils sont indifférents à toute articulation; on peut les « nommer dans toutes les langues du monde, c'est-à-dire, y appliquer les mots « radicaux du premier idiome que l'on voudra, aussi bien que ceux de la langue « chinoise. Si l'on voulait faire une langue universelle, on adopterait cette « classe de caractères (1). »

§ 5. — CINQUIÈME RÈGLE OU CINQUIÈME ESPÈCE DE CARACTÈRES,

dits :

Caractères syllabiques ou idéo-phonétiques.

Cette règle consiste à *réunir la forme au son*. On donne aux caractères de cette classe le nom de **Kiây yn** 諧音, ou celui de **Kiây chēn** 諧聲, c'est-à-dire, *figuratif du son, de la voix*.

---

(1) Rémusat : *Remarques sur quelques écritures syllabiques*.

海上絲綢之路文獻集成 科技與文化編

西漢同文法 卷二

Avec l'écriture chinoise, on pouvait bien exprimer les images sensibles, les objets génériques; mais il eût été fort difficile, pour ne pas dire impossible, de bien établir la distinction des espèces, des variétés, des nuances d'objets ou d'idées. Tenter une semblable entreprise avec le système déjà adopté et auquel on ne pouvait plus renoncer, eût été se jeter dans un vrai labyrinthe; car il aurait fallu multiplier sans fin le nombre des images et des symboles. Les Chinois, avec cette habileté qui les distingue, eux qui, d'une langue en apparence pauvre, ont fait une langue très-riche, imaginèrent une combinaison très-simple qui les mettait à deux doigts de la découverte d'un alphabet. Cette combinaison, dit M. Rémusat, fait honneur à leur bon esprit. Ils ont senti le péril et ont su l'éviter.

Cette combinaison a consisté à placer à côté du signe figuratif et générique un autre caractère dont la prononciation est supposée généralement connue. Ce caractère, ajouté de la sorte au signe figuratif, a sa signification propre; mais ici on en fait abstraction, on l'en dépouille pour ne conserver que le *son ou la valeur phonétique*. Par exemple, le signe Lỳ 里 veut dire lieue, *leuca*, *stadium*; si on l'ajoute au signe générique de *poisson*, on aura le signe suivant : 鯉, qui se prononce Lỳ et qui désignera une espèce spéciale de poisson, *la carpe*. On le voit, le caractère 里 n'a plus ici que sa *valeur phonétique*. Le caractère Moŭ 木, *arbre*, si on lui adjoint, par exemple, celui de Pĕ 白, *blanc*, on aura Pĕ 柏, *arbre-cyprès*, etc. Si à côté du caractère générique d'*oiseau*, Niaò 鳥, on place le signe Ngò 我, on aura le signe composé Ngò 鵝, qui désigne l'*oie*. Le signe Ngò 我 perd ici sa signification propre. Toutes les espèces de poissons connues des Chinois sont désignées par le même procédé. Cet ingénieux artifice de combinaisons a permis aux Chinois d'exprimer les noms d'oiseaux, d'animaux, de végétaux, de minéraux et une foule d'autres qu'il eût été impossible de peindre figurativement. Il y a même plus. Les Chinois, par le même artifice, ont réussi, non-seulement à exprimer les genres, les espèces, etc., mais encore les qualités ou les défauts de ces objets. Ainsi Pă 馱 est composé du caractère *cheval*, Mà 馬, et du chiffre *huit*, Pă 八. Il veut dire un cheval âgé de huit ans. Le caractère Sīn 駪 est composé du caractère *cheval*, Mà 馬, et de l'adverbe Siēn 先, *anteà*. Il veut dire un cheval qui devance les autres à la course. Le caractère Jĕ 馹 est composé de celui de *cheval*, Mà 馬, et du signe Jĕ 日, *soleil*. Il veut dire un cheval très-habile à la marche. — Ainsi pour une foule d'autres caractères, appartenant à cette classe. Toutefois, ce qui semblera plus étonnant encore, c'est que les Chinois soient parvenus également à exprimer, par ce procédé, les idées métaphoriques. Aussi un sinologue a-t-il cru pouvoir donner à cette classe de caractères le nom de caractères idéo-phonétiques, nom qui leur convient

véritablement. L'auteur du Chŏ ouên dit : « L'art d'écrire a ses limites; les « objets de nos connaissances n'en ont pas; comment les caractères pour- « raient-ils embrasser tous les détails? Il a fallu imaginer le Kiaý ȳn 諧音 « pour étendre la sphère des caractères, en peignant non plus les images, « mais les choses. Cependant la figure ou l'image du genre domine toujours, « celle du son change la signification, et la signification ne change pas le « son. »

Tous les vrais sinologues admirent ici la sagacité des Chinois. Les philologues européens rendent pareillement hommage au génie chinois qui a su inventer, avec peu de signes radicaux, un aussi grand nombre de caractères idéographiques. Et pourtant, par une inconséquence étrange, ils finissent par dire que les Chinois n'ont pas eu assez d'esprit ni assez de pénétration pour arriver jusqu'à l'alphabet dont les lettres n'indiquent que les sons.

Les anciens Chinois employaient certains caractères comme purs signes d'un son syllabique : 1° pour les noms de personnes et de lieux; 2° pour les liaisons et conjonctions par des particules; 3° pour distinguer par des finales les verbes des adjectifs. Ces particules, ces conjonctions, ces finales, ne sont ni plus ni moins qu'une espèce d'écriture syllabique commune. Dans leurs dictionnaires, les Chinois, pour indiquer le son et le ton d'un caractère, se servent aujourd'hui de caractères qui n'ont, dans le cas donné, que le *son phonétique*. Dans le feu de la composition, un lettré qui a oublié un caractère propre en substitue un quelconque, purement tonique, jusqu'à ce qu'il se souvienne du véritable.

L'écriture chinoise et la langue, étant demeurées monosyllabiques, sont demeurées attachées aux antiques symboles; tandis que les langues qui sont devenues polysyllabiques sont passées naturellement à l'écriture alphabétique.

Toutefois, il faut l'avouer, ce système, malgré ce qu'il a d'ingénieux, a été entaché d'un défaut regrettable. On aurait dû déterminer, fixer un nombre limité de caractères *phonétiques* et employer toujours la même phonétique pour exprimer le même son. De la sorte, on aurait peut-être concilié les avantages de l'écriture figurative et de l'écriture alphabétique. Malheureusement le choix des signes phonétiques a été laissé au caprice, à l'arbitraire des lettrés. Il en est résulté un désordre inévitable, celui d'une confusion dans cette même série de caractères. Néanmoins les Chinois possèdent, dans cette cinquième classe, la première ébauche d'un véritable alphabet.

Cette cinquième classe de caractères est incomparablement la plus nombreuse, puisqu'elle comptait, au temps de la dynastie Sóng (de 960 à 1200 de J.-C.), environ 22,810 caractères, ainsi analysés, sur le chiffre total de 24,235 caractères environ, que l'on comptait alors.

海上絲綢之路文獻集成 科技與文化編

§ 6. — SIXIÈME RÈGLE OU SIXIÈME ESPÈCE DE CARACTÈRES,

dits :

Caractères retournés ou inverses.

La sixième règle consiste à *tourner les caractères* dans un sens opposé; en chinois : **Tchouàn tchoū** 轉注, c'est-à-dire : *inversion et développement*.

Dans les caractères de cette classe, on étend le sens primitif du signe ou bien l'on en fait des applications détaillées. Ainsi cette classe se compose de deux espèces de caractères : 1° de ceux qui sont composés des mêmes symboles, mais différemment combinés, l'un étant ici à gauche, ailleurs à droite; en haut dans celui-ci, en bas dans celui-là, afin de varier son acception; 2° des caractères dont le sens propre est étendu à tous ceux qui en découlent : ainsi **Chén** 聖 veut dire *sainteté, saintement, sanctifier,* etc; celui de **Mìn** 命, *Providence, loi, destinée, ordonner,* etc.

FORMES ANCIENNES. — 

gauche, droite, debout, couché, homme, cadavre.

FORMES MODERNES. — 左 右 正 乏 人 尸

Ces six classes ou six règles de caractères chinois (**Loŭ choū** 六書) reçoivent encore le nom de **Tsaó tsé tchē pèn** 造字之本. C'est-à-dire : *Éléments ou source des caractères.*

Si les caractères chinois, qui sont en usage aujourd'hui, avaient tous été disposés et construits, quant à la pensée-mère, selon les six règles ci-dessus, il est certain que l'on pourrait en déduire bien des faits précieux pour l'histoire, pour la connaissance des anciennes coutumes de la Chine. Malheureusement les sectes philosophiques de la Chine, surtout celle de **Foŭ**, c'est-à-dire des Bouddhistes, ont introduit de nombreux éléments de confusion dans l'écriture chinoise, en multipliant, d'une manière regrettable, et souvent d'une façon arbitraire, les signes de la langue.

Cependant les amateurs de l'antiquité chinoise, entre autres l'écrivain **Tchén tsiâo** 鄭樵, qui vivait sous la dynastie **Sóng**, donne, dans son ouvrage **Tŏng tché** 通志, la classification synoptique suivante des caractères chinois, traduite en français par M. G. Pauthier, auquel nous l'empruntons :

海上絲綢之路文獻集成 科技與文化編

III. — CLASSIFICATION DES CARACTÈRES CHINOIS A L'ÉPOQUE DE LA DYNASTIE DES Sóng

1re Classe. — Caractères figuratifs.

1° *Exactement formés.*

1. —	Figures des choses célestes	8
2. —	— des montagnes et des rivières	30
3. —	— des hameaux et des bourgades	14
4. —	— des plantes et des arbres	45
5. —	— des choses relatives à l'homme	123
6. —	— des oiseaux et des quadrupèdes	75
7. —	— des reptiles et des poissons	23
8. —	— des choses concernant les esprits	2
9. —	— des ustensiles de ménage	87
10. —	— des vêtements	15

2° *De formation détournée.*

1. —	Caractères figurant l'apparence, l'attitude	44
2. —	— les nombres	14
3. —	— la position	11
4. —	— le souffle, l'évaporation	15
5. —	— le son	13
6. —	— la dépendance	2

3° *De formation complexe.*

1. —	Caractères dont la forme comprend le son	50
2. —	— — — le sens	37
	Total :	588

2e Classe. — Caractères indicatifs.

1. —	Caractères de formation régulière	78
2. —	— comprenant le *son*, la *forme*, le *sens*	29
	Total :	107

3e Classe. — Caractères combinés.

1.	— Caractères de formation régulière.	698
2.	— — — successive.	42
	Total :	740

4e Classe. — Caractères métaphoriques.

1.	— Caractères dont le sens détourné est identique avec le son. . .	35
2.	— — dont la prononciation synonyme est empruntée, le sens ne l'étant pas.	45
3.	— — dont le sens est emprunté, la prononciation restant la même.	208
4.	— — dont la prononciation analogue est empruntée, le sens ne l'étant pas.	133
5.	— — dont la prononciation est empruntée à cause du sens.	25
6.	— — dont la métaphore est prise d'une autre métaphore.	45
7.	— — — est empruntée à des expressions diverses.	40
8.	— — métaphoriques de cinq prononciations.	5
9.	— — dont la métaphore est empruntée de trois vers. . . .	3
10.	— — — est prise des dix jours.	10
11.	— — — — des douze constellations.	12
12.	— — — — des expressions provinciales.	9
13.	— — dont le sens général est donné par une prononciation analogue sans être métaphorique.	30
	Total :	600

5e Classe. — Caractères syllabiques ou idéo-phonétiques.

1.	— Caractères régulièrement formés et dont on peut retrouver l'origine.	21,341
2.	— — formés par diverses modifications.	467
	Total :	21,808

6e Classe. — Caractères inverses.

1. — Caractères où le sens domine.		50
2. —	— où le son domine.	20
3. —	— ayant leurs éléments constitutifs entrelacés et le groupe phonétique séparé.	214
4. —	— ayant leurs éléments constitutifs entrelacés et le sens séparé.	48
	Total :	332

RÉSUMÉ :

Première classe :	588
Deuxième classe :	107
Troisième classe :	740
Quatrième classe :	600
Cinquième classe :	21,808
Sixième classe :	332
TOTAL GÉNÉRAL DES SIX CLASSES :	24,175

IV. — EXCEPTION A LA RÈGLE DES Loŭ choŭ.

Certains caractères chinois, mais en petit nombre, font exception à la règle des Loŭ choŭ. Ils ont été composés à cause de certains usages locaux, de certaines traditions que l'on a voulu, sous cette forme, conserver à la postérité.

Ainsi, le caractère Juèn 閏, ou *lune intercalaire*, qui revient sept fois en dix-neuf ans pour accorder les années solaires avec les années lunaires, se forme, comme on le voit, par le caractère Mên 門, *porte*, au milieu duquel est le caractère Ouâng 王, ou *roi, rex*. C'est qu'autrefois à la lune intercalaire l'Empereur se tenait à la porte du temple pour faire le sacrifice, au lieu d'entrer dans le temple comme pour les autres sacrifices.

Le caractère Tchă 劄, qui signifie *écrire, broder*, est composé de trois caractères, qui sont : Taō 刂, *couteau*, Hô 合, *union*, et Tchoŭ 竹, *bambou*. La raison est qu'autrefois on gravait les caractères avec un burin sur des planchettes de bambou qu'on liait les unes aux autres.

Le caractère Tìn 鼎, *vase*, signifie également *renouveler*. A chaque changement de dynastie, on fondait de nouveaux vases ou de nouveaux 鼎 Tìn pour la cérémonie des ancêtres.

Le caractère Tchouân 船, *barque, vaisseau*, est composé des signes *vaisseau, bouche*, et du nom de nombre *huit*. Selon certains auteurs, cela ferait allusion au nombre des personnes dans l'arche.

Le caractère Yèn 沿, *eau, bouche, huit*, veut dire une navigation heureuse.

Le caractère Lân 婪, *convoiter*, est composé du caractère Moŭ 木, *arbre*, répété, et d'une *femme* au-dessous.

Le caractère Ouâng 妄, *perdre*, *mensonge*, *faux témoignage*, est composé de Ouâng 亡, *se cacher*, *mourir*, et de Niù 女, *femme*.

Le *Dictionnaire* Chŏ ouên 說文 et le Loŭ choū tsĭh ouēn 六書精蘊 sont remplis de l'explication de ces caractères, qui font allusion à des usages anciens. Toutefois, il ne conviendrait pas, comme l'ont fait certains savants, peu versés dans la science chinoise, de donner ici carrière à sa propre imagination pour trouver dans les caractères chinois ce qui n'y est pas, ce que les anciens philologues de la Chine n'y ont pas vu eux-mêmes.

V. — LES CHINOIS ONT ENTREVU L'ALPHABET. POURQUOI ILS N'Y SONT PAS ARRIVÉS.

Des six classes de caractères chinois, une seule fait *pressentir* la découverte de l'alphabet. C'est la cinquième classe, dite : classe des caractères *syllabiques*, ou *phonétiques*, Hîn chēn 形聲. Plus on considère la formation des caractères de cette cinquième classe, plus on est convaincu que les Chinois, en la créant, ont dû entrevoir la possibilité d'un alphabet. Ils n'en étaient plus qu'à deux doigts. L'histoire *approfondie* de la formation et des révolutions de la langue écrite des Chinois nous est encore inconnue. La formation de cette cinquième règle est tellement en dehors des idées chinoises, qui ont présidé à la création des autres règles, que l'on peut l'attribuer, sans témérité, au besoin vivement senti d'une méthode plus simple, d'un alphabet, en un mot. L'auteur de cette invention n'aura peut-être pas pu faire prévaloir son idée.

Dans cette cinquième classe, en effet, les caractères ont un son purement *syllabique*, ou *phonétique*, un son *de pure convention*, au rebours des autres classes. Les noms de plantes, d'oiseaux, d'insectes, d'animaux, de minéraux, etc.; les noms des meubles, des habits, etc., etc., appartiennent tous à cette classe. Chacun d'eux est composé, au moins, de deux signes; le premier est celui de la famille, du genre; le deuxième ne sert qu'à donner l'espèce et le son. Ceci est de pure convention. Ainsi, une carpe, en chinois, s'écrit Lỳ 鯉. On voit là deux signes conjoints. Celui de gauche est le signe générique de poisson; l'autre perd ici sa signification propre, qui est *lieue*, *stadium*, pour ne donner que le son ou la phonétique Lỳ. Chaque caractère exprimant un poisson est formé de la même manière. Le caractère de droite joue un rôle purement phonétique. Tous les caractères de cette cinquième classe sont mieux goûtés par les Européens qui, non-seulement y sentent l'alphabet en germe, mais y trouvent la classification ingénieuse des objets spéciaux en différentes familles, comme chez nous dans l'histoire naturelle.

En se développant, selon les besoins de la société, la langue s'est enrichie

d'une foule de particules *conjonctives* et *finales*, qui, en réalité, sont de *vraies*, de *pures phonétiques*. La création de ces particules conduisait encore à la découverte d'un alphabet. Mais un autre besoin devait y pousser encore plus énergiquement. Les Chinois, depuis leur départ de la Boukarie vers les régions de l'Est, ont absorbé et vaincu une foule de peuplades. Une fois vainqueurs et paisibles possesseurs de ces contrées, ils ont porté ensuite leurs armes jusqu'à la mer Caspienne. Au premier siècle de l'ère chrétienne, les Chinois avaient encore la domination de tous ces pays conquis. Or, pour exprimer les noms de lieux, ceux des peuples qu'ils avaient soumis ou visités, les choses et les objets de ces mêmes pays, les Chinois ont été obligés d'employer des caractères, *comme purs signes d'un son syllabique* ou *phonétique*, ne pouvant exprimer d'une autre manière les nouveaux objets qu'ils découvraient et dont ils ignoraient la signification intime, les usages propres, les qualités ou vertus particulières, etc. Ils ont, pour ce motif, employé deux, et souvent trois caractères pour désigner un seul objet ou un seul nom de lieu. Les récits des pèlerins, des voyageurs chinois, dans les pays étrangers, sont remplis de noms de pays, et d'objets traduits de cette façon. Enfin, un autre besoin semblait conduire les Chinois jusqu'aux limites de la découverte de l'alphabet. La langue écrite s'étant enrichie d'une foule de signes, les Chinois, pour faciliter la prononciation, ou souvent aussi pour varier tantôt le son, tantôt le ton d'un caractère, écrivent en marge un caractère simple, connu, qui sert à indiquer le son et à marquer le ton du caractère que l'on a en vue, que l'on veut faire remarquer. Cette méthode est encore en usage aujourd'hui dans les livres élémentaires, destinés aux étudiants chinois.

Cet élément phonétique (1), introduit même assez largement dans la langue chinoise, sert aussi dans cet Empire à un usage assez singulier et que cette langue seule supporte probablement. Dans toute autre langue, un livre licencieux, immoral, à moins d'être écrit avec les mots d'un argot particulier, est compris de tous les lecteurs. Avec les caractères de la cinquième classe, les lettrés chinois ont trouvé le moyen d'écrire une espèce de langue cachée au vulgaire. Ainsi, à moins d'en avoir la clef, un livre chinois même très-licencieux sera, sans inconvénient, exposé en public. Le vulgaire ne comprendra nullement le sens que l'auteur peut avoir en vue.

Étant arrivés sur les limites de la découverte de l'alphabet, comment les Chinois n'ont-ils point franchi le pas qui les en séparait?

On en est réduit ici à des conjectures. La Chine a été de bonne heure l'Empire d'un grand peuple. Une révolution si fondamentale dans la langue devait

(1) Voir à l'Appendice le tableau des principales phonétiques de la langue chinoise.

海上絲綢之路文獻集成 科技與文化编

rencontrer des difficultés presque insurmontables. Nous avons dit ailleurs que certains génies remarquables de la Chine, tels que Hiù-tchén, l'auteur du Chŏ ouên, avaient échoué complétement dans des entreprises de ce genre, malgré l'éclat de leur nom et malgré leur position officielle dans l'Empire.

Le monosyllabisme de la langue chinoise est étroitement lié aux signes primitifs de la langue; ces signes étaient presque tous, dans le principe, figuratifs, idéologiques. Les populations devaient être attachées à ces symboles, à ces images, qui leur semblaient naturelles, et devaient ainsi repousser les innovations.

Tous les philologues conviennent, du reste, que l'alphabet est moderne et qu'il dérive des langues hiéroglyphiques. Cadmus, personnage très-mythologique, comme chacun sait, que l'on suppose l'auteur de la découverte du premier alphabet, n'aurait vécu que vers l'an 1580 av. J.-C. L'alphabet, qui nous semble à nous une invention très-simple, très-naturelle et admirable, n'a donc été découvert que bien tard; ce qui prouve la difficulté que l'on a eue d'arriver à cette belle découverte.

CHAPITRE III.

I. HISTOIRE DES RÉVOLUTIONS OPÉRÉES DANS LA FORME DE L'ÉCRITURE CHINOISE. — II. TABLEAUX D'ANCIENNES FORMES D'ÉCRITURE AVEC MONOGRAPHIE.

PREMIÈRE SECTION.

1° Causes de la conservation substantielle de la langue chinoise. — 2° Premières altérations dans la forme de l'écriture. — 3° De la plus ancienne écriture. — 4° Tentative de l'empereur Siuên-Ouâng pour ramener l'écriture à l'unité de forme. — 5° Tentative de Chè Houâng tý dans le même but. — 6° Invention des caractères dits : Lý choū. — 7° Invention des caractères Kiây choū. — 8° Essais du savant Hiù ché. Son beau *Dictionnaire* Chŏ ouên. — 9° Invention des caractères Tsaŏ. — 10° Invention des caractères Hîn choū. Usage et beauté de ces caractères. — 11° Des trois principales causes de la multiplication des caractères chinois. — 12° Résumé des formes d'écriture ordinaire.

DEUXIÈME SECTION.

Spécimens de trente-deux formes antiques et curieuses de l'écriture chinoise, avec une monographie de chacune de ces formes.

PREMIÈRE SECTION.

1. — CAUSES DE LA CONSERVATION SUBSTANTIELLE DE LA LANGUE CHINOISE.

La Chine, avec sa vieille civilisation, semble comme coulée dans un moule de fer. L'immobilité paraît le caractère propre de ce vieil Empire, qui subsiste

au milieu des ruines, prêtes à disparaître de toutes les anciennes monarchies. Cependant, ce serait une erreur de croire que son langage, son écriture surtout, n'ont subi absolument aucune altération dans le cours des siècles. La langue chinoise est sans contredit, de toutes les langues de l'univers, celle qui a peut-être le plus échappé aux altérations, aux changements qui ont défiguré et souvent transformé la plupart des autres langues. La conservation *substantielle* de la langue chinoise est due à plusieurs causes : 1° au génie essentiellement traditionaliste et conservateur du peuple chinois; 2° au respect, ou mieux encore au culte des Chinois pour l'écriture, qu'ils considèrent avec raison comme l'expression de l'intelligence sous une forme visible; 3° à la nature même de l'écriture qui, étant idéo-phonétique, enchaîne comme à sa suite la langue orale; 4° au petit nombre et à la brièveté des mots *primitifs, primordiaux* de la langue. Le nombre de ces mots ne dépasse pas le chiffre de quatre cents. La langue orale a peu varié. L'écriture a subi dans ses formes de nombreuses altérations, tout en demeurant *substantiellement* la même.

On a généralement, même dans le monde savant, les idées les plus inexactes sur la langue et sur l'écriture chinoises. Il est important qu'un jeune sinologue ne partage point ces préjugés et connaisse les différentes phases des *révolutions* successives opérées dans la forme de l'écriture chinoise.

II. — PREMIÈRES ALTÉRATIONS DANS LA FORME DE L'ÉCRITURE.

L'écriture chinoise était, dans le principe, toute figurative, toute symbolique. En reproduisant ces figures, ces symboles, chacun s'attachait naturellement à les tracer avec la plus parfaite ressemblance, à les rendre avec la plus entière fidélité; aussi tantôt ce calligraphe ajoutait, selon son goût, un trait à un caractère, tantôt celui-ci modifiait un peu la forme d'un autre. C'est ainsi que les antiques formes s'altérèrent peu à peu. Toutefois, ces altérations ne portaient que sur la configuration extérieure des signes. Ceux-ci devenaient une image plus expressive, plus régulière, un symbole plus net, si l'on veut, selon l'habileté de la main qui l'avait tracé; mais ils perdaient déjà plus ou moins leur cachet et leurs formes primitives. Malgré ces modifications, ces variantes, la composition intime du caractère demeurait la même. Aujourd'hui encore, l'œil exercé d'un lettré reconnaît sans peine, dans la plupart des caractères modernes, la forme antique, modifiée tant de fois dans le cours des siècles.

III. — LA PLUS ANCIENNE FORME D'ÉCRITURE.

La plus ancienne forme d'écriture chinoise connue porte le nom de Koù ouên 古文 (1). Les six livres sacrés de la Chine, Loŭ kīn 六經, les œuvres

(1) Voir cette forme plus haut, page 14 et suivantes.

de Confucius, **Kŏng tsè choū** 孔子書, le grand commentaire de **Tsò kieòu mîn** sur le **Tchoūn tsieōu** de Confucius 左丘明述春秋傳, ont été écrits dans cette antique forme d'écriture. Ces antiques caractères ont été recueillis dans le *Dictionnaire* **Chŏ ouên** 說文, qui en donne l'explication.

Mais, outre l'écriture courante, on voyait déjà à cette époque primitive surgir des variantes de formes, comme on dirait chez nous *la gothique, la bâtarde, la ronde, la coulée*, etc. Ces formes particulières n'étaient employées que dans des cas exceptionnels; elles servaient d'ornement sur les vases, sur les cloches, sur les monnaies et autres monuments de ce genre. Ces diverses formes de l'écriture ne doivent pas en imposer. Qu'importe, en effet, que les lignes d'une image, d'un symbole, soient *ondées, pointues, crochues, terminées en pointe, aiguisées en lame de couteau, allongées en goutte d'eau, tissues de plumes d'insectes, de serpents*, etc., dès que la *forme essentielle* demeure invariable et qu'un œil exercé la reconnaît aisément à travers tous ces ornements accessoires?

Les lettrés chinois, qui sont, en général, fort amateurs de l'antiquité, ont pris un soin particulier pour conserver ces vestiges des anciennes formes de l'écriture. Le célèbre Empereur **Kiên-Lông** a fait écrire son éloge de Moukden en 32 formes de caractères antiques. Nous donnons plus bas un spécimen curieux de ces formes anciennes, instructives au point de vue de la paléographie chinoise.

IV. — TENTATIVE DE L'EMPEREUR Siuên-Ouâng POUR RAMENER L'ÉCRITURE A L'UNITÉ DE FORME.

L'histoire chinoise nous apprend que **Siuên-Ouâng** 宣王, le onzième Empereur de la dynastie **Tcheōu** 周, qui monta sur le trône vers l'an 827 av. J.-C., était un prince très-distingué par sa science et ses autres bonnes qualités. Ce monarque ne voyait pas sans une véritable douleur le désordre et la confusion qu'avait déjà engendrée la variété croissante des *formes de l'écriture*. L'unité d'écriture s'était plus ou moins bien conservée durant l'unité de l'Empire. Une fois l'Empire morcelé en duchés-pairies, la variété des formes de l'écriture avait pris de rapides accroissements. Chacun des princes feudataires avait voulu se distinguer de ses voisins, soit par la forme de ses monnaies, soit par celle de l'écriture. Les relations sociales en souffraient naturellement un grand préjudice. Malgré la difficulté d'arrêter ce désordre croissant et de rétablir l'unité de forme dans l'écriture, **Siuên-Ouâng**, en prince éclairé, se décida à tenter l'entreprise. Le grand historiographe de la Cour avait alors une juste réputation de savoir et d'habileté. L'Empereur le chargea de fixer la forme des caractères, de réduire leur nombre, et de déterminer ceux qui, à l'avenir, pourraient seuls avoir cours dans tout l'Empire.

3

海上絲綢之路文獻集成 科技與文化編

Cet historiographe, du nom de **Tcheoù** 籀, secondé par les membres de son Institut, mit sans retard la main à cette grande entreprise. Il réduisit à *quinze espèces* les formes de caractères qu'il jugeait devoir être reçues plus facilement par les diverses provinces de l'Empire. Son ouvrage portait le titre de : **Ché Tcheoù chě où pién** 史籀十五篇. *Les quinze livres sur l'histoire des caractères, par l'historien* **Tcheoù**. — Six chapitres de cet ouvrage précieux se sont perdus sous le règne de l'empereur **Où-Tý** 武帝 (140-87 av. J.-C.).

L'Empereur **Siuên-Ouâng** soumit le travail de son ministre aux lettrés les plus habiles de la Cour. Après les avoir examinés lui-même avec un soin minutieux, il leur donna sa haute approbation. Voulant montrer publiquement tout le cas qu'il faisait du travail de son ministre **Tcheoù**, non moins que son vif désir d'arrêter à tout jamais le désordre introduit dans la forme de l'antique écriture, il fit graver, avec ces caractères nouvellement choisis, des vers de sa composition, sur dix grands tambours de marbre. Neuf de ces tambours sont encore conservés au collége impérial de Pékin (**Kouě tsé tién** 國字殿) et sont un des plus beaux monuments de l'antiquité chinoise. Ces caractères portaient le nom de **Siaò tchouàn** 小篆, c'est-à-dire *petits* **tchouàn**. Ils simplifiaient les grands **tchouàn** du ministre **Tsâng-Kiě**. Ces **Siaò tchouàn** n'ont pas eu un sort heureux; ils sont tombés avec la dynastie **Tcheōu**.

Ce genre d'écriture n'est plus employé de nos jours que pour les sceaux publics et pour les cachets privés.

Les craintes de **Siuên-Ouâng**, au sujet de l'adoption de ses caractères, ne se réalisèrent que trop. Les princes feudataires firent de la résistance pour les adopter. Leur opposition vaniteuse fit échouer une belle, utile et laborieuse entreprise. La même variété dans les formes de l'écriture, ou, si l'on veut, la même confusion continua de régner dans les diverses parties de l'Empire. Cette variété était grande déjà à cette époque et continua jusqu'à Confucius, et depuis ce philosophe jusqu'à la décadence de la dynastie **Tcheōu** (1).

V. — TENTATIVE DE Chè-Houâng-Tý DANS LE MÊME BUT.

Ce déplorable état de choses durait encore à l'avénement du fameux Empereur **Tsîn chè Houâng tý** (200 ans av. J.-C.), que l'on a surnommé *l'Incendiaire des livres*. Ce Prince qui, à de grands défauts, joignait un ensemble des plus brillantes qualités, acheva l'œuvre commencée par ses deux ancêtres immédiats. Il soumit tous les princes vassaux, supprima leurs fiefs et réunit sous

(1) Voir plus bas, page 79, la forme de ces caractères.

son sceptre les huit États qui lui disputaient la monarchie universelle de l'Empire (1). Après ces brillantes conquêtes, **Chè-Houâng-Tý** 始黃帝 sentit le besoin d'harmoniser au plutôt les parties variées de son nouvel et vaste Empire. Dans ce but, son attention dut se porter, et se porta effectivement, sur la grande variété des formes de l'écriture qui avaient cours et qu'à cette époque on n'estimait pas à moins de *soixante-dix espèces*. Avec ce génie actif et entreprenant qui le caractérisait, **Chè-Houâng-Tý** voulut, lui aussi, tenter une réforme générale et ramener l'écriture à l'unité de forme. Aucun Prince peut-être n'était plus propre que lui à mener à bonne fin une semblable entreprise, d'autant que, comme tous les monarques qui ont laissé un grand nom, **Chè-Houâng-Tý** avait su réunir autour de lui des ministres d'un mérite hors ligne, tant dans l'ordre civil que dans l'ordre militaire. **Chè-Houâng-Tý** avait auprès de sa personne un ministre, qui, ayant les mêmes qualités et les mêmes défauts que lui, entrait parfaitement dans toutes ses vues. **Lỳ-Sē** 李斯 fut chargé de la réforme de l'écriture. On lui avait recommandé de prendre pour base de son entreprise, autant que possible, les **Siaò tchouàn** de l'Empereur **Siuên-Ouâng**. **Lỳ-Sē** réclama le concours des savants les plus habiles de l'époque, notamment des deux lettrés **Tchaó-Kāo** 趙高 et **Hoû-Moù-Kín** 胡毋敬. Le premier soin de cette commission fut de déterminer, à l'exemple de **Tsāng-Kiĕ**, 540 caractères, qui devaient servir de fondement pour former désormais tous les autres dont on aurait besoin, par la combinaison de ces caractères, *de deux en deux, de trois en trois*, et plus, s'il le fallait. On crut avoir choisi les mêmes caractères primordiaux que **Tsāng-Kiĕ**. On le voit, le génie chinois procédait comme celui des anciens; au lieu de chercher à innover, on cherche toujours, en Chine, à revenir au contraire à la pure antiquité. La nouvelle commission ne procédait pas autrement que **Foŭ-Hȳ**, qui, au moyen de ses huit trigrammes, avait trouvé cent vingt-huit combinaisons différentes.

Après avoir déterminé cinq cent quarante caractères que l'on devait regarder comme *primitifs, fondamentaux*, parce qu'on voulait en faire des espèces de racines, les trois docteurs chinois se chargèrent chacun de faire deux ou

---

(1) A cette époque, la Chine se trouvait ainsi divisée : 1° le royaume feudataire de **Tsĭn** 秦, qui occupait le **Chèn-sȳ** 陝西, une partie des provinces actuelles du **Chān-sȳ** 山西, du **Hoû-pĕ** 湖北 et du **Su-tchuen** 四川. Les deux ancêtres de **Chè-Houâng-Tý** 始黃帝 avaient commencé la conquête des autres États vassaux et même de celui qui formait le siége de l'Empire. 2° le royaume de **Tchoū** 邾, qui comprenait le **Hoû-kouàng** 湖廣. 3° les royaumes de **Yên** 燕; 4° de **Ouý** 魏; 5° de **Tcháo** 趙; 6° de **Hán** 漢; 7° de **Tsȳ** 齊, occupaient ensemble le **Tchĕ-lȳ** 直隸, le **Chān-tōng** 山東 et le **Chān-sȳ** 山西. La dynastie impériale des **Tcheoū** formait alors deux royaumes, celui de l'Orient et celui de l'Occident, dans les autres provinces.

trois mille caractères, sous divers chapitres et d'après le plan adopté. **Lỳ-Sē** en fit sept mille pour sa part; **Tcháo-Kāo** en fit six mille et **Hoû-Moù-Kín** sept mille. Tous ces nouveaux caractères, y compris les racines, ne s'élevaient pas au-delà de 9,353. En courtisan habile, **Lỳ-Sē** opinait pour qu'on donnât aux nouveaux signes le nom de caractères des **Tsîn**, **Tsîn Tchouàn** (du nom de la dynastie régnante); mais celui de *petits* **Tchouàn** a prévalu dans l'usage ordinaire (1). Le ministre **Lỳ-Sē** présenta une requête à l'Empereur à l'effet d'obtenir l'approbation de son travail. Cette sanction ne pouvait lui manquer. Un édit impérial annonça que les nouveaux caractères, seuls, auraient cours dans tout l'Empire. Cet édit souleva le monde des lettrés, qui s'était déjà, pour divers motifs, aliéné l'esprit et les faveurs de la nouvelle monarchie. Il y eut de la résistance. Le ministre **Lỳ-Sē** fut inexorable et même cruel dans la manière dont il fit exécuter l'édit. Blessé au vif de la résistance que trouvait son œuvre, **Lỳ-Sē** conseilla à son maître la destruction de tous les monuments littéraires de la Chine. Le ministre fut en cette circonstance le vrai coupable, car il fut le conseiller et l'instigateur de l'incendie des livres en Chine.

Dans son histoire des premiers **Hán**, 前漢書, le grand historiographe de l'empire **Pān-Koū**, qui vivait au milieu du premier siècle de notre ère, a donné le catalogue des ouvrages échappés à l'incendie des livres. Le nombre des ouvrages sauvés est considérable. Le but de l'Empereur **Tsîn-Chè-Houâng-Tý** a été heureusement manqué (2).

VI. — INVENTION DES CARACTÈRES DITS : Lỳ choū.

Le nouveau genre d'écriture fut imposé d'abord à tous les tribunaux de l'Empire. Ici, nulle résistance n'était possible. Mais le public faisait un froid accueil aux **Siaò tchouàn** de **Lỳ-Sē**, à cause de la difficulté de les former. Sur ces entrefaites, un lettré du nom de **Tchên-Miâo** 郢邈, qui avait fait partie de la commission précédente, proposa au ministre **Lỳ-Sē** une autre forme de caractères beaucoup plus faciles à écrire. Au lieu d'être courbés et tortus, comme dans les **Siaò tchouàn**, les traits des nouveaux caractères proposés étaient plus droits, plus réguliers, et surtout plus nourris, tout en conservant la forme et la disposition des premiers. C'est à ce nouveau genre d'écriture qu'on donna

---

(1) Les écrivains de l'époque donnent encore deux autres noms à cette écriture. Les uns l'appellent **Yŭ tchoŭ tchouàn** 玉玑篆 (*Fragments de jade*); les autres **Pă fén siaò tchouàn** 八分小篆, c'est-à-dire conservant huit parties sur dix des anciens **Tchouàn** (*Extrait de* **Mà touàn lîn**).

(2) Voir l'ouvrage chinois indiqué, ou un extrait de cet ouvrage dans le *Journal asiatique*, septembre et octobre 1867, par M. Pauthier.

le nom de **Lý choū** 隸書, ou *écriture des bureaux* (1). La facilité d'écrire ces caractères les mit promptement en vogue dans tout l'Empire, et les **Siaò tchouàn**, ainsi que le **Koù ouên**, disparurent peu à peu de l'usage ordinaire. La mode, même de nos jours, est encore d'employer cette écriture dans les préfaces des livres. On lui donne aussi le nom de **Pă fén choū** 八分書; c'est-à-dire, écriture conservant huit parties sur dix de l'ancienne.

VII. — INVENTION DES CARACTÈRES DITS : Kiaỳ choū 諧書.

Des ordres sévères avaient été donnés aux tribunaux pour mettre un frein à l'esprit inventif de ceux qui oseraient modifier désormais la forme des caractères dits : **Lý choū**. Toutefois, les tribunaux eux-mêmes étaient les premiers à la recherche d'une écriture encore plus facile, si la chose se pouvait. Le mouvement était donné. On y arriva insensiblement en modifiant un peu les **Lý choū** et en rendant leur forme plus coulante. Cette nouvelle forme reçut promptement l'approbation du public, à cause de sa plus grande commodité. On lui donna le nom de **Kiaỳ choū** 諧書 (*écriture des livres*). Cette écriture est encore en vigueur de nos jours.

L'écriture **Kiaỳ choū** a les traits généralement droits. Elle a rendu carré tout ce qui affectait la forme ronde dans les anciennes écritures. Parce que sa forme n'est devenue définitive que sous la dynastie des **Sóng**, quelques sinologues fixent, par erreur, son invention à cette époque.

Le monde lettré de la Chine se trouvait bon gré mal gré entraîné par l'élan général de la classe ordinaire, en faveur des nouveaux caractères **Kiaỳ choū**. Quant aux **Siaò tchouàn**, ils furent généralement abandonnés et eurent le sort des **Tá tchouàn** et des autres formes d'écriture tombées en désuétude.

VIII. — TENTATIVES DU SAVANT Hiù tchén. SON BEAU DICTIONNAIRE Chŏ ouên.

A cette époque, vivait un lettré d'un grand mérite, qui avait consacré toute sa vie aux études les plus sérieuses de la langue. Ce lettré avait embrassé avec ardeur la cause des **Siào tchouán**, moins par amour de leur forme particulière que par le regret de voir ces révolutions incessantes dans la forme de l'écriture. **Hiù tchén** 許慎 (*c'est son nom*) voulut essayer de retenir ses compatriotes dans la voie des changements, et de faire conserver les caractères **Siaò tchouàn**. Il mit tout en œuvre dans ce but. Ses efforts les plus actifs ne firent aucune impression sur l'esprit public, tourné, à ce moment, à tout autre chose

(1) Quelques-uns lui donnent encore le nom de **Tsó choū**, ou *écriture ministérielle*.

海上絲綢之路文獻集成 科技與文化編

qu'aux belles-lettres. A la chute de la dynastie **Tsîn**, l'Empire s'était aussitôt démembré et était retombé dans la guerre civile. L'attention générale était donc aux événements politiques du jour, et non plus à l'étude des lettres. Malgré son insuccès, **Hiù-Tchén** ne désespérait pas encore de gagner sa cause. Il conçut et exécuta le plan d'un ouvrage destiné, dans son esprit, à faire prévaloir les **Siaò tchouán**; mais cet ouvrage célèbre, contre les prévisions de l'auteur, a rendu un double service plus important que celui qu'il avait en vue.

La quinzième année du règne de l'Empereur **Gān-Tý** 安帝 (121 de J.-C.), **Hiù-Tchén** publia le célèbre dictionnaire qui porte le nom de **Chŏ ouên** 說文 (*Explication des caractères anciens*). L'auteur a recueilli tous les **Siaò tchouàn**, au nombre de 9,353, et les a donnés pour servir de base, de règle, dans la formation des caractères **Lý choū** et **Kiaý choū**. Fruit de recherches immenses, d'une saine érudition, d'une judicieuse critique, le **Chŏ ouên** est encore de nos jours l'ouvrage que l'on consulte pour l'analyse, pour le sens propre des caractères et pour leur véritable orthographe. En ces matières, invoquer l'autorité du **Chŏ ouên**, c'est invoquer une autorité décisive. **Hiù tchén** nous a conservé, dans l'explication des caractères, un bon nombre de traditions chinoises, dont on ne se rendrait plus bien compte sans son ouvrage. On a eu raison de dire que ces caractères sont comme les médailles de la Chine.

Mais le classement des caractères, *par ordre de clefs*, que l'on doit au même savant, est un service inappréciable rendu aux lettres chinoises.

IX. — INVENTION DES CARACTÈRES Tsaŏ.

A la même époque, pendant le règne de **Hiáo-Tchāng-Tý** 孝章帝, c'est-à-dire sous la dynastie des **Hán** orientaux (76 à 88 de notre ère), trois Docteurs chinois conçurent ensemble le projet de mettre en vigueur une écriture encore plus coulante que celle de **Lỳ-Sē**. Les traits en étaient légers, hardis, et ne manquaient point de grâce. Ils étaient à l'écriture courante comme un spirituel *rébus*. Les gens de lettres en saisissaient sans aucune peine l'ordonnance et le caractère distinctif. Mais le vulgaire, peu versé dans la connaissance des formes primitives de l'écriture, n'y retrouvait plus les images, les symboles, que l'on reconnaît encore dans les caractères modernes. La tentative des trois docteurs **Tchāng-Tchē** 張芝, **Toŭ-Soū** 土蘇, **Tchouŷ-Yuên** 鍾元, faite sous le règne de l'Empereur **Tchāng-Houâng-Tý**, ne paraissait pas avoir de succès. En vain ces docteurs échangeaient-ils entre eux une fréquente correspondance qu'ils avaient soin de publier; en vain composaient-ils des poëmes, des pièces piquantes, en ce nouveau genre d'écriture; le public se montrait justement rebelle à leur innovation. Cette nouvelle écriture portait le nom de **Tsaŏ choū** 草書, comme qui dirait *à tire pinceau*, ou bien, *écriture d'herbe*.

西漢同文法　卷二

Selon une autre version, on donne à l'écriture **Tsaŏ** l'origine suivante. Un poëte, du nom de **Lieôu-Pĕ** 留伯, eut ordre de la Cour de faire une chanson. Ce poëte était fort adonné au vin. Le jour où il voulut exécuter les ordres de la Cour, il avait fait de longues libations. Sa main tremblante aurait tracé une écriture légère, mais informe, que lui seul pouvait lire. Il voulut ensuite transcrire sa pièce, mais on ne lui en laissa pas le temps. Elle fut présentée telle quelle à l'Empereur qui s'amusa à la déchiffrer et en fit un amusement dans le palais. La mode aurait donné cours à ce genre d'écriture.

Toutefois, ce ne fut que sous la dynastie **Tsĭn**, qui succéda à celle des **Hán**, que l'écriture **Tsaŏ**, par un caprice inexplicable du vulgaire, obtint une faveur générale. Ce genre d'écriture s'est conservé jusqu'à nos jours. On ne s'en sert pas à la vérité dans les livres, mais dans les préfaces des livres, dans la correspondance épistolaire, dans les transactions commerciales. Chacun sait que les plus beaux ornements d'un élégant salon chinois consistent en cartouches d'une belle écriture **Tsaŏ**. Nous avons vu en Chine des lettrés, en admiration devant ces belles écritures, passer des heures à les contempler. Les familles qui possèdent quelques-unes de ces inscriptions, dues au pinceau d'hommes célèbres, se les transmettent, comme chez nous on se transmet des objets antiques et des monuments d'art (1).

X. — INVENTION DES CARACTÈRES Hîn choū. USAGE ET BEAUTÉ DE CES CARACTÈRES.

Le goût des lettres faisait dans l'Empire de véritables progrès. De toutes parts, on sentait la nécessité de recueillir avec soin les inscriptions anciennes que l'on découvrait, de conserver les monuments antiques, de multiplier les bons livres, afin de conserver plus intègres les traditions de l'antiquité. La dynastie des **Hán** *postérieurs* eut la gloire de voir l'invention de l'imprimerie. Une nouvelle forme de caractères fut aussi propagée sous cette dynastie, c'est l'écriture **Hîn choū** 行書, c'est-à-dire, *faite pour les livres*. Ces caractères, tout en conservant le symbolisme des anciens signes, les débarrassaient de la forme *pittoresque*, des *images*, des *symboles*, qui occasionnaient des lenteurs dans l'écriture. C'est au savant **Lieôu-Tĕ-Chên** 留德昇 qu'on doit cette belle forme d'écriture. Ce lettré passait pour un des plus beaux génies de son époque.

Voici en quoi consiste son système. Il a adopté *quelques traits* élémentaires, qui, placés différemment les uns à côté des autres, ont fourni, par leur mélange, la matière d'une foule de signes. L'auteur du **Hîn choū** avait en vue ce

(1) Voir à l'Appendice, la forme de cette écriture.

double but : 1° de conserver la substance et l'expression idéale du génie des anciens caractères; 2° de rendre l'écriture plus courante et partant plus usuelle. Avec ses traits analytiques, Lieôu-Tĕ-Chên a parfaitement réussi. Il a fixé les images, les symboles à certaines figures qui les représentent, comme les lettres de l'alphabet représentent nos mots entiers.

Voici les *dix* traits élémentaires qui entrent dans la composition de tous les caractères de l'écriture moderne, avec leurs légères variantes. — En s'exerçant à écrire avec grâce et avec élégance ces *dix traits*, on sera capable de tracer, avec une parfaite exactitude et une entière régularité, tous les caractères de la langue chinoise. Les caractères *simples* se combinent entre eux et forment les caractères *composés* (1).

Dix traits radicaux de l'écriture Hin choû.

1° Trait horizontal.  *En chinois* : 横 Hông.

2° Trait vertical.  — 直 Tchĕ.

3° Trait oblique de droite a gauche.  — 撇 Pý.

4° Trait oblique de gauche a droite.  — 捺 Lă.

5° Trait en forme de larme inclinée ou de point, punctum.  — 點 Tièn.

6° Trait courbé.  — 彎 Ouān.

7° Trait aigu.  — 提 Tý (2).

(1) Quelques auteurs réduisent à huit ou à neuf les traits de Lieôu-Tĕ, mais c'est en les confondant les uns avec les autres. Nous avons préféré la division en dix traits.

(2) Quelques auteurs donnent encore à ce trait le nom de Tiāo 挑, ou celui de Yŏ 躍

8° Trait en spirale. 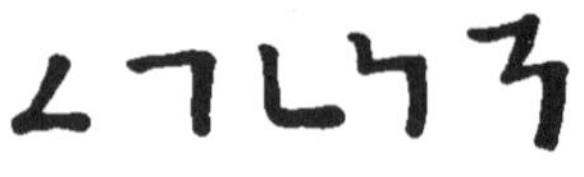 *En chinois :* 兜 Yuèn.

9° Trait-crochet.  — 鉤 Keōu (1).

10° Trait retourné. 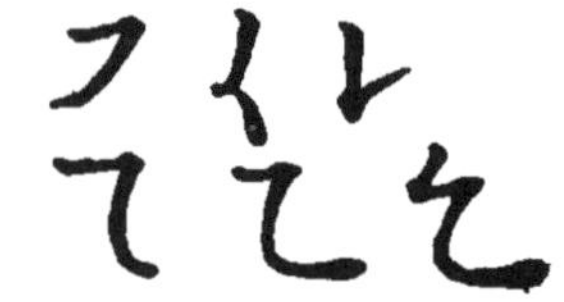 — 轉 Tchouàn.

Il convient de montrer ici par des exemples comment les traits radicaux entrent dans la composition des caractères chinois de nos jours. Tous les dictionnaires de la langue donnent des exemples dans ce genre, parce que ce point est important. Un caractère ne sera jamais élégant s'il n'est pas tracé selon l'ordre des traits qui le composent; c'est-à-dire qu'il n'est nullement indifférent de commencer par tel ou par tel autre trait. Quelques jours d'exercices suffisent pour cela.

Ainsi :

大 Tá, grand, *magnus*, est composé, pour l'ordre des traits à tracer, des n°s 1, 3, 4.

口 Keoŭ, bouche, *os*, est composé, pour l'ordre des traits à tracer, des n°s 2, 8, 1.

土 Toŭ, terre, *terra*, est composé, pour l'ordre des traits à tracer, des n°s 1 répété, 2.

月 Yuĕ, lune, *luna*, est composé, pour l'ordre des traits à tracer, des n°s 3, 8, 1 répété, 9.

木 Moŭ, bois, *lignum*, est composé, pour l'ordre des traits à tracer, des n°s 1, 2, 3, 4.

方 Fāng, carré, *quadratum*, est composé, pour l'ordre des traits à tracer, des n°s 5, 1, 3, 8, 9.

之 Tchē (signe du génitif), est composé, pour l'ordre des traits à tracer, des n°s 5, 7, 3, 4.

舌 Chĕ, langue, *lingua*, est composé, pour l'ordre des traits à tracer, des n°s 3, 1, 2, 1, 8, 1.

(1) Ce trait-crochet est presque toujours à l'extrémité inférieure d'un autre trait, auquel il donn de la plénitude et de la force.

母 **Moù**, mère, *mater*, est composé, pour l'ordre des traits à tracer, des nos 8, 8, 1, 9, 9.

民 **Mîn**, peuple, *populus*, est composé, pour l'ordre des traits à tracer, des nos 8, 1, 8, 1, 4.

臣 **Tchên**, ministre, *minister*, est composé, pour l'ordre des traits à tracer, des nos 1, 2, 8, 1, 2, 8.

茎 **Kin**, rameau, est composé, pour l'ordre des traits à tracer, des nos 1, 10, 10, 10, 1, 2, 1.

來 **Laŷ**, venir, *venire*, est composé, pour l'ordre des traits à tracer, des nos 1, 3, 4, 3, 4, 1, 3, 4.

日 **Jě**, soleil, *sol*, est composé, pour l'ordre des traits à tracer, des nos 1, 8, 1.

絲 **Sē**, est composé, pour l'ordre des traits à tracer, des nos 8, 8, 9, 3, 9, 9.

Tous les caractères modernes sont composés au moyen de ces dix traits élémentaires si simples. On exerce les jeunes Chinois à tracer avec grâce et avec exactitude ces traits élémentaires, et ils deviennent bientôt habiles à reproduire de même les caractères. Aussi, en voyant un caractère à moitié écrit, ou une simple partie de caractères, un lettré peut-il le refaire de suite avec une grande facilité, absolument comme chez nous un naturaliste habile peut, à la vue d'un fragment de squelette, refaire aussitôt tout le corps lui-même. Cuvier a fait cela maintes fois sur des parties de fossiles trouvées dans des grottes. Les caractères **Hîn-choū** sont réellement marqués au coin du génie. L'Empereur **Kāng-Hŷ**, en choisissant cette forme d'écriture pour son beau dictionnaire, en a fixé l'orthographe, et lui a rendu toute son exactitude et son élégance primitives.

L'histoire chinoise rapporte que, pour conserver à la postérité les formes d'écriture les plus estimées, l'Empereur **Hiáo-Lîm-Tý** 孝靈帝 fit préparer, en la huitième année de son règne (175 de J.-C.), quarante-six belles tables de marbre. Sur son ordre, on y grava des deux côtés les *livres sacrés de la Chine* en cinq espèces d'écriture, savoir : en **Tá tchouàn** 大篆, en **Siaò tchouàn** 小篆, en **Lỳ choū** 隸書, en **Kiây choū** 諧書 et en **Kō teòu ouên** 科斗文. Ces quarante-six tables de marbre, placées chacune sur un piédestal, furent élevées devant la porte méridionale du collége impérial à **Lô-yâng**, dans la province du **Hô-nân**. Cette ville était alors la résidence de la Cour. Le temps a malheureusement fait disparaître ce beau monument littéraire. On pense, non sans de graves indices, que des fouilles faites avec intelligence autour de cette ville, et de quelques autres villes qui ont été des résidences impériales en Chine, amèneraient des découvertes précieuses de monuments antiques.

海上絲綢之路文獻集成 科技與文化编

Malgré toutes ces révolutions dans la forme de l'écriture, le nombre des caractères ne dépassait guère le chiffre de 9,353; il allait au maximum à celui de 10,516. Tous les anciens livres de la Chine n'en contiennent pas davantage. Les caractères du **Chŏ ouên**, et ceux qui ont été faits sur leur modèle, tels que les **Lỷ choū**, les **Kiây choū**, sont en réalité tous ceux dont on peut avoir réellement besoin.

XI. — DES TROIS PRINCIPALES CAUSES DE LA MULTIPLICATION DES CARACTÈRES CHINOIS.

Cependant le nombre des caractères chinois s'est accru d'une manière effrayante. Les plus modérés parlent de quarante-deux mille caractères, les autres vont jusqu'à quatre-vingt mille. Ces chiffres ne doivent nullement effrayer un jeune sinologue, puisque les deux tiers de ces caractères ne sont pas en usage aujourd'hui et que, parmi l'autre tiers, on compte encore un bon nombre de synonymes.

A quelles causes faut-il attribuer cette rapide et récente progression des caractères chinois?

On assigne trois causes principales. La première cause de la multiplicité des caractères a été la vanité de quelques lettrés qui ont voulu se faire un nom. Un certain **Yâng-Hiông**, qui vivait sous le règne de **Hiáo-Tchén**, de la dynastie des **Hán** (30 ans av. J.-C.), s'est acquis l'un des premiers la réputation de *néologue chinois*. On lui attribue l'introduction de cinq à six cents nouveaux caractères (1). Un ministre de l'Empereur **Ouâng-Mâng** se donna la même liberté. Ayant attenté à la vie et à la couronne de son maître, cet ambitieux reçut un juste châtiment de ses crimes. Quelques lettrés, sans nom célèbre, ont usé de la même licence.

Une deuxième cause de la multiplicité des caractères provient des étonnantes conquêtes des Chinois dans les contrées qui bornent leur Empire à l'Ouest. Il nous suffira de dire ici que, sur la fin du premier siècle et au commencement du deuxième siècle de l'ère chrétienne, presque tous les royaumes qui vont jusqu'à la mer Caspienne étaient devenus tributaires de la Chine, par droit de conquête. Tous les trois ans, les rois de ces pays offraient un hommage-lige au monarque suprême du Céleste-Empire. Le langage si varié de tous ces peuples, les productions de leur pays, différentes de celles de la Chine, déterminèrent l'historien **Pān-Koú** 班固, frère du célèbre général chinois **Pān-Tchǎo** 班超,

---

(1) Il composa un ouvrage qui a pour titre : **Hoûng tsouán piēn** (*Recueil d'explications sur différents sujets*).

qui avait porté les armes dans ces contrées lointaines, à créer un certain nombre de caractères pour exprimer les diverses coutumes de ces peuples, ainsi que les noms des productions les plus curieuses de leur pays. Le général **Pān-Tchāo** lui-même suivit l'exemple de son frère. Les caractères inventés à cette occasion fournirent à l'écrivain **Tchĕ̄n-Tsiāo** 鄭 焦 la matière du livre qu'il publia sous le titre de **Lén kỳ choū**. Il y recueillit avec soin tous les caractères faits à l'occasion des peuples du **Sȳ yoŭ** 西 域, et en détermina le *son* ainsi que la *signification*.

La troisième source de la multiplicité des caractères chinois a été l'introduction, si regrettable, du Bouddhisme dans la Chine. Cette secte, sans avoir pris racine sur le sol chinois, le couvre cependant aujourd'hui comme le ferait un lierre. Les doctrines de **Foŭ** ou de Bouddha ne pouvaient, dans le principe, être traduites en chinois. Les docteurs de cette secte, secondés par quelques lettrés chinois qu'ils avaient convertis à leur doctrine, se mirent résolûment à fabriquer de nouveaux signes sur le modèle des **Kiāy choū** et publièrent l'ouvrage **Pŏ lô mên choū** 婆 羅 門 書, *Livre des brahmanes*. La tolérance qu'on laissa aux Bonzes de faire ainsi de nouveaux signes dégénéra en abus déplorable, puisque, sous la dynastie des **Léang** *postérieurs* (910 de J.-C.), le fameux Bonze **Hîn-Hiûn**, dans son livre **Lông kān cheoù kīn**, montra que, depuis son apparition en Chine, le Bouddhisme seul avait produit l'énorme chiffre de 26,430 caractères nouveaux; nombre que le Bonze **Kiĕn-Yŭ** augmenta encore dans son livre **Chĕ kièn yû yûn tsōng**, non pas, il est vrai, quant aux traits, ni quant à la figure, mais quant au *son* nouveau et quant à l'accent varié qu'on devait donner à certains caractères existants.

C'est ainsi, qu'aujourd'hui, une foule de caractères ont deux, trois, et même cinq manières différentes d'être prononcées, ou le seront sur des tons différents. Naturellement la signification change chaque fois. C'est une difficulté ajoutée à la langue chinoise, parce que ces variations ne reposent sur aucune règle fixe. Ceci explique les jeux de mots des lettrés dans leurs réunions et dont il est fréquemment question dans les romans chinois.

L'autre secte doctrinale, qu'on nomme **Taó kiā** (secte de **Laò tsè**), usa de la même liberté que la précédente. Dans son ouvrage **Yŏ piēn kiaỳ ý**, le Bonze **Tchāo-Lỳ-Tchén** ne se servit presque que de signes nouveaux. Son confrère **Tchāng-Yeōu-Kiĕn** en fit autant dans son livre **Foŭ koù piēn**. Toutes ces innovations étaient désastreuses et causèrent une confusion inévitable. Cette considération porta l'Empereur **Jên-Tsōng** 仁 宗, de la dynastie des **Sóng** 宋, à donner l'ordre à son ministre **Tīn-Toŭ**, grand historiographe de l'Empire, de réduire les caractères à certaines formes et de prendre le **Chŏ ouên** pour base de son travail. L'entreprise fut commencée la quinzième année du règne de ce prince, c'est-à-dire vers l'an 1054 de J.-C. mais elle était longue et

difficile. Ce ministre ne put la mener à bonne fin. La gloire en était réservée au célèbre **Sē-Mà-Kouāng** 司馬光, qui, environ 40 ans après l'ordre donné par **Jên-Tsōng**, put offrir à l'Empereur **Chên-Tsōng** 神宗 un dictionnaire renfermant 53,165 caractères, tous faits sur le plan des caractères du **Chŏ ouên**, mais en écriture **Kiaÿ** **choū**.

Sur le nombre précité, 21,846 caractères étaient doubles quant à la signification. L'Empereur reçut avec faveur le beau travail de **Sē-Mà-Kouāng** et le fit publier dans tout l'Empire. On s'en servit d'abord avec une sorte d'empressement; puis, par un des caprices inexplicables de l'opinion publique, l'autorité d'un si grand homme ne fit pas règle.

Depuis cette époque, le nombre des caractères n'a pas sensiblement augmenté. On s'en est heureusement tenu aux dictionnaires publiés sous la dynastie **Mîn** et sous la dynastie actuelle. Il serait assurément bien utile et curieux de connaître les formes successives par lesquelles un même caractère a passé, dès le principe, pour devenir ce qu'il est à présent. Faute de cette connaissance, un sinologue européen est souvent embarrassé pour entendre les allusions fréquentes des auteurs chinois aux coutumes, aux idées des anciens, et dont les lettrés font souvent mention, par une simple allusion, dans leurs différents ouvrages. Mais ce travail ne pourrait guère être entrepris que par l'Académie chinoise de **Pĕ-Kīn**.

XII. — RÉSUMÉ DES FORMES D'ÉCRITURE.

En résumé, toutes les variétés de l'écriture chinoise peuvent se réduire aux huit espèces suivantes; les quatre dernières sont les seules qui soient en usage de nos jours :

I. — ÉCRITURES ANCIENNES.

1. L'écriture **Koù ouên** 古文. Elle est la forme la plus ancienne que l'on connaisse de l'écriture chinoise.
2. L'écriture **Tá tchouàn** 大篆 (grande écriture traditionnelle), inventée par **Tcheōu**, sous l'empereur **Siuên-Ouâng** 宣王, l'an 820 av. J.-C. a succédé au **Koù ouên**; elle a duré jusqu'à la fin des **Tcheōu**.
3. L'écriture **Siaò tchouàn** 小篆, inventée sous l'empereur **Chè-Houâng-Tý**, vers l'an 227 av. J.-C. (1).

(1) D'après l'ouvrage chinois **Ouên hiên tŏng kaò**, l'écriture **Koù ouên** est celle de la haute antiquité; l'écriture **Tá tchouàn**, celle de la moyenne antiquité; l'écriture **Siaò tchouàn**, celle de la basse antiquité.

4. L'écriture **Lỳ choû**, inventée sous le même Empereur (200 av. J.-C.). On donne quelquefois à cette écriture le nom de **Pă fén choû** 八分書.

II. — ÉCRITURES MODERNES.

5. L'écriture **Hîn choû** 行書 (écriture courante), formée par **Lieôu-Tĕ-Chên**, sous les **Hán** orientaux, de 56 à 22 de J.-C. On s'en sert encore dans les livres, surtout dans les préfaces des livres. Elle est chez les Chinois comme chez nous l'écriture *ronde* et l'*italique*.
6. L'écriture cursive, dite **Tsaŏ choû** 草書. Elle demande une main légère, ne dessinant les caractères que dans les traits essentiels. Elle est en usage dans la correspondance épistolaire, dans les préfaces, surtout dans les cartouches, qui font le principal ornement des salons chinois.
7. L'écriture **Kiaŷ choû** 楷書 (écriture carrée d'impression) a reçu sa forme définitive sous les **Sóng** (de 960 à 1123 de J.-C.). C'est l'écriture ordinaire des livres de nos jours.
8. Une variété de cette dernière porte le nom de **Kiây hîn choû** 楷行書 (écriture **Kiaŷ** courante); elle est de la même époque que la précédente. On lui donne souvent aussi le nom de **Sóng choû**.

DEUXIÈME SECTION.

SPÉCIMENS DE TRENTE-DEUX FORMES D'ÉCRITURES ANTIQUES ET CURIEUSES DE L'ÉCRITURE CHINOISE, AVEC UNE MONOGRAPHIE DE CHACUNE DE CES FORMES.

Nous croyons devoir donner ici un spécimen de *trente-deux* formes anciennes de l'écriture chinoise. La connaissance de ces formes n'est point nécessaire à un jeune sinologue; il peut donc passer cette section, sauf à l'étudier plus tard. Ceux qui sont versés dans les lettres chinoises trouveront un intérêt scientifique à la lecture des monographies qui accompagnent chacun de ces *spécimens* d'écriture. Cette deuxième section est un abrégé de paléographie chinoise. Nous donnons le texte chinois de chaque monographie. Ces documents sont tirés de l'exemplaire de l'*Éloge de Moukden*, envoyé de Pékin à la Bibliothèque royale de Paris, par le célèbre missionnaire Amiot. — Seulement nous les donnons ici dans un autre ordre, plus rationnel, celui de la chronologie, autant que possible.

PREMIÈRE FORME.

Caractères dits : Lông tchouàn 龍篆.

c'est-à-dire :

En forme de Dragon (1).

MONOGRAPHIE :

Le livre intitulé Choū tsouán raconte que, du temps de Foŭ-Hÿ 伏羲, on prit un dragon extraordinaire; événement qui fut regardé comme un bon augure. Foŭ-Hÿ voulut voir ce dragon et le fit examiner par les officiers de sa Cour. L'un d'eux, Feÿ-Lông-Ché, examina avec soin l'animal et conçut alors l'idée des six espèces de règles des caractères que l'on fait remonter au temps de Foŭ-Hÿ. L'une de ces espèces de caractères est celle que l'on nomme Lông tchouàn, dont les traits sont tantôt serrés, tantôt lâches, tantôt longs, courts, touffus et clair-semés. Ils ressemblent quelquefois à un ciel net et quelquefois à un ciel couvert de nuages (2).

TEXTE DE LA MONOGRAPHIE :

龍篆

書纂庖犧氏獲景龍之瑞命臣。飛龍氏造六書。其文乍疏乍密纖長形短亦有天矯空際之狀。

---

(1) Les caractères anciens de ces trente-deux formes d'écriture primitives, ainsi que les divers tableaux de cette Grammaire, remarquables par leur beauté, ont été reproduits par un procédé héliographique dû à MM. Dujardin frères, 56, rue Notre-Dame-des-Champs, à Paris.

(2) L'auteur Lŏ-Pÿ, dans son 路史 (*Histoire des voyages*), attribue aussi cette écriture à Foŭ-Hÿ.

海上絲綢之路文獻集成 科技與文化编

DEUXIÈME FORME.

Caractères dits : Soúy choū tchouàn 穗書篆.

c'est-à-dire :

Caractères en forme d'épis.

MONOGRAPHIE :

Dans le livre **Mě soú**, dont l'auteur est **Ouý-Soŭ**, on lit que l'Empereur **Chên-Lông**, étant dans un lieu appelé **Cháng táng**, vit, dans un champ, une tige de blé ou de millet qui dominait les autres et portait huit épis. Charmé de cette merveille, dont il voulait transmettre le souvenir à la postérité, il en examina la figure avec soin et fit quelques caractères qui la représentaient à peu près. Dans les caractères qu'il composa ensuite pour désigner les quatre saisons et les différents temps de l'année, on voyait des épis comme pendants; ce qui leur fit donner le nom de *caractères en forme d'épis*.

TEXTE DE LA MONOGRAPHIE :

穗書篆

韋續墨藪神農氏因上黨生嘉禾八穗乃仿其形作書以頒時令體如穗之纍纍欲隊故名。

TROISIÈME FORME.

Caractères dits : Kouȳ choū 龜書,

c'est-à-dire :

En forme de Tortues.

MONOGRAPHIE :

On lit dans l'ouvrage **Mĕ soú** que l'Empereur **Yaô** (2357 av. J.-C.) ayant vu la peinture de la Tortue extraordinaire qui parut au temps de **Houâng-Tý**, fit tracer des caractères sur ce modèle, et telle est l'origine de ces lettres.

On pourrait s'étonner de voir qu'on ait attendu jusque sous l'Empereur **Yaô** pour faire des caractères en mémoire d'un événement arrivé sous **Houâng-Tý**. Mais il est probable qu'il en a été de ces caractères comme de ceux qui ont été faits sous les règnes de **Ouên-Ouâng** et de **Où-Ouâng**. On fit d'abord des peintures pour conserver le souvenir des événements, et **Ché-Ý** imagina ensuite de composer les caractères **Niaò choū**. La chose arriva de même pour les caractères **Kouȳ choū**. — Tout cela est naturel.

TEXTE DE LA MONOGRAPHIE :

龜書

墨數云陶唐氏因軒轅靈龜負圖乃作是書按龜

圖在軒轅時何以至堯始制字其亦如周初有二

鳥祥追史佚而仿爲鳥書耶

QUATRIÈME FORME.

Caractères dits : Louân fóng choū 鸞鳳書.

c'est-à-dire :

A l'imitation du Fóng Houâng.

MONOGRAPHIE :

On lit dans le **Choū tsouán** que ces caractères ont été **inventés** du temps de **Chaò-Haó**, fils et successeur de **Houâng-Tý** (2598 av. J.-C.). Le **Fóng houâng** parut alors; on fit des figures pour représenter cet oiseau, selon la coutume de ce temps, de conserver ainsi la mémoire des événements remarquables. L'apparition du **Fóng houâng** a toujours été, en Chine, un événement extraordinaire. On composa donc à ce sujet ces caractères-ci.

Les anciens Chinois avaient aussi la coutume de tracer des figures pour faire souvenir d'une affaire qui avait été interrompue. Ils en traçaient également une pour désigner le commencement d'une affaire, d'un discours; et une autre pour la fin : si l'une des deux figures manquait, c'était un signe que l'affaire était abandonnée.

L'apparition du **Fóng houâng**, sous **Chaò-Haó**, donna lieu à la coutume, encore subsistante de nos jours, de faire la distinction des dignités par la peinture de différents oiseaux. Ainsi, en voyant sur le costume d'un dignitaire tel ou tel oiseau, on sait quel rang il occupe dans la hiérarchie mandarinale.

TEXTE DE LA MONOGRAPHIE :

鸞鳳篆

書篆少昊時作鳳鳥適至受采其體以成書。古人作事往往有所兆輒志之故官亦以鳥紀

CINQUIÈME FORME

Caractères dits : Tchoûy yûn tchouàn 垂雲篆,

c'est-à-dire :

En forme de nuages suspendus.

MONOGRAPHIE :

On lit dans le **Choû tsouán** qu'au temps de **Houâng-Tý** il y avait dans le ciel des nuages brillants qui enchantaient par leur beauté, et que c'est à leur imitation qu'on forma ces caractères-ci. **Ouŷ-Hên**, habile lettré, qui vivait sous la petite dynastie **Tsîn**, excellait dans la manière d'écrire les caractères faits *à pinceau volant, à l'imitation des nuages qui se séparent.*

TEXTE DE LA MONOGRAPHIE :

垂雲篆

書纂黃帝時鄉雲常見乃作是書。晉衛恒善之論者謂筆勢若飛字張如雲

海上絲綢之路文獻集成 科技與文化编

SIXIÈME FORME.

Caractères dits : Kō teòu choū 科斗書,

c'est-à-dire :

Imitant la figure des petites grenouilles :

MONOGRAPHIE :

Dans son livre de l'*Origine des caractères*, **Où-Yèn** dit que ces caractères-ci sont dus au génie de **Tsāng-Kiĕ**; mais, selon **Ouŷ-Soū**, on ne connaîtrait ni en quel temps ni par qui ils auraient été inventés.

Le Bonze **Chè-Chĕ**, dans son livre **Kīn hoû ký**, assure que l'invention en est due à **Kaō-Yâng-Ché** (**Tchouân-Hiû**), petit-fils de **Houâng-Tý**. S'amusant un jour auprès d'un étang, il observa une quantité de petits têtards qui, nageant en différents sens, formaient une foule de figures; il fit des caractères pour imiter quelques-unes de ces figures. On les trouva agréables à voir et dignes d'être imités. On en eut bientôt assez pour écrire des livres entiers.

Ouŷ-Hên raconte qu'au temps de **Où-Tý**, sixième Empereur des **Hán** (140 av. J.-C.), on trouva dans la muraille d'une maison qui avait appartenu à Confucius un amas de caractères anciens que personne n'était en état d'entendre, et, vu leur ressemblance avec les têtards, on leur donna ce nom de **Kō teòu ouên**. **Feý-Ché** dit qu'il y avait chez les anciens vingt manières différentes d'écrire les caractères et que celle-ci est du nombre. Il ajoute que, selon lui, on ne sait d'une manière certaine ni l'époque de leur invention, ni le nom de l'inventeur.

Dans une sépulture de **Kў-hién**, on trouva ce même genre de caractères. Cette sépulture remontait à l'époque des **Tsín**, qui gouvernèrent après les **Hán**, et les caractères étaient gravés sur de petites planches en bambou. On

en trouva pareillement dans une autre sépulture qui remonte aux cinq petites dynasties. Ce qui laisse supposer qu'ils n'étaient point rares du tout.

TEXTE DE LA MONOGRAPHIE :

科斗書

吾衍字原謂蒼頡意度爲之章續則言不知何代。釋適之金壺記言高陽氏狀科斗形作然按。衛恒篆論漢武時得孔壁書人巳無能知者從以形似科斗遂名之則并蝌蚪名亦後人所加矣故費氏亦但言書有二十法蝌蚪是其一耳不著撰人名氏晉汲冢竹書南齊冢工記皆是此體

SEPTIÈME FORME.

Caractères dits : **Niào tsỳ tchouàn** 鳥跡篆.

c'est-à-dire :

En forme de vestiges de pieds d'oiseaux

MONOGRAPHIE :

Selon le **Choū tsouán**, l'auteur de ces caractères serait **Tsāng-Kiě**. Les anciens, ayant remarqué les traces des oiseaux, firent des caractères à leur imitation et leur donnèrent le nom ci-dessus. Dans son livre intitulé **Tchouàn ché**, **Tsáy-Yōng** dit que ces caractères-ci ne ressemblent aux vestiges des oiseaux que par le commencement de leurs traits; mais **Où-Tý**, des **Leâng**

(502 de J.-C.), assure qu'il faut faire honneur, sans hésiter, de ces caractères-ci au génie de **Tsāng-Kiĕ**.

Le **Choū tsouán** reconnaît que ce genre de caractères est un des plus anciens, ainsi que celui qui fut trouvé dans la muraille d'une maison de Confucius. Car, ajoute l'auteur, on faisait jadis usage de plusieurs espèces de caractères. **Kŏ-Tchóng-Choū** dit que ces deux espèces de caractères sont fort anciens, et qu'ils étaient tellement communs qu'on ne les aurait pas employés pour mander à quelqu'un des choses qu'on voulait cacher.

TEXTE DE LA MONOGRAPHIE :

鳥跡篆

書纂云蒼頡作論者以其體如鳥足步塵纔悉畢見故名但據秦邕篆勢云字書之始因於鳥跡。梁武帝云蒼公觀鳥跡之意則當日或偶有所見而仿者書斷卽以此爲古文按孔壁中科斗書亦曰古文是古文不獨此一種郭忠恕所謂鳥跡科斗皆是也若六國傳信鳥跡書則又有非此

HUITIÈME FORME.

Caractères dits : Taò hiáy tchouàn 倒薤篆,

ou :

Imitant les feuilles pendantes de la plante Hiáy.

MONOGRAPHIE :

Dans l'ouvrage où l'on donne l'explication des traits et de toute la forme qui constituent les dix principaux genres de caractères, on lit que ces carac-

tères-ci remontent jusqu'à l'époque de **Tchĕn-Tāng**, fondateur de la dynastie **Chāng** (1766 av. J.-C.). On raconte ainsi l'origine de ces caractères :

Le Sage **Oŭ-Kouāng**, voulant se soustraire aux honneurs et aux emplois de l'Empereur, prit le parti de se cacher. Il se retira à la campagne, où il vécut inconnu, cultivant la terre de ses mains. Il sema dans son champ tout ce qui pouvait servir à sa nourriture et en particulier une grande quantité de graines de **Hiáy**. Un jour qu'un vent frais soufflait, **Oŭ-Kouāng**, en examinant ses **Hiáy**, aperçut dans quelques feuilles, qui s'étaient repliées et entrelacées, un objet digne de son attention; il en traça la figure et trouva qu'il pouvait composer des caractères à son imitation. L'essai réussit; il écrivit de sa propre main trois articles du livre **Tăy cháng tsè kīn**. Cependant, craignant toujours qu'on ne découvrît le lieu de sa solitude, il le quitta pour se retirer dans un autre plus éloigné. Ceux qui firent l'acquisition des trois articles du **Tăy cháng tsè kīn**, ayant appris à quelle occasion avaient été écrits ces caractères singuliers, leur donnèrent le nom de **Hiáy yĕ tchouàn**.

TEXTE DE LA MONOGRAPHIE :

倒薤篆

論書十體云務光作光辭湯隱清泠陂植薤爲食時清風欻至葉交偃成文乃象爲此書寫太上紫經三卷遜遁去時人偶得其書亦謂之薤葉篆

NEUVIÈME FORME.

Caractères dits : **Niào choū** **鳥書**

c'est-à-dire :

En forme d'oiseaux.

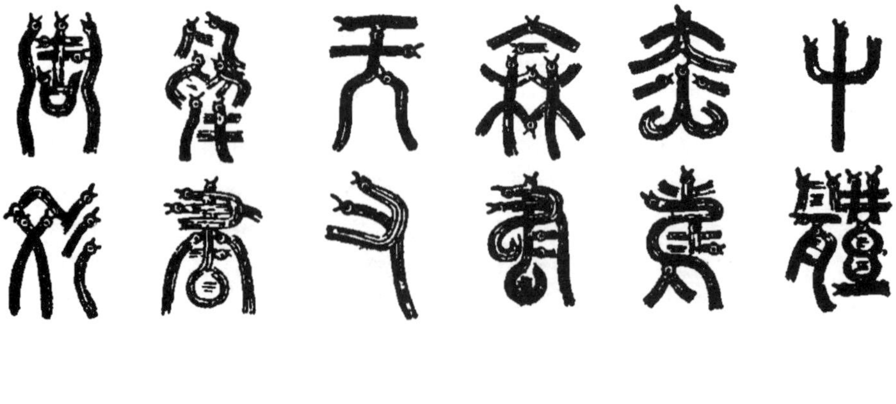

MONOGRAPHIE :

Dans le livre qui explique les dix espèces de caractères primitifs, on dit que **Ouên-Ouâng**, fondateur de la dynastie des **Tcheōu**, trouva un moineau dont le plumage était d'un fort beau rouge, et qu'au temps de **Où-Ouâng** on prit un corbeau dont le plumage avait la même couleur. On fit peindre l'un et l'autre de ces oiseaux. Les lettrés firent des caractères qui les représentaient, et on les adopta pour écriture particulière. **Où-Ouâng** publia un édit pour annoncer qu'il en ferait usage dans les affaires de grande importance.

Ouŷ-Soŭ se contente de dire que l'on ne sait pas le nom de celui qui, le premier, fit ces sortes de caractères.

De son côté, **Tăng-Yuên-Toú** prétend que **Chĕ-Ŷ** est l'inventeur des caractères **Niaò choū**, qui diffèrent des **Niaò tsŷ tchouàn**. Ceux-ci sont semblables aux traces qu'impriment sur la poussière et sur la terre humide les pieds des oiseaux, et ceux-là ressemblent aux oiseaux eux-mêmes. Il est fort possible que, suivant les traces de **Tsāng-Kiĕ**, auteur des **Niaò tsŷ tchouàn** **Ché-Ŷ** a composé les **Niaò choū** pour représenter les oiseaux entiers.

TEXTE DE LA MONOGRAPHIE :

鳥書

論書十體周文王有赤雀武王有丹鳥用作此體
以書幡信韋續但言寫二鳥祥不載撰人名氏唐
度元則云史佚仿也體與鳥迹不同彼仿其迹此
象其形

DIXIÈME FORME.

Caractères dits : **Fén choū tchouàn** 墳書篆.

ou :

Caractères pour les sépultures et les contrats.

MONOGRAPHIE :

L'origine de ces sortes de caractères est due au hasard. **Tchoū-Soū-Siēn** dit que, du temps des **Tcheōu**, un entremetteur voulant organiser un mariage mit par écrit les conventions; mais le garçon et la fille ne sachant pas écrire, et voulant toutefois qu'ils s'engageassent par écrit à l'union projetée, il leur dit de former quelques traits à leur volonté. Les jeunes fiancés firent ce qu'on leur demandait; l'entremetteur, comme témoin, fit une marque semblable. De ces marques, jointes ensemble, il résulta une espèce de caractères; cela donna occasion de composer un certain nombre de caractères pareils pour être employés dans les contrats. Dans la suite, chacun voulut y ajouter quelque chose, diminuant ou augmentant le nombre des traits : c'est le motif pour lequel ces caractères diffèrent entre eux beaucoup plus que certains autres. On les employa d'abord comme signes du *pacte matrimonial;* on s'en servit ensuite pour les inscriptions lapidaires qu'on met sur les sépultures. Voilà tout ce que l'on sait sur ce genre de caractères.

TEXTE DE LA MONOGRAPHIE :

墳書篆

祝素先云周媒氏配合男女今各書以爲證接媒
氏又有墳篆亦用之婚姻字頗不同蓋墳以表信
此則其作證者

ONZIÈME FORME.

Caractères dits : Tiāo tchōng tchouàn 雕蟲篆,

c'est-à-dire :

En forme d'insectes rampants.

MONOGRAPHIE :

Selon le **Choū tsouán**, on pourrait donner aussi à ces caractères le nom de *caractères à pinceau tremblant.*

Le Bonze **Mông-Ŷn** fait remonter leur origine au temps des **Tcheōu** et la raconte de cette façon :

Tsieoū-Hoû, du royaume de **Loù**, s'était rendu au lieu de sa magistrature. Sa femme s'occupait, dans l'enceinte de la maison, à cultiver des vers à soie. **Tsieoū-Hoû** aimait à se procurer le plaisir de suivre le travail de ces insectes. Un jour, il les examinait au moment où l'on venait de les laver et de les mettre sur une claie pour les faire sécher. Contemplant ces vers à soie, il admirait les différentes figures que leur donnaient les divers mouvements, toujours variés, produits par leur agitation. Il lui vint en pensée de faire des caractères qui représentassent quelque chose de ce qu'il avait vu. Il forma ce genre-ci de caractères et leur donna le nom qu'ils portent.

Quelques auteurs sont d'avis qu'il serait mieux de les appeler *en forme d'insectes volants.* D'autres disent qu'on leur donne indifféremment les deux noms; mais **Tchāng-Piaò-Tchĕn** n'est pas de cet avis; il assure que les caractères dits *en forme d'insectes volants* et ceux qu'on nomme *en forme d'insectes rampants* sont deux espèces différentes, qui ont une origine à part, et qu'il ne faut nullement les confondre les uns avec les autres. **Kŏ-Kiū-Chān**, très-habile lettré du temps des **Tsín** (1265 de J.-C.), excellait dans la manière d'écrire les caractères *en forme d'insectes rampants.*

TEXTE DE LA MONOGRAPHIE :

雕 蟲 篆

書 纂 云 卽 戰 筆 書 技 藁 英 載 魯 秋 胡 官 遊 其 妻 桑
時 浣 蠶 作 體 道 律 屈 曲 如 蟲 故 亦 名 蟲 書 或 又 云
蟲 鳥 書 張 表 臣 非 之 謂 蟲 鳥 名 自 爲 書 不 相 混 也
晋 郭 巨 山 最 善 之

海上絲綢之路文獻集成 科技與文化編

DOUZIÈME FORME.

Caractères dits : Cháng fāng tá tchouàn 上方大篆,

ou :

Caractères anciens très-élevés.

MONOGRAPHIE :

On ignore le nom de l'inventeur de ces caractères; il est à présumer qu'ils ont été formés sur le modèle des plus anciennes lettres. On sait que **Lỳ-Sē** prit les lettres que **Môug-Tièn** avait écrites dans son livre **Pỳ kīn**, qu'il les diminua, les adoucit, et en forma les caractères dits : **Siaò tchouàn**; mais, comme il n'est fait aucune mention des caractères **Cháng fāng**, on pense qu'ils remontent à la plus haute antiquité et qu'ils ont été faits sur le modèle des plus anciens caractères. **Tchĕ̄n-Miâo** changea quelque chose aux formes primitives, et, au moyen de ces changements, il en résulta une nouvelle espèce de caractères. **Ouŷ-Soŭ**, de son côté, fit des changements aux caractères de **Tchĕ̄n-Miâo**; ceux qui vinrent après **Ouŷ-Soŭ** en firent autant à l'égard des lettres qui avaient cours, et, après plusieurs changements successifs, les caractères qu'on voit ici furent trouvés.

Si l'on s'en rapporte à **Tchoŭ-Soŭ-Siēn**, **Tchĕ̄n-Miâo** n'aurait fait que raccommoder un peu les lettres de **Lỳ-Sē**, et **Lỳ-Sē** lui-même n'aurait fait que des petits changements aux anciens caractères. Quoi qu'il en soit, à examiner de près les caractères **Cháng fāng**, on voit qu'ils ont une grande ressemblance avec ceux qu'on nomme **Tchén**, ou *Caractères appareillés.*

TEXTE DE LA MONOGRAPHIE :

上方大篆

未知出於何人按蒙恬筆經李斯刪取其文爲小
篆則秦以前早有之韋續又言程邈所述後人飾
之以爲法祝素先幷謂邈飾斯之法當是斯改定
古文邈又潤色之也體與墳書略同

TREIZIÈME FORME.

Caractères dits : **Kĕ foŭ tchouàn** 刻符篆,

c'est-à-dire :

A traits doubles.

MONOGRAPHIE :

On lit dans le **Choū tsouán** que **Lỳ-Sē** et **Tcháo-Kaō** excellaient dans la manière d'écrire ces sortes de caractères. Il est probable qu'au temps des **Tsîn**, on abrogea les anciens caractères pour leur en substituer de nouveaux; on en fit de huit espèces; celle-ci est du nombre. On prit les **Siaò tchouàn** et les **Lieóu yê**; on mit les traits des deux espèces à côté les uns des autres, et, de cet assemblage, il résulta les caractères que voici. Les lettrés modernes confondent mal à propos les caractères **Feÿ pĕ choū** avec ceux-ci.

TEXTE DE LA MONOGRAPHIE :

刻符篆

書纂李斯趙高並善用之按秦廢古文置八體此
其一也文用楷隸小篆雙鉤成字俗呼爲飛白誤矣

QUATORZIÈME FORME.

Caractères dits : Lîn choū 麟書,

c'est-à-dire :

En forme de Kŷ lîn, ou Licorne.

MONOGRAPHIE :

L'origine de ces caractères remonte au temps de Confucius. Le **Choū tsouán** raconte que le roi de **Loŭ**, étant allé à la chasse du côté de l'ouest, fit rencontre d'une licorne que l'on prit vivante. Confucius, l'ayant vue, se recueillit en lui-même et comprit que sa fin était proche. Son disciple **Chên-Oûy**, pour conserver la mémoire de cet événement, composa ce genre de caractères auquel il donna le nom de **Lîn choū**.

Dans son **Mĕ soŭ**, **Oûy-Siû** dit que ces caractères sont de bon augure.

TEXTE DE LA MONOGRAPHIE :

麟書

書纂魯西狩獲麟仲尼感焉弟子申爲作是書㠯

數又云紀瑞也

QUINZIÈME FORME.

Caractères dits : Hién tchĕ̄n tchouàn 現鍼篆.

c'est-à-dire :

En forme d'aiguilles suspendues.

MONOGRAPHIE :

Le **Choū tsouán** rapporte que ces caractères ont été inventés sous la dynastie **Hán**, par **Tsaō-Hỳ**, et qu'on s'en servait pour les titres et pour les tables des *Livres sacrés*, ou des **Kīn**.

Dans l'ouvrage **Hô lŏ ў káo**, destiné à expliquer les figures **Hô toŭ** et du **Lŏ choū** du livre **Ў kīn**, on lit que l'inventeur de ces caractères-ci les composa sur le modèle des **Siaò tchouàn**; qu'il écrivit les trois histoires avec les caractères de sa composition, pour les distinguer des cinq **Kīn**, écrits avec les caractères appelés : **Tchoûy loŭ**, c'est-à-dire : *en forme de gouttes de rosée.*

TEXTE DE LA MONOGRAPHIE :

現鍼篆

書纂漢曹喜作後世多以題五經篇日河洛遺誥

云小篆爲質垂露爲紀題署五經印其三史者卽

此也

SEIZIÈME FORME.

Caractères dits : Lieôu yě tchouàn 柳葉篆.

ou :

Caractères en forme de feuilles de saule.

MONOGRAPHIE :

Le Bonze **Móng-Ŷn** dit que, sous la dynastie **Tsín**, **Ouŷ-Kouán** s'avisa le premier de faire des caractères à l'imitation des feuilles de saule. C'est la première espèce de caractères qui satisfasse entièrement la vue; elle est très-agréable à voir; tous les traits en sont nets, forts et bien nourris; mais ce n'est pas une petite difficulté que de les tracer avec élégance. Les descendants de **Ouŷ-Kouán** s'appliquèrent de toutes leurs forces à pouvoir perfectionner un art qu'ils regardaient comme leur étant propre; ils y réussirent, en tâchant, toutefois, de ne pas trop s'écarter de la forme primitive des anciens caractères. Il n'est pas surprenant que les caractères de **Ouŷ-Kouán** soient plus élégants, aient un coup d'œil plus gracieux que les caractères précédents. Autrefois, on ne savait pas faire l'encre; on ignorait l'usage du pinceau; mais l'un et l'autre étaient connus lorsque l'on inventa ces caractères-ci. **Ouŷ-Kouán** pouvait faire, à son gré, des traits moelleux, bien nourris, fins à la tête ou à la queue de ses caractères; cela eût été impossible aux anciens. Ceux-ci gravaient plutôt qu'ils n'écrivaient; ils taillaient en pointe un morceau de bois et s'en servaient pour tracer, sur de petites planches enduites de vernis, les caractères dont ils avaient besoin. Il arrivait de là que la tête des lettres était toujours plus grosse que la queue, et que les proportions n'étaient pas gardées. Il n'est pas surprenant que nous n'ayons eu des caractères bien faits et d'un coup d'œil gracieux que depuis l'invention de l'encre et du pinceau.

TEXTE DE LA MONOGRAPHIE :

柳葉篆

僧夢英云晉衛瓘作筆勢明功莫得而學按衛氏
三世攻書善師模古字上古以對竹點漆書書不
能行故頭麤尾漸細瓘以筆疊類之復頭尾俱細
貞妙于戝胎者

DIX-SEPTIÈME FORME.

Caractères dits : Ŷn lŏ tchouàn 瓔珞篆.

c'est-à-dire :

En forme de houppes ou de flocons.

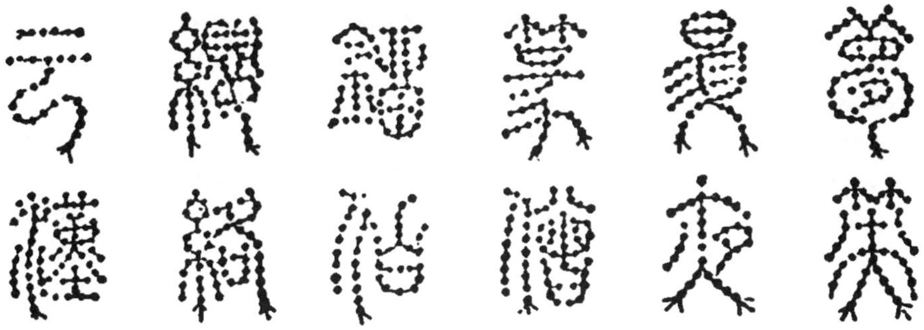

MONOGRAPHIE :

Le Bonze **Mông-Ŷn** dit que, du temps des **Hán**, **Lieôu-Pĕ-Chēn**, s'amusant pendant la nuit à regarder les étoiles, fut charmé de leur merveilleux arrangement et de l'ensemble de leur spectacle. Il lui vint en pensée de faire une sorte de caractères pour représenter ce qu'il voyait. Il composa donc ce genre-ci. Il prit les anciens caractères pour corps des siens, et les embellit à sa façon : il en changea si fort les traits et la manière qu'ils devinrent méconnaissables. Quand on examine de près les caractères **Ŷn lŏ choū**, on trouve qu'ils ont quelque ressemblance avec les **Kŏ teòu ouên**, bien qu'au premier coup d'œil

海上絲綢之路文獻集成 科技與文化編

cette ressemblance ne paraisse pas. On leur trouve aussi un peu de rapport avec les **Louán fōng**. Toutefois, ni ces derniers caractères, ni les **Kŏ teòu** n'ont l'élégance et le gracieux des caractères **Ŷn lŏ**. Sous les **Hán** postérieurs (250-264 de J.-C.), les lettrés s'appliquèrent à cette sorte d'écriture, et il y en eut un grand nombre qui excellèrent à la tracer.

TEXTE DE LA MONOGRAPHIE :

纓絡篆

僧夢英云漢劉伯昇夜觀星象作存古之梗概變
隸之規矩體類科斗而不貞勢同回鸞而較逸後
漢儒士多學之

DIX-HUITIÈME FORME.

Caractères dits : **Kin tsŏ tchouàn** 金錯篆,

c'est-à-dire :

En forme de limes d'or.

MONOGRAPHIE :

Le **Choū tsouán** rapporte que les caractères gravés sur les anciennes monnaies étaient de ce genre. Les **Tsuĕn foù** des **Tcheōu**, les **Tchoū leàng**, des **Hán**, et les **Taō poú** étaient marqués à l'empreinte de ces caractères. **Hoû-Tchén-Yên** prit

tous les caractères qu'il put découvrir dans les différents sceaux des dynasties **Tsîn** et **Hán**, et, en les écrivant, il ajouta une espèce de fourche au commencement de chaque trait. Ceux qui vinrent après lui voulurent l'imiter et firent une espèce d'écriture à laquelle ils donnèrent le nom de **Kīn tsŏ tohouàn.**

TEXTE DE LA MONOGRAPHIE :

金錯篆

書纂云古錢文也周泉府漢銖兩刀布既製皆是

胡正言摹秦漢印章每於用筆注頭勢作兩以形

蓋本此

DIX-NEUVIÈME FORME.

Les caractères dits : **Tohoûy loŭ tohouàn** 垂露篆,

c'est-à-dire :

En forme de gouttes de rosée.

MONOGRAPHIE :

Le Bonze **Mông-Ŷn** assure que ces caractères sont dus à **Tsaŏ-Hŷ**, qui vivait sous les **Hán**. Cet habile calligraphe s'en servait surtout pour les suppliques à l'Empereur et pour les ordonnances impériales. Ils ont une grande ressemblance

avec les caractères Huên hân. Cependant, comme ils ressemblent assez à des gouttes de rosée prêtes à tomber, on a préféré leur donner ce dernier nom.

Tchāng-Tý, dixième Empereur des Hán (32 av. J.-C.), faisait un grand cas de ces caractères; il leur donnait la préférence sur tous les autres, quels qu'ils fussent. Il ne pouvait se lasser de les admirer et de les louer. Il disait souvent qu'ils étaient comme des perles qui roulaient sur une planche d'or bien poli. Il les comparait aussi à ces gouttes d'eau qui, après la pluie, se trouvent comme suspendues aux feuilles du bambou et tombent au moindre souffle de vent qui les agite.

TEXTE DE LA MONOGRAPHIE :

垂露篆

僧纂英云漢曹喜作以書章奏字如懸鍼而不纖
若濃露之垂故名章帝嘗重此書比之金盤瀉珠
風驚雨灑蔡邕所謂建初稱善者也

VINGTIÈME FORME.

Caractères dits : Tcheoû tchouàn 殳篆.

c'est-à-dire :

En forme de verges courbées.

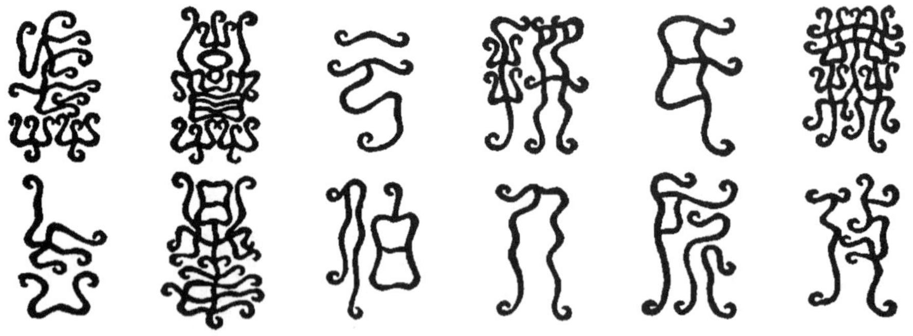

MONOGRAPHIE :

On ignore le nom de l'inventeur de ces caractères. L'auteur du Choū tsouán en fait honneur à Pĕ-Ché, qui les aurait composés pour distinguer, dans les registres, les pages où il est question des affaires des mandarins militaires. Quant aux mandarins civils, il les marquait en mettant en marge la figure du

caractère **Hoŭ**, ou tablette que l'on portait à la main, en se présentant à l'audience de l'Empereur, afin d'y inscrire ses réponses.

Il semble probable que ces caractères-ci ont été employés pour désigner les ordres du Souverain. Ce genre d'écriture ayant plu aux lettrés, ils en ont insensiblement augmenté le nombre et constitué la forme que nous voyons aujourd'hui.

Si on leur donne ce nom, ce n'est pas parce que ces caractères imitent une verge courbée, mais bien parce qu'on s'en servit pour la première fois pour désigner les gens de guerre.

On a trouvé sur un des sceaux de la dynastie **Hán** des caractères de cette forme. **Lỳ-Tchouáng** et quelques autres ont gravé avec beaucoup d'élégance cette sorte de caractères. **Hô-Siuě-Yû** et **Ouên-Sān-Kiáo** les ont pris pour modèle, et ont tâché de les imiter.

TEXTE DE LA MONOGRAPHIE :

殳篆

撰人無攷書篆云伯氏所職文記綏武記殳蓋君有命則書其上後人因法其書爲殳篆非形象殳也漢印中下鈫私印及李狀等刻皆可玩何雪漁文三橋嘗仿之

VINGT ET UNIÈME FORME.

Caractères dits : **Tá tchouàn** 大篆,

ou :

Caractères grossiers, épais.

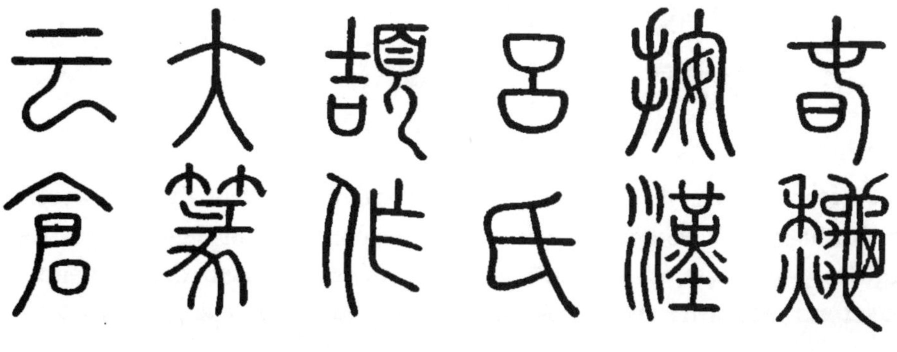

MONOGRAPHIE :

Liù-Ché, dans son livre intitulé : *Le printemps et l'automne*, dit que **Tsāng-Kiĕ** est l'inventeur de ces caractères. Dans un autre livre, qui traite des arts et de l'éloquence, **Nў-Ouên-Tché**, l'auteur, qui vivait sous les **Hán**, pense que **Ché-Tcheŏu** est l'inventeur des **Tá tchouàn**. On lit dans le livre **Choū tsouán** qu'en examinant ce que **Ché-Tcheŏu** a ôté ou ajouté aux caractères inventés par **Tsāng-Kiĕ**, on peut dire hardiment qu'il est le véritable inventeur des caractères **Tá-Tchouàn**; d'ailleurs la figure de ces caractères-ci est précisément la même que celle des caractères qui sont gravés sur l'ancien tambour de pierre.

Oû-Ché-Lân, auteur du livre **Choū tchè choŭ**, dit : « Quoique les auteurs ne soient pas d'accord sur l'origine des **Tá tchouàn**, et que les uns les attribuent à **Ché-Tcheŏu** et que les autres le nient, je pense que longtemps avant **Ché-Tcheŏu**, il y avait des caractères sur lesquels l'auteur a ensuite formé les siens, et auxquels il en ajouta d'autres de son invention, et qu'ainsi **Ché-Tcheŏu** est en même temps auteur et imitateur. Ceux qui pensent que **Ché-Tcheŏu** forma tous ses caractères sur le modèle de ceux qu'on voit sur le tombeau de pierre se trompent évidemment. »

Si le livre **Nў ouên choū** subsistait en entier, on pourrait avoir quelque éclaircissement là-dessus; mais, de quinze chapitres, il n'en restait plus que neuf du temps de **Kién-Où** (25-58 de J.-C.). Il est probable que, dans les six chapitres qui manquent, on parlait de l'inventeur de ces lettres.

TEXTE DE LA MONOGRAPHIE :

大篆

呂氏春秋云蒼頡作按漢藝文志史籀著大篆書
斷亦言籀損益頡文為大篆則係籀作無疑至其
字體周越趙宦光等謂卽石鼓文而書斷又謂石
鼓乃籀篆虞世南書旨述并有大篆卽籀篆語諸
說各相抵梧惟籀所作原有此致種以石鼓籀篆
為卽大篆者均誤也漢書藝文志凡十五篇建武
時已亡六篇

VINGT-DEUXIÈME FORME.

Caractères dits : Siaò tchouàn 小篆,

ou :

Caractères primitifs amoindris.

MONOGRAPHIE :

Le **Choū touàn**, composé sous les **Hán**, dit que **Lỳ-Sè**, ministre de **Chè-Houâng-Tý**, prit les **Tá tchouàn** de **Ché-Tcheōu**, les diminua, en adoucit les traits; d'où résulta l'écriture **Siaò tchouàn**. C'est pour ce motif, sans doute, qu'on leur donne le nom de *Caractères diminués des* **Tá tchouàn**.

Oû-Ouŷ-Hén, parlant des quatre sortes de caractères connus de son temps, dit : « Ceux qui prétendent que **Tchēn-Miâo**, étant dans les prisons de **Yûn-yâng**, a inventé ces **Siaò tchouàn** se trompent, puisque longtemps avant **Lỳ-Sē** ces caractères existaient. »

Ouŷ-Soŭ, dans son livre **Choū tsouán**, dit : « L'Empereur **Oŭ-Tý**, sixième des **Hán**, ayant recouvré le **Fēn ŷn tìn**, ou vase de métal sur lequel les **Tcheōu** avaient fait graver tout ce qui concernait le pays de **Fēn-ŷn**, s'empressa d'en faire copier exactement tous les caractères. Après les avoir examinés, avec un grand soin, on reconnut qu'ils étaient de la classe des **Siaò tchouàn**. »

Il est dit dans le **Siuên hô poú** (livre historique de 1119 à 1126 de J.-C., sous les **Sóng**) que du temps de **Moŭ-Kōng** les lettres imprécatoires contre le royaume de **Loŭ** étaient en caractères **Siaò tchouàn**.

Hiông-Pōng-Laŷ, expliquant les caractères des pièces de monnaies, dites **Taō poú** et frappées sous **Houâng-Tý**, assure que les caractères étaient des **Siaò tchouàn**.

Il suit de là que la figure et la composition des **Siaò tchouàn** est fort ancienne. La tradition fit parvenir ces caractères tels qu'ils étaient, *ab ovo*, jusqu'à **Lỳ-Sē**, qui y fit quelques changements et leur donna le nom de **Pă fén siaò**

tchouàn. En effet, en les comparant, on reconnait aisément les anciens **Siaò tchouàn**; on voit que ceux de **Lỳ-Sē** sont à peu près les mêmes.

TEXTE DE LA MONOGRAPHIE :

小篆

書斷云李斯改省籀文作衛恒論四體書勢有謂程邈作於雲陽獄中非也但按斯以前已有小篆。章續書纂謂漢武得周時汾陰鼎即其文又宣和譜論秦程時詛篆文。熊朋來論黃帝刀布已皆是小篆字體或傳自古人斯更爲改定遂獨擅其名耶亦曰八分小篆者比籀文十在其八也

VINGT-TROISIÈME FORME.

Caractères dits : **Yŭ tchoŭ tchouàn** 玉筯篆,

ou :

Lettres primitives dites : Pierres précieuses.

MONOGRAPHIE :

Le livre **Choŭ yuên yû** dit : « **Lỳ-Sē** (ministre de **Chê-Houâng-Tý**, 247 av. J.-C.) fit ses caractères, qui sont ceux qu'on voit ici, à l'imitation de ceux que l'historien **Tcheòu** 籀 avait formés sur le modèle des lettres inventées par **Tsāng-Kiĕ**, ministre de **Houâng-Tý**. »

Plusieurs auteurs prétendent que ces caractères-ci dérivent de ceux qu'on appelle **Siaò tchouàn**. Ce sentiment est exposé en particulier dans le **Lén**

choū chě tý. L'auteur, nommé **Yuên-Toú**, qui vivait sous les **Tāng** (618-905 de J.-C.), prétend que, de plusieurs ouvrages écrits en **Siaò tchouàn**, on en tira les principaux traits qui constituent les **Yŭ tchoú tchouàn**; mais il paraît plus vraisemblable que ces deux espèces de caractères ont été formées séparément, sur un même modèle, et qu'elles sont très-anciennes. Quoi qu'il en soit, celui qui a donné le plus de cours aux caractères **Yŭ tchoú tchouàn** est **Lý-Yāng-Pîn**, qui excellait dans la manière de les écrire (1).

TEXTE DE LA MONOGRAPHIE :

玉筯篆

舒元輿云李斯變蒼頡史籀文爲之體尙太古遺小篆外別刱一家也。或卽以小篆爲玉筯其說見於唐。元度論書十體然豐坊言小篆變而爲玉筯則固各自爲書後李陽冰最善其體

VINGT-QUATRIÈME FORME.

Caractères dits : **Ký tsé tchouàn** 奇字篆.

ou :

Caractères dits : **Merveilleux.**

MONOGRAPHIE :

Ces caractères tiennent le premier rang parmi les six espèces que l'on doit à **Tchén-Fōng**.

Tchāng-Houây-Kouān, auteur du livre **Choū touàn**, dit que les caractères

(1) On les nomme encore, ces caractères : **Pă fén siaò tchouàn.**

composés par Ché-Tcheòu étaient de même figure que ceux-ci, et que, de son temps, le livre sur lequel on avait écrit tout ce qui était gravé sur l'ancien tambour de pierre l'était avec ces caractères-ci.

Siaō-Tsè-Léang dit que les caractères Tá tchouàn ont servi de modèle à Tchēn-Fōng pour la formation des caractères Kȳ tsé.

Peut-être les six caractères inventés par Tchēn-Fōng ne sont-ils qu'une espèce de supplément et comme une perfection des anciens caractères. Il peut se faire aussi qu'il ait pris pour modèles de ses caractères et les Tá tchouàn et ceux de Chè tcheòu, en changeant quelque chose aux uns et aux autres et en combinant différemment quelques traits. C'est pour ce motif qu'ils diffèrent entre eux. Ce qu'il y a de plus certain, c'est que Yâng-Hiông a appris de Lieôu-Fén cette manière d'écrire et qu'il en a laissé le modèle à la postérité, qui doit lui en avoir obligation.

TEXTE DE LA MONOGRAPHIE :

奇字篆

甄豐六體之一。張懷瓘書斷云卽籀篆也其跡有石鼓文在焉。蕭子良叉謂豐定大篆爲奇字盖豐六體原改定古書而成當時或體大篆籀篆而稍變其體故與籀篆既異於大篆亦不甚同也。楊雄最好之劉芬從學焉其傳遂廣

VINGT-CINQUIÈME FORME.

Caractères dits : Tchē ȳn tchouàn 芝英篆,

c'est-à-dire :

Caractères représentant la plante de la félicité.

MONOGRAPHIE :

Le **Choū tsouán** raconte que du temps de **Où-Tý**, sixième Empereur des **Hán** (140 av. J.-C.), il poussa sur le devant du trône qui était dans la grande salle où l'Empereur donne ses audiences, trois plantes dites : **Tchē ȳn**. Tout le monde fut charmé de l'augure et en félicita sa majesté. On fit des vers sur cet événement. **Tchén-Tsēn**, célèbre dans tout l'empire par son talent de calligraphe, eut ordre de travailler à la composition d'un nouveau genre de caractères qui perpétuât le souvenir de ce prodige. **Tchén-Tsēn** chercha, parmi tous les caractères, s'il pouvait en trouver qui eussent quelque rapport avec le dessein qu'on se proposait. Il découvrit que sur la fin des **Tcheōu**, lorsque l'Empire était divisé en six royaumes, on avait imaginé diverses sortes d'écritures pour faire savoir ce que l'on voulait à des personnes qui seules étaient au fait de l'artifice. Parmi ces *caractères secrets*, il s'en trouva un genre qui plurent à **Tchén-Tsēn**; il les prit pour modèle et composa les siens, auxquels il donna le nom de *caractères de la plante de la félicité*.

Tchāng-Siūn-Kín dit qu'au temps des six royaumes les caractères employés pour écrire les secrets étaient à peu près de la même forme que ceux-ci. Ce même auteur ajoute qu'ils avaient été formés sur les **Siaò tchouàn**, et qu'on ne fit qu'ajouter les pointes qu'on voit sur les caractères dits *de la plante de la félicité*.

TEXTE DE LA MONOGRAPHIE :

芝英篆

書纂漢武帝有靈芝三根植殿前乃歌芝房曲又命陳遵作是書亦曰靈之按六國時已有芝英書用之符信則遵蓋有所仿。韋俊鄉所謂析六國芝英之派也。體用小篆而鼓其首尾若芝初生狀

VINGT-SIXIÈME FORME.

Caractères dits : Pỳ lŏ tchouàn 碧落篆,

c'est-à-dire :

Caractères transparents ou percés à jour.

MONOGRAPHIE :

Touān-Tchĕn-Ché dit que cette espèce de caractères était anciennement employée sur les inscriptions des monuments. Leur nom viendrait surtout de la propreté avec laquelle on avait soin de les graver.

Lỳ-Tchaó et **Tòng-Yeóu** disent que la plus ancienne pierre sur laquelle on lit ces caractères est celle qu'on trouva dans le palais **Lông-hîn**, district de **Kiāng-tcheoū**, au **Chān-sỹ**. Ceux qui trouvèrent les premiers la pierre sur laquelle se trouvaient des caractères qu'ils n'avaient jamais vus, les désignèrent sous le nom du lieu de l'endroit. Ce nom de **Pỳ lŏ** finit par être généralement donné à ces caractères.

Dans son ouvrage, qui a pour titre **Tsỹ koù loŭ**, **Geoū-Yâng-Sieōu** dit que ces caractères ont été trouvés dans le palais de **Lông hîn**. Il y avait là une statue du nom de **Pỳ lŏ foú**. Sur ses épaules étaient gravés des caractères singuliers auxquels on a donné le nom de la statue elle-même. **Sóng-Liên** dit, dans son ouvrage **Tsăn kỹ tché**, que cette statue ne remonte qu'au règne de la dynastie des **Tăng** et que ce fut **Hán-Ouâng** qui la fit élever pour plaire à sa mère. Pour conserver la mémoire de l'érection de cette statue, ce prince fit dresser une pierre sur laquelle on avait gravé ces caractères. Mais, ajoute-t-il, l'auteur de ces caractères est demeuré inconnu. **Lỳ-Suên-Tchē** semble dire, dans son ouvrage **Yù kīn kōng kỳ**, que l'auteur de ces caractères se nommait **Tchén-Ouỳ-Yù**.

Lỳ-Hán ose assurer que **Lý-Tsuên**, frère cadet de **Lỳ-Hiûn**, est l'auteur de ces caractères. Enfin, un ouvrage intitulé **Lô tchōng kỳ** assure que deux es-

prits, en forme de colombe, vinrent eux-mêmes graver ces caractères. Il est évident que l'auteur véritable demeure inconnu. Toutefois on pense que l'invention ne remonte pas plus haut que les **Tsĭn** et qu'elle fut perfectionnée sous les **Hán**. Ces caractères ont quelque chose qui charme tous ceux qui les voient. Chacun sait que **Lỳ-Yâng-Pĭn**, les examinant pour la première fois, en fut si satisfait qu'il oublia tout pour les contempler à loisir. Il s'assit au lieu de l'inscription et demeura plusieurs jours à les admirer.

TEXTE DE LA MONOGRAPHIE :

碧落篆

段成式謂碑有碧落字故名。李肇薹友則謂碑
在絳州龍興宮體舊碧落觀故名挍。歐陽修集
古錄龍興宮有碧落尊像篆文郎刻其背宋連潛
溪志唐韓王元嘉子訓爲其母造此尊像受有是
碑但不知何人書李璿之玉京宮記曰陳惟玉季
漢黄公記曰李訓弟譔洛中紀異乃謂有二鴿仙
來刻者皆不可强爲之説要其字法到秦漢人深
處李陽冰見之寢處其下數日不留去

VINGT-SEPTIÈME FORME.

Caractères dits : **Kŏ teŏu tchouàn** 鴿頭篆.

c'est-à-dire :

En forme de tête de cigogne.

MONOGRAPHIE :

On ignore le nom de l'inventeur de ces caractères; tout ce qu'on en dit est fondé sur des conjectures si faibles que l'on nous dispensera de les rapporter ici. Selon **Ouŷ-Soŭ**, on'employait jadis ces caractères pour écrire les ordres de l'Empereur décernant des faveurs ou des dignités. Au temps des **Hán**, on trouvait, en effet, des diplômes écrits avec ces sortes de caractères.

Le commencement des traits ressemble au bec de l'oiseau; mais, quand le trait est achevé, il ressemble à la tête entière. Il y en a qui comparent ces caractères à un vaisseau qu'on verrait d'un peu loin, lorsque les eaux ne sont pas agitées par le vent. D'autres les comparent aux montagnes, lorsqu'elles semblent se revêtir d'une nouvelle couleur, au commencement de l'automne.

TEXTE DE LA MONOGRAPHIE :

鵠 頭 篆

亦 名 鵠 頭 撰 人 無 攷 韋 續 云 詔 版 所 用 漢 家 尺 一 之 簡 是 也 。起 筆 輕 如 鳥 喙 纔 筆 重 如 鵠 頭 論 者 比 之 遠 帆 無 波 秋 山 一 抹

VINGT-HUITIÈME FORME.

Caractères dits : **Tsièn taō tchouàn** 剪 刀 篆,

c'est-à-dire :

En forme de branches de ciseaux.

MONOGRAPHIE :

Comme ces caractères ont quelque ressemblance avec les branches, non encore jointes, des ciseaux, on leur a donné le nom de **Tsièn taō**.

Le Bonze **Mônꝑ-Ŷn** dit qu'on leur donne aussi le nom de **Kin tsŏ choū**, ou

caractères en limes d'or. Cependant ces deux espèces de caractères sont bien différentes l'une de l'autre. Il peut se faire que **Ouŷ-Tāng**, l'inventeur des **Tsièn taō choū**, ne les ait imaginés qu'après avoir vu les **Kīn taŏ choū**. Il est possible également qu'il soit l'inventeur de tous les deux. On n'a que des conjectures là-dessus.

TEXTE DE LA MONOGRAPHIE :

剪刀篆

韋誕作其形似剪故名。僧夢英云剪刀亦名金錯書按二書不同體此當是誕又從金錯中悟出也

VINGT-NEUVIÈME FORME.

Caractères dits : Lông tchaò tchouàn 龍爪篆,

c'est-à-dire :

En forme de griffes de dragon.

MONOGRAPHIE :

Le Bonze **Môug-Ŷn** attribue l'origine de ces caractères au hasard. **Ouâng-Yeoù-Kiūn**, dit-il, alla se délasser de ses travaux d'étude auprès de la montagne **Tiēn-tāy**. Après s'y être reposé, il revint dans son pays. Il était déjà tard quand il arriva à **Houŷ-kŷ**, petite ville très-bien située. Il soufflait un vent frais et la lune était brillante; ce qui l'engagea à monter sur le **Tōng tìn** (tour), pour jouir du beau spectacle d'un ciel pur et serein. Charmé de ce qu'il voyait, ce savant traça sur une colonne quelques traits qui pussent un peu représenter la figure de ce qu'il voyait. Il se trouva qu'il avait composé un signe analogue

海上絲綢之路文獻集成 科技與文化編

à celui de **Feÿ** 飛, *voler, volare,* et que ces traits avaient une entière ressemblance avec la griffe du dragon. Il fit les autres caractères dans le goût de celui-ci, et leur donna ce nom. Sur ce modèle, un autre lettré, **Ouâng-Tsēn-Tiēn,** fit une espèce de lettres en forme de *griffes de tigres.*

TEXTE DE LA MONOGRAPHIE :

龍爪篆

叢英云王右軍遊天台還至會稽適風月靑師夕上桐亭偶題柱作一飛字形若龍爪遂以爲名。後王僧虔仿其意加稜角爲虎爪書亦著名

TRENTIÈME FORME.

Caractères dits : **Feÿ pĕ choū** 飛白書,

c'est-à-dire :

Caractères en vol blanc.

MONOGRAPHIE :

Selon le **Choū tsouán**, l'inventeur de ces caractères est **Tsáy-Yōng**. Voici ce qui lui en donna l'idée.

On réparait, dans le palais de l'Empereur, la porte de la salle où se réunissent les savants quand ils sont reçus en audience. **Tsáy-Yōng**, ayant achevé son livre **Chén houâng piēn**, se présentait au palais pour l'offrir à l'Empereur. En attendant, il examinait les ouvriers et remarquait que leurs coups de pinceaux faisaient des espèces de caractères assez curieux. Cela lui donna l'idée de ce genre d'écriture-ci. Les lettrés la goûtèrent et **Ouâng-tsè-yeôu**, père et fils, ont excellé dans ce genre de calligraphie.

Où-Tý, premier Empereur des **Léang** (502 de J.-C.), causant un jour avec **Siāo-Tsè-Yûn**, lui dit : « Les caractères de **Ouâng-Hién-Tchē** sont volants, mais ils n'ont pas de blanc; ceux que vous écrivez sont en sens opposé : ils ont du blanc, mais ils ne sont pas volants. Ne pourriez-vous pas en faire qui aient ces deux qualités? Essayez et rendez-moi compte de ce que vous aurez fait. » Sur cet ordre de l'Empereur, le lettré **Siaō-Tsè-Yûn** imagina la forme qu'on voit ici. **Geoū-Yâng-Sieōu**, qui raconte cette histoire, a pareillement transmis la manière d'écrire de **Siaō-Tsè-Yûn**.

TEXTE DE LA MONOGRAPHIE :

飛白書

書纂蔡邕作時方飾理鴻都門邕適撰聖皇篇待
詔門下見役人以堊帚成字歸而作是書後王子
猷父子並造其極又梁武帝謂蕭子雲曰獻之書
飛而不白邕書白而不飛可爲斟酌之子雲乃以
篆文爲之極精妙歐陽詢得其傳

TRENTE ET UNIÈME FORME.

Caractères dits : **Tchōng tìn tchouàn** 鐘鼎篆.

c'est-à-dire :

En forme de cloches et de Tìn.

MONOGRAPHIE :

On lit dans le **Mĕ soú** que le Grand **Yû** (2206 av. J.-C.) imagina lui-même les caractères qui représentent et la cloche et le **Tìn**. Selon **Hiōng-Pōng-Laý**,

tous les anciens vases des grandes cérémonies avaient une forme telle que renversés ils ressemblaient à des cloches, et, lorsqu'ils étaient debout, l'ouverture du haut était semblable aux **Tìn**. C'est la forme de ces vases qui donna occasion à l'invention des **Tchōng tìn**.

Jên-Tsōng, quatrième Empereur de la dynastie des **Sóng**, ordonna au **Tây châng** de faire copier exactement tous les caractères gravés sur des instruments, vases et monuments antiques, d'en faire une suite, et de l'arranger selon l'ordre chronologique. Ce travail fut fait vers l'an 1049 de J.-C. Parmi ces caractères ainsi recueillis, il y en eut plusieurs du genre de ceux qu'on voit ici. On n'eut pas alors la pensée de s'en servir pour écrire des livres. Ils n'eurent cours que sous le règne de **Hoúy-Tsōng**, huitième Empereur des **Sóng** (1125 de J.-C.). Les lettrés d'alors les firent valoir de leur mieux et leur donnèrent de la vogue.

Siuě-Châng-Kōng fit graver aussitôt tous les caractères qui avaient été en usage sous les trois dynasties **Hiá**, **Châng** et **Tcheōu**. Parmi cette foule de caractères on en trouva plusieurs de ceux-ci; leur antiquité ne peut donc faire l'objet d'un doute.

TEXTE DE LA MONOGRAPHIE :

鐘鼎篆

蓋數云大禹象鐘鼎形作按熊朋來謂古禮器類
爲鐘仰爲鼎自皇祐間命太常摹歷代鐘鼎款爲
圖宣和以後此書遂廣薛尙功所集鐘鼎款識多
三代時篆刻也

TRENTE-DEUXIEME FORME.

Caractères dits : Tchouàn sioŭ tchouàn 轉宿篆,

c'est-à-dire ·

Caractères à l'imitation des étoiles.

6

MONOGRAPHIE :

On lit dans le **Choū tsouán**, qu'à l'époque de **Kīn-Kōng**, du royaume de **Sóng**, la planète du feu (Mars) se trouva mêlée dans la constellation du Cœur, quoique, suivant le calendrier, elle dût être dans un tout autre endroit du Ciel. Les astronomes ne voulant pas avouer l'erreur de leurs tables, ou ne pouvant les corriger, eurent recours à l'artifice pour pallier leur erreur. Ils eurent recours au prodige et publièrent que le Prince qui gouvernait alors, possédant les trois principales vertus d'un souverain, la planète du feu en avait voulu instruire tout l'univers, en changeant de trois degrés la position qu'elle devait naturellement avoir. **Tsé-Oûy**, un des astronomes du tribunal, marqua exactement le phénomène et la figure que formait la constellation du Cœur, lorsque la planète du feu se retira. Il traça cette figure à la tête des caractères qu'il employa pour cela, et, les ayant montrés aux écrivains, on vit sortir de tous côtés des caractères couronnés de trois étoiles, à l'instar de la planète du feu couronnée par les trois étoiles de la constellation du Cœur.

Le livre **Mĕ soú** dit que, ces caractères ayant la figure des boutons du nénuphar, lorsque la fleur va éclore, on devrait leur donner le nom de *caractères en forme de boutons de nénuphar*.

TEXTE DE LA MONOGRAPHIE :

宿轉篆

書纂宋景公時熒惑守心公有德言三退從三舍

司星子韋仿其退縮象作是書每字首用三星疊

數所謂連花末郎此

海上絲綢之路文獻集成 科技與文化编

CHAPITRE IV.

DE L'ÉCRITURE CHINOISE AU POINT DE VUE DE L'EXÉCUTION.

PREMIÈRE SECTION.

1° Procédés des Chinois anciens et modernes pour reproduire l'écriture, savoir : les planchettes, le burin et le pinceau. — 2° Importance de la calligraphie en Chine. — 3° Du papier. — 4° De l'imprimerie. — 5° De l'encre de Chine.

DEUXIÈME SECTION.

1° Nécessité de s'exercer à écrire *de mémoire* les caractères si l'on veut devenir sinologue. — 2° Manière de le faire. — 3° Respect des Chinois pour les caractères.

PREMIÈRE SECTION.

I. — PROCÉDÉS DES CHINOIS ANCIENS ET MODERNES POUR REPRODUIRE L'ÉCRITURE.

1° DES PLANCHETTES.

Les anciens Chinois gravaient leurs caractères soit sur des planchettes de bambou, soit sur les feuilles d'un arbre nommé Peý 桹 en chinois. Ces planchettes, auxquelles on donnait le nom générique de Piēn 篇, se liaient ensemble. D'ordinaire, on les enveloppait dans des pièces d'étoffe pour mieux les conserver. Au moyen de points tracés sur chacune d'elles, on trouvait facilement la pagination. On apportait un soin particulier à la préparation de ces planchettes, puisque la beauté des signes et la facilité de les graver dépendaient de la netteté de ces tables. Ces planchettes avaient chacune la même dimension. En général, on aimait qu'elles fussent larges et on les enfilait par un bout dans un cordon. Leur largeur variait selon celle de l'entre-deux des nœuds du bambou, qui avait servi à leur confection. La plupart des anciennes planchettes qu'on a retrouvées dans la suite des temps, sont, les unes en écriture Kǒ teoû 蝌斗 (1); les autres en écriture Tchouàn 篆, ou en écriture Lieóu 柳.

Les planchettes ou tablettes, qui tenaient alors lieu de papier courant, ont

(1) A forme de têtards, c'est-à-dire *en traits sinueux*.

porté différents noms, suivant leurs différentes formes et suivant leur destination.

On appelait **Tsé** 策 celles sur lesquelles on écrivait les ouvrages les plus importants. L'usage était d'écrire sur la première tablette les premiers mots de l'ouvrage, ou bien le sujet, ou même simplement son titre. La longueur de chaque tablette était d'environ deux pieds quatre pouces. Les livres sacrés de la Chine étaient gravés sur des planchettes de ce nom. Les Empereurs de la dynastie **Hán** faisaient écrire leurs édits sur des planchettes qui n'avaient que deux pieds de longueur, *ne voulant pas*, disaient-ils, *qu'elles fussent au niveau des planchettes sur lesquelles on écrivait les monuments sacrés que tout l'Empire vénérait*.

Quant aux ouvrages peu volumineux, aux maximes, aux sentences, aux petites pièces fugitives, aux œuvres qui n'exigeaient pas beaucoup de paroles, on les gravait sur des planchettes du nom de **Toŭ** 牘, qui n'avaient qu'un pied deux pouces de long.

Il y avait une espèce de planchette, très-étroite, sur la surface de laquelle on ne pouvait graver que deux rangs de caractères. On leur donnait le nom de **Kièn** 簡. Leur dimension n'avait rien de fixe; elles étaient indifféremment longues ou courtes, selon le nombre de caractères qu'on voulait y graver.

On se servait parfois d'une sorte de planchettes minces de bambou, qui portaient le nom de **Hân tsīn** 汗青 (*vert moelleux*) à cause de la manière plus *douce*, plus *molle*, avec laquelle on les avait préparées. Ces planchettes étaient présentées au feu pour en faire sortir l'humidité; on employait la partie restée verte pour en faire des feuilles de livre.

Il n'était pas rare non plus qu'on employât des pièces de soie ou de toile, en guise de planchettes de bambou. Coupées en morceaux plus ou moins grands, ces pièces d'étoffe ne ressemblaient pas mal à des petites bannières; c'est ce qui leur fit donner le nom de **Fân tchè** 幡紙 (*papier en forme de bannière*).

L'usage des tablettes ou des feuilles d'arbre, en guise de papier, subsiste encore de nos jours dans quelques royaumes de l'Inde et de l'extrême Asie, tels que ceux de Siam, de la Birmanie, etc. Les livres en langue *pâli* sont gravés avec un poinçon sur des feuilles d'arbres. La Chine s'en est servie jusqu'à l'époque de la dynastie des **Hán**.

2° DU BURIN ET DU PINCEAU.

D'après l'ouvrage chinois **Oŭ yuên** 物元 (*de l'origine des choses*), on aurait d'abord employé du bois taillé en pointe, en guise de pinceau, pour écrire les caractères. Ce premier instrument n'a pas tardé à faire place à un autre, qui avait la forme d'un couteau. L'ancien caractère **Tchĕ** 剳, par lequel on dési-

海上絲綢之路文獻集成 科技與文化編

gnait les livres, comprenait, comme on le voit, *un couteau, le bambou* et *le symbole d'union*. Le couteau fait sans doute allusion à la manière d'écrire du temps, qui consistait à creuser ou à graver les caractères sur le bois. L'Empereur **Chuên** avait inventé une sorte de pinceau au moyen duquel on peignait les caractères avec une espèce de vernis.

Dans un autre ouvrage chinois, qui a pour titre **Pǒ oŭ tché** 博物志 (1), on lit que Confucius se servait d'une sorte de pinceau dont le poil provenait de l'antilope. La haute antiquité du pinceau à poil est un fait incontestable. L'inventeur du pinceau en poil de lapin est le fameux général **Môug-Tiên** 蒙恬, du royaume de **Tsîn**, celui-là même qui dirigea, avec une rare activité, la construction de la grande muraille de Chine. Depuis cette époque, la forme du pinceau a peu varié; on a seulement fait usage du poil de différents animaux, au lieu de celui de lapin.

Tchouâng-Tsè 莊子, disciple de **Laò-Tsè**, qui vivait dans le quatrième siècle avant J.-C., disait : « Le pinceau et l'encre sont des choses qui viennent d'une haute antiquité. Seulement les pinceaux anciens étaient faits de bambou », comme ceux des charpentiers européens.

Les instruments employés successivement par les Chinois pour graver les caractères ont puissamment contribué à modifier la forme des traits de ces mêmes caractères. L'invention du papier, celle de l'encre a eu pareillement une influence immense sur ces révolutions successives de l'écriture, au moins autant que le caprice des lettrés.

Le pinceau chinois a porté différents noms. Au temps de la dynastie **Tsoŭ** 楚, on lui donnait le nom de **Yŭ** 聿. A l'époque de la dynastie **Oû** 吳, celui de **Poŭ liŭ** 不律. Sous les **Yên** 燕, celui de **Foŭ** 弗; enfin, depuis la dynastie **Tsîn** 秦 (246 av. J.-C.), le pinceau a porté constamment le nom de **Pŷ** 筆, qu'il porte encore de nos jours.

En Chine, on dit, comme chez nous, par métaphore, en parlant d'un écrivain célèbre : *Sa plume est élégante, légère, gracieuse*, selon le style de l'écrivain.

On distingue une très-grande variété de pinceaux pour la qualité. Les plus célèbres sont ceux qui portent les noms suivants :

le **Chouỳ pŷ** 水筆,
le **Hán pŷ** 旱筆,
le **Kouàn tchên tsè** 管成子,
le **Tchōng choū kiūn** 中書君.

En écrivant les caractères chinois, le pinceau ne se tient pas obliquement,

(1) Petite encyclopédie composée par **Tchàng-Hoā**, sous les **Tsîn** (260 à 419 de J.-C.).

comme font nos peintres, mais *perpendiculairement*. La pointe du pinceau doit former un angle droit avec le papier. Les Chinois écrivent de haut en bas et de droite à gauche. Les Japonais, les Coréens, les Annamites, les Mexicains, font de même. S'il s'agit d'une inscription, qui fait un en-tête, les Chinois l'écrivent *horizontalement* comme nous, mais en allant de droite à gauche.

II. — DE L'IMPORTANCE DE LA CALLIGRAPHIE EN CHINE.

Les Chinois attachent la plus grande importance à la beauté *graphique* de leurs caractères. En Europe, où l'écriture est purement *syllabique*, on ne comprend pas cela. Une page imprimée ou écrite avec beaucoup d'élégance ne réveille presque rien dans notre esprit, sinon une vague satisfaction, une certaine admiration pour le talent de l'artiste. En Chine, au contraire, une belle page, un beau caractère, est une véritable peinture, qui cause une réelle satisfaction, une douce jouissance morale. On ne voit pas dans ce caractère un corps sec et régulier; un beau caractère chinois est un signe plein de vie; il parle à l'esprit comme la peinture la plus vivante et la plus animée parle aux yeux. Aussi préfère-t-on, en guise d'ornement de salon, un beau caractère à la plus riche tapisserie. Les familles nobles de la Chine attachent un grand prix à un ornement de ce genre.

La calligraphie tient, dans l'éducation chinoise, une place beaucoup plus relevée que chez nous. Les Chinois ont imaginé d'écrire des caractères en blanc sur un fond noir. Les jeunes enfants, au début de leurs études, copient sans peine, en mettant dessus un papier mince, au travers duquel ils peuvent distinguer les traits les plus menus et les plus délicats du caractère. Ce travail exerce, sans dégoût, l'application des jeunes enfants, leur donne l'habitude et la facilité des mouvements de la main. On leur donne ensuite du papier plus épais, qui les met à même d'exercer leur mémoire et leur petite habileté. On leur ôte ensuite ce secours et on les exerce à copier en grand, et du grand en petit, selon des modèles. Enfin, on les oblige d'écrire de mémoire, et d'ordinaire c'est la leçon qu'ils doivent réciter.

III. — DU PAPIER. Tchè 紙.

La première mention d'une espèce de papier dont il soit question, en Chine, remonte à l'époque de la dynastie Tsîn (246 av. J.-C.). Le général Mông-Tiên, frappé des inconvénients des planchettes, s'adonna, avec une sorte de passion, à la recherche d'un système plus commode. Aux vertus guerrières, ce général joignait un goût prononcé pour la littérature. Il y consacrait tous les loisirs que sa charge de généralissime des troupes pouvait lui laisser. Mông-Tiên par-

海上絲綢之路文獻集成 科技與文化編

vint, en effet, à confectionner une sorte de papier, grossier à la vérité, mais bien préférable aux planchettes. C'était un premier pas très-important. Môug-Tiēn lui-même trouva le moyen de perfectionner son invention.

Les choses demeurèrent dans cet état jusqu'à la dynastie des Hán.

Alas, un des principaux officiers de la cour de l'Empereur Hiáo-Hô-Tý 孝和帝, des Hán orientaux (105 de J.-C.), trouva un moyen de confectionner un véritable papier, en employant, pour son invention, des écorces d'arbres, des chiffons de soie, de coton, des déchets de filets de pêche et autres matières de ce genre. Cet officier portait le nom de Tsaý-Lén 蔡倫. On a donné à ce papier le nom de son inventeur : *Papier du prince* Tsaý (Tsaý heōu tchè 蔡侯紙). Ce même Tsaý-Lén fabriqua aussi une espèce de papier avec de vieux bonnets chinois, tels que ceux dont se servaient les fonctionnaires publics; on lui donna le nom de Mâ tchè 麻紙 (*papier de filasse*).

De là le vieil adage rimé :

筆乃蒙恬所造。紙乃蔡倫所爲

Le pinceau est de la création du général Mông-Tiēn,
Le papier est dû au génie du prince Tsaý-Lén.

A cause de sa mémorable invention, Tsaý-Lén reçut des lettres de noblesse. Son Souverain avait compris toute l'importance de la nouvelle invention. Le nom de Tsaý-Lén est célèbre dans toute la Chine; on a élevé des temples à sa mémoire, et il fut un temps où le peuple lui offrait des sacrifices.

Une fois sur la voie, le génie chinois sut bien vite trouver une foule d'autres matières aptes à fabriquer le papier. Ainsi l'ouvrage Choŭ kiēn tchè poú 蜀箋紙譜 montre que les habitants du Su-tchuen (1) fabriquaient une sorte de papier avec du chanvre (Mâ); ceux du Foŭ-kién avec des jeunes tiges de bambous (Lén tchoŭ); d'autres, avec l'écorce du mûrier; ceux du Tchè-kiāng, avec la paille de blé ou de riz (Mĕ tchouàn, taŏ kān); quelques-uns, enfin, avec des cocons après le dévidage de la soie, d'où le nom de Lŏ ouēn tchè. Dans le Hoû-kouàng, c'est l'arbre Kŏ tchoŭ qui fournissait la matière du papier.

Les Chinois ont une immense variété d'espèces de papier. Leurs noms se tirent tantôt de la matière principale qui sert à les fabriquer, tantôt de la propriété ou de la qualité du papier; souvent aussi on lui donne le nom du pays où il se fabrique.

Nous donnons ici le nom de quelques espèces de papier :

1° — Le papier jaune, qui sert aux usages communs, se fabriquant ave

(1) Le Su-tchuen a formé un État particulier au dixième siècle de notre ère. L'ancien Palais-Royal est encore conservé dans la capitale de la Province.

de l'écorce simple de jeunes pousses de bambou, porte le nom de Tsaò tehè 草紙 (*papier herbe*) (1).

2° — Celui qui se fait partie avec de l'écorce du *broussonnetia papyrifera*, partie avec l'écorce du bambou, porte le nom de Keoù pý tehè 構皮紙 (2).

Il y a le :

3° — Papier glacé. Lă tehè 蠟紙 (3).

4° — — monnaie. Tsiên tehè 錢紙 (4).

5° — — rayé pour les lettres, ou : Pă hâng tehè 八行紙. / Loáng kouāng tehè 亮光紙 (5).

6° — — marbré. Hoā tehè 花紙 (6).

7° — — dit : Kóng tchouān tehè 貢川紙 (7).

8° — — fabriqué avec des algues marines, Haỳ táy tehè 海黛紙.

9° — — fabriqué avec l'écorce d'arbres odorants, Hiāng moŭ tehè 香木紙.

10° — — employé pour les édits impériaux, les lettres de grâce, etc., Pĕ mâ tehè 白麻紙.

S'il est vrai qu'on peut juger de la civilisation d'un peuple par la quantité de papier qu'il fabrique annuellement, la Chine occupe incontestablement, même de nos jours, un des premiers rangs, sinon le premier, parmi les nations civilisées.

IV. — DE L'IMPRIMERIE.

Les Chinois ont devancé de beaucoup les Européens dans presque tous les arts et toutes les inventions utiles. En dehors de l'application de la vapeur et de l'électricité, on ne voit aucune invention qui n'ait été connue des Chinois bien des siècles avant que ces inventions aient été ou découvertes ou importées d'ailleurs en Europe. L'imprimerie est de ce nombre. Dans son ouvrage intitulé : *Philosophie de l'esprit humain*, Dugald Stewart ne considère pas l'inven-

(1) Ce papier, comme tous les autres espèces, se fabrique à la main. Il est d'un prix si minime qu'on ne conçoit pas comment les fabricants peuvent couvrir leurs frais.

(2) Il y en a de deux sortes ; l'un est fort mince et porte le nom de Tān pý tchè 單皮紙 ; l'autre celui de Kiă pý tchè 夾皮紙 qui veut dire papier double.

(3) Ce papier est élégant. On l'emploie pour écrire des distiques chinois ou à faire divers ornements.

(4) Ce papier, ainsi que d'autres qui portent le nom de papier d'or, d'argent, n'est pas un vrai papier-monnaie ou assignats. Il n'en a que le nom. Les Chinois l'emploient dans les sacrifices, dans les obsèques, par substitution au vrai papier-monnaie.

(5) Ce papier est rayé par un procédé particulier au moment de sa fabrication.

(6) Ce papier marbré est employé dans les rapports épistolaires par la fashion chinoise.

(7) Ce papier signifie papier de tribut.

海上絲綢之路文獻集成 科技與文化編

tion de l'imprimerie comme un fait isolé, comme une découverte due au hasard, mais bien *comme le résultat, comme l'expression d'un ensemble de civilisation très-avancée.*

La véritable date de l'imprimerie en Chine n'est pas uniformément admise par tous les auteurs. Car l'imprimerie a fait chez les Chinois divers progrès. Selon plusieurs auteurs, ils ont connu l'art d'imprimer deux ou trois siècles avant l'ère chrétienne; mais il était naturellement imparfait. Selon d'autres, il remonterait au sixième siècle de J.-C. (en 593). Nous voulons parler de l'imprimerie tabellaire **Ýn pán** 印板, qui, vu le genre de l'écriture chinoise, devait paraître, dès le début, la seule pratiquement possible.

On lit, en effet, dans une encyclopédie qui a pour titre : **Kě tche kin yuên** 格致鏡原, liv. 39, que l'Empereur **Ouên-Tý**, fondateur de la dynastie des **Soûy**, ordonna de recueillir tous les dessins usés et les textes inédits, et de les graver sur bois pour les recueillir. Ceci se passait la treizième année du règne de ce Prince. Le texte chinois est conçu en termes qui n'annoncent nullement une invention nouvelle. Pour nous, il est évident que cette manière d'imprimer était bien antérieure aux **Soûy**.

Au deuxième siècle de notre ère, on commença en Chine à graver sur pierre les textes anciens pour en maintenir la pureté. Les Annales de la dynastie des **Hán** postérieurs nous apprennent que, sous l'Empereur **Lîm-Tý** 靈帝 (175 de J.-C.), un lettré du nom de **Tsáy-Yông** obtint de ce Prince l'autorisation d'écrire en rouge sur des tables de pierre les six livres canoniques et de les faire graver en creux par d'habiles ouvriers. On plaça ces tables en dehors des portes du grand collége, et les lettrés de tout âge venaient chaque jour consulter ces planches pour corriger leurs exemplaires manuscrits des six livres canoniques.

En 240 de J.-C., sous la dynastie des **Ouý**, on grava les livres sacrés sur quarante-huit tables de marbre, chacune de huit pieds de long et quatre de large.

Sous la dynastie des **Tâng**, l'imprimerie tabellaire se développa et se perfectionna d'une manière sensible. Ce fut également sur la fin de cette dynastie que l'on commença à graver, en *sens inverse*, des textes sur la pierre afin de pouvoir les imprimer en blanc sur un fond noir.

Toutefois, l'art de l'imprimerie devint d'un usage général sous la célèbre dynastie des **Sóng**. On signale surtout le règne de l'Empereur **Mîn-Tsōng** (926) sous lequel cette admirable invention aurait été perfectionnée et propagée d'une manière uniforme dans tout l'Empire. Deux ministres, l'un du nom de **Fông-Táo** 馮道 (mort à l'âge de 73 ans, après avoir servi dix princes, sous quatre dynasties différentes), l'autre, du nom de **Lỳ-Yǔ** (李玉), furent les principaux auteurs de ce mouvement en faveur de l'imprimerie. Ils firent aussitôt

imprimer avec le plus grand soin *Les neuf* Kin 九經, c'est-à-dire : *Les neuf livres canoniques.*

Sous la même dynastie, vers l'an 1040, un Chinois du nom de Pý-Chên inventa des types mobiles (Hô tsé 活字, *caractéres vivants*). Ces types n'étaient autre chose que des cachets de terre cuite, et très-dure, sur lesquels on gravait les caractères les plus usités. On les assemblait ensuite dans un cadre de fer, divisé par compartiments, formant des lignes perpendiculaires. On appliquait ensuite sur une planche enduite d'une espèce de mastic les caractères ainsi gravés; au moyen d'une pression, on obtenait une impression assez régulière. On dissolvait ensuite la planche en faisant fondre au feu le mastic qui maintenait les types.

Un autre auteur chinois (Oû-Sâng-Ỳ-Yaô) raconte qu'un individu originaire de Pý-lîn commença à se servir de plomb pour fondre des caractères mobiles plus beaux et plus commodes que les planches en bois gravé. C'est de là que toutes les espèces de types mobiles tirent leur origine. Les types en terre cuite manquent de netteté; ceux qui sont préparés avec le plomb sont trop mous.

Sous la dynastie actuelle, un membre du ministère des finances, nommé Kîn-Kiěn, décida l'Empereur Kiěn-Lông (1776) à faire une frappe de caractères mobiles pour imprimer une partie de la vaste collection ou Encyclopédie ordonnée par ce Prince. 10,412 ouvrages furent ainsi imprimés. Le catalogue seul de ces ouvrages forme 120 volumes in-8°. Par une bizarrerie déplorable, ces beaux types mobiles ont fini par disparaître du Palais de Pékin.

La découverte de l'imprimerie a produit en Chine le même effet que dans tous les pays; elle a donné une impulsion immense au goût naturel des Chinois pour l'étude des belles-lettres.

L'imprimerie chinoise, de nos jours encore, consiste en une sorte de xylographie ou de gravage sur bois. Vu le nombre prodigieux de caractères chinois, vu surtout la variété des formes de l'écriture, le procédé chinois convient mieux à la Chine que tout autre. Il est plus simple, plus commode, beaucoup moins dispendieux. L'usage, de plus en plus fréquent chez nous, de *clicher* les ouvrages en est une preuve évidente. Nous revenons, à notre manière, au procédé chinois, qui semble à beaucoup de gens encore tout primitif.

L'imprimerie ou xylographie chinoise se fait encore à présent, comme il y a deux mille ans, par les procédés suivants :

1° Le *gravage* ou gravure sur bois. Les Chinois choisissent de préférence le bois de poirier (Lý moŭ 梨木) ou celui de jujubier (Tsáo moŭ 棗木); ces arbres d'un beau grain sont durs, onctueux, luisants, d'un goût aigrelet qui les préserve plus aisément de l'attaque des insectes. On donne à ce premier genre de gravure le nom de *gravure masculine* ou Yâng ouên 陽文.

2° Le second procédé, qui porte le nom de *gravure féminine* Ÿn ouên 陰文.

海上絲綢之路文獻集成 科技與文化編

西漢同文法　卷二

consiste à graver les caractères en creux. L'épreuve offre les caractères en blanc et le fond tout en noir. Telle on voit, par exemple, la célèbre inscription *syro-chinoise* de Sȳ-gān-foù, gravée au septième siècle de notre ère et découverte dans des ruines au dix-septième siècle.

3° Le troisième procédé est employé dans les cas urgents. On lui donne le nom de Lă pàn 蠟板 ou *planches en cire*. On étend une couche de cire blanche végétale sur une forme de bois; on y grave avec le burin les caractères; puis, on fait le tirage à la manière ordinaire. Ce procédé est très-expéditif.

Le premier procédé est d'un usage général. Les Chinois n'en changeront probablement jamais. Ils ont trop d'avantages à conserver leur méthode.

Lorsque les planches de bois sont polies avec soin, on frotte, au moment de s'en servir, la surface avec un peu d'huile, extraite de la noix de l'arbre *Eleococca vernicifera*, en chinois Tǒng yeôu 桐油, ce qui la rend douce au burin du graveur. Puis, on y passe une colle légère de riz et l'on y applique au rebours la feuille manuscrite que l'on veut graver. L'ouvrier enlève avec dextérité tout le papier blanc; l'écriture seule demeure. Avec son burin, il grave ensuite les caractères. L'habileté de ces ouvriers est telle qu'ils corrigent continuellement les imperfections et les erreurs de la feuille originale. Ce travail est exécuté avec une célérité étonnante. Plus ce mode est simple, moins il est dispendieux. Il n'y a jamais, comme chez nous, de nombreuses coquilles à corriger, et il n'y a pas besoin d'une *table d'errata* à la fin de l'ouvrage.

Avec ces planches, on peut tirer un nombre considérable d'exemplaires. En ceci, comme en toût le reste, les Chinois se sont montrés habiles praticiens. Bien que le tirage se fasse à la main, avec une simple brosse, un ouvrier chinois tire pourtant de deux à trois mille feuilles par jour. Le papier chinois étant fort mince et non collé, on n'imprime que d'un côté de la feuille. Chaque feuillet est replié en arrière de manière que les côtés blancs se trouvent intérieurement en contact. Le pli existe le long de la tranche extérieure du livre, laquelle porte d'ordinaire trois indications : la première, le titre de l'ouvrage; la deuxième, celle du volume; la troisième, celle de la pagination. L'autre tranche, ou rebord de la feuille, est cousue. En Europe, où l'on ne connaît pas ce procédé, on prend un livre chinois pour un ouvrage nouveau non ébarbé. En Chine, les encyclopédies populaires, les ouvrages vulgaires, sont plus répandus et bien meilleur marché qu'en aucun pays de l'Europe.

V. — DE L'ENCRE DE CHINE.

L'invention du papier eût été peu utile aux Chinois, si, en même temps, ils n'eussent inventé une espèce d'encre propre à tracer leurs caractères.

Tout ce qui concerne l'*écriture* est si fort estimé, en si grand honneur en Chine, que les ouvriers occupés à la fabrication de l'encre ne sont pas regardés comme exerçant un art servile et purement mécanique, mais bien un art libéral.

L'invention de l'encre est fort ancienne à la Chine. Seulement, il a fallu du temps pour la porter au degré de perfection où elle est arrivée de nos jours. On se servait d'abord d'une espèce de noir de terre; c'est encore là ce qu'exprime aujourd'hui le caractère qui désigne l'encre. Le caractère **Mĕ** 墨, *encre*, est composé du caractère **Toŭ** 土, *terre*, et de celui de **Hĕ** 黑, *noir*. Dans une de ses sentences morales, l'Empereur **Où-Ouâng** 武王, qui vivait vers l'an 1120 av. J.-C., fait allusion à la manière dont on fabriquait l'encre de son temps.

Toutefois, il paraît que les Coréens avaient su devancer les Chinois dans le perfectionnement de l'encre. Cette encre coréenne avait acquis une telle célébrité que les Rois du pays osaient en offrir aux Empereurs de la Chine, dès le temps de la dynastie des **Tâng**, c'est-à-dire vers l'an 620 de J.-C. Piqués d'émulation, les Chinois essayèrent d'imiter le procédé des Coréens. Non-seulement ils réussirent, mais ils surpassèrent bientôt les Coréens. Dès l'an 900 de J.-C., on ne mit plus en doute la supériorité de l'encre de Chine sur celle de la Corée.

L'encre de Chine est une pâte, qui prend la forme des moules. Ces moules sont bien faits et impriment sur la pâte toutes sortes de figures. Ce sont, d'un côté, des dragons, des oiseaux, des arbrisseaux, des fleurs, et autres choses semblables; de l'autre, ce sont des sentences et des maximes morales, des louanges à l'inventeur de l'encre (1).

On a souvent essayé en France de fabriquer de l'encre de Chine, mais les résultats n'ont jamais été satisfaisants. L'encre de Chine, bien supérieure comme qualité aux produits français, a toujours été préférée par les dessinateurs.

Les Chinois connaissent depuis des siècles le procédé des encres sympathiques, au moyen desquelles on fait disparaître complétement l'écriture d'un écrit et l'on peut la faire revivre, sans qu'on soupçonne la fraude.

Chaque variété d'encre se désigne, selon sa qualité, par un nom particulier. Ainsi, il y a :

L'encre de la capitale, **Kīn mĕ** 京墨.

(1) Un savant chinois a eu l'idée de faire un travail sur la forme des bâtons d'encre à toutes les époques et sur les ornements qui les couvrent, etc. Son ouvrage, en huit volumes, curieux à consulter, porte le titre de **Fāng chĕ mĕ poŭ** 方氏墨譜, c'est-à-dire : *Recueil des antiques figures sur les bâtons et les tablettes d'encre par* **Fāng**.

海上絲綢之路文獻集成 科技與文化編

西漢同文法 卷二

L'encre des douze génies, Chě eùl chên mě 十二神墨.
— odorante, Hiāng mě 香墨.
— collée, Kiāo mě 膠墨.
— de la ville de Houŷ-tcheōu, Houý tcheōu mě 徽州墨.

L'encre, qui sert à imprimer les livres, est simplement du noir de fumée délayé avec un peu de colle, Kō yēn mě 鍋烟墨.

L'encre la plus réputée de la Chine est celle que l'on fabrique dans la ville de Houŷ-tcheōu-foù 徽州府, près de Nân-kin. C'est là que, chaque année, on fabrique pour l'Empereur et pour la Cour l'encre qui porte le nom de Kōng mě 貢墨, ou *encre de tribu*. Sa qualité est vraiment supérieure aux autres.

Pour un lettré, il y a quatre choses précieuses, dit un vieux proverbe chinois. Ces quatre choses précieuses (Sé paó 四寶) sont :

1° Le papier, Tchè 紙.
2° Le pinceau, Pŷ 筆.
3° L'encre, Mě 墨.
4° L'encrier, Mě-tông 墨桐.

DEUXIÈME SECTION.

1. — NÉCESSITÉ DE S'EXERCER A ÉCRIRE DE MÉMOIRE LES CARACTÈRES CHINOIS POUR DEVENIR UN BON SINOLOGUE.

Tous les auteurs qui ont écrit sur la langue chinoise, insistent, avec raison, de la manière la plus pressante, sur la nécessité de s'exercer à écrire les caractères chinois, si l'on veut sérieusement s'adonner à l'étude de cette langue. Ce conseil, qui, au premier abord, pourrait effrayer quelques lecteurs, est cependant bien simple. On en reviendra au vieux préjugé tant de fois réfuté : *Comment retenir, comment écrire quarante, soixante mille caractères aussi compliqués, aussi bizarres?*

Les caractères chinois ne forment pas une série d'unités isolées, disparates, et de pure fantaisie. Ils ont été composés d'après des règles uniformes, même ceux qui semblent faire exception. Le nombre total des traits, qui entrent dans la composition de tous les signes, est fort restreint, plus restreint même que les lettres de notre alphabet. Les caractères censés radicaux, les caractères-mères, dépassent à peine le chiffre de 500. Les autres ne sont qu'un mélange, qu'une combinaison très-ingénieuse des signes simples. Tout cela, comme on le voit, réduit singulièrement la difficulté supposée.

Nous disons hardiment à nos lecteurs, avec l'autorité d'une vieille expé-

rience : *Vous voulez apprendre le chinois. Que votre but soit d'apprendre soit la langue parlée, soit la langue écrite, comme langue morte, ainsi que le font les sinologues d'Europe, exercez-vous, dès le début de vos études, à écrire les caractères chinois. Faites un choix des caractères les moins composés.* Les clefs, par exemple, sont, dans leur ensemble, les caractères simples qui se combinent le plus souvent entre eux, et servent à former le plus grand nombre des signes. Écrivez sans cesse ces caractères, ces clefs, jusqu'à ce que tous soient bien gravés dans votre mémoire. Ne vous pressez pas de passer outre. Vos études subséquentes marcheront ensuite très-rapidement. Si, au contraire, vous suivez une méthode opposée, vous éprouverez des difficultés, des lenteurs sans cesse renaissantes, qui causeront le plus grand préjudice à vos études. L'unique moyen de retenir vite et bien les caractères chinois, de les reconnaître promptement, de discerner surtout les synonymes, de saisir le génie des caractères, d'en comprendre la beauté et l'harmonie, l'ensemble général, c'est de s'exercer à les écrire. Pour chercher habilement les caractères chinois dans un dictionnaire, il est fort utile, sinon nécessaire, de savoir les décomposer pour connaître le nombre de leurs traits. Si l'on ne sait pas faire cette opération, on perdra un temps précieux.

En suivant ce conseil, un Européen fera cent fois plus de progrès qu'un Chinois dans le même temps. Il est bien vrai que les débuts seront plus lents pour un Européen. Mais il se rendra compte de tout; il fera mille remarques qu'un Chinois ne fait pas en étudiant machinalement, comme il le fait, sa langue maternelle. Aussi, avons-nous vu souvent en Chine des Européens faire la leçon à des lettrés, après quelques années seulement de séjour dans ce pays.

Le P. de Prémare, après trois ans de séjour en Chine, expliqua un jour devant le Prince héritier de Chine, qui fut plus tard l'Empereur Kiên-Lông, les livres classiques d'une manière si aisée et si correcte, que le Prince en fut dans l'admiration. Ce missionnaire distingué avait suivi, dès le début de sa carrière apostolique, la méthode qu'il a conseillée dans tous ses ouvrages.

Ici se présente une question : Les Chinois écrivent avec le pinceau. Cet instrument est très-difficile à manier. Un Européen doit-il s'en servir? Les Chinois ont un double motif pour employer le pinceau : le premier est que le papier chinois ne supporterait guère un autre instrument. En Chine, on vise surtout à l'utile, aux procédés simples et peu dispendieux. Il est peu probable qu'avant longtemps les Chinois usent d'un autre procédé pour la fabrication du papier. Le deuxième motif est que l'écriture chinoise, malgré la série assez nombreuse de révolutions qu'elle a subie, est encore une peinture vivante, expressive, des idées et des choses qu'elle représente. Le pinceau peut seul

海上絲綢之路文獻集成　科技與文化编

donner à ce genre d'écriture la vivacité de coloris que les Chinois se plaisent à y trouver et qui les charme d'une façon toute singulière.

Ce double motif n'existe pas au même degré pour un Européen. Il est bon, néanmoins, d'essayer d'écrire avec le pinceau. La difficulté est moindre qu'on ne se l'imagine. Si, cependant, on y trouvait une trop grande difficulté, on s'en tiendrait à la plume européenne.

La manière de tenir le pinceau, l'ordre des traits, influent beaucoup sur la beauté et la régularité de l'écriture chinoise. On doit tenir le pinceau *très-droit* et placé entre le pouce, l'index et le gros doigt de la main. Le poignet doit reposer sur la table. Le pinceau ne doit pas dépasser le gros doigt de la main de plus d'un pouce et deux lignes. Si l'on écrit de gros caractères, il est nécessaire de remuer la partie supérieure du poignet (運上腕); pour les petits caractères, on remue seulement la partie inférieure, de telle sorte que la main ne touche pas au papier. On conseille aux jeunes sinologues de s'exercer de préférence, au commencement, à écrire de gros caractères, afin de mieux remarquer les pleins et les déliés de chaque signe. Car la beauté du signe consiste dans une juste proportion des traits qui le composent. Des traits trop pleins, d'autres trop menus, inégalement mélangés, font un vilain effet (1).

Si l'on s'exerce avec la plume, on suivra autant que possible la règle précédente, bien qu'alors on ne puisse plus retracer le plein des caractères.

Il est important de connaître la manière dont s'écrit chaque caractère, d'abord pour le former lui-même avec régularité, ensuite pour savoir compter avec exactitude le nombre de traits dont se compose chaque caractère. La plupart des Dictionnaires chinois ont, après leur introduction, une série de caractères où l'on indique au néo-sinologue la manière de les tracer. Ce point nous paraît si utile que nous donnons ici un de ces tableaux. La méthode chinoise étant régulière, on sera promptement fixé sur la rubrique qui règle l'ordre des traits d'un caractère.

II. — MANIÈRE DE TRACER LES CARACTÈRES ET DE COMPTER LES TRAITS.

Un caractère ne sera élégant ou correct qu'autant qu'il aura été tracé selon l'ordre voulu. Cet ordre peut être justement appelé l'orthographe des Chinois. Les jeunes Chinois apprennent de leur maître à tracer régulièrement les caractères. On leur met entre les mains un petit livre qui a pour titre 永子

(1) Il existe un petit ouvrage chinois qui a pour titre 筆陣圖, par 王右軍, qui contient 12 tableaux pour indiquer les différentes manières de tenir le pinceau.

八法 Yàn taé pă fă, qui renferme les modèles des caractères les plus difficiles à écrire régulièrement.

Nous donnons ici un certain nombre de caractères comme exercices d'écriture, selon l'ordre des traits. Tous ceux que l'on peut avoir à écrire rentrent dans la règle des exemples donnés ci-dessous.

TABLEAU

INDIQUANT LA MANIÈRE D'ÉCRIRE LES CARACTÈRES

ET DE COMPTER LES TRAITS.

Numéros d'ordre des clefs.	CLEFS ou radicaux.	Caractères modèles à écrire.	Nombre de traits.	COMPOSITION DES CARACTÈRES ou ORDRE DANS LEQUEL ON DOIT LES ÉCRIRE.
47	巛	川 Tchouān.	3 traits.	丿 丿 丨
29	又	及 Ký.	4 traits.	丿 乛 丿 ㇏
77	止	止 Tchè.	4 traits.	丨 一 丨 一
30	口	口 Keoù.	3 traits.	丨 ㇕ 一
80	毋	毋 Moù.	5 traits.	㇗ ㇕ 丶丶 一
23	匸	匹 Pў.	4 traits.	㇗ 一 丿 ㇟
115	禾	禾 Hô.	5 traits.	丨 一 一 丿 ㇏
91	片	片 Pién.	5 traits.	丿 丨 一 一 丨
48	工	左 Tsò.	5 traits.	一 丿 一 丨 一
30	口	右 Yeoú.	5 traits.	丿 一 丨 ㇕ 一
30	口	司 Sē.	5 traits.	丶一 丨 ㇕ 一 ㇕
17	凵	凸 Tŏ.	5 traits.	丨 ㇕ ㇕ 丨 一
61	心	必 Pў.	5 traits.	丶 丿 ㇃ 丶 丶
83	氏	民 Mîn.	5 traits.	㇕ 一 一 ㇗ ㇂
47	巛	州 Tcheoū.	6 traits.	丿 丨 丨 丶 丶 丶

Numéros d'ordre des clefs.	CLEFS ou radicaux.	Caractères modèles à écrire.	Nombre de traits.	COMPOSITION DES CARACTÈRES ou ORDRE DANS LEQUEL ON DOIT LES ÉCRIRE.
57	弓	弗 Foŭ.	5 traits.	
131	臣	臣 Tchĕn.	6 traits.	
125	老	老 Laò.	6 traits.	
10	儿	兆 Tchaò.	6 traits.	
62	戈	成 Tchĕn.	6 traits.	
124	羽	羽 Yù.	6 traits.	
120	糸	糸 My̆.	6 traits.	
32	士	坐 Tsŏ.	7 traits.	
168	長	長 Tcháng.	7 traits.	
54	廴	廷 Tîn.	7 traits.	
44	巛	巡 Siûn.	7 traits.	
9	人	來 Laŷ.	8 traits.	
175	非	非 Feȳ.	8 traits.	
169	門	門 Mên.	8 traits.	
46	山	岳 Yŏ.	8 traits.	
182	風	風 Fōng.	9 traits.	
114	禸	禹 Yú.	9 traits.	
72	日	昴 Maò.	9 traits.	
42	幺	幽 Yeoū.	9 traits.	
187	馬	馬 Mà.	10 traits.	
142	虫	蚤 Saò.	10 traits.	
73	曰	書 Choū.	10 traits.	
32	土	垂 Tchouŷ.	10 traits.	

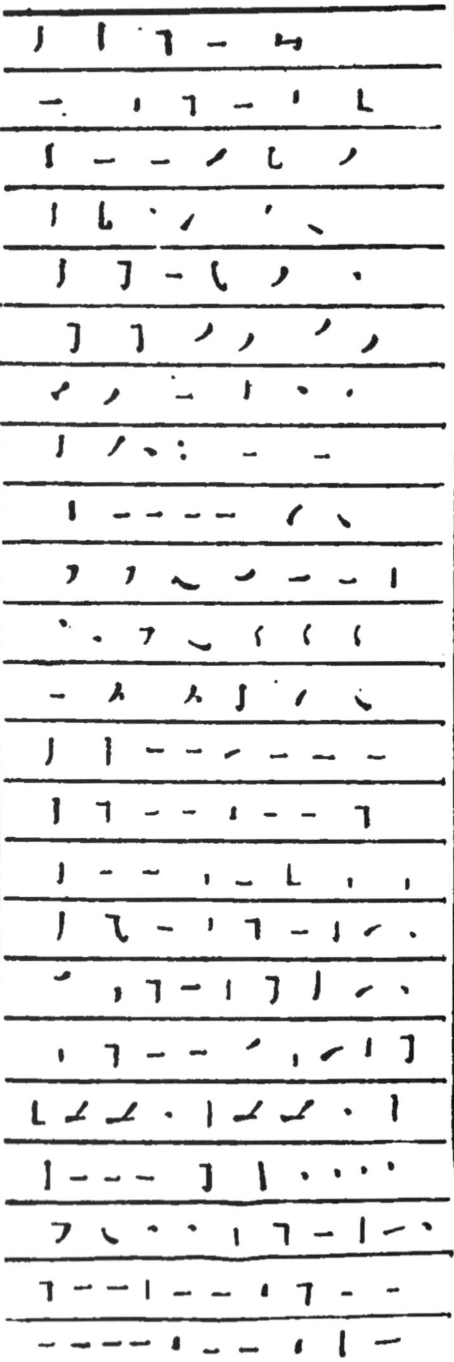

7

Numéros d'ordre des clefs.	CLEFS ou radicaux	Caractères modèles à écrire.	Nombre de traits.	COMPOSITION DES CARACTÈRES ou ORDRE DANS LEQUEL ON DOIT LES ÉCRIRE.
41	寸	將 Tsiàng.	11 traits.	
102	田	畢 Py̆.	11 traits.	
10	儿	兜 Teoū.	11 traits.	
129	聿	肅 Siaō.	12 traits.	
86	火	無 Oû.	12 traits.	
152	豕	豪 Haô.	13 traits.	
108	皿	盡 Tsín.	14 traits.	
134	臼	興 Hín.	14 traits.	
140	艸	華 Hoâ.	13 traits.	
141	虍	處 Hoû.	13 traits.	
205	黽	黽 Mòng.	13 traits.	
39	子	學 Hiŏ.	14 traits.	
130	肉	膝 Sy̆.	14 traits.	
210	齊	齊 Tsy̆.	14 traits.	
89	爻	爾 Eûl.	14 traits.	
212	龍	龍 Lông.	16 traits.	
58	彐	彙 Louý.	16 traits.	
213	龜	龜 Kouȳ.	16 traits.	
149	言	變 Pién.	24 traits.	

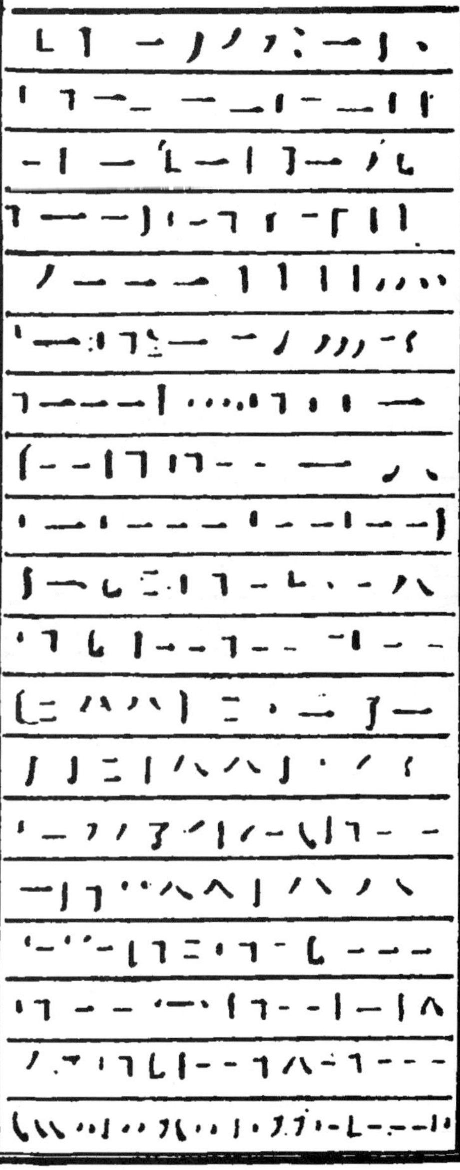

III. — DU RESPECT OU DU CULTE DES CHINOIS POUR L'ÉCRITURE.

Les études les plus approfondies sur le berceau de la Chine montrent qu'à cette époque une philosophie vraiment spiritualiste, chrétienne dans le sens attaché à ce dernier mot, marchait de pair avec la culture de la musique. La littérature des anciens chants et des odes de la Chine est élevée, pleine des métaphores les plus variées et des couleurs les plus riches.

Pénétrés de la pensée que l'intelligence, la raison, la parole sont un don du Ciel, les Chinois ont toujours manifesté une espèce de culte pour l'écriture, qui est l'expression de la pensée de l'âme humaine. Fondé sur une idée aussi juste et aussi religieuse, ce respect pour l'écriture, maintenu dans les bornes convenables, est réellement digne d'éloges.

Le culte de l'écriture a traversé tous les âges et se maintient aussi vif de nos jours. Aussi ne verra-t-on jamais un Chinois faire un usage profane, vulgaire ou vil d'un papier écrit ou imprimé. Il croirait profaner l'intelligence elle-même. Il évite, avec soin, de fouler aux pieds, pour le même motif, tous les imprimés et tous les écrits manuscrits. Il détruira ces écrits plutôt que de leur laisser subir ce qui passerait aux yeux chinois pour une profanation.

Voici comment le célèbre Empereur **Kāng-Hȳ**, dans le livre des instructions composées par lui pour les Princes ses fils, s'exprime à ce sujet. Ce monarque est l'écho fidèle de l'antique tradition chinoise :

« Les caractères sont un admirable trésor du Ciel. Si l'on considère la principale fin pour laquelle ils nous ont été donnés, on verra que c'est afin que « les anciens Sages pussent transmettre à la postérité l'image de leur cœur « pour nous donner le moyen d'y conformer le nôtre. La fin secondaire est « pour fixer dans notre mémoire les choses difficiles et compliquées. Les caractères font converser ensemble les anciens et les modernes, quoiqu'il y « ait entre eux des milliers d'années. Par eux, les Sages de l'univers, quoiqu'à « mille et dix mille lieues de distance les uns des autres, se trouvent rapprochés en quelque sorte et peuvent se révéler les secrets de leurs cœurs. Par « le moyen des caractères, on apprend à acquérir le mérite et la réputation. « Ils éclairent l'entendement humain, facilitent la conduite des affaires et servent de garant à la fidélité. Comment peut-on ne pas les priser comme un « trésor précieux du Ciel et de la terre? Mais en abuser, employer les « papiers couverts de caractères aux usages les plus vils, ceux qui agissent « ainsi ne méritent-ils pas d'être plaints amèrement? Lorsque les lettrés trouvent par terre des papiers écrits, quels qu'ils soient, ils les recueillent avec « empressement, les jettent au feu ou à la rivière, pour empêcher qu'ils ne « soient profanés. Ayez grand soin d'en user de même. »

海上絲綢之路文獻集成 科技與文化編

On nous permettra d'ajouter à ce magnifique passage d'un Empereur païen celui-ci que nous lisons dans la vie d'un personnage qui n'est pas seulement un grand saint, mais qui est aussi un homme du plus beau génie.

« Saint François d'Assise (mort en 1226) portait si loin le respect pour l'é- « criture, que s'il rencontrait dans son chemin quelques lambeaux d'écriture, « il les relevait avec un soin remarquable, de peur de fouler aux pieds le nom « de Dieu ou quelque passage qui traitât des choses divines. Un de ses disci- « ples lui demandant un jour pourquoi il recueillait avec le même scrupule « les écrits des païens : *Mon fils*, reprit-il, *c'est parce que j'y trouve les lettres « dont se compose le nom du Seigneur*. Ce qu'il y a de bien, au reste, dans les « écrits des infidèles, n'appartient ni au paganisme ni à l'humanité, mais à « l'auteur de tout bien, c'est-à-dire à Dieu seul. »

(Vie de saint François d'Assise, par Chavin de Malan, page 5.)

CHAPITRE V.

DISPOSITION DES CARACTÈRES CHINOIS DANS LES DICTIONNAIRES. — SYSTÈME DES CLEFS; SON INVENTEUR. — TABLEAU DES DEUX CENT QUATORZE CLEFS. — MÉTHODE POUR CHERCHER LES CARACTÈRES DANS LES DICTIONNAIRES.

1° Méthode des premiers lexicographes chinois. — 2° Le savant **Hiù-Tchén** invente la méthode des *clefs*. Son système. Signification du mot clef. — 3° Méthode des lexicographes postérieurs jusqu'à l'an 1616 où le lettré **Meÿ-Tán-Sĕn** adopte deux cent quatorze clefs. — 4° Tableau des clefs par ordre de traits, avec leur explication, des exemples et le nombre de dérivés dans les deux dictionnaires les plus usuels. — 5° Usage ou office des clefs. Leur place ordinaire. Manière de la découvrir. — 6° Des différentes sortes de dictionnaires chinois. Manière de s'en servir. — 7° de la ponctuation chinoise. — 8° De l'orthographe des caractères et de ce qui s'y rattache, etc.

I. — MÉTHODE DES PREMIERS LEXICOGRAPHES CHINOIS.

Le développement régulier et rapide de la civilisation chinoise avait naturellement multiplié le nombre des caractères. Néanmoins, les nouveaux signes que l'on introduisait dans la langue étaient tous, à peu d'exceptions près, formés sur le plan et d'après les *six règles* des anciens ou les **Loŭ-choŭ** 六書

L'idée-mère était respectée et suivie même dans les nouvelles formes d'écriture, qui apparaissaient à chaque époque. Le plus ancien vocabulaire chinois que l'on connaisse a pour titre : **Eùl yà** 爾雅. On l'attribue communément au Prince **Tcheoū-Kōng** 周公 qui vivait au onzième siècle avant l'ère chrétienne. Ce vocabulaire, dont on connait seulement trois éditions, dispose les

caractères par *ordre de matières*. Il est probable que telle était alors la méthode suivie dans les ouvrages de ce genre. Cette méthode, qui offrait déjà un bon nombre de difficultés à une époque où l'on ne comptait pas encore *dix mille* caractères, devenait impossible dans la suite avec la multiplication croissante de ces mêmes caractères.

II. — LE SAVANT Hiù-Tchén INVENTE LA MÉTHODE DES CLEFS. SIGNIFICATION DE CE DERNIER MOT.

Le célèbre **Hiù-Tchén** 許慎 fut, avec raison, frappé des inconvénients de la méthode des dictionnaires de son époque. En homme de génie, et plein d'espoir que ses contemporains ne blâmeraient point sa hardiesse, **Hiù-Tchén** brisa avec l'ancien système et prépara un nouveau mode fort ingénieux de classification des caractères de la langue. **Hiù-Tchén** ne se trompa point, son système fut accueilli avec une faveur marquée, parce qu'il est le seul peut-être qui soit possible dans la langue chinoise. En dehors des légères modifications, dont nous allons parler, le système de **Hiù-Tchén** a été suivi depuis lors jusqu'à nos jours. Il ne sera probablement jamais abandonné. Quand, par la publication de son beau dictionnaire qui a pour titre : **Chŏ ouên** 說文, *Explication des caractères* (1), commencé vers l'an 89 de J.-C., et terminé l'an 121 de notre ère, sous le règne le l'Empereur **Hiáo-Gān-Tý** 孝安帝 ; quand, dis-je, cet auteur n'aurait rendu d'autres services que celui de sa classification si ingénieuse, le monde savant de la Chine lui devrait une reconnaissance sans bornes. Par la méthode des clefs, **Hiù-Tchén** a eu, de plus, la gloire de fournir les éléments d'un véritable système de philosophie.

Voici en quoi consiste la méthode de **Hiù-Tchén**. De son temps, on croyait généralement que le nombre des caractères *primitifs* ou *primordiaux* était d'environ 540. **Hiù-Tchén** choisit ces caractères-là pour en faire la base de son système. L'esprit logique de ce savant ne permet pas de douter que la cinquième règle des **Loŭ choŭ** n'ait été pour lui comme un trait de lumière et ne lui ait donné l'idée de sa méthode. **Hiù-Tchén** mit en tableau ces 540 caractères *primordiaux*, en commençant par les plus simples, les moins compliqués. Parmi ces 540 caractères, les uns sont *idéologiques*, les autres *idéo-phonétiques*, un certain nombre sont purement *phonétiques* ; enfin, quelques-uns sont très-

---

(1) Le nombre des caractères du Chŏ ouên est de 9,353, avec 1,163 variantes des caractères précédents. Ce dictionnaire est divisé en 14 livres ; chaque livre a deux parties. Les caractères sont dans trois formes d'écriture, savoir : l'écriture Koù ouên 古文, l'écriture Tcheoù 籀, l'écriture Tchouàn 篆. — Le P. de Prémare dit du Chŏ ouên : « *Diù multùmque terendus ille liber omnibus qui veram litterarum analysim scire cupiunt, sed à paucis intelligitur.* »

arbitraires, c'est-à-dire qu'ils sont formés en dérogation des anciennes règles, mais toutefois ces derniers sont peu nombreux.

Les caractères simples sont ceux qui exigent un petit nombre de coups de pinceau pour les écrire. Autant de fois, en écrivant un caractère, on lève le pinceau, autant le caractère renferme de traits. Un trait, en latin *unus penicilli ductus vel tractus*, en chinois, Ỹ hoă 一畫, ne signifie rien autre chose qu'un coup de pinceau. Dans chaque famille ou chaque section des clefs, l'on compte et l'on classe les caractères, par ordre, selon le nombre de traits ou de coups de pinceau qu'il a fallu donner en les formant. Soient pour exemple les caractères suivants :

Ỹ 一 un, unité, *unus*. — Ce caractère n'a exigé qu'un seul coup de pinceau horizontal; il n'a qu'*un trait*.

Eûl 二, deux, *duo*, en a exigé deux dans le même ordre que le premier. On dit que ce signe a *deux traits*.

Keoŭ 口, os, bouche, a demandé *trois* coups de pinceau . Ce signe a donc *trois traits*.

Moŭ 木, *arbor*, arbre, bois, en compte *quatre*.

Moŭ 目, *oculus*, œil, en compte *cinq*.

Mỳ 米, *oryza cocta*, riz cuit, en compte *six*.

Tchēy 車, *currus*, char, en compte *sept*.

Ainsi de suite jusqu'à *dix-sept*.

Hiù-Tchén disposa donc son tableau de 540 caractères par ordre de traits, c'est-à-dire de complication, allant des plus simples aux plus composés. Tous les caractères chinois étant composés soit de traits *simples*, *primordiaux*, mélangés entre eux, soit de la réunion de deux ou de plusieurs caractères simples, combinés ensemble, pouvaient se rapporter à l'un des 540 caractères choisis comme *types primitifs*, et être groupés, sous l'un de ces types, en tant que dérivés ou découlant de lui. C'est ainsi que Hiù-Tchén classa tous les caractères chinois connus de son temps.

Quant à ces 540 caractères *typiques* ou *primordiaux*, on leur donna avec raison l'un des noms suivants, qui indiquent parfaitement le rôle qu'on allait leur faire remplir. On les appela indifféremment en chinois, *famille*, *section*, *porte*, ou mieux encore, *clefs*. Ce dernier terme, qui est le plus convenable, ayant prévalu dans notre langue, nous l'emploierons désormais exclusivement. En chinois, les clefs sont désignées à volonté par l'un de ces trois caractères : Poú 部, *section*, *famille*; Mên 門, *porte*; Pâng 傍, *côté*, *latus*. — Les clefs, dans un dictionnaire chinois, jouent un role identique à celui de nos lettres alphabétiques.

Nous avons rencontré une foule de jeunes sinologues qui pensaient que les

海上絲綢之路文獻集成 科技與文化編

Chinois avaient commencé par confectionner leur tableau actuel des clefs, et qu'ils avaient ensuite procédé à la formation des caractères qui sont aujourd'hui en usage. Fourmont partageait cette erreur. Marshman lui-même en était imbu. Leurs ouvrages ont propagé l'erreur presque jusqu'à nos jours.

III. — MÉTHODE DES LEXICOGRAPHES POSTÉRIEURS AU CÉLÈBRE Hiù-Tchén.

Le nombre des clefs adopté par Hiù-Tchén dans son Chŏ ouên 說文 n'a pas été maintenu par les lexicographes qui vinrent dans la suite.

Ainsi, l'auteur du dictionnaire Yŭ piēn 玉篇, c'est-à-dire *Collection précieuse*, publié vers l'an 543 de J.-C. sous la dynastie des Leâng 梁, avait ajouté trois autres clefs.

Le dictionnaire Kouàng yún 廣韻, qui parut sous la dynastie des Sóng, vers l'an 1011, ne compte que 206 clefs.

Le célèbre Sē-Mà-Kouāng 司馬光 groupa les caractères contenus dans son dictionnaire Loúy piēn 内篇, sous 543 clefs.

Le grand dictionnaire : Piēn haỳ louý piēn 篇海類編 en compte 444.

Le dictionnaire Hông où tchén yún 洪武正韻, qui parut sous les premiers Empereurs de la dynastie Mîn 明, en a adopté 500.

Le dictionnaire Loŭ choū pèn ný 六書本義, *Sens primitif des six classes de caractères*, en compte 360.

Le dictionnaire Haỳ piēn tcháo tŏng 海篇召通 en compte 454.

Le dictionnaire Kīn ché haỳ piēn 經史海篇 en a 439.

Le dictionnaire Haỳ piēn tŏng hoúy 海篇通會 en compte 707.

Le dictionnaire Loŭ choū foú ȳn ný 六書賦音義, *Collection des six classes de caractères*, range les caractères sous 85 clefs, par ordre de prononciation; il a été publié en 20 livres l'année 1602.

Le dictionnaire Tsé tŏng 字通 de Lỳ-Tsōng-Chēou en compte 93.

Le dictionnaire Loŭ choū tchén ouý 六書正譌, *Redressement des caractères altérés*, a 60 clefs et 33,000 caractères.

Le nombre des clefs admis par les lexicographes chinois a varié, comme on le voit, jusqu'à la publication de l'ouvrage du savant lettré Meỳ-Ýn-Tsó 梅膺祚, surnommé Tán-Sēn 誕生. Ce savant, né dans la ville de Siuēn-tchĕn 宣城, de la province du Kiāng-nân, a adopté 214 clefs dans son dictionnaire Tsé ouý 字彙, ou Tsé louý. Ce dictionnaire renferme environ 33,000 caractères, il fut publié vers l'an 1616 de notre ère. Depuis cette époque, l'on s'en est tenu à ce nombre de clefs. L'auteur du dictionnaire Tchén tsé tŏng 正字通 a adopté pareillement 214 clefs. Le dictionnaire Ný ouên tŏng lǎn 藝文通覽 a fait de même. Son auteur, dont le nom est Chā-Moŭ a

passé 30 ans de sa vie à le rédiger; il fut terminé en 1798. On a donné en 1806 une nouvelle édition de ce beau travail sous le nom de **Ný ouên pý làn** 藝文備覽, en 40 volumes in-8°.

Ce qui donne lieu de penser que désormais le nombre de 214 clefs ne changera pas de longtemps, c'est l'adoption de ce même nombre de clefs faite par le célèbre Empereur **Kāng-Hý**, dans son dictionnaire monumental, qui est entre les mains de tous les lettrés chinois. On ne connaît plus les motifs qui ont déterminé les lexicographes chinois à classer ainsi les caractères sous 214 clefs, ni plus ni moins.

En réduisant le nombre adopté par les anciens, ils ont parfois éprouvé de l'embarras pour classer certains caractères. De là un arrangement un peu arbitraire, qui a naturellement donné lieu à des irrégularités, à des anomalies dans l'ensemble si ingénieux de la classification des caractères, sous un nombre limité de clefs.

IV. — TABLEAU DES CLEFS PAR ORDRE DE TRAITS, ETC.

Nous donnons ci-après deux tableaux des clefs. L'un, en gros caractères, d'une élégance remarquable, ne renferme que les clefs avec leur simple prononciation. Ce tableau qui peut, au besoin, se détacher du volume, sera très-propre à servir d'exercices d'écriture aux jeunes sinologues. La vue de ces beaux caractères les fera graver plus profondément dans leur mémoire.

Le deuxième tableau donne la signification de chaque clef, les variantes de quelques-unes d'elles, des exemples chinois dans la composition desquels la clef entre, et qui serviront à la faire mieux reconnaître; enfin, le nombre des dérivés de chaque clef dans les deux dictionnaires chinois qui sont le plus en vogue, savoir : le **Tsé oüý** 字彙 et celui de l'Empereur **Kāng-Hý**, sous le titre de : **Kāng hý tsé tièn** 康熙字典. Un jeune sinologue consacrera plusieurs leçons à examiner, à retenir de mémoire les 214 clefs et même à les écrire par cœur. *Cet exercice est indispensable.* Il n'exige que deux ou trois jours au plus de travail. Il faut être rompu à cet exercice, c'est-à-dire à pouvoir reconnaître de suite une clef dans un caractère. Les naturalistes retiennent par cœur les noms des *familles* de plantes, qui sont bien autrement nombreux et difficiles à cause de leur *dérivation*, soit des langues étrangères, soit de noms propres d'hommes ou de lieux. Les clefs sont aux caractères chinois ce que les noms de *familles* sont aux plantes.

Dans chacun de ces tableaux, les clefs sont rangées par ordre de traits ou de complication, depuis *un trait* jusqu'au nombre de *dix-sept*.

TABLEAU DES DEUX CENT QUATORZE CLEFS CHINOISES,

AVEC LEURS VARIANTES, PAR ORDRE DE TRAITS.

Nos d'ordre.	FIGURES.	VARIANTES.	SIGNIFICATION DES CLEFS.	EXEMPLES du mode de PLACEMENT DES CLEFS.	NOMBRE des dérivés DU DICTIONNAIRE. 字彙	康熙
			CLEFS D'UN TRAIT.			
1	一 Ў.		Un — Unité — Le même — Premier principe — Raison primordiale.	丁。丈。上。世。	32	24
2	丨 Kiuèn.		Accroissement — Trait droit — Signe de répétition ou *idem*.	个。中。串。丫。	14	22
3	丶 Tchoù.		Le point, *punctum* — Principal — Chef.	主。丹。丸。井。	7	11
4	丿 Pў.		Courbé à gauche.	乂。乃。久。之。	22	24
5	乙 Ў.		Courbé à droite — Caractère du cycle horaire.	九。也。亂。乾。	21	42
6	亅 Kiuĕ.		Crochet — Accroché (*figurat.*).	了。事。	8	20
			CLEFS DE DEUX TRAITS.			
7	二 Eùl.		Deux — Second — Tous deux — Répétition — Partage.	于。云。五。些。	22	31
8	亠 Teŏu.		(Caractère qui n'a pas de sens isolément.)	亡。交。亦。京。	20	39
9	人 Jên.	亻	L'homme — Un homme — Mâle — Humanité.	仁。仙。佃。余。	741	800
10	儿 Jên.		Homme — Appui — Soutien (parce qu'il se place au-dessous).	兎。元。充。克。	34	52
11	入 Joŭ.		Entrer dans — Pénétrer dans l'intérieur.	內。全。全。兩。	12	20
12	八 Pă.	丷	Huit — Diviser — Séparer.	公。共。其。兵。	18	45
13	冂 Kiŏng.		Désert — Limite extrême.	再。冉。冒。冕。	29	51
14	冖 Mў.		Couverture — Couvrir.	冗。冥。冠。	25	31
15	冫 Pīn.		Glace — Glaçons.	冶。冷。減。冬。	86	112

Nos d'ordre.	FIGURES.	VARIANTES.	SIGNIFICATION DES CLEFS.	EXEMPLES du mode de PLACEMENT DES CLEFS.	NOMBRE des dérivés DU DICTIONNAIRE. 字彙	康熙
16	几 Kỳ.		Banc — Appui pour se reposer — Solide — Tranquille.	凡。氦。凭。凳。	16	45
17	凵 Kān.		Caverne — Réceptacle — Grande ouverture.	凶。凹。出。函。	15	24
18	刀 Taō.	刂	Couteau — Glaive — Fer tranchant — Aune.	分。到。刑。則。	326	378
19	力 Lỳ.		Force — Employer la force — Nerfs — Tendons.	功。勇。勝。勞。	132	163
20	勹 Paō.		Un paquet — Envelopper.	勻。包。匍。匎。	51	66
21	匕 Pỳ.		Cuiller — Spatule.	化。北。匙。	13	26
22	匚 Fāng.		Coffre — Petit coffret pour contenir les objets.	匪。匯。匣。匱。	57	65
23	匸 Hỳ.		Cacher — Cachette couverte.	匠。匝。匹。區。	13	18
24	十 Chĕ.		Dix — Parfait — Complet — Superlatif.	千。午。半。卒。	31	56
25	卜 Poŭ.		Sort — Deviner par les sorts ou les lignes de la tortue.	占。卦。卓。南。	19	46
26	卩 Tsiĕ.	㔾	Sceau — Ancien sceau fait de pierres précieuses.	印。卷。卿。鄂。	35	39
27	厂 Hàn.		Antre — Rocher surplomb au sommet duquel on peut habiter.	厚。原。厥。厭。	96	128
28	厶 Moù, Sē.		Pervers — Vicieux — Séduire.	去。參。	17	41
29	又 Yeóu.		Encore — De plus — Autre — Main droite.	反。友。取。受。	60	92
			CLEFS DE TROIS TRAITS.			
30	口 Keŏu.		Bouche — Ouverture — Embouchure.	古。史。喪。嘉。	989	1047
31	囗 Oûy.		Enceinte continue — Carré — Entourer — Ceindre.	四。回。因。圖。	92	18
32	土 Toŭ.		Terre — Le sol qui produit de son sein tous les êtres.	在。坐。地。垂。	480	579
33	士 Sé.		Lettré — Savant — Celui qui gère un emploi public.	壬。壯。壹。壽。	18	25
34	夂 Tchè.		Marche lente — Suivre et atteindre.	夆。	7	12
35	夊 Soūy.		Marche lente et embarrassée.	夏。	19	24

海上絲綢之路文獻集成 科技與文化編

36	夕 Sў.		Obscurité — Le soir.	外。多。夜。夢。	29	36
37	大 Tá.		Grand — Élevé — Large — Étendu.	天。失。奢。奬。	110	133
38	女 Niù.		Femme en général — Jeune fille — Vierge.	如。委。威。嬰。	834	690
39	子 Tsè.		Fils — Enfant — Progéniture — Philosophe — Sage.	存。季。學。孿。	67	87
40	宀 Miên.		Toit — Couvert — Asile — Abri — Refuge.	守。官。宿。密。	199	249
41	寸 Tsén.		Pouce (dixième du pied chinois) — Mesure.	封。專。尉。對。	32	41
42	小 Siaò.		Petit — Vil — Mépriser.	少。尙。尖。	31	32
43	尢 Ouāng.	尣。尢。尣。兀。	Boiteux — Tortu — Bancal.	尤。	56	67
44	尸 Chē.		Cadavre — Effigie.	尺。尼。居。屎。	119	149
45	屮 Tchě.		Rejetons — Bourgeons.	屯。	17	39
46	山 Chān.		Montagne — Sauvage — Non apprivoisé.	岳。崇。島。	574	637
47	巛 Tchouān.	川。巜。く。	Fleuve — Eau qui coule en serpentant.	州。巡。巢。崩。	22	27
48	工 Kōng.		Art — Artisan — Travail — Homme adroit.	左。巧。巫。差。	11	18
49	己 Kỳ.		Soi — Soi-même — Privé — Caractère horaire.	巴。巵。巽。巷。	19	21
50	巾 Kīn.		Linge — Bonnet — Pièce d'étoffe — Voile.	布。帆。希。帖。	248	295
51	干 Kān.		Bouclier — Opposer — Se défendre.	平。年。幸。幹。	15	18
52	幺 Yaō.		Petit — Délicat — Fin — Dernier-né.	幺。幼。幽。幾。	15	21
53	广 Yèn.		Toit — Faîte — Dessus — Abri — Protection.	庀。床。府。庶。	226	287
54	廴 Ỳn.		Marche longue — Conduire — Grand voyage.	延。廷。廸。建。	10	10
55	廾 Kòng.		Joindre les mains — Mains jointes et suppliantes.	弈。弇。弄。弊。	33	51
56	弋 Ỳ.		Tirer de l'arc — Recevoir — Saisir.	弍。式。弑。弗。	14	16
57	弓 Kōng.		Arc.	引。弗。弟。張。	142	166
58	彐 Ký.	彐。彑。	Porc — Tête de porc.	彝。彙。彗。	17	26
59	彡 Sān.		Poils disposés pour peindre — Plume — Orner.	形。彫。影。彥。	40	53
60	彳 Tchě.		Petit pas — Pas fait avec le pied gauche.	行。往。待。從。	177	227
			CLEFS DE QUATRE TRAITS.			
61	心 Sīn.	忄。⺗。㣺。	Cœur — Intelligence — Affection — Motif — Origine.	忘。怕。情。愛。	972	1077

Nos d'ordre.	FIGURES.	VARIANTES.	SIGNIFICATION DES CLEFS.	EXEMPLES du mode de PLACEMENT DES CLEFS.	NOMBRE des dérivés DU DICTIONNAIRE. 字彙	康熙
62	戈 Kŏ.		Lance — Arme offensive à pointe unie.	戊。成。我。或。	87	1111
63	戶 Hoú.		Porte — Battant de porte — Famille.	房。所。扇。扉。	38	45
64	手 Cheòu.	扌	Main — Saisir.	打。承。拿。挈。	1030	1092
65	支 Tchē.		Rameau — Branche d'arbre.	攲。	21	27
66	攴 Poŭ.	攵	Léger coup donné avec la main — Frapper.	攻。收。放。故。	242	296
67	文 Ouên.		Composition — Ligne — Raie — Caractère fait au pinceau.	文。斑。斌。	19	28
68	斗 Teoù.		Boisseau — Mesure — La grande Ourse.	料。斜。	27	33
69	斤 Kin.		Livre (poids) — Hache.	斧。斫。斯。斷。	45	56
70	方 Fāng.		Carré — Côté — Règle.	於。旁。旗。	68	83
71	无 Oû.	旡	Négation — Non — Rien — Défaut — Nord-ouest.	旣。	9	13
72	日 Jĕ.		Soleil — Le Jour.	旦。昇。昌。春。	388	455
73	曰 Yuĕ.		Dire — Parler — Parole.	曳。曲。更。書。	23	38
74	月 Yuĕ.		Lune — Mois.	有。朝。望。期。	59	70
75	木 Moŭ.		Arbre — Bois — Un des cinq éléments.	朶。栗。枚。根。	1242	1358
76	欠 Kién.		Défaut — Insuffisance — Expiration.	欲。歎。款。歌。	193	236
77	止 Tchè.		S'arrêter — Discontinuer.	正。此。武。歷。	49	91
78	歹 Yă.	歺	Squelette — Pervers — Mauvais — Vicieux.	死。殘。殄。殀。	190	232
79	殳 Tchoŭ.		Bâton — Frapper — Tuer avec un bâton.	段。殺。殷。殿。	58	84
80	毋 Oû.		Négation — Non — Ne pas — Empêcher.	毋。每。毒。	10	17
81	比 Pỳ.		Comparer — Mettre en ordre.		14	22
82	毛 Maô.		Poil et crin des animaux.	毬。毫。毳。	156	212
83	氏 Ché.		Famille — Race — Descendance — Surnom des femmes.	氏。民。	7	15
84	气 Ký.		Air — Souffle — Vapeur montant en forme de nuages.	氣。氛。氳。	9	18

海上絲綢之路文獻集成 科技與文化編

85	水 Chouỳ.	氵	Eau — Courant d'eau — Égal — Égaliser — Un des cinq éléments.	江。泉。海。濕。	1354	1588
86	火 Hò.	灬	Feu — Flamme qui monte — Un des cinq éléments.	炤。炭。烏。焚。	548	663
87	爪 Tchaŏ.	爫	Ongle — Griffe — Mettre en pièces.	爬。爭。爲。爵。	23	37
88	父 Foú.		Père — Modèle — Chef — Le plus âgé de la maison.	爸。爺。爹。	10	11
89	爻 Hiâo.		Imiter — Accéder aux vœux des autres.	爽。爾。	12	17
90	爿 Pán. / Tchouâng.		Lit — Appui.	牀。牆。	38	50
91	片 Piĕn.		Éclat de bois — Fragment — Pétale des fleurs.	牌。牕。版。牒。	75	78
92	牙 Yâ.		Dent — Défense.	犄。犍。	9	9
93	牛 Nieôu.	牜	Bœuf — Grand bétail — Grande victime.	牢。牡。牲。犟。	214	233
94	犬 Kiuĕn.	犭	Chien — Animal féroce.	猩。猾。獼。獺。	421	445
			CLEFS DE CINQ TRAITS.			
95	玄 Hiuên.		Couleur du ciel — Sombre.	玆。率。	6	7
96	玉 Yŭ.	王	Jaspe — Pierre précieuse.	琥。瑟。琶。璃。	420	473
97	瓜 Kouā.		Courge.	瓠。瓢。瓞。瓡。	50	56
98	瓦 Ouà.		Tuile — Terre cuite — Brique.	甎。甌。甓。瓶。	161	173
99	甘 Kān.		Doux — Agréable — Saveur sucrée.	甚。甞。	19	23
100	生 Sēn.		Naître — Vie — Produire — Engendrer.	甦。甥。產。	17	23
101	用 Yŏng.		Usage — Emploi — Se servir — Employer — Dépenses nécessaires.	甬。甸。甫。	10	11
102	田 Tiĕn.		Champ — Terre labourable — Cultiver.	畢。界。留。申。	151	193
103	疋 Pў. / Oŭ.	⺪	Toile — Morceau de toile.	疏。	12	16
104	疒 Tsў.		Maladie — Faiblesse — Débilité — Appuyé sur.	痧。痕。瘍。癃。	472	527
105	癶 Poŭ.		Monter — Marcher — Pieds écartés et opposés l'un à l'autre.	登。發。	12	16
106	白 Pĕ.		Blanc — Pur — Clair — Apparent — Couleur des régions occidentales.	百。的。的。皆。	88	109

Nos d'ordre.	FIGURES.	VARIANTES.	SIGNIFICATION DES CLEFS.	EXEMPLES du mode de PLACEMENT DES CLEFS.	NOMBRE des dérivés DU DICTIONNAIRE. 字彙	康熙
107	皮 Pў.		Peau — Cuir — Écorce — Enveloppe.	皺。皸。	76	95
108	皿 Mìn.		Vase — Écuelle — Ustensile de faïence.	盍。監。盟。盡。	104	129
109	目 Moŭ.	罒	Œil — Voir — Regarder — Indication — Index des livres.	相。省。睡。眞。	519	646
110	矛 {Maô. Meôu.}		Lance — Hallebarde fixée sur les chars de guerre.	矜。	48	66
111	矢 Chè.		Flèche — Dard — Manifester.	矣。知。短。矮。	55	65
112	石 Chĕ.		Pierre — Roche.	硫。礬。磁。磧。	450	489
113	示 {Kў. Ché.}	示。礻	Génie — Esprit — Signe céleste pour annoncer les événements — Édit.	祖。禁。禮。福。	180	214
114	禸 Jeòu.		Vestige du pied des quadrupèdes imprimé sur la terre.	禹。禽。	12	13
115	禾 Hŏ.		Grains — Céréales du printemps.	秀。私。稟。秦。	355	433
116	穴 Hiuĕ.	穴	Caverne — Antre — Grotte — Cave.	空。穽。窓。穿。	144	300
117	立 Lў.		Être debout — Dresser — Établir — Disposer.	站。竟。童。竭。	73	102
			CLEFS DE SIX TRAITS.			
118	竹 Tchoŭ.	⺮	Bambou — Roseau qui croît en hiver.	等。笨。籤。箭。	675	954
119	米 Mў.		Riz écossé et non cuit — Grain de riz.	粉。糜。粫。粟。	207	321
120	糸 Mў.	糹。	Fil de soie — Fil délié — Subtil.	絜。綠。緊。紹。	628	821
121	缶 Feoŭ.	缶	Vase de terre — Faïence.			
122	网 Ouàng.	罒。⺳。罓。	Filet pour la pêche — En imposer — Accuser faussement.	罰。罪。羅。罵。	61	78
123	羊 Yâng.		Mouton — Bélier — Race ovine.	羔。義。羞。羣。	121	164
124	羽 Yù.		Ailes d'oiseau — Plume.	翕。翦。翰。翻。	108	157

海上絲綢之路文獻集成　科技與文化編

125	老 Laò.		Vieux — Vieillard — Vénérable — Terme de respect.	考。者。耆。耋。	14	23
126	而 Eûl.		Et (conjonction) — Aussi — Mais — Cependant — Poils de la mâchoire.	耗。耙。耞。耦。	17	23
127	耒 Louỳ.		Bêche — Manche de charrue.	耐。耑。耍。	77	85
128	耳 Eùl.		Oreille — Anse de vase — Entendre — particule euphonique.	聖。聰。聾。聽。	138	172
129	聿 Yŭ.		Pinceau pour écrire — Particule initiale.	肄。肇。肅。	15	20
130	肉 Joŭ.	⺼。月	Chair — Viande.	育。背。膜。臂。	578	675
131	臣 Tchên.		Sujet — Vassal — Ministre du Prince — Se soumettre.	臥。臨。臧。	12	17
132	自 Tsé.		Particule de — Ex — Soi-même.	臭。	21	35
133	至 Tché.		Parvenir à — Atteindre — Limite — Point extrême.	致。臻。臺。	17	25
134	臼 Kieoù.		Mortier pour piler les grains.	臾。臬。與。舅。	40	72
135	舌 Chĕ.		Langue — Battant d'une cloche.	舒。舖。舉。舊。	34	35
136	舛 Tchouán.		Sauter — Danser — Opposition — Incertain — Erreur.	舜。舞。	8	11
137	舟 Tcheōu.		Barque — Jonque — Transporter — Transborder.	舵。航。船。	166	198
138	艮 Kén.		Limite — Borne — Force — Désobéissant — Réfractaire.	艮。艱。	5	6
139	色 Sĕ.		Couleur — Figure — Air — Contenance — Manière.	艷。	20	22
140	艸 Tsaŏ.	艹	Herbe — Plante — Roseau.	草。茲。莖。花。	1431	1902
141	虍 Hoū.		Tigre — Varié — Bariolé.	虛。處。虎。虔。	73	115
142	虫 Tchŏng.		Ver — Insecte — Reptile ayant des pattes.	蜇。蠟。蠢。蠶。	810	1067
143	血 Hiuĕ.		Sang.			
144	行 Hîn.		Marche — Pas d'un homme en marche — Un rang — Une série.	街。衛。衙。衝。	35	54
145	衣 Ÿ.	衤	Habit — Vêtement supérieur — Écorce des fruits.	裼。補。褒。褻。	473	611
146	襾 Hiá.	覀	Couvrir — Couvercle.	要。覃。覆。	20	30

CLEFS DE SEPT TRAITS.

147	見 Kién.		Voir — Regarder — Apparaître.	親。覺。覽。觀。	135	162
148	角 Kŏ.		Corne des bêtes — Angle — Touffe de cheveux.	觖。觲。觸。	137	159
149	言 Yên.		Parole — Parler — Sentence — Discours.	謝。謇。譽。謄。	750	861

Nos d'ordre.	FIGURES.	VARIANTES.	SIGNIFICATION DES CLEFS.	EXEMPLES du mode de PLACEMENT DES CLEFS.	NOMBRE des dérivés DU DICTIONNAIRE. 字彙	康熙
150	谷 Koŭ.		Vallée — Ravin entre des montagnes — Aqueduc entre les montagnes.		48	55
151	豆 Teóu.		Haricot — Plante légumineuse — Vase en bois pour les sacrifices.	豈。登。豎。豐。	49	69
152	豕 Tchè.		Porc — Pourceau.	象。	121	50
153	豸 Tchè.		Vers — Insectes à pieds — Reptiles.	豺。豹。貌。貂。	114	141
154	貝 Péy.		Richesse — Coquilles ou nacres de perles.	貞。貫。貴。賢。	218	278
155	赤 Tchĕ.		Couleur rouge — Carnation — Pauvre — Privé de tout.	赦。赭。	29	32
156	走 Tseòu.		Marcher vite — Se hâter.	起。趕。趁。趙。	243	236
157	足 Tsioŭ.	⻊	Pied — Vestige — Suffisant — Complet.	路。蹺。踈。蹤。	507	581
158	身 Chēn.		Le corps — Là personne — Moi-même — Lui-même.	躬。躲。躭。軀。	67	98
159	車 Tchēy.		Nom générique des chars.	軍。輗。輦。輩。	342	362
160	辛 Sīn.		Saveur âcre, mordante — Acide — Lettre horaire	辣。辟。辯。辮。	32	37
161	辰 Chĕn.		Heure — Nom d'une étoile — Lettre horaire.	辱。農。	14	16
162	辵 Tchoŭ.	⻌ ⻍	Marche — Marcher — Alternative de marche et de repos.	道。造。週。遠。	327	382
163	邑 Ÿ.	阝	Cité — Ville — État de ce qui est enclos.	郢。邪。郢。避。	345	351
164	酉 Yeoù.		Liqueur — Caractère du cycle — Temps de l'automne — Mûr — Fini.	酒。酪。醜。	251	291
165	釆 Pién.		Séparer — Diviser — Distinguer.	采。釆。	10	14
166	里 Lỳ.		Lieue chinoise — Demeure — Village.	野。重。量。釐。	7	14
			CLEFS DE HUIT TRAITS.			
167	金 Kin.		Or — Métal — Élégant — Précieux.	針。鑒。鎔。鑠。	723	803

海上絲綢之路文獻集成 科技與文化編

168	長 Tchâng.	长	Long — Éloigné — Vieux — Agé.		49	56
169	門 Mên.		Porte — Porte à deux battants — Une classe de gens — Une profession.	閣。閑。闊。闢。	213	249
170	阜 Feoù.	阝	Tertre — Amas de terre — Grand — Nombreux.	邛。阿。附。阻。	282	347
171	隶 Taý.		Parvenir — Atteindre — Extrême.	隸。	11	13
172	隹 Tchoūy.		Aile d'oiseaux — Oiseaux à queue courte — Unir.	雜。雁。雕。雙。	205	234
173	雨 Yù.	雨	Pluie — Pleuvoir.	雪。雲。雷。靈。	237	298
174	青 Tsin.		Azur — Couleur azurée — Sérénité — Tranquillité.	靜。靛。	17	18
175	非 Feý.		Négation — Non — vicieux — Mauvais — Improuver.	靡。靠。	17	26
			CLEFS DE NEUF TRAITS.			
176	面 Mién.	靣	Visage — Face de l'homme — Surface — Superficie — Façade.		64	67
177	革 Kĕ.		Cuir préparé — Dégrader — Déposer d'un office.	鞘。鞬。鞦。鞭。	290	307
178	韋 Ouŷ.		Opposé — Peau.	韍。韓。	94	101
179	韭 Kieoù.		Oignon — Porreau.	韮。	16	21
180	音 Ȳn.		Son — Articulation — Ton musical.	韵。響。韶。韻。	34	43
181	頁 Hiĕ.		Tête humaine — Numéral — Une paye.	顛。頭。頰。題。	324	373
182	風 Fōng.		Vent — Air — Manières — Coutumes — Usages.	颯。飄。	161	183
183	飛 Feȳ.		Voler — Vol d'oiseau.		10	13
184	食 Chĕ.	飠	Manger — Nourrir — Nourriture — Boire — Éclipse.	養。餘。餲。饒。	343	395
185	首 Cheoù.		Tête — Principe — Origine — Commencer.		17	20
186	香 Hiāng.		Odeur agréable — Plante odorante.		32	38
			CLEFS DE DIX TRAITS.			
187	馬 Mà.		Cheval — Courageux — Martial.	馴。駡。驟。驪。	412	473
188	骨 Koŭ.		Os — Fibre des plantes.	體。骿。髓。髏。	164	186

8

西漢同文法　卷二

Nos d'ordre.	FIGURES.	VARIANTES.	SIGNIFICATION DES CLEFS.	EXEMPLES du mode de PLACEMENT DES CLEFS.	NOMBRE des dérivés DU DICTIONNAIRE. 字彙	康熙
189	高 Kaō.		Haut — Éminent — Noble.		27	35
190	髟 Piaō.		Cheveux longs et traînants.	髳。髯。髻。鬟。	226	245
191	鬥 Teoú.		Combat — Combattre sans armes — Se quereller.	鬧。鬨。鬩。	20	24
192	鬯 Tchāng.		Herbe odorante — Vin odorant pour les sacrifices.		7	9
193	鬲 Lŷ.		Trépied — Vase qui sert dans les temples.		55	74
194	鬼 Koúy.		Génie — Esprit — Mânes — Démon — Homme mort.	魁。魂。魏。魔。	121	142
			CLEFS DE ONZE TRAITS.			
195	魚 Yû.		Poisson — Nom générique des poissons.	鮮。魯。鯉。鰲。	498	572
196	鳥 Niaò.		Oiseau — Nom générique des oiseaux à longues queues.	鵝。鶯。鳳。鴿。	622	761
197	鹵 Loù.		Sel — Eau salée — Terre stérile.	鹼。鹺。鹹。鹽。	39	45
198	鹿 Loŭ.		Cerf — Bête sauvage.	麒。麗。麞。麝。	85	106
199	麥 Mĕ.		Blé.	麵。麴。麯。麩。	117	132
200	麻 Mâ.		Chanvre — Lin — Instrument de musique.	麻。麼。	30	35
			CLEFS DE DOUZE TRAITS.			
201	黃 Houâng.		Jaune — Couleur jaune — Couleur de chair.		35	43
202	黍 Choù.		Millet — Céréale — Sorgho.	黏。黎。	44	47
203	黑 Hĕ.		Noir — Obscur — Ténébreux — Affreux.	黔。點。黨。默。	146	173
204	黹 Tchè.		Ouvrage brodé à l'aiguille — Broder — Bigarré.		9	9

海上絲綢之路文獻集成 科技與文化編

		CLEFS DE TREIZE TRAITS.			
205	黽 Mòng.	Petite grenouille.	鼈。	35	41
206	鼎 Tìn.	Trépied — Vase antique — Nouveau — Renouveler.		13	15
207	鼓 Koù.	Tambour — Frapper un corps sonore.		82	103
208	鼠 Choù.	Rats — Animaux rongeurs.	鼯。鼷。		
		CLEFS DE QUATORZE TRAITS.			
209	鼻 Pý.	Nez.		47	50
210	齊 Tsý.	Arrangement — Surface égalisée — Ajuster.	齋。齎。	16	19
		CLEF DE QUINZE TRAITS.			
211	齒 Tchè.	Dents supérieures — Age — Arranger — Classer.	齧。齡。齩。齒。	148	163
		CLEFS DE SEIZE TRAITS.			
212	龍 Lông.	Dragon.		19	25
213	龜 Kouý.	Tortue.	龕。龔。	21	25
		CLEF DE DIX-SEPT TRAITS.			
214	龠 Yŏ.	Flûte — Mesure.	龥。	17	20
			TOTAL	31,380	40,589

V. — USAGE OU OFFICE DES CLEFS. — PLACE ORDINAIRE DE LA CLEF, MANIÈRE DE LA DÉCOUVRIR DANS LES CARACTÈRES.

Les clefs des caractères chinois sont pour les caractères comme nos lettres pour les mots européens. Elles servent, en premier lieu, à donner le moyen de chercher et de trouver promptement, dans un dictionnaire chinois, un caractère dont on ignore soit la prononciation tonique, soit la signification. Les clefs, qui se mettent toujours à la même place, contiennent au moins les quatre cinquièmes du nombre total des dérivés. Les classes les plus nombreuses des caractères y sont comprises. Le nombre des dérivés des autres classes est si restreint qu'il est bien facile de les retenir. La plupart des clefs ont une signification particulière; ce qui aide beaucoup la mémoire. Quelques clefs ne sont que des éléments linéaires des formes de l'écriture, sans aucune signification propre; mais elles sont peu nombreuses.

Voici la disposition générale des clefs dans les dérivés.

Vingt et une clefs (21) sont toujours placées à la droite des dérivés. Par exemple, **Kō** 戈, clef des *armes* se place ainsi : **Ngò** 我, je ou moi, *ego*; **Tchĕn** 成, faire, *facere*. — **Chān** 彡, la clef des plumes se place ainsi : **Hîn** 形, forme, *forma*; **Ỳn** 影, *ombre, umbra*, etc.

Soixante-quatorze clefs (74) se placent toujours à la gauche dans les dérivés. Par exemple : **Tcheoū** 舟, clef des navires. Voici **Tŏ** 舵, gouvernail, *gubernaculum*; **Tchouăn** 船, navire, *navis*. La clef de la glace **Pīn** 冫. **Lèn** 冷, *frigus*, froid; **Leáng** 凉, fraîcheur, *frigus amœnum*.

Vingt-huit sont placées *sur* les signes dérivés. Par exemple, **Miên** 宀, clef des faîtes, des toits : **Gān** 安, établir, *disponere*; **Kouān** 官, mandarin, *præfectus*. La clef des bambous est **Tchoŭ** 竹. Elle se place comme dans **Yû** 竽, flûte, *fistula*, **Pў** 筆, pinceau à écrire, *penicillum*.

Treize se placent au-dessous du dérivé. Par exemple : **Kòng** 廾, *clavis colligendi*; **Lóng** 弄, jouer, *ludere*; **Pў** 弊, vil, abject, *vilis*. **Mìn** 皿, clef des vases. **Pân** 盤, soucoupe, *patella*, **Hô** 盒, *pyxide, pyxis*.

Seize se placent tantôt *sur* le dérivé, tantôt *au-dessous*. Par exemple : **Tá** 大, clef de la grandeur. **Laý** 奈, comment, *quomodo?* **Ký** 契, *pacte, pactum*. **Yuĕ** 曰, clef des paroles : **Ŷ** 曳, traîner, *trahere*; **Choū** 書, livre, *liber*.

Douze se placent tantôt à la gauche, tantôt à la droite. Par exemple : **Ouāng** 尢, clef des choses courbes. **Yeôu** 尤, étonnant; **Tsieoú** 就, à savoir, *scilicet*.

Vingt et une se placent tantôt à la gauche, tantôt au-dessous du dérivé. Par exemple : **Lỳ** 里, clef des lieux. **Yè** 野, désert, *desertum*; **Leáng** 量, mesurer, *mensurare*.

Huit se placent tantôt à droite, tantôt au-dessous.

Sept se mettent tantôt à gauche, tantôt au-dessus du dérivé.

Cinq entourent en partie le signe dérivé.

Telle est la disposition générale des clefs.

Dans tous les dictionnaires, les clefs sont rangées par ordre de *traits*. En premier lieu, toutes les clefs qui n'ont qu'un seul trait; puis celles qui en ont deux, et ainsi de suite jusqu'à dix-sept.

Toutefois, il n'est pas toujours facile de découvrir immédiatement la clef dans un certain nombre de caractères chinois, soit parce que la clef se trouve alors partie intégrante de ces mêmes caractères, soit parce que la classification de certains signes a été un peu arbitraire. Nous donnons ici, comme exemple, un tableau abrégé de quelques caractères, dont la clef n'est pas facile à reconnaître au premier coup d'œil. Le chiffre romain placé à côté du caractère indique à quelle clef appartient le caractère désigné. Nous engageons nos lecteurs à recueillir sur leur *album* tous les caractères de ce genre, qu'ils rencontreront dans leur lecture. Ils épargneront ainsi un temps précieux qu'ils emploieraient, sans cela, à des recherches fastidieuses et souvent infructueuses.

Nous écrivons ce livre pour les jeunes sinologues. Les anciens nous pardonneront ces détails dans un ouvrage élémentaire.

Tableau de caractères dont la clef n'est pas facile à découvrir.

Le chiffre romain indique la clef sous laquelle il faut chercher le caractère indiqué.

乃 Lày. — IV.
乂 Tchā́. — IV.
九 Kieoù. — V.
了 Leào. — VI.
丫 Yā. — II.
凡 Fân. — XVI.
丸 Ouân. — III.
也 Ỳ. — V.
于 Yŭ. — VII.
亾 Ouâng. — XI.
廿 Nién. — XXIV.
及 Kў̌. — XXIX.
孑 Kiĕ. — XXXIX.
才 Tsā́y. — LXIV.
丹 Tān. — III.
之 Tchē. — IV.
互 Hoù. — VII.
五 Où. — VII.
井 Tsìn. — VII.
允 Yùn. — X.
元 Yuên. — X.
內 Louý. — XI.
六 Loŭ. — XII.
凸 Tŏ. — XVII.
升 Chēn. — XXIV.
廾 Kòng. — XXV.
反 Fàn. — XXIX.
友 Yeoù. — XXIX.
壬 Jên. — XXXIII.
天 Tiē̃n. — XXXVII.
夫 Foū. — XXXVII.
夬 Kouáy. — XXXVII.

尹 Ỳn. — XLIV.

屯 Cheôu. — XLV.

巨 Kiù. — XLVIII.

巴 Pā. — XLIX.

廿 Nién. — LV.

弔 Tiaó. — LVII.

不 Ngŏ. — LXXV.

毋 Moù. — LXXX.

主 Tchoù. — III.

乎 Hoû. — IV.

亙 Hên. — VII.

以 Ỳ. — IX.

冬 Tōng. — XV.

凹 Yă. — XVII.

半 Pán. — XXIV.

占 Tchán. — XXV.

去 Kiŭ. — XXVIII.

囘 Houŷ. — XXXI.

央 Yāng. — XXXVII.

失 Chĕ. — XXXVII.

夲 Taŏ. — XXXVII.

㠯 Ỳ. — XLIX.

平 Pîn. — LI.

弗 Foŭ. — LVII.

必 Pў. — LXI.

末 Mŏ. — LXXV.

未 Ouŷ. — LXXV.

死 Sè. — LXXVIII.

民 Mîn. — LXXXIII.

永 Yùn. — LXXXV.

考 Kaò. — CXXV.

臣 Ŷ. — CXXXI.

况 Houáng. — VII.

具 Kiú. — XII.

巠 Kōng. — XLVII.

正 Tchén. — LXXVII.

氷 Pīn. — LXXXV.

申 Chēn. — CII.

丟 Tieōu. — I.

亘 Siuēn. — VII.

兆 Tcháo. — X.

全 Tsiuĕn. — XI.

危 Ouŷ. — XXVI.

改 Kaỳ. — LXVI.

臾 Yû. — LXXIII.

叜 Soŭ. — XXXVI.

夷 Ŷ. — XXXVII.

甫 Foŭ. — CI.

卑 Peў. — XXIV.

罕 Hàn. — CXXII.

串 Tchouăn. — II.

事 Sé. — VI.

州 Tcheōu. — XLVII.

巟 Houàng. — XLVII.

年 Niên. — LI.

曲 Kioŭ. — LXXIII.

曳 Ý. — LXXIII.

朱 Tchoū. — LXXV.

此 Tsé. — LXXVII.

亞 Yà. — VII.

亟 Kў. — VII.

來 Laŷ. — IX.

兩 Leàng. — XI.

其 Kŷ. — XII.

兆 Tcháo. — XIII.

冒 Maó. — XIII.

咼 Kouà. — XIII.

卷 Kiuén. — XXVI.

夜 Yè. — XXXVI.

尙 Cháng. — XLII.

并 Pìn. — LI.

承 Tchĕn. — LXIV.

易 Ŷ. — LXXII.

直 Tchĕ. — CIX.

秉 Pìn. — CXV.
罔 Ouàng. — CXXII.
南 Lân. — XXIV.
叚 Kià. — XXIX.
叛 Pàn. — XXIX.
奉 Fóng. — XXXVII.
奏 Tseoú. — XXXVII.
某 Meŷ. — LXXV.
甚 Chén. — XCIX.
禹 Yú. — CXIV.
眞 Tchēn. — CIX.
能 Lên. — CXXX.
乖 Kouáy. — II.
者 Tchè. — CXXV.
執 Tchě. — XXXII.
壼 Kouén. — XXXIII.
要 Yaó. — CXLVI.
重 Tchóng. — CLXVI.
乘 Tchén. — IV.
孰 Choŭ. — XXXIX.
兼 Kiēn. — XII.
彗 Houý. — LVIII.
晝 Tcheóu. — LXXII.
曹 Tsăo. — LXXIII.
爽 Chouáng. — LXXXIX.
率 Soú. — XCVI.
垂 Tchoŭy. — XXXII.
烕 Miě. — LXXXVI.
兹 Tsē. — XCVI.
眞 Tchēn. — CIX.
兟 Siēn. — X.
彀 Keoú. — LVII.
疏 Soŭ. — CIII.
報 Paó. — XXXII.
與 Yù. — CXXXIV.
嘗 Châng. — XXX.
朅 Kiě. — LXXIII.
爾 Eùl. — LXXXIX.
衆 Tchóng. — CXLIII.
黎 Lŷ. — CCII.
歸 Kouȳ. — LXXVII.
肅 Siāo. — CXXIX.
舉 Kiù. — CXXXIV.
兢 Kīn. — X.
眞眞 Tiēn. — XII.
叢 Tsŏng. — XXIX.
毚 Tsăn. — LXXXI.
舋 Hín. — CXXXIV.

Nous prévenons également nos lecteurs qu'il y a dans la langue chinoise des caractères presque identiques pour la forme. Il sera bon de s'en faire à soi-même un tableau, à mesure qu'on les rencontre. Les dictionnaires chinois renferment tous ce tableau plus ou moins développé.

Quant à la manière de compter les traits d'un caractère, elle n'offre aucune difficulté dès qu'on est exercé à écrire. La méthode de décomposition des signes chinois est fort simple, une fois que l'on connaît à fond les éléments qui ont servi à leur formation.

西漢同文法 卷二

VI. — DES DIFFÉRENTES SORTES DE DICTIONNAIRES CHINOIS. MANIÈRE DE S'EN SERVIR.

1° — DICTIONNAIRES A L'USAGE DES EUROPÉENS.
2° — DICTIONNAIRES EXCLUSIVEMENT CHINOIS.

1° — Dictionnaires chinois à l'usage des Européens.

Ces dictionnaires sont malheureusement peu nombreux et tous imparfaits. Nous renvoyons le lecteur à l'article que nous avons consacré à cette matière dans l'Appendice de notre Dictionnaire *français-chinois*, page 12, ainsi qu'à l'article : Bibliothèque d'un jeune sinologue, à la fin de cette grammaire.

Un dictionnaire chinois-latin, par tons et par clefs, est en préparation. Il comprendra non-seulement les mots de la langue, mais il sera en même temps *historique, biographique, géographique, scientifique*, etc. Aucun travail de ce genre n'a encore paru en Europe pour la langue chinoise, à l'usage des sinologues européens.

L'usage des dictionnaires chinois européens n'offre aucune difficulté pratique. Au reste, les explications que nous donnons plus bas suffiront amplement pour lever ces difficultés.

2° — Des dictionnaires exclusivement chinois.

§ Ier. *Dictionnaires par clefs.*

Ces dictionnaires forment deux catégories. Dans la première, sont compris tous ceux qui donnent les caractères selon le système des clefs. Ces dictionnaires sont les plus nombreux et les plus usuels en Chine. Il en existe d'excellents où tous les signes de l'écriture chinoise et tous les mots de la langue sont expliqués avec le plus grand soin, et dans un ordre très-régulier. Il est évident que, pour faire usage de ces dictionnaires, il faut connaître *la forme* du caractère dont on désire chercher soit la signification, soit la prononciation. Si l'on cherchait, au contraire, à connaître la forme d'un caractère dont on ne sait que le son, il faudrait avoir recours aux dictionnaires de la deuxième catégorie. Les caractères y sont rangés par ordre de sons ou de phonétiques.

Voici la manière de chercher un caractère dans un dictionnaire par clefs :

On examine avec soin quelle est la clef du caractère que l'on cherche. Prenons pour exemple le signe 畧. La clef est la partie qui est à gauche ou Tiên 田. Cette clef a cinq traits. On ira chercher le signe à la table des clefs ou au volume qui renferme les clefs de cinq traits. Cette table renvoie le lecteur à la

西漢同文法 卷二

page, et au lieu du dictionnaire qui contient tous les caractères rangés sous la clef Tièn 田. En tête de l'article figure toujours la clef elle-même dont le dictionnaire indique le son et les différentes acceptions. Après la clef, les caractères sont disposés par ordre de traits *indistinctement*. En dehors de la clef qui ne compte jamais, on place les caractères qui ont un trait, puis ceux de deux traits; ainsi de suite. Le caractère 略 se trouvera donc sous la clef 田 dans la série des signes qui ont six traits; car il faut six coups de pinceau pour écrire 各 qui est le corps principal du caractère 略. Un dictionnaire fait par les Européens donne la *prononciation accentuée en lettres latines*. Alors il n'y a aucune difficulté. Mais si le dictionnaire est exclusivement chinois, voici le mode employé pour indiquer le son du caractère. Ce mode est assez ingénieux.

Au-dessous de chaque caractère classé dans le dictionnaire chinois, on trouve invariablement deux petits caractères dont le premier représente l'articulation initiale du mot, et le deuxième, la *terminaison*. A la suite de ces deux petits caractères, on lit toujours celui-ci : Tsiĕ 切, qui veut dire : *divisez, partagez les deux signes précédents*. C'est ce que les Chinois nomment : *la règle pour épeler les caractères*. Tsiĕ tsé fă 切字法. Cette méthode est moderne; elle a été introduite en Chine vers l'an 505 de J.-C. sous le règne de l'Empereur Où-Tý 武帝, fondateur de la dynastie des Leâng. C'est à l'instigation des Bouddhistes que cette méthode fut proposée et adoptée. On venait alors de discerner les sons initiaux des mots au nombre de 36 et les sons finaux au nombre de 12.

Donnons à présent quelques exemples. Soit d'abord le caractère 略 qui nous occupait tout à l'heure. Au-dessous, le lecteur trouvera dans le dictionnaire ces deux signes Lỷ 力 et Yŏ 約, puis le mot impératif : Tsiĕ 切 : *partagez*. L'élision consistera à prendre la lettre initiale L du mot Lỷ et à l'ajouter au son du caractère suivant : Yŏ. On aura ainsi Liŏ pour la prononciation du caractère 略. Cette méthode est plus facile à un Européen qu'à un Chinois. La raison en est évidente. Avec un peu d'habitude, cette élision se fait très-promptement. S'il y a quelque doute, le dictionnaire ajoute de suite : *prononcez comme dans tel mot*, qu'il indique. Quant au ton vocal, il est marqué ou par un synonyme ou par l'indication elle-même du ton.

Soit encore pour exemple le caractère 鰊. La clef de ce signe est Yû 魚, *poisson, piscis*. Le lecteur cherchera donc ce caractère parmi ceux qui sont rangés sous la clef des poissons. Le corps lui-même du caractère est 東, qui se compose de huit traits. On trouvera ce signe parmi ceux qui ont huit traits. Là, au-dessous du signe majuscule, on lira ces deux mots Tĕ 德 et Hông 紅 : puis, le mot Tsiĕ 切 qui prie *le lecteur de faire l'élision*. En prenant le T du mot Tĕ et l'ajoutant à la deuxième partie du mot Hông, le lecteur aura le mot Tông pour la prononciation du signe 鰊. Puis le dictionnaire ajoute de suite :

comme le mot Tōng 東. Ensuite, l'ouvrage donne les différentes acceptions du mot que l'on cherche. — Les dictionnaires chinois sont peu commodes pour un jeune sinologue.

Dans les Préfaces des dictionnaires chinois, on trouve différentes méthodes *mnémoniques* pour chercher les caractères. Nous ne ferons connaître que la suivante, comme curiosité, car les autres sont très-compliquées et peu commodes pour un Européen. Les Chinois inscrivent au dos des volumes d'un dictionnaire une ou deux des douze lettres du cycle horaire (1); ils groupent sous chacune d'elles un certain nombre de clefs. Les vers suivants, qu'ils savent par cœur, leur indiquent de suite le volume à prendre pour chercher le signe dont ils ont besoin.

Voici ces vers :

一二子中尋 Ў eùl tsè tchōng siûn.
三筆問丑寅 Sān pў ouén tcheoû ўn.
四畫卯辰已 Sé hoá mào chên sé.
五在午中尋 Où tsaý où tchōng siûn.
六筆未申集 Loŭ pў oúy chēn tsў.
七在酉中尋 Tsў tsáy yeoù tchōng siûn.
八九問戌部 Pă kieoù ouén sioŭ poú.
其餘亥中尋 Kў yû hày tchōng siûn.

TRADUCTION :

Cherchez les caractères de un et de deux traits sous la rubrique **Tsè**. *Ceux qui ont trois traits, vous les trouverez sous les mots* **Tcheoû ўn**. *Les caractères à quatre traits sont rangés sous les trois lettres* **Mào chên sé**. *Vous trouverez les caractères de cinq traits sous le mot* **Nieòu**. *Les signes de six traits sont sous les lettres* **Oûy** *et* **chēn**. *Ceux de sept traits sont rangés sous le mot* **Yeòu**. *Ceux de huit, neuf traits sont rangés sous le mot* **Sé**. *Tous les autres sont groupés sous le mot* **Hây**.

---

(1) Voici ces douze caractères horaires, savoir :

子 Tsè,	de 11 h. du m.	à 1 h. du m.	午 Où,	de 11	—	à 1 h. du s.		
丑 Tcheoû,	de 1 —	à 3 —	未 Ouý,	de 1	—	à 3 —		
寅 Ŷn,	de 3 —	à 5 —	申 Chēn,	de 3	—	à 5 —		
卯 Maô,	de 5 —	à 7 —	酉 Yeoù,	de 5	—	à 7 —		
辰 Chên,	de 7 —	à 9 —	戌 Sioŭ,	de 7	—	à 9 —		
巳 Sé,	de 9 —	à 11 —	亥 Haý,	de 9	—	à 11 —		

海上絲綢之路文獻集成 科技與文化編

Il est utile de donner ici quelques explications sur le sens de divers caractères que l'on trouve dans tous les dictionnaires chinois, et qu'il est important de comprendre.

Lorsqu'un caractère chinois est écrit selon la *forme actuelle* et *régulière*, c'est-à-dire selon l'orthographe reçue actuellement, le dictionnaire indique tout cela par le mot Lý 隸.

L'écriture chinoise a subi, dans le laps des temps, bien des modifications. Il en est résulté qu'une foule de caractères ont des *variantes* de forme, c'est-à-dire différentes manières de les représenter. Il y a en chinois des incorrections qui ne sont pas admises par la classe des lettrés, parce qu'elles seraient aussi choquantes qu'une faute d'orthographe l'est, chez nous, aux yeux des personnes instruites. Mais il y en a d'autres qui sont, en quelque sorte, du bon ton, qu'il est ordinaire d'employer au lieu du caractère *exact*. Ce genre d'incorrections n'est nullement réputé faute, mais il est simplement regardé comme une licence calligraphique. Les lettrés de l'Académie, l'Empereur lui-même, font un usage de ces licences. Toutefois, si l'on ne connaît pas ces abréviations, ces caractères vulgaires, ces *variantes*, en un mot, on ne pourra lire un seul manuscrit, un seul acte public, un décret, une proclamation, un passe-port, une lettre, un contrat, un billet de visite. Les Préfaces des livres modernes, les romans, les poëmes, sont remplis de ces sortes de *variantes*, qui présentent des difficultés insurmontables à ceux qui n'ont pas en mains les ouvrages pour les lever.

Les Chinois ont un grand soin de distinguer les diverses classes de caractères que l'on ne doit pas employer indifféremment l'un pour l'autre, mais qui trouvent place dans les différentes compositions, selon le sujet ou la forme adoptée par l'auteur. Il y en a onze principales dont nous donnons ici l'explication, selon les ouvrages chinois.

1° Au premier rang sont les caractères *exacts*, *réguliers*, tracés avec tous les traits qui doivent les composer. Le dictionnaire chinois les désigne par ce signe Tchén 正, *correct*, *exact*.

2° On peut, à volonté, substituer à ces caractères *exacts*, *réguliers*, ceux qui sont *synonymes* et quant à la prononciation et quant à l'acception. Ces synonymes sont désignés par le mot Tŏng 同. Les dictionnaires désignent encore les synonymes par les mots suivants : Yeoù tsiĕ, 又 即 et, *etiam*; Ý 亦 *etiam*, *vel*; Houây 或, *aut*, *vel*.

3° Il y a certains caractères qui sont des demi-synonymes d'autres caractères. Ils ont, avec d'autres, certaines significations communes; bien qu'ils diffèrent et pour le son et pour le sens générique. L'usage permet d'employer ces demi-synonymes, que l'on désigne par le mot Tŏng 通. Ainsi le carac-

tère **Tsān** 參, qui est le nom d'une constellation, se prend, en vertu de l'usage, pour le caractère **Sān** 三, qui est le nombre *trois;* le caractère **Mў** 蜜, *miel*, se prend pour **Mў** 密, *silence.*

4° Il y a les *anciennes* formes d'écriture. Lorsque le dictionnaire offre une de ces antiques formes, il la désigne par le mot **Koù** 古.

5° En outre, il y a des formes primitives d'écriture que l'on emploie encore à présent. On les désigne par le mot **Pèn** 本 qui veut dire *racine*. Ainsi le caractère 从 est souvent employé pour le signe moderne **Tsōng** 從. Les signes modernes se désignent par le mot **Kīn** 今, *hodiernus.*

6° Les dictionnaires donnent parfois la forme d'une écriture dont le ministre **Tcheoù** 籀 est l'inventeur. Cette écriture, qui porte le nom de **Tá tchouàn**, n'est plus en usage que pour les sceaux publics ou les cachets particuliers. On désigne les caractères de ce genre par le mot **Tcheoù** 籀. Le dictionnaire de **Kāng hў** leur donne le nom de **Koù ouên** 古 文.

7° Les variantes les plus simples, les plus communes et les plus faciles à écrire, sont désignées par ces deux mots : **Sioŭ tsé** 俗 字; *caractères vulgaires* ou *communs.*

8° L'usage a permis de faire à certains caractères des retranchements de plusieurs traits. Ce sont des signes abrégés, quelquefois assez notablement. Cette abréviation se désigne par ces deux mots : **Sèn tsé** 省 字. Nous conseillons très-instamment aux jeunes sinologues de recueillir avec un soin tout particulier ces sortes de caractères abrégés et de s'en faire des tableaux dans le genre de celui que nous leur donnons pour modèle à la page suivante.

9° Lorsque l'altération d'un caractère est simplement tolérée dans l'usage ordinaire, et que les savants la réprouvent, on lui donne le nom de : **Ngô** 譌, qui veut dire : *fautif, corrompu.*

10° En Chine, comme ailleurs, il y a la classe des savants néologues, qui introduisent de nouvelles formes ou qui altèrent, en quelque chose, certains caractères. On réprouve ces signes-là par la dénomination de **Feў** 非, qui veut dire : *mauvais.*

11° Enfin, lorsqu'on emploie un caractère pour un autre, cette faute se désigne par le mot **Oū** 誤, qui veut dire : *erreur, erroné.* Dans le langage ordinaire, ces fautes se désignent par les mots : **Pĕ tsé** 白 字, *caractères blancs* ou *vides.*

海上絲綢之路文獻集成 科技與文化編

西漢同文法　卷二

Tableau de caractères abrégés avec le caractère correct en regard.

Caract. abrégés.	Caract. corrects.	
尔	爾	Eûl.
归	歸	Kouȳ.
归	歸	Kouȳ.
妇	婦	Foù.
⿰女卜	娘	Niâng.
庐	廬	Liû.
[illegible]	錢	Tsiến.
[illegible]	身	Chēn.
举	舉	Kiù,
犹	猶	Yeoù.
馿	驢	Liû.
邹	鄒	Tsoū.
趍	○	Tsoū́.
数	數	Soù.
浊	濁	Tchŏ.
独	獨	Toŭ.
㦲	哉	Tsāy.
台	臺	Tấy.
权	權	Kiuến.
难	難	Lân.
变	變	Pièn.
恋	戀	Louán.
办	辦	Pién.
穹	窮	Kiống.

Caract. abrégés.	Caract. corrects.	
罗	羅	Lô.
执	執	Tchĕ.
怌	懷	Houây.
扫	揚	Yâng.
竜	龍	Lông.
怜	憐	Liên.
㒷	興	Hîn.
卩	節	Tsiĕ.
养	養	Yàng.
园	園	Yuèn.
旧	舊	Kieoù.
䒭	等	Tèn.
笔	筆	Py̆.
异	異	Ỳ.
仚	僊	Siēn.
荣	榮	Yûn.
阳	陽	Yâng.
灯	燈	Tĕn.
烛	燭	Tchoŭ.
寿	壽	Cheoù.
艮	銀	Ŷn.
[illegible]	賢	Hiên.
[illegible]	賢	Hiên.

Caract. abrégés.	Caract. corrects.	
[illegible]	轝	Yú.
賛	讚	Tsán.
离	離	Lŷ.
処	處	Tchoŭ́.
覚	覺	Kiŏ.
丰	豐	Fōng.
对	對	Tong.
虽	雖	Siû.
画	畫	Hoâ.
仪	儀	Ngỳ.
义	義	Ngỳ.
斉	齊	Tsy̆.
斋	齋	Tchaў.
欢	歎	Tấn.
劝	勸	Kiuĕn.
欢	歡	Houān.
阴	陰	Ŷn.
穷	窮	Kiống.
[illegible]	者	Tchè.
几	幾	Kỳ.
刘	劉	Lieoû.
灵	靈	Lîm.
双	雙	Chouāng
耿	職	Tchè.
亲	親	Tsīn.

宝	寶	Paŏ.	斈	學	Hiŏ.	乱	亂	Louàn.
远	遠	Yuèn.	点	點	Tièn.	辞	辭	Tsĕ́.
寔	實	Chĕ.	万	萬	Ouán.	尽	盡	Tsín.
环	環	Houân.	圣	聖	Chèn.	号	號	Haò.
亏	虧	Kouȳ.	声	聲	Chên.	体	體	Tў̆.
无	無	Oû.	听	聽	Tĭn.	礼	禮	Lỳ.
过	過	Kò.	腊	臘	Lâ.	边	邊	Piĕ́n.
国	國	Kouĕ́.	覌	觀	Kouán.	还	還	Houân.
与	與	Yù.				会	會	Hoúy.

§ 2. *Des dictionnaires chinois par tons.*

La deuxième catégorie des dictionnaires chinois est celle dont les caractères sont rangés par tons phonétiques. Ces dictionnaires sont d'une grande utilité. Il arrive souvent à un Chinois d'avoir oublié la forme d'un caractère. Il ne peut le chercher que dans les dictionnaires toniques. Les Européens qui veulent composer en chinois, ont un besoin continuel de ces dictionnaires toniques. Il en existe quelques-uns qui ont été composés par des Européens. Les mots sont disposés dans l'ordre des lettres de l'alphabet. Ainsi, on place d'abord tous les sons : Chā, puis les sons : Chāng, Chaō, etc. Il n'y a donc aucune difficulté pour un jeune sinologue.

Quant aux dictionnaires *toniques* chinois, les plus connus sont :

1° Le dictionnaire : Où tchĕ́y yún soûy 五車韻瑞, publié en 1397. Il est en 20 volumes.

2° Le dictionnaire : Hiaŷ chĕn pĭn tsé tsién 諧聲品字箋, en 18 volumes, dû à la plume de Yŭ-Hièn-Hŷ et à celle de son fils. Cet ouvrage a paru en 1677.

3° Le dictionnaire : Peý ouên yún foù 佩文韻府, en 130 volumes, est un vrai trésor de la langue chinoise. Il fut rédigé par ordre de l'Empereur Kāng-Hŷ et enrichi d'une Préface de la main de ce Prince.

4° Le dictionnaire : Où fāng yún ȳn 五方韻音, en 2 volumes in-8°. Ce dernier ouvrage, à cause de sa commodité, jouit d'une très-grande vogue dans toute la Chine.

Voici la manière dont on se sert de ce dernier dictionnaire :

A la suite de la Préface chinoise, le lecteur a sous les yeux un double index en forme de tableau.

Le premier de ces index à droite porte le nom de Yûn moŭ 韻目 qui veut dire : index des tons. Il sert à distinguer les syllabes finales des mots chinois ou les terminaisons. Cet index ne renferme que les 12 caractères suivants :

1° Tiēn	天,	qui désigne toutes les finales en		an, ien, iuan, iuen, ouan.
2° Jên	人,	—	—	en, in, iun, ouen.
3° Lông	龍,	—	—	ong, iong.
4° Yâng	羊,	—	—	ang, iang uang, ouang.
5° Niêou	牛,	—	—	eou, ieou.
6° Ngáo	奧,	—	—	ao, iao.
7° Hoù	虎,	—	—	ou.
8° Tŏ	駝,	—	—	o, yo.
9° Chĕ	蛇,	—	—	ĕ, ie, iue.
10° Mà	馬,	—	—	a, ia, oua.
11° Tchāy	豺,	—	—	ai, iai, ouai,.
12° Tý	豸,	—	—	i, ouy, iu.

La deuxième table de la page à gauche, porte le titre chinois de : 20 *caractères-mères*, Eùl chĕ tsé moù 二十字母. Cette table sert, comme nous le verrons plus bas, à désigner les *consonnes initiales* des mots chinois. Voici ces 20 caractères-mères :

1° Pāng	梆	désigne	P.	11° Chĕ	石	désigne	Ch.
2° Paŏ	匏	—	P aspiré.	12° Jĕ	日	—	J.
3° Moŭ	木	—	M.	13° Tsién	剪	—	Ts.
4° Fōng	風	—	F.	14° Tsiŏ	鵲	—	Ts aspiré.
5° Teòu	斗	—	T.	15° Hý	係	—	H.
6° Toŭ	土	—	T aspiré.	16° Yûn	雲	—	Y.
7° Niaò	鳥	—	N.	17° Kīn	金	—	K.
8° Loûy	雷	—	L.	18° Kiâo	橋	—	K aspiré.
9° Tchoŭ	竹	—	Tch.	19° Hò	火	—	H.
10° Tchōng	虫	—	Tch aspiré.	20° Ouā	蛙	—	O.

Voici l'usage de ce double tableau :

Supposons que l'on ait à chercher le mot Chā 沙. On ira tout droit à cette deuxième table chercher les consonnes initiales du mot Chā, dans un de ceux de cette table. On sera conduit au mot Chĕ 石, dont les sons initiaux sont iden-

tiques. Puis on cherchera dans l'autre table le mot dont la terminaison est la même. L'inspection de ce tableau conduira au mot **Ma** 馬. En prenant **Ch** du mot **Chĕ** et la lettre **a** du mot **Ma**, on aura le mot **Cha**. Après cette opération, on cherche, au moyen de la pagination, le mot **Ma** dans le dictionnaire. Lorsqu'on l'a trouvé, on cherche le caractère **Che** 石, qui est placé, comme les caractères-mères du reste, en tête de la page, comme on dirait en marge. Audessous de ce caractère **Chĕ** sont, en effet, rangés par ordre de tons tous les mots **Chā**, contenus dans le dictionnaire, avec une courte explication de chacun d'eux. C'est ainsi qu'avec le secours de ce dictionnaire tonique, on découvre les caractères que l'on ne sait plus écrire et dont on veut également avoir le ton.

Le premier dictionnaire tonique a paru en Chine sous la dynastie des **Tâng**, vers l'an 679 de notre ère. Il portait le titre de **Tâng yún** 唐韻.

VII. — DE LA PONCTUATION CHINOISE.

Les Chinois ont un mode tout particulier pour marquer la ponctuation. Ils n'attachent pas, il est vrai, une grande importance à ce que les livres soient ou non ponctués. Aussi, il est presque rare de trouver en Chine des ouvrages où l'on ait pris ce soin. Cela tient sans doute à une habitude générale; car par suite de l'absence de ponctuation, nous avons vu souvent les Chinois se trouver obligés de reprendre la lecture d'une phrase. Pour un sinologue européen, l'inconvénient est plus grave.

Les livres chinois, destinés aux élèves, sont en général ponctués. Les éditions des **Kin** ou livres sacrés, celles des classiques à l'usage des Princes de l'Empire, sont ponctués avec un grand soin (1).

Le signe ordinaire de la ponctuation est un petit ｡ que l'on place à droite, un peu au-dessous du caractère et en dehors de la ligne. Ce petit ｡ marque soit la fin d'un membre de phrase, d'une période (**Ў kiú** 一句), soit la fin de la période ou de la phrase (**Ў toŭ** 一讀). Au lieu du petit ｡ on trouve souvent une espèce de larme ❟ qui imite assez bien le coup de pinceau que le magister chinois trace sur le livre des élèves, en leur donnant l'explication des signes.

Le commencement d'un alinéa, d'un nouvel article, est souvent marqué par un large cercle ○, la fin par un petit ｡ ou par un tiret à gauche et un audessus du caractère final.

Si l'on veut appeler l'attention sur un passage, signaler une pensée sublime, on met à la droite de chaque caractère du passage ou de la phrase que l'on a en vue, un petit ｡. Lorsqu'il s'agit d'un nom de ville, de localité, d'un nom

(1) Nous citerons, entre autres, l'ouvrage qui a pour titre : 四書離句集註.

étranger, d'un nom propre écrit avec deux ou trois caractères, les Chinois placent à la droite une ligne simple verticale | ou une ligne double ‖. Ces signes répondent soit à nos guillemets, soit à notre méthode de souligner ce qui doit frapper l'attention du lecteur. Ces mêmes signes tiennent également lieu des lettres italiques, que nous employons dans le même but.

Nous avons dit dans la première partie de cet ouvrage qu'un très-grand nombre de caractères chinois changeaient leur prononciation, leur ton et, partant, leur acception. La plupart du temps, c'est au lecteur intelligent de deviner cela. Dans les livres, dont l'impression est soignée ou que l'on destine à la jeunesse, on n'omet pas de placer un demi-cercle (à l'angle du caractère pour avertir le lecteur du changement de ton ou d'acception.

La langue chinoise moderne fait un fréquent usage de *mots doubles*, d'onomatopées très-expressifs. Au lieu de répéter le second mot double, on emploie le signe suivant < et quelquefois l'on se borne à donner un simple coup de pinceau. Ces signes correspondent à l'*idem* des Latins.

Si l'on veut exprimer l'*et cætera* des Latins ou notre expression française : *et le reste*, on emploie, en chinois, le mot Yûn que l'on répète : Yûn yûn 云云, *et cætera*. Ces deux signes doivent être d'un format plus fin que celui du texte, et doivent ressortir un peu à droite, en marge.

Dans les dictionnaires, dans les livres dont l'impression est soignée, les citations, les noms d'auteur, les titres des livres sont enveloppés dans un parallélogramme; ils sont quelquefois aussi imprimés en blanc sur un fond noir.

Veut-on, en chinois, constater des lacunes d'un texte, des omissions? On laisse autant de cases vides qu'il y a de caractères omis.

Dans nos langues latines, on se borne, pour tout signe de respect, de politesse, à employer une majuscule en écrivant le nom de Dieu, du Prince régnant, de la personne élevée en dignité ou de celle que l'on respecte. En Chine, on interrompt la ligne verticale commencée, et l'on reporte au haut de la ligne suivante le nom de la personne en dignité et quelquefois même les termes de respect qu'on lui décerne, bien que le nom propre ne soit pas écrit. En outre, ces caractères dépassent en hauteur de 1 à 3 cases la ligne ordinaire, selon le degré de respect que l'on porte à celui auquel on écrit, ou dont on parle. — Dans le style épistolaire, on laisse souvent en blanc deux ou trois cases, et l'on écrit ensuite le titre honorifique dont on se sert ou le nom propre de la personne que l'on a en vue.

Les notes ou explications d'un livre chinois sont, en général, imprimées avec un caractère beaucoup plus fin que celui du texte. Souvent on place ces notes à deux colonnes dans l'endroit du livre auquel elles se rapportent. Cet usage est général dans les dictionnaires chinois.

Les ouvrages chinois ont presque tous plusieurs Préfaces. Les premières

sont celles des éditeurs et des rédacteurs; la dernière est celle de l'auteur de l'ouvrage. Chaque Préface est datée à la fin et revêtue du sceau de l'auteur, qui met, en outre, son cachet.

Les ouvrages chinois ont des tables, en général, bien soignées. On peut d'un coup d'œil embrasser le plan de l'auteur. Les éditions impériales portent toutes en tête du titre, ces mots : **Yù tché** 製 御 (fait par ordre de l'Empereur ou Édition impériale). Souvent les auteurs se plaisent à joindre aux Préfaces le texte même du décret impérial.

Le titre du livre chinois est reproduit sur chaque feuille repliée. Les grandes divisions d'un ouvrage sont désignées par ce mot **Kiuēn** 卷 qui correspond à nos mots *livre, partie*. Si l'ouvrage a deux, trois livres ou parties, on emploie ces mots **Cháng** 上, **Tchōng** 中, **Hiá** 下 pour les désigner. Ainsi l'on dit : **Cháng kiuēn** 上 卷, pour le premier livre ou la première partie; **Tchōng kiuēn** 中 卷, pour le deuxième livre ou celui du milieu; **Hiá kiuén** 下 卷, pour le troisième ou dernier livre. Si l'ouvrage a plus de trois parties, on se sert des noms de nombre. Cette division générale se répète sur chaque feuille d'un livre au-dessous de son titre.

L'usage chinois pour la division des volumes n'est pas uniforme. Cela dépend de la volonté de l'auteur et de l'étendue de son travail. Un volume se désigne par le mot **Pèn** 本, qui est le caractère numéral usité en cette occasion. Les chapitres portent le nom de **Tchāng** 章; les articles ou paragraphes celui de **Tsiĕ** 節; les romans, les comédies, au lieu du mot **Tchāng** 章 sont divisés en actes qui portent le nom de **Houŷ** 回.

海上絲綢之路文獻集成 科技與文化編

CHAPITRE VI.

RÈGLES GÉNÉRALES DE LA SYNTAXE CHINOISE.

PREMIÈRE SECTION.

LA LANGUE CHINOISE EST-ELLE DÉPOURVUE DE FORMES ET DE RÈGLES GRAMMATICALES?

Quelques savants, complétement étrangers aux études chinoises, ont avancé que la langue de Confucius était dépourvue de formes et de règles grammaticales. De cette assertion, émise sans la moindre preuve, d'autres écrivains ont conclu que nulle langue au monde ne devait être aussi *pauvre*, *monotone* et *primitive* que la langue chinoise. Aucun préjugé n'envahit les masses avec autant de rapidité et surtout n'est tenace comme celui qui tire son origine du monde savant. De nos jours encore, malgré les éloquentes réfutations de sino-

logues habiles, ces fausses appréciations de la langue chinoise sont répétées de toutes parts et écrites dans tous les ouvrages modernes, qui, de près ou de loin, touchent aux questions de la philologie.

Aucun peuple de l'univers n'a produit, jusqu'à présent, des encyclopédies aussi vastes, aussi riches et aussi variées sur toutes les branches des connaissances humaines, que le peuple chinois. Est-ce là le signe d'une langue pauvre? Est-ce là l'indice *d'une langue qui n'est pas propre à devenir l'instrument de l'esprit*, comme se plaît à le dire G. de Humboldt (1), qui a égaré l'opinion publique sur cette matière? Les œuvres de ce célèbre voyageur renferment souvent des aperçus élevés, nouveaux, mais presque toujours mêlés à des paradoxes. Tout en avouant que *la langue chinoise possède une structure très-rigoureuse, très-conséquente*, G. de Humboldt déclare qu'elle *est une rude gymnastique appliquée à l'esprit*, et que cette *absence grammaticale* de la langue *augmente la sagacité de la nation*. Ce sont autant de paradoxes qui ne supportent pas la critique.

La langue chinoise a servi à exposer d'une manière plus lucide que le grec lui-même les doctrines platoniciennes, les subtilités de la métaphysique des Brahmanes et des **Taó-sé** (ou sectateurs de la raison). Quel est le sinologue qui ne se soit extasié mille fois sur la richesse, sur l'abondance, sur la douceur et sur la grâce de la langue chinoise? richesse et abondance d'autant plus merveilleuses que le mécanisme de la syntaxe est plus simple, plus naturel.

La langue chinoise possède des formes, des règles grammaticales. A la vérité, elles sont peu nombreuses, mais suffisantes; elles sont claires, nettes, bien déterminées. Le plus ancien style de la littérature chinoise, qui atteint au sublime et porte avec lui son parfum exquis de la plus haute antiquité, est moins chargé de ces règles, de ces formes superflues qui font la principale difficulté des autres langues. Le style moderne, la langue *orale* surtout, est plus riche en formes et en règles grammaticales. Ainsi, sur vingt mots qui composent une période, une partie est destinée à lier, à arrondir les membres de la phrase ou à marquer les circonstances de l'action. Si la langue chinoise *écrite* offre quelques difficultés, ces difficultés ne lui viennent donc pas de la multiplicité des formes et des règles grammaticales; elles lui viennent, surtout pour les Européens, de la richesse de ses idiotismes.

A chaque pas, on trouve dans les livres chinois des mots composés qu'il faut prendre dans un sens métaphorique, figuratif, et non point dans leur sens naturel. Ces mots font allusion à un fait, à un personnage historique, à quelque chose de particulier, qui souvent n'est pas connu du commun des lecteurs.

La langue française est elle-même remplie de semblables expressions. Pour·

(1) Sur la langue Kawi, 339.

les comprendre, un étranger a besoin d'avoir à sa disposition des secours particuliers. Donnons pour exemple les expressions suivantes :

C'est un vrai coup de Jarnac.

Se noyer dans la mare à Grapin.

Être comme l'âne de Buridan.

Il fait comme le valet de Marot.

Faire un tour de Villon.

Avoir le mal Saint-Jean.

Tomber de Charybde en Scylla.

La langue anglaise a des mots doubles dans le genre de certains mots chinois, *v. g.* :

A see-saw (mot à mot) un voir-scie, pour dire : une balançoire.

A nipper-kin (le mot *nipper*, satirique, *kin*, parent), pour dire : une petite coupe.

Set-foil, tormentille. (*Set*, placer, *foil*, chute, faux pas.)

Toute la syntaxe de la langue chinoise se résume dans les deux grandes règles générales suivantes :

1° L'emploi de *particules* ou *affixes* qui remplacent les désinences des mots des langues à flexion. Ces particules chinoises marquent les rapports des mots entre eux, indiquent pour les noms communs les cas, les genres; pour les verbes, les modes, les temps, les voix et les personnes. Leur application est régulière. Peu nombreuses, elles sont plus faciles à retenir que les désinences si variées des mots dans les langues à flexion (1).

2° La disposition des mots de la phrase. Par une habile et ingénieuse combinaison des mots, les Chinois ont obtenu des résultats prodigieux. On a donné à cette combinaison des mots chinois le nom de *règle de position.*

Saisir promptement le *rôle des particules* ou *affixes* dans la langue chinoise, mais surtout celui de la *règle de position*, c'est le moyen de devenir en peu de temps un habile sinologue.

Le rôle des particules ou affixes, dans la langue chinoise, se fait remarquer promptement. La nature, l'étendue, la délicatesse du rôle de cette classe de mots, voilà ce qu'il n'est pas aussi facile de saisir. Car ce procédé, propre peut-être exclusivement à la langue chinoise, s'éloigne infiniment de nos habitudes, de notre manière d'envisager et d'étudier une langue. Aussi avons-nous cru devoir consacrer un chapitre de cet ouvrage à l'étude spéciale de quelques-unes des particules ou affixes chinois.

---

(1) L'unique intérêt de la vérité nous oblige à faire, au sujet de ces affixes, les mêmes réserves que nous avons faites au sujet de la *règle de position*. M. Egger, membre de l'Institut, attribue à un sinologue moderne la *découverte* et la *première application* de ces affixes; il commet une erreur regrettable. Le seul mérite du sinologue qu'il a en vue, consiste, peut-être, à insister davantage sur l'importance du rôle de ces affixes; mais c'est là tout son mérite.

Quant à la *règle de position*, il est impossible d'étudier durant huit jours la langue *écrite*, sans être aussitôt frappé de ce rôle si varié des mots d'une phrase, selon leur position respective. Les mêmes termes servent à exprimer les noms communs, les adjectifs, les verbes, les adverbes, etc., selon leur place dans la phrase. Il y a plus; les mêmes caractères (1) peuvent être ou prononcés sur un ton vocal différent ou l'être de plusieurs manières différentes. Malgré cela, on distingue toujours facilement les diverses parties du discours.

Cette règle de position, qui est la *clef de toute la grammaire chinoise*, est, au fond, d'une simplicité étonnante; elle en est d'autant plus ingénieuse. Nos lecteurs savent tous, par exemple, qu'en arithmétique, on exprime avec neuf chiffres seulement et le zéro, des *milliers* et même des *millions* d'idées, et cela tout simplement par la *règle de position de ces chiffres*. Ainsi, le nombre 4, considéré seul, est indifférent à signifier des unités, des dizaines, des centaines, etc.; sa valeur se tirera de sa position dans un nombre déterminé. Il en est de même de la *règle de position des mots* dans la langue chinoise.

Ces combinaisons, excessivement variées, modifient nécessairement le rôle grammatical des mots. La phrase acquiert par là un sens tout différent de celui qu'elle aurait, si les caractères étaient pris dans leur acception ordinaire.

Les langues à flexions ou à désinences sont assurément ingénieuses. Elles ont plus de liberté que les autres pour la construction et pour la tournure des phrases. Au moyen d'un agencement habile des mots, on peut, dans ces langues, viser beaucoup à l'effet; on peut surtout obtenir une certaine harmonie qui flatte agréablement l'oreille. La ressource des inflexions ou des désinences est surtout de déterminer le rapport des mots entre eux, et cela par suite d'une convention tacite.

D'une autre part, les mots de la langue chinoise étant tous et toujours invariables, on a, dans cette langue, l'avantage incontestable d'une plus grande clarté. Car tous les vrais philologues avouent que les langues de ce genre se prêtent mieux aux démonstrations scientifiques, par là même qu'elles sont forcées de suivre l'ordre naturel et logique des idées.

Nous écrivons en faveur des jeunes sinologues européens qui ne peuvent se dépouiller aussitôt du génie et des habitudes de leur langue maternelle. Nous allons faire ici l'application des *particules* ou *affixes chinois*, dans tous les cas ordinaires, en employant nos termes grammaticaux qui sont inconnus aux Chinois, ainsi que celle de la *règle de position des mots*.

---

(1) Nos lecteurs sont priés de bien remarquer la différence qui existe entre ces deux expressions : *mots chinois* et *caractères chinois*. Les écrivains qui parlent de la langue chinoise, sans la connaître, ont fait cette confusion fâcheuse et commis de la sorte une foule d'erreurs.

海上絲綢之路文獻集成 科技與文化編

DEUXIÈME SECTION.

SYNTAXE DES SUBSTANTIFS OU DES NOMS COMMUNS.

I. — CONSTRUCTION DE LA PHRASE CHINOISE.

Toute phrase chinoise, où il n'y a rien de sous-entendu, se construit régulièrement de la manière suivante : 1° le sujet, qui précède constamment le verbe. Nous ne connaissons que l'exception consignée dans la note ci-dessous (1). 2° Le complément du sujet se place toujours avant le sujet. 3° L'adjectif chinois se place *régulièrement* avant le nom qu'il qualifie, de même que l'adverbe chinois se place toujours *avant* le verbe. 4° Vient ensuite le verbe que l'on sous-entend très-souvent en chinois, sans nuire à la clarté du langage. 5° Le régime direct et enfin le régime indirect. Les propositions *déterminantes* se placent toujours avant les propositions *déterminées*. Tel est l'ordre constant d'une phrase chinoise.

L'absence de déclinaison est une difficulté de moins dans l'étude de la langue chinoise. Les particules ou affixes tiennent lieu de ces cas ou de ces désinences. Tout ce que nous allons dire s'appliqué à la langue *orale* comme à la langue *écrite*.

II. — DU NOMINATIF (2).

Le sujet d'une phrase ou, si l'on veut, le nominatif, ne prend en chinois

---

(1) Cette exception comprend le verbe auxiliaire Yeoù 有, signifiant *avoir*, *il y a*, *habere*, et quelques mots qui répondent exactement au sens des verbes impersonnels français. Ainsi l'on dit :

Il tombe de la pluie. *Cadit pluvia.* Lǒ yù 落雨 ou Hià yù 下雨.

Il tombe de la neige. *Cadit nix.* Lǒ suě 落雪.

Il fait du vent. *Exurgit ventus.* Kỳ fōng 起風.

Le vent est changé. *Convertit ventus.* Fān fōng 番風.

Jouer à la pile. *Folle ludere.* Kỳ kieǒu 起毬.

Dans ces phrases, les mots : Yù, siuě, fōng, kieǒu, sont placés après le verbe, bien qu'ils soient les sujets ou les nominatifs.

Est-ce qu'il y a un autre motif? Kỳ yeoù tā tsaỳ 豈有他哉?

Parmi les hommes de l'antiquité, il y en a qui ont fait cela. 古之人有行之者. (Móng-Tsè.)

(2) On peut, par des *termes équivalents*, exprimer en chinois les noms des cas de nos déclinaisons.

aucune marque distinctive. Il demeure dans son état naturel; on ne le *particule* jamais.

EXEMPLES :

Les parents aiment leurs enfants. En chinois littéralement on dit : *Pater-mater amant filios-filias.* **Foú moù gaý eùl niù** 父母愛兒女.

Le ciel récompense les bons. Littéralement : *Cœlum remunerat bonos homines.* **Tiēn chàng chán jên** 天賞善人.

Dieu a créé le ciel, la terre et toutes les choses. Littéralement : *Deus creavit cœlum, terram, omnes res.* **Tiēn-Tchoù tsaŏ leào tiēn tý ouán oŭ** 天主造了天地萬物.

L'homme a de bons désirs. **Jên yeoù chán yuén** 人有善願.

Une parole ruine une affaire; un homme assure le sort d'un empire. **Ў yên fén sé; ў jên tín kouĕ** 一人僨事。一人定國.

Les murs ont des fentes; les cloisons, des oreilles. **Tsiāng yeoù fóng; pý yeoù eùl** 墻有縫。壁有耳.

III. — DU GÉNITIF.

Le rapport de *dépendance*, d'*attribution*, d'*appartenance*, de *possession* des mots s'exprime en français, au singulier, par les prépositions *de, du, de la;* au pluriel par le mot *des;* en latin par le *génitif*.

Ce rapport se marque, en chinois, par la particule ou l'affixe **Tý** 的 dans la langue *orale* et par la particule **Tchē** 之, dans la langue *écrite*. Ces affixes se placent invariablement après le nom, que ce nom soit simple ou qu'il soit composé. Il n'y a qu'une seule exception à cette règle.

EXEMPLES :

Le cœur de l'homme. *Hominis cor.* **Jên tý sīn** 人的心.

La grâce de Dieu. *Dei gratia.* **Tiēn-Tchoù tý gēn** 天主的恩.

Nous les donnons ici en faveur de ceux qui enseignent les langues européennes aux Chinois.

Le mot déclinaison se dit : **Mîn pién fă** 名變法 ou bien **Mîn tsān pién** 名參辦.

Un cas, *casus*, en général, se dit en chinois : **Tsò** 座 ou bien **Yún** 韻.

Nominatif (de *nominare*), se dit en chinois : **Choûy** 誰 ou bien **Tchēn yún** 稱韻.

Génitif (de *gignere*), se dit en chinois : **Choûy tý** 誰的 ou bien **Tý yún** 的韻.

Datif (de *dare*), se dit en chinois : **Yù choûy** 與誰 ou bien **Yù yún** 與韻.

Accusatif (de *accusare*), se dit en chinois : **Taó choûy** 到誰 ou bien **Kaó yún** 告韻.

Vocatif (de *vocare*), se dit en chinois : **Kiaò choûy** 叫誰 ou bien **Kaó yún** 叫韻.

Ablatif (d'*ablatus*), se dit en chinois : { **Tsŏng choûy** 從誰 ou bien **Tchoû yún** 除韻. / **Pý choûy** 被誰.

Les habitants de la France. *Galliæ homines.* Fă kouĕ tў jên 法國的人.

La langue de la Chine. *Medii Imperii lingua.* Tchōng kouĕ tў hoá 中國的話.

Le livre de Paul. *Pauli liber.* Paò-Loŭ tў choū 保祿的書.

La voie du ciel. *Cœli via.* Tiēn tchē taó 天之道.

La règle de la grande étude. *Magni studii lex.* Tá hiŏ tchē taó 大學之道.

Remarque. — Toutefois, on sous-entend très-souvent, par euphonie, ces particules ou affixes, indiquant le génitif, même lorsque plusieurs génitifs régis l'un par l'autre, soit comme complément du sujet, soit comme complément du régime direct, se succèdent dans une phrase; ce dernier cas est très-commun dans la langue *écrite* (1). Si la suppression des affixes était de nature à causer de l'amphibologie, il est bien évident qu'on sacrifierait l'*euphonie* à la clarté de la phrase. Lorsque plusieurs génitifs se suivent, c'est après le dernier que l'on place l'affixe Tў 的 ou Tchē 之.

EXEMPLES :

Les murs de la ville. *Urbis mœnia.* Tchĕn tsiāng 城墻 au lieu de Tchĕn tў tsiāng.

Le cœur de l'homme. *Hominis cor.* Jên sīn 人心 au lieu de Jên tў sīn.

La force du vin. *Vini virtus.* Tsieoù lў 酒力 au lieu de Tsieoù tў lў.

Les ordres du ciel. *Cœli mandata.* Tiēn mín 天命 au lieu de Tiēn tchē mín.

EXCEPTION :

Cette exception comprend deux séries de mots, c'est-à-dire que dans les deux cas suivants, le génitif ou le complément du sujet se place *après* ce sujet au lieu de le précéder.

1re *série.* — Les mots qui servent à exprimer la *quantité*, le *poids*, la *mesure*, la *longueur*, l'*agrégation*, sont suivis, comme en français, de leur complément, au lieu de les précéder.

EXEMPLES :

Une livre de vin. *Una libra vini.* Ў kīn tsieoù 一斤酒.

---

(1) Ainsi :

Diriger le cœur des hommes de l'Empire. Kouàn niŏ tiēn hiá jên sīn 管攝天下人心.

La forêt des perles du Jardin de la loi. Fă yuên tchoū lîn 法苑珠林.

Introduction du *Commentaire* de Laò-Tsè, du Docteur de la plaine de l'Ouest de la famille Sy.

Pў sў yuên siēn sēn Laò-Tsè tsў kiaў ўn 薛西原先生老子集觧引.

Le sens est clair, malgré l'absence de l'affixe Tchē 之, signe du génitif.

海上絲綢之路文獻集成 科技與文化編

Un verre de vin. *Unum poculum vini.* Ў peў tsieoù 一盃酒.
Une bouteille de vinaigre. *Una lagena aceti.* Ў pîn tsoù 一瓶醉.
Une once d'argent. *Una uncia argenti.* Ў leàng ŷn tsè 一兩銀子.
Un pied de toile. *Unus pes telæ.* Ў tchè poú 一尺布.
Une voiture de plume. *Unus plumarum vehes.* Ў yû tchè 一輿羽.
Une boulette de marne. *Unus margæ globulus.* Ў ouân ngŷ 一丸泥.
Un pouce de terre. *Unus terræ pes.* Ў tchĕ tŷ 一尺地.
Un troupeau de moutons. *Unus ovium grex.* Ў kiûn yâng 一羣羊.
Le grand Yû ménageait jusqu'à un pouce de temps 大禹惜尅陰.

2ᵉ *série.* — La plupart des particules *numérales* ou *numériques* chinoises, impliquant l'idée de *collection*, d'*agrégation*, d'*articles*, sont dans le même cas (1).

EXEMPLES :

Une pièce de vers. *Unum carmen.* Ў cheoù chē 一首詩.
Un coup de vent. *Ventorum verbera.* Ў koù fōng 一股風.
Un fragment de toile. *Telæ fragmentum.* Ў foŭ poú 一幅布.
Une main de papier. *Papyri scapus.* Ў taō tchè 一刀紙.
Un article de foi. *Fidei articulus.* Ў touān táo lỳ 一端道理.
Trois paires de chandeliers. *Candelabrorum tria paria.* Sān touý lă tăy 三對蠟臺.
Une troupe de jeunes gens. *Juvenum caterva.* Ў pān chào niên 一班少年.

IV. — DU DATIF. — TROIS MANIÈRES DE L'EXPRIMER.

Première manière.

Le rapport exprimé en français par les prépositions *à, au, à la, dans,* c'est-à dire par le régime indirect ou en latin par le *datif,* se marque ordinairement en chinois par l'une des particules ou affixes suivants : Yū 於, Yū 于, *par, dans, à,* Yù 與, *avec, au,* Kén 更, *à* (2). Tous ces mots sont synonymes. L'usage apprend peu à peu à connaître leur nuance respective et règle les cas où il faut employer l'un de préférence à l'autre.

EXEMPLES :

Avancer dans la vertu. *Ad virtutem progressionem facere.* Tsín yū tĕ 進於德.

---

(1) Voir le recueil de ces particules dans notre Dictionnaire français-chinois, page 67.

(2) On trouve quelquefois dans les livres la préposition Hoû 乎, au lieu de celles que nous indiquons ci-dessus.

Que me dites-vous là? *Quid mihi dicis?* Ngỳ yū ngò chŏ chén mô 你於我說甚麼?

Dites-moi. *Tu mihi dicito.* Ngỳ kén ngò chŏ 你更我說.

Móng-Tsè me demanda ce qu'était la piété filiale. *Mencius inquisivit de pietate filiali.* Móng-Tsè ouén hiáo yū ngò 孟子問孝於我.

Le sage aime à être lent dans ses paroles, mais rapide dans ses actions. Kiūn tsè yoŭ lă yū yên eûl mìn yū hìn 君子欲訥於言而敏於行.

Deuxième manière.

Au lieu des particules ou affixes du paragraphe précédent, on emploie souvent, en chinois, ceux-ci, qui forment comme une espèce d'idiotisme. Ces affixes sont : Hiáng 向, *se tourner vers;* Touý 對, *regarder vers;* Tỳ 替, *pour, au lieu de, pro loco;* Hô 和, *avec, en union de.*

EXEMPLES :

Dites-lui. *Dic illi.* Littéralement en chinois : *Vertens te ad illum dic.* Ngỳ touý tā chŏ 你對他說.

Il me dit. *Ille mihi dicit.* Littéralement : *Ille vertens se ad me dicit.* Tā touý ngò chŏ 他對我說.

Jésus dit à ses disciples. *Jesus vertens se ad discipulos ait.* Yĕ-Soū hiáng tsōng toŭ mên chŏ 耶穌向宗徒們說.

Je lui répondis. *Ego versus ad eum respondi.* Ngò touý tā chŏ 我對他說.

Troisième manière.

Le régime indirect d'un certain nombre de verbes français n'est marqué, en chinois, par aucune particule ou affixe particulier. Ce sont surtout les verbes qui ont le sens de *donner, offrir, promettre, parler à, référer à, livrer à,* etc. En chinois, c'est la *position* qui indique le régime indirect. L'usage apprend peu à peu quels sont les verbes dont le régime indirect français n'est désigné en chinois par aucune particule.

EXEMPLES :

Offrir à quelqu'un. *Offerre alicui.* Sóng jên 送人.

Donner à quelqu'un du vin. *Dare vinum alicui.* Tsé jên tsièou 賜人酒.

Sacrifier aux ancêtres. *Sacrificare proceribus.* Tsý tsoū jên 祭祖人.

Livrer quelqu'un au mandarin. *Præfecto aliq. tradere.* Kiaō kouān ў kó jên 交官一个人.

Faire l'aumône au pauvre. *Eleemosynam alicui dare.* Gaý kin kiōng jên 哀矜窮人.

En référer à un mandarin. *Referre præfecto.* Pìn kouān 稟官.
Se jeter au feu. *Se igni tradere.* Teŏu hò 投火.
Exciter à la révolte. *Rebellion. provocare.* Jĕ jên fàn 惹人反.
Offrir un placet à l'Empereur. Tseŏu houâng cháng 奏皇上.
Parler à son avantage. *Laudibus se attollere.* Kouā tsiàng tsé kỳ 誇奬自已.

V. — DE L'ACCUSATIF. — QUATRE MANIÈRES DE L'EXPRIMER EN CHINOIS.

Première manière.

Le rappórt exprimé par le régime direct ou par l'*accusatif* des Latins ne se marque, dans la langue *orale*, par aucune particule distinctive. Ce régime direct, étant seul, se place immédiatement après le verbe.

EXEMPLES :

Manger le riz. *Oryzam manducare.* Tchĕ fán 喫飯.
Boire le thé. *Bibere theum.* Tchĕ tchâ 喫茶.
Infuser le thé. *Macerare theum.* Paò tchâ 抱茶.
Fumer le tabac. *Fumare tabacum.* Tchĕ yēn 喫煙.
Faire des vers. *Versus facere.* Tsoú chē 做詩.
Détester quelqu'un. *Odisse aliquem.* Hén jên 恨人.
Réprimander quelqu'un. *Vituperare aliquem.* Tsĕ pý jên 責備人.
Finir une affaire. *Rem finire.* Ouân sé 完事.
Apprendre un art. *Artem addiscere.* Hiŏ cheoù ný 學手藝.
Calomnier quelqu'un. *Calumniari aliquem.* Ouáng-tchén jên 妄証人.
Aimer quelqu'un. *Amare aliquem.* Gaý jên 愛人.

Deuxième manière.

Mais si le régime direct implique l'idée d'un mouvement soit *commandé*, soit *libre*, il est plus élégant, plus expressif, en chinois, d'employer soit la particule Pà 把, qui veut dire : *prendre, saisir avec la main*, soit la particule Tsiàng 將 qui a le même sens, et de faire avec ces particules un idiotisme chinois.

EXEMPLES :

Fermez la porte. On dira en chinois : Prenez, saisissez la porte et fermez-la. Pà mên kouān 把門關.

Apportez-moi un livre. On dira : Prenez un livre et donnez-le-moi. Pà ŷ pèn choū lâ lây 把一本書拿來.

Se donner tout à Dieu. Littéralement : Prendre sa personne et la livrer entièrement à Dieu. Tsiàng tsé kỳ tsuĕn kiāo yū tchoù 將自已全交于主.

海上絲綢之路文獻集成 科技與文化編

Troisième manière.

On trouve, à chaque instant, dans les livres canoniques de la Chine surtout, le régime direct ou l'accusatif, marqué par les particules Ỳ 以, Yû 於, Yû 于 et Hoû 乎. Mais nos lecteurs n'oublieront pas que le régime marqué par la particule Ỳ 以 précède presque toujours le verbe actif. L'oubli de cette règle embarrasse continuellement les jeunes sinologues. Dans la langue *écrite*, cette tournure répond à celle de la règle précédente qui est en usage dans la langue *orale*.

EXEMPLES :

Donner l'Empire à quelqu'un. *Imperium alicui tradere.* Ỳ tiēn hiá yû jên 以天下與人.

Léguer une chose à quelqu'un. *Rem alicui legare.* Ỳ oŭ ý jên 以物遺人.

Redresser ce qui est courbé. *Curvum erigere.* Ỳ kioŭ ouý tchén 以曲爲眞.

Confucius lui donna la fille de son frère en mariage. *Confucius ei filiam in uxorem tradidit.* 孔子以其兄之子妻之.

Réjouir ses parents. *Gaudio parentes afficere.* Yuĕ yû tsīn 悅於親.

Épuiser le cœur de l'homme. *Hominis cor exhaurire.* Tsīn yû jên sīn 盡於人心.

Protéger le peuple. *Populum tueri.* Paò hoû mîn 保乎民.

N'oser haïr personne. *Aliq. odisse non audere.* Poŭ kàn oú yû jên 不敢惡於人.

Oserais-je interroger le maître? *Nùm magistrum interrogare auderem?* Kàn ouén yû foū tsè 敢問於夫子.

Quatrième manière.

Dans les ouvrages chinois, on rencontre assez souvent une sorte d'idiotisme qui ne peut se traduire que par un régime direct. Cet idiotisme, comme on le verra dans les exemples suivants, se forme par le verbe auxiliaire Ché 是, *être, verum, rectum, ita est, voilà ce.*

EXEMPLES :

Il écoute les paroles de sa femme. Littéralement : Les paroles de sa femme, voilà ce qu'il écoute. *Uxoris verba en, ecce quæ ipse credit.* Foú yên ché yóng 婦言是用.

Il continue l'amitié du Prince défunt. Littéralement : *Defuncti Principis amicitia est quod ille continuat.* Siēn kiūn tsè haó ché ký 先君子好是繼.

Il reçoit cent félicités. Littéralement : Cent félicités, voilà ce qu'il reçoit. *Centum felicitates ecce quod ipse obtinet.* Pĕ foŭ ché hô 百福是荷.

Il aime la promenade; il pratique la tyrannie. Littéralement : La promenade, voilà ce qu'il aime; etc. Yeôu ché haó; niŏ ché tsó 遊是好。虐是作.

REMARQUE I. — 1° On trouve, dans la langue écrite, surtout dans la phrase rhythmée et dans la poésie, des exemples du régime direct placé, par *euphonie*, avant le verbe. Ces cas ne sont pas fréquents, mais il est bon de les signaler. Ce sont :

1° Les pronoms de la première personne : Ngò 我, Oû 吾, *ego*, Yû 余 et Yù 予, *ego*, et ceux de la seconde personne : Eùl 爾, joû 汝, joú 女, *vous*; que l'on rencontre placés comme on le voit dans les exemples suivants.

EXEMPLES :

Ne nous induisez pas en tentation. *Et ne nos inducas in tentationem.* Yeóu poŭ ngò hiù hán yū yeoù kàn 又不我許陷于誘感. — Le mot Ngò, *nous*, précède le verbe Hiù 許 dont il est le régime direct.

Bien qu'on ne m'emploie pas. (Lén yù.) Siû poŭ oû ỳ 雖不吾以. — Le pronom Oû 吾 précède le verbe 以. Si Oû 吾 était placé après, cela voudrait dire : *par moi.*

Dans un poëme chinois, qui a pour titre Lŷ sâo 離騷, par Kiû-Yuên, on lit ces mots : Personne ne me connait. Mô ngò tchē hŷ 莫我知兮.

Le temps ne m'attend pas. Soúy poŭ ngò yû 歲不我與.

Si mon père et ma mère ne m'aiment pas, y a-t-il de ma faute? Foú moù tchē poŭ ngò gaý, yū ngò hô tsaŷ 父母之不我愛於我何哉.

Il ne m'a pas trompé. Poŭ yû kŷ yuên 不余欺元.

Dans ces deux exemples les pronoms 我 et 余, régimes directs, précèdent le verbe.

Comme j'étais sorti de la ville et que le roi ne me rappelait pas. (Móng-Tsè.) Foû tchoŭ tcheôu eûl Ouâng poŭ yû tchoûy 夫出晝而王不予追. — Le pronom Yû 予 précède le verbe.

Le Prince ne vous supportera pas. (Tsó kieoū mîn.) Ouâng tsiàng poŭ joŭ yông yēn 王將不汝容焉.

2° Le mot Hiá 下 dans le sens d'inférieur, de subordonné.

EXEMPLE :

Ne pas rougir d'interroger ses inférieurs. (Lén yù.) Poŭ tchĕ hiá ouén 不恥下問.

3° Le mot Choûy 誰, qui? *quis, quisnam?*

EXEMPLES :

Qui tromperai-je? (Lén yù.) Oû chouŷ kŷ 吾誰欺.

海上絲綢之路文獻集成 科技與文化編

Avec qui le roi pourra-t-il faire le bien? (**Móng-Tsè.**) **Ouâng chouŷ yû ouý chán** 王誰與爲善.

4° La particule **Tchē** 之, faisant la fonction de pronom relatif, est également placée avant le verbe qui la régit.

EXEMPLES :

Moi, votre sujet, je n'ai pas encore entendu parler de cela. (**Móng-Tsè.**) **Tchĕn tchē ouý tchē ouén ỳ** 臣之未之聞也.

Un Prince qui ait fait cela et n'ait pas régné comme un Empereur, cela ne s'est jamais vu. **Jân eûl poŭ ouàng tchĕ ouý tchē yeoù ỳ** 然而不王者未之有也.

Remarque II. — Les Chinois se plaisent à faire, aussi bien dans la langue *orale* que dans la langue *écrite*, une ellipse avec le régime direct. La phrase en reçoit une expression plus accentuée, surtout si l'on veut marquer l'étonnement, l'admiration.

EXEMPLES :

Vous avez déjà vu cet homme. *Jàm hunc vidisti hominem.* — Ils diront : Cet homme, vous l'avez déjà vu. **Tchĕ kó jên ngỳ tsēn kién kó** 這个人你曾見過.

Il sera facile de vous obtenir ce viatique de voyage. Dites : Ce viatique de voyage, il sera facile de vous le procurer. **Tchĕ pẵn tchẵn pién ỳ tchoŭ leaò** 這盤纏便易處了.

Tout le monde vante les attraits de mademoiselle **Pĕ**. Dites : Les attraits de mademoiselle **Pĕ**, chacun les vante. **Pĕ siaò tsiĕ tchē meỳ jên jên tchên yâng** 白小姐之美人人稱揚.

VI. — DU VOCATIF.

En règle générale, on ne marque pas le vocatif en chinois. Dans la langue écrite, on le marque quelquefois par l'interjection Oh! 吁, ou bien par la répétition du nom de la personne. Mais ces cas sont rares.

EXEMPLES :

O Roi, parlons de l'humanité, de la justice, et rien de plus. (**Móng-Tsè.**) **Ouâng ỳ yuĕ jên ngỳ eûl ỳ ỳ** 王亦日仁義而已矣.

O **Tẵn-Siēn**, vous et moi sommes bien malheureux! **Tẵn-Siēn, Tẵn-Siēn ngò hô ngỳ haò oû loŭ ỳ** 淡仙。淡仙我和你好無緣也.

O Roi, ne vous étonnez pas. **Ouâng oû ỳ** 王無異.

O **Sé**, c'est là une chose bien au-dessus de vos forces. **Sé ỳ feỳ eûl sò ký** 賜也非爾所及.

海上絲綢之路文獻集成 科技與文化編

La particule Ỳ 也, placée dans ce dernier exemple, après le nom de Sé, disciple de Confucius, attire l'attention. Confucius en fait souvent usage dans ses colloques avec ses disciples.

VII. — DE L'ABLATIF. — TROIS MANIÈRES DE LE MARQUER.

Première manière.

Les rapports marqués en français par ces mots : *de, de la, des...* exprimant la *séparation*, la *privation*, *l'ablation*, et, en latin, par le cas *ablatif*, s'expriment en chinois, tantôt par ces mots : Tsé 自, *ex, ab*, Tsŏng 從, *à, ex, ab*; tantôt par ceux-ci : Yū 於 et Hoû 乎, qui ont le même sens.

EXEMPLES :

Venir du ciel. Tsŏng tiēn hiá laŷ 從天下來.

Né de la vierge Marie. Sēn yū mà lỳ yá 生于瑪利亞.

Recevoir la puissance du roi précédent. Cheoù mín yū siēn ouâng 受命于先王.

Délivrez-nous du mal. Kieoû ngò yū hiŏng ngŏ 求我于兇惡.

Personne ne différait de sentiment avec le témoignage de ses parents et de ses frères. Jên poŭ hiên yū kŷ foú moù kouēn tŷ tchē yên 人不閒於其父母昆弟之言.

Deuxième manière.

Mais si, par le cas ablatif, on exprime l'*origine*, la *source*, la *cause*, le *principe d'une chose*, on emploie soit le mot Yeoû 由, soit le mot Tchoŭ 出, qui expriment l'un et l'autre ces idées. L'ablatif s'indique encore par le mot Pý 被.

EXEMPLES :

La porcelaine vient du Kiāng-sȳ. Littéralement : Le Kiāng-sȳ fournit la porcelaine. Kiāng-sȳ tchoŭ tsê kŷ 江西出磁器.

Le vernis vient du Kouý-tcheoū. Kouý-tcheoū tchoŭ tsȳ 貴州出漆.

Le sel vient du Su-tchuen. Sé tchouān tchoŭ yēn 四川出煙.

Être vu par quelqu'un. Pý jên kién 被人見.

Être crucifié. Pý tín chĕ tsé kiá cháng 被定十字架上.

Troisième manière.

L'ablatif est exprimé ou désigné par la *position*, mais cela n'a lieu que dans la langue écrite.

EXEMPLES :

Le prince Hièn-Kōng étant venu de la chasse. Hién-Kōng tiên lây 獻公田來.

De dix mille prendre mille, c'est beaucoup. **Ouán tsiū tsiēn yēn poū ouý poū tō ỳ** 萬取千焉不爲不多矣.

De neuf parties, le royaume de **Tsȳ**, en réunissant toutes ses possessions, n'a qu'une seule de ces parties de l'Empire. **Kieoù Tsȳ tsý yeoù kȳ ỳ** 九齊集有其一

VIII. — DU NOM DE L'INSTRUMENT.

Il y a trois manières d'exprimer en chinois l'action que l'on fait au moyen d'*un instrument.*

Première manière.

L'*instrumental* s'exprime au moyen de la *position.* Ce mode n'a lieu que dans la langue *écrite.*

EXEMPLES

Quoi! vous voulez qu'avec la main je sauve l'Empire sur sa ruine? **Tsè yoù cheoù yuên tiēn hiá hoū** 子欲手援天下乎. — Le mot **cheoù**, *main, manus*, est placé devant le verbe actif **yuên**, *sauver, secourir, opitulari.*

Les malheurs qui viennent du Ciel peuvent être évités; ceux qui viennent de soi ne permettent plus de vivre après. **Tiēn tsoú niě yeoû kò ouȳ; tsè tsò niě poū kò hô** 天作孽猶可違。自作孽不可活. — Les mots **Tiēn** 天, *cœlum*, et **Tsè** 自 *seipse*, sont à l'ablatif et précèdent un verbe passif.

Deuxième manière.

La deuxième manière consiste à faire une espèce d'idiotisme propre à la langue. Le nom de l'instrument est précédé tantôt du mot **Pà** 把, *prendre, saisir*, tantôt du mot **Yóng** 用, *employer, uti*, et souvent aussi dans les livres de la préposition **Ỳ** 以, qui a le même sens.

EXEMPLES :

Il le frappa avec un bâton. En chinois, on dira : Il saisit, il employa un bâton et le frappa. **Tā pà ỳ kēn kouén tà leào tā** 他把一根棍打了他, ou bien : **Tā yóng ỳ kén kouén tà leào tā** 他用一根棍打了他, ou bien encore : **Ỳ kouén tà leào tā** 以棍打了他.

Si vous gouvernez le peuple par les lois, si vous le contenez par les châtiments, le peuple échappera et n'aura pas à rougir. **Taó tchē ỳ tchén, tsȳ ỳ hîn mîn mièn eûl oû tché** 道之以政齊以形民免而無恥.

Troisième manière.

Dans les anciens auteurs chinois, on trouve de temps en temps la particule

Ỳ 以, marque de l'instrumental, placée après le nom de l'instrument ou le mode dont la chose se fait.

EXEMPLES :

En imposer par les châtiments aux quatre peuples barbares. Hîn ỳ oûy sé ỳ 形以威四夷.

Soumettre la Chine par la force de la vertu. Tĕ ỳ jeoû tchōng kouĕ 德以柔中國.

Avec le vin accomplir les rites. Tsieoù ỳ tchĕn lỳ 酒以成禮.

IX. — DES NOMS DE LIEUX, DE DISTANCE, OU DU LOCATIF. — CINQ MANIÈRES DE MARQUER LE LOCATIF EN CHINOIS.

Première manière.

Le lieu où l'on se trouve, où l'on fait une chose, où l'on place une chose, la distance, se marque souvent, dans la langue orale, par une sorte d'*ablatif absolu.*

EXEMPLES :

A vingt lieues de distance de la ville. On dira : *Remotâ (vel) distante civitate sunt viginti stadia.* Lŷ tchĕn eùl chĕ lỳ 離城二十里 ou : Kĕ tchĕn eùl chĕ lỳ 隔城二十里.

Deuxième manière.

Le nom de lieu d'origine de quelqu'un s'exprime par la tournure suivante.

EXEMPLES :

Cet homme est de la ville de Kiĕn-tchang dans la province du Koāng-sȳ. Dites : *Ille est* Kiāng-sȳ Kiĕn-tchang foù *homo.* Tā ché Kiāng-sȳ Kiĕn-tchāng foù jĕn 他是江西建昌府人.

Il est originaire du Kouý-tcheoū. Tā ché Kouỳ-tcheoū jĕn. 他是貴州人.

Il est de la ville de Pékin. Tā ché Pĕ-kin tchĕn jĕn 他是北京城人.

Troisième manière.

Souvent, en chinois, le locatif se marque par la *position,* sans que cette absence d'aucun signe spécial pour le désigner nuise à la clarté. Alors le mot que l'on met au locatif précède les verbes.

EXEMPLES :

Il est partout. Tchoū tchoū tā tsáy 處處他在.

海上絲綢之路文獻集成 科技與文化编

Dans tout l'Empire le peuple est agité. Tiēn hiá pĕ sín móng fàn 天下百姓謀反.

Dans les quatre parties du monde tous les hommes sont frères. Sé fāng jên jên hiōng tý 四方人人兄弟.

A l'orient, j'ai été battu par le roi de Loŭ. Tōng paý yū Loŭ 東敗於魯.

Dans la vallée, il y a la plante Kiân. 谷有蒹.

Cette fleur est dans les montagnes. Chān tchōng yeoù tsé hoā 山中有此花.

Dans les champs d'une famille qui cultive cinq arpents de terre, faites planter des mûriers. Où meòu tchē yú, choú tchē ỳ sāng 五畝之宅。樹之以桑.

Sur les routes, le peuple meurt de faim et vous ne savez pas y remédier. Toû yeoù ouŏ sè eûl poŭ tchē fă 塗有餓死而不知發.

A l'intérieur, ils serviront leurs parents; à l'extérieur, au dehors, ils serviront les vieillards, les supérieurs. Joŭ ỳ sé ký foú hiōng, tchoŭ ỳ sé ký tchāng cháng 入以事其父兄。出以事其長上.

Dans les années de calamité, il n'est pas préservé de la mort. Hiōng niên poŭ mièn yū sè ouâng 兇年不免於死亡.

Quatrième manière.

On indique en chinois le locatif par l'un ou l'autre des trois mots suivants, qui se placent après un génitif. Ce sont les mots : Louý 內, Lỳ 裡, *intérieurement, intùs, intrò,* Kiēn 間, *dans, entre, dans l'intervalle de, in, inter, intrà, tempus, in medio,* et Tchōng 中, *au milieu de, in medio.*

EXEMPLES :

Dans mon cœur. Sīn louý 心內 ou Sīn lỳ 心裡.

Dans l'intérieur de la famille les frères s'aimaient. Kiā louý hiōng tý siāng gáy 家內兄弟相愛.

Dans le royaume, les hommes et les femmes portent le deuil. Kouĕ tchōng lân niù foŭ 國中男女服.

J'ai bien mal au cœur. Sīn lỳ ngò tŏng tĕ hèn 心裡我痛得狠.

Dans la ville, il y a des rebelles. Tchĕn louý yeoù tsĕ tsè 城內有賊子.

Cinquième manière.

Cette manière-ci est de beaucoup la plus fréquente. On fait précéder le nom de lieu de l'une de ces deux prépositions synonymes : Yū 於 ou 于, et

quelquefois de **Hoû** 乎. Alors la préposition suit le verbe. Ceci n'a lieu que dans la langue *écrite* (1).

EXEMPLES :

Il se tient debout dans la salle orientale. **Lŷ yū tōng tâng** 立於東堂.
La plante **Kŏ** s'étend dans la vallée. **Kŏ ché yū koŭ** 葛施於谷.
Chùn est né dans le pays de **Tchoū-fōng**. (**Móng-Tsè**.) **Chùn sēn yū tchoū fōng** 舜生於諸馮.
Il passa la nuit dans la ville de **Tcheoū**. **Sioŭ yū Tcheoū** 宿於晝.
Autrefois **Móng-Tsè** s'entretint avec moi dans l'État de **Sóng**. **Sŷ tchĕ Móng-Tsè châng yù ngò yên yū Sóng** 昔者孟子嘗與我言於宋.
Je n'ai jamais oublié ce qu'il me dit. **Yū sīn tchóng poŭ ouâng** 於心終不亡.

X. — DES NOMS QUI EXPRIMENT LA MATIÈRE.

Les noms qui expriment la matière dont une chose est faite reçoivent, comme les noms attributifs, la particule **Tŷ** 的 du génitif.

EXEMPLES :

De bois. *Ligneus*. **Moŭ tŷ** 木的.
De fer. *Ferreus*. **Tiĕ tŷ** 鐵的.
D'or. *Aureus*. **Kīn tŷ** 金的.
D'argent. *Argenteus*. **Ŷn tŷ** 銀的.
De pierre. *Lapideus*. **Chĕ teoû tŷ** 石頭的.

De même que l'on supprime très-souvent, par *euphonie*, dans les noms communs au cas du génitif, la particule **Tŷ**, on le fait également ici lorsque l'objet est *actuellement* déterminé.

EXEMPLES :

Marmite de fer. **Tiĕ kō** 鐵鍋 au lieu de **Tiĕ tŷ kō**.
Cymbale de cuivre. **Tŏng lô** 銅鑼 au lieu de **Tŏng tŷ lô**.
Statue de pierre. **Chĕ siáng** 石像 au lieu de **Chĕ tŷ siáng**.
Calice d'argent. **Ŷn tsiŏ** 銀爵 au lieu de **Ŷn tŷ tsiŏ**.
Cheval de papier. **Tchè mà** 紙馬 au lieu de **Tchè tŷ mà**.

Tout ce que nous venons de dire s'applique également aux noms d'arts et

(1) On trouve quelquefois, mais rarement, dans Mencius et plus souvent dans les livres de **Laò-Tsè**, le nom de lieu marqué dans le corps d'une phrase sans aucune préposition. Les *Commentaires* ont soin de la rétablir dans leur glose; *v. g.* : Nourrir dans l'étang. 畜之池 au lieu de 畜於池.

海上絲綢之路文獻集成 科技與文化編

de métiers. — Lorsqu'à la suite d'un nom d'artisan on n'emploie pas le mot **Tsiáng** 匠 (*opifex in genere*), on se sert du mot **Tÿ** 的, qui s'ajoute à la suite du nom. Ce dernier mot fait alors l'office des verbes au participe présent.

Ainsi :

Lettré. Toŭ choū tÿ 讀書的. Littéralement : *Legens libros.*
Forgeron. Tà tiĕ tÿ 打鐵的. — *Cudens ferrum.*
Barbier. Tÿ teŏu tÿ 剃頭的. — *Radens caput.*

TROISIÈME SECTION.

SYNTAXE DES ADJECTIFS.

I. — FORMATION ET POSITION ORDINAIRE DE L'ADJECTIF CHINOIS.

I. Tout nom commun qui marque un attribut, une qualité, un défaut... devient en chinois *adjectif,* si on lui adjoint l'un ou l'autre de ces affixes **Tÿ** 的 ou **Tchĕ** 者.

Ainsi l'on dira :

Le blanc, **Pĕ** 白, la couleur blanche. Blanc, che, **Pĕ tÿ** 白的 Le noir, **Hĕ** 黑. L'adjectif, noir, e, **Hĕ tÿ** 黑的. L'humanité, **Jên** 仁. Humain, e, **Jên tchĕ** 仁者 (1).

Par *euphonie*, on supprime presque toujours la particule **Tÿ**.

Ainsi l'on dit :

Pĕ hoā 白花, *fleur blanche,* au lieu de **Pĕ tÿ hoā.**
Jên kiūn 仁君, *Prince clément,* au lieu de **Jên tÿ kiūn.**
Chĕ jên 石人, *homme de pierre,* au lieu de **Chĕ tÿ jên.**
Tŏng koù 銅鼓, *cymbale de cuivre,* au lieu de **Tŏng tÿ koù.**

II. Les adjectifs chinois et tous les mots pris adjectivement se placent *constamment* avant le nom qu'ils qualifient. L'adjectif chinois ne conserve son rôle qu'à cette condition.

II. — ROLE DE L'ADJECTIF INTERVERTI.

L'adjectif chinois, placé après un nom qu'il qualifiait auparavant, cesse d'être adjectif par ce simple déplacement (2).

---

(1) Conf., première partie, page 74.
(2) Conf., premier volume, pages 75 et suivantes.

海上絲綢之路文獻集成 科技與文化編

Ainsi :

1° Il devient substantif lorsqu'il est suivi d'un génitif comme complément ou du sujet ou du régime du verbe.

EXEMPLES :

L'épaisseur de la terre. Tý tchē heóu 地之厚.
Il ne connaît pas la fertilité de son champ. Tā poŭ tchē ký tiĕn tchē fōng 他不知其田之豐.

2° L'adjectif, précédé d'un nom de personne et suivi du pronom relatif Tchē 之, devient verbe actif.

EXEMPLE :

O roi, si vous approuvez cette parole. Ouâng joŭ chán tchē 王如善之

3° L'adjectif devient verbe neutre s'il est placé après un substantif, qui est sujet de la phrase.

EXEMPLES

Un homme droit. Chán jên 善人.
L'homme est adroit. Jên chán ỳ 人善也.

4° L'adjectif devient verbe pronominal s'il est précédé du mot Tsé 自.

EXEMPLE :

Se vanter. Tsé kaō 自高.

5° L'adjectif devient adverbe lorsqu'il est placé devant un mot qui a le sens de verbe actif ou celui de verbe neutre.

EXEMPLE :

Chán lìn 善領. *Sancté suscipere.*

III. La langue chinoise renferme un bon nombre de substantifs composés, dont on ne peut intervertir l'ordre sans en changer tout à fait l'acception. Il y a pareillement des épithètes adjectifs en deux mots dont la position est invariable. C'est l'usage qui a établi cette règle à laquelle on ne connaît que l'exception qui va être signalée ci-après.

EXEMPLES :

Beaucoup. Tō chào 多少. Littéralement : Nombreux, peu nombreux.
Le haut et le bas. Kaō hiá 高下. Littéralement : Le haut et le bas.
Bon et mauvais. Haò táy 好歹.
Le long et le court. Tchăng touàn 長短.
Le pur et l'impur. Tsīn tchŏ 清濁.

L'Ÿn et le Yâng. Ÿn yâng. 陰陽.

Le soleil et la lune. Jĕ yuĕ 日月.

Lorsque ces adjectifs ou ces épithètes doubles se rapportent à deux substantifs, dont on ne peut également intervertir l'ordre, la syntaxe chinoise déroge à la règle II, ci-dessus.

Alors, le premier adjectif, devenu verbe neutre, se rapporte au deuxième substantif, et le deuxième adjectif au premier substantif. Il est donc fort important de retenir ces expressions doubles que l'usage a consacrées.

Ainsi l'on dira

Ÿn yâng tsīn chŏ 陰陽清濁. Le principe femelle est impur, le principe Yâng ou mâle est pur.

Le deuxième adjectif Tchŏ 濁 se rapporte à Ÿn; et Tsīn à Yâng.

Fōng toŭ hân liĕ 風土寒列. Le vent est violent et le climat froid.

Le deuxième adjectif Liĕ se rapporte à Fōng; et le premier à Toŭ.

IV. Dans les livres chinois, on rencontre souvent deux adjectifs après deux substantifs auxquels ils se rapportent. Les ouvrages élémentaires chinois, écrits en style cadencé, sont remplis d'exemples de ce genre. Dans ce cas, le premier adjectif se rapporte au premier substantif, et le deuxième adjectif au deuxième substantif. Quand les deux mots réunis forment un sens complet, chacun des deux adjectifs devient un verbe neutre.

Ainsi, dans l'exemple suivant : qui est tiré du livre des quatre caractères Tiēn tý hiuên houâng 天地玄黃, l'adjectif Hiuên se rapporte à Tiēn 天, et l'adjectif Houâng à Tý 地.

Le ciel est bleuâtre; la terre est jaunâtre.

III. — DEGRÉS DE COMPARAISON PAR LA RÈGLE DE POSITION.

I. Nous avons dit ailleurs la manière dont on forme en chinois les degrés de comparaison. Nous ajouterons seulement ici que, dans les livres, le comparatif se trouve souvent indiqué par la *seule position des mots*, surtout lorsque l'on place Mô 莫, *non, pas, aucun, rien,* après l'adjectif auquel on veut donner la valeur d'un comparatif.

EXEMPLES :

Il n'y a pas de joie plus grande. Lŏ mô tá yēn 樂莫大焉.

Il n'y a pas d'Empire plus puissant que celui de Tsīn. Tsīn kouĕ tiēn hiá mô kiāng yēn 晋國天下莫强焉.

Il n'y a rien de mieux que de pratiquer l'humanité. Mô joû oûy jên 莫如爲仁.

Il vaut mieux honorer la vertu et respecter les lettrés. **Mô joŭ kouý tĕ eûl tsēn sé** 莫如貴德而尊士.

A la cour, les personnes de haut rang occupent la première place; mais, au village, ce sont les vieillards qui l'obtiennent. **Tchâo tìn mô joŭ tsiŏ; hiāng tăng mô joŭ tchĕ** 朝廷莫如爵。鄉黨莫如齒.

II. Aux différents modes de faire le superlatif en chinois, indiqués page 90 du premier volume, nous ajouterons celui-ci qui est particulier à la langue écrite. La contexture de la phrase est telle que, malgré l'absence de toute expression spéciale, le lecteur est forcé de traduire la phrase au superlatif. C'est la *règle de position*, qui a ici sa valeur.

EXEMPLES :

Ce sont les plus belles des montagnes et des rivières; dès l'antiquité tout le monde en parle. **Chān tchouān tchē meỳ: koù laŷ hông tān** 山川之美。古來共談.

La vertu et la justice sont les plus belles des actions. **Tĕ ngý tchĕ hín tchē meỳ tchĕ ỳ** 德義者行之美者也.

L'homme est de toutes les créatures la plus intelligente. **Ouŷ jên ouán oŭ lîn ỳ** 惟人萬物靈也. (Choū-Kīn.)

III. Dans la langue écrite, on rencontre quelquefois des adjectifs positifs qui reçoivent la valeur du superlatif, tout à la fois et par la construction de la phrase et par le sens lui-même.

EXEMPLE :

Parmi les royaumes de l'Occident, la France est le plus intelligent. **Sȳ yâng tchē kouĕ, fă kouĕ oûy lîn** 西洋之國。法國爲靈.

QUATRIÈME SECTION.

SYNTAXE DES VERBES.

I. — VERBES ACTIFS.

I. Les verbes chinois se forment d'une manière régulière. Il y a une classe de mots chinois qui, par sa signification ordinaire, naturelle, se fait aisément reconnaître comme *verbes*. Mais souvent aussi les caractères chinois étant isolés, *n'étant pas en construction*, ne laissent pas deviner s'ils sont verbes ou non. Il devait en être ainsi dans une langue dont les mots sont *invariables* d'une part, et dans laquelle la *règle de position* joue un rôle si grand qu'elle est à elle seule presque toute la syntaxe.

海上絲綢之路文獻集成 科技與文化编

II. Le verbe actif se reconnaît aisément en chinois au moyen des mots avec lesquels il est construit. La règle ordinaire, en chinois, est que le régime direct du verbe actif le suive immédiatement. Par exception, la langue *écrite* offre des exemples où ce régime, désigné par la préposition Ỳ 以, précède le verbe.

Lorsque le verbe actif a deux régimes, l'un direct, l'autre indirect, celui-ci occupe le premier rang dans la phrase.

EXEMPLES :

Il m'a donné un livre. Littéralement : *Ille dedit mihi librum.* **Tā sóng ngò ỳ pèn choū** 他送我一本書.

Il rêva à un personnage divin qui lui donna un morceau de jade superbe. **Tā móng ỳ chê jên tsé tā meỳ yǔ ỳ kouāy** 他夢一神人賜他美玉一塊.

II. — VERBES PASSIFS.

Le verbe passif, dans plusieurs de ses formes chinoises, ne s'emploie que rarement dans la langue *orale*. La sixième manière de former un verbe passif, par la *règle de position* (voir page 169, premier volume), est fréquente dans les livres. Nous appelons sur cette forme passive l'attention des jeunes sinologues, en ajoutant simplement ici quelques exemples à ceux qui ont été donnés.

EXEMPLES :

On ne demande pas de sapèques; c'est gratis. **Fên ouên poǔ tsiǔ** 分文不取. *Sapecæ non accipiuntur.*

La Chine n'est pas troublée. **Tchōng kouě poǔ jaò** 中國不擾.

Quoique les chauves-souris fussent torturées par le feu. **Pién foǔ siû hò kouèn** 蝙蝠雖火困.

DE L'ABLATIF ABSOLU.

Les Chinois font un fréquent usage de cette forme du verbe dans les livres. Leur ablatif absolu se forme : 1° par position; 2° par l'emploi de la particule **Leaò** 了, signe du passé, ou par celui du mot Ȳn 因, *quia, ideò.*

1° *Par position.*

EXEMPLES :

Ayant formé le dessein. *Consilio capto.* **Tchoù ý tín leaò** 主意定了.

Chaque jour les affaires publiques étant expédiées. *Negotiis absolutis.* **Meỳ jě kōng sé tín leaò** 每日公事定了.

Yâo étant devenu vieux, **Chún** prit alors en main les rênes de l'État. **Yâo laò eùl Chún niĕ ý** 堯老而舜攝也.

Après vingt-huit ans de règne, le Prince (**Yâo**) aux immenses vertus mourut. **Eùl chĕ yeoù pă tsáy fáng hiuên laỳ tsoù lŏ** 二十有八載放勳乃徂落.

Les affaires publiques étant bien administrées, le peuple fut tranquille. **Sé tchè pĕ sín gān tchē** 事治百姓安之.

Le deuil de trois ans étant achevé, Chùn se sépara du fils de **Yâo**. **Sān niên tchē sâng pў Chún pý Yâo tchē tsè** 三年之喪畢。舜避堯之子.

2° *Par l'emploi de* **Leaò** 了.

EXEMPLES :

Au bout de quelques jours. *Transactis aliquot diebus.* **Kó leaò soú jĕ** 過了數日.

Après s'être mutuellement salués. *Absolutâ salutatione.* **Siāng kién kó leaó** 相見過了.

Après avoir pris possession de sa charge. **Taó leaò jên** 到了任.

Étant arrivé à Pékin. **Taó leaò kīn sē** 到了京師.

Monsieur **Lỳ** ayant été nommé examinateur des écoles. **Ȳn Lỳ siēn-sēn tièn leaò hiŏ ouân** 因李先生點了學院.

3° *Par la préposition* **Ȳn** 因, *quia, ideò.*

EXEMPLES :

Étant avancé en âge. **Ȳn ouàn niên** 因晚年.

Le pouvoir ayant été usurpé par **Ouâng-Tchén**. **Ȳn Ouâng-Tchén lóng kiuén** 因王振弄權.

4° *Par la particule* **Tchĕ** 者.

EXEMPLE :

Les royaumes détruits, ils étaient au nombre de 50. **Miĕ kouĕ tchĕ où chĕ** 滅國者五十.

CINQUIÈME SECTION

SYNTAXE DES ADVERBES.

1°. Les adverbes chinois et tous les mots pris dans le sens d'adverbes se placent, en général, avant le verbe.

2° Dans la langue *écrite*, avons-nous dit (page 175, premier volume), le contraire a lieu quelquefois. C'est lorsque l'auteur veut attirer davantage l'attention sur l'idée exprimée par l'adverbe. Le philosophe **Laò-Tsè** et son école

海上絲綢之路文獻集成 科技與文化編

avait une prédilection pour cette dérogation à la règle commune des adverbes. Il est placé ici après un verbe sans régime, et après le régime direct d'un verbe actif.

EXEMPLES :

La musique émeut les hommes profondément. Yǒ kàn jên chēn 樂感人深.

Garder le repos fermement. Cheoù tsīn toǔ 守靜篤.

Le peuple méprise la mort parce qu'il cherche *avec ardeur* le moyen de vivre. Mîn tchē kīn sè ỳ kỳ kieôu sēn tchē heoú 民之輕死以其求生之厚.

Le peuple musulman s'abstient de chair de porc très-sévèrement. Hoûy mîn kìn ký tchoū joǔ tsouý niên 回民禁忌猪肉最嚴.

Je pense à mon village profondément. Où sē hiang chēn 吾思鄉深.

Liez-le très-étroitement. Pàng cháng kīn kīn 綁上緊緊.

Piquer les hommes légèrement. Ché jên kīn 噬人輕.

Recevoir de grands biens. Cheoú ngēn chēn 受恩深.

Ŷ-Tsè ensevelit ses parents pompeusement. Ŷ-Tsè sáng tý tsīn heoú 夷子葬其親厚. (Móng-Tsè, cap. 5.)

3° Les substantifs, qui expriment le mode dont on fait une chose, peuvent souvent se rendre en chinois d'une manière adverbiale.

EXEMPLES :

Le ver à soie mange l'Empire. (Idiot. chin.) Tsān ché tiēn hiá 蠶食天下. *Bombycis more comedere imperium.*

Avaler à la manière d'une baleine. Kīn tēn 鯨吞.

4° Il en est de même des substantifs qui marquent un temps, une époque, et qui sont placés avant un verbe.

EXEMPLE :

En été, il les rafraîchit; en hiver, il les réchauffe. *Æstivè eos refrigerat; hiemè eos calefacit.* Hiá leáng tōng ouēn 夏凉冬溫.

SIXIÈME SECTION.

RÉSUMÉ DE TOUTE LA SYNTAXE CHINOISE.

I. Les mots chinois sont tous *invariables.*

II. Dans la plupart des langues modernes, surtout dans les langues à flexions ou désinences, les rapports des mots entre eux se déterminent par des prépositions dans les unes, et par des désinences dans les autres. *Le pain de la vie. Panis vitæ. Le froment des élus. Frumentum electorum. Je viens de la ville. Ex*

urbe redeo, etc. En chinois, un certain nombre de particules ou d'affixes tient lieu des prépositions et des flexions ou désinences. Ces particules déterminent nettement les rapports des mots entre eux pour les noms substantifs ou adjectifs, de même qu'elles servent à marquer dans les verbes, les temps, les modes et les différentes voix.

III. Ces particules ou affixes sont en petit nombre et s'emploient toujours d'une manière régulière. L'étude des conjugaisons et des déclinaisons est toujours laborieuse dans la plupart des langues. *En une heure*, un jeune sinologue aura retenu les particules chinoises qui servent à remplacer soit les prépositions et articles des noms, soit les flexions ou désinences des noms et des verbes. *En une heure*, il saura *décliner* et *conjuguer* tous les noms et tous les verbes chinois.

IV. La langue chinoise ne connaît pas l'usage des articles : *le*, *la*, *les*, français; *the*, anglais, etc. Dans nos langues modernes, c'est surtout l'emploi de ces petits mots qui en augmente la difficulté. La langue latine, qui n'a pas d'*article*, n'en est pas obscure pour autant.

V. Les mots de la langue chinoise ne sont d'aucun genre. Nos lecteurs savent l'embarras que cause à un jeune étudiant la nécessité d'observer la règle d'accord des mots *en genre*, *en nombre* et *en cas*. Cette triple difficulté n'existe pas en chinois, les mots étant invariables et n'ayant pas de genre.

VI. Quant à la manière de marquer le nombre, il est également d'une simplicité toute primitive et, partant, d'une extrême facilité. Dans la langue *orale*, une particule ou affixe s'ajoute au mot que l'on veut mettre au pluriel. Ainsi, l'homme, Jên 人; au pluriel, Jên mên 人們, les hommes. Lui, *ille*, Tā 他; eux, *illi*, Tā mên 他們. Ou bien encore, *comme en hébreu*, on répète le mot au singulier. Ainsi : Jên jên 人人, les hommes, tous les hommes. Dans la langue *écrite*, il y a huit ou dix mots qui, étant *collectifs*, marquent nécessairement le pluriel. En chinois, le contexte de la phrase sert souvent aussi à indiquer le nombre.

VII. Dans la langue *orale*, la construction de la phrase est régulière; elle suit l'ordre de la pensée. Il n'y a qu'une seule *inversion*, celle du complément du sujet ou du régime. *Le livre de Pierre*. On dira toujours : *Petri liber*, et non pas : *Liber Petri*. *J'aime le riz de la Chine*. *Ego amo Sinarum oryzam*. Et non pas : *oryzam Sinarum*. Nous avons fait connaître l'*unique exception* connue à cette règle générale.

Toute phrase chinoise se construit de la manière suivante : le sujet, le verbe, le complément direct, le complément indirect.

1° Le sujet, sauf dans un seul cas, précède *toujours* le verbe. On ne *particule*

海上絲綢之路文獻集成 科技與文化編

jamais le sujet. Souvent on le sous-entend sans qu'il y ait équivoque, par la raison qu'il a été exprimé dans les phrases *antérieures*. Les pronoms, du reste, remplacent fréquemment le sujet, surtout dans la langue orale. Les titres honorifiques font, en chinois, l'office des pronoms à la troisième personne, et tiennent lieu de sujet. *V. g.* : *Magister dicit.* **Siēn sēn chŏ** 先生說. Les titres honorifiques sont nombreux et variés en Chine.

2° Le complément du sujet, simple ou double, se place régulièrement, *sauf dans un seul cas*, avant le sujet. *V. g.* : *Les hommes du royaume de France.* On dira : *Galliarum regni homines. Les arbres de la forêt de la ville de Paris.* On dira : *Lutetiæ civitatis sylvæ arbores.* Les compléments des régimes des verbes se placent de la même manière.

3° L'adjectif se met *constamment* avant le mot qualifié. La règle est tellement absolue, que l'adjectif déplacé perd sa qualité d'adjectif et devient verbe ou adverbe.

4° Le verbe chinois, surtout dans la langue orale, est souvent sous-entendu. *V. g.* : *Il est bon.* **Tā haò.** *Ille bonus.* Au lieu de : *Ille est bonus.* C'est surtout le verbe substantif ou tout autre facile à suppléer que l'on sous-entend très-souvent par euphonie et pour cause de laconisme. La suppression du verbe en certaines phrases a lieu également parce que le verbe a été déjà exprimé dans la phrase précédente.

5° Lorsque deux verbes se suivent, sans être ni synonymes ni auxiliaires, le premier est pris comme adverbe ou comme nom verbal, complément des mots qui précèdent.

6° Si le verbe n'a qu'un régime direct, celui-ci se place régulièrement après le verbe, sauf dans un cas. Le régime indirect précède communément le régime direct.

VIII. Les adverbes chinois se placent régulièrement avant le verbe. On ne connaît guère qu'une exception familière aux écrivains **Taó-Sé**.

IX. Les Chinois ont une sorte de mots qui porte le nom de *postposition*. Cette classe de mots fait image dans la langue et donne à la pensée plus d'expression.

X. Les conjonctions copulatives *et*, *ou*, *ou bien*, existent en chinois. Mais on ne les exprime presque jamais dans la langue *orale*; on ne le fait dans la langue *écrite* qu'autant que la distinction est importante à exprimer.

XI. Un certain nombre de particules servent à modifier, imager à *l'infini* le style chinois, selon l'usage qu'une plume habile sait en faire. Le placement

des mots de la phrase constitue presque toute la syntaxe chinoise. C'est ce qu'on nomme la *règle de position*. La combinaison des mots simples et invariables de la langue peut, avec cette règle, varier également à l'infini. En dehors de ses caractères, qui sont comme une vraie peinture à l'œil et l'une de ses richesses, la langue chinoise tire des ressources inouïes de sa *règle de position*. Saisir le double rôle de ces particules ou affixes dans le discours chinois, et surtout celui de la règle de position, c'est saisir aussitôt le génie de cette langue exceptionnelle. Les progrès dès lors sont rapides.

CHAPITRE VII.

DU ROLE DES PARTICULES CHINOISES.

PREMIÈRE SECTION.

Du rôle important des particules ou affixes dans la langue chinoise.

DEUXIÈME SECTION.

Monographies abrégées de douze particules, savoir : 1° de Tchē 之 ; 2° de Hoû 乎 ; 3° de Tchě 者 ; 4° de Ỳ 也 ; 5° de Ỳ 矣 ; 6° de Yēn 焉 ; 7° de Tsáy 哉 ; 8° de Yû 與 ; 9° de Ỳ 以 ; 10° de Yû 於 ; 11° de Oûy 爲 ; 12° de Sò 所.

PREMIÈRE SECTION.

DU ROLE IMPORTANT DES PARTICULES CHINOISES.

L'abondance, la richesse, la grâce et la douceur de la langue chinoise, lui viennent surtout de l'emploi de certains mots auxquels on a donné le nom de *particules* ou d'*affixes*. Cette classe de mots porte en chinois le nom expressif de *caractères vides*, de *lettres vides* (Hiū tsé 虛字), c'est-à-dire de *caractères qui n'ont pas de sens propre*.

Ces particules chinoises jouent un rôle excessivement important dans la langue *orale*; mais surtout dans la langue *écrite*. L'art de bien dire, celui de bien écrire repose principalement dans l'habileté avec laquelle on sait faire usage des particules chinoises.

En effet, ces particules, employées avec art, contribuent à la clarté, à la grâce, à la force, à l'harmonie de la parole et de l'écriture. Elles augmentent ou diminuent à volonté le sens, la valeur, la force d'un mot et souvent de toute une expression. Elles enveloppent, si l'on veut, la pensée d'un nuage

海上絲綢之路文獻集成 科技與文化编

plus ou moins épais; souvent, elles font que la pensée n'est saisissable que par un endroit. L'auditeur ou le lecteur demeure ainsi dans une sorte de perplexité, plus ou moins vague, à la volonté de l'orateur ou de l'écrivain. Les particules sont au style chinois ce que sont les contours à la peinture. Ceux-ci donnent la vie, le coloris au tableau. Le rôle des particules est également d'adoucir le choc des périodes, de faire tomber la phrase avec douceur et cadence. Cette chute harmonieuse des périodes flatte agréablement l'oreille chinoise. C'était là, du reste, le talent suprême des orateurs grecs et latins qui ont jeté de l'éclat et laissé un nom d'orateur.

Selon les écrivains chinois, les particules, qui forment aujourd'hui la catégorie des *mots vides*, avaient, dans le principe, comme tous les mots de la langue, leur signification particulière. Elles étaient des *mots pleins*, **Chĕ tsé** 實字. L'usage les a insensiblement détournées de leur sens primitif et les a amenées au rôle qu'elles remplissent à présent.

Le style ancien de la Chine ne fait presque pas usage des particules. De là, ce laconisme, ces phrases courtes, sentencieuses et allégoriques des livres sacrés de la Chine.

Le style littéraire, que l'on nomme **Ouên tchāng** 文昌, emploie largement les particules. Le talent des écrivains chinois se reconnaît à l'habileté avec laquelle ils savent imager et rendre vivant leur style au moyen de ces particules. Sous le pinceau d'un lettré habile, la plus indifférente même des particules acquiert une grâce et une force dont nous ne pouvons donner aucune idée à nos lecteurs. Il faut lire les originaux et être initié aux beautés exceptionnelles de cette langue pour les sentir.

Le langage de la noblesse chinoise, de la classe des lettrés, est remarquable par sa pureté, par son élégance et par sa douceur. Outre le choix des expressions propres à la classe élevée, en Chine, comme ailleurs, c'est l'usage bien approprié des particules qui lui donne ses qualités. Le langage chinois serait dur, saccadé, presque barbare, sans l'emploi euphonique des particules. Les Européens, qui veulent parler chinois avec élégance, ne perdront pas de vue cette importante observation. Leurs progrès, dans la langue orale ou écrite, pourront facilement le constater. Plus ils sentiront, en lisant les ouvrages chinois, l'étendue du rôle des particules, plus leurs progrès seront sensibles.

Les particules ou affixes chinois se divisent en deux catégories (1). Ceux de

---

(1) Le Dr anglais James Legge, dans ses *Chinese classics*, vol. 11, a fait connaître, le premier, aux sinologues français, un grand ouvrage chinois sur les particules. Cet ouvrage est dû au célèbre académicien chinois **Ouâng-Ỳn-Tchē** 王引之, surnommé **Pĕ-Chên** 伯神, qui, dans le concours de l'année 1779, avait obtenu le troisième rang parmi les candidats à ce Corps savant. **Ouâng-Ỳn-Tchē**, natif de la Province du **Kiāng-nân**, étant devenu Président de l'un des six

la première servent à remplacer les désinences des noms communs, à marquer les temps, les modes et les voix dans les verbes. Cette classe de particules ou d'affixes est peu nombreuse, comme nous l'avons vu dans le premier volume, puisqu'en moins d'une heure un jeune sinologue peut apprendre à *décliner*, à *conjuguer* tous les noms et tous les verbes chinois sans exception.

La deuxième catégorie comprend les particules ou les mots qui entrent dans la composition de la phrase, qui en font partie, qui influent sur le sens général, tout en donnant de la grâce, du poids et de la mesure à l'expression de la pensée. Ce sont ces particules qui font l'objet de ce chapitre. Nous ne pouvons donner ici que la monographie abrégée de quelques-unes de ces particules. Il faudrait un volume entier pour traiter *in extenso* la matière de toutes ces particules. Nous espérons donner un jour ce travail dans le grand ouvrage que nous préparons sur la langue chinoise.

Il n'est pas superflu de faire remarquer aux jeunes sinologues que la langue *orale* emploie un très-petit nombre de particules. Ce que nous dirons ici sur cette classe de mots chinois s'applique principalement à la langue *écrite*.

Ce chapitre semblera peut-être, à la première lecture, un peu abstrait et même difficile. Ces difficultés ne sont qu'apparentes. L'usage apprend insensiblement la signification des particules selon leur position. La chose importante, en ce chapitre, est de remarquer les particules qui se *déplacent*, se *postposent*, et les mots doubles entre lesquels on en intercale d'autres. Cette difficulté levée, on saisira facilement le rôle des particules.

Voici la manière dont les auteurs chinois classent les particules de la deuxième catégorie.

1° Les unes sont *initiales*. Elles ouvrent la période avec grâce. On les désigne sous le nom de **Fă chēn** 發聲 ou **Fă touàn tchē tsē** 發端之辭. — Ces particules sont peu nombreuses; ce sont, par exemple, **Foū** 夫, **Tsiĕ** 且, **Kiŏ** 却, etc.

2° Les particules *finales* destinées à indiquer la fin d'une phrase, à ménager la chute avec harmonie. Celles-ci sont plus nombreuses que les premières. On les désigne en chinois sous le nom de :

卒事之辭 **Tsouý sé tchē tsē.**
ou 語終辭 **Où tchōng tsē.**

Ces expressions signifient : *particules qui terminent le discours.*

---

ministères, a publié, la troisième année du règne de **Kiá-Kĭn** 嘉慶 (1798), son ouvrage sur les particules, en dix livres (十卷). En voici le titre : 經傳釋詞; c'est-à-dire : *Explication des particules employées dans les livres canoniques et les ouvrages historiques, etc.* — Cet ouvrage donne les divers sens, selon leur position, de cent dix mots choisis de la langue chinoise.

海上絲綢之路文獻集成 科技與文化编

Ce sont entre autres : Ỳ 也, Hoû 乎, Yê 耶, Eûl 耳, Yēn 焉, Tsaỳ 哉.

3° Les particules *transitives*, dont le rôle est de marquer la transition d'une idée, d'un membre de phrase à l'autre. On les nomme :

過事語辭 Kó sé où tsē.

4° Les particules *dubitatives*, qui marquent l'indécision, le doute, etc. On les nomme :

未定之辭 Ouỳ tín tchē tsē.
ou 疑辭 Nŷ tsē.

5° Les particules *distinctives*, dont le rôle est d'établir la différence, la distinction. Les Chinois leur donnent le nom de :

別異之辭 Piĕ ý tchē tsē.

6° Les particules *indicatives*, qui désignent la personne ou la chose en question. Leur nom est :

指物之辭 Tchè oŭ tchē tsē.

7° Les particules *conjonctives* sont de deux sortes. Les unes sont comme liées en partie au membre de la phrase qui précède, et en partie à celui qui suit. Ce sont, par exemple : Laỳ 乃, Kỳ 及. Celles-ci portent le nom de

承上起下之辭 Tchĕn cháng kỳ hiá tchē tsē.

Les autres sont purement conjonctives, comme *et*, *ou*, Eûl, Houây 而 或. On les désigne par le nom de :

傍及之辭 Páng kỳ tchē tsē.

8° Les particules *auxiliaires* sont les plus nombreuses. Elles servent non-seulement à marquer les *cas* des noms, des adjectifs et les temps des verbes, mais encore à modifier le sens de la phrase selon la place qu'elles occupent. Les particules *auxiliaires* donnent de la grâce et de la douceur à l'expression, en coupent le sens à volonté pour reposer l'esprit et la voix, et surtout pour attirer l'attention sur une pensée que l'on a en vue. Elles se placent aussi bien dans le corps de la phrase qu'à la fin. On leur donne le nom de :

語助辭 Où tsoú tsē.

9° Les particules *relatives* tiennent souvent lieu du pronom relatif. On les désigne par ces mots :

連屬之辭 Liên choŭ tchē tsē. *V. g.* : Tchē 之.

10° Les particules *continuatives*, qui marquent la continuation de l'idée, de la phrase :

繼事之辭 Ký sé tchē tsē.

11

海上絲綢之路文獻集成 科技與文化編

Les Chinois ont cet adage fort répandu et qu'ils citent souvent : « Celui-là « peut être bachelier qui sait discerner habilement et employer convenablement « les sept principales particules.

之乎者也矣焉哉 Tchē Hoû Tchè Ỳ Ỳ Yēn Tsaȳ.
七字能分是秀才 Tsȳ tsé nên fēn ché sieoú tsaȳ.

DEUXIÈME SECTION.

MONOGRAPHIES ABRÉGÉES DE DOUZE PARTICULES CHINOISES.

§ 1er. MONOGRAPHIE DE LA PARTICULE Tchē 之.

La particule Tchē 之 est une des plus fréquemment employées. Son rôle est plus facile à déterminer, parce que les auteurs chinois, sans exception, s'en sont servis dans les différentes acceptions que nous allons donner, et qui sont au nombre de dix-huit.

Premier usage.

La particule Tchē 之 sert à marquer, dans la langue *écrite*, le génitif, comme la particule Tȳ 的 le fait dans la langue *orale*. C'est son emploi le plus ordinaire.

EXEMPLES :

La raison de la grande étude. *Magni studii ratio.* Tá hiŏ tchē taó 大學之道.

La sanction du bien et du mal. *Boni et mali sanctio.* Chán ngŏ tchē paó 善惡之報.

Les affaires de l'Empire. *Imperii res publicæ.* Tiēn hiá tchē sé 天下之事.

La vertu du saint homme. *Sancti viri virtus.* Chén jên tchē tĕ 聖人之德.

Ce n'est pas que je n'aime point à étudier votre doctrine. Feȳ poŭ yuĕ tsè tchē taó 非不悅子之道.

REMARQUE. — La particule Tchē 之, marquant le génitif, peut fort bien se sous-entendre, par *euphonie*, lorsque son omission ne cause aucune équivoque. Cette suppression peut se faire même après plusieurs génitifs qui se suivent dans une même phrase.

EXEMPLES :

La volonté du ciel. *Cœli voluntas.* On dira : Tiēn ý 天意 au lieu de : 天之意.

La voie du ciel. *Cœli via.* On dira : Tiēn taó 天道 au lieu de : 天之道.

Les lois du Royaume. *Regni leges.* **Kouĕ fă** 國法 au lieu de : 國之法.

Les habitants de la Chine. *Sinarum incolæ.* **Tchōng kouĕ jên** 中國人 au lieu de : 中國之人.

Le fils du ciel. *Cœli filius. Imperator Sinarum.* **Tiēn tsè** 天子 au lieu de : 天之子.

Deuxième usage.

Lorsque le nominatif ou le sujet de la phrase est accompagné d'un adjectif, ou bien que le complément du sujet est lui-même *qualifié*, la suppression de la particule **Tchē** 之 serait de nature à causer de l'équivoque. Dans ce double cas, on n'omet point de l'exprimer.

EXEMPLES :

Le brillant mandat du ciel. *Cœli mandatum clarum.* **Tiēn tchē mîn mín** 天之明命.

Le Roi de tous les rois. *Rex regum.* **Ouán ouâng tchē ouâng** 萬王之王.

Le Seigneur de toutes choses. *Omnium rerum Dominus.* **Ouán oŭ tchē tchoù** 萬物之主.

La vertu du saint homme. *Sancti viri virtus.* **Chén jên tchē tĕ** 聖人之德.

Le peuple des royaumes voisins. *Vicinorum regnorum populus.* **Lîn kouĕ tchē mîn** 鄰國之民.

Les vers de l'ode **Siaò pán** sont d'un homme médiocre. *Carmen dictum* **Siaò pán** *est auctoris mediocris.* **Siaò pán siaò jên tchē chē** 小弁小人之詩.

Troisième usage.

Dans la langue écrite, la particule **Tchē** 之 tient souvent lieu soit du pronom démonstratif **Tsè** 此, *ille, a, ud,* soit du pronom à la troisième personne. Ce pronom devient tantôt un complément, tantôt le régime direct ou indirect d'un verbe. Le mot **Tchē** veut dire alors : *ejus, illius, illi, illum* ou *illud.*

Exemple de **Tchē** au génitif, *ejus, de lui.*

J'envahis ses frontières. *Ejus limites invado.* **Tsín yū tchē kiāng** 侵于之疆.

Exemples de **Tchē** au datif, *illi.*

(Les Princes feudataires) ne peuvent faire que l'Empereur lui donne la dignité royale. **Poŭ lên chè tiēn tsè yù tchē tchoū hêou** 不能使天子與之諸侯.

Confucius descendit de son char désirant lui parler; mais celui-ci s'éloigna rapidement, et le philosophe ne put lui parler. **Kòng tsè hiá, yoŭ yù tchē yên**

foú eùl pỳ poŭ tĕ yù tché yên 孔子下欲與之言趨而辟不得與之言.

Exemples de Tchē à l'accusatif, *illum, ud.*

Savez-vous cela? *Scis-ne hoc?* Joù tchē tchē hoû 汝知之乎 (p. i.)?

Chacun le respecte. *Omnes eum venerantur.* Jên hiāy kín tchē 人皆敬之.

J'ai appris sa mort. *Audivi illum mortuum.* Ouén tchē sè 聞之死.

Qui pourra unifier cela? *Quis unum hoc efficere valebit?* Choŭ nên ỹ tchē 孰能一之?

Il faut faire cela promptement. *Hoc citò citius agendum est.* Yaó sioŭ sioŭ ouý tchē 要速速爲之.

Un seul (le Prince) cultive la vertu, et des milliers d'hommes courent vers elle. *Unus virtutem colit et ad eam omnes sese convertunt.* Ỹ jên yeoù tĕ, tchaò mîn laŷ tchē 一人有德。兆民賴之.

Remarque importante. — Nous avons vu, dans le chapitre VI de la Syntaxe, page 100, que, *par exception à la règle ordinaire,* le régime direct se plaçait quelquefois avant le verbe, au lieu de le suivre. La particule Tchē 之, employée comme pronom ou régime du verbe, se trouve placée quelquefois aussi avant le verbe.

EXEMPLES :

Les premiers Princes du royaume de Loŭ ne faisaient pas cela. Loŭ siēn kiūn mô tchē hîn 魯先君莫之行.

Les hommes du Nord qui ont étudié n'ont peut-être pas encore pu le surpasser. Pĕ fāng tchē hiŏ tchè ouý nên houaŷ tchē siēn 北方之學者未能或之先.

Quatrième usage.

La particule Tchē 之 se place souvent après un nominatif, non point dans un sens purement *explétif,* comme l'ont cru certains sinologues de l'Europe, mais pour mieux attirer l'attention sur quelqu'un ou sur quelque chose, sans toutefois rien ajouter au sens. Le mot Tchē répond alors au latin *hic, ille, iste,* que l'on place, par exemple, avant un nom propre, comme dans ce texte de l'Écriture : *Hic Jesus qui à vobis assumptus est...*

EXEMPLES :

Hoûy était vraiment un homme. *Hic* Hoûy *veré erat vir.* Hoûy tchē oúy jên 回之爲人也.

Laò-Tsè rabaisse la charité et la justice. *Iste* Laò-Tsè *veré parvi facit charitatem et justitiam.* Laò-Tsè tchē siáo jên ngý 老子之小仁義.

Quand l'oiseau est près de mourir, son chant devient triste; quand l'homme

海上絲綢之路文獻集成 科技與文化編

est près de mourir, ses paroles sont empreintes de vertu. *Aviculæ jamjàm morituræ cantus tristis est; hominis morituri verba virtutem redolent.* Niaò tchē tsiàng sè kŷ mîn ỳ gaỳ; jên tchē tsiàng sè kŷ yên ỳ chán 鳥之將死其鳴也。人之將死其言也善昔.

Autrefois les illustres rois gouvernaient l'Empire d'après les règles de la piété filiale. *Olim illustres reges ex pietate filiali Imperium regebant.* Sŷ tchě mîn ouâng tchē ỳ kiáo tchè tiēn hiá ỳ 昔者明王之以教治天下也.

Cinquième usage.

Dans le style élevé des anciens livres, la particule Tchē 之, placée soit après un sujet, soit même à la fin d'une phrase qui se termine par un verbe neutre, ne remplit qu'un rôle purement *euphonique, explétif.*

EXEMPLES :

Sa doctrine n'est pas mise en pratique. *Illius doctrinam non sequuntur.* Kŷ taó tchē poŭ yóng 其道之不用.

Le pauvre peuple subsiste; il vaudrait mieux qu'il fût mort depuis longtemps. (Chē-Kin). *Populus miserabiliter existit; nonné melius foret ut à diù jàm deletus fuisset?* Siēn mîn tchē sēn; poŭ joŭ sè tchē kieoù ỳ 鮮民之生。不如死之久矣.

Lorsque le ciel fit naître ce peuple. *Cum cœlum hunc populum suscitaverit.* Tiēn tchē sēn sé mîn ỳ 天之生斯民也.

Si un homme du peuple laboure. *Si unus agricola colit.* Pŷ foū kén tchē 匹夫耕之.

Le millet croît seul chez eux. *Solùm milium producit eorum terra.* Oûy choŭ sēn tchē 惟黍生之.

Sixième usage.

La particule Tchē 之 se rencontre souvent, chez les anciens écrivains, à la fin d'une phrase et précédée soit d'un substantif, soit d'un adjectif. Il est important de remarquer que, dans ce cas-là, le substantif ou l'adjectif devient verbe actif, et la particule Tchē se trouve être le régime direct de ce verbe.

EXEMPLES :

Il étudia sous sa direction et ensuite il le fit ministre. *Eo docente studuit et dein minister factus est.* Hiŏ eûl heóu tchén tchē 學而後臣之.

S'il emploie un homme, il l'emploie selon sa capacité. *Cùm aliquem munere donat, illum pro capacitate adhibet.* Kŷ kŷ ché jên ỳ kŷ tchē 及其使人也器之.

Il le saisit et lui mit les menottes. *Illum arripuit manicisque eum adstrinxit.* Tchĕ eûl koŭ tchē 執而梏之.

Confucius disait : Lors même que je serais réduit à manger un riz grossier, à boire de l'eau, à courber mon bras et à le prendre pour oreiller, je trouverais ma joie même au milieu de ces privations. *Confucius aiebat : Licet eò devenerim ut grossiori oryzâ vesci, aquâ purâ refici ac brachium curvatum pro cervicali adhibere coactus essem, gaudio et his etiam frui valerem.* **Tsè yuě : Fán soū chě ỳn chouỳ kioū kēn eûl fâng tchē lǒ ỳ tsaỳ kỳ tchōng ỳ** 子曰飯疏食飲水曲肱而枕之樂亦在其中矣.

O Roi, veuillez agrandir ce courage. *Animum, ô Rex, erigere velis.* **Ouâng tsín tá tchē** 王請大之.

Les ouvriers taillent les arbres et les rapetissent. *Opifices arbores secant easque imminuunt.* **Tsiáng jên tchoū eûl siáo tchē** 匠人斲而小之.

Pourrions-nous ne pas en faire une Princesse? **Ngò kò ỳ poŭ foū jên tchē hoû** 我可以不夫人之乎?

Qui peut l'unifier (le royaume)? **Choŭ lên ỳ tchē** 孰能一之?

Septième usage.

La particule **Tchē** 之 est prise parfois : 1° dans le sens de la question *ubi*, **Tsaý** 在, *in, le lieu où on est, le lieu où une chose se fait;* 2° dans le sens de la question *quò, aller, passer d'un lieu dans un autre, le lieu d'où l'on arrive,* **Ouàng pỳ** 往彼; 3° dans le sens de la question *quà, le lieu où l'on parvient,* **Tchě** 至.

1° Dans le sens de la question *ubi*.

EXEMPLE :

Là où le sage habite, le lieu ne peut être vil. *Ubi sapiens commoratur locus esse vilis nequit.* **Kiūn tsè kiū tchē; hô pỳ tchē yeoù** 君子居之。何陋之有.

2° Dans le sens de la question *quò*.

EXEMPLES :

Où conduisez-vous ce bœuf? *Quò bovem hunc ducitis?* **Nieoû hô tchē** 牛何之? (**Móng-Tsè**, Cap. I.)

Maître, où allez-vous? *Magister, quò vadis?* **Siēn sēn tsiàng hô tchē** 先生將何之?

Il passa du royaume de **Tsoū** dans celui de **Tēn**. *E regno* **Tsoū** *ipse transivit in regnum* **Tēn**. **Tsé Tsoū tchē Tēn** 自楚之滕.

Il ne peut pas aller là. *Hùc pergere nequit.* **Poŭ nên tchē tchē** 不能之之.

Les magistrats ne savent pas encore le lieu où le roi se rend. *Præfecti etiam nunc ignorant locum quò rex pergit.* **Yeoù sē ouy tchē sò tchē** 有司未知所之.

Jân-Yeôu se rendit dans le royaume de **Tsoū**. **Jân-Yeôu tchē Tsoū** 然有之鄒.

海上絲綢之路文獻集成 科技與文化編

3° Dans le sens de la question *quà, parvenir à, jusqu'à* 至, soit au sens naturel, soit au sens figuré.

EXEMPLE :

Jusqu'à la mort, je le jure, je n'aurai pas d'autre époux. (Chē-Kin.) Tchē sè chē poŭ fey tā 之死矢不靡他.

Huitième usage.

Les anciens livres de la Chine renferment un bon nombre de phrases où la particule Tchē 之 est répétée, non-seulement par *euphonie,* mais encore pour une plus grande clarté du discours.

EXEMPLES :

Tel était le mode ingénieux d'enseigner des anciens Rois. *Talis erat percelebris modus antiquorum Regum docendi.* Tsé siēn ouâng tchē kiáo tchē chên ỳ 此先王之教之神也.

Le pauvre peuple subsiste encore; combien il vaudrait mieux qu'il fût mort depuis longtemps! Siēn mîn tchē sēn; poŭ joŭ sè tchē kieoù ỳ 鮮民之生。不如死之久矣.

Neuvième usage.

La particule Tchē 之 est souvent employée dans le sens du mot Yū 於, *à l'égard de, en ce qui concerne, dans, in, ergà, quoad.*

EXEMPLES :

Les hommes ont de la partialité à l'égard de ceux qu'ils aiment. (Tá-Hiŏ.) Jên tchē kŷ sò tsīn gáy eûl pỳ 人之其所親愛而辟.

Si au dehors on nourrit ses parents et qu'on ne le fasse pas dans la famille, alors c'est les éloigner comme des étrangers. Yàng tchē ouáy poŭ yàng yū loùy, tsĕ ché soū tchē 養之外不養於內則是疏之.

Dixième usage.

Dans les livres sacrés de la Chine, la particule Tchē 之 a quelquefois le sens du mot *si* conditionnel, Jŏ 若.

EXEMPLE :

Si le royaume est vertueux, cela vient uniquement de vous tous; si le royaume n'est pas vertueux, cela vient de ce que moi, Empereur, je n'ai pas puni les coupables. (Choū-Kin.) Páng tchē tsāng, ouŷ joŭ tchóng; páng tchē poŭ tsāng, ouŷ yû ỳ jên yeoù chĕ tsouý 邦之臧。惟汝衆。邦之不臧。惟予一人有佚罪.

海上絲綢之路文獻集成 科技與文化編

Onzième usage.

La particule Tchē 之 suit assez souvent le mot Tchè 者 par élégance et par harmonie. Toutefois, pour sentir ce genre d'élégance, il faut être avancé dans la littérature chinoise.

EXEMPLES :

Voilà l'excès de ceux qui se livrent à l'étude du livre **Ÿ kīn. Ché hiŏ ỳ tchè tchē kó ỳ 是學易者之過也.**

Ceux qui étudient les livres sacrés. Hiŏ tchè tchē yū kīn ỳ 學者之於經也.

Douzième usage.

La particule **Tchē 之** équivaut quelquefois au mot **Yù 與**, *avec, unà, simul.*

EXEMPLES :

Il n'y a que les officiers avec les Pasteurs. **Ouŷ yeòu sé tchē moŭ foū. (Choū-Kīn.) 惟有司之牧夫.**

Houâng-Foū avec ses deux fils est mort. Houâng-Foū tchē eùl tsè sè yēn (Tchoūn-Tsieōu.) 皇夫之二子死焉.

Treizième usage.

La particule Tchē 之 est employée dans le sens de Tsĕ 則, *alors, hinc.*

EXEMPLE :

Envahir à l'est, alors on ne sait pas. (Tchoūn-Tsieōu.) Tōng liŏ tchē poŭ tchē 東略之不知.

Quatorzième usage.

La particule Tchē 之 précède ou suit le verbe Ouý 謂. Dans le premier cas, elle se traduit par ces mots : *illud dicitur, vocatur : gallicè : on appelle cela.* Dans le deuxième cas : *vocant, dicunt illud; gallicè : on le nomme, on l'appelle.*

EXEMPLES :

Se suffire à soi-même, ne rien attendre du dehors, cela se nomme vertu. Tsioŭ hoū kỳ oû táy yū ouáy tchē oúy tĕ 足乎已無待於外之謂德.

La tige des grains se nomme Tsoŭ. Kán ouý tchē tsoŭ 稈謂之錙.

Quinzième usage.

La même tournure que dans le paragraphe précédent se rencontre avec le verbe auxiliaire Yeoù 有, *habere, avoir, être.*

EXEMPLES :

Cela ne se voit pas, ni ne se rencontre pas. Oúy tchē yeòu 未之有也.
Ce fait se trouve dans l'histoire. Yū tchouān yeoù tchē 於傳有之.

Seizième usage.

On rencontre la particule **Tchē** 之 répétée deux et même trois fois de suite. Elle peut représenter alors : 1° un pronom démonstratif ou un pronom de la troisième personne, ou une particule relative; 2° soit le pronom *lui*, *illum*, à l'accusatif; 3° soit une particule explétive, **Hiū tsé**, un mot vide.

EXEMPLES :

La manière de gouverner le royaume. **Tchè tchē tchē fă** 治之之法: lisez : **Fă tchè tchē tchē** 法治之之. Le dernier mot est ici particule relative.

Quand un homme est saint et que l'on ne peut le comprendre, on le nomme divin. **Chèn eûl poŭ tchē tchē, tchē oúy chên** 聖而不知之。之謂神. Littéralement : *Vocant eum divinum* : **Oúy tchē chên.**

A quoi bon vous rendre vers **Kōng-Chān** (n. d'homme)? **Hô pў Kōng-Chān ché tchē tchē** 何必公山氏之之. Le deuxième 之 a ici le sens de **Ouàng** 往, *ire, aller*. L'autre est un mode vide.

Si un homme est grand et qu'il s'efface, on l'appelle un saint. **Tá eûl hoá tchē, tchē oúy chén** 大而化之。之謂聖.

Dix-septième usage.

En poésie, la particule **Tchē** 之 s'emploie à l'égal du mot **Hȳ** 兮, qui termine d'ordinaire les vers chinois par l'euphonie. Mais alors la particule **Tchē** 之 se prononce **Tcheoū.**

EXEMPLE :

Si c'est l'oiseau **Kiu**, le Prince sort et se trouve confus. 鸜之鵒之。公出辱之. — Les trois 之 remplacent ici le mot **Hȳ** 兮.

Dix-huitième usage.

La particule **Tchē** est un nom patronymique chinois, c'est-à-dire un **Sín** 姓.

§ 2. MONOGRAPHIE DE LA PARTICULE Hoû 乎.

La particule **Hoû** 乎, selon la place qu'elle occupe dans le discours, joue un rôle si fin, si délicat et si varié, que la connaissance de la langue et des exemples peuvent seuls le faire saisir et apprécier convenablement. Voici les trente principaux usages du mot **Hoû** 乎.

Premier usage.

La particule **Hoû** 乎 marque très-souvent l'interrogation. Placée à la fin de la phrase, elle diffère des particules interrogatives ordinaires en ce qu'elle jette, pour ainsi dire, sur la pensée une sorte de voile, de transparent, un doute, une incertitude qui laisse le lecteur en suspens. Celui-ci ne sait que penser ou que répondre à l'interrogation qui est adressée.

EXEMPLES :

Comment établir ce royaume? **Hô ỳ lỳ kŷ kouĕ hoû** 何以立其國乎?

Un fils qui obéit à son père remplit-il tous les devoirs de la piété filiale? **Tsè tsŏng foú tchē lìn kò oúy hiaó hoû** 子從父之令可謂孝乎?

Le philosophe **Hiù** est-il véritablement obligé de tisser lui-même de la toile pour se vêtir? **Hiù tsè pỳ tchĕ poú eûl heóu ý hoû** 許子必織布而後衣乎?

Plutôt que je meure entre les mains des ministres, ne vaut-il pas mieux mourir entre vos mains, ô vous mes disciples? (Confucius.) **Lén-Yù. Tsè yù kŷ sè yū tchĕn tchē cheoù oû lìn sè yū eûl sān tsè tchē cheoù hoû** 子與其死於臣之手。無寧死於二三子之手乎?

Deuxième usage.

Si l'on veut donner à la particule **Hoû** 乎 un sens interrogatif, répondant en même temps à une négation très-accentuée, on la fait précéder du mot **Houàng** 況, *à combien plus, quantò magis?*

EXEMPLES :

Les anciens Rois n'eussent pas osé mépriser un vieillard ou une veuve, à combien plus forte raison un des chefs du peuple? **Siēn ouâng poŭ kàn où yū Kouān kouà eûl houàng yū sé mìn hoû** 先王不敢侮於鰥寡而況於士民乎?

Un chef du peuple n'eût pas osé s'oublier envers l'esclave d'un autre, à combien plus forte raison envers une épouse légitime? **Chè kiā tchĕ poŭ kàn chĕ yū tchĕn tsiĕ eûl houàng yū tsȳ tsè hoû** 治家者不敢失於臣妾而況於妻子乎?

Les anciens Rois n'eussent pas osé faire un petit accueil à l'ambassadeur d'un petit royaume, à combien plus forte raison aux ducs, marquis, comtes et barons de l'Empire? **Siēn ouâng poŭ kàn y siào kouĕ tchē tchĕn houàng yū kōng heóu pĕ tsé lân hoû** 先王不敢遺小國之臣況於公侯伯子男乎?

Troisième usage.

Pour frapper davantage l'esprit du lecteur, la particule **Hoû** 乎 interro-

海上絲綢之路文獻集成 科技與文化編

gative est placée tantôt au commencement, tantôt dans le cours de la phrase avec le mot Kỳ 幾 ou Hô 何, au lieu de l'être à la fin.

EXEMPLES :

N'a-t-il pas risqué sa vie plutôt que de céder? Kỳ hoû liên sín mín poû paò 幾乎連性命不保?

Tu me trompes; combien peu s'en est fallu que ta perfidie n'influe sur le reste de ma vie? Ngỳ kiŏ chŏ houàng hòng ngò, kỳ hoû oû ngò tchōng chēn 你却說謊哄我。幾乎誤我終身?

En toute cette affaire, combien peu s'en est fallu que je n'aie été sa dupe? Tsé sé ngò kỳ hoû pỳ tā yû leào 此事我幾乎彼他愚了?

Pourquoi le sage s'affligerait-il de n'avoir pas de frères? Kiūn tsè hô tchóng hoû oû hiōng tý ỳ 君子何患乎無兄弟也?

Quatrième usage.

Lorsque dans une même phrase le doute interrogatif est répété ou qu'il s'agit de choses différentes, on répète également la particule Hoû 乎 pour mieux faire ressortir le doute de celui qui parle ou ce dont il est question.

EXEMPLE :

Confucius disait : Prendrai-je la profession de conducteur ou bien celle de soldat? Tchĕ yú hoû tchĕ chè hoû 執御乎。執射乎?

Cinquième usage.

La particule interrogative Hoû 乎 est quelquefois précédée d'une autre particule phonétique. L'interrogation n'en reçoit pas plus de force, mais seulement plus de grâce et plus de douceur.

EXEMPLES :

Cela est-il vraiment de la charité? Jên ỳ hoû 仁矣乎?

Notre maître est-il un saint? Foū tsè chén ỳ hoû 夫子聖矣乎?

C'en est fait, je n'ai plus d'espoir. Kỳ ỳ hoû 已矣乎.

Comment l'Empire sera-t-il rendu stable? Tiēn hiá oŭ hoû tín 天下惡乎定?

Il est difficile d'échapper à la haine des hommes de notre époque. Lân hoû mièn yū kīn tchē ché ỳ 難乎免於今之世矣.

Sixième usage.

Lorsqu'un orateur ou un écrivain chinois veut faire connaître sa pensée sous la forme d'un doute interrogatif, il emploie au commencement de la phrase ces mots : Poŭ ỳ 不亦, *n'est-ce pas? n'est-il pas? an-non?*

EXEMPLES :

Cela n'est-il pas juste? Poŭ ỳ nŷ hoû 不亦宜乎?

Croyez-vous que cela soit permis? Poŭ ỳ kò hoû 不亦可乎?

N'y a-t-il pas lieu de s'en réjouir? Poŭ ỳ lŏ hoû 不亦樂乎?

Cela n'est-il pas déplorable? Poŭ ỳ peŷ hoû 不亦悲乎?

Être méconnu des hommes et n'en éprouver aucun chagrin, n'est-ce pas là la marque d'un sage? Jên poŭ tchē eûl poŭ yuén, poŭ ỳ kiūn tsè hoû 人不知而不愠亦君子乎?

Les questions que vous faites ne sont-elles pas importantes? Ouén poŭ ỳ chán hoû 問不亦善乎?

Septième usage.

La particule Hoû 乎 sert très-souvent à marquer le cas des noms communs, ainsi que le *locatif* et l'*instrumental*. Nous réunissons sous un seul article ces différents rôles du mot Hoû, pour cause de brièveté.

1° Hoû 乎 marque le datif.

EXEMPLES :

Tout entier à la vertu. Siēn tchén hoû tĕ 先愼乎德.

Se suffire à soi-même, ne pas compter sur le dehors, tel est l'indice de la vertu. Tsioŭ hoû kỳ, oû taý yū ouáy, tchē ouỳ tĕ 足乎己。無待於外。之謂德.

Je ne vous ai rien caché de ma doctrine. Oû oû ŷn hoû eûl 吾無隱乎爾. (Confucius.)

2° Hoû 乎 marque l'accusatif.

EXEMPLES :

Protéger le peuple. Paò hoû mîn 保乎民.

Pourquoi avez-vous regardé Chŏ-Où comme un sage? Hô hién hoû Chŏ-Où ỳ 何賢乎叔武也?

Il remplit l'intervalle du ciel et de la terre. Sĕ hoû tiēn tý tchē kiēn 塞乎天地之間.

Comment a-t-il accompli les desseins du Prince? Hô tchĕn hoû kōng tchē ý 何成乎公之意. (Mencius.)

3° Hoû 乎 marque l'ablatif.

EXEMPLES :

Ce qui sort de vous retourne à vous. Tchoŭ hoû eûl tchĕ, fàn hoû eûl tchĕ ỳ 出乎爾者。反乎爾者也.

海上絲綢之路文獻集成 科技與文化编

Celui qui aime l'étude, approche du savoir. Haó hiŏ kín hoû tchē 好學近乎知.

4° Hoû 乎 marque le locatif.

EXEMPLE :

Celui qui connaît les décrets du ciel ne se place pas sous un mur qui menace ruine. Tchē mín tchè poŭ lỳ hoû niên tsiâng tchē hiá 知命者不立乎巖墻之下.

5° Hoû 乎 marque l'instrumental.

EXEMPLE :

On lit dans Mencius :

Après nous avoir rassasiés par sa vertu, il nous a rassasiés par l'humanité et la justice. Kaý paò ỳ tĕ paò hoû jên ný 既飽以德飽乎仁義.

Huitième usage.

La particule Hoû 乎 signifie *sur, super*.

EXEMPLE :

Le Prince doit, avant tout, veiller sur son principe moral. Kiūn tsè siēn tchén hoû tĕ 君子先慎乎德.

Neuvième usage.

La particule Hoû 乎 placée après un adjectif sert à faire des comparatifs, des superlatifs.

EXEMPLES :

Rien n'est plus élevé que le ciel. Mŏ kaō hoû tiēn 莫高乎天.

Je suis plus âgé que vous d'un jour. Oû ỳ jĕ tchàng hoû eûl 吾一日長乎爾.

En fait de manque de respect, il n'y en a pas de plus grand que cela. Poŭ kín mŏ tá hoû ché 不敬莫大乎是.

Le Roi changea beaucoup de couleur. Ouâng pién hoû sĕ 王變乎色.

Si cela est ainsi, (ce parc) était excessivement grand. Jŏ ché kŷ tá hoû 若是其大乎.

Il aime le Prince de Tsŷ plus que les Barbares des montagnes. Gaý Tsŷ heóu hoû chān jông 愛齊侯乎山戎.

Dixième usage.

La particule Hoû 乎 est souvent employée pour marquer l'admiration, la compassion, la pitié, la douleur, l'indignation, le doute, Tān tsé 歎辭.

EXEMPLES :

Quelle profondeur! Chēn hoû! chēn hoû 深乎。深乎!

Qu'elles sont sublimes! Ký chên ỳ hoû 其盛矣乎!

C'est immense! Yâng yâng hoû 洋洋乎!

Oh! qu'elle était grande, sublime, la vertu des Rois Yâo et Chún! Oû hoû Yâo Chún tchē tŏ tché ỳ 嗚呼堯舜之德至矣.

Hélas! hélas! je n'ai encore vu personne qui sache bien reconnaître ses fautes. Kỳ ỳ hoû oû ouý kièn nên tchē ký kó 已矣乎吾未見能知其過.

Ah! il enrage d'être sans emploi public. Yuén hoû poŭ ỳ 怨乎不以.

Confucius disait : Heureux les parents qui jouissent de la piété filiale de leurs enfants. (Tá-Hiŏ.) Tsè yuĕ foú moù ký chuén ỳ hoû 子曰父母其順矣乎.

S'il en est ainsi, les sages sont inutiles à un royaume. Jŏ ché hoû hién tchè tchē oû ỳ yū kouĕ ỳ 若是乎賢者之無益於國也.

Si l'on n'a pas l'adresse insinuante de Tŏ (intendant du temple des ancêtres), et la beauté de Sóng-Tchâo, il est difficile, hélas! d'avancer dans notre siècle. Poŭ yeòu choŭ tŏ tchē lín eûl yeoū Sóng-Tchâo tchē mèy lân hoû mièn yū kīn tchē ché ỳ 不有祝鮀之佞而有宋朝之美難乎免於今之世矣.

Parlant de Yuên-Ouàn, le philosophe dit : Hélas! je le vis toujours avancer et jamais reculer. Tsè ouý yên yuên yuĕ sý hoû oû kién ký tsín ỳ, ouý kién ký tchè ỳ 子謂顏淵曰惜乎吾見其進也未見其止也.

Onzième usage.

La particule Hoû 乎 a souvent le sens des mots suivants : *envers, ergà, contrà, adversùs; parce que, de ce que, eo quòd, quia; comme, tanquàm, prout.*

EXEMPLES :

Pieux envers les esprits. Hiaó hoû eûl chên 孝乎鬼神.

Ne pas murmurer contre les autres. Poŭ yuén hoû jên 不怨乎人.

Si l'on a le cœur pur, à quoi bon s'affliger de n'avoir pas de demeure? Sīn oû hiâ, hô hiuĕ hoû oû kiā 心無瑕何恤乎無家.

Ne vous étonnez pas de ce que le Roi n'a pas de prudence. Oû hoáy hoû ouâng tchē poŭ tchè 無或乎王之不智.

Agir comme un homme riche. Hîn hoû foŭ kouý 行乎富貴.

Douzième usage.

La particule Hoû 乎 est souvent explétive, sans aucune signification; elle n'est placée dans le discours que pour l'euphonie. 兮語之餘.

EXEMPLES

Se promener sur le fleuve Jaune. Hô cháng hoû yâo siáo 河上乎逍遙.

海上絲綢之路文獻集成 科技與文化编

Pour qu'il devienne préfet, quelle difficulté y a-t-il? **Yû tsōng tchén hoû hô yeoù** 於從政乎何有.

Le roi ému de ces paroles changea de couleur. **Ouâng pŏ jân pién hoû sĕ** 王勃然變乎色.

Treizième usage.

La particule **Hoû** 乎 se rencontre parfois avec la signification de **Où**, *ubi*.

EXEMPLE :

On lit dans Mencius : Si l'on entre en charge, ce n'est pas à cause de la pauvreté; il y a cependant des cas où c'est à cause de la pauvreté. **Jén feȳ oúy pĭn ỳ eûl yeoù chê hoû oúy pĭn** 任非爲貧也而有時乎爲貧.

Quatorzième usage.

On rencontre, dans de bons auteurs, la particule **Hoû** 乎 interrogative suivie de l'interjection **Tsaȳ** 哉. C'est afin de faire durer le doute du lecteur, tout en y ajoutant un profond sentiment de regret, d'étonnement, d'admiration.

EXEMPLES :

La clémence est-elle donc si éloignée? **Jên yuèn hoû tsaȳ** 仁遠乎哉.

Si notre Prince arrive, nous reviendrons à la vie! **Heoú lây ngò kỳ foŭ sēn hoû** 后來我其復生乎.

Le philosophe dit : **Sé**, vous êtes sans doute un sage éclairé; moi, je n'ai pas le loisir de m'occuper de cela. **Sé ỳ hiên hoû tsaȳ; foû ngò tsĕ poŭ hiâ** 賜也賢乎哉。夫我則不暇.

Quinzième usage.

La particule **Hoû** 乎 sert à adresser la parole à quelqu'un. Elle marque le vocatif. **Hoû chēn** 吁嗟.

Seizième usage.

La particule **Hoû** 乎 sert à former douze ou quinze expressions qu'il est utile de faire connaître. Ces expressions n'embarrassent qu'au début. Nos lecteurs ne perdront pas de vue que souvent on intercale un ou plusieurs mots entre les expressions formées par **Hoû** 乎 sans que le sens en soit modifié. Pour la traduction, il faut les réunir.

1° **Hô hoû** 何乎, *pourquoi? cur, quaré?*

EXEMPLES :

Pourquoi dit-on qu'il se réjouissait d'avoir soumis le royaume de **Tsỳ**? **Hô yên hoû hỳ foŭ tsoû** 何言乎喜服楚.

2° **Choú hoû** 庶乎, *presque, peu s'en faut que,* ou **Kŷ hoû** 幾乎, *fermé, parùm abest quin.*

EXEMPLES :

Peu s'en faut que **Houŷ** ne parvienne à la sainte voie. **Houŷ ỳ kŷ choú hoû chén táo** 回也其庶乎聖道.

Si le roi aime beaucoup la musique, le royaume de **Tsŷ** est presque à la veillé d'être bien gouverné. **Ouâng haó lŏ chén, tsĕ Tsŷ kouĕ kŷ choú kŷ hoû** 王好樂甚。則齊國其庶幾乎.

3° **Kỳ ỳ hoû** 已矣乎, *cri de douleur, de regret.*

EXEMPLE :

Ah! quant à moi, je n'ai jamais vu un homme reconnaître ses fautes. **Kỳ ỳ hoû, où ouý kién tchē kŷ kó** 已矣乎吾未見知其過.

4° **Yeôu hoû** 由乎, *passer par un lieu.*

EXEMPLE :

Il voulut passer par le royaume de **Tsŷ**, mais on ne le reçut pas. **Tsiàng yeôu hoû Tsŷ; Tsŷ jên poŭ lă** 將由乎齊齊人不納.

5° **Yûn hoû** 云乎 est une formule qu'affectent certains auteurs chinois. Bien qu'elle ait semblé dépourvue de signification à certains sinologues français, nous ne la jugeons pas ainsi. Ce mot double **Yûn hoû** 云乎 implique l'idée du commandement, d'un ordre donné; elle confirme aussi, *avec autorité*, le sens qui a été émis.

EXEMPLES :

Est-ce qu'ils ont dit que vous en fassiez votre ami? **Kỳ yuĕ yeoù tchē yûn hoû** 豈曰友之云乎.

Un ancien a dit : Respectez-le avec soin. **Koù tchē jên yên yeòu yên, sé tchē yûn hoû** 古之人言有言事之云乎.

6° **Yeoû hoû** 猶乎, *de même que, sicut, perindè ac.*

EXEMPLE :

Si vous aussi traitez **Houŷ** de même que vous traitez **Lỳ**, cela est permis. **Tsè tchē tchoú Houŷ ỳ yeoû hoû où tchē tchoú Lỳ kò ỳ** 子之處回亦猶乎吾之處鯉可也.

7° **Lân hoû** 難乎, *il est difficile de.*

EXEMPLE :

Il est difficile d'échapper à la haine des hommes de ce siècle. **Lân hoû mièn yû kīn tchē ché ỳ** 難乎免於今之世矣.

8° **Nŷ hoû** 宜乎, *il est juste, il convient.*

西漢同文法 卷二

9° Oū hoû 惡乎 a le sens du mot Yū 於, *en quel endroit, quel lieu. Quònam loco?*

EXEMPLE :

Où a-t-il commis un adultère? Oū hoû ŷn 惡乎淫?

10° Oū hoû 惡乎 veut dire encore : *comment? en quoi? sur qui?*

EXEMPLES :

Comment l'Empire sera-t-il pacifié? Tiēn hiá oū hoû tín 天下惡乎定?
Comment pourra-t-il acquérir de la réputation? Oū hoû tchĕn mîn 惡乎成名.
En quoi sont-ils supérieurs? Oū hoû tchàng 惡乎長?
Sur qui a-t-il rejeté le crime? Oū hoû kouȳ yoŭ 惡乎歸獄

11° Dans la locution Yū ché hoû 于是乎, le mot Hoû est *vide, explétif*; il n'ajoute rien au sens.

EXEMPLE :

Le sage pense qu'en cela le Prince Tchouāng-Kōng a observé les rites. Kiūn tsè ouý Tchouāng-Kōng yū ché hoû yeoù lỳ 君子謂莊公于是乎有禮.

12° Le mot Hoû 乎 entre dans plusieurs expressions dissyllabiques.
Hoû cháng 乎上.

EXEMPLE :

Pourquoi les a-t-on rangés au-dessus des Princes feudataires? Hô ouý siú hoû tchoū heóu tchē cháng 何爲序乎諸侯之上?

§ 3. MONOGRAPHIE DE LA PARTICULE Tchĕ 者.

La particule Tchĕ 者 n'est pas du nombre de celles qui ajoutent directement à la grâce et à l'harmonie du discours. Mais elle a une grande influence sur la signification des mots auxquels on la joint. Il sera important de remarquer surtout le rôle de cette particule lorsqu'elle se trouve séparée du mot auquel il faut la joindre pour avoir le sens complet de la phrase. La langue chinoise écrite n'offre pas d'autre cas d'*inversion* que celui de quelques-unes des particules qui font l'objet de ce chapitre.

Premier usage.

La particule Tchĕ 者 jointe à un verbe actif ou à un verbe neutre en fait une sorte de *substantifs verbaux*.

EXEMPLES :

生	Sēn,	naître, vivre, *nasci*.	— 生者	Sēn tchĕ,	les vivants, *viventes*.
死	Sè,	mourir, *mori*.	— 死者	Sè tchĕ,	les morts, *mortui*.

知 **Tchē**, savoir, *scire*. — 知者 **Tchē tchě**, ceux qui savent, *scientes*.

愛 **Gaý**, aimer, *amare*. — 愛人者 **Gaý jên tchě**, ceux qui aiment, *amantes*.

敬 **Kín**, respecter, *honorare*. — 敬人者 **Kín jên tchě**, ceux qui respectent les autres, *alios venerantes*.

殺 **Chă**, tuer, *occidere*. — 殺者 **Chă tchě**, les tués, *occisi*.

耕 **Kén**, cultiver, *colere*. — 耕者 **Kén tchě**, les cultivateurs, *agricolæ*.

On lit dans le philosophe Mencius : Ceux qui aiment sont toujours aimés; ceux qui respectent sont toujours respectés. **Gaý jên tchě jên hên gaý tchē; kín jên tchě jên hên kín tchē** 愛人者恆愛之。敬人者人恆敬之.

Ce que l'homme ne peut certainement éviter, c'est la mort. **Sè tchě jên tchē sò pў poŭ mièn tchě ỳ** 死者人之所必不免者也.

L'agriculture est la base de la vie. **Kén tchě sēn mîn tchē pèn ỳ** 耕者生命之本也.

Les hommes cléments aiment les montagnes; les hommes savants aiment les eaux. **Jên tchě lŏ chān; tchē tchě lŏ chouỳ** 仁者樂山。知者樂水.

Les châtiments, la mort, sont les moyens que le ciel emploie pour punir les coupables. **Hîn chă tchě tiēn tchē sò ỳ tchoū yeoù tsouý** 形殺者天之所以誅有罪.

Le philosophe dit : Celui qui a des connaissances n'hésite point; celui qui a de l'humanité n'éprouve point de regrets; celui qui a du courage n'a pas de crainte. **Tsé yuě tchē tchě poŭ houây; jên tchě poŭ yeoū; yòng tchě poŭ kiú** 子曰知者不惑。仁者不憂。勇者不懼.

Il y a trois sortes d'amis utiles et trois sortes d'amis nuisibles. **Ў tchě sān yeoú; sēn tchě sān yeoú** 益者三友損者三友.

Deuxième usage.

On rencontre, surtout dans les anciens livres, la particule **Tchě** 者 jointe à un adjectif. Elle lui donne alors un sens plus précis, plus défini.

EXEMPLES :

聖 **Chén**, saint, *sanctus*. — 聖者 **Chén tchě**, les saints, *sancti*.

愚 **Yû**, stupide, *stupidus*. — 愚者 **Yû tchě**, les imbéciles, *stupidi*.

仁 **Jên**, humain, *humanus*. — 仁者 **Jên tchě**, les hommes humains.

賢 **Hiên**, sage, *sapiens*. — 賢者 **Hiên tchě**, les sages, *sapientes*.

誠 **Tchēn**, véritable, *verus*. — 誠者 **Tchēn tchě**, la vérité, *veritas*.

古 **Koù**, ancien, *antiquus*. — 古者 **Koù tchě**, les anciens, *antiqui*.

海上絲綢之路文獻集成 科技與文化編

Troisième usage.

La particule Tchĕ 者 fait souvent l'office du pronom démonstratif : *celui-ci, celui-là, ceci, cela,* ou bien *l'un l'autre, le, la, les.* 彼者。此者.

EXEMPLES :

Ce qui dépend du ciel ne peut être prévu; on calcule ce qui dépend des hommes. Tsaý tiēn tchĕ lân tín; tsaý jên tchĕ ý tchē 在天者難定。在人者易知.

Ceux qui ont cinquante ans. Où chĕ tchĕ 五十者.

Le Prince, c'est le bateau. Kiūn tchĕ tcheoū ỳ 君者舟也.

L'humanité, c'est l'homme. Jên tchĕ jên ỳ 仁者人也.

Ceux qui gouvernent les hommes sont nourris par leurs administrés. Chè jên tchĕ chĕ yū jên 治人者食於人.

Quatrième usage.

La particule Tchĕ 者 sert à marquer, à établir la distinction qui existe entre les choses dont on parle.

EXEMPLES :

Ces deux choses. Tsé leàng tchĕ 此兩者.

Ces trois choses conserveront la table de vos ancêtres. Sān tchĕ ý jân heoú nên cheoù kÿ tsōng miaó 三者矣然後能守其宗廟.

Ces huit choses. Tsé pă tchĕ 此八者.

Cinquième usage.

La particule Tchĕ 者 est souvent accompagnée du mot final Ỳ 也. On remarquera cette adjonction dans les trois cas suivants :

1° Si l'on veut définir quelque chose, la finale Ỳ 也, *corrobore,* confirme le sens de la définition donnée.

EXEMPLES :

La vertu est la base, le fondement de. Tĕ tchĕ pèn ỳ 德者本也.

Les montagnes sont l'origine des fontaines. Chān tchĕ tsuên tchē yuên ỳ 山者泉之原也.

2° Lorsqu'on résume une idée, une énumération faite précédemment. Ce mode a beaucoup d'énergie dans la langue chinoise. Il revient à ces mots français par lesquels on se résume : *ainsi, il est bien entendu que...*

EXEMPLES :

On lit dans le Tchōng yông : Ainsi, cette droite lumière, dont nous parlons, ne doit pas être abandonnée une seule minute; s'il était permis de le faire im-

punément, elle ne serait plus la vraie, la droite lumière. Taó ỳ tchĕ poŭ kò siû yû lŷ; kò lŷ feÿ taó ỳ 道也者不可須臾離。可離非道也.

Le même ouvrage, parlant du juste milieu, dit : Ainsi, le milieu est comme a base fondamentale de tout l'univers. Tchōng ỳ tchĕ tiēn hiá tchē tá pèn ỳ 中也者天下之大本也.

Ce brillant gouvernement, dont nous parlons, est semblable à ces grands joncs qui croissent le long des eaux. Foū tchén ỳ tchĕ poū loû ỳ 夫政也者蒲盧也.

3° Les deux particules Tchĕ ỳ 者也 ou 者矣 placées à la fin de la phrase ont une très-grande énergie. L'auteur vient d'énoncer une maxime, une sentence, un adage, etc., les deux particules semblent en résumer tout le sens et répondre au mot latin : *amen*, qui est le *confirmatur* de tout ce qui précède.

EXEMPLES :

La piété filiale consiste à continuer les œuvres de son père et à le rendre illustre aux yeux de la postérité. Foū kiaó tchĕ chán ký jên tchē tché, chán choŭ jên tchē sé tchĕ ỳ 夫孝者善繼人之志。善述人之事者也.

On n'a jamais vu une jeune fille qui étudiât la manière d'élever des enfants pour se marier ensuite. Ouý yeoù hiŏ yàng tsè eûl heoú kiá tchĕ ỳ 未有學養子而后嫁者也.

Ils ont dû obtenir du ciel un temps qui était convenable. Pŷ yeoù tĕ tiēn chê tchĕ ỳ 必有得天時者矣.

Sixième usage.

Dans les livres classiques principalement, on rencontre la particule Tchĕ 者 placée après un substantif qui devient de la sorte un verbe neutre.

EXEMPLES :

Le mot Tchè 雉 signifie l'oiseau qui porte le nom de *phasianus*, faisan. Si l'on ajoute le mot Tchĕ : Tchè tchĕ 雉者, cela voudra dire : *ceux qui chassent les faisans. Phasianorum venatores.*

Le mot Toŭ 兎 signifie : *lièvre*. Si l'on ajoute Tchĕ : Toŭ tchĕ 兎者, on dira : *celui* ou *ceux qui chassent les lièvres.*

Les deux caractères : Tsoū yâo 芻蕘 veulent dire : *la paille et le menu bois*. En ajoutant le mot Tchĕ 者 on aura : *ceux qui ont besoin d'herbe et de bois.*

Septième usage.

La particule Tchĕ 者 sert à former plusieurs locutions, que nous réunissons ici sous un même article. Par exemple : Sò tchĕ 所者, *ce qui, ce que,*

海上絲綢之路文獻集成 科技與文化編

dont, c'est-à-dire le pronom relatif, régime direct d'un verbe actif. 2° L'expression **Sò ỳ tchè** 所以者, qui veut dire : *ce par quoi, la raison pour laquelle.* 3° L'expression **Kŷ tchè** 其者, *ce qui, la chose qui, ceux qui.* — Il est bien important de ne pas oublier que presque toujours on intercale plusieurs mots entre ces expressions doubles. Le but est de frapper davantage l'attention du lecteur et de donner plus de vigueur à la pensée. Mais, en traduisant ces expressions, il faut toujours les réunir, comme toutes les expressions analogues de la langue chinoise, bien que le mot **Tchè** soit séparé du premier, quelquefois par *huit, dix, quinze autres mots.*

1° De l'expression **Sò tchè** 所者, *ce qui, ce que, dont, quæ, quod, cujus.*

EXEMPLES :

Ce qu'on appelle l'humanité. *Quod vocant humanitatem.* **ouý jên tchè** 所謂仁者.

Ceux dont parle le livre des vers étaient aussi nombreux que les arbres d'une forêt. *Illi quorum mentio fit in libro carminum numerosi tanquàm sylvæ arbores.* **Chē sò ouý kŷ hoúy joŭ lîn tchè** 詩所謂其會如林者.

Ceux qui partagent avec le Prince les affaires de l'administration *Qui cum Principe res gerunt publicas.* **Sò yù kōng tchén sé tchè** 所與共政事者.

Le motif pour lequel les anciens Rois n'ont pas donné à moi, votre serviteur, le royaume, et vous l'ont donné à vous, le voici. **Siēn kiūn tchē sò ouý poŭ yù tchên kouĕ eûl lă kouĕ hoû kiūn tchè** 先君之所爲不與臣國而納國乎君者.

2° L'expression **Sò ỳ tchè** 所以者, *ce pourquoi, la raison pour laquelle.*

EXEMPLES :

Ce en quoi le sage diffère des autres hommes. **Kiūn tsè tchē sò ỳ ý yū jên tchè** 君子之所以異於人者

Par là je causerais de l'inquiétude à mon père. **Sò ỳ chè où kiūn poŭ gān tchè** 所以使吾君不安者.

Le motif pour lequel je dis que tous les hommes ont un cœur plein d'humanité. **Sò ỳ ouý jên hiây yeoù poŭ jên tchē sīn tchè** 所以謂人皆有不忍之心者.

3° L'espression **Kŷ tchè** 其者, *celui qui, celle que, ce que, la chose qui.*

EXEMPLES :

Voilà ce qu'on lit dans le **Choū kīn. Kŷ kién yū kīn tchè joŭ tsé** 其見於經者如此.

Ceux qui succéderont aux **Tcheoū. Kŷ kŷ Tcheoū tchè** 其繼周者.

Celle qui a entendu votre complot, je l'ai tuée. **Kŷ ouén tchè oû chă tchē** 其聞者吾殺之.

Huitième usage.

Dans les dictionnaires chinois, la particule Tchĕ 者 signifie : *le mot, l'expression,* quand on va donner une définition ou quand on veut dire : *pour ce qu'il en est de ces mots.*

EXEMPLES :

L'expression Kiaó veut dire instruire. Kiaó tchĕ kiaó ỳ 校者教也.
Le mot Siû veut dire tirer de l'arc. Siù tchĕ ché ỳ 序者射也.

Neuvième usage.

En poésie, la particule Tchĕ 者 se prononce tantôt Tchŏ, tantôt Tsò pour faire la rime avec le mot précédent.

§ 4. MONOGRAPHIE DE LA PARTICULE Ỳ 也.

L'emploi de la particule Ỳ 也 est très-fréquent dans la langue *orale,* mais il l'est plus encore dans la langue *écrite.* Son rôle est plein de grâce et de délicatesse; toutefois il faut être versé dans la littérature chinoise pour sentir toute la grâce que cette particule ajoute au discours. Sa position détermine le degré de douceur qu'elle donne à la phrase, ainsi que les diverses acceptions qu'en reçoivent tour à tour les mots qui la composent.

Voici les seize principaux usages de la particule Ỳ 也 :

Premier usage.

Les noms propres, surtout au commencement de la phrase, sont presque toujours suivis de la particule Ỳ 也. Confucius n'omet presque jamais de l'employer en parlant de ses disciples. La particule Ỳ 也 veut dire alors : *celui-ci, ille, iste; lui-même, ipsemet; aussi, etiammet;* quelquefois elle est comme une exclamation *affirmative;* enfin, elle a le sens des mots : *quant à; pour, pro.*

EXEMPLES :

Mon disciple Sē dépasse le but; Chāng, au contraire, ne l'atteint pas. Sē ỳ kó; Chāng ỳ poŭ kỳ 師也過。商也不及.
Tchāy est sans intelligence. Tchāy ỳ yû 柴也愚.
Pour Sē, il est léger, inconstant. Sē ỳ pỳ 師也辟.
Quant à Houŷ, il n'est pas sans capacité. Houŷ ỳ poŭ yû 回也不愚.

Deuxième usage.

La particule Ỳ 也 est particulièrement employée comme *finale,* comme

海上絲綢之路文獻集成 科技與文化编

point euphonique pour terminer une phrase avec mesure, cadence et harmonie. C'est là un des principaux rôles de cette particule.

EXEMPLES :

Le commencement de la piété filiale. Hiaó tchē chè ỳ 孝之始也.

La fin, le but de la piété filiale. Hiaó tchē tchōng ỳ 孝之終也.

De tous les hommes, il n'en est aucun qui ne boive et ne mange. Jên mô poŭ ỳn chĕ ỳ 人莫不飲食也.

Vous êtes un homme bien passionné. Tsĭn jên ỳ 情人也.

Je pourrais bien, moi aussi, juger les procès comme les autres. Tĭn kōng où yeoû jên ỳ 聽訟吾猶人也.

Dans le deuil des parents, on n'examine plus si les enfants sont nobles ou plébéiens. Foú moù tchē sāng oû kouý tsién ў ỳ 父母之喪。無貴賤一也.

Troisième usage.

Il n'est pas rare de trouver, dans de bons auteurs, la particule finale Ỳ 也, suivie de cette autre particule Yù 與. Ces deux particules réunies sont comme la confirmation de ce qui vient d'être énoncé. *N'est-ce pas ainsi? N'est-il pas vrai que la chose est ainsi?*

EXEMPLES :

Il y en a qui ne sont pas négligents à mettre mes préceptes en pratique; parmi eux, ne faut-il pas compter surtout Houŷ? (Lén-Yù.) Où tchē eûl poŭ làn tchĕ; kŷ Houŷ ỳ yù 語之而不惰者。其回也與.

L'écrivain Geoū-Yâng-Sieoū dit : Il est évident par là que l'art de convertir le peuple procède d'une seule et même règle. Kò kién hoá mîn tchē taó tŏng tchŏu ў koŭy ỳ yû 可見化民之道同出一揆也與.

Quatrième usage.

Lorsque la particule Ỳ 也 est suivie de la négation Poŭ 不, *non, ne pas*, elle se traduit alors par ces mots : *ni, non plus, neque, nec, nec plùs.*

EXEMPLES :

Il n'écrivait ni ne pensait. Tā ỳ poŭ siè ỳ poŭ siàng 他也不寫也不想.

Il ne voulut ni consentir ni refuser formellement. Tā ỳ poŭ toūy tsê ỳ poŭ yùn ў́n 他也不推辭也不允應.

Je ne sais point si cela est ou n'est point. Poŭ tchē ché ỳ poŭ ché 不知是也不是.

J'ignore s'il est chez lui ou non. Poŭ tchē tsáy ỳ poŭ tsáy 不知在也不在.

Il n'a même pas dit une seule parole. Chŏ ỳ poŭ chŏ ў chēn 說也不說一聲.

Cinquième usage.

La particule Ỳ 也, placée après le premier membre de la phrase, forme souvent une espèce d'idiotisme chinois. C'est comme une exclamation faite au milieu de la phrase pour en confirmer le sens, le corroborer avec énergie.

EXEMPLES:

Son cœur était enflammé par ces discours. Sīn hiá ỳ yeoù kỳ fén tŏng tá 心下也有幾分動大.

Il ne répondit pas une seule parole. Ỹ kiú ỳ ohŏ poŭ tĕ 一句也說不得.

Je ne vous ferai pas grâce d'une seule tasse. Ỹ peȳ ỳ poŭ jaô 一盃也不饒.

Je ne le croyais pas tout d'abord. Ngò tsoū ohē ỳ poŭ sín 我初時也不信.

Son pinceau ne s'arrêtait pas. Pỹ ỳ poŭ tîn 筆也不停.

La nuit dernière j'étais un peu pris de vin. Tsò yè ngò ỳ tsouý leào 昨夜我也醉了.

Les paroles de l'homme sur le point de mourir sont empreintes de la vertu. Jên tchē tsiàng sè kỳ yên ỳ chán 人之將死其言也善.

Sixième usage.

La particule Ỳ 也 produit un effet merveilleux dans les phrases où l'on fait une énumération, où l'on établit des distinctions, des catégories d'objets, une gradation. Elle suspend alors l'esprit du lecteur et l'invite à une plus grande attention. En soulageant sa mémoire, cette particule sert efficacement à retenir les détails de l'énumération ou de la distinction qui a été faite par un auteur.

EXEMPLES :

Le philosophe Yâng-Tsè dit : La charité est notre demeure; la justice, notre route; l'urbanité, notre vêtement; la prudence, notre flambeau; la foi, notre cachet. Jên tsĕ ỳ; ngý loú ỳ; lỳ foŭ ỳ; tché tchoŭ ỳ; sín foŭ ỳ 仁宅也。義路也。禮服也。智燭也。信符也.

Dans le livre Tchōng yōng on lit ces mots : L'Empire peut être purifié; les dignités, refusées; les épées nues, foulées aux pieds; mais on ne peut se maintenir dans un juste milieu; il n'y a rien de plus difficile à garder que ce juste milieu. Tiēn hiá kò kiūn ỳ; tsiŏ loŭ kò tsĕ ỳ; pĕ taō kò yâo ỳ; Tchōng yōng poŭ kò lên ỳ 天下可均也。爵祿可辭也。白刃可蹈也。中庸不可能也.

La salle d'étude était dans un lieu fort calme; il y avait là des fleurs et des

herbes; des arbres et de l'ombrage; des poissons dorés peints qui semblaient vivre dans leurs étangs; des roches et des montagnes artificielles; tout, en un mot, s'y trouvait réuni. **Choū fāng táo tsīh tsīh; hoā tsǎo ỳ yeoù; choú lîn ỳ yeoù; kīn yû kāng; kià chān chě; kién kién toū yeoù** 書方到清清。花草也有。樹林也有。金魚缸。假山石。件件都有.

Le livre **Tchōng yōng** donne les neuf règles suivantes d'un bon gouvernement : Se régler soi-même; honorer les sages; chérir ses parents; respecter les dignitaires; traiter avec indulgence les hommes ordinaires en place; aimer le peuple comme un fils; appeler auprès de soi les artisans; accueillir les étrangers; bien traiter les grands vassaux. **Sieoū chēn ỳ; tsēn hién ỳ; tsīn tsīh ỳ; kín tá tchěn ỳ; tỳ kiūn tchěn ỳ; tsè choū mîn ỳ; laŷ pě kōng ỳ; jeoû yuèn jên ỳ; houaŷ tchoū heoú ỳ** 修身也。尊賢也。親親也。敬大臣也。體群臣也。子庶民也。來百工也。柔遠人也。懷諸侯也.

Septième usage.

La particule **Ỳ** 也, placée à la fin de la phrase, est souvent interrogative, de la même manière que les particules **Hoû** 乎, **Yù** 與.

EXEMPLES :

On lit dans le **Lén-Yù** : **Tsè-Tchāng** fit cette question : Les faits de dix siècles à venir peuvent-ils être connus d'avance? **Tsè-Tchāng ouén : Chě ché kò tchē ỳ** 子張問。十世可知也?

On lit dans Mencius : Le boire et le manger dépendent donc aussi des causes extérieures? **Jân tsě chě ỳn ỳ tsáy ouáy ỳ** 然則食飲亦在外也?

Comment pouvait-il jouer des instruments? **Hô ỳ nên koú yǒ ỳ** 何以能鼓樂也?

Huitième usage.

La particule **ỳ** 也 s'emploie au milieu d'une phrase comme particule auxiliaire.

EXEMPLE :

Voici quel est cet homme; il est doué de piété filiale et respecte ses aînés. **Kŷ ouý jên ỳ; hiaó tý ỳ** 其爲人也。孝弟也.

Neuvième usage.

La particule **Ỳ** 也 a quelquefois le sens de *seulement, tantùm; ad hoc unum, pour cela seul.*

EXEMPLE :

On lit dans Mencius : Vous avez donc suivi **Tsè-Ngâo** dans l'unique but de

boire et de manger? Tsè tchē tsŏng Tsè-Ngâo laŷ toŭ poŭ tchoŭ ỳ 子之從子敖來徒餔餟也.

Dixième usage.

Dans les anciens livres chinois, la particule Ỳ 也 est fréquemment employée au lieu et dans le sens du mot Tchĕ 者, *qui*; en latin : *qui, æ, od*.

EXEMPLES :

On lit dans Mencius : Quand ils sont devenus grands, il n'y en a pas un qui ne sache respecter ses frères aînés. Ký kỳ tchàng ỳ oû poŭ tchē kín kỳ hiōng ỳ 及其長也無不知敬其兄也.

Les anciens construisaient des tombeaux et ne faisaient point de tumulus. Koù ỳ mô eûl poŭ fén 古也墓而不墳.

Onzième usage.

La particule Ỳ 也, suivie du verbe substantif *être* Ché 是, placée soit au commencement, soit à la fin d'une phrase, veut dire : *c'est cela même, c'est ainsi*.

EXEMPLES :

Cela doit être ainsi, la raison le veut. Ỳ ché lỳ cháng ȳn kaȳ tỳ 也是理上應該的.

Quand même il viendrait, cela serait inutile. Yaó tā laŷ ỳ mô yóng 要他來也沒用.

Il n'est pas même un homme. Ỳ poŭ ché kó jên 也不是個人.

Il était du même âge que Pĕ-Kōng. Yù Pĕ-Kōng ỳ tŏng niên ỳ 與白公也同年一.

Eh oui! vous y êtes. Ỳ tchā poŭ tō 也差不多.

Douzième usage.

La particule Ỳ 也, ajoutée à la fin d'une phrase, qui est une réponse, en corrobore le sens.

EXEMPLES :

Cela est-il permis? Kò hoû 可乎?

Cela n'est pas permis. Poŭ kò ỳ 不可也.

Cela est-il bon? Chán hoû 善乎?

Cela est bon, sans être parfait. Chán ỳ eûl ouý tsín ỳ 善矣而未盡也.

Ce n'est pas moi. Feȳ ngò ỳ 非我也.

C'est la faute de la terre. Souý ỳ 歲也.

Treizième usage.

La particule Ỳ 也 s'emploie avec beaucoup d'élégance comme *signe pausatif,* entre les membres corrélatifs d'une phrase. Outre qu'elle repose la voix, elle attire davantage l'attention de l'auditeur. On en fait un grand usage dans la langue *orale;* la conversation des sinologues européens qui habitent la Chine pèche, en général, par l'omission de cette particule *pausative* et *euphonique.* Nous appelons l'attention spéciale de nos lecteurs qui s'exercent à la langue *orale.*

EXEMPLES :

Sa chevelure, il n'en prend pas soin; sa figure, il ne la lave point. Tēôu ỳ poŭ soŭ; liên ỳ poŭ sỳ 頭也不梳。臉也不洗.

Sa main, il n'ose la remuer; sa bouche, il n'ose l'ouvrir. Cheoù ỳ poŭ tóng; keoŭ ỳ poŭ kaў 手也不動。口也不開.

Il se fâche à droite, il se fâche à gauche. Tsò ỳ laô, yeoú ỳ laô 左也惱。右也惱.

Il ne sort pas de chez lui et ne veut recevoir personne. Ỳ poú mên ỳ poú tchoŭ; ỳ kó kĕ ỳ poŭ hoúy 一步門也不出。一個客也不會.

Quatorzième usage.

La particule Ỳ 也 a parfois le même sens que le mot Eûl 而, *et, aussi, et etiam,* surtout lorsque l'on énumère quelque chose.

EXEMPLES :

On y trouvait aussi des amarantes violettes. Ỳ yeoù kȳ kouān tsĕ 也有鷄冠紫.

Et des orchis. Ỳ yeoù ŷn kioŭ 也有銀菊.

Et il deviendra même un demi-fils. Ỳ kò tsoú pán tsè 也可做半子.

Quinzième usage.

En poésie, la particule Ỳ 也 s'emploie au lieu et à la place de Hȳ 兮, caractère final ordinaire des pièces de vers; alors on la prononce Ỳ, au 4e ton.

EXEMPLE :

On lit dans le Chē kìn : Un homme de cette sorte. Laỳ joŭ tchē jên ỳ 乃如之人也.

Seizième usage.

Cette particule fait partie du livre *des cent familles,* c'est-à-dire qu'elle sert de nom patronymique.

海上絲綢之路文獻集成 科技與文化編

§ 5. MONOGRAPHIE DE LA PARTICULE Ỳ 矣.

Cette particule joue un rôle très-modeste entre toutes les autres. Nous n'avons pu nous expliquer pourquoi les Chinois l'ont placée dans l'adage vulgaire que nous avons cité plus haut.

Premier usage.

La particule Ỳ 矣 est surtout employée comme *finale* pour conclure le discours avec harmonie, pour ménager la chute de la phrase.

EXEMPLES :

O Roi, parlons de l'humanité, de la justice, et rien de plus. **Ouâng ỳ yuĕ jên ngý eûl ỳ ỳ** 王亦曰仁義而已矣.

Ceux qui connaissent la vertu sont rares. **Tchē tĕ tchĕ siên ỳ** 知德者鮮矣.

A ce moment, il se fait tard. **Tsé chê jĕ ỳ mô ỳ** 此時日已暮矣.

Le ciel et la terre étant servis avec intelligence, le grand esprit se manifestait. **Tiēn tý mîn tsý, chên mîn tchāng ỳ** 天地明祭。神明彰矣.

J'ai l'humanité, la justice avec moi; cela suffit. **Yeoù jên ngý eûl ỳ ỳ** 有仁義而已矣.

Si on ne l'élevait pas à un rang supérieur, il abdiquait son emploi. **Poŭ yóng, tsĕ ỳ ỳ ỳ** 不用。則亦已矣.

Si une jeune fille a de beaux yeux, des cils agréablement courbés, on dit qu'elle est belle. **Niù tsè meŷ moŭ sieoú meŷ koú yûn meỳ ỳ** 女子眉目秀媚固云美矣.

Je ne comprends pas de tels hommes. **Où poŭ tchē tchē ỳ** 吾不知之矣.

Deuxième usage.

Dans le corps de la phrase, et quelquefois à la fin, la particule Ỳ 矣 est une confirmation de la pensée, une espèce d'exclamation : *en vérité! cela est!*

EXEMPLES :

Qu'il est difficile de sonder le cœur de l'homme! **Chén ỳ jên tsín tchē lân tsĕ ỳ** 甚矣人情之難測也!

Plus sage que Yaô et Chuén, de beaucoup, en vérité! **Hiên yū Yaô Chún yuèn ỳ** 賢於堯舜遠矣!

Troisième usage.

La particule Ỳ 矣 est employée comme signe euphonique et pausatif dans les énumérations de choses.

EXEMPLES :

C'est là tout le maximum; on ne peut rien y ajouter. **Tché ỳ tsín ỳ foŭ kò ỳ kiā ỳ 至矣盡矣弗可以加矣.**

C'est là une belle, grande, profonde parole! **Yên tsĕ tá ỳ meỳ ỳ chên ỳ 言則大矣美矣盛矣.**

Votre maître est un homme mort, il n'est pas vivant, il passera à peine quelques jours. **Tsè tchē siēn sēn sè ỳ foŭ chè ỳ poŭ kò siûn soú ỳ 子之先生死矣。弗治矣不以旬數矣.**

Quatrième usage.

La particule Ỳ 矣 est quelquefois suivie de cette autre particule Foū 夫 pour attirer davantage, par une pause plus grande, l'attention du lecteur.

EXEMPLES :

Le philosophe dit : L'herbe pousse, mais ne donne pas de fleurs; si elle donne des fleurs, elle ne produit point de graines mûres. Voilà où en est le sage. **Tsè yuĕ maô poŭ sieoú tchĕ yeoù ỳ, foū sieoú eûl poŭ chĕ tchĕ yeoù ỳ foū 子曰苗不秀者有矣夫秀而不實者有矣夫.**

Le philosophe dit : Celui qui est sobre de paroles, celui-là est doué de l'humanité. **Tsè yuĕ kŷ yên ỳ taô ký ouý tchē jên ỳ hoû 子曰其言也訒斯謂之仁矣乎.**

Cinquième usage.

La particule Ỳ 矣 sert à former quelques interjections de douleur : *hélas! c'en est fait*. Elle est alors suivie de l'un de ces mots : Hoû 乎, Foū 夫.

EXEMPLES :

Quel malheur! **Ỳ ỳ hoû 巳矣乎!**

Hélas! hélas! je n'ai jamais rencontré quelqu'un qui sût bien reconnaître ses fautes. **Ỳ ỳ hoû où ouý kién nên kién kŷ kó 已矣乎吾未見能見其過.**

Hélas! c'en est fait, tout mon espoir est évanoui. **Ỳ ỳ hoû 已矣乎!**

Hélas! je suis perdu. **Ỳ ỳ foū 巳矣夫!**

Sixième usage.

En poésie, la particule **Ỳ 矣** se prononce sur le premier ton chinois

海上絲綢之路文獻集成 科技與文化編

§ 6. MONOGRAPHIE DE LA PARTICULE Yēn 焉.

Cette particule ne présente pas de difficultés sérieuses comme certaines autres, dont le sens et le rôle sont si variés que les jeunes sinologues sont souvent arrêtés dans leur lecture. Voici les treize principaux usages du mot Yēn 焉.

Premier usage.

La particule Yēn 焉 sert de finale harmonieuse. La phrase tombe avec d'autant plus de cadence que le mot qui la termine est sur le même ton que Yēn.

EXEMPLES :

Il ne peut éviter cela. Tsĕ poŭ tĕ mièn yēn 則不得免焉.

Le sage se réjouit de trois choses; mais il ne compte pas, au rang de ces trois choses, la possession de l'univers. Kiūn tsè yeoù sān lŏ eûl ouáng tiēn hiá poŭ yù tsēn yēn 君子有三樂而王天下不與存焉.

Si je voyage (dit Confucius) avec deux hommes, j'en trouve toujours un qui puisse m'instruire. Sān jên hîn pў yeoù ngò sē yēn 三人行必有我師焉.

Que votre volonté soit faite sur la terre comme au ciel. Eûl tché tchĕn hîn yû tў joû yû tiēn yēn 爾旨丞行於地如于天焉.

Deuxième usage.

La particule Yēn 焉, comme finale, est quelquefois suivie elle-même d'un autre mot et quelquefois de plusieurs. L'effet que se propose l'auteur est de doubler, de tripler l'attention, en insistant avec plus de persévérance sur les mots qu'il a en vue.

EXEMPLES :

Moi qui suis si peu capable de gouverner, j'épuise cependant à cela toute mon intelligence. Kouà jên tchē yû kouĕ ỳ, tsín sīn yēn eùl ỳ 寡人之於國也盡心焉耳矣.

C'est pour cela qu'on a dit qu'elle s'en était retournée. Koú yên kouў yēn eûl 故言歸焉爾.

Est-ce que vous avez trouvé des hommes vertueux? Joù tĕ jên yēn eùl hoû 汝得人焉耳乎.

Tsè-Yeoû étant gouverneur de la ville de Où, le philosophe lui dit : Avez-vous des hommes de mérite? Tsè-Yeoû ouỳ Où tchĕn tsaý, tsè yuĕ joù tĕ jên yēn eûl hoû 子游爲武城宰子曰汝得人焉耳乎.

Troisième usage.

La particule Yēn 焉 est interrogative. *Comment? pourquoi? d'où vient que?*

Plus ordinairement, elle se place alors au commencement de la phrase. Cependant, on la rencontre quelquefois aussi à la fin.

EXEMPLES :

Comment connaître les hommes de talent? Yēn tchē hién tsây 焉知賢才?

Comment saurait-il cela? Yēn tĕ tchē 焉得知?

Comment serait-il inflexible? Yēn tĕ kāng 焉得剛?

Quand on ne peut servir les hommes, comment pourrait-on servir les esprits? Ouý nên sé jên, yēn lên sé kouỳ 未能事人。焉能事鬼?

J'ignore ce qu'est la vie, comment saurais-je ce qu'est la mort? Ouý tchē sēn, yēn tchē sè 未知生。焉知死.

Votre talent est admirable; pourquoi cet excès de modestie? Tsây kaō, hô kiĕn yēn 才高。何謙焉?

Comment n'aurais-je pas peur? Oû poŭ tchouý yēn 吾不懦焉?

Comment pourrait-on m'empêcher de voir le Prince? Yēn nên kiūn tsé poŭ yû tsāy 焉能君子不遇哉?

Prince, pourquoi vous affligez-vous? Kiūn, hô houán yēn 君何患焉.

Quatrième usage.

La particule Yēn 焉 signifie *où*, à la question *ubi*.

EXEMPLE :

Si, dans le royaume de Loŭ, il n'y avait pas de sages, où et homme aurait-il trouvé des modèles pour le devenir? (Lén-yù.) Loŭ oû kiūn tsè tchĕ sē yēn tsiŭ sé 魯無君子者斯焉取斯?

Cinquième usage.

La particule Yēn 焉 signifie *où, en quel lieu*, et répond à la question *quò*.

EXEMPLES :

Ses fils, où iront-ils? Kŷ tsè yēn ouàng 其子焉往.

Ceux qui avaient besoin d'herbe et de bois allaient là. Tsoū yâo tchĕ ouàng yēn 芻蕘者往焉.

Ceux qui voulaient prendre des faisans et des lièvres allaient là. Tchè toŭ tchĕ ouàng yēn 雉兎者往焉.

Sixième usage.

La particule Yēn 焉 est employée pour couper avec harmonie les membres d'une phrase. Dans ce cas-là, chaque période renferme le même nombre de mots.

EXEMPLES :

L'année suit son cours et tout passe en son temps. Sé chê hîn yēn, ouán oŭ sēn yēn 四時行焉。萬物生焉.

Les étoiles sont suspendues au firmament et le ciel couvre toutes choses. **Sīn chên hỹ yēn, ouán oǔ foǔ yēn** 星辰繫焉。萬物覆焉.

L'âme n'étant point maîtresse d'elle-même, on regarde et on ne voit pas. **Sīn poǔ tsaý yēn, ché eûl poǔ kién** 心不在焉視而不見.

Que n'ai-je un ministre d'une droiture parfaite! quand même il n'aurait d'autre habileté qu'un cœur simple et sans passions, il serait comme s'il avait les plus grands talents. **Jǒ yeoù ỹ kó tchĕn touàn touàn hỹ, oû tā kỳ kỹ sīn hieoū hieoū yēn, kỹ joû yeoù yông yēn** 若有一个臣斷斷兮無他技其心休休焉其如有容焉.

Septième usage.

Dans les anciens livres, la particule **Yēn** 焉 a souvent le sens du mot **Yū** 於, *à, dans, in, ad.*

EXEMPLE :

Un homme courageux entra par la grande porte; mais il n'y avait personne à la porte. **Yông sé joû kỹ tá mên; tsĕ oû jên yēn mên tchĕ** 勇士入其大門。則無人焉門者.

Huitième usage.

La particule **Yēn** 焉, placée après un adjectif, a le sens de *plus*, de *davantage*. Il en résulte une sorte de comparatif.

EXEMPLES :

Pour un homme, il n'y a pas de plus grand crime que de ne pas avoir de postérité. **Jên tchē tsouý mô tá yēn oû tsīn tsỹ** 人之罪莫大焉無親戚.

Un fils a reçu la vie de ses parents; le lien qui l'unit à eux est au-dessus de tous les liens. **Foú moù sēn tchē soŭ mô tá yēn** 父母生之續莫大焉.

Neuvième usage.

La particule **Yēn** 焉 a souvent le sens de l'un des trois mots suivants : **Yū ché** 於是, *là-dessus*; **Laỳ** 乃, *alors*; **Tsĕ** 則, *alors.*

EXEMPLES :

Là-dessus l'Empereur commence à monter sur un bateau et va sacrifier le poisson **Ouỳ** dans la chapelle du palais. **Tiēn tsè yēn chè laŷ tcheoū tsién yeoù yū oûy miáo** 天子焉始來舟薦鮪于寢廟.

Celui qui remporte la victoire sans rien faire de contraire à la justice, peut alors regarder cela comme une grande victoire. **Chên oû feȳ ngý tchĕ, yēn kò ỳ ouý tá chên** 勝無非義者焉可以爲大勝.

Sur la montagne des nuages et de la pluie, il y a un arbre qu'on appelle **Tchāng**; les Empereurs recueillent des simples sur cette montagne. **Yûn yù tchē chān, yeoù moŭ mîn tchāng, kiūn tý yēn tsiŭ yŏ** 雲雨之山。有木名樟。君帝焉取藥.

Dixième usage.

Lorsque la particule **Yēn** 焉 suit un adverbe, elle en fait un substantif.

EXEMPLES :

Les choses des anciens. **Cháng yēn tchĕ** 上焉者.
Les choses des modernes. **Hiá yēn tchĕ** 下焉者.

Onzième usage.

La particule **Yēn** 焉 a le sens du verbe **Ché**, *être*.

EXEMPLES :

Qui m'a aliéné mon ami? mon cœur est bien affligé. **Chouŷ houŷ tsè où? sīn yēn taô taô** 誰侜予美心焉忉忉.

Quand nos **Tcheoū** se transportèrent dans l'est, **Tsĭn** et **Tchén** furent (les royaumes sur lesquels) ils s'appuyèrent. **Ngò Tcheoū tchē tōng tsiēn, Tsĭn Tchén yēn ȳ** 我周之東遷晉鄭焉依.

Douzième usage.

La particule **Yēn** 焉 est le nom d'un royaume, d'une montagne célèbre, de la première année d'un règne, d'un oiseau de couleur jaune, etc.

Treizième usage.

La particule **Yēn** 焉 sert à faire une sorte d'adverbe.

EXEMPLES :

Subitement. *Subitò, de repentè*. **Hoŭ yēn** 忽焉.
Avec joie. *Gaudenter*. **Hīn hīn yēn** 欣欣焉.
Peu après. *Paulò post*. **Chaò yēn** 少焉.

§ 7. MONOGRAPHIE DE LA PARTICULE Tsāy 哉.

Cette particule **Tsāy** 哉 joue un rôle assez modeste et ne présente aucune difficulté.

Premier usage.

La particule **Tsāy** 哉 s'emploie plus généralement à marquer l'interrogation. Elle se place à la fin de la phrase. Il n'est pas rare de la trouver accom-

13

pagnée d'une autre particule qui lui donne plus de force. Les particules avec lesquelles on trouve Tsāy 哉, sont : Hô 何, Kỳ 豈, Hý 奚, Oū 烏, Ngān 安, Hoû 乎, Ỳ 也.

1° Tsāy 哉, avec Hô 何.

EXEMPLES :

Pour quel motif? Kŷ koú hô tsāy 其故何哉?

Que m'importe, à moi? Hô yeoù yū ngò tsāy 何有於我哉?

Quelle difficulté y a-t-il? Hô lân tchē yeoù tsāy 何難之有哉?

Comment donc! Hô tsāy 何哉!

2° Tsāy 哉 avec Kỳ 豈.

EXEMPLES :

Y a-t-il quelque chose de plus déplorable? Kỳ poŭ chēn kò sý tsāy 豈不深可惜哉?

Tout ne sera-t-il pas au mieux? Kỳ poŭ meỳ tsāy 豈不美哉?

Comment ces deux disciples arriveraient-ils à ce degré de perfection? Kỳ eùl tsè tchē só ỳ lên kŷ tsāy 豈二子之所以能及哉?

3° Tsāy 哉 avec Hý 奚.

EXEMPLE :

Convient-il de faire cela? Hý kò tsāy 奚可哉?

4° Tsāy 哉 avec Oū 烏.

EXEMPLE :

Est-il digne qu'on s'occupe de lui? Oū tsioŭ taó tsāy 烏足道哉?

5° Tsāy 哉 avec Ngān 安.

EXEMPLES :

Où en est à présent sa beauté? Kŷ meỳ ngān tsāy hô 其美安在哉?

Comment, à la fin, ne serais-je pas touché de compassion? Ngò tchē sīn ngān tĕ eûl poŭ peȳ tsāy 我之心安得而不悲哉?

Alors ce qu'on nomme vertu naturelle, qu'est-elle devenue? Tsĕ sò ouý tĕ sín tchĕ kò ngān tsáy tsāy 則所謂德性者果安在哉?

6° Tsāy 哉 avec Hoû 乎.

EXEMPLES :

L'humanité est-elle donc si éloignée? Jên yuèn hoû tsāy 仁遠乎哉?

Le sage désire-t-il tant de choses? Kiūn tsè tō hoû tsāy 君子多乎哉?

7° Tsāy 哉 avec Ỳ 也.

EXEMPLE :

A quoi sert de se fatiguer tant pour acquérir de la réputation? Hô pŷ tsín kieŏu jên tchē ỳ tsāy 何必盡求人知也哉?

海上絲綢之路文獻集成 科技與文化編

Deuxième usage.

La particule Tsāy 哉 marque souvent l'admiration, l'étonnement, la surprise. On la rencontre souvent placée, par élégance et par euphonie, avant le mot qui marque l'un de ces sentiments.

EXEMPLES :

Oh! quelle grande question! **Tá tsāy ouén** 大哉問!

Ah! quelle doctrine du saint homme! **Tá tsāy chén jên tchē taó** 大哉聖人之道!

Quelle affluence de monde! **Choú hoû tsāy** 庶乎哉!

Quel beau et riche discours! **Foŭ tsāy yên hoû** 富哉言乎!

Qu'il était sage, ce **Houŷ**! **Hién tsāy Houŷ ỳ** 賢哉回也!

Qu'il était sauvage, ce **Yeoû**! **Yè tsāy Yeoû ỳ** 野哉由也!

Ah! que son aveuglement est profond! **Chèn tsāy kŷ houây ỳ** 甚哉其惑也!

Quel Prince c'était que **Chún**! **Kiūn tsāy Chún ỳ** 君哉舜也!

Troisième usage.

La particule Tsāy 哉, à la fin d'une phrase, marque souvent aussi le doute.

EXEMPLES :

Suis-je capable d'aimer le peuple? **Kò ỳ paò mîn hoû tsāy** 可以保民乎哉?

Comment pourra-t-il se réjouir seul? **Kỳ nên toŭ lŏ tsāy** 豈能獨樂哉?

Est-il possible de servir le Prince avec un homme aussi ordinaire? **Pỳ foū kò yù sé kiūn yù tsāy** 鄙夫可與事君與哉?

Confucius disait : En ce temps-là l'Empire était bien près de sa ruine; hélas! il était dans un danger imminent. Je ne sais si ces paroles attribuées à Confucius sont vraies. **Kōng tsè yuĕ yū sé chê ỳ, tiēn hiá ché tsāy hoû; poŭ tchē tsè yû tchén jân hoû tsāy** 孔子曰於斯時也。天下殆哉乎。不識此語誠然乎哉.

§ 8. MONOGRAPHIE DE LA PARTICULE Yû 與.

La particule Yû 與 est l'une des plus importantes. Sa signification est aussi variée que sa place dans la phrase, puisqu'elle ne compte pas moins d'une trentaine d'acceptions différentes. Il sera important de remarquer que cette particule est employée à trois tons différents, savoir : au 2° ton **Yû** 與, au 3° ton **Yù** 與, au 4° ton **Yú** 與.

海上絲綢之路文獻集成 科技與文化編

Particule Yû 與 au 2ᵉ ton.

Premier usage.

La particule Yû 與 (2ᵉ ton) est une finale harmonieuse.

EXEMPLE :

C'est cela même que je disais. Kŷ tsé tchē ouý yû 其此之謂與.

Deuxième usage.

La particule Yû 與 (2ᵉ ton) est interrogative ou dubitative à la fin d'une phrase.

EXEMPLES :

Est-ce là un sage? Kiūn tsè jên yû 君子人與?

Tisse-t-il lui même cette toile? Tsè tchĕ tchē yû 自織之與?

S'il en est ainsi, pourquoi Chûn ne s'est-il pas opposé? Jân tsĕ Chûn poŭ kĭn yû 然則舜不禁與?

Pourrais-je savoir cela? Kò tĕ ouén yû 可得聞與?

Je ne sais si cela est vrai ou faux. Poŭ tchē tchén yû poŭ tchén, ché yû poŭ ché 不知眞與不眞。是與不是.

Il dit : Céla étant ainsi, Sē est-il supérieur à Chāng? Yuĕ jân tsĕ Sē yù chāng yû 曰然則師愈倘與?

Voici un beau passage du philosophe Mencius adressé a un Roi et dans lequel la particule Yû 與 est interrogative à chaque membre de la période.

Serait-ce que les mets de vos festins ne sont pas assez copieux, assez splendides pour satisfaire votre bouche? et vos vêtements assez légers, assez chauds pour couvrir vos membres? Serait-ce que les couleurs les plus variées des fleurs ne suffisent plus pour charmer vos regards, que les sons et les chants les plus harmonieux ne suffisent pas pour ravir vos oreille ou enfin, les officiers du palais ne suffisent-ils plus à exécuter vos ordres en votre présence? (Móng-Tsè, cap. 1.) Yuĕ ouý feў kān poŭ tsioŭ yū keoŭ yû 曰爲肥甘不足於口與?

Kĭn jouán poŭ tsioŭ yū tў yû 輕暖不足於體與?

Niāng ouý tsāy mién poŭ tsioŭ ché yū moŭ yû 仰爲采兔不足視於目與?

Chēn ȳn poŭ tsioŭ tĭn yū eûl yû 聲音不足聽於耳與?

Piēn pў poŭ tsioŭ chè lîn yū tsiĕn yû 便嬖不足使令於前與?

Troisième usage.

La particule Yû 與 (2ᵉ ton) placée à la fin d'une phrase sert également à marquer la louange, l'admiration et l'étonnement.

EXEMPLES :

La science de Chún, oh! qu'elle était grande! Chún kŷ tá tchē ỳ yû 舜其大知也與.

Mon disciple Houŷ était semblable à lui. Kŷ où Houŷ ỳ yû 其吾回也與.

Quatrième usage.

La particute Yû 與 est quelquefois synonyme du verbe auxiliaire Ouŷ 爲, *esse, être.*

EXEMPLES :

On lit dans l'ouvrage Kouĕ yù : Foū-Tchāy, roi du royaume de Oû, fut fait prisonnier par Kiù-Tsiēn et mourut dans le pays de Kān-souŷ. Oû ouâng Foū-Tchāy yû Kiù-Tsiēn kín sè yū Kān-souŷ 吳王夫差與句踐禽死於干隧.

Dans le même ouvrage : Le Prince de Tsîn fut exténué par les hommes de l'Empire. Tsîn yû tiēn hiá pá 秦與天下罷.

Cinquième usage.

La particule Yû 與 a souvent le sens des conjonctions *et, ou, ou bien, et, vel, etiam;* et *avec, cum,* préposition.

EXEMPLES :

Les richesses et les honneurs. Foŭ yû kouý 富與貴.

La charité et la justice. Jên yû ngý 仁與義.

Cela dépend du prince et de vous. Tsĕ tsaý kiūn tsè yû tsè ỳ 則在君子與子矣.

Se réjouir avec le peuple. Yû mîn tŏng lŏ 與民同樂.

Il ne parle pas avec moi; il ne mange pas avec moi. Poŭ yû ngò yên, poŭ yû ngò chĕ 不與我言。不與我食.

Je m'entretiens tout le jour avec Houŷ. Oû yû Houŷ yên tchōng jĕ 吾與回言終日.

Tuer un homme avec un bâton ou avec une épée. Chă jên ỳ tĭn yû tāo 殺人以梃與刀.

Remarque. — La particule Yû 與 signifiant *avec, cum, una, simul,* est quelquefois placée après son complément; il arrive même qu'elle en est séparée par plusieurs mots. C'est une tournure exceptionnelle qui revient surtout avec le mot Kò 可.

EXEMPLES :

On lit dans le Lén yù : Peut-on servir le Prince avec un homme vulgaire? Pỳ foū kò yû sé kiūn yû tsāy 鄙夫可與事君與哉?

Le philosophe Mencius dit : Sachant qu'on pouvait administrer avec Moŭ-Kōng, il lui donna du secours. Tchē Moŭ-Kōng tchē kò yù yeoù hîn ỳ eûl siāng tchē 知穆公之可與有行也而相之.

Particule Yù 與 au 3ᵉ ton.

Sixième usage.

La particule Yù 與 (au 3ᵉ ton) veut dire souvent : *à lui, au, à elle;* dans ces cas, elle marque un régime indirect ou un datif latin.

EXEMPLES :

Il lui offrit le repas d'adieu. Yù tā tsién hîn 與他餞行.

Après lui avoir rendu sa politesse. Yù tā kién leaò lỳ 與他見了禮.

Il lui offrit un festin, lui donna des vêtements et lui fit préparer sa barque. Pà tsieoù fán yù tā kỳ, ỳ foŭ yù tā tchouān, tá tchouān yù tā tsò 把酒飯與他喫。衣服與他穿。大船與他坐.

Un domestique rapporta à sa fille. Yeoù kiā jên paó yù siaò tsié 有家人報與小姐.

Septième usage.

La particule Yù 與 signifie *pour, pro, à cause de, propter, loco alterius.*

EXEMPLES :

Je terminerai cette affaire pour vous. Yù ngỳ tchên tsieoú tsé sé 與你成就此事.

Je vais vous dire. Ngò yù ngỳ chŏ 我與你說.

On dirait que cet habit a été fait pour moi. Kiŏ ỳ sé yù ngò chēn cháng tsoú tỳ 却一似與我身上做的.

Serviteurs, frappez pour moi, de toutes vos forces, ce gaillard-là. Tsò yeoú yù ngò kiā lỳ tà tsé poŭ 左右與我加力打此僕.

Allez vite et invitez-le, en mon nom, à dîner. Kouaý kiŭ yù ngò tsín tĕ tā laŷ 快去與我請得他來.

Huitième usage.

La particule Yù 與 signifie *se soumettre, se subjicere; suivre quelqu'un, sequi aliquem;* 從.

EXEMPLES :

Qui pourra se soumettre à lui? Choŭ lên yù tchē 孰能與之?

Tout l'Empire se soumettra à lui. Tiēn hiá mô poŭ yù ỳ 天下莫不與也.

Le peuple ne se soumit pas. Mîn foŭ yù 民弗與.

Neuvième usage.

La particule **Yù** 與 signifie *employer, se servir, uti, adhibere,* dans le sens du mot **Yóng** 用.

EXEMPLES :

Il n'est bon à rien. **Oû yù** 無與.

Je n'ai pas encore employé ses talents. **Ngò ouý yù kŷ pèn sé ỳ** 我未與其本事也.

Les bruits répandus par les hommes sont sans utilité. **Jên tchē ouý yên ỳ oû yù** 人之爲言亦無與.

Dixième usage.

La particule **Yù** 與 signifie *permettre, autoriser, accorder, concéder.*

EXEMPLES :

Il lui permit d'entrer. **Yù kŷ tsín** 與其進.

Il ne l'autorisa pas à communiquer avec la Chine. **Poŭ yù tŏng Tchōng-kouĕ** 不與同中國.

Confucius dit à l'un de ses disciples : Vous affirmez n'être pas tel; moi, j'accorde que vous n'êtes pas ce que vous pensez. **Foŭ joŭ ỳ où yù joŭ foŭ joŭ ỳ** 弗如也。吾與汝弗如也.

J'admets que vous n'êtes pas l'égal de **Houŷ**. **Où yù joŭ foŭ ỳ** 吾與汝弗如也.

Onzième usage.

La particule **Yù** 與 signifie *confier, livrer en dépôt, confidere, tradere.*

EXEMPLES :

Chún possédait l'Empire; qui le lui a confié? **Chún yeoù tiēn hiá; choŭ yù tchē** 舜有天下。孰與之?

Le ciel le lui a confié. **Tiēn yù tchē** 天與之.

Douzième usage.

La particule **Yù** 與 veut dire : *aider, secourir, adjuvare, opitulari.*

EXEMPLES :

Prendre exemple sur les autres pour faire le bien. **Tsiù tchoū jên ỳ ouý chá** 取諸人以爲善.

C'est aider les autres hommes à faire le bien. **Ché yù jên ouý chán tchĕ** 是與人爲善者也.

Treizième usage.

La particule Yù 與 veut dire : *recevoir, admettre, reconnaître, accepter*.

EXEMPLES :

Si un homme s'est purifié pour devenir mon disciple, je le reçois comme un homme purifié; je ne réponds pas de son passé. Jên kiĕ kỳ ỳ tsín, yù ký kiĕ ỳ, poŭ paó ký ouàng ỳ 人潔己以進。與其潔也。不保其往也.

Le philosophe dit : Le savant dont la pensée est dirigée vers le bien, mais qui rougit de porter de mauvais vêtements, de se nourrir de mauvais aliments, n'est pas encore apte à recevoir la parole de justice. Tsè yuĕ : Sé tché yū taó eûl tchĕ ngŏ ȳ ngŏ chĕ tchĕ, ouý tsioŭ yù ngỳ ỳ 子曰士志於道而恥惡衣惡食者。未足與議也.

Quatorzième usage.

La particule Yù 與 signifie *donner son approbation, son consentement, annuere, approbare*.

EXEMPLES :

J'approuve Tièn. Où yù Tièn ỳ 吾與點也.

Le ciel et la terre approuveront ses desseins. Tiēn tý yù tchē 天地與之.

Quinzième usage.

Après le verbe auxiliaire Kò 可, la particule Yù 與 a le sens du mot *pouvoir, posse, incipere*.

EXEMPLES :

Il peut pratiquer la vertu. Kò yù joŭ tĕ 可與入德.

La femme secondaire et le maître peuvent-ils s'asseoir près l'un de l'autre? Tsiè tchoù kỳ kò yù tŏng tsó 妾主豈可與同坐?

Sē commence à pouvoir citer le livre des vers. Sē ỳ chè kò yù yên chē hỳ ỳ 賜也始可與言詩已矣.

Seizième usage.

La particule Yù 與 signifie *manifester, montrer à, faire connaître*.

EXEMPLE :

Je n'ai fait aucun acte que je n'aie communiqué à deux ou trois d'entre vous. (Confucius.) Où eûl hîn eûl poŭ yù eûl sān tsè tchĕ 吾而行無不與二三子者.

海上絲綢之路文獻集成 科技與文化編

Dix-septième usage

La particule Yù **與** signifie *prévoir, pressentir, aller au-devant dans l'avenir.*

EXEMPLE :

Je ne cherche pas à savoir ce qu'il fera quand il m'aura quitté. **Poŭ yù kŷ toŭy ỳ** **不與其退也**.

Dix-huitième usage.

La particule Yù **與** signifie *attendre, expectare.*

EXEMPLE :

On lit dans le **Lén yù** : Les années ne nous attendent pas. **Souŷ poŭ ngò yù** **歲不我與**.

Dix-neuvième usage.

La particule Yù **與** se traduit quelquefois par *traiter, regarder comme.*

EXEMPLE :

C'est pourquoi on ne le regarde pas, on ne le traite pas comme un ambassadeur. **Koù poŭ yù ché** **故不與使**.

Vingtième usage.

La particule Yù **與** signifie *s'associer, s'unir à quelqu'un, fœderari.*

EXEMPLES :

On lit dans le **Lén yù** : Si je m'unis avec les compagnons de ces hommes, alors avec qui ferai-je alliance? **Où feŷ kŷ jên tchē toŭ yù eûl chouŷ yù** **吾非其人之徒與而誰與**.

Les membres d'une conjuration portent le nom de **Táng yù** **黨與**.

Vingt et unième usage.

La particule Yù **與** veut dire *être bien avec quelqu'un, être en bons termes avec lui.*

EXEMPLES :

Il est bien avec moi. **Siāng yù ngò** **相與我**.

Ils se parlaient l'un à l'autre. **Siāng yù yên yuĕ** **相與言曰**.

Vingt-deuxième usage.

La particule Yù **與** signifie *distribuer, donner, accorder un bienfait.*

EXEMPLES :

Faire du bien à quelqu'un. **Chĕ yù jên** **施與人**.

海上絲綢之路文獻集成　科技與文化編

Le philosophe dit : Donnez-lui une mesure de riz. **Tsè yuĕ yù tchē foù** 子曰與之釜 (1).

Yuên-Sē ayant été fait gouverneur, on lui donna 900 mesures de riz; il les refusa. **Yuên-Sē ouý tchē tsaý yù tchē lỳ kieoū pĕ tsĕ** 原思爲之宰與之粟九百辭.

3° Particule Yú au 4° ton.

Vingt-troisième usage.

La particule **Yú** 與 (au 4° ton) signifie *assister à, être présent à, prendre part à.*

EXEMPLES :

Assister à la messe. **Yú mỳ să** 與彌撒.

Confucius dit : Pour moi, si je n'assiste pas au sacrifice, c'est comme si je n'offrais pas le sacrifice. **Où poŭ yú tsỳ joŭ poŭ tsý** 吾不與祭如不祭.

Il ne put prendre part à l'administration. **Tsĕ poŭ tĕ yú yū kouĕ tchén** 則不得與于國政.

Vingt-quatrième usage.

La particule **Yú** 與 veut dire *concerner quelqu'un, regarder une chose comme nous concernant, nous appartenant.*

EXEMPLES :

Les Empereurs **Chún** et **Yú** obtinrent l'Empire; cependant ils ne s'en regardaient pas comme les maîtres. (**Lén-Yù.**) **Chún yú tchē yeoù tiēn hiá ỳ eûl poŭ yú yēn** 舜禹之有天下也而不與焉.

Le sage se réjouit de trois choses; obtînt-il le gouvernement de l'État, il ne se regarde pas comme le maître de l'Empire. **Kiūn tsè yeoù sān lŏ eûl ouáng tiēn hiá poŭ yú tsēn yēn** 君子有三樂而王天下不與存焉.

Vingt-cinquième usage.

La particule **Yú** 與 sert quelquefois à marquer la comparaison entre deux choses dont l'une est préférée à l'autre. La chose préférée est indiquée dans le deuxième membre de la phrase par ce mot **Lîn** 寧, *valoir mieux, être préférable à.*

EXEMPLES :

En fait de rites, la parcimonie vaut mieux que la prodigalité. **Lỳ yú kỳ chĕ ỳ lîn kiēn** 禮與其奢也寧儉.

---

(1) Mesure contenant cinq boisseaux et quatre picotins.

Le sage, au lieu de faire en sorte que le traitement l'emporte sur les dignitaires, préfère que les hommes soient supérieurs à leur traitement. **Kiūn tsè yû kỳ chè chĕ feoû yū jên lîn ché jên feoû yū chĕ** 君子與其使食浮於人寧使人浮於食.

Vingt-sixième usage.

Dans quelques auteurs très-anciens, tels que le philosophe **Mĕ-Tsè**, la particule **Yû** 與 est synonyme parfois de **Joû** 如, *si* conditionnel.

EXEMPLES :

Si celui qui est le chef des hommes n'est pas bienfaisant. **Yû ouý jên kiūn tchĕ tchē poŭ houý** 與爲人君者之不惠.

Si quelqu'un tue un innocent, il vaut mieux qu'il fasse la faute de ne pas suivre les règles ordinaires. **Yû kỳ chă poŭ ouý lîn chĕ poŭ kīn** 與其殺不辜寧失不經.

Vingt-septième usage.

La particule **Yû** 與 est souvent synonyme du verbe **Ouý** 謂, *appeler, vocare;* et **Yuĕ** 曰, *dire, dicere.*

EXEMPLES :

On l'appelle un quadrupède. Pourquoi cela? **Yû tchē tcheoū. Hô ỳ** 與之獸。何也?

Les hommes du siècle ne diront pas que je puis mourir. **Ché jên poŭ yû lên sè** 世人不與能死.

Vingt-huitième usage.

Nous indiquons seulement pour mémoire que la particule **Yû** 與 a encore quelques significations particulières : 1° C'est un nom de famille, un **Sín** 姓. 2° C'est le nom d'un royaume, d'un personnage, d'une montagne. 3° C'est le nom d'une ville de troisième ordre. 4° C'est le nom d'une dignité chinoise.

§ 9. MONOGRAPHIE DE LA PARTICULE Ỳ 以.

La particule **Ỳ** 以 joue un des plus grands rôles entre tous les mots de cette classe. Ses différentes acceptions sont très-nombreuses, et le jeune sinologue est souvent arrêté dans ses lectures faute de connaître la signification si variée de ce mot et son influence dans le discours chinois. Nous allons donner les trente-trois principaux usages du mot **Ỳ** 以. Généralement **Ỳ** 以 se place avant le mot qu'il qualifie. Après avoir énuméré les cas où l'on place cette particule avant, nous ferons connaître ceux où elle *se postpose.* (Voir page 215.)

Premier usage.

La particule Ỳ 以 sert à marquer le régime direct d'un verbe, c'est-à-dire l'accusatif latin. Le mot Ỳ 以 précède presque toujours le régime. Nous avons vu ailleurs que, dans la langue *orale*, on employait souvent les mots Pà 把 et Tsiàng 將 pour marquer le régime direct. Dans la langue *écrite*, la particule Ỳ 以 joue le même rôle.

EXEMPLES :

Donner l'Empire à quelqu'un. Littéralement : Prendre l'Empire et le donner à quelqu'un. Ainsi dans les exemples suivants : Ỳ tiēn hiá yù jên 以天下與人.

Le sage conserve l'humanité dans son cœur; il y conserve aussi l'urbanité. Kiūn tsè ỳ jên tsēn sīn, ỳ lỳ tsēn sīn 君子以仁存心。以禮存心.

Si vous parlez de bénéfice. Ỳ lý chŏ 以利說.

L'action d'enseigner aux hommes la vertu se nomme droiture de cœur. Kiaó jên ỳ chán ouý tchē tchóng 教人以善謂之忠.

L'action de distribuer aux hommes ses richesses se nomme bienfaisance. Fēn jên ỳ tsāy ouý tchē houý 分人以財謂之惠.

De tous les hommes de Tsŷ, il n'en est aucun qui parle d'humanité et de justice au Roi. Tsŷ jên oû ỳ jên ngỳ yù ouâng yên tchĕ 齊人無以人義與王言者.

Faites-y planter des mûriers. Choú tchē ỳ sāng 樹之以桑.

Remplacer une grande victime par une petite. Ỳ siaò ỳ tá 以小易大.

Trois fois il refusa l'Empire, et le peuple ne voyait rien de louable dans son action. Sān ỳ tiēn hiá jáng, mîn oû tĕ eûl tchēn yēn 三以天下讓。民無得而稱焉.

Remarque. — La particule Ỳ 以, marque d'accusatif, se postpose quelquefois. Il sera important de ne pas perdre de vue cette observation.

EXEMPLE :

Il ne m'estime pas purifié. Poŭ ngò siaó ỳ 不我屑以 au lieu de Ỳ ngò poŭ siaó.

Deuxième usage.

La particule Ỳ 以, marquant l'ablatif, le mode ou l'instrumental, se place ordinairement *avant* son régime. Si elle est placée après, cette particule marque le résultat, l'intention.

EXEMPLES :

Permettez-moi d'emprunter une comparaison à l'art militaire. Tsìn ỳ tchán yù 請以戰喻.

Si ceux qui ont fui de cinquante pas se moquent de ceux qui ont fui de cent pas, que pensez-vous de cette conduite? Ỳ où chě poú siaó pě poú tsě hô joû 以五十步笑百步則何如.

Avec la nature de l'homme on fait l'humanité et la justice; avec le saule flexible, on fait une corbeille. Ỳ jên sín oúy jên ngý, ỳ kỳ lieoû oúy peỳ kiuên 以人性爲仁義。以杞柳爲桮棬.

Tuer quelqu'un avec un bâton ou avec une épée, y a-t-il de la différence? Aucune. Chă jên ỳ yên yù tāo yeoù ỳ hoû, oû ỳ ý ỳ 殺人以梃與刀有異乎。無以異也?

Autrefois nos illustres Rois gouvernaient l'Empire *par* ou *d'après* la piété filiale. (Hiaó-Kin.) Sỳ tchě mîn ouâng tchē ỳ hiaó ché tiēn hiá ỳ 昔者明王之以孝治天下也.

Le cœur est asservi par le corps. Sīn ỳ hîn yǔ 心以形役.

Ils perdirent l'Empire par leur inhumanité. Chě tiēn hiá ỳ ỳ poǔ jên 失天下也以不仁.

Éclairez-moi par vos instructions. Mîn ỳ kiaó ngò 明以教我.

L'homme humain s'acquiert de la considération par le bon usage de sa fortune; l'homme inhumain augmente sa fortune aux dépens de sa considération. Jên tchě ỳ tsāy fă chēn; poǔ jên tchě ỳ chēn fă tsāy 仁者以財發身。不仁者以身發身.

Remarque. — Par euphonie, certains auteurs placent la particule Ỳ 以 après le mot qu'elle doit précéder.

EXEMPLES :

Par la tradition. Tchouán ỳ 傳以 au lieu de Ỳ tchouán.
Pour cela. Hô ỳ 何以 au lieu de Ỳ hô 以何.
Il joignait la nuit au jour Yè ỳký jě 夜以繼日 au lieu de Ỳ yè etc.
Par l'habitude la loi est passée en usage. Sỳ ỳ tchěn sioǔ 習以成俗.

Troisième usage.

La particule Ỳ 以 signifie *pour, pro, à, ad, ut.*

EXEMPLES :

Ne soyez pas avare du jade et des perles *pour* consoler ma vieille imagination. Láy poǔ lîn tchoū yǔ ỳ oúy laò houây 奈不吝珠玉以慰老懷.

Entendre une chose suffit pour en savoir dix. Ouén ỹ ỳ tchē chě 聞一以知十.

Mes forces suffisent pour soulever un poids de 3,000 livres. Où lỳ tsioǔ ỳ kiù pě kiūn 五力足以舉百鈞.

Rendre le bien pour le mal. Ỳ tě paó yuén 以德報怨.

Cette compassion suffit *pour* régner. Ché sīn tsioŭ ỳ ouáng ỳ 是心足以王矣.

Rendre son nom célèbre dans l'avenir *pour* illustrer ses parents. Yâng mîn yù heoú chê ỳ hièn foú moù 揚名於後世以顯父母.

Confucius dit : S'il m'était permis d'ajouter des années à mon âge, j'en demanderais cinquante *pour* étudier le Ỳ kīn. Tsè yuĕ kiā ngò soú niên où chĕ ỳ hiŏ ỳ 子曰加我數年五十以學易.

Se retirer dans la solitude *pour* chercher les principes de la raison, cultiver la justice pour mettre en pratique ces mêmes principes, c'est un langage que j'ai entendu tenir; mais je n'ai pas vu d'homme agir ainsi. Ỳn kiū ỳ kieôu kŷ tché; hîn ngý ỳ tă kŷ taó où ouén kŷ yù ỳ; ouý kién kŷ jên ỳ 隱居以求其志。行義以達其道語聞其語矣。未見其人也.

Quatrième usage.

La particule Ỳ 以 veut dire *selon, juxtà, secundum.*

EXEMPLES :

Ceux qu'on appelle des grands ministres servent le Prince selon la raison. Sò ouý tá tchĕn tchĕ ỳ taó sé kiūn 所謂大臣者以道事君.

Occuper le peuple selon la saison. Ché mîn ỳ chê 使民以時.

Prendre ses repas selon le temps convenable, dépenser selon les rites. Chĕ tchē ỳ chê, yóng tchē ỳ lỳ 食之以時。用之以禮.

Confucius ne recherchait les fonctions que selon les rites; il ne les quittait que selon les convenances. Kòng tsè tsín ỳ lỳ, toúy ỳ ngý 孔子進以禮。退以義.

Le roi a questionné un de ses sujets; celui-ci n'a pas osé répondre selon la droiture. Ouâng ouén tchĕn, tchĕn poŭ kàn poŭ ỳ tchén toúy 王問臣。臣不敢不以正對.

Servir ses parents selon les rites durant leur vie; les ensevelir selon les rites après leur mort; sacrifier pour eux selon les rites : voilà la piété filiale. Sēn sé tchē ỳ lỳ; sè sāng tchē ỳ lỳ; tsý tchē ỳ lỳ kò ouý hiaó ỳ 生事之以禮。死葬之以禮。祭之以禮可謂孝矣.

Cinquième usage.

La particule Ỳ 以 a souvent la signification directe du verbe Yóng 用, *employer, uti, adhibere.* Quelquefois, par position, elle a le sens passif : *être employé.*

EXEMPLES :

Il ne m'emploie pas; il ne me donne pas de fonction. Oû où ỳ ỳ 毋吾以也.

海上絲綢之路文獻集成 科技與文化編

Agir avec droiture, c'est-à-dire en employant la... Hîn ỳ tchóng 行以忠.

Le sage emploie ses talents à rassembler des amis; et les amis, à l'aider dans la pratique de l'humanité. Kiūn tsè ỳ ouên houý yeoú, ỳ yeoú foù jên 君子以文會友。以友輔仁.

Honorer ses parents en employant les rites propres aux Empereurs. Sé ký siēn ỳ tiēn tsè tchē lỳ 祀其先以天子之禮.

Ouên-Ouâng se servit des bras du peuple *pour* construire sa tour et pour creuser son étang. Ouên-Ouâng ỳ mîn lỳ ouý tây ouý tchǎo 文王以民力為臺為沼.

Il n'emploie pas de char de guerre. Poŭ ỳ pīn tchēy 不以兵車.

Si vous n'employez pas le compas et la règle, vous ne pouvez faire des objets ronds et carrés. Poŭ ỳ kouȳ kiù, poŭ lên tchên fāng yuên 不以規矩。不能成方員.

Faites en sorte que les Grands Officiers ne se plaignent pas de n'être pas employés. Poŭ chè tá tchên yuên hoû poŭ ỳ 不使大臣怨乎不以.

Comment celui qui n'a qu'une vertu s'en servirait-il pour mépriser celui qui en a deux? Oū tě yeoù ký ў, ỳ mán ký eûl tsaȳ 惡得有其一。以慢其二哉?

Sixième usage.

La particule Ỳ 以 est fréquemment employée pour le mot Ouý 謂, *juger, penser, dire, être de l'avis de, existimare, reputare, habere pro.*

EXEMPLES :

Dans mon cœur, je trouvais encore que c'était trop vite. Yū tsè sin yeoû ỳ ouý sioŭ 於子心猶以為速.

Moi fugitif, je n'estime rien de précieux si ce n'est la bonté et la piété filiale. Ouâng jên oû ỳ ouý paó jên tsīn ỳ ouý paó 亡人無以為寶仁親以為寶.

Le peuple le trouvait trop petit. Mîn yeoû ỳ ouý siaò ỳ 民猶以為小也.

Le sage, par une parole, est considéré comme éclairé; par un mot, il est réputé comme ne sachant rien. Kiūn tsè ỳ yên ỳ ouý tchē, ỳ yên ỳ ouý poŭ tchē 君子一言以為知。一言以為不知.

Ne regarde-t-on pas cela comme excessif? Poŭ ỳ tây hoû 不以泰乎?

On ne regarde pas cela comme excessif. Poŭ ỳ ouý tây 不以為泰.

Il n'estime pas cela honteux. Poŭ ỳ ouý tchě 不以為恥.

De tous les lettrés du royaume de Tsȳ, je regarde certainement Tchóng-Tsè comme le plus grand. Yū Tsȳ kouě tchē sé, oû pў ỳ Tchóng-Tsè ouý tchên pў yēn 於齊國之士。吾必以仲子為巨擘焉 (1).

(1) Littéralement : comme le plus grand doigt de la main.

Tsēng-Sēn dit que la chose est difficile. **Tsēng-Sēn ỳ lân** 曾參以難.

O Roi, qui pensez-vous devoir être vainqueur? **Tsĕ ouâng ỳ ouý choŭ chēn** 則王以爲孰勝?

Septième usage.

La particule **Ỳ** 以 a la signification d'*avoir, posséder, habere.*

EXEMPLES :

Celui qui, possédant un grand État, protége les petits, se conduit selon la raison céleste. **Ỳ tá sé siaò tchĕ lŏ tiēn tchĕ ỳ** 以大事小者樂天者也.

Il n'y a qu'un Prince humain qui, en possédant un grand État, puisse être utile aux petits. **Ouŷ jên tchĕ ouŷ nên ỳ tá sé siaò** 惟仁者爲能以大事小.

Ceux-là ont leurs richesses; j'ai ma justice; ceux-là ont leur noblesse; moi, j'ai ma justice. **Pý ỳ ký foŭ, ngò ỳ où jên; pý ỳ ký tsiŏ, ngò ỳ où ngý** 彼以其富。我以吾仁。彼以其爵我以吾義.

Ouên-Ouâng eut **Ouâng-Kȳ** pour père et **Où-Ouâng** fut son fils. **Ouên-Ouâng ỳ kȳ ouý foú, ỳ Où-Ouâng ouý tsè** 文王以季爲父。以武王爲子.

Huitième usage.

La particule **Ỳ** 以 précédant un mot qui marque une époque, une date, veut dire *dans, in, intrà.*

EXEMPLES :

Dans une année de disette, il a bâti une ville. **Ỳ hiōng niên tsáo ỳ ỳ** 以兇年造邑也.

Ceux qui sont jeunes et forts, dans leurs jours de loisirs, cultiveront en eux la piété filiale. **Tchouâng tchĕ ỳ hiâ jĕ sieoū ký hiaó** 壯者以暇日修其孝.

Neuvième usage.

La particule **Ỳ** 以 veut dire *avec, cum, ensemble, unà, simul.*

EXEMPLES :

Ils ne sont plus amis ensemble. (**Chĕ-Kīn.**) **Poŭ sý ỳ keoú** 不婿以穀.

Le Prince dit : Goûtez le repos avec moi. **Kiūn yuĕ ỳ où ngān** 君曰以吾安.

Est-ce que **Yŏ** (nom d'homme) s'élève et s'abaisse avec le royaume de **Sóng**? **Yŏ chè ký ỳ Sóng chēn kiáng hoû** 樂氏其以宗升降乎.

Il pensait qu'en habitant avec des paysans, c'était comme s'il se fût assis

dans la boue ou sur du charbon avec sa robe de cour et son bonnet de cérémonie. Sē yù hiāng jên tchoù joŭ ỳ tchāo ȳ tchāo kouān tsò yū toû tān ỳ 思與鄉人處如以朝衣朝冠坐於塗炭也.

Yáo et Chún ont gouverné l'Empire avec humanité. Yáo Chún sē tiēn hiá ỳ jên 堯舜帥天下以仁.

Dixième usage.

La particule Ỳ 以 signifie *parce que, quia, eo quod.*

EXEMPLES :

Parce qu'il n'a pas instruit son peuple à combattre, il a été vaincu. Ỳ kŷ poŭ kiaó kŷ mîn tchán 以其不教其民戰.

Parce que Yeoù-Jŏ ressemblait au saint homme. Ỳ Yeoù jŏ tchĕ sé chén jên 以有若似聖人.

Pĕ-Kōng gémit parce qu'il y avait un ordre impérial. Pĕ-Kōng tān sŷ ỳ ouŷ yeoù mìn 白公歎息以爲有命.

Parce que ces beaux arbres étaient sur les confins du grand Royaume, la hache et la serpe les ont atteints. Ỳ kŷ lîn yū tá kouĕ ỳ koû kin kō tchē 以其鄰於大國也斧斤代之.

Onzième usage.

La particule Ỳ 以 devant un substantif ou un adjectif en fait souvent comme un participe présent.

EXEMPLES :

Étant Prince, fuir devant un sujet, cela est honteux. Ỳ kiūn pŷ tchên joŭ ỳ 以君辟臣辱也.

Celui qui, étant sage, ne servait pas les hommes vicieux, celui-là était Pĕ-Ỳ. Poŭ ỳ hiên sé, poŭ siaó tchĕ Pĕ-Ỳ ỳ 不以賢事不肖者伯夷也.

Douzième usage.

La particule Ỳ 以 veut dire *pouvoir, posse.*

EXEMPLES :

Si vous faites tous vos efforts, vous pouvez aussi renouveler votre Royaume. Tsè lŷ hîn tchē, ŷ ỳ sīn tsè tchē kouĕ 子力行之。亦以新子之國.

Il ne peut être attelé à mon char. Poŭ ỳ foŭ siāng 不以服箱.

Si l'on ne connaît pas la valeur des paroles, on ne peut non plus connaître les hommes. Poŭ tchē yên oû ỳ tchē jên ỳ 不知言無以知人也.

Houŷ entend une partie d'une chose, il peut en savoir de suite les dix autres

parties; moi, **Sē**, j'entends une partie, je ne puis en comprendre que deux. **Houŷ ỳ ouén ŷ ỳ tchē chě; Sè ỳ ouén ŷ ỳ tchē eûl** 回也聞一以知十。賜也聞一以知二.

Treizième usage.

La particule **Ỳ** 以 a le sens du mot **Kỳ** 及, *regarder, concerner, attinere, spectare*, ou celui de **Kān** 干.

EXEMPLES :

Si je commets un crime, cela ne regarde pas mon peuple. **Yû ỳ jên yeoù tsouý, oû ỳ ouán foū** 余一人有罪。無以萬夫.

S'il fait marcher ses troupes, à la fin il sera battu: cela atteindra le Prince du royaume. **Hîn sē tchóng yeoù tá paý ỳ kỳ kouĕ kiūn** 行師終有大敗以其國君.

L'Empereur regarde cela comme ne le concernant pas. **Oû ỳ ouán fāng** 無以萬方.

Quatorzième usage.

La particule **Ỳ** 以 veut dire *jusque, usquè ad.*

EXEMPLES :

Depuis qu'il existe des hommes jusqu'à nos jours. **Tsè yeoù sēn mîn ỳ laŷ ouý yeoù kōng tsè ỳ** 自有生民以來未有孔子以.

Depuis la dynastie des **Hán** jusqu'à... **Tsè Hán ỳ laŷ** 自漢以來.

Depuis qu'il y a un ciel, une terre, des hommes, jusqu'à... **Tsè yeoù tiēn tý jên mîn ỳ laŷ** 自有天地人民以來.

Depuis le Prince jusqu'au plus obscur sujet. **Tsè tiēn tsè ỳ tché yû choŭ jên** 自天子以至於庶人.

Quinzième usage.

La particule **Ỳ** 以 veut dire *offrir, donner.*

EXEMPLES :

Au voyageur on offre nécessairement des présents. **Hîn tchĕ pỳ ỳ tsín** 行者必以贐.

Ne le lui donnez pas. **Oû ỳ yù tchē** 無以與之.

Seizième usage.

La particule **Ỳ** 以 veut dire *la cause, le motif, la raison pour laquelle.*

EXEMPLE :

Pourquoi tarde-t-il à venir? Certainement il y a un motif. **Hô kỳ kieoù ỳ. pỳ yeoù ỳ** 何其久也。必有以.

Dix-septième usage.

La particule Ỳ 以 signifie *quand, lorsque, quandò, cùm, si.*

EXEMPLE :

Quand je considère Confucius, je le trouve plus sage que Yâo et Chûn. Ỳ yû kouān yū foū tsè hién yū Yâo Chún yuèn ỳ 以予觀於夫子。賢於堯舜遠矣.

Dix-huitième usage.

La particule Ỳ 以 veut dire *quoique, quamvis, licet.*

EXEMPLE :

Quoique je sois plus âgé que vous d'un jour. Ỳ oû ỳ lĕ tchàng hoû eùl 以吾一日長乎爾.

Dix-neuvième usage

La particule Ỳ 以 veut dire *sous le rapport de, quoad, en tant que.*

EXEMPLE :

Sous le rapport de la vertu, vous me servez. Ỳ tĕ tsĕ yû sé ngò tchĕ ỳ 以德則予事我者也.

Vingtième usage.

La particule Ỳ 以 a quelquefois le sens de la conjonction *et,* Eûl 而.

EXEMPLES :

Le ciel envoie avec force le tonnerre, les éclairs et le vent. (Choû-Kīn.) Tiēn tá louỳ chên ỳ fōng 天大雷電以風.

Les barbares de l'Occident sont nombreux et injustes. Jông tchóng ỳ oû ngý 戎衆以無義.

Tous les hommes de ce jour recherchent avec ardeur la réputation et les places. Fân kīn tchē jên kỳ mîn ỳ kouān 凡今之人急名以官.

Vingt et unième usage.

La particule Ỳ 以 se trouve avoir le sens de *ou, ou bien, vel, vel etiam.*

EXEMPLE :

Cette année, les troupes qui sont en marche doivent vaincre ou mourir. Tsé niên hîn sē tāng kĕ ỳ poŭ 此年行師當克以不.

海上絲綢之路文獻集成 科技與文化編

Vingt-deuxième usage.

La particule Ỳ 以 veut dire *à cause de, parce que, quia, propter quod.*

EXEMPLE :

Le sage ne nuit pas aux autres à cause des terres propres à la culture des grains. (Mencius.) Kiūn tsè poŭ ỳ kŷ sò ỳ yàng jên tchĕ haý jên 君子不以其所以養人者害人.

Vingt-troisième usage.

La particule Ỳ 以 indique quelquefois la manière, le mode de faire une chose.

EXEMPLE :

S'il pensait avoir été insulté par quelqu'un de l'épaisseur d'un cheveu. Sē ỳ ў hâo tsó yū jên 思以一毫挫於人.

Vingt-quatrième usage.

La particule Ỳ 以 a le sens de *afin que, pour, ut, ad, pro.*

EXEMPLES :

Le lendemain il se rendit à Tsoū pour en référer à Móng-Tsè. Mîn jĕ tchē Tsoū ỳ kaó Móng-Tsè 明日之鄒以告孟子.

Ils ne peuvent labourer leurs terres pour nourrir leurs parents. Poŭ tĕ kēn joŭ ỳ yàng kŷ foú moù 不得耕以耨養其父母.

Le sage est dans la voie propre à attendre l'ordre céleste. Kiūn tsè kiū ў ỳ sé mìn 君子居易以俟命.

Vingt-cinquième usage.

La particule Ỳ 以 veut dire *faire, agere.*

EXEMPLE :

Examinez les actions d'un homme. Ché kŷ sò ỳ 視其所以.

Vingt-sixième usage.

Le mot Ỳ 以 veut dire *placer, mettre, ponere, collocare.*

EXEMPLE :

Placer une lune intercalaire. Ỳ juén yuĕ 以閏月.

Vingt-septième usage.

Le mot Ỳ 以 veut dire *faire en sorte que, facere ut.*

EXEMPLE :

Précédemment je voulais faire en sorte que le roi de **Tsŷ** servît l'Empereur. **Hiáng yoŭ ỳ Tsŷ sé ouâng** 向欲以齊事王.

Vingt-huitième usage.

La particule **Ỳ** 以 veut dire *ressembler à..., similis esse.*

EXEMPLE :

Kŷ-Tsè lui ressemble. **Kŷ-Tsè ỳ tchē** 箕子以之.

Vingt-neuvième usage.

La particule **Ỳ** 以 veut dire quelquefois *devenir, être, fieri.*

EXEMPLE :

S'il ne savait pas que le roi ne pouvait devenir un autre **Tchên-Tāng** ou un autre **Ouên-Ouâng**, il n'avait pas de sagacité. **Poŭ chĕ Ouâng tchē poŭ kò ỳ ouý Tāng où tsĕ ché poŭ mîn ỳ** 不識王之不可以爲湯武則是不明也.

Trentième usage.

La particule **Ỳ** 以 sert à faire une classe d'adverbes.

EXEMPLES :

Au-dessus. **Ỳ cháng** 以上.
Au-dessous. **Ỳ hiá** 以下.
Au-dessus des hommes médiocres. **Tchōng jên ỳ cháng** 中人以上.
Au-dessus de la poitrine. **Hiông ỳ cháng** 胸以上.
Après cela. **Tsé ỳ heoú** 此以後.
Il dit plus bas. **Yuĕ ỳ hiá** 曰以下.
Toute pluie qui dure trois jours et plus se nomme **Lîn**. **Fân yù tsé sān jĕ ỳ ouàng ouý lîn** 凡雨自三日以往爲霖.

Trente et unième usage.

La particule **Ỳ** 以 veut dire *servir à, servir de, inservire ad.*

EXEMPLE :

C'est pourquoi les Princes ont en eux une grande règle de conduite; la sincérité et la fidélité servent à l'acquérir; l'orgueil et la violence la font perdre. **Ché koú kiūn tsè yeoù tá taó, pŷ tchōng sín ỳ tĕ tchē; kiaō tāy ỳ chĕ tchē** 是故君子有大道。必忠信以得之。驕泰以失之.

海上絲綢之路文獻集成 科技與文化編

Trente-deuxième usage.

La particule Ỳ 以 se joint à quelques autres mots pour faire des locutions particulières. Elle se joint surtout au mot Sò 所, *qui, que* (voir plus bas, page 233), et aux mots suivants :

1° Ỳ 以 joint à Hô 何 ou Kò 可 et signifie *comment? quel? pourquoi? en quoi?*

EXEMPLES :

Quelle différence y a-t-il? Hô ỳ piĕ hoû 何以別乎?
Pourquoi le ciel nous blâmerait-il? Tiēn hô ỳ tsĕ 天何以刺?
Comment saurais-je que les choses sont ainsi? Hô ỳ tchē kŷ jân ỳ 何以知其然耶?
Pourquoi parle-t-il ainsi? Hô ỳ yên tchē 何以言之?
D'où pourrais-je savoir cela? Hô tsioŭ ỳ tchē tchē 何足以知之?
Celui qui veut connaître l'homme parviendra par cette connaissance à celle du ciel. Sē tchē jên poŭ kò ỳ poŭ tchē tiēn 思知人不可以不知天.
En quoi diffère-t-il du royaume de Tsoŭ qui veut attaquer celui de Tsoŭ? Hô ỳ ý yû Tsoŭ tý Tsoŭ tsaȳ 何以異於鄒敵楚哉.
Peut-on encore les appeler beaux? Kò ỳ ouý meỳ hoû 可以爲美乎?

2° Ỳ 以 avec Oû 無 et Ỳ 已. — Cette expression est très-énergique et ne peut se traduire que par une périphrase.

EXEMPLES :

Si vous me pressez encore plus, quand parlerons-nous de l'art de régner? Oû ỳ tsĕ ouâng hoû 無以則王乎?
Si vous voulez absolument savoir ce que je pense, eh bien! je le dirai : il ne vous reste qu'à... Oû ỳ tsĕ yeoù ỳ yēn 無以則有一焉.
Si l'on ne connaît pas la valeur des paroles, on ne connaît pas les hommes. Poŭ tchē yên oû ỳ tchē jên ỳ 不知言無以知人也.

3° Ché ỳ 是以, *c'est pourquoi, de là vient que.*

EXEMPLES :

C'est pourquoi je ne suis pas allé le voir. Ché ỳ poŭ ouàng kién ỳ 是以不往見也.
C'est pour ce motif que, dans la suite des siècles, leurs actes n'ont pas été transmis. Ché ỳ heoú ché poŭ tchouán 是以後世不傳.

4° Leâng ỳ 良以 est employé dans le même sens que le mot précédent.

Trente-troisième usage.

De la particule Ỳ 以 *postposée.*

La langue chinoise, tantôt par euphonie, tantôt par élégance, fait un usage fréquent des postpositions. Le génie de nos langues européennes ne nous habitue pas à ces tournures de phrases. Nous appelons l'attention de nos lecteurs sur les expressions suivantes, dans lesquelles le mot Ỳ 以, non-seulement se postpose, mais est souvent séparé du mot qu'il accompagne par plusieurs autres mots.

1° La particule Ỳ 以 simplement *postposée.*

EXEMPLES :

Pourquoi? Hô ỳ 何以? au lieu de Ỳ hô 以何?

C'est pourquoi. Ché ỳ 是以 au lieu de Ỳ ché 以是.

Le peuple devient de jour en jour plus malheureux. Mîn jĕ ỳ pín 民日以病.

Je désire que vous m'instruisiez clairement. Yuên mîn ỳ kiaó ngò 願明以教我.

Sa vertu grandit de jour en jour. Tĕ jĕ ỳ chên 德日以盛.

2° Le mot Ỳ 以, *aprés deux caractères* qu'il devrait, en règle ordinaire, précéder.

EXEMPLES :

Par orgueil et par vanité, il perd la sagesse. (Tá-Hiŏ.) Kiaō tāy ỳ chĕ tchē 驕泰以失之.

Le sage atteint (sa voie) par la droiture et par la fidélité. (Tá-Hiŏ.) Tchōng sín ỳ tĕ tchē 忠信以得之.

Instruire les hommes avec douceur et bonté. Kouān jeoû ỳ kiaó jên 寬柔以教人.

3° Le mot Ỳ 以 *aprés trois caractères.*

EXEMPLES :

En risquant sa vie, on compromet celle de ses parents. Ký ký chēn ỳ ký ký tsīn 忘其身以及其親.

Parce qu'on a une qualité, comment peut-on pour cela mépriser ceux qui en ont deux? Oû tĕ yeoù ký ỳ ỳ mán ký eûl tsaȳ 惡得有其一以慢其二哉?

4° Le mot Ỳ 以 *après quatre caractères.*

EXEMPLES :

Maintenant j'ai neuf pieds quatre pouces de haut. Kin ngò kieoù tchĕ sé tsén ỳ tchàng 今我九尺四寸以長.

Ayant conquis ce royaume, ils s'en allèrent. Tĕ kŷ kouĕ kiā ỳ ouàng yè 得其國家以往也.

5° Le mot Ỳ 以 *après six caractères.*

EXEMPLES :

Parce que nous n'avons pas suivi vos avis, nous avons été réduits à cela. Où poŭ tsŏng tsè tchē yên ỳ tché tsé hoû 吾不從子之言以至此乎.

Confucius a obtenu cela par la bonté, la douceur, le respect, la modération et l'humilité. Foū tsè ouên leáng kōng kién jáng ỳ tĕ tchē 夫子溫良恭儉讓以得之.

§ 10. MONOGRAPHIE DE LA PARTICULE Yū 於.

La particule Yū 於 a des usages moins étendus que la particule précédente. Dans plusieurs acceptions, elle se confond avec la particule Yû 于, c'est-à-dire qu'on les emploie indifféremment l'une pour l'autre. La particule Yū 於 mérite également une étude spéciale de la part de nos lecteurs.

Premier usage.

La particule Yū 於 est quelquefois particule *initiale*. Elle est alors purement *euphonique*.

EXEMPLE :

Les troupes de Yuĕ entrèrent dans le royaume de Oû. Yū Yuĕ joŭ Oû 於越入吳.

Deuxième usage.

La particule Yū 於 sert à marquer le régime direct du verbe ou l'accusatif latin. C'est un des principaux rôles de ce mot.

EXEMPLES :

Réjouir ses parents. Yuĕ yū tsīn 悅於親.

Épuiser le cœur de l'homme. Tsín yū jên sīn 盡於人心.

Suivre le Roi. Tsŏng yū ouâng 從於王.

N'oser mépriser personne. Poŭ kàn oú yū jên 不敢惡於人.

Si j'obtenais de voir le Roi de Tsoū. Tĕ kién yū Tsoū kiūn 得見於鄒君.

Quand les grands vassaux visitent l'Empereur. Tchoū heoŭ tchâo yū tiēn tsè 諸侯朝於天子.

Depuis qu'il existe des hommes, il n'y en a pas qui ait surpassé Confucius. Tsé sēn mîn ỳ laŷ ouý yeoù chēn yū kòng tsè ỳ 自生民以來未有盛於孔子也.

Dès qu'une chose est mauvaise, un fils ne peut se dispenser d'en reprendre son père. Tāng poŭ ngý tsĕ tsè poŭ kò ỳ poŭ tsēn yū foú 當不義則子不可以不爭於父.

Remarque. — Il arrive que le régime direct du verbe en est séparé par plusieurs mots au cas du génitif. Mais ce cas n'est point commun.

EXEMPLE :

Dans le livre des vers, on apprend en grand nombre les noms des oiseaux, des quadrupèdes, des plantes et des arbres. Chē tō tchĕ yū niaò tcheoû tsaŏ moŭ tchē mîn 詩多識於鳥獸草木之名.

Troisième usage.

La particule Yū 於 sert également à marquer le régime indirect de différentes espèces de verbes.

EXEMPLES :

Ne pas se conformer à la vertu. Poŭ chuén yū tĕ 不順於德.

Ce que vous ne désirez pas qu'on vous fasse, ne le faites pas aux autres. Kỳ sò poŭ yoŭ oŭ chĕ yū jên 已所不欲勿施於人.

Ce en quoi il différait des hommes rustiques des montagnes profondes, était bien peu de chose. Kŷ sò ỳ ý yū chēn chān tchē yè jên tchĕ kỳ hŷ 其所以異於深山之野人者幾希.

Si vous savez cela, ô Roi, n'espérez pas voir la population de votre Royaume s'accroître de celles des Royaumes voisins. Ouâng joŭ tchē tsé, tsĕ oû ouáng mîn tchē tō yū lîn kouĕ ỳ 王如知此。則無望民之多於鄰國也.

Cela diffère-t-il de celui qui, ayant percé et tué quelqu'un de son glaive, dirait : *Ce n'est pas moi, c'est mon épée?* Ché hô ý yū tsĕ jên eûl chă tchē yuĕ feŷ ngò ỳ pīn ỳ 是何異於刺人而殺之曰非我也兵也.

Ne pas s'écarter durant trois ans de la route tracée par ses parents, voilà la piété filiale. Sān niên oû kaỳ yū foú tchē taó kò ouý hiaó ỳ 三年無改於父之道可謂孝矣.

De ces trois choses, laquelle faut-il écarter de préférence? Yū sé sān tchĕ hô siēn tieoū 於斯三者何先去?

Quatrième usage.

La particule Yū 於 indique la forme passive des verbes dans un grand nombre de cas. La construction de la phrase chinoise indique qu'il faut traduire au passif les verbes chinois.

EXEMPLES :

Ceci n'est pas lu dans les livres. *Hoc in libris non reperitur.* Poŭ kién yū kīn 不見於經.

Le sage possède les choses, mais il n'est pas sous leur joug. *Sapiens res possidet, non rebus possidetur.* Kiūn tsè yeoù oŭ feý yeoù yū oŭ 君子有物非有於物.

Ceux qui gouvernent sont nourris par leurs subordonnés. Chè jên tchĕ chĕ yū jên 治人者食於人.

A l'âge de trois ans, nous sommes chéris par nos parents. Yeoù sān niên tchē gaý yū foú moù 有三年之愛於父母. (Lén-Yù.)

Cinquième usage.

La particule Yū 於, dans une foule de cas, sert à marquer le *lieu* où une chose se fait.

EXEMPLES :

Le Roi était assis dans la salle d'audience. Ouâng tsó yū tăng cháng 王坐於堂上.

Un jour qu'il était dans la ville de Pîn-lô. Tchoŭ yū Pîn-lô 處於平陸.

Je suppose un homme en ce lieu. Yeoù jên yū tsé 有人於此.

Dans tout l'Empire. Yū tiēn hiá 於天下.

Il se tenait dans la salle orientale. Lỳ yū tōng tăng 立於東堂.

Móng-Tsè alla au-devant de lui dans le pays de Chĕ-kieoū. Móng-Tsè yú yū Chĕ-kieoū 孟子遇於石丘.

Il publia un décret dans tout le Royaume. Tá kiáy yū kouĕ 大戒於國.

L'oiseau jaune fixe sa demeure dans le creux des montagnes. En fixant là sa demeure. Houâng niaò tchè yū kieoū yū. Yū tchè 黃鳥止于丘隅。於止.

Sixième usage.

La particule Yū 於 marque ou désigne l'instrument avec lequel on fait quelque chose.

EXEMPLE :

Ceux qui gouvernent les hommes sont nourris par eux. Chè jên tchĕ chĕ yū jên 治人者食於人.

Septième usage.

La particule Yū 於 signifie *dans, à, au, in, intrà.*

EXEMPLES :

Demeurer ferme dans le bien. Tché yū tché chán 止於至善.

Demeurer ferme dans la charité. Tché yū jên 止於仁.

Mourir dans la droite voie. Sè yū taó loú 死於道路.

Rendre son nom illustre dans les siècles futurs. Yàng mîn yū heoú ché 揚名於後世.

Avancer dans la vertu. Tsín yū tĕ 進於德.

Avancer dans les rites. Tsín yū lỳ 進於禮.

L'histoire rapporte cela. Tournez : dans l'histoire on lit. Yū tchouán yeoù tchē 於傳有之.

Depuis l'Empereur jusqu'au dernier des sujets. Tsé tiēn tsè tché yū choŭ jên 自天子至於庶人.

Ce que vous détestez dans ceux qui sont à votre droite, ne le faites pas à ceux qui sont à votre gauche. Sò oú yū yeoú oû ỳ kiaō yū tsó 所惡於右毋以交於左.

Dans mes paroles, il n'y a rien dont il ne se réjouisse. Yū où yên oû sò poŭ yuĕ 於吾言無所不悅.

Remarque. — La particule Yū 於 signifiant *dans, à,* se *postpose* assez souvent par élégance.

EXEMPLES :

Se mettre en colère à la maison et le laisser voir au marché. Oŭ yū loú, chè yū sĕ 室於怒。市於色.

Si l'on regarde dans l'eau comme dans un miroir, on voit son propre corps; si l'on regarde dans le peuple comme dans un miroir, on reconnaît s'il est bien ou mal gouverné. Jên oû chouỳ yū kién, kāng yū mîn kién 人無水於監。當於民監.

Si, dans le début, vous traitez le peuple avec bonté, quelle difficulté aurez-vous pour conquérir le pays? Joŭ eûl lên mîn, toŭ yū hô yeoù 入而能民土於何有. — Au lieu de Hô yeoù yū.

Huitième usage.

La particule Yū 於 signifie *pour, pro, en faveur de, relativement à, en ce qui concerne, quant à, relativè ad, quod attinet, quoad.*

EXEMPLES :

C'est à moi à faire ses funérailles. Yū ngò pín 於我殯.

La piété filiale nous impose des devoirs, d'abord envers nos proches, ensuite envers le Prince et envers nous-mêmes. Foū kiaó chè yū sé tsīn, tchōng yū sé kiūn, tchóng yū lỳ chēn 夫孝始於事親。中於事君。終於立身.

Pour toi, serais-tu content? Yū joù gān hoû 於汝安乎?

Pour moi, je n'en fais pas plus de cas que de la nuée chassée par le vent. Yū ngò joû feoû yûn 於我如浮雲.

Le médecin quand il s'agit de maladie. Foū ȳ tchè tchē yū pín ỳ 夫醫者之於病也.

Pour moi, en ce qui concerne mon Royaume. Kouà jên tchē yū kouě ỳ 寡人之於國也.

Quant aux animaux, si le sage les a vus vivants, il ne peut supporter de les voir mourir; s'il a entendu leurs cris d'agonie, il ne peut manger leur chair après qu'on les a tués. Kiūn tsè yū kín cheoú ỳ kién kŷ sēn poŭ jén kién kŷ sè, ouén kŷ chēn poŭ jén chě kŷ joŭ 君子於禽獸也其見生不忍見其死。聞其聲不忍食其肉.

Il n'y a pas d'utilité pour un Royaume. Oû ȳ yū kouě ỳ 無益於國也.

Pour répondre, quelle difficulté y a-t-il? Yū tǎ ché ỳ hô yeoù 於答是也何有?

Quant à Yû, à quoi bon le reprendre? Yû yū ỳ hô tcheoû 於予與何誅?

Neuvième usage.

La particule Yū 於, après un adjectif, en fait un comparatif; elle signifie alors *plus que, davantage, sur, plus quàm, eò magis.*

EXEMPLES :

Plus riche que moi. Foŭ yū ngò 富於我.

L'or est plus pesant que la plume. Kīn tchóng yū yù ỳ 金重於羽者.

Plus sage que les Empereurs Yaô et Chún. Hién yū Yaô Chún 賢於堯舜.

Pour enseigner au peuple l'affection envers les parents, nul moyen aussi aimable que la piété filiale. Kiaó mîn tsīn gaý mô chán yū hiaó 教民親愛莫善於孝.

Est-ce que la vertu du saint homme n'enchérit pas sur la piété filiale? Chén jên tchē tě oû ỳ kiā yū kiaó hoû 聖人之德無以加於孝乎?

Que peut ajouter la vertu du saint à cette piété filiale? Hô ỳ kiā yū hiaó hoû 何以加於孝乎?

Dixième usage.

La particule Yū 於 veut dire *à cause de, en vue de, propter, spectato quod.*

EXEMPLE :

Se réjouir en vue du gain. **Yuĕ yū lý** 悅於利.

Onzième usage.

La particule **Yū** 於 a le sens du mot **Joû** 如, *comme, sicut.*

EXEMPLES :

Le Prince est en danger comme des œufs entassés; il n'aura pas la longévité comme de l'insecte éphémère. **Kiūn ouŷ yû louý louán eûl poŭ cheoú yû tchāo sēn** 君危於累卵而不壽於朝生.

Maintenant on peut voir que les hommes de l'antiquité. **Yū kīn kò kién koù jên** 於今可見古人.

Douzième usage.

La particule **Yū** 於 signifie *envers, en face de, ergà, coràm, in facie.*

EXEMPLE :

N'avoir à rougir ni en face du ciel ni en face des hommes. **Niàng poŭ kouý yū tiēn, foù poŭ ouý yū jên** 仰不愧於天。俯不怍於人.

Treizième usage.

La particule **Yū** 於 a le sens du mot **Tsaý** 在, *être dans, se trouver dans un lieu.*

EXEMPLES :

S'il se trouve au dehors, on le nomme **Kōng**; s'il est dans le Royaume, on le nomme Duc. **Yū ouaý yuĕ kōng, yū kouĕ yuĕ kiūn** 於外曰公。於國曰君.

En fixant là sa demeure, (l'oiseau) prouve qu'il connait sa destination. **Yū tchè tchē ký sò tché** 於止知其所止.

Quatorzième usage.

La particule **Yū** 於 a le sens du mot **Ouý** 爲, *être, faire, devenir.*

EXEMPLES :

Quand les brigands se furent retirés, il revint. Peut-être cela n'était pas convenable. **Tsĕ touý tsĕ fàn, taỳ yū poŭ kò** 賊退則反。殆於不可.

L'enseignement d'un Prince est la piété filiale. **Kiūn tsè tchē kiaó ỳ hiaó ỳ** 君子之教以孝也.

C'est ainsi qu'il devint le grand **Chún hoû**. **Ký sé ỳ ouý Chún hoû** 其斯以爲舜乎.

Quinzième usage.

La particule Yū 於 signifie *avec, ensemble, cùm, unà, simul.*

EXEMPLES :

Si le philosophe se trouvait à table avec une personne en deuil, il ne pouvait manger. Tsè chĕ yū yeoù sāng tchĕ tchē ouý châng paò ỳ 子食於有喪者之未嘗飽也.

Dans le principe de mes relations avec les hommes, j'écoutais leurs paroles et je croyais que leurs actes étaient conformes à ces paroles; maintenant, dans mes rapports avec les hommes, j'écoute leurs paroles, mais j'examine, avant tout, leurs actions. Tsè yuĕ chè oû yū jên ỳ tīn kỳ yên eûl sín kỳ hín, kīn oû yū jên ỳ tīn kỳ yên eûl kouán kỳ hín 子曰始吾於人也聽其言而信其行。今吾於人也聽其言而觀其行.

Kȳ-Ché est sur le point d'avoir un démêlé avec Tchouān-Yû. Kỳ-Chè tsiāng yeoù sé yū Tchouān-Yû 季氏將有事於顓臾.

Seizième usage.

La particule Yū 於 n'est souvent qu'un mot auxiliaire qui donne de la grâce au discours.

EXEMPLE :

Le peuple aux cheveux noirs, ayant changé, a vécu aussitôt en bonne harmonie. Lỳ mîn yū pién chê yōng 黎民於變時雍.

Dix-septième usage.

La particule Yū 於, jointe à d'autres mots, fait les locutions suivantes :

1° Yū 於 avec Ché 是, *alors, dès ce moment.*

EXEMPLES :

Dès lors il commença à réformer sa vie. Yū ché chè hín 於是始興.
Quelle difficulté trouvez-vous à régner? Yū ouáng hô yeoù 於王何有?
Le philosophe se livrait alors à la douleur et il ne pouvait chanter. Tsè yū ché yuĕ koŭ poŭ kō 子於是日哭不歌.

2° Yū 於 avec le mot Hoû 乎, placés au commencement d'une phrase, marque l'admiration, le désir. C'est une exclamation.

EXEMPLE :

Hélas! les anciens Rois. Yū hoû tsiĕn ouâng 於乎前王.

3° La particule **Yū** 於, dans le corps d'une phrase, se prononce **Oū** et marque l'admiration.

EXEMPLES :

Ouên-Ouâng est en haut, oh! qu'il brille au ciel! **Ouên-Ouâng tsaý cháng oū tcháo yū tiēn** 文王在上於昭于天.

Oh! que la mémoire des anciens Rois est restée vivante! dit le livre des vers. **Chē yûn oū hoū tsiên ouâng poŭ ký** 詩云於戲前王不忘.

4° **Kiēn yū** 間於 veut dire *être situé entre.*

EXEMPLE :

Mon Royaume est situé entre les Royaumes de **Tsŷ** et de **Tsoū**. **Kiēn yū Tsŷ Tsoū** 間於齊楚.

5° **Oû kiēn yū** 無間於, *ne pas différer de.*

6° **Taỳ yū** 殆於.

EXEMPLE :

Peut-être que cela ne convient pas. **Taỳ yū poŭ kò** 殆於不可.

7° **Yū tchē heoù** 於之後 avec quelques mots insérés entre **Yū** et **Tchē heoù**

EXEMPLES :

Après les dynasties des **Tsîn, Tsŷ, Leàng, Souŷ** et **Tâng**. **Yū Tsîn Tsŷ Leàng Souŷ Tâng tchē heoú** 於晉齊梁隋唐之後.

Après avoir agi. **Yū hîn tchē heoú** 於行之後.

§ 11. MONOGRAPHIE DE LA PARTICULE Ouŷ 爲.

Le mot chinois **Ouŷ** 爲 a des acceptions variées qui reviennent fréquemment. Comme construction, ce mot n'offre pas les difficultés que présentent certaines particules. Après avoir lu attentivement cette monographie du mot **Ouŷ** 爲, nos lecteurs n'éprouveront aucun embarras à le comprendre et à le traduire.

1° Du mot Ouŷ 爲 (au deuxième ton).

Premier usage.

Le mot **Ouŷ** 爲 signifie *être*, dans le sens du verbe substantif **Ché** 是 qu'il remplace souvent (voir tome Ier, page 141).

EXEMPLES :

Comment peut-il être regardé comme père-mère du peuple? **Oû tsaý kŷ ouŷ mîn foú moù ỳ** 惡在其爲民父母也?

C'est une véritable fosse de mort au sein même de l'Empire. **Ouŷ tsàn yû kouĕ tchōng** 爲阱於國中.

Yous devez gouverner comme étant le père et la mère du peuple. **Ouŷ mîn foú moù hîn tchén** 爲民父母行政.

Lorsque l'on parle d'une personne, on emploie, en chinois, les mots : **Ouŷ jên** 爲人.

EXEMPLES :

C'était un homme orné de brillantes qualités. **Kŷ ouŷ jên ỳ tō tsâŷ tō nên** 其爲人也多才多能.

C'était un homme qui avait des désirs fort modérés. **Kŷ ouŷ jên ỳ kouà yoŭ** 其爲人也寡欲.

Voici quel était cet homme : il avait un talent fort médiocre. **Kŷ ouŷ jên ỳ. siaò yeoù tsâŷ** 其爲人也。小有才.

Dans la pratique usuelle de la politesse, la déférence envers les autres est ce qui tient le premier rang. **Lỳ tchē yóng hô ouŷ kouŷ** 禮之用爲貴.

Connaître ses défauts et savoir se les reprocher intérieurement, voilà qui est chose bien rare. **Tchē kó eûl nên louý tsé sóng tchĕ ouŷ taŷ siēn** 知過而能內自訟者爲太鮮.

Deuxième usage.

Le mot **Ouŷ** 爲 veut dire *penser, être d'avis que, estimer que, putare, judicare, sentire.*

EXEMPLE :

Pensez-vous que j'aspire à devenir tel? **Tsè ouŷ ngò yuên tchē hoû** 子爲我願之乎?

Troisième usage.

Le mot **Ouŷ** 爲 veut dire *faire, agir,* au moral comme au physique, *fabriquer, confectionner, pratiquer, facere, conficere.*

EXEMPLES :

Mais, en agissant comme vous faites, pourrez-vous obtenir ce que vous désirez de tous vos vœux? **Ỳ jŏ sò ouŷ kieoû jŏ sò yoŭ** 以若所爲求若所欲?

Il n'est rien qu'il ne soit capable de faire. **Oû poŭ ouŷ kỳ** 無不爲已.

Je ne ferai pas un pas pour lui préparer un sarcophage. **Oû poŭ toú hîn ỳ ouŷ tchē kō** 吾不徒行以爲之椁.

Administrer le royaume. **Ouŷ kouĕ** 爲國.

Avoir honte de faire des arcs, des flèches. **Tchĕ ouŷ kōng, tchĕ ouŷ chè** 恥爲弓。恥爲矢.

海上絲綢之路文獻集成 科技與文化編

Il fit cuire du millet et le mangea. Ouŷ choŭ eûl chĕ tchē 爲黍而食之

Il vaut mieux pratiquer la vertu d'humanité. Mô joŭ ouŷ jên 莫如爲仁.

Voir une chose juste et ne pas la pratiquer, c'est commettre une lâcheté. Kién ngý poŭ ouŷ oû yòng ỳ 見義不爲無勇也.

Si le sage n'observe pas les rites sur le deuil pendant trois années, ces rites tomberont assurément en désuétude; si on ne cultive pas la musique durant trois années, elle périra certainement. Kiūn tsè sān niên poŭ ouŷ lỳ, lỳ pў houây: sān niên poŭ yŏ, yŏ pў pōng 君子三年不爲禮。禮必壞三年不樂。樂必崩.

Le sage pratique le non-agir. (Laò-Tsè.) Ouŷ oû ouŷ 爲無爲.

Quatrième usage.

Le mot Ouŷ 爲 signifie *dire, exprimer, dicere.*

EXEMPLES :

Si vous savez cela, dites que vous le savez; si vous ne le savez pas, dites : Je ne le sais pas. Tchē tchē ouŷ tchē tchē; poŭ tchē ouŷ poŭ tchē ché ỳ 知之爲知之不知爲不知是也.

Il disait cela parce qu'ils avaient fait des images humaines et s'en servaient dans les sacrifices. Ouŷ kŷ siàng jên eûl yóng tchē ỳ 爲其象人而用之也.

Cinquième usage.

Le mot Ouŷ 爲 signifie *estimer, pluris facere.*

EXEMPLE :

Si on place en deuxième lieu la justice et en premier le culte. Keoú ouŷ heoú ngý eûl siēn lý 苟爲後義而先利.

Sixième usage.

Le mot Ouŷ 爲 veut dire *imiter, imitari,* et, par position, *être imité.*

EXEMPLE :

Kouān-Tchōng et Yên-Tsè ne sont-ils pas dignes d'être imités? Kouān-Tchōng Yên-Tsè yeoû poŭ tsioŭ ouŷ yù 管仲晏子猶不足爲與?

Septième usage.

Le mot Ouŷ 爲 veut dire *aider, secourir, adjuvare, opitulari.*

EXEMPLE :

En sortant, il dit : Notre maître n'assistera pas (le Prince de Ouŷ). Tchoŭ yuĕ : foŭ tsè poŭ ouŷ ỳ 出曰。夫子不爲也.

15

Huitième usage.

Le mot **Ouŷ** 爲 veut dire *s'adonner à, se livrer à, navare, incumbere.*

EXEMPLES :

Celui qui se livre à l'étude augmente chaque jour ses connaissances. **Ouŷ hiŏ jĕ ỳ** 爲學日益. (Laò-Tsè.)

Celui qui se livre au Taó diminue chaque jour ses passions. **Ouŷ taó jĕ sèn** 爲道日損.

Neuvième usage.

Le mot **Ouŷ** 爲 signifie *pouvoir, vouloir, posse, velle.*

EXEMPLE :

Quelle différence y a-t-il entre les apparences du mauvais vouloir et ceux de l'impuissance? **Poŭ ouŷ tchĕ yù poŭ lên tchĕ tchē hîn hô ỳ ý** 不爲者與不能者之形何以異?

Dixième usage.

Le mot **Ouŷ** 爲 veut dire *gouverner, régir, gubernare, regere.*

EXEMPLE :

Gouverner le Royaume par les rites. **Ouŷ kouĕ ỳ lỳ** 爲國以禮.

Onzième usage.

Le mot **Ouŷ** 爲 signifie *considérer, regarder comme.*

EXEMPLES :

Est-ce que je regarde cela comme honorable et grand? **Kỳ tsé ouŷ tsēn tá hoû** 豈自爲尊大乎?

De là vient que, jusqu'à la fin de sa vie, le saint ne s'estime pas grand. **Ché ỳ chén jên tchóng poŭ ouŷ tá** 是以聖人終不爲大.

Douzième usage.

Le mot **Ouŷ** 爲 veut dire *étudier, studere.*

EXEMPLE :

Est-ce que vous avez étudié les passages du livre des vers qui portent le nom de Tcheoū nân et Tchaô nân? **Joŭ ouŷ Tcheoū nân Tchaô nân hoû** 女爲周南召南矣乎?

西漢同文法 卷二

Treizième usage.

Le mot Ouŷ 爲, au deuxième ton, sert à former un certain nombre de mots composés. Nous donnons ici les plus usuels :

1° Ouŷ nên 爲能, *être pouvant, être capable de.*

EXEMPLES :

Celui-là seul peut convertir les cœurs, qui est parfait. Ouŷ tiēn hiá tchê tchên ouŷ nên hoá 惟天下至誠爲能化.

Le seul roi puissant sait aimer ce qu'il aime. Ouŷ mîn ouâng ouŷ nên gaý sò gaý 惟明王爲能愛所愛.

Il n'y a que les sages qui puissent cela. Ouŷ sé ouŷ nên 惟士爲能.

2° Yeoù ouŷ 有爲, *agir avec ardeur, avec empressement.*

EXEMPLE :

Celui qui fera de grands efforts pourra devenir un autre Chún. Yeoù ouŷ tchĕ ў jŏ ché 有爲者亦若是.

3° Oû ouŷ 無爲, *ne pas agir*. Cette expression est fréquente dans les livres bouddhistes où elle exprime la doctrine de Laò-Tsè : le *non-agir*, la *passivité*.

EXEMPLE :

Celui qui ne se mêlait de rien, et cependant gouvernait l'Empire, c'était Chún. Oû ouŷ eûl ché tchĕ kŷ Chún ў yù 無爲而治者其舜也與.

4° Ouŷ yên 爲言 est une expression dont se servent les dictionnaires chinois pour dire : *définir, définition, donner l'étymologie d'un mot.*

EXEMPLES :

Le mot Tchén, si on le définit, c'est Tchén. Tchén tchē ouŷ yên tchén ў 征之爲言正也.

Le mot Hiŏ ici veut dire *imiter*. Hiŏ tchē ouŷ yên hiaó ў 學之爲言效也.

Tel est le sens ordinaire de Ouŷ yên. Cependant le philosophe Mencius lui en donne parfois un autre, comme dans ce passage de son Chap. III :

Il y eut un nommé Hiù-Hín qui vantait les paroles de Chên-Lông; il passa du Royaume de Tsoū dans celui de Tēn. Yeoù ouŷ Chên-Lông tchē yên tchĕ hiù hîn tsé Tsoū tchē Tēn 有爲神農之言者許行自楚之滕.

5° Ouŷ kiēn 爲間 veut dire *au bout d'un moment, après quelques instants.*

EXEMPLE :

Ŷ-Tsè éprouva une vive émotion; au bout de quelques instants, il dit : Cet homme m'a instruit. Ŷ-Tsè hoû jân ouŷ kiēn yuĕ mìn tohē ỳ 夷子憮然爲間日命之矣.

6° Hŷ ouŷ 奚爲, *à cause de, pourquoi?*

EXEMPLE :

Hiù-Tsè, pourquoi ne tresse-t-il pas lui-même ses vêtements? Hiù-Tsè hŷ ouŷ poŭ poŭ tsé tohĕ 許子奚爲不自織.

7° Keoù ouŷ 苟爲, *si, que si.*

EXEMPLE :

Que si l'on place en deuxième lieu la justice et en premier lieu le gain. Keoù ouŷ heoú ngý eûl siēn lý 苟爲後義而先利.

8° Ouŷ ché 爲是, *c'est juste, vrai, exact.*

EXEMPLE :

Suivant les anciennes explications, louer l'Empereur Yaô cela est convenable. Ŷ kieoù chŏ tsàn Yaô ouŷ ché 依舊說贊堯爲是.

9° Ỳ ouŷ 以爲 est une expression double très-fréquente dont la signification est multiple. Voici sa signification bien que les deux mots soient réunis :

1. — Cette expression veut dire *faire.*

EXEMPLES :

Pouvez-vous en faire une corbeille? Ỳ ouŷ peý kiuēn hoû 以爲桮棬乎?

Il détruisit les palais et les maisons pour faire des étangs et des lacs. Houaŷ kōng chĕ ỳ ouŷ oū tohē ỳ 壞宮室以爲汙池也.

2. — Ỳ ouŷ 以爲, *penser, juger, trouver, être trouvé, estimer, priser.*

EXEMPLES :

Lequel des deux pensez-vous, ô Roi, qui sera vainqueur? Tsĕ ouâng ỳ ouŷ choŭ chên 則王以爲孰勝?

Le Roi pense que ces arbres pourront remplir leur destination. Ouâng ouŷ nên chên ký jên 王以爲能勝其任.

海上絲綢之路文獻集成 科技與文化編

Les hommes de Tsoû ne regardent pas l'or et les pierreries comme des choses précieuses; mais les bons sont ce qu'ils estiment seuls des choses précieuses. Tsoû kouĕ oû ỳ ouŷ paó, ouŷ chán ỳ ouŷ paó 楚國無以爲寶。惟善以爲寶.

Le sage met au-dessus de tout l'équité. Kiūn tsè ngý ỳ ouŷ châng 君子義以爲上.

3. — Ỳ ouŷ 以爲 signifie *le faire, rendre, faire apparaître.*

EXEMPLES :

On rend coloré le fond uni d'un tableau. (Lén-Yù.) Soŭ ỳ ouŷ hiuên 素以爲絢 (1).

J'ose en faire la demande. Kàn ỳ ouŷ tsìn 敢以爲請.

4. — Ỳ ouŷ 以爲, *faire avec.*

EXEMPLE :

On lit dans le Lén-Yù : Il ne fait pas un vêtement ordinaire avec de l'étoffe rouge ou violette. Hông tsè poŭ ỳ ouŷ ȳ foŭ 紅紫不以爲衣服.

5. — Ỳ ouŷ 以爲, *devenir.*

EXEMPLE :

On lit dans Mencius : Il n'était guère clairvoyant s'il ne savait pas que le Roi ne pouvait *devenir* un autre Oû-Ouâng. Poŭ chĕ ouâng tchē poŭ kò ỳ ouŷ tāng où tsĕ poŭ mìn ỳ 不識王之不可以爲湯武則不明也.

6. — Ỳ ouŷ yù 以爲與, *comparer à.*

EXEMPLE :

Si le Roi se compare lui-même à Tcheoū-Kōng, lequel des deux sera le plus humain et le plus sage? Ouâng tsé ỳ ouŷ yù Tcheoū-Kōng choŭ jên tsiĕ tchĕ 王自以爲與周公孰仁且智?

7. — Ỳ ouŷ 以爲, *être considéré, être regardé comme.*

EXEMPLE :

Si un lettré aime trop le repos de sa demeure, il n'est pas digne d'être considéré comme un lettré. 子曰士而懷居。不足以爲士矣.

8. — Oû ỳ ouŷ 無以爲, *cela ne sert de rien ou à rien.*

EXEMPLES :

Choŭ-Sēn et Oû-Choŭ ayant nui à la réputation de Confucius, Tsè-Kōng dit :

---

(1) Ỳ 以 est postposé.

Ces calomnies n'auront nul effet. Choŭ-Sēn Où-Choŭ houý tchông ngŷ. Tsè-Kōng yuĕ oû ỳ ouŷ ỳ 叔孫武叔毀仲尼子貢曰無以爲也.

Mais dans l'école de Laò-Tsè, ces mots ont un sens spécial qu'il ne faut pas perdre de vue chaque fois qu'on lit les ouvrages des sectateurs de cette doctrine. Ainsi Laò-Tsè lui-même, Chap. 38, dit : Cháng tĕ oû ouŷ eûl oû ỳ ouŷ 上德無爲而無以爲; c'est-à-dire : Les hommes avancés en vertu n'agissent point et ne songent pas à la vertu.

9. — Tsiàng ouŷ 將爲, *il y a nécessairement.*

EXEMPLE :

Il y a nécessairement des sages. Tsiàng yeoù kiūn tsè yēn 將有君子焉.

10. — Ouŷ sò 爲所, est une expression qui fait une forme passive.

EXEMPLE :

Finalement, au bout de quelques dizaines d'années, ce Royaume fut détruit par Tsîn. Soù chĕ niên kín ouŷ Tsîn sò miĕ 數十年竟爲秦所滅.

10° Ỳ ouŷ 以爲, *servir de, servir à.*

EXEMPLE :

Confucius dit : Qu'un homme ait lu les trois cents odes du livre des vers, si on lui donne une place, mais qu'il ne sache pas gouverner, si on l'envoie aux quatre régions de l'Empire et qu'il ne puisse suffire à tout, à quoi lui servira-t-il d'avoir lu les odes en question? Tsè yuĕ sóng chē sān pĕ, cheoù ỳ tchén poŭ tă, chè yū sé fāng poŭ lên tchouán toúy, siû tō ỳ hŷ ỳ ouŷ 子曰誦詩三百。授以政不達。使於四方不能專對。雖多亦奚以爲?

11° Ỳ ouŷ 以爲 séparés par plusieurs mots.

1. — Ỳ ouŷ 以爲, *regarder comme.*

EXEMPLE :

Parmi les lettrés de Tsŷ, je regarde Tchōng-Tsè comme le pouce de la main. Où ỳ Tchōng-Tsè ouŷ kiù pŷ yēn 吾以仲子爲巨擘焉.

2. — Ỳ ouŷ 以爲, *employer, se servir de.*

EXEMPLE :

Comment emploierai-je les pièces de soie de l'Empereur Tāng? Ngò hô ỳ Tāng tchē pỳ ouŷ tsāy 我何以湯之幣爲哉?

3. — Ỳ ouŷ 以爲, *faire avec.*

EXEMPLE :

L'Empereur Ouên-Ouâng, avec les forces du peuple, fit une tour et un étang. Ouên-Ouâng ỳ mîn lŷ ouŷ tây ouŷ tchaô 文王以民力爲臺爲沼.

海上絲綢之路文獻集成 科技與文化編

西漢同文法　卷二

Le mot double Ỳ ouý 以爲 peut être séparé par un plus grand nombre encore de mots.

II. — Du mot Ouý 爲 au quatrième ton.

Premier usage.

Le mot Ouý 爲 (au quatrième ton), *à cause de, en faveur de,* se place tantôt avant, tantôt après son complément.

EXEMPLES :

Pourquoi? *Quâ de causâ?* Hô ouý 何爲?

Si ce n'est pas à cause de lui, pour quel autre serais-je affligé? Feý foû jên ouý tóng eûl chouŷ ouý 非夫人爲慟而誰爲? (Lén-Yù.)

Que faire pour soumettre le peuple? Hô ouý tsě mîn foŭ 何爲則民服.

Tsè-Hoâ, ayant été envoyé dans le Royaume de Tsŷ, demanda du riz *pour* la mère de cet envoyé. Tsè-Hoâ ché yū Tsŷ, yên tsè ouý kŷ moù tsîn choŭ 子華使於齊冉子爲其母請粟.

Deuxième usage.

Le mot Ouý 爲 signifie *parce que, quia, eo quod.*

EXEMPLES :

Ce n'est pas parce qu'il ne le peut pas. Poŭ ouý ỳ feý poŭ nên ỳ 不爲也非不能也.

Si l'homme ne soulève pas une plume, c'est parce qu'il ne fait pas usage de sa force. Tsě ỳ yû tchē poŭ kiù ouý poŭ yóng lŷ yên 則一羽之不舉爲不用力焉.

Troisième usage.

Le mot Ouý 爲 marque quelquefois le régime indirect ou le datif.

EXEMPLES :

Il dit cela au Roi. Ouý ouâng sóng tchē 爲王誦之.

Moi, votre sujet, je demande à Votre Majesté la permission de lui parler la musique. Tchĉn tsìn ouý ouâng yên lŏ 臣請爲王言樂.

Quatrième usage.

Le mot Ouý 爲 veut dire *approuver.*

EXEMPLE :

Le maître ne l'approuve pas. (Lén-Yù.) Foû tsè poŭ ouý 夫子不爲.

海上絲綢之路文獻集成 科技與文化編

Cinquième usage.

Ỳ ouý 以爲, *à cause de.*

EXEMPLE :

On offre les sacrifices Tsý et Sé à cause des hommes. Tsý Sé ỳ ouý jên ỳ 祭祀以爲人也.

Sixième usage.

On rencontre quelquefois la locution 爲爲, *à cause*, qui, formant une sorte d'idiotisme, n'est pas facile à saisir.

EXEMPLES :

Pourquoi l'a-t-on blâmé? Parce qu'il avait pris Kōng. Hô ouý ouý tchě Kōng pién 曷爲爲執公貶. (Tchoūn tsieoū.)

Pourquoi Confucius a-t-il grandi cela? Parce qu'on avait pris un Ký lîn. Hô ouý ouý hoû lîn tá tchē 曷爲爲獲麟大之.

Pourquoi Confucius a-t-il composé son livre Tchoūn tsieoū? Kiūn tsè hô ouý ouý Tchoūn tsieoū 君子曷爲爲春秋?

Ceux qui ne savaient pas la cause de son départ, crurent que c'était à cause de la viande qu'on ne lui avait pas envoyée. Poŭ tchē tchè ỳ ouý ouý joŭ 不知者以爲爲肉.

Pourquoi considérer seulement ceux qui occupent des emplois publics comme occupant une charge? Hŷ ký ouý ouý tchén 奚其爲爲政?

§ 12. MONOGRAPHIE DU MOT Sò 所.

La particule Sò 所 est très-fréquemment employée dans la langue écrite. Employée seule, elle n'offre aucune difficulté dans ses diverses significations; mais elle sert à former de nombreux idiotismes qui ajoutent une grâce et une force sans pareilles au discours chinois. Voici le sommaire de ces différentes acceptions.

Du mot Sò 所 employé seul.

Premier usage.

Le mot Sò 所, pronom relatif, veut dire *que*, *qui*, *ce que*, *ce qui*, *lequel*, *laquelle*. Il se place toujours après le sujet et avant le verbe qui le régit. Le pronom est tantôt à l'accusatif, tantôt à l'ablatif, selon la construction de la phrase.

EXEMPLES :

Ce que l'on appelle faire jouir le monde de la paix, consiste à bien gouver-

ner son Royaume. **Sò ouý pîn tiēn hiá tsaý chè kŷ kouŏ tchĕ** 所爲平天下在治其國者.

Ce que les hommes aiment. **Jên sò gaý** 人所愛.

Ce qu'il estimait le plus important était l'entretien du peuple, les funérailles et les sacrifices. **Sò tchóng mîn chĕ sāng tsý** 所重民食喪祭.

Ce que j'aime. **Ngò sò gaý tŷ sé** 我所愛的事.

Ce que le Roi désire, pourrais-je le connaître? **Ouâng tchē sò tá yoŭ kò tĕ ouén yù** 王之所大欲可得聞與.

Celui que mon aïeul vénérait. **Où siēn tsè tchē sò ouý ỳ** 吾先子之所畏也.

Ils aiment à avoir pour ministres ceux auxquels ils peuvent donner des instructions. **Haò tchĕn kŷ sò kiaó** 好臣其所教.

Mais ils n'aiment pas à prendre pour ministres ceux de qui ils recevraient des instructions. **Eûl poŭ haó tchĕn kŷ sò cheoú kiaó** 而不好臣其所受教.

Le succès ou l'insuccès n'est pas au pouvoir de l'homme. **Hîn tchè feȳ jên sò nên ỳ** 行止非人能也.

Deuxième usage.

Le mot **Sò** 所 veut dire *lieu, endroit, locus.* Ce mot est employé comme particule numérale des édifices, des temples, etc.

EXEMPLES :

Dieu est partout, en tout lieu. Tournez : *Nullus locus in quo non sit Deus* **Tiēn-Tchoù où sò poŭ tsaý** 天主無所不在.

Le noble fils du Prince de **Tchén** se trouvait dans le palais de l'Empereur. **Tchén kōng tsè tsaý ouâng sò** 鄭公子在王所.

Il y a des lieux (où le Bouddha) a marché et a laissé des traces de ses pas. **Yeoù kīn hîn ŷ tsý tchē sò** 有經行遺迹之所.

Les hommes venus en bateau n'avaient pas de lieu pour se loger. **Tcheoū hîn tchē jên oû sò** 舟行之人無所.

Célébrer une messe de requiem. Littéralement : *Dicere missam loci requiei,* lu lieu de repos. **Tsoú gān-sò mŷ-să** 做安所彌撒.

Troisième usage.

Le mot **Sò** 所 est quelquefois le synonyme de **Jŏ** 若, *si.*

EXEMPLE :

S'il y a un envoyé qui offre du jade ou des pièces de soie, alors je le dis au Prince; autrement je ne dis rien. **Sò yeoù ouâng pĕ tchē chè tsĕ kaó poŭ jân tsé feoù** 所有王帛之使則告不然則否.

Quatrième usage.

Le mot **Sò** 所 est quelquefois l'égal du mot **Houây** 或, *par hasard*.

EXEMPLE

Si, par hasard, le Royaume est conservé, c'est un effet de sa bonne fortune. **Kouĕ tchē houây tsēn siáng y̌** 國之或存祥也.

Cinquième usage.

On trouve le mot **Sò** 所 ayant le sens de **Taó** 道, *la droite voie*.

EXEMPLE :

En cherchant à obtenir ce qui est selon leurs désirs, ils ne suivent pas la droite voie. **Kieoŭ tĕ tāng yoŭ poŭ y̌ kŷ sò taó** 求得當欲不以其所道.

Sixième usage.

Le mot Sò 所, veut dire *avoir* 有, *habere*.

EXEMPLES

Il est content de son sort. **Lŏ kŷ sò** 樂其所.
Il ne change pas de dessein. **Poŭ pién kŷ sò** 不更其所.

Septième usage.

Le mot **Sò** 所 est souvent un mot purement auxiliaire, insignifiant. 語助也.

EXEMPLES :

On lit dans le **Tchoŭn-tsieoŭ** : Que les troupes entrent ou ne se retirent pas, Prince, ne vous déshonorez pas en me donnant vos ordres. (**Tchoŭn tsieoŭ.**) **Lên tsín poŭ lên touý, kiūn oû sò joŭ mìn** 能進不能退。君無所辱命.

Le même livre, **Tchoŭn tsieoŭ**, fournit aussi l'exemple suivant : Prince, je ne mérite pas une brillante réception. **Kiūn oû sò joŭ tá lỳ** 君無所辱大禮.

Le livre **Choū kīn** dit : Oh! le sage, c'est-à-dire un Prince qui ne se livre pas à un repos voluptueux. **Oū hoû kiūn tsè sò kŷ oû mién** 烏乎君子所其無逸.

Huitième usage.

Le mot **Sò** 所 se trouve signifier, dans les anciens livres, *pouvoir*, **Kò** 可.

EXEMPLE :

Avec le saint homme, on ne peut se réjouir. **Chén jên feŷ sò yù hỳ y̌** 聖人非所與嬉也.

Neuvième usage.

Sò 所 veut dire *où*, à la question *ubi*.

Dixième usage.

Le mot Sò 所 sert à former une foule de locutions ou d'idiotismes chinois. Voici les principaux :

I. Sò ỳ 所以 est une locution très-fréquente qui veut dire :

1° *Donc, c'est pourquoi. Ideò, hâc de causâ. Ergò.* Chaque fois que l'on tire une conclusion, une conséquence, on dit : Sò ỳ, *il suit de là, donc.* Quelquefois on fait précéder Sò ỳ du mot Koú 故, *causa.* La conclusion est encore plus énergique.

2° Sò ỳ jân 所以然 veut dire *la cause en général par opposition à l'effet.* Cette expression ne s'emploie que dans les livres.

3° Sò ỳ 所以, *ce que, ce pourquoi,* à l'accusatif.

EXEMPLE :

Les produits des forêts, des montagnes, des lacs, des étangs sont ce que (le Prince) partage avec le peuple. Chān lîn soú tsĕ tchē lý sò ỳ yù mîn kŷ ỳ 山林藪澤之利所以與民共也.

4° Sò ỳ 所以, *ce en quoi, ce par quoi.*

EXEMPLES :

Oserais-je vous demander en quoi ils diffèrent? Kàn ouén kŷ sò ỳ ý 敢問其所以異?

Ce en quoi les hommes de l'ancien temps surpassent ceux de nos jours n'est pas autre chose. Koù tchē jên sò ỳ tá kó jên tchĕ oû tá yēn 古之人所以大過人者無他焉.

Ce en quoi le sage diffère des autres hommes, c'est qu'il conserve la vertu dans son cœur. Kiūn tsè sò ỳ ý yû jên tchĕ ỳ kŷ tsĕn sīn ỳ 君子所以異於人者以其存心也.

Ces mouvements du cœur, en quoi ressemblent-ils avec l'art de régner? Tsè sīn tchē sò ỳ hô yû ouâng tchĕ hô ỳ 此心之所以合於王者何也?

Je n'ai pas vu encore en quoi vous respectez le Roi. Ouý kién sò ỳ kín ouâng ỳ 未見所以敬王也.

5° Sò ỳ 所以 équivaut à 可以, *pouvoir.*

EXEMPLE :

Si un homme sert le ciel et se rend coupable envers lui, il ne pourra lui échapper. Sé tiēn tě tsouý yū tiēn tsiàng oû sò ỳ pý tāo tchē tchě ỳ 事天得罪於天將無所以避逃之者矣.

6° Sò ỳ 所以, *la cause pour laquelle, causa per quam.*

EXEMPLES :

C'est là ce qui fait que le ciel et la terre sont quelque chose de grand. Tsé tiēn tý tchē sò ỳ ouý tá 此天地之所以爲大.
Savoir comment gouverner les hommes. Tchē sò ỳ chè jên 知所以治人.

7° Sò ỳ 所以, *quant à, pour ce qui regarde.*

EXEMPLE :

Quant à ce qu'il a fait par lui-même, alors je ne le comprends pas. Sò ỳ tsé ouý tsě où poŭ tchē ỳ 所以自爲則吾不知也.

8° Sò ỳ 所以, *le moyen par lequel, pour.*

EXEMPLE :

Ce n'est pas pour demander des éloges de ses amis. Feȳ sò ỳ yaó yù yû pông yeoú 非所以要譽於朋友.

9° Sò ỳ 所以, *par la raison que, parce que.*

EXEMPLE :

S'il a assiégé la ville de Sīn-mŷ, c'est parce que le Prince de Tchén n'avait pas muré la ville en temps convenable. Ouŷ Sīn-mŷ Tchén sò ỳ poŭ chê tchĕn 圍新密鄭所以不時城.

II. Sò tsé 所自, *ce d'où provient.*

EXEMPLE :

La dépravation est ce que produit l'orgueil, le luxe et les excès. Kiaô chě ŷn sò tsé siê ỳ 驕奢淫所自邪也.

III. Sò tchē 所之, *le lieu où l'on va.*

EXEMPLE :

J'épierai le lieu où va votre époux. Où tsiàng hién leáng jên sò tchē 吾將瞯良人所之.

IV. Sò ouý 所謂, *ce qu'on entend par.*

EXEMPLES :

Qu'entendez-vous, Prince, par ce mot surpasser? Hô tsaȳ kiūn sò ouý yuě tchě 何哉君所謂踰者?

海上絲綢之路文獻集成 科技與文化編

Ce n'est pas là ce qu'il faut entendre par le mot surpasser. Feỳ sò ouý yuĕ ỳ 非所謂踰以.

V. Sò ouý 所爲, *celui à cause de qui, au sujet de qui.*

EXEMPLE :

Elle était belle et n'avait pas de fils. C'est à cause d'elle que les poëtes du Royaume de Ouý ont composé l'ode Ché jên. Meỳ eûl oû tsè, ouý jên sò ouý foú ché jên 美而無子。衛人所爲賦碩人.

VI. Sò tsaý 所在, *ce en quoi réside, un lieu, un endroit.*

EXEMPLES :

Un homme sage ne doit et ne fait que ce en quoi réside la justice. Ouý ngý sò tsaý 惟義所在.

C'est un lieu de délices. Ký meỳ tý sò tsaý 亟美的所在.

VII. Tsaý sò 在所 veut dire également *être au nombre de, parmi ceux que, dans la classe de.*

EXEMPLES :

C'est un homme qu'il faut chasser. Tsaý sò tāng kiŭ 在所當去.

Il semble qu'il soit dans la classe de ceux que l'on doit honorer. Jŏ tsaý sò lỳ 若在所禮.

VIII. Kỳ sò 幾所 veut dire *quelques-uns, en général.*

IX. Oû sò 無所 veut dire : 1° *il n'a rien, il n'a pas une seule chose,* Oû ỳ kién 無一件; 2° *n'avoir personne que, qui, non habere, quem, quid;* 3° *ne pouvoir pas,* Poŭ lên.

EXEMPLES :

Il a étudié largement, et cependant il n'a rien pour se faire un nom. Pŏ hiŏ eûl oû sò tchĕn mîn 博學而無所成名.

Il n'avait personne vers qui il pût aller. Oû sò kouȳ 無所歸. (Lén-Yù.)

Confucius dit : Yeoû l'emporte sur moi en courage, mais il ne sait prendre une décision. Oû sò tsiŭ tsaý 無所取栽.

S'il écoute la parole des magistrats, il ne pourra saisir ceux qui ont pris la fuite. Oû sò tchĕ taò tchĕn ỳ 無所執北臣也.

Celui qui passe ses journées à table, sans employer son intelligence à des choses dignes d'elle, fait pitié. Tsè yuĕ paó chĕ tchóng jĕ oû sò yòng sīn lân ỳ 子曰飽食終日無所用心難矣.

Onzième usage.

Le mot Sò 所, joint à la particule Tchĕ 者, veut dire *ce que, celui que, ceux que.* Il est très-important toutefois de remarquer que, tout en se construi-

sant et devant aussi se traduire ensemble, ces deux mots ne sont jamais réunis. Ils peuvent être, et sont, en réalité, souvent séparés par un bon nombre de mots. On cite des exemples de phrases qui ne comptent pas moins de dix-huit à vingt mots *intercalés* entre Sò et Tchě. Néanmoins la tournure chinoise de la phrase est telle que l'on reconnaît aisément que le mot Tchě 者, si éloigné qu'il soit de la particule Sò 所, doit lui être réuni pour l'intellect du sens de la phrase et sa traduction correcte.

EXEMPLES :

Ce qu'on appelle humanité. Sò ouý jên tchě 所謂仁者.

Ceux qu'on appelle dépourvus de piété filiale. Sò ouý poŭ hiaó tchě 所謂不孝者.

Ce que dit le livre des vers : Ils étaient aussi nombreux que les arbres d'une forêt. Chē sò ouý kŷ hoúy joŭ lîn tchě 詩所謂其會如林者.

Douzième usage.

Le mot Sò 所 se trouve joint à deux autres pour faire une locution : *ce en quoi, ce par quoi, ce que, la raison pour laquelle*. Ces deux mots sont Ỳ tchě 以者. Mais, comme dans le paragraphe précédent, le dernier mot est souvent séparé des deux autres toujours réunis par un plus ou moins grand nombre d'autres mots.

EXEMPLES :

Ce en quoi le sage diffère des autres hommes. Kiūn tsè tchē sò ỳ ỳ yû jên tchě 君子之所以異於人者.

Ce par quoi l'homme diffère des animaux est peu de chose. Jên tchē sò ỳ ý yû kîn tcheoū tchě kŷ hŷ ỳ 人之所以異於禽獸者幾希也.

La raison pour laquelle je dis que tous les hommes ont un cœur qui ne supporte pas le mal fait aux autres. Sò ỳ ouý jên kiāy yeoù poŭ jên tchē sīn tchě 所以謂人皆有不忍之心者.

海上絲綢之路文獻集成 科技與文化編

CHAPITRE VIII.

DE LA LITTÉRATURE CHINOISE EN GÉNÉRAL ET DE SES PRINCIPAUX MONUMENTS LITTÉRAIRES.

PREMIÈRE SECTION.

DE LA LITTÉRATURE CHINOISE EN GÉNÉRAL.

I. Notions générales sur la littérature chinoise. — Est-il vrai que la Chine néglige l'étude des langue étrangères? — Son École spéciale de langues vivantes à Pékin.

II. Des sept espèces de littérature ou de styles chinois, savoir : 1° Le style *antique*, nommé Koù ouên 古文. — Trois sortes de style antique. — Exemples de ces styles. — Livres écrits en style antique. — Les siècles littéraires célèbres de la Chine. — 2° Du style *littéraire*, nommé, en chinois, Ouên tchāng 文昌. — Caractère de ce style. — Un Européen peut-il composer convenablement en style littéraire? — Méthode pour y parvenir. — 3° Du style *fleuri* ou *mondain*, appelé en chinois Ché ouên 世文. — 4° Du style *moderne* ou *commun*, appelé en chinois le Kouān hoá 官話. — 5° Du style *moitié littéraire* et *moitié vulgaire*, connu, en chinois, sous le nom de Pán ouên pán sioŭ 半文半俗. — 6° Du style *familier* ou du *petit langage*, en chinois : Siaò chŏ 小說. — 7° Du style épistolaire. Caractère de ce style difficile. Modèles de lettres chinoises.

DEUXIÈME SECTION.

DES PRINCIPAUX MONUMENTS LITTÉRAIRES DE LA CHINE.

remière série. — Ouvrages de premier ordre de chaque École.

Les trois Écoles philosophiques, littéraires du Céleste Empire. — Caractères de ces Écoles.

II. Première École littéraire. — *Confucius.* — Notions générales sur les livres sacrés de la Chine ou sur les Kīn 經; base et fondement de la doctrine de cette École.

III. Des six livres sacrés en particulier, savoir : 1° Le Ÿ kīn 易經 ou *Livre des Changements.* — Extraits de ce livre. — 2° Le Choū kīn 書經 ou *Livre des Annales historiques.* — Extraits de ce livre. — 3° Le Chē kīn 詩經 ou *Livre des Vers.* — Extraits de ce livre. — 4° Le Lỳ ký 禮記 ou *Livre des Rites.* — Extraits de ce livre. — 5° Le Yŏ kīn 樂經 ou *Livre de la Musique.* — 6° Le Tchoūn tsieoū 春秋 ou *Le Livre du Printemps et de l'Automne.*

IV. Des neuf livres canoniques du deuxième ordre, savoir : 1° le Tá hiŏ 大學 ou la *Gran e Etude.* — 2° Le Tchōng yōng 中庸 ou l'*Invariable Milieu.* — 3° Le Lén yù 論語 ou *Livre des Entretiens.* — 4° Le Móng tsè 孟子 ou *Livre du philosophe Mencius.* —

5° Le Hiaó kīn 孝經 ou le *Livre de la Piété filiale.* — 6° Le Siaò hiŏ 小學 ou le *Livre de la Petite Étude.* — 7° Le Ngŷ lỳ et le Tcheoū lỳ 儀禮。周禮 ou *Livres des Rites des* Tcheoū. — 8° *Les Trois plus célèbres Commentaires du* Tcheoūn tsieoū. — 9° *Le vieux Dictionnaire* Eùl yà 爾雅.

V. Deuxième École philosophique littéraire. — Laò-Tsè 老子. — Notions historiques sur le fondateur et sur son école.

VI. Du Livre sacré de cette école ou du Taó tĕ kīn 道德經, *Le Livre de la Raison et de la Vertu.* — Jugement de ce livre au point de vue philosophique et littéraire.

VII. Analyse du livre de Laò-Tsè. 1° *Philosophie dogmatique*, comprenant son enseignement sur l'Être souverain et sur ses attributs; — sur le nom de Jéhova, donné à Dieu par Laò-Tsè; — sur la Providence divine; — sur la Justice éternelle; — sur la sanction des peines dans l'autre vie; — sur le dogme catholique de la Trinité; — sur la création de l'univers par la Trinité; — 2° *Philosophie morale*, comprenant, entre autres points, la nécessité pour l'homme d'imiter le Taó ou l'Être suprême, de s'identifier à Lui, afin de Lui devenir semblable. — Le sage doit fuir les plaisirs passagers de ce monde. — Le sage doit réprimer et étouffer ses passions, surtout dans le principe. — Le sage se venge des injures par des bienfaits. — On doit s'appliquer à la connaissance de soi-même, afin d'obtenir la longévité éternelle. — Du rôle sublime du sage ici-bas envers les autres (passage très-remarquable). — Le sage, après s'être couvert de gloire, doit se cacher et demeurer humble. — L'homme doit aimer et conserver sa position sociale. — Le dépouillement et le renoncement de soi même à l'union avec le Taó. — Le Taó se sert des choses les plus faibles pour en opérer de grandes. — Doctrine hardie de Laò-Tsè sur les Princes et sur les peuples. — Résumé de sa doctrine.

VIII. Livres du deuxième ordre de l'École de Laò-Tsè.

IX. Troisième École philosophique et littéraire. — Le Bouddhisme dit Chĕ kiā 釋家.

Deuxième série. — Écrivains célèbres qui ont reçu le titre de Tsāy tsè 才子, et ouvrages littéraires modernes qui ont reçu le même titre.

§ 1er. *Des anciens* Tsāy tsè 才子.

1. Sens du mot Tsāy tsè chez les anciens et chez les modernes. Des 13 anciens Tsāy tsè et de quelques autres écrivains célèbres, selon l'ordre chronologique, savoir :

1° Kouān-Yûn-Tsè 關尹子.
2° Tsò-Kieoù-Mîn 左邱明.
3° Lŷ-Tsè 列子.
4° Hán-Feỳ 韓非.
5° Kouàn-Tsè 管子.
6° Tchouāng-Tsè 莊子.
7° Siûn-Tsè 荀子.
8° Sē-Mà-Tsiĕn 司馬遷.
9° Houaŷ-Nân-Tsè 淮南子.
10° Yâng-Tsè 揚子.
11° Les poëtes { Toù-Foù 杜甫. Lŷ-Taý-Pĕ 李太白. Lieoû-Tsōng-Yuên 劉崇遠.
12° Hán-Yŭ 韓愈.
13° Sē-Mà-Kouāng 司馬光.
14° Ngeoū-Yâng-Sieoū 歐陽修.
15° Soū-Ché 蘇民.
16° Hiù-Hén 許狠.
17° Oû-Tchén 吳興.

II. Les 10 ouvrages modernes et littéraires décorés du titre de Tsây tsè, savoir :

1° *L'Histoire des trois Royaumes* ou le Sān kouĕ tchè 三國志.
2° *La Femme accomplie* ou le Haó kieoû tchouán 好逑傳.
3° *Les deux Cousines* ou le Yŭ kiaó lŷ 玉嬌梨.
4° *Les deux jeunes Filles lettrées* ou le Pîn chān lîn yên 平山冷燕.
5° *L'Histoire des Rives du fleuve* ou le Chouỳ hoù tchouán 水滸傳.
6° *L'Histoire du Pavillon d'Occident* ou le Sȳ siāng ký 西廂記.
7° *L'Histoire du Luth* ou le Pŷ pâ ký 琵琶記.
8° *L'Art d'aimer* ou le Hoâ tsiĕn ký 花箋記.
9° *La Victoire sur les Démons* ou le Pîn kouỳ tchouán 迸鬼傳.
10° *L'Histoire du Sceptre de jade* ou le Pĕ kouȳ tchè 珀珪志.

III. Du drame chinois. 戲傳. — De quelques-uns de ces drames.

IV. Des romans chinois. 詭話. — Romans chinois traduits en langues européennes.

V. Des fables, contes et nouvelles chinoises. 詭讕. — Exemples de ces fables chinoises.

VI. De l'estime des Chinois pour les belles-lettres et des hommages rendus aux lettres dans la personne des savants.

PREMIÈRE SECTION.

DE LA LITTÉRATURE CHINOISE EN GÉNÉRAL.

I. NOTIONS GÉNÉRALES SUR LA LITTÉRATURE CHINOISE. — EST-IL VRAI QUE LA CHINE NÉGLIGE L'ÉTUDE DES LANGUES ÉTRANGÈRES? — SON ÉCOLE SPÉCIALE DE LANGUES VIVANTES A PÉKIN.

« La nation chinoise, plus nombreuse que toutes les nations de l'Europe « réunies, livrée, depuis *quatre* mille ans à l'étude des belles-lettres, de l'his- « toire et de la philosophie, gouvernée par un peuple de lettrés qui sont voués « par goût et par devoir à l'art d'écrire, où le plus petit magistrat doit avoir, « plusieurs fois en sa vie, produit quelques ouvrages dignes, aux yeux d'un « tribunal sévère, des honneurs de l'impression, et où l'Empereur lui-même « pense s'honorer en laissant *courir son pinceau* sur des sujets graves et en pre- « nant sous son nom les travaux de ses Académies; une telle nation, dis-je, « doit posséder et possède, en effet, une littérature immense. Qu'on songe à « la masse des livres qui ont paru en Europe depuis l'invention de l'impri- « merie; qu'on multiplie l'étendue et la population de la partie du monde que « nous habitons jusqu'au point d'égaler celle de la Chine; qu'on remplace « nos communautés religieuses, nos Académies, nos Universités, par ce régime

16

« habituel et constant auquel la Chine est assujettie depuis des siècles, de voir « toutes les charges, toutes les dignités, depuis l'huissier d'un tribunal subal- « terne jusqu'au premier ministre, depuis le petit officier de milice jusqu'au « général d'armée, données par voie de concours au plus savant, au meilleur « écrivain, à celui qui entend le mieux les classiques, qui est le plus en état « de les commenter; qu'on fasse attention à ce singulier système d'adminis- « tration, et l'on aura peut-être une idée de cette littérature chinoise dont rien « ne saurait approcher en Occident.

« L'histoire a toujours été l'objet de l'attention des Chinois, et leurs annales « font le corps le plus complet et le mieux suivi qui existe dans aucune lan- « gue. La critique historique et littéraire est plus développée chez eux que « partout ailleurs. La géographie a été cultivée par les Chinois avec un grand « soin et a donné naissance à d'excellents ouvrages. Les frontières chinoises « ont été portées jusque sur la mer Caspienne; des provinces de la Perse ont « été réunies à l'Empire; les Chinois ont connu jusqu'aux *Lupones* (1) de la « carte de Peutinger (2). On ne trouve que chez les Chinois des renseigne- « ments précis sur l'histoire et sur la géographie de la *Boukharie* et du *Mawar- « ennahar*. On ne connaît l'ancien Camboge que par leurs ouvrages; leurs « relations ont servi à éclaircir un grand nombre de points obscurs de la géo- « graphie de l'Asie dans le moyen âge. Deux archipels, inconnus à nos navires, « ont passé des cartes chinoises sur les nôtres : or cette double découverte est « un résultat plus avantageux à la science que les voyages de longs cours.

« L'usage des examens a donné, chez les Chinois, un grand essor à l'élo- « quence politique et philosophique. La Chine a un nombre prodigieux d'ou- « vrages spéciaux, de vastes biographies, de prodigieuses encyclopédies, etc. « On étudiera un jour le chinois, comme on étudie aujourd'hui le sanscrit ou « l'arabe, si l'on veut acquérir des idées nouvelles, des notions justes, des con- « naissances positives sur l'homme et sur la nature, sur le présent et sur le « passé, dans un espace qui embrasse la moitié de l'Asie et qui comprend *plus « de la moitié* de la race humaine; on l'étudiera pour compléter l'histoire des « émigrations des peuples, des révolutions de l'ancien monde et du moyen âge, « de la marche et des aberrations de l'esprit humain, et pour tracer, sur un « plan plus vaste, le tableau des croyances et des doctrines et le catalogue des « erreurs, bien plus riche et presque aussi intéressant que celui des vérités (3). »

Telle est, sur la littérature chinoise en général, l'opinion d'un sinologue dont l'autorité est admise, sans contestation, par tous les savants. Un long sé-

(1) Peuple du nord du Caucase, inconnu à tous les autres peuples, si ce n'est aux Arméniens.

(2) Conrad Peutinger, savant géographe, a donné son nom à une carte de l'Empire romain; mort en 1547. Augsbourg.

(3) A. Rémusat, *Mémoire sur les Livres chinois de la Bibliothèque du Roi.*

海上絲綢之路文獻集成 科技與文化編

jour dans la Chine nous fait pleinement confirmer chacune des paroles de cet éminent écrivain.

Ce même sinologue, comme s'il eût pressenti qu'un jour certains savants, membres de l'Institut de France, oubliant la *définition si juste du savoir*, donnée par Confucius (1), porteraient, avec un aplomb imperturbable, sur la littérature chinoise qu'ils n'ont jamais lue dans les originaux et qu'ils ne connaissent point, le jugement de *littérature légère, de littérature de petit aloi, bonne, tout au plus, pour une nomenclature technique*, etc., a pris la peine répondre ce qui suit :

« Lorsque l'art d'écrire est généralement répandu chez une nation, la va-« riété devient une condition indispensable du succès, et l'horizon littéraire ne « manque guère de s'étendre à mesure que le nombre des écrivains se multi-« plie. Ceux qui font, à mon avis, injure aux lettrés chinois, en prêtant à leurs « productions la *monotonie*, l'*insignifiance* qu'elles sont loin d'avoir, établissent, « sans s'en apercevoir, un fait d'un autre genre dont il serait curieux de cher-« cher les effets : celui d'une nation d'écrivains qu'on a su contenir pendant « des siècles dans des bornes étroites, sans divagations funestes, sans écarts « dangereux, au grand avantage de l'ordre public dont le maintien vaut bien, « aux yeux du philosophe, la gloire frivole et l'éclat passager d'une littérature « perfectionnée (2). »

Un sinologue plus moderne, qui n'est pas sans valeur, mais dont on a fort exagéré le savoir sinologique, disciple lui-même de M. Abel Rémusat, dit dans son dernier ouvrage :

« Comment une langue, en apparence imparfaite, répond-elle si bien à tous « les besoins de la pensée, qu'elle a permis aux auteurs chinois de traiter de-« puis plus de vingt siècles, dans d'innombrables ouvrages, tous les sujets scien-« tifiques ou littéraires qui sont du ressort de l'esprit humain? Cela tient à ce « que, dans la langue chinoise, la position relative des mots détermine nettement « leur rôle et donne aux écrits ou aux discours toute la clarté désirable (3). »

---

(1) « Savoir que l'on sait ce que l'on sait et savoir que l'on ne sait pas ce que l'on ne sait pas : voilà la véritable science. » Lén-Yù, cap. XII, v. 17. 知之爲知之。不知爲不知。是矣也.

Le philosophe Laò-Tsè disait de son côté : Savoir et croire qu'on ne sait pas, c'est le comble du mérite. — Ne pas savoir et croire que l'on sait, c'est la maladie des hommes! 知不知上。不知知病. (Cap. LXXI, Taó tĕ kīn.)

(2) A. Rémusat, *loc. cit.*

(3) *Syntaxe nouvelle*, par Stan. Julien.

海上絲綢之路文獻集成 科技與文化編

EST-IL VRAI QUE LA CHINE NÉGLIGE L'ÉTUDE DES LANGUES ÉTRANGÈRES? — SON ÉCOLE DE LANGUES VIVANTES A PÉKIN.

La Chine n'a pas profité des chefs-d'œuvre des nations européennes. C'est un reproche qu'on lui adresse en Europe, sans remarquer que les Chinois pourraient à bon droit nous reprocher, à nous Européens, notre indifférence à étudier les pays qui furent le berceau de l'humanité et dont, seuls aujourd'hui, ils ont le dépôt des traditions les mieux conservées. Si, à quelques points de vue, on a lieu de regretter que la Chine ait négligé nos langues occidentales, on ne peut disconvenir non plus que le génie de la littérature chinoise n'en ait mieux conservé son cachet original et exclusif.

Quant à l'étude des langues étrangères à leur pays, la vérité est qu'en ceci, comme en toute autre chose, les Chinois nous ont simplement devancés de six ou sept siècles dans la *création d'Écoles spéciales de langues vivantes et étrangères*. En effet, l'Empereur **Yùn-Lŏ** 永樂, le troisième de la dynastie **Mîn**, a fondé, en 1407, dans sa capitale, une École qui portait le nom de **Sé ỳ kouán** 四譯館, c'est-à-dire *École des quatre Bureaux de traduction*. On étudiait là une quinzaine de langues vivantes, toutes étrangères à la Chine. Sur chacune de ces langues, les Chinois ont composé, à l'usage des jeunes interprètes, des ouvrages et des dictionnaires spéciaux. Plusieurs même de ces dictionnaires établissent une comparaison simultanée entre plusieurs langues étrangères et la langue chinoise. L'étude comparative des langues est, au contraire, toute moderne chez nous. L'École spéciale des langues vivantes étrangères n'a point cessé d'exister à Pékin. Voici les noms des langues qu'on y étudie

1° Le mandchou.
2° Le tatar ou mongol.
3° Le **Joŭ tchē** ou tartare oriental
4° La langue des Eleuths ou Calmuques.
5° Les dialectes des tribus Kalkhas.
6° Les dialectes des peuples du Koko-noor.
7° Le thibétain.
8° Le sanscrit.
9° Le **Houŷ-houŷ** ou le persan de la Boukharie.
10° L'ouïgour.
11° Le **Miēn tiēn** ou la langue d'Ava.
12° Le **Siēn-lŏ** ou le siamois.

13° Le Pā pě tsỳ foù (1).
14° Le Pě ỷ (2).
15° La langue russe.

Depuis la dernière guerre anglo-française contre la Chine (1860), l'étude des langues *anglaise* et *française* est devenue obligatoire à la même École. Les Chinois ne sont donc pas aussi arriérés qu'on se plaît à le dire.

II. — DES SEPT ESPÈCES DE LITTÉRATURE OU DE STYLES CHINOIS, SAVOIR : 1° LE STYLE ANTIQUE. — 2° LE STYLE LITTÉRAIRE. — 3° LE STYLE FLEURI OU MONDAIN. — 4° LE STYLE COMMUN. — 5° LE STYLE MOITIÉ LITTÉRAIRE MOITIÉ VULGAIRE. — 6° LE STYLE FAMILIER. — 7° LE STYLE ÉPISTOLAIRE.

1° DU STYLE ANTIQUE (3).

Le style antique porte le nom de **Koù ouên** 古 文.

Le savant P. de Prémare dit, dans sa *Notitia*, p. 188, en parlant de ce style : « *Stylus antiquus reliquos omnes granditate et majestate longè superеminet, litteris perpaucis miros sensus includit. Si verba spectes, nihil brevius ac præstantius; si ad sententiam attendas, nihil disertius ac uberius. Ad supremum hunc magnifici styli verticem propè accedunt plurimæ sententiæ concisæ et graves quæ in variis libris antiquis sparsæ adhuc leguntur debentque propterea sic tanquam gemmæ studiosè et avidè colligi.* » Les livres sacrés de la Chine, c'est-à-dire les **Kīn** 經, ont été écrits dans ce style ancien. On ne peut mettre en doute, en examinant les harangues du **Choū kīn** 書 經, les chants et les odes du **Chē kīn** 詩 經, que le style antique n'ait été parlé à cette époque, malgré son laconisme étonnant.

Les lettrés de la Chine divisent, avec raison, le style ancien en trois sortes. 1° Il y a le *haut* **Koù ouên** 上 古 文, qui est celui de l'antiquité la plus reculée. Il n'en reste plus guère que les premiers **Kīn** et quelques inscriptions lapidaires. 2° Le *moyen* **Koù ouên** 中 古 文, qui comprend les ouvrages de Confucius, ceux des philosophes de son École et tous les livres édités avant l'incendie ordonné par l'Empereur **Chè-Houâng-Tý** 始 黃 帝 l'an 213 avant notre ère. 3° Le *bas* **Koù ouên** 下 古 文 contient tout ce qui a paru depuis la dynastie des **Hán** jusqu'à celle des **Sóng** inclusivement, c'est-à-dire vers l'an

---

(1-2) Ces deux dernières langues sont celles des peuples qui sont au sud-ouest de la Chine, c'est-à-dire entre le **Yûn-nân** et la Birmanie.

(3) Nous prévenons nos lecteurs que, dès ce chapitre, nous ne donnerons plus la transcription latine accentuée des longs textes chinois, comme nous l'avons fait jusqu'ici.

海上絲綢之路文獻集成 科技與文化編

1259. A cette époque-ci, la littérature revêt une nouvelle forme, c'est-à-dire la forme moderne que l'on désigne sous le nom de style littéraire **Ouên tchāng** 文昌. On est dans l'usage de rapporter au bas **Koù ouên** les actes politiques et administratifs publiés depuis la dynastie **Sóng** jusqu'à nos jours. La raison en est que le style de ces actes imite très-bien le style de l'antiquité.

Ces trois sortes de style ancien, ou de **Koù ouên**, sont empreints du même génie. A ses variantes près, on y reconnaît une seule et même École. Le plus ou moins de concision est la principale différence qui les distingue. Le premier **Koù ouên** est très-laconique, plein d'images, d'idées et de figures. Son extrême concision ne permettrait pas aujourd'hui de le comprendre, en l'entendant réciter. La difficulté de bien entendre cet ancien style chinois vient moins encore du langage laconique que des choses qu'il renferme. Ainsi, il est rempli de faits, d'allusions, de noms propres qui exigent une profonde connaissance de l'antiquité. A l'époque qui produisit les matériaux des **Kīn**, on se plaisait à sous-entendre tantôt le verbe, tantôt le sujet des propositions. On laissait aux mots toute leur latitude d'acception; on ne marquait presque jamais leurs rapports. On s'exprimait le plus brièvement possible. De là ce style sentencieux, concis, qui caractérise les livres de la haute antiquité chinoise. Le lecteur en jugera par les exemples suivants, que nous tirons des **Kīn** d'abord, et ensuite des écrivains d'une époque postérieure de plusieurs siècles.

Premier exemple.

On lit dans le chap. VIII, v. troisième partie du **Choū kīn**, cette belle maxime :

« *Le Ciel seul est souverainement intelligent et souverainement éclairé* (1). »

Quatre caractères ont suffi pour exprimer cette pensée : 惟天聰明.

Un auteur chinois, **Yâng-Tsè**, qui écrivait un peu avant l'ère chrétienne, exprime la même pensée, mais en employant, lui, seize caractères :

惟天爲聰。惟天爲明。能高其目而下其耳.

« *Le Ciel seul entend clairement; le Ciel seul voit clairement; il peut élever ses yeux et abaisser ses oreilles.* »

---

(1) On trouve mille passages de ce genre dans les **Kīn** chinois. Il est bien évident qu'on ne peut les entendre que dans un sens élevé, c'est-à-dire en les appliquant à la Divinité, source de toutes choses. Que les anciens Chinois aient eu de la Divinité une connaissance aussi explicite qu'on la possède dans les sociétés chrétiennes, c'est ce qu'on ne peut admettre. Mais on trouve dans les **Kīn** et dans **Laò-Tsè** des *passages sublimes* sur la Divinité. (Voir 1° la lettre du P. Prémare sur le *Monothéisme des anciens Chinois*, publiée dans les *Annales de philosophie*, X, tome III, cinquième série ; 2° Le *Selecta Vestigia* du P. Prémare, publié par MM. Bonnetty et P. Perny, chez les libraires orientalistes de Paris, année 1874.)

Le célèbre **Sŏ-Mà-Kouāng**, qui vivait sous la dynastie des **Tăng**, n'a pas employé moins de trente-six caractères pour exprimer la même idée :

天則聽於無聲。視於無形。
發於心者。天必知之。
故無若天之聽明也。
目高所以見遠。耳下所以聽卑。

En voici la traduction latine, plus expressive qu'en français :

Cœlum non ita, sed audit ea ipsa quæ nullum sensibilem sensum reddunt et videt ea quæ nullam figuram corpoream habent; si levis cogitatio in corde forte pullulet, cœlum statim certò cognoscit et ideò nihil est cœlo intelligentius; oculi ejus altissimi et ideò cernit longè, ejus aures infra descendunt et ideò humilia quæque audit.

Les commentateurs des livres sacrés de la Chine qui ont publié le fameux ouvrage connu sous le nom de **Jĕ kiàng** 日講 (*Lectures quotidiennes*) expriment, il est vrai, avec une remarquable élégance de diction chinoise, la même pensée; mais ils emploient soixante-seize caractères.

Solum cœlum altissimo velut in solio sursùm est. 惟天高高在上.
Summè purum, summè justum, summè spirituale, summè intelligens. 至虛至公至神至靈.
Non opus habet oculis erectis ut omnia minutatim audiat, non intendit oculorum aciem ut cuncta cernat acutissimè. 不用聽而聽無不聞。不需視而明無不見.
Non modo illa quæ bonum vel malum regimen adducunt populosque vel beatos vel miseros reddunt, oculis cœli sunt apertissima. 不惟政令之得失。民生之休戚舉不能逃天之鑒.
Sed quæ in abditis cæcisque locis facimus putamusque nec videri nec audiri. 即暗至屋漏之中不睹不聞之地.
Cœlum hæc omnia clarissimè scrutatur nec quicquam ipsi excidit atque cœli perspicax intelligentia talis est. 亦皆昭然察無遺焉。天之聰明如此.

Deuxième exemple.

Le **Choū-kìn** exprime d'une manière très-élégante, mais en même temps très-concise, cette comparaison :

Vous, ô Roi, vous êtes le vent, 爾惟風.
Et vos peuples sont les arbustes. 民惟草.

Lé livre des entretiens de Confucius avec ses disciples, le **Lén yù**, emploie seize caractères pour rendre la même pensée :

Regis virtus est ventus. 君子之德風.
Populi sunt herbæ et junci. 小人之德草.
Quandò ventus transit super calamos statim inflectuntur. 草上之風必偃.

Le philosophe **Lieoû hiáng** 劉向, qui écrivait vers l'an 40 av. J.-C., a employé trente-deux caractères pour rendre la même idée :

Superior convertit suos inferiores sicut ventus teneras plantas inflectit. 夫上之化下猶風靡草.
Si ventus flat ab oriente, plantæ vergunt ad occidentem; si ventus venit ab occidente, plantæ versus orientem inclinantur. 東風則草靡而西。西風則草靡而東.
Pendet igitur a vento ut ad hanc vel illam partem arbusta sese convertant. 在風所由而草爲之靡.

Enfin le philosophe **Móng-Tsè** a rendu la même idée, mais avec sa verbosité habituelle.

Plus on se rapproche des temps modernes, plus l'expression des idées devient diffuse.

Les livres sacrés ou les **Kin** 經, ainsi que les livres canoniques du deuxième ordre, appartiennent tous au style antique. On rapporte également au même style les ouvrages suivants qui sont aussi des monuments de la première autorité : 1° Le **Taó tĕ kīn** 道德經, du philosophe **Laò-Tsè**. 2° Les poëmes connus sous le titre générique de **Tsoū tsĕ pĭn lîn** 楚辭評林. Le P. de Prémare, parlant des ces poëmes, dit : *In eis suavè olentis primi veris flosculos olfacere et amnes amœnioris poëseos veneres degustare licet.* 3° Le **Chān haỳ kīn** 山海經, qui est le mont Parnasse des poëtes chinois. C'est là, en effet, qu'ils vont puiser toutes leurs inspirations.

Plus un lettré approche, dans ses compositions littéraires, du style et de la composition des anciens livres, plus ses travaux jouissent de l'estime et de la faveur du monde savant. Le dictionnaire **Chŏ ouên** 說文 est le seul dictionnaire classique pour le style ancien ou **Koù ouên**.

L'Europe a ses siècles célèbres pour la littérature. Nous disons *le siècle de Périclès, le siècle d'Auguste, le siècle de Charlemagne, de Louis XIV*. Les Chinois font de même. Ils parlent, avec orgueil, de l'époque des **Tcheoū**, des **Hán**, des **Tăng**, des **Sóng** et des **Mîn**. L'époque des **Tcheoū** a donné à la Chine ses plus célèbres écrivains, mais surtout la brillante et immortelle École de Confucius, qui s'est perpétuée jusqu'à nos jours. Sous les **Hán**, on a recueilli, commenté

tout ce qui a pu être sauvé de l'incendie des livres. La dynastie des **Tâng** a ouvert la carrière des beaux-arts et porté la poésie chinoise au plus haut degré auquel elle soit parvenue. Celle des **Sóng** a répandu le goût des lettres, des sciences et des arts, par l'invention perfectionnée de l'imprimerie tabellaire. Enfin, la dynastie des **Mîn** a donné une nouvelle et sage direction aux études, en reportant les esprits aux livres anciens et en les faisant prendre pour modèles. L'érudition, la critique, le bon goût et la pureté du style caractérisent la plupart des ouvrages publiés sous cette même dynastie. Quant à la dynastie actuelle des **Tsîn**, on peut lui rendre cette justice, qu'elle a publié des éditions magnifiques des ouvrages les plus estimés de la Chine, et qu'elle a ordonné la collection la plus gigantesque qui existe chez aucun peuple et qui se poursuit de nos jours (1).

2° DU STYLE LITTÉRAIRE NOMMÉ EN CHINOIS **Ouên tchāng** 文昌.

Il est incontestable que la dynastie **Sóng** a rendu d'immenses services littéraires à la Chine. La diffusion en grand des livres sacrés n'a eu lieu proprement que sous cette dynastie, à cause de l'admission générale de l'imprimerie dans toutes les parties de l'Empire.

Cette dernière invention a produit en Chine une immense révolution, comme cela a eu lieu en Occident par la même cause. La pensée chinoise avait, pour ainsi dire, été renfermée jusqu'alors dans les bornes et les limites du **Koù ouên** ou du style antique.

A partir de cette époque, elle s'en dégage et déborde de toutes parts avec une expansion que l'on ne trouve nulle part. Il en sort comme un monde nouveau et avec lui une littérature nouvelle.

Cette nouvelle littérature ou ce nouveau style porte le nom de **Ouên tchāng** 文昌, c'est-à-dire *style littéraire, style élégant*. Ce style est noble, majestueux,

---

(1) Ainsi l'Empereur **Kiĕn-Lông** institua, en 1773, une commission, prise au sein des membres les plus distingués de l'Académie, pour rééditer les principaux livres sur les connaissances humaines. Cette vaste anthologie, publiée sous le titre de **Sé koŭ tsuĕn choū** 四庫全書, comprendra plus de 160,000 volumes, lorsqu'elle sera terminée. Le travail a marché sans interruption. En 1818, la commission avait déjà publié plus de 78,627 ouvrages. De ce nombre, 7,253 volumes ont rapport à la théologie; 2,122 traitent des 4 ouvrages classiques et de la musique; 21,626 sont historiques et les 47,626 autres traitent de la philosophie et des sciences. — Que publient nos Instituts européens? Un ou deux volumes de *Mémoires* par an. Ces mémoires sont un recueil de notes, de fragments scientifiques communiqués par les membres isolés de ces Corps savants. L'Académie française travaille encore, depuis sa fondation, au Dictionnaire de la langue, sans qu'on puisse prévoir la fin de ce travail. Les dépenses d'un mot de la langue auront été énormes.

cadencé, riche en expressions, énergique, d'un coloris brillant et propre à embellir toute espèce de sujet.

Le **Ouên tchāng** tient le milieu entre l'ancien style et le style tout moderne que l'on nomme **Kouān hoá** 官 話. C'est le style imagé, coloré, brillant du *Télémaque* français, comparé au style simple, naïf et même touchant des plus anciens auteurs français.

Le ressort du **Ouên tchāng** peut prendre de larges proportions. Ainsi, ce style peut viser à la majesté, au laconisme, à la cadence du **Koù ouên** 古 文. Dans les pièces de poésies, il prend son essor plus haut que dans l'histoire ou la philosophie; dans ces dernières, il s'élève plus haut que dans la morale, la jurisprudence, la médecine, etc.

Le style ancien ou le **Koù ouên** n'admet pas de synonymes, de particules de temps, de nombres, de liaison. Il est presque entièrement dénué de signes grammaticaux, il fait peu usage du groupement des mots; il tire toute sa force du choix des images. Le **Ouên tchāng** admet des synonymes, des particules, des mots composés; les phrases y sont plus compliquées et mieux liées que dans le style ancien.

Une pièce de musique, en **Koù ouên**, que l'on se bornerait à lire à haute voix, perdrait tout son mérite. Le **Ouên tchāng**, au contraire, gagne à la lecture. Sa cadence est plus sonore, plus allongée, précisément à cause des mots *euphoniques* et *accessoires* qu'il admet et dont il sait tirer un merveilleux parti.

On n'écrit plus guère que dans le style du **Ouên tchāng**. Il est aujourd'hui le style de la langue politique et de la morale en Chine.

Bien que le caractère propre du style moderne ou du **Ouên tchāng** se conserve depuis la dynastie **Sóng**, qui l'a vu naître, cependant l'étude des monuments littéraires de la Chine montre qu'il s'est produit, depuis lors, une nuance assez sensible pour être remarquée, par un œil observateur, dans le **Ouên tchāng**. C'est comme notre style du dix-neuvième siècle avec celui de Louis XIV, par exemple. Un habile lettré, en lisant un ouvrage, écrit en **Ouên tchāng** 文 昌, peut discerner de suite à quelle époque cet écrit appartient.

Un Européen peut-il parvenir à composer, à écrire convenablement le **Ouên tchāng**?

Nous répondons sans hésiter qu'il le peut, après avoir étudié, par principe, les règles du style littéraire des Chinois. L'exemple des anciens missionnaires en est une preuve sans réplique.

Les règles de ce style ne sont pas nombreuses. Autant le style antique offre de difficultés à un Chinois, autant il est à la portée du génie européen. Ce style est simple, majestueux, mais surtout concis. En se rendant bien familiers c'est-à-dire en apprenant par cœur les quatre livres classiques ou les **Sé choū** 四 書, un Européen écrira promptement en chinois et dans un style très-sem-

海上絲綢之路文獻集成 科技與文化编

blable à celui de ces livres moraux. L'étude des **Sé choū** exige peu de temps, surtout avec les traductions qui existent. Avec cette connaissance, on peut presque tout exprimer et se former un style qui aura le son, le parfum de l'antiquité et sera goûté des Chinois eux-mêmes.

On peut choisir aussi, parmi les auteurs de la *renaissance chinoise*, celui dont le génie plaît davantage, et, après se l'être rendu familier par une lecture assidue, on sera à même de composer des pages entières à son imitation. L'étude que l'on fera soi-même de l'un de ces auteurs sera plus profitable que la lecture des préceptes littéraires chinois qui, pour un Européen, habitué à une dialectique serrée, laisse toujours quelque chose de vague dans l'esprit.

Un auteur chinois, **Yâng-Tsè** 楊子 (1), parle ainsi de la variété des styles chinois. Il y a, dit-il, trois variétés dans le style. 1° Si la pensée est pleine de nerf, de force, et que l'expression qui la porte soit faible, le style sera nécessairement rude et dur à l'oreille, **Sé chên tsě tsě kāng** 事勝辭則伉. 2° Si l'on s'applique plus à donner de la grâce, du vernis à son style, qu'à exprimer une pensée forte, on produira un style tout parfumé de poésie et tiré au cordeau, **Tsě chēn sè tsě foù** 辭勝事則賦. 3° Mais si, au contraire, l'élégance du style est au niveau même de la beauté de la pensée et que l'une ne surpasse pas l'autre, on aura le vrai style des anciens livres chinois, **Sé tsě tchěn tsě kīn** 事辭稱則經.

En lisant souvent à haute voix, comme le font les Chinois, ou en faisant lire, en sa présence, par une voix bien nette, des passages dont on suivra soi-même avec soin la lecture, on saisira merveilleusement l'harmonie de la phrase chinoise. Cette harmonie consiste : 1° dans le mélange de certaines particules qui coupent la phrase, soit pour la rendre plus expressive, plus forte, soit pour appeler l'attention sur un mot en particulier; 2° dans l'usage habile des particules finales, qui empêchent une chute brusque de la voix, désagréable à l'oreille; 3° dans un choix de mots dont les tons sont mélangés avec art et flattent mélodieusement l'oreille. On ne peut écrire en chinois qu'autant qu'on est pénétré de cette triple règle qui, pour nous, résume tout l'art littéraire des Chinois.

Un futur écrivain s'attachera donc bien dans ses lectures à remarquer : 1° les coupures intérieures de la phrase chinoise; 2° le rôle étonnant des particules, même de celles qui semblent purement phonétiques; 3° la valeur des accents ou des tons chinois. L'oreille chinoise est excessivement délicate sur ce point. Dans presque toutes les autres langues, la poésie seule est modulée. La bonne prose chinoise ne l'est guère moins. La lecture d'une page de chinois devient intolérable, si les accents n'ont pas été mélangés avec art. L'œil, non moins

(1) Disciple de l'École de Confucius. Il écrivait 50 ans avant J.-C.

que l'oreille, est choqué, blessé à la vue d'un style où l'art des accents surtout aurait été méconnu. Car l'écriture chinoise est une peinture qui parle comme un tableau.

Cet art d'employer les mots accentués n'est pas aussi difficile, en chinois, qu'on serait tenté de le croire. Les cinq tons vocaux de la langue se réduisent à deux, le **Pîn** 平 et le **Tsĕ** 仄. Le premier comprend les deux tons que l'on marque ainsi — et ∧. Le **Tsĕ** embrasse les trois autres. Quelle si grande difficulté y a-t-il à faire que le membre d'une phrase finisse par un mot au ton **Tsĕ** 仄 et la suivante sur le 平, ainsi de suite? Dans le corps de la phrase, on mélange ces tons avec douceur de manière que le même ton ne vienne pas sans cesse frapper l'oreille.

A l'exception des proverbes, des axiomes, des formules de compliments, on ne fait plus usage du style littéraire ou du **Ouên tchāng** dans la conversation.

3° DU STYLE FLEURI OU MONDAIN APPELÉ Ché ouên 世 文.

La langue chinoise, par son abondance et sa richesse, donne carrière à l'imagination orientale. Il s'est trouvé une classe de lettrés, qui a formé un genre de littérature légère, brillante, sonore, mais vide de pensées. Un ministre de la dynastie **Sóng**, du nom de 王安石, mettait au concours des thèmes écrits en ce genre de littérature que l'on ne peut définir qu'en l'appelant : *l'art de dire des riens avec fracas*. A ceux qui écrivent élégamment ces bagatelles oratoires, les Chinois donnent le nom de 金口, *bouche d'or*, ou celui de **Moŭ chĕ** 木舌, *langue de bois*.

Nous ne faisons mention ici de ce genre de littérature que pour mémoire, afin que nos lecteurs sachent ce qu'on entend par le genre **Ché ouên** 世文.

Le savant P. Prémare a étudié plus que nous les ouvrages de ce genre; il en fait la peinture suivante qui est au vif et, par là même, peu propre à flatter l'amour-propre des jeunes lettrés chinois qui se laissent entraîner dans ce genre de style :

Nihil illis fingi potest pulchrius ac inanius. Ventus est qui molli sono jucundè pulsat aures sine ullo alio fructu; flosculi sunt qui pascunt oculos interim dum mens jejuna remanet. Calamistris trita est oratio; pigmentis abundant et sensu vacua; fac illa pulchella membra subeat aliquis succus; Sinæ ut sunt ingeniosi illius saporem statim sentient, sed non sunt vera philosophia reconditisque litteris satis instructi ut emortuis suis floribus mentem et vitam addere valeant.

4° DU STYLE COMMUN OU DU Kouān hoá 官話.

Les phases du style chinois sont peu nombreuses et faciles à déterminer. L'esprit chinois s'est trouvé enchaîné dans les antiques formes de ses carac-

海上絲綢之路文獻集成 科技與文化編

tères. Le célèbre **Hiù-Tchén**, l'auteur du beau dictionnaire **Chŏ ouên**, tenta de suprêmes efforts pour reteffir ses concitoyens dans l'antique voie et les anciennes formes d'écriture. Mais le torrent de l'esprit public déborda. La pensée chinoise voulait des allures plus libres. Différentes formes d'écriture prévalurent, mais sans amener un changement notable dans le style chinois. L'invention du papier, du pinceau et de l'encre, favorisa l'étude des belles-lettres. L'usage des particules prit du développement. C'est le trait le plus saillant des modifications apportées au style chinois durant toute cette période. L'antiquité ne cessait de servir de modèle; on ne pensait pas pouvoir mieux faire qu'en marchant sur les traces des antiques écrivains. L'imprimerie eut ses tâtonnements comme chez nous; elle produisit assez rapidement son effet. La divulgation des livres fut le signal d'une explosion de la pensée chinoise. Cette explosion, toutefois, procédait comme par voie d'essai. L'imprimerie étant devenue d'un usage général, la littérature chinoise en subit nécessairement l'influence. Les antiques formes d'écriture étaient simplifiées et ramenées à une sorte d'unité primitive. La dynastie **Sóng** vit naître cette immense révolution littéraire de la Chine. La pensée chinoise prenait le large et voyait fleurir le style littéraire moderne que l'on nomme le **Ouên tchāng**. Cette époque est une grande étape dans l'histoire du développement de la langue chinoise. Durant trois ou quatre siècles, on s'en tint au **Ouên tchāng**.

Mais cette littérature s'étendit peu à peu et élargit encore ses bornes. On vit naître insensiblement un style, une littérature moins fleurie, à laquelle on donna le nom de littérature ou style commun, **Kouān hoá**. Ce style devint le langage parlé de tout l'Empire. C'est là l'origine du nom qu'il porte : **Kouān hoá**. L'usage est de désigner ce style sous le nom de *langue mandarine*. Chacun sait que cette dénomination provient d'une erreur des sinologues européens. Mais on se comprend aujourd'hui en employant cette dénomination inexacte.

Dans la bouche des lettrés, de la noblesse chinoise, de la classe intelligente, le **Kouān hoá**, ou style commun et moderne, a de la grâce, de la force et de la dignité.

Il admet de nombreux synonymes, des mots doubles, des prépositions, des adverbes et surtout l'usage abondant des particules. Procurer l'harmonie, couper la phrase à volonté, donner à la pensée tous les degrés de couleur voulue, la rendre vive, saillante, énergique, ou bien l'envelopper à volonté de nuages plus ou moins obscurs, ménager agréablement *la chute de la phrase*, enfin suppléer aux flexions ou désinences de nos mots ou de nos verbes, tel est le rôle varié de ces particules.

La langue commune ou **Kouān hoá** est très-propre à la familiarité, à l'aisance des discours publics. Ce genre de style se prête merveilleusement aux discours de morale. Les littérateurs chinois disent, d'un commun accord, que

le suprême mérite de ce style est de pouvoir prendre des formes assez variées qui plaisent à tout un auditoire, malgré les divergences de l'esprit de ceux qui le composent. On le compare à l'eau dont un des mérites est de prendre toutes les formes et toutes les couleurs que l'on désire. Le **Kouān hoá** se plie, en effet, à tous les caractères, s'étend à tous les sujets, se prête à toutes les situations et ne se refuse à aucun sentiment.

Un ancien missionnaire de la Chine a résumé toutes les qualités du **Kouān hoá**, en tant que style ou littérature, sous cette forme à laquelle nous souscrivons :

Il a la majesté et la noblesse de l'espagnol,
l'énergie et la force de l'anglais,
la douceur et la délicatesse de l'italien,
la clarté et la pudeur du français.

Depuis la dynastie **Sóng** jusqu'à nos jours, les lettrés ont composé un grand nombre d'ouvrages en style **Kouān hoá**. Ce sont des pièces de théâtre, des romans de mœurs. Plusieurs ont les grâces et la beauté du style littéraire **Ouên tchāng**. Ils portent le titre de **Tsǎy tsè** modernes. Nous en parlerons plus loin.

Entre ce style écrit et le langage parlé qui porte le même nom, il y a une différence bien marquée. Dans presque toutes les langues, on ne peut écrire exactement comme on parle. Le style serait lâche, diffus, sans ornements et sans couleur. Cette difficulté est plus grande encore s'il s'agit de la langue parlée de toute la Chine. En essayant de le faire, on est forcé de changer beaucoup d'expressions, de donner à la phrase une tournure spéciale, et surtout de resserrer le style. Sans ces précautions, la lecture en serait à peine soutenable.

Les caractères chinois ont quelque chose de si relevé qu'ils ont de la peine à se plier à l'air négligé, à l'aisance, à l'abondance du langage parlé. On remarque visiblement qu'ils n'ont pas été créés pour le style vulgaire de la conversation. Si l'on veut tenter d'écrire exactement comme on parle, on éprouve une immense difficulté et il est rare que l'on réussisse.

5° DU STYLE MOITIÉ LITTÉRAIRE ET MOITIÉ VULGAIRE DIT : Pán ouên pán sioŭ 半文半俗.

Le style presque ordinaire de tous les livres chinois modernes est le **Ouên tchāng** 文昌.

Entre ce style et celui de la conversation ou du **Kouān hoá**, il y a un genre qui tient comme le milieu. Aussi lui a-t-on donné le nom de ***style mitoyen***, c'est-à-dire qui tient le milieu entre deux : **Pán ouên pán sioŭ** 半文半俗.

海上絲綢之路文獻集成 科技與文化编

Ce style emprunte au **Ouên tchāng** certains mots savants, quelque chose de son laconisme, de ses tournures de phrases les plus ětudiées et une certaine cadence finale agréable à l'oreille.

Le style **Pán ouên pán sioŭ** admet tous les mots auxiliaires du **Kouān hoá** et les autres parties du discours. Son ton est celui de la conversation, mais bien soutenue. Son naturel, son air négligé, sans être jamais trivial, cause une certaine satisfaction quand on le lit.

On trouve un bon nombre de traités de morale, des histoires écrites en ce style, qui est celui de nos chansons et de nos fables.

Tout simple et facile qu'il paraisse, ce genre de style a pourtant ses difficultés. Le naturel doit couler comme de source, et le milieu dans lequel il doit se tenir exige une aptitude spéciale de la part de l'écrivain.

6° DU STYLE FAMILIER, NOMMÉ EN CHINOIS PETIT LANGAGE, Siaò chŏ 小説.

Les Chinois ont un genre de style à part pour la correspondance épistolaire, pour les comédies, pour les fables et autres ouvrages de littérature courante. Ce *petit langage*, comme on le nomme, est bien loin d'être dépourvu d'agréments. Comme art oratoire, il n'a rien des styles dont il a été question jusqu'ici. Les sinologues chinois eux-mêmes recommandent, avec beaucoup de raison, la lecture suivie des livres qui forment la catégorie des **Siaò chŏ**, comme le moyen le plus sûr de faire, en peu de temps, de rapides progrès dans la langue.

En effet, l'habitude de lire des textes chinois donne des vues, des lumières, des conjectures, des facilités qui aident, en un mot, à surmonter tous les obstacles qui ne sont que du ressort de la langue.

L'étude des anciens livres de la Chine apprend à connaître, dans sa source, le génie chinois, la haute antiquité des coutumes de ce pays. Cette étude, toutefois, a ses difficultés. La lecture des **Siaò chŏ** peut, au contraire, être abordée après quelques mois seulement d'études chinoises. Sous le titre général de **Yuên jên pĕ tchóng** 元人百種, les Chinois ont réuni une centaine de petites comédies, en quatre ou cinq actes chacune, et écrites presque en style de conversation. Outre que l'on apprend à connaître les mœurs et les coutumes du pays, on y remarque mieux les tournures chinoises, les mots composés, les expressions propres à telle ou telle circonstance de la vie, etc. Ces petites comédies se vendent à un prix excessivement minime. — Un certain nombre des actes de cette collection ont été traduits les uns en anglais, les autres en français.

7° DU STYLE ÉPISTOLAIRE, 信法.

Les six espèces de styles précédents ont leur cachet spécial. Ils ne se ressemblent nullement. Un sinologue exercé, après avoir lu une page ou deux d'un

écrivain chinois, peut aussitôt reconnaître le genre de style de cet auteur. Dans les trois premiers genres de style chinois, il y a des nuances marquées. Ces nuances servent à faire connaître les époques à peu près précises de chaque écrivain.

Le style antique surpasse tous les autres. C'est la grandeur dans la simplicité, c'est la majesté dans une phrase concise et sentencieuse, c'est un parfum exquis d'antiquité dans ce mode unique d'exprimer et de peindre la pensée. C'est le style des penseurs profonds.

Le style littéraire ou fleuri peut, avec une certaine justesse, être comparé aux nuances de l'architecture gothique chez nous. Coulant et limpide d'abord, il devient fleuri, très-fleuri, et se change ensuite en style commun. Il devient le **Kouān hoá**.

Quant au style *romantique* ou **Ché ouên**, il n'est celui d'aucune époque précise. Les véritables écrivains ont eu assez de bon goût pour ne pas glisser dans ce genre. Le **Ché ouên** est demeuré le style exclusif des jeunes lettrés, doués d'une vive et brillante imagination, qui cherchent avant tout la pompe et le bruit des phrases creuses, mais sonores.

Le style épistolaire chinois est difficile à définir. Il est comme l'eau qui prend toutes formes du vase qui la renferme. Le style épistolaire est simple, fleuri, gracieux, élevé, diffus, laconique, sentencieux, selon la personne à laquelle on écrit. C'est le vrai Protée chinois, puisqu'il peut prendre autant de formes distinctes qu'il y a d'écrivains. Nulle part la souplesse de la langue et du caractère chinois ne se montre aussi vivement que dans le style épistolaire. Les situations sociales de celui qui écrit, les motifs qui le font écrire, son instruction littéraire, peuvent varier à l'infini. Le style épistolaire chinois comportera toutes ces variétés. Aucune langue, peut-être, n'offre rien d'analogue.

Les Chinois ont de nombreux ouvrages qui donnent aux étudiants les formules des lettres les plus ordinaires. Les formules de politesse, de compliments, de requêtes, de remercîments, y sont des plus variées. C'est ici que l'on peut juger l'ampleur de la richesse du génie oriental. Mille fois un Chinois vous remerciera sans jamais employer les mêmes expressions de langage. Nous avons parcouru plusieurs ouvrages sur le style épistolaire; la variété est si grande qu'on n'y trouve pas, sur le même sujet, deux lettres qui se ressemblent. On les dirait écrites à des époques différentes. On a fait un recueil de lettres choisies des membres de l'Académie de Pékin, sous ce titre : **Tsê hán fă tchên** 詞翰法程, en 8 volumes. Aucune lettre ne ressemble à celle qui précède ni à celle qui suit.

Les ouvrages chinois, qui s'occupent du style épistolaire, apportent un grand soin aux prescriptions des formes extérieures d'une lettre. Aucun Chinois n'o-

serait s'affranchir de la plus minime de ces prescriptions. La couleur, la forme du papier à lettre varie selon la dignité de celui auquel on écrit. Il n'est pas jusqu'au format du caractère qui ne soit soumis à une règle. Si l'on écrit à l'Empereur, par exemple, l'écriture doit être très-fine. Il y a le papier *impérial*, comme chez nous le papier *ministre*. Sauf un peu d'excès en toutes ces formes de politesse, les usages chinois sont dignes d'éloges. Rien ne contribue autant à conserver le respect de l'autorité, dans toutes les classes de la société, que toutes ces prescriptions cérémoniales.

Nous allons donner à nos lecteurs, comme spécimen, quelques lettres chinoises.

MODÈLES DE LETTRES CHINOISES.

PREMIÈRE LETTRE.

Un ami à ses amis chinois.

文獻恭候

文玉諸公近好深蒙翰教命弟致書
聞命之下豈敢更違所愛而自疏乎
選修片楮敬達諸兄幸祈仝賢因弟
向受衆之心惟一無二即此一書雖
云箇要而壬衆共目亦可謂頁多矣
輟筆必忙圖快草此幸勿見怪

寓四川重慶府同治八月初三日

文獻叩拜

Ouên-Hién envoie ses amitiés et ses vœux de prospérité à son cher ami **Ouên yŭ** et à ses compagnons.

Vous m'avez manifesté votre vif désir de recevoir de moi chacun une lettre. Pourrais-je me refuser à satisfaire un désir qui m'honore et qui témoigne de votre affection? J'accède à votre désir; mais, au lieu d'écrire autant de lettres individuelles, je ne puis en faire qu'une seule. Mes sentiments d'amitié étant les mêmes pour chacun de vous, ne convient-il pas de n'envoyer qu'une seule lettre à ceux que l'affection confond ensemble? Cette lettre sera pour vous comme si j'en adressais une à chacun en particulier. Je vous écris *currente calamo*, au milieu d'une foule de distractions : je vous prie de me pardonner.

Donné au **Sū-tchūen**, le dixième jour du quatrième mois de la dixième année de la période dite **Tŏng-Tchè**.

Votre petit frère, qui vous fait ses salutations.

Tŏng-Ouên-Hién.

17

DEUXIÈME LETTRE.

A Monsieur Yâng Robert,

Ne vous étonnez point, Monsieur, si, n'ayant pas l'honneur de vous connaître, je me permets, néanmoins, de vous adresser cette lettre. Mon nom et ma figure vous sont inconnus; mais j'ai une indicible joie à écrire à un personnage aussi distingué que vous l'êtes. Il ne m'a jamais été donné de contempler vos traits respectables, mais le bruit de vos vertus et de vos actions honorables est venu si souvent à mes oreilles qu'il me semble que je ne connaisse personne aussi bien que vous dans tout l'univers.

Si je suis privé de la consolation de vous connaître personnellement, la connaissance de vous-même, par vos éminentes qualités, l'emporte bien davantage sur la simple connaissance des traits du visage. Je tiens, en disant ces paroles, à vous montrer combien vous m'êtes intimement connu. Je fais mille vœux pour votre bonheur.

Si vous daignez m'honorer d'une réponse, vous adresserez votre lettre comme il suit :

A M. Paul Tŏng-Ouên-Hién, provicaire apostolique, présentement à Rome.

素未識荊面致書台次幸勿見鄙總緣大
德惠名如雷貫耳慕風受敬斷不在面挹
芝顏而後詠銘也且以君子時揚厚名猉
藉弟自謂仰慕者于兄無貳況感德化之
及人者定然高于容貌之濫交諒兄之大德
亦必不負弟之識人之明也順候近佳不盡
煩交
董保祿文獻先生大人閣主啟
兄或不嫌弟鄙面辱還答信面上寫如
左可也到羅馬府

TROISIÈME LETTRE.

年弟王國譲頓首拜
弟自襄部歸來不獲與
年臺聚首京師者春忽冬矣年臺霜威嚴肅百
僚不揆面清遠人聞之曷勝吹仰玆者同鄉友
人處德明原係儒者既精風鑑復善星平往往
有前知之妙弟頗重之今挾術遊長安敢獻之
門下以為蓍龜之一助幸賜盼睞而吹噓焉感
不獨在庠生也草草奉瀆不宜

Votre frère Ouâng-Kouĕ-Moŭ a l'honneur de vous présenter ses respects.

A mon retour de Siāng-poú, je n'ai plus trouvé Votre Excellence qui déjà s'était rendue au poste éminent qu'Elle occupe dans la capitale; le printemps s'est changé, pour moi, en hiver.

La gravité, la noblesse de Votre Excellence, la considération dont Elle jouit, la distingue au milieu de tous ses collègues. Je l'ai appris dans mon éloignement et j'en ai été au comble de la joie.

Cette lettre vous sera remise par Leaó-Tĕ-Mîn, mon compatriote et mon ami. C'est un homme de lettres et un véritable miroir de belles connaissances. C'est, de plus, un très-bon astrologue qui a fait, en différentes circonstances, d'excellentes prédictions. J'ai pour lui une estime toute particulière. Il va maintenant faire un voyage à la capitale, et je prends la liberté de le recommander près de vous; il peut vous être utile en tout ce qui concerne l'art de tirer les sorts. Si vous daignez jeter un coup d'œil sur lui et lui accorder quelques faveurs, M. Leaó ne sera pas seul à vous exprimer sa reconnaissance, et je m'efforcerai de vous prouver la mienne, selon mes petits moyens.

QUATRIÈME LETTRE.

劣叔淵頓首書付賢姪賢叔因王事驅馳東西奔走以致骨肉揆離想之必惻前聞拿嫂亦辭世不勝悲悼聞你年學俱成又是悲中一喜但叔今年六十有二景入桑榆朝不保夕而下無子息汝雖能繼書香然父母皆亡終成孤立何不移來一就庶見同父猶子之情兩相慰籍耳此事叔慮之最詳即告以先兄先嫂於地下亦必首肯姪慎疑勿差人到時可即發行裝同來立候發舟餘不寫盡

Un pauvre oncle fait mille salutations à son cher neveu et lui adresse la présente lettre :

Les affaires de l'État m'entraînent dans des causes perpétuelles et me font passer sans cesse de l'Orient à l'Occident. Elles nous ont tenus éloignés l'un de l'autre, nous qui sommes la chair et les os. Cette pensée est pour moi un sujet d'affliction.

En apprenant, il y a quelques années, que ma belle-sœur avait quitté ce monde, j'ai été saisi de la plus vive douleur, mais ce fut une grande consolation de savoir que vous faisiez, dans vos études, des progrès proportionnés à votre âge. J'ai maintenant soixante-trois ans. Je sens que *je vais entrer parmi les mûriers et les ormes* (c'est-à-dire que je vais mourir). C'est un soir qui ne doit pas être suivi d'un matin; car je n'ai pas d'enfants. Vous qui pouvez un jour vous faire un nom dans les lettres, vous avez perdu votre père et votre mère; votre état d'orphelin vous condamne à une vie solitaire. Pourquoi ne viendriez-vous pas vous réunir à moi? Comme vous verriez en moi un père, je trouverais en vous les sentiments d'un fils, et nous aurions, l'un dans l'autre, notre appui et notre consolation mutuelle. Voilà l'affaire que votre oncle a le plus à cœur; ne doutez pas que feu mon frère et ma belle-sœur n'y donnent un entier assentiment du fond de leur sépulture; ne balancez donc pas, mon cher neveu. Les gens que je vous envoie prendront soin de vos bagages et viendront avec vous. Je vous attendrai à bord de ma barque où je vous en dirai davantage.

海上絲綢之路文獻集成 科技與文化編

CINQUIÈME LETTRE.

Un père chinois écrit à son fils qui est à l'école.

父字示

文獻知之聞汝在家讀書惟虛應故事全不以汝祖叮囑之語爲念寄來會課文字並可取比從前大不如也然文字日漸進步方爲有用似汝有退無進何若不讀之爲妙免至徒負虛名也見字即當痛改勿蹈前轍爲囑此與文獻看父亘昌

內平安信煩幫帶至沙平巴

交小兒文獻收啟亘昌付寄

Votre père vous écrit pour vous informer de ce qui suit. Je sais maintenant que vos études à la maison n'étaient pas selon la bonne méthode. Il convient donc de vous remettre sous les yeux les enseignements de vos ancêtres. Les thèmes et les versions que vous m'avez envoyés sont si loin de valoir les précédents que je ne puis les recevoir. Assurément il convient d'avancer chaque jour dans les progrès, ne fût-ce que lentement; mais, au lieu de cela, vous semblez rétrograder, et ne pas avancer. Alors ne vaudrait-il pas autant ne pas se livrer à l'étude, si l'on ne peut qu'acquérir une réputation sans éclat? A la vue de cette lettre, mes ordres sont que vous changiez entièrement votre méthode et que vous ne suiviez plus la voie que vous suiviez auparavant. Telles sont les instructions que je donne à mon fils Ouên-Hiên.

Votre père, Ouên-Yŭ.

Suscription de la lettre.

Sous ce pli est une lettre de famille qu'on vous prie de porter jusqu'au village de Chā-pîn-pā et de vouloir bien la remettre à mon petit fils Ouên-Hiên qui la recevra et en fera l'ouverture.

De la part de Ouên-Yŭ.

SIXIÈME LETTRE.

Un fils chinois, absent de la maison paternelle, écrit à son père et à sa mère.

字稟

二位大人知之昨伏讀手諭知玉體安泰家中俱
獲康寧皆蒼天之福祐也男自別親客外沾利無幾
貨物雖云易售賬目總屬難歸是以久欲思回奈
被賬頭牽阻非兒故戀棧異地以取不孝之罪惟
願二親茹養天和益壽遐算兒遙居異地心亦歡
樂也男在外平安無庸遠慮謹此叩請金安

男文玉敬稟

Cette lettre est adressée à mon père et à ma mère, deux personnes très-distinguées, afin de les informer de ce qui suit. Hier j'ai reçu la lettre, tracée par votre main, dans laquelle vous m'informez que vos honorées personnes se portent bien et que la famille jouit d'une prospérité toute singulière qui lui vient du ciel. Depuis que je vous ai quittés, j'ai pu réaliser quelques bénéfices; je n'ai plus de marchandises à placer. Quoiqu'on dise que les bénéfices peuvent être facilement réalisés, il n'en est pas moins vrai que les crédits se recouvrent avec difficultés. J'ai, depuis longtemps, le désir de m'en retourner. Mais que faire? J'en suis empêché par ces crédits qui ne rentrent pas. Ne pensez pas que mon séjour loin de vous doive être attribué à un manque de piété filiale. Je n'ai qu'un seul désir, celui de revoir mes deux parents pour les consoler et les soutenir. Que le ciel ajoute, avec la paix, de nombreux jours à ceux de leur vie. Bien que je vive en pays étranger, mon cœur jouit de la satisfaction. Bien que je ne sois pas malheureux ici, il suffit que je sois en pays étranger pour que votre sollicitude me suive. En vous envoyant ces nouvelles, je me prosterne devant vous et je vous envoie tous mes vœux.

Votre fils qui est plein de respect.

DEUXIÈME SECTION.

DES PRINCIPAUX MONUMENTS LITTÉRAIRES DE LA CHINE.

Première série. — Ouvrages du premier ordre de chaque École.

I. DES TROIS ÉCOLES PHILOSOPHIQUES-LITTÉRAIRES DU CÉLESTE EMPIRE. — CARACTÈRE DE CES ÉCOLES.

La Chine a été le théâtre de nombreuses révolutions politiques. Son histoire ancienne nous la montre également livrée à une foule d'Écoles philosophiques et littéraires, qui se combattaient et s'excluaient mutuellement. De toutes ces Écoles, qui se disputaient l'enseignement, avant l'ère chrétienne, deux seulement ont traversé les âges et ont conservé jusqu'à nos jours une prédominance marquée. Les autres Écoles ont disparu successivement, ne jetant qu'un faible éclat, dont l'histoire seule nous a conservé le souvenir.

Ces deux Écoles chinoises, qui ont traversé les âges, se personnifient l'une dans la personne de *Confucius*, l'autre dans celle de son contemporain Laò-Tsè. Bien que Confucius soit la haute personnification de son École, il est important de ne pas oublier que les enseignements qu'il a propagés, avec un zèle et un succès inouïs, ne sont pas proprement de lui. *Sa doctrine n'est point sa doctrine.* « *Je n'ai pas composé d'ouvrages nouveaux,* répétait-il souvent à ses disciples, *j'ai aimé les anciens, je les ai commentés et propagés. Voilà tout.* » Avant les livres sacrés de la Chine, qui sont, comme nous le montrerons plus bas, les monuments profanes les plus anciens du monde, il existait, au sein même de la colonie qui a fondé et peuplé la Chine, des ouvrages moraux, historiques et religieux qui ont malheureusement péri (1). Il existait, en outre, une *tradition*

(1) Les Kin actuels font souvent allusion à ces livres antérieurs, véritables chartes primitives de l'humanité, qui ont disparu. Ils confirment ce que nous avons dit ailleurs sur l'antiquité de l'écriture chinoise. Toutefois, il y a une question historique de la plus haute importance qui n'est encore traitée par aucun historien et dont la solution sera le plus vrai commentaire des Kin chinois. *D'où est partie la colonie chinoise? A quelle époque précise est-elle arrivée sur le sol actuel de la Chine? Comment et par qui était habité alors le pays que nous nommons à présent la Chine?* — La philologie comparée, l'étude des Kin chinois, celle de la chronologie, jetteront les premières lumières sur ces importantes questions. Si l'obscurité règne sur les trois premières dynasties chinoises, c'est qu'il est très-probable que ces personnages n'ont jamais régné dans la Chine elle-même. Ils ne sont pas moins les souverains des Chinois, mais avant leur prise de possession des territoires actuels nommés la Chine.

海上絲綢之路文獻集成 科技與文化编

orale sur les enseignements des anciens sages et sur les monuments écrits. Confucius avait ses entrées dans la bibliothèque des souverains où l'on conservait ces précieux manuscrits dont nous ne savons plus rien, sinon qu'ils ont existé. Il se pénétra de la doctrine des anciens. Il étudia à fond cette philosophie primitive, qui ne marchait pas sans la connaissance de la poésie et de la musique. Remettre en lumière ces enseignements sublimes, ainsi que les rites ou cérémonies civiles et religieuses, telle fut la mission que se proposa Confucius : mission digne d'un sage de l'antiquité. En peu d'années, la réputation de Confucius fut prodigieuse. Le nombre de ses disciples se comptait par milliers. Mais dans ce nombre, il eut douze disciples d'un talent et d'une vertu supérieurs, auxquels il s'attacha davantage (1). L'histoire rapporte et loue également soixante-dix autres disciples de Confucius qui se sont acquis de la gloire par leur fidélité à mettre en pratique les conseils moraux de ce sage. L'École de Confucius, en conservant et propageant la tradition primitive, a jeté un éclat incomparable. Comme *philosophe, diplomate, moraliste humain,* nous doutons qu'il y ait dans le monde une figure qui puisse seulement être mise en parallèle avec celle de Confucius. Ce sage ancien mourut à l'âge de 73 ans, l'an 479 av. J.-C. et la neuvième avant la naissance de Socrate. Ses œuvres sont entre les mains de tous les Chinois qui les apprennent par cœur dès leur enfance. L'École célèbre de Confucius porte le nom de Joŭ-Kiáo 儒教, qui veut dire : *doctrine savante, littéraire, doctrine éclairée.*

Le nom d'un sage comme Confucius ne put tarder à être en vénération. Les lettrés supérieurs avec lesquels nous avons conversé en Chine rendent à Confucius le culte, les honneurs que l'on rend aux *grands hommes* par vénération et par reconnaissance. Le vulgaire chinois a peut-être dépassé la mesure de ces honneurs; les abus de ce genre, dans le culte des saints, existent même quelquefois dans les pays catholiques. Après la mort de Confucius, le Roi de Loŭ fit ériger auprès de son tombeau un Tsē tăng, comme on en élève en l'honneur des ancêtres. Les Empereurs de la Chine rendent, eux aussi, de temps immémorial, une sorte de culte à Confucius. Ils lui ont, à l'envi, décerné des titres honorifiques qu'il ne faut pas juger avec notre esprit européen, mais en se plaçant au point de vue d'Empereurs païens qui rendent hommage aux mérites supérieurs d'un sage éminent. Sous la dynastie Sóng, l'Empereur Tchēn-Tsōng (998) ordonna que nul ne serait promu à un grade littéraire, que nul

(1) Ces douze disciples sont : 1° Jân-Hoûy 冉回; 2° Jân-Jông 冉戊; 3° Tsè-Loú 子路, surnommé Yeoû 由; 4° Jân-Kieŏu 冉求; 5° Tchĕ-Kōng-Sȳ 赤公西; 6° Tsēn-Chēn 曾升; 7° Tchouân-Sēn-Sē 顓孫師; 8° Poŭ-Chāng 卜商, ou Tsé-Hiá 字夏; 9° Tăng-Taý-Mîn 唐太命; 10° Yēn-Yuân 顏淵; 11° Nân-Kōng-Taó 南公道; 12° Kaō-Tsây 高才.

mandarin ne serait préposé à une charge, s'ils n'avaient, au préalable, rendu à Confucius, dans son temple, les cérémonies prescrites par l'usage.

Laò-Tsè achevait sa carrière, lorsque, sur un autre point de la Chine, le nom de Confucius commençait à jeter de l'éclat. Bien que Laò-Tsè ait commencé à enseigner plus d'un demi-siècle avant Confucius, nous plaçons son École au deuxième rang, soit parce que cette École est restée moins célèbre, soit parce que la doctrine du Taó n'est pas entièrement indigène à la Chine; du moins, les preuves écrites et orales en ont disparu. Le caractère, le génie de ces deux sages chinois étaient tout différents. Profond et subtil penseur, Laò-Tsè se lançait dans tout ce que la métaphysique avait de plus élevé et de plus abstrait. Il vivait tout entier dans le monde invisible des intelligences. La solitude faisait naturellement les délices d'un esprit tout porté à la contemplation des vérités abstraites. Il y passa la majeure partie de sa vie. Cependant il est avéré que Laò-Tsè, dans le but de s'instruire, a fait de grands voyages *vers les contrées occidentales*. Il est probable qu'il est allé jusqu'en Assyrie, pays compris dans ceux que les Chinois nommaient, d'une manière générale, Tá-tsĭn 大秦. C'était précisément l'époque où fleurissait le prophète Daniel. Sa nature peu communicative a laissé sur cette partie de sa vie une lacune que l'on ne pourra probablement jamais combler. On trouve, dans ses œuvres, des passages d'une grande beauté, d'une justesse admirable, sur la création du monde, sur la Divinité et sur divers points de morale. On dirait ces passages extraits des livres de la théologie catholique. On n'a pas assez remarqué que Laò-Tsè, en dehors des connaissances qu'il a dû acquérir dans ses voyages lointains, a fort bien pu avoir des rapports avec l'émigration juive en Chine. Cette émigration a eu lieu précisément sur la fin du sixième siècle avant l'ère chrétienne, époque qui concorde avec l'existence de Laò-Tsè. Une circonstance qui ajoute un grand degré de probabilité à cette opinion, c'est que la colonie juive se fixa précisément dans une ville du Hô-nân, toute proche de celle *qui vit naître* Laò-Tsè. Cette colonie juive subsiste encore de nos jours (1874) dans la ville de Kaȳ-fōng-foù (1).

Laò-Tsè n'avait point l'esprit de prosélytisme, qui était, au contraire, le trait saillant du caractère de Confucius. Il blâmait même publiquement Confucius du zèle que celui-ci déployait pour propager son enseignement. L'École de Laò-Tsè, bien que célèbre dès cette époque, fut loin de jeter le même éclat que celle de son rival. Confucius était un esprit plus pratique; il voyait, avant tout, le côté positif des choses. Sa manière d'enseigner devait être plus goûtée

(1) Voir dans les *Annales de la Philosophie chrétienne* (année 1864), l'intéressante notice intitulée : *Recherches sur l'existence des Juifs en Chine*, par M. Wylie; mémoire annoté par M. G. Pauthier, et l'*Essai sur l'époque de l'entrée des Juifs en Chine*, par l'abbé Sionnet, année 1837.

海上絲綢之路文獻集成 科技與文化編

que celle de Laò-Tsè. La métaphysique des doctrines de Laò-Tsè, d une part, son esprit peu communicatif, de l'autre, ont été les principales causes pour lesquelles, peu après sa mort, sa doctrine a été odieusement défigurée par ses propres disciples. Entraînés par les écarts de leur imagination et de leur admiration excessive pour Laò-Tsè, ils ont répandu, sur leur maître, des légendes où le ridicule le dispute au merveilleux. Du vivant même de Laò-Tsè et de Confucius, un antagonisme doctrinal marqué s'établit entre les disciples de ces deux philosophes. Cet antagonisme est aussi vivace de nos jours. Les lettrés se plaisent à décocher leurs traits d'esprit contre les partisans de Laò-Tsè. Aussi, en étudiant les questions philosophiques de la Chine, est-il important de savoir à laquelle des deux Écoles appartiennent les auteurs sur lesquels on veut s'appuyer. Les vrais savants de la Chine n'ignorent pas la fausseté des légendes vulgaires et merveilleuses répandues sur Laò-Tsè. Mais ils sont heureux d'avoir ce prétexte pour attaquer les Taó sé. Néanmoins, l'École de Laò-Tsè s'est perpétuée jusqu'à nos jours; mais elle est incomparablement inférieure, sous tous rapports, à celle des Joŭ-Tsè. L'École de Laò-Tsè a compté, dans la suite des âges, quelques beaux génies; mais elle n'a produit ni autant, ni d'aussi riches monuments littéraires que celle de Confucius. On donne aux disciples de Laò-Tsè le nom de Taó sé 道士, *Docteur de la raison*, et à l'École elle-même celui de Taó kiaó 道教, *Doctrine de la raison*.

Une troisième École, étrangère à la Chine, a fini par s'implanter, dans ce pays, après des alternatives diverses de revers et de succès. La doctrine de Bouddha s'est introduite, par fraude, ou si l'on veut, par accident, dans la Chine, sur la fin du premier siècle de l'ère chrétienne. Patronnée par quelques Empereurs crédules et ambitieux, auxquels les bonzes promettaient le *breuvage de l'immortalité*, la doctrine de Bouddha a fini par obtenir ses lettres de naturalisation. A ne juger les choses qu'au double point de vue de la philosophie et de la littérature, l'influence de cette École a été funeste à la Chine. Depuis son introduction, l'erreur doctrinale y est devenue plus profonde; les antiques traditions plus obscurcies; le culte idolâtrique plus général et plus absurde. Quant aux belles-lettres, à la littérature, l'École de Bouddha a rendu un service déplorable à la Chine, celui de la multiplication exagérée et de l'altération des *caractères* de la langue. L'École des bouddhistes est appelée Chĕ kiaó 釋教 ou Foŭ kiaó 佛教, des noms de Bouddha.

Une particularité curieuse, c'est que ces trois Écoles littéraires aient pris, dans le laps du temps, un caractère de doctrines religieuses au point de devenir toutes les trois chacune comme une secte religieuse. La haute classe de la Chine, les savants, les lettrés, les fonctionnaires publics, suivent exclusivement les enseignements de Confucius. Les Chinois de la classe moyenne embrassent assez volontiers la doctrine de Laò-Tsè. Le peuple, la classe ouvrière

ne serait pas satisfaite d'un enseignement qui ne se manifesterait pas au dehors par des cérémonies ou des rites extérieurs. Aussi le bouddhisme ne recrute guère ses partisans que dans la classe pauvre et ouvrière de la Chine.

La théologie catholique comprend le dogme, la morale et le culte. S'il était permis d'établir une comparaison, nous dirions : la doctrine de Laò-Tsè représente le dogme, comme on le verra page 309, où nous donnons de longs extraits de l'ouvrage de ce philosophe. Celle de Confucius représente la morale. Ce sage semblait redouter toutes les questions ardues de la théologie dogmatique. Sa haute intelligence lui faisait, sans doute, sentir qu'il y avait là des questions presque insolubles pour la *seule* et *individuelle raison humaine*. Sans la révélation divine, l'homme ne peut connaître la fin surnaturelle, telle que l'enseigne le catholicisme. Ses disciples les plus célèbres ont imité sa réserve. Cependant, ils en disent assez pour qu'on ne puisse taxer d'athéisme ni le chef de leur École, ni eux-mêmes. Comment ces sages anciens auraient-ils pu être athées ou idolâtres lorsque les Kin chinois sont remplis de passages admirables sur la Divinité (1)? Ils savaient par cœur ces livres. Celle de Foŭ représente le culte. Il n'y a, en effet, d'autres temples publics en Chine que ceux des bouddhistes. Ces temples portent le nom de Pagodes ou de Bonzeries; en chinois, Miaó 廟.

Telles sont les trois Écoles littéraires qui, de nos jours, se partagent à peu près exclusivement *toutes les intelligences pensantes et les intelligences croyantes de la Chine*. La doctrine de Mahomet a fait invasion, elle aussi, dans l'Empire du milieu. Elle y jouit de la tolérance politique; mais n'ayant produit aucun écrivain de renom, ni aucun monument littéraire de quelque valeur, nous n'aurons pas à nous en occuper dans cet ouvrage.

II. PREMIÈRE ÉCOLE PHILOSOPHIQUE ET LITTÉRAIRE. — CONFUCIUS 孔夫子. — NOTIONS GÉNÉRALES SUR LES LIVRES SACRÉS DE LA CHINE OU SUR LES Kin 經, BASE ET FONDEMENT DE LA DOCTRINE DE CETTE ÉCOLE.

L'histoire nous a conservé le souvenir des peuples anciens dont la civilisation a été très-avancée. Les monuments historiques des Égyptiens, des Chaldéens, des Phéniciens, des Assyriens, etc., etc., ont disparu avec eux sous les ruines de leurs monarchies célèbres. Les découvertes modernes aident à reconstruire, en partie, l'histoire de ces antiques nations, mais elles seront probablement insuffisantes pour refaire, d'une manière complète, l'histoire de

(1) Voir notre ouvrage qui a pour titre : *Recueil de passages sur Dieu et ses divins attributs extraits des Livres sacrés de la Chine.*

海上絲綢之路文獻集成 科技與文化編

ces peuples qui, après avoir jeté un vif éclat dans le monde, n'ont presque laissé que le souvenir de leur existence passée et les marques évidentes d'une civilisation très-avancée. La Chine, dont l'origine remonte au berceau du genre humain, a seule survécu au milieu du cataclysme général qui a enseveli, sous ses ruines successives, tous ces peuples célèbres de l'antiquité.

Seule aussi, entre toutes les nations du monde, la Chine possède des monuments historiques dont l'authenticité et l'ancienneté sont sans égaux dans l'univers, comme livres profanes. La plupart des anciens peuples de l'Orient semblent avoir montré une grande insouciance pour leur histoire; ils la confiaient, paraît-il, à la tradition orale. La Chine, au contraire, nous apparaît, dès les temps les plus reculés, comme préoccupée de conserver le souvenir de son histoire. La charge d'historiographe de l'Empire se trouve indiquée dans les pages les plus anciennes de l'histoire chinoise. La Chine a toujours conservé son autonomie avec la transmission fidèle de ses antiques traditions. L'invasion étrangère ne l'a jamais complétement atteinte. En thèse générale, l'invasion d'un peuple par un autre est l'absorption du peuple envahi par son conquérant qui lui impose ses lois, ses coutumes, sa langue et ses mœurs avec sa domination. Chose curieuse! En Chine, le contraire a toujours eu lieu, tant est prodigieuse la force unitaire de ce peuple singulier au monde! Une fois ou deux, la Chine, vaincue par les Tartares mongols, a vu ses conquérants se soumettre, eux-mêmes, en tout, aux lois et aux institutions du pays conquis, à part quelques coutumes extérieures de peu d'importance.

Les monuments littéraires de la Chine sont les livres auxquels on donne le nom de **Kin** 經, mot chinois qui veut dire : *Livres par excellence, doctrine solide, immuable.* Les **Kin** actuels sont des extraits, des résumés, sinon quant à l'expression, mais quant à l'esprit *des antiques archives nationales* qui ont disparu. Sept siècles avant l'ère chrétienne, la tradition orale et écrite faisait une mention expresse de ces anciennes archives historiques.

Les questions de critique de chacun des livres sacrés sous leur forme actuelle, comme la Chine les possède aujourd'hui, ne sont pas du domaine de cet ouvrage. Nous ne les toucherons donc que très-sommairement. Tout ce que nous dirons concerne les **Kin**, comme le corps de la nation lui-même les reçoit et les accepte de nos jours.

La majestueuse simplicité de ces Livres sacrés, leur antiquité incomparable, leur style concis et énergique, l'excellence de la doctrine dogmatique et morale qu'ils renferment, tels sont les titres des **Kin** actuels à la vénération séculaire des Chinois. On y parle sans cesse *du souverain Seigneur, de la Providence qui régit toutes choses, de la récompense des bons, du châtiment des méchants, du mandat céleste confié aux Princes pour être les Pasteurs du peuple,* mandat qui est toujours subordonné à leur fidélité à le remplir, *d'une vie après la mort, du*

culte religieux, des vœux et des prières, des sacrifices, des jeûnes, des expiations, etc. Les citations que nous ferons tout à l'heure, en parlant de chacun de ces Livres sacrés de la Chine en particulier, montreront ce qu'il faut penser de l'athéisme prétendu des anciens Chinois (1) et de l'opinion nouvelle que certains écrivains français cherchent à accréditer, à savoir, que *nul peuple infidèle n'a eu l'idée, la notion du vrai Dieu, si elle ne lui a été donnée par un de ces trois peuples : les juifs, les chrétiens ou les musulmans.*

Aussi, tous les auteurs chinois, parlant de ces livres antiques, disent-ils, d'une voix unanime :

« IL N'Y A QU'UN SAINT QUI PUISSE ÊTRE L'AUTEUR DES **Kīn**. — LE **Ỳ-kīn** EST LE « LIVRE VENU DU CIEL. LE **Choū-kīn** EST LE LIVRE DU **Cháng-tý**. LE **Chē-kīn** NE « PARLE QUE DU SEIGNEUR ET DU CIEL. LES SIX **Kīn** ONT SURTOUT LA DOCTRINE POUR « OBJET. L'HOMME N'A PAS DEUX CŒURS NI LES SIX **Kīn** DEUX DOCTRINES. »

Les **Kīn** chinois comprennent un plan général. Le **Ỳ-kīn** est un livre en quelque sorte *doctrinal*. La nature, la création, les harmonies de la création, l'état primitif de l'homme, sa décadence malheureuse; *un saint par excellence* travaillant à relever l'homme, etc. Le **Choū-kīn** et le **Tchoūn-tsieoū** donnent aux Princes et aux peuples des leçons en mettant sous leurs yeux les actions éclatantes des Princes qui ont régné avec gloire, qui ont été *Père-mère du peuple*, et les défauts des Princes qui ont marché dans la voie du vice. Le nom de l'*Être Suprême* revient sans cesse dans ces deux livres historiques. Le **Chē kīn** est une espèce de morale en action. On y trouve des odes qui semblent écrites par un des prophètes de la Bible. Le **Lỳ Kỳ** trace les devoirs et mœurs dans toutes les positions sociales. Tel est le plan général des Livres sacrés de la Chine, plan qu'il ne faut pas perdre de vue.

Au point de vue littéraire, le style des **Kīn** est si majestueux dans sa simplicité, si riche et si plein d'idées dans sa désespérante concision, si rempli de métaphores naturelles, qu'il cause aux lettrés de la Chine un enthousiasme que notre plume se refuse de décrire. Il faut, comme nous, avoir entendu, de ses oreilles, les savants de la Chine parler des beautés de leurs livres anciens. Cependant, ils avouent sans peine qu'il y a bien des textes, dans ces livres, qui sont comme un mystère pour leur intelligence. Les explications vagues et banales des commentateurs ne les satisfont nullement. Les **Kīn** chinois sont remplis des *vestiges de la tradition primitive*. Nulle part au monde, chez aucun peuple tombé dans le polythéisme, ces *vestiges de la tradition primitive*

(1) Voir la célèbre lettre du P. de Prémare sur le Monothéisme des anciens Chinois, ainsi que le *Selecta vestigia*... du même auteur que nous avons publié, avec le concours de l'honorable M. Bonnetty, dans les *Annales de Philosophie chrétienne*, en 1874.

n'ont été conservés aussi nombreux et aussi intacts que dans ces livres chinois. Groupés et mis en ordre avec art, on obtiendrait, avec ces lambeaux dispersés dans tous les **Kin**, dans les écrits de Confucius et ceux de **Laò-Tsè**, *une synthèse presque complète de l'enseignement catholique*. Conservés sous l'enveloppe d'un style suave et magique, ces débris, ces épaves, si l'on veut, de la tradition primitive (1), sont peut-être un obstacle invincible à la conversion de la Chine au catholicisme, *comme corps de nation*.

Les Livres sacrés de la Chine (2), malgré le mélange *inévitable* d'erreurs doctrinales qu'on y rencontre, ne renferment presque aucune pensée fausse. Ils peuvent être lus par toute espèce de lecteurs sans aucun inconvénient moral. Quelques odes du Livre des vers, au dire des Catons chinois, n'ont pas toute la gravité antique; mais aucune expression n'y blesse la pudeur la plus virginale; aucun récit lubrique n'y provoque les passions; aucun chant d'amour mystique qu'il faille interdire à une classe de lecteurs. Les Princes pervers y reçoivent toujours la flétrissure due à leurs désordres, et l'auteur ne manque jamais de montrer *l'action du Ciel* dans la punition des Princes vicieux ou des hommes criminels.

Les Livres sacrés de la Chine ne sont pas, non plus, des livres fermés au vulgaire, comme ceux de presque tous les peuples. Combien de chrétiens ont lu la Bible en entier? Combien de savants, en Europe, ont lu, en entier, Socrate, Platon, Aristote et les autres sages de Rome et d'Athènes? On pourrait les compter. En Chine, trois cents millions d'hommes, au moins, n'ont pas seulement lu, mais peuvent réciter, de mémoire, les Livres sacrés de la Chine. Il n'est aucun pays où l'enseignement soit aussi populaire, il n'est aucune école où l'on n'enseigne ces Livres antiques, bien que la liberté d'enseignement

(1) La mythologie de tous les peuples infidèles renferme, au milieu d'un dédale d'erreurs qui humilie aussi profondément la raison humaine que la science, un certain nombre de vérités plus ou moins bien conservées. Ce fait, à l'abri de toute contestation scientifique, est confirmé tous les jours par les découvertes modernes. Ces lambeaux de vérités sont la preuve irréfragable d'une origine ou d'une source commune. Les anciens missionnaires de la Chine ont trouvé, comme nous, dans les livres chinois, des vestiges nombreux et frappants des vérités chrétiennes ou primitives. Aussi, faisant allusion à l'ensemble des vérités conservées dans ces livres profanes, un auteur distingué dit-il : « C'est un *christianisme primitif* ». Mais les Chinois n'ont jamais dit *nulle part*, comme le prétend gratuitement (page 4, Introduction au **Taó tĕ kīn**) un sinologue moderne, qui n'a jamais rien compris à la philosophie symbolique de la langue chinoise, que ces vestiges étaient « des *emprunts faits par les Chinois aux Livres saints des chrétiens*, et, encore bien moins, *que les Chinois auraient été favorisés d'une révélation anticipée* ». Les anciens missionnaires ont constaté un fait indiscutable, celui de *vestiges existants, de ressemblances étonnantes avec les enseignements catholiques*, et voilà tout.

(2) L'usage a prévalu, parmi les sinologues, de donner aux **Kīn** chinois le titre de *Livres sacrés*. L'expression serait impropre si on lui attribuait toute l'étendue du sens que les catholiques donnent à l'*Écriture sainte* par les mêmes termes. Cette réserve, qui a son importance, étant faite, nous nous conformerons à l'usage établi dans le monde savant.

海上絲綢之路文獻集成 科技與文化編

existe à tous les degrés. Liberté que l'on n'a même pas en France, où pourtant ce nom est inscrit sur tous les monuments publics. Vienne un nouveau Chè houâng tý, il ne faudrait pas même un jour pour restaurer les monuments détruits. Il y aurait un travail philosophique du plus haut intérêt à faire : *« Quelle a été et quelle est encore l'influence des* **Kīn** *et des livres de Confucius « sur le Corps de la nation chinoise? »*

Dans ses compositions littéraires, un lettré chinois n'approche du *beau* qu'autant qu'il imite, plus ou moins heureusement, le style des Livres sacrés. Les écrivains distingués poussent le scrupule littéraire jusqu'à n'employer aucune expression qui ne soit dans les Kīn. Les Empereurs eux-mêmes s'efforcent, dans leurs édits, d'imiter le ton et le style sublime des Kīn qui respire une si haute et si douce majesté. Il leur semble, avec raison, que ces édits reçoivent, par là même, comme un reflet de l'autorité vénérée des anciens Monarques de la Chine.

Au moyen d'une traduction et d'un commentaire chinois, on peut lire, dans les originaux, les Livres sacrés de la Chine. Cette étude est ce qui donne le mieux une idée générale du génie de ce peuple singulier et de ses coutumes antiques. Quant aux traductions latines, françaises, anglaises.... de ces monuments anciens, elles ne donnent qu'un écho bien faible, bien incolore, nous ne dirons pas de l'élégance littéraire, mais du sens même des doctrines et des récits de ces livres. Nos langues modernes sont trop vagues, trop diffuses et trop peu imagées pour exprimer des idées que l'intelligence voit tout entières dans un seul signe, comme l'œil physique voit toute une série d'idées dans un seul tableau. Nous indiquerons, plus bas, les traductions européennes des livres chinois.

Quant aux commentaires chinois, que l'on peut aisément se procurer et consulter avec fruit, nous en citerons deux dont le style est familier et qui ont été composés à l'usage des jeunes Princes de la dynastie actuelle. L'un de ces Princes est devenu le célèbre Empereur Kāng-Hȳ. Le premier de ces ouvrages porte le titre de Tchén kiaỳ 正解 (*Véritable Explication*). Le deuxième est le Jĕ kiàng 日講 (*Lectures journalières*). Si l'on voulait faire une étude plus approfondie des Kīn chinois, entre une foule de commentaires, on consulterait, avec beaucoup de fruit, les deux suivants : 1° le 十三經注疏, en 134 volumes; cet ouvrage renferme tous les interprètes des deux dynasties Hán et Tāng; 2° le 新刋經解, où l'on trouve tous les interprètes qui ont brillé sous les dynasties Sóng et Yuên.

Nous allons parler de chacun des Livres sacrés du premier ordre et des Livres canoniques du deuxième ordre. Nous dirons seulement ce qui est *nécessaire* pour en donner à nos lecteurs une idée exacte et suffisante. L'histoire de chacun de ces livres serait intéressante à tous les points de vue. C'est un travail à faire et qui n'est pas du domaine de cet ouvrage.

海上絲綢之路文獻集成 科技與文化編

III. DES SIX LIVRES SACRÉS EN PARTICULIER.

§ 1er. DU PREMIER LIVRE SACRÉ

ou

LE Ÿ kin 易經, LE LIVRE DES CHANGEMENTS.

Ce livre est le premier, le plus ancien et le plus célèbre de tous les Livres sacrés de la Chine. Il tient le premier rang, parce qu'on le regarde comme le principe de tous les autres, qui en sont sortis, *comme un arbre avec ses feuilles, ses fleurs et ses fruits sort de son tronc et le tronc de sa racine*, ou bien encore *comme l'eau d'un ruisseau sort de sa source*. Ce sont les comparaisons des Chinois eux-mêmes.

Le Ÿ kin est un tableau de la nature. Il fait allusion aux *changements* ou aux *mutations* survenues dans l'ordre moral. De là le titre du livre, qui lui-même est symbolique (1), comme nous le montrerons ailleurs. Il y avait un *ciel antérieur*, c'est-à-dire *un état primitif de la nature*. L'auteur donne en traits vifs, mais substantiels, la situation de l'univers, de l'homme en ce premier état. Survint un grand changement, un bouleversement, une révolution dans l'univers. De là, le *ciel postérieur* ou deuxième état de la nature, où la situation des êtres est dépeinte avec plus de détails et plus d'énergie encore que dans le premier. Enfin, il est question d'une troisième révolution ou mutation dans la nature. Le caractère chinois du titre du livre indique à lui seul ces *trois révolutions* morales et se prononce, en conséquence, sur trois tons différents, tout en gardant son unique *forme héraldique*.

L'auteur de ce livre est Foŭ-Hŷ 伏羲, que les Chinois regardent comme le fondateur de leur monarchie. Cet antique Monarque est l'inventeur d'un système d'écriture bien plus merveilleux que la sténographie ou toute autre méthode de communiquer les pensées en abrégé. Au moyen de *huit lignes*, Foŭ-Hŷ a pu composer un traité de la plus haute métaphysique. Il a donné à ces lignes le nom de Kouá 卦, qui veut dire : *ligne suspendue*. Les huit lignes sont donc désignées sous le nom de Pă kouá 八卦 (*octo lineæ*). Foŭ-Hŷ avait gravé sur les monuments publics ces lignes combinées, afin que le peuple eût sans cesse sous les yeux les enseignements contenus dans son livre. Les huit lignes combinées formaient soixante-quatre figures. Le texte de ce livre occupait, comme on le voit, un espace bien restreint. Les auteurs chinois, que

---

(1) Voir plus bas le chapitre XII qui a pour titre : *du Symbolisme des caractères chinois*.

nous avons cités dans le premier chapitre de ce volume, nous disent clairement que les lignes inventées par **Foŭ-Hỹ** n'étaient pas une *écriture courante*, mais un moyen abrégé de communiquer au peuple les enseignements qu'on voulait lui donner, les lois promulguées que l'on conservait devant ses yeux sous cette forme laconique et *conventionnelle* (1).

L'Empereur **Foŭ-Hỹ** est encore l'inventeur d'une forme spéciale d'écriture que l'on nomme **Kò teoù**.

Un livre de la plus haute métaphysique, plein de figures et d'allégories, écrit au moyen de huit lignes, plus de trois mille ans avant l'ère chrétienne, devait naturellement, par suite des changements continuels qui surviennent dans la société, devenir un livre plein d'obscurités. Sa vraie doctrine ne pouvait manquer d'être plus ou moins altérée dans le cours des âges. Le **Ÿ kīn** est incontestablement le plus antique monument littéraire que l'on connaisse.

Le **Ÿ kīn** excite l'admiration des lettrés chinois qui, voyant une doctrine si abondante et si merveilleuse, sous une forme aussi simple, disent d'une voix commune : *Un homme n'a pu inventer ce livre; il vient du Ciel.* L'étude approfondie de l'écriture abrégée de **Foŭ-Hỹ** a été comprise par plusieurs savants sinologues européens. Le P. Prémare, dont les connaissances sinologiques ne sont contestées par personne, parle ainsi des **Kouá** :

« On peut dire que cette table seule des **Kouá** est un mémorial raccourci « des sciences. Un de mes collègues, grand mathématicien, me disait qu'avec « cette table seule il pouvait nous faire tous mathématiciens en moins de six « mois. »

L'Empereur **Ouên-Ouâng** 文王 (2) et son troisième fils, le Prince **Toheoū-Kōng** 周公 (3), ont donné l'un et l'autre une explication sommaire de ce livre symbolique, en caractères de leur époque, nommés **Koù ouên** 古文. Ces deux Princes vivaient vers l'an 1134 av. J.-C. Les explications de **Ouên-Ouâng** sont indiquées, après chaque trigramme, par le mot **Touân** 彖. Celles de **Toheoū-Kōng**, par le mot **Siàng** 象. Ainsi, pour désigner le commentaire de **Ouên-Ouâng**, on dit : **Touân tohouán** 彖傳. Pour désigner celui de son

---

(1) Nous donnons plus loin, dans l'Appendice de la grammaire, sous la note C, au tableau des noms collectifs doubles, la figure et la combinaison des lignes ou des **Kouá** de **Foŭ-Hỹ**, avec une explication.

(2) **Ouên-Ouâng** naquit la 31e année du règne de **Tsoū-Kia**, 1228 av. J.-C., et **Où-Ouâng** en 1208.

(3) L'histoire a conservé les noms de trois fils de l'Empereur **Ouên-Ouàng**. Le premier se nomme **Pĕ-Ÿ-Kaō**; il fut exclu du trône. Le deuxième est **Où-Ouâng**, qui succéda à son père. Le troisième est le Prince **Toheoū-Kōng** qui, par ses qualités et sa science, a laissé une brillante réputation chez les Chinois.

18

fils, on dit : Siàng tchouán 象傳. Leur travail collectif porte le nom de Hý tsé 繫辭 ou *Mémorial explicatif.*

Confucius, comme tous les anciens sages de la Chine, était épris des vérités cachées sous les formes symboliques si simples du Ỳ kīn. Après en avoir fait une étude approfondie, il donne lui-même un commentaire sur le texte pur et sur le travail de Ouên-Ouâng et de son fils. Son commentaire porte le titre de Hý tsé tchouán 繫辭傳 (*Explication du* Hý tsé). Tel que nous l'avons aujourd'hui, le livre Ỳ kīn se compose de ces trois ouvrages-là.

Le respect des Chinois pour les Kīn est si grand qu'ils en ont compté tous les caractères. Celui-ci renferme 24,107 caractères.

Le nombre des commentateurs du Ỳ kīn est prodigieux. Nous ne citerons ici que celui de Tchoū-hȳ 朱熹 qui jouit d'une grande vogue et d'un grand crédit.

Les PP. Lacharme, Regis, et quelques autres missionnaires jésuites de la Chine, ont donné une traduction latine du Ỳ kīn. Le P. Regis a eu la principale part du travail. Son manuscrit est demeuré caché dans une bibliothèque de Paris jusqu'à ce qu'un savant étranger vint l'en tirer et le publier sur les conseils de M. Abel Rémusat. Le manuscrit a paru sous ce titre : *Y-King antiquissimus Sinarum liber quem ex latina interpretatione P. Regis aliorumque ex Soc. Jesu P. P. edidit Julius Mohl,* 1834. Stuttgart. — Nous dirons que si cette publication était un service rendu à la sinologie, il était néanmoins regrettable qu'elle fût faite par un savant étranger à la sinologie, car le travail du P. Regis avait besoin d'être revu en bien des endroits, et, de plus, pour les lecteurs européens, il avait besoin de nombreuses notes explicatives qu'un sinologue seul peut donner. Aussi, tel qu'il a été publié, le Ỳ kīn latin ne peut trouver que des lecteurs d'une volonté tenace pour en faire une lecture complète.

EXTRAITS DU LIVRE Ỳ-kīn 易經.

Quatorzième figure ou Kouá de Foŭ-Hȳ.

Cette figure est formée de deux trigrammes; l'un externe et supérieur se prononce Kouēn; l'autre interne et inférieur se prononce Kēn.

TEXTE.

« L'humilité surmonte tout; le sage arrive au but. 謙亨。有子君終. »

INTERPRÉTATION.

« Ouên-Ouâng veut dire que l'humilité est une vertu que rien n'arrête, qui « ne connaît point d'obstacles et qui conduit tout à une bonne fin. C'est pour- « quoi le sage qui ne reconnaît point en soi la vertu dont il est doué, qui paraît « ignorer ses belles actions, parvient, par son humilité, au but de la sagesse « et à l'accomplissement de ses desseins. »

COMMENTAIRE PLUS DÉVELOPPÉ.

« La sentence définitive de Confucius sur ce Kouá dit : La raison du Ciel « est éclatante et s'abaisse jusqu'à la terre. La raison de la terre est humble « et s'élève en haut. La raison du Ciel humilie ceux qui sont pleins d'eux- « mêmes et élève, exalte ceux qui sont petits à leurs yeux. La raison de la « terre change ce qui est plein et élevé, et fait couler ce qui est bas et soumis. « Les Esprits nuisent à ce qui est plein, élevé, et font du bien à ce qui est petit « et bas. La raison de l'homme hait celui qui est plein de soi, et elle aime « celui qui est humble. L'humilité est honorée et éclatante; elle est abaissée « et ne peut être surmontée; elle est la fin du sage. »

彖曰謙亨天道下濟而光明。地道卑而上行。天道虧盈而益謙。地道變盈而流謙。鬼神害盈而福謙。人道惡盈而好謙謙尊而光卑而不可踰。君子之終也.

TEXTE.

« Le sage humble, humble se sert de l'humilité pour traverser le grand « fleuve. — Le texte des lignes dit : Le sage humble, humble se baisse pour « paître. »

謙謙君子用涉大川吉。象曰謙謙君子卑以自牧也。

COMMENTAIRE.

« Cette première ligne est la plus basse du trigramme inférieur; c'est pour- « quoi elle représente un honnête homme deux fois ou parfaitement humble, « qui, se trouvant aidé et favorisé de tous, peut entreprendre et exécuter heu- « reusement les choses les plus difficiles et les plus épineuses; c'est ce que « dit Tcheôu-Ouên-Kōng. Mais Confucius en établit la cause en ce que cet « homme, vraiment et sincèrement humble, se nourrit de la vertu comme d'un « aliment. »

海上絲綢之路文獻集成 科技與文化編

TEXTE.

« La troisième des neuf lignes : Humilité qui a rendu de grands services. « L'honnête homme a une fin fortunée. La figure des Kouá dit : Un honnête « homme qui a rendu humblement de grands services est approuvé de tous les « peuples. »

九三。勞謙君子有終吉。象曰勞謙君子。萬民服也。

COMMENTAIRE.

« Cette ligne désigne un honnête homme élevé aux plus grands emplois. « Les ministres de l'Empire s'étudient à rendre de bons services à l'État par « la manière dont ils gèrent les affaires; mais combien s'en trouve-t-il qui, « après les avoir bien gérées, se réfugient dans l'humilité?... L'homme honnête, « qui a rendu de grands services à l'État, se retranche dans l'humilité contre « les louanges et fuit avec soin toute ostentation; de là vient que tout lui réus- « sit jusqu'à la fin. Confucius dit : Certainement l'humilité est difficile à pra- « tiquer à tous les hommes; mais elle l'est encore plus à ceux qui, par leur « bonne administration, ont bien mérité de l'État... »

§ 2. DU DEUXIÈME LIVRE SACRÉ

ou

LE Choū-kīn 書經.

Ce Livre sacré porte encore deux autres noms. Le premier est celui de : **Chāng choū** 尚書, qui veut dire : *livre ancien, auguste, supérieur*. Il était déposé dans le cabinet de l'Empereur dont il faisait le plus bel ornement. Le deuxième est celui de : **Pỹ kīn** 壁經 (*Livre muraille*), par allusion à la manière dont il fut découvert, sous le règne de l'Empereur **Où-Tý** 武帝, dans une muraille de la maison de Confucius par **Kōng-Ouâng** 恭王, Prince du Royaume de **Loŭ**. C'est aussi pour le distinguer de l'exemplaire écrit, d'après le récit du vieillard **Foŭ-Sēn** 伏生, à la suite de l'incendie des livres.

Dès les premiers Empereurs de la Chine, on trouve en vigueur la charge d'historiographe. Au temps de la dynastie des **Tcheoū**, cette charge était confiée à sept lettrés qui devaient, chacun en particulier, conserver les différentes branches de l'histoire. Ces sortes d'annales avaient déjà pris un grand développement à l'époque de Confucius. Ce philosophe, ayant ses entrées à la bibliothèque du Palais, fit un extrait de ces annales chinoises, dans le louable

but de rendre populaire l'antique doctrine qu'on y trouvait. Que sont devenus les originaux mêmes de ces Archives? A quelle époque ont-ils péri? L'histoire chinoise est muette sur ce point.

La compilation de ces annales, faite par Confucius, forme le livre qui porte le titre de **Choū-kīn**. Il est divisé en quatre parties. La première renferme cinq chapitres qui donnent le sommaire des événements mémorables accomplis sous les règnes des Empereurs **Yaô** 堯, **Chún** 舜 et **Yú** 禹 le Grand. La deuxième renferme quatre chapitres qui contiennent des détails curieux et des maximes très-précieuses sur le règne de **Yú** le Grand. La troisième renferme onze chapitres destinés à conserver les événements de la deuxième dynastie dite des **Chāng** 商. On y trouve les sages ordonnances des Empereurs de cette époque. La quatrième est la plus étendue; elle renferme trente chapitres. Elle est toute consacrée à l'une des plus florissantes dynasties chinoises, celle des **Tcheoū**, qui compte 35 Empereurs et une durée de 873 ans. Cette dynastie a fini vers l'an 624 av. J.-C. Le **Choū-kīn** va jusqu'à la vingt-huitième année du règne de **Siāng-Ouâng** 相王, c'est-à-dire jusqu'en l'an 624 av. J.-C. Il renferme 25,700 caractères.

Le **Choū-kīn** jouit d'un crédit immense en Chine. On s'est épuisé en éloges de tout genre envers ce monument historique très-curieux, en effet, à étudier. L'un des buts que l'auteur du **Choū-kīn** avait certainement en vue a été de montrer *les desseins du Ciel sur les Rois bons ou mauvais*. Cette observation est importante pour suivre le fil de la pensée de l'écrivain chinois. Moïse, en écrivant la Genèse, n'a eu qu'un seul but, dont il ne s'est jamais écarté. Ce but était de rappeler les *promesses de Dieu, les prophéties messianiques, et d'en suivre scrupuleusement l'accomplissement*. Tout le reste de son récit est accessoire dans sa pensée. Tout lecteur qui étudiera avec soin le **Choū-kīn** souscrira pleinement à l'éloge qu'en faisait l'Empereur **Yông-Tchén**, de la dynastie régnante : « *Le* **Choū-kīn** *est le plus précieux monument de l'antiquité, l'écho de la volonté du Ciel et le flambeau de la sagesse.* » Le style du **Choū-kīn** surpasse en simplicité, en noblesse, en élévation tout autre style. Il laisse bien loin derrière lui tous les livres grecs et romains vantés pour l'élégance littéraire et la pureté doctrinale.

Un disciple de **Tchoū-Hỳ**, du nom de **Tsáy-Tchèn** 蔡沈, a fait, sur le **Choū-kīn**, un commentaire estimé par les lettrés chinois.

Les PP. Gaubil et Benoît (1), l'un et l'autre missionnaires apostoliques de la Société de Jésus, en Chine, ont traduit le **Choū-kīn**, le premier en français,

---

(1) Le P. Gaubil partit de France en 1721; il arriva à Pékin en 1723 et y mourut le 24 juillet 1759. Il était né à Gaillac (Tarn), le 4 juillet 1689.

Le P. Benoît, né à Autun le 8 octobre 1715, mourut le 23 octobre 1774 à Pékin.

le second en latin. Le P. de Prémare a donné aussi une traduction de ce livre, ainsi que le P. de Wisdelou. Le P. Gaubil avait envoyé sa traduction à M. Rouget de l'Isle, membre de l'Institut de Paris. Il en a paru une édition, accompagnée de notes par M. Guignes. Paris, 1770.

Une édition anglaise sous le titre suivant :

The shoo King or the historical classic; being the most ancient authentic record of the annals of the chinese empire; illustrated by later commentators, translated by W. H. Medhurst, sen. Shanghæ, 1846.

M. G. Pauthier a donné une nouvelle traduction française du Choū-kīn, avec des notes, dans les Livres sacrés d'Orient.

EXTRAITS DU Choū-kīn.

L'Empereur Chûn offrit le sacrifice Louý au souverain Seigneur. Cap. 2, d. (1).

舜肆類于上帝.

Le Ciel seul a des voies secrètes pour rendre les peuples heureux. Il s'unit à lui pour l'aider à garder son repos et son état fixe. Cap. 4, liv. IV.

惟天陰騭相協厥居.

Le Ciel assiste les peuples, il leur donne un Roi, il leur donne un Docteur. Cap. 1, liv. IV.

天佑下民。作之君。作之師.

Le Ciel n'a point d'amour particulier pour personne; il n'aime que ceux qui veillent sans cesse sur eux-mêmes. (Liv. III, c. v.)

惟天無親。克敬惟親.

L'Empereur Tchĕn-Tăng tient à ses vassaux ce langage en 1766 av. J.-C., lors de sa prise de possession du trône : Si vous faites bien, je ne le cacherai pas, et si je fais mal, je ne me le pardonnerai pas, parce que tout ce que nous faisons est écrit dans le cœur du Seigneur Suprême. Cap. 3, liv. III.

爾有善朕弗敢蔽罪當朕躬弗敢自赦惟簡在上帝之心.

(1) On trouve encore, de nos jours, des gens qui disent et écrivent que Confucius n'avait aucune notion du vrai Dieu. Ces écrivains-là trouvent plus commode de mettre leur ignorance sur le compte de ce sage que de lire ses œuvres dans les originaux. Le dogme même de la Trinité est plus clairement exprimé dans les anciens livres de la Chine que dans l'Ancien Testament, où il n'est qu'allégoriquement figuré, comme nous le montrerons un peu plus loin.

海上絲綢之路文獻集成 科技與文化編

TEXTE.

« Ce que *le Ciel* voit et entend n'est que ce que le peuple voit et entend. Ce « que le peuple juge digne de récompense et de punition est ce que le Ciel « veut punir et récompenser. Il y a une communication intime entre le Ciel et « le peuple; que ceux qui gouvernent les peuples soient donc attentifs et ré« servés! » Part. I, chap. IV, v. 5.

天聰明自我民聰明。明天畏自我民明威達于上下。敬哉有土.

« Hélas! pour bien finir, il faut bien commencer. On doit examiner ceux qui « gardent les devoirs de leur état, détruire les brouillons et les gens cruels. Si « vous respectez et observez la loi du Ciel, vous conserverez toujours le man« dat du Ciel. » Part. III, chap. II, v. 7.

嗚呼慎厥終惟其始殖有禮覆昏暴欽崇天道永保天命.

« Il n'y a que *le Ciel* qui soit souverainement intelligent et éclairé; il n'est « rien qu'il n'entende, qu'il ne voie; il a un sentiment de justice qui s'étend « à tous les êtres, et voilà tout. Il n'y a que l'homme parfait qui imite le Ciel; « les bons ministres lui obéissent avec respect, et le peuple suit les lois du « gouvernement. » Part. III, chap. VIII, v. 2.

惟天聰明。無所不聞。無所不見。無他公而已矣。惟時憲。惟臣欽若。惟民從乂。

« Oh! Prince successeur, soyez bien attentif sur toutes vos démarches; ré« fléchissez-y; les vues d'un grand sage vont loin; les discours salutaires ont « un grand éclat. Le *souverain Seigneur* n'est pas constamment le même à notre « égard; ceux qui font le bien, il les comble de toutes sortes de bonheur; ceux « qui font le mal, au contraire, il les afflige de toutes sortes de maux. Ne mé« prisez pas la vertu; c'est elle qui fait le bonheur de tous les royaumes; le « défaut de vertu détruit leur gloire. » Part. III, chap. IV, v. 8.

嗚呼嗣王祗厥身。念哉。聖謨洋洋。嘉言孔彰。惟上帝不常。作善降之百祥。作不善降之百殃。爾惟德罔小萬邦惟慶爾惟不德罔大墜厥宗。

« Il dit : Hélas! on ne doit pas compter sur une faveur constante du *Ciel*; « il peut révoquer son mandat. Si votre vertu subsiste constamment, vous con« serverez le trône; mais l'Empire est perdu pour vous, si vous n'êtes pas « constamment vertueux. » Part. III, chap. VI, v. 2.

曰嗚呼天難諶。命靡官常。厥德保厥位厥德靡常九有以亡。

« **Tsoū-Kỳ** parla ainsi au Roi pour l'instruire : *Le Ciel* observe les hommes « d'ici-bas et veut qu'ils ne fassent que ce qui est conforme à la raison et à « la justice. Aux uns, il accorde une longue vie; aux autres, une vie de peu de « durée; ce n'est pas le Ciel qui perd les hommes; les hommes se perdent « eux-mêmes en transgressant ses lois éternelles. — Si les hommes ne se ren- « dent pas vertueux, s'ils ne font pas l'aveu de leurs fautes, le Ciel leur mani- « feste sa volonté afin qu'ils se corrigent; car, sans cela, ils diraient : Quel « est le jugement que le Ciel porte de nous? Hélas! les fonctionnaires publics, « commis par le Roi pour commander aux peuples, doivent avoir pour lui des « soins respectueux, parce que les peuples sont les enfants du Ciel. A l'égard « des cérémonies aux ancêtres, il ne faut pas trop fréquemment les répéter. » Cap. IX, liv. III.

祖巳乃訓于王曰。惟天監不民典厥義降年有永有不永非天天民民中絕命。民有不若德不聽罪。天既受命正厥德乃目其加台。嗚呼王司敬民罔非天嗣。典祀無豐于昵。

« Les anciens ont dit : La plupart des gens cherchent à se satisfaire; il n'est « pas difficile de reprendre dans les autres ce qu'ils ont de mauvais, mais re- « cevoir les avis et les réprimandes des autres, sans les laisser couler comme « l'eau, c'est là la difficulté. Les jours et les mois se passent; mon cœur en « est afligé, car ils ne reviendront pas. »

古人有言曰民訖自若是多盤責人斯無難惟受責俾如流是惟難哉。我心之憂日月逾邁若弗云來。

Mais nous ne pouvons résister au plaisir de citer un passage du **Choū-kīn** qui renferme un trait de mœurs sublime dans sa simplicité, et qui peint mieux les usages de ces temps reculés que tous les plus beaux discours.

« L'Empereur **Taỳ-Kāng**, dit le livre chinois, négligeait ses devoirs; il était « sur le trône comme un mannequin; l'amour du plaisir lui avait fait aban- « donner le chemin de la vertu. Ses peuples avaient conçu de l'aversion pour « lui; malgré cela, il ne songeait qu'à ses plaisirs. Étant allé à la chasse au- « delà du fleuve **Lŏ**, plus de trois mois s'écoulèrent sans qu'il fût de retour. « Profitant de l'indignation générale, un Grand du pays, nommé **Ỳ**, fit placer « des gardes à tous les passages du fleuve pour empêcher son retour.

« Les cinq frères du Roi, accompagnés de leur mère, tous plongés dans la « douleur, vont s'asseoir à l'embouchure du fleuve **Lŏ**. Là, ils composent une

海上絲綢之路文獻集成 科技與文化編

« pièce modulée, une sorte d'églogue, remplie des maximes et des préceptes du « grand Yú, leur ancêtre (1). »

Assis sur les bords du fleuve Lŏ, les cinq frères modulent alternativement la strophe qu'ils ont composée. Quel spectacle touchant! La foule du peuple devait les environner émue!

Cette pièce porte le titre de :

COMPLAINTE DES CINQ FRÈRES 五子之歌 (2).

1. Le premier d'entre eux dit : 其一日

« Voici ce qui est dit dans les documents de notre auguste aïeul Yú : 皇祖有訓
« Ayez de la tendresse pour le peuple; 民可近
« Ne le méprisez pas. 不可下.
« Il est le fondement de l'État. 民惟邦本
« Si ce fondement est ferme, l'Empire est paisible. 本固邦寧
« Si je considère bien l'État de l'Empire, 予視天下
« Un mari ignorant et grossier, une femme ignorante et grossière, 愚夫愚婦
« Peuvent être au-dessus de moi. 一能勝予
« Si un homme tombe trois fois dans des fautes, 一人三失
« Attendra-t-il que les plaintes soient publiques pour penser à se corriger? 怨豈在明不見是圖
« Avant que cela soit, il faut être sur ses gardes. 予臨兆民懍
« Quand je me vois chargé de tant de population, 乎若朽索之
« Je crains autant que si je voyais des rênes pourries employées pour atteler six chevaux; 馭六馬爲人上者奈何不敬
« Celui qui commande aux autres, ne doit-il pas toujours craindre? »

2. Le deuxième d'entre eux dit : 其二日

« Selon les enseignements de notre auguste aïeul, 訓有之。內作色荒。外作
« Au-dedans, l'amour excessif des femmes, 禽荒
« Au-dehors, l'amour excessif des grandes chasses, 甘酒嗜

(1) Ces documents formaient probablement un ouvrage qui est perdu.

(2) Le titre signifie : *Complainte des cinq Fils*. Ces fils étaient les enfants du Roi Ký, dont le fils aîné déshonorait alors la couronne.

« La forte passion pour le vin, pour la musique déshonnête, 嗜酒嗜音峻宇彫牆 有
一于此
« Pour les palais élevés et pour les murailles ornées de peintures, 未或
不亡
« Sont six défauts dont un seul peut perdre un royaume. ».

3. Le troisième dit : 其三曰。

« Depuis le règne de Tâo-Tâng (Yâo), 惟彼陶唐
« La demeure des Rois était à Kŷ, 有此冀方
« Et parce qu'on n'a gardé ni sa doctrine ni ses lois, 今失厥道亂
« Le trouble s'est mis dans son gouvernement, 其紀綱
« On a perdu cette ville. 乃底滅亡。»

4. Le quatrième dit : 其四曰。

« Notre aïeul, par son application continuelle à la vertu, 明明我祖萬
邦之君
« Devint célèbre et fut le maître de tous les États. 有典有則
« Il a laissé des règles invariables 貽厥子孫
« Et un vrai modèle de conduite à ses descendants. 關石和鈞
« Cependant le Tchê (1) qui doit être partout en usage, et le Kiûn qui doit servir pour l'égalité, 王府則有荒墜
« Sont renfermés dans le trésor. 厥緒覆
« On a abandonné sa doctrine et ses lois. 宗絕祀。
« C'est pour cela qu'il n'y a plus de salle pour honorer les ancêtres, ni pour faire les cérémonies et les sacrifices. »

5. Le cinquième d'entre eux dit : 其五曰。

« Hélas! comment puis-je rentrer dans notre demeure? 嗚呼曷歸
« La tristesse m'accable. 予懷之悲
« Les populations me haïssent! 萬姓仇予
« A qui donc puis-je avoir recours? 予將
« La douleur est dans mon cœur, 疇依鬱
« La honte sur mon visage, 陶乎予心
« Je me suis écarté de la vertu; 顏厚有忸
« Mais mon repentir peut-il réparer le passé? 怩弗慎厥德雖悔
可追。

(1) Le Tchê et le Kiûn étaient l'original des poids et des mesures que l'on gardait à la cour.

海上絲綢之路文獻集成 科技與文化編

DU TROISIÈME LIVRE SACRÉ

OU

LE Chē-kīn 詩經, LE LIVRE DES VERS.

Les Livres sacrés de la Chine parlent assez souvent de peuples anciens qu'ils désignent sous le nom de **Miaô**. Ce nom répond à l'épithète de *Barbares*, que les anciens Romains se plaisaient orgueilleusement à donner à tous les peuples étrangers à leur domination. Les populations, connues sous le nom de **Miaô** ou **Miaô-tsè**, ont longtemps résisté aux invasions successives de la colonie chinoise. Bien que vaincus par le nombre, les peuples **Miaô** n'ont jamais été soumis par la Chine, encore moins anéantis, comme on le lit dans les *Mémoires sur les Chinois* et autres ouvrages. Les **Miaô-tsè**, divisés en 82 tribus, subsistent encore dans trois ou quatre Provinces de la Chine. Ils vivent là indépendants, autonomes, en dehors du gouvernement chinois qu'ils ne reconnaissent pas (1).

L'auteur de cette Grammaire a vécu au milieu de quelques-unes de ces tribus de **Miaô-tsè**. Leurs mœurs, comme leur langage, n'ont rien de commun avec les mœurs et la langue des habitants du Céleste-Empire. Une fois ou deux par an, les **Miaô-tsè** des tribus que nous connaissons se donnent rendez-vous dans une belle plaine désignée. Hommes et femmes arrivent en ce lieu avec leur curieux costume des fêtes et leurs instruments de musique, non moins curieux. Là, ils se divisent en deux camps. Après un silence assez long, ils commencent à chanter alternativement des odes, dans le genre de celles du *Livre des Vers* ou du **Chē-kīn**. Ce sont des plaintes langoureuses, ce sont des prières adressées aux Génies; le tout est modulé sur un ton varié et fort sentimental. Il n'est pas jusqu'à la pose des membres de ces réunions qui n'offre un spectacle intéressant. Après un certain nombre de couplets ainsi modulés, les deux camps se rapprochent successivement. Les chants deviennent plus accentués, plus pathétiques. Tout le monde semble plongé dans l'attente d'un événement imprévu. Enfin les deux camps se joignent. Les couplets alternatifs sont plus courts, plus véhéments, plus entremêlés de pauses silencieuses; ils semblent

(1) Un de nos amis, homme de beaucoup d'esprit, aujourd'hui évêque de Sébastopolis et vicaire apostolique du Thibet, mônseigneur Chauveau, avait travaillé, pendant dix-huit ans, à la composition d'un ouvrage, qui pouvait former 10 ou 12 volumes, sur les **Miaô-tsè**. Ce précieux manuscrit, que le prélat avait pensé mettre en sûreté en le déposant, à cause des troubles civils, dans une autre Province, a malheureusement péri dans l'incendie et le sac de la ville de **Souŷ-foū** (au **Sū-tchuēn**) par les mêmes rebelles qu'il redoutait au **Yûn-nân**. C'est une grande perte pour l'histoire, encore inconnue en Europe, des peuples **Miaô-tsè**.

des interpellations. Ensuite, la foule se lève. La troupe des musiciens se réunit. Une danse excessivement originale commence alors et se continue durant plusieurs heures.

Telles devaient être les réunions populaires des anciens Chinois. Des meetings en plein air, dans une magnifique plaine, sur le bord d'une rivière. Là, ils chantaient des odes en l'honneur du **Cháng-tý** ou souverain Seigneur et en mémoire des ancêtres. Ils invoquaient les Génies ou les esprits inférieurs. Le peuple faisait monter aux oreilles du chef de la tribu ses vœux et ses plaintes. Sous des formes allégoriques, très-ingénieuses et très-habiles, il censurait vigoureusement la conduite des Princes qui n'étaient point vertueux. On répétait, en faveur de la jeune génération, des maximes de morale, ou bien on citait les paroles et les actions édifiantes des hommes célèbres de l'antiquité. Ces usages primitifs, ces meetings populaires avaient fini par dégénérer en abus, à cause de la licence des mœurs qui s'était accrue. On avait dû les supprimer, dès avant le règne de l'Empereur **Pĭh-Ouāng** qui monta sur le trône l'an 771 av. J.-C. Le peuple n'eut plus occasion de formuler ses vœux et ses plaintes de la même manière. L'habitude de composer et de chanter les odes se perdit également.

L'Empereur **Ouên-Ouâng**, Prince accompli, selon les auteurs chinois, avait rendu une ordonnance pour faire recueillir les odes, les chants populaires des différentes parties de l'Empire. L'Empereur voulait connaître, par cet ingénieux moyen, les vœux du peuple et le degré de conservation des mœurs primitives. Tous ces chants étaient déposés dans les archives nationales de l'Empire et formaient une collection aussi précieuse que considérable.

Sous la dynastie **Tcheoū**, un grand dignitaire de l'Empire fit, le premier, un choix des odes qui concernaient les anciens Empereurs. C'est dans ce recueil que Confucius fit ensuite un nouveau choix des odes touchant la dynastie des **Tcheoū**. Il en ajouta quelques-unes de la dynastie **Ȳn** et de la principauté de **Loù**, son pays natal. Le but de Confucius était d'en faire une espèce de *Morale en action* à l'usage des populations de l'Empire. « *Le Livre des Vers*, disait-il, *est destiné à purifier le cœur et à le diriger au bien. Ce livre nous montre nos devoirs, nous fait connaître le droit chemin de la vertu, de la lumière naturelle, et nous indique le but auquel nous devons tendre.* » Le nombre des odes recueillies par Confucius s'élevait seulement à trois cent onze; six ont péri depuis lors; il n'en reste que le titre. Tel est le livre actuel des vers ou le **Chē-kīn** 詩經 qui, dans sa forme présente, date de l'an 484 av. J.-C. (1).

Quels sont les auteurs des odes du **Chē-kīn**? L'histoire attribue à l'Empereur **Ouên-Ouâng** les vingt-cinq odes des deux premiers chapitres. Elles sont

(1) Nous passons ici à regret sous silence tous les détails historiques concernant la reintégration du *Livre des Vers* après l'incendie générale des livres.

海上絲綢之路文獻集成 科技與文化編

dignes d'un livre qui porte le nom de Kin. Les odes qui suivent, et forment la première partie du livre, sont dues au pinceau d'auteurs qui nous sont inconnus. Confucius pouvait savoir la provenance de chacune de ces pièces; mais il ne l'a point fait connaître. Pour mieux inspirer l'horreur du vice, il a conservé, dans ce recueil, quelques odes dont il est le premier à blâmer les auteurs. Ces odes elles-mêmes, dit le P. Lacharme, ont encore leur intérêt, celui de faire connaître des traits de mœurs et d'histoire qui resteraient ignorés sans ces odes. La lecture des odes du *Livre des Vers* fait aisément comprendre au lecteur qu'elles sont dues à un grand nombre d'auteurs. Écrites en des principautés différentes, à des époques différentes, rangées sans ordre chronologique, le genre de ces odes offre la même variété dans les idées. Les odes des trois autres livres ont été composées dans les premiers temps de la dynastie Tcheoū. Les plus récentes remontent au septième et même au huitième siècle avant l'ère dixième.

Le Chē-kīn était primitivement sans paroles; il n'y avait que la musique de notée. Six livres de cette musique ont été perdus. Ces odes étaient chantées dans les cérémonies publiques, dans les sacrifices solennels offerts au Cháng-Tý ou en l'honneur des ancêtres. La beauté, la majesté, l'élévation de ces odes est telle que dans la suite des temps aucun génie littéraire n'a pu en approcher même de loin. Le ton des odes du Chē-kīn, prises dans leur ensemble, est solennel, et ce ton domine continuellement. On y trouve de jolis morceaux sur la Divinité et sur sa Providence. Le souverain Seigneur ou le Cháng tý surveille les actions des Princes, les punit ou les récompense. Il est bien supérieur aux Chên 神 ou Génies subalternes, habitant dans les airs, qui surveillent les actions des hommes. L'Empereur seul avait le pouvoir de sacrifier au Cháng tý. Le Chē-kīn renferme sur la vertu des passages d'une beauté si élevée qu'ils ne le cèdent peut-être qu'aux seuls écrivains inspirés de la religion chrétienne.

« Si l'histoire du Chē-kīn, *dans sa forme actuelle*, dit un auteur distingué, « ravi trop tôt aux études sérieuses (1), ne démontrait que ce livre existe au « moins depuis le second siècle avant notre ère, on serait tenté de voir dans « quelques odes une altération du récit des Évangiles, un produit de la pré- « dication de l'Évangile... L'auteur chinois, en ce qui concerne les prédictions « sur le Messie futur, est, en certains points, plus explicite que les prophètes « mêmes. Mais rappelons-nous que les juifs emportèrent dans leur dispersion, « non-seulement le texte de la Bible, mais encore les traditions *orales* qui « avaient été recueillies de la bouche même des prophètes. Ils ont communi- « qué aux nations ces prophéties, éclaircies autant qu'elles pouvaient l'être, et,

(1) M. l'abbé Sionnet. Voir *Annales de Philosophie*, Xe année, 1837.

« de là, ces vérités exprimées dans les écrits des idolâtres plus clairement que « dans la Bible elle-même. »

Le *Livre des Vers*, ou le **Chē-kīn**, est divisé en quatre parties. La première porte le titre général de **Koue fōng** 國風 (*Coutumes des Royaumes*). Elle renferme 15 chapitres, dont les odes réunies sont au nombre de 169. Chacun de ces chapitres contient les odes d'un pays à part. Outre l'éloge des hommes illustres, on y trouve des peintures curieuses des mœurs de ces temps anciens, la censure des défauts des Princes, et d'autres détails précieux pour l'histoire.

La deuxième partie porte le titre de **Siaò yà** 小雅 (*Petite Excellence*). Elle renferme 8 chapitres et 74 odes. La troisième est désignée sous le nom de **Tá yà** 大雅 (*Grande Excellence*). Elle n'a que 3 chapitres qui contiennent ensemble 31 odes. Ces deux parties sont un recueil de chants, d'élégies, de satires, d'épithalames qui ne laissent pas que d'être très-curieux à cause du genre simple, touchant et majestueux de ces poésies, les plus anciennes que l'on connaisse.

La quatrième partie porte le titre de **Sóng** 頌 (*Louanges*); c'est un recueil intéressant de 41 hymnes ou cantiques destinés à être chantés dans les cérémonies publiques, surtout dans les sacrifices solennels au Ciel et dans ceux qu'on offrait à la mémoire des ancêtres.

Le chapitre XI de cet ouvrage, consacré à la poésie chinoise, donnera au lecteur des détails sur les différents genres de poésie suivis dans le *Livre des Vers*, ou le **Chē-kīn**. Les extraits que nous donnerons dans le même chapitre mettront suffisamment nos lecteurs à même de juger la grâce, la beauté, la noble simplicité, la majesté de ces odes chinoises qui laissent bien loin derrière elles tous les poëtes si admirés des Grecs et des Romains. Nous citerons seulement ici quelques textes sur le *souverain Seigneur du Ciel*.

Le **Chē-kīn** renferme 39,234 caractères. Le savant P. Prémare a traduit en français sept ou huit odes du **Chē-kīn**. On les trouve dans le deuxième volume de Duhalde. Les mémoires sur les Chinois renferment vingt-cinq ou trente odes, également en français, traduites par différents missionnaires. Dans son *Essai sur le* **Chē-kīn**, Brosset jeune a donné la traduction de sept ou huit odes. M. G. Pauthier en a publié également quelques-unes dans le premier volume de *la Chine ancienne*. Morrison a donné, en anglais, dans son dictionnaire, la traduction de vingt à trente odes environ. Mais le principal traducteur du **Chē-kīn** est le savant P. Lacharme, jésuite de la mission de Pékin, très-versé dans les langues chinoise et tartare. Son manuscrit latin, envoyé à Paris, a subi différentes vicissitudes. D'abord entre les mains de M. de l'Isle, membre de l'Institut, il est passé au ministère de la marine, puis au bureau des longitudes de Paris. Il a fallu qu'un savant étranger, M. Jules Mohl, vînt le déterrer là pour le sauver de l'oubli et rendre service à la littérature, en le don-

海上絲綢之路文獻集成 科技與文化編

nant au public. « *Suorum incuriâ P. Lacharme, ex soc. Jesu, neglectus latuit,* » dit M. Mohl. La version latine du Chē-kīn, par le P. Lacharme, a été publiée sous ce titre : *Confucii Chē-kīn sive liber carminum, ex latinâ P. Lacharme interpretatione, edidit Julius Mohl.* Stuttgard, 1830. Nous aurions la même remarque à faire sur cette publication que sur l'édition du Ỹ-kīn par le même éditeur allemand. M. Callery porte ce jugement sur l'œuvre du P. Lacharme : « M. Rémusat doit surtout sa réputation à la manière dont il savait rendre attrayant ce qu'il disait sur la Chine. Le D. Bowring a traduit des poésies chinoises en vers anglais pleins de charme. Lamartine souhaitait mettre le Chē-kīn en vers français; ils eussent été ravissants pour tout le monde. Le P. Lacharme a fait la production la plus indigeste et la plus ennuyeuse dont la sinologie ait à rougir. »

EXTRAITS DU Chē-kīn.

PREMIER TEXTE.

« Le très-élevé souverain Seigneur abaisse ses regards sur la terre. Il con-
« temple avec majesté les événements qui s'y passent. Il observe attentivement
« tous les coins de la terre; il cherche le moyen de rendre le peuple heureux. »
Liv. III, ode 7.

皇矣上帝臨下有赫。監觀四方求民之莫。

DᵋUXIÈME TEXTE.

« Le Ciel puissant et majestueux ne nous montre plus sa douceur accou-
« tumée; il nous envoie la famine et toutes sortes de calamités; partout règne
« la mortalité. Le Ciel auguste est plein de colère et ne respire que la terreur.
« Nous ne sommes plus l'objet de sa sollicitude.

« D'où vient que le Ciel n'exauce point les sacrifices que nous lui offrons
« avec les rites voulus? Chacun continue à marcher dans sa voie, à ne pas
« s'arrêter dans le crime. O vous, sages de l'Empire, il est digne de vous de
« penser à vos propres intérêts. Pourquoi ne rien redouter? La crainte du Ciel
« n'entrera-t-elle jamais en vous? » Part. II, cap. 2, ode 10.

浩浩昊天不駿其德降喪饑饉斬代四國旻。天疾威弗慮弗圖如何昊天譬不信如彼行邁則靡所臻凡百君子各敬爾胡不相畏不畏于天。

TROISIÈME TEXTE.

« Le maître des Cieux est auguste et impénétrable; notre intelligence ne
« peut le comprendre. Il est plein de terreurs et de colères; il les répand et les

« sème sur la terre qui lui est soumise. Les conseils de ceux qui gouvernent « sont mauvais, l'iniquité est dans leur pensée. Quand verrons-nous la fin de « ces maux? Ils négligent le bien et exécutent le mal... aussi ne peuvent-ils « obtenir la paix qu'ils demandent. » Part. II, cap. 5, ode 1.

旻天疾威敷于下土謀猶回遹何日斯沮謀臧不從不臧覆用。

QUATRIÈME TEXTE.

« Mon âme est triste et chagrine. Du soir au matin je repasse dans mon es- « prit les vertus de nos ancêtres, et le sommeil fuit loin de ma paupière. Je « sens deux hommes en moi. — Si le sage boit du vin, il le fait avec modéra- « tion, sans jamais oublier les lois de la modestie. Oh! que les insensés agissent « différemment! Ils se gorgent de vin, et demain ils s'enfoncent encore plus dans « la crapule et l'ivrognerie. Vous portez en vous l'image et la ressemblance du « Ciel; songez à la respecter; car il est difficile de recouvrer la grâce du Ciel « une fois qu'on l'a perdue. » Part. II, cap. 5, ode 2.

我心憂傷念昔先人明發不寐有。懷二人人之齊聖飲酒溫克彼昏不知吉醉日富各敬爾天命不又。

CINQUIÈME TEXTE.

« Craignez la colère du maître des Cieux et ne vous laissez pas aller, sans « crainte pour l'avenir, au cours rapide de vos plaisirs. Il n'est rien que le « maître du Ciel n'aperçoive; quelque part que tu ailles, il y est; le maître du « Ciel est souverainement intelligent; en quelque lieu que tu te transportes, il « s'y trouve. » Part. V, cap. 2, ode 2.

敬天之怒無敢戲豫敬天之渝。無敢馳驅昊天曰明及爾出王昊天曰旦及爾游衍。

« Lorsque tu es en présence d'un sage ami, tu veilles sur ton extérieur pour « ne rien faire qui soit un mal; lorsque tu es dans ta maison, loin du regard « des hommes, crains ta propre chambre, crains les ténèbres mêmes. Ne te « laisse point aller au mal, disant : La chose sera secrète, personne ne la verra. « Ignores-tu que l'Esprit est là présent et qu'il ne peut être trompé? » Part. II, chap. VI, ode 3.

視爾友君子輯柔爾顏不遐有愆相在爾室尚不愧于屋漏無曰不顯莫予云覯神之格思不可度思矧可射思。

« Veille sur toi, veille sur toi; car le regard du Seigneur est pénétrant. Il « est difficile de persévérer dans sa grâce. *Ne dis pas qu'il est loin de nous; il*

« *est plus élevé que les lieux les plus hauts*; il ne saura donc ce que je fais; car « le maître du Ciel est à la fois au-dessus et au-dessous; il est présent à tout « ce que nous faisons; il est ici dans le lieu même dont tu le crois éloigné. » Part. IV, chap. I, ode 3.

敬之敬之。天維顯思。命不易哉無曰高高在上陟降厥日監在玆。

SIXIÈME TEXTE.

« La beauté et la sagesse s'accordent à merveille avec toutes les vertus et en « sont comme le lien. Il est un proverbe que nous connaissons tous, que les « hommes ont souvent à la bouche, et qui nous dit : Le sage lui-même a des « moments de folie. Tous les hommes manquent de sagesse et de prudence « sur quelques points. Nous subissons chacun les châtiments dus à notre con- « dition. Telle est la maladie de notre nature.

« La sagesse et la folie sont deux choses opposées qui se combattent mu- « tuellement dans l'homme.

« Rien de plus grand que l'homme sur la terre; car il a été proposé pour « modèle parmi toutes les choses créées. La vertu, qui est belle et sublime, « est chère à toutes les nations. » Liv. X, ode 2, texte p. 16. Tá yà.

抑抑威儀維德之隅人亦有言靡哲不愚庶人之愚亦職維疾哲人之愚亦維斯戾。

DU QUATRIÈME LIVRE SACRÉ

ou

LE Lỳ-ký 禮記, LE LIVRE DES RITES.

L'ancien *Livre des Rites*, attribué au Prince Tcheoū-Kōng, portait le titre de Lỳ-kīn 禮經. Ce livre est malheureusement perdu. C'était non-seulement un cérémonial, mais encore un code de tous les devoirs de la vie civile, devoirs des parents à l'égard de leurs enfants et réciproquement, devoirs des époux, des amis, des citoyens entre eux. A l'époque de Confucius, il ne restait déjà plus que des fragments de l'ancien *Livre des Rites*. Ce philosophe déplorait la perte de ce livre. Souvent il demandait à son fils : « *Étudiez-vous le Livre des Rites? Si vous ne le faites pas, vous ne saurez jamais la manière de vous conduire constamment avec honnêteté dans le monde.* »

Après le désastre de l'incendie des livres, tous les lettrés mettaient un grand zèle à reconstruire les monuments perdus. Le *Livre des Rites* fut celui que l'on

19

a eu le plus de peine à recomposer, dans l'état où il se trouvait un peu après Confucius. Un des frères de l'Empereur **Hiaó-Où-Tý**, de la dynastie **Hán**, était seigneur-vassal dans le département de **Hò-kièn**, qui fait partie de la Province actuelle du **Pĕ tchĕ lỷ**. Ce seigneur **Lieôu-Tĕ** était un amateur passionné de l'antiquité et un bibliophile très-distingué. Il mettait tout son luxe dans sa splendide bibliothèque qui surpassait en valeur celle du Palais impérial. Sa munificence égalait son zèle et son bon goût. C'est à lui que la Chine savante est redevable en grande partie du recouvrement des textes de ses anciens livres. Un manuscrit sur les Rites, en 131 chapitres, fut offert au Prince **Lieôu**, qui s'empressa de l'offrir à l'Empereur, afin qu'il le fit examiner par les savants de la cour. L'Empereur fut charmé du présent, d'autant plus qu'on attribuait ce recueil aux disciples mêmes de Confucius. Il confia ce livre au chef du ministère des Rites, nommé **Lieôu**, qui, en compulsant les mémoires déjà découverts sur le même sujet, lui donna une grande extension en portant le nombre des chapitres à 240 ou 250.

Le célèbre bibliothécaire du Palais 后蒼 n'osa toucher à cette œuvre. Il en abandonna la révision à ses deux principaux disciples, l'oncle et le neveu, du nom de **Taý** 戴. Le premier jetait alors, par son enseignement, un éclat incomparable sur le règne de **Suên-Tý**. En choisissant tout ce qui lui semblait porter le caractère de la plus grande authenticité, il forma un rituel sous le titre de **Koù taý ký** 古戴記, *Mémorial du vieux* **Taý**. Mais le monde savant lui donnait celui de **Tá taý lỳ**, *Rituel du vieux* **Taý**. Le neveu se nommait **Taý-Chén** 戴聖, ou vulgairement, le petit **Taý** (**Siaò-Taý**). D'après les conseils de lettrés éminents, il revisa le travail de son oncle et réduisit le livre de 85 chapitres à 46 chapitres. Sur la fin de la même dynastie des **Hán**, le docteur **Mà-Jông**, disciple des deux **Taý**, eut assez de crédit pour faire rétablir, dans le *Livre des Rites*, trois chapitres qui portent les titres de : 月令, 明堂, 樂記; comme des vestiges anciens dignes de figurer en ce livre. Le docteur **Mà-Jông** avait acquis une grande célébrité par ses connaissances approfondies dans tout ce qui concernait les Rites.

Recomposé de la sorte, le nouveau *Livre des Rites*, en 49 chapitres, reçut le titre de **Lỳ-ký** (*Mémorial des Rites*). Ce fut sur la fin de la dynastie des **Hán** que le nouveau **Lỳ-ký** fut mis au rang des **Kīn**, bien qu'on n'ait plus osé lui donner le titre de l'ancien livre perdu. Comme style littéraire, le **Lỳ-ký** n'offre pas une parfaite unité. On sent à la lecture qu'il a été composé avec des mémoires, des extraits de différents auteurs et de différentes époques. Quoi qu'il en soit, ce livre renferme des morceaux magnifiques, des pages qui portent avec elles-mêmes le cachet de la plus haute antiquité. Le style en est souvent sublime. On y trouve des maximes de morale dignes eu tout de la religion chrétienne. Voici un passage du **Lỳ-ký** : « La beauté du Ciel nous annonce les grandeurs

海上絲綢之路文獻集成 科技與文化编

« du Créateur. La fertilité inépuisable de la terre nous montre les soins de sa « bienfaisance. Apprenez aux peuples à le louer et à le remercier de ses bien- « faits. » (Cap. 10.)

Le Lỳ-ký renferme 99,010 caractères. Il est de beaucoup le plus volumineux des Livres sacrés de la Chine.

Les PP. Lacharme et Gaubil ont fait une traduction latine du *Livre des Rites*.

Il a paru, en 1853, à Turin, une traduction sous ce titre :

Le Lỳ-ký ou *Mémorial des Rites*, traduit pour la première fois du chinois et accompagné de notes, commentaires et du texte original, par J. M. Callery. — Seulement, il est fort regrettacle que ce traducteur n'ait pas pris le Lỳ-ký tel qu'on le trouve dans la collection des Kin chinois. Il a préféré le texte abrégé d'un lettré du nom de Fán 范, qui vivait sous les Yuên. Cet abrégé ne renferme que 36 chapitres, qui eux-mêmes sont souvent encore abrégés. Une traduction complète du Lỳ-ký, avec l'aide des meilleurs commentateurs, est donc encore à faire.

EXTRAITS DU Lỳ-ký.

« L'homme fidèle aux rites observe les convenances dans son pays, et, s'il « est envoyé à l'étranger, il se conforme aux coutumes locales. » (Cap. 1, v. 4.)

禮從宜使從俗。

« Qui dit Prince, dit homme vertueux; quand un Prince est vertueux, il « peut donner des enseignements qui sont écoutés; quand ses enseignements « sont écoutés, les magistrats ont de la rectitude; quand les magistrats ont de « la rectitude, l'ordre règne dans l'Empire. Voilà ce qui s'appelle être Prince. » Cap. 8.

君子曰德德成而而教尊教尊而官。正官正而國治君之謂也。

« Les Rites sont comme un grand levier entre les mains du Prince. En effet, « c'est par les Rites qu'on résout les doutes, qu'on rend visibles les plus petites « choses, qu'on entre en relations avec la Divinité et les Génies tutélaires, « qu'on discerne les bonnes lois, qu'on distingue l'humanité et la justice. Les « Rites sont donc la règle du gouvernement et la tranquillité du souverain. » Cap. 9.

是故禮者君之大柄也。所以別嫌明微賓鬼神考制別度。仁義所以治政安君也。

« Confucius dit : Le Ciel couvre tout indistinctement sans faire des préférences; la terre porte tout, sans faire des préférences; le soleil et la lune éclairent tout, sans faire des préférences; les anciens Empereurs se sont conformés à ces trois exemples pour contenter l'Empire. Voilà ce qu'on nomme les trois abstinences de préférence. Il est dit, à ce sujet, dans le *Livre des Vers*. « Les décrets du Ciel ne restèrent pas sans effet; ils s'accomplirent à l'époque de l'Empereur Tāng. Cet Empereur est né juste à l'époque voulue, sa dévotion transcendante alla chaque jour croissant et pénétra jusqu'au Ciel, sans interruption aucune, sa vénération exclusive pour l'Être Suprême fit que l'Être suprême décréta qu'il serait le modèle de l'Empire. Telle était la vertu de Tāng. » Cap. 29.

孔子曰天無私。覆地無私載。日月無私照奉。斯三者以勞天下此之謂三無私。其在詩曰帝命不違至於湯齊。湯降不遲聖敬日躋昭格遲遲上帝是祇帝命式于九圍是湯之德也。

« Oserais-je vous demander, dit Kōng en parlant à Confucius, pourquoi le sage fait si grand cas de la *Vertu céleste?* Confucius répondit : Il en fait grand cas parce qu'elle est sans fin, semblable au soleil et à la lune qui se suivent à l'orient et à l'occident, sans jamais s'arrêter; telle est la *Vertu céleste.* Elle semble ne pas agir et les êtres se forment; telle est la *Vertu céleste.* Les êtres, une fois formés, apparaissent clairement. Telle est la *Vertu céleste.* » Cap. 27.

公曰敢問君子何貴乎天道也。孔子對曰貴其不已如日月東西規從而不已也是天道也不閉其久是天道也子曰惟天無爲而物成是天道也巳成而明是天道也。

« Confucius dit : L'Empereur reçoit les ordres du Ciel; les magistrats, ceux de l'Empereur. Si les ordres souverains sont conformes à la Raison suprême, les magistrats obéissent à ces ordres; mais si les ordres souverains sont en opposition avec Elle, les magistrats refusent d'obéir. » Cap. 32.

子受命於土受命於君故君命順則臣有順命君命逆則臣有逆命。

« Les sacrifices ne veulent pas d'excès en trop, car le trop engendre l'ennui et l'ennui n'est pas du respect. Les sacrifices ne veulent pas d'excès en trop peu, car le trop peu est une preuve de négligence et la négligence est de l'oubli.

« Il n'y a que l'homme de vertus éminentes qui puisse convenablement sacrifier à l'Être suprême; il n'y a que le fils pieux qui puisse convenablement

« sacrifier aux parents. Sacrifier, c'est diriger son intention vers le but du sa-« crifice; quand on a dirigé son intention, alors on peut sacrifier; car sans cela « le sacrifice ne serait qu'un acte matériel dénué de valeur. » Cap. 24.

祭不欲數數則煩煩則不敬。祭不欲疏疏則怠怠則忘。惟聖人爲能饗帝。孝子爲能饗親饗者鄉也鄉之然後能饗焉。

« Tsè-Kōng questionna Confucius en lui disant : Oserais-je vous demander « pourquoi le sage estime le jade et ne fait aucun cas de la pierre Houên? Se-« rait-ce parce que le jade est rare et que la pierre Houên est très-commune? « Confucius répondit : Ce n'est point parce qu'il y a de la pierre Houên en « abondance qu'elle n'a aucun prix ni parce qu'il y a fort peu de jade qu'il « est très-estimé; mais c'est par ce que, dès les temps anciens, le sage a com-« paré la vertu au jade. A ses yeux, le poli et le brillant du jade figurent la « vertu d'humanité; sa parfaite compacité et sa dureté extrême figurent la sû-« reté d'intelligence; ses angles qui ne coupent pas, quoiqu'ils paraissent tran-« chants, figurent la justice; les perles en jade qui pendent au chapeau et à « la ceinture, comme si elles tombaient, figurent le cérémonial; le son pur, « soutenu, prolongé qu'il rend, quand on le frappe, et qui, à la fin, s'arrête « brusquement, figure la musique; l'impossibilité qu'il y a dans le jade à ce « que ses mauvaises nuances cachent les jolies ou que les jolies cachent les « mauvaises, figure la loyauté; les accidents existants à l'intérieur du jade, « mais paraissant au dehors, figurent la sincérité; son éclat irisé, semblable à « celui de l'iris, figure le Ciel; son admirable substance, extraite des montagnes « ou des eaux, figure la terre. Taillé en Kouy ou en Tchang (1) pour servir « seul, sans aucun ornement, il figure la vertu. Le prix que tout le monde, « sans exception, y attache, figure la vérité. Le *Livre des Vers* dit, à l'appui de « ces comparaisons : Quand je pense au sage, sa bonté m'apparaît semblable « au jade. Voilà pourquoi le sage estime le jade. » Cap. 48.

子貢問於孔子曰敢問君子貴玉而賤珉者何也。爲玉之寡而珉之多與。孔子曰非爲珉之多故賤之也玉之寡故貴之也。夫昔者君子比德於玉焉溫潤而澤仁也。縝密以栗知也。廉而不劌義也。垂之如隊禮也。叩之其聲清越以長其終詘然樂也。瑕不掩瑜瑜不掩瑕忠也。孚尹旁達信也。氣如白虹天也。精神見於山川地也。圭璋特達德也。天下莫不貴者道也。詩云言念君子溫其如玉故君子貴之也。

---

(1) Ces deux objets étaient des symboles de l'autorité que l'on portait devant les personnes en fonctions publiques.

海上絲綢之路文獻集成 科技與文化編

DU CINQUIÈME LIVRE SACRÉ
ou
LE Yǒ-kīn 樂經, LIVRE DE LA MUSIQUE.

Le Livre sacré de la Musique est totalement perdu. On a lieu de regretter la perte de cet ouvrage. A la manière dont les anciens écrivains, Confucius surtout, parlent de ce Livre sacré, on juge qu'il devait être fort intéressant au triple point de vue de l'art, du culte et de la politique. Chez les anciens Chinois la musique et la philosophie étaient les deux sœurs inséparables. La musique élevait l'âme, ennoblissait les sentiments, purifiait le cœur et lui donnait son élan vers le bien. Les prophètes de la Bible n'entraient en *inspiration* qu'après avoir joué d'un instrument de musique. L'ancienne musique avait surtout un caractère religieux. Les sacrifices en l'honneur du Cháng tý étaient rehaussés par tout ce que la musique avait de plus grave et de plus solennel. L'antique Livre sacré de la Musique comprenait, en vers, l'art de bien gouverner, les maximes d'un gouvernement parfait. Ces pièces étaient chantées en musique devant les Princes et leur rappelaient ainsi continuellement leurs devoirs de *Pasteurs des peuples*.

A l'époque de Confucius, on avait encore des fragments de l'antique musique. Ce philosophe eut un jour occasion d'entendre, à la cour du Roi de Tsý, quelques-uns des morceaux de cette ravissante musique, qui remontait à Chún, et dont l'antiquité avait plus de 1730 ans. C'était, entre autres, la pièce Tchaô yǒ ou la musique qui dissipe les ténèbres de l'entendement et qui affermit le cœur dans l'amour du devoir. Il en fut tellement pénétré d'émotion, qu'il tomba dans une sorte de ravissement et ne voulut prendre aucune nourriture durant les trois jours qui suivirent. Il ne cessait de répéter à ses disciples : « *Jamais je n'aurais cru qu'il fût possible d'atteindre à cette hauteur, d'entendre des sons aussi ravissants.* »

On accuse, non sans quelque fondement, les sectateurs du bouddhisme d'avoir, pour une large part, contribué à la perte de ce monument antique où se trouvaient des doctrines qui étaient la condamnation de leur secte.

La Chine possède aujourd'hui un très-grand nombre d'ouvrages, tous plus ou moins anciens, sur la musique. Aucun de ces ouvrages n'a été traduit dans une langue d'Europe (1).

(1) Voir la liste de quelques-uns de ces ouvrages dans l'*Appendice* de notre dictionnaire français-chinois, page 153.

DU SIXIÈME LIVRE SACRÉ

ou

LE **Tchoūn-tsieoū** 春 秋, LE LIVRE DU PRINTEMPS ET DE L'AUTOMNE.

Ce livre est dû au pinceau de Confucius, qui le composa dans sa vieillesse. Les Chinois l'ont placé dans le canon de leurs livres sacrés. Bien avant ce philosophe, chacune des Cours de la Chine actuelle avait ses historiographes. Ici les annales portaient un titre; là elles en portaient un autre. Les annales de la patrie de Confucius portaient le nom de **Tchoūn-tsieoū** 春 秋, *Livre du Printemps et de l'Automne.* Ce titre avait été choisi à dessein pour montrer que les Empires sont florissants ou tombent en décadence, selon la manière dont ils sont gouvernés. Ce titre répondant exactement à l'idée qui avait engagé Confucius à publier la chronique historique de son pays, ce philosophe se garda bien de le changer.

Le fond de ce livre est tiré des archives du Royaume. Confucius mit en œuvre ces documents historiques. Il commence ses *Annales du Printemps et de l'Automne* par le Prince **Ȳn-Kōng**, du Royaume de **Loŭ**, c'est-à-dire la quarante-neuvième année de l'Empereur **Pîn-Ouâng** 平 王, le treizième de la dynastie des **Tcheoū**, qui monta sur le trône vers l'an 770 av. J.-C. Ces annales se continuent jusqu'à **Yaô-Kōng**, le douzième Roi du pays de **Loŭ**, c'est-à-dire dans un espace de 242 ans. Commencées l'an 722 av. J.-C., elles finissent à l'an 480 av. l'ère chrétienne.

Le grand philosophe de la Chine montre, avec une rare précision, les défauts des mauvais gouvernements, la main de la Providence divine dans le cours des événements de ce monde, la punition ou la récompense faite tour à tour aux sujets par leurs Princes, et aux Princes par leurs sujets. « Je n'ai écrit dans ce livre que ce que je sais et j'y ai marqué ce que je désapprouve dans l'Empire. » Confucius, en rédigeant le **Tchoūn-tsieoū**, s'est montré habile homme d'État, grand citoyen, philosophe sage, moraliste savant et éclairé. Le style de son livre est serré, pittoresque, énergique et souvent sublime. On y trouve des passages qui étonnent singulièrement les lettrés devenus chrétiens, notamment celui qui parle de l'animal **Kỹ lîn**.

Un contemporain de Confucius, grand admirateur des vertus et du talent de ce philosophe, a fait un commentaire estimé sur le **Tchoūn-tsieoū**. Son nom est **Tsò-Kieoū-Mîn** 左 邱 明, dont nous parlerons un peu plus loin.

Nous ne connaissons qu'une traduction du **Tchoūn-tsieoū**; encore ce n'est que celle du premier livre de l'ouvrage, publiée par Bayer dans les *Commentaria academiæ Petropolitanæ*, septième volume, page 398 et suivantes.

海上絲綢之路文獻集成 科技與文化編

IV. DES LIVRES CANONIQUES DU DEUXIÈME ORDRE.

Les Livres canoniques du deuxième ordre ont été composés sur le modèle des anciens Livres sacrés. Ils sont presque tous comme des copies, des interprétations, des commentaires des premiers. Ces livres sont au nombre de neuf. Les quatre premiers ont un privilége exceptionnel, celui d'être appris par cœur chaque année par des millions d'enfants. On peut dire, en toute vérité, qu'il n'est aucun Chinois qui ne sache par cœur les quatre livres classiques.

Les quatre premiers livres portent le nom de *Livres classiques par excellence*, en chinois : **Sé choū** 四書. Primitivement, ils portaient le nom de **Peý yé** 梖葉, du nom de l'arbre dont les feuilles servaient alors de papier. Dans quelques éditions chinoises, ces livres portent le nom de *Livres des quatre Docteurs*, **Sé tsè tchē choū** 四子之書. C'est qu'ils sont l'ouvrage des quatre principaux disciples de Confucius, qui exposent l'ensemble de sa doctrine morale en s'appuyant presque continuellement des propres paroles de leur maître.

Il existe en Chine un Panthéon littéraire pour les savants de l'École de Confucius. Ce temple porte le nom de **Ouên miaó** 文廟 (*Temple de la littérature*). Au fond de la salle, apparaît l'image vénérée de Confucius, avec tous les titres honorifiques que la postérité lui a successivement décernés. A ses côtés, sont les quatre sages de la Chine qui seuls, dans ce temple, ont, avec leur maître, le titre de *saint* ou **Chén** 聖. Ces quatre disciples sont d'un côté : **Yēn-Tsè** 燕子 et **Tsè-Sē** 子思 ; de l'autre coté : **Tsēn-Tsè** 曾子 et **Móng-Tsè** 孟子 (1). De chaque côté latéral de la salle sont rangés, par ordre de mérite, les lettrés célèbres auxquels on a décerné, dans la suite des âges, soit le titre de **Siēn** 仙, *immortel*, soit celui de **Tsè** 子, *philosophe*.

Nous indiquerons plus bas les traductions principales faites sur chacun des livres classiques pris isolément.

Parmi les traductions modernes, nous signalons ici : 1° La traduction anglaise du R. David Collie, imprimée à Malacca en 1828, sous ce titre :

The chinese classical work commonly called the four books, translated and illustrated with notes, Malacca, 1828, prix 28 fr. — 2° La traduction française de M. G. Pauthier, en un volume in-12, édition Charpentier, Paris. — 3° L'ouvrage important et remarquable du docteur James Legge : D. D. of the London missionary society, *The chinese classics with a translation, critical and exegetical notes, prolegomena and copious indices*. 7 volumes, Hong-Kong, 1861-65. Nous faisons nos réserves sur les opinions de ce savant sinologue au sujet de la chronologie et d'autres points moins importants.

---

(1) L'Empereur **Jên-Tsōng** (1820) décerna de nouveaux titres honorifiques à **Móng-Tsè** ou Mencius.

DU PREMIER LIVRE CANONIQUE DU DEUXIÈME ORDRE

ou

LE Tá-Hiŏ 大學, LA GRANDE ÉTUDE.

Le premier des quatre Livres canoniques du deuxième ordre porte le titre de **Tá-Hiŏ** 大學, ou *Livre de la grande Étude*. Ce titre annonce que le livre a été composé surtout pour les Princes et les Grands qui doivent apprendre avec soin l'art de bien gouverner les peuples. Il renferme de belles maximes de morale. Les études chinoises commencent par ce livre dont l'intelligence n'offre pas de grandes difficultés. Il est, aux yeux des Chinois, comme la première entrée du temple de la sagesse et de la vertu.

Le **Tá-Hiŏ** renferme onze chapitres ou **Tchāng** 章, tous subdivisés en paragraphes ou articles **Tsiĕ** 節. Le premier chapitre seul, qui contient en tout 205 caractères, est l'œuvre de Confucius lui-même. Les autres n'en sont que l'explication ou le commentaire. Ils sont dus au pinceau de **Tsēn-Tsè** 曾子, l'un des principaux et des plus fidèles disciples de Confucius. La gloire de ce sage est d'avoir conservé et transmis à la postérité les maximes de son maître, et d'avoir eu lui-même pour disciple **Tsè-Sē** 子思. **Tsēn-Tsè** vit le jour à **Kiā-hiāng-hién**, dans la Province du **Chān-tōng**. Il vécut pauvre, refusant constamment toute charge publique. On ignore la date de sa mort. La postérité a payé un juste hommage à ce sage, en lui décernant le titre de **Tsōng chén** 宗聖, *celui qui est honoré pour sa sainteté*.

Un écrivain chinois dit du **Tá-hiŏ** :

« La doctrine de cet ouvrage est infinie et inépuisable. Les personnes les plus saintes et les plus divines des temps anciens et des temps modernes seraient ici incapables d'ajouter la valeur d'un cheveu à sa perfection. »

Pour nous Européens, la répétition des mêmes idées, qu'on trouve dans une partie de ce livre, est un peu fastidieuse. Les citations du **Chē-kīn** rendent la fin plus intéressante. Ce livre est d'une intelligence facile. Il faisait autrefois parti du **Lỳ-kỳ** dont il formait le quarante-deuxième chapitre. Depuis la dynastie des **Sóng**, on a commencé à l'imprimer à part, ainsi que le **Tchōng-yōng**, à l'usage des étudiants.

Le P. Ignace de Costa, jésuite portugais, missionnaire en Chine, est le premier qui ait donné une version latine du **Tá-hiŏ**. Elle fut publiée en 1662, avec le texte chinois, à **Kién-tchāng-foù**, au **Kiāng-sў**, par les soins de son confrère le P. Prosper Intorcetta. (Voir l'ouvrage : *Confucius Sinarum* **philosophus**, et les *Analecta vindobonensia*.)

Le P. Noël, jésuite, a donné aussi une traduction du **Tá-hiŏ** dans ses *Libri classici sex*. Bayer en a reproduit une partie dans son *Museum sinicum*.

Le D. Marshman a publié une version anglaise avec texte chinois du **Tá-hiŏ**, à la suite de son ouvrage : *Clavis sinica*, imprimé à Serampore en 1814. Enfin, Morisson a traduit aussi en anglais le même livre chinois dans ses *Horæ sinicæ*, publiées à Londres en 1812. Une nouvelle édition de cet ouvrage, augmentée de notes, a paru à Londres en 1817, par les soins de Montucci.

On trouve dans la troisième partie « *of the transactions of the China Branch of the Royal Asiatic society* » de Hong-Kong, 1851-52, une traduction anglaise du **Tá-hiŏ**, par C. B. Hillier.

M. G. Pauthier a donné, en 1836, une traduction littérale du **Tá-hiŏ**, c'est-à-dire un mot à mot latin avec le texte en regard, en faveur des jeunes sinologues. Ce même sinologue a donné une édition française in-12, très-commode, des quatre livres classiques.

DU DEUXIÈME LIVRE CANONIQUE DU DEUXIÈME ORDRE

ou

LE **Tchōng-yōng** 中庸, INVARIABLE MILIEU.

Le deuxième livre classique du second ordre est le **Tchōng-yōng**, ou l'*Invariable Milieu*. Le but de cet ouvrage est de prouver qu'il faut suivre en tout la voie du milieu, comme étant le point capital d'une solide vertu. **Tchoū-Hȳ**, parlant du **Tchōng-yōng**, dit : « *Cet ouvrage contient la règle du cœur telle que* « *l'enseigne l'École de Confucius.* **Tsè-Sē** *craignant que par l'effet du temps elle ne* « *vînt à se corrompre, l'écrivit et la transmit à* **Móng-Tsè**. *Ce livre commence par* « *un seul principe; au milieu, il se répand sur mille objets différents; à la fin, il* « *se resserre pour revenir au même principe. Dans son extension, il remplit l'uni-* « *vers; dans son resserrement, il revient sur ce qu'il y a dans la nature de plus* « *subtil et de plus caché. Sa saveur est inépuisable; tout y est vérité et science.* « *Ceux qui le liront pourront, à force d'étude et de travail, parvenir à l'entendre;* « *mais quand ils passeraient leur vie à l'étudier, ils ne pourront jamais en épuiser* « *le sens.* » Au fond, ce livre est assez abstrait et même obscur en quelques endroits. On y reconnaît la pure doctrine de Confucius. Lorsque **Tsè-Sē** le mit au jour, le **Tchōng-yōng** renfermait 49 chapitres. Aujourd'hui il ne contient plus que 33 articles. **Tsè-Sē** est le petit-fils de Confucius, qui jeta lui-même dans son cœur les premières maximes de la sagesse. Les uns le font naître au **Chān-tōng**; d'autres, au **Hô-nân**. Son aptitude pour l'étude, depuis

海上絲綢之路文獻集成 科技與文化编

le plus bas âge, était fort remarquable. Il avait trente-sept ans lorsque son aïeul Confucius mourut. Se jugeant alors trop peu instruit, il s'attacha à la suite de Tsēn-Tsè. Ensuite, il se fit ermite. Tsè-Sē a formé lui-même une École qui fut très-fréquentée. Il mourut à l'âge de soixante-deux ans, vingt-six ans après Confucius, vers l'an 453 av. J.-C. Il fut enseveli tout auprès de Confucius. C'est par Tsè-Sē que s'est conservée jusqu'à nos jours la famille de Confucius, la plus ancienne sans contredit et la plus illustre de l'univers. Elle en est à la soixante-dix-septième génération.

Anciennement, le Tá-hiŏ et le Tchōng-yông étaient joints ensemble et publiés avec le Lỳ-ký. Ce fut seulement sous la dynastie Sóng qu'on imprima et tira à part ces deux livres en faveur des étudiants.

Le P. Prosper Intorcetta, missionnaire jésuite, a publié, le premier, une traduction latine du Tchōng-yông imprimée, partie à Canton, partie à Goa et publiée vers l'an 1676. Cette édition, en un très-petit in-folio qui a paru en 1669, sous le titre de : *Sinarum scientia politico-moralis*, est rare. La version sans texte a reparu dans les *Analecta vindobonensia* et dans le *Confucius Sinarum philosophus*. Sous le titre de : *Sinarum scientia politico-moralis*, Thévenot a reproduit, en 1672, cette traduction dans sa collection : *Relation de divers voyages curieux*. Le P. Noël a donné une traduction latine de ce livre. Le P. Cibot en a fait une paraphrase. Le P. Cibot, dans le premier volume des *Mémoires sur les Chinois*, a donné une traduction française paraphrasée du Tá-hiŏ et du Tchōng-yông. M. Abel Rémusat a publié, avec texte en regard et notes scientifiques, une édition de ce livre en 1817. Ce travail est justement estimé.

M. de Schilling a donné à Saint-Pétersbourg une édition russe du Tchōng-yông, avec texte chinois. Elle est remarquable par sa beauté typographique.

DU TROISIÈME LIVRE CANONIQUE DU DEUXIÈME ORDRE

ou

LE Lén-yù 論語, C'EST-A-DIRE LE LIVRE DES ENTRETIENS OU DES DISCOURS MORAUX.

Le troisième Livre canonique est celui que l'on nomme le Lén-yù 論語. Ce recueil de sentences morales est divisé en deux parties. Chacune contient 10 chapitres que l'on désigne ordinairement par les deux premiers caractères de la première phrase. Ces sentences sont prononcées, tantôt par Confucius, tantôt par ses disciples, sur la vertu, sur les bonnes œuvres, sur l'art de bien gouverner. Le dixième article a été exclusivement réservé par les disciples de Confucius à des détails sur la conduite extérieure de leur maître.

Les maximes de ce livre sont assurément supérieures à celles des sept sages

海上絲綢之路文獻集成 科技與文化編

si vantés de la Grèce. Leur brièveté et leur clarté font que souvent, dans les Écoles chinoises, on commence par ce livre l'étude des quatre livres classiques. Nous pensons que cette pratique est bonne, et nous la conseillons aux jeunes sinologues. Le célèbre **Tchaō-Poú**, le plus grand et le plus intègre ministre de la dynastie **Sóng**, n'avait, disait-il, jamais lu que le **Lén-yù** et il le lisait tous les jours. « *Il avouait à l'Empereur* **Taý-Tsōng** 太宗, *son auguste maître, qui ne pouvait le croire, qu'il avait appris dans le* **Lén-yù** *tout ce qu'il savait en politique.* »

Plusieurs anciens missionnaires de la Chine, entre autres le P. Intorcetta (1), ont donné une traduction latine du **Lén-yù**. Imprimée à Goa, cette ancienne édition est à présent fort rare. Le D. Marshman a publié, en 1809, à Sérampore, une traduction littérale, avec commentaire, de la première partie du **Lén-yù** : *The Works of Confucius, containing the original text, with a translation, by J. Marshman.* Nous connaissons encore une traduction allemande-latine due au professeur M. Schott, de Berlin, avec un commentaire. *Werke des Tschinesischen Weisen Kung-fudsu und seiner Schuler,... von Wilhelm Schott*, Halle, 1826, 2 volumes.

DU QUATRIÈME LIVRE CANONIQUE DU DEUXIÈME ORDRE

OU

LE LIVRE DU PHILOSOPHE MENCIUS.

Le philosophe **Móng-Tsè** 孟子, auteur de ce livre, descendait des Princes du Royaume de **Loǔ**, Province actuelle du **Chān-tōng**, au commencement du quatrième siècle av. J.-C. Il florissait en Chine à la même époque que Socrate, Xénophon et Aristote en Grèce. Mencius avait une mère fort intelligente qui prit un soin particulier de son éducation. Le jeune Mencius fut placé sous la direction de **Tsè-Sē**, petit-fils de Confucius, dont il n'est séparé que par un siècle au plus. Il avança rapidement dans la connaissance des doctrines de son maître, et, de plus, il voulut propager ses doctrines.

A l'exemple de Confucius, il recueillit à sa suite des disciples et voyagea dans les principautés de l'Empire pour faire connaître l'antique doctrine de la Chine. Sa politique était plus décidée, plus hardie que celle de Confucius. « D'un côté, il enseignait au peuple le droit divin que les Rois avaient de régner; de l'autre, il enseignait aux Rois que leur devoir était de se rendre le père et la mère de leur nation. » Mencius avait une profonde connaissance du

(1) Ce missionnaire termina sa carrière le 3 octobre 1696.

西漢同文法 卷二

cœur humain. Sa manière de philosopher est celle de Socrate et de Platon, mais avec plus de vigueur et de saillies spirituelles. Sa logique est très-serrée. Il manie l'ironie avec habileté. Son caractère était mordant et porté à la satire (1).

L'ouvrage de Mencius est plus long que les trois Kin précédents réunis. Il est divisé en deux parties. La première contient six chapitres; la deuxième en renferme huit. Mencius traite partout la question du bon gouvernement d'un État. Au jugement du célèbre historien **Sē-Mà-Tsiēn** 司馬遷, aucun disciple de Confucius n'aurait aussi bien rendu le sens et la force de la doctrine de ce philosophe. Celui qui veut avoir une idée exacte, précise de la doctrine du Prince des philosophes chinois, devrait commencer ses études par Mencius. Son style est vif, orné, parfois même poétique; mais il est moins profond, moins laconique que les autres.

Mencius ne voulut jamais exercer de charges publiques; il mourut à l'âge de 84 ans, 479 av. J.-C. Mencius, outre les honneurs qu'on lui rend dans le **Ouên-miaó**, a reçu les hommages de plusieurs Empereurs. Ainsi, l'Empereur **Chên-Tsōng**, de la dynastie des **Sóng**, lui a décerné un titre posthume équivalent à celui de *Duc*.

La sixième année de son règne, l'Empereur **Jên-Tsōng** voulut honorer Mencius du titre de Comte; il donna également un titre d'honneur à la mère de ce philosophe. Le manuscrit du **Lén-yù** et de **Móng-Tsè** a été retrouvé, avec le **Choū-kīn**, dans les murs de la maison de Confucius.

Le P. Noël, jésuite de la Chine, a donné, sous le titre de *Sinensis Imperii libri classici sex*, une traduction latine des quatre livres classiques, Prague, 1711. Cette traduction latine a été mise en français dans les *Livres classiques de l'Empire de la Chine*, Paris, 1784.

M. Stan. Julien a publié, en 1824-29, une édition latine de Mencius. Elle est d'une assez grande fidélité; les rares inexactitudes qu'on y surprend sont de peu d'importance. Mais l'auteur a adopté, dans cet ouvrage et dans toutes les traductions interlinéaires qu'il a publiées, une méthode qui exige, de la part du lecteur, une attention très-soutenue et très-fatigante.

DU CINQUIÈME LIVRE CANONIQUE DU DEUXIÈME ORDRE

ou

LE Hiaó-kīn 孝經, LIVRE DE LA PIÉTÉ FILIALE.

Ce petit livre contient les réponses de Confucius à son disciple **Tsēn-Tsè** sur les devoirs des enfants envers leurs parents. **Tsēn-Tsè**, qui nous a conservé ces

(1) *L'Univers pittoresque*, tome I, p. 188.

maximes, veut prouver que le respect filial est le fondement du sage gouvernement d'un État. L'auteur entre dans le détail de ce que doit à ses parents un fils, quelle que soit sa condition. Cet ouvrage a été composé l'an 480 av. J.-C. Le sage **Tsēn-Tsè** vit le jour dans la ville de **Oû**, du Royaume de **Loŭ**, qui forme à présent la circonscription de la Province du **Chān-Tōng**. Il n'avait que 46 ans de moins que Confucius et naquit vers l'an 505 av. l'ère chrétienne. Confucius disait de lui qu'il possédait à fond sa doctrine et qu'il excellait dans la piété filiale. Par respect pour son illustre maître, **Tsēn-Tsè** parle plus souvent au nom de Confucius qu'au sien. Les Chinois regardent, non sans raison, la piété filiale comme la reine des autres vertus et la base de la société.

Si, malgré son exiguïté, on a donné rang à ce livre parmi les **Kīn** du deuxième ordre, il le doit plus à la haute estime en laquelle on tient en Chine la piété filiale, qu'à la manière dont le sujet y est traité. Cependant le style en est beaucoup plus varié que celui du **Tá-hiŏ**. Le **Hiaó-kīn** avait disparu lors de l'incendie général des livres. A l'époque de la restauration des livres, on trouva deux copies différentes du **Hiaó-kīn**; l'une, en 18 chapitres, fut publiée par les soins de **Hô-Kian-Ouâng**, et porte le nom de *Texte nouveau*; l'autre, qui a 22 chapitres, fut retrouvée dans les ruines de la maison de Confucius, par **Loŭ-Kōng-Ouâng**. Celle-ci était écrite en caractères **Kò teoù** et reçut le nom de *Texte ancien*. Le nouveau texte fut adopté de préférence à la Chine, et, chose curieuse, les Japonais ont seuls conservé l'ancien texte qu'ils préfèrent de beaucoup.

Le P. Noël a donné, d'après le texte ancien ou **Koù ouên** 古文, une traduction latine complète du **Hiaó-kīn**, réunie à celle du livre suivant.

Le quatrième volume des *Mémoires sur les Chinois* donne une analyse française de ce livre. On en trouve des extraits dans le P. Duhalde et dans le Dictionnaire de Morrison.

L'examen comparatif des deux textes ne laisse pas apercevoir de variantes notables. Celles qu'on ne peut manquer d'y trouver sont une preuve du soin que les Chinois ont toujours apporté à conserver intacts les textes de leurs Livres sacrés.

DU SIXIÈME LIVRE CANONIQUE DU DEUXIÈME ORDRE

ou

LE **Siaò-hiŏ** 小學, LE LIVRE DE LA PETITE ÉTUDE.

Ce livre est dû au pinceau du célèbre docteur **Tchoū-Hȳ** 朱熹, qui le composa vers l'an 1150. Cet ouvrage est une compilation de maximes et d'exemples tirés des auteurs anciens et modernes.

Le docteur Bridgman a traduit le **Siaò-hiŏ**.

海上絲綢之路文獻集成 科技與文化編

DU SEPTIÈME LIVRE CANONIQUE DU DEUXIÈME ORDRE

OU

LE **Ngý-lỳ** 儀禮 ET LE **Tcheoū-lỳ** 周禮, LIVRES DES CÉRÉMONIES DES **Tcheoū.**

Ces deux ouvrages traitent également des Rites et des Cérémonies. On y trouve une foule de détails, souvent un peu minutieux, sur les anciennes formes du gouvernement, sur les dignités et les titres de chacune d'elles à cette époque, sur les cérémonies civiles et religieuses, etc.

Selon un ouvrage chinois qui a pour titre : 竹書記年, le **Tcheoū-lỳ** aurait été composé la sixième année du **Tchén-Ouâng** (1109 av. J.-C.). Il est certain que ce livre renferme le récit d'une foule de coutumes, de pratiques si conformes à celles des juifs, qu'on les dirait empruntées au peuple hébreu. Les juifs ont fait leur entrée en Chine sous la dynastie **Tcheoū**. On ne peut pas supposer qu'ils n'avaient pas avec eux les livres de Salomon. C'est le seul moyen d'expliquer une si frappante analogie.

Bien que ces deux ouvrages n'aient pas été mis au rang des **Kīn**, ils ne laissent pas d'avoir une grande autorité en Chine. Des savants du premier ordre ont fait des commentaires sur ces deux ouvrages et on les a rangés dans la collection des **Kīn** du deuxième ordre. Le **Ngý-lỳ** est regardé comme incomplet. L'autre n'est qu'une fastidieuse nomenclature des charges et emplois publics.

Nous ne connaissons que deux traductions européennes du **Tcheoū-lỳ**.

La première est celle de M. Ed. Biot, sous ce titre : le **Tcheoū-lỳ** ou *Rites des* **Tcheoū**, traduit pour la première fois du chinois, par Ed. Biot. Paris, 1851, 2 volumes.

La deuxième porte le titre suivant :

The Ceremonial Usages of the Chinese (ante Christ. 1121) *as prescribed in the « Institutes of the Chow dynasty Strung as pearls », a Chow le kwan choo* 周禮貫珠. *Being an abridgment of the Chow le classic by* 胡必相 *hoo peih seang* (*designated* 夢古 *mung Chow*). *Translated from the original Chinese with notes, by William Raymond Gingell, London,* 1852.

DU HUITIÈME LIVRE CANONIQUE DU DEUXIÈME ORDRE

OU

LES COMMENTAIRES DU **Tchoūn-tsieoū.**

Les trois plus anciens commentaires du **Tchoūn-tsieoū** ont été mis au rang des petits **Kīn**; mais fort tard. L'ouvrage de Confucius était clair pour ses con-

temporains. Trois doctes écrivains de la Chine, savoir : **Tsò-Ché** 左氏, **Kōng-Yâng** 公羊 et **Koŭ-Leâng** 穀梁 craignirent, non sans raison, que, dans la suite, ce livre ne présentât des obscurités, par suite du changement des mœurs publiques ou de l'altération des caractères de la langue. Pour obvier à l'inconvénient qu'ils prévoyaient, chacun de ces trois savants fit un commentaire sur le **Tchoūn-tsieoū**.

Le premier avait remarqué des lacunes dans l'œuvre de Confucius; son principal but fut de les combler. Il tenait également à raconter les détails de certains faits que Confucius avait indiqués trop brièvement. Le style de **Tsò-Ché** est élégant, clair, harmonieux. Cet ouvrage est son chef-d'œuvre. Il porte le titre de **Tsò tchouán** 左傳, *Commentaire traditionnel*, par **Tsò-Ché** (1).

Le deuxième écrivain, **Kōng-Yâng**, semble s'être proposé de pénétrer les pensées de Confucius, de signaler davantage encore les abus contre lesquels Confucius s'élevait déjà de son temps.

Le troisième, **Koŭ-Léang**, étudiant les paroles mêmes du texte, cherchait à en développer le véritable sens.

De ces trois écrivains, le premier est celui qui jouit en Chine de la plus grande autorité. Quoique très-estimé, son autre ouvrage **Koue̋ yù** 國語 ou ***Maximes gouvernementales*** lui est inférieur. Il existe un excerpta chinois qui a pour titre **Koù ouên pín tchoú** 古文評註. Il se compose de trente-quatre morceaux choisis, extraits du **Tsò tchouán**, et de neuf autres morceaux du **Koue̋ yù** de ce même savant. Cet excerpta est entre les mains des jeunes élèves chinois pour se former le style.

DU NEUVIÈME LIVRE CANONIQUE DU DEUXIÈME ORDRE

ou

LE DICTIONNAIRE Eûl-yà 爾雅.

Le dictionnaire **Eûl-yà** est communément attribué à **Tcheoū-Kōng**, qui vivait au onzième siècle av. J.-C. Un siècle plus tard, il a été revu par les lettrés de la dynastie **Hán**. Un savant chinois, du nom de **Koù-Pŏ**, qui vivait au quatrième

(1) Il y a dans son ouvrage un passage fort remarquable. Sous la douzième année de Tchaò kōng, Prince de Loŭ, on lit que l'historien du Royaume de Tchoū connaissait d'anciens livres en caractères que les savants ne pouvaient déchiffrer, mais que l'historien de Tchoū entendait. Ces livres se divisaient ainsi : Sān fēn 三 分。五 典。八 瓊。九 丘。 Saint Jérôme, dans son *Prologus galeatus*, montre que les anciens juifs divisaient la Bible en trois grandes sections qui comprenaient : la première, cinq livres ; la deuxième, huit prophètes ; la troisième neuf hagiographes. Ce passage chinois de Tsò ché ferait évidemment allusion aux Livres sacrés des juifs.

海上絲綢之路文獻集成 科技與文化編

siècle, l'a publié dans la forme actuelle avec des additions et commentaires.

Si les Chinois rangent ce dictionnaire parmi les Livres canoniques du deuxième ordre, c'est par un motif d'estime pour l'ancienneté de ce livre et pour les services qu'il a rendus en fixant le sens des caractères anciens et déterminant leur signification par des définitions convenables. Toutefois, tout en décernant à cet antique dictionnaire les éloges qui lui sont dus, on est obligé d'avouer que, quand il s'agit des **Kin** du premier ordre, on ne peut toujours suivre et adopter la glose du livre **Eûl-yà**.

V. LA DEUXIÈME ÉCOLE PHILOSOPHIQUE-LITTÉRAIRE. — Laò-Tsè 老子. — NOTIONS HISTORIQUES SUR LE FONDATEUR ET SUR SON ÉCOLE.

La deuxième École philosophique-littéraire de la Chine reconnaît **Laò-Tsè** pour son fondateur. Le nom de famille de ce philosophe est **Lỳ** 李; son petit nom est **Eûl** 耳; son titre honorifique, **Pě-Yâng** 柏 楊, et son nom posthume, **Tān** 聃.

Laò-Tsè vint au monde dans un modeste hameau du bourg de **Lỳ**, canton de **Koù-hién** (aujourd'hui **Loŭ-ў**), ville du troisième ordre, qui relève du département de **Kouý-tĕ-foú**, dans la province du **Hô-nân**, la troisième année de l'Empereur **Tîn-Ouâng** des **Tcheoū**, le quatorzième jour du neuvième mois (année 604 av. J.-C.). Il mourut à l'âge de 81 ans, la vingt et unième année du règne de **Kìn-Ouâng** (523 av. J.-C.).

Laò-Tsè est désigné par l'un ou l'autre des noms suivants : 1° **Laò-Tsè** 老子, *Vieillard-enfant*. Une tradition fait naître ce philosophe avec des cheveux blancs; de là ce surnom de *Vieillard-enfant*. Dans le sens des lettrés, ces mots peuvent également signifier *le vieux Philosophe*. 2° **Laò-Kiūn** 老 君, *le vieux Sage*. 3° **Lỳ-Laò-Kiūn** 李 老 君 est le même titre que le précédent, auquel on ajoute le nom de famille du philosophe. 4° Depuis la dynastie **Hán**, certains auteurs chinois ont commencé à écrire que **Laò-Tsè** avait propagé, en grande partie, les enseignements antiques de l'Empereur **Houâng-Tý** (2698 av. J.-C.). Pour ce motif, ils désignent souvent notre philosophe sous le nom de **Houâng-Laò** 黃 老. 5° Souvent aussi on se borne à dire **Laò-Chè** 老 氏, comme on dit 孔 氏 pour Confucius, **Tsò-Ché** 左 氏 pour **Tsò-Kieoù-Mîn**. Le mot **Ché** 氏 est un titre d'honneur décerné aux hommes illustres. 6° Les partisans de l'École de **Laò-Tsè** ne le désignent jamais que sous les titres honorifiques suivants : *Le très-haut sage* **Laò-Tsè**, 太 上 老 君.

De même que les lettrés rendent une espèce de culte à Confucius, ainsi les partisans de **Laò-Tsè** vénèrent sa mémoire. La maison dans laquelle il est né a été pendant longtemps conservée avec grand respect. On y offrait même des

20

sacrifices en son honneur. Les Empereurs de la dynastie **Tâng**, qui se regardaient comme les parents de **Laò-Tsè**, n'ont rien négligé pour augmenter le nombre des sectateurs de cette École, et rendre plus populaire encore la mémoire du philosophe. L'Empereur **Kaō-Tsōng**, des **Tâng** (666 de J.-C.), se distingua entre ceux de sa dynastie par son culte pour **Laò-Tsè**. Il visita un temple érigé en son honneur et lui décerna, dans cette circonstance, les titres de *Sublime et profond Empereur*. Quelques années après (674) le même Empereur publia un édit pour rendre obligatoire l'étude du livre de **Laò-Tsè** aux examens littéraires. Mais ce décret tomba en désuétude après la chute de la dynastie des **Tâng**. — L'Empereur **Hiuên-Tsōng** (713 de J.-C.) a publié un commentaire sur le livre de **Laò-Tsè**. Deux Empereurs de la dynastie des **Leâng** avaient précédemment publié chacun une glose sur le **Taó tĕ kīn**. Ce sont les Empereurs **Où-Tý** 武帝 (502 de J.-C.) et **Kién-Ouên-Tý** (550 de l'ère dixième).

Les intelligences d'élite ont en Chine une juste idée de **Laò-Tsè**. Mais les bonzes de cette École ont de plus en plus défiguré la doctrine de ce philosophe, en tirant des conséquences absurdes et ridicules de ses enseignements. **Laò-Tsè** n'adopterait jamais les déductions qu'on a tirées de sa doctrine et n'approuverait pas l'abus que l'on en a fait.

Les anciens missionnaires, dès leur arrivée en Chine, se sont trouvés en rapports plus directs avec la classe des lettrés qui suivent la doctrine de Confucius. Ils ont fait connaître de meilleure heure à l'Europe la doctrine des **Kīn** ou Livres sacrés de la Chine, en donnant, soit des analyses de ces livres, soit des traductions plus ou moins complètes. Ils ont également traduit de bonne heure les Livres classiques ou Livres canoniques du deuxième ordre. L'École de Confucius a été mieux et plus tôt connue en Europe que les autres Écoles de ce même Empire (1).

Les notions les plus explicites que l'on ait eues en Europe, sur **Laò-Tsè** et sur son École, viennent peut-être de M. Abel Rémusat. Ce savant sinologue, d'une perspicacité remarquable, réunissant tout ce que les anciens missionnaires avaient dit *per transennam* sur **Laò-Tsè**, et y joignant le fruit de ses études, de ses observations personnelles toujours sagaces, a publié un *Mémoire sur la vie et les œuvres de* **Laò-Tsè**, qui fit alors une juste sensation. Les jugements de M. Rémusat sur **Laò-Tsè** sont d'une justesse étonnante, et, malgré les progrès des études sinologiques, on ne trouve rien à modifier dans les opinions émises, il y a plus d'un demi-siècle, sur cette École.

La vie de **Laò-Tsè** offre, en bien des points, une ressemblance très-frappante

---

(1) L'impartialité nous fait un devoir d'ajouter que certains sinologues, qui ont largement bénéficié de ces travaux sur la Chine, se sont montrés peu équitables et peu reconnaissants envers ces hommes apostoliques, sans lesquels l'Extrême-Orient nous serait peut-être encore à peu près inconnu.

海上絲綢之路文獻集成 科技與文化编

avec celle du philosophe de Samos. Mais la doctrine de ces deux sages de l'antiquité païenne offre encore une plus grande et une plus étonnante ressemblance. L'œuvre de Laò-Tsè ne peut être envisagée que sous le rapport de la littérature et de la morale. On peut même dire qu'elle est presque exclusivement une œuvre de morale philosophique, car Laò-Tsè ne cite jamais les anciens Rois, les anciens sages pour modèles, ni aucun personnage de l'histoire. Son œuvre a donc un cachet particulier, exceptionnel. Pour que son École se soit perpétuée jusqu'à nos jours, il faut admettre que Laò-Tsè n'est pas un philosophe vulgaire et que son nom est réellement marqué parmi les grands instituteurs de l'humanité. Pour faire connaître son ouvrage, nous en mettrons de longs fragments sous les yeux de nos lecteurs.

VI. DU LIVRE SACRÉ DE CETTE ÉCOLE OU DU Taó tĕ kīn 道德經. LE LIVRE DE LA RAISON ET DE LA VERTU (1). — JUGEMENT SUR CE LIVRE COMME ŒUVRE LITTÉRAIRE ET COMME ŒUVRE PHILOSOPHIQUE.

Autant les lettrés de la Chine vénèrent les Kīn, autant les disciples de Laò-Tsè sont pleins de respect pour le livre de Laò-Tsè. Ce livre est pour eux un véritable Kīn, *un livre par excellence.* Le Taó tĕ kīn a deux parties; pour ce motif, l'ouvrage a été longtemps intitulé : Taó kīn 道經, *Livre de la Raison,* Tĕ kīn 德經, *Livre de la Vertu.* Les Chinois ont l'habitude ancienne de désigner les parties d'un livre par les mots qui se trouvent au commencement, sans avoir égard au contenu du chapitre. Les Hébreux, les musulmans, font de même. Ainsi le premier livre de la Genèse, le Pentateuque, tire son nom du mot initial *beréschith* בְּרֵאשִׁית. Depuis, on a fondu en un seul les titres des deux divisions, et l'on ne dit plus que Taó tĕ kīn 道德經, *le Livre de la Raison et de la Vertu.* La vénération des sectateurs de cette École les a portés à compter le nombre de mots de ce livre, lequel est de 5,748. Ce livre renferme 81 chapitres. Cependant, ainsi que cela est arrivé pour une foule de livres

(1) Le titre seul de l'ouvrage de Laò-Tsè est profond. Dans sa pensée intime, par ces deux mots Taó 道 et Tĕ 德, il veut désigner des êtres vivants et divins. Avant de créer, le Créateur n'avait pas de nom; après la création, on lui a donné celui de Taó 道, *Raison divine, essence de Dieu lui-même;* ce mot exprime l'éternité, l'immensité, la toute-puissance, l'immatérialité, le principe de la vie et du mouvement, en un mot, la plupart des attributs propres à l'Être Suprême, sauf ceux qui ne nous sont connus que par la révélation. Le logos du Taó, son verbe, celui par lequel il a créé toutes choses, se nomme *Vertu* 德. Confucius et Laò-Tsè ont désigné l'Être Suprême de la même manière. Traduire le mot Taó 道 par *Voie*, comme l'a fait M. Stan. Julien, c'est ne rien dire : *Le livre de la Voie*... (Voir notre ouvrage qui a pour titre : *du Symbolisme des caractères chinois.*)

avant l'imprimerie, les anciennes éditions du **Taó tĕ kīn** offrent quelques variantes dans le texte.

Comme œuvre littéraire, le **Taó tĕ kīn** de **Laò-Tsè** appartient au genre antique que l'on nomme **Koù ouên**. Il est grave, laconique, sentencieux; c'est le résumé, la quintessence des idées d'un penseur profond et subtil. Comme dans tous les écrits profonds de la haute antiquité, souvent on n'aperçoit pas aisément la liaison, la suite des idées, des périodes; cette liaison existe cependant: souvent **Laò-Tsè** n'achève pas sa pensée, il laisse ce soin au lecteur, ainsi que celui de tirer les conséquences de sa doctrine. Sa pensée est si élevée et embrasse tant de choses que la langue ne lui fournit pas d'expression pour la rendre avec justesse.

Il donne un sens particulier aux caractères qui peuvent en recevoir un. Aussi son œuvre revêt-elle un cachet d'obscurité que les commentateurs se sont efforcés de lever. Le **Taó tĕ kīn** est par là même un des plus difficiles de la littérature chinoise, tant à cause du laconisme littéraire qu'à cause de la profondeur, de la métaphysique de la doctrine et surtout de la *signification spéciale* que **Laò-Tsè** a attribuée à quelques mots de la langue. Un auteur, **Tsiaō-Kōng**, remarque que **Sē-Mà-Tsiĕn**, sans le vouloir, est cause que le **Taó tĕ kīn** est devenu obscur. Ayant dit, d'une manière générale, que le livre de **Laò-Tsè** renfermait un peu plus de 5,000 mots, certains éditeurs peu éclairés ont été assez téméraires pour retrancher un certain nombre de particules auxiliaires, explétives, finales, qui, en chinois, donnent tant de grâce au discours et contribuent surtout à la clarté, et cela dans le but de ramener à 5,000 le nombre des mots. Quant à l'authenticité de ce livre, elle est hors de toute discussion. Le **Taó tĕ kīn** a eu le privilége d'échapper, par deux fois, à une proscription des ouvrages moraux : la première, sous l'Empereur **Ché-Houâng-Tý**; la deuxième, sous l'Empereur **Hou-Py-Ly** (1280), qui proscrivit les livres des **Taó Sé**, à l'exception de celui de **Laò-Tsè**.

« **Laò-Tsè**, dit M. Rémusat, s'est montré dans ce livre philosophe véritable, « moraliste judicieux, théologien disert et métaphysicien subtil. Son style a la « majesté de celui de Platon et quelque chose de son obscurité. Il expose des « conceptions toutes semblables presque dans les mêmes termes, et l'analogie « n'est pas moins frappante dans les expressions que dans les idées. Les opi- « nions de **Laò-Tsè** sur l'origine et sur la constitution de l'univers n'offrent ni « fables ridicules, ni choquantes absurdités; elles portent l'empreinte d'un es- « prit noble et élevé, et, jusque dans les sublimes rêveries qui les distinguent, « elles présentent une conformité frappante et incontestable avec la doctrine « que professèrent, un peu plus tard, les Écoles de Pythagore et de Platon. « Comme les Pythagoriciens et les Stoïciens, **Laò-Tsè** admet pour cause pre- « mière la Raison ou le **Taó**, *Être ineffable, incréé*, qui est le type de l'univers

海上絲綢之路文獻集成 科技與文化編

« et n'a de type que lui-même. Ainsi que Pythagore, il regarde les âmes hu-« maines comme des émanations de la substance éthérée qui vont s'y réunir à « la mort, et, de même que Platon, il refuse aux méchants la faculté de rentrer « dans l'âme universelle. Avec Pythagore, il donne aux premiers principes des « choses les noms de nombre, et sa cosmogonie est en quelque sorte toute al-« gébrique (1). »

VII. ANALYSE DU LIVRE DE Laò-Tsè.

1° PHILOSOPHIE DOGMATIQUE — SON ENSEIGNEMENT SUR L'ÊTRE SUPRÊME. — SES ATTRIBUTS.

PREMIER TEXTE.

道可道非常道名可名非
常各無名天地之始有名
萬物之母故常無欲以觀
其妙有欲以觀其徼此兩
者同出而異名同謂之玄
玄之又玄衆妙之門

« La Raison, qui peut être exprimée par « la parole, n'est pas la Raison éternelle; « le nom qui peut être nommé n'est pas « le nom éternel. L'Être sans nom est l'o-« rigine du ciel et de la terre; avec un « nom, il est la mère de toutes choses.

« C'est pourquoi, lorsqu'on est constam-« ment exempt de passions, on peut con-« templer son essence spirituelle; lorsque « l'on a constamment des passions, on ne « le voit que sous une forme bornée.

« Ces deux choses ont une même ori-« gine et reçoivent des noms différents. On « les appellera toutes deux profondes. Elles « sont profondes, doublement profondes. « C'est la porte de toutes les choses spi-« rituelles. » Cap. 1.

---

(1) *Mémoire sur la vie et les œuvres de* Laò-Tsè.

DEUXIÈME TEXTE.

有物混成先天地
生寂兮寥兮獨立
而不改周行而不
殆可以為天下母
吾不知其名字之
曰道人法地地法
天天天法道道法
自然

« Avant le chaos qui a précédé la nais-
« sance du Ciel et de la terre, un Être
« existait, immense et silencieux, Être uni-
« que, immuable, immortel et toujours
« agissant. On peut le regarder comme la
« mère de l'univers. Moi, j'ignore son nom.
« Pour lui donner un titre, je l'appelle la
« *Raison*, le **Taó** (1)... L'homme a son mo-
« dèle dans la terre, la terre dans le ciel, le
« ciel dans le **Taó** et le **Taó** en lui-même. »
Cap. 25.

GLOSE.

Un auteur de l'École de **Laò-Tsè**, **Kŏ-Tchāng** (1200 de J.-C.), a fait, sur ce passage, l'admirable glose suivante que l'on dirait plutôt extraite des œuvres de l'*Ange de l'École* que sortie du pinceau d'un philosophe païen chinois :

« Si, par hasard, on m'interroge sur le **Taó**, je répondrai : Il n'a ni com-
« mencement ni fin; il ne se modifie point; il ne change point; il n'a pas de
« corps; il n'a pas une place déterminée; il ne connaît ni le superflu ni la pé-
« nurie, la diminution ni l'accroissement; il ne s'éteint pas; il ne naît pas;
« il n'est ni jaune, ni rouge, ni blanc, ni bleu; il n'a ni intérieur, ni extérieur,
« ni son, ni odeur, ni bas, ni haut, ni image, ni éclat. Il se répand au milieu
« du Ciel et de la terre et dans le sein de tous les êtres; il est la source de
« toutes les naissances, la racine de toutes les transformations. Le Ciel, la terre,
« l'homme et toutes les autres créatures ont besoin de lui pour vivre. Il nourrit
« tous les êtres comme une mère nourrit ses enfants. C'est pourquoi **Laò-Tsè**
« dit : On peut le regarder comme la mère de tous les êtres.

« **Lŏ-Tchĕn-Kōng** dit : Le **Taó** est tellement élevé que rien n'est au-dessus
« de lui; il enveloppe le monde et ne voit rien en dehors de lui.

« Tous les êtres sont venus de lui, dit **Hô-Cháng-Kōng**; voilà pourquoi on
« le nomme **Taó**. Dès qu'il s'est manifesté au dehors, toutes les créatures sont
« nées de lui; c'est ainsi qu'il est la mère de tous les êtres.

---

(1) Dans la haute antiquité, le caractère **Taó** avait une forme très-mystérieuse 道. Non-seulement il signifiait la *Raison* ou l'Être incréé par excellence, mais encore la voie, la règle, la loi, la méthode, le moyen, la doctrine, etc.; c'est le *code éternel*. **Laò-Tsè** emploie ce mot dans presque toutes ces significations.

海上絲綢之路文獻集成 科技與文化编

« **Le Taó** n'a point de compagnon dans le monde, dit à son tour **Siè-Houŷ**. « Il se tient seul au-delà des limites des êtres, et n'a jamais changé. En haut, « il s'élève jusqu'au Ciel; en bas, il pénètre jusqu'aux abîmes de la terre. »

TROISIÈME TEXTE.

« Le **Taó** est éternel et il n'a pas de nom. Dès qu'il se fut divisé, il eut un « nom. Le **Taó** est répandu dans tout l'univers. Tous les êtres retournent à « lui comme les rivières et les ruisseaux des montagnes retournent aux fleuves « et aux mers. » Cap. 32.

道常無名。始制有名。比道在天下。猶川谷之與江海。

Voici la glose de **Siè-Houŷ**, disciple de **Laò-Tsè** et son compatriote :

« Si on l'appelle **Taó**, c'est uniquement parce qu'on s'est efforcé de donner « un nom à ce qui n'a pas de nom. A l'époque où les êtres n'avaient pas en- « core commencé à exister, on ne pouvait lui donner un nom. Mais, lorsque son « influence divine eut opéré des transformations et que les êtres furent sortis « du non-être, alors il a reçu son nom des êtres. En effet, dès que le Ciel et la « terre eurent reçu l'existence, alors tous les êtres naquirent du **Taó**; voilà « pourquoi on le regarde comme la mère de tous les êtres. »

2° DU NOM DE JÉHOVAH יהוה DONNÉ A DIEU PAR **Laò-Tsè**.

« Pour comble de singularité, dit encore M. Rémusat, **Laò-Tsè** donne à l'Ê- « tre Suprême un nom hébreu, à peine altéré, le nom même qui, dans nos « Livres saints, signifie CELUI QUI A ÉTÉ, QUI EST ET QUI SERA, IEHOVAH, « יהוה. »

Voici ce chapitre curieux de **Laò-Tsè** :

« Vous regardez le **Taó** et vous ne le voyez pas; il se nomme **Ŷ** (*incolore*). « Vous l'écoutez et vous ne l'entendez pas; il se nomme **Hŷ** (*aphone*). Votre « main le cherche et elle ne peut le saisir; il se nomme **Ouŷ** (*incorporel*).

« Ces trois noms ne peuvent être scrutés à l'aide de la parole. C'est pour- « quoi on les confond *en un seul nom*.

« Sa partie supérieure n'est pas éclairée; sa partie inférieure n'est pas obs- « cure. Il est éternel et ne peut être nommé. On l'appelle une forme sans « forme, une image sans image.

« On l'appelle vague, indéterminé.

« Si vous allez au-devant de lui, vous ne voyez point sa face; si vous le sui- « vez, vous ne voyez point son dos.

« C'est en observant le Taó des temps anciens qu'on peut gouverner les « existences d'aujourd'hui.

« Si l'homme peut connaître l'origine des choses anciennes, on dit qu'il « tient le fil du Taó. » Cap. 14.

視之不見。名曰夷。聽之不聞。名曰希。搏之不得。名曰微。此三者不可致詰。故混而爲一。其上不皦。其下不昧。繩繩不可名。復歸於無物。是謂無狀之狀。無象之象。是謂惚恍。迎之不見其首隨之不見其後。執古之道以御今之有能知古始是謂道紀。

OBSERVATIONS CRITIQUES ET GRAMMATICALES SUR CE TEXTE CHINOIS.

1° Que Laò-Tsè ait voulu exprimer le nom auguste de Dieu, en employant un nom hébreu à peine altéré, cela nous semble incontestable. Laò-Tsè a voyagé dans les contrées occidentales de la Chine, probablement même dans l'Assyrie. La colonie juive, qui se fixa en Chine au sixième siècle avant l'ère chrétienne, s'établit dans la Province et tout près même de la ville natale de Laò-Tsè. Que ce philosophe, né d'une famille riche et princière, ait pu avoir des relations avec cette colonie étrangère qui venait demander l'hospitalité aux Chinois, c'est une conjecture qui a pour elle tous les degrés de probabilité. Toujours est-il que Laò-Tsè a connu le nom hébraïque de Dieu et que ce nom adorable est mieux conservé et plus exactement transcrit par le philosophe chinois qu'il ne l'est dans les ouvrages mêmes des Grecs.

En effet, Laò-Tsè, vu le génie de la langue chinoise, ne pouvait exprimer le nom de Jéhovah qu'en prenant dans sa langue deux ou trois caractères dont le son réuni offrirait la plus grande analogie possible avec le mot hébreu qu'il voulait rendre. Il a choisi les trois caractères Ŷ-Hŷ-Ouŷ 夷 希 微 (I. H. V.), non pas au hasard, mais en marquant mieux son intention par ce choix. La langue chinoise renferme une foule de termes homophones. Laò-Tsè aurait pu en prendre d'autres; mais son but n'eût pas été atteint. En exprimant le nom de Jéhovah, Laò-Tsè voulait en même temps exprimer, *pro modulo genii et linguæ suæ*, les attributs divins, les qualités de l'Être ineffable dont il parlait. Les commentateurs de Laò-Tsè eux-mêmes ont compris que le philosophe avait voulu désigner, par les trois caractères 夷 希 微, une seule et même personne. Mais, écrivant bien des siècles après lui, plongés eux-mêmes dans le polythéisme, il est évident que ces commentateurs ne pouvaient plus, à une aussi grande distance, connaître le nom de Jéhovah comme le fondateur de leur École, et qu'ils n'ont pu déclarer que deux choses, mais qui sont capitales, à savoir : 1° que ces trois caractères ne devaient s'appliquer qu'à une même personne; 2° que ces trois caractères exprimaient les attributs, les qualités de la

海上絲綢之路文獻集成 科技與文化編

西漢同文法　卷二

personne que **Laò-Tsè** avait en vue. Les commentateurs ont fait cette double et importante déclaration.

Durant notre long séjour en Chine, nous avons soumis à des lettrés habiles, de l'École de Confucius, le texte de **Laò-Tsè** qui nous occupe. Tous, sans la moindre hésitation, ont compris qu'il s'agissait ici d'un nom propre, qui devait s'exprimer par les sons des trois caractères **Ŷ-Hȳ-Ouý** 夷 希 微.

Les lettrés modernes de la Chine ne peuvent pas plus découvrir le nom de Jéhovah dans les trois caractères de **Laò-Tsè** qu'ils ne peuvent découvrir le sens catholique des expressions que les missionnaires emploient pour exprimer les dogmes, les mystères de la croyance catholique. Dès son origine, l'Église employa des mots latins qui, tout en exprimant le sens de ses dogmes, les couvraient cependant d'un voile assez épais pour que le vulgaire païen n'en comprît pas le vrai sens. Virgile et Cicéron, lisant un traité chrétien, auraient eu besoin d'un interprète. En Chine, nos lettrés, ouvrant un livre chrétien, sont aussitôt arrêtés par des expressions telles que les suivantes : **Mŷ-sǎ** 彌撒, **Pŷ-tsǐ** 秘跡, **Lién-yoù** 鍊獄, **Kaó-kiaỳ** 告解 et une foule d'autres de ce genre. Malgré toute leur science, comment comprendraient-ils qu'il s'agit ici du *sacrifice de la messe*, d'un *sacrement*, du *purgatoire*, de la *confession?* Les caractères choisis par **Laò-Tsè** sont dans le même genre.

Pour n'avoir pas compris ou su cela, un sinologue moderne a trouvé plus commode de rejeter comme imaginaire l'interprétation, si sagace et si vraie, donnée par M. Abel Rémusat, bien qu'il avoue que la *sagacité merveilleuse et la rare érudition de ce savant feront longtemps le désespoir des sinologues européens* (1). Au reste, nous ferons remarquer que c'était, de la part de Stan. Julien, un *parti pris* de contredire Rémusat, son ancien maître, chaque fois que celui-ci prenait la défense des opinions religieuses des anciens et doctes missionnaires de la Chine. Les preuves philologiques tirées de la formation des caractères chinois ou de leur symbolisme eussent dépassé le niveau de l'intelligence de Stan. Julien. Il n'a jamais vu ni su voir autre chose dans la langue chinoise que son mécanisme extérieur. Une étude comparative de la langue chinoise avec d'autres langues anciennes lui eût semblé une espèce d'utopie intolérable.

2° Une observation grammaticale confirme d'une manière évidente la traduction que nous adoptons avec M. Abel Rémusat et les anciens missionnaires de la Chine. **Laò-Tsè**, après avoir dit : *Celui que vous regardez et ne voyez pas...* ajoute, par trois fois, ces mots : *son nom est, son nom veut dire, on le nomme ou je le désigne sous le nom de* 名曰. Si **Laò-Tsè** n'eût pas voulu désigner un être particulier, mais *seulement* les qualités de cet être ou de cette chose, il n'eût

(1) Préface du Taó tě kīn par M. Stan. Julien.

pas employé ces mots **Mîn yuĕ** 名 曰. On ne dit pas cela d'un simple attribut. L'expression chinoise eût été différente.

Ensuite, le texte chinois ajoute : *Ces trois noms se confondent en un seul.* N'est-ce pas avertir le lecteur, d'une manière aussi directe que précise, qu'il faut réunir ces trois caractères **Ŷ-Hȳ-Ouŷ** (I. H. V.) pour en former un seul et même mot désignant une seule et même chose? Cependant, pris en eux-mêmes, chacun de ces caractères a un sens particulier, désigne un attribut différent. *Comment les confondre en un seul nom*, s'il ne faut pas l'entendre d'un être particulier?

3° *Observation philologique.* — Les plus anciens et les plus savants Hébraïsants, tels que Diodore de Sicile, Origène, saint Jérôme, etc., nous affirment que la vraie prononciation du tétragramme hébraïque יהוה (Jéhovah) serait **Yaô**, identique au mot Ἰαώ des Grecs. Les Grecs n'ont pu conserver l'aspiration, tandis que **Laò-Tsè** a su le faire dans le mot chinois. Il a donc mieux conservé et mieux exprimé le nom adorable de Jéhovah que les Grecs eux-mêmes. Dans **Laò-Tsè**, le tétragramme se trouve réduit à trois lettres. Mais il est bon que le lecteur sache que le dernier signe hébreu du mot ne s'articulait pas. Dans une belle et savante dissertation sur l'origine et la valeur du nom de Dieu dans une foule de langues (1), M. d'Anselme, ancien officier supérieur, confirme ce que nous disons ici. Le mot Ἰαώ des Grecs n'est qu'une simple variante du nom que Dieu se donne à lui-même en hébreu, soit *A-hé-houé* אהוה, *Moi* (qui) *suis*, à la première personne, c'est-à-dire lorsque la Divinité se rend témoignage à elle-même; soit *I-hé-houé* יהוה à la troisième personne du verbe substantif, *Celui* (qui) *est*; soit enfin à la deuxième personne dans le langage de l'invocation *Tï-hé-houé* תהוה, *Toi* (qui) *es*. Ces formes, surtout la deuxième, n'ont-elles pas une ressemblance frappante avec le **Ŷ-Hȳ-Ouŷ** de **Laò-Tsè**? — Pour ne pas étendre outre mesure cet article, nous renvoyons nos lecteurs au *Selecta vestigia* du P. Prémare, où le texte des commentateurs confirme de tout point la thèse que nous soutenons. Et puis, qui sait si les philosophes qui ont exprimé le nom de Dieu avec un mot de trois lettres n'ont pas eu le dessein de le faire symboliquement, pour désigner soit les trois périodes d'existence de celui *qui a été, qui est et qui sera*, ou bien ses trois principaux attributs, *l'Être, l'Intelligence et la Vie?* Ainsi parle M. Rémusat.

Un écrivain, qui a passé toute sa vie à faire des études comparatives sur les anciennes langues et qui s'est particulièrement attaché à découvrir le symbolisme des plus anciennes formes d'écriture, a publié une dissertation dans les *Annales de Philosophie chrétienne* (tome VIII, quatrième série, année 1853) pour défendre la thèse que nous exposons ici. Nous n'avons connu la dissertation

(1) Voir *Annales de Philosophie chrétienne*, numéro de juillet 1874.

海上絲綢之路文獻集成 科技與文化編

du chevalier de Paravey qu'après avoir écrit la nôtre. Selon son habitude, cet écrivain décompose les caractères, et, par leur analyse, il en tire ses inductions qui sont souvent d'une justesse étonnante. Nous résumons son analyse.

Laò-Tsè a exprimé le nom ineffable de Jéhovah par ces trois caractères : **Ŷ-Hȳ-Ouý** 夷 希 微.

Le premier caractère 夷 est formé de **Kōng** 弓, *arc*, et du caractère **Tá** 大, *grand, commencer, surpasser*. Ce caractère signifie encore à présent *grand, content, large, beau, facile, éloigné*. Il est évident que le grand arc figurait primitivement la courbure du Ciel 亼, c'est-à-dire, le grand comble 亼 qui est aussi un des noms de Dieu ou du Ciel en chinois moderne. Le nom du Ciel 天 se classe comme le caractère 夷. Ce caractère 天 est composé de **Tá** 大, *grand*, combiné avec **Ŷ** 一, *un, unité, parfait*. Dans ce caractère 天, on voit le *grand un*, la *grande unité* placée, par les peuples à écriture figurative, vers le pôle nord de l'Équateur, point alors supposé *fixe et immuable*, dans le Ciel constellé.

Le caractère **Ŷ** 夷 est pour nous l'expression de Dieu le Père, de ce Dieu que rien ne précède, qui figure, chez certains peuples, dans un anneau, dans un arc fermé sur lui-même. Ce même caractère **Ŷ** 夷, qui veut dire aussi hommes à grands arcs, sert à désigner les peuples du Nord et de l'Est.

Le deuxième caractère **Hȳ** 希 vient de **Kīn** 巾, qui signifie *espérer, attendre, rare* et *vivement désiré*. Nous voyons ici le *Désiré des nations*, le *Saint attendu* que mentionne Confucius dans le 中庸.

Le hasard ne peut pas amener des rapports de *sons* et d'idées et les reproduire dans le même ordre en hébreu, en chinois et dans d'autres langues où l'on met Dieu le Fils, le Dieu attendu et désiré, après Dieu le Père ou Dieu Suprême du Ciel.

Quant au troisième caractère, il s'écrivait anciennement avec la clef de l'eau **Ouy** 溦 et signifie *petite pluie, pluie fine, rosée douce*. Tous les catholiques savent que, dans les Livres saints, les grâces que verse le Saint-Esprit sont comparées à la *rosée;* ce sont elles qui fécondent l'esprit des sages, comme les pluies modiques, les terres desséchées par le soleil brûlant de l'Assyrie.

3° PROVIDENCE DE L'ÊTRE SUPRÊME.

TEXTE.

« Le **Taó** est l'asile de tous les êtres; c'est le trésor de l'homme vertueux « et l'appui du méchant... Si un homme n'est pas vertueux, pourrait-on le re- « pousser avec mépris? C'est pour cela qu'on avait établi un Empereur et ins- « titué trois ministres. » Cap. 62.

道者萬物之奧善人之寶不善人之所保人之不善何棄之有故立天子置三公。

海上絲綢之路文獻集成 科技與文化編

GLOSE.

« Le **Taó** est naturellement très-subtil, dit **Lŏ-Tchĕn-Kōng**, il est impossible « d'exprimer son nom, de figurer sa forme. Il s'élève à l'infini; il s'étend sans « bornes; il enveloppe le Ciel et la terre dans son immensité. Quand l'homme « vertueux a obtenu le **Taó**, c'est comme s'il possédait un trésor au-devant de « lui, et, partout où il va, il peut en tirer un immense profit.

« L'homme dénué de vertu, dit **Siè-Houý**, a commencé à perdre le **Taó**. « Lorsqu'une fois il craint le malheur et cherche son appui dans le **Taó**, il « pourra changer le malheur qui le menaçait en un bonheur durable. **Laò-Tsè** « veut dire que le **Taó** est répandu dans l'univers et que les bons comme les « méchants peuvent en profiter. Si un homme a des défauts, il lui suffit de se cor-« riger pour devenir vertueux. C'est pourquoi il ne faut pas le repousser à cause « de ses défauts. Si, dans l'antiquité, on avait établi un Empereur et trois mi-« nistres, c'était précisément pour instruire et réformer les hommes vicieux. »

4° SUR LA JUSTICE DIVINE DU **Taó**.

TEXTE.

« Le filet du *Ciel* est immense; ses mailles sont écartées et cependant per-« sonne n'échappe. » Cap. 73.

天網恢恢疏而不失。

GLOSE.

« Le Ciel ne lutte point avec les hommes, dit **Kŏ-Tchĕn-Tōng**, et il n'y a « personne dont il ne triomphe; il ne parle pas et ils lui répondent aussi rapi-« dement que l'écho répond à la voix; il ne les appelle pas et ils viennent « d'eux-mêmes pour rectifier leur cœur. Le Ciel paraît lent; mais il excelle à « former les desseins. Quelle que soit la sévérité des lois pénales du Royaume, « il y a une foule de coupables qui réussissent à échapper au châtiment. Le « filet du Ciel est grand et vaste; il semble avoir des mailles écartées; mais il « n'y a pas un méchant qui puisse l'éviter. »

5° LA SANCTION DES PEINES DANS L'AUTRE VIE.

TEXTE.

« Lorsque le peuple ne craint pas la mort, comment l'effrayer par la me-« nace de la mort?

« Si le peuple craint constamment la mort et que quelqu'un fasse le mal, je « puis le saisir et le tuer, et qui alors osera l'imiter?

« Il y a constamment un magistrat suprême qui inflige la mort. — Si l'on « veut remplacer ce magistrat suprême et infliger soi-même la mort, on res« semble à un homme inhabile qui voudrait tailler le bois à la place du char« pentier. — Lorsqu'on veut tailler le bois à la place du charpentier, il est « rare qu'on ne se blesse pas les mains. » Cap. 74.

民不畏死奈何以死懼之若是民常死畏而爲奇者吾得執而殺之孰敢孰常有司殺者殺夫代司殺者殺是謂代大匠斲夫代大匠斲希有不傷手矣。

GLOSE.

« Si le gouvernement est tyrannique, s'il inflige des châtiments cruels, le « peuple ne sait plus que devenir et il ne craint plus la mort, dit **Soŭ-Tsè-« Yeoû**. Quand on voudrait l'effrayer par la menace de la mort, il aime à vivre « et craint constamment la mort. Si quelqu'un excite alors la multitude au « désordre, le Ciel l'abandonne et je puis lui donner la mort. On dira que c'est « le Ciel qui l'a tué et non pas moi. Mais c'est une chose grave que de décider « de la vie des hommes! Comment pourrait-on les tuer à la légère?

« Le but de ce chapitre, dit **Lý-Sý-Tchaý**, est de montrer que les lois péna« les du siècle sont inefficaces pour bien gouverner. Si le peuple craint réelle« ment la mort et que quelqu'un fasse mal, il me suffira de tuer ce seul homme « pour effrayer ceux qui seraient tentés de l'imiter. — Laissez faire le Ciel; il « envoie le bonheur aux hommes vertueux et le malheur aux méchants. Quoi« qu'il agisse en secret, aucun coupable ne peut lui échapper; mais si vous « voulez remplacer le Ciel qui préside à la mort, la peine capitale que vous « aurez infligée retombera sur vous et votre cœur sera déchiré de remords. »

6° LE DOGME DE LA TRINITÉ.

TEXTE.

« Le Taó a produit *Un*; *Un* a produit *Deux*; *Deux* a produit *Trois*; *Trois* a « produit tous les êtres. Tous les êtres fuient le calme et cherchent le mouve« ment. Un souffle immatériel forme l'harmonie. » Cap. 42.

道生一。一生二。二生三。三生萬物。萬物負陰而抱陽冲氣以爲和。

海上絲綢之路文獻集成 科技與文化編

GLOSE.

« Le divin Platon, dit ici M. Rémusat, qui avait, lui aussi, adopté le dogme « mystérieux de la Trinité, semblait craindre de le révéler aux profanes. Il « l'enveloppe de nuages dans sa fameuse lettre aux trois amis et dans une « lettre à Denys de Syracuse il annonce qu'il s'expliquera, mais par énigmes, « de peur que ses tablettes venant, sur terre ou sur mer, à tomber entre « les mains de quelque inconnu, il ne puisse les lire et les entendre. Peut-« être le souvenir récent de la mort de Socrate contribuait-il à lui imposer « cette réserve. **Laò-Tsè** n'use pas de tous ces détours, et ce qu'il y a de plus « clair dans son livre, c'est qu'un *être trine* a formé l'univers. Pourtant, sou-« vent à la Chine même, ainsi que nous l'apprend un Empereur de Chine qui « a composé la préface du 性理大全, on enfermait, dans un coffre en-« touré de bandes d'or, les écrits qui traitaient de sujets élevés dont on cachait « le contenu au peuple. 故先王秘藏于金縢之匱不以示人.

« On retrouve dans les écrits du philosophe chinois les dogmes et les opi-« nions qui faisaient, suivant toute apparence, la base de la foi orphique et de « cette antique sagesse orientale dans laquelle les Grecs allaient s'instruire à « l'École des Égyptiens, des Thraces et des Phéniciens.

« **Lý-Sŷ-Tchăy** dit à son tour sur ce passage de **Laò-Tsè** ces remarquables « paroles : Tant que le **Taó** était concentré en lui-même, *Un* n'était pas encore « né. *Un* n'étant pas encore né, comment aurait-il pu y avoir *Deux? Deux* « n'existait pas parce que *Un* ne s'était pas encore divisé, ni répandu dans l'u-« nivers pour former les êtres. Dès qu'il y eut *Un*, c'est-à-dire dès que le **Taó** « se fut produit au dehors, aussitôt il y a eu *Deux*. Deux ont produit un troi-« sième principe et ont formé l'*harmonie*. Le souffle d'harmonie (ou troisième « principe) s'est condensé et a produit tous les êtres. »

7° DE L'ÊTRE TRINE DANS SES ŒUVRES.

PREMIER TEXTE.

« Le **Taó** a produit les êtres; la *Vertu* les nourrit. Ils leur donnent un corps « et les perfectionnent par une secrète impulsion.

« C'est pourquoi tous les êtres révèrent le **Taó** et honorent la *Vertu*.

« Personne n'a conféré au **Taó** sa dignité ni à la *Vertu* sa noblesse; ils les « possèdent éternellement en eux-mêmes.

« C'est pourquoi le **Taó** produit les êtres, les nourrit, les fait croître, les « perfectionne, les mûrit, les alimente, les protége.

« Il les produit et ne se les approprie point; il les fait ce qu'ils sont et ne « s'en glorifie point; il règne sur eux et les laisse libres.

« C'est là ce qu'on appelle une vertu profonde. » Cap. 51.

道生之德畜之物形之勢成之是以萬物莫不尊道而貴德道之尊德之貴夫莫之命常自然故道生之畜之長之育之成之熟之養之覆之生而不有爲而不恃長而不宰是謂玄德。

La glose taosséenne, sur ce splendide chapitre, n'est pas moins élevée ni moins profonde. On croirait presque entendre la voix de l'illustre exilé de l'île de Patmos, parlant du Verbe éternel :

« La Vertu est la manifestation du **Taó** dans les créatures. Le **Taó** s'est ré« pandu comme un fleuve, il s'est manifesté au dehors dans les êtres et il est « devenu la Vertu 德. L'Être immatériel se nomme le **Taó** 道 ou la Raison, « Suprême; ce qui transforme et nourrit toutes les créatures s'appelle **Tĕ** 德, « c'est-à-dire, la Vertu. Cette Vertu donne un corps et une figure aux créatures; « mais ni le **Taó** ni la Vertu n'ont pas de corps 道德無形; ils se mani« festent par les êtres 乃因物以形. Si l'homme ne connaît pas la gran« deur du **Taó** et de la Vertu, il lui suffit, pour en juger, de contempler les êtres. « Par une force d'impulsion, le **Taó** et la Vertu conduisent les êtres à leur en« tier développement. Il n'y a pas eu un seul être qui, depuis sa naissance « jusqu'à son entier développement, n'ait eu besoin du **Taó** et de la Vertu. « C'est pourquoi tous êtres les honorent et les révèrent pareillement. Il n'y a « pas un seul être qui apporte sa noblesse en naissant. Pour que l'Empereur « soit révéré et entouré d'honneurs, il faut qu'il ait été constitué par le Ciel. « Pour que les Princes soient révérés et entourés d'honneur, il faut qu'ils aient « été constitués par l'Empereur. Mais le **Taó** et la Vertu n'ont pas besoin qu'on « leur confère leur dignité et leur noblesse; ils sont honorables par eux-mê« mes. »

DEUXIÈME TEXTE.

« Les formes visibles de la grande Vertu émanent uniquement du **Taó**. » Cap. 21.

孔德之容惟道是從。

Voici une glose remarquable de **Soū-Tsè-Yeoū** :

« Le **Taó** n'a pas de corps. Quand il s'est mis en circulation dans l'univers, il « est devenu la Vertu, et alors il a pris une figure. C'est pourquoi la Vertu est « la manifestation du **Taó**. On peut conclure de là que les formes sensibles de « tous les êtres sont la manifestation du **Taó** dans les créatures. »

海上絲綢之路文獻集成 科技與文化編

II. PHILOSOPHIE MORALE DE Laò-Tsè.

La morale de **Laò-Tsè** est digne des pages précédentes. En maints endroits de son ouvrage, **Laò-Tsè** parle du **Taó** (1) et de ses attributs divins. Le dogme de la vie future, base de toute morale sérieuse, s'y trouve réellement marqué, quoique d'une manière moins explicite que dans les enseignements catholiques. Selon **Laò-Tsè**, voici les principaux points de la morale. A côté de chacun d'eux, nous pourrions citer un texte biblique; nos lecteurs le feront aisément.

« 1° L'homme doit s'efforcer d'imiter le **Taó**, de s'identifier à lui, afin de « devenir semblable à lui; 2° le sage ne doit pas s'attacher aux plaisirs de cette « vie qui passe; 3° un des points principaux de la perfection est de réprimer « surtout dans le principe ses passions, afin de mieux contempler le **Taó**; 4° le « sage ne se venge des injures que par des bienfaits; 5° il faut s'appliquer à « la connaissance de soi-même, afin de se vaincre et d'obtenir la longévité éter- « nelle; 6° le sage a un rôle sublime à remplir ici-bas envers les autres hom- « mes non vertueux (rôle généralement peu compris et peu pratiqué même « dans l'École catholique). » Un sinologue dit, avec raison, que **Laò-Tsè**, dans ce chapitre, a exprimé les paroles les plus saintes et les plus profondes que la sagesse humaine ait jamais proférées. « 7° Le sage, l'homme célèbre fuit la gloire, « se cache après les brillantes actions et demeure humble et modeste; 8° il faut « aimer et conserver sa position sociale; 9° le dépouillement et le renoncement « de soi-même est la voie qui mène droit à l'union au **Taó**; 10° le **Taó** a une voie « mystérieuse pour opérer de grandes choses, il emploie la faiblesse contre la « force; 11° il y a dans les **Kin** de l'École de Confucius des passages d'une har- « diesse inouïe sur les Princes et sur les peuples. **Laò-Tsè** n'est pas moins au- « dacieux parfois quand il parle des Souverains et surtout des conquérants. »

Nous allons donner, comme exercices de *littérature* et de *philosophie*, un texte ou deux sur chacun des points de morale que nous venons d'énumérer.

1° IMITATION DU Taó.

TEXTE.

« Si l'homme se livre au **Taó**, il s'identifie à lui; s'il se livre à la Vertu, il « s'identifie à la Vertu; s'il se livre au crime, il s'identifie au crime. Celui qui

(1) Si ce mot Taó devait être entendu dans le sens de *Voie, Via*, comme l'a traduit incorrectement Stan. Julien, que faudrait-il entendre par les attributs, les qualités donnés à une *Voie?* Le plus vulgaire bon sens aurait dû l'avertir de sa méprise. Mais il tenait à faire pièce aux doctrines religieuses qu'il a constamment combattues par ses paroles, comme ses actes privés en étaient la négation.

« s'identifie au Taó, gagne le Taó; celui qui s'identifie à la Vertu, gagne la « Vertu; celui qui s'identifie au crime, gagne la honte du crime. » Cap. 23 (1).

從事於道者。同於道。德者同於德失者司於失。同於道者道亦得之同於德者德亦得之同於失者失亦得之。

2° NE PAS S'ATTACHER AUX PLAISIRS DE CE MONDE.

TEXTE.

« La musique et les mets exquis retiennent l'étranger qui passe. » Cap. 35.

樂與餌過客止。

La glose s'exprime ainsi :

« Si l'on fait entendre de la musique, si l'on sert des mets exquis, cela suffit « pour arrêter le voyageur qui passe. Mais si la musique cesse, si les mets ex« quis sont consommés, le voyageur se retire à la hâte. Cette comparaison « montre que les jouissances du siècle sont illusoires et n'ont qu'une faible « durée. »

3° RÉPRIMER SES PASSIONS, SURTOUT DANS LE PRINCIPE.

TEXTE.

« Il n'y a pas de plus grand péché que les désirs déréglés, ni de plus grand « malheur que les tourments qui en sont la suite. Il n'y a pas de plus grande « calamité que le désir d'acquérir. Celui qui sait se suffire est toujours content « de son sort. » Cap. 46.

« Arrêtez le mal avant qu'il existe; calmez le désordre avant qu'il éclate. « Un grand arbre est né d'une racine aussi déliée qu'un cheveu; une tour « de neuf étages est sortie d'une poignée de terre; un voyage de mille lys a « commencé par un pas. » Cap. 64.

罪莫大於可欲。禍莫大於不知足。咎莫大於欲得故知足之常足。防之於未有治之於未亂合抱之木生於毫末九級之臺起於累土千里之行始於足下。

---

(1) Les mots Taó et Tĕ ont ici un sens particulier : le premier signifie l'Être divin en tant que source de toutes choses; le second, l'Être divin en tant que l'instrument par qui tout a été fait, c'est-à-dire, le *Logos* du Créateur.

21

海上絲綢之路文獻集成 科技與文化編

La glose dit ces paroles :

« Dans la haute antiquité, les Princes possédaient le **Taó**; ils étaient purs, « exempts de désirs et convertissaient les hommes. Depuis que le siècle s'est « corrompu, les saints ne surgissent plus dans le monde. On s'abandonne à la « violence de ses désirs et au désordre. Chacun s'applique à s'enrichir, à do- « miner par la force. L'ambition est devenue insatiable. »

4° LE SAGE VENGE LES INJURES PAR DES BIENFAITS.

TEXTE.

« Les choses grandes ou petites, nombreuses ou rares, sont égales aux yeux « du sage. Il venge les injures par des bienfaits. Il commence par des choses « aisées lorsqu'il en médite de difficiles; par de petites choses, lorsqu'il en « projette de grandes. » Cap. 63.

大小多少報怨以德圖難於其易大於其細。

La glose dit ces paroles :

« Le saint ne connaît ni bienfaits ni injures; il n'a ni vengeance ni recon- « naissance à exercer; il ne songe qu'à la vertu. Il fait du bien à tous, même « à ceux qui lui ont fait du mal. C'est ainsi qu'il venge ses injures par des « bienfaits. »

5° S'APPLIQUER A LA CONNAISSANCE DE SOI-MÊME.

TEXTE.

« Celui qui connaît les hommes est instruit.
« Celui qui se connaît lui-même est éclairé.
« Celui qui se dompte lui-même est fort.
« Celui qui meurt et ne périt pas jouit d'une éternelle longévité. » Cap. 33.

知人者智。自知者明。自勝者强。死而不亡者壽。

Voilà le célèbre axiome du philosophe Thalès : Γνῶθι σεαυτόν, *connais-toi toi-même*, mais développé d'une manière plus frappante.

La glose dit ces belles paroles :

« Celui qui se connaît lui-même est éclairé; il est doué d'une vue intérieure. « Celui-là seul est capable de se connaître lui-même qui concentre en lui- « même son ouïe pour entendre ce qui n'a pas de son (le **Taó**) et sa vue pour

« voir ce qui n'a pas de corps (le **Taó**). Le cœur meurt, mais l'âme vit tou-« jours. L'âme sensitive s'éteint, mais l'âme spirituelle conserve sa lumière. « — Le corps humain est comme l'enveloppe d'une cigale ou la dépouille d'un « serpent. Nous n'y faisons qu'un séjour passager. Or, lorsque la peau de la « cigale est desséchée, la cigale n'est pas encore morte; lorsque l'enveloppe « du serpent est décomposée, le serpent n'est pas encore mort.

« Malgré les grands changements qu'on appelle la vie et la mort, la nature « du sage conserve sa pureté et ne périt pas. C'est ainsi que les hommes par-« faits de l'antiquité ont pu échapper aux changements de la vie et de la mort.

« Le sage regarde la vie et la mort comme le matin et le soir. Il existe et ne « tient pas à la vie; il meurt et ne périt pas. C'est là ce qu'on appelle la lon-« gévité. »

6° DU ROLE SUBLIME DU SAGE ENVERS LES AUTRES.

(Rôle malheureusement fort peu compris, encore moins pratiqué.)

PREMIER TEXTE.

« Le sage excelle constamment à sauver les hommes; c'est pourquoi il n'a-« bandonne pas les hommes. Il excelle constamment à sauver les êtres; c'est « pourquoi il n'abandonne pas les êtres. Cela s'appelle être doublement éclairé. « C'est pourquoi l'homme vertueux est le *précepteur*, le maître de celui qui « n'est pas vertueux. L'homme qui n'est pas vertueux est le secours de celui « qui est vertueux. Si l'un n'estime pas son précepteur, son maître, si l'autre « n'affectionne pas celui qui est son secours, quand on leur accorderait de la « prudence, ils sont plongés dans l'aveuglement. Voilà ce qu'il y a de plus « important et de plus subtil. » Cap. 27.

聖人常善救人故無棄人常善救物故無棄物是謂襲明故善人不善人之師不善人善人之資不貴其師不愛其資雖智大迷是謂要妙。

La glose de ce beau passage n'est pas moins remarquable :

« Ceux que le monde appelle sages n'ont que des voies étroites. Ils donnent « avec partialité et ne connaissent point la justice qui est large et libérale pour « tous. Si un homme est vertueux, ils se réjouissent de le voir semblable à eux « et ils le sauvent. Si un homme n'est pas vertueux, *ils savent le haïr et ne sa-« vent pas l'aimer*. De là vient qu'il y a beaucoup d'hommes et de créatures « qu'ils abandonnent. Mais le sage a le cœur exempt de partialité et il instruit « les hommes *sans faire acception de personne*. Il excelle constamment à sauver

« tous les hommes et toutes les créatures du monde; il ne s'est pas encore « trouvé un seul homme qu'il ait rejeté et refusé de sauver.

« L'homme vertueux ne l'est pas par lui seul; il est destiné à être le mo- « dèle des hommes. Si les hommes non vertueux peuvent imiter sa conduite, « alors ils peuvent corriger leurs mauvaises qualités et arriver à la vertu. C'est « en cela que l'homme vertueux est le *précepteur*, le *maître* de ceux qui ne le « sont pas.

« L'homme dénué de vertu n'est pas nécessairement condamné à persévérer « jusqu'à la fin dans le mal. Son amélioration dépend uniquement d'une bonne « éducation. Si l'homme vertueux peut l'accueillir avec bienveillance et l'ins- « truire, alors chacun d'eux acquerra du mérite et l'homme vertueux en reti- « rera à son tour un avantage marqué. C'est ainsi que l'homme qui n'est « pas vertueux devient le *secours de l'homme vertueux*. — Voilà ce qu'on appelle « la voie la plus importante; elle est déliée et subtile; aussi il y a bien peu de « personnes qui la connaissent.

« Le philosophe **Lŷ-Tsè** dit : Le rôle du sage est d'instruire et de convertir « les autres. Si donc la mission des saints et des sages est uniquement d'ins- « truire et de convertir, l'occupation principale des hommes vulgaires doit être « d'écouter et de suivre leurs instructions. Il n'y a rien au monde de plus im- « portant. »

DEUXIÈME TEXTE.

« Celui qui est vertueux, le saint le traite comme un homme vertueux; celui « qui n'est pas vertueux, il le traite aussi comme un homme vertueux. C'est « là le comble de la vertu. » Cap. 49.

善者吾善之不善者吾亦善之。

GLOSE.

« Le sage sait que la vertu ou le vice, la sincérité ou l'hypocrisie résident « en eux; c'est pourquoi ses sentiments ne changent point. S'il traitait les hom- « mes vertueux comme tels et rejetait les hommes dénués de vertu; s'il traitait « les hommes sincères comme tels et repoussait les hypocrites, pourrait-on « dire qu'il sait constamment sauver les hommes? C'est pourquoi il ne repousse « personne. Le sage ne se réjouit point à la vue des bons et ne témoigne point « de déplaisir à la vue des méchants. De cette manière, les bons ne s'enor- « gueillissent point, les méchants ne s'irritent point. Alors, tous se convertis- « sent et le monde commence à goûter la paix. »

7° LE SAGE FAIT DE GRANDES CHOSES, FUIT LA GLOIRE, NE SE VANTE POINT, DEMEURE MODESTE.

PREMIER TEXTE.

« Si l'on est comblé d'honneurs et qu'on s'enorgueillisse, on s'attirera des « malheurs. Lorsque l'on a fait de grandes choses et obtenu de la réputation, « il faut se retirer à l'écart. Telle est la voie du Ciel. » Cap. 9.

富貴而驕自遺其咎功成名遂身退天之道。

La glose dit ces paroles :

« Lorsqu'un héros a fait de grands exploits et obtenu de la réputation, il « faut qu'il sache que la vie est comme l'illusion d'un songe, que les richesses « et les honneurs sont comme les nuages qui flottent dans l'air. Il doit, quand « le temps est venu, trancher les liens d'affection qui l'attachent, s'échapper « de sa prison terrestre et s'élancer au-delà des créatures pour s'identifier avec « le Taó.

« Toutes les choses décroissent et dépérissent lorsqu'elles sont arrivées à « leur apogée. La joie extrême dégénère en douleur, et l'on tombe souvent du « comble de l'illustration dans la disgrâce et le déshonneur. »

DEUXIÈME TEXTE.

« Le sage redoute la gloire comme l'ignominie, son corps lui pèse comme « une grande calamité.

« La gloire est quelque chose de bas; lorsqu'on l'a obtenue, on est rempli « de crainte; lorsqu'on l'a perdue, on est comme rempli de crainte.

« Si nous éprouvons de grandes calamités, c'est parce que nous avons un « corps. » Cap. 13.

寵辱若驚貴大患若身寵爲下得之若驚失之若驚吾所以有大患者爲吾有身。

La glose parle ainsi :

« Dans l'antiquité, les hommes éminents redoutaient la gloire autant que « l'ignominie, parce qu'ils savaient que la gloire n'est que le précurseur de « l'ignominie. Ils supportent difficilement notre corps, parce qu'il est la source « des calamités. C'est pourquoi ils renonçaient à la gloire, et l'ignominie ne les « atteignait pas; ils oubliaient leur corps, et les calamités n'arrivaient point « jusqu'à eux. Les hommes du siècle croient que les honneurs sont un sujet de « joie; ils ignorent que les honneurs sont une grande calamité comme le corps.

« La gloire et l'ignominie ne sont pas deux choses distinctes. L'ignominie naît « de la perte de la gloire; mais les hommes du siècle ne comprennent pas « cette vérité, et ils regardent la gloire comme quelque chose d'élevé, l'ignominie comme quelque chose de bas. S'ils savaient que l'ignominie naît de la « gloire, ils reconnaîtraient que la gloire est certainement quelque chose de « bas et de méprisable. Chún, d'enfant du peuple, devint l'ami, le ministre de « l'Empereur Yaô; il était aussi indifférent à cette gloire que s'il l'eût possédée « dès sa naissance. Il devint Empereur; on pouvait dire qu'il était comblé « d'honneurs, et cependant il y faisait aussi peu d'attention que s'ils lui eussent « été étrangers. »

TROISIÈME TEXTE.

« Celui qui tient à ses vues n'est pas éclairé.
« Celui qui s'approuve lui-même ne brille pas.
« Celui qui se vante n'a point de mérite.
« Celui qui se glorifie ne subsiste pas longtemps. » Cap. 24.

自見者不明自是者不彰自伐者無功自矜者不長。

La glose ajoute :

« L'homme qui tient à ses vues s'imagine que les autres hommes de l'Em- « pire ne le valent pas. Alors, il ne peut profiter de leurs qualités ou de leurs « talents. C'est pourquoi il n'est pas éclairé.

« Celui qui s'approuve lui-même est partial envers lui; il pense que les au- « tres n'ont pas autant de capacité que lui. Alors il ne peut profiter de leurs « talents. C'est pourquoi il ne brille pas.

« Celui qui se vante de son mérite craint encore de n'être pas connu et es- « timé des hommes, et les hommes, au contraire, le méprisent. Voilà pourquoi « il perd tout son mérite. »

QUATRIÈME TEXTE.

« Le *Ciel* est comme l'ouvrier en arcs qui abaisse ce qui est élevé et élève « ce qui est bas; qui ôte le superflu et supplée à ce qui manque.

« Le *Ciel* ôte à ceux qui ont du superflu pour aider ceux qui n'en ont pas « assez.

« Il n'en est pas ainsi de l'homme; il ôte à ceux qui n'ont pas assez pour « donner à ceux qui ont du superflu.

« Quel est celui qui est capable de donner son superflu aux hommes de « l'Empire? Celui-là seul qui possède le Taó.

海上絲綢之路文獻集成 科技與文化編

« C'est pourquoi le saint fait le bien et ne s'en prévaut point.

« Il accomplit de grandes choses et ne s'y attache point.

« Il ne veut pas laisser voir sa sagesse. » Cap. 77.

天之道其猶張弓乎高者抑之下者舉之有餘者損之不足者補之天之道損有餘而補不足人之道則不然損不足以奉有餘孰能有餘以奉天下惟有道者是以聖人爲而不恃功成而不處其不欲見賢。

AIMER SA POSITION SOCIALE.

TEXTE.

« Gardez-vous de vous trouver à l'étroit dans votre demeure; gardez-vous « de vous dégoûter de votre sort. — Je ne me dégoûte point du mien, c'est « pourquoi il ne m'inspire point de dégoût.

« De là vient que le sage se connaît lui-même et ne se met point en lumière; « il se ménage et ne se prise point. » Cap. 72.

無狹其所居無厭其所生夫惟不厭是以不厭是以聖人自知不自見自愛不自貴。

La glose dit sur ces paroles :

« Votre demeure est tantôt basse, tantôt élevée; on peut se plaire aussi bien « dans l'une que dans l'autre. Gardez-vous de trouver votre maison trop étroite « et trop petite, comme si elle ne pouvait vous contenir. Vos moyens d'exis- « tence seront tantôt abondants, tantôt exigus. Dans l'un et l'autre cas, ils « peuvent suffire à vos besoins. Gardez-vous de vous dégoûter comme s'ils « étaient indignes de vous. Les hommes vulgaires sont mécontents de leur sort « et veulent s'enrichir sans interruption. Alors ils cherchent le profit et reçoi- « vent du dommage; ils cherchent la paix et trouvent le danger. Celui qui ne « se dégoûte point de son sort, qui sait se suffire et ne désire rien, reste, jus- « qu'à la fin de sa vie, à l'abri du danger et du malheur. C'est pourquoi son « sort n'a rien qui puisse lui inspirer du dégoût. Dès l'origine, la nature de « notre condition est fixée par le Ciel. Les hommes vulgaires ne comprennent « pas leur destinée; c'est pourquoi ils se dégoûtent de leur sort. »

9° LE DÉPOUILLEMENT DE SOI EST LA VOIE QUI MÈNE AU Taó.

TEXTE.

« Celui qui est parvenu au dépouillement complet de lui-même garde fer- « mement le repos... Savoir être constant s'appelle être éclairé. Celui qui ne

« sait pas être constant s'abandonne au désordre et s'attire des malheurs. Celui « qui sait être constant a une âme large. Celui qui a une âme large est juste; « celui qui est juste devient Roi. Celui qui est Roi s'associe au Ciel. Celui qui « s'associe au Ciel imite le **Taó**. Celui qui imite le **Taó** subsiste longtemps; « jusqu'à la fin de sa vie il n'est exposé à aucun danger. » Cap. 16.

致虛極守靜篤。知常曰明不知常妄作兇知常容。容乃公公乃王。王乃天。天乃道。道乃久。沒身不殆。

La glose donne ce commentaire :

« Après avoir reçu la vie, nous nous laissons entraîner par les choses sen- « sibles et nous oublions notre origine. Celui qui pratique le **Taó** se dégage « des êtres pour parvenir au dépouillement de lui-même. Il continue à s'en « dégager de plus en plus, et, par là, il arrive au comble de la perfection. Le « **Taó** n'est pas éloigné de nous, et cependant il est difficile d'en atteindre le « faîte. Il habite avec les hommes, et cependant il est difficile à obtenir. Si nous « nous dépouillons de nos désirs, l'esprit entrera dans sa demeure. Si nous « expulsons toute souillure de notre cœur, l'Esprit y fixera son séjour. Car l'Es- « prit est l'être le plus honorable. Si un hôtel n'est pas parfaitement nettoyé, « un homme honorable refusera d'y habiter. C'est pourquoi l'on dit : Si le « cœur n'est point parfaitement pur, l'esprit n'y résidera pas. »

10° LE Taó EMPLOIE LES CHOSES FAIBLES POUR SUBJUGUER LES PLUS FORTES.

TEXTE.

« Les choses les plus nobles du monde subjuguent les choses les plus dures « du monde.

« Le non-être traverse les choses impénétrables. C'est par là que le non- « agir est utile.

« Dans l'univers, il y a bien peu d'hommes qui sachent instruire sans par- « ler et tirer profit du non-agir. » Cap. 43.

Parmi toutes les choses du monde, il n'en est point de plus molles et de « plus faibles que l'eau, et cependant, pour briser ce qui est dur et fort, rien « ne peut l'emporter sur elle.

« Pour cela rien ne peut remplacer l'eau.

« Ce qui est faible triomphe de ce qui est fort; ce qui est mou triomphe de « ce qui est dur. » Cap. 78.

天下之至柔馳騁天下之堅。無有入於無閒吾是以知無爲之有益不言之敎。無爲之益天下希及之。天下柔

海上絲綢之路文獻集成 科技與文化編

弱莫過於水而攻堅強者莫之能勝其無以易之弱之勝強柔之勝剛。

La glose taosséenne fait ce commentaire :

« L'eau est extrêmement molle, et cependant elle peut renverser les monta-« gnes et les collines. Le Taó n'a pas de corps; c'est pourquoi il peut pénétrer « les esprits et la multitude des êtres. Il n'y a pas de corps plus fin et plus « délié que la poussière, et cependant elle ne peut entrer dans un corps sans « interstices. Mais l'être d'une subtilité ineffable traverse le duvet qui pousse « aux animaux en automne et trouve de la place de reste; il pénètre sans dif-« ficulté les pierres et les métaux les plus durs. La voix qui s'exprime par des « sons s'entend à peine jusqu'à cent lys; la voix qui est dénuée de sons péné-« tre au-delà du Ciel et ébranle tout l'Empire. Dans le monde, chacun connaît « les avantages que procurent la souplesse et la faiblesse; mais, à la fin, il « n'est personne qui sache être mou et faible. Ils regardent la fermeté et la « force comme un titre de gloire, la souplesse et la faiblesse comme un sujet « de honte. »

11° ENSEIGNEMENTS TRÈS-HARDIS DE Laò-Tsè SUR LES SOUVERAINS ET SUR LES CONQUÉRANTS.

PREMIER TEXTE.

« Si les palais sont très-brillants, les champs sont très-incultes et les greniers « très-vides.

« Les Princes s'habillent de riches étoffes; ils portent un glaive tranchant; « ils se rassasient de mets exquis; ils regorgent de richesses. C'est ce qu'on « appelle se glorifier du vol; ce n'est point pratiquer le Taó. » Cap. 53.

朝甚除。田甚蕪。倉甚。虛服文采帶利劍厭飲食財貨有餘是謂盜誇非道哉。

La glose taosséenne n'est pas moins énergique :

« Pour que le Prince puisse porter des vêtements de soie de différentes cou-« leurs et se nourrir de mets exquis, il faut qu'il accable le peuple d'impôts, « qu'il le dépouille de ses richesses. C'est là ce que font les corsaires, les pirates « des grandes mers. L'instrument de musique Yû 竽 est un des plus grands. « Dans un concert, lorsqu'il commence à se faire entendre, tous les autres « instruments se mettent à l'unisson. De même, quand les grands voleurs don-« nent l'exemple, les petits voleurs les imitent. »

海上絲綢之路文獻集成 科技與文化编

DEUXIÈME TEXTE.

« Dans l'antiquité, ceux qui excellaient à pratiquer le **Taó** ne l'employaient « point à éclairer le peuple; ils l'employaient à le rendre simple et ignorant.

« Le peuple est difficile à gouverner lorsqu'il a trop de prudence.

« Celui qui se sert de la prudence pour gouverner le Royaume est le fléau « du Royaume.

« Celui qui ne se sert pas de la prudence pour gouverner le Royaume fait « le bonheur de ce Royaume.

« Lorsqu'on connait ces deux choses, on est le modèle de l'Empire.

« Savoir être le modèle de l'Empire, c'est être doué d'une vertu céleste.

« Cette vertu céleste est profonde, immense, opposée aux créatures.

« Par elle, on parvient à procurer une paix générale. » Cap. 65.

古之爲道者非以明民將以愚之民之難治以其之多故以知治國國之賊不以智治國國之福知此兩者亦楷式常知楷式是謂玄德玄德深矣與物反矣然後乃大順。

La glose donne les explications suivantes :

« La prudence et la perspicacité sont la source de l'hyprocrisie et de la « froideur des sentiments. Dans l'antiquité, ceux qui excellaient à pratiquer le « **Taó** ne l'employaient pas à développer la prudence et la perspicacité du peu- « ple, afin de l'éviter à se porter à la ruse, à la fraude. Lorsque le peuple a « conservé son naturel simple et candide, il est aisé de l'instruire et de le con- « vertir; lorsque la sincérité de ses sentiments n'est pas encore altérée, il est « aisé de le faire obéir aux défenses et aux lois. Mais, dès qu'il a acquis beau- « coup de prudence, sa pureté et sa simplicité s'évanouissent, tandis que la ruse « et l'hypocrisie croissent en lui de jour en jour. Si on veut lui enseigner le « **Taó** et lui faire adopter une conduite droite et régulière, on éprouvera d'im- « menses difficultés. »

TROISIÈME TEXTE SUR LES CONQUÉRANTS.

« Le ministre qui aide le Prince par le **Taó** ne doit pas subjuguer l'Empire « par les armes. Partout où séjournent les troupes, on voit naître les épines « et les ronces. A la suite de grandes guerres, il y a nécessairement des an- « nées de disette. Le Prince vertueux frappe un coup décisif et il s'arrête. » Cap. 30.

以道佐人主者。不以兵强天下。師之所處荆棘生焉。大軍之後。必有兇。年善者。果而已。

« Les armes les plus excellentes sont des instruments de malheur. Tous les « hommes les détestent. C'est pourquoi celui qui possède le **Taó** ne s'y attache « pas. En temps de paix, le sage estime la gauche; celui qui fait la guerre es- « time *la droite*. Les armes sont des instruments de malheur; elles ne sont « pas les instruments du sage. Il ne s'en sert que lorsqu'il ne peut s'en dis- « penser, et met au premier rang le calme et la paix. S'il triomphe, il ne se « réjouit pas. Se réjouir, ce serait aimer à tuer les hommes. Celui qui aime à « tuer les hommes ne peut réussir à régner sur l'Empire. Celui qui a tué une « multitude d'hommes doit pleurer sur eux avec des larmes et des sanglots. « Celui qui a vaincu dans un combat, on le place suivant les rites funèbres. » Cap. 31.

夫佳兵者不祥之器。物或惡之。故有道者不處也。君子居則貴左。用兵則貴右。兵者不祥之器。非君子之器。不得已而用之。恬澹爲上。勝而不。美而美之者是樂殺人也。夫樂殺人者不可得志於天下矣。殺人衆多以悲哀泣之。戰勝以喪禮處之。

La glose de cet extrait n'est pas moins curieuse :

« Les armes sont des instruments de malheur. On ne doit en faire usage que « pour effrayer ceux qui oppriment ou immolent le peuple. Celui qui est vain- « queur sera vaincu à son tour. La guerre est le plus grand malheur qui puisse « arriver à l'Empire. Celui qui détruit la vie des hommes, qui ruine les Royau- « mes, s'attire la colère des peuples et la haine des démons. Il ne manque ja- « mais d'éprouver les châtiments que sa conduite mérite. Si quelqu'un envahit « les frontières et trouble le peuple, le Prince fort ne peut s'empêcher de pren- « dre les armes pour l'arrêter; mais il se contente de montrer une seule fois « sa force invincible et termine aussitôt la lutte. Celui qui croit que le meilleur « plan est de ne pas livrer bataille montre qu'il fait le plus grand cas de la « vie des hommes. Les armes qui ont remporté la victoire ont tué nécessaire- « ment beaucoup d'hommes; aussi, le sage, au fond de son cœur, ne se réjouit-il « pas de sa victoire. S'il s'en réjouissait, il serait dépouillé de tout sentiment « de pitié et il aimerait à tuer les hommes. Un tel Prince, le Ciel l'abandonne « à jamais, les peuples se révoltent contre lui. Jamais un tel homme n'est par- « venu à régner longtemps sur un peuple.

« Dans l'antiquité, quand un général avait remporté la victoire, il prenait « le deuil. Il se mettait dans le temple à la place de celui qui préside aux rites « funèbres, et, vêtu de vêtements unis, il pleurait et poussait des sanglots (1). »

---

(1) Les extraits de la glose et du texte français de **Laò-Tsè**, donnés dans ce chapitre, sont tirés du **Taó tě kīn**, traduit par M. Stan. Julien. — Paris, 1842.

海上絲綢之路文獻集成 科技與文化編

RÉSUMÉ DES DOCTRINES DE **Laò-Tsè**.

« **Laò-Tsè**, philosophe chinois qui vivait au septième siècle avant notre ère, « admet pour premier principe de toutes choses, comme les Platoniciens et les « Stoïciens, la Raison, Être sublime, indéfinissable, qui n'a de type que lui-« même. Comme Platon, il donne à cet Être un nom qui signifie la Raison et « la Parole. Comme Pythagore, il rattache la chaîne des êtres à la monade, à « l'Être existant seul et par lui-même. Comme Platon, il voit dans le monde « et dans l'homme une copie de l'archétype divin. Comme Pythagore et la plu-« part des philosophes grecs, il croit les âmes des *émanations de l'Être divin*, « qui vont se réunir à l'âme universelle. Comme Salluste, il imagine entre les « deux principes, l'intelligence et la matière, un lien d'harmonie qui est la « vapeur unissante, le souffle de vie, l'âme universelle. Comme les Platoni-« ciens, il oppose l'état primitif de l'intelligence divine avant la naissance du « monde à son état actuel depuis le débrouillement du chaos et depuis qu'elle « a pensé et créé l'univers. Comme eux encore, il compose une triade mysti-« que et suprême, soit des trois temps de Dieu, soit de ses principaux attributs; « et cette triade ineffable, il la désigne par un nom pris des Livres saints et « qui n'a sa racine que dans la langue hébraïque. Et toutes ces idées sont « éloignées de celles qui constituent la philosophie morale de Confucius. Ces « traits de ressemblance ne nous semblent pas pouvoir être attribués au hasard. « Ce ne saurait être là de ces rencontres qui ont lieu quelquefois quand l'es-« prit humain s'égare dans des profondeurs où la raison cesse de lui servir de « guide. Ces analogies sont trop frappantes, trop multipliées, pour qu'on puisse « y voir autre chose que les effets d'une communication (1) ».

Nous n'avons qu'une remarque à faire sur ce jugement, qui est aussi le nôtre. **Laò-Tsè** a vécu avant les philosophes auxquels M. Rémusat le compare. Au lieu de dire : *comme Platon, comme Pythagore*, etc., **Laò-Tsè** *admet*...; M. Rémusat aurait dû dire, en parlant des sages de la Grèce : *comme* **Laò-Tsè**, *Platon... admet...*, etc. Cette manière de s'exprimer eût été plus correcte, notre philosophe ayant précédé ceux de la Grèce.

VIII. LIVRES DU DEUXIÈME ORDRE DE L'ÉCOLE DE **Laò-Tsè**.

L'École de Confucius est en possession de presque toutes les Écoles de la Chine. Ses livres et les **Kīn** sont les livres classiques de l'Empire. Les enfants des sectateurs de la doctrine de **Laò-Tsè** fréquentent ces Écoles et apprennent

(1) *Mémoire sur* **Laò-Tsè**, par M. Abel Rémusat.

les classiques comme leurs condisciples. Les partisans de **Laò-Tsè**, comme du reste ceux des autres Écoles, ne font pas grand prosélytisme. Son École philosophique-religieuse se conserve dans les familles de génération en génération.

A l'exception du livre de **Laò-Tsè** et de ceux de quelques-uns de ses disciples, les livres de cette École ne font point partie de la littérature chinoise. Les ouvrages de cette École et ses doctrines sont comme exclus du programme des examens littéraires.

L'École de **Laò-Tsè** a produit de nombreux écrivains qui tous ont apporté successivement leur somme de rêveries aux contes merveilleux et aux fables extravagantes précédemment débitées sur le fondateur de l'École. Le récit de ces extravagances n'est pas du domaine de cet ouvrage.

L'École de Bouddha a cherché des points de ralliement dans la doctrine de **Laò-Tsè**. Les commentateurs bouddhistes de **Laò-Tsè** passent pour des hommes savants et très-éloquents. Leurs commentaires n'ont pas peu contribué, pour ce motif, à dénaturer les doctrines taosséennes. Plusieurs lettrés de l'École de Confucius ont voulu, eux aussi, interpréter à leur manière les doctrines de **Laò-Tsè**.

Dans nos voyages à travers la Chine, nous avons eu souvent occasion de remarquer la grande diffusion d'un livre de l'École de **Laò-Tsè**. On le distribue même gratis dans un bon nombre de lieux. Les taosséens zélés en font l'objet d'une bonne œuvre, comme les protestants pour la Bible. Ils ouvrent une souscription; ils érigent des **Paý** 牌 le long des chemins à la louange des bienfaiteurs et ils inscrivent leurs noms sur les nouvelles éditions du livre.

Cet ouvrage porte le titre de : 太上感應篇, c'est-à-dire, *le Livre des Récompenses et des Peines*, du très-haut seigneur **Laò-Tsè**. Le texte de ce livre est peu considérable. Il contient 209 maximes de très-belle morale. L'auteur, qui s'est caché comme celui de l'Imitation de Notre-Seigneur, a pris soin de mettre ces maximes en style littéraire à l'instar de celui des anciens livres de la Chine. Ce qui fait la vogue de ce livre, ce n'est pas seulement la glose dont on a enrichi le texte, mais ce sont les histoires, les applications pratiques que l'on en fait. La glose et les histoires sont écrites dans un style simple et facile à comprendre. Le **Kān ȳn piēn** est un recueil de pensées morales d'une grande justesse et d'un grand bon sens. Un philosophe chrétien, non-seulement admettrait la plupart de ces maximes, mais serait frappé de leur beauté.

Voici les principales traductions de cet ouvrage :

1. M. Abel Rémusat a donné, en 1816, *le Livre des Récompenses et des Peines*, traduit du chinois.

2. Le même ouvrage a été publié en anglais dans la *Chrestomathie mandchou*, par Klaproth, en 1828.

3. Le *Canton register*, année 1830, en a donné également une traduction.

4. La traduction la plus complète est celle de M. Stan. Julien : *le Livre des Récompenses et des Peines*, en chinois et en français, accompagné de 400 légendes, anecdotes et histoires qui font connaître les croyances et les mœurs de la secte des **Taó-Sé**. 1 vol. in-8°, London, 1835.

IX. TROISIÈME ÉCOLE, CELLE DES BOUDDHISTES.

L'invasion du bouddhisme de l'Inde en Chine a été, pour cet Empire, la plus grande calamité philosophique et littéraire qu'un pays puisse éprouver.

Au point de vue des doctrines, le bouddhisme a répandu à profusion les ténèbres et l'obscurité sur ce grand Empire. Autant la doctrine morale de Confucius se rapproche de la doctrine chrétienne, autant celle de Bouddha s'en éloigne par des enseignements absurdes et des pratiques ridicules. Cette secte, ayant un culte public et des temples, a frappé davantage l'esprit de la classe pauvre et ouvrière de la Chine, dans laquelle le bouddhisme se recrute à peu près exclusivement. Les bonzes sont méprisés dans la haute classe de la société chinoise; un mandarin oserait à peine recevoir la visite de l'un de ces bonzes.

Au point de vue littéraire, cette École a causé un préjudice incalculable à la Chine. Introduite en Chine sous le patronage d'une dynastie, celle des **Hán** orientaux, possédant d'immenses ressources particulières, cette secte s'est mise avec une ardeur, qui tient du prodige, à traduire du sanscrit en chinois tous les livres célèbres du bouddhisme. La langue ne se prêtant pas aisément à la traduction de ces livres, on a eu recours à un double expédient, celui de faire de nouveaux signes, et celui de multiplier le sens et de varier les tons des mots déjà existants. A l'époque du célèbre **Hiù-Tchén**, l'auteur du dictionnaire **Chŏ-ouên**, la langue comptait, au plus, 12,000 caractères. Un lettré n'en connaît pas davantage aujourd'hui, et celui qui connaît 6,000 caractères peut lire tous les livres courants de la langue chinoise. Cette altération profonde, introduite dans la langue par le bouddhisme, a eu des effets désastreux qu'il est facile de prévoir.

Les livres chinois bouddhistes sont regardés comme une littérature étrangère, comme un produit exotique. Plusieurs dynasties chinoises, celle des **Yuên** surtout, ont protégé, d'une manière toute particulière, le bouddhisme. La dynastie actuelle, d'origine tartare, est dévouée, en son privé, au culte du Bouddha vivant du Thibet. Exclus des Écoles publiques, les livres du bouddhisme ne feront pas l'objet d'un examen de notre part.

海上絲綢之路文獻集成 科技與文化編

Deuxième série. — Ouvrages littéraires du deuxième ordre.

Tsây tsè ANCIENS ET MODERNES.

§ 1er. DES Tsây tsè ANCIENS. 古才子.

La littérature chinoise n'est pas seulement immense, mais elle offre un champ des plus variés. Cela tient au génie exceptionnel de la langue et à son écriture idéographique. Nous ne pouvons donner ici que des notions très-sommaires sur cette littérature orientale, si riche en productions.

Les Chinois ont une expression honorifique toute spéciale pour désigner les écrivains célèbres qui ont mérité un nom dans la république des belles-lettres à cause de l'élégance, de la grâce et de la pureté de leur diction. C'est le mot **Tsây tsè** 才子. Le premier caractère signifie *talents naturels*. Le second est un titre honorifique décerné surtout aux philosophes, aux écrivains célèbres. Le nombre des écrivains qui ont mérité cette qualification honorifique de *beau génie* a varié selon les époques. Aujourd'hui *treize* écrivains sont en possession de ce titre honorifique. On les nomme anciens **Tsây tsè**, par opposition aux écrivains modernes qui ont reçu le même titre. Les anciens **Tsây tsè** sont presque tous des hommes d'une célébrité hors ligne qui ont rendu des services importants par leurs ouvrages, soit philosophiques, soit historiques. En les passant en revue, nous ferons connaître également quelques écrivains d'une grande renommée, bien qu'ils n'aient pas reçu le titre de **Tsây tsè**.

Dans la suite des temps, l'idée qu'on avait d'abord attachée à ces deux caractères **Tsây tsè** 才子, s'est singulièrement modifiée. On a fini par la généraliser, et, au lieu de l'attacher à la personne de l'écrivain, on a désigné par ce mot l'ouvrage lui-même. C'est ainsi que l'on a désigné dix ouvrages modernes écrits d'une manière gracieuse, élégante, et qui sont purement littéraires. Cette observation est importante à retenir.

Les anciens **Tsây tsè** sont des écrivains sérieux, des annalistes, des historiens, des philosophes, des poëtes du premier ordre.

Les modernes **Tsây tsè** sont, au contraire, des *ouvrages* de fiction, des romans bien écrits, dans le genre du *Télémaque* français.

海上絲綢之路文獻集成　科技與文化編

I. ÉCRIVAINS CÉLÈBRES ET Tsẙ tsè ANCIENS SELON L'ORDRE CHRONOLOGIQUE.

1° Kouān-Yûn-Tsè.

Kouān-Yûn-Tsè 關尹子 était ministre du Roi de **Tsẙ** et contemporain de **Laò-Tsè**. Son admiration pour la doctrine de ce philosophe lui a fait composer un élégant ouvrage, en neuf livres, intitulé : 文始眞經. Ce philosophe taosséen est subtil, abondant, aimant peut-être avec excès les jeux de l'antithèse de style. Comme philosophie, son oùvrage passe pour très-remarquable (1).

2° Tsò-Kieoù-Mîn.

Tsò-Kieoù-Mîn 左邱明, *vulgò* **Tsò-Ché** 左氏. On fait grand cas des deux ouvrages qu'il a laissés, à cause du parfum de haute et saine antiquité qu'on y trouve. Le P. Prémare dit de lui : « *Cujus geminum opus tantoperè laudatur ob stylum antiquitatis sapore conspersum.* » **Tsò-Ché** est un contemporain de Confucius, qui l'avait en grande estime. En sa qualité d'historiographe à la cour des **Tcheoū**, **Tsò-Ché** jouissait d'une grande considération. Pour combler les lacunes du **Tchoūn-tsieoū** de Confucius, il a fait sur ce livre un commentaire qui porte le titre de : 左傳註解, en six volumes. Ce commentaire est élégant, harmonieux; il est de l'École antique que l'on nomme **Koù**

---

(1) Voir l'encyclopédie : 諸子彙函, en 4 volumes, qui classe de la manière suivante les philosophes ou sages de la Chine que l'on désigne sous le titre de Tsè 子 :

1° sous la dynastie Tcheoū.	(1134 à 720 av. J.-C.)	5	philosophes.
2° de 720 à 480 av. J.-C.	(période du Tchoūn-tsieoū)	9	—
3° de 480 à 255 av. J.-C.	(période des guerres)	25	—
4° de 254 à 202 av. J.-C.	(sous les Tsin)	6	—
5° de 201 à 25 de J.-C.	(Hán occidentaux)	11	—
6° de 26 à 220 de J.-C.	(Hán orientaux)	9	—
7° de 221 à 264 de J.-C.	(les trois Royaumes)	4	—
8° de 264 à 419 de J.-C.	(sous les Tsín)	6	—
9° de 419 à 617 de J.-C.	(sous les Souŷ)	3	—
10° de 619 à 905 de J.-C.	(sous les Tāng)	6	—
11° de 960 à 1119 de J.-C.	(sous les Sóng)	5	—
12° de 1260 à 1341 de J.-C.	(sous les Yuên)	2	—
13° de 1368 à 1573 de J.-C.	(sous les Mîn)	1	—
	Total :	92	philosophes.

ouên. En le lisant, on sent que l'on est bien éloigné de l'époque des Sóng. Aussi est-il dans le canon des livres du deuxième ordre. Son deuxième ouvrage est le Kouĕ yù 國語, discours politiques sur lès États, dont le style est encore admiré par les Chinois, quoique bien inférieur à celui du premier.

On a publié un *Selecta* des œuvres de Tsò-Ché sous le titre suivant : 古文評註, qui renferme 34 morceaux choisis du premier ouvrage de l'auteur et 9 du 國語. Cet excerpta, qui est entre les mains de tous les jeunes Chinois, contient 15 morceaux choisis de 司馬遷; 34 morceaux de 韓愈; 13 morceaux du poëte 劉宗元, 16 morceaux de 歐陽修; 14 morceaux de 蘇氏; 2 morceaux en prose du poëte Lŷ-Taŷ-Pĕ; une lettre et une préface modèle de ce même poëte; le tout comprend 10 volumes.

Le P. Hervieu a fait la traduction de plusieurs fragments de ce *Selecta*. On la trouve dans le P. du Halde.

3° Lŷ-Tsè.

Lŷ-Tsè 列子 florissait vers l'an 398 av. J.-C. Il avait eu pour maître Kouān-Yûn-Tsè, de *quo suprà*. Naturellement les doctrines de Laò-Tsè lui semblèrent les plus vraies, et il les embrassa avec ardeur. Son ouvrage sur *le vide et l'incorporel* a pour but d'illustrer, selon l'expression chinoise, la doctrine du maître. On y trouve le sixième chapitre de Laò-Tsè que certains écrivains attribuent même à l'Empereur Houâng-Tŷ (2900 av. J.-C.). Le génie de Lŷ-Tsè le portait à faire un fréquent usage des figures et des métaphores. Tchoū-Hȳ, qui n'aimait guère l'École de Laò-Tsè, n'a pas été juste dans ses critiques à l'égard de cet écrivain. Pour honorer la mémoire de ce philosophe, un Empereur de la dynastie Tâng (742) mit son livre au nombre des Kīn de cette École. L'ouvrage fut ainsi désigné par ordre impérial : 沖虛眞經. Sous les Sóng, en l'an 1007, les Taó-Sé eurent encore assez de crédit pour faire ajouter au titre de cet ouvrage quelque chose de plus élogieux. Le livre porte maintenant le titre suivant : 沖虛至德眞經 (1).

4° Hán-Feȳ.

Hán-Feȳ 韓非 est un philosophe taosséen. Il vivait sous l'Empereur Ngān-Ouâng des Tcheoū qui l'envoya en ambassade dans le Royaume de Tsîn la cinquième année de son règne (397 av. J.-C.). Son ouvrage, en 4 volumes, traite principalement des peines et des lois. Quelques auteurs disent que la réputation de ce philosophe lui vient surtout de son commentaire sur les lois

(1) On le trouve à la Bibliothèque nationale, page 92 du catalogue.

pénales. **Hán-Feÿ** fut fait prisonnier de guerre. Mais son talent le fit honorer par le Prince de **Tsîn** qui en fit son ministre. Victime de la jalousie d'un de ses collègues, il fut contraint de se donner lui-même la mort par le poison. Son ouvrage porte le titre de : 韓非子評註.

5° Kouàn-Tsè.

Kouàn-Tsè 管子 est le plus célèbre philosophe de l'École des légistes, appelée en chinois : 法家. Il florissait dans le Royaume de **Tsÿ**, vers l'an 480 av. J.-C. On a de lui 399 essais sur l'économie politique, la guerre et les lois. **Lieoû-Hiáng** a réuni tous ces morceaux et en a formé un ouvrage en 4 volumes ou 24 livres.

6° Tchouâng-Tsè.

Tchouâng-Tsè 莊子 est le plus brillant écrivain de l'École de **Laò-Tsè**. Il florissait sous l'Empereur **Hién-Tý** qui commença à régner l'an 398 av. J.-C Tous les écrivains chinois s'accordent à louer le talent de **Tchouâng-Tsè**. **Sē-Mà-Tsiēn** dit que *la doctrine de ce philosophe*, qui est le deuxième **Tsâÿ-tsè** 才子 ancien, *embrasse tout ce qu'il est possible au génie humain d'explorer*. **Tchoū-Hÿ** l'appelle *un génie supérieur, un auteur d'une diction très-fleurie*. **Tchouâng-Tsè** a composé 3 ouvrages. Tout en voulant *illustrer* la doctrine de **Laò-Tsè**, son but, dans les deux premiers, est de combattre l'École de Confucius. Ces deux ouvrages sont le **Yû foú** 漁父 (*le Père pêcheur*) et le **Taó ché** 盜氏 (*le Voleur* **Ché**). Son troisième ouvrage est celui qui a fait sa grande réputation. Il porte le titre de **Lân hoâ** 南華 (*la Fleur méridionale*). C'est un brillant et poétique commentaire du livre de **Laò-Tsè**. Au point de vue philosophique, on y trouve des choses très-remarquables qui étonneraient fort les Européens. Il est écrit sous forme de dialogues entre des Princes et des philosophes. Confucius et **Laò-Tsè** y sont mis en scène. On devine sans peine que l'avantage est en faveur de **Laò-Tsè**.

Le célèbre **Soū-Ché**, originaire de **Meŷ-tcheoū**, dans la province du **Sutchuen**, disait : « J'apprenais beaucoup de choses en lisant, mais c'était en « vain; je ne pouvais parler sur rien comme je désirais; il n'en fut pas de « même après que j'eus lu les immortels écrits de **Tchouâng-Tsè**. Les pièces « d'éloquence et de poésie sur toutes sortes de sujets coulèrent alors de mon « pinceau comme les eaux d'une source vive coulent dans les différents lits des « ruisseaux qu'elles forment; je pouvais parler pertinemment sur tout. »

Tchouâng-Tsè est l'inventeur de l'apologue à la Chine. C'est lui qui disait : *Le désir immodéré de la science a troublé le monde.* Sous la dynastie des **Tâng**

海上絲綢之路文獻集成 科技與文化編

(742) son livre fut honoré, par édit impérial, du titre qu'il porte à présent : *Le vrai Livre de la Fleur méridionale* 南華眞經.

Un auteur chinois moderne 徐廷槐, a donné, en 1741, un commentaire sur l'ouvrage de **Tchouāng-Tsè**. Voici son titre : 南華簡鈔. M. Stan. Julien annonçait dans un de ses ouvrages une traduction française du **Lân hoā kīn**; mais elle n'a pas paru.

Voici un passage de l'ouvrage de **Tchouāng-Tsè**, cité par le P. Prémare :

某有妾二人其一人
美其一人惡惡者貴
而美者賤或問其故
對曰其美者自美吾
不知其美也其惡者
自惡吾不知其惡者

« Un homme avait deux femmes; l'une « était remarquable par sa beauté, l'autre « par sa laideur. Cet homme avait une pré« dilection pour celle-ci et semblait négli« ger la première. On lui demanda le motif « d'une telle conduite. Il répondit : La pre« mière se mire elle-même dans sa beauté « qui, pour moi, est chose inconnue. L'au« tre n'ignore pas sa laideur et se conduit « avec modestie, et je ne la trouve pas aussi « vilaine; la première est belle à ses yeux « et vilaine aux miens; l'autre est vilaine « à ses yeux et superbe aux miens. »

7° Siûn-Tsè.

Siûn-Tsè 荀子 ou 荀況 est regardé comme un des plus célèbres écrivains de l'École de Confucius. Ses qualités personnelles n'étaient pas moins brillantes que son savoir. Il florissait dans la période appelée **Tchén koŭe**, entre 380 et 250 av. J.-C. Son ouvrage, en 5 volumes, porte le titre de : 荀子箋釋. Il est tellement estimé qu'on le place immédiatement après les 4 livres classiques ou **Sé choū** 四書. Il y traite de la politesse et de la morale. On l'estime autant pour la justesse de ses connaissances que pour la clarté de son style. **Siûn-Tsè** ne partageait pas les opinions de 孟子 sur la nature humaine. Celui-ci faisait la nature humaine très-bonne par elle-même; celui-là opinait pour le sentiment contraire.

PASSAGE TIRÉ DE CET ÉCRIVAIN.

« Après avoir fait le portrait d'un excellent Roi, **Siûn-Tsè** ajoute : Le peu« ple, pour ce motif, vénère le souverain comme le Seigneur lui-même; il l'é« lève jusqu'aux nues; il l'aime comme on aime son père et sa mère; il le « vénère à l'égal de l'Esprit souverainement intelligent. »

如是百姓貴之如帝。高之如天。親之如父母畏之如神明。

« Les éléments tels que l'eau et le feu sont une matière, mais ils n'ont pas « la vie; les plantes ont la vie, mais elles ne connaissent pas; les animaux ont « la connaissance, mais ils ignorent ce qu'est la justice; l'homme seul réunit « toutes ces qualités, il est matière, il a la vie, la connaissance et le discerne- « ment du juste et de l'injuste. C'est pourquoi, dans ce monde inférieur, il n'y « a rien de plus noble que lui. »

水火有氣而無生。草木有生而無知。禽獸有知而無義。人有氣有生有知亦且有義。故最爲天下貴也。

Siûn-Tsè dit aussi cette belle maxime :

« Celui-là est un sage qui sait appeler le bien bien et le mal mal; celui-là, « au contraire, est un insensé qui prend le mal pour le bien et *vice versa*. »

是是非非謂之知非是是非謂之愚

8° Sē-Mà-Tsiēn.

Sē-Mà-Tsiēn 司馬遷 est le troisième écrivain chinois qui a mérité, à cause de l'élégance, de la noblesse et de la pureté de sa diction, le titre de **Tsây tsè** 才子. Les anciens missionnaires de la Chine lui ont donné le titre d'*Hérodote de la Chine*; mais ce titre n'est pas à la hauteur des services que ce savant a rendus aux lettres chinoises. Il est le premier par le rang et par la date des 24 grands historiens des différentes dynasties, dont les ouvrages réunis forment un corps de 720 volumes. **Sē-Mà-Tsiēn** est né à **Lông-mên**, dans la province du **Chèn-sȳ**, vers l'an 145 av. J.-C. Son père est l'illustre 司馬談, grand historiographe de l'Empire. Voyant son fils doué des plus rares dispositions pour l'étude, il le cultiva avec un grand soin, et, afin d'augmenter ses connaissances, il le fit voyager dans une grande partie de l'Empire, il lui fit visiter surtout les lieux célèbres, dans les annales chinoises, par les événements qui s'y sont accomplis. **Sē-Mà-Tān** avait amassé, durant de longues années, une collection considérable et précieuse de documents historiques. La mort vint le surprendre avant qu'il eût le temps de les mettre en œuvre. Mais son fils, qui prenait, depuis bien des années, une grande part à ses travaux et qui, jeune encore, avait déjà acquis une brillante réputation, lui succéda dans sa charge d'historiographe de l'Empire. **Sē-Mà-Tsiēn** accomplit le dessein de son père et publia, vers l'an 104 av. J.-C., le commencement de ce bel ouvrage qui porte le titre de **Ché ký** 史記 et dont le plan a servi de modèle à presque tous les historiens suivants. Le récit commence au règne de **Houâng-Tý**

海上絲綢之路文獻集成 科技與文化編

黃帝, et se poursuit jusqu'au règne de **武帝** de la dynastie des **Hán**, c'est-à-dire pendant une période de plus de trois mille ans.

Le **Ché ký** **史記** est divisé en 130 livres qui forment cinq parties générales. La première est intitulée **帝紀** (*Chronique impériale*); elle forme 12 livres, dont les deux premiers sont malheureusement perdus. L'histoire des souverains de la Chine, depuis **Houâng-Tý** (2697 av. J.-C.), les événements accomplis dans l'Empire, selon l'ordre chronologique, jusqu'à l'Empereur **Hiaó-Où-Tý** des **Hán** (140-87 av. J,-C.) font le sujet de la première partie.

La deuxième porte le titre de **年表**, *Tables chronologiques des souverains des trois dynasties qui ont précédé celle des* **Tsîn**, *des chefs des Royaumes féodaux, des Princes qui avaient un pouvoir plus ou moins indépendant*. Elle forme 10 livres dont le premier est perdu.

La troisième porte le titre de : **八書** (*Les huit livres*); ce sont autant de grands traités historiques sur les *rites*, la *musique*, les *accords*, le *calendrier*, l'*astronomie*, les *sacrifices*, les *fleuves* et les *canaux*, les *poids* et les *mesures*.

La quatrième a le titre de : **世家** (*Mémoires généalogiques*); elle renferme l'histoire des familles qui se sont fait un nom, depuis la dynastie des **Tcheoū** jusqu'à celle des **Hán**.

La cinquième, qui porte le titre de : **列傳** (*Notices biographiques et historiques*), renferme des notices sur les hommes célèbres et sur les pays étrangers (la Bactriane, etc.) avec lesquels la Chine avait eu des communications.

9° Houây-Nân-Tsè.

Houây-Nân-Tsè **淮南子** est un des petits-fils de l'Empereur **Kaō-Tý**, fondateur de la dynastie des **Hán**. Il fut nommé Prince feudataire de **Houây-Nân** dans la province de **Gān-hoūy**. C'est pour ce motif qu'on le désigne souvent sous le titre de **Houây-Nân-Ouâng**. Il est le plus ancien des écrivains de l'École **Tsă-Kiā**, c'est-à-dire des polygraphes chinois. Il florissait sous l'Empereur **Hiaó-Ouên-Tý** (179 à 156 av. J.-C.). Ce Prince, s'étant épris des doctrines de **Laò-Tsè**, mit ses soins à les propager, tout en combattant celles de Confucius. Son traité, qui a pour titre : **Kouỳ chên hiún** **鬼神訓**, a surtout ce but-là. Une partie de ses ouvrages est perdue; ce qui en reste forme 6 volumes dont voici le titre : **淮南子鴻烈解**.

10° Yâng-Tsè.

Yâng-Tsè **揚子** ou **Yâng-Hông** **揚雄** est un philosophe célèbre de l'École de Confucius. Il vivait sous l'Empereur **Tchén-Tý** qui régnait depuis l'an 32 jusqu'à l'an 7 av. J.-C. Son ouvrage, en 2 volumes, est intitulé : **法**

言. Mencius fait la nature humaine naturellement bonne. Siûn-Tsè la faisait, au contraire, naturellement mauvaise. Yâng-Tsè, lui, tient le milieu entre les deux.

EXEMPLE DU STYLE DE CET ÉCRIVAIN.

天下有三門由欲於情入自禽門由於禮義入自人門由於獨知入自聖門

« Il y a trois portes dans le monde. Ceux « qui veulent se livrer à leurs passions en- « trent par la porte des animaux sans in- « telligence. Ceux qui veulent suivre la jus- « tice entrent par la porte que suit l'homme « intelligent et raisonnable. Ceux qui ne se « soucient pas d'être connus et loués par « les autres entrent par la porte des saints « hommes. »

11°, 12°, 13° Trois poëtes.

Trois poëtes, qui vivaient sous la dynastie des Tâng, ont reçu le titre de Tsây tsè 才子. Ces poëtes sont : Toú-Foù 杜甫, Lỳ-Tay-Pĕ 李太白 et Lieoû-Tsōng-Yuèn 劉宗遠. Nous parlerons de chacun d'eux au chapitre XI, qui a pour titre : *de la Poésie chinoise.*

14° Hân-Yŭ.

Le sixième écrivain chinois, qui porte le glorieux titre de Tsây tsè 才子, est Hân-Yŭ 韓愈. Ce savant chinois vit le jour dans la ville de Tĕn-tcheoū (province du Hô-nân), sur la fin du septième siècle de notre ère. Sa mémoire tenait du prodige; il fit ses études d'une manière rapide et brillante. Nommé censeur général en 802, il essaya de réformer certains abus; ces réformes lui occasionnèrent une disgrâce de la cour; il fut relégué comme gouverneur d'une ville de troisième ordre. Cependant il finit par recouvrer les bonnes grâces du Souverain et devint Intendant du Collége impérial. Il déploya un grand zèle pour faire fleurir les belles-lettres. Il a publié l'histoire des dynasties Ouŷ et Tsĭn. Dans un ouvrage qui a pour titre : Yuên taó tĕn piēn, il combat les sectes et surtout le bouddhisme. Hân-Yŭ a donné une nouvelle édition des œuvres de Sē-Mà-Tsiēn et de Yâng-Hiōng. Il a laissé des mémoires sur divers sujets qui le font ranger parmi les bons moralistes de la Chine. Hân-Yŭ mourut à l'âge de 57 ans, l'an 824 de J.-C.

海上絲綢之路文獻集成 科技與文化編

15° Sē-Mà-Kouāng.

Sē-Mà-Kouāng 司馬光 est une des plus grandes et des plus belles figures de la Chine. La beauté de son style l'a fait placer au sixième rang des anciens **Tsaÿ tsè** 才子. Mais c'est là son moindre titre de gloire. Génie noble et élevé, **Sē-Mà-Kouāng** détesta toujours la flatterie qui égare les Princes et fait leur malheur. Il sut constamment dire la vérité aux Empereurs, fut écouté de l'un d'eux et rendit ainsi à l'Empire d'immenses servives. L'Empereur **Jên-Tsōng**, de la dynastie des **Sóng**, l'avait en grande estime. Après de brillantes études, après avoir rempli diverses fonctions publiques, **Sē-Mà-Kouāng** était devenu l'un des historiographes de l'Empire.

Rendu à la vie privée, parce que ses avis n'étaient pas écoutés, **Sē-Mà-Kouāng** se livra tout entier aux études historiques et prépara le beau monument littéraire qui fait à jamais sa gloire. Le titre de son ouvrage est 資治通鑑. que l'on peut traduire de l'une ou de l'autre de ces manières : *Magasin de la Science du Gouvernement*, ou bien : *Miroir universel à l'usage de ceux qui gouvernent*. Son ouvrage, en 294 livres, commence à la fin de la dynastie **Tcheoū**, suit l'ordre des dates, rectifie les erreurs des historiens précédents, discute les opinions contradictoires et conduit son travail jusqu'à la dynastie des **Sóng**, sous laquelle il vivait. Il embrasse ainsi une période de 1362 ans. Ce grand ouvrage fut terminé en 1084, sous le règne de l'Empereur **Chên-Tsōng**.

Placé à la tête des censeurs publics sous ce même Empereur, **Sē-Mà-Kouāng** a composé encore d'autres ouvrages importants, tels que :

1° Le 資治通鑑考異, dans lequel il éclaircit une foule de questions douteuses.

2° Le 通鑑釋例, qui est un traité où il expose les principes de son grand ouvrage.

3° Le 資治通鑑目錄, qui est une table des matières, en 30 livres, de son grand ouvrage.

4° Le 稽古錄, en 20 livres, est comme un supplément à son grand ouvrage. Il y traite des temps anciens depuis **Foŭ-Hŷ** jusqu'à l'an 1067 av. J.-C.

Enfin, **Sē-Mà-Kouāng** a laissé un grand nombre de remontrances, célèbres par leur hardiesse et leur élégance; quelques-unes ont été recueillies dans l'ouvrage : **Koù ouên yuên kién**, et traduites en français. (Voir du Halde, tome II, p. 539, etc.)

L'Empereur **Jên-Tsōng**, pour honorer les lettres et rendre hommage aux hommes illustres, a fait placer l'image de **Sē-Mà-Kouāng** dans le temple de Confucius, le **Ouên miaó** 文廟.

海上絲綢之路文獻集成 科技與文化編

16° Ngeoū-Yâng-Sieoū.

Un des savants les plus universels de son siècle fut **Ngeoū-Yâng-Sieoū** 歐陽修, ministre d'État, Président de l'Académie des **Hán-lîn** de Pékin. Ce docteur chinois florissait sous les règnes de **Jên-Tsōng** et de son successeur **Ŷn-Tsōng**. Le premier gouverna l'Empire 41 ans. La Chine possédait alors des sages et des savants renommés. L'histoire chinoise dit que *les montagnes et les vallées* s'unirent au peuple pour pleurer la mort de **Jên-Tsōng** qui ne laissa pas d'héritier. Son successeur est le petit-fils de **Taý-Tsōng**, le fondateur de la dynastie des **Sóng**. **Ngeoū-Yâng-Sieoū** est renommé pour la pureté et l'élégance de sa diction. On lui reproche même d'avoir sacrifié l'intégrité du récit à la recherche d'un style élégant. On lui a décerné le titre de dixième **Tsây tsè**. Il cultivait la poésie avec un égal succès. **Ngeoū-Yâng-Sieoū** a publié, de concert avec **Sóng-Kĕ** 宗祁, le grand ouvrage : **Sīn tâng choū** 新唐書 (*Nouvelle Histoire de la dynastie des* **Tâng**), en 255 livres. Seul, **Ngeoū-yâng-Sieoū** a publié la *Nouvelle Histoire des cinq Dynasties* 新五代史, en 75 volumes. **Ngeoū-Yâng-Sieoū** se délassait de ses grands travaux d'historien en publiant quelques volumes sur des sujets divers. Nous citerons, par exemple, son volume sur *la Fleur Pivoine de* **Lŏ-Yâng** 洛陽牧丹記, et un recueil d'inscriptions antiques : **Tsŷ koù loŭ** 集古錄.

17° Ouâng-Ngān-Chĕ.

Sous l'Empereur **Chên-Tsōng** 神宗 (1068 après J.-C.), le mouvement des esprits vers les belles-lettres était considérable; car ce Prince les cultivait avec succès. C'est lui qui décerna au philosophe **Móng-Tsè** le titre de Duc. On vit alors des hommes d'un talent supérieur essayer des innovations radicales dans les coutumes, dans l'administration et jusque dans la direction des études. Un de ces hardis novateurs était d'autant plus puissant qu'il occupait une des plus hautes charges dans le gouvernement et qu'il avait mieux su capter l'entière confiance du souverain. Ce philosophe-ministre est **Ouâng-Ngān-Chĕ** 王安石, dont les luttes avec **Sē-Mà-Kouāng** demeurent à jamais célèbres. A cause de ses écrits, **Ouâng-Ngān-Chĕ** a reçu le titre de neuvième **Tsây tsè** 才子. Son principal ouvrage est un commentaire sur les **Kīn**. Ses réformes dans l'administration, combattues par tous les amateurs de l'antiquité, n'ont échoué que par la mort inopinée de l'Empereur **Chên-Tsōng**, qui goûtait fort les plans de son ministre et se rendait volontiers à ses conseils.

PASSAGES TIRÉS DE **Ngeoû-Yâng-Sieoû.**

悅不以愛故不待賞而
勸畏不以威故不待罰
而貴綱政不民故不待
約而信事不申令故不
待誥而從

« Si les peuples aiment le Roi, ce n'est « pas que celui-ci manifeste son amour, et « ainsi ils n'attendent pas des présents pour « s'exciter au bien. S'ils le craignent, ce « n'est pas que celui-ci affecte les dehors « vénérables de la Majesté, et ils n'attendent pas les supplices pour fuir le mal. « Ses lois ne sont pas des piéges tendus au « peuple, et ainsi tout le monde a confiance « dans le Roi, et ils n'ont pas besoin de « marques extérieures pour attester cette « foi. Le Roi n'a pas besoin de renouveler « ses ordres; chacun s'empresse de lui « obéir, et il n'est pas besoin de réitérer les « édits. »

Après avoir traduit ce passage en latin, le P. Prémare ajoute : « Mon style « est bien éloigné de la grâce du chinois. J'ai voulu seulement en donner une « faible idée. La traduction française est mille fois plus terne encore. »

Le même auteur dit dans un autre endroit :

水之鑒物動則不能有
睹其於靜也毫髮可辨
身者不爲外物眩晃而
動則其心靜心靜則智
識明是是非非無所施
而不中夫是是近乎諂
非非近乎訕不幸而過
寧訕無諂

« L'eau est comme un miroir qui peint « toutes choses. Mais si elle est agitée, on « ne voit plus rien. Si elle est calme et immobile, on y distinguerait même un cheveu. De même, si l'homme n'est pas impressionné par les objets extérieurs, son « esprit est tranquille, et, avec cet esprit « tranquille, il distingue tout. Il atteint son « but, soit que les événements lui soient « favorables ou non. Celui qui loue semble « un pâle adulateur; celui qui blâme, un « censeur. S'il faut approcher de l'un de « ces rôles, il vaut mieux être censeur qu'adulateur. »

海上絲綢之路文獻集成 科技與文化編

18° Soū-Ché.

Soū-Ché 蘇氏 est le onzième **Tsāy tsè**. Ce savant est originaire de la ville de **Meŷ-tcheoū**, dans la province du **Su-tchuen**. A cause de son style élégant, on lui avait décerné de son vivant le titre de **Laò tsuên** 老泉 (*vieille source*). **Soū-Ché** était porté à la critique, ayant l'esprit naturellement railleur. Il ne craignit pas de censurer ouvertement les abus qu'il découvrait dans l'administration. Sa franche loyauté lui fit de chauds amis, mais aussi d'ardents ennemis. Sa vie fut agitée et il mourut en exil. Son principal ouvrage est une grande collection qui porte le titre de : 東坡全集, en 115 volumes, sur toutes sortes de sujets : mémoires, placets, poëmes, etc.

19° Hiù-Hén.

Hiù-Hén 許衡 est un des savants les plus remarquables de la Chine par l'étendue de ses connaissances et sa facilité naturelle. Son application au travail faisait l'admiration de tous. Rien ne lui était étranger, l'histoire, la géographie, les rites, la musique, les sciences exactes, l'astronomie, la législation, etc. Ses qualités personnelles étaient à la hauteur de son talent, qui tenait du prodige. La Chine lui doit une reconnaissance sans bornes, car il sut si bien gagner les bonnes grâces et la confiance de **Hoû-Pŷ-Lŷ**, le conquérant mongol et le fondateur de la dynastie des **Yuên**, qu'il *civilisa* ce peuple vainqueur et lui imposa les coutumes de la Chine vaincue. L'Empereur ne faisait rien sans le consulter. **Hiù-Hén** est le douzième des anciens **Tsāy tsè** 才子. Chacun s'inclinait devant lui, tant sa réputation, du reste, bien méritée, avait jeté un vif éclat dans tout l'Empire et ses services étaient appréciés par ses contemporains.

Hiù-Hén était né à **Hô-Nouý**, ville du département de **Houŷ-kĩn-foù** dans la province du **Hô-nân**. Il mourut à l'âge de 73 ans, l'an 1281 de notre ère. Il reçut de grands honneurs après sa mort. L'Empereur **Où-Tsōng** lui donna le titre de Prince de **Ouŷ** et l'Empereur **Jên-Tsōng** fit placer son image dans le temple de Confucius. Les mémoires de **Hiù-Hén** sur la littérature jouissent encore d'une grande estime; ils portent le titre de : **Loū tchāy ouên ký.**

20° Oû-Tchén.

Oû-Tchén 吳愼 est le treizième et dernier des **Tsāy tsè** anciens. Ses brillantes études, jointes à une rare facilité naturelle, lui créèrent promptement le chemin des honneurs. Nommé inspecteur des Écoles sous Khoubilaï-Khan, il publia, avec un commentaire, une édition du 孝經, et, peu après, un commentaire sur les Livres sacrés. Son manuel des rites et des cérémonies, c'est-

à-dire le texte restitué du **Ngý lỳ**, lui ont acquis beaucoup de gloire. **Oû-Tchén** fut chargé de différentes missions scientifiques dans l'Empire et s'en acquitta avec beauçoup de succès. Il devint Président de l'Académie impériale des **Hán lîn**, où il continua à rendre aux lettres des services importants. Il mourut à l'âge de 82 ans. Après sa mort, il fut honoré du titre de Prince de **Pîn-Tchoān**. On inscrivit son nom sur la liste des hommes célèbres et sa tablette fut placée dans le temple de Confucius. Elle en fut retirée un peu plus tard parce qu'il s'était déclaré du parti des Mongols après la restauration des **Mîn**.

§ 2. DES **Tsáy tsè** MODERNES.

On donne le titre de **Tsáy tsè** modernes à dix ouvrages, écrits avec élégance, en *langue mandarine* ou **Kouān hoá**. Les progrès rapides de l'imprimerie, sous la dynastie des **Sóng**, répandirent le goût des belles-lettres et de l'étude. Mais alors l'ancienne littérature chinoise changea de forme. On eut, d'une part, le style oratoire ou le **Ouên tchāng**. Un peu plus tard, d'une manière insensible, on en vint à écrire des ouvrages sur le ton de la langue parlée, ce qui ne s'était jamais fait en Chine. Aussi les auteurs de quelques-uns de ces ouvrages n'ont-ils pas osé signer leur œuvre. Ils ont su se cacher si bien sous le voile de l'anonyme que la postérité n'a jamais pu faire tomber ce voile.

Ces dix ouvrages sont presque tous des romans de mœurs. Écrits avec une élégante pureté, on les conseille aux jeunes sinologues, pour apprendre la langue écrite et le génie de la nation chinoise. Les détails sont quelquefois un peu minutieux, mais ils ont leur utilité.

Nous allons dire un mot de chacun de ces ouvrages, dont huit ont été traduits en une langue européenne.

PREMIER **Tsáy tsè**.

Le premier est le **Sān kouĕ tché kouàng ngý** 三國志演義, ou l'*Histoire des trois Royaumes*. Ce roman historique est un chef-d'œuvre de littérature chinoise. Le sujet est pris dans l'histoire d'une guerre civile qui a duré près d'un siècle, de l'an 168 à l'an 265 après J.-C. L'auteur, qui porte le nom de 羅貫中, vivait sous la dynastie des **Yuên**. Il a su rendre son récit très-attachant et souvent émouvant. Ce livre est excessivement populaire en Chine. Entreprend-on un long voyage, on porte avec soi le **Sān kouĕ tché** pour se distraire sur la barque ou en palanquin.

M. Théod. Pavie avait commencé la traduction du **Sān kouĕ tché**. Il n'en a publié que 44 chapitres en 2 volumes, sur 120 qui forment l'ouvrage. Son travail porte ce titre :

Histoire des trois Royaumes, roman historique traduit sur les textes chinois

et mandchou de la Bibliothèque royale, par Théodore Pavie. Paris, 1845, 2 volumes.

DEUXIÈME **Tsäy tsè.**

Le deuxième ouvrage est le **Haò kieŏu tchouán** 好逑傳. Un sinologue anglais avait traduit ce titre par ces mots : *l'Union fortunée*, mais il est mieux rendu par ceux-ci : *la Femme accomplie*. Ce livre est un récit dramatique plein d'intérêt composé par un auteur dont le nom est inconnu. Le style en est simple, clair, naturel et, par là même, très-coulant. L'ouvrage renferme des endroits très-bien écrits et très-animés. Les détails de mœurs y sont dépeints avec une rare exactitude, surtout ceux du mariage.

Ce roman a été traduit en premier lieu par un auteur inconnu. Les trois premiers livres étaient en anglais et le quatrième en portugais. On trouva ce manuscrit dans les papiers d'un gentilhomme nommé Wilkinson, qui avait visité la Chine et mourut en 1736. Le manuscrit portait la date de 1719. Le docteur anglais Hugues Percy, évêque de Dromore, traduisit en anglais le quatrième livre et publia l'ouvrage à Londres, en 1761, sous ce titre :

I. *Hau-kiou-choaan or the pleasing history. A translation from the chinese language. To which are added : 1° The argument or Story of a chinese play. 2° A collection of chinese proverbs and 3 fragments of chinese poetry. In four volumes with notes.*

II. *Hao-kioŭ-choaan*, histoire chinoise, traduit de l'anglais par M...., Lyon, 1776, en 4 volumes.

Cet éditeur anonyme se nomme Eydous.

III. Une traduction allemande, par de Murr, a été publiée à Leipzig en 1766.

IV. Une autre traduction hollandaise a paru à Amsterdam en 1767.

V. Un gouverneur de Hong-Kong, que nous avons connu en Chine et qui vient de mourir (1872), sir John Francis Davis, en a publié une édition sous ce titre :

The fortunate Union, a romance, translated from the chinese original, with notes and illustrations, to which is added a chinese tragedy. London, 1829, 2 volumes.

VI. **Haó kieŏu tchouán**, ou *la Femme accomplie*, par Guillard d'Arcy, Paris, 1842.

TROISIÈME **Tsäy tsè.**

Le troisième **Tsäy tsè** est celui que l'on désigne sous le nom suivant : *les deux Cousines*, en chinois, **Yŭ kiaō lỳ** 玉嬌梨. Les anciens missionnaires avaient signalé ce roman de mœurs comme un livre très-utile pour apprendre le

chinois. Le P. de Prémare et l'évêque de Rosalie, monseigneur Artus de Lionne, vicaire apostolique du Su-tchuen, en recommandaient fort la lecture. Ils en avaient fait, l'un et l'autre, une traduction qui est perdue.

Comme composition littéraire, le style de ce roman est pur, gracieux et plein de politesse. Dans le roman précédent, on trouve le cérémonial des mariages; dans celui-ci, on trouve celui des visites. Nous y avons puisé une bonne partie des exemples choisis pour les règles de la *Grammaire chinoise* que nous publions.

Il existe trois traductions de ce roman :

1° *Les deux Cousines*, roman chinois traduit par M. Abel Rémusat, précédé d'une Préface où se trouve un parallèle des romans de la Chine et de ceux de l'Europe. Paris, 1826, 4 volumes.

Cette traduction est bien faite. L'auteur ne s'est pas astreint à un mot à mot qu'il eût été difficile de faire passer en notre langue.

2° *The Two fair Cousins. A chinese novel.* London, 1827, 2 volumes.

3° *Les deux Cousines*, roman chinois, traduction nouvelle accompagnée d'un commentaire historique et philologique, par Stan. Julien. Paris, 1860, 2 volumes. L'auteur s'est appliqué à rendre sa traduction aussi littérale que possible, en vue des jeunes sinologues.

QUATRIÈME Tsây tsè.

Le quatrième **Tsây tsè** est le roman qui a pour titre : *les Deux jeunes Filles lettrées*, en chinois : 平 山 冷 燕. Chacun de ces caractères est le nom abrégé de quatre personnages du roman.

Ce roman de mœurs n'est pas, comme la plupart, une intrigue qui se développe dans le cours de l'ouvrage. Ce sont des récits, des descriptions, des tableaux de mœurs. L'auteur a caché son nom. Il devait avoir une prédilection pour le style littéraire, le **Ouên tchāng**, qu'il a très-bien imité dans son ouvrage. On sent, à la lecture de ce livre, que l'auteur prenait un soin particulier de bien écrire; les plus belles figures de rhétorique, les syllabes à double entente, les descriptions pompeuses se rencontrent souvent dans ce roman. Il jouit en Chine d'une très-grande vogue.

Nous ne connaissons que la traduction française suivante, dont les notes philologiques relèvent surtout le mérite du livre :

Pîn chān lìn yên, *les Deux jeunes Filles lettrées*, roman chinois traduit par Stan. Julien. Paris, 1860, 2 volumes.

CINQUIÈME Tsây tsè.

Le cinquième **Tsây tsè** porte le titre de **Chouỳ hoû tchouán** 水 滸 傳, ou l'*Histoire des Insurgés*.

Ce roman est fort recommandé par plusieurs sinologues distingués. Le P. Prémare engageait vivement ses collègues à le lire; mais il signalait surtout l'édition donnée par un auteur célèbre du nom de **Kīn chén tân** 金聖嘆, en 1650. *Sed ut secretus hujus libri sapor melius sentiatur, emendus erit qualis ab ingenioso* **Kīn chén tân** *fuit editus, cum notis, quibus mirum authoris artificium primus detexit.* (Prémare.)

L'*Histoire des Insurgés* est le premier roman comique des Chinois. Les épisodes, les tableaux, les portraits, le grand nombre d'aventures, les dialogues animés, font de ce livre un roman très-recherché des jeunes Chinois. Aussi dit-on en Chine : Les jeunes jens ne lisent pas le **Sān kouĕ** et les vieillards ne lisent pas le **Chouỳ hoû**. Cet ouvrage, en 70 chapitres, parut sous le règne des Empereurs mongols; il est dû au pinceau de 施耐菴. C'est un précieux monument du **Kouān hoá** ou de la langue commune. Il est difficile d'en faire l'analyse, tant le récit est divisé, coupé par les épisodes de tous genres qui surviennent. L'édition de **Kīn chén tân** porte le titre de : 四大奇書, *les Quatre Histoires merveilleuses.*

Nous ne connaissons encore aucune traduction de ce roman. M. Bazin en a traduit 4 livres.

SIXIÈME Tsāy tsè.

Le **Sȳ siāng ký** 西廂記, *Histoire du Pavillon d'Occident*, est le chef-d'œuvre de la poésie lyrique des Chinois. Son élégance littéraire, la vivacité des dialogues, la variété des situations, le charme et l'harmonie des vers, ont fait de cet ouvrage un livre remarquable. Il est dû au pinceau de **Ouâng ché foû**. Mais le fameux **Kīn chén tân** en a donné une édition avec un commentaire. Ce roman contient 16 actes, dont 7 ont été traduits dans l'*Europe littéraire* par M. Stan. Julien.

SEPTIÈME Tsāy tsè.

Le septième **Tsāy tsè** 才子 porte le titre de **Pŷ pā ký** 琵琶記, *Histoire du Luth.* On doit ce roman à **Kaō-Tōng-Kiā**, qui le publia sur la fin du quatorzième siècle. Cette comédie remarquable, en prose et en vers, a eu des éditions à l'infini.

L'*Histoire du Luth* a été traduite par M. Bazin. Paris, 1841, 1 volume.

HUITIÈME Tsāy tsè.

Le huitième **Tsāy tsè** est le **Hoā tsiēn ký** 花箋記, ou l'*Art d'aimer.* C'est un des premiers romans chinois traduit en une langue européenne. Ce

roman, ou mieux ce poëme, est rempli des figures du style oriental. Il est écrit avec une véritable élégance qui approche du Ouên tchāng. Les livres de littérature chinoise, tels que celui-ci, offrent, non pas à cause de la construction grammaticale, mais à cause des figures, des allégories, des jeux de mots, des idiotismes, dont ils sont remplis, des difficultés sérieuses à un traducteur européen. Dans le chapitre suivant, nous donnerons un recueil de ces expressions figurées que l'on trouve à chaque page en lisant un roman chinois ou tout autre livre de ce genre.

Le Hoā tsièn a été traduit d'abord sous ce titre ;

花箋. *Chinese courtship, in verse. To which is added an appendix treating of the Revenue of China, etc., by P. P. Thoms* (1). London, 1824.

Il existe encore une traduction hollandaise par Gustave Schlegel, de Batavia.

NEUVIÈME Tsāy tsè.

Le neuvième Tsāy tsè est le *Récit de la Victoire remportée sur les Démons*, 平鬼傳. Ce roman est celui, de tous les Tsāy tsè, qui offre le moins d'intérêt dans son ensemble. Au point de vue des idées mythologiques dont il est rempli, il mérite d'être lu. Nous ne connaissons aucune traduction de ce roman.

DIXIÈME Tsāy tsè.

Le dixième Tsāy tsè attend également un traducteur européen. Son titre est le Pě kouý tchě 白圭志, ou l'*Histoire du Sceptre de jade*. Le merveilleux y entre comme dans une foule de productions chinoises; c'est ce merveilleux qui rend ces ouvrages-là populaires.

Tels sont les dix ouvrages qui, à cause de leur style élégant, ont mérité, bien que de pure imagination, d'être placés au rang des ouvrages littéraires modernes.

Le P. Prémare recommande également les deux ouvrages suivants que nous signalons à nos lecteurs :

Le premier est le Sĭn fōng lieoû 醒風流, qui, sans avoir tout le mérite des *Deux Cousines*, est pourtant écrit d'une manière intéressante.

Le deuxième est le 生花夢, qui est très-brillant au point de vue du style.

III. DU DRAME CHINOIS.

Le caractère sérieux et austère des anciens sages de la Chine ne pouvait accepter le délassement du théâtre. Aussi ont-ils constamment réprouvé ces

(1) Imprimeur de la compagnie des Indes à Macao.

sortes de divertissements. La première fois qu'il est question du théâtre dans l'histoire chinoise, c'est pour louer un Empereur de la dynastie des Cháng d'avoir proscrit ce vain plaisir. Les moralistes adressèrent à l'Empereur Siuēn-Tý 宣帝 des Tcheoū des remontrances au sujet des théâtres qu'il avait fait ériger dans son palais. La classe érudite et moraliste de la Chine pense que *le théâtre fatigue et avilit les yeux du sage, occupe dangereusement les oisifs, expose les femmes et les enfants qui les voient de trop près, ne laisse qu'un dangereux éblouissement et cause souvent de déplorables incendies.*

Avec une telle manière d'envisager le théâtre, on sent que le désir de composer des comédies et des tragédies a dû être singulièrement tardif en Chine. Bien que les pièces du théâtre chinois semblent, pour la plupart, faites dans le louable but de montrer les charmes du bien, la honte du vice, elles ont pourtant acquis bien peu de gloire à leurs auteurs. Il en est de ces pièces comme d'un grand nombre de romans moraux, les auteurs ont gardé une profonde anonymie.

Aussi la plupart des anciennes pièces que l'on joue actuellement en Chine remontent-elles à la dynastie des Tâng. Un auteur célèbre meurt en Chine sans la plus petite gloire. Bien plus, tous ceux qui vivent du théâtre, qui exercent la profession d'acteurs, ne peuvent aspirer aux palmes de la littérature, aux grades littéraires. Une loi leur en ferme la porte.

L'ancienne austérité des Chinois à l'égard du théâtre a peu à peu disparu. Ce divertissement est devenu à la mode. Le peuple l'aime aujourd'hui avec passion. On peut dire que nulle part au monde le divertissement du théâtre n'est aussi répandu qu'il l'est de nos jours en Chine. Le théâtre se dresse sur une place publique et on ne joue qu'en plein jour. Dans les villes, ce divertissement dure toute la belle saison sans interruption. Les acteurs sont défrayés par des familles riches ou par le revenu des fondations faites dans ce but. Les spectateurs n'ont rien à dépenser pour assister aux représentations. Les troupes d'acteurs se transportent dans les campagnes, et il n'y a pas de village qui, durant quelques semaines, n'ait le divertissement du théâtre public. Les femmes ne sont pas employées sur le théâtre, mais leur rôle est confié à de jeunes enfants.

On joue sur le théâtre chinois des pièces qui ont de mille à douze cents ans de date. Elles sont comprises comme si elles dataient d'hier. Chez nous, on ne comprendrait plus une pièce composée au temps de saint Louis, roi de France.

La première pièce dramatique chinoise qui ait été traduite en français est due au P. Prémare. Ce savant missionnaire n'en a donné que la partie en prose, laissant de côté la partie lyrique qui se chante, parce que, dit-il, ces vers sont remplis d'allusion à des choses inconnues à un étranger ou remplies de figures de langage. Cette pièce est : *l'Orphelin de la Chine*. On sait que Vol-

海上絲綢之路文獻集成 科技與文化編

taire s'est emparé de l'idée principale de cette pièce chinoise pour en faire une de ses meilleures tragédies. Le texte chinois est : **趙氏孤兒**. M. Stanislas Julien en a publié une édition en français sous ce titre :

Tchao che kin eul, ou *l'Orphelin de la Chine*, drame en prose et en vers, suivi de nouvelles et de poésies chinoises, in-8.

En 1817, S. J. F. Davis publiait en anglais la traduction du drame : *un Héritier dans la Vieillesse*, comédie prise dans la collection des **Yuên**. La lecture de cette pièce peut intéresser les Européens à cause des détails de mœurs qu'elle renferme. Voici son titre, avec la défectueuse prononciation anglaise :

Laou seng urh **老生兒**, *or an heir in his old age. A chinese drama*. London, 1817.

Le même auteur a donné un peu plus tard la traduction de la pièce : *les Chagrins de* **Hán**, sous ce titre :

Han koong tsew or the sorrows of Han : a chinese tragedy. Translated from the original with notes. London, 1829.

Il a suivi l'exemple de Prémare, en ne donnant que la traduction du dialogue parlé.

L'*Histoire du Cercle de craie*, **灰闌記**, est une pièce qui a une ressemblance frappante avec le jugement de Salomon. Ce drame, en prose et en vers, a été traduit par M. Julien, en 1832. Ces pièces traduites en langue européenne et d'autres encore sont tirées du recueil dont nous allons parler.

Il existe un recueil de comédies assez célèbre composé sous la dynastie des **Yuên**. Chaque pièce ne compte pas plus de quatre ou cinq actes. On peut trouver là de quoi satisfaire largement son goût. Le titre de la collection est : **元人百種曲**. Cette collection, composée sous la dynastie des **Yuên** ou Princes mongoux, de la famille de Tchengiskhan (1259 à 1368), forme un recueil de cent pièces très-utiles, non pas au point de vue des connaissances qu'un Européen pourrait y acquérir, mais au point de vue de la sinologie, de la connaissance du génie et des mœurs de la Chine. Chaque pièce se compose de deux parties bien distinctes, savoir : d'un dialogue en prose et de vers irréguliers. Ces vers sont assez semblables aux ariettes des opéras français. Ces drames ne doivent pas non plus être jugés au point de vue des nôtres, comme l'a fait M. Bazin dans le *Journal asiatique*. Les drames chinois, du reste, traduits en langue européenne, perdent tout leur cachet oriental, toute leur saveur, et souvent même il est difficile de bien rendre la pensée chinoise. Ainsi : les jeux de mots, les calembours chinois ne peuvent se traduire sans de longues périphrases et en demeurant encore à peu près inintelligibles pour un lecteur européen, fondés qu'ils sont sur la composition idéo-phonétique des caractères de la langue chinoise.

Le compte-rendu de M. Bazin est très-sommaire et aussi très-inexact. Nous

donnons ici le titre seul de chacune des pièces du 元人百種曲, en indiquant les plus remarquables. Un certain nombre sont dues à des auteurs anonymes ou dont on a caché les noms. Les titres chinois n'indiquent pas toujours le sujet de la pièce. Nous donnons le titre vrai du sujet de chaque pièce. Les Orientaux ont l'habitude de donner à leurs livres des titres pompeux, fleuris, qui n'ont aucun rapport avec le sujet traité dans l'ouvrage. En Chine, chacune des pièces du 元人百種曲 se vend séparément et à très-bas prix. Les pièces de ce recueil donnent chacune des détails de mœurs qui varient selon les époques qui font le sujet de la scène. Les allusions historiques, les images, les métaphores, sont fréquentes dans ces romans. On rendrait un service signalé à la sinologie européenne en extrayant, sous forme de recueil, toutes ces figures de rhétorique chinoise, comme nous l'avons fait en petit dans le chapitre suivant au paragraphe des métaphores.

LES CENT PIÈCES DU THÉATRE DE LA DYNASTIE Yuên.

1. **Hán kōng tsieoū** 漢宮秋, *les Chagrins dans le palais de* **Hán**, par **Mà-Tché-Yuên**, traduit par J. F. Davis, en anglais.
2. **Kīn tsiēn ký** 金錢記, *le Gage d'amour*, par **Kiaō-Móng-Foù**.
3. **Tchēn-Tcheoū tiāo mỳ** 陳州糶米, *le Grenier de* **Tchén-Tcheoū**. Pièce intéressante pour les détails de mœurs.
4. **Yuēn yāng pý** 鴛鴦被, *la Couverture du Lit nuptial*. Littéralement : *la Couverture des Oiseaux* **Yuên** *et* **Yâng**, *symboles de l'amour conjugal.*
5. **Tchán Kouaý-Tōng** 賺蒯通, *le Trompeur trompé*. Littéralement : *Pour* **Kouaý-Tōng** *pris à un piége.*
6. **Yǔ kín tāy** 玉鏡臺, *le Miroir de jade*, par **Kouàn-Hán-Kīn**.
7. **Chǎ keòu kiuēn foū** 殺狗勸夫, *le Chien de* **Yâng-Chě**.
8. **Hô hán chān** 合汗衫, *la Tunique confrontée*, par **Tchāng-Kouě-Pīn**, traduite par M. Stan. Julien, 1832, et plus tard par M. Bazin.
9. **Siè tiēn hiāng** 謝天香, *la Courtisane savante*, par **Kouàn-Hán-Kīn**. Comédie très-curieuse.
10. **Tsēn paó gēn sān hoù hiá chān** 爭報恩三虎下山, *la Délivrance de* **Tsiēn-Kiaō**.
11. **Tchāng tiēn sē** 張天師, **Tchāng** *l'Ermite*, par **Oû-Tchâng-Lin**.
12. **Kieoú fōng loŭ** 救風塵, *la Courtisane sauvée*, par **Kouàn-Hán-Kīn**.
13. **Tōng tāng laò** 東堂老, *l'Enfant prodigue*, par **Tsin-Kién-Eoū**. Pièce intéressante à lire.
14. **Yēn-Tsīn pǒ yû** 燕青博魚, **Yēn-Tsīn** *vendant le poisson*, par **Lỳ-Ouên-Oûy**.
15. **Siaō siāng yù** 瀟湘雨, *le Naufrage de* **Tchàng-Tēn-Kiǒ**. Littéralement : *La Pluie sur les bords du* **Siaò-siāng**, par **Yâng-Hién-Tché**.

海上絲綢之路文獻集成 科技與文化编

16. **Kioŭ kiāng tchĕ** 曲江池, *le Fleuve au cours sinueux,* par **Chè-Kiūn-Paò.**
17. **Tsoū Tchaō-Kōng** 楚昭公, **Tchaó-Kōng,** *Prince de* **Tsoū,** par **Tchén-Tîn-Yŏ.** Pièce curieuse à lire.
18. **Laŷ sēn tchaý** 來生債, *la Dette payable dans la vie avenir.*
19. **Sŷ jên kouý** 薛仁貴, drame historique, composé par la courtisane **Tchāng-Kouĕ-Pîn.**
20. **Tsiâng teôu mà cháng** 墻頭馬上, *le Mariage secret,* par **Pĕ-Jên-Foû.**
21. **Oû tŏng yù** 梧桐雨, *la Chute des feuilles du* **Où tŏng,** par **Pĕ-Jên-Foû.** Pièce remarquable du recueil, drame historique.
22. **Laò sēn eûl** 老生兒, *le Vieillard qui obtient un Fils,* par **Oû-Hán-Tchén.** Traduit par J.-F. Davis.
23. **Tchoū chă tán** 硃砂擔, *les Caisses de cinabre.* Pièce bien écrite.
24. **Hoû teôu paŷ** 虎頭牌, *l'Enseigne à la tête de tigre,* par **Lŷ-Tchĕ-Foù.**
25. **Hô tŏng ouên tsé** 合同文字, *les Originaux confrontés.*
26. **Tóng Soū-Tsĭn** 凍蘇秦, **Soū-Tsĭn** *transi de froid.*
27. **Eûl niù touân yuên** 兒女團圓, *la Réunion du Fils et de la Fille,* par **Yâng-Ouên-Kouý.**
28. **Yŭ hoû tchoūn** 玉壺春, *les Amours de* **Yŭ,** par **Où-Hán-tchén.**
29. **Tiĕ kouaý lŷ** 鐵拐李, *la Transfiguration de* **Yŏ-Tcheoū,** par **Yŏ-Pĕ-Tchoán.**
30. **Siaò ouý tchĕ** 小尉遲, *le Petit Commandant.*
31. **Fōng kouāng haó** 風光好, *l'Académicien amoureux,* par **Tây-Chên-Foū.**
32. **Tsieōu hoû hý tsŷ** 秋胡戲妻, *le Mari qui fait la cour à sa Femme,* par **Chĕ-Kiūn-Páo.** Bonne satire.
33. **Chên-Loŭ-Eûl** 神奴兒, *l'Ombre de* **Chên-Loŭ-Eûl.**
34. **Tsiēn-foŭ peŷ** 薦福碑, *l'Inscription de la Pagode* **Tsiēn-foŭ,** par **Mà-Tchĕ-Yuên.**
35. **Sié kīn oû** 謝金吾, *le Pavillon démoli.*
36. **Yŏ-Yâng leoû** 岳陽樓, *le Pavillon de* **Yŏ-Yâng,** par **Mà-Tchĕ-Yuên.**
37. **Hoû tiĕ móng** 蝴蝶夢, *le Songe de* **Paô-Kōng,** par **Kouān-Hán-Kīn.**
38. **Où-Yuên tchoūy siaō** 伍員吹簫, **Où-Yuên** *jouant de la flûte,* par **Lŷ-Cheoú-Kīn.** Pièce intéressante à cause des détails.
39. **Chén teôu kīn** 甚頭巾, *le Bonnet de* **Lieoû-Pîn-Yuên,** par **Sûn-Tchong-Tchāng.**
40. **Hĕ siuên fōng** 黑旋風, *le Tourbillon noir,* par **Kaō-Ouên-Sieoū.**
41. **Tsĭn niù lŷ houên** 倩女離魂, *le Mal d'amour,* par **Tchén-tĕ-Houý.**
42. **Tchĕn-Pŏ kaō ngŏ** 陳摶高臥, *le Sommeil de* **Tchén-Pŏ,** par **Mà-Tchĕ-Yuên.**
43. **Mà-Lîn taó** 馬陵道, *la Route de* **Mà-Lîn.**
44. **Kieoú hiaó tsè** 救孝子, *l'Innocence reconnue,* par **Ouâng-Tchóng-Ouên.**

45. **Houâng leâng móng** 黃粱夢, *le Songe de* **Liû-Tŏng-Pîn**, par **Mà-Tchĕ-Yuên**. C'est une excellente pièce, dans les idées de **Taó-Sē**.

46. **Yâng tcheoū móng** 揚州夢, *le Songe de* **Toŭ-Mà-Tché**.

47. **Ouâng-Tsân tēn leoû** 王粲登樓, *l'Élévation de* **Ouâng-Tsân**, par **Tchên-Tĕ-Houy̆**.

48. **Haō tiēn tă** 昊天塔, *la Pagode du Ciel serein*.

49. **Loŭ tchaý lâng** 魯齋郎, *le Ravisseur*, par **Kouān-Hán-Kīn**.

50. **Yû tsiaō ký** 漁樵記, *l'Histoire d'un Pêcheur et d'un Bûcheron*.

51. **Tsīn chān louý** 青衫淚, *les Amours de* **Pĕ-Lô-Tiēn**, drame par **Mà-Tchĕ-Yuên**.

52. **Lỳ tchoūn tâng** 麗春堂, *le Festin du ministre d'État*, par **Ouâng-Ché-Foŭ**.

53. **Kiù gán tsý meŷ** 舉案齊眉, *Histoire de* **Móng-Kouāng**. Bonne pièce.

54. **Heoù tîn hoā** 後庭花, *Fleur de l'arrière-pavillon*, par **Tchén-Tîn-Yŭ**.

55. **Fán tchāng ký choŭ** 范張雞黍, *le Sacrifice de* **Fán** *et de* **Tchāng**, par **Kōng-Tá-Yông**.

56. **Leàng ché ȳn yuên** 兩世姻緣, *les Secondes Noces de* **Ouŷ-Kaō**, par **Kiaō-Móng-Foŭ**.

57. **Tchaó-Lỳ jáng feŷ** 趙禮讓肥, *le Dévouement de* **Tchaó-Lỳ**, par **Tsīn-Kién-Foŭ**.

58. **Kŏ hân tîn** 酷寒亭, *le Pavillon*, par **Yâng-Hién-Ché**. Bonne pièce.

59. **Taŏ hoā niù** 桃花女, *la Fleur du Pêcher*.

60. **Tchoŭ yĕ tcheoū** 竹葉舟, *la Nacelle métamorphosée*, par **Fán-Tsè-Gān**.

61. **Jén tsé ký** 忍字記, *Histoire du caractère* **Jên**, par **Tchén-Tîn-Yŭ**.

62. **Hông lŷ hoā** 紅梨花, *la Fleur du Poirier rouge*, par **Tchāng-Cheoú-Kīn**.

63. **Kīn gān cheoú** 金安壽, *la Déesse qui pense au monde*, par **Kiā-Tchōng-Mîn**. Poésie remarquable.

64. **Houŷ lân ký** 灰闌記, *Histoire du Cercle de craie*, par **Lỳ-Hîn-Taó**. Traduit par Stan. Julien.

65. **Yuēn kiā tchaỳ tchoù** 冤家債主, *le Créancier ennemi*.

66. **Tchaó meŷ hiāng** 㑇梅香, *la Soubrette accomplie*, par **Tchén-Tĕ-Kouý**. Traduite par M. Bazin.

67. **Tān piēn tŏ sŏ** 單鞭奪槊, *le Combat de* **Tŭ-Tché-Kîn-Tĕ**, par **Chāng-Tchōng-Hién**. Bonne pièce.

68. **Tchĕn lân lieoû** 城南柳, *les Métamorphoses*, par **Koŭ-Tsè-Kîn**. Pleine de merveilleux.

69. **Kcuàng fán choŭ** 誑范叔, **Fán-Choŭ** *trompé*.

70. **Oû-tŏng yĕ** 梧桐葉, *la Feuille de* **Oû-tŏng**. Bonne pièce.

海上絲綢之路文獻集成 科技與文化編

71. Tōng pŏ móng 桐坡夢, *le Songe du Poète* Soū-Tōng-Pŏ, par Oû-Tchāng-Lîn.

72. Kīn sién tchĕ 金線池, *le Mariage forcé*, par Kouān-Hán-Kīn.

73. Lieoû hiaŷ ký 留鞋記, *Histoire de la Pantoufle laissée en gage*, par Tsīn-Touàn-Kīn.

74. Kŷ Ŷn-Poú 氣英布, *les Fureurs de* Ŷn-Poú.

75. Kĕ kiāng teoú tché 隔江鬬智, *le Mariage de* Lieoû-Hiuên-Tĕ. Pièce intéressante.

76. Lieoû hâng cheoù 劉行首, *la Courtisane* Lieoû, par Yâng-Kīn-Kién.

77. Toú Lieoû-Tsouŷ 度柳翠, *la Conversion de* Lieoû-Tsouŷ. Bonne pièce.

78. Oû joŭ taŏ yuên 悞入桃源, *la Grotte des Pêchers*, par Ouâng-Tsĕ-Ŷ.

79. Mô hô lô 魔合羅, *le Magot*, par Móng-Hán-Kīn.

80. Pān eûl kouŷ 盤兒鬼, *le Plat qui parle*.

81. Yŭ soū ký 玉梳記, *Histoire du Peigne de jade*, par Kiā-Tchōng-Mîn.

82. Pĕ hoā tīn 百花亭, *le Portique des cent Fleurs*.

83. Tchoŭ oū tchā kīn 竹塢聽琴, *le Mariage d'une religieuse*, par Chĕ-Tsè-Tchāng.

84. Paô tchoāng hô 抱粧盒, *la Boîte mystérieuse*.

85. Tchaó ché koū eûl 趙氏孤兒, *l'Orphelin de la famille* Tchaò. par Kŷ-Kiūn-Tsiàng. Traduit d'abord par le P. Prémare, puis par Stan. Julien en 1834.

86. Teoû-Ngò yuēn 竇娥冤, *le Ressentiment de* Teoû-Ngò, par Kouān-Hán-Kīn. Traduit en français par M. Bazin et par Stan. Julien, 1832.

87. Lŷ kouŷ foŭ kīn 李逵負荊, *le Jugement de* Sóng-Kiáng, par Kiā-Tsīn-Chè.

88. Siaō choŭ lân 蕭淑蘭, *les Amours de* Siaō-Choŭ-Lân, par Kiā-Tchōng-Mîn.

89. Liên hoân ký 連環計, *la Mort de* Tōng-Tchŏ. Pièce historique, une des plus remarquables du recueil.

90. Lô-Lŷ-Lâng 羅李郎, *les Aventures de* Lô-Lŷ-Lân, par Tchāng-Kouĕ-Pīn.

91. Kán tsiēn loŭ 看錢奴, *l'Avare*, traduite par Stan. Julien, 1832.

92. Houân laô mô 還牢末, *le Dévoûment de* Lŷ-Kouŷ, par Lŷ-Tché-Yuên.

93. Lieoû ŷ tchouán choū 柳毅傳書, *le Roi des Dragons*, par Châng-Tchòng-Yèn.

94. Hò lâng tān 貨郎旦, *la Chanteuse*.

95. Ouáng kiāng tīn 望江亭, *le Pavillon de plaisance*, par Kouān-Hán-Kīn.

96. Jên fōng tsè 任風子, Jên *le Fanatique*, par Mà-Tchè-Yuên.

97. Pŷ taŏ hoā 碧桃花, *la Fée*.

98. Tchāng sēn tchoù haŷ 張生煮海, *la Nymphe amoureuse*, par Lŷ-Haó-Hoû.

99. **Sēn kīn kŏ** 生金閣. *le Petit Pavillon d'or*, par **Oŭ-Hán-Tohén.**

100. **Fông-Yŭ-Lân** 馮玉蘭. *les Malheurs de* **Fông-Yŭ-Lân.** Traduit par Stan. Julien, 1832.

IV. DES ROMANS CHINOIS. 說話.

Les Chinois ont une collection immense de romans, dans l'acception large de ce mot. Un certain nombre sont bien écrits; leur style appartient surtout au genre **Pán ouên pán sioŭ.** On les met entre les mains de la jeunesse pour lui donner le goût de la lecture, et lui apprendre à connaître le cœur humain. Ces livres sont remplis d'allusion aux anciens Rois, aux sages de l'antiquité, aux hommes illustres dans l'histoire. On y trouve de temps en temps de belles maximes de morale, des proverbes frappants, des scènes de mœurs qui attachent et qui émeuvent tout à la fois le lecteur. Le nombre de ces ouvrages est prodigieux, et chaque époque en voit surgir de nouveaux.

« Ce n'est pas pour les Chinois, dit M. Rémusat, une gloire médiocre que « d'avoir su, dans l'extrémité du monde où ils sont relégués, s'élever depuis « plusieurs siècles au roman de mœurs et au roman historique, tels qu'on les « conçoit aujourd'hui parmi nous. Les nations dans l'enfance ont besoin des « apologues, des récits merveilleux, des épopées; les vrais romans ne naissent « que dans la vieillesse des sociétés, quand l'établissement des croyances tourne « leur attention vers les choses de ce monde; et s'il en faut, comme on l'a dit, « aux peuples corrompus, c'est qu'eux seuls ont cette disposition qui porte à « réfléchir sur les scènes de la vie intérieure, sur le jeu des passions, sur l'a- « nalyse des sentiments, sur les débats produits par le choc des intérêts et le « mélange des professions. Les fictions suivent naturellement le cours des ha- « bitudes réelles, et le théâtre qu'elles occupent doit changer avec la manière « de vivre des hommes qui s'en nourrissent. La muse qui les inspire, origi- « naire des forêts et des lieux sauvages, s'est plu longtemps au milieu des « montagnes et sur les rives de l'Océan. Elle n'a pénétré qu'assez tard dans « l'enceinte des cités, et les Chinois sont, avec quelques nations de l'Europe « moderne, les seuls qui l'aient admise dans les salons pour y prendre part aux « entretiens familiers, aux réunions amicales, aux discussions domestiques et « à la diplomatie du ménage, à tous ces petits événements enfin dont se com- « pose la vie des hommes civilisés.

« Les romans chinois sont d'excellents mémoires à consulter; les auteurs « n'y semblent pas trop prévenus en faveur de leurs compatriotes, et l'arme « du ridicule y est employée avec beaucoup d'adresse... C'est dans la peinture « des détails qu'excellent les romanciers chinois. Ces détails, qui seraient peut- « être fatigants dans un roman français, quel prix n'ont-ils pas pour nous qui

海上絲綢之路文獻集成 科技與文化編

« voulons connaître les Chinois? Il n'y a pas jusqu'à leurs soliloques qui ne « puissent conduire à ce but.

« A la Chine, les lieux communs des romanciers, c'est la verdure des sau- « les, la transparence des eaux, la teinte diversifiée des nuages, la neige des « arbres fruitiers. L'incarnat des pivoines et l'or des chrysanthèmes est destiné « à produire une agréable variété et amène parfois, il faut l'avouer, une élé- « gante monotonie.

« Le héros d'un roman chinois est d'ordinaire un jeune lettré doué du meil- « leur naturel, livré à l'étude et ne connaissant de distractions que celles que « procurent les fleurs, le vin et la poésie. La promotion aux grades littéraires « et le mariage sont les deux idées dominantes dans la vie civile des Chinois « comme dans le domaine de l'imagination. Il n'y a pas chez eux de démarche « réelle ou supposée qui ne tende à l'un de ces grands objets et plus souvent à « tous les deux. Un Chinois au-dessus du commun est perpétuellement occupé « ou de s'élever dans les concours ou de se marier pour avoir des enfants, ou « d'établir ses fils aussitôt qu'ils ont vu le jour.

« Le mariage est en tous lieux la plus grave des affaires sérieuses; mais il « n'y a pas de peuple chez qui l'on y songe d'aussi bonne heure et avec autant « de suite que chez les Chinois. Chez eux aussi, l'union conjugale est bien con- « sidérée comme l'origine et la base de tous les rapports sociaux, mais les « Chinois s'en sont fait de tout particuliers pour désirer ne pas mourir sans « postérité. Il est bien étrange que des hommes qui semblent s'embarrasser « assez peu de la vie future et n'ont aucune idée précise de la rémunération « future, s'inquiètent tant de ce qui adviendra quand ils ne seront plus. C'est « bien là qu'on peut admirer l'influence des habitudes et l'empire des anciens « usages, même après que l'idée morale, qui devait les animer, est obscurcie « ou perdue de vue. Il n'y a peut-être pas un Chinois sur mille qui sache ou « qui soit curieux d'apprendre si quelque chose lui survivra à la dissolution « de son corps; et cependant, il n'en est pas un qui supportât sans horreur la « pensée d'être privé des honneurs funèbres, de ceux surtout qui doivent, à « certaines époques, être adressés à la tablette des Ancêtres où son nom est « inscrit par son fils ou son petit-fils. La perspective d'un tel avantage tient « lieu de tout à des Chinois, et ce préjugé, que nous avons peine à concevoir, « est l'un des plus puissants mobiles de leur conduite. De là, leur aversion « profonde pour le célibat et la commisération qu'ils portent à ceux qui meu- « rent sans descendants mâles. — On n'entendrait ni les romans ni les drames « chinois, si l'on n'était prévenu de cet usage. On ne comprendrait rien aux « lamentations des personnages qui se voient condamnés à mourir sans posté- « rité mâle, ni aux moyens, quelquefois un peu singuliers, auxquels on a re- « cours pour éviter une calamité aussi affreuse. Un des plus naturels est de se

« marier de bonne heure; un autre est d'épouser plusieurs femmes, et cette « double ressource est rarement négligée par l'auteur quand il approche de son « dénoûment. »

L'autre objet qui fait le fond des romans est particulier à la classe des lettrés. On aspire aux grades littéraires dès l'enfance; c'est là le rêve d'un jeune Chinois intelligent et le sujet de l'ambition des parents. Il est bien vrai qu'à la Chine les grades littéraires ouvrent la carrière aux emplois publics, même les plus élevés. Le résultat des concours est proclamé avec pompe et devient le sujet de toutès les conversations. Il en est en Chine de la littérature et des ouvrages d'esprit comme chez nous des opinions politiques en un temps d'élection. L'idée des examens, des grades littéraires est tellement enracinée dans la tête des jeunes Chinois qu'un bon nombre de leurs romans nous montrent un père de famille, un magistrat promettant sa fille, sa nièce à marier, non pas au plus brave, au plus riche des compétiteurs, mais au plus lettré.

Le mariage et les examens, tels sont les deux thèmes favoris des romans de la Chine.

Quant aux romans d'une morale relâchée ou offensant les bonnes mœurs, ils sont sérieusement défendus en Chine. Un libraire n'oserait les mettre publiquement en vente. Il existe pourtant des satires, des pièces licencieuses, mais le génie de la langue est tel que tout cela peut s'écrire, sans que celui qui n'a pas la clef du livre y comprenne quelque chose. Tantôt il faut prendre seulement le son du caractère, tantôt il faut en retrancher certains traits ou bien les lire au rebours pour avoir le sens de l'auteur.

Un ouvrage de ce genre composé sous les **Mîn**, par un auteur du nom de **Ouâng-Ché-Tchén**, porte le titre de **Kīn pìn meý** 金瓶梅, en 100 livres. Malgré la censure dont il a été frappé, un Prince de la dynastie actuelle a traduit ce roman licencieux dans la langue des Mandchoux. Il faut un lexique pour le comprendre.

En Chine, on flétrit un roman mauvais par des qualifications curieuses et très-énergiques. Ainsi, le roman dont la lecture pourrait affaiblir l'horreur du meurtre recevra la note de **Taō** 刀, *couteau*. Un roman plein d'un merveilleux qui passe les bornes reçoit celle ce **Siê** 斜, *faux, mensonger*. Le roman trop galant dans ses peintures, celle de **Ŷn** 淫, *luxurieux*. Ces épithètes et d'autres du même genre sont comme un *pilori* auquel on attache un ouvrage et dont il ne se relève plus. Ces ouvrages se trouvent par le fait même exclus des bibliothèques publiques.

Les romans chinois sont historiques, mythologiques, ou bien ce sont des romans de mœurs. Ces trois genres se rencontrent dans les **Tsāy tsè** modernes, comme nous l'avons vu.

Le **Sŷ yeoû ký** 西遊記 est un roman mythologique qui est très-répandu

海上絲綢之路文獻集成 科技與文化編

dans la Chine. Ce *Voyage dans les contrées de l'Inde* raconte les aventures d'un bonze qui se rend dans l'Inde pour rechercher les Livres sacrés. On l'attribue à 邱長春, qui vivait sous la dynastie des Yuên. Ce roman est rempli de faits merveilleux qui séduisent l'imagination des jeunes Chinois.

Un auteur inconnu a publié à l'instar de ce roman un petit traité en 40 chapitres dans le même genre avec le titre de : **Heoú sȳ yeoû ký** 後西遊記.

Blanche et Bleue, ou *les deux Couleuvres-Fées*, 白蛇精記, est un petit roman mêlé de merveilleux et de féeries. M. Julien en a donné une traduction française en 1834.

V. DES FABLES, CONTES ET NOUVELLES CHINOISES. 諺議 OU 喻言.

La littérature chinoise abonde en petits livres de fables, de contes et de nouvelles charmantes. Le style en est excessivement varié. Il est simple, naïf, coulant et plein d'intérêt. Quelquefois c'est le **Kouān hoá** mitigé; souvent c'est le **Siaò chŏ** dans ce qu'il a de plus gracieux; les récits sont dus très-souvent à des pinceaux distingués; on ne doit pas s'étonner d'y trouver parfois un style qui sent le **Ouên tchāng** et même le **Koù ouên**. Les fables chinoises sont écrites dans un goût différent des nôtres. Elles ne sont pas autant *dialoguées*. Les Chinois aiment avec passion ces petits récits, surtout ceux qui sont pleins de merveilleux, d'apparitions d'esprits. Souvent, dans nos voyages à travers la Chine, nous les entendions, dans les hôtelleries, raconter ces histoires et se priver dans ce but d'une partie notable de leur sommeil. La lecture des petits livres, dont nous parlons ici, sera très-utile à un jeune sinologue. Ils sont faciles à lire. On n'y apprendra rien sous le rapport des connaissances humaines, mais on aura occasion d'y faire mille remarques utiles sur la langue chinoise et sur le style littéraire. La lecture de ces petits livres courants inspire du goût et des vues pour la langue chinoise.

On trouve un recueil de ces petits récits, de ces fables, contes et nouvelles dans une encyclopédie chinoise qui a pour titre : **Yŭ lîn** 玉林. C'est là que M. Julien a puisé la matière de son ouvrage intitulé : *les Avadanas...*, publié en 1859, en 3 volumes, sans en indiquer la source.

Nous allons extraire quelques-unes des fables de ce même ouvrage encyclopédique, pour en donner une idée à ceux de nos lecteurs européens qui ne pourraient facilement se procurer l'ouvrage chinois. Ils remarqueront que ces récits sont ponctués, les uns après quatre caractères, les autres après cinq caractères. La lecture en devient plus facile. Nous ne donnons pas de mot à mot. Avec la traduction en regard et un lexique ordinaire, pour les signes moins communs, tous nos lecteurs les liront avec une grande facilité.

LA FEMME ET LE RENARD.

Il y avait autrefois une femme noble et riche qui avait des relations avec un homme. Ayant pris tout son or, son argent, ses vêtements et autres objets, elle suivit cet homme.

Ils partirent ensemble et arrivèrent au bord d'un fleuve dont l'eau était rapide. L'homme dit à la femme : Prenez toutes vos choses précieuses et venez; je les porterai de l'autre côté de la rive; cela fait, je viendrai vous chercher.

L'homme passa à l'autre rive, s'enfuit en toute hâte et ne revint pas. La femme resta seule de ce côté de la rivière, sanglotant amèrement de ce qu'il n'y avait personne pour la secourir.

Elle ne vit qu'un renard sauvage qui avait pris un épervier. Ce renard ayant vu un poisson dans l'eau lâcha son épervier pour saisir le poisson; mais il le manqua. Il perdit en outre l'épervier qui s'était hâté de fuir.

S'adressant au renard : Comment, dit la femme, êtes-vous aussi stupide pour vouloir vous emparer de ces deux animaux? A la fin, vous n'en avez pas même un.

Que j'aie été stupide, repartit le renard, je le veux bien; vous, par votre stupidité, ne l'emportez-vous pas encore sur moi?

昔有婦人。富有金銀。與男子交通。盡取金銀衣物相逐。俱去到一急水河邊。男子語言。汝持財物來。我度之。當還迎汝。男子度已。便走不還。婦人獨住水邊。愛苦無可人救。鳴見一野狐捕得一鷹。復見河魚捨鷹拾魚魚既不得復失本鷹婦語狐曰汝何大癡貪捕其兩不得其一狐言我癡尙可汝癡障我。

LE SANGLIER ET LE LION.

Il y avait autrefois un sanglier qui portait le nom de *Gros-Ventre*. Un jour ce sanglier, conduisant une troupe de sangliers, entra dans les plaines d'une montagne profonde.

Dans le milieu de cette plaine de la montagne, il rencontre tout à coup un lion. Celui-ci voyant le sanglier l'interpella en lui parlant ainsi : Je suis le roi des quadrupèdes. Éloignez-vous de mon chemin.

Le sanglier répondit : Vous m'ordonnez de m'éloigner de votre chemin. C'est là un ordre intolérable. Si vous voulez que je combatte avec vous, je ne m'y refuse certainement pas. Attendez un moment que j'aille revêtir ma cuirasse.

Le lion répliqua : De quelle haute lignée êtes-vous? Quel est votre nom?

Quoi! vous osez me tenir ce langage! Vous voulez combattre avec moi! Quant à votre cuirasse, soit, allez la revêtir selon vos désirs.

Alors le sanglier alla au milieu d'un fossé rempli d'ordures, en enduisit tout son corps, et, revenant en face du lion, il lui dit : Je viens combattre avec vous.

Alors le lion, répondant au sanglier, dit : Je suis roi au milieu des quadrupèdes; d'ordinaire, je fais ma nourriture des daims, des cerfs et autres semblables animaux; s'il y en a qui soient chétifs, faibles, je les rejette sans les manger. A plus forte raison, je rejetterais votre corps si malpropre. Si je combattais avec vous, assurément je me salirais.

Dans ce moment, le lion récita au sanglier une stance et dit : Votre corps est naturellement peu propre, aujourd'hui vous l'avez encore entouré d'ordures infectes. Dans cet état, vous me demandez à vous battre avec moi. Si j'acceptais le défi, je deviendrais aussi sale et aussi repoussant que vous.

往昔有猪名曰大腹時被大腹引以羣猪入深山野於山野中忽逢獅子獅子見猪告而言曰我是獸王汝速避路大腹報言令我避路事不可當要我獸鬪必不相違且止須臾待我被甲時獅子言汝何上鎧是何名字敢能如是索我相鬪所要被申今隋汝意時被大腹徧穢坑中篇塗其身還獅子前言與汝鬪是時獅子報大腹言我是衆獸中王常以麞鹿等獸而爲食噉或羸弱者倘棄不食況汝淨穢汗之身苦與汝鬪實染污我而時獅子爲大腹宣說偈言汝本不淨身今加臭穢如此而求鬪相我卽墮於汝。

LE LION, LE TIGRE ET LE CHACAL.

Autrefois il y avait deux féroces quadrupèdes qui étaient très-amis. Le premier est le lion aux belles dents; le second, le tigre vorace. Faisant le guet jour et nuit, ils prenaient de nombreux cerfs.

Alors il y avait un chacal qui suivait ces deux féroces quadrupèdes et mangeait les restes de leur proie pour vivre. Il lui vint une pensée, et il dit : A présent je ne puis les suivre longtemps. Par quel exp ``ent pourrais-je les brouiller ensemble et faire qu'ils n'aillent plus ensemble?

Aussitôt il alla dans la demeure du lion aux belles dents et lui dit : Le tigre vorace m'a tenu ce langage : Par ma naissance, je l'emporte sur vous; par ma race, je l'emporte sur vous; par la beauté de mes formes, je vous suis encore supérieur. Comment cela? chaque jour je trouve des aliments excellents. Le lion aux belles dents vient après moi, et se repaît des débris de ma proie.

Le lion aux belles dents l'interrogea : Comment avez-vous pu savoir cela?

海上絲綢之路文獻集成 科技與文化編

Il dit : Vous deux quadrupèdes, vous vous réunissez dans un même lieu, je vous ai vus et voilà comment je le sais.

Aussitôt il alla trouver le tigre vorace et lui dit : Le lion aux belles dents m'a tenu ce langage : Moi maintenant, par ma race, par mon nom, par tout cela, je l'emporte aussi sur vous. Comment cela se fait-il? Je mange habituellement d'excellentes chairs; le tigre me suit, mange mes restes et entretient ainsi sa vie.

Le tigre vorace répondit : Comment pouvez-vous savoir ces choses? Il répondit : Vous vous réunissez dans un même endroit; je vous ai vus et voilà comment je le sais.

Quelque temps après, les deux quadrupèdes étaient réunis dans le même lieu; ils se regardaient l'un et l'autre avec des yeux irrités. Le lion se dit à lui-même : Je ne puis me dispenser de l'interroger avant de le frapper en abaissant ma patte sur lui.

Il se tourna vers le tigre et dit : Par la beauté de mon corps, le lieu de ma naissance et ma force, je l'emporte sur vous. Le lion ne m'est pas comparable. Le tigre a-t-il, oui ou non, tenu ce langage?

Il songea en lui-même et dit : Certainement c'est le chacal qui a voulu nous brouiller nous deux. Le tigre prononça son avis dans le même sens. Ce voyant, le lion saisit le chacal et le tua.

古昔兩惡獸爲伴一名善牙獅子二名善搏虎晝夜伺捕
衆鹿時有一野干逐彼二獸後食其殘肉以自全命竊自
生念我今不能久相逐當以何方便鬭亂彼二獸令不復
相隨卽往善牙獅子所言善搏虎有語我生處勝種姓勝
形色勝汝力勢勝汝何以故我日日得好美食善牙獅子
逐我後食我殘肉以自全命善牙問汝何以事得知答言
汝等二獸其集一處相見知巳便往善搏虎言善牙有語
我今種姓生處悉皆勝鉎力勢亦勝何以故我常食好肉
善搏虎食我殘肉而自活命善搏問汝以何事得知答言
汝等二獸其集一處相見自知後二獸共集一處瞋眼相
視善牙獅子念我不應不問便先下手打彼向善搏虎而
說偈曰形色及生處大力而復勝汝善牙不如我善搏說
是耶自念必是野干鬭亂我等善搏亦說偈答善牙獅子
卽打野干殺

L'ENFANT ET LA TORTUE.

Autrefois il y avait un petit garçon qui, en se promenant et s'amusant à terre, rencontra une grande tortue. Sa pensée fut de la tuer aussitôt; mais, ne sachant comment s'y prendre, il interrogea quelqu'un : Comment pourrais-je

la tuer? Quelqu'un lui dit: Prenez-la seulement et jetez-la dans l'eau, et alors vous pourrez la tuer. Dans ce moment, le petit garçon crut à ces paroles. Il s'empressa de la jeter dans l'eau; mais la tortue, se trouvant dans l'eau, prit bien vite la fuite.

昔有一小兒陵地汝戲得一大鼃意欲殺之不知方便而問人言云何得殺有人語言爾但擲置水中卽時可殺而時小兒信其語故卽擲水中鼃得水已卽便走去

Il existe un autre recueil intitulé : Kīn koù kÿ kouān 今古奇觀, *Recueil d'Histoires merveilleuses et de Nouvelles anciennes et modernes,* qui renferme 40 nouvelles. La plupart ont été traduites dans une langue européenne, soit par les anciens missionnaires, soit par les savants étrangers. Les contes chinois publiés par M. Abel Rémusat sont presque tous tirés de ce recueil, ainsi que la nouvelle traduite par M. Rob. Thoms et publiée à Canton sous le titre de : *Wang Kiao, or the lasting resentement of miss. Kiao louan wang,* in-4°. Sir J. F. Davis a publié un volume sous le titre de : *Chinese novels translated from the originals to which are added proverbs and moral maxims, etc.* London, 1822. On y trouve :

1° La pièce intitulée : *les trois Étages consacrés. The three dedicated Rooms,* 三與樓.

2° *L'Ombre dans l'eau. The shadow in the water.*

3° *Les deux Jumelles, The twin Sisters.*

4° *La Peinture mystérieuse.* Hin lŏ toŭ. Par St. Julien, à la suite de l'*Orphelin de la Chine.*

5° *Les deux Frères de sexe différent.* (Dans le même ouvrage.)

6° *L'Histoire de* Fân-Hÿ-Tcheoū, traduite en anglais par Sir Stephen Weston. London, 1814.

7° *L'Héroïsme de la piété filiale,* par Rémusat (1).

8° *La Matrone du pays de* Sóng, par le P. d'Entrecolles.

9° *Les tendres Époux,* par le même.

10° *Le poëte* Lÿ-Taÿ-Pĕ, par Théod. Pavie (2).

11° *Le Luth brisé,* par Théod. Pavie.

12° *Le Bonze sauvé des eaux,* par Théod. Pavie.

13° *Les Pivoines,* par Théod. Pavie.

14° *Le Lion de pierre,* par Théod. Pavie.

15° *Le Roi des dragons,* par Théod. Pavie.

16° *Le Renard-Fée,* par Théod. Pavie.

---

(1) *Contes chinois.*

(2) *Choix de Contes et Nouvelles.* Th. Pavie, Paris, 1839.

Les fables de la Fontaine traduites en chinois seraient plus intéressantes que celles de l'encyclopédie Yû lin. que nous avons citées plus haut.

Les fables d'Ésope ont été mises en chinois par un lettré indigène et imprimées à Canton, en 1840, sous ce titre : 伊娑菩喩言. Ce recueil, devenu rare, est bon à lire (1). Il en existe, à notre connaissance, deux éditions : l'une donne le texte simple; l'autre donne, en outre, la traduction faite par Rob. Thoms.

VI. DE L'ESTIME DES CHINOIS POUR LES BELLES-LETTRES ET DES HONNEURS RENDUS AUX SAVANTS.

L'une des particularités les plus remarquables du caractère des Chinois est leur amour pour les belles-lettres. Un père de famille ne rêvera que la gloire d'un diplôme pour l'un de ses fils; le fils n'aspirera qu'à l'honneur de porter un jour sur sa coiffure le bouton d'or des lettrés. Chaque famille tient à grand honneur d'avoir l'un de ses membres dans la corporation des lettrés. C'est qu'en effet, en Chine, on honore le talent, la capacité intellectuelle de ceux qui ont obtenu un grade littéraire. Dans les assemblées publiques, le lettré aura le pas sur les vieillards, qui, pourtant, sont si honorés à la Chine. Au prétoire, dans une affaire contentieuse, le mandarin a des égards particuliers pour l'homme au globule. Les honneurs rendus à un lettré rejaillissent même sur toute la parenté, qui en est fière. En parlant d'un lettré, la population ne le désigne jamais que par son grade littéraire : Ouâng *le bachelier*, Siû *le licencié*, Tǒng *le docteur*. Chez nous, l'ascendant moral d'un savant sur le peuple est presque nul. Nos mœurs sont telles qu'un membre de l'Académie, de l'Institut de France, n'attire pas la moindre attention de la part de la classe populaire des campagnes ou même des villes. C'est tout le contraire en Chine, tant est grande la considération que l'on a pour les savants.

La corporation des lettrés est en possession d'une influence morale des plus considérables sur l'esprit des populations chinoises. Cette influence est comme le thermomètre de l'esprit public dans ce vaste pays. Chez nous, l'État ne compte guère qu'avec les hommes politiques qui ont acquis une célébrité ou qui dirigent, par la presse, l'opinion publique. En Chine, le Gouvernement,

(1) Un de nos diplomates, M. le comte Kleczkowski, chargé d'affaires à la Légation française à Pékin, s'était adonné à l'étude de la langue chinoise. Ayant appris par cœur les fables d'Ésope traduites en chinois, il eut maintes fois occasion d'en citer des passages aux dignitaires de l'Empire chinois et même au Prince régent. Tous s'en montraient charmés. M. le comte Kleczkowski est aujourd'hui interprète au ministère des Affaires étrangères pour la langue chinoise et professeur de la même langue à l'*École spéciale des langues orientales de Paris*. Les services importants qu'il a rendus au catholicisme en Chine nous font un devoir de consigner ici l'hommage de notre reconnaissance.

les fonctionnaires publics, comptent avec la classe des lettrés, dont l'influence peut remuer ou calmer les masses populaires. Ces honneurs rendus aux lettres, dans la personne des savants, sont peut-être le plus puissant mobile d'émulation en faveur de l'instruction.

L'histoire chinoise nous montre le gouvernement du pays constamment occupé, dès les temps les plus anciens, des établissements publics d'enseignement et favorable à la diffusion de la lumière par la science. Après chaque révolution du gouvernement politique, l'élan pour l'étude diminue; les établissements sont en souffrance. Les Empereurs mettent leur gloire, dès que la paix est rétablie, à restaurer les maisons d'enseignement, à fonder une institution favorable aux lettres, à revoir les règlements qui régissent l'enseignement public et à les modifier selon les circonstances. L'histoire de l'enseignement public en Chine est un travail qui manque encore.

Un savant estimable, M. Ed. Biot, a donné, en 1 volume, une *Esquisse sur l'Enseignement* (1).

Il existe en Chine, de temps immémorial, une belle institution que nous devons faire connaître. Dans chaque province de l'Empire, il y a les champs des Écoles (Hiŏ tiĕn 學田) dont le revenu est affecté à un double emploi : à l'entretien des Écoles pauvres de la province et à celui des lettrés *sans patrimoine*. Un homme du peuple, doué de grands talents naturels, est parvenu aux grades littéraires. Mais il est sans fortune. La gloire des lettres subirait, aux yeux des Chinois, un échec, si on laissait ce lettré, ce savant, cet homme décoré du bouton d'or dans un état voisin de l'indigence. Il reçoit donc chaque mois tant de mesures de riz et une somme d'argent.

Depuis des siècles, les Chinois ont un Panthéon littéraire; chez nous, cette idée est à peine éclose, puisqu'aucune œuvre de ce genre n'a pu être encore créée. Les grands philosophes, les guerriers célèbres, les écrivains illustres, les bienfaiteurs de l'humanité, que la voix publique acclame, sont inscrits dans le temple des lettres sur la tablette des grands hommes. Un décret impérial y fait placer leur image, et ces savants y reçoivent, à certaines époques, des honneurs civils de la part de la corporation des lettrés. Le plus grand honneur auquel un lettré puisse aspirer, et qui est le *nec plus ultrà* de son ambition, est celui d'être admis un jour dans ce Panthéon littéraire.

---

(1) *Histoire de l'Instruction publique en Chine*, Ed. Biot, Paris, 1847. M. Biot n'a pas connu le bel ouvrage chinois qui porte le titre de 欽定學政全書, recueil complet de tout ce qui concerne les règlements et l'administration des Études et de l'Ensiguement à tous les degrés, en 24 volumes, édition impériale de la dix-septième année de Kiá-Kĭn (1812). On ne peut se fair une idée, même approximative, de l'instruction publique en Chine sans avoir lu cet important ouvrage.

Il y a plus. L'homme célèbre qui a reçu les honneurs du Panthéon fait rejaillir sa gloire sur ses ancêtres jusqu'à la troisième ou quatrième génération. Le décret impérial donne des titres de noblesse à tous ces ancêtres, qui ne sont plus de ce monde, comme s'ils étaient vivants. Ces honneurs posthumes, rendus aux ancêtres d'un lettré, flattent singulièrement et à juste titre l'amour-propre chinois.

La carrière des lettres en Chine mène infailliblement aux dignités et aux charges publiques. Il est rare de voir un Chinois illettré parvenir, bien que doué d'une grande capacité naturelle, aux fonctions publiques. La carrière militaire seule en offre de temps à autre quelques exemples. Les charges publiques sont accessibles à tous les Chinois qui sont en possession des grades littéraires, sans aucune distinction de fortune ou de noblesse.

Avec une civilisation que nous proclamons très-avancée, nous avons *peur*, en Europe, de la liberté d'enseignement. L'État n'ose l'accorder; il se la laisse arracher par lambeaux. Le goût des lettres et de l'instruction est si peu avancé chez nous qu'il faut des lois pour la rendre obligatoire, et la gratuité des Écoles comme encouragement. Rien de cela n'existe en Chine. C'est la liberté la plus complète. L'État ne s'est réservé que la *collation des grades littéraires*.

Cette ancienne et profonde considération des Chinois pour les belles-lettres ne pouvait manquer de se porter également sur ceux qui sont destinés aux fonctions de l'enseignement public. En effet, tous les professeurs chinois, les maîtres d'École, reçoivent comme une portion de l'autorité paternelle sur tous les jeunes Chinois, leurs élèves. Ceux-ci leur rendent des devoirs particuliers de respect, non-seulement durant les années de l'écolage, mais tout le reste de la vie. C'est ainsi qu'en Chine, mais en Chine seulement, on a le spectacle d'un premier ministre d'État, d'un vice-roi de province, d'un généralissime des troupes, se tenant debout en présence d'un simple magistrat de village qui a été leur maître, leur précepteur, à l'époque de leur enfance. Chose également remarquable! Ce précepteur, ce *magister ludi*, en présence de ces hauts personnages qui ont été sous sa férule est, pour ainsi dire, tout-puissant. Il osera seul blâmer l'administration de ces fonctionnaires, si elle prête le flanc à la censure, les avertir des défauts que la voix publique leur reproche et solliciter la réforme des abus. Sa voix est respectueusement écoutée. La langue chinoise a une expression spéciale pour désigner le traitement que l'on accorde aux professeurs. Les expressions, en vigueur chez nous, de *traitement*, *salaire*, *honoraire* même, seraient réputées *vénales*, *injurieuses* pour les lettres et pour la personne de celui qui les enseigne.

Les Empereurs de la Chine sont attentifs à saisir les occasions de témoigner aux lettres l'intérêt qu'elles leur inspirent. Ils ne dédaignent pas de composer et d'écrire au pinceau de vermillon des préfaces pour les grandes collections

scientifiques que l'Académie des Hán lîn publie d'après leurs ordres. L'élégance de ces préfaces est une preuve de la culture littéraire de ces monarques de la Chine.

Nulle part on ne trouve, comme en Chine, sur toutes les branches des sciences, des arts et sur les belles-lettres, des travaux aussi vastes et aussi riches en documents de tous genres. Nous avons déjà signalé à nos lecteurs la gigantesque encyclopédie qui porte le titre de 永樂大典, et ne compte pas moins de 22,877 volumes. L'Empereur Kiĕn-Lông a voulu surpasser tout ce qui existait de son temps. Il a tracé le plan de la plus étonnante encyclopédie dont les annales des sciences ou des lettres aient jamais fait mention. Sa collection comptera, au moins, 160,000 volumes. Près de 100,000 ont déjà vu le jour, et le travail se poursuit sans interruption. De tels monuments littéraires ne sont-ils pas une gloire incomparable pour un pays et pour les souverains qui les commandent, qui en font les frais? Ne sont-ils pas une preuve sans réplique du progrès des lettres dans un Empire? Aussi M. Rémusat avait-il raison de dire, en parlant de la Chine : Il n'y a pas de nation, même en Europe, chez laquelle on trouve autant de livres, ni aussi bien faits, aussi commodes à consulter et surtout à si bas prix qu'en Chine.

Les Chinois ont, entre autres, une foule de petites encyclopédies populaires, très-bien faites, qui propagent les connaissances et la diffusion des lumières de l'instruction publique. Telle est, par exemple, celle qui porte le titre de : 萬寶全書 (Littéralement : *le Livre complet des 10,000 choses précieuses*), et une autre également très-répandue dont le titre est Yeôu hiŏ (*Études pour les jeunes gens*). Il serait grandement à désirer qu'on fît en Europe des travaux semblables.

Cet amour des lettres, la diffusion de l'instruction publique en Chine, contribue pour une large part à donner à l'ensemble de cette grande Monarchie un air de politesse, qui se répand sur tout ce qu'on fait et sur tout ce qu'on dit. Plus une nation est adonnée aux lettres, moins ses instincts militaires se développent. C'est ainsi que ce peuple de 400,000 millions d'hommes n'a point d'armée permanente. N'est-ce pas là le vrai progrès dont l'Europe *éclairée* s'éloigne de plus en plus?

La supériorité des Écoles chinoises sur les nôtres, de même que leur méthode d'enseignement, est incontestable relativement à tout ce que nous avons. Chez nous, les établissements publics où les enfants passent les douze ou quinze plus belles années de leur vie étouffent les sentiments de la famille et les nobles instincts du cœur, qui ne se développent qu'au foyer paternel. Hommes d'expérience et de pratique avant tout, les Chinois n'ont heureusement pas les *internats* de l'enseignement public. La jeunesse chez nous subit, en général, le joug de ces établissements comme celui d'une espèce d'*esclavage*, qu'il faut

24

nécessairement supporter, mais dont elle aspire à être bientôt délivrée. Le professorat, si noble et si honoré en Chine, n'est à ses yeux qu'un métier vulgaire. La division des élèves en catégories ou en classes est également inconnue en Chine. Chaque école ou collége ne compte jamais qu'un nombre très-restreint d'élèves. Le professeur *suit* chaque élève en particulier, selon la mesure de ses facultés. Cet élève marche donc sans relâche. Chez nous, l'élève capable est forcé d'attendre le retardataire; celui-ci est abandonné à lui-même et se traîne péniblement pendant huit ou dix ans sur les bancs de l'école. Le professeur ne suit en particulier aucun élève. Cette méthode est radicalement défectueuse. En Chine, l'honoraire accordé au professeur, par chaque élève, n'est pas uniforme comme chez nous; il est fixé d'après la capacité de chaque élève, surtout quand il s'agit des plus avancés. La raison en est évidente.

CHAPITRE IX.

DE LA LITTÉRATURE CHINOISE EN PARTICULIER.

PREMIÈRE SECTION.

I. Supériorité de la littérature chinoise sur la littérature des langues alphabétiques. — Causes de cette supériorité. — L'alphabet latin et les traits radicaux de la langue chinoise. — Comparaison entre eux. — Supériorité de la méthode chinoise.

II. Les langues à flexions et la langue chinoise monosyllabique et invariable. Difficultés énormes des premières. Simplicité, facilité, richesse, abondance et grâces de la langue chinoise.

DEUXIÈME SECTION.

DES PRINCIPALES FIGURES DE RHÉTORIQUE.

I. De la comparaison. Dix genres de comparaison : 1° comparaisons tirées des personnages de l'antiquité; 2° comparaisons tirées des titres de la dignité; 3° comparaisons tirées des surnoms honorifiques donnés aux grands hommes; 4° comparaisons tirées des insignes de la dignité; 5° comparaisons tirées des fleurs; 6° comparaisons tirées des objets; 7° comparaisons marquées par quatre particules chinoises; 8° comparaisons faites par la règle de position; 9° comparaisons par allégories ou paraboles; 10° comparaisons dites en chinois **Yû yên.**

II. De la répétition. — Des cinq manières chinoises de faire cette figure.

III. De la gradation.

IV. De l'antithèse ou du parallélisme chinois.

V. De la métaphore chinoise : 1° des noms particuliers donnés à divers objets par métaphores; 2° métaphores descriptives; 3° métaphores où le contenant est pris pour le contenu; recueil d'expressions métaphoriques.

VI. De la description. — Exemples de descriptions de sites, de lieux, de personnages divers.

VII. De l'harmonie imitative ou des onomatopées. — Exemples tirés du **Chê kin** ou du *Livre des Vers.*

海上絲綢之路文獻集成 科技與文化編

PREMIÈRE SECTION.

1. SUPÉRIORITÉ DE LA LITTÉRATURE CHINOISE SUR LES LITTÉRATURES DES LANGUES ALPHABÉTIQUES. — CAUSES DE CETTE SUPÉRIORITÉ. — L'ALPHABET LATIN ET LES TRAITS RADICAUX DE L'ÉCRITURE CHINOISE. — COMPARAISON ENTRE EUX. — SUPÉRIORITÉ DE LA MÉTHODE CHINOISE.

Dans le chapitre précédent, nous avons indiqué, à grands traits, les *sources générales* de la littérature chinoise. Pour un lettré chinois, cet index sommaire des sources de la littérature serait bien restreint; mais pour un jeune sinologue européen, il sera suffisamment étendu. La littérature chinoise est une *mine inépuisable*. Pour traiter un peu convenablement les matières qui font le sujet de notre présent chapitre, nous estimons qu'il ne faudrait pas moins de douze volumes très-compactes. Nous n'avons ici qu'un espace bien resserré de quelques pages pour traiter la question de la littérature chinoise en particulier. Un lecteur attentif entreverra, à travers ce que nous dirons, de vastes horizons que nous ne pouvons aborder, dans cet ouvrage élémentaire, dont l'étendue paraît déjà considérable.

Il fut un temps où celui qui avait des connaissances sinologiques à peu près comme celles du P. Kircher, du P. Bayer et, plus récemment, comme celles de Fourmont, passait pour un *petit prodige*. On était en admiration devant le courage du savant qui avait osé se lancer dans l'étude d'une langue aussi *bizarre* et aussi *ardue* que celle des habitants du Céleste-Empire. La langue chinoise, par suite d'un préjugé que tout le monde subissait, sans essayer même de s'en rendre compte, passait pour *inabordable*. Si quelques sinologues éminents de notre époque, tels que M. Abel Rémusat, ont vivement combattu ce préjugé et cherché à démontrer que la langue chinoise n'était pas plus difficile que toute autre langue, nous devons avouer que d'autres sinologues, tels que M. Stanislas Julien, dans le but d'élever davantage leur mérite personnel, ont laissé, sans le combattre, ce préjugé s'étendre et se développer aussi bien dans la classe savante de la société que dans la classe vulgaire. Aussi les préjugés contre la langue chinoise sont aussi vivaces et aussi enracinés de nos jours qu'ils l'étaient il y a un siècle. Des hommes de lettres, versés dans la connaissance du sanscrit, de l'hébreu, de l'arabe, du persan, de l'égyptien et d'autres langues anciennes, nous ont fait, à nous-même, l'aveu qu'ils n'osaient aborder l'étude de la langue chinoise. Cet aveu montre toute la force d'un préjugé profondément enraciné.

On oppose sans cesse aux Chinois la *simplicité* de l'alphabet, qui ne compte

que 24 lettres. Au moyen de ces 24 lettres, on a formé toutes les langues modernes et l'on a su exprimer toutes les idées que l'homme peut avoir besoin de formuler. On n'a pas assez d'éloges pour le mécanisme admirable des langues à flexions. Si le génie et la civilisation européenne l'emportent sur le génie et la civilisation des autres peuples, on en fait hommage à la *simplicité*, à la *facilité*, à la *clarté des langues alphabétiques*, formées au moyen de 24 lettres.

Voici un fait qui causera de l'étonnement à bien des lecteurs et qui est, pourtant, de la plus rigoureuse exactitude. Sans rien diminuer de la beauté d'un alphabet, qui ne comprend que 24 signes, de la combinaison desquels on obtient tous les mots nécessaires à rendre la pensée, nous croyons n'être nullement téméraire, encore moins paradoxal, en affirmant que la *simplicité* de cette méthode est dépassée de plus de moitié par la méthode des Chinois. A eux revient l'honneur de la simplicité du procédé de rendre la pensée non plus par un genre quelconque d'écriture, mais par un admirable procédé idéographique.

En effet, avec 10 ou 12 traits linéaires, au plus, les Chinois ont eu l'art merveilleux de former des caractères simples d'abord, qui sont l'*image*, la *figure*, la *représentation de l'idée, de la pensée, de la chose.*

En combinant entre eux ces caractères simples, non pas d'une façon arbitraire, mais d'après six règles générales, ils ont formé l'un des plus admirables systèmes d'écriture qui existent au monde, et cela avec des éléments moins nombreux que ceux de notre alphabet. Sous le rapport de la *simplicité du procédé*, il est incontestable que l'avantage demeure acquis aux Chinois. Nous avons 24 lettres ou 24 signes; les Chinois en ont à peine 12.

Quant aux résultats obtenus par les Chinois avec leur *dix* ou *douze signes radicaux*, ils sont infiniment supérieurs à ceux que nous avons obtenus par les lettres de notre alphabet. En effet, nous en appelons à l'impartialité de tout lecteur réfléchi. Les lettres de l'alphabet sont en elles-mêmes, quant à leur forme, bien plus compliquées que les 10 ou 12 traits linéaires de l'écriture chinoise.

LES VOICI EN REGARD.

TRAITS RADICAUX DE L'ÉCRITURE CHINOISE.	LETTRES DE L'ALPHABET	
1° Trait horizontal : 横 Hông.	*a* *A*	a A
—	*b* *B*	b B
2° Trait vertical : 直 Tchě.	*c* *C*	c C
|	*d* *D*	d D
	e *E*	e E

TRAITS RADICAUX DE L'ÉCRITURE CHINOISE.

3° Trait oblique de droite à gauche :
撇 Pý.

4° Trait oblique de gauche à droite :
捺 Lă.

• Trait en forme de larmes : 點 Tièn.

6° Trait courbé : 彎 Ouān.

7° Trait aigu : 提 Tý.

8° Trait en spirale : 宛 Yuèn.

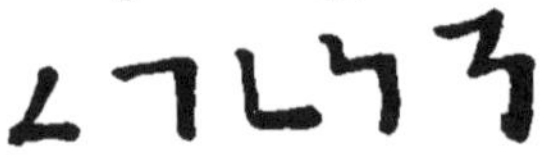

9° Trait-crochet : 鉤 Keōu.

10° Trait retourné : 轉 Tchouàn.

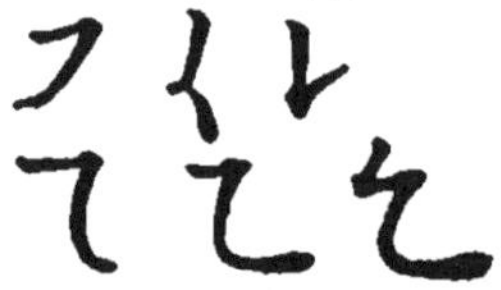

LETTRES DE L'ALPHABET.

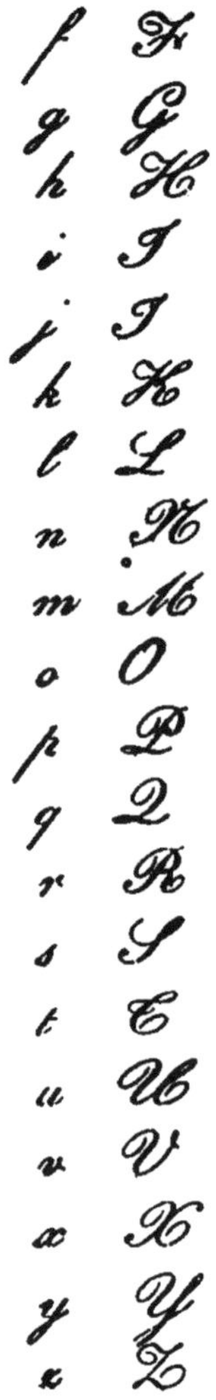

f	F
g	G
h	H
i	I
j	J
k	K
l	L
n	N
m	M
o	O
p	P
q	Q
r	R
s	S
t	T
u	U
v	V
x	X
y	Y
z	Z

N'est-il pas évident que la simplicité des traits linéaires chinois est de beaucoup supérieure à celle des lettres de notre alphabet, qui ont bien leur complication? N'est-il pas évident encore que si on laissait à quelqu'un le choix entre ces deux alphabets, l'un de l'écriture chinoise, l'autre de nos langues européennes, il n'y aurait pas même une seconde d'hésitation pour se prononcer en faveur du système chinois?

Ces traits linéaires et radicaux de l'écriture chinoise ont chacun un nom propre qui indique l'*usage*, le *but*, la *fin* du trait linéaire. Il serait impossible d'en faire autant pour chacune des lettres de notre alphabet. Ces traits linéaires de l'écriture chinoise ne sont pas le résultat d'une invention capricieuse et de pure imagination. Ils sont le fruit d'une merveilleuse imitation des objets

visibles de la nature. Nous allons en avoir la preuve. Nos lettres de l'alphabet sont le fruit d'un génie supérieur assurément, mais qui n'a pas pris, lui, pour modèle la nature. La forme de chacune de ses lettres est le fruit de son propre génie. Chaque lettre alphabétique a un *son vocal;* ce son vocal varie même chez tous les peuples qui font usage de l'alphabet. La forme linéaire elle-même des lettres de l'alphabet ne varie pas moins parmi les nations qui en font usage. Ce son vocal ou phonétique des lettres de l'alphabet dit-il quelque chose à l'esprit? Réveille-t-il une pensée, une idée? Aucunement. C'est un son de pure convention qui ne repose point sur la nature des choses, puisqu'il varie d'une façon aussi sensible chez tous les peuples qui ont l'alphabet.

En réunissant deux lettres, trois lettres de notre alphabet, on obtient des syllabes, comme : *ba, be, bi, bo, bu.* Ces syllabes ne sont qu'un pur son qui ne réveille encore aucune idée, aucun souvenir et qui n'exprime rien de ce qui se passe dans la pensée. Ce son syllabique est un acheminement, un pas de fait vers un mot qui recevra, avec le *son* propre, son *acception* particulière, l'un et l'autre conventionnels. Le son et l'acception de ces syllabes sont tellement conventionnels qu'ils varient chez une foule de peuples.

Les Chinois, au contraire, n'ont qu'à réunir deux traits linéaires de leur écriture; ils obtiennent, non pas une syllabe qui n'a qu'un pur son vocal, mais ils obtiennent un signe qui a un sens, et ce sens, indépendant du son vocal, sera lu et compris par un Français comme par un Russe, par un Océanien comme par un savant de Paris, dès que l'un et l'autre connaissent le signe chinois. La syllabe européenne, formée des lettres de notre alphabet, si elle a un sens, aurait besoin d'être étudiée individuellement chez chacun des peuples qui font usage de l'alphabet.

Donnons quelques exemples chinois.

Voici un signe radical, élémentaire de l'écriture chinoise :

一, Ce trait, qui a la forme d'une ligne droite, se prononce Ỷ et signifie *un, unus.* C'est le signe de l'*unité.* On le combine avec lui-même et l'on obtient le signe suivant :

二, qui veut dire *deux, duo,* et se prononce Eûl. En ajoutant un trait linéaire aux deux autres, on obtient le signe :

三, qui veut dire *trois, tres,* et se prononce Sān. Si aux trois traits précédents, j'ajoute un autre trait radical perpendiculaire, on aura le signe :

王, Ouâng, *roi, rex.* En ajoutant à ce signe, un autre trait radical, le trait , on obtiendra :

主, Tchoù, *maître, Seigneur, Dominus.* Si, au lieu de placer ce trait radical au-dessus du signe, je le place au bas, le caractère se trouvera être celui-ci :

玉, qui veut dire *pierre précieuse, marguerite,* et se prononce Yŭ. En ajoutant un trait à ce même signe, on obtiendra celui-ci :

海上絲綢之路文獻集成 科技與文化編

五, **Où**, *cinq, quinque*. Puis, en le fermant, on obtient :
田, **Tiēn**, *un champ, ager*. En élevant le trait du milieu :
由, **Yeoû**, *l'origine, la source*. En le prolongeant en bas :
甲, **Chēn**, *profond, profundus*, etc.

Autre exemple :

Le caractère **Jên** 人 veut dire l'*homme, homo*. Ajoutez le trait horizontal 一, que nous avons vu plus haut, à ce signe, vous aurez celui-ci : **Tá** 大, *grand, élevé, magnus, altus*. Ajoutez au signe *homme* deux fois ce même trait horizontal, vous aurez les deux signes suivants : 夫, *époux, maritus*, et **Tiēn** 天, *ciel, cœlum*. Que le trait supérieur de ce dernier caractère soit un peu incliné, au lieu d'être droit, on aura **Yaô** 夭, *mourir jeune*. Un point placé au-dessous de **Tá** 大, donne 太, *excessif, très-élevé*, un superlatif.

Cette écriture est la forme moderne qui n'a déjà plus les formes symboliques de la primitive écriture chinoise. Chaque syllabe chinoise, s'il est permis de parler ainsi, par compraison avec nos langues d'Europe, outre le son vocal, a *une acception, un sens défini*. Si un système d'écriture pouvait devenir universel, *l'écriture* chinoise aurait une foule de raisons très-fortes qui militeraient en sa faveur.

Chez nous, les mots expriment par convention les idées, mais ne les *figurent pas*, ne les *peignent pas* à l'œil; leur son et leur acception ont été déterminés par une tacite convention. Prenons pour exemples ces quatre ou cinq mots si vagues de la langue française, avec leur traduction latine et anglaise :

Bœuf,	*bos,*	*beef.*
Taureau,	*taurus,*	*bull.*
Veau,	*vitulus,*	*calf.*
Génisse,	*juvenca,*	*heifer.*
Vache,	*vacca.*	*cow,*

Chacun de ces mots, quant à sa composition, ne se ressemble pas. On ne soupçonnerait même pas, en les lisant, qu'il s'agit de différents animaux de la même espèce; on dirait autant d'êtres aussi différents entre eux que la manière de les écrire.

En chinois, le caractère indiquera non-seulement les mêmes animaux, quant à l'espèce, mais il désignera, en outre, les nuances de l'âge, de la couleur, de la figure, de la destination, des défauts, des qualités, de la fécondité, etc., de chacun d'eux. Tel caractère me dit que cette vache est mère pour la première fois; cet autre, qu'elle l'est pour la deuxième, la troisième fois; celui-ci me dit qu'elle est stérile; celui-là, qu'elle va mettre bas. La nuance entre chacun de ces signes est légère, mais suffisante et facile à retenir.

Nous mettons sous les yeux du lecteur les caractères suivants dans l'ordre d'idées dont nous parlons.

Ainsi le bœuf se représente, en écriture moderne, par ce signe : Nieôu 牛. C'est un abrégé de l'antique forme idéographique qui donnait la figure de l'animal.

特	Toù,	désigne	un taureau.
牡	Moù,	—	une vache.
犉	Siûn,	—	un bœuf dont le pas est lent.
牭	Sý,	—	un bœuf de 4 ans.
犗	Kiaý,	—	un bœuf de 5 ans.
犗	Kiaý,	—	un bœuf châtré.
搉	Yŏ,	—	un bœuf blanc.
犉	Yú,	—	un bœuf noir.
犝	Tchŏng,	—	une vache pleine.
牧	Moŭ,	—	pasteur, berger.

Il en sera de même pour le chacal et tout ce qui peut se dire de cet animal. Dans l'exemple ci-dessus, on voit le caractère générique 牛, *bœuf*, répété dans chacune des significations énumérées. C'est comme la racine, comme le point de départ. La deuxième partie du caractère indique le son du caractère et les nuances ou les qualités spécifiées. Cette phonétique vient souvent, dans des cas analogues, avec des sons identiques ou à peu près, ce qui simplifie singulièrement le système de l'écriture chinoise.

Ainsi encore :

Mà 馬 veut dire *cheval*, caractère abrégé de l'antique forme.

Pà 馬八 veut dire *cheval de* 8 *ans*. La deuxième partie de ce signe est le caractère 八, *octo, huit*.

Chûn 馴, *cheval doux*.

Sé 駟, *quadrige*.

Yû 魚, est le signe générique de *poisson*.

Jén 魜 veut dire *une sirène* ou *un poisson ressemblant à l'homme*. La deuxième partie de ce signe est le caractère 人, *homo*.

Kiaý 魪, *solea, une sole*.

Cette peinture de la chose, de l'idée se fait au moyen de l'ingénieuse combinaison de 10 ou 12 traits, pas davantage.

Le palais de l'Empereur de la Chine est immense. Chaque porte, chaque cour, chaque pièce a son signe particulier qui en fait ressortir la destination, l'usage, la grandeur, etc., sans aucune confusion, au moyen de quelques signes variés, uniquement destinés à désigner ces objets-là. Notre ouvrage consacré au *Symbolisme des caractères chinois* fera mieux ressortir l'idée que nous exposons ici sommairement.

La combinaison des 10 ou 12 traits linéaires de l'écriture chinoise n'est pas plus compliquée que celle des 24 lettres de l'alphabet. Cette dernière combi-

海上絲綢之路文獻集成 科技與文化編

naison nous paraît fort simple, à nous; celle des traits linéaires de l'écriture chinoise ne semble pas plus compliquée aux Chinois.

II. LES LANGUES A FLEXIONS ET LA LANGUE CHINOISE MONOSYLLABIQUE ET INVARIABLE, DIFFICULTÉS ÉNORMES DES PREMIÈRES. SIMPLICITÉ, FACILITÉ, RICHESSE, ABONDANCE ET GRACES DE LA LANGUE CHINOISE.

Les flexions de nos langues savantes sont un juste sujet d'admiration pour les philologues modernes. Ce système assurément est des plus ingénieux, puisqu'avec ces légères désinences des mots, on a su trouver le moyen d'exprimer le genre et le nombre de chaque objet, les temps, les modes, les voix et les personnes dans les verbes; bien plus, on a su déterminer encore les rapports des mots entre eux. Tout cela est admirable sans contredit. Pourtant nul philologue ne saurait nous dire les règles qui ont présidé à la classification des mots sous telle catégorie de désinences plutôt que sous telle autre, non plus que les règles qui ont fait choisir ces désinences plutôt que d'autres.

Mais pense-t-on que ce système soit, au fond, d'une grande simplicité? Pour parler le langage du philosophe Mencius, nous dirons : *Soit ici un homme d'Orient qui veut apprendre la langue latine.* L'étude de l'alphabet et de l'épellation de nos mots lui semblera d'abord bien aride. Ces lettres isolées ne diront encore rien à ses yeux ni à sa pensée. Leur agrégation en syllabes ne produira pas un autre effet. Tous les mots de cette langue ont un *genre*. Il sera indispensable de retenir de mémoire le genre de chacun des mots. Quel travail de mémoire! Nous ne savons pas quel est au juste le nombre des mots de la langue latine, mais nous savons que la langue française ne compte pas moins de 120 à 130,000 mots! Encore s'il y avait des règles générales pour fixer, pour diriger la mémoire! Mais non. Le genre de chaque mot a été déterminé par le *caprice*, par le *hasard*, par l'*usage*. *Sic voluere patres.* Tous les mots substantifs ont été ramenés à certaines catégories pour les flexions ou les désinences. Il en est de même pour la classe des *verbes*. Sur quelles bases a-t-on fixé la catégorie à laquelle appartiendrait chaque nom substantif ou chaque verbe? Aucun philologue n'a su encore nous l'apprendre. Pourquoi cette distinction des verbes en *actifs*, en *neutres*, en *déponents*, etc.? Sur quoi est fondée la règle qui fait régir aux verbes, les uns l'accusatif, les autres l'ablatif; à ceux-ci, tel cas simple; à ceux-là, tel autre cas avec telle ou telle préposition? Nous trouvons encore ici la même obscurité. L'usage, le *sic voluere patres*, sont toute la réponse. La difficulté n'en est pas moins fort grande pour celui qui étudie ces langues. Les terminaisons des verbes français sont remarquables par leur *bizarrerie*, leur *anomalie* et, partant, par leurs difficultés immenses pour un étranger.

Les mots, au contraire, de la langue chinoise sont simples, monosyllabiques

海上絲綢之路文獻集成 科技與文化編

et, par là même, faciles à prononcer. Constamment *invariables*, le sinologue n'a pas à s'occuper du *genre* des mots. La langue chinoise n'en admet pas. Il n'a pas à s'occuper, non plus, des déclinaisons, ni des conjugaisons des verbes *réguliers* et surtout *irréguliers*. Il n'a pas à se préoccuper davantage des règles de l'accord en *genre*, en *nombre* et en *cas*, comme il est nécessaire de le faire dans la langue latine. Cette absence de difficultés n'est-elle pas infiniment précieuse? L'orthographe est invariable également. On n'est compris, en chinois, qu'à cette condition. Savoir lire en chinois, c'est tout; celui qui lit, comprend. Chez nous, le peuple lit le latin, le français, sans le comprendre. En chinois, des affixes peu nombreux, toujours les mêmes, tiennent lieu des terminaisons ou des désinences, et remplissent parfaitement l'office de nos conjugaisons et de nos déclinaisons. Tout philologue réfléchi n'admettra-t-il pas encore ici que la supériorité du mécanisme est à l'avantage des Chinois, en ce qu'il est plus simple et plus facile à retenir? Nous l'avons dit ailleurs : en une heure, on peut apprendre tout ce qui, dans la langue chinoise, remplace et tient lieu de nos déclinaisons et de nos conjugaisons.

Par la combinaison des lettres de l'alphabet, nous formons tous les mots dont nous avons besoin. Toutefois, il ne faut pas le perdre de vue, ces mots n'ont jamais, par eux-mêmes, par leurs éléments radicaux, qu'un son vocal. On donne à ce nouveau mot une acception qui n'a jamais, ou presque jamais, aucun rapport avec les éléments qui ont servi à sa composition. Cela est évident et doit être ainsi, puisque les lettres de notre alphabet ne sont fondées que sur l'arbitraire. La langue chinoise l'emporte encore ici sur nos langues savantes. Ses caractères simples sont eux-mêmes presque tous des *symboles*, des *images* de la chose. (Voir l'ouvrage : *du Symbolisme des caractères chinois*.) Avec ces images simples combinées, les Chinois obtiennent des signes étonnants. Ainsi, voilà le caractère **Tĕ** 德, *vertu, virtus*. Comment a-t-on formé ce signe multiple? Voici ses éléments : 彳 est l'expression abrégée de deux personnes; 十 est la croix; 罒 marque l'œil; 乚 est une équerre, une règle; 心 **Sin**, est le cœur. En réunissant ces idées dans leur ordre, il en résulte naturellement ce discours : *La croix devant l'œil*, ou *dans l'œil, est la règle du cœur de deux personnes*. Ce signe tout seul est donc un véritable *logos*, ou mieux une peinture très-expressive. La langue chinoise est remplie de mots de ce genre. Il suffisait de graver sur un monument public un ou deux de ces signes pour donner au peuple tout un enseignement moral, lui rappeler ses devoirs. Quelques lignes d'une écriture symbolique de ce genre renfermaient d'une manière claire, expressive, un véritable enseignement complet. Les **Kouá** de **Foŭ-Hŷ** étaient bien dans ce genre; seulement, ils étaient, comme nos mots, des signes de pure convention.

Un livre composé avec des caractères symboliques, figuratifs, comme ceux

de la langue chinoise, n'est qu'une *série de tableaux parlant aux yeux; c'est une galerie, un long musée de peinture où tout parle aux sens*. Chacun de ces tableaux figuratifs de la pensée est abrégé, raccourci. En les combinant entre eux, ne doit-on pas obtenir une langue vraiment *vivante, parlante*, d'un coloris dont il est difficile de donner une juste idée?

Si, avec des traits linéaires peu nombreux, bien choisis, les Chinois ont eu le talent de former des caractères idéologiques qui, combinés entre eux, deviennent des miniatures animées de la pensée humaine, que n'obtiendront-ils pas en combinant ces caractères eux-mêmes dans le discours? Cette combinaison des caractères est ce qu'on appelle la *règle de position*. Cette règle est d'une étonnante simplicité. Nous avons dans nos langues un exemple de la *règle de position*. L'habitude fait que personne ne l'admire ou n'en fasse la remarque. Avec dix chiffres combinés nous exprimons des quantités fabuleuses ou mieux des millions d'idées. Mais, en dehors de cet exemple unique, les langues à flexions n'ont pas cet incalculable avantage. La méthode y est plus compliquée. Les expressions doivent suivre l'ordre de la pensée et ne peuvent, en général, changer de rôle en changeant de place dans la phrase. Quelques-unes de ces langues, comme la langue latine, admettent des inversions dans le discours pour obtenir une période plus arrondie, plus sonore ou plus harmonieuse, mais sans que le rôle des mots en soit modifié. Cette *règle de position*, dans la langue chinoise, lui donne encore, au point de vue de l'art littéraire et de la simplicité du procédé, la *suprématie* sur les langues à flexions. Elle est, de plus, une source de richesses inépuisables pour la langue chinoise, surtout depuis qu'on lui a adjoint l'usage de quelques particules qui font varier à l'*infini* les acceptions des mêmes mots de la langue, coupent la phrase avec élégance et produisent une chute gracieuse de la période.

Chacune des langues à flexions a son génie particulier et ses grâces propres de langage.

Toutefois, les grâces du langage dans les langues alphabétiques dérivent de l'agencement des mots entre eux, du choix des expressions et de l'imitation de la nature, s'il s'agit de descriptions, de peintures et de récits. Mais aucune de ces langues n'est tenue de faire autant d'attention au *diapason* de chaque mot comme la langue chinoise. Chacun de ses caractères, outre qu'il est une miniature animée de la pensée humaine, se prononce comme une note musicale sur un ton déterminé. Les mots chinois, pour produire à l'oreille tout leur effet, dans le discours, doivent être agencés avec un art plus particulier. Du chinois écrit sans cette connaissance de l'art et des tons de la prosodie, offusque la vue et produit à l'oreille l'effet d'une véritable cacophonie, lors même que le style serait grammaticalement correct. Ce serait un pêle-mêle de tableaux. Les Européens apprennent facilement à composer en chinois correct. Mais,

peu habitués aux grâces harmonieuses et calculées du langage chinois, leur style est aussitôt reconnaissable à l'absence des *régles de la prosodie* chinoise. C'est ainsi, par exemple, que les Français parlent un latin dur et désagréable à l'oreille comparé à celui des Italiens qui est doux et sonore. Un prélat romain, conversant avec l'un de nos amis, humaniste distingué, lui disait : *Verbum tuum est durum.*

Les langues européennes se modifient plus ou moins par le néologisme croissant. On dit que le vocabulaire s'enrichit de mots nouveaux. En effet, en dépit de l'Académie française qui, depuis sa fondation, travaille à un dictionnaire de la langue, chaque époque voit la langue envahie par de nouveaux mots; les uns sont d'origine indigène, mais la plupart sont d'origine étrangère. Au lieu de composer des mots à notre usage, nous trouvons plus simple d'emprunter un peu aux Anglais, un peu aux Italiens et surtout aux Grecs. Tous nos termes de sciences, d'arts, de découvertes modernes, dérivent du grec. Aussi faut-il un vocabulaire spécial pour comprendre ces mots nouveaux qui viennent grossir nos lexiques. Avec ce courant, il n'y a nulle raison de s'arrêter. Pense-t-on qu'il soit possible de rendre, avec des éléments aussi disparates, une langue vraiment harmonieuse? La langue chinoise n'emprunte rien aux autres. Elle a des règles antiques au moyen desquelles on peut former tous les caractères propres à figurer les idées, les inventions et les découvertes nouvelles. Ces nouveaux caractères ont la forme, la figure, le cachet des anciens signes, à ce point que leur *néologisme* ne se remarque pas. Avec un seul caractère, par exemple avec Gaý 愛, *amour*, on peut former plus de cent mots sur l'affection. Les anciens missionnaires de Pékin étaient émerveillés de la facilité avec laquelle on pouvait créer, en chinois, pour les sciences et les arts, de même que pour la religion, tous les mots dont on avait besoin. Avec ce système, l'unité de la langue chinoise ne s'est jamais altérée. Elle n'a point perdu son cachet, son génie particulier. Et tandis que chez nous on ne peut lire, sans un lexique à la main, les œuvres de saint François de Sales, les œuvres du sire de Joinville, de Rabelais, les Chinois, au contraire, jouent et chantent des comédies qui datent, les unes de mille ans, les autres de douze cents ans. En tant que possédant et conservant cette unité de forme, en tant qu'elle a des règles pour former tous les mots nouveaux, la langue chinoise n'est pas *inférieure* ici non plus à nos langues à flexions, qui se modifient perpétuellement.

Seule entre toutes les langues *vivantes*, la langue chinoise a des signes qui n'expriment pas seulement des mots, mais des idées avec leurs nuances. Seule également, croyons-nous, la langue chinoise a conservé ses mots courts, monosyllabiques, qui sont le parchemin le plus authentique de son ancienneté. Les langues-mères sont composées de mots fort courts. Les mots radicaux de la langue française sont tous monosyllabiques. Il y a plus de grâce, plus d'har-

monie à proférer ces mots courts que nos longs mots, hérissés de consonnes. Un Chinois dit certainement plus de choses en moins de temps qu'un Européen dans sa langue. Il le dit avec plus de grâce et plus de douceur. Ce laconisme ajoute singulièrement de vivacité, de force, d'énergie aux figures du langage chinois. La syntaxe des autres langues est plus ou moins abondante, compliquée; la langue chinoise ne comprend, à vrai dire, que deux ou trois règles, la *règle de position* et l'*emploi des particules*. Dans toutes les langues, les figures de rhétorique sentent presque toujours, plus ou moins, la préparation, l'art artificiel; dans la langue chinoise, au contraire, à cause de son génie exceptionnel, de ses caractères symboliques, les figures paraissent toutes naturelles.

Les caractères chinois portent avec eux-mêmes, la plupart du temps, leur définition intrinsèque. Souvent il nous est arrivé en Chine de ne pas comprendre le sens d'un mot technique français ou latin. La vue du caractère chinois nous la donnait et nous exemptait de recourir au dictionnaire. Un grand nombre de mots chinois, sur l'histoire naturelle, définissent l'objet en même temps qu'ils donnent le nom de cet objet. Ainsi : la *figue, ficus*, se nomme en chinois : *le fruit produit sans aucune fleur préalable*. Ce qui est parfaitement exact : Oû hoā kò 無花菓. L'*arachide, arachis hypogæa*, se définit : *le fruit produit par la fleur tombée*, 落花生. En effet, la fleur tombe à terre; ses pétales s'implantent, poussent des filaments et la noisette de terre se développe.

Nous avons coutume de dire que *le latin, dans ses mots, brave l'honnêteté*. Ce mot de Boileau serait bien plus vrai de la langue chinoise. Cette langue a des expressions choisies, recherchées, élégantes même pour désigner les choses, les actes qui pourraient blesser la pudeur si on les désignait par des termes spéciaux comme on le fait dans presque toutes les langues. Un lecteur étranger lira ou entendra ces expressions figurées sans saisir leur sens naturel, s'il n'en a pas été instruit. Un poëme immoral au dernier degré peut être écrit, avec les caractères chinois, sans qu'il y paraisse rien au dehors. Celui qui n'aura pas la clef du livre n'y comprendra rien et ne découvrira nullement l'immoralité du livre. Nous doutons qu'aucune autre langue puisse offrir des faits analogues.

La littérature chinoise est si riche en expressions variées, en figures, en métaphores, en allusions, qu'elle fait, par cela même, le désespoir des sinologues européens. Ce n'est pas la langue en elle-même qui est difficile; ce n'est pas son mécanisme qui est compliqué. Mais avec ce mécanisme si simple et si naturel, avec ces caractères idéologiques, les Chinois ont su créer une langue qui effraie par son abondance et par sa richesse. Le seul dictionnaire chinois Laý tsé piēn a 150 volumes pour donner seulement les expressions les plus élégantes, les tournures les plus riches, les plus savantes de cette langue que de *savants ignorants* d'Europe veulent absolument faire passer pour une langue

pauvre, monotone, clouée au pilori des idées et incapable de plus rien produire.

La langue française (1), comme, du reste, nos langues modernes, n'est pas propre au style des inscriptions. L'inscription, en effet, sur une médaille, sur un monument, sur un tombeau, a besoin de brièveté pour frapper vivement l'esprit. Les langues latine et grecque offrent beaucoup plus de ressources et sont ordinairement choisies chez nous pour les inscriptions. Autant la langue latine, la langue grecque surtout l'emportent sur le français pour le style des inscriptions, autant la langue chinoise l'emporte sur les deux premières. Un *seul caractère* fait une inscription riche, vivante et animée. Trois caractères, tout au plus, peuvent faire une inscription chinoise très-riche qui fournirait la matière de huit ou dix lignes d'écriture latine ou grecque. Il suffit d'avoir une teinture de la langue chinoise pour le comprendre.

Les caractères chinois se prêtent à une multitude d'arrangements de caprices et de fantaisie, Ainsi on peut composer en cette langue des vers, des énigmes dont la clef est dans la seule disposition du caractère. On en range en cercles, en pyramides, en urnes, en échiquiers, où l'on ne supposerait pas qu'il fût possible de mettre un sens et qui en ont, au contraire, un très-joli et très-riche. (Voir le chapitre : *de la Poésie.*)

Bien plus, les lettrés chinois se sont amusés à composer des pièces de vers qui, lues de gauche à droite, ont un sens, et qui, lues à volonté de droite à gauche, ont un autre sens. Bien que ceci soit un pur amusement, nous le rapportons ici pour montrer la souplesse exceptionnelle, unique de la langue chinoise.

La richesse de la langue chinoise, richesse à elle propre, se trouve dans ses caractères idéologiques. C'est aujourd'hui l'unique langue de ce genre qui soit encore une langue vivante. Une langue qui peint les choses est, en effet, une langue très-riche. Son abondance est telle que les sinologues européens en sont, je ne dis pas seulement émerveillés, mais en sont accablés. Avec cette règle si simple de position, les combinaisons se font à l'infini. Il en résulte une abondance d'expressions qui est en rapport avec les combinaisons que l'on peut faire. Aucune langue ne possède ce système, et nous sommes autorisés, par là même, à proclamer la langue chinoise comme l'une des plus abondantes qui existe. Sa force, son énergie, découlent naturellement du genre de son écriture. Quant à la grâce et à la douceur de la langue chinoise, ses mots courts et tous accentués lui donnent un avantage également incontestable sur presque toutes les langues connues.

Dans la section suivante, nous allons donner comme un abrégé de rhétorique chinoise, en parcourant les figures les plus fréquentes dans la langue écrite.

---

(1) Voir *Notions élémentaires de Grammaire comparée*, p. 122, par M. Egger, de l'Institut.

海上絲綢之路文獻集成　科技與文化编

DEUXIÈME SECTION.

DES PRINCIPALES FIGURES DE RHÉTORIQUE.

I. DE LA COMPARAISON. 比喻.

Les Chinois, comme tous les peuples orientaux, font un fréquent usage des comparaisons et des paraboles. Ils ont une foule de modes pour établir ces comparaisons. Voici les principaux : 1° Comparaisons tirées des noms des personnages de l'antiquité, célèbres dans l'histoire. 2° Comparaisons tirées des titres de la dignité. 3° Comparaisons tirées des surnoms honorifiques donnés aux hommes célèbres. 4° Comparaisons tirées des insignes de la dignité. 5° Comparaisons tirées des fleurs. 6° Comparaisons tirées des objets. 7° Comparaisons marquées par un de ces quatre mots : 猶, 似, 若, 如. 8° Comparaisons directes et indirectes faites par la seule règle de position. 9° Comparaisons par allégories ou paraboles. 10° Genre de comparaisons dit, en chinois, **Yû yên**.

1° — DES COMPARAISONS TIRÉES DES NOMS DE PERSONNAGES DE L'ANTIQUITÉ, CÉLÈBRES SOUS DIVERS RAPPORTS.

Les Chinois ont conservé le souvenir de tous les hommes célèbres en chaque genre. Dans les ouvrages de littérature, dans les romans de mœurs, les écrivains chinois font souvent allusion à ces hommes qui ont laissé un nom. Nous disons : Beau comme un Adonis, prudent comme Ulysse, éloquent comme Bossuet, doux comme Fénelon. Les Chinois s'expriment de la même manière, soit pour faire briller leur érudition, soit pour mettre à l'épreuve celle du lecteur. Découvrir le sens de ces allusions à l'histoire, à la fable, à la mythologie, est une difficulté contre laquelle se heurtent tous les sinologues européens. La connaissance des règles de la grammaire est facile; avec un peu de mémoire, on retient aisément quatre ou cinq mille caractères communs. Mais les noms propres, les allusions à l'histoire, aux personnages célèbres, les sens poétiques de certains mots, voilà ce qui arrête souvent un lecteur européen.

Les comparaisons suivantes, que nous classons par ordre alphabétique, sont pour exemples. Ainsi on dira :

D'un *Adonis* :

C'est un 潘安 **Pān-Gān** (1).

---

(1) **Pān-Yŏ**, surnommé **Pān-Jên** ou **Pān-Gān**, **Pān-Gān-Jên** vivait sous la dynastie des **Tsîn**. Il était doué d'une beauté si remarquable que, lorsqu'il se promenait dans le voisinage du

C'est un 子都 Tsè-Toū.
— 朱玉 Tchoū-Yŭ.
— 衛玠 Ouŷ-Kiaŷ. (Voir *Taille.*)

D'un *Adulateur* vil :

C'est un 祝鮀 Tchoŭ-Tŏ.

D'un *Apollon* :

C'est un 羲和 Ngŷ-Hô, qui conduit le char du soleil, selon la mythologie chinoise

D'un *Arquebusier* fameux :

C'est un autre 羿 Ÿ, qui vivait au temps de la dynastie Hiá. Il était Roi de 有窮.

D'un *Automédon* célèbre :

C'est un 造父 Tsaŏ-Foú.

Être un *Brillat-Savarin* :

C'est un 易牙 Ÿ-Yà (1).

D'un *Buveur* fameux :

C'est un 劉伶 Lieoû-Lîn, qui vivait sous la dynastie des Tsîn.
— 淳于髡 Chûn-Yŭ-Kouēn. D'après l'ouvrage Yeoû hiŏ, ce buveur était très-prompt à disputer.

De *Calomniateurs* impudents :

C'est un 伯明 Pĕ-Mîn.
— 無極 Oŭ-Kŷ.
— 江充 Kiāng-Tchōng.

D'un *Cartouche* fameux, célèbre voleur :

C'est un 盜跖 Taó-Ché.

D'un *Chasseur* célèbre :

C'est un 馮婦 Fông-Foú.

D'un *Conducteur* de chars très-habile :

C'est un 奚仲 Hŷ-Tchóng.

D'un *Cuisinier* exquis ;

C'est un 易邪 Ÿ-Sié.

D'un *Devin* renommé :

C'est un 靈氛 Lîm-Fēn.

D'un *Écrivain* élégant :

C'est un 才子 Tsaŷ-Tsè. C'est le terme d'éloges donné aux écrivains

---

marché, les femmes et les jeunes filles de Lŏ-yâng, follement éprises de lui, l'entouraient en se tenant par la main et remplissaient son char des plus beaux fruits qu'elles pouvaient se procurer.

(1) Magistrat qui vivait sous Ouên-Kōng, du royaume de Tsŷ, et qui était célèbre par la finesse de son goût pour la bonne chère.

海上絲綢之路文獻集成 科技與文化編

et aux ouvrages de belle littérature tant ancienne que moderne.

Un autre *Élie* ou *Hénoch* :

C'est un 劉阮 Lieoû-Yuên. Selon la fable chinoise, ce personnage aurait été transporté dans le séjour des dieux.

Des *Hommes* célèbres par les qualités de l'esprit :

C'est un 子建 Tsè-Kién (1).
— 希衡 Hŷ-Ouŷ.
— 相如 Siāng-Joŭ.
— 大白 Taŷ-Pĕ.

D'un excellent jeune *Homme* mort à la fleur de l'âge

Ç'est un 顏回 Yên-Houŷ.

De *Femmes* horriblement laides :

C'est une 嫫母 Mô-Moù.
— 仳䧢 Pў-Yông.

D'un *Homme* ignorant :

C'est un homme de Pā, 巴人. Le pays de Pā, aujourd'hui une partie du Su-Tchuen oriental, était alors habité par des Miaô-tsè, qui passaient pour des barbares. Si l'on voulait dire de quelqu'un qu'il était rustique, mal élevé, ignorant, on employait cette expression : *C'est un homme de* Pā.

D'un *Improvisateur* habile :

C'est un autre 子建 Tsè-Kién. On dit, par allusion au talent de ce poëte, en parlant de celui qui ne sait pas improviser : *Il n'a pas un talent de sept pas.* Tsâŷ feŷ tsў poú 才非七步.

D'un *Joueur* d'échecs renommé :

C'est un 弈秋 Ŷ-Tsieoū.

Types de *Longévité* :

C'est un 老彭 Laò-Pĕn (2).
— 彭祖 Pĕn-Tsoū.

D'un *Luxurieux* lascif :

C'est un 李子 Lỳ-Tsè.

---

(1) Tsaô-Tsè-Kién vivait sous l'Empereur Ouên-Tŷ de la dynastie Ouŷ (222 à 27 de J.-C). A l'âge de dix ans il savait composer en prose. On l'avait surnommé le tigre du style élégant. Il écrivit un jour que tous les lettrés de l'Empire avaient ensemble un boisseau de talent, que lui seul en possédait les huit dixièmes. L'Empereur, jaloux de son talent, voulut le faire périr. Il lui ordonna de composer une pièce de vers après avoir fait sept pas. Tsè-Kién fit sept pas devant l'Empereur et improvisa un poëme sur la conquête du royaume de Choŭ, c'est-à-dire le Su-tchuen. (Che tao tsien, liv. x, fol. 4.)

(2) Que l'on dit avoir vécu 700 ans.

D'un *Mathématicien* distingué :

C'est un 隸首 Lỳ-Cheoù.

D'un *Médecin* célèbre ou Esculape :

C'est un 花佗 Hoā-Tŏ.

— 扁鵲 Pién-Tsiŏ (1).

D'un *Menuisier* célèbre :

C'est un autre 班 Pān, du royaume de Loû. *Comment oserais-je manier la hache à la porte de* Pān? disent les lettrés, c'est-à-dire : *Comment oserais-je faire des vers sous les yeux d'un lettré habile?* 怎敢在班門弄斧?

D'un *Ministre* habile à discerner le mérite et à le récompenser :

C'est un 賈胡 Kiá-Hoû.

D'un *Musicien* très-habile :

C'est un autre 伶倫 Lîn-Lén (2).

— 琴高 Kîn-Kaō.

Avoir les *Oreilles musicales* de 鍾期 Tchōng-Kŷ (3).

D'un homme dont l'*Ouïe* est très-fine :

C'est un 師曠 Sē-Kouāng (4).

D'un *Ouvrier* fort industrieux :

C'est un 公輸子 Kōng-Choû-Tsè (5).

Des *Poëtes* lyriques :

C'est un 王豹 Ouâng-Paó.

— 綿駒 Miên-Kiù.

Tous deux, au dire de Móng-Tsè, inspirèrent à tous les poëtes de leur époque la manière de chanter l'amour.

D'un *Priape* :

C'est un 嫪毒 Mieoù-Toŭ.

D'un *Palefrenier* habile :

C'est un 孫陽 Sēn-Yâng.

Des *Rois* accomplis :

C'est un 堯 Yaô.

— 舜 Chún.

---

(1) On dit que, comme Esculape, il a ressuscité un mort.

(2) Lîn-Lén vivait sous l'Empereur Houâng-Tý; c'est lui qui est l'inventeur de la gamme musicale chinoise et qui posa les bases du système des poids et mesures, selon le système décimal encore en usage de nos jours.

(3) Très-habile à juger les sons de la guitare; il était du royaume de Tsoû.

(4) Il était préfet de la musique du royaume de 晉 sous la dynastie 周.

(5) Il était fils d'un Prince, au temps des Tcheoû.

D'un *Samson* :

C'est un 孟賁 **Móng-Pén** (1).
— 奡湯舟 **Gaô-Tāng-Tcheoū** (2).
— 烏獲 **Oū-Hoú** (3).
— 夏畜 **Hiá-Hioŭ**.

Avoir la *Taille* svelte, élégante, de 衛玠 **Ouŷ-Kiaý**, surnommé **Chaò-Paō**, qui vivait sous la dynastie des **Tsīn**. Tous ceux qui le voyaient l'appelaient 玉人, *homme de jade* (Voir **Yûn foú kiûn yŭ**, liv. XIV, fol. 8-24). Suivant le poëte **Tsīn-Kīn**, quand il passait dans les rues de **Lŏ-yâng**, les personnes qui étaient dans la rue s'arrêtaient pour le voir et l'admirer. Dans sa jeunesse, comme il était monté sur un char traîné par des moutons, il entra un jour dans un marché; ceux qui le virent, l'appelèrent 玉人. Le père de sa femme, nommé **Lŏ-Kouāng-Tchén**, jouissait, dans tout l'Empire, d'une grande réputation. On disait communément : le père de la femme de **Ouŷ-Kiaý** est pur comme la glace, le gendre **Ouŷ-Kiaý** est un homme de jade 玉人. (*Annales des* **Tsīn**.)

De celui qui a le *Talent* de juger les hommes à la première vue :

C'est un 白樂 **Pĕ-Lŏ**, qui, au premier coup d'œil, jugeait si un cheval était bon ou mauvais. On dit : *Avoir le coup d'œil de* **Pĕ-Lŏ**. **Pĕ-Lŏ tchē koú** 白樂之顧.

D'un homme *Type* de l'honnêteté, de la droiture :

C'est un 伯夷 **Pĕ-Ŷ**.

Des *Tyrans* cruels :

C'est un 桀 **Kiĕ**.
— 紂 **Tcheoú**.

D'une *Vénus*, ou femme remarquablement belle :

C'est une 西施 **Sȳ-Ché** (4).
— 毛施 **Maô-Chè** ou 毛嬙 **Maô-Tsiāng** (5).

---

(1) Sa force était telle qu'il pouvait, de ses propres mains, arracher à un taureau en vie ses cornes.

(2) Il pouvait faire circuler une jonque placée à sec.

(3) Il pouvait lever des fardeaux de 3,000 livres. Il était ministre du 后 sous les **Hiá**. Il eut des démêlés avec le célèbre arquebusier 羿.

(4) Dans le district de **Tchou-ky**; département de **Yuĕ-tcheoū**, il y avait deux femmes appelées l'une **Ché** de l'est 東施 et l'autre **Ché** de l'ouest 西施. La première fort laide; la seconde fort belle. Le Roi de **Yuĕ**, vaincu par celui de **Oū**, lui offrit **Sȳ-Ché** à condition qu'il retirerait ses troupes. Le Roi de **Oū** promit. Dès qu'il eut **Sȳ-Ché**, il fit construire la tour de **Kou-sou-taý**; après la chute du royaume de **Oū**, **Sȳ-Ché** suivit **Fan-Ly** et se promena avec lui sur les cinq lacs.

(5) Est citée pour sa beauté par **Tchouâng-Tsè**.

C'est une 楊文 **Yâng-Ouên.**
— 王嬙 **Ouâng-Tsiâng.**
— 關子 **Kouán-Tsè** (1).

D'une *Veuve* célèbre :
C'est une 花周.

Avoir la *Vue* d'un 離婁 **Lŷ-Leoû**, qui vivait à l'époque de l'Empereur **Houâng-Tý**. *Être un Argus.*

2° — COMPARAISONS TIRÉES DES TITRES DE LA DIGNITÉ.

L'usage de faire des comparaisons, tirées des titres d'une dignité, est fort ancien à la Chine. Le **Choū kìn** en fournit les premiers exemples.

1° Quatre grands dignitaires, sous l'Empereur **Yaô**, remplissaient les premières charges de l'Empire, et avaient pour mission spéciale de veiller à tout ce qui concernait les sacrifices que l'on faisait sur les quatre montagnes célèbres de la Chine. Ces montagnes portaient le nom de **Yŏ** 岳. On désigna alors ces quatre dignitaires par le titre de : *Quatre* **Yŏ**, **Sé yŏ** 四岳. En leur faisant des discours, l'Empereur disait : *O vous,* **Sé yŏ** *de l'Empire.* Plus tard, on élargit le sens de ce mot et on l'appliqua à tous les hauts fonctionnaires publics.

2° Cet antique usage de désigner les fonctionnaires par les titres de leur charge est devenu général dans la Chine et s'est conservé jusqu'à nos jours. Ainsi, on dit journellement : le **Foù**, le **Tcheoū**, le **Hién**, pour désigner les mandarins des villes désignées par ces mots. Les mandarins, parlant d'eux-mêmes, se servent de ces mêmes expressions.

3° Par analogie, on a étendu la même comparaison à la carrière des belles-lettres. Ainsi, un académicien, en chinois, se désignera tantôt par un lettré de la salle de jade. *Il entrera un jour dans la salle de jade,* c'est-à-dire : *Il deviendra académicien.* On dit aussi, dans le même sens : *Il montera le cheval de bronze.*

Voici l'origine de ces expressions. Sous le règne de l'Empereur **Taý-Tsōng**, de la dynastie des **Sóng**, un auteur du nom de **Soū-Ŷ-Kién** présenta à l'Empereur une histoire continuée des **Hán lîn** ou académiciens. Le Prince, pour le remercier, fit une pièce de vers où se trouvent les mots de : *Salle de jade,* **Yŭ tâng** 玉堂. Il voulut que sa pièce fût placée sur une tablette dans la principale salle de l'Académie, que l'on désigna depuis sous le nom de *Salle de jade.*

L'Empereur **Ouên-Tý** 文帝, de la dynastie des **Hán** (140 av. J.-C.), ayant obtenu de magnifiques chevaux d'un pays nommé Fergana (**Tá ouán**), fit fondre leur image en bronze et les fit placer dans le palais de l'Académie.

---

(1) Ou Princesse **Taý-Sē**, dont le **Chē kìn** fait l'éloge au chap.

3° — COMPARAISONS TIRÉES DES SURNOMS DONNÉS AUX HOMMES CÉLÈBRES.

Les Chinois décernent, eux aussi, des épithètes honorifiques aux hommes illustres. Le plus grand titre de gloire et de noblesse pour un lettré chinois est de recevoir de la main de l'Empereur, au pinceau de vermillon, l'un de ces titres honoriques. Nous disons : l'*Aigle de Meaux*, le *Cygne de Cambrai*. Les Chinois font de même. Ainsi, l'on dit, en chinois :

1° *Le Nénuphar bleu* (**Tsīn liên** 青蓮), pour désigner le poëte **Lỳ-Taý-Pĕ̌** 李大白, l'un des plus célèbres de la Chine.

2° *La vieille Source* (**Laò tsuên** 老泉) désigne le poëte **Soū-Ché**. Ce titre lui fut décerné de son vivant même, à cause du parfum de son style qui respire l'antiquité.

3° *Le Tigre de l'éloquence* (**Sieoù hoû** 秀虎) est le surnom qui désigne le poëte **Tsaō-Tsè-Kién**, célèbre improvisateur. Cet auteur vivait sous l'Empereur **Ouên-Tý** des **Ouŷ** (220 av. J.-C.).

4° *Le Docteur aussi pur que l'eau la plus limpide* (**Lièn sý siēn sēn**) était le titre décerné au savant **Tcheoū-Ché**, qui florissait sous la dynastie **Sóng**. Son ouvrage **Tōng choū**, dans lequel il parle de toutes les sciences chinoises, est fort estimé et consulté encore de nos jours.

5° *Le Docteur de la doctrine brillante* (**Mîn taó siēn sēn** 明道先生) est le titre décerné au savant **Tchén-Pŏ̌-Tchoūn**, qui vivait sous les **Yuên**. L'Empereur l'avait en si grande estime qu'après sa mort il lui décerna, selon un vieil usage chinois, le titre de : *Comte de la province du* **Hô nân** (**Hô nân pĕ̌**.). Cet auteur avait un frère également savant qui reçut le titre de : *Prince de* **Ỳ-yâng**, du lieu de leur naissance. Leurs ouvrages sur l'histoire et sur les Livres sacrés sont entre les mains de tous les lettrés chinois.

6° *Le Docteur dont l'éloquence est vaste comme la mer* (**Tsaŷ chēn yū haỳ** 才深於海) désignait l'aîné des trois savants frères **Lieoû** 劉, de la dynastie des **Sóng**.

7° Le titre de : *Docteur qui dit beaucoup en peu de mots* (**Ouên kién** 文減先生), est appliqué au savant **Lỳ-Tcheoū**, originaire du **Su-tchuen**. Sa science et sa probité lui avaient fait une immense réputation parmi ses contemporains. Il travailla pendant quarante ans à une espèce de synthèse des faits historiques de la Chine.

8° Le titre de : *Docteur quatre fois brillant* (**Sé mîn siēn sēn** 四明先生), fut décerné, après sa mort, au docte **Tchén-Ché**, originaire du **Tchè-kiàng**. Il florissait sous la dynastie des **Yuên**.

9° Le titre de : *Docteur de la belle éloquence* (**Ouên hiŏ̌** 文學), a été décerné, après sa mort, à **Ouâng-Ché**, originaire du **Tchĕ̌-lỳ**. Cet écrivain a publié

un choix des plus belles pièces d'éloquence des auteurs renommés et d'autres ouvrages sur l'histoire. Il vivait sous la dynastie des **Mîn**.

10° Par ce titre : *Le brillant soleil de littérature* (**Yâng mîn siēn sēn** 揚明先生), on désigne l'écrivain du nom de **Ouâng-Ché**, originaire du **Tchè-kiâng**, célèbre par ses dissertations sur l'histoire.

11° *Le Dragon des lettrés* (**Sé lông** 士龍) est une brillante épithète décernée au poëte **Lô-Yûn** 羅雲, célèbre par son talent. En parlant d'un poëte éminent, on dit : *C'est un autre* **Lŏ**, *le Dragon des lettrés qui vole dans les nuages.*

12° *La Cigogne qui chante au-dessous du soleil* (**Jĕ hiá siûn mîn kŏ** 日下旬鳴鶴) était le titre d'honneur décerné à **Siûn-Ouên**, qui vivait, comme le précédent, sous les **Tsîn** et qui devint son ami. Un jour, ces deux auteurs allèrent ensemble rendre visite à **Tchàng-Hoă**. Celui-ci, flatté de la visite de ces deux écrivains distingués, les pria de ne pas dire des paroles vulgaires. **Lŏ-Yûn** leva les mains et dit : *Je suis* **Lŏ**, *le Dragon des lettrés qui vole parmi les nuages.* 雲間陸士龍. **Siûn-Ouên** dit à son tour : *Je suis* **Siûn**, *la Cigogne qui chante au-dessous du soleil.* 日下旬鳴鶴. (Extr. des *Annales des* **Tsín**.)

13° *Le Docteur de la joie tranquille* (安樂先生) est le titre que l'on donnait à **Chaō-Yông**, philosophe et poëte de la dynastie des **Sóng**. Mais après sa mort le septième Empereur de la dynastie lui décerna le titre de : *Docteur sans taches*, **Kān kiĕ siēn sēn**. Voici son épitaphe composée par lui-même :

世世年歲件貴
平平個七地五
大大幾有天都
於於問十秋然
生死客六宮好

14° Le célèbre **Tchàng-Tsaÿ** fut honoré, lui, du titre de : *Maître éclairé et plein de droiture.* 明翼士. Il mourut sous les **Sóng** en 1077 de J-C.

15° *Docteur d'une doctrine sans obscurité* (明道先生), tel fut le titre que l'on décerna, après sa mort, à **Tchén-Haó**. Toutefois l'Empereur **Kiá-Tín** voulut, en 1207, qu'il portât le titre de : *Comte sans défaut*, **Chún kōng**.

4° — COMPARAISONS TIRÉES DES INSIGNES DE LA DIGNITÉ.

Les insignes des fonctionnaires publics sont souvent pris pour désigner la dignité elle-même. De même que nous disons : *renoncer à la robe de magistrature, déposer la simarre*, pour dire que l'on renonce aux fonctions de magistrats, les Chinois ont des expressions analogues.

海上絲綢之路文獻集成 科技與文化编

Ainsi :

1° Un Président du bureau des Cérémonies, 大常正鄉, a pour insigne principal un bonnet carré de crêpe noir. Veut-il parler de se démettre de ses fonctions? Il dira : *Quoi donc! Est-ce que je ne suis pas libre de renoncer à ce bonnet de crêpe noir?* 斷非捨不得這一頂紗烏帽耳?

2° Un bachelier chinois parlera dans le même sens de son *collier vert. Quel avancement m'offre ce collier vert?* 這一領青衿莫得麼甚前程?

Un bachelier déposé dira qu'*il n'a plus son collier vert*. 青衿已無.

5° — DES COMPARAISONS TIRÉES DES FLEURS.

Les écrivains chinois, surtout les poëtes, tirent un grand parti des fleurs de la nature pour embellir leur style d'expressions élégantes, fleuries et faire des comparaisons pleines de délicatesse.

1° A l'exemple de nos botanistes, les Chinois donnent à certaines fleurs remarquables, soit par leur couleur, soit par leur parfum, des noms pittoresques. Ainsi, une fleur porte le nom de : *la favorite* **Yâng** *enivrée*, 醉楊妃. Cette favorite **Yâng** avait été la maîtresse de l'Empereur **Hiuên-Tsōng**, de la dynastie des **Tâng** (713 à 755).

Le poëte **Ouâng-Kouý** a donné le même nom à une fleur **Lân**, qui est une sorte d'épidendron (1).

L'amarante est appelée en Chine comme chez nous : *La crête de coq*, 雞冠花.

La plume de cigogne argentée, 銀鸕翎.

2° Les auteurs chinois se plaisent à personnifier les fleurs. Ce genre de comparaison est fort gracieux. Ainsi, la fleur du prunier est appelée le *lettré caché*, **Ỳn sé** 隱士; l'*ami pur*, **Tsín yeoù** 淸友; l'*homme noble*, **Kouý jên** 貴人.

Une belle fleur chinoise, qui est une espèce de narcisse, le **Chouỳ siēn** 水仙, est appelée l'*hôte distingué*, **Yà kĕ** 雅客; la *femme historien*, **Niù ché** 女史; la *fille des rivages du fleuve* **Hán**, **Hán pién niù** 漢濱女.

La reine marguerite ou **Kioŭ hoā** 菊花 est l'*homme solitaire*, **Yeoū jên** 幽人; l'*hôte doué de longévité*, **Cheoú kĕ** 壽客; le *Bouddha à quatre faces*, 四面弗; le *grand lettré*, **Kaō sé** 高士.

Les pruniers en fleurs, dit **Tchâng-Tsè-Kiā**, *ont une figure de jade et un cœur de fer*. Le poëte **Soū-Ché** leur donne *des joues de jade et un cœur de santal*.

Le froid pénètre vos habits de jade. Vous avez une peau de jade et des os de jade, disent-ils en parlant du prunier en fleur.

---

(1) Voir l'ouvrage **Fén louý tsè kīn**, liv. LIII. C'est un recueil d'expressions élégantes.

3° Ces mêmes écrivains élégants vont jusqu'à prêter des sentiments aux fleurs et aux arbres. Ainsi ils disent : *Sur les bords du fleuve Jaune, dix mille branches de saule craignent le froid* (Pă hân) *et s'affligent de la pluie* (Tsieoû yù) (1).

4° Tantôt les poëtes chinois comparent une belle fleur à une belle femme, tantôt ils la comparent à un autre objet de la nature. Ainsi, en parlant du lotus rouge, un poëte du nom de Lỳ-Kāng dit :

« L'eau azurée est comme un miroir où se reflète l'image de son vêtement « rouge; on dirait la charmante Sȳ-Ché qui s'approche d'un ruisseau limpide « pour laver de la soie. » (*Loco citato.*)

« Qui n'aimerait la pivoine (Moù tán)? dit le poëte Sīn-Ỳ. Elle efface, par « son éclat, tout ce qu'il y a de beau au monde; en la voyant, on dirait une « jeune déesse qui sort de la rivière Lŏ. » (*Ibid.*)

« Le saule (Fông lieoû choú) est l'arbre de l'amour; ses branches (Fông lieoû sē), sont les soies de l'amour qui peuvent lier les habitants de l'Orient et de l'Occident. »

Le poëte Toŭ-Gān-Ché donne aux fleurs blanches du prunier le nom de : *neige odorante.*

5° Comme chez nous, les fleurs chinoises sont aussi l'emblème, le symbole des vertus morales. Ainsi, pour désigner quelqu'un dont la fidélité et la constance sont remarquables, on dit qu'*ils sont semblables au pin et au cyprès,* 松 柏.

A cause de leur force et de leur solidité, ces deux arbres chinois sont employés pour désigner le père et la mère. C'est ainsi qu'un Chinois, demandant à un ami des nouvelles de la santé de ses parents, dira : *Le frêne et l'hémérocalle sont, sans doute, dans un état florissant,* 椿 萱 定 然 並 茂.

6° — COMPARAISONS TIRÉES DES OBJETS.

Les comparaisons tirées des objets ont presque toujours, en chinois, un côté brillant et poétique. On ne peut lire un ouvrage de littérature, un roman de mœurs, sans rencontrer ces expressions à chaque page du livre. Elles causent de l'embarras à un sinologue européen qui n'est point habitué à ces comparaisons au génie oriental, et souvent elles lui sont commettre en traduisant les plus étranges contre-sens.

Ces comparaisons, de même que les expressions métaphoriques, sont, la plupart du temps, des allusions à des faits historiques ou à des personnages célèbres. On ne peut en bien saisir le sens qu'en connaissant exactement ces faits ou ces personnages.

---

(1) L'ouvrage cité plus haut, liv. LI, fol. 71.

海上絲綢之路文獻集成 科技與文化编

EXEMPLES :

Les Chinois ont une estime singulière pour la pierre de jade (Yŭ chĕ 玉石). S'ils veulent parler de quelque chose de rare, de précieux, d'agréable à la vue, d'exquis au goût, etc., ils le comparent à la pierre de jade.

L'exemple suivant, tiré du chap. XXXV, du *Livre des Rites* ou **Lỳ-kỳ**, est remarquable. Après l'avoir lu, le lecteur comprendra l'usage et même l'abus qu'on a dû faire du mot jade.

Tsè-Kōng interrogea Confucius, son maître, en lui disant : « Oserais-je vous « demander pourquoi le sage estime le jade et ne fait aucun cas de la pierre « dite **Hiuên** (1)? Serait-ce parce que le jade est rare et que la pierre **Hiuên** est « commune? »

Confucius répondit : « Ce n'est point parce que la pierre **Hiuên** est abon« dante qu'elle n'a aucun prix, ni parce que le jade est rare qu'il est très« estimé; mais parce que, dès les temps les plus anciens, le sage a comparé la « vertu au jade. A ses yeux, le poli et le brillant du jade figurent la vertu d'hu« manité; sa parfaite compacité et sa dureté extrême figurent la sûreté d'in« telligence; ses angles qui ne coupent pas, quoiqu'ils paraissent tranchants, « figurent la justice; les perles en jade qui pendent au chapeau et à la cein« ture, comme si elles tombaient, figurent le cérémonial; le son pur, soutenu « et prolongé qu'il rend quand on le frappe et qui, à la fin, s'arrête brusque« ment, figure la musique; l'impossibilité qu'il y a dans le jade à ce que ses « mauvaises nuances cachent les jolies ou que les jolies nuances cachent les « mauvaises figure la loyauté; les accidents existant à l'intérieur du jade, « mais paraissant au dehors, figurent la sincérité; son éclat irisé, semblable à « celui de l'iris, figure le ciel; son admirable substance, extraite des monta« gnes ou des eaux, figure la terre. Taillé en **Kouy** et en **Chang** (2) pour ser« vir seul, sans aucune autre enjolivure, il figure la vertu. Le prix que tout le « monde y attache, sans exception, figure la vérité. Le *Livre des Vers* dit, à « l'appui de ces comparaisons : Quand je pense au sage, sa bonté m'apparaît « semblable au jade. Voilà pourquoi le sage estime le jade. »

Voici d'autres comparaisons chinoises faites avec le jade (3) :

Un frère de jade,	*c'est-à-dire* :	Un ami d'or.
Une personne de jade,	—	Une belle femme.
Le noble jade,	—	Votre fille.
L'éclat de jade,	—	Le mari de la fille.

(1) Pagodite de Brongniart, qui a l'aspect du jade, mais n'en a ni la dureté ni l'éclat.
(2) Objets qui étaient les marques du pouvoir, en forme de tablettes.
(3) Extraites des livres chinois par Stan. Julien : préface de l'*Histoire du Cercle de craie*.

Le son de jade,	*c'est-à-dire* :	La voix de l'Empereur.
Le tronc de jade,	—	L'Empereur comme chef de famille.
La montagne de jade,	—	La tête.
Donner le son de jade,	—	Donner de ses nouvelles.
Le livre de jade,	—	Livre généalogique de la famille impériale.
La rosée de jade,	—	La rosée d'automne.
L'étage de jade,	—	Les épaules.
Le lapin de jade,	—	La lune.
Le suc de jade,	—	Un vin délicieux.
Semer le jade dans **Lân-tiên**,	—	Donner des présents de noces.

Expressions où domine un nom de couleur :

Un bonnet jaune,	*c'est-à-dire* :	Un **Taó sé**.
La salle jaune,	—	Le préfet d'un département.
Un papier jaune,	—	Un décret impérial.
Les portes jaunes à deux battants,	—	Les fonctionnaires chargés de remettre à l'Empereur et de recevoir de lui les messages officiels.
La porte jaune,	—	La porte de l'appartement de l'Empereur.
Des cheveux jaunes,	—	Un vieillard très-âgé.
Avoir du jaune dans la bouche,	—	Corriger, rectifier ce qu'on a dit.
La soie noire,	—	Le papier rayé.
Le nuage noir,	—	Le pinceau à écrire.
Une ceinture noire,	—	Un Prince feudataire.
L'envoyé noir,	—	Le démon qui préside au vent et à la pluie.
Faire des yeux noirs,	—	Faire bon accueil à quelqu'un
L'étage rouge,	—	L'habitation d'une fille riche.
Le parfum rouge,	—	Les plaisirs des sens.
Un point rouge,	—	Une fille de joie.
Solliciter le lien de soie rouge,	—	Demander la main d'une jeune fille.
Une feuille rouge,	—	Une demande de mariage par écrit.
La colline rouge,	—	Le séjour des dieux.
Avaler le rouge,	—	La mort d'un **Taó sé**.

海上絲綢之路文獻集成 科技與文化編

L'or et le vermillon,	*c'est-à-dire* :	Breuvage d'immortalité des Taó sé.
Le cheval rouge,	—	Le préfet d'un département.
Monter de nouveau sur le livre rouge.	—	Être ramené à la vie.
Avoir des sourcils blancs,	—	L'emporter sur les autres par ses talents.
Faire des yeux blancs,	—	Mal recevoir quelqu'un.
Le président des nuages blancs.	—	Le président du tribunal des peines.
La maison blanche,	—	La maison du pauvre.
L'Empereur blanc,	—	L'Empereur Chaō-Haō.
La fille bleue,	—	L'esprit qui préside à la gelée et à la neige.
L'étage bleu,	—	Une maison de joie.
Le palais bleu,	—	La partie du palais habité par l'Empereur.
Le désir des nuages bleus,	—	Le désir de devenir célèbre par les belles-lettres.
Fouler le vert,	—	Visiter les tombeaux le 6 avril.
L'Empereur vert,	—	L'Empereur Taý-Haō
Le dragon s'envole,	—	L'Empereur monte sur le trône.
La race du dragon,	—	Prince feudataire.
S'attacher au dragon et au phénix,	—	Fréquenter les hommes vertueux.
Incliner la tête à la porte du dragon,	—	Avoir échoué au concours du doctorat.
Les barques fleuries 花船.	—	Les maisons de joie sur les fleuves.
Les neuf fontaines 九泉.	—	L'autre vie. Entrer dans les neuf fontaines, c'est-à-dire passer à une autre vie.

Les colonnes de l'État 柱國. On désigne par là les ministres de l'Empire.

L'aiguille de tête, Kin tchā 金釵, se prend souvent pour la personne elle-même. Kin tchā veut dire une belle femme dont la chevelure est ornée d'aiguilles d'or. Ces fleurs le cédaient-elles à douze aiguilles de tête, c'est-à-dire à douze jolies femmes? 何減屏列金釵十二.

Montrer les pieds du cheval, *c'est-à-dire* le bout de l'oreille.

海上絲綢之路文獻集成 科技與文化編

7° — COMPARAISONS MARQUÉES PAR UN DE CES QUATRE MOTS : Yeoû 猶, Sé 似, Jŏ 若, Joû 如, QUI SONT SYNONYMES TANTOT PAR LA POSITION SEULE DES MOTS.

1° Par le mot Yeoû 猶.

EXEMPLES :

Móng-Tsè dit : C'est comme si l'on montait sur un arbre pour y chercher du poisson. *Perindè est ac si quis ascendat arborem ut in ea quærat pisces.*

猶緣木而求魚。

C'est comme si l'on voulait labourer sans charrue. *Idem est ac velle arare sine aratro.*

猶舍耒而言耕也。

C'est l'image d'un homme. *Sicut homo pictus.*

猶象人。

Le **Lén yù** dit : C'est comme l'étoile pôlaire qui demeure immobile; les autres étoiles tournent autour d'elle. *V. gr. : Polus boralis stat immotus in suo loco et omnes stellæ circa eum volvuntur.*

比如辰居其所而衆星共之。

Tchouâng-Tsè dit : Le meilleur moyen d'entretenir les peuples, c'est d'imiter le berger; s'il voit une brebis en retard, il la pousse afin de la faire avancer. *Ars optima alendi populi est imitari pastores ovium; cum vident aliquam ovem incedentem tardius, pede illam impellunt ut properet.*

善養生者若牧羊然視其後者而鞭之。

Tel on voit le dragon voltiger en sautant ou le vent qui pousse la pluie avec impétuosité, tel, en peu de temps, on le vit couvrir son papier de perles et de pierres précieuses semées comme au hasard.

如龍蛇飛舞風雨驟至不一時滿紙上珠璣亂落。

Vouloir gouverner l'Empire sans rites, c'est comme si l'on voulait labourer sans coutre.

治國不以禮猶無耜而耕。

Pratiquer les rites sans prendre la justice pour base, c'est labourer et ne pas semer.

爲禮不本於義猶耕而弗種。

Pratiquer la justice, mais ne pas enseigner aux hommes ce qu'ils doivent apprendre, c'est ensemencer et ne pas sarcler.

爲義而不講之以學猶種而弗耨也。

Enseigner aux autres ce qu'ils doivent faire, mais ne pas faire accorder cela avec l'humanité, c'est sarcler et ne pas faucher.

講之以學而不合之以仁猶耨而弗穫也。

Se mettre d'accord avec les sentiments d'humanité, mais ne pas donner de repos au moyen de la musique, c'est faucher et ne pas manger.

合之以仁而不安之以樂猶穫而弗食也。

Donner du repos par la musique et ne pas atteindre la concorde, c'est manger et ne pas engraisser.

安之以樂而不達於順猶食而不弗肥也。

2° Avec le mot 似.

Ses vers ne ressemblaient pas à ceux des autres où tout était contraint et embarrassé.

他的詩不似自家的七扭八拗。

O ma mère, en comparaison de toutes ces injures, ne vaut-il pas mieux que j'épouse le seigneur de Mà? (*Cercle de craie.*)

母親似這等唱叫幾時是了不如將女孩兒嫁與馬員外去罷。

En particulier, tu ne cessais de me dire que j'étais aussi belle que Kouàn-Yn. (*Ibid.*)

你背後常說我似觀音一般

Oui, la jeune épouse nommée Sang était moins cruelle que vous qui vous glorifiez d'appartenir à une ancienne famille.

便是那狠毒的桑新婦也。不似你這個七世的娘。

Tout humble personnage que je suis, je ne ressemble en rien à un homme vertueux; je désirerais cependant savoir le moyen de pratiquer ces trois points.

寡人雖無似也願聞所以行三言之道。

海上絲綢之路文獻集成 科技與文化編

3° Avec le mot Jŏ 若.

Le Roi donna ces ordres : Depuis le matin jusqu'au soir, instruisez-moi dans la pratique du bien. Aidez-moi à me rendre vertueux. Soyez pour moi ce qu'est une pierre à aiguiser le fer, ce que sont une barque et des rames pour passer une rivière considérable, et ce qu'est une pluie abondante dans une année de sécheresse. (**Hān kīn yuĕ mîn**, cap. 10.)

命之曰朝夕納誨以輔台德。若金用汝作礪若濟巨川用汝作舟楫若歲大旱用汝作霖雨。

Le Roi dit : Approchez, vous, **Yuĕ**. Faites-moi connaître la vérité. Soyez pour moi ce que le riz et le froment sont pour le vin, ce que le sel et le **Mey** sont pour le bouillon ; corrigez-moi et ne m'abandonnez-pas ; je crois être en état de profiter de vos instructions. (*Ibid.*)

王曰來汝說。爾惟訓于朕志若作酒醴爾惟麴櫱。若作和羹爾惟鹽梅。爾交修予罔予棄予惟克邁乃訓。

Autrefois **Paò-Hân**, ministre de mon prédécesseur, disait : Si je ne puis faire de mon Prince un autre **Yaô** ou un autre **Chún**, je serai aussi honteux que si on m'avait battu sur une place publique. (*Ibid.*)

昔先正保衡作我先王乃曰予弗卑厥后惟堯舜其心愧恥若撻于市。

Maintenant, notre dynastie **Ŷn** est sur le point de faire un triste naufrage. Elle est comme celui qui passe une grande rivière et qui ne peut gagner le bord. (**Choŭ kīn**, liv. III, cap. 11.)

今殷其淪喪。若涉大水其無津涯殷遂喪越至于今。

Il veut que ce Prince continue ce que **Yù** a fait anciennement ; en suivant ses lois vénérées, c'est comme si l'on suivait les ordres du ciel. (**Choŭ kīn**, liv. III, cap. 2.)

禹舊服玆率厥典奉若天命

4° Par le mot 如, que l'on répète souvent par euphonie dans une même phrase.

EXEMPLES :

La voie est droite *comme* une flèche. *Via recta sicut sagitta.*

道直如矢。

Le cœur du méchant est *comme* les démons et comme le **Yû**; impossible de s'en faire une idée d'après les règles ordinaires.

奸人之心如鬼如蜮豈可以平常意度。

Vous êtes deux hommes de talent; l'un de vous est *comme* le dragon qui fait route parmi les nuages; l'autre, comme la cigogne dont la voix mélodieuse fait retentir la prairie.

二兄才美。一如雲間陸士龍。一如日下荀鳴鶴。

Sa figure est charmante et pleine de délicatesse. Son teint est éclatant comme l'arbre de jaspe sous l'haleine du zéphyr.

其人品之美矖矖晈晈異如玉樹臨風。

Il a, pour s'y connaître, des yeux aussi perçants que ceux du rhinocéros.

一雙識才俊眼猶如犀火。

Aujourd'hui, dans l'état où sont tombées les mœurs, à peine le soleil éclaire-t-il un homme de vrai mérite, qu'il naît aussitôt une ombre qui s'attache à lui *comme* les lutins des montagnes ou les démons des rivières.

近來世風日偷有一眞有遂者一影附者如魍魅魍魎公。

Cette femme est montée sur le même char. L'éclat de son teint le dispute à la fleur de l'arbre **Chún** (1).

有如同車。顏如舜華。

L'homme en qui se trouve l'urbanité est comparable au bambou qui a son écorce et au pin qui a le cœur du tronc.

禮在人也如竹箭之有筠也。如松柏之有心也。

Les caractères **Kiaỳ** peuvent être comparés à l'aiguille de tête et aux fleurs qui parent une belle femme; les caractères **Tsǒ** ressemblent à des dragons volants et à d'agiles serpents; les caractères **Lŷ** (de bureau) sont aussi nobles que ceux de **Tsây yông**; les caractères **Tchouàn** sont aussi gracieux que ceux de **Lŷ sē**.

楷書如美如簪花。草書如驚蛇飛舞。隸書擅蔡邕之長。
篆書李斯之妙。

---

(1) Arbre qui produit des fleurs semblables à celles du prunier. Les fleurs s'ouvrent le matin et tombent le soir.

海上絲綢之路文獻集成 科技與文化編

Le **Choū kīn** offre de fréquentes comparaisons avec le mot **Joū** 如, qui font en même temps image. En voici quelques-unes :

Comme des tigres et des loups, comme des ours et des lions.

虎如貔如熊如羆。

Épithalame de **Tchouāng-Kiāng**, *Reine de* **Ouŷ**,
extraite du **Chē kīn**, *liv.* v, *ode* 3.

Cette grande Reine, d'une taille élevée, recouvre ses riches vêtements d'autres vêtements d'une couleur sombre. Fille du Roi de **Tsŷ**, elle se marie au Roi de **Ouŷ**, elle est sœur du Prince héritier, qui est son aîné. Le Roi de **Hîn** a épousé sa sœur plus âgée qu'elle. Le Prince de **Tāng-kōng** a épousé sa plus jeune sœur.

Ses mains ressemblent à une jeune et tendre plante; la peau de son visage, à la blancheur de la graisse nouvellement fondue. Son cou est semblable aux vers **Tsioū** et **Tsŷ** (d'une blancheur remarquable); ses tempes sont comme la cigale; ses sourcils, comme les ailes déployées d'un ver à soie. Rien n'est plus doux que son sourire; la pupille de ses yeux est noire; éclatants sont le noir et le blanc de ses yeux.

碩人其頎衣錦褧衣齊侯之子。衛侯之妻東宮之妹邢侯之姨譚公維私。手如柔荑膚如凝脂領如蝤蠐齒如瓠犀螓。首蛾眉巧笑倩兮美目盼。

8° — COMPARAISONS FAITES SANS AUCUN SIGNE DISTINCTIF, MAIS PAR LA SEULE POSITION DES MOTS. LES UNES SONT DIRECTES, LES AUTRES, INDIRECTES.

1° Comparaisons directes.

EXEMPLES :

Voyez la grâce et l'élégance de cette composition. C'est un son harmonieux qui s'échappe d'une boîte de parfums.

你看句逸字芬真番匳佳詠。

N'est-ce pas ressembler à **Yĕ-Kōng**, qui aimait les dragons en peinture et qui s'enfuyait quand il en voyait de véritables?

豈非葉公之好畫龍而見真龍反却走也。

Quand je serais un arbre ou une plante, je saurais sentir la douce influence du printemps; je suis un homme, ne vous étonnez pas de ma joie.

雖草木亦知向春爲荣况人也云胡不喜。

Sēn-Tsè dit : La charité est comme notre propre vêtement.

仁宅也。

En vérité, il demeura comme un homme frappé de la foudre par un temps serein. Son âme semblait avoir abandonné son corps, et sa crainte fut telle que durant quelque temps il ne put ouvrir la bouche.

貞是青天上一個霹靂嚇得魂都不在身上半日句開口不得。

Le **Choū kīn** dit : S'il s'agit de mon cœur si dur, je vous emploierai en guise d'une pierre fine à polir. S'il s'agit de la traversée maritime qui me reste à faire, vous me tiendrez lieu de navire et de rames. Quand je serai avide, sec comme la terre desséchée, vous me serez comme une douce pluie. Ouvrez-moi donc votre cœur et versez dans le mien une petite partie des richesses dont le vôtre abonde.

若金用汝作礪。若濟巨川用汝作舟楫。若歲大旱用汝作霖。雨啓乃心沃朕心。

Tchouâng-Tsè dit : Les poissons s'oublient dans la profondeur des eaux, et les hommes dans l'océan de la vraie doctrine.

魚相忘乎江湖。人相忘乎道術。玉不琢不成器人不學不知道。

De même que le jade qui n'est pas travaillé ne forme pas un objet à usage, de même l'homme qui n'a pas étudié ne possède aucun savoir.

2° Comparaisons indirectes.

Ce genre de comparaisons excite davantage l'attention du lecteur et présente à l'esprit quelque chose de plus gracieux dans la langue chinoise.

EXEMPLES :

Tchouâng-Tsè dit : Si les bêtes féroces de la plus grande espèce quittent leurs montagnes, elles tombent dans des piéges; si les poissons de la plus grande dimension quittent le fond de la mer, les fourmis les dévorent; on n'examine pas la hauteur des arbres ni la profondeur de l'eau pour prendre des oiseaux et des poissons.

夫函車之獸介而離山則不免於罔罟之患吞舟之魚碭而失水。則蟻能苦之。故鳥不厭高。魚鼈不厭深。

Si les petits sentiers qui sont sur les montagnes sont très-fréquentés, ils de-

26

viennent bientôt des routes; si on les déserte, les herbes croissent bien vite et il ne reste plus nulle trace du sentier.

山徑之蹊間介然用之成路爲間不用則茅塞之矣。

Un bon chanteur fait que les autres imitent son chant; un bon précepteur fait que les élèves se pénètrent de ses sentiments vertueux.

善歌者使人繼其聲善教者使人繼其志。

Les pieds et les mains servent à composer l'homme, de même un bon ministre rend son Roi parfait. (Choū kīn, cap. Yuĕ mîn.)

股肱惟人。良臣惟聖。

Quand les coups pleuvaient sur mes épaules, cuisants comme la flamme, retentissants comme le vent, un trouble mortel agitait mes esprits, mon âme tremblante était près de s'échapper. Les cruels! ils serraient violemment les tresses de mes cheveux.

我則見颼颼的棍棒拷。烘烘的脊背上着。拂撲的精神亂。悠悠的魂魄消。他每緊揝住我頭稍。

Le sage dit : De même qu'une chose insipide est susceptible d'assaisonnement, et qu'une chose blanche est susceptible de recevoir des couleurs; de même l'homme droit et sincère peut apprendre les rites, tandis que l'homme dépourvu de droiture et de sincérité ne saurait arriver à la pratique de ces mêmes rites; ce qui prouve qu'en pareille matière, les qualités personnelles sont ce qui fait tout le prix. (Lỳ kŷ.)

君子曰甘受和白受采忠信之人可以學禮苟無忠信之人則禮不虛道是以得其人之爲貴也。

La jarre la plus précieuse pour conserver le vin parfumé en usage dans les sacrifices, c'est la jarre appelée Houâng moŭ (yeux jaunes). En effet, le jaune est la couleur du centre de la terre; les yeux sont ce qu'il y a de plus limpide et de plus brillant; on peut donc dire qu'au dedans ladite jarre renferme du vin et qu'au dehors elle reflète la netteté et l'éclat.

黃目鬱氣之上尊也黃者中也目者氣之清明者也。酌言於中而清明於外也。

Dans la carrière militaire, le sage a un aspect de grande bravoure; ses arrêts sont irrévocables, mais justes; son air est sévère et son regard très-clairvoyant. Debout, il est immobile comme une montagne; mais, en temps voulu, il se met en mouvement; sa respiration naturelle est toujours au même degré

de plénitude comme l'air où toutes choses se développent, et la couleur de son visage est invariable comme celle du jade. (Lỳ ký. cap. 12.)

戎容暨暨言容詻詻色容厲肅視容清明山立時行盛氣顛實揚休玉色。

9° — DES COMPARAISONS PAR ALLÉGORIES OU PARABOLES 比喻.

Le philosophe Móng-Tsè excellait dans ce genre de comparaison. Au lieu de répondre *directement* à ceux qui l'interrogeaient, il employait une comparaison qui se gravait mieux dans l'esprit de ses auditeurs et qui le déchargeait de tout l'odieux que pouvait avoir parfois une critique, une censure à donner à l'interlocuteur, surtout quand ce dernier était un Prince.

EXEMPLES :

On lit dans Mencius :

Un Roi mettait tous ses soins à bien gouverner ses États; malgré ces soins, la population demeurait stationnaire. Quelle pouvait être la cause de ce fait? Mencius répond au Roi : Sire, Votre Majesté aime la guerre. Prenons, s'il vous plait, des exemples dans l'art de la guerre. 孟子對曰。王好戰請以戰喻。Dans un combat, tous les soldats déposent les armes et prennent la fuite. Les uns vont à cent pas, les autres à cinquante pas. 棄甲曳兵而走或百步而後止或五十步。Ceux qui ont fui à cinquante pas se moquent des autres. 而後止以五十步笑百步。Comment trouvez-vous cela? 則何如。Le Roi répond : Cela n'est pas bien, car, quoiqu'ils n'aient fui qu'à cinquante pas, ils ont tout de même pris la fuite. 曰不可直不百步而是亦走也。Le philosophe reprend alors : Votre Majesté a très-bien parlé; elle doit comprendre alors pourquoi son peuple n'augmente pas. 曰王如此知則無望民之多於鄰。Ce Roi était dans le cas de ceux qui ont fui à cinquante pas. Il gouvernait un peu moins mal ses États que les autres, mais, enfin, il les gouvernait mal.

On lit dans le même philosophe :

Mencius veut prouver à un Roi que s'il ne se rend pas maître du monde, c'est par sa faute. Il emploie cette comparaison : Si quelqu'un venait dire à Votre Majesté : Je puis soulever un poids de 3,000 livres, mais je ne puis soulever de terre une plume. Ou bien encore : J'ai des yeux de lynx et je puis voir ce qu'il y a de plus fin; mais je ne puis voir une voiture chargée de paille. 有復於王者曰吾力足以舉百鈞而不足以舉一羽明足以察秋毫之末而不見輿薪。Votre Majesté admettrait-elle ce raisonnement? Le Roi reprit : Cela serait absurde. 則王許之乎曰否。

Mencius ajoute : Votre Majesté répand ses bienfaits sur les animaux, mais elle n'a pas soin du peuple. N'est-ce pas la même chose? Si elle ne règne pas, ce n'est pas parce qu'elle ne le peut pas, mais bien parce qu'elle ne le veut pas. 今恩足以及禽獸而不至於百姓者獨何與王之不爲也非不能也。

Tout l'ouvrage de Móng-Tsè est rempli de semblables comparaisons.

10° — DU GENRE DE COMPARAISON DIT, EN CHINOIS, Yû yên 寓言.

Les anciens Livres sacrés de la Chine sont remplis d'un genre particulier de comparaison. Ce sont des enseignements, des peintures, des descriptions sous une forme allégorique, symbolique et métaphorique tout à la fois. Le Ŷ kin, qui est la source des autres Kin, est surtout rempli de ce genre de figures. Par ses symboles, il figure le saint. Tout ce qu'il dit du ciel, de la terre, de l'Empereur et de ses ministres, de l'époux et de l'épouse, doit être pris dans le sens de cette figure que l'on nomme Yû yên. Le P. Prémare ajoute avec raison que celui qui n'est pas en état de saisir le sens de ces allégories ne peut avec fruit aborder l'étude des Kin. Ce même sinologue donne encore ici un conseil excellent à tous ceux qui veulent composer en chinois : c'est d'apprendre par cœur un certain nombre de ces beaux morceaux de prose cadencée de la langue chinoise et d'y rapporter tout ce qu'on écrit. C'est la *méthode maternelle*, suivie par les missionnaires de la Chine pour apprendre le latin aux jeunes Chinois, qui, au bout de trois ou quatre ans d'exercices, composent et écrivent mieux en cette langue étrangère que nos licenciés français.

EXEMPLE DE LA FIGURE Yû yên.

(Extrait de l'écrivain Lŷ-Tsè.)

Il existe un Royaume du nom de Hoû-Sŷ. On ne peut y arriver ni par terre ni par mer, mais seulement par la pensée. Dans ce Royaume, il n'y a ni Princes, ni chefs du peuple; le peuple n'y éprouve nullement l'aiguillon de la concupiscence. La nature pure et simple y règne; on n'y est pas attaché à la vie; en revanche, on n'y redoute pas la mort. C'est pour ce motif qu'il n'y a là-bas aucune mort prématurée. Là l'égoïsme ne règne pas et, pourtant, on ne se dégage pas du souci des affaires. C'est pourquoi ni l'affection, ni la haine, ne sont un obstacle au bien commun. On n'y calomnie pas en secret et on n'y loue pas les autres en face. C'est pourquoi les pertes et les gains y sont inconnus. Les habitants de ce Royaume peuvent pénétrer dans le sein des eaux sans y être noyés, entrer dans le feu sans recevoir aucune atteinte. Les coups, les plaies, les douleurs y sont des choses inconnues. On y marche aussi aisément

海上絲綢之路文獻集成 科技與文化编

dans le vide que les autres le font sur un terrain solide, on dort avec délices dans le vide comme sur un doux matelas. La lumière n'y est jamais obscurcie par les nuages ou la neige. Le tonnerre n'y fait jamais entendre son fracas Le beau n'y séduit pas plus le cœur que le vilain ne l'affecte. Les montagnes, les collines ne retardent pas la marche des voyageurs. Tous les actes s'y font par l'esprit, par l'âme seule.

花胥非舟足力之所及。神遊而已其國無師長。自然而已。其民無嗜欲。自然而已不知樂生。不知惡死。故無夭殤。不知親己。不知踈物。故無愛憎。不知背逆。不知向順。故無利害。入水而不溺。入火而不熱。斫撻無傷。痛指擿無痟癢。乘空如履實寢虛若處牀。雲霧不硋其視雷霆不亂其聽。美惡不滑其心。山谷不躓其步。神行而已。

EXEMPLE TIRÉ DE **Tchouâng-Tsè.**

Tchouâng-Tsè se promenait sur une montagne plantée de gros arbres. Il aperçut là un arbre ancien et pourtant encore couvert d'un feuillage épais. Il y avait là tout auprès des bûcherons avec leur hache, mais ils n'osaient l'abattre. — Pourquoi n'abattez-vous pas cet arbre? — C'est, répondirent-ils, un bois tout à fait inutile. — Cet arbre, reprit **Tchouâng-Tsè**, remplira le nombre de ses années parce qu'il est inutile. Le philosophe descendit ensuite de la montagne et vint chez un ami. Celui-ci, plein de joie, ordonna à son cuisinier de tuer aussitôt l'oiseau **Yên** et de le préparer. — Il y a deux oiseaux, reprit le cuisinier; l'un chante, l'autre ne chante pas; lequel faut-il tuer? — Celui qui ne chante pas, reprit le maître. — Un autre jour, les disciples du philosophe lui dirent : Là on a conservé l'arbre parce qu'il était inutile; ici on a tué l'oiseau parce qu'il n'avait pas de qualité. Quel est votre avis? — **Tchouâng-Tsè**, souriant, répondit : Si je semble n'avoir pas d'opinion dans un tel cas, je passerai pour ce que je ne suis pas et cela m'attirera de l'ennui. Il vaut cent fois mieux que, m'appuyant sur la vertu et sur la raison comme sur un char magnifique, je marche en présence du Créateur de toutes choses, de sorte que les choses dépendent de moi et non pas que je dépende d'elles. Je serai ainsi délivré de tout ennui; c'était la bonne méthode de **Chén-Lông** et de **Houâng-Tý**.

莊子行於山中見大木枝葉盛茂代者木止其旁而不取之也。問其故曰無所可用。莊子曰此木以不林得終其天年夫子出於山舍於故人之家故人喜命豎子殺鴈而烹之豎子謂曰其一能鳴其一不能鳴請采殺主人曰殺不能鳴者明目弟子問於莊子曰昨日山中之木以不林

得終其天年今主人之鴈以不林死先生將何處莊子笑曰周將處材與不材之間似之而非也。故未免乎累若夫乘道德而浮游乎萬物之祖物而不物於物則胡可得而累邪此神農黃帝法則也。

II. DE LA RÉPÉTITION 復語 OU 重言.

La *répétition* est une figure dont la forme est très-variée dans la langue chinoise. Les livres les plus anciens en fournissent de nombreux exemples. La langue orale en fait également un usage fréquent. Le langage, comme le style chinois, reçoit de cette figure non-seulement de la grâce et de la douceur, mais surtout de la force et de l'énergie. La *répétition* se fait, en chinois, principalement des cinq manières suivantes.

Première manière.

On répète deux fois et même trois fois le même mot, c'est-à-dire le même caractère. La lenteur avec laquelle on prononce ces mots doit être mesurée au plus ou moins d'insistance que l'on veut mettre à exprimer sa pensée et à attirer l'attention de l'auditeur ou du lecteur.

EXEMPLES :

Il n'a pas dit un seul mot. *Ne quidem unum verbum protulit.* Ÿ kiú ÿ kiú toū mô yeoù chŏ 一句一句都沒有說.

Parler tout bas. *Demissâ voce loqui.* Kīn kīn tÿ chŏ 輕輕的說.

Rire tout haut. *Altâ voce ridere.* Hā hā tá siaó 哈哈大笑.

Il pleure à chaudes larmes. *Amaré flet.* Ngaȳ ngaȳ tŏng koŭ 哀哀痛哭.

Il garde le silence. *Altum silentium servat.* Mĕ mĕ poŭ yù 默默不語.

Il ne veut pas absolument. *Ille absoluté recusat.* Tā ouán ouán poŭ hiù 他萬萬不許.

Le jour où le seigneur Mà m'invita à dîner, je vis, par hasard, les lèvres et les joues de sa femme; en vérité, en vérité, le ciel n'en a pu faire une paire de semblable, ni la terre n'en a produit deux couples analogues. Toutes celles qui ont ainsi le teint fleuri ont beaucoup de charmes. Elle me blessa au cœur de telle sorte qu'en dormant, en rêvant, je ne pense plus qu'à elle.

那一日馬員外請我吃酒偶然看見他大娘子這嘴臉。可可是天生一對地產一雙都這等花花兒的甚是有趣。害得我眠裡夢裡只是想慕着他。

Je pense sans cesse au mystère dont nous avons besoin pour couvrir nos furtives amours.

想俺兩個偷偷摸摸的。

D'où vient que la pâleur a remplacé à vue d'œil la teinte jaune de son visage? D'où vient qu'en un instant sa prunelle a perdu tout son éclat?

爲甚的黃甘甘改了面上白鄧鄧丟了眼光。

Je suis la propre (*en sanglotant*)..... propre..... mère de cet enfant. Cet enfant est mon..... mon..... propre..... propre enfant.

我是孩兒的的親親的親娘。這孩兒是我的的親親的親兒。

Il ne daigne pas me reconnaître! Mais, quand je devrais perdre la vie, je vais courir après lui et l'arrêter par ses vêtements.

他他他不認咱。我我我捨性命向前趕上他。恰恰待扯住他衣服。

慢慢的。Tout bellement, tout doucement.

我不道的輕輕饒了你哩。

Je ne parle pas légèrement : Allez, au plus vite, me préparer une écuelle de bouillon.

你快些去熱熱的煎碗湯來與我喫。

Hélas! je le vois s'affaiblir peu à peu sous le poids de la douleur, et sa bouche convulsive semble accuser l'amertume du breuvage.

則見他悶沉沉等半晌苦懨懨口內嘗。

Plus prompt que moi, il a saisi ma chevelure. Je vous en supplie (*ter*), homme cruel, laissez-moi un instant de répit. Et toi, mon frère, viens (*ter*) écouter l'origine véritable de mes malheurs.

早早早又被揪撏了頭髮告告告狠爹爹寧耐吵。來來來聽姊子細說根芽。

Sa parole était lente et mesurée comme s'il avait eu un empêchement de langue.

其言吶吶然如不出諸口。

Deuxième manière.

La deuxième manière consiste à répéter deux mots, c'est-à-dire deux caractères synonymes. Ces tournures chinoises, pour produire toute leur grâce et leur force, doivent être prononcées avec une légère *pause* vocale après les deux premiers mots.

EXEMPLES :

Comprendre très-bien. *Clarissimè percipere.* **Mîn mîn, pě pě** 明明。白白.

Penser sérieusement. *Seriò cogitare.* **Sē sē, siàng siàng** 思思。想想.

Il ne pense, il ne rêve qu'à lui. *De illo solo semper cogitat.* **Sīn sīn nién nién, tchè siàng tā** 心心念念。只想他.

Il ne se possède pas de joie. *Lætitiâ gestit.* **Houān houān, hỳ hỳ** 懽懽。喜喜.

Se porter à merveille. *Optimè valere.* **Pîn pîn, ngān ngān** 平平。安安.

Il ne peut chasser cela de son cœur. *Id è corde suo non potest expellere.* **Sīn sīn nién nién tỹ fáng tā poŭ hiá.** 心心念念的放他不下.

Il ne se possède pas de douleur. *Præ dolore non est apud se.* **Hounēn hounēn meý meý** 昏昏昧昧.

Tout est brûlé, détruit. *Omnia conflagrata, perdita sunt.* **Chaō tĕ kān kān tsín tsín** 燒得乾乾淨淨.

Il était ivre, on ne peut plus. *Omninò inebriatus erat.* **Yú tĕ chĕn tchĕn hān hān** 飲得沉沉酣酣.

C'est admirablement bien écrit. *Accuratè, egregiè scriptum est.* **Siè tĕ touān touān tchén tchén** 寫得端端正正.

On lit dans le **Chē kin** :

Il est étincelant ici-bas, terrible là-haut. 明明在下。赫赫在上.

Il faut craindre pour soi; il faut s'entourer de précautions; il faut toujours être sur ses gardes. 戰戰兢兢.

L'orgueilleux se réjouit; le malheureux est tourmenté par les soucis. 驕人好好。勞人草草.

Remarque. — 1° Ce deuxième mode de répétition exprime souvent la chose, l'objet avec une imitation tellement harmonique et frappante, que l'on croit voir ce dont il s'agit. Ainsi, l'on dit :

D'un homme ivre, qui veut ne pas le paraître et qui marche avec des efforts visibles, fastueux même, pour cacher son état : **Làng làng tsiàng tsiàng** 踉踉蹌蹌.

De celui qui marche avec de grands airs qui annoncent une profonde vanité, on dit : **Yaô yaô paỳ paỳ** 搖搖擺擺.

De celui qui mène une vie voisine de la misère, sans être encore la misère elle-même : **Lèn lèn lŏ lŏ** 冷冷落落.

On ne peut représenter d'une manière aussi frappante que dans la phrase suivante celui qui dit des choses avec un air de mystère; il en retient une moitié, il en dit une autre, il mêle le vrai au faux et sait habilement faire naître des doutes. La phrase chinoise fait une image parfaite. **Tĕn tĕn, toŭ toŭ, kià**

kià, tchèn tchèn, chè jên nŷ nŷ houŷ houŷ 呑呑。吐吐。假假。異異。使人疑疑惑惑。

L'expression suivante nous représente au plus parfait naturel ces foules compactes, serrées de certaines réunions populaires : Yaŷ yaŷ tsỳ tsỳ 挨挨擠擠.

Tout son corps était couvert de sang; on ne voyait que du sang. *Toto corpore sanguis apparebat et sanguine fœdatum erat totum corpus.* Chĕn cháng lîn lîn lŷ lŷ toū chè huĕ tsŷ 身上淋淋漓漓都是血跡.

2° Ce deuxième mode de répétition fait une sorte d'adverbe superlatif très-expressive en chinois.

EXEMPLES :

Avec une vénération, un respect sans égal. *Summâ cum veneratione.* Kĭn kĭn kōng kōng 敬敬恭恭.

Avec une joie bruyante et des éclats de rire. *Hilariter.* Hỳ hỳ hà hà 嘻嘻哈哈.

Avec détours, ambages et reticences. Ouỳ ouỳ kioŭ kioŭ 委委曲曲.

Troisième manière.

La troisième manière est gracieuse par suite d'une sorte de jeu de mots. Elle consiste à répéter le même mot avec deux autres qui sont synonymes ou à sens opposés, et quelquefois faisant antithèse.

1° Avec deux caractères synonymes.

EXEMPLES :

Cela n'est pas clair du tout. *Non claré.* Poŭ mîn poŭ pĕ 不明不白.

Causer avec soi-même. *Secum solus loqui.* Tsé yên tsé yù 自言自語.

Parler modestement. *Modestè loqui.* Kīn yên kīn yù 輕言輕語.

Avec gravité. *Sine præcipitatione.* Poŭ kàn poŭ mâng 不慌不忙.

Cela semble merveilleux, habile. *Diceres hoc mirabile.* Sé kŷ sé kiaŏ 似奇似巧.

Abandonner sa demeure. *Domum suam deserere.* Lŷ mên lŷ hoû 離門離戶.

Penser en soi-même. *In corde secum reputare.* Tsé sē tsé siàng 自思自想.

Dire des paroles ineptes. *Inepta dicere.* Hoû yên hoû yù 胡言胡語.

S'avilir, se rendre méprisable. *Seipsum reddere contemptibilem.* Tsé kīn tsé tsién 自輕自賤.

Avec de grands airs, de grandes manières. *Altis et grandibus modis.* Kiāo moû kiāo yâng 喬模喬樣.

La chose est solidement fondée. *Illud solidè fundatur.* Yeoù pīn yeoù kiú 有憑有據.

海上絲綢之路文獻集成 科技與文化编

2° Avec deux caractères presque synonymes.

EXEMPLES :

C'est une pluie mélangée de neige. *Imber nive mixtus.* Pán yù pán suě 半雨半雪.

Manger avec excès. *Largiter manducare.* Tá pǧn tá ouán 大盤大碗. Littéralement : *Magnis catinis, magnis poculis.*

Être tout entier et avec persévérance à une affaire. *Ad unum intentus constans.* Poŭ sān poŭ sé 不三不四.

La nécessité a crû de jour en jour. *Necessitudo in dies crevit.* Jě kín jě tsīn 日近日親.

Accorder très-volontiers. *Toto corde annuere.* Sīn kěn ý kěn 心肯意肯.

Apporter toute l'attention possible. *Omnem animi conatum adhibere.* Yóng sīn yóng ý 用心用意.

Souffrir des douleurs cuisantes. *Amara multa pati.* Tchě sīn tchě koŭ 吃辛吃苦.

Il n'a ni tête ni cervelle, ou bien encore, c'est sans ordre. *Sine cerebro, sine ordine et serie.* Mô teoŭ mô laô 沒頭沒腦.

3° Avec deux caractères à sens opposés.

EXEMPLES :

Rendre de grandes actions de grâces. *Magnas gratias agere.* Siè tiēn siè tý 謝天謝地. Littéralement : Remercier le ciel et la terre.

Cela n'est ni grand ni petit. *Nec magnum nec parvum.* Poŭ tá poŭ siaó 不大不小.

Il ne sait ce qu'il veut. *Incertum evadit.* Yaó sè yaó hô 要死要活. Littéralement : Il veut vivre, il veut mourir.

Dire des injures à tort et à travers. *Injurias temerè effutire.* Mà tá má siaò 罵大罵小.

Tout est dans les ténèbres profondes. *Maximæ tenebræ vigent.* Hě tiēn hě tý 黑天黑地.

Recevoir de tous côtés. *Accipere ab omni parte.* Tsiŭ tōng tsiŭ sȳ 取東取西. Littéralement : Prendre l'orient, prendre l'occident.

Il est encore incertain. *Adhuc incertus.* Tsiàng sín tsiàng ngŷ 將信將疑.

Regarder de tous côtés. *Unde quaque aspicere.* Yèn cháng yèn hiá 眼上眼下.

Ouvrir à moitié, à demi. *Partim aperire, partim tegere.* Pán kaȳ pán yén 半開半掩.

Je ne sais qui c'est, je ne l'ai pas vu. *Nescio qualis sit, non illum vidi.* 不認得他面長面短.

Être en convalescence. *Convalescere.* Pán pín pán haò 半病半好.

On entend bien dire que les disciples viennent apprendre auprès du maître; mais on n'entend pas dire que le maître aille imposer son enseignement. 聞來學不聞往教.

4° Avec deux caractères opposés faisant antithèse.

EXEMPLES :

Aller et venir. *Ire et redire.* Tseoù laŷ tseoù kiű 走來走去.

Tout en causant. *Inter loquendum.* Chŏ laŷ chŏ kiű 說來說去.

Mettre le trouble partout, exciter des scènes. *Omnia perturbare, tragœdias excitare.* Lóng chên lóng kouỳ 弄神弄鬼.

Il est à demi-mort. *Semimortuus est.* Pán jên pán kouỳ 半人半鬼.

Quatrième manière.

Au moyen de deux caractères synonymes ou à peu près synonymes ou à sens opposé, croisés avec deux autres du même genre, on obtient un mode de répétition plein de grâces et de sel attique. Ce mode est fort commun dans la langue chinoise.

1° Avec des caractères synonymes.

EXEMPLES :

Être trop causeur. *Nimis loquax.* Littéralement : *Nimium os, nimia lingua.* Tō tsouỳ tō chĕ 多嘴多舌.

Comprimer sa colère et ne rien dire. *Iram comprimere et tacere.* jén kÿ tĕn chēn 忍氣吞聲.

A l'instar des loups et des tigres. *Sicut lupi et tigrides.* Joŭ láng sé hoù 如狼似虎.

Être égal à quelqu'un en dignité et en fortune. *Alicui esse æqualis dignitate et fortunis.* Mên tāng hoŭ touý 門當戶對.

Fuir les périls et les dangers. *Periculis et infortuniis se subtrahere.* Tò lân taŏ tsaȳ 躲難逃災, ou encore : Taŏ tsaȳ pý lân 逃災避難.

Accorder tout à quelqu'un. *Omnia alic. annuere.* Pĕ ȳ pĕ ouŷ 百依百隨.

Affecter de grands airs. *Magnos spiritus affectare.* Tchouāng moû tsoú yáng 粧模做樣.

Suivre le torrent. *Torrentem sequi.* Souŷ pō souŷ láng 隨波逐浪.

Déblatérer contre quelqu'un. *Obloqui*. Fān chuên lóng chĕ 翻脣弄舌.

Tenir conseil avec quelqu'un. *Simul consultare*. Ngỳ chāng ngò leáng 你商我量.

Se rechercher mutuellement, ou bien, c'était à qui recherchera l'autre. Poŭ ché ngỳ siûn ngò tsieoù ché ngò fàng ngỳ 不是你尋我就是我訪你.

2° Avec deux caractères à peu près synonymes.

EXEMPLES :

Dormir ensemble. *Simul cubare*. Littéralement : *In eodem lectulo, in eodem cervicali*. Tŏng tchouâng kòng tchèn 同牀共枕.

Quel est son nom? *Quomodò vocatur?* Sín chén mîn chouỳ 姓甚名誰?

Quel est votre illustre nom? Cháng sín kaō mîn 上姓高名?

Quel est votre illustre nom? Kaō mîn yà haó 高名雅號?

Boire ensemble. *Simul potare*. Tchouán peÿ lóng tsān 傳盃弄盞.

Tromper les esprits. *Imponere spiritibus*. Màn chên houàng kouỳ 瞞神謊鬼.

C'est un homme à face mauvaise. *Improbâ facie homo*. Mién ngŏ yèn hiōng 面惡眼兇.

Mettre divers obstacles. *Varia ponere obstacula*. Touÿ sān tsoū sé 推三阻四.

Voilà bien des paroles. *Multa verba sunt*. Littéralement : 7 *ora*, 7 *linguæ*. Tsÿ tsouý pă chĕ 七嘴八舌.

Il est presque mort. *Ferè mortuus*. Tsÿ sè pă hŏ 七死八活.

De toutes ses forces. *Omni nisu, opera*. Littéralement : Avec sept mains et huit pieds. Tsÿ cheoù pă kiŏ 七手八脚.

Il est presque à toute extrémité. *Ad extrema redactus*. Lóng tĕ tsÿ tièn pă taò 弄得七顛八倒.

Avoir les mains vides. *Vacuis manibus*. Kŏng kiuên pĕ cheoù 空拳白手.

Être ingénieux et savant. *Ingeniosus et doctus*. Houáy tsāy paó hiŏ 懷才抱學.

Bien traiter ses hôtes. *Hospites optimè tractare*. Tsēn pīn kín kĕ 尊賓敬客.

3° Avec des caractères opposés qui, souvent, forment un idiotisme très-curieux.

EXEMPLES :

S'aimer mutuellement. *Mutuò se amare*. Littéralement, en chinois : *Tu cupis, ego amo*. Ngỳ tān ngò gaý 你貪我愛.

海上絲綢之路文獻集成 科技與文化編

Ne pas s'accorder. *Inter se non convenire*. Littéralement : *Tu ad orientem vadis, ego ad occidentem*. Ngỳ tōng ngò sȳ 你東我西.

Parler mal du prochain. *Male loqui de proximo*. Littéralement : *Dicere album, dicere nigrum*. Chŏ pĕ taŏ hĕ 說白道黑.

Maudire quelqu'un habilement. *Alicui detrahere*. Littéralement : *Digito orientem monstrare et loqui de occidente*. Tchè tōng chŏ sȳ 指東說西.

Nuire au prochain en paroles. *Nocere proximo verbis*. Littéralement : *Dicere longum, loqui breve*. Chŏ tchàng taó touàn 說長道短.

Regarder souvent quelqu'un. *Crebris oculis aliquem conjicere*. Mŷ laŷ yèn kiŭ 眉來眼去.

Promettre avec de grands serments. *Magnis juramentis aliquid promittere*. Chè tiēn mîn tý 誓天盟地.

Il a la figure de l'homme et le cœur de la bête. *Hominis vultum et cor bestiæ habet*. Jên mién tcheoú sīn 人面獸心.

Je veux me battre avec vous jusqu'à ce que l'un de nous succombe. *Tecum pugnare volo usquè ad mortem*. Hô ngỳ pìn kó ngỳ sè ngò hô 和你併個你死我活.

Du matin au soir, il m'injurie et me frappe. *Verberibus et injuriis me quotidiè excipit*. Tchaŏ tà moù má 朝打暮罵.

Refuser en face, accorder en secret. *Palàm recusare, clàm concedere*. Mîn touŷ gán tsieoú 明推暗就.

Être dans une situation très-critique. *In vado esse positus*. Tōng taò sȳ ouaŷ 東倒西歪. Littéralement : L'orient est renversé, l'occident incline.

Passer les jours dans la joie. *Ducere dies in lætitiâ*. Tchaŏ houān moú lŏ 朝歡暮樂.

Se lever matin et se coucher tard. *Benè mane surgere et valdè serò decumbere*. Kŷ tsaò chouý tchĕ 起早睡遲.

Les oiseaux chantent sur la montagne, l'écho résonne dans les vallées. *Aves canunt in montibus, resonat echo in vallibus*. Chān mîn koŭ hiàng 山鳴谷響.

Cinquième manière.

On répète la même phrase soit pour l'euphonie, soit pour mieux insister sur la pensée.

EXEMPLES :

Cela est déplorable! *Hoc lamentabile est!* Kò chāng, kò chāng 可傷。可傷.

Quel dommage! *Quod damnum!* Kò sȳ, kò sȳ 可惜。可惜.

Ne vous étonnez pas. *Noli mirari*. Hieoū kouaý, hieoū kouaý 休怪。休怪.

Cela est lamentable. *Hoc deplorandum.* Koŭ sé, koŭ sé 苦事。苦事.
Cela est parfait. *Hoc sané perfectum.* Miaò tsuĕ, miaò tsuĕ 妙絕。妙絕.
Quelle bonne fortune! *Maxima felicitas!* Hín chén, hín chén 幸甚。幸甚.
Vous me comblez de vos bienfaits. *Beneficiis me cumulas.* 多荷。多荷.
Pensez bien à cela. *Hoc tecum bene cogita.* 思之。思之

III. DE LA GRADATION.

La gradation, que les Chinois nomment 連文, est une figure très-gracieuse dans le style littéraire. Elle rentre sous quelque rapport dans le genre de la répétition.

EXEMPLES :

Laò-Tsè, dans son Taó tĕ kīn, dit :

Le Taó engendre *un; un* engendre *deux; deux* engendre *trois; trois* engendre tous les êtres. (Cap. 42.)

道生一。一生二。二生三。三生萬物。

Le même philosophe dit encore :

L'homme imite la terre; la terre imite le Ciel; le Ciel imite le Taó; le Taó imite sa nature. (Cap. 25.)

人法地。地法天。天法道。道法自然。

Celui qui est constant a une âme large; celui qui a une âme large est juste; celui qui est juste devient Roi; celui qui est Roi s'associe au Ciel; celui qui s'associe au Ciel imite le Taó; celui qui imite le Taó subsiste longtemps. (Laò-Tsè, cap. 16.)

知常容。容乃公。公乃王。王乃天。天乃道。道乃久。

Le *Livre des Changements* ou le Ў kīn, parlant de la création, dit :

Le Ciel et la terre furent d'abord créés; ensuite toutes les choses; celles-ci ayant été créées, l'homme et la femme furent créés; après cela, le mariage fut institué; après le mariage, l'homme devint père de famille; la famille existant, il y eut un Prince et des sujets; l'Empire existant, il y eut des hommes supérieurs en dignité et en mérite, et des hommes vulgaires; ensuite, les règles de l'urbanité et de la justice furent établies.

有天地然後有萬物萬物然後有男女有男女然後有夫婦有夫婦後有父子有父子然後有君臣有君臣然後有上下有上下然後禮義所錯。

海上絲綢之路文獻集成 科技與文化编

Toutes les fois qu'il s'agit de nommer un homme capable à des fonctions publiques, il faut d'abord bien l'examiner; après un mûr examen, on lui donne un emploi; s'il le remplit bien, on lui confie une dignité. Ayant obtenu cette dignité, on lui alloue un traitement. (Lỳ ký, cap. 5.)

凡官民材必先論之論辨然後使之任事然後爵之位定然後祿之。

Le chant n'est autre chose que la parole, mais la parole prolongée. Quand on est plein de joie, on sent le besoin d'exprimer sa joie par la parole; la parole ordinaire ne suffisant pas, on vocalise sur un ton langoureux; la vocalisation ne suffisant pas, on se met, sans savoir ce que l'on fait, à agiter les bras et à faire des gambades. (Lý kỳ, cap. 16.)

歌之爲言也長言之也說之故言之言之不足故長言之長言之不足故嗟歎嗟歎之不足故不知手之舞之足之蹈之也。

Le sage étend son respect à tout; mais ce qu'il respecte le plus, c'est sa propre personne. En effet, sa personne est une branche issue de ses père et mère; comment oserait-il ne pas les respecter? Si on ne se respecte pas soi-même, on blesse ses père et mère; en blessant ses père et mère, on blesse la racine; en blessant la racine, les branches suivent son sort et se meurent.

君子無不敬也敬身爲大。身也者親之枝也。敢不敬與能敬其身是傷其親傷其親是傷其本傷其本枝從而亾。

On lit dans Laò-Tsè, chap. XVI :

Celui qui est parvenu au comble du vide garde fermement le repos.
Les dix mille êtres naissent ensemble; ensuite je les vois s'en retourner.
Après avoir été dans un état florissant, chacun d'eux revient à son origine.
Revenir à son origine s'appelle être en repos.
Être en repos s'appelle revenir à la vie.
Revenir à la vie s'appelle être constant.
Savoir être constant s'appelle être éclairé.

至虛極守篤靜萬物並作吾以觀其復夫物芸芸各歸其根歸根曰靜靜曰復命復命曰常知常曰明。

Le Tchōng-yông de Confucius commence ainsi :

L'ordre établi par le Ciel s'appelle *nature*; ce qui est conforme à la nature s'appelle loi; l'établissement de la loi s'appelle instruction. (Cap. 1.)

天命之謂性。率性之謂道。修道之謂教。

En effet, l'administration dépend des hommes qu'on emploie. On doit choisir ses ministres d'après soi-même, se régler soi-même d'après la raison, fonder la raison sur l'amour de l'humanité. L'amour de l'humanité, c'est l'homme tout entier. (Chap. xx du même livre.)

故爲政在人。取人以身。修身以道。修道以仁。人者人也。

Le Tá hiŏ commence par une gradation :

Il faut placer sa destination définitive dans le souverain bien. Pour cela, il faut connaître sa destination et prendre ensuite une détermination; celle-ci une fois prise, on peut avoir l'esprit en repos; l'esprit étant en repos, on jouit d'un calme inaltérable; en jouissant de ce calme inaltérable, on peut ensuite méditer sur l'essence des choses; ayant médité sur cette essence, on peut arriver à l'état de perfection désirée.

在止於至善。知止而后有定定而后能靜。靜而后能安。安而后能慮。慮而后能得。

Houâng-Tsè, parlant du *Livre des Changements*, le Ў kin, dit :

Ce livre commence par la science des nombres, les nombres le conduisent aux figures Kouá; les figures Kouá aux images et les images à l'expression de la pensée.

易起於數。因數設卦。因卦立象。因象起意因意生辭。

Voici un passage de 歐陽修 dans le même genre :

Nous n'avons maintenant aucun maître pour nous instruire; que ceux qui aiment l'étude prennent pour maîtres les Kin. 夫世無師矣學者當師經。Ceux qui prennent les Kin pour maîtres, doivent, avant tout, saisir leur véritable sens; 師經必先求其意。ayant acquis ce vrai sens, ils seront fixés et leur cœur ne sera plus dans le vague; 意得則心定。leur cœur étant ainsi fixé, la raison, la doctrine, seront pures; 心定則道純。avec cette raison et cette doctrine pures, tout ce que l'on roulera dans son esprit sera vrai et solide. 道純則充於中者實。Quand cette solidité d'esprit se manifeste au dehors, elle frappe par son éclat les yeux de tous ceux qui la voient et enlève leur assentiment. 中者實則發爲文者煇光。

L'exemple suivant de *gradation* est tiré du Lỳ ký, cap. 13.

L'affection qu'on porte à son propre père doit s'étendre par degrés aux générations supérieures jusqu'aux aïeux. Les devoirs de convenance qu'on remplit à l'égard des aïeux doivent s'appliquer graduellement aux générations inférieures jusqu'au père. Voilà pourquoi l'ordre naturel entre parents veut

qu'on aime son père; en aimant son père, on respecte son aïeul; en respectant son aïeul, on estime les collatéraux; quand on estime les collatéraux, on a soin de réunir toute la parenté au moins une fois par an pour une fête de famille. Dans cette réunion des parents, le temple des ancêtres ne respire que la gravité; la gravité du temple des ancêtres consolide la paix de l'Empire; en consolidant la paix de l'Empire, on porte de l'affection aux magistrats de tous noms qui concourent au gouvernement du pays; en portant de l'affection aux magistrats de tous noms, les châtiments sont appliqués avec justice; quand les châtiments sont appliqués avec justice, le peuple vit tranquille; quand le peuple est tranquille, rien ne manque à ses besoins; quand tous les besoins sont satisfaits, tous les bons désirs peuvent se réaliser; quand les bons désirs se réalisent, les pratiques de l'urbanité s'accomplissent, et, quand ces pratiques sont accomplies, tout le monde est content.

自仁率親等而上之至於祖。自義率祖順而下之至於禰。是故人道親親也。親親故尊祖。尊祖故敬宗敬宗。故收族收故宗廟嚴。宗廟嚴故重社稷重社稷故愛百姓愛百姓故刑罰中。故庶民安庶民安故財用足財用足故百志成百志成故禮俗刑禮俗刑然後樂。

IV. DE L'ANTITHÈSE OU DU PARALLÉLISME CHINOIS 絕言對語.

Cette figure est très-fort dans le goût des Chinois. Non-seulement on la rencontre souvent dans les livres, mais on en fait un usage fréquent dans la langue parlée. L'antithèse chinoise la plus goûtée est celle qui a lieu non pas seulement dans la pensée, mais dans une sorte de jeu de mots qui frappe davantage l'esprit, fait mieux apercevoir et surtout mieux retenir le parallélisme ou l'antithèse chinoise. La plupart des maximes, des adages, des proverbes, sont construits dans ce goût. Chaque membre de la pensée est exprimé par le même nombre de mots ou de caractères; les tons vocaux des mots sont combinés entre eux de manière à faire également antithèse. Les Chinois aiment à orner leurs demeures de cartouches sur lesquels une main légère et habile a tracé un de ces distiques chinois. Ce distique est presque toujours, et quant à la pensée et quant à la composition, une antithèse ou parallélisme.

EXEMPLES :

N'avoir aucun lieu où se réfugier. *Non est quò fugiat*. Littéralement : *In cœlo non est via, in terra non est janua*. Cháng tiēn oŭ loú, joŭ tý oŭ mên 上天無路。入地無門。

Il accorde en partie, il refuse en partie. *Partim recusat, partim annuit*. Ў pán eûl tsē, ў pán eûl kèn 一半兒辭。一半兒肯. Le mot Eûl est pour l'euphonie.

Il parle mal de moi. *De me perperàm ipse garrit.* Littéralement : *Ille de me dicit longum et breve.* Chŏ ngò tchāng, chŏ ngò touàn 說我長。說我短.

N'avoir aucun refuge. *Nullum habere refugium.* Oŭ kiā kò teoŭ, oŭ loú kò pĕn 無家可投。無路可奔.

N'avoir ni vêtement ni nourriture. *Nec quid induat nec quid edat habere.* Ȳ poŭ tchē chēn, chĕ poŭ tchōng keoŭ 衣不遮身。食不充口.

Les hommes ne savent pas cela; les génies eux-mêmes l'ignorent. *Hoc homines nesciunt et spiritus ipsos latet.* Jên poŭ tchē, kouỳ poŭ kiŏ 人不知。鬼不覺.

Si vous êtes présent je vis, si vous êtes absent je meurs. *Tecum vivam, sine te moriar.* Yeoù ngỳ tsĕ sēn, oû ngỳ tsĕ sè 有你則生。無你則死.

Est-ce une vente, est-ce un don? je ne sais. *An vult vendere, an dono dare, nescio.* Poŭ tchē ché maý, poŭ tchē ché sóng 不知是賣。不知是送.

Il dort tout le jour. *Die et nocte semper dormit.* Mîn chouý taò yè, yè chouý taò mîn 明睡到夜。夜睡到明.

Il ne peut pas avancer et ne veut reculer. *Progredi non potest et regredi non sustinet.* Yoŭ tsín poŭ lên, yoŭ touý poŭ chĕ 欲進不能。欲退不捨.

Durant les froids, il voyage en palanquin; durant les chaleurs, il monte à cheval. Tiēn hân tsó kiaó, tiēn louán tchén mà 天寒坐轎。天暖乘馬.

Il ne boit ni ne mange, il ne dort ni ne veille. Tchā poŭ sē, fán poŭ siàng, chouỳ sé sìn, sìn sé chouý 茶不思。飯不想。睡似醒。醒似睡.

Ses faveurs surpassent tout ce que je puis dire, et l'amour lui-même est impuissant à exprimer sa bienveillance. *Ejus beneficia superant quidquid dicerem et amor ipse non posset eloqui ejus amorem.* Yoŭ yên gēn, gēn chēn lân yên, yoŭ yên tsīn yeoú oû tsīn kò yên 欲言恩。恩深難言。欲言情又無情可言.

On ne peut les séparer l'un de l'autre. *Non possunt à se invicem avelli.* Poŭ ché ngỳ siûn ngò, pién ché ngò fàng ngỳ 不是你尋我。便是我訪你.

Il était plus beau que Pān-Ngān; il égalait en talent Tsè-Kién. *Pulchrior Pān-Gān, æqualis ingenio* Tsè-Kién. Maô pỳ Pān-Gān, tsāy tông Tsè-Kién 貌比潘安。才同子建.

Sa beauté égale son talent, son talent n'est pas moindre que sa beauté. *Corporis et animi dotes in eo pariter elucent.* Maô tchēn kŷ tsāy, tsāy foú kŷ maô 貌稱其才。不副其貌.

Sans les rites, la droiture, la vertu, la bonté et la justice ne sont point parfaites; sans les rites, l'instruction et la réforme des mœurs ne sont point complètes. 道德仁義非禮不成。敎訓正俗非禮不備。

Dans les temps primitifs, on estimait la vertu en elle-même; dans les âges suivants, on s'est appliqué à répandre des bienfaits et à les payer de retour.

海上絲綢之路文獻集成 科技與文化編

En effet, les rites exigent qu'il y ait réciprocité dans les rapports des hommes entre eux; et ces convenances sont également blessées, soit qu'on donne toujours sans jamais rien recevoir, soit qu'on reçoive sans jamais rien donner.

大上貴德其次務施報禮尙往來往而不來非禮也來而不往亦非禮也。

(Le fils) a toujours l'oreille attentive, lors même que son père ne parle pas; il le regarde sans cesse, lors même qu'il ne lui fait aucun signe.

聽於無聲。視於無形。

Les historiographes enregistrent les faits; les lettrés, les discours.

史載筆士載言。

Pour les affaires du dehors (du palais impérial), choisissez un jour impair; pour celles du dedans, un jour pair.

外事以剛日。內事以柔日。

Toute dignité est conférée en pleine cour en présence de tous les magistrats. Tout châtiment est infligé sur la place publique, afin que tout le monde prenne le coupable en horreur.

爵人於朝與士共之。形人於市與衆棄之。

Le sage, arrivé à la vieillesse, ne va pas à pied (car le souverain lui fournit une voiture). L'homme du peuple, arrivé à la vieillesse, ne mange pas des aliments grossiers (car, par respect pour son âge, tout le monde lui fournit des aliments recherchés).

君子耆徒不徒行。庶人耆不樂徒食。

La musique provient du principe Yâng; l'urbanité agit sous l'influence du principe Yn.

樂由陽來者也。禮甲陰作者也。

La vertu est le grand principe de la nature humaine; la musique est l'épanouissement de la vertu.

德者性之端也。樂者德之華也。

La musique est le produit des émotions du cœur; les sens et les airs sont le corps de la musique.

樂者心之動也。聲者樂之象也。

La musique tire son origine des émotions intérieures; les rites s'accomplissent par des mouvements extérieurs.

樂也者動於內者也。禮也者動於外者也。

海上絲綢之路文獻集成 科技與文化編

Les rites, c'est la raison; la musique, c'est la règle.

禮也者理也。樂也者節也。

Celui qui ne comprend pas le sens caché du *Livre des Vers* se trompe nécessairement dans les rites; celui qui ne comprend pas le sens que renferme la musique, accomplit les rites d'une façon très-commune.

不能詩於禮繆。不能樂於禮素。

Ce qui est faible triomphe de ce qui est fort.
Ce qui est mou triomphe de ce qui est dur. (Laò-Tsè.)

弱之勝強。柔之勝剛。

Le chapitre III du Lỳ ký, qui porte le titre de Tán kōng 檀弓, fournit un exemple frappant de parallélisme parfait des périodes et de tous leurs membres. Nous en citerons ici quelques passages. Mais le parallélisme n'existe que dans le texte chinois et non pas dans la traduction.

EXEMPLE :

Tout fils soumis à ses père et mère doit cacher leurs défauts et s'abstenir de les offenser par des observations inopportunes. En toutes choses, il doit fournir à leurs besoins sans se renfermer dans aucune limite. Il doit leur obéir avec empressement jusqu'à la mort, et porter ensuite leur deuil pendant trois ans.

Tout sujet soumis à son Prince ne doit pas craindre de l'offenser par des remontrances que suggère le bien public, ni cacher les fautes qu'il lui voit commettre. En toutes choses, il doit fournir à ses besoins dans une certaine limite. Il doit être attentif à lui obéir jusqu'à sa mort et porter son deuil pendant trois ans.

Tout disciple soumis à son maître doit s'abstenir de l'offenser par des observations qui, de sa part, seraient toujours déplacées; mais il n'est pas tenu de cacher ses fautes. En toutes choses, il doit pourvoir à ses besoins, sans se restreindre à une certaine limite. Il doit lui obéir avec empressement et porter son deuil dans le cœur pendant trois ans.

事親有隱而無犯。左右就養無方服勤至死。致喪三年。事君有犯而無隱左右就養有方服勤至死方喪三年事師無犯無隱左右就養無方服勤至死心喪三年。

AUTRE EXEMPLE TIRÉ DU Lỳ ký :

En vue de tout cela, l'Empereur vertueux repasse dans sa mémoire ce que les anciens ont fait pour honorer la vieillesse, afin de les imiter; il envisage

cette pratique comme la plus importante. Il aime les vieillards et leur porte un grand respect; dans ses actions à leur égard, il use de la plus grande politesse; il leur témoigne une piété toute filiale et leur accorde toutes sortes de douceur; il établit parmi eux les distinctions de rang convenables; en un mot, il n'est animé, jusqu'à la fin, que de sentiments profonds d'humanité.

是故聖人之記事也。慮之以大。愛之敬。行之以禮。終之以孝養紀之以義。終之以仁。

V. DE LA MÉTAPHORE, EN CHINOIS 借意 OU 託言.

La métaphore est une figure très-étendue dans la langue chinoise. Les métaphores naturelles abondent dans la langue écrite; mais le lecteur comprendra aisément qu'une écriture idéologique, figurative, doit se prêter plus qu'aucune autre au langage métaphorique. Les caractères simples ou non composés de la langue chinoise qui passent à la classe des caractères empruntés, que l'on nomme Kià tsiĕ 假借, deviennent, par là même, des caractères métaphoriques. La connaissance du génie de la langue chinoise peut seule faire comprendre tout ce que l'ingénieuse méthode dont nous parlons apporte de richesses et de grâces à cette langue.

Les anciens livres de la Chine, surtout les Kin 經, ne sont qu'un tissu de métaphores naturelles qui font l'effet d'une peinture, d'un tableau. Les anciens souverains de la Chine en faisaient surtout usage dans les enseignements qu'ils donnaient aux peuples. Présentés sous cette forme, ces enseignements se gravaient mieux dans la mémoire et se perpétuaient plus sûrement.

§ 1. — NOMS PARTICULIERS DONNÉS A DIVERS OBJETS PAR MÉTAPHORES.

La connaissance des noms donnés par métaphores est indispensable. Autrement, un lecteur est embarrassé, à chaque pas, à la lecture des auteurs chinois. Chacune de ces dénominations métaphoriques est fondée sur un fait particulier, sur un trait historique ou sur les propriétés de l'objet dont il est question. Les Chinois ont des recueils qui contiennent ces expressions métaphoriques. Aucun n'a été traduit en une langue européenne. Il conviendrait de placer ici les titres métaphoriques que les Chinois donnent presque toujours à leurs ouvrages. Un sinologue français nous a exprimé récemment le désir de voir, dans notre *Grammaire*, un article consacré aux titres des livres chinois. Ce louable *desideratum* nous est parvenu trop tard pour être rempli dans cet article.

EXEMPLES :

L'argent, la monnaie. Pĕ chouỳ tchēn jên 白水眞人.
Un vin excellent. Tsĭn tcheoū tsŏng sé 青州從事.

Un bon poëte. Chē tchōng hoū 詩中虎.
Une odeur délicieuse. Kín houēn fān 近魂番 ou Ký chēn lân 氣勝蘭.
Un cavalier habile. Tsiēn-Lỳ-Lông 千里龍.
La fleur pivoine. Chouỳ tsín kieoū 水晋毬.
L'encre renommée. Hiuēn fān tay cheoú 玄番太守.
L'encrier chinois. Lŷ chě hiāng heoú 麟石鄉侯.
L'hirondelle. Tiēn niù 天女.
Le perroquet. Yên niaò 言鳥.
La tortue. Hiuēn foū 玄夫.
La fourmi. Hiuēn kiú 玄駒.
Les brebis. Maô jeoū 毛柔.
Le tigre. Chān kiūn 山君.
Le bouc. Fân lâng 蕃郎.
Le porc. Tchāng tsouý tsiàng kiūn 長喙將軍.
Le sanglier. Tchāng fán tchoù pŏ 長鬣主簿.
Un domestique. Tsín ў jên 青衣人.

Les anciens Chinois avaient peint sur quatre drapeaux quatre animaux qui, selon eux, étaient l'emblème des quatre points cardinaux. La couleur de ces animaux était celle de l'élément auquel correspond le point cardinal de la sphère qui lui est affecté. Ainsi, le rouge appartient au feu et correspond au sud; le noir appartient à l'eau et correspond au nord; le vert, au bois et correspond à l'est; le blanc, au métal et correspond à l'ouest. Ces principes de philosophie chinoise sont fondés sur leur cosmogonie générale. C'est pour ce motif, qu'en parlant des armées, le Lỳ ký ou *Mémorial des Rites* dit au chapitre premier :

Quand l'armée se met en marche, que l'*Oiseau rouge* soit devant; le *Bœuf noir*, derrière; le *Dragon vert*, à gauche; le *Tigre blanc*, à droite; le *Boisseau septentrional*, au milieu dominant l'armée; et bientôt les soldats seront enflammés d'enthousiasme.

行前朱鳥而後玄武。左青龍而右白虎招搖在上急繕其怒。

§ 2. — MÉTAPHORES DESCRIPTIVES FORT ÉLÉGANTES.

1. Cette jeune demoiselle est d'une beauté capable de charmer les poissons et de faire descendre les grues du Ciel; sa figure effacerait le disque de la lune et ferait rougir les fleurs.

這位小姐生得沉有魚落雁之容閉月羞花之貌。

2. Elle était belle comme une fleur, légère et gracieuse comme une hirondelle.

生得嬌倩如花。輕盈似燕。

3. Cette jeune **Hông-Yŭ** était née avec une beauté peu commune; ses sourcils étaient comme les feuilles des peupliers du printemps (c'est-à-dire minces et effilés comme ces feuilles), et ses yeux aussi purs que les eaux d'automne.

這紅玉生得姿色非常是眞眉如春柳眼溢秋波。

4. Cette jeune fille était un charmant composé des plus pures vapeurs des montagnes et des rivières; en la formant, le ciel et la terre, les deux principes **Ȳn** et **Yâng** n'avaient pas manqué leur but.

果然是山川秀氣所鍾。天地陰陽不爽。

§ 3. — MÉTAPHORES OÙ LE CONTENANT EST PRIS POUR LE CONTENU.

Ce genre de métaphores est fort commun dans la langue chinoise.

EXEMPLES :

1. **Tchaŏ tîn** 朝廷. Littéralement : *le palais, la cour,* se prend pour l'Empereur de Chine, comme chez les Turcs on dit : *la Sublime Porte,* pour désigner l'Empereur des Turcs, et, chez les catholiques, *le Saint-Siége,* pour désigner le Chef de l'Église. On dira en Chine : 見朝廷, *voir le Palais-Cour,* pour signifier que l'on a une audience de l'Empereur.

2. **Foù, tcheoū, hién,** 府, 州, 縣, sont les noms par lesquels on désigne les villes de premier, deuxième et troisième ordre. Par métaphore, ces mots veulent dire : *le Gouverneur lui-même de la ville.* Ainsi, parlant de lui à la troisième personne, le mandarin d'une ville de premier ordre dit : **Pèn foù** 本府, *moi, le propre Gouverneur de cette ville.*

3. **Tchĕn houâng** 城隍. Littéralement : *les Murs et les Fossés.* En Chine, ces deux mots signifient : *les Génies tutélaires de la ville, les Anges gardiens de la ville.*

4. **Chān tchouān** 山川. Littéralement : *les montagnes et les fleuves.* Au figuré : *les Génies, les Esprits des montagnes et des eaux.*

5. **Tâng** 堂. Littéralement : *une demeure, un édifice, un temple, aula, templum.* Les Chinois l'emploient élégamment pour désigner *la mère, mater.* Ainsi, ils diront : *Votre mère est-elle encore en vie?* **Lín tâng tsaý poŭ tsaý** 令堂在不在?

6. **Tchén tâng** 正堂, dans le même sens, veut dire : *les Présidents des Conseils de l'Empire.*

7. **Mîn tâng** 明堂. Littéralement : *le sublime Temple,* c'est-à-dire *la Cour, le Palais impérial.*

8. Le caractère **Chĕ** 室 signifie : *maison.* On s'en sert pour désigner *l'épouse.* Ainsi on dira : **Tchén chĕ** 正室, *l'épouse légitime.* **Tsĕ chĕ** 側室, *l'épouse secondaire*

9. **Kĭn sĕ** 琴瑟. Littéralement : *deux instruments de musique qui ressemblent à nos guitares*. En parlant de deux époux, on dira, en chinois : *le* **Kĭn** *et le* **Sĕ**. Si ces deux époux sont bien unis, bien d'accord, on dit : *Le* **Kĭn** *et le* **Sĕ** *rendent des sons bien harmonieux, bien concordants*. **Kĭn sĕ tiaŏ hô** 琴瑟調合.

10. **Hông tchĕ** 紅墀, littéralement : *le Vestibule rouge;* ou **Tān tchĕ** 丹墀, *le Vestibule jaune*. Il y a des salles au Palais impérial ou dans les prétoires qui sont peintes en l'une ou l'autre de ces couleurs. Au figuré, on désigne ainsi : *un tribunal, une cour de justice*.

§ 4. — RECUEIL D'EXPRESSIONS MÉTAPHORIQUES TIRÉES DES AUTEURS CHINOIS.

1. **Mà sēn kŏ** 馬生角. Littéralement : *Il pousse des cornes au cheval*. Sens véritable : *Revenir dans son pays natal après en avoir été absent durant longtemps*. Voici probablement l'origine fabuleuse de cette locution. **Tān**, fils aîné du roi de **Yēn**, était retenu en otage dans le pays de **Tsĭn**. Il demanda la faveur de s'en aller. Le Roi de **Tsĭn** lui dit : Quand la tête du corbeau sera blanche et qu'il poussera des cornes au cheval, je vous laisserai partir. Le prisonnier leva les yeux au ciel en pleurant. Tout à coup on vit paraître un corbeau à tête blanche et un cheval qui avait des cornes. Le Roi de **Tsĭn** fut rempli de stupeur et le renvoya aussitôt. (**Pĕ meỳ koŭ sé**, liv. IV.)

2. **Souŷ loŭ** 逐鹿. Littéralement : *poursuivre un cerf*. Le sens figuré est : *briguer le trône*. Dans le même ordre d'idées, **Chĕ loŭ** 失鹿, *perdre le cerf*, veut dire : *perdre le trône*. Dans les *Annales des* **Hán**, on lit ces mots : **Tsĭn** *ayant perdu son cerf* 秦失其鹿, *tout l'Empire le poursuivait* 天下共逐之. *Le plus habile fut le premier qui en devint maître* 高材之先得之.

3. **Hoā lieoŭ tchē kaỳ** 花柳之巷. Littéralement : *Les ruelles des fleurs et des saules*. Au figuré : *La rue où demeurent les courtisanes*. On dit : *Fréquenter les rues des fleurs et des saules*, pour indiquer que l'on a des rapports avec les filles de joie. Dans les villes maritimes de la Chine, comme à Canton, le fleuve est couvert de *barques fleuries*, **Hoā tchouān** 花船, c'est-à-dire de *barques de courtisanes*. *Chercher les fleurs et s'informer des saules* 尋紅問柳, c'est-à-dire : *Fréquenter ces maisons de joie*. *Ils allaient ensemble aux saules et aux fleurs* 或花或柳遞相往. *De tout temps, j'ai été ami du plaisir et je suis passionné pour les fleurs et les saules* 我平昔間酷愛風流耽情花柳. (*Cercle de craie.*) *Une belle fleur*, **Hoā niâng** 花娘, *une fille publique, une courtisane*. *Je vivais parmi les saules et les fleurs. Je reconduisais l'un pour aller au-devant d'un autre et mon occupation habituelle était le chant et la danse* 妾身是柳陌花街。送舊迎新舞姬歌妓.

4. **Fōng yà ouên jên** 風雅文人. Littéralement : *Celui qui peut expliquer*

les odes **Fōng** *et* **Yà** *du Livre des Vers*. Au figuré : *C'est un homme d'un talent merveilleux.*

5. **Tchoū chê** 朱提 est le nom d'une ville où l'argent abonde. Souvent, par métaphore, on donne à ce métal le nom de cette ville.

6. **Sỳ joŭ** 洗辱. Littéralement : *Laver sa honte*, c'est-à-dire : *se venger.* On dit dans le même sens : **Suĕ tchè** 雪恥, *laver une injure, se venger.*

7. **Kiū tchōng yuên** 驅中原. Littéralement : *Lancer des gens dans les plaines de la Chine.* Au figuré : *Mettre deux lettrés aux prises pour les faire concourir.*

8. **Poŭ tĕ kān** 不得乾. Littéralement : *Nous ne sommes pas secs.* Au figuré : *Nous sommes dans de mauvais draps.*

9. **Yeoû siēn** 遊仙. Littéralement : *Voyager parmi les immortels*, c'est-à-dire : *mourir.*

10. **Kouān kiūn** 冠軍. Littéralement : *Être le premier de l'armée.* Au figuré : *Être un homme supérieur, sans égal.*

11. **Yă lâng** 厭卵. Littéralement : *Écraser l'œuf*, c'est-à-dire : *Être dans une situation très-critique.*

12. **Toù loú** 吐露. Littéralement : *Vomir la rosée.* Au propre : *Révéler un secret.*

13. 結草銜環, *Nouer l'herbe, apporter un anneau de jade.* **Hiên kiĕ** 銜結. Littéralement : *Apporter en son bec un anneau de jade et lier l'herbe*, c'est-à-dire : *Témoigner sa reconnaissance.* — Il y a deux allusions dans cette parole : 1° à un oiseau blessé auquel un enfant sauva la vie et qui, plus tard, lui apporta dans son bec un anneau de jade; 2° à cause d'une femme qui s'échappa sous une forme humaine, lia l'herbe d'un champ pour qu'un guerrier, qui avait été son bienfaiteur, pût s'échapper à la poursuite de ses ennemis.

14. **Lóng tcheoû laŷ** 弄醜來, *Faire découvrir la laideur*, c'est-à-dire : *l'ignorance de quelqu'un.*

15. **Ŷ hoā tsiĕ moŭ** 移花接木. *Changer la fleur et prendre du bois*, c'est-à-dire : *Quitter sa volonté pour faire celle des autres.*

16. **Fáng teoù tán** 放斗胆. Littéralement : *Lâcher un boisseau de fiel*, c'est-à-dire : *Avoir de l'audace, une extrême hardiesse.*

17. **Kàn teoù tán** 敢斗胆. *Oser avec un boisseau de fiel*, c'est-à-dire : *Avec une grande hardiesse.* Les Chinois regardent la vésicule du fiel comme le siége du courage.

18. **Màn tchè foù kín** 滿紙斧鑿. *Remplir le papier à coups de hache et de ciseau*, c'est-à-dire : *Une composition qui n'a rien de naturel, qui sent le travail.*

19. **Tsó poŭ ŷn tōng tchouâng** 坐不隱東庄. *Il ne put s'asseoir solidement sur le lit oriental*, c'est-à-dire : *Il ne put se faire agréer pour gendre.* Pro-

mettre sa fille en mariage, promettre le lit oriental à quelqu'un 許東床. *La chambre nuptiale, le lit oriental* 板墻. *Désirer attirer quelqu'un dans la partie orientale de sa maison*, veut dire : *Désirer en faire son gendre.* 意欲招人東垣. *Le vent d'orient, le soleil à l'orient, un hôte d'orient*, en sont des expressions qui reviennent sans cesse.

20. Tsēn kò 擲果. *Jeter des fruits à quelqu'un.* — Allusion au beau Pān-Gān que les femmes poursuivaient en lui jetant des fruits. — On dira de même : *Naturellement beaucoup de personnes vous jettent des fruits*, c'est-à-dire : *Beaucoup de femmes désirent vous épouser.*

21. Hiù chouāng sȳ 許雙栖. *Il nous promet à toutes deux un nid*, c'est-à-dire : *De nous épouser toutes deux.* On dit, dans le même sens : *Elle veut que je niche avec elle*, c'est-à-dire : *M'avoir pour époux.* 欲小生雙栖.

22. *La chute des fleurs du prunier*, c'est-à-dire : *L'époque du mariage.* 摽梅.

23. Mên teoù 門楣. *Linteau de la porte*, c'est-à-dire : *Un gendre.*

24. Lóng kouaý lỳ 弄決裂. *Laisser voir la rupture et la déchirure*, c'est-à-dire : *Son côté faible.*

25. Yŭ kín ouý kouȳ 玉鏡未歸. Littéralement : *Le miroir de jade n'est pas encore revenu*, c'est-à-dire : *Ma fille n'est pas encore mariée.*

26. Tchoū yŭ 珠玉. *Des perles et du jade*, c'est-à-dire : *des expressions élégantes*, surtout en poésie. Ces expressions donnent lieu à une foule de locutions semblables. *V. g.* : *C'est un jeune homme comparable à une perle et au jade* 青年珠玉, c'est-à-dire : *D'une beauté rare. Entendre le bruit de la perle et du jade*, c'est-à-dire : *de beaux vers* 聆珠玉. *Amener des perles et du jade*, c'est-à-dire : *Provoquer des compositions élégantes.* 引珠玉. *Homme qui n'a pas de prunelle dans les yeux*, c'est-à-dire : *Qui est dépourvu de lumière, de sagacité.* 眼中無珠玉之人. *Veuillez, je vous prie, verser avec profusion des perles et des pierres précieuses.* 請傾珠玉.

27. Tsuĕn pỳ 全璧. *Une tablette de jade entière*, c'est-à-dire : *Un homme parfait, un homme accompli.*

28. Siûn mîn 尋盟. *Venir chercher le serment*, c'est-à-dire : *Venir pour épouser une fiancée.*

29. Tchoŭ loŭ pŏ tín 出露破綻. *Laisser voir le défaut de la cuirasse*, littéralement : *La brisure et la déchirure*, c'est-à-dire : *son ignorance.*

30. Tà tsieoū fōng 打秋風. *Faire du vent d'automne*, c'est-à-dire : *Tirer de l'argent à quelqu'un.*

31. Tāng kȳ niên 當笄年. *Être dans l'année où l'on prend l'aiguille de tête* (16 ans), c'est-à-dire : *Se trouver en âge d'être marié.*

32. Tsuĕ chè kouȳ jên 絕事佳人. *Belle femme qui efface tout son siècle par sa beauté.*

33. 絲蘿附喬. *La plante grimpante* Sē lô *s'attache au grand arbre*, c'est-

海上絲綢之路文獻集成　科技與文化编

à-dire : *La jeune fille se marie à un homme éminent. Il pense à la plante grimpante* **Sě lŏ**, c'est-à-dire : *Il pense à épouser votre fille.* **Siàng sě lŏ** 想絲蘿.

34. Sién soū chén lîm 線索甚靈. *Ses fils et ses cordes sont bien efficaces*, c'est-à-dire : *Il est puissant à la cour.*

35. Hién tcheoú 獻醜. *Montrer sa laideur*, c'est-à-dire : *son mauvais style, ses mauvais vers.*

36. Yèn tsīn tsouý kaō 眼睛最高. Littéralement : *Vos prunelles sont très-élevées*, c'est-à-dire : *Vous êtes difficile à contenter en fait de beauté.*

37. Kouàn lỳ kién tiēn 管裏窺天. *Apercevoir le ciel à travers un tube de bambou*, c'est-à-dire : *Avoir des vues superficielles.*

38. Tŏng fàng hoā tchoū tchē foŭ 洞房花燭之福. *Le bonheur conjugal*, littéralement : *Le bonheur de la chambre profonde éclairée par des bougies fleuries.*

39. Kaý ngò tsè sě 開我茅塞. *Vous avez soulagé mon cœur accablé de chagrin*, littéralement : *Vous avez écarté les joncs qui m'obstruaient.*

40. Lo tě eûl yèn tsīn tsīn 落得耳根清淨. Littéralement : *Le bout de mes oreilles est bien propre et bien net*, c'est-à-dire : *Me voilà bien débarrassé.*

41. Hiū hiuên 虛懸. *L'affaire est suspendue en l'air*, c'est-à-dire : *elle est incertaine, douteuse.*

42. Keoú ouý toŭ tchaŏ 狗尾續貂. Littéralement : *Suppléer au moyen d'une queue de chien à ce qui manque à une fourrure de martre*, c'est-à-dire : *Traiter médiocrement un sujet déjà traité avec éloquence par un autre.*

43. Tēn lông mên 登龍門. *Franchir la porte du dragon*, c'est-à-dire : *Être admis dans la maison d'un lettré renommé.*

44. Foú kīn tsìn tsouý 負荊請罪. Littéralement : *Porter sur son dos des épines et demander le châtiment de son crime*, c'est-à-dire : *Présenter des excuses à quelqu'un.*

45. Ouý tchē loŭ sè choûy cheoù 未知鹿死誰手. *Le cerf tué, on ne sait qui lui a donné la mort*, c'est-à-dire : *Une chose faite, on ne songe plus à celui qui l'a faite.*

46. *Le disque du soleil est déjà parmi les mûriers et les ormes*, c'est-à-dire : *Le soleil se couche.* Au figuré : *Ma vie est à son déclin.* Selon les poëtes chinois, le soleil se couche au milieu des mûriers et des ormes. **Kìn joŭ sāng yû** 景入桑榆.

47. *Avoir une face qu'anime le vent du printemps.* **Ché tchoūn fōng mién** 是春風面. Suivant les poëtes chinois, le souffle du printemps inspire l'amour. C'est ainsi que cette expression : 戴春風, *Porter le vent du printemps*, signifie : *Être amoureux d'une femme.* **Lieoû tchoūn** 留春, *Retenir le printemps, c'est retenir celui qu'on aime.* 春意, *Des désirs du printemps* (*sexual desires*).

48. *Confier à quelqu'un le manche de la cognée*, **Ỳ hoû hô lŏ jên** 以斧柯托人, c'est-à-dire : *Charger quelqu'un de l'ouverture d'un mariage*. Cette comparaison est empruntée au *Livre des Vers*, le **Chē kīn**, liv. I, chap. xv, ode 5, où on lit ces mots : *Comment coupe-t-on le bois pour faire un manche de hache? Cela ne peut se faire sans une hache. Comment épouse-t-on une femme? Cela ne peut se faire régulièrement sans un entremetteur de mariage.* 代柯如何匪斧不克耶。妻如何匪媒不得.

49. *Prendre le repas du chant du cerf*, c'est-à-dire : *Le repas qu'on offre après avoir obtenu le diplôme de la licence.* 喫鹿鳴宴.

50. **Joū mên paý hoù** 辱門敗戶. Littéralement : *Injurier la porte, détruire la famille*, c'est-à-dire : *Déshonorer une famille.*

51. **Tsaý poŭ yaó tāng hín cheoù tsè ỳ** 再不要當行首子也. *Il ne faut plus reprendre ton ancienne profession*, c'est-à-dire : *celle de fille de joie.*

52. **Maý siaó** 賣俏. *Faire trafic de sa beauté, vendre sa beauté.*

53. **Kiaò ngò tsaý jên tsiên tsèn sēn tchoŭ joū ỳ** 教我在人前怎生出入也. Littéralement : *Dites-moi, comment pourrais-je entrer et sortir devant les hommes?* c'est-à-dire : *Quelle figure pourrais-je faire dans le monde? Comment pourrais-je soutenir les regards du public?*

54. 磨半貳舌頭. *User un demi-morceau de langue*, c'est-à-dire : *Échanger quelques mots.*

55. 好耳根清淨. Littéralement : *Le bout de votre oreille est pur et bien net*, c'est-à-dire : *Rien n'a manqué à votre bonheur.*

56. 求食賣笑. Littéralement : *Chercher à manger en vendant des rires*, c'est-à-dire : *Vivre du produit de sa beauté.*

57. 豈知他有二面三刀. Littéralement : *Qui aurait pensé que cette femme avait deux visages et trois couteaux*, c'est-à-dire : *Qui aurait pensé qu'elle avait deux langues et deux visages?*

58. 我要見風去也. Littéralement : *Je veux aller voir le vent*, c'est-à-dire : *Exire volo ut naturæ necessitatibus satisfaciam.*

VI. DE LA DESCRIPTION, EN CHINOIS : 論 OU 叠論.

La description est, dans la langue chinoise, une figure de rhétorique dont la forme est des plus variées. Les grands auteurs chinois excellent dans le genre du récit, de la description. Leur sagacité n'oublie pas les moindres détails, lès contrastes surtout qui sont de nature à frapper l'esprit du lecteur. Tantôt la description, sous leur pinceau, s'élève à la douce majesté; tantôt elle est ravissante par sa simplicité. Souvent le style est presque une poésie; ainsi, l'éloge de Mouk-den, par l'Empereur **Kiĕn-Lông**, est écrit avec tant de grâce et de majesté, qu'on pourrait plutôt regarder cette pièce de littérature impériale

comme une sublime pièce de poésie que comme un simple morceau de littérature.

Les exemples qui suivent donneront au lecteur une idée de la grâce et surtout de la variété de la description, selon les auteurs et les sujets qu'ils traitent.

DESCRIPTION D'UN PAYSAGE.

Ce village était, de tous côtés, entouré de coteaux verdoyants; un ruisseau le traversait en serpentant du levant au couchant; ses rives étaient plantées de saules et de pêchers. On trouvait réunis en ce lieu tous les agréments qui naissent du mélange des eaux et de la vue des montagnes.

Un jour les magistrats firent la partie d'aller dîner ensemble au temple de la *Vallée des Immortels* pour jouir de la vue des pruniers en fleurs. C'était un des amusements favoris des habitants du lieu, et cette vue des pruniers en fleurs était le plus charmant spectacle du village. Près du couvent, sur une étendue de plusieurs lys, la route était plantée de pruniers, les uns à fleurs blanches, les autres à fleurs rouges. Tout le long de la route, l'odorat était enivré de leurs doux parfums. Dans l'intérieur du couvent, il y avait quelques pruniers à fleurs vertes d'une beauté plus remarquable encore.

La villa du seigneur n'était qu'à vingt lys de la ville; elle en était séparée par des montagnes et des rivières; c'était un monde à part. On y voyait des eaux limpides et des tertres verdoyants, des bosquets touffus, des sentiers solitaires coupés par de clairs ruisseaux, des fleurs et des oiseaux d'espèces aussi rares que remarquables; ce séjour délicieux ne le cédait point au riant jardin de **Ouâng-Ouŷ** (1), et il pouvait rivaliser avec la vallée d'or de **Chĕ-Lô** (2).

這村裏青山環四面。一帶清溪道從西過東。曲曲回抱。兩堤上桃柳芳菲。頗有山求之趣。

忽一日合城鄉宦有公酒靈谷寺看榕。原來通靈谷寺看梅是本方人弟一盛景近寺數里皆有梅花或紅或白一路冷香撲鼻寺中幾株綠萼便是茂盛。

本方皇庄離城雖只一二十里却山水隔絕。另是一天內中山水秀美樹木抹踈谿徑幽拆花鳥奇異風景不減王維之輞川何殊羅石之金谷。

---

(1) Sous la dynastie des **Tăng**, un Chinois du nom de **Ouâng-Ouŷ** avait une campagne splendide dans le pays de **Ouâng-tohouān**. Les poëtes aimaient à s'y promener et mettaient leur plaisir à y composer des vers.

(1) **Chĕ-Lô** ou **Chĕ-Tsōng**, dans le district de **Hô-nân-hién**, sous la dynastie **Tsĭn**, avait un parc si merveilleux qu'il était le rendez-vous de tous les lettrés.

PORTRAIT D'UNE JEUNE FILLE CHARMANTE ET INTELLIGENTE.

La nature avait doué cette enfant d'une beauté extraordinaire. Ses sourcils étaient comme la feuille du saule printanier (1) et ses yeux comme le cristal des fontaines en automne. Mais elle était encore mieux partagée sous le rapport des qualités morales et des dons de l'esprit. Dès l'âge de huit à neuf ans, elle savait à merveille les ouvrages à l'aiguille et tous les travaux de son sexe; en toutes choses, elle surpassait les autres enfants du même âge. Elle n'avait que onze ans quand la mort lui enleva sa mère; dès ce moment elle prit l'habitude d'aller chaque jour chez son père pour étudier les livres et apprendre à écrire les caractères. On eût dit, en vérité, qu'elle était formée de l'air le plus pur des montagnes et des rivières; en la formant, le Ciel et la terre, les deux principes Yn yâng, n'avaient pas manqué leur but. Comme elle n'avait pas moins d'intelligence que de beauté, à peine avait-elle atteint l'âge de quatorze ou seize ans, qu'elle connaissait les livres à fond et pouvait composer en style littéraire. Finalement, c'était déjà une espèce de docteur parmi son sexe.

這紅玉生得姿色非常異是有如春柳眼湛秋波更兼性情聰慧到八九歲便學得女工針指件件過人不幸十一歲上母親吳氏先亡過了就每日隨着白公讀書寫字果然是山川秀氣所鍾。天地陰陽不爽有百分姿色自有百分聰明到得十四五時便知書能文。竟已成一個女學士。

PORTRAIT D'UNE JEUNE FILLE COMMUNE.

Sa coiffure etait ornée de perles et de plumes d'alajou; elle était vêtue d'une robe de satin. Son air était grave et sérieux. Sa taille était régulière et élégante; mais quoiqu'elle eût les grâces et les attraits d'une vierge, sa figure n'avait rien de distingué, et ses traits ne brillaient point d'un éclat extraordinaire. Nulle expression dans ses yeux ni dans ses sourcils; une réserve empruntée sur son visage, ses lèvres, son teint chargé de fard, tout dans sa physionomie était l'effet de l'art. En somme, c'était bien une autre Ché, mais celles de l'Est et de l'Ouest étaient bien différentes de figure.

滿頭珠翠遍體綾羅意態端莊雖則是閨中之秀面龐手正絕然無廻出之姿眼眼眉眉悄不見嬌羞作態脂脂粉粉大都來膏沐爲容總是一施東西異面誰知二女鳩鵲同巢。

(1) C'est-à-dire minces et effilés comme ces feuilles.

PORTRAIT D'UN BEAU JEUNE HOMME.

Un seul parmi eux se faisait remarquer. Il portait un petit bonnet et un vêtement de couleur uni. Voici son portrait :

Il était beau comme le jade d'une couronne. Ses yeux avaient l'éclat d'une escarboucle. Les vapeurs les plus pures des montagnes et des rivières s'étaient concentrées dans toute sa personne, avaient formé son corps. Son esprit, comparable à une broderie éclatante, répondait à la beauté de sa figure. Il avait la taille svelte de Ouý-Kiaỳ et l'extérieur noble de Pān-Gān; rien de cette démarche hautaine d'un riche insolent : c'était, en vérité, un charmant jeune homme.

內中惟一生片巾索服生得。美如冠玉潤比明珠。山川秀氣直修其躬歸綉文心有如其面宛衛玠之清癯僊潘安之妙麗並無紈袴行藏自是風流人物。

PORTRAIT D'UN JEUNE HOMME RICHE ET PRÉTENTIEUX.

Son habit et sa coiffure étaient neufs et élégants. Sa démarche était pleine de hauteur et de fierté. Il avait de l'embonpoint et une belle prestance, une physionomie avantageuse; mais l'air d'un homme riche plutôt que d'un homme à talent. Le teint blanc et le nez rouge, toute sa figure semblait respirer le vin et la bonne chère. On l'eût pris pour un seigneur opulent et non pour un poëte. Tout couvert d'or et chargé de jade, (il semblait dire) : *Regardez mon brillant costume*. Quoiqu'il fût précédé et suivi de nombreux serviteurs, il n'avait de remarquable que les dehors.

衣冠鮮楚舉止高昂骨豐皮厚一身乏秀韵之姿。似財主而非才人面白鼻紅滿臉橫酒肉之氣類富翁而難賦容。金裝玉裹請看衣裳前擁後隨只堪皮相。

PORTRAIT D'UN AUTRE JEUNE HOMME TRÈS-VULGAIRE.

Un extérieur commun, une tournure et une physionomie vulgaires. Il était comme renfermé en lui-même. Il avait l'air de la ruse et de l'effronterie; malgré toute sa parure, il n'avait pas l'apparence d'un poëte. Ses épaules arrondies, son ventre à plusieurs étages, tout son corps annonçait le contraire de la franchise et de la simplicité. Son œil hagard, son sourcil contracté, lui donnaient tout à fait l'air d'un fripon plagiaire.

形神鄙陋骨相凡庸蓋藏再四掩不盡奸蹐行踪做作萬千裝不出詩書菜?味一身中聳肩疊肚全無坦坦之容滿臉上弄眼擠眉大有花花之意。

海上絲綢之路文獻集成 科技與文化编

PORTRAIT D'UN DEVIN CHINOIS OU **Souán mîn** (1).

Il portait sur sa tête un bonnet carré; il avait un habit de campagne. Avec ce bonnet, il affectait les manières d'un homme de lettres; avec son habit de campagne, il voulait figurer l'homme qui vit dans la retraite. Sa barbe et ses moustaches courtes et peu fournies ressemblaient à des herbes en désordre. Ses prunelles, grosses et ternes, étaient rondes comme des balles à tirer de l'arc. Dès qu'il apercevait quelqu'un, il accourait en face de lui, puis il le saluait à reculons et affectait dans toute sa personne l'humilité et le respect. En parlant, il regardait à droite et à gauche. L'avidité était peinte sur toute sa physionomie, et on voyait qu'il ne cherchait qu'à flatter les riches. Quoiqu'il s'annonçât avec le titre d'astrologue, on voyait bien que son véritable métier était celui de complaisant.

頭戴方巾身穿野服頭戴方巾強賴作斯文一脉身穿野服假裝出隱逸三分髭鬚短面不長有類蓬鬆亂草眼睛大而欠秀渾如落落彈丸見了人前趨後拱渾身都是謙恭說話時左顧右盼滿臉盡皆勢利雖然以星容為名到全靠逢迎作主。

UNE COURTISANE CHINOISE CHANTE SA CONVERSION.

De ma fenêtre, où pendent des rideaux de soie, ornés de riches broderies, je puis contempler l'éclat de la lune et les formes variées des nuages. Aurais-je espéré d'abandonner un jour cette avilissante profession pour prendre un parti honorable et dire adieu à cette rue qui est le séjour du vice? C'en est fait; plus d'orgies, plus de chansons licencieuses. J'ai rompu pour toujours avec ces compagnies d'amants et de maîtresses, et je leur abandonne sans regret le théâtre du plaisir. Qu'ils me poursuivent, s'ils veulent, de leurs railleries et de leurs injures; ce n'est pas moi qui irai faire des avances aux riches ni présenter aux nobles une main séduisante. Je n'irai plus faire trafic de ma beauté ni rechercher de folles jouissances. On ne me verra plus dans le séjour de la joie aller au-devant d'un nouvel amant et reconduire celui qui l'a précédé. Je ne crains plus que le magistrat ne me fasse arracher violemment du palais de l'amour. Je ne veux plus être esclave des caprices d'une entremet-

(1) La Chine abonde en devins qui font métier de diseurs de bonne fortune. Durant notre séjour en Chine, nous admirions leur faconde et leur habileté à parler selon l'auditoire qui les écoutait. Nous n'étions pas surpris qu'ils fissent continuellement des dupes.

teuse. Je ne souffrirai plus ces hôtes et ces amis qui se succèdent sans interruption. Je ne m'affligerai plus de l'exiguïté de mes ressources ni des ennuis de ma profession. Je ne m'inquiéterai plus des affaires du monde ni des vains propos qui s'y tiennent. J'ai trouvé un époux dont le cœur s'accorde heureusement avec le mien; et chaque jour ses soins empressés me récompensent de ma tendresse. Et quand les derniers rayons du soleil viennent dorer les rideaux de ma fenêtre, tenant par la main un mari passionné, je reconduis dans son appartement cette dame jalouse de mon bonheur pour aller prendre le repos du sommeil. (*Cercle de craie.*)

月戶雲窗。繡幃羅帳。誰承望。我如今棄賤從良拜辭了這鳴王可巷。畢罷了淺斟低唱撇下了數行鶯燕佔排場不是我攀高接遠由他每說短論長。再不去賣笑追歡風月館。再不去迎新送舊翠紅鄉。我可也。再不怕官司勾喚。再不要門戶承當。再不放賓朋出入。再不見鄰里推搶。再不愁家私營運。冉不管世一事商量。每日價喜孜孜一雙。情意兩相投直睡到暖溶三竿日影在紗窗上伴着個有疼熱的夫主更送着個會板障的親娘。

UNE FEMME INJUSTEMENT ACCUSÉE SE PLAINT DES SUPPLICES D'UN JUGE PARTIAL.

Comment pouvais-je résister à un magistrat qui torture les accusés, sans demander de quel côté est le crime ou l'innocence? Ce n'est pas tout; je trouvai, sur le tribunal même, un ennemi acharné que secondaient ces cruels sergents, et je restai devant eux sans défense et sans appui.

Hélas! j'entendis subitement, au bas des degrés, un cri semblable au bruit du tonnerre. Une grêle de coups pleut sur mes reins et les dépouille entièrement. De ce côté-ci, on m'accable de blessures qui me causent d'intolérables douleurs; de ce côté-là, les témoins, achetés à prix d'argent, ne reçoivent aucun châtiment. Mes articulations craquent, mes os se brisent sous les coups des bourreaux, et leurs bras nerveux ne s'arrêtent qu'en me voyant tomber sans connaissance et sans mouvement. (*Cercle de craie.*)

怎當他官不威牙爪威也。不問誰有罪誰無罪。早則是公堂上有對頭會夾睡道祗候人。無巴壁。呀廳階下一聲叫似一聲雷我脊梁下一杖子起一層皮。這壁廂與打難捱痛挪壁廂使錢的可也。不受虧打的我昏迷一下下骨節都敲碎。行杖的心齊一個個腕頭有氣力。

28

海上絲綢之路文獻集成 科技與文化編

DESCRIPTION DU PORTIQUE DU VIEILLARD ENIVRÉ,
par Ngeoû-Yâng-Sieoû.

Nous donnons ce beau morceau en latin afin de lui conserver plus de saveur et d'énergie. Le voici tel que le P. Prémare l'a traduit du chinois en latin dans sa *Notitia linguæ Sinicæ*.

« Civitas Tchoû-Tcheoû montibus undiquè coronata est; sed cacumina quæ « sunt inter occidentem et meridiem cæteris propter lucos et convalles amœ- « niorem scænam præbent. Oculis nihil formosius, venustius nihil; hinc loci « nomen est Láng siê 琅邪 quasi totidem essent inclinata marmora pre- « tiosa. Montes ad sex septemve stadia patent, carpendo viam paulatim auditur « dulce murmur fontis, cujus aqua inter duos montes trepidante rivo fugit et « fons vocatur Jáng tsuên 讓泉 quasi ex illo prodiret dulce nectar. Ubi mo- « dico montis anfractu via sinuatur, occurrit porticus quadrata et aperta, fonti « sic tanquàm umbraculum imposita; vocatur Tsouý ong tîn 醉翁亭. Quis « hanc porticum extruxit? Si monticolis bonziis fides est vitam immortalium « noverat quisquis illam in hoc loco posuit. Quis illi tale nomen dedit? Ita se « ipsum vocat gubernator urbis. Ibi enim assiduè cum amicis venit et simul ibi « pitissant. Post aliquot scyphos diceres illum esse ebrium, et cum provectæ « jam sit ætatis, propterea ipse se senem ebrium appellat. Id autem nullo modo « facit quod de vino cogitet, sed alludit ad tam amœni loci delicias quibus ju- « cundè se inebriat, scilicet istud est vinum quo ebrium se esse dicit. Sole « oriente sylva rore madet et suavem nebulam exhalat. Sole cadente antra et « cavernæ tenebris horrescere incipiunt et naturæ conversiones sive rerum « ortus et interitus his rebus adumbrantur. Omnia latè loca gratum ac secre- « tum odorem spirant. Arbores floridæ sunt et opacæ; venti et primæ sese at- « tollunt, purissimus imber cadit : saxa viridi musco spoliata quasi foris pro- « deunt; atque is est quatuor anni tempestatibus montium prospectus. Si « summo manè illuc pergas nec redeas nisi sub noctem, qualibet tempestate « cernes nova spectacula et voluptatis non erit modus. Alii falcibus onusti « cantando viam fallunt; alii sub arborum tegumine recubant. Qui præcedunt « voce vocant et respondent qui sequuntur. Senes incurvi manibus pinetis am- « bulant simul. Eunt et redeunt viatores sine fine atque hæc est urbis incola- « rum deambulatio. Quandò ventum est ad locum piscatu sese oblectant. Aqua « satis alta est et pisces pinguiculi. Aqua fontis vinum est. Fons balsamo dul- « cius fragrat; vinum crystallo nitet purius. Inemptæ ruris dapes et oluscula « temerè mixta pauperem mensam ornant atque lautum gubernatori convi- « vium sic instruitur. Talis scenæ gaudia fidibus ac tibiis non egent. Alii sa- « gitta vincunt, alii latrunculis. Majoribus indè poculis certare et vina mis-

« cere et voces simul emittere. Id nempe sunt convivarum lætantium lusus. « Ille autem sinili fronte et capite cano qui titubante pede inter illas ruit exul- « tim est ipsemet gubernator more suo ebrius. Sub occasum solis, cum per « montem errantium umbræ jàm evanescunt, gubernator redît ad urbem et « illum convivæ sequuntur. Silva patulis arborum ramis omnia latè loca con- « tegit et volucrum cantibus resonat : abeunt homines, et aves lætantur. Sed « aviculæ illæ noverant quidem quam ex montibus et silvis capiunt voluptatem; « at nesciunt quænam sit hominum voluptas, homines norunt cum suo guber- « natore deambulare et lætari, at ignorant quod gubernator ideò lætatur quia « videt illos lætos esse atque hilares. Qui scit unà cum illis lætari quique de- « inde hæc victuris chartis mandat est idem ille gubernator. Sed quî vocatur « gubernator ille? Vocatur Ngeoū-Yâng-Sieoū ex Loŭ-Lîn oriundus. »

醉翁亭記

環滁皆山也。其西南諸峰林壑尤美望之蔚然而深秀
者瑯邪也。山行六七里漸聞水聲潺潺而瀉出兩峰之
間者釀泉也。峰回路轉有亭翼然臨於泉上者醉翁亭
也。作亭者誰。山之僧曰知僊也。名之者誰太守自謂
也。太守與客來飲於此飲少輙醉而年又最高故自號
曰醉翁也。醉翁之意不在酒在乎山水之間也。山水之
樂得之心而寓之酒也。若夫日出而林霏開雲歸之巖
穴暝晦明變化者山間之朝暮也。野芳發而幽香佳木
秀而繁陰風霜高潔水落而石出者山間之四時也朝而
往暮而歸四時之景不同而樂亦無窮也。至於負者歌
於塗行前者呼後者應傴僂提攜而往來不絕者塗人遊
也臨谿而漁谿深而魚肥釀泉爲酒泉香而酒洌山肴野
洌雜然而前陳者太守宴也。宴酣之樂非絲非竹射者中
弈者勝觥籌交錯起坐而讙譁者衆賓懽也。蒼顏白髮
頹然乎其間者太守醉也。已而夕陽在山人影散亂太
守歸而賓客從之樹林陽翳鳴聲上下遊人去而禽鳥樂
也。然而禽鳥知山林之樂而不知人之樂人知從太守
遊而樂不知太守之樂其樂醉能同其樂醉能述以文者
太守也。太守謂誰盧陵歐陽修也。

BEAU MORCEAU DE PHILOSOPHIE CHINOISE.

Mà-Touàn-lîn admirait ce passage du **Lỳ kŷ**. Il en fait un grand éloge en plusieurs endroits de ses ouvrages.

Tous les êtres répandus entre le Ciel qui est au-dessus, et la terre qui est au-dessous, ont une différente manière d'exister; de là, l'institution des rites,

qui établissent des distinctions entre les hommes. Dans leur révolution, le Ciel et la terre ne s'arrêtent point, et leur action combinée donne naissance à toutes choses : de là, la création de la musique. Au printemps, tout pousse; en été, tout grandit; sans distinction des bonnes ou des mauvaises plantes; c'est l'image de l'humanité qui fait qu'on aime indistinctement tous ses semblables. En automne, on récolte; en hiver, on met en réserve tous les produits de la terre, bons et mauvais; c'est l'image de la justice qui punit ou récompense avec une égale impartialité. L'humanité a du rapport avec la justice; la justice a du rapport avec les rites. La musique est intimement liée avec l'harmonie des sentiments; elle suit le principe supérieur **Yâng**, et se dirige vers le Ciel; les rites distinguent les choses qui conviennent; ils dépendent du principe inférieur **Yn**, et se dirigent vers la terre. Aussi, les sages éminents de l'antiquité créèrent la musique pour répondre au Ciel, et instituèrent les rites pour faire pendant à la terre. Lorsque les rites et la musique sont exécutés avec perfection, le Ciel et la terre s'acquittent également de leurs devoirs. — Le Ciel est élevé; la terre est basse; c'est à leur instar que furent établis le souverain et les sujets. Les hauteurs et les vallées sont répandues sur la terre; c'est à leur instar qu'il y a des hommes nobles et des hommes vulgaires. De même que le principe du mouvement et celui du repos se succèdent continuellement sans se confondre, de même les rites petits et grands se distinguent tous. (**Lỳ ký**. cap. 16.)

天高地下萬物散殊而禮制行矣流而不息。合同而化而樂興焉。春作。夏長。仁也。秋斂。冬藏。義也。仁近於樂。義近於禮。樂者敦和率神而從。天禮者別宜居鬼而從地。故聖人作樂以應天制禮以配地。禮樂明備天地官矣。一天尊地鬼君臣定矣高卑以陳貴賤位矣。動靜有常小大殊矣。

DESCRIPTION DE L'AGE D'OR SELON LE Lỳ ký DES CHINOIS.

Lorsque la grande harmonie règne, le bien-être des vivants, le repos des morts, le culte des esprits et des dieux sont choses ordinaires et faciles. Dans cet état de prospérité générale, les affaires s'accumulent en grand nombre et ne s'obstruent pas; elles marchent de front plusieurs à la fois, et il n'y a pas d'erreur; les plus petites s'accomplissent, et il n'y a aucun écart; les plus profondes sont pénétrées, les plus abondantes ont leur arrangement; elles se suivent sans interruption et n'empiètent pas les unes sur les autres; elles se meuvent et ne s'entre-nuisent pas. Voilà le plus haut degré de la grande harmonie.

Lorsqu'un sage Empereur parvient à faire régner la grande harmonie, le Ciel n'a plus de préférences pour ses propres voies; la terre n'a plus d'atta-

海上絲綢之路文獻集成 科技與文化編

chement pour ses richesses; l'homme n'a plus d'amour pour ses passions. Alors le Ciel répand une rosée féconde, la terre fait jaillir des sources de vin doux, les montagnes produisent spontanément des ustensiles et des chars, le grand fleuve produit le cheval à figure, l'oiseau Fōng-kouān et le cerf Kŷ lîn habitent la campagne et les forêts, la tortue et le dragon se tiennent dans l'Étang du Palais impérial, toutes les autres espèces d'oiseaux et d'animaux déposent leurs œufs et leurs petits avec tant de confiance dans l'homme, qu'on n'a qu'à se baisser pour les voir!

Mais tout cela s'opère-t-il sans cause? Non, assurément.

Les anciens Rois, qu'on doit prendre pour modèles, perfectionnaient les rites et divulguaient la justice; ils se pénétraient de sincérité et obtenaient la concorde. Voilà la cause qui réalise l'harmonie. (Cap. 8.)

大順者所以養生送死事鬼神之常也。故事大積焉而不苑並行而不謬細行而不失深而通茂而有間連而不相及也動而不相害也。此順之至也。故天不愛其道地不愛其寶人不愛其情故天降膏露地出醴泉山出器車河出馬圖鳳凰麒麟皆在郊棷龜龍在宮沼其餘鳥獸之卵胎皆可俯而闚也則無是故先王能修禮以達義體信以達順故此順之實也。

PORTRAIT DU VRAI PHILOSOPHE SELON CONFUCIUS, DANS LE Lŷ kŷ 禮記, (CAP. 29).

Le philosophe a un objet précieux placé sur un support en attendant ses invités (et cet objet n'est autre que sa vertu); du matin au soir, il s'efforce à l'étude, en attendant qu'on vienne le consulter; il porte dans son cœur la sincérité, en attendant qu'on l'élève à une dignité; il met de l'énergie dans ses actions, en attendant qu'on lui donne un emploi. Dans tout ce qu'il fait, il est très-attentif. Il refuse les grands cadeaux comme s'il les méprisait; il refuse les petits comme pour la forme. Dans les grandes occasions, son aspect est comme majestueux; dans les petites, son aspect est modeste comme s'il avait honte. Il a de la difficulté à entrer dans la carrière des honneurs; mais il en sort facilement. Il est calme dans ses mouvements comme s'il n'avait pas la force d'agir. Voilà quel est son extérieur.

Partout où il réside, le philosophe a un air grave et sérieux. Assis ou levé, il a l'air plein de respect; ses paroles sont toujours précédées de la vérité, ses actions sont toujours d'une parfaite droiture... Il se précautionne contre la mort, afin d'attendre l'accomplissement de sa destinée et les occasions où il pourra encore rendre des services à la société. Il a soin de sa personne afin de pouvoir se livrer à des actions grandes et méritoires. Voilà quels sont ses préparatifs.

Le philosophe ne regarde pas l'or et le jade comme des choses précieuses; ce qu'il tient pour précieux, c'est la sincérité du cœur; il ne cherche pas des propriétés territoriales; c'est la possession de la justice qui, pour lui, équivaut à des terres; il ne cherche pas à amasser beaucoup; sa richesse, c'est l'acquisition de beaucoup de connaissances. On obtient difficilement qu'il accepte des fonctions publiques; mais, lorsqu'il les accepte, rien de plus facile que d'assigner un traitement qui le contente; toutefois, s'il est facile de lui assigner un traitement, rien de plus difficile que de le mener comme on veut. Effectivement, dans les temps de trouble, on ne le voit pas; n'est-ce pas qu'il est difficile de l'obtenir? Lorsqu'il n'y a pas de justice, on ne peut tomber d'accord avec lui; n'est-ce pas qu'il est difficile de le mener comme on veut? Il s'occupe avant tout d'acquérir des mérites et ne pense au traitement qu'après. N'est-ce pas qu'il est facile de lui assigner un traitement? Voilà comment il se rapproche des hommes.

S'il arrive au philosophe qu'on lui laisse des objets de prix, ou qu'on veuille le combler d'agréments ou de bonnes choses, la vue de ces avantages ne lui fait rien retrancher de son devoir. Soit que beaucoup de gens se réunissent pour lui faire violence, soit qu'on emploie des armes pour l'intimider, la vue de la mort ne lui fait rien changer à ce qu'il doit observer. Semblable à l'oiseau carnassier et à l'insecte qui saisissent leur proie, sans s'inquiéter de la résistance qu'ils trouveront, il ne calcule pas son courage devant ceux auxquels il est de son devoir de résister; et, si l'occasion se présente de porter un lourd fardeau, il ne calcule pas ses forces. Pour le passé, il n'a pas de motif de respects; pour l'avenir, il n'a pas à se préparer à l'avance, car il fait très-bien toutes choses au fur et à mesure qu'elles se présentent. Les paroles fautives qui peuvent lui avoir échappé, il ne les répète pas, et les calomnies qu'on fait circuler sur son compte ne vont pas fort loin, car l'éclat de sa vertu les a bientôt démenties. Personne ne peut interrompre sa gravité. Il n'a pas besoin de s'exercer pour mettre à exécution les projets qu'il forme. Voilà des choses que le philosophe a seul à accomplir.

Le philosophe a la sincérité pour casque et pour cuirasse, l'urbanité et la justice pour lance et pour bouclier; s'il exerce des fonctions publiques, il y porte l'amour de son semblable; s'il reste chez lui, il se conforme en tout à la raison, et, lors même qu'un gouvernement tyrannique pèse sur lui, il ne change en rien à ce qu'il doit faire. Voilà comment il se comporte en ce qui regarde sa personne. Si le souverain l'emploie, le philosophe ne se livre à aucune hésitation; si le souverain ne l'emploie pas, il ne se livre à aucune flatterie pour obtenir quoi que ce soit.

Le philosophe entretient avec ses contemporains des relations sociales où il puise des enseignements de vertu, et il cherche chez les anciens ce qu'il y a à

imiter. Il agit durant sa vie de telle façon que les générations suivantes puissent prendre ses actions pour modèle. S'il arrive que son époque ne soit pas favorable à la vertu, le souverain ne l'élève pas aux dignités et les sujets ne favorisent pas son élévation. Si les calomniateurs et les flatteurs forment une digue pour lui nuire, ils pourront faire du mal à son corps, mais ils ne pourront pas maîtriser ses sentiments, et lors même qu'on endommage ce qu'il fait, en dernière analyse, ses sentiments suivent droit leur cours et il ne laisse pas de penser toujours aux infirmités morales du peuple.

Le philosophe étudie beaucoup sans connaître de limites; il agit beaucoup sans connaître la fatigue. Il pousse les hommes de sagesse dans la carrière publique; mais, une fois qu'il les y a fait avancer, il n'en attend aucune récompense; car, n'ayant en vue que de réaliser les pensées du souverain, dès qu'il a sauvegardé les intérêts de l'Empire, il ne demande aucune richesse pour lui-même.

Le philosophe approprie sa personne et purifie sa vertu; il développe son avis au souverain, mais il cache que cet avis vient de lui. Il use de tels ménagements en redressant le souverain, que celui-ci même ne s'en aperçoit pas. Quand le souverain a commis une faute grossière, il la fait ressortir à ses yeux, mais sans se laisser aller au moindre emportement.

Quand il ne croit pas pouvoir faire le bien, le philosophe refuse en haut lieu d'accepter une charge, et, dans le rang inférieur, il refuse de servir les Princes feudataires. Il se tient alors chez lui dans le recueillement et le calme, ne laissant pas que d'avoir une grande largeur d'idées, de sentiments et de manières à l'égard de tous ceux qui vont le visiter. Il marche vers le même but avec ceux dont les sentiments s'accordent avec les siens, et il se trouve de la même profession avec ceux qui cherchent la vertu. S'il se trouve de pair avec eux, il s'en réjouit; si quelqu'un a de l'infériorité, il ne le dédaigne pas; s'il entend calomnier quelqu'un de ses collègues qu'il n'a pas vu depuis longtemps, il n'y ajoute pas foi; ses actes sont essentiellement basés sur la justice; il marche avec ceux qui lui ressemblent et se retire de ceux qui ne lui ressemblent pas. Lorsqu'il est parvenu à réunir en lui toutes ces qualités, le philosophe n'ose pas encore dire qu'il possède la vertu d'humanité dans toute sa perfection. Voilà quelles sont tout à la fois la noblesse et la modestie du philosophe.

儒有床上之珍以待聘夙夜強學以待問。懷忠信以待舉力行以待取其自立有如此者。動作慎其大讓如慢小讓如僞大則如威小則如愧其難進而易退也。粥粥若無能也其容貌有如此者。
儒有居處齊難。其坐起恭敬。言必先信行。必中正其。

死以有待也。養其身以有爲也。其備豫有如此者。

儒有不寶金玉而忠信以爲寶不祈。土地立義以爲士地。不祈多積多文以爲富。難得而易祿也易祿而難畜也非時不見不亦難得乎。非義不合不亦難畜乎先勞而後祿不亦易祿乎其近人有如此者。

儒有委之以貨財淹之以樂好見利不虧其義劫之以衆沮之以兵見死不更其守鷙蟲攫搏不程勇者引重鼎不程其力往者不悔來者不豫過言不再流言不亟不斷其威不習其謀其特立有如此者。

儒有忠信以爲甲冑。禮義以爲干櫓戴仁而行抱義而處雖有暴政不更其所其自立有如此者。

儒有今人與居古人與稽今世行之後世以爲楷適弗逢世上弗援下弗推讒諂之民有比黨而危之者身可危也而志不可奪也雖危起居竟信其志猶將不忘百姓之病也。

儒有博學而不窮。推賢而進達之不望其報君得其志苟利國家不求富貴其舉賢援能有如此者。

儒有澡身而浴德陳言而伏靜而正之上弗知也粗而翹之又不急爲也。

儒有上不臣天子下不事諸侯愼靜而尙寬有合志同方營道同術並立相樂相下不厭久不相見聞流言不信其行本方立義同而進不同而退儒皆兼比而有之猶且不敢言仁也其尊讓有如此者。

DE L'HARMONIE IMITATIVE OU DES ONOMATOPÉES.

Les Chinois sont naturellement très-observateurs. C'est grâce à cet esprit de sagacité naturelle qu'on trouve dans leurs ouvrages des observations étonnantes sur tout ce qui concerne l'histoire naturelle, la médecine, les sciences et les arts, etc. Le chant des oiseaux, les cris des animaux, le bruit ou le choc des objets tombant, se heurtant, les défauts des hommes, les fautes du langage, rien ne leur a échappé. Ils ont composé des caractères, formé des locutions pour rendre toutes ces choses. Nous allons rapporter ici quelques-unes de ces locutions curieuses.

1° Principaux mots destinés à l'harmonie imitative.

喋喋 Chă chă, le murmure des oiseaux qui mangent.

雰 Fēn, le son de la neige volant.

䂄 Hoĕ, le son d'une étoffe que l'on déchire.

海上絲綢之路文獻集成 科技與文化編

沆 Hāng, le bruit de l'eau coulante.
嘻嘻 Hȳ hȳ, le bruit de celui qui rit.
譆 Hȳ, le son des paroles.
烋 Hiaō, le son d'un grand feu.
檻檻 Hièn hièn, le son du char marchant.
砉 Hoă, le son du fouet.
濊 Hŏ, le son des filets entrant dans l'eau.
呵呵 Hō hō, le son des éclats de rire.
哄哄 Hōng hōng, le murmure des marchés ou des foires.
鐄 Hông, le bruit d'une grosse cloche.
薨 Hông, le bruit de plusieurs oiseaux ou insectes qui volent ensemble.
𩆤 Hōng, le bruit du tonnerre.
硡 Hông, le son de pierres qui se heurtent.
颯 Hông, le son du vent.
颮 Hoŭ, le son d'un vent rapide.
吼 Hoû, les soupirs d'un homme en colère.
鍠 Houâng, le son des cloches.
喤 Houâng, le bruit de celui qui pleure.
䃔 Ŷn, le bruit du tonnerre.
齗 Ŷn, le bruit des voix de ceux qui disputent.
譽 Yû, le cri des voituriers excitant leur cheval.
淵淵 Ŷn ŷn, le son des gongs chinois en harmonie.
碣 Kaÿ ou Kŏ, le son de deux pierres qui se heurtent.
鏗 Kēn, le son des métaux.
活 Kŏ, le son de l'eau coulante.
齘 Lŷ, le frémissement des dents.
磿 Lŷ, le son des pierres.
令 Lîn, le son des petites cloches.
玲玲 Lîn lîn, le son des petites cloches.
烈 Liĕ, le son des tuiles foulées aux pieds.
嗎 Maŷ, le son de la brebis bêlant.
唄 Paŷ, le son des bonzes priants.
磅 Pāng, pōng, pēn, le son d'une pierre qui tombe d'en haut.
闠 Pîn, le bruit des portes doubles quand on ouvre.
礩 Pīn, le son des pierres que l'on brise.
逢 Pōng, le son de la cymbale ou gong chinois.
逢 Pōng, le son de la cymbale ou gong chinois.
飥 Tohĕ, le son de celui qui mord ou qui mange.
齒 Tohē, le son du papier qu'on déchire.
嵌 Tohĕ, le son du vin qu'on mesure.

滴 **Tchŏ**, le son du vin qu'on mesure.
霎 **Sǎ**, le son de la pluie.
僁 **Siĕ**, le bruit des herbes agitées par le vent.
淅溲 **Sў lў**, le bruit des herbes agitées par le vent.
㗩㗩 **Sў sў**, le bruit du vent.
沨 **Soŭ**, le son de la pluie tombant.
熄樓 **Soū soū**, le son du riz qu'on lave.
璲 **Soū**, le son d'une flèche rapide.
荅 **Tǎ**, le son d'une petite cloche.
鏜 **Tāng**, le son de la cymbale.
炨 **Tchá**, le son du feu ardent.
魹 **Tchā**, le chant des oiseaux.
樘 **Tàng**, le bruit d'un objet qui se brise.
潼 **Tòng**, le bruit d'un objet qui tombe.
磌 **Tiĕn**, le son des pierres qui tombent.
玎璫 **Tin tâng**, le bruit des pierres précieuses.
擦 **Tsǎ**, le son des herbes remuées par le pied.
察 **Tsǎ**, le son de ce qui rampe.
縩 **Tsaỳ**, le son des vêtements ou des pièces de soie.
潺 **Tsân**, le bruit de l'eau qui tombe ou coule.
瀺 **Tsân**, le bruit de l'eau qui tombe ou coule.
錚 **Tsèn**, le son des métaux.
簌簌 **Tsĕ tsĕ**, le bruit des feuilles qui tombent.
唼喋 **Tsiè chǎ**, le murmure des oiseaux qui mangent ensemble.
啾蟻 **Tsieoū ў**, le murmure des vers qui rongent.
啾唧 **Tsieoū tsў**, le murmure des vers.
唧唧 **Tsў tsў**, le son des voix d'enfants.
噰噰 **Tsŏng tsŏng**, le son des pas de ceux qui portent le Prince.

2° Exemples tirés du **Chĕ-kīn**, ou *Livre des Vers*.

Les insectes, en volant, font entendre leur **Hông hông** (bourdonnement). (Liv. VIII, ode 1.)

蟲飛薨薨。

Les bûcherons, qui abattent les arbres, poussent des sons prolongés de **Hoū, hoū**.

代木許許。

L'espèce de sauterelle verte, nommée **Tsaŏ tchŏng**, fait entendre son cri **Yâo, yâo**. (**Siaò yà**, ode 8.)

喓喓草蟲。

西漢同文法　卷二

Le cerf fait entendre son cri doux et attrayant nommé **Yeoû yeoû**. (**Siaò yá**, ode 1.)

呦呦鹿鳴。

Le bûcheron frappe d'une main vigoureuse les arbres de la forêt, et l'air retentit du **Kān-kān**. (Liv. IX, ode 6.)

坎坎伐輻兮。

Les sons **Kān kān** du tambour retentirent dans ma maison. (*Ibid.*)

坎坎鼓我。

L'oiseau jaune, nommé **Tsāng kēn**, module son chant **Kiaȳ kiaȳ**. (*Ibid.*)

倉庚喈喈。

Il souffle un vent léger et une pluie fine tombe sur la terre. Le coq fait entendre son **Kȳ kȳ** accoutumé. (Liv. VII, ode 16.)

風雨凄凄鷄鳴喈喈。

Le son de la cloche fait **Kiēn kiēn**. (**Lȳ ký**.)

鐘聲鏗。

Le char superbe s'avance avec un bruit retentissant, et les roues en glissant font entendre leur **Kiân kiên**. (Liv. VI, ode 9.)

大車檻檻。

Le son de la pierre de jade suspendue fait **Kīn kīn**. (*Ibid.*)

石聲磬。

Le son du bambou rappelle le débordement des eaux.

竹聲濫。

Le son du tambour et celui du tambourin sont bruyants.

鼓鼙之聲讙。

Les chiens de chasse ont des chaînes aux nombreux anneaux et font résonner l'air de leur **Lîn lîn**. (Liv. VIII, ode 8.)

盧令令。

J'aime à entendre le roulement des chars qui font résonner l'air de leur **Lîn lîn**. (Liv. XI, ode 1.)

有車鄰鄰。

L'oiseau doré **Hoâng niaò** fait résonner les airs de son **Miên mân** et se pose dans les lieux cachés des collines. (Liv. VIII, ode 6.)

綿蠻黃鳥止于丘阿。

Les chars s'avancent avec rapidité et font retentir l'air de leur Pŏ pŏ. (Liv. VIII, ode 10.)

載驅薄薄。

Le vent souffle et la pluie tombe toujours, et le vent et la pluie remplissent l'air de leur Siaō siaō. Le coq chante toujours son Kiaō kiaō. (*Ibid.*)

風雨瀟瀟。雞鳴膠膠。

L'oiseau Paŏ agite en tous sens ses ailes et fait entendre le Soŭ soŭ de ses battements. (Liv. 10, ode 8.)

肅肅鴇羽。

Le tambour résonne et fait entendre son Tāng tāng redoublé. (Liv. II, ode 6.)

擊鼓鏜。

L'arbre que l'on a coupé tombe en faisant entendre le son Tchén tchén.
L'oiseau y répond par son chant plaintif Ŷn ŷn. (Siaò yá, ode 5.)

伐木丁丁鳥鳴嚶嚶。

Les pierres précieuses qui sont répandues à ses côtés font entendre leur Tsiàng tsiàng. Oh! vive, vive notre Prince chéri! (Liv. XI, ode 5.)

衣繡裳佩玉將將。壽考不忘。

Ils sont beaux et solides les filets préparés pour la chasse aux lièvres. Les pieux en bois sec que l'on fiche en terre produisent les sons Tīn tīn. (Liv. I, ode 7.)

肅肅兔罝。椓之丁丁。

Il prit une tasse, et, murmurant des syllabes entre ses dents comme s'il eût composé. (Yŭ kiaō lŷ.)

拿着一盃酒唛嘟嘟嚷嚷的吟哦。

3° Exemples tirés du Lỳ kŷ.

Quand le sage marche, il va droit devant lui et avec hâte. (Cap. 12.)

凡容行惕惕。

Dans le temple des ancêtres, il observe le recueillement comme lorsqu'il se livre à l'abstinence. (*Ibid.*)

Miaò tchōng tsŷ tsŷ 廟中齊齊.

A la cour, il se tient avec beaucoup de gravité et en alerte continuelle. (*Ibid.*)

Tchaŏ tîn tsŷ tsŷ tsiâng tsiâng 朝廷濟濟翔翔.

海上絲綢之路文獻集成 科技與文化编

Pendant ses loisirs même, le sage donne l'exemple de la douceur. (*Ibid.*)

Kiū kaò ouēn ouēn 居告溫溫.

Dans la carrière militaire, le sage a une grande bravoure. (*Ibid.*)

Jông yông ký ký 戎容暨暨.

Son air est sévère.

Yên yông lŏ lŏ 言容詻詻.

4° Exemples tirés d'autres ouvrages.

Subitement le bruit d'un Pâng se fit entendre à la porte.

忽一聲梆响門上。

Il tenait une tasse de thé en marmottant entre ses dents.

拿着一盃酒口裡唪啰嚷嚷呤哦。

Un poëte chinois dit : Les hommes d'un caractère méprisable ont un front d'airain qui ne rougit jamais; un seul éclat de rire abat leur courage.

小人顏厚不知羞。一個哈哈便罷休。

Dès qu'il a abaissé son pinceau sur le papier, semblable au ver à soie qui mange le mûrier, il fait Chă chă chă; il écrit sans faire attention si les autres sont morts ou vivants.

拿着一枝筆在紙上就似蠶食桑葉的一般沙沙沙只是寫全不別碩人死活。

Sa parole était lente et mesurée comme s'il avait eu un empêchement de langue.

其言吶吶然如不出諸。

5° Locutions *usuelles* d'harmonie imitative.

Un homme infatué de son mérite vrai ou supposé, s'agite et se balance en marchant, comme pour attirer les regards du public. On dit de lui :

Yaó yaó paỳ paỳ 搖搖擺擺.

Ces mots font bien image.

Les Chinois disent d'une foule d'hommes qui marchent à la file les uns des autres d'une manière très-serrée et sans discontinuité :

Liên liên kiến kiến 摙摙僆僆.

En Chine, comme partout ailleurs, il y a une classe d'hommes qui aime à

louer énergiquement en face et qui dénigre en secret les mêmes personnes. On dit de ces gens-là :

Tsèn tsèn tă tă 噂噂沓沓.

Les gens qui font tout avec calme et tranquillité sont désignés par ces mots :

Tsŏng tsŏng yông yông 從從容容.

Lorsque deux époux vivent en bonne harmonie, on dit d'eux : Le luth est en parfait accord :

琴瑟調和。

S'ils ne vivent pas en bon accord :

琴瑟不和。

CHAPITRE X.

LOCUTIONS CHINOISES.

Les sinologues les plus distingués ont pensé, avec raison, qu'il ne suffisait pas de donner les préceptes, les règles d'une langue. Ils ont voulu, par des citations tirées des meilleurs auteurs, confirmer les préceptes et fournir aux jeunes sinologues une occasion de s'exercer. Le P. de Prémare visait plus encore à la pratique qu'à la transmission des règles du langage chinois. A son exemple, nous avons cru pouvoir utilement consacrer un chapitre tout entier à donner, comme exercice, aux jeunes sinologues, un recueil de locutions extraites des Kin ou Livres sacrés des Chinois, soit de l'École de Confucius, soit de celle de Laò-Tsè.

Ces locutions sont disposées par gradation depuis celles qui comptent seulement deux caractères jusqu'à celles qui en renferment jusqu'à vingt.

Dans ces exemples, on remarquera surtout le rôle de la règle de position des mots.

LOCUTIONS DE 2 CARACTÈRES.

絕學。無憂。 Renoncez à l'étude et vous serez exempt de chagrin. — L'Écriture sainte dit : *Qui addit scientiam, addit et laborem.*

春禘。Au printemps, on offre le sacrifice Yŏ,
秋嘗。En automne, on offre le sacrifice Châng.
貴老。Honorer les vieillards.
貴賢。Honorer les magistrats.
敬長。Respecter ceux qui sont plus âgés que soi.
慈幼。Affectionner les jeunes gens.
講信。Dire la vérité.
修睦。Cultiver l'harmonie.
尊仁。Faire cas de l'humanité.
畏義。Respecter la justice.
恥費。Rougir de la prodigalité.
輕實。Faire peu cas de la richesse.
犯義。Violer la justice.
太宰。Ministre qui préside à la nomination des fonctionnaires publics.
大宗。Ministre chargé de tout ce qui se rattache au culte des Esprits et des Dieux.
大史。Ministre qui veille aux études et aux observations astronomiques.
詩云。Le *Livre des Vers* dit.
釣名。Pêcher la renommée.
食言。Violer sa promesse.
無意。N'être pas attaché à son sens.
無我。Ne pas rechercher son intérêt.
頗過。Le manque par excès.
頗惡。Réprimer le mal.
問政。Interroger sur la manière de gouverner.
三代。Les trois dynasties.
稱人。Louer les autres.
稱巳。Se louer soi-même.
受命。Recevoir un ordre.
降德。Répandre l'enseignement.
讀詩。Réciter des vers.
啓明。Avoir une grande intelligence.
詢事。S'informer des actions.
考言。Examiner les paroles.
庸庸。Il employait ceux qu'il faut employer.
威威。Il respectait ceux qui étaient respectables.
大祝。Ministre qui s'occupe exclusivement du culte rendu aux ancêtres de la famille impériale.
大士。Ministre auquel est dévolu le soin d'observer les pronostics.
大卜。Ministre chargé de consulter les sorts.

五官。Les cinq ministères impériaux (de la terre, printemps, été, automne, hiver).

司徒。Ministre qui préside à l'instruction publique et aux rites.

司馬。Ministre au département de la guerre.

司空。Ministre qui a sous lui la direction territoriale.

司士。Ministre chargé de tout ce qui concerne le traitement des fonctionnaires publics.

司寇。Ministre chargé de la justice.

六府。Les six sortes de dépôts impériaux.

司土。Le produit de l'impôt fermier.

司木。Le produit de l'impôt des forêts.

司水。Le revenu de l'impôt des eaux, les lacs et les fleuves.

司草。Produit des droits de pâturage dans les terres incultes.

司器。Pour l'impôt prélevé sur les ouvrages de l'industrie.

司貨。Pour les droits sur les marchandises.

別嫌。De résoudre les doutes.

明微。Rendre visibles les plus petites choses.

LOCUTIONS DE 3 CARACTÈRES.

道可道。非常道。La raison qui peut être exprimée par la parole n'est pas la raison éternelle.

名可名。非常名。Le nom qui peut être nommé n'est pas le nom éternel.

致虛極。Celui qui est parvenu au comble du vide.

守靜篤。Garde fermement le repos.

大道廢。有仁義。Quand la grande Raison eut dépéri, on vit paraître l'humanité et la justice.

智慧出。有大僞。Quand la prudence et la perspicacité se furent montrées, on vit naître une grande hypocrisie.

人法地。L'homme imite la terre.

天法地。Le ciel imite le **Taó**.

道生之。Le **Taó** a produit les êtres.

德畜之。La vertu les nourrit.

山有樞。Sur les montagnes croît l'arbre **Kiù**.

谷有榆。L'ormeau croît dans les vallées.

樂章德。La musique embellit la vertu.

禮報情。Les rites sont un retour de gratitude.

樂統同。La musique unit tous les hommes.

禮振異。Les rites distinguent les dissemblables.

海上絲綢之路文獻集成 科技與文化編

草木茂。Les plantes et les arbres croissent en abondance.
羽翼暴。Les oiseaux remplissent l'espace.
角觡生。Les quadrupèdes naissent en quantité.
鐘聲鏗。Le son de la cloche fait Kiēn kiēn.
石聲磬。Le son de la pierre de jade suspendue fait Kīn kīn.
絲聲哀。Le son des cordes de soie est comme un son de douleur.
竹聲濫。Le son du bambou rappelle le débordement des eaux.
貴有德。Honorer les gens vertueux.
約斯盜。La pusillanimité rend voleur.
驕斯亂。L'orgueil le rend insubordonné.
史載筆。Les historiographes enregistrent les faits.
士載言。Les lettrés enregistrent les discours.
立四教。Établir les quatre espèces d'enseignement.
順先王。Suivre les anciens Rois.
宮爲君。La note musicale Kōng se rapporte au souverain.
商爲臣。La note Chāng se rapporte aux magistrats.
角爲民。La note Kŏ se rapporte au peuple.
徵爲事。La note Ché se rapporte aux affaires.
羽爲物。La note Yû se rapporte aux choses.
龜爲卜。La tortue sert aux divinations.
筴爲筮。La plante Kià sert à jeter les sorts.
天道遠。Les voies du ciel sont éloignées.
人道近。Les voies de l'homme sont proches.
父作之。Le père a fait cela.
子述之。Le fils a publié cela.
重仁義。J'estime la clémence et la justice.
輕死亡。Je méprise la mort.
知者動。Ceux qui veulent savoir s'agitent.
仁者靜。Ceux qui cultivent la clémence sont en paix.
不怨天。Ne pas incriminer le ciel.
不尤人。Ne pas accuser les hommes.
一曰富。L'une se nomme richesse.
二曰壽。L'autre se nomme longue vie.
何謂也。Qu'est-ce que cela?
昔者疾。Hier il était malade.
今日愈。Aujourd'hui il va mieux.
分眞假。Discerner le vrai du faux.
辨清濁。Distinguer le clair du trouble.

海上絲綢之路文獻集成 科技與文化編

LOCUTIONS DE 4 CARACTÈRES.

谷神不死。是謂玄牝。 L'esprit de la vallée ne meurt pas; on l'appelle la femelle mystérieuse.

寵辱若驚。 (Le sage) redoute la gloire comme l'ignominie.

視之不見。 Vous regardez le Taó et vous ne le voyez pas.

跂者不立。 Celui qui se dresse sur ses pieds ne peut se tenir droit.

跨者不行。 Celui qui étend les jambes ne peut marcher.

道常無名。 Le Taó est éternel et il n'a pas de nom.

知人者智。 Celui qui connait les hommes est prudent.

自知者明。 Celui qui se connait lui-même est éclairé.

知足者富。 Celui qui sait se suffire est assez riche.

大道泛兮。 Le Taó s'étend partout.

其可左右。 Il peut aller à gauche comme à droite.

上德不德。 Les hommes vertueux ignorent leur vertu.

知足不辱。 Celui qui sait se suffire est à l'abri du déshonneur.

知止不殆。 Celui qui sait s'arrêter ne périclite jamais.

爲學日益。 Celui qui étudie augmente chaque jour ses connaissances.

爲學日損。 Celui qui se livre au Taó diminue chaque jour ses passions.

出生入死。 L'homme sort de la vie pour entrer dans la mort.

知不知上。 Savoir et croire qu'on ne sait pas, est le comble du mérite.

不知知病。 Ne pas savoir et croire qu'on sait, c'est la maladie des hommes.

信言不美。 Les paroles sincères ne sont pas élégantes.

美言不信。 Les paroles élégantes ne sont pas sincères.

善者不辯。 L'homme vertueux n'est pas disert.

辯者不善。 Celui qui est disert n'est pas vertueux.

以正治國。以奇用兵。 Avec la droiture, on gouverne un Royaume; avec la ruse, on fait la guerre.

君子中庸。 Le sage tient invariablement le milieu.

道不遠人。 La loi n'est pas éloignée des hommes.

君子不器。 Le sage n'est pas un vain ustensile employé aux usages vulgaires.

善不可失。 Il ne faut pas omettre le bien.

惡不可長。 Il ne faut pas persévérer dans le mal.

日出而作。 Dès qu'il fait jour, travaillez.

日入而息。 Dès qu'il fait nuit, reposez-vous.

見一人善。忘其百非。 Pour une bonne action, on oublie cent méfaits de quelqu'un.

日食修德。L'éclipse de soleil nous avertit de songer à la vertu.
月食修形。Celle de la lune nous invite à penser aux supplices.
貧不學儉。Le pauvre n'étudie pas l'économie.
卑不學恭。L'homme vil ne songe pas à l'urbanité.
酒盈如毛。L'utilité du vin est minime.
其損如刀。Ses inconvénients sont immenses.
桃之夭夭。Que le pêcher est agréable à voir!
灼灼其華。Qu'elles sont belles, ces fleurs épanouies!
羔羊之皮。素絲五紽。C'est avec les peaux des jeunes agneaux que l'on fait des vêtements ornés de cinq fils de soie blanche.
東方明矣。Déjà l'aurore paraît à l'orient.
朝既昌矣。Les courtisans se rendent en foule au Palais royal.
月出之光。C'est la lumière de la lune naissante.
呦呦鹿鳴。Le cerf fait entendre son cri doux et attrayant nommé Yeoû yeoû.
食野之苹。Il broute dans les lieux déserts l'herbe odoriférante Pin.
我有嘉賓。J'ai reçu à ma cour un hôte des plus distingués.
鼓瑟吹笙。On joue en son honneur de l'instrument de musique à dix-neuf cordes.
吹笙鼓簧。On fait résonner en son honneur l'orgue à dix-neuf tuyaux.
悠悠昊天。曰父母且。無罪無辜。亂如此憮。O ciel auguste, dont les décrets sont impénétrables à notre faible esprit, toi qui es la Providence des hommes, pourquoi permets-tu qu'un mortel soit accablé de si douloureuses infortunes, sans avoir commis une faute, sans s'être rendu coupable?
敬天之怒。Soyez saisi d'une frayeur respectueuse pour la colère du ciel.
一曰治親。La première est d'avoir de la sollicitude pour ses proches.
二曰報功。La deuxième est de récompenser le mérite.
三曰舉賢。La troisième est d'élever les sages.
四曰使能。La quatrième est d'employer les hommes capables.
五曰存愛。La cinquième est de se pénétrer des sentiments affectueux.
比年入學。On avait égard à l'âge pour faire commencer les études.
中年考校。Les examens n'avaient lieu que tous les deux ans.
大樂必易。La musique est facile de sa nature.
大禮必簡。Les rites n'offrent pas de difficulté.
仁近於樂。L'humanité a du rapport avec la musique.
義近於禮。La justice a du rapport avec les rites.
地氣上齊。Le fluide terrestre monte en haut.
天氣下降。Le fluide céleste descend en bas.

海上絲綢之路文獻集成 科技與文化編

天地之道。La loi du ciel et de la terre.

蟄蟲昭穌。Les insectes subissent leurs transformations.

羽者嫗伏。Les oiseaux déposent et couvent leurs œufs.

毛者孕鬻。Les animaux à poil font des portées et nourrissent leurs petits.

鏗以立號。Le son Kiên (qui, pour les musiciens, est le signal de l'exécution) rappelle le commandement du général en chef.

號以立横。Le commandement inspire le courage.

横以立武。Le courage fait faire des prodiges de valeur.

聲以立辨。(Par la nature inflexible et entière de la matière qui le produit), le son Kin kin rappelle la netteté de conduite.

辨以致死。La netteté de conduite fait affronter la mort (plutôt que de manquer au devoir).

哀以立廉。La douleur fait qu'on est absorbé par une seule idée.

廉以立志。Quand on est absorbé par une pensée (douloureuse), l'esprit est rappelé à des pensées de vertu.

濫以立會。Le débordement des eaux rappelle une agglomération de gens.

會以立衆。L'agglomération de gens rappelle la réunion d'hommes unis par les mêmes intérêts.

政者正也。La loi, c'est la droiture.

選賢與能。On choisissait les hommes éminents par leur sagesse et leur capacité.

LOCUTIONS DE 5 CARACTÈRES.

自見者不明。Celui qui tient à ses vues n'est pas éclairé.

自是者不彰。Celui qui s'approuve lui-même ne brille pas.

自伐者無功。Celui qui se vante n'a pas de mérite.

自矜者不長。Celui qui se glorifie ne subsiste pas longtemps.

善行無轍跡。Celui qui sait marcher dans le Taó ne laisse pas de traces.

善言無瑕讁。Celui qui sait parler ne commet pas de fautes.

勝人者有力。Celui qui dompte les hommes est puissant.

强行者有志。Celui qui agit avec énergie est doué d'une ferme volonté.

視之不足見。On regarde le Taó et on ne peut le voir.

聽之不足聞。On l'écoute et on ne peut l'eutendre.

用之不可旣。On l'emploie et l'on ne peut l'épuiser.

昔之得一者。Voici les choses qui jadis ont obtenu l'unité.

天得一以清。Le ciel est pur parce qu'il a obtenu l'unité.
地得一以寧。La terre est en repos parce qu'elle a obtenu l'unité.
天命之謂性。L'ordre établi par le ciel s'appelle nature.
父在觀其志。Pendant le vivant de votre père, observez avec soin sa volonté.
父沒觀其行。Après sa mort, ayez toujours les yeux fixés sur ses actions.
十世可知也。Les événements de dix générations peuvent-ils être connus?
士見危致命。L'homme supérieur prodigue sa vie à la vue du danger.
禮不王不禘。En fait de cérémonies, si on n'est pas Empereur, on ne saurait offrir aux ancêtres le sacrifice d'Aé nommé Tý.
審聲以知音。On étudie les sons pour savoir les airs.
審音以知樂。On étudie les airs pour savoir la musique.
審樂以知政。On étudie la musique pour savoir gouverner.
樂至則無怨。Si la musique survient, tous les reproches cessent.
禮至則不爭。Si les rites interviennent, il n'y a pas d'altercation.
明則有禮樂。Dans le monde visible, il y a les rites et la musique.
幽則有鬼神。Dons le monde invisible, il y a les âmes et les esprits.
胎生者不殰。Parmi les vivipares il n'y a pas d'avortement.
卵生者不殈。Parmi les ovipares il n'y a pas d'œufs fêlés qui ne puissent éclore.
所好者音也。Ce que vous aimez, ce sont les airs.
此之謂大當。Voilà ce qui s'appelle la grande prospérité.
鼓鼙之聲讙。Le son du tambour et celui du tambourin sont bruyants.
讙以立動。Les sons bruyants émeuvent les troupes.
動以進衆。L'émotion fait qu'elles avancent toutes ensemble.
文王以文治。Ouên-Ouâng gouverna l'Empire par les vertus civiles.
武王以武功。Où-Ouâng se rendit célèbre par ses exploits militaires.
人道誰爲大。Quel est le plus grand moyen de gouverner les hommes?
人道政爲大。Le plus grand moyen de gouverner les hommes, c'est la loi.
禮也者理也。Les rites, c'est la raison.
樂也者節也。La musique, c'est la règle.
公事不私議。Les affaires publiques ne doivent pas se discuter secrètement, mais en plein conseil.
天子祭天地。L'Empereur a le droit de sacrifier au ciel et à la terre.
諸侯祭社稷。Les seigneurs sacrifient aux génies tutélaires de l'Empire.
大夫祭五祀。Les hauts fonctionnaires sacrifient aux dieux domestiques.

司徒修六禮。Le magistrat appelé Sē toū porte sa sollicitude sur les six genres de rites.

凡入學以齒。Quiconque entre au collége impérial, on n'a plus égard qu'à son âge.

大備盛德也。Une grande perfection est une vertu surabondante.

天時有生也。Chaque saisón a ses productions.

地理有宜也。Chaque localité a des choses qui lui sont propres.

人官有能也。Chaque magistrat a ses attributions.

物曲有利也。Chaque objet a son utilité.

禮不王不禘。En fait de cérémonies, si on n'est pas Empereur, on ne saurait offrir aux ancêtres le sacrifice d'été nommé Tý.

人道親親也。L'ordre naturel entre parents veut qu'on aime son père.

親親故尊祖。En aimant son père, on respecte son aïeul.

尊祖故敬宗。En respectant l'aïeul, on estime les collatéraux.

敬宗故收族。Quand on estime les collatéraux, on a soin de réunir toute la parenté, au moins une fois l'an, pour une fête de famille.

詩言其志也。Les vers (qui font partie de la musique) traduisent les pensées.

歌咏其聲也。Le chant module la voix.

舞動其容也。La musique met en mouvement le corps.

人不耐無樂。L'homme ne peut pas être exempt de joie.

樂不耐無形。La joie ne peut pas rester sans manifestation.

先王恥其亂。Les anciens Empereurs avaient honte de ce désordre.

志輕則亦輕。Si les sentiments sont légers, les choses que l'on fait sont légères.

志重則亦重。Si les sentiments sont profonds, les choses que l'on fait sont graves.

餕者祭之末也。Les viandes sont la dernière chose du sacrifice.

不可不知也。Il n'est pas permis d'ignorer cela.

可以觀政矣。On peut voir par là quel est le gouvernement.

礿禘陽義也。Les sacrifices Chŏ et Tý (qu'on offre aux ancêtres, l'un au printemps, l'autre en été), relèvent du principe Yâng.

嘗烝陰義也。Les sacrifices Châng et Tchēn qu'on offre, l'un en automne, l'autre en hiver, relèvent du principe Yn.

PHRASES DE 6 CARACTÈRES.

五色令人目盲。五音令人耳聾。Les cinq couleurs émoussent la vue de l'homme; les cinq notes musicales émoussent l'ouïe de l'homme.

五味令人口爽。Les cinq saveurs émoussent le goût de l'homme.

善計不用籌策。Celui qui sait compter ne se sert pas d'instruments de calculs.

不失其所者久。Celui qui ne s'écarte point de sa nature subsiste longtemps.

死而不亡者壽。Celui qui meurt et ne périt pas jouit d'une éternelle longévité.

罪莫大於可欲。Il n'y a pas de plus grand crime que de se livrer à ses désirs.

咎莫大於欲得。Il n'y a pas de plus grande calamité que le désir d'acquérir.

不出戶知天下。Sans sortir de ma maison, je connais l'univers.

不窺牖見天道。Sans regarder par ma fenêtre, je découvre les voies du ciel.

道者萬物之奧。Le Taó est l'asile de tous les êtres.

道其不行矣夫。Quel malheur que la voie de la vertu ne soit pas plus fréquentée!

君子遵道而行。Le sage prend le chemin de la vertu et le parcourt.

誠者物之終始。La perfection est la fin et le commencement de toutes choses.

君子食無求飽。Le sage qui est à table ne cherche pas à assouvir son appétit.

克仁復禮爲仁。Avoir un empire absolu sur soi-même, retourner aux rites anciens, c'est pratiquer la vertu d'humanité.

子曰賢者辟世。Confucius dit : Les sages fuient le siècle.

不學詩無以言。Si vous n'étudiez pas le *Livre des Vers*, vous n'aurez rien à dire dans la conversation.

不學禮無以立。Si vous n'étudiez pas le *Livre des Rites*, vous n'aurez rien pour vous fixer dans la vie.

富潤屋德潤身。Les richesses ornent et embellissent une maison; la vertu orne et embellit la personne.

舜讓于德弗嗣。Chún, par modestie, ne se croyait pas assez vertueux pour monter sur le trône.

無自廣以狹人。Plein de vous-même, ne méprisez pas les autres sous prétexte qu'ils sont incapables.

惟人萬物之靈。L'homme est, de toutes les créatures, la plus intelligente.

禮從宜使從俗。L'homme fidèle aux rites observe les convenances de son pays; s'il est envoyé à l'étranger, il se conforme aux coutumes locales.

分爭非禮不決。S'agit-il de terminer un différend, on ne saurait y réussir sans de bonnes manières.

君天下曰天子。Celui qui gouverne l'Empire a le titre de Fils du Ciel.

寒暑不時則疾。Si le froid et la chaleur ne viennent pas en leur temps, il en résulte des maladies.

風雨不節則飢。Si le vent et la pluie n'ont pas de limites, il en résulte la famine.

君子樂得其道。La joie du sage consiste à acquérir la vertu.

小人樂得其欲。La joie de l'homme vulgaire consiste à assouvir ses convoitises.

德者性之端也。La vertu est le grand principe de la nature humaine.

樂者德之華也。La musique est l'épanouissement de la vertu.

樂者心之動也。La musique est le produit des émotions du cœur.

聲者樂之象也。Les sons et les airs sont le corps de la musique.

樂反其所自生。La musique fait qu'on se plaît dans son origine qui a été la vertu.

禮反其所自始。Les rites font qu'on remonte à leur principe (qui a été de reconnaître les bienfaits reçus).

詩云誘民孔易。Le *Livre des Vers* dit : Rien de plus facile que d'induire le peuple au bien ou au mal par les exemples qu'on lui donne

君子合諸天道。Le sage se met en accord avec les phénomènes du ciel.

不能詩於禮繆。Celui qui ne comprend pas le sens caché du *Livre des Vers* se trompe nécessairement dans les rites.

不能樂於禮素。Celui qui ne comprend pas le sens que renferme la musique accomplit les rites d'une façon très-commune.

薄於德於禮虛。Celui qui a une très-mince vertu n'accomplit que des rites creux.

春秋教以禮樂。Au printemps et en automne, on enseigne les rites et la musique.

冬夏教以詩書。En hiver et en été, on enseigne la poésie et le livre des Annales.

禮器是故大備。Se servir de l'urbanité comme d'un instrument (pour réformer sa personne), c'est une grande perfection.

喪禮忠之至也。Les rites du deuil sont la plus haute expression de la sincérité.

樂由陽來者也。La musique provient du principe Yâng.

禮由陰作者也。L'urbanité agit sous l'influence du Yn.

收族故宗廟嚴。En réunissant toute sa parenté, le temple des ancêtres ne respire que la gravité.

海上絲綢之路文獻集成 科技與文化編

先王著其教焉。Les anciens Rois divulguaient (la musique) comme un véritable enseignement.
貴有德何謂也。On doit honorer les gens vertueux; pourquoi cela?
爲其近於道也。Parce qu'ils sont proches de la vérité.
此聖人之道也。Telle est la doctrine des sages éminents.
夫祭有十倫。Le sacrifice renferme six ordres d'idées.
見事鬼神之道。Il y a la manière de servir les âmes et les esprits.
見君臣之義焉。Il y a les devoirs entre souverain et sujets.
見父子之倫焉。Il y a les rapports entre père et fils.
見貴賤之等焉。Il y a le classement de gens distingués et de gens vulgaires.
見親疎之殺焉。Il y a la progression décroissante entre parents proches et parents éloignés.
見爵賞之施焉。Il y a la distribution des dignités et des récompenses.
見夫婦之別焉。Il y a la distinction entre homme et femme

PHRASES DE 7 CARATÈRES.

天無以淸將恐裂。Si le ciel perdait sa pureté, il se dissoudrait.
地無以寧將恐發。Si la terre perdait son repos, elle s'écroulerait.
神無以靈將恐歇。Si les esprits perdaient leur intelligence divine, ils s'anéantiraient.
谷無以盈將恐竭。Si les vallées ne se remplissaient plus, elles se dessécheraient.
禍莫大於不知足。Il n'y a pas de plus grand malheur que de ne pouvoir se suffire.
治人事天莫如嗇。Pour gouverner les hommes et servir le ciel, rien n'est comparable à la modération.
善用人者爲之下。Celui qui excelle à employer les hommes se met au-dessous d'eux.
天下國家可均也。On peut gouverner les Empires.
巧言令色鮮矣仁。Des expressions ornées et fleuries, un extérieur recherché plein d'affectation, s'allient rarement avec une vertu sincère.
願無伐善無施勞。Je désire ne pas m'enorgueillir de ma vertu et de mes talents, et de ne pas répandre le bruit de mes bonnes actions.
君子憂道不憂貧。Le sage ne s'inquiète que de ne pas atteindre la voie droite; il ne s'inquiète pas de la pauvreté.
不知禮無以立也。Si l'on ne connaît pas les rites, on n'a rien pour se fixer dans sa conduite.

仲尼不爲已甚者。Tchông-Nŷ ne portait jamais les choses à l'excès.

無禮義則上下亂。Si on n'observe pas les règles de l'urbanité et de l'équité, alors les supérieurs et les inférieurs sont dans le trouble et la confusion.

怕天地萬物父母。Le ciel et la terre sont le père et la mère de tous les êtres.

一年視離經辨志。La première année, on examinait si l'élève savait distinguer les phrases d'un livre et quelle était son intelligence.

三年視敬業樂羣。La troisième année, on examinait à quelles occupations il donnait la préférence, et en compagnie de qui il se plaisait.

五年視博習親師。La cinquième année, on examinait s'il travaillait beaucoup et s'il était docile aux leçons de son maître.

七年視論學取友。La septième année, on examinait s'il savait discourir sur les choses qu'il avait apprises et de quels amis il faisait choix.

唯君子爲能知樂。Au sage seul il est réservé de comprendre la musique.

大樂與天地同和。La musique a une harmonie semblable à celle qui existe entre le ciel et la terre.

大禮與天地同節。Les rites ont une gradation semblable à celle qui existe entre les différents êtres dans le ciel et sur la terre.

樂者天地之和也。La musique est l'harmonie du ciel et de la terre.

五色成文而不亂。Les cinq notes, images des cinq couleurs, forment un tout harmonieux où il n'y a pas de confusion.

八風從律而不姦。Les huit espèces de sons, images des huit vents, suivent les douze flûtes sans le moindre désordre.

民有德而五穀昌。Lorsque le peuple était vertueux, les récoltes étaient abondantes.

法施於民則祀之。On sacrifie à celui qui a fondé de bonnes lois pour le peuple.

以死勤事則祀之。On sacrifie à celui qui est mort victime de son zèle pour la chose publique.

以勞定國則祀之。On sacrifie à celui qui a enduré beaucoup de fatigues pour la pacification de l'Empire.

能禦大災則祀之。On sacrifie à celui qui a pu empêcher une grande calamité.

能禦大患則祀之。On sacrifie à celui qui a pu obvier à de grands malheurs.

舜勤衆事而野死。Chún était tout dévoué aux affaires qui regardaient son peuple, et il mourut en province (visitant son Empire).

契爲司徒而民成。Ký a rempli les fonctions de précepteur en chef, et (grâce à son zèle) le peuple est devenu vertueux.

冥勤其官而水死。Min (surintendant des eaux) a rempli ses fonctions avec dévoûment et il est mort noyé.

祭不欲數數則煩。Les sacrifices ne veulent pas d'excès en trop; car le trop engendre l'ennui.

祭不欲疏疏則怠。Les sacrifices ne veulent pas d'excès en trop peu; car le trop peu est une preuve de négligence.

唯聖人爲能饗帝。Il n'y a que l'homme de vertus éminentes qui puisse convenablement sacrifier à l'Être Suprême.

溫良者仁之本也。La douceur est la subsistance de la vertu d'humanité.

敬愼者仁之地也。Le respect et l'attention sont la base de l'humanité.

寬裕者仁之作也。La générosité en est la pratique.

孫接者仁之能也。La modestie dans les relations en est la puissance.

禮節者仁之貌也。L'urbanité bien réglée en est l'apparence extérieure.

言談者仁之文也。Le langage affectueux en est l'expression.

歌樂者仁之和也。Le chant et la musique en sont l'harmonie.

分散者仁之施。Les largesses en sont les bienfaits.

昏禮者禮之本也。Le rit du mariage est la source des rites.

國奢則示之以儉。Si la nation est prodigue, les sages lui donnent l'exemple de l'économie.

國儉則示以禮之。Si la nation est parcimonieuse, les sages l'induisent aux pratiques cérémonielles (qui occasionnent de la dépense).

PHRASES DE 8 CARACTÈRES.

天地相合以降甘露。Le ciel et la terre s'uniront ensemble pour faire descendre une douce rosée.

上德無爲而無以爲。Les hommes d'une vertu supérieure la pratiquent sans y songer.

下德爲之而有以爲。Les hommes d'une vertu inférieure la pratiquent avec intention.

上仁爲之而無以爲。Les hommes d'une humanité supérieure la pratiquent sans y songer.

上禮爲之而莫之應。Les hommes d'une urbanité supérieure la pratiquent et personne n'y répond.

上士聞道勤而行之。Quand les lettrés supérieurs ont entendu parler du Taó, ils le pratiquent avec zèle.

中士聞道若存若亡。Quand les lettrés du deuxième ordre ont entendu parler du Taó, tantôt ils le conservent, tantôt ils le perdent.

天下有道却馬以糞。Lorsque le Taó régnait dans le monde, on renvoyait les chevaux pour cultiver les champs.

知者不言言者不知。Celui qui connaît le Taó ne parle pas, celui qui parle ne le connaît pas.

天下神器不可爲也。L'Empire est comme un vase divin auquel l'homme ne doit pas travailler.

爲者敗之執者失之。S'il y travaille, il le détruit; s'il veut le saisir, il le perd.

夫佳兵者不祥之器。Les armes les plus excellentes sont des instruments de malheur.

天將救之以慈衛之。Quand le ciel veut sauver un homme, il lui donne l'affection pour le protéger.

天網恢恢疏而不失。Le filet du ciel est immense; ses mailles sont écartées, et cependant personne n'échappe.

無憂者其惟文王乎。S'il fut jamais un homme exempt de chagrin, n'est-ce pas Ouên-Ouâng?

至誠之道可以前知。La vertu de l'homme parfait s'étend jusqu'à prévoir l'avenir.

國家將興必有禎祥。L'élévation des dynasties se montre par des présages favorables.

國家將亡必有妖祥。Leur chute s'annonce par des signes funestes.

祭如在祭神如神在。Il faut sacrifier aux ancêtres comme s'ils étaient présents; il faut adorer les esprits comme s'ils étaient présents.

子以四教文行忠信。Le philosophe employait quatre sortes d'enseignements : la littérature, la pratique des actions vertueuses, la droiture et la fidélité.

死生有命富貴在天。La vie et la mort sont soumises à une loi immuable du ciel; les richesses et les honneurs dépendent du ciel.

或曰以德報怨何如。Quelqu'un demanda : Que doit-on penser de celui qui rend les bienfaits pour les injures?

以直報怨以德報德。Il faut payer par l'équité la haine et les injures, et les bienfaits par les bienfaits.

日月逝矣。歲不我與。Les jours et les mois s'écoulent rapidement; les années ne sont pas à notre disposition.

性相近也。習相遠也。Par la nature, nous nous rapprochons beaucoup les uns des autres; par l'éducation, nous devenons très-éloignés.

不知言無以知人也。Si l'on ne connaît pas la valeur des paroles des hommes, on ne les connaît pas eux-mêmes.

一言僨事一人定國。Un mot perd une affaire; un homme détermine le sort d'un Empire.

所惡於上毋以使下。Ce que vous réprouvez dans ceux qui sont au-dessus de vous, ne le pratiquez pas envers ceux qui sont au-dessous.

所惡於下毋以事上。Ce que vous réprouvez dans vos inférieurs, ne le pratiquez pas envers vos supérieurs.

所惡於前毋以先後。Ce que vous réprouvez dans ceux qui vous précèdent, ne le faites pas à ceux qui vous suivent.

欽崇天道永保天命。Si vous respectez et observez la loi du ciel, vous conserverez toujours le mandat du ciel.

慮善以動動惟厥時。Pensez au bien avant que d'agir, mais sachez choisir le temps pour le faire.

志以道寧言以道接。Notre pensée doit être constamment fixée sur la droite raison; nos paroles doivent également émaner de la droite raison.

瞻彼日月悠悠我思。Je lève les yeux sur le soleil et sur la lune, et cette pensée reste toujours gravée dans mon esprit.

百爾君子不知德行。O vous tous, sages de la terre, qui que vous soyez, vous ignorez le vrai moyen d'honorer la vertu.

不害不求何用不臧。Ne nuire à personne, ne jamais convoiter le bien d'autrui, tels sont les deux préceptes qu'il faut pratiquer en tout et les seuls dignes d'éloges.

子有衣裳弗曳弗婁。Cet homme a des vêtements qu'il ne porte pas.

子有車馬弗馳弗驅。Il a des chars, des chevaux sur lesquels il ne monte jamais.

宛其死矣他人是愉。A quoi lui aura servi la vie? des étrangers, après sa mort, jouiront de ses richesses.

命之不易無遏爾躬。Le mandat du ciel n'est pas facile à conserver; ne vous relâchez pas, ô mon Prince, dans vos efforts pour le conserver.

道德仁義非禮不成。Sans les rites, la droiture, la vertu, la bonté, la justice, ne sont point parfaites.

教訓正俗非禮不備。Sans les rites, l'instruction, la réforme des mœurs, ne sont point complètes.

昔者仲尼與於蜡賓。Un jour, Confucius était du nombre des hôtes à la fête Chă (qui a lieu à la fin de chaque année) pour rendre grâce au ciel de toutes les récoltes obtenues.

事畢出遊於觀之上。Lorsque tout fut fini, il sortit pour se promener dans la cour (du temple).

不學操縵不能安弦。Si l'on n'apprend pas sans cesse à toucher les cordes d'un instrument, on ne peut pas en tirer facilement des sons harmonieux.

不學博依不能安詩。Si l'on n'apprend pas sur une vaste échelle les figures poétiques, on ne peut pas facilement faire des vers.

不學雜服不能安禮。Si l'on n'apprend pas à porter toutes sortes d'habit, on ne peut s'acquitter aisément du cérémonial.

不與其藝着能樂學。Si.on ne marche pas résolûment dans sa carrière, on ne peut pas trouver du plaisir à l'étude.

此四者心之莫同也。Ces quatre (défauts) se retrouvent à des degrés différents suivant le caractère des élèves.

善歌者使人繼其聲。Un bon chanteur fait que les autres imitent son chant.

PHRASES DE 9 CARACTÈRES.

馳騁因獵令人心發狂。Les courses violentes, les exercices de la chasse, égarent le cœur de l'homme.

天下皆謂我大似不肖。Dans le monde, tous me disent éminent, mais je ressemble à un homme borné.

子曰朝聞道。夕死可矣。Confucius dit : Si le matin vous avez entendu la voix de la Raison céleste, le soir vous pouvez mourir.

子曰君子謀道不謀食。Confucius dit : L'homme supérieur ne s'occupe que de la voix droite; il ne s'occupe pas du boire et du manger.

事君敬其事而後其食。En servant un Prince, ayez beaucoup de soin et d'attention pour ses affaires et faites peu de cas de ses émoluments.

子曰小子何莫學夫詩。Confucius dit : Mes chers disciples, pourquoi n'étudiez-vous pas le *Livre des Vers?*

子曰巧言令色鮮矣仁。Confucius dit : Les hommes aux paroles artificieuses et fleuries, aux manières engageantes, sont rarement doués de la vertu d'humanité.

盡其道而死者正命也。Celui qui meurt après avoir pratiqué dans tous ses points la loi du devoir, accomplit le juste décret dû ciel.

孟子曰恥之於人大矣。Mencius dit : La pudeur est d'une très-grande importance dans l'homme.

不恥不若人何若人有。Ceux qui n'éprouvent plus le sentiment de la honte ne sont plus semblables aux autres hommes. En quoi leur ressembleraient-ils?

無總于貨寶生生自庸。Au lieu de vous occuper à rassembler des richesses et des choses rares, ne pensez qu'à acquérir le mérite de procurer au peuple un repos et une tranquillité durable.

海上絲綢之路文獻集成 科技與文化編

禹曰於帝念哉。德惟善政。 Yù dit : Ah! Prince, pensez-y bien ; la vertu est la base d'un bon gouvernement.

大道之行也天下爲公。 Sous le règne de la grande vertu, l'Empire était la chose publique.

今大道既隱。天下爲家。 Aujourd'hui la grande vertu est cachée ; l'Empire est un patrimoine de famille.

兌命曰念終始典于學。 Le chapitre du Choū kīn, intitulé Yuě mîn, dit : Depuis le commencement jusqu'à la fin, les pensées doivent se reporter à l'étude.

記曰三王四代唯其師。 Un vieil adage dit : Les quatre Empereurs, les trois dynasties, n'ont dû qu'aux bons précepteurs la grandeur et la prospérité de leur règne.

不知聲者不可與言音。 A celui qui ne connaît pas les sons, on ne peut pas parler des airs.

不知音者不可與言樂。 A celui qui ne connaît pas les airs, on ne peut pas parler de la musique.

夫民有無氣心知之性。 Le peuple a des organes corporels et des facultés intellectuelles qui constituent sa nature.

君子聽鐘聲則思武臣。 Quand le sage entend le son de la cloche, il pense aussitôt aux vaillants capitaines.

帝嚳能序星辰以著衆。 L'Empereur Tý-Kó a fait connaître à tout le monde l'ordre qui régit les corps célestes.

堯能賞均形法以義終。 Yaô accorda les récompenses et infligea les châtiments avec une parfaite équité, et observa la justice jusqu'à la fin (léguant le trône à Chún au lieu de le faire à son fils vicieux).

湯以寬治民而除其虐。 Tāng (le fondateur des Chāng) a gouverné le peuple avec libéralité et a fait disparaître les restes de la tyrannie (de Kiě).

立敬自長始教民順也。 Si vous voulez fonder le respect, commencez vous-même par respecter vos aînés et vous enseignerez par là au peuple à vous obéir.

凡治人之道莫急於禮。 Dans la théorie du gouvernement des hommes, il n'y a rien de nécessaire comme les rites.

君爲政則百姓從政也。 Si le souverain est droit, le peuple imite son exemple et a aussi de la droiture.

國無道君子恥盈禮焉。 Quand un Royaume est déréglé, les sages mêmes n'osent scrupuleusement remplir les rites.

禮義而者人之大端也。 Les rites et la justice sont, pour l'homme, des choses de grande importance.

宗廟之威而不可安也。 Le temple des ancêtres est un lieu majestueux où il n'est pas permis de se livrer au repos.

海上絲綢之路文獻集成 科技與文化編

天地合而后萬物興焉。L'accord du ciel et de la terre fait naître toutes choses.

形而不爲道不能無亂。(Si la joie) se manifeste sans être convenablement dirigée, elle ne peut pas échapper au désordre.

歌之爲言也長言之也。Le chant n'est autre chose que la parole, mais la parole prolongée.

嘗之日發宮室示賞也。Le jour du sacrifice Châng, on met dehors tout ce qui était en réserve dans les dépôts publics afin de distribuer des récompenses.

命大師陳詩以觀民風。Il ordonne au chef des musiciens de lui montrer les poésies (en usage dans le pays), afin de connaître les mœurs du peuple.

司徒修六禮以節民性。Le Sē toū porte sa sollicitude sur les six genres de rites, afin d'humaniser les sentiments du peuple.

凡學世子及學士必時。L'enseignement des fils aînés (de l'Empereur et des grands), ainsi que des élèves choisis, a ses époques déterminées.

夫禮必本於天殽於地。Le devoir provient du ciel et trouve son application sur la terre.

政者君之所以藏身也。C'est dans un bon gouvernement que le souverain peut trouver sa propre tranquillité.

聖人耐以天下爲一家。Un souverain doué de qualités éminentes peut faire du monde entier une seule famille.

體不備君子謂之不成。Celui dont le corps n'est pas complet, n'est pas, au dire du sage, un homme parfait.

PHRASES DE 10 CARACTÈRES.

民之饑以其上食稅之多。Le peuple a faim parce que le Prince dévore une quantité d'impôts.

民之難治以其上之有爲。Le peuple est difficile à gouverner parce que le Prince aime à agir.

民之輕死以其求生之厚。Le peuple méprise la mort parce qu'il cherche avec trop d'ardeur les moyens de vivre.

知其雄守其雌爲天下谿。Celui qui connaît sa force et garde sa faiblesse, est la vallée de l'Empire (c'est-à-dire le centre où accourt tout l'Empire).

汝爲君子儒無爲小人儒。Que votre savoir soit celui d'un homme supérieur et non d'un homme vulgaire.

子曰不在其位不謀其政。Confucius dit : Si une chose ne rentre pas dans vos fonctions, il ne faut pas se mêler de la diriger.

子曰人無遠慮必有近憂。Confucius dit : Celui qui ne prévoit pas les choses éloignées doit éprouver un chagrin prochain.

子曰過而不改是謂過矣。Confucius dit : Celui qui a une conduite vicieuse et ne se corrige pas, celui-là peut être appelé vicieux.

孟子曰聖人百世之師也。Mencius dit : Les saints hommes sont les instituteurs de cent générations.

孟子曰養心莫善於寡欲。Mencius dit : Pour entretenir dans notre cœur le sentiment de l'humanité et de l'équité, rien n'est meilleur que de diminuer les désirs.

后非民罔使民非后罔事。Si le Roi est sans peuple, de qui se servira-t-il? Si le peuple est sans Roi, par qui sera-t-il gouverné?

天佑下民作之君作之師。Le ciel, pour aider et assister les peuples, leur a donné des Princes, leur a donné des instituteurs.

學者有四失教者必知之。Chez les étudiants, il règne quatre défauts que le précepteur doit bien connaître.

其哀心感者其聲噍以殺。Lorsque le cœur est ému par des sentiments de commisération, les sons qu'il suggère sont arides et peu nombreux.

其樂心感者其聲嘽以緩。Lorsqu'il éprouve un sentiment de plaisir, les sons suggérés sont complets et paisibles.

其喜心感者其聲發以散。Lorsqu'il ressent de la joie, les sons grandissent et prennent de l'ampleur.

其怒心感者其聲粗以厲。Lorsqu'il est en proie à la colère, les sons deviennent rudes et sauvages.

其敬心感者其聲以廉也。Lorsqu'il est sous l'impression du respect, les sons sont droits et bien tranchés.

其愛心感者其聲和以柔。Lorsqu'il est inspiré par l'amour, les sons prennent de la douceur et de la tendresse.

治世之音安以其其政和。En temps de paix, les airs respirent le calme et la joie; le gouvernement est tempéré.

亂世之音怨以怒其政乖。En temps de révolte, les airs sentent le reproche et la colère; le gouvernement est désordonné.

亡國之音哀以思其民困。En temps de dissolution de l'Empire, les airs respirent la pitié et la réflexion; le peuple n'a plus d'issue.

凡姦聲感人而逆氣應之。Tout son dépravé émeut le cœur de l'homme, et soudain les penchants vicieux y répondent.

詩言其志也歌咏其聲也。Les vers traduisent les pensées; le chant module la voix.

樂也者情之不可變者也。La musique gît dans un milieu de sentiments humains qui ne sont sujets à aucune variation.

30

禮也者理之不可易者也。Les rites reposent sur des doctrines qui ne peuvent changer.

夫樂者與音相近而不同。Bien que la musique ait beaucoup d'affinité avec les airs, ce n'est pourtant pas la même chose.

夫古者天地順而四時當。Dans l'antiquité, lorsque le ciel et la terre suivaient leurs lois, les quatre saisons venaient en temps voulu.

此之謂德音德音之謂樂。Voilà ce qu'on appelle un air vertueux; ce n'est que lorsqu'un air est vertueux qu'on lui donne le nom de musique.

帝親耕於南郊以共齊盛。L'Empereur laboure lui-même le champ à la campagne, du côté du midi, afin de fournir le riz nécessaire aux sacrifices.

王后蠶於北郊以共純服。L'Impératrice va à la campagne, du côté du nord, cueillir des feuilles de mûriers pour la culture des vers à soie, afin de fournir les habits usités dans les sacrifices.

諸侯耕東郊亦以共齊。Les seigneurs labourent le champ réservé à la campagne, du côté du levant, afin de fournir le riz nécessaire au secrifice.

君子無禮不動無節不作。Le sage n'agit point sans la raison; il ne fait rien sans la règle.

子曰小人貧斯約富斯驕。Confucius dit : L'homme vulgaire est pusillanime dans la misère, et orgueilleux dans la richesse.

子言之仁者天下之表也。Au dire de Confucius, l'humanité est l'exemple du monde.

詩云溫溫恭人維君德之。Le *Livre des Vers* dit : L'homme doux et respectueux est le piédestal de la vertu.

外事以剛日內事以柔日。Pour les affaires du dehors du palais impérial, choisissez un jour impair; pour celles du dedans, un jour pair.

義者藝者之分仁之節也。La justice est le moyen de distinguer les choses et la règle des affections humaines.

郊之祭也迎長日之至也。Lorsque l'on sacrifie au Ciel dans la campagne, on va au-devant des grands jours qui arrivent.

郊之祭也大報本反始也。Le sacrifice qu'on offre à la campagne est un grand acte de reconnaissance envers l'origine (des choses et des hommes) et un retour (de l'âme) vers le commencement des êtres.

爲人臣下者有諫發號出。Quand on est magistrat au service du souverain, on peut (s'il oublie son devoir) lui faire des observations, mais non pas dire du mal de lui.

海上絲綢之路文獻集成 科技與文化编

發號出令而民悅謂之和。(Si le souverain) publie un ordre et que le peuple l'accueille avec plaisir, cela s'appelle *accord*.

隆禮由禮謂之有方之士。Celui qui fait grand cas des rites et qui les observe s appelle un personnage réglé.

君子無不敬也敬身爲大。Le sage étend son respect à tout; mais ce qu'il respecte le plus, c'est sa propre personne.

身也者親之枝也敢不敬。En effet, sa personne est une branche issue de ses père et mère; comment oserait-il ne pas la respecter?

PHRASES DE 11 CARACTÈRES.

天下之至柔馳騁天下之堅。Les choses les plus molles du monde subjuguent les choses les plus dures du monde.

兵者不祥之器非君子之器。Les armes sont des instruments de malheur; le sage ne les emploie pas.

人之生也柔弱其死也堅强。Quand l'homme vient au monde, il est souple et faible; quand il meurt, il est raide et fort.

人不知而不愠不亦君子乎。Être méconnu des hommes et n'en ressentir aucune tristesse, n'est-ce pas là le propre du sage?

子曰惟仁者能好人能惡人。Confucius dit: Il n'y a que l'homme humain qui puisse aimer convenablement les hommes, et qui puisse les haïr d'une manière convenable.

不義而富且貴於我如浮雲。Être riche et honoré par des moyens iniques, c'est pour moi comme le nuage flottant qui passe.

子温而厲威而不猛恭而安。Confucius était d'un abord aimable et prévenant; sa gravité sans raideur et la dignité de son maintien inspiraient du respect sans contrainte.

子曰興於詩立於禮成於樂。Le philosophe dit : Élevons notre esprit par la lecture du *Livre des Vers*; établissons nos principes de conduite sur le *Livre des Rites*; perfectionnons-nous par la musique.

知聲而不知音者禽獸是也。Connaître les sons, mais ne pas connaître les airs, c'est le propre des oiseaux et des animaux.

知音而不知樂者衆庶是也。Savoir les airs, mais ne pas savoir la musique, c'est le propre du vulgaire.

黃帝正名百物以明民共財。Houâng-Tý fixa le nom de tous les objets afin d'éclairer le peuple sur l'usage des richesses communes.

子曰立愛自親始教民睦也。Confucius dit : Si vous voulez fonder l'affection mutuelle dans l'Empire, commencez par aimer vous-même vos parents, et vous enseignerez par là au peuple à vivre en bonne intelligence.

孔子曰安上治民莫善於禮。Confucius dit : Pour procurer la tranquillité au supérieur et la prospérité au peuple, il n'y a rien de meilleur que les rites.

丘聞之民之所由生禮爲大。Parmi les choses qui procurent au peuple la tranquillité de la vie, ce sont les rites qui ont le plus d'importance.

非禮無以節事天地之神也。Sans les rites, on ne peut pas régler le culte des esprits, le culte du ciel et celui de la terre.

小雅曰高山仰止影行行止。Le chapitre **Siaò yà** dit : Une haute montagne attire les regards; une grande vertu appelle des imitateurs.

君禹下生無私死不厚其子。Souverain de l'Empire, (**Yù**) n'a jamais, pendant sa vie, cherché son intérêt personnel, et, à sa mort, il n'a fait aucun cas de son fils.

凡人之所以爲人者禮義也。Chez tout le monde, ce qui constitue vraiment l'homme, c'est l'urbanité et la justice.

越國而問焉必告之以其制。Si quelqu'un vient d'un Royaume voisin pour s'instruire, il faut lui faire connaître les règles primitives de son pays.

治國不以禮猶無耜而耕也。Vouloir gouverner l'Empire sans rites, c'est comme si l'on voulait labourer sans coutre.

君子有禮則外諧而內無怨。Le sage, en qui se trouve l'urbanité, vit en paix au dehors, et n'a point de haine au dedans.

禮也者合於天時設於地財。Les rites doivent être en harmonie avec les saisons, et en rapport avec les produits de la terre.

后王命冢宰降德于衆兆民。L'Empereur ordonna à son premier ministre de répandre ses enseignements de vertu sur tout le peuple.

自仁率親等而上之至於祖。L'affection qu'on porte à son propre père doit s'étendre par degrés aux générations supérieures jusqu'aux aïeux.

自義率祖順而下之至於禰。Les devoirs de convenance qu'on remplit à l'égard des aïeux doivent s'appliquer graduellement aux générations inférieures jusqu'au père.

五者不亂則無怗懘之音矣。Si le désordre ne s'introduit pas dans les notes musicales, les airs ne respirent aucun obstacle.

子絕四毋意毋必毋固毋我。Confucius était complétement exempt de quatre choses : il était sans amour-propre, sans préjugés, sans obstination et sans égoïsme.

子曰未之思也夫何遠之有。Le philosophe dit : On ne doit jamais penser à la distance qui nous sépare de la vertu.

子曰以不教民戰是謂棄之。Confucius dit : Employer à l'armée

des populations non instruites dans l'art militaire, c'est les livrer à leur propre perte.

子曰君子恥其言而過其行。Confucius dit : L'homme supérieur rougit de la crainte que ses paroles ne dépassent ses actions.

君子不可小知而可大受也。L'homme supérieur ne peut pas être connu et apprécié convenablement dans les petites choses, parce qu'il est capable d'en entreprendre de grandes.

小人不可大受而可小知也。L'homme vulgaire, n'étant pas capable d'entreprendre de grandes choses, peut être connu et apprécié dans les petites.

孟子曰不孝有三無後爲大。Mencius dit : Il y a trois choses qui constituent le manque de piété filiale; la plus grande est le manque de postérité.

孟子曰莫非命也順受其正。Mencius dit : Il n'arrive rien qui ne soit décrété par le Ciel; il faut accepter avec soumission ses justes décrets.

有大人者正已而物正者也。Il y a de grands hommes d'une vertu accomplie qui, par la rectitude qu'ils impriment à leurs actions, rendent tout ce qui les approche juste et droit.

孟子曰不信仁賢則國空虛。Mencius dit : Si on ne confie pas les affaires à des hommes humains et sages, alors le Royaume sera comme s'il reposait sur le vide.

君子之守脩其身而天下平。Le sage ne songe qu'à perfectionner sa propre personne, et l'Empire jouit des bienfaits de la paix.

居小人閑爲不善無所不至。Les hommes vulgaires qui vivent à l'écart et sans témoins commettent des actions vicieuses; il n'est rien de mauvais qu'ils ne pratiquent.

禹曰惠迪吉從逆凶惟影響。Yù répondit : Celui qui garde la loi est heureux, celui qui la viole est malheureux; c'est la même chose que l'ombre et l'écho.

后王命冢宰降德于衆兆民。L'Empereur ordonna à son premier ministre de répandre des enseignements de vertu sur tout le peuple.

大學之也敎時敎必有正業。Dans le grand collége impérial, voici le système d'enseignement : chaque saison a ses cours particuliers et fournit des occupations qui lui sont propres.

PHRASES DE 12 CARACTÈRES.

夫惟無以生爲者是賢於貴生。Mais celui qui ne s'occupe pas de vivre est plus sage que celui qui estime la vie.

草木之生也柔脆其死也枯槁。Quand les arbres et les plantes naissent, ils sont souples et tendres; quand ils meurent, ils sont secs et arides.

君子素其位而行不願乎其外。Le sage agit convenablement à son état et ne désire rien au dehors.

不患人之不已知患不知人也。Il ne faut pas s'affliger de ce que les hommes ne nous connaissent pas, mais, au contraire, de ne pas les connaître nous-mêmes.

曾子曰夫子之道忠恕而已矣。Tsên-Tsè dit : La doctrine de notre maître consiste uniquement à avoir la droiture du cœur et à *aimer son prochain comme soi-même.*

子曰君子喻於義小人喻於利。Confucius dit : Le sage est influencé par la justice; l'homme vulgaire, par l'amour du gain.

子曰父母在不遠遊遊必有方。Confucius dit : Du vivant de vos parents, ne vous éloignez pas d'eux; si vous le faites, qu'ils sachent où vous allez.

君子欲訥於言而敏於行。Le sage aime à être lent dans ses paroles, mais rapide dans ses actions.

子曰士而懷居不足以爲士矣。Confucius dit : Si un lettré aime trop l'oisiveté et le repos de sa demeure, il n'est pas digne d'être considéré comme lettré.

子曰貧而無怨難富而無驕易。Confucius dit : Il est difficile d'être pauvre et de n'éprouver aucun ressentiment; il est facile, en comparaison, d'être riche et de ne pas s'en enorgueillir.

子曰其言之不怍則爲之也難。Confucius dit : Celui qui parle sans modération et sans retenue met difficilement ses paroles en pratique.

古之學者爲已今之學者爲人。Dans l'antiquité, ceux qui se livraient à l'étude le faisaient pour eux-mêmes; maintenant, ceux qui se livrent à l'étude le font pour paraître instruits aux yeux des autres.

子曰君子病沒世而名不稱焉。Confucius dit : L'homme supérieur regrette de voir sa vie s'écouler sans laisser après lui des actions dignes d'éloges.

子曰君子求諸已小人求諸人。Confucius dit : L'homme supérieur ne demande rien qu'à lui-même; l'homme vulgaire et sans mérite demande tout aux autres.

隱居以求其志行義以達其道。On se retire dans le secret de la solitude pour chercher dans sa pensée les principes de la raison; on cultive la justice pour mettre en pratique ces mêmes principes de la raison.

王懋乃德視乃烈祖無時豫怠。Prince, redoublez vos efforts pour avancer dans la vertu; imitez votre illustre aïeul, ne vous laissez pas surprendre un seul moment par la mollesse ni par l'oisiveté.

天矜于民民之所欲天必從之。Le Ciel a de la prédilection pour les peuples; ce que le peuple désire, il s'empresse de le lui accorder.

天視自我民視天聽自我民聽。Le Ciel voit ce que les peuples voiént; le ciel entend ce que les peuples entendent.

我心之憂日月逾邁若弗云來。Les jours et les mois passent; mon cœur en est affligé, car ils ne reviendront pas.

帝德廣運乃聖乃神乃武乃文。La vertu de l'Empereur se fit connaître partout et ne se démentit jamais. Elle était sainte et divine. Il sut se faire craindre et respecter, et ses manières douces et agréables le firent aimer.

各親其親各子其子貨力爲己。Chacun n'affectionne que ses parents; chacun ne chérit que ses enfants; les biens, on les réserve pour soi.

王不琢不成器人不學不知道。De même que le jade qui n'est pas travaillé ne peut faire un vase utile, ainsi l'homme qui n'a pas étudié ne possède aucun savoir.

古之王者建國君民教學爲先。(C'est pourquoi) en fondant des Royaumes et en gouvernant les peuples, les Rois de l'antiquité plaçaient l'enseignement et les études en première ligne.

大學始教皮弁祭菜示敬道也。Au début de l'enseignement dans le grand collége impérial, les professeurs, revêtus du costume de cérémonie que comporte le bonnet en peau de cerf nommé Pý piën, sacrifient aux anciens philosophes, afin de mettre en relief la doctrine du respect que les élèves doivent à leur maître.

禮樂皆得謂之有德德者得也。Quand on possède le cérémonial et la musique, cela s'appelle posséder la vertu; car le mot vertu signifie possession.

爲人君者謹其所好惡而已矣。Celui qui gouverne les hommes doit faire une grande attention à ce qu'il aime et à ce qu'il déteste.

君子聽磬聲則思死封疆之臣。Quand le sage entend le son de la plaque de jade suspendue, il pense aussitôt aux officiers qui meurent à la défense des frontières.

喪祭之禮所以明臣子之恩也。Le cérémonial usité dans les funérailles et les sacrifices a pour but de faire clairement ressortir la reconnaissance des sujets envers le souverain, et des enfants envers leurs aïeux.

子曰禮乎禮夫禮所以制中也。Confucius répondit : Les rites, oui, les rites sont le moyen de se fixer dans le juste milieu.

君子辭貴不辭賤辭富不辭貧。Le sage refuse plutôt les dignités qu'il ne refuse les emplois moindres; il refuse plutôt la richesse qu'il ne refuse la pauvreté.

君子貴人而賤己先人而後已。Le sage fait beaucoup de cas des autres et peu de cas de lui-même; il laisse aux autres les devants, et lui vient après.

善則稱人過則稱己則怨益亡。En attribuant le bien aux autres et le mal à soi-même, il n'existe aucune matière à reprocher.

大雅曰德輶如毛民鮮克舉之。Le chapitre du *Livre des Vers*, intitulé Ta ya, dit : La vertu est aussi légère qu'un poil; cependant, il y a peu de personnes qui puissent l'enlever.

天子親耕粢盛秬鬯以事上帝。L'Empereur cultive lui-même le riz à l'usage des sacrifices et le riz dont on fait le vin parfumé, afin de servir le Seigneur Suprême.

社稷山川之事鬼神之祭體也。Le culte du Dieu tutélaire de l'Empire, du dieu des moissons, de ceux des montagnes et des rivières, ainsi que les sacrifices aux esprits et aux dieux en général, voilà le corps du culte.

儒有不寶金玉而忠信以爲寶。Le philosophe ne regarde pas l'or et le jade comme des choses précieuses; ce qu'il tient pour précieux, c'est la sincérité du cœur.

有發則命大司徒教士以車甲。En cas de guerre, le grand Sē-Toŭ reçoit l'ordre d'enseigner aux étudiants à monter les chars et à porter la cuirasse.

爲禮不本於義猶耕而弗種也。Pratiquer les rites sans prendre pour base la justice, c'est labourer et ne pas semer.

事君者量而後入不入而後量。Celui qui veut entrer au service du souverain doit bien en peser toutes les circonstances avant d'y entrer, et ne pas attendre à y réfléchir après s'y être engagé.

PHRASES DE 13 CARACTÈRES.

知之爲知之不知爲不知是知也。Savoir que l'on sait ce que l'on sait, et savoir que l'on ne sait pas ce que l'on ne sait pas, voilà la véritable science.

子曰巧言亂德小不忍則亂大謀。Confucius dit : Les paroles artificieuses pervertissent la vertu même; une impatience capricieuse ruine les plus grands projets.

詩可以興可以觀可以羣可以怨。Le *Livre des Vers* est propre à former le jugement par la contemplation des choses; il est propre à réunir les hommes dans une mutuelle harmonie; il est propre à exciter des regrets sans ressentiments.

子曰飽食終日無所用心難矣哉。Confucius dit : Ceux qui ne font que boire et manger pendant toute la journée, sans employer leur intelligence à quelques objets digne d'elle, font pitié.

孟子曰民爲貴社稷次之君爲輕。Mencius dit : Le peuple est ce qu'il y a de plus noble dans le monde; les esprits de la terre et les fruits de la terre ne viennent qu'après; le Prince est moins important.

孟子曰堯舜性者者湯武反之也。Mencius dit : Yaò et Chùn reçurent du Ciel une nature accomplie; Tāng et Où rendirent la leur accomplie par leurs propres efforts.

冉求曰非不說子之道力不足也。Jân-Kieoû dit : Maître, ce n'est pas que je ne me plaise dans l'étude de votre doctrine, mais mes forces sont insuffisantes.

子曰力不足者中道而廢今女畫。Confucius répliqua : Ceux dont les forces sont insuffisantes font la moitié du chemin et s'arrêtent; mais vous, vous manquez de bonne volonté.

曾子曰君子以文會友以友輔仁。Tsēn-Tsè dit : L'homme supérieur emploie son talent à rassembler des amis, et ses amis à l'aider dans la pratique de l'humanité.

孟子曰有不虞之譽有求全之毀。Mencius dit : Il y a des hommes qui sont loués au-delà de toute attente; il y a des hommes qui sont poursuivis de calomnies lorsqu'ils ne recherchent que l'intégrité de la vertu.

孟子曰人之易其言也無責耳矣。Mencius dit : Il y a des hommes qui sont d'une grande facilité dans leurs paroles, parce qu'ils n'ont trouvé personne pour les reprendre.

孟子曰君仁莫不仁君義莫不義。Mencius dit : Si le Prince est humain, personne ne sera inhumain; si le Prince est juste, personne ne sera injuste.

人不可以無恥無恥之恥無恥矣。L'homme ne peut pas ne point rougir de ses fautes. Si une fois il a honte de ne pas avoir eu honte de ses fautes, il n'aura plus de motif de honte.

君子有三樂而王天下不與存焉。L'homme supérieur a trois sujets de contentement, et le gouvernement de l'Empire sans souverain n'y est pas compris.

其爲人也多欲雖有存焉者寡矣。Il est bien peu d'hommes qui, ayant beaucoup de désirs, conservent les vertus.

海上絲綢之路文獻集成 科技與文化编

見賢而不能舉舉而不能先命也。Voir un sage, et ne pas lui donner de l'élévation; lui donner de l'élévation et ne pas le traiter avec déférence, c'est lui faire injure.

禱祭祀供給鬼神非禮不誠不莊。Il n'y a rien de sincère, de grave dans les prières, dans les actions de grâces, les sacrifices et les bénédictions en usage dans le culte des esprits, si on n'y observe pas les rites.

使老有所終。壯有所用。幼有所長。Les vieillards trouvaient toujours quelqu'un pour les secourir jusqu'à la fin de leur carrière; les hommes à la fleur de l'âge trouvaient quelqu'un pour les employer; les jeunes gens trouvaient les moyens de devenir des hommes.

君子如欲化民成俗其必由學乎。Si le souverain désire réformer son peuple et en perfectionner les mœurs, ne faut-il pas qu'il ait recours à l'enseignement?

教者民之寒暑也不時則傷世。L'enseignement est pour le peuple comme le froid et la chaleur; si on ne le donne pas en temps voulu, il en résulte un dommage grave pour la société.

事毀民之風雨也事不節則無功。Les affaires publiques sont pour le peuple comme le vent et la pluie; si on n'y observe pas de limites, il n'en résulte rien de bon.

君子動其本樂其象然後治其飾。Pour faire de la vraie musique, le sage commence par émouvoir son cœur, puis il se complaît à la reproduction extérieure de cette émotion, et enfin il en règle les ornements.

君子聽琴瑟之聲則思志義之臣。Quand le sage entend le son du luth et de la lyre, il pense aussitôt aux magistrats animés par la seule pensée du devoir.

故朝覲之禮所以明君臣之義也。Ainsi le cérémonial (établi par les anciens Empereurs pour être usité) dans les visites en cour, a pour but de mettre au grand jour les rapports qui lient les sujets au souverain.

聘問之禮所以使諸侯相尊敬也。Le cérémonial, déterminé pour les visisites que se font les Princes feudataires, a pour but de les engager à se respecter mutuellement.

子曰仁之難成久矣唯君子能之。Confucius dit : La difficulté d'acquérir la vertu d'humanité date de loin; le sage seul peut en venir à bout.

晏子可謂知禮也已恭敬之有焉。Yàn-Tsè est un homme dont on peut dire qu'il connaît parfaitement les rites; car, (bien que ministre, il entoure de respect) ses inférieurs qui en sont dignes.

王者之制爵公侯伯子男凡五等。Les rangs de noblesse créés par l'Empereur sont au nombre de cinq, savoir : les ducs, les marquis, les comtes, les vicomtes et les barons.

善學者師逸而功倍又從而庸之。Celui qui étudie bien, laisse du loisir au précepteur, profite le double et est très-content de son maître.

凡音之起由人心生也人心之動。Tout air musical tire son origine d'une émotion du cœur humain, et ces émotions sout produites par les objets extérieurs.

PHRASES DE 14 CARACTÈRES.

索隱行怪後世有述焉吾弗爲之矣。Rechercher les choses obscures, faire des actes extraordinaires pour être renommé dans les siècles à venir, est une conduite que je ne voudrais pas tenir.

天地之道博也厚也高也明也悠也。La voie du Ciel et de la terre est vaste, profonde, sublime, brillante, étendue et durable.

子曰詩三百一言以蔽之曰思無邪。Confucius dit : Le sens des trois cents odes du *Livre des Vers* est contenu dans cette seule expression : Que vos pensées ne soient point perverses.

子曰古者言之不出恥躬之不逮也。Confucius dit : Les anciens ne laissaient point échapper de vaines paroles, craignant que leurs actions n'y répondissent point.

子曰誰能出不由戶何莫由斯道也。Confucius dit : Comment sortir d'une maison sans passer par la porte? Pourquoi donc les hommes ne suivent-ils pas la voie droite?

子曰人之生也直罔之生也幸而免。Confucius dit : La nature de l'homme est droite; si cette droiture vient à se perdre durant la vie, on a repoussé loin de soi tout bonheur.

子與人歌而善必使反之而後和也。Si le philosophe se trouvait avec quelqu'un qui sût bien chanter, il l'engageait à chanter la même pièce une deuxième fois et il l'accompagnait de la voix.

子曰聽訟吾猶人也。必也使無訟乎。Confucius dit : Je puis écouter les plaidoiries et juger les procès comme les autres; mais ne vaudrait-il pas mieux faire en sorte qu'il n'y eût pas de procès?

子曰君子和而不同小人同而不和。Confucius dit : L'homme supérieur vit en paix avec tous les hommes, sans toutefois agir de même.

子曰君子泰而不驕小人驕而不泰。Confucius dit : L'homme supérieur, qui se trouve dans une haute position, ne montre point de

faste ni d'orgueil; l'homme vulgaire montre du faste et de l'orgueil, sans être dans une position élevée.

子曰善人教民七年亦可以卽戎矣。Confucius dit : Si un homme vertueux instruisait le peuple pendant sept ans, il pourrait le rendre habile dans l'art militaire.

子曰躬自厚而薄責於人則遠怨矣。Confucius dit : Soyez sévères envers vous-mêmes, et indulgents envers les autres; alors vous éloignerez de vous les ressentiments.

君子病無能焉不病人之不已知也。L'homme supérieur s'afflige de son impuissance à faire tout le bien qu'il désire; il ne s'afflige pas d'être ignoré et méconnu des hommes.

耕也餒在其中矣學也祿在其中矣。Si vous cultivez la terre, la faim se trouve au milieu de vous; si vous étudiez, la félicité se trouve dans le sein même de l'étude.

孔子曰德之流速於置郵而傳命。Confucius disait : La vertu dans un bon gouvernement se répand comme un fleuve; elle marche plus vite que le piéton ou le cavalier qui porte les proclamations royales.

徒善不足以爲政徒法不能以自行。La vertu seule ne suffit pas pour pratiquer un bon mode de gouvernement; la loi seule ne peut pas se pratiquer par elle-même.

有安社稷臣者以安社稷爲悅者也。Il y a des ministres qui ne s'occupent que de procurer de la tranquillité et du bien-être à l'État; cette tranquillité et ce bien-être seuls les rendent heureux et satisfaits.

其爲人也寡欲雖有不存焉者寡矣。Il y a bien peu d'hommes qui, ayant peu de désirs, ne conservent pas toutes les vertus de leur cœur.

見不善而不能退退而不能遠過也。Voir un homme pervers et ne pas le repousser, le repousser et ne pas l'éloigner à une grande distance, c'est une chose condamnable (chez un Prince).

天道福善禍淫墜災于夏以彰厥罪。La raison éternelle du Ciel rend heureux les hommes vertueux, et malheureux les hommes vicieux; c'est pourquoi le Ciel, pour manifester les crimes de la dynastie Hiá, a fait tomber toutes ces calamités sur elle afin de rendre ses crimes manifestes à tous.

不善學者師勤而功半又從而怨之。Celui qui étudie mal donne beaucoup de peine à son précepteur, ne profite qu'à moitié et murmure toujours contre son maître.

君好之則臣爲之上行之則民從之。Dès que le Souverain

海上絲綢之路文獻集成 科技與文化編

aime une chose, les magistrats la font aussitôt; dès que les gens haut placés la font, le peuple suit immédiatement leur exemple.

非禮無以辨君臣上下長幼之位也。Sans les rites, on ne peut pas déterminer la position respective du Souverain et des sujets, des supérieurs et des inférieurs, des plus âgés et des moins âgés.

子云善則稱人過則稱己則民不爭。Confucius dit : Si on attribue le bien aux autres et le mal à soi-même, il ne s'élève aucune dispute entre les hommes.

子云長民者朝廷敬老則民作孝。Confucius dit : Si à la cour le Souverain témoigne du respect aux vieillards, le peuple pratique la piété filiale.

子曰中心安仁者天下一人而已矣。Confucius dit : Dans tout l'Empire, il n'y a peut-être qu'un homme dont le cœur soit naturellement doué de la vertu d'humanité parfaite.

周人強民未瀆神而賞爵刑罰窮矣。La dynastie des Tcheoû a été rigoureuse avec le peuple; elle ne s'est pas trop occupée des esprits, mais elle a réglé d'une manière complète tout ce qui touche aux récompenses, aux dignités, aux peines et aux châtiments.

子曰唯天子受命於天士受命於君。Confucius dit : L'Empereur seul reçoit les ordres du Ciel; les magistrats reçoivent ceux de l'Empereur.

詩曰后稷兆祀庶無罪悔以迄于今。Le *Livre des Vers* dit : Heoû-Tsý commençait les sacrifices pur de toutes fautes; aussi les félicités qu'il obtint sont-elles parvenues jusqu'à notre génération.

凡爲君使者已受命君言不宿於家。Quand un ambassadeur chargé d'une mission a reçu les ordres de son Souverain, il ne doit plus s'arrêter une seule nuit dans sa maison.

爲義而不講之以學猶種而弗耨也。Pratiquer la justice, mais ne pas enseigner aux hommes ce qu'ils doivent apprendre, c'est ensemencer et ne pas sarcler.

宗廟之器可用也而不可便其利也。Les vases du temple des ancêtres peuvent servir à des usages sacrés, mais nullement à des convenances particulières.

王者禘其祖之所自出以其祖配之。L'Empereur offre le sacrifice Tý à celui de ses ancêtres qui est regardé comme la souche de la famille, afin de donner un parallèle au grand Père.

PHRASES DE 15 CARACTÈRES.

曾子曰士不可以不弘毅任重而道遠。Les lettrés, dit Tsên-Tsè, ne doivent pas ne point avoir l'âme ferme et élevée; car leur fardeau est lourd et leur route longue.

子曰有德者必有言有言有不必有德。Confucius dit : Celui qui a des vertus doit avoir la faculté de s'exprimer facilement; celui qui a la faculté de s'exprimer facilement ne doit pas nécessairement posséder ces vertus.

孟子曰天時不如地利地利不如人和。Mencius disait : Les temps propices du Ciel ne sont pas à comparer avec les avantages de la terre; les avantages de la terre ne sont pas à comparer à la concorde entre les hommes.

孟子曰大人者不失其赤子之心者也。Mencius dit : Celui-là est un grand homme qui n'a pas perdu la candeur de son enfance.

孟子曰舜糗飯有茹草也若將終身焉。Mencius dit : Chún se nourrissait de fruits secs et d'herbes des champs, comme si toute sa vie il eût dû conserver ce régime.

有國者不可以不慎辟則爲天下僇矣。Celui qui possède un Empire ne doit pas négliger de veiller attentivement sur lui-même pour pratiquer le bien et éviter le mal; s'il ne tient compte de ces principes, alors la ruine de son Empire en sera la conséquence.

古之敎者家有塾黨有庠糗序國有學。Dans l'enseignement, chez les anciens, pour 25 familles, il y avait une école; pour 500 familles, il y avait un collége; pour 2500 familles, il y avait une académie; pour tout le Royaume, il y avait une Université.

君子聽竽笙簫管之聲則思畜聚之臣。Quand le sage entend le son des instruments en bambou Yù, Chèn, Siaò, il pense aussitôt aux magistrats qui savent réunir les hommes.

賢者之祭也必受其福非世所謂福也。Dans les sacrifices qu'il offre, le sage trouve toujours une félicité, mais non pas dans le sens que le monde attache au mot félicité.

子產猶衆人之母也能食之不能敎也。Tsè-Tchàn (célèbre ministre de Tchēn) n'est à l'égard des hommes que comme une mère qui peut nourrir ses enfants, mais qui ne peut les enseigner.

地載萬物天乘衆取財於地取法於天。La terre porte toutes choses comme le Ciel tient suspendus les corps célestes; c'est de la terre que proviennent les richesses; c'est du Ciel que proviennent les exemples.

賜聞聲歌各有宜也如賜者宜何歌也。Moi, **Sé**, j'ai ouï dire que pour chaque personne il y a un chant particulier qui lui convient; à moi, par exemple, quel est le chant qui me conviendrait?

昔者聖人建陰陽天地之情立以爲易。Autrefois, les hommes éminents en savoir et en vertu observèrent les phénomènes du **Ȳn** et du **Yâng**, du Ciel et de la terre, et ils en firent la base du *Livre des Changements*.

君子之祭也必身自盡也所以明重也。Dans les sacrifices, le sage fait personnellement tous ses efforts afin de montrer clairement tout ce qu'il y a d'important.

上有大澤則惠必及下顧上先下後耳。Le Souverain doué d'une grande bienfaisance répand infailliblement des bienfaits sur les inférieurs; sur les grands d'abord et sur les petits ensuite.

天地不合萬物不生大昏萬世之嗣也。Si le Ciel et la terre ne sont pas en harmonie, les divers êtres de la nature ne peuvent se développer; le mariage (accompli comme il doit l'être) est la continuation des générations humaines.

子民如父母有憯恒之愛有忠利之教。**Yù** traitait le peuple comme le père et la mère traitent leurs enfants; il lui portait une tendre affection et lui donnait des enseignements profitables.

子曰邇臣守和宰正百官大臣慮四方。Confucius dit : Les officiers qui approchent du Souverain veillent à la paix du peuple; les ministres dirigent les fonctionnaires de tous les ordres, et les grands dignitaires s'occupent des différentes contrées de l'Empire (ce qui indique que chacun a ses fonctions propres).

夫民教之以德齊之以禮則民有格心。Le peuple! Si on emploie la vertu pour l'enseigner et les rites pour le mettre à l'unisson, il réforme son cœur.

君子之學也博其服也鄉丘不知儒服。Le sage doit se livrer à des études fort étendues, mais, quant à ce qui est du costume, il doit se conformer au pays qu'il habite; pour moi, **Kieoù**, j'ignore ce que c'est que l'habit de philosophe.

敬冠事所以重禮。重禮所以爲國本也。Ils avaient grand respect pour la cérémonie du bonnet viril, parce qu'ils faisaient grand cas des rites; et ils faisaient grand cas des rites, parce qu'ils les considéraient comme essentiels à l'Empire.

曰虛墓之間未施哀于民而民哀社稷。Il répondit : Dans les lieux de sépulture, il n'y a rien qui provoque la commisération; cependant, on ne saurait y passer sans se sentir le cœur touché.

文子曰見利不顧其君其仁不足稱也。**Ouên-Tsè** répondit :

Il ne visait qu'à ses avantages personnels sans se soucier de son Souverain; les qualités de son cœur n'avaient donc rien de saillant.

命市納賈以觀民之所好惡志淫好辟。Il ordonne au surintendant du commerce de lui soumettre le prix courant des marchandises, afin de voir quels objets le peuple apprécie et quels objets il délaisse, afin de voir s'il a l'esprit tourné aux excès ou s'il aime des choses extraordinaires.

諸侯五廟二昭二穆與太祖之廟而五。Les grands seigneurs ont cinq temples : deux à gauche, deux à droite, et celui du grand aïeul formant le cinquième.

禮列於鬼神達於喪祭射御冠昏朝聘。Le devin se rapporte aux esprits et aux dieux; il s'étend au deuil, aux sacrifices, au tir de l'arc, aux manœuvres des chars, à la prise du chapeau viril, au mariage, aux assemblées de cour et aux réceptions annuelles.

天生時而地生財人其父生而師教之。Le Ciel produit les saisons; la terre produit toutes sortes de biens; l'homme est engendré par son père et il est instruit par son précepteur.

人者其天地之德陰陽之文鬼神之會。L'homme émane (pour le moral) de la vertu du Ciel et de la terre; pour le physique, il émane de la combinaison des deux principes Yn et Yâng; pour la partie spirituelle, il émane de la réunion des esprits.

PHRASES DE 16 CARACTÈRES.

子曰中庸之爲德也其至矣乎民鮮久矣。Confucius dit : L'invariabilité dans le milieu est ce qui constitue la vertu; n'en est-ce pas le faîte même? Les hommes rarement y persévèrent.

子曰述而不作信而好古竊比於我老彭。Confucius dit : Je commente, j'éclaircis les anciens livres, mais je n'en compose pas de nouveaux et je les aime; j'ai la plus haute estime pour notre Laò-Pên.

君子有三畏畏天命畏大人畏聖人之言。L'homme supérieur vénère trois choses : les décrets du ciel, les grands hommes et les paroles des saints.

執德不弘信道不篤焉能爲有焉能爲亡。Ceux qui embrassent la vertu sans lui donner aucun développement, qui ont su conquérir la connaissance des principes de la droite raison, sans pouvoir persévérer dans sa pratique; qu'importe, au monde, que ces hommes aient existé ou qu'ils n'aient pas existé?

孟子曰人之有德慧術知者恆存乎疢疾。Mencius dit

海上絲綢之路文獻集成 科技與文化編

L'homme qui possède la sagacité de la vertu et la prudence de l'art, le doit toujours aux malheurs et aux afflictions qu'il a éprouvés.

孟子曰雞鳴而起孳孳爲善者舜之徒也。Mencius dit : Celui qui se lève au chant du coq et pratique la vertu avec la plus grande diligence, est un disciple de Chún.

自天子以至於庶人壹是皆以脩身爲末。Depuis le chef de l'Empire jusqu'au plus humble sujet, le devoir est égal pour tous; corriger sa propre personne est la base fondamentale de tous progrès.

人也惟危道心惟微惟精惟一允執厥中。Le cœur de l'homme est plein d'écueils. Celui du Taó est simple, caché; soyez pur, simple, et tenez toujours le juste milieu.

惟天聰明惟聖時憲惟臣欽若惟民從之。Il n'y a que le ciel qui soit souverainement éclairé et intelligent; l'homme parfait l'imite, les ministres lui obéissent avec respect, et le peuple sait les lois du gouvernement.

凡音者生於人心者也樂者通倫理者也。Tout air (musical) prend sa source dans le cœur de l'homme; la musique est intimement liée avec les rapports essentiels des êtres.

天下大定然後正六律和五聲弦歌詩頌。Quand l'Empire jouit d'une grande régularité, on perfectionne les six tons, on met d'accord les cinq notes, on fait intervenir les instruments, le chant, les vers, les poésies élogieuses.

君子生則敬養死則敬享思終身弗辱也。Le sage respecte et soutient (ses père et mère) tant qu'ils vivent; après leur mort, il les vénère et leur fait des offrandes, étant pénétré de cette pensée, que, jusqu'à la mort, il n'est pas dispensé du respect envers ses arents.

君子與其使食浮於人也寧使人浮於食。Loin de faire en sorte que ses appointements soient au-dessus de ceux des autres, le sage préfère que les appointements des autres soient au-dessus des siens.

子曰君子慎以辟禍篤以不掩恭以遠恥。Confucius dit : Par la circonspection, le sage évite les malheurs; par l'application à la vertu, il échappe à l'obscurité; par le respect, il éloigne les humiliations.

君命順則臣有順命君命逆則臣有逆命。Si les ordres souverains sont conformes à la Raison suprême, les magistrats obéissent à ces ordres; mais, si les ordres souverains sont en opposition avec la Raison suprême, les magistrats se révoltent contre ces ordres.

講之以學而不合之以仁猶耨而弗穫也。Enseigner aux

31

hommes ce qu'ils doivent savoir, mais ne pas faire accorder cela avec l'humanité, c'est sarcler et ne pas faucher.

合之以仁而不安之以樂猶耨而弗食也。Se mettre d'accord avec les sentiments d'humanité, mais ne pas donner du repos au moyen de la musique, c'est faucher et ne pas manger.

安之以樂而不達於順猶食而弗肥也。Donner du repos par la musique, et ne pas atteindre la concorde, c'est manger et ne pas engraisser.

祀帝於郊敬之至也宗廟之祭仁之至也。Le sacrifice qu'on offre dans la campagne à l'Être Suprême est le maximum de la vénération; les sacrifices qu'on offre dans les temples des ancêtres sont le maximum de l'affection.

教民美報焉家主中霤而國主社示本也。On instruit le peuple à être reconnaissant; dans les maisons particulières, le premier soin est de sacrifier au dieu domestique, comme dans l'Empire le premier soin est de sacrifier au Dieu tutélaire du pays; tout cela est un hommage rendu à la source productrice des êtres.

酒醴之美玄酒明水之尚貴五味之本也。Les vins d'excellentes qualités (ne manquent pas); néanmoins, on n'emploie dans les sacrifices que du vin léger et de l'eau limpide, en honneur de l'origine des saveurs.

黼黻文繡之美疏布之尚反女工之始也。Les jolies couleurs et les belles broderies (ne manquent pas); néanmoins on n'emploie que de la toile claire, en souvenir des temps primitifs où les femmes faisaient elles-mêmes les tissus nécessaires à leur maison.

商者五帝之遺聲也商人識之故謂之商。Le chant **Châng** nous a été légué par les cinq Empereurs; parce que les hommes de cette époque le possédaient très-bien, on lui a donné ce nom.

先王之教因而弗改所以領天下國家也。Les anciens Empereurs enseignèrent au peuple à suivre toujours ces principes sans y rien changer, et par là ils établirent l'union entre les familles et les États dont se compose l'Empire.

日出於東月生於西陰陽長短始終相巡。Le soleil se lève à l'orient; la lune croît du côté de l'occident; les principes **Yn** et **Yâng**, celui-ci long, celui-là court, l'un commençant, l'autre finissant, se succèdent mutuellement sans interruption.

輕其志而求外之重也雖聖人弗能得也。Avoir le cœur léger et vouloir faire au dehors des choses considérables, c'est de toute impossibilité, même au sage doué de qualités transcendantes.

是故明君在上則竟內之民無凍餒者矣。C'est pour cela que

海上絲綢之路文獻集成 科技與文化编

lorsqu'un Souverain éclairé est sur le trône, les peuples compris dans les limites de son territoire ne souffrent ni du froid ni de la faim.

知其義而敬守之天子之所以治天下也。Si l'on comprend le sens des rites, on s'y conforme avec respect; c'est en suivant ces principes que le fils du Ciel gouverne l'Empire.

PHRASES DE 17 CARACTÈRES.

亡而爲有虛而爲盈約而爲泰難乎有恒矣。Manquer de tout et agir comme si l'on possédait avec abondance; être vide et se montrer plein; être petit et se montrer grand, est un rôle difficile à soutenir constamment.

浸潤之譖膚受之愬不行焉可謂明也已矣。Ne pas écouter les calomnies qui s'insinuent à petit bruit comme une eau qui coule doucement, et des accusations dont les auteurs seraient prêts à se couper un morceau de chair pour les affirmer, cela peut être appelé de la pénétration.

浸潤之譖膚受之愬不行焉可謂遠也已矣。Ne pas tenir compte des calomnies qui s'insinuent à petit bruit comme une eau qui coule doucement et des accusations dont les auteurs sont toujours prêts à se couper un morceau de chair pour les affirmer, cela peut être aussi appelé de l'extrême pénétration.

諺有之曰人莫知其子之惡莫知其苗之碩。Il y a un proverbe qui dit : Les pères ne veulent pas reconnaître les défauts de leurs enfants, et les laboureurs la fertilité de leurs terres.

嗚呼嗣王祇厥身念哉聖謨洋洋嘉言孔彰。Oh! Prince successeur, soyez bien attentif sur toutes vos démarches; réfléchissez-y; les vues d'un grand sage vont loin; les discours salutaires ont un grand éclat.

孔子曰夫禮先王以承天之道以治人之情。Confucius dit : Le devoir! Les anciens Rois y voyaient le moyen de continuer l'ordre établi par le ciel et de régler les passions humaines.

聖人南面而聽天下所且先者五民不與焉。Pour tout Souverain éminent en vertu qui, de son palais orienté au midi, gouverne tout l'Empire, il y a cinq choses de première importance dans lesquelles cependant le peuple n'est pas compris.

天不生地不養君子不以爲禮鬼神弗饗也。Lorsque le ciel ne fait rien naître et que la terre ne produit rien, le sage n'accomplit aucun rite et les esprits n'acceptent aucune offrande.

君子曰甘受和白受采忠信之人可以學禮。Le sage dit :

De même qu'une chose insipide est susceptible d'assaisonnement, et qu'une chose blanche est susceptible de recevoir des couleurs, de même l'homme droit et sincère peut apprendre les rites.

夫祭之爲物大矣其與物備矣順以備者也。Offrir un sacrifice est une grande chose; les objets dont on y fait usage sont au complet; mais ce qui les complète, c'est le concours d'une respectueuse soumission.

君子祭也必身敬涖之有故則使人可也。Guidé par ces principes, le sage offre les sacrifices en personne, et ne charge autrui de le remplacer que lorsqu'il en est empêché par quelque grave motif.

君子之觀於銘也旣美其所稱又美其所爲。Quand le sage regarde une inscription sur les vases sacrés, il admire tout à la fois le personnage dont elle loue les vertus et celui de ses descendants qui l'a composée.

孔子對曰君子過言則民作辭過動則民作。Confucius répondit : Quand un grand personnage parle outre mesure, le peuple imite son exemple et se livre à la loquacité; quand il agit outre mesure, le peuple le prend également pour règle de sa conduite.

如是則能敬其身能敬其身則能成其親矣。Quand on respecte sa personne, on assure un nom honorable à ses père et mère.

不能安土不能樂天不能樂天不能成其身。(Le Souverain) qui ne peut jouir du repos dans son Royaume, ne peut pas se plaire dans la vertu qui émane du ciel, et, dès qu'il ne se plait pas dans la vertu du ciel, il ne peut atteindre la perfection de sa personne.

子曰愼聽之汝三人者吾語汝禮猶有九焉。Confucius dit : Écoutez-moi avec attention, vous trois; je vous parlerai des rites; il y a encore neuf choses à vous expliquer.

君子隱而顯不矜而莊不厲而威不言而信。Le sage peut rester chez lui que sa vertu n'est pas moins manifeste; il n'a pas besoin d'affectation pour paraître modeste, ni de sévérité pour paraître grave, ni de discours pour inspirer la confiance.

親而尊安而敬威而愛富而有禮惠而能散。Son amour était respectueux; ses loisirs étaient attentifs; sa majesté était affectueuse; sa richesse se pliait aux convenances et ses bienfaits se répandaient partout.

德威惟威德明惟明非虞帝其孰能如此乎。(Le Choû kìn dit :) La majesté de la vertu inspire une crainte salutaire; l'intelligence que donne la vertu stimule l'intelligence du peuple. Quel autre Empereur, si ce n'est Yù, est capable d'agir de la sorte?

子曰事君遠而諫則讇也。近而不諫則尸利也。Confucius dit : Si, au service du souverain, les officiers éloignés de sa personne se permettent de lui faire des remontrances, ils outre-passent leur devoir; si, au contraire, ceux que de hautes fonctions rapprochent de la personne du Souverain ne lui donnent pas de conseils, c'est qu'ils ne pensent qu'à leur traitement.

立大傅少傅以養之欲其知父子君臣之道。Le Tá foú et le Chaò foú ont été établis pour l'éducation du Prince impérial, dans le but de lui faire apprendre les devoirs du père et des enfants, du Souverain et des sujets.

孔子曰夫禮先王以承天之道以治人之情。Confucius dit : Le devoir! Les anciens Rois y voyaient le moyen de continuer l'ordre établi par le Ciel et de régler les passions humaines.

故聖人以禮示之故天下國家可得而正也。Aussi les hommes doués de qualités éminentes donnaient au devoir la plus grande publicité; il en résultait que l'Empire, en général, et les familles, en particulier, pouvaient atteindre la rectitude.

四者君以正用之故君者立於無過之地也。Le Prince vertueux travaille à se perfectionner, afin de remplir les quatre espèces de fonctions; c'est pourquoi il se place dans un milieu où il n'y a pas d'excès.

夫禮必本於大乙分而爲天地轉而爲陰陽。Les rites ont pour origine essentielle la grande unité; ils se divisent ensuite les uns pour le Ciel, les autres pour la terre; puis ils subissent des révolutions pour le Ȳn et le Yâng.

先王之制禮也必有主也故可迷而多學也。Les rites établis par les anciens Rois ont indubitablement une signification; ce qui permet de les expliquer et de les comprendre, si nombreux qu'ils soient.

PHRASES DE 18 CARACTÈRES.

子曰知之者不如好之者好之者不如樂之者。Confucius dit : Celui qui connaît les principes de la droite raison n'égale pas celui qui les aime; celui qui les aime n'égale pas celui qui en fait ses délices et les pratique.

邦有道貧且賤焉恥也邦無道富且貴焉恥也。Si un État est gouverné par les principes de la raison, la pauvreté et la misère sont un sujet de honte; si un État n'est pas gouverné par les principes de la raison, les richesses et les honneurs sont alors les sujets de honte.

小人不知天命而不畏也。狎大人侮聖人之言。Les hommes vulgaires ne connaissent pas les décrets du Ciel, et par conséquent ils ne les révèrent pas; ils font peu de cas des grands hommes, et ils se jouent des paroles des saints.

心不在焉視而不見聽而聞食而不知其味。L'âme qui n'est pas maîtresse d'elle-même regarde et ne voit pas; écoute et n'entend pas; mange et ne connaît pas la saveur des aliments.

帝曰龍朕堲讒說殄行震驚朕師命汝作納言。L'Empereur dit à Lông : J'ai une extrême aversion pour ceux qui ont une mauvaise langue; leurs discours sèment la discorde et nuisent beaucoup à ce que font les gens de bien; par les mouvements et les craintes qu'ils excitent dans les esprits, ils mettent le désordre dans le public. Vous donc, Lông, je vous nomme Ná yên (censeur général de l'Empire).

惟上帝不常作善降之百祥作不善降之百殃。Le Souverain Seigneur n'est pas constamment le même à notre égard; ceux qui font le bien, il les comble de toutes sortes de bonheurs; ceux qui font le mal, au contraire, il les afflige de toutes sortes de maux.

爾惟德罔小萬邦惟慶爾惟不德罔大墜厥宗。Ne méprisez pas la vertu; c'est elle qui fait le bonheur de tous les Royaumes; le défaut de vertu détruit leur gloire.

君子知至學之難易而知其美惡然後能博喻。Quand le sage sait bien distinguer parmi les étudiants ceux qui ont de la difficulté à apprendre de ceux qui ont de la facilité, ceux qui ont un bon caractère de ceux qui en ont un mauvais, alors il peut employer différentes méthodes d'enseignement.

樂者音之所由生也其本在人心之感於物也。La musique se compose d'airs; mais elle prend sa source dans le cœur de l'homme impressionné par les objets du dehors.

夫祭者非物自外至者也自中出生於心者也。Le sacrifice n'est pas une chose qui vienne du dehors; c'est du dedans qu'elle sort, puisqu'elle prend naissance dans le cœur.

君之所爲百姓之所從也君所不爲百姓何從。Ce que le Souverain fait, le peuple l'imite toujours, et ce que le Souverain ne fait pas, comment le peuple l'imiterait-il?

詩云惟此文王小心翼翼昭事上帝聿懷多福。Le *Livre des Vers* dit : Ouên-Ouâng était attentif et vigilant dans le culte scrupuleux qu'il rendait au Seigneur Suprême; de là, il lui est advenu beaucoup de bonheur.

夏道未瀆辭不求備不大望於民民未厭其親。La dynastie

Hiá avait pour système de ne pas trop parler, de ne pas user de la dernière rigueur et de ne pas trop demander au peuple : aussi le peuple ne s'est pas lassé de l'aimer.

子言之曰後世有雖作者禹帝弗可及也已矣。Voici ce que dit Confucius : Quoique, dans les générations à venir, il survienne des Empereurs remarquables, aucun ne pourra jamais atteindre le mérite de l'Empereur **Yù**.

子曰事君大言入則望大利小言入則望小利。Confucius dit : Au service du Souverain, les promesses grandioses qu'on porte à la cour ont en vue de gros appointements, les promesses modestes ne visent qu'à de petits appointements.

后稷之祀易富也其辭恭其欲儉其祿及子孫。Les sacrifices que **Heoù-Tsў** offrait aux ancêtres étaient facilement complets ; ses prières étaient respectueuses; ses demandes étaient restreintes; aussi ses félicités se sont-elles étendues à ses descendants.

其在人也如竹箭之有筠也如松栢之有心也。L'homme en qui se trouve l'urbanité, est comparable au bambou qui a son écorce, et au pin qui a le cœur du tronc.

天地之祭宗廟之事父子之道君臣之義倫也。Les sacrifices au Ciel et à la terre, les offrandes dans le temple des ancêtres, les relations entre père et fils, les devoirs entre Souverain et sujets, voilà les devoirs naturels.

三王之祭川也皆先河而後海或源也或委也。Quand les trois Empereurs (chefs des trois dynasties **Hiá**, **Châng**, **Tcheoû**) offraient des sacrifices aux eaux, ils sacrifiaient d'abord aux fleuves, puis à la mer; à ceux-là d'abord comme étant la source, à celle-ci après comme étant le terme.

樂在宗廟之中君臣上下同聽之則莫不和敬。Quand on a fait de la musique dans le temple des ancêtres, le Souverain et les magistrats, les supérieurs et les inférieurs l'entendent ensemble, et il n'est personne, parmi eux, qui ne soit naturellement porté au respect.

樂在族長鄉里之中長幼同聽之則莫不和順。Quand on fait de la musique dans une parenté ou un village, les plus âgés et les moins âgés l'entendent ensemble, et il n'est personne parmi eux qui ne se sente naturellement porté à suivre les règles de son rang.

樂在閨門之內父子兄弟同聽之則莫不和親。Quand on fait de la musique à la maison, le père et le fils, les frères aînés et les frères cadets l'entendent ensemble, et il n'est personne parmi eux qui n'éprouve naturellement des sentiments d'affection.

曾子曰孝有三大孝尊親其次弗辱其下能養。**Tsēn-Tsè**

dit : La piété filiale a trois degrés : le degré le plus élevé consiste à entourer d'honneur ses père et mère; le second, à écarter d'eux toute espèce d'humiliation; le dernier consiste à fournir à leurs besoins.

古者明君爵有德而祿有功必賜爵祿於大廟。Anciennement le Souverain éclairé qui avait des dignités à conférer ou des appointements à accorder à des hommes bien méritants, donnait invariablement ces deux récompenses dans le grand temple des ancêtres.

PHRASES DE 19 CARACTÈRES.

子曰父母之年不可不知也一則以喜一則以懼。Confucius dit : L'âge de vos parents doit vous être connu; il doit faire naître en vous tantôt de la joie, tantôt de la crainte.

子貢曰我不欲人之加諸我也吾亦欲無加諸人。Tsè-Kōng dit : Ce que je ne désire pas que les hommes me fassent, je désire également ne pas le faire aux autres.

子曰聖人吾不得而見之矣得見君子者斯可矣。Confucius dit : Je ne puis parvenir à voir un saint homme; tout ce que je puis, c'est de voir un sage.

康誥曰惟命不于常道善則得之不善則失之矣。Le Kāng kaó dit : Le mandat du Ciel qui donne la souveraineté à un homme ne la lui confie pas pour toujours; ce qui signifie qu'en pratiquant le bien, on l'obtient; qu'en pratiquant le mal, on le perd.

貴道不已如明東西相從而不已也是天道也子。On fait grand cas de la Vérité céleste, parce qu'elle est sans fin, semblable au soleil et à la lune qui se suivent à l'orient et à l'occident sans jamais s'arrêter; telle est la Vérité céleste.

子曰君子不失足於人不失色於人不失口於人。Confucius dit : Le sage ne fait pas de faux pas dans ses relations avec les hommes; il ne prend pas indûment une expression quelconque de visage à l'égard des hommes et ne leur dit rien d'inconvenant.

子曰先王謚以尊名節以壹惠恥名之浮於行也。Confucius dit : Les anciens Empereurs ont établi la coutume de donner un nom posthume, afin d'honorer la mémoire (des hommes qui se sont distingués durant leur vie), et ils ont réglé cette faveur d'après la vertu la plus saillante du défunt (sans toutefois dépasser la vérité), car ils auraient rougi de donner un nom qui fût au-dessus du mérite de la personne.

小雅曰靖共爾位正直是與神之聽之穀穀以汝。Le chapitre Siaò yà dit : Remplissez avec calme les devoirs de votre charge;

nommez aux emplois les hommes d'une grande rectitude, et les esprits écouteront vos prières et vous combleront de félicités.

禮之於人也猶酒之有糵也也子以厚小人以薄。L'urbanité est pour l'homme ce que le ferment est pour le vin; le sage en a beaucoup; l'homme vulgaire en a peu.

二者君天下之大端矣故貫四時而不改柯易葉。Ces deux végétaux (le bambou et le pin) sont des produits naturels très-remarquables, car, dans le parcours successif des quatre saisons, ils ne changent ni de rameaux ni de feuilles.

禮之所尊尊其義也失其義陳其數祝史之事也。Dans les cérémonies, ce à quoi on attache le plus d'importance, c'est le sens qu'elles renferment; si on supprime ce sens, il ne reste que les détails extérieurs qui sont l'affaire des servants des sacrifices.

樂也者聖人之所樂也而可以善民心其感人深。La musique est une des choses dans lesquelles les hommes éminents en vertu trouvent du plaisir; car elle a le pouvoir de rendre le peuple bon et de toucher profondément les hommes.

上有大澤則民夫人待於下流知惠之必將至也。Si le Souverain est très-bienfaisant, tous les individus dont se compose le peuple attendent, comme au bas d'un courant d'eau, sachant fort bien que les bienfaits vont arriver jusqu'à eux.

唯有德之君爲能行此明足以見之仁足以與之。Le Souverain doué de sagesse peut seul pratiquer cela; son intelligence lui permet de voir le sens qui s'y rattache; son humanité lui permet de donner.

居汝三人者吾語汝禮使汝以禮周流無不徧也。Asseyez-vous tous les trois, je vais vous parler des rites et faire en sorte qu'en les pratiquant, vous puissiez tout entreprendre sans rencontrer d'obstacle.

子貢退言遊進曰敢問禮也者領惡而全好者與。Tsè-Kông se retira et Yên-Yeoû s'avançant dit : Oserais-je vous demander si les rites n'ont pas pour effet de comprimer le mal et de développer le bien?

兩君相見揖讓而入門入門而懸興揖讓而升堂。Quand deux Princes s'abordent dans les visites réciproques qu'ils se font, ils se saluent en baissant les mains jointes, ils se cèdent mutuellement le pas et entrent par le portail; dès qu'ils sont rentrés, les instruments de musique, qui étaient suspendus à leurs supports, commencent à jouer, les Princes se saluent de nouveau, se cédant l'un à l'autre la préséance et montent au salon.

海上絲綢之路文獻集成 科技與文化編

師乎前吾語汝乎君子明於禮樂舉而錯之而已。Ah ça, mon cher Sē, ne vous ai-je déjà pas expliqué tout cela? Le sage ne fait autre chose en gouvernant que de mettre en pratique les idées renfermées dans les rites et la musique.

爾以爲必行綴兆與羽籥作鐘鼓然後謂之樂乎。Croyez-vous que de passer d'une place à une autre sur le théâtre des évolutions, que de brandir les hampes et les bambous-flûtes, que de frapper la cloche ou le tambour, ce soit là ce qu'on appelle la musique?

君子力此二者以南面而立夫是以天下太平也。Quand un Souverain consacre tous ses efforts à ces deux choses, il n'a qu'à se tenir debout le visage tourné au midi, et l'Empire jouit d'une très-grande prospérité.

子言之曰爲上易事也爲下易知也則刑不煩矣。Voici ce que dit Confucius : Le Souverain est facile à servir (s'il est vertueux); les sujets sont faciles à connaître (s'ils sont sincères); quand ces deux qualités se rencontrent à la fois, les châtiments ne sont pas nombreux.

儒有聞善以相告也見善以相示也爵位相先也。Si le philosophe apprend quelque chose d'avantageux, il en fait part à ses amis; s'il voit quelque chose d'utile, il le montre à ses amis; s'il y a une dignité à occuper, il donne la priorité à ses amis.

PHRASES DE 20 CARACTÈRES.

子曰居上不寬爲禮不敬臨喪不哀吾何以觀之哉。
Confucius dit : Occuper le rang suprême et ne pas exercer les bienfaits envers ceux que l'on gouverne; pratiquer les rites sans aucune sorte de respect; les cérémonies funèbres sans aucune sorte de douleur véritable, voilà ce que je ne puis me résigner à voir.

子曰唯女子與小人爲難養也近之則不孫遠之則怨。
Confucius dit : Ce sont les servantes et les domestiques qui sont les plus difficiles à entretenir. Les traitez-vous comme des proches, alors ils sont insoumis; les tenez-vous éloignés, ils conçoivent de la haine et des ressentiments.

孟子曰無爲其所不爲無欲其所不欲如此而已矣。
Mencius dit : Ne faites pas ce que vous ne devez pas faire comme contraire à la raison; ne désirez pas ce que vous ne devez pas désirer; si vous agissez ainsi, vous avez accompli votre devoir.

飢者甘食渴者甘飲是未得飲食之正也飢渴害之也。
Celui qui a faim trouve tout mets agréable; celui qui a soif trouve toute boisson agréable; alors l'un et l'autre n'ont pas le sens du goût

dans son état normal, parce que la faim et la soif le dénaturent.

孟子曰周于利者凶年不能殺周于德者邪世不能亂。

Mencius dit : Ceux qui sont approvisionnés de toutes sortes de biens ne peuvent mourir de faim dans les années calamiteuses; ceux qui sont approvisionnés de toutes sortes de vertus ne seront pas troublés par une génération corrompue.

孟子曰賢者以其昭昭使人昭昭今以其昏昏使人昭昭。

Mencius dit : Les sages de l'antiquité éclairaient les autres hommes de leurs lumières; ceux de nos jours les éclairent de leurs ténèbres.

人病舍其田而芸人之田所求於人者重而所以自任者輕。 Le grand défaut des hommes est d'abandonner leur propre champ pour ôter l'ivraie de celui des autres. Ce qu'ils demandent des autres est important, difficile; et ce qu'ils entreprennent eux-mêmes est léger, facile.

好人之所惡惡人之所好是謂拂人之性災必逮夫身。

Un Prince qui aime ceux qui sont l'objet de la haine générale et qui hait ceux qui sont aimés de tous, fait ce qu'on appelle un outrage à la nature de l'homme; des calamités redoutables atteindront certainement un tel Prince.

帝曰格汝舜詢事考言乃言底可績三載汝陟帝位。

L'Empereur dit : Chún, approchez-vous, je me suis informé avec soin de vos actions et j'ai examiné vos paroles; je veux récompenser votre mérite et vos services; depuis trois ans, vous vous êtes rendu digne de monter sur le trône.

嗚呼天難諶命靡常常厥德保厥位厥德靡常國有以亡。

Hélas! on ne doit pas compter sur une faveur constante du Ciel; il peut révoquer son mandat. Si votre vertu subsiste constamment, vous conserverez le trône; mais l'Empire est perdu pour vous, si vous n'êtes pas constamment vertueux.

能博喻然後能爲師能爲師然後能爲長能爲長然後能爲君。 Quand le sage a pu varier l'enseignement, alors il peut devenir précepteur; ayant pu devenir précepteur, il peut remplir les fonctions de supérieur; ayant pu être supérieur, il peut devenir Prince.

凡音者生人心者也情博於中故形于聲聲成文謂之音。

Tout air musical prend sa source dans le cœur de l'homme; les passions émues au dedans se manifestent au dehors par des sons; lorsque les sons forment une composition, cela s'appelle un air.

霜露既濡君子履之必有悽愴之心非其寒之謂也。

Quand à la fin de l'automne il tombe de la rosée et de la gelée blan-

che, le sage qui les foule aux pieds éprouve des sentiments de tristesse qui ne sont pas causés par le froid, (mais par le souvenir de ses ancêtres) qui ont disparu de ce monde comme disparaissent, aux premières gelées, toutes les richesses de la végétation.

非禮無以別男女父子兄弟之親昏姻疏數之交也。 Sans les rites, on ne peut pas distinguer les relations de famille entre le mari et la femme, le père et le fils, les frères aînés et cadets, ni les rapports sociaux entre époux et amis.

不閑其久是天道無爲而物成是天道也已成而明是天道也。 Rien ne peut mettre obstacle à sa perpétuité; telle est la vérité céleste; elle n'agit pas en apparence, et les êtres se forment; telle est la vérité céleste; les êtres une fois formés apparaissent clairement; telle est la vérité céleste.

獻之屬莫重於祼聲莫重於樓歌舞莫重於武夙夜。 Parmi les divers objets qu'on offre, aucun n'est important comme le vin parfumé; parmi les sons qu'on y fait entendre, aucun n'est important comme le chant qu'on y exécute à l'étage supérieur du temple; parmi les évolutions qui accompagnént la musique, aucune n'est importante comme celle appelée Où sioŭ yè.

孔子曰大道之行也與三代英丘未之逮也而有志焉。 Confucius dit : Le règne de la grande vertu, les trois dynasties (sont des merveilles) qu'il ne m'a pas été donné de voir, mais vers lesquelles mes pensées se portent sans cesse.

人之學也或失則多或失則寡或失則易或失則止。 Dans leurs études, les uns pèchent par excès, d'autres par défaut, les uns par entraînement, les autres par inertie.

知其心然後能救其失也教也者長善而救其失者也。 Lorsque le maître a bien compris le caractère de chacun, alors il peut entreprendre de corriger son défaut; l'éducation veut, en effet, qu'on développe les bonnes qualités et que l'on corrige les défauts des élèves

善教者使人繼其志其言也約而達微而臧罕比而喻。 Un bon précepteur fait que les élèves se pénètrent de ses sentiments vertueux; ses paroles sont peu nombreuses, mais parfaitement intelligibles; elles sont très-simples, mais pleines de sens; ses comparaisons sont petites, mais elles font très-bien comprendre sa pensée.

CHAPITRE XI.

DE LA POÉSIE CHINOISE.

I. Ancienneté de la poésie chez les Chinois. — II. Caractère ou cachet spécial de la poésie chinoise. — III. Richesses de la poésie chinoise. Sources de cette richesse. — 1° La poésie chinoise se distingue par l'élévation de la pensée. Exemples tirés de la plus ancienne poésie.— 2° Elle est remplie de métaphores brillantes. Exemples. — 4° Elle abonde en figures de rhétorique de tout genre, surtout en antithèses. Exemples. — 5° Elle est empreinte de la plus noble philosophie morale qui met en relief les vestiges de la religion primitive. *Exemples.* — IV. Histoire des formes de la poésie chinoise. — V. Division générale de l'art poétique chez les Chinois. Trois genres principaux : 1° genre direct, en chinois : Foú 賦; 2° genre figuratif ou élevé, en chinois : Hîn 興; 3° genre comparatif ou allégorique, en chinois : Pỳ 比. — Les Chinois ont, eux aussi, une sorte de vers *récurrents* ou *sotadiques*. Exemples. — VI. De la forme et de la rime de la poésie chinoise. — VII. Des tons ou de la prosodie dans les vers chinois. — VIII. Exemples de vers chinois modernes, de différentes mesures et quantité. — IX. Culture et universalité de la poésie chez les Chinois.

I. ANCIENNETÉ DE LA POÉSIE CHEZ LES CHINOIS.

L'antiquité de la monarchie chinoise n'est contestée par aucun écrivain sérieux. Ses monuments littéraires sont les plus anciens que l'on connaisse. Leur date ne peut être fixée avec une certitude mathématique. La chronologie chinoise, pour les temps les plus reculés, est encore remplie de points obscurs, qui ne seront éclairés (s'ils le sont jamais) que par la philologie comparée des langues anciennes et par l'étude également comparée des Kîn 經 chinois avec les monuments historiques des peuples de la haute Asie. De l'aveu de tous les savants modernes, les hauts plateaux du Palmer et lieux voisins ont été le berceau du genre humain.

La poésie chinoise est aussi ancienne que l'origine connue de ses monuments littéraires. Trois sciences marchaient de pair à ces époques primitives : la *philosophie*, la *musique* et la *poésie*. Ces trois sciences semblaient tout le programme littéraire des anciens sages de la Chine. Il est vrai qu'ils n'attachaient point à

ces sciences les idées que nous y attachons aujourd'hui. La philosophie n'était pas pour eux une simple science de mots et de définition, une science purement naturelle et spéculative. Leurs monuments littéraires ne laissent aucun doute sur l'idée qu'ils se formaient de la philosophie. *C'était la science des rapports de l'homme avec le Créateur et des créatures entre elles.* En somme, la philosophie était pour les anciens Chinois une *théologie primitive.*

Ils regardaient la musique comme un *écho terrestre des harmonies des divers ordres moraux entre eux et avec la création.* Le livre **Ў kìn**, le plus ancien de tous ceux qui existent, ne laisse aucun doute sur la connaissance qu'ont eue les anciens Chinois de l'harmonie qui a d'abord existé entre entre l'ordre naturel et l'ordre surnaturel, et qui fut ensuite brisée par la prévarication du Chef de l'humanité; de même ils ont connu une époque réparatrice à venir (1). Ces traditions primitives sur la déchéance du premier homme ont été emportées par tous les chefs de tribus lors de leur dispersion successive dans le monde, et conservées ensuite avec plus ou moins de fidélité. L'ancienne musique avait été conservée longtemps encore dans la colonie chinoise, après qu'elle eut pris possession du sol actuel de la Chine. Il en restait quelques fragments à l'époque de Confucius, qui en parle comme d'une chose merveilleuse. Ces fragments ont malheureusement disparu depuis ce philosophe, et l'on ne peut plus juger à présent ce que devait être cette antique musique aux accords presque célestes.

On sait encore que l'ancienne musique n'était pas, pour la plupart du temps, accompagnée de paroles. Le Livre primitif des Vers, ou le **Chē kìn**, ne comprenait que de la musique sans paroles. La philologie comparée met en un jour de plus en plus lucide ce triple fait important, savoir que : 1° le premier usage de l'écriture chez tous les peuples anciens a été de l'employer, avant tout, à la conservation des *traditions religieuses.* Le mot hiéroglyphe ne signifie pas autre qu'*écriture mystérieuse et sacrée.* Chez les Égyptiens, les prêtres avaient la garde du dépôt de l'écriture sacrée. 2° La musique la plus ancienne que l'on connaisse est consacrée chez les Chinois, comme ailleurs, à célébrer les louanges du **Cháng-Tý** ou du Seigneur Suprême, ainsi que les vertus ou les actions éclatantes des ancêtres. 3° La poésie ou la musique exprimée en paroles n'avait pas un autre objet : *Célébrer les louanges du Créateur Suprême, des génies qui gouvernent le monde sous sa direction, louer les ancêtres,* ou bien, comme chez les Grecs, *chanter les dieux, louer les héros, exalter la vertu* : telles furent les premiers chants poétiques de l'homme.

---

(1) Voir l'ouvrage : *Selecta vestigia religionis christianæ ex libris antiquis Sinarum eruta*, composé par le P. de Prémare, Jésuite missionnaire en Chine, traduit en français par nos soins et publié avec les textes chinois et des notes historiques par M. Bonnetty et notre collaboration.

海上絲綢之路文獻集成 科技與文化編

Le *Livre des Vers*, le **Chē kin** chinois, tel que nous l'avons, renferme les poésies les plus anciennes que l'on ait conservées. On se plaint de Confucius, parce qu'il n'a publié qu'un petit nombre des nombreuses pièces manuscrites de vers chinois, conservées de son temps dans les archives des Souverains. Nous ignorons les motifs qui ont déterminé ce philosophe à ne publier qu'un nombre aussi restreint de ces odes. Ce qui est certain, c'est que, sans les compilations du philosophe moraliste de la Chine, les fragments historiques et poétiques qui sont aujourd'hui entre nos mains eussent également disparu. La Chine lui sait gré de son travail; elle ne posséderait pas aujourd'hui ses **Kin** 經 sans Confucius.

Le *Livre des Vers* actuel est la première étape dans la poésie. Cette poésie, où la rime est à son début et la forme des plus simples, est pourtant inimitable. On ne pourrait plus écrire avec cette candeur exquise, avec ce style imagé et désespérant par son laconisme. Les figures, les tropes, les métaphores et les onomatopées ont dans ce livre antique une grâce, une force, un parfum d'antiquité que le lecteur goûte avec délices, mais qu'il serait impuissant à reproduire. Ainsi en est-il, dans un degré bien plus élevé, des beautés des livres saints des chrétiens. Depuis l'enfance jusqu'à la vieillesse, on éprouve une douce jouissance à relire ces pages sublimes, dans un style en apparence si naturel et si simple, et que la plume humaine est pourtant impuissante aujourd'hui à imiter.

II. CARACTÈRE OU CACHET SPÉCIAL DE LA POÉSIE CHINOISE.

La poésie chinoise, malgré les modifications successives qu'elle a subies dans le laps des temps, a toujours conservé un cachet d'originalité spéciale.

Les plus anciennes poésies chinoises, qui remontent presque au berceau du genre humain, se font remarquer par la grâce et la noblesse de leurs formes primitives. En les lisant, on est ravi de cette touchante simplicité. Rien en apparence de plus facile à imiter; pourtant, l'essai qu'en font les lettrés de la Chine demeure infructueux.

Les pensées, les images, les figures de tout genre, notamment les métaphores, sont si condensées dans les vers de quatre syllabes qu'il nous faut à présent de longues périodes pour exprimer ce que les anciens poëtes de la Chine disaient merveilleusement en quatre mots.

Avec ces signes, en grande partie idéologiques, le poëte chinois trace des tableaux d'une délicatesse sans égale. Il couvre à sa volonté sa pensée d'un voile plus ou moins transparent. Il laisse entendre tout ce que l'on veut, comme aussi tout ce que l'on ne veut pas. Il loue avec une sorte de timidité; il blâme avec réserve. Veut-il censurer les vices des Princes, de la cour ou

même des hommes privés? Il le fait ordinairement sous une forme allégorique, prenant ses images tantôt dans la nature, tantôt dans les actes de la vie ordinaire. La délicatesse d'une telle méthode ne peut échapper à personne.

Dans leurs descriptions, les poëtes chinois sont toujours animés; ils transportent sur la scène elle-même. On voit, on entend ces tribus nomades où la vie champêtre avait tant de charmes. Les poëtes chinois, bien supérieurs à Homère, excellent dans la peinture des détails. Leurs récits sont vifs, spirituels et piquants.

Le sens de plusieurs odes du *Livre des Vers* est perdu, de l'aveu des commentateurs chinois. Nous en dirons le motif dans notre opuscule sur le *Symbolisme des caractères chinois*. Dès qu'on a compris l'ensemble du *Livre des Vers*, on ne se lasse plus de lire cette sublime poésie. On éprouve de nouvelles jouissances morales chaque fois que l'on parcourt de nouveau ces pages si anciennes, que l'on est transporté aux scènes de mœurs des premiers âges du monde.

Après Confucius, la poésie chinoise devint plus diffuse. Cependant elle conserva durant quelques siècles encore le parfum des anciennes poésies, surtout de celles du *Livre des Vers*, ce modèle désespérant pour les poëtes chinois.

Ainsi les poëmes connus sous le nom générique de **Tsoū tsē** 楚辭, poëmes du Royaume de **Tsoū**, brillent encore par la grâce, la dignité, le parfum antique, et surtout par ces formes indirectes, allégoriques, qui caractérisent le *Livre des Vers*.

La Chine fut assez agitée durant plusieurs siècles par les guerres civiles. L'Empire du fameux **Chè-Houâng-Tý** fut démembré à plusieurs reprises. Durant ces longues époques de troubles, l'étude des belles-lettres, surtout celle de la poésie, fut naturellement très-négligée.

La création de l'Institut impérial de Pékin sous la dynastie des **Tāng** raviva de tous côtés le goût de la littérature et de la poésie. Quelques poëtes distingués, dont nous parlerons plus bas, donnèrent alors à la poésie les formes régulières qu'elle conserve depuis cette époque. Les poëtes de la dynastie des **Tāng** n'ont pas encore été surpassés. Les Chinois mêlent beaucoup de philosophie, de maximes morales, à leur poésie. Cette philosophie morale donne un grand air à leur poésie.

Sous la dynastie des **Sóng**, la poésie chinoise s'est donné bien des licences. Elle est devenue plus légère et plus fleurie tout à la fois, mais aussi d'un goût plus général. Les poëtes en grand nombre, depuis cette époque, ont plus donné carrière à leur imagination qu'au bon goût : aussi la traduction en langue européenne de ces poésies modernes est-elle souvent très-difficile. La diffusion de l'imprimerie, à l'époque des **Sóng**, a été l'une des principales causes de ce goût général pour la poésie. Il n'est aucun lettré qui ne veuille

海上絲綢之路文獻集成 科技與文化編

produire quelques pièces de sa composition. Les recueils de poésies sont en nombre prodigieux à la Chine. Nous avons pu nous en convaincre en parcourant les belles et splendides bibliothèques de quelques couvents bouddhistes de la riche Province du Sū-Tchuēn.

Certains Empereurs de la Chine n'ont pas cru déroger à la Majesté impériale en se livrant, par manières de délassement, à la poésie. L'Empereur Kiēn-Lông, de la dynastie actuelle, a composé un bon nombre de morceaux poétiques. On les trouve réunis dans un ouvrage en 24 volumes in-32 que possède la Bibliothèque nationale. Le P. Amyot a traduit en français l'*Éloge de Moukden* (capitale de la Mandchourie) et une pièce de vers sur le thé. Cette dernière se rencontre souvent sur les porcelaines de Chine.

III. RICHESSES DE LA POÉSIE CHINOISE. SOURCE DE CETTE RICHESSE.

La littérature chinoise est si riche, si variée dans sa forme, qu'elle fait justement le désespoir des sinologues européens, qui oseraient aspirer aux palmes littéraires du Céleste-Empire. Nous doutons qu'il y ait dans aucune langue connue une littérature qui puisse seulement être mise en parallèle avec celle de la Chine. Les linguistes vantent la beauté, la richesse de la littérature de certaines langues anciennes de l'Asie. Mais la langue chinoise a sur toutes ces langues anciennes des avantages exceptionnels qui lui sont propres. Ses signes écrits sont souvent eux-mêmes une véritable *peinture*, une *miniature* de la chose exprimée; dans toutes les autres langues, les signes de l'écriture ne sont que des signes conventionnels du son des mots. Par sa *règle de position*, qui n'est appliquée nulle part sur une aussi vaste échelle, la langue chinoise possède le secret de varier à l'infini le rôle et la signification de ses signes. Au moyen d'une classe de mots peu nombreux qu'on nomme *particules*, et qui est propre à cette langue, un écrivain chinois couvre sa pensée d'un voile plus ou moins transparent à sa volonté; il la montre sous un demi-jour; il laisse des sous-entendus qui sauvent tout ce qu'il veut sauver; il donne à son style une élasticité merveilleuse et rend ce même style harmonieux, cadencé, presque musical.

Quelle peut être l'origine de cette classe de mots, de ces particules dans la langue chinoise?

Selon toute probabilité, cette origine doit venir des transitions du chant, ou bien encore de ces finales que l'on traîne pour sauver à l'oreille un vide désagréable et brusque, à la fin d'une période.

Par l'élévation de la pensée, par les métaphores brillantes, par les allusions fines et délicates, par les figures de tous genres et les tournures spéciales qui donnent un charme inexprimable au style poétique chinois, enfin par la no

32

blesse de la philosophie morale dont elle est remplie, cette poésie surpasse *è toto cœlo* la littérature de toutes les époques de ce même Empire.

La délicatesse de l'oreille est poussée à un point merveilleux dans la poésie chinoise. Chaque mot doit donner un *son plein, harmonieux, cadencé*. Le poëte doit viser même à l'harmonie imitative chaque fois que le sujet le comporte. On commence à saisir le vrai génie de la langue chinoise, dès que l'on sent cette harmonie du style poétique. Les sinologues européens ne peuvent guère sentir et goûter cette harmonie du style littéraire ou poétique chinois. Le mécanisme extérieur, un certain roulement harmonieux des mots, voilà tout ce qu'ils peuvent saisir dans la langue chinoise. Et encore ce ne sont que les sinologues de renom qui en viennent là. Certaines poésies chinoises ont une rime dont l'oreille européenne saisit assez aisément la douceur et l'harmonie. Nous en donnerons tout à l'heure des exemples tirés du *Livre des Vers*.

Mais, avant de traiter en particulier chacun de ces paragraphes, nous allons au-devant de quelques objections faites par les savants d'Europe contre la poésie chinoise.

La mythologie, dit-on, est la grande ressource des poëtes grecs et latins. Les Chinois ne font pas usage de cette ressource dans leur poésie. La vie, l'animation, les émotions, la variété, doivent donc faire défaut dans la poésie chinoise.

Imbus dès notre enfance de cette mythologie profane, nous ne concevons presque plus la poésie possible sans son secours. Les Chinois sont tombés fort tard dans le polythéisme. Leur ancienne et sublime poésie a très-bien su se passer du secours de la mythologie. Dans la suite des siècles, rien n'empêchait les poëtes chinois de s'emparer de la mythologie indienne, dont les doctrines ont envahi la Chine. Ils ne l'ont point fait. Nous les félicitons; car, outre que leur poésie eût perdu son cachet exclusif, elle serait devenue, sous l'influence des idées bouddhiques, une poésie nébuleuse, un labyrinthe inexplorable.

Malgré cette privation de la mythologie, la poésie chinoise n'arrive pas moins au grand, au sublime, au tendre et au pathétique, selon le sujet qu'elle traite. La beauté, la noblesse et l'élévation des maximes philosophiques qu'elle y mêle plus que les poëtes grecs et latins, l'impétuosité de l'enthousiasme, la pompe des expressions, l'harmonie de la cadence, la régularité des rimes, la vérité, l'éclat et la continuité des images remplacent avantageusement dans la poésie chinoise les machines et toutes les ressources de la fable dont on fait usage dans les autres poésies (1). Tel est l'avis des anciens missionnaires de la Chine.

(1) *Mémoires sur les Chinois*, tome VIII.

Les Européens refusent généralement aux Chinois le don de l'imagination. C'est encore là une de ces mille erreurs répandues gratuitement sur le peuple chinois. Comme tous les Orientaux et au même degré, les Chinois sont doués d'une brillante et vive imagination. On trouverait chez eux mille poëtes pour un seul mathématicien.

La facilité mnémonique des Chinois tient du prodige; leur imagination, leur esprit inventif, ne sont pas moins étonnants. Il faut avoir vécu au milieu d'eux pour connaître toute l'étendue des ressources de leur esprit et l'extrême aisance avec laquelle ils saisissent une affaire.

Il est important de remarquer, toutefois, que l'esprit chinois ne voit pas le beau physique, le beau des formes extérieures, que son oreille n'entend pas le mélodieux, l'harmonie, là où nos yeux aperçoivent l'un, et où nos oreilles entendent l'autre. Les plus belles poésies européennes, la plus ravissante musique laissent les Chinois froids et indifférents. Quant à leur poésie qu'ils admirent, à leur musique qui les ravit, elles nous paraissent des étrangetés sans goût, sans harmonie et sans art; c'est pour nous comme une lettre morte, un livre fermé.

A quelles causes psychologiques faut-il attribuer chez les Chinois ces goûts exceptionnels en littérature, en poésie, en musique et jusque dans les arts libéraux? Ce serait là *le sujet d'une étude fort intéressante à faire.*

La philosophie de leurs Livres sacrés, le souvenir des traditions antédiluviennes conservées chez eux, leur cosmogonie spéciale, leur langue idéologique, leur race particulière, leur morphologie cérébrale exceptionnelle, leur législation antique et immuable, le climat, la nourriture même de ce peuple unique au monde et d'autres sources encore jetteraient leur ensemble de lumières pour la solution de ce curieux problème qui intéresse à un degré presque égal la science et la religion.

1° LA POÉSIE CHINOISE SE DISTINGUE PAR L'ÉLÉVATION DE LA PENSÉE.

Les poëtes grecs et latins ne sont jamais aussi majestueux que lorsqu'ils font intervenir la divinité dans leurs récits. Sous l'impression des idées qui touchent au surnaturel, à l'ordre moral, ils ont des accents nobles, touchants et pathétiques.

Les anciens Chinois, qui connaissaient le vrai Dieu, le font rarèment intervenir dans leurs récits. La majesté de Dieu les eût opprimés. Sous le poids des calamités, ils osent seulement alors et comme en tremblant parler de sa puissance souveraine, de son action divine en ce monde, et la supplier de venir à leur secours.

海上絲綢之路文獻集成 科技與文化編

PREMIER EXEMPLE :

« Oh! qu'il est grand, qu'il est immense, le Souverain Maître et Créateur de « toutes choses, celui qui tient l'homme sous sa domination! Qu'il est terrible, « qu'il est digne d'être craint et révéré, le souverain maître et dominateur de « toutes choses, celui dont les desseins tendent à notre perte! Le Ciel, il est « vrai, nous a gratifiés de la vie; cependant nous ne devons pas nous fier té- « mérairement à ses faveurs. Nous apportons tous en naissant un principe de « vertu; mais, je le demande, combien y en a-t-il parmi nous qui travaillent « au développement de ce germe précieux jusqu'à la mort? »

蕩蕩上帝
下民之辟
疾威上帝
其命多辟
天生烝民
其命匪諶
靡不有初
鮮克有終

DEUXIÈME EXEMPLE :

« Le Ciel, qui aime à être plein de miséricorde, nous cause déjà la plus « grande terreur. Le Ciel nous envoie toutes les calamités qui sont en son pou- « voir; il nous afflige même au milieu de nos misères; il nous fait endurer le « supplice de la faim et de la privation la plus complète; on voit les peuples « çà et là dispersés et courant en désordre; à l'intérieur comme à l'extérieur « règne la plus profonde solitude; les champs sont déserts. » (Chant 11, liv. IV.)

旻天疾威
天篤降喪
瘨我饑饉
民卒流亡
我居圉卒荒

TROISIÈME EXEMPLE :

« Mon esprit est saisi d'effroi au milieu de l'air étouffant qu'on respire. « Mon cœur est dans la torture; il se consume, il ressemble à de l'eau bouil- « lante. Ces hommes distingués, ces magistrats, qui étaient jadis nos soutiens, « ils ne nous entendent plus. Ciel auguste, Souverain Maître et dominateur de « toutes choses, pourquoi n'avez-vous pas voulu que je m'exilasse, que je « prisse la fuite loin d'ici? »

我心憚暑
憂心如熏
羣公先正
則不我聞
昊天上帝
寧俾我遯

Le poëte chinois prend parfois les accents d'un véritable Jérémie. Il pleure sur les maux du peuple avec un ton de sublime douleur. La traduction française est si décolorée qu'elle donne une très-faible idée de la véhémence du style poétique chinois.

EXEMPLE :

« Le Prince Ouên-Ouâng, laissant échapper du fond de son âme les soupirs « les plus douloureux, et s'adressant au dernier Roi de la dynastie Ŷn-Châng, « s'écriait : O dynastie infortunée, comment se fait-il que les administrateurs « de la chose publique et les préposés aux intérêts de l'Empire, abusant de « leur autorité, pour le plus grand malheur de la nation, soient devenus de « cruels tyrans qui ruinent le peuple?

« O dynastie infortunée, comment se fait-il que tu aies contraint le Ciel à « ne plus produire que des hommes lâches et presque sans vertu? Toi seule, tu « as causé tes propres malheurs qui sont sans nombre et à la tête desquels tu « as, pour ainsi dire, marché contre toi-même.

« Telles étaient les plaintes de Ouên-Ouâng : Malheur à toi, dernier Empe-« reur de la dynastie Ŷn-Châng! Tu ne devais avoir au service de l'Empire « que des hommes probes et vertueux; mais ceux dont tu te sers sont des « hommes qui abusent de leur pouvoir pour la ruine publique; c'est pourquoi « tu as encouru la haine des hommes et les réponses que tu t'efforces de don-« ner sont complétement inutiles. La cour n'est habitée que par des pillards « et des harpies; et c'est ainsi que l'exécration et les malédictions du peuple « tombent sur toi. Je ne vois aucun terme à tous ces maux, aucune améliora-« tion à cet état de choses.

. . . .

. . . .

« Ainsi se désolait Ouên-Ouâng : Malheur, malheur à toi, dernier Empe-« reur de la dynastie Ŷn-Châng! Le maître et dominateur de toutes choses a « des temps fixes et immuables... Encore quelques instants, et tu auras perdu « les grandes faveurs du Ciel.

« C'est ainsi que Ouên-Ouâng déplorait le sort de votre dynastie : il est une « sentence, qui a été prononcée, que nous connaissons tous et qui dit : L'arbre

« est incliné, il est déjà tombé; ses racines sont arrachées du sol; cependant « ses rameaux et ses feuilles sont encore intacts. Mais on va commencer par « couper ses racines. Malheureuse dynastie! Tu avais tout près de toi comme « un miroir, je veux parler de la dynastie **Hiá**, un miroir dans lequel tu aurais « pu découvrir ce que tu devais être dans le présent et dans l'avenir. » (Ch. 1, liv. IV.)

文王曰咨咨汝殷商曾是彊禦曾是掊克曾是在位曾是在服天降慆德汝興是力。
文王曰咨咨汝殷商而乘義類彊禦多懟流言以對冦攘左內侯作侯祝靡屆靡究文。
王曰咨咨汝殷商匪上帝不時大命以傾。
文王曰咨咨汝殷商人亦有言顛沛之揭枝葉未有害本實先撥殷鑒不遠在夏后之世。

L'ode suivante qui est la suite du cinquième chapitre du *Livre des Vers* est également remarquable par la noblesse et l'élévation des pensées. Le poëte veut célébrer les louanges de **Où-Kōng**, Roi de **Ouý**, Prince très-vertueux, mort en 756 av. J.-C.

EXEMPLE:

« Regarde les bords de la rivière **Ký**, admire ces vertes plantations de roseaux; leurs tiges encore tendres sont déjà une ravissante parure. Le brillant « Prince de cette contrée sait, comme un habile ouvrier, tailler l'ivoire et le « travailler avec le ciseau; il sait aussi couper l'acier et le polir. Quel air im- « posant! Quelle démarche majestueuse! Quelle splendeur! Quelle dignité « dans son maintien! Qui oubliera jamais que la plus grande sagesse s'unit en « lui à une telle puissance?

« Regarde les bords de la rivière **Ký**. Quelle luxuriante félicité dans ces « vertes plantations de roseaux! La vertu n'est pas le seul ornement du Prince. « Qu'il est beau avec ses bandelettes semées de pierres précieuses et tombant « au-dessous de ses oreilles! Tous ces brillants semblent autant d'étoiles qui « ornent son bonnet de fourrure. Quel air imposant! Quelle démarche majes- « tueuse! Quelle splendeur! Quelle dignité dans son maintien! Qui oubliera « jamais que la plus grande sagesse s'unit en lui à une telle puissance!

« Regarde les rives du **Ký**. Quelle exubérance de séve dans ces verts ro- « seaux! Notre grand Prince est semblable à l'or et au plomb qui, épurés par « le feu, ne conservent aucune souillure étrangère. Il est semblable aux scep- « tres appelés **Kouỳ** et **Pỳ**. Il est remarquable par sa grandeur d'âme et sa « modération. Il aime à se livrer à des jeux pleins de dignité sur son char « appelé **Tchông kiaó**, mais jamais il ne dépasse les limites convenables. »

海上絲綢之路文獻集成 科技與文化編

瞻彼淇奥緑竹猗猗有匪君子如切磋如琢如磨瑟兮僩兮赫兮咺兮有匪君子終不可諼兮。
瞻彼淇奥緑竹青青有匪君子充耳琇瑩會弁如星瑟兮僩兮赫兮有匪君子終不可諼兮。
瞻彼淇奥緑竹如簀有匪君子如金如錫如圭如璧寬兮綽兮猗重較兮善戲謔兮不爲虐兮。

2° LA POÉSIE CHINOISE EST REMPLIE DE MÉTAPHORES BRILLANTES.

Le *Livre des Vers*, cet archétype de la poésie chinoise, n'est qu'une série de métaphores harmonieuses. Les unes sont tirées de l'esprit inventif du poëte, les autres sont tirées des objets de la nature, tels que les plantes, les fleurs, les arbres, etc. Les odes du *Livre des Vers*, qui renferment ces figures hardies et brillantes, sont bien antérieures aux chants d'Homère et même aux sublimes beautés de la Bible.

Exemples tirés du Chē kīn.

PREMIER EXEMPLE :

Louanges d'un seigneur.

Cet ode est une de celles dont l'application échappe aux interprètes par suite de leur ignorance des traditions primitives, mais qui est une espèce de prophétie.

« Le vêtement de peau d'agneau a tant de souplesse et de lustre qu'il sem-« ble avoir conservé le caractère propre de l'animal qui l'a fourni. Tel cet « homme observateur du droit et constant dans sa conduite reste toujours ce « qu'il fut jadis.

« La fourrure qui borde ce vêtement de peau d'agneau a été taillée dans la « dépouille du léopard, remarquable entre tous les animaux par son instinct « féroce et la force de ses muscles.

« Cet homme qui gouverne le pays est un observateur zélé de la justice.

« Voici un nouveau vêtement fait de peau d'agneau; qu'il est beau et élé-« gant dans sa triple bordure de soie! Cet homme est l'honneur et l'ornement « du Royaume. » (Ode 6, liv. 鄭.)

羔裘如濡洵直且侯彼其之子舍命彼不渝。

羔裘豹飾孔武有力其之子邦之司直。
羔裘晏兮三英粲兮彼其之子邦之彥兮。

DEUXIÈME EXEMPLE :

Satire métaphorique contre les fonctionnaires publics qui dilapidaient les biens de l'État.

« O rat, d'une grosseur surprenante, ne ronge pas tout le millet de mon « grenier; voilà trois ans que je souffre des dommages, tu n'as eu aucune pitié « pour mes biens. Aussi je me dispose à partir et vais habiter une terre plus « favorable. Le Royaume que j'ai choisi est un heureux pays, une heureuse « contrée où je coulerai mes jours dans une douce tranquillité.

« O rat, d'une grosseur surprenante, ne ronge pas le blé de mes granges; « voilà trois ans que je suis victime de ton avidité. Tu n'as eu aucune amitié « pour moi, aussi je me dispose à partir, et je vais habiter une terre plus pro- « pice. Le Royaume que j'ai choisi est un heureux pays, une heureuse contrée « où je trouverai tout ce qui est conforme à mes goûts.

« O rat, d'une grosseur surprenante, ne ronge pas la semence de mes mois- « sons futures; voilà trois ans que je souffre ta présence, et jamais tu n'as été « ému de mes plaintes. Aussi je me dispose à partir pour habiter une meilleure « province, je vais habiter un heureux pays. Personne n'y gémit des vexations « d'autrui. » (Ode 7, liv. 魏.)

碩鼠碩鼠
無食我黍
三歲貫女
莫我肯顧
逝將去女
適彼樂土
樂土樂爰
爰得我所

碩鼠碩鼠
無食我麥
三歲貫女
莫我肯德
逝將去女
適彼樂國
樂國樂國
爰得我直

碩鼠碩鼠
無食我苗
三歲貫女
莫我肯勞
逝將去女
適彼樂郊
樂郊樂郊
誰之永號

L'ode suivante, qui est la cinquième du chapitre VII de 小雅, recommande au Prince, sous forme métaphorique, de ne pas écouter la calomnie.

海上絲綢之路文獻集成 科技與文化編

« Les mouches vertes font entendre en volant le bruit de leurs ailes; elles « se posent sur les haies des champs. Excellent Prince, ne crois point facile- « ment les envieux.

« Les mouches vertes bourdonnent en volant, et les envieux se reposent « près des buissons des champs. Ils n'ont nulle retenue et ils portent le trouble « dans tous les Royaumes.

« Les mouches vertes font du bruit en volant et se reposent sur les cou- « driers; les envieux n'ont point de dessein; ils jettent la division parmi nous « et nous éloignent les uns des autres. »

營營青蠅止于樊豈弟君子無信讒言。
營營青蠅止于棘讒人罔極交亂四國。
營營青蠅止于榛讒人罔極構我二人。

Les métaphores hardies du *Livre des Vers*, connues et apprises par cœur, ont naturellement exercé une prodigieuse influence sur le génie poétique des Chinois. Le champ des métaphores est devenu immense comme la langue elle-même. La traduction de récits ordinaires n'offre pas de grandes difficultés. Mais les métaphores dont sont émaillés les ouvrages de littérature sont une cause d'embarras sans cesse renaissant pour un sinologue européen.

Ainsi les *songes du printemps*, les *nuages de l'automne*, signifient les *visions fugitives du bonheur*. *Un bien que l'on ne peut obtenir* est représenté par le reflet de la lune dans les ondes. *Des nuages qui obscurcissent le jour* expriment l'ombre passagère jetée par la calomnie sur un caractère illustre. *La beauté des femmes* est décrite sous les images de *belles fleurs* auxquelles elles sont comparées. *Le printemps est l'emblème de la joie, l'automne celui du chagrin*. La vertu des femmes est désignée par une blanche perle, le cristal pur, la glace transparente. La saison dans laquelle brillent les fleurs du pêcher indique la saison du mariage. L'appartement retiré est celui des femmes; la salle de l'Orient est l'appartement des jeunes filles non mariées. Pour désigner un époux et une épouse qui s'aiment, les Chinois emploient une expression composée signifiant ceux qui n'ont qu'un cœur. Le père et la mère de quelqu'un se désignent par la métaphore du frêne et de l'hémérocalle.

L'on dira à quelqu'un : Vos parents se portent sans doute bien? *Littér.* : Le chêne et l'hémérocalle sont sans doute dans un état florissant?

椿楦定然並成。

Si l'on veut presser quelqu'un de faire une pièce de vers, on dira : « Ne « soyez pas avare, nous vous en prions, du jaspe et des perles pour réjouir « ma froide imagination. »

奈不吝珠玉以慰老懷。

« Les filets noirs se sont remplis en un clin d'œil de perles et de pierres « précieuses, c'est-à-dire en un instant il composa des vers élégants. » Les filets noirs veulent dire le papier *tracé* dont se servent les Chinois.

烏絲早已滿珠璣。

Certains poëmes chinois ne sont qu'une série de métaphores brillantes. Le poëme **Lý saô** est de ce nombre. Ainsi l'auteur parle d'un Roi, mais il le désigne sous la figure d'une charmante jeune fille après laquelle il soupire. Dans ce poëme, les fleurs odoriférantes sont l'emblème de la vertu, les fleurs d'une odeur désagréable sont l'image des vices. L'auteur du **Lý saô** dit : Le matin je me délecte de la rosée qui couvre les feuilles si odorantes de l'arbre **Lân**, et le soir je me nourris des feuilles de la charmante chrysanthème qui tombent en automne.

朝飲木蘭之墜露兮。夕餐秋菊之落英。

Le sens est : Je me nourris de la vertu que les hommes délaissent.

3° LA POÉSIE CHINOISE EST PLEINE D'ALLUSIONS FINES ET DÉLICATES.

La langue chinoise se prête merveilleusement aux allusions les plus délicates. Un Chinois donne, à volonté, à sa pensée le transparent de l'allusion, dont il lui plaît de la revêtir. Sa langue est flexible comme la branche du saule ou du rotang.

Mais la poésie chinoise est incomparable dans le genre des allusions fines, enjouées, satiriques et en même temps pleines de délicatesse. Il faudrait citer ici presque en entier le *Livre des Vers* pour en donner une juste idée. Toutefois les allusions historiques dont les poëtes chinois ornent leurs ouvrages, soit pour faire briller leur érudition, soit pour mettre celle du lecteur à l'épreuve, offrent de grandes difficultés pour un lecteur ou un traducteur européen.

L'antique poésie, à cause de son extrême laconisme, du symbolisme de ses caractères et de ses allusions, présente des difficultés même aux lettrés chinois. On en trouve la preuve dans la multiplicité des commentaires, aux nombreuses variantes, qui ont été composés pour éclaircir certains livres de l'antiquité poétique. La poésie moderne, plus diffuse à beaucoup près, est souvent si

vague et si élastique dans le sens de ses caractères, qu'il n'est pas facile de se flatter d'avoir toujours saisi la pensée de l'écrivain chinois (1).

Voici quelques exemples pris au hasard dans les anciens livres poétiques de la Chine.

PREMIER EXEMPLE :

Allusions à un Roi de **Tsaō** *qui, écartant les sages vieillards, n'admettait en sa compagnie que des jeunes nobles.*

« Ce seigneur, qui porte le titre de **Heoû jên** et dont la charge consiste à « recevoir les hôtes, porte à sa main un bâton armé d'un fer recourbé qu'il « montre avec fierté. Mais que prétendent ceux-ci avec leurs trois cents habits « rouges?

« L'oiseau **Tý** passe sa vie sous le pont et jamais ne trempe ses ailes dans « l'eau. Les vêtements ne conviennent pas à ces hommes.

« L'oiseau **Tý** vit sous un pont et ne baigne jamais sa tête. Ces hommes ne « sont pas contents de la faveur dont ils jouissent.

« L'herbe est verdoyante et le mont **Nân chân** est couronné de vapeurs lé- « gères. Ces jeunes gens et ces belles filles sont tourmentés par la faim. »

彼 候 人 兮	維 鵜 在 梁
何 戈 與 祋	不 濡 其 咮
彼 其 之 子	彼 其 之 子
三 百 赤 芾。	不 遂 其 媾
維 鵜 在 梁	薈 兮 蔚 兮
不 濡 其 翼	南 山 朝 隮
彼 其 之 子	婉 兮 孌 兮
不 稱 其 服	季 女 斯 飢。

(1) On nous permettra de citer ici les paroles d'un sinologue qui écrivait en 1853 et qui avait en vue les charlatans littéraires du temps présent et à venir :

« Voilà plus de vingt ans que j'étudie et parle la langue chinoise. Chaque jour d'étude me con- « firme dans la conviction que les Européens ne parviendront jamais à posséder le chinois écrit au « même degré que les indigènes. Que tel *fanfaron* crie aux passants qu'il lit indistinctement tous « les livres de la Chine, qu'il traduit tout, qu'il comprend tout, qu'il sait tout ; laissez-le dire, mais « n'en croyez rien. Ces gens-là savent le chinois à coups de dictionnaire et peuvent être comparés à « ces amateurs qui se croient botanistes, parce qu'en supputant minutieusement les pistils, les éta- « mines, les pétales et les sépales d'une fleur, ils parviennent à trouver dans Linné un genre au- « quel cette fleur peut appartenir. » (Préface du **Lỳ ký.**)

On voit que ces lignes s'appliquent aussi aux charlatans littéraires de nos jours, à quelque pays qu'ils appartiennent, qui se font traduire, à prix d'argent, des fragments d'ouvrages, des poëmes, qu'ils publient audacieusement sous leur nom, soit pour se faire un nom dans la république des lettres, soit pour avoir accès dans un corps savant, et qui, pour se donner un air de grandeur, ne rougissent pas de s'affubler de titres de noblesse qu'ils n'ont pas le droit de porter. M. Abel Rémusat a désigné par leurs noms propres des plagiaires de ce genre, en les flétrissant avec une rare énergie.

海上絲綢之路文獻集成 科技與文化編

DEUXIÈME EXEMPLE :

Allusions délicates et censure d'un avare.

« Sur les montagnes croît l'arbre Tchoū; l'ormeau croît dans la vallée. Cet « homme a des vêtements qu'il ne porte pas, des chevaux et des chars sur les-« quels il ne monte jamais. A quoi lui aura servi la vie? des étrangers après « sa mort jouiront de ses richesses.

« Les montagnes produisent l'arbre Kaò; les vallées produisent l'arbuste « Nieoù.

« Cet homme possède de belles maisons avec de magniques portiques; il les « laisse dans le désordre de l'abandon; il a des cloches et des tambours dont « il ne tire aucun son. A quoi lui aura servi la vie? des étrangers après sa mort « posséderont toutes ses richesses.

« L'arbre Tsȳ vient sur la montagne; le châtaignier vient dans la vallée. « Cet homme a des caves princières et des greniers bien remplis; pourquoi « donc n'arrive-t-il pas à marier sa voix aux accords de la lyre appelée Ché, et « se procurer ainsi quelque délassement? A quoi lui aura servi la vie? des « étrangers après sa mort se partageront ses biens. »

山有樞隰有榆子有衣裳弗曳弗婁子有車馬弗馳弗驅宛其死矣他人是愉。
山有栲隰有杻子有廷內弗洒埽子有鐘鼓弗鼓考宛其死矣他人是保。
山有漆隰有栗子有酒食何不曰鼓瑟且以喜樂且以予曰宛其死矣人他入室。

TROISIÈME EXEMPLE

L'Empire est sur le penchant de sa ruine, les Rois tributaires se révoltent, les honnêtes gens sont dégoûtés de la vie.

« Le lièvre évite le bruit et tient toujours l'oreille au guet; le faisan se laisse « prendre dans les filets. Quand j'ai commencé à vivre, le cours des choses « n'avait rien d'alarmant; mais, après ma naissance, je fus assailli par de nom-« breux malheurs. Mais ne songeons qu'à bien dormir et à nous tenir immo-« biles.

« Le lièvre a peur de tout bruit et s'entoure de précautions; le faisan tombe « dans les lacets. A l'heure où je vins au monde, rien de menaçant ne s'était « manifesté, et après ma naissance des ennemis innombrables m'environnaient

« de tous côtés. Et maintenant dormons d'un bon sommeil et différons le moment du réveil.

« Le lièvre évite le bruit et veille à sa sûreté; le faisan tombe dans le piége. « Quand je vis la lumière, aucun chagrin ne s'était fait pressentir; mais après « ce jour fatal je devins la proie de mille tourments. Nous n'avons plus qu'à « dormir, l'oreille fermée à tout bruit. » (Ode 6, chap. VI.)

有兔爰爰雉離于羅我生之初尚無爲。我生之後逢此百罹尚寐無吪。

有兔爰爰雉離于罦我生之初尚無造我生之後逢此百憂尚寐無覺。

有兔爰爰雉離于罿我生之初尚無庸我[illegible]之後逢此百凶尚寐無聰。

4° LA POÉSIE CHINOISE ABONDE EN FIGURES DE TOUT GENRE,

MAIS SURTOUT EN ANTITHÈSES.

Les anciens Chinois étudiaient avec soin les harmonies de la création. A cette connaissance, ils ajoutaient un esprit vif et enjoué. Leur poésie abonde naturellement en métaphores, en comparaisons tirées des objets de la nature. Cet excès de richesse en figures de rhétorique de tout genre la rend souvent intraduisible dans nos froides langues modernes. Certains poëmes, du premier au dernier vers, ne sont qu'une suite de figures élégantes, cachant un sens profond qu'un œil superficiel est loin de soupçonner.

PREMIER EXEMPLE :

Éloge de l'amitié.

« L'arbre que l'on a coupé tombe en faisant entendre le son **Tchên tchên**.

« L'oiseau y répond par son chant plaintif **Yn yn**. S'échappant aussitôt de « la profonde vallée, il s'envole et va se percher sur un arbre élevé. Il répète « son chant plaintif **Yn**. C'est par ce cri qu'il appelle sa compagne. Nous res- « semblons d'autant plus à ces oiseaux (qu'ils éprouvent les mêmes sentiments « que nous). Par leurs sons articulés **Tchén**, ils semblent rechercher un com- « pagnon. A plus forte raison, il en est de même de l'homme! Pourquoi lui « aussi ne rechercherait-il pas un ami? Les esprits qui m'entendent approu- « vent mes paroles : que les sentiments d'amitié mutuelle sont jusqu'à la fin « ce qui procure le plus de satisfaction. » (1re strophe de l'ode 5, **Siaò yà**.)

伐木丁丁鳥鳴嚶嚶出自幽谷遷于喬木嚶其鳴矣求其友聲相彼鳥矣。猶求友聲矧伊人矣不求友生神之聽之終和且平。

DEUXIÈME EXEMPLE :

Les habitants de Tsín en révolte veulent se soumettre à la puissance du Royaume de Kiù ngò.

« L'eau s'écoule paisiblement aux pieds des blancs rochers. Des hommes « vêtus avec un goût simple et modeste, de tuniques ornées de broderies « rouges, se rangent sous la puissance d'un homme du pays de Oû. Puisque, « disent-ils, nous pouvons contempler cet homme plein de sagesse, pourquoi « ne nous livrerions-nous pas à la joie?

« L'eau s'écoule paisiblement aux pieds des blancs rochers. Des hommes « vêtus avec un goût modeste, de vulgaires habits que l'aiguille a ornés de bro- « deries rouges, se livrent à un homme du pays de Koù. Puisque, disent-ils, nous « pouvons jouir de la vue de cet homme plein de sagesse, pourquoi ne nous « livrerions-nous pas à la joie?

« L'eau s'écoule paisiblement au pied des âpres et blancs rochers. Je n'ose « faire connaître aux autres les ordres que j'ai entendus de la bouche du « Prince. » (Ode 3, liv. 唐.)

揚之水白石鑿鑿素衣珠襮從于干沃。既見君子云何不樂。
揚之水白石皓皓素衣珠繡從子于鵠既見君子云何其憂。
揚之水白石粼粼我聞有命不敢以告人。

EXEMPLES D'ANTITHÈSES :

Un usage constant dans la Chine et fort ancien veut que le principal ornement des habitations, tant à l'extérieur qu'à l'intérieur, consiste en cartouches portant un distique de vers très-moraux et qui font toujours antithèse. En voici des exemples :

« Je ne désire point voir ma demeure remplie d'or; ce que je désire, c'est « que la vraie science fasse l'ornement de ma demeure. »

不羨黃金滿我室
惟圖貞道滿諸家。

« Le ver naît dans l'arbre et cause sa ruine. L'amour-propre naît du mérite « et en ruine la valeur. »

虫以木生而害木
傲因功始竟傷功。

« Celui qui ayant un trésor le fait connaître semble en informer lui-même « les voleurs;

« Celui qui ayant amassé des mérites les révèle au monde se nuit à lui-même. »

有寶示人貞誨盜
獲功顯世自行傷。

« Celui qui laisse à son fils de grandes richesses verra peut-être ses descendants les disperser;

« Celui qui orne son petit-fils de toutes les vertus verra sans contredit sa « maison prospérer. »

遺子多金恐嗣放
示孫諸德必家豐。

« Celui qui rougit de n'avoir pas de richesses ne sait pas rougir de lui.

« Le pauvre qui est vertueux ne peut jamais s'appauvrir. »

爾愧無財勿自愧
人貧有德不能貧。

« Celui qui aime la solitude cultive la sagesse;

« Celui qui suit la foule suit-il les sages? »

順私安順理
從衆焉從賢。

« Le riche qui a beaucoup d'or peut être comparé à la neige de l'été:

« Le pauvre qui n'a pas une sapèque, au vent du printemps. »

富有千金如夏雪
貧無一錢亦春風。

5° LA POÉSIE CHINOISE EST EMPREINTE DE LA PLUS NOBLE PHILOSOPHIE MORALE, ETC.

La philosophie, la musique, la poésie des peuples anciens ont un caractère spécialement religieux. Le plus noble usage que les anciens pensaient pouvoir en faire, était de célébrer les louanges de la Divinité et les actions héroïques des hommes vertueux. La poésie chinoise du *Livre des Vers* ressemble, s'il nous est permis d'établir une comparaison, aux allégories et aux figures du Livre des Cantiques de l'Écriture sainte. Les fragments que nous allons citer ne laisseront aucun doute dans l'esprit des lecteurs sur le cachet philosophique, moral et très-religieux, de la poésie chinoise.

PREMIER EXEMPLE :

Les Grands de l'Empire font des vœux au Ciel en faveur des Souverains.

« Que Dieu te protége et consolide ton Empire! Qu'il fasse que tout ce qui « te concerne prospère à l'excès! Qu'il éloigne de toi tout ce qui serait con- « traire à tes vœux! Qu'il te comble de tous ses biens! Qu'il fasse descendre « sur toi de lointaines félicités auxquelles les jours ne suffiraient pas pour « assigner un terme! » (Ode 6 du Siaò yà.)

天保定爾俾爾俾穀罄無不宜受天百祿降爾遐福維日不足。

DEUXIÈME EXEMPLE :

Les anciens poëtes chinois publient hautement que les calamités sont presque toujours un châtiment de Dieu.

« Le Dieu puissant et majestueux ne nous montre plus sa douceur accoutu- « mée; il nous envoie la famine et toutes sortes de calamités; partout la terre « est semée de cadavres; le Ciel auguste est courroucé contre nous; il nous « remplit de frayeur; nous ne sommes plus l'objet de sa sollicitude. Tandis qu'il « condamne les méchants à de justes peines, il atteint aussi les bons qu'il con- « fond avec eux, il les accable les uns et les autres et les soumet par un arrêt « commun aux mêmes châtiments. » (Ode 10 du Siaò yà.)

浩浩昊天不駿其德降喪飢饉斬伐四國昊天疾威弗慮弗圖舍彼有罪既伐其辜若此無罪淪胥以鋪。

TROISIÈME EXEMPLE :

Le passage suivant montre jusqu'à l'évidence la croyance des anciens Chinois à l'immortalité de l'âme et à la vie future.

« Le Seigneur Suprême habite les régions les plus élevées, et l'esprit de « **Ouên-Ouâng** réside aussi dans les régions supérieures. Le Seigneur Suprême, « c'est le Maître Souverain du Ciel, et quant à l'esprit de **Ouên-Ouâng**, il est « monté en haut et s'est placé à droite et à gauche du Souverain du Ciel. C'est « là où réside le Souverain du Ciel, par conséquent c'est là aussi où réside « **Ouên-Ouâng**. Comment peut-on savoir que **Ouên-Ouâng** est là? Parce qu'il a « possédé des vertus célestes et cela suffit. »

上帝佳上而文王之神于在上帝爲天之主宰而文王之心自我向乎帝之左右是天帝自坐且文王自坐何以知文王之能人在以其於天同德而矣。

QUATRIÈME EXEMPLE :

Preuve que les anciens Chinois croyaient à l'action providentielle de Dieu régissant le monde.

« Le très-élevé Souverain Suprême abaisse ses regards sur la terre. Il con-
« temple avec majesté les événements qui s'y passent. Il observe attentivement
« les quatre contrées de la Chine, gouvernées par différents Princes, pour sa-
« voir quelles sont les populations bien gouvernées. »

皇矣上帝臨下有赫監觀四方求民之莫維此二國其政不獲。

CINQUIÈME EXEMPLE :

Le passage suivant sur l'immensité de Dieu et le respect profond que sa présence doit nous inspirer, semblerait plutôt tiré d'un Père de l'Église que d'un ouvrage profane.

« Soyez saisi d'une frayeur respectueuse pour la colère de Dieu ; ne vous
« abandonnez jamais aux plaisirs comme si vous étiez en pleine sécurité; re-
« doutez le changement du Ciel à l'égard des hommes et pensez constamment
« que pendant votre route personne n'est plus en danger que vous.

« Rien ne saurait échapper à la perspicacité du Dieu Souverain; quel que
« soit le lieu où vous puissiez porter vos pas, Dieu est là. N'importe la route
« que vous preniez, le Dieu souverainement intelligent s'y transporte et vous
« environne de sa présence. »

敬天之怒無敢戲豫敬天之渝無敢馳驅昊天曰明及爾出王昊天曰旦及爾游衍。

IV. HISTOIRE DES FORMES DE LA POÉSIE CHINOISE.

L'histoire des formes de la poésie chinoise, en la prenant depuis les temps les plus anciens jusqu'à nos jours, ne manquerait pas d'intérêt. Nous aurions à passer en revue, en donnant des fragments de chaque genre, plus de *cinquante espèces* de formes de poésie. Ce travail, pour être complet, exigerait deux ou trois volumes plus compactes que celui-ci. Il n'entrerait pas dans le plan de cet ouvrage. Si le temps nous le permet, nous avons le dessein de l'entreprendre un jour. Pour nos jeunes lecteurs, il suffit d'avoir une idée exacte des formes modernes et de la division actuelle de l'art poétique des Chinois. Le chapitre consacré à la poésie en général suffira amplement pour atteindre ce but.

33

海上絲綢之路文獻集成 科技與文化編

V. DIVISION GÉNÉRALE DE L'ART POÉTIQUE CHEZ LES CHINOIS.

L'art poétique des Chinois reconnaît surtout trois genres de composition. Nous dirons un mot du genre de vers récurrents ou sotadiques chez les Chinois.

Le premier genre se nomme **Foú** 賦 en chinois. Cette expression veut dire *parler clairement, sans détour, sans ambages et sans employer de métaphores.* C'est le *genre direct*, très-commun dans la poésie chinoise. Les écrivains chinois sont dans l'usage d'indiquer en tête de leurs pièces en quel genre ils écrivent. Ce préambule est un guide pour le lecteur.

Le deuxième genre se nomme *figuratif* ou *élevé*. Tel est le sens du mot chinois **Hîn** 興, par lequel on le désigne. Dans ce genre, le poëte chinois, avant d'aborder son sujet, prend un objet extérieur pour terme de comparaison; il le rapproche du sens préconçu de son poëme; mais il faut une certaine habileté pour deviner en quoi l'exorde du poëte a du rapport avec le sujet lui-même.

Le troisième genre se désigne en chinois par le mot **Pỳ** 比, qui veut dire *comparer*. C'est le genre *comparatif*. Les Chinois n'examinent pas trop si l'objet qui sert de comparaison ou d'images se rapporte naturellement au sens dont on le rapproche.

Les poëmes chinois sont donc lyriques, narratifs et descriptifs. Ce dernier genre est celui que les poëtes chinois emploient le plus souvent. Ils se plaisent à décrire dans un détail charmant, quoique parfois un peu minutieux, les mœurs, les habitudes, les goûts chinois. On croirait presque, dit M. Pauthier, qu'ils ont une *école des lacs*.

Généralement, chaque pièce de vers appartient tout entière à un seul des trois genres que nous venons de nommer. Cependant on trouve dans le **Chê kìn** des odes où deux genres sont employés simultanément.

Quant au genre de vers *récurrents*, vers *rétrogrades* ou vers *sotadiques*, nous en parlerons brièvement.

On pense que Sotadès, poëte qui vivait au troisième siècle, est l'inventeur de ces sortes de vers; c'est ainsi qu'on les nomme, de son nom, *vers sotadiques*.

Ces vers, sans que la mesure soit altérée ni les lettres changées de place, présentent les mêmes mots quand on les lit de la fin au commencement que lorsqu'on les lit dans leur ordre naturel. Soient pour exemples les deux vers latins suivants :

Roma tibi subito motibus ibit amor.
Arca serenum me gere regem munere sacra.

Il y a une sorte de *vers sotadiques* qui conserve la même mesure pour les

pieds, en reprenant, non plus chaque lettre, mais chaque mot depuis le dernier jusqu'au premier. Ainsi :

Præcipiti modo quod decurrit tramite flumen
Tempore consumptum jàm citò deficiet.

En retournant ce vers, on trouve cet autre distique :

Deficiet citò jàm consumptum tempore flumen
Tramite decurrit quod modo præcipiti.

La langue française se prête bien peu à ce genre de vers, qui, on le voit, n'est au fond qu'un jeu d'esprit, un jeu d'imagination ou, si l'on veut, de récréation. Selon Lud. Lalane, on ne connaîtrait dans la langue française de vers *sotadiques* ou *rétrogrades* que la chanson de Baudoin de Condé, l'un des poëtes estimés du treizième siècle. Chaque strophe est de trois vers, qui retournés forment une nouvelle strophe. Les derniers vers de chaque strophe riment ensemble. En voici une pour exemple :

Amours est vie glorieuse
Tenir fait ordre gracieuse
Maintenir veult courtoises mours (mœurs).

L'imagination des poëtes chinois leur a promptement fait découvrir toutes les ressources qu'offraient leurs caractères immuables et idéologiques pour tous les jeux de l'esprit. Une dame chinoise, du nom de Soū-Pĕ-Yŭ 穌伯玉, s'est principalement distinguée dans ce genre d'amusements poétiques. Aucune langue vivante ne peut, en effet, se prêter à des jeux d'esprit comme la langue chinoise.

Les Chinois donnent à ce genre de vers le nom de Houŷ ouên 回文, qui se traduit par vers *récurrents* ou *rétrogrades*. Seulement la supériorité des vers Houŷ ouên est toute à l'avantage des Chinois. Car, dans le premier genre de vers sotadiques, le caractère demeure comme toujours invariable quant à la forme et au son. Les Chinois forment, avec leurs signes idéologiques, des figures de géométrie de toutes sortes, des fleurs, des vases et des calembours fort curieux. Ne pouvant donner ici ces tableaux, nous renvoyons nos lecteurs à l'ouvrage qui a pour titre : 回文類聚. On le trouve à la Bibliothèque nationale sous le n° 393 du catalogue.

Exemples des différents genres de l'art poétique chinois.

1° GENRE DIRECT 賦.

PREMIER EXEMPLE :

« Les quadriges de bœufs s'avancent, les chevaux marchent avec fierté. Les « étendards déployés brillent dans les airs et flottent au gré des vents; déjà « tout est pêle-mêle, tout va sans ordre et sans discipline. Il n'est aucun « Royaume qui ne soit menacé de périr et tous les hommes à cheveux noirs, « les Chinois sont enveloppés dans la même infortune. Hélas! hélas! l'Empire « est agonisant et il est précipité dans une ruine générale. » (Ode 3, cap. 3, Tá yà. Plaintes contre le Roi Lŷ-Ouâng.)

四牡騤騤。旟旐有翩。亂生不夷。靡國不泯。民靡有黎。
具禍以燼。於乎有哀。國步斯頻。

DEUXIÈME EXEMPLE :

« Déjà c'en est fait du Royaume. Déjà le Ciel nous oublie jusqu'à nous re- « fuser la nourriture. Où établir notre demeure? Où fixer notre séjour? Nous « l'ignorons. Tu veux fuir? Mais où fuiras-tu? Assurément, il n'est pas d'un « homme sage, dans les conjonctures présentes, de résister et de combattre. Qui « a donc provoqué tant de maux et qui a pu semer sur notre route tant de « malheurs? (*Ibid.*)

國步蔑資。天不我將。靡所止疑。云徂何往。君子實維。
秉心無競。誰生厲階。至今為梗。

TROISIÈME EXEMPLE :

« Mon âme est accablée de douleurs en pensant aux calamités qui affligent « ma patrie. Que je suis malheureux de mener une vie si misérable! Nous avons « encouru les colères du Ciel. Depuis l'Occident jusqu'à l'Orient est-il un lieu « où nous puissions nous réfugier? Hélas! dans quel abîme de misères sommes- « nous tombés! Les chemins, pour en sortir, sont hérissés d'obstacles. » (*Ibid.*)

憂心慇慇。怜我士宇。我生不辰。逢天僤怒。自西徂東。
靡所定處。多我覯痻。孔棘我圉。

QUATRIÈME EXEMPLE :

« Le Ciel fait tomber sur nous toutes sortes de calamités; il prépare la « ruine du Royaume; c'est lui qui veut précipiter du trône l'Empereur que « la volonté nationale y a fait monter. Aux insectes nuisibles il donne nos « champs en pâture; nos moissons sont desséchées sur tous les points du ter-

海上絲綢之路文獻集成 科技與文化編

« ritoire. O malheureux Empire de la Chine! Quels sont les yeux qui ne pleu-
« rent ta ruine et ta défaite! Je voudrais implorer le secours du Ciel, mais les
« forces me manquent comme à celui dont les épaules fléchissent sous un far-
« deau. » (*Ibid.*)

天降喪亂。滅我立王。降此蟊賊。稼穡卒痒。哀恫中國。具贅卒荒。靡有旅力。以怜穹蒼。

CINQUIÈME EXEMPLE :

« Un Prince juste et bienveillant est l'espérance du peuple; il attire à lui
« tous les vœux; il donne tous ses soins à avoir de bons ministres et à rendre
« le peuple heureux. Mais un Prince injuste et cruel est à ses yeux le seul
« sage, et, confiant dans ses vaines lumières, il trouble le repos de l'État et
« s'aliène entièrement le cœur du peuple. » (*Ibid.*)

維此惠君。民人所瞻。秉心宣猶。考慎其相。維彼不順。自獨俾臧。自有肺腸。俾民卒狂。

SIXIÈME EXEMPLE :

« L'homme d'une sagesse hors ligne aperçoit les choses les plus éloignées
« et il parle; d'un coup d'œil il embrasse et mesure les intervalles les plus
« considérables. Pour l'insensé, il se laisse aller à une vaine joie. Nous pour-
« rions assurément donner plusieurs excellentes leçons, mais nous craignons
« de parler. » (*Ibid.*)

維此聖人。瞻言百里。維彼愚人。覆狂以喜。匪言不能。胡斯畏忌。

SEPTIÈME EXEMPLE :

Chant que les commentateurs n'ont jamais pu expliquer et qui nous semble un vestige de la religion primitive. (*Cap.* 10, *ode* 7.)

« Un vêtement de peau d'agneau est orné d'une bordure taillée dans une
« peau de panthère. Je pense toujours à cet homme qui veille au repos com-
« mun, dont il fait son unique souci. Sans lui, que sont les autres? Et tout
« cela, il le fait pour toi.

« Un vêtement de peau d'agneau est orné d'une bordure taillée dans une
« peau de panthère. Je pense à cet homme qui est si préoccupé. Sans lui que
« seraient les autres? Et il fait cela pour l'amour de toi. »

羔裘豹袪自我人居居豈無他人維子之故。羔裘豹褎自我人究究豈無他人維子之好。

海上絲綢之路文獻集成　科技與文化編

2° GENRE FIGURATIF OU ÉLEVÉ 興.

PREMIER EXEMPLE :

« Jetez les yeux au milieu de cette forêt; vous y verrez des cerfs et des bi-
« ches allant deux à deux. Au milieu de nous, il n'y a plus de confiance; les
« amis se fuient, ou plutôt il n'y a plus d'amitié. On entend répéter de bouche
« en bouche : Allez là, revenez ici, vous ne trouverez nulle part de la concorde
« et de joie. » (Ode 3, cap. 3, **Tá yà.**)

瞻彼中林。甡甡其鹿。朋友以譖。不胥以穀。人亦有言進退維谷。

DEUXIÈME EXEMPLE :

« Le vent violent a une immense carrière à parcourir; c'est dans les vallées
« larges et profondes qu'il la trouve. De même les gens de bien suivent une
« route qui leur est propre; cette route, ce sont les lois de la raison et la pra-
« tique de la vertu. La route des méchants est obscure, et les méchants se tien-
« nent cachés dans leurs turpitudes et le cloaque des vices. » (*Ibid.*)

大風有隧。有空大谷。維此良人。作爲式穀。維彼不順。征以中垢。

TROISIÈME EXEMPLE :

« Les vents violents ont leur route tracée; ceux qui deviennent esclaves de
« leurs honteuses passions sont la ruine et le fléau du genre humain. Si cet
« homme m'entendait, je lui adresserais volontiers la parole; mais, dès que je
« lui parle, je ne sais ce qu'il murmure entre ses dents; vous le croiriez ivre,
« car, loin de suivre les bons conseils que je lui donne, il me force à lui parler
« comme un insensé. » (*Ibid.*)

大風有隧。貪人敗類。聽言對則。誦言如醉。匪用其良。覆俾我悖。

QUATRIÈME EXEMPLE :

« Que le pêcher est agréable à voir! Qu'elles sont abondantes et belles, ses
« fleurs roses épanouies! C'est la saison où les jeunes fiancées se rendent à la
« demeure de leurs fiancés. C'est aussi le moment pour elles de faire régner
« la paix et la concorde dans leur nouvelle famille. » (Cap. 1, ode 6.)

桃之天天。灼灼其華。之子于歸。宜其室家。

CINQUIÈME EXEMPLE :

« Que le pêcher est agréable à voir! Il promet des fruits abondants. C'est

« la saison où les jeunes fiancées se rendent à la demeure de leurs fiancés. « C'est aussi le moment pour elles de faire régner la paix et la concorde dans « leur nouvelle famille. » (*Ibid.*)

桃之天天。有蕡其實。之子于歸。宜其室新家。

SIXIÈME EXEMPLE :

« Belle comme le soleil levant, ma jeune amie vit près de moi dans ma de- « meure et marche toujours sur la trace de mes pas. Belle comme la lune à « son lever, cette jeune fille passe de longues heures auprès de ma porte, et « en sortant elle suit la trace de mes pas. » (Liv. VIII, ode 4.)

東方之日兮。彼姝夫子在我室兮。在我室兮履我即兮。
東方之月兮彼姝者子在我闥兮在我闥兮履我發兮。

3° GENRE COMPARATIF OU ALLÉGORIQUE 比.

PREMIER EXEMPLE :

« Il y avait un mûrier tendre et flexible dont les feuilles et les branches « couvraient la terre de leur ombre. Déjà tombent ses feuilles jaunes et dessé- « chées. Le peuple qui vit sous cet arbre est accablé de fatigues; les peines « qu'il endure ne lui laissent aucun repos; il est dévoré des chagrins les plus « amers, sa douleur est à son comble. Ta puissance est grande, ô Ciel souve- « rain! Pourquoi n'as-tu pas pitié de nous? » (Ode 3, cap. 3, Tá yà. Plaintes contre le Roi Lỳ-Ouâng.)

菀彼桑其下侯旬捋采其劉瘼此下民不殄心憂倉兄填兮倬晃天寧不我矜。

DEUXIÈME EXEMPLE :

« Papillons légers, nommés Tchông sē, qui agitez vos ailes, vous vous ras- « semblez par troupes volantes! Quelle nombreuse progéniture vous allez pro- « duire! Cela doit être innombrable. » (Cap. 1, ode 5.)

螽斯羽詵。詵兮宜爾子孫振振兮。

TROISIÈME EXEMPLE :

« Garde-toi de vouloir cultiver plusieurs champs. Car, si tu le tentes, les « forces te manqueront, et ton champ négligé se couvrira d'herbes malfaisantes « qui étouffent la bonne semence. Garde-toi de penser à celui qui est loin de « toi; si tu le fais, tu seras tourmenté d'inquiétude et tu vivras dans la dou- « leur. » (Cap. 8, ode 7.)

無田甫田維莠驕驕無思遠人勞心切切。

海上絲綢之路文獻集成　科技與文化編

GENRE DESCRIPTIF.

PREMIER EXEMPLE :

« Le troisième mois de l'hiver a été doux et pur dans presque toute sa du- « rée; voici bientôt venir les heureuses pluies du printemps. Le brouillard « humide qui s'étend au loin a enveloppé les montagnes à l'horizon; sa rosée « remplit peu à peu les cavités empreintes sur les pierres; et les vents printa- « niers obscurcissent le soleil couvert de nuages; c'est la saison où toutes « choses germent et croissent dans la nature. Engageons, par de sages pa- « roles, le laboureur paisible à se livrer sans délais à ses travaux des champs. »

三冬晴暖久一雨正相宜漠漠沉山閣輕輕點石池。春風搖蕩日萬物發生時爲向農人說西疇事莫遲。

DEUXIÈME EXEMPLE :

« Le vert feuillage du saule n'ombrage pas encore le sentier; mais les fleurs « du pêcher couvrent déjà les bosquets, tous les êtres animés semblent éprou- « ver les influences de la saison. Pourrais-je oublier en ce moment les faveurs « du Ciel, comme ceux qui, restant appuyés sur une table, deviennent inuti- « lement vieux, et n'emploient pas leurs facultés dans la saison convenable? « La pluie tombe à grosses gouttes devant la porte d'entrée de ma demeure; « tandis que mon esprit s'égare, absorbé dans de semblables méditations. »

柳色未遮徑桃花已滿林物猶憐氣候吾豈忘天心隱几人空老乘時九未任柴門對滴瀝行坐一沉吟吟。

GENRE DIRECT ET FIGURATIF 賦而興.

PREMIER EXEMPLE :

« Ici est le millet appelé Choŭ tsè, ici également sont les semences du « millet appelé Tsў, qui n'ont pas encore germé pour la saison prochaine. « Parcourons tous ces tristes lieux, mais sans presser le pas. Cependant mon « âme est tourmentée par une angoisse mortelle, et mon cœur semble bondir « hors de ma poitrine. Ceux qui me connaissent me disent toujours agité par « l'inquiétude; ceux qui s'approchent de moi pour la première fois me deman- « dent ce que je cherche. C'est vous, espaces azurés des cieux, qui planez sur « nos têtes, c'est vous que je prends à témoin. Qui a causé tous ces maux? » (Partie I, cap. 6.)

彼黍離離。彼稷之苗。行邁靡靡。中心搖搖。知我者謂。我心憂不知我者謂我何求悠悠蒼天此何人哉。

DEUXIÈME EXEMPLE :

« Ici on voit les plantes du millet appelé **Choŭ tsè**, dont le sommet est pen-
« ché vers la terre; ici on voit aussi les épis du millet appelé **Tsȳ**. Modérons
« notre marche en parcourant ce chemin. Cependant mon esprit flottant est
« semblable à un homme pris de vin. Ceux qui me connaissent me disent tou-
« jours agité par l'inquiétude; ceux qui s'approchent de moi pour la première
« fois, me demandent ce que je cherche. C'est vous, espaces azurés des cieux,
« qui planez sur nos têtes, c'est vous que je prends à témoin. Qui a causé tous
« ces maux? » (*Ibid.*)

彼黍離離彼稷之穗行邁靡靡中心如醉知我者謂我心憂不知我者謂我何求悠悠蒼天此何人哉。

TROISIÈME EXEMPLE :

« Je vois ici les épis de millet **Choŭ tsè** recourbés sur leurs tiges, ici les se-
« mences du millet **Tsȳ** dont le germe a déjà percé son enveloppe. Nous pre-
« nons cette route; mais rien ne nous oblige à presser le pas. Cependant mon
« esprit agité est semblable à l'homme qui peut à peine respirer l'air dans sa
« poitrine haletante. Ceux qui me connaissent me disent toujours agité par
« l'inquiétude; ceux qui s'approchent de moi pour la première fois me de-
« mandent ce que je cherche. C'est vous, espaces azurés des cieux, qui planez
« sur nos têtes, c'est vous que je prends à témoin. Qui a causé tous ces
« maux. » (*Ibid.*)

彼黍離離。彼稷之實行邁靡靡中心如噎知我者謂我心憂不知我考謂我何求悠悠蒼天此何人哉。

GENRE FIGURATIF ET COMPARATIF **興而比** RÉUNIS DANS UNE MÊME ODE.

Le poëte recommande aux femmes la chasteté.

PREMIER EXEMPLE :

« Dans les contrées méridionales, il y a des arbres nommés **Kiaò moŭ** (qui
« n'ont de branches qu'à leur sommet). On ne doit pas se reposer à leur om-
« bre. Si des femmes voyagent sur les bords du **Hán**, elles ne doivent pas s'y
« abandonner à la rêverie. La rivière **Hán** est large et profonde; on ne peut
« penser à la traverser à gué. Le fleuve **Kiāng** a toujours un courant très-ra-
« pide; on ne peut penser à le traverser sur des nacelles ou des radeaux. »
(Cap. 1, ode 9.)

南有喬木。不可休息。漢有游女。不可求思。漢之廣矣。不可泳思。江之永矣。不可方思。

海上絲綢之路文獻集成 科技與文化編

DEUXIÈME EXEMPLE :

« Le moment est venu d'émonder les haies et les buissons. On se dit aussi « que c'est le temps d'élaguer les branches trop touffues de l'arbre nommé « Tsoū. Les jeunes filles errantes qui cherchent à contracter des mariages se « demandent où elles pourront faire paître leurs chevaux. La rivière Hán est « large et profonde; on ne peut penser à la traverser à gué. Le fleuve Kiāng « a toujours un courant très-rapide; on ne peut penser à le traverser sur « des nacelles ou des radeaux. »

翹翹錯薪。言刈其楚。之子于歸。言秣其焉。漢之矣廣。不可泳思。江之永矣。不可方思。

TROISIÈME EXEMPLE :

« Le moment est venu d'émonder les haies et les buissons. On se dit aussi « que c'est le moment d'élaguer les branches trop touffues de l'arbre Tsoū. « Les jeunes filles errantes qui cherchent à contracter des mariages se deman- « dent où elles pourront faire paître leurs jeunes chevaux. La rivière Hán est « large et profonde; on ne peut penser à la traverser à gué. Le fleuve Kiāng a « toujours un courant très-rapide; on ne peut penser à le traverser sur des « nacelles ou des radeaux. » (*Ibid.*)

翹翹錯薪言刈其蔞之子于歸言秣其駒漢之廣矣不可泳思江之永矣不可方思。

VI. DE LA FORME ET DE LA RIME DE LA POÉSIE CHINOISE. DISPOSITION DES RIMES.

Dans le principe, les vers chinois consistaient simplement en un certain nombre de syllabes fixes. Peu à peu on y ajouta la rime. Toutefois, cette loi métrique de la *rime* ne faisait que naître instinctivement, car le même mot rimait seul avec lui-même.

En voici un exemple tiré du Choū kín.

L'Empereur Chún, plus de 2000 ans avant notre ère, adresse ces paroles à ses ministres :

股肱喜哉 Koù kóng hỳ tsaȳ
元首起哉 Yuên cheoù kỳ tsaȳ
百工熙哉 Pĕ kōng hȳ tsaȳ.

« Quand les ministres (Litt. : les bras et les jambes) se complaisent dans « le devoir, le Souverain (Litt. : la tête) s'élève à un haut degré de splendeur; « les fonctionnaires publics coopèrent avec joie au bien général. »

Les ministres répondirent à ce royal compliment par les trois vers suivants sur la même rime :

元首明哉 Yuên cheoù mîn tsaȳ
股肱良哉 Koù kóng léang tsaȳ
庶事康哉 Choŭ sé kāng tsaȳ.

« Quand le Souverain est sage et éclairé, les ministres sont fidèles à leurs « devoirs et toutes les affaires sont dans un état prospère. »

« Un caractère saillant de la poésie chinoise, dit M. Pauthier, est la *rime*. « Les Chinois l'ont-ils inventée ou l'ont-ils empruntée à d'autres peuples? Il « faut que la rime, *cet écho de la pensée*, comme la nomme Mme de Staël, soit « bien naturelle à l'expression des mouvements et des affections de l'âme, « puisqu'on la retrouve chez presque tous les peuples qui ont une poésie an- « térieure aux troubadours et aux trouvères; la rime a été connue des bardes « gaulois et des scaldes du Nord. Les poëtes grecs et latins l'ont connue, mais « ils ont cru pouvoir se passer de son secours. Cicéron connaissait fort bien « l'effet des rimes dans le retour des mêmes consonnances périodiques.

« La rime, avec l'accent et la quantité déterminée de mots, dans les vers « réguliers, constitue la forme extérieure de la poésie chinoise. Elle n'empêche « pas les poëtes chinois de prendre de grandes licences avec la rime. Comme « chez les Perses, ils font souvent rimer le même mot plusieurs fois de suite, « et même dans toute une pièce de vers; souvent c'est une particule finale ou « une exclamation. »

Les anciennes poésies chinoises ont parfois des pièces dont la rime est facile à saisir à l'oreille. Nous en donnons plus bas un exemple ou deux tirés du *Livre des Vers*.

Aujourd'hui les règles de la versification chinoise se rapprochent du grec et du latin par la *quantité*, et de nos langues modernes par la *rime*. La césure est également en usage dans la poésie chinoise. Outre la mesure et la rime, les vers chinois réunissent une sorte de brèves et de longues plus délicates que celle des autres poésies. Les mots chinois, étant tous accentués, ont par là même une valeur prosodique qui correspond assez bien au pied grec ou latin. Aussi un poëte chinois peut-il, par un arrangement judicieux, composer des périodes parfaitement cadencées et arriver à des effets d'*harmonie imitative* plus grands encore que ceux qu'on obtient dans les autres langues. Le monosyllabisme lui-même de la langue sert merveilleusement à l'harmonie et à la douceur des vers chinois. Nos plus beaux vers français sont presque toujours composés de mots très-courts. On n'y trouve point ce que les Latins appellent *sesquipedalia verba*. Sans sortir du style le plus sublime, la poésie chinoise peut même exprimer les choses les plus communes, les plus triviales même.

Les vers chinois les plus courts sont de trois mots, répétés comme un refrain dans les chansons.

Les vers de quatre mots avaient la prédilection des anciens. Ceux du Chē kīn sont presque tous de quatre mots.

Le système poétique actuel consiste à employer des vers de cinq mots. La mesure la plus longue est celle de sept mots.

Les Chinois se plaisent à faire des distiques où le parallélisme fait la principale beauté. Ce genre est fort goûté des Chinois. Aussi exerce-t-il davantage la verve des poëtes chinois. Leur ambition est de transmettre à la postérité des adages, des maximes relevées et mises sous la forme d'un distique offrant le genre du parallélisme le plus complet. La demeure des Chinois est ornée de cartouches renfermant ces distiques élégants, dont ils font plus de cas que nos demeures somptueuses de leurs plus belles tapisseries antiques.

La grande récréation des lettrés, durant les repas, est de proposer une rime sur laquelle on doit improviser un distique ou un quatrain. On doit répondre sur-le-champ. Les lettrés ont occasion de montrer alors leur génie, leur sagacité, leur connaissance de l'antiquité et leur force littéraire. La mesure, la rime n'est pas un embarras pour eux. La difficulté est de trouver une pensée élevée sur la rime proposée. Le génie et le talent ne suffisent pas pour être poëte en Chine, il faut y joindre une érudition exquise, une grande justesse dans l'esprit et une imagination assez brillante pour peindre avec feu, assez souple pour plier son enthousiasme aux règles de la poésie.

Une difficulté contre laquelle se heurtent aisément les jeunes lettrés chinois, qui veulent faire des vers, ce ne sont pas seulement les changements de tons, mais ceux surtout de la prononciation de certains mots chinois. L'euphonie et la rime font accorder aux poëtes chinois cette sorte de licence. Les vieux lettrés ont une douce jouissance à tendre des piéges à leurs collègues ou aux jeunes savants. Ainsi on doit lire quelquefois **Pŏ** pour **Pў**, **Tīn** pour **Tiĕn**, **Tsў** pour **Tsè**, **Koú** pour **Kaó**. Les vrais savants sont au courant de ces changements. Ne pas connaître ces licences poétiques et les cas où elles sont permises, c'est en Chine comme celui qui chez nous scanderait mal un vers hexamètre ou qui commettrait une faute de quantité. En voici un exemple tiré du roman des *Deux Cousines*.

Un jeune lettré du nom de 楊芳 vit sur la porte du pavillon d'un jardin cette inscription en trois caractères 弗告軒, *Pavillon de la satisfaction intérieure*. On lui fit remarquer que ces trois lettres étaient dues au pinceau d'un célèbre calligraphe. Le jeune **Yâng-Fâng** voulut faire l'entendu et montrer qu'il se connaissait en caractères : « *Assurément*, dit-il, *cet écrivain était* « *habile. Pourtant, à mon avis, le caractère* 軒 *pavillon est assez ordinaire.* « *Quant aux deux autres caractères* **Foŭ kaó**, *ils sont divinement écrits.* »

海上絲綢之路文獻集成 科技與文化編

Ce jeune lettré, ignorant que ces deux mots étaient tirés de la deuxième ode du Livre du Chē kin, les prononçait à la manière accoutumée. Les assistants remarquèrent aussitôt que ce jeune lettré n'était pas fort, puisqu'il ne savait pas que dans ce cas il fallait, à cause de la rime, prononcer le caractère 告 Koú, au lieu de dire Kaó. Par cela même, le jeune Yâng-Fâng fut convaincu d'être un faible lettré, et son savoir médiocre lui fit perdre l'occasion de faire un brillant mariage.

Voici la strophe du *Livre des Vers* à laquelle l'inscription ci-dessus fait allusion :

考槃在陸 Kaò pân tsaý loŭ
碩人之軸 Chĕ jên tchē tcheoū
獨寐寤宿 Toŭ meỳ oú sioŭ
永矢弗告 Yùn chĕ foŭ koū.

« Heureux le sage qui sur la colline se réjouit au son de la cymbale. Seul « sur sa couche et déjà éveillé, il se repose et jure que jamais il ne confiera au « vulgaire le sujet de sa joie. »

Chaque vers chinois doit renfermer un sens complet. Les enjambements n'y sont nullement tolérés. Le mot phrase s'applique rigoureusement à tout vers chinois.

Les Chinois ont-ils une césure? Les anciennes poésies n'en connaissent point; car les vers chinois ne renfermaient guère alors que trois ou quatre syllabes. Mais la poésie moderne renferme une sorte de pause ou de césure, surtout dans les vers de sept syllabes ou de sept mots. Cette espèce de césure chinoise est surtout sensible dans les distiques, où l'on peut la remarquer tantôt après le troisième, tantôt après le quatrième mot. Dans les vers de cinq syllabes, la césure se trouve d'ordinaire après le deuxième mot. Le lecteur peut trouver l'application de ces règles dans le paragraphe ci-après où nous donnons des exemples de vers chinois de différentes mesures. Dans les vers de quatre mots, elle est après le deuxième caractère.

2° DISPOSITION DE LA RIME CHINOISE.

Les strophes des vers sont composées toujours en nombres pairs de quatre. six, huit, dix ou douze vers. Mais les rimes sont disposées et mélangées de diverses manières. En général, la rime du premier et celle du dernier verset est la même. Dans un quatrain, le premier et le quatrième ont la même rime, le deuxième et le troisième pareillement.

S'il y a six vers, le premier, le quatrième et le sixième ont la *même rime;* le deuxième et le troisième ont la même. Le cinquième en manque. La règle

générale est que le pénultième vers soit libre et que celui qui le précède ait la rime du dernier.

S'il y a huit vers dans la strophe, le premier vers et le quatrième, le cinquième, le huitième, ont la même rime. Le deuxième a la rime du troisième. Le sixième et le septième vont ensemble.

S'il y a dix vers, le premier, le quatrième, le dixième, ont la même rime. Le deuxième et le troisième vont ensemble. Le cinquième va avec le huitième, le sixième et le septième sont ensemble. Le neuvième est un vers libre.

S'il y a douze vers, le premier, le quatrième, le neuvième, le douzième, vont ensemble. Le-deuxième va avec le troisième, le cinquième avec le huitième, le sixième avec le septième, le dixième avec le onzième vers.

Pièces chinoises dont la rime est facile à saisir à l'oreille.

PREMIER EXEMPLE :

« Le rat a toujours sa peau de rat. Il y a des hommes qui sont sans pro- « bité. (*Bis.*) Pourquoi ne pas les rayer du nombre des vivants?

« Le rat a ses dents de rat. Il y a des hommes qui n'ont pas de tempérance. « (*Bis.*) Pourquoi ne pas les rayer du nombre des vivants?

« Le rat a son corps de rat. Il y a des hommes qui n'ont rien d'humain ni « de raisonnable. (*Bis.*) Pourquoi ne pas les rayer du nombre des humains? » (Part. I, chap. IV, ode 8.)

相鼠有皮。人而無儀人而無儀不死何爲。
相鼠有齒人無止人而無止不死何俟。
相鼠有體人而無體人而無禮胡不遄死。

DEUXIÈME EXEMPLE :

« Déjà les grillons rentrent dans nos demeures; voici venir la fin de l'année; « ouvrons notre âme au plaisir avant que le soleil et la lune aient parcouru « leur carrière. Mais que la vertu n'ait pas à rougir de nos amusements; ne « perdons pas de vue le devoir qu'elle impose. Les vrais plaisirs sont inno- « cents. Le sage est toujours en garde contre la séduction de la volupté.

« Déjà les grillons rentrent dans nos demeures; l'année touche à son terme; « jouissons des douceurs de la vie, avant que le soleil et la lune aient achevé « de parcourir leur orbite. Mais que la vertu n'ait point à rougir de nos fêtes. « Ne perdons pas de vue les misères ne la vie. Les vrais plaisirs sont inno- « cents; le sage se possède jusque dans les bras de la volupté.

« Déjà les grillons rentrent dans nos demeures; dejà les charrettes restent « en repos. Si nous ne nous réjouissons pas, le soleil et la lune n'en poursui- « vront pas moins leur course. Demeurons dans les limites d'une sage modé-

海上絲綢之路文獻集成 科技與文化編

« ration. Au milieu de la joie, n'oublions pas les chagrins auxquels nous « sommes exposés. Les vrais plaisirs sont innocents. Le sage n'agit jamais « étourdiment; il se montre partout calme et maître de lui. » (Part. I, chap. x, ode 1.)

蟋蟀住堂。歲聿其莫。今我不樂。日月其除無已大康
職思其居。好樂無荒良士瞿瞿。
蟋蟀在室歲聿其逝。今我不樂日月其邁無已大康職
思其外樂無荒良土蹶蹶。
蟋蟀在室役車其休今我不樂日月其慆無已大座職思
其憂好樂無荒良士休休。

TROISIÈME EXEMPLE :

La mère d'un Prince est exilée; la Reine **Tchouâng-Kiâng** *l'accompagne*

« L'hirondelle s'élance dans l'espace d'un vol inégal. J'ai accompagné mon « amie aussi loin que j'ai pu. Il a fallu s'en séparer. Je la cherche en vain des « yeux dans le lointain le plus reculé; elle ne paraît plus; coulez, coulez, mes « larmes.

« Dans son vol capricieux, l'hirondelle tantôt se perd dans les nues, tantôt « vient raser la terre. J'ai appelé mon amie à grands cris; j'ai fait répéter son « nom aux échos, et je n'ai pu m'en faire entendre; elle était déjà loin de moi; « coulez, coulez, mes larmes.

« L'hirondelle en volant fait entendre un chant grave et aigu tour à tour. « J'ai marché bien loin vers le midi, en accompagnant mon amie; j'ai levé les « yeux, et, ne la voyant plus, j'ai livré mon âme à la douleur.

« O chère et tendre amie, tes vertus faisaient les délices de mon âme! « Fidèle au vrai, tu aurais rougi du moindre déguisement. Jamais ta belle âme « n'a chancelé dans les voies de l'innocence. La bienfaisance était ton penchant « naturel. La sagesse guida toujours tous tes pas. Oh! que tu m'exhortais ten- « drement à rester fidèle à l'époux qui ne compte plus au nombre des vivants! » (Part. I, chap. III, ode 2.)

燕燕于飛差。池其羽之子于歸遠送于野瞻望弗及泣
涕如雨。
燕燕于飛頡之頏之之子于歸遠于將之瞻望弗及佇立
以泣。
燕燕于飛下上其音之子于歸遠送于南瞻望弗及實勞
我心。
仲氏住只共心塞淵終溫且惠淑愼其身先君之思以勗
寡人。

VIII. DES TONS OU DE LA PROSODIE DANS LES VERS CHINOIS.

Toutes les langues anciennes étaient plus ou moins modulées. Nous l'avons montré dans un chapitre spécial du premier volume de cet ouvrage. Parmi les langues alphabétiques, la langue grecque et la langue latine sont les seules dont la prosodie ait une règle bien déterminée et bien fixe; cette prosodie est aussi riche que mélodieuse. Les langues modernes n'ont presque pas de prosodie; l'absence de prosodie est presque complète dans la langue française. Aussi les peuples orientaux, les sauvages surtout, apprennent-ils avec beaucoup de difficulté notre langue. La langue chinoise, plus qu'aucune autre parmi les langues anciennes, a conservé une modulation très-accentuée de langage. Cette modulation rend la langue *orale* excessivement suave et agréaaux oreilles, surtout dans la bouche des lettrés chinois. Toutefois la poésie est bien autrement mélodieuse que la littérature chinoise. Chaque mot chinois correspond, dans la poésie, à un pied métrique des vers dans les autres langues.

Nos lecteurs se souviennent que les Chinois distinguent quatre tons vocaux dans leur langue. Les Européens ont coutume de diviser le premier ton chinois en deux tons distincts, ce qui porte à cinq le nombre des tons vocaux, sans parler des aspirations d'un bon nombre de mots.

Mais, dans la poésie, les Chinois ne distinguent que deux tons ou deux accents prosodiques, à savoir le ton qu'ils nomment **Pĭn** 平. (*uni, plein*) et qui comprend le premier et le deuxième ton ordinaire que nous marquons en français par ces deux signes conventionnels ¯ et ^.

Le deuxième ton prosodique de la poésie, les Chinois le nomment **Tsĕ** 仄. (ou ton détourné) (1). Il comprend les trois autres tons marqués par les signes ´ ` ˘.

Dans les chansons chinoises, il est, toutefois, d'usage de marquer les quatre tons ordinaires avec la distinction de ce qu'ils appellent les consonnes claires et obscures, suivant les intonations masculines et féminines.

---

(1) On lui donne ce nom en poésie parce que ce ton générique est comme une déviation des autres tons de la langue. Son usage laisse une plus grande marge aux licences poétiques relatives à la quantité des accents.

Jusqu'à l'époque de la dynastie des Tăng, les règles de la quantité dans la poésie étaient fort générales et même un peu vagues. Racine dit avec raison : Il faut distinguer dans la poésie ce qui vient de la nature et ce qui est ajouté par l'art ; la nature inspire d'abord la rapidité du style et la hardiesse des figures ; l'art vient ensuite et, pour rendre le style poétique encore plus rapide et en même temps plus harmonieux, la resserre dans les bornes étroites de la versification. La poésie naissante n'a pas dû connaître cet esclavage, puisque les règles de l'art ne s'établissent qu'avec le temps et la réflexion.

凡做詞曲連平上去入四聲皆要用得清白又要分陽陰情濁。

Les Chinois emploient les trois signes suivants pour indiquer la prosodie des mots :

Le signe ○ marque le ton égal Pĭh 平, c'est-à-dire le premier et le deuxième ton.

Le signe ● marque le ton inégal ou Tsĕ 仄, c'est-à-dire le troisième, quatrième et cinquième ton.

Le signe ◑ indique un ton *ad libitum*. Le poëte peut employer à son gré le ton Pĭh 平 ou le ton Tsĕ 仄.

Dans les vers de cinq mots, on ne fait pas attention à la valeur du premier mot ni à celle du troisième. Le deuxième et le quatrième doivent *alterner*, c'est-à-dire si le deuxième est 平, le quatrième devra être 仄, et *vice versâ*. Le deuxième et le troisième vers doivent être inverses du premier par rapport à ces deux mots, et le quatrième vers doit être semblable au premier.

Dans les vers de sept syllabes, la première, la troisième et la cinquième syllabe sont *ad libitum*. La deuxième et la quatrième doivent alterner et la sixième être pareille à la deuxième. Des quatre syllabes finales, dans les vers de cinq ou de sept mots, trois doivent être identiques pour la désinence et l'accent. Il est d'usage que la finale du troisième vers ne rime pas, et l'on se dispense souvent aussi de faire rimer les autres.

MODÈLES DE DEUX QUATRAINS AVEC LES SIGNES CONVENTIONNELS CHINOIS,

SUR LES DEUX TONS PROSODIQUES, LE 平 ET LE 仄.

Premier quatrain en 平.

Le premier vers commence à droite, selon l'usage chinois.

◑	◑	◑	◑
○	●	●	○
○	◑	◑	◑
●	○	○	●
●	○	●	●
○	●	●	○
○	●	○	○

34

Deuxième quatrain en **仄.**

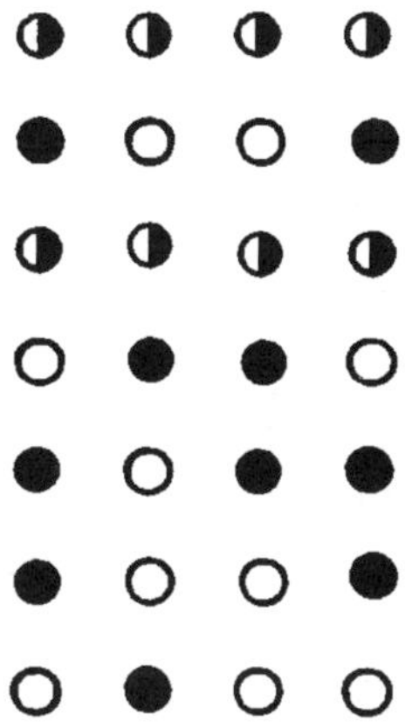

Dans certains vers chinois, on nomme œil le troisième mot du vers de cinq syllabes et le cinquième vers des pièces de sept syllabes. Ce mot doit être de la catégorie de ceux qu'on nomme en chinois : *mots pleins* (**Chĕ tsè 實子**), et non point une particule. Il doit rimer, en outre, avec l'œil du vers suivant ou alterner avec lui, selon la règle qu'on s'en prescrit.

VIII. EXEMPLES DE VERS CHINOIS DE DIFFÉRENTES MESURES ET QUANTITÉS.

Comme application des règles précédentes et comme exercice, nous consacrons ce paragraphe en exemples de vers modernes.

Vers de trois syllabes.

高祖興 **Kaō-Tsoū** fonda une dynastie,
漢業建 Et la race des **Hán** fut établie.
至孝平 Sous le règne de **Hiaó-Pîn**,
王莽篡 **Ouâng-Mâng** usurpa la couronne.
光武興 **Kouāng-Où** fut le chef de dynastie,
爲東漢 Et la famille des **Hán** orientaux fut établie.
四百年 Elle dura quatre cents ans,
終於獻 Et finit sous **Hién-Tý**.
魏蜀吳 Les **Ouý**, les **Choŭ**, les **Oû**,
爭漢鼎 Se disputèrent les dépouilles des **Hán**.
號三國 La Chine fut alors divisée en trois Empires.
迄兩晉 Et cet état dura jusqu'aux deux dynasties **Hán**.

(Tirés de l'opuscule **Sān tsé Kin**.)

海上絲綢之路文獻集成 科技與文化編

Vers de quatre syllabes.

« Une erreur de l'épaisseur d'un cheveu vous met à cent milles du but, « l'occasion une fois manquée, les contre-temps s'élèvent en foule. »

差之毫釐
失之千里
一着不到
滿盤從起。

« Pour un dessein qu'on s'est mis dans la tête, on fait mille plans; on éta- « blit cent combinaisons; mais le succès bon ou mauvais dépend du Ciel qui « peut seul en garantir la réussite. »

志有所圖
千方在計
成敗在天
人謀何濟。

« On se réjouit de se voir; on est triste d'être séparé; on sait le temps qu'a « la joie, le temps que durera la tristesse : voilà le sujet du souci. »

得之爲喜
未得爲愁
喜知何日
愁日心頭。

« Sans instruire les hommes de famille noble, ils sont bons; quant aux « hommes d'une condition ordinaire, on les instruit et ils deviennent bons; « les hommes vulgaires reçoivent de l'instruction et ils ne sont pas bons. »

上品之人
不教而善
中品之人
教而後善
下品之人
教而不善。

« Le pauvre honnête est toujours joyeux. Le riche malhonnête est plein de « soucis. »

清貧常樂
濁富多憂。

« En pratiquant le bien, on monte sans cesse. En suivant le mal, on descend « continuellement. »

從善如登
從惡好崩。

« Quand le cœur est illuminé par une étincelle d'intelligence, il n'y a ni « trouble, ni crainte dans l'âme, ni tourment de pensée, ni anxiété secrète; « tout est perfection morale et resplendissante vérité. Là où les principes di- « vins versent leur lumière, les germes des dispositions vertueuses sont rendus « parfaits. Mais, une fois mêlé aux fragilités humaines, l'homme tout entier est « subjugué par les passions. » (Davis, vers bouddhistes.)

一墮於僞
五體摧傾
靈哉一點
不擾不驚

無思無慮
至聖至明
天理昭著
善性根成

« Les ruses de la sottise triomphante ne durent pas au-delà d'une heure; le « temps seul dissipe les ruses, et la sottise reste en butte aux railleries. »

巧之勝拙
不還一時
久而巧敗
拙者笑之。

« Orgueilleux et hautain avec les pauvres, obséquieux et bas avec les riches : « tel est l'ordinaire des petits esprits. C'est ainsi qu'ils sont dans tous les « pays. »

接貧驕傲
逢富足恭
小人常態
天下皆同。

« Le silence souvent rend service à la figure. Aisément on peut confondre « le dragon et le serpent. Mais, si l'on vient à entendre leur voix, la difformité « de l'un, la beauté de l'autre, se montrent à découvert. »

利口苦面
音蛇難辯
只做一聲
醜態盡見。

西漢同文法 卷二

Voici deux pièces du Chē kin, légèrement paraphrasées, traduites par les anciens missionnaires.

1° Plaintes d'une épouse légitime qui a été répudiée.

« Semblables à deux nuages qui se sont unis au haut des airs, et que les « plus violents orages ne sauraient séparer, nous étions liés l'un à l'autre par « un éternel hymen, nous ne devions plus faire qu'un cœur. La moindre di- « vision de colère ou de dégoût eût été un crime; et toi, tel que celui qui arra- « che les herbes et laisse la racine, tu me bannis de ta maison, comme si, in- « fidèle à ma gloire et à ma vertu, je n'étais plus digne d'être ton épouse et « pouvais cesser de l'être.

« Regarde le Ciel et juge-toi! Hélas! que je m'éloigne avec peine! mon cœur « m'entraîne vers la maison que j'ai quittée. L'ingrat! il ne m'a accompagnée « que quelques pas; il m'a laissée à sa porte; il trouvait doux de me quitter. « Tu adores donc le nouvel objet de tes feux adultères, et vous êtes déjà comme « un frère et une sœur qui se sont vus dès leur enfance.

« Les eaux du Kin viennent tomber dans la rivière de Ouŷ et l'onde est « trouble après ce mélange; mais, si on a soin de la faire séjourner dans un « lieu préparé, elle devient très-limpide. Tu célèbres avec joie un nouvel « hymen et tu n'éprouves pour moi que du dégoût. N'approche pas de la digue « que j'ai mise en travers de l'eau et ne brise pas le roseau qui me servit pour « la pêche. Il ne te plaît pas de me retenir et je ne puis penser à demain.

« Quand les eaux étaient hautes, je montais sur ma nacelle; quand le fleuve « avait baissé, je le traversais à pied. En toute circonstance j'étais prodigue de « mes efforts et ingénieuse à en trouver l'emploi. Quiconque avait à s'occuper « du triste soin des funérailles me voyait accourir à lui, prête à lui rendre « mes bons offices après l'inhumation. »

« Ton cœur n'a plus la force de m'aimer; et la haine a remplacé l'amour. « Tu ne fais plus aucun cas de ma vertu, et me traites comme un marchand « dont on se plaît à déprécier les plus précieux objets. Autrefois j'étais pauvre « et malheureux, et tu me nourrissais; tu me nourrissais et m'entourais de « soins bienveillants; aujourd'hui tu t'éloignes de moi comme d'un objet vé- « néneux. »

« Je conserve chez moi des aliments à la douce saveur, que, dans ma pré- « voyance, j'ai gardés pour l'hiver. Pendant que, rempli de joie, tu conduis ta « nouvelle compagne, je suis réduite à la misère. Tu me montres un visage sé- « vère et menaçant, et tu m'abandonnes en proie au noir chagrin, et tu oublies « toutes ces douces joies que tu as goûtées près de moi. »

習習谷風
以陰以再
黽勉同心
不宜有怨
采葑采菲
無以下體
德音莫違
及爾同死

行道遲遲
中心有違
不遠伊邇
薄送我畿
誰謂荼苦
其甘如薺
宴邇新昏
宴邇新昏
如兄如弟

涇以渭濁
湜湜其沚
宴邇新昏
不我屑以
毋逝我梁
毋發我笱
我躬不閱
遑恤我後

就其深矣
方之舟之
就其淺矣
泳之游之
何有何亡
黽勉求之
凡民有喪
匍匐救之

不我能慉
反以我爲
讐既阻我
德賈用不
售昔育恐
育鞫及爾
顛覆既生
既育比予
于毒

我有旨蓄
亦以御冬
宴爾新昏
以我御窮
有洸有潰
既詒我肄
不念昔者
伊余來塈

2° *Ode sur le Prince* **Siuên-Ouâng.**

« Que la vue se promène agréablement sur ce paysage! Un fleuve coule « paisiblement dans la plaine et l'embellit du long canal que forment ses eaux. « Au midi, des montagnes s'élèvent majestueusement en amphithéâtre. A « l'autre rive, des roseaux et des pins toujours verts appellent les zéphyrs et le « frais. Lieux charmants! ceux qui vous habitent vivent en frères. Jamais la « discorde n'y fait entendre sa voix. Quelle gloire sera la vôtre! Le Prince « dont vous êtes l'héritage vous a choisis pour son séjour. Déjà le plan de son « palais est tracé; des murs superbes s'élèvent; on bâtit de grands portiques « à l'orient et à l'occident. Hâtez-vous de venir; les plaisirs, les jeux et les ris « vous attendent. Que je reconnais bien votre sagesse à la solidité des fonde-

« ments qu'on bat à coups redoublés! Ni les pluies ni les orages ne les renver-
« seront jamais. Jamais l'insecte qui rampe ou qui marche ne pénétrera dans
« votre demeure. La garde qui veille est quelquefois surprise; le trait le plus
« rapide peut quelquefois gauchir; la colombe effrayée oublie de voler; et le
« faisan fuit mal devant l'aigle; mais les obstacles fondent et fuient devant
« vous; vos pensées appellent les succès et vos regards les commandent. Que
« ces colonnades s'annoncent avec grandeur! Que ces salles sont vastes! De
« hautes colonnes en soutiennent le lambris; la lumière les éclaire et les pé-
« nètre de toutes parts. C'est ici que repose mon Prince; c'est ici qu'il dort
« sur de longues nattes tissues avec art. J'ai fait un songe, me dit-il en s'é-
« veillant, expliquez-en les mystères. Prince, votre songe ne vous annonce rien
« que d'heureux. Vous avez vu des ours et des dragons; les ours marquent la
« naissance d'un héritier, et les dragons celle d'une princesse. Ma prédiction
« est accomplie. Il vient de naître, cet héritier si désiré. Couché dans son ber-
« ceau, il se joue avec un sceptre, et toute la magnificence qui l'environne ne
« peut lui en adoucir la contrainte. Il pousse des cris, mais ce sont des cris de
« héros. Consolez-vous, illustre enfant; la pourpre dont vous êtes vêtu vous
« dit que vous êtes né pour le trône, et pour notre bonheur. Je vois aussi une
« Princesse humblement enveloppée dans ses langes. Une brique, symbole de
« son sexe, est à ses côtés. Puisse-t-il être sans vices, si elle est sans vertu!
« Sa destinée ne l'appelle qu'aux soins inquiétants du ménage; mais ils peu-
« vent la conduire à la gloire. Puissent ses augustes parents l'y voir arriver et
« jouir de toutes les louanges qu'elle aura méritées! »

秩秩斯干
幽幽南山
如竹苞矣
如松茂矣
兄及弟矣
式相好矣
無相猶矣

似續妣祖
築室百堵
西南其戶
爰居爰處
爰笑爰語

約之閣閣
椓之橐橐

風雨攸除
鳥鼠攸去
君子攸芋

如跂斯翼
如矢斯棘
如鳥斯革
如翬斯飛
君子攸躋

殖殖其庭
有覺其楹
噲噲其正
噦噦其冥
君子攸寧

下莞上簟
乃安斯寢
乃寢乃興
乃占我夢
吉夢維何
維熊維羆
維虺維蛇

大人占之
維熊維羆
男子之祥
維虺維蛇
女子之祥

乃生男子

載寢之牀
載衣之裳
載弄之璋
其泣喤喤
朱芾斯皇
室家君王

乃生女子
載寢之地
載衣之裼
載弄之瓦
無非無儀
唯酒食是
議無父母
詒罹

Vers de cinq syllabes.

« Tandis que l'homme s'apprête à tuer le tigre, le tigre songe à dévorer « l'homme; mais les débats du crabe et du cormoran tournent à l'avantage du « pêcheur. »

人有害虎心
虎有傷人意
鷸蚌而相爭
原是漁人利

« Le vin réjouit quand on boit avec des amis; les vers sont le plaisir d'une « société intime; mais, avec d'autres que des amis de toute la vie, la poésie et « le vin sont une source de chagrin. »

酒欣知己飲
詩受會家吟
不是平生友
徒傷詩酒心

« Nourri de l'étude de dix mille ouvrages divers, le pinceau à la main on est « pareil aux dieux; qu'on ne place pas l'humilité au rang des vertus : le génie « ne cède jamais la palme qui lui appartient. »

讀書破萬卷
下筆如示神
謾道一爲德
才高不讓人

海上絲綢之路文獻集成 科技與文化編

« L'imposture a peine à durer tout un jour; le soupçon ne tarde pas à la « pénétrer. Celui qui s'expose en plein théâtre doit bientôt se laisser décou- « vrir. »

假雖終日賣
到底有疑猜
請看當場者
須應做出來

« La vérité est comme un vin savoureux; l'imposture ressemble à une li- « queur insipide. Réservez vos égards pour le vrai mérite et traitez sans façon « les gens sans talents. »

認眞似酒甘
識破如水淡
有才便可憐
無才便可慢

« Ce que vous entendez vous attire. Ce qui frappe vos yeux vous éloigne. Il « y a loin de ce qu'on vous a dit à ce que vous voyez: un vain bruit ne fait « pas naître l'estime. »

何所聞而來
何所見而去
所見非所聞
處召何足慕

« L'univers est une machine réglée d'avance; les hommes du siècle n'en « connaissent pas les ressorts; mais, quand vient le terme de chaque événe- « ment, la félicité ou l'infortune les leur font connaître. »

天地有先机
世人不能識
只到事過時
方知凶與吉

« On pensait que rien ne pouvait plus changer, et voici tout d'un coup de « nouveaux changements. Mais sans ces traverses auxquelles on est sans cesse « exposé, comment les sentiments pourraient-ils se montrer? »

已道無翻覆
匆然又弈更
不經千百轉
何以見人情

« Si quelqu'un a un projet en tête, c'est à moi d'y prendre garde. A mille

« ruses, opposez dix mille précautions; vous ne pourrez errer de l'épaisseur « d'un cheveu. »

他人個有心
予亦能忖度
千機與萬關
一毫不差錯

« La raison et la justice sont naturellement d'accord; mais la fausseté et la « droiture ne cadrent pas ensemble. Dans ce monde, il faut faire des conces- « sions aux autres. A quoi bon les solliciter malgré eux? »

道義原相來
邪正自不投
人生當金何
何必强相來

« Vous cherchez des fleurs, et vos yeux trompés rencontrent un saule; vous « poursuivez une hirondelle, et par erreur vous entendez un loriot. On a « beau avoir un cœur passionné, la beauté et la laideur inspirent des senti- « ments différents. »

尋花誤看柳
逐燕錯聽鶯
總是春風面
妍媸却異情

« Avec une intention sincère, il cherche un véritable talent, mais, de tous « côtés, il ne rencontre que des plagiaires. Ce fait extraordinaire ne provient « pas des hommes; il tient naturellement aux vues mystérieuses du Ciel. »

雅意米眞才
遍七遇假鈔
非關人事奇
自是天心妙

« Les affaires de l'État doivent être délibérées en séance solennelle. Est-il « convenable de se retirer pour y songer en particulier? Tels sont en général « les sentiments des magistrats : sur dix, il y en a neuf qui ne cherchent que « leur intérêt privé. »

公事當廷議
如何歸去思
大都臣子意
十九爲存私

« Avec des désirs modérés, le cœur est dans un état florissant; avec de « grandes anxiétudes la constitution physique tombe bientôt. »

慾寡精神爽
思多血氣衰

L'heureuse pluie.

« Le troisième mois de l'hiver a été doux et pur dans presque toute sa du- « rée; voici bientôt venir les heureuses pluies du printemps. Le brouillard « humide qui s'étend au loin a enveloppé les montagnes à l'horizon; sa rosée « remplit peu à peu les cavités empreintes sur les pierres, et les vents printa- « niers obscurcissent le soleil couvert de nuages; c'est la saison où toutes « choses germent et croissent dans la nature. Engageons par de sages paroles « le laboureur paisible à se livrer sans délais à ses travaux des champs. »

三冬晴暖久	春羽搖陽日
一雨正相宜	萬物發生時
漠漠沉山閣	爲向農人說
輕輕點石池	西疇事莫遲

« Le vert feuillage du saule n'ombrage pas encore le sentier; mais les fleurs « du pêcher couvrent déjà les bosquets; tous les êtres animés semblent éprou- « ver les influences de la saison. Pourrais-je oublier en ce moment les faveurs « du ciel, comme ceux qui, restant appuyés sur une table, deviennent inutile- « ment vieux et n'emploient pas leurs facultés dans la saison convenable? La « pluie tombe à grosses gouttes devant la porte d'entrée de ma demeure, tan- « dis que mon esprit s'égare, absorbé dans de semblables méditations. »

柳色未遮徑	隱几人空老
桃花已滿林	乘時力未任
物猶懷氣候	柴門對滿溼
吾豈忘天心	行坐一沉吟

Un lettré chinois, qui visitait l'Angleterre vers 1813, a composé un poëme sur Londres, en douze strophes. En voici les deux premières, avec la traduction :

« Bien loin dans l'océan, vers les confins du nord-est, il est une nation « nommée Angleterre; le climat en est froid et vous êtes portés à vous appro- « cher du feu; les maisons sont si élevées que vous pouvez prendre à la main « les étoiles; les habitants pieux respectent les cérémonies du culte et les hom- « mes vertueux chez eux lisent toujours leurs livres sacrés; ils portent une

« inimitié particulière à la nation française; les épées de la guerre ne restent « pas un instant dans le fourreau. »

海遙西北極　|　意誠尊禮拜
有國號英崙　|　心好尚持經
地冷宜親火　|　獨恨佛啷嘶
樓高可摘星　|　干戈不暫停

« Leurs fertiles collines, ornées de la plus riche verdure, ressemblent dans « l'aspect de leurs sommités aux sourcils arqués (d'une belle femme); les ha- « bitants sont pénétrés du respect pour le sexe féminin qui dans cette contrée « répond aux formes parfaites de la nature. Leurs jeunes filles ont des joues « qui ressemblent à des fleurs délicates, et la couleur de leurs attraits est pa- « reil à de blanches perles. De tout temps l'affection conjugale a été en hon- « neur parmi eux; le mari et la femme se plaisent dans une mutuelle harmo- « nie (1). »

山澤鍾靈秀　|　少女紅花臉
層巒展畫眉　|　滋人白玉肌
賦人尊女貴　|　由來情愛重
在地應坤滋　|　夫婦樂相依

Vers de six syllabes.

On trouve rarement chez les auteurs des vers de cette mesure.

« Parmi les charges, il y en a de grandes et de petites. Pour les magistrats, « c'est aux fonctions qu'il faut prendre garde. C'est vraiment comme une pou- « lie à puiser de l'eau : on est, sans l'avoir prévu, tantôt haut, tantôt bas. »

入任要份大小
爲官只論衙門
直似轆轤打火
或上或下難論

Vers de sept syllabes.

« Rien d'heureux ne peut naître de la colère; la bienveillance n'a plus de « place dans le cœur d'un ennemi; une demi-génération ne suffit pas pour « faire des amis éprouvés, et une heure donne naissance à d'implacables res- « sentiments. »

(1) Mémoires de M. Davis.

海上絲綢之路文獻集成　科技與文化编

害非容易易于恕
思不能多多在仇
半世相知知不固
一時懷恨恨無休

« Ne pratiquez pas le mal lors même qu'il semble de peu d'importance; ne « vous abstenez pas de faire une bonne action sous prétexte qu'elle est petite « ou de peu d'importance. »

勿以惡小而爲之
勿以善小而不爲

« Le cœur humain est le fondement de nos livres classiques; railleries, in- « jures, le style embellit tout. Le monde est un vaste théâtre où se joue une « longue comédie, maintenant comme jadis nos débats en sont le spectacle. »

六經原本在人心
笑罵皆文好細尋
天地戲場觀莫矮
古今聚訟眼須深

« La ruse est le seul recours des hommes artificieux; le trompeur n'emploie « qu'un fourbe pour entremetteur; il ne sait pas que le ciel a des desseins bien « arrêtés; c'est en vain qu'on jette un hameçon d'or pour pêcher l'image de « la lune. »

曲人到處皆奸巧
詭土從來命誰謀
豈文天心原有定
空勞明月下金鉎

« L'amour est un courrier fougueux qui se lance dans un torrent,
« La beauté est l'aiguillon qui précipite sa course.
« Si vous voulez par des liens l'arrêter et le retenir,
« Une belle seule, au milieu des fleurs, y pourra réussir.

情如野馬上長川
美色無端叉着鞭
若要絲彊取得定
除非花裡遇嬋娟

« Bien des singes vont dans le monde la tête levée,
« Se plaisant dans la fraude et montrant un visage éhonté.
« Mais s'il y a quelque part un œil clairvoyant,
« Un beau matin tout se découvrira et ils resteront couverts d'opprobre. »

世閒多少沐猴冠
久假欣欣不赧顏
只恐當塲有明眼
一朝窺破好羞慚

« Le méchant rit jusqu'à ce qu'il trouve un méchant tel que lui. Par ses « fourberies, il se joue de l'inconnu, de l'homme simple; mais qui sait si le « ciel ne suscitera pas un plus méchant encore qui fera tourner ses intrigues « à la gloire de l'innocence? »

奸人一笑丁奸生
哄弄愚生若戲嬰
誰識老夫奸更甚
借他奸代愚誓

« Le bruit des cloches, le son des tambours se joint à l'harmonie du luth « et des guitares. Une belle union répand la joie parmi tous les assistants. La « nièce qu'on a recueillie double les charmes d'une telle alliance. Le passereau « suspend son nid aux tiges de deux arbres. La lune reste suspendue aux tissus « écarlates qui ornent les fenêtres du pavillon. Devant la porte, une victime « dorée remplace les fleurs séduisantes. L'immortel qui a atteint le but de ses « désirs goûte une joie nouvelle. Ce ne sont pas les chants du *Livre des Vers*; « c'est la mélodie du grand Chún. »

鐘鼓暄閧琴瑟調
關雎賦罷賦桃夭
袗衣在音闋僂嫁
銅雀如今鎖二喬

斜上紅絲腕月繫
門前金犢倩花邀
仙郎得意翻新樂
不提周南擬舜韶

« Dans le monde, on éprouve mille peines et mille souffrances; mais ce « qu'il y a de plus cruel est de se séparer au moment de la mort ou pendant « la vie. »

世上萬般哀苦事
無非死別與生離

« Trois parties de courage et sept ou huit de folie constituent le caractère « d'un homme de talent. S'il parle devant les hommes vulgaires, personne ne « le comprend; s'il garde le silence, il n'y a que le sage qui le reconnaisse. »

三分氣骨七分痴
釀成才人一種思
說向世人却不解
不言惟有玉人知

海上絲綢之路文獻集成 科技與文化編

Strophes de Lỳ-Tay̆-Pĕ̆.

Un homme pêchant sur un bateau est supposé conduit sur le courant par des fleurs de pêchers qui flottent sur l'eau, dans une baie étroite qu'il traverse jusqu'à ce qu'il atteigne un lieu habité par des êtres inconnus, et qui, par la simplicité de leurs mœurs primitives, semblent avoir échappé, dans cette retraite éloignée, à la persécution d'un tyran chinois et n'avoir eu depuis aucune communication avec le reste des hommes. A son retour de ce lieu de délices, le pêcheur raconte ce qu'il a vu ou peut-être ce qu'il a rêvé, car, ayant voulu y retourner, il ne le retrouva plus.

La navigation des fleurs de pêchers.

« Peu nombreux étaient les habitants de ce beau séjour; leurs manières et « leurs mœurs étaient celles des jours antiques. Leurs champs produisaient « abondamment des plantes et des arbres de toute espèce. Aucun impôt ne « consommait le fruit de leurs labeurs; les vers que chantaient leurs enfants « avaient échappé à l'embrasement général; on entendait dans la vallée les « chants retentissants du coq et les aboiements du chien de garde saluaient « les premiers rayons du jour. Oh! puisse ma barque regagner ces heureux « rivages! Je braverais de longues années de périls et je ne regarderais pas « mes peines comme vaines. »

炊煙落落少人居	鷄鳴白日米溪洞
風景依稀太古餘	牧吠紅雲出草廬
草木盡生無稅地	若使扁舟能再返
子孫常讀未燒書	十年余欲效爲漁

IX. CULTURE ET UNIVERSALITÉ DE LA POÉSIE CHEZ LES CHINOIS.

Les lettrés chinois cultivent la poésie et la musique. Dans leur opinion, un savant ne peut ignorer ces deux arts libéraux sans ruiner son crédit littéraire. Lorsque le lettré chinois est seul dans son intérieur, sa plus grande jouissance est de chanter des odes sur sa guitare. En société, on révèle son génie, son talent, ses connaissances, en composant des vers. L'improvisation sur des rimes désignées fait grand honneur à un lettré. Au point de vue social, ce goût pour la poésie est un moyen sûr de faire une fortune rapide ou d'acquérir de la célébrité. Il est bien peu de savants chinois qui n'aient laissé quelques volumes de poésie. On ne connaît peut-être que le savant Tsēn-Nân-Fōng qui n'ait

pas fait de vers. Aussi les Chinois le comparent-ils à la belle fleur **Hay̆ tâng**, qui serait parfaite si elle avait de l'odeur.

Le célèbre **Tchoū-Hỳ** a publié une collection des poésies les plus renommées sous le titre de 楚辭集註, en huit volumes. On y trouve les poëmes de **Kiŭ yuên** 屈原, ministre du petit Royaume de **Tsoū**, qui, voyant ses conseils méprisés et sa personne éloignée de la cour, se donna la mort en se jetant dans une rivière du **Hoū-kouāng**, qui porte le nom de **Mỳ-lŏ** 汨羅. Le ministre a laissé une réputation qui est devenue proverbiale dans la suite des temps. La voix populaire a presque déifié **Kiû-Yuên**. Chaque année encore, le cinquième jour de la cinquième lune est une fête civile dans toute la Chine, en mémoire de la mort de **Kiŭ-Yuên**. Sa pièce principale de poésie est celle qui porte le titre de **Lŷ saō** 離騷. Les Chinois, qui goûtent fort ce poëme, en ont donné une foule d'éditions avec des commentaires de tout genre. Un auteur allemand, Aug. Pfizmaier, a eu le premier la pensée de le traduire dans sa langue maternelle sous le titre de : *Das Li-Sao und die neun Gesange*, Vienne, 1852. Les sinologues connaissent les plagiats français que l'on a faits de cette traduction allemande.

Mais l'époque la plus brillante de la poésie moderne est celle de la dynastie des **Tâng**, et les deux plus célèbres poëtes de cette époque sont **Toù-Foŭ** et **Lỳ-Taŷ-Pĕ**, sur chacun desquels nous donnerons la courte notice biographique suivante.

Toŭ-Foû.

Toŭ-Foû 杜甫, surnommé **Tsĕ-Meỳ**, l'un des plus célèbres poëtes de la Chine, naquit au commencement du huitième siècle à **Siāng-yâng**, dans la province du **Hoù-kouāng**. Ses ancêtres s'étaient distingués par leurs talents et par les hautes charges qu'ils avaient occupées. Son aïeul avait composé des poésies dont il reste dix livres.

Toŭ-Foû annonçait dès sa jeunesse d'heureuses dispositions pour l'étude. Toutefois, n'ayant pas été heureux dans ses examens littéraires, il renonça aux grades qui, en Chine surtout, conduisent aux dignités de l'Empire. Son goût l'entraînait vers la poésie; il s'y livra tout entier et donna trois poëmes descriptifs (**Foû** 賦) dans l'espace qui s'écoule entre 742 et 755.

Ces poëmes lui firent grande réputation dans tout l'Empire, à ce point que l'Empereur lui offrit une magistrature. **Toŭ-Foû** refusa ces honneurs; mais, la pauvreté le pressant, il se vit contraint de solliciter des secours de la générosité du Souverain. Mais les troubles de l'Empire ne lui permirent pas d'en jouir longtemps. Ce poëte mena dès lors une vie errante et bien voisine de la misère.

海上絲綢之路文獻集成 科技與文化編

Ses poésies ont été recueillies après sa mort. Elles font encore aujourd'hui les délices des gens de lettres qui se plaisent à les citer et à les imiter. **Toŭ-Foù** et son contemporain **Lỳ-Taў-Pĕ** peuvent à bon droit passer pour les véritables réformateurs de la poésie chinoise (1).

Lỳ-Taў-Pĕ 李太白.

Lỳ-Taў-Pĕ, originaire de **Kin-tcheoŭ**, province du **Sū-Tchuēn**, vivait sous le règne de l'Empereur **Hiuēn-Tsōng** de la dynastie des **Tăng**. Il descendait à la neuvième génération de l'Empereur **Où-Tў** de la dynastie des **Leăng** occidentaux. Une légende chinoise raconte qu'ayant été conçu par l'influence de l'Étoile de Vénus, on lui donna en l'honneur de cet astre le surnom de 太白 (*lumière d'une blancheur éclatante*).

Les poëtes chinois ont l'usage de prendre un nom particulier. **Lỳ-Taў-Pĕ** prit celui de *Lettré du nénuphar bleu*, 青蓮. Ses contemporains lui donnèrent, en outre, celui de *Dieu déchu*, 謫仙. Ses poésies se répandirent dans tout l'Empire et lui firent une réputation des plus brillantes. L'Empereur **Hiuēn-Tsōng** qui avait pour lui une grande estime et l'honorait de son amitié, l'éleva aux charges de l'Empire. Mais **Lỳ-Taў-Pĕ** ne pouvant se livrer selon ses goûts à l'étude, se démit de ses charges et se mit à voyager dans tout l'Empire. Il avait la réputation d'un grand buveur. Sa réputation de poëte n'en a pas plus souffert que celle d'Anacréon et celle d'Horace qui associaient ensemble le goût du vin et celui de la poésie. On a de **Lỳ-Taў-Pĕ** des poésies en 30 livres sous ce titre : 李太白集.

L'ouvrage **Koù ouĕn pìn tchoù**, dont nous avons parlé ailleurs, contient deux morceaux en prose de **Lỳ-Taў-Pĕ** qui sont fort élégants, ainsi qu'une petite préface de six lignes.

Les œuvres de **Toŭ-Foú** et celles de **Lỳ-Taў-Pĕ** sont réunies dans une collection dont la Bibliothèque de Paris possède un exemplaire, n° CLII du catalogue de Fourmont.

Il existe des encyclopédies où l'on a réuni les poëmes les plus célèbres de chaque époque. Nous citerons, entre autres, les suivantes :

1. Celle de **Lỳ-Kaŏ** 李翱, censeur de la dynastie des **Tăng**, sous le titre de : 雜詠百二十首.

2. Celle des œuvres de **Sō-Mà-Kouāng**, historien de la dynastie des **Sóng**, sous le titre de : 傳家集, en 80 livres. Les 15 premiers contiennent les poëmes de ce savant.

---

(1) *Nouveaux Mélanges asiatiques*, par Abel Rémusat.

3. La collection des œuvres, avec glose et commentaire, du célèbre Soū-Tōng-Pŏ 蘇東坡 sous le titre suivant : 蘇詩續苒遺.

4. Un contemporain et un ami de Tchoū-Hŷ a donné, dans une collection qui a pour titre : 隶山集, en 28 livres, les poëmes, selon lui, les plus élégants de la dynastie des Sóng.

5. Un auteur du nom de 吳省蘭 a donné un beau travail sur les poëtes des cinq dynasties qui ont suivi celle des Tăng. Sa collection porte le titre de : 五代宮詞.

6. Un poëte du nom de 鄭所南 a publié un recueil de poésies vers l'an 1301, auquel il a donné le titre de : 一百二十圖詩雄.

7. Un poëte renommé pour sa piété filiale a donné un recueil de pièces en vers sous le titre de : 丁孝子詩集.

8. Un écrivain de la dynastie des Min, 王光承, a publié une collection de pièces de vers disposés dans l'ordre suivant : 1° antique composition musicale, 古樂府; 2° vers pentamètres antiques, 五言古詩; 3° pièces en vers de sept syllabes, 七言古詩; 4° vers de cinq syllabes formant des antithèses, 五言聿詩; 5° vers de sept syllabes faisant antithèses, 七言聿詩; 6° quatrains de cinq syllabes, 五言絕句; et enfin de quatrains de sept syllabes, 七言絕句. Le titre de cette collection est : 鎌山草堂詩合鈔.

Toutefois, depuis bien des siècles, le gouvernement chinois n'a pas d'égard dans ses promotions pour le seul talent poétique. Il estime, non sans une grande sagesse, que le seul talent poétique n'est pas d'une grande utilité pour le bon gouvernement d'un État.

Les Chinois possèdent, en outre, une collection considérable de petits livres de poésies fort répandus dans toutes les classes de la société. On y trouve de jolies pièces de vers pour toutes les circonstances de la vie et toutes les classes de la société. Il n'y a peut-être pas de peuple au monde où les compliments soient aussi à la mode. Ces recueils de poésie sont comme une mine à la disposition de chacun.

« La poésie fait un des plus grands agréments des réunions de société ou de famille, et il est rare qu'il n'y ait pas, dans ces réunions, des lettres poétiques. Souvent une jeune beauté chinoise que ses parents veulent marier fait tomber son choix sur le jeune homme qui fait couler de *son pinceau les dragons et les perles*, pour dire la plus belle poésie, parce que, dans ce style, les caractères de la langue chinoise sont des dragons, et les beautés poétiques sont les perles. Souvent aussi, dans ces amusements poétiques, ceux qui ne réussissent pas à tirer de leur esprit quelques pensées, quelques vers enfin, sont condamnés à boire un nombre déterminé de tasses de vin.

« Cette universalité de la poésie chez les Chinois, cette vulgarité a pu nuire

海上絲綢之路文獻集成 科技與文化编

aux beautés de l'art, qui a peut-être perdu ce caractère de don naturel et de rareté sublime que la possession exclusive par quelques grands génies peut seule lui imposer. Toutefois, la poésie a conservé chez les Chinois un caractère propre assez élevé au-dessus de la prose pour en rendre la lecture et l'intelligence difficile aux Chinois eux-mêmes. » (M. Pauthier.)

Ce résumé substantiel de l'art poétique chinois suffit pour en donner une idée à nos lecteurs. Les Européens peuvent difficilement aspirer aux palmes de la poésie chinoise. Ses règles sont fort simples, à la vérité; mais, pour s'élever à un degré convenable, il faut une connaissance approfondie de la philosophie et de l'histoire de cet Empire : car les allusions de tout genre remplissent les pièces de vers des poëtes, et le recueil des expressions métaphoriques dont ils font usage est si considérable et tellement en dehors de nos idées européennes, qu'un Européen qui parviendrait à versifier élégamment en chinois serait un prodige à nos yeux.

FIN DE LA GRAMMAIRE CHINOISE.

海上絲綢之路文獻集成

總主編　陳支平　陳春聲

科技與文化編

69

主編　王揚宗　葉　農

海峽出版發行集團
THE STRAITS PUBLISHING & DISTRIBUTING GROUP
福建人民出版社

国家出版基金项目
NATIONAL PUBLICATION FOUNDATION

本册目次

漢文指南二卷（卷一）

（*Syntaxe nouvelle de la langue chinoise: fondée sur la position des mots*）

〔法〕儒蓮（Stanislas Julien）著

《漢文指南》二卷，法國儒蓮著。儒蓮（Stanislas Julien，一七九七—一八七三），法國籍猶太漢學家。生於法國奧爾良市，曾於法蘭西學院學習並任教，從雷慕沙習漢語，精於中國語言、文化和社會之研究。譯有《趙氏孤兒》、《西廂記》、《玉嬌梨》、《大唐西域記》等。與戴密微、沙畹並稱法國「漢學三傑」。一八七二年，法蘭西銘文與美文學院設立儒蓮獎，影響至今。此書係句法研究專著，法語書名可直譯爲「基於詞位之漢語新句法」。全書分兩卷，第一卷出版於一八六九年，第二卷次年出版。全書語料豐富詳實，中外文對照呈現，分別論述文言與白話之句法規則，旨在揭示詞位規律。據一八六九年及一八七〇年巴黎版影印。

漢文指南

SYNTAXE NOUVELLE

DE LA

LANGUE CHINOISE

FONDÉE SUR LA POSITION DES MOTS

SUIVIE DE DEUX TRAITÉS SUR

LES PARTICULES ET LES PRINCIPAUX TERMES DE GRAMMAIRE,

D'UNE TABLE DES IDIOTISMES,

DE FABLES, DE LÉGENDES ET D'APOLOGUES

TRADUITS MOT A MOT

PAR

M. STANISLAS JULIEN,
DE L'INSTITUT.

PREMIER VOLUME.

PARIS
LIBRAIRIE DE MAISONNEUVE
15, QUAI VOLTAIRE, 15.

MDCCCLXIX.

AU

DOCTEUR JAMES LEGGE

TRADUCTEUR DES CLASSIQUES CHINOIS

L'UN DES PLUS ÉMINENTS SINOLOGUES

DE NOTRE ÉPOQUE.

Hommage de l'Auteur.

[redacted]

AVERTISSEMENT DE L'AUTEUR.

L'ouvrage[1] que je présente aujourd'hui au public se rapporte, comme on le voit par le titre, à des règles de position qui tiennent lieu des inflexions grammaticales et qui, bien comprises, peuvent singulièrement faciliter l'intelligence des livres chinois écrits en *Kou-wen* ou style antique. Ce n'est point, à proprement parler, une grammaire chinoise complète dans toutes ses parties; c'est seulement un supplément considérable à toutes celles qui ont paru jusqu'à ce jour. Les étudiants et les personnes avancées que j'ai eus en vue en la composant, possèdent nécessairement une ou plusieurs des grammaires les plus répandues. Je me trouve ainsi dispensé de traiter de certaines parties tout à fait élémentaires, telles que des 214 clefs ou radicaux, de la prononciation, des quatre tons, des signes de pluralité, des genres, des noms propres, des noms de nombre, des pronoms, des conjonctions, etc.

Le docteur Marshman a publié, en 1814, à Sérampore, un ouvrage de 556 pages in-4°, qu'il a intitulé trop modeste-

[1] Le titre chinois *Han-wen-tchi-nan* signifie: „la Boussole de la langue chinoise." L'expression *Tchi-nan*, boussole, est familière aux Chinois qui l'emploient pour désigner un ouvrage didactique qui peut servir de guide aux étudiants. Il existe un Recueil de dialogues intitulé: *Monggou-tchi-nan*, la Boussole de la langue mongole.

ment : „*Elements of Chinese grammar.*“ C'est à lui que revient le mérite d'avoir émis le premier cette idée capitale : „*The whole of Chinese grammar depends on position.*“ Malheureusement, ce savant n'a pas su la démontrer. Il l'a noyée dans des dissertations prolixes où il s'est plu à raconter les faits historiques qui se rapportent à chaque citation, et en se livrant à des comparaisons oiseuses du Chinois avec le Sanscrit et l'Hébreu, il a oublié de mettre en lumière cette excellente observation à l'aide d'un nombre suffisant d'exemples, puisés aux meilleures sources et fidèlement traduits.

Dès le commencement de mes études (décembre 1823), j'avais été frappé des ressources qu'offre la connaissance des règles de position. Le principe énoncé pour la première fois par Marshman, fut pour moi comme un trait de lumière qui m'ouvrit les yeux et me permit de commencer, au bout de trois mois d'étude, ma traduction latine du philosophe *Meng-tseu* qui, depuis sa publication (1826), est devenue un manuel nécessaire pour toutes les personnes qui, en Europe et même en Chine, ont voulu, avant la publication des excellentes versions anglaises du docteur James Legge, étudier seules et sans maître la langue chinoise.

Dans le cours de mon enseignement, qui date de 1832, j'ai constamment tâché d'enseigner *les règles de position* à mes disciples dont plusieurs se sont fait connaître honorablement par d'estimables traductions, et par de savants Mémoires puisés aux sources chinoises.

On trouvera, pages 71 et 153, l'exposé des motifs qui m'ont décidé à ajouter à ma *Syntaxe*, des Monographies, c'est-à-dire des descriptions particulières, aussi complètes que possible, des mots qui jouent un rôle important dans la langue chinoise, et un supplément à ces Monographies, emprunté à

海上絲綢之路文獻集成 科技與文化编

un savant lettré qui fut, en 1798, président d'un des six ministères. J'ai cru devoir joindre aux Monographies une table fort étendue des Idiotismes qu'on ne peut réduire aux règles de la grammaire.

J'ai terminé cet ouvrage par un nombre considérable de Fables, de Légendes et d'Apologues, traduits du Sanscrit en Chinois entre le 5me et le 8me siècle de notre ère. Ces morceaux ont déjà paru en français, en 1859, dans un Recueil intitulé *Les Avadânas* ou *Paraboles*, dont les derniers exemplaires sont en ma possession. Ne pouvant les publier ici en totalité, j'ai recueilli les pièces qui m'ont paru les plus intéressantes, j'en ai découpé le texte chinois en phrases de 20, 30, 40 mots, et conformément au système que j'ai suivi dans ma syntaxe, dans les premières Monographies et les Idiotismes, j'ai inséré, à côté des signes traduits mot à mot, des numéros d'ordre répétés à gauche de leur prononciation. De cette façon, toute personne instruite, même étrangère au Chinois, pourra suivre seule, pas à pas, la construction et l'interprétation du texte, comme si un maître ou un sinologue exercé lui indiquait du doigt la forme, le son et le sens de chaque caractère chinois. Je ne crois pas exagérer l'importance de ce dernier travail où l'explication mot à mot est extrêmement claire et facile, en exprimant l'espoir qu'il pourra contribuer dans une large mesure aux progrès des jeunes gens qui voudront étudier particulièrement le style antique qui embrasse toute la partie savante de la littérature chinoise.

Je ne terminerai pas cette préface sans parler d'une question qui me laisse une certaine inquiétude, quoiqu'elle soit de nature à me faire obtenir l'indulgence des meilleurs juges. J'ai été heureux de puiser largement dans le savant travail d'un habile lettré pour rédiger la partie que j'ai appelée : *Supplé-*

ment aux Monographies (page 154—231). Mais ma position était bien différente de la sienne. Il avait sous la main les nombreux ouvrages auxquels il empruntait ses exemples, et il connaissait le sujet de chaque fragment d'où il les tirait. Moi, au contraire, privé de cette précieuse ressource, j'ai dû prendre les passages tels quels, sans pouvoir deviner quels faits ou quelles idées les précédaient où les suivaient, de sorte que dans les quatre cents exemples cités (à l'exception de ceux des quatre livres classiques, du *Chou-king*, du *Chi-king* et des trois commentaires du *Tch'un-thsieou*), j'ai pu quelquefois, peut-être souvent, commettre quelque erreur d'interprétation. Que les sinologues compétents se mettent à ma place, et disent, la main sur la conscience, s'ils auraient mieux réussi que moi à saisir toujours la pensée d'auteurs dont ils n'auraient pas eu les textes sous les yeux. Si un philologue avait à traduire quatre cents passages latins ou grecs, pris au hasard dans des textes dont la source ne serait pas indiquée, se flatterait-il de les comprendre, tout en profitant de l'incomparable secours qu'offrent, en latin et en grec, les flexions grammaticales dont les signes chinois sont complètement dépourvus ?

La situation délicate où je me trouvais, et la crainte d'affirmer trop positivement l'interprétation des textes cités, m'ont seules empêché de joindre aux signes chinois et à leurs prononciations des chiffres indiquant leur mutuelle correspondance, ainsi que je l'ai fait dans les quatre autres parties de mon livre.

SYNTAXE NOUVELLE

DE LA

LANGUE CHINOISE.

Les caractères chinois sont tous monosyllabiques, indéclinables et *inconjugables*. Ils ne sont donc point susceptibles de recevoir ces flexions qui, dans les langues grecque et latine, font voir, au premier coup d'œil, les genres, les cas, et les nombres des noms, les voix, les temps, les modes et les personnes des verbes. Mais, malgré cette absence de flexions, la langue chinoise est, pour un sinologue instruit, aussi claire, aussi intelligible que les langues savantes qui sont richement pourvues des flexions qui lui manquent. Si elle n'était pas aussi claire, aussi intelligible, les innombrables ouvrages qu'elle a produits, en tout genre, depuis plus de 2000 ans, auraient-ils pu être lus, reproduits de siècle en siècle depuis l'invention de l'imprimerie[1] et intéresser les générations qui se sont succédé jus-

[1] Les Chinois ont commencé à imprimer en 581 sur des planches xylographiques. En l'an 904, ils ont fait usage de planches de pierre gravées en creux, et en 1040, de types mobiles. Si, à la même époque, cette dernière invention eût été connue en Europe, l'imprimerie y aurait été avancée de plus de quatre siècles. (Voyez le petit Mémoire que j'ai inséré dans le Journal Asiatique de Paris, cahier de Juin 1847, page 505.)

qu'à ce jour? Pourrait-elle, maintenant, sous sa forme moderne appelée *kouan-hoa* 官話 ou langue commune, être parlée en Chine, en Cochinchine, au Japon, à Siam, en Corée et même au Thibet, par une population de plus de quatre cent cinquante millions d'hommes, c'est-à-dire par la moitié du monde civilisé? Pourquoi une langue, si imparfaite en apparence, répond-elle assez bien à tous les besoins de la pensée, pour avoir permis aux auteurs chinois de traiter, depuis plus de vingt siècles, dans d'innombrables ouvrages, tous les sujets scientifiques ou littéraires qui sont du ressort de l'esprit humain? Cela tient à ce que les flexions des noms et des verbes, qui donnent tant de précision aux langues anciennes, trouvent, jusqu'à un certain point, leurs équivalents dans la mobilité des signes chinois qui acquièrent toute sorte de valeur grammaticale, suivant la place qu'ils occupent dans la phrase, et suivant les mots avec lesquels on les construit. La position relative des mots détermine nettement leur rôle et donne aux écrits ou aux discours toute la clarté désirable.

Avant d'aborder la première partie de ce Traité de Grammaire, je crois devoir donner au lecteur, par les exemples suivants, une première idée des changements de valeur et de signification qui résultent, pour un même mot, de ses différentes positions, ou des signes avec lesquels on le construit. Prenons par exemple le mot *tch'i* 治 gouverner. Si ce verbe est placé avant *koŭe* 國 royaume, ces deux caractères signifieront: gouverner le royaume. En mandchou: *gourounbe dasambi.*

Si l'on renverse l'ordre des mots et qu'on place *koŭe* 國 royaume, avant *tch'i* 治 gouverner, ces deux mots signifieront: le royaume est gouverné. En mandchou: *gouroun dasaboumbi.*

Si le mot *tch'i* 治 est placé après *chi* 史 magistrat, il devient substantif et ces deux mots signifieront: l'administration des magistrats, confiée aux magistrats. En mandchou: *khafan i dasan.* Ces trois exemples sont tirés du Dictionnaire Thsing-han-wen-haï, liv. 25, fol. 3.

Le mot *thouan* 團 rond (rotundus) peut, suivant sa position, être adjectif, substantif, verbe et adverbe.

On dit: *thouan-chen* 團扇 un écran rond.

海上絲綢之路文獻集成 科技與文化編

Fen-thouan 粉 團 une boule de céruse. En mandchou: *fiyan i moukhaliyan.*

團 飯 *thouan-fan* mettre en boule le riz cuit.

Thouan-tso 團 坐 s'asseoir en rond.

Le mot *kouan* 官 magistrat, peut recevoir quatre significations différentes suivant sa position, ou suivant les caractères avec lesquels on le construit.

建 官 *kien-kouan*, établir, nommer un magistrat. En mandchou: *khafan sindara.*

Tchong-kouan 中 官 un fonctionnaire du milieu (du palais), c.-à-d. un eunuque.

[1]不 [2]辭 [3]小 [4]官 [1]*pou*-[2]*thse* ne pas refuser, [3]*siao*-[4]*kouan* une petite magistrature.

[1]能 [2]官 [3]人 [1]*neng* il peut, [2]*kouan* employer, [3]*jin* les hommes. En mandchou: *niyalma be baitalame moutembi.*

[1]大 [2]德 [3]不 [4]官 [1]*ta*-[2]*te* un homme d'un grand mérite, [3]*pou*-[4]*kouan* n'est pas retenu, enchaîné dans une magistrature. (il peut la conserver ou la quitter à son gré). En mandchou: *Amba erdemoungge khafan de khôsibourakô.*

Le mot *ngan* 安 *vulgo* repos, peut aussi, suivant sa position, recevoir diverses significations.

Wen-ngan 問 安 s'informer de la santé de quelqu'un (*ngan*, substantif.)

Ngan-min 安 民 dare pacem populo (*ngan*, verbe actif).

Min-ngan 民 安 le peuple est tranquille, jouit de la paix (*ngan*, verbe neutre).

[1]願 [2]安 [3]承 [4]教 [1]*youen* je désire, [2]*ngan* avec une volonté ferme, [3]*tch'ing* recevoir, [4]*kiao* vos instructions (*ngan*, adverbe).

La langue anglaise offre des expressions où le même mot change de signification, ou plutôt de rôle grammatical, non suivant sa position, mais suivant les mots avec lesquels on le construit. Prenons pour exemple le mot *set:*

Verbe. To set a thing on the table, *poser* quelque chose sur la table.

Adjectif. His eyes are set, son regard est *fixe.*

1*

Substantif. A set of books, une *collection* de livres.

Le même mot change de signification suivant les mots auxquels on l'associe. We will play a set, nous jouerons une *partie*. We danced four sets, nous avons dansé quatre *contredanses*. At set of sun, au *coucher* du soleil. To be at a dead set, être bien en *arrêt* (terme de chasse). Things are at dead set, les affaires sont dans *un état de stagnation*. To make a dead set on, chercher à surprendre, guetter.

Cet exemple anglais est excellent. Tout mot chinois peut passer par les mêmes états, et changer aussi souvent de signification, suivant les mots auxquels on l'associe.

Le mot anglais *present* peut avoir quatre significations, suivant les mots avec lesquels on le construit.

1° Substantif. *He made him a handsome present*, il lui a fait un beau présent.

2° Adjectif. *The present season*, la saison présente.

3° Verbe. *They present him a large sum*, ils lui font présent d'une grande somme d'argent.

4° Adverbe. *At present I am quite well*, à présent je suis ou me porte tout-à-fait bien.

Les exemples anglais du mot *present* sont tirés de la Grammaire de Marshman, mais ce mot n'a pas l'élasticité du mot *set*, et ne répond pas aussi bien à l'aptitude qu'a chaque mot chinois pour se prêter, dans des cas déterminés par la position, à toute espèce de rôle et de signification.

En anglais, on voit souvent, comme en chinois, un substantif employé verbalement. Ainsi l'on dit: *a pen*, une plume pour écrire, *to pen a letter*, écrire une lettre; *a man*, un homme, *to man one's self*, s'armer de courage.

Le moyen le plus propre à faire saisir, au premier coup d'œil, les nombreux changements de rôle grammatical que peut présenter une phrase chinoise, et d'en faire comprendre la cause, est de citer des exemples où le même mot figure, dans le même passage, sous deux aspects différents.

Par exemple: on trouve [1]以 [2]鑽 [3]鑽 [4]之 *[1]i-[2]tsouan-[3]tsouan-[4]tchi*. Le mot *[2]tsouan* étant précédé de *[1]i*, signe du cas

海上絲綢之路文獻集成 科技與文化編

instrumental, on reconnaît de suite qu'il doit être pris dans son sens habituel de *tarière* (terebra); [1]*i*-[2]*tsouan* signifie donc *avec une tarière* (en latin *terebrâ*). Le même signe suivi de [4]*tchi* (illud), est évidemment, par sa position, un verbe actif et signifie percer avec une tarière (terebrare); [4]*tchi* est le régime direct de ce verbe: [3]*tsouan*-[4]*tchi* percer cela (terebrâ terebrare illud).

Le mot *fo* 服 vêtement, signifie aussi vêtir, mais c'est la position seule qui détermine ce sens verbal. [1]子 [2]服 [3]堯 [4]之 [5]服. Le génitif [3]*yao*-[4]*tchi*, de (l'empereur) Yao, montre bien que le mot qui suit est le substantif vêtement, et comme cette phrase a besoin d'un verbe actif gouvernant le mot [5]*fo* vêtement, on reconnaît aisément que ce verbe est le second mot [2]*fo* qui acquiert par sa position le rôle et le sens de *vêtir;* mot-à-mot: [1]*tseu* (si) vous, [2]*fo* vêtissez, [5]*fo* les vêtements, [4]*tchi* de, [3]*yao* l'empereur Yao.

Le mot *tao* 道 dans le passage suivant signifie à la fois *conduite* et *parler*. La construction est la même que ci-dessus, et cette construction nous révèle la double acception de ce mot. [1]君 [2]子 [3]樂 [4]道 [5]堯 [6]舜 [7]之 [8]道. Le génitif [5]*yao* [6]*chun*-[7]*tchi* (des empereurs Yao et Chun) nous montre que le dernier mot [8]*tao* doit être le mot *conduite, manière d'agir*, régime direct d'un verbe qui ne peut être que le premier [4]*tao*, lequel par sa position doit être le mot *parler de*. Mot-à-mot: [1]*kiun*-[2]*tseu* le sage (Confucius), [3]*lo* aimait à, [4]*tao* parler de, [8]*tao* la conduite, [7]*tchi* de, [5]*yao*-[6]*chun*, c.-à-d. des empereurs Yao et Chun.

L'importance des règles de position m'oblige de citer encore un certain nombre d'exemples de deux mots semblables, dont l'un conserve son sens habituel, tandis que l'autre prend une autre valeur suivant la manière dont il est construit. [1]老 [2]吾 [3]老 [4]幼 [5]吾 [6]幼. Le pronom [2,5]*ngou*, mon, mes, montre bien que les mots [3]*lao* et [6]*yeou* qui suivent sont des substantifs, régis par [1]*lao* et [4]*yeou*. Voici le sens: [1]*lao* je traite comme vieillards (je respecte) [2]*ngou*-[3]*lao* mes vieillards (mon père et ma mère), [4]*yeou* je traite comme des jeunes gens (j'affectionne),

海上絲綢之路文獻集成 科技與文化編

[5]*ngou*-[6]*yeou* mes jeunes gens (mes frères cadets). Il est aisé de voir que les mots [3]*lao* (vieillards) et [6]*yeou* (jeunes gens) ont chacun besoin d'un verbe dont ils sont le régime direct, et que les mots [1]*lao* et [4]*yeou* doivent, par leur position, être considérés comme des verbes actifs. Meng-tseu, ch. I, part. I, § 12.

Le mot *jo* 辱 déshonneur, a son sens ordinaire s'il est précédé d'un verbe actif dont il est le régime, mais il devient évidemment passif, s'il termine un membre de phrase. — [1]不 [2]仁 [3]則 [4]辱。[5]惡 [6]辱 [7]而 [8]居 [9]不 [10]仁。[11]是 [12]猶 [13]惡 [14]濕 [15]而 [16]居 [17]下 [18]也 [1]*pou*-[2]*jin* (si un homme) n'est pas humain, [3]*tse* alors, [4]*jo* il est déshonoré (*jo*, verbe passif); [5]*oú* haïr, [6]*jo* le déshonneur (*jo*, substantif), [7]*eul*, [8]*kiu* (demeurer dans), pratiquer habituellement, [9]*pou*-[10]*jin* l'inhumanité, [11]*chi* c'est, [12]*yeou* comme si, [13]*oú* l'on détestait, [14]*tchi* l'humidité, [15]*eul* et (que), [16]*kiu* l'on demeurât dans, [17]*hia* le bas (dans un lieu bas), [18]*ye* particule finale. Meng-tseu, chap. II, part. I, § 4.

Le mot *tch'i* 治 est le verbe gouverner, s'il est suivi d'un substantif; mais il devient passif, s'il est précédé d'un sujet, au nominatif, et qu'il termine la phrase. [1]士 [2]師 [3]不 [4]能 [5]治 [6]士 [1]*sse*-[2]*sse* (si) le chef de la justice, [2]*pou*-[4]*neng* ne peut, [5]*tch'i* gouverner (*tch'i*, verbe actif), [6]*sse* les juges.

[1]四 [2]境 [3]之 [4]內 [5]不 [6]治 (si) [4]*nouï* l'intérieur, [3]*tch'i* de, des, [1]*sse* quatre, [2]*king* frontières (du royaume), [5]*pou*-[6]*tchi* n'est [5]pas bien [6]gouverné ([6]*tch'i*, verbe passif). En mandchou, le premier [5]*tch'i* est rendu par le verbe *dasambi* gouverner, et le second [6]*tch'i* par le verbe *dasaboumbi* être gouverné. Meng-tseu, chap. I, part. II, § 6.

Le mot *tch'in* 臣 ministre, se trouve, dans les citations qui suivent, avec son sens habituel, puis, par la force de la position, avec celui de *faire ministre* quelqu'un.

Meng-tseu, chap. II, part. II, § 2. [1]有 [2]所 [3]不 [4]召 [5]之 [6]臣 [1]*yeou* il avait, [6]*tch'in* des ministres, [2]*so* que, [3]*pou* ne pas, [5]*tchao* il appelait (qu'il n'appelait pas auprès de lui — qu'il allait trouver lui-même) et plus bas [1]而 [2]後 [3]臣 [4]之 [1]*eul* et [2]*heou* ensuite, [3]*tch'in* il fit ministre, [4]*tchi* lui (il le fit ministre). Il est aisé de voir que le premier mot [6]*tch'in* serait en latin à l'accusatif (*ministros*) régime du verbe [1]*yeou* (avoir): habebat ([1]*yeou*), [6]*tch'in* ministros, [2]*so* quos, [3]*pou* non, [4]*tchao* advocabat, [5]*tchi* particule relative; et que le second mot [3]*tch'in* (ministre), suivi du mot *tchi* [4]之 *illum*, est le verbe actif *faire ministre* (comme s'il y avait, qu'on me pardonne ce mot, *ministrifia-lui*).

Le mot *ho* 貨 richesses, se rencontre dans Meng-tseu, (chap. II, part. II, § 3) avec le sens de gagner quelqu'un par des présents, mais alors il est suivi de *tchi* 之 (*illum*) qui détermine le rôle du verbe actif; plus bas ce même signe reprend sa signification habituelle (richesses, argent), parce qu'il est précédé de [16]*i* 以 qui est ici le signe du cas instrumental ([16]*i*-[17]*ho* divitiis, i. e. muneribus). [1]無 [2]處 [3]而 [4]餽 [5]之。[6]是 [7]貨 [8]之 [9]也。[10]焉 [11]有 [12]君 [13]子 [14]而 [15]可 [16]以 [17]貨 [18]取 [19]乎。[1]*wou* (quand on) n'a pas, *tch'ou* de motif, d'occasion (en mandchou: *tourgoun akô*, sans cause — Le Dr. Legge explique mieux *tch'ou* par *to manage*, *to dispose of*), [3]*eul* et cependant, [4]*koueï* donner des présents, [5]*tchi* à lui (à quelqu'un), [6]*chi* cela, [9]*ye* est, [7]*ho*-[8]*tchi* (voúloir) le gagner-par-des-présents. [10]*Yen* comment, [11]*yeou* [19]*hou* y aurait-il, [12]*kiun*-[13]*tseu* un sage (qui), [14]*eul* particule explétive, [15]*kho* pourrait, [18]*thsiu* être capté, gagné, [16]*i* par, [17]*ho* les richesses, par des présents?

Il arrive souvent que, par suite d'un changement de prononciation ou d'accent, le même mot employé deux fois dans la même phrase reçoit deux acceptions différentes. Mais comme les éditeurs chinois indiquent rarement le changement d'accent par un demi-cercle, inscrit à l'un des quatre angles des caractères, la position respective du même mot supplée à l'absence de ce demi-cercle et montre nettement sa double signification. Exemples: [1]聞 [2]樂 [3]不 [4]樂 prononcez *ouen-yo-pou-lo*. Quand aucun signe n'indiquerait la prononciation des signes 2 et 4, il serait aisé de voir que le dernier [4]mot, précédé de [3]*pou* ne pas, est le verbe neutre *lo* se réjouir, et que le [2]mot, qui vient après le verbe [1]*wen* entendre, ne peut être qu'un substantif (le mot *yo* musique). Le sens est: [1]*wen* s'il entend, [2]*yo* la musique, [3]*pou*-[4]*lo* il ne se réjouit pas, il n'éprouve pas de plaisir. Lun-yu, chap. Yang-ho, § 21.

Dans le passage suivant, il est également facile de reconnaître, lequel des deux mots semblables est le verbe ou le substantif, quand même le premier mot ne porterait pas le signe du troisième ton. [1]惡 [2]稱 [3]人 [4]之 [5]惡 [6]者。(Le sage) [1]*oú* déteste, [6]*tchè* ceux qui, [2]*tch'ing* publient, [4]*ngo* les vices, les défauts, [4]*tchi* des, [3]*jin* (autres) hommes.

Le génitif [3]*jin*-[4]*tchi* (des hommes) montre bien que le signe qui [5]suit doit se prononcer *ngo* et signifie les vices. Après avoir trouvé le sens du cinquième signe, il n'est pas difficile de reconnaître que le premier caractère doit être un verbe, se prononcer [1]*oú* (c'est celui dont la prononciation change) et signifier *haïr*, verbe actif dont le régime direct est [6]*tche* ceux qui (odit *eos qui* divulgant hominum vitia). Lun-yu, chap. Yang-ho, § 24.

[1]狗 [2]彘 [3]食 [4]人 [5]食 Dans ce passage le troisième signe se prononce [3]*chi* (manger) et le cinquième *sse*, aliments. Pourquoi cela? parce que le génitif [4]*jin* des hommes (hominum) montre que le cinquième signe ne peut être que le substantif *sse aliments* et que le troisième signe doit être le mot *chi* manger, régime direct de [5]*sse* aliments. Mot-à-mot: [1]*keou* les chiens, [2]*tchi* et les truies, [3]*chi* mangent, [5]*sse* les aliments, [4]*jin* des hommes. Meng-tseu, ch. I, part. I, § 4.

Le mot *weï* 為 prononcé *wêï*, au premier ton, signifie *faire*, prononcé *wéï* au troisième ton, il veut dire *à cause* (*causâ*). Si ces deux signes sont rapprochés sans que celui qui signifie *causâ* ait la marque du troisième ton, on peut, grâce à la position, reconnaître au premier coup d'œil, le sens de chacun des deux *weï*. Exemple: [1]君 [2]子 [3]曷 [4]為 [5]為 [6]春 [7]秋 Le mot [3]*ho*, comment? pourquoi? nous montre que [3]*ho*-[4]*weï* signifie *pour quelle cause?* (quâ de causâ?) et que par conséquent, si le signe [4]*weï* doit se lire *wéï* (au troisième ton), et signifier *à cause*, le [5]*weï* suivant ne peut signifier autre chose que faire. Mot-à-mot: [3]*ho*-[4]*wéï* pourquoi, [1]*kiun*-[2]*tseu* le sage (Confucius) *wêï* a-t-il fait, composé, [6]*tch'un*-[7]*thsieou* (la chronique appelée) Tch'un-thsieou?

On a déjà vu que la plupart des caractères chinois peuvent, suivant leur position ou suivant les mots avec lesquels on les construit, changer de rôle au gré de l'écrivain. Je suis donc obligé, pour me faire mieux comprendre, d'employer des termes qui appartiennent à la syntaxe des langues classiques, et considérer successivement ces caractères (quand cela me paraît nécessaire) comme *substantifs*, *adjectifs*, *verbes* et *adverbes*.

Ce n'est pas tout. Bien que les mots chinois n'aient pas de déclinaisons, je prendrai la liberté de me servir des noms des cas propres à la déclinaison latine: *Nominatif*, *Génitif*, *Datif*, *Accusatif*, *Vocatif*, *Ablatif*, en y ajoutant le *Locatif* et l'*Instrumental*, empruntés au Sanscrit, afin de montrer clairement les valeurs grammaticales qui résultent de leur position ou de l'addition de quelques signes *préposés* ou *postposés*.

En employant ces noms, je ne fais que suivre l'exemple d'Endlicher (page 198—225) et de Gonçalvez (*Arte China*, page 127). Sans ce langage de convention, il me serait impossible de traiter, à mon point de vue, de la Grammaire chinoise.

海上絲綢之路文獻集成 科技與文化編

PREMIÈRE SECTION.

DES SUBSTANTIFS.

Les substantifs chinois sont de plusieurs sortes, et peuvent être divisés en quatre classes.

1° Ceux qui expriment une personne ou une chose particulière, comme *jin* 人 homme, *chan* 山 montagne, *chouï* 水 eau, *ho* 火 feu, *mo* 木 bois, *yu* 魚 poisson, *niao* 鳥 oiseau etc.

2° Ceux qui viennent des verbes et en expriment l'action ou l'idée, comme *hing* 行 action, du verbe *hing* agir, *sse* 賜 don, du mot *sse* donner, *sse* 死 mort, du mot *sse* mourir.

C'est la position de ces mots qui en fait des substantifs, par exemple: 百行 *pe-hing* cent actions. En mandchou *tanggô yaboun,* 德行 *te-hing* action, conduite vertueuse. (En mandchou: *erdemou yaboun*). *Cheou-sse* 受賜 recevoir un don, *weï-sse* 畏死 craindre la mort; *fan-sse* 反賜 renvoyer un présent (qu'on refuse).

Dans les exemples suivants, les mots *wen* 聞 entendre, *kien* 見 voir, *kien* 諫 réprimander, *yo* 欲 désirer, *yun* 運 se mouvoir, *youen* 願 désirer, *tchi* 知 savoir, deviennent également substantifs, par position.

Exemples: [1]然 [2]後 [3]耳 [4]有 [5]聞 [1]*jen*-[2]*heou* ensuite, [3]*eul* ses oreilles, [4]*yeou* eurent, [5]*wen* l'ouïe, la faculté d'entendre; [1]目 [2]有 [3]見 [1]*mo* ses yeux, [2]*yeou* eurent, [3]*kien* la vue, la faculté de voir.

Kiu-kien 拒諫 résister aux réprimandes.

Na-kien 納諫 recevoir, admettre les réprimandes.

[1]從 [2]耳 [3]目 [4]之 [5]欲 [1]*thsong* obéir aux (satisfaire les), [5]*yo* désirs, [4]*tchi* des, [2]*eul* oreilles, [3]*mo* (et) des yeux.

[1]天 [2]之 [3]運 [3]*yun* les mouvements, [2]*tchi* du, [1]*thien* ciel (les mouvements des corps célestes).

[1]本 [2]願 *pen-youen*, mon premier souhait, vœu.

[1]其 [2]知 [3]可 [4]及 [1]*khi*-[2]*tchi* son savoir, [3]*kho* peut, [4]*ki* être atteint, égalé.

3° Les substantifs dérivés de mots qu'on emploie ordinairement comme adjectifs, par exemple: *fou* 富 richesses, de *fou* 富 riche; *koueï* 貴 honneurs, du mot *koueï*, 貴 honorable; *p'in* 貧 pauvreté, du mot *p'in* 貧 pauvre.

Exemples: *t'an-fou* 貪富 convoiter les richesses; *thse-koueï* 辭貴 refuser les honneurs; *wang-p'in* 忘貧 oublier la pauvreté.

C'est encore en vertu de la position que les adjectifs *thsong* 聰 doué d'une ouïe fine, *hien* 賢 sage, *yu* 愚 stupide, *heou* 厚 épais, *ta* 大 grand, *hong* 宏 étendu, deviennent des substantifs. Exemples: [1]師 [2]曠 [3]之 [4]聰 [4]*thsong* la finesse d'ouïe, [3]*tchi* de, [1]*sse*-[2]*khouang* (nom d'homme).

[1]明 [2]其 [3]賢 [1]*ming* mettre en lumière, [2]*khi*-[3]*hien* sa (propre) sagesse.

[1]疾 [2]庶 [3]人 [4]之 [5]愚 [1]*tsi* détester, [5]*yu* la stupidité, [4]*tchi* de, [2]*chou*-[3]*jin* la multitude.

[1]地 [2]之 [3]厚 [1]*heou* l'épaisseur, [2]*tchi* de, [3]*ti* la terre.

[1]聖 [2]道 [3]之 [4]大 *ta* la grandeur, [3]*tchi* de, [1]*ching*-[2]*tao* la sainte voie, la sainte doctrine.

[1]王 [2]敎 [3]之 [4]宏 [4]*hong* l'étendue, [3]*tchi* des, [2]*kiao* instructions, [1]*wang* de l'empereur.

Dans les six exemples ci-dessus, la particule *tchi*, 之 qui met au génitif les mots précédents, montre clairement que le dernier caractère est un substantif.

4° Les substantifs qui sont formés d'un verbe actif ou neutre et du mot *tche* 者 *vulgo* qui, quæ, quod. 使者 *sse-tche*, un envoyé, un ambassadeur, du mot *sse* 使 envoyer; 隱

者 *in-tche*, un solitaire, du mot *in* se cacher, être caché (en mandchou: *somikha niyalma*); *sse-tche* 死者 la mort; 1死 2者 3人 4之 5所 6必 7不 8免 9者 10也。*sse-tche* la mort, 10*ye* est, 5*so*-9*tche* ce que, 3*jin* l'homme, 4*tchi* particule relative, 6*pi* certainement, 7*pou*-8*mien* ne (peut) éviter.

DES CAS.

Nominatif.

Le nominatif ne demande aucune marque de cas, lorsqu'il exprime soit un nom de personne, soit un pronom, ou un nom commun. Exemples: 1孟 2子 3曰。4仁 5之 6勝 7不 8仁 9也。10猶 11水 12勝 13火 1*Meng*-2*tseu*, 3*youe* dit, 4*jin* l'humanité, 5*tchi* particule relative, 6*ching* triomphe de, 7*pou*-8*jin* l'inhumanité, 9*ye* particule finale, 10*yeou* comme, 11*chouï* l'eau, 12*ching* triomphe de, 13*ho* l'eau.

1狗 2彘 3食 4人 5食 1*keou* les chiens, 2*tchi* et les truies, 3*chi* mangent, 5*sse* les aliments, 4*jin* des hommes.

Le nominatif, sujet d'une phrase, est souvent suivi de *tchi* 之 qu'on est convenu d'appeler particule relative. Exemples: 1天 2之 3生 4斯 5民 1*thien* (quand) le ciel, 2*tchi* particule relative, 3*seng* a produit, a fait naître, 4*sse* ce, 5*min* peuple.

1犬 2馬 3之 4與 5我 6不 7同 8類 9也 1*khiouen* les chiens, 2*ma* et les chevaux, 3*tchi* particule relative, 6*pou* ne (sont) pas, 8*louï* d'une espèce, 7*thong* semblable, 4*yu* à, 5*ngo* nous; 9*ye* particule finale.

1君 2之 3犬 4馬 5畜 6伋 1*kiun* le prince, 2*tchi* particule relative, 3*khiouen* (comme) un chien, 4*ma* (comme) un cheval, 5*hio* nourrit, 5*ki* (moi) ki.

Les mot 3*khiouen* et 4*ma* sont pris ici adverbialement. Pour rendre le rôle qu'ils ont dans ce passage, il faudrait fabriquer deux adverbes ridicules, impossibles, et écrire: (il me nourrit) *chiennement, chevalement.*

Génitif.

Quand deux mots sont en construction, les Chinois ont deux moyens d'exprimer le génitif.

1° En employant la particule *tchi* 之 qu'ils insèrent entre deux mots, dont le premier porterait en latin la marque du génitif. [1]國 [2]之 [3]君 [3]*kiun* le prince, [2]*tchi* du (signe du génitif), [1]*koue* royaume (regn-i princeps).

2° En plaçant au premier rang celui qui a le sens du génitif. [1]人 [2]德 [2]*te* la vertu, [1]*jin* de l'homme (hominis virtus): 天子 *thien-tseu* cœli filius, le fils du ciel, l'empereur; [1]羔 [2]羊 [3]之 [4]皮 [4]*pi* une peau, [3]*tchi* de, [1]*kao*-[2]*yang* agneau (agni pellis).

Ce genre de construction admet trois, quatre, cinq génitifs de suite, sans que la phrase où ils se trouvent cesse d'être parfaitement claire.

Deux génitifs. [1]前 [2]哲 [3]令 [4]德 [5]之 [6]則 [6]*tse* les exemples, [5]*tchi* des, [3]*ling*-[4]*te* nobles vertus, [1]*thsien*-[2]*tche* des anciens sages.

Trois génitifs. [1]法 [2]園(苑) [3]珠 [4]林 [4]*lin* la forêt, [3]*tchou* des perles, [2]*youen* du jardin, [1]*fa* de la-loi.

Quatre génitifs. [1]周 [2]易 [3]義 [4]海 [5]撮 [6]要 [5]*tso*-[6]*yao* le résumé; [4]*haï* de la mer (de la vaste collection), [3]*i* des sens (des explications), [2]*i* du I-king, [1]*tcheou* de Tcheou-kong.

Cinq génitifs. [1]周 [2]易 [3]爻 [4]變 [5]義 [6]蘊 [6]*wen* la profondeur, [5]*i* du sens (le sens profond, la signification profonde), [4]*pien* des changements, [3]*hiao* des lignes symboliques, [2]*i* du I-king, [1]*tcheou* de *Tcheou-kong* (qui est le premier des cinq livres canoniques).

La règle du génitif, par position, paraît quelquefois présenter une exception, lorsqu'une expression signifie *une quantité de, un poids de, une longueur de*. Ainsi l'on dit: [1]惜 [2]分 [3]陰 mot-à-mot: [1]*si* épargner, [2]*fun* un dixième de pouce, [3]*in* temps (un très-court espace de temps); 尺地莫非其有也 *tch'i-ti-mo-feï-khi-yeou-ye*, mot-à-mot: pied-terre-aucun-pas-son-avoir (il n'y avait pas un pied de terre qui ne lui appartînt),

1一 2杯 3水 mot-à-mot: 1*i* une, 2*peï* tasse, 3*choui* eau (un verre d'eau); 1一 2車 3薪 1*i* un, 2*tch'e* un char, une voiture, 3*sin* menu bois pour brûler, une chartée de bois à brûler.

Nous voyons par la version mandchou que la règle du génitif par position n'est pas moins observée que dans les exemples précédents. En effet, on y lit, pour le premier exemple: épargner le temps d'un dixième de pouce: *emou fouwen i khelmen be khairara;* pour le second: la terre d'un *tch'i* pied chinois: *dchouchourou i na;* pour le troisième: l'eau d'une tasse: *emou khôntaka i mouke;* pour le quatrième: le bois à brûler d'une voiture: *emou sedchen i orkho.*

Datif.

Les Chinois expriment le datif de deux manières. 1° Par la position. Si un verbe signifie donner à, promettre à, parler à, le nom de la personne (régime indirect *au datif*) se place après le verbe, et le régime direct, la chose donnée, promise, dite, vient après.

Exemples: 1君 2餽 3之 4粟。5則 6受 7之 8乎。 1*kiun* (si) le prince, 2*koueï* donne, 3*tchi* à lui (lui donne), 4*so* du millet, 5*tse* alors, 6*cheou*-8*hou* reçoit-il (8*hou*, particule interrogative), 7*tchi* cela (accipit-ne illud milium?), l'accepte-t-il?

1賜 2齊 3侯 4胙 1*sse* il donna, 2*thsi*-3*heou* au prince de *thsi* (datif), 4*tsou* de la viande offerte en sacrifice.

1公 2賜 3季 4友 5汶 6陽 7之 8田 1*kong* le prince, 2*sse* donna, 3*ki*-4*yeou* à ki-yeou, 8*thien* les champs, 7*tchi* de, 5*wen*-6*yang*, nom de pays.

Le datif s'exprime ordinairement par les prépositions *yu* 于 et *yu* 於 qui sont synonymes, et quelquefois par *hou* 乎。

1孔 2子 3言 4于 5鄭 6伯 7日 1*khong*-2*tseu*, Confucius, 3*yen* parlant, 于 4*yu* à (datif) 5*tch'ing*-6*pe* au prince de Tch'ing, du titre de Pe, 7*youe*, dit.

1不 2順 3於 4德 1*pou*-2*chun* il n'obéit pas, ne se conforme pas, 3*yu* à (datif), 4*te* la vertu.

La préposition *hou* 乎 remplace quelquefois *yu* 于 comme marque du datif.

海上絲綢之路文獻集成 科技與文化编

[1]可 [2]使 [3]同 [4]乎 [5]龍 [6]逄 [7]比 [8]干 [9]矣。[1]*kho* on peut, [2]*sse* faire que, [3]*thong* ils deviennent sembables, [4]*hou* à, [5]*Long*-[6]*fong* (et à) [7]*Pi*-[8]*kan* (noms d'hommes), [9]*i* particule finale. (*Kou-wen-youen-kien*, liv. 30, fol. 28).

Accusatif.

Dès le commencement de mes études chinoises, savoir dans les premiers mois de 1824, j'avais cru reconnaître que les caractères *i* 以, *yu* 於, *yu* 于 *hou* 乎 perdaient, dans certains cas bien déterminés, leur signification habituelle pour devenir simplement des marques d'accusatif. Pour prouver ce fait si important que personne n'avait encore aperçu ni signalé, j'ai inséré à la fin de ma traduction latine de Mencius un petit mémoire intitulé: Brevis Tractatus in quatuor litteras quæ apud Mencium ejusque interpretes (j'aurais dû dire: apud sinenses scriptores) officio maxime notabili funguntur.

Je vais tâcher de montrer, par de nombreux exemples, le rôle que ces quatre caractères me paraissent avoir souvent, comme marques d'accusatif. J'ajouterai que ce principe a été adopté par le savant Endlicher dans la Grammaire chinoise qu'il a publiée en allemand à Vienne, et qu'il m'a fait l'honneur de me dédier.[1]

„*Dass die nachstehende Lehre* (dit-il, page 206) *von den accusativischen Präpositionen aus Julien's Vindiciae philologicae, (Paris 1830) entnommen ist, braucht für Kenner der grammatischen Literatur nicht bemerkt zu werden.*“[2]

[1] Anfangsgründe der chinesischen Grammatik, von Stephan Endlicher. Wien, 1845.

[2] „Les personnes versées dans l'histoire de la science grammaticale n'ont pas besoin que je leur fasse remarquer que les principes suivants relatifs aux prépositions qui indiquent l'accusatif, sont empruntés aux *Vindiciae philologicae* de Stanislas Julien.“

Ce titre de *vindiciae philologicae* n'est pas celui du petit mémoire qui termine ma version latine de Mencius. On le trouve plus haut, lin. 13 sqq. (S. Julien.)

Les mots qui sont à l'accusatif, comme régis par un verbe actif, se reconnaissent soit par leur position, soit par différents signes qui les précèdent à la suite du verbe ou avant le verbe.

La position de l'accusatif la plus simple est celle qu'il occupe immédiatement après le verbe. Exemples: [1]*tch'i*-[2]*koue* [1]治 [2]國 gouverner le royaume: [1]*ngaï*-[2]*min* [1]愛 [2]民 aimer le peuple; [1]*chi*-[2]*jou* [1]食 [2]肉。 manger de la viande.

La seconde position est celle où le régime direct est placé avant ou après un verbe actif, et est précédé, dans l'une de ces deux positions, d'un des quatre signes *yu* 於, *yu* 于, *hou* 乎, et surtout *i* 以, que j'ai cités plus haut comme étant souvent de simples marques d'accusatif. Si dans les deux positions que je viens d'indiquer, on leur donnait une des acceptions qu'offrent les dictionnaires du P. Basile et de Morrison ainsi que toutes les grammaires, on commettrait une très-grave erreur. Je ne puis oublier qu'un sinologue renommé expliquait les mots [1]分 [2]人 [3]以 [4]財 [1]*fen* distribuer, [2]*jin* aux hommes, [3]*i* marque d'accusatif, [4]*thsaï* les richesses, par „*distribuere homines secundum divitias*“, c'est-à-dire, ajoutait-il, *distribuere divitias hominibus*. Une telle analyse est sans danger, quelqu'inexacte qu'elle soit, quand le sens d'une phrase est connu d'avance. Mais si l'on se trouve en présence d'un passage qui n'a pas encore été traduit, on peut se tromper, en suivant la routine, d'une manière fâcheuse et souvent fort ridicule. Je connais beaucoup d'erreurs de ce genre, que je m'abstiens de citer. On les évitera aisément, si l'on se rend bien compte des principes et des exemples que je vais exposer.

Du caractère *yu* 於 marque de l'accusatif.

[1]悅 [2]親 [3]有 [4]道 [3]*yeou* il y a, [4]*tao* un moyen de, [1]*yeou* réjouir, contenter, [2]*thsin* ses parents. Mencius, liv. II, page 12, ligne 2.

Dans la phrase suivante, on lit [1]悅 [2]於 [3]親 [1]*youe*-[2]*yu*-[3]*thsin*, et dans les deux cas, la version mandchou fait suivre le mot *niyaman*, qui répond à ^{3}*thsin* parents, de la particule *be* ᠪᡝ, marque d'accusatif. On traduira donc ^{1}*youe* réjouir, ^{2}*yu* marque d'accusatif, ^{3}*thsin* ses parents. La comparaison du second passage avec le premier montre clairement que ^{2}*yu* y a bien la valeur que je lui attribue ici.

Deuxième exemple. ^{1}觀 ^{2}水 ^{3}有 ^{4}術 ^{3}*yeou* existit, ^{4}*chou* ars, ^{1}*kouan* aspectandi, ^{2}*choui* aquam. Mencius, liv. II, pag. 131, ligne 3.

Dans le même passage, ligne 1re, on lit: ^{1}觀 ^{2}於 ^{3}海 ^{4}者 ^{1}*kouan*-^{2}*yu*-^{3}*haï*-^{4}*tche* ^{4}celui-qui ^{1}considère $^{2-3}$la-mer. On voit que, comme dans le passage ci-dessus, ^{1}*youe* gaudio-afficere, ^{2}*yu* (nota accusativi), ^{3}*thsin* parentes, le mot *yu* ^{2}於 ne change point la signification du verbe ^{1}*kouan* (regarder, contempler), et que ce n'est pas autre chose qu'une marque d'accusatif.

Troisième exemple. Mencius, liv. I, page 86, ligne 1re.

^{1}問 ^{2}於 ^{3}孟 ^{4}子 ^{1}*wen* interrogare, ^{2}*yu*-^{3}*meng*-^{4}*tseu* Mencium. Ibid. liv. II, page 149, ligne 1 : le même verbe *wen* 問 interroger, est suivi du régime direct: ^{1}敢 ^{2}問 ^{3}夫 ^{4}子 ^{1}*kan* j'ose, ^{2}*wen* interroger, ^{3}*fou*-^{4}*tseu* le maître (Confucius).

J'ajouterai que, dans les dernières citations, les régimes directs *chouï* eau, *haï* mer, Meng-tseu, *fou-tseu* (le maître), sont suivis dans la version mandchou de la particule *be* ᠪᡝ, marque d'accusatif.

Il y a une autre construction où le mot *yu* 於 est encore une marque d'accusatif. C'est lorsque le régime direct d'un verbe actif en est séparé par un génitif formé d'un ou de plusieurs mots.

Pour démontrer ce fait important, il me suffira des exemples où le régime direct est précédé ou non du mot *yu* 於, sans que la présence ou l'absence de ce signe puisse modifier le sens de la phrase.

^{1}盡 ^{2}於 ^{3}人 ^{4}心 *tsin* épuiser, ^{2}*yu*-^{4}*sin* le coeur (*yu* marque d'accusatif), ^{3}*jin* de l'homme (épuiser le coeur de l'homme). On voit que ^{4}*sin* régime direct de ^{1}*tsin* épuiser, en est séparé par le génitif ^{3}*jin* (de l'homme), et que ce mot est précédé de ^{2}*yu* (marque d'accusatif) qui rattache le mot ^{4}*sin* (coeur) au verbe ^{1}*tsin* épuiser, et montre qu'il en est le régime direct.

Voici maintenant la même idée (épuiser le coeur) sans l'emploi de *yu* 於 : 1寡 2人 3盡 4心 *1koua-2jin* l'homme de peu de vertu, *3tsin* épuise, *4sin* son coeur, c.-à.-d. j'épuise mon coeur. (Mencius, liv. I, page 3, ligne 9.)

Dans cet exemple et le précédent, la version mandchou rend *yu-sin* 於 心, aussi bien que *sin* 心 tout seul, par *moudsilen be* le coeur (*be* ᠪᡝ marque d'accusatif).

1改 2於 3其 4德 *1kaï* changer, *2yu-4te* le caractère (indolem), *3khi* de lui (génitif) changer son caractère. (Meng-tseu.) On lit, dans le même ouvrage: 1王 2庶 3幾 4改 5之 *2-3chou-ki* peut être que, *1wang* le roi, *4kaï-5tchi*, changera cela. Dans ces deux exemples, comme dans les deux qui précèdent, la présence ou l'absence de *yu* 於 ne modifient en rien le sens du verbe *kaï* 改 (changer) ni celui des mots *4te* (indolem) et *5tchi* cela (*illud*, à l'accusatif).

Après tout ce qu'on vient de lire, le lecteur ne sera pas étonné d'apprendre que dans la version mandchou, les deux régimes des verbes *kaï* 改 changer, sont suivis dans la version mandchou, de *be* ᠪᡝ, qui est le signe du cas dont nous nous occupons.

Du caractère *yu* 于, marque de l'accusatif.

J'ai reconnu que 于 *yu* était souvent employé, comme *yu* 於 dont il est synonyme, pour marquer l'accusatif. On lit dans Mencius (liv. I, page 112, ligne 9): 1取 2殘 *1thsiu-2thsan*, comprehendam virum-crudelem. Plus haut, ligne 8, on voit la même idée exprimée dans les mêmes termes (1取 2于 3殘 *1thsiu-2yu-3thsan*), seulement le mot *2thsan* (virum-crudelem), régime direct du verbe *1thsiu* prendre, est précédé de *2yu*, qui est évidemment une marque d'accusatif, puisque dans le premier et le second cas, le mot mandchou *kokirakô*, qui répond à *thsan* (l'homme cruel) est suivi de *be* ᠪᡝ, marque habituelle de l'accusatif.

Nous avons vu que *yu* 於, marque de l'accusatif, dans beaucoup de cas, se place après un verbe actif quand le régime direct en est séparé par un ou plusieurs mots au génitif. Notre mot *yu* 于 remplit exactement le même rôle dans l'exemple suivant de Mencius (liv. I, page 12): [1]不 [2]解 [3]于 [4]此 [5]日 [6]之 [7]心 [1]*pou*-[2]*kiaï* je n'explique pas, [3]*yu* marque d'accusatif, [7]*sin* le sentiment, [6]*tchi* de, [4]*thseu* ce, [5]*ji* jour. C'est-à-dire d'après le commentaire: je ne puis m'expliquer, repartit le roi, le sentiment qui, ce jour-là, m'a poussé à proposer de substituer un mouton au boeuf qu'on allait tuer.

Du caractère *hou* 乎 marque de l'accusatif.

Ce que j'ai dit de *yu* 於 et de *yu* 于 peut parfaitement s'appliquer, dans les mêmes cas, au caractère *hou* 乎.

Pour démontrer la valeur nouvelle que j'attribue ici à *hou* 乎, il me suffira de citer deux exemples comme les suivants où la même idée est exprimée avec ou sans *hou* 乎, marque d'accusatif. Mencius avait écrit, liv. I, page 10: [1]保 [2]民 [1]*pao-min* conserver, protéger le peuple. Le commentateur J, comme si cette expression n'était pas assez claire, écrit [1]保 [2]乎 [3]民 [1]*pao* conserver, [2]*hou*, marque d'accusatif, [3]*min* le peuple.

Voici un autre exemple fort remarquable: [1]何 [2]賢 [3]乎 [4]叔 [5]武 [1]*ho* pourquoi, [2]*hien* avez-vous regardé comme sage, [3]*hou* marque d'accusatif, [4]*cho*-[5]*wou*, (nom d'homme)? En mandchou: *Cho-wou be* τὸν Cho-wou (*be* marque d'accusatif), *ainou* quare, *mergen de oboukha* pro sapiente habuisti?

Il n'est pas inutile de faire remarquer que le mot [2]*hien* (vulgo sage) devient ici, par position, un verbe actif, qui fait l'effet de *sapientifier*, si ce mot, qui n'est pas français, pouvait signifier *regarder comme sage*. La langue anglaise possède beaucoup d'adjectifs qui précédés de *to* et suivis d'un substantif deviennent de véritables verbes actifs, comme *blue* bleu, *to blue* bleuir, rendre bleu.

Le mot *hou* 乎, aussi bien que *yu* 於 et *yu* 于, est encore une marque d'accusatif lorsque le régime d'un verbe actif en est séparé par un ou plusieurs mots au génitif. Mencius, liv. I, p. 50:

[1]塞 [2]乎 [3]天 [4]地 [5]之 [6]間 [1]*se* il remplit, [2]*hou* marque d'accusatif, [6]*kien* l'intervalle, [5]*tchi* du, [3]*thien* ciel, [4]*ti* (et) de la terre.

[1]何 [2]成 [3]乎 [4]公 [5]之 [6]意 [1]*ho* comment, *tch'ing* a-t-il accompli, exécuté, [3]*hou* marque d'accusatif, [6]*i* les idées, les desseins, [5]*tchi* du, [4]*kong* prince? (Mencius.)

Tso-chi, liv. 5 fol. 25: [1]諸 [2]侯 [3]皆 [4]諭 [5]乎 [6]桓 [7]公 [8]之 [9]志 [1]*tchou*-[2]*heou* les princes feudataires, [4]*yu* comprirent, [3]*kiaï* tous, [5]*hou* marque d'accusatif, [9]*tchi* l'intention, [8]*tchi* de [6]*houan*-[7]*kong* (nom d'homme). En mandchou: *goloi beise* les reguli, *gemou* tous, *khöwan goung ni* de Houan-kong, *moudsilen be* l'intention (intentionem) *oulkhikhe* comprirent.

[1]何 [2]大 [3]乎 [4]季 [5]子 [6]之 [7]獲 [1]*ho* pourquoi, [2]*ta* a-t-il grandi, regardé comme grande, a-t-il loué, [3]*hou* marque d'accusatif, [7]*hou* la capture, [6]*tchi* de, [4]*ki*-[5]*tseu* faite par *ki-tseu*, nom d'homme? —

Du caractère *i* 以 marque de l'accusatif.

Nous voici arrivés à la marque d'accusatif la plus importante dont la valeur particulière manque dans les dictionnaires de Basile, Morrison, Gonçalvez et Medhurst; elle manque également dans toutes les grammaires chinoises publiées jusqu'à ce jour.

M. Wells Williams attribue, il est vrai, à notre *i* 以, aussi bien qu'aux prépositions *yu* 於, *yu* 于 et *hou* 乎 la propriété de marquer l'accusatif, mais il n'échappera à personne que cet estimable sinologue, dont l'excellent dictionnaire a paru en 1856[1], n'a pu s'empêcher de reconnaître le rôle important des caractères ci-dessus, exposé par moi dans le petit mémoire qui termine ma version latine de Mencius ou Meng-tseu (Paris 1824—1826).

Je me félicite de voir que les idées que j'ai émises, il y a quarante ans, sur ces quatre caractères chinois, ont été adoptées par M. Wells Williams. En effet, il cite, lui même, pag. 106, sous le mot *i* 以, avec la prononciation cantonnaise, le curieux passage où s'est trompé le P. Noël (voyez plus bas, pag. 21, lin. 4 et 34) et montre par là qu'il a parfaitement connu et mis à profit le petit mémoire que je viens de citer. J'ai été plus flatté

[1] A tonic Dictionary of the Chinese language in the Canton Dialect. *Canton*.

encore quand j'ai vu l'habile sinologue Endlicher me les emprunter et les faire entrer, en me citant, dans sa Grammaire de la langue chinoise page 206 sqq.

Je dois apprendre au lecteur que cette petite découverte du rôle de *i* 以, marque d'accusatif, me fut révélée par un contresens du P. Noël dont la traduction ou plutôt la paraphrase du Mencius, m'a été du plus grand secours pendant toute la durée de mon travail. Dans le cours de mes lectures de textes et de commentaires chinois, j'avais recueilli et écrit sur des cartes plusieurs centaines de phrases dont je ne pouvais faire la construction ni saisir le sens, faute de connaître la valeur de *i* 以, comme marque d'accusatif.

Les sinologues savent que le chinois moderne possède deux signes qui marquent l'accusatif: *pa* 把 et *tsiang* 將 qu'on traduit en mandchou par *gaimbi* prendre. On les place avant le régime du verbe actif. Le meilleur moyen de faire comprendre ici leur rôle, est de les considérer fictivement comme des terminaisons de l'accusatif latin, placées avant le radical. Je commence par des tournures appartenant à la langue moderne.

1將 2女 3子 4救 5了 1*tsiang* em, 2*niu*-3*tseu* mulier- (mulierem), 4*khieou*-5*liao* liberavit. *Liao* marque du passé.

1把 2人 3見 4了 1*pa* em, 2*jin* homin- (hominem), 3*kien*-4*liao* vidit (il a vu l'homme).

1把 2衆 3人 4偷 5看。1*pa* em, 2*tchong*-3*jin* multitudin- (multitudinem), 4*theou* furtim, 5*khan* aspiciebat; il regardait furtivement la multitude.

1把 2金 3視 4爲 5糞 6土 1*pa* um, 2*kin* aur- (aurum, à l'accusatif) 3*chi*-4*weï* habet-pro, 5*fen* stercore, 6*thou* et terrâ; il regarde l'or comme du fumier et de la terre. Maintenant que j'ai expliqué le role de *pa* 把 et de *tsiang* 將 marques d'accusatif en langue moderne, je vais passer à *i* 以 qui, dans les mêmes cas, y correspond exactement, en style ancien. Le contresens du P. Noël auquel j'ai déjà fait allusion (plus haut lin. 6) me fournira la meilleure démonstration du fait que je viens d'énoncer. On lit dans Mencius, liv. II, page 52: 1以 2仁 3存 4心. Noël avait traduit: 1*i* 2*jin* pietatis auxilio, 3*thsun* conservat, 4*sin*

海上絲綢之路文獻集成 科技與文化编

cor, comme s'il eût écrit *utens* humanitate conservat cor, en donnant à *i* 以 le sens très-fréquent de *uti,* se servir de.

Je consultai alors les commentaires *B* et *C,* et je lus, sous une forme moderne:

B: [1]把 [2]仁 [3]存 [4]於 [5]心 [1]*pa* em, [2]*jin* humanitat- (humanitatem), [3]*thsun* conservat, [4]*yu* in, [5]*sin* corde.

C: [1]將 [2]仁 [3]存 [4]於 [5]心 [1]*tsiang* em, [2]*jin*- humanitat-(humanitatem), [3]*thsun* conservat, [4]*yu* in, [5]*sin* corde.

Ce n'est pas tout. J'ouvris la version mandchou et y vis, avec une satisfaction extrême, que le signe *i* 以 de cette phrase y était rendu par *be* ᠪᡝ marque fréquente de l'accusatif: *Gosin be moudsilen de teboumbi*, humanitat-em corde in (in corde) reponit.

Il me restait, pour achever la démonstration, à vérifier le fait dans la grammaire mandchou-chinoise 淸文啓蒙 *thsing-wen-khi-mong,* et à l'article *be* ᠪᡝ, je trouvai pour synonymes, d'abord *pa* 把 et *tsiang* 將, les deux marques d'accusatif en style moderne, et ensuite le mot *i* 以 qui y correspond en style antique. Les divers exemples qu'on y voit cités ne peuvent laisser aucun doute à cet égard.

Il était donc parfaitement établi que, dans la phrase dont le sens avait échappé au savant P. Noël, le mot *i* 以 n'était qu'une marque d'accusatif. Je pris alors les centaines de cartes portant des exemples remarquables où le mot *i* 以 m'avait invinciblement arrêté, et je les compris toutes aussi aisément que si ce signe y avait été remplacé par les mots *pa* 把 et *tsiang* 將 qu'on est convenu de considérer, en style moderne comme des marques d'accusatif.

Les sinologues qui ont beaucoup lu, et qui, peut-être, ont été arrêtés plus d'une fois par le mot *i* 以, et les étudiants qui ont tout à apprendre, m'excuseront, j'espère, si je cite encore un bon nombre d'exemples du même signe, et si j'en montre divers emplois dans des exemples où il sert à faire comprendre des passages très-étendus.

On lit dans le dictionnaire de Khang-hi: [1]以 [2]物 [3]遺 [4]人 [5]日 [6]税 *i* -m, [2]*wou* re- (rem), [3]*i* legare, [4]*jin* homini, [5]*youe* dicitur, vocatur, ⁶*chouï*, c.-à-d. le mot *chouï* ⁶稅 veut dire léguer une chose (rem) à quelqu'un.

Meng-tseu, liv. II, page 46. ¹以 ²天 ³下 ⁴與 ⁵人 ¹*i* um, ²*thien*-³*hia* imperi- (imperium, à l'accusatif), ⁴*yu* dare, ⁵*jin* homini. C'est exactement le sens de la version mandchou: *Abkaï* du ciel, *fedchergui be* le dessous (*be* marque d'accusatif), *niyalma de* un homme à (à un homme), *boure* donner. Donner à un homme ce qui est au bas, au dessous du ciel, c.-à-d. l'empire.

Le P. Basile de Glémona a méconnu le principe dont il s'agit lorsque, sous le mot *wêï* 爲 (5,595), il a rendu le mot *i* 以 marque de l'accusatif par la préposition *ex:* ¹以 ²直 ³爲 ⁴曲 ¹*i* ex, ²*tchi* recto, *wêï* facere, *khio* curvum (courber ce qui est droit). Nous dirons mieux: um-rect, (rectum) facere curvum.

Morrison a commis la même faute que le P. Basile, lorsque, sous le numéro 1891 (Part II), il rend ¹以 ²直 ³爲 ⁴曲 ¹*i*-²*tchi*-³*weï*-⁴*khio*, par ¹*by* ²straight ³make ⁴crooked.

La grammaire mandchou-chinoise, dans un exemple absolument semblable ¹以 ²眞 ³爲 ⁴假 ¹*i*-²*tchin*-³*weï*-⁴*kia*, rendre faux ce qui est vrai, fausser la vérité, fait correspondre *be* ᡋᡝ marque d'accusatif à *i* 以, qui en cet endroit est tout-à-fait synonyme des signes *pa* 把 et 將 *tsiang* dont le rôle conventionnel a été assez expliqué plus haut (page 21).

¹若 ²不 ³以 ⁴此 ⁵田 ⁶還 ⁷魯 mot-à-mot: ¹*jo* si, ³*i* os, ⁴*thseu* ill-, ⁵*thien* camp- (si illos campos), ²*pou* non, ⁶*hoan* reddas, ⁷*lou* (regno) Lou; si vous ne rendez pas ces champs, ces terres au prince de Lou.

¹子 ²犯 ³以 ⁴璧 ⁵授 ⁶公 ⁷子 ¹*tseu*-²*fan* (nom d'homme), ³*i* am, ⁴*pi* ex-pretioso-lapide-tabell- (tabellam-ex-lapide-pretioso), ⁵*cheou* dedit, ⁶*kong-tseu*, principi; il donna au prince une tablette de jade.

Non seulement le régime direct, précédé de *i* 以, peut se mettre devant un verbe actif, comme dans l'exemple ci-dessus ¹以 ²天 ³下 ⁴與 ⁵人 ¹*i* um, ²*thien*-³*hia* imperi- (imperium), ⁴*yu* dare, *jin* homini, mais la position peut-être renversée, c'est-à-dire qu'on peut faire suivre le verbe actif, de la marque d'accusatif et du régime direct. On dit par exemple [1]分 [2]人 [3]以 [4]財 [1]*fen* distribuere, [2]*jin* hominibus, [3]*i* -as, [4]*thsaï* diviti-(divitias), au lieu de [1]以 [2]財 [3]分 [4]人 [1]*i* as, *thsaï* diviti-(divitias), [3]*fen* distribuere, [4]*jin* hominibus.

On peut encore rencontrer, et c'est souvent une difficulté, le régime direct suivi de *i* 以 au lieu d'être précédé de cette préposition. Exemple: [1]微 [2]邑 [3]以 [4]賦 [5]而 [6]與 [7]陳 [8]蔡 [9]從 [1]*weï* exigu-, [2]*i* oppid- [3]*i* um (exiguum oppidum), [4]*fou* dabo, [5]*eul* et, [6]*yu* cum, [7]*tch'in* regno *tch'in* (et), [8]*thsaï* regno Thsaï, [9]*thsong* (tibi) obsequar; je vous donnerai ma petite ville et, avec les princes de *Tch'in* et de *Thsaï*, je vous obéirai.

Le mot *i* 以 remplit le même rôle que les mots *yu* 於, *yu* 于, *hou* 乎, lorsque le régime d'un verbe actif en est séparé par un ou plusieurs mots au génitif.

[1]故 [2]以 [3]桓 [4]母 [5]之 [6]喪 [7]告 [8]于 [9]諸 [10]侯 [1]*kou* c'est pourquoi, [7]*kao* il annonça, [8]*yu* à, aux, [9]*tchou*-[10]*heou* princes-feudataires, [2]*i* marque d'accusatif, [6]*sang* les funérailles, [5]*tchi* de, [4]*mou* la mère, [3]*houan* du prince *Houan-kong*.

Voici une propriété remarquable du mot *i* 以. Ce signe met souvent à l'accusatif un pronom, un nom de personne ou les paroles contenus dans un passage précédent. [1]徐 [2]子 [3]以 [4]告 [5]孟 [6]子 [1]*siu*-[2]*tseu* (nom d'homme), [4]*kao* dit, [5]*meng*-[6]*tseu* à Meng-tseu, [3]*i* marque d'accusatif qui supplée les mots *thseu-yen* ces paroles, les paroles dites plus haut. Si nous traduisons en français [1]*i*-[4]*kao* par *le dit* (à Meng-tseu), l'article *le* signifiera bien *cela*, c'est-à-dire les paroles prononcées dans la phrase précédente.

Quand les Mandchous traduisent [3]*i* dans cette position, ils ne manquent pas d'écrire *ere be* (cela, c'est-à-dire ces paroles que la particule *be* met à l'accusatif).

Les mots sous-entendus après [3]*i* 以 sont précisément suppléés par le commentateur chinois: [1]徐 [2]子 [3]以 [4]此 [5]言 [6]告 [7]孟 [8]子 [1]*Siu*-[2]*tseu* (nom d'homme), [6]*kao* dit, fit connaître, [7]*Meng*-[8]*tseu* à Meng-tseu, [3]*i* marque d'accusatif, [4]*thseu* ces, [5]*yen* paroles. [1]*Siu*-[2]*tseu*, [3]ους [4]ἐκείν- [5]λόγ- (ἐκείνους λόγους), dixit Mencio.

海上絲綢之路文獻集成 科技與文化编

Je suis obligé d'employer deux mots grecs, parce que le mot *verba* est le même au nominatif et à l'accusatif pluriel.

On peut voir, dans la grammaire de Rémusat, page 132, le mot *tsiang* 將 (synonyme de *i* 以 dans le cas présent), qui met à l'accusatif dix-huit caractères que je traduis en latin pour avoir des mots portant des marques d'accusatif. [1]白 [2]公 [3]遂 [4]將 [5]相 [6]士 [7]之 [8]言 [9]與 [10]吳 [11]翰 [12]林 [13]請 [14]酒 [15]及 [16]錯 [17]讀 [18]弗 [19]告 [20]軒 [21]之 [22]事 [23]細 [24]細 [25]說 [26]了。 [1]*Pe*-[2]*kong* (nomen viri), [3]*souï* statim, [4]*tsiang* (nota accusativi), [5]*siang*-[6]*sse*-[7]*tchi* harioli, [8]*yen* sermonem, [9]*yu* et, [10]*ou*-[11]*han*-[12]*lin*, τοῦ Ou academici, [13]*thsin*-[14]*thsieou* invitationem-ad-cœnam, [15]*ki* et, [22]*sse* rem (historiam), [21]*tchi* τῆς, [2]*hien* zothecæ (dictæ), [18]*fe*-[19]*kou*, [16]*tso* perperam, [17]*to* lectæ (cujus nomen perperam lectum fuerat), [23]*si*-[24]*si* singillatim, [25]*choue*-[26]*liao* narravit.

Dans ce passage, le mot [4]*tsiang* met à l'accusatif les caractères [8]*yen*, paroles, [13]*thsing* invitation, et [22]*sse*, l'affaire, le fait.

Le style antique, ou *kou-wen* 古文, offre des exemples où le caractère *i* 以 met à l'accusatif et rattache à un verbe actif une suite de mots aussi nombreux que ceux du passage précédent.

Voici en effet un exemple remarquable de 告 *i-kao*, le dire, (*illud* dicere) où le signe *i* 以 met à l'accusatif une phrase entière.

Je prends, dans le commentaire, les mots sous-entendus que le *signe i* 以 rappelle et met à l'accusatif, comme régis par le verbe *kao* 告 dire, énoncer.

On lit dans Mencius, chap. I, part. II, § 12: Dans les années malheureuses, dans les années de famine, parmi le peuple du prince (votre peuple), les vieillards, les hommes débiles qui ont roulé se sont jetés par désespoir) dans les fossés[1] et les canaux, les hommes valides qui se sont dispersés dans les quatre parties de l'empire, se montaient à près de mille; et cependant, parmi les magistrats, *aucun ne vous l'a dit:* [1]有 [2]司 [3]莫 [4]以 [5]告 [1]*yeou*-[2]*sse* magistratuum, [3]*mo* nullus, [5]*kao* n'a dit, annoncé, [4]*i* cela. *I* ne signifie point cela, mais, comme on va le voir, il met à

[1] Il s'agit de fossés pleins d'eau.

海上絲綢之路文獻集成 科技與文化編

l'accusatif le double fait énoncé ci-dessus. [1]有 [2]司 [3]不 [4]以 [5]轉 [6]乎 [7]溝 [8]壑 [9]散 [10]於 [11]四 [12]方 [13]之 [14]情 [15]告 [16]于 [17]君 [1]*yeou-*[2]*sse* les magistrats, [3]*pou-*[15]*kao* n'ont pas dit, n'ont pas fait connaître, [16]*yu* au, [17]*kiun* prince, [4]*i-*[14]*thsing* le fait, [13]*tchi* de, [5]*tch'ouen* avoir roulé (s'être jeté), [6]*hou* dans, [7]*keou* des canaux, [8]*ho* et des fossés-pleins-d'eau, [9]*san* (et de) s'être dispersé, [10]*yu* [11]*sse-*[12]*fang* dans les quatre parties (de l'empire). On voit que [4]*i* est la clef de cette phrase, qu'il serait impossible de l'analyser, si l'on ne le rattachait à [14]*thsing* le fait que les hommes du peuple se sont jetés dans les canaux (se sont noyés) etc.

J'ai dit que *i* 以 remplace souvent un pronom démonstratif (illum, illam) sous-entendu. [1]還 [2]戎 [3]伐 [4]之 [5]于 [6]楚 [7]丘 [8]以 [9]歸 [1]*hoan* quand il fut revenu, [2]*jong* les barbares du nord, [3]*fa-*[4]*tchi* l'attaquèrent, [5]*yu* à, [6]*thsou-khieou* (nom de lieu) et [8]*i-*[9]*koueï* le ramenèrent. En mandchou: *erebe bedereboukhe* illum reduxerunt.

[1]夫 [2]人 [3]薨 [4]于 [5]夷 [6]則 [7]齊 [8]人 [9]以 [10]歸 [1]*fou-*[2]*jin* la princesse, [3]*hung* étant morte, [4]*yu-*[5]*i* chez les barbares de l'ouest, [6]*tse* alors, [7]*thsi-*[8]*jin* les hommes de Thsi, [9]*i-*[10]*koueï*, la ramenèrent (remportèrent son corps).

Les personnes habituées aux méthodes publiées jusqu'ici n'auraient certainement pu reconnaître que dans les deux exemples précédents le mot *i* 以 représente *illum* (lui) et *illam* (elle).

Dans les passages suivants qui termineront cet article, que son importance ne m'a pas permis d'abréger, le mot *i* remplace le pronom *illud* à l'accusatif. Meng-tseu, chap. II, part. II, § 2. [1]我 [2]非 [3]堯 [4]舜 [5]之 [6]道 [7]不 [8]敢 [9]以 [10]陳 [11]王 [12]前 [1]*ngo* moi, [2]*feï* (ce qui n'est) pas, [6]*tao* la voie, la règle de conduite, [5]*tchi* de, [3]*yao-*[4]*chun* (des deux empereurs *Yao* et *Chun*), [7]*pou-*[8]*kan* je n'ose pas, [9]*i-*[10]*tch'in* le présenter (**illud** exponere), [11]*wang-*[2]*thsien* devant le roi. En mandchou: *bi otchi* quant à moi, *yao-khan, chun khan i* de l'empereur Yao et de l'empereur Chun, *doro* la voie, *wakangge be* ce qui n'est pas (*be* marque d'accusatif), *gelkhoun akô wang ni dchakade toutchibourakô,* devant le roi, je n'ose présenter (**le** présenter).

[1]紀 [2]侯 [3]不 [4]能 [5]下 [6]齊。[7]以 [8]與 [9]紀 [10]季 [1]*ki*-[2]*heou* le prince de Ki, [3]*pou*-[4]*neng* ne pouvant, [5]*hia*-[6]*thsi* (consentir à) être-au-dessous de Thsi, [7]*i*-[8]*yu* le donna (sous-entendu *koue* royaume, après [7]*i*), [9]*ki*-[10]*ki* à *Ki-ki*, nom d'homme. En mandchou: *gi gouroun i kheou*, le Heou du royaume de Ki, *tchi gourouni fedchile* au bas (au dessous) du royaume de *Thsi*, *ome* être, *mouderakô ofi* ne pouvant pas, *gouroun be* le royaume (son royaume), *gi gi de*, à Ki-ki, *boukhe* donna.

On voit que *be* répond à [7]*i*, marque d'accusatif, et que le traducteur a suppléé le mot royaume (*gouroun*) que l'auteur chinois avait sous-entendu. En français, on traduirait bien [7]*i*-[8]*yu* par *le donna.*

J'ajoute un dernier exemple pour compléter ma démonstration. [1]獲 [2]甲 [3]首 [4]三 [5]百 [6]以 [7]獻 [8]于 [9]齊 [1]*hou* ayant obtenu, ayant pris, [2]*kia* d'hommes cuirassés (de cuirassiers), [4]*san*-[5]*pe* trois cents, [3]*cheou* têtes, [6]*i*-[7]*hien*, les offrit ([6]*i* met à l'accusatif le mot *cheou* (*têtes*), [8]*yu* au, [9]*Thsi* roi de Thsi. En mandchou: *ouksilekhe niyalmai* d'hommes cuirassés, *ilan tanggô* trois cents, *oudchou be* (têtes — à l'accusatif), *bakhafi* obtenant, ayant obtenu, *tchi gouroun de*, au royaume de Thsi, *aliboukha* il offrit.

Quelquefois, le mot *i* 以 est transposé d'une manière fort embarrassante. On lit dans le dictionnaire *Thsing-han-wen-haï*, liv. 36 fol. 1. [1]不 [2]我 [3]屑 [4]以 [1]*pou*-[2]*ngo*-[3]*sie*-[4]*i*: il ne m'estime pas, en mandchou: *mimbe khikhalarakô*. Tout le monde connaît le ridicule pentamètre: Deficiente *pecu* deficit omne *niâ*, pour: omne deficit deficiente *pecuniâ*. La disposition des mots chinois ci-dessus présente quelque chose de semblable; mais comme on ne pourrait prononcer la consonne de *me*, si on la séparait de l'*e*, je demande la permission de remplacer *me* par *illam*, et de supposer un instant que cet exemple signifie: il ne l'estime pas. (C'est une femme qui parle dans le Chi-king.) Je traduirai donc: Non *ill-* aestimat am, pour: *illam* non aestimat.

Cette manière d'analyser un tel exemple donnera, aux étudiants et même à des sinologues assez avancés, la clef de certains passages qui, avant mes explications eussent été inintelligibles.

海上絲綢之路文獻集成　科技與文化編

Du mot *chi* 是, marque de l'accusatif.

Ce signe qui signifie ordinairement: *esse, rectum, verum, iste, hic, ita est,* m'a paru, dans certains cas, être une sorte de marque d'accusatif, ou plutôt comme un signe qui, placé avant un verbe final, nous autorise à regarder le mot ou les mots qui le précèdent comme régimes de ce verbe.

¹戲 ²謔 ³是 ⁴聞 il entend les badinages et les moqueries. Mot-à-mot: ¹*hi* les badinages, ²*hio* et les moqueries, ³*chi* c'est (ce que), ⁴*wen* il entend.

¹婦 ²言 ³是 ⁴用 il emploie, il écoute les paroles de sa femme. Mot-à-mot: ²*yen* les paroles, ¹*fou* de sa femme, ³*chi* c'est (ce que), ⁴*yong* il emploie, il écoute.

¹戎 ²狄 ³是 ⁴膺 il attaqua les barbares du nord et de l'ouest. Mot-à-mot: ¹*jong*, les Jong, ²*ti* les Ti, ³*chi* sont (ceux que), ⁴*ing* il attaqua.

¹百 ²祿 ³是 ⁴荷 il reçoit cent bonheurs, c.-à-d. toute sorte de bonheur. Mot-à-mot: ¹*pe* cent, ²*lo* bonheurs, ³*chi* c'est (ce que), ⁴*ho* il reçoit. En mandchou: *tanggô* cent, *khôtouri be* bonheurs (*be* marque d'accusatif), *alimbi* il reçoit.

¹將 ²虢 ³是 ⁴滅 pour ¹虢 ²是 ³將 ⁴滅 comme il voulait détruire le royaume de Koue. Mot-à-mot: ²*koue* le royaume de Koue, ²*chi* était (ce que), ³*tsiang* il était sur le point de, ⁴*mie* détruire. En mandchou: *gouwe gouroun be* le royaume de Koue (*be* marque d'accusatif), *moukiebouki sere bade* comme il voulait faire détruire.

¹遊 ²是 ³好 ⁴虐 ⁵是 ⁶作 il aime la promenade, il pratique la tyrannie. Mot-à-mot: ¹*yeou* la promenade, ²*chi* est (ce que), ³*háo* il aime; ⁴*nio* la tyrannie, ⁵*chi* est (ce que), ⁶*tso* il fait, pratique.

¹先 ²君 ³之 ⁴好 ⁵是 ⁶繼 il continue l'amitié du prince précédent ou défunt. Mot-à-mot: ⁴*háo* l'amitié, ³*tchi* du, ²*kiun* prince, ¹*sien* antérieur, ⁵*chi* est (ce que), ⁶*ki* il continue.

¹晉 ²之 ³妖 ⁴夢 ⁵是 ⁶踐 je me conforme au songe extraordinaire (du prince) de Tsin. Mot-à-mot: ⁴*mong* le songe,

[3]*yao* extraordinaire, [2]*tchi* de Tsin (du prince de) Tsin, [5]*chi* c'est (ce que), [6]*tsien* je suis, c.-à-d. je me conforme (en mandchou *atchaboumbi*) à ce qu'annonce le songe extraordinaire du prince de Tsin.

Vocatif.

Il y a peu d'observations à faire sur le vocatif. Pour indiquer ce cas, il suffit de nommer la personne à qui l'on parle, de lui donner son titre, sa qualité ou de faire suivre son nom d'une interjection ou d'un signe d'interrogation. Exemples:

[1]王。[2]無 [3]異 [1]*wang* Rex! [2]*wou* noli, [3]*i* mirari: ô Roi! ne vous étonnez pas.

[1]賜 [2]也。[3]非 [4]爾 [5]所 [6]及 [1]*sse* (nom propre), [2]*ye* particule auxiliaire, [3]*feï* (ce n'est) pas, [5]*so* une chose que, [4]*eul* vous, [6]*ki* (puissiez) atteindre: c'est une chose au-dessus de votre portée.

Le caractère [2]*ye* forme un léger repos qui semble appeler l'attention.

[1]參 [2]乎 [3]吾 [4]道 [5]一 [6]以 [7]貫 [8]之 [1]*thsan* (nom d'homme), [2]*hou* interjection, comme s'il y avait: ô Thsan! [3]*ngou* ma, [4]*tao* doctrine: [8]*kouan-tchi* je la fais passer, *i—i* [5]一 [6]以 (un par) pour [6]*i* —[5]*i* 以一 (par un), c.-à-d. je la rattache à une seule chose, à un seul principe.

[1]彥 [2]兄 [3]你 [4]言 [5]何 [6]乎 [1]*yen*, Yén (nom propre), [2]*hiong* mon frère aîné! [3]*ni-yen* vous dites, [5]*ho* quoi? [6]*hou* particule interrogative (que dites-vous?).

Ablatif.

L'ablatif peut s'exprimer de deux manières, savoir par position, ou à l'aide des prépositions *yu* 于, *hou* 乎, *tseu* 自 et le verbe *thsong* 從.

Ablatif par position.

[1]初 [2]申 [3]侯 [4]申 [5]出 [6]也。[1]*thsou* dans l'origine, [1]*chin*-[2]*heou* le prince de Chin, du titre de Heou, [5]*tch'ou* était sorti (issu, né), [4]*chin* (d'une femme du royaume) de Chin, [6]*ye* part. finale.

[1]萬 [2]取 [3]千 [4]焉。[5]千 [6]取 [7]百 [8]焉。[9]不 [10]爲 [11]不 [12]多 [13]矣。[1]*wan* de 10.000, [2]*thsiu* prendre, [3]*thsien* mille,

[4]*yen*, particule finale, [5]*thsien* de mille, [6]*thsiu* prendre, [7]*pe* cent, *yen*, particule finale, [10]*pou*-[11]*weï* ce n'est pas, [12]*pou*-[13]*to* pas beaucoup (c.-à-d. c'est beaucoup), [14]*i* part. finale. (Meng-tseu, ch. I.) Ici, comme dans l'exemple précédent, l'~~adjectif~~ *par position* se met devant un verbe.

[1]獻 [2]公 [3]田 [4]來 [1]*hien*-[2]*kong*, le prince Hien-kong, [4]*laï* étant venu, [3]*thien* de la chasse (ex venatione), litteralement: *ἐκ τῷ venari*. L'interprète mandchou a rendu le mot [3]*thien* par *aba* la chasse (venatio) et y a ajouté la particule *tchi*, qui répond ici à *ex*, en latin, et donne à *aba tchi* le sens de *ex venatione: khiyan goung aba tchi dchikhe manggi.*

[1]凡 [2]平 [3]原 [4]出 [5]水 [6]爲 [7]大 [8]水 [1]*fan* en général, [5]*chouï* l'eau, [4]*tch'ou* sortant, qui sort, [2]*p'ing*-[3]*youen* d'une plaine, [6]*weï* est (s'appelle), [7]*ta*-[8]*chouï* grande eau. En mandchou: eau débordée.

L'expression *p'ing-youen* (ablatif par position) est placée devant le verbe *tch'ou* sortir, sortant.

Ablatif indiqué par des prépositions.

1° 自 *ex.* [1]夫 [2]人 [3]之 [4]喪 [5]至 [6]自 [7]齊 [1]*sang* le cadavre, [3]*tchi* de, [1]*fou*-[2]*jin* la princesse, [5]*tchi* arriva, [6]*tseu* du (ex), [7]*thsi* royaume de Thsi. En mandchou: *foudchin i giran tchi gouroun tchi* (ex) *isindsikha.*

[1]公 [2]至 [3]自 [4]會 [1]*kong* le prince, [2]*tchi* arriva, [3]*tseu* de, [4]*hoeï*, la réunion, l'assemblée.

2° 乎 *hou* ex. [1]宋 [2]公 [3]釋 [4]乎 [5]執。[6]走 [7]之 [8]衛 [2]*kong* le prince, [1]*song* de Song, [3]*chi* s'étant échappé, [4]*hou* de (des mains de ceux qui), [5]*tchi* l'avaient pris, [6]*tseou* en courant, [7]*tchi* se rendit dans (se rendit, promptement dans), [8]*weï* le royaume de Weï.

[1]出 [2]乎 [3]爾 [4]者 [4]*tche* ce qui, [1]*tch'ou* sort, vient, [2]*hou* de (ex), [3]*eul* vous.

3° 于 *yu* ex, a, ab, [1]吾 [2]受 [3]命 [4]于 [5]先 [6]人 [1]*ngou* moi, je, [2]*cheou* ai reçu (j'ai reçu), [3]*ming* les ordres (le pouvoir), [4]*yu* du, [5]*sien*-[6]*jin* prince précédent (a priori viro, principe), c.-à-d. du prince défunt.

海上絲綢之路文獻集成 科技與文化编

[1]師 [2]出 [3]于 [4]陳 [5]鄭 [6]之 [7]閒。[8]國 [9]必 [10]甚 [11]病
[1]*sse* (si) les troupes, [2]*tch'ou* sortent, [3]于 de (ex), [7]*kien* l'espace qui est entre, au milieu, [6]*tchi* de (des royaumes), [4]*Tch'in* et [5]*Tch'ing,* [8]*koue* le royaume, [9]*pi* nécessairement, [11]*ping* sera malade, souffrira, [10]*chin* beaucoup, extrêmement.

4° 從 *thsong* ex. [1]從 [2]近 [3]關 [4]出 *tch'ou* il sort, [1]*thsong* de (ex), par [3]*kouan* la barrière, [2]*kin* voisine. (*Tch'un-thsieou* chin. mandchou, liv. 44, fol. 4).

C'est surtout, dans les ouvrages en langue moderne, que [1]*thsong* est fréquemment une marque d'ablatif. [1]伱 [2]從 [3]廣 [4]東 [5]來。[6]還 [7]是 [8]從 [9]福 [10]建 [11]來 [12]乎 [1]*ni-* vous, [5]*laï* venez (vous), [2]*thsong* de, [3]*kouang-*[4]*tong* (Canton), [6]*hoan-*[7]*chi* ou bien est-ce que, [11]*laï* vous venez, [8]*thsong* de, du, [9]*fo-*[10]*kien* (nom de province), [12]*hou,* particule interrogative qui sert pour les deux verbes, [11]*laï* venir.

La marque de l'ablatif, formée le plus souvent par une préposition, s'omet lorsque le verbe porte en lui-même l'idée de l'ablatif, c.-à-d. lorsqu'il signifie *sortir de, provenir de.* [1]梁 [2]亡。[3]出 [4]惡 [5]政 [6]也 [1]*liang* (si) le royaume de [1]*Liang,* [2]*wang* a péri, a été détruit, (cela) *tch'ou* est sorti, est venu de, [4]*ngo* (sa) mauvaise, [5]*tching* administration, [6]*ye* particule finale.

Locatif.

Les Chinois ont deux manières d'exprimer le *locatif,* 1° par *position.* Ils placent alors devant un verbe actif, neutre ou passif, le mot ou les mots qu'ils veulent mettre au *locatif.* Je dois ajouter que cette place est également propre à l'instrumental, à l'ablatif et à l'adverbe. C'est la construction naturelle des compléments circonstantiels. 2° A l'aide de plusieurs prépositions que nous ferons connaître plus bas.

Locatif par position.

[1]道 [2]路 [3]男 [4]子 [5]由 [6]右。[7]女 [8]子 [9]由 [10]左
[1]*tao-*[2]*lou* dans un chemin, *ou* une route, [3]*nan-*[4]*tseu* un homme, [5]*yeou* suit, [6]*yeou* la droite (le côté droit), [7]*niu-*[8]*tseu* une femme, [9]*yeou* suit, [10]*tso* la gauche, le côté gauche.

[1]邊 [2]屯 [3]兵 [5]*ping* les soldats, [2]*thun* rassemblés, [1]*pien* à la frontière. En mandchou: *dchase de*, à la frontière, *teboukhe* placées, *tchaokha* les troupes.

[1]楚 [2]幕 [3]有 [4]烏 [2]*mou* sur la tente, [1]*thsou* (du roi) de Thsou, [3]*yeou* il y a, *ou* un corbeau.

[1]關 [2]譏 [3]而 [4]不 [5]征 [1]*kouan* aux portes du royaume, [2]*ki* on examinait (les personnes qui entraient), [3]*eul* mais, [4]*pou*-[5]*tching*, on n'exigeait pas de droits (sur les marchandises).

[1]塗 [2]有 [3]餓 [4]莩 [1]*thou* dans, sur les routes, [2]*yeou* il y a, [3]*ngo*-[4]*p'iao* (des hommes) morts de faim.

[1]國 [2]納 [3]之 [1]*koue* dans le royaume, [2]*na*-[3]*tchi*, ils l'ont reçu.

[1]四 [2]方 [3]其 [4]訓 [5]之 [1]*sse*-[2]*fang* dans les quatre parties (de l'empire), [3]*khi* lui, [4]*hiun*-[5]*tchi* les instruit.

[1]屈 [2]產 [3]之 [4]乘 [4]*ching* des chevaux, [1]*khiu* dans le pays de *Khiu*, [2]*thsan* nés, [3]*tchi* particule relative. Mot-à-mot: Khiu-produits-chevaux.

Les substantifs comme *tong* l'orient, *nân* le midi, qui indiquent souvent un lieu, une position, avec un sens adverbial, se rattachent au locatif, et se placent avant un verbe actif ou passif.

[1]東 [2]敗 [3]於 [4]齊 [1]*tong*, à l'orient, [2]*paï* j'ai été battu, [3]*yu* par, [4]*thsi* le prince de Thsi.

西 [1]~~南~~ [2]喪 [3]地 [4]於 [5]秦 [6]七 [7]百 [8]里 [1]~~*nân* au midi~~ si à l'ouest, [4]*yu* par, [5]*thsin* le roi de Thsin (par le fait du roi de *Thsin*), [3]*ti* de terres, [2]*sang* j'ai perdu, [6]*thsi* sept, [7]*pe* cents, [8]*li*.

La seconde manière d'exprimer le locatif consiste à mettre les prépositions *yu* 於 ou 于 *yu* avant le substantif qui exprime la localité, le lieu où se trouve une personne, une chose, ou bien, où se passe un évènement. Exemples:

[1]耕 [2]者 [3]欲 [4]耕 [5]於 [6]王 [7]之 [8]野 [1]*keng*-[2]*tche* ceux qui labourent (les laboureurs), [3]*yo* désireront (si vous suivez mes conseils), [4]*keng* labourer, [5]*yu* dans, [8]*ye* les champs, [7]*tchi* du, [6]*wang* roi. (Meng-tseu, ch. I, part. I, § 18.)

[1]商 [2]賈 [3]欲 [4]藏 [5]於 [6]王 [7]之 [8]市 [1]*chang*-[2]*kou* les marchands, [3]*yo* désireront, [4]*thsang* serrer (déposer leurs marchandises), [5]*yu* dans, [8]*chi* les marchés, [7]*tchi* du, [6]*wang* roi.

海上絲綢之路文獻集成 科技與文化編

[1]舜 [2]生 [3]於 [4]諸 [5]馮 [1]*chun* l'empereur Chun, [2]*seng* naquit, [3]*yu* dans (le pays de), [4]*tchou*-[5]*fong*.

[1]葛 [2]施 [3]於 [4]谷 [1]*ko* (la plante rampante) Ko, [2]*chi* s'étend, [3]*yu* dans, [4]*ko* la vallée.

[1]鶴 [2]聲 [3]聞 [4]於 [5]野 [2]*ching* la voix, [1]*ho* de la cigogne, [3]*wen* est entendue (retentit), [4]*yu* dans, [5]*ye* la plaine.

[1]立 [2]於 [3]東 [4]堂 [1]*li*, il se tenait debout, [2]*yu* dans [3]*tong*-[4]*thang* la salle orientale.

Les Chinois indiquent encore le locatif par les mots *tchong* 中 au milieu, *nouï* 內 intérieurement, *kien* 間 dans, entre, dans l'intervalle de, au milieu de, en faisant précéder ces mots d'un caractère au génitif par *position*.

Exemples: [1]國 [2]中 [3]男 [4]女 [5]服 [1]*koue*-[2]*tchong*, au milieu du royaume (dans le royaume), [3]*nan* les hommes, [4]*niu* et les femmes, [5]*fo* portent-le-deuil.

[1]家 [2]內 [3]親 [4]戚 [5]相 [6]爱 [1]*kia*-[2]*nouï* dans l'intérieur de (dans), *kia* la maison, la famille, [3]*thsin*-[4]*t'si* les parents, [5]*siang*-[6]*ngaï* s'aiment mutuellement.

[1]其 [2]間 [3]必 [4]有 [5]名 [6]世 [7]者 [1]*khi*-[2]*kien* dans l'intervalle de cela (de ce temps), [3]*pi* nécessairement, certainement, [4]*yeou* il y aura, [7]*tche* des hommes qui, [5]*ming* s'illustreront, [6]*chi* dans leur siècle. En mandchou: dchalan *de*.

Le locatif s'exprime plus clairement encore, en faisant précéder les mots *tchong* 中, *nouï* 內, *kien* 間 de *tchi* 之 marque du génitif.

[1]雖 [2]在 [3]縲 [4]紲 [5]之 [6]中 [1]*souï* quoique, [2]*tsaï* il fût, [6]*tchong* au milieu, [5]*tchi* des, [3]*louï*-[4]*sie* liens (quoiqu'il fût dans les fers).

[1]胸 [2]臆 [3]之 [4]內 [4]*nouï* dans l'intérieur, [3]*tchi* de, [1]*hiong*-[2]*i* la poitrine (dans la poitrine).

[1]掌 [2]握 [3]之 [4]間 [4]*kien* au milieu, [3]*tchi* de, [1]*tchang*-[2]*ouo* la paume de la main (dans la main).

Exception. Quelquefois les Chinois suppriment les cinq marques du locatif que nous venons de mentionner, et placent le locatif après un verbe actif ou neutre. Cette manière d'écrire est excessivement rare; il suffit que les etudiants en soient avertis par plusieurs exemples.

[1]畜 [2]之 [3]池 mot-à-mot: [1]*hio* nourrir, [2]*tchi* eux (les poissons) [3]*tch'i* étang, au lieu de: *hio-tch'i* les nourrir, 於池 *yu-tch'i* dans l'étang. (Mencius, liv. II, pag. 43.)

[1]君 [2]處 [3]北 [4]海。[5]臣 [6]處 [7]南 [8]海 mot-à-mot: prince-demeurer-nord-mer-sujet-demeurer-midi-mer, au lieu de [1]*kiun* votre majesté, [2]*tch'ou* demeure, *yu* 於 à, (sur les bords de), [4]*haï* la mer, [3]*pe* du nord; [5]*tch'in* le sujet (moi, je) [6]*tch'ou* demeure, *yu* 於 à, sur les bords de, [8]*haï* la mer, [7]*nan* du midi.

Lao-tseu, chap. 54: [1]修 [2]之 [3]家 mot-à-mot: [1]cultiver-[2]cela-[3]maison, au lieu de: [1]*sieou* s'il cultive, [2]*tchi* cela, s'il le cultive (le Tao) — *yu* 於 dans, [3]*kia* dans sa maison, sa famille.

La même tournure se trouve employée cinq fois dans ce passage: s'il cultive le Tao (dans) son corps (en lui-même), (dans) sa famille, (dans) son village, (dans) le royaume, (dans) l'empire.

Heureusement, les commentateurs de *Lao-tseu* ont rétabli la préposition *yu* 於 *dans,* devant les cinq locatifs *corps, maison, village, royaume, empire.*

Instrumental.

L'instrumental s'exprime de deux manières: 1° par *position;* 2° au moyen de la préposition *i* 以, qui, verbalement, signifie *uti* (*se servir de*).

Dans le premier cas, le mot qui est considéré comme l'instrument, le moyen par lequel on fait une chose, se place avant un verbe actif ou passif.

Instrumental devant un verbe actif. [1]萬 [2]臂 [3]摋 [4]仇 [5]牧 [6]碎 [7]其 [8]首。[1]*Wan,* [2]*pi* avec sa main, [3]*so* frappa, [4]*khieou-*[5]*mou,* nom d'homme, (et) [6]*souï* brisa, [7]*khi-*[8]*cheou* sa tête.

[1]子 [2]欲 [3]手 [4]援 [5]天 [6]下 [7]乎 [1]*tseu* vous, [2]*yo-*[7]*hou* voulez-vous (*hou* signe d'interrogation) *que,* [3]*cheou* avec la main, [4]*youan* je tire (de l'eau), *que* je sauve, [5]*thien-*[6]*hia* l'empire (qui se noie), c.-à-d. qui penche vers sa ruine?

Instrumental devant un verbe passif. [1]雖 [2]爲 [3]火 [4]困 [1]*souï* quoique (les chauves-souris), [2]wei, [illegible] [3]*ho* par le feu, [4]*k'ouen* ~~fussent~~ tourmentées.

海上絲綢之路文獻集成　科技與文化編

[1]人[2]役[3]而[4]恥[5]爲[6]人[7]役 (si quelqu'un) [1]*jin*, si un homme, [2]*yu* est-employé-comme-domestique (asservi), [3]*eul* et, [4]*tch'i* s'il rougit, [5]*weï* d'être, [6]*jin* par un homme, [7]*yu* employé-comme-domestique (asservi). Mencius, chap. Kong-sun-tch'eou. En mandchou: *niyalma de* par un homme, *takôraboumbime* étant employé, *takôramboure de* pour le fait d'être employé, *giroutchi* si (quelqu'un) rougit. C.-à-d. si un homme est employé par un autre et en rougit, ou rougit d'être employé par un autre.

[1]天[2]作[3]孽[4]猶[5]可[6]違。[7]自[8]作[9]孽[10]不[11]可[12]活 [3]*nie* les malheurs, [1]*thien* par le ciel, [2]*tso* faits, causés, [4]*yeou* encore, [5]*kho* on peut, [6]*weï* les éviter; [9]*nie* (après) les malheurs, [7]*tseu* par nous-mêmes, [8]*tso* faits (les malheurs que nous nous sommes attirés), [10]*pou*-[11]*kho* nous ne pouvons, [12]*houo* vivre.

La seconde manière de marquer l'instrumental est de faire précéder de 以 *i* (se servir, avec) ou des signes *yu* 於, *yu* 于 et *hou* 乎 le mot qui exprime l'instrument, le moyen qu'on emploie pour faire une chose.

[1]殺[2]人[3]以[4]梃[5]與[6]刃 [1]*cha* tuer, [2]*jin* un homme, [3]*i* avec, [4]*thing* un bâton, [5]*yu* ou (avec), [6]*jin* une épée.

[1]道[2]之[3]以[4]政[5]齊[6]之[7]以[8]刑。[9]民[10]免[11]而[12]無[13]恥 [1]*tao*-[2]*tchi* si vous le gouvernez, [3]*i* par, [4]*tching* les loix, [5]*thsi*-[6]*tchi*, si vous le maintenez dans le devoir, [7]*i* par, [8]*hing* les châtiments, [9]*min* le peuple, [10]*mien* échappera, [11]*eul* et [12]*wou* n'aura pas, [13]*tch'i* à rougir.

[1]數[2]之[3]以[4]王[5]命。[6]取[7]賂[8]而[9]還。 [1]*soù*-[2]*tchi* il le réprimanda, [3]*i* par, [5]*ming* l'ordre, [4]*wang* de l'empereur, [6]*thsiu* prit, [7]*lou* les présents-corrupteurs (bribes), [8]*eul* et, [9]*hoan* s'en retourna.

Quelquefois le signe *i* 以, marque de l'instrumental, se *postpose*, c.-à-d. se place après le mot qui est considéré comme l'instrument, le moyen. Cette postposition de *i* 以 qu'aucune grammaire n'a indiquée jusqu'ici, peut causer, si l'on ne sait pas la reconnaître, de grandes difficultés. Exemples:

[1]酒[2]以[3]成[4]禮 [1]*thsieou*-[2]*i* le vin-par, le vin-avec (avec le vin), [3]*tch'ing* accomplir, [4]*li* les rites. En mandchou: *noure i*

3*

vin-avec (avec du vin), ***dorolo be*** les rites (***be*** marque d'accusatif), ***changgaboure*** faire accomplir.

1人 2之 3所 4忌。5其 6氣 7焰 8以 9取 10之 3***so*** ce que, 1***jin*** les hommes, 2***tchi*** particule relative, 4***ki*** craignent, 5***khi***-6***khi*** de leur caractère, 7***yen***-8***i*** la violence-par (par la violence de leur caractère), 9***thsiu***-10***tchi*** ils prennent cela (ils se l'attirent).

1德 2以 3柔 4中 5國。1***te***-2***i*** la vertu-par (par la vertu), 3***jeou*** je soumets, 4***tchong***-5***koue*** le royaume central, le royaume du milieu.

1刑 2以 3威 4四 5夷 1***hing***-2***i*** les châtiments-par (par les châtiments), 3***weï*** j'en impose, 4***sse***-5***i*** aux quatre peuples barbares.

Souvent, et c'est une difficulté sérieuse, les auteurs chinois se contentent d'employer le mot ***i*** 以 pour mettre au cas instrumental un mot précédent, ou qui se trouve dans une phrase précédente.

Exemples. 1魯 2之 3寶 4刀 5也 5***ye*** c'était, 4***tao*** un sabre, 3***p'ao*** précieux, 2***tchi*** du, 1***lou*** royaume de Lou, 6公 7子 8以 9殺 10之 6***kong***-7***tseu*** le prince, 8***i*** avec (ce sabre) 9***cha***-10***tchi***, le tua. Il tua Na, prince du royaume de Kin.

1楚 2子 3賜 4之 5金 1***thsou***-2***tseu*** le prince de Thsou, 3***sse***-4***tchi*** lui donna, 5***kin*** de l'or. 6既 7而 8悔 9之 10而 11與 12之 13盟 6***ki***-7***eul*** peu de temps après, 8***hoeï***-9***tchi*** il s'en repentit, 10***eul*** et, 11***yu***-12***tchi*** avec lui, 13***ming*** il fit alliance. 14曰 15無 16以 17鑄 18兵 14***youe*** il (lui) dit: 15***wou***-17***tchou*** ne fondez pas, 18***ping*** des armes, 16***i*** avec (cet or). 19故 20以 21鑄 22三 23鍾 19***kou*** c'est pourquoi, 20***i*** avec (cet or), 21***tchou*** il fondit, 22***san*** trois, 23***tchong*** cloches; c'est-à-dire: n'achetez pas, avec cet or, du métal pour fabriquer des armes. C'est pourquoi avec cet or, il se procura du métal pour fondre trois cloches.

1桓 2公 3召 4而 5以 6殺 7之 1***houan***-2***kong*** le prince Houan-kong, 3***tchao*** le fit venir, 4***eul*** et 5***i*** (***par*** ce moyen, la pendaison) 6***cha***-7***tchi*** le tua. Plus haut, il avait été question de ***pendre***.

L'explication du rôle de ***i*** 以 (ici et plus haut) ne se trouve nulle part. On peut en dire autant des deux ***i*** suivants. La routine ferait traduire 欲 以 ***yo-i*** par ***désirer de***, et ***tsiang-i*** 將 以 par ***être sur le point de***.

海上絲綢之路文獻集成 科技與文化編

[1]欲 [2]以 [3]屬 [4]東 [5]夷 [1]*yo* ils voulurent, [2]*i par* (ce moyen), [3]*tcho* se soumettre, [5]*i* aux barbares, [4]*tong* de l'est. En mandchou : *ereni* par là, *dergi ba i* du pays oriental, *aiman de* aux barbares, *dakhabouki sekhe* ils voulurent se soumettre.

[1]將 [2]以 [3]求 [4]霸。[5]不 [6]亦 [7]難 [8]乎 [1]*tsiang* s'il veut, [2]*i par* (là, par la conduite mentionnée plus haut), [3]*khieou* chercher à, [4]*pa* devenir-le-chef-des-reguli, [5]*pou*-[8]*hou* ne sera-ce pas, [6]*i* également, [7]*nan* difficile ?

Les signes *yu* 於 et *hou* 乎 marquent aussi l'instrumental, comme je l'ai dit plus haut. [1]治 [2]人 [3]者 [4]食 [5]於 [6]人 [3]*tche* ceux qui, [1]*tch'i* gouvernent, [2]*jin* les hommes, [4]*sse* sont nourris, [5]*yu* par, [6]*jin* les (autres) hommes.

Meng-tseu offre un exemple de *hou* 乎 employé comme marque de l'instrumental. [1]既 [2]飽 [3]以 [4]德。[5]飽 [6]乎 [7]仁 [8]義 [1]*ki*-[2]*pao* après nous avoir rassasiés, [3]*i* par, [4]*te* sa vertu, [5]*pao* il nous a rassasiés, [6]*hou* par, [7]*jin* l'humanité, [8]*i* et la justice. (Chap. Kao-tseu, première part. I. § XVII.

ADJECTIF.

La règle de position ne s'applique aux adjectifs que dans un cas fort rare et d'une importance particulière, qui sera exposé plus bas avec tous les développements nécessaires.

L'adjectif se place avant le nom qu'il qualifie. Ainsi l'on dit : Kien-kia 堅甲 solidae loricae ; *Li-ping* 利兵 acutae lanceae.

On ne pourrait transposer ces adjectifs, sans en faire des verbes neutres. En effet les mots *kia-kien* 甲堅 signifieraient : loricae sunt-solidae, et *ping-li* 兵利, lanceae sunt-acutae.

Les Chinois forment des adjectifs tantôt en ajoutant *tche* 者 à un substantif : 仁 *jin* humanité ; 仁者 *jin-tche*, l'humain, celui qui est doué d'humanité ; tantôt en associant un substantif à un autre, par exemple le mot *jin* 仁 humanité, au mot *kiun* prince, dont la réunion 仁君 *jin-kiun* signifie : humanitatepraeditus princeps. Dans la même position, on voit souvent un nom de matière, par exemple 石 *chi* pierre, *thie* 鐵 fer, *kin* 金 or, *thong* 銅 cuivre, remplir pour ainsi dire le rôle de l'adjectif. On dit ainsi 石 人 *chi-jin* lapideus homo, lapidea statua; *Thie-mien* 鐵 面 ferreus vultus (un air dur), 金 尊 *kin-tsun*, aureum vas; 銅 鼓 *thong-kou* cupreum tympanum.

Les adjectifs ont, comme je l'ai dit plus haut, une place déterminée et précèdent les substantifs qu'ils qualifient. Mais si un adjectif suit le substantif auquel il se rapporte, et termine un membre de phrase, il devient, par position, un verbe neutre. Exemple: 人 善 也 *jin-chen-ye* l'homine est vertueux.

Mais cet usage est soumis à une exception très-importante que personne n'avait signalée avant moi[1]. Je crois devoir faire un extrait du *Simple Exposé*, ouvrage qui, comme le précédent, est rempli d'observations grammaticales entièrement neuves. Il y a des épithètes monosyllabes qui vont ensemble et dont les éléments ont une place invariable, comme *to-chao* 多 少 nombreux, et peu nombreux, *kao-hia* 高 下 haut et bas, *hao-taï* 好 歹 bon et mauvais, 清 濁 *thsing-tcho* pur, impur. On ne dirait pas en chinois 少 多 peu-nombreux et nombreux; *hia-kao* 下 高 bas et haut, *taï-hao* 歹 好 mauvais et bon; *cho-thsing* 濁 清 impur et pur.

Il y a aussi des expressions dissyllabiques qu'on associe ensemble et dont on ne pourrait transposer les éléments, comme *in-yang* [1]陰 [2]陽, le principe [1]*in* (femelle) et le principe [2]*yang* (mâle), [1]*ji*-[2]*youeï* [1]日 [2]月 le soleil et la lune. Toutes les fois que deux épithètes dont la position est constante (comme *pur—impur* [1]清 [2]濁 [1]*thsing*-[2]*tcho*) se rapportent à deux substantifs dont on ne peut intervertir l'ordre, les écrivains chinois, dérogeant à l'usage ordinaire, font rapporter le premier adjectif (devenu verbe neutre par *position*) au second substantif, et le second (devenu également verbe neutre) au premier substantif.

[1] Voyez les *Exercices Pratiques*, pag. 225—228 et le *Simple Exposé* pag. 106—111. Librairie de Maisonneuve, No. 15 quai Voltaire.

Suivant les Chinois, le principe *in* ou femelle, est le symbole de ce qui est grossier et impur, le principe *yang* ou mâle, est le symbole de ce qui est subtil et pur. C'est pour cela qu'on écrit: [1]陰 [2]陽 [3]清 [4]濁. Le principe [1]*in* est [4]impur, le principe [2]*yang* est [3]pur.

Si les deux substantifs [1]*in* et [2]*yang*, ainsi que les deux épithètes [3]*thsing* et [4]*tcho* n'avaient pas, étant réunis, une place déterminée, on écrirait: [1]*in*-[2]*yang*-[4]*tcho*-[3]*thsing*, le principe [1]*in*, le principe [2]*yang* [4]impur-[3]pur. Mais, par les raisons exposées plus haut, on est obligé de rapporter le quatrième signe *tcho* (impur) au premier, *in* (principe femelle), et le troisième, *thsing* (pur), au deuxième *yang* (principe mâle).

Les dispositions inverses [2]*yang*-[1]*in* (principe mâle, principe femelle) au lieu de [1]*in*-[2]*yang* (principe femelle—principe mâle), et [4]*tcho*-[3]*thsing* impur—pur, au lieu de [3]*thsing*-[4]*tcho* (pur—impur) n'existent pas en chinois.

Autre exemple. [1]卑 [2]高 [3]以 [4]陳。[5]貴 [6]賤 [7]位 [8]矣. [1]*pi* ce qui est bas (la terre), [2]*kao* ce qui est haut (le ciel), [3]*i*-[4]*tch'in* ayant été mis en place, [5]*koueï* ce qui est noble, [6]*tsien* ce qui est vil, [7]*weï* eut un rang déterminé, [8]*i* particule finale. (I-king, section *Tsi-thse*).

Nous voyons dans ce passage que les mots [1]*pi*, ce qui est bas (la terre), [2]*kao* ce qui est haut (le ciel), ont pour correspondants les mots [5]*koueï*, ce qui est noble (le ciel), et [6]*tsien* ce qui est vil (la terre).

De cette manière, le premier adjectif [5]*koueï* 貴 noble, correspond au second mot *kao* 高 (ce qui est élevé, c.-à-d. le ciel), et le second adjectif [6]*tsien* 賤 (ce qui est vil) se rapporte au premier mot [1]*pi* 卑, ce qui est bas (la terre).

Pourquoi a-t-on dérogé à la règle, et n'a-t-on pas écrit [6]*tsien*-[5]*koueï* (vil—noble), pour que le premier adjectif répondît à la terre, et le second au ciel?

C'est qu'on ne dit pas en chinois *Tsien-koueï*, dans le sens de *vil* et *noble? Tsien-koueï* signifierait: avilir ce qui est noble; mais cette expression *tsien-koueï* n'existe pas en chinois.

D'un autre côté, pourquoi n'a-t-on pas écrit ^{2}*kao*-^{1}*pi* (haut et bas) pour que le mot qui désigne le ciel (*kao* ce qui est haut) eût pour correspondant le mot ^{5}*koueī* ce qui est noble, et pour que celui qui désigne la terre (^{1}*pi* ce qui est bas), eût pour correspondant le mot ^{6}*tsien* (vil)?

C'est qu'on ne dit pas en chinois ^{2}*kao*-^{1}*pi* dans le sens de *haut et bas*. (*Kao-pi* signifierait élever ce qui est bas; mais cette combinaison n'existe pas dans les auteurs chinois.)

Je m'arrête ici, en me bornant à renvoyer les étudiants qui désireraient un supplément de preuves et d'exemples, à mes *Exercices pratiques* et au *Simple Exposé* que j'ai cités au commencement de cet article.

Quelquefois l'adjectif se trouve séparé par un génitif du nom dont il est l'attribut. *Si-yu-ki*, liv. III, fol. 4: ^{1}細 ^{2}羊 ^{3}毛 ^{1}*si*-^{2}*yang*-^{3}*mao*, mot-à-mot: fin-mouton-poils. Le mot *yang*, mouton intercalé entre *si*, fin, et *mao*, poils, nous montre qu'il faut traduire: *si-mao* des poils fins, de la laine fine, *yang* de mouton. On ne pourrait évidemment rapporter *si*, fin, à mouton, et dire: des poils de fins moutons.

Comparatif.

Les Chinois expriment le comparatif de plusieurs manières:

1° Par *position*, soit en plaçant par exemple après *mo* 莫 *non, pas, rien, aucun*, l'adjectif positif, auquel ils veulent donner la valeur d'un comparatif.

^{1}晉 ^{2}國 ^{3}天 ^{4}下 ^{5}莫 ^{6}强 ^{7}焉 ^{1}*tsin*-^{2}*koue* le royaume de Tsin: ^{3}*thien*-^{4}*hia*, dans l'empire, ^{5}*mo* aucun, ^{6}*kiang* puissant, ^{7}*yen* particule finale. C.-à-d. dans l'empire aucun royaume n'est *plus* puissant que celui de *Tsin*.

^{1}樂 ^{2}莫 ^{3}大 ^{4}焉 ^{1}*lo* (en fait de) joie, ^{2}*mo* pas, ^{3}*ta* grande; ^{4}*yen* part. finale. C.-à-d. il n'y a pas de plus grande joie.

Soit en plaçant (dans la comparaison d'une personne ou d'une chose avec une autre) le mot *cho* 孰 quis? avant un adjectif. ^{1}吾 ^{2}子 ^{3}與 ^{4}管 ^{5}仲 ^{6}孰 ^{7}賢, mot-à-mot, ^{1}*ngou*-^{2}*tseu* de vous, [3]*yu* et (de) [4]*kouan-*[5]*tchong*, [6]*cho-*[7]*hien*, qui est sage? c.-à-d. qui est plus sage, plus habile, de vous ou de Kouan-tchong?

[1]謂 [2]其 [3]母 [4]曰。[5]父 [6]與 [7]夫 [8]孰 [9]親 [1]*weï* parlant à, [2]*khi-*[3]*mou* sa mère, [4]*youe* elle dit: [5]*fou* père, [6]*yu* et, [7]*fou* mari, [8]*cho* qui? [9]*thsin* proche. C.-à-d. du père et du mari qui est, quel est celui qui est plus proche? Quel est celui qui nous touche de plus près?

2° A l'aide des prépositions *yu* 於, *yu* 于, *hou* 乎 placées après un adjectif positif et avant la personne ou la chose que l'on juge d'un ordre inférieur. [1]賢 [2]於 [3]堯 [4]舜 [1]*hien* sage, [2]*yu* sur, par dessus (plus sage que), [3]*yao-*[4]*chun* les empereurs Yao et Chun.

[1]陳 [2]始 [3]大 [4]于 [5]齊 [1]*tch'in* le royaume de Tch'in, [2]*chi* commença, [3]*ta* à être grand, [4]*yu* par dessus (plus grand que), *Thsi*, le royaume de Thsi.

[1]莫 [2]見 [3]乎 [4]隱。[5]莫 [6]顯 [7]乎 [8]微 [1]*mo* rien, [2]*hien* est évident, [3]*hou* par dessus (n'est plus évident que), [4]*in* ce qui est caché, [5]*mo* rien, [6]*hien* est manifeste, [7]*hou* par dessus (n'est plus manifeste que), [8]*weï* ce qui est secret.

On exprime encore le comparatif en plaçant le mot *i* 益 *davantage*, avant un adjectif positif. [1]如 [2]水 [3]益 [4]深。[5]如 [6]火 [7]益 [8]熱 [1]*jou-*[2]*chouï* si l'eau, [3]*i-*[4]*chin*, devient plus profonde, [5]*jou-*[6]*ho* si le feu, [7]*i-*[8]*je* devient plus ardent. Littéralement *i-chin* davantage profonde, *i-je* davantage ardent.

Superlatif.

Pour exprimer le superlatif par *position*, les Chinois placent à la fin de la phrase un adjectif positif précédé d'un génitif.

[1]人 [2]萬 [3]物 [4]靈 [5]也 [1]*jin* l'homme, [5]*ye* est, [4]*ling*, l'intelligent, [2]*wan* des dix mille, [3]*wou* créatures (le plus intelligent de toutes les créatures).

[1]定 [2]山 [3]之 [4]高 [5]者 [6]與 [7]川 [8]之 [9]大 [10]者, [1]*ting* il détermina, [4]*kao-*[5]*tche* les hautes, [2]*chan-*[3]*tchi* des montagnes (les plus hautes des montagnes), [6]*yu* et, [9]*ta-*[10]*tche* les grandes, [7]*tch'ouen-*[8]*tchi* des rivières (les plus grandes des rivières).

[1]禾 [2]之 [3]大 [4]者 *[3]ta-[4]tche* la grande, *[1]ho-[2]tchi* des céréales (la plus grande des plantes céréales), s'appelle Mo-to-to.

[1]德 [2]義 [3]者 [4]行 [5]之 [6]美 [7]者 [8]也。 *[1]te-[2]i-[3]tche* la vertu *et* la justice, *[8]ye* sont, *[6]meï-[7]tche* les belles, *[4]hing-[5]tchi* des actions (les plus belles des actions.)

Il arrive quelquefois qu'un adjectif positif reçoit la valeur d'un superlatif de la construction et du sens de la phrase. [1]漢 [2]東 [3]之 [4]國。[5]隋 [6]爲 [7]大 *[4]koue* (parmi) les royaumes, *[2]tong-[3]tchi* de l'orient, *[1]han* du fleuve Han (situés à l'orient du fleuve Han), *[5]souï* le royaume de *Souï*, *[6]weï* est, *[7]ta* grand (est le plus grand, le plus puissant).

L'interprète mandchou a bien senti que, dans cet endroit, l'adjectif *ta* (grand) avait le sens d'un superlatif, car il a écrit: *damou* seulement, *souï gouroun* le royaume de Souï, *ambu kaï* est grand.

La manière la plus ordinaire de former le superlatif, consiste à plaçer avant l'adjectif, un adverbe signifiant *extrêmement:* Les plus usités sont *tsouï* 最, *tchi* 至, *ki* 極.

Exemples: [1]高 [2]氏 [3]之 [4]書 [5]爲 [6]最 [7]善 *[4]chou* le livre, *[3]tchi* de, *[1]kao-[2]chi* (composé par Kao-chi), *[5]weï* est, *[6]tsouï* extrêmement, *[7]chen* bon, c.-à-d. a une tendance extrêmement vertueuse.

[1]象 [2]至 [3]不 [4]仁 *[1]siang* (frère de l'empereur Chun) *[2]tchi* extrêmement, *[3]pou-[4]jin* était inhumain, très-inhumain.

On employe aussi le mot *chin* 甚 beaucoup, dans le même sens: [1]其 [2]道 [3]甚 [4]大 *[1]khi-[2]tao* sa voie (sa doctrine), *[3]chin* extrêmement, *[4]ta* est-grande (est très-grande). I-king, chap. *Hi-thse.*

En style moderne, on remplace souvent les adverbes précités par le mot *tsioue* 絕 extrêmement: 絕 好 *tsioue-hào*, très-bon, *tsioue-ta* 絕 大 très-grand.

海上絲綢之路文獻集成 科技與文化編

SECONDE SECTION.

DES VERBES.

Observations générales sur les différents verbes.

Les Chinois n'ont que quatre sortes de verbes: le verbe actif, le verbe neutre, le verbe passif et le verbe factif ou causatif.

Le verbe actif se reconnaît 1° lorsqu'il est suivi d'un régime. Exemple: 愛 民 *'aï-min* aimer le peuple; 2° Lorsqu'il est précédé d'une particule accusative et d'un régime: Exemple: [1]以 [2]天 [3]下 [4]與 [5]人 *i-thien-hia-yu-jin* imperium dare homini, mot-à-mot: [4]*yu* donner, [5]*jin* à un homme, [1]*i* marque d'accusatif, [2]*thien*-[3]*hia* l'empire.

Le verbe neutre se reconnaît à *la position,* soit qu'il se montre tel par sa nature. Exemple: 人 死 也 *jin* l'homme, *sse* est mort, *ye* particule finale;

Soit qu'il ait été formé d'un adjectif, qui est devenu tel par sa position. Exemple: Le mot *po* 薄 est l'adjectif *mince, léger.* Si l'on dit 稅 薄 也 *choui-po-ye,* le mot *po* deviendra le verbe *neutre* être-mince, être-léger, et l'on traduira: les impôts sont-légers.

Le verbe passif s'exprime de plusieurs manières:

1° Par position, en plaçant un substantif au cas instrumental avant un verbe final. Exemple: [1]蝙 [2]蝠 [3]雖 [4]火 [5]困 [3]*souï* quoique, [1]*pien*-[2]*fo* les chauves-souris, [4]*ho* par le feu, [5]*khouen* fussent-tourmentées. On voit que [5]*khouen,* pauvre, malheureux, fatiguer, affliger, est devenu passif par *position.*

2° En employant un verbe actif suivi des prépositions *yu* 於, *yu* 于 *hou* 乎 ou du mot *i* 以 qui sont, tous quatre, des signes de l'instrumental. Exemple. 1治 2於 3人 4者 5食 6人 4*tche* ceux qui, 1*tch'i* sont gouvernés, 2*yu* par, 3*jin* les hommes, 5*sse* nourrissent, 6*jin* les (autres) hommes. Le mot *tch'i* 治 gouverner, devient donc passif, parce qu'il est suivi de *yu* 2於, *par*, marque de l'instrumental.

3° Un verbe actif peut devenir passif lorsqu'il est précédé du mot *kien* 見 vulgo *voir*. Exemple: 1夫 2子 3何 4以 5知 6其 7將 8見 9殺 1*fou*-2*tseu* maître, 3*ho*-4*i* comment, 5*tchi* savez-vous (que), 6*khi* lui, 7*tsiang*-8*kien*-9*cha* sera tué. 7*Tsiang* est la marque du futur; 8*kien*-9*cha* être tué; 7*tsiang*-8*kien*-9*cha* devoir-être-tué.

Le mot *pi* 被 qu'on emploie souvent en style moderne comme marque du passif, se trouve aussi avec la même valeur en style ancien. 1被 2訟 3人 4所 5食 6之 7分 7*fen* une portion, 4*so* (de) ce que, 3*jin* l'homme, 1*pi*-2*song* accusé, 5*chi* mange, 6*tchi* particule relative.

✓

Verbe causatif.

Le verbe causatif peut se former par *position* à l'aide d'un substantif ou d'un verbe neutre. Exemples: le mot 1*pa* 霸 signifie, comme substantif, „le premier, le chef des princes feudataires (Meng-tseu, chap. VI, part. II, § 17); comme verbe neutre „être le premier, le chef des princes feudataires" (Meng-tseu, chap. II, part. I, § 3).

Dans le passage suivant, il devient par position un verbe causatif 1大 2則 3以 4王。5小 6則 7以 8霸, *ta* si vous êtes employé grandement, 大用 *ta-yong* (c'est le sens du commentaire), 2*tse* alors, 1*wang* vous-ferez-régner-en-empereur, 3*i* le prince. 3*i* est ici une marque d'accusatif qui suppose le mot *kiun* (prince) sous-entendu. En effet, le commentaire le supplée ainsi: 1以 2其 3君 4王 4*wang* vous ferez-régner en empereur, 1*i* marque d'accusatif, 2*khi*-3*kiun* le prince de ce (royaume).

5*Siao* si vous êtes employé petitement, faiblement 小用 *siao-yong*, 6*tse* alors, 7*pa* vous-ferez-régner-sur-les-princes

海上絲綢之路文獻集成 科技與文化編

feudataires, [7]*i* le prince (de ce royaume). [7]*i* est encore une marque d'accusatif, qui suppose le mot *kiun* prince, sous-entendu. Le commentaire rétablit ce mot: [1]以 [2]其 [3]君 [4]霸 [1]*pa,* vous-ferez-régner-sur les-*reguli,* [1]*i* marque d'accusatif, [3]*khi*-[4]*kiun* le prince de ce (royaume). Meng-tseu, chap. III, part. II, § 1.

On peut voir, par le commencement de cet exemple, que le mot *wâng* 王, roi, empereur, est devenu, par *position,* le verbe causatif „faire-régner-en-empereur". Il est vrai que la prononciation passe du premier ton *wâng* au troisième ton [1]*wáng*; mais c'est plutôt la *position* que le ton (qu'on manque souvent d'indiquer) qui fait reconnaître que le mot [4]*wang* est devenu un verbe causatif.

Observations particulières sur chaque espèce de verbe.

DU VERBE ACTIF.

Le caractère propre du verbe actif est clairement indiqué par les mots avec lesquels il est construit. Lorsqu'un verbe actif n'a qu'un régime, on le place tantôt après ce verbe, par exemple 治國 *tch'i-koue* gouverner le royaume; tantôt avant le verbe, en le faisant précéder de *i* 以 signe qui, dans ce cas, marque l'accusatif. Exemple: [1]以 [2]物 [3]遺 [4]人 [5]曰 [6]稅 [3]*i* léguer, [4]*jin* à un homme, [1]*i* marque d'accusatif, [2]*wou* une chose, [5]*youe* s'appelle, se dit, [6]*chouï* (rem legare homini dicitur *chouï*).

Si le verbe actif a deux régimes, l'un direct et l'autre indirect, ce dernier se place après le verbe; le régime direct occupe le second rang.

Exemples: [1]賜 [2]趙 [3]夙 [4]耿 [1]*sse* il donna, [2]*tchao*-[3]*so* à Tchao-so (rég. indirect), [4]*keng* le pays de Keng; [5]賜 [6]畢 [7]萬 [8]魏。[9]以 [10]爲 [11]大 [12]夫 [5]*sse* il donna, [6]*pi*-[7]*wan*, à Pi-van, *weï* le pays de Weï, et [9]以 [10]爲 le fit, [11]*ta*-[12]*fou* (nom de dignité, de magistrature).

[1]公 [2]與 [3]石 [4]祁 [5]子 [6]玦。[7]與 [8]寧 [9]莊 [10]子 [11]矢 [1]*kong* le prince, [2]*yu* donna, [3]*chi*-[4]*ki*-[5]*tseu* à Chi-ki-tseu (nom

d'homme), [6]*kioue* un demi anneau; [7]*yu* il donna à, [8]*ning*-[9]*tchoang*-[10]*tseu* (nom d'homme), [11]*chi* une flèche.

Les caractères chinois étant monosyllabiques et *inconjugables*, on ne peut dire au premier coup d'oeil, si un mot que l'on rencontre isolé est un verbe actif, neutre, passif ou causatif. Mais heureusement la construction bien comprise permet de reconnaître les divers états des verbes.

On voit des substantifs, des adjectifs et même des adverbes qui peuvent s'emparer de ces différents rôles, suivant la place qu'ils occupent dans la phrase, suivant les mots avec lesquels ils sont en construction. C'est ce que je vais montrer par les exemples suivants.

Substantifs devenus des verbes actifs par position.

Le mot *khi* 器 signifie, entre autres choses, un vase et au figuré, talent, capacité. On lit dans le Lun-yu, chap. *Tseu-lou*, § 25: [1]及 [2]其 [3]使 [4]人 [5]也 [6]器 [7]之 [1]*ki* lorsque, [2]*khi* lui (le sage), [3]*sse* emploie, [4]*jin* les hommes, [5]*ye* particule finale, [6]*khi*-[7]*tchi*, il les emploie suivant leur capacité. Comme si l'on disait: il les *capacite*, mot que je forge exprès pour montrer le rôle actif de [6]*khi*. Le signe [7]*tchi* répondrait en latin à *illos*. James Legge: but in his employment of men, he uses them according to their capacity.

Je puis citer 1° *tan* 簞 panier rond pour mettre du riz cuit, signifiant avec *sse* 食 (riz cuit), mettre ce riz dans un tel panier. Meng-tseu, chap. I, part. 2, § 10. — 2° *tsouï* 罪 crime, signifiant accuser: 罪 歲 *tsouï-souï* accuser l'année. Meng-tseu, chap. I, part. 1, § 3. — 3° *Siang* 象 image, figure, signifiant *figurer*. 象 人 *siang-jin* figurer des hommes, faire des figures d'hommes. — 4° *Cheou* 手 main, dont on a fait le mot prendre-en-main, comme du mot *poing* on a fait le verbe *empoigner*. Le mot anglais *hand* (main) précédé de *to*, forme le verbe *prendre-en-main*, *saisir* (Shakespear), et répond exactement au verbe *cheou* 手 de l'exemple suivant. [1]曹 [2]子 [3]手 [4]劍 [5]而 [6]從 [7]之 [1]*Tsao*-[2]*tseu*, [3]*cheou* prit-en-main, saisit, [4]*kien* (son) épée, [5]*eul*,

海上絲綢之路文獻集成 科技與文化編

[6]*thsong*-[7]*tchi* le suivit. — 5° 溝 *keou* canal, dont on a fait le verbe actif entourer-d'un-canal. [1]乃 [2]溝 [3]公 [4]宮 [1]*naï* alors, [2]*keou* il entoura-d'un-canal, [4]*kong* le palais, [3]*kong* du prince. — 6° 父 *fou* père, et 母 *mou*, mère, qu'on trouve employés activement. [1]臣 [2]聞 [3]王 [4]者 [5]父 [6]天 [7]母 [8]地。[1]*tch'in* (moi) votre sujet, [2]*wen*, j'ai entendu dire (que), [3]*wang*-[4]*tche*, l'empereur, [5]*fou* regarde-comme-un-père, [6]*thien* le ciel, (et) [7]*mou* regarde-comme-une mère, [8]*ti* la terre. Pour rendre ici la force de *fou* et de *mou*, il faudrait forger les mots *paterniser* et *materniser*. — 7° Le mot *chi* 氏 famille, se trouve avec la valeur d'un verbe actif. [1]何 [2]以 [3]官 [4]氏 [1]*ho* pourquoi, [4]*chi* a-t-il fait-nom-de-famille, [2]*i* marque d'accusatif, [3]*kouan* la magistrature, cette magistrature (pourquoi a-t-il fait un nom de famille du nom de cette magistrature?) C'est exactement le sens du mandchou: ainou khafan be khala oboukha. On voit ici que 何 以 *ho-i* ne doit pas être toujours traduit par *pourquoi, comment,* et que, comme dans cet exemple *i* 以 doit quelquefois être construit avec le mot suivant. — 8° 丹 *tan*, couleur rouge, suivi d'un régime, s'emploie pour *rougir*, peindre en rouge. [1]丹 [2]桓 [3]宮 [4]楹 [1]*tan*, il peignit-en-rouge, [4]*ing* les colonnes, [3]*kong* du palais, [2]*houan* de Houan-kong.

Adjectifs devenus verbes actifs par position.

De l'adjectif *po* 薄 mince, léger, suivi d'un ou de plusieurs substantifs, on fait le verbe *amincir, amoindrir, diminuer.* [1]薄 [2]稅 [3]斂 [1]*po* si vous diminuez, [2]*choui* les taxes, [3]*lien* et les impôts. Meng-tseu, chap. I, § 23.

L'adjectif *youen* 遠 éloigné, peut devenir le verbe *éloigner.* [1]君 [2]子 [3]遠 [4]庖 [5]廚 [1]*kiun*-[2]*tseu* le sage, [3]*youen* éloigne (de lui), [4]*p'ao*-[5]*tch'ou* la cuisine. C'est-à-dire: se tient loin de la cuisine. Meng-tseu, chap. I, § 7.

Le même adjectif se trouve, au commencement du même chapitre, avec le sens de regarder-comme-éloigné. [1]不 [2]遠 [3]千

[4] 里 [1]*pou*-[2]*youen* vous n'avez pas regardé-comme-éloignés, [3]*thsien*-[4]*li* mille *li* (cent lieues).

Les mots *lao* 老 vieux, et *yeou* 幼 jeune-homme, deviennent dans le passage suivant, des verbes actifs. Meng-tseu, chap. I, part. 1, § 7. [1]老 [2]吾 [3]老 [4]幼 [5]吾 [6]幼 [1]*lao* (si) je-traite-comme-des-vieillards, [2]*ngou*-[3]*lao* mes vieillards, c.-à-d. si je respecte mon père et ma mère; [4]*yeou*, (si) je traite-comme-des-jeunes-gens, [5]*ngou*-[6]*yeou* mes jeunes gens (si je traite avec affection mes frères-cadets). Pour rendre le rôle du premier [1]*lao*, et du premier [4]*yeou*, il faudrait fabriquer les mots *vieillarder* et *juvéniser*: je *vieillarde* mes vieillards; je *juvénise* mes jeunes. C'est précisément ce qu'a fait l'interprète mandchou avec une liberté que nous ne pouvons imiter en français, en fabriquant exprès des verbes actifs qui n'existent pas en mandchou. En effet, du mot *sengge* âgé, il a fait le verbe *senggelembi,* comme si l'on disait: *j'âge* mes âgés; du mot *deote,* frères cadets, il a fait le verbe *deotelembi*, comme si l'on disait: je *cadéte* mes cadets. Je cite ces curieux exemples pour montrer la puissance de formation qui résulte de la position des mots.

En grec, du mot πρέσβυς, vieillard, on fait bien le verbe πρεσβεύειν, respecter, vénérer; mais la terminaison de l'infinitif indique que πρεσβεύειν est un verbe actif, tandis qu'en chinois c'est la position seule qui nous fait voir que *lao* 老 (*vulgo* vieillard), est ici le verbe actif *respecter, vénérer*.

Verbes neutres devenus actifs par position.

Le mot *fan* 反 qui signifie *revenir*, se trouve (étant suivi d'un régime direct) avec le sens de faire-revenir, renvoyer quelqu'un. [1]反 [2]其 [3]旄 [4]倪 [1]*fan* (si) vous faites revenir, si vous renvoyez (chez eux), [2]*khi* d'eux (eorum), [3]*mao* les vieillards, [4]*ni* et les petits (si vous renvoyez leurs pères et leurs enfants *que vous avez emmenés*). En mandchou: derei sakda asikhabe bedereboure otchi.

海上絲綢之路文獻集成 科技與文化編

Le mot *hien* 陷 tomber et le mot *ni* 溺 s'enfoncer dans l'eau, étant suivis d'un régime direct, se trouvent avec le sens de : faire tomber dans une fosse, faire enfoncer dans l'eau, noyer quelqu'un (au figuré : tyranniser, faire périr) [1]彼 [2]陷 [3]溺 [4]其 [5]民 [1]*pi* ces (princes cruels), [2]*hien* précipitent dans des fosses et, [3]*ni* noyent, [4]*khi* leur, [5]*mîn* peuple. Legge : those *rulers* drive their people in pitt-falls and drown them. (Meng-tseu, chap. I, part. 1, § 5.

Le mot 陷 *hien*, tomber, étant suivi du mot *tching* 城 ville, devient, comme ci-dessus, un verbe actif. Ces deux mots signifient : faire tomber une ville, s'en emparer.

Ce même mot reprend sa signification habituelle lorsqu'il est précédé du mot *tching* 城 ville : 城 陷 *tch'ing-hien,* la ville est tombée (au pouvoir de l'ennemi). (*Thong-kien-kang-mou,* passim.)

Les verbes neutres 凍 *tong* et 餒 *nouï* avoir-froid, avoir-faim, deviennent (étant suivis d'un régime direct) des verbes *actifs*, signifiant exposer-au-froid, exposer-à la-faim quelqu'un, le faire souffrir du froid et de la faim. [1]凍 [2]餒 [3]其 [4]妻 [5]子 (si cet ami) [1]*tong* a-exposé-au-froid, a-laissé-avoir-froid, [2]*nouï* a-exposé-à la-faim, a-laissé-avoir-faim, [3]*khi* de lui (ejus), [4]*tsi* la femme, [5]*tseu* (et les) enfants (qui lui avaient été confiés), [6]則 [7]如 [8]之 [9]何 [6]*tse* alors, [7]*jou*-[9]*ho* comment doit-il traiter, [8]*tchi* lui (le traiter) ? [10]王 [11]曰 [12]棄 [13]之 [10]*wang* le roi, [11]*youe* dit, [12]*khi* (qu'il) abandonne, [13]*tchi* lui (le roi dit : il faut qu'il quitte cet indigne ami, qu'il rompe avec lui).

Adverbes devenus des verbes actifs par position.

Le mot *thsien* 前 avant, en avant, peut devenir un verbe actif [1]進 [2]戈 [3]者 [4]前 [5]其 [6]鐏 [3]*tche* celui qui, [1]*thsin* offre, [2]*ko* une lance, [4]*thsien* (doit) présenter-en-avant, [6]*thsun* l'extrémité-inférieure. *Li-ki.*

後 *heou,* après, *post,* s'emploie (étant suivi d'un substantif) dans le sens de placer-après, *postponere.* 後 義 而 先

4

利 postponere justitiam et anteponere lucrum, c.-à-d. mettre le profit, l'intérêt avant la justice. Meng-tseu, chap. I, part. 1, § 1.

非 *feï*, pas, non, suivi d'un substantif, devient verbe actif ; [1]人 [2]不 [3]得 [4]則 [5]非 [6]其 [7]上 [8]矣。[1]*jin* (si) les hommes (du peuple), [2]*pou*-[3]*te* n'obtiennent pas (une existence tranquille et heureuse), [4]*tse* alors, [5]*feï* ils blâment, ils accusent, [6]*khi* leurs, [7]*chang* supérieurs. Meng-tseu, chap. I, part. 11, § 4.

Les adverbes *sien* 先 *avant* et *heou* 後 *après* deviennent des verbes actifs dans l'exemple suivant de Meng-tseu : 苟爲後義而先利 *keou-weï-heou-li-eul-sien-li*, mot à mot : si *postponant* æquitatem et anteponant lucrum (s'ils mettent le profit, leur intérêt, avant la justice), etc.

DU VERBE PASSIF.

Les Chinois expriment le passif de plusieurs manières. La plus ordinaire consiste à insérer les prépositions *yu* 於, *yu* 于, *hou* 乎 entre un verbe actif et le mot qui forme son complément indirect. Exemples : [1]東 [2]敗 [3]於 [4]齊 [1]*tong* à l'orient, [2]*paï* j'ai été battu, [3]*yu* par, [4]*thsi* (le prince de) *Thsi.*

[1]由 [2]是 [3]鄭 [4]伯 [5]始 [6]惡 [7]于 [8]王 [3]*yeou*-[4]*chi* par suite de cela, [1]*tching*-[2]*pe*, le prince de Tching du titre de Pe, [5]*chi* commença-à, [6]*où* être-détesté, [7]*yu* par, [8]*wang* l'empereur.

Song-wan-y ayant livré bataille à Tchoang-kong [1]獲 [2]乎 [3]莊 [4]公 [1]*hou* fut pris (fut fait prisonnier) [2]*hou* par, [3]*tchoang*-[4]*kong*, nom d'homme.

單伯者何 qu'entendez-vous par *Tan-pe?* [1]吾 [2]大 [3]夫 [4]之 [5]命 [6]乎 [7]天 [8]子 [9]者 [10]也 [10]*ye* c'est, [1]*ngou* notre, [2]*ta*-[3]*fou*, nom de dignité, [4]*tchi* particule relative, [9]*tche* qui, [5]*ming* a été institué, [6]*hou* par, [7]*thien*-[8]*tseu* l'empereur.

Passif indiqué par la position.

Les Chinois remplacent souvent les prépositions *yu* 於, *yu* 于, *hou* 乎, par la *position*, en plaçant avant le verbe le nom

海上絲綢之路文獻集成 科技與文化编

de la personne ou de la chose qui en est le complément indirect.

Au lieu de dire 1國 2爲 3護 4於 5龍 1*koue* le royaume, 2*weï* est, 3*hou* protégé, 4*yu* par, 5*long* un dragon, Hiouen-thsang écrit, en mettant le mot 5*long* dragon au cas instrumental : 1國 2爲 3龍 4護 1*koue* le royaume, 2*weï* est, 3*long* par un dragon, 4*hou* protégé. (*Si-yu-ki,* liv. III, fol. 14.)

Au lieu de dire : Ces *stoûpas* 1建 2於 3無 4憂 5王 1*kien* ont été construits, 2*yu* par, 5*wang* le roi, 3*wou*-4*yeou* exempt de chagrin (en Sanscrit *açôka*), le même auteur écrit 1無 2憂 3王 4建 1*wou*-2*yeou*-3*wang* par *açôka* roi (le roi Açôka) 4*kien* ont été construits.

Les mots 1火 2雖 3困 4蝙 5蝠 signifient : 2*souï* quoique, 1*ho* le feu, 3*khouen* tourmentât, 4*pien*-5*fo* les chauves-souris. Dans ce cas, le mot 3*khouen* est le verbe actif *tourmenter*, parce qu'il est suivi d'un régime direct (*pien-fo, τοὺς vespertiliones,* les chauves-souris). Si l'on veut en faire un verbe passif, il suffit de placer en tête de la phrase l'expression 4*pien*-5*fo*, les chauves-souris, et de mettre le mot 1*ho* feu (au cas instrumental) devant le verbe 3*khouen* : 1蝙 2蝠 3雖 4火 5困 3*souï* quoique, 1*pien*-2*fo* les chauves-souris, 4*ho* par le feu (au cas instrumental), 5*khouen* fussent-tourmentées (elles ne sortirent point de la cavité de l'arbre et y moururent). *Si-yu-ki.*

Lorsque le verbe qui doit être au passif n'a pas de complément indirect, les Chinois le placent après le sujet, et alors ce verbe termine un membre de phrase ou une phrase entière. On dit bien : 1不 2擾 3中 4國 1*pou*-2*jao* ne pas troubler, 3*tchong*-4*koue* le royaume du milieu. Dans ce cas, 2*jao* est un verbe actif; si l'on veut le faire passer à l'état de verbe passif, il suffit de donner au régime direct la place du sujet et de mettre le verbe 2*jao* après ce sujet : 1中 2國 3不 4擾 1*tchong*-2*koue*, le royaume du milieu, 3*pou*-4*jao* n'est pas troublé. C'est en vertu de cette règle de position que les verbes suivants : *chi* 失 perdre, *tch'ouen* 傳 transmettre, *paï* 敗 battre (quelqu'un dans un combat), *wen* 溫 faire chauffer, *pi* 辟 cultiver, 傷 *chang* blesser, *hing* 行 faire, *t'ing* 聽 entendre, écouter, *tch'ing* 成 faire,

海上絲綢之路文獻集成 科技與文化編

yang 養 nourrir, deviennent des verbes passifs. (Je multiplie exprès les citations, afin de bien inculquer ce principe dans l'esprit des étudiants.) Exemples : [1]四 [2]德 [3]之 [4]失 [5]何 [6]以 [7]守 [8]國 [1]*ssé*-[2]*te* (si) ces quatre vertus, [3]*tchi* particule relative, [4]*chi* sont-perdues (si le prince perd ces quatre vertus), [5]*ho*-[6]*i* comment, [7]*cheou*-[8]*koue* (pourra-t-il) garder (son) royaume ?

[1]是 [2]以 [3]後 [4]世 [5]無 [6]傳 [1]*chi*-[2]*i* c'est pour cela (que), [3]*heou*-[4]*chi* dans les siècles postérieurs, suivants, (ces actions) [5]*pou*-[6]*tch'ouen* n'ont pas été transmises.

[1]莫 [2]敖 [3]必 [4]敗 (le fonctionnaire du titre de) [1]*mo*-[2]*ao*, [3]*pi* certainement, [4]*paï* sera battu, vaincu.

[1]田 [2]野 [3]不 [4]辟 [1]*thien* les champs, [2]*ye* et les plaines-désertes, [3]*pou*-[4]*pi* ne sont point cultivés.

[1]伐 [2]孫 [3]氏 [4]不 [5]克。[6]百 [7]國 [8]傷 [1]*fa*, il attaqua, [2]*sun*-[3]*chī* (nom propre), [4]*pou*-[5]*khe* et ne put (le vaincre); [6]*pe*-[7]*koue* (nom d'homme), [8]*chang* fut blessé.

[1]諫 [2]行 [3]言 [4]聽 [1]*kien* (si) les représentations (des ministres), [2]*hing* sont faites, [3]*yen* (et si) leurs paroles, [4]*thing* sont écoutées (par le prince).

[1]十 [2]一 [3]月 [4]徒 [5]杠 [6]成 [1]*chi*-[2]*i*-[3]*youeï* dans le onzième mois, [5]*kang* les ponts, [4]*tou* des piétons (pour les piétons), *tch'ing* sont-faits, sont construits.

[1]農 [2]夫 [3]勞 [4]而 [5]君 [6]子 [7]養 [8]焉 [1]*nong*-[2]*fou* le laboureur, [3]*lao* travaille, [4]*eul* et, [5]*kiun*-[6]*tseu* le sage, [7]*yang* est-nourri, [8]*yen* particule finale.

Le mot *kien* 見 vulgo *voir*, placé avant un verbe actif final, lui donne la valeur d'un passif: [1]隋 [2]之 [3]見 [4]伐 [5]不 [6]量 [7]力 [8]也 [1]*souï* (si le prince de) *Souï* a été attaqué (et vaincu), [8]*ye* c'est que, [5]*pou*-[6]*liang* il n'avait pas mesuré, [7]*li* ses forces.

En style moderne, les Chinois, dans le même cas, se servent de *pi* 被 au lieu de *kien* 見, comme marque du passif. On en trouve aussi des exemples en style ancien [1]被 [2]訟 [3]人 [4]所 [5]食 [6]之 [7]分 [7]*fen* une portion, [4]*so* (de) ce que, [5]*chi* mange, [6]*tchi* particule relative, [3]*jin* l'homme, [1]*pi*-[2]*song* accusé.

Place du participe passé passif.

Le participe passé passif se place, comme l'adjectif, avant le substantif auquel il se rapporte. [1]修 [2]廢 [3]官 [1]*sieou* il rétablissait, [3]*kouan* les magistrats, [2]*feï* (qui avaient été) déposés, destitués. Lun-yu, chap. *yao-youe*, § 1.

[1]以 [2]不 [3]教 [4]民 [5]戰 [6]是 [7]謂 [8]棄 [9]民 [5]*tchen* (si) on livre bataille, [1]*i* avec, [4]*min* un peuple, des hommes, [2]*pou*-[3]*kiao* pas-instruits, [6]*chi* cela, [7]*weï* s'appelle, [8]*khi* abandonner, [9]*min* le peuple (et l'exposer à la mort).

[1]邊 [2]屯 [3]兵 [1]*pien* à la frontière, [2]*thun* rassemblés, [3]*ping* soldats (les soldats rassemblés à la frontière).

Substantif devenu un verbe passif par position.

Le substantif *yu* 役 serviteur, devient un verbe actif, lorsqu'il est suivi d'un régime direct : 役 志 *yu-tchi* asservir sa volonté (Meng-tseu, chap. VI, part. 2, § 5); mais s'il termine la phrase, étant précédé de 於 *yu* par, et d'un substantif, par exemple du mot *jin* 人 *homme*, ou bien s'il est simplement précédé de ce même mot *jin* 人, au cas instrumental, il devient un verbe passif, au présent de l'indicatif. [1]不 [2]仁 [3]不 [4]智 [5]無 [6]禮 [7]無 [8]義 [9]人 [10]役 [11]也 [1]*pou*-[2]*jin* (celui qui n'est) pas humain, [3]*pou*-[4]*tchi* pas prudent, [5]*wou* (qui) est dépourvu, [6]*li* d'urbanité, [7]*wou* (qui) est-dépourvu, [8]*i* de justice, [9]*jin* par les hommes (au cas instrumental), [10]*yu* est asservi, [11]*ye* particule finale. En mandchou : *niyalma de* les hommes par (par les hommes) *takô-raboumbi* il est asservi. Meng-tseu, chap. II, part. 1, § 7.

DU VERBE NEUTRE.

Nous avons peu de chose à dire des verbes neutres. On en distingue deux sortes : les uns appelés transitifs qui sont suivis d'une préposition comme 來 自 *laï-tseu* venir de, 害 於 *haï-yu* nuire à; les seconds appelés intransitifs dont l'action se concentre en eux-mêmes et qui n'ont pas de régime, comme *tchouï* 睡 dormir, *tso* 坐 s'asseoir, *hing* 行 marcher, *li* 立 se tenir debout, *yeou* 遊 se promener, *wou* 舞 danser, *siao* 笑 rire, etc.

Il y a en chinois d'autres verbes neutres qu'on rend en français par l'auxiliaire *être* et un adjectif. Exemples : les mots *ngo-jin* 惡人 signifient méchant homme; si l'on place *jin* 人 avant *ngo* 惡, les mots *jin-ngo-ye* 人惡也 signifieront l'homme est méchant; *chen-sing* 善性 un bon naturel; *sing-chen-ye* 性善也 le naturel est bon; *lao-jin* 老人 un vieillard; 人老也 *jin-lao-ye*, l'homme est vieux.

Quelquefois un substantif placé après un autre substantif et terminant un membre de phrase, devient un verbe neutre par position; *weï* 危 veut dire *danger*, 國危 *koue-weï* signifie : le royaume est-en-danger.

Un verbe actif peut aussi devenir un verbe neutre par position. 褪衣 *t'un-i* signifie ôter un vêtement; 粉褪 *fen-t'un* veut dire : le fard a été ôté, c'est-à-dire a disparu. En mandchou : *fiyen nitarakha.*

Substantifs devenus verbes neutres par position.

Le mot *ko* 穀 grains, traitement payé en grains, signifie toucher, recevoir-un traitement-en grains, [1]邦 [2]無 [3]道 [4]穀 [5]恥 [6]也 [1]*pang* (quand) un royaume, [2]*wou* n'a pas, ne suit pas, [3]*tao* la droite voie (est mal gouverné), [4]*ko* recevoir-un traitement, les émoluments d'une charge, [6]*ye* c'est, [5]*tch'i* une honte, honteux. En mandchou : *fouloun dchedere,* manger un traitement. Lun-yu, ch. Hien-wen, § 1.

Je puis ajouter *tch'i* 雉 faisan et *t'ou* 兔 lièvre (signifiant prendre, chasser les faisans et les lièvres), *thsou* 芻 *foin*, *jao* 蕘 herbes (sèches pour brûler), signifiant ramasser du foin et des herbes. Pour rendre la force de ces quatre mots, il faudrait fabriquer des mots impossibles comme *faisaner*, *liévrer*, *foiner*, *herber*. Meng-tseu, ch. I, part. 2, § 2. Je dois ajouter que dans le passage de Meng-tseu, ces quatre substantifs ne seraient pas

海上絲綢之路文獻集成 科技與文化编

devenus des verbes neutres s'ils n'avaient pas été suivis de *tche* 者 ceux qui (*Tch'i-t'ou-tche-thsou-jao-tche*).

D'autres substantifs plus usités deviennent également des verbes neutres par position; par exemple *ti* 弟 frère-cadet, et *hiao* 孝 piété filiale, peuvent signifier être-respectueux-envers-les frères-aînés, et pratiquer-la-piété-filiale. Lun-yu, chap. *Hio-eul:* 1 子 2 曰 *tseu-youe*, Confucius dit: *ti-tseu* 3 弟 4 子 un frère cadet et un fils; *ji* 5 入 étant entré (c.-à-d. dans la maison), *tse* 6 則 alors, 7 孝 *hiao* (que le fils) pratique la piété filiale; *tch'ou* 8 出 étant sorti (c.-à-d. au dehors), *tse* 9 則 alors, *ti* 10 弟 (que le frère cadet) soit-respectueux-envers-ses-aînés.

Le mot *yeou* 友 ami, se trouve dans le même membre de phrase avec son sens habituel et le sens de „se-lier-d'amitié". 1 非 2 其 3 友 4 不 5 友 1*feï* (si un homme n'était) pas, 2*khi*-3*yeou* son ami (un ami qui lui convînt), 4*pou*-5*yeou* il-ne-se-liait-pas (avec lui). Meng-tseu, chap. *kong-sun-tch'eou*, part. 1, § 9.

DU VERBE CAUSATIF.

Le verbe causatif peut s'exprimer 1° par *sse* 使 faire, ordonner (Endlicher, page 299, § 239); 2° surtout par la position. Voyez, page 45, les exemples où j'ai cité les verbes neutres 王 *wáng* et *pá* 霸 qui sont devenus, par position, des verbes causatifs. On peut y ajouter les mots *hién* 見 et *tch'âo* 朝 des deux exemples suivants.

Le mot *kién* 見 voir, se prononce aussi *hien* 見 au troisième ton et signifie paraître devant quelqu'un, en parlant d'un inférieur qui paraît devant un homme d'un rang élevé (Khang-hi), et qui est admis en sa présence. 1 封 2 人 3 請 4 見 *fong-jin* l'homme des frontières, le gardien des frontières, 3*thsing* demanda, *hién* à paraître (devant le maître, devant Confucius), à être admis en sa présence; 5 從 6 者 7 見 8 之 5*thsong*-6*tche* ceux qui suivaient (le maître, — ses disciples), 見 之 7*hien*-8*tchi* firent-paraître devant (le maître), 6*tchi* lui, c.-à-d. lui firent obtenir une entrevue, une audience (du maître). En mandchou : *atchaboukha*. Lun-yu, chap. *Pa-i*, § 24.

Le mot *tch'âo* 朝 veut dire aller à la cour de l'empereur, ou d'un souverain, pour lui rendre hommage ou pour toute autre cause. Il s'emploie aussi dans le sens causatif: faire-venir-quelqu'un-à sa cour. Exemple : [1]欲 [2]辟 [3]土 [4]地 [5]朝 [6]秦 [7]楚 [1]*yo* vous désirez, [2]*pi* étendre, [3]*thou-*[4]*ti* votre territoire, [5]*tch'ao* et faire-venir-à votre cour, [6]*thsin-*[7]*thsou* (les rois de) *Thsin* et de *Thsou*. En mandchou : *Khargachandsimbouki*, vous désirez faire venir à la cour. Meng-tseu, chap. I, part. 1, § 16.

DU VERBE IMPERSONNEL.

Les verbes chinois qu'on peut appeler impersonnels sont fort rares, et se rapportent uniquement à des phénomènes naturels; par exemple : 下雨 *hia-yu* il tombe de la pluie, il pleut, *hia-sioue* 下雪 il tombe de la neige, il neige, *hing-louï* 行 il marche-le tonnerre, il tonne; *hia-p'o* 下雹 il tombe de la grêle, il grêle.

C'est la position du verbe avant le sujet, qui lui donne la qualité d'impersonnel. En effet, le verbe aurait naturellement le rôle d'un verbe neutre si l'on écrivait, sans modifier le sens : *yu-hia* 雨下 la pluie tombe; *sioue-hia* 雪下 la neige tombe; *p'o-hia* 雹下 la grêle tombe; *louï-hing* 雷行 le tonnerre marche. Mais dans le cas dont il s'agit, les Chinois aiment mieux supprimer la fonction du sujet, et rendre le verbe impersonnel, en lui donnant la première place dans chacune de ces locutions dissyllabiques. En français, nous supprimons le sujet, en disant il pleut, il neige, il grêle, il tonne.

DES PERSONNES, DES MODES ET DES TEMPS DES VERBES.

Il n'y a pas lieu de disserter longuement sur les temps et les modes des verbes, car on ne trouve guères en chinois que le

海上絲綢之路文獻集成 科技與文化編

présent, le *passé* et le *futur*. Le passé et le futur sont indiqués par des signes particuliers. Il y a des temps, comme l'imparfait, le plus-que-parfait, le futur, et des modes, comme le conditionnel présent, le conditionnel passé, que l'on peut deviner par le contexte.

A l'article du vocatif, page 64, j'ai fait connaître certains signes qui permettent de reconnaître le mode de l'impératif. Je les ai indiqués en les accompagnant d'exemples.

Le subjonctif et l'optatif n'ont aucun rapport avec les règles de position. Le premier s'indique par *souï* 雖 quoique, *jou* 如 ou 如使 *jou-sse si*; le second par les verbes *yo* 欲 désirer, *youen* 願 souhaiter, *yao* 要 vouloir. Je n'ai donc pas besoin de m'y arrêter.

DES PERSONNES.

La première personne s'exprime par les diverses formes du pronom de la première personne, savoir *ngou* 吾 *ngo*, 我 *yu* 予, *yu* 余 et *tchin* 朕. Depuis la 24me année de la dynastie des *Thsin*, ce dernier caractère n'est plus employé que par l'empereur, comme pronom de la première personne.

Les Chinois emploient encore les mots *meou* 某 un tel, *tch'in* 臣 le sujet, et des expressions humbles comme *yu* 愚 (l'homme) stupide, *nou* 奴 l'esclave, pour dire *moi, je*.

La deuxième personne s'exprime par plusieurs synonymes qui, suivant la qualité ou le rang de la personne à qui l'on parle, répondent à *vous*, à *toi*, à *tu*; ce sont les signes *joù* 汝 et *eul* 爾 et plus rarement 如 *joù*, *eul* 而 et *jo* 若.

La troisième personne s'exprime par *khi* 其, lui, et dans les livres anciens comme le *Chi-king* et le *Chou-king* par *kioue* 厥.

Les personnes du pluriel s'expriment au moyen des pronoms des trois personnes, *je*, *vous*, *lui*, qu'accompagnent des signes indiquant la pluralité, comme *tchong* 衆 ou 多 *to* nombreux, *kiou* 舉 tous et *kiaï* 皆 même sens; mais ce dernier mot se place après le sujet. Exemples : 人皆曰 *jin-kiaï-youe*, tous les hommes disent, ou simplement : les hommes disent.

Je dois ajouter que le signe *kiaï* 皆 indique souvent la dualité. [1]吾 [2]二 [3]臣 [4]者 [5]皆 [6]不 [7]欲 [1]*ngou*-[2]*eul* nous deux, [3]*tch'in*-[4]*tche*, les sujets (vos sujets), [5]*kiaï* signe du duel (tous deux), [6]*pou*-[7]*yo* ne le désirons pas. Lun-yu, chap. XVI. [1]爾 [2]我 [3]皆 [4]一 [5]體 [1]*eul*-[2]*ngo* vous et moi, [3]*kiaï* signe du duel, [4]*i*-[5]*thi* un corps (nous ne formons qu'un corps).

Le pluriel se reconnaît aussi quand le verbe est précédé de signes désignant plusieurs personnes, comme le prince et le ministre, le père et la mère, le mari et la femme, la femme et les enfants, le frère aîné et le frère cadet, etc.

DES TEMPS.

Présent de l'indicatif.

Ce temps qui exprime simplement l'affirmation d'un fait attribué à une personne ou à une chose, ne demande ni explications ni exemples.

Imparfait.

L'imparfait peut se déduire du sens de la phrase. [1]古 [2]之 [3]人 [4]與 [5]民 [6]偕 [7]樂 [3]*jin* les hommes, [2]*tchi* de, [1]*kou* l'antiquité, [4]*yu* avec, [5]*min* le peuple, [6]*kiaï* ensemble, [7]*lo* se réjouissaient; [8]故 [9]能 [10]樂 [8]*kou* c'est pourquoi, [9]*neng* ils pouvaient, [10]*lo* se réjouir.

[1]始 [2]吾 [3]敬 [4]子 [5]今 [6]子 [7]爲 [8]魯 [9]人 [10]囚 [11]吾 [12]弗 [13]敬 [14]子 [15]矣。 [1]*chi* dans le commencement, [2]*ngou* je, [3]*king* respectais, [4]*tseu* vous (je vous respectais), [5]*kin* maintenant (que) [6]*tseu* vous, [7]*weï* êtes, [10]*sieou* prisonnier, [9]*jin* des hommes, [8]*lou* du royaume de Lou, [11]*ngou* je, [12]*fo* ne pas, [13]*king* respecte (je ne respecte plus), [14]*tseu* vous, [15]*i* particule finale.

Ce sont les mots *kou* l'antiquité et *chi* au commencement, qui mettent à l'imparfait le mot *lo* (se réjouir) et le mot *king* (respecter).

Prétérit défini.

Ce temps peut être indiqué par les mêmes signes qui marquent le prétérit indéfini, et qu'on place avant le verbe, savoir par *t'seng* 曾, *tch'ang* 嘗, *ki* 既, *king* 經, *i* 已. Je réserve les exemples pour le *Prétérit indéfini.*

On reconnaît le prétérit défini lorsque le texte dit qu'une chose a été faite dans un temps déterminé et entièrement écoulé. Exemple : [1]周 [2]昨 [3]來。[4]有 [5]中 [6]道 [7]而 [8]呼 [9]者 [1]*tcheou* (nom d'homme) [2]*tso* hier, [3]*laï* est venu; (à ce moment), [4]*yeou* il y eut, [9]*tche* (un homme) qui, [5]*tchong*-[6]*tao* au milieu du chemin, [7]*eul* particule explétive, [8]*hou* l'appela à haute voix. (*Tchoang-tseu, waï-wou pien.*)

Prétérit indéfini.

Les Chinois ont plusieurs marques du prétérit *indéfini* qu'ils placent avant le verbe, savoir *ts'eng* 曾, *tch'ang* 嘗, *ki* 既 *king* 經, *i* 已. Exemples : [1]曾 [2]由 [3]與 [4]求 [5]之 [6]問 [1]*ts'eng*-[6]*wen* m'avez-vous interrogé-sur, [2]*yeou* (nom d'homme), [3]*yu* et (sur) [4]*khieou*, nom d'homme, [5]*tchi* particule relative. Lun-yu, chap. *Sien-thsin*, § 23.

[1]形 [2]雖 [3]存 [4]而 [5]心 [6]已 [7]死 [2]*souï* quoique, [1]*hing* son corps, [3]*thsun* subsiste, [4]*eul* cependant, [5]*sin* son esprit, [6]*i*-[7]*sse* est déjà mort.

[1]予 [2]既 [3]烹 [4]而 [5]食 [6]之 [1]*yu* je, [2]*ki*-[3]*p'eng* les ai fait cuire (les poissons), [4]*eul* et, [5]*chi*-[6]*tchi* (je) les ai mangés. Meng-tseu, chap. V, part. 1, § 2.

Dans beaucoup de cas, l'examen du texte suffit pour faire reconnaître le prétérit indéfini. [1]武 [2]王 [3]亦 [4]一 [5]怒 [6]而 [7]安 [8]天 [9]下 [10]之 [11]民。[1]*wou*-[2]*wang* l'empereur Wou-Wang, [3]*i* aussi, [4]*i* une seule fois, [5]*nou* fit éclater-sa colère, [6]*eul* et, [7]*ngan* procura la paix, [11]*min* aux peuples, [10]*tchi* de, [8]*thien*-[9]*hia* l'empire. Meng-tseu, chap. I, part. 11, § 3.

[1]桓 [2]公 [3]之 [4]於 [5]管 [6]仲 [7]學 [8]而 [9]後 [10]臣 [11]之 [1]*houan*-[2]*kong* (nom d'homme), [3]*tchi* particule relative, [4]*yu* sous, [5]*kouan*-[6]*tchong* (nom d'homme), [7]*hio* étudia (reçut des leçons de

海上絲綢之路文獻集成 科技與文化編

Kouan-tchong), [8]*eul*, [9]*heou* ensuite, [10]*tch'in* fit-ministre, [11]*tchi* lui (le prit pour ministre). Meng-tseu, chap. II, part. 11, § 2.

A quels signes reconnaît-on que les mots [1]*nou*, [2]*hio*, [3]*tch'in*-[4]*tchi*, sont au prétérit indéfini ([1]il se mit en colère, [2]il étudia, [3-4]il le fit-ministre) ? C'est que les faits rapportés par Meng-tseu, dans ces deux passages, remontent à une époque antérieure à celle où il vivait.

Je crois devoir citer encore deux exemples où les dates déterminent le prétérit indéfini. [1]十 [2]二 [3]年 [4]秋 [5]宋 [6]萬 [7]弒 [8]閔 [9]公 [4]*thsieou* dans l'automne, [1]*chi*-[2]*eul* de la vingtième, [3]*nien* année, [5]*song*-[6]*wan* (nom d'homme), [7]*che* tua, [8]*min*-[9]*kong* le prince *Min-kong*.

[1]十 [2]有 [3]二 [4]年。[5]春 [6]三 [7]月。[8]紀 [9]叔 [10]歸 [11]酅 [6]*san*-[7]*youeï* dans le troisième mois, [5]*tch'un* du printemps, [1]*chi*-[2]*yeou*-[3]*eul* de la douzième, [4]*nien* année, [8]*ki*-[9]*cho* (nom d'homme), [10]*koueï* retourna, revint à, [11]*hi* (nom de pays).

Plus-que-parfait.

En chinois, aucun signe particulier n'indique le plus-que-parfait. Il appartient au sinologue intelligent de le déduire du sens de la phrase. Exemples : [1]鄭 [2]伯 [3]之 [4]享 [5]王。[6]王 [7]以 [8]后 [9]之 [10]鞶 [11]鑑 [12]子 [13]予 [14]之 [1]*tch'ing*-[2]*pe*, le prince de *Tch'ing* du titre de *Pe*, [3]*tchi* particule relative, [4]*hiang* ayant donné un festin, [5]*wang* à l'empereur, [6]*wang* l'empereur, [13]*yu*-[14]*tchi* lui avait donné, [7]*i*-[11]*kien*-[12]*tseu* un petit miroir, [10]*p'an* de ceinture, [8]*heou*-[9]*tchi* de l'impératrice.

L'interprète mandchou a bien vu que le verbe [13]*yu*, donner, était au plus-que-parfait. C'est pourquoi il a traduit : *changname boukhe bikhe*, le récompensant (pour le récompenser) *il lui avait donné*, etc.

Kong-yang, l'un des commentateurs du *Tch'un-thsieou* de Confucius, fait cette question : Pourquoi les hommes de *Thsi* ont-ils rapporté le corps de la princesse ? Il répond : [1]桓 [2]公 [3]召 [4]而 [5]縊 [6]殺 [7]之 [8]之 [9]故 [10]矣. [9]*Kou* par la raison, [8]*tchi* de (ce que), [1]*houan*-[2]*kong* le prince *Houan-kong*, [3]*tchao* l'avait fait venir, [4]*eul* et, [5]*i* en la pendant, [6]*cha*-[7]*tchi* l'avait tuée, [10]*i* particule finale.

Autre exemple du même auteur : [1]何 [2]知 [3]其 [4]夜 [5]食 [6]也。 [3]*ho* comment, [2]*tchi* a-t-il su (que), [3]*khi*-[4]*ye* dans cette nuit, [5]*chi* l'éclipse avait eu lieu ? [6]*ye* particule finale.

Futur.

Les Chinois indiquent le plus souvent le futur au moyen du caractère *tsiang* 將 qu'ils placent devant le verbe. [1]殃 [2]將 [3]至 [1]*yang* un malheur, [2]*tsiang*-[3]*tchi* (lui) arrivera.

Quand *tsiang* 將 est séparé du verbe par un régime, il faut l'en rapprocher en construisant [1]吾 [2]將 [3]安 [4]仰 pour [1]吾 [2]將 [3]仰 [4]安 [1]*ngou* je, [2]*tsiang*-[3]*niang* regarderai-en-haut, [4]*ngan* qui? c.-à-d. vers qui lèverai-je les yeux? En mandchou : *bi* moi, *aibe* qui (à l'accusatif), *khargachambi* regarderai-je en levant les yeux ?

On rencontre, dans les auteurs, un grand nombre de passages où le futur se déduit clairement de la position et du sens de la phrase. [1]天 [2]下 [3]紛 [4]紛 [5]何 [6]時 [7]定 [8]乎。 [1]*thien*-[2]*hia* l'empire, [3]*fen*-[4]*fen* est troublé; [5]*ho*-[6]*chi* à quelle époque, [7]*ting*-[8]*hou* sera-t-il fixé, pacifié ? — *Hou* particule interrogative. Il est aisé de voir, par les mots [5]*ho*-[6]*chi* (quando? quo tempore ?), que le mot [7]*ting* (stabilire) doit être traduit au futur passif.

[1]吾 [2]王 [3]不 [4]遊 [5]吾 [6]何 [7]以 [8]休 [1]*ngou* (si) de nous, [2]*wang* le roi (notre roi), [3]*pou*-[4]*yeou* ne fait pas d'excursions (dans nos contrées), [5]*ngou* nous, [6]*ho*-[7]*i* comment, [8]*hieou* goûterons-nous le bonheur ? Meng-tseu, chap. I, part. 11, § 4.

La supposition qui résulte du passage précédent fait bien voir que le verbe neutre [8]*hieou* doit être pris au futur. Le docteur J. Legge l'a entendu également au futur : If our king do not take his ramble, what will become of our happiness ?

Dans le passage suivant, c'est encore la construction de la phrase qui met au futur les verbes *fou*, porter quelque chose sur son dos, et *taï*, porter quelque chose sur sa tête. Meng-tseu, chap. I, part. 1, § 7 : Si l'on explique (dans les écoles) les de-

海上絲綢之路文獻集成 科技與文化編

voirs de la piété filiale et le respect pour les aînés : [1]頒 [2]白 [3]者 [4]不 [5]負 [6]戴 [7]於 [8]道 [9]路 [1]*pan*-[2]*pe*-[3]*tche* les hommes qui grisonnent, [4]*pou*-[5]*fou*-[6]*taï* ne porteront plus des fardeaux sur leurs épaules et sur leur tête. Le Dr James Legge explique pareillement au futur les verbes [5]*fou* et [6]*taï*. Let attention to be paid to education in the schools — the incalculation in it especially of the filial and fraternal duties, and gray-haired men will not be seen upon the roads, carrying burdens on their backs, or on their heads.

Le mot *pi* 必 nécessairement, il est nécessaire, sert souvent à reconnaître le futur [1]聖 [2]駕 [3]亦 [4]必 [5]崩 [1]*ching*-[2]*kia* l'empereur, [3]*i* aussi, [4]*pi*-[5]*pong* doit mourir, mourra.

[1]畢 [2]萬 [3]之 [4]後 [5]必 [6]大 [4]*heou* les descendants, [3]*tchi* de, [1]*pi*-[2]*wan* (nom d'homme), [5]*pi*-[6]*ta* devront être grands, deviendront grands, puissants. L'adjectif [6]*ta*, grand, devient verbe neutre par position.

Le mot *cho* 孰 qui ? peut offrir la même indication pour reconnaître le futur. Meng-tseu, chap. I, part. 1, § 7. [1]曰。[2]鄒 [3]人 [4]與 [5]楚 [6]人 [7]戰。 Meng-tseu [1]*youe* dit : (supposons que) [2]*tseou*-[3]*yin* les hommes du royaume de *Tseou*, [4]*yu* avec, [5]*thsou*-[6]*jin* les hommes de *Thsou*, [7]*tchen* livrent bataille, [7]王 [8]以 [9]爲 [10]孰 [11]勝 [7]*wang* roi, [10]*cho* qui, [8]*i*-[9]*weï* pensez-vous (qui), [11]*ching* vaincra ? [12]王 [13]曰 [14]楚 [15]人 [16]勝 [12]*wang* le roi, [13]*youe* dit, [14]*thsou*-[15]*jin* les hommes de Thsou vaincront.

On reconnaît au premier coup d'œil que les deux verbes *ching* ([11] et [16]) sont au futur, quoiqu'ils ne soient point précédés du mot *tsiang* 將 qui est la marque ordinaire de ce temps.

Les mots qui précèdent un verbe, les circonstances dans lesquels ils sont énoncés, suffisent quelquefois pour le mettre au futur actif ou passif. Exemple : *Ki-tseu* dit : Prince, vous ne pouvez, vous ne devez pas entrer. [1]入 [2]則 [3]殺 [4]矣 mot à mot : entrer-alors-tuer, c'est-à-dire : [1]*ji* (si) vous entrez, [2]*tse* alors, [3]*cha* vous serez tué, [4]*i* particule finale.

MODES.

A l'exception de l'impératif, nous n'avons guères lieu de parler ici des *modes*, car, en chinois, aucun signe ne permet de les distinguer. En effet, le mode indicatif ne diffère pas du *présent*, et le subjonctif et l'optatif se forment à l'aide de mots auxiliaires, de sorte que la position des mots et les règles de la syntaxe n'y ont aucune part. Il n'y a que le *conditionnel présent* et le *conditionnel passé* que la construction de la phrase puisse faire reconnaître.

Conditionnel présent. 1苟 2行 3王 4政 5四 6海 7之 8內 9皆 10舉 11首 12而 13望 14之 15以 16爲 17君 1*keou* si, 2*hing* il pratiquait, 3*wang*-4*tching* le gouvernement royal, 8*nouï* dans l'intérieur, 7*tchi* des, 5*sse*-6*haï* quatre mers (dans l'empire), 9*kiaï* tous les hommes, 10*kiu* lèveraient, 11*cheou* la tête, 12*eul* et, 13*wang*-14*tchi* l'attendraient, 15*i*-16*weï* (pour) le faire, 17*kiun* leur prince, l'avoir pour prince. Meng-tseu, chap. III, part. 2, § 5. Le docteur J. Legge a rendu aussi les mots 10*kiu* au conditionnel présent (*would be lifting up their heads*, etc.).

Conditionnel passé. Meng-tseu, chap. II, part. 2, § 2. (Depuis l'antiquité) les princes qui voulaient faire de grandes choses avaient nécessairement des ministres qu'ils n'appelaient pas auprès d'eux. Quand ils avaient besoin de les consulter, ils allaient les trouver eux-mêmes. S'ils n'avaient pas, de cette manière, honoré leur vertu, et aimé leur noble conduite, 1不 2足 3與 4有 5爲 1*pou*-2*tso, ils n'auraient pas été capables*, 4*yeou*-5*weï* de faire de grandes choses, 3*yu* avec (eux), avec leur concours.

Faire de grandes choses, 4*yeou*-5*weï*, dit le commentaire, c'est devenir le chef de l'empire, après avoir pratiqué l'humanité et la justice.

C'est du commentaire que j'ai tiré les mots (depuis l'antiquité).

Impératif.

Un sinologue bien connu a dit quelque part : Le mode impératif n'a besoin d'aucun signe. Ceci n'est pas absolument exact.

海上絲綢之路文獻集成 科技與文化編

Si l'on s'adresse à une personne et qu'on lui ordonne ou demande quelque chose, on peut bien omettre un des signes qui servent à indiquer l'impératif; par exemple : 1作 2新 3民 1*tso* faites, 2*sin* nouveau, 3*min* le peuple (renouvelez ses mœurs, son caractère). Les signes que je signale le premier sont les différentes formes du pronom de la deuxième personne : *jou* 汝 et *eul* 爾 vous. On emploie aussi fort souvent le mot *khi* 其, vulgo *lui*. Exemples :

1曰 2爾 3試 4其 5事 1*youe* il dit : 2*eul* vous (marque d'impératif), 3*che* essayez, 4*khi*-5*sse* cette affaire.

1晝 2爾 3于 4茅 1*cheou* pendant le jour, 2*eul* vous (marque d'impératif), 于 3*yu* allez prendre, 4*mao* des roseaux (pour couvrir votre maison).

1君 2其 3待 4之 1*kiun* prince, 2*khi* marque d'impératif, 3*taï*-4*tchi* attendez cela. En mandchou : *edchen* prince, *taka* pendant quelque temps, *aliya* (impératif) attendez.

1君 2其 3問 4諸 5水 6濱 1*kiun* prince, 2*khi* marque d'impératif, 3*wen* informez-vous (en), 4*tchou* aux, 6*pin* rivages, 5*chouï* de la rivière (où il s'est noyé).

1君 2其 3務 4寧 5魯 6難 7而 8親 9之 1*kun* prince, 2*khi* marque d'impératif, 3*wou* appliquez-vous, 4*ning* à apaiser, 5*lou*-6*nan* les malheurs (du peuple) de Lou, 7*eul* et, 8*thsin* aimez, 9*tchi* lui (aimez-le).

Quelquefois, par une sorte de pléonasme, on ajoute *joù* 汝 à *khi* 其。Exemple : 1汝 2其 3念 4哉 1*joù*-2*khi* vous (marque d'impératif), 3*nien* pensez-y, 4*tsaï* interjection.

L'impératif se marque aussi par les signes prohibitifs *wou* 勿。*wou* 無 *pou* 不 qui prennent la signification de *noli*, devant un verbe latin.

1無 2廢 3先 4君 5之 6功 1*wou*-2*feï* ne détruisez pas, 6*kong* les mérites, 5*tchi* du, 4*kiun* précédent (défunt).

1勿 2謂 3郝 4小 1*wou*-2*weï* ne dites pas (que), 3*tchou* le royaume de *Tchou*, 4*siao* est petit.

1勿 2憚 3改 1*wou*-2*tan* ne craignez pas, 3*tan* de changer, de vous corriger.

En style moderne, le mot *tche* 者 (*vulgo:* qui, quæ, quod) se place souvent à la fin d'une phrase pour indiquer l'impératif. Jusqu'ici personne n'avait fait cette remarque. 放 手 者 *fang-cheou-tche*, lâchez-moi (*tche*, marque d'impératif); [1]選 [2]下 [3]大 [4]棍 [5]子 [6]者 [1]*siouen*-[2]*hia*-[6]*tche* (*tche*, marque d'impératif) choisissez, [3]*ta* un gros, [4]*kouen*-[5]*tseu* bâton.

Je possède un commentaire du *ching-yu* 聖 諭 (*le Saint Edit*) dont le style est plus près du style ancien que de la langue vulgaire, et où l'impératif est souvent indiqué par *tche* 者。

Infinitif.

Ce mode, où la position n'est pas en jeu, ne présente, en Chinois, aucune difficulté et ne mérite pas de nous occuper.

ADVERBE.

L'adverbe se place ordinairement avant un verbe, comme on le voit dans la grammaire de Rémusat (§ 177): [1]臣 [2]固 [3]知 [4]王 [5]之 [6]不 [7]忍 [8]也。[1]*tch'in* (moi votre) sujet, [2]*kou* certainement, [3]*tchi* je sais (que), [4]*wang* le roi (V. M.), [5]*tchi* particule relative, [6]*pou*-[7]*jin* ne le supporterait pas, ne le souffrirait pas, [8]*ye* particule finale.

J'ajouterai une observation très-importante qui a échappé jusqu'ici à tous les auteurs de grammaires chinoises, savoir que dans certains cas, l'adverbe se place après le régime direct d'un verbe actif. Exemples : 守 靜 篤 *cheou-tsing-to*, garder le repos *fermement* (Lao-tseu, chap. XVI). 已 受 恩 深 *i-cheou-ngen-chin*, elle avait reçu des bienfaits *profondément* (elle avait reçu de grands bienfaits).

Cette transposition de l'adverbe a lieu lorsque l'auteur chinois veut particulièrement arrêter l'attention du lecteur sur l'idée exprimée par l'adverbe. Dans l'exemple ci-dessus de Lao-tseu, il y a une nuance sensible entre cette tournure : „ il garde le

海上絲綢之路文獻集成 科技與文化編

repos *fermement* ", et celle qui serait conforme à l'usage : „ il garde *fermement* le repos ".

Voici d'autres exemples qui viennent à l'appui de la seconde observation : [1]回 [2]民 [3]禁 [4]忌 [5]豬 [6]肉 [7]最 [8]嚴。 [1]*hoeï-*[2]*min* les peuples musulmans, [3]*kin-*[4]*ki* s'abstiennent, [5]*tchou-*[6]*jo* de la viande de porc, [7]*tsouï* très, [8]*yen* strictement.

[1]樂 [2]感 [3]人 [4]深 [1]*yo* la musique, [2]*khan* émeut, [3]*jin* les hommes, [4]*chin* profondément.

[1]吾 [2]思 [3]鄉 [4]深 [1]*ngou* je, [2]*sse* pense, [3]*hiang* à mon pays natal, [4]*chin* profondément.

[1]夏 [2]失 [3]天 [4]下 [5]之 [6]易。 [1]*hia* la dynastie des *Hia*, [2]*chi* perdit, [3]*thien-*[4]*hia* l'empire, [5]*tchi* particule relative, [6]*i facilement;* [7]湯 [8]得 [9]天 [10]下 [11]之 [12]難, [7]*thang, Tch'ing-thang,* [8]*te* obtint, [9]*thien-*[10]*hia* l'empire, [11]*tchi* particule relative, [12]*nan* difficilement.

Il y a des substantifs qui, par leur position, deviennent des adverbes exprimant la manière dont on fait une chose ou dont une chose se fait.

[1]庶 [2]民 [3]子 [4]來 [1]*chou-*[2]*min* les hommes du peuple, [3]*tseu* en fils, comme des fils (filialement), [4]*laï* vinrent. En mandchou : *dchousei adali*, comme des fils, *dchikhe* vinrent.

[1]鯨 [2]吞 [2]*king-*[3]*t'un* à la manière d'une baleine avaler. Pour rendre le rôle de *king*, il faudrait fabriquer l'adverbe ridicule *baleinement*.

[1]鳥 [2]獸 [3]散 [1]*niao-*[2]*cheou-*[3]*san*, mot à mot : oiseaux-quadrupèdes-se-disperser, c'est-à-dire à la manière des oiseaux et des quadrupèdes, se disperser.

[1]今 [2]知 [3]君 [4]之 [5]犬 [6]馬 [7]畜 [8]伋 [1]*kin* aujourd'hui, [2]*tchi* je sais, je vois (que), [3]*kiun* le prince, [4]*tchi* particule relative, [5]*khiouen* (comme) un chien, [6]*ma* (comme) un cheval, [7]*hio* nourrit, [8]*ki* (moi, *ki*), me nourrit. Les mots [5]*khiouen* (chien) et [6]*ma* (cheval), forment deux adverbes qu'on ne pourrait rendre que par deux mots impossibles (*chiennement, chevalement*).

[1]蠶 [2]食 [3]天 [4]下 mot à mot : [1]*thsan* vers à soie, [2]*chi* manger, [3]*thien-*[4]*hia* l'empire. C'est-à-dire : s'emparer peu à peu de

l'empire, à la manière du ver à soie qui mange peu à peu la feuille du mûrier (bombicis-more comedere imperium).

Les substantifs qui indiquent un temps, une époque déterminée, peuvent se prendre adverbialement toutes les fois qu'ils sont placés devant un verbe. Ils occupent alors la place des compléments circonstantiels. Exemples : [1]晝 [2]掩 [3]門 mot à mot : [1]*cheou* (jour), [2]*yen* (fermer), [3]*men* porte, c'est-à-dire : pendant le jour, fermer la porte.

[1]有 [2]夜 [3]登 [4]丘 [5]而 [6]謼 [7]曰 [1]*yeou* il y eut (un homme qui), [2]*ye* (de) nuit, (pendant) la nuit, [3]*teng* monta-sur, [4]*khieou* une colline, [5]*eul* et (qui), [6]*hou* criant-à-haute-voix, [7]*youe* dit.

[1]夏 [2]涼 [3]冬 [4]溫, [1]*hia* en été, [2]*liang* rafraîchir (la couche de ses parents), [3]*tong* en hiver, [4]*wen* la rechauffer.

Le mot *ji* 日 jour se prend quelquefois dans un sens adverbial, comme si l'on disait *quotidiennement*. [1]予 [2]日 [3]望 [4]之 [1]*yu*, moi, je, [2]*ji* (chaque) jour, [3]*wang* espère, [4]*tchi* cela (j'espère cela de jour en jour). *Meng-tseu.*

MONOGRAPHIES.

MONOGRAPHIES.

Comme les règles de position, qui se rapportent uniquement aux noms et aux verbes, ne pouvaient fournir qu'un Mémoire peu étendu et, à mon avis, incomplet, j'aurais cru n'avoir pas assez fait pour faciliter, autant qu'il est en moi, l'intelligence du style ancien, si je n'avais donné des ***Monographies***, c'est-à-dire des descriptions très-détaillées de certains caractères qu'on rencontre à chaque pas avec des significations infiniment variées, et sur lesquels la plupart des grammaires ne donnent que quelques lignes. Les auteurs se sont contentés d'en indiquer les emplois ordinaires, tandis qu'à force de lectures et de recherches, j'ai pu leur trouver un nombre considérable d'emplois importants et peu connus, appuyés d'exemples classiques, fidèlement traduits, et minutieusement analysés. Je puis ajouter que, dans ces ***Monographies***, on trouvera une multitude de tournures rendues claires et faciles par l'application des règles de position.

J'ai cru devoir donner après les ***Monographies***, une sorte de vocabulaire, rangé dans l'ordre des clefs, offrant à la fois un grand nombre d'Idiotismes que l'analyse ne peut réduire aux principes de la grammaire, les prépositions les plus fréquentes dans leurs nombreuses acceptions, et quelques locutions particulières qu'une ellipse rend souvent obscures et inintelligibles.

Il me restait un dernier devoir à remplir. J'ai pensé que les principes exposés dans les diverses grammaires et même les règles de position qui sont le principal objet du présent ouvrage, ne suffisaient pas pour faire connaître complètement le mécanisme de la langue chinoise. Il m'a semblé qu'à l'exemple de l'illustre indianiste Max Müller, qui a donné une traduction mot à mot de l'*Hitôpadêça*, je ferais un travail éminemment utile en ajoutant à mon livre de nombreux morceaux de style ancien, élégant et facile, qui seraient traduits mot à mot, et clairement analysés.

J'ai publié, en 1859, un Recueil de Contes et d'Apologues indiens, qui ont été traduits du Sanscrit en Chinois entre le 5me et le 8me siècle de notre ère. J'ai copié, dans l'Encyclopédie chinoise intitulée *Yu-lin*, les textes des pièces les plus intéressantes de ce Recueil; je les ai divisés par phrases de 20 à 30 caractères, puis j'ai traduit mot à mot chaque signe précédé d'un chiffre auquel répond le chiffre de sa prononciation, de sorte que, sans être sinologue, on peut suivre toutes les parties du texte, comme si l'on était guidé de point en point par un maître ou par une personne exercée.

海上絲綢之路文獻集成 科技與文化編

MONOGRAPHIE

DE

TCHI 之:

Le dictionnaire *Choue-wen* explique *tchi* par *tchh'ou* 出 *sortir*, parce que, sous sa forme antique (en écriture Tch'ouen), ce signe signifiait la première pousse d'une plante qui sort de terre.

1° On le rencontre le plus souvent comme marque du génitif: [1]古 [2]之 [3]人 [3]*jin* les hommes, [2]*tchi* de, [1]*kou* l'antiquité; [1]國 [2]之 [3]君 [3]*kiun* le prince, [2]*tchi* du, [1]*koue* royaume. (Voyez plus haut, page 13.)

2° Il signifie quelquefois aller: [1]牛 [2]何 [3]之 [1]*nieou* ce bœuf, [2]*hô* où, en quel endroit, [3]*tchi* va-t-il? Où mène-t-on ce bœuf? (Meng-tseu, ch. I.)

[1]之 [2]任 [1]*tchi* aller, [2]*jin* à sa charge, à l'endroit où on doit la remplir.

[1]之 [2]楚 [3]遊 [1]*tchi* aller, [2]*thsou* dans le royaume de Thsou, [3]*yeou* pour se promener, faire une excursion.

[1]有 [2]司 [3]未 [4]知 [5]所 [6]之 [1]*yeou*-[2]*sse* les magistrats, [3]*weï* pas encore, [4]*tchi* connaissent (ne connaissent pas encore), [5]*so* le lieu (où), [6]*tchi* (le roi) va.

3° *Tchi* 之 a le sens de 於 *yu*, „ *quant-à*, à l'égard de ", dans cette phrase du *Ta-hio* que cite le dictionnaire de *Khang-hi*: [1]人 [2]之 [3]其 [4]所 [5]親 [6]愛 [7]而 [8]辟 [1]*jin* les hommes, [2]*tchi* à l'égard de, pour, [4]*so* ceux-que, [3]*khi* eux, [5]*thsin*-[6]*aï* aiment, [7]*eul* particule explétive, [8]*pi* ont de la partialité.

之 *tchi* se prend pour 至 *tchi*, parvenir à, jusqu'à : [1]之 [2]死 [3]矢 [4]靡 [5]他 (Chi-king, *Yong-fong*, citation de Khang-hi). [3]*Chi* je jure (que), [1]*tchi* jusqu'à, [2]*sse* mourir (la mort), [4]*feï* je n'aurai pas, [5]*tha* autre (d'autre époux), littéralement : jusqu'à, mourir, jurer, ne pas avoir, autre.

4° *Tchi* répond quelquefois au nominatif du pronom démonstratif, dont la forme habituelle est 此 *thseu*, ille, illa, illud. [1]之 [2]子 [3]于 [4]歸 [1]*tchi* ces (nobles), [2]*tseu* filles, [3]*yu* vont, [4]*koueï* (pour) se marier (*Chi-king*, ode *Thao-yao*).

5° *Tchi* 之 s'emploie comme pronom de la troisième personne et, suivant les mots avec qui il est combiné, répond à *ejus*, à *illi*, à *illum*, *illam*, *illud*, *illos*, *illas*, *illa*.

之 *Tchi*, ejus. Exemple : [1]侵 [2]于 [3]之 [4]疆 [1]*tsin* j'envahirai, [2]*yu* (marque d'accusatif), [4]*kiang* les frontières, [3]*tchi* de lui.

Sur *yu* 于 ou 於 *yu*, marques d'accusatif, voyez, à la fin de mon Mencius, le petit Mémoire intitulé *Brevis Tractatus*, etc., page 80, § VIII.

Tchi 之 *illi*. Meng-tseu, chap. *Wan-tchang :* les princes feudataires peuvent présenter un homme à l'empereur. [1]不 [2]能 [3]使 [4]天 [5]子 [6]與 [7]之 [8]諸 [9]侯 [1]*pou*-[2]*neng* ils ne peuvent, [3]*sse* faire (que), [4]*thien*-[5]*tseu* le fils du ciel (l'empereur), [6]*yu* donne, [7]*tchi* à lui (illi), [8]*tchou*-[9]*heou* la dignité de *regulus*.

Tchi 之 *illum*. [1]門 [2]人 [3]厚 [4]藏 [5]之 [1]*men*-[2]*jin* ses disciples (littéralement : les hommes de son école), [3]*heou* libéralement (avec luxe), [4]*thsang* enterrèrent, [5]*tchi* lui (illum).

[1]不 [2]授 [3]之 [4]殺 [5]之 [1]*pou* pas, [2]*cheou* donner, [3]*tchi* eux (c'est-à-dire ces aliments), [4]*cha* tuer, [5]*tchi* eux (ceux qui), ne lui donnaient pas (ces vivres), il tuait eux, il les tuait (occidebat illos).

6° 之 *tchi* s'emploie comme particule explétive ou déterminative, après le sujet d'un verbe, et n'ajoute rien au sens. [1]其 [2]道 [3]之 [4]不 [5]用 [1]*khi* de lui, [2]*tao* la doctrine, [3]*tchi* particule explétive ou déterminative du sujet, [4]*pou* pas, [5]*yong* est-employée, c'est-à-dire sa doctrine n'est pas employée, suivie, mise pratique.

Ici, le mot [5]*yong* (vulgo *employer*) devient passif par position.

[1]天 [2]之 [3]棄 [4]商 [5]久 [6]矣 [1]*thien* ciel, [2]*tchi* particule relative, [3]*khi* abandonner, [4]*chang* Chang, [5]*kieou* il y a longtemps, [6]*i* particule finale.

Le mot [5]*kieou*, il y a longtemps, montre que le mot [3]*khi*, abandonner, est ici au prétérit indéfini; c'est-à-dire: il y a longtemps que le ciel a abandonné la dynastie des Chang.

[1]回 [2]之 [3]爲 [4]人 [1]*hoeï* nom d'homme, [2]*tchi* particule explétive ou déterminative, [3]*weï* était, [4]*jin* un homme (tel que nous allons le dépeindre).

7° *Tchi* 之 est sans signification après un verbe neutre qui se trouve à la fin d'une phrase. [1]惟 [2]黍 [3]生 [4]之 [1]*weï* seulement, [2]*chou* le millet, [3]*seng* naît, croît (chez les barbares du nord, c'est-à-dire „ ils ne cultivent ou ne récoltent que du millet "), [4]*tchi* particule déterminative, indiquant que le verbe précédent est neutre.

[1]匹 [2]婦 [3]蠶 [4]之 [1]*pi*-[2]*fou* (si) une femme du peuple, [3]*thsan* élève des vers à soie, [4]*tchi* particule déterminative du verbe neutre.

[1]苗 [2]勃 [3]然 [4]興 [5]之 [1]*miao* les-tiges-naissantes-des-grains (qui étaient desséchées), [2]*po*-[3]*jen* aussitôt, subitement, [4]*hing* se lèvent (se relèvent), [5]*tchi* particule déterminative.

[1]匹 [2]夫 [3]耕 [4]之 [1]*pi*-[2]*fou* (si) un homme du peuple, [3]*keng* laboure, [4]*tchi* particule déterminative.

8° 之 *tchi* après un adjectif qui se trouve à la fin d'une phrase, montre que cet adjectif est devenu par position un verbe actif, et alors *tchi* 之 répond, comme régime de ce verbe, à *illum, illam, illud, illos, illas, illa* (accusatif pluriel neutre de *ille*). On lit dans Meng-tseu, chap. I, 2e partie, § 9: Quand le roi veut construire une grande maison, il ordonne nécessairement à un maître-charpentier de chercher de grands arbres. Quand le maître des ouvriers a trouvé de grands arbres, le roi se réjouit; il pense qu'ils pourront remplir leur office (répondre à leur destination). [1]匠 [2]人 [3]斲 [4]而 [5]小 [6]之 [1]*tsiang*-[2]*jin* (si) les ouvriers, [3]*tcho* les taillent-avec-la-doloire, [4]*eul* et, [5]*siao* rapetissent, [5]*tchi* eux (les rapetissent).

海上絲綢之路文獻集成 科技與文化編

Le mot [5]*siao* est l'adjectif *petit*, mais, par sa position, il devient le verbe actif *faire-petit*, *rapetisser*, et c'est précisément le [5]*tchi* final (*illas arbores*) qui lui donne cette valeur.

Autre exemple de Meng-tseu, chap. I, part. II: „Ce courage, dit-il au roi, c'est celui d'un homme vulgaire qui résiste à (qui ne peut résister qu'à) un seul homme.“ [1]王 [2]請 [3]大 [4]之 [1]*wang* ô roi, [2]*thsing* je vous prie-de, [3]*ta* agrandir, [4]*tchi* lui (d'agrandir ce courage).

Ici [3]*ta*, qui est ordinairement l'adjectif grand, *magnus, a, um,* devient, par sa position, le verbe actif *faire-grand, agrandir,* et c'est le [4]*tchi* final, devenu régime direct de ce verbe (*magnam-fac illam fortitudinem*) qui lui donne cette valeur.

9° Nous venons de voir que 之 *tchi*, placé après un adjectif qui se trouve vers la fin d'une phrase, peut lui donner la force et la valeur d'un verbe actif. Dans les exemples suivants, le signe *tchi* 之, placé de même après un substantif qui se trouve dans la dernière partie d'un membre de phrase, lui donne la force et la valeur d'un verbe actif. Voici par exemple le mot *ho* 貨 (*vulgo* richesses) qui, dans le même passage, reprend son sens habituel, après avoir été plus haut, en vertu de la position que nous venons d'indiquer, le verbe actif : *gagner-quelqu'un-par les-richesses, par l'or, par l'argent.* [1]無 [2]處 [3]而 [4]餽 [5]之 [6]是 [7]貨 [8]之 [1]*wou-*[2]*tch'ou* lorsqu'on ne s'appuie pas (*tch'ou*) *sur une bonne raison* (en mandchou : *tourgoun akô,* sans cause), [3]*eul* cependant, [4]*koueï* faire-des-présents, [5]*tchi* à lui (lui faire des présents), [6]*chi* c'est, [7]*ho* (vouloir) gagner-par-des-présents, [8]*tchi* lui (le gagner, etc). Meng-tseu, chap. II, partie II.

Un étudiant qui ignorerait le principe exposé ci-dessus, ne verrait dans [7]*ho* que le sens de *richesses*; il ne saurait que faire de [8]*tchi* 之, et se trouverait dans l'impossibilité de saisir l'idée de l'auteur.

Meng-tseu continue et rend à *ho* 貨 son sens primitif. [1]焉 [2]有 [3]君 [4]子 [5]而 [6]可 [7]以 [8]貨 [9]取 [10]之 [11]乎 [1]*yen* comment, [2]*yeou* y aurait-il, [3]*kiun-*[4]*tseu* un sage, [5]*eul* et, [6]*kho-*[11]*hou* pourrait-on (*hou* particule finale interrogative), [9]*thsiu* prendre, capter, [10] *tchi* lui, [7]*i* par, [8]*ho* des richesses, de l'or ? c'est-à-dire : Comment y aurait-il un sage que l'on pourrait gagner par de l'or ? (La glose rend [8]*ho* par *kin* 金 de l'or.)

Dans l'exemple suivant, le mot *tch'in* 臣 ministre, emprunte au signe *tchi* 之, comme plus haut le mot *ho* 貨 richesses, le rôle de verbe actif. [1]學 [2]而 [3]後 [4]臣 [5]之 [1]*hio* il étudia (sous sa direction), [2]*eul* et, [3]*heou* ensuite, [4]*tch'in* fit-ministre, [5]*tchi* lui (le fit ministre). [6]故 [7]不 [8]勞 [9]而 [10]王。 [6]*kou* c'est pourquoi, [7]*pou* pas, [8]*lao* travailler, se donner de la peine, [9]*eul* et, [10]*wang* devenir-roi. (C'est pourquoi il n'eut pas de peine à devenir roi.) Meng-tseu, chap. II, 2e partie.

Le mot *khi* 器 vase, capacité (au propre et au figuré) devient le verbe „ *employer-quelqu'un-suivant-sa-capacité* " (J. Legge : to use according to capacity), lorsqu'il se trouve vers la fin d'un membre de phrase et est suivi de *tchi* 之 qui répond alors à *illum*, comme régime direct de ce verbe. [1]及 [2]其 [3]使 [4]人 [5]也 [6]器 [7]之 [1]*ki* quand, [2]*khi* lui (il), [3]*sse* emploie, [4]*jin* un homme, [5]*ye* particule finale, [6]*khi* il-emploie-suivant-sa-capacité, [7]*tchi* (lui), il l'emploie, etc. (*Lun-yu*, chap. *Tseu-lou*, § 25.)

La glose chinoise explique clairement le rôle de [6]*khi* 器 : Il l'emploie comme on emploie des vases dont chacun est propre à l'usage particulier auquel il est destiné.

Le mot *tch'in* 枕 *oreiller*, devient devant *tchi* 之, mais en changeant d'accent (*tch'ín*), le verbe actif *faire-oreiller*, par exemple faire de son bras un oreiller. [1]子 [2]曰 [3]飯 [4]疏 [5]食 [6]飲 [7]水 [8]曲 [9]肱 [10]而 [11]枕 [12]之 [13]樂 [14]亦 [15]在 [16]其 [17]中 [18]矣。 [1]*tseu* Confucius, [2]*youe* dit : 飯 [3]*fan* (quoique) je mange, [5]*sse* du riz, [4]*sou* grossier, [6]*in* (et) boive, [7]*chouï* de l'eau, [8]*khio* (quoique) je plie, [9]*keng* mon bras, [11]*eul* et, [10]*tch'ín* fasse-oreiller, [12]*tchi* lui (*le* bras), (quoique je me serve de mon bras comme d'un oreiller), [13]*lo* la joie, [14]*i* aussi, [15]*tsaï* réside, [17]*tchong* au milieu, [16]*khi* de cela, en cela (c'est-à-dire : j'y trouve aussi ma joie, mon contentement).

Le mot *ti* 狄 est un substantif signifiant un barbare (du nord). Si l'on place 之 *tchi* après *ti* 狄, ce mot deviendra un

海上絲綢之路文獻集成 科技與文化編

verbe actif dont 之 *tchi* sera le régime direct. Sil nous était permis de forger le verbe *barbariser*, nous rendrions parfaitement les mots *ti-tchi* 狄 之 (il l'a traité de barbare), par il le *barbarisa.*

Kao 梏 qui est le substantif *menottes*, devient par l'adjonction de 之 *tchi* le verbe actif mettre-des-menottes à quelqu'un, le mot 之 *tchi* (illum), étant le régime direct de ce verbe.

[1]執 [2]而 [3]梏 [4]之 [1]*tchi* il le prit, [2]*eul* et, [3]*kao* mit des menottes, [4]*tchi* à lui. Le vrai moyen de rendre la force et le rôle de [3]*kao*, suivi de [4]*tchi* 之 serait de dire *menotta* lui (le menotta), s'il était permis de dire *menotter* quelqu'un.

Voici une expression plus curieuse, c'est le mot dissyllabique *fou-jin* 夫 人 *princesse,* qui, suivi de 之 devient le mot *faire princesse* une femme, la traiter de princesse, comme si l'on disait la *princessifier.* [1]我 [2]可 [3]以 [4]不 [5]夫 [6]人 [7]之 [8]乎 [1]*ngo* nous, [2]*kho*-[3]*i* pouvoir, [4]*pou* pas, [5]*fou*-[6]*jin* faire-princesse, [7]*tchi* elle, [8]*hou* particule interrogative. Pourrions-nous ne pas *lui donner le titre de Princesse* ?

C'est encore par suite de la position décrite ci-dessus, qu'on voit le mot *i* 一 (un), suivi de 之 *tchi,* jouer le rôle d'un verbe actif : *réduire-en-un* tout, *unifier.* [1]曰 [2]天 [3]下 [4]惡 [5]乎 [6]定 (le roi), [1]*youe* dit : [2]*thien*-[3]*hia* l'empire, [4]*ou*-[5]*hou* comment, [6]*ting* sera-t-il pacifié ? [7]吾 [8]對 [9]曰 [10]定 [11]于 [12]一 [7]*ngou* moi (dit Meng-tseu), [8]*touï* répondant, [9]*youe* je (lui) ai dit : [10]*ting* il sera pacifié, [11]*yu* par, [12]*i l'unité, l'unification,* la réunion de toutes les parties de l'empire en un tout.

(Le roi) dit : [13]孰 [14]能 [15]一 [16]之 [13]*cho* qui-est-ce qui, [14]*neng* peut (pourra), [15]*i* unifier, [16]*tchi* lui (l'unifier, le-faire-un. En mandchou : *emou oboume*) ? Qui pourra réunir toutes les parties de l'empire sous le gouvernement d'un seul ?

Meng-tseu répondit : celui qui n'aimera pas à tuer les hommes.

Le signe *tchi* 之 (illud) nous montre que *i* 一, signe de l'unité, est devenu par position un verbe actif qu'on écrirait *unifier,* si c'était permis.

Le mot *sse* 死 est le verbe neutre mourir. S'il se trouve vers la fin d'un membre de phrase, suivi de *tchi* 之, il devient un verbe actif (*faire-mourir*) qui a pour régime le signe *tchi* 之 illum. Meng-tseu, ch. I, part. 1, § IV : [1]刺 [2]人 [3]而 [4]殺 [5]之 [1]*thsi* percer (avec une épée), [2]*jin* un homme, [3]*eul* et, [4]*cha* tuer, [5]*tchi* lui (le tuer). Le commentaire chinois dit : [1]刺 [2]人 [3]而 [4]死 [5]之。[6]死 [7]便 [8]是 [9]殺 [1]*thsi* percer, [2]*jin* un homme, [3]*eul* et, [4]*sse* faire-mourir, [5]*tchi* lui (le faire mourir); [7]*pien* alors, dans ce cas, [6]*sse* le mot *sse* (vulgo le verbe neutre mourir), [8]*chi* c'est, [9]*cha* (le verbe actif) tuer.

10° Dans les définitions des dictionnaires, on trouve quelquefois 之 *tchi* après un verbe, indiquant qu'il est actif. [1]尋 [2]也 [3]者 [4]求 [5]之 [6]也 [1]*tsin*-[2]*ye*-[3]*tche* le mot *tsin*, [6]*ye* est, signifie, [4]*khieou* chercher, 之 [5]*tchi* cela (une chose indéterminée). Dans ce cas, l'expression [4]*khieou*-[5]*tchi* me paraît montrer que [4]*khieou* est le verbe actif *chercher* (quærere).

Dans le dictionnaire *king-tsi-tsouan-kou* (liv. XVII, fol. 12), le mot *tch'âo* 朝 est expliqué par [1]召 [2]而 [3]問 [4]之 [1]*tchao* appeler, faire-venir (quelqu'un), [2]*eul* et, [3]*wen* interroger, [4]*tchi* lui. Le mot [4]*tchi* (lui), qui ne se rapporte pas à une personne déterminée, montre, suivant moi, que [3]*wen* interroger, est ici un verbe actif.

Dans le dictionnaire de *Khang-hi*, le mot 揣 *tch'ouï* est défini d'abord par [1]捫 [2]而 [3]察 [4]之 [1]*men* palper, [2]*eul* et, [3]*thsaï* examiner, [4]*tchi* cela, et plus bas par [5]*tchouï*-[6]*tchi* [5]捶 [6]之 piler cela. Dans ces deux cas, le signe *tchi* (cela) qui ne se rapporte pas à un sujet déterminé montre, suivant moi, que les verbes [3]*thsaï* examiner et [5]*tch'ouï* piler, sont des verbes actifs. Le mot *tchi* 之 se trouve quelquefois, sans signification, après un verbe neutre. Voyez page 75, n° 7.

11° La répétition de *tchi* 之 est quelquefois embarrassante. Je vais donner plusieurs exemples où *tchi* 之 a divers rôles et des valeurs différentes :

1° Cette répétition peut présenter un pronom démonstratif ou un pronom de la troisième personne et une particule relative :

MONOGRAPHIES.

Comme les règles de position, qui se rapportent uniquement aux noms et aux verbes, ne pouvaient fournir qu'un Mémoire peu étendu et, à mon avis, incomplet, j'aurais cru n'avoir pas assez fait pour faciliter, autant qu'il est en moi, l'intelligence du style ancien, si je n'avais donné des *Monographies*, c'est-à-dire des descriptions très-détaillées de certains caractères qu'on rencontre à chaque pas avec des significations infiniment variées, et sur lesquels la plupart des grammaires ne donnent que quelques lignes. Les auteurs se sont contentés d'en indiquer les emplois ordinaires, tandis qu'à force de lectures et de recherches, j'ai pu leur trouver un nombre considérable d'emplois importants et peu connus, appuyés d'exemples classiques, fidèlement traduits, et minutieusement analysés. Je puis ajouter que, dans ces *Monographies*, on trouvera une multitude de tournures rendues claires et faciles par l'application des règles de position.

J'ai cru devoir donner après les *Monographies*, une sorte de vocabulaire, rangé dans l'ordre des clefs, offrant à la fois un grand nombre d'Idiotismes que l'analyse ne peut réduire aux principes de la grammaire, les prépositions les plus fréquentes dans leurs nombreuses acceptions, et quelques locutions particulières qu'une ellipse rend souvent obscures et inintelligibles.

Il me restait un dernier devoir à remplir. J'ai pensé que les principes exposés dans les diverses grammaires et même

海上絲綢之路文獻集成 科技與文化编

[1]治 [2]之 [3]之 [4]法 [4]*fa* la manière, [1]*tchhi* de gouverner, [2]*tchi* cela (le royaume), [3]*tchi* particule relative.

2° Elle peut présenter deux fois *illum*, se rapportant à la même personne. [1]聖 [2]而 [3]不 [4]知 [5]之 [6]之 [7]謂 [8]神 (quando aliquis), [1]*ching* sanctus (est), [2]*eul* et (quando), [3]*pou* non, [4]*tchi* cognoscunt, [5]*tchi* illum (homines), [6]*tchi* illum, [7]*weï* vocant, [8]*chin* divinum, divina essentia præditum, quand un homme est saint et qu'on ne peut le comprendre, on l'appelle un homme divin, doué d'une essence divine.

3° Elle peut présenter une particule explétive et un verbe (le verbe *aller*). [1]何 [2]必 [3]公 [4]山 [5]氏 [6]之 [7]之 [1]*ho-*[2]*pi*, en quoi est-il nécessaire que, [7]*tchi* vous-alliez-vers, [3]*kong-*[4]*chan-*[5]*chi* l'homme de la famille ([5]*chi*), [3]*kong-*[4]*chan*, [5]*tchi* particule explétive. Commentaire : Qu'avez-vous besoin de répondre à l'appel, à l'invitation de *kong-chan* ? Glose : le premier mot [6]*tchi* est *vide* (explétif) ; le second [7]*tchi* signifie *wang* 往 aller.

4° Le mot 之 *tchi* trois fois répété, que cite Rémusat (Grammaire, page 76), d'après un missionnaire, peut, suivant l'opinion de ce sinologue, représenter un verbe, un pronom démonstratif et un génitif. [1]不 [2]知 [3]之 [4]之 [5]之 [6]路 [1]*pou* pas, [2]*tchi* connaître (il ne connaît pas), [6]*lou* la route, [5]*tchi* de, [3]*tchi* aller (la route pour aller), [4]*tchi* (en) cet (endroit).

Ce triple emploi de *tchi* 之 me laisse des doutes, car je ne l'ai jamais vu dans un auteur classique. Mais en supposant qu'il ait eu lieu, j'aime mieux considérer le troisième [5]*tchi* 之 comme explétif et dire : [1]*pou-*[2]*tchi* il ne connaît pas, [6]*lou* la route, [3]*tchi* (pour) aller à, [4]*tchi* cet (endroit), en cet endroit, [5]*tchi* particule explétive. Pour justifier cette construction, il me suffira de remplacer le deuxième *tchi* [4]之 par le mot *koue* 國 royaume et d'écrire : [1]不 [2]之 [3]知 [4]國 [5]之 [6]路 [1]*pou-*[2]*tchi* il ne connaît pas, [6]*lou* la route, [3]*tchi* pour arriver-au, [4]*koue* royaume, [5]*tchi* particule explétive.

12° Le signe *tchi* 之 qu'on voit le plus souvent employé après un verbe actif, comme un pronom démonstratif ou un pronom de la troisième personne, qui seraient en latin à l'accusatif, se rencontre aussi, comme régime, avant un verbe actif qui termine un membre de phrase. [1]不 [2]好 [3]犯 [4]上 [5]而 [6]好 [7]作 [8]亂 [9]者 [10]未 [11]之 [12]有 [9]*tche* (un homme) qui, [2]*háo* aime-à, [3]*fan* se-révolter-contre, [4]*chang* (son) supérieur, (son) prince, [5]*eul* et (qui), [6]*háo* aime-à, [7]*tso* exciter, [8]*loen* des troubles, [10]*weï* pas encore, [11]*tchi* lui, [12]*yeou* avoir (nondum illum habuimus) ; on ne l'a pas encore eu, pas encore vu.

Le mot [10]*weï* (pas encore) montre que le verbe [12]*yeou* avoir, est ici au prétérit indéfini.

[1]魯 [2]先 [3]君 [4]莫 [5]之 [6]行 [2]*sien* les premiers, [3]*kiun* princes, [1]*lou* du royaume de Lou, [4]*mo* pas, [5]*tchi* cela (*illud,* à l'accusatif), [6]*hing* faire (ne l'ont pas fait), n'ont pas fait, c'est-à-dire n'ont pas observé ce deuil de trois ans.

L'expression [2]*sien*-[3]*kiun* (les anciens princes) nous montre que le verbe [6]*hing* (faire) est ici au prétérit indéfini ([4]*mo*-[6]*hing* n'ont pas fait).

[1]雖 [2]使 [3]五 [4]尺 [5]之 [6]童 [7]適 [8]市。[9]莫 [10]之 [11]或 [12]欺 Littéralement : [1]*souï* quoique, [2]*sse* ordonner à, [6]*thong* un jeune-garçon, [5]*tchi* de, [3]*ou* cinq, [4]*tchhi* pieds-chinois, [7]*chi* d'aller-à, [8]*chi* marché, [9]*mo* personne, [10]*tchi* lui (illum), [11]*hoe* peut-être, [12]*khi* tromper. Quand vous enverriez au marché, dit le commentaire, un jeune garçon (dépourvu de connaissance), peut-être que personne ne le tromperait (nemo forte illum deciperet).

[1]北 [2]方 [3]之 [4]學 [5]者。[6]未 [7]能 [8]或 [9]之 [10]先 Littéralement : [4]*hio* étudier, [5]*tche* ceux-qui, [3]*tchi* du, [1]*pe* nord, [2]*fang* pays (les hommes du nord qui ont étudié), [6]*weï* pas encore, [7]*neng* pouvoir, [8]*hoe* peut-être, [9]*tchi* lui (illum), [10]*sien* devancer (*antecellere*), les hommes du nord qui ont étudié n'ont peut-être pas encore pu le devancer (le surpasser).

Je dois noter encore quelques locutions remarquables. [1]之 [2]謂 [1]*tchi*-[2]*weï* cela (illud, à l'accusatif) appeler (on appelle cela). [1]足 [2]乎 [3]己 [4]無 [5]待 [6]於 [7]外 [8]之 [9]謂 [10]德 [1]*tso* suffire, [2]*hou* à, [3]*ki* soi (se suffire à soi-même), [4]*wou* ne pas, [5]*taï* attendre (ne rien attendre), [6]*iu*-[7]*waï* du dehors, [8]*tchi* cela (illud, à l'accusatif), [9]*weï* on appelle (vocant), [10]*te* vertu.

之爲 *tchi-weï.* [1]嗜 [2]利 [3]無 [4]恥 [5]之 [6]人 [7]之 [8]爲 [9]也。 [8]*weï-*[9]*ye* (c'est) la conduite (littéralement : le faire), [7]*tchi* de, [6]*jin* un homme, [1]*ki* aimant, [2]*li* le profit (et), [3]*wou-*[4]*tch'i* n'ayant pas de honte, [5]*tchi* particule relative.

謂之 *weï-tchi.* [1]稈 [2]謂 [3]之 [4]芻 [1]*kan* la tige des grains, [2]*weï* on appelle, [3]*tchi* elle (on) l'appelle, [4]*ts'ou.*

有之 *yeou-tchi.* Il y a cela [1]於 [2]傳 [3]有 [4]之 [1]*yu* dans, [2]*tch'ouen* l'histoire, [3]*yeou* il y a, [4]*tchi* cela (ce fait se trouve dans l'histoire).

Endlicher, dans sa grammaire, attribue au signe *tchi* 之 plusieurs emplois singuliers (par exemple, page 228) : celui de particule adjective, qu'aucune autorité classique ne me paraît justifier.

海上絲綢之路文獻集成 科技與文化编

MONOGRAPHIE

DU CARACTÈRE *I* 以

ET DES LOCUTIONS QU'IL SERT A FORMER.

Le caractère *i* 以 est un des plus fréquents, ses emplois sont extrêmement variés, et c'est un de ceux qui offrent le plus de difficultés aux sinologues. Je vais rapporter les définitions que je trouve dans plusieurs dictionnaires tout chinois. Je donnerai ensuite des significations tirées des auteurs classiques.

1° *Faire* [1]視 [2]其 [3]所 [4]以 [1]*chi* voir, [3]*so* ce que, [2]*khi* lui, [4]*i* fait (voir ce qu'un homme fait).

2° *Cause* [1]何 [2]其 [3]久 [4]也 [5]必 [6]有 [7]以 [1]*ho* pourquoi, [2]*khi* lui, [3]*kieou* tarde-t-il (à venir) ? [4]*ye* particule finale, [5]*pi* nécessairement, [6]*yeou* il y a, [7]*i* une cause.

3° *Employer* et, par position, *être employé* [1]不 [2]以 [3]兵 [4]車 [1]*pour* ne pas, [2]*i* il emploie (il n'emploie pas), [3]*ping*-[4]*tch'e* des chars de guerre.

Etre employé [1]不 [2]使 [3]大 [4]臣 [5]怨 [6]乎 [7]不 [8]以 [1]*pou*-[2]*sse* ne faites pas (que), [3]*ta*-[4]*tch'in* les grands officiers, [5]*youen* se plaignent, [6]*hou* de ce que, [7]*pou*-[8]*i* ils ne sont pas employés.

4° *Aider* [1]能 [2]左 [3]右 [4]之 [5]曰 [6]以 [1]*neng* pouvoir, [2]*tso*-[3]*yeou* aider, [4]*tchi* particule relative, [5]*youe* se dit, [6]*i*.

5° *Cesser*, s'arrêter (止 *tchi*). [1]無 [2]已 [3]則 [4]王 [5]乎 [1]*wou*-[2]*i* si vous ne cessez pas (de m'interroger), [3]*tse* alors (par-

6°

lerai-je de), [4]*wang* régner-comme-un-empereur), [5]*hou* particule interrogative.

6° *Parce que*. Il a été vaincu [1]以 [2]其 [3]不 [4]教 [5]其 [6]民 [7]戰 [1]*i* parce que, [2]*khi* lui, [3]*pou*-[4]*kiao* n'a pas appris, [5]*khi* à son, [6]*min* peuple, [7]*kiao* à combattre (non docuit τὸ pugnare). Cette citation est de *Tso-khieou-ming*.

7° 以 *i* est quelquefois synonyme de 與 *yu*, avec, en compagnie de [1]君 [2]曰 [3]以 [4]吾 [5]安。 [1]*kiun* le prince, [2]*youe* dit, [3]*i* avec, [4]*ngou* moi, [5]*ngan* goûtez le repos.

8° 以 *i* synonyme de *yu* 與 et (conjonction). [1]凡 [2]今 [3]之 [4]人 [5]急 [6]名 [7]以 [8]官 [1]*fan*-[4]*jin* tout homme (tous les hommes), [3]*tchi* de, [2]*kin* maintenant (d'aujourd'hui), [5]*ki* sont-pressés-d'avoir, recherchent-avec-empressement, [6]*ming* la réputation, [7]*i* et, [8]*kouan* les charges, les magistratures (Khang-hi).

9° Synonyme de *sse* 似 ressembler à [1]箕 [2]子 [3]以 [4]之 [1]*ki*-[2]*tseu* (nom d'homme), [3]*i*-[4]*tchi* ressemble à lui (lui ressemble).

10° 以 *i* signifie encore *ou, ou bien* [1]此 [2]年 [3]行 [4]師 [5]當 [6]克 [7]以 [8]不 [1]*thseu*-[2]*nien* cette année, [3]*hing*-[4]*sse* les troupes qui-sont-en-marche, [5]*tang* doivent, [6]*khe* vaincre, [7]*i* ou, [8]*pou* non (vaincre ou être vaincues, vaincre ou mourir).

11° 以 *i* par (préposition qui met le substantif suivant au cas instrumental) [1]心 [2]以 [3]形 [4]役 [1]*sin* le cœur, l'esprit, [2]*i* par, [3]*hing* le corps, [4]*yu* est-asservi. [1]理 [2]以 [3]欲 [4]昏 [1]*li* la raison, [2]*i* par, [3]*yo* les désirs, les passions, [4]*hoen* est obscurcie.

12° 以 *i* marque d'accusatif, éprouve quelquefois une singulière *post-position*. Chi-king, liv. I, ch. 3, od. 10 : [1]不 [2]我 [3]屑 [4]以 [1]*pou*-[2]*ngo*-[3]*sie*-[4]*i*, pour 以 我 不 屑 *i-ngo-pou-sie ;* [4]*i*-[2]*ngo* me, [1]*pou* non, [3]*sie* puram-æstimas. Lacharme : ego vero tibi sordeo.

On a vu (page 21—23) que le mot *i* 以 est une marque d'accusatif lorsqu'il précède un régime direct qui est placé avant un verbe actif : [1]以 [2]天 [3]下 [4]與 [5]人 [1]*i*-[2]*thien*-[3]*hia* um-imperi (imperium), [4]*yu* dare, [5]*jin* homini. Je transpose la terminaison *um*, pour montrer que [1]*i* est ici une marque d'accusatif.

I joue absolument le même rôle, lorsqu'il est placé entre le régime indirect et le régime direct d'un verbe actif. 1分 2人 3以 4財 1*fen* distribuere, 2*jin* hominibus, 3*i* as, 4*thsaï* diviti (divitias). C'est absolument la même chose que si, suivant l'usage le plus fréquent, on écrivait 1以 2財 3分 4人 1as 2diviti (divitias), 3*fen* distribuere, 4*jin* hominibus.

13° 以 *i* a le sens de *thaï* 泰 excessivement 1木 2若 3以 4美 1*mo* le bois (du cercueil), 2*jo* m'a semblé, 3*i* excessivement, 4*meï* beau.

14° 以 *i* a aussi le sens de *kan* 干 regarder, concerner. 1無 2以 3萬 4方 (l'empereur) 1*Wou*-2*i* regarde-comme-ne-le-concernant-pas, 3*wan*-4*fang* les dix mille pays, l'empire. Glose 不相干 *pou-siang-kan* ils ne le regardent pas.

14 *a.* On trouve *wou-i* 無以 avec un sens bien différent dans l'exemple suivant: 1無 2以 3與 4之 1*wou* noli, 3*yu* dare, 4*tchi* ei, 2*i* illud. 2*I* ne signifie pas *illud*, mais c'est ici une marque d'accusatif qui rappelle et met à l'accusatif un objet exprimé plus haut; en français: ne le lui donnez pas. En mandchou: *oume* ne, *erebe* illud (à l'accusatif), *boutchina* des (voyez l'article de l'accusatif, pages 21—23).

15° 以 *i* placer. 1以 2閏 3月 1*i* placer, 3*youeï* une lune, 2*jun* intercalaire. En mandchou: *anagan i biya sindame.*

16° 以 *i pouvoir* (posse). 1不 2以 3服 4箱 1*pou*-2*i* il ne peut, 3*fo* être attelé à, 4*siang* (mon) char.

17° 以 *i* faire en sorte que 1向 2欲 3以 4齊 5事 6王 1*hiang* précédemment, 2*yo* je voulais, 3*i* faire en sorte que, 4*thsi* le roi de *Thsi*, 5*sse* servît, 6*wang* l'empereur.

18° 以 *i donner,* d'après le dictionnaire *Kouang-ya-chi-kou.*

19° Quelquefois 以 *i*, joint à *yeou* 有, forme une expression qui a le même sens que *yeou-weï* 有爲, déployer une grande ardeur. Lao-tseu: 1衆 2人 3皆 4有 5以 1*tchong*-2*jin* les hommes, 3*kiaï* tous, 4*yeou*-5*i* déployent une grande ardeur, une grande activité. Un commentateur célèbre explique ainsi *yeou-i* 有以 dans le chap. 38 de Lao-tseu. Voyez mon édition de ce philosophe, page 140, ligne 15.

Ici s'arrêtent les définitions tirées des dictionnaires tout chinois.

20° 以 *i* quand. 1以 2予 3觀 4於 5夫 6子 1*i* quand, 2*yu* je, 3*kouan*-4*yu* je jette les yeux sur (quand je considère), 5*fou*-6*tseu* le maître (Confucius). En mandchou : *foutse be mini touwara de.*

21° 以 *i* quant à, sous le rapport de. 1以 2位 3子 4君 5也。6我 7臣 8也 1*i* sous le rapport, 2*weï* du rang, 3*tseu* vous, 4*kiun*-8*ye* êtes prince, 6*ngo* moi, je, 7*tch'in* suis-sujet. 1以 2德 3則 4子 5事 6我 7者 8也。1*i* sous le rapport, 2*te* de la vertu (de la science et de la sagesse), 3*tse* alors, 4*tseu* vous (êtes), 7*tche* un homme qui, 5*sse* servez, 6*ngo* moi (un homme qui me montrez la déférence d'un disciple pour son maître), 8*ye* particule finale.

22° 以 *i* pour. 1耕 2耨 3以 4養 5其 6父 7母。1*keng* ils labourent, 2*neou* et ils sarclent, 3*i* pour, 4*yang* nourrir, 5*khi* leur, 6*fou* père, 7*mou* (et leur) mère.

1吾 2力 3足 4以 5舉 6百 7鈞 1*ngou* ma, 2*li* force, 3*tso* suffit, 4*i* pour, 5*kiu* lever, 6*pe* cent, 7*kiun* poids-de-trente-livres (3000 livres).

23° 以 *i* suivant la version mandchou : offrir. Meng-tseu, chap. II, part. 2, § 3. 1行 2者 3必 4以 5贐 1*hing*-2*tche* à un voyageur, 3*pi* nécessairement, 4*i* en offre, 5*tsin* des présents pour le voyage. En mandchou : *yaboure* marchant, *niyalma de* homme à (à un homme qui voyage, qui va voyager), *ourounakô* nécessairement, *dchaka* des choses (par exemple de l'argent), *foudembi* on offre. James Legge (page 92) : it is difficult to assign its precise force to the *i* 以. Le commentaire impérial rend 以 par 有 *yeou*, avoir : Celui qui va au loin doit avoir des présents de voyage pour subvenir à ses dépenses.

24° 以 *i* se prend pour 以 爲 *i-weï* regarder comme : 1不 2以 3泰 4乎 1*pou*-2*i*-4*hou* ne regardez-vous pas (cela) comme, 3*t'aï* excessif ? (Savoir : de se faire nourrir par les princes feudataires dont on traverse les domaines.)

Plus bas, Meng-tseu rétablit le mot *weï* 爲 qui avait été sous-entendu dans le passage précédent. 1不 2以 3爲 4泰 1*pou*-

海上絲綢之路文獻集成 科技與文化編

[2]*i*-[3]*wéï* on ne regarde pas (cela) comme, [4]*t'aï* excessif (savoir : que Chun ait reçu l'empire).

[1]自 [2]以 [3]不 [4]寃 [1]*tseu*-[2]*i* pour *tseu-i-weï* 自以爲 il se regarde comme, [3]*pou*-[4]*youen* non-accusé-injustement (il ne se regarde pas comme accusé injustement).

[1]不 [2]以 [3]齊 [4]侯 [5]使 [6]高 [7]子 [1]*pou*-[2]*i* il ne-regardait-pas-comme, [4]*heou* prince, [3]*thsi* de Thsi, [5]*sse* l'envoyé, [6]*kao*-[7]*tseu* (nom d'homme).

[1]晉 [2]之 [3]啓 [4]土 [5]不 [6]以 [7]宜 [8]乎。[1]*tsin* (le prince de) *Tsin*, [2]*tchi* particule relative, [3]*khi* étend, [4]*thou* (son) territoire, [5]*pou*-[6]*i*-[8]*hou* ne regardez-vous pas ([8]*hou* particule interrogative), [7]*i* (comme) juste ? [5]*Pou*-[6]*i* est ici pour *pou-i-wéï* 不以爲 ne regardez-vous pas cela (comme juste, convenable) ?

25° 以 *i* avoir, posséder. [1]彼 [2]以 [3]其 [4]富。[5]我 [6]以 [7]吾 [8]仁。[9]彼 [10]以 [11]其 [12]爵。[13]我 [14]以 [15]吾 [16]義。[1]*pi* ceux-là, [2]*i* ont, [3]*khi* leur, [4]*fou* richesse; [5]*ngo* moi, [6]*i* j'ai, [7]*ngou* ma, [8]*jin* justice; [9]*pi* ceux-là, [10]*i* ont, [11]*khi* leur, [12]*tsio* noblesse; [13]*ngo* moi, [14]*i* j'ai, [15]*ngou* ma, [16]*i* justice.

26° 以 *i* précède souvent une date, une époque, et répond à *dans*. [1]以 [2]凶 [3]年 [4]造 [5]邑 [6]也。[1]*i* dans, [3]*nien* une année, [2]*hiong* malheureuse (une année de disette), [4]*tsao* il avait bâti, [5]*i* une ville, [6]*ye* particule finale.

[1]壯 [2]者 [3]以 [4]暇 [5]日 [6]脩 [7]其 [8]孝 [9]悌 [10]忠 [11]信 [1]*tchoang*-[2]*tche* les adultes, [3]*i* dans, [4]*hia*-[5]*ji* les jours de loisir, [6]*sieou* cultiveront, [7]*khi* leur, [8]*hiao* piété-filiale, [9]*ti* (leur) respect-envers-les-aînés, [10]*tchong* (leur) droiture, [11]*sin* (et leur) fidélité.

27° 以 *i* étant (devant un substantif ou un adjectif). [1]以 [2]君 [3]辟 [4]臣 [5]辱 [6]也 [1]*i* étant, [2]*kiun* prince, [3]*pi* fuir, fuir devant, [4]*tch'in* un sujet, [6]*ye* c'est, [5]*jô* honteux. En mandchou : ***Edchen bifi*** amban de dchailarangge gitchouke kai.

[1]不 [2]以 [3]賢 [4]事 [5]不 [6]肖 [7]者 [8]伯 [9]夷 [10]也 [7]*tche* celui qui, [2]*i*-[3]*hien* étant sage, [1]*pou*-[4]*sse* ne servait pas, [5]*pou*-[6]*siao* (les hommes) dégénérés (les princes vicieux), [10]*ye* c'était, [8]*Pe*-[9]*i* (nom d'homme). En mandchou : *saisa ofi*.

28° 以 *i*, en qualité de. [1]穆 [2]公 [3]卒 [4]于 [5]師。[6]葬 [7]之 [8]以 [9]侯。[10]禮 [11]也。[1]*mo*-[2]*kong* (nom d'homme), [3]*souï* mourut, [4]*yu*-[5]*sse* au milieu des troupes, étant à l'armée, [6]*thsang*-[7]*tchi* on l'enterra, [8]*i* en qualité de, [9]*heou* (nom de dignité que les missionnaires rendent par *marquis*), [10]*li*-[11]*ye* c'était le rite (c'était conforme aux rites).

29° 以 *i* rappelle quelquefois une personne, une chose mentionnée plus haut, et la place à l'accusatif sous la forme d'un pronom relatif sous-entendu (illum, illam, illud).

[1]今 [2]一 [3]見 [4]之。[5]大 [6]則 [7]以 [8]王。[9]小 [10]則 [11]以 [12]霸。[1]*kin* maintenant (si), [3]*kien* vous allez voir, [4]*tchi* eux (les princes feudataires), [2]*i* une seule fois, [5]*ta* (commentaire 大 用 *ta-yong* si vous êtes grandement, beaucoup employé), [6]*tse* alors (celui que vous serez allé voir), [7]*i*-[8]*wáng* vous le ferez-régner-comme-un-empereur (*i* représente *illum*; *wáng* est ici un verbe causatif), [9]*siao* (commentaire 小 用 *siao-yong* si vous êtes petitement, peu employé), [10]*tse* alors, [11]*i*-[12]*pa* vous le ferez-commander-aux-princes-feudataires. Meng-tseu, chap. II, part. I, § 1.

30° 以 *i* à cause que, parce que. [1]孔 [2]子 [3]辭 [4]以 [5]疾 [1]*khong*-[2]*tseu*, [3]*thse* refusa (la visite de Jou-peï), [4]*i* parce que, [5]*tsi* il était malade, pour cause, sous prétexte de maladie. *Lun-yu*, chap. *yang-ho*, § 20.

31° 以 *i* à cause de. [1]君 [2]子 [3]不 [4]以 [5]其 [6]所 [7]以 [8]養 [9]人 [10]者 [11]害 [12]人 [1]*kiun*-[2]*tseu* le sage, [3]*pou*-[11]*haï* ne fait pas de mal, [12]*jin* aux hommes, [4]*i* à cause de (en mandchou : *tourgoun de*), [6]*so*-[7]*i*-[10]*tche* ce avec quoi, [8]*yang* il nourrit, [9]*jin* les hommes (savoir : à cause des terres propres à la culture des grains). Meng-tseu, chap. I, part. 11, § 15.

32° 以 *i* penser, être de l'avis que. [1]且 [2]以 [3]文 [4]王 [5]之 [6]德 [7]百 [8]年 [9]而 [10]後 [11]崩 [12]猶 [13]未 [14]洽 [15]於 [16]天 [17]下 [1]*t'sie* or, [2]*i* je pense que (en mandchou : *sembi*), [6]*te* la vertu, [5]*tchi* de, [3]*wen*-[4]*wang* (nom d'empereur), [7]*pe*-[8]*nien* (qui avait vécu) cent ans, [9]*eul*-[10]*heou* et après, [11]*pong* était mort (que sa vertu, dis-je), [12]*yeou*-[13]*weï* pas encore, [14]*hia* avait pénétré (n'avait pénétré), [15]*yu* dans, [16]*thien*-[17]*hia* l'empire.

海上絲綢之路文獻集成 科技與文化编

33° 以 *i quoique.* Glose chinoise 雖 *souï* (James Legge: although). [1]以 [2]吾 [3]一 [4]日 [5]長 [6]乎 [7]爾 [1]*i* quoique, [2]*ngou* moi, je, [5]*tch'ang* sois-plus-âgé, [6]*hou* que, [7]*eul* vous, [3]*i*-[4]*ji* d'un jour. Lun-yu, chap. *Sien-thsin,* § 24.

34° 以 *i* indique quelquefois la façon, la manière. [1]思 [2]以 [3]一 [4]毫 [5]挫 [6]於 [7]人 [1]*sse* (s'il) pensait, [5]*ts'o* avoir été insulté, [6]*yu* par, [7]*jin* un homme, [2]*i*-[3]*i*-[4]*hao* à la manière d'un cheveu (de l'épaisseur d'un cheveu, le moins du monde). En mandchou : *emou founiekhei gese.* Meng-tseu, chap. II, part. I, § 2.

Le caractère *i* 以 sert à former un certain nombre d'adverbes qui ne commencent jamais une phrase, mais gouvernent toujours les mots précédents. [1]中 [2]人 [3]以 [4]上 [3]*i*-[4]*chang* au-dessus, [1]*tchong*-[2]*jin* des hommes moyens (d'un mérite moyen). [1]胷 [2]以 [3]上 [2]*i*-[3]*chang* au-dessus, [1]*hiong* de la poitrine.

[1]曰 [2]以 [3]下 [2]*i*-[3]*hia* au bas, c'est-à-dire après, [1]*youe* le mot *youe* dire. (Les mots qui viennent après le mot [1]*youe,* il dit, sont les paroles de *Yu.*)

[1]卽 [2]位 [3]以 [4]前 [3]*i*-[4]*thsien* avant, [1]*tsi*-[2]*weï* de monter sur le trône.

[1]此 [2]以 [3]後 [2]*i*-[3]*heou* après, [1]*thseu* cela (cette époque).

[1]自 [2]虎 [3]牢 [4]以 [5]東 [4]*i*-[5]*tong* à l'est, [1]*tseu* à partir de, [2]*Hou*-[3]*lao* (nom de pays).

以往 *i-wang* au-delà, et plus. [1]凡 [2]雨 [3]自 [4]三 [5]日 [6]以 [7]往 [8]爲 [9]霖。 [1]*fan*-[2]*yu* toute pluie (qui dure), [3]*tseu* depuis, [4]*san*-[5]*ji* trois jours, [6]*i*-[7]*wang* et au delà, et plus, [8]*weï* est, s'appelle, [9]*lin.*

Dans cet exemple et le suivant, l'adverbe *i-wang* 以往 ne peut avoir pour complément les mots qui précèdent. [1]自 [2]今 [3]以 [4]往 [1]*tseu*-[2]*kin* depuis maintenant, [3]*i*-[4]*wang* en allant (au delà), c'est-à-dire à l'avenir, dorénavant.

Lorsque *i* 以 est construit avec 故 *kou*, cause, pour signifier *à cause que, à cause de, par la raison que,* les motifs allégués, ou les choses qui sont cause, s'intercalent entre les mots *i* 以 et *kou* 故。

[1]以 [2]其 [3]病 [4]燕 [5]故 [1]*i*-[5]*kou* par la raison que, parce que, [2]*khi* eux (les barbares des montagnes), [3]*ping* avaient-fait-du-mal, [4]*yen* au royaume de *Yen*.

[1]朱 [2]人 [3]以 [4]須 [5]句 [6]故 [7]出 [8]師 [1]*tchou*-[2]*jin* les hommes de Tchou, [3]*i*-[6]*kou* à cause de, [4]*Siu*-[5]*keou* (nom propre), [7]*tch'ou* firent sortir, [8]*sse* les troupes.

„ Les princes feudataires attaquèrent le prince de *Tch'ing*. “ [1]以 [2]其 [3]逃 [4]首 [5]止 [6]之 [7]盟 [8]故 [9]也。 [1]*i*-[8]*kou* par la raison que, [2]*khi* lui, il, [3]*thao* avait déserté, [7]*ming* l'alliance, [6]*tchi* de, [4]*cheou*-[5]*tchi* (il s'était soustrait aux obligations que lui imposait le traité d'alliance, fait dans le pays de *Cheou-tchi*).

[1]非 [2]以 [3]中 [4]外 [5]有 [6]人。[7]表 [8]裏 [9]相 [10]應 [11]故 [12]也。 [1]*feï*-[12]*ye* ce n'était pas, [2]*i*-[11]*kou* par la raison que, [3]*tchong* en dedans, [4]*waï* et en dehors, [5]*yeou* il y avait, [6]*jin* des hommes (favorables à sa cause), et que, [7]*piao* extérieurement, [8]*li* et intérieurement, [9]*siang* mutuellement, [10]*ing* ils répondaient (ils avaient des intelligences ensemble). On remarquera qu'il y a ici huit mots intercalés entre [2]*i* et [11]*kou* ([2]par, [11]la cause de, par la raison que).

Les mots *i* 以 et *kou* 故 séparés par un certain nombre de mots, ne signifient pas toujours *à cause de, par la raison que*. Dans le passage suivant, *i* 以 est une marque d'accusatif. [1]蠶 [2]妾 [3]歸 [4]告 [5]姜 [6]氏 [7]以 [8]重 [9]耳 [10]謀 [11]行 [12]之 [13]故。 [1]*thsan*-[2]*t'sie* la femme chargée d'élever les vers à soie, [3]*koueï* à son retour, [4]*kao* annonça, fit connaître-à, [5]*kiang*-[6]*chi* la princesse *Kiang*, [7]*i*-[13]*kou* la cause (pour laquelle), [8]*tchong*-[9]*eul* (nom d'homme), [10]*meou*-[11]*hing* avait fait un complot (contre elle), [12]*tchi* particule relative.

Post-position du mot *i* 以.

J'emploie le mot „ *post-position* “ pour dire que le mot *i* 以 se place souvent après le mot ou les mots qu'il devrait précéder. Cette *post-position*, qui n'a jamais été signalée par aucun auteur de grammaire chinoise, présente une difficulté très-sérieuse et

海上絲綢之路文獻集成 科技與文化编

est souvent cause de graves erreurs, lorsque l'écart est grand, c'est-à-dire lorsque *i* 以 se trouve placé après cinq, six et même dix caractères qu'il devrait précéder. Je pourrais, après avoir mentionné cet usage des écrivains chinois, me borner à en citer deux ou trois exemples ; mais à cause de l'importance singulière de ce mode de construction, je demande permission au lecteur d'en rapporter, graduellement, un grand nombre qui, du reste, offriront, par la manière dont je les explique, un excellent exercice d'analyse et de traduction.

Post-position de *i* 以 après un seul caractère.

Cette post-position de *i* 以 est la plus fréquente; c'est ainsi qu'on dit 何以 *ho-i* quoi-par? pour 以何 *i-ho* par-quoi? comment ? pourquoi ? 是以 *chi-i* cela-par, pour 以是 *i-chi* par cela, par suite de cela, de là vient que, c'est pourquoi, etc.

Je dois faire remarquer que la post-position de *i* 以 a lieu le plus souvent lorsque ce signe signifie *par*, *par le moyen de*, et met le mot précédent au cas instrumental (voyez le second exemple), ou lorsqu'il est simplement une marque d'accusatif.

[1]不 [2]我 [3]屑 [4]以 pour [1]不 [2]以 [3]我 [4]屑 [1]*pou* non, [4]*sie* æstimas, [2]*i* marque d'accusatif qui, ainsi placée, de [3]*ngo* (ego) fait *me* (me non æstimas). En mandchou : *mimbe* (*be* marque d'accusatif), me, *khikhalarakô* non æstimas. Dictionnaire *Thsin-han-wen-haï*, liv. 36, fol. 1.

[1]願 [2]明 [3]以 [4]教 [5]我 mot à mot : désirer clarté-par (par clarté, avec clarté, clairement) instruire-moi, [1]*youen* je désire *que*, [3]*i*-[2]*ming* clairement, [4]*kiao* vous instruisiez, [5]*ngo* moi. Meng-tseu, chap. I, part. I, § 7.

[1]若 [2]晉 [3]君 [4]朝 [5]以 [6]入 [1]*jo* si, [3]*kiun* le prince, [2]*tsin* de *Tsin*, [4]*tchao* le matin, [5]*i* dans, au, [6]*ji* entre, pour 以朝入 *i-tchao-ji* dans la matinée, au matin, le matin, entre, [7]則 [8]婢 [9]子 [10]夕 [11]以 [12]死 [7]*tse* alors, [8]*pi*-[9]*tseu* la servante (expression humble pour dire moi, je), [10]*si* le soir, [11]*i* (le soir-dans, dans la soirée, le soir), [12]*sse* mourra.

海上絲綢之路文獻集成 科技與文化编

[1]何 [2]以 [3]利 [4]吾 [5]國 [1]*ho*-[2]*i* quoi-par (pour [2]*i*-[1]*ho* par quoi, par quel moyen), [3]*li* apporter-du-profit-à, [4]*ngou* mon, [5]*koue* royaume ?

[1]惠 [2]以 [3]待 [4]人 [1]*hoeï* bienfaisance, [2]*i* par (par bienveillance, avec bienveillance), [3]*taï* il traite, [4]*jin* les hommes.

[1]夜 [2]以 [3]繼 [4]日 [1]*ye* la nuit, [2]*i* par (par la nuit), [3]*ki* il continuait, [4]*ji* le jour (il continuait ses réflexions depuis le jour jusque dans la nuit).

[1]德 [2]日 [3]以 [4]盛 [1]*te* sa vertu, [2]*ji* jour, [3]*i* par (de jour en jour), [4]*tching* grandissait, s'augmentait.

[1]民 [2]日 [3]以 [4]病 [1]*min* le peuple, [2]*ji* jour, [3]*i* par (de jour en jour), [4]*ping* souffrait, devenait plus malheureux.

[1]樂 [2]以 [3]忘 [4]憂 [1]*lo* joie, [2]*i* par (par l'effet de sa joie), [3]*wang* il oublie, [4]*yeou* son chagrin. James Legge : in the joy (dans la joie) he forgets his sorrows. Lun-yu, chap. VII, § 18.

[1]敏 [2]以 [3]求 [4]之 [1]*min* activité, [2]*i* par, avec (avec activité), [3]*khieou* il cherche, [4]*tchi* cela.

On lit dans le Si-yu-ki, liv. XI, fol. 20 v.: „ On n'a pas besoin de leur donner des leçons de religion. Chez les fils et les petits-fils, *par l'effet de l'habitude,* la pratique de la loi (du Bouddha) *est passée en usage.* " [1]習 [2]以 [3]成 [4]俗 [1]*si* habitude, [2]*i* par (par l'habitude), [3]*tch'ing* (cela) est devenu, [4]*sou* une coutume (un usage établi).

On peut voir, dans mes ***Exercices Pratiques***, pages 97—98, d'autres exemples de l'expression *tch'ouen-i* 傳 以 tradition-par (par la tradition).

Post-position de *i* 以 après deux caractères.

[1]江 [2]漢 [3]以 [4]濯 [5]之。[6]秋 [7]陽 [8]以 [9]暴 [10]之

[1]*kiang*-[2]*han*-[3]*i* rivières Kiang et Han par, dans (dans les rivières Kiang et Han), [4]*tcho* laver, [5]*tchi* cela, [6]*thsieou* automne, [7]*yang* soleil, [8]*i* par, [9]*po* sécher, [10]*tchi* cela ; [11]皜 [12]皜 [13]乎 [11]*kao*-[12]*kao*-[13]*hou* blanc-blanc oh ! C'est-à-dire : ce qu'on a lavé dans les rivières du Kiang et du Han, et séché au soleil d'automne, oh ! que c'est blanc (est extrêmement blanc).

1驕 2泰 3以 4失 5之 1*kiao* orgueil, 2*thaï* hauteur, 3*i* par (par l'orgueil et par un caractère hautain), 4*chi* il perd, 5*tchi* cela (la droite voie, la sagesse). *Ta-hio,* § 10.

1忠 2信 3以 4得 5之 „ Le sage a une grande voie à suivre " ; 1*tchong* droiture, 2*sin* fidélité, 3*i* par (par la droiture et la fidélité), 4*te*-5*tchi* il obtient, il la trouve, il l'atteint. *Ta-hio,* § 10.

1寬 2柔 3以 4敎 5人 1*kouan* indulgence, 2*jeou* douceur, 3*i* par, avec (avec indulgence et douceur), 4*kiao* instruire, 5*jin* les hommes.

1紅 2紫 3不 4以 5爲 6褻 7服 1*hong* rouge, 2*tse* violet, 3*pou* ne pas, 4*i* avec, 5*wêï* il fait, 6*i* ordinaire, 7*fo* vêtement (pour 4*i*-1*hong*-2*tse*-3*pou*-5*weï*-6*i*-7*fo*, avec du rouge et du violet, avec de l'étoffe rouge ou violette, il ne fait pas, il ne fabrique pas des vêtements ordinaires).

1日 2月 3以 4告 5君 1*ji* le jour, 2*youeï* le mois, 3*i* marque d'accusatif, 4*kao* il annonce, 5*kiun* au prince, il fait connaître au prince le jour et le mois (où il se marie).

1象 2有 3齒 4以 5焚 6身。1*siang* l'éléphant, 2*yeou* avoir, 3*tch'i* dents, 4*i* (*parce qu*'il avait des dents qui donnent l'ivoire), 5*fen* a fait détruire, 6*chin* son corps. En mandchou : solfan de weikhe bisir tourgoun de, beye wamboukha, — par la raison que, parce que l'éléphant avait des dents, son corps a été tué, il a été tué. Dictionnaire Thsing-han-wen-haï, liv. VI, fol. 28.

1其 2將 3何 4辭 5以 6對 1*khi* lui, 3*ho* quelles, 4*thse* paroles, 5*i* par, avec (par quelles paroles, avec quelles paroles), 2*tsiang*-6*tsouï* répondra-t-il ? (2*tsiang* marque du futur).

Post-position de *i* 以 après trois mots.

1忘 2其 3身 4以 5及 6其 7親 1*wang* oublier, 2*khi* son, 3*chin* corps, 4*i* par l'action de, 5*ki* atteindre, 6*khi* ses, 7*thsin* parents (c'est-à-dire : en oubliant le soin de sa vie, en risquant sa vie, compromettre l'existence de son père et de sa mère que l'on doit nourrir).

1好 2鬬 3狠 4以 5危 6父 7母 1*hao* aimer, 2*teou* les luttes, 3*hen* et les querelles, 4*i* par (l'action de), (en aimant les luttes et les querelles), [5]*weï* exposer-au-danger (de manquer de secours, de subsistance), [6]*fou* son père, [7]*mou* et sa mère.

[1]爲 [2]其 [3]養 [4]小 [5]以 [6]失 [7]大 [1]*weï* parce que, [2]*khi* eux, [3]*yang* nourrir, [4]*siao* petit, [5]*i* par *l'action de* (parce qu'en nourrissant ce qui est petit, peu important, savoir : leur bouche, leur ventre), [6]*chi* ils perdent, [7]*ta* ce qui est grand, important, savoir : leur vertu.

[1]惡 [2]得 [3]有 [4]其 [5]一 [6]以 [7]慢 [8]其 [9]二 [10]哉。 [1]*ou* comment, [2]*te* pouvoir, [3]*yeou* avoir, [4]*khi* de ces (trois avantages), [5]*i* un seul, [6]*i* à cause de. C'est-à-dire : comment peuvent-ils, parce qu'ils ont un de ces trois avantages (la dignité, le rang), [7]*man* mépriser (celui qui a), [8]*khi* de ces (avantages), [9]*eul* deux (l'âge et la vertu), [10]*tsaï* marque d'interrogation et d'étonnement.

Post-position de *i* 以 après quatre caractères.

[1]鄭 [2]伯 [3]通 [4]乎 [5]夫 [6]人 [7]以 [8]取 [9]其 [10]國 [11]焉。 [1]*tch'ing*-[2]*pe* le prince de Tch'ing, du titre de *Pe*, [3]*thong* avoir commerce, [4]*hou* avec, [5]*fou*-[6]*jin* la princesse (la femme du roi de *Thsi*), [7]*i* par (l'action de), [8]*thsin* prendre, [9]*khi* de lui, [10]*koue* royaume, [11]*yen* particule finale. C'est-à-dire : le *Pe* de *Tch'ing*, ayant eu commerce avec la princesse (la femme du roi de *Thsi*), s'empara de son royaume (du royaume de *Thsi*). En mandchou : Dching gouroun i be fou jin de latounakha de terei gouroun be tourikha.

[1]今 [2]交 [3]九 [4]尺 [5]四 [6]寸 [7]以 [8]長 [1]*kin* maintenant (moi), [2]*Kiao,* [3]*khieou* neuf, [4]*tch'i* pieds-chinois, [5]*sse* quatre, [6]*thsun* pouces, [7]*i* par, [8]*tchâng* suis-grand, c'est-à-dire : maintenant j'ai une taille *de* neuf *tch'i* (neuf pieds chinois) et quatre pouces.

[1]得 [2]其 [3]國 [4]家 [5]以 [6]往 [7]也 [1]*te* obtenir, [2]*khi* ce, [3]*koue*-[4]*kia* royaume, [5]*i* par (parce qu'ils avaient obtenu), [6]*wang* partir, [7]*ye* particule finale. C'est-à-dire : „ Ayant conquis ce royaume, ils s'en allèrent. "

Cette manière d'expliquer est la seule possible et exacte, car on ne saurait dire : ils obtinrent ce royaume *pour* s'en aller.

海上絲綢之路文獻集成 科技與文化編

Post-position de *i* 以 après cinq mots.

1夫 2子 3溫 4良 5恭 6儉 7讓 8以 9得 10之 1*fou*-2*tseu* le maître, 3*wen* douceur, 4*liang* bonté, 5*kong* respect, 6*kien* modération, 7*jang* humilité, 8*i* par, 9*te* a obtenu, 10*tchi* cela. C'est-à-dire : Confucius a obtenu cela par la douceur, etc. Le commentateur chinois rétablit comme moi la construction et écrit : 1*fou*-2*tseu* le maître, 9*te*-10*tchi* a obtenu cela, 8*i* par, 3*wen* la douceur, 4*liang* la bonté, 5*kong* le respect, 6*kien* la modération, 7*jang* l'humilité.

Post-position de *i* 以 après six caractères.

1吾 2不 3從 4子 5之 6言 7以 8至 9此 10乎。 1*ngou* nous, 2*pou* ne pas, 3*thsong* suivre, 6*yen* les paroles, 5*tchi* de, 4*tseu* vous, 7*i* par (l'action de), 8*tchi* sommes arrivés à, 9*thseu* cela, 10*hou* signe d'interjection ! C'est-à-dire : parce que nous n'avons pas suivi (pour ne pas avoir suivi) vos conseils, nous avons été réduits à cela (à être faits prisonniers). En mandchou : *be* nous, *sini* de vous, *gisoun be* les paroles (à l'accusatif), *takharakô ofi* n'ayant pas suivi, *outtou* ainsi, *okho* avons été.

MONOGRAPHIE

DE

SO 所

So 所, pronom relatif pour les personnes et pour les choses, se place toujours après le sujet et avant le verbe qui le régit. ^{1}視 ^{2}其 ^{3}所 ^{4}以 ^{1}*chi* (si l'on) voit, ^{3}*so* ce que, ^{2}*khi* lui, ^{4}*i* fait (si l'on examine la conduite d'un homme). Lun-yu, chap. *wêï-tching*, § 10. Khang-hi, dans ce même passage, explique ^{4}*i* par *wêï* 爲 faire. Les commentateurs chinois expliquent ici ^{4}*i* 以 par 行 faire (même sens). En mandchou : *terei yaboun be touwara ohode*, quand vous aurez vu les actions de lui, ses actions, etc. Ce sens de *i* 以 faire est fort rare. C'est pour cette raison que je l'ai appuyé de l'autorité du dictionnaire de Khang-hi et de la version tartare-mandchou. Cf. Rémusat, page 63, § 146.

^{1}天 ^{2}之 ^{3}所 ^{4}廢 ^{3}*so* (le prince) que, ^{1}*thien* le ciel, ^{2}*tchi* particule explétive, ^{4}*feï* renverse.

^{1}君 ^{2}子 ^{3}之 ^{4}所 ^{5}履 ^{4}*so* (la voie) que, ^{1}*kiun*-^{2}*tseu* le sage, ^{3}*tchi* particule relative, ^{5}*li* foule, suit. Meng-tseu, chap. V, part. 2, § 8.

^{1}耕 ^{2}者 ^{3}之 ^{4}所 ^{5}獲 (voici) ^{4}*so* ce que, ^{1}*keng*-^{2}*tche* ceux qui labouraient, ^{3}*tchi* particule relative, ^{5}*hou* obtenaient (en terres). ^{1}一 ^{2}夫 ^{3}百 ^{4}畝 ^{1}*i* un (chaque), ^{2}*fou* homme (obtenait), ^{3}*pe*, ^{4}*meou* arpents. Meng-tseu, chap. V, part. 2, § 3.

So 所 sert à former divers idiotismes intéressants et souvent difficiles. ^{1}所 ^{2}自 ^{1}*so*-^{2}*tseu* (id-quo-ex, c.-à-d. id ex quo), pour ^{1}自 ^{2}所 ^{1}*tseu*-^{2}*so* (id ^{1}ex ^{2}quo), ce d'où provient. ^{1}驕 ^{2}奢

[3]淫 [4]所 [5]自 [6]邪 [7]也 [6]*sie* la dépravation, [7]*ye* est, [4]*so* ce-que, [5]*tseu* d'où (ce d'où viennent), [1]*kiao* l'orgueil, [2]*che* le luxe, [3]*in* les excès.

[1]文 [2]祖 [3]藝 [4]祖 [5]之 [6]所 [7]自 [8]也 [1]*wen*-[2]*tsou* (nom d'homme), [8]*ye* était, [6]*so*-[7]*tseu* celui de qui (venait), [3]*i*-[4]*tsou* (nom d'homme), [5]*tchi* particule relative. C'était de *Wen-tsou* que descendait *I-tsou*.

[1]所 [2]之 [1]*so* quod, [2]*tchi* adit, quo it (où il va). [1]吾 [2]將 [3]瞯 [4]良 [5]人 [6]所 [7]之 [1]*ngou* moi, [2]*tsiang* marque du futur, [3]*hien* épier (j'épierai), [6]*so* ce que, [4]*liang*-[5]*jin* (notre) époux, [7]*tchi* atteint, le lieu où il va (quod adit, quo vadit).

所 爲 *so-weï* (la personne), de-qui à-cause (à cause de qui, au sujet de qui). [1]美 [2]而 [3]無 [4]子 [1]*meï* (elle) était-belle, [2]*eul* et, [3]*wou* n'avait-pas-eu, [4]*tseu* de fils [5]衞 [6]人 [7]所 [8]爲 [9]賦 [10]碩 [11]人 (c'est elle), [7]*so*-[8]*weï* de-qui à cause, à cause de qui, au sujet de laquelle, [6]*jin* les hommes, [5]*weï* du royaume de *Weï*, [9]*fou* ont composé, [10]*chi*-[11]*jin* l'ode *Chi-jin*. (Kou-wen-youen-kien, liv. I, fol. 3.)

所 以 *so-i*, vulgo ce par quoi, ce pourquoi. Ici, *ce que* (quod à l'accusatif) : [1]山 [2]林 [3]藪 [4]澤 [5]之 [6]利。[7]所 [8]以 [9]與 [10]民 [11]共 [12]也。[6]*li* les profits (les produits), [5]*tchi* des, [2]*lin* forêts, [1]*chan* des montagnes, [3]*seou* des grands lacs, [4]*tse* des étangs, [12]*ye* sont, [7]*so*-[8]*i* ce que (le prince), [9]*yu* avec, [10]*min* le peuple, [11]*kong* partage.

所 以 *so-i* quant à, pour ce qui regarde. [1]所 [2]以 [3]爲 [4]蚳 [5]鼃 [6]則 [7]善 [8]矣 [1]*so*-[2]*i* quant à (ce qu'il a fait), [3]*weï* pour, [4]*tchhi*-[5]*wa* (nom propre) — en lui conseillant de parler au roi — [6]*tse* alors, [7]*chen* (c'est) bien, [8]*i* particule finale, [9]所 [10]以 [11]自 [12]爲 [13]則 [14]吾 [15]不 [16]知 [17]也。[9]*so*-[10]*i* quant-à (ce qu'il a fait), [12]*weï* à cause de, pour, [11]*tseu* lui-même (en ne quittant pas le royaume), [13]*tse* alors, [14]*ngou* moi, [15]*pou* pas, [16]*tchi* savoir (je ne le comprends pas), [17]*ye* particule finale. Meng-tseu, chap. II, part. 2, § 6.

所 以 *so-i* le moyen par lequel, pour. [1]非 [2]所 [3]以 [4]要 [5]譽 [6]於 [7]朋 [8]友 [1]*feï* (ce n'est) pas, [2]*so*-[3]*i* pour, [4]*yao* de-

海上絲綢之路文獻集成 科技與文化編

mander, [5]*yu* des éloges (obtenir des éloges), [6]*yu* de (ex), [7]*pong* ses camarades, [8]*yeou* (et de ses) amis. Meng-tseu, chap. II, part. 1, § 6.

所以 *so-i* par la raison que, parce que. [1]圍 [2]新 [3]密 [4]鄭 [5]所 [6]以 [7]不 [8]時 [9]城 [1]*weï* assiéger (s'il a assiégé), [2]*sin*-[3]*mi* (nom de lieu), [5]*so*-[6]*i* c'est parce que, [4]*tchhing* le prince de *Tchhing,* [7]*pou* pas, [8]*chi* temps (en temps inopportun), [9]*tch'ing* avait-muré-la-ville (n'avait pas muré la ville). Le mot *tch'ing,* vulgo mur, muraille, signifie ici, par position, entourer-une-ville de murs.

所以 *soi-i*, littéralement : ce-que-par, ce par quoi, ce en quoi. [1]未 [2]見 [3]所 [4]以 [5]敬 [6]王 [1]*weï* pas encore, [2]*kien* voir (je n'ai pas vu), [3]*so*-[4]*i* en-quoi, [5]*king* vous respectez, [6]*wang* le roi (vous montrez du respect au roi).

[1]敢 [2]問 [3]其 [4]所 [5]以 [6]異 [1]*kan* j'ose, [2]*wen* vous demander, [4]*so*-[5]*i* ce que par, ce par quoi, ce en quoi, [3]*khi* eux, ils, [6]*i* diffèrent.

所 *so* où (à la question *ubi*). [1]西 [2]者 [3]鄭 [4]伯 [5]所 [6]受 [7]命 [8]于 [9]天 [10]子 [11]而 [12]祭 [13]泰 [14]山 [15]之 [16]邑 [17]也。[2]*tche* le (mot) [1]*Thien*, [17]*ye* c'est, désigne, [16]*i* la ville, [5]*so dans*-laquelle, où, [4]*pe* le prince, [3]*tch'ing* de tch'ing, [6]*cheou* reçut, [7]*ming* les ordres, [8]*yu* de (de la bouche de), [9]*thien*-[10]*tseu* l'empereur, [11]*eul,* [12]*tsi* sacrifia, [13]*thaï*-[14]*chan* au mont *Thaï-chan*, à l'Esprit du mont *Thaï-chan*, [15]*tchi* particule relative.

所 *so* signifie tantôt que (*quem, quos*), tantôt de qui (à l'ablatif *ex quo, ex quibus*), suivant la manière dont il est construit : [1]好 [2]臣 [3]其 [4]所 [5]教 [1]*hao* (les princes) aiment-à, [2]*tch'in* faire-ministres (prendre pour ministres des hommes), [4]*so* que (quos), [3]*khi* eux, ils, [5]*kiáo* instruisent (à qui ils puissent donner des instructions); [6]而 [7]不 [8]好 [9]臣 [10]其 [11]所 [12]受 [13]教 [6]*eul* mais, [7]*pou* pas, [8]*háo* aiment (ils n'aiment pas), [9]*tch'in* faire-ministres, prendre-pour-ministres, [11]*so* (des hommes) de qui (ex quibus), [10]*khi* eux, ils, [12]*cheou* recevraient, [13]*kiáo* des instructions. Si le second [11]*so* signifie ici *de qui* (de quibus), c'est parce que [12]*cheou* veut dire *recevoir* une chose de quelqu'un (accipere *ab* aliquo).

所于 *so-yu* quel-dans, pour 于所 *yu-so* (dans-quel). [1]執 [2]不 [3]言 [4]所 [5]于 [6]地 [1]*tchi* il a été pris, [2]不 pas, [3]*yen* dire (mais on n'a pas dit), [5]*yu* dans, [4]*so* quel, [6]*ti* pays (littéralement : quel-dans-pays).

所 *so* signifie quelquefois *lieu*, *endroit*. Exemple : [1]王 [2]所 [2]*so* le lieu, [1]*wang* de l'empereur (le palais). [1]鄭 [2]公 [3]子 [4]在 [5]王 [6]所 [2]*kong*-[3]*tseu* le noble fils, [1]*tch'ing* du prince de *Tch'ing*, [4]*tsaï* se trouvait-dans, [6]*so* le lieu, [5]*wang* de l'empereur (le palais de l'empereur).

[1]有 [2]經 [3]行 [4]遺 [5]迹 [6]之 [7]所 [1]*yeou* il y a, [7]*so* des lieux (où le Bouddha), [2]*king*-[3]*hing* a marché, (et) [4]*i* a laissé, [5]*tsi* des traces de ses pas, [6]*tchi* particule explétive.

[1]無 [2]所 [1]*wou*-[2]*so* sans lieu, sans domicile. [1]舟 [2]行 [3]之 [4]人 [5]無 [6]所 [4]*jin* les hommes, [2]*hing*-[3]*tchi* (qui) étaient venus ([3]*tchi* particule explétive), [1]*tcheou* par bateau, en bateau, [5]*wou* n'avaient-pas, [6]*so* de lieu (pour se loger). Le mot [1]*tcheou*, bateau, est ici au cas locatif.

C'est par suite du sens de *lieu*, que *so* 所 est employé comme une sorte de numérale des édifices et des temples. [1]有 [2]天 [3]祠 [4]五 [5]十 [6]餘 [7]所 [1]*yeou* il y a, [3]*thse* des temples, [2]*thien* des dieux, [6]*yu* environ, [4]*ou*-[5]*chi* cinq fois dix (cinquante), [7]*so* numérale des édifices ; il y a environ cinquante temples des *dêvas*, temples brahmaniques.

Tsaï-so 在所. „ Tcheou est la source de tous les maux. “ 在 *tsaï* il est dans, au nombre de, *so* 所 ceux que, 當 *tang* il faut, *khiu* 去 abandonner, chasser. C'est-à-dire : c'est un homme qu'il faut abandonner, chasser.

[1]若 [2]在 [3]所 [4]禮 [1]*jo* il-semble-que, [2]*tsaï* il soit dans, il soit dans la classe, [3]*so* que (dans la classe de ceux que), [4]*li* on honore, on doit honorer. En mandchou : dorolon touwara dchergi de bisire gese bime. Meng-tseu, chap. VII, part. 2, § 43.

So-tsaï 所在。*Fang-so* 方所。*Tch'ou-so* 處所 un lieu. (Dictionnaire P'in-tseu-t'sien.)

所在 *so-tsaï* signifie encore : ce en quoi réside. Un homme éminent, dit Meng-tseu (chap. IV, page 2, § 16) ne dit et ne fait

7*

海上絲綢之路文獻集成 科技與文化编

que ce qui est conforme à la justice. 1惟 2義 3所 4在 1*weï* seulement, 3*so* ce que, 2*i* la justice, 4*tsaï* réside-en. C'est-à-dire: ce en quoi réside la justice.

行在所 *hing-tsaï-so* l'endroit où se trouve l'empereur (en mandchou: *khan i bisire ba*), la résidence temporaire de l'empereur.

其所 *khi-so* se prend quelquefois pour le pays natal. 1使 2復 3其 4所 1*sse* il lui ordonna, 2*fo* de retourner, on le fit retourner-à, retourner-dans, 4*so* le lieu, 3*khi* de lui, son pays natal. En mandchou: *ini da bade bedereboukhe.*

1得 2其 3所 1*te*-2*khi*-3*so* suum locum obtinuerunt, ils sont dans leur élément (les poissons mis dans un vivier). Ce fut la réponse mensongère d'un individu qui avait fait cuire et avait mangé des poissons qu'on l'avait chargé de jeter dans un vivier. (Meng-tseu, liv. V, part. 1, § 2.)

L'expression *khi-so* 其所 a encore d'autres significations: „Quand le prince observe les rites, dans les six ordres de parents 1各 2得 3其 4所 1*ko* chacun, 2*te* obtient, 3*khi*-4*so.* " C'est-à-dire, suivant le commentaire: 1其 2所 3當 4得 2*so* ce que, 1*khi* lui, 3*tang* doit, 4*te* obtenir, savoir *ibidem* 1各 2遂 3其 4生 1*ko* chacun, 2*souï* obtient, 3*khi* sa, 4*seng* vie (les moyens de vivre).

所 *so* se prend quelquefois pour *tao* 道 la droite voie, la justice. 1求 2得 3當 4欲 5不 6以 7其 8所 1*khieou* en cherchant, 2*te* (à) obtenir, 3*tang* ce qui est conforme à, 4*yo* leurs désirs, leurs passions, 5*pou*-6*i* 7*khi*-8*so* comme s'il y avait, dit le commentaire 1不 2以 3其 4道 1*pou*-2*i* ils ne suivent pas, 3*khi*-4*tao* ce qui est leur devoir. En rendant *i* 以 par suivre et *tao* 道 pour *so* 所 par devoir, j'ai été guidé par le mandchou: giyan be (la justice, le devoir), *dakharakô* (ils ne suivent point).

1不 2更 3其 4所 1*pou* pas, 2*keng* changer (il ne change pas), 3*khi*-4*so* son plan de conduite, la résolution qu'il a prise.

1樂 2其 3所 1*lo* il est content, 2*khi*-3*so* de son sort.

Tso-so 作所. Exemple: 1王 2敬 3作 4所 2*king* du respect, 1*wang* de l'empereur (pour l'empereur), 3*tso*-4*so* faites (votre) loi, (votre) règle. En mandchou : ***khan i*** de l'empereur, ***gingoan*** le respect, ***an*** règle, ***obou*** faites ; faites-vous une règle, une loi de respecter l'empereur.

無 所 ***wou-so.*** Exemple : [1]於 [2]所 [3]厚 [4]者 [5]薄 [6]無 [7]所 [8]不 [9]薄 [5]***po*** si l'on est froid, indifférent, [1]***yu*** à l'égard de, [2]***so-***[4]***tche*** ceux que, [3]***heou*** l'on traite affectueusement (que l'on doit traiter affectueusement), [6]***wou*** pas être (il n'y aura personne), [7]***so*** que, [8]***pou*** pas, [9]***po*** traiter-froidement (que l'on ne traitera-froidement). C'est-à-dire : on traitera tout le monde d'une manière froide, indifférente.

D'après la glose, ici [9]***po*** signifie montrer de la froideur et presque de la dureté à quelqu'un (殘 忍) ***thsan-jin,*** et [3]***heou*** lui montrer de l'affection (親 愛 ***thsin-'aï***). Meng-tseu, ch. VII, part. I, § 44.

所 安 ***so-ngan.*** Exemple : [1]敢 [2]問 [3]所 [4]安。[1]***kan*** j'ose, [2]***wen*** (vous) demander, [3]***so*** à-qui, [4]***ngan*** vous vous attachez, fixez. Glose : puisque vous n'osez pas vous comparer à Confucius, j'oserai vous demander auquel de ces six disciples vous vous attachez, fixez. 所 安 處 ***so-ngan-tch'ou,*** c'est-à-dire auquel de ces disciples vous pourriez vous comparer, ou bien auquel de ces disciples vous voudriez ressembler. (Meng-tseu, chap. I. part. 2, § 20.)

So—tche 所 — 者 ce que, celui que, ceux que.

A l'égard des mots *so-tche* 所 者 et 所 以 者 *so-i-tche*, dont le dernier mot, *tche* 者, ne se trouve jamais réuni à *so* 所 ni à *so-i* 所 以, les Chinois ont adopté un usage que j'appellerai l'*intercalation*, que personne n'avait signalé avant moi, et dont aucune grammaire chinoise n'avait montré l'importance pour construire d'une manière régulière les phrases où se trouvent ces mots. Cet usage consiste à insérer entre *so* 所 et *tche* 者, de même qu'entre *so-i* 所 以 et *tche* 者, un nombre de mots qui peut aller de deux à cinq, à dix, et même à dix-huit. (Voyez le dernier exemple de *so-i—tche* 所 以 — 者.) Dans ces diffé-

tous cas, il faut prendre le mot *tche* 者 à la fin de la phrase (qu'elle soit courte ou longue), et le joindre à *so* 所 qui se trouve plus ou moins haut, en disant *so-tche* 所 者 *ce que*. Je vais donner des exemples où l'insertion est graduée. L'expression *so-i—tche* 所 以 — 者 fera l'objet de l'article suivant.

Insertion de deux mots.

[1]所 [2]謂 [3]仁 [4]者 construisez : [1]*so*-[4]*tche* ce que, [2]*weï* on appelle, [3]*jin* l'humanité. Jusqu'à présent, quand un membre de phrase était aussi court que le précédent, on avait l'habitude de rapporter le mot [4]*tche* au substantif intercalé. Cela était sans inconvénient et ne pouvait causer aucune erreur ; mais lorsque l'intercalation allait jusqu'à dix ou quinze mots, l'étudiant, qui ignorait l'usage que je viens d'indiquer, perdait de vue le mot [4]*tche* qui, joint à [1]*so*, était la clef de la phrase, et devait servir non-seulement à en régulariser la construction grammaticale, mais encore à en déterminer le sens.

[1]里 [2]克 [3]所 [4]爲 [5]殺 [6]者。[7]爲 [8]重 [9]耳 [10]也。 [3]*so*-[6]*tche* ce que, [4]*weï* à cause (la cause pour laquelle), [1]*li*-[2]*khe* (nom d'homme), [5]*cha* tua (son prince), la voici : [10]*ye* c'est, c'était, [7]*weï* à-cause-de, [8]*tchong*-[9]*eul* (nom propre d'homme).

[1]所 [2]謂 [3]不 [4]孝 [5]者 [1]*so*-[5]*tche* ceux que, [2]*weï* on appelle, [3]*pou*-[4]*hiao* pas-doués-de-piété-filiale, dépourvus-de-piété-filiale. Ici [4]*hiao* (vulgo *piété filiale*) devient adjectif par position.

[1]聖 [2]人 [3]之 [4]所 [5]甚 [6]重 [7]者 [4]*so*-[7]*tche* ce que, [1]*ching* saint, [2]*jin* homme, le saint homme, [3]*tchi* particule relative, [5]*chin* extrêmement, [6]*tchong* estime.

Insertion répétée de trois mots.

[1]妲 [2]己 [3]所 [4]舉 [5]者 [6]貴 [7]之 [8]所 [9]憎 [10]者 [11]誅 [12]之。 [3]*so*-[5]*tche* ceux que, [1]*tan*-[2]*ki* (l'impératrice) *Tan-ki*, [4]*kiu* recommandait, [6]*koueï*-[7]*tchi* (l'empereur) les comblait d'honneurs (honoribus-augebat illos), [8]*so*-[10]*tche* ceux que, [9]*tseng* elle haïssait, [11]*tchou*-[12]*tchi* il les faisait mourir (occidebat eos).

Insertion de quatre mots.

Il arrive quelquefois que *so* [1]所 est suivi de *yu* [2]與 avec, de *wéï* [3]爲 à cause de (causâ), de *thsong* [4]從 ou de *tseu* [5]自 *ex, ab.* Il faut dire alors *so-tche*: 所者 ceux qui, [2]*yu* avec (ceux avec qui), *so-tche* ceux qui, [3]*wéï* à cause (ceux à cause de qui, ceux pour qui), [1]*so*-[4]*thsong-tche* ille ex quo, illi ex quibus ; *so-tseu-tche* 所自者 celui qui de (celui de qui), ille ex quo, ceux qui de (ceux de qui), illi ex quibus.

Exemples : [1]所 [2]與 [3]共 [4]政 [5]事 [6]者。[1]*so*-[6]*tche* ceux qui, [2]*yu* avec (ceux avec qui), [3]*kong* (le prince) partage, [5]*sse* les affaires, [4]*tching* de l'administration.

[1]堯 [2]之 [3]所 [4]從 [5]受 [6]天 [7]下 [8]者 [3]*so*-[8]*tche* celui-qui, [4]*thsong* de (celui de qui, *ille ex quo*), [1]*yao* (nom d'homme), [2]*tchi* particule relative, [5]*cheou* a reçu, [6]*thien*-[7]*hia* l'empire ; [1]曰 [2]文 [3]祖 [4]也 [1]*youe* s'appelait, [2]*wen*-[3]*tsou* (nom d'homme), [4]*ye* particule finale.

Insertion de cinq mots.

[1]詩 [2]所 [3]謂 [4]其 [5]會 [6]如 [7]林 [8]者 [2]*so*-[8]*tche* ce que, [1]*chi* les vers, le livre des vers, [3]*weï* dit: [4]*khi* eux, ils, [5]*hoeï* étaient rassemblés, [6]*jou* comme (aussi nombreux que), [7]*lin* les arbres d'une forêt.

Insertion de neuf mots.

[1]所 [2]謂 [3]輔 [4]車 [5]相 [6]依 [7]唇 [8]亡 [9]齒 [10]寒 [11]者 [1]*so*-[11]*tche* ce que, [2]*weï* on dit: [3]*fou*-[4]*tch'e* les joues et la mâchoire, [5]*siang* mutuellement, [6]*i* s'appuient (se prêtent un mutuel appui, *mais si*), [7]*chun* les lèvres, [8]*wang* périssaient (n'existaient plus), [9]*tchhi* les dents, [10]*han* auraient froid.

Insertion de dix mots.

[1]先 [2]君 [3]之 [4]所 [5]爲 [6]不 [7]與 [8]臣 [9]國 [10]而 [11]納 [12]國 [13]乎 [14]君 [15]者 [4]*so*-[15]*tche* ce que, [5]*wéï* à cause (ce pourquoi, la raison pour laquelle), [1]*sien* antérieur, précédent, [2]*kiun*

le prince (le roi précédent), [3]*tchi* particule relative, [6]*pou* ne pas, [7]*yu* donner (n'a pas donné), [9]*koue* le royaume, [8]*tch'in* (à moi, votre) sujet, [10]*eul* et, [11]*na* a-donné, [12]*koue* le royaume, [13]*hou* à, au, [14]*kiun* prince (à Votre Majesté), *la voici*, etc.

SO-TCHE 所 者 POUR 所 以 者

On trouve quelquefois *so-tche* pour *so-i-tche* 所 以 — 者, mais dans ce cas *so* — *tche* 所 — 者 est au cas instrumental. Exemple : [1]國 [2]之 [3]所 [4]存 [5]者 [6]幸 [7]也。 Endlicher, page 274, traduit : ***Was das Reich erhält, ist Glückszufall***, ce qui conserve le royaume, c'est un accident heureux, un heureux hazard.

L'idée de l'auteur est certainement bien rendue, mais je trouve qu'Endlicher n'a pas saisi la vraie construction grammaticale. Ici le mot [1]*koue*, royaume, suivi de [2]*tchi*, particule relative, qui, au commencement d'une phrase, indique que le substantif précédent en est le sujet, ne peut être considéré comme régi à l'accusatif par le verbe *thsun* [4]存 (vulgo *servare*, ici *servatur* par position). Nous sommes obligé de voir dans [3]*so* — [5]*tche* 所 — 者 un pronom relatif au cas instrumental, qui donne au verbe *thsun* 存 le rôle et la valeur d'un verbe passif. On construira ainsi : [3]*so*-[5]*tche* ce par quoi, [1]*koue*-[2]*tchi* le royaume, [4]*thsun* est conservé (est préservé de sa ruine), [7]*ye* est, c'est, [6]*hing* le bonheur, un heureux hazard.

Le docteur J. Legge (page 167 de sa traduction de Meng-tseu) a rendu comme moi ce remarquable passage : It is only by ***a fortunate chance that a kingdom, in such case, is preserved.***

SO-I — TCHE 所 以 — 者。

Ce que j'ai dit plus haut de *so* — *tche*, 所 — 者, s'applique parfaitement à *so-i* — *tche* 所 以 — 者。 En construisant, il faut d'abord prendre *so-i* 所 以, et aller chercher, à la fin de la phrase, le mot *tche* 者 pour dire *so-i — tche* 所 以 — 者 ce par quoi, ce en quoi, la raison pour laquelle, etc. On passe ensuite au sujet, au verbe et aux mots intercalés entre *so-i* 所 以 et *tche* 者. Je vais citer une série graduée de mots intercalés, qui vont de deux à dix-huit.

Insertion de deux mots.

[1]君 [2]之 [3]所 [4]以 [5]治 [6]國 [7]者 [3]*so*-[4]*i*-[7]*tche* ce par quoi, [1]*kiun*-[2]*tchi* le prince, [2]*tchi* particule relative, [5]*tchhi* gouverne, [6]*koue* le royaume.

所 以 — 者 *so-i — tche* se trouve aussi avec le sens de *ce que* (quod à l'accusatif, en latin). Exemple : [1]此 [2]三 [3]者。[4]皆 [5]天 [6]之 [7]所 [8]以 [9]與 [10]我 [11]者 [12]也 [1]*thse* ces, [2]*san*-[3]*tche* trois (choses), [4]*kiaï* toutes (sont), [7]*so*-[8]*i*-[11]*tche* ce que, [5]*thien*-[6]*tchi* le ciel ([6]*tchi* particule relative), [9]*yu* a données, [10]*ngo* à nous, [12]*ye* particule finale.

Pour bien se rendre compte de ce 所 以 — 者 *so-i — tche*, quod, à l'accusatif, il faut remonter (page 23) à l'exemple [1]以 [2]天 [3]下 [4]與 [5]人 [4]*yu* donner, [1]*i* marque d'accusatif, [2]*thien*-[3]*hia* l'empire, [5]*jin* à un homme. Voyez aussi, à la fin de ma traduction de Mencius, la petite dissertation intitulée : *Brevis Tractatus, etc.*, pages 70, 71.

Insertion de trois mots.

[1]君 [2]子 [3]之 [4]所 [5]以 [6]異 [7]於 [8]人 [9]者 [4]*so*-[5]*i*-[9]*tche* ce par quoi, ce en quoi, [1]*kiun*-[2]*tseu* le sage, [3]*tchi* particule relative, [6]*i* diffère, [7]*yu* de, des, [8]*jin* (autres) hommes.

Insertion de quatre mots.

[1]人 [2]之 [3]所 [4]以 [5]異 [6]於 [7]禽 [8]獸 [9]者 [10]幾 [11]希 [12]也。[3]*so*-[4]*i*-[9]*tche* ce par quoi, ce en quoi, [1]*jin* l'homme, [2]*tchi* particule relative, [5]*i* diffère, [6]*yu* de, des, [7]*khin* oiseaux (et), [8]*cheou* des quadrupèdes, [12]*ye* est, [10]*ki*-[11]*hi* peu de chose.

海上絲綢之路文獻集成 科技與文化编

„ Si les hommes diffèrent entre eux, ce n'est pas parce que les facultés naturelles que le ciel leur a départies sont différentes. "

[1]良 [2]由 [3]其 [4]所 [5]以 [6]陷 [7]溺 [8]其 [9]心 [10]者 [11]然 [12]也。 [11]*jen* (s'ils sont) ainsi, c'est-à-dire vicieux, méchants, [1]*liang* précisément, [2]*yeou* (cela) vient, [4]*so*-[5]*i*-[10]*tche* ce-que-par (*so-tche-i*) parce que, de ce que, [3]*khi* eux, ils, [6]*hien* ont ruiné, [7]*ni* (et) ont-noyé, [8]*khi* leur, [9]*sin* cœur, [12]*ye* particule finale. Glose : c'est parce qu'ils ont abandonné leur cœur aux vices, aux mauvaises passions, à la cruauté. Meng-tseu, liv. VI, part. I, § 7.

Insertion de cinq mots.

[1]所 [2]以 [3]使 [4]吾 [5]君 [6]不 [7]安 [8]者 [1]*so*-[2]*i*-[8]*tche* (c'est) ce par quoi, [3]*sse* je ferais (que), [4]*ngou*-[5]*kiun* mon prince, [6]*pou*-[7]*ngan* ne soit pas tranquille, c'est-à-dire : par là je causerais de l'inquiétude, du tourment à mon prince.

Insertion de six mots.

[1]所 [2]以 [3]輕 [4]厚 [5]賜 [6]重 [7]薄 [8]位 [9]者。 [1]*so*-[2]*i*-[9]*tche* la raison pour laquelle (l'empereur Ming-ti), [3]*king* faisait peu de cas de, [5]*sse* un don, [4]*heou* épais (considérable) et [6]*tchong* faisait beaucoup de cas de, [8]*weï* une charge, [7]*po* mince, médiocre. (Il donnait dix mille onces d'argent et refusait d'accorder à quelqu'un une petite place quand son mérite ne lui était pas bien démontré.)

Insertion de sept mots.

[1]其 [2]所 [3]以 [4]異 [5]於 [6]深 [7]山 [8]之 [9]野 [10]人 [11]者 [12]幾 [13]希。 [2]*so*-[3]*i*-[11]*tche* ce par quoi, ce en quoi, [1]*khi* lui (l'empereur Chun), [4]*i* différait ([1]*khi*-[4]*i* il différait), [5]*yu* de, des, [10]*jin* hommes, [9]*ye* agrestes, [8]*tchi* de, [7]*chan* la montagne, [6]*chin* profonde, retirée, (était) [12]*ki*-[13]*hi* peu de chose. (Meng-tseu, chap. *Tsin-sin.*)

Insertion de huit mots.

[1]所 [2]以 [3]言 [4]湯 [5]言 [6]受 [7]如 [8]此 [9]其 [10]詳 [11]者。 [1]*so*-[2]*i*-[11]*tche* la raison pour laquelle, [3]*yen* je parle de, [4]*thang*

(***Tch'ing-thang,*** nom d'homme), et [5]***yen*** je parle de, [6]***Cheou*** (nom d'homme), [10]***thsiang*** en-grands-détails, [7]***jou*** comme, [8]***thseu***-[9]***khi*** cela, c'est que, etc.

[1]所[2]以[3]謂[4]人[5]皆[6]有[7]不[8]忍[9]之[10]心[11]者。
[1]***so***-[2]***i***-[11]***tche*** la raison pour laquelle, [3]***weï*** je dis (que), [5]***kiaï*** tous, [4]***jin*** les hommes, [6]***yeou*** ont, [10]***sin*** un cœur, [7]***pou*** ne pas, [8]***jin***-[9]***tchi*** souffrant, supportant (qui ne supporte pas — le mal qu'on fait aux autres — un cœur plein d'humanité), [9]***tchi*** particule déterminative. — ***C'est que,*** etc.

[1]天[2]生[3]聰[4]明 [1]***thien*** le ciel, [2]***seng*** fait-naître (un prince), [3]***thsong*** perspicace, [4]***ming*** (et) éclairé [5]所[6]以[7]爲[8]之[9]主[10]而[11]治[12]其[13]爭[14]亂[15]者[16]也。[16]***ye*** c'est, [5]***so***-[6]***i***-[15]***tche*** pour que, [7]***weï*** il soit, [9]***tchou*** le maître, [8]***tchi*** de lui (du peuple), [10]***eul*** et (que), [11]***tchhi*** il réprime, [12]***khi*** de lui (ses), [13]***tseng*** querelles, (et) [14]***loen*** (ses) désordres.

Insertion de quinze mots.

Voici un exemple remarquable de ce que j'ai appelé *l'intercalation* entre *so-i* 所以 et *tche* 者。Il est tiré du grand Recueil impérial intitulé ***Kou-wen-youen-kien,*** liv. 44, fol. 20. Il faut d'abord prendre ***so-i*** 所以 et aller chercher, à la fin de la phrase, le mot *tche* 者, pour faire ***so-i-tche*** 所以者, ce par quoi, ce pourquoi, la raison pour laquelle, c'est pour cela que.

[1]此[2]乃[3]陛[4]下[5]所[6]以[7]獨[8]取[9]拒[10]諫[11]之[12]名[13]而[14]大[15]臣[16]坐[17]得[18]專[19]權[20]之[21]利[22]者[23]也 Construisez ainsi : [1]***thseu*** cela, [2]***naï*** certes, [23]***ye*** est, [5]***so***-[6]***i***-[22]***tche*** la raison pour laquelle, c'est pour cela que, [3]***pi***-[4]***hia*** Votre Majesté, [7]***to*** seule, [8]***thsin*** reçoit, [12]***ming*** la (mauvaise) réputation, [11]***tchi*** de, [9]***kiu*** repousser, [10]***kien*** les représentations, [13]***eul*** et (que), [14]***ta*** les grands, [15]***tchhin*** officiers, [16]***tso*** en restant assis (tranquillement, sans se donner de peine), [17]***te*** obtiennent, [21]***li*** les profits, les bénéfices, [20]***tchi*** du, [19]***khiouen*** pouvoir, [18]***tch'ouen*** qu'ils possèdent-seuls (dont ils ont le monopole). En mandchou : ***ede edchen tafoularabe askhòre gebou be gaimbime, oudchalakha***

ambasa tekhei taose be salire aisi be bakhambi; mot à mot: ***ede*** par là, ***edchen*** le prince (Votre Majesté), ***gaimbime*** recevant, ***gebou be*** la (mauvaise) réputation (de), ***askhòre*** repousser, ***tafoularabe*** les représentations (littéralement τὸ reprehendere), (et que) ***ambasa*** les ministres, ***oudchalakha*** placés à la tête (des affaires), ***bakhambi*** obtiennent, ***tekhei*** étant assis, ***aisi be*** l'avantage, ***salire*** de posséder-seuls, ***taosse be*** le pouvoir.

Insertion de dix-huit mots.

L'exemple suivant, tiré du même Recueil (liv. 52, fol. 52, recto), est plus remarquable encore que le précédent, puisqu'il offre dix-huit mots insérés entre *so-i* 所以 et *tche* 者.

[1]仁 [2]宗 [3]之 [4]所 [5]以 [6]其 [7]仁 [8]如 [9]天。[10]至 [11]於 [12]享 [13]國 [14]四 [15]十 [16]餘 [17]年 [18]能 [19]承 [20]太 [21]平 [22]之 [23]業 [24]者。[25]繇 [26]是 [27]而 [28]已。Dans cette phrase comme dans la précédente, il faut prendre d'abord les mots [4]***so-*** [5]***i***, aller chercher le mot [24]***tche*** et dire: ***so-i-tche*** le moyen par lequel, [1]***jin-***[2]***tsong*** l'empereur ***Jin-tsong***, [3]***tchi*** particule relative, [6]***khi*** lui (même), [7]***jin*** fut-humain, [8]***jou*** comme, [9]***thien*** le ciel, [10]***tchi*** parvint, [11]***yu*** à, [12]***heng*** jouir, [13]***koue*** du royaume (à posséder l'empire), [14]***sse-***[15]***chi-***[17]***nien*** (pendant) quarante ans, [16]***yu*** (et) plus, [18]***neng*** et put, [19]***tch'ing*** continuer, [23]***nie*** l'héritage (continuer un règne), [22]***tchi*** de, [20]***thaï-***[21]***ping*** paix profonde, [25]***yao-***[26]***chi*** (ce moyen) est venu de cela, [27]***eul-***[28]***i*** et c'est tout.

MONOGRAPHIE

DU MOT *Wêï* 爲 (AU PREMIER TON)

ET DES LOCUTIONS QU'IL SERT A FORMER.

1° *wêï* 爲 être. [1]桀 [2]溺 [3]曰。[4]子 [5]爲 [6]誰。[7]曰。[8]爲 [9]仲 [10]由。 [1]*kie*-[2]*ni* (nom propre), [3]*youe* dit : [4]*tseu* vous, [6]*chouï* qui ? [5]*wêï* êtes (qui êtes-vous?) [7]*youe* il dit: [8]*wêï* je suis, [9]*tchong*-[10]*yeou* nom d'homme.

爲人 *wêï-jin* s'emploie lorsqu'on dépeint quelqu'un. [1]其 [2]爲 [3]人 [4]也 [5]小 [6]有 [7]才 [1]*khi* lui, il, [2]*wêï* était, [3]*jin* un homme (tel qu'on va le dire), [4]*ye* particule finale : tel était cet homme ; [5]*siao* un peu (adverbe), [6]*yeou* il avait, [7]*thsaï* du talent (il avait peu de talent).

[1]其 [2]爲 [3]人 [4]也 [5]寡 [6]欲 [1]*khi* lui, [2]*wêï* est, [3]*jin* un homme, [4]*ye* particule finale, [5]*koua* s'il-a-peu, [6]*yo* de désirs ; voici par exemple un homme : s'il a peu de désirs. En mandchou : *tere niyalma, bouye komso otchi.* Meng-tseu, chap. *Tsin-sin.*

wêï-neng 爲能 être pouvant, être capable de.

Quelquefois 爲 *wêï*, être, n'ajoute rien au sens. [1]苟 [2]爲 [3]後 [4]義 [5]而 [6]先 [7]利 [1]*keou* si, [2]*wêï* ils sont, [3]*heou* mettant-après, [4]*i* la justice, [5]*eul* et, [6]*sien* mettant-avant, [7]*li* le profit, l'intérêt (s'ils mettent le profit, leur intérêt avant la justice). Meng-tseu, chap. I, part. 1.

其爲 *khi-wêï*, τὸ ejus esse. [1]惡 [2]在 [3]其 [4]爲 [5]民 [6]父 [7]母。 [1]*ou*-[2]*tsaï* in quo consistit, [3]*khi* ejus, [4]*wêï* τὸ esse, [5]*min* populi, [6]*fou* patrem (et) [7]*mou* matrem. En quoi consiste sa qualité de (son nom de) père et mère du peuple? Comment peut-on l'appeler le père et la mère du peuple? — Il s'agit d'un méchant prince. — En mandchou : irgen de ama eme odchorrongge aini. Littéralement: τό esse populo patrem et matrem ubi est? Meng-tseu, chap. I, part. 1, § 4.

2° *wêï* 爲 faire, fabriquer. 1恥 2爲 3弓 4恥 5爲 6矢 [1]*tch'i* avoir honte de, [2]*wêï* faire, fabriquer, [3]*kong* des arcs, [4]*tch'i* avoir honte de, [5]*wêï* fabriquer, [6]*chi* des flèches. Meng-tseu, chap. II. part. 1, § 7.

wêï-chou 1爲 2黍 3而 4食 5之 [1]*wêï* il fit, il prépara (fit cuire), [2]*chou* du millet, [3]*eul* et, [4]*sse* nourrit, [5]*tchi* lui (et lui en fit manger). *Lun-yu*, chap. weï-tseu.

wêï 爲 pratiquer (dans le sens moral). 1莫 2如 3爲 4仁 [1]*mo*-[2]*jou* rien n'est comme (il vaut mieux), [3]*wêï* pratiquer, [4]*jin* l'humanité. Meng-tseu, chap. II.

3° *wêï* 爲 dire, appeler. Glose : 稱謂。Commentaire Kiang-i-pi-tchi, sur le Lun-yu, chap. wêï-tching.

Qu'est-il besoin qu'un homme occupe le trône pour qu'on *dise* qu'il gouverne? En mandchou, le mot *wêï* est rendu par *sembi* dire.

4° *wêï* 爲 considérer, regarder comme. 1豈 2自 3爲 4尊 5大 6乎 [1]*ki* est-ce que, [3]*wêï* je juge, je regarde, [2]*tseu* moi-même, [4]*thsun* (comme) honorable, [5]*ta* (et) grand? [6]*hou* particule interrogative.

5° *wêï* 爲 penser, être d'avis que. 1子 2爲 3我 4願 5之 6乎 [1]*tseu* vous, [6]*hou* est-ce que, [2]*wêï* vous pensez (que), [3]*ngo* moi, [4]*youen* je désire, [5]*tchi* cela (pensez-vous que je désire être un autre *Kouan-tchong*, jouer le rôle de Kouan-tchong)?

En rendant *wêï* 爲 par *penser*, *être d'avis que*, j'ai suivi la glose de *Tchao-khi*, qui l'explique par 以爲 *i-wêï*. Le sens serait en anglais : do you think that I desire to do so (J. Legge). Je dois dire cependant que l'édition *Sse-chou-tching-wen* donne *wéï* 爲 au troisième ton ; à cause (de moi), pour (moi), en ma faveur. D'où résulte ce sens : est-ce que vous désirez pour moi cela, c'est-à-dire : le rôle de Kouan-tchong.

6° *wêï* 爲 étudier. 1如 2爲 3周 4南 5召 6南 7矣 8乎。 1*jou* vous, 8*hou* est-ce que, 2*wêï* vous avez étudié (avez-vous étudié les sections du *Chi-king* appelées) *Tcheou-nan* (et) *Tchao-nan*? (Lun-yu, chap. *Yang-ho*).

7° *wêï* 爲 dire (que). 1知 2之 3爲 4知 5之。6不 7知 8爲 9不 10知 11是 12也。1*tchi*-2*tchi* si vous savez cela (si vous savez une chose), 3*wêï* dites que, 4*tchi*-5*tchi* vous savez cela (dites que vous la savez); en mandchou : *sambi se* dites je la sais), 6*pou*-7*tchi* si vous ne savez pas cela (si vous ne la savez pas), 8*wêï* dites (je), 9*pou*-10*tchi* je ne (la) sais pas; en mandchou : *sarakô se*, dites je ne sais pas, 11*ye* c'est (là), 12知 *tchi* le savoir. 12*Tchi*, en mandchou *sarasou*, en mongol *medelghe*, le savoir, la connaissance. C'est à cela qu'on reconnaît le vrai savoir.

8° *wêï* 爲 gouverner. 1爲 2國 3以 4禮 1*wêï* gouverner, 2*koue* le royaume, 3*i* par, 4*li* les rites. Lun-yu, chap. *Sien-thsin*.

Il y a des cas où 爲 *wêï* n'est, suivant les commentateurs chinois, qu'une particule purement explétive qui ne se traduit pas. Voyez dans l'article 以爲 *i-wêï* le § 8 *a*.

9° *yeou-wêï* 有爲 agir avec une grande ardeur. 1有 2爲 3者 4亦 5若 6是 3*tche* celui qui, 1*yeou*-2*wêï* fait de grands efforts (est), 5*jo* comme, 6*chi* celui-là (peut devenir comme *Chun*, égal à *Chun*). Meng-tseu, chap. III, part. 1. Glose : ici 1*yeou*-2*wêï* signifie 奮勵 *fen-li* faire de grands efforts 1以 2盡 3性 1*i* pour, 2*tsin* épuiser, 3*sing* sa nature, déployer toutes ses facultés innées.

10° *wou-wêï* 無爲 ne pas agir. 1無 2爲 3而 4治 5者。6其 7舜 8也 9與。5*tche* celui qui, 1*wou*-2*wêï* ne faisait rien, (ne se mêlait de rien), 3*eul* et cependant, 4*tchhi* gouvernait-bien, 6*khi* lui, celui-là, 8*ye* était, 7*Chun* l'empereur Chun, 9*yu* signe d'admiration.

Les mots *wou-wêï* expriment aussi le *non-agir*, l'état d'inaction, de quiétude absolue, de détachement complet que recommande Lao-tseu. 1上 2德 3無 4爲 5而 6無 7以 8爲 1*chang* supérieure, 2*te* vertu (les hommes d'une vertu supérieure), 3*wou*-

[4]*wêï* pratiquent le non-agir (c'est-à-dire : ne font rien pour pratiquer la vertu), [5]*eul* et, [6]*wou* ne-pas, [7]*i*-[8]*wêï* y pensent (n'y pensent pas). Glose : [1]無 [2]有 [3]心 [4]於 [5]德 [1]*wou*-[2]*yeou*-[3]*sin*-[4]*yu*-[5]*té* ils ne songent point à la vertu (ils la pratiquent naturellement). Lao-tseu, ch. 38.

[1]愛 [2]民 [3]治 [4]國 [5]能 [6]無 [7]爲 [1]*ngaï* s'il aime, [2]*min* le peuple, [3]*tchhi* s'il gouverne-bien, [4]*koue* le royaume, [5]*neng* il pourra, [6]*wou*-[7]*wêï* pratiquer le *non-agir*.

11° Les mots *wêï-yen* 爲 言 s'emploient lorsqu'on définit un caractère ou qu'on en donne l'étymologie. [1]征 [2]之 [3]爲 [4]言 [5]正 [6]也。[1]*tching* le caractère *tching*, [2]*tchi* particule relative, [3]*wêï*-[4]*yen* (si on) l'explique, [6]*ye* c'est, [5]*tching* redresser. On veut dire que le mot [1]*tching* est dérivé de [5]*tching*. En effet, il se compose du radical 60 et du mot [5]*tching* droit, redresser. C'est la définition de Mencius qui ajoute : le signe [1]*tching* se dit du prince qui attaque, punit les inférieurs (qui se sont révoltés ou qui refusent de se soumettre). Chap. VII, part. 2, § 2.

[1]孫 [2]之 [3]爲 [4]言 [5]猶 [6]遜 [1]*sun*. Le mot *sûn* vulgo *neveu* (étant prononcé *sún*), [2]*tchi* particule relative ; [3]*wêï*-[4]*yen* (si on) l'explique (est), [5]*yeou* comme (est synonyme de), [6]*sún* céder, obéir. On voit que [6]*sún* est formé de la clef 162 et du mot [1]*sun*, qui est ici purement phonétique, et conserve cependant le sens de *céder, obéir*, lorsqu'il est prononcé *sún* au lieu *sûn* (neveu).

12° *wêï-yen* 爲 言 se trouve dans Meng-tseu (chap. III, part. 1, § 4) avec un sens bien différent. [1]有 [2]爲 [3]神 [4]農 [5]之 [6]言 [7]者 [8]許 [9]行 [10]自 [11]楚 [12]之 [13]滕 [1]*yeou* il y eut, [8]*hiu*-[9]*hing* (un homme nommé) *Hiu-hing*, [7]*tche* lequel, [2]*wêï* vantant, citant avec éloge. (Glose : 稱 述 *tch'ing-chou*, en mandchou : *toukieme maktame*), [6]*yen* les paroles, la doctrine, [5]*tchi* de, [3]*Chin*-[4]*nong* l'empereur *Chin-nong*, [10]*tseu* du (ex), [11]*Thsou* royaume de *Thsou*, [12]*tchi* vint-dans, [13]*t'eng* dans le royaume de *T'eng*.

13° *wêï-kién* 爲 閒 au bout d'un moment, quelques moments après. [1]夷 [2]子 [3]憮 [4]然 [5]爲 [6]閒 [7]日 [8]命 [9]之 [10]矣。[1]*i*-[2]*tseu* nom d'homme), [3]*wou*-[4]*yen* éprouva-une-vive-émotion, [5]*wêï*-

⁶*kien* au bout d'un moment, ⁷*youe* il dit : ⁸*ming* il a instruit, ⁹*tchi* nom d'homme (il m'a instruit), ¹⁰*i* particule finale.

14° *Tsiang-wêï* 將爲, il y a nécessairement. Glose : 必有 *pi-yeou*. „ Quoique le territoire de *T'eng* soit étroit et petit, ¹將 ²有 ³君 ⁴子 ⁵焉 ¹*tsiang*-²*yeou* il y a nécessairement, ³*kiun*-⁴*tseu* des sages, ⁵*yen* particule finale. ¹將 ²有 ³野 ⁴人 ¹*tsiang*-²*yeou* il y a nécessairement, ³*ye*-⁴*jin* des hommes des champs, des campagnards.“ S'il n'y avait pas de sages, personne ne gouvernerait les hommes des champs ; s'il n'y avait pas d'hommes des champs, personne ne nourrirait les sages.

15° Les mots *wêï-so* 爲所 (le premier étant suivi d'un substantif et le second d'un verbe actif, dont un mot intercalé est le sujet) servent à exprimer l'idée du passif. ¹數 ²十 ³年 ⁴竟 ⁵爲 ⁶秦 ⁷所 ⁸滅 ¹*sou* plusieurs, ²*chi* dixaines, ³*nien* années (après plusieurs dixaines d'années), ⁴*king* finalement, ⁵*wêï* (ce royaume) fut, ⁷*so* (un royaume) que, ⁶*thsin* (l'empereur des) *Thsin*, ⁸*mie* détruisit. Comme s'il y avait : ⁶*thsin* par *Thsin* (au cas instrumental), ⁸*mie* il fut détruit.

¹卒 ²爲 ³相 ⁴子 ⁵少 ⁶康 ⁷所 ⁸誅 ¹*tso* aussitôt, ²*wêï* il fut, ⁷*so* (un homme) que, ⁵*Chao*-⁶*khang* (nom d'homme), ⁴*tseu* fils, ³*siang* de Siang, ⁸*tchou* tua. Comme s'il y avait : aussitôt, *pi* 被 par (ce signe s'emploie aussi en style antique) *Chao-khang*, *tchou* il fut tué. — *Tchou* est ici au passif, par position.

SUITE DU MOT *WÊÏ* 爲 AU PREMIER TON.

De 以爲 *i-wêï*.

1° Le mot *wêï* 爲 se présente tantôt précédé de 以 et forme l'expression 以爲 *i-wêï* que l'on traduit par juger, trouver, regarder comme ; cf. Rémusat, page 98, § 256 ; Basile : habere pro, reputare ; tantôt séparé de 以 *i* par un ou plusieurs mots qu'on intercale entre ces deux signes. Dans ces deux cas, la signification habituelle (prendre pour, regarder comme, juger)

海上絲綢之路文獻集成 科技與文化編

est tout-à-fait insuffisante, comme on va le voir par les exemples suivants. Je commence par donner le sens usuel de 以爲 *i-wêï* regarder comme, juger, trouver : 1以 2爲 3能 4勝 5其 6任 (le roi, dit Meng-tseu), 1*i*-2*wêï* juge, pense que (ces arbres), 3*neng* pourront, 4*ching* remplir, 5*khi*-6*jin* leur emploi, leur destination (comme bois de charpente). Meng-tseu, chap. I, part. 2, § 9.

2° 以爲 *i-wêï*, pour faire. 1樂 2取 3於 4人 5以 6爲 7善 1*lo* il se réjouissait de, il aimait à, 2*thsin* prendre 於 3*yu*-4*jin* (à prendre exemple) sur les autres hommes, 5*i* pour, 6*wêï* faire, 7*chen* le bien. Meng-tseu, chap. II, part. 1, § 8.

1壞 2宮 3室 4以 5爲 6汙 7池 8也。1*hoaï* ils détruisaient, 2*kong* les palais, 3*chi* et les maisons, 4*i*-5*wêï* pour faire, 6*ou* des étangs, 7*tch'i* et des lacs, 8*ye* particule finale.

Tso-khieou-ming (dans les siècles anciens, à partir de l'empereur Mou-wang), 1采 2錄 3邦 4國 5成 6敗 7嘉 8言 9善 10語 11以 12爲 13國 14語 1*thsaï* recueillit, 2*lo* et consigna, 5*tch'ing* les succès, 6*paï* et les défaites, 7*kia*-8*yen* les excellentes paroles, 9*chen*-10*yu* et les bons discours, 3*pang*-4*koue* (des hommes) des états et des royaumes, 11*i* pour, 12*wêï* faire, composer (l'ouvrage intitulé), 13*koue*-14*yu* les récits sur les royaumes, les discours relatifs aux différents royaumes. (Kou-wen-youen-kien, livr. V, fol. 1.)

3° 以爲 *i-wêï*, le faire. 1皆 2舉 3首 4而 5望 6之 7欲 8以 9爲 10君 1*kiaï* tous, 2*kiu* lèveraient, 3*cheou* la tête, 4*eul* et, 5*wang*-6*tchi* le regardant-dans-le-lointain, 7*yo* désireraient, 8*i*-9*wêï* le faire, 10*kiun* (leur) prince, l'avoir pour prince. Le mot *i* 以 est ici une marque d'accusatif, qui suppose un nom de personne exprimé plus haut, et sous-entendu. C'est ce que prouve la glose chinoise : 1欲 2以 3宋 4爲 5君 1*yo* ils désireraient, 4*wêï* faire, 5*kiun* roi, 2*i* marque d'accusatif, 3*song* (le prince de) *Song*.

1昔 2者 3先 4王 5以 6爲 7東 8蒙 9主 1*si*-2*tche* jadis, 3*sien* un ancien, 4*wang* empereur (l'empereur Tch'ing-wang), 5*i*-6*wêï* le fit, 9*tchou* maître, président de, 7*tong*-8*mong* de *Tong*-

mong (des sacrifices qu'on offrait à l'esprit du mont oriental *Mong*).

Le mot [5]*i* est encore ici une marque d'accusatif. Il rappelle, comme sous-entendu, le nom du prince de *Tchouen-yu*, exprimé plus haut. C'est comme s'il y avait: „ Jadis, un ancien empereur, [6]*wêï* fit, [9]*tchou* maître, président, du [7]*mont* oriental [8]*Mong*, [5]*i* marque d'accusatif (τὸν), *tchouen-yu* le prince du royaume de *Tchouen-yu*. Lun-yu, chap. *ki-chi*, § 1.

[1]素 [2]以 [3]爲 [4]絢 [1]*sou* (le fond) uni (d'un tableau), [2]*i*-[3]*wêï* on le fait, [4]*hiouen* coloré. Il y a ici une postposition de [2]*i*, dont je donne (page 90) de nombreux exemples. Comme s'il y avait: [3]*wêï* on fait, [4]*hiouen* coloré (on colore), [2]*i* marque d'accusatif, [1]*sou* (le fond) uni (d'un tableau). En mandchou: *goulou be* (le fond) uni (*be* marque d'accusatif), *botchonggo* coloré, *oboumbi* on fait. Le mot [1]*sou* signifie d'abord de la *soie blanche*, et ensuite ce qui est *uni*, non-coloré, non-orné. Lun-yu, chap. *Pa-i*, § 8.

[1]敢 [2]以 [3]爲 [4]請 [1]*kan* j'ose, [2]*i*-[3]*wêï* le faire, [4]*thsing* un objet de demande, j'ose en faire la demande. Le mot [2]*i* (marque d'accusatif) rappelle une idée exprimée plus haut. Glose: [1]敢 [2]請 [3]從 [4]伯 [5]子 [6]男 [7]之 [8]貢 [1]*kan* j'ose, [2]*thsing* demander-à, [3]*thsong* me soumettre-au, [8]*kong* tribut, [7]*tchi* des, *Pe*, des *Tseu*, des *Nan* (demander à payer le même tribut que les trois classes de nobles appelées *Pe*, *Tseu* et *Nan*. Audeo petere τὸ parere tributo τῶν *Pe*, *Tseu* et *Nan*.

4° 以爲 *i-wêï*, faire avec. [1]紅 [2]紫 [3]不 [4]以 [5]爲 [6]褻 [7]服. Il y a encore ici une postposition de [4]*i* 以 (voyez page 90), [3]*pou* ne pas, [5]*wêï* il fait (il ne fait pas), [6]*i*-[7]*fo* un vêtement ordinaire, [4]*i* avec, [1]*hong* du rouge, [2]*tse* du violet (avec de l'étoffe rouge ou violette). Comme s'il y avait: 不爲褻服以紅紫. Lun-yu, chap. *Hiang-thang*, § 6.

5° 以爲 *i-wêï*, devenir. [1]不 [2]識 [3]王 [4]之 [5]不 [6]可 [7]以 [8]爲 [9]湯 [10]武。[11]則 [12]不 [13]明 [14]也 [1]*pou* ne pas, [2]*tchi* savoir (s'il ne savait pas que), [3]*wang* le roi, [4]*tchi* particule relative, [5]*pou*-[6]*kho* ne pouvait pas, [7]*i*-[8]*wêï* devenir, [9]*thang* (un autre) *Tch'ing-thang*, [10]*wou* (ou un autre) *Wou-wang*, [11]*tse* alors,

8*

海上絲綢之路文獻集成 科技與文化編

[12]*pou* ne pas, [13]*ming* a été éclairé, intelligent, [14]*ye* particule finale (il n'a pas fait preuve d'intelligence). James Legge : If he did not know that the king could not *be made* a Thang or a Woo, etc. S'il ne savait pas que le roi ne pouvait *être fait* (devenir) un Thang ou un Wou, etc. Meng-tseu, chap. II, part. 2, § 11.

6° 以爲與 *i-wêï-yu*, comparer-à. [1]王 [2]自 [3]以 [4]爲 [5]與 [6]周 [7]公 [8]孰 [9]仁 [10]且 [11]智。 [1]*wang* (si) le roi, [2]*tseu* lui-même (se), [3]*i*-[4]*wêï* compare, [5]*yu* à, [6]*Tcheou*-[7]*kong* (nom d'homme), [8]*cho* quel (est), [9]*jin* l'humain, [10]*t'sie* et, [11]*tchi* le prudent ? (quel est, du roi ou de lui, celui qui est le plus humain et le plus prudent) ? La glose chinoise explique [2]*tseu*-[3]*i*-[4]*wêï* par 自比 *tseu-pi*, se comparer. Meng-tseu, chap. II, part. 2, § 9.

7° 無以爲, il ne sert de rien de faire. [1]叔 [2]孫 [3]武 [4]叔 [5]毀 [6]仲 [7]尼。 [8]子 [9]貢 [10]日 [11]無 [12]以 [13]爲 [14]也 [1]*Cho*-[2]*sun* et [3]*Wou*-[4]*cho* (noms d'hommes), [5]*hoeï* ayant calomnié, [6]*tchong*-[7]*ni* Confucius, [8]*Tseu*-[9]*kong*, [10]*youe* dit : [11]*wou*-[12]*i* il ne sert de rien, [13]*wêï* de faire (cela), [14]*ye* particule finale. C'est précisément le sens de la glose de *Tchou-hi* : 無用爲此 *wou-yong-wêï-thseu* : it is of no use to do this (James Legge, Lun-yu, page 212). C'est-à-dire : ces calomnies ne sont d'aucun effet, ne peuvent ternir la réputation de Confucius. Lun-yu, chap. XIX, § 24.

Dans Lao-tseu, chap. 38, on trouve 無以爲 *wou-i-wêï* avec un sens bien différent. 上德無爲而無以爲 *chang-te* les hommes d'une vertu supérieure, *wou-wêï* n'agissent point, et *wou-i-wêï* n'y songent pas (ne songent pas à la vertu). Glose : 無有心於德 *wou-yeou* n'ont pas, *sin* le cœur, l'esprit, *yu-te* (dirigé) vers la vertu.

8° Voici un autre passage où *i* 以 (de *i-wêï*) signifie bien *yong* 用 servir (à quelque chose), mais les commentateurs chinois regardent le mot *wêï* qui suit comme un signe auxiliaire et purement explétif. 語助詞 *yu-tsou-thse*. [1]子 [2]日 [3]誦 [4]詩 [5]三 [6]百。 [7]授 [8]以 [9]政。 [10]不 [11]達。 [12]使 [13]於 [14]四 [15]方 [16]不 [17]能 [18]專 [19]對。 [20]雖 [21]多 [22]亦 [23]奚

24以 25爲。 1*tseu* Confucius, 2*youe* dit : (supposons qu'un homme), 3*song* ait lu (ou récité), 5*san*-6*pe* les trois cents (odes), 4*chi* du Chi-king, 7*cheou* (si on lui) donne, 8*i*-9*tching* l'administration (une place dans l'administration), 8*i* marque d'accusatif, 10*pou*-11*ta* et qu'il ne comprenne pas (la manière d'administrer, les principes de l'administration), 12*sse* (si) on l'envoie-en-mission, 13*yu* dans, 14*sse* les quatre, 15*fang* régions (parties de l'empire), 16*pou*-17*neng* et qu'il ne puisse, 18*tchouen* se-charger-seul, 19*touï* de répondre, 20*souï* quoique, 21*to* (il ait lu ou récité) beaucoup (d'odes du livre des vers), 22*i* après tout, 23*hi* comment (à quoi), 24*i* serviront-elles ? 25*wêï* particule explétive.

On lit dans Meng-tseu, chap. *T'eng-wen-kong*, part. II, § 10, un passage construit de même et où *wêï* 爲 paraît être pareillement une explétive. 1惡 2用 3是 4鶃 5鶃 6者 7爲 8哉 1*où* pourquoi ? 2*yong* vous servez-vous de, faites-vous usage de, pourquoi mangez-vous, 3*chi* cette (volatille), 6*tche* qui, 4*ni*-5*ni* (fait-entendre-le cri) *ni-ni* (cette oie), 7*wêï* particule explétive, 8*tsaï* signe d'interrogation et d'étonnement.

Voici un exemple semblable : 1何 2用 3刑 4書 5爲 6哉 1*ho*-2*yong* pourquoi se servir de (qu'a-t-on besoin de), 4*chou* du livre, 3*hing* des peines, des lois pénales, 5*wêï* mot explétif, 6*tsaï* marque d'étonnement. (Tso-khieou-ming.)

I-WÊÏ 以 — 爲.

Je vais traiter ici de l'expression *i-wêï* 以 — 爲 dans les cas où les deux termes sont séparés par un ou plusieurs mots, insérés entre eux, et que toutes les grammaires expliquent par juger, estimer, regarder comme. Je commence par l'acception commune.

1不 2以 3爲 4恥 1*pou* ne pas, 2*i*-3*wêï* il regarde (il ne regarde pas *cela* comme), 4*tch'i* une honte, un sujet de honte. La meilleure manière d'analyser cette phrase est de regarder 2*i* comme une marque d'accusatif, rappelant une action exprimée plus haut, et de dire [1]*pou-*[3]*wĕï* il ne regarde-pas-comme, *tch'i* une honte, [2]*i* (comme s'il y avait 以 之 *i-tchi*) cela. (Voyez ce rôle de 以 *i* à l'article de l'accusatif, page 23.

[1]吾 [2]以 [3]仲 [4]子 [5]爲 [6]巨 [7]擘 [8]焉 [1]*ngou* moi (parmi les lettrés de Thsi), je,[2]*i-*[5]*wĕï* regarde,[3]*Tchong-*[4]*tseu* (nom d'homme) comme, [6]*kiu-*[7]*pe* le pouce (*parmi les doigts*), [8]*yen* particule finale. Meng-tseu, chap. III, part. 2, § 10.

2° 以 — 爲 *i-wĕï* tenir compte de. [1]子 [2]何 [3]以 [4]其 [5]志 [6]爲 [1]*tseu* vous, [2]*ho* pourquoi, [3]*i-*[6]*wĕï* tenez-vous compte de, [4]*khi-*[5]*tchi* son intention ? En mandchou : *moudsilen be bodofi ainambi* ?

Ici le verbe mandchou *bodombi*, compter, répond bien à notre expression *tenir compte de*. Je dois faire remarquer qu'on s'exposerait à une faute grave, si l'on traduisait (ut vulgo) [2]*ho-*[3]*i* par *comment* ? *pourquoi*? Le mot [3]*i* 以 doit être détaché de [2]*ho* 何 parce qu'il met le mot [5]*tchi* (intention) à l'accusatif, comme régime direct de *wĕï*.

3° 以 — 爲 *i-wĕï*, faire avec, en se servant de. [1]文 [2]王 [3]以 [4]民 [5]力 [6]爲 [7]臺 [8]爲 [9]沼 [1]*wen-*[2]*wang* l'empereur *Wen-wang*, [3]*i* avec, [5]*li* les forces, [4]*min* du peuple, [6]*wĕï* fit, [7]*thaï* une tour, [8]*wĕï* fit, [9]*tchao* un étang. Meng-tseu, chap. I, part. 1, § 2.

4° 以 — 爲 *i-wĕï*, le faire, faire que quelqu'un soit tel ou tel. [1]天 [2]將 [3]以 [4]夫 [5]子 [6]爲 [7]木 [8]鐸 [1]*thien* le ciel, [2]*tsiang-*[6]*wĕï* (*tsiang* marque du futur) fera, 以 夫 子 [3]*i-*[4]*fou-*[5]*tseu* le maître ([3]*i* marque d'accusatif), [7]*mo-*[8]*to* une clochette-à-battant de-bois. Cette clochette servait à appeler l'attention du public. Cela veut dire que le ciel (l'empereur, le roi) donnerait à Confucius une charge qui lui permettrait de répandre sa doctrine. Lun-yu, chap. III, § 24.

5° 以 — 爲 *i-wĕï* ([1]*i* employer, se servir de, et [2]*wĕï* particule explétive. [1]我 [2]何 [3]以 [4]湯 [5]之 [6]幣 [7]爲 [8]哉。Les commentateurs chinois expliquent ici 何 以 *ho-i* par *ho-yong* 何 用 comment emploierai-je, et regardent [7]*wĕï* comme une explétive 虛 字 *hiu-tseu*, un mot vide. [1]*ngo* moi, [2]*ho* [3]*i* comment emploierai-je, [6]*pi* les pièces de soie (que ferai-je des pièces de soie), [5]*tchi* de, [4]*thang* l'empereur *Tch'ing-thang* ? [7]*wêï* particule explétive, [8]*tsaï* particule interrogative.

6° Dans l'exemple suivant [1]何 [2]以 [3]伐 [4]爲 [1]*ho*-[2]*i*-[3]*fa*-[4]*wêï*, le mot *wêï*, de 以 爲 *i-wêï*, est encore un signe explétif, suivant les commentateurs chinois qui expliquent 何 以 *ho-i* par 何 用 *ho-yong* et ajoutent: 爲 *wêï* est, *hiu-tseu* 虛 字 un caractère vide, dénué de signification: à quoi sert, qu'a-t-il besoin de, [3]*fa* attaquer (le royaume de Tchouen-yu) ?

7° 以 爲 *i-wêï*, par, être produit (être produit par). [1]恭 [2]儉 [3]豈 [4]可 [5]以 [6]聲 [7]音 [8]笑 [9]貌 [10]爲 [11]哉 [1]*kong* le respect, [2]*kien* l'économie, [3]*ki* comment, [4]*kho*-[11]*tsaï* peuvent-ils ? (*tsaï* signe interrogatif), [5]*i* par, [6]*ching*-[7]*in* le son de la voix, (ou) [8]*siao*-[9]*mao* une figure riante, un air riant, [10]*wêï* être produits. Glose chinoise : 作 爲 *tso-wêï* faits, produits. James Legge : How can respectfulness and economy *be made out* (être faits, produits) of tones of the voice and a smiling manner? Meng-tseu, chap. IV, part. 1, § 16.

Il résulte des exemples qui précèdent que les sinologues s'exposeraient à de graves erreurs s'ils voulaient, suivant les définitions des grammaires et des dictionnaires, rendre constamment *i-wêï* 以 爲 ou 以 — 爲 (avec des mots insérés entre *i* et *wêï*) par *regarder comme*.

DU MOT *WÊÏ* 爲 AU TROISIÈME TON.

(Vulgo à cause de, en faveur de.)

1° *wêï* 爲 à cause de, pour, dans l'intérêt de. [1]自 [2]爲 [1]*tseu*-[2]*wêï* dans l'intérêt de, [1]*tseu* lui-même, dans son propre intérêt. En mandchou : beyei dchalin.

何 爲 *ho-wêï*, quoi-à-cause-de ? C'est-à-dire : pourquoi, pour quelle raison ?

曷 爲 *ho-wêï* pourquoi? [1]曷 [2]爲 [3]褒 [4]之 [1]*ho*-[2]*wêï* pourquoi, [3]*pao* louer, [4]*tchi* lui (pourquoi l'a-t-il loué)? En mandchou : imbe ainou saichakha.

[1]爲 [2]長 [3]者 [4]折 [5]枝 [1]*wéï* causâ, [2]*tchàng*-[3]*tche* viri natu-majoris (viri ætate majoris causâ, jussu, loco), [4]*tche* frangere, [5]*tchi* ramum. Meng-tseu, part. I, chap. 1. Le Mandchou rend *wéï* par *founde,* loco, à la place de.

wéï 爲 seul signifie aussi: à cause de cela, pour cette raison. [1]克 [2]告 [3]於 [4]君。[5]君 [6]爲 [7]來 [8]見 [9]也。 (moi) [1]*Khe* (nom d'homme), [2]*kao* j'en parlai, [3]*yu* au, [4]*kiun* prince, [5]*kiun* le prince, [6]*wéï* à cause de cela, [7]*laï* alla, [8]*kien* voir (Meng-tseu), [9]*ye* particule finale.

wéï 爲 à cause de, se met souvent à la fin de la phrase, à la suite des mots qui en forment le complément. [1]豈 [2]不 [3]穀 [4]是 [5]爲 [1]*ki* est-ce que, [4]*chi* c'est, [5]*wéï* à cause du, [2]*pou* pas, [3]*ko* vertueux (à cause de moi), [2]*Pou*-[3]*ko*, „ celui qui n'est pas vertueux ", est une expression humble par laquelle les princes feudataires se désignaient, et qui répond ici au pronom de la première personne. En mandchou: *mini dchalin,* à cause de moi.

[1]不 [2]許 [3]國 [4]之 [5]爲 (si je vous établis en cet endroit), [1]*pou* (ce n'est) pas, [5]*wéï* à cause, [4]*tchi* du, [3]*koue* royaume, [2]*hiu* de *Hiu.* (Tch'un-thsieou, chin. mandch., liv. IV, fol. 24.)

[1]非 [2]夫 [3]人 [4]之 [5]爲 [6]慟 [7]而 [8]誰 [9]爲 [1]*feï* pas, [6]*tong* s'affliger (si je ne m'afflige pas), [5]*wéï* à cause de, [2]*fou* cet, [3]*jin* homme, [7]*eul* alors, [9]*wéï* à cause de, [8]*chouï* qui (m'affligerai-je)? Lun-yu, chap. *Sien-thsin.*

2° *wéï* 爲 marque du datif. [1]爲 [2]王 [3]誦 [4]之 [3]*song* il récita, il dit, [4]*tchi* cela, [1]*wéï* au, [2]*wang* roi. Meng-tseu, chap. II, part. 2. Si je considère ici *wéï* comme une marque de datif, c'est parce que l'interprète mandchou a traduit: *wang de alakha manggi,* ayant parlé au roi.

Voici un passage semblable : [1]臣 [2]請 [3]爲 [4]王 [5]言 [6]樂 [1]*tchhin* (moi votre) sujet, [2]*thsing* je demande la permission de, [5]*yen* parler, [6]*yo* musique, de musique, [3]*wéï*-[4]*wang* au roi. En mandchou : *amban bi* moi, le sujet, votre sujet, *wang de* au roi, *koumoun be* musique (*be* marque d'accusatif), *gisoureki* je désire

海上絲綢之路文獻集成 科技與文化編

parler de (Meng-tseu, chap. I, part. 2). Je dois dire toutefois qu'ici le Dr James Legge rend *wéï* par „ for the sake of your Majesty ".

3° *wéï* 爲 dans. Voici un passage remarquable où *wéï* paraît signifier dans (en mandchou *de*).

[1]爲 [2]淵 [3]毆 [4]魚 [5]者 [6]獺 [7]也。[8]爲 [9]叢 [10]毆 [11]爵 [12]者 [13]鸇 [14]也。 [5]*tche* celui qui, l'animal qui, [3]*khiu* chasse, [4]*yu* les poissons (fait fuir les poissons), [1]*wéï* dans, [2]*youen* les eaux profondes, [7]*ye* c'est, [6]*tha* la loutre ; [12]*tche* celui qui, [10]*khiu* chasse (fait fuir), [11]*tsio* les petits oiseaux, [8]*wéï* dans, [9]*thsong* les fourrés, [14]*ye* c'est, [13]*tchen* l'épervier. Dans la version mandchou, les deux *wéï* de ce passage sont rendus par *de*, dans.

Le docteur J. Legge a adopté un sens bien différent que je ne me permettrai pas de blâmer, mais dont je ne puis me rendre compte : the otter *aids* the deep waters (la loutre *aide* les eaux profondes) driving the fish into them ; and the hawk *aids* the thickets (et l'épervier *aide* les fourrés) driving the little birds to them.

4° *wéi* 爲 que le docteur J. Legge écrit avec la marque du 3e ton *wéï*, est rendu en mandchou par approuver, dans le chapitre 7 du Lun-yu (*chou-eul*). [1]夫 [2]子 [3]不 [4]爲 [1]*fou*-[2]*tseu* le maître (Confucius), [3]*pou*-[4]*wéï* ne l'approuve pas. En mandchou : *foutse ouroucherakö kaï*. Je dois dire cependant que l'édition *Sse-chou-tching-wen* (texte correct des *Sse-chou*) donne *wéï* au 1er ton (*wêï*). Si cette lecture est la meilleure, il faudra ajouter cette signification (*approuver*) à celles du même signe, au 1er ton (*wêï*).

wéï-wéï 爲 爲 à cause, à cause, est une locution remarquable, peu commune, et souvent difficile. [1]曷 [2]爲 [3]爲 [4]執 [5]公 [6]貶。 [1]*ho*-[2]*wéï* quoi-à-cause de (pourquoi), [6]*pien* l'a-t-on blâmé, [3]*wéï* parce que, [4]*tchi* il avait pris, [5]*kong* le prince (de Song) ? *Tch'un-thsieou*, chin. mandchou, liv. XIX, fol. 5.

Voici un second exemple de *wéï-wéï* 爲 爲 au 3me ton. Je l'emprunte au Recueil intitulé *Kou-wen-youen-kien* : [1]曷 [2]爲 [3]爲 [4]獲 [5]麟 [6]大 [7]之 [1]*ho*-[2]*wéï* quoi-à-cause-de (pourquoi

Confucius) [6]*ta* a-t-il grandi, [7]*tchi* cela (a-t-il donné une grande importance à ce fait), [3]*wéï* parce que, [4]*hou* on avait pris, [5]*lin* un *ki-lin*? C'est que, etc. En mandchou: *ainou* pourquoi, kilin bakha tourgoun de, par la raison que, parce que, l'on avait pris un kilin, amba oboukha, a-t-il grandi (ce fait)?

On trouve aussi, dans le même passage, le signe *wéï* répété, mais avec deux tons et deux sens différents: [1]君 [2]子 [3]曷 [4]爲 [5]爲 [6]春 [7]秋 [3]*ho*-[4]*wéï* pourquoi, [1]*kiun*-[2]*tseu* le sage (Confucius), [5]*wéï* a-t-il fait, composé, [6]*tch'un*-[7]*thsieou* (son ouvrage appelé) *Tch'un-thsieou*?

wéï 爲 précédé de *i-wéï* 以爲 peut embarrasser un étudiant, surtout si le troisième ton n'est pas marqué.

[1]不 [2]知 [3]者 [4]以 [5]爲 [6]爲 [7]肉 [3]*tche* ceux qui, [1]*pou*-[2]*tchi* ne savaient pas (la cause de son départ), [4]*i*-[5]*wéï* pensèrent que (c'était), [6]*wéï* à cause de, [7]*jo* de la viande (rôtie qu'on ne lui avait pas envoyée). Meng-tseu, chap. *Kao-tseu.*

以爲 *i-wéï* à cause de. [1]祭 [2]祀 [3]以 [4]爲 [5]人 [6]也 [1]*tsi*-[2]*sse* (on) offre les sacrifices *Tsi* et *Sse*, [3]*i*-[4]*wéï* à cause, [5]*jin* des hommes, [6]*ye* particule finale. En mandchou: wetchere tchoukterengge niyalmai dchalin (hominum causâ).

Quand *wéï* est construit avec le mot *kou* 故 pour signifier *à cause de*, les mots qui expriment les choses ou les personnes qui forment le complément de la phrase, s'intercalent entre *wéï* et *kou*. [1]爲 [2]賂 [3]故 [1]*wéï* — [3]*kou* par la raison que, parce que, [2]*lo* il avait été gagné par des présents (il mit *Hoa* sur le trône). En mandchou: oulintoukhe tourgounde, khôwa khalangga be iliboukha.

海上絲綢之路文獻集成 科技與文化編

MONOGRAPHIE

DE

TCHE 者.

1° Pronom relatif pour les personnes et les choses (qui, quæ, quod), se met toujours à la fin d'un membre de phrase : [1]治[2]人[3]者[4]食[5]於[6]人 [1]*tch'i* gouverner, [2]*jin* homme, [3]*tche* qui (ceux qui gouvernent les hommes), [4]*sse* nourrir, [5]*yu* par, [6]*jin* hommes (sont nourris par les hommes). Ici le mot [4]*sse*, nourrir, suivi de 於 [5]*yu*, préposition qui indique l'instrumental, devient par position le passif *être nourri, sont nourris.* [1]爱[2]人[3]者 [1]*'aï* aimer, [2]*jin* homme, [3]*tche* qui (celui qui aime les hommes), [4]人[5]恆[6]爱[7]之 [4]*jin* homme, [5]*heng* constamment, [6]*ngaï* aimer, [7]*tchi* lui (les hommes constamment l'aiment), — [8]敬[9]人[10]者 [8]*king* respecter, [9]*jin* hommes, [10]*tche* qui (celui qui respecte les hommes), — [11]人[12]恆[13]敬[14]之 [11]*jin* hommes, [12]*heng* constamment, [13]*king* respecter, [14]*tchi* lui (les hommes le respectent constamment).

2° Plus haut 者 *tche* ([3] et [10]) signifiait celui qui, ceux qui. Dans le passage suivant, il veut dire celui que [1]不[2]宜[3]立[4]者 [4]*tche* celui que, [1]*pou* pas, [2]*i* il convient, [3]*lï* de placer (celui qu'il ne convient pas de placer sur le trône). En mandchou : *iliboutchi atcharakôngge be.* (Tch'un-thsieou, chin. mandch., livr. 2, fol. 22.)

3° 者 *tche*, la chose que, une chose que. [1]是[2]不[3]可[4]以[5]他[6]求[7]者[8]也。[1]*chi*-[8]*ye* c'est, [7]*tche* une chose que,

[2]*pou* pas, [3]*kho* pouvoir, devoir, [4]*i*-[5]*tha* aux autres, [6]*khieou* demander (ex aliis quærere), c'est une chose qu'on ne doit pas demander aux autres. [1]無 [2]非 [3]取 [4]於 [5]人 [6]者 [1]*wou* n'avoir pas, [6]*tche* une chose que, [2]*feï* pas, [3]*thsiu* prendre, [4]*yu* aux, [5]*jin* homme ; c'est-à-dire : (Chun) n'avait rien qu'il n'eût pris aux hommes, n'avait aucune vertu dont il n'eût pris l'exemple sur les autres hommes. ([3]*thsiu*-[4]*yu,* sumere ab.)

4° 者 *tche* répond souvent à l'article *le*, *la*, *les* et se place toujours après le nom de la personne ou de la chose qu'il désigne. [1]君 [2]者 [3]舟 [4]也 [1]*kiun* prince, [2]*tche* le, [3]*tcheou* bateau, [4]*ye* est. Le prince est le bateau. [5]人 [6]者 [7]水 [8]也 [5]*jin* hommes, [6]*tche* les, [7]*chouï* eau, [8]*ye* sont; les hommes sont l'eau.

[1]滅 [2]國 [3]者 [4]五 [5]十 [1]*mie* détruire, [2]*koue* royaumes, [3]*tche* les, [4]*ou* cinq, [5]*chi* dix : les royaumes détruits ([1]*mie* est ici un participe passé passif par position) étaient cinq dixaines (cinquante).

[1]扑 [2]作 [3]敎 [4]刑 [5]者 [1]*po* bâton, [2]*tso* faire, remplir le rôle de, avoir l'emploi de, [3]*kiao* éducation, [4]*hing* châtiment, [5]*tche* le : la bastonnade était devenue le châtiment de l'éducation (le châtiment employé dans les écoles). Le mot [3]*kiao*, éducation, est ici au génitif par position.

Suite de *tche*, le, la, les.

Dans les définitions, le signe 者 *tche* répond à „ *le mot, l'expression* ". Exemples : [1]庠 [2]者。[3]養 [4]也 [2]*tche* le mot, l'expression [1]*tsiang*, [4]*ye* c'est, signifie, [3]*yang* nourrir. [5]校 [6]者 [7]敎 [8]也 [6]*tche* le mot [5]*kiao*, [8]*ye* c'est, signifie, [7]*kiao* instruire, [9]序 [10]者 [11]射 [12]也。[10]*tche* le mot [9]*siu*, [12]*ye* c'est, signifie, [11]*che* tirer de l'arc.

Le caractère *tche* 者 sert aussi à désigner les citations que font les auteurs ou les commentateurs. Exemple : [1]王 [2]曰 [3]者 *tche* les (mots) [1]王 [2]曰 [1]*wang*-[2]*youe* (l'empereur dit), [4]史 [5]臣 [6]追 [7]稱 [8]之 [9]也 [4]*chi*-[5]*tch'in* l'historien officiel, [7]*tch'ing*-[8]*tchi* les dit, les cite, [6]*tchouï* en remontant dans le passé, [9]*ye* particule finale.

海上絲綢之路文獻集成 科技與文化编

5° *Tche* 者 joint à un substantif, en fait un adjectif. 仁 *jin* humanité, 仁 者 *jin-tche* l'humain, l'homme humain.

6° Quand un substantif, devenu adjectif par l'adjonction de *tche* 者, ne se rapporte pas à un sujet déterminé, il perd sa qualité d'adjectif et forme un nom abstrait : [1]仁 [2]者 [3]人 [4]也 [1]*jin-*[2]*tche* l'humanité, [3]人 [4]也 [3]*jin-*[4]*ye* c'est l'homme.

7° 者 *tche* placé après un substantif, peut en faire un verbe neutre. *Tchhi* 雉 signifie faisan et 兔 *thou* lièvre. Si l'on ajoute *tche* 者 après chacun de ces mots, nous aurons *tchhi-tche*, ceux qui cherchent ou chassent les faisans, *thou-tche*, ceux qui cherchent ou chassent les lièvres.

Il est vrai qu'ici 者 *tche* rentre dans la règle 1re: *celui qui, ceux qui*; mais en cet endroit, il faut oublier cet emploi usuel pour remarquer et se souvenir que son adjonction peut quelquefois faire passer un substantif à l'état de verbe neutre. Pour rendre la force des mots *tchhi* 雉 (vulgo faisan), et *thou* 兔 lièvre, il faudrait fabriquer les mots *faisaner* et *léporiser*, dans le sens de *prendre des faisans, prendre des lièvres.*

8° 者 *tche*, placé après un verbe neutre ou actif, peut en faire un substantif verbal. Exemples : 死 *sse* mourir, *sse* 者 *tche* le mourir (τὸ mori), la mort. [1]死 [2]者 [3]人 [4]之 [5]所 [6]必 [7]不 [8]免 [9]者 [10]也。 [1]*sse-*[2]*tche* la mort, [10]*ye* est, [5]*so-*[9]*tche* ce que, [3]*jin* l'homme, [4]*tchi* particule relative, [6]*pi* certainement, nécessairement, [7]*pou* ne pas, [8]*mien* évite, ce à quoi l'homme ne peut nécessairement échapper.

Avec *keng* 耕, labourer (verbe actif) et 者 *tche* (τὸ arare), on fait le substantif verbal : *le labour*, le labourage. [1]耕 [2]者 [3]生 [4]命 [5]之 [6]本 [7]也 [1]*keng-*[2]*tche* le labourage, [7]*ye* est, [6]*pen* la base, [5]*tchi* de, [3]*seng-*[4]*ming* la vie.

[1]刑 [2]殺 [3]者 [4]天 [5]之 [6]所 [7]以 [8]討 [9]有 [10]罪 [3]*tche* le, [1]*hing* punir, [2]*cha* tuer (le tuer, *tche* le, sert pour les deux verbes, τὸ punire, τὸ occidere), [6]*so-*[7]*i* (sont) ce-par-quoi, [4]*thien-*[5]*tchi* le ciel ([5]*tchi* est une particule relative), [8]*tao* punit, [9]*yeou* avoir (ceux qui ont), [10]*tsouï* crime ([9]*yeou-*[10]*tsouï* les coupables) : Les châtiments corporels, la peine de mort, sont les moyens qu'em-

ploie le ciel pour punir les coupables. 1舜 2僞 3喜 4者 5與 1*chun* l'empereur *Chun*, 2*weï* feindre, 3*hi* se réjouir, 4*tche* le, 5*yu* est-ce que ? Chun simulabat-ne. τὸ gaudere (gaudium) ? Chun feignait-il la joie ?

9° Souvent le mot *tche* 者, placé après un verbe, répond au τὸ des Grecs placé avant le verbe à l'infinitif. 1徐 2行 3者 4豈 5人 6所 7不 8能 9哉 1*siu* lentement, 2*hing* marcher, 3*tche* le (τὸ incedere lente), 4*ki* est-ce que (c'est), 6*so* ce-que, une chose que, 5*jin* l'homme, 7*pou* pas, 8*neng* pouvoir, 9*tsaï* signe d'étonnement et de doute : Marcher lentement, est-ce une chose qu'un homme ne peut faire ? 1無 2恆 3產 4而 5有 6恆 7心 8者 9惟 10士 11爲 12能 1*wou* ne pas-avoir, 2*heng* perpétuel, 3*thsan* bien-fonds, 4*eul* et-cependant, 5*yeou* avoir, 6*heng* perpétuel, 7*sin* cœur (une probité perpétuelle, constante), 8*tche* le (le ne-pas-avoir, le-avoir), 9*weï* seulement, 10*sse* les lettrés, 11*weï* sont, 12*neng* pouvant. C'est-à-dire : il n'y a que les lettrés qui puissent manquer de bien-fonds perpétuels et cependant avoir une probité perpétuelle, constante.

1爲 2民 3上 4而 5不 6與 7民 8同 9樂 10者 11非 12也 1*weï* être, 3*chang* au-dessus, 2*min* du peuple, 4*eul* et, 5*pou* ne pas, 6*yu* avec, 7*min* le peuple, 8*thong* ensemble, 9*lo* se réjouir, 10*tche* le (5*pou*-9*lo*-10*tche*, τὸ non gaudere, ne pas se réjouir), 12*ye* est, c'est, 11*feï* mal.

10° Il y a des cas où 者 *tche* (τὸ), joint à un ou plusieurs verbes, tient la phrase suspendue et oblige le lecteur de placer *si* avant cet infinitif ou ces infinitifs, afin de trouver un tour clair et logique. Exemples : 1今 2誓 3師 4獨 5稱 6八 7國 8者 1*kin* maintenant, 2*chi* adresser-des ordres, 3*sse* aux-troupes, et 4*to* seulement, 5*tch'ing* nommer, 6*pa* huit, 7*koue* royaumes, 8*tche* le (τὸ dare-jussa copiis et solummodo nominare octo regna) : si, en donnant des ordres à l'armée, il n'a nommé que huit royaumes (c'est), 9以 10八 11國 12近 13周 14西 15都。16素 17所 18服 19役 9*i* parce que, 10*pa* les huit, 11*koue* royaumes, 13*kin* étaient-voisins, 15*tou* de la capitale, 14*si* occidentale, 12*tcheou* de la dynastie des Tcheou, [17]*so* lesquels (royaumes), [16]*sou* depuis longtemps, [18]*fo*-[19]*yu* il avait soumis.

[1]史 [2]氏 [3]言 [4]管 [5]叔 [6]及 [7]其 [8]羣 [9]弟 [10]而 [11]不 [12]及 [13]武 [14]庚 [15]者。[16]所 [17]以 [18]甚 [19]著 [20]三 [21]叔 [22]之 [23]罪 [24]也。 [1]*chi*-[2]*chi* l'historien, [3]*yen* parler-de, [4]*kouan*-[5]*cho* (nom d'homme), [6]*ki* et atteindre (nommer), [7]*khi* de lui, [8]*kiun* les nombreux, [9]*ti* frères cadets, [10]*eul* et-cependant, [11]*pou* ne pas, [12]*ki* atteindre (nommer, mentionner), [13]*wou*-[14]*keng* (nom d'homme), [15]*tche* le (τὸ loqui-de, τὸ attingere, τὸ non-attingere, le mot *tche* 者 se rapporte aux trois verbes), [24]*ye* c'est, [16]*so*-[17]*i* ce-par-quoi, c'était pour, [18]*chin* extrêmement, [19]*tchou* mettre en lumière, faire-ressortir, [23]*tsouï* le crime, [22]*tchi* des, [20]*san*, [21]*cho* oncles : Si l'historien a parlé de Kouan-cho, (s'il) a mentionné ses frères cadets et n'a pas mentionné Wou-keng, c'était pour faire ressortir fortement le crime des trois oncles (qui s'étaient révoltés).

[1]民 [2]不 [3]被 [4]其 [5]澤 [6]不 [7]可 [8]法 [9]於 [10]後 [11]世 [12]者。[13]不 [14]行 [15]先 [16]王 [17]之 [18]道 [19]也 [1]*min* populum, [2]*pou* non, [3]*pi* accipere, [4]*khi* ejus, [5]*tse* beneficia (illum principem), [6]*pou* non, [7]*kho* posse, [8]*fa* exemplo esse, [9]*yu* ταῖς, [10]*heou* futuris, [11]*chi* generationibus, [12]*tche* τὸ (le mot [12]*tche* τὸ se rapporte aux deux verbes [3]*pi* accipere et [8]*fa* exemplo esse), [19]*ye* est (oritur ex quo), [13]*pou* non, [14]*hing* exercet, [15]*sien*-[16]*wang*-[17]*tchi* priorum imperatorum, [18]*tao* agendi-norman. Traduisez : si le peuple ne reçoit pas ses bienfaits (les bienfaits du prince), si (le prince) ne peut servir d'exemple aux générations futures, c'est que, cela vient de ce qu'il ne suit pas, n'imite pas la conduite des anciens empereurs.

[1]我 [2]謂 [3]王 [4]之 [5]不 [6]當 [7]召 [8]我 [9]者 [10]豈 [11]自 [12]爲 [13]尊 [14]大 [15]乎。 [1]*ngo* moi, [9]*tche* le, [2]*weï* dire (que), [3]*wang*-[4]*tchi* le roi ([4]*tchi* particule relative), [5]*pou* pas, [6]*tang* devait, ne devait, [7]*tchao* appeler, faire venir, [8]*ngo* moi (τὸ [1]me [2]dicere [3-4]regem [5]non [6]debere [7]accersere [8]me). *Si* je dis que le roi ne devait pas m'appeler auprès de lui (sous-entendu : et devait venir lui-même me trouver), [10]*ki* est-ce que, est-ce-*parce que*, [12]*weï* j'es-

time, [11]*tseu* moi-même, [13]*tsun* honorable, [14]*ta* et grand? [15]*hou* particule interrogative, répondant à [10]*ki*, est-ce que?

11° *Tche* 者 sert à former le pronom *so—tche* 所—者 ce que (quod), qui est toujours le régime d'un verbe actif, mais on ne manque jamais d'intercaler un ou plusieurs mots entre *so* 所 et *tche* 者. Voyez, plus haut, pag. 101, la monographie de *so-tche* 所—者.

12° *Tche* 者 sert encore à former l'expression [1]所 [2]以 — [3]者 [1]*so*-[2]*i*-[3]*tche* ce par quoi, la raison pour laquelle, pour, etc. La ligne qui précède le dernier mot indique qu'on intercale un ou plusieurs mots entre [1]*so*-[2]*i* et [3]*tche*. Voyez plus haut, pag. 104, la monographie de *so-i — tche* 所以—者.

Cette manière de construire *tche* 者 avec 所 *so*, et *tche* 者 avec 所以 *so-i*, n'avait été signalée jusqu'ici dans aucune grammaire chinoise. La connaissance de ce moyen de construire lève de grandes difficultés lorsque l'intercalation est longue. Elle va quelquefois jusqu'à quinze ou dix-huit mots.

13° L'expression 其—者 *khi-tche*, au milieu de laquelle on insère un ou plusieurs mots, signifie tantôt: ce qui, la chose qui, les choses qui, tantôt: ceux qui.

[1]其 [2]見 [3]於 [4]經 [5]者 [6]如 [7]此 [1]*khi*-[5]*tche* les choses qui, [2]*kien* sont vues, se voient, [3]*yu* dans, [4]*king* le livre canonique (le Chou-king), (sont) [6]*jou* comme, [7]*thseu* cela: voilà ce qu'on voit dans le *Chou-king*.

[1]史 [2]官 [3]取 [4]其 [5]尤 [6]章 [7]明 [8]者 [1]*chi*-[2]*kouan* l'historien officiel, [3]*thsiu* a pris, a choisi, [4]*khi*-[8]*tche* les choses qui (les questions et les réponses qui étaient), [5]*yeou* davantage, [6]*tchang*-[7]*ming* brillantes (les plus belles, les plus brillantes, pour instruire les peuples).

[1]問 [2]其 [3]與 [4]飲 [5]食 [6]者 [1]*wen* elle lui demanda (quels étaient), [2]*khi*-[6]*tche* ceux qui, [3]*yu* lui-avaient-donné, [4]*in* le boire, [5]*chi* le manger (à boire et à manger). C'est ainsi que la version mandchou traduit [3]*yu* 與 donner.

14° 也者 *ye-tche* s'emploie lorsqu'on revient à un substantif ou à un verbe, déjà employés, pour les définir. [1]者 [2]孝 [3]弟

海上絲綢之路文獻集成 科技與文化編

孝弟也者,

[4]者 [5]其 [6]爲 [7]仁 [8]之 [9]本 [10]與。[1]*hiao*-[2]*ti*-[3]*ye*-[4]*tche* la piété-filiale *et* le respect-pour-les aînés, [5]*khi* elles (sont), [9]*pen* la base, [8]*tchi* de, [6]*wei* (l'action de) pratiquer, [7]*jin* l'humanité, [10]*yu* signe d'admiration. Lun-yu, chap. *Hio-eul.*

[1]友 [2]也 [3]者 [4]友 [5]其 [6]德 [7]也。[1]*yeou*-[2]*ye*-[3]*tche* l'expression (citée plus haut), [1]*yeou* faire amitié (avec quelqu'un), [7]*ye* c'est, veut dire, [4]*yeou* faire-amitié-avec, [6]*te* la vertu, [5]*khi* de lui (avec sa vertu).

15° Dans les pièces de théâtre, le mot *tche* 者 s'emploie à la fin d'une phrase comme marque d'impératif. Hoeï-lan-ki, fol. 11 : [1]你 [2]且 [3]在 [4]門 [5]首 [6]待 [7]者 [1]*ni* toi, [2]*thsie* ainsi, [3]*tsaï* t'arrêter, [4]*men* porte, [5]*cheou* tête, [6]*taï* attendre, [7]*tche* marque d'impératif: ainsi, tiens-toi à l'entrée de la porte, devant la porte, et attends (*taï-tche*). — Ibid. fol. 47 : [1]選 [2]大 [3]棒 [4]了 [5]打 [6]著 [7]者 [1]*siouen* choisir, [2]*ta* gros, [3]*pang*-[4]*tseu* bâton, [4]*liao* marque du passé, [5]*ta*-[6]*tcho* frapper, [7]*tche* marque d'impératif: après avoir choisi un gros bâton, frappe-le.

Je possède une édition du *Ching-yu* 聖 諭 *the Sacred Edict*, où l'on rencontre souvent, dans la paraphrase, le mot *tche* 者 employé comme marque de l'impératif.

9

MONOGRAPHIE

DU MOT *EUL* 而 (VULGO ET)

ET DES LOCUTIONS QU'IL SERT A FORMER.

1° 而 *eul*, conjonction copulative. [1]恭[2]而[3]安 [1]*kong* respectueux, [2]*eul* et, [3]*ngan* calme.

2° 而 *eul*, particule adversative, *mais*, *cependant*. [1]惠[2]而[3]不[4]知[5]爲[6]政 [1]*hoeï* il était bienfaisant, [2]*eul* mais, [3]*pou*-[4]*tchi* il ne savait pas, [5]*weï* faire, exercer, [6]*tching* l'administration (il ne savait pas gouverner). Meng-tseu, chap. *Li-leou*.

[1]不[2]好[3]犯[4]上[5]而[6]好[7]作[8]亂[9]者 [9]*tche* (un homme) qui, [1]*pou* pas, [2]*háo* aimer (qui n'aime pas à), [3]*fan* résister à, [4]*chang* (son) supérieur (à son prince), [5]*eul* et (qui) cependant, [6]*háo* aime-à, [7]*tso* exciter, [8]*loen* des désordres, [1]未[2]之[3]有 [1]*weï* pas encore, [3]*yeou* avoir, [2]*tchi* lui (nondum illum habuimus), un tel homme n'existe pas, n'a jamais existé.

3° 而 *eul*, encore, au commencement d'nne phrase. [1]而[2]謀[3]動[4]干[5]戈[6]於[7]邦[8]内 [1]*eul* et encore, [2]*meou* il projette de, [3]*tong* mettre en mouvement, [4]*kan* les boucliers, [5]*ko* (et) les lances, [6]*yu* dans, [8]*nouï* l'intérieur, [7]*pang* du royaume. *Lun-yu*, chap. XVI, § I, article 13.

4° 而 *eul*, par conséquent, par suite de cela (Khang-hi: 因辭 *in-thse*, 因是之謂). [1]學[2]而[3]時[4]習[5]之 [1]*hio* si l'on étudie, [2]*eul* et qu'en conséquence, [3]*chi* constamment,

[4]*si* on s'exerce, [5]*tchi* à cela. (Glose : aux principes que l'on connaît, aux choses que l'on est capable de faire.)

5° 而 *eul* pour 若 *jo*, si. [1]富 [2]而 [3]可 [4]求 [5]也 [6]雖 [7]執 [8]鞭 [9]之 [10]士 [11]吾 [12]亦 [13]爲 [14]之 [2]*eul* si, [1]*fou* les richesses, [3]*kho* pouvaient, [4]*khieou* être cherchées (et obtenues), [6]*souï* quoique (je dusse être), [10]*sse* un homme, [7]*tchi* tenant, [8]*pien* un fouet (un cocher), [11]*ngou* moi, [12]*i* aussi, [13]*weï* je ferais (je voudrais faire), [14]*tchi* cela. En mandchou : *pi* moi, *inou* aussi, *oki sembi* je veux être, je voudrais être (cocher). Glose : [1]而 [2]字 *eul-tseu*, le caractère [2]*eul* [3]作 [4]若 [5]字 [6]看 [3]*tso*-[4]*jo*-[5]*tseu*-[6]*khan* est pris pour, [5]*tseu* le caractère, [4]*jo* si. *Lun-yu*, chap. VII, § 11. J. Legge : if the search of riches is sure to be successful, though I should become a groom with whip in hand, to get them, I will do so. J. Legge (d'après la glose chinoise) a rendu [13]*weï*-[14]*tchi* par faire cela, c'est-à-dire le métier de cocher; mais l'interprète mandchou a traduit [13]*weï* par être (être cela, [14]*tchi*, c'est-à-dire cocher).

而 *eul* pour 如 *jou*, si. [1]管 [2]氏 [3]而 [4]知 [5]禮 [6]孰 [7]不 [8]知 [9]禮 [3]*eul* si, [1]*kouan*-[2]*chi*, [1]Kouan, nom propre, [2]*chi* famille (c'est-à-dire : l'homme de la famille Kouan ou Kouan-tchong), [4]*tchi* connaissait, [5]*li* les rites, [6]*cho* qui est-ce qui, [7]*pou*-[8]*tchi* ne connaîtrait pas, [9]*li* les rites ? C.-à-d. : il ne connaît pas les rites.

6° 而 *eul*, particule auxiliaire finale, suivant le dictionnaire P'in-tseu-thsien, *Chi-king*, section Thsi-fong, part. I, chap. 8, ode 3 : [1]俟 [2]我 [3]於 [4]著 [5]乎 [6]而 [1]*sse* il a attendu, [2]*ngo* moi (il m'a attendu), [3]*yu*-[4]*tchou*, d'après *Khang-hi :* dans la partie située entre la porte et l'espèce de large écran qui la cache à distance, intérieurement 門屏之閒 men-p'ing-tchi-kien. Les deux signes [5]*hou*-[6]*eul* sont ici des particules finales, dénuées de signification. Lacharme : me expectat inter portam et tabulatum (sic) quod domi foribus prostat.

而 *eul* pour 如 *jou*, comme. [1]用 [2]晦 [3]而 [4]明 [1]*yang* il se sert, [2]*hoeï* de l'obscurité, [3]*eul* comme, [4]*ming* de la lumière. *I-siang-hia-tch'ouen.*

7° 而 *eul* pour 汝 *jou* vous. [1]余 [2]而 [3]所 [4]嫁 [5]婦 [6]人

9*

[7]之 [8]父 [9]也 [1]*yu* moi, je (suis), [8]*fou* le père, [7]*tchi* de, [5]*fou*-[6]*jin* la femme, [3]*so* que, [2]*eul* vous, [4]*kia* avez épousée.

[1]而 [2]康 [3]而 [4]色 [1]*eul* vous, [2]*kh'ang* rendez-calme, [3]*eul* de vous, [4]*se* le visage. En mandchou : *si* vous, *sini* de vous, votre, *tchira be* le visage (vultum), *elkheken* calme, *obou* faites.

8° 而 *eul* pour 如 *jou*, comme si (quasi). Dict. *P'in-tseu-thsien.* [1]文 [2]王 [3]視 [4]民 [5]如 [6]傷。[7]望 [8]道 [9]而 [10]未 [11]之 [12]見 [1]*wen*-[2]*wang* l'empereur Wen-wang, [3]*chi* considérait, [4]*min* le peuple, [5]*jou* comme, [6]*chang* (un homme) blessé; [7]*wang* il dirigeait sa vue vers, [8]*tao* la droite voie, [9]*eul* comme si, [10]*weï* pas encore, [12]*kien* avait vu, [11]*tchi* elle (comme s'il ne l'avait pas encore vue, atteinte). Meng-tseu, chap. IV, § 20.

9° 而 *eul* pour 乃 *naï* alors. (Dict. P'in-tseu-t'sien.) [1]婦 [2]人 [3]哭 [4]於 [5]墓 [6]而 [7]哀。[8]夫 [9]子 [10]使 [11]子 [12]路 [13]問 [14]之。[15]曰 [16]子 [17]之 [18]哭 [19]一 [20]似 [21]重 [22]有 [23]憂 [24]者。[25]而 [26]曰 [27]然。[1]*fou*-[2]*jin* une femme, [3]*kho* pleurait, [4]*yu* sur, [5]*mou* un tombeau, [6]*eul* et, [7]*ngaï* se désolait, [8]*fou*-[9]*tseu* le maître (Confucius), [10]*sse* envoya [11]*tseu*-[12]*lou*, *Tseu-lou*, [13]*wen* (pour) l'interroger, [14]*tchi* elle (l'interroger); [15]*youe* il lui dit, [16]*tseu* vous, [17]*tchi* particule relative, [18]*kho* pleurant, [19]*i* complètement, [20]*sse* vous ressemblez, [24]*tche* (à une personne) qui, [21]*tch'ong* beaucoup, [22]*yeou* a, [23]*yeou* de la douleur, [25]*eul* alors, [26]*youe* elle dit : [27]*jen* oui, c'est ainsi, c'est vrai. (*Li-ki*, chap. Tan-kong, part. 2.)

10° 而 *eul* particule restrictive, répondant à *seulement* (glose : *tan* 但). [1]室 [2]是 [3]遠 [4]而 [4]*eul* seulement, [1]*chi* (votre) maison, [3]*youen* est-éloignée. Dans ce cas, on écrit plus souvent *eul* 耳.

[1]吾 [2]國 [3]褊 [4]小。[5]方 [6]百 [7]里 [8]而。[1]*ngou* mon, [2]*koue* royaume, [3]*pien* est-étroit, [4]*siao* (et) est-petit, [5]*fang* (en carré, *il a*), [6]*pe*, [7]*li* li, [8]*eul* seulement; c'est-à-dire : mon royaume est étroit et petit et n'a que cent li en carré (dix lieues de tour).

11° 而 *eul* a quelquefois le sens de *i* 以 pour. „ Comme votre écurie renferme des chevaux gras, comme le peuple porte

海上絲綢之路文獻集成 科技與文化編

sur son visage l'air de la faim, comme il y a dans les champs des hommes morts d'inanition, [1]是[2]率[3]獸[4]而[5]食[6]人[7]也。[1]*chi* cela, [7]*ye* est, [2]*so* conduire, [3]*cheou* les quadrupèdes, [4]*eul* pour (pousser les quadrupèdes à), [5]*chi* manger, [6]*jin* les hommes.

Le passage suivant montre clairement que [2]*so*-[4]*eul* correspond bien à *so-i* 率以 *conduire pour, pousser à.* [1]若[2]以[3]旣[4]思[5]而[6]病[7]于[8]遠。[9]將[10]率[11]天[12]下[13]之[14]人[15]以[16]廢[17]思[18]矣。(Commentaire *kiang-i-pi-tchi* sur le chap. Hiang-thang du Lun-yu.) [1]*jo* si, [2]*i* parce que, [3]*ki* déjà, [4]*sse* il a pensé (à cette personne), [5]*eul* particule auxiliaire, [6]*ping* il s'afflige, [7]*yu* à cause de, [8]*youen* l'éloignement, [9]*tsiang* marque du futur, [10]*so* conduire (il conduira), [14]*jin* les hommes, [13]*tchi* de, [11]*thien*-[12]*hia* l'empire, [15]*i* pour (il les amènera à), [16]*feï* renoncer à, [17]*sse* penser (aux autres), [18]*i* particule finale.

12° 而 *eul* est souvent une particule explétive, qui peut embarrasser si l'on ne sait pas lui reconnaître ce rôle. [1]書[2]之[3]體[4]爲[5]人[6]而[7]作[8]則[9]首[10]稱[11]其[12]人。(Lorsque) [3]*thi* le corps, [2]*tchi* du, [1]*chou* (d'un chapitre du Chou-king), [4]*wéï* à cause, [5]*jin* d'un homme (déterminé), [6]*eul* particule explétive, [7]*tso* a été fait, [8]*tse* alors, [9]*cheou* en tête (au commencement), [10]*tch'ing* on nomme, [11]*khi* cet, [12]*jin* homme. On lit ensuite, dans le commentaire du chap. *Thsieou-kao*, trois passages analogues dont la reproduction serait ici sans utilité.

[1]我[2]欲[3]中[4]國[5]而[6]授[7]孟[8]子[9]室。[1]*n*[illegible] [2]*yo* je désire, [3]*tchong* milieu, [4]*koue* royaume (po[illegible] *yo* moi, au milieu de mon royaume), [5]*eul* particule [illegible] [p]ar *koue-tchong*, [illegible] explétive, [6]*cheou* donner, [7]*meng*-[8]*tseu* (à) Meng-tseu, [9]*ch*[illegible] une maison. Meng-tseu, chap. Kong-sun-tch'eou, part. 2[illegible]

[1]瓜[2]時[3]而[4]往 [2]*chi* à l'époque, [1]*koua* des citrouilles, [3]*eu*[illegible] particule explétive, [4]*wang* il y alla.

[1]旦[2]旦[3]而[4]伐[5]之 [1]*tan*-[2]*tan* tous les matins, tous les jours, [3]*eul* particule explétive, [4]*fa* (si l'on) coupe, [5]*tchi* eux (ces arbres). En mandchou: *inengidari inengidari satchire otchi.* Meng-tseu, chap. T'eng-wen-kong.)

[1]王 [2]室 [3]而 [4]旣 [5]卑 [6]矣 [2]*chi* la maison, [1]*wang* de l'empereur, [3]*eul* particule explétive, [4]*ki* marque du passé, [5]*pi* devenir-petit (étant devenue faible, étant tombée en décadence). Kou-wen-youen-kien, liv. I, fol. 7.

[1]天 [2]而 [3]旣 [4]厭 [5]周 [6]德。[1]*thien* le ciel, [2]*eul* particule explétive, [3]*ki* marque du passé, [4]*ye* se dégoûter de (s'étant dégoûté), [6]*te* du caractère, de la conduite, [5]*tcheou* des *Tcheou.*

[1]國 [2]而 [3]曰 [4]伐 [1]*koue* (s'il s'agit) d'un royaume, [2]*eul* particule explétive, [3]*youe* on dit, [4]*fa* attaquer. En mandchou : *gouroun be otchi, dailambi sembi.*

13° On rencontre quelquefois des phrases qui se terminent par *eul* 而, un verbe actif et tantôt *tchi* 之 (illos), tantôt *ye* 也. Ces phrases, où le régime direct est placé avant le verbe, sans être précédé d'une marque d'accusatif, sont fort difficiles à comprendre. Le plus sûr moyen d'en saisir le sens est de supprimer *eul* 而 et *tchi* 之 (illos, illas, illa) et de placer le verbe avant son régime. [1]焉 [2]得 [3]人 [4]人 [5]而 [6]濟 [7]之. Lisez : [1]焉 [2]得 [3]濟 [4]人 [5]人 [1]*yen*-[2]*te*-[3]*tsi*-[4]*jin*-[5]*jin.* Littéralement : 焉 [1]*yen* comment, [2]*te* 得 pourrait-il, [3]*tsi* 濟 passer à l'autre-rive, [4]*jin* 人 [5]*jin* 人 tous les hommes. Meng-tseu, chap. IV, part. 2, § 2. Cette explication est d'accord avec le mandchou ; *adarame* quomodo, *niyalma* homines, *tome* singulos, *dooboume* transducere, *moutembini* posset ?

Ibidem. [1]故 [2]爲 [3]政 [4]者 [1]*kou* c'est pourquoi, [4]*tche* celui-qui, [2]*weï* exerce, [3]*tching* l'administration (gouverne), [1]每 [2]人 [3]而 [4]悅 [5]之, supprimez *eul* 而 et *tchi* 之 ([1]悅 [2]每 [3]人) et lisez : [1]*youe* (s'il voulait) réjouir, [2]*meï* chaque, [3]*jin* homme (faire plaisir à chaque individu en le passant sur son char). [1]日 [2]亦 [3]不 [4]足 [1]*ji* le jour, [2]*i* aussi, [3]*pou* ne pas, [4]*tso* suffire (la journée entière ne lui suffirait pas). Ma construction est exactement la même que celle de l'interprète mandchou : *niyalma* homines, *tome* singulos, *ourgountcheboutchi*, si lætitiâ-afficiat (si vellet lætitia-afficere), *inenggi* dies, la journée, *inou* etiam, *tesourakô* non sufficeret.

聖人吾不得而見之. Supprimez *eul* 而 et

海上絲綢之路文獻集成 科技與文化編

tchi 之, placez le verbe 見 *kien* voir, avant 聖 人 (saint homme), son régime direct, et lisez : [1]吾 [2]不 [3]得 [4]見 [5]聖 [6]人 mot à mot : [1]*ngou* moi, je, [2]*pou*-[3]*te* je n'ai pas pu, [4]*kien* voir, [5]*ching* un saint, [6]*jin* homme. C'est exactement la construction et le sens du mandchou : *Endouringge* un saint, *niyalma be* homme (hominem), *bi* moi, je, *bakhafi sabourakô okho*, ai été ne pouvant voir (je n'ai pas pu voir). *Lun-yu*, chap. Chou-eul, § 25.

Voici un autre exemple semblable, tiré du même paragraphe : [1]善 [2]人 吾 不 得 而 [7]見 之. Supprimez *eul* 而 et *tchi* 之, placez [7]*kien* voir, devant son régime direct [1]*chen*-[2]*jin* (virtute-præditum virum) et lisez : [1]吾 [2]不 [3]得 [4]見 [5]善 [6]人 mot à mot : [1]*ngou* moi, je, [2]*pou*-[3]*te* n'ai pas pu, [4]*kien* voir, [5]*chen*-[6]*jin* un homme vertueux. En mandchou : *sain* vertueux, *niyalma be* un homme (hominem), *bakhafi sabourakô okho* je n'ai pas pu voir. J'insiste à dessein sur cette construction parce que c'est une des plus grandes difficultés que j'aie rencontrées.

J'ajoute quelques expressions dissyllabiques.

而 往 *eul-wang*, synonyme de 已 上 *i-chang* au-dessus. [1]自 [2]千 [3]年 [4]而 [5]往 [1]*tseu* depuis, [2]*thsien*-[3]*nien* mille ans, [4]*eul*-[5]*wang* et au-dessus, et plus.

而 夫 *eul-fou*, synonyme de 凡 夫 *fan-fou*, un homme vulgaire. (Tchoang-tseu, chap. *Lie-yu-keou*.)

而 何 *eul-ho*, synonyme de 如 何 *jou-ho*, comment ? (*Tso-chi*, 4e année de Tchao-kong.)

而 今 而 後 *eul-kin-eul-heou*, maintenant et à l'avenir. (*Lun-yu*, chap. Thaï-pé.)

而 況 *eul-hoang* à plus forte raison.

而 況 於 *eul-hoang-yu*, même sens. Meng-tseu, liv. VII, part. 2, § 15 : [1]而 [2]況 [3]於 [4]親 [5]炙 [6]之 [7]者 [8]乎 [1]*eul*-[2]*hoang*-[3]*yu* à plus forte raison, [7]*tche* ceux qui, [4]*thsin*-[5]*tchi* ont approché, [6]*tchi* eux (les ont approchés), [8]*hou* particule admirative.

MONOGRAPHIE

DE

YU 與 (AU DEUXIÈME TON).

1° 與 *yù*, s'associer avec quelqu'un, comme dans une ligue ou une confédération. (Khang-hi.)

與 *yù*, faire société avec quelqu'un (en mandchou : *dayambi*). [1]吾 [2]非 [3]其 [4]人 [5]之 [6]徒 [7]與 [8]而 [9]誰 [10]與 [1]*ngou* (si) je, [2]*feï*-[7]*yù* je ne fais pas société avec, [6]*tou* les compagnons, [5]*tchi* de, [3]*khi* ces, [4]*jin* hommes (les hommes de la classe du prince et du peuple), [8]*eul* alors, [9]*chouï* qui ? [10]*yù* ferais-je société *avec* (avec qui ferais-je société) ? Lun-yu, chap. *Wêï-tse*, § 6.

2° 與 *yù*, donner. [1]以 [2]天 [3]下 [4]與 [5]人 [4]*yù* donner, [5]*jin* à un homme, [1]*i* marque d'accusatif, [2]*thien*-[3]*hia* l'empire.

[1]與 [2]人 [3]者 [4]不 [5]問 [6]所 [7]欲 [3]*tche* celui qui, [1]*yù* donne (quelque chose), [2]*jin* à un homme, [4]*pou* ne pas, [5]*wen* demande (ne doit pas lui demander), [6]*so* ce que, [7]*yo* il désire. Li-ki, chap. *Khio-li.*

3° 與 *yù*, attendre. [1]歲 [2]不 [3]我 [4]與 [1]*souï* les années, [2]*pou* ne pas, [4]*yù* attendent (n'attendent pas), [3]*ngo* nous, ne nous attendent pas. Lun-yu, chap. XVII, § 1.

4° 與 *yù*, regarder comme. [1]故 [2]不 [3]與 [4]使 [1]*kou* c'est pourquoi (l'empereur), [2]*pou*-[3]*yù* ne l'a pas regardé comme, [4]*sse* un ambassadeur. En mandchou : *touttou eltchin de daboukhakôbi kai.* (Kou-liang, commentaire sur le *Tch'un-thsieou.*)

5° 與 *yù*, admettre, accepter. [1]人 [2]潔 [3]己 [4]以 [5]進。[6]與 [7]其 [8]潔 [9]也。[10]不 [11]保 [12]其 [13]往 [14]也。[1]*jin* (si) un homme, [2]*kie* a purifié, [3]*ki* lui-même (s'est purifié), [4]*i* pour, [5]*thsin* s'avancer vers (moi), pour venir me voir, [6]*yù* j'admets, j'accepte, [7]*khi*-[8]*kie* sa pureté (terei bolgo be gaimbi), je l'admets comme un homme pur, [9]*ye* particule finale; [10]*pou*-[11]*pao* je ne garantis pas, [12]*khi* de lui, [13]*wang* les choses passées (terei doulekengge be), son passé, ce qu'il a fait auparavant, [14]*ye* particule finale. Lun-yu, chap. *Chou-eul,* § 28.

6° 與 *yù* (dans le même passage): pressentir, littéralement: aller au-devant de. [1]不 [2]與 [3]其 [4]退 [5]也。[1]*pou* non, [2]*yù* præsentio, [3]*khi* ejus, [4]*touï* (τὸ) recedere; c'est-à-dire : je ne pressens pas, je ne cherche pas à pressentir ce qu'il fera de mal quand il se sera retiré, quand il m'aura quitté.

Le mot *yù* est expliqué en chinois par 逆 *ni* obviam ire.

7° *yù* pour *yong* 用 employer, se servir de. 無 與 *wou-yù*, être sans utilité, n'être bon à rien. Chi-king, livr. I, chap. 10, ode 12; [1]人 [2]之 [3]爲 [4]言 [5]亦 [6]無 [7]與。[1]*jin* (par les) hommes, [2]*tchi* particule relative, [3]*weï* faites, [4]*yen* paroles (les rumeurs faites par les hommes), en mandchou : *niyalmai bandsiboukha gisoun*, [5]*i* aussi, [6]*wou*-[7]*yù* (pour 無 用 *wou-yong*) ne servent à rien, sont sans utilité. C'est précisément le passage cité dans le dictionnaire de *Khang-hi.*

[1]我 [2]未 [3]與 [4]其 [5]本 [6]事 [7]也 (Kouan-tseu, ch. *Haï-wang*) : [1]*ngo* je, [2]*weï* pas encore (je n'ai pas encore), [3]*yù* employé, [4]*khi* ses, [5]*pen*-[6]*sse* talents ; [7]*ye* particule finale.

8° 與 *yù,* se soumettre à. [1]孰 [2]能 [3]與 [4]之 [1]*cho* qui est-ce qui, [2]*neng* pourra, [3]*yù* se soumettre à, [4]*tchi* lui. En mandchou: we dakhame moutembi. (Meng-tseu, chap. I, § 6.)

[1]民 [2]弗 [3]與 [1]*min* le peuple, [2]*fo* ne pas, [3]*yu* se soumet (ne se soumet pas). En mandchou: *irgen dakharakô.* (Tch'un-thsieou, chin. mandch., liv. XVII, fol. 13.)

9° 與 *yù,* aider. [1]取 [2]諸 [3]人 [4]以 [5]爲 [6]善 [1]*thsiu* emprunter, [2]*tchou* aux, [3]*jin* hommes, [4]*i* pour, [5]*weï* faire, [6]*chen* le bien (prendre exemple sur les autres pour faire le bien). [1]是

[2]與 [3]人 [4]爲 [5]善 [6]者 [7]也 [1]*chi* cela, [7]*ye* est, [2]*yù*-[6]*tche* l'action d'aider (τὸ juvare), c'est aider, [3]*jin* les (autres) hommes, [4]*weï* à faire, [5]*chen* le bien. Meng-tseu, chap. II, part. 1, § 8. Le Dr James Legge, *ibid.*, rend 與 *yù* par *help*, aider.

10° 與 *yù*, montrer à, communiquer à. [1]吾 [2]無 [3]行 [4]而 [5]不 [6]與 [7]二 [8]三 [9]子 [10]者 [2]*wou*-[10]*tche* [2]il n'y a (rien) [10]que, [1]*ngou* je, [3]*hing* aie-fait, [4]*eul* et (le [10]*tche* que, sert pour les deux verbes [3]*hing* faire et [6]*yù* montrer), [5]*pou* ne pas, [6]*yù* montrer (et que je n'aie pas communiqué) à, [7]*eul* deux, [8]*san* trois, [9]*tseu* fils (à vous mes disciples). C'est-à-dire : je vous communique tout ce que je fais. La glose chinoise explique *yù* par *chi* 示 montrer. L'interprète mandchou a rendu [6]*yù* au participe passé passif. Littéralement: de moi-chaque-action-à deux (et) trois disciples, non-communiquée (*toutchiboukhekôngge*) *akô* pas (n'est pas) ; c'est-à-dire je n'ai fait aucune action, aucune chose que je ne vous aie pas montrée, communiquée.

11° 與 *yù*, donner à. [1]以 [2]脯 [3]與 [4]犬 [5]而 [6]犬 [7]死 [3]*yù* il donna, [1]*i*-[2]*fou* de-la-viande-séchée ([1]*i* marque d'accusatif), [4]*khiouen* à un chien, [5]*eul* et, [6]*khiouen* le chien, [7]*sse* mourut (empoisonné). Tch'un-thsieou, chin. mandch., liv. XVII, fol. 8.

12° 與 *yù*, et (conjonction). [1]富 [2]與 [3]貴 [1]*fou* les richesses, [2]*yù* et, [3]*koueï* les honneurs.

13° 與 *yù*, ou, ou bien. [1]殺 [2]人 [3]以 [4]梃 [5]與 [6]刃 [1]*cha* tuer, [2]*jin* un homme, [3]*i* avec, [4]*t'ing* un bâton, [5]*yù* ou (avec), [6]*jin* une épée. Meng-tseu, chap. I, part. I, § 4.

14° 與 *yù*, approuver. [1]吾 [2]與 [3]點 [4]也。[1]*ngou* je, [2]*yù* approuve (j'approuve), [3]*tien* (nom d'homme), [4]*ye* particule finale. En mandchou : *bi tien be ourouchembi*. Lun-yu, chap. *Sien-thsin*, § 7. J. Legge : I give my approval to Teen.

15° 與 *yù*, accorder, permettre. [1]吾 [2]與 [3]汝 [4]弗 [5]如 [6]也。[1]*ngou* je, [2]*yù* j'accorde-à, [3]*jou* vous (je vous accorde que), [4]*fo* (vous n'êtes) pas, [5]*jou* comme (que vous n'êtes pas égal à *Hoeï*), [6]*ye* particule finale.

16° 與 *yù*, avec, se trouve sans le complément *tchi* 之 *lui*, que la glose chinoise supplée quelquefois. [1]弗 [2]與 [3]共 [4]天

[5]位 [6]也。 [1]*fo*-[3]*kong* pas partager (il ne partageait pas), [2]*yù* avec (sous-entendu 之 *tchi* lui), [5]*weï* le trône, [4]*thien* du ciel (en mandchou : *abkai saorin*), le trône impérial. Meng-tseu, chap. *wan-tchang*, part. 2, § 3.

Souvent le mot *yù* 與 *avec*, se trouve après son complément et, lorsqu'il en est séparé par cinq, six et même dix mots, peut présenter une difficulté sérieuse. [1]鄙 [2]夫 [3]可 [4]與 [5]事 [6]君 [7]與 [8]哉。 mot à mot : [1]*pi*-[2]*fou* homme vulgaire, [3]*kho* pouvoir (posse), [4]*yù avec*, [5]*sse* servir, [6]*kiun* le prince, [7]*yû* est-ce que, [8]*tsaï* marque de doute; c'est-à-dire : peut-on, avec un homme du commun, servir le prince ? Lun-yu, chap. *Yang-ho*, § 15.

[1]知 [2]穆 [3]公 [4]之 [5]可 [6]與 [7]有 [8]行 [9]也 [10]而 [11]相 [12]之。 [1]*tchi* sachant (que), [2]*mo*-[3]*kong* (nom d'homme), [4]*tchi* particule relative, [5]*kho* il était possible de, [6]*yù avec*, [7]*yeou*-[8]*hing* agir, [9]*ye* particule finale, [10]*eul* alors, [11]*siáng*-[12]*tchi* il l'aida. Sachant qu'il était possible d'agir (de concourir à l'administration) *avec* Mo-kong, il l'aida (*aisilakhabi*) ; c'est-à-dire : il devint son ministre. Meng-tseu, chap. Wan-tchang, part. 2, § 3.

17° Lorsqu'on dit qu'il vaut mieux, qu'on aime mieux (*ning* 寧) faire une chose qu'une autre, le mot *yù* 與 répond à *plutôt que*. [1]君 [2]子 [3]與 [4]其 [5]使 [6]食 [7]浮 [8]於 [9]人 [10]寧 [11]使 [12]人 [13]浮 [14]於 [15]食 [1]*kiun*-[2]*tseu* le sage, [3]*yù*-[4]*khi*-[5]*sse* plutôt qu'il fasse, plutôt que de faire que, [6]*chi* les grains (le traitement payé en grains), [7]*feou* l'emportent-sur, soient supérieurs, [8]*yù*-[9]*jin* aux hommes, [10]*ning* aime mieux, [11]*sse* faire que, [12]*jin* les hommes, [13]*feou* l'emportent sur, soient supérieurs, [14]*yù*-[15]*chi* aux grains (à leur traitement). Le sage aime mieux voir le mérite des hommes (des magistrats) supérieur à leur traitement, que de voir le traitement qu'ils reçoivent, supérieur à leur mérite. Li-ki, chap. *Fang-ki*.

Dans une phrase terminée par un signe d'interrogation, *hou* 乎 ou 與, les mots *pou-ning* 不寧 ou *wou-ning* 無寧 se rendent par *ne vaut-il pas mieux*, et *yù* 與 répond, comme ci-dessus, à plutôt que. [1]予 [2]與 [3]其 [4]死 [5]於 [6]臣 [7]之

[8]手。[9]無 [10]寧 [11]死 [12]於 [13]二 [14]三 [15]子 [16]之 [17]手 [18]乎。 [1]*yu* moi (dit Confucius), [2]*yù*-[3]*khi*-[4]*sse* plutôt que je meure, plutôt que de mourir, [5]*yu* dans, entre, [8]*cheou* les mains, [7]*tchi* des, [6]*tch'in* ministres, [9]*wou*-[10]*ning*-[18]*hou* ne vaut-il pas mieux, [11]*sse* mourir, [12]*yu* dans, entre, [17]*cheou* les mains, [16]*tchi* de, [13]*eul* deux, [14]*san* ou trois, [15]*tseu* fils (entre les mains de mes disciples, entre vos mains) ? Lun-yu, chap. *Tseu-han.*

On trouve le mot *yù* 與 seul avec le sens de plutôt que, comme s'il y avait dans la phrase *ning* 寧 *il vaut mieux.* On lit dans le Tch'un-thsieou, chin. mandch., liv. XIV, fol. 26 : „ Songez à pratiquer la piété filiale et à procurer la paix à votre peuple"; [1]與 [2]其 [3]危 [4]身 [5]以 [6]遠 [7]罪 [8]也 [1]*yù* (cela) vaut mieux *que si*, [2]*khi* vous, [5]*i* en, [3]*weï* exposant-au-danger, [4]*chin* votre corps, votre vie, [6]*so* vous-vous-attiriez-promptement, [7]*tsouï* un châtiment, [8]*ye* particule finale.

YÙ 與 AU TROISIÈME TON.

1° 與 *yú*, regarder, concerner quelqu'un, regarder une chose comme nous concernant, avec le sens de 干 *kan* ou de *kouan* 關· [1]舜 [2]禹 [3]之 [4]有 [5]天 [6]下 [7]也 [8]而 [9]不 [10]與 [11]焉。 [1]*Chun*, [2]*Yu* (les empereurs *Chun* et *Yu*), [3]*tchi* particule relative, [4]*yeou* eurent, possédèrent, [5]*thien*-[6]*hia* l'empire, [7]*ye* particule finale, [8]*eul* et cependant, [9]*pou*-[10]*yu* ne le regardèrent pas comme les concernant. En mandchou, même sens : *daldchakô oboukhabi.* James Legge : Chun and Yu held possession of the empire, as if it were nothing to them. Lun-yu, chap. Thaï-pe, § 8.

2° 與 *yú*, assister à. [1]吾 [2]不 [3]與 [4]祭 [5]如 [6]不 [7]祭 [1]*ngou* (si) je, [2]*pou*-[3]*yú* n'assiste pas à, [4]*tsi* un sacrifice, [5]*jou* (c'est) comme (si), [6]*pou*-[7]*tsi* (je) ne sacrifiais pas. Lun-yu, chap. *Pa-i*, § 12.

3° 與 *yú*, prendre part à. [1]曷 [2]爲 [3]貶。[4]與 [5]弑 [6]君 [7]也。 [1]*ho*-[2]*weï* pourquoi, [3]*pien* l'a-t-on rabaissée ? [7]*ye* c'est (parce que), [4]*yú* elle avait pris part à, [5]*che* l'action d'assassiner, [6]*kiun* le prince (au meurtre du prince). Tch'un-thsieou, chin. mandch., liv. IX, fol. 3.

[1]則 [2]不 [3]得 [4]與 [5]于 [6]國 [7]政 [1]*tse* alors, [2]*pou*-[3]*te* il ne put, [4]*yú* prendre part, [5]*yu* à, [7]*tching* l'administration, [6]*koue* du royaume. (Tso-khieou-ming.) Cf. Lun-yu, chap. *Tseu-han*, § 5.

YÛ 與 AU PREMIER TON.

Il est inutile de citer des exemples de *yû* 與 au premier ton; il suffit de dire que c'est tantôt un signe qui indique la surprise et l'admiration, tantôt une marque d'interrogation ou de doute. Le P. Basile ajoute : particula suspirantis.

MONOGRAPHIE

DE

TCHOU 諸.

1° Marque du pluriel. [1]舉 [2]諸 [3]直 [4]錯 [5]諸 [6]枉 [1]*kiu* élevez (employez), [2]*tchou* les, [3]*tchi* (hommes) droits (vertueux) ; [4]*t'sou* rejetez (destituez), [5]*tchou* les, [6]*wang* non-droits (pervers). (Lun-yu, chap. *Weï-tching.*)

[1]彼 [2]諸 [3]蝙 [4]蝠。[5]雖 [6]爲 [7]火 [8]困。[9]愛 [10]好 [11]法 [12]音。[13]忍 [14]而 [15]不 [16]出。[1]*pi* ces, [2]*tchou* (marque du pluriel), [3]*pien*-[4]*fo* chauves-souris, [5]*souï* quoique, [6]*weï* elles fussent, [7]*ho* par le feu, [8]*khouen* tourmentées, [9]*ngaï*-[10]*hao* aimant, [11]*fa*-[12]*in* le son de la loi, [13]*jin* elles supportèrent-la-douleur, [14]*eul* et, [15]*pou*-[16]*tch'ou* ne sortirent point (de la cavité de l'arbre).

[1]告 [2]諸 [3]往 [4]而 [5]知 [6]來 [7]者。[1]*kao* (si) on lui dit (rappelle), [2]*tchou* les, [3]*wang* (choses) passées (les choses déjà dites), [4]*eul* alors, [5]*tchi* il connaît, comprend, [6]*laï*-[7]*tche* celles qui viennent (il devine ce qu'on va dire). Lun-yu, chap. *Hio-eul.*

2° Marque d'interrogation. [1]韞 [2]匵 [3]而 [4]藏 [5]之 [6]諸 [1]*yun*-[6]*tchou* serrerai-je (ce beau jade), [2]*to* (dans) une cassette, [3]*eul* et, [4]*thsang*-[5]*tchi* le cacherai-je ? Le mot [6]*tchou* sert de signe d'interrogation pour les deux verbes [1]*yun* serrer, renfermer, et [4]*thsang* cacher.

[1]求 [2]善 [3]賈 [4]而 [5]沽 [6]諸 [1]*khieou* chercher, [2]*chen* bon, [3]*kia* prix, [4]*eul* et, [5]*kou* vendre, [6]*tchou* est-ce que ? C'est-à-dire :

En demanderai-je un grand prix et le vendrai-je ? (Lun-yu, chapitre *Tseu-han.*)

[1]使 [2]齊 [3]人 [4]傅 [5]諸 [1]*sse* ordonner à, [2]*thsi* (nom de royaume), [3]*jin* homme, [4]*fou* instruire, [5]*tchou* est-ce que ? C'est-à-dire : chargera-t-il un homme du royaume de *Thsi,* de l'instruire (de lui apprendre son dialecte) ?

3° Marque du datif. [1]則 [2]反 [3]諸 [4]其 [5]人 [6]乎 [1]*tse* alors, [2]*fan* renvoyer, [3]*tchou* à, [4]*khi* cet, [5]*jin* homme, [6]*hou* est-ce que ? C'est-à-dire : alors renverra-t-il (les bœufs et les moutons) à cet homme, au propriétaire ?

[1]色 [2]厲 [3]而 [4]內 [5]荏 [6]譬 [7]諸 [8]小 [9]人 [1]*se* couleur, figure, [2]*li* grave, [3]*eul* et, [4]*nouï* intérieurement, [5]*jin* mou, [6]*pi* comparer, [7]*tchou* à, [8]*siao* petit (bas, méprisable), [9]*jin* homme. C'est-à-dire : si un homme a un air grave et est mou à l'intérieur, (on peut le) comparer à un homme du commun.

諸 *tchou* répond quelquefois au datif du pronom de la troisième personne (*illi*).

[1]見 [2]莫 [3]敖 [4]而 [5]告 [6]諸 [7]天 [8]不 [9]假 [10]易 [11]也。 [1]*kien* qu'il-aille-trouver, [2]*mo*-[3]*ngao* (le magistrat du titre de *Mo-ngao*), [4]*eul* et, [5]*kao* dise, [6]*tchou* à lui, qu'il lui dise (dicat illi), [7]*thien* (que) le ciel, [8]*pou* ne pas, [9]*kia* prête, ne prête pas (son secours), [10]*i* aux (hommes) négligents. En mandchou : Moao atchafi, abkai kheolen de aisilarakô be alakini. (*Kou-wen-youen-kien,* liv. I, fol. 10.)

4° Répond à l'accusatif du pronom de la troisième personne *tchi* 之 (illum, illam, illud), régime direct d'un verbe actif. [1]毁 [2]諸 [3]已 [4]乎 [1]*hoeï* détruire, [2]*tchou* cela, [3]*i* s'arrêter, [4]*hou* est-ce que ? C'est-à-dire : détruirai-je le palais *Ming-thang* (ou bien) y renoncerai-je ?. Le commentaire explique *tchou* 諸 par 之 *tchi* illud, cela, ce palais.

[1]王 [2]如 [3]改 [4]諸。[5]則 [6]必 [7]反 [8]予 [1]*wang* roi, [2]*jou* si (si le roi), [3]*kaï* change, [4]*tchou* cela (s'il renonce à ses projets ambitieux), [5]*tse* alors, [6]*pi* nécessairement, [7]*fan* il rappellera, [8]*yu* moi, il me fera revenir auprès de lui. *Pi* est ici une marque de futur. (Voyez page 62.)

5° Marque d'ablatif. [1]取 [2]諸 [3]人 [4]以 [5]爲 [6]善 [1]*thsiu* sumere (exemplum), [2]*tchou* ab, [3]*jin* hominibus, [4]*i* ad, [5]*weï* faciendum, [6]*chen* bonum.

[1]一 [2]介 [3]不 [4]以 [5]取 [6]諸 [7]人 [1]*i* unam, [2]*kiaï* festucam, [3]*pou* non, [4]*i* (nota accusativi), [5]*thsiu* subriperet, [6]*tchou* ab, [7]*jin* (aliquo) homine : Un fétu, il ne le prendrait pas à un homme, c'est-à-dire : il ne prendra pas un fétu, etc.

6° *Dans.* [1]吾 [2]有 [3]力 [4]能 [5]肆 [6]諸 [7]市 [8]朝 [1]*ngou* moi, [2]*yeou* avoir (j'ai), [3]*li* (assez de) force, d'autorité, [4]*neng* (pour) pouvoir, [5]*sse* exposer (son cadavre), [6]*tchou* dans, [7]*chi* le marché, [8]*tch'âo* (ou dans le) palais.

[1]求 [2]諸 [3]己 [4]而 [5]已 [6]矣 (le tireur d'arc) [1]*khieou* cherche, [2]*tchou* dans, en, [3]*ki* lui-même (la cause de son insuccès), [4]*eul*-[5]*i* il cesse (et voilà tout), [6]*i* particule finale.

[1]遇 [2]諸 [3]塗 [1]*yu* il (le) rencontra, [2]*tchou* dans, [3]*thou* le chemin, sur la route.

[1]子 [2]張 [3]書 [4]諸 [5]紳 [1]*tseu*-[2]*tchang* (nom propre), [3]*chou* écrivit (cela), [4]*tchou* dans, sur, [5]*chin* sa ceinture.

7° 諸 *tchou* signifie encore à (indiquant une direction vers un lieu ou un objet quelconque). [1]縣 [2]諸 [3]于 [4]門 [1]*hiouen* ils suspendirent (sa cuirasse), [2]*tchou* à, [3]*yu*-[4]*men* la porte appelée *yu-men*. (*Tch'un-thsieou*, chin. mandchou, liv. 19, fol. 13.)

[1]與 [2]文 [3]子 [4]同 [5]升 [6]諸 [7]公 [1]*yu* avec, [2]*wen*-[3]*tseu* (nom d'homme), [4]*thong* ensemble, [5]*ching* il monta, [6]*tchou* à, [7]*kong* (la cour du) prince.

8° 諸 *tchou* est quelquefois un mot auxiliaire, sans signification. [1]日 [2]居 [3]月 [4]諸 [1]*ji* le soleil, [3]*youeï* la lune, [2]*kiu*, [4]*tchou* mots auxiliaires (Khang-hi [1]語 [2]助 [1]*yu*-[2]*tsou*).

9° On rencontre quelquefois des phrases dont la seconde moitié commence par *khi-tchou* 其 諸, et dont le premier et le second membre se terminent par *yû* 與, signe de doute. Nul grammairien n'a parlé de cette formule qui m'avait longtemps embarrassé, et que Medhurst (Dict. chin.-angl., page 1050) rend à tort par *he* ou *they*. Pour en bien faire comprendre la valeur, je suis obligé de citer un long passage de *Kong-yang*, reproduit dans le recueil *Kou-wen-youen-kien*, livr. 7, fol. 12. „ Pourquoi Confucius a-t-il composé le *Tch'un-thsieou* (la chronique du royaume de Lou)? " Réponse : „ Pour appaiser les troubles publics et faire rentrer les hommes dans le devoir, rien n'approche du *Tch'un-thsieou.* " Je ne sais si c'est pour cela (*yû* 與 signe de doute), ou bien (si c'est parce que)...

Ici viennent les mots [1]*khi*-[2]*tchou* [1]其 [2]諸 qui répondent en mandchou à *eitchi*, et en chinois à 抑 *i* ou à *hoe* 或 *ou, ou bien.*

„ *Ou bien* ([1]*khi*-[2]*tchou* [1]其 [2]諸) si c'est parce que le sage (Confucius) aimait à parler de la conduite vertueuse de *Yao* et de *Chun* (*yû*, signe de doute). "

La glose ajoute : Confucius a composé la chronique appelée *Tch'un-thsieou* pour l'instruction des générations futures.

9° Dans un passage de *Kong-yang* (Tch'un-thsieou, chin. mandch., livr. XX, fol. 19), *khi-tchou* 其 諸 est traduit par *aintchi* peut-être, peut-être que. [1]其 [2]諸 [3]此 [4]之 [5]謂 [6]與 [1]*khi*-[2]*tchou* peut-être que, [5]*weï* il a dit, [3]*thseu* cela, [4]*tchi* particule relative (illud dixit), [6]*yû* signe de doute: Peut-être que c'est cela même qu'a voulu dire Confucius (lorsqu'il a écrit que l'empereur était sorti et s'était établi dans le royaume de Tch'ing).

Autre exemple, même ouvrage, livr. IV, fol. 7. [1]其 [2]諸 [3]吾 [4]仲 [5]孫 [6]與 [1]*khi*-[2]*tchou* peut-être que (c'était), [3]*ngou* notre, [4]*Tchong*-[5]*sun*, [6]*yû* signe de doute. C'est-à-dire: peut-être que c'était de notre *Tchong-sun* que Confucius a parlé.

Ibidem, livr. VI, fol. 23. [1]其 [2]諸 [3]以 [4]病 [5]桓 [6]與。 [1]*khi*-[2]*tchou* peut-être que (c'était), [3]*i* parce que, [4]*ping* il détestait, [5]*Houan*, le prince *Houan-kong*, [6]*yû* signe de doute.

Dans le Lun-yu, chap. *Hio-eul*, § 10, on trouve un passage remarquable où *khi-tchou* 其 諸 est expliqué dans le commentaire impérial *Ji-kiang*, livr. IV, fol. 11, par *ki-pou* 豈 不 n'est-ce pas? (*nonne*)? [1]夫 [2]子 [3]之 [4]求 [5]之 [6]也 [7]其 [8]諸 [9]異 [10]乎 [11]人 [12]之 [13]求 [14]之 [15]與。 [1]*fou*-[2]*tseu*-[3]*tchi* (magistri Confucii), [4]*khieou*-[5]*tchi* τὸ quærere illud, [6]*ye* particula finalis, [7]*khi*-[8]*tchou* nonne, [9]*i* differebat, [10]*hou* à, [11]*jin*-[12]*tchi*

海上絲綢之路文獻集成 科技與文化编

hominum, 13*khieou*-14*tchi* τῷ quærere illud; 15*yü* signum interrogationis. La manière dont Confucius demandait cela (des renseignements sur l'administration) ne différait-elle pas de celle dont les (autres) hommes demandent cela?

James Legge (*Lun-yu*, page 6), même sens: The Master's mode of asking information, is it not different from that of other men?

Le mot *yeou* 有 avoir, être, suivi de *tchou* 諸, forme la locution interrogative: *Yeou-tchou* 有 諸 y a-t-il (cela)? cela existe-t-il? cela a-t-il existé? cela a-t-il eu lieu? Ici *tchou* 諸 est un signe de doute.

La réponse à cette question est: 有 之 *yeou-tchi*, il y a cela, il y a eu cela, cela a été, cela a eu lieu.

On lit dans Meng-tseu, chap. I: Le roi dit: „ Comment pourrait-on omettre cette cérémonie? remplacez le bœuf par un mouton. "

Je ne sais, dit Meng-tseu, si cela a eu lieu. 1不 2識 3有 4諸 1*pou*-2*tchi*-3*yeou*-4*tchou*. En mandchou: *maka inou bikheo*. 日 *youe*, on lui dit: *yeou-tchi* 有 之 cela a eu lieu; en mandchou *bikhe*, (hoc) fuit.

10° Le mot 諸 *tchou*, marque du pluriel, joint au mot *heou* 侯 forme l'expression *tchou-heou*, reguli, les princes feudataires.

11° Malgré la présence de *tchou* 諸 (marque du pluriel) l'expression *tchou-heou* 諸 侯 se prend quelquefois au singulier, non-seulement pour *regulus*, mais encore pour „ la dignité de *regulus* ". (Voyez le second exemple.)

1武 2王 3是 4時 1*Wou*-2*wang* (nom d'homme), 3*chi*-4*chi* à cette époque 5尚 6爲 7諸 8侯 5*chang* encore, 6*weï* était, (n'était encore que), 7*tchou*-8*heou*, un *regulus*, un prince feudataire.

On lit dans Meng-tseu, chap. *Wan-tchang*: les princes feudataires peuvent présenter un homme à l'empereur; 1不 2能 1*pou*-2*neng* ils ne peuvent, 3使 4天 5子 3*sse* faire que, 4*thien*-5*tseu* l'empereur, 6與 7之 6*yu*-7*tchi* donne à lui (lui donne), 8諸 9侯 8*tchou*-9*heou*, la dignité de *tchou-heou* (regulus).

DE L'ANTÉPOSITION.

J'emploie le mot *antéposition*, dérivé du latin, pour dire que certains mots se placent ordinairement avant ceux qu'ils doivent suivre. Ces mots sont :

1° Le pronom de la première personne et celui de la seconde sous leurs différentes formes, savoir : 我 *ngo*, 吾 *ngou*, 余 *yu*, 予 *yu* (moi), 爾 *eul*, 汝 *joù*, 女 *joù* (vous).

Exemples : [1]子 [2]曰 [3]莫 [4]我 [5]知 [6]也 [7]夫。[1]*tseu* Confucius, [2]*youe* dit, [3]*mo* personne, [4]*ngo* me, [5]*tchi* connaît (ne me connaît), pour 知 我 *tchi-ngo* connaît-moi, [6]*ye*-[7]*fou* particules finales.

J'ai dit *ordinairement*, parce que [4]*ngo* et *yu* 余 se placent après le verbe qui les régit, si ce verbe est accompagné du mot *tche* 者 *qui, quae, quod.* [1]知 [2]我 [3]者 [4]其 [5]天 [6]也 [3]*tche* celui qui, [1]*tchi* connaît, [2]*ngo* moi, [4]*khi* lui, [6]*ye* est, [5]*thien* le ciel. Tchong-yong, XIV, 37.

Wang-chun et *Tchang-si* [1]事 [2]我 [3]者 [4]也 (sont) [3]*tche* ceux qui, [1]*sse* servent, [2]*ngo* moi (qui me respectent comme un maître, un précepteur), [4]*ye* particule finale. Meng-tseu, chapitre V, part. 2, § 3.

[1]雖 [2]不 [3]吾 [4]以 [1]*souï* quoique, [2]*pou*-[4]*i* on n'emploie pas, [3]*ngou* moi, quoiqu'on ne m'emploie pas (comme en français), pour [2]*pou*-[4]*i*-[3]*ngou* pas-employer-moi. Lun-yu, chap. *Tseu-lou*, § 14.

[1]莫 [2]余 [3]敢 [4]止 [1]*mo* personne, [2]*yu* moi (me), [3]*kan* a osé, [4]*tchi* arrêter (personne n'a osé m'arrêter), pour [1]*mo* personne,

10 •

海上絲綢之路文獻集成 科技與文化编

3*kan* a osé (n'a osé), 4*tchi* arrêter, 2*yu* moi. Tch'un-thsieou, chin. mandchou, liv. XX, fol. 20.

1夫 2出 3晝 4而 5王 6不 7予 8追 1*fou* particule initiale, 2*tch'ou* (comme) j'étais sorti, 3*tcheou* de la ville de *Tcheou*, 4*eul* et (que), 5*wang* le roi, 6*pou*-8*tchouï* ne rappelait pas, 7*yu* moi (mot à mot: pas-moi-rappeler), ne me rappelait pas. Meng-tseu, chap. II, part. 2.

On trouve, dans un cas particulier, *yu* 予 moi, placé après le verbe qui le régit. 1王 2如 3用 4予 2*jou* si, 1*wang* le roi, 3*yong* emploie, 4*yu* moi (m'emploie). Je crois que cette position exceptionnelle de *yu* 予 vient de *jou* 如, car on ne dirait pas 1王 2予 3如 4用 *wang-yu-jou-yong* (le roi-moi-s'il emploie).

1將 2不 3女 4容 5焉 (le prince) 1*tsiang* marque du futur, 2*pou* ne pas, 3*joù* vous, 4*yong* supporter (ne vous supportera pas), 5*yen* particule finale. 3*Joù*-4*yong* vous supporter, pour 4*yong*-3*joù* supporter vous. (Tso-khieou-ming.)

1先 2君 3之 4不 5爾 6逐 7可 8知 9矣。7*kho*-8*tchi* on peut savoir (que), 1*sien*-2*kiun* le prince précédent (le prince défunt), 3*tchi* particule relative, 4*pou* ne pas, 5*eul* vous, 6*tcho* chasser (ne vous aurait pas chassé); 9*i* particule finale. 5*Eul*-6*tcho* vous chasser, au lieu de 6*tcho*-5*eul* chasser-vous (expellere te). Tch'un-thsieou, chin. mandch., liv. II, fol. 17.

2° Le mot *chouï* 誰 qui? se place avant le verbe qui le régit au lieu de le suivre. 1吾 2誰 3欺 1*ngou* ego, 2*chouï* quemnam, 3*khi* decipio? au lieu de 1*ngou*-3*khi*-2*chouï*, ego decipio quemnam (hominem)? Lun-yu, chap. *Tseu-han*, § 11.

On trouve *chouï* qui? placé avant la préposition 與 *yu*, avec; on dit *qui avec*? au lieu *avec qui*? 1王 2誰 3與 4爲 5善 1*wang* le roi, 2*chouï* qui? 3*yu* avec, 4*weï* fera-t-il, 5*chen* le bien? C'est-à-dire: avec quels hommes le roi pourra-t-il s'associer pour bien gouverner? Meng-tseu, chap. *Theng-wen-kong*, part. 2.

3° Le pronom relatif *tchi* 之 se place souvent avant le verbe qui le régit. 1臣 2之 3未 4之 5聞 6也 1*tch'in* moi, votre sujet, 2*tchi* particule relative, 3*weï* pas encore, 4*tchi* cela (illud),

[5]*wen* ai entendu (je n'ai pas encore entendu cela, entendu parler de cela). Meng-tseu, chap. I, part. 1, § 7.

[1]然 [2]而 [3]不 [4]王 [5]者 [6]未 [7]之 [8]有 [9]也 (un prince qui ait agi) [1]*jen* ainsi, [2]*eul* et cependant, [5]*tche* qui, [3]*pou*-[4]*wáng* n'ait pas régné comme un empereur, [6]*weï* pas encore, [7]*tchi* lui (illum), [8]*yeou* avons eu; [9]*ye* particule finale (nous ne l'avons pas encore eu, c'est-à-dire : il n'a pas encore existé).

[1]大 [2]而 [3]化 [4]之 [5]之 [6]謂 [7]聖 [1]*ta* (quand un homme) est grand, [2]*eul* et que, [3]*hoa* il transforme, [4]*tchi* cela (glose de Tchou-hi : et qu'il fait disparaître, qu'il efface sa grandeur), [5]*tchi* lui (illum), [6]*weï* on appelle, [7]*ching* un saint. [5]*Tchi*-[6]*weï* on l'appelle, pour [6]*weï*-[7]*tchi* on appelle lui (un saint). [1]聖 [2]而 [3]不 [4]可 [5]知 [6]之 [7]之 [8]謂 [9]神 [1]*ching* (si un homme est) saint, [2]*eul* et (que), [3]*pou*-[4]*kho* on ne puisse, [5]*tchi* connaître, sonder, pénétrer, [6]*tchi* lui (illum), [7]*tchi* lui (illum), [8]*weï* on appelle, [9]*chin* un homme divin (un homme doué de facultés divines).

SUPPLÉMENT

AUX

MONOGRAPHIES.

TRAITÉ CHINOIS

DES

PARTICULES

ET DES

PRINCIPAUX TERMES DE GRAMMAIRE.

Je dois à l'obligeance du Docteur James Legge, le célèbre éditeur et traducteur des livres classiques de la Chine, la connaissance du curieux et savant Traité dont je vais donner la meilleure partie, appuyée de nombreux exemples, soigneusement traduits. L'auteur de cet ouvrage, Wang-in-tchi, natif de Kao-yeou, Chang-chou (Président d'un des six ministères), l'a publié dans la troisième année du règne de l'empereur *Kia-khing* (1798). Il nous apprend, dans sa préface, „ qu'il a parcouru les neuf livres „ canoniques, les trois commentaires de Tso-khieou-ming, de „ Kong-yang et de Kou-liang sur le Tch'un-thsieou, et les livres „ des Tcheou, des Thsin et des Han occidentaux, et en a extrait „ cent soixante mots. Il a suppléé, dit-il, les explications de mots „ qu'avaient négligées ses prédécesseurs, il a rectifié celles qui „ lui avaient paru fausses, et ne s'est occupé que brièvement des „ mots faciles et usuels. Il n'a pas osé abandonner les interpré- „ tations anciennes et s'attacher de préférence à celles qui étaient „ neuves et extraordinaires. Il a voulu aussi approfondir la pen- „ sée des anciens, afin de fournir aux étudiants un bon choix „ (de particules). "

Je ne puis faire qu'un extrait du long Traité de Wang, dont la traduction complète dépasserait les bornes que je me suis prescrites. J'ajouterai que, dans les cent soixante mots qu'il a choisis, le plus grand nombre n'offrent rien de bien nouveau pour les sinologues, ou sont suivis d'explications difficiles à admettre que l'auteur soutient en critiquant avec beaucoup d'érudition les éditeurs et les interprètes des ouvrages classiques, dont il n'adopte pas les opinions. Mais j'ai été souvent frappé des valeurs nombreuses et remarquables qu'il attribue à certains caractères usuels auxquels on ne donne ordinairement que deux ou trois significations. J'ai recueilli particulièrement les caractères chinois qui présentent, en maintes occasions, de sérieuses difficultés. Je livre au jugement des sinologues, sans les approuver toutes, les explications neuves et souvent trop hardies de Wang-in-tchi qui a toujours soin de les accompagner d'une multitude d'exemples classiques où se trouvent les mêmes termes, et qui, bien souvent, justifient son interprétation. C'est ce que j'ai pu vérifier moi-même, après avoir remonté, à force de recherches, aux principaux passages, tantôt en les rapprochant des traductions mandchou du Chou-king, du Chi-king et des trois commentaires du Tch'un-thsieou, tantôt en m'appuyant de la version latine du Chi-king, du P. Lacharme, ou des remarquables traductions anglaises du docteur J. Legge, qui réside pour le moment en Ecosse et y poursuit, en compagnie de son habile Sien-seng, l'achèvement de sa grande et importante entreprise.

海上絲綢之路文獻集成 科技與文化編

— *I* équivaut à *kiaï* 皆 tous, tout.

Chi king, ode Pe-men : 政事一埤益我. En mandchou : dasan i baita be bireme (en totalité) minde chachakhabi. Lacharme : regni regimen mihi totum incumbit.

Li-ki, ta-tch'ouen : 五者一得於天下 pour 五者皆得於天下. Ces cinq choses, on les obtient toutes dans l'empire, — parmi le peuple il n'y a personne qui n'ait sa suffisance et qui ne soit riche 民無不足無不贍者.

On écrit aussi 壹 *i* dans le sens de *kiaï* 皆 tous. L'exemple que cite Wang est tiré du Li-ki.

— — *I* — *I* équivaut à *hoe* 或 *hoe* 或, 1° tantôt, tantôt ; 2° celui-ci ou celui-là, l'un ou l'autre.

(Morrison, part. II, n° 4447 : this or that, either.)

Li-ki, chap. Yo-ki : 一動一靜者天地之閒也。Ce qui tantôt se meut, tantôt reste en repos, c'est ce qui existe entre le ciel et la terre. En mandchou, *kien* 閒也 *kien-ye* est rendu par *ningge kaï*, c'est ce qui (est).

Tch'un-thsieou, première année de Tchao-kong, commentaire de Tso-chi : 疆場之邑一彼一此 les villes des frontières (passeront) l'une à celui-ci (au royaume de Lou), l'autre à celui-là (au royaume de Kiu).

Ibidem, cinquième année : 一臧一否。何能常之。tantôt un bon, tantôt un mauvais (présage); comment pourrait-on les rendre-constants, c'est-à-dire : faire que les présages obtenus, en consultant la tortue, soient constamment heureux ?

Dictionnaire Eul-ya : 泉一見一否爲瀸 quand l'eau d'une source tantôt paraît, tantôt non (c'est-à-dire tantôt est à sec), cela s'appelle *Tsien*; 井一有水一無水爲瀱汋 quand un puits tantôt a de l'eau, tantôt n'a pas d'eau, cela s'appelle *ki-cho*.

一 et 壹 se trouvent comme mots auxiliaires et insignifiants.

Kouan-tseu : 楚王之善寡人一甚矣 le roi de Thsou m'aime beaucoup.

Li-ki, chap. Than-kong, part. 2 : 子之哭也壹似重有憂者 vous pleurez; vous ressemblez à une personne qui a beaucoup de chagrin.

不 *pou,* vulgo non, pas. 不 *pou,* particule explétive.

Dans les kings et les commentaires, on remplace tantôt *pou* 不 par 丕 *p'eï*, tantôt par 否 *feou.* Chou-king, chap. Si-pe-khan-li : 我生不有命在天 pour que je naquisse, il y a eu un décret émané du ciel. Suivant un commentaire, il faut expliquer ainsi ce passage : 我生有壽命在天 pour que je naquisse, il y a eu un décret de longévité émané du ciel. 不有 est pour 有。

Ibidem, chap. Khang-kao : 惟乃丕顯考文王 votre illustre père, Wen-wang. Glose de Mao-chi : *p'eï-hien* est pour *hien*; *p'eï* vulgo : grand, grandement est ici synonyme de 不 *pou,* mot explétif.

Ibidem, chap. To-sse : 今惟我周王丕靈承帝事。maintenant, nos empereurs des Tcheou se sont admirablement conformés (en mandchou : *atchaboukha*) aux affaires du maître du ciel, c'est-à-dire : se sont admirablement acquittés de l'administration de l'empire que leur avait confiée le maître du ciel.

P'eï, dit Wang, est un caractère explétif.

Chi-king, ode Tche-kong : 徒御不驚大庖不盈 les piétons et les conducteurs de chars font un grand bruit, la grande cuisine est remplie (de gibier). Commentaire : 不驚 est pour 驚。不盈 est pour 盈。

Wang cite plusieurs pages d'exemples où 不 *pou*, 否 *feou* et 丕 *p'eï* lui paraissent des mots explétifs ou auxiliaires, sans signification.

不 *pou* et 否 *feou* synonymes de *wou* 無 ne pas avoir.

Chou-king, chap. Yao-tien : 否德忝帝位。(Le chef des quatre montagnes dit) : Je suis dépourvu de vertu; je déshonorerais le trône impérial. Commentaire : 否 *feou* est la même chose que *pou* 不 ; *pou* 不 aussi équivaut à *wou* 無.

不 *pou* équivaut à *wou* 毋 et à 勿 *wou* particules prohibitives.

Tch'un-thsieou, 33me année de Tchao-kong, Tso-tch'ouen : 不敢戲豫 n'osez-pas vous livrer aux amusements et au plaisir.

且 *thsie* équivaut à *i* 抑 ou, ou bien.

Koue-yu, section Thsi-thse : 王以天下爲秦乎且爲齊乎。Sire, pensez-vous que l'empire, les hommes de l'empire, honorent Thsin, ou bien qu'ils honorent Thsi ?

且 *thsie* équivaut à *kou-thsie* 姑且 pour le moment.

Chi-king, ode Chan-yeou-tch'ou : 且以喜樂 afin de vous réjouir un moment. En mandchou : taka sebdcheleme ourgoundcheme.

且 *thsie* équivaut à *yeou* 又 et, encore, de plus, en outre.

Chi-king, Siao-ya : 君子有酒多且旨 le sage a du vin abondant et de plus excellent (Khang-hi).

且如 *thsie-jou*, si, supposé que, *if, supposing that.*

Tch'un-thsieou, 1re année de Yen-kong, commentaire de Kong-yang : 且如桓立。則恐諸大夫之不能相幼君也。Si Houan-kong est placé sur le trône, il est à craindre que les *Ta-fou* ne puissent aider le jeune prince.

且 *thsie* équivaut à *thse* 此, hic, hæc, hoc.

Chi-king, ode Tsaï-chan: 匪且有且, in *hoc* loco non solum existit *hoc* (en mandchou: oubade teile outtou okhongge waka kai). Lacharme: non sola est hæc nostra regio quæ tam feraces segetes percipiat. Glose de Mao: 且。此也。

且 *thsie* synonyme de *kin* 今, maintenant (且與今同義).

On dit tantôt 今夫 *kin-fou*, tantôt 且夫 *thsie-fou*, maintenant.

且 *thsie* équivaut à *fou* 夫, particule initiale.

Me-tseu, chap. Feï-kong: 今且天下之王公大夫士君子 maintenant les empereurs de l'empire, les princes, les Ta-fou, les magistrats, les sages, etc.

且 *thsie*, mot auxiliaire au milieu d'une phrase (句中助語也).

Tchouang-tseu, chap. Thsi-wou-lun: 誰獨且無師 quisnam solus est, sine præceptore?

Liu-chi, Tch'un-thsieou: 豈且忍相與戰哉 comment serait-il assez inhumain pour vous combattre?

---

tchi 之 marque du génitif, signification ordinaire.

tchi 之 pronom démonstratif: ille, illa, illud, signification ordinaire. 之子 pour 是子 illæ puellæ. (Chi-king.) *Tchi* 之 synonyme de *tchou* 諸 illum, illam, illud (à l'accusatif). Li-ki-chao-i: 僕者負良綏。申之面拖諸幦。le cocher prend la bride principale, la lâche sur le devant, et la ramène sur la capote du char.

Meng-tseu, chap. Theng-wen-kong: 禹決汝漢而注之江. Yu dériva les eaux des fleuves Jou et Han, et les versa, les fit couler dans le fleuve Kiang.

tchi 之 a le sens de *yu* 於, à l'égard de.

Ta-hio : 人之其所親愛而辟焉。les hommes ont de la partialité à l'égard de ceux qu'ils aiment.

tchi 之 a le sens de *yu* 於, dans, à (*sic*).

Ta-taï-li : 養之外不養於內。則是疏之 si on les nourrit au dehors (le père et la mère), et qu'on ne les nourrisse pas dans l'intérieur (de la maison), c'est les éloigner, les regarder comme des personnes étrangères.

tchi 之 a le sens de *khi* 其, lui, il, au nominatif.

Chou-king, chap. Si-pe-khan-li : 殷之卽喪 pour 殷其卽喪. Littéralement : *In*, lui ou il, tout de suite, périra. Wang fait observer que dans le chapitre Weï-tseu, on trouve 殷其卽淪喪, c'est exactement la même idée, rendue de même, seulement le 之 du passage précédent est remplacé par *khi* 其. (D'après nos habitudes, nous regarderions le *tchi* 之 de *In-tchi* comme une particule relative. S. J.)

tchi 之 a le sens de *khi* 其 (répondant à *ejus*, eorum, earum, S. J.).

Meng-tseu, chap. Kong-sun-tch'eou : 天下之民皆悅而願爲之氓 tous les peuples de l'empire se réjouiront et désireront d'être son peuple (de-lui le peuple).

Li-ki, chap. Than-kong : l'empereur sème des courges, 不斂藏之種 il ne recueille ni ne serre leurs graines, les graines de ces courges.

tchi 之 répond à 其 *khi*, illum, illam, illud (à l'accusatif).

Li-ki, chap. Than-kong : 聞之死 audivi illum obiisse.

tchi 之 s'emploie pour 若 *jo*, si.

Chou-king, chap. P'an-keng, part. I : 邦之臧。惟女

衆。邦之不臧。惟予一人有佚罪。 si le royaume est vertueux, cela vient uniquement de vous tous; si le royaume n'est pas vertueux, cela vient uniquement (de ce que) moi, l'empereur, je me suis trompé dans l'application des châtiments, de ce que je n'ai pas puni les vrais coupables. J'ai suivi le mandchou qui rend *thsang* 臧 par *sain*, bonus. C'est la glose suivante qui m'a décidé à rendre *thsang* par vertueux : Si vous pouvez vous efforcer de suivre mes conseils et de pratiquer la vertu 用德, décidément, je mettrai en lumière vos bonnes qualités et ne les cacherai pas.

Wang cite sept autres passages où *tchi* 之 lui paraît l'équivalent de *jo* 若 si.

tchi 之 équivaut à *tse* 則, alors (*sic*).

Tch'un-thsieou, 9me année de Hi-kong : 東略之不知 Littéralement : envahir à l'est, alors on ne sait pas.

Cet emploi de *tchi* 之 me paraît douteux. Je le regarderais comme une particule relative. L'interprète mandchou traduit : dergi ergi be gaidchara be boldchotchi odchorakô dere, on ne peut prévoir s'il envahira le côté oriental. (S. J.)

tchi 之 équivaut à *yu* 與 avec, et.

Chou-king, chap. Li-tching : 其勿誤于庶獄。惟有司之牧夫. James Legge : do not err in the matter of litigations. There are the officers and pastors *to attend* to them. Wang ajoute : 謂有司與牧夫也。L'auteur veut dire qu'il y a *sse*, les officiers, *avec* 與, *mo-fou* les pasteurs.

Tch'un-thsieou, 11me année de Wen-kong : 皇父之二子死焉 *hoang-fou* et ses deux fils sont morts. L'auteur veut dire : 皇父與此二子皆死也。Hoang-fou avec ces deux fils (nommés plus haut), tous (trois) sont morts.

tchi 之 s'emploie pour 兮 *hi* (caractère auxiliaire et final, usité surtout en poésie).

Tch'un-thsieou, 25me année de Tchao-kong, Tso-tch'ouen :

鸜之鵒之。公出辱之 si c'est l'oiseau khiu (sorte de merle), le prince sort et est honteux. En mandchou : kiongghoukhe gaskha otchi, goung toutchifi giroumbi (ce passage est tiré d'une chanson d'enfants).

Wang ajoute : les trois *tchi* 之 sont synonymes de 兮 *hi*. Le nom de l'oiseau est 鸜鵒. C'est le poëte qui l'a partagé en deux. Voyez Khang-hi.

tchi 之 est quelquefois un caractère auxiliaire.

Chi-king, ode Liao-ngo : 鮮民之生。不如死之久矣。le pauvre peuple subsiste ; il vaudrait mieux qu'il fût mort depuis longtemps. Comme s'il y avait : 不如死久也。

Chi-king, ode Kiun-tseu-kiaï-lao : 玼兮玼兮其之翟也 qu'ils sont brillants! qu'ils sont brillants! ces habits du sacrifice; en mandchou: *wetchere i etoukou ;* c'est-à-dire ces vêtements qu'une princesse met pour sacrifier. 其之翟 est pour 其翟.

乃 *naï*, vulgo là-dessus, alors 於是.

Chou-king, chap. Yao-tien: 乃命羲和 alors, il ordonna à Hi et à Ho, etc.

乃猶 *naï-yeou* a le sens de 然後 ensuite. — 乃 *naï* a aussi le sens de *eul* 而, et.

I-li, chap. Yen-li : 大夫不拜乃飲。Le Ta-fou ne salue pas et boit. Glose : 乃猶而 *naï* est comme, c'est-à-dire équivaut à *eul* et.

乃今而後 *naï-kin-eul-heou.*

Même sens que 今而後, dorénavant.

海上絲綢之路文獻集成 科技與文化編

乃 *naï* a le sens de *khi* 其 (marque d'impératif).

Chou-king, chap. To-sse : 爾乃尚有爾土. *Eul-naï* est pour 爾其。vous tous, prenez encore possession de vos terres. Il y a en mandchou : bakhakini, obtenez, prenez.

乃 *naï* s'emploie pour 其 *khi*, lui, eux.

Chou-king, chap. P'an-keng, part. 2 : 乃有不吉不迪, pour 其有... Ceux qui seront sans vertu, sans principes (je les châtierai). Tso-chi, 11me année de 'Aï-kong, cite ce passage et écrit 其有 au lieu de 乃有。

乃 *naï* a le sens de 是 hic, hæc, hoc.

Tchoang-tseu, chap. Te-tchong-fou : 子產改容曰。子無乃稱, comme s'il y avait : 子無稱是言。Tseu-t'san changea de visage et dit : ne prononcez pas ces paroles.

乃 *naï* a le sens de *jo* 若 si.

Chou-king, chap. P'an-keng, part. 2 : 女萬民乃不生生暨予一人猷同心 vous, myriade de peuple, si, en cherchant à vivre, vous ne formez pas le projet d'être avec moi, l'empereur, du même sentiment. En mandchou : Souweni toumen irghen, bandsire dchalin kitcheme, mini emou niyalmai emgi oukhei moudsilen odchoro be bodorakô otchi. James Legge : If, you, the myriads of the people, etc.

乃 *naï* est tantôt une particule initiale, une émission de voix 發聲, tantôt un signe auxiliaire insignifiant (語之助.)

乃若 *naï-jo*, 乃如 *naï-jou*, quant à.

Ces expressions n'ont pas besoin d'exemples.

也 *ye*, particule finale.

也 *ye* s'emploie comme particule auxiliaire au milieu d'une phrase: 有在句中助語者. Exemple: 其爲人也孝弟也 voici quel est cet homme: il est doué de piété filiale et respecte ses aînés.

也 *ye* s'emploie pour *tche* 者, qui, quæ, quod.

Li-ki, chap. Than-kong: 古也墓而不墳 les anciens construisaient des tombeaux et ne faisaient point de *tumulus*.

Chi-king, ode Kiouen-yu: 今也每食無餘 maintenant, à chaque repas, il n'y a point de reste.

Meng-tseu, chap. Tsin-sin: il n'y a pas de jeunes garçons qui ne sachent aimer leurs parents; 及其長也無不知敬其兄也 quand ils sont devenus grands, il n'y en a pas un qui ne sache respecter ses frères aînés.

Wang ajoute 下也字 le dernier mot 也 *ye*, 亦與者同義 a aussi le même sens que *tche* 者 *qui*.

也 *ye* s'emploie dans le sens de *eul* 耳, seulement, particule finale, diminutive.

Meng-tseu, chap. Li-leou: 子之從子敖來徒餔啜也 vous avez suivi Tseu-ngao uniquement pour manger et pour boire.

也 *ye* s'emploie pour 兮 *hi*, caract. auxiliaire et final en poésie.

Chi-king, ode Ji-youeï: 乃如之人兮 un homme de cette sorte. Dans l'ode Ti-tong, on lit: 乃如之人也. On voit que *ye* 也, dans ce second passage, est employé pour *hi* 兮.

也 *ye*, particule finale, s'emploie pour les particules interrogatives 邪 *ye*, 歟 *yu*, 乎 *hou*.

Wang fait observer que dans les King et les commentaires,

11 *

lorsque deux *ye* 也 se correspondent, le premier est interrogatif, et le second sert de finale à la réponse.

Voici des exemples de 也 *ye*, finale interrogative. Lun-yu, chap. *Weï-tching*: 子張問。十世可知也。Tseu-tchang demanda: (les faits de) dix siècles (à venir), peut-on les connaître ?

Meng-tseu, chap. Kao-tseu : 然則食飲亦在外也 ainsi, le boire et le manger dépendent donc aussi (suivant vous) de causes extérieures ?

Wang cite trois pages d'exemples où il considère 也 *ye* comme une marque d'interrogation. Mais il me semble qu'on doit refuser cette valeur à 也 *ye* dans tous les passages auxquels les mots 何 *ho*, 豈 *ki*, 焉 *yen* donnent un tour interrogatif. (S. Julien.)

---

yū 于, synonyme de *yu* 於, dans.

C'est le sens ordinaire. 于 *yū* s'emploie quelquefois, aussi bien que *yu* 於, en sens inverse (倒用), c'est-à-dire se place après son complément au lieu de le précéder, Chi-king, ode Sang-kaï : 四國于蕃。四方于宣。C'est-à-dire : 蕃于四國。宣于四方。(Ces princes) servent de rempart aux quatre royaumes (aux royaumes des quatre parties de l'empire), et leur vertu est publiée, célébrée dans les quatre parties de l'empire. Lacharme, page 180 : sunt omnibus imperii regnis pro muro, et virtus eorum ubique celebratur.

于 *yū* a le sens de 曰 *youe*, dire (cf. Basile).

于 *yū* a le sens de 往 *wang*, aller (cf. Basile).

于 *yū* a le sens de 於 *yu*, après un adjectif (à qui il donne la force d'un comparatif).

Liu-chi-tch'un-thsieou : 然則先生聖于高 ainsi donc, maître, vous êtes plus saint que *Kao*.

海上絲綢之路文獻集成 科技與文化編

于 *yū* a le sens de 乎 *hou,* particule interrogative.

Lie-tseu, chap. Hoang-ti : 今女之鄙至此于。 maintenant, votre bassesse est donc arrivée à ce point ?

于 *yū,* synonyme de 乎 *hou,* particule admirative,

歎美之詞。

Lun-yu, chap. *Weï-tching,* § 21 : 孝乎 *kiao-hou* ! James Legge : O filial piety !

Wang ajoute : le Dictionnaire Chi-wen et le 孝經, gravé sur pierre sous les Han, portent tous deux 于 *yū* au lieu de 乎 *hou.*

于 *yū* a le sens de 爲 *wêï* (au premier ton), faire (*sic*).

Chi-king, ode Ting-tchi-fang-tchong : 作于楚室 il a commencé à faire une maison à *Thsou-kieou* ; en mandchou : Tchou kiou i bade boo be weïleme deriboukhe. Plusieurs commentateurs expliquent *tso-yu* 作于 par 作爲 *tso-weï,* faire.

于 *yū* a le sens de 爲 *wêï,* être.

Ibidem : 命不于常 l'ordre (de l'empereur qui a nommé un prince) n'est pas, ne peut être perpétuel 命不可爲常。(于猶爲。*yū* est comme, est pour *wêï.*)

于 *yu* a le sens de 爲 *wêï* au troisième ton, *pour, en faveur de.*

Meng-tseu, chap. Wan-tchang : 玆臣庶女其于予治 ces ministres, ces femmes du peuple, pour moi, gouvernez-les (*khi,* marque d'impératif) ; aidez-moi à les gouverner. Wang : 于 est pour 爲 *wêï,* et ce 爲 *wêï* a le sens de 助 *tsou,* aider.

于 *yu* a le sens de 如 *jou,* comme.

I-king, Hi-thse-tch'ouen : 介于石, c'est-à-dire : 介如

石 il est ferme (dans sa résolution) comme une pierre, un roc. En mandchou : touwakiyan wekhei gese (lapidis instar).

于 *yu* a le sens de 是 *chi*, iste, hic.

Chi-king, ode Tch'ou-tch'e : 玁狁于襄 les barbares du nord, ceux-là (Nan-tchong) exterminera (il exterminera les barbares du nord). En mandchou : amargi aiman be moukiye-boutchi ombi.

On voit ici par le mandchou, qu'ici *yu* est une marque d'accusatif, comme je l'ai montré dans ma *Syntaxe nouvelle* (page 28), en citant plusieurs phrases construites de même. (S. Julien.)

于 *yu* a le sens de 越 *youe* et de 與 *yù*, avec, *simul*, *cum*.

Chou-king, chap. Tá-kao : 大誥爾多邦越爾御事。je m'adresse grandement à vous, nombreux royaumes (nombreux princes), *et* à vous qui êtes chargés des affaires. (越 *youe* est pour 于 *yu*, en mandchou *tchai.*)

Ibidem : chap. To-fang : 不克敬于和。則無我怨 si vous ne pouvez être respectueux et pratiquer la concorde, ne vous irritez pas contre moi (lorsque je vous punirai). En mandchou : ginggouleme khôwaliasoun ome mouterakô otchi, minde oume ouskhara.

Wang ajoute : 于 *yu* est pour 與 et. L'auteur veut dire : 不能敬與和.

云 *yun*, vulgo dire, parler.

云 *yun* a le sens de *chi* 是 être. Chi-king, ode Tching youeï : 有皇上帝。伊誰云憎 pour 伊誰是憎。Il y a l'auguste maître du ciel; qui est-ce qu'il déteste ? Littéralement : quis est (quem) ille odit ? L'interprète mandchou a mis le verbe *haïr* au passé : we be oupiyakha ni, quemnam odio habuit ?

海上絲綢之路文獻集成 科技與文化編

云 *yun* a le sens de *yeou* 有 avoir.

Sun-tseu : 云能而害無能則亂也。L'auteur veut dire : si quelqu'un a de la capacité et fait du mal à ceux qui n'ont pas de capacité, c'est un grave désordre.

云 *yun* a le sens de *hoe* 或, peut-être.

Chou-king, chap. Thsin-chi : 日月逾邁。若弗云來 les jours et les mois passent, s'en vont, comme s'ils ne devaient peut-être pas venir (revenir).

Tsin-yu : 其誰云弗從 quel est celui d'entre eux qui, par hazard, ne se soumettrait pas ?

Ibidem : 內外無親其誰云求之 si, au dedans et au dehors, ils n'ont pas de proches parents, qui est-ce qui, par hazard, les sauvera, les délivrera ?

云 *yun* a le sens de *jou* 如, si.

Lie-tseu, Li-ming-pien : 云至於大病 pour 如至於大病 si vous arrivez à être grandement, gravement malade ; littéralement : si vous arrivez à une grande maladie.

云 *yun* s'emploie pour 然 *jen*, terminaison adverbiale.

Sse-ki, Tcheou-pen-ki : 其色赤其聲魄云 sa couleur (la couleur de cet oiseau) était rouge, sa voix était calme. Le commentateur Ma-yong, cité dans Khang-hi, remplace *p'e-yun* par 魄然 *p'e-jen.*

Ibidem : Fong-chen-chou : 若雄雉其聲殷云 pour 其聲殷然. Quant au faisan mâle, son cri est fort, sa voix est forte.

云 *yun* s'emploie comme mot initial (insignifiant),

發語詞。

Wang cite des passages du *Chi-king* commençant par *yun-ho* 云何。*yun-choui* 云誰。*yun-jou-tchi-ho* 云如之

何。*yun-hou* 云胡。*yun-pou* 云不。*yun-tsou* 云徂。*yun-ngo* 云我。*yun-jou-ho* 云如何。

云 *yun* s'emploie au milieu d'une phrase, comme mot auxiliaire, insignifiant.

Chi-king, ode Hiong-tch'i : 道之云遠。曷云能來 le chemin est long ; comment peut-il venir ?

Ibidem, ode Tchen-niang : 人之云亡 pour 人之亡 les hommes périssent. Lacharme : homines pereunt.

Tch'un-thsieou, 15me année de Hi-kong, commentaire de Tsochi : 歲云秋矣 l'année est arrivée à l'automne. En mandchou : aniya ne bolori okhobi.

Ibidem, 12me année de Tch'ing-kong : 日云莫矣 le soleil est arrivé au soir. En mandchou : Choun yamdsikha.

Dans les passages ci-dessus, *yun* 云, dit Wang, est un mot auxiliaire.

云 *yun* s'emploie comme particule finale.

Ta-taï-li-ki : 盍記時也云。pourquoi ne pas noter le temps, l'époque ?

Li-ki-yo-ki : 故聖人曰禮樂云. C'est pourquoi le saint homme (Confucius) parle des rites et de la musique.

云爾 *yun-eul*, 云乎 *yun-hou* sont des particules finales.

Lun-yu, chap. Chou-eul : 不知老之將至云爾. Il ne sait pas, ne s'aperçoit pas que la vieillesse va arriver.

Tch'un-thsieou, 14me année de Tchoang-kong, commentaire de Kou-liang : 棗栗云乎。(elle offre) des jujubes et des châtaignes ; 腶脩云乎。de la chair séchée et apprêtée avec du gingembre.

亦 *i*, vulgo et, aussi.

Souvent ce mot n'est qu'un caractère auxiliaire. Chou-king, chap. Kao-yao-mo : 亦行有九德 dans les actions, il y a neuf vertus (à considérer).

海上絲綢之路文獻集成 科技與文化編

Chi-king, Ts'ao-tch'ong : 亦既見止。亦既覯止 je l'ai vu, je l'ai rencontré. Les deux *tchi* 止 sont des finales insignifiantes.

亦 *i* se trouve comme auxiliaire au milieu d'une phrase.

Chou-king, chap. P'an-keng : 予亦拙謀作乃逸 par mes plans inhabiles, j'ai causé votre erreur.

Chi-king, chap. Wen-wang : 凡周之士不顯亦世 tous les magistrats des Tcheou s'illustreront de siècle en siècle. Le mot *pou* 不 est aussi un mot auxiliaire.

Wang ajoute : toutes les fois qu'on dit 不亦 *pou-i,* 亦 est un mot auxiliaire. Exemples : on dit 不亦說乎 pour 不說乎。不亦樂乎 pour 不樂乎。不亦君子乎 pour 不君子乎 etc.

伊 *i*, vulgo seulement. On écrit aussi 繄 dans le même sens.

Tch'un-thsieou, 14me année de Siang-kong, commentaire de Tso-chi : 王室之不壞繄伯舅是賴 si la maison de l'empereur n'a pas été renversée, c'est uniquement parce qu'elle a eu l'appui d'un oncle paternel.

Ibidem, 1re année de Yen-kong : 爾有母遺。繄我獨無 vous avez encore votre mère ; emportez (cette viande) ; moi seul je n'en ai pas, je n'ai pas de mère.

Ce second passage se trouve dans Khang-hi, mais le mot *i* 繄 est qualifié d'auxiliaire, ce qui me paraît préférable. S. J.

伊 *i* a le sens de ille, illa, illud.

Chi-king, ode Kien-kia : 所謂伊人 cet homme à qui je pense. Homo ille quem cogito. Lacharme.

Le mot 繄 *i*, son synonyme, s'emploie aussi comme pronom démonstratif : ille, illa, illud.

海上絲綢之路文獻集成 科技與文化編

伊 *i* a le sens de 有 *yeou*, être, y avoir.

Chi-king, ode Koueï-pien : 豈伊異人 est-ce qu'il y a des hommes différents, c'est-à-dire qui vous sont étrangers ? — Ce sont des frères, des cousins.

以 *i*.

Wang donne d'abord les sens ordinaires de 以 *i*.

1° Ce mot a le sens de 用 *yong*, se servir de, par. Chou-king, chap. Yao-tien : 以親九族 par là, par ce moyen (en mandchou : *ereni*), il montra de l'affection aux neuf classes de sa famille.

2° Il a le sens de 由 *yeou*, ab, ex, dans la locution naître de, *Ta-taï-li-ki* : 獄之所由生 ce d'où naissent, proviennent les procès ; on pourrait dire 所以生.

3° Il a le sens de 爲 *weï*, au troisième ton. Chi-king, ode Tchen-niang : 天何以刺 pourquoi le ciel nous blâme-t-il ? 何以 répond à 何爲 *ho-weï*, pour quelle raison, pourquoi ?

以 *i* a le sens de 謂 *weï*, dire, penser.

Li-ki, chap. T'an-kong, part. 2 : 吾以將爲賢人也. C'est-à-dire : 吾謂將爲賢人 je disais qu'il (ce fils) deviendrait un homme sage. *I* 以 est ici pour 以爲, en mandchou : *gônimbi*, penser.

Tch'un-thsieou, 25me année de *Tchao-kong*, commentaire de *Tso-chi* : 公以告臧孫。Le prince le dit à *T'sang-sun*. 臧孫以難. T'sang-sun dit (以 pour 謂) que c'était difficile. 告郈孫。孫以(以 pour 謂)可。勸. Il le dit à Heou-sun ; Heou-sun dit que c'était possible, et il l'exhorta (à chasser *Ki-chi*).

以 *i* a le sens de 與 *yu*, avec, ensemble.

Chou-king, chap. *P'an-keng*, part. 2: 爾忱不屬。惟胥以沈。Si votre sincérité ne répond pas à la mienne (*sic* James Legge), nous serons noyés ensemble, c'est-à-dire : nous périrons ensemble. 胥以 est pour 相與 unâ, *simul.*

Chi-king, ode *Sang-jeou* : 不胥以穀 ils ne sont plus amis ensemble ; en mandchou : iskhounde sain akô ni.

I-li, chap. Hiang-che-li : 各以其耦進 chacun s'avance avec son partenaire. Glose : 以 *i* a le sens de 與 *yu*, avec.

Li-ki, chap. Than-kong, part. 2 : 吾未嘗以就公室. Je ne suis pas encore allé avec *lui* (mon fils) dans la maison du prince. (On a sous-entendu le mot 子 *tseu*, parce que King-kiang a parlé plus haut de son fils.) En mandchou : bi oumai sasa (*avec* lui) goung ni yamoun de genekhekô.

Tch'un-thsieou, 29me année de Siang-kong: 樂氏其以宋升降乎. Est-ce que *Yo* (nom d'homme) s'élève et s'abaisse *avec* le royaume de Song? Pour 與宋升降也。

以 *i* a le sens de 及 *ki*, regarder, concerner, atteindre.

余一人有罪。無以萬夫。C'est-à-dire : 無及萬夫 si moi, l'empereur, je commets un crime, cela ne regarde pas mon peuple, c'est-à-dire : je suis seul coupable, mon peuple n'y est pour rien.

Dans le dictionnaire *Thsing-han-wen-haï*, liv. XVII, fol. 23, les mots 無以 reçoivent en mandchou le même sens : 無以萬方 toumen baingge de *daldchakô*, cela ne regarde pas les habitants des dix mille contrées; les peuples de l'empire sont étrangers à cela. *Daldchakô* répond en chinois à l'expression 不相干 *pou-siang-kan*. Voyez Basile, nº 2479. (S. Julien.)

I-king : 行師終有大敗以其國君。Wang ajoute : 及其國君。s'il fait marcher ses troupes, à la fin

海上絲綢之路文獻集成 科技與文化编

il éprouvera une grande défaite ; cela atteindra le prince du royaume, c'est-à-dire cela causera la perte du prince du royaume.

以 *i* a le sens de 而 *eul,* et.

Chou-king, chap. Kin-theng : 天大雷電以風. Le ciel envoie fortement le tonnerre, les éclairs et le vent. Littéralement : grandement tonne, *éclaire* (fait des éclairs) et *vente* (fait du vent).

Ibidem, chap. Mou-chi : 俾暴虐于百姓以姦宄于商邑 il est cause qu'ils tyrannisent les cent familles, le peuple, et (*i*) se livrent à la débauche dans la ville des Chang.

Tch'un-thsieou, 24me année de Tchoang-kong, commentaire de *Kong-yang* : 戎衆以無義 les barbares de l'occident sont nombreux et dépourvus de justice.

Ibidem, 11me année de Tchao-kong, commentaire de Tso-chi : 桀克有緡以喪其國。紂克東夷而隕其身。 Kie vainquit Yeou-min et perdit son royaume ; Tcheou vainquit les barbares de l'est et perdit la vie.

Wang ajoute : le mot *i* 以 est ici pour 而 *eul.* Ces deux mots sont pris l'un pour l'autre.

攸 *yeou,* vulgo qui, quæ, quod, a le sens de *so-i* 所以 ce par quoi.

Chou-king, chap. Ta-kao : 予惟小子若涉淵水。予惟往求朕攸濟。 je ne suis qu'un jeune enfant ; je suis comme celui qui veut traverser une eau profonde. Je vais uniquement chercher le moyen de la passer. Littéralement : *ce par quoi* je la passerai. Glose chinoise : 往求我所以濟渡也。

攸 s'emploie comme mot auxiliaire, aussi bien que 猷 *yeou,* son synonyme.

Chou-king, chap. P'an-keng, part. 2 : 女不憂朕心

攸困。Vous ne vous affligez pas des peines de mon cœur.

Ibidem, chap. Hong-fan : 予攸好德。C'est-à-dire : 予好德 j'aime la vertu. En mandchou : beye erdemou de amouran.

Ibidem, P'an-keng, part. 1 : 女猷黜乃心。Corrigez, réprimez vos pensées (égoïstes).

Ibidem, P'an-keng, part. 2 : 女萬民不暨予一人猷同心。Vous, myriade de peuple, si vous ne partagez pas mes sentiments, mes dispositions. Littéralement : vous, myriade de peuple, si, pas avec moi, l'empereur, vous n'assimilez votre cœur. L'empereur se désigne humblement par les mots 一人 *i-jin*, unus homo.

其 *khi*, vulgo ille, suus, iste.

Il est inutile de citer des exemples.

其 *khi*, a le sens de *tsiang*, marque du futur.

Chou-king, chap. Thang-chi : 予其大賚汝 je vous récompenserai grandement. (James Legge : I will greatly reward you.)

Ibidem, chap. P'an-keng, part. I : 天其永我命于茲新邑 le ciel perpétuera notre existence (glose : étendra et allongera la vie, la durée de notre royaume) dans cette nouvelle ville. James Legge a considéré aussi les mots *khi yong*, comme ayant le sens du futur : Heaven *will perpetuate*. De plus, le commentateur Thsaï a remplacé 其 *khi* par *tsiang*, marque du futur.

Wang cite encore douze passages où *khi* 其 lui paraît une marque du futur.

其 *khi* équivaut à *chang* 尚 encore (sic), et à *chou-ki* 庶幾 peut-être (sic).

Chou-king, chap. Kin-theng : 我其爲王穆卜.

海上絲綢之路文獻集成 科技與文化編

[Dans ce passage, j'aime mieux regarder ce *khi* comme un signe d'impératif (voyez l'impératif, pages 63, 64) : Consultons avec respect la tortue, au sujet du roi. C'est aussi le sens qu'a adopté J. Legge : Let us reverently consult the tortoise concerning the king. S J.]

Dans le passage suivant du chapitre *Lo-kao*, *khi* me paraît encore une marque d'impératif: 女其敬 soyez respectueux. J. Legge, même sens : cultivate *the spirit of* reverence.

Wang cite d'autres passages du *Chou-king*, chapitres *Chao-kao, Lo-kao, Wou-i, Kiun-chi* et *Wen-heou-tchi-ming*, où *khi* 其 est évidemment une marque d'impératif et ne peut signifier *chang* 尚 encore, ni *chou-ki* 庶幾 peut-être. Je puis en dire autant de deux autres passages, l'un du Tch'un-thsieou, 3me année de In-kong, commentaire de *Tso-chi*, et l'autre du *Tchen-koue-thse*, section *Tcheou-yu*. J'ai revu chaque exemple sur le mandchou et sur les commentaires chinois, et j'y ai trouvé la confirmation de la valeur de *khi* 其 comme marque d'impératif. Dans tous les passages du Chou-king, mentionnés plus haut, le docteur James Legge a constamment mis à l'impératif les verbes précédés de *khi* 其.

其 *khi* a le sens de 若 *jo*, si.

Chi-king, ode Siao-min : 謀之其臧。則具是違。謀之不臧。則具是依。Si des projets sont bons, ils s'y opposent tous ; si des projets ne sont pas bons, ils les suivent tous.

Li-ki, chap. Wen-wang-chi-tseu : 公族其有死罪。則磬于甸人 si un membre de la famille d'un prince a commis un crime capital, il est pendu ou étranglé (secrètement) par l'intendant des champs. En mandchou : *boútchere weile ne-tchitchi*, s'il commet un crime capital.

Tch'un-thsieou, 9me année de Hi-kong, commentaire de Tso-chi : 其濟。君之靈也。Si je réussis, ce sera l'effet du bonheur du prince. En mandchou : moutetchi edchen i kho-touri.

Ibidem, 23me année de Siang-kong, commentaire de *Tso-chi :* 其然將具敝車而行 s'il en est ainsi (en mandchou : *outton otchi*), j'apprêterai mon vieux char et je partirai.

其 *khi* a le sens de 乃 *naï*, alors.

Chou-king, chap. *Yao-tien :* 活活滔天。下民其咨。Les grandes eaux menacent le ciel ; alors le peuple qui habite des lieux bas, se plaint, murmure.

Ibidem, chap. Kao-yao-mo : 撫于五辰。庶績其凝。si (les ouvriers) se conforment aux cinq éléments, alors tous les mérites (tous les travaux utiles) seront accomplis.

Wang cite ensuite une trentaine de passages où il regarde 其 *khi* comme ayant le sens de *naï* 乃 alors.

其 *khi* s'emploie pour 之 *tchi*, illud (à l'accusatif).

Chou-king, chap. P'an-keng, part. 2 : 不其或稽。自怒曷瘳。Si vous n'examinez pas cela, si vous ne refléchissez pas à cela, quand même vous vous irriteriez, à quoi cela vous servirait-il ? (Littéralement : est-ce que cela vous guérirait ?)

其 *khi* s'emploie pour 之 *tchi*, marque du génitif.

Chou-king, chap. Khang-kao : 朕其弟小子封 Fong, jeune enfant, mon frère cadet. 朕其 pour 朕之 de moi (le frère cadet). En mandchou : mini deo, mei frater minor.

其 *khi* s'emploie pour 之 *tchi*, particule relative.

物其多矣 pour 物之多矣。Ces choses sont nombreuses ; c'est-à-dire : ces poissons sont nombreux.

Ta-taï-li-ki, chap. P'ao-fou : 凡是其屬。太師之任也. Pour 凡是之屬 toutes les choses de ce genre se rattachent à la charge de précepteur (ou tuteur) du prince impérial.

其 *khi* a le sens de 寧 *ning*, est-ce que?

Chou-king, chap. P'an-keng: 若火之燎于原。不可鄉邇。其猶可撲滅。C'est comme lorsque un feu est allumé dans une plaine; on ne peut s'en approcher. Pourrait-on encore l'étouffer en frappant dessus?

Ibidem, chap. To-sse: 我其敢求位. Est-ce que nous avons osé demander le trône, ou cherché à obtenir le trône?

Tch'un-thsieou, 5me année de Hi-kong, commentaire de Tsochi: 一之爲甚。其可再乎 une fois (s'emparer d'un royaume) c'est déjà trop; est-ce qu'il serait permis de réitérer cela, c'est-à-dire d'en prendre un second?

Ibidem, 10me année de Hi-kong: 欲加之罪。其無辭乎 si vous voulez me punir (me mettre à mort), est-ce que vous n'aurez pas vos raisons?

其 *khi* est quelquefois un mot auxiliaire insignifiant.

語助無意義。

Chou-king, chap. Ta-kao: 予曷其不于前寧人圖功攸終 comment pourrai-je ne pas achever les œuvres commencées par les anciens pacificateurs [1]?

Ibidem, chap. *Khang-kao*: 未其有若汝封之心。Il n'y a encore eu personne qui eût un cœur comme le vôtre, ô Fong!

Ibidem, chap. *Lo-kao*: 敘弗其絕 (le feu) ne peut être éteint tout doucement.

Ibidem, chap. Mi-chi: 馬牛其風 si des chevaux ou des taureaux s'échappent.

Chi-king, ode Yang-tchi-choui: 彼其之子 cette jeune fille.

[1] On appelle ici *ning-jin* les grands ministres de l'empereur *Wou-wang*. De son vivant, on donnait à cet empereur la qualification de *Ning-wang*, De là vient l'expression *ning-jin* par laquelle on désigne ses anciens ministres. — Note de *T'saï*.

Wang cite encore huit passages où *khi* lui paraît un mot auxiliaire et insignifiant.

其 *khi* se trouve comme auxiliaire à la suite d'une marque d'interrogation.

Chou-king, chap. *Weï-tseu* : 今爾無指。告予顛隮。若之何其 maintenant vous ne m'indiquez rien; vous m'annoncez notre ruine; que faire?

厥 *kioue* a ordinairement le sens de 其 *khi*, ille, ipse, suus.

厥 *kioue* s'emploie pour 之 *tchi*, particule relative. Chou-king, chap. Wou-i : 自時厥後立王 pour 自是之後立王 les empereurs qui s'élevèrent après ceux-là. (James Legge.) L'interprète mandchou traduit : teretchi amasi, après cela; ce qui nous permet de considérer 厥 *kioue* comme une particule relative.

厥 *kioue* s'emploie aussi pour 之 *tchi*, illud (à l'accusatif).

Chou-king, chap. Wou-i : 此厥不聽。人乃訓之 pour 此之不聽。Si vous n'écoutez pas cela, les hommes (vos ministres) vous imiteront. James Legge : If you will not listen to this, your ministers will imitate you.

厥 *kioue* est quelquefois un mot auxiliaire insignifiant.

Chou-king, chap. To-sse : 誕淫厥泆 pour 誕淫泆, il s'abandonne grandement (avec excès) à la débauche.

Ibidem, chap. Li-tching : 文王惟克厥宅心 pour 克宅心。Wen-wang était capable de connaître à fond le cœur de ceux qu'il avait établis. Ce passage serait inintelligible si l'on n'ajoutait après *khe* 克 le mot *tchi* 知 connaître. C'est l'opinion de plusieurs commentateurs. Voyez J. Legge, Chou-king, vol. III, part. 2, page 516, 12.

海上絲綢之路文獻集成 科技與文化編

可 *kho* a quelquefois le sens de 所 *so*, ce que, ce dont, suivant le verbe avec lequel il est construit.

Li-ki, Tchong-yong, chap. XVI : 體物而不可遺. Le mot *kho* 可 est pour 所 *so* et 不 *pou* pour 無 *wou*. Les démons et les esprits produisent les êtres et il n'y en a pas un qu'ils oublient. Glose de Wang : 萬物皆生於鬼神。是鬼神生物而無所遺.

Ta-taï-li-ki : 無行可悔。可 *kho* est pour *so* 所, il n'a rien fait dont il se soit repenti (il s'agit de l'empereur Wou-wang).

L'ouvrage Choue-youen, chap. king-tchin donne 無行所悔. Cela prouve, ajoute Wang, que 可 *kho* peut quelquefois s'employer pour *so* 所.

Sse-ki, biographie de Wan-chi-kiun : 自初官以至承相終無可言。Depuis le moment qu'il entra en charge jusqu'à son élévation au rang de ministre, il ne dit rien. Comme s'il y avait 始終無所言也。ab initio usque ad finem nihil fuit quod dixerit.

台 *thaï* a le sens de *ho* 何; *jou-thaï* 如台 s'emploie pour *naï-ho* 柰何 comment ?

Wang cite trois passages du Chou-king qui ont été reproduits par Sse-ma-thsien, et où cet historien a remplacé les mots 如台 du Chou-king par *naï-ho* 柰何. Il ajoute que, chez les anciens, *naï-ho* 柰何 répondait à *jou-thaï*. Il blâme les commentateurs qui expliquent *thaï* par *ngo* 我 moi. Du temps des Han, dit-il, les interprètes du Chang-chou (Chou-king) écrivaient tous *naï-ho* pour *jou-thaï*. Sse-ma-thsien, Pan-kou et Tseu-yun ont tous suivi cet exemple. C'est depuis le commentaire de Meou-chi qu'on a commencé à expliquer *thaï* 台 par *ngo* 我

moi, et dès lors on n'a plus compris le vrai sens de 如台 *jou-thaï.*

夷 *i,* caractère auxiliaire.

Chi-king, ode Tchen-niang: 蟊賊疾。靡有夷屆。罪罟不收。靡有夷瘳 les insectes Meou et Tse font notre malheur; il n'y a pas de fin; les filets ne sont pas rentrés (sont étendus), mais il n'y a pas de remède. Tout ce passage est au figuré. Voyez Lacharme, III, 3, ode 10.

Tch'un-thsieou, 24me année de Tchao-kong: 紂有億兆夷人 c'est-à-dire: 有億兆人 Tcheou a des centaines de mille et des millions d'hommes.

Meng-tseu, chap. Tsin-sin, part. 2: 夷考其行而不掩焉者也. Si l'on examine leurs actions, il n'y en a pas une qui corresponde (à leurs paroles). 掩 a le sens de *thong* 同 semblable, être semblable (Khang-hi).

如 *jou,* vulgo si.

如 *jou* s'emploie pour *naï* 奈, comment? Wang ne cite point d'exemple où *jou* seul ait le sens de *naï,* quoi? comment? mais il renvoie à un curieux passage de *Kou-liang,* 12me année de Tchao-kong, où *jou* 如 est séparé de *ho* 何 par quatre mots. 如爾所不知何 comment ne le savez-vous pas? Comme s'il y avait 如何爾所不知.

Wang ajoute que *jou* n'est qu'un mot auxiliaire dans les locutions *jou-ho* 如何 et 如之何 *jou-tchi-ho.*

如 *jou* s'emploie pour *jen* 然, terminaison adverbiale, dans les expressions 恂如。踧如。踖如。勃如。躩如 du *Lun-yu,* chap. Hiang-thang.

12*

海上絲綢之路文獻集成 科技與文化編

如 *jou* s'emploie pour *eul* 而, et.

Chi-king, ode Tch'e-kong: 舍如破 ils lancent leurs flèches et frappent (le gibier).

Ta-taï-li-ki, chap. Pao-fou: 親疏有序。如恩相及矣。les parents proches et éloignés observent leur rang et se témoignent mutuellement de l'affection.

Li-ki, chap. Than-kong, part. 1: 天下豈有無父之國哉。dans l'empire, est-ce qu'il se trouve un royaume où il n'y ait pas de père? 吾何行如之, pour 何行而至. Comment pourrais-je y aller? C'est-à-dire, ajoute Wang: 無可至之國。un royaume où l'on ne peut aller. Le mot 之 *tchi* qui suit 如 *jou* est ici synonyme de 至 parvenir à, arriver à.

Tch'un-thsieou, 7me année de In-kong, commentaire de *Tso-chi*: 及鄭伯盟歃如忘。quand il eut fait alliance avec le *Pe* de Tch'ing, il enduisit ses lèvres de sang (du sang de la victime) et oublia (ses serments). Le commentateur Fo-khien dit: 如而也 *jou* est pour *eul*, et.

Ibidem, 7me année de Tchoang-kong: 星隕如雨。des étoiles (aérolithes) tombèrent et il plut en même temps. Lieou-hin dit: 如 *jou* est pour *eul* 而. Wang renvoie aux annales des Han: Mémoire sur les cinq éléments (*Ou-hing-tchi*).

Wang cite encore un grand nombre de passages où *jou* 如 lui paraît avoir le sens de *eul* 而, et.

如 *jou* a le sens de *tse* 則, alors.

Sse-ki, Hoaï-nan-wang-tch'ouen: 廷臣必徵膠東王。不如常山王。les officiers du palais appelleront certainement Kiao, le roi de l'est. Autrement, alors (ils appelleront) le roi de Tch'ang-chan. 不與否同 *pou* est synonyme de *feou*, autrement. L'auteur veut dire, ajoute Wang, 廷臣必徵膠東王。否則常山王也

如 *jou* a le sens de *tang* 當, égaler.

Tchen-koue-thse, section *Song-thse* : 夫宋之不足如梁也。le royaume de Song n'est pas capable d'égaler le royaume de Liang, ne peut lui tenir tête.

如 *jou* a le sens de *pou-jou* 不如, ce n'est pas comme, il vaut mieux.

Tch'un-thsieou, 22me année de Hi-kong, commentaire de Tso-chi : 若愛重傷。則如勿傷 si vous aimez à blesser une seconde fois, il vaut mieux ne pas blesser (une première fois). 愛其二毛。則如服焉。si vous aimez les hommes qui grisonnent, il vaut mieux vous soumettre à eux, c'est-à-dire suivre leurs conseils. (Glose : 從之也。) En mandchou : aikabade feyelekhengge be nerebourebe gositchi, feyelebourakô de isirakô ; derei asari charakangge be gositchi, dakhara de isirakô.

Ibidem, 2me année de Tch'ing-kong. 若知不能。則如無出。si (le général) savait qu'il ne pourrait (vaincre) il valait mieux ne pas sortir (pour combattre). En mandchou : aikabade mouterakô be satchi, toutchirakô de isirakô bikhe.

如 *jou* a le sens de *tang* 當, il faut, il convient de.

Dans le passage précédent, *jou* 如 a été expliqué d'après le commentaire *tching-i* 正義, de Kong-ngan-koue, qu'a suivi l'interprète mandchou, mais Wang le blâme et prétend qu'ici 如 *jou* est pour *tang* 當 il convient de. Si vous aimez, dit-il, à blesser deux fois un homme, il convient de ne point le blesser ; si vous aimez ceux qui grisonnent, il convient de leur obéir, de suivre leurs conseils.

Wang cite encore dix passages où il attribue à *jou* 如 le sens de *tang* 當, il convient de.

如 *jou* a le sens de *tsiang* 將 (marque du futur).

Meng-tseu, chap. Kong-sun-tch'eou, part. II, § 2 : 寡人

如就見者也 l'homme de peu de vertu (c'est-à-dire: moi, le prince), j'étais sur le point d'aller vous voir.

Tch'un-thsieou, 12me année de Siouen-kong, commentaire de Tso-chi: 有喜而憂。如有憂而喜乎。 Comme s'il y avait: 若有喜而憂。亦將有憂而喜乎。 si vous vous affligez ayant un sujet de joie, est-ce que vous vous réjouiriez aussi ayant un sujet de tristesse? Le mot *tsiang* 將, marque du futur, doit être rapporté au dernier verbe *yeou* 喜.

如 *jou* a le sens de 與 *yu*, avec et de *ki* 及 et, ou, ou bien.

I-li, chap. *Hiang-in-thsieou-li*: 公如大夫入。C'est-à-dire: 公與大夫入也。 les Kong, princes, entrent avec les Ta-fou.

Lun-yu, chap. Sien-thsin: 方六七十如五六十 (si je gouvernais un territoire ayant en) carré soixante à soixante-dix li ou cinquante à soixante li. James Legge rend *jou* par *or* (ou).

Ibidem: 宗廟之事如會同。 dans les affaires (le service) du temple des ancêtres et dans les occasions où l'on se réunit et où l'on se rassemble, c'est-à-dire: dans les audiences des princes. L'interprète mandchou rend *jou* 如 par *dchai,* et.

如 *jou* a le sens de 於 *yu*, par dessus, plus que.

Liu-chi, Tch'un-thsieou, chap. Thsieou-'aï-sse: 人之困窮甚如饑寒 les hommes sont beaucoup plus malheureux que ceux qui souffrent de la faim et du froid.

如 *jou* a le sens de *hou* 乎, signe d'admiration.

Li-ki, chap. *Tsi-i*: 善如爾之問也。 oh! qu'elle est belle votre question!

L'auteur de l'ouvrage intitulé Liu-chi, Tch'un-thsieou, cite la même phrase et écrit 善乎 *chen-hou*! L'interprète mandchou

海上絲綢之路文獻集成 科技與文化编

a rendu par *yala*, en vérité, le mot *jou* 如, signe d'admiration : Souweni fondsikhangge yala sain kai.

安 *ngan* a le sens de *ho* 何, pourquoi ? comment ? — 安 *ngan* a aussi le sens de 於 *yu*, dans.

Ta-taï-li-ki, chap. Yong-ping : 古之戎兵何世安起。Les armes de guerre des anciens, dans quel siècle ont-elles pris naissance, ont-elles commencé à être en usage ? 安 a le sens de 於 dans. Comme s'il y avait : 何世於起 ; l'auteur a voulu dire 起於何世.

安 *ngan* a le sens de 於是 *yu-chi*, là-dessus, de 乃 *naï* et de 則 *tse*, alors.

Lao-tseu, chap. XXXV : 往而不害。安平太 c'est-à-dire : 往而不害。乃得太平 ils accourent à lui et il ne leur fait pas de mal ; alors il obtient la paix. (Cette interprétation de *ngan* 安 n'est point d'accord avec celle des commentateurs de Lao-tseu. S. Julien.)

Kouan-tseu, chap. Ti-youen : 其陰則生之楂梨。其陽安樹五麻。au nord de cet endroit, il fait croître des nefliers et des poiriers ; au midi, alors (*ngan*), il plante les cinq espèces de chanvre.

Ibidem : 羣木安逐。Suivant le dictionnaire *Eul-ya*, le mot 逐 a le sens de *kiang*, fort 彊。L'auteur a voulu dire : 羣木於是彊盈也。les arbres alors (*sic*) sont forts et florissants.

寧 *ning*, mot qui exprime un désir 願詞。(il vaut mieux).

De plus, ce mot équivaut à 何 *ho* et à *ki* 豈, comment ? pourquoi ?

寧 *ning* équivaut à *tsiang* 將, marque du futur.

Mais dans le passage que cite Wang, il est impossible de ne pas traduire *ning* par aimer mieux, il vaut mieux. Je vais donner en entier le passage qu'il a rapporté en abrégé. Tchoang-tseu, chap. Thsieou-choui : Tchoang-tseu dit, en continuant à tenir sa ligne dans l'eau, et sans regarder les deux Ta-fou du royaume de Thsou : j'ai entendu dire que le roi de Thsou possédait une tortue divine qui était morte depuis trois mille ans. Le roi l'avait mise dans un coffre et avait enfermé ce coffre dans la salle du temple des ancêtres. 此龜寧其死爲留骨而貴乎。寧其生而曳尾於塗中乎。二大夫曰。寧生而曳尾於塗中。 cette tortue, valait-il mieux, pour elle, mourir, laisser ses os et être honorée? Valait-il mieux, pour elle, vivre et traîner sa queue dans la vase? Les deux Ta-fou répondirent: il valait mieux qu'elle vécût et traînât sa queue dans la vase.

寧 *ning* équivaut à *naï* 乃, alors.

Chi-king, ode Sang-jeou : 民之貪亂。寧爲荼毒。 Comme s'il y avait : 民心貪樂。乃爲苦毒之行. Le peuple, dans son cœur, convoite le plaisir, et suscite des malheurs et des désordres. Alors, il fait des actions méchantes et cruelles.

Li-ki, chap. Nouï-tse : 子婦有勤勞之事。雖甚愛之姑縱之而寧數休之 si un fils ou une bru ont une besogne pénible et fatiguante, quoiqu'ils les aiment beaucoup, pour le moment, ils les laissent (faire), et alors, plusieurs fois ou à plusieurs reprises, ils les font reposer. En mandchou : dchoui ouroun de dchoboro souilara baita bitchi, oudou oumesi gositchibe, taka sindafi, moudan moudan i teyeboumbi.

wou-ning 無寧 et 無乃 *wou-naï*, certainement.

Tch'un-thsieou, 22me année de Tchao-kong, Tso-tch'ouen: 寡君聞君有不合之臣爲君憂。無寧以爲宗羞。Comme s'il y avait, dit Wang, 無乃以爲宗羞。moi, prince de peu de vertu, j'ai appris que Votre Majesté avait des ministres qui n'obéissaient pas aux lois, et que c'était pour vous un sujet de chagrin. Certainement, je regarde cela comme un déshonneur pour le temple des ancêtres (mafari dchouktekhen de).

Wang fait cette observation: „ ce *wou-ning* n'est pas synonyme de la même locution qu'on rencontre ailleurs 此無寧與他處無寧者不同。On lit dans la glose de Thou: 無寧寧也 *wou-ning* signifie *ning* (il vaut mieux); 失之 c'est une erreur. "

Kia-tseu-li-pien: 不用命者寧入我網。Sse-ma-thsieu, dans le Sse-ki, section In-pen-ki, écrit 不用命者乃入吾網。ceux qui n'obéissent pas à mes ordres, tombent alors dans mon filet, c'est-à-dire: tombent dans le filet des lois, sont punis suivant les lois pénales. Ces passages, ajoute Wang, prouvent que les anciens employaient *ning* 寧 pour *naï* 乃 alors.

寧 *ning*, caractère auxiliaire.

Tch'un-thsieou, 1re année de Tchao-kong, Tso-tch'ouen: 是委君貺於草莽也。是寡大夫不得列於諸卿也。不寧唯是。ce serait jeter les bienfaits du prince au milieu des herbes sauvages. De cette façon, moi, l'humble Ta-fou, je ne pourrais prendre rang parmi les officiers de haut rang. Ce n'est pas seulement cela, etc.

Les mots 不寧唯是 ne signifient pas autre chose que 不唯是 non-seulement cela. En mandchou, même sens: damou ere teile akô.

已 *i* a le sens de *thseu* 此, cela.

已而不知其然。c'est cela, mais ils ne connaissent pas sa nature. Il est question du *Tao* 道。Le mot *i* 已 dit Wang, répond à *tao* du texte précédent.

已 *i* se rencontre comme particule finale.

Li-ki, chap. Than-kong: 生事畢而鬼事始已。quand les affaires des vivants sont finies, celles des morts commencent; *i* particule finale, synonyme de 矣 *i*.

已 *i*, parole d'une personne qui pousse un soupir en commençant à parler. 發端歎詞。

Chou-king, chap. *Ta-kao*: 已予惟小子。若涉淵水 hélas! (dit l'empereur), je ne suis qu'un jeune enfant, (je suis) comme celui qui a à traverser une eau profonde.

庸 a le sens de 用 *yong*, employer, se servir de.

Chou-king, chap. Kao-yao-mo: 帝庸作歌。l'empereur, à cette occasion, fit une chanson.

Dans cette citation, qui est fausse, le mot *yong* est pour 以 *i*, qui signifie quelquefois à cause de, là-dessus. Voyez le Chou-king de James Legge, part. II, page 673. (S. Julien.)

庸 a le sens de 何, comment? pourquoi? est-ce que?

Tchun-thsieou, 14me année de Tchoang-kong: 庸非貳乎 n'est-ce pas lui être infidèle.

On dit aussi 庸何。*yong-ho*, 庸安。*yong-ngan*, 庸詎 *yong-kiu*, 庸孰 *yong-cho*, dans le sens de comment? pourquoi? *Thsou-thse*, section Ngaï-chi-ming: 庸詎知吉凶 comment savoir si (les présages) seront heureux ou sinistres?

Sun-tseu, chap. Yeou-tso : 女庸安知吾不得之 comment savez-vous que je ne l'obtiendrai pas ?

Tch'un-thsieou, 1re année de Tchao-kong : 一旦於是。庸何傷 il est resté un matin ici ; quel mal y a-t-il à cela ? Littéralement : comment cela ferait-il du mal ? En mandchou : emou tchimari oubade bisire de inou aibi.

思 *sse*, vulgo penser, s'emploie comme particule finale.

Chi-king, chap. Han-kouang : 南有喬木。不可休思。漢有游女。不可求思。 au midi, il y a des arbres élevés, on ne peut se reposer (sous leur ombre); près du fleuve Han, il y a des jeunes filles qui se promènent (elles sont sages) ; on ne peut les convoiter.

Commentaire de Mao : *sse* 思 s'emploie aussi comme particule initiale.

Ibidem, ode Tch'e-hia : 思孌季女逝兮。 venustæ puellæ eo obviam. Lacharme.

Ibidem, ode Wen-wang : 思皇多士生此王國 ces nombreux magistrats, dignes d'admiration, sont nés dans ce royaume de l'empereur.

思 *sse* est aussi un mot auxiliaire au milieu d'une phrase.

句中語助也。

Chi-king, ode Wen-wang-yeou-ching : 自西自東自南自北。無思不服。 depuis l'occident, depuis l'est, depuis le midi, depuis le nord, il n'y eut personne qui ne se soumît à lui. Glose : 無思不服 est pour 無不服。 *sse* est seulement un mot auxiliaire. 語助耳。

惟 *weï*, mot initial, insignifiant.

Chou-king, chap. Hong-fan : 惟十有三祀 la 13me année.

On écrit quelquefois 唯 et 維 pour 惟.

Me-tseu, chap. Chang-hien : 故唯昔三代聖王堯舜禹湯文武之所以王天下正諸侯者。c'est pourquoi, tel fut le moyen par lequel (*so-i-tche*) les saints empereurs des trois anciennes dynasties, Yao, Chun, Yu, Thang, Wen-wang et Wou-wang ont régné sur l'empire et ont maintenu dans le devoir les princes feudataires.

惟 *weï*, au milieu d'une phrase, est un mot auxiliaire, insignifiant.

Chou-king, chap. Kao-yao-mo : 百工惟時 les cent officiers se-réuniront-en-temps-convenable. J'ai suivi le mandchou qui rend *chi* 時 (vulgo temps) par erileme atchaboumbi.

Ibidem, chap. Chao-kao : 休惟無疆。恤惟亦無疆。son bonheur est sans bornes, sa tristesse est aussi sans bornes.

惟 *weï* a le sens de *to* 獨, seulement.

C'est une acception ordinaire qui n'a besoin d'aucun exemple. On écrit aussi dans le même sens 唯 et 維.

惟 *weï* a le sens de *yeou* 有, y avoir.

Chou-king, chap. Thsieou-kao : 我聞惟曰. Comme s'il y avait 我聞有此語 j'ai entendu dire qu'il y a eu ce discours, j'ai appris qu'on a dit. James Legge : I have heard it said that.

Chi-king, ode Lou-youeï : 比物四驪閑之維則。Comme s'il y avait 閑之有法 : Ces quatre chevaux noirs sont bien appareillés ; on les a dressés suivant les règles ; littéralement : pour les accoutumer il y a eu des règles.

惟 *weï* a le sens de *naï* 乃, certainement.

Chi-king, ode Wen-wang : 周雖舊邦。其命惟新 quoique le royaume des Tcheou soit ancien, l'ordre (du ciel)

海上絲綢之路文獻集成 科技與文化編

qui l'a établi, est certainement nouveau. En mandchou : terei kheseboukhengge itche ; ejus potestas cœli-jussu-data est nova. *Weï* n'est pas traduit.

惟 *weï* a le sens de *weï* 爲 être et faire.

Chou-king, chap. Kao-yao-mo : 萬邦黎獻共惟帝臣 les sages aux cheveux noirs des dix mille royaumes, sont tous les sujets de l'empereur. 共惟 est pour 共爲.

Ibidem, chap. Thsieou-kao : 我民用大亂喪德。亦罔非酒惟行。越小大邦用喪。亦罔非酒惟辜。commentaire : 亦無非以酒爲行。亦無非以酒爲罪. Si mon peuple s'est livré à de grands désordres et a perdu sa vertu, ce n'est que par l'effet du vin qu'il a fait de telles actions, et si des Etats petits et grands ont péri, ce n'est aussi que par l'effet du vin qu'ils ont commis des crimes.

惟 *weï* s'emploie pour *i* 以 (dans la locution 以故, à cause de).

Chou-king, chap. P'an-keng, part. 2: 亦惟女故 c'est aussi à cause de vous, pour vous, dans votre intérêt, comme s'il y avait 以女故 ou 以女之故.

Chi-king, ode Kiao-tong: 維子之故 à cause de vous. Lacharme : propter te.

惟 *weï* a le sens de *yu* 與, ensemble.

Chi-king, ode Wou-yang : 牧人乃夢衆惟魚矣。Glose : 牧人乃夢衆相與捕魚 le berger rêva qu'une multitude d'hommes pêchaient (piscabantur) ensemble.

惟 *weï* a le sens de 及 et (conjonction).

Chou-king, chap. To-fang : 告爾四國多方惟爾殷侯君民。je m'adresse à vous, habitants des quatre royaumes et des nombreux pays, et à vous princes de In, qui gouvernez le peuple.

Ibidem, chap. Yu-kong : 齒革羽毛惟木 des dents (d'éléphants), des cuirs, des plumes, des poils et du bois. James Legge rend également 惟木 *weï-mo* par and timber (et du bois).

Ibidem, chap. Thsieou-kao : 百僚庶尹惟亞惟服 les cent magistrats, les nombreux chefs, et les chefs de seconde classe et les employés inférieurs.

惡 *ou* a le sens de *ngan* 安 et de *ho* 何, comment ? pourquoi ?

On écrit aussi *hou* 烏. 惡有 *ou-yeou* a également le sens de comment ? Tch'un-thsieou, 31me année de Tchao-kong, commentaire de Kong-yang : 惡有言人之國賢若此者乎 comment dira-t-on que les sages du royaume d'un homme (d'un prince) sont comme cela ? Glose : 惡有 *ou-yeou* a le sens de 何有 *ho-yeou* et de 寧有 *ning-yeou.*

惡乎 a le sens de 於何 en quel (endroit) ?

Tch'un-thsieou, 6me année de Houan-kong : 惡乎淫 en quel endroit a-t-il commis un adultère ?

惡乎 *ou-hou,* comment ?

Meng-tseu, chap. 1 : 天下惡乎定 l'empire, comment sera-t-il affermi, pacifié ?

Lun-yu, chap. Li-jin : 惡乎成名 comment se fera-t-il, acquerra-t-il de la réputation ?

或 *hoe*, vulgo peut-être.

或 *hoe* a le sens de 有 *yeou*, avoir. Anciennement, dit Wang, on écrivait *hoe* 或 pour *yeou* 有.

海上絲綢之路文獻集成 科技與文化編

Chou-king, chap. *To-sse* : 時予乃或言。ce que je vous ai dit. 傳皆云或有也 tous les commentateurs disent : *hoe* est pour *yeou.* James Legge : whatsoever I have said.

Dans le chap. Weï-tching du Lun-yu, dit Tch'ing-khang-tch'ing, le mot *hoe* 或 est employé pour *yeou* 有.

Wang cite deux pages d'exemples tirés d'auteurs classiques où le mot *hoe* 或 lui paraît employé pour *yeou* 有 avoir, il y a.

或 *hoe* a le sens de 又 *yeou,* en outre.

Chi-king, chap. P'in-tchi-thsou-yen : 旣立之監。或佐之史。C'est-à-dire : 又佐之史也。on établit, on nomme un inspecteur du festin, et en outre un écrivain, un secrétaire qui l'aide (en inscrivant les noms de ceux qui se sont enivrés, et de ceux qui ont bu avec sobriété). En mandchou, ce mot *hoe* 或 est rendu par *geli,* en outre.

或 *hoe* est quelquefois un mot auxiliaire.

Chi-king, ode Thien-pao : 如松柏之茂。無不爾或承 comme le pin et le cyprès qui sont (toujours) florissants, ne manquez pas de leur succéder, c'est-à-dire de les imiter. Soyez toujours étrangers aux vicissitudes de la vie ; soyez toujours heureux.

所 *so* équivaut à *kho* 可, pouvoir (*sic*).

Yen-tseu, Tch'un-thsieou-tsa-pien : 聖人非所與嬉也。avec le saint homme, on ne peut se réjouir.

所以 *so-i* équivaut à *kho-i* 可以, il peut (*sic*).

Me-tseu, chap. Thien-tchi : 事天得罪於天。將無所以避逃之者矣。si un homme sert le ciel et se rend coupable envers lui, il ne pourra lui échapper (échapper à son châtiment). (Il vaut mieux dire *so-i-tche* 所以者 ce par quoi, le moyen par lequel. Voyez page 104. S. Julien.)

Hien-thie-lun, chap. Weï-thong : 民不足於糟糠。何橘柚之所厭。Comme s'il y avait : 何橘柚之可厭也。Si le peuple n'a pas assez de la lie et de la balle des grains (the food of the poor), pourrait-il se dégoûter des oranges douces et des pamplemousses ?

所 *so* équivaut à *jo* 若, si.

Chou-king, chap. Mou-chi : 爾所弗勖。其于爾躬有戮 comme s'il y avait 爾若弗勖也。Si vous ne montrez pas de courage, je vous exterminerai. En mandchou : souwe kitcherakô otchi, souweni beyebe wambi. On voit que l'interprète mandchou a rendu *so* 所 par *si*. Le docteur James Legge l'a traduit également par *if*, si. If you are not thus energetic, you will bring destruction on yourselves.

Tch'un-thsieou, 24me année de Hi-kong, Tso-tch'ouen : 所不與舅氏同心者。有如白水 si je n'ai pas été du même sentiment que mon oncle maternel, j'en prends à témoin cette eau limpide. (En disant ces mots, il jeta dans le fleuve sa tablette ronde de jade.) Comme s'il y avait : 若不與舅氏同心也。L'interprète mandchou rend 所 comme s'il y avait 若, si. Naktchoui emgi moudchilen oukhe akô otchi.

Ibidem, 10me année de Siouen-kong, Tso-tch'ouen : 所有玉帛之使。則告。不然則否。Comme s'il y avait 若有 s'il y a un envoyé qui offre du jade ou des pièces de soie, alors je le dis (au prince) ; autrement, je ne dis rien. L'interprète mandchou a pareillement rendu *so* 所 comme s'il y avait 若 *jo*, si. Gou soudche beneme eldchin takôrarangge otchi alanambi, outton akô otchi alanarakô.

所 *so* équivaut à *hoe* 或, par hazard.

Meng-tseu, chap. Li-leou : 國之所存者祥也

海上絲綢之路文獻集成 科技與文化編

comme s'il y avait: 國之或存。祥也。Si par hazard le royaume est conservé (préservé de sa ruine), c'est un effet de sa bonne fortune.

Le mot *tche* 者 s'oppose à cette explication du mot *so* 所. (Voyez page 104, ligne 5. S. J.)

所 *so* se trouve comme signe auxiliaire, insignifiant,

語助也。

Chou-king, chap. Wou-i: 烏乎君子所其無逸。Comme s'il y avait: 君子其無逸。Oh! le sage, c'est-à-dire un prince, ne s'abandonne pas à un repos voluptueux.

Tch'un-thsieou, 2me année de Tch'ing-kong, Tso-tch'ouen: 能進不能退。君無所辱命 que les troupes entrent et ne se retirent pas. Prince, ne me faites pas l'honneur de me donner vos ordres. En mandchou: edchen i kôtouboume afaboure be baibourakô; je ne demande pas que le prince me donne ses ordres en se déshonorant. Il y a là une tournure qui tient à la civilité exagérée des Chinois qui disent, par exemple: vous vous êtes déshonoré en venant me voir, au lieu de: vous m'avez fait l'honneur de venir me voir. Nous dirions en français: vous *avez pris la peine* de venir me voir.

Ibidem, 25me année de Tchao-kong: 君無所辱大禮。Comme s'il y avait: 君毋辱大禮也. Prince, ne me faites pas l'honneur de me donner ces grandes marques d'urbanité, ce qui signifie simplement: je ne mérite pas une si honorable réception.

斯 *sse* équivaut *vulgo* à *thse* 此, iste, ille, istud, illud, et à *tse* 則, alors.

斯 *sse* équivaut à *weï* 維, particule explétive.

Chi-king, ode Tsaï-weï: 彼路斯何 qui sunt illi currus bellici? 君子之車 sunt sapientium virorum currus. Lacharme.

斯 *sse* équivaut à *chi* 是, c'est (*sic*).

Chi-king, ode Thsi-youeï : 朋酒斯饗 c'est avec deux sortes de vins qu'il les traite.

斯 *sse* équivaut à *jen* 然, après un mot, et est un signe d'adverbe.

Lun-yu, chap. Hiang-thang : 色斯舉. Wang pense que 色斯 est pour 色然 étant effrayé, par l'effet de la crainte. (Quand l'oiseau voit le chasseur), par crainte, il s'enfuit, il s'envole. On lit dans le Tch'un-thsieou, 6me année de 'Aï-kong, commentaire de Kong-yang : 諸大夫見之。皆色然而駭 les Ta-fou, l'ayant vu, furent tous remplis de crainte et d'effroi. Glose : 色然驚駭貌 *sse-jen*, état d'une personne alarmée et effrayée. On lit en mandchou : ils éprouvèrent de l'étonnement et de l'admiration. Il s'agit d'un jeune prince qu'on tire d'un sac et devant lequel les Ta-fou se prosternent.

斯 *sse* s'emploie comme particule finale :

語已詞也。

Cf. Basile de Glemona.

斯 *sse*, particule auxiliaire : 語助。

Chi-king, ode Tchong-sse : 螽斯羽詵詵兮 les sauterelles sont très-nombreuses. En mandchou : far far sembi.

Ibidem, ode Siao-pien : 鹿斯之奔. Le cerf court.

於 *yū*.

於 *yū*, synonyme de *yu* 于, *dans* (signification ordinaire). Le mot *yū* 於, dans, se construit quelquefois en sens inverse, 倒用 *tao-yong*, dit Wang, Chou-king-thsieou-kao : 人無水於監。當於民監. Comme s'il y avait : 無監

海上絲綢之路文獻集成 科技與文化編

於水。當監於民也。 ne regardez pas dans l'eau comme dans un miroir; il faut regarder dans le peuple comme dans un miroir.

Si l'on regarde dans l'eau comme dans un miroir, on voit son propre corps; si l'on regarde dans le peuple comme dans un miroir, on reconnaît s'il est bien ou mal gouverné.

Tso-tch'ouen, 9me année de Hi-kong: 入而能民。土於何有。 L'auteur veut dire: 何有於土. En mandchou: dosifi irgenbe biloutchi, ba be bakhara de ai mangga. Si, en entrant, vous traitez le peuple avec bonté, quelle difficulté aurez-vous pour conquérir le pays?

Voici une construction de 於 *yu* (dans) plus difficile et fort remarquable. Tso-tch'ouen, 19me année de Tchao-kong: 其子幼弱。其一二父兄私族于謀。而立長親. Littéralement: en secret, famille, dans, délibérèrent, au lieu de 私謀於族 secreto deliberationem-habuerunt in familia. Son fils étant fort jeune, un ou deux de ses frères aînés délibérèrent en secret *dans* la famille, et mirent sur le trône le plus âgé de leurs proches parents.

Wang cite, d'après l'ouvrage *Tchen-koue-thse*, une locution proverbiale du pays de *Thsou* qui offre deux fois cette post-position de *yu* 於: 室於怒。市於色。 pour 怒於室。色於市。 Littéralement: maison, dans; marché, dans, etc. Si l'on se met en colère dans la maison, la laisser voir dans le marché. En mandchou: boode dchili bandchitchi, khôdai bade touyemboure.

Khang-hi explique *se* 色 par 作色 *tso-se*, prendre, avoir un air irrité. Jusqu'ici, personne n'avait indiqué cette remarquable post-position de *yū* 於.

於 *yū* a le sens de *tsaï* 在, être dans, se trouver dans un endroit. C'est une signification ordinaire. Li-ki, chap. Khio-li, part. 2: *yu-waï-youe* 於外曰公。 *yu-koue-youe-kiun* 於國曰君 s'il se trouve au dehors, il s'appelle *kong*, duc; s'il se trouve dans son royaume, il s'appelle *kiun*, prince. En

13*

mandchou: toulergi de otchi, goung sembi; ini gouroun de otchi, edchen sembi.

於 *yū* s'emploie pour 之 *tchi,* particule relative.

Tso-tch'ouen, 4me année de Tchao-kong: 亡於不暇。又何能濟。L'auteur veut dire: 亡之不暇也。comme il n'aura pas le loisir, le temps d'échapper à la mort, comment pourra-t-il réussir? En mandchou: Goukoure be aitouboume dchabdourakô bade, geli adarame mouteboutchi ombini.

Ibidem, 10me année de Tchao-kong: 王貪而無信。唯蔡於感。L'auteur veut dire: 唯蔡之恨。(Un magistrat du royaume de *Thsaï* dit): le roi de Thsou est cupide et dépourvu de bonne foi; il n'a jamais eu que de la haine pour le roi de Thsaï. En mandchou: Wang doosi bime, akdoun akô, ouroui tsai gouroun be seyembikhe.

Wang ajoute ici: 於 *yū* a le même sens (同義 *thong-i*) que 之 *tchi.*

於 *yū* a le sens de 爲 *wéï,* être, devenir et faire.

On lit dans le Li-ki de *Taï* l'aîné, chap. Tseng-tseu-pen-hiao: 如此而成於孝子也。L'auteur a voulu dire: 如此而成爲孝子也。en agissant ainsi, il deviendra un fils doué de piété filiale.

Tch'un-thsieou, 6me année de *Wen-kong,* commentaire de *Kou-liang*: Une lune intercalaire se compose d'un reste de jours joints à une lune 閏月者附月之餘日也。c'est par l'accumulation de portions (de jours) qu'on forme cette lune, ce mois (intercalaire) 積分而成於月者也。L'auteur a voulu dire: 成爲月也。En mandchou: obou be iktamboukhai biya bandsinakhangge.

Meng-tseu, chap. Li-leou, part. 2: 寇退則反。殆於不可。L'auteur a voulu dire: 殆爲不可也。quand (les brigands) se furent retirés, il revint. Peut-être que ce n'était pas convenable.

海上絲綢之路文獻集成 科技與文化編

Sun-tseu, chap. Tching-lun : 奸人之於亂說以欺愚者。L'auteur veut dire : 爲亂說。des hommes vicieux font, fabriquent des discours désordonnés pour tromper les hommes simples.

Wang ajoute : Ici 於 *yū* a le même sens que 爲 *wéï*.

於 *yū*, a le sens de *wéï* 爲 (au 3e ton), pour, à cause, en faveur de.

Wang cite un passage de Lao-tseu, chap. VIII, que Tchoang-tseu a reproduit en écrivant *yū* 於 pour *wéï* 爲, à cause de, en faveur de.

於 *yū* équivaut à *jou* 如, comme.

Tso-tch'ouen, 3me année de Tchao-kong : 今嬖寵之喪。不敢擇位而數於守適。唯懼獲戾. Suivant Wang, l'auteur veut dire : 數如守適。Maintenant, si dans les funérailles de cette favorite, on n'a pas osé tenir compte de sa (basse) condition, et si on l'a traitée *comme* une princesse légitime, c'est uniquement parce qu'on a craint de commettre une faute. En mandchou : doskholome gosire niyalmai sinagande, gelkhoun akô teisou be bodorakô, dorobe dchingkini foudjin i adali (*comme*) oboukhangge, damou waka bakhara de gelerende dabala.

On lit dans le Tchen-koue-thse, section Thsin-thse : 君危於累卵而不壽於朝生。L'auteur veut dire : 危如累卵。不壽如朝生。le prince est en danger comme des œufs entassés ; il n'aura pas de longévité, comme l'insecte éphémère (littéralement : qui naît le matin).

Ibidem, section *Yen-thse* : 非獨於此也。L'auteur veut dire : 非獨如此也。non-seulement comme cela.

於 *yū*, particule auxiliaire 語助也。

Chou-king, chap. Yao-tien : 黎民於變時雍。le

海上絲綢之路文獻集成 科技與文化編

peuple aux cheveux noirs, ayant changé, a vécu aussitôt en bonne harmonie.

Wang cite cinq passages où 於 *yū* lui paraît une particule auxiliaire, et blâme les commentateurs qui le prononcent *ou* et le regardent là comme un signe d'admiration. Il s'appuie sur plusieurs autorités d'un grand poids. Cependant, dans cet endroit, l'interprète mandchou l'a rendu par *ai*, oh !

於 *yū*, particule initiale 發聲。

Tch'un-thsicou, Tso-tch'ouen, 5me année de Ting-kong : 於越入吳 les troupes de Youe entrèrent dans le royaume de Ou. Glose de Thou 杜 : 於。發聲。*yu*, particule initiale.

有 *yeou*, vulgo avoir, être, de plus.

十有一月 la onzième lune ; 十有二月 la douzième lune ; littéralement : la lune dixième plus une ; la lune dixième plus deux.

有 *yeou* s'emploie pour *wéï* 爲 (au 3me ton), à cause de.

Tchen-koue-thse, section Tcheou-yu : 胡有其效戎狄也。pour 胡爲 *hou-wéï*, pourquoi ? hou-yeou-khi-hiao-jong-ti, pourquoi imite-t-il les barbares de l'ouest et du nord ?

有 *yeou* s'emploie pour *wéï* 爲 (au 1er ton), être.

Koue-yu, section Tsin-yu : 克國得妃。其有吉孰大焉。Comme s'il y avait : 其爲吉孰大也 vaincre un royaume et obtenir une épouse ; y a-t-il un bonheur plus grand ?

Dans le Tch'un-thsicou, 5me année de Tchao-kong, les mots 其爲吉孰大 qui expriment la même idée, sont traduits en mandchou par : sain eretchi amba ningge akô, il n'y a pas de bonheur plus grand que celui-là.

有 *yeòu* s'emploie pour décrire, dépeindre une chose :

狀物之詞也。

Chi-king, ode Thao-yao : 有蕡其實 ses fruits sont nombreux, comme s'il y avait : 其實蕡.

有 *yeou* s'emploie comme un mot auxiliaire (insignifiant) devant des noms de royaumes. Ainsi l'on dit : 有虞。有夏。有殷。有周 *you*-yu, *yeou*-hia, *yeou*-in, *yeou*-tcheou, etc.

有 *yeou* se met encore comme auxiliaire devant des substantifs qui ne sont pas des noms de royaumes, sans rien ajouter à leur signification. On écrit ainsi : 有家。有室。有願。有居。有方。有濟。有北。有帝。有司。有僚。有民。有衆。有幼。有政。有事。 etc. Cette addition de *yeou* 有 a lieu lorsque les mots d'une phrase marchent deux à deux, trois à trois, quatre à quatre, et qu'il manque un mot pour compléter le parallélisme. I-king ; Wang-kia-*yeou*-miao ; *Chou-king*, chap. Kao-yao-mo : yu-yo-tso-yeou-*yeou*-min ; ibid. chap. Thang-chi : kin-eul-*yeou*-tchong ; I-king : wou-sang-*yeou*-sse ; *Lun-yu*, chap. Weï-tching : yeou-yu-hiong-ti, chi-yu-*yeou*-tching.

Wang ajoute : les interprètes des livres canoniques se trompent lorsque, dans des passages comme ceux qui précèdent, ils expliquent ordinairement *yeou* 有 par *avoir*, l'opposé de 無 *wou*, *ne pas avoir*. Ils montrent par là qu'ils ignorent les règles qui président à l'arrangement harmonieux des mots.

洪 *hong*, mot initial, sorte d'exclamation au commencement d'une phrase.

Chou-king, chap. Ta-kao : 洪惟我幼沖人 moi, jeune enfant.

Ibidem, chap. To-fong : 洪惟圖天之命 vous comptez uniquement sur quelque décret du ciel.

Wang ajoute : dans ces deux passages, *hong* est un mot initial, *fa-ching* 發聲. Tous les commentateurs qui l'ont expliqué par *ta* 大 grandement, se sont gravement trompés.

Cette critique s'applique aussi à l'interprète mandchou qui rend *hong* par *ambarame*, grandement.

焉 *yen*, vulgo particule finale et particule interrogative.

Yen s'emploie (vulgo) dans le sens de *jen* 然 ainsi, de même, lorsqu'on dépeint une chose 狀事之詞, ou lorsqu'on fait une comparaison 比事之詞.

焉 *yen* s'emploie pour 乎, marque d'interrogation.

Tchun-thsieou, 1re année de Yen-kong, commentaire de Tso-chi : 君何患焉。prince, pourquoi vous affligez-vous ?

焉 *yen* s'emploie pour *yü* 於 après un adjectif, dont il fait un comparatif.

Meng-tseu, chap. *Tsin-sin* : 人莫大焉無親戚 suivant les commentaires il faut lire : 人之罪 etc. Pour un homme, il n'y a pas de crime plus grand que (大焉 *ta-yen*, pour 大於 plus grand que) de ne pas avoir de parents, que de désavouer ses parents, etc.

焉 s'emploie pour *yü* 於, *à*, devant un substantif.

Tch'un-thsieou, 6me année de Siouen-kong, commentaire de Kong-yang : 勇士入其大門。則無人焉門者 un homme courageux entra par la grande porte, mais il n'y avait personne qui fût à la porte, c'est-à-dire qui gardât la porte. 焉門 est ici pour 於門.

Wang blâme certains éditeurs qui ont placé *yen* après *men* 門 porte, et ont donné au mot *men* 門 le sens de *garder la porte*.

海上絲綢之路文獻集成 科技與文化編

焉 *yen* a le sens de *chi* 是, être, c'est.

Chi-king, ode Fang-yeou-tsio-tchao: 誰侜予美。心焉忉忉 qui est-ce qui m'a aliéné mon ami? mon cœur est affligé.

Tch'un-thsieou, 6me année de Yen-kong: 我周之東遷。晉鄭焉依。quand nos Tcheou se transportèrent dans l'est, *Tsin* et *Tch'ing* furent (les royaumes sur lesquels) ils s'appuyèrent. En mandchou: mousei dcheou gouroun dergi barou gourire de, dsin gouroun dcheng gouroun de akdakha bikhe.

Ibidem, 30me année de Siang-kong: 安定國家必大焉先。C'est-à-dire: 必大是先也。pour pacifier et consolider un royaume ou une maison princière, un grand royaume est (celui qu') il faut placer au premier rang, celui dont il faut d'abord s'assurer l'appui.

焉 *yen* s'emploie pour *yu-chi* 於是, là-dessus, pour *naï* 乃, alors, et 則 *tse*, même sens.

Li-ki, chap. Youeï-ling: 天子焉始來舟薦鮪于寢廟。Là-dessus, l'empereur commence à monter sur un bateau et va sacrifier un poisson (nommé) Weï dans la chapelle du palais. Comme s'il y avait 天子於是 *thien-tseu-yu-chi*, etc. L'édition chinois-mandchoue n'a pas 焉 au-dessous de 天子; mais Wang dit dans une note que ce mot se trouve dans le texte qui fut gravé sur pierre sous la dynastie des Thang.

Me-tseu, chap. Lou-wen: 公輸子自魯南遊楚。焉始爲舟戰之器 Kong-chou-tseu ayant quitté le royaume de Lou, voyagea, au midi, dans le royaume de Thsou. Là-dessus, ou alors, il commença à fabriquer des instruments (des armes) pour combattre sur un bateau.

Kouan-tseu, chap. Yeou-kouan: 勝無非義者。焉可以爲大勝。L'auteur veut dire: 乃可以爲

大勝 celui qui remporte la victoire sans rien faire de contraire à la justice, peut alors regarder cela comme une grande victoire.

Chan-haï-king : 雲雨之山。有木名欒。羣帝焉取藥 sur la montagne des nuages et de la pluie, il y a un arbre qu'on appelle *Louan*. Les empereurs sur cela (sur cette montagne) recueillent des simples. L'auteur veut dire : 於是取藥。

Wang cite quatre pages d'exemples tirés des philosophes et des historiens, où il regarde le mot *yen* 焉 comme signifiant *là-dessus, alors*. Il blâme plusieurs éditeurs d'avoir souvent fait de *yen* 焉 une finale, lorsqu'il devait être placé au commencement du membre de phrase suivant.

然 *jen*, vulgo approuver 是. 然 *jen* signifie *oui.*

Lun-yu, chap. Yang-ho : 然。有是言 oui, il y a eu ces paroles (ces paroles ont été prononcées). En mandchou : inou, ere gisoun bikhe.

然故 *jen-kou* a la même signification que 是故 *chi-kou*, c'est pourquoi.

Li-ki, chao-i : 然故上無怨而下遠罪也。C'est pourquoi, en haut il n'y a pas de plainte, les supérieurs ne se plaignent pas, et les inférieurs s'éloignent des fautes, ne commettent pas de fautes.

Sun-tseu : ils aiment à distribuer des dons; ils rougiraient d'amasser des richesses; 然故 c'est pourquoi 民不困財 le peuple ne manque pas de richesses, ne manque pas de ressources.

Han-tseu : 知者必誅。然故忠臣盡忠於公 ceux que le prince connaît (comme faisant des actions honteuses dans un intérêt privé) sont nécessairement punis. C'est pourquoi les sujets dévoués déploient tout leur dévoûment dans l'intérêt public.

海上絲綢之路文獻集成　科技與文化編

然 *jen* signifie 如此 *jou-thse*, ainsi, de cette façon, dans les formules *jen-tse* 然則, *souï-jen* 雖然。*pou-jen* 不然。*wou-jen* 無然。*hou-jen* 胡然. C'est une signification vulgaire.

然而 *jen-eul*, mais, cependant.

Meng-tseu, chap. II, part. 2 : 然而孟施舍守約 cependant, Meng-chi-che s'attachait à ce qui était le plus important.

然 *jen* s'emploie lorsqu'on décrit une chose (c'est-à-dire comme marque de l'adverbe).

On trouve dans le Lun-yu : 斐然 élégamment; 喟然 en soupirant ; 儼然 doucement, sans bruit. C'est une signification vulgaire.

然 *jen* a le sens de *yen* 焉, particule finale.

Li-ki, T'an-kong : 穆公召縣子而問然 Mo-kong appela Hien-tseu et l'interrogea.

然 *jen* s'emploie pour *eul* 而, et, conjonction.

Kouan-tseu : 君子之爲身。無好無惡然已乎。Le sage s'occupe de lui-même, de sa personne; il n'a ni amour ni haine, et c'est tout. 然已 est pour 而已 *eul-i*.

然且 *jen-thsie* s'emploie pour 而且 *eul-thsie*, et cependant.

Meng-tseu, chap. Kong-sun-tch'eou, part. 2 : 識不可然且至 s'il savait que ce n'était pas possible, et si cependant il est venu...

然 *jen* s'emploie pour *tse* 則, alors.

Tch'oang-tseu, chap. Waï-wou : 鮒魚日。吾得斗

升之水然活耳。*Jen* 然 est pour *tse* 則, alors. Le petit poisson Fou dit : si je puis obtenir l'eau d'un *teou* ou d'un *ching* (mesures de capacité), c'est-à-dire autant d'eau qu'en contiennent un teou ou un ching, alors je vis.

無 *wou*, particule auxiliaire, au commencement d'une phrase.

Chi-king, ode Wen-wang : 無念爾祖 pensez à votre aïeul. Commentaire : 無念。念也 *wou-nien* est la même chose que *nien*. En mandchou : souweni mafa be gônitchi atchambi kai.

Tch'un-thsieou, 11me année de Yen-kong, Tso-tch'ouen : 無寧茲許公復奉其社稷. Il vaut mieux que ce prince du royaume de Hiu reçoive une seconde fois les sacrifices, c'est-à-dire : soit chargé une seconde fois des sacrifices qu'on offre aux génies de la terre et des grains. Commentaire : 無寧。寧也 *wou-ning, ning-ye* est pour *ning*. J'omets plusieurs passages où *wou* n'est qu'un mot auxiliaire devant *ning*.

無亦 *wou-i* s'emploie pour 亦 *i*, aussi.

Koue-yu, section Thsou-yu : 女無亦謂我老耄而舍我而又謗我 vous dites aussi que je suis vieux ; vous me laissez (ne m'adressez ni représentations ni avertissements) et, de plus, vous me calomniez.

無 *wou*, explétif au milieu d'une phrase.

Chi-king, ode Siao-min : 如彼泉流無淪胥以敗 (devons-nous) comme l'eau de cette fontaine qui coule (et ne revient pas) nous noyer (au figuré) et périr ensemble ?

Li-ki, Tsi-i : 天之所生地之所養。無人爲大。*wou-jin* 無人 est pour *jin* 人. Parmi les êtres que le ciel a fait naître et que la terre nourrit, l'homme (seul) est grand.

海上絲綢之路文獻集成 科技與文化編

Wang cite deux pages d'exemples où il considère 無 *wou* et 毋, son synonyme, comme des particules initiales, sans signification.

無乃 *wou-naï*, peut-être que.

Tch'un-thsieou, 3me année de Yen-kong, Tso-tch'ouen: Le sage doit s'appliquer à éloigner les malheurs. Si, au contraire, il les hâte 無乃不可乎 peut-être que ce n'est pas permis! En mandchou: aintchi odchorakô dere.

L'adverbe *aintchi* répond à *hoe* 或, peut-être, dans le dictionnaire Thsing-han-wen-haï, liv. 39, fol. 29. (S. Julien.)

無寧 *wou-ning* équivaut à *wou-naï* 無乃, peut-être.

Tch'un-thsieou, 22me année de Tchao-kong, Tso-tch'ouen: 無寧以爲宗羞. C'est peut-être un déshonneur pour le temple des ancêtres. (Il vaut mieux charger le prince de Thsou de faire mourir ces ministres qui n'obéissent point aux lois.)

無 *wou* équivaut à *pou* 不, pas.

Lun-yu, chap. Hio-eul: 君子食無求飽。居無求安。le sage, en mangeant, ne cherche pas à se rassasier; dans (le choix de) son habitation, il ne cherche pas à avoir ses aises.

無 *wou*, qui a pour synonyme 亡, équivaut à *feou* 否, non pas.

Tch'un-thsieou, 9me année de Siang-kong, Tso-tch'ouen: 穆姜始往東宮而筮之。史曰君必速出。姜曰亡。lorsque Mou-kiang commença à aller dans le palais oriental, elle fit consulter l'herbe *chi*. L'historien lui dit: Princesse, il faut que vous sortiez promptement. Mo-kiang lui dit: Non pas.

無 *wou* équivaut a *feï* 非。non pas.

Kouan-tseu, chap. Hing-chi-kiaï: 無厚德以安

之。無度數以治之。則國非其國而民無其民也。Si le prince n'a pas une grande vertu pour procurer la paix au royaume, s'il n'observe pas les degrés astronomiques pour le gouverner, alors le royaume ne sera pas son royaume et le peuple ne sera pas son peuple.

L'expression *tou-sou* 度數 se traduit en mandchou par *doulefoun i ton* (astronomische Grade, dict. mandchou de Conon de la Gabelenz).

無 *wou* équivaut à 未 *weï*, nondum, pas encore.

Sun-tseu, chap. Tching-ming: 輕理而不重物者無之有也。un homme qui ait fait peu de cas de la raison et qui n'ait pas estimé les objets extérieurs, n'a pas encore existé. *Wou-tchi-yeou* est pour *weï-tchi-yeou* 未之有 nondum illum habuimus.

爰 *youen*, synonyme de 于 *yū* et de 於 *yū*, à.

Chou-king, chap. P'an-keng, part. III: 綏爰有衆 pour donner la tranquillité à la multitude (il dit).

爰 *youen* a le sens de *yū-chi* 於是, là-dessus, alors.

Chi-king, ode Sse-kan: 爰笑爰語 alors il rit, alors il parle. En mandchou: ede indchembi, ede gisourembi.

爰 *youen*, d'après le dictionnaire *Yu-pien*, a le sens de *wêi* 爲, être.

Chou-king, chap. Hong-fan: 土爰稼穡 la terre est ce qu'on ensemence et où l'on récolte. En mandchou: boikhon, tarire bargiyarangge.

L'auteur du *Sse-ki*, section Chi-kia, écrit 土曰稼穡 la terre s'appelle: semer et récolter. Plus haut, on voit neuf articles très-courts où chaque substantif est suivi de 曰 *youe*, s'appelle.

海上絲綢之路文獻集成 科技與文化編

爰 *youen* a, suivant Wang, le sens de *yù* 與, avec.

Chou-king, chap. *Kou-ming*: 大保命仲桓南宮毛。俾爰齊侯呂伋以二干戈虎賁百人逆子釗於南門之外。le grand-protecteur donna ses ordres à Tchong-houan et Nan-kong-mao pour que, avec Liu-ki, prince de Thsi, ils prissent cent braves, armés chacun d'un bouclier et d'une lance, et allassent au-devant du prince Tchao en dehors de la porte du midi.

Wang dit que les commentateurs n'ont pas saisi en cet endroit la signification de *youen* 爰 et qu'ils ont torturé le sens de ce passage.

爲 *wëi.*

爲 *wëi* a le sens de 曰 *youe,* s'appeler, être appelé. Tch'un-thsieou, 4me année de Houan-kong, commentaire de Kong-yang.

爲 *wëi* a le sens de 以 *i.*

Chi-king, ode Chi-youeï-tchi-kiao : 胡爲我作 pourquoi me fait-il travailler? Quid est quod me huic operi incumbere cogit ? (Lacharme, page 102.) Les locutions 胡爲 *hou-wëi,* 曷爲 *ho-wëi,* 何爲 *ho-wëi,* 奚爲 *hi-wëi* signifient toutes 何以 *ho-i,* comment, pourquoi ?

Tch'un-thsieou, 1re année de In-kong, commentaire de Kong-yang: 曷爲先言王而後言正月 pourquoi a-t-il d'abord parlé du roi et a-t-il parlé ensuite de la première lune ?

所爲者 *so-wëi-tche* pour *so-i-tche* 所以者, la raison pour laquelle.

Tch'un-thsieou, 3me année de *In-kong*, commentaire de *Kong-yang*: 先君之所爲不與臣而納國乎君者 la raison pour laquelle le prince précédent ne m'a pas donné le royaume, et l'a confié à Votre Majesté, *c'est que*, etc.

Ibidem, Hi-kong, 3me année, commentaire de Kong-yang : 里克所爲弑者。爲重耳也。la raison pour laquelle *Li-khe* tua (deux princes), *la voici* : c'était à cause de Tchong-eul.

J'omets plusieurs passages où les mots *so-wéï* 所爲 et *so-wéï-tche* 所爲者 signifient également : la raison pour laquelle.

爲 *wéï* a le sens de *yong* 用, employer, se servir de.

Tch'un-thsieou, 6me année de Houan-kong, commentaire de *Tso-khieou-ming* : 在我而已。大國何爲。 Wang ajoute : 言大國何用。(comme si celui qui parle disait) : cela dépend uniquement de moi ; qu'ai-je besoin d'un grand royaume ? que ferais-je d'un grand royaume ?

Ibidem, Tch'ing-kong, 7me année, commentaire de Kou-liang : 冬無爲雩也。C'est-à-dire : 無用雩 en hiver, on n'a pas besoin de demander la pluie.

爲 *wéï* a le sens de *tsiang* 將, marque du futur.

Meng-tseu, chap. *Liang-hoeï-wang*, chap. I, part. 2, § 16 : 克告於君。君爲來見。Glose de Tchao : 君將來見。Je parlai de vous au prince ; le prince était sur le point de venir vous voir (mais un de ses favoris nommé *Tsang-thsang* le retint, l'en empêcha). James Legge traduit *wéï* par *therefore*, en conséquence.

爲 *wéï* a le sens de *jou* 如, si.

On lit dans le *Koue-yu*, section *Tsin-yu* : 叔向曰。荆若襲我。是自背其信。而塞其忠也。爲此行也荆敗我。諸侯必反之。Cho-yang dit : si Khing m'attaque par surprise, ce sera manquer à sa parole et étouffer (perdre) son dévoûment. Si, dans cette démarche, Khing vient à bout de me vaincre, tous les princes feudataires se révolteront certainement contre lui. Wang ajoute : 爲猶如 *wéï* est comme *jou*, a le sens de *jou* (si).

Lie-tseu, chap. *Choue-fou* : *Sun-cho-ngao* donna des avertissements à son fils et lui dit : 爲我死。王則封女。女必無受地利。 *si* (*wéï*) je meurs, alors l'empereur vous donnera une principauté, mais vous ne tirerez certainement aucun profit de la terre (de ce domaine).

Tchen-koue-thse, section *Thsin-thse* : 爲我葬。必以魏子爲殉。 si (*wéï*) l'on m'enterre, il faudra enterrer avec moi le prince de Weï.

Wang ajoute : 上爲字如也。 le mot *wéï*, ci-dessus, est, c'est-à-dire a le sens de *jou*, si.

J'omets cinq passages où Wang considère *wéï* 爲 comme ayant le sens de *jou* 如, si.

爲 *wéï* a aussi le sens de *sse* 使, si.

Meng-tseu, chap. *Li-leou*, part. II, § 9 : 苟爲不畜。終身不得 si (le malade) n'a pas mis en réserve (de l'armoise de trois ans), jusqu'à la fin de sa vie, il n'en trouvera pas.

Ibidem, part. II, § 18 : 苟爲無本。其涸也可立而待也 si une eau n'a pas de source, on peut rester debout et attendre le moment où elle sera tarie, c'est-à-dire : elle sera promptement tarie.

Ibidem, chap. Kao-tseu, chap. VI, part. I, § 19 : 苟爲不熟。不如荑稗 si (les cinq espèces de grains) ne sont pas mûres, elles ne valent pas les plantes *Thi* et *Paï*.

爲 *wéï* a le sens de 於, à, au.

Tchen-koue-thse, section *Si-tcheou-thse* : 君不如令弊邑陰合爲秦。 Prince, il vaut mieux ordonner que mon humble ville de In soit réunie au royaume de Thsin.

Koue-yu, section *Tsin-yu* : 稱爲前世。 L'auteur veut

14

dire : 見稱譽於前世 il a été loué dans les siècles précédents.

Tch'un-thsieou, 20me année de Hi-kong, commentaire de *Kou-liang* : 謂之新宮。則近爲禰宮. L'auteur veut dire : 近於禰宮。On l'appelle le nouveau palais; il approche du palais de son père. En mandchou, le mot *kin* 近, être proche, ici *approcher de*, est rendu par *adalikan ombi*, il est un peu semblable à.

Tchen-koue-thse, section *Thsin-thse* : 朝爲天子。言朝於天子, c'est-à-dire: présenter ses hommages à l'empereur.

Tsou-chou-ki-nien : 秦穆公帥師送公子重耳。圍令狐桑泉臼衰。皆降爲秦師。Mo-kong, de Thsin, se mit à la tête des troupes et conduisit le prince Tchong-eul. Il assiégea Ling-hou, Sang-thsiouen et Kieou-thsouï. Ces (trois villes) se soumirent aux troupes de Thsin. L'auteur veut dire : 降於秦師.

爲 a le sens de *tse* 則, alors.

Tchoang-tseu-yu-yen : 與己同。則應。不與己同。則反。同於己爲是之。異於己爲非之。si les sentiments d'un homme sont semblables aux vôtres, alors vous tombez d'accord avec lui; s'ils ne sont pas semblables aux vôtres, alors vous vous montrez contraire à lui. S'ils sont conformes aux vôtres, alors (*weï*) vous les approuvez; s'ils sont différents des vôtres, alors (*weï*) vous les blâmez.

Wang ajoute : les (deux) mots *weï* 爲 sont pour *tse* 則, alors.

爲 *weï* a le sens de *yu* 與, et, avec.

Meng-tseu, chap. Kong-sun-tch'eou, liv. II, part. 2, § 7 : 得之爲有財。古之人皆用之。s'ils obtenaient cela (c'est-à-dire la faculté de donner cinq pouces d'épais-

海上絲綢之路文獻集成 科技與文化編

seur au bois du cercueil), et (*weï*) s'ils avaient l'argent nécessaire, tous les hommes de l'antiquité suivaient cet usage (littéralement : employaient cela).

Wang ajoute : L'auteur veut dire : 得之與有財。

Han-yu, chi-waï-tch'ouen : 寡人獨爲仲父言而國人知之。何也。(Le prince dit) : J'ai parlé seul avec (*weï*) Tchong-fou, et cependant les hommes du royaume le savent (savent ce que j'ai dit); comment cela ? C'est-à-dire : 獨與仲父言。

Sse-ki, biographie de Tun-yu-khouen : 曰豈寡人不足爲言邪。(Le prince) dit : Est-ce que je ne suis pas capable *ou* digne de parler avec (*weï*) vous ? C'est-à-dire : 不足與言。

爲 *weï* a le sens de 有 être, exister, il y a, avoir.

Meng-tseu, Theng-wen-kong, l. III, part. I, § 3 : 滕壤地褊小。將爲君子焉。將爲野人焉。Glose de Tchao : 國雖小亦有君子。亦有野人也 quoique mon royaume soit petit, il y a (*weï*) aussi des sages (des hommes d'un rang supérieur); il y a aussi des hommes de la campagne. Un autre interprète, que j'ai suivi dans ma version latine, explique *tsiang* 將 par *pi* 必, nécessairement. Le docteur James Legge reconnaît que 將爲 est pour 必有, *there must be*, il doit y avoir.

Ibidem, chap. Tsin-sin, part. II, § 21 : 爲間不用。則茅塞之 si, pendant quelque temps, pendant un temps très-court, (un sentier) n'est pas employé (n'est pas parcouru, foulé), alors les herbes sauvages le remplissent, l'obstruent. Glose : 爲間 est pour 有間。

Tch'un-thsieou, 33me année de Hi-kong, commentaire de Tso-chi : 秦則無禮。何施之爲。C'est-à-dire : 何施之有。Le prince de *Thsin* a manqué aux rites (en attaquant un homme de notre famille); quels bienfaits y a-t-il (*weï*), c'est-à-dire : quels bienfaits nous a-t-il accordés ? *Tchi* 之 particule relative. En mandchou : Tsin gouroun de dorolon akô dabala, ai baili sere babi.

Tch'un-thsieou, 12me année de Tch'ing-kong, commentaire de Tso-chi : 若讓之以一矢。禍之大者。其何福之爲。C'est-à-dire : 何福之有。si je le blâme en lui remettant une flèche, ce qui est le plus grand des malheurs, quel bonheur aura-t-il? En mandchou: aikabade emou da sirdan i wakalatchi, dchobolon i amba ningge kai; ai khôtouri sere babi.

Ibidem, 13me année de Tchao-kong, commentaire de Tso-chi : 國不競亦陵。何國之爲, c'est-à-dire : 何國之有。si un royaume ne lutte pas et est envahi, quel royaume y a-t-il ? c'est-à-dire: comment peut-il exister à titre de royaume ?

Meng-tseu, chap. *Tsin-sin*, part. I, § 41 : 何不使彼爲可幾及而日孳孳也。C'est-à-dire : 使彼有可幾及也。(Vos principes sont élevés et admirables, mais il est aussi difficile d'y atteindre que de monter au ciel.) Pourquoi ne faites-vous pas en sorte que ceux-là (vos disciples) aient (à étudier des principes faciles) qu'ils puissent atteindre, comprendre, et qu'ils travaillent tous les jours avec ardeur ?

Dans le même paragraphe, Wang cite encore un bon nombre de passages où *wéï* lui paraît avoir le sens de 有 *yeou*.

爲 *wéï* a le sens de *weï* 謂, dire.

Tch'un-thsieou, 2me année de Siouen-kong, commentaire de Kou-liang : 趙盾曰。天乎天乎。予無罪。孰爲盾而忍弒其君者也。Tchao-tun s'écria : ô ciel! ô ciel! je suis innocent. Qui est-ce qui dira que Tchao-tun a été assez cruel pour tuer son prince ? 孰爲 est 孰謂。

Meng-tseu, chap. *Kong-sun-tch'eou*, part. I, § 1 : 管仲。

曾西所不爲也。而子爲我願之乎。 C'est-à-dire : 子謂我願之. Le rôle de Kouan-tchong, que Tseng-si n'a pas fait, rempli, direz-vous que moi, je le désire ? que je désire jouer le même rôle que Kouan-tchong ?

L'interprète mandchou a rendu 爲 *weï* par *sembi*, dire : si, mimbe bouyembi sembio. J'omets huit exemples où Wang regarde *weï* 爲 comme signifiant 謂, dire.

爲 est souvent un mot auxiliaire 助語, dépourvu de signification.

Ta-taï-li-ki, chap. Ou-ti-te : 夫黃帝尚矣。女何以爲。 Commentaire : les événements du temps de Hoang-ti sont bien loin de nous; à quoi bon vous en informer ? 爲 est un mot auxiliaire. 女何以 signifie 女何用 qu'en ferez-vous ?

Tch'un-thsieou, 17me année de Siang-kong, commentaire de Tso-chi : 是之不憂。而何以田爲。 vous ne vous affligez pas à cause de lui ? Pourquoi allez-vous à la chasse ? En mandchou : terei dchalin dchobochorakô ; ainou abalame yaboumbi. On voit que l'interprète mandchou a regardé *weï* 爲 comme un mot auxiliaire et insignifiant.

Ibidem, Ting-kong, 10me année, commentaire de Kou-liang : 何爲來爲 pourquoi est-il venu. En mandchou : ai tourgoun de dchikhe. Note : le second *weï* est un mot auxiliaire. 助語.

Lun-yu, chap. Ki-chi, § 1 : 何以伐爲 pourquoi l'a-t-il attaqué ?

Ibidem, chap. Yen-youen, § 8 : 何以文爲 qu'a-t-il besoin (le sage) de qualités brillantes ?

Dans les deux passages qui précèdent, *weï* est considéré par Wang comme un signe auxiliaire, insignifiant.

Ibidem, chap. Tseu-lou, § 5 : 雖多亦奚以爲 C'est-à-dire, en paraphrasant ce passage : quoiqu'il ait lu un grand nombre d'odes du livre des vers, à quoi cela lui servira-t-il ? *i* 以 est pour 用 *yong*, employer.

Le docteur James Legge dit à cette occasion (page 129): 爲 *weï* is a mere expletive.

Meng-tseu, chap. Theng-wen-kong, part. II, § 10: 惡用是鶂鶂者爲 comment, pourquoi employez-vous, mangez-vous cette oie?

On rencontre quelquefois 爲 *weï* comme mot auxiliaire dans 以爲 *i-weï* qu'on rend ordinairement par *regarder comme.* Wang cite le *Lun-yu*, chap. Tseu-tchang, § 24: 無以爲 cela ne sert de rien. Note: *i* 以 est pour 用 *yong*, se servir de, et *weï* 爲 est un mot auxiliaire, 助語也。

J'ai cité p. 213: 何以田爲 pourquoi chassez-vous? On se tromperait grandement si l'on donnait à *i-weï* 以爲 le sens de *existinare,* et si l'on considérait *thien* 田, *venari*, comme le régime direct *i-weï.*

Pour ne pas trop étendre cet article, je suis obligé d'omettre une dixaine de passages où Wang regarde 爲 *weï* comme auxiliaire ou explétif.

猶 *yeou,* vulgo encore, comme.

猶 *yeou* a le sens de *si.*

Li-ki, chap. Nouï-tse: 子弟猶歸器衣服裘衾車馬。則必獻其上。而後敢服用其次也。Si un fils ou frère cadet ont obtenu en présent des vases, des vêtements, des habits garnis de fourrures, des couvertures, des chars, des chevaux, ils doivent offrir les objets de première qualité; ensuite, ils osent se vêtir ou faire usage des objets de seconde qualité.

猶 *yeou* a le sens de *être semblable à* 相若. (En mandchou: iskhounde adalichambi.)

猶 *yeou* a le sens de *kho* 可, pouvoir, devoir (faire une chose).

Chi-king, ode Tchi-hou: 猶來無止 il doit venir sans s'arrêter, sans tarder, il faut qu'il vienne sans tarder. Voyez

Khang-hi où l'on cite les mêmes mots, en expliquant *yeou* 猶 par *kho* 可.

yeou 猶 s'emploie pour 用, ci-dessous, synonyme de 以 *i*.

Chou-king, chap. P'an-keng, part. I: 先王有服。恪謹天命。茲猶不常寧。les premiers empereurs, lorsqu'ils avaient une (grande) affaire (telle que la translation de la capitale), ils respectaient l'ordre du ciel. Pour cette raison, ils ne restaient pas constamment en repos (dans le même lieu).

Wang prend *tse-yeou* 茲猶 pour 茲用 *tse-yong*, comme s'il y avait 用茲 *yong-tse* ou *i-tse* 以茲, et il blâme les commentateurs qui expliquent ici 猶 *yeou* par *encore*. Version mandchou : *khono* (encore), même sens. Il ajoute ce raisonnement : S'ils persistaient à rester fixés dans le même lieu, s'ils trouvaient qu'il est pénible de se transporter ailleurs, ce serait ne pas connaître, ne pas suivre, l'ordre du ciel.

獨 *to*, vulgo seul, seulement, a le sens de 寧 *ning*, est-ce que? et de *ki* 豈, comment?

女獨未聞牧野之語乎 est-ce que vous n'avez pas entendu les discours des gens du pays de Mo-ye? L'interprète mandchou a rendu aussi *to* 獨 dans le sens interrogatif: mo ye i ba i gisoun be dondsikhakôn.

Tch'un-thsieou, 26me année de Siang-kong, commentaire de Tso-chi: 夫獨無族姻乎 est-ce qu'il n'a ni famille ni parents? L'interprète mandchou traduit encore 獨 *to* dans le sens interrogatif: tede moukôn khôntchikhian akôn.

獨 *to* s'emploie pour 將 *tsiang*, marque du futur.

Tch'un-thsieou, 4me année de Siouen-kong, commentaire de Tso-chi: 棄君之命。獨誰受之 si un homme abandonne les ordres de son prince, qui est-ce qui le recevra?

Meng-tseu, chap. Theng-wen-ko : 一薛居州。獨如宋王何 le seul Sie-kiu-tcheou, que pourra-t-il faire pour le roi de Song ?

Dans les deux passages qui précèdent, l'interprète mandchou n'a pas traduit le mot *to*. Il est difficile d'en faire ici une marque du futur, car les mots *chouï* 誰 qui est-ce qui ? et *jou-ho* 如何 comment ? suffisent pour indiquer ce temps. (S. J.)

用 *yong* a le sens de 以 *i*.

Dans le Tch'un-thsieou, Kong-yang écrit toujours 何以 *ho-i*, comment ? pourquoi ? mais Kou-liang remplace 何以 *ho-i* par *ho-yong* 何用, dans le même sens.

Dans le Chou-king, chap. Kao-yao-mo (lisez chap. I-tsi), le mot 用 *yong* est employé pour *i* 以, dans le sens de *servir à*. 侯以明之。撻以記。書用識。La cible sert à les mettre en lumière (faire connaître leur caractère), la bastonnade sert à les faire souvenir, le livre (la tablette écrite) sert à inscrire (leurs fautes) ; 用識 pour 以識.

用 *yong* s'emploie dans le sens de *yeou* 由, *ex.*

Li-ki, chap. Li-yun : 故謀用是作 idcirco stratagemata ex hoc oriuntur; 而兵由是起 et arma (bella) ex hoc surgunt.

用 *yung* s'emploie pour 爲 *weï*, dans la locution 何爲, comment ? pourquoi ?

Chi-king, ode Tsi-nan-chan : 國既卒斬。何用不監 imperio cadente, quomodo non prospicitur ? Lacharme.

Tchoang-kong, 6ᵐᵉ année, commentaire de Kou-liang : 何用弗受 pourquoi n'a-t-il pas reçu (cela) ? Wang ajoute : 何以 *ho-i*, comment ? pourquoi ? peut être remplacé par 何爲 *ho-weï* et par 何用 *ho-yong*.

海上絲綢之路文獻集成 科技與文化编

由 *yeou* s'emploie pour 以 *i* et pour 用 *yong*, dans leurs diverses significations.

On écrit aussi, comme synonymes, les mots *yeou* 猶 et 攸 *yeou*.

由 *yeou* a le sens de 以 *i*, parce que, par la raison que.

Tch'un-thsieou, 4me année de Tchoang-kong, commentaire de Kong-yang : 紀侯之不誅。至今有紀者猶無明天子也。猶 est synonyme de 由 *yeou*. Le *Heou*, (prince) de Ki, n'a pas été mis à mort. Si le royaume de Ki subsiste encore aujourd'hui, cela vient de ce qu'il n'y a pas d'émpereur intelligent, éclairé.

由 *yeou*, comme synonyme de 猶, a le sens encore (adhuc).

Tch'un-thsieou, 14me année de Tchoang-kong, commentaire de Tso-chi : 猶 pour 由 : 由有妖乎 y a-t-il encore des apparitions étranges ?

Plus haut, il a été question de deux serpents qui avaient apparu tout-à-coup et s'étaient battus au milieu de la porte méridionale du royaume de Tch'ing. Quelques auteurs écrivent 攸 *yeou* dans le même sens.

當 *tang* (vulgo il faut) répond quelquefois à 將 *tsiang*, marque du futur.

Meng-tseu, chap. *Li-leou*, part. II : 言人之不善。當如後患何 si quelqu'un divulgue les défauts des autres, comment évitera-t-il les malheurs futurs ? C'est-à-dire : la vengeance de ceux dont il a divulgué les fautes ou les défauts.

Han-tseu : 當誰爲君乎。qui prendra-t-on pour prince ?

Sse-ki, biographie du prince de Weï : 公子當何面目立(於)天下乎。Prince, comment auriez-vous le front de trôner (dans) l'empire, de monter sur le trône ?

海上絲綢之路文獻集成 科技與文化編

Comme, en cet endroit, les mots 立天下 ne donnaient pas un sens admissible, un Lettré chinois, à qui j'ai soumis ce passage, a été d'avis qu'il manquait le mot 於 *dans* (stare *in* imperio, id est : sede imperatoris sedere). Je n'ai pu trouver ce passage dans le Sse-ki. (S. J.)

當 *tang* a le sens de 則 *tse,* alors.

Me-tseu, chap. Thse-kouo : 君實欲天下之治而惡其亂也。當爲宮室不可不節 prince, si vous désirez véritablement que l'empire soit bien gouverné, et si vous détestez les troubles civils, alors, en construisant des palais et des maisons, vous ne devez pas ne pas être modéré, c'est-à-dire : vous devez faire des dépenses modérés.

當 *tang* a le sens de 如 *jou,* comme.

Me-tseu, chap. Ming-koueï : 燕之有祖。當齊之有社稷宋之有桑林楚之有雲夢也。le prince de Yen a des ancêtres comme celui de Thsi a les autels de l'esprit de la terre et de l'esprit des grains, comme celui de Song a des forêts de mûriers, comme celui de Thsou a le lac Yun-mong.

Dans le Tch'un-thsieou, 33me année de Hi-kong, commentaire de Tso-chi, on trouve un passage analogue où 猶 *yeou, comme,* remplace le mot 當 *tang* de l'exemple ci-dessus : 鄭之有原圃猶秦之有具圃也。le prince de Tch'ing a le parc Youen-pou, comme celui de Thsin a le parc Kiu-pou.

而 *eul,* vulgo *et,* conjonction.

而 *eul,* particule finale. Chi-king, ode Tchou : 俟我於庭乎而 il m'attend dans la salle où l'on reçoit les hôtes (Lacharme). Glose : *hou* 乎 est un mot auxiliaire.

Tch'un-thsieou, 4me année de Siouen-kong, commentaire de Tso-chi : 若敖氏之鬼不其餒而 les mânes de Jo-'ao, croyez-vous qu'ils n'éprouvent pas la faim ?

而 *eul* s'emploie dans le sens de 如 *jou*, comme.

Chi-king, ode Kiun-tseu-kiaï-lao : 胡然而天也 certainement, vous êtes comme un esprit; c'est le sens du mandchou : yala endouri i gese kai.

Han-tseu, chap. Kiang-koue : 黖然而雷擊之 il est noir comme si la foudre l'avait frappé.

而何 s'emploie dans le sens de 如何 *jou-ho*, comment ?

Tch'un-thsieou, 4me année de Tchao-kong, commentaire de Tso-chi : 牛謂叔孫見仲而何. Nicou dit à Cho-sun : comment avez-vous pu voir Tchong-jin ?

而 *eul* s'emploie dans le sens de 若 *jo*, si.

Tch'un-thsieou, 29me année de Siang-kong, commentaire de Tso-chi : 先君而有知也。si le prince précédent (défunt) l'avait su. C'est aussi le sens du mandchou. Wang fait observer que plus haut (édit. chin.-mandchou, liv. 45, fol. 40), on trouve exactement les mêmes mots, *à l'exception* de 而 *eul*, qui est remplacé par *jo* 若, si.

Ibidem, 26me année de Tchao-kong, Tso-tch'ouen : 後世若少惰。陳氏而不亡。則國其國也已。si, dans les siècles suivants, on se néglige un peu, si les Tch'in ne périssent pas, alors le royaume deviendra leur royaume, leur appartiendra.

Ibidem, 3me année de Siang-kong, Tso-tchouen : 子產而死。誰其嗣之。si Tseu-thsan mourait qui est-ce qui lui succéderait ?

而 *eul* s'emploie pour 然 *jen*, marque de l'adverbe après un mot.

Chou-king, chap. I-tsi : 啓呱呱而泣。Khi, en se lamentant, pleurait.

而 *eul* s'emploie dans le sens de 乃 *naï*, alors.

Ta-taï-li-ki : 如此而成孝子 pour 乃成孝

子 s'il agit ainsi, alors il deviendra un fils doué de piété filiale.

Tch'un-thsieou, 4me année de 'Aï-kong: 如牆而進。多而殺二人 avancez sur une seule ligne (littéralement: comme une muraille); s'ils sont nombreux, alors tuez deux hommes.

Tch'un-thsieou, 25me année de 'Aï-kong: 衆怒難犯。休而易間 il est difficile de résister à la colère d'un grand nombre d'hommes; quand elle est apaisée, alors il est facile de les diviser, de semer entre eux la division.

Wang cite deux pages d'exemples où 而 *eul* répond à 乃 *naï,* alors.

而 *eul* répond à 以 *i* dans l'expression 而往 pour 以上, au-dessus.

Toutes les fois, dit Wang, qu'on trouve 而上而下。而前而後 c'est exactement comme s'il y avait 以上 au-dessus; 以下 en bas; 以前 avant; 以後 après.

而 *eul* a le sens de 以 *i, pour*, devant un verbe.

Chou-king, chap. Kou-ming: 眇眇末小子其能而亂四方 comme s'il y avait: 其能以治四方 moi, jeune enfant, petit et faible, aurais-je de la capacité pour, serais-je capable de gouverner l'empire?

Me-tseu, chap. Chan-thong: 諸侯可而治其國 pour 可以. Les *reguli* seront capables de gouverner leur royaume. 可以 devant un verbe actif signifie pouvoir (*posse*).

J'omets un bon nombre d'exemples semblables, où *eul* 而 est clairement employé pour 以 *i.*

而 *eul* a le sens de 與 *yu,* avec, et de 及 *ki,* et.

Lun-yu, chap. Yong-ye: 不有祝鮀之佞而有宋朝之美。難乎免於今之世矣。si

海上絲綢之路文獻集成 科技與文化編

un homme n'avait ni l'élocution habile de Tho l'officiant, ni la beauté de Tchao, du royaume de Song, il lui serait difficile d'échapper aux malheurs d'aujourd'hui. C'est le sens de l'interprète mandchou; le docteur James Legge a adopté le même sens, mais le commentateur Hoang-kan dit: 若不有 s'il n'avait pas. 及有 et qu'il eût (seulement) la beauté de.

Wang cite un autre exemple où *eul* 而 a le sens de 與 *yu*, *avec:* 善而不善 pour 善與不善 ce qui est bon (louable) avec ce qui n'est pas bon (louable). Dans ce cas, *eul* 而 a simplement le sens ordinaire de *et*, conjonction.

與 *yu*, synonyme de 及 *ki*, *et*, conjonction; c'est une signification ordinaire.

與 *yù* a le même sens que 以 *i* (après 可 *kho*): 可與入德 *kho-yù-ji-te*, pour 可以入德 *kho-i-ji-te*, il peut entrer dans la vertu (pratiquer la vertu). Tchong-yong, chap. 33.

On lit dans le Lun-yu, chap. Yang-ho, § 15: 鄙夫可與事君也與哉 *pi-fou-kho-yù-sse-kiun-ye-yù-tsaï.* Wang explique ainsi cette phrase: [1]鄙 [2]夫 [3]不 [4]可 [5]以 [6]事 [7]君 [8]也 [1]*pi*-[2]*fou* un homme commun, [3]*pou*-[4]*kho*-[5]*i* ne peut, [6]*sse* servir, [7]*kiun* le prince, [8]*ye* particule finale. L'auteur blâme ceux qui, dans ce passage, expliquent *yù* par *avec*, et disent: avec des hommes communs, peut-on servir le prince?

Voici un autre passage. Sse-ki, biographie de *Youen-ngan:* 妾主豈可與同坐 *tsie-tchou-ki-kho-yu-thong-tso*, c'est-à-dire: 不可以同坐 la femme de second rang et le maître; *pou-kho-i* ne peuvent, *thong* ensemble, *tso* s'asseoir, c'est-à-dire: s'asseoir près l'un de l'autre.

與 *yû*, au premier ton, synonyme de 爲 *wêï*, être.

On lit dans le *Koue-yu*, chap. *Thsin-thse*: [1]吳 [2]王 [3]夫 [4]差 [5]與 [6]句 [7]踐 [8]禽 [9]死 [10]於 [11]干 [12]隧。[3]*Fou*-[4]*tchaï* (nom d'homme), [2]*wang* roi, [1]*ou* du royaume de Ou, [5]*yu* fut (*sic*), [8]*khin* fait prisonnier, [6]*keou*-[7]*tsien* par Keou-tsien, [9]*sse* et mourut, [10]*yu* dans, à, [11]*kan*-[12]*souï* nom de pays.

Autre exemple du Koue-yu, chap. *Si-tcheou-thse:* [1]秦 [2]與 [3]天 [4]下 [5]罷, c'est-à-dire, suivant Wang: [1]秦 [2]爲 [3]天 [4]下 [5]所 [6]疲 [1]*thsin* le prince de *Thsin*, [2]*weï* (pour [2]*yu*) fut, [5]*so* (un homme) que, [3]*thien*-[4]*hia* l'empire, les hommes de l'empire, *p'i* exténuèrent, réduisirent à l'impuissance. Voici la construction de la première phrase: [1]*Thsin*, [2]*yu* fut (sic), [3]*thien*-[4]*hia* par l'empire, *p'i* exténué, réduit à l'impuissance.

與 *yú*, au troisième ton, synonyme de 爲 *weï*, à cause de, pour, en faveur de.

Meng-tseu, chap. Li-leou: 所欲與之聚之 *so-yo-yú-tchi-tsiu-tchi*, c'est-à-dire: [1]民 [2]之 [3]所 [4]欲。[5]則 [6]爲 [7]民 [8]聚 [9]之 [10]也。[3]*so* ce que, [1]*min* le peuple, [2]*tchi* particule relative, [4]*yo* désire, [5]*tse* alors, [6]*weï* en faveur du, [7]*min* peuple, [8]*tsiu*-[9]*tchi* amassez-le, [10]*ye* particule finale.

與 *yu*, synonyme de 謂 *weï*, appeler (appellare, vocare).

On lit dans le *Li-ki* de *Thaï* l'aîné, commentaire du chapitre *Hia-siao-tching*: [1]與 [2]之 [3]獸 [4]何 [5]也。pour [1]謂 [2]之 [3]獸 [4]何 [5]也。[1]*weï*-[2]*tchi* on l'appelle, [3]*cheou* un quadrupède, [4]*ho*-[5]*ye* pour quelle raison? pourquoi l'appelle-t-on un quadrupède?

與 *yu* signifie aussi *dire*.

[1]世 [2]人 [3]不 [4]與 [5]能 [6]死 [1]*chi*-[2]*jin* les hommes du siècle, [3]*pou*-[4]*yu* (pour 不謂 *pou-weï*) ne diront pas que, [5]*neng* je puis, [6]*sse* mourir, etc.

與 *yu* pour 如 *jou*, si.

Me-tseu, chap. *Kien-ngaï:* [1]與 [2]爲 [3]人 [4]君 [5]者 [6]之 [7]不 [8]惠 [1]*yu* si, [5]*tche* celui-qui, [2]*weï* est, [4]*jin*-[5]*kiun* le prince des hommes, [6]*tchi* particule relative, [7]*pou*-[8]*hoeï* n'est pas bienfaisant.

Autre exemple : ¹與 ²其 ³殺 ⁴不 ⁵辜 ⁶寧 ⁷失 ⁸不 ⁹經 ¹*yu* pour 如 (sic) si, ²*khi* lui (si un homme), ³*cha* tue, ⁴*pou*-⁵*kou* un innocent, ⁶*ning* il vaut mieux, ⁷*chi* qu'il commette la faute de, ⁸*pou*-⁹*king* ne pas suivre les règles établies.

何 與 *ho-yu*, pour 何 如 *ho-jou*, comment ?

孰 與 *cho-yu* pour 何 如, comment ? ¹孰 ²與 ³危 ⁴身 ⁵以 ⁶召 ⁷罪。¹*cho*-²*yu* comment (peut-on), ⁵*i* par, ³*weï* l'action d'exposer-au-danger, en exposant-au-danger, ⁴*chin* son corps, sa vie, ⁶*tchao* s'attirer, ⁷*tsouï* un châtiment ?

孰 與 *cho-yu* se prend aussi pour *fou-jou* 弗 如 ce n'est pas comme, il vaut mieux. *Ibidem :* ¹救 ²趙 ³孰 ⁴與 ⁵勿 ⁶救。¹*kieou*-²*tchao* délivrer *Tchao*, ³*cho*-⁴*yu* n'est pas comme, ⁵*wou*-⁶*kieou* ne pas le délivrer; c'est-à-dire: il vaut mieux ne pas délivrer *Tchao*, le prince de *Tchao*, que de le délivrer.

孰 與 *cho-yu* se prend encore pour 何 如 *ho-jou*, dans le sens de *fo-jou* 弗 如, pas comme, pas comparable à :

¹楚 ²王 ³之 ⁴獵 ⁵孰 ⁶與 ⁷寡 ⁸人 ¹*thsou*-²*wang* le roi de Thsou, ³*tchi* particule relative, ⁴*lie* lorsqu'il chasse, ⁵*cho*-⁶*yu* n'est pas comparable, ⁷*koua*-⁸*jin* au prince de peu de vertu (à moi) ; il ne me vaut pas, c'est-à-dire : il ne chasse pas si bien que moi.

與。語 助 無 意 義 *yu* est aussi une particule auxiliaire qui n'a pas de signification. Exemples : ¹寡 ²人 ³者 ⁴安 ⁵與 ⁶知 ⁷恥 ¹*koua*-²*jin*-³*tche* l'homme de peu de vertu (moi), ⁴*ngan* est-ce que, ⁵*yu* particule auxiliaire, ⁶*tchi* je connais, ⁷*tch'i* la honte ?

¹亡 ²人 ³何 ⁴國 ⁵之 ⁶與 ⁷有 ¹*wang*-²*jin* un homme, (un prince) qui s'est enfui, ³*ho*-⁴*koue* quel royaume, ⁵*tchi* particule explétive, ⁶*yu* particule auxiliaire insignifiante, ⁷*yeou* a-t-il, peut-il avoir ?

若 *jo*, synonyme de 如 *jou*, vulgo *si* (signification ordinaire).

若 *jo* a le sens de 柰 *naï*, comment? On trouve dans les Kings 若何 et 若之何 comment? au lieu de 如何 *jou-ho* et de 如之何 *jou-tchi-ho*.

若 *jo* est quelquefois explétif.

Chou-king, chap. Hong-fan: 時雨若 une pluie de saison; 時暘若。 seasonable sunshine (James Legge) 時燠若 une chaleur de saison; 時寒若 un froid de saison; 時風若 un vent de saison. L'interprète mandchou n'a point traduit ces cinq 若 *jo*, et les a évidemment regardés comme des caractères explétifs insignifiants.

若 *jo*, après un mot, s'emploie dans le sens de 然 *jen*.

Chi-king, ode Hoang-hoang-tche-hoa: 六轡沃若 les six rênes sont comme mouillées (sont molles et souples). En mandchou: ninggoun yarfoun oulagakha adali ni.

猶若 *yeou-jo* s'emploie pour 猶然 *yeou-jen*, encore.

Li-ki-li-yun: (Quoique ses offrandes soient médiocres) 猶若可以致其敬於鬼神 il peut encore (en mandchou *khono*) témoigner tout son respect aux démons et aux esprits.

Kouan-tseu, chap. King-tchong-kia: 民猶若不足 le peuple n'a pas encore sa suffisance.

若 *jo* a le sens de 如此 *jou-thseu*, comme cela.

Chou-king, chap. Ta-kao: 爾知寧王若勤哉 vous savez que le roi pacificateur s'est donné comme cela de la peine. L'interprète mandchou a rendu 若 *jo* par *touttou*, ainsi, comme cela.

海上絲綢之路文獻集成 科技與文化編

若 *jo* s'emploie dans le sens de 此 *thseu*, hic, hæc, hoc.

Tch'un-thsieou, 4me année de Tchoang-kong, commentaire de Kong-yang : 有明天子。則襄公得爲若行乎 s'il y avait un empereur éclairé, Siang-kong pourrait-il faire ces actions, c'est-à-dire : tenir cette conduite ?

Ibidem, 4me année de Ting-kong : 君如有憂中國之心。則若時可矣。Prince, si votre cœur s'afflige des malheurs du royaume du milieu, dans ce moment, c'est possible, c'est-à-dire : vous pouvez attaquer le royaume de Thsou.

Yen-tseu, chap. Tseu-kien : 雖有至聖大賢。豈能勝若讒 quand il y aurait un homme très-saint, un grand sage, comment pourrait-il surmonter ces calomnies ?

此若 *thseu-jo* est la même chose que 若此 *jo-thseu*, comme cela.

Sse-ki, biographie de Sou-thsin : 王何不使辯士以此若言說秦 Sire ! que n'envoyez-vous un orateur habile qui, avec de telles paroles, un tel langage, persuade l'empereur de Thsin.

若 *jo* a le sens de 及 *ki*, atteindre, et de 至 *tchi*, arriver à.

Tch'un-thsieou, 2me année de Tch'ing-kong, Tso-tch'ouen : 病未及死. On lit dans le Koue-yu, section Tsin-yu : 病未若死 quoiqu'il soit malade (quoiqu'il soit grièvement blessé), il n'est pas encore arrivé à mourir, il n'est pas encore mort. La pensée est la même.

Koue-yu, section Ou-yu : 越大夫種日王若今起師以會。C'est comme s'il y avait : 及今起師以會戰 Tchong, Ta-fou de Youe, dit : ô roi, profitez de ce moment pour lever des troupes et livrer bataille.

若 *jo*, synonyme de 及 *ki*, et, de 與 *yu*, avec.

Chou-king, chap. Chao-kao : 旅王若公 je fais une

15

communication à l'empereur et aux princes. En mandchou: khan dchai goung de toutchiboumbi.

Li-ki, Nouï-tse: 父母有婢子若庶子庶孫 si le père et la mère ont des fils de servantes et des fils et petits-fils issus de concubines. En mandchou, *jo* 若 est rendu par *dchai*, et aussi.

若 *jo*, synonyme de 或 *hoe*, ou, soit (*sive*).

I-li: 若衣若笄 ou un vêtement, ou une aiguille de tête.

Tch'un-thsieou, 11me année de Siang-kong: 若子若弟 ou un fils ou un frère cadet, soit un fils soit un frère cadet.

若干 *jo-kan*, tant, désigne un nombre, une quantité indéterminés.

Li-ki-khio-li, part. II: 始服衣若干尺矣。il commence à porter des vêtements de telle grandeur, littéralement: ayant *tant* de *tch'i*, pieds chinois.

On lit dans le Fo-koue-ki: *jo-kan-pe-nien-heou*, après tant de centaines d'années (le vase à aumônes du Bouddha retournera dans le royaume des *Youeï-tchi*). Cette expression est employée cinq fois dans le même passage (page 351), mais le traducteur qui ignorait le sens de *jo-kan*, écrivit après *onze cents* ans. Je dois ajouter, pour expliquer cette erreur, que le texte portait 千 *thsien, mille*, au lieu de 干 *kan*, faute dont la connaissance de la locution 若干 *jo-kan* aurait fourni sur-le-champ la correction. Cependant les mots 若千百年後 *jo-thsien-pe-nien-heou*, ne peuvent signifier: après onze cents ans.

若 *jo* s'emploie pour 其 *khi*, lui, eux, son, leur (et pour 其 *khi*, marque d'impératif. S. J.)

Chou-king, chap. Chao-hao: 今王嗣受厥命。我亦惟兹二國命。嗣若功. *Jo-kong* est pour 其功 *khi-kong*. Maintenant, Empereur, comme héritier vous avez reçu le décret (pour régner). Moi aussi, je considère que c'est le décret de ces deux royaumes (le décret qu'ont reçu les empereurs de Hia et de In). Succédez à leurs mérites, c'est-à-dire continuez leurs belles actions. Le mot 若 *jo* est rendu en mandchou par *terei*, comme s'il y avait 其 *khi*, eorum.

Tch'un-thsieou, 26me année de Tchao-kong, Tso-tch'ouen : Tseu-yeou parla au prince de Thsi et lui dit : 君若待於曲棘。Jo-taï est pour 其待. Prince, attendez dans le pays de Khio-ki. L'interprète mandchou a traduit le verbe *taï*, attendre, à l'impératif : soyez (*bisou*) attendant, attendez.

Dans ce passage, 若 *jo*, synonyme de 其 *khi*, est ici, pour moi, une marque d'impératif. Voyez pages 63, 64.

若 *jo* se prend pour 而 *eul*, et.

Koue-yu, section Ou-yu : L'empereur dit : 子有眩瞀之疾。其歸若已。pour 子其歸而止息也。Comme votre vue est devenue trouble et confuse, retournez chez vous et reposez-vous. Ici encore 其 *khi* est, pour moi, une marque d'impératif. Voyez pages 63, 64.

Tch'un-thsieou, 22me année de Tchoang-kong, Tso-tch'ouen : 幸若獲宥 pour 幸而獲宥 par bonheur, il obtint son pardon. En mandchou : dchabchan de, par bonheur.

若 *jo* s'emploie pour 乃 *naï*, alors.

Tcheou-yu, d'après le Chou-king : 必有忍也。若能有濟也。Glose de Weï : 若 *jo* est pour 乃 *naï*. Il faut avoir un cœur sensible aux maux d'autrui ; alors, on peut réussir.

Chou-king, chap. Thsin-chi : 日月逾邁。若弗云來。les jours et les mois s'en vont ; alors, ils ne reviennent pas. 若弗 pour 乃弗.

Lao-tseu, chap. XIII : 故貴以身爲天下。若可寄天下 c'est pourquoi si un homme redoute de gouverner lui-même l'empire, alors on peut lui confier l'empire.

15*

Les commentateurs expliquent 貴 *koueï* par 重 *tchong*, regarder comme une chose lourde (l'action de gouverner l'empire).

若 *jo* s'emploie pour 惟 *weï*, particule initiale.

Voyez le Chou-king du docteur Legge, vol. 3, part. II, p. 677. Chou-king, chap. Liu-hing : 若古有訓 anciennement, il y avait des instructions, des documents. Tchi-yeou commença à exciter des désordres, etc. James Legge : 若 *jo* may be taken, with Wou-ch'ing, as an introductory particle. Wang cite encore six passages où 若 *jo* est pareillement une particule initiale et auxiliaire sans signification. Il n'approuve pas les commentateurs qui expliquent ici 若 *jo* par 順 *chun*, obéir, et par 汝 *jou*, vous.

言 *yen* s'emploie souvent comme particule explétive.

Chi-king, ode Pe-tcheou : 靜言思之 j'y pense en silence.

Ibidem, ode Tchong-fong : 寤言不寐 je suis éveillé et ne puis dormir.

Ibidem, ode Thsiouen-chouï : 還車言邁 ramenons notre char et partons. Currum retroagamus, agite eamus. Lacharme.

Tch'un-thsieou, 9me année de Hi-kong : 既盟之後言歸于好。 après avoir fait cette alliance, soyons désormais amis. Littéralement : revenons à l'amitié, à la bonne harmonie. En mandchou : gaskhôka amala, gemou sain oso, après avoir prêté un serment solennel, après avoir fait alliance, soyez tous amis. Ce même passage se trouve dans Meng-tseu, chap. 6, part. II, § 7. Le docteur James Legge traduit : All we who have united in this agreement, shall hereafter maintain amicable relations. Il n'y a là aucune trace du mot 言 *yen*, vulgo *parler*.

Suivant les commentateurs chinois : 言是語詞 le mot *yen* est ici une particule, c'est-à-dire un mot auxiliaire, insignifiant.

謂 *weï* a le sens de 爲 *wêï*, être.

Tch'un-thsieou, 5me année de Hi-kong : 一之謂甚。其可再乎。comme une (première attaque) était déjà de trop, pourrait-elle être renouvelée ? conviendrait-il de la renouveler ?

Ibidem, 5me année de Hi-kong : 此之謂多矣。若能少此。吾何以得見乎。L'auteur a voulu dire : 此之爲多也 etc. Ces (chars) sont nombreux. Si j'avais pu les diminuer, en diminuer le nombre, comment aurais-je pu vous voir ?

何謂 *ho-weï* se prend pour 何爲 *ho-wêï* et 胡爲, pourquoi ? comment ?

Wang en cite plusieurs exemples, tirés du Tch'un-thsieou, de Tsin-yu (dans le Tchen-koue-thse), du Lun-yu, etc.

謂 *weï* a le sens de 與 *yu*, à, avec.

Sse-ki, Tch'ing-chi-kia : 不敢謂叔詹言。L'auteur veut dire : 不敢與叔詹言之 il n'osa pas en parler à Cho-tchen.

謂 *weï* répond à 如 *jou* et à 柰 *naï* (dans les locutions 如何 *jou-ho* et 柰何 *naï-ho*).

Chi-king, ode Pe-men : 天實爲之。謂之何哉. Comme s'il y avait : 柰之何也。le ciel vraiment a fait cela. Qu'y faire ? Comment faire ?

Ibidem, ode Tsie-nan-chan : 赫師君。不平謂何。comme s'il y avait : 師君爲政不平。其柰之何 le Thaï-sse (de la famille *Yen*) est terrible. Il ne gouverne pas pacifiquement, comment lui résister? Glose: 謂何 est pour 云何 *yun-ho,* comment, que faire?

On a vu à l'article 云 *yun* que ce mot est auxiliaire dans la locution *yun-ho.*

Tch'un-thsieou, 28me année de Hi-kong, commentaire de Tso-chi: 救而棄之。謂諸侯何. Comme s'il y avait: 柰諸侯何也。si, après l'avoir sauvé (le royaume de Song), vous l'abandonnez, que ferez-vous à l'égard des *reguli*? C'est-à-dire: comment pourrez-vous tenir tête aux princes feudataires qui viendront le venger?

Note: à la 26me année de Tch'ing-kong, on lit dans le même sens: 若諸侯何。*Jo-ho* est ici pour 柰何 *naï-ho*? synonyme de 謂—何 *weï—ho*?

豈 *ki* équivaut à 安 *ngan*, à 焉 *yen* et à 曾 *tseng*, tous trois signes d'interrogation.

C'est une signification ordinaire. Quelques auteurs écrivent *ki* 幾, lequel se prend quelquefois dans le même sens.

豈 *ki* équivaut à 其 *khi*, lui.

Li-ki, chap. Tseng-tseu-wen: 昔者史佚有子而死。下死。下殤也墓遠。召公謂之曰。何以不棺斂於宮中。史佚曰。吾敢乎哉。召公言於周公。周公曰。豈不可。Jadis, I, l'historien, avait un fils qui mourut. Il était mort en bas âge (*hia-sse,* expression qui signifie *hia-chang,* mourir jeune, entre huit et onze ans). Le tombeau fut placé au loin. Chao-kong lui dit: Pourquoi ne l'avez-vous pas mis dans un cercueil et enseveli dans votre maison? I, l'historien, répondit: Est-ce que je l'aurais osé? Chao-kong, en ayant

海上絲綢之路文獻集成 科技與文化編

parlé à Tcheou-kong, celui-ci lui dit : Il ne le pouvait pas. 豈不可, dit une glose, est pour 其不可.

Wang cite une page d'exemples où il regarde 豈 *ki* comme équivalent à 其 *khi*, et, dans une note de cent trente-huit mots, il tâche de démontrer l'erreur d'un commentateur de Meng-tseu, qui a donné à 豈 *ki* un sens interrogatif, au lieu de le prendre pour 其 *khi*, ille.

TABLE DES IDIOTISMES.

TABLE DES PARTICULES

QUI SERVENT A FORMER

DES IDIOTISMES

OU

EXPRESSIONS PARTICULIÈRES AU *KOU-WEN*

(STYLE ANCIEN).

Cette partie est extraite des livres classiques et canoniques et de plusieurs recueils de morceaux de style antique. On trouve dans l'Encyclopédie *Kia-p'ao-ts'iouen-chou* 家寶全書 „Collection complète de joyaux domestiques", environ trois cents formules initiales et médiales, qui échappent aux règles de la grammaire et sont de véritables idiotismes. Le P. Hyacinthe Bitchourine en a inséré un assez grand nombre dans sa grammaire russe de la langue chinoise, mais il a supprimé les exemples qui étaient nécessaires pour les expliquer. J'en ai adopté environ quatre-vingts, suivies de citations classiques; j'ai laissé les autres qui n'offraient ni intérêt ni difficulté.

J'ai admis dans cette table quelques expressions difficiles, étrangères aux idiotismes, dont les grammaires ni les dictionnaires ne donnent pas le sens.

J'ai ajouté aussi les prépositions les plus usitées avec leurs principales significations. Il est vrai que ces additions n'ont aucun rapport avec les règles de position; mais dans les exemples où elles figurent, on trouvera souvent des principes de grammaire et des procédés de construction et d'analyse qui peuvent offrir un utile secours pour l'intelligence du style ancien. J'engage les jeunes gens qui cultivent le chinois, à étudier avec le plus grand soin les passages où se rencontrent les prépositions et les idiotismes. Ces phrases, jointes à toutes celles de la *Nouvelle Syntaxe de la langue chinoise*, et aux fables et apologues que j'explique constamment mot à mot, et qu'à l'aide des chiffres on peut suivre seul et sans guide, tiennent lieu, pour ainsi dire, d'un enseignement oral dont peu de personnes peuvent profiter en France, et que ne sauraient donner les maîtres chinois, appelés *Sien-seng*, qui n'ont aucune idée de la grammaire.

Comme les divers dictionnaires donnent souvent au même caractère une prononciation différente, j'ai cru devoir classer, par ordre de clefs ou de radicaux, les mots simples et les expressions polysyllabiques dont se compose la table qui suit.

海上絲綢之路文獻集成 科技與文化編

CLEF I.

上 *cháng*, en haut, dessus, sur, suprême. Ce caractère change de valeur en changeant de position. 上 帝 *cháng-ti*, le suprême seigneur du ciel, suivant les Chinois ; les protestants emploient cette expression pour dire Dieu ; les catholiques écrivent 天 主 *thien-tchou*, le maître du ciel.

天 上 *thien-cháng*, au haut du ciel, au ciel.

川 上 *tch'ouen-cháng*, sur le bord d'un fleuve. (Lun-yu, chap. *Tseu-han.*)

Au deuxième ton, 上 *chàng* signifie monter. 上 天 *chàng-thien*, monter au ciel.

下 *hiá* signifie *au bas*, *inférieur*. Dans le premier cas, il se place après un substantif ou à la fin d'une phrase : [1]初 [2]築 [3]室 [4]白 [5]鶴 [6]山 [7]下 [1]*thsou* au commencement, [2]*tchou* il bâtit, [3]*chi* une maison, [7]*hia* au bas, [6]*chan* de la montagne, [4]*pe*-[5]*ho* de la cigogne blanche.

下 *hiá* signifie aussi *après* et se place comme le précédent. [1]數 [2]千 [3]載 [4]之 [5]下 [5]*hiá* au bas, [4]*tchi* de, c'est-à-dire après, [1]*sou* plusieurs, [2]*thsien* milliers, [3]*tsaï* d'années.

下 *hiá*, signifiant *inférieur*, se place avant un substantif ou après un verbe, s'il en est le régime direct. 下 截 *hiá-tsie* inferiores partes (corporis), i. e. clunes. 惠 下 *hoeï-hiá* faire du bien aux inférieurs, au peuple.

Au deuxième ton, il signifie descendre. 下 馬 *hià-ma*, descendre de cheval.

上 下 *cháng-hià*. 不 相 上 下 *pou-siang-cháng-hià*. Littéralement : ils ne montaient ni ne descendaient réciproquement, c'est-à-dire : ils n'étaient ni supérieurs ni inférieurs, les uns aux autres, c'est-à-dire c'étaient des hommes ordinaires.

不 *pou*, non, ne pas. [1]不 [2]饑 [3]不 [4]寒 [1]*pou*-[2]*ki* ne pas avoir faim, [3]*pou*-[4]*han* ne pas avoir froid.

不 *pou* s'emploie aussi comme particule prohibitive. [1]既 [2]往 [3]不 [4]咎 [3]*pou*-[4]*kieou* ne blâmez pas, [1]*ki*-[2]*wang* les choses passées.

不 亦 *pou-i* pour 豈 不 *ki-pou* n'est-ce pas ? (*Kia-p'ao.*)

不 若 *pou-jo*, pas comme, c'est-à-dire (cela) ne vaut pas. [1]指 [2]不 [3]若 [4]人 [1]*tchi* le doigt, [2]*pou*-[3]*jo* ne vaut pas, [4]*jin* l'homme (entier).

Quand 不 若 *pou-jo* (non sicut) est suivi d'un verbe, on le traduit en français par *il vaut mieux*, comme dans cette phrase de Meng-tseu : [1]與 [2]少 [3]樂 [4]樂 [5]不 [6]若 [7]與 [8]衆 [1]*yu* avec, [2]*chao* peu de personnes, [3]*lo* se réjouir, [4]*yo* de la musique, [5]*pou*-[6]*jo* n'est pas comme, [7]*yu* avec, [8]*tchong* beaucoup de personnes, c'est-à-dire : il vaut mieux jouir de la musique avec beaucoup de monde qu'avec un petit nombre.

不 如 *pou-jou*, non sicut, a le même sens que 不 若 *pou-jo*. [1]不 [2]如 [3]乘 [4]勢 [1]*pou*-[2]*jou* il vaut mieux, [3]*ching* profiter de, [4]*chi* de l'état des choses, de l'occasion.

不 寧 惟 *pou-ning-weï*, pour 不 獨 如 此 *pou-to-jou-thseu*, non-seulement comme cela (*Kia-p'ao-ts'iouen-tsi*).

不 得 *pou-te*, suivi d'un verbe, est synonyme de 不 可 以 *pou-kho-i*, non potest. [1]如 [2]不 [3]得 [4]受 [5]於 [6]家 [1]*jou*

海上絲綢之路文獻集成 科技與文化编

si, [2]*pou-*[3]*te* il ne peut, [4]*cheou* recevoir (ce présent), [5]*yu* dans, [6]*kia* sa maison.

Si *pou-te* 不 得 est suivi d'un substantif, il signifie ne pas obtenir. [1]不 [2]得 [3]食 [4]於 [5]子 [1]*pou-*[2]*te* s'il n'obtient pas, [4]*yu-*[5]*tseu* de vous, [3]*chi* des aliments.

不 聞 *pou-wen* est synonyme de 無 聞 *wou-wen*, je n'ai pas entendu dire *que* (*Kia-p'ao*).

且 *thsie*, partant, par conséquent 貧 且 賤 pauvre et partant méprisé (Rémusat, page 95). Cependant, dans des exemples analogues du *Chi-king*, l'interprète mandchou rend 且 *thsie* par *geli*, encore, en outre. Exemple : 明 且 哲 [1]*ming-*[2]*thsie-*[3]*tche* éclairé et en outre intelligent.

且 *thsie* répété signifie *soit, soit, tantôt, tantôt.* [1]且 [2]以 [3]喜 [4]樂 [5]且 [6]以 [7]永 [8]日。[1]*thsie* soit, [2]*i-*[3]*hi-*[4]*lo* pour se réjouir, [5]*thsie* soit, [6]*i-*[7]*yong-*[8]*ji* pour passer le reste de ses jours, littéralement : pour les jours perpétuels, la perpétuité des jours.

且 *thsie* au commencement d'une phrase signifie quelquefois *or* (porro).

CLEF IV.

乃 *naï*, particule conjonctive. [1]乃 [2]命 [3]羲 [4]和 [1]*naï* alors, [2]*ming* il ordonna, [3]*hi-*[4]*ho* (aux astronomes) *Hi* et *Ho* de, etc. (Chou-king, chap. *Yao-tien*).

乃 *naï*, synonyme de 汝, vous. 乃 德 *naï-te* votre vertu. En mandchou : *sini* de vous, *erdemou* la vertu.

乃 *naï*, synonyme de 其 *khi*, lui, son, sa, ses. 乃 翁 *naï-ong* son père ; en mandchou : *ini* de lui, *ama* le père.

乃 *naï*, synonyme de 某 *meou*, un tel, pour dire *moi. Li-ki-*

tsa-ki-hia : 夫曰乃 *fou-youe-naï*, le mari dit : un tel. En mandchou : *eigen otchi, eigen tere seme khôlambi.* Quant au mari, il se désigne en disant : le mari, celui-ci (c'est-à-dire moi, le mari).

乃 *naï*, particule auxiliaire, insignifiante : 乃聖乃神 *naï-ching-naï-chin* il est saint, il est divin (doué d'une pénétration divine).

久 *kieou*, longtemps, durer longtemps. Quand ce mot se trouve à la fin d'une phrase on le traduit par : il y a longtemps que. [1]待[2]我[3]后[4]之[5]久[6]矣 [5]*kieou*-[6]*i* il y avait longtemps que, [1]*taï* nous attendions, [2]*ngo* de nous (notre), [3]*heou* prince, [4]*tchi* particule relative, [6]*i* particule finale.

[1]秦[2]晉[3]不[4]和[5]久[6]矣 [5]*kieou* il y a longtemps que [1]*Thsin*, le prince de *Thsin*, et [2]*Tsin*, celui de *Tsin*, [3]*pou*-[4]*ho* ne sont pas d'accord, ne vivent pas en bonne harmonie, [6]*i* particule finale. Quelquefois le mot 矣 *i* implique *that the precedent words contain a decided, strong affirmation.* (Morrison, part. II, nº 2077).

久 *kieou* se trouve, mais rarement, au commencement d'une phrase, avec le même sens. [1]久[2]矣[3]吾[4]不[5]復[6]夢[7]見[8]周[9]公 [1]*kieou* il y a longtemps que, [2]*i* particule impliquant une forte affirmation, [3]*ngou* je, [4]*pou*-[6]*mong* n'ai pas rêvé, [5]*feou* de nouveau, [7]*kien* (que) je voyais, [8]*Tcheou*-[9]*kong*, nom d'homme. Lun-yu, chap. *Chou-eul.*

乎 *hou* est le plus souvent une particule finale interrogative. [1]許[2]子[3]必[4]織[5]布[6]而[7]後[8]衣[9]乎 [9]*hou* est-ce que, [1]*Hiu* (nom d'homme), [2]*tseu* le philosophe, [3]*pi* nécessairement, [4]*tchi* tisse, [5]*pou* de la toile, [6]*eul* et, [7]*heou* ensuite, [8]*i* (s'en) vêtit ? c'est-à-dire : est-ce que *Hiu-tseu* (le philosophe *Hiu*) est obligé de tisser lui-même de la toile pour se vêtir ?

乎 *hou.* Dans certains cas, indiqués par la position, ce caractère peut marquer le datif (p. 14), l'accusatif (p. 19), l'ablatif (p. 29), le locatif (Wells Williams), l'instrumental (p. 37).

海上絲綢之路文獻集成 科技與文化編

L'expression 何乎 *ho-hou* signifie pourquoi ? mais les écrivains chinois ont l'habitude d'insérer un mot entre ces deux signes. [1]盍 [2]歸 [3]乎 [4]來 *ho-koueï-hou-laï*, pour [1]*ho*-[3]*hou* pourquoi ne pas, [2]*koueï*-[4]*laï* aller se soumettre ? pourquoi n'iraije pas me soumettre à lui ?

[1]何 [2]言 [3]乎 [4]喜 [5]服 [6]楚 [1]*ho*-[3]*hou* pourquoi, [2]*yen* a-t-on dit (que), [4]*hi* il se réjouissait, [5]*fo* d'avoir soumis, [6]*thsou* le royaume de *Thsou* ?

[1]何 [2]言 [3]乎 [4]齊 [5]人 [6]執 [7]之 [1]*ho*-[3]*hou* pourquoi, [2]*yen* (l'historien officiel) a-t-il dit (que), [4]*thsi*-[5]*jin* les hommes du royaume de *Thsi*, [6]*tchi*-[7]*tchi* l'avaient pris ([6]ceperant [7]illum) ?

Je pourrais citer vingt autres exemples semblables. Les précédents suffisent.

Dans la locution *yu-chi-hou* [1]于 [2]是 [3]乎 le signe [3]*hou* est explétif et n'ajoute rien au sens de la phrase. Exemples : [1]晉 [2]于 [3]是 [4]乎 [5]作 [6]州 [7]兵 [2]*yu*-[3]*chi*-[4]*hou* là-dessus, sur ces entrefaites, [1]*tsin* le prince de Tsin, [5]*tso* leva, [7]*ping* les soldats, [6]*tcheou* de l'arrondissement.

[1]于 [2]是 [3]乎 [4]先 [5]殺 [6]孔 [7]父 [1]*yu*-[2]*chi*-[3]*hou* alors, [4]*sien* d'abord, [5]*cha* il tua, [6]*Khong*-[7]*fou* (nom d'homme).

[1]君 [2]子 [3]謂 [4]莊 [5]公 [6]于 [7]是 [8]乎 [9]有 [10]禮。[1]*kiun*-[2]*tseu* le sage, [3]*weï* pense que, [5]*yu*-[7]*chi* en cela, [9]*hou* particule explétive, [4]*Tchoang*-[5]*kong* le prince Tchoang-kong, [9]*yeou*-[10]*li* a observé les rites.

乎 *hou* est encore explétif et sans signification dans les exemples suivants : [1]於 [2]從 [3]政 [4]乎 [5]何 [6]有。[1]*yu* in, [2]*thsong* τῷ sequi, [3]*tching* administrationem, [4]*hou* particula expletiva, [5]*ho*-[6]*yeou* quid est ? Pour qu'il entre dans l'administration (et devienne *Ta-fou*), quelle difficulté y a-t-il ? Lun-yu, chapitre *Yong-ye.*

[1]能 [2]以 [3]禮 [4]讓 [5]爲 [6]國 [7]乎 [8]何 [9]有 [1]*neng* (si quelqu'un) peut, [2]*i* avec, [3]*li* urbanité, [4]*jang* et avec déférence, [5]*weï* gouverner, [6]*koue* le royaume, [7]*hou* particule explétive, [8]*ho*-[9]*yeou* qu'y a-t-il (quelle difficulté y a-t-il) ?

1河 2上 3乎 4遙 5趙 *1ho-2chang* sur le fleuve jaune (sur les bords du fleuve jaune), *3hou* particule explétive, *4yao-5siao* se promener. (Dict. *Thsing-han-wen-haï,* liv. X, fol. 2.)

On trouve les deux signes 于 *yu* et 乎 *hou* séparés par un ou plusieurs mots, et signifiant simplement *dans, quand, lorsque.* Dans ce cas, 乎 *hou* est une particule explétive. 1于 2卒 3事 4乎 5加 6之 *1yu* in, *2souï* peractâ, *3sse* re (cum res peracta est), *4hou* particula ęxpletiva, *5kia* dant, *6tchi* illi. Quand l'affaire est finie (quand on a achevé les obsèques d'un homme), on lui donne (ce nom posthume).

乎 *hou* seul signifie quelquefois *où.* 1仕 2非 3爲 4貧 5也。6而 7有 8時 9乎 10爲 11貧 *1sse* lorsqu'on entre en charge, *2feï* ce n'est pas, *3weï* à cause, *4p'in* de la pauvreté (ou parce qu'on est pauvre); *5ye* particule finale, *6eul* cependant, *7yeou* il y a, *8chi* des circonstances, *9hou* où, *10weï* (c'est) à cause, *11p'in* de la pauvreté. James Legge : Office is not *sought* on account of poverty; yet there are times *when* (*9hou*) one seeks office on that account. Meng-tseu, chap. V, part. II, § 5.

Lorsqu'on compare deux personnes ou deux choses, le mot 乎 *hou* placé après un adjectif lui donne la force d'un comparatif. 1陳 2桓 3子 4始 5大 6乎 7齊 *2Houan-3tseu* (nom d'homme), *1tch'in* prince de Tch'in, *4chi* commença à, *5ta-6hou* être plus grand que (littéralement : grand par dessus), *7thsi* le prince de Thsi.

1不 2敬 3莫 4大 5乎 6是 (en fait de) *1pou-2king* manque de respect (en anglais *disrespect*), *3mou* (il n'y en a) pas, *4ta-5hou* de plus grand que, *6chi* cela.

乎 *hou,* exclamation de pitié, de douleur. 惜 乎 *si-hou,* quel malheur !

1吾 2不 3從 4子 5之 6言 7以 8至 9此 10乎 *7i* parce que, *1ngou* je, *2pou-3thsong* n'ai pas suivi, *6yen* les paroles, *5tchi* de, *4tseu* vous, *8tchi* je suis arrivé, *9thseu* à cela (j'ai été réduit à être fait prisonnier), *10hou* exclamation de douleur.

On remarquera que *7i* est post-posé : *2pou-3thsong-7i* (je n'ai

海上絲綢之路文獻集成 科技與文化編

pas suivi — à cause, parce que), au lieu de [1]*ngou*-[7]*i*-[2]*pou*-[3]*thsong* parce que je n'ai pas suivi, pas écouté (vos paroles).

乎 *hou*, final, marque d'admiration. 洋 洋 乎 *yang-yang-hou* combien c'est immense ! Comme si l'on disait : immense, immense, oh !

乎 *hou* signifie quelquefois en qualité de, comme. [1]行 [2]乎 [3]富 [4]貴 [1]*hing* agir, [2]*hou* comme, [3]*fou* (un homme) riche, [4]*koueï* et noble.

乎 *hou* envers, contre. [1]不 [2]怨 [3]乎 [4]人 [1]*pou*-[2]*youen* il ne murmure pas, [3]*hou* contre, [4]*jin* les (autres) hommes.

乎 *hou*, plus que. [1]愛 [2]齊 [3]侯 [4]乎 [5]山 [6]戎 [1]*ngaï* il aimait, [3]*heou* le prince, [2]*thsi* du royaume de Thsi, [4]*hou* plus que, [6]*jong* les barbares, [5]*chan* des montagnes.

乎 *hou*, de ce que, parce que. [1]心 [2]無 [3]瑕。[4]何 [5]恤 [6]乎 [7]無 [8]家 [1]*sin* (quand) le cœur, [2]*wou* n'a pas, [3]*hia* de tache (est sans tache), [4]*ho* pourquoi, [5]*siu* s'affliger, [6]*hou* de ce que, [7]*wou* on n'a pas, [8]*kia* de maison ?

[1]無 [2]或 [3]乎 [4]王 [5]之 [6]不 [7]智 [1]*wou*-[2]*hoe* ne vous étonnez pas, [3]*hou* de ce que, parce que, [4]*wang* le roi, [5]*tchi* particule relative, [6]*pou*-[7]*tchi* n'est pas prudent. Legge : It is not to be wondered at that the king is not wise ! Meng-tseu, chapitre VI, part. I, § 9.

Hou 乎 entre dans plusieurs expressions dissyllabiques et trisyllabiques. *Hou-chang* 乎 上 au-dessus. Dans ce cas, on intercale un génitif entre 乎 *hou* et 上 *chang*. [1]曷 [2]爲 [3]序 [4]乎 [5]諸 [6]侯 [7]之 [8]上 [1]*ho*-[2]*wéï* pourquoi, [3]*siu* les a-t-on rangés, [4]*hou*-[8]*chang* au-dessus, [7]*tchi* des, [5]*tchou*-[6]*heou* princes feudataires ?

庶 乎 *chou-hou*, presque, peu s'en faut, approcher de. [1]回 [2]也 [3]其 [4]庶 [5]乎 [1]*Hoeï* (nom d'homme), [2]*ye* particule qui

海上絲綢之路文獻集成 科技與文化編

fixe l'attention sur le mot principal (Morrison, part. II, n° 11,980), [3]*khi* lui, il, [4]*chou*-[5]*hou* approche (il est prêt à arriver, dit la glose), 聖 道 *ching-tao* à la sainte voie, à la conduite des saints hommes.

乎 爾 *hou-eul*, exclamation d'une personne qui soupire sans se plaindre ni murmurer. Telle est la définition du dictionnaire King-tsi-tsouan-kou, liv. VII, fol. 29.

宜 乎 *i-hou*, il est juste que. [1]宜 [2]乎 [3]百 [4]姓 [5]之 [6]謂 [7]我 [8]愛 [1]*i*-[2]*hou* il était juste, il était naturel (que), [3]*pe*-[4]*sing* le peuple, [5]*tchi* particule relative, [6]*weï* pensât (que), [7]*ngo* moi, je, [8]*ngaï* avais été avare, que j'avais agi ainsi par avarice.

已 矣 乎 *i-i-hou*, interjection de douleur. [1]已 [2]矣 [3]乎 [4]吾 [5]未 [6]見 [7]能 [8]見 [9]其 [10]過 [1]*i*-[2]*i*-[3]*hou* hélas ! [4]*ngou* moi, je, [5]*weï*-[6]*kien* n'ai pas encore vu, [7]*neng* (un homme qui) pût, [8]*kien* voir, reconnaître, [9]*khi* ses, [10]*kouo* fautes.

惡 乎 *ou-hou*, comment ? en quoi ? 惡 乎 長 *ou-hou-tchang*, en quoi étaient-ils supérieurs ?

惡 乎 *ou-hou*, sur qui ? [1]惡 [2]乎 [3]歸 [4]獄 [1]*ou*-[2]*hou* sur qui, [3]*koueï* a-t-il fait revenir (rejeté), [4]*yo* le crime ? En mandchou : *wede weile* nikeboukhe ?

於 乎 prononcez *ou-hou*, marque d'admiration. 於 乎 前 王 *ou-hou-thsieu-wang*, proh ! pristini reges.

烏 乎 *ou-hou*, an exclamation denoting regret or admiration (Morrison, part. II, n° 4056).

足 乎 *tso-hou* s'emploie pour 足 以 *tso-i*, suffire pour, être digne de. [1]其 [2]不 [3]言 [4]齊 [5]侯 [6]何 [7]也。[1]*khi* lui, (l'historien officiel), [2]*pou*-[3]*yen* n'a pas mentionné, [4]*Thsi*-[5]*heou* le prince de Thsi ; 何 [6]*ho* pourquoi (cela) ? [7]*ye* particule finale. [1]以

²其 ³不 ⁴足 ⁵以 ⁶揚 ¹*i* parce que, ²*khi* lui, il, ³*pou*-⁴*tso*-⁵*i*, n'était pas digne de, ⁶*yang* être loué.

由 乎 *yeou-hou*, passer par (un lieu). ¹將 ²由 ³乎 ⁴齊。 ⁵齊 ⁶人 ⁷不 ⁸納。 ¹*tsiang* il voulut, ²*yeou* passer, ³*hou* par, ⁴*thsi* le royaume de Thsi; (mais) ⁵*thsi*-⁶*jin* les hommes de Thsi, ⁷*pou*-⁸*na* ne le reçurent pas, ne le laissèrent pas entrer.

云 乎 *yun-hou* est une formule dépourvue de signification. Une femme en rendant visite offre ¹棗 ²栗 ³云 ⁴乎 ¹*tsao* des jujubes, ²*li* et des châtaignes; ³*yun*-⁴*hou* formule insignifiante. ¹腶 ²脩 ³云 ⁴乎 ¹*touan*-²*sieou* de la viande séchée et assaisonnée avec du gingembre, ³*yun*-⁴*hou* formule insignifiante. ¹古 ²之 ³人 ⁴有 ⁵言 ¹*kou*-²*tchi*-³*jin* un homme de l'antiquité, ⁴*yeou* - ⁵*yen* a dit: ¹事 ²之 ³云 ⁴乎 ¹*sse*-²*tchi* servez-le (respectez-le comme un maître, un précepteur); ³*yun*-⁴*hou* formule insignifiante, ⁵豈 ⁶日 ⁷友 ⁸之 ⁹云 ¹⁰乎 ⁵*ki*-⁶*youe* est-ce qu'ils ont dit, ⁷*yeou*-⁸*tchi* faites-ami lui (faites-en votre ami), ⁹*yun*-¹⁰*hou* formule insignifiante.

CLEF VII.

于 *yu*. Le caractère *yu* est synonyme de 於 *yu* et peut, comme ce signe, marquer, dans des cas déterminés par la position, le datif (page 14), l'accusatif (page 18), l'ablatif (page 30), le locatif (page 32), l'instrumental (page 35).

于 *yu* avait anciennement le sens d'aller. ¹之 ²人 ³于 ⁴狩 ¹*tchi* ce, cet, ²*jin* homme, ³*yu* va, ⁴*cheou* chasser, va à la chasse.

于 *yu*, plus que. ¹病 ²于 ³夏 ⁴畦 ¹*ping* ils se fatiguent, ²*yu* plus que, ⁴*hi* ceux qui cultivent les champs, ³*hia* en été. C'est

海上絲綢之路文獻集成 科技與文化編

ainsi que le mot [4]*hi* (vulgo champ de 50 arpents) est expliqué par le commentateur chinois. En mandchou : même sens.

[1]于 [2]湯 [3]有 [4]光 [1]*yu* plus que, [2]*thang* Tch'ing-thang, [3]*yeou* j'ai eu, j'ai acquis, [4]*kouang* de l'éclat, de la gloire.

于 *yu*, pour, à cause de. [1]不 [2]死 [3]于 [4]曹 [5]君 [6]也 [1]*pou*-[2]*sse* il n'était pas mort, il n'avait pas voulu exposer sa vie, [3]*yu* pour, [5]*kiun* le prince, [4]*tsao* du royaume de *Tsao*, [6]*ye* particule finale. En mandchou : *tsao gouroun i edchen i dchalin* (pour) *boutchekhekô*.

于 爾 *yu-eul*, pour vous, en votre faveur, 改 是 *kaï-chi*, j'ai changé cela.

于 *yu*, avec (dans le sens de *cum*). 于 予 *yu-yu* avec moi, *mecum*. [1]茲 [2]臣 [3]庶 [4]汝 [5]其 [6]于 [7]予 [8]治 [1]*tse* hos, [2]*tch'in*-[3]*chou* multos magistratus, [4]*jou* tu, [5]*khi* (nota imperativi), [6]*yu*-[7]*yu* mecum, [8]*tch'i* rege. En mandchou : ere geren khafasa be si mini emgi (mecum) dasa (rege).

[1]共 [2]仲 [3]通 [4]于 [5]哀 [6]姜。[7]哀 [8]姜 [9]欲 [10]立 [11]之 [1]*Kong*-[2]*tchong* (nom propre), [3]*thong* ayant eu commerce, [4]*yu* avec, [5]*'Aï*-[6]*kiang* (nom de femme), [7]*'Aï*-[8]*kiang*, [9]*yo* voulut, [10]*li*-[11]*tchi* le placer (sur le trône).

于 *yu*, auprès de, à côté de. [1]少 [2]長 [3]于 [4]君 (comme) [1]*chao* dès son enfance, [2]*tchàng* il avait grandi, [3]*yu*-[4]*kiun* auprès du prince, à côté du prince (le prince le prit en grande amitié). En mandchou : adsigan tchi edchen i dchakade moutoufi (edchen kholikhabi).

于 *yu*, sur. [1]于 [2]沼 [3]于 [4]池 [1]*yu*-[2]*tchao* sur (les bords de) l'étang, [3]*yu*-[4]*tch'i* sur (les bords du) vivier.

于 *yu*, jusqu'à. [1]自 [2]天 [3]子 [4]至 [5]于 [6]庶 [7]人 [1]*tseu* depuis, [2]*thien*-[3]*tseu* l'empereur, [4]*tchi* en arrivant, [5]*yu* à, jusqu'à, [6]*chou*-[7]*jin* les hommes du peuple (jusqu'aux hommes du peuple).

于 *yu*, pour, ce qui regarde, pour ce qui concerne, quant à. 1于 2我 3富 4貴 5如 6浮 7雲 1*yu*-2*ngo* pour moi (en mandchou : *minde*, à moi, pour moi), 3*fou* les richesses, 4*koueï* les honneurs (sont), 5*jou* comme, 6*feou*-7*yun* un nuage qui flotte (dans l'air), c'est-à-dire : n'ont aucun intérêt pour moi.

況于 *hoang-yu*, à plus forte raison. 1況 2于 3忠 4臣 5殺 6其 7身 8以 9善 10其 11君 1*hoang*-2*yu* à plus forte raison, 3*tchong*-4*tch'in* un ministre loyal, dévoué, 5*cha*-6*khi*-7*chin* tuera son corps (sacrifiera sa vie), 8*i* pour, 9*chen* rendre-vertueux, 10*khi* son, 11*kiun* prince.

云 *yun* (vulgo dire) est quelquefois une finale insignifiante. 1其 2聲 3殷 4殷 5云 1*khi*-2*ching* sa voix, 3*in*-4*in* est triste, 5*yun* finale.

云乎 *yun-hou* est aussi une finale insignifiante. (Si une femme, en rendant visite, offre des pièces de soie, c'est contraire aux rites. En ce cas, que doit-elle offrir ?) 1棗 2栗 3云 4乎 1*tsao* des dattes, 2*li* des châtaignes; 3*yun*-4*hou* finale insignifiante, 5腶 6脩 7云 8乎 5*touan*-6*sieou* (ou bien) de la viande séchée, assaisonnée avec du gingembre, 7*yun*-8*eul* finale insignifiante.

云云 *yun-yun*, est expliqué, dans les dictionnaires, par *tchong-yu*. 衆語 multorum voces, *to-yen* 多言 multa verba. Au milieu d'une explication ou d'un récit qu'on ne termine pas, *yun-yun* signifie 如此如此 *jou-thseu*, *jou-thseu*, comme ceci, comme cela, etc., etc.; et ainsi de suite (Khang-hi).

云爾已矣 *yun-eul-i-i*. Dans cette expression finale, certains commentateurs chinois expliquent les deux premiers mots par *parler ainsi*. 說如此 *choue-jou-thseu*, et 已 *i* par *s'arrêter* 止 *tchi* (c'est tout), mais l'interprète mandchou s'est contenté de rendre les trois premiers signes par *dabala*, seulement. Le dernier mot n'est qu'une sorte de point. Le docteur J. Legge (Lun-yu, page 70) traduit : *just this and nothing more*.

Dans le même chapitre du Lun-yu, Chou-eul, § 18, on trouve

encore 云爾 *yun-eul* avec le sens de : rien de plus, rien que cela, pas plus que cela; c'est ce que signifie la glose chinoise 不過如此 *pou-kouo-you-thseu.*

[1]五 [2]三 [3]之 [4]典 [4]*tien* les règlements, [1]*ou* des cinq, [2]*san* (et des) trois, c'est-à-dire : des trois augustes rois, 三皇 *san-hoang*, savoir : Fo-hi, Chin-nong et Hoang-ti, et des cinq empereurs, 五帝 *ou-ti,* savoir : Chao-hao, Tchouen-hio, Ti-ko, Yao et Chun.

五 (九) *khieou-ou*, neuf et cinq, c'est-à-dire : le trône de l'empereur, 王之位 *wang-tchi-weï,* en mandchou : *edchen i saorin.* [2]*khieou*-[1]*ou* est une expression obscure du I-king, qui a précisément le sens que nous venons de donner en chinois et en mandchou.

CLEF VIII.

亡 *wang*, synonyme de 無, ne pas avoir. [1]人 [2]能 [3]有 [4]兄 [5]弟。[6]我 [7]獨 [8]亡 [1]*jin*-[2]*kiaï* tous les hommes, [3]*yeou* ont, [4]*hiong*-[5]*ti* des frères, [6]*ngo* moi, [7]*to* seul, [8]*wang* je n'en ai pas. (Lun-yu, chap. *Yen-youen.*)

CLEF IX.

以 *i*, vulgo se servir de. Voyez (page 83) la monographie de *i*, et (page 90) sa post-position.

以往 *i-wang*, au-delà, et plus. [1]凡 [2]雨 [3]自 [4]三 [5]日 [6]以 [7]往 [8]爲 [9]霖 [1]*fan* en général, [2]*yu* la pluie (qui dure), [3]*tseu* depuis, [4]*san* trois, [5]*ji* jours, [6]*i*-[7]*wang* et plus, [8]*weï* est (s'appelle), [9]*lin.*

何 *ho,* synonyme de 孰 *cho,* quis ? quisnam ?

何 *ho,* où (à la question *quo*). [1]其 [2]子 [3]何 [4]往 [1]*khi*-[2]*tseu* ses fils, [3]*ho* où, [4]*wang* iront-ils ?

何 *ho,* quoi ? à la fin d'une phrase : [1]民 [2]其 [3]謂 [4]我 [5]何 [1]*min* le peuple, [2]*khi* lui, il, [3]*weï*-[4]*ngo* pensera de moi, [5]*ho* quoi ? qu'est-ce que le peuple pensera, dira de moi ? En mandchou : *irgen aisembi* ?

何 *ho,* pourquoi ? à la fin d'une phrase : [1]其 [2]失 [3]其 [4]民 [5]何 [6]也。[1]*khi* lui, il, [2]*chi* a perdu, [3]*khi*-[4]*min* son peuple, [5]*ho* pourquoi ? [6]*ye* particule finale. Pourquoi a-t-il perdu son peuple ?

何傷乎 *ho-chang-hou,* i. e. 不傷 *pou-chang* cela ne fait pas de mal, cela n'a pas d'inconvénient, cela ne fait rien. Lun-yn, chap. *Sien-thsin.*

何以 *ho-i* pour 以何者 *i-ho-tche* pour quelle raison? 何以觀之哉 *ho-i-kouan-tchi-tsaï* pourquoi le regarderais-je ? C'est-à-dire : pourquoi regarderais-je ce qu'il fait de bien ou de mal ?

何以 *ho-i* pour 何作爲 *ho-tso-weï,* que faire ? [1]如 [2]或 [3]知 [4]爾 [5]則 [6]何 [7]以 [1]*jou* si, [2]*hoe* quelqu'un, [3]*tchi*-[4]*eul* vous connaissait (si quelque prince vous connaissait), [5]*tse* alors, [6]*ho*-[7]*i* que feriez-vous ?

[1]何 [2]以 — [3]爲 quand [1]*ho*-[2]*i* est séparé de 爲 [3]*weï* par un ou plusieurs mots intercalés, *i-weï* ne signifie pas toujours regarder comme, et de plus, souvent le signe 以 *i* ne se rattache point à 何 (pour signifier comment, pourquoi). Dans l'exemple suivant *ho-i-weï* signifie que faire de ? [1]我 [2]何 [3]以 [4]湯 [5]之 [6]幣 [7]爲 [8]哉 [1]*ngo* moi, [2]*ho*-[7]*weï* que ferai-je, [3]*i* avec, des, [6]*pi* étoffes de soie, [5]*tchi* de, [4]*thang* l'empereur Tching-thang ? [8]*tsaï* signe qui exprime l'étonnement et le doute.

海上絲綢之路文獻集成 科技與文化編

Dans ce second exemple, 以 *i*, qui suit 何 *ho*, paraît une marque d'accusatif: [1]何 [2]以 [3]銘 [4]爲 [1]*ho* pourquoi, [4]*weï* feriez-vous, [2]*i*-[3]*ming* une inscription gravée (pourquoi feriez-vous graver vos belles actions sur la cloche)? C'est le sens du mandchou.

On trouve quelquefois des passages, semblables au précédent, où 爲 *weï* est considéré par les commentateurs comme un mot vide (虛字 *hiu-tseu*), un mot explétif: [1]何 [2]以 [3]伐 [4]爲 [1]*ho*-[2]*i*-[3]*fa*-[4]*weï*. (何以 *ho-i* s'explique alors pour 何用 *ho-yong*, à quoi bon?) *Ho-i* à quoi bon, [3]*fa* l'attaquer? [4]*weï* mot explétif.

Si cette construction était la meilleure, on pourrait expliquer ainsi la phrase précédente: 何以 *ho-i* pour 何用 *ho-yong*, pourquoi employer, à quoi bon, *ming* une inscription? *weï*, mot vide, mot explétif.

何意 pour 未嘗意料至此 *weï-tch'ang-liao-tchi-thseu* je n'avais pas pensé à cela. (*Kia-p'ao-thsiouen-tsi.*)

何異 *ho-i* pour 不異 *pou-i*, ne pas différer, il n'y a pas de différence. (*Kia-p'ao.*)

如何 *jou-ho*, comment? 如何則可爲服 *jou-ho-tse-kho-weï-fo*, comment peut-il prendre le deuil?

如何 *jou-ho*, combien (*quam*, *quantum*). 其地之廣如何 *khi-ti-tchi-kouang-jou-ho*, littéralement: l'étendue de son territoire, combien; c'est-à-dire: (on voit par là) combien est grande l'étendue de son territoire.

Il y a des cas où 如何 *jou-ho* se traduit de même, mais dans le sens admiratif.

何敢 *ho-kan*, pour 不敢 *pou-kan*, je n'ose. [1]何 [2]敢 [3]與 [4]君 [5]友 [1]*ho*-[2]*kan* comment oserais-je, [3]*yu*-[4]*kiun* avec le prince, [5]*yeou* lier-amitié? Je n'oserais pas lier amitié avec le prince.

何可 *ho-kho*, pour 不可 *pou-kho*, il ne peut, on ne peut. [1]何 [2]可 [3]廢 [1]*ho*-[2]*kho*-[3]*feï* [1]comment [2]pourrions-nous [3]abandonner (cet usage), renoncer à (cet usage, à cette pratique)?

何莫 *ho-mo*, pourquoi ne pas? [1]小 [2]子 [3]何 [4]莫 [5]學 [6]夫 [7]詩 [1]*siao*-[2]*tseu* parvi filii (mes enfants, mes disciples), [3]*ho*-[4]*mo* pourquoi ne pas, [5]*hio* étudier, [6]*fou*-[7]*chi* ces vers (le livre des vers)?

何必 *ho-pi*, pour 不必 *pou-pi*, il n'est pas nécessaire (*Kia-p'ao*). [1]何 [2]必 [3]曰 [4]利 [1]*ho*-[2]*pi* qu'est-il besoin de, [3]*youe*-[4]*li* parler de profit?

何所不 *ho-so-pou*, pour 無不 *wou-pou* (*Kia-p'ao*). [1]我 [2]之 [3]大 [4]賢 [5]與。[6]於 [7]人 [8]何 [9]所 [10]不 [11]容。[1]*ngo* (si) je, [2]*tchi* particule relative, [3]*ta* grandement, [4]*hien* suis-sage, [5]*yû* particule finale; [6]*yu*-[7]*jin* parmi les hommes, [8]*ho*-[9]*so* quel est celui-que, [10]*pou*-[11]*yong* je ne supporterai pas? C'est-à-dire: il n'y aura personne que je ne supporterai. Lun-yu, chapitre *Tseu-tchang*.

何之 *ho-tchi*. [1]牛 [2]何 [3]之 [1]*nieou* ce bœuf, [2]*ho*-[3]*tchi* où va-t-il? où le mène-t-on?

何足 *ho-tso*, pour 不足 *pou-tso*. [1]何 [2]足 [3]算 [4]也 [1]*ho*-[2]*tso*-[3]*souan*-[4]*ye* est-ce qu'ils méritent d'être comptés? C'est-à-dire: ils ne méritent pas d'être comptés (d'être mis au nombre des lettrés). Lun-yu, chap. *Tseu-lou*.

何爲 *ho-weï*. Cette expression change de signification suivant que le second signe est au premier ton (*wêï*) ou au troisième ton (*weï*). Dans le premier cas, *wêï* signifie *faire*. [1]何 [2]爲 [3]則 [4]民 [5]服 [1]*ho*-[2]*wêï* que faire, que faut-il faire (pour que), [3]*tse* alors, [4]*min* le peuple, [5]*fo* se soumette? Lun-yu, chap. *weï-tching*.

Quelquefois on intercale le régime de *wêï*, faire, entre les deux mots. [1]何 [2]國 [3]之 [4]爲 [1]*ho* comment, [4]*wêï* faire (fonder),

[2]*koue* le royaume? [3]*tchi* particule relative. Glose : [1]何 [2]以 [3]立 [4]其 [5]國 [6]乎 [1]*ho*-[2]*i* comment, par quel moyen, [3]*li* établir, [4]*khi*-[5]*koue* ce royaume, [6]*hou* particule interrogative.

Lorsque le second signe est au troisième ton (*wéï*), il signifie *à cause*. 何爲 *ho-wéï* est pour 爲何 *wéï-ho*, à cause de quoi? pourquoi? [1]何 [2]爲 [3]不 [4]祀 [1]*ho*-[2]*wéï* pourquoi, [3]*pou*-[4]*sse* n'offrez-vous pas des sacrifices?

何謂 *ho-weï*, qu'appelez-vous? qu'entendez-vous par? [1]何 [2]謂 [3]知 [4]言 [1]*ho*-[2]*weï* qu'entendez-vous par, [3]*tchi*-[4]*yen* connaître les paroles?

[1]何 [2]謂 [3]五 [4]美 [1]*ho*-[2]*weï* qu'entendez-vous par, [3]*ou*-[4]*meï* les cinq choses excellentes?

何有 *ho-yeou* (qu'y a-t-il) est synonyme de 無有 *wou-yeou*, il n'y a pas. (*Kia-p'ao.*) [1]何 [2]有 [3]於 [4]我 [5]哉 (de ces quatre choses) [1]*ho*-[2]*yeou* qu'y a-t-il, [3]*yu*-[4]*ngo* en moi? [5]*tsaï* particule qui exprime le doute et l'étonnement.

Quelquefois les deux signes 何 *ho* et 有 *yeou* sont séparés par un génitif. [1]姜 [2]氏 [3]何 [4]厭 [5]之 [6]有 [1]*kiang*-[2]*chi* (nomen mulieris e familiâ kiang), [3]*ho*-[4]*yen* quamnam satietatem, [5]*tchi* particule relative, [6]*yeou* habet? Comme s'il y avait : non habet satietatem; c'est-à-dire : Kiang-chi est insatiable. (Kou-wen-youen-kien, liv. I, fol. 2).

何有 *ho-yeou*, qu'y a-t-il? a quelquefois le sens de 不難 *pou-nan*, ce n'est pas difficile (*Kia-p'ao*). [1]能 [2]以 [3]禮 [4]讓 [5]爲 [6]國 [7]乎 [8]何 [9]有 [1]*neng* (si un homme) peut, [2]*i* avec, [3]*li* urbanité, [4]*jang* et déférence, [5]*weï* gouverner, [6]*koue* le royaume, [7]*hou* particule explétive, [8]*ho*-[9]*yeou* qu'y a-t-il, c'est-à-dire : quelle difficulté y a-t-il? Glose : [1]何 [2]難 [3]之 [4]有 [1]*ho*-[2]*nan* quelle difficulté, [3]*tchi* particule relative, [4]*yeou* y a-t-il? Lun-yu, chap. *Li-jin*, § 13.

海上絲綢之路文獻集成　科技與文化編

何由 ***ho-yeou***, d'où? [1]何 [2]由 [3]知 [4]之 d'où savez-vous cela?

何用 ***ho-yong*** pour 何以 ***ho-i***, par quel moyen? [1]何 [2]用 [3]見 [4]其 [5]是 [6]齊 [7]侯 [8]也 [1]***ho***-[2]***yong*** par quel moyen, comment, [3]***kien*** avez-vous vu (su) *que* 其 ***khi*** lui, il, 是 était, [7]***heou*** le prince, [6]***thsi*** du royaume de Thsi.

何用 ***ho-yong*** a encore le sens de 何爲 ***ho-weï***, que faire, que fera-t-il? [1]何 [2]爲 [3]不 [4]藏 [1]***ho***-[2]***weï*** que fera-t-il, [3]***pou***-[4]***thsang*** (de) pas bon (qui ne soit pas bon)? James Legge: what can he do but what is good?

使 ***sse***, qui signifie ordinairement ***ordonner, envoyer, faire que,*** se trouve quelquefois avec le sens de ***si.*** [1]使 [2]己 [3]爲 [4]政。[5]不 [6]用 [7]則 [8]亦 [9]己 [1]***sse*** si, [2]***ki*** lui-même, [3]***weï***-[4]***tching*** dirigeait l'administration (avait été placé à la tête de l'administration), [5]***pou***-[6]***yong*** (et que le prince) ne l'employât pas, [7]***tse*** alors, [8]***i*** aussi, [9]***i*** il cessait, c'est-à-dire: se retirait, quittait sa charge.

假使 ***kia-sse***, supposé que, si.

CLEF X.

先 ***siēn***, au premier ton, se traduit tantôt par ***antérieur***, tantôt par ***avant.*** Dans le premier cas, il faut qu'il soit suivi d'un substantif, ou précédé d'un verbe. 先父 ***sien-fou***, mon père qui est parti avant, mon père défunt (Morrison: gone before, deceased).

辱先 ***jo-siēn***, déshonorer ses ancêtres; 祭先 ***tsi-siēn***, offrir des sacrifices à ses ancêtres.

先 ***siēn***, suivi d'un verbe actif, se traduit par ***avant, d'abord.*** [1]先 [2]治 [3]其 [4]國 [1]***sien*** d'abord, [2]***tch'i*** gouverner, [3]***khi*** son, [4]***koue*** royaume.

先 *sién,* au troisième ton, signifie *précéder.* [1]春 [2]夏 [3]先。[4]秋 [5]冬 [6]後 [1]*tch'un*-[2]*hia* le printemps et l'été viennent-avant, [4]*thsieou*-[5]*tong* l'automne et l'hiver, [6]*heou* viennent-après; [7]四 [8]時 [9]之 [10]序 [11]也 [10]*sin*-[11]*ye* c'est l'ordre, [9]*tchi* des, [7]*sse*-[8]*chi* quatre saisons (Tchoang-tseu).

CLEF XII.

其 *khi.* Dict. de Basile, *ille, suus, iste.* Lorsque ce mot est initial et précède un substantif, il est en général le pronom démonstratif *ille, iste.* Fo-koue-ki, fol. 39 : [1]其 [2]人 [3]恭 [4]順 [1]*khi*-[2]*jin* cet homme (*Fa-yen*), [3]*kong*-[4]*chun* fut respectueux et obéissant.

Le mot *khi* suivi d'un verbe est ordinairement le pronom de la troisième personne, *il, elle, eux, elles.* [1]其 [2]爲 [3]民 [4]父 [5]母 [1]*khi* il, [2]*weï* est, [4]*fou* le père, [5]*mou* et la mère, [3]*min* du peuple.

On trouve quelquefois *khi* après le pronom de la première personne (我 其 *ngo-khi*) répondant à *ego ipse, nos ipsi.* Chou-king, chap. *Weï-tseu :* [1]我 [2]其 [3]發 [1]出 [5]狂。[6]吾 [7]家 [8]耄 [9]遜 [10]于 [11]荒 [1]*ngo*-[2]*khi* (depuis que) nous-mêmes, [3]*fa*-[4]*tch'ou* avons déployé, [5]*kouang* notre folie (depuis que nous avons tenu une conduite folle, déréglée), [8]*mao* les vieillards, [6]*ngou*-[7]*kia* de notre maison, [9]*sun* se sont retirés, [10]*yu* dans, [11]*hoang* des lieux déserts.

其 *khi* répond aussi au pronom de la deuxième personne *tu, vos,* lorsqu'on parle à quelqu'un, et qu'on lui donne un conseil ou un ordre. C'est alors une marque d'impératif (voyez p. 64). *Tso-tch'ouen-kiu-kiaï,* liv. III, fol. 6 : *kiun-khi-thou-tchi* 君 其 圖 之 princeps ! tu meditare illud, prince, songez-y sérieusement.

[1]君 [2]其 [3]許 [4]鄭。[1]*kiun* prince, [2]*khi* (marque d'impératif),

[3]*hiu* promettez, [4]*tch'ing* (la paix) au royaume de Tch'ing. En mandchou : edchen dcheng gouroun de angga aldcha.

其 *khi* répond à *son*, *sa*, *ses*, *leurs*, lorsqu'il est suivi d'un substantif que régit un verbe ou une préposition (placés avant ce pronom possessif). Ce double cas se trouve dans l'exemple suivant de Meng-tseu (livre I, page 31 de ma traduction latine): [1]有 [2]託 [3]其 [4]妻 [5]子 [6]於 [7]其 [8]友 [9]者 [1]*yeou* il y eut (un homme), [9]*tche* qui, [2]*tho* avait confié, [3]*khi* sa, [4]*tsi* femme, [5]*tseu* (et ses) enfants, [6]*yu*, [7]*khi* son, [8]*yeou* ami.

Lorsque *khi* est suivi d'un substantif régime, désignant une chose inanimée, déjà énoncée auparavant, on l'explique *mot à mot* par le génitif *de cela*, *de cette chose*. Prémare, p. 44 : [1]我 [2]不 [3]解 [4]其 [5]故 [1]*ngo* je, [2]*pou*-[3]*kiaï* n'explique pas, ne puis expliquer, [5]*kou* la cause, [4]*khi* de cela.

其 誰 *khi-choui*, qui est-ce qui? [1]其 [2]誰 [3]曰 [4]不 [5]然 [1]*khi*-[2]*chouï* qui est-ce qui, [3]*youe* dira, [4]*pou*-[5]*jen* (cela) n'est pas ainsi, cela ne se peut pas? En mandchou: *we odchorakô sembini*?

其 — 者 *khi* — *tche*, celui qui, celle qui. On intercale un ou plusieurs mots entre *khi* et *tche*. [1]其 [2]聞 [3]者 [4]吾 [5]殺 [6]之 [1]*khi* — [3]*tche* celle qui, [2]*wen* a entendu (votre projet, votre complot), [4]*ngou* moi, [5]*cha*-[6]*tchi* je l'ai tuée.

[1]其 [2]繼 [3]周 [4]者 [1]*khi*-[4]*tche* ceux qui, [2]*ki* succéderont, [3]*tcheou* aux Tcheou.

其 *khi*, après un substantif, montre que ce substantif est le sujet de la phrase. [1]蔡 [2]侯 [3]其 [4]見 [5]獲 [6]乎 [1]*thsaï*-[2]*heou* le prince de Thsaï, [6]*hou* est-ce que, [3]*khi* lui (il), [4]*kien*-[5]*hou* a été fait prisonnier (*kien*, marque du passif).

CLEF XV.

況 *hoang*, à plus forte raison.

而 況 *eul-hoang*, même sens. [1]而 [2]況 [3]魯 [4]國 [5]乎

[1]*eul*-[2]*hoang* à plus forte raison, [3]*lou*-[4]*koue* le royaume de Lou; [5]*hou* particule admirative.

而況於 *eul-hoang-yu*, même sens. [1]仁 [2]智 [3]周 [4]公 [5]未 [6]之 [7]盡 [8]也。[9]而 [10]況 [11]於 [12]王 [13]乎。[1]*jin* l'humanité, [2]*tchi* la prudence, [3]*Tcheou*-[4]*kong* (nom d'homme), [5]*weï* pas encore, [7]*tsin*-[6]*tchi* les a épuisées (ne les a possédées parfaitement), [8]*ye* particule finale, [9]*eul*-[10]*hoang*-[11]*yu* à plus forte raison, [12]*wang* le roi, [13]*hou* particule qui exprime l'étonnement.

CLEF XVI.

凡 *fan*, quiconque, commun, vulgaire, généralement, communément. 凡夫 *fan-fou*, un homme du commun; 非凡 *feï-fan*, ce n'est pas un homme commun, (il n'est) pas ordinaire, (c'est) un homme distingué.

Le mot *fan* désigne quelquefois le siècle, le monde, par opposition à la vie religieuse. 下凡 *hia-fan*, descendre (du ciel) sur la terre, en parlant d'un *déva*; entrer dans le monde suivant Wells Williams; 思凡 *sse-fan*, songer au monde; se dit d'un religieux ou d'une religieuse qui songent à se marier.

CLEF XVII.

出入 *tchou-ji* (littéralement: sortir et entrer), synonyme de 往來 *wang-laï*, avoir des relations avec quelqu'un. [1]余 [2]雖 [3]與 [4]晉 [5]出 [6]入。[7]余 [8]唯 [9]利 [10]是 [11]視 [2]*souï* quoique, [1]*yu* je, [5]*tch'ou*-[6]*ji* aie des relations, [3]*yu* avec, [4]*tsin* le prince de Tsin, [9]*li* le profit, [10]*chi* est, [8]*weï* seulement (ce que), [7]*yu* je, [11]*chi* ai en vue. (Kou-wen-p'ing-tchou, liv. II, fol. 12.)

出離 *tchou-li*, échapper à la loi de la transmigration.

海上絲綢之路文獻集成 科技與文化編

[1]出[2]入[3]之[4]右 [1]*tchou* sortir, [4]*yeou* à la droite, [3]*tchi* de, [2]*jin* un homme, c'est-à-dire : l'emporter sur quelqu'un.

[1]出[2]入[3]之[4]下 [1]*tch'ou* sortir, [4]*hia* au bas, [3]*tchi* de, [2]*jin* un homme, être au-dessous de quelqu'un, être inférieur à quelqu'un.

CLEF XVIII.

前 *thsien.* Après un verbe, ce mot est adjectif. 光 前 *kouang-thsien* jeter de l'éclat sur (les personnes) antérieures (sur ses ancêtres).

Devant un verbe, il est adverbe et signifie avant, auparavant. [1]未[2]之[3]前[4]聞 [3]*thsien* auparavant, [1]*weï*-[4]*wen* je n'avais pas entendu (dire), [2]*tchi* cela.

Après un substantif, il signifie *devant.* 眼 前 *yen-thsien* devant les yeux, 君 前 devant le prince.

Dans le même cas, on peut le traduire par *avant,* s'il est précédé d'une date. 六 十 年 前 *lou-chi-nien-thsien,* soixante ans *avant,* mais alors il gouverne les mots précédents et doit s'expliquer par *antérieurement à* (avant 60 ans, c'est-à-dire 60 ans avant).

前 *thsien* entre dans quelques locutions qui semblent faire exception : 居 前 *kiu-thsien,* être placé, se trouver en avant; 席 前 *si-thsien* à table, en mandchou: sarinde. 生 前 *seng-thsien,* lorsqu'il vivait et non avant l'époque où il vivait. En mandchou : *bisire fonde.*

CLEF XXX.

右 la droite. [1]時[2]無[3]在[4]其[5]右 [1]*chi* à cette époque, [2]*wou* il n'y avait (personne), [3]*tsaï* qui fût, [4]*khi*-[5]*yeou* à sa droite, c'est-à-dire : qui l'emportât sur lui.

可以 *kho-i*, pouvoir (*posse*). Ces deux mots s'emploient devant un verbe actif ou neutre. ^{1}吾 ^{2}則 ^{3}可 ^{4}以 ^{5}見 ^{6}矣 ^{2}*tse* alors, ^{1}*ngou* je, ^{3}*kho*-^{4}*i* puis, ^{5}*kien* le voir, lui rendre visite, ^{6}*i* particule finale.

^{1}人 ^{2}皆 ^{3}可 ^{4}以 ^{5}爲 ^{6}堯 ^{7}舜 ^{1}*jin*-^{2}*kiaï* tous les hommes, ^{3}*kho*-^{4}*i* peuvent, ^{5}*weï* être, devenir (des) *Yao* et (des) *Chun*, c'est-à-dire : devenir semblables à ces deux empereurs.

可 *kho* seul indique ordinairement que le verbe qui suit doit être pris au passif. ^{1}敖 ^{2}不 ^{3}可 ^{4}長 ^{1}*ngao* l'orgueil, ^{2}*pou*-^{3}*kho* ne doit pas, ^{4}*tch'âng* être agrandi (augmenté); ^{5}志 ^{6}不 ^{7}可 ^{8}滿 ^{5}*tchi* la volonté, ^{6}*pou*-^{7}*kho* ne doit pas, ^{8}*mouan* être remplie (complètement satisfaite); ^{9}樂 ^{10}不 ^{11}可 ^{12}極 ^{9}*lo* la joie, ^{10}*pou*-^{11}*kho* ne doit pas, ^{12}*ki* être-portée au-comble.

On trouve cependant 可 *kho*, pouvoir, devant des verbes actifs. ^{1}前 ^{2}日 ^{3}願 ^{4}見 ^{5}不 ^{6}可 ^{7}得。^{1}*thsien*-^{2}*ji* les jours précédents, ^{3}*youen* je désirais, ^{4}*kien* vous rendre visite, (mais) ^{5}*pou*-^{6}*kho* je n'ai pu, ^{7}*te* obtenir (cela).

可知 *kho-tchi*, à la fin d'une phrase : ^{1}中 ^{2}土 ^{3}之 ^{4}民 ^{5}服 ^{6}從 ^{7}可 ^{8}知 ^{4}*min* le peuple, ^{1}*tchong*-^{2}*thou* du territoire central (de la Chine), ^{5}*fo* se soumet, ^{6}*thsong* et obéit ; ^{7}*kho*-^{8}*tchi* cela peut être su, cela peut se savoir, c'est-à-dire : on voit par là que le peuple de la Chine se soumet et obéit.

唯命 *weï-ming* (seulement ordre), c'est-à-dire : j'obéis à vos ordres. En mandchou : khese be dakhambi (Kou-wen-youen-kien, liv. I, fol. 1). C'est une ellipse, pour ^{1}唯 ^{2}命 ^{3}是 ^{4}聽 ^{2}*ming* vos ordres, ^{3}*chi* sont (ce que), ^{1}*weï* uniquement, ^{4}*thing* j'écoute (Tso-chi, liv. I, fol. 2).

Autre exemple : ^{1}他 ^{2}邑。^{3}唯 ^{4}命 mot à mot : ^{1}*ta*-^{2}*i* autre ville, ^{3}*weï*-^{4}*ming* uniquement ordres, c'est-à-dire : s'il s'agit d'une autre ville, j'obéirai à vos ordres (je vous la donnerai). En mandchou : *gôwa khetchen otchi gisoun be dakhara.*

CLEF XXXVI.

外 *waï*, en dehors de, au delà de, a quelquefois le sens de 後 *heou*, après. 三年之外 *san-nien-tchi-waï* après trois ans. En mandchou : *ilan aniya touleke manggi*, quand trois ans se furent écoulés. Meng-tseu, chap. *T'eng-wen-kong*.

CLEF XXXVII.

奈何 *naï-ho*, comment? que faut-il faire?

莫奈何 *mo-naï-ho* ou 無奈何 *wou-naï-ho*, il n'y a pas de remède. Si l'expression *naï-ho* est suivie d'un pronom ou d'un substantif, elle acquiert la force d'un verbe actif.

奈何他 *naï-ho-t'a* le réduire à l'impuissance.

Souvent le régime de *naï-ho*, devenu verbe actif, se place entre *naï* et *ho* : 無奈他何 *wou-naï-t'a-ho*, pour *wou-naï-ho-t'a* je ne puis rien contre lui, je ne puis le réduire à l'extrémité, je ne puis le vaincre.

^{1}其^{2}奈^{3}我^{4}何 construisez, en sous-entendant l'interrogation : ^{1}*khi* lui, ^{2}*naï*-^{4}*ho* ferait-il du mal, ^{3}*ngo* à moi, pourrait-il me faire du mal? Glose chinoise: 其 *khi* lui, 不能 *pou-neng* ne peut, ne pourrait, 害我 *haï ngo* faire du mal à moi, me faire du mal. En expliquant ainsi ^{3}*naï*-^{4}*ho*, je suis la construction des exemples ci-dessus. ^{1}奈^{2}他^{3}何 ^{1}*naï*-^{2}*t'a*-^{3}*ho*, pour ^{1}*naï*-^{3}*ho*-^{2}*t'a* réduire à l'impuissance lui, le réduire à l'impuissance. ^{1}無^{2}奈^{3}他^{4}何 ^{4}*wou*-^{2}*naï*-^{3}*t'a*-^{4}*ho*, pour ^{1}*wou*-^{2}*naï*-^{4}*ho*-^{3}*t'a* ne pas réduire à l'impuissance lui, ne pas le réduire à l'impuissance. Pour justifier ma construction de ^{1}其^{2}奈^{3}我^{4}何 par ^{1}其^{2}奈^{3}何^{4}我 Pourrait-il faire du mal à moi? il me suffira de supposer un instant que dans les deux exemples ci-dessus, *naï-ho* signifie 害 *haï*, nuire à, faire du mal à; nous traduirons : comment lui faire du mal? je ne puis lui faire du mal. C'est

海上絲綢之路文獻集成 科技與文化編

du reste le fond de l'idée que *naï-ho* exprime dans ces deux exemples.

奚 *hi*, comment ? [1]奚 [2]暇 [3]治 [4]禮 [5]義 [6]哉 [1]*hi* comment, [2]*hia* auraient-ils le temps, [3]*tch'i* de pratiquer, [4]*li* les rites, [5]*i* et la justice ? [6]*tsai* signe d'interrogation et de surprise.

奚 *hi*, quelle chose ? [1]子 [2]將 [3]奚 [4]先 [1]*tseu* vous, [2]*tsiang*-[4]*sien* vous mettrez en premier lieu, [3]*hi* quelle chose ? C'est-à-dire : par où commencerez-vous ? quel sera votre premier soin ?

奚 可 *hi-kho* pour 不 可 *pou-kho*, il ne peut. [1]奚 [2]可 [3]與 [4]我 [5]友 [1]*hi*-[2]*kho* comment pourrait-il, [5]*yeou* se lier d'amitié, [3]*yu*-[4]*ngo* avec moi ?

奚 爲 *hi-weï*. Dans cette locution, le second mot est au troisième ton *wéï* (à cause de) : *hi-wéï* à cause de quoi ? pourquoi ? [1]許 [2]子 [3]奚 [4]爲 [5]不 [6]自 [7]織 [3]*hi*-[4]*wéï* pourquoi, [1]*Hiu*-[2]*tseu* (nom d'homme), [5]*pou*-[6]*tseu*-[7]*tchi* ne tisse-t-il pas lui-même (l'étoffe de son bonnet) ?

奚 自 *hi-tseu*, d'où venez-vous ? [1]晨 [2]門 [3]曰。[4]奚 [5]自。[6]子 [7]路 [8]曰 [9]自 [10]孔 [11]氏。[1]*chin*-[2]*men* le gardien de la porte, [3]*youe* dit : [4]*hi*-[5]*tseu* d'où venez-vous ? [6]*tseu*-[7]*lou*-[8]*youe* Tseu-lou dit : [9]*tseu*-[10]*khong*-[11]*chi* je viens de chez Confucius.

奚 自 *hi-tseu* est pour 自 奚 *tseu-hi*, ex quo (loco) de quel (endroit) ? sous-entendu 來 *laï*, venire ; ex quo loco venis ? de quel endroit, d'où venez-vous ? La glose ajoute 地 *ti*, *terra*, *locus*.

CLEF XXXVIII.

如 *joû*, vulgo comme, se post-pose quelquefois. 焚 如 *fen-jou* comme si l'on brûlait. En mandchou : deidchire adali. [1]白 [2]馬 [3]翰 [4]如 [1]*pe*-[2]*ma* albus equus, [3]*han*-[4]*jou* volans sicut (est sicut volans), le cheval blanc semble voler. En mandchou: souro morin deyere adali. Thsing-han-wen-haï, liv. XXIX, fol. 20.

不 如 *pou-jou* et 弗 如 *fo-jou*, non sicut, signifient ne pas égaler (quelqu'un), ne pas valoir (autant qu'une autre chose). 1子 2曰 3弗 4如 1*tseu*-2*youe* Confucius dit : 3*fo*-4*jou* je ne vous égale pas (vous êtes supérieur à moi). Lun-yu, chapitre *Kong-ye*.

不 如 *pou-jou*, se traduit exactement par: il vaut mieux. 不 如 無 *pou-jou-wou*, il vaut mieux ne pas avoir (Gonçalvez).

如 *jou* seul se rencontre avec le sens de 不 如 *pou-jou* (il vaut mieux). 1則 2如 3勿 4傷 1*tse* alors, 2*jou* il vaut mieux, 3*wou*-4*chang* ne pas blesser (l'ennemi). En mandchou: feyelebourakô de isirakô.

如 何 *jou-ho* se traduit par *comment*, mais si l'on intercale entre *jou* et *ho* un ou plusieurs mots, le sens de *comment* disparaît et, comme on le verra par plusieurs exemples, *jou* reçoit alors de la nature du sujet diverses significations qu'il serait impossible d'indiquer d'avance. Exemples : 1匡 2人 3其 4如 5予 6何 1*khouang*-2*jin* les hommes de Khouang, 3*khi* eux, 6*ho* quoi ? 4*jou*-5*yu* à mon égard ? C'est-à-dire : quel mal pourraient-ils me faire ? Le commentaire supprime l'interrogation et indique clairement que 4*jou*-5*yu* (à mon égard) se prend en mauvaise part : 1必 2不 3能 4害 5予 1*pi* certainement, 2*pou*-3*neng* ils ne pourraient, 4*haï* faire du mal à, 5*yu* moi. Lun-yu, chapitre *Tseu-han*, § 5.

Dans l'exemple suivant, 如 *jou*, à l'égard de, pour ce qui regarde, se prend en bonne part : 1薛 2居 3州 4獨 5如 6宋 7王 8何 1*Sie*-2*kiu*-3*tcheou* (nom d'homme), 4*to* seul, 8*ho* quoi ? (que peut-il faire), 5*jou* pour ce qui regarde, pour, 6*Song*-7*wang* le roi de Song ? (C'est-à-dire : le roi de *Song* étant entouré d'un grand nombre de mauvais conseillers, que peut *Sie-kiu-tcheou* faire tout seul pour lui être utile ?) James Legge : what can *Sie-*

kiu-tcheou do alone for the king of Song? Meng-tseu, chap. III, part. 2, § 6.

Dans un autre passage, 如 *jou*, pour ce qui regarde, est suivi du mot *li*, rites, et plus bas, de *yo*, musique. [1]人 [2]而 [3]不 [4]仁 [5]如 [6]禮 [7]何。[8]人 [9]而 [10]不 [11]仁 [12]如 [13]樂 [14]何 [1]*jin*-[2]*eul*-[3]*pou*-[4]*jin* être homme et ne pas être-humain, [5]*jou*-[6]*li* pour ce qui regarde les rites, [7]*ho* comment, quoi? [8]*jin*-[9]*eul*-[10]*pou*-[11]*jin* être homme et ne pas être humain, [12]*jou*-[13]*yo* pour ce qui regarde la musique, [14]*ho* comment. Les commentateurs disent: si un homme n'est pas humain [1]何 [2]用 [3]禮 [1]*ho*-[2]*yong*-[3]*li* que fera-t-il des rites? si un homme n'est pas humain, que fera-t-il de la musique? [4]何 [5]用 [6]樂 [4]*ho*-[5]*yong*-[6]*yo*? James Legge: What has he to do with the rites? What has he to do with music? Lun-yu, chap. *Pa-i*, page 19.

On peut dire que chaque mot intercalé entre 如 *jou* et 何 *ho* donne à *jou* une signification particulière que le lecteur intelligent a besoin de déduire du sujet. Voici un dernier exemple: [1]公 [2]伯 [3]寮 [4]其 [5]如 [6]命 [7]何 [1]*Kong*-[2]*pe*-[3]*liao* (nom d'homme), [4]*khi* lui, [7]*ho* quoi? (que peut-il faire?) [5]*jou*-[6]*ming* pour ce qui regarde l'ordre, le décret, relativement au décret (du ciel). Glose: [1]不 [2]能 [3]違 [4]天 [5]命 [6]也。[1]*pou*-[2]*neng* il ne peut, [3]*weï* résister, [5]*ming* au décret, [4]*thien* du ciel, [6]*ye* particule finale.

[1]如 [2]之 [3]何 [1]*jou*-[2]*tchi*-[3]*ho*. Ces trois mots se traduisent ordinairement par *comment*? En mandchou: adarame. Mais comme dans les cas précédents, où 如 *jou* et 何 *ho* sont séparés par un mot, le mot 之 *tchi* est souvent un régime direct (*illum, illam, illud*) qui se rapporte à une personne ou à une chose mentionnées plus haut. Meng-tseu, chap. I, part. 2, § 6: Si un homme a confié sa femme et ses enfants à son ami et que celui-ci les ait laissé souffrir de la faim et du froid, [1]則 [2]如 [3]之 [4]何 [1]*tse*-[2]*jou*-[3]*tchi*-[4]*ho*. Commentaire: [1]何 [2]以 [3]處 [4]其 [5]友 [1]*ho*-[2]*i*-[3]*tch'ou*-[4]*khi*-[5]*yeou* comment traitera-t-il son ami? Le roi dit: il devra rompre avec lui. On voit par cette citation que

海上絲綢之路文獻集成 科技與文化编

之 *tchi* répond à *illum* (amicum); [4]*ho* comment, [3]*jou*-[2]*tchi* (agira-t-il) envers lui (quomodo tractabit illum)?

Autre question de Meng-tseu : Si le chef de la justice ne peut gouverner les fonctionnaires qui sont sous ses ordres, [1]則 [2]如 [3]之 [4]何 [1]*tse*-[2]*jou*-[3]*tchi*-[4]*ho* que fait il LUI faire? comment faut-il LE traiter? C'est le sens du commentaire : [1]何 [2]以 [3]處 [4]之 [1]*ho*-[2]*i*-[3]*tch'ou*-[4]*tchi*? Le roi répond : qu'on le destitue.

Le docteur Legge, en traduisant un passage du Lun-yu, p. 25, a bien vu le procédé grammatical que je viens d'indiquer. Il l'a puisé dans le commentaire *Kiang-i-pi-tchi* (liv. I, fol. 21). [1]定 [2]公 [3]問 [4]君 [5]使 [6]臣。[7]臣 [8]事 [9]君。[10]如 [11]之 [12]何。[1]*Ting*-[2]*kong* (nom d'un prince), [3]*wen* demanda: [4]*kiun* (lorsque) le prince, [5]*sse* emploie, [6]*tch'in* ses ministres, [7]*tch'in* (lorsque) les ministres, [8]*sse* servent (leur), [9]*kiun* prince, [12]*ho* comment? (que doivent-ils faire?) [10]*jou* relativement à, [11]*tchi* cela? Glose : [1]究 [2]事 [3]使 [4]之 [5]道 [1]*kieou* il demande, [5]*tao* la manière, [4]*tchi* de, [2]*sse* servir (le prince), [3]*sse* et d'employer (les ministres). On voit que 之 *tchi*, cela, comprend les deux actions de *servir* et d'*employer*. Le docteur James Legge : 如 之 何 as it what? 之 *tchi* (de *jou-tchi-ho*) refers to the two points inquired about.

Dans la locution [1]末 [2]如 [3]之 [4]何 [1]*mo*-[2]*jou*-[3]*tchi*-[4]*ho*, *tchi* est, dans le passage suivant, un pronom qui répond à *illum* (en latin), et se rapporte à la personne dont on vient de parler. Lun-yu, chap. *Tseu-han*, § 23 : [1]從 [2]而 [3]不 [4]改。[5]末 [6]如 [7]之 [8]何 (si le roi) [1]*thsong* donne son assentiment (à mes conseils), [2]*eul* et, [3]*pou*-[4]*kaï* ne change pas (de conduite), [5]*mo* (pour 無 *wou*) je n'ai pas, je ne sais pas, [8]*ho* comment, [6]*jou*-[7]*tchi* (agir) à l'égard de lui, je ne sais que lui faire. Glose : (je ne sais comment) 感 動 之 *khan-tong-tchi* le toucher, l'émouvoir.

CLEF XXXIX.

孰 *cho,* synonyme de 誰 *choui,* quis? 孰意 *cho-i* ellipse, pour 誰人心意料到此也 *chouï-jin-sin-i-liao-tao-thseu-ye*, qui est-ce qui aurait pensé à cela? (*Kia-p'ao-thsiouen-tsi*).

孰 *cho*, quelle chose? [1]孰 [2]爲 [3]來 [4]哉 [1]*cho*-[2]*wéï*-[3]*laï*-[4]*tsaï* quoi-pour (pourquoi) est-il venu? *Tsaï* particule interrogative. Kou-wen-youen-kien, liv. VII, fol. 2.

孰能 *cho-neng,* synonyme de 誰能 *chouï-neng* qui est-ce qui peut? (*Kia-p'ao.*)

孰謂 *cho-weï*, synonyme de 誰說 *chouï-choue* qui est ce qui dira? (*Kia-p'ao.*)

Dans la comparaison de deux personnes ou de deux choses, 孰 *cho*, devant un adjectif positif, lui donne la force d'un comparatif. [1]吾 [2]子 [3]與 [4]路 [5]子 [6]孰 [7]賢 [1]*ngou*-[2]*tseu* de mon philosophe (de vous), [3]*yu* et (de) [4]*Lou*-[5]*tseu* (nom propre), [6]*cho* qui est-ce qui, [7]*hien* est sage? c'est-à-dire plus sage, plus habile?

CLEF XL.

安 *ngan,* vulgo *quies, quiescere,* a aussi le sens de comment? est-ce que? 安見 est-ce que vous avez vu, avez-vous vu? Lun-yu, chap. *Thsien-thsin,* § 25.

安足 *ngan-tso*, est-ce qu'il suffit pour? est-il capable de? *Ngan-tso* est alors synonyme de 不足 *pou-tso* il n'est pas capable de. (*Kia-p'ao.*)

宜乎 *i-hou*, il est juste que. [1]宜 [2]乎 [3]百 [4]姓 [5]之

⁶謂 ⁷我 ⁸爱 ¹*i*-²*hou* il était juste (que), ³*pe*-⁴*sing* le peuple, ⁵*tchi* particule relative, ⁶*weï* dît que, ⁷*ngo* moi, je, ⁸*ngaï* avais été avare, avais agi par avarice. Meng-tseu, chap. I, part. 1, § 8.

宜若 *i-jo*, il semble que. ¹宜 ²若 ³可 ⁴爲 ¹*i*-²*jo* il semble que (cela), ³*kho*-⁴*weï* peut se faire. Meng-tseu, chap. *T'eng-wen-kong*.

害 *haï*, prononcé *ho*, est synonyme de 曷 *ho*, comment, et de 何 *ho*, comment? quoi? quel? Dans le passage suivant, Tchou-hi explique 害 *ho* par 何 時 *ho-chi*, dans quel temps? quand? ¹時 ²日 ³害 ⁴喪 ¹*chi* ce, ²*ji* soleil, ³*ho* quand, ⁴*sang* périra-t-il? Le mot ²*ji*, soleil, désigne ici le tyran *Kie* 桀 de la dynastie des *Hia*.

寧 *ning*, il vaut mieux. ¹禮 ²與 ³其 ⁴奢 ⁵也 ⁶寧 ⁷儉 ¹*li* dans les rites (du mariage), ⁶*ning* il vaut mieux, ⁷*kien* (qu'un homme) soit économe, ménager, ²*yu*-³*khi* que si lui (que s'il), ⁴*che* était prodigue, ⁵*ye* particule finale. En mandchou : *dorolon de* dans les rites, *mamgiyara angolo* plutôt que d'être dépensier, prodigue, *khiptchan otchina* qu'on soit économe, ménager. Lun-yu, chap. *Pa-i*, § 4.

¹與 ²其 ³媚 ⁴於 ⁵奧。⁶寧 ⁷媚 ⁸於 ⁹竈 ⁶*ning* il vaut mieux, ⁷*meï* (qu'un homme) flatte, ⁸*yu* marque d'accusatif, ⁹*tsao* le foyer (l'Esprit du foyer), ¹*yu*-²*khi* que (si) lui, que s'il, ³*meï* flattait, ⁴*yu* marque d'accusatif, ⁵*ngao* le coin sud-ouest de la chambre (l'Esprit du coin sud-ouest de la chambre). Cette phrase signifie : il vaut mieux flatter le prince que ses ministres (Lun-yu, chap. *Pa-i*, § 13).

CLEF XLI.

將 *tsiang*, marque du futur, est souvent séparé par un ou plusieurs mots du verbe auquel il se rapporte; il faut l'en rapprocher en construisant.

1將 2焉 3用 4彼 5相 6矣 2*yen* comment, 1*tsiang*-3*yong* se servira-t-il ? 4*pi* de cet (homme), 5*siang* qui l'aide, 6*i* particule finale. A quoi lui servira cet homme qui doit l'aider ? Il s'agit d'un aveugle que son guide ne soutient pas quand il trébuche, et ne relève pas quand il est tombé. Lun-yu, chap. *Ki-chi*, § 1. Dans ce passage, l'aveugle représente le roi, et le guide (4*pi*-5*siang*) un ministre incapable de diriger le roi.

將 *tsiang* se trouve dans Meng-tseu (chap. III, part. 1, § 3) avec le sens de 必 *pi*, il faut que, il est nécessaire que : 1滕 2壤 3地 4褊 5小。6將 7爲 8君 9子 10焉。11將 12爲 13野 14人 15焉。(quoique) 2*jang*-3*ti* le territoire, 1*t'eng* du royaume de T'eng, 4*pien*-5*siao* soit étroit et petit, 6*tsiang* il faut, 7*weï* qu'il y ait, il doit y avoir, 8*kiun*-9*tseu* des sages (des hommes d'un mérite supérieur), 10 *yen* particule finale, 1*tsiang*-2*weï* il faut qu'il y ait, il doit y avoir, 13*ye*-14*jin* des hommes des champs (des laboureurs).

James Legge, même sens : Although the territorry of T'ang is narrow and small, yet there must be in it men of superior grade, and there must be in it country-men (les premiers pour gouverner les hommes des champs, les seconds pour nourrir les sages).

將 *tsiang* signifie (dans Meng-tseu, chap. III, part. 1, § 1) 將有 *tsiang-yeou*, il aura. 1今 2滕 3絕 4長 5補 6短。7將 8五 9十 10里 11也。1*kin* maintenant, 2*t'eng* le royaume de T'eng, 4*tsioue* si l'on coupe, si l'on retranche, 4*tch'âng* (une partie de sa) longueur, 5*pou* pour suppléer, 6*toen* (à ce qui est) court (étroit), 7*tsiang* (glose : 將有 *tsiang-yeou*) il aura, 8*ou*-9*chi*-10*li* cinquante li, 11*ye* particule finale. James Legge : now, *T'ang*, taking its length with its breadth, will amount to fifty le.

將以 *tsiang-i*. Dans cette expression, le mot 以 *i* est tantôt une marque d'instrumental, tantôt il se combine avec un autre mot, par exemple avec 爲 *weï*.

1將 2以 3求 4吾 5所 6大 7欲 8也。1*tsiang* je veux, 2*i* par là (en levant des troupes, etc.), 3*khieou* chercher (obtenir),

[5]*so* ce que, [4]*ngou* je, [7]*yo* désire, [6]*ta* grandement, [8]*ye* particule finale. Meng-tseu, chap. I, part. 1.

Autre exemple : [1]予 [2]將 [3]以 [4]此 [5]道 [6]覺 [7]斯 [8]民 [9]也 [1]*yu* moi, [3]*i* avec, [4]*thseu*-[5]*tao* cette doctrine, [2]*tsiang*-[6]*kio* j'instruirai, [7]*sse*-[8]*min* ce peuple, [9]*ye* particule finale. Meng-tseu, chapitre V, part. 1, § 7.

Dans l'exemple suivant, 以 *i*, qui suit 將 *tsiang*, paraît, d'après le mandchou, une marque d'accusatif. [1]天 [2]將 [3]以 [4]夫 [5]子 [6]爲 [7]木 [8]鐸 [1]*thien* le ciel, [2]*tsiang*-[6]*weï* fera, [3]*i*-[4]*fou*-[5]*tseu* le maître, [7]*mo*-[8]*to* une (sorte de) clochette appelée *Mo-to*. Le traducteur mandchou a rendu [6]*weï* (faire) au prétérit indéfini: *abka* cœlum, *aintchi* forte, *fou-tse-be* magistrum (Confucium), *tchinggilakô* campanulam, *oboukha* fecit.

On pourrait cependant considérer ici [3]*i* comme une marque de l'instrumental et dire : [1]*thien* le ciel, [3]*i* avec, de, [4]*fou*-[5]*tse* Confucius, [2]*tsiang*-[6]*weï* fera, [7]*mo*-[8]*to* une cloche appelée *Mo-to*, c'est-à-dire : se servira de lui pour instruire le peuple.

Mo-to était une clochette avec un battant de bois, dont on se servait pour rassembler le peuple afin de l'instruire et de l'exhorter à la vertu.

CLEF XLIX.

已下 *i-hia*, synonyme de 以下 *i-hia*, au bas. 胷已下 *hiong-i-hia*, au bas de la poitrine. Si-yu-ki, liv. I, fol. 17.

已後 *i-heou*, synonyme de 以後 *i-heou*, après. [1]紹 [2]聖 [3]崇 [4]寧 [5]已 [6]後 [5]*i*-[6]*heou* après, [1]*chao*-[2]*ching* les années *chao-ching* (1094—1095) et [3]*Tsong*-[4]*ning* (1102—1106 des Song).

已甚 *i-chin*, synonyme de 太過 *thaï-kouo*, excessive-

海上絲綢之路文獻集成 科技與文化編

ment, excessif. [1]是 [2]皆 [3]已 [4]甚 [1]*chi*-[2]*kiaï* tout cela, [3]*i*-[4]*chin* est exagéré.

[1]人 [2]而 [3]不 [4]仁 [5]疾 [6]之 [7]已 [8]甚 [9]亂 [10]也。[1]*jin*-[2]*eul*-[3]*pou*-[4]*jin* si un homme est dépourvu d'humanité, [5]*tsi*-[6]*tchi* et que vous le détestiez, [7]*i*-[8]*chin* excessivement, [9]*loen* il s'abandonnera-au-désordre, [10]*ye* particule finale. Lun-yu, chapitre *Thaï-pe,* § 10.

已矣乎 *i-i-hou*, c'en est fait, je n'ai plus d'espoir. En mandchou : ousaka dehão. Lun-yu, chap. *Weï-ling-kong,* § 12.

已而已而 *i-eul-i-eul*, cessez, cessez. C'est-à-dire (dans le Lun-yu, chap. *Weï-tseu,* § 5) : renoncez aux emplois, ne les recherchez plus.

CLEF LII.

幾何 *ki-ho*. Ces deux mots signifient combien ? On les trouve avec le sens de *combien de temps* ? Si l'empereur ferme la bouche au peuple, [1]其 [2]能 [3]幾 [4]何 [5]與。[3]*ki*-[4]*ho* combien de temps, [1]*khi* lui, il, [2]*neng* pourra (subsister) ? Combien de temps pourra-t-il subsister ?

幾希 *ki-hi*, peu de chose. [1]人 [2]之 [3]所 [4]以 [5]異 [6]於 [7]禽 [8]獸 [9]者 [10]幾 [11]希。[3]*so*-[4]*i*-[9]*tche* ce en quoi, [1]*jin* l'homme, [5]*i* diffère, [6]*yu* de (des), [7]*k'in*-[8]*tcheou* animaux, [10]*ki*-[11]*hi* (est) peu de chose. Meng-tseu, chap. 4, part. II, § 19.

幾希 *ki-hi*, pauci, paucæ. [1]其 [2]妻 [3]妾 [4]不 [5]羞 [6]也 [7]而 [8]不 [9]相 [10]泣 [11]者 [12]幾 [13]希 [14]矣。[2]*tsi*-[3]*tsie* les femmes et les concubines, [1]*khi* de ces (hommes), [11]*tche* lesquelles, [4]*pou*-[5]*sieou* ne seraient pas honteuses, [6]*ye* particule finale, [7]*eul* et (qui), [8]*pou*-[10]*khi* ne pleureraient pas, [9]*siang* ensemble, [12]*ki*-[13]*hi* (sont) peu nombreuses, [14]*i* particule finale. En français : il y a bien peu de leurs femmes et de leurs concubines qui ne rougiraient pas de honte et ne pleureraient pas ensemble. Meng-tseu, chap. IV, part. 2, § 33.

Le mot 幾 *ki* entre dans plusieurs locutions qui manquent dans les dictionnaires. 1事 2父 3母 4幾 5諫 1*sse* quand vous servez, 2*fou*-3*mou* votre père et votre mère, 4*ki* avec douceur, 5*kien* faites leur des représentations. En mandchou : nesouken i tafoula. Lun-yu, chap. *Li-jin,* § 18.

雕 幾 *tiao-ki,* sculpter, ciseler. En mandchou : tcholime folome (Thsing-han-wen-haï, liv. III, fol. 8). Dans un autre exemple (*ibid.*), on trouve *tiao-k'i* expliqué par *folome yangselara*, embellir en ciselant, par des ciselures.

CLEF LIII.

庸 非 *yong-feï*, n'est-ce pas ? 1庸 2非 3貳 4乎 1*yong*-2*feï*-3*eul*-4*hou* n'est-ce pas avoir fait défection ? 4*hou* particule qui exprime le doute.

CLEF LX.

後 *heou*, après. Ce mot est adjectif devant un substantif: 後 世 *heou-chi,* les siècles suivants.

後 *heou* signifiant après, se met à la fin d'un membre de phrase, ou après un mot, avec ou sans 之 *tchi*, marque du génitif.

身 後 *chin-heou,* mot à mot: corpus post, i. e. post mortem, après la mort.

入 散 後 *jin-san-heou*, mot à mot : hommes, être dispersés, après, c'est-à-dire: après que les hommes se furent séparés. En mandchou : niyalma faktchaka amala.

海上絲綢之路文獻集成 科技與文化編

Dans les deux passages suivants, [7]*tchi* 之 me paraît une particule insignifiante. [1]舜 [2]命 [3]二 [4]十 [5]二 [6]人 [7]之 [8]後. [8]*heou* après que, [1]*Chun* (nom d'homme), [2]*ming* eut donné ses ordres à, [3]*eul*-[4]*chi*-[5]*eul* vingt-deux, [6]*jin* hommes, [7]*tchi* particule.

[1]旣 [2]盟 [3]之 [4]後 [4]*heou* après que, [1]*ki*-[2]*ming* vous avez fait alliance; [3]*tchi* particule.

後 *heou,* précédé d'un nom propre et de 之 *tchi,* veut dire : un descendant de. [1]奚 [2]仲 [3]之 [4]後 (*Tchong-hoeï* était) [4]*heou* un descendant, [3]*tchi* de, [1]*Hi*-[2]*tchong* nom propre.

Après les verbes 有 *yeou,* avoir, et 無 *wou,* ne pas avoir, *heou* conserve le même sens que ci-dessus : avoir des descendants, ne pas avoir de descendants.

從 *thsong,* vulgo suivre, peut signifier adverbialement : suivant que, selon que, par la raison que. [1]從 [2]其 [3]白 [4]於 [5]外 [6]故 [7]謂 [8]之 [9]外 [1]*thsong* suivant que, par la raison que, [2]*khi*-[3]*pe* son blanc, la couleur blanche, de cet homme, [4]*yu*-[5]*waï* est extérieure, [6]*kou* voilà pourquoi, [7]*weï*-[8]*tchi* je l'appelle, [9]*waï* extérieure. James Legge : according as. Glose chinoise : [1]隨 [2]其 [3]白 [4]在 [5]外 [1]*souï* suivant que, [2]*khi*-[3]*pe* sa couleur blanche, [4]*tsaï* est, [5]*waï* en dehors.

從 *thsong,* par suite de cela. [1]故 [2]從 [3]而 [4]征 [5]之 [1]*kou* c'est pourquoi, [2]*thsong* par suite de cela (en mandchou *teretchi*), [3]*eul* particule auxiliaire, [4]*tching* on fit payer des droits, [5]*tchi* à eux (aux marchands). Meng-tseu, chap. II, part. 2, § 10.

CLEF LXI.

意 *i* et 意 者 *i-tche,* au commencement d'une phrase signifient : je pense (que) [1]意 [2]邶 [3]庸 [4]爲 [5]武 [6]庚 [7]之 [8]封 [1]*i* je pense que, [2]*pi*-[3]*yong* les pays de *Pi* et de *Yong,* [4]*weï* étaient, [8]*fung* la principauté, [7]*tchi* de [5]*Wou-*[6]*keng* (nom d'homme), le domaine accordé par l'empereur à Wou-keng.

惡 乎 *ou-hou*, comment? [1]天 [2]下 [3]惡 [4]乎 [5]定 [3]*ou-*[4]*hou* comment, [1]*thien-*[2]*hia* l'empire, [5]*ting* sera-t-il rendu-stable? Meng-tseu, chap. I, part. 1, § 6.

惡 在 *ou-tsaï*, synonyme de 何 在 *ho-tsaï*, où réside? en quoi consiste? où est? [1]惡 [2]在 [3]其 [4]爲 [5]民 [6]父 [7]母 [1]*ou-*[2]*tsaï* ubi consistit, [3]*khi* ejus, [4]*weï* τὸ esse, [5]*min* populi, [6]*fou-*[7]*mou* patrem et matrem? En quoi réside sa qualité de père et de mère du peuple? C'est-à-dire: comment reconnaîtra-t-on qu'il est le père et la mère du peuple? Meng-tseu, chap. I, part 1, § 4.

惡 得 *ou-te*, synonyme de 何 得 *ho-te*: comment peut-il?

惡 用 *ou-yong*, synonyme de 何 用 *ho-yong* que ferez-vous de? quel usage ferez-vous de? Meng-tseu, chap. T'eng-wen-kong, part. II, § 10.

CLEF LXII.

我 其 *ngo-khi*, ego ipse, nos ipsi. [1]后 [2]來 [3]我 [4]其 [5]復 [6]生 [7]乎 [1]*heou-*[2]*laï* (si) notre prince vient, [3]*ngo-*[4]*khi* nous-mêmes, [5]*feou-*[6]*seng* de nouveau vivrons, nous reviendrons à la vie, [7]*hou* particule qui marque ici l'admiration.

成 (得) *te-tch'ing*, obtenir la paix.
成 (求) *khieou-tch'ing*), demander la paix.
成 (請) *thsing-tch'ing*, même sens que *khieou-tch'ing*.

海上絲綢之路文獻集成 科技與文化編

CLEF LXIV.

抑 *i*, ou bien. [1]求 [2]之 [3]與 [4]抑 [5]與 [6]之 [7]與。 [1]*khieou*-[2]*tchi*-[3]*yu* demande-t-il cela? ([3]*yu* signe d'interrogation), [4]*i* ou bien, [5]*yu*-[6]*tchi* lui donne-t-on cela? [7]*yu* signe d'interrogation.

Les deux mots [2-7]*tchi*, cela, se rapportent à des renseignements sur l'administration (Lun-yu, chap. *Hio-eul*).

抑亦 *i-i*, ou bien, même sens que 抑 *i*.

CLEF LXVI.

故 *kou*, cause, c'est pourquoi, c'est parce que, etc. *Kou* signifiant *c'est pourquoi* se place au commencement de la phrase, mais il se place à la fin quand il veut dire: *c'est parce que*. Le premier emploi de *kou* n'a pas besoin d'exemples.

[1]不 [2]稱 [3]卽 [4]位 [5]文 [6]姜 [7]出 [8]故 [9]也 [1]*pou*-[2]*tch'ing* si (l'historien officiel) n'a pas dit (que), [3]*tsi*-[4]*weï* il était monté sur le trône, [8]*kou*-[9]*ye* c'est parce que, [5]*Wen*-[6]*kiang* (nom d'homme), [7]*tch'ou* était sorti (du royaume).

大故 *ta-hou* la grande affaire, en mandchou: amba baita, désigne la perte d'un père ou d'une mère.

敢不 *kan-pou*, mot à mot: *oser-pas*, se prend dans le sens interrogatif: oserais-je ne pas (par exemple, payer le tribut)? ***Meng-tseu.***

CLEF LXX.

於—之後 *yu—tchi-heou*, avec un ou plusieurs mots insérés entre les *yu* et *tchi* signifie après. [1]於 [2]晉 [3]齊 [4]梁 [5]隋 [6]唐 [7]之 [8]後 [1]*yu*-[2]*tsin*-[3]*thsi*-[4]*liang*-[5]*souï*-[6]*thang*-[8]*tchi*-[8]*heou* après les dynasties des *Tsin*, des *Thsi*, des *Liang*, des *Souï*, des *Thang*.

[1]於 [2]行 [3]之 [4]後 [1]*yu* -[2]*hing*-[3]*tchi*-[4]*heou* après avoir agi, après qu'il eut agi. Ici, 之 *tchi* est une particule insignifiante.

於 *yu*, dans. [1]石 [2]言 [3]於 [4]晉 [5]地 [1]*chi* une pierre, [2]*yen* a parlé, [3]*yu* dans, [4]*tsin*-[5]*ti* le pays de *Tsin*. Kou-wen-youen-kien, livre XXX.

於 *yu*, marque d'accusatif (voyez ce cas pag. 19, 20), quand le régime direct d'un verbe actif en est séparé par un ou plusieurs mots au génitif.

[1]詩 [2]多 [3]識 [4]於 [5]鳥 [6]獸 [7]草 [8]木 [9]之 [10]名 [1]*chi* dans le livre des vers, [2]*to* beaucoup, en grand nombre, [3]*tchi* on apprend, [4]*yu*-[10]*ming* ([4]*yu* marque d'accusatif) les noms, [9]*tchi* de (des), [5]*niao* oiseaux, [6]*cheou* des quadrupèdes, [7]*thsao* des plantes, [8]*mo* et des arbres. Lun-yu, chap. *Yang-ho*, § 9.

於 *yu*, placé après un adjectif positif, lui donne la force d'un comparatif. (Voyez page 41, ligne 2.)

於 *yu*, pour ce qui regarde, quant à. [1]君 [2]子 [3]之 [4]於 [5]禽 [6]獸 [7]也。[8]見 [9]其 [10]生 [11]不 [12]忍 [13]見 [14]其 [15]死 [1]*kiun*-[2]*tseu* le sage, [3]*tchi* particule relative, [4]*yu* quant à, quant aux, [5]*khin*-[6]*cheou* animaux, [7]*ye* particule finale, [8]*kien* ayant vu, [9]*khi*-[10]*seng* d'eux le vivre (les ayant vus vivants), [11]*pou*-[12]*jin* ne supporte pas, [13]*kien* (l'action de) voir, [14]*khi*-[15]*sse* d'eux le mourir, c'est-à-dire : de les voir mourir. Meng-tseu, chap. I, part. 1, § 7.

[1]我 [2]於 [3]辭 [4]命 [5]則 [6]不 [7]能 [8]也。[1]*ngo* moi, [2]*yu* quant à, [3]*thse*-[4]*ming* l'éloquence, [5]*tse* alors, [6]*pou*-[7]*neng* je ne puis, c'est-à-dire : je n'ai pas le talent de la parole. Meng-tseu, chapitre II, part. 1, § 2.

於 *yu*, marque du datif. (Voyez ce cas page 14.)

於 *yu*, marque de l'instrumental. (Voyez ce cas page 37.)

海上絲綢之路文獻集成 科技與文化編

CLEF LXXII.

日 *ji*, soleil, jour. 日 *ji*, à la fin d'un membre de phrase, signifie *du temps de*, *dans le temps de*. [1]慶 [2]元 [3]之 [4]日 [1]*khing*-[2]*youen*-[3]*tchi*-[4]*ji* du temps de *Khing-youen*, c'est-à-dire sous le règne de l'empereur Ning-tsong des Song, dont la première période de règne est *khing-youen* (1195—1200).

明也 *ming-ye*, à la fin d'une phrase, signifie: cela est clair, évident. Il dit: Depuis que je ne l'ai pas vu, il y a aujourd'hui trois ans. [1]則 [2]居 [3]東 [4]之 [5]非 [6]東 [7]征 [8]明 [9]也。 [1]*tse* alors, en conséquence, [2]*kiu*-[3]*tong* l'expression *kiu-tong*, [4]*tchi* particule relative, [5]*feï* pas (n'est pas, ne veut pas dire que), [6]*tong* dans l'est, à l'est, [7]*tching* (il alla) châtier les rebelles, [8]*ming*-[9]*ye* (cela) est clair, est évident.

[1]神 [2]宗 [3]爲 [4]堯 [5]明 [6]也 [1]*Chin*-[2]*tsong* (nom propre), [3]*weï* est, [4]*Yao* l'empereur Yao, [5]*ming*-[6]*ye* c'est évident; c'est-à-dire: il est évident que *Chin-tsong* est le même que *Yao*.

是也 *chi-ye* à la fin d'une phrase: c'est cela, voilà le fait dont il s'agit.

是(非)也 *feï-chi-ye* à la fin d'une phrase: ce n'est pas vrai, ce n'est pas exact.

爲是。 *weï-chi*, c'est juste, c'est vrai, exact. [1]依 [2]舊 [3]說 [4]贊 [5]堯 [6]爲 [7]是 [1]*i* suivant, [2]*khieou*-[3]*choue* les anciennes explications, [4]*tsan* louer, [5]*yao* l'empereur *Yao*, [6]*weï*-[7]*chi* est juste, exact. C'est-à-dire: l'éloge qu'on fait de l'empereur s'applique justement, exactement à Yao (et non à Chun).

是以 *chi-i* pour 以是 *i-chi*, de là vient que, par suite de cela. [1]是 [2]以 [3]後 [4]世 [5]不 [6]傳 [1]*chi*-[2]*i* par suite de cela, pour cette raison (leurs actions), [3]*heou*-[4]*chi* dans les siècles suivants, [5]*pou*-[6]*tch'ouen* n'ont pas été transmises. Meng-tseu.

是之謂 *chi-tchi-weï*, cela s'appelle.

是猶 *chi-yeou*, c'est comme. [1]是[2]猶[3]惡[4]濕[5]而[6]居[7]下 [1]*chi*-[2]*yeou* c'est comme, [3]*ou* détester, [4]*chi* l'humidité, [5]*eul* et cependant, [6]*kiu* demeurer, [7]*hia* en bas (dans un lieu bas). Meng-tseu, chap. II, part. 1, § 4.

是用 *chi-yong* pour 是以 ou 以是 (*chi-i* ou *i-chi*), par suite de cela (en mandchou: teretchi). Lun-yu, chap. V, § 22.

是謂 *chi-weï*, cela s'appelle. [1]是[2]謂[3]拂[4]人[5]之[6]性 [1]*chi*-[2]*weï* cela s'appelle, [3]*fo* résister à, [6]*sing* la nature, [4]*jin*-[5]*tchi* de l'homme.

是豈 *chi-ki*, synonyme de 不是 *pou-chi*, ce n'est pas. [1]是[2]豈[3]水[4]之[5]性[6]哉。 [1]*chi*-[2]*ki* cela est-ce, est-ce que cela est, [5]*sing* la nature, [3]*choui*-[4]*tchi* de l'eau ?

是非 *chi-feï*, cela n'est pas. [1]是[2]非[3]君[4]子[5]之[6]道 [1]*chi*-[2]*feï* cela n'est pas, ce n'est pas, [6]*tao* la conduite, [5]*tchi* du, [3]*kiun*-[4]*tseu* sage.

時 *chi*, temps. Au commencement d'une phrase, ce mot signifie : à cette époque, dans ce temps-là, en ce moment. [1]時[2]天[3]氣[4]晴[5]霽。[6]道[7]友[8]餞[9]行[10]於[11]西.[12]郊. [1]*chi* en ce moment, [2]*thien*-[3]*khi* le temps, [4]*tsing*-[5]*tsi* était pur, [6]*tao*-[7]*yeou* les Tao-sse, [8]*tsien*-[9]*hing* offrirent un repas d'adieu au voyageur, [10]*yu* dans, à, [11]*si*-[12]*kiao* la banlieue de l'ouest. (Relation du voyage de *Tch'ang-tch'un*, fol. 6, verso.

A la fin d'un membre de phrase, étant précédé de 之 *tchi*, particule, 時 signifie dans le temps où, à l'époque où. 禹治水之時 *yu-tch'i-choui-tchi-chi* à l'époque où l'empereur Yu réglait le cours des eaux, [1]三[2]危[3]已[4]宅 [1]*san*-[2]*weï*-[3]*i*-[4]*tse* le peuple (appelé) San-weï, [3]*i* déjà, [4]*tse* avait déjà une résidence fixe.

海上絲綢之路文獻集成 科技與文化編

時 *chi* au commencement d'une phrase a encore le sens de *ordinairement, en tout temps.* ¹時 ²會 ³於 ⁴大 ⁵司 ⁶樂 ¹*chi* ordinairement, (les disciples) ²*hoeï* se réunissaient, ³*yu* auprès du, ⁴*ta*-⁵*sse*-⁶*yo* président de la musique. En mandchou : kemouni da sse yo khafan i emgi atchakha.

時 *chi*, en tout temps. ¹物 ²欲 ³時 ⁴引 ¹*wou* les objets sensibles, ²*yo* les désirs, les passions, ³*chi* constamment, en tout temps (erindari), ⁴*in* l'entraînent. Fan-i-loui-pien, livr. 3, fol. 16.

CLEF LXXIV.

有 *yeou*, avoir, être. Ce mot est sans valeur devant un nom de pays qu'on prononce seul. ¹司 ²有 ³濟 ⁴之 ⁵祀 ¹*sse* il présidait, ⁵*sse* aux sacrifices, ⁴*tchi* de, ²*yeou*-³*tsi* du pays de *Tsi.* En mandchou : dchi i ba i wetchen be alifi, mot à mot : *alifi* présidant, *wetchen be* aux sacrifices, *ba i* du pays, *dchi i* de Thsi. (Tch'un-thsieou, chin-mandch., liv. XIX, fol. 4.) On voit que l'interprète mandchou n'a pas tenu compte de 有 *yeou.* Cf. p. 199, ligne 5.

有 諸 *yeou-tchou.* Voyez (page 146, lin. 8), la signification de *yeou-tchou.*

CLEF LXXV.

未 *weï* (pas encore), se trouve avec le sens de : ne pas être fini. ¹禍 ²猶 ³未 ¹*ho*-²*yeou*-³*weï* le malheur n'est pas encore fini, arrivé à sa fin. En mandchou : dchobolon kemouni wadsire ouende. Tch'un-thsieou, chin.-mandch., liv. XIX, fol. 8.

Les mots ¹未 — ²之 ³前 ¹*weï* — ²*tchi*-³*thsien*, avec un ou plusieurs caractères insérés entre *weï* et *tchi*, se traduisent par avant de, avant que. ¹未 ²言 ³之 ⁴先 ¹*weï*-²*yen*-³*tchi*-⁴*sien* avant qu'il eût parlé.

未可 *weï-kho* pour 不可 *pou-kho* (Kia-p'ao). 未可以言與。*weï-kho-i-yen-yu* est-ce que vous n'avez pas pu parler ?

未嘗 *weï-tch'ang*, synonyme de 未曾 *weï-tseng*. 吾未嘗無誨 *weï-tch'ang-wou-hoeï* je n'ai jamais manqué de donner mes instructions. (*Weï* signifie *pas encore*. Les mots *tch'ang* et *tseng* sont des marques du passé.) Lun-yu, chapitre Chou-eul.

未幾 *weï-ki*, peu de temps après. En mandchou : goida-khakô.

未知 *weï-tchi*, synonyme de 不知 *pou-tchi*. [1]未 [2]知 [3]其 [4]孰 [5]賢 [6]也 [1]*weï-*[2]*tchi* je ne sais pas, [4]*cho* lequel, [3]*khi* d'eux (des deux), [5]*hien* (est plus) sage, plus habile (que l'autre), [6]*ye* particule finale.

未能 *weï-neng*, synonyme de 不能 *pou-neng*, il ne peut. 未能事人 *weï-neng-sse-jin* il ne peut servir les (autres) hommes.

未若 *weï-jo*, synonyme de 不如 *pou-jou*, ce n'est pas comme, c'est-à-dire : il vaut mieux. [1]未 [2]若 [3]貧 [4]而 [5]樂 [1]*weï-*[2]*jo* il vaut mieux, [3]*p'in* être pauvre, [4]*eul-*[5]*lo* et être content. Lun-yu, chap. *Hio-eul.*

末 *mo*, non, etc., s'emploie quelquefois dans le sens prohibitif. [1]子 [2]路 [3]不 [4]說 [5]曰 [6]末 [7]之 [1]*Tseu-*[2]*lou* (son disciple) Tseu-lou, [3]*pou-*[4]*youe* ne fut pas content, [5]*youe* et dit, [6]*mo-*[7]*tchi* n'allez pas (lui rendre visite). Lun-yu, chap. *Yang-ho*, § 5.

末由 *mo-yeou*, synonyme de 無所由 *wou-so-yeou*. Lun-yu, chap. *Tseu-han*, § 10. [1]雖 [2]欲 [3]從 [4]之 [5]末 [6]由 [7]也 [8]已 [1]*souï* quoique, [2]*yo* je désire, [3]*thsong-*[4]*tchi* le suivre, [5]*mo* je n'ai pas (末 *mo* pour 無 *wou*); 由 *yeou* pour 所由 *so-yeou* ce par quoi je passerai, c'est-à-dire : le chemin qu'il

海上絲綢之路文獻集成 科技與文化編

faut prendre. Le sens est : je voudrais l'imiter, mais je ne sais comment faire. L'interprète mandchou a traduit cette phrase au prétérit indéfini : dakhalaki sekhe seme, quoique j'aie voulu le suivre, *songgo bakharakô* okho je n'ai pas trouvé sa trace.

CLEF LXXVII.

此之謂 *thseu-tchi-weï*, synonyme de 此所謂 *thseu-so-weï*, c'est ce qu'on appelle (Kia-p'ao).

此謂 *thseu-weï*, synonyme de 是謂 *chi-weï*, cela s'appelle.

此豈 *thseu-ki*, synonyme de 是豈 *chi-ki*, est-ce ? Est-ce que c'est ?

CLEF LXXVIII.

殆於 *taï-yu*, synonyme de 殆 *taï*, peu s'en faut, peut-être que. 殆於不可 *taï-yu-pou-kho*, peut-être que cela n'est pas permis, convenable. En mandchou : aintchi atcharakô dere. Meng-tseu, chap. Li-leou, part. II, § 31.

CLEF LXXX.

毋 *wou*, non, 毋乃 *wou-naï*, peut-être que. 毋乃不可 *wou-naï-pou-kho* peut-être que ce n'est pas permis, peut-être qu'on ne doit pas faire cela. En mandchou : ere aintchi odchorakô. (Kou-wen-youen-kien, liv. I, fol. 17.)

毋寧 *wou-ning*, synonyme de 寧 *ning*, il vaut mieux. [1] 毋

[2]寧[3]過[4]于[5]哀[6]痛 [1]*wou*-[2]*ning* il vaut mieux, [3]*kouo* passer les bornes, [4]*yu* dans, [5]*aï*-[6]*t'ong* la douleur (s'abandonner avec excès à la douleur).

CLEF LXXXI.

比 *pi* (vulgo comparer) a plusieurs acceptions remarquables. 比戶 *pi-hou*, chaque maison. En mandchou: bao aname. 比閭 *pi-liu*, tous les villages. En mandchou : falga tome.

比 *pi*, au troisième ton. 比其反也 *pi-khi-fan-ye*, quand il fut revenu.

比歲 *pi-souï*, depuis ces dernières années. En mandchou : ere oudou aniya tchi ebsi.

比 *pi*, à cause, synonyme de 爲 *wéï*, à cause. [1]願[2]比[3]死[4]者[5]一[6]洒[7]之 [1]*youen* je désire, [2]*pi* à cause, [3]*sse*-[4]*tche* de ceux qui sont morts (de nos aïeux), [5]*i* en une fois, [6]*si*-[7]*tchi* laver cela (cet affront). Meng-tseu, chap. I, part. 1, § 5.

CLEF LXXXV.

没齒 *mo-tch'i*, mot à mot : (jusqu'à) ne pas avoir de dents, c'est-à-dire : jusqu'à la vieillesse la plus avancée. Lun-yu, chapitre *Hien-wen*, § 10.

CLEF LXXXVI.

焉 *yen*, particule interrogative qu'on place tantôt au commencement, tantôt à la fin de la phrase. [1]焉[2]用[3]牛[4]刀

[1]*yen*-[2]*yong* pourquoi se servir, [4]*tao* d'un couteau, [3]*nieou* de bœuf (propre à tuer un bœuf)?

[1]吾 [2]不 [3]惴 [4]焉 [4]*yen* comment, [1]*ngou*-[2]*pou*-[3]*tchouï* je n'aurai pas peur (comment n'aurai-je pas peur)? Meng-tseu, chapitre Kong-sun-tch'eou.

焉 *yen*, particule finale. [1]故 [2]稱 [3]龍 [4]焉 [1]*kou* c'est pourquoi, [2]*tch'ing* on l'appelle, [3]*long* dragon, [4]*yen* particule finale.

焉 *yen* a aussi le sens de qui? [1]仲 [2]尼 [3]焉 [4]學 [1]*tchong*-[2]*ni* Confucius, [3]*yen* (sous) qui, [4]*hio* a-t-il étudié? Glose chinoise : à quo magistro didicit? quonam magistro usus est?

焉 *yen*, où? à la question quo. [1]其 [2]子 [3]焉 [4]往 [1]*khi*-[2]*tseu* ses fils, [3]*yen* où, [4]*wang* iront-ils? Ejus filii quo ibunt?

焉 *yen*, où, à la question *ubi*? [1]魯 [2]無 [3]君 [4]子 [5]者 [6]斯 [7]焉 [8]取 [9]斯 [1]*lou* (si dans) le royaume de Lou, [2]*wou* il n'y avait pas, [3]*kiun*-[4]*tseu*-[5]*tche* des sages, [7]*yen* où, [6]*sse* cet homme, [8]*thsiu* aurait-il pris, [9]*sse* cela? Glose : [9]*sse* cela désigne la vertu (德 *te*). Où aurait-il pris des exemples de vertu pour devenir lui-même un sage ([3]*kiun*-[4]*tseu*)? Lun-yu, ch. *Kong-ye-tch'ang*, § 2.

焉 爾 *yen-eul*, finale insignifiante. [1]故 [2]言 [3]歸 [4]焉 [5]爾 [1]*kou* c'est pour cela que, [2]*yen* (l'historien officiel) a dit : [3]*koueï* qu'elle s'en était retournée, [4]*yen*-[5]*eul* finales insignifiantes. En mandchou : touttou bederekhe sekhe.

焉 用 *yen-yong*, à quoi bon? [1]焉 [2]用 [3]佞 [1]*yen*-[2]*yong* à quoi bon, [3]*ning* un homme qui a de la faconde? Lun-yu, chapitre *Kong-ye*, § 4.

焉 耳 *yen-eul*, finale insignifiante. [1]女 [2]得 [3]人 [4]焉 [5]耳 [6]乎 [6]*hou* est-ce que, [1]*joù* vous, [2]*te* avez trouvé, [3]*jin* des hommes (vertueux)? [4]*yen*-[5]*eul* finales insignifiantes.

焉 能 *yen-neng* est synonyme de 何 能 *ho-neng*, comment peut-il (Kia-p'ao).

無 *wou* (ne pas avoir, non, rien), s'emploie quelquefois comme expression prohibitive. [1]君 [2]無 [3]尤 [4]焉 [1]*kiun* prince, [2]*wou*-[3]*yeou* ne blâmez pas, n'accusez pas (le peuple), ne rejetez pas la faute sur le peuple, [4]*yen* particule finale. Meng-tseu, chapitre I, part. 2.

無乃 *wou-naï*, peut-être que. [1]無 [2]乃 [3]不 [4]可 [1]*wou*-[2]*naï* peut-être que, [3]*pou*-[4]*kho* cela ne doit pas se faire. En mandchou : aintchi odchorakô.

Dans le chapitre *Yong-ye* du Lun-yu, § 1, l'interprète mandchou rend [1]無 [2]乃 — [3]乎 [1]*wou*-[2]*naï* — [3]*hou* par : n'est-ce pas? [1]無 [2]乃 [3]簡 [4]乎。[1]*wou*-[2]*naï*-[3]*kien*-[4]*hou* : dchatchi kemoungge akôn, n'est-ce pas être modéré à l'excès, c'est-à-dire : n'est-ce pas trop s'occuper des choses de peu d'importance? James Legge rend le mot 簡 *kien* par to mind small matters.

無何 *wou-ho*, synonyme de 未多時 *weï-to-chi* il n'y a pas longtemps (Kia-p'ao).

[1]居 [2]無 [3]何 [1]*kiu*-[2]*wou*-[3]*ho*, après un court séjour, après y être resté peu de temps. (Tch'ang-tch'un-si-yeou-ki, fol. 1.)

無寧 *wou-ning*, synonyme de 寧 *ning*, il vaut mieux. [1]無 [2]寧 [3]玆 [4]許 [5]公 [6]復 [7]其 [8]社 [9]稷 [1]*wou*-[2]*ning* il vaut mieux (que), [3]*tse* ce, [4]*hiu*-[5]*kong* prince de *Hiu*, [6]*feou* recouvre, [7]*khi*-[8]*sse*-[9]*tsi* son royaume (mot à mot : ses autels du génie de la terre et du génie des céréales). Kou-wen youen-kien, liv. I, fol. 6.

無庸 *wou-yong*, synonyme de 無傷 *wou-chang*, cela n'a pas d'inconvénient, ou de 不妨 *pou-fang*, il n'y a pas d'obstacle. (Kou-wen-youen-kien, liv. I, fol. 2.)

無所 *wou-so* (suivant la glose chinoise) synonyme de 無一件 *wou-i-kien*, il n'a pas une seule chose, il n'a rien. [1]博 [2]學 [3]而 [4]無 [5]所 [6]成 [7]名 [1]*po*-[2]*hio* il a largement étudié, [3]*eul* et cependant, [4]*wou*-[5]*so* il n'a rien, [6]*tch'ing*-[7]*ming* (pour) se faire un nom.

無 所 *wou-so*, non habere quem, quid. 無 所 歸 *wou* il n'avait pas, *so* (une personne) vers qui, *koueï* il pût aller, c'est-à-dire dont il pût implorer l'appui ou le secours. Lun-yu, chapitre Hiang-thang, § 15.

無 所 *wou-so*, synonyme de 不 能 *pou-neng*, il ne peut (suivant la glose chinoise). Lun-yu, chap. Kong-ye, § 6. Confucius dit: *Yeou*, en fait de courage, l'emporte sur moi, mais ¹無 ²所 ³取 ⁴財 ¹*wou*-²*so* il ne peut, il ne sait pas, ³*thsiu* prendre, ⁴*thsaï* (pour *thsaï* 裁), une décision.

無 所 *wou-so*, synonyme de 不 可 以 *pou-kho-i*, même sens que plus haut. „ S'il écoute les paroles des magistrats, " ¹無 ²所 ³執 ⁴逃 ⁵臣 ⁶也 ¹*wou*-²*so* (glose: *pou-kho-i* il ne pourra), ³*tchi* saisir, ⁵*tch'in* les sujets, ⁴*t'ao* qui s'enfuient, qui se sont enfuis, ⁶*ye* particule finale. *Tso-tch'ouen.*

無 所 不 *wou-so-pou.* ¹於 ²吾 ³言 ⁴無 ⁵所 ⁶不 ⁷說 ¹*yu* dans, ²*ngou*-³*yen* mes paroles, ⁴*wou* il n'y a rien, ⁵*so* dont, ⁶*pou*-⁷*youe* il ne se réjouisse. Lun-yu, chap. *Sien-thsin*, § 3.

無 日 *wou-ji*, pas un jour, en moins d'un jour. ¹喪 ²無 ³日 ¹*Sang* (le royaume) périra, ²*wou*-³*ji* en moins d'un jour. Meng-tseu, chap. *Li-leou*, part. I, § 1.

無若—何 *wou-jo — ho*, avec insertion d'un ou plusieurs mots entre ²*jo* et ³*ho*. Il y en a neuf dans l'exemple suivant:

¹無 ²若 ³諸 ⁴侯 ⁵之 ⁶屬 ⁷辱 ⁸在 ⁹寡 ¹⁰君 ¹¹者 ¹²何 (Tch'un-thsieou, chin.-mandchou, liv. 46, fol. 38): ¹*wou*-¹²*ho* je n'ai pas quoi, je ne sais que faire, ²*jo* à l'égard de, ⁶*tcho* des subordonnés, ⁵*tchi* des, ³*tchou*-⁴*heou* princes feudataires, ¹¹*tche* lesquels (subordonnés), ⁷*jo* se sont déshonorés, ⁸*tsaï* en étant chez, ⁹*koua*-¹⁰*kiun* le prince de peu de vertu, c'est-à-dire: qui m'ont fait l'honneur de venir me voir (Cf. p. 283, lin. 1).

Ici ¹*wou*-²*jo*-¹¹*ho* signifie je ne sais comment leur donner la sécurité nécessaire (dans ma ville qui est maintenant infestée de brigands et de voleurs).

海上絲綢之路文獻集成 科技與文化編

Par excès d'humilité, les Chinois disent 辱臨 : déshonorez vous en venant, au lieu de : faites-moi l'honneur de venir me voir ; 辱還答 *jo-hoan-ta* vous vous êtes déshonoré en me répondant, pour : vous m'avez fait l'honneur de me répondre.

無莫 *wou-mo*, ne pas refuser (de faire une chose). Lun-yu, chap. *Li-jin*, § 10.

無適 *wou-ti*, ne pas s'obstiner (à faire une chose). *Ibidem*.

CLEF LXXXVII.

爲 au premier ton (*wêï*) et au troisième ton (*wéï*). Voyez la monographie de ce caractère (pages 109, 113 et 119).

CLEF LXXXIX.

爾 *eul*, vous. [1]非 [2]爾 [3]所 [4]知 [1]*feï* (ce n'est) pas, [3]*so* une chose que, [4]*tchi* vous sachiez, c'est ce que vous ne savez pas.

爾 *eul* est quelquefois une particule restrictive, signifiant *seulement, ne que*. [1]窮 [2]賤 [3]人 [4]爾 [1]*khiong* pauper, [2]*tsien* vilis, [3]*jin* homo (sum), [4]*eul* solummodo, je ne suis qu'un homme pauvre et de basse condition (Rémusat).

爾 *eul*, synonyme de 然 *jen*, terminaison de l'adverbe. 卒爾 *so-eul*, subitement, tout à coup. En mandchou : gaikhari.

CLEF XCIV.

猶 *yeou*, comme. [1]視 [2]予 [3]猶 [4]父 [5]也 [1]*chi*-[2]*yu* il me regarde, [3]*yeou* comme, [4]*fou* un père. Lun-yu, chap. *Sien-thsin*.

海上絲綢之路文獻集成 科技與文化編

猶 人 *yeou-jin*, comme un homme, semblable à un homme. En mandchou : niyalma i adali.

猶 *yeou*, encore. [1]猶 [2]行 [3]古 [4]之 [5]道 [1]*yeou*-[2]*hing* il pratique encore, [5]*tao* les principes, les règles de conduite, [3]*kou*-[4]*tchi* des anciens.

猶 未 *yeou-weï*, pas encore. **猶 未 定** *yeou-weï-ting*, il n'est pas encore fixé.

猶 乎 *yeou-hou*, de même que. [1]子 [2]之 [3]處 [4]回 [5]亦 [6]猶 [7]乎 [8]吾 [9]之 [10]處 [11]鯉 [12]可 [13]也。[1]*tseu*-[2]*tchi* (si) vous, [2]*tchi* particule relative, [5]*i* aussi, [3]*tch'ou* traitez, [4]*Hoeï* (nom d'homme), [6]*yeou*-[7]*hou* de même que, comme, [8]*ngou*-[9]*tchi* je (*tchi* particule relative), [10]*tch'ou* ai traité, [11]*Li* (nom d'homme), [12]*kho*-[13]*ye* c'est permis.

CLEF CI.

用 *yong* pour **以** *i*, après **足** *tso*, suffire. [1]王 [2]由 [3]足 [4]用 [5]爲 [6]善 [1]*wang* le roi, [2]*yeou* encore, [3]*tso*-[4]*yong* est capable de, [5]*weï* faire, [6]*chen* le bien (de gouverner avec humanité). Meng-tseu, chap. *Kong-sun-tch'eou*, part. II, § 12.

用 *yong* pour **以** *i*, par là. [1]用 [2]見 [3]魯 [4]之 [5]不 [6]朝 [7]于 [8]周 [1]*yong* par là, [2]*kien* on voit (que), [3]*lou* le prince de Lou, [4]*tchi* particule relative, [5]*pou*-[6]*tch'ao* n'était pas allé présenter ses hommages, [7]*yu*-[8]*tcheou* à la cour, à l'empereur des *Tcheou*.

用 上 *yong-chang* pour **以 上** *i-chang*, étant supérieur. [1]用 [2]上 [3]敬 [4]下 [5]謂 [6]之 [7]尊 [8]賢 [1]*yong*-[2]*chang* quand les supérieurs, [3]*king* respectent, [4]*hia* les inférieurs, [5]*weï*-[6]*tchi* on appelle cela (cela s'appelle), [7]*tsun* respecter, [8]*hien* les sages.

用 下 *yong-hia* pour **以 下** *i-hia*, étant inférieur. [1]用

[2]下 [3]敬 [4]上 [5]謂 [6]之 [7]貴 [8]貴 [1]*yong*-[2]*hia* quand les inférieurs, [3]*king* respectent, [4]*chang* les supérieurs, [5]*weï*-[6]*tchi* on appelle cela (cela s'appelle), [7]*koueï* honorer, [8]*koueï* les hommes honorables. Meng-tseu, chap. *Wan-tchang*, part. II, § 3.

用 是 *yong-chi* pour 是 以 *chi-i*, pour cette raison. *Kou-wen-p'ing-tchou*, liv. II, fol. 12.

CLEF CII.

由 *yeou*, comme. 由 反 手 *yeou-fan-cheou* (c'est facile) comme de retourner la main.

由 — 後 *yeou* — *heou*, après, depuis, avec un ou plusieurs mots insérés entre *yeou* et *heou*. [1]由 [2]百 [3]世 [4]之 [5]後 [1]*yeou*-[2]*pe*-[3]*chi*-[4]*tchi*-[5]*heou* après cent générations. Le mot *tchi* [4]之 qu'on place avant [5]後 [5]*heou* (après), est une particule insignifiante.

由 *yeou*, encore. [1]由 [2]足 [3]爲 [4]善 [1]*yeou*-[2]*tso* il est encore capable, [3]*weï* de faire, [4]*chen* le bien.

由 *yeou*, venir de, dépendre de. [1]爲 [2]仁 [3]由 [4]己 [1]*weï*-[2]*jin* pratiquer l'humanité, [3]*yeou*-[4]*ki* dépend de nous. Lun-yu, chapitre *Yen-youen*, § 1.

由 — 故 *yeou* — *kou*, avec un ou plusieurs mots insérés entre ces deux mots : en raison de. 由 是 義 故 en raison de ce sens, de cette idée, par suite de cette idée.

由 未 *yeou-weï*, pas encore.

[1]由 — [2]以 [3]來 [1]*yeou* — [2]*i*-[3]*laï*, avec un ou plusieurs mots insérés entre [1]*yeou* et [2]*i*-[3]*laï*, depuis, jusqu'à présent. [1]由 [2]周 [3]文 [4]武 [5]以 [6]來 [1]*yeou* depuis, [3]*wen* Wen-wang, [4]*wou* et

Wou-wang, [2]*tcheou* de la dynastie des *Tcheou*, [5]*i*-[6]*laï* jusqu'à présent, [7]七 [8]百 [9]有 [10]餘 [11]歲 [7]*thsi* sept, [8]*pe* cent, [11]*souï* années, [9]*yeou*-[10]*yu* et plus (se sont écoulées).

CLEF CIX.

[1]作 — [2]看 [1]*tso* — [2]*khan*, avec un ou plusieurs mots insérés entre *tso* et [2]*khan*, terme de grammaire : être pris pour, avoir le sens de : [1]此 [2]臣 [3]字 [4]作 [5]任 [6]字 [7]看 [1]*thseu* ce, [3]*tseu* caractère, [2]*tch'in* (vulgo ministre), [4]*tso*—[5]*khan* est pris pour, a le sens de, du, [6]*tseu* caractère, [7]*jin* employer quelqu'un, lui donner une charge (ici, la charge de ministre).

當 — 看 *tang* — *khan*, avec un ou plusieurs mots insérés entre *tang* et *khan*, correspondre à, être équivalent à (terme de grammaire). [1]二 [2]爲 [3]字 [4]當 [5]認 [6]字 [7]看 [1]*eul* les deux, [3]*tseu* caractères, [2]*weï*, [4]*tang* — [7]*khan* équivalent, [6]*tseu* au caractère, [5]*jin reconnaître.*

畢 *pi*, à la fin d'une phrase, signifie ayant fini de, et (cela) étant fini.

[1]舜 [2]服 [3]堯 [4]三 [5]年 [6]畢 [1]*Chun* (l'empereur) Chun, [6]*pi* ayant fini de, [2]*fo* porter le deuil, [3]*Yao* de Yao, [4]*san*-[5]*nien* pendant trois ans.

[1]三 [2]年 [3]之 [4]喪 [5]畢 [4]*sang* le deuil, [3]*tchi* de, [1]*san*-[3]*nien* trois ans, [5]*pi* étant fini. Meng-tseu, chap. *Wan-tch'ang.*

相 *siāng*, au premier ton. 相 若 *siāng-jo*, semblable. En mandchou : adali.

相 *siāng*, à la fin d'une phrase, même sens. [1]金 [2]玉 [3]其 [4]相 [3]*khi* lui, il, [4]*siang* ressemblait, [1]*kin*-[2]*yu* à l'or et au jade. En mandchou : son corps était beau comme l'or et le jade.

相 *siang*, correspondre, [1]舂 [2]不 [3]相 τὸ tundere mutuo

non respondebat (les coups de pilons ne correspondaient pas, c'est-à-dire : ne resonnaient pas en mesure).

相 *siáng*, au troisième ton, aider, regarder.

良相 *liang-siáng*, un excellent ministre.

内相 *nouï-siang*, un eunuque.

皮相 *pi-siáng*, regarder l'extérieur, la surface. En mandchou : oilorgi touwara.

佛相 *fo-siáng*, les signes (caractéristiques) du Bouddha.

CLEF CXX.

[1]終[2]食[3]之[4]間, [1]*tchong*-[2]*chi*-[3]*tchi*-[4]*kien*, synonyme de 須臾 *siu-yu*, pendant un moment, pendant un instant. Mot à mot: dans le temps (nécessaire pour) finir un repas. En mandchou: dcheme wadsire sidende. Lun-yu, chap. *Li-jin*, § 4.

CLEF CXXV.

考 *khao*, examiner. 未有所考 *weï-yeou-so-khao* (expression familière aux commentateurs et aux historiens). Littéralement: (à ce sujet) il n'y a pas encore eu (rien) qu'on ait examiné, c'est un fait qu'on n'a pas encore examiné, c'est-à-dire : qui n'est pas encore établi, prouvé, démontré.

CLEF CXXX.

胡 *hou* variante de 乎 *hou*, marque d'interrogation. [1]胇 [2]爲

[3]胡[4]成 [1]*fo*-[2]*weï* s'il n'agit pas, [3]*hou*-[4]*tch'ing* comment réussira-t-il?

CLEF CXXXII.

[1]自 — [2]外 [1]*tseu-waï,* avec un ou plusieurs mots insérés entre [1]*tseu* et [2]*waï,* en dehors de. 自牆外 *tseu-thsiang-waï,* en dehors du mur.

自 — 外 *tseu — waï*, avec un ou plusieurs mots intercalés entre *tseu* et *waï*, à l'exception de. [1]自[2]載[3]記[4]之[5]外 [1]*tseu*-[5]*waï* à l'exception, [4]*tchi* du, [3]*ki* Li-ki, [2]*taï* de Taï (commenté par Taï, aucun ouvrage n'en a parlé).

[1]自 — [2]以[3]來 [1]*tseu* — [2]*i*-[3]*laï*, avec un ou plusieurs mots intercalés entre [1]*tseu* et [2]*i*-[3]*laï,* depuis, jusqu'à présent. [1]自[2]有[3]生[4]民[5]以[6]來 [1]*tseu* depuis que, [2]*yeou* il y a eu, [3]*seng*-[4]*min* le peuple vivant, [5]*i*-[6]*laï* jusqu'à présent, c'est-à-dire : depuis que le peuple est né.

自用 *tseu-yong,* littéralement: se servir de soi-même, c'est-à-dire : agir suivant son caprice. En mandchou : tchikhai yaboume. Kou-wen-youen-kien, liv. I, fol. 10.

自若 *tseu-yo,* prendre ses aises.

自 (奚) *hi-tseu* (quo ex, pour ex quo loco?) d'où est-il venu? En mandchou : aibitchi dchikhe.

CLEF CXXXIII.

至 *tchi,* sommet, le comble de. [1]爲[2]天[3]子[4]父[5]尊[6]之[7]至[8]也 [1]*weï* être, [4]*fou* le père, [2]*thien*-[3]*tseu* de l'empereur,

海上絲綢之路文獻集成 科技與文化編

[7]*tchi*-[8]*ye* c'est le comble, [6]*tchi* de, [5]*tsun* l'honneur. Meng-tseu, chap. V, part. II, § 4.

CLEF CXXXVIII.

良以 *liang-i* et 良由 *liang-yeou*, c'est surtout parce que, c'est précisément parce que. Si-yu-ki, liv. I, fol. 1. Voyez Exercices pratiques, pages 60, 61.

CLEF CXL.

若 *jo*, si. [1]若 [2]殺 [3]其 [4]父 [5]兄 [1]*jo* si, [2]*cha* il tue, [3]*khi* son, [4]*fou* père, [5]*hiong* (et son) frère aîné.

若 *jo*, de même que. [1]惡 [2]之 [3]若 [4]鬼 [1]*ou*-[2]*tchi* il le hait, [3]*jo* comme (on hait), [4]*koueï* un démon.

若 *jo*, quant à. [1]若 [2]由 [3]也 [4]不 [5]得 [6]其 [7]死 [8]然 [1]*jo* quant à, [2]*Yeou* (nom d'homme), [3]*ye* particule auxiliaire, [4]*pou*-[5]*te* il n'obtiendra pas, [6]*khi*-[7]*sse* sa mort, [8]*jen* particule finale (il ne mourra pas d'une mort naturelle, de sa belle mort).

若人 *jo-jin*, un tel homme. En mandchou: cet homme, tere niyalma. James Legge: such a man. Lun-yu, chap. Kong-ye, § 2.

若然 *jo-jen*, synonyme de 若是 *jo-chi*, de cette façon. (*Kia-p'ao*.) [1]若 [2]然 [3]弟 [4]子 [5]之 [6]惑 [7]滋 [8]甚 [1]*jo*-[2]*jen* de cette façon, [6]*hoe* les doutes, [5]*tchi* de, [3]*ti*-[4]*tseu* (votre) disciple, [7]*tse*-[8]*chin* s'augmentent, ne font que s'augmenter.

不若 *pou-jo*, 莫若 *mo-jo*, 豈若 *ki-jo*, ces trois locutions signifient également : *il vaut mieux*.

苟爲 *keou-weï*, si. [1]苟 [2]爲 [3]後 [4]義 [5]而 [6]先 [7]利 [1]*keou*-[2]*weï* si, [3]*heou* ils placent-après, [4]*i* la justice, [5]*eul* et, [6]*sien*

19

海上絲綢之路文獻集成 科技與文化編

s'ils mettent-avant, 7*li* le profit (s'ils mettent le profit, leur intérêt avant la justice). Meng-tseu, chap. I, part. I, § 1.

莫 *mo*, non, rien. 1莫 2大 3於 4孝 1*mo* rien, 2*ta* est grand (n'est grand), 3*yu* par-dessus, 4*hiao* la piété filiale, rien n'est plus grand que la piété filiale.

莫 *mo*, personne. 君仁莫不仁 *kiun-jin-mo-pou-jin* quand le prince est humain, il n'y a personne qui soit inhumain.

莫如 *mo-jou*, rien n'est comme, c'est-à-dire : il vaut mieux. 1莫 2如 3貴 4德 5而 6尊 7士 1*mo*-2*jou*, il vaut mieux, 3*kouei*-4*te* honorer la vertu, 5*eul* et, 6*tsun* respecter, 7*sse* les lettrés. Meng-tseu, liv. II, part. I, § 4.

莫若 *mo-jo*, synonyme de 莫如 *mo-jou*, il vaut mieux.

Quelquefois 莫如 *mo-jou* signifie : rien n'égale, rien n'est comparable à. 1朝 2廷 3莫 4如 5爵。6鄉 7黨 8莫 9如 10齒 1*tch'ao*-2*t'ing* à la cour, 3*mo*-4*jou* rien n'est comparable à, au, 5*tsio* rang, à la noblesse du rang ; 6*hiang*-7*thang* dans les villages, 8*mo*-9*jou* rien n'est comparable à, 10*tch'i* l'âge, c'est-à-dire : à la cour, les personnes de haut rang occupent la première place, mais au village, ce sont les vieillards qui l'obtiennent. Meng-tseu, chap. II, part. II, § 6.

Dans le Lun-yu, chap. *Chou-eul*, § 32, on trouve un passage où 莫 *mo* a le sens de 或 *hoe*, peut-être, en mandchou : *aintchi*. 1子 2曰 3文 4莫 5吾 6猶 7人 1*tseu*-2*youe* Confucius dit : 3*wen* en fait de littérature, 4*mo* peut-être que, 5*ngou* je (suis), 6*yeou* comme, 7*jin* les (autres) hommes. James Legge : The Master said : in letters, I am perhaps equal to other men. En mandchou : chou, aintchi bi niyalmai adali dere.

莫 *mo* est quelquefois un signe prohibitif, répondant à 勿 *wou*, noli. (Voyez Khang-hi.)

CLEF CLI.

豈徒—又 *k'i-tou — yeou*, pour 不徒—又 *pou-tou — yeou*, non-seulement, mais encore. Meng-tseu, liv. II, chapitre II, § 9.

豈得 *k'i-te* pour 不得 *pou-te.* [1]豈[2]得[3]暴[4]彼[5]民 [1]*k'i-*[2]*te* est-ce qu'il aurait pu, [3]*p'ao* opprimer, [4]*pi-*[5]*min* ce peuple? Meng-tseu, chap. 5, part. II, § 3.

豈必 *khi-pi* pour 不必 *pou-pi*, il n'est pas nécessaire de. 豈必如此 *khi-pi-jou-thseu* était-il nécessaire (d'agir) ainsi, c'est-à dire : il n'était pas nécessaire, etc.

豈惟 *khi-weï* pour 不惟 *pou-weï*, non-seulement.

豈有 *khi-yeou*, pour 不有 *pou-yeou*, il n'y a pas. 豈有他哉 *khi-yeou-tha-tsaï* est-ce qu'il y a une autre (cause), *tsaï* signe d'interrogation.

豈能 *khi-neng*, est-ce qu'il peut? pour 不能 *pou-neng*, il ne peut. [1]豈[2]能[3]獨[4]樂 [1]*khi-*[2]*neng* pourrait-il, [3]*to-*[4]*lo* se réjouir seul? Meng-tseu, chap. I, part. I, § 2.

豈若 *khi-jo*, est-ce que c'est comme, pour 不若 *pou-jo* (pas comme) il vaut mieux. [1]我[2]豈[3]若[4]處[5]畎[6]畝[7]之[8]中 [2]*khi* est-ce que c'est, [3]*jo* comme (si), [1]*ngo* je, [4]*tch'ou* demeurais, [8]*tchong* au milieu, [7]*tchi* des, [5]*khiouen* canaux (d'irrigation), [6]*meou* (et des) champs? C'est-à-dire : il vaut mieux que je demeure au milieu des..., etc.

CLEF CLX.

辟如 *pi-jou* et 辟若 *pi-jo*, comme, semblable à. [1]有[2]爲[3]者[4]辟[5]若[6]掘[7]井 [3]*tche* celui qui, [1]*yeou-*[2]*weï* agit avec ardeur, [4]*pi*-[5]*jo* (est) comme, [6]*kioue* celui qui creuse, [7]*tsing* un puits. Meng-tseu, chap. VII, part. I, § 29.

CLEF CLXI.

辱 *jo*, déshonneur, déshonorer, se déshonorer. Les Chinois, par excès d'humilité, emploient ce mot avec un autre signifiant *aller vers*, par exemple le mot 臨 *lin*, dans le sens de „faire à quelqu'un l'honneur de venir le voir". Quelquefois, comme dans l'exemple suivant, ils expriment la même idée par le seul mot 辱 *jo*. [1]子 [2]以 [3]君 [4]命 [5]辱 [6]於 [7]敝 [8]邑 [1]*tseu* (si) vous, [2]*i* par, [4]*ming* l'ordre, [3]*kiun* du prince, [5]*jo* me faites l'honneur de venir, [6]*yu* dans, [7]*pi*-[8]*i* mon humble ville. *Tso-chi-kiu-kiaï*, liv. V, fol. 4.

Dans d'autres cas où il n'est pas question de visiter quelqu'un, 辱 *jo* s'emploie dans le sens de „faire à quelqu'un l'honneur de". [1]辱 [2]收 [3]寡 [4]君。[5]寡 [6]君 [7]之 [8]願 [9]也。[1]*jo* (si) vous me faites l'honneur, [2]*cheou* de conserver, [3]*koua*-[4]*kiun* le prince de peu de vertu (moi), [8]*youen*-[9]*ye* c'est le désir, le vœu, [7]*tchi* du, [5]*koua*-[6]*kiun* prince de peu de vertu (de moi).

Les mots [3]*koua*-[4]*kiun* sont une expression humble dont se servaient les *tchou-hou* 諸侯, princes feudataires, au lieu de 我 *ngo*, moi.

CLEF CLXII.

通 *thong*, pour 通用 *thong-yong* (terme de grammaire), s'employer l'un pour l'autre. [1]否 [2]不 [3]通 les mots [1]*feou* et [2]*pou*, [3]*thong* s'emploient l'un pour l'autre.

海上絲綢之路文獻集成 科技與文化編

CLEF CLXIX.

閒 (為) *weï-kién*, au bout d'un moment. Meng-tseu, chapitre III, part. I, § 5.

閒 (入) *ji-kién*, entrer *incognito*. Kou-wen-youen-kien, liv. 8, fol. 33.

閒於 *kién-yu*, être situé entre. 閒於齊楚 *kién-yu-thsi-thsou* (mon royaume) est situé-entre les royaumes de Thsi et de Thsou. Meng-tseu, chap. I, part. II, § 13.

閒於 (無) *wou-kién-yu*, synonyme de 無異於 *wou-i-yu* ne pas différer de. Lun-yu, chap. *Sien-thsin*, § 4.

CLEF CLXXII.

雖然 *souï-yen*, synonyme de 雖是如此 *souï-chi-jou-thseu* quoiqu'il en soit ainsi (*Kia-p'ao*).

難乎 *nan-hou*, il est difficile de. [1]難 [2]乎 [3]免 [4]於 [5]今 [6]之 [7]世 [8]矣 [1]*nan*-[2]*hou* il est difficile de, [3]*mien* échapper (à la haine des hommes), [4]*yu* dans, [7]*chi* le siècle, [5]*kin*-[6]*chi* de maintenant (dans le siècle présent), [8]*i* particule finale. Lun-yu, chapitre *Yong-ye*, § 14.

FABLES,

LÉGENDES ET APOLOGUES INDIENS

TRADUITS DU

SANSCRIT EN CHINOIS

ET EXPLIQUÉS MOT A MOT

POUR SERVIR A L'INTELLIGENCE ET A LA TRADUCTION DU

KOU-WEN OU STYLE ANCIEN

I.

Les deux Oies et la Tortue.

[1]水 [2]邊 [3]有 [4]二 [5]鴈 [6]與 [7]一 [8]龜 [9]共 [10]結 [11]親 [12]友。 [1]*chouï* eau, [2]*pien* bord (au bord de l'eau), [3]*yeou* il y avait, [4]*eul* deux, [5]*yen* oies, [6]*yu* avec, [7]*i* une, [8]*koueï* tortue, [9]*kong* ensemble (toutes deux), [10]*kie* elles lièrent, [11]*thsin*-[12]*yeou* amitié.
[1]後 [2]時 [3]池 [4]水 [5]涸 [6]竭。 [7]二 [8]鴈 [9]作 [10]是 [11]議 [12]言。 [1]*heou*, postérieur, [2]*chi* temps (quelque temps après), [3]*tch'i* de l'étang, [4]*chouï* l'eau, [5]*ho* se tarit, [6]*kie* [1] et s'épuisa. [7]*Eul* les deux, [8]*yen* oies, [9]*tso* firent, [10]*chi* cette, [11]*i* consultation, [12]*yen* et dirent.
[1]今 [2]此 [3]池 [4]水 [5]涸 [6]竭。 [7]親 [8]友 [9]必 [10]受 [11]大 [12]苦 [1]*kin* maintenant, [4]*chouï* l'eau, [2]*thseu* de cet, [3]*tch'i* étang, [5]*ho* s'est desséchée, [6]*kie* et est épuisée. [7]*Thsin*-[8]*yeou* l'amie, notre amie, [9]*pi* nécessairement, [10]*cheou* recevra, éprouvera, [11]*ta* de grandes, [12]*khou* douleurs.

Le mot [9]*pi* est souvent une marque du futur (syntaxe, pag. 62). L'expression *thsin-yeou* de la première phrase, étant le régime du verbe [10]*kie* (jungere), signifie *amitié*; mais ici, où elle est le

1) Le mot [6]*kie* est un verbe actif qui signifie *épuiser*, lorsqu'il est suivi d'un régime, par exemple: [6]*kie*-[4]*chouï*, épuiser l'eau. Ici le mot [6]*kie*, étant précédé du sujet [4]*chouï*, devient passif par position; [4]*chouï*-[6]*kie* l'eau est épuisée, fut épuisée.

海上絲綢之路文獻集成 科技與文化編

sujet du verbe, [10]*cheou* recevoir, éprouver, il est évident qu'elle doit se rendre par *ami, amie*.

[1]議[2]已[3]語[4]龜[5]言。[1]*i* la délibération, [2]*i* étant finie, [3]*yu* elles parlèrent, [4]*koueï* à la tortue, [5]*yen* (et lui) dirent[1].

[1]此[2]池[3]水[4]涸[5]竭。[6]汝[7]無[8]濟[9]理。[10]可[11]啣[12]一[13]木。[14]我[15]等[16]各[17]啣[18]一[19]頭。[20]將[21]汝[22]著[23]大[24]水[25]處。[3]*chouï* l'eau, [1]*thseu* de cet, [2]*tch'i* étang, [4]*ho* est tarie, [5]*kie* et est épuisée. [6]*Jou* vous, [7]*wou* n'avez pas, [9]*li* de moyen, [8]*tsi* de réussir, c'est-à-dire de subsister, subvenir à vos besoins, [10]*kho* il convient de, il faut, [11]*han* tenir dans votre bec, [12]*i*-[13]*mo* un morceau de bois, un bâton, [14]*ngo*-[15]*teng* nous, [16]*ko* chacune, [17]*han* prendrons dans notre bec, [18]*i*-[19]*theou* une tête, un bout, [20]*tsiang* prenant (marque d'accusatif), [21]*jou* vous, vous prenant, [22]*tcho* nous vous placerons, [25]*tch'ou* dans un lieu, [23]*ta* de grande, [24]*chouï* eau, où il y ait beaucoup d'eau.

[1]啣[2]木[3]之[4]時[5]愼[6]不[7]可[8]語。[4]*chi* temps (dans le temps où, pendant que), [1]*han* vous tiendrez dans le bec, [2]*mo* le bois, le bâton, [3]*tchi* particule explétive, [5]*chin* faites attention, [6]*pou*-[7]*kho* vous ne devez pas, il ne faut pas, [8]*yu* parler.

[1]卽[2]便[3]啣[4]之[5]經[6]過[7]聚[8]落。[1]*tsi* aussitôt, [2]*pien* alors, [3]*han*-[4]*tchi* elles la portèrent-avec-leur-bec; [5]*king*-[6]*kouo* et passèrent, (par dessus) [7]*tsiu*-[8]*lo* des villages.

[1]小[2]兒[3]見[4]皆[5]言。[6]鴈[7]啣[8]龜[9]去。[10]鴈[11]啣[12]龜[13]去。[1]*siao-eul* des petits garçons, [3]*kien* l'ayant vue, [4]*kiaï* tous, [5]*yen* dirent: [6]*yen* des oies, [7]*han* portant-avec-le-bec, [8]*koueï* une tortue, [9]*khiu* s'en vont; [10]*yen* des oies, [11]*han* portant-avec-le-bec, [12]*koueï* une tortue, [13]*khiu* s'en vont.

[1]龜[2]卽[3]瞋[4]言。[5]何[6]預[7]汝[8]事。[9]卽[10]失[11]木[12]墮[13]地[14]而[15]死。[1]*koueï* la tortue, [2]*tsi* aussitôt, [3]*tch'in* se

1) Le mot [1]*i*, étant précédé d'un sujet dans la seconde phrase, signifiait verbalement: *elles délibérèrent;* ici, le même mot, commençant la phrase, signifie nécessairement *délibération*. Le mot [2]*i* finir, terminer, devient ici, par position, le verbe passif *être fini*.

mit en colère, [4]*yen* et dit: [5]*ho* est-ce que (cela), [6]*yu* touche, regarde, [8]*sse* les affaires, [7]*jou* de vous (ẹst-ce que cela vous regarde)? [9]*tsi* aussitôt, *chi* elle perdit, lâcha, [11]*mo* le bois, le bâton; [12]*to* elle tomba, [13]*ti* à terre, [14]*eul* et, [15]*sse* mourut.

II.

L'Ane et les Bœufs.

[1]羣[2]牛[3]志[4]性[5]調[6]良[7]所[8]至[9]到[10]處。[11]擇[12]軟[13]草[14]食[15]飲[16]清[17]涼[18]水。[1]*kiun* de nombreux, [2]*nieou* bœufs, [3]*tchi*-[4]*sing* (dont) le naturel, [5]*t'iao* était-pacifique, [6]*liang* et était doux, [10]*tch'ou* dans les lieux, [7]*so* auxquels (où), [8]*tchi*-[9]*tao* ils arrivaient, [11]*t'se* ils choisissaient, [13]*ts'ao* des herbes, [12]*juen* tendres, [13]*chi* et les mangeaient; [15]*in* ils buvaient, [18]*chouï* de l'eau, [16]*thsing* pure, [17]*liang* et fraîche.

[1]時[2]有[3]一[4]驢[5]便[6]作[7]是[8]念。[9]我[10]今[11]亦[12]可[13]斅[14]彼[15]牛[16]擇[17]軟[18]草[19]食[20]飲[21]清[22]涼[23]水。[1]*chi* temps (dans ce temps-là), [2]*yeou* il y avait, [3]*i* un, [4]*liu* âne; [5]*pien* alors, [6]*tso* il forma, [7]*chi* cette, [8]*nien* pensée : [9]*ngo* moi, [10]*kin* à présent ,[11]*i* aussi, [12]*kho* je puis, [13]*hiao* imiter, [14]*pi* ces, [15]*nieou* bœufs. La suite comme ci-dessus : choisir des herbes tendres et les manger, et boire de l'eau fraîche et pure.

[1]時[2]彼[3]驢[4]入[5]羣[6]牛[7]中。[8]前[9]脚[10]跑[11]土[12]觸[13]嬈[14]彼[15]羣[16]牛。[1]*chi* alors, [2]*pi* cet, [3]*liu* âne, [4]*ji* entra, [7]*tchong* au milieu, [5]*kiun* des nombreux, [6]*nieou* bœufs, [9]*kio* avec ses pieds, [8]*thsien* antérieurs, [10]*p'ao* il creusa, [11]*thou* la terre, [12]*tcho* et *atteignit* (littéralement attaqua), [13]*jao* et troubla, [14]*pi* ces, [15]*kiun* nombreux, [16]*nieou* bœufs.

[1]亦[2]斅[3]羣[4]牛[5]鳴[6]吼。[7]然[8]不[9]能[10]改[11]其[12]聲。[13]彼[14]羣[15]牛[16]以[17]角[18]觝[19]殺[20]而[21]捨[22]之[23]去。[1]*i* aussi (il voulut), [2]*hiao* imiter, [5]*ming* le cri,

[6]*heou* et le mugissement, [3]*kiun* des nombreux, [4]*nieou* bœufs; [7]*jen* mais, [8]*pou*-[9]*neng* il ne put, [18]*kaï* changer, [11]*khi*-[12]*ching* sa voix. [13]*Pi* ces, [14]*kiun* nombreux, [15]*nieou* bœufs, [16]*i* avec, [17]*kio* leurs cornes, [18]*ti* l'attaquèrent, [19]*cha* le tuèrent, [20]*eul* et, [21]*che*-[22]*tchi* l'abandonnant, [23]*khiu* s'éloignèrent.

Les mots [5]*t'iao* et [8]*liang* de la première phrase sont des verbes neutres par position. Le mot [1]*chi* de la deuxième phrase signifie „dans ce temps là", „dans ce moment", parce qu'il se trouve au commencement; s'il se trouvait à la fin d'un membre de phrase, il devrait être traduit par „dans le temps où, quand".

Dans la troisième phrase, le mot [9]*kio* pieds, placé avant [10]*p'ao*, est au cas instrumental: *avec* ses pieds antérieurs, il creusa la terre (Basile, n° 10,655), ou d'après le dict. *P'in-tseu-thsien*, il *gratta* (p'a, Basile 5591) la terre.

III.

Le Perroquet devenu Roi.

[1]雪 [2]山 [3]根 [4]底 [5]有 [6]向 [7]陽 [8]處。[9]衆 [10]鳥 [11]雲 [12]集。[13]便 [14]共 [15]議 [16]言。[3]*ken*-[4]*ti* au pied, au bas, [1]*sioue*-[2]*chan* des montagnes neigeuses, [5]*yeou* il y avait, [8]*tch'ou* un lieu, un endroit, [6]*hiang* vers, [7]*yang* le soleil (exposé au midi), [9]*tchong* de nombreux, [10]*niao* oiseaux, [11]*yun* comme des nuages, en foule, [12]*tsi* s'y rassemblèrent, [13]*pien* et alors, [14]*kong* ensemble, [15]*i* délibérant, ayant délibéré, [16]*yen* dirent.

[1]我 [2]等 [3]今 [4]日 [5]當 [6]推 [7]舉 [8]一 [9]鳥 [10]爲 [11]王。[12]令 [13]衆 [14]鳥 [15]畏 [16]難 [17]不 [18]作 [19]非 [20]法。[1]*ngo*-[2]*teng* nous, [3]*kin*-[4]*ji* aujourd'hui, [5]*tang* devons, [6]*tch'oui* [7]*kiu* mettre en avant (choisir et présenter), [8]*i* un, [9]*niao* oiseau, [10]*weï* (pour) être, [11]*wang* roi. [12]*Ling* il fera en sorte que, [13]*tchong*-[14]*niao* les oiseaux, [15]*weï* craignent, [16]*nan* les douleurs (les peines), [17]*pou*-[18]*tso* et ne fassent pas, [19]*feï*-[20]*fa* (des choses) contraires aux lois.

海上絲綢之路文獻集成 科技與文化编

[1]眾 [2]鳥 [3]議 [4]言 [5]善。[6]誰 [7]應 [8]爲 [9]王。[10]有 [11]一 [12]鳥 [13]言 [14]當 [15]推 [16]鶬 [17]鴰。[1]*tchong*-[2]*niao* les oiseaux, [3]*i* ayant délibéré, [4]*yen* dirent, [5]*chen* c'est bien (approuvé), [6]*chouï* qui est-ce qui, [7]*ing* doit, [8]*weï* être, [9]*wang* roi? [10]*yeou* il y eut, [11]*i*-[12]*niao* un oiseau, [13]*yen* qui dit: [14]*tang* il faut, [45]*t'ch'ouï* choisir, présenter, [16]*thsang*-[17]*ho* la grue.

[1]有 [2]一 [3]鳥 [4]言 [5]此 [6]事 [7]不 [8]可。[9]何 [10]以 [11]故。[12]高 [13]脚 [14]長 [15]頸。[16]眾 [17]鳥 [18]誤 [19]犯。[20]啄 [21]我 [22]等 [23]腦。[24]眾 [25]咸 [26]言 [27]爾。[1]*yeou* il y eut, [2]*i*-[3]*niao* un oiseau, [4]*yen* (qui dit), [4]*thseu* cette, [5]*sse* affaire, cela, [6]*pou*-[7]*kho* ne convient pas, [9]*i*-[8]*ho* par quelle, pour quelle, [10]*kou* cause (pourquoi, pour quelle raison)? [11]*hao-kio* (il a) de hautes jambes, [13]*tch'ang*-[14]*ling* et un long col, [15]*tchong*-[16]*niao* si les oiseaux, [17]*ou* par erreur, par mégarde, [18]*fan* commettent une faute, [19]*tcho* il attaquera-à-coups-de bec, [22]*nao* la cervelle, [21]*ngo*-[20]*teng* de nous, notre cervelle. [23]*tchong* tous, [24]*hien* ensemble, [25]*yen* dirent, [26]*eul* cela est ainsi, c'est vrai.

[1]復 [2]有 [3]一 [4]鳥 [5]言。[6]當 [7]推 [8]鵝 [9]爲 [10]王。[11]其 [12]色 [13]絕 [14]白。[15]眾 [16]鳥 [17]所 [18]敬 [19]眾 [20]鳥 [21]復 [22]言。[23]此 [24]亦 [25]不 [26]可。[27]顏 [28]貌 [29]雖 [30]白。[31]項 [32]長 [33]且 [34]曲。[35]自 [36]項 [37]不 [38]直。[39]安 [40]能 [41]正 [42]他。[43]是 [44]故 [45]不 [46]可。[1]*feou* de nouveau, [2]*yeou* [3]*i*-[4]*niao* un oiseau, [5]*yen* qui dit: [6]*tang* il faut, [7]*tch'ouï* choisir, [8]*ngo* l'oie, [9]*weï* (pour) être, [10]*wang* roi. [11]*khi*-[12]*se* sa couleur, [13]*tsioue* extrêmement, [14]*pe* est-blanche, est extrêmement blanche. (C'est lui) [17]*so* que, [15]*tchong*-[16]*niao* les oiseaux, [18]*king* respectent ou respecteront. [19]*tchong*-[20]*niao* les oiseaux, [21]*feou* de nouveau, [22]*yen* dirent : [23]*thseu* cela, [24]*i* aussi, [25]*pou*-[26]*kho* ne convient pas. [29]*souï* quoique, [27]*yen*-[28]*mao* sa figure extérieure, [30]*pe* soit blanche, [31]*hiang* son col, [32]*tch'ang* est-long, [33]*thsie* et, [34]*khio* courbé. [35]*tseu*-[35]*hiang* son propre col, [37]*pou*-[38]*tchi* n'étant pas droit, [39]*ngan* comment, [40]*neng* pourra-t-il, [41]*tching* redresser, [42]*tha* les autres? [43]*chi*-[44]*kou* c'est cause (c'est pourquoi), [45]*pou*-[46]*kho* (cela) ne convient pas.

[1]又 [2]復 [3]眾 [4]言。[5]正 [6]有 [7]孔 [8]雀 [9]衣 [10]毛

[11]采 [12]飾 [13]觀 [14]者 [15]悅 [16]目。[17]可 [18]應 [19]爲 [20]王。[1]*yeou* encore, [2]*feou* de nouveau, [3]*tchong* tous, [4]*yen* dirent: [5]*tching* justement, [6]*yeou* il y a, [7]*khong*-[8]*tsio* le paon, [9]*i*-[10]*mao* les plumes de son vêtement, les plumes dont il est vêtu, couvert, [12]*chi* sont ornées, [11]*tsaï* de (diverses) couleurs. [13]*kouan*-[14]*tche* ceux qui le regardent, [15]*youe*-[16]*mo* réjouissent leurs yeux, ont les yeux réjouis, charmés. [17]*kho*-[18]*ing* il doit, [19]*weï* être, [20]*wang* roi.

(On lit dans le Li-ki : les barbares du nord se vêtissent [9]*i* de plumes, c'est-à-dire de peaux d'oiseaux garnies de leurs plumes.)

[1]復 [2]言 [3]不 [4]可。[5]所 [6]以 [7]者 [8]何。[9]衣 [10]毛 [11]雖 [12]好。[13]而 [14]無 [15]慚 [16]愧。[17]每 [18]至 [19]舞 [20]時 [21]醜 [22]形 [23]出 [24]見。[25]是 [26]故 [27]不 [28]可。[1]*feou* de nouveau (un autre oiseau), [2]*yen* dit : [3]*pou*-[4]*kho* (cela) ne convient pas. [5]*so*-[7]*tche* ce que, [6]*i* par, [8]*ho* quoi? par ce que, quoi? c'est-à-dire : pour quelle raison? [11]*soui* quoique, [9]*i*-[10]*mao* les plumes de son vêtement, dont il est vêtu, couvert, [12]*hao* soient belles, [13]*eul* cependant, [14]*wou* il n'a pas, [15]*thsan*-[16]*koueï* de honte, [17]*meï* chaque fois que, [18]*tchi* il est arrivé, [20]*chi* au moment, [19]*wou* de danser (de faire la roue), [22]*hing* sa forme, [21]*tch'eou* laide, [23]*tch'ou* sort, [24]*hien* et paraît. [25]*chi*-[26]*kou* c'est pourquoi, voilà pourquoi, [27]*pou*-[28]*kho* (cela ne) convient pas.

[1]有 [2]一 [3]鳥 [4]言。[5]推 [6]土 [7]梟 [8]爲 [9]王。[10]所 [11]以 [12]者 [13]何。[14]晝 [15]則 [16]安 [17]靜。[18]夜 [19]則 [20]伺 [21]守。[22]能 [23]護 [24]我 [25]等。[26]堪 [27]爲 [28]王 [29]者。[1]*yeou* il y eut, [2]*i*-[3]*niao* un oiseau, [4]*yen* (qui) dit: [5]*tch'ouï* choisissons, [6]*thou*-[7]*hiao* le hibou, [8]*weï* (pour) être, [9]*wang* roi. [10]*so*-[12]*tche* ce que, [11]*i* par, [13]*ho* quoi? par ce que, quoi? c'est-à-dire pour quelle raison? [14]*tcheou* le jour, pendant le jour, [15]*tse* alors, [16]*ngan*-[17]*tsing* il reste en repos; [18]*ye* la nuit, [19]*tse* alors, [20]*sse* il fera le guet, [21]*cheou* (et nous) gardera; [22]*neng* il pourra, [23]*hou* protéger, [24]*ngo*-[25]*teng* nous (nous protéger); [26]*khan* il peut, [27]*weï* être, [28]*wang*-[29]*tche* le roi.

[1]衆 [2]咸 [3]可 [4]爾。[1]*tchong* tous, [2]*hien* ensemble (dirent), [3]*kho* c'est possible, cela convient, [4]*eul* ainsi.

海上絲綢之路文獻集成 科技與文化編

[1]有[2]一[3]鸚[4]鵡[5]在[6]一[7]處[8]往[9]而[10]多[11]智[12]慧。[13]作[14]是[15]念[16]言。[1]*yeou* il y avait, [2]*i* un, [3]*ing*-[4]*wou* perroquet, [5]*tsaï* (qui) était-dans, [6]*i*-[7]*tch'ou* un endroit, [8]*tchou* (et y) restait; [9]*eul* et, [10]*to* il avait-beaucoup, [11]*tchi* de prudence, [12]*hoeï* et d'intelligence.

[1]作[2]是[3]念[4]言。[5]衆[6]鳥[7]之[8]法。[9]夜[10]應[11]眠[12]息。[13]晝[14]則[15]求[16]食。[17]是[18]土[19]梟[20]法[21]夜[22]寤。[23]晝[24]則[25]多[26]睡[27]而[28]衆[29]鳥[30]圍[31]侍[32]左[33]右[34]晝[35]夜[36]驚[37]宿[38]不[39]復[40]眠[41]睡。[42]甚[43]爲[44]苦[45]事。[1]*tso* il forma, [2]*chi*-[3]*nien* cette pensée, [4]*yen* et dit: (Telle est) [8]*fa* la règle (l'habitude), [7]*tchi* des, [5]*tchong* nombreux, [6]*niao* oiseaux: [9]*ye* la nuit, [10]*ing* ils doivent, [11]*mien* dormir, [12]*si* et se reposer; [13]*tcheou* (mais) le jour, [14]*tse* alors, [15]*khieou* ils cherchent, [16]*chi* leur nourriture. [20]*fa* la règle (l'habitude), [17]*chi* de ce, [18]*thou*-[19]*hiao* hibou, (est de) [21]*ye* la nuit, [22]*ou* veiller; [23]*tcheou* le jour, [24]*tse* alors, [25]*to* beaucoup, [26]*chouï* dormir, [27]*eul* et, [28]*tchong*-[29]*niao*, [30]*weï* l'entourant, [31]*chi* se tenant près de lui, [32]*tso* à gauche, [33]*yeou* à droite, [34]*tcheou* le jour, [35]*ye* et la nuit, [36]*king* alarmés, effrayés, [37]*so* demeureront; et [39]*feou* de nouveau, [38]*pou* ne pas, [40]*mien*-[41]*chouï* dormiront (ne dormiront plus). [43]*weï* c'est, ce sera, [45]*sse* une chose, [42]*chin* extrêmement, [44]*khou* pénible.

[1]我[2]今[3]設[4]語[5]彼[6]當[7]瞋[8]恚。[9]拔[10]我[11]毛[12]羽。[13]正[14]欲[15]不[16]言。[17]衆[18]鳥[19]之[20]類。[21]長[22]夜[23]受[24]困。[25]寧[26]受[27]拔[28]毛[29]不[30]越[31]正[32]理。[1]*ngo* (si je), [2]*kin* si aujourd'hui, [3]*che*-[4]*yu* je lui propose un discours, si je prends la liberté de lui adresser des paroles, des observations, [5]*pi* celui-là, [6]*tang* devra, [7]*tch'in*-[8]*koueï* se mettre en colère (il se mettra infailliblement en colère). [9]*p'a* il arrachera, [10]*ngo* de moi, [11]*mao*-[12]*yu* les plumes; [13]*tching* justement, [14]*yo* si je veux, [15]*pou*-[16]*yen* ne pas parler, [20]*louï* l'espèce, [19]*tchi* des, [17]*tchong*-[18]*niao* oiseaux, [21]*tch'ang*-[22]*ye* (pendant) les longues nuits, [23]*cheou* recevront, éprouveront, [24]*khouen* des tourments, [25]*ning* aimez-vous-mieux, [26]*cheou* endurer, [27]*p'a* arracher, [28]*mao*

les plumes (aimez-vous mieux souffrir qu'on vous arrache les plumes), [29]*pou*-[30]*youe* et ne pas enfreindre, [31]*tching*-[32]*li* la droite raison (que d'enfreindre la droite raison)?

[1]便[2]到[3]衆[4]鳥[5]前[6]舉[7]翅[8]恭[9]敬[10]白[11]衆[12]鳥[13]言。[1]*pien* alors, [2]*tao* il arriva, [5]*thsien* en face, [3]*tchong*-[4]*niao* des oiseaux, [6]*kiu*-[7]*tch'i* il éleva ses ailes, et [8]*kong*-[9]*king* avec respect, [10]*pe* il parla, [11]*tchong*-[12]*niao* aux oiseaux, [13]*yen* et leur dit.

[1]願[2]聽[3]我[4]說[5]如[6]前[7]意[8]見。[1]*youen* je désire, [2]*t'ing* que vous écoutiez, [7]*i*-[8]*kien* les idées et les vues (que), [3]*ngo* je, [4]*choue* ai exprimées, [5]*jou*-[6]*thsien* ci-devant (tout à l'heure.)

[1]爾[2]時[3]衆[4]鳥[5]卽[6]說[7]偈[8]答。[9]黠[10]慧[11]廣[12]知[13]義。[14]不[15]必[16]以[17]年[18]耆。[19]汝[20]年[21]雖[22]幼[23]小。[24]智[25]者[26]宜[27]時[28]說。[1]*eul*-[2]*chi* dans ce moment, [3]*tchong*-[4]*niao* les oiseaux, [5]*tsi* aussitôt, [6]*tchoue* dirent, [7]*kie* un *gâthâ* (une stance en vers), [8]*ta* et répondirent: [9]*kie*-[10]*hoeï* (un être) intelligent, [12]*tchi* connaît, [11]*kouang* grandement, [13]*i* la justice, ce qui est convenable, conforme à la raison. [14]*pou*-[15]*pi* il n'est pas nécessaire, [16]*i* d'employer, d'avoir, [17]*nien*-[18]*khi* un vieillard, [19]*jou* vous, [20]*nien* du côté des années, par les années, [21]*souï* quoique, [22]*yeou*-[23]*siao* vous soyez jeune et petit, [24]*tchi*-[25]*tche* l'être prudent, [28]*choue* a parlé, [26]*i* en se mettant d'accord avec, [27]*chi* le temps, les circonstances (c'est-à-dire: ce que vous venez de dire est d'accord avec les besoins de ce moment).

[1]爾[2]時[3]鸚[4]鵡[5]聞[6]衆[7]鳥[8]說。[9]卽[10]說[11]偈[12]言。[1]*eul*-[2]*chi* dans ce moment, [3]*ing*-[4]*wou* le perroquet, [5]*wen* entendant, ayant entendu, [6]*tchong*-[7]*niao* les oiseaux, [8]*choue* parler (ainsi), [9]*tsi* sur-le-champ, [10]*choue* prononça, [11]*kie* un *gâthâ* (une stance en vers), [12]*yen* et dit:

[1]若[2]從[3]我[4]意[5]者。[6]不[7]用[8]土[9]梟[10]王。[11]歡[12]喜[13]時。[14]覩[15]面[16]常[17]令[18]衆[19]鳥[20]怖。[21]况[22]復[23]瞋[24]恚[25]時。[26]其[27]面[28]不[29]可[30]觀。[1]*jo* si, [2]*thsong* vous suivez, [3]*ngo* de moi, [4]*i*-[5]*tche* l'idée, les idées (c'est-à-dire les idées que j'ai émises), [6]*pou*-[7]*yong* vous n'emploierez pas,

[8]*thou*-[9]*hiao* le hibou, [10]*wang* comme roi, vous ne prendrez pas le hibou pour roi; [13]*chi* dans le temps où, quand, [11]*houan*-[12]*i* il sera joyeux, [14]*tou* si l'on regarde, [15]*mien* sa figure, [16]*tch'ang* constamment, [17]*ling* il fera que, [18]*tchong*-[19]*niao* les oiseaux, [20]*pou* aient peur (il effraiera les oiseaux). [21]*hoang* à plus forte raison, [25]*chi* dans le temps où, quand, [22]*feou*, de nouveau, [23]*tch'in*-[24]*hoeï* il se mettra en colère, [26]*khi*-[27]*mien* sa figure, [28]*pou*-[29]*kho* ne pourra, [30]*kouan* être regardée, on ne pourra regarder sa figure.

[1]時[2]衆[3]鳥[4]咸[5]言[6]實[7]如[8]所[9]說。[1]*chi* alors, [2]*tchong*-[3]*niao* les oiseaux, [4]*hien* tous, [5]*yen* dirent: [6]*chi* (c'est) vrai, [7]*jou* comme, [8]*so* ce que, [9]*choue* dites (ce que vous dites, ce que vous avez dit est vrai).

[1]卽[2]共[3]集[4]議。[5]此[6]鸚[7]鵡[8]聰[9]明[10]黠[11]慧。[12]堪[13]應[14]爲[15]王。[16]使[17]拜[18]爲[19]王。[1]*tsi* aussitôt, [2]*kong* ensemble, [3]*tsi* réunis, [4]*i* ils délibérèrent, ils prirent une décision (comme il suit): [5]*thseu* ce, [6]*ing*-[7]*wou* perroquet, [8]*thsong*-[9]*ming* est perspicace, [10]*kie*-[11]*hoeï* et intelligent, [12]*khan* il peut, [13]*ing* il doit, [14]*weï* être, [15]*wang* roi. [16]*Pien* alors, [17]*paï* ils le saluèrent, [18]*weï* (pour) être, [19]*wang* roi, ils le saluèrent du nom de roi.

IV.

La Caille et le Faucon.

[1]有[2]一[3]鳥[4]名[5]日[6]羅[7]婆。[8]爲[9]鷹[10]所[11]捉[12]飛[13]騰[14]於[15]空。[16]於[17]空[18]鳴[19]喚[20]言[21]我。[22]不[23]自[24]覺[25]忽[26]遭[27]此[28]難。[1]*yeou* il y avait, [2]*i*-[3]*niao* un oiseau, [4]*ming* (qui) par son nom, [5]*youe* s'appelait: [6]*lo*-[7]*p'o lâva* (caille). [8]*weï* il avait été (un oiseau), [10]*so* que, [9]*ing* un faucon, [11]*tcho* ayant pris. [12]*feï* en volant, [13]*theng* s'était élevé, [14]*yu* dans, [15]*khong* le vide, dans les airs. (Alors, la caille), [16]*yu* dans, [17]*khong* les airs, [18]*ming* criant, [19]*houan* appelant, [20]*yen* disait:

[21]*ngo* moi, [22]*pou*-[23]*tseu*-[24]*kio* faute d'attention[1], [25]*ho* tout-à-coup, [26]*tsao* je suis tombée dans, [27]*thseu* ce, [28]*nan* malheur.

[1]我 [2]坐 [3]捨 [4]離 [5]父 [6]母 [7]境 [8]界。[9]而 [10]遊 [11]他 [12]處。[1]*ngo* moi, je, [2]*tso* suis condamnée, suis punie, [3]*che*-[4]*li* (pour) avoir quitté, [7]*king*-[8]*kiaï* les confins, le pays, [5]*fou* de mon père, [6]*mou* et de ma mère, [9]*eul* et, [10]*yeou* avoir voyagé, [11]*tha* dans d'autres, [12]*tch'ou* lieux.

[1]故 [2]遭 [3]此 [4]難。[5]何 [6]如 [7]今 [8]日 [9]為 [10]他 [11]所 [12]困。[13]不 [14]得 [15]自 [16]在。[1]*kou* c'est pourquoi, [2]*tsao* je suis tombée dans, [3]*thse* ce, [4]*nan* malheur, [5]*jou*-[6]*ho* comment (se fait-il que), [7]*kin*-[8]*ji* aujourd'hui, [9]*weï* je sois, [11]*so* (un oiseau) que, [10]*tha* un autre, [12]*khouen* opprime? [13]*pou*-[14]*te* je ne puis, [15]*tseu*-[16]*tsaï* être à mon aise, avoir mon contentement ([15]*tseu*-[16]*tsaï* signifie aussi : agir à son gré, suivant sa volonté, en mandchou : *tchikhai, yaboume*).

[1]鷹 [2]語 [3]羅 [4]婆。[5]汝 [6]當 [7]何 [8]處 [9]自 [10]有 [11]境 [12]界 [13]而 [14]得 [15]自 [16]在。[1]*ing* le faucon, [2]*yu* dit, [3]*lo*-[4]*p'o* à la caille (en Sanscrit *lâva*) : [6]*tang* dans, [7]*ho* - [8]*tch'ou* quel lieu, [5]*jou* vous, [9]*tseu* par vous-même, [10]*yeou* auriez-vous, [11]*king*-[12]*kiaï* des confins (un pays), [13]*eul* et, [14]*te* pourriez-vous, [15]*tseu*-[16]*tsaï* être à votre aise, avoir votre contentement ?

[1]羅 [2]婆 [3]答 [4]言。[5]我 [6]於 [7]田 [8]耕 [9]壠 [10]中。[11]自 [12]有 [13]境 [14]界。[15]足 [16]免 [17]諸 [18]難。[19]是 [20]為 [21]我 [22]家 [23]父 [24]母 [25]境 [26]界。[1]*lo*-[2]*p'o* lâva (la caille), [3]*ta* répondant, [4]*yen* dit: [5]*ngo* moi, [6]*yu* dans, [7]*thien* les champs, [10]*tchong* au milieu, [9]*long* des billons[2], [8]*keng* du labour (que l'on forme en labourant), [11]*tseu* par moi-même, [12]*yeou* j'aurai, je trouverai, [13]*king*-[14]*kiaï* des confins (un pays), [15]*tso* (cela suffira), [16]*mien* (pour que) j'échappe, [17]*tchou*-[18]*nan* aux malheurs, [19]*chi*-

1) Ces trois mots peuvent signifier aussi: sans m'en apercevoir, sans que je m'en fusse aperçu.

2) On appelle ainsi certains ados plus ou moins larges et bombés qu'on forme dans un terrain avec la charrue, et qui sont séparés par des raies profondes. (Dict. de l'Académie.)

海上絲綢之路文獻集成 科技與文化编

[20]*weï* ce sont, [25]*king*-[26]*kiaï* les confins (c'est le pays), [23]*fou* du père, [24]*mou* et de la mère, [21]*ngo*-[22]*kia* de ma famille.

[1]鷹[2]於[3]羅[4]婆[5]起[6]憍[7]慢[8]言。[9]放[10]汝[11]令[12]去[13]還[14]耕[15]壠[16]中。[17]能[18]得[19]脫[20]不。[1]*ing* le faucon, [2]*yu* à l'égard, [3]*lo*-[4]*p'o* de *lâva*, de la caille, [5]*khi* produisant (montrant), [6]*kiao* de l'arrogance, [7]*man* et du mépris, [8]*yen* lui dit : [9]*fang* si je lâchais, [10]*jou* vous (si je vous lâchais), [11]*ling* (si je vous) faisais, [12]*khiu* partir, [13]*hoan* et retourner, [16]*tchong* au milieu, [15]*long* des billons, [14]*keng* du labour (que l'on forme en labourant), [17]*neng* pourriez-vous, [18]*te* réussir à, [19]*tho* vous échapper, [20]*pou* (ou) non?

[1]於[2]是[3]羅[4]婆[5]得[6]脫[7]鷹[8]爪。[9]還[10]到[11]耕[12]壠[13]大[14]塊[15]之[16]下[17]安[18]住[19]止[20]處。[21]然[22]後[23]於[24]塊[25]上[26]欲[27]與[28]鷹[29]鬬。[1]*yu*-[2]*chi* là-dessus, alors, [3]*lo*-[4]*p'o lâva* (la caille), [5]*te* réussit à, [6]*tho* à s'échapper, [8]*tchao* des serres, [7]*ing* du faucon. [9]*hoan* revenant, [10]*tao* elle arriva, [12]*long* aux billons, [11]*keng* du labour (que l'on forme en labourant); [16]*hia* au bas, [15]*tchi* de, [13]*ta*-[14]*khouaï* une grosse motte, [17]*ngan*-[18]*tch'ou* se fixa, [19]*tchi*-[20]*tch'ou* et se reposa, [21]*jen*-[22]*heou* ensuite, [23]*yu*-[24]*chang* au-dessus, sur, [24]*khouaï* la motte, [26]*yo* elle voulut, [27]*yu* avec, [28]*ing* le faucon, [29]*teou* combattre.

[1]鷹[2]則[3]大[4]怒。[5]彼[6]是[7]小[8]鳥。[9]敢[10]與[11]我[12]鬬。[13]瞋[14]恚[15]極[16]盛。[17]峻[18]飛[19]直[20]搏。[2]*tse* alors, [1]*ing* le faucon, [3]*ta* grandement, [4]*nou* se mit en colère (entra dans une grande colère et dit) : [5]*pi* celui-là, [6]*chi* est, [7]*siao* un petit, [8]*niao* oiseau, [9]*kan* il ose, [12]*teou* combattre, [10]*yu*-[11]*ngo* avec moi, [13]*tch'in*-[14]*hoeï* sa colère, [16]*ching* étant-devenue-forte, [15]*ki* excessivement (étant arrivée au paroxysme), [18]*feï* volant, ayant-volé, [17]*sun* en haut, [19]*tchi* directement, [20]*po* il fondit (sur sa proie).

[1]於[2]是[3]羅[4]婆[5]入[6]於[7]塊[8]下。[9]鷹[10]鳥[11]飛[12]勢[13]臆[14]衝[15]堅[16]塊[17]碎[18]身[19]即[20]死。[1]*yu*-[2]*chi*, là-dessus, alors, [3]*lo*-[4]*p'o* lâva (la caille), [5]*ji* entra, [8]*hia* au bas, [7]*khouaï* de la motte, [9]*ing* le faucon, [12]*chi* par la force, [11]*feï* du vol, de son vol, [10]*niao* d'oiseau (dans son vol impétueux), [13]*i* avec

sa poitrine, [14]*tch'ong* il heurta-contre, [16]*khouaï* la motte de terre, [15]*kien* dure, [17]*souï* brisa, [18]*chin* son corps, [19]*tsi* et aussitôt, [20]*sse* mourut.

V.

L'Oiseleur et les Oiseaux.

[1]昔[2]捕[3]鳥[4]師[5]張[6]羅[7]網[8]於[9]澤[10]上。[11]以[12]鳥[13]所[14]食[15]物[16]著[17]其[18]中。[1]*si* jadis, [4]*sse* un maître, [2]*pou* (dans l'art de) prendre, [3]*niao* des oiseaux (un oiseleur), [5]*tchang* avait tendu, [6]*lo*-[7]*wang* un filet, [8]*yu*-[10]*chang* sur le dessus de, au-dessus de, [9]*tse* un marais, *et* [16]*tcho* avait mis, [18]*tchong* au milieu, [17]*khi* de ce (filet), [11]*i* marque d'accusatif, [15]*wou* les choses (aliments), [13]*so* que, [12]*niao* les oiseaux, [14]*chi* mangent.

[1]衆[2]鳥[3]命[4]侶[5]競[6]來[7]食[8]之。[9]鳥[10]師[11]引[12]網。[13]衆[14]鳥[15]盡[16]墮[17]網[18]中。[1]*tchong*-[2]*niao* les oiseaux, [3]*ming* ordonnèrent, [4]*liu* à leurs compagnons, [6]*laï* de venir, [5]*king* avec empressement (litt. à l'envi), [7]*chi*-[8]*tchi* (pour) les manger, [9]*niao*-[10]*sse* le maître des oiseaux (l'oiseleur), [11]*in* ayant tiré, [12]*wang* le filet, [13]*tchong*-[14]*niao* les oiseaux, [15]*tsin* entièrement (tous), [16]*to* tombèrent, [18]*tchong* au milieu, [17]*wang* du filet.

[1]時[2]有[3]一[4]鳥[5]大[6]而[7]多[8]力。[9]身[10]舉[11]此[12]網[13]與[14]衆[15]俱[16]飛[17]而[18]去。[1]*chi* en ce moment, [2]*yeou* il y eut, [3]*i* un, [4]*niao* oiseau, [5]*ta* grand, [6]*eul* et, [7]*to*-[8]*li* de beaucoup de force; [9]*chin* avec son corps, [10]*kiu* il enleva, [11]*thseu* ce, [12]*wang* filet, [13]*yu* et avec, [14]*tchong* la multitude (des oiseaux), [15]*kiu* ensemble, [17]*feï* il s'envola, [16]*eul* et, [18]*khiu* s'en alla.

[1]鳥[2]師[3]見[4]影[5]隨[6]而[7]逐[8]之。[9]有[10]人[11]謂[12]鳥[13]師[14]曰。[15]鳥[16]飛[17]虛[18]空[19]而[20]汝[21]步[22]逐。[23]何[24]其[25]愚[26]哉。[1]*niao*-[2]*sse* l'oiseleur, [3]*kien* voyant, [4]*ing* leur ombre, [5]*souï* les suivit, [6]*eul* et, [7]*tcho*-[8]*tchi* et courut après eux; [9]*yeou* il y eut, [10]*jin* un homme (qui), [11]*weï* adressa

la parole, [12]*niao*-[13]*sse* à l'oiseleur, [14]*youe* et lui dit : [15]*niao* les oiseaux, [16]*feï* volent, [17]*hiu*-[18]*khong* dans l'air, [19]*eul* et, [20]*jou* vous, [21]*pou* à pied, [22]*tcho* les poursuivez, [23]*ho* combien, [24]*khi* vous, [25]*yu* êtes-stupide! [26]*tsaï* particule qui exprime l'étonnement.

[1]鳥[2]師[3]荅[4]曰。[5]不[6]如[7]來[8]告。[9]彼[10]鳥[11]日[12]暮[13]要[14]求[15]栖[16]宿。[17]進[18]趣[19]不[20]同。[21]如[22]是[23]當[24]墮。[1]*niao*-[2]*sse* l'oiseleur, [3]*ta* répondit, [4]曰 et dit, [5]*pou* (je ne suis) pas (stupide), [6]*jou* comme, [7]*laï* vous êtes venu, [8]*kao* le dire, [9]*pi* ces, [10]*niao* oiseaux, [11]*ji* quand le jour, [12]*mo* sera arrivé au soir (quand le soir sera venu), [13]*yao* voudront, [14]*khieou* chercher, [15]*tsi*-[16]*so* un gîte pour la nuit (litt. percher et se reposer); [17]*thsin* s'avançant, [18]*thsiu* courant, [19]*pou*-[20]*thong* ils ne seront pas ensemble (ils ne se dirigeront pas ensemble du même côté), [21]*jou*-[22]*chi* comme cela, de cette façon, [23]*tang* ils devront, [24]*to* tomber, il faut qu'ils tombent.

[1]其[2]人[3]故[4]逐[5]不[6]止。[7]日[8]已[9]轉[10]暮。[11]仰[12]觀[13]衆[14]鳥[15]飜[16]飛[17]諍[18]競。[19]或[20]欲[21]趣[22]東[23]或[24]欲[25]趣[26]西。[27]或[28]望[29]長[30]林[31]或[32]欲[33]赴[34]澗。[35]諍[36]競[37]不[38]止。[3]*kou* c'est pourquoi, [1]*khi*-[2]*jin* cet homme, [4]*tcho* les poursuivit, [5]*pou*-[6]*tchi* et ne s'arrêta pas, sans s'arrêter, [7]*ji* le soleil, [8]*i*-[9]*tch'ouen* étant tourné, [10]*mo* au soir (quand le soir fut venu), [11]*niang* regardant en haut, [12]*kouan* il vit, [13]*tchong*-[14]*niao* les oiseaux (qui), [15]*fan*-[16]*feï* volant, [17]*tseng*-[18]*king* luttaient, qui volaient à l'envi, [19]*hoe* quelques-uns, [20]*yo* voulaient, [21]*thsiu* courir, [22]*tong* à l'orient, [23]*hoe* quelques-uns, [24]*yo* voulaient, [25]*thsiu* courir, [26]*si* à l'occident; [27]*hoe* les uns, [28]*wang* regardaient dans le lointain, [29]*tchang*-[30]*lin* une grande forêt; [31]*hoe* quelques-uns, [32]*yo* voulaient, [33]*fou* aller vers, [34]*kien* un torrent; [35]*tseng*-[36]*king* ils luttaient, [37]*pou*-[38]*tchi* sans s'arrêter.

[1]須[2]臾[3]便[4]墮。[5]鳥[6]師[7]則[8]得[9]次[10]而[11]殺[12]之, [1]*siu*-[2]*yu* au bout d'un instant, [3]*pien* aussitôt, [4]*to* ils tombèrent, [5]*niao*-[6]*sse* l'oiseleur, [7]*tse* alors, [8]*te* put, [9]*thse* l'un après l'autre, [10]*eul* particule explétive, [11]*cha*-[12]*tchi* les tuer.

海上絲綢之路文獻集成 科技與文化編

VI.

Les Comédiens et le Démon.

[1]昔[2]乾[3]陀[4]羅[5]國。[6]有[7]諸[8]伎[9]人。[10]因[11]時[12]饑[13]儉。[14]逐[15]食[16]他[17]土。[18]經[19]婆[20]羅[21]斯[22]那[23]山。[24]而[25]此[26]山[27]中[28]素[29]饒[30]惡[31]鬼[32]食[33]人[34]羅[35]刹。 [1]*si* jadis, [5]*koue* dans le royaume de, [2]*khien*-[3]*t'o*-[4]*lo* Gândhâra, [6]*yeou* il y avait, [7]*tchou* des, [8]*ki*-[9]*jin* artistes (des comédiens), [10]*in* comme, [11]*chi* à cette époque, [12]*ki*-[13]*kien* on souffrait de la disette, [14]*tcho* ils poursuivirent (ils allèrent chercher), [15]*chi* leur nourriture, [16]*tha*-[17]*thou* dans un autre pays. [18]*king* ils traversèrent, [23]*chan* le mont, [19]*p'o*-[20]*lo*-[21]*se*-[22]*na* balasêna, [24]*eul* mais, [27]*tchong* au milieu, [25]*thseu* de cette, [26]*chan* montagne, [28]*sou* anciennement, [29]*jao* il y avait beaucoup de, [30]*ngo* mauvais, [31]*koueï* démons, [32]*chi*-[33]*jin* (qui) mangeaient les hommes, [34]*lo*-[35]*thsa* (savoir) des râkchasas.

On peut dire aussi : [29]*jao* il y avait beaucoup, [34]*lo*-[35]*thsa* de râkchasas, [30]*ngo* mauvais, [31]*koueï* démons (qui), [32]*chi* mangeaient, [33]*jin* les hommes.

[1]時[2]諸[3]伎[4]人[5]會[6]宿[7]山[8]中。[9]山[10]中[11]風[12]寒[13]然[14]火[15]而[16]臥。[17]伎[18]人[19]之[20]中[21]有[22]患[23]寒[24]者。[25]著[26]其[27]戲[28]衣[29]羅[30]刹[31]之[32]服。[33]向[34]火[35]而[36]坐 [1]*chi* en ce moment, [2]*tchou* les, [3]*ki*-[4]*jin* artistes (les comédiens), [5]*hoeï* se réunirent, [6]*so* et se reposèrent, [8]*tchong* au milieu de, [7]*chan* la montagne; [9]*chan*-[10]*tchong* au milieu de la montagne, sur la montagne, [11]*fong* le vent, [22]*han* étant froid, [13]*jen* ils allumèrent, [14]*ho* du feu, [15]*eul* et, [16]*ngo* s'endormirent. [20]*tchong* au milieu, [19]*tchi* des, [17]*ki*-[18]*jin* artistes (comédiens), parmi les comédiens, [21]*yeou* il y (en) eut, [24]*tche* (un) qui, [22]*hoan* souffrant, [23]*han* du froid, [25]*tcho* mit, [28]*i* l'habit, le costume (avec lequel), [26]*khi* lui, [27]*hi* jouait la comédie, (savoir) [32]*fo* le vêtement, [31]*tchi* de, [29]*lo*-[30]*thsa* râkchas (démon), [33]*hiang* se tourna vers, [34]*ho* le feu, [35]*eul* et, [36]*tso* s'assit.

[1]時[2]行[3]伴[4]中[5]從[6]睡[7]寤[8]者[9]卒[10]見[11]火[12]邊[13]有[14]羅[15]刹。[16]竟[17]不[18]諦[19]觀[20]捨[21]之[22]而[23]走。[24]遂[25]相[26]驚[27]動。[28]一[29]切[30]伴[31]侶[32]悉[33]皆[34]逃[35]奔。 [1]*chi* en ce moment, [4]*tchong* dans, [2]*hing*-[3]*p'ouan* la bande, [8]*tche* ceux qui, [7]*meï* s'étaient éveillés, [5]*thsong* sortant du, [6]*chouï* sommeil, [9]*souï* tout à coup, [10]*kien* voyant (que), [12]*pien* à côté, [11]*ho* du feu, [13]*yeou* il y avait, [14]*lo*-[15]*thsa* un râkchas (un démon), [16]*king* alors, [17]*pou*-[18]*ti*-[19]*kouan* sans l'examiner, [20]*che*-[21]*tchi* le laissèrent, [22]*eul* et, [23]*tseou* coururent-rapidement, s'enfuirent, [24]*souï* aussitôt, [25]*siang* mutuellement, [26]*king* s'effrayant, [27]*tong* et s'excitant, [28]*i*-[29]*thsie* en totalité, [30]*p'ouan*-[31]*liu* les camarades, [32]*si* complètement, [33]*kiaï* tous, [34]*t'ao*-[35]*pun* s'enfuirent.

[1]時[2]彼[3]伴[4]中[5]著[6]羅[7]刹[8]衣[9]者[10]亦[11]復[12]尋[13]逐。[14]奔[15]馳[16]絕[17]走。 [1]*chi* en ce moment, [2]*pi*-[9]*tche* celui qui, [3]*p'ouan*-[4]*tchong* parmi les camarades, [5]*tcho* avait mis, [8]*i* le vêtement, [6]*lo*-[7]*thsa* d'un *râkchas* (d'un démon), [10]*i* aussi, [11]*feou* de nouveau, [12]*t'sin* les chercha, [13]*tcho* et les poursuivit, alla après eux; [14]*pun*-[15]*tch'i* il courut rapidement, [16]*tsioue* et excessivement, [17]*tseou* précipita ses pas.

[1]諸[2]同[3]行[4]者[5]見[6]其[7]在[8]後。[9]謂[10]欲[11]加[12]害。[13]倍[14]增[15]惶[16]怖。[17]越[18]度[19]山[20]河[21]投[22]赴[23]溝[24]壑。[25]身[26]體[27]傷[28]破[29]疲[30]極[31]委[32]頓。 [1]*tchou* les (comédiens), [4]*tche* qui, [2]*thong* ensemble, [3]*hing* marchaient, [5]*kien* voyant (que), [6]*khi* lui, [7]*tsaï* était, [8]*heou* derrière (eux), [9]*weï* dirent (que), [10]*yo* il voulait, [11]*kia*-[12]*haï* leur faire du mal; [13]*peï*-[14]*tseng* ils doublèrent et augmentèrent (sentirent redoubler), [15]*hoang*-[16]*pou* leur effroi; [17]*youe*-[18]*tou* ils franchirent, [19]*chan* des montagnes, [20]*ho* et des rivières, [21]*teou*-[22]*fou* se jettèrent dans, [23]*keou* les canaux, [24]*ho* et des fossés, [26]*thi* les membres, [25]*chin* de leur corps, [27]*chang* furent blessés, [28]*pou* furent brisés. [29]*p'i* leur fatigue, [30]*ki* étant-devenue-extrême, [31]*weï*-[32]*tun* ils tombèrent par terre.

[1]乃[2]至[3]天[4]明[5]方[6]知[7]非[8]鬼。 [1]*naï* mais, [2]*tchi*

quand on fut arrivé (au moment où), [3]*thien* le ciel, [4]*ming* était devenu clair (quand le jour fut venu), [5]*fang* alors, [6]*tchi* ils connurent, ils reconnurent, [7]*feï* (que ce n'était) pas, [8]*koueï* un démon.

VII.

La Dispute des deux Démons.

[1]昔[2]有[3]二[4]毗[5]舍[6]闍[7]鬼。[8]共[9]有[10]一[11]篋[12]一[13]杖[14]一。[15]屐[16]二[17]鬼[18]共[19]諍[20]各[21]欲[22]得[23]二。[24]二[25]鬼[26]紛[27]紜。[28]竟[29]日[30]不[31]能[32]使[33]平。 [1]*si* jadis, [2]*yeou* il y avait, [3]*eul* deux, [7]*koueï* démons, [4]*pi-*[5]*-che-*[6]*che* (de la classe des) piçâtchas. [8]*kong* ensemble, [9]*yeou* ils possédaient, [10]*i* un, [11]*kie* coffre, [12]*i* un, [13]*tchang* bâton, [14]*i* un, [15]*ki* soulier, [16]*eul* les deux, [17]*koueï* démons, [18]*kong* ensemble, [19]*tseng* disputaient. [20]*ko* chacun, [21]*yo* voulait, [22]*te* obtenir, [23]*eul* deux (de ces trois objets). [24]*eul* les deux, [25]*koueï* démons, [26]*fun-*[27]*yun* tenaient des propos confus[1]. [28]*king-*[29]*ji* jusqu'à la fin du jour, [30]*pou-*[31]*neng* ils ne purent, [32]*sse-*[33]*p'ing* égaliser (les parts), c'est-à-dire : faire avec les trois objets deux parts égales.

[1]時[2]有[3]一[4]人[5]來[6]見[7]之[8]而[9]問[10]之[11]言。[12]此[13]篋[14]杖[15]屐[16]有[17]何[18]奇[19]異[20]汝[21]等[22]共[23]諍[24]瞋[25]忿[26]乃[27]爾。 [1]*chi* en ce moment, [2]*yeou* il y eut, [3]*i* un, [4]*jin* homme (qui), [5]*laï* vint, [6]*kien* voir, [7]*tchi* eux (les voir), [8]*eul* et, [9]*wen-*[10]*tchi* les interrogeant, [11]*yen* leur dit : [12]*thseu* ce, [13]*kie* coffre, [14]*tchang* (ce) bâton, [15]*ki* (ce) soulier, [17]*ho* quelle chose, [18]*khi-*[19]*i* extraordinaire, [16]*yeou* ont-ils (pour que), [20]*jou-*[21]*teng* vous, [22]*kong* ensemble, [23]*tseng* vous disputiez, [24]*tch'in-*[25]*fun* et vous mettiez en colère, [26]*naï-*[27]*eul* ainsi, à ce point?

[1] L'expression *fun-yun* signifie seulement *troublé, confus*. J'ai été obligé de la développer pour donner un sens acceptable.

海上絲綢之路文獻集成 科技與文化编

[1]二[2]鬼[3]答[4]言。[5]我[6]此[7]篋[8]者[9]能[10]出[11]一[12]切[13]衣[14]服[15]飲[16]食[17]牀[18]褥[19]臥[20]具。[21]資[22]生[23]之[24]物[25]盡[26]從[27]中[28]出。[1]*eul* les deux, [2]*koueï* démons, [3]*ta* répondant, [4]*yen* dirent: [6]*thseu* de ce, [7]*khie*-[8]*tche* coffre, [5]*ngo* de nous, [9]*neng* on peut, [10]*tch'ou* émettre (on peut en tirer), [11]*i*-[12]*thsie* toute sorte de, [13]*i*-[14]*fo* vêtements, [15]*in* boissons, [16]*chi* aliments, [18]*jo* couvertures, [17]*t'choang* de lit, [19]*ngo*-[20]*kiu*[1] et des effets pour dormir; [24]*wou* les objets, [21]*tse*-[22]*seng* qu'on emploie pour vivre, [23]*tchi* particule relative, [25]*tsin* complètement, [28]*tch'ou* sortent, [26]*thsong* de, du, [27]*tchong* milieu (de ce coffre).

Le mot [21]*tse*, vulgo *richesses*, signifie aussi *employer*, se servir de (用 *yong;* fournir, par exemple les choses nécessaires, 給 *ki;* aider 助 *tsou*).

[1]執[2]此[3]杖[4]者[5]能[6]使[7]怨[8]敵[9]歸[10]伏[11]無[12]敢[13]與[14]諍。[4]*tche* celui qui, [1]*tchi* tient, [2]*thseu* ce, [3]*tchang* bâton, [5]*neng* peut, [6]*sse* faire (que), [8]*ti* les ennemis, [7]*youen* irrités, [9]*koueï*-[10]*fo* se soumettent, [11]*wou*-[12]*kan* et n'osent pas, [14]*tseng* disputer, [13]*yu* avec (lui).

[1]著[2]此[3]屐[4]者[5]能[6]令[7]人[8]飛。[9]行[10]無[11]有[12]罣。[13]礙[14]此[15]人[16]聞[17]已[18]卽[19]語[20]鬼[21]言。[22]汝[23]等[24]小[25]遠[26]我[27]爲[28]爾[29]平[30]等[31]分[32]之。[1]*tcho*-[4]*tche* l'action de mettre, [2]*thseu* ce, [3]*ki* soulier, [5]*neng* peut, [6]*ling* faire (que), [7]*jin* l'homme, [8]*feï* s'envole, [9]*hing* (que) en marchant, [10]*wou*-[11]*yeou* il n'ait pas, ne rencontre pas, [12]*koua*-[13]*i* d'obstacles. [14]*thseu* cet, [15]*jin* homme, [16]*wen*-[17]*i* ayant entendu (*i* marque du passé) *cela*, [18]*tsi* sur-le-champ, [19]*yu* parla, [20]*koueï* aux démons, [21]*yen* et leur dit: [22]*jou*-[23]*teng* vous, [25]*youen* éloignez-vous, [24]*siao* un peu, [26]*ngo* moi, [27]*weï*-[28]*eul* pour vous, dans votre intérêt, [29]*p'ing*-[30]*teng* d'une manière égale, [31]*fun* je diviserai, [32]*tchi* eux (ces objets).

[1]鬼[2]聞[3]其[4]語[5]尋[6]卽[7]遠[8]避。[9]此[10]人[11]卽

[1] Le mot [20]*kiu* désigne toute espèce d'outils, d'instruments, d'appareils, d'objets propres à un usage déterminé. Le même mot, pris verbalement, signifie *préparer, fournir.*

[12]時 [13]抱 [14]篋 [15]捉 [16]杖 [17]躡 [18]屐 [19]而 [20]飛。 [1]*koueï* les démons, [2]*wen* entendent, ayant entendu, [3]*khi*-[4]*yu* ces paroles, [5]*thsin*-[6]*tsi* aussitôt, [8]*pi* se retirèrent, [7]*youen* au loin. [9]*thseu*-[10]*jin* cet homme, [11]*tsi*-[12]*chi* à l'instant, [13]*pao* prit sous son bras, [14]*khie* le coffre, [15]*tcho* saisit, [16]*tchang* le bâton, [17]*nie*-[18]*ki* mit le soulier, [19]*eul* et, [20]*feï* s'envola.

[1]二 [2]鬼 [3]愕 [4]然 [5]竟 [6]無 [7]所 [8]得。 [9]人 [10]語 [11]鬼 [12]言。 [13]爾 [14]等 [15]所 [16]諍 [17]我 [18]已 [19]得 [20]去。 [21]今 [22]使 [23]爾 [24]等 [25]更 [26]無 [27]所 [28]諍。 [1]*eul* les deux, [2]*koueï* démons, [3]*ngo*-[4]*jen* restèrent stupéfaits; [5]*king* à la fin, [6]*wou*-[7]*so*-[8]*te* ils n'obtinrent rien (litt. [6]*wou* il n'y eut rien, [7]*so* que, [8]*te* ils eussent obtenu). [9]*jin* l'homme, [10]*yu* parlant, [11]*koueï* aux démons, [12]*yen* leur dit : [17]*ngo* moi, [18]*i*-[19]*te* j'ai pu, [20]*khiu* ôter, supprimer, [15]*so* ce sur quoi, [13]*eul*-[14]*teng* vous, [16]*tseng* disputiez, [21]*kin* maintenant, [22]*sse* j'ai fait (en sorte que), [25]*keng* une seconde fois, de nouveau, [26]*wou* vous n'ayez pas, [27]*so* ce sur quoi, [28]*tseng* vous disputiez, que vous n'ayez plus sujet de vous disputer encore.

(Cette fable ressemble à la fable de La Fontaine, intitulée : *Les Plaideurs et l'Huître*, livre IX, 9.)

VIII.

Le Roi et le grand Tambour.

[1]王 [2]曰。 [3]吾 [4]欲 [5]作 [6]大 [7]鼓 [8]令 [9]其 [10]音 [11]震 [12]聞 [13]百 [14]里。 [15]有 [16]能 [17]爲 [18]之 [19]者 [20]乎。 [1]*wang* un roi, [2]*youe* dit : [3]*ngou* moi, [4]*yo* je désire, [5]*tso* (faire) fabriquer, [6]*ta* un grand, [7]*kou* tambour, [8]*ling* faire que, [9]*khi*-[10]*in* ses sons, [11]*tchin* en ébranlant (les airs), [12]*wen* soient entendus, [13]*pe*-[14]*li* jusqu'à cent *li* (dix lieues); [15]*yeou*-[20]*hou* y a-t-il, [19]*tche* (un homme) qui, [17]*weï*-[18]*tchi* le fasse, soit capable de le faire ?

[1]衆 [2]臣 [3]僉 [4]曰。 [5]臣 [6]等 [7]無 [8]能 [9]爲 [10]者。 [1]*tchong*-[2]*tch'in* les ministres, [3]*kien* tous ensemble, [4]*youe* dirent

[5]*tch'in*-[6]*teng* (parmi) vos ministres, [7]*wou* il n'y a pas (un homme), [10]*tche* qui, [8]*neng* soit capable, [9]*weï* de le fabriquer.

[1]有[2]一[3]臣[4]名[5]曰[6]匡[7]土。[8]常[9]忠[10]於[11]上[12]慈[13]濟[14]國[15]民。[16]前[17]對[18]白。[19]臣[20]能[21]爲[22]之。[23]當[24]須[25]資[26]費。[1]*yeou* il y eut, [2]*i* un, [3]*tch'in* sujet, [4]*ming* (qui de son) nom, [5]*youe* s'appelait, [6]*Khouang*-[7]*thou*, [8]*tch'ang* constamment, [9]*tchong* il était dévoué, [10]*yu*-[11]*chang* au souverain, [12]*thse* avec affection, [13]*tsi* il aidait, [15]*min* le peuple, [14]*koue* du royaume. [16]*thsien* il s'avança, [17]*touï* et répondant (au roi), [18]*youe* il dit : [19]*tch'in* (moi votre) sujet, [20]*neng* je puis, [21]*weï*-[22]*tchi* le faire, le fabriquer. [23]*tang*-[24]*siu* il faudra, [25]*tse*-[26]*feï* de grandes dépenses.

[1]王[2]曰[3]大[4]善。[5]卽[6]開[7]藏[8]付[9]之。[10]因[11]輦[12]寶[13]於[14]王[15]宮[16]門。[17]鳴[18]鼓[19]令[20]之。[21]今[22]天[23]仁[24]之[25]王[26]施[27]善[28]慈。[29]欲[30]濟[31]黎[32]民[33]之[34]窮[35]乏。[36]若[37]有[38]乏[39]者。[40]悉[41]詣[42]宮[43]門。[1]*wang* le roi, [2]*youe* dit : [3]*ta* (c'est) grandement, [4]*chen* bien (à merveille !), [5]*tsi* aussitôt, [6]*khaï* il ouvrit, [7]*thsang* son trésor, [8]*fou*-[9]*tchi* et lui remit, lui donna (ce qu'il demandait), [10]*in* en conséquence, (*Khouang-thou*) [11]*lien* transporta, [12]*p'ao* des choses précieuses, [13]*yu* à, [16]*men* la porte, [15]*kong* du palais, [14]*wang* du roi, [17]*ming* il fit retentir, [18]*kou* le tambour, [19]*ling*-[20]*tchi* et leur donna un ordre (ainsi conçu) : [21]*kin* maintenant, [25]*wang* le roi, [23]*jin* humain, [22]*thien* (comme) le ciel, [24]*tchi* particule relative, [26]*chi* étend, [28]*thse* sa bonté, sa miséricorde, [27]*chen* excellente, [29]*yo* il désire, [30]*tsi* secourir, [34]*khiong* les pauvres, [35]*fa* et les indigents, [33]*tchi* du, [32]*min* peuple, [31]*li* noir (aux cheveux noirs), [36]*jo* si, [37]*yeou* il y a, [39]*tche* des hommes qui, [38]*fa* soient indigents, [40]*si* (que) tous, [41]*i* viennent à, [43] *men* la porte, [42] *kong* du palais.

[1]四[2]國[3]乏[4]者[5]襁[6]負[7]其[8]子[9]相[10]扶[11]塡[12]國[13]塞[14]路。[3]*fa*-[4]*tche* les indigents, [1]*sse* des quatre, [2]*koue* royaumes, [5]*kiang* dans des langes, [6]*fou* portant sur leur dos, [7]*khi*-[8]*tseu* leurs enfants, [9]*siang*-[10]*fou* et se soutenant mutuellement,

les uns les autres, [11]*thien* remplirent, [12]*koue* le royaume, [13]*se* et obstruèrent, [14]*lou* les routes.

[1]一 [2]歲 [3]之 [4]後。[5]王 [6]有 [7]詔。[8]曰 [9]鼓 [10]成 [11]未 [12]乎。[13]對 [14]曰 [15]已 [16]成。[17]王 [18]言 [19]何 [20]故 [21]不 [22]聞 [23]其 [24]聲。 [4]*heou* après, [1]*i*-[2]*souï* un an, [3]*tchi* particule relative, [5]*wang* le roi, [6]*yeou*-[7]*tchao* rendit un décret, [8]*youe* (où il) disait: [9]*kou* le tambour, [10]*tch'ing*-[12]*hou* est-il fait ([12]*hou* marque d'interrogation), [11]*weï* ou pas encore, ou non? [13]*touï* (Kouang-thou) répondant, [14]*youe* dit: [15]*i*-[16]*tch'ing* il est fait ([15]*i* marque du passé), [17]*wang* le roi, [18]*yen* dit: [19]*ho*-[20]*kou* pour quelle raison, pourquoi, [21]*pou*-[22]*wen* n'entends-je pas, [23]*khi*-[24]*ching* son bruit, ses sons.

[1]臣 [2]白 [3]言。[4]願 [5]明 [6]王 [7]勞 [8]屈 [9]聖 [10]體。[11]出 [12]臨 [13]國 [14]內。[15]聽 [16]佛 [17]法 [18]鼓 [19]聲 [20]震 [21]十 [22]方。 [1]*tch'in* le sujet (*Khouang-thou*) [2]白 s'adressant au roi, [3]*yen* dit: [4]*youen* je désire que, [6]*wang* le roi, [5]*ming* éclairé (que votre Majesté), [7]*lao* en se fatiguant, [8]*khio* fléchisse, [9]*ching*-[10]*thi* ses saints membres (ces quatre mots signifient simplement: daigne prendre la peine de marcher), [11]*tch'ou* qu'il sorte, [12]*lin* et se rende à, dans, [14]*nouï* l'intérieur, [13]*koue* du royaume; [15]*thing* il entendra, [18]*kou* le tambour, [17]*fa* de la loi, [16]*fo* du Bouddha, [19]*ching* (qui) par son bruit, [20]*tchin* ébranle, [21]*chi*-[22]*fang* les dix régions.

[1]王 [2]卽 [3]嚴 [4]駕。[5]出 [7]行 [8]國 [8]中。[9]其 [10]民 [11]比 [12]肩。[13]王 [14]曰 [15]民 [16]多 [17]乎。 [1]*wang* le roi, [2]*tsi* aussitôt, [3]*yen* fit apprêter, [4]*kia* son char; [5]*tch'ou* sortant, [6]*hing* il marcha, [8]*tchong* au milieu, [7]*koue* du royaume, dans le royaume, [10]*min* le peuple, les hommes du peuple, [9]*khi* de ce (royaume), [11]*pi'*-[12]*kien* joignaient leurs épaules (se pressaient en foule, les uns contre les autres). [13]*wang* le roi, [14]*youe* dit, s'écria: [15]*min* le peuple, [16]*to* est nombreux, [17]*hou* marque d'admiration (oh! que le peuple est nombreux!)

[1]對 [2]曰 [3]前 [4]勅 [5]臣 [6]令 [7]作 [8]大 [9]鼓 [10]使 [11]聞 [12]百 [13]里。[14]欲 [15]以 [16]揚 [17]德 [18]聲 [19]於 [20]四 [21]遠。

[1]*touï* répondant, [2]*youe* il dit, [3]*thsien* précédemment, [4]*tch'i* vous avez adressé un ordre, [5]*tch'in* à votre sujet (à moi), [6]*ling* vous lui avez ordonné, [7]*tso* de faire, de construire, [8]*ta* un grand, [9]*kou* tambour, [10]*sse* et de faire en sorte, [11]*wen* qu'il fût entendu, que son bruit fût entendu, [12]*pe*-[13]*li* (jusqu'à) cent *li* (dix lieues); [14]*yo* vous désiriez, [15]*i* par (là), par (ce tambour), [16]*yang* répandre, [18]*ching* la renommée, [17]*te* (de votre) vertu, [19]*yu* jusque dans, [20]*sse* les quatre, [21]*youen* (contrées) éloignées.

[1]臣 [2]念 [3]枯 [4]木 [5]死 [6]皮 [7]不 [8]能 [9]揚 [10]王 [11]之 [12]德 [13]譽。 [1]*tch'in* votre sujet (moi), [2]*nien* a pensé (j'ai pensé que), [3]*khou*-[4]*mo* un bois desséché, [5]*sse*-[6]*pi* et une peau morte, [7]*pou*-[8]*neng* ne pourraient, [9]*yang* publier, répandre, [13]*yu* les louanges, l'éloge, [12]*te* de la vertu, [11]*tchi* du, [10]*wang* roi (de votre Majesté).

[1]臣 [2]所 [3]受 [4]寶 [5]供 [6]沙 [7]門 [8]梵 [9]志 [10]之 [11]衣 [12]食 [13]以 [14]濟 [15]國 [16]民 [17]之 [18]窮 [19]乏 [20]也。 [4]*p'ao* avec les choses précieuses, [2]*so* que, [1]*tch'in* votre sujet, [3]*cheou* avait reçues (que j'avais reçues), [5]*kong* j'ai fourni, [6]*cha*-[7]*men* aux *Çraman'as* (aux religieux), [8]*fan*-[9]*tchi* et aux brahmanes, [11]*i* des vêtements, [12]*chi* et des aliments, [10]*tchi* particule relative, [13]*i* pour, [14]*tsi* secourir, [18]*khiong* les pauvres, [19]*fa* et les indigents, [17]*tchi* du, [16]*min* peuple, [15]*koue* du royaume, [20]*ye* particule finale.

[1]布 [2]告 [3]之 [4]來 [5]四 [6]隣 [7]歸 [8]潤。 [9]猶 [10]饑 [11]子 [12]之 [13]慕 [14]慈 [15]母。 (après que) [1]*pou*, en faisant une publication, [2]*kao*-[3]*tchi* je leur eus ordonné de, ou je les eus invités à, [4]*laï* venir, [5]*sse*-[6]*lin* les quatre voisins (les hommes voisins des quatre parties du royaume), [7]*koueï* accoururent vers, [8]*jun* les bienfaits (pour recevoir les bienfaits du roi), [9]*yeou* comme, [10]*ki*-[11]*tseu* des enfants affamés, [12]*tchi* particule relative (qui), [13]*mo* pensent avec affection, [14]*thse*-[15]*mou* à leur tendre mère.

海上絲綢之路文獻集成 科技與文化编

IX.

Le Laboureur qui a perdu son Fils.

[1]父[2]子[3]二[4]人[5]耕[6]田。[7]毒[8]蛇[9]殺[10]其[11]子。[12]其[13]父[14]猶[15]耕[16]如[17]故。[18]不[19]看[20]其[21]子[22]亦[23]不[24]啼[25]哭。[1]*fou* un père, [2]*tseu* et son fils, [3]*eul*-[4]*jin* deux hommes, [5]*keng* labouraient, [6]*thien* un champ. [8]*che* un serpent, [7]*to* vénimeux, [9]*cha* tua, [10]*khi*-[11]*tseu* son fils. [12]*khi*-[13]*fou* son père, [14]*yeou* encore, [15]*keng* laboura, [16]*jou*-[17]*kou* comme auparavant, [18]*pou*-[19]*khan* il ne regarda pas, [20]*khi*-[21]*tseu* son fils, [22]*i* et, [23]*pou*-[24]*ti*-[25]*kho* il ne pleura point.

[1]梵[2]志[3]問[4]曰。[5]此[6]是[7]誰[8]兒。[9]耕[10]者[11]答[12]言。[13]是[14]我[15]之[16]子。[17]梵[18]志[19]又[20]問[21]是[22]卿[23]之[24]子[25]何[26]不[27]啼[28]哭。[1]*fan*-[2]*tchi* un brahmane, [3]*wen* l'interrogeant, [4]*youe* dit: [5]*thseu* celui-ci, [7]*choui* de qui, [8]*eul* (est-il) le fils? [9]*keng*-[10]*tche* celui qui labourait, le laboureur, [11]*ta* répondant, [12]*yen* dit: [13]*chi* c'est, [16]*tseu* le fils, [15]*tchi* de, [14]*ngo* moi (mon fils), [17]*fan*-[18]*tchi* le brahmane, [19]*yeou* encore, [20]*wen* l'interrogeant (dit) : [21]*chi* (si) c'est, [24]*tseu* le fils, [23]*tchi* de, [22]*khing* vous [1], [25]*ho* pourquoi, [26]*pou*-[27]*t'i*-[28]*kho* ne pleurez-vous pas ?

[1]耕[2]者[3]答[4]曰。[5]人[6]生[7]有[8]死。[9]夫[10]盛[11]有[12]衰。[13]善[14]者[15]有[16]報。[17]惡[18]者[19]有[20]對。[21]愁[22]憂[23]啼[24]哭[25]無[26]益[27]死[28]者。[1]*keng*-[2]*tche* le laboureur, [3]*ta* répondant, [4]*youe* dit : [5]*jen*-[6]*seng* quand l'homme est né, [7]*yeou*-[8]*sse* il a la mort (il est sujet à la mort); [9]*fou*-[10]*ching* quand un homme est florissant (est arrivé à une santé florissante), [11]*yeou*-[12]*choaï* il a le déclin (il commence à s'affaiblir, à décliner); [13]*chen*-[14]*tche* l'homme de bien, [15]*yeou*-[16]*pao* a, obtient sa récompense, [17]*ngo*-[18]*tche* le méchant, [19]*yeou* a, reçoit, [20]*touï* ce qui cor-

1) Le mot [22]*khing* signifie proprement un officier d'un rang élevé. On l'emploie ici par respect pour le pronom de la seconde personne, comme si l'on disait: votre Excellence, votre Seigneurie. Appliqué à une femme, il peut répondre à l'expression anglaise: *Your Ladyship.*

respond, c'est-à-dire un châtiment correspondant au mal qu'il a fait. [21]*thseou*-[22]*yeou* le chagrin et l'affliction, [23]*thi*-[24]*kho* les pleurs, [25]*wou*-[26]*i* sont sans utilité pour, [27]*sse*-[28]*tche* les morts.

[1]卿 [2]今 [3]入 [4]城。[5]我 [6]家 [7]某 [8]處。[9]願 [10]過 [11]語 [12]之 [13]吾 [14]子 [15]已 [16]死。[17]持 [18]一 [19]人 [20]食 [21]來。 [1]*khing* seigneur, [2]*kin* maintenant, [3]*ji* entrez, [4]*tch'ing* dans la ville, [5]*ngo*-[6]*kia* ma maison (est située), [7]*meou*-[8]*tch'ou* en tel endroit. [9]*youen* je désire que, [10]*kouo* vous y passiez, [11]*yu* (et que vous) disiez, [12]*tchi* à eux (aux habitants) que, [13]*ngou* mon, [14]*tseu* fils, [15]*i*-[16]*sse* est mort. [17]*tchi* prenez, [20]*chi* les aliments, [18]*i*-[19]*jin* d'un homme, [20]*chi* les aliments, le repas d'un homme, [21]*laï* et venez.

[1]梵 [2]志 [3]自 [4]念。[5]此 [6]是 [7]何 [8]人。[9]而 [10]無 [11]反 [12]復。[13]兒 [14]死 [15]在 [16]地。 [1]*fan*-[2]*tchi* le brahmane, [3]*tseu*-[4]*nien* pensa en lui-même (et se dit): [5]*thseu* celui-ci, [7]*ho*-[8]*jin* quel homme, [6]*chi* c'est (est-ce)? [9]*eul* cependant, [10]*wou*-[11]*fan*-[12]*fo* il ne s'en retourne pas; [13]*eul* son fils, [14]*sse* est mort, [15]*tsaï* il git, [16]*ti* à terre.

[1]情 [2]不 [3]愁 [4]憂。[5]反 [6]更 [7]索 [8]食。[9]此 [10]人 [11]不 [12]慈。[13]無 [14]此 [15]比。 [1]*thsing* dans ses sentiments naturels, dans son âme, [2]*pou*-[3]*thseou*-[4]*yeou* il n'éprouve pas de chagrin *et* d'affliction. [5]*fan* au contraire, [6]*keng* de plus, [7]*so* il demande, [8]*chi* de la nourriture, [9]*thseu*-[10]*jin* cet homme, [11]*pou*-[12]*thse* n'a point d'affection; [13]*wou* il n'y a pas (d'homme), [15]*pi* comparable, [14]*thseu* à celui-ci.

[1]梵 [2]志 [3]入 [4]城。[5]詣 [6]耕 [7]者 [8]家。[9]見 [10]死 [11]兒 [12]母。[13]卽 [14]使 [15]語 [16]之。[17]卿 [18]兒 [19]已 [20]死。[12]其 [22]夫 [23]寄 [24]言。[25]持 [26]一 [27]人 [28]食 [29]來。 [1]*fan*-[2]*tchi* le brahmane, [3]*ji* entra dans, [4]*tch'ing* la ville, [5]*i* se rendit dans, [8]*kia* la maison, [6]*keng*-[7]*tche* du laboureur. [9]*kien* voyant, [12]*mou* la mère, [10]*sse*-[11]*eul* du fils mort, [13]*tsi* et aussitôt, [14]*pien* alors, [15]*yu*-[16]*tchi* lui parla (ainsi): [17]*khing*-[18]*eul* votre fils, [19]*i*-[20]*sse* est mort. [21]*khi*-[22]*fou* le mari d'elle (votre mari), [23]*ki* m'a donné une commission, [24]*yen* et m'a dit: [25]*tch'i* prenez, [28]*chi* les aliments, [26]*i*-[27]*jin* d'un homme, le repas d'un homme, [29]*laï* et venez.

[1]梵 [2]志 [3]曰 [4]何。[5]以 [6]不 [7]念 [8]子 [9]耶。[10]兒 [11]母 [12]卽 [13]爲 [14]梵 [15]志 [16]說 [17]譬 [18]諭 [19]言。[20]兒 [21]來 [22]託 [23]生。[24]我 [25]亦 [26]不 [27]呼 [28]兒。[29]今 [30]自 [31]去 [32]非 [33]我 [34]不 [35]留。[1]*fan*-[2]*chi* le brahmane, [3]*youe* dit: [4]*ho*-[5]*i* pourquoi, [6]*pou*-[7]*nien* ne pensez-vous pas, [8]*tseu* à votre fils? [9]*ye* particule interrogative. [10]*eul*-[11]*mou* la mère du fils, [12]*tsi* aussitôt, [13]*weï* pour, [14]*fan*-[15]*tchi* le brahmane, [16]*choue* énonça, [17]*pi*-[18]*yu* une comparaison, [19]*yen* et dit: [20]*eul* ce fils, [21]*laï* est venu, [22]*t'o* m'ayant été confié, [23]*seng* il est né (comme si elle disait: ce fils que j'ai mis au monde, m'avait éte seulement confié, il ne m'appartenait pas). [24]*ngo* moi, [25]*i* aussi, [26]*pou*-[27]*hou* je ne l'appelais pas, [28]*eul* mon fils. [29]*kin* maintenant, [30]*tseu* de lui-même, [31]*khiu* il est parti, [32]*feï* ce n'est pas que, [33]*ngo* je, [34]*pou*-[35]*lieou* ne l'aie pas retenu.

[1]譬 [2]如 [3]行 [4]客 [5]因 [6]過 [7]主 [8]人。[9]今 [10]日 [11]自 [12]去 [13]何 [14]能 [15]得 [16]留。[1]*pi*-[2]*jou* (c'est) comme, [3]*hing*-[4]*khe* un étranger qui voyage, un voyageur; [5]*in* parce que, [6]*kouo* il avait passé chez, [7]*tchou*-[8]*jin* un hôte (dans une hôtellerie), [9]*kin*-[10]*ji* aujourd'hui, [11]*tseu* de lui-même, [12]*khiu* il s'en va; [13]*ho* comment (l'hôte), [14]*neng*-[15]*te* pourrait-il, [16]*lieou* le retenir?

[1]我 [2]之 [3]母 [4]子 [5]亦 [6]復 [7]如 [8]是。[9]去 [10]來 [11]進 [12]止。[13]非 [14]我 [15]之 [16]力。[17]隨 [18]其 [19]本 [20]行。[21]不 [22]能 [23]救 [24]護。[1]*ngo*-[2]*tchi* nous (*tchi*, particule relative), [3]*mou* mère, [4]*tseu* et fils, [5]*i* aussi, [6]*feou* encore (nous étions), [7]*jou*-[8]*chi* comme ceux-là (comme l'hôte et le voyageur). [9]*khiu*-[10]*laï* (qu'il s'agît pour mon fils) d'aller ou de venir, [11]*thsin*-[12]*tchi* d'aller en avant ou de s'arrêter, [13]*feï* ce n'était pas, [16]*li* par la force, le pouvoir, [14]*ngo*-[15]*tchi* de moi (cela n'était pas dans mon pouvoir, cela ne dépendait pas de moi), [17]*souï* il a suivi, [18]*khi*-[19]*pen*-[20]*hing* sa propre route (il a obéi à sa destinée); [21]*pou*-[22]*neng* je ne pouvais, [23]*kieou*-[24]*hou* le sauver.

[1]復 [2]語 [3]其 [4]姊。[5]卿 [6]弟 [7]已 [8]死。[9]何 [10]不 [11]啼 [12]哭。[13]姊 [14]復 [15]說 [16]譬 [17]諭 [18]向 [19]梵 [20]志 [21]言。[1]*feou*-[2]*yu* il dit encore, [3]*khi*-[4]*tse* à sa sœur aînée, [5]*khing*-[6]*ti* votre frère

海上絲綢之路文獻集成 科技與文化編

cadet, [7]*i*-[8]*sse* est mort, [9]*ho* pourquoi, [10]*pou*-[11]*thi*-[12]*kho* ne pleurez-vous pas ? [13]*tse* la sœur aînée, [14]*feou* encore, [15]*choue* énonça, [16]*pi*-[17]*yu* une comparaison, [18]*hiang* devant, [19]*fan*-[20]*tchi* le brahmane, [21]*yen* et dit.

[1]譬[2]如[3]巧[4]師[5]入[6]山[7]斫[8]木[9]縛[10]作[11]大[12]筏[13]安[14]置[15]水[16]中。[1]*pi*-[2]*jou* c'est comme (lorsque), [3]*kiao* un habile, [4]*sse* maître (charpentier), [5]*ji*-[6]*chan* est entré dans une montagne (est allé sur une montagne), [7]*tcho* il coupe, [8]*mo* des arbres (des pièces de bois), [9]*fo* les attache, [10]*tso* et fait, [11]*ta*-[12]*fa* un grand radeau, [13]*ngan*-[14]*tchi* et le place, le pose, [15]*choui*-[16]*tchong* au milieu de l'eau, dans l'eau.

[1]卒[2]逢[3]大[4]風[5]吹[6]破。[7]筏[8]散[9]隨[10]水[11]流[12]去。[13]前[14]後[15]分[16]張[17]不[18]相[19]顧[20]望。[1]*souï* si tout à coup, [2]*fong* il rencontre, [3]*ta*-[4]*fong* un grand vent (qui), [5]*tch'ouï* en soufflant, [6]*p'o* le brise; [7]*fa* le radeau, [8]*san* se disperse, [9]*souï* il suit, [10]*chouï*-[11]*lieou* le cours de l'eau. [12]*khiu* et s'en va, [13]*thsien*-[14]*heou* l'avant et l'arrière, [15]*fun*-[16]*tchang* se séparent, [17]*pou* pas, [18]*siang* mutuellement, [19]*kou*-[20]*wang* se regardent (ne sont plus en rapport ensemble).

[1]我[2]弟[3]亦[4]爾。[5]因[6]緣[7]和[8]合。[9]共[10]一[11]家[12]生。[13]隨[14]命[15]長[16]短[17]死[18]生[19]無[20]常。[21]合[22]會[23]有[24]離。[25]我[26]弟[27]命[28]盡。[29]各[30]自[31]所[32]隨。[33]不[34]能[35]救[36]護。[1]*ngo*-[2]*ti* mon frère cadet, [3]*i* aussi, [4]*eul* (a été) ainsi, [5]*in* par suite, par l'effet de, [6]*youen* une cause secrète [1], [7]*ho*-[8]*ho* nous avons été réunis, [9]*kong* ensemble, [10]*i*-[11]*kia* dans une (même) maison, [12]*seng* nous sommes nés, [13]*souï* selon que, [14]*ming* la vie, (doit être) [15]*tch'ang*-[16]*toen* longue ou courte, [17]*sse*-[18]*seng* la mort et la vie, [19]*wou* n'ont pas, [20]*tch'ang* (d'époque) constante, [21]*ho*-[22]*hoeï* (après) la réunion, [23]*yeou* il y a, [24]*li* la séparation (quand on s'est réuni, on est sujet à se séparer). [25]*ngo*-[26]*ti* de mon frère cadet, [27]*ming* la vie, [28]*tsin* est finie.

1 Morrison : Dict. chin., part. II, nº 12559 : a secret cause. *Ibid.* a cause existing from the arrangements of the fate or nature for the meeting of persons.

[31]*so* (c'est) ce que, [29]*ko* chacun, [30]*tseu* soi-même, [32]*souï* suit [1], [33]*pou*-[34]*neng* je ne pouvais, [35]*kieou*-[36]*hou* le sauver.

[1]復[2]語[3]其[4]婦。[5]卿[6]父[7]已[8]死。[9]何[10]不[11]啼[12]哭。 [1]*feou* encore, [2]*yu* il dit, [3]*khi*-[4]*fou* à sa femme : [5]*khing*-[6]*fou* votre époux, [7]*i*-[8]*sse* est mort, [9]*ho* pourquoi, [10]*pou*-[11]*thi*-[12]*kho* ne le pleurez-vous pas ?

[1]婦[2]說[3]喻[4]向[5]梵[6]志[7]言。[8]譬[9]如[10]飛[11]鳥[12]暮[13]宿[14]高[15]樹。[16]同[17]止[18]同[19]宿。[20]伺[21]明[22]早[23]起。[24]各[25]自[26]飛[27]去。[28]行[29]求[30]飲[31]食。 [1]*fou* la femme, [2]*choue* énonça, [3]*yu* une comparaison, [4]*hiang* devant, [5]*fan*-[6]*tchi* le brahmane, [7]*yen* et lui dit : [8]*pi*-[9]*jou* (c'est) comme, [10]*feï*-[11]*niao* des oiseaux qui volent, [12]*mou* le soir, [13]*so* ils se reposent sur, [14]*kao*-[15]*chou* un arbre élevé, [16]*thong* ensemble, [17]*tchi* ils s'arrêtent, [18]*thong* ensemble, [19]*so* ils se reposent, [20]*sse* ils attendent, [21]*ming* la lumière, le jour, [22]*tsao* le matin, [23]*khi* ils se lèvent, [24]*ko* chacun, [25]*tseu* de lui-même, [26]*feï* s'envole, [27]*khiu* et s'en va; [28]*hing* ils vont, [29]*khieou* chercher, [30]*in*-[31]*chi* le boire et le manger (leur nourriture).

[1]有[2]緣[3]即[4]合。[5]無[6]緣[7]即[8]離。[9]我[10]等[11]夫[12]婦[13]亦[14]復[15]如[16]是。[17]無[18]常[19]對[20]至。[21]隨[22]其[23]本[24]行。[25]不[26]能[27]救[28]護。 [1]*yeou* s'il y a, [2]*youen* une cause secrète (de rencontre), [3]*tsi* aussitôt, [4]*ho* ils se réunissent; [5]*wou* s'il n'y a pas, [6]*youen* de cause secrète (de rencontre), [7]*tsi* aussitôt, [8]*li* ils se séparent. [9]*ngo*-[10]*teng* nous, [11]*fou*-[12]*fou* le mari et la femme, [13]*i* aussi, [14]*feou* encore (nous avons été), [15]*jou*-[16]*chi* comme ces (oiseaux). [17]*wou*-[18]*tch'ang* la mort, [19]*touï* en face de lui, devant lui, [20]*tchi* étant arrivée, [21]*souï* il a suivi, [22]*khi* sa, [23]*pen*-[24]*hing* propre route (il a obéi à sa destinée); [25]*pou*-[26]*neng* je ne pouvais, [27]*kieou*-[28]*hou* le sauver.

[1]復[2]語[3]其[4]奴。[5]大[6]家[7]已[8]死。[9]何[10]不[11]啼[12]哭。[13]奴[14]復[15]說[16]譬[17]諭。[18]言。[19]我[20]之[21]大

[1] C'est-à-dire : c'est là la route que chacun suit, c'est là où chacun arrive, telle est la destinée de chacun.

²²家 ²³因 ²⁴緣 ²⁵和 ²⁶合。²⁷我 ²⁸如 ²⁹犢 ³⁰子 ³¹隨 ³²逐 ³³大 ³⁴牛。³⁵人 ³⁶殺 ³⁷大 ³⁸牛。³⁹犢 ⁴⁰子 ⁴¹在 ⁴²邊。⁴³不 ⁴⁴能 ⁴⁵救 ⁴⁶護 ⁴⁷大 ⁴⁸牛 ⁴⁹之 ⁵⁰命。⁵¹愁 ⁵²憂 ⁵³啼 ⁵⁴哭 ⁵⁵無 ⁵⁶所 ⁵⁷補 ⁵⁸益 ¹*feou* de nouveau, ²*yu* il dit, ³*khi*-⁴*nou* à son esclave : ⁵*ta*-⁶*kia* votre maître, ⁷*i*-⁸*sse* est mort; ⁹*ho* pourquoi, ¹⁰*pou*-¹¹*thi*-¹²*kho* ne pleurez-vous pas ? ¹³*nou* l'esclave, ¹⁴*feou* encore, ¹⁵*choue* énonça, ¹⁶*pi*-¹⁷*yu* une comparaison, ¹⁸*yen* et dit : ¹⁹*ngo*-²⁰*tchi* de moi, ²¹*ta*-²²*kia* le maître, ²³*in* par suite de, par l'effet de, ²⁴*youen* une cause secrète (de rencontre), ²⁵*ho*-²⁶*ho* s'est réuni (à moi). ²⁷*ngo* je (suis), ²⁸*jou* comme, ²⁹*to*-³⁰*tseu* un veau, ³¹*souï*-³²*tcho* qui suit, ³³*ta* un grand, ³⁴*nieou* bœuf. ³⁵*jin* si un homme, ³⁶*cha* tuait, ³⁷*ta*-³⁸*nieou* le grand bœuf, ³⁹*to*-⁴⁰*tseu* le veau, ⁴¹*tsaï* étant, ⁴²*pien* à côté, ⁴³*pou*-⁴⁴*neng* ne pourrait, ⁴⁵*kieou*-⁴⁶*hou* sauver, ⁵⁰*ming* la vie, ⁴⁹*tchi* du, ⁴⁷*ta*-⁴⁸*nieou* grand bœuf. ⁵¹*tseou*-⁵²*yeou* si je m'affligeais, ⁵³*thi*-⁵⁴*kho* et pleurais, ⁵⁵*wou*-⁵⁶*so* je ne pourrais [1], ⁵⁷*pou*-⁵⁸*i* être utile (à mon maître).

X.

Les Corbeaux et les Hiboux.

¹昔 ²有 ³烏 ⁴梟。⁵共 ⁶相 ⁷怨 ⁸憎。⁹烏 ¹⁰待 ¹¹晝 ¹²日。¹³知 ¹⁴梟 ¹⁵無 ¹⁶見。¹⁷蹋 ¹⁸殺 ¹⁹羣 ²⁰梟。²¹啖 ²²食 ²³其 ²⁴肉。¹*si* jadis, ²*yeou* il y avait, ³*ou* des corbeaux, ⁴*hiao* et des hiboux (qui), ⁵*kong* ensemble, ⁶*siang* mutuellement, ⁷*youen*-⁸*tseng* se détestaient. ⁹*ou* les corbeaux, ¹⁰*taï* attendaient, ¹¹*cheou*-¹²*ji* le jour, ¹³*tchi* sachant que, ¹⁴*hiao* les hiboux, ¹⁵*wou*-¹⁶*kien* ne voyaient pas, ¹⁷*tha* ils foulaient aux pieds, ¹⁸*cha* et tuaient, ¹⁹*kiun* les nombreux, ²⁰*hiao* hiboux, ²¹*than*-²²*chi* et mangeaient, ²³*khi*-²⁴*jo* leur chair.

1 ⁵⁵*wou*-⁵⁶*so* est pour 無可 *wou-kho* ou 無能 *wou-neng*, ne pas pouvoir. Voyez page 282, ligne 5.

[1]梟[2]便[3]於[4]夜[5]知[6]烏[7]眼[8]闇。[9]復[10]啄[11]羣[12]烏。[13]開[14]穿[15]其[16]腹。[17]亦[18]復[19]啖[20]食。[1]*hiao* les hiboux, [2]*pien* alors, [5]*tchi* sachant que, [3]*yu*-[4]*ye* pendant la nuit, [7]*yen* les yeux, [6]*ou* des corbeaux, [8]*ngan* étaient fermés, [9]*fo* à leur tour, [10]*tcho* attaquaient à coup de bec, [11]*kiun*-[12]*ou* les corbeaux, [13]*k'aï* ouvraient, [14]*tch'ouen* perçaient, [15]*khi*-[16]*fo* leur ventre, [17]*i* et aussi, [18]*fo* à leur tour, [19]*than*-[20]*chi* les mangeaient.

[1]畏[2]晝[3]畏[4]夜。[5]無[6]有[7]竟[8]已。[9]時[10]羣[11]鳥[12]中。[13]有[14]一[15]智[16]烏。[17]語[18]羣[19]烏[20]言。[1]*weï*-[2]*cheou* (les uns) craignaient le jour, [3]*weï*-[4]*ye* (les autres) craignaient la nuit, [5]*wou*-[6]*yeou* il n'y avait pas, (cela) n'avait pas, [7]*king*-[8]*i* de fin. [9]*chi* à cette époque, en ce moment, [12]*tchong* au milieu, [10]*kiun*-[11]*niao* des oiseaux, parmi les oiseaux, [13]*yeou* il y avait, [14]*i* un, [16]*ou* corbeau, [15]*tchi* doué de prudence, d'intelligence, [17]*yu* il parla, [18]*kiun*-[19]*ou* aux corbeaux, [20]*yen* et leur dit :

[1]因[2]我[3]怨[4]憎。[5]不[6]可[7]救[8]解。[9]終[10]相[11]誅[12]滅。[13]勢[14]不[15]兩[16]全。[1]*in* parce que, comme, [2]*ngo* notre, [3]*youen*-[4]*tseng* haine (comme notre hostilité), [5]*pou*-[6]*kho* ne peut, [7]*kieou*-[8]*kiaï* être arrêtée, apaisée (est implacable). [9]*tchong* à la fin, [10]*siang* mutuellement, [11]*tch'ou*-[12]*mie* nous nous détruirons, [13]*chi* dans cette situation, [14]*pou* pas (nous ne pouvons pas), [15]*liang* tous deux (le corbeau et le hibou), [16]*thsiouen* être conservés (c'est-à-dire subsister ensemble; il faut que l'un ou l'autre parti périsse).

[1]宜[2]作[3]方[4]便[5]殄[6]覆[7]諸[8]梟。[9]然[10]後[11]我[12]等[13]可[14]得[15]歡[16]樂。[17]若[18]其[19]不[20]爾[21]終[22]爲[23]所[24]敗。[1]*i* il convient de, il faut, [2]*tso* inventer, [3]*fang*-[4]*pien* un expédient, [5]*thien*-[6]*fo* pour détruire, [7]*tchou*-[8]*hiao* les hiboux, [9]*jen*-[10]*heou* ensuite, [11]*ngo*-[12]*teng* nous, [13]*k'o*-[14]*te* nous pourrons, [15]*houan*-[16]*lo* nous réjouir, c'est-à-dire : être heureux, [17]*jo* si, [18]*khi*-[19]*pou*-[20]*eul* nous-pas-ainsi (nous n'agissons pas ainsi), [21]*tchong* à la fin, [22]*weï* nous serons, [23]*so* (des oiseaux) que, [24]*paï* ils (les hiboux) détruiront (nous serons détruits, exterminés par les hiboux).

[1]衆[2]烏[3]答[4]言。[5]如[6]汝[7]所[8]説。[9]當[10]作[11]何

海上絲綢之路文獻集成 科技與文化编

[12]方。[13]得[14]滅[15]歸[16]賊。[1]*tchong*-[2]*ou* les corbeaux, [3]*ta* répondant, [4]*yen* dirent : [5]*jou* comme, [7]*so* ce que, [6]*jou* vous, [8]*choue* dites (suivant ce que vous dites), [11]*ho* quel, [12]*fang* moyen, expédient, [9]*tang* faut-il, [10]*tso* inventer, [13]*te* (pour) pouvoir, [14]*mie* exterminer, [16]*tse* ces brigands, [15]*tch'eou* abhorrés.

[1]智[2]烏[3]荅[4]言。[5]爾[6]等[7]衆[8]烏。[9]但[10]戡[11]啄[12]我。[13]拔[14]我[15]毛[16]羽。[17]啄[18]破[19]我[20]頭。[21]我[22]當[23]設[24]計。[25]要[26]令[27]殄[28]覆。[2]*ou* le corbeau, [1]*tchi* doué de prudence, [3]*ta* répondant, [4]*yen* dit : [5]*eul*-[6]*teng* vous, [7]*tchong*-[8]*ou* corbeaux, [9]*tan* seulement, [10]*khan*-[11]*tcho* frappez à coups de bec, [12]*ngo* moi (frappez moi, etc.), [13]*p'a* arrachez, [14]*ngo* mes, [15]*mao*-[16]*yu* plumes, [17]*tcho* en me frappant à coups de bec, [18]*p'o* fendez, [19]*ngo*-[20]*theou* ma tête, [21]*ngo* je, [22]*tang* dois, [23]*che* employer, [24]*ki* un *stratagème* ; [25]*yao* je veux, [26]*ling* faire que, [27]*thien*-[28]*fo* ils soient détruits.

[1]卽[2]如[3]其[4]言[5]憔[6]悴[7]形[8]容。[9]向[10]梟[11]穴[12]外[13]而[14]自[15]悲[16]鳴。[1]*tsi* aussitôt, [2]*jou* on se conforma, [3]*khi*-[4]*yen* à ses paroles (on fit ce qu'il avait dit); [7]*hing*-[8]*yong* avec une figure, une mine, [5]*thsiao*-[6]*tsouï* fort triste, [9]*hiang*-[12]*waï* il se présenta en dehors, [11]*hioue* du trou, de la demeure, [10]*hiao* des hiboux, [13]*eul* et, [16]*ming* cria, [14]*tseu*-[15]*peï* en se lamentant (et cria d'un ton plaintif).

[1]梟[2]聞[3]聲[4]已。[5]便[6]出[7]問[8]言。[9]爾[10]今[11]何[12]故[13]破[14]傷[15]頭[16]腦。[17]毛[18]羽[19]毀[20]落。[21]來[22]至[23]我[24]所。[25]悲[26]聲[27]極[28]苦。[29]欲[30]何[31]所[32]說。[1]*hiao* les hiboux, [2]*wen*-[4]*i* ayant entendu ([4]*i* marque du passé), [3]*ching* ses cris, [5]*pien* alors, [6]*tch'ou* sortirent, [7]*wen* et l'interrogeant, [8]*yen* dirent : [9]*eul* vous, [10]*kin* maintenant, [11]*ho*-[12]*kou* pourquoi, [15]*t'eou* avec une tête, [13]*p'o* fendue, [16]*nao* et une cervelle, [14]*chang* blessée, [17]*mao*-[18]*yu* vos plumes, [19]*hoeï*-[20]*lo* étant détruites et tombées, [21]*laï* venez-vous, [22]*tchi* jusqu'à, [23]*ngo*-[24]*so* notre lieu, notre demeure? [25]*peï*-[26]*ching* vos plaintes, [27]*ki* extrêmement, [28]*khou* sont amères ; [30]*ho* quelle (est la chose), [31]*so* que, [29]*yo* vous voulez, [32]*choue* dire, qu'avez-vous à dire?

1 烏 2 語 3 梟 4 言。5 衆 6 烏 7 讎 8 我。9 不 10 得 11 生 12 活。13 故 14 來 15 相 16 投 17 以 18 避 19 怨 20 惡。1*ou* le corbeau, 2*yu* parlant, 3*hiao* aux hiboux, 4*yen* leur dit: 5*tchong*-6*hou* les corbeaux, 7*tch'cou*-8*ngo* m'abhorrent, 9*pou*-10*te* je ne puis, 11*seng*-12*houo* vivre, 13*kou*-14*laï* c'est pourquoi je viens, 15*siang*-16*theou* et ai recours à vous, 17*i* pour, 18*pi* échapper à, 19*youen*-20*ou* leur haine.

1 時 2 梟 3 憐 4 愍 5 欲 6 存 7 養 8 畜。9 衆 10 梟 11 皆 12 言。13 此 14 是 15 怨 16 家 17 不。18 可 19 親 20 近 21 何 22 緣 23 養 24 畜。25 以 26 長 27 怨 28 敵。1*chi* en ce moment, 2*hiao* un hibou, 3*lien*-4*min* eut pitié de lui, 5*yo* et voulut, 6*ths'un* qu'on le conservât, 7*yang*-8*hio* et qu'on le nourrît. 9*tchong*-10*hiao* les (autres) hiboux, 11*kiaï* tous, 12*yen* dirent: 13*thseu* celui-ci, 14*chi* est, 15*youen*-16*kia* un ennemi; 17*pou*-18*kho* il ne convient pas de, il ne faut pas, 19*thsin*-20*kin* l'approcher, 21*ho*-22*youen* pour quelle raison, 23*yang*-24*hio* le nourrir, 25*i* pour, 26*tch'ang* augmenter, 28*ti* (le nombre de nos) ennemis, 27*youen* irrités?

1 時 2 梟 3 答 4 言。5 今 6 以 7 困 8 苦。9 來 10 見 11 投 12 造。13 一 14 身 15 孤 16 單。17 竟 18 何 19 能 20 爲。1*chi* en ce moment, 2*hiao* le hibou, 3*ta* répondant, 4*yen* dit: 5*kin* maintenant, 6*i* parce que, 7*khouen*-8*khou* il est malheureux et souffrant, 9*laï*-10*kien* il vient nous voir, 11*theou*-12*tsao* et a recours à nous (il se réfugie auprès de nous); 13*i*-14*chin* il est seul, 15*kou*-16*tan* et isolé; 17*king* enfin, 18*ho*-19*neng* que peut-il, 20*weï* (nous) faire?

1 遂 2 便 3 畜 4 養。5 恒 6 與 7 殘 8 肉。9 日 10 月 11 轉 12 久。13 毛 14 羽 15 平 16 復。1*souï* aussitôt, 2*pien* alors, 3*hio*-4*yang* ils le nourrirent; 5*heng* constamment, 6*yu* ils lui donnaient, 7*tsan*-8*jo* des restes de viande (les restes de leurs proies); 9*ji* les jours, 10*youeï* et les mois, 11*tch'ouen* en faisant leur révolution, 12*kieou* ayant duré longtemps (après une longue succession de jours et de mois), 13*mao*-14*yu* ses plumes, 15*p'ing* comme auparavant, 16*fo* revinrent.

1 烏 2 詐 3 歡 4 喜。5 做 6 作 7 方 8 計。9 啣 10 乾 11 樹 12 枝 13 幷 14 諸 15 草 16 木。17 著 18 梟 19 穴 20 中。21 似 22 如

[23]報[24]恩。[1]*ou* le corbeau, [2]*tcha* feignit, [3]*houan*-[4]*hi* d'être joyeux; [5]*weï* secrètement, [6]*tso* il imagina, inventa, [7]*fang*-[8]*ki* un stratagème; [9]*hien* il prit dans son bec, [12]*tchi* des petites branches, [11]*chou* d'arbres, [10]*kan* desséchés, [13]*ping* avec, [14]*tchou*-[15]*ts'ao* des herbes, [16]*mo* et (des brins de) bois; [17]*tcho* il les mit, [20]*tchong* au milieu, [19]*hioue* du trou, [18]*hiao* des hiboux, [21]*sse*-[22]*jou* comme si, [23]*pao*-[24]*ngen*, il payait, voulait payer leurs bienfaits.

[1]梟[2]語[3]烏[4]言。[5]何[6]用[7]是[8]爲。[9]烏[10]卽[11]答[12]言。[13]孔[14]穴[15]之[16]中。[17]純[18]是[19]冷[20]石。[21]用[22]此[23]草[24]木。[25]以[26]御[27]風[28]寒。[29]梟[30]以[31]爲[32]爾。[33]默[34]然[35]不[36]答。[1]*hiao* les hiboux, [2]*yu* parlant, [3]*ou* au corbeau, [4]*yen* lui dirent: [5]*ho*-[6]*yong* à quoi sert, [7]*chi* cela, [8]*weï* mot explétif (voyez la Syntaxe, page 116, lin. 29)? [9]*ou* le corbeau, [10]*tsi* aussitôt, [11]*ta* répondant, [12]*yen* dit: [16]*tchong* au milieu, [15]*tchi* du, [13]*khong*-[14]*hioue* trou (de votre demeure), [17]*chun* purement, uniquement, [18]*chi* ce sont, il y a, [20]*chi* des pierres, [19]*ling* froides, [21]*yong* j'emploie, je me sers de, [22]*thseu* ces, [23]*thsao* herbes, [24]*mo* et (brins de) bois, [25]*i* pour, [26]*yu* empêcher, [27]*fong* le vent, [28]*han* et le froid, [29]*hiao* les hiboux, [30]*i*-[31]*weï* pensèrent, [32]*eul* ainsi (le crurent, crurent qu'il disait vrai); [33]*me*-[34]*jen* (restèrent) en silence, [35]*pou*-[36]*ta* et ne répondirent pas.

[1]而[2]烏[3]於[4]是。[5]卽[6]求[7]守[8]穴。[9]詐[10]給[11]使[12]令。[13]用[14]報[15]恩[16]養。[1]*eul* et, [3]*yu*-[4]*chi* là-dessus, alors, [2]*ou* le corbeau, [5]*tsi* aussitôt, [6]*khieou* demanda à, [7]*cheou* garder, [8]*hioue* le trou (la demeure des hiboux); [9]*tcha* il feignait de, [10]*ki*-[11]*sse*-[12]*ling* pourvoir à leurs ordres (s'acquitter de leurs ordres), [13]*yong*-[14]*pao* pour payer (la manière dont), [16]*yang* ils l'avaient nourri, [15]*ngen* par bienfaisance.

[1]時[2]會[3]暴[4]雪。[5]寒[6]氣[7]猛[8]盛。[9]衆[10]梟[11]率[12]爾[13]來[14]集[15]孔[16]中。[1]*chi*-[2]*hoeï* dans cette occasion, dans ce moment, [3]*pao*-[4]*sioue* une neige violente, [8]*ching* fut abondante, tomba en abondance, [5]*han*-[6]*khi* un air froid, [7]*meng* fut cruel (voyez la Syntaxe, page 38, lin. 12), [9]*tchong*-[10]*hiao* tous les hiboux, [11]*so*-[12]*eul* promptement, [13]*laï* vinrent, [14]*tsi* et se rassemblèrent, [15]*k'ong*-[16]*tchong* au milieu de leur trou.

[1]烏[2]得[3]其[4]便。[5]尋[6]生[7]歡[8]喜。[9]啣[10]牧[11]牛[12]人[13]火。[14]用[15]燒[16]梟[17]孔。[18]衆[19]梟[20]一[21]時[22]於[23]孔[24]焚[25]滅。[1]*ou* le corbeau, [2]*te* ayant obtenu, trouvé, [3]*khi*-[4]*pien* sa commodité (l'occasion qu'il cherchait), [5]*thsin* aussitôt, [6]*seng*-[7]*houan*-[8]*hi* éprouva de la joie; [9]*hien* il prit dans son bec, [13]*ho* du feu (un brin de bois enflammé), [12]*jin* des hommes, [10]*mo*-[11]*nieou* qui faisaient paître des bœufs, [14]*yong* et s'en servit, [15]*chao* pour brûler, [17]*khong* le trou, la demeure, [16]*hiao* des hiboux. [18]*tchong*-[19]*hiao* les hiboux, [22]*yu*-[23]*khong* dans leur trou, [20]*i*-[21]*chi* en un moment, [24]*fun* furent brûlés, [25]*mie* et détruits.

XI.

Le Hibou et le Perroquet.

[1]昔[2]時[3]有[4]國[5]王。[6]其[7]名[8]音[9]悅。[10]有[11]鳥[12]名[13]曰[14]鵄[15]梟。[16]來[17]在[18]宮[19]上。[20]看[21]見[22]鸚[23]鵡[24]獨[25]得[26]優[27]寵。[1]*si*-[2]*chi* jadis, [3]*yeou* il y avait, [4]*koue*-[5]*wang* un roi (de l'Inde), [6]*khi*-[7]*ming* son nom était (ou on le nommait), [8]*in*-[9]*youe* celui qui se réjouit des sons, qui aime les sons (*Svaranandî*). [10]*yeou* il y avait, [11]*niao* un oiseau, [12]*ming*-[13]*youe* (qui par son) nom s'appelait, [14]*tho*-[15]*hiao* un hibou (*ouloûka*). [16]*laï* il vint, [17]*tsaï*-[19]*chang* et étant sur le dessus, [18]*kong* du palais, se tenant sur le palais, [20]*khan*-[21]*kien* il vit que, [22]*ing*-[23]*wou* un perroquet, [24]*to* seul, [25]*te* obtenait, [26]*yeou*-[27]*tch'ong* d'abondantes faveurs.

[1]卽[2]問[3]鸚[4]鵡。[5]何[6]緣[7]致[8]此。[9]鸚[10]鵡[11]答[12]言。[13]我[14]來[15]宮[16]上。[17]悲[18]鳴[19]殊[20]好。[21]國[22]王[23]愛[24]敬[25]於[26]我[27]取[28]我[29]常[30]著。[31]左[32]右[33]五[34]色[35]珠[36]璣[37]瓔[38]珞[39]我[40]身。[1]*tsi* aussitôt, [2]*wen* il demanda, [3]*ing*-[4]*wou* au perroquet, [5]*ho*-[6]*youen* par suite de quelle circonstance, [7]*tchi*-[8]*thseu* il était arrivé à cela (s'était

attiré cela), [9]*ing*-[10]*wou* le perroquet, [11]*ta* répondant, [12]*yen* dit: [13]*ngo*-[14]*laï* quand je vins, [15]*kong*-[16]*chang* au-dessus du palais, sur le palais, [17]*peï* - [18]*ming* ma voix plaintive, [19]*tch'ou*-[20]*hao* fut très-belle, très-agréable, fut trouvée très-belle, très-agréable. [21]*koue*-[22]*wang* le roi du royaume, [23]*ngaï*-[24]*king* montra de l'amitié et de l'estime, [25]*yu*-[26]*ngo* à moi, [27]*thsiu*-[28]*ngo* me prenant, [29]*tch'ang* constamment, [30]*tcho* il me plaçait, [31]*tso*-[32]*yeou* à sa gauche ou à sa droite (à ses côtés); [35]*tchou*-[36]*ki* avec des perles, [33]*ou*-[34]*se* de cinq couleurs, [37]*ing*-[38]*lo* il orna d'un collier, [39]*ngo*-[40]*chin* mon corps, (l'expression *ing-lo* collier, a ici, par position, un sens verbal, comme si l'on disait, par impossible: il colliéra mon corps.)

[1]鴟[2]梟[3]聞[4]之[5]懷[6]嫉[7]妒[8]心。[9]卽[10]念[11]言[12]我[13]亦[14]當[15]鳴。[16]令[17]殊[18]於[19]卿[20]國[21]王[22]亦[23]當[24]愛[25]寵[26]我[27]身。[1]*tho*-[2]*hiao* le hibou, [3]*wen*-[4]*tchi* l'ayant entendu (parler ainsi), [5]*hoaï* conçut, [8]*sin* des sentiments, [6]*tsi*-[7]*tou* d'envie (littéralement: [5]*hoaï* il renferma en lui-même, [8]*sin* un cœur, [6]*tsi*-[7]*tou* envieux). [9]*tsi* aussitôt, [10]*nien* pensant, [11]*yen* il dit: [12]*ngo* moi, [13]*i* aussi, [14]*tang* je dois, [15]*ming* faire entendre ma voix, [16]*ling* et faire en sorte que, [17]*tch'ou* je l'emporte, [18]*yu* sur, [19]*khing* votre seigneurie, vous. [21]*wang* le roi, [20]*koue* du royaume, [22]*i* aussi, [23]*tang* devra, [24]*ngaï* aimer, [25]*tch'ong* et combler de faveurs, [26]*ngo*-[27]*chin* ma personne.

[1]時[2]王[3]出[4]臥。[5]鴟[6]梟[7]卽[8]鳴。[9]王[10]卽[11]驚[12]覺。[13]懍[14]然[15]毛[16]豎[17]如[18]畏[19]怖[20]狀。[1]*chi* en ce moment, [2]*wang* le roi, [3]*tch'ou* était sorti, [4]*ngo* et s'était couché, [5]*tho*-[6]*hiao* le hibou, [7]*tsi* aussitôt, [8]*ming* cria, poussa un cri, [9]*wang* le roi, [10]*tsi* aussitôt, [11]*king* effrayé, [12]*kio* s'éveilla; [13]*se*-[14]*jen* par l'effet d'un sentiment d'horreur, [15]*mao* ses poils, [16]*chou* se dressèrent, se hérissèrent, [20]*tchoang* son air, sa mine, [17]*jou* devint comme (celle), [18]*weï*-[19]*pou* (d'un homme) saisi de terreur.

[1]王[2]問[3]左[4]右。[5]此[6]爲[7]何[8]聲。[9]驚[10]動[11]怖[12]我。[13]侍[14]者[15]白[16]言。[17]有[18]惡[19]聲[20]鳥[21]名[22]曰[23]鴟[24]梟。[25]王[26]卽[27]恚[28]曰。[29]促[30]遣。[1]*wang* le roi, [2]*wen* demanda, [3]*tso*-[4]*yeou* aux personnes qui étaient

à sa gauche et à sa droite : [5]*thseu* ce, [8]*ching* cri, [7]*ho-*[6]*weï* quel est il? [9]*king-*[10]*tong* il a ému, [11]*pou* et effrayé, [12]*ngo* moi; [13]*chi-*[14]*tche* ceux qui étaient près, [15]*pe* parlant au roi, [16]*yen* dirent : [17]*yeou* il y a, [20]*niao* un oiseau, [18]*ngo-*[19]*ching* au vilain cri, [21]*ming* par son nom, [22]*youe* il s'appelle, [23]*tho-*[24]*hiao* hibou (ouloûka). [25]*wang* le roi, [26]*tsi* aussitôt, [27]*hoeï* entrant en colère, [28]*youe* dit : [29]*ts'o* hâtez-vous de, [30]*kien* me l'amener.

[1]大[2]衆[3]分[4]布[5]推[6]索。[7]卽[8]得[9]與[10]王。[11]王[12]令[13]左[14]右[15]生[16]拔[17]毛[18]羽。[1]*ta-*[2]*tchong* une grande multitude, des hommes nombreux, [3]*fun* se divisant, [4]*pou* se répandirent (se répandirent de tous côtés), [5]*tch'ouï-*[6]*so* pour le chercher, [7]*tsi* aussitôt, [8]*te* ils l'obtinrent, ils le trouvèrent, [9]*yu* et le donnèrent, [10]*wang* au roi. [11]*wang* le roi, [12]*ling* ordonna, [13]*tso-*[14]*yeou* à ceux qui étaient à sa gauche et à sa droite (à ses côtés), [16]*p'a* d'arracher, [15]*seng* (au hibou) vivant, [17]*mao-*[18]*yu* ses plumes.

[1]擧[2]身[3]大[4]痛。[5]步[6]行[7]而[8]去。[9]到[10]其[11]野[12]田。[13]衆[14]鳥[15]問[16]言。[17]何[18]緣[19]置[20]此。[1]*kiu-*[2]*chin* dans tout son corps, [4]*thong* il souffrit, [3]*ta* grandement, [5]*pou* à pied (avec ses pattes), [6]*hing* il marcha, [7]*eul-*[8]*khiu* et s'en alla. [9]*tao* quand il fut arrivé, [10]*khi-*[11]*ye-*[12]*thien* dans ses champs sauvages, [13]*tchong-*[14]*niao* les oiseaux, [15]*wen* l'interrogeant, [16]*yen* lui dirent : [17]*ho-*[18]*youen* par quelle cause, par suite de quelle circonstance, [19]*tchi* vous êtes-vous attiré, [20]*thseu* cela?

[1]鵄[2]梟[3]瞋[4]恚[5]不[6]責[7]己[8]身。[9]答[10]衆[11]鳥[12]言[13]正[14]坐[1] [15]鸚[16]鵡。[17]故[18]得[19]此[20]患。[1]*tho-*[2]*hiao* le hibou, [3]*tchin-*[4]*hoeï* étant irrité, [5]*pou-*[6]*tsi* ne blâma pas, [7]*ki-*[8]*chin* sa personne (ne rejeta pas la faute sur lui); [9]*ta* répondant, [10]*tchong-*[11]*niao* aux oiseaux, [12]*yen* il dit : [13]*tching-*[14]*tso* on a donné la première place, la place d'honneur, [15]*ing-*[16]*wou* à un perroquet, [17]*kou* c'est pour cela (que), [18]*te* j'ai eu, [19]*thseu-*[20]*hoan* ce malheur.

1 Medhurst : [13]*tching-*[14]*tso*, to sit in the chief place, être assis à la première place, à la place d'honneur. Le mot [14]*tso* s'asseoir, étant placé ici avant [15]*ing-*[16]*wou* qui, par position, en devient le régime direct, nous sommes obligé de rendre [14]*tso* activement (faire asseoir); *tching-tso* faire asseoir à la première place, à la place d'honneur.

海上絲綢之路文獻集成 科技與文化編

1佛 2言 3善 4聲 5招 6福。7惡 8聲 9置 10禍。11罪 12報 13由 14己。15反 16怒 17鸚 18鵡。1*fo*-2*yen* le Bouddha dit : 3*chen*-4*ching* une belle voix, 5*tchao*-6*fo* a appelé le bonheur, 7*ngo*-8*ching* une vilaine voix, 9*tchi*-10*ho* a amené le malheur. 11*tsouï*-12*pao* la rétribution, le châtiment du crime, 13*yeou*-14*ki* est venu de lui; 15*fan* au contraire (au lieu de s'accuser), 16*nou* il est irrité contre, 17*ing*-18*wou* le perroquet.

XII.

Le Religieux, la Colombe, le Corbeau, le Serpent vénimeux et le Cerf.

1昔 2時 3有 4五 5通 6比 7丘。8名 9精 10進 11力。12在 13山 14中 15樹 16下 17閑 18寂 19求 20道。21時 22有 23四 24禽 25依 26附 27左 28右。29常 30得 31安 32隱。1*tsi*-2*ji* autrefois, jadis, 3*yeou* il y avait, 6*pi*-7*khieou* un *bhikchou* (religieux mendiant), 4*ou*-5*thong* doué des cinq facultés surnaturelles (pañtchâbhidjñâs), 8*ming* nommé, 9*thsing*-10*thsin*-11*li* vîryabala[1], 12*tsaï* il demeurait, 13*chan*-14*tchong* au milieu d'une montagne, sur une montagne, 15*chou*-16*hia* au bas, au-dessous d'un arbre; 17*hien*-18*tsi* il se tenait en silence, 19*khieou* cherchant (à obtenir), 20*tao* l'intelligence (*bôdhi*). 21*chi* en ce moment, 22*yeou* il y avait, 23*sse* quatre, 24*khin* animaux, 25*i*-26*fou* qui avaient mis leur confiance en lui, 27*tso*-28*yeou* et restaient à sa gauche et à sa droite, c'est-à-dire à ses côtés, 29*tch'ang* constamment, 30*te* il pouvait, 31*ngan*-32*wen* être en repos, jouir du repos.

1一 2者 3鴿。4二 5者 6烏。7三 8者 9毒 10蛇。11四

1) Le dictionnaire bouddhique *Fan-i-ming-i-tsi* (liv. 10, fol. 11) explique l'expression *pi-li-ye (virya)* par 9*thsing*-10*thsin*; le mot *li* répond à *bala*. Les trois mots chinois signifient littéralement : avec énergie-s'avancer-force, c'est-à-dire : celui qui a de la force pour s'avancer avec ardeur (dans la pratique de la vertu).

[12]者 [13]鹿。[14]四 [15]禽 [16]者 [17]晝 [18]行 [19]求 [20]食。[21]暮 [22]則 [23]還 [24]宿。[1]*i*-[2]*tche* le premier (était), [3]*ko* une colombe; [4]*eul*-[5]*tche* le deuxième, [6]*ou* un corbeau; [7]*san*-[8]*tche* le troisième, [9]*to*-[10]*che* un serpent vénimeux; [11]*sse*-[12]*tche* le quatrième, [13]*lou* un cerf. [16]*tche* les, [14]*sse* quatre, [15]*khin* animaux, [17]*cheou* pendant le jour, [18]*hing* allaient, [19]*khieou* chercher, [20]*chi* des aliments, leur nourriture; [21]*mou* le soir, [22]*tse* alors, [23]*hoan* ils revenaient, [24]*so* pour se reposer ou passer la nuit.

[1]一 [2]夜 [3]自 [4]相 [5]問 [6]言。[7]世 [8]間 [9]之 [10]苦 [11]何 [12]者 [13]爲 [14]重。[1]*i*-[2]*ye* une nuit, pendant une nuit, [3]*tseu*-[4]*siang*-[5]*wen* s'interrogeant mutuellement, [6]*yen* dirent : [10]*khou* (parmi) les souffrances, [7]*chi*-[8]*kien*-[9]*tchi* de l'intérieur du monde (qu'on éprouve dans le monde), [11]*ho*-[12]*tche* quelle, [13]*weï* est, [14]*tchong* grave, la plus grave, la plus grande?

[1]烏 [2]言 [3]饑 [4]渴 [5]最 [6]苦。[7]饑 [8]渴 [9]之 [10]時。[11]身 [12]羸 [13]目 [14]冥 [15]神 [16]識 [17]不 [18]寧。[19]投 [20]身 [21]羅 [22]網。[23]不 [24]顧 [25]鋒 [26]刃。[27]我 [28]等 [29]喪 [30]身 [31]莫 [32]不 [33]由 [34]之。[35]以 [36]此 [37]言 [38]之。[39]饑 [40]渴 [41]爲 [42]苦。[1]*ou* le corbeau, [2]*yen* dit : [3]*ki* la faim, [4]*kho* et la soif, [5]*tsouï* extrêmement, [6]*khou* font souffrir. [10]*chi* dans le temps, [9]*tchi* de, [7]*ki* la faim, [8]*kho* et de la soif (quand on a faim et soif), [11]*chin* le corps, [12]*louï* maigrit, [13]*mo* les yeux, [14]*ming* s'obscurcissent, [15]*chin* l'esprit, [16]*chi* et l'intelligence, [17]*pou*-[18]*ning* ne sont pas en repos (sont troublés); [19]*theou*-[20]*chin* nous jetons notre corps, nous nous jetons dans, [21]*lo*-[22]*wang* des filets, [23]*pou*-[24]*kou* nous ne faisons pas attention, [25]*fong* à la pointe, [26]*jin* ou au tranchant des armes. [27]*ngo*-[28]*teng* (quand) nous, [29]*sang*-[30]*chin* perdons la vie, (dans ce malheur) [31]*mo* (il n'y a) rien, [32]*pou*-[33]*yeou* qui ne vienne de, [34]*tchi* cela[1], [35]*i*-[36]*thseu* à cause de cela, [37]*yen* j'ai dit, [38]*chi* ceci : [39]*ki* la faim, [40]*kho* la soif, [41]*weï* sont, [42]*khou* une souffrance.

[1]鴿 [2]言 [3]婬 [4]欲 [5]最 [6]苦。[7]色 [8]欲 [9]熾 [10]盛。[11]無 [12]所 [13]顧 [14]念。[15]危 [16]身 [17]滅 [18]命。[19]莫 [20]不 [21]由

1 C'est-à-dire : Notre mort n'a pas d'autre cause.

[22]之。[1]*ko* la colombe, [2]*yen* dit : [3]*yu*-[4]*yo* les désirs impudiques, [5]*tsouï* extrêmement, [6]*khou* font souffrir ; [7]*se*-[8]*yo* les désirs amoureux, [9]*t'chi* étant enflammés, [10]*ching* et étant dans leur force, [11]*wou* il n'y a rien, [12]*so* que, [13]*kou* l'on considère, [14]*nien* et à quoi l'on pense (on ne fait attention à rien, on ne pense à rien) ; [15]*weï* on expose au danger, [16]*chin* son corps, [17]*mie* on détruit, [18]*ming* sa vie ; (dans ce malheur) [19]*mo* il n'y en a rien, [20]*pou*-[21]*yeou*-[22]*tchi* qui ne vienne de cela.

[1]毒[2]蛇[3]言。[4]瞋[5]恚[6]最[7]苦。[8]毒[9]意[10]一[11]起。[12]不[13]避[14]親[15]疎[16]亦[17]能[18]殺[19]人。[20]復[21]能[22]自[23]殺。[2]*che* le serpent, [1]*to* vénimeux, [3]*yen* dit : [4]*tch'in*-[5]*hoeï* la colère, [6]*tsouï* extrêmement, [7]*khou* cause de la souffrance, [9]*i* (quand) une pensée, [8]*to* vénimeuse (méchante, cruelle), [10]*i*-[11]*khi* a une fois surgi, [12]*pou*-[13]*pi* sans fuir (éviter, épargner), [14]*thsin* ses parents proches, [15]*sou* ou ses parents éloignés, [16]*i* aussi, [17]*neng* on peut, [18]*cha* tuer, [19]*jin* un homme ; [20]*feou* et en recommençant, [21]*neng* on est capable de, [22]*tseu*-[23]*cha* se tuer soi-même.

[1]鹿[2]言[3]驚[4]怖[5]最[6]苦。[7]我[8]在[9]林[10]野。[11]心[12]恆[13]怵[14]惕[15]畏[16]懼。[17]獵[18]師[19]及[20]諸[21]豺[22]狼[23]髣[24]髴[25]有[26]聲。[27]奔[28]投[29]坑[30]岸。[31]母[32]子[33]相[34]損。[35]肝[36]膽[37]悼[38]悸。[39]以[40]此[41]言[42]之。[43]驚[44]怖[45]爲[46]苦。[1]*lou* le cerf, [2]*yen* dit : [3]*king*-[4]*pou* l'effroi, [5]*tsouï* extrêmement, [6]*khou* cause de la souffrance, [7]*ngo*-[8]*tsaï* quand nous sommes dans, [9]*lin* un bois, [10]*ye* ou une plaine sauvage, [11]*sin* nos cœurs, [12]*heng* constamment, [13]*tch'ou*-[14]*thi* sont alarmés, [15]*weï*-[16]*kiu* et sont effrayés. [17]*lie*-[18]*sse* les chasseurs, [19]*ki* et, avec, [20]*tchou*-[21]*tch'aï*-[22]*lang* les loups, [23]*fang*-[24]*fo* nous semblent, [25]*yeou*-[26]*ching* faire entendre leurs cris. [27]*pun* nous fuyons, [28]*theou* nous nous jetons, [29]*khang* dans des fosses, [30]*ngan* et du bord des montagnes. [31]*Mou* la mère, [32]*tseu* et les enfants, [33]*siang* mutuellement, [34]*youen* s'abandonnent ; [35]*kan*-[36]*tan* (leur) fiel et leur foie, [37]*tao*-[38]*ki* sont agités par la crainte, [39]*i*-[40]*thseu* à cause de cela, [41]*yen*-[42]*tchi* j'ai dit ceci : [43]*king*-[44]*pou* l'effroi, [45]*weï* est, [46]*khou* une souffrance, une cause de souffrance.

[1]比[2]丘[3]聞[4]之。[5]卽[6]荅[7]之[8]曰。[9]汝[10]等[11]所

[12]論 [13]是 [14]其 [15]末 [16]耳。[17]不 [18]究 [19]苦 [20]本。[21]天 [22]下 [23]之 [24]苦 [25]無 [26]過 [27]有 [28]身。[29]身 [30]爲 [31]苦 [32]器。[33]憂 [34]畏 [35]無 [36]量。[1]*pi*-[2]*khieou* le religieux, [3]*wen*-[4]*tchi* ayant entendu cela, [5]*tsi* aussitôt, [6]*ta*-[7]*tchi* leur répondant, [8]*youe* dit : [11]*so* ce sur quoi, [9]*jou*-[10]*teng* vous, [12]*lun* raisonnez, [13]*chi* c'est, [16]*eul* seulement, ce n'est que, [15]*mo* l'accessoire, la cause accessoire, [14]*khi* de cela (de la souffrance) ; [17]*pou*-[18]*kieou* vous n'avez pas recherché à fond, [20]*pen* la racine, la cause première, [19]*khou* de la souffrance, de la douleur. [24]*khou* (parmi) les souffrances, [23]*tchi* de, [21]*thien*-[22]*hia* l'empire, du monde, qui existent dans le monde, [25]*wou* il n'y en a pas, [26]*kouo* qui l'emporte sur, qui soit plus grande que, [27]*yeou*-[28]*chin* (celle) d'avoir un corps. [29]*chin* le corps, [30]*weï* est, [32]*khi* l'instrument, [31]*khou* de la souffrance ; (à cause de lui), [33]*yeou* nos chagrins, [34]*weï* et nos craintes, [35]*wou*-[36]*liang* n'ont pas de mesure, sont sans bornes, immenses, infinis.

XIII.

Le Laboureur et le Perroquet.

[1]雪 [2]山 [3]之 [4]中。[5]有 [6]一 [7]鸚 [8]鵡。[9]父 [10]母 [11]都 [12]盲。[13]常 [14]取 [15]好 [16]花 [17]果 [18]先 [19]奉 [20]父 [21]母。
[4]*tchong* au milieu, [3]*tchi* de, des, [1]*sioue*-[2]*chan* montagnes neigeuses, [5]*yeou* il y avait, [6]*i* un, [7]*ing*-[8]*wou* perroquet. [9]*fou*-[10]*mou* son père et sa mère, [11]*tou* ensemble, tous deux, [12]*mong* étaient aveugles, [13]*tch'ang* constamment, [14]*thsiu* il recueillait, [15]*hao*-[16]*hoa* de belles fleurs, [17]*ko* et (de beaux) fruits, [18]*sien* et d'abord, [19]*fong* les offrait, [20]*fou*-[21]*mou* à son père et à sa mère.

[1]時 [2]有 [3]一 [4]田 [5]主。[6]初 [7]種 [8]穀 [9]時 [10]而 [11]作 [12]願 [13]言。[14]所 [15]種 [16]之 [17]穀 [18]要 [19]與 [20]衆 [21]生 [22]而 [23]共 [24]噉 [25]食。[1]*chi* à cette époque, [2]*yeou* il y avait, [3]*i*-[5]*tchou* un maître, [4]*thien* d'un champ. [9]*chi* dans le temps où, lors-

海上絲綢之路文獻集成 科技與文化编

que, 6*thsou* il commença, 7*tchong* à semer, 8*ko* des grains, 10*eul* particule explétive, 11*tso* faisant, formant, 12*youen* un vœu, 13*yen* il dit : 17*ko* les grains, 14*so* que, 15*tchong* je sème, 16*tchi* particule relative, 18*yao* je veux, 19*yu* les donner, 20*tchong*-21*seng* aux êtres vivants, 22*eul* et, 23*kong* les leur fournir, 24*thun*-25*chi* (pour qu'ils les) mangent.

1時 2鸚 3鵡 4子 5以 6彼。7田 8主 9先 10有 11施 12心。13卽 14常 15於 16田 17採 18取 19稻 20穀 21以 22供 23父 24母。1*chi* alors, 4*tseu* le fils, 2*ing*-3*wou* des (deux) perroquets, 5*i* parce que, 6*pi* ce, 8*tchou* maître, 7*thien* du champ, 9*sien* d'abord, 10*yeou* avait eu, 11*chi*-12*sin* l'intention de faire l'aumône, 13*tsi* aussitôt, 14*tch'ang* constamment, 15*yu*-16*thien* dans le champ, 17*thsaï* recueillait, 18*thsiu* et prenait, 20*ko* des grains, 19*tao* de riz, 21*i* pour, 22*kong* nourrir, 23*fou*-24*mou* son père et sa mère.

1是 2時 3田 4主 5安 6行 7於 8苗 9稼。10見 11諸 12鳥。13揃 14穀 15穗 16處。17瞋 18恚 19懊 20惱 21便 22設 23羅 24網 25捕 26得 27鸚 28鵡。1*chi*-2*chi* en ce moment, 3*thien*-4*tchou* le propriétaire du champ, 5*ngan* tranquillement, 6*hing* marchait, 7*yu* dans, parmi, 8*miao*-9*kia* les plants de riz. 10*kien* ayant vu, 16*tch'ou* un endroit où, 11*tchou* les, 12*niao* oiseaux, 13*tsien* avaient coupé, détruit, 15*souï* des épis, 14*ko* de grains. 17*tch'in*-18*hoeï* il entra en colère, 19*ngao*-20*nao* et se sentit indigné, 21*pien* alors, 22*che* il plaça, 23*lo*-24*wang* un filet, 25*pou*-26*te* et prit, 27*ing*-28*wou*, le perroquet.

1鸚 2鵡 3子 4言。5田 6主 7先 8有 9好 10心。11施 12物 13無 14悋 15由 16是。17之 18故 19我 20敢。21來 22採 23取 21稻 25穀。26如 27何 28今 29者 30而 31見 32網 33捕。3*tseu* le fils, 1*ing*-2*wou* des (deux) perroquets, 4*yen* dit : 5*thien*-6*tchou* le maître du champ, 7*sien* d'abord, 8*yeou* avait eu, 9*hao*-10*sin* une bonne intention ; 11*chi* il faisait l'aumône (il promettait de faire l'aumône), 12*wou* aux êtres, aux créatures, 13*wou*-14*lien* sans être avare. 15*yeou*-16*kou* par la raison, 17*tchi* de, 16*chi* cela, pour cette raison, 19*ngo* je, 20*kan* ai osé, 21*laï* venir,

22*thsaï* cueillir, 23*thsiu* et prendre, 24*tao*-25*ko* des grains de riz, 26*jou*-27*ho* comment, comment se fait-il que, 28*kin*-29*tche* maintenant, 30*eul* particule auxiliaire, 31*kien* je me voie, 32*wang* dans un filet, 33*pou* pris?

1且 2田 3者 4如 5母。6種 7子 8如 9父。10實 11語 12如 13子。14田 15主 16如 17王 18擁 19護 20由 21己。1*tsie* particule initiale, explétive, 2*thien*-3*tche* le champ, 4*jou* est comme, 5*wou* une mère, 6*tchong*-7*tseu* les grains qu'on sème, 8*jou*-9*fou* (sont) comme un père, 10*chi*-11*yu* des paroles vraies, 12*jou*-13*tseu* (sont) comme des fils (sic), 14*thien*-15*tchou* le maître du champ, 16*jou*-17*wang* est comme un roi, 18*yong*-19*hou* la protection (des fils), 20*yeou*-21*ki* dépend de lui.

1田 2主 3歡 4喜。5問 6鸚 7鵡 8言。9汝 10取 11此 12穀。13竟 14復 15為 16誰。17鸚 18鵡 19答 20言。21有 22盲 23父 24母。25願 26奉 27之。1*thien*-2*tchou* le maître du champ, 3*houan*-4*hi* fut réjoui; 5*wen* interrogeant, 6*ing*-7*wou* le perroquet, 8*yen* il lui dit: 9*jou* vous, 10*thsiu* prenez, 11*thseu*-12*ko* ces grains, 13*king* finalement, 14*fo* répondez-moi, 15*weï* pour, 16*choui* qui? 17*ing*-18*wou* le perroquet, 19*ta* répondant, 20*yen* dit: 21*yeou* j'ai, 23*fou*-24*mou* un père et une mère, 22*mong* aveugles; 25*youen* je désire, 26*fong*-27*tchi* les leur offrir.

1田 2主 3嘉 4美 5其 6孝 7而 8放 9之。1*thien*-2*tchou* le maître du champ, 3*kia*-4*weï* loua, 5*ki*-6*hiao* sa piété filiale, 7*eul* et, 8*fang*-9*tchi* le mit en liberté.

XIV.

Le Roi et les Chevaux accoutumés à tourner la meule.

1西 2方 3有 4一 5國 6王。7素 8無 9馬 10減 11損 12國 13藏。14四 15出 16推 17求。18買 19得 20五 21百

[22]匹 [23]馬 [24]以 [25]防 [26]外 [27]敵 [28]足 [29]以 [30]安 [31]國。 [1]*si*-[2]*fang* dans un pays d'occident, [3]*yeou* il y avait, [4]*i* un, [6]*wang* roi, [5]*koue* d'un royaume qui, [7]*sou* ordinairement, [8]*wou* n'avait pas, [9]*ma* de chevaux. [10]*kien*-[11]*sun* diminuant, [13]*thsang* le trésor, [12]*koue* du royaume, [14]*sse* aux quatre (côtés), de tous côtés[1], [15]*tch'ou* on sortit, on alla, [16]*tch'ouï*-[17]*khieou* en chercher. [18]*Maï*-[19]*te* en achetant, on obtint, [20]*ou*-[21]*pe* cinq cents, [22]*pi*-[23]*ma* chevaux, ([22]*pi* caractère numérique des chevaux), [24]*i* pour, [25]*fang* s'opposer, résister, [27]*ti* aux ennemis, [26]*waï* extérieurs, [28]*tso* et suffire (avoir assez de force), [29]*i* pour, [30]*ngan*-[31]*koue* donner la paix à, assurer la paix à son royaume.

[1]養 [2]馬 [3]旣 [4]久。[5]國 [6]中 [7]無 [8]事。[9]王 [10]便 [11]思 [12]惟 [13]五 [14]百 [15]馬 [16]食 [17]用 [18]不 [19]少。[20]飼 [21]養 [22]煩 [23]勞 [24]無 [25]益 [26]國 [27]事。 [3]*ki* après que, [1]*yang*-[2]*ma* l'action de nourrir les chevaux (τὸ nutrire equos), [4]*kieou* eut duré longtemps, (comme) [5]*koue*-[6]*tchong* dans le royaume, [7]*wou* il n'y avait pas, [8]*sse* d'affaires *fâcheuses*[2], c'est-à-dire : comme on n'avait à craindre aucun danger, [9]*wang* le roi, [10]*pien* alors, [11]*sse*-[12]*weï* pensa (et se dit) : [16]*sse*-[17]*yong* les dépenses de nourriture, pour la nourriture, [13]*ou*-[14]*pe* de cinq cents, [15]*ma* chevaux, [18]*pou*-[19]*chao* ne sont pas petites (sont considérables), [20]*sse* - [21]*yang* (le soin de) les nourrir, [22]*fan*-[23]*lao* cause du tracas et de la fatigue ; [24]*wou*-[25]*i* ils ne sont pas utiles, [26]*koue*-[27]*sse* aux affaires du royaume.

[1]便 [2]勅 [3]所 [4]典 [5]掩 [6]眼 [7]令 [8]磨。[9]可 [10]得 [11]自 [12]食。[13]不 [14]損 [15]國 [16]藏。 [1]*pien* alors, [2]*tch'i* il ordonna, [3]*so* à celui qui, [4]*tien* en était chargé (à l'intendant des écuries), [5]*yen* de couvrir, [6]*yen* leurs yeux, [7]*ling*-[8]*mo* et de les faire moudre (tourner des meules de moulins), [9]*kho* pour qu'ils pussent, [10]*te* obtenir de, [11]*tseu*-[12]*chi* manger par eux-mêmes (gagner leur nour-

1 C'est-à-dire : au midi et au nord, à l'est et à l'ouest.

2 C'est là le sens habituel de l'expression *wou-sse*. L'expression inverse *yeou-sse* 有事 *have business*, expresses, dit Morrison (Dict. chin. part. 11, No. 9643) either being engaged, or there is some unpleasant affair going on.

riture), [13]*pou*-[14]*sun* et qu'ils ne diminuassent pas, [16]*thsang* le trésor, [15]*koue* du royaume.

[1]馬[2]磨[3]既[4]久。[5]習[6]於[7]旋[8]迴。[9]忽[10]然[11]鄰[12]國[13]興[14]兵[15]入[16]境。[17]王[18]便[19]約[20]勑[21]鞁[22]馬[23]具[24]裝[25]勇[26]將[27]乘[28]騎[29]如[30]戰[31]鬭[32]法。[33]鞭[34]馬[35]向[36]陣[37]欲[38]直[39]前[40]入。[3]*ki* quand, [2]*mo* l'action de moudre, [1]*ma* des chevaux (equorum τὸ molere), [4]*kieou* eut duré longtemps, quand les chevaux eurent longtemps tourné la meule, [5]*si* ils s'accoutumèrent, [6]*yu* à, [7]*siouen*-[8]*hoeï* tourner en rond, à marcher circulairement, [9]*ho*-[10]*jen* tout à coup, [11]*lin*-[12]*koue* un royaume voisin, le prince d'un royaume voisin, [13]*hing*-[14]*ping* leva des soldats, [15]*ji* et entra dans, [16]*king* les frontières, [18]*pien* alors, [17]*wang* le roi, [19]*yo*-[20]*tch'i* ordonna, [21]*pi* de couvrir de housses, [22]*ma* les chevaux, [23]*kiu*-[24]*tchoang* et de les harnacher, leur mettre un harnais; (il ordonna) [25]*yong* à de braves, [26]*tsiang* commandants, [27]*ching*-[28]*khi* de monter à cheval, [29]*jou* et conformément à, [32]*fa* la manière, [30]*tchen*-[31]*teou* de combattre, [33]*pien*-[34]*ma* de fouetter les chevaux, [35]*hiang* pour qu'ils se dirigeassent vers, [36]*tch'in* les bataillons (opposés), [37]*yo* dans le désir de, [38]*tchi* tout droit, [39]*thsien* s'avancer, [40]*ji* et y entrer.

[1]馬[2]得[3]鞭[4]盡[5]旋[6]迴[7]走[8]無[9]向[10]敵[11]意。[1]*ma* les chevaux, [2]*te* ayant obtenu, reçu, [3]*pien* le fouet, des coups de fouets, [4]*tsin* complètement (tous), [7]*tseou* coururent, [5]*siouen*-[6]*hoeï* en tournant, [8]*wou* n'ayant pas, [11]*i* l'intention, [9]*hiang* de se diriger vers, [10]*ti* les ennemis.

[1]鄰[2]賊[3]見[4]之[5]知[6]無[7]所[8]能。[9]卽[10]便[11]直[12]前[13]大[14]破[15]王[16]軍。[2]*tse* les ennemis, [1]*lin* voisins, [3]*kien* voyant, [4]*tchi* eux les ayant vus, [5]*tchi* surent, reconnurent que, [6]*wou* il n'y avait rien, [7]*so* que, [8]*neng* ils pussent (faire), c'est-à-dire qu'ils n'étaient bons à rien, [10]*pien* alors, [9]*tsi* aussitôt, [11]*tchi* directement, [12]*thsien* ils s'avancèrent, et [13]*ta* grandement, complètement, [14]*p'o* écrasèrent, détruisirent, [15]*wang*-[16]*kiun* l'armée du roi.

[1]以[2]是[3]故[4]知[5]欲[6]求[7]善[8]果[9]報。[10]臨[11]命[12]終[13]時。[14]心[15]馬[16]不[17]亂。[18]則[19]得[20]隨[21]意

[22]往。[23]不[24]可[25]不[26]先[27]調[28]直。[1]*i*-[3]*kou* par la raison, [2]*chi* de cela, par suite de cela, [4]*tchi* on connaît, on apprend que, [5]*yo* quand l'on désire, [6]*khieou* demander (et obtenir), [9]*pao* la récompense, [7]*chen*-[8]*ko* des bonnes œuvres, [13]*chi* dans le temps où, lorsque, [10]*lin* on approche, [12]*tchong* de la fin, [11]*ming* de la vie, [14]*sin*-[15]*ma* si le cheval du cœur, [16]*pou*-[17]*louen* n'est pas turbulent, [18]*tse* alors, [19]*te* il peut, [20]*souï* suivant, [21]*i* notre volonté, [22]*wang* aller, marcher; [23]*pou*-[24]*kho* il ne faut pas, [25]*pou* ne pas (c'est-à-dire: il faut), [26]*sien* d'avance, [27]*thiao* le calmer, [28]*tchi* et le dresser.

[1]若[2]不[3]先[4]調[5]直[6]心[7]馬[8]者[9]死。[10]賊[11]卒[12]至。[1]*jo* si, [2]*pou*-[4]*thiao* vous n'avez pas calmé, [5]*tchi* et dressé, [3]*sien* d'avance, [8]*tche* le, [6]*sin*-[7]*ma* le cheval du cœur, [9]*sse* il périt, [10]*tse*-[11]*souï* et les soldats ennemis, [12]*tchi* arrivent.

[1]心[2]馬[3]盤[4]迴[5]終[6]不[7]如[8]意。[9]猶[10]如[11]王[12]馬[13]不[14]能[15]破[16]賊[17]保[18]全[19]其[20]國。[1]*sin*-[2]*ma* si le cheval du cœur, [3]*p'an*-[4]*hoeï* tourne en rond (c'est-à-dire: s'abandonne à des mouvements désordonnés), [5]*tchong* et jusqu'à la fin, [6]*pou*-[7]*jou* n'obéit pas, [8]*i* à votre volonté, [9]*yeou*-[10]*jou* il ressemble, [11]*wang*-[12]*ma* aux chevaux du roi, [13]*pou*-[14]*neng* qui ne purent, [15]*p'o*-[16]*tse* écraser les ennemis, [17]*pao*-[18]*thsiouen* et conserver (sauver), [19]*khi* son, [20]*koue* royaume.

[1]是[2]以[3]道[4]人[5]善[6]心[7]不[8]可[9]不[10]常[11]在[12]於[13]胷[14]心。[1]*chi*-[2]*i* c'est-pourquoi, [3]*tao*-[4]*jin* (pour ce qui regarde) un religieux, [5]*chen*-[6]*sin* les sentiments vertueux, [7]*pou*-[8]*kho*-[9]*pou* ne doivent pas ne pas (c'est-à-dire doivent), [10]*tch'ang* constamment, [11]*tsaï* être, [12]*yu* dans, [13]*hiong*-[14]*sin* son esprit et son cœur.

XV.

Le Roi qui envoie acheter le malheur.

[1]昔[2]有[3]一[4]國。[5]五[6]穀[7]熟[8]成。[9]人[10]民[11]安[12]寧。[13]無[14]有[15]疾[16]病。[17]晝[18]夜[19]樂[20]秦。[21]人

22*

[22]無 [23]懮 [24]惱。[1]*si* jadis, [2]*yeou* il y avait, [3]*i* un, [4]*koue* royaume où, [5]*ou*-[6]*ko* les cinq espèces de grains, [7]*cho*-[8]*tch'ing* mûrissaient. [9]*jin*-[10]*min* le peuple, [11]*ngan*-[12]*ning* était en paix; [13]*wou*-[14]*yeou* il n'avait pas, [15]*tsi*-[16]*ping* de maladies, [17]*cheou*-[18]*ye* jour et nuit, [19]*yo*-[20]*tseou* la musique était exécutée (on entendait la musique), [21]*jin* les hommes, [22]*wou* n'avaient pas, [23]*yeou* de chagrins, [24]*nao* (ni) de tourments d'esprit.

[1]王 [2]問 [3]羣 [4]臣。[5]我 [6]聞 [7]天 [8]下 [9]有 [10]禍。[11]何 [12]類。[13]荅 [14]曰 [15]臣 [16]亦 [17]不 [18]見。[19]王 [20]便 [21]使 [22]一 [23]臣 [24]至 [25]於 [26]隣 [27]國。[28]求 [29]覓 [30]買 [31]之。[1]*wang* le roi, [2]*wen* interrogea, [3]*kiun*-[4]*tch'in* ses ministres (et leur dit) : [5]*ngo*-[6]*wen* j'ai entendu dire que, [7]*thien*-[8]*hia* dans l'empire, dans le monde, [9]*yeou* existe, il y a, [10]*ho* le malheur, [11]*ho* à quoi, [12]*louï* est-il semblable, ressemble-t-il? [13]*ta* répondant, [14]*youe* ils dirent : [15]*tch'in* (nous, vos) ministres, [16]*i* aussi, [17]*pou*-[18]*kien* ne l'avons pas vu. [19]*wang*-[20]*pien* le roi aussitôt, [21]*sse* envoya, [22]*i*-[23]*tch'in* un ministre, [24]*tchi* qui se rendit, [25]*yu* dans, [27]*koue* un royaume, [26]*lin* voisin, ou dans les royaumes voisins, [28]*khieou*-[29]*mi* pour le chercher et, [30]*maï*-[31]*tchi* l'acheter.

[1]天 [2]神 [3]則 [4]化 [5]作 [6]一 [7]人 [8]於 [9]市 [10]中 [11]賣 [12]之。[13]狀 [14]類 [15]如 [16]猪 [17]持 [18]鐵 [19]鏁 [20]繫 [21]縛 [22]賣 [23]之。[3]*tse* alors, [1]*thien*-[2]*chin* un esprit du ciel, [4]*hao* se métamorphosa, [5]*tso* et devint, [6]*i*-[7]*jin* un homme *qui*, [8]*yu* dans, [9]*chi*-[10]*tchong* le milieu d'un marché, dans un marché, [11]*maï*-[12]*tchi* le vendait; [13]*tchoang* par sa forme, [14]*louï*-[15]*jou* il ressemblait à, [16]*tchou* une truie, [17]*tchi* la tenant, [20]*hi*-[21]*fo* attachée, [18]*thie*-[19]*so* avec une chaîne de fer, [22]*maï*-[23]*tchi* il la vendait, l'offrait en vente.

[1]臣 [2]問 [3]此 [4]名 [5]何 [6]等。[7]荅 [8]曰 [9]禍 [10]母。[11]臣 [12]曰 [13]賣 [14]不 [15]荅 [16]曰 [17]賣。[18]問 [19]索 [20]幾 [21]錢 [22]荅 [23]曰 [24]千 [25]萬。[26]問 [27]曰 [28]此 [29]食 [30]何 [31]等 [32]荅 [33]曰 [34]食 [35]針 [36]一 [37]升。[1]*tch'in* le ministre, [2]*wen* demanda : [3]*thseu* de cet animal, [4]*ming* le nom, [5]*ho*-[6]*teng* de quelle espèce (est-il), comment se nomme cet animal? [7]*ta*-[8]*youe* répondant, il dit : [9]*ho*-[10]*mou* la mère du malheur, ou le malheur femelle.

海上絲綢之路文獻集成 科技與文化編

[11]*tch'in*-[12]*youe* le ministre demanda : [13]*maï*-[14]*pou* le vendez-vous ou non? [15]*ta*-[16]*youe* répondant, il dit : [17]*maï* je le vends. [18]*wen* il demanda : [20]*kï* combien, [21]*tsien* de pièces d'argent, [19]*so* en demandez-vous? [22]*ta* répondant, [23]*youe* il dit : [24]*thsien*-[25]*wan* mille fois dix mille (dix millions), [26]*wen*-[27]*youe* interrogeant, il dit : [28]*thseu* cet (animal), [30]*ho*-[31]*teng* quelle espèce (de choses), [29]*chi* mange-t-il? [32]*ta*-[33]*youe* il répondit : [34]*chi* il mange, [36]*i*-[37]*ching* un ching (un litre), [35]*tchin* d'aiguilles.

[1]臣[2]使[3]家[4]家[5]發[6]求[7]覔[8]針。[9]如[10]是[11]人[12]民[13]兩[14]兩[15]三[16]三[17]相[18]捧。[1]*tch'in* le ministre, [2]*pien* aussitôt, [3]*kia*-[4]*kia* dans toutes les maisons, [5]*fa* envoya (des hommes), [6]*khieou*-[7]*mi* pour chercher, [8]*tchin* des aiguilles. [9]*jou*-[10]*chi* de cette manière, [11]*jin*-[12]*min* les gens du peuple, [13]*liang*-[14]*liang* deux par deux, [15]*san*-[16]*san* trois par trois, [17]*siang*-[18]*fong* leur en offrirent.

[1]求[2]針[3]使[4]諸[5]郡[6]縣[7]處[8]處[9]擾[10]亂。[11]百[12]姓[13]所[14]在[15]之[16]處[17]患[18]毒[19]無[20]聊。[1]*khieou* en cherchant, [2]*tchin* des aiguilles, [3]*sse* ils faisaient que, [4]*tchou* les, [5]*kiun* principautés, [6]*hien* et les districts, [7]*tch'ou*-[8]*tch'ou* en tous lieux, [9]*jao*-[10]*louen* fussent agités et troublés; [11]*pe*-[12]*sing* le peuple, [16]*tch'ou* dans les lieux, [13]*so*-[14]*tsaï* où il se trouvait ([15]*tchi* particule relative), [17]*hoan* souffrait, [18]*to* de ce malheur, [19]*wou*-[20]*liao* et restait sans appui, sans secours.

[1]臣[2]白[3]王[4]曰。[5]雖[6]得[7]禍[8]母[9]致[10]使[11]民[12]亂[13]男[14]女[15]失[16]業。[17]欲[18]殺[19]棄[20]之[21]未[22]審[23]許[24]不。[1]*tch'in* le ministre, [2]*pe* s'adressant, [3]*wang* au roi, [4]*youe* dit : [5]*souï* quoique, [6]*te* j'aie obtenu, trouvé, [7]*ho*-[8]*mou* la mère du malheur (ou le malheur femelle); [9]*tchi*-[10]*sse* j'ai fait que (cela a été cause que), [11]*min* le peuple, [12]*louen* a été troublé, [13]*nan*-[14]*niu* et que les hommes et les femmes (fuyant épouvantés), [15]*chi*-[16]*nie* ont perdu leur profession, le métier qui les faisait vivre, [17]*yo* je voudrais, [18]*che* la tuer, [19]*khi*-[20]*tchi* et l'abandonner; [21]*weï*-[22]*chin* je n'ai pas encore examiné si, j'ignore si (le roi), [23]*hiu* le permettra, [24]*pou* ou non.

[1]王[2]言[3]大[4]善。[5]便[6]於[7]城[8]外。[9]將[10]殺[11]刺[12]硬[13]不[14]入[15]斫。[16]則[17]不[18]傷[19]割[20]而[21]不[22]死。[1]*wang* le roi, [2]*yen* dit: [3]*ta*-[4]*chen* c'est très-bien, [5]*pien* aussitôt, [6]*yu*-[8]*waï* au dehors, [7]*tch'ing* de la ville, [9]*tsiang* on alla, [10]*cha*-[11]*thse* pour la tuer, [12]*ngeng* elle était dure (au point que la hache), [13]*pou*-[14]*ji* n'entra pas, [15]*tcho* et ne coupa (et ne la coupa point)[1], [16]*tse* alors, [17]*pou*-[18]*chang*-[19]*ko* elle ne fut point blessée, [20]*eul* et, [21]*pou*-[22]*sse* ne mourut point.

[1]積[2]薪[3]燒[4]之。[5]身[6]赤[7]如[8]火。[9]便[10]走[11]出[12]去。[13]過[14]里[15]燒[16]里。[17]過[18]市[19]燒[20]市。[21]入[22]城[23]燒[24]城。[25]入[26]國[27]燒[28]國。[29]擾[30]亂[31]人[32]民。[33]饑[34]餓[35]困[36]苦。[1]*tsi* on amassa, [2]*sin* du bois à brûler, [3]*chao*-[4]*tchi* pour la consumer; [5]*chin* son corps, [6]*tch'i* devint rouge, [7]*jou*-[8]*ho* comme le feu: [9]*pien* aussitôt, [10]*tseou* courant, [11]*tch'ou* elle sortit, [12]*khiu* et s'enfuit, [13]*kouo*-[14]*li* ayant passé par des villages, [15]*chao* elle brûla, [16]*li* les villages; [17]*kouo* ayant passé par, [18]*chi* des marchés, [19]*chao* elle brûla, [20]*chi* les marchés; [21]*ji*-[22]*tch'ing* étant entrée dans des villes, [23]*chao*-[24]*tch'ing* elle brûla les villes; [25]*ji*-[26]*koue* étant entrée dans des royaumes, [27]*chao*-[28]*koue* elle brûla les royaumes. [29]*jao*-[30]*louen* elle agita et troubla, [31]*jin*-[32]*min* le peuple, [33]*ki*-[34]*ngo* il mourrait de faim, [35]*khouen*-[36]*khou* et était accablé de misères et de souffrances.

[1]猒[2]樂[3]買[4]禍[5]所[6]致[7]苦[8]也。[7]*kou*-[8]*ye* c'étaient des souffrances, [5]*so* que (le roi), [6]*tchi* avait amenées, causées, [1]*yen*-[2]*lo* en se rassasiant de plaisirs, et [3]*maï*-[4]*ho* en achetant le malheur.

XVI.

Les quatre Frères brahmanes et la Fatalité.

[1]昔[2]有[3]梵[4]志[5]兄[6]弟[7]四[8]人。[9]皆[10]得[11]五

[1] La négation *pou*, pas, sert pour les deux verbes *ji*, entrer, et *tcho*, couper.

[12]通。[13]自[14]知[15]命[16]促。[17]七[18]日[19]必[20]死。[1]*si* jadis, [2]*yeou* il y avait, [7]*sse*-[8]*jin* quatre hommes, [5]*hiong*-[6]*ti* frères, [3]*fan*-[4]*tchi* brahmanes, [9]*kiaï* tous, [10]*te* possédaient, [11]*ou* les cinq, [12]*thong* facultés divines (pañtchâbhidjñâs), [13]*tseu* par eux-mêmes, [14]*tchi* ils savaient que, [15]*ming* leur vie, [16]*thso* serait courte, (et que), [17]*thsi*-[18]*ji* au bout de sept jours, [19]*pi* nécessairement, certainement, [20]*sse* ils mourraient.

[1]兄[2]弟[3]議[4]日。[5]我[6]等[7]神[8]通[9]自[10]在。[11]能[12]以[13]神[14]力[15]翻[16]覆[17]天[18]地。[19]高[20]擧[21]大[22]手[23]捫[24]摸[25]日[26]月。[27]移[28]山[29]住[30]流。[31]無[32]所[33]不[34]辦。[35]寧[36]當[37]不[38]能[39]避[40]此[41]難[42]也。[1]*hiong*-[2]*ti* les frères, [3]*i* délibérèrent, [4]*youe* et dirent : [5]*ngo*-[6]*teng* nous, [7]*chin*-[8]*thong* avec nos facultés divines, [9]*tseu*-[10]*tsaï* nous ne dépendons que de nous, nous agissons suivant notre volonté[1]; [11]*neng* nous pouvons, [12]*i*-[13]*chin*-[14]*li* par notre puissance divine, [15]*fan*-[16]*fo* bouleverser, [17]*thien*-[18]*ti* le ciel et la terre, [19]*kao*-[20]*kiu* en élevant en haut, [21]*ta*-[22]*cheou* nos grandes mains, [23]*men*-[24]*mo* toucher, [25]*ji*-[26]*joueï* le soleil et la lune; [27]*i*-[28]*chan* transporter les montagnes, [29]*tchou* arrêter, [30]*lieou* le cours de l'eau; [31]*wou* il n'y a rien, [32]*so* que, [33]*pou*-[34]*pan* que nous ne fassions, ne puissions faire. [35]*Ning* est-ce que, [36]*tang* il faut que, [37]*pou*-[38]*neng* nous ne puissions, [39]*pi* échapper à, [40]*thseu*-[41]*nan* ce malheur? [42]*ye* particule finale.

[1]第[2]一[3]兄[4]日。[5]吾[6]入[7]大[8]海。[9]上[10]下[11]平[12]等。[13]正[14]處[15]中[16]間。[17]無[18]常[19]殺[20]鬼[21]安[22]知[23]我[24]處。[1]*ti*-[2]*i* le premier, [3]*hiong* le frère aîné, [4]*youe* dit : [5]*ngou*-[6]*ji* j'entrerai, [7]*ta*-[8]*haï* dans une grande mer; [9]*chang*-[10]*hia* le haut et le bas, [11]*p'ing*-[12]*teng*[2] étant dans leur état ordi-

1 En mandchou, on traduit [9]*tseu*-[10]*tsaï* par *tchikhai yaboume*.

2 L'expression [11]*p'ing*-[12]*teng* n'est pas sans difficulté. On lit dans le *P'ei-wen-yun-fou* liv. 54 fol. 13 : Le ciel reste dans le même état, c'est pourquoi il couvre constamment (les êtres); la terre reste dans le même état, c'est pourquoi elle les porte constamment; le soleil et la lune restent dans le même état, c'est pourquoi, dans les quatre saisons, ils donnent leur lumière.

naire, [14]*tch'ou* je demeurerai, [13]*tching* exactement, [15]*tchong*-[16]*kien* au milieu, au centre; [20]*koueï* le démon, [19]*cha* homicide, [17]*wou*-[18]*tch'ang* de la mort, [21]*ngan* comment, [22]*tchi* connaîtra-t-il, [23]*ngo*-[24]*tch'ou* ma demeure, l'endroit où je serai?

[1]第[2]二[3]弟[4]言。[5]吾[6]入[7]彌[8]須[9]山[10]腹[11]中[12]閒。[13]還[14]合[15]其[16]表。[17]使[18]無[19]際[20]現。[21]無[22]常[23]殺[24]鬼[25]焉[26]知[27]我[28]處。[1]*ti*-[2]*eul* le second, [3]*ti* un frère cadet, [4]*yen* dit: [5]*ngou*-[6]*ji* j'entrerai, [11]*tchong*-[12]*kien* au milieu, [10]*fo* du ventre, [9]*chan* du mont, [7]*siu*-[8]*mi* Souniérou, [13]*hoan* de plus, [14]*ho* je réunirai, [16]*piao* les parties extérieures, [15]*khi* de ce (mont), [17]*sse* je ferai en sorte, [18]*wou* qu'il n'y ait pas, [19]*tsi* de ligne de jonction, [20]*hien* qui paraisse. [24]*koueï* le démon, [23]*cha* homicide, [21]*wou*-[22]*tch'ang* de la mort, [25]*yen* comment, [26]*tchi* connaîtra-t-il, [27]*ngo*-[28]*tch'ou* ma demeure, l'endroit où je serai?

[1]第[2]三[3]弟[4]言。[5]吾[6]處[7]虛[8]空。[9]隱[10]形[11]無[12]跡。[13]無[14]常[15]殺[16]鬼[17]安[18]知[19]我[20]處。[1]*ti*-[2]*san* le troisième, [3]*ti* un frère cadet, [4]*yen* dit: [5]*ngou*-[6]*tch'ou* je demeurerai, [7]*hiu*-[8]*khong* dans le vide (dans les airs), [9]*in*-[10]*hing* je cacherai mon corps, [11]*wou*-[12]*tsi* je n'aurai pas de traces (je ne laisserai pas voir les traces de mes pas); [16]*koueï* le démon, [15]*cha* homicide, [13]*wou*-[14]*tch'ang* de la mort, [17]*yen* comment, [18]*tchi* connaîtra-t-il, [19]*ngou*-[20]*tch'ou* ma demeure, le lieu où je serai?

[1]第[2]四[3]弟[4]言。[5]吾[6]當[7]隱[8]在[9]大[10]市[11]之[12]中。[13]衆[14]人[15]猥[16]閙。[17]各[18]不[19]相[20]識。[21]無[22]常[23]殺[24]鬼[25]趣[26]得[27]一[28]大[29]何[30]必[31]取[32]吾。[1]*ti*-[2]*sse* le quatrième, [3]*ti* un frère cadet, [4]*yen* dit: [5]*ngou*-[6]*tang* je dois, je veux, [7]*in* me cacher, [8]*tsaï* étant placé, [12]*tchong* au milieu, [11]*tchi* d'un, [9]*ta*-[10]*chi* grand marché, [13]*tchong*-[14]*jin* où les hommes, [15]*weï* sont amassés, [16]*nao* et font du bruit, (et où) [17]*ko* chacun, [18]*pou*-[20]*tchi* ne connaît pas, [19]*siang* mutuellement (où les hommes ne se connaissent pas les uns les autres). [21]*koueï* (si) le démon, [23]*cha* homicide, [21]*wou*-[22]*tch'ang* de la mort, [25]*thsiu* précipitamment, [26]*te* s'empare, [27]*i*-[28]*jin* d'un homme, [29]*ho* pourquoi, [30]*pi* nécessairement, [31]*thsiu*-[32]*ngou* me prendrait-il?

[1]四[2]人[3]議[4]訖。[5]相[6]將[7]辭[8]王。[9]而[10]白[11]王[12]曰。[13]吾[14]等[15]計[16]算[17]餘[18]命[19]日[20]促。[21]各[22]欲[23]逃[24]走。[25]欲[26]求[27]多[28]福。[1]*sse*-[2]*jin* ces quatre hommes, [4]*i* ayant fini, [3]*i* de délibérer, [5]*siang* ensemble, [6]*tsiang* allèrent, [7]*tse* faire leurs adieux, [8]*wang* au roi, [9]*eul* et, [10]*pe*-[11]*wang* adressant la parole au roi, [12]*youe* ils dirent: [13]*ngo*-[14]*teng* nous autres, [15]*ki*-[16]*houan* avons calculé, reconnu par le calcul (que), [19]*ji* les jours, [17]*yu*-[18]*ming* du reste de notre vie, [20]*ts'o* seront courts. [21]*ko* chacun (de nous), [22]*yo* voudrait, [23]*thao*-[24]*tseou* échapper (à cette mort prématurée), [25]*yo* et voudrait, [26]*khieou* demander, [27]*to*-[28]*fo* beaucoup de bonheur.

[1]王[2]尋[3]告[4]曰。[5]善[6]進[7]其[8]德。[9]於[10]是[11]別[12]去。[13]各[14]適[15]所[16]至。[17]七[18]日[19]期[20]滿。[21]各[22]從[23]其[24]處[25]而[26]皆[27]命[28]終。[1]*wang* le roi, [2]*sin* aussitôt, [3]*kao* leur adressa la parole, [4]*youe* et dit: [6]*thsin* (que chacun) avance, [5]*chen* parfaitement, [7]*khi*-[8]*te* dans sa vertu (dans la vertu qu'il doit cultiver), [9]*yu*-[10]*chi* là-dessus, [11]*pie* ils quittèrent (le roi), [12]*khiu* et s'en allèrent, [13]*ko* chacun d'eux, [14]*chi* se rendit (dans le lieu), [15]*so* que, [16]*tchi* (il devait) atteindre. [19]*khi* la période fixe, [15]*thsi*-[18]*ji* de sept jours, [20]*mouan* étant complète, [21]*ko* chacun, [22]*thsong* sortit de, [23]*khi*-[24]*tch'ou* sa demeure, du lieu qu'il avait choisi, [25]*eul* et, [26]*kiaï* de tous, [27]*ming* la vie, [28]*tchong* finit.

XVII.

Le Sanglier et le Lion.

[1]往[2]昔[3]有[4]猪[5]名[6]曰[7]大[8]腹。[9]時[10]彼[11]大[12]腹[13]引[14]以[15]羣[16]猪。[17]入[18]深[19]山[20]野。[1]*wang*-[2]*si* jadis, [3]*yeou* il y avait, [4]*tchou* un sanglier, [5]*ming* (qui de son) nom, [6]*youe* s'appelait, [7]*ta*-[8]*fo* gros ventre (en sanscrit: *Mahôdara*). [9]*chi* un jour, [10]*pi* ce, [11]*ta*-[12]*fo* Mahôdara, [13]*in* conduisant, [14]*i*-[15]*kiun*

[16]*tchou* de nombreux sangliers ([14]*i* marque d'accusatif), [17]*ji* entra dans, [20]*ye* les plaines, [19]*chan* d'une montagne, [18]*chin* profonde.

[1]於[2]山[3]野[4]中。[5]忽[6]逢[7]師[8]子。[9]師[10]子[11]見[12]豬[13]告[14]而[15]言[16]曰。[17]我[18]是[19]獸[20]王。[21]汝[22]速[23]避[24]路。[1]*yu* dans, [4]*tchong* le milieu, [3]*ye* d'une plaine, [2]*chan* de la montagne, [5]*ho* tout à coup, [6]*fong* il rencontra, [7]*sse*-[8]*tseu* un lion; [9]*sse*-[10]*tseu* le lion, [11]*kien* voyant, [12]*tchou* le sanglier, [13]*kao* l'interpella, [14]*eul* et, [15]*yen* lui parlant, [16]*youe* dit : [17]*ngo*-[18]*chi* je suis, [19]*cheou*-[20]*wang* le roi des quadrupèdes. [21]*Jou* vous, [22]*so* promptement, [23]*pi*-[24]*lou* éloignez-vous de mon chemin.

[1]大[2]腹[3]報[4]言。[5]令[6]我[7]避[8]路。[9]事[10]不[11]可[12]當。[13]要[14]我[15]戰[16]鬬。[17]必[18]不[19]相[20]違。[21]且[22]止[23]須[24]臾。[25]待.[26]我[27]被[28]甲。[1]*ta*-[2]*fo* Mahôdara, [3]*pao* répondant, [4]*yen* dit : [5]*ling*-[6]*ngo* vous m'ordonnez, [7]*pi*-[8]*lou* de m'éloigner de votre chemin, [9]*sse* cette chose, cela, [10]*pou*-[11]*kho* ne peut, [12]*tang* être toléré (c'est ce que je ne puis souffrir). [13]*yao* si vous voulez, [14]*ngo*-[15]*tchen*-[16]*teou* que je combatte (avec vous), [17]*pi* certainement, [18]*pou*-[19]*siang*-[20]*weï* je ne vous ferai pas d'opposition, je ne m'y refuserai pas. [21]*thsie* (particule initiale), [22]*tchi* arrêtez-vous, [23]*siu*-[24]*yu* un instant, [25]*taï* attendez que, [26]*ngo*-[27]*pi* j'aie revêtu, [28]*kia* ma cuirasse.

[1]時[2]師[3]子[4]言。[5]汝[6]何[7]上[8]族。[9]是[10]何[11]名[12]字。[13]敢[14]能[15]如[16]是。[17]索[18]我[19]相[20]鬬。[21]所[22]要[23]被[24]甲。[25]今[26]隨[27]汝[28]意。[1]*chi* alors, [2]*sse*-[3]*tseu* le lion, [4]*yen* dit : [5]*jou* vous, [6]*ho* de quelle, [7]*chang* haute, [8]*tso* famille (êtes-vous)? [9]*chi*-[10]*ho* c'est quel? (quel est) [11]*ming* votre petit nom, [12]*tseu* et votre nom honorifique, [13]*kan*-[14]*neng* (pour que) vous osiez et puissiez, [15]*jou*-[16]*chi* comme cela, [17]*so*-[18]*ngo* me demander de, [19]*siang*-[20]*teou* combattre avec moi? [24]*kia* (quant à) la cuirasse, [21]*so* que, [22]*yao* vous voulez, [23]*pi* revêtir, [25]*kin* maintenant, [26]*souï* suivez, [27]*jou*-[28]*i* votre intention, votre idée.

[1]時[2]彼[3]大[4]腹[5]往[6]穢[7]坑[8]中。[9]遍[10]塗[11]其[12]身。[13]還[14]師[15]子[16]前[17]言[18]與[19]汝[20]鬬。[1]*chi* alors, [2]*pi* ce, [3]*ta*-[4]*fo* Mahôdara, [5]*wang* alla, [8]*tchong* au milieu,

[7]*kheng* d'un fossé, [6]*weï* d'ordures, rempli d'ordures, [9]*pien* entièrement, tout autour, [10]*thou* il en enduisit, [11]*khi*-[12]*chin* son corps, [13]*hoan* et revenant, [16]*thsien* en face, [14]*sse*-[15]*tseu* du lion, [17]*yen* lui dit : [18]*yu*-[19]*jou* avec vous, [20]*teou* je combats, je viens combattre.

[1]是[2]時[3]師[4]子[5]報[6]大[7]腹[8]言。[9]我[10]是[11]衆[12]獸[13]中[14]王。[15]常[16]以[17]麞[18]鹿[19]等[20]獸[21]而[22]爲[23]食[24]噉。[25]或[26]劣[27]弱[28]者[29]尚[30]棄[31]不[32]食。[33]況[34]汝[35]淨[36]穢[37]汙[38]之[39]身。[40]若[41]與[42]汝[43]鬭。[44]實[45]染[46]汚[47]我。 [1]*chi*-[2]*chi* dans ce moment, [3]*sse*-[4]*tseu* le lion, [5]*pao* répondant, [6]*ta*-[7]*fo* à Mahôdara, [8]*yen* lui dit: [9]*ngo*-[10]*chi* je suis, [14]*wang* roi, [13]*tchong* au milieu, [11]*tchong*-[12]*cheou* des quadrupèdes, [15]*tch'ang* ordinairement, [16]*i* avec, [17]*tchang* les daims, [18]*lou* les cerfs, [19]*teng* et semblables, [20]*cheou* quadrupèdes, [21]*eul* (particule auxiliaire), [22]*weï* je fais, [23]*chi*-[24]*tan* ma nourriture (je me nourris ordinairement de, etc.), [25]*hoe* (s'il y en a) quelques-uns, [28]*tche* qui (soient), [26]*lioue* chétifs, [27]*jo* et faibles, [29]*chang* encore, [30]*khi* je les rejette, [31]*pou*-[32]*chi* et ne les mange pas. [33]*hoang* à plus forte raison, (je rejetterai) [34]*jou* de vous, [39]*chin* le corps, [35]*pou*-[36]*tseng* pas-propre (sale), [36]*weï*-[37]*ou* et fangeux, [38]*tchi* particule relative. [40]*jo* si, [41]*yu* avec, [42]*jou* vous, [43]*teou* je luttais, [44]*chi* véritablement, [45]*jen*-[46]*ou*-[47]*ngo* je me salirais.

[1]爾[2]時[3]師[4]子[5]爲[6]大[7]腹[8]宣[9]說[10]偈[11]言[12]汝[13]本[14]不[15]淨[16]身[17]今[18]加[19]臭[20]穢。[21]如[22]此[23]而[24]求[25]相[26]鬭。[27]我[28]卽[29]墮[30]於[31]汝 [1]*eul*-[2]*chi* dans ce moment, [3]*sse*-[4]*tseu* le lion, [5]*weï* pour, [6]*ta*-[7]*fo* Mahôdara, [8]*siouen*-[9]*choue* énonça, récita, [10]*kie* un *gâthâ* (une stance), [11]*yen* et dit: [17]*kin* aujourd'hui, [12]*jou*-[16]*chin* à votre corps, [13]*pen* naturellement, [14]*pou*-[15]*tseng* pas propre, sale, [18]*kia* vous avez ajouté, [20]*weï* des ordures, [19]*tch'eou* infectes, [21]*jou*-[22]*thseu* et comme cela, dans cet état, [23]*eul* particule auxiliaire, [24]*khieou* vous demandez à, [25]*siang*-[26]*teou* lutter avec moi. [27]*ngo* moi, [28]*tsi* tout de suite, (si j'y consentais), [29]*to* je tomberais, [30]*yu*-[31]*jou* jusqu'à vous, je deviendrais aussi sale et aussi repoussant que vous.

XVIII.

Le Chacal prudent.

[1]野[2]干[3]在[4]林[5]樹[6]間。[7]依[8]隨[9]獅[10]子[11]及[12]諸[13]虎[14]豹[15]求[16]其[17]殘[18]肉[19]以[20]自[21]存[22]活。[1]*ye*-[2]*kan* un chacal, [3]*tsaï* était, vivait, [6]*kien* au milieu, [5]*chou* des arbres, [4]*lin* d'une forêt, [7]*i* en s'appuyant, [8]*souï* il suivait (il suivait en profitant de leur appui), [9]*sse*-[10]*tseu* les lions, [11]*ki* et, [12]*tchou* les, [13]*hou* tigres, [14]*pao* et les léopards, [15]*khieou* et cherchait, [16]*khi* d'eux, [17]*thsan*-[18]*jo* les restes de chair, les restes de leurs proies, [19]*i* pour, [20]*tseu*-[21]*thsun* se conserver, [22]*ho* et vivre.

[1]時[2]閒[3]空[4]乏。[5]夜[6]半[7]踰[8]城。[9]深[10]入[11]人[12]舍[13]求[14]肉[15]不[16]得。[17]屏[18]處[19]睡[20]息。[1]*chi*-[2]*kien* dans un temps, un jour, [3]*khong*-[4]*fa* étant-dans-le-besoin, [5]*ye*-[6]*pouan* au milieu de la nuit, [7]*yu*-[8]*tch'ing* il sauta par dessus un mur. [9]*chin* profondément, [10]*ji* il entra, [11]*jin* [12]*che* dans la maison d'un homme, [13]*khieou* chercha, [14]*jo* de la chair, [15]*pou*-[16]*te* et n'en trouvant pas, [19]*chouï* pour dormir, [20]*si* se reposa, [17]*p'ing*-[18]*tch'ou* dans un endroit écarté, dans un coin.

[1]不[2]覺[3]夜[4]竟[5]惶[6]怖[7]無[8]計。[9]走[10]則[11]慮[12]不[13]自[14]免。[15]住[16]則[17]懼[18]畏[19]死[20]痛。[21]便[22]自[23]定[24]心[25]詐[26]死[27]在[28]地。[1]*pou*-[2]*kio* tout à coup, [3]*ye*-[4]*king* à la fin de la nuit, [5]*houng*-[6]*pou* il se sentit alarmé, [7]*wou*-[8]*ki* et n'avait point d'expédient (ne savait quel moyen imaginer). [9]*tseou* s'il courait, [10]*tse* alors, [11]*liu* il songeait avec inquiétude (que), [12]*pou*-[13]*tseu*-[14]*mien* qu'il ne pourrait se tirer d'affaire; [15]*tchou* s'il restait, [16]*tse* alors, [17]*kiu*-[18]*weï* il redoutait, [19]*sse*-[20]*thong* les douleurs de la mort. [21]*pien* aussitôt, [22]*tseu* lui-même, [23]*ting*-[24]*sin* détermina sa volonté, prit une ferme résolution, [25]*tcha*-[26]*sse* il feignit d'être mort, [27]*tsaï*-[28]*ti* et resta par terre.

[1]衆[2]人[3]來[4]見。[5]有[6]一[7]人[8]言。[9]我[10]須[11]野

[12]干 [13]耳。[14]卽 [15]便 [16]截 [17]取。[18]野 [19]干 [20]自 [21]念。[22]截 [23]耳 [24]雖 [25]痛。[26]猶 [27]我 [28]身 [29]在。[1]*tchong*-[2]*jin* des hommes nombreux, [3]*laï*-[4]*kien* étant venus le voir, [5]*yeou* il y eut, [6]*i*-[7]*jin* un homme, [8]*yen* qui dit : [9]*ngo*-[10]*siu* j'ai besoin, [13]*eul* des oreilles, [11]*ye*-[12]*kan* du chacal. [14]*tsi*-[15]*pien* aussitôt, [16]*tsie* il les coupa, [17]*thsiu* et les prit. [18]*ye*-[19]*kan* le chacal, [20]*tseu*-[21]*nien* songea en lui-même (et se dit): [24]*souï* quoique, [25]*thong* j'aie beaucoup souffert, [22]*tsie*-[23]*eul* de l'amputation de mes oreilles, [26]*yeou* encore, [27]*ngo*-[28]*chin* mon corps, [29]*tsaï* subsiste (je puis encore vivre).

[1]次 [2]有 [3]一 [4]人。[5]言 [6]我 [7]須 [8]野 [9]干 [10]尾。[11]便 [12]復 [13]截 [14]去。[15]野 [16]干 [17]復 [18]念。[19]截 [20]尾 [21]雖 [22]痛。[23]猶 [24]是 [25]小 [26]事。[1]*thse* après lui, [2]*yeou* il y eut, [3]*i*-[4]*jin* un homme, [5]*yen* qui dit : [6]*ngo*-[7]*siu* j'ai besoin, [10]*weï* de la queue, [9]*ye*-[10]*kan* du chacal. [11]*pien* aussitôt, [12]*feou* à son tour, [13]*tsie* il la coupa, [14]*khiu* et partit. [15]*ye*-[16]*kan* le chacal, [17]*feou* de nouveau, [18]*nien* songea (et se dit) : [21]*souï* quoique, [22]*thong* j'aie beaucoup souffert, [19]*tsie*-[20]*weï* de l'amputation de ma queue, [24]*chi* c'est, [23]*yeou* encore, [25]*siao*-[26]*sse* une petite affaire.

[1]次 [2]有 [3]一 [4]人 [5]言 [6]我 [7]須 [8]野 [9]干 [10]牙。[11]野 [12]干 [13]心 [14]念。[15]取 [16]者 [17]轉 [18]多。[19]儻 [20]取 [21]我 [22]頭。[23]則 [24]無 [25]活 [26]路。[1]*thse* après lui, [2]*yeou* il y eut, [3]*i*-[4]*jin* un homme, [5]*yen* qui dit : [6]*ngo*-[7]*siu* j'ai besoin, [10]*ya* des dents, [8]*ye*-[9]*kan* du chacal. [11]*ye*-[12]*kan* le chacal, [13]*sin* en son esprit, [14]*nien* songea (et se dit) : [15]*thsiu*-[16]*tche* les preneurs, [17]*tch'ouen*-[18]*to* deviennent-de-plus-en-plus-nombreux[1]. [19]*thang* si, [20]*thsiu* l'on prenait, [21]*ngo*-[22]*theou* ma tête, [23]*tse* alors, [24]*wou* je n'aurais plus, [25]*ho*-[26]*lou* de moyen de vivre, de rester en vie.

[1]卽 [2]從 [3]地 [4]起。[5]奮 [6]其 [7]智 [8]力。[9]絕 [10]踊 [11]門 [12]開。[13]徑 [14]得 [15]自 [16]濟。[1]*si* aussitôt, [2]*thsong*-[3]*ti* de terre, [4]*khi* il se leva, s'élança ; [5]*fen* déployant, [8]*li* les forces, [6]*khi*-[7]*tchi*

1 Dans le dictionnaire *Thsing-han-wen-haï* liv. XX. fol. 28, je trouve un exemple où [17]*tch'ouen* est rendu par *nememe*, *elemangga*, bien plus, davantage.

de sa prudence, [9]*tsioue*-[10]*yong* il sauta d'une manière extraordinaire, [11]*men* la porte, [12]*khaï* s'ouvrit, [13]*king* et promptement, [15]*tseu*-[16]*tsi* il s'aida lui-même (il devint lui-même son sauveur).

XIX.

Le Lion, le Tigre et le Chacal.

[1]古 [2]昔 [3]兩 [4]惡 [5]獸 [6]爲 [7]伴 [8]一。[9]名 [10]善 [11]牙 [12]師 [13]子。[14]二 [15]名 [16]善 [17]搏 [18]虎。[19]晝 [20]夜 [21]伺 [22]搏 [23]衆 [24]鹿。[1]*kou*-[2]*si* jadis, [3]*yeou* il y avait, [3]*liang* deux, [4]*ngo*-[5]*cheou* méchants quadrupèdes *qui*, [6]*weï*-[7]*p'ouan* étaient camarades, faisaient société ensemble. [8]*i* le premier, [9]*ming* s'appelait: [12]*sse*-[13]*tseu* le lion, [10]*chen*-[11]*ya* (à) bonnes ou belles dents, (en sanscrit: *Soudancht'ra*); [14]*eul* le second; [15]*ming* s'appelait: [18]*hou* le tigre, [16]*chen*-[17]*pou* qui saisit bien (sa proie; en sanscrit: *Sougraha*), [19]*cheou*-[20]*ye* jour et nuit, [21]*sse* faisant le guet, [22]*pou* ils prenaient, [23]*tchong*-[24]*lou* de nombreux cerfs.

[1]時 [2]有 [3]一 [4]野 [5]干 [6]逐 [7]彼 [8]二 [9]獸 [10]後。[11]食 [12]其 [13]殘 [14]肉 [15]以 [16]自 [17]全 [18]命。[19]竊 [20]自 [21]生 [22]念。[23]我 [24]今 [25]不 [26]能 [27]久 [28]相 [29]逐。[30]當 [31]以 [32]何 [33]方 [34]便 [35]鬭 [36]亂 [37]彼 [38]二 [39]獸。[40]令 [41]不 [42]復 [43]相 [44]隨 [1]*chi* à cette époque, [2]*yeou* il y avait, [3]*i* un, [4]*ye*-[5]*kan* chacal (*qui*), [6]*tcho*-[10]*heou* allait après, [7]*pi* ces, [8]*eul* deux, [9]*cheou* quadrupèdes, [11]*chi* et mangeait, [12]*khi* d'eux, [14]*jo* les chairs, [13]*thsan* qui restaient (les restes de leurs proies). [15]*i* pour, [16]*tseu* lui-même, [17]*thsiouen* conserver, [18]*ming* sa vie, [19]*thsie* en son particulier, [20]*tseu* lui-même, [21]*seng*-[22]*nien* il produisit une pensée, c'est-à-dire en lui-même, il songea (et dit): [24]*kin* maintenant, [23]*ngo* je, [25]*pou*-[26]*neng* ne puis, [27]*kieou* longtemps, [28]*siang*-[29]*tcho* les suivre, [31]*i*-[32]*ho* par quel, [33]*fang*-[34]*pien* expédient, [30]*tang* devrai-je, [35]*teou*-[36]*louen* brouiller, [37]*pi* ces, [38]*eul* deux, [39]*cheou* animaux,

海上絲綢之路文獻集成 科技與文化编

[10]*ling* et faire que, [12]*feou* de nouveau, [11]*pou*-[13]*siang*-[14]*soui* ils ne se suivent plus l'un l'autre.

[1]卽 [2]往 [3]善 [4]牙 [5]師 [6]子 [7]所 [8]言。[9]善 [10]搏 [11]虎 [12]有 [13]語。[14]我 [15]生 [16]處 [17]勝。[18]種 [19]姓 [20]勝。[21]形 [22]色 [23]勝 [24]汝。[25]力 [26]勢 [27]勝 [28]汝。[1]*tsi* aussitôt, [2]*wang* il alla, [7]*so* dans le lieu, dans la demeure, [5]*sse*-[6]*tseu* du lion, [3]*chen*-[4]*ya*, Soudancht'ra, [8]*yen* et lui dit: [11]*hou* le tigre, [9]*chen*-[10]*pou*, *Sougraha*, [12]*yeou*-[13]*yu* a eu un discours (m'a dit)[1]: [14]*ngo* moi, [16]*tch'ou* par le lieu, [15]*seng* où je suis né, le lieu de ma naissance, [17]*ching* je l'emporte (sur vous); [18]*tchong* par ma race, [19]*sing* par mon nom (de famille)[2], [20]*ching* je l'emporte (sur vous), [22]*se* par la beauté, [21]*hing* de mon corps, [23]*ching* je l'emporte sur, [24]*jou* vous, [25]*li* par ma force, [26]*chi* par ma puissance, [27]*ching* je l'emporte sur, [28]*jou* vous.

[1]何 [2]以 [3]故。[4]我 [5]日 [6]日 [7]得 [8]好 [9]美 [10]食。[11]善 [12]牙 [13]師 [14]子 [15]逐 [16]我 [17]後。[18]食 [19]我 [20]殘 [21]肉 [22]以 [23]自 [24]全 [25]命。[2]*i* par, [1]*ho* quelle, [3]*kou* cause? d'où vient cela? comment cela? [5]*ji*-[6]*ji* chaque jour, [4]*ngo*-[7]*te* je trouve, [10]*chi* des aliments, [8]*hao*-[9]*meï* excellents, [13]*sse*-[14]*tseu* le lion, [11]*chen*-[12]*ya* Soudancht'ra, [15]*tcho*-[17]*heou* va après, [16]*ngo* moi, me suit, [18]*chi* et mange, [21]*jo* les chairs, [19]*ngo* de moi, [20]*thsan* qui restent (les restes de mes proies).

[1]善 [2]牙 [3]問 [4]汝 [5]何 [6]以 [7]事 [8]得 [9]知。[10]答 [11]言。[12]汝・[13]等 [14]二 [15]獸 [16]共 [17]集 [18]一 [19]處 [20]相 [21]見。[22]知 [23]已。[1]*chen*-[2]*ya* Soudancht'ra, [3]*wen* l'interrogea (et dit): [6]*i*-[5]*ho* par quelle, [7]*sse* affaire, par quel moyen, par suite de quelle circonstance, [4]*jou* vous, [8]*te* avez-vous pu, [9]*tchi* le savoir? [10]*ta* répondant, [11]*yen* il dit: [12]*jou*-[13]*teng* vous, [14]*eul* deux, [15]*cheou* quadrupèdes, [16]*kong* ensemble, [17]*tsi* vous vous réunissez, [18]*i*-[19]*tch'ou* dans le même lieu, [20]*siang*-[21]*kien* je vous ai vus, [22]*tchi* et je l'ai su, [23]*i* particule finale.

1 Il faut supposer que le Tigre parle au Lion.

2 Je suis obligé de donner à [19]*sing* son sens habituel, en faisant observer que l'expression [9]*chen*-[10]*pou*, capere bonus (habile à prendre, à saisir), est une qualification et non un nom de famille.

[1]便[2]往[3]善[4]搏[5]虎[6]言。[7]善[8]牙[9]有[10]語。[11]我[12]今[13]種[14]姓[15]生[16]處[17]悉[18]皆[19]勝[20]汝。[21]力[22]勢[23]亦[24]勝[25]何[26]以[27]故。[28]我[29]常[30]食[31]好[32]肉。[33]善[34]搏[35]虎[36]食[37]我[38]殘[39]肉[40]而[41]自[42]活[43]命。 [1]*pien* aussitôt, [2]*wang* il alla trouver, [5]*hou* le tigre, [3]*chen*-[4]*pou* Sougraha, [6]*yen* et dit : [7]*chen*-[8]*ya* Soudancht'ra, [9]*yeou*-[10]*yu* a dit : [11]*ngo* moi, [12]*kin* maintenant, [13]*tchong* par ma race, [14]*sing* par mon nom de famille, [16]*tch'ou* par le lieu, [16]*seng* où je suis né, par le lieu de ma naissance, [17]*si*-[18]*kiaï* par tout cela, [19]*ching* je l'emporte sur, [20]*jou* vous; [21]*li* par ma force, [22]*chi* par ma puissance, [23]*i* aussi, [24]*ching* je l'emporte sur vous. [26]*i*-[25]*ho* par quelle, [27]*kou* cause? comment cela? [28]*ngo* moi, [29]*tch'ang* constamment, [30]*chi* je mange, [31]*hao*-[32]*jo* d'excellentes chairs : [35]*hou* le tigre, [33]*chen*-[34]*pou* Sougraha, [36]*chi* mange, [39]*jo* les chairs, [38]*thsan* qui restent, [37]*ngo* de moi (les restes de mes proies); [40]*eul* et, [41]*tseu* lui-même (par là), [42]*ho*-[43]*ming* entretient sa vie.

[1]善[2]搏[3]問。[4]汝[5]以[6]何[7]事[8]得[9]知。[10]答[11]言。[12]汝[13]等[14]二[15]獸[16]共[17]集[18]一[19]處。[20]相[21]見[22]自[23]知。 [1]*chen*-[2]*pe* Sougraha, [3]*wen* lui demanda : [5]*i*-[6]*ho* par quelle, [7]*sse* affaire, par suite de quelle circonstance, [4]*jou* vous, [8]*te* avez-vous pu, [9]*tchi* le savoir? [10]*ta* répondant, [11]*yen* il dit : [12]*jou*-[13]*teng* vous, [14]*eul* deux, [15]*cheou* quadrupèdes, [16]*kong* ensemble, [17]*tsi* vous vous réunissez, [18]*i*-[19]*tch'ou* dans le même endroit; [20]*siang*-[21]*kien* je vous ai vus et, [22]*tseu* moi-même, [23]*tchi* je l'ai su.

[1]後[2]二[3]獸[4]共[5]集[6]一[7]處。[8]瞋[9]眼[10]相[11]視。[12]善[13]牙[14]師[15]子[16]念。[17]我[18]不[19]應[20]不[21]問。[22]便[23]先[24]下[25]手[26]打[27]彼。 [1]*heou* après, quelque temps après, [2]*eul* les deux, [3]*cheou* quadrupèdes, [5]*tsi* étant réunis, [4]*kong* ensemble, [6]*i*-[7]*tch'ou* dans le même lieu, [9]*yen* avec des yeux, [8]*tch'in* irrités, [10]*siang*-[11]*chi* se regardèrent l'un l'autre. [14]*sse*-[15]*tseu* le lion, [12]*chen*-[13]*ya* Soudancht'ra, [16]*nien* songea en lui-même (et dit) : [17]*ngo* je, [18]*pou*-[19]*ing* ne dois pas, [20]*pou*-[21]*wen* ne pas interroger, c'est-à-dire : je dois interroger (mon camarade);

[22]*pien* alors, [23]*sien* d'abord, [24]*hia*-[25]*cheou* j'abaisserai ma main (ma patte), [26]*ta* et je frapperai, [27]*pi* celui-là.

[1]向 [2]善 [3]搏 [4]虎 [5]而 [6]說 [7]偈 [8]曰。[9]形 [10]色 [11]及 [12]生 [13]處 [14]大 [15]力 [16]而 [17]復 [18]勝 [19]汝。[20]善 [21]牙 [22]不 [23]如 [24]我。[25]善 [26]搏 [27]說 [28]是 [29]耶。[1]*hiang* il se tourna vers, [4]*hou* le tigre, [2]*chen*-[3]*pou* Sougraha, [5]*eul* et, [6]*choue* prononça, [7]*kie* un *gâthâ*, [8]*youe* et dit: [10]*se* par la beauté, [9]*hing* de mon corps, [11]*ki* et, [13]*tch'ou* par le lieu, [12]*seng* où je suis né, [16]*eul* et, [17]*feou* de nouveau, encore, [14]*ta*-[15]*li* par ma grande force, [18]*ching* je l'emporte sur, [19]*jou* vous; [20]*chen*-[21]*ya* Soudancht'ra, [22]*pou*-[23]*jou* n'est pas comme, n'égale pas, [24]*ngo* moi; [25]*chen*-[26]*pou* Sougraha, [27]*choue*-[28]*ye* a-t-il dit, [27]*chi* cela?

[1]自 [2]念 [3]必 [4]是 [5]野 [6]干 [7]鬬 [8]亂 [9]我 [10]等。[11]善 [12]搏 [13]亦 [14]說 [15]偈 [16]答。[17]善 [18]牙 [19]師 [20]子 [21]卽 [22]打 [23]野 [24]干 [25]殺。[1]*tseu*-[2]*nien* il songea en lui-même (et dit): [3]*pi* certainement, [4]*chi* c'est, [5]*ye*-[6]*kan* le chacal, [7]*teou*-[8]*louen* qui a voulu brouiller, [9]*ngo*-[10]*teng* nous. [11]*chen*-[12]*pou* Sougraha, [13]*i* aussi, [14]*choue* prononçant, [15]*kie* un *gâthâ* (dans le même sens), [16]*ta* répondit. [19]*Sse*-[20]*tseu* le lion, [17]*chen*-[18]*ya* Soudancht'ra, [21]*tsi* sur-le-champ, [22]*ta* frappa, attaqua, [23]*ye*-[24]*kan* le chacal, [25]*cha* et le tua.

XX.

La tête et la queue du Serpent.

[1]昔 [2]有 [3]一 [4]蛇 [5]頭 [6]尾 [7]自 [8]爭。[9]頭 [10]語 [11]尾 [12]曰。[13]我 [14]應 [15]爲 [16]大。[17]尾 [18]語 [19]頭 [20]曰。[21]我 [22]應 [23]爲 [24]大。[1]*si* jadis, [2]*yeou* il y avait, [3]*i*-[4]*che* un serpent, [5]*cheou* dont la tête, [6]*weï* et la queue, [7]*tseu*-[8]*tseng* se disputaient. [9]*theou* la tête, [10]*yu* parla, [11]*weï* à la queue, [12]*youe* et lui dit: [13]*ngo* je, [14]*ing* dois, [15]*weï* être, [16]*ta* le chef, la première; [17]*weï* la queue, [18]*yu* parla, [19]*theou* à la tête, [20]*youe* et dit: [21]*ngo*-[22]*ing* je dois, [23]*weï* être, [24]*ta* le chef, la première.

[1]頭 [2]曰 [3]我 [4]有 [5]耳 [6]能 [7]聽。[8]有 [9]目 [10]能 [11]視。

23

[12]有[13]口[14]能[15]食。[16]行[17]時[18]在[19]前。[20]故[21]可[22]爲[23]大。[24]汝[25]無[26]此[27]術。[1]*theou* la tête, [2]*youe* dit : [3]*ngo*-[4]*yeou* j'ai, [5]*eul* des oreilles, [6]*neng* je puis, [7]*thing* entendre, [8]*yeou*-[9]*mo* j'ai des yeux, [10]*neng*-[11]*chi* et je puis voir; [12]*yeou*-[13]*kheou* j'ai une bouche, [14]*neng*-[15]*chi* et je puis manger, [16]*hing*-[17]*chi* au moment de la marche, [18]*tsaï* je suis, [19]*thsien* en avant, [20]*kou* c'est pourquoi, [21]*kho*-[22]*weï* je dois être, [23]*ta* le chef; [24]*jou* vous, [25]*wou* n'avez pas, [26]*thseu*-[27]*chou* ces moyens, ces avantages.

[1]尾[2]曰。[3]我[4]令[5]汝[6]去。[7]故[8]得[9]去[10]耳。[11]若[12]我[13]不[14]去。[15]以[16]身[17]繞[18]木[19]三[20]帀。[21]三[22]日[23]不[24]已。[25]不[26]得[27]求[28]食[29]饑[30]餓[31]垂[32]死。[1]*weï* la queue, [2]*youe* dit : [3]*ngo* moi, [4]*ling* je fais que, [5]*jou* vous, [6]*khiu* alliez (je vous fais marcher), [7]*kou* c'est pourquoi, [8]*te* vous pouvez, [9]*khiu* aller, marcher, [10]*eul* seulement, c'est-à-dire : c'est pourquoi vous ne pouvez marcher que comme cela. [11]*jo* si, [12]*ngo* je, [13]*pou*-[14]*khiu* ne marchais pas, (si) [15]*i* avec, [16]*chin* mon corps, [17]*jao* j'embrassais, [18]*mo* un arbre, [19]*san* et trois fois, [20]*tsa* l'entourais, [21]*san*-[22]*ji* si pendant trois jours, [23]*pou*-[24]*i* je ne cessais pas, [25]*pou*-[26]*te* vous ne pourriez, [27]*khieou* chercher, [28]*chi* votre nourriture, [29]*ki*-[30]*ngo* vous éprouveriez une grande faim, [31]*tchoui*-[32]*sse* et vous péririez.

[1]頭[2]語[3]尾[4]曰。[5]汝[6]可[7]放[8]我。[9]聽[10]汝[11]爲[12]大。[13]尾[14]聞[15]其[16]言。[17]即[18]時[19]放[20]之。[1]*theou* la tête, [2]*yu* parla, [3]*weï* à la queue, [4]*youe* et lui dit : [5]*jou* vous, [6]*kho* pouvez, [7]*fang*-[8]*ngo* me laisser, [9]*t'ing* je permets, [10]*jou* à vous, [11]*weï* d'être, [12]*ta* le chef. [13]*weï* la queue, [14]*wen* ayant entendu, [15]*khi*-[16]*yen* ces paroles, [17]*tsi*-[18]*chi* aussitôt, [19]*fang*-[20]*chi* la laissa.

[1]頭[2]復[3]語[4]尾[5]曰。[6]汝[7]旣[8]爲[9]大[10]聽[11]汝[12]前[13]行。[14]尾[15]在[16]前[17]行。[18]未[19]經[20]數[21]步。[22]墮[23]大[24]深[25]坑[26]而[27]死。[1]*theou* la tête, [2]*feou* de nouveau, [3]*yu* parla à, [4]*weï* la queue, [5]*youe* et dit : [7]*ki* puisque, comme, [6]*jou*-[8]*weï* vous êtes, [9]*ta* le chef, [10]*thing*-[11]*jou* je vous permets, [13]*hing* de marcher, [12]*thsien* en avant. [14]*weï* la queue, [15]*tsaï*-[16]*thsien* étant en avant, [17]*hing* marcha; [18]*weï*-[19]*king* n'ayant pas encore traversé

海上絲綢之路文獻集成 科技與文化編

(fait), [20]*sou*-[21]*pou* quelques pas, [22]*to* elle tomba dans, [25]*kheng* une fosse, [23]*ta* grande, [24]*chin* et profonde, [26]*eul* et, [27]*sse* périt.

XXI.

Le Chacal et la Cruche de bois.

[1]有[2]一[3]婆[4]羅[5]門。[6]於[7]曠[8]野[9]中[10]造[11]立[12]義[13]井。[14]為[15]放[16]牧[17]行[18]者[19]皆[20]就[21]井[22]飲[23]並[24]及[25]洗[26]浴。[1]*yeou* il y avait, [2]*i* un, [3]*p'o*-[4]*lo*-[5]*men* brahmane (qui), [6]*yu*-[9]*tchong* au milieu, [7]*khouang*-[8]*ye* d'un désert, [10]*tsao* avait fait, [11]*li* et établi, [12]*i*-[13]*tsing* un puits public, [14]*wéi* en faveur de, [18]*tche* ceux qui, [17]*hing* allaient, [15]*fang*-[16]*mo* faire paître (leurs troupeaux); [19]*kiaï* tous, [20]*tsieou*-[21]*tsing* se rendaient au puits, [22]*in* pour boire, [23]*p'ing*-[24]*ki* et en même temps, [25]*sien* se laver les pieds, [26]*yo* et se laver le corps.

[1]時[2]日[3]向[4]暮。[5]有[6]羣[7]野[8]干[9]來[10]趣[11]井[12]飲[13]地[14]殘[15]水。[1]*chi* un jour, [2]*ji* comme le soleil, [3]*hiang*-[4]*mou* était vers le couchant, était près de se coucher, [5]*yeou* il y eut, [6]*kiun* de nombreux, [7]*ye*-[8]*kan* chacals, il y eut une troupe de chacals, [9]*laï*-[10]*thsiu* qui vinrent, [11]*tsing* au puits, [12]*in* et burent, [15]*chouï* de l'eau, [13]*ti*-[14]*thsan* qui était restée à terre.

[1]有[2]野[3]干[4]主[5]不[6]飲[7]地[8]水。[9]便[10]內[11]頭[12]罐[13]中[14]飲[15]水。[16]飲[17]已[18]戴[19]罐[20]高[21]舉[22]撲[23]破[24]瓦[25]罐。[26]罐[27]口[28]猶[29]貫[30]其[31]項。[1]*yeou* il y eut, [4]*tchou* un chef, [2]*ye*-[3]*kan* des chacals, [5]*pou*-[6]*in* qui ne but point, [7]*ti*-[8]*chouï* l'eau de la terre, c'est-à-dire qui était à terre, [9]*pien* alors, [10]*nouï* il introduisit, [11]*theou* sa tête, [12]*kouan*-[13]*tchong* dans une cruche, [14]*in*-[15]*chouï* pour boire de l'eau. [16]*in*-[17]*i* ayant fini de boire, [18]*taï* il porta sur sa tête, [19]*kouan* la cruche, [20]*kao*-[21]*kiu* et l'éleva en haut, puis, [22]*p'o* en frappant, [23]*p'o* il brisa, [24]*wa*-[25]*kouan* la cruche de terre cuite. [26]*kouan*-[27]*kheou* dans le goulot de la cruche, [28]*yeou* encore, [29]*kouan* il avait passé, [30]*khi*-[31]*hiang* son cou.

[1]諸[2]野[3]干[4]輩[5]語[6]野[7]干[8]主[9]若[10]濕[11]樹[12]葉[13]可[14]用[15]者[16]常[17]當[18]護[19]之。[20]況[21]復[22]此[23]罐[24]利[25]益[26]行[27]人[28]云[29]何[30]打[31]破。 [1]*tchou*-[2]*ye*-[3]*kan* les chacals, [4]*peï* signe du pluriel, [5]*yu* dirent, [8]*tchou* au maître, au chef, [6]*ye*-[7]*kan* des chacals : [9]*jo* [12]*ye* quant aux feuilles, [10]*chi* humides, [11]*chou* d'un arbre, [15]*tche* qui, [13]*kho* peuvent, [14]*yong* être employées, [16]*tch'ang* constamment, [17]*tang* on doit, [18]*hou*-[19]*tchi* les conserver, [20]*houang* à plus forte raison, [21]*feou* encore, (deviez-vous conserver) [22]*thseu*-[23]*kouan* cette cruche, [24]*li*-[25]*i* qui est utile, [26]*hing*-[27]*jin* aux voyageurs ; [28]*yun*-[29]*ho* pourquoi (*yun* particule initiale), [30]*ta* en frappant, [31]*p'o* l'avoir brisée ?

[1]野[2]干[3]主[4]言。[5]所[6]作[7]是[8]樂。[9]但[10]當[11]快[12]心。[13]那[14]知[15]他[16]事。 [3]*tchou* le chef, [1]*ye*-[2]*kan* des chacals, [4]*yen* dit : [5]*so* ce que, [6]*tso* j'ai fait, [7]*chi* était, [8]*lo* (pour mon) plaisir. [9]*tan* seulement, [10]*tang* il faut que, [11]*khouaï* je réjouisse, [12]*sin* mon cœur, [13]*na* comment, [14]*tchi* connaîtrais-je, [15]*tha*-[16]*sse* autre chose ? comment songerais-je à autre chose ?

[1]時[2]有[3]行[4]人[5]語[6]婆[7]羅[8]門。[9]汝[10]罐[11]已[12]破。[13]復[14]更[15]著[16]之[17]猶[18]如[19]前[20]法。[21]爲[22]野[23]干[24]所[25]破[26]乃[27]至[28]十[29]四。 [1]*chi* en ce moment, [2]*yeou* il y eut, [3]*hing*-[4]*jin* un voyageur, [5]*yu* qui dit, [6]*p'o*-[7]*lo*-[8]*men* au brahmane : [9]*jou*-[10]*kouan* votre cruche, [11]*i*-[12]*p'o* est déjà cassée. [13]*feou*-[14]*keng* de nouveau, [15]*tcho*-[16]*tchi* il la plaça (il en plaça une autre), [17]*yeou*-[18]*jou* en se conformant à, [19]*thsien*-[20]*fa* la manière précédente (de la même manière qu'auparavant), [21]*weï* (cette cruche) fut, [24]*so* ce que, [22]*ye*-[23]*kan* le chacal, [25]*p'o* brisa (le chacal la brisa), [26]*naï* et aussi, [27]*tchi* il alla jusqu'à, [28]*chi*-[29]*sse* quatorze.

[1]諸[2]野[3]干[4]輩[5]數[6]數[7]諫[8]之。[9]猶[10]不[11]受[12]語。[13]時[14]婆[15]羅[16]門[17]便[18]自[19]念[20]言。[21]是[22]誰[23]破[24]罐。[25]當[26]往[27]伺[28]之。[29]正[30]是[31]野[32]干[33]主。 [1]*tchou* les, [2]*ye*-[3]*kan* chacals, [4]*peï* (signe de la pluralité), [5]*sou*-[6]*sou* plusieurs fois, [7]*kien*-[8]*tchi* le réprimandèrent, [9]*yeou* encore, [10]*pou*-[11]*cheou* il ne reçut pas, il n'écouta pas, [12]*yu* leurs paroles. [13]*chi* en ce moment, [14]*p'o*-[15]*lo*-[16]*men* le brahmane, [17]*pien*

aussitôt, [18]*tseu*-[19]*nien* songea en lui-même, [20]*yen* et dit: [21]*chi*-[22]*chouï* c'est qui? qui est-ce qui? [23]*p'o* brise, [24]*kouan* les cruches, [25]*tang* il faut que, [26]*wang* j'aille, [27]*sse*-[28]*tchi* l'épier; [29]*tching* justement, [30]*chi* c'était, [33]*tchou* le chef, [31]*ye*-[32]*kan* des chacals.

[1]便[2]作[3]是[4]念。[5]我[6]以[7]利[8]益[9]行[10]人[11]造[12]井[13]而[14]今[15]留[16]難。[17]便[18]作[19]木[20]罐[21]堅[22]固[23]難[24]破[25]令[26]頭[27]易[28]入[29]難[30]出。[31]持[32]著[33]井[34]邊[35]然[36]捉[37]杖[38]屏[39]處[40]伺[41]之。

[1]*pien* alors, [2]*tso* il forma, [3]*chi*-[4]*nien* cette pensée (il pensa et se dit): [5]*ngo* moi, [6]*i* pour, [7]*li*-[8]*i* être utile, [9]*hing*-[10]*jin* aux voyageurs, [11]*tsao* j'avais fait, [12]*tsing* un puits, [13]*eul* mais, [14]*kin* maintenant, [15]*lieou* je suis arrêté, [16]*nan* et j'éprouve des difficultés. [17]*Pien* alors, [18]*tso* il fit (il fit faire), [19]*mo*-[20]*kouan* une cruche en bois, [21]*kien*-[22]*kou* dure et solide, [23]*nan*-[24]*p'o* et difficile à briser, [25]*ling* il fit, (en sorte que) [26]*theou* la tête, [28]*ji* entrât, [27]*i* facilement, [30]*tch'ou* et sortît, [29]*nan* difficilement, [31]*tch'i* il la prit, [32]*tcho* et la plaça, [34]*pien* à côté, [33]*tsing* du puits, [35]*jen* particule finale. [36]*tcho* il saisit, [37]*tchang* un bâton, et [38]*p'ing*-[39]*tch'ou* dans un endroit caché, à l'écart, [40]*sse*-[41]*tchi* l'épia.

[1]行[2]人[3]飲[4]訖。[5]野[6]干[7]如[8]前[9]入[10]飲。[11]飲[12]訖[13]撲[14]地[15]不[16]能[17]令[18]破。[19]時[20]婆[21]羅[22]門[23]捉[24]杖[25]打[26]殺。[1]*hing*-[2]*jin* les voyageurs, [3]*in*-[4]*i* ayant fini de boire, [5]*ye*-[6]*kan* le chacal, [7]*jou* comme, [8]*thsien* auparavant, [9]*ji* entra (introduisit sa tête dans le goulot de la cruche), [10]*in* pour boire. [11]*in*-[12]*i* ayant fini de boire, [13]*po*-[14]*ti* il frappa contre terre (la cruche), [15]*pou*-[16]*neng* et ne put, [17]*ling* faire que, [18]*p'o* elle se brisât. [19]*chi* en ce moment, [20]*p'o*-[21]*lo*-[22]*men* le brahmane, [23]*tcho* saisit, [24]*tchang* son bâton, [25]*ta* et en le frappant, [26]*cha* le tua.

[1]空[2]中[3]有[4]天[5]說[6]此[7]偈[8]言。[9]知[10]識[11]慈[12]心[13]語。[14]很[15]戾[16]不[17]受[18]諫。[19]守[20]頑[21]招[22]此[23]禍。[24]自[25]喪[26]其[27]身[28]命。[29]是[30]故[31]癡[32]野[33]干[34]遭[35]斯[36]木[37]罐[38]苦。[1]*khong*-[2]*tchong* dans les airs, [3]*yeou* il y eut, [4]*thien* un dieu (*dèva*), [5]*choue* qui prononça,

海上絲綢之路文獻集成 科技與文化编

[6]*thseu*-[7]*kie* ce gâthâ (stance en vers), [8]*yen* et dit: [9]*tchi*-[10]*chi* des êtres intelligents, [13]*yu* ont parlé, [11]*thse*-[12]*sin* avec un cœur bienveillant, (mais) [14]*hen*-[15]*li* l'être désobéissant et rebelle, [16]*pou*-[17]*cheou* n'a pas reçu, écouté, [18]*kien* les représentations; [19]*cheou*-[20]*wan* il a conservé (il a persisté dans) sa sottise, [21]*tchao* il s'est attiré, [22]*thseu*-[23]*ho* ce malheur; [24]*tseu* de lui-même, [25]*sang* il a perdu, [28]*ming* la vie, [26]*khi*-[27]*chin* de son corps. [29]*chi*-[30]*kou* c'est pourquoi, [32]*ye*-[33]*kan* le chacal, [31]*i* stupide, [34]*tsao* a éprouvé, [35]*sse*-[38]*khou* cette souffrance, [36]*mo*-[37]*kouan* de la cruche de bois, causée par la cruche de bois.

XXII.

Le Marchand et son précieux Bâton.

[1]昔[2]有[3]導[4]師[5]入[6]海[7]採[8]寶。[9]時[10]有[11]五
[12]百[13]人[14]追[15]之[16]共[17]行。[18]導[19]師[20]謂[21]曰。
[22]海[23]中[24]有[25]五[26]難。[27]一[28]者[29]激[30]流。[31]二
[32]者[33]洄[34]波。[35]三[36]者[37]大[38]魚。[39]四[40]者[41]女
[42]鬼。[43]五[44]者[45]醉[46]果。[47]能[48]度[49]此[50]難[51]乃
[52]可[53]共[54]行。 [1]*si* jadis, [2]*yeou* il y avait, [3]*tao*-[4]*sse* un chef de marchands (*Sârthavâha*), [5]*ji*-[6]*haï* qui entrait en mer (qui s'embarquait), [7]*thsaï* pour recueillir, [8]*p'ao* des choses précieuses. [9]*chi* en ce moment, [10]*yeou* il y eut, [11]*ou*-[12]*pe* cinq cents, [13]*jin* hommes, (qui) [14]*tchouï*-[15]*tchi* le suivirent, [16]*hing* pour aller, [17]*kong* ensemble. [18]*tao*-[19]*sse* le chef des marchands, [20]*weï* leur parla, [21]*youe* et leur dit: [22]*haï*-[23]*tchong* dans la mer, [24]*yeou* il y a, [25]*ou*-[26]*nan* cinq dangers: [27]*i*-[28]*tche* le premier, [29]*ki*-[30]*lieou* les courants impétueux; [31]*eul*-[32]*tche* le deuxième, [33]*hoeï*-[34]*po* les flots qui tournoient; [35]*san*-[36]*tche* le troisième, [37]*ta*-[38]*yu* les grands poissons; [39]*sse*-[40]*tche* le quatrième, [41]*niu*-[42]*koueï* les démons femelles; [43]*ou*-[44]*tche* le cinquième, [45]*tsouï*-[46]*ko* les fruits enivrants, [47]*neng* si vous êtes capables, [48]*tou* de traverser, [49]*thseu*-[50]*nan* ces dangers, [51]*naï* certainement, [52]*kho* vous pourrez, [54]*hing* marcher, [53]*kong* avec nous.

[1]眾[2]人[3]要[4]訖。[5]乘[6]風[7]入[8]海。[9]到[10]寶[11]渚。[12]各[13]行[14]採[15]寶。[16]一[17]人[18]不[19]勝[20]果[21]香[22]食[23]之[24]一[25]醉[26]七[27]日。[1]*tchong*-[2]*jin* les hommes, [3]*yao*-[4]*i* ayant fini de demander (à le suivre), [5]*ching*-[6]*fong* il profita du vent, et [7]*ji*-[8]*haï* s'embarqua. [9]*tao* quand on fut arrivé, [11]*tchou* à l'île, [10]*p'ao* des pierres précieuses (à Ceylan), [12]*ko* chacun, [13]*hing* alla, [14]*thsaï* recueillir, [15]*p'ao* des pierres précieuses. [16]*i*-[17]*jin* un homme, [18]*pou*-[19]*ching* ne pouvant vaincre, [20]*ko*-[21]*hiang* le parfum des fruits (se laissant séduire par le parfum des fruits), [22]*chi*-[23]*tchi* en mangea, [24]*i* et en une fois, [25]*tsouï* il s'enivra, il resta enivré, [26]*thsi*-[27]*ji* (pendant) sept jours.

[1]眾[2]人[3]寶[4]足[5]颿[6]風[7]已[8]到。[9]欲[10]還[11]出[12]渚。[13]鳴[14]鼓[15]集[16]人。[17]一[18]人[19]不[20]滿。[21]四[22]布[23]求[24]之。[25]見[26]臥[27]樹[28]下[29]醉[30]未[31]曾[32]醒。[1]*tchong*-[2]*jin* les hommes, [3]*p'ao* les pierres précieuses, [4]*tso* suffisant, étant en quantité suffisante, [5]*fan*-[6]*fong* et un vent favorable, [7]*i*-[8]*tao* étant arrivé, [9]*yo* ils voulurent, [10]*hoan* s'en retourner, [11]*tch'ou* et sortir, [12]*tchou* de l'île, [13]*ming*-[14]*kou* ils battirent le tambour, [15]*tsi*-[16]*jin* pour rassembler les hommes. [17]*i*-[18]*ji* d'un homme, [19]*pou*-[20]*mouan* ils étaient incomplets (il manquait un homme pour compléter leur nombre), [21]*sse* quatre (de quatre côtés, de tous cotés), [22]*pou* ils se dispersèrent, [23]*khieou*-[24]*tchi* et le cherchèrent, [25]*kien* et le virent, [26]*ngo* couché, [27]*chou*-[28]*hia* au bas d'un arbre; [29]*tsouï* il était plongé dans l'ivresse, [30]*weï* et pas encore, [31]*tseng*-[32]*sing* était éveillé (et n'était pas encore éveillé).

[1]共[2]扶[3]來[4]還。[5]折[6]樹[7]枝[8]柱。[9]共[10]歸[11]還[12]國。[13]家[14]門[15]聞[16]喜。[17]悉[18]來[19]迎[20]逆[21]醉[22]人[23]者。[24]見[25]無[26]所[27]得。[28]獨[29]甚[30]愁[31]感。[1]*kong* ensemble, [2]*fou* ils le soutinrent, [3]*laï* pour qu'il vînt, [4]*hoan* et s'en retournât. [5]*tche* ils brisèrent, [7]*tchi* un branche, [6]*chou* d'arbre, [8]*tchou* pour le soutenir. [9]*kong* ensemble, [10]*koueï*-[11]*hoan* ils revinrent, [12]*koue* dans leur royaume, [13]*kia*-[14]*men* les parents, [15]*ouen* ayant appris (leur retour), [16]*hi* furent joyeux. [23]*tche* ceux qui, [18]*laï* étaient venus, [17]*si* tous-ensemble, [19]*ing*-[20]*ni* pour aller au-devant,

[21]*tsouï*-[22]*jin* de l'homme qui avait été enivré, [24]*kien* voyant que, [25]*wou* il n'y avait rien, [26]*so* que, [27]*te* il eut obtenu (voyant qu'il n'avait rien trouvé), [28]*to* seuls, [29]*chin* extrêmement, [30]*tseou*-[31]*thsi* s'affligèrent.

[1]醉[2]人[3]不[4]樂。[5]拄[6]杖[7]入[8]市。[9]市[10]人[11]求[12]價。[13]乃[14]至[15]二[16]萬[17]兩[18]金。[1]*tsouï*-[2]*jin* l'homme qui avait été enivré, [3]*pou*-[4]*lo* n'était pas joyeux. [5]*tchou* en s'appuyant sur, [6]*tchang* son bâton, [7]*ji* il entra, [8]*chi* dans un marché; [9]*chi*-[10]*jin* un homme du marché, [11]*khieou*-[12]*kia* lui en demanda le prix, [13]*naï* et alors, [14]*tchi* il alla jusqu'à, [15]*eul*-[16]*wan* deux fois dix mille (vingt mille), [17]*liang*-[18]*kin* onces d'argent.

[1]其[2]人[3]與[4]之。[5]問[6]杖[7]有[8]何。[9]德[10]曰[11]此[12]爲[13]寶[14]樹[15]枝。[16]擣[17]燒[18]此[19]杖。[20]熏[21]諸[22]瓦[23]石。[24]悉[25]成[26]珍[27]寶。[1]*khi*-[2]*jin* cet homme, [3]*yu*-[4]*tchi* le lui donna. [5]*wen* on demanda, [8]*ho*-[9]*te* quelle vertu, [7]*yeou* avait, [6]*tchang* ce bâton, [10]*youe* (ses compagnons) dirent: [11]*thseu* ceci, [12]*weï* est, [15]*tchi* un rameau, [13]*p'ao*-[14]*chou* d'un arbre précieux, ou d'un arbre à choses précieuses, qui produit des choses précieuses, [16]*tao* si l'on pile, [17]*chao* et qu'on brûle, [18]*thseu*-[19]*tchang* ce bâton, [20]*hiun* (puis) qu'on expose à sa fumée, [22]*oua* des tuiles, [23]*chi* ou des pierres, [24]*si* toutes, [25]*tch'ing* deviennent, [26]*tchin*-[27]*p'ao* des objets précieux.

XXIII.

Le Lion, le Singe et le Vautour.

[1]師[2]子[3]在[4]林[5]中[6]住[7]與[8]一[9]獼[10]猴[11]共[12]爲[13]親[14]友。[15]獼[16]猴[17]以[18]二[19]子[20]寄[21]於[22]師[23]子。[1]*Sse*-[2]*tseu* un lion, [3]*tsaï*-[5]*tchong* étant au milieu, [4]*lin* d'une forêt, [6]*tchou* demeurait, [7]*yu* avec, [8]*i* un, [9]*mi*-[10]*heou* singe; [11]*kong* ensemble, [12]*weï* ils étaient, [13]*thsin*-[14]*yeou* amis intimes. [15]*mi*-

[16]*heou* le singe, [20]*ki* avait confié, [17]*i*-[18]*eul*-[19]*tseu* ses deux petits (*i* marque d'accusatif), [21]*yu* au, [22]*sse*-[23]*tseu* lion.

[1]時[2]有[3]鷲[4]鳥[5]饑[6]行[7]求[8]食。[9]值[10]師[11]子[12]睡。[13]故[14]取[15]猴[16]子[17]而[18]去[19]住[20]於[21]樹[22]上。[1]*chi* en ce moment, [2]*yeou* il y eut, [3]*tsieou*-[4]*niao* un vautour (qui), [5]*ki* ayant faim, [6]*king* allait, [7]*khieou* chercher, [8]*chi* de la nourriture. [9]*tchi* il arriva que, [10]*sse*-[11]*tseu* le lion, [12]*tchoui* dormait, [13]*kou* c'est pourquoi, [14]*thsiu* il prit, [15]*heou*-[16]*tseu* les petits du singe, [17]*eul* et, [18]*khiu* s'en alla, [19]*tchou* et s'arrêta, [20]*yu*-[22]*chang* au haut, [21]*chou* d'un arbre.

[1]師[2]子[3]覺[4]已。[5]求[6]猴[7]子[8]不[9]得。[10]見[11]鷲[12]持[13]在[14]樹[15]上[16]而[17]告[18]鷲[19]言。[1]*sse*-[2]*tseu* le lion, [3]*kio*-[4]*i* s'étant éveillé, [5]*khieou* chercha, [6]*heou*-[7]*tseu* les petits du singe, [8]*pou*-[9]*te* et ne les trouva point. [10]*kien* il vit, [11]*tsieou* un vautour (qui), [12]*tch'i* les tenant, [13]*tsaï* était, [14]*chou*-[15]*chang* au haut d'un arbre, [16]*eul* et, [17]*kao* adressant la parole, [18]*tsieou* au vautour, [19]*yen* il lui dit :

[1]我[2]受[3]獮[4]猴[5]寄[6]託[7]二[8]子。[9]護[10]之[11]不[12]謹。[13]今[14]汝[15]得[16]去。[17]孤[18]負[19]言[20]信。[21]請[22]從[23]汝[24]索。[1]*ngo* moi, [2]*cheou* j'avais reçu, [7]*eul*-[8]*tseu* deux petits, [5]*ki*-[6]*tho* qui m'avaient été confiés, [3]*mi*-[4]*heou* par un singe, [11]*pou*-[12]*kin* comme je n'ai pas été attentif, soigneux, [9]*hou*-[10]*tchi* pour les garder, [13]*kin* maintenant, [14]*jou* vous, [15]*te* les avez obtenus, les avez pris, [16]*khiu* et êtes parti ; [17]*kou*-[18]*fou* j'ai manqué, [19]*yen*-[20]*sin* à ma parole, [21]*thsing* en vous suppliant, [22]*thsong*-[23]*jou* de vous, à vous, [25]*so* je les demande (je vous les demande).

[1]我[2]爲[3]獸[4]中[5]之[6]王。[7]汝[8]爲[9]鳥[10]中[11]之[12]主。[13]貴[14]勢[15]同[16]等。[17]宜[18]以[19]相[20]還。[1]*ngo* moi, [2]*weï* je suis, [6]*wang* roi, [4]*tchong* au milieu, [3]*cheou* des quadrupèdes, [5]*tchi* particule relative ; [7]*jou*-[8]*weï* vous êtes, [12]*tchou* le maître, le chef, [10]*tchong* au milieu, [9]*niao* des oiseaux ; [11]*tchi* particule relative. [13]*koueï* par la noblesse, [14]*chi* par la puissance, [15]*thong*-[16]*teng* nous sommes du même rang, ou nous sommes égaux,

[17]*i* il convient, [19]*siang*-[20]*hoan* de les rendre à moi, [18]*i* marque d'accusatif (de me les rendre).

[1]鷲[2]言。[3]汝[4]不[5]知[6]時。[7]吾[8]今[9]饑[10]乏。[11]何[12]論[13]同[14]異。[15]師[16]子[17]知[18]其[19]叵[20]得。[21]自[22]以[23]利[24]爪[25]攫[26]其[27]脅[28]肉[29]以[30]貿[31]猴[32]子。[1]*tsieou* le vautour, [2]*yen* dit: [3]*jou* vous, [4]*pou*-[5]*tchi* ne connaissez pas, [6]*chi* les circonstances, [7]*ngou* moi, [8]*kin* aujourd'hui, [9]*ki* j'ai faim, [10]*fa* je suis dans le besoin; [11]*ho*-[12]*lun* comment (pourrais-je) considérer, [13]*thong* la ressemblance, [14]*i* ou la différence (du rang)? [15]*sse*-[16]*tseu* le lion, [17]*tchi* sachant, voyant que, [18]*khi* lui, [19]*po* ne pourrait, [20]*te* obtenir (les petits), [21]*tseu* lui-même, [22]*i* avec, [24]*tchao* ses ongles, [23]*li* aigus, [25]*kio* il arracha, [28]*jo* la chair, [26]*khi*-[27]*hie* de ses côtes, de ses flancs, [29]*i* pour, [30]*meou* l'échanger contre, [31]*heou*-[32]*tseu* les petits du singe.

XXIV.

L'Oiseau à deux têtes.

[1]昔[2]雪[3]山[4]中[5]有[6]鳥[7]名[8]爲[9]共[10]命。[11]一[12]身[13]二[14]頭。[1]*si* jadis, [4]*tchong* au milieu, [2]*sioue*-[3]*chan* des montagnes neigeuses, [5]*yeou* il y avait, [6]*niao* un oiseau, [7]*ming* dont le nom, [8]*weï* était, [9]*kong*-[10]*ming* littéralement: vie-ensemble, vie en commun[1]. [11]*i*-[12]*chin* (il avait) un corps, [13]*eul*-[14]*theou* et deux têtes.

[1]一[2]頭[3]常[4]食[5]美[6]果。[7]欲[8]使[9]身[10]得[11]安[12]隱。[13]一[14]頭[15]便[16]生[17]嫉[18]妒[19]之[20]心[21]而[22]作[23]是[24]言。[1]*i*-[2]*theou* une tête, [3]*tch'ang* constamment, [4]*chi* mangeait, [5]*mei*-[6]*ko* d'excellents fruits, [7]*yo* désirant, [8]*sse* faire que, [9]*chin* son corps, [10]*te* obtînt, [11]*ngan*-[12]*wen* le repos (et le bien-être); [13]*i*-[14]*t'eou* l'autre tête, [15]*pien* alors, [16]*seng* conçut, [20]*sin* des

1 Cet oiseau fabuleux s'appelle en sanscrit: *Djivañdjivaka*, suivant le dictionnaire bouddhique *Fan-i-ming-i-tsi*, liv. XVII, fol. 6.

海上絲綢之路文獻集成 科技與文化編

sentiments, [19]*tchi* de, [17]*tsi*-[18]*tou* envie et jalousie, [21]*eul* et, [22]*tso* fit, prononça, [23]*chi*-[24]*yen* ces paroles:

[1]彼[2]常[3]云[4]何[5]食[6]美[7]果。[8]我[9]不[10]曾[11]得。[12]卽[13]取[14]毒[15]果[16]食[17]之。[18]使[19]二[20]頭[21]俱[22]死。 [1]*pi* celle-là, [3]*yun*-[4]*ho* pourquoi ([3]*yun* particule initiale), [5]*chi* mange-t-elle, [2]*tch'ang* constamment, [6]*meï*-[7]*ko* d'excellents fruits? [8]*ngo* moi, [9]*pou* pas, [10]*tseng*-[11]*te* en ai obtenu (je n'en ai pas obtenu). [12]*tsi* aussitôt, [13]*thsiu* elle prit, [14]*to*-[15]*ko* un fruit vénéneux, [16]*chi*-[17]*tchi* et le mangea; [18]*sse* (par là) elle fit que, [19]*eul*-[20]*theou* les deux têtes, [21]*kiu* ensemble, [22]*sse* moururent.

XXV.

Le Religieux et le Démon.

[1]昔[2]有[3]一[4]比[5]丘[6]被[7]擯[8]懊[9]惱[10]悲[11]嘆[12]啼[13]泣[14]而[15]行。[16]道[17]逢[18]一[19]鬼。 [1]*si* jadis, [2]*yeou* il y avait, [3]*i* un, [4]*pi*-[5]*khieou* Bhikchou (un religieux mendiant), [6]*pi*-[7]*pin* qui avait été chassé (de son couvent), [8]*ngao*-[9]*nao* il était irrité, [10]*peï* se lamentait, [11]*than* soupirait, [12]*thi*-[13]*khi* pleurait, [14]*eul*-[15]*hing* et marchait, c'est-à-dire en marchant. [16]*tao* sur la route, [17]*fong* il rencontra, [18]*i*-[19]*koueï* un démon.

[1]此[2]鬼[3]犯[4]法[5]亦[6]爲[7]毗[8]沙[9]門[10]天[11]王[12]所[13]擯。[14]時[15]鬼[16]問[17]比[18]丘[19]言。[20]汝[21]有[22]何[23]事[24]啼[25]泣[26]而[27]行。 [1]*thseu*-[2]*koueï* ce démon, [3]*fan*-[4]*fa* ayant violé la loi, [5]*i* aussi, [6]*weï* était, [12]*so* (un démon) que, [7]*pi*-[8]*cha*-[9]*men* *Vâiçravan'a*, [10]*thien*-[11]*wang* le roi des dieux, [13]*pin* avait chassé. [14]*chi* en ce moment, [15]*koueï* le démon, [16]*wen* interrogea, [17]*pi*-[18]*khieou* le Bhikchou (le religieux), [19]*yen* et lui dit: [20]*jou* vous, [22]*ho*-[23]*sse* quelle affaire, [21]*yeou* avez-vous eue (que vous est-il arrivé), [24]*ti*-[25]*khi* pour pleurer, [26]*eul*-[27]*hing* et marcher (en marchant)?

[1]比[2]丘[3]答[4]言。[5]犯[6]僧[7]事。[8]衆[9]僧[10]所[11]擯。

[12]一[13]切[14]檀[15]越[16]供[17]養[18]失[19]盡。[20]又[21]惡[22]名[23]聲[24]流[25]布[26]遠[27]近。[28]是[29]故[30]愁[31]嘆[32]啼[33]泣[34]耳。[1]*pi*-[2]*khieou* le religieux, [3]*ta* répondant, [4]*yen* dit : [5]*fan* pour avoir transgressé, [6]*tseng*-[7]*sse* les affaires des religieux (manqué à mes devoirs de religieux), (je suis un homme) [10]*so* que, [8]*tchong*-[9]*seng* les religieux, [11]*pin* ont chassé ; [16]*kong*-[17]*yang* les offrandes, [14]*tan*-[15]*youe* des bienfaiteurs du couvent (en sanscrit : *dânapatyas*)[1], [12]*i*-[13]*thsie* en totalité, [18]*chi*-[19]*tsin* sont perdues et épuisées *pour moi,* c'est-à-dire : j'ai perdu pour toujours les offrandes, etc., [20]*yeou* de plus, [21]*ngo*-[22]*ming*-[23]*ching* ma mauvaise réputation, [24]*lieou*-[25]*pou* se répandra, [26]*youen* au loin, [27]*kin* et près (c'est-à-dire : en tous lieux), [28]*chi*-[29]*kou* c'est pourquoi, [30]*tseou* je m'afflige, [31]*than* je soupire, [32]*thi*-[33]*peï* et je pleure, [34]*eul* particule restrictive, finale, signifiant *ne que, seulement,* comme s'il disait : ce n'est que pour cela, c'est seulement pour cela que.

[1]鬼[2]語[3]比[4]丘[5]言。[6]我[7]能[8]令[9]汝[10]滅[11]惡[12]名[13]聲。[14]大[15]得[16]供[17]養。[18]汝[19]便[20]可[21]立[22]我[23]左[24]肩[25]上。[26]我[27]當[28]擔[29]汝[30]虛[31]空[32]中。[33]行[34]人[35]但[36]得[37]見[38]汝[39]而[40]不[41]見[42]我[43]身。[1]*koueï* le démon, [2]*yu* parla, [3]*pi*-[4]*khieou* au religieux, [5]*yen* et lui dit : [6]*ngo* je, [7]*neng* puis, [8]*ling* faire que, [9]*jou*-[10]*mie* vous effaciez, [11]*ngo*-[12]*ming*-[13]*ching* votre mauvaise réputation, [14]*ta* et que grandement, abondamment, [15]*te* vous obteniez, [16]*kong*-[17]*yang* des offrandes. [18]*jou* vous, [19]*pien* de suite, [20]*kho* devez, [21]*li* vous placer, [25]*chang* au-dessus de, (sur) [22]*ngo* mon, [23]*tso*-[24]*kien* épaule gauche ; [26]*ngo*-[27]*tang* je dois, [28]*tan* porter, [29]*jou* vous, [32]*tchong* au milieu, [30]*hiu*-[31]*khong* du vide, des airs, [33]*hing*-[34]*jin* les voyageurs, [35]*tan* seulement, [36]*te* pourront, [37]*kien*-[38]*jou* vous voir (ne pourront voir que vous), [39]*eul* et, [40]*pou*-[41]*kien* ne verront pas, [42]*ngo*-[43]*chin* mon corps.

1 C'est l'orthographe indienne que donne le dictionnaire *Fan-i-ming-i-tsi,* liv. 3, fol. 20. *Tan-youe* est un mot hibride, dont la première syllabe représente en abrégé le mot sanscrit *dâna,* don. La seconde syllabe (*youe*) est chinoise et signifie *traverser.* On lit dans l'ouvrage *Sse-ta-ching-lun* : Celui qui fait l'aumône traverse (*youe*) la mer de la pauvreté et de l'indigence.

[1]汝 [2]若 [3]大 [4]得 [5]供 [6]養 [7]當 [8]先 [9]與 [10]我。[11]彼 [12]鬼 [13]卽 [14]時 [15]擔 [16]比 [17]丘 [18]於 [19]先 [20]被 [21]擯 [22]聚 [23]落 [24]上。[25]虛 [26]空 [27]中 [28]行。[2]*jo* si, [1]*jou* vous, [3]*ta* largement, [4]*te* obtenez, [5]*kong*-[6]*yang* des offrandes, [7]*tang* il faudra, [8]*sien* d'abord, [9]*yu*-[10]*ngo* me les donner. [11]*pi*-[12]*koueï* ce démon, [13]*tsi*-[14]*chi* sur-le-champ, [15]*tan* porta, [16]*pi*-[17]*khieou* le religieux, [18]*yu*-[24]*chang* au-dessus, [22]*tsiu*-[23]*lo* du village (d'où), [19]*sien* auparavant, [20]*pi*-[21]*pin* il avait été chassé, [27]*tchong* et au milieu, [25]*hiu*-[26]*khong* des airs, [28]*hing* il marcha.

[1]時 [2]聚 [3]落 [4]人 [5]見 [6]皆 [7]驚 [8]怪。[9]謂 [10]其 [11]得 [12]道。[13]轉 [14]相 [15]謂 [16]言。[17]衆 [18]僧 [19]無 [20]狀。[21]枉 [22]擯 [23]得 [24]道 [25]人。[1]*chi* en ce moment, [4]*jin* les hommes, [2]*tsiu*-[3]*lo* du village, [5]*kien* le voyant, [6]*kiaï* tous, [7]*king*-[8]*kouaï* furent remplis d'étonnement et d'admiration, [9]*weï* et dirent que, [10]*khi*-[11]*te* il avait obtenu, [12]*tao* l'intelligence (*bôdhi*), [13]*tch'ouen* et propageant (cette idée), [14]*siang*-[15]*weï*-[16]*yen* ils se dirent l'un à l'autre : [17]*tchong*-[18]*seng* les religieux, [19]*wou*-[20]*tchoang* sont des hommes indignes[1]; [21]*wang* injustement, [22]*pin* ils ont chassé, [25]*jin* un homme, [23]*te*-[24]*tao* qui avait obtenu l'intelligence (*bôdhi*).

[1]時 [2]聚 [3]落 [4]人 [5]皆 [6]詣 [7]此 [8]寺。[9]訶 [10]責 [11]衆 [12]僧。[13]卽 [14]送 [15]此 [16]比 [17]丘 [18]住 [19]於 [20]寺 [21]內。[22]遂 [23]大 [24]得 [25]供 [26]養。[1]*chi* dans ce moment, [4]*jin* les hommes, [2]*tsiu*-[3]*lo* du village, [5]*kiaï* tous, [6]*i* se rendirent dans, [7]*thseu*-[8]*sse* ce couvent, [9]*ho*-[10]*tsi* et adressèrent de vifs reproches, [11]*tchong*-[12]*seng* aux religieux, [13]*tsi* aussitôt, [14]*song* ils conduisirent, [15]*thseu*-[16]*pi*-[17]*khieou* ce religieux, [18]*tchou* et l'installèrent, [19]*yu*-[21]*nouï* dans l'intérieur, [20]*sse* du couvent.

[1]此 [2]比 [2]丘 [4]隨 [5]所 [6]得 [7]衣 [8]食 [9]諸 [10]物 [11]輒 [12]先 [13]與 [14]鬼。[15]不 [16]違 [17]本 [18]要。[1]*thseu* ce, [2]*pi*-[3]*khieou* religieux, [4]*souï* selon, [5]*so*-[6]*te* ce qu'il avait obtenu, [7]*i* des vêtements, [8]*chi* des aliments, et [9]*tchou*-[10]*wou* différentes choses,

1 *Wou-tchoang* est une expression injurieuse qu'on explique en mandchou par *dorakô*, un homme sans principes, sans raison, qui viole les rites, les bienséances.

[11]*tch'e* aussitôt, [12]*sien* d'abord, [13]*yu* les donnait, [14]*koueï* au démon, [15]*pou*-[16]*weï* et ne manquait pas, [17]*pen*-[18]*yao* à sa première demande[1].

[1]此[2]鬼[3]異[4]日[5]復[6]擔[7]此[8]比[9]丘[10]遊[11]行[12]空[13]中。[14]正[15]值[16]毗[17]沙[18]門[19]天[20]王[21]官[22]屬。[1]*thseu*-[2]*koueï* ce démon, [3]*i*-[4]*ji* un autre jour, [5]*feou* de nouveau, [6]*tan* portant sur son épaule, [7]*thseu* ce, [8]*pi*-[9]*khieou* religieux, [10]*yeou*-[11]*hing* voyageait, [12]*khong*-[13]*tchong* au milieu des airs. [14]*tching* justement, [15]*tchi* il rencontra, [21]*kouan*-[22]*tcho* des magistrats, (attachés au service) [19]*thien*-[20]*wang* du roi du ciel, [16]*pi*-[17]*cha*-[18]*men* Wâiçravan'a.

[1]鬼[2]見[3]伺[4]官。[5]甚[6]大[7]驚[8]怖。[9]擲[10]棄[11]比[12]丘。[13]絕[14]力[15]而[16]走。[1]*koueï* le démon, [2]*kien* ayant aperçu, [3]*sse*-[4]*kouan* un magistrat-inspecteur, [5]*chin*-[6]*ta* très-grandement, excessivement, [7]*king*-[8]*pou* fut alarmé; [9]*tch'ing* il jeta, [10]*khi* et abandonna, [11]*pi*-[12]*khieou* le religieux, [15]*eul*-[16]*tseou* et s'enfuit, [13]*tsioue*-[14]*li* de toutes ses forces.

[1]此[2]比[3]丘[4]遂[5]墮[6]地[7]而[8]死。[9]身[10]首[11]碎[12]爛。[1]*thseu* ce, [2]*pi*-[3]*khieou* religieux, [4]*souï* aussitôt, [5]*to* tomba, [6]*ti* à terre, [7]*eul* et, [8]*sse* mourut. [9]*chin* son corps, [10]*cheou* et sa tête, [11]*souï* furent brisés, [12]*lan* et écrasés.

[1]此[2]喻[3]行[4]者[5]宜[6]應[7]自[8]修。[9]所[10]向[11]無[12]疑。[13]恃[14]託[15]豪[16]勢。[17]一[18]旦[19]傾[20]覆[21]與[22]彼[23]無[24]異。[1]*thseu* cela, [2]*yu* enseigne, montre, [3]*hing*-[4]*tche* aux novices, [5]*i*-[6]*ing* qu'il convient et qu'il faut, [7]*tseu*-[8]*sieou* se perfectionner soi-même, [11]*wou*-[12]*i* et ne pas hésiter, [9]*so*-[10]*hiang*[2] dans ce vers quoi on se dirige; [13]*chi* s'ils s'appuyaient sur, [14]*tho* s'ils se confiaient à, [15]*hao*-[16]*chi* un homme puissant, [17]*i*-[18]*tan* et qu'un ma-

1 Il se conformait à la demande que le démon lui avait faite la première fois. Morrison, Dict. chin., part. II, n° 11,924, explique le mot [18]*yao* par *to require*; mais ici il est pris substantivement.

2 C'est-à-dire qu'ils doivent poursuivre leur but sans hésiter. *So* veut dire *ce que* et *hiang* se diriger vers.

海上絲綢之路文獻集成 科技與文化編

tin, [19]*khing*-[20]*fo* il fût renversé, [23]*wou*-[24]*i* ils ne différeraient pas, [21]*yu*-[22]*pi* de celui-là, c'est-à-dire: ils auraient le même sort que ce religieux.

XXVI.

Le Kchattriya[1] et ses deux héritiers.

[1]昔[2]摩[3]羅[4]國[5]有[6]一[7]刹[8]利[9]得[10]病[11]極[12]重。[13]必[14]知[15]定[16]死。[17]誡[18]勅[19]二[20]子[21]我[22]死[23]之[24]後。[25]善[26]分[27]財[28]物。[1]*si* jadis, [2]*mo*-[3]*lo*-[4]*koue* dans le royaume de *Mâla*, [5]*yeou* il y avait, [6]*i* un, [7]*thsa*-[8]*li* Kchattriya qui, [9]*te*-[10]*ping*-[11]*ki*-[12]*tchong* étant devenu très-gravement malade, [13]*pi* avec certitude, [14]*tchi* reconnut que, [15]*ting* décidément, [16]*sse* il mourrait (bientôt). [17]*kiaï*-[18]*tch'i* il donna ses ordres, [19]*eul*-[20]*tseu* à ses deux fils (en ces termes): [24]*heou* après que, [21]*ngo*-[22]*sse* je serai mort, [23]*tchi* particule relative, [25]*chen*-[26]*fun* partagez bien, c'est-à-dire: partagez équitablement, [27]*thsaï*-[28]*wou* mes richesses.

[1]二[2]子[3]隨[4]教。[5]於[6]其[7]死[8]後。[9]分[10]作[11]二[12]分。[13]兄[14]言[15]弟[16]分[17]不[18]平。[1]*eul*-[2]*tseu* les deux fils, [3]*souï* suivirent, [4]*kiao* ses instructions. [5]*yu*-[8]*heou* après que, [6]*khi*-[7]*sse* il fut mort (après sa mort), [9]*fun* ils divisèrent (l'héritage), [10]*tso* et firent, [11]*eul*-[12]*fun* deux parts. [13]*hiong* l'aîné, [14]*yen* dit, [15]*ti* au cadet que, [16]*fun* les parts, [17]*pou*-[18]*p'ing* n'étaient pas égales.

[1]時[2]有[3]一[4]野[5]老[6]人。[7]言[8]教[9]汝[10]分[11]物。[12]使[13]得[14]平[15]等。[16]現[17]所[18]有[19]物。[20]破[21]作[22]二[23]分。[1]*chi* en ce moment, [2]*yeou* il y eut, [3]*i* un, [5]*lao*-[6]*jin* vieillard, [4]*ye* de la campagne, un vieux paysan, [7]*yen* qui leur dit: [8]*kiao*-[9]*jou* je vais vous apprendre, [10]*fun*-[11]*wou* à diviser, partager les choses, les différents objets, [12]*sse* et à faire que, [13]*te* vous obteniez, [14]*p'ing*-[15]*teng* l'égalité, un partage égal. [19]*wou* les objets,

1 Homme de la caste royale et militaire.

[17]*so* que, [16]*hien* actuellement, [18]*yeou* vous avez, [20]*p'o* divisez-les, [21]*tso* et faites, [22]*eul*-[23]*fun* deux parts (de chaque).

[1]云[2]何[3]破[4]之。[5]所[6]謂[7]衣[8]裳。[9]中[10]割[11]作[12]二[13]分[14]盤[15]瓶[16]亦[17]復[18]中[19]破[20]作[21]二[22]分。[1]*yun*-[2]*ho* comment (*yun* particule initiale), [3]*p'o* -[4]*tchi* les diviser? [5]*so*-[6]*weï* ce qu'on appelle, [7]*i*-[8]*tch'ang* des vêtements, [9]*tchong* au milieu, [10]*ko*-[11]*tchi* coupez-les, [11]*tso* et faites-en, [12]*eul*-[13]*fun* deux parts; [14]*p'an* les plats, [15]*p'ing* les sceaux, [16]*i* aussi, [17]*feou* encore, [18]*tchong* par le milieu, [19]*p'o* divisez-les, [20]*tso* et faites, [21]*eul*-[22]*fun* deux parts (de chaque).

[1]所[2]有[3]瓮[4]坻[5]亦[6]破[7]作[8]二[9]分[10]錢[11]亦[12]破[13]作[14]二[15]分。[3]*ong* les cruches, [4]*tou* les bouteilles, [1]*so* que, [2]*yeou* vous avez, [5]*i* aussi, [6]*p'o* divisez-les, [7]*tso* et faites, [8]*eul*-[9]*fun* deux parts (de chaque); [10]*thsien* les pièces de monnaie, [11]*i* aussi, [12]*p'o* divisez-les, [13]*tso* et faites, [14]*eul*-[15]*fun* deux parts (de chaque).

[1]如[2]是[3]一[4]切[5]所[6]有[7]財[8]物[9]盡[10]皆[11]破[12]之[13]而[14]作[15]二[16]分。[17]如[18]是[19]分[20]物[21]人[22]所[23]嗤[24]笑。[1]*jou*-[2]*chi* comme cela, de cette façon, [3]*i*-[4]*thsie* en général, [7]*thsaï*-[8]*wou* les objets précieux, [5]*so*-[6]*yeou* qu'ils possédaient, [9]*tsin* complètement, [10]*kiaï* tous, [11]*p'o*-[12]*tchi* ils les divisèrent, [13]*eul* et, [14]*tso* firent, [15]*eul*-[16]*fun* deux parts (de chaque). [19]*fun* quand ils eurent divisé, [20]*wou* ces objets, [17]*jou*-[18]*chi* de cette manière, (ils devinrent des gens) [22]*so* que, [21]*jin* les hommes, [23]*tch'i*-[24]*siao* tournèrent en ridicule; ils devinrent la risée des autres hommes.

XXVII.

L'Homme prudent et l'Homme stupide.

[1]國[2]有[3]二[4]人。[5]一[6]智[7]一[8]愚。[9]自[10]相[11]謂[12]曰。[13]我[14]是[15]汝[16]親。[17]共[18]汝[19]出[20]城。[21]採

[22]穭[23]求[24]財。[1]*koue* dans un (certain) royaume, [2]*yeou* il y avait, [3]*eul*-[4]*jin* deux hommes, [5]*i*-[6]*tchi* l'un prudent, [7]*i*-[8]*yu* et un (l'autre) stupide. [9]*tseu*-[10]*siang*-[11]*yu* ils se parlèrent mutuellement (ils parlèrent ensemble), [12]*youe* (l'un) dit: [13]*ngo*-[14]*chi* je suis, [15]*jou*-[16]*thsin* votre parent, [17]*kong*-[18]*jou* avec vous, (je désire) [19]*tch'ou* sortir, [20]*tch'ing* de la ville, [21]*thsaï* pour recueillir, [22]*liu* du riz sauvage, [23]*khieou* et chercher, [24]*thsaï* des richesses.

[1]卽[2]尋[3]相[4]隨[5]詣[6]一[7]空[8]聚。[9]見[10]地[11]有[12]麻。[13]卽[14]語[15]愚[16]者。[17]共[18]取[19]持[20]歸。[21]時[22]彼[23]二[24]人[25]各[26]取[27]一[28]擔。[1]*tsi*-[2]*sin* aussitôt, [3]*siang*-[4]*souï* se suivant l'un l'autre, [5]*i* ils arrivèrent, [6]*i*-[7]*kong*-[8]*thsiu* à un village désert, [9]*kien* et virent que, [10]*ti* à terre, [11]*yeou* il y avait, [12]*ma* des tiges de chanvre. (L'homme prudent) [13]*tsi* aussitôt, [14]*yu* dit : [15]*yu*-[16]*tche* à l'homme stupide, [17]*kong* ensemble, tous deux, [18]*thsiu*-[19]*tch'i* prenons-en, [20]*koueï* et revenons. [21]*chi* en ce moment, alors, [22]*pi* ces, [23]*eul*-[24]*jin* deux hommes, [26]*thsiu* en prirent, [25]*ko* chacun, [27]*i*-[28]*tan* une charge.

[1]復[2]過[3]前[4]村。[5]見[6]有[7]麻[8]縷。[9]其[10]一[11]智[12]者[13]言[14]麻[15]縷[16]成[17]功。[18]輕[19]細[20]可[21]取。[22]其[23]一[24]人[25]言。[26]我[27]己[28]取[29]麻。[30]繫[31]縛[32]牢[33]固。[34]不[35]能[36]捨[37]也。[1]*feou* de nouveau, [2]*kouo* ils passèrent, [4]*t'sun* par un village, [3]*thsien* qui était devant (eux). [5]*kien* ils virent que, [6]*yeou* il y avait, [7]*ma*-[8]*liu* des fils de chanvre. [9]*khi*-[10]*i* l'un d'eux, [11]*tchi*-[12]*tche* l'homme prudent, [13]*yen* dit : [14]*ma*-[15]*liu* avec des fils de chanvre, [16]*tch'ing*-[17]*kong* on fait un travail excellent; [18]*k'ing*-[19]*si* ils sont légers et fins; [20]*kho*-[21]*thsiu* il faut en prendre. [22]*khi*-[23]*i*-[24]*jin* l'autre [1], [25]*yen* dit: [26]*ngo*-[27]*i*-[28]*thsiu* j'ai pris, [29]*ma* des tiges de chanvre; [30]*hi*-[31]*po* elles sont liées, [32]*lao*-[33]*kou* solidement, [34]*pou*-[35]*neng* je ne puis, [36]*che* les laisser; [37]*ye* partie finale.

[1]其[2]一[3]智[4]者[5]卽[6]取[7]麻[8]縷[9]重[10]而[11]還[12]去。[13]復[14]共[15]前[16]進。[17]見[18]有[19]麻[20]布。[21]其

1 Littéralement: eorum unus homo.

22一 23智 24者 25言。26麻 27布 28成 29功 30輕 31細 32可 33取。1*khi*-2*i* l'un d'eux, 3*tchi*-4*tche* l'homme prudent, 5*tsi* aussitôt, 6*thsiu* prit, 7*ma*-8*liu* des fils de chanvre, 9*tchong* s'en chargea, en prit un poids lourd, 10*eul* et, 11*hoan*-12*khiu* s'en revint: 13*feou* de nouveau, 14*kong* ensemble, 16*thsin* ils s'avancèrent, 15*thsien* en avant, 17*kien* ils virent, 18*yeou* qu'il y avait, 19*ma*-20*p'ou* de la toile de chanvre. 21*khi*-22*i* l'un d'eux, 23*tchi*-24*tche* l'homme prudent, 25*yen* dit: 26*ma*-27*pou* avec la toile de chanvre, 28*tch'ing*-29*kong* on fait un travail excellent, 30*khing* elle est légère, 31*si* et fine, 32*kho*-33*thsiu* il faut en prendre.

L'homme stupide fait la même réponse que la première fois: j'ai pris des tiges de chanvre; je ne puis *de nouveau* les laisser.

1其 2一 3智 4者 5卽 6捨 7麻 8縷。9取 10布 11自 12重。13復 14共 15前 16行。17見 18有 19劫 20貝。21其 22一 23智 24者 25言 26劫 27貝 28價 29貴。30輕 31細 32可 33取。1*khi*-2*i* l'un d'eux, 3*tchi*-4*tche* l'homme prudent, 5*tsi* aussitôt, 6*che* laissa, 7*ma*-8*liu* les fils de chanvre, 9*thsiu*-10*pou* et prit la toile, 11*tseu*-12*tchong* et s'en chargea, en prit un poids, une charge. 13*feou* de nouveau, 14*kong* ensemble, 16*hing* ils marchèrent, 15*thsien* en avant. 17*kien* ils virent, 18*yeou* qu'il y avait, 19*kie*-20*peï* du coton (en sanscrit: *kârpâsa*)[1]; 21*khi*-22*i* l'un d'eux, 23*tchi*-24*tche* l'homme prudent, 25*yen* dit: 26*kie*-27*peï* du coton, 28*kia*-29*koueï* le prix est cher; 30*khing*-31*si* il est léger et fin; 32*kho*-33*thsiu* il faut en prendre. (L'autre répond: j'ai pris des tiges de chanvre, elles sont solidement attachées; depuis que je les porte, j'ai fait un long chemin; je ne puis les laisser).

1時 2一 3智 4者 5卽 6捨 7麻 8布 9而 10取 11劫 12貝。1*chi* alors, 2*i*-3*chi*-4*tche* un, le prudent, c'est-à-dire l'autre, l'homme prudent, 5*tsi* aussitôt, 6*che* laissa, 7*ma*-8*pou* la toile de chanvre, 10*thsiu* et prit, 11*kie*-12*peï* du coton.

1如 2是 3前 4行。5見 6劫 7貝 8縷。9次 10見 11白

1 Il s'agit ici du coton tel qu'on le trouve dans sa capsule, au moment de la récolte.

[12]氎。[13]次[14]見[15]白[16]銅。[17]次[18]見[19]白[20]銀。[21]次[22]見[23]黃[24]金。[1]*jou*-[2]*chi* ainsi, [4]*hing* ils marchèrent, [3]*thsien* en avant. [5]*kien* ils virent, [8]*liu* des fils, [6]*kie*-[7]*peï* de coton, du coton filé; [9]*thse* ensuite, [10]*kien* ils virent, [11]*pe*-[12]*thie* de la toile de coton; [13]*thse* ensuite, [14]*kien* ils virent, [15]*pe*-[16]*thong* du cuivre blanc; [17]*thse* ensuite, [18]*kien* ils virent, [19]*pe*-[20]*yin* de l'argent blanc, [21]*thse* ensuite, [22]*kien* ils virent, [23]*hoang*-[24]*kin* du métal jaune, de l'or.

[1]其[2]一[3]智[4]者[5]言[6]若[7]無[8]金[9]者。[10]當[11]取[12]白[13]銀。[14]若[15]無[16]白[17]銀。[18]當[19]取[20]白[21]銅。[22]乃[23]至[24]麻[25]縷。[26]若[27]無[28]麻[29]縷。[30]當[31]取[32]麻[33]耳。[1]*khi*-[2]*i* l'un deux, [3]*tchi*-[4]*tche* l'homme prudent, [5]*yen* dit: [6]*jo* si, [7]*wou* l'on n'a pas, l'on ne trouve pas, [8]*kin*-[9]*tche* l'or, de l'or, [10]*tang* il faut, [11]*thsiu* prendre, [12]*pe*-[13]*in* de l'argent blanc; [14]*jo* si, [15]*wou* l'on n'a pas, l'on ne trouve pas, [16]*pe*-[17]*in* de l'argent blanc, [18]*tang* il faut, [19]*thsiu* prendre, [20]*pe*-[21]*thong* du cuivre blanc; [22]*naï* alors, [23]*tchi* il alla jusqu'aux, [24]*ma*-[25]*liu* fils de chanvre; [26]*jo* si, [27]*wou* l'on n'a pas, [28]*ma*-[29]*liu* des fils de chanvre, [30]*tang* il faut, [31]*thsiu* prendre, [32]*ma* des tiges de chanvre, [33]*eul* particule diminutive.

[1]今[2]者[3]此[4]村[5]大[6]有[7]黃[8]金。[9]衆[10]寶[11]之[12]上。[13]汝[14]宜[15]捨[16]麻。[17]我[18]當[19]捨[20]銀。[21]共[22]取[23]黃[24]金。[25]自[26]重[27]而[28]歸。[1]*kin*-[2]*tche* maintenant, [3]*thseu*-[4]*thsun* dans ce village, [5]*ta* grandement, abondamment, [6]*yeou* il y a, [7]*hoang*-[8]*kin* du métal jaune, de l'or, [12]*chang* c'est le supérieur, c'est-à-dire: le plus estimé, [11]*tchi* des, [9]*tchong*-[10]*pa'o* objets précieux, [14]*i* il convient que, [13]*jou*-[15]*che* vous laissiez, [16]*ma* les tiges de chanvre; [18]*tang* il faut que, [17]*ngo*-[19]*che* je laisse, [20]*in* l'argent; [21]*kong* ensemble, tous deux, [22]*thsiu* prenons, [23]*hoang*-[24]*kin* du métal jaune, de l'or; [25]*tseu*-[26]*tchong* chargeons-nous (d'or), [27]*eul* et, [28]*koueï* retournons (chez nous). [L'autre homme répond comme plus haut: J'ai pris ces tiges de chanvre; elles sont liées et attachées solidement. En les apportant, j'ai fait un long chemin, je ne puis les laisser.]

[1]汝[2]欲[3]取[4]者。[5]自[6]隨[7]汝[8]意。[9]其[10]一[11]智[12]者[13]捨[14]銀[15]取[16]金[17]重[18]擔[19]而[20]歸。[1]*jou*

vous, [4]*tche* qui, [2]*yo* voulez, [3]*thsiu* en prendre, [5]*tseu* vous-même, [6]*souï* suivez, [7]*jou*-[8]*i* votre idée. [9]*khi*-[10]*i* l'un d'eux, [11]*tchi*-[12]*tche* l'homme prudent, [13]*che* laissa, [14]*in* l'argent, [15]*thsiu* et prit, [17]*tchong*-[18]*tan* un lourd fardeau, [16]*kin* d'or, [19]*eul* et, [20]*koueï* s'en retourna.

[1]其[2]家[3]親[4]族[5]遥[6]見[7]彼[8]人[9]大[10]得[11]金[12]寶。[13]歡[14]喜[15]奉[16]迎。[17]時[18]得[19]金[20]者[21]見[22]親[23]族[24]迎。[25]復[26]大[27]歡[28]喜。[3]*thsin*-[4]*tso* les parents, [1]*khi*-[2]*kia* de sa famille, [5]*yao*-[6]*kien* voyant de loin, [7]*pi*-[8]*jin* que cet homme, [10]*te* avait obtenu, [9]*ta* grandement, en grande quantité, [11]*kin*-[12]*p'ao* (une masse) précieuse d'or, [13]*houan*-[14]*hi* se réjouirent, [15]*fong*-[16]*ing* et allèrent au devant de lui. [17]*chi* en ce moment, [20]*tche* celui qui, [18]*te* avait obtenu, [19]*kin* de l'or, [21]*kien* voyant que, [22]*thsin* ses parents, [23]*tso* et les gens de sa famille, [24]*ing* venaient au devant de lui, [25]*feou* de nouveau, [26]*ta* grandement, [27]*houan*-[28]*hi* se réjouit.

[1]其[2]無[3]智[4]人[5]負[6]麻[7]而[8]歸。[9]居[10]家[11]親[12]族[13]見[14]之[15]不[16]悅。[17]亦[18]不[19]起[20]迎。[21]其[22]負[23]麻[24]者[25]倍[26]增[27]懮[28]惱。[1]*khi*-[2]*jin* l'homme, [3]*wou*-[4]*tchi* dépourvu de prudence, [5]*fou*-[6]*ma* porta sur ses épaules des tiges de chanvre, [7]*eul* et, [8]*koueï* s'en revint (s'en revint en portant sur ses épaules des tiges de chanvre). [11]*thsin* ses parents, [12]*tso* les gens de sa famille, [9]*kiu*-[10]*kia* qui demeuraient dans sa maison, [13]*kien*-[14]*tchi* en le voyant, [15]*pou*-[16]*youe* ne se réjouirent pas; [17]*i* et aussi, [18]*pou*-[19]*khi* ne se levèrent point, [20]*ing* pour aller au devant de lui. [21]*khi*-[24]*tche* celui qui, [22]*fou* portait sur ses épaules, [23]*ma* des tiges de chanvre, [25]*p'eï* doublement, [26]*tseng* augmenta (sentit s'augmenter), [27]*yeou* son chagrin, [28]*nao* et son tourment.

XXVIII.

L'Homme blessé par une Flèche empoisonnée.

[1]有[2]人[3]身[4]中[5]毒[6]箭。[7]彼[8]親[9]屬[10]慈[11]愍[12]人[13]欲[14]令[15]無[16]死。[17]欲[18]饒[19]益[20]之。[21]求

海上絲綢之路文獻集成 科技與文化編

[22]索[23]除[24]毒[25]箭[26]師。[1]*yeou* il y avait, [2]*jin* un homme, [3]*chin* qui dans son corps, [4]*tch'ong* avait reçu, [5]*to*-[6]*tsien* une flèche empoisonnée. [7]*pi* de lui, [8]*thsin*-[9]*tcho* les parents, [12]*jin* et des hommes, [10]*thse* affectueux, [11]*min* et compatissants, [13]*yo* voulurent, [14]*ling* faire que, [15]*wou*-[16]*sse* il ne mourût point. [17]*yo* voulant, [18]*jao*-[19]*i*-[20]*tchi* lui rendre service, [21]*khieou*-[22]*so* ils cherchèrent, [26]*sse* un maître (habile à), [23]*tch'ou* extraire, [24]*to*-[25]*tsien* les flèches empoisonnées.

[1]於[2]是[3]彼[4]人[5]作[6]是[7]念。[8]我[9]不[10]除[11]箭[12]要[13]知[14]彼[15]人[16]何[17]姓[18]何[19]字[20]何[21]像。[1]*yu*-[2]*chi* sur ces entrefaites, [3]*pi*-[4]*jin* cet homme, [5]*tso* forma, [6]*chi*-[7]*nien* cette pensée, c'est-à-dire dit : [8]*ngo* moi, [9]*pou*-[10]*tch'ou* je n'extrairai pas, c'est-à-dire : je ne laisserai pas extraire, [11]*tsien* la flèche. (Auparavant) [12]*yao*-[13]*tchi* je veux savoir, [14]*pi*-[15]*jin* de cet homme (qui m'a blessé), [16]*ho*-[17]*sing* quel était le nom de famille, [18]*ho*-[19]*tseu* quel était le surnom, [20]*ho*-[21]*siang* quelle était la figure.

[1]若[2]長[3]若[4]短[5]若[6]中。[7]若[8]黑[9]若[10]白。[11]若[12]刹[13]利[14]族。[15]若[16]婆[17]羅[18]門[19]族。[20]若[21]居[22]士[23]族。[24]若[25]工[26]師[27]族。[28]若[29]東[30]方[31]南[32]方[33]西[34]方[35]北[36]方。[37]誰[38]以[39]箭[40]中[41]我。[1]*jo* si, [2]*tch'ang* il était grand, [3]*jo*-[4]*toen* s'il était petit, [5]*jo*-[6]*tchong*, s'il était moyen (de taille moyenne), [7]*jo*-[8]*he* (s'il était) noir, [9]*jo*-[10]*pe* s'il était blanc; [11]*jo*-[14]*tso* s'il était de la famille, [12]*thsa*-[13]*li* famille des *Kchattriyas* (de la caste royale et militaire), [15]*jo*-[19]*tso* s'il était de la famille, [16]*p'o*-[17]*lo*-[18]*men* des brahmanes; [20]*jo* s'il était, [23]*tso* de la famille, [21]*kiu*-[22]*sse* d'un maître de maison (en sanscrit : *grihapati*); [24]*jo* s'il était, [27]*tso* de la famille, [25]*kong*-[26]*sse* d'un chef d'artisans. [28]*Jo*-[29]*tong*-[30]*fang* s'il était d'un pays de l'est, [31]*nan*-[32]*fang* d'un pays du midi, [33]*si*-[34]*fang* d'un pays de l'ouest, [35]*pe*-[36]*fang* d'un pays du nord. [37]*choui* qui est-ce qui, [38]*i* avec, [39]*tsien* une flèche, [40]*tch'ong*-[41]*ngo* m'a atteint?

[1]我[2]不[3]除[4]箭。[5]要[6]當[7]知[8]彼[9]弓[10]爲[11]是[12]薩[13]羅[14]木。[15]爲[16]是[17]多[18]羅[19]木。[20]爲[21]翅[22]羅[23]鴦[24]掘[25]梨[26]木。[1]*ngo* moi, [2]*pou*-[3]*tch'ou* je n'ôterai

pas, je ne laisserai pas ôter, [4]*tsien* la flèche ; [5]*yao-*[6]*tang* il faut, [7]*tchi* que je sache *si,* [8]*pi-*[9]*kong* cet arc, [10]*weï-*[11]*chi* était, [14]*mo* (fait avec) du bois, [12]*so-*[13]*lo* de l'arbre *Sâla* ; [15]*weï-*[16]*chi* s'il était, [19]*mo* (fait avec) du bois, [17]*to-*[18]*lo* de l'arbre *Tala* ; [20]*weï* s'il était, [26]*mo* (fait avec) du bois, [21]*tch'i-*[22]*lo-*[23]*yang-*[24]*kioue-*[25]*li* de l'arbre *Kilangouli* (?).

[1]我[2]不[3]除[4]毒[5]箭。[6]要[7]當[8]知[9]彼[10]筋[11]若[12]牛[13]筋。[14]若[15]羊[16]筋。[17]若[18]犛[19]牛[20]筋[21]而[22]用[23]纏[24]彼[25]弓。[1]*ngo* moi, [2]*pou-*[3]*tch'ou* je n'ôterai pas, je ne laisserai pas ôter, extraire, [4]*to-*[5]*tsien* la flèche empoisonnée. (Auparavant) [6]*yao-*[7]*tang* il faut que, [8]*tchi* je sache, [11]*jo* si, [9]*pi-*[10]*kin* ces nerfs, [12]*nieou-*[13]*kin* étaient de nerfs de bœuf, [14]*jo* si, (c'étaient) [15]*yang-*[16]*kin* des nerfs de mouton, [17]*jo* si, (c'étaient) [20]*kin* des nerfs, [18]*mao-*[19]*nieou* de Yak, [21]*eul* particule auxiliaire ; (ces nerfs), [22]*yong* dont on s'est servi, [23]*tch'en* pour lier, [24]*pi-*[25]*kong* cet arc, les différentes parties de cet arc.

[1]我[2]不[3]除[4]毒[5]箭。[6]要[7]知[8]彼[9]弓[10]靶[11]爲[12]白[13]骨[14]耶。[15]爲[16]黑[17]棘[18]耶。[19]爲[20]赤[21]棘[22]耶。[1]*ngo* moi, [2]*pou-*[3]*tch'ou* je n'ôterai pas, je ne laisserai pas ôter, extraire, [4]*to-*[5]*tsien* la flèche empoisonnée. (Auparavant) [6]*yao-*[7]*tchi* je veux savoir *si,* [10]*pa* la poignée, [8]*pi-*[9]*kong* de cet arc, [11]*weï* était, [12]*pe-*[13]*ko* un os blanc, [14]*ye* particule interrogative ; [15]*weï* si c'était (si elle provenait du bois de), [16]*he-*[17]*khi* jujubier noir ; [18]*ye* particule interrogative ; [19]*weï* si c'était (si elle provenait du bois de), [20]*tch'i-*[21]*khi* jujubier rouge, [22]*ye* particule interrogative. (Pendant que le blessé perdait son temps au milieu de ces vaines questions, il ne s'aperçut point des progrès du poison et mourut.)

XXIX.

Le Roi et l'Eléphant amoureux.

[1]有[2]王[3]名[4]曰[5]光[6]明。[7]乘[8]調[9]順[10]象[11]出[12]行[13]遊[14]觀。[15]前[16]後[17]導[18]從[19]歌[20]舞[21]倡[22]妓。[1]*yeou* il y avait, [2]*wang* un roi, [3]*ming* qui par son

nom, [4]*youe* s'appelait, [5]*kouang*-[6]*ming* (en sanscrit: *Raçmi*). [7]*ching* étant monté sur, [10]*siang* un éléphant, [8]*thiao* dompté, [9]*chun* et obéissant, [11]*tch'ou* il sortit (un jour), [12]*hing* pour aller, [13]*yeou* se promener, [14]*kouan* et voir (de beaux sites). [21]*tch'ang*-[22]*khi* des courtisanes, [19]*ko* chantant, [20]*wou* dansant, [15]*thsien* en avant, [17]*tao* ouvraient la marche, [16]*heou* et derrière, [18]*thsong* le suivaient.

[1]往 [2]到 [3]山 [4]所 [5]嶮 [6]難 [7]之 [8]處。[9]王 [10]所 [11]乘 [12]象 [13]遥 [14]見 [15]牸 [16]象。[17]欲 [18]心 [19]熾 [20]盛。[21]哮 [22]吼 [23]狂 [24]逸 [25]如 [26]風 [27]吹 [28]雲。[29]欲 [30]往 [31]奔 [32]走。[33]不 [34]避 [35]險 [36]阻。[1]*wang* il alla, [2]*tao* et arriva jusqu'à, [3]*chan*-[4]*so* des endroits montagneux, [8]*tch'ou* des lieux, [5]*hien*-[6]*nan* dangereux et difficiles, [7]*tchi* particule. [12]*siang* l'éléphant, [10]*so* que, [11]*ching* montait, [9]*wang* le roi, [13]*yao* de loin, [14]*kien* voyant, ayant vu, [15]*tse*-[16]*siang* un éléphant femelle, [17]*yo*-[18]*sin* ses affections amoureuses, [19]*tch'i* s'enflammèrent, [20]*ching* et devinrent fortes : [21]*hiao*-[22]*heou* il rugit, [24]*y* il s'enfuit, [23]*khouang* follement; [25]*jou* comme, [28]*yun* les nuages, [26]*fong*-[26]*tch'ouï* chassés par le vent, [29]*yò* voulant, [30]*wang* aller, [31]*pun*-[32]*tseou* et courir impétueusement, [33]*pou*-[34]*pi* il n'évitait pas, [35]*hien*-[36]*tsou* les endroits dangereux.

[1]時 [2]調 [3]象 [4]師 [5]種 [6]種 [7]鉤 [8]斵。[9]不 [10]能 [11]令 [12]住。[13]時 [14]光 [15]明 [16]王 [17]甚 [18]大 [19]驚 [20]怖。[21]象 [22]師 [23]白 [24]王 [25]更 [26]無 [27]餘 [28]方。[29]唯 [30]當 [31]攀 [32]樹。[1]*chi* en ce moment, [2]*thiao*-[3]*siang*-[4]*sse* le dompteur d'éléphants, [5]*tchong*-[6]*tchong* avec plusieurs sortes de, [7]*keou* crocs, [8]*tcho* le frappa, [9]*pou*-[10]*neng* et ne put, [11]*ling*-[12]*tchou* le faire arrêter. [13]*chi* en ce moment, [16]*wang* le roi, [14]*kouang*-[15]*ming* Raçmi, [17]*chin*-[18]*ta* extrêmement, [19]*king*-[20]*pou* fut alarmé et effrayé; [22]*sse* le maître, [21]*siang* de l'éléphant, le cornac, [23]*pe*-[24]*wang* dit au roi : [26]*wou* il n'y a pas, [25]*keng* encore, [28]*fang* de moyen, [27]*yu* de reste (il ne reste plus d'autre moyen *de salut*) : [29]*weï* seulement, [30]*tang* il faut, [31]*p'an* atteindre, [32]*chou* un arbre, c'est-à-dire : saisir une branche d'arbre. (Le mot *p'an* signifie aussi *adhaerere, inniti*.)

[1]王 [2]聞 [3]是 [4]語 [5]以 [6]手 [7]攀 [8]樹。[9]象 [10]即 [11]奔 [12]走 [13]逐 [14]於 [15]牸 [16]象。[1]*wang* le roi, [2]*wen* entendant,

[3]*chi*-[4]*yu* ces paroles, [5]*i* avec, [6]*cheou* ses mains, [7]*p'an* atteignit, [8]*chou* un arbre, [9]*siang* l'éléphant, [10]*tsi* aussitôt, [11]*pun*-[12]*tseou* courut avec impétuosité, [13]*tcho* et poursuivit, [14]*yu* marque d'accusatif, [15]*tse*-[16]*siang* l'éléphant femelle.

[1]時[2]王[3]瞋[4]怒[5]而[6]作[7]是[8]言。[9]汝[10]先[11]言[12]象[13]調[14]順[15]可[16]乘。[17]云[18]何[19]以[20]此[21]狂[22]象[23]而[24]欺[25]於[26]我。[1]*chi* alors, [2]*wang* le roi, [3]*tch'in*-[4]*nou* entra en colère, [5]*eul* et, [6]*tso* fit (prononça), [7]*chi*-[8]*yen* ces paroles: [9]*jou* vous, [10]*sien* auparavant, [11]*yen* m'aviez dit que, [12]*siang* cet éléphant, [13]*thiao* était apprivoisé, dompté, [14]*chun* et obéissant, [15]*kho*-[16]*ching* et qu'il pouvait être monté, [17]*yun*-[18]*ho* pourquoi ([17]*yun* particule auxiliaire), [19]*i* avec, [20]*thseu*-[22]*siang* cet éléphant, [21]*khouang* furieux, [23]*eul* particule auxiliaire, [24]*khi* avez-vous trompé, [25]*yu* marque d'accusatif, [26]*ngo* moi?

[1]象[2]師[3]合[4]掌[5]而[6]白[7]王[8]言。[9]如[10]此[11]狂[12]逸[13]非[14]我[15]所[16]調。[17]王[18]語[19]之[20]日。[21]爲[22]是[23]何[24]過。[25]非[26]是[27]汝[28]所[29]調。[1]*siang*-[2]*sse* le maître de l'éléphant, le cornac, [3]*ho*-[4]*tchang* joignit les paumes des mains, [5]*eul* et, [6]*pe*-[7]*wang* parlant au roi, [8]*yen* lui dit: [12]*i* s'il s'est enfui, [11]*khouang* follement, [9]*jou*-[10]*thseu* comme cela, [13]*feï* ce n'est pas, [15]*so* (un éléphant) que, [14]*ngo* moi, [16]*thiao* (je puisse) dompter. [17]*wang* le roi, [18]*yu*-[19]*tchi* lui parla, [20]*youe* et lui dit: [21]*weï*-[22]*chi* c'est, [23]*ho*-[24]*kouo* de qui la faute? (à qui en est la faute?) [25]*feï*-[26]*chi* si ce n'est pas, [28]*so* (un éléphant) que, [27]*jou*-[29]*thiao* vous puissiez dompter?

[1]彼[2]卽[3]白[4]王。[5]象[6]有[7]貪[8]欲[9]以[10]病[11]其[12]心。[13]非[14]我[15]所[16]治。[1]*pi* cet homme, [2]*tsi* aussitôt, [3]*pe*-[4]*wang* dit au roi: [5]*siang* si un éléphant, [6]*yeou* a, [7]*than*-[8]*yo* des désirs de convoitise (des désirs amoureux), [9]*i* et par (là), [10]*ping* rend malade, [11]*khi*-[12]*sin* son cœur, [13]*feï* ce n'est pas, [15]*so* (un éléphant) que, [14]*ngo* moi, je, [16]*tch'i* (puisse) guérir ou dompter.

[1]大[2]王[3]當[4]知[5]如[6]此[7]之[8]病[9]杖[10]捶[11]鈎[12]斲[13]所[14]不[15]能[16]治。[17]貪[18]欲[19]壞[20]心[21]亦[22]復[23]如[24]是。[1]*ta*-[2]*wang* grand roi, [3]*tang*-[4]*tchi* vous

devez savoir que, [8]*ping* une maladie, [5]*jou*-[6]*thseu* comme celle-là, [7]*tchi* particule relative (est une maladie), [13]*so* que, [10]*tchouï* en le battant, [9]*tchang* avec un bâton, [12]*tcho* en le frappant, [11]*keou* avec un croc, [14]*pou*-[15]*neng* on ne peut, [16]*tch'i* guérir, [17]*than*-[18]*yo* quand les désirs de convoitise (les désirs amoureux), [19]*hoaï*-[20]*sin* ont corrompu le cœur (de l'homme), (il est) [21]*i* aussi, [22]*feou* encore, [23]*jou* comme, [24]*chi* cet (éléphant).

XXX.

L'Homme et les Serpents vénimeux.

[1]有[2]王[3]把[4]四[5]毒[6]蛇[7]盛[8]之[9]一[10]篋。[11]令[12]人[13]養[14]食。[15]瞻[16]視[17]臥[18]起。[19]摩[20]洗[21]其[22]身。[23]若[24]令[25]一[26]蛇[27]生[28]瞋[29]恚[30]者。[31]我[32]當[33]准[34]法[35]戮[36]之[37]都[38]市。[1]*yeou* il y avait, [2]*wang* un roi (qui), [3]*pa* prenant, [4]*sse* quatre, [5]*to*-[6]*che* serpents vénimeux, [7]*ching*-[8]*tchi* les avait mis, [9]*i*-[10]*kie* dans un coffre, [11]*ling* il ordonna, [12]*jin* à un homme, [13]*yang*-[14]*sse* de les nourrir, [15]*tchen*-[16]*chi* de surveiller, [17]*ngo*-[18]*khi* leur coucher et leur lever; [19]*mo* de nettoyer, [20]*sien* et de laver, [21]*khi*-[22]*chin*, leur corps. (Il ajouta) [23]*jo* si, [24]*ling* il fait que, [25]*i*-[26]*che* un serpent, [27]*sing* produise, [28]*tch'in*-[29]*hoeï*-[30]*tche* la colère (se mette en colère), [31]*ngo*-[32]*tang* je devrai, [33]*tchun* conformément à, [34]*fa* la loi, [35]*lo*-[36]*tchi* le tuer, le faire mourir; [37]*tou*-[38]*chi* dans le marché de la capitale.

[1]爾[2]時[3]其[4]人[5]聞[6]王[7]切[8]令。[9]心[10]生[11]惶[12]怖。[13]捨[14]篋[15]逃[16]走。[17]王[18]時[19]復[20]遣[21]五[22]旃[23]陁[24]羅[25]拔[26]刀[27]隨[28]後。[1]*eul*-[2]*chi* alors, [3]*khi*-[4]*jin* cet homme, [5]*wen* entendant, [7]*thsie*-[8]*ling* les ordres pressants, [6]*wang* du roi, [9]*sin* dans son cœur, [10]*seng* il sentit naître, [11]*hoang*-[12]*pou* la terreur, [13]*che* il laissa, [14]*kie* le coffre, [15]*thao*-[16]*tseou* et s'enfuit. [17]*wang* le roi, [18]*chi* alors, [19]*feou* de nouveau, [20]*kien* en-

voya, [21]*ou* cinq, [22]*tchen*-[23]*tho*-[24]*lo*, tchân'd'âlas [1], *qui* [25]*pa*-[26]*tao* tenant en main une épée, [27]*souï* le suivaient, [28]*heou* par derrière.

[1]其[2]人[3]迴[4]顧[5]見[6]後[7]五[8]人。[9]遂[10]自[11]捨[12]去。[13]是[14]時[15]五[16]人[17]以[18]惡[19]方[20]便。[21]藏[22]所[23]持[24]刀[25]密[26]遣[27]一[28]人[29]詐[30]爲[31]親[32]善。[33]而[34]語[35]之[36]言[37]汝[38]可[39]還[40]來。 [1]*khi*-[2]*jin* cet homme, [3]*hoeï* se retournant, [4]*kou* regarda. [5]*kien* il vit, [7]*ou*-[8]*jin* les cinq hommes, [6]*heou* de derrière (qui étaient derrière lui). [9]*souï* aussitôt, [10]*tseu* lui-même, [11]*che* quitta (la place), [12]*khiu* et s'en alla, se sauva. [13]*chi*-[14]*chi* dans ce moment, [15]*ou*-[16]*jin* les cinq hommes, [17]*i* employèrent, [18]*ngo* un méchant, [19]*fang*-[20]*pien* expédient, [21]*thsang* ils cachèrent, [24]*tao* les épées, [22]*so* que, [23]*t'chi* ils tenaient, [25]*mi* et secrètement, [26]*kien* ils envoyèrent, [27]*i*-[28]*jin* un homme, *qui* [29]*tcha* feignit, [30]*weï* d'être, [31]*thsin*-[32]*chen* un ami, [33]*eul* et, [34]*yu*-[35]*tchi* lui parlant, [36]*yen* dit: [37]*jou* vous, [38]*kho* pouvez, [39]*hoan*-[40]*laï* revenir.

[1]其[2]人[3]不[4]信。[5]投[6]一[7]聚[8]落。[9]欲[10]自[11]隱[12]匿。[13]既[14]入[15]聚[16]中。[17]闚[18]看[19]諸[20]舍。[21]都[22]不[23]見[24]人。[25]執[26]持[27]缸[28]器。[29]悉[30]空[31]無[32]物。 [1]*khi*-[2]*jin* cet homme, [3]*pou*-[4]*sin* ne le crut pas, [5]*theou* il alla, [6]*i* dans, [7]*tsiu*-[8]*lo* un village, [9]*yo* et voulut, [10]*tseu*-[11]*in*-[12]*ni* se cacher. [13]*ki*-[14]*ji* quand il fut entré, [15]*tsiu*-[16]*tchong* dans le village, [17]*k'oueï*-[18]*khan* il examina furtivement, [19]*tchou*-[20]*che* les maisons; [21]*tou* dans toutes, [22]*pou*-[23]*kien* il ne vit point, [24]*jin* d'hommes. [25]*tchi*-[26]*tch'i* il prit, [27]*kang*-[28]*khi* des vases; [29]*si* tous, [30]*khong* étaient vides, [31]*wou*-[32]*wou* et n'avaient pas de choses, c'est-à-dire: et ne renfermaient rien.

[1]既[2]不[3]見[4]人[5]求[6]物[7]不[8]得。[9]卽[10]便[11]坐[12]地。 [1]*ki* après que, [2]*pou*-[3]*kien* il n'eut pas vu, [4]*jin* d'hommes, [5]*khieou* et qu'il eut cherché, [6]*wou* des choses, [7]*pou*-[8]*te* et n'en eut pas trouvé, [9]*tsi* aussitôt, [10]*pien* alors, [11]*tso*-[12]*ti* il s'assit par terre.

1 Ce mot indien désigne un homme d'une condition abjecte, qu'on pouvait employer à exécuter des actes cruels ou odieux aux autres hommes.

[1]聞 [2]空 [3]中 [4]聲 [5]叱 [6]曰。[7]男 [8]子 [9]此 [10]聚 [11]空 [12]曠 [13]無 [14]有 [15]居 [16]民。[17]今 [18]夜 [19]當 [20]有 [21]六 [22]大 [23]賊 [24]來。[25]汝 [26]設 [27]遇 [28]之 [29]命 [30]終。[31]今 [32]汝 [33]云 [34]何 [35]而 [36]得 [37]免 [38]之。[1]*wen* il entendit, [2]*khong*-[3]*tchong* au milieu des airs, [4]*ching* une voix, [6]*youe* dire, qui disait, [6]*tch'i* en grondant, d'un ton grondeur: [7]*nan*-[8]*tseu* homme! [9]*thseu*-[10]*tsiu* ce village, [11]*khong*-[12]*khouang* est désert; [13]*wou*-[14]*yeou* il n'y a pas, [15]*kiu*-[16]*min* d'habitants. [17]*kin*-[18]*ye* cette nuit, [19]*tang*-[20]*yeou* il doit y avoir, [21]*lou* six, [22]*ta*-[23]*tse* grands brigands, [24]*laï* qui viendront; [26]*che* si, [25]*jou* vous, [27]*yu*-[28]*tchi* les rencontrez, [29]*ming*-[30]*tchong* votre vie finira, vous perdrez la vie, [31]*kin* maintenant, [33]*yun*-[34]*ho* comment (*yun* particule auxiliaire), [32]*jou* vous, [35]*eul* particule explétive, [36]*te* pourrez (comment pourrez-vous), [27]*mien*-[28]*tchi* les éviter, leur échapper?

[1]爾 [2]時 [3]其 [4]人 [5]恐 [6]怖 [7]遂 [8]增。[9]復 [10]捨 [11]而 [12]去。[13]路 [14]值 [15]一 [16]河。[17]其 [18]水 [19]漂 [20]急。[1]*eul*-[2]*chi* dans ce moment, [3]*khi*-[4]*jin* cet homme, [5]*kong*-[6]*pou* sa crainte, [8]*tseng* s'augmentant, [7]*souï* aussitôt, [9]*feou* de nouveau, [10]*che* quitta (ce lieu), [11]*eul*-[12]*khiu* et s'en alla, [13]*lou* en route, [14]*tchi* il rencontra, [15]*i*-[16]*ho* un fleuve ; [17]*khi*-[18]*chouï* son eau (dont l'eau), [19]*p'iao*-[20]*ki* était rapide.

[1]無 [2]有 [3]船 [4]筏 [5]以 [6]恐 [7]畏 [8]故。[9]卽 [10]取 [11]種 [12]種 [13]草 [14]木 [15]爲 [16]筏。[17]復 [18]更 [19]思 [20]惟。[21]我 [22]設 [23]住 [24]此。[25]當 [26]爲 [27]毒 [28]蛇 [29]五 [30]旃 [31]陀 [32]羅 [33]一 [34]詐 [35]親 [36]者 [37]及 [38]六 [39]大 [40]賊 [41]之 [42]所 [43]危 [44]害。[1]*wou*-[2]*yeou* (comme) il n'y avait pas, [3]*tch'ouen* de bateau, [4]*fa* ou de radeau, [5]*i*-[8]*kou* à cause, par suite de, [6]*kong*-[7]*weï* de sa crainte, [9]*tsi* aussitôt, [10]*thsiu* il prit, [11]*tchong*-[12]*tchong* diverses espèces, [13]*thsao* de plantes, [14]*mo* et d'arbres, [15]*weï* et fit, [16]*fa* un radeau, [17]*feou* de nouveau, [18]*keng* encore, [19]*sse*-[20]*weï* il songea (et se dit): [22]*che* si, [21]*ngo*-[23]*tchou* je restais, [24]*thseu* ici, [25]*tang* je devrais, [26]*weï* être, [42]*so* un homme que, [27]*to*-[28]*che* les serpents vénimeux, [29]*ou* les cinq, [30]*tchen*-[31]*tho*-[32]*lo* tchân'd'âlas, [33]*i* et (un homme), [36]*tche* qui, [34]*tcha* feignait, [35]*thsin* d'être ami, [37]*ki*

et, [38]*lou* les six, [39]*ta* grands, [40]*tse* brigands, [41]*tchi* particule relative, [45]*weï* mettraient en danger, [44]*haï* et feraient périr.

[1]若[2]度[3]此[4]河。[5]筏[6]不[7]可[8]依。[9]當[10]沒[11]水[12]死。[13]寧[14]沒[15]水[16]死。[17]終[18]不[19]爲[20]彼[21]蛇[22]賊[23]所[24]害。[1]*jo* si, [2]*tou* je traverse, [3]*thseu*-[4]*ho* ce fleuve, [5]*fa* et que sur ce radeau, [6]*pou*-[7]*kho* je ne puisse, [8]*i* m'appuyer, [9]*tang* je devrai, [10]*mo*-[11]*chouï* m'enfoncer dans l'eau, [12]*sse* et périr. [13]*ning* il vaut mieux, [14]*mo*-[15]*chouï* que je m'enfonce dans l'eau, [16]*sse* et meure, et [17]*tchong* à la fin, [18]*pou*-[19]*weï* ne pas être, [23]*so* (un homme) que, [20]*pi* ces, [21]*che* serpents, [22]*tse* et ces brigands, [24]*haï* fassent mourir.

[1]卽[2]推[3]草[4]筏。[5]直[6]之[7]水[8]中。[9]身[10]倚[11]其[12]上。[13]手[14]把[15]脚[16]踏。[17]截[18]流[19]而[20]去。[1]*tsi* aussitôt, [2]*thouï* il poussa, [4]*fa* le radeau, [3]*thsao* de plantes, fait avec des plantes, [5]*tchi*-[6]*tchi* et le plaça, [7]*chouï*-[8]*tchong* dans l'eau, [9]*chin* avec son corps, [10]*i* il s'appuya, [11]*khi*-[12]*chang* sur lui (sur ce radeau); [13]*cheou* avec ses mains, [14]*p'a* il le prit, le saisit, [15]*kio* avec ses pieds, [16]*ta* il marcha dessus, [17]*tsie* il fendit, [18]*lieou* le courant, [19]*eul* et, [20]*khiu* s'échappa.

[1]卽[2]達[3]彼[4]岸。[5]安[6]隱[7]無[8]患。[9]心[10]意[11]泰[12]然。[13]怖[14]懼[45]消[16]除。[1]*tsi* aussitôt, [2]*ta* il parvint, [3]*pi*-[4]*ngan* à ce rivage (à l'autre rivage). [5]*ngan*-[6]*in* il se trouva en sûreté, [7]*wou*-[8]*houan* et exempt de malheur, [9]*sin*-[10]*i* son cœur et son esprit, [11]*thaï*-[12]*jen* devinrent tranquilles, [13]*pou*-[14]*kiu* et sa crainte, [15]*siao*-[16]*tch'ou* se dissipa.

XXXI.

Le Brahmane converti.

[1]昔[2]有[3]梵[4]志。[5]厥[6]年[7]二[8]十。[9]天[10]才[11]自[12]然。[13]事[14]無[15]大[16]小。[17]過[18]目[19]則[20]能。[21]自[22]以[23]聰[24]哲[25]而[26]自[27]誓[28]日。[29]天[30]下[31]技

[32]術[33]要[34]當[35]盡[36]知。 [1]*si* jadis, [2]*yeou* il y avait, [3]*fan*-[4]*tchi* un brahmane; [5]*kioue*-[6]*nien* ses années, [7]*eul*-[8]*chi* (étaient) vingt (qui avait vingt ans). [9]*thien*-[10]*thsaï* les talents que donne le ciel, [11]*tseu*-[12]*jen* (lui étaient venus) d'eux-mêmes, ou bien: étaient (chez lui) naturels, [13]*sse* en fait d'affaire, [14]*wou* il n'y en avait pas, [15]*ta* de grande, [16]*siao* ou de petite, c'est-à-dire: qu'une affaire fut grande ou petite, [17]*kouo*-[18]*mo* dès qu'elle avait passé devant ses yeux, dès qu'elle s'était présentée à lui, [19]*tse* alors, [20]*neng* il en était capable, il était capable de la faire, de s'en acquitter; [21]*tseu* lui-même, [22]*i* à cause de, [23]*thsong*-[24]*tche* de son intelligence, [25]*eul* particule auxiliaire, [26]*tseu*-[27]*chi* fit lui-même un serment, [28]*youe* et dit: [31]*ki*-[32]*chou* les arts, [29]*thien*-[30]*hia* de l'empire, du monde, [33]*yao*-[34]*tang* il faut que, [36]*tchi* je les connaisse, les sache, [35]*tsin* complètement.

[1]一[2]藝[3]不[4]通。[5]則[6]非[7]明[8]達[9]也。[10]於[11]是[12]遊[13]學。[14]無[15]師[16]不[17]造。 [1]*i*-[2]*i* s'il y a un art, [3]*pou*-[4]*thong* que je n'aie pas pénétré, que je n'aie pas appris à fond, [5]*tse* alors, [6]*feï* je ne serai pas, [7]*ming*-[8]*ta* un homme éclairé, [9]*ye* particule finale, [10]*yu*-[11]*chi* alors, [12]*yeou* il voyagea, [13]*hio* pour s'instruire, [14]*wou* il n'y eut pas, [15]*sse* de maître, [16]*pou*-[17]*tsao* qu'il n'allât trouver.

[1]六[2]藝[3]雜[4]術。[5]天[6]文[7]地[8]理。[9]醫[10]方[11]鎮[12]厭。[13]山[14]崩[15]地[16]動。[17]摴[18]蒱[19]博[20]弈。[21]伎[22]樂[23]搏[24]撮。 [1]*lou*-[2]*i* les six arts libéraux, [3]*tsa*-[4]*chou* les diverses professions, [5]*thien*-[6]*wen* l'astronomie, [7]*ti*-[8]*li* la géographie, [9]*i*-[10]*fang* les recettes médicales, la médecine, [11]*tchin*-[12]*ya* la magie[1], [13]*chan*-[14]*pong* l'écroulement des montagnes, [15]*ti*-[16]*tong* les tremblements de terre, [17]*tch'ou*-[18]*p'ou* le jeu de dés, [19]*po*-[20]*i* le jeu d'échecs, [21]*ki*-[22]*yo* la musique, [23]*po*-[24]*ts'o* la lutte.

[1]裁[2]割[3]衣[4]裳。[5]文[6]繡[7]綾[8]綺。[9]廚[10]膳[11]切[12]割[13]調[14]和[15]滋[16]味。[17]人[18]間[19]之[20]事。[21]無

1 L'expression [11]*tchin*-[12]*ya* est expliquée en mandchou par *bouchokoudemhi*, faire du mal à quelqu'un au moyen de la magie. (Diction. mandchou-chinois: *Thsing-han-pi-khao*, liv. VI, fol. 51.) Ce sens manque dans les dictionnaires chinois.

[22]不[23]兼[24]達。[1]*thsaï*-[2]*ko* (l'art de) couper, tailler, [3]*i*-[4]*tchang* les vêtements, [5]*wen*-[6]*sieou* de broder en diverses couleurs, [7]*ling*-[8]*khi* les étoffes de soie, [9]*thsie*-[10]*ko* de découper, [11]*tch'ou*-[12]*chen* les viandes (littéralement: les viandes de la cuisine), [13]*thiao*-[14]*ho* d'assaisonner, [15]*tse*-[16]*weï* les mets exquis. [20]*sse* (parmi) les choses, [17]*jin*-[18]*kien*-[19]*tchi* d'entre les hommes, qui se rencontrent parmi les hommes, [21]*wou* il n'y en avait pas (une que), [22]*pou*-[24]*ta* il n'eut pas pénétrée, apprise à fond, [23]*kien* ensemble, à la fois.

[1]心[2]自[3]念[4]曰[5]丈[6]夫[7]如[8]此[9]誰[10]能[11]及[12]者。[1]*sin* dans son esprit, [2]*tseu*-[3]*nien* songeant lui-même, [4]*youe* il disait: [5]*tchang*-[6]*fou* (quand) un homme, [7]*jou*-[8]*thseu* est comme cela, [9]*chouï* quel est, [12]*tche* celui qui, [10]*neng* pourrait, [11]*ki* l'atteindre, l'égaler?

[1]試[2]遊[3]諸[4]國。[5]摧[6]伏[7]抵[8]對。[9]奮[10]名[11]四[12]海。[13]技[14]術[15]衝[16]天。[17]然[18]後[19]載[20]功[21]竹[22]帛。[23]垂[24]勳[25]百[26]代。[1]*che* j'essaierai, [2]*yeou* de voyager, [3]*tchou*-[4]*koue* dans les (différents) royaumes, [5]*tsoui*-[6]*fo* je terrasserai, [7]*ti*-[8]*touï* mes adversaires, mes rivaux; [9]*fen* j'étendrai, [10]*ming* ma réputation, [11]*sse*-[12]*haï* jusqu'aux quatre mers (dans tout l'empire), [13]*ki*-[14]*chou* par mes talents, [15]*tch'ong*-[16]*thien* je m'élèverai jusqu'au ciel, [17]*jen*-[18]*heou* ensuite, [19]*tsaï*-[20]*kong* j'inscrirai, je ferai inscrire mes mérites, [21]*tchou*-[22]*pe* sur le bambou et la soie, c'est-à-dire dans l'histoire, [23]*tchouï* et je transmettrai, [24]*hiun* mes belles actions, [25]*pe*-[26]*taï* à cent générations.

[1]於[2]是[3]遊[4]行。[5]往[6]至[7]一[8]國。[9]入[10]市[11]觀[12]視。[13]見[14]有[15]一[16]人。[17]坐[18]作[19]角[20]弓。[21]析[22]筋[23]治[24]角。[25]用[26]手[27]如[28]飛。[29]作[30]弓[31]調[32]快。[33]買[34]者[35]爭[36]前。[1]*yu*-[2]*chi* là-dessus, [3]*yeou*-[4]*hing* il voyagea. [5]*wang*-[6]*tchi* il alla dans, [7]*i*-[8]*koue* un royaume, [9]*ji*-[10]*chi* il entra dans un marché, [11]*kouan*-[12]*chi* et y promena ses regards, [13]*kien* il vit que, [14]*yeou* il y avait, [15]*i*-[16]*jin* un homme, [17]*tso* qui, étant assis, [18]*tso* fabriquait, [19]*kio*-[20]*kong* des arcs de corne. [21]*si* il divisait, [22]*kin* des nerfs, [23]*tch'i*-[24]*kio* et travaillait la corne; [25]*yong*-[26]*cheou* il se servait de ses mains, [27]*jou*-[28]*feï* comme si elles

eussent volé (sur son ouvrage); [29]*tso*-[30]*kong* en façonnant ces arcs, [31]*khouaï* avec célérité, [32]*thiao* il les ajustait (il en ajustait toutes les parties); [33]*maï*-[34]*tche* les acheteurs, [35]*tseng*-[36]*thsien* se disputaient la priorité, se disputaient pour être servis les premiers.

[1]卽[2]自[3]念[4]曰。[5]少[6]來[7]所[8]學[9]自[10]以[11]具[12]足。[13]邂[14]逅[15]自[16]輕[17]不[18]學[19]作[20]弓。[21]若[22]彼[23]鬬[24]技。[25]吾[26]則[27]不[28]如[29]矣。[30]當[31]從[32]受[33]學[34]耳。 [1]*tsi* aussitôt, [2]*tseu*-[3]*nien* songeant en lui-même, [4]*youe* il dit: [7]*so*-[8]*hio* ce que j'ai étudié, [5]*chao*-[6]*laï* depuis mon enfance, [9]*tseu* moi-même, [10]*i* je le regardais comme, [11]*kiu* complet, [12]*tso* et suffisant, [13]*hiaï*-[14]*heou* ayant rencontré (cet homme), [15]*tseu*-[16]*king* je fais peu de cas de moi-même, [17]*pou*-[18]*hio* (parce que) je n'ai pas appris, [19]*tso*-[20]*kong* à fabriquer des arcs. [21]*jo* si, [22]*pi* cet homme, [23]*teou* luttait (avec moi), [24]*ki* en fait d'habileté, [26]*tse* alors, [25]*ngou* moi, [27]*pou*-[28]*jou* je ne l'égalerais pas, [29]*i* particule finale. [30]*tang* il faut que, [31]*thsong* que je le suive, [32]*cheou*-[33]*hio* et que je reçoive ses leçons, [34]*eul* seulement; comme s'il disait: la seule chose que je doive faire est de recevoir ses leçons.

[1]遂[2]從[3]弓[4]師。[5]求[6]爲[7]弟[8]子。[9]盡[10]心[11]受[12]學。[13]月[14]日[15]之[16]中。[17]具[18]解[19]弓[20]法。[21]所[22]作[23]巧[24]妙。[25]乃[26]踰[27]於[28]師。[29]布[30]施[31]財[32]物。[33]奉[34]辭[35]而[36]去。 [1]*souï* aussitôt, [2]*thsong* il suivit, [3]*kong*-[4]*sse* le maître d'arcs, le fabricant d'arcs, [5]*khieou* et demanda, [6]*weï* à être, à devenir, [7]*ti*-[8]*tseu* son disciple, [9]*tsin*-[10]*sin* en épuisant son cœur, en faisant tous ses efforts, [11]*cheou*-[12]*hio* il reçut l'instruction, ses leçons, [16]*tchong* au milieu, dans l'espace (d'un certain nombre), [15]*tchi* de, [13]*youeï* mois, [14]*ji* et de jours, [17]*kiu* complètement, [18]*kiaï* il comprit, il apprit, [19]*kong*-[20]*fa* les règles de l'arc, l'art de faire des arcs; [21]*so*-[22]*tso* ceux qu'il fabriquait, [23]*kiao* étaient habilement-faits, [24]*miao* et merveilleux. [25]*naï* certes, [26]*yu* il l'emporta, [27]*yu* sur, [28]*sse* son maître. [29]*pou*-[30]*chi* il lui donna, [31]*thsaï*-[32]*wou* des choses précieuses, une récompense, [33]*fong*-[34]*thse* prit congé de lui, [35]*eul*-[36]*khiu* et partit.

[1]去[2]之[3]一[4]國。[5]當[6]度[7]江[8]水。[9]有[10]一[11]船

12師。13用14船15若16飛。17迴18旋19上20下。21便22疾23無24雙。1khiu-2tchi il alla dans, 3i-4koue un royaume, 5tang-6tou il fallait traverser, 7kiang-8choui l'eau d'un fleuve, 9yeou il y avait, 10i un, 11tch'ouen-12sse maître de bateau, un batelier, 13yong-14tch'ouen il se servait de son bateau, il dirigeait son bateau, 15jo-16feï comme s'il volait, avec la vitesse d'un oiseau; 17hoeï-18siouen (fallait-il) tourner, 19chang-20hia monter *ou* descendre, 21pien-22tsi pour la célérité, 23wou-24choang il n'avait pas d'égal.

1復2自3念4曰。5吾6技7雖8多。9未10曾11習12船。13雖14爲15賤16術。17愧18于19不20知。21宜22當23學24之。25萬26技27悉28備。1feou de nouveau, 2tseu-3nien songeant en lui-même, 4youe il dit : 7souï quoique, 5ngou-6ki mes talents, 8to soient nombreux, 9weï-10tseng pas encore, 11si je me suis exercé, 12tch'ouen aux bateaux (je ne me suis pas encore exercé à conduire les bateaux); 13souï quoique, 14weï ce soit, 15tsien-16chou un métier abject, 17koueï je suis honteux, 18yu-19pou-20tchi de ne pas le connaître, le savoir. 21i-22tang il faut que, 23hio-24tchi je l'étudie, je l'apprenne; 25wan-26ki alors les dix mille talents, tous les talents, 27si entièrement, 28pi seront complets.

1遂2從3船4師。5願6爲7弟8子。9供10奉11盡12敬13竭14力15勞16勤。17月18日19之20中21知22其23逆24順。25御26船27迴28旋。29乃30踰31於32師。33布34施35財36物。37奉38辭39而40去。1souï aussitôt, 2thsong il suivit, 3tch'ouen-4sse le maître du bateau, le batelier, 5youen et désira, exprima le désir, 6weï d'être, de devenir, 7ti-8tseu son disciple; 9kong-10fong il le servit, 11tsin-12king épuisa (déploya entièrement) son respect, 13kie-14li en employant toutes ses forces, 15lao-16k'in il travailla avec ardeur. 20tchong au milieu, dans l'espace de, 17youeï-18ji-19tchi (d'un certain nombre) de mois et de jours, 21tchi il connut, il apprit, 22khi de lui, 23ni l'action de remonter et, 24chun l'action de suivre (le courant); 25yu en gouvernant, 26tch'ouen le bateau, 27hoeï-28siouen il tournait, il le faisait tourner; 29naï certes, 30yu il l'emporta, 31yu-32sse sur son maître, 33pou-34chi lui donna, 35thsaï-36wou des choses précieuses, une récompense, [37]*fong*-[38]*thse* prit congé de lui, [39]*eul*-[40]*khiu* et partit.

[1]復[2]至[3]一[4]國。[5]國[6]王[7]宮[8]殿。[9]天[10]下[11]無[12]雙。[13]卽[14]自[15]念[16]曰。[17]作[18]此[19]殿[20]匠[21]巧[22]妙[23]乃[24]爾。[25]自[26]隱[27]遊[28]來。[29]偶[30]不[31]學[32]之。[33]若[34]與[35]競[36]巧。[37]必[38]不[39]勝[40]矣。[1]*feou* de nouveau, [2]*tchi* il arriva dans, [3]*i*-[4]*koue* un (autre) royaume. [7]*kong*-[8]*tien* le palais, [6]*wang* du roi, [5]*koue* du royaume, [9]*thien*-[10]*hia* dans l'empire, [11]*wou*-[12]*choang* n'avait pas d'égal. [13]*tsi* aussitôt, [14]*tseu*-[15]*nien* songeant en lui-même, [16]*youe* il dit: [20]*tsiang* l'ouvrier, [17]*tso* qui a fait, [18]*thseu*-[19]*tien* ce palais, [21]*k'iao* par son habileté, [22]*miao* a été admirable, [23]*naï*-[24]*eul* à ce point; [25]*tseu* depuis que, [26]*in* secrètement, [27]*yeou*-[28]*laï* je voyage, [29]*ngeou* par hazard, [30]*pou*-[31]*hio*-[32]*tchi* je n'ai pas étudié cela, ce métier, [33]*jo* si, [34]*yu* avec (cet ouvrier), [35]*king* je luttais, [36]*khiao* (en fait) d'adresse, d'habileté, [37]*pi* certainement, [38]*pou*-[39]*ching* je ne le vaincrais pas, je ne l'emporterais pas sur lui, [40]*i* particule finale.

[1]且[2]當[3]復[4]學。[5]意[6]乃[7]足[8]耳。[9]遂[10]求[11]殿[12]匠[13]願[14]爲[15]弟[16]子。[1]*thsie* particule initiale; [2]*tang* il faut que, [3]*feou* encore, [4]*hio* j'étudie, j'apprenne (cela), [5]*i* mon esprit, [6]*naï* alors, [7]*tso* sera satisfait, [8]*eul* particule diminutive, seulement, comme s'il disait: c'est seulement alors que mon esprit sera satisfait. [9]*souï* aussitôt, [10]*khieou* il adressa une demande, [11]*tien*-[12]*tsiang* à l'ouvrier du palais, c'est-à-dire: qui avait construit le palais, [13]*youen* et exprima le désir, [14]*weï* d'être, de devenir, [15]*ti*-[16]*tseu* son disciple.

[1]盡[2]心[3]供[4]養。[5]執[6]持[7]斤[8]斧。[9]月[10]日[11]之[12]間。[13]具[14]解[15]尺[16]寸。[17]方[18]圓[19]規[20]矩。[21]雕[22]文[23]刻[24]鏤。[25]木[26]事[27]盡[28]知。[29]天[30]才[31]明[32]朗。[33]事[34]輒[35]勝[36]師。[37]布[38]施[39]所[40]有。[41]辭[42]師[43]而[44]去。[1]*tsin*-[2]*sin* de tout son cœur, [3]*kong*-[4]*yang* il le servit; [5]*tchi*-[6]*tch'i* il prit en main, il mania, [7]*kin* la hache, [8]*fou* et la hachette. [12]*kien* dans l'intervalle, [11]*tchi* de, [9]*youeï*-[10]*ji* (d'un certain nombre) de mois et de jours, [13]*kiu* complètement, [14]*hiaï* il

comprit, [15]*tch'i* le pied, [16]*thsun* et le pouce, [17]*fang* le carré, [18]*youen* le cercle, [19]*koueï* le compas, [20]*kiu* et la règle, [21]*tiao*-[22]*wen* la gravure[1], [23]*khe*-[24]*leou* et la ciselure; [28]*tchi* il connut, il apprit, [27]*tsin* complètement, [25]*mo*-[26]*sse* les choses du bois, les différentes manières de travailler le bois, [29]*thien*-[30]*thsaï* les talents du ciel, qu'il avait reçus du ciel, [31]*ming*-[32]*lang* brillèrent avec éclat, [33]*sse* (en ces) choses, [34]*tch'e* aussitôt, [35]*ching*-[36]*sse* il l'emporta sur son maître, [37]*pou*-[38]*chi* il donna, [39]*so*-[40]*yeou* ce qu'il possédait (d'argent), [41]*thse*-[42]*sse* prit congé de son maître, [43]*eul*-[44]*khiu* et partit.

1周 2行 3天 4下。5遍 6十 7六 8大 9國。10命 11敵 12捔 13技。14自 15言 16隻 17步。18無 19敢 20應 21者。22心 23自 24貢 25高。26日 27天 28地 29之 30間。31誰 32有 33勝 34我 35者。 [1]*tcheou* tout autour, [2]*hing* il marcha, [3]*thien*-[4]*hia* dans l'empire, il fit tout le tour de l'empire, [5]*pien* il traversa, [6]*chi*-[7]*lou* seize, [8]*ta* grands, [9]*koue* royaumes, [10]*ming* il ordonna, [11]*ti* à ses adversaires, [12]*kio* de lutter (avec lui), [13]*ki* en fait de talents; [14]*tseu*-[15]*yen* il disait-en-lui-même que, [16]*tchi*-[17]*pou* il marchait seul (il était le seul dans son genre)[2], [18]*wou* et qu'il n'y avait (personne), [21]*tche* qui, [19]*kan* osât, [20]*ing* répondre (à son défi). [22]*sin* dans son cœur, au fond de son cœur, [23]*tseu*-[24]*kong*-[25]*kao* se vantant à l'excès, [26]*youe* il disait: [30]*kien* dans l'intervalle, [29]*tchi* du, [27]*thien* ciel, [28]*ti* et de la terre (dans le monde, dans l'univers), [31]*ch'ouï*-[32]*yeou* quel est, [35]*tche* celui qui, [33]*ching*-[34]*ngo* l'emporte sur moi?

1佛 2在 3祇 4園。5逢 6見 7此 8人。9應 10可 11化 12度。13佛 14以 15神 16足。17化 18作 19沙 20門。21拄 22杖 23持 24鉢。25在 26前 27而 28來。 [1]*fo* le Bouddha, [2]*tsaï* se trouvant, [3]*tchi*-[4]*youen* à *Djêtavana*, [5]*fong* il rencontra, [6]*kien* et vit, [7]*thseu*-[8]*jin* cet homme. (Il se dit) [9]*ing*-[10]*kho* il faut, [11]*hoa*-[12]*tou* le convertir. [13]*fo* le Bouddha, [14]*i* par le moyen, [15]*chin*-[16]*tso* de sa puissance divine, [17]*hoa*-[18]*tso* prit la forme[3], [19]*ch'a*-[20]*men* d'un

1 Gonçalvez, Dict. chin.-portugais, rend ainsi l'expression *tiao-wen*.

2 L'expression *tchi-pou* se traduit en mandchou par: *emkhoun tcholkhorome yaboume* marcher seul en l'emportant sur les autres.

3 Littéralement: se métamorphosa et devint un *Çraman'a*.

Çraman'a (d'un religieux), qui, [21]*tchou*-[22]*tchang* s'appuyant sur son bâton, [23]*tch'i* et tenant, [24]*po* le vase (à aumônes), [25]*tsai*-[26]*thsien* devant lui, [27]*eul* particule auxiliaire, [28]*laï* venait.

[1]梵[2]志[3]由[4]來。[5]國[6]無[7]道[8]法。[9]未[10]見[11]沙。[12]門[13]怪[14]是[15]何[16]人。[17]頃[18]至[19]當[20]問。[21]須[22]臾[23]來[24]到。[1]*fan*-[2]*tchi* le brahmane, [3]*yeou*-[4]*laï* depuis qu'il était venu, [5]*koue* dans les royaumes, [6]*wou* n'avait pas trouvé, [7]*tao*-[8]*fa* la loi de la *bôdhi*, la doctrine bouddhique; [9]*wei*-[10]*kien* il n'avait pas encore vu, [11]*cha*-[12]*men* de *Çraman'a*, de religieux, [13]*kouaï* il fut étonné (et dit): [15]*ho*-[16]*jin* quel homme, [14]*chi* est-ce? [17]*king* dans un moment, [18]*tchi* quand il sera arrivé, [19]*tang* il faudra, [20]*wen* que je l'interroge. [21]*siu*-[22]*yu* peu de temps après, [23]*laï*-[24]*tao* il arriva jusqu'à lui.

[1]梵[2]志[3]問[4]曰。[5]百[6]王[7]之[8]則。[9]未[10]見[11]君[12]輩。[13]夜[14]裳[15]制[16]度。[17]無[18]有[19]此[20]服。[21]宗[22]廟[23]異[24]物[25]不[26]見[27]此[28]器。[29]君[30]是[31]何[32]人。[33]形[34]服[35]非[36]常[37]也。[1]*fan*-[2]*tchi* le brahmane, [3]*wen* l'interrogea, [4]*youe* et dit: [8]*tse* parmi les règlements, [7]*tchi* de, [5]*pe*-[6]*wang* cent rois, de tous les rois, [9]*weï*-[10]*kien* je n'ai pas encore vu, [12]*peï* (des hommes) du genre de, [11]*kiun* votre seigneurie. [15]*tchi*-[16]*tou* parmi les formes, [13]*i*-[14]*tch'ang* des vêtements, [17]*wou*-[18]*yeou* il n'y a pas, [19]*thseu*-[20]*fo* ce costume, [23]*i*-[24]*wou* parmi les différents objets, [21]*tsong*-[22]*miao* des temples des ancêtres, [25]*pou*-[26]*kien* je n'ai pas vu, [27]*thseu*-[28]*khi* ce vase; [29]*kiun* seigneur, [31]*ho*-[32]*jin* quel homme, [30]*chi* êtes-vous? [33]*hing* votre aspect, [34]*fo* et votre vêtement, [35]*feï*-[36]*tch'ang* ne sont pas ordinaires (sont extraordinaires), [37]*ye* particule finale.

[1]沙[2]門[3]荅[4]曰。[5]吾[6]調[7]身[8]也。[9]人[10]復[11]問[12]何[13]謂[14]調[15]身。[16]於[17]是[18]沙[19]門[20]因[21]其[22]所[23]習[24]而[25]說[26]偈[27]言。[1]*cha*-[2]*men* le *Çraman'a* (le religieux), [3]*ta* répondit, [4]*youe* et dit: [5]*ngou* moi, [8]*jin*-[9]*ye* je suis un homme, [6]*thiao* qui dompte, [7]*chin* son corps. (Le brahmane), [10]*feou* de nouveau, [11]*wen* lui demanda: [12]*ho*-[13]*weï* qu'appelez-vous, [14]*thiao* dompter, [15]*chin* le corps? [16]*yu*-[17]*chi* là-dessus, [18]*cha*-[19]*men* le *Çra-*

25*

man'a (le religieux), [20]*in* prit occasion, [22]*so* des choses que (des métiers que), [21]*khi*-[23]*si* il avait étudiés, appris, [24]*eul* et, [25]*choue* prononça, [26]*kie* des *gâthâs* (vers), [27]*yen* et dit:

[1]弓[2]匠[3]角。[4]調[5]水[6]人[7]調[8]船。[9]殿[10]匠[11]調[12]木。[13]智[14]者[15]調[16]身。[1]*kong*-[2]*tsiang* l'ouvrier des arcs, le fabricant d'arcs, [3]*thiao*-[4]*kio* dompte la corne, [5]*choui*-[6]*jin* l'homme de l'eau, le batelier, [7]*thiao*-[8]*tch'ouen* dompte son bateau, [9]*tien*-[10]*tsiang* l'ouvrier des palais, le constructeur des palais, [11]*thiao*-[12]*mo* dompte le bois, [13]*tchi*-[14]*tche* l'homme prudent, [15]*thiao*-[16]*chin* dompte son corps.

[1]譬[2]如[3]厚[4]石。[5]風[6]不[7]能[8]移。[9]智[10]者[11]意[12]重。[13]毀[14]譽[15]不[16]傾。[17]譬[18]如[19]深[20]淵。[21]澄[22]靜[23]清[24]明。[25]慧[26]人[27]聞[28]道。[29]心[30]淨[31]廓[32]然。[1]*pi*-[2]*jou* de même que, [3]*heou*-[4]*chi* une grosse pierre, [5]*fong* (que) le vent, [6]*pou*-[7]*neng* ne peut, [8]*i* mouvoir, [9]*tchi*-[10]*tche* l'homme sage, [11]*i*-[12]*tchong* dont la volonté est lourde (solide), [13]*hoeï* par la calomnie, [14]*yu* par les louanges, [15]*pou*-[16]*khing* n'est pas renversé, ne peut être renversé; [17]*pi*-[18]*jou* de même que, [19]*chin*-[20]*youen* une eau profonde, [21]*tch'ing*-[22]*tsing* est calme et tranquille, [23]*thsing*-[24]*ming* limpide et claire, lorsque [25]*hoeï*-[26]*jin* un homme intelligent, [27]*wen*-[28]*tao* a entendu (les leçons de la) doctrine, [29]*sin* son cœur, [30]*tseng* devient pur, [31]*kouo*-[32]*jen* et vide, c'est-à-dire dégagé de toute passion[1].

[1]於[2]是[3]沙[4]門。[5]說[6]此[7]偈[8]已。[9]身[10]昇[11]虛[12]空。[13]還[14]現[15]佛[16]身[17]三[18]十[19]二[20]相[21]八[22]十[23]種[24]好。[25]光[26]明[27]洞[28]達。[29]照[30]耀[31]天[32]地。[33]從[34]虛[35]空[36]來。[37]下[38]謂[39]其[40]人[41]曰。[1]*yu*-[2]*chi* là-dessus, [3]*cha*-[4]*men* le *Çraman'a*, [8]*i* ayant fini de, [5]*choue* prononcer, [6]*thseu*-[7]*kie* ces gâthâs (ces vers), [9]*chin* lui-même, [10]*ching* s'éleva, [11]*hiu*-[12]*khong* dans les airs, [13]*hoan*-[14]*hien* et fit reparaître, [17]*san*-[18]*chi*-[19]*eul* les trente-deux, [20]*siang* aspects (*lakchan'as*, signes),

1 *Khang-hi* explique l'expression *khouo-jen* par *khong* 空 vide, mais le dict. *Thsing-han-wen-haï*, liv. 37, fol. 27, la traduit par *bolgosaka* pur, épuré.

海上絲綢之路文獻集成 科技與文化編

et 24*hao* les beautés, 21*pa*-22*chi* de quatre-vingt, 23*tchong* espèces, 15*fo*-16*chin* du corps du bouddha. 25*kouang*-26*ming* son éclat resplendissant, 27*thong*-28*ta* pénétra profondément, 29*tchao*-30*yao* et illumina, 31*thien*-32*ti* le ciel et la terre. 33*thsong*-34*hiu*-35*khong* du (haut) des airs, 36*laï*-37*hia* il descendit, 38*weï* et parlant, 39*khi*-40*jin* à cet homme, 41*youe* lui dit:

1吾 2道 3德 4變 5化。6調 7身 8之 9力 10也。11於 12是 13其 14人。15五 16體 17投 18地。19稽 20首 21問 22曰。23願 24聞 25調 26身。27其 28有 29法 30乎。1*ngou*-2*tao*-3*te* si par l'effet de ma vertu, 4*pien*-5*hoa* je me suis transformé, 9*li*-10*ye* c'est la force (je le dois à l'énergie), 6*thiao*-7*chin* (avec laquelle) j'ai dompté mon corps, 8*tchi* particule relative. 11*yu*-12*chi* là-dessus, 13*khi*-14*jin* cet homme, 17*theou*-18*ti* jeta à terre, par terre, 15*ou*-16*thi* ses cinq membres[1], 19*khi*-20*cheou* inclina sa tête jusqu'à terre, 21*ouen* et l'interrogeant, 22*youe* dit: 23*youen* je désire, 24*wen* entendre (apprendre), 25*thiao*-26*chin* (la manière de) dompter le corps, 27*khi* pour cela, 30*hou* est-ce que, 28*yeou* il y a, 29*yao* une règle, une méthode ?

1佛 2告 3梵 4志 5五 6戒。7十 8善 9四 10等[3]。11六 12度[4]。13四 14禪[5]。15三 16解 17脫。18此 19調 20身 21之 22法 23也。1*fo* le bouddha; 2*kao* dit, 3*fan*-4*tchi* au brahmane: 5*ou*-6*kiaï* les cinq défenses[2]; 7*chi*-8*chen* les dix vertus, 9*sse*-10*teng* les quatre point de ressemblance[3] (avec le bouddha); 11*lou*-12*tou* les six moyens de délivrance[4]; 13*sse*-14*chen* les quatre méditations[5]; 15*san*-16*kiaï*-17*tho* et les trois voies du salut. 18*thseu* ces choses-là,

1 C'est ce qu'on appelle en Sanscrit *pañtchâṅga*. Wilson, dictionnaire sanscrit, page 494. Reverence by extending the hands, bending the knees and the head.

2 1° Ne pas tuer; 2° ne pas voler; 3° ne pas se livrer à la luxure; 4° ne pas mentir; 5° ne pas boire de liqueurs spiritueuses.

3 Le nom, le son de la voix, le corps, la loi. Dictionnaire *San-thsang-fa-sou*, liv. XIII, fol. 19.

4 Les six *pâramitas*, c'est-à-dire les six moyens d'arriver au *Nirvân'a*, 1° l'aumône; 2° la conduite morale; 3° la patience; 4° le zèle ardent pour le bien; 5° la méditation; 6° l'intelligence.

5 Les quatre *Dhyânas*. Voyez Burnouf, Lotus, pag. 800, § 9.

[22]*fa*-[23]*ye* sont les règles, [19]*thiao*-[20]*chin* pour dompter le corps, [21]*tchi* particule relative.

[1]夫[2]弓[3]船[4]木[5]匠。[6]六[7]藝[8]奇[9]術。[10]皆[11]綺[12]飾[13]華[14]譽[15]之[16]事。[17]蕩[18]身[19]迷[20]意。[21]生[22]死[23]之[24]路[25]也。 [1]*fou* particule initiale, [2]*kong* la fabrication des arcs, [3]*tch'ouen* la direction des bateaux, [4]*mo*-[5]*tsiang* l'art du charpentier, [6]*lou*-[7]*i* les six arts libéraux, [8]*khi*-[9]*chou* les sciences extraordinaires, [10]*kiaï* tous, [16]*sse* (ce sont) des choses, [11]*khi*-[12]*chi* spécieuses, [13]*hoa*-[14]*yu* et qui sont l'objet de vaines louanges [1], [15]*tchi* particule relative; [17]*thang* elles agitent, [18]*chin* le corps, [19]*mi*-[20]*i* et troublent l'esprit; [24]*lou*-[25]*ye* c'est le chemin, [21]*seng*-[22]*sse*-[23]*tchi* de la vie et de la mort, c'est-à-dire le chemin qui mène aux vicissitudes de la vie et de la mort.

[1]梵[2]志[3]聞[4]之。[5]欣[6]然[7]信[8]解。[9]願[10]爲[11]弟[12]子。[13]佛[14]重[15]爲[16]說[17]四[18]諦[19]八[20]解[21]之[22]要。[23]尋[24]時[25]卽[26]得[27]阿[28]羅[29]漢[30]道。 [1]*fan*-[2]*tchi* le brahmane, [3]*wen*-[4]*tchi* ayant entendu cela, ces paroles, [5]*hin*-[6]*jen* avec joie, [7]*sin* il y ajouta foi, [8]*hiaï* et les comprit, [9]*youen* et il désira, [10]*weï* de devenir, [11]*ti*-[12]*tseu* son disciple. [13]*fo* le bouddha, [14]*tchong* de nouveau, [15]*weï* en sa faveur, [16]*choue* expliqua, [22]*yao* le résumé, [21]*tchi* des, [17]*sse*-[18]*ti* quatre vérités, [19]*pa*-[20]*kiaï* et des huit moyens de délivrance. [23]*sin*-[24]*chi* aussitôt, [25]*tsi* alors, [26]*te* il obtint, [27]*o'*-[28]*lo*-[29]*han*-[30]*tao* la dignité d'*arhat* [2].

XXXII.

Le Marchand ruiné dans un naufrage.

[1]賈[2]客[3]入[4]海[5]採[6]寶。[7]垂[8]出[9]大[10]海。[11]其

1 Les commentateurs expliquent *hoa-yu*, louanges fleuries, par *hiu-yu* louanges vides, vaines louanges.

2 Le mot *arhat*, qui signifie *vénérable*, désigne l'homme parvenu au degré le plus élevé parmi les religieux ou *Bhikchous*.

12舩 13卒 14壞。15珍 16寶 17失 18盡。19而 20自 21喜 22慶。23舉 24手 25而 26言。27幾 28失 29大 30寶。1*kou*-2*khe* un marchand, 3*ji*-4*haï* était entré dans la mer, c'est-à-dire: s'était embarqué, 5*tsaï* pour recueillir, 6*p'ao* des choses précieuses. 7*tch'ouï* quand il fut sur le point, 8*tch'ou* de sortir, 9*ta*-10*haï* de la grande mer, c'est-à-dire: de débarquer, 11*khi*-12*tch'ouen* son vaisseau, 13*souï* subitement, 14*hoaï* se brisa, 15*tchin*-16*p'ao* et ses objets précieux, 17*chi*-18*tsin* se perdirent entièrement, 19*eul* mais, 20*tseu*-21*i* il se réjouit, 22*khing* et se félicita. 23*kiu*-24*cheou* il leva les mains, 25*eul*-26*yen* et dit: 27*ki*-28*chi* j'ai presque perdu, j'ai failli perdre, 29*ta*-30*p'ao* ce qui est grandement précieux, la chose la plus précieuse.

1衆 2人 3怪 4言。5汝 6失 7財 8物。9裸 10形 11得 12脫。13云 14何 15喜 16言 17幾 18失 19大 20寶。21答 22言 23一 24切 25寶 26中 27人 28命 29第 30一。1*tchong*-2*jin* les (autres) hommes, 3*kouaï* en furent étonnés, 4*yen* et dirent: 5*jou*-6*chi* vous avez perdu, 7*thsaï*-8*wou* vos objets précieux, 11*te* et vous avez pu, 12*tho* vous échapper, 9*lo*-10*hing* avec le corps nu; 13*yun*-14*ho* pourquoi (*yun*, particule initiale), 15*hi* en vous réjouissant, avec joie, 16*yen* dites-vous, 17*ki*-18*chi* j'ai presque perdu, j'ai failli perdre, 19*ta*-20*p'ao* la chose grandement précieuse, la plus précieuse? 21*ta* il répondit, 22*yen* et dit: 26*tchong* au milieu, 23*i*-24*thsie*-25*p'ao* de toutes les choses précieuses (parmi toutes les choses précieuses), 27*jin*-28*ming* la vie de l'homme, 29*ti*-30*i* est la première, occupe le premier rang.

XXXIII.

L'Homme et la Conque marine.

1昔 2有 3一 4國。5不 6聞 7貝 8聲。9時 10有 11一 12人。13善 14能 15吹 16貝。17往 18到 19彼 20國。21入 22一 23村 24中。1*si* jadis, 2*yeou* il y avait, 3*i*-*koue* un royaume

[5]*pou*-[6]*wen* où l'on n'avait jamais entendu, [7]*peï*-[8]*ching* le son de la conque marine. [9]*chi* un jour, [10]*yeou* il y eut, [11]*i*-[12]*jin* un homme, [13]*chen* (qui) habilement, [14]*neng* pouvait, [15]*tchouï*-[16]*peï* souffler dans la conque, jouer de la conque marine, [17]*wang*-[18]*tao* étant allé, [19]*pi*-[20]*koue* dans ce royaume, [21]*ji* il entra, [24]*tchong* au milieu, [22]*i*-[23]*thsun* d'un grand village.

[1]執[2]貝[3]三[4]吹。[5]然[6]後[7]置[8]地。[9]時[10]村[11]人[12]男[13]女。[14]聞[15]貝[16]驚[17]動。[18]就[19]往[20]問。[21]此[22]是[23]何[24]聲。[25]哀[26]和[27]淸[28]徹[29]乃[30]如[31]是[32]耶。 [1]*tchi* il prit, [2]*peï* la conque, [3]*san*-[4]*tch'ouï* en joua trois fois, [5]*jen*-[6]*heou* et ensuite, [7]*tchi*-[8]*ti* la posa à terre. [9]*chi* en ce moment, [10]*thsun*-[11]*jin* les gens du village, [12]*nan*-[13]*niu* les hommes et les femmes, [14]*wen*-[15]*ching* en entendant ces sons, [16]*king*-[17]*tong* furent vivement émus, [18]*tsieou* aussitôt, [19]*wang* ils allèrent (vers lui), [20]*wen* et demandèrent: [23]*ho*-[22]*chi* quel est, [21]*thseu*-[24]*ching* ce son, [25]*ngaï* plaintif, [26]*ho* doux, [27]*thsing* pur, [28]*tch'e* et brillant, [29]*naï* partic. explétive, [30]*jou*-[31]*chi* comme cela? [32]*ye* partic. interrogative.

[1]彼[2]人[3]指[4]貝[5]曰。[6]此[7]物[8]聲[9]也。[10]時[11]彼[12]村[13]人。[14]以[15]手[16]觸[17]貝[18]曰。[19]汝[20]可[21]作[22]聲。[23]貝[24]都[25]不[26]鳴。[27]其[28]主[29]取[30]貝。[31]三[32]吹[33]置[34]地。 [1]*pi*-[2]*jin* cet homme, [3]*tchi*-[4]*peï* montra la conque, [5]*youe* et dit: [8]*ching*-[9]*ye* c'est le son, [6]*thseu*-[7]*wou* de cet objet, [10]*chi* alors, [11]*pi*-[12]*thsun*-[13]*jin* ces hommes de village, ces villageois, [14]*i* avec, [15]*cheou* la main, [16]*tcho* frappèrent, [17]*peï* la conque, [18]*youe* et dirent: [19]*jou*-[20]*kho* vous pouvez, [21]*tso* produire, [22]*ching* le son. [24]*tou*-[23]*peï* les conques, [25]*pou*-[26]*ming* ne résonnent pas (toutes seules). [28]*tchou* le maître, le propriétaire, [27]*khi* de cet (objet), [29]*thsiu*-[30]*peï* prit la conque, [31]*san*-[32]*tch'ouï* en joua trois fois, [33]*tchi*-[34]*ti* et la posa à terre.

[1]時[2]村[3]人[4]言。[5]向[6]者[7]美[8]聲。[9]非[10]是[11]貝[12]力。[13]有[14]手[15]有[16]口[17]有[18]氣[19]吹[20]之。[21]後[22]然[23]乃[24]鳴。 [1]*chi* alors, [2]*thsun*-[3]*jin* les villageois, [4]*yen* dirent: [5]*hiang*-[6]*tche* précédemment, tout à l'heure, [7]*meï*-[8]*ching*

les beaux sons, [9]*feï*-[10]*chi* n'étaient pas, [11]*peï*-[12]*li* la force de la conque, c'est-à-dire: n'étaient pas produits par la vertu de la conque. [13]*yeou* il y a eu, [14]*cheou* la main, [15]*yeou*-[16]*kheou* il y a eu la bouche, [17]*yeou*-[18]*khi* il y a eu le souffle, [19]*tchouï*-[20]*tchi* qui a soufflé dedans, [21]*jen*-[22]*heou* ensuite, [23]*naï* alors, [24]*ming* elle a résonné.

XXXIV.

Le Vieïllard et sa hache précieuse.

[1]昔[2]有[3]窮[4]寒[5]孤[6]獨[7]老[8]公。[9]無[10]以[11]營[12]生。[13]遇[14]市[15]得[16]一[17]斧。[18]是[19]衆[20]寶[21]之[22]英。[23]而[24]不[25]識[26]之。[1]*si* jadis, [2]*yeou* il y avait, [7]*lao*-[8]*kong* un vieillard, [3]*khiong*-[4]*han* pauvre, [5]*kou*-[6]*to* et seul; [9]*wou* il n'avait rien, [10]*i* pour, [11]*ing*-[12]*seng* gagner sa vie. [13]*yu* ayant rencontré, [14]*chi* un marché, [15]*te* il obtint, il trouva, [16]*i*-[17]*fou* une hache; [18]*chi* c'était, [22]*ing* la fleur, [21]*tchi* des, [19]*tchong*-[20]*p'ao* choses précieuses, c'est-à-dire: un objet du plus grand prix, [23]*eul* mais, [24]*pou*-[25]*tchi*-[26]*tchi* il ne la connaissait pas, il n'en connaissait pas la valeur.

[1]持[2]行[3]斫[4]杖。[5]賣[6]之[7]以[8]供[9]微[10]命。[11]用[12]斧[13]欲[14]盡。[15]見[16]外[17]國[18]大[19]賈[20]客。[21]名[22]曰[23]薩[24]薄。[25]見[26]斧[27]識[28]之。[1]*tchi* il la prit, [2]*hing* en marchant, [3]*tcho* il coupait, [4]*tchang* des bâtons, [5]*maï*-[6]*tchi* et le vendait, [7]*i*-[8]*kong* pour subvenir, [9]*weï*-[10]*ming* à sa pauvre vie, existence, [11]*yong*-[12]*fou* en employant la hache, à force d'employer la hache, [13]*yo* elle était sur le point, [14]*tsin* d'être épuisée, c'est-à-dire: d'être usée. [15]*kien* il vit, [18]*ta*-[19]*kou*-[20]*khe* un grand marchand, [16]*waï*-[17]*koue* d'un royaume étranger, [21]*ming*-[22]*youe* qui s'appelait, [23]*sa*-[24]*po* Sarva, [25]*kien* qui ayant vu, [26]*fou* la hache, [27]*tchi*-[28]*tchi* la connut, en connut la valeur.

[1]使[2]問[3]老[4]公。[5]賣[6]此斧[8]不。[9]老[10]公[11]言[12]我[13]仰[14]此[15]斧。[16]斫[17]杖[18]生[19]活。[20]不[21]賣

[22]也。[1]*pien* alors, [2]*wen* il demanda, [3]*lao*-[4]*kong* au vieillard : [5]*maï* vendez-vous, [6]*thseu*-[7]*fou* cette hache, [8]*pou* ou non? [9]*lao*-[10]*kong* le vieillard, [11]*yen* dit: [12]*ngo*-[13]*niang* ayant pour appui (pour ressource), [14]*thseu*-[15]*fou* cette hache; [16]*tcho*-[17]*tchang* je coupe des bâtons, [18]*seng*-[19]*ho* pour vivre; [20]*pou*-[21]*maï* je ne la vends pas, [22]*ye* particule finale.

[1]薩[2]薄[3]復[4]言。[5]與[6]公[7]絹[8]百[9]疋。[10]何[11]以[12]不[13]賣。[14]公[15]謂[16]調[17]己。[18]亦[19]不[20]應[21]和。[1]*sa*-[2]*po* Sarva, [3]*feou* de nouveau, [4]*yen* lui dit: [5]*yu* je donne, je donnerai, [6]*kong* à vous, [8]*pe*-[9]*p'i* cent pièces, [7]*kiuen* de taffetas; [10]*ho*-[11]*i* pourquoi, [12]*pou*-[13]*maï* ne la vendez-vous pas? [14]*kong* (pour *lao-kong*), le vieillard, [15]*weï* lui dit : [16]*thiao*-[17]*i* je viens de la repasser (aiguiser?). [18]*i* pareillement, [19]*pou*-[20]*ing*-[21]*ho* je ne tombe pas d'accord avec vous (je n'accepte pas vos offres).

[1]薩[2]薄[3]復[4]言。[5]何[6]以[7]不[8]見[9]應[10]和。[11]與[12]公[13]二[14]百[15]疋。[16]公[17]便[18]悵[19]然[20]不[21]樂。[1]*sa*-[2]*po* Sarva, [3]*feou* de nouveau, [4]*yen* lui dit: [5]*ho*-[6]*i* pourquoi, [7]*pou*-[8]*kien* ne daignez-vous pas, [9]*hing*-[10]*ho* tomber d'accord avec moi? [11]*yu* je donne, je donnerai, [12]*kong* à vous, [13]*eul*-[14]*pe*-[15]*p'i* deux cents pièces (de soie). [16]*kong* (pour *lao-kong*) le vieillard, [17]*pien* alors, [18]*tchang*-[19]*jen* étant désappointé, [20]*pou*-[21]*lo* ne fut pas content.

[1]薩[2]薄[3]復[4]言。[5]嫌[6]少[7]當[8]益。[9]公[10]何[11]以[12]不[13]樂。[14]與[15]公[16]五[17]白[18]疋。[1]*sa*-[2]*po* Sarva, [3]*feou* de nouveau, [4]*yen* lui dit : [5]*hien* si vous dédaignez, [6]*chao* le petit nombre (de pièces de soie), [7]*tang* je devrai, [8]*i* l'augmenter. [9]*kong* seigneur (monsieur), [10]*ho*-[11]*i* pourquoi, [12]*pou*-[13]*lo* êtes-vous mécontent? [14]*yu* je donne, je donnerai, [15]*kong* à votre seigneurie, [16]*ou*-[17]*pe*-[18]*p'i* cinq cent pièces.

[1]公[2]便[3]大[4]啼[5]哭[6]言。[7]不[8]恨[9]絹[10]少。[11]我[12]愚[13]癡。[14]此[15]斧[16]長[17]尺[18]半。[19]斫[20]地[21]己[22]盡。[23]餘[24]有[25]五[26]寸。[27]是[28]以[29]以[30]爲[31]恨[32]耳。[1]*kong*, pour *lao-kong*, le vieillard, [2]*pien* alors, [4]*t'i* cria, [5]*kho* et se lamenta, [3]*ta* grandement, fortement, [6]*yen* et dit : [7]*pou*-[8]*hen* je ne suis pas triste ou mécontent, [9]*kiouen*-[10]*chao* (parce que) les

pièces de soie sont peu nombreuses. [11]*ngo* moi, [12]*yu*-[13]*i* je suis un homme simple et borné, [14]*thseu*-[15]*fou* cette hache, [16]*tch'ang* était longue, [17]*tch'i*-[18]*pouan* d'un pied et demi; [19]*tcho*-[20]*ti* l'endroit coupant, le tranchant, [21]*i*-[22]*tsin* est déjà épuisé, usé; [23]*yu* de reste, [24]*yeou* il y a (il en reste), [25]*ou*-[26]*thsun* cinq pouces. [27]*Chi*-[28]*i* c'est pourquoi, [29]*i*-[30]*weï* regarde cela, [31]*hen* comme un sujet de chagrin, [32]*eul* seulement, c'est-à-dire: c'est uniquement pour cela que je suis triste et mécontent.

[1]猶 [2]願 [3]得 [4]五 [5]百 [6]疋。[7]薩 [8]薄 [9]復 [10]言。[11]勿 [12]復 [13]遺 [14]恨。[15]今 [16]與 [17]公 [18]千 [19]疋。[20]即 [21]便 [22]破 [23]券 [24]持 [25]去。[2]*youen* je désire, [3]*te* obtenir, [1]*yeou* encore, [4]*ou*-[5]*pe*-[6]*p'i* cinq cents pièces (de soie). [7]*sa*-[8]*po* Sarva, [9]*feou* de nouveau, [10]*yen* dit: [11]*wou*-[13]*i* ne gardez pas, [12]*feou* de nouveau, [14]*hen* du chagrin *ou* du mécontentement. [15]*kin* maintenant, [16]*yu*-[17]*kong* je vous donne, [18]*thsien*-[19]*p'i* mille pièces (de soie). [20]*tsi*-[21]*pien* sur-le-champ, [22]*p'o*-[23]*kiouen* [1] il conclut le marché, [24]*tch'i* prit la hache, [25]*khiu* et partit.

[1]此 [2]斧 [3]衆 [4]寶 [5]之 [6]英 [7]耳。[8]斫 [9]地 [10]博 [11]不 [12]問 [13]多 [14]少。[15]以 [16]斧 [17]著 [18]上 [19]薪 [20]火 [21]燒 [22]之。[23]盡 [24]成 [25]貴 [26]寶。[1]*thseu*-[2]*fou* cette hache, [6]*ing* était la fleur, la plus excellente, [5]*tchi* des, [3]*tchong*-[4]*p'ao* choses précieuses, [7]*eul* particule restrictive. [10]*po* quant à la largeur, [8]*tcho*-[9]*ti* de l'endroit coupant, du tranchant, (*Sarva*) [11]*pou*-[12]*wen* ne demanda pas, [13]*to*-[14]*chao* combien (de pouces elle avait), [17]*tcho*-[18]*chang* il plaça sur, [19]*sin* du bois à brûler, [15]*i*-[16]*fou* la hache (*i*, marque d'accusatif), [20]*ho* et avec du feu, [21]*chao*-[22]*tchi* la brûla; [23]*tsin* entièrement, [24]*tch'ing* elle devint, elle se changea en, [25]*koueï*-[26]*p'ao* (une matière) chère et précieuse.

1 Littéralement: il divisa la tablette. Dans l'antiquité, ceux qui faisaient un marché ou un achat, l'écrivaient sur une tablette composée de deux pièces intérieurement dentelées, chaque contractant retenait une moitié de la tablette.

海上絲綢之路文獻集成 科技與文化编

XXXV.

Le Brahmane qui veut éclairer le monde.

[1]有[2]一[3]梵[4]志。[5]智[6]博[7]通[8]達。[9]衆[10]經[11]備[12]舉。[13]無[14]事[15]不[16]貫。[17]貢[18]高[19]自[20]譽。[21]天[22]下[23]無[24]比。[25]求[26]敵[27]而[28]行。[29]無[30]敢[31]應[32]者。[1]*yeou* il y avait, [2]*i* un, [3]*fan*-[4]*tchi* brahmane, [5]*tchi*-[6]*po* dont la sagesse était grande, [7]*thong*-[8]*ta* pénétrante. [9]*tchong*-[10]*king* les livres-sacrés, [11]*pi* complètement, [12]*kiu* avaient été tenus-en-main (il avait lu tous les livres sacrés); [13]*wou*-[14]*sse* il n'y avait pas d'affaire, de chose, [15]*pou*-[16]*kouan* qu'il n'eut pénétrée, qu'il ne connût à fond; [17]*kong*-[18]*kao* il se vantait à l'excès, [19]*tseu*-[20]*yu* et se décernait des éloges; [21]*thien*-[22]*hia* dans l'empire, [23]*wou*-[24]*pi* il n'avait pas son pareil, [25]*khieou* il cherchait, [26]*ti* des adversaires, [27]*eul*-[28]*hing* et marchait (il allait cherchant des adversaires); [29]*wou* il n'y en avait pas, [32]*tche* qui, [30]*kan* osâssent, [31]*ing* lui répondre.

[1]晝[2]日[3]執[4]炬。[5]行[6]城[7]市[8]中。[9]人[10]問[11]之[12]曰。[13]何[14]以[15]晝[16]日。[17]執[18]炬[19]而[20]行。[1]*cheou*-[2]*ji* en plein jour, [3]*tchi* tenant, [4]*kiu* une torche, [5]*king* il marchait, [8]*tchong* au milieu, [7]*chi* des marchés, [6]*tch'ing* et des villes. [9]*jin* un homme, [10]*wen*-[11]*tchi* l'interrogea, [12]*youe* et lui dit: [13]*ho*-[14]*i* pourquoi, [15]*cheou*-[16]*yi* en plein jour, [17]*tchi* tenez-vous, [18]*kiu* une torche, [19]*eul*-[20]*hing* et marchez-vous? pourquoi marchez-vous en tenant une torche?

[1]梵[2]志[3]荅[4]日。[5]世[6]皆[7]愚[8]冥。[9]目[10]無[11]所[12]見。[13]是[14]以[15]執[16]炬[17]照[18]之[19]耳。[1]*fan*-[2]*tchi* le brahmane, [3]*ta* répondit, [4]*youe* et dit: [5]*chi* dans le monde, [6]*kiaï* tous les hommes, [7]*yu* sont stupides, [8]*ming* et plongés dans les ténèbres; [9]*mo* avec leurs yeux, [10]*wou* il n'y a rien, [11]*so*-[12]*kien* qu'ils voient, ils ne voient rien, [13]*chi*-[14]*i* c'est pourquoi, [15]*tchi* je tiens, [16]*kiu* une torche, [17]*tchao*-[18]*tchi* pour les éclairer, [19]*eul* seulement (c'est uniquement pour cela que, etc.)

[1]佛[2]卽[3]化[4]作[5]一[6]賢[7]者。[8]居[9]肆[10]上[11]坐。

[12]卽 [13]呼 [14]梵 [15]志。[16]何 [17]爲 [18]作 [19]此。[20]梵 [21]志 [22]荅 [23]曰。[24]以 [25]衆 [26]人 [27]冥。[28]晝 [29]夜 [30]不 [31]見 [32]明。[33]故 [34]執 [35]炬 [36]火 [37]而 [38]照 [39]之 [40]耳。[1]*fo* le bouddha, [2]*tsi* aussitôt, [3]*hoa* se métamorphosa, [4]*tso* et devint, prit la forme de, [5]*i*-[6]*hien*-[7]*tche* un sage, [8]*kiu* qui, s'étant arrêté, [9]*sse*-[10]*chang* dans une boutique, [11]*tso* était assis. [12]*tsi* aussitôt, [13]*hou* il appela, [14]*fan*-[15]*tchi* le brahmane (et lui dit): [16]*ho*-[17]*weï* pourquoi, [18]*tso*-[19]*tseu* faites-vous cela? [20]*fan*-[21]*tchi* le brahmane, [22]*ta* répondit, [23]*youe* et dit: [24]*i* parce que, [25]*tchong*-[26]*jin* tous les hommes, [27]*ming* sont plongés dans les ténèbres, [28]*cheou*-[29]*ye* et jour et nuit, [30]*pou*-[31]*kien*-[32]*ming* ne voient pas clair, [33]*kou* c'est pourquoi, [34]*tchi* je tiens, [35]*kiu*-[36]*ho* le feu d'une torche, une torche allumée, [37]*eul* et, [38]*tchao*-[39]*tchi* je les éclaire, [40]*eul* seulement, c'est uniquement parce que, etc.

[1]賢 [2]者 [3]重 [4]問 [5]梵 [6]志。[7]經 [8]中 [9]有 [10]四 [11]明 [12]法。[13]爲 [14]知 [15]之 [16]不。[17]梵 [18]志 [19]慚 [20]愧。[21]棄 [22]炬 [23]叉 [24]手。[25]有 [26]不 [27]及 [28]心。[1]*hien*-[2]*tchi* le sage, [3]*tchong* de nouveau, [4]*wen* interrogea, [5]*fan*-[6]*tchi* le brahmane (et lui dit): [7]*king*-[8]*tchong* dans les livres sacrés, [9]*yeou* il y a, [12]*fa* la loi, [10]*sse*-[11]*ming* des quatre connaissances distinctes[1]; [13]*weï*-[14]*tchi*-[15]*tchi* la connaissez-vous, [16]*pou* ou non? [17]*fan*-[18]*tchi* le brahmane, [19]*thsan*-[20]*koueï* fut rempli de honte; [21]*khi*-[22]*kiu* il jeta sa torche, [23]*tch'aï*-[24]*cheou* joignit les mains, [25]*yeou* et eut, sentit qu'il avait, [28]*sin* un esprit, [26]*pou*-[27]*ki* qui n'y atteignait pas, c'est-à-dire: qui n'était pas à la hauteur des quatre vérités.

[1]佛 [2]知 [3]其 [4]意。[5]卽 [6]還 [7]復 [8]身。[9]光 [10]明 [11]炳 [12]然。[13]晃 [14]照 [15]天 [16]地。[17]便 [18]持 [19]梵 [20]聲。[21]爲 [22]梵 [23]志 [24]言。[25]若 [26]多 [27]少 [28]有 [29]聞。[30]自 [31]大 [32]以 [33]憍 [34]人。[35]是 [36]以 [37]盲 [38]執 [39]炬 [40]照。[41]彼 [42]不 [43]自 [44]明。[1]*fo* le bouddha, [2]*tchi* connaissant, [3]*khi*-[4]*i* sa pensée, [5]*tsi* aussitôt, [6]*hoan*-[7]*feou* reprit, [8]*chin* son corps; [9]*kouang*-[10]*ming* il brilla, [11]*ping*-[12]*jen* avec éclat, [13]*houng*-[14]*tchao* et illumina,

1 La connaissance du sens, celle de la loi, celle des explications, celle de l'intelligence. Voyez Eug. Burnouf, Lotus, pag. 839.

[15]***tien***-[16]***ti*** le ciel et la terre. [17]***pien*** alors, [18]***tch'i*** il prit, [19]***fan***-[20]***ching*** des sons *fan* (il prononça un *gâthâ*, des vers), [21]***weï*** et à cause de, au sujet du, [22]***fan***-[23]***tchi*** brahmane, [24]***yen*** il dit: -[25]***jo*** si, [26]***to***-[27]***chao*** beaucoup ou peu de personnes, [28]***yeou***-[29]***wen*** l'ont entendu, [30]***tseu***-[31]***ta*** il se grandit, [32]***i*** pour, [33]***kiao***-[34]***jin*** se vanter devant les hommes [1], [35]***chi***-[36]***i*** c'est pourquoi, [37]***mong*** aveugle, dans son aveuglement, [38]***tchi*** il tient, [39]***kiu*** une torche, [40]***tchao*** pour les éclairer, [41]***pi*** celui-là, [42]***pou***-[43]***tseu***-[44]***ming*** ne s'éclaire pas, ne peut s'éclairer lui-même.

[1]佛[2]說[3]偈[4]己。[5]告[6]梵[7]志[8]曰。[9]冥[10]中[11]之[12]甚。[13]無[14]過[15]於[16]汝。[17]而[18]晝[19]執[20]炬。[21]行[22]入[23]大[24]國。[25]如[26]卿[27]所[28]知。[29]何[30]如[31]一[32]塵。 [1]***fo*** le bouddha, [4]***i*** ayant fini, [2]***choue*** de prononcer, [3]***kie*** ces *gâthâs*, ces vers, [5]***kao*** parla, [6]***fan***-[7]***tchi*** au brahmane, [8]***youe*** et lui dit: [12]***chin*** les (hommes) extrêmes, [9]***ming***-[10]***tchong***-[11]***tchi*** du milieu des ténèbres, c'est-à-dire: les hommes les plus plongés dans les ténèbres, [13]***wou***-[14]***kouo*** ne l'emportent pas, [15]***yu*** sur, [16]***jou*** vous, comme s'il disait: personne au monde n'est plus que vous plongé dans les ténèbres, [17]***eul*** cependant, [18]***tcheou*** dans le jour, [19]***chi*** tenant, [20]***kiu*** une torche (allumée), [21]***hing*** vous allez, [22]***ji*** et entrez dans, [23]***ta***-[24]***koue*** de grands royaumes, [25]***jou*** quant à, [27]***so*** ce que, [26]***khing*** votre seigneurie, (vous) [28]***tchi*** savez, [29]***ho***-[30]***jou*** comment est-ce? qu'est-ce que c'est? [31]***i***-[32]***tch'in*** un grain de poussière, un atome?

XXXVI.

L'Enfant et la Tortue.

[1]昔[2]有[3]一[4]小[5]兒。[6]陸[7]地[8]遊[9]戲。[10]得[11]一[12]大[13]龜。[14]意[15]欲[16]殺[17]之。[18]不[19]知[20]方[21]便。[22]而[23]問[24]人[25]言。[26]云[27]何[28]得[29]殺。[30]有[31]人[32]語[33]言。[34]汝[35]但[36]擲[37]置[38]水[39]中。[40]卽[41]時[42]可[43]殺。[44]爾[45]時[46]小[47]兒。[48]信[49]其[50]語[51]故。

1 En mandchou: *niyalma de tchoktolome*.

[52]卽 [53]擲 [54]水 [55]中。[56]龜 [57]得 [58]水 [59]已。[60]卽 [61]便 [62]走 [63]去。[1]*si* jadis, [2]*yeou* il y avait, [3]*i*-[4]*siao*-[5]*eul* un petit garçon qui, [6]*lo*-[7]*ti* sur la terre ferme, [8]*yeou* se promenant, [9]*hi* et s'amusant, [10]*te* trouva, [11]*i*-[12]*ta* une grande, [13]*koueï* tortue. [14]*i* dans son intention, [15]*yu* il voulut, [16]*cha*-[17]*tchi* la tuer, mais [18]*pou*-[19]*tchi* il ne savait pas, [20]*fang*-[21]*pien* le moyen (il ne savait quel moyen employer), [22]*eul* et, [23]*wen* interrogeant, [24]*jin* un homme, [25]*yen* il lui dit : [26]*yun*-[27]*ho* comment (*yun* particule initiale), [28]*te* pourrai-je, [29]*cha* la tuer? [30]*yeou* il y eut, [31]*jin* un homme, [32]*yu*-[33]*yen* qui lui dit : [34]*jou* vous, [35]*tan* seulement, [36]*tchi* jetez-la, [37]*tchi* mettez-la, [38]*choui*-[39]*tchong* au milieu de l'eau, [40]*tsi*-[41]*chi* et aussitôt, [42]*kho*-[43]*cha* vous pourrez la tuer. [44]*eul*-[45]*chi* dans ce moment, [46]*siao*-[47]*eul* le petit garçon, [51]*kou* par la raison que, [48]*sin* il avait ajouté foi, [49]*khi*-[50]*yu* à ses paroles, [52]*tsi* de suite, [53]*tchi* la jeta, [54]*choui*-[55]*tchong* au milieu de l'eau, dans l'eau. [56]*koueï* la tortue, [57]*te*-[59]*i* ayant été en possession, [58]*choui* de l'eau (*i*, marque de passé), [60]*tsi*-[61]*pien* aussitôt, [62]*tseou*-[63]*khiu* s'enfuit et s'échappa.

Je n'ai pas rendu le mot [51]*kou* par *c'est pourquoi*, parce qu'il appartient au membre de phrase qu'il termine. On a pu remarquer que, dans ce morceau, comme dans presque tous les autres, le texte est généralement divisé en membres de phrases de quatre mots.

XXXVII.

Le Richi, victime de sa vue divine.

[1]昔 [2]有 [3]一 [4]人。[5]入 [6]山 [7]學 [8]道。[9]得 [10]五 [11]通 [12]仙。[13]天 [14]眼 [15]徹 [16]視。[17]能 [18]見 [19]地 [20]中 [21]一 [22]切 [23]伏 [24]藏 [25]種 [26]種 [27]珍 [28]寶。[1]*si* jadis, [2]*yeou* il y avait, [3]*i*-[4]*jin* un homme, [5]*ji*-[6]*chan* qui était allé sur une montagne, [7]*hio*-[8]*tao* pour étudier l'intelligence (bôdhi); [9]*te* il avait obtenu, [12]*sien* la qualité de richi [1], [10]*ou*-[11]*thong* doué des cinq facultés sur-

1 A sanctified personage. Wilson.

naturelles. [13]*thien*-[14]*yen* avec ses yeux divins, [15]*tch'e* en pénétrant, [16]*chi* il voyait. [17]*neng* il pouvait, [18]*kien* voir, [19]*ti*-[20]*tchong* dans le sein de la terre, [21]*i*-[22]*thsie* généralement, [25]*tchong*-[26]*tchong* toute espèce de, [27]*tchin*-[28]*p'ao* choses précieuses, [23]*fo*-[24]*thsang* qui y étaient cachées.

[1]國[2]王[3]聞[4]之。[5]心[6]大[7]歡[8]喜。[9]便[10]語[11]臣[12]言。[13]云[14]何[15]得[16]使[17]此[18]人[19]常[20]在[21]我[22]國。[23]不[24]餘[25]處[26]去。[27]使[28]我[29]藏[30]中[31]得[32]多[33]珍[34]寶。[1]*koue*-[2]*wang* le roi du royaume, [3]*wen*-[4]*tchi* ayant appris cela, [5]*sin* son cœur, [6]*ta* grandement, [7]*houan*-[8]*hi* se réjouit; [9]*pien* alors, [10]*yu* parlant, [11]*tch'in* à ses ministres, [12]*yen* il dit: [13]*yun*-[14]*ho* comment, [15]*te*-[16]*sse* pourrai-je faire que, [17]*thseu*-[18]*jin* cet homme, [19]*tch'ang* constamment, [20]*tsaï* s'arrête, reste, [21]*ngo*-[22]*koue* dans mon royaume, [23]*pou*-[26]*khiu* et qu'il n'aille pas, [24]*yu*-[25]*tch'ou* dans d'autres lieux, [27]*sse* et pour qu'il fasse que, [28]*ngo*-[29]*thsang*-[30]*tchong* dans mon trésor, [31]*te* j'obtienne, [32]*to* beaucoup de, [33]*tchin*-[34]*p'ao* choses précieuses.

[1]有[2]一[3]愚[4]臣。[5]輒[6]便[7]往[8]至。[9]挑[10]仙[11]人[12]雙[13]眼。[14]持[15]來[16]白[17]王。[18]臣[19]以[20]挑[21]眼。[22]使[23]不[24]得[25]去。[26]常[27]住[28]是[29]國。[1]*yeou* il y avait, [2]*i*-[3]*yu*-[4]*tch'in* un ministre stupide qui, [5]*tch'e*-[6]*pien* sur-le-champ, [7]*wang*-[8]*tchi* alla le trouver. [9]*t'iao* il arracha, [12]*choang*-[13]*yen* les deux yeux, [10]*sien*-[11]*jin* du richi, [14]*tch'i* les tenant, [15]*laï* il vint, [16]*pe*-[17]*wang* et dit au roi: [18]*tch'in* moi, votre sujet, [19]*i*-[20]*t'iao* par l'action d'arracher, ayant arraché, [21]*yen* ses yeux, [22]*sse* j'ai fait que, [23]*pou*-[24]*te* il ne pût, [25]*khiu* s'en aller, [26]*tch'ang* et constamment, [27]*tchou* restât, [28]*chi*-[29]*koue* dans ce royaume.

[1]王[2]語[3]臣[4]言。[5]所[6]以[7]貪[8]得[9]仙[10]人[11]住[12]者。[13]能[14]見[15]地[16]中[17]一[18]切[19]伏[20]藏。[21]汝[22]今[23]毀[24]眼。[25]何[26]必[27]復[28]住。[1]*wang* le roi, [2]*yu* parlant, [3]*tch'in* au ministre, [4]*yen* lui dit: [5]*so*-[6]*i*-[12]*tche* (voici) la raison pour laquelle, [7]*than* j'ai ardemment désiré, [8]*te* d'obtenir que, [9]*sien*-[10]*jin* le richi, [11]*tchou* restât, (c'était pour que) [13]*neng* il pût, [14]*kien* voir; [15]*ti*-[16]*tchong* dans le sein de la terre, [17]*i*-[18]*thsie* généralement,

[19]*fo*-[20]*thsang* les choses qui y sont cachées, [21]*jou* vous, [22]*kin* maintenant, [23]*hoeï*-[24]*yen* avez détruit ses yeux, l'avez privé de la vue, [25]*ho*-[26]*pi* qu'est-il besoin que, [27]*feou* encore, [28]*tchou* il reste?

XXXVIII.

L'Homme qui se croit empoisonné.

[1]有[2]人[3]至[4]毒[5]家[6]舍。[7]竟[8]不[9]服[10]毒。[11]自[12]生[13]驚[14]怖。[15]受[16]大[17]苦[18]痛。[19]發[20]聲[21]大[22]呼。[23]我[24]今[25]遇[26]毒。[27]我[28]今[29]遇[30]毒。 [1]*yeou* il y avait, [2]*jin* un homme, qui [3]*tchi* était allé dans, [4]*to*-[5]*kia*-[6]*che* une maison de poison, c'est-à-dire: chez un marchand de poison, (quoique) [7]*king* à la fin, [8]*pou*-[9]*fo* il n'eut pas pris (avalé), [10]*to* de poison, [11]*tseu*-[12]*seng* il se créa, [13]*king*-[14]*pou* de l'effroi, il s'effraya lui-même, [15]*cheou* et éprouva (et crut éprouver), [16]*ta* de grandes, [17]*khou*-[18]*thong* douleurs, souffrances. [19]*fa*-[20]*ching* il éleva la voix, [21]*ta*-[22]*hou* poussa de grands cris (en disant): [23]*ngo*-[24]*kin* moi, aujourd'hui, [25]*yu*-[26]*to* j'ai rencontré du poison, je suis empoisonné (*bis*).

[1]有[2]義[3]良[4]醫。[5]持[6]不[7]實[8]藥。[9]令[10]是[11]病[12]人。[13]除[14]不[15]實[16]病。[17]得[18]離[19]衆[20]苦。 [1]*yeou* il y eut, [4]*i* un médecin, [2]*i* charitable, [3]*liang* et habile, qui [5]*tch'i* prit, [8]*yo* un remède, [6]*pou*-[7]*chi* pas vrai (un faux antidote), [9]*ling* pour faire que, [10]*chi* ce, [11]*ping*-[12]*jin* malade, [13]*tch'ou* se débarassât, [16]*ping* de sa maladie, [14]*pou*-[15]*chi* pas vraie, de sa maladie imaginaire, [17]*te* et qu'il pût, [18]*li* échapper à, [19]*tchong*-[20]*k'ou* toutes ses douleurs.

[1]若[2]是[3]良[4]醫。[5]持[6]於[7]實[8]藥。[9]與[10]是[11]人[12]者。[13]是[14]活[15]不[16]不[17]也。 [1]*jo* si, [2]*chi* cet, [3]*liang*-[4]*i* habile médecin, [5]*tch'i* eut pris, [6]*yu* marque d'accusatif, [7]*chi*-[8]*yo* un vrai remède (un véritable antidote), [9]*yu* et qu'il l'eut donné à, [10]*chi*-[11]*jin*-[12]*tche* cet homme, [13]*chi* cet homme, [14]*ho* aurait vécu, [15]*pou*-[16]*pou* non, non (cet homme serait mort), [17]*ye* particule finale.

26

海上絲綢之路文獻集成 科技與文化編

[1]是 [2]人 [3]實 [4]不 [5]服 [6]食 [7]於 [8]毒。[9]自 [10]生 [11]毒 [12]想。[13]須 [14]不 [15]實 [16]藥。[17]以 [18]療 [19]不 [20]實 [21]病。 [1]*chi*-[2]*jin* cet homme, [3]*chi* véritablement, [4]*pou*-[5]*fo*-[6]*chi* n'avait pas pris et mangé, [7]*yu* marque d'accusatif, [8]*to* de poison; [9]*tseu* de lui-même, [10]*seng* il avait produit, conçu, [11]*to*-[12]*siang*, la pensée, l'idée du poison; [13]*siu* il fallait, [14]*pou*-[15]*chi*-[16]*yo* un remède non-vrai, un faux remède, [17]*i*-[18]*liao* pour guérir, [19]*pou*-[20]*chi*-[21]*ping* sa maladie non-vraie, sa fausse maladie.

XXXIX.

L'Homme aveuglé par la convoitise.

[1]昔 [2]有 [3]一 [4]人。[5]犯 [6]罪 [7]應 [8]死。[9]繫 [10]在 [11]牢 [12]獄。[13]恐 [11]死 [15]而 [16]逃 [17]走。[18]國 [19]法 [20]若 [21]有 [22]死 [23]囚。[24]踰 [25]獄 [26]走 [27]者。[28]卽 [29]放 [30]狂 [31]象。[32]令 [33]蹈 [34]殺。 [1]*si* jadis, [2]*yeou* il y avait, [3]*i*-[4]*jin* un homme qui, [5]*fan*-[6]*tsouï* ayant commis un crime, [7]*ing*-[8]*sse* devait mourir, avait été condamné à mort, [9]*hi* enchaîné, [10]*tsaï* il était dans, [11]*lao*-[12]*yo* une prison. [13]*kong* il craignit, [14]*sse* de mourir, [15]*eul* et, [16]*thao*-[17]*tseou* s'enfuit. [18]*koue*-[19]*fa* d'après les lois du royaume, [20]*jo* si, [21]*yeou* il y a, [22]*sse*-[23]*thsieou* un prisonnier condamné à mort, [27]*tche* qui, [24]*yu*-[25]*yo* franchisse la prison, les murs de la prison, [26]*tseou* et s'enfuie, [28]*tsi* aussitôt, [29]*fang* on lâchera (contre lui), [31]*siang* un éléphant, [30]*khouang* furieux, [32]*ling* et on lui ordonnera, [33]*tao* de le fouler aux pieds, [34]*cha* et de le tuer.

[1]於 [2]是 [3]放 [4]狂 [5]象。[6]令 [7]逐 [8]此 [9]罪 [10]囚。[11]囚 [12]見 [13]象 [14]欲 [15]至。[16]走 [17]入 [18]虛 [19]井 [20]中。 [1]*yu*-[2]*chi* là-dessus, [3]*fang* on lâcha, [4]*khouang*-[5]*siang* un éléphant furieux, [6]*ling* et on lui ordonna, [7]*tcho* de poursuivre, [8]*thseu* ce, [9]*tsouï*-[10]*thsieou* prisonnier coupable. [11]*thsieou* le prisonnier, [12]*kien* voyant que, [13]*siang* l'éléphant, [14]*yo* voulait, [15]*tchi* arriver (jusqu'à lui), [16]*tseou* il courut, [17]*ji* et entra, [19]*tsing*-[20]*tchong* au milieu d'un puits, dans un puits, [18]*hiu* vide, c'est-à-dire: qui était à sec.

[1]下 [2]有 [3]一 [4]大 [5]毒 [6]龍。[7]張 [8]口 [9]向 [10]上。[11]復 [12]有 [13]四 [14]毒 [15]蛇。[16]在 [17]井 [18]四 [19]邊。[20]有 [21]一 [22]草 [23]根。[24]此 [25]囚 [26]怖 [27]畏 [28]一 [29]心。[30]急 [31]捉 [32]此 [33]草 [34]根。[1]*hia* au bas, au fond, [2]*yeou* il y avait, [3]*i*-[4]*ta* un grand, [5]*to*-[6]*long* serpent vénimeux, [7]*tchang*-[8]*kheou* qui ouvrait la gueule, [9]*hiang*-[10]*chang* vers le haut, vers l'orifice du puits. [11]*feou* de nouveau, encore, [12]*yeou* il y avait, [13]*sse* quatre, [14]*to*-[15]*long* dragons vénimeux, [16]*tsaï* qui étaient, [18]*sse*-[19]*pien* aux quatre côtés, coins, [17]*tsing* du puits, [20]*yeou* il y avait, [21]*i*-[23]*ken* une racine, [22]*thsao* de plante, [24]*thseu*-[25]*thsieou* ce prisonnier, [26]*pou*-[27]*weï* fut rempli de crainte, [28]*i*-[29]*sin* dans tout son cœur, dans toute son âme, [30]*ki* promptement, [31]*tcho* il saisit, [32]*thseu* cette, [33]*thsao*-[34]*ken* racine de plante.

[1]復 [2]有 [3]兩 [4]白 [5]鼠。[6]嚙 [7]此 [8]草 [9]根。[10]時 [11]井 [12]上 [13]有 [14]一 [15]大 [16]樹。[17]樹 [18]中 [19]有 [20]蜜。[21]一 [22]日 [23]之 [24]中。[25]有 [26]一 [27]滴 [28]蜜。[29]墮 [30]此 [31]入 [32]口 [33]中。[1]*feou* de nouveau, encore, [2]*yeou* il y avait, [3]*liang* deux, [4]*pe*-[5]*chou* rats blancs, [6]*yao* qui rongeaient, [7]*thseu* cette, [8]*thsao*-[9]*ken* racine de plante, [10]*chi* dans ce moment, [11]*tsing*-[12]*chang* au-dessus du puits, [13]*yeou* il y avait, [14]*i*-[15]*ta* un grand, [16]*chou* arbre. [17]*chou*-[18]*tchong* dans l'arbre, [19]*yeou* il y avait, [20]*mi* du miel, [24]*tchong* au milieu, [23]*tchi* de, [21]*i*-[22]*ji* un jour, dans un jour, dans l'espace d'un jour, [25]*yeou* il y eut, [28]*mi* de miel, [26]*i*-[27]*ti* d'une goutte, une goutte de miel (voyez le génitif, pag. 13, lin. 27), [29]*to* qui tomba, [33]*tchong* au milieu, [32]*kheou* de la bouche, dans la bouche, [30]*thseu*-[31]*jin* de cet homme.

[1]其 [2]人 [3]得 [4]此 [5]一 [6]滴。[7]但 [8]憶 [9]此 [10]蜜。[11]不 [12]復 [13]憶 [14]種 [15]種 [16]苦。[17]便 [18]不 [19]復 [20]欲 [21]出 [22]此 [23]井。[1]*khi*-[2]*jin* cet homme, [3]*te* ayant obtenu, [4]*thseu*-[5]*i*-[6]*ti* cette unique goutte (de miel), [7]*tan* seulement, [8]*i* pensa à, [9]*thseu*-[10]*mi* ce miel, [11]*pou*-[13]*i* et ne pensa point, [12]*feou* de nouveau, [16]*khou* à ses douleurs, [14]*tchong*-[15]*tchong* de toute espèce; [17]*pien* alors, [18]*pou*-[20]*yo* il ne désira point, [19]*feou* de nouveau, [24]*tch'ou* de sortir de, [22]*thseu*-[23]*tsing* ce puits.

26*

[1]是[2]故[3]聖[4]人。[5]借[6]以[7]爲[8]喩。[9]獄[10]者[11]三[12]界。[13]囚[14]衆[15]生。[16]狂[17]象[18]者[19]無[20]常。[21]井[22]衆[23]生[24]宅。[25]下[26]毒[27]龍[28]者。[29]地[30]獄[31]也。[32]四[33]毒[34]蛇[35]者[36]四[37]大[38]也。[1]*chi*-[2]*kou* c'est pourquoi, [3]*ching*-[4]*jin* le saint homme, le bouddha, [5]*tsie* emprunta (cet événement), [6]*i*-[7]*weï* et en fit, en tira, [8]*yu* des comparaisons (savoir): [9]*yo*-[10]*tche* la prison, (figure) [11]*san*-[12]*kiaï* les trois mondes; [13]*thsieou* le prisonnier: [14]*tchong*-[15]*seng* les hommes; [16]*khouang*-[17]*siang*-[18]*tche* l'éléphant furieux: [19]*wou*-[20]*tch'ang* la mort, [21]*tsing* le puits: [24]*tse* la demeure, [22]*tchong*-[23]*seng* des hommes; [26]*to*-[27]*long*-[28]*tche* le dragon vénimeux, [25]*hia* d'en bas (du fond du puits): [31]*ye* c'est, [29]*ti*-[30]*yo* l'enfer de la terre, l'enfer souterrain; [35]*tche* les, [32]*sse* quatre, [33]*to*-[34]*tche* serpents vénimeux, [38]*ye* c'est, ce sont, [36]*sse*-[37]*tu* les quatre grandes choses[1].

[1]草[2]根[3]者。[4]人[5]命[6]根[7]也。[8]白[9]鼠[10]者。[11]日[12]月[13]也。[14]日[15]月[16]尅[17]食[18]人[19]命。[20]日[21]日[22]損[23]減。[24]無。[25]暫[26]住[27]然。[3]*tche* la, [1]*thsao*-[2]*ken* racine de la plante, [7]*ye* c'est, [6]*ken* la racine, [4]*jin*-[5]*ming* de la vie de l'homme; [10]*tche* les, [8]*pe*-[9]*chou* rats blancs, [13]*ye* sont, [11]*ji*-[12]*youeï* le soleil et la lune; [13]*ji*-[14]*youeï* le soleil et la lune, [16]*khe* détruisent, [17]*chi* et dévorent, [18]*jin*-[19]*ming* la vie de l'homme; [20]*ji*-[21]*ji* de jour en jour, [22]*sun*-[23]*kien* ils la diminuent, [24]*wou*-[26]*tchou* et ne s'arrêtent pas, sans s'arrêter, [25]*tsan* un instant, [27]*jen* particule finale.

[1]衆[2]生[3]貪[4]著[5]世[6]樂。[7]不[8]思[9]大[10]患。[11]是[12]故[13]行[14]者。[15]當[16]觀[17]無[18]常。[19]以[20]離[21]衆[22]苦。[1]*tchong*-[2]*seng* les hommes, [3]*than* convoitent, [5]*chi*-[6]*lo* les joies, les plaisirs, du monde, [4]*tcho* et s'y attachent; [7]*pou*-[8]*sse* ils ne songent pas, [9]*ta*-[10]*hoan* à la grande calamité (à la mort). [11]*chi*-[12]*kou* c'est pourquoi, [13]*hing*-[14]*tche* les religieux novices, [15]*tang*-[16]*kouan* doivent avoir devant les yeux, [17]*wou*-[18]*tch'ang* la mort, [19]*i*-[20]*li* pour échapper à, [21]*tchong*-[22]*khou* à toutes les douleurs, aux peines amères de la vie.

1 La terre, l'eau, le feu et le vent. Dictionn. *San-thsang-fa-sou*, liv. XIX, fol. 6.

XL.

Le Courtisan maladroit.

[1]昔[2]有[3]一[4]人。[5]欲[6]得[7]王[8]意。[9]問[10]餘[11]人[12]言。[13]云[14]何[15]得[16]之。[17]有[18]人[19]語[20]言。[21]若[22]欲[23]得[24]意。[25]王[26]形[27]相[28]汝[29]當[30]效[31]之。 [1]*si* jadis, [2]*yeou* il y avait, [3]*i*-[4]*jin* un homme, [5]*yo* qui voulait, [6]*te*-[7]*wang*-[8]*i* plaire au roi[1], littéralement: obtenir, trouver le désir du roi, c'est-à-dire: faire ce que le roi désirait. [9]*wen* il interrogea, [10]*yu*-[11]*jin* le reste des hommes, d'autres hommes, [12]*yen* et dit: [13]*yun*-[14]*ho* comment, [15]*te*-[16]*tchi* obtiendrai-je, trouverai-je cela? [17]*yeou*-[18]*jin* il y eut un homme, [19]*yu*-[20]*yen* qui lui dit: [21]*jo* si, [22]*yo* vous désirez, [23]*te*-[24]*i* obtenir, trouver son désir, c'est-à-dire : lui plaire? [26]*hing*-[27]*siang* la figure, [25]*wang* du roi, [28]*jou* vous, [28]*tang* devez, [30]*hiao*-[31]*tchi* l'imiter.

[1]此[2]人[3]見[4]王[5]眼[6]瞤。[7]便[8]效[9]王[10]瞤。[11]王[12]問[13]之[14]言。[15]汝[16]爲[17]病[18]耶。[19]爲[20]著[21]風[22]耶。[23]何[24]以[25]眼[26]瞤。 [1]*thseu*-[2]*jin* cet homme, [3]*kien* voyant, ayant vu que, [4]*wang* du roi, [5]*yen*-[6]*ho* les yeux se fermaient, que le roi clignait les yeux, [7]*pien* alors, [8]*hiao* il imita, [10]*ho* le clignement des yeux, [9]*wang* du roi. [11]*wang* le roi, [12]*wen*-[13]*tchi* l'interrogea, [14]*yen* et lui dit: [18]*ye* est-ce que, [16]*weï* c'est parce que, [15]*jou* vous, [17]*ping* êtes malade, avez-vous mal aux yeux? [22]*ye* est-ce que, [19]*weï* c'est parce que, [20]*tcho*-[21]*fong* vous avez gagné un coup d'air? [23]*ho*-[24]*i* pourquoi, [25]*yen*-[26]*ho* clignez-vous les yeux?

[1]其[2]人[3]荅[4]王。[5]我[6]不[7]病[8]眼。[9]亦[10]不[11]著[12]風。[13]欲[14]得[15]王[16]意。[17]見[18]王[19]眼[20]瞤。[21]故[22]效[23]王[24]也。 [1]*khi*-[2]*jin* cet homme, [3]*ta*-[4]*wang* répondit au

1 L'expression [6]*te*-[8]*i* s'exprime en mandchou par: *gônin de atchaboure* se conformer à la pensée de quelqu'un. En anglais: to obtain a person's wishes.

Quand on parle de soi-même, *te-i* signifie: obtenir ce qu'on désire. Dict. de Basile; optata consequi.

roi: [5]*ngo* moi, [6]*pou*-[7]*ping*-[8]*yen* je n'ai pas mal aux yeux, [9]*i* aussi, [10]*pou*-[11]*tcho*-[12]*fong* je n'ai pas gagné un coup d'air, [13]*yo* je désirais, [14]*te*-[15]*wang*-[16]*i* plaire au roi; [17]*kien* ayant vu que, [19]*yen* les yeux, [18]*wang* du roi, [20]*ho* se fermaient, que le roi clignait les yeux, [21]*kou* c'est pourquoi, [22]*hiao* j'ai imité, [23]*wang* le roi; [24]*ye* particule finale.

[1]王 [2]聞 [3]是 [4]語。[5]卽 [6]大 [7]瞋 [8]恚。[9]使 [10]人 [11]加 [12]害。[13]擯 [14]令 [15]出 [16]國。[1]*wang* le roi, [2]*wen* entendant, ayant entendu, [3]*chi*-[4]*yu* ces paroles, [5]*tsi* aussitôt, [6]*ta* grandement, [7]*tch'in*-[8]*hoeï* entra en colère, [9]*sse* il ordonna, [10]*jin* à des hommes, [11]*kia*-[12]*haï* de lui faire du mal, de le battre, [13]*pin* de le chasser, [14]*ling*-[15]*tch'ou* et de le faire sortir, [16]*koue* du royaume.

XLI.

Le Chasseur et l'Oie prisonnière.

[1]有 [2]大 [3]國 [4]王。[5]喜 [6]食 [7]鴈 [8]肉。[9]使 [10]一 [11]獵 [12]師。[13]常 [14]網 [15]捕 [16]鴈。[17]時 [18]有 [19]五 [20]百 [21]羣 [22]鴈。[23]從 [24]北 [25]方 [26]來。[27]飛。[28]空 [29]南 [30]過。[1]*yeou* il y avait, [4]*wang* un roi, [2]*ta*-[3]*koue* d'un grand royaume, [7]*hi* qui aimait à, [6]*chi* manger, [7]*yen*-[8]*jou* de la viande d'oie, [9]*sse* il ordonna, [10]*i* à un, [11]*lie*-[12]*sse* chasseur, [15]*pou* de prendre, [13]*tch'ang* constamment, [14]*wang* dans ses filets, [16]*yen* des oies. [17]*chi* à cette époque-là, [18]*yeou* il y eut, [21]*kiun*-[22]*yen* une troupe d'oies, [19]*ou*-[20]*pe* (au nombre de) cinq cents (on peut dire aussi: [19]*ou*-[20]*pe* cinq cents, [21]*kiun*-[22]*yen* oies en troupe), [26]*laï* qui venaient, [23]*thsong* des, [24]*pe*-[25]*fang* pays du nord, [27]*feï* et volant, [28]*khong* dans les airs, [30]*kouo* passaient, [29]*nan* dans le sud.

[1]中 [2]有 [3]鴈 [4]王。[5]墮 [6]獵 [7]網 [8]中。[9]爾 [10]時 [11]獵 [12]師。[13]欲 [14]取 [15]殺 [16]之。[17]時 [18]有 [19]一 [20]鴈。[21]悲 [22]鳴 [23]吐 [24]血。[25]徘 [26]徊 [27]不 [28]去。[1]*tchong* au milieu,

parmi elles, [9]*yeou* il y avait, [3]*yen*-[4]*wang* un roi des oies[1], [5]*to* qui tomba, [8]*tchong* au milieu, [7]*wang* du filet, [6]*lie* de chasse (du chasseur). [9]*eul*-[10]*chi* dans ce moment, [11]*lie*-[12]*sse* le chasseur, [13]*yo* voulut, [14]*thsiu* le prendre, [15]*cha*-[16]*tchi* et le tuer. [17]*chi* en ce moment, [18]*yeou* il y eut, [19]*i*-[20]*yen* une oie, [21]*peï*-[22]*ming* qui poussait des cris plaintifs, [23]*thou*-[24]*hioue* vomissait du sang, [25]*p'eï*-[26]*hoeï* allait et venait, [27]*pou*-[28]*khiu* et ne s'éloignait pas.

[1]獵[2]師[3]彎[4]弓[5]欲[6]射。[7]不[8]避[9]弓[10]矢。[11]目[12]不[13]暫[14]捨。[15]卽[16]鼓[17]兩[18]翅。[19]來[20]投[21]鴈[22]王。[23]五[24]百[25]羣[26]鴈。[27]徘[28]徊[29]虛[30]空。[31]亦[32]復[33]不[34]去。 [1]*lie*-[2]*sse* (quoique) le chasseur, [3]*wan* tendît, [4]*kong* son arc, [5]*yo* et voulût, [6]*che* lancer une flèche sur elle, [7]*pou*-[8]*pi* elle ne chercha pas à éviter, à fuir, [9]*kong*-[10]*chi* l'arc, ni la flèche. [11]*mo* avec ses yeux, [12]*pou*-[14]*che* elle ne les quittait pas, [13]*tsan* un instant, c'est-à-dire : elle les regardait sans crainte. [15]*tsi* tout-à-coup, [16]*kou* agitant, [17]*liang*-[18]*tch'i* ses deux ailes, [19]*laï*-[20]*theou* elle alla auprès, [21]*yen*-[22]*wang* du roi des oies. [23]*ou*-[24]*pe* les cinq cents, [25]*kiun*-[26]*yen* oies, [27]*p'eï*-[28]*hoeï* allaient et venaient, [29]*hiu*-[30]*khong* dans l'air, [31]*i* et aussi, [32]*feou* encore, [33]*pou*-[34]*khiu* ne s'éloignaient pas.

[1]獵[2]師[3]見[4]此[5]一[6]鴈。[7]悲[8]鳴[9]吐[10]血。[11]顧[12]戀[13]如[14]是。[15]尋[16]時[17]開[18]網。[19]放[20]使[21]令[22]去。 [1]*lie*-[2]*ssc* le chasseur, [3]*kien* ayant vu, [4]*thseu*-[5]*i*-[6]*yen* cette oie, [7]*peï*-[8]*ming* qui poussait des cris plaintifs, [9]*thou*-[10]*hioue* vomissait du sang, [11]*kou*-[12]*louan* et montrait de l'attachement, [13]*jou*-[14]*chi* comme cela, à ce point, [15]*sin*-[16]*chi* sur-le-champ, [17]*khaï* il ouvrit, [18]*wang* le filet, [19]*fang* lâcha (le roi des oies), [20]*sse*-[21]*ling* et le fit, [22]*khiu* partir.

[1]爾[2]時[3]一[4]鴈。[5]悲[6]鳴[7]歡[8]喜。[9]鼓[10]翅[11]隨[12]逐。[13]五[14]百[15]羣[16]鴈。[17]前[18]後[19]圍[20]遶。[21]飛[22]空[23]而[24]去。 [1]*eul*-[2]*chi* alors, [3]*i*-[4]*yen* une oie, l'oie, [5]*peï*-

1 Le mot oie, étant féminin, je regrette de ne pouvoir rendre le mot *wang* roi par *reine*. En sanscrit, le mot *hañsa* oie, est masculin, et, dans le texte indien, d'où ce conte est tiré, il doit y avoir *hañsa râdjâ*, un roi des *hañsas*.

[6]*ming* qui avait poussé des cris plaintifs, [7]*houn-*[8]*hi* fut remplie de joie; [9]*kou-*[10]*tch'i* elle battit des ailes, [11]*souï* et aussitôt, [12]*tcho* suivit (le roi). [13]*ou-*[14]*pe* les cinq cents, [15]*kiun-*[16]*yen* oies, [17]*thsien* par devant, [18]*heou* par derrière, [19]*weï-*[20]*jao* l'entourant, [21]*feï* s'envolèrent, [22]*khong* dans les airs, [23]*eul* et, [24]*khiu* s'en allèrent.

XLII.

L'Ane couvert de la peau d'un Lion.

[1]有[2]驢[3]被[4]師[5]子[6]皮。[7]而[8]便[9]自[10]謂。[11]以[12]爲[13]師[14]子。[15]有[16]人[17]遙[18]見。[19]謂[20]眞[21]師[22]子。[23]及[24]至[25]鳴[26]己。[27]皆[28]識[29]是[30]驢。[1]*yeou* il y avait, [2]*liu* un âne, [3]*pi* qui avait revêtu, [6]*pi* la peau, [4]*sse-*[5]*tseu* d'un lion, [7]*eul* et qui, [8]*pien* alors, [9]*tseu-*[10]*weï* se parlant à lui-même, [11]*i-*[12]*weï* se regardait comme, [13]*sse-*[14]*tseu* un lion. [15]*yeou* il y eut, [16]*jin* des hommes (qui), [18]*kien* l'ayant vu, [17]*yao* de loin, [19]*weï* dirent (que c'était), [20]*tchin-*[21]*sse-*[22]*tseu* un vrai lion. [23]*ki* quand, [24]*tchi* il arriva jusqu'à eux, [25]*ming-*[26]*i* et se mit à braire, [27]*kiaï* tous, [28]*chi* comprirent, reconnurent que, [29]*chi-*[30]*liu* c'était un âne.

XLIII.

Le Fou et les Fils de coton.

[1]昔[2]狂[3]人[4]令[5]績[6]師[7]績[8]綿。[9]令[10]極[11]細[12]好。[13]績[14]師[15]如[16]意。[17]細[18]若[19]微[20]塵。[21]狂[22]人[23]猶[24]恨[25]其[26]麤。[1]*si* jadis, [2]*khouang-*[3]*jin* un fou, [4]*ling* avait ordonné, [5]*tsi-*[6]*sse* à un filateur, [7]*tsi-*[8]*mien* de lui filer du coton, [9]*ling* et de faire que, [11]*si* il fût fin, [12]*hao* et beau, [10]*ki* extrêmement. [13]*tsi-*[14]*sse* le filateur, [15]*kia-*[16]*i* y appliqua sa volonté (y mit tous ses soins), [17]*si* et rendit-fin (le coton), [18]*jou* comme, [20]*tch'in* une poussière, [19]*weï* subtile. [21]*khouang-*[22]*jin* le fou, [23]*yeou* encore, [24]*hen* était mécontent, se plaignait, [25]*khi-*[26]*ts'ou* de sa grosseur, c'est-à-dire: de la grosseur des fils de coton.

海上絲綢之路文獻集成 科技與文化编

[1]績[2]師[3]大[4]怒。[5]乃[6]指[7]空[8]示[9]曰。[10]此[11]是[12]細[13]縷。[14]狂[15]人[16]曰。[17]何[18]以[19]不[20]見。[21]師[22]曰[23]此[24]縷[25]極[26]細。[27]我[28]工[29]之[30]良[31]匠。[32]猶[33]且[34]不[35]見。[36]況[37]他[38]人[39]耶。[1]*tsi* - [2]*sse* le filateur, [3]*ta* grandement, [4]*nou* se mit en colère. [5]*naï* alors, [6]*tchi* lui indiquant du doigt, [7]*khong* l'air et, [8]*chi* le lui montrant, [9]*youe* il dit: [10]*thseu*-[11]*chi* cela est, voilà, [12]*si*-[13]*liu* des fils fins. [14]*khouang*-[15]*jin* le fou, [16]*youe* dit: [17]*ho*-[18]*i* comment (se fait-il que), [19]*pou*-[20]*kien* je ne les voie pas? [21]*sse* le maître (filateur), [22]*youe* dit: [23]*thseu*-[24]*liu* ces fils, [25]*ki*-[26]*si* sont extrêmement-fins. [30]*liang*-[31]*tsiang* les habiles ouvriers, [29]*tchi* de, [27]*ngo*-[28]*kong* de mon travail, de mon métier, [32]*yeou*-[33]*ts'ie* encore, [34]*pou*-[35]*kien* ne les voient pas, [36]*hoang* à plus forte raison, [37]*tha*-[38]*jin* les autres hommes, [39]*ye* particule auxiliaire.

[1]狂[2]人[3]大[4]喜。[5]以[6]付[7]織[8]師。[9]師[10]亦[11]効[12]焉。[13]皆[14]蒙[15]上[16]賞。[17]而[18]實[19]無[20]物。[1]*khouang*-[2]*jin* le fou, [3]*ta* grandement, [4]*hi* fut charmé, [5]*i* c'est pourquoi, [6]*fou* il donna ses ordres (une nouvelle commande), [7]*tchi*-[8]*sse* au tisserand; [9]*sse* le maître (tisserand), [10]*i* aussi, [11]*hiao* travailla avec zèle, [12]*yen* particule finale. [13]*kiaï* tous (le filateur et les tisserands), [14]*mong* reçurent, [15]*chang*-[16]*chang* de hautes récompenses, [17]*eul* mais, [18]*chi* en vérité, [19]*wou*-[20]*wou* il n'y avait pas de chose, il n'y avait rien (ce que le filateur avait paru montrer au fou, n'existait pas).

XLIV.

Le Maître de maison et l'Acheteur de mangues.

[1]昔[2]有[3]一[4]長[5]者。[6]遣[7]人[8]持[9]錢。[10]至[11]他[12]園[13]中。[14]買[15]菴[16]羅[17]果[18]而[19]欲[20]食[21]之。[22]而[23]勅[24]之[25]言。[26]好[27]甜[28]美[29]者。[30]汝[31]當[32]買[33]來。[1]*si* jadis, [2]*yeou* il y avait, [3]*i* un, [4]*tchang*-[5]*tche* un

maître de maison (*Grihapati*); [6]*kien* il envoya, [7]*jin* un homme, [8]*tch'i* qui prenant, [9]*thsien* de l'argent, [10]*tchi* (devait) aller, [13]*tchong* au milieu, [12]*youen* d'un jardin, dans un jardin, [11]*tha* d'un autre homme, [14]*maï* pour acheter, [15]*'an*-[16]*lo*-[17]*ko* des fruits d'*Amra*, des mangues, [18]*eul* et, [19]*yo* il voulait, [20]*chi*-[21]*tchi* les manger, [22]*eul* et, [23]*tch'i* donnant ses ordres, [24]*tchi* à lui, [25]*yen* dit: [29]*tche* les (mangues), [26]*hao* belles, [27]*thien* douces, [28]*meï* excellentes, [30]*jou* vous, [31]*tang* devez, [32]*maï* les acheter, [33]*laï* et venir (les apporter).

[1]卽[2]使[3]持[4]錢。[5]往[6]買[7]其[8]果。[9]果[10]主[11]言[12]我[13]此[14]樹[15]果。[16]悉[17]皆[18]美[19]好。[20]無。[21]一[22]惡[23]者。[24]汝[25]嘗[26]一[27]果。[28]足[29]以[30]知[31]之。

[1]*tsi*-[2]*pien* aussitôt, [3]*tch'i* il prit, [4]*thsien* de l'argent, [5]*wang* et alla, [6]*maï* acheter, [7]*khi*-[8]*ko* ces fruits, [9]*ko*-[10]*tchou* le propriétaire des fruits, [11]*yen* dit: [12]*ngo*-[15]*ko* mes fruits. [13]*thseu*-[14]*chou* de cet arbre, [16]*si* généralement, [17]*kiaï* tous, [18]*meï*-[19]*hao* sont fort excellents, [20]*wou* il n'y en a pas, [21]*i* un seul, [23]*tche* qui, [22]*ngo* soit mauvais. [24]*jou* vous, [25]*tch'ang* quand vous aurez goûté, [26]*i*-[27]*ko* un fruit, [28]*tso* cela suffira, [29]*i*-[30]*tchi*-[31]*tchi* pour les connaître (tous).

[1]買[2]果[3]者[4]言。[5]我[6]今[7]當[8]一[9]一[10]嘗[11]之。[12]然[13]後[14]當[15]取。[16]若[17]但[18]嘗[19]一。[20]何[21]以[22]可[23]知。

[3]*tche* celui qui, [1]*maï* achetait, [2]*ko* les fruits, [4]*yen* dit: [5]*ngo* moi, [6]*kin* maintenant, [7]*tang* je dois, [8]*i*-[9]*i* un à un, [10]*tch'ang*-[11]*tchi* les goûter, [12]*jen*-[13]*heou* ensuite, [14]*tang* je devrai, [15]*thsiu* les prendre, [16]*jo* si, [17]*tan* seulement, [18]*tch'ang* je goûtais, [19]*i* un seul (fruit), [20]*ho*-[21]*i* comment, [22]*kho* pourrais-je, [23]*tchi* les connaître?

[1]尋[2]卽[3]取[4]果。[5]一[6]一[7]皆[8]嘗。[9]持[10]來[11]歸[12]家。[13]長[14]者[15]見[16]已。[17]惡[18]而[19]不[20]食。[21]使[22]一[23]切[24]都[25]棄。

[1]*sin*-[2]*tsi* aussitôt, [3]*thiu* il prit, [4]*ko* les fruits, [5]*i*-[6]*i* un à un, [8]*tch'ang* il les goûta, [7]*kiaï* tous; [9]*tch'i* il les prit, [10]*laï*-[11]*koueï* et revint, [12]*kia* à la maison. [13]*tchang*-[14]*tche* le maître de maison, [15]*kien*-[16]*i* les ayant vus, [17]*ou* en fut dégoûté, [18]*eul* et, [18]*pou*-[19]*chi* n'en mangea point. [21]*pien* alors, [25]*khi* il les laissa, [24]*tou* tous, [22]*i*-[23]*thsie* généralement.

海上絲綢之路文獻集成 科技與文化编

XLV.

La Femme et le Renard.

[1]昔[2]有[3]婦[4]人。[5]富[6]有[7]金[8]銀。[9]與[10]男[11]子[12]交[13]通。[14]盡[15]取[16]金[17]銀[18]衣[19]物[20]相[21]遂。[1]*si* jadis, [2]*yeou* il y avait, [3]*fou*-[4]*jin* une femme, [5]*fou* qui était riche, [6]*yeou* et avait, possédait, [7]*kin* de l'or, [8]*in* et de l'argent, [9]*yu* avec, [10]*nan*-[11]*tseu* un homme, [12]*kiao*-[13]*thong* ayant eu commerce, [14]*tsin* complètement, [15]*thsiu* elle prit, [16]*kin* l'or, [17]*in* l'argent, [18]*i* les vêtements, [19]*wou* (et autres) objets, [20]*siang*-[21]*souï* et le suivit.

[1]俱[2]去[3]到[4]一[5]急[6]水[7]河[8]邊。[9]男[10]子[11]語[12]言。[13]汝[14]持[15]財[16]物[17]來。[18]我[19]度[20]之。[21]當[22]還[23]迎[24]汝。[1]*kiu* ensemble, [2]*khiu* ils partirent, [3]*tao* et arrivèrent, [8]*pien* au bord de, [4]*i* un, [7]*ho* fleuve, [5]*ki*-[6]*chouï* dont l'eau était rapide; [9]*nan*-[10]*tseu* l'homme, [11]*yu*-[12]*yen* dit (à la femme): [13]*jou* vous, [14]*tch'i* prenez, [15]*thsaï*-[16]*wou* les choses précieuses, [17]*laï* et venez, [18]*ngo* moi, [19]*tou*-[20]*tchi* les ayant passées (à l'autre rive), [21]*tang* je devrai, [22]*hoan* revenir, [23]*ing*-[24]*jou* et aller au-devant de vous.

[1]男[2]子[3]度[4]己。[5]便[6]走[7]不[8]還。[9]婦[10]人[11]獨[12]住[13]水[14]邊。[15]憂[16]苦[17]無[18]可[19]人[20]救。[1]*nan*-[2]*tseu* l'homme, [3]*tou*-[4]*i* ayant passé (à l'autre rive), [5]*pien* alors, [6]*tseou* s'en fuit, [7]*pou*-[8]*hoan* et ne revint pas. [9]*fou*-[10]*jin* la femme, [11]*to* seule, [12]*tchou* resta, [13]*chouï*-[14]*pien* au bord de l'eau, [15]*yeou*-[16]*khou* s'affligeant (de ce que), [17]*wou* il n'y avait pas, [18]*jin* d'homme, [19]*kho* qui pût, [20]*kieou* la secourir.

[1]唯[2]見[3]一[4]野[5]狐。[6]捕[7]得[8]一[9]鷹。[10]復[11]見[12]河[13]魚。[14]捨[15]鷹[16]拾[17]魚。[18]魚[19]既[20]不[21]得。[22]復[23]失[24]本[25]鷹。[1]*weï* seulement, [2]*kien* elle vit, [3]*i* un, [4]*ye*-[5]*hou* renard sauvage, [6]*pou*-[7]*te* qui avait pris, [8]*i*-[9]*ing* un épervier; [10]*feou* de nouveau, [11]*kien* ayant vu, [12]*ho*-[13]*yu* un poisson de la rivière, [14]*che* il laissa, [15]*ing* l'épervier, [16]*chi*-[17]*yu* pour prendre le poisson, [19]*ki*-[20]*pou*-[21]*te* n'ayant pas obtenu (*ki*, marque du passé), [18]*yu* le poisson, [22]*feou* encore, [23]*chi* il perdit, [25]*ing* l'épervier, [24]*pen*

primitif (qu'il avait auparavant. — On peut traduire aussi: [18]*yu* le poisson, [19]*ki*-[20]*pou*-[21]*te* n'ayant pas été obtenu, etc.).

[1]婦[2]語[3]孤[4]曰。[5]汝[6]何[7]太[8]癡。[9]貪[10]捕[11]其[12]兩。[13]不[14]得[15]其[16]一。[1]*fou* la femme, [2]*yu* parlant, [3]*hou* au renard, [4]*youe* lui dit: [5]*jou* vous, [6]*ho* pourquoi, comment (avez-vous été), [7]*thaï* extrêmement, [8]*i* stupide? [9]*than* désirant, [10]*pou* prendre, [11]*khi*-[12]*liang* ces deux, [13]*pou*-[14]*te* vous n'avez pas obtenu, [15]*khi* d'eux, [16]*i* un seul (un seul des deux).

[1]孤[2]言。[3]我[4]癡[5]尚[6]可。[7]汝[8]癡[9]劇[10]我。[1]*hou* le renard, [2]*yen* dit: [3]*ngo*-[4]*i* que j'aie été stupide, [5]*chang* encore, [6]*kho* c'est possible, [7]*jou*-[8]*i* mais par votre stupidité, [9]*ki*-[10]*ngo* vous l'emportez sur moi, vous avez été plus stupide que moi.

FIN.

海上絲綢之路文獻集成 科技與文化編

TABLE DES MATIÈRES.

PREMIÈRE SECTION.

SECONDE SECTION.

Des Verbes.

MONOGRAPHIES.

1 Cette article a été placé par erreur page 44.

海上絲綢之路文獻集成　科技與文化編

漢文指南

SUPPLÉMENT AUX MONOGRAPHIES.

FIN DE LA TABLE.

ERRATA.

Page 13, ligne 18, lisez: [2]苑
„ 14, „ 28, „ 鄭
„ 24, „ 7, supprimez l'exemple et lisez: [1]日 [2]月 [3]以 [4]告 [5]君 [1]*ji* diem, [2]*youeï* mensem, [3]*i* nota accusativi, [4]*kao* nuntiat, [5]*kiun* principi: il annonce au prince le jour et le mois (où il se marie)
„ 26, „ 2, lisez: [8]竅; ligne 18, lisez: [5]夷
„ 26, „ 28, après [10]陳, ajoutez: 於
„ 28, „ 20, lisez: [2]虢, [1]虢
„ 32, „ 23, au lieu de [1]南, lisez: [1]西
„ 32, „ 23, au lieu de [1]*nan* au midi, lisez: [1]*si* à l'ouest
„ 34, „ 33, avant [3]*ho* lisez: [2]*weï* elles fussent, *k'ouen* tourmentées.
„ 35, „ 6, lisez: *takórchabourc de*
„ 35, „ 21, après [5]齊, ajoutez: 之
„ 42, „ 8, au lieu de [3]隋, lisez: 隨
„ 45, „ 31, au lieu de [8]寧, lisez: 甯
„ 49, „ 7, lisez pit-falls
„ 52, „ 15, au lieu de 百, lisez: 伯
„ 52, „ 29, au lieu de 隋, lisez: 隨
„ 54, „ 28, au lieu du signe qui suit *t'ou*, lisez: 兎
„ 62, „ 5, lisez: Let attention be
„ 62, „ 6, „ the inculcation
„ 62, „ 33, au lieu de 人, lisez: 入
„ 67, „ 6, au lieu de 書, lisez: 晝
„ 73, „ 20, après 辟, ajoutez: 焉
„ 74, „ 24, après [4], lisez: 葬

Page 80, ligne 30, lisez: [1]不[2]知[3]之[4]國[5]之[6]路

„ 81, „ 17, après [7], lisez: 適

„ 83, „ 20, après [2], lisez: 以

„ 90, „ 4, après [1], lisez: 郝

„ 97, „ 1, avant [4], ajoutez: 佚

„ 97, „ 3, au lieu de *in* les excès, lisez: *in-i* la volupté (Cf. Morrison, part. II., 12,190)

„ 98, „ 18, au lieu de [1], lisez: [1]邴

„ 98, „ 20, lisez: le (mot) [1]*Ping*

„ 111, „ 1, au lieu de 如, lisez: 女 *joù*, au ton *chàng*

„ 111, „ 6, après [11]是, ajoutez: 知

„ 116, „ 15, après [5], lisez: 毀

„ 125, „ 8 et 16, lisez: 兔

„ 126, „ 13, après [10], lisez: 士

„ 126, „ 29, après [3], lisez: 師

„ 128, „ 36, lisez: 孝 弟 也

„ 140, „ 13, au lieu de 遠, lisez: 速

„ 142, „ 1, supprimez: [2]諸

„ 142, „ 2, supprimez [2]*tchou* les, et lisez *tchi* (les hommes) droits

„ 142, „ 16, après [5], suprimez: 之

„ 142, „ 18, au lieu de *thsang-tchi*, lisez: *thsang* le cacherai-je?

„ 143, „ 18, après 天, ajoutez: 也

„ 155, „ 17, au lieu de *ningge kai* c'est ce qui (est), lisez: *siden ningge kai*, c'est ce qui est entre

„ 156, „ 14, lisez: koue-thse au lieu de koue-yu

„ 157, „ 18, après 以, lisez: 喜

„ 160, „ 1, au lieu de 罪, lisez: 罰

„ 164, „ 27, 28, 29, 30. Supprimez les 4 lignes de ce dernier article

„ 167, „ 6, au lieu de 遇, lisez: 邁

„ 167, „ 11, au lieu de 求, lisez: 救

„ 175, „ 5, au lieu de 活 活, lisez: 浩 浩

„ 178, „ 15, au lieu de 承, lisez: 丞

Page 178, ligne 19, au lieu de *thaï* lisez: *i*

„ 178, „ 20, 24, 25 et p. 179, l. 17, au lieu de 柰, lisez: 奈

„ 178, „ 25, et page 179, ligne 1, au lieu de *thaï*, lisez: *i.*

„ 179, „ 4, après 賊, mettez: 蟊

„ 180, „ 2, après 舍 ajoutez: 失

„ 180, „ 29, au lieu de *Kiao*, roi de l'est, lisez le roi de *Kiao-tong*

„ 183, „ 12, après 平, lisez: 太

„ 183, „ 13, après 得, lisez: 泰

„ 183, „ 18, après 樹 ajoutez: 之

„ 183, „ 23, avant 也, lisez: 盛

„ 184, „ 19, après 爲, lisez: 荼

„ 184, „ 20, après 樂, ajoutez: 禍亂

„ 185, „ 3, au lieu de 合, lisez: 令

„ 188, „ 14 et 15, au lieu de 彊, lisez: 疆

„ 189, „ 9, 10, 11, au lieu de 洒 lisez: 酒

„ 194, „ 3, après „il les traite", ajoutez: en mandchou: avec deux vases de vin, il les traite

„ 195, „ 14, au lieu de 于, lisez: 於

„ 201, „ 18, au lieu de 來, lisez: 乘

„ 208, „ 17, au lieu de 雩 *bis*, lisez: 雩

„ 208, „ 18, lisez: on n'a pas besoin de sacrifier pour demander la pluie

„ 209, „ 6, lisez: 利 地

„ 209, „ 31, lisez: que mon humble ville soit secrètement (*in*) réunie, (*ho*) au royaume de Thsin

„ 211, „ 32, au lieu de „quels bienfaits y a-t-il"? lisez: qu'avons-nous affaire de ses faveurs?

„ 212, „ 12, après 不, lisez: 競

„ 215, „ 30, au lieu de le recevra? lisez: les recevra?"

„ 219, „ 10, au lieu de comment avez-vous pu voir „*Tchong-jin*" lisez: comment avez-vous introduit Tchong-jin (auprès du duc). Le mot 見 doit être lu *hién* au 3me ton

„ 224, „ 2, page 229, lignes 19, 20, 22, et page 230, ligne 7 et 12, au lieu de 柰, lisez: 奈

Page 226, ligne 1, au lieu de aux princes, lisez: au prince
„ 229, „ 23, répétez: 赫
„ 229, „ 24 et 25, au lieu de 君, lisez: 尹
„ 242, „ 21, effacez l'exemple et la traduction, et prenez seulement l'exemple suivant
„ 250, „ 2, au lieu de [3], lisez: 銘
„ 253, „ 8, au lieu du signe qui suit [4], lisez: 臧
„ 261, „ 5, lisez: Confucius dit (à *Tse-kong*): vous n'égalez pas (*Hoeï*, il est supérieur à vous)
„ 264, „ 14, au lieu de 路子, lisez: 子路
„ 264, „ 15, au lieu de *Lou-tseu*, lisez: *Tseu-lou*
„ 268, „ 3, au lieu du signe n° 5, mettez: 疾
„ 268, „ 23, au lieu du signe n° 3, lisez: 妾
„ 272, „ 13, au lieu du signe n° 6, lisez: 妾
„ 272, „ 15, lisez: *Wen-kiang* (nom de femme), *tch'ou* était sortie du royaume
„ 275, „ 12, lisez: [5]性
„ 278, „ 18, les deux premiers *wou* doivent être écrits comme le troisième de la même ligne
„ 281, „ 20, après 復, ajoutez: 奉
„ 281, „ 21, au lieu de *feou* recouvre, lisez: *feou* de nouveau, *fong* reçoive
„ 281, „ 29, au lieu du signe n° 1, lisez: 博
„ 288, „ 8, au lieu du signe n° 2, lisez: 戴.
„ 292, „ 15, lisez: [1]*jo* (si), vous daignez, [2]*cheou* recevoir, [3]*koua*-[4]*kiun* notre prince; [8]*youen*-[9]*ye* c'est le vœu, [5]*koua*-[6]*kiun* de notre prince.
„ 303, „ 1, au lieu du signe n° 8, lisez: 住
„ 303, „ 35, lisez: recevra, éprouvera, [24]*khouen* des tourments; [25]*ning* j'aime mieux, [26]*cheou*-[27]*pa*-[28]*mao* souffrir qu'on m'arrache les plumes.
„ 304, „ 11, au lieu du signe n° 9, lisez: 黠
„ 307, „ 13, au lieu du signe n° 18, lisez: 住
„ 308, „ 13, au lieu du n° 5, lisez: 競. (Faites la même correction page 309, lignes 17 (18), 19 (36).

Page 316, ligne 24, au lieu du signe nº 12, lisez: 肩

„ 320, „ 13, après pas, ajoutez (mon fils); lisez ensuite: [29]*kin* maintenant, [30]*eul* cet enfant, [31]*tseu* de lui-même, etc.

„ 321, „ 20, au lieu de nº 6; p. 322, l. 20, au lieu de nº 2 et 6; p. 323, l. 1 au lieu de nº 24; p. 328, l, 24, au lieu de nº 6, lisez: 緣

„ 325, „ 25, au lieu du signe nº 19, lisez: 毀

„ 327, „ 11, au lieu du signe nº 33, lisez: 默

„ 330, „ 26, M. Legge entend autrement les huit signes 13 à 20: It is the crime of a parrot that I have met this calamity.

„ 331, „ 23, au lieu de il pouvait, lisez: ils pouvaient (c'est-à-dire: la colombe, le corbeau, le serpent et le cerf).

„ 332, „ 16, au lieu du signe nº 14, lisez: 冥

„ 333, „ 20, au lieu du signe nº 34, lisez: 捐

„ 336, „ 14, au lieu du signe nº 17, lisez: 鸚

„ 338, „ 4, au lieu du signe nº 21, lisez: 被

„ 339, „ 12, au lieu de [9]*sse*, il périt, etc., lisez: [9]*sse* la mort, [10]*tse* comme un ennemi, [11]*souï* aussitôt, [12]*tchi* arrive.

„ 339, „ 31, au lieu du signe nº 20, lisez: 奏

„ 342, „ 4, lisez: [19]*cha* pour la tuer.

„ 342, „ 5, lisez: [11]*thse* quand on voulut la percer; [12]*ngeng* elle était dure, [13]*pou*-[14]*ji* (au point que l'arme) n'entrait pas; [15]*tcho* (quand on voulut) la couper, [16]*tse* alors, [17]*pou*-[18]*chang*-[19]*ko* elle ne fut point blessée.

„ 343, „ 27-28, *chang-hia-p'ing-teng*, lisez: le haut et le bas étant égaux, c'est-à-dire: dans un endroit où la mer aura autant de hauteur que de profondeur; [14]*tch'ou* je demeurerai, [13]*tching* justement, [15]*tchong*-[16]*kien* au milieu, au centre.

„ 343, supprimez la note 2.

„ 347, „ 8, après le signe nº 34, ajoutez: 不

„ 347, „ 10, au lieu du signe nº 15, lisez: 染

„ 347, „ 24, après le signe nº 17 ajoutez: 復

„ 347, „ 24-25, au lieu de [21]*jou*-[22]*thseu*-[23]*eul*, lisez: 汝 意

Page 347, ligne 30, au lieu de [21]*jou*-[22]*thseu* et dans cet état, [23]*eul* particule auxiliaire, lisez: si votre intention est, [24]*kieou* de demander à, etc.

„ 353, „ 4, effacez: 汝

„ 353, „ 11, lisez: sur lui.

„ 353, „ 15, après le signe 25, ajoutez: 之

„ 353, „ 19, lisez: répondit: *sse-tseu,* au lion.

„ 354, „ 7, lisez: ceux qui faisaient paître leurs troupeaux ou voyageaient.

„ 354, „ 11, au lieu du signe nº 20, lisez: 匝

„ 359, „ 4, lisez: tous ces hommes ayant fait un contrat avec lui.

„ 362, „ 5, au lieu du signe nº 24, lisez: 爪

„ 364, „ 1, au lieu du signe nº 44, lisez: 檀

„ 366, „ 3, lisez: convention.

„ 367, „ 21, lisez: dit que le cadet n'avait pas fait les parts égales.

„ 369, „ 25, lisez: ce chanvre est tout filé; il est léger et fin;

„ 370, „ 8, lisez: cette toile de chanvre (*ma-pou*) est toute façonnée; elle est légère et fine,

„ 385, „ 6, au lieu du signe nº 6, lisez: 競

„ 387, „ 16, au lieu du signe 13, lisez: 衣

„ 388, „ 4, transposez les mots *kio-t'iao* et lisez: *t'iao-kio.*

„ 392, „ 9, au lieu de brillant, lisez pénétrant.

„ 392, „ 29, lisez: la conque (seule) ne résonne pas du tout. (Le mot [34]*tou* est ici un adverbe.)

„ 394, „ 18, au lieu de *hing,* lisez: *ing.*

„ 396, „ 20, effacez: et avant des villes.

„ 398, „ 3, lisez: [25]*jo* si, [28]*yeou*-[29]*wen* il avait appris, [26]*to*-[27]*chao,* peu ou beaucoup de choses,

„ 398, „ 5, lisez: il se grandissait.

„ 401, „ 26, lisez: *ho-pou,* aurait-il vécu? *pou-ye* non (c'est-à-dire: il serait mort).

„ 403, „ 8, au lieu de *long,* lisez: *che.*

„ 409, „ 26, au lieu du signe 9, lisez: 遣

„ 411, „ 19, au lieu de 18—19, lisez: 19—18 (*wou-jin-kho*).

„ 412, „ 3 et 9, au lieu de 孤, lisez: 狐

海上絲綢之路文獻集成 科技與文化编

海上絲綢之路文獻集成

總主編　陳支平　陳春聲

科技與文化編 70

主編　王揚宗　葉　農

国家出版基金项目
NATIONAL PUBLICATION FOUNDATION

海峽出版發行集團
THE STRAITS PUBLISHING & DISTRIBUTING GROUP
福建人民出版社

本册目次

漢文指南二卷（卷二）

（*Syntaxe nouvelle de la langue chinoise: fondée sur la position des mots*）

〔法〕儒蓮（Stanislas Julien）著

漢文指南

漢文指南

SYNTAXE NOUVELLE

DE LA

LANGUE CHINOISE

FONDÉE SUR LA POSITION DES MOTS

CONFIRMÉE PAR L'ANALYSE D'UN TEXTE ANCIEN

SUIVIE D'UN

PETIT DICTIONNAIRE DU ROMAN DES DEUX COUSINES

ET DE

DIALOGUES DRAMATIQUES TRADUITS MOT A MOT

PAR

M. STANISLAS JULIEN

DE L'INSTITUT

SECOND VOLUME

PARIS

LIBRAIRIE DE MAISONNEUVE & Cie

15, QUAI VOLTAIRE, 15

MDCCCLXX

A MONSIEUR LE DOCTEUR

JAMES LEGGE

TRADUCTEUR DES CLASSIQUES CHINOIS, L'UN DES PLUS ÉMINENTS

SINOLOGUES DE NOTRE ÉPOQUE,

HOMMAGE DE L'AUTEUR.

TABLE DES MATIÈRES.

AVIS PRELIMINAIRE.

Il était sans doute fort important d'exposer, comme je l'ai fait, les règles de position qui tiennent lieu des flexions que possèdent les langues classiques, et constituent le fondement essentiel de la grammaire chinoise. Mais cela ne suffisait pas, car souvent des préceptes didactiques glissent sur l'esprit des étudiants, et y laissent rarement des traces durables. Il m'a semblé que pour les inculquer profondément dans leur mémoire, il fallait absolument en faire l'application, en employant une méthode saisissante qui tirât sa force du contraste des interprétations fausses avec les vraies, démontrées à la fois par la logique, l'autorité des lexicographes et des auteurs classiques et les témoignages irrécusables de la science. Heureusement, je n'ai pas eu besoin de chercher bien loin cette méthode d'un caractère entièrement neuf. Je l'ai trouvée toute faite dans un ancien mémoire de philologie chinoise, qui a paru en mai 1841, dans le *Journal Asiatique*, de Paris, et qui est intitulé : « EXAMEN CRITIQUE *de quelques pages de chinois relatives* « *à l'Inde* (extraites de la célèbre relation de Hiouen-thsang), *tra-* « *duites par M. Pauthier*, accompagné de discussions grammaticales « sur certaines règles de position qui jouent le même rôle que les « flexions dans les langues classiques ; 1 vol. 8° de 156 pages en « petit texte. »

J'ai publié, à la même occasion, deux autres ouvrages de philologie chinoise, intitulés : *Exercices pratiques*, etc., et *Simple exposé*, etc. On en trouvera page 133, les titres complets ; on verra les raisons qui me dissuadent aujourd'hui de les réimprimer à la suite de l'*Examen critique*, comme j'en avais le projet, et me décident à les remplacer par un petit dictionnaire qui ne peut manquer d'être fort utile aux personnes qui étudient par goût ou par nécessité le style moderne, appelé *Kouan-hoa* 官話 (1), (la langue commune, la langue qui est d'un usage général).

J'ai expliqué dans ce vocabulaire plus de cinq mille locutions remarquables ou difficiles du célèbre roman *des Deux Cousines* (*Yu-kiao-li* 玉嬌梨). J'ai voulu faire plus encore, pour aider les étudiants à comprendre et à parler la langue moderne : j'ai terminé ce second volume par la plus grande partie des dialogues du drame chinois de *L'Orphelin de la Chine* (*Tchao-chi-kou-eul* 趙氏孤兒) que j'ai publié en entier en 1834. Seulement, cette fois, j'ai omis les ariettes en vers qui appartiennent plutôt au style antique qu'à la langue de la conversation dont je tâche de faciliter ici l'intelligence et l'usage.

Quoique l'Examen critique date de près de trente ans, les principes qui y sont développés n'ont pas vieilli, et ils resteront longtemps neufs. J'ose même dire qu'ils ont en ce moment un caractère frappant d'actualité, puisqu'ils offrent aux jeunes sinolo-

(1) C'est par erreur qu'on donne au *Kouan-hoa* le nom de « *langue mandarine.* » Le mot *kouan* 官 (*vulgo* mandarin), dit le dictionnaire *P'in-tseu-thsien*, signifie encore *kong* 公 général, et *kong* 共, même sens. C'est ainsi que l'on dit aujourd'hui *kouan-hoa* 官話 la langue générale, *kouan-lou* 官路 la grande route, le chemin public (Wells Williams) et non *Government road* (Morrison, part. II, n° 7,311). Le dictionnaire impérial de Khang-hi donne aussi à *kouan* 官 le sens de *kong* 公 général, universel.

海上絲綢之路文獻集成 科技與文化編

gues un moyen sûr et infaillible de se rendre compte, à l'aide de l'analyse qu'il vont étudier phrase par phrase et pour ainsi dire mot à mot, les règles de position, les principes de syntaxe et les procédés d'exégèse grammaticale qui font l'objet de mon premier volume.

On peut dire, sans ironie, que M. Pauthier *a bien mérité des études chinoises*, et leur a rendu un service qui vivra à jamais dans la mémoire des sinologues, en traduisant les douze pages de chinois qui m'ont fourni la matière de l'*Examen critique*, des *Exercices pratiques* et du *Simple exposé*. On ne peut, en effet, s'empêcher de reconnaître que ses 653 erreurs que j'ai résumées dans le *Simple Exposé* (pag. 118-185), et que j'ai relevées d'une manière purement scientifique, forment une excellente CACOGRAPHIE CHINOISE que le sinologue le plus fort, le plus profond et le plus ingénieux n'aurait jamais su composer, et qui fait ressortir d'une manière éclatante les principes que le premier traducteur avait oubliés ou méconnus.

Les personnes qui étudieront ma *Syntaxe nouvelle de la langue chinoise* ainsi que l'*Examen critique*, assisteront, pour ainsi dire, aux leçons que je fais depuis près de quarante ans au Collége de France, et dans lesquelles je tâche d'expliquer, à l'aide de procédés qui me sont propres, des modes de construction, des principes d'analyse, et particulièrement, des règles de position qu'on chercherait en vain dans les grammaires chinoises qui ont été publiées jusqu'à ce jour.

EXAMEN CRITIQUE

DE

QUELQUES PAGES DE CHINOIS RELATIVES A L'INDE

TRADUITES PAR M. G. PAUTHIER

ACCOMPAGNÉ

DE DISCUSSIONS GRAMMATICALES

SUR CERTAINES RÈGLES DE POSITION QUI, EN CHINOIS,

JOUENT LE MÊME ROLE QUE LES FLEXIONS DANS LES AUTRES LANGUES.

PAR M. STANISLAS JULIEN

DE L'INSTITUT.

.... Tolluntur in altum
Ut lapsu graviore ruant.

CLAUD., in Ruf., I, 22.

EXAMEN CRITIQUE

D'UNE TRADUCTION

DE QUELQUES PAGES DE CHINOIS

RELATIVES A L'INDE [1]

Nous sommes heureusement loin de l'époque où l'on croyait généralement, en Europe, que l'étude de la langue chinoise exigeait, en Chine même, la vie entière d'un lettré. M. Rémusat a puissamment contribué, par ses ouvrages et son enseignement, à dissiper ce préjugé, et s'il est partagé encore par quelques personnes instruites, c'est qu'elles n'ont pas pris la peine d'examiner la question. Cette opinion serait fondée si, pour parler, lire et écrire le chinois, il était nécessaire d'apprendre les quarante-deux mille caractères dont se compose le grand dictionnaire, publié en trente-deux volumes in-8°, par ordre de l'empereur *Khang-hi*. Or on ne trouverait certainement pas en Chine un seul lettré qui fût capable d'un si prodigieux effort de mémoire. Mais il est aussi inutile à un Chinois ou à un Européen de connaître et de pouvoir écrire tous les caractères du *Khang-hi-tseu-tien* (dictionnaire de *Khang-hi*), qu'à un étranger qui étudie notre langue, de posséder tous les mots du dictionnaire français de Boiste, dont la nomenclature est trois fois plus riche. Si le plus complet de nos dictionnaires renferme, dit-on, cent vingt-quatre mille mots, on peut affirmer, sans crainte d'être démenti, qu'un étranger qui en connaîtra seulement trois ou quatre mille, sera en état de lire la majeure partie

[1] Extrait du *Journal Asiatique de Paris*, mai 1864.

des auteurs français. Plus de cent mille mots sont des termes relatifs aux sciences, arts et métiers, qui ne se présentent que rarement dans les ouvrages littéraires. Celui qui en rencontre dans ses lectures se contente de les chercher dans un bon dictionnaire, et passe outre, sans qu'il lui vienne jamais à l'esprit qu'il ne sait pas encore la langue française, parce qu'il ignore, par hasard, quelques mots de science ou de technologie.

Il en est absolument de même des dictionnaires chinois. Celui de l'empereur *Khang-hi* serait réduit de quarante-deux mille mots à six ou huit mille, si l'on faisait abstraction d'environ dix mille variantes d'anciens caractères inusités, des noms d'hommes, de lieux, de montagnes et de rivières, et des termes qui se rattachent aux sciences et aux arts.

Sous la dynastie des *Han*, dit l'auteur du vocabulaire des *King*, on exigeait que celui qui se destinait à devenir l'un des historiens de l'empire sût au moins neuf mille caractères différents. Or, comme le corps d'annales d'une époque embrasse, par ordre méthodique, presque tous les sujets qui se rattachent à la littérature et aux sciences, on voit que le nombre des caractères que doivent connaître les hommes les plus savants, diffère énormément de celui que beaucoup de personnes, en Europe, jugent nécessaire à de simples lettrés.

Il est permis de penser que ces derniers n'ont guère besoin que de cinq ou six mille mots pour parler, lire et écrire le chinois. En effet, les quatre livres classiques ne contiennent pas plus de deux mille quatre cents caractères, et cependant, une personne qui les a étudiés avec soin, et qui possède en outre les principes de la construction chinoise, peut entendre, sans secours, presque tous les livres d'histoire, de géographie et de philosophie. En Chine, on exige que les étudiants qui concourent pour obtenir le grade de *Kiu-jin* (la Licence), aient seulement étudié à fond les quatre livres classiques et un *king* (livre canonique) à leur choix.

D'après ce qui vient d'être dit plus haut, sous le rapport des mots nécessaires, l'étude de la langue chinoise n'exigerait pas plus de travail que celle d'une langue étrangère, par exemple de l'allemand, qu'on aborde sans crainte et avec la presque certitude de réussir. Mais ce n'est pas dans le nombre des mots, ainsi que beaucoup de personnes se l'imaginent, que consiste la difficulté de la langue dont nous nous occupons. On sait que la langue chinoise est monosyllabique, que tous les mots dont elle se compose ne sont point susceptibles de ces inflexions qui indiquent, dans les substantifs et les adjectifs, les genres, les nombres et les cas; dans les verbes, les voix, les temps et les personnes. De plus, le même mot peut changer de valeur en changeant de position et devenir substantif, adjectif, verbe actif, verbe passif, verbe neutre ou adverbe. Par exemple, le mot 善 *chen*, peut signifier *le bien*, *bon*, *estimer-bon* (approuver) et *bien*, adverbe. Lorsqu'on connaît suffisamment le mécanisme de la langue chinoise, ce mot est aussi clair, dans ses différentes positions, que les mots latins *bonum*, *bonus*, *bonum-judicare*, *bene*.

D'où il suit que, pour entendre le chinois, il ne suffit pas de savoir un nombre considérable de mots. Quand on aurait gravé dans sa mémoire les neuf mille mots exigés autrefois pour devenir l'un des historiens de l'empire, on ne serait pas en état de comprendre, avec ce seul secours, une demi-page du texte chinois le plus facile. Pour donner à chaque mot la valeur qui résulte de sa position et saisir le rôle varié des prépositions et des particules qui déterminent les rapports réciproques des mots, il faut avoir étudié la langue rationnellement, avoir analysé et pour ainsi dire disséqué, d'une manière philosophique, les textes les mieux traduits par les missionnaires ou par les savants d'Europe qui les ont pris pour guides. On arrivera alors à saisir avec certitude les valeurs de position d'où dépend en grande partie la connaissance de la langue chinoise. Envisagée sous ce point de vue, elle présente des difficultés d'un genre particulier, mais qui ne sont ni plus graves ni plus nombreuses que celles des autres langues de l'Orient ou de l'Asie. Nous avons vu plusieurs personnes qui, après quelques années d'études sérieuses, se sont mises en état de lire, de traduire ou d'analyser avec toute l'exactitude désirable les textes chinois, anciens et modernes, qui se rapportaient à leurs études. Qu'il me suffise de citer M. Bazin aîné, qui a donné au monde savant un premier volume de drames chinois traduits en entier, *prose et vers*, et qui se dispose à publier la traduction complète d'un drame célèbre en vingt-quatre actes; M. Théodore Pavie, qui a su mener de front l'étude du sanscrit et du chinois et acquérir en peu d'années une connaissance très-remarquable de ces deux langues, et à qui la littérature est redevable d'un volume de nouvelles chinoises qui se distinguent autant par l'élégance du style que par une fidélité rigoureuse; et M. Biot fils, que ses études précédentes et une connaissance solide de la langue chinoise mettent en état d'exploiter, au profit de la science, les textes écrits en style ancien et relatifs à l'histoire, à la géographie, à la statistique ou aux arts de la Chine. Les lecteurs du *Journal Asiatique* ont eu maintes fois l'occasion d'apprécier les mémoires dont il a enrichi ce recueil. Il se prépare à imprimer la *Concordance alphabétique* des noms de villes chinoises du premier, deuxième et troisième ordre, qui ont changé sous les différentes dynasties. Ce sera à la fois un nouveau titre pour l'auteur, et un service rendu à l'érudition.

Je pourrais ajouter à ces noms celui de M. Edme Méchain (petit-fils de l'astronome du même nom), qu'une mort prématurée a enlevé à la science au milieu de ses fonctions de vice-consul à Smyrne. M. Méchain avait étudié le chinois tout en faisant son droit et n'y consacrait que ses moments de loisir, et cependant, au bout de trois ans, il était parvenu à lire aisément les auteurs. Fils d'un consul général, et voué à la même carrière, il nourrissait l'espoir de devenir un jour consul de France en Chine, et de pouvoir faire servir ses connaissances acquises dans la langue du céleste empire, au profit du commerce, de l'industrie et des lettres. On ignorerait encore son nom, comme sinologue, sans la mention que je regarde comme un devoir de faire ici de son zèle et de ses remarquables progrès dans le chinois.

Il est donc bien établi, et par les exemples que je viens de citer, et par une sorte de notoriété publique, qu'on peut, en général, acquérir en quelques années une connaissance suffisante de la langue chinoise. Mais il est *une condition indispensable*, c'est qu'on étudiera avec soin les lois de la construction, les principes constants qui déterminent les fonctions grammaticales des mots et qui en modifient la valeur suivant la place qu'ils occupent dans la phrase, le rôle des prépositions, qui tantôt sont significatives comme celles des autres langues, tantôt perdent leur sens usuel pour devenir des marques purement phonétiques de régime, ainsi que je crois l'avoir démontré dans la dissertation qui termine mon édition chinoise-latine du philosophe Meng-tseu.

Si l'on s'affranchissait de ces règles, qui remplacent, aux yeux des sinologues, les inflexions des mots dans les autres langues, et qui sont leur meilleur guide dans l'interprétation des textes, on pourrait s'occuper du chinois pendant de longues années, sans jamais être en état de les traduire fidèlement.

Pour démontrer cette vérité sur laquelle on ne saurait trop insister, j'ai cru devoir soumettre à une analyse grammaticale douze pages de chinois dont la traduction fait partie de quatre articles du nouveau *Journal Asiatique*, intitulés *Examen méthodique des faits concernant l'Inde.*

Lorsque les deux premiers fragments eurent paru dans les numéros d'octobre et de novembre 1839, je ne pus, faute d'avoir le texte original à ma disposition, m'assurer si le traducteur (M. Pauthier) était parvenu à reproduire fidèlement les documents historiques que lui fournissaient les auteurs chinois. Cependant, beaucoup de passages cités en note, et qu'il est presque impossible de faire concorder pour la plupart avec la version française, m'inspirèrent des doutes sérieux. Ces doutes se changèrent en certitude lorsque j'eus lu, dans les numéros de décembre 1839 et de mars 1840, la traduction incomplète d'une notice sur l'Inde (en vingt et une pages), par le voyageur *Hiouen-thsang*, dont je possède la relation entière, formant cinq cent quatre-vingt-cinq pages in-8°.

Je rédigeai immédiatement l'article suivant, qui est terminé depuis le 20 avril 1840, afin de préserver des erreurs que j'y signale les personnes qui se tiendraieut trop peu sur leurs gardes, ou qui seraient tentées de traduire des textes difficiles, avant d'avoir approfondi les règles fondamentales à l'aide desquelles on peut les éviter. Mais, pour imprimer les citations en caractères originaux, il fallait clicher, frapper, fondre et poinçonner plus de huit cents types différents. Divers travaux longs et difficiles relatifs à l'impression du catalogue général des quarante-deux mille signes que j'ai fait graver en Chine, à mon édition chinoise-française de *Lao-tseu*, qui va paraître incessamment, et à la Concordance géographique, en chinois et en français, que prépare M. Biot fils, n'ont pas permis à l'Imprimerie royale de terminer avant le 15 mars 1841 les types chinois dont j'avais besoin.

On se méprendrait étrangement sur mon caractère, si l'on pouvait me supposer un seul instant la plus légère intention de blesser M. Pauthier dont j'estime le zèle et dont j'apprécie les efforts. Le but que je me propose ici est plus digne et plus élevé. J'ai voulu uniquement donner des conseils à toutes les personnes qui étudient le chinois, afin de leur inspirer une juste défiance d'elles-mêmes et de les forcer, dans leur intérêt, à réfléchir mûrement sur les principes essentiels dont l'oubli a égaré plus d'un sinologue, et sans lesquels il est impossible d'acquérir une connaissance solide de la langue.

Je m'estimerais heureux si ceux à qui je m'adresse trouvaient dans cet article de nouveaux motifs et aussi de nouveaux moyens d'étudier à fond les lois de la syntaxe et surtout les règles de position, qui sont presque l'unique boussole du sinologue, avant de s'aventurer à publier la traduction du texte chinois le plus facile, en style antique ou en style moderne.

海上絲綢之路文獻集成 科技與文化編

I.

Stanislas Julien : « Les différents auteurs qui veulent faire connaître le nom de l'Inde s'expriment d'une manière confuse.

M. Pauthier traduit : « Si l'on veut déterminer avec précision et exactitude le sens du terme *Thien-tchou*, on éprouve beaucoup d'embarras. »

Il ne s'agit point ici du sens étymologique du mot *Thien-tchou* (l'Inde), mais des synonymes purement phonétiques par lesquels on désigne l'Inde et qui sont des altérations plus ou moins fortes ou bizarres du mot 印度 *indou* (l'Inde). Plus bas, Hiouen-thsang n'en cite que deux, mais on en trouve un plus grand nombre dans le dictionnaire *Choue-wen*, savoir *chin-tou* 身毒, ou 身篤 *chin-to*, *thien-tchou* 天竺, *yuen-tou* 捐毒 (prononcez suivant Khang-hi, *yun-tou* pour *in-dou*), 賢豆 *hien-teou*. On voit qu'il y a, dans ces différents sons, une véritable confusion.

M. Pauthier a passé les mots *i-i* 異議 *les différentes opinions*, et il a rendu par les mots « on a éprouvé beaucoup d'embarras, » le verbe dissyllabique *kieou-fen* 糾紛 être confus (les diverses opinions *sont confuses*).

Le mot *thsiang* 詳 signifie simplement ici *énoncer*, en mandchou *analambi*, mot que le dictionnaire mandchou-chinois explique par *yun-choue* 云說 dire, exprimer; le dictionnaire de Khang-hi explique aussi *thsiang* 詳 par *yen* 言, dire, exprimer.

2.

舊云身毒。或日賢豆。
今從正音。宜云印度。

S. J. : « Anciennement on disait *Chin-tou*, quelques auteurs disent « *Hien-teou*. Aujourd'hui, pour se conformer à la prononciation « exacte, il convient de dire *In-tou*. »

M. Pauthier : « ....Maintenant, d'après une prononciation exacte *et « qui lui convient*, on le nomme *In-tou*. »

Il rattache le verbe 宜 *i* (il convient) au substantif précédent 音 *in* (son), en lui donnant le sens de l'adjectif *convenable*, quoique la syntaxe s'oppose à ce qu'un mot qui suit un substantif lui serve de qualificatif. Puis il rend le verbe neutre 云 *yun* (dire, prononcer), par le verbe actif *nommer*.

3.

印度之人。隨地
稱國。殊方異俗。

S. J. : « Les Indiens, suivant la région qu'ils habitent, donnent à « leur royaume un nom particulier. Chaque pays a des usages dif- « férents. »

M. Pauthier traduit : « Les habitants de l'Inde, pour *se conformer « aux conditions* de leur pays, nomment leur royaume *région humiliée*, « *subjuguée*, *détruite*, terme qui exprime des coutumes différentes et « une grandeur déchue. »

1° Il rend les mots 隨地稱國 *souï-ti-tch'ing-koue* (littéralement : « suivant le pays, ils donnent un nom à leur royaume, » c'est-à-dire ils donnent à leur royaume un nom qui varie suivant chaque pays) par « pour se conformer aux conditions de leur pays. »

2° Il traduit l'expression 殊方 *tchou-fang* « les différents pays, » par « région humiliée, subjuguée, détruite » (1), et fait de ces mots, qui sont au nominatif, un second régime du verbe 稱 *tch'ing* (nommer), quoique les mots 稱 國 *tch'ing-koué* (ils donnent un nom à leur pays) forment un sens complet.

3° Il m'est impossible de découvrir où il a pu trouver dans 異 俗 *i-sou* (usages différents) le sens de « *terme qui exprime* des coutumes « différentes et *une grandeur déchue.* » Les quatre mots *tchou-fang-i-sou* répondent tout simplement à la locution vulgaire, *chaque pays*, *chaque mode.*

4° Il ajoute, en note 殊 方 *tchou-fang*, विनाशितदेश *vinâçita-dêça*, pour appuyer, à l'aide du sanskrit, le sens étrange de *région humiliée, subjuguée, détruite,* qu'il donne à 殊 方 *tchou-fang*, expression qui, ici et partout ailleurs, ne signifie jamais que *variæ regiones.*

4.

遙舉總名。語其所美。謂之印度。印度者。唐言月。

S. J. : « Je citerai de loin [1] le nom général. Pour dire celui « qu'ils regardent comme le plus beau, ils appellent leur royaume « *In-tou* (Indou), c'est-à-dire, en chinois, *Youeï* (lune). »

M. Pauthier traduit : « *En général*, dans leur langue, ce qui est « *beau et digne de louanges*, ils le nomment *in-tou* (lune).

On voit que, faute d'avoir saisi la construction de ce passage, M. Pauthier applique le nom de *lune* (donné ici par emphase à l'Inde) « à tous les objets beaux et dignes de louanges. » De plus, il a rendu par l'adverbe *en général* les mots 總 名 *tsong-ming*, « nom général. »

5.

月有多名。斯其一稱。

S. J. : « La lune a beaucoup de noms : celui-ci (celui de *Indou*) en « est un. »

[1] On sait que Hiouen-thsang a rédigé la relation de son voyage, en Chine et par conséquent *loin* de l'Inde qu'il venait de parcourir.

M. Pauthier : « La lune a beaucoup de noms, *mais ces noms sont* « *compris sous cette dénomination* (!). »

6.

言諸群生輪回不息。

S. J. : « Ils disent que tous les êtres reviennent sur eux-mêmes « comme une roue, sans jamais se reposer (c'est-à-dire meurent et « renaissent sans interruption). »

M. Pauthier : « Ils disent que tous les êtres vivants tournent sans fin « dans un cercle d'existences successives. »

Il est regrettable que M. Pauthier n'ait pas conservé la métaphore qu'emploie ici l'auteur, et qui est la seule adoptée en chinois pour rendre l'idée de la métempsychose.

7.

無明長夜。莫有司晨。其猶白日既隱。

S. J. : « Au milieu d'une longue nuit obscure, »

M. Pauthier : « Ceux qui ne sont pas éclairés par les lumières de « l'intelligence subissent un long crépuscule. »

S. J. : « En l'absence du magistrat qui observe le temps (qui « annonce les heures, en mandchou *erin touwara khafan*). »

M. Pauthier : « Ceux qui n'ont pas, pour les guider dans la vie, la « lumière directrice de l'astre qui brille dans le ciel. »

S. J. : « Ils (les hommes) se trouvent comme lorsque l'éclat du « soleil a disparu. »

M. Pauthier : « (Ils) ressemblent à ceux qui sont plongés dans les « ténèbres *d'un jour brillant* qui s'est obscurci. »

M. Pauthier pourrait-il dire ce que signifient les ténèbres *d'un jour brillant?* On voit qu'il n'a rien entendu à ce passage.

2

8.

宵燭斯繼。雖有星光之照。豈如朗月之明。

S. J. : « Alors les flambeaux succèdent au jour, mais quoiqu'ils « brillent comme des étoiles, pourrait-on comparer leur clarté à la « splendeur de la lune. »

M. Pauthier traduit : « Que l'on s'éclaire par une succession de lu- « mières artificielles (*siao-tcho* 宵燭); quand même elles (ces « lumières artificielles) auraient l'éclat des étoiles qui brillent au fir- « mament... »

S. J. : Il y a en chinois : « les flambeaux succèdent. »

1° M. P. a suppléé sans nécessité le verbe *s'éclairer*

2° Il a pris le verbe neutre 繼 *ki*, continuer, succéder, pour le substantif *succession.*

3° Il a traduit le substantif *succession* au cas instrumental, quoiqu'il ne soit pas suivi d'un verbe actif.

4° Il a fait un génitif du nominatif *tcho* 燭 (les flambeaux), sans faire attention à l'adverbe 斯 *sse*, qui lui montrait clairement que le mot *ki* 繼 était un verbe neutre dont le sujet est *siao-tcho* 宵燭 les flambeaux de la nuit, c'est-à-dire avec lesquels on s'éclaire la nuit.

9.

苟緣斯致。因而譬月。良以其土聖賢繼軌。

S. J. : « Si, partant de ce point, ils ont comparé (leur pays) à la « lune, c'est surtout parce que, dans cette contrée, les saints et les « sages se sont succédé les uns aux autres..... »

M. Pauthier n'a rien compris à ce passage; il traduit : « Si, do- « minés par ces considérations de causes et d'effets, et après avoir « comparé l'excellence de la lune avec leur pays, les saints hommes « et les sages ont successivement saisi ces rapports..... »

10.

導凡御物。如月照臨。

S. J. : « Qu'ils ont dirigé le siècle et gouverné les êtres, semblables « à la lune lorsqu'elle abaisse son éclat (sur le monde). »

M. Pauthier : « Ils ont été amenés à en faire une application spé- « ciale aux choses qui, comme l'éclat de la lune, s'étendent au « loin (!). »

Il y a ici autant de fautes que de mots.

11.

由是義故。謂之印度。

S. J. : « C'est par suite de cette idée qu'ils l'ont appelé *In-tou* (Inde). »

M. Pauthier : « C'est de là que vient le sens de l'expression (sans- « krite) *In-tou* « indou, » qui a été donnée à ce pays. »

Le sens de *lune* que présente le mot sanskrit इन्दु *Indou* ne peut venir de la comparaison rapportée par le voyageur, puisque c'est sa signification propre. L'auteur veut dire que c'est de l'idée exprimée dans le passage précédent qu'est dérivé l'emploi du mot 印度 *In-tou* (lune) pour désigner avec emphase le pays dont il s'agit.

Voici le passage en entier :

« Au milieu d'une longue nuit obscure, en l'absence du magistrat « qui observe (et annonce) les heures, ils se trouvent comme lorsque « l'éclat du soleil a disparu. Alors les flambeaux succèdent au jour, « mais quoiqu'ils brillent comme des étoiles, pourrait-on comparer « leur éclat à la splendeur de la lune ?

« Si, partant de ce point, ils ont comparé leur pays à la lune, c'est « surtout parce que, dans cette contrée, les sages et les saints qui se « sont succédé, ont dirigé le siècle et gouverné les êtres, semblables « à la lune lorsqu'elle abaisse son éclat (sur le monde). C'est par suite « de cette idée qu'ils l'ont appelée *In-tou* (l'Inde). »

12.

從其雅稱。傳以成
俗。無云經界之別。
總謂婆羅門國焉。

S. J. : « D'après leur nom éminent que la tradition conserve et que « l'usage a consacré, (lorsqu'on n'indique pas les divisions des dif-« férentes contrées), on donne à l'Inde le nom général de *Royaume* « *des Brahmanes.* »

Comme si l'on disait : royaume *des hommes dont la conduite est pure*. Tel est le sens que Hiouen-thsang donne au mot indien *Po-lo-men;* liv. II, fol. 7 *r*.

M. Pauthier : « C'est de cette caste que *sortent* les *instructions* des-« tinées à former et à perfectionner les mœurs. Nous ne parlerons pas « ici en détail de l'étendue et des limites de ce pays auquel on donne, « en général, la dénomination générale de royaume des *Po-lo-men.* »

Il y a ici un grand nombre de fautes.

1° M. Pauthier rend le mot 從 *t'song*, « suivant, d'après, » par *sortir*.

2° Il a oublié qu'un verbe neutre ne doit jamais être construit avant son sujet. C'est ce qui arriverait si l'on disait SORTENT *les instructions*, au lieu de *les instructions sortent*, si par impossible c'était là le sens des quatre premiers mots.

3° Il traduit le mot 雅稱 *ya-tch'ing*, « appellation distinguée, « nom éminent, » par *les instructions*.

4° Il passe les mots 傳以 *tch'ouen-i* (pour 以傳 *i-tch'ouen*), *traditione*, « par tradition, » et rend les mots 成俗 *tchhing-sou*, « passer en usage, » par *former et perfectionner les mœurs*.

5° Il dit : « Nous ne parlerons pas ici des limites, » et ne fait pas attention qu'il les énonce quelques lignes plus bas. L'auteur veut dire que quelquefois, par respect pour les Brahmanes, on donne à l'Inde un nom général qui est *dérivé* du leur (royaume des Brahmanes); alors on n'indique pas les limites et la position du pays, comme lorsqu'on dit, par exemple, l'Inde du nord, l'Inde centrale, l'Inde du midi.

13.

若其封疆之域。可得而言。
五印度之境。周九萬餘里。

S. J. : « Quant aux frontières de ce royaume, je puis les faire « connaître. Les limites des cinq Indes embrassent une étendue « d'environ quatre-vingt-dix mille lis. »

L'expression 封疆 *fong-kiang* désigne les grandes limites d'un royaume; les mots 經界 *king-kiaï*, employés plus haut, s'appliquent aux limites des différents territoires entre lesquels un royaume est partagé. Dans les livres classiques, ces mots désignent souvent les divisions des propriétés, des terres, entourées d'un petit canal. (Cf. dictionnaire *P'in-tseu-t'sien.*)

M. Pauthier : « *Si l'on y comprend* toutes les *contrées* dont *les frontières se communiquent*, et *que l'on peut appeler* les cinq *In-tou*, ce « pays a quatre-vingt-dix mille lis environ de circonférence. »

1° Il a rendu par *si* le mot 若 *jo*, « quant à, pour ce qui regarde. »

2° Il a rendu les mots 封疆之域 *fong-kiang-tchi-iu*, littéral, « les limites des frontières, » par « les contrées dont les frontières se communiquent. »

3° Il a ajouté les mots *y comprendre* qui ne se trouvent pas dans le texte.

4° Les mots 可得而言 *kho te-eul-yen* signifient : « je puis « *les dire*, les énoncer (les frontières). » M. P. a confondu ce membre de phrase avec le suivant. Il en a construit le dernier mot 言 *yen*, qui est le verbe actif *dire*, avec les cinq premiers mots de la seconde ligne, et lui donne pour régime direct le nominatif 境 *king*, « les limites, » (des cinq Indes); il traduit : « que l'on peut APPELER LES LIMITES DES cinq *In-tou*, » etc.

14.

北廣南狹。形如半月

S. J. : « Il est large au nord et étroit au midi ; sa forme ressemble « à une demi-lune. »

M. Pauthier : « Du nord *en s'étendant au sud*, sa forme étroite et « *allongée* ressemble à une demi-lune. »

1° Il est aisé de voir que l'adjectif 廣 *kouang*, « il est large » (au nord), a pour corrélatif l'adjectif 狹 *hia*, « il est étroit » (au midi).

M. Pauthier a fait disparaître cette opposition en rendant l'adjectif 廣 *kouang*, « large, » par *s'étendre*. Il n'a vu qu'une chose dans cette phrase : la *forme étroite* (d'une partie de l'Inde).

2° Il s'est gravement trompé sur la règle de position qui détermine la place des mots qui indiquent une direction, une localité. Ces mots se mettent constamment avant un adjectif ou un verbe, comme on le voit deux fois dans ce passage. 北廣 *pè-kouang*, « au nord, il est large ou il s'élargit ; » 南狹 *nan-hia*, « au midi, il est étroit ou se « rétrécit. » D'après la règle énoncée plus haut, pour dire, en chinois. *s'agrandir*, *s'élargir au sud*, on écrirait nécessairement 南廣 *nan-kouang*, et non 廣南 *kouang-nan*, ainsi que l'a cru M. Pauthier. J'ajouterai qu'il a rapporté à la direction du sud le mot 廣 *kouang*. qui se rapporte à la direction du nord.

3° Il a fait l'adjectif *étroit* du verbe neutre 狹 *hia*, *il est étroit*, et, le construisant avec 形 *hing*, il a traduit : *sa forme étroite*.

15.

畫野區分。七十餘國。

S. J. : « Si l'on divise les plaines (de l'Inde) et qu'on les sépare « d'une manière distincte, elle forme soixante-dix états. »

Le mot 畫 *hoa*, signifie *diviser*. Exemple : 畫爲九州 dividendo (imperium) fecit novem *Tcheou*. En mandchou : *ouyonn dcheou* oboume dendekhe.

L'expression composée 區 分 *k'iu-fen*, s'explique en mandchou par *ilgame faksalame*, distinguer et séparer. M. Pauthier : « On y a tracé les divisions d'environ soixante et dix royaumes. »

On voit qu'il traduit le verbe 分 *fen*, *séparer* par les *divisions*. Il empiète sur le membre de phrase suivant, et paraît avoir oublié la règle du génitif qui, lorsque deux noms sont en construction, exige absolument que le terme antécédent se place après le terme conséquent. (Cf. Rémusat, *Grammaire chinoise*, pag. 79). Pour dire en chinois les divisions de soixante et dix royaumes, il faudrait écrire : 七 十 國 之 分 *thsi-chi-koue-tchi-fen*, et non 分 七 十 國 *fen-thsi-chi-koue;* car ces mots, ainsi placés, signifieraient : diviser soixante-dix royaumes. Le mot 國 *koue*, ne pourrait être un génitif, et serait inévitablement le régime direct du mot 分 *fen*, séparer. M. Pauthier a montré qu'il ignorait le sens de l'expression 區 分 *k'iu-fen*, *distinguer* et *séparer*, qui, comme je l'ai dit plus haut, se traduit, en mandchou, par les mots *ilgame faksalame* qui ont exactement le même sens.

16.

時特暑熱。

S. J. : « En tout temps, le climat est extrêmement chaud. »

Le mot 時 *chi*, « temps, » est ici adverbe par sa position et signifie *en tout temps*. M. Pauthier rend ce mot par *les saisons :* « Les « *saisons* y sont très-chaudes. » L'adjectif 暑 熱 *chou-je*, « chaud, » se rapporte à l'*Inde*, et non *aux saisons*. Toutes les fois que Hiouen-thsang parle des saisons, il ne manque jamais d'employer les mots 四 時 *sse-chi*, *quatuor* (*anni*) *tempora*.

17.

北乃山阜隱軫。丘陵潟滷。

S. J. : « Au nord, les montagnes forment une chaîne immense; « les collines et les tertres sont imprégnés de sel. »

M. Pauthier : « Au nord, c'est-à-dire dans les montagnes qui *cachent* « *dans leur sein* de nombreuses collines *transversales*, il y a beaucoup « de mines de sel. »

Les six premiers mots de la phrase désignent évidemment la chaîne des monts Himâlaya. Faute de les avoir compris, M. Pauthier a fait disparaître cette importante observation du voyageur chinois.

1° Il a confondu les deux mots 隱軫 *in-tchin*, « former une « chaîne immense, » qui complètent le sens de la première partie de la phrase, avec les nominatifs 丘陵 *khieou-ling*, « les collines et « les tertres, » qui commencent le membre de phrase suivant.

2° Il a divisé en deux l'expression 隱軫 *in-tchin*, « former une « chaîne immense. » Il a traduit alors la première syllabe 隱 *in* par « cacher dans son sein, » et la seconde 軫 *tchin*, par l'adjectif *transversales*.

3° Il a empiété sur la phrase suivante, en faisant de cette seconde syllabe 軫 *tchin*, un attribut des mots 丘陵 *khieou-ling*, « col- « lines et tertres, » qui sont qualifiés par l'expression 潟滷 *si-lou*, « être imprégné de sel. »

4° Il prend le nominatif 丘陵 *khieou-ling*, « les collines et les « tertres, » pour le régime direct d'un verbe actif, *cacher*, qui n'existe pas dans le texte, et nous montre des montagnes *qui cachent dans leur sein* DES COLLINES TRANSVERSALES ! Outre les fautes graves que je signale, on pourrait faire observer que cette version est inintelligible en français.

18.

東則川野沃潤。疇隴膏腴。

S. J. : « A l'est, les vallées et les plaines sont abondamment arrosées, et les champs sont gras et fertiles. »

M. Pauthier : « A l'orient, *des courants d'eau*, qui traversent les « plaines désertes, *viennent arroser* les campagnes cultivées, et en « former un sol riche et fertile. »

1° Le mot 川 *tch'ouen* veut dire ici *une vallée* (Cf. *Fo-koue-ki* de Rémusat, pag. 282, note de Klaproth). M. Pauthier l'a rendu par *des courants d'eau*, et cette faute l'a forcé d'ajouter les mots *qui traversent*.

2° Les quatre mots 川野沃潤 *tch'ouen-ye-wo-jun* forment un sens complet (les vallées et les plaines sont abondamment arrosées). M. Pauthier a confondu les mots 沃潤 *wo-jun*, « être abon« damment arrosé, » avec les deux premiers mots du membre de phrase suivant. Il a rendu par le verbe actif *arroser* les deux mots 沃潤 *wo-jun*, qui deviennent passifs *par position*, et leur a donné pour régime direct les deux nominatifs 疇隴 *tch'eou-long*, champs. Il traduit : « viennent *arroser les campagnes !* »

3° M. Pauthier, ayant fait gouverner les deux nominatifs 疇隴 *tch'eou-long*, « les champs, » par le verbe 沃潤 *wo-jun*, qui complète le membre précédent, s'est vu forcé d'ajouter le verbe *former* et le mot *sol* pour tirer parti de l'expression 膏腴 *kao-iu*, qui, par sa position, veut dire *ils* (les champs) *sont gras et fertiles*. Il traduit « (des courants d'eau viennent) EN FORMER *un sol riche et fertile!* »

19.

斯大槩也可略言焉。

S. J. : « (Dans la partie occidentale, le terrain est maigre et stérile.) *Tel est l'aperçu sommaire que je puis donner (de l'Inde).* » 略言 *lio-yen*, dire en abrégé.

M. Pauthier : « Dans la région occidentale, le sol est pierreux et « pauvre. Il y forme *une grande plaine sablonneuse.* »

Il est curieux de rechercher comment M. Pauthier a pu trouver le sens des mots soulignés. Il a divisé en deux l'expression 大槩 *ta-kaï*, qui est très-usitée en chinois et signifie *un résumé, un abrégé, un aperçu sommaire*. Suivant Morrison (*Dictionnaire chinois*, part. II, n° 4927), elle a le même sens que 大率 *ta-so* (dictionnaire de Basile, n° 6054, 大率 *ta-so*, epitome). M. Pauthier a adopté le sens que nous blâmons (grande plaine sablonneuse) faute d'avoir compris la définition anglaise de Morrison (*loc. cit.*) : 大槩 *ta-kaï*, *or* 大率 *ta-so*, *a large rough levelling*, définition qui n'a pas d'autre sens que *rei summa*, *rei compendium*, un aperçu, un résumé fait en gros, l'opposé de *description détaillée*. Il résulte de ce qui précède, que M. Pauthier s'est expliqué ainsi la définition anglaise de Morrison : *a large*, une large, *levelling*, plaine, *rough*, sablonneuse ! De telles fautes ne devraient pas, ce semble, échapper à une personne qui a traduit une partie de Colebrooke et de lord Byron.

20.

若乃陰陽曆運。日月次
舍。稱謂雖殊。時候無異。
隨其星建以標月名。時
極短者謂刹那。

S. J. : « Quoiqu'on donne aux éclipses de la lune et du soleil, et aux « mansions solaires et lunaires, des noms différents (de ceux qu'ils « ont en Chine), cependant les saisons sont les mêmes. Les lunes « tirent leurs noms des constellations où elles se trouvent. Le plus « court espace de temps s'appelle *thsa-na* (en sanscrit, *kchan'a*).

M. Pauthier traduit : « Si l'on veut déterminer les révolutions du « principe de la lumière et de celui des ténèbres, les demeures suc- « cessives du soleil et de la lune, *quoique le temps qui n'est plus* (!) « *ou qui n'est pas encore* (!) *ne présente aucune différence*, mais en se « conformant à la position des astres, en prenant pour régulateur la « lune, on nomme les périodes de temps saisons. »

Cette traduction de M. P. n'est qu'un tissu de fautes, dont plusieurs sont inexplicables.

1° 若 *jo* veut dire *quant à*, et il le rend par *si*. *Si l'on veut déterminer.*

L'expression *in-yang-li* est pour 陰曆 *in-li* et 陽曆 *yang-li*, que l'*Encyclopédie japonaise*, liv. I, fol. 12, explique par les éclipses de la lune et du soleil.

M. P. traduit : les révolutions du principe de la lumière et de *celui des ténèbres*. Ayant vu dans Basile que le mot 陰 *in*, qui désigne ici la lune, signifiait quelquefois *obscur*, il l'a rendu par « le principe des *ténèbres*. » Est-il permis d'appeler la lune, le principe des ténèbres ?

L'expression 次舍 *thse-che* répond au terme astronomique *mansion*. M. P. ayant vu que 次 *thse*, a mansion, a position, as of the stars, signifiait quelquefois *coming after*, il a divisé cette expression en deux et a traduit la première syllabe par l'adjectif *successives*.

L'auteur dit : quoique les noms soient différents 雖殊 *souï-tch'ou*, les saisons ne diffèrent pas.

M. P. donne cette version inintelligible : quoique le temps qui n'est plus ou qui n'est pas encore ne présente aucune différence.

Voici l'origine de cette erreur inouïe. Comme il a supprimé les mots 稱謂 *tch'ing-weï*, « les dénominations, » il aura construit le mot 殊 *tch'ou*, « différer, » qui termine le membre de phrase précédent, avec 時 *chi*, « temps » qui commence le suivant, et il aura compris que 殊時 *tch'ou-chi* signifiait *temps détruit*, c. à d. « temps qui n'est plus. » Le lecteur n'a pas oublié que plus haut (voyez § 3, 2°) il a expliqué l'expression 殊方 *tch'ou-fang*, « différents pays, » par *région détruite*.

5° Le mot 候 *heou* forme, avec 時 *chi* (*vulgo* temps) qui précède, le mot composé 時候 *chi-heou*, « temps, divisions du temps, « saisons » (Cf. Dict. *P'eï-wen-yun-fou*, liv. 85, *passim*.) Mais comme 候 *heou* seul signifie ordinairement *attendre*, c'est peut-être pour cette raison que M. Pauthier aura rendu l'expression 時候 *chi-heou* par *temps qui n'est pas encore*. Si M. Pauthier n'est pas satisfait de la manière dont je tâche d'expliquer sa traduction, il me rendra service en m'indiquant d'après quels principes il a adopté le sens de tout ce passage que je blâme ici sans restriction.

Quant aux fautes de la dernière partie de ce passage, *mais en se conformant*, etc., il m'est impossible de les analyser et de signaler les mots chinois qui y correspondent dans l'esprit du traducteur. Je vois seulement qu'il a fait le verbe *nommer* du substantif 名 *ming*, « les « noms » (des lunes), régime du verbe 標 *piao*, et que, confondant ce membre de phrase avec le suivant, 時極短者謂刹那 *chi-ki-toen-tche-weï-t'sa-na* (*temporis brevissimum spatium dicitur thsa-na*), il a pris le mot 時 *chi*, « temps, » qu'il rend par *saisons*, pour le régime de son verbe *nommer* : « ON NOMME ces périodes de temps SAISONS ! » Il a ensuite commencé une autre phrase par les mots 極短者 *ki-toen-tche* (le plus court), qui ne peuvent faire un sens si on les sépare, comme il l'a fait. du substantif 時 *chi*, « temps, espace de temps. »

21.

春三月。謂制呾羅月。吠舍佉月。逝瑟吒月。當此從正月十六日至四月十五日。

S. J. : « Les trois lunes du printemps s'appellent la lune *tchi-tan-lo* « (tchâitra), la lune *feï-che-k'iu* (vâiçâkha), la lune *tche-se-tch'a* « (djyâichth'a). Elles *correspondent* ici (en Chine) au temps qui « s'écoule depuis le 16ᵉ jour de la première lune jusqu'au 15ᵉ jour « de la quatrième lune. »

M. P. traduit : « Les trois mois du printemps sont... etc. *Il faut* « *compter cette saison* depuis... etc. »

Le voyageur cite six fois, dans ce morceau, la correspondance du calendrier chinois avec le calendrier indien, et chaque fois il s'est servi du mot 當 *tang*, cela est *équivalent*, cela *correspond*. Mais, comme le mot 當 *tang* signifie aussi *il faut*, M. P. écrit chaque fois IL FAUT COMPTER, ON DOIT COMPTER, ce qui empêche le lecteur de saisir la correspondance que l'auteur veut établir.

22.

故印度僧徒。依佛聖教。坐兩安居。或前三月。或後三月。

S J. : « C'est pourquoi, conformément aux saints préceptes de Fo, « les religieux de l'Inde se mettent en retraite à deux époques diffé- « rentes, tantôt pendant les trois lunes antérieures, tantôt pendant « les trois lunes postérieures. »

海上絲綢之路文獻集成 科技與文化編

M. Pauthier traduit : « C'est par suite de cette dernière division que « les prêtres bouddhiques du *In-tou*, se conformant aux saintes « instructions de Fo, *se retirent les jambes croisées, dans la demeure « de la grande tranquillité* (ou monastère bouddhique), les uns *avant « trois lunes*, les autres *après trois lunes*. »

1° Je n'ai pas besoin de relever l'expression *se retirer les jambes croisées*. M. Pauthier a passé le mot 兩 *liang*, « deux (retraites). »

2° Il rend par *monastère bouddhique* l'expression 安居 *ngan-kiu*, qui signifie ici *une retraite* (c'est-à-dire, l'état d'une personne qui s'est éloignée du monde pour vaquer, pendant un temps déterminé, à des exercices de piété).

3° Il rend les adj. 前 *thsien*, *anterior*, et 後 *heou*, *posterior*, par les adverbes *avant* et *après*. S'ils avaient ce sens, ils seraient placés après le mot *lunes*. L'auteur explique plus bas la correspondance de ces lunes suivant le calendrier chinois.

23.

前三月當此從五月十
六日至八月十五日。後
三月。當此從六月十六
日至九月十五日。

S. J. : « *Les trois lunes antérieures correspondent* ici (en Chine) au temps « qui s'écoule depuis le 16ᵉ jour de la cinquième lune jusqu'au 15ᵉ « jour de la huitième lune ; *les trois lunes postérieures* correspondent « ici au temps qui s'écoule depuis le 16ᵉ jour de la sixième lune jus- « qu'au 15ᵉ jour de la neuvième lune. »

M. Pauthier : « Si c'est *avant trois lunes*, ils *doivent les faire compter* « du 16ᵉ jour de la cinquième lune jusqu'au 15ᵉ jour de la huitième « lune ; si c'est *après trois lunes*, ils *doivent les faire compter* de la « sixième lune jusqu'au 15ᵉ jour de la neuvième. »

1° On voit que M. Pauthier, faute de comprendre le mot 當 *tang*, cela *équivaut*, cela *correspond*, a fait disparaître la coincidence que l'auteur établit ici entre le calendrier indien et le calendrier chinois (cf. § 21).

2° Il rend encore les adjectifs « antérieures, postérieures, » par les adverbes « avant, après, » contrairement à la règle de position.

24.

前代譯經律者。或
云坐夏。或云坐臘。

S. J. : « Les hommes des générations précédentes, qui ont traduit la « partie disciplinaire des livres sacrés (*Vinaya*), ont dit (c'est-à-dire « ont appelé cette retraite) tantôt *Tso-hia*, tantôt *Tso-la*. »

M. Pauthier : « *Avant* l'époque où les livres sacrés (bouddhiques) « et les autres ouvrages réglementaires furent traduits, les uns « disaient qu'il fallait se mettre en retraite *les jambes croisées* (!), les « autres qu'il fallait le faire quelque temps *avant le solstice d'hiver*. »

Les mots 前代 *thsien-taï* s'appliquent *aux siècles précédents* dans lesquels on a traduit les livres, et ne peuvent signifier AVANT l'époque où on les a traduits, ce qui serait en opposition avec le texte. On verra tout à l'heure qu'il faut conserver en français les sons 坐夏 *tso-hia* et 坐臘 *tso-la* sans les traduire. L'auteur explique plus bas à quoi tient cette différence de prononciation. Il n'y a pas un mot qui signifie *jambes croisées*, ni *solstice d'hiver*.

On lit dans l'ouvrage bouddhique intitulé *Mi-to-king-sou-tch'ao*, liv. II, fol. 23 *r*. « Les religieux appellent une année (*vulgo* — « 歲 *i-souï*) — 臘 *i-la*, parce que, dans tout le cours de l'année, « il n'y a qu'une seule époque appelée 臘 *la*. Ils disent aussi *un* « *été* — 夏 *i-kia* pour *une année*. Ces deux mots expriment la « même idée. »

Si cette observation était juste, elle expliquerait peut-être d'une manière assez satisfaisante la synonymie de ces deux locutions sous le rapport du sens, et en même temps la différence de prononciation (cf. *Exercices pratiques*, § 24, D, pag. 189).

L'expression 經律 *king-lin*, ne signifie pas livres sacrés et ouvrages réglementaires, mais la partie réglementaire ou disciplinaire (*Vinaya*) des livres sacrés.

25.

斯皆邊裔殊俗。不達中國正音。或方言未融。而傳譯有謬。

S. J. : « Cela (c'est-à-dire cette double prononciation) est venu de ce « que les peuples situés au-delà des frontières ont des usages différents, « et *ne possèdent pas la vraie prononciation de la langue chinoise* (littéralement *de la Chine*), ou bien de ce que les mots des pays étran« gers n'étant pas encore bien compris, ceux qui les ont transmis ou « traduits ont pu commettre des erreurs. »

M. Pauthier : « Toutes ces coutumes et habitudes étrangères, si « différentes des nôtres, *n'avaient pas encore pénétré dans le royaume « du milieu. Quant à la prononciation exacte* (des termes sanscrits), le « langage, *dans certaines provinces, n'est jamais en parfaite harmonie* « (avec celui d'autres provinces), et les traductions ou transcriptions « qu'on en a faites sont pleines d'incorrections. »

M. Pauthier n'a saisi ni la construction ni le sens de la première partie de la phrase : « cela vient de ce que les peuples situés au-delà « des frontières (c'est-à-dire les peuples étrangers) ont des usages « différents. » Mais les erreurs de la suivante sont infiniment plus graves. Il y a en chinois : 不達中國正音 *pou-ta-tchong-koue-tching-in, non penetrant* (i. e. *non callent*) *Chinæ rectam pronunciationem.*

1° M. Pauthier a mis un point après 中國 *Tchong-koue*, « la Chine, » et il a traduit : « n'avaient pas encore pénétré en « Chine ! »

2° Il construit les mots 正音 *tching-in*, « la prononciation « exacte, » qui sont le régime direct du verbe 達 *ta*, « posséder « parfaitement » (M. Pauthier le traduit par *pénétrer dans un pays*), avec les mots de la phrase suivante, et il écrit : *quant à la prononciation exacte* (des termes sanscrits).

3° Le mot 融 *young* a le sens de *clair* (Dictionnaire de Basile, *clarum*) ; d'après sa position, il signifie ici *être compris clairement* (voyez le dictionnaire de Khang-hi) ; M. Pauthier le rend par *être en parfaite harmonie avec*.

4° Les mots 方言 *fang-yen* signifient ici *expressions locales* (cf. Morrison, *Engl. and Chin. Dict.* part. III, 259, au mot *local*). M. Pauthier l'a traduit par *le langage* (言 *yen*) *dans certaines provinces* (方 *fang*). Dans cette locution, le mot 方 *fang*, *regio*, s'applique ici aux pays étrangers. Il a le sens de 別國 *pie-koue*, « royaumes différents » (Cf. dictionnaire *P'eï-wen-yun-fou*, liv. XIII, fol. 85 *v*.)

26.

又推如來入胎。初生。
出家。成佛。涅槃。日月
皆有參差。語在後記。

S. J. : « Les calculs (des auteurs) relativement à la conception de « *Jou-laï* et à sa naissance, à l'époque où il sortit de la famille (c'est-« à-dire où il embrassa la vie religieuse), où il devint Bouddha, où il « entra dans le *nirvân'a*, ces calculs, dis-je, offrent des différences de « jours et de mois. C'est ce que j'exposerai dans la suite de mon récit. »

M. Pauthier traduit : « En outre, pour ce qui concerne la concep-« tion de *Jou-laï* (*Bouddha*), sa naissance, la sortie de sa famille, son « absorption dans le *Nie-pan* (*nirvana*), *LE SOLEIL ET LA LUNE* (!), « *tout cela ne peut être exposé* (*en chinois*) *que dans des termes irrégu-« liers, par la nécessité où l'on se trouve de n'en parler que de seconde « main.* »

J'ai besoin de prévenir le lecteur,

1° Que les mots LE SOLEIL ET LA LUNE (!), employés par M. P. correspondent aux mots de ma traduction (différences de) *jours et* de *mois*.

2° Que les mots « tout cela ne peut être rendu en chinois que dans « des termes irréguliers, » répondent aux mots chinois 皆有參差 *kiaï-yeou-tsan-tch'a*, (*dies et menses*) *habent differentias*. Cf. § 124, 5° au mot *kiaï*, et Rémusat, *Gr. chin.* § 75.

3° Que la phrase « par la nécessité où l'on se trouve de n'en parler « que de seconde main » répond aux mots chinois 語在後記 *iu-tsaï-heou-ki*, mot à mot : 語 *iu*, les détails (relatifs à ces différences chronologiques), 在 *tsaï*, se trouveront, 後記 *heou-ki*, dans les récits qui vont suivre (littéralement *in posteriori narratione*).

Je m'abstiens d'examiner la traduction de M. Pauthier qui occupe les pages 456, 457 et une partie de la page 458. Ce morceau est rendu d'une manière si fautive, qu'il me faudrait le retraduire en entier et consacrer une quinzaine de pages pour signaler les principales erreurs qu'il renferme. Je me contente d'en citer deux.

Pag. 458, lig. 16, M. P. prend l'étoffe de coton 氎布 pour de la *laine ;* la soie brune des vers à soie sauvages 野蠶絲 (qui vivent sur les arbres) pour de la *soie écrue* ; le lin pour le *chanvre*, 麻. Mais passons : ces sortes de fautes sont trop nombreuses pour être enregistrées ici.

27.

細耎可得緝績。故
以見珍而充服用。

S. J. : « Ces poils (d'animaux sauvages) sont fins, souples et susceptibles d'être filés. C'est pourquoi on les estime beaucoup, et on les emploie à faire des habits. »

M. Pauthier traduit : « Toutes ces *étoffes* sont *tissues à la main ;* c'est pourquoi (parce qu'elles sont tissues à la main !) elles ont beaucoup de valeur. »

1° Il rend les adjectifs 細耎 *si-juen*, « fins et souples, »

par *étoffes*, et l'expression 緝績 *tsi-tsi*, « filer, » par *tisser à la main.*

2° Il passe les mots 充服用 *tchong-fo-yong*, c'est-à-dire *servir à faire des habits* (littéralement *implere vestium usum*).

28.

其北印度。風土寒烈。短製褊衣。

S. J. : « Dans l'Inde du nord, le climat est froid et le vent souffle « avec violence ; on porte des vêtements courts et étroits. »

M. Pauthier : « Dans le *In-tou* du nord, où le climat est froid et où « *les chaleurs durent peu*, les vêtements sont courts et étroits.... »

En chinois, lorsque deux substantifs sont suivis de deux épithètes, elles deviennent des verbes neutres dont le premier se rapporte au second substantif, et le suivant au premier. Ainsi, dans cette phrase, le mot 寒 *han*, « être froid, » se rapporte au climat 土, et le mot 烈 *lie*, « être violent » (*Lun-tiu*, cap. x, § 39), au vent, 風.

1° M. Pauthier a rendu le mot 烈 *lie*, « être violent, impétueux, » par le substantif *chaleurs*.

2° Il a passé le mot 風 *fong*, « vent, » qui est le sujet du verbe 烈 *lie*, « être violent. »

3° Il a confondu le premier membre de phrase avec le suivant, et il a construit le mot 烈 *lie*, « être violent, » qu'il prend pour le substantif *chaleurs*, avec l'adjectif 短 *toen*, « court, » qui commence un autre membre de phrase et se rapporte aux vêtements. Il traduit : les CHALEURS *durent peu*.

4° Les quatre mots 短製褊衣 *toen-tchi-pien-i* signifient littéralement (*les*) *étroits vêtements*, *à courte façon*, (ressemblent beaucoup à ceux des barbares). M. Pauthier, ayant construit l'adjectif 短 *toen*, « court, » avec le mot 烈 *lie*, « être violent, (suivant lui, *les chaleurs!*) » a rendu par *court et étroit* l'adjectif 褊 *pien*, qui signifie seulement *étroit*.

Ainsi, quoiqu'il ait écrit comme moi « des vêtements *courts* et *étroits*, » on ne peut pas dire que sa traduction soit exacte, puisqu'elle ne répond qu'aux mots 褊衣 *pien-i* « vêtements étroits, » ainsi que je viens de le montrer. En effet, il a rendu par *durent peu* le mot 短 *toen*, « court, » et l'a rapporté au mot *chaleurs* qui n'existe pas ici.

Le mot *courts* de ma traduction répond à l'expression 短製 *toen-tchi*, « courte façon. »

29.

頗同胡服。外道

服飾紛雜異製。

S. J. : « (Ces vêtements) ressemblent beaucoup à ceux des peuples « barbares. Le costume des hérétiques offre un mélange bizarre et « une façon étrange. »

M. Pauthier a mis un point après 頗同 *po-thong*, « ils « ressemblent beaucoup ; » il traduit : « pour le reste, c'est comme « dans les autres provinces. » Puis il fait entrer, dans la phrase suivante, les mots 胡服 *hou-fo*, « vêtements des peuples barbares, » qui sont régis par le verbe 同 *thong*, « ils ressemblent. »

« *Quant aux vêtements des peuples barbares, aux habillements de* « *ceux qui professent des doctrines étrangères aux croyances communes*, « ces vêtements sont très-variés d'espèces et de formes très-diffé- « rentes. »

1° M. P. n'a pas vu que les mots 紛雜 *fen-tsa*, « mélangé, » et 異製 *i-tchi*, « façon étrange, » ne s'appliquaient ici qu'aux vêtements des hérétiques.

2° Il emploie dix mots pour rendre les mots 外道 *waï-tao*. Il fallait dire simplement *les hérétiques*.

30.

或衣孔雀羽尾。

S. J. : « Les uns se parent d'une queue de paon. »
M. Pauthier : « Les *uns portent des vêtements faits avec des ailes* et « des queues de paon. »

Les mots 衣 *i* et 服 *fo* (vulgo *se vêtir de*) ont quelquefois la même extension que le mot français *porter*, en parlant des parties de l'habillement ou des parures : ainsi l'on dit : 衣冠 *i-kouan*, « porter un bonnet » (littéralem. : « revêtir un bonnet »); 衣屨 *i-kiu*, « revêtir, c'est-à-dire, porter des souliers; » 衣玉 *fo-iu*, « revêtir du jade » (*Fen-loui-tseu-kin*, liv. XVIII, fol. 68), c'est-à-dire porter sur soi des ornements de jade. Si l'on voulait traduire ici comme le fait M. P., l'on arriverait à ce sens étrange : *porter des vêtements faits avec du jade !*

31.

或無服露形。

S. J. : « Quelques-uns ne portent pas de vêtements et vont nus « (littér. *découvrent leur corps*).» Gonçalvez : 露形 *descobrir se nu.*
M. Pauthier : « D'autres n'ont de vêtements que LA FORME DE LA « ROSÉE (!). »

M. P. a vu que le mot 露 *lou*, « découvrir, » signifiait quelquefois *rosée*, et que 形 *hing*, « corps, » avait encore le sens de *forme*, et vite il a écrit *des vêtements de forme de rosée*, sans s'embarrasser si cela avait un sens !

En supposant, *par impossible*, que l'expression 露形 *lou-hing* eût ici le sens de *roris formam habens*, il faudrait, d'après la règle de position, que cette étrange expression fût placée avant 服 *fo*, « vête- « ment, » de cette manière : 或無露形之服 *hoe-wou-lou-king-tchi-fo*, et encore la phrase signifierait-elle : « quelques-uns *n'ont pas* de vêtements ayant la forme de la rosée ! »

海上絲綢之路文獻集成　科技與文化編

32.

刹帝利婆羅門。清素居簡。潔白儉約。

S. J. : « Les Kchattriyas et les Brahmanes ont des habitudes simples « et modestes ; ils sont propres et économes (dans leurs habits). »

M. Pauthier traduit : « Ils portent la pure soie blanche sans aucune « teinte ; mais, dans leurs demeures, ils retranchent ces pures étoffes « blanches avec une louable économie. »

1° L'expression 清素 *thsing-sou*, qu'il traduit par *pure soie*, se dit uniquement au moral d'un homme *simple* et ennemi du luxe. On lit dans la biographie de Li-yen (Histoire de la Chine septentrionale) : « Li-yen était simple et modeste (清素 *thsing-sou*) ; il ne « prenait de ses appointements que ce qui lui était nécessaire pour « vivre et se vêtir : le surplus ainsi que les pièces de soie et les pro- « visions de grains, il en gratifiait les barbares ; mais, avant tout, il « s'en servait pour subvenir aux besoins de ses soldats. »

2° L'expression 居簡 *kiu-kien* est de Confucius (*Lun yu*) ; elle signifie « s'attacher à ce qui est strictement nécessaire » (littéralement, 居 *kiu*, s'établir dans, c'est-à-dire, s'attacher à 簡 *kien*, la modération). Conf. Morris. *Dictionn. chin.*, part. II, 6063. M. Pauthier, faute de comprendre cette locution, a mis un point après 居 *kiu*, s'attacher à (*to dwell in*, au figuré), et l'a traduit par « dans leurs demeures. »

3° Formant le verbe *retrancher* du mot 簡 « la modération, » qui est le régime direct du mot 居 *kiu*, « s'attacher à » il a écrit « ils RETRANCHENT *ces pures étoffes blanches* avec une louable écono- « mie. »

4° En écrivant *retrancher ces étoffes*, il a empiété sur la phrase suivante et a pris les mots 潔白 *kie-pe*, qui en sont le nominatif, pour le régime direct de 簡 *kien*, substantif gouverné par 居 *kiu*, « s'attacher à, » et dont il a fait le verbe actif *retrancher*.

5° L'épithète dissyllabique 潔白 *kie-pe* ne peut signifier seule *pure étoffe blanche*. Elle se dit également de la pureté du cœur et de la propreté extérieure. C'est ce que prouve une foule de passages qu'il serait superflu de rapporter ici.

6° Il donne à l'épithète dissyllabique 儉約 *kien-yo*, « ménager, « économe, » le rôle d'un adverbe (avec une louable économie). Tout le monde sait, cependant, que, d'après un usage presque constant, les adverbes chinois se mettent avant les verbes auxquels ils se rapportent. Je me contenterai de citer cet exemple du livre des vers (livre *Ta-ya*, od. *Wen-wang*) : 永言配命。自求多福。*Yong-yen-p'eï-ming-tseu-khieou-to-fou ;* c'est-à-dire : « Si « l'homme pense *constamment* à s'unir aux vues du ciel, il s'attirera « lui-même beaucoup de bonheur. » (Cf. Rémusat, *Grammaire chinoise*, § 177.)

L'adverbe 永 *yong*, « constamment, » précède le mot *yen*, qui signifie ici *penser* (en mandchou : *gônitchi*, s'il pense).

33.

其有富商大賈惟釧而已。

S. J. : « Les riches colporteurs et les grands marchands des villes ne « portent d'autre ornement que des bracelets. »

M. P. traduit : « Les marchands qui sont riches et qui *font un* « *grand commerce* ne vendent *que ces objets de luxe.* »

1° M. Pauthier divise en deux l'expression 大賈 *ta-kou*, « grands marchands-établis » (l'opposé de 商 *chang*, « marchands « ambulants »), et il les traduit par *faire un grand* (大 *ta*) *commerce* (賈 *kou*). Il n'a pas vu que ces deux expressions étaient employées ici pour former un de ces parallélismes que recherchent les écrivains chinois. Du reste, ces deux mots sont toujours associés ensemble. *Meng-tseu*, chap. I, pag. 17, l. 7 : « Les colporteurs (商 « *chang*) et les marchands établis (賈 *kou*) désireront de déposer (les « objets de leur commerce) dans les marchés du roi. »

2° Il s'agit ici des habillements et des parures, et non des objets de commerce. Il y a en chinois : « les marchands (portent) seulement « des bracelets, et c'est tout. » M. P. traduit : « ne vendent que ces « objets de luxe.» Il oublie le mot *bracelets*, et rapporte les mots *objets de luxe* aux ornements qu'il a énumérés plus haut et qui n'existent pas dans le texte.

34.

人多徒跣。

S. J. : « Il y a beaucoup d'hommes qui marchent nu-pieds. »
M. P. traduit : « Les hommes *sont très-adonnés à ces futilités !* »

Il est difficile d'imaginer comment l'on peut rendre 徒跣 *tou-sien*, « aller nu-pieds, » par *être adonné à des futilités*. Voici, je crois, la cause de cette grave erreur. Le mot 徒 *tou*, « aller à pied, » signifie quelquefois *en vain;* mais il semble que M. P. aurait dû être averti du sens qu'il a ici, par le mot 跣 *sien*, qui signifie *marcher nu-pieds*. Ainsi l'analogie des mots 徒 *tou*, « aller à pied, » et 跣 *sien*, « marcher nu-pieds, » ne laissait pas le plus léger doute sur le sens. (Voy. § 38, 1°, lig. 7. Cf. Rémusat, *Gram. chin.* § 285.)

35.

修鼻大眼。

S. J. : « Ils ont un long nez et de grands yeux. »
M. P. : « Ils ornent leur nez de *grandes boucles pendantes.* »

Le mot 修 *sieou*, dont M. Pauthier fait le verbe *orner*, a ici le sens de *long* (voyez Morrison, *Dictionnaire chinois*, 1re part. clef 9, pag. 120, col. 1 : 修竹 *sieou-tchou*, « de *longs* bambous. ») On peut aussi consulter le dictionnaire de Khang-hi : 四牡修廣 *sse-meou-sieou-kouang*, ces quatre taureaux sont *longs* (修 *sieou*) et larges. Quant au mot 眼 *yen*, « les yeux, » M. Pauthier l'a pris pour ces larges anneaux de métal que certains peuples sauvages suspendent à leur nez ! J'ajouterai que la construction des mots s'oppose au sens adopté par M. Pauthier. Les verbes qui signifient *orner de* veulent toujours la préposition 以 *i*, « avec, de, » avant l'objet qui sert d'ornement. Si, par impossible, 修 *sieou*, « long, » et 眼 *yen*, « yeux, » signifiaient ici *orner* et *anneaux de métal*, il faudrait qu'il y eût dans le texte : 修鼻以大眼, mais l'expression 修以 *sieou-i*, « orner de » n'existe pas en chinois ;

on dit 飾以 *chi-i*. Cf. *Hiouen-thsang*, liv. I, fol. 15, *r*., ligne 3 et *passim*.

36.

金銀銅鐵。每加摩瑩。

S. J. : « Ils frottent et polissent tous les ustensiles d'or, d'argent, de « cuivre et de fer. »

M. P. « L'or, l'argent, le cuivre, l'acier, chacun de ces métaux *ajoute* « *son éclat aux festins.* »

1° Les mots 加摩瑩 *kia-mo-yong* signifient simplement *frotter et faire reluire*. Le mot 加 *kia* a l'extension du verbe latin *addere* (dans les locutions *addere nitorem*, donner de l'éclat, *addere animos*, donner du courage). Il a pour nominatif le mot 凡 *fan*, « quiconque (de la ligne précédente), » et non *l'or*, *l'argent*, *le cuivre* et *le fer*.

2° Il n'y a pas ici un seul mot qui ait le sens de *festins*.

37.

饌食既訖。嚼楊枝而爲
淨澡漱。未終。無相執觸。

S. J. : « Lorsqu'ils ont terminé leur repas, ils mâchent une branche « de saule, et pour se purifier, ils se lavent les mains et la bouche. « Tant qu'ils n'ont pas fini, ils ne se touchent pas les uns les autres. »

M. P. « Le repas étant fini, on mâche des boutures de l'arbre « nommé *yang* ou figuier d'Inde ; on fait ensuite ses purifications et « ablutions, *qui ne sont pas considérées comme terminées tant que l'on* « *ne s'est pas bien frotté et essuyé les mains.* »

Ce paragraphe renferme beaucoup de fautes.

1° L'arbre 楊 *yang* est le saule et non le figuier de l'Inde, *ficus indica*, que le P. Basile (n° 8841) a pris, par erreur, pour le bananier, qui s'appelle, en chinois, 芭蕉 *pa-tsiao* (voyez le Dictionnaire de Basile, n° 8841 et Gonçalvez, *Dictionnaire chinois-portugais*, pag. 725)

2° L'expression 澡漱 *tsao-seou* veut dire *se laver les mains et la bouche*. C'est traduire d'une manière trop vague, que de remplacer ces mots par : *faire des purifications et ablutions*.

3° M. Pauthier passe les mots 爲淨 *weï-tsing*, « pour « se purifier (ils se lavent les mains et la bouche), » qui sont suivis d'un point (○), dans l'édition impériale ; puis, confondant les mots 澡漱 *tsao-seou*, avec 未終 *weï-tchong*, *tant qu'ils n'ont pas fini*, il traduit : « ces ablutions ne sont pas considérées comme ter« minées. »

Les mots 未終 *weï-tchong*, *tant qu'ils n'ont pas fini*, se rapportent aux huit mots précédents et non aux seuls mots 澡漱 *tsao-seou*.

4° Il remplace les mots 無相執觸 *wou-siang-tchi-tcho*, « ils « ne se touchent pas les uns les autres, » par ceux-ci : « tant qu'ils « ne se sont pas bien frotté et essuyé les mains ! »

38

每有溲溺。必事澡濯。身塗諸香。所謂旃檀鬱金也。君王將浴。

S. J. : « Après avoir uriné, ils sont obligés de se baigner et de se « frotter le corps avec divers parfums qu'on appelle *tchen-tan* (santal) « et *yo-kin* (curcuma).

« Quand le roi est sur le point de sortir, etc. »

M. P. traduit : « Chacun doit aller se plonger et se laver dans l'eau ; « le devoir est de faire cette action en s'enduisant le corps avec *de la* « *terre glaise délayée*.

« Tous ces parfums que l'on nomme *tchen-tan* et *yo-kin*, les rois et « les princes en font usage dans leurs bains. »

1° Il rend les mots 每有溲溺 *meï-yeou-seou-niao*, chaque « fois qu'ils ont uriné, » par « chacun doit aller se plonger et se « laver dans l'eau ! » Il s'est laissé tromper par le mot 溺 *niao*, « uriner, » qui signifie *se plonger dans l'eau* lorsqu'on le prononce *ni* ; mais le mot précédent, 溲 *seou*, qui signifie toujours *urina* ou

5

mingere, suffisait pour l'éclairer sur le sens et le son du mot suivant. En chinois, lorsque les deux parties d'un mot dissyllabique se rapprochent par une analogie de signification, cette analogie en détermine le sens, quelles que soient d'ailleurs leurs autres acceptions. Par exemple, 徒 *tou* veut dire *en vain*, *disciple* et *marcher à pied*. Si on le joint au mot 跣 *sien*, qui veut toujours dire *marcher nu-pieds*, en prenant les deux sens analogues qui rapprochent ces deux mots, on conclura avec certitude que 徒跣 *tou-sien* veut dire *marcher nu-pieds* (voyez plus haut § 34).

2° M. Pauthier n'a pas compris le rôle et le sens du verbe 塗 *thou*, qui veut dire ici *enduire*, *appliquer* en enduisant, en frottant, (les deux parfums cités). Il a terminé la phrase au mot 塗 *thou*, et, comme ce mot 塗 *thou* signifie quelquefois *boue*, *vase*, il a traduit : « le devoir est de faire cette action *en s'enduisant* le corps AVEC DE « LA TERRE GLAISE DÉLAYÉE ! » Puis, prenant les mots 旃檀 *tchen-tan* et 鬱金 *yo-kin*, « sortes de parfums, » qui sont le régime direct du verbe 塗 *thou*, « appliquer en frottant, » il en a fait le nominatif de la phrase suivante. « Tous ces parfums, dit-il, que l'on « nomme *tchen-tan* et *yo-kin*, les rois et les princes en font usage « dans leurs bains ! »

3° Il a encore mêlé deux phrases ensemble, en faisant rapporter les mots *princes et rois* de la phrase suivante au passage dont nous nous occupons, et qui s'applique uniquement : *iis qui, post urinam redditam, se abluunt, et unguentis liniunt*.

4° Voici l'analyse grammaticale des mots 身塗諸香 *chin-thou-tchou-kiang* : le premier mot est au cas locatif (*sur le corps*) ; le second veut dire *appliquer en frottant;* les deux suivants (divers parfums) sont le régime direct de ce verbe actif. M. P. ayant rejeté l'accusatif 諸香 *tchou-hiang* (des parfums) dans la phrase suivante, où il les construit au nominatif, a considéré le locatif 身 *chin* (*sur corps*) comme le régime direct de 塗 *thou*, « enduire. » Il a oublié qu'en chinois, un substantif placé avant un verbe actif ne peut en être le régime, à moins qu'il ne soit précédé d'une marque d'accusatif; le régime direct se place après le verbe.

39.

君 王 將 浴。奏 鼓 弦 歌。

S. J. : « Quand le prince est sur le point de sortir, les musiciens « battent le tambour, et chantent aux sons des instruments à cordes.»

M. P. traduit : « En fait de musique, leurs instruments sont de *gros* « *tambours* et *des instruments à cordes.* »

Il y a une transposition dans le texte : au lieu de *kou-tseou*, il faut lire *tseou-kou* (cf. *Chou-king*, chap. *In-tching* : « L'aveugle (c'est-à-dire « le musicien) a battu le tambour (*tseou-kou*). »

1° M. Pauthier, ayant fait entrer les mots 君王 *kian-wang*, « prince, roi, » dans la phrase précédente (voyez plus haut, § 38, n° 3), n'a su que faire des deux mots 將趨 *tsiang-tseou*, « lors- « qu'il est sur le point de sortir, » et les a passés. Les deux mots 弦歌 *hien-ko* ont chacun un sens verbal. En tartare-mandchou, *fitkheme outchoulere* (*chordas pulsare et canere*), Li-ki, Mémoire sur la musique, fol. 35.

2° M. Pauthier n'a pas aperçu la transposition des mots 鼓奏 *kou-tseou* au lieu de 奏鼓 *tseou-kou*, et a rendu les deux mots 鼓 *kou*, « tambour, » et *tseou*, « battre, » par *de gros tambours*. Il est probable qu'il a confondu le verbe 奏 *tseou* avec l'adjectif 泰 *thaï*, qui veut dire grand.

3° Il n'a point vu le rôle verbal de 弦 *hien* (*fides pulsare*), et a rendu ce mot par *instruments à cordes*.

4° Il a passé le mot 歌 *ko*, « chanter. »

40.

祭祀拜詞。沐浴盥洒。

S. J. : « (Avant) d'offrir un sacrifice, de saluer (les dieux) ou de « leur adresser une prière, ils se baignent et se lavent (tout le corps). »

M. P. traduit : « Lorsqu'ils font des *sacrifices aux êtres invisibles*, et « qu'ils *rendent hommage aux mânes de leurs ancêtres*, ils s'oignent le « corps, se baignent, se lavent les mains, et ils font toutes sortes « d'ablutions prescrites. »

1° M. P. a paraphrasé inutilement et d'une manière inexacte les deux mots 祭祀 *tsi-sse*, qui signifient en général *offrir un sacri-*

fice (voyez le dictionnaire de Basile, n° 6996, et Morrison, *Dictionnaire chinois*, part. II, n° 10581).

2° Il a passé les deux mots 拜 *paï*, « saluer, » et 詞 *thse*, « adresser une prière. »

3° Il a divisé en deux l'expression 沐浴 *mo-yo* (Morrison, part. II, n° 12561, *to bathe*, se baigner) et a rendu la première syllabe, 沐 *mo*, par *ils s'oignent le corps*

4° Il a divisé également l'expression 盥洒 *kouan-si* (Morrison, part. II, n° 6657, *to wash*, *to clean*, laver, nettoyer), et il a rendu la première syllabe, 盥 *kouan*, par *se laver les mains*.

Enfin M. P. donne à entendre que c'est en offrant le sacrifice qu'ils se baignent ainsi, tandis qu'il est évident que ces ablutions doivent précéder le sacrifice.

41.

Le morceau qui traite de la langue et de la littérature a été rendu d'une manière si inexacte par M. P. (*Journal asiatique*, décembre 1839, pag. 463 et suiv.), qu'il aurait besoin d'être retraduit phrase à phrase et presque mot à mot ; mais la place et le temps me manquent. Je me bornerai à en citer quelques passages.

其源浸廣。因地
隨人。微有改變。

S. J. : « Leur source (la source des caractères de l'écriture) s'est « agrandie peu à peu ; ils se sont pliés aux exigences du pays et aux « besoins des hommes, et n'ont subi que de légères modifications. »

M. P. : « Leur source *s'est perdue* sur *la large surface de la terre*, et « en s'accommodant *à la science subtile des hommes*, elles ont subi « plusieurs modifications. »

1° Il a traduit l'adverbe 浸 *tsin*, « peu à peu, » par *s'est perdue*.

2° Il a rendu par l'adjectif *large*, le verbe 廣 *kouang*, « s'élargir, « s'agrandir, » et, le confondant avec les deux premiers mots du membre de phrase suivant, 因地 *in-ti*, qui signifient *se conformer au pays*, il a traduit *la large* (廣 *kouang*) *surface de la terre!* (因地 *in-ti*). J'ajouterai que si, par impossible, le mot 因 *in*, « se conformer, » signifiait ici SURFACE, le mot 地 *ti*,

« pays, » ne pourrait être construit avec lui au génitif, puisque, suivant une règle invariable, le terme conséquent se met alors avant le terme antécédent, c'est-à-dire que le mot qui serait au génitif en latin se place en chinois avant le nominatif. Par exemple, les mots 人善 *jin-chen* signifient *hominis virtus*, la vertu de l'homme ; mais si le mot 善 *chen* était placé avant le mot 人 *jin*, cette transposition changerait leur rôle grammatical, et ils signifieraient *vertueux-homme*, c'est-à-dire homme vertueux (cf. Rémusat, *Gram. chin.* § 79).

3° Il a en outre rattaché les mots 隨人 *souï-jin*, « se plier « aux besoins des hommes, » à l'adverbe 微 *weï*, « légèrement, » qui commence le membre de phrase suivant, et il traduit : « en s'accom- « modant (隨 *souï*) aux connaissances subtiles (微 *weï*) des « hommes (人 *jin*). » Les mots 微有改變 *weïyeou-kaï-pien* signifient *légèrement — avoir ou éprouver — des changements.* Le lecteur remarquera qu'outre les fautes signalées ici, M. Pauthier a construit ensemble deux mots qui appartiennent à deux membres différents, 人 *jin*, « hommes, » et 微 *weï*, « légèrement, » qu'il rend par *connaissances subtiles des hommes !*

42.

致于記言書事。各有司
存。史誥總稱尼羅蔽荼。

S. J. : « Il y a des magistrats particuliers qui sont chargés de noter « les paroles et d'écrire les actions *des sages*. Les annales et les « décrets royaux sont compris sous le nom collectif de *Ni-lo-pi-tch'a* « (Nîlapit'aka). »

M. P. traduit : « Arrivons maintenant aux *livres de préceptes tradi-* « *tionnels. Chaque* action de la vie a *ses règles prescrites*, qui sont « *consignées* dans des livres de lois dont le titre général est *Ni-lo-pi-* « *tcha.* »

Il y a ici un grand nombre d'erreurs.

1° M. Pauthier a rendu les mots 致于 *tchi-iu*, « quant à » (noter les paroles et écrire les actions), par *arrivons à.*

2° Il a réuni l'expression 記言 *ki-yen*, « noter les paroles, » au verbe actif 書 *chou*, « écrire (les actions), » de l'expression suivante, et il en a fait le mot composé 記言書 *ki-yen-chou*, « les livres de préceptes traditionnels (記言 *ki-yen*) ! »

3° Il a joint le mot 事 *sse*, « actions, » régime du verbe 書 *chou*, « écrire, » au mot 各 *ko*, « chaque, » qui commence un autre membre de phrase, et en a fait le nominatif de la phrase suivante.

4° Il a divisé en deux l'expression 有司 *yeou-sse*, « magis- « trat. » Il a rendu la première syllabe, 有 *yeou*, par *avoir*, et la seconde, 司 *sse*, par *les règles prescrites !*

5° Il explique par « être consigné dans » le mot 存 *thsun*, « exister » (c'est-à-dire des magistrats se trouvent). Conf. *Lun-yu*, ch. VIII, § 4 ; en tartare mandchou : *afakha ourse bi.*

6° Il a, en outre, confondu le mot 存 *thsun*, « existent, se « trouvent, » avec les mots 史誥 *chi-kao*, « les annales et les « décrets royaux, » qui sont le nominatif de la phrase suivante, et il a écrit : « les règles prescrites (司 *sse !*) sont consignées (存 *thsun*) dans les livres de lois (史誥 *chi-kao !*), » contrairement à la règle du locatif et du génitif.

43.

善惡具舉。災祥備著。

S. J. : « On y rapporte à la fois les bonnes et les mauvaises « actions ; on y expose toutes les calamités et tous les événements « heureux. »

M. P. traduit : « La vertu et le vice y sont présentés sous le point « de vue *des récompenses.* »

Il n'a pas compris : 1° 災 *tsaï* et 祥 *thsiang*, calamités et « événements heureux ; » 2° 具舉 *kiu-kiu*, « sont cités ensemble ; » 3° 備著 *pi-tchou*, « sont exposés complétement. »

Enfin, il a laissé de côté le mot *tsaï* 災 « les malheurs, » et paraît avoir vu l'idée de *récompenses* dans le mot *thsiang* 祥 « les événe- « ments heureux. »

44.

而開蒙誘進。先導十二章。

S. J. : « Mais, pour ouvrir l'esprit aux commençants et favoriser « leurs progrès, on leur fait d'abord étudier (l'ouvrage intitulé) *Chi-* « *eul-tchang*, c'est-à-dire les douze chapitres. »

M. P. : « *On en explique les obscurités* en vous faisant avancer pas à « pas, et comme en vous menant par la main. On enseigne d'abord « à observer et à respecter les douze chapitres. »

Le mot 蒙 *meng* (littéralement, « stupide, bouché ») est consacré pour dire *un commençant* (Morrison, *a stupid school boy*). On le trouve dans le titre d'une foule d'ouvrages élémentaires. C'est ainsi qu'a été formé celui de la grammaire mandchoue 淸文啓蒙 *Thsing-wen-khi-meng* (littéralement, « mandchou — littérature — instruire — commençants »).

1° Il rend le mot 開 *kaï*, « ouvrir » (l'esprit à quelqu'un) par *expliquer*.

2° Il traduit le mot 蒙 *meng*, « un commençant, » par *les obscurités*. Sa version des mots 誘進 *yeou-thsin* manque de justesse et de précision. Ils signifient littéralement *attirer* et *faire avancer*. On lit dans le *Sse-ki* (chap. *Li-chou*) : 誘進以仁義 etc. « Attirez les hommes par l'humanité et la justice, (contenez-les par « les châtiments). »

3° Les mots 先導 *sien-tao* signifient : on les conduit d'abord aux douze chapitres (nom d'un ouvrage élémentaire) et non *on enseigne d'abord à observer* et *à respecter*.

45.

七歲之後。漸授五明大論。

S. J. : « Au bout de sept ans, on leur donne successivement à étudier « les grands traités des *Cinq sciences*. (Voyez dans ma traduction de

« *Hiouen-thsang*, liv. II, pag. 73, les noms sanscrits de ces cinq Trai-
« tés. »

M. P. : « On communique les cinq *lumières* qui sont *de grands* « *entretiens*. »

Il n'a pas vu que, d'après la position, les mots 五明 *ou-ming*, « les cinq sciences, » sont au génitif, et que les mots 大論 *ta-lun*, « les grands traités, » qu'il met au nominatif, sont le régime direct « du verbe 授 *cheou*, donner. »

46.

陰陽曆數。

S. J. : « (Le livre appelé *Kiao-ming* traite des arts, de la mécanique) « et du calcul des éclipses du soleil et de la lune. »

M. P. : « (Il contient) la doctrine des *deux principes* de *l'astronomie* « et *des mathématiques*. »

M. P. a rendu l'expression 曆數 *li-sou* (littéralement : « les nombres du calendrier ») par l'*astronomie* et les *mathématiques*. L'expression 曆數 *li-sou* ne désigne point deux sciences distinctes, comme le pense M. Pauthier : elle s'applique uniquement aux calculs astronomiques qui sont nécessaires pour la composition du calendrier. On voit que M. Pauthier a considéré ces deux mots comme étant au même cas; tandis que, par sa position, le mot 曆 *li*, « calendrier, » se trouve au génitif. (Conf. *Chou-king*, chap. *Ta-iu-mo*, § 14 : en mandchou : *Forgon i ton* (les nombres du calendrier).

47.

研覈眞僞。

S. J. : « (Dans le traité *In-ming*) on scrute et on examine avec soin « ce qui est vrai ou faux. »

M. P. : « *Il fait connaître les épreuves judiciaires auxquelles on doit* « *soumettre les prévenus. Il enseigne les moyens d'acquérir la certitude* « *des faits en démêlant le vrai du faux.* »

L'expression 研覈 *yen-ke* signifie simplement *scruter et examiner*. Elle a pour régime les mots 眞僞 *tchin-weï*, « le vrai et le « faux » (des doctrines). Il ne s'agit ici ni d'*épreuves judiciaires* ni de *prévenus*. Je ne puis découvrir dans quelle partie du texte M. Pauthier a pris les mots « il enseigne les moyens d'acquérir la « certitude des faits en démêlant. » Ainsi il a employé vingt-sept mots français pour rendre quatre monosyllabes chinois ; encore s'est-il gravement trompé dans la première partie de sa paraphrase.

48.

究暢五乘。

S. J. : « On approfondit et l'on pénètre la loi des cinq chars. »

M. P. traduit : « Ce livre porte ses investigations *sur le bien dont* « *on peut jouir* dans ce monde, sur les cinq systèmes. »

Le mot *char* est pris ici au figuré. Il indique les moyens employés par cinq classes d'êtres éminents pour parvenir à la perfection. Selon le dictionnaire bouddhique *San-thsang-fa-sou*, liv. XXII, fol. 16 et suivants, il y a *cinq sortes de chars :* 1° le char de Fo ; 2° le char des *Bodhisatwas* ; 3° le char des *Youen-khio* ou des *Pratyékas* ; 4° le char des *Ching-wen* des *Çrâvakas* qui ont acquis l'intelligence après avoir entendu la voix de Fo ; 5° le char des *hommes purs*. « Le mot *char*, « dit le même ouvrage, renferme l'idée de *transporter*. *Jou-laï*, au « moyen de la loi du premier char de la vraie image, transporte « tous les êtres, les conduit tous ensemble dans le *nirvan'a* et les fait « parvenir à *l'autre rive*. Les Bodhisatwas, au moyen de l'aumône, « de la patience à supporter les outrages, de l'ardeur dans l'étude de « la perfection, de la méditation, de la prudenee et de la pénétra- « tion, transportent tous les êtres et les délivrent des trois mondes, « qui sont le monde des désirs, le monde des formes et le monde « sans formes, etc. etc. »

6

1° Il divise en deux l'expression double 究暢 *khieou-tchang*, « pénétrer à fond. » Il traduit la première syllabe par *porter ses investigations sur*, et prend un nom de chose (le mot *livre*), pour un nom de personne (on approfondit), et en fait le sujet de ce premier verbe.

2° Il explique la seconde syllabe, 暢 *tchang*, « pénétrer, » par *le bien dont on peut jouir dans ce monde!*

3° En rendant 乘 *ching*, « char, » par *système*, il méconnaît et fait disparaître le sens figuré du mot *char*, dont nous avons donné plus haut l'explication, d'après le dictionnaire bouddhique *San-thsang-fa-sou*.

49.

因果妙理

(Suite.)

S. J. : « (On approfondit et l'on pénètre) la doctrine subtile des « causes et des effets (c'est-à-dire des actions et de leur rétribution). »

M. P. traduit : « (Ce livre porte ses investigations) sur les motifs et « les fruits des œuvres, sur les causes les plus extraordinaires et les « plus merveilleuses. »

1° Il n'a pas vu que les mots 妙理 *miao-li*, « doctrine subtile, » sont le régime direct des verbes *approfondir*, *pénétrer*, et que l'expression 因果 *in-ko*, « causes et effets, » est au génitif. Il traduit comme si ces deux expressions, dont la relation lui échappe, étaient deux régimes directs du verbe actif 究 *khieou*, « approfondir. »

2° Le mot 因 *in*, « causes, » désigne ici les actions bonnes ou mauvaises (de la vie antérieure et de la vie actuelle), qui sont les *causes* des récompenses ou des châtiments. Il ne peut signifier *les motifs des œuvres*. Je n'ai pas besoin de montrer combien est inexacte la traduction des mots 妙理 *miao-li*, « causes les plus merveil- « leuses et les plus extraordinaires, » au lieu de *doctrine subtile*.

3° Le mot 果 *ko*, « fruits, » s'applique, dans ce passage, aux récompenses ou aux châtiments qui sont les *effets*, les *résultats* des actions bonnes ou mauvaises.

50.

Nota. Avant le passage qui suit, M. P. a passé deux pages et demie du texte.

一曰婆羅門。淨行也。
守道居貞。潔白其操。

S. J. : « La première caste s'appelle celle des *Po-lo-men* (Brah-« manes) ; ce mot veut dire : *celui qui agit avec pureté.* Ils gardent la « loi, s'attachent à la droiture ; et persévèrent dans la pureté. »

M. P. : « La première est celle des *Po-lo-men ;* c'est la caste *aux* « *actions pures, ou qui purifie les actions.* Elle conserve les saintes « doctrines, *et habite des lieux sans souillures ; le blanc est la couleur* « *qu'elle porte.* »

Le mot 居 *hiu* (vulgo *habiter*) se prend ici au figuré, comme le mot anglais *to dwell in* dans un passage analogue que cite Morrison (*Dictionnaire chinois*, part. II, n° 6063) : *to dwell in benevolence,* « demeurer dans, » c'est-à-dire *s'attacher* à l'humanité (居仁 *kiu-jin*).

1° Il a pris le mot 居 *kiu* (vulgo *habiter*) au sens propre.

2° Il a confondu le mot 貞 *tching*, « rectitude, » qui termine le sens, avec l'adjectif 潔 *kie*, qui commence le membre de phrase suivant ; et, faisant un substantif de ces deux syllabes, qui ont chacune un rôle différent, il prend 貞潔 *tching-kie* pour *des lieux sans souillures !*

3° Il prend au sens propre le mot 白 *pe* (vulgo *blanc*), qui, avec 潔 *kie*, forme l'adjectif *pur* (au moral), et le rend par *couleur blanche des habits.*

4° Le mot 操 *tsao* signifie ici *firmum animi propositum.* Il n'est pas permis, comme le fait M. Pauthier, d'en faire un verbe actif, et de le traduire par *porter* (des habits).

51.

三曰吠奢。商賈也。貿遷有無。逐利遠近。

S. J. : « La troisième caste est celle des *feï-che* ou des marchands; « ils échangent (les marchandises) qu'ils ont contre *celles* qu'ils n'ont « pas, et vont en tous lieux pour courir après le gain. »

M. P. : « La troisième est celle des *feï-tche*, c'est la classe des mar- « chands ou négociants, *lesquels, dans leurs transactions commerciales*, « ne *repoussent aucune sorte de gain proche ou éloigné.* »

1° Il a fait l'expression *transactions commerciales* du verbe composé 貿遷 *meou-tsien*, « échanger. »

2° Il a retranché le mot 有 de l'expression 有無 *yeou-wou*, « ce qu'on a et ce qu'on a pas, » régime direct du verbe 貿遷 *meou-thsien*, « échanger. »

3° Il a fait une négation du mot 無 *wou*, « ce qu'on n'a pas, » et l'a construit avec le mot 逐 *tcho*, qui commence le membre suivant.

4° Il a traduit 逐 *tcho*, « courir après, » par *repousser*.

5° Il a fait les adjectifs *proche* ou *éloigné* (qu'il rapporte au *gain*) des mots 遠近 *youen-kin*, « les marchands s'éloignent ou se rapprochent, » c'est-à-dire : vont dans leur voisinage ou loin de leur pays. Je dois ajouter que, contrairement à la règle constante qui veut que l'adjectif soit placé avant le substantif, il a considéré les verbes 遠 *youen* et 近 *kin* comme des qualificatifs du mot 利 *li*, « gain. »

En traduisant les lignes suivantes, M. P. a fait un bon nombre d'omissions et de fautes graves.

52.

四曰戍陀羅。農人也。
肆力疇隴。勤身稼穡
凡茲四姓。清濁殊流。
娶婚通親。飛伏異路。
內外宗枝。姻媾不雜。
婦人一嫁。終不再醮。
自餘雜姓。寔繁種族。
各隨類聚。難以詳載。

S. J. : « La quatrième caste est celle des çoûdras (laboureurs); « ils emploient leurs forces à cultiver les champs, et s'occupent de « semer et de moissonner. Ces quatre castes se distinguent en pures « et impures. Lorsqu'il s'agit de se marier ou de former des liens de « parenté, les personnes d'un rang élevé et celles d'une basse extrac- « tion suivent une route différente. Les parents du côté du mari et « ceux du côté de la femme ne se mêlent pas ensemble par des « mariages. Dès qu'une femme s'est une fois mariée, jusqu'à la fin de « sa vie, elle ne contracte pas une seconde union.

« Les autres familles se divisent en un nombre infini d'espèces, « dont chacune ne fraye qu'avec les personnes de la même classe, et « qu'il serait fort difficile de faire connaître en détail. »

M. P. : « La quatrième est celle des *Seou-to-lo*; c'est la caste des « agriculteurs; ils doivent consacrer toutes leurs forces corporelles, « *de génération en génération*, à cultiver les champs, à semer et à « moissonner.

« Chacune de ces différentes castes pures et impures ne contracte « pas de mariages avec une autre. Une femme, une fois mariée, l'est « jusqu'à la fin de ses jours ; elle ne se marie pas une seconde fois. « Le restant de la population *est composé de classes mêlées*, *qui suivent* « *les lois qui leur sont propres.* »

1° Il ne s'est pas aperçu que le mot 疇 *tcheou* formait, avec le mot 隴 *long*, un mot composé qui signifie *champs*, et il l'a traduit par *de génération en génération*, d'après cette définition de Morrison (*Dictionnaire chinois*, part. II, n° 1414) : *to be handed down through successive ages*. Si le mot *tcheou* eût rempli ici le rôle d'un adverbe, il aurait été nécessairement placé avant le verbe 肆 *sse* (cf. Rémusat, *Grammaire chinoise*, n° 177).

2° Il a passé les mots 勤身 *kin-chin*, mot à mot : *appliquent leur personne*, c'est-à-dire : donnent tous les soins à.

3° Il n'a pas compris les mots 殊流 *tchu-lieou*, suivent un « cours différent, » c'est-à-dire se séparent, s'éloignent mutuellement.

4° Il a passé les mots 通親 *thong-thsin*, « contracter des « alliances, former des liens de parenté. »

5° Il a passé les quatre mots 飛伏異路 *feï-fo-i-lou*, « les « personnes des classes supérieures et des classes inférieures (littéra- « lement : celles qui *volent* et celles qui *rampent*) suivent une voie « différente, » c'est-à-dire ne se marient pas ensemble.

6° Il a passé les mots 內外宗枝 *neï-waï-tsong-tchi*, « les « parents du côté du mari et ceux du côté de la femme » (littéralement : « les parents *intérieurs* et *extérieurs* »). Cf. Morrison, *Dictionnaire chinois*, part. II, n°s 8075 et 863.

7° Il a passé les mots 寔繁種族 *chi-min-tchong-tso*, « (les autres castes) se composent de familles d'espèces nombreuses. »

8° Les quatre mots 各隨類聚 *ko-souï-louï-tsiu* signifient *singuli* (*homines*) *secundum speciem congregantur*, c'est-à-dire que les individus de chaque famille ne fréquentent que les personnes de la même classe qu'eux. M. Pauthier traduit : (elles) *suivent les lois qui leur sont propres !*

9° Il a passé les quatre derniers mots, 難以詳載 *nan-i-tsiang-tsaï*, « il est difficile de rapporter tout cela en détail. »

53.

君王奕世惟刹帝利。篡弒時起。異姓稱尊國之戰士。驍雄畢選。

S. J. : « La succession des rois ne se compose que de *Kchattriyas*, qui « ont commencé à s'élever par l'usurpation et le meurtre (du souverain légitime). On les regarde comme les plus honorables des différentes familles (ou castes).

« Les soldats du royaume sont tous choisis parmi les hommes les « plus intrépides et les plus braves. »

M. P. : « Les rois et les princes, de générations en générations, sont « pris dans la classe des *Kchâtriyâs*, et, dans le cours des siècles, des « races royales ayant été anéanties, il s'est élevé des familles diffé- « rentes au pouvoir souverain, lesquelles, quoique honorées et dignes « de l'être, ont suscité des guerres dans le royaume. »

1° M. Pauthier a passé le mot *tsouan* « usurper le trône. »

2° Il a rendu le verbe 弒 *chi*, « tuer un supérieur, un roi, » dont le nominatif est les Kchattriyas, par (*des familles royales*) *ayant été anéanties*.

3° Il traduit l'adverbe 時 *chi*, « quand, lorsque, » par *dans le cours des siècles*.

4° Il a confondu le verbe 起 *khi*, « s'élevèrent, » dont le nominatif est 刹帝利 *Thsa-ti-li*, « les Kchattriyas, » avec les deux premiers mots de la phrase suivante, 異姓 *i-sing*, « familles « différentes, » et, contrairement à la règle qui veut que le nominatif précède toujours le verbe, il a supposé que ce verbe avait pour nominatif les mots suivants 異姓 *i-sing*, « familles différentes, » et il a traduit : *il s'est* ÉLEVÉ *des familles différentes !*

5° Ensuite il a rapporté aux *familles différentes* les mots 稱尊 *tch'ing-tsun*, « on les appelle honorables, » qui se rapportent aux Kchattriyas ; « lesquelles, dit-il, quoique honorées et dignes de l'être... »

6° Il rend les mots 國之戰士 *koue tchi-tchen-sse*, « les « soldats du royaume, » qui commencent une autre phrase, par : (les familles différentes) *ont suscité des guerres dans le royaume !*

7° Il a omis les quatre mots 驍雄畢選 *kiao-hiong-pi-siouen*, « ils sont tous choisis parmi les plus intrépides et les plus « braves. »

54.

子父傳業。遂窮兵術。

S. J. : « Les pères transmettent cette profession à leurs fils, qui « bientôt deviennent profondément versés dans l'art militaire. »

M. P. : « Les *grades militaires* se transmettent de père en fils, « *lorsque* ces derniers sont suffisamment instruits et consommés dans « l'art de la guerre. »

1° Il a rendu le mot 業 *nie*, « profession, » par *grades militaires*.

2° Le sens inexact de *lorsque*, qu'il a attaché au mot 遂 *souï*, « aussitôt, bientôt après, » l'a empêché de saisir la pensée de l'auteur,

55.

居。則宮廬周衞。

S. J. : « En temps de paix, ils montent la garde dans les postes qui « entourent le palais. »

M. P. : « Dans les temps de paix, lorsque les troupes *sont à demeure*, « elles vont tenir garnison dans *les forts*, *les casernes*, et autres lieux « destinés à cet usage. »

M. P. n'a pas compris le sens de 宮廬 *kong-liu*, « corps de « garde du palais » (cf. *Tchao-ming-wen-siouen*, *Si-tou-fou*, fol. 22), ni celui de 周衞 *tcheou-weï*, « garder tout autour. » Le texte ne parle ni de *garnison*, ni de *forts*, ni de *casernes*.

56.

征。則奮旅前鋒。

S. J. : « Quand ils vont au combat, les troupes légères forment « l'avant-garde. »

M. P. : « Quand elles vont à la guerre, elles *marchent en corps, pré-« cédées par* une avant-garde. »

1° Il n'a pas vu que les mots 奮旅 *fen-liu* désignent ici un corps particulier (les troupes légères); il a rendu par un verbe le mot 奮 *fen* (qui remplit ici le rôle d'un adjectif), et, au lieu de *troupes légères*, il a écrit : *elles marchent en corps.*

2° En rendant l'expression 前鋒 *thsien-fong*, « forment l'avant-« garde, » par *précédées par une avant-garde*, il l'a construite au cas instrumental, ce qui est inadmissible, parce que les mots qui se trouvent à ce cas, par leur position, se mettent constamment devant un verbe, dont ils sont alors le complément indirect.

57.

象則被以堅甲。牙施利距。

S. J. : « Les éléphants sont couverts de cuirasses épaisses, et leurs « défenses sont munies d'éperons tranchants. »

M. P. a fait ici une faute des plus étranges : il s'est imaginé que les sons 牙施利距 *ya-chi-li-kiu* (mot à mot : aux dents — mettre — tranchants — éperons) étaient la transcription du mot sanscrit याष्टीक *yâcht'ika*, « armé du yâcht'i » (ou de la forte massue), et il a traduit : « ceux qui combattent montés sur des élé-« phants sont les *ya-chi-li-kiu*, *protégés par des armes ou massues* « *solides.* »

On voit qu'indépendamment de l'erreur que je viens de signaler, il prend *les cuirasses* (des éléphants) pour les *armes* ou *massues* de ces guerriers de nouvelle espèce, dont le texte ne dit pas un mot. C'est à

7

eux qu'il fait rapporter le verbe passif 被 *pi* : *ils* (les éléphants) *sont couverts*, et il le rend par (les guerriers) *sont protégés !*

58.

一將安乘。受其節度。

S. J. : « Un général, assis sur un char, est chargé de les commander « (c'est-à-dire de les diriger). »

M. P. traduit : « *Les uns, se plaçant en repos* ou immobiles sur un « char de guerre, *se tiennent à une certaine distance.* »

1° Il rend les mots 一將 *i-tsiang*, « un général, » par *les uns.*

2° Il rend les mots 受 *cheou*, « recevoir, » par *se tenir*, *et* 節度 *tsie-tou*, « le commandement, » par *à une certaine distance.*

59.

列卒周衛。扶輪挾轂。

S. J. : « Des soldats rangés (près de lui) le protégent de tous côtés. « Ils soutiennent les roues et maintiennent le moyeu. »

M. P. : « Les troupes rangées *en ordre de bataille s'étendent au loin « dans les positions qui leur sont assignées, en s'appuyant sur les chars « dont la masse est cachée autant que possible à l'ennemi.* »

1° Il ne s'agit pas ici de soldats rangés *en ordre de bataille*. M. P. rend le mot 周 *tcheou*, « autour, » par *au loin*, et le mot 衛 *weï*, « protéger, » par *s'étendre dans les positions assignées !*

2° Il rend les mots 扶輪 *fou-lun*, littéralement : « soutenir, aider les roues, » c'est-à-dire les pousser en soulevant les rais, par *s'appuyer sur les chars !*

3° Il m'est impossible de découvrir, dans les mots 挾轂 *hie-ko*, « maintenir le moyeu, » l'origine de sa paraphrase, « dont la « masse est cachée, autant que possible, à l'ennemi. »

海上絲綢之路文獻集成 科技與文化編

60.

馬軍散禦。逐北奔命。步軍輕捍。敢勇充選。負大櫓。

S. J. : « Des cavaliers épars arrêtent (l'ennemi); poursuivent les « fuyards, et courent où ses ordres les appellent; des fantassins agiles « le défendent; les plus hardis et les plus braves sont choisis de pré- « férence. Ils portent un grand bouclier, etc. »

M. P. : « La cavalerie se développe à l'opposé pour forcer l'ennemi « à battre en retraite, et pour porter les ordres avec la plus grande « célérité. L'infanterie, manœuvrant avec agilité, remplit ses devoirs « avec audace et énergie; un grand et large bouclier protége *les plus* « *timorés.* »

Il y a ici une multitude de fautes graves.

1° M. P. a rendu les mots 散禦 *san-yu* (*equites*) *sparsi cohibent* (*hostes*), par la cavalerie se développe *à l'opposé*. Ainsi il fait un adverbe (à l'opposé) du verbe actif 禦 *yu* (*cohibent*), « arrêtent, » et a construit cet adverbe à contre-sens; car on sait que l'adverbe se place ordinairement avant le verbe dont il dépend. (Rémusat, *Grammaire chinoise*, § 177.)

2° Il a traduit l'expression 逐北 *tcho-pe*, « poursuivre les « fuyards » (en mandchou, *bouroulakhangge be bochome*), par forcer l'ennemi à battre en retraite, et les mots 奔命 *pen-ming*, « courrir « pour exécuter un ordre » (en mandchou, *khese de chodome*), par : « porter les ordres avec la plus grande célérité. »

Le sens que j'ai adopté s'appuie encore sur l'autorité du dictionnaire *King-tsi-tsouan-kou*, liv. XIII, fol. 21 : 精勇聞命奔走。謂之奔命 « quand des soldats d'élite et pleins de courage « ont entendu les ordres du prince, ils s'élancent (pour les exécuter); » cela s'appelle 奔命 *pen-ming*.

3° Les mots 輕捍 *king-han* signifient : *agiliter eum defendunt*. M. P. les a rendus par manœuvrer avec agilité.

4° En écrivant : remplit ses devoirs *avec audace et énergie*, il a fait un adverbe du sujet du verbe suivant (les plus hardis et les plus braves 敢勇).

5° Le mot 充 *tchong* est expliqué dans le dictionnaire de *Khang-hi* par 當 *tang*, *to be adequate for*, « être propre à, capable de faire « une chose ; » par conséquent, 充選 *tchong-siouen*, signifie : sont à la hauteur du choix, c'est-à-dire, sont jugés dignes d'être choisis. M. P. rend ces deux mots par *remplir ses devoirs*.

61.

或持刀劍前奔行陳。

S. J. : « D'autres, armés d'un sabre ou d'une épée, s'élancent à « l'avant-garde ou marchent en rangs. »

M. P. traduit : « Quelques-uns tiennent aussi un glaive ou un « sabre à deux tranchants *qu'ils étendent devant eux*, en marchant en « ordre de bataille. »

Le texte chinois parle de deux actions différentes, savoir : *s'élancer* à l'avant-garde et *marcher* en corps avec le gros de l'armée, M. P. n'en a vu qu'une, et s'est imaginé que les mots 前奔 *thsien-fen*, « s'élancer en avant de l'armée, » signifiaient *étendre en avant un glaive ou un sabre*.

62.

凡諸戎器。莫不鋒銳。所謂矛盾弓矢。刀劍鉞斧。戈殳長矟輪索之屬。皆世習矣。

S. J. : « En général, leurs armes (de guerre) ont une pointe ou un « tranchant aigus. Les armes appelées lances, boucliers, arcs,

« flèches, sabres, épées, haches, les armes de différentes sortes « (telles que le *ko*, le *tch'ou*, le long *so*), *les frondes*, etc., leur sont « familières depuis des siècles. »

M. P. traduit : « Chaque arme offensive est *aiguisée en pointe ;* c'est « ce qu'on appelle généralement lance, hallebarde. Le bouclier, l'arc, « les flèches, les glaives, les sabres à deux tranchants, les haches « d'armes de toute espèce, les lances, les bâtons, les longues halle- « bardes, *les chars et tout ce qui en dépend*, sont *dans les usages du « siècle.* »

1° Il rend les mots 鋒 銳 *fong-jouï*, « pointu et tranchant » (le second s'applique aux sabres et aux haches). par *aiguisé en pointe*.

2° Il met un point après 矛 *meou*, « lance » (所 謂 矛 *so-weï-mou*) et rapporte les mots 所 謂 *so-weï*, « ce qu'on appelle, » aux huit mots qui les précèdent, tandis qu'ils se rapportent aux treize mots suivants.

3° L'expression 輪 索 *lun-so* signifie littéralement *cordes qu'on fait tourner camme une roue* (*rotabiles funes*), c'est-à-dire les frondes. M. P. rend la première syllabe, 輪 *lun*, qui a le sens de l'adjectif verbal *rotabilis*, par le substantif *chars*, et il omet la seconde, 索 *so* (*funis*). Enfin, il traduit le mot 屬 *tcho*, et autres choses *semblables*, par *tout ce qui en dépend !*

4° Il ne s'est pas aperçu que les trois mots 皆 世 習 *kiaï-tchi-si* signifiaient littéralement : « (à) toutes ces choses, de génération en « génération, ils sont accoutumés. »

Il a rendu l'adverbe 世 *chi*, « de génération en génération, » par le génitif *du siècle*, et le verbe 習 *si*, « être accoutumé, » par le substantif *usages*.

63.

夫其俗也。

S. J. : « Passons à leurs mœurs. »

M. P. termine son article du cahier de décembre 1839 par cette phrase : « Voilà les coutumes des Indiens relatives à l'art de la « guerre. »

Les quatre mots que je viens de traduire plus haut n'appartiennent pas, ainsi que l'indique leur sens, au morceau précédent, qui traite de l'art militaire : ils servent de transition à la suite du récit inséré dans le cahier de mars 1840, page 161.

64.

性雖狷急。志甚貞質。

S. J. : « Quoiqu'ils soient naturellement légers et emportés, leurs « intentions sont très-droites et très-sincères. »

M. Pauthier : « Quoique le naturel des Indiens soit *ennemi de « l'action, qu'ils soient timorés*, leur volonté est cependant fortement « attachée aux principes de sincérité et de droiture. »

Il est difficile de concevoir comment il a pu rendre le mot 狷 *kiouen*, « léger, » par *ennemi de l'action*, et le mot 急 *ki*, « prompt, « emporté, » par *timoré*.

65.

于財無苟得。于義有餘讓。

S. J. : « Ils n'acquièrent point des richesses par des voies illicites ; « dans les choses justes, ils font toute sorte de concessions. »

Littéralement : « Quoad divitias, contra fas non acquirunt (illas) ; « quoad justitiam, effuse cedunt. »

M. P. a divisé ce passage en trois parties : « Ils ne se livrent pas à « la poursuite des richesses par des moyens illicites ; — *quand ils en « acquièrent, c'est par des moyens conformes à la justice ; — ils ont de « la déférence et de la soumission plus qu'il ne leur conviendrait d'en « avoir.* »

1° M. P. emploie huit mots pour rendre les deux syllabes 于義 *iu-i*, « quant à la justice, » dont il n'a saisi ni le rôle ni le sens. Dans les deux membres de phrase du texte, la préposition 于 *iu*,

海上絲綢之路文獻集成　科技與文化編

« quant à, » n'a pas d'autre objet que d'appeler l'attention du lecteur sur les mots 財 *thsaï*, « richesses, » et 義 *i*, « justice. »

2° Il rapporte le mot 義 *i*, « justice, » au premier membre de phrase, où se trouve le mot 得 *te*, « acquérir, » tandis qu'il appartient au suivant, où se trouve le mot 讓 *jang*, « céder. »

3° Voici, je crois, la cause des erreurs que M. P. a commises dans ce passage. Il paraît qu'il a mis un point après l'adverbe 苟 *keou*, « illicitement » (于財無苟。*iu-thsaï-wou-keou*), et qu'il a commencé le second membre de phrase par le mot 得 *te*, « acqué« rir, » qui termine le précédent, et il a lu 得于義。*te-iu-i*. C'est ce qui résulte de sa traduction : « Quand ils en acquiè« rent (得 *te*), c'est par (于 *iu*) des moyens conformes à la jus« tice (義 *i*). » Pour traduire ainsi, il a supposé que les mots 于義 *i-iu* (quant à la justice) signifiaient *par la justice, par le moyen de la justice*. La construction de la phrase s'oppose absolument à ce sens, et, d'ailleurs, jamais le mot 于 *iu* n'a remplacé le mot 以 *i* pour indiquer le moyen par lequel on fait quelque chose.

4° Enfin, après avoir mis un point après 義 *i*, « justice, » il a traduit 有餘讓 *yeou-yu-jang* par « ils ont de la soumission, « de la déférence plus qu'il ne leur convient d'en avoir. » Il ne s'agit ici ni de *soumission*, ni de *déférence*, mais de *concessions* qu'on fait à une personne qui réclame une chose juste.

66.

懼冥運之罪。輕生事之業。詭譎不行。盟誓爲信。

S. J. : « Ils craignent les châtiments de la vie future, et s'abstiennent « des actes qui peuvent leur attirer des malheurs ; ils n'emploient « ni la ruse, ni la fraude, et confirment leur parole par des serments « solennels. »

M. Pauthier n'a rien compris à tout ce passage ; il traduit : « Ils « craignent les châtiments d'une *transmigration enveloppée* de ténè« bres ; ils font assez peu de cas des *occupations mondaines de la vie*,

« qu'ils regardent *comme de fausses et insidieuses déceptions. Ils ne font* « *point* de déclarations publiques en prenant les dieux à témoin, et « cependant ils gardent religieusement leur foi promise. »

1° Les mots 冥 運 signifient *destin* de la vie future ; il les rend par *transmigrations enveloppées de ténèbres*.

2° Les mots 生 事 之 業 *sing-sse-tchi-nie* signifient les actes (業 *nie*) produisant (生 *sing*) des embarras ou des malheurs (事 *sse*). 之 *tchi* est une particule relative. M. P. rend ces quatre mots par *occupations MONDAINES DE LA VIE*. On voit qu'il a traduit 生 *sing*, « produisant, » par le génitif *de la vie*, et qu'il n'a tenu aucun compte du mot 事 *sse*, « embarras, malheurs, » régime direct du verbe 生 *sing*, « produire. »

3° Il a regardé comme une apposition les mots 詭 譎 *koueï-kiu*, « la ruse et la fraude, » nominatif du membre de phrase suivant, qu'il rend par *de fausses et insidieuses déceptions*, et les a mis dans la dépendance du verbe 輕 *king*, littéralement : « mépriser. »

4° Il met un point après les mots 詭 譎 *koueï-kiu*, « ruse et « fraude, » et empiète sur le membre de phrase suivant, qu'il commence par 不 行 *pou-king*, derniers mots de la phrase se rapportant à *koueï-kiu* : « la ruse et la fraude (詭 譎 *koueï-kiu*) ne « sont pas pratiquées par eux (不 行。 *pou-hing*). » Alors il rend les mots 不 行 *pou-hing* par « ils ne font pas, » et leur donne pour régime direct les mots 盟 誓 *ming-chi*, « serments solen- « nels, » qui commencent le membre de phrase suivant, et qui, par leur position, sont au cas instrumental : « par des serments so- « lennels (盟 誓 *ming-chi*), ils confirment leur foi ou leur « parole (爲 信 *weï-sin*). »

5° Il a supposé que les mots 爲 信 *weï-sin*, « faire, établir, » c'est-à-dire, confirmer sa parole donnée, signifiaient être (爲 *weï*) *fidèles* (信 *sin*). Il traduit : « Ils gardent religieusement la foi « promise. »

6° En déplaçant les mots 不 行 *pou-hing*, « Ils ne pratiquent « point (la ruse et la fraude), » M. P. a avancé un fait qui est contraire au texte, savoir, *que les Indiens NE FONT POINT de serments!*

67

政教尙質。

S. J. : « Les instructions administratives se distinguent par un « caractère de sincérité. »

Littéralement : « (Dans) les instructions administratives, ils esti- « ment la sincérité. »

M. Pauthier : « Leurs *principes politiques* et *d'éducation* sont fixés « et déterminés *dès une haute antiquité.* »

Il y a ici plusieurs fautes graves.

1° Les mots 政 教 *tching-kiao* forment un mot composé qui veut dire exactement : « les instructions de l'administration, les ins- « tructions administratives. » Le mot 政 *tching* se trouve ainsi au génitif. M. P. en a fait un nominatif, « les principes politiques. »

2° Il a donné le sens de *éducation* au mot 教 *kiao*, « instructions, « ordres, » qui est construit avec le génitif 政 *tching*, « de l'admi- « nistration, » et se trouve au cas locatif, (*dans* les instructions de l'administration, c'est-à-dire, *dans* les règlements administratifs).

3° Le mot 尙 *chang* signifie ici *estimer* (Morrison : *to esteem*, *to value*). M. Pauthier en a fait l'adverbe *en haut*, *dès l'antiquité.*

4° Il a rendu 質 *tchi*, « sincérité, » régime direct de 尙 *chang*, « estimer, » par les verbes passifs *être fixé*, *être déterminé.*

68.

風俗猶和

S. J. : « Leurs mœurs respirent la douceur et la concorde. »

M. Pauthier : « Leurs usages et coutumes sont COMME la concorde « et l'harmonie elles-mêmes. »

Les mots 猶 和 *yeou-ho* forment un verbe composé qui veut dire « être doux et sociable ; » *yeou* se prend pour 猷 qui signifie quelquefois obéir, condescendre, 順 (Dictionn. *king-tsi-tsouan-kou*, liv. XXVI, fol. 11). M. P. a fait l'adverbe *comme* du mot 猶 *yeou*, et

8

a rendu par deux substantifs, « la concorde et l'harmonie, » le mot 和 *ho*, seconde partie du verbe 猶和 *yeou-ho*.

69.

凶悖羣小。時虧國憲。謀危君上。事迹彰明。則常幽囹圄。無所刑戮。任其生死。不齒人倫。

S. J. : « Quant aux hommes féroces ou rebelles qui *violent constam-* « *ment* les lois du royaume et ourdissent des complots contre la vie « du roi, lorsque leur conduite a été mise au grand jour, on les « enferme *à perpétuité* dans une prison, mais on ne leur fait subir ni « châtiments, ni mort violente. On les laisse vivre ou mourir, et on « ne les compte plus au nombre des hommes. »

M. Pauthier traduit : « Les actions perverses commises dans le but « de nuire à la société, par un nombre quelconque de personnes, *sont* « *jugées par les magistrats du royaume aux époques où la lune est dans* « *son plein*, etc. »

Il n'y a pas un mot de traduit exactement dans tout ceci, mais la phrase soulignée renferme des fautes extrêmement graves.

1° Le mot 凶 *hiong*, « cruel, » est rendu par « actions perverses ; »

2° 悖 *peï*, « rebelles, » par « commises dans le but de nuire ; »

3° 羣小 *kiun-siao* (expression empruntée au *Chi-king*), qui veut dire « la multitude des méchants, » est rendu par « la société. »

4° Les mots 時 *chi*, « en tout temps, » et 虧 *koueï*, « trans- « gressent, » sont traduits par « aux époques (時 *chi*) où LA LUNE EST DANS SON PLEIN (虧 *kouaï*) ! »

Tâchons de trouver l'origine de cette faute étrange.

Le verbe 虧 *kouaï*, qui est ici actif, « violer, transgresser, » et a pour régime « les lois du royaume (國憲 *koue-hien*), » veut dire, au neutre, « manquer, diminuer, être dans son décours, » en parlant de la lune; mais alors il est toujours précédé du mot 月 *youei*, la lune.

M. P. trompé par un souvenir vague de ce dernier sens de 虧 *kouaï*, « *decrescere*, » lui a donné un sens opposé à celui de *decrescere* (sens qui exige toujours la présence de 月 *youeï*, la lune), et il a traduit : « la lune est DANS SON PLEIN (!) » au lieu de « violent, transgressent « (les lois). »

5° Ne sachant que faire des mots 國 憲 *koue-hien*, « *regni* « *leges*, » qui sont le régime du mot 虧 *koueï*, « ils transgressent, » il a traduit : « (les actions perverses) sont jugées par les magis- « trats (憲 *hien !*) du royaume (國 *koue*). »

Continuons. S. J. : « Quand leur conduite a été mise au grand jour, « c'est-à-dire quand leur crime est avéré. »

M. P. : « *On recherche avec soin les traces* (des complots); alors les « conspirateurs sont *communément* enfermés, SANS SUPPORTER (!) la « peine de mort. » ·

6° Le mot 常 *tch'ang* signifie ici *à perpétuité* et non *communément*.

7° Les quatre mots 無 所 刑 戮 *wou-so-hing-lou* forment un sens complet (on ne leur fait subir ni châtiments, ni mort violente). M. P. prend le mot 任 *jin*, qui commence le membre suivant (on *les laisse*), et, contrairement à la règle de position, lui fait régir les mots précédents *hing-lou ;* il rend ces trois mots par « supporter « (*jin*) la peine de mort (*hing-lou*) ! »

8° Il s'est trompé en rendant les mots 刑 戮 par *peine de mort*, au lieu de « châtiments corporels (刑 *hing*) ou *peine de* « *mort*, (戮 *lou*). »

La syntaxe chinoise s'oppose à ce que l'on mette au second rang le mot qui est au génitif : pour traduire ainsi, il faudrait qu'il y eût 戮 刑 *lou-hing*, ou plutôt 死 刑 *sse-hing* (de mort la peine). De plus, en traduisant le mot 任 *jin*, « permettre, laisser, » par *supporter*, il l'a rapporté aux coupables qu'on punit, tandis qu'il se rapporte aux magistrats qui punissent.

M. P. : « Ils y passent leur vie; mais la mort *ne leur arrive pas dans* « *un âge avancé.* »

Il n'y a pas un mot de cela dans le texte : 任其生死。不齒人倫 *Jin-khi-sing-sse, pou-tchi-jin-lun*. Ces mots signifient littéralement : « On les y laisse vivre ou mourir, et ils ne sont « plus comptés parmi les hommes. »

Pour arriver à ce sens étrange, M. P. paraît avoir lu ainsi le texte : 無所刑戮任。其生。死不齒。人倫犯 *wou-so-hing-lou-jin*, *khi-sing*, *sse-pou-tchi*, *jin-lun-fan*, mais la syntaxe chinoise s'oppose absolument à ce qu'on ponctue ainsi pour en tirer ce mot à mot : « Ils ne supportent pas la peine de mort « — ils vivent — ils ne meurent pas dans un âge avancé — les hommes « violent les lois ! » De cette manière il a confondu le premier mot *jin* du second membre de phrase avec les deux derniers *hing-lou* du précédent ; le dernier mot *sse* du second avec les deux premiers *pou-tchi* du troisième ; les deux derniers mots *jin-lun* du troisième avec le premier *fan* du quatrième ! J'ajouterai quelques observations.

9° Le mot 齒 *tchi* (*vulgo* âge) a ici, d'après sa position, le sens de « être rangé, être classé ; » il le rend par *âge avancé*.

10° M. P. a rejeté dans la phrase suivante les mots 人倫 *jin-lun*, « dans la classe des hommes, » qui sont le complément indirect du verbe 齒 *tchi*, « être rangé, » et les rend par *ceux qui — les lois*. (Voyez § 70, n° 1.)

11° Il a construit le génitif 人 *jin*, « des hommes, » au nominatif.

12° Il a fait gouverner le mot 倫 *lun*, « dans la classe, » qui est au locatif, et dépend de 齒 *tchi*, « être rangé, » par le mot 犯 *fan*, « violer, » de la phrase suivante, et le prend pour *les lois*. (Voy. § 70, n° 1.)

70.

犯傷禮義。悖逆忠孝。

S. J. : « Ceux qui violent les rites et la justice, et qui manquent à « la droiture ou à la piété filiale... »

M. Pauthier : « Ceux *qui violent les lois*, qui transgressent les *rites* « de *la justice*, dont la *perversité* les fait agir contrairement à la droi- « ture et à la piété filiale. »

1° M. P. a divisé l'expression composée 犯傷 *fan-chang*, « violer et blesser. » Il a rattaché le mot 犯 *fan*, « violer, » au substantif 倫 *lun*, « classe, » qui appartient à la phrase précédente : « Ils ne sont plus rangés dans *la classe* des hommes. » Il a oublié que le régime d'un verbe actif doit toujours être placé après ce verbe, à moins qu'il ne soit précédé du mot 以 *i* (*vulgo*, se servir), qui, en style antique, est souvent une marque d'accusatif, comme les mots 把 *pa* et 將 *tsiang*, en style moderne. (Voyez la dissertation latine qui termine mon *Mencius*.)

Ajoutons que le mot 倫 *lun* signifie ici *classe*, *ordre*, et non pas *les lois*.

2° Le verbe composé 犯傷 *fan-chang*, « violer, blesser, » gouverne les mots 禮義 *li-i*. M. P. n'a pris que le mot 傷 *chang*, afin de faire régir le mot 倫 *lun* par le mot 犯 *fan*, ainsi qu'on l'a vu plus haut.

En traduisant *les rites de la justice*, M. P. a méconnu la règle invariable qui veut que le génitif soit placé au premier rang, et le nominatif ou l'accusatif dont il dépend, au second. Pour traduire comme lui, il faudrait qu'il y eût dans le texte 義禮 *i-li*, et non 禮義 *li-i*. Mais cette locution, *les rites de la justice* (義禮 *i-li*), n'existe pas en chinois. Dans les livres classiques et dans tous les auteurs anciens, les mots 禮義 *li-i* se traduisent toujours séparément, au même cas, et signifient *les rites* et *la justice*. Cf. *Meng-tseu*, 2e partie du texte chinois, pag. 10, lig. 3 : 言非禮義 *yen-feï-li-i*, « en parlant, blesser *les rites* et *la justice* (et non *les rites de la justice !*). »

3° Les mots 悖逆 *peï-ni* forment un verbe composé qui signifie « se révolter contre, désobéir à, manquer à. » M. P. rend le premier mot 悖 *peï*, « *rebellare*, » par *perversité*, et le second 逆 *ni*, « *re-sistere*, » par le verbe causatif *faire agir contrairement*.

71.

或放荒裔。

S. J. : « Ou bien on les exile aux frontières, dans des lieux déserts. »

M. Pauthier : « On les *envoie* dans des contrées *désertes* et *mal-* « *saines.* »

Le mot 放 *fang* veut dire ici *exiler* et non *envoyer*.

Les mots 荒裔 *hoang-i* signifient littéralement *deserta confinia*, comme si l'on disait « pays déserts qui touchent aux frontières « de la Chine. » Les historiens se servent de cette expression pour désigner le pays des barbares 蠻夷猾夏 *Man*, *I*, *Hoa* et *Hia*, qui habitent au-delà des quatre frontières, et qui (suivant l'Histoire des *Weï*, biogr. de *Kong-sun-tou*), n'ayant pas encore ressenti l'influence des instructions de l'empereur, se cachent dans leurs pays sauvages comme des troupes d'oiseaux (cf. *P'eï-wen-yun-fou*, liv. LXVII, *Hia*, fol. 34). On ne voit pas où M. P. a pu trouver le sens de *contrées MALSAINES*.

72.

理獄占辭。不加荊朴。

S. J. : « Lorsqu'on juge une cause criminelle, pour tirer des aveux « (au prévenu), on ne le frappe pas avec des verges ou un bâton. »

M. Pauthier : « La raison de cette coutume est que la détention « dans une prison n'ajouterait rien au châtiment. »

1° Il a rendu le verbe actif 理 *li*, « juger, » par *la raison de cette coutume*, et le mot 獄 *yo*, « cause criminelle, » régime du verbe *juger*, par *la détention dans une prison.*

2° Il a passé les mots 占辭 *tchen-thse*, « s'emparer des pa- « roles, c'est-à-dire tirer l'aveu (du crime). »

3° Il a rendu les mots : « ne pas infliger (不加 *pou-kia*) « la « peine des verges ou du bâton (荊朴 *khing-pou*), » par « ne « rien ajouter (不加 *pou-kia*) au châtiment (荊朴 *khing-* « *pou*) ! »

73.

隨問款對。據事平科。

S. J. : « S'il répond sincèrement aux questions qu'on lui adresse, « on rend une sentence juste, basée sur les faits. »

M. Pauthier : « Dans les interrogatoires qu'on fait subir aux pré« venus, et *pour trouver des preuves à leur charge*, on emploie *une* « *pièce de bois plate, unie et creuse dans le milieu !* »

1° Il passe les mots 款對 *kouan-toui*, « répondre sincère« ment. »

2° Il rend les mots 據事 *kiu-sse*, « en s'appuyant sur les faits, « suivant les faits, » par « trouver des preuves à leur charge ! »

Le reste de sa phrase est destiné à traduire les deux mots 平科 *p'ing-kho*, littéralement : « égaliser la sentence,» c'est-à-dire rendre une sentence égale, conforme aux faits.

M. P. a supposé que le verbe 平 *p'ing* (littéral. « égaliser ») signifiait « plat et uni, » et que le mot 科 *kho*, « sentence, décision » (voyez le Dictionnaire de *Khang-hi*), était UN INSTRUMENT DE TORTURE sur lequel on plaçait les accusés !

74.

拒違所犯。恥過飾非。欲究情實。事須案者凡有四條。

S. J. : « Mais si l'accusé s'obstine à nier son crime, s'il en rougit et « cherche à le pallier, (le juge), pour découvrir la vérité des faits sur « lesquels il doit prononcer, emploie en général quatre moyens. »

M. Pauthier : « S'il y a *opposition* de la part des prévenus, et que « leur honte se manifeste *à un haut degré*, ils se reconnaissent cou« pables, et ils ne désirent pas que l'on pousse plus loin les investi« gations sur leurs intentions et les circonstances qui ont accompa« gné le crime, en pratiquant sur eux les épreuves prescrites. »

1° Les quatre premiers mots signifient littéralement : « si en ré-
« sistant ils contredisent (拒 違 *kiu-weï*) *le crime qu'ils ont com-*
« *mis* (所 犯 *so-fan*), c'est-à-dire, *s'ils nient leur crime avec*
« *obstination.* » M. P. s'est imaginé que ces mots signifiaient : « si les
« prévenus s'opposent à ce qu'on les place sur LA PIÈCE DE BOIS PLATE
« ET CREUSE AU MILIEU ! » J'ajouterai qu'il rend les mots 所 犯 *so-fan*, « le crime qu'ils ont commis, » par *les prévenus*.

2° Dans le reste de la phrase, M. P. commet une faute des plus graves contre la syntaxe chinoise. Il y a dans le texte : 恥 過 *tch'i-kouo*, « s'ils rougissent (*tch'i*) de leurs fautes (*kouo*). » M. P. a rendu adverbialement le substantif 過 *kouo*, « à un haut degré. » Il oublie qu'en chinois l'adverbe doit se placer avant le verbe qui l'accompagne. Pour traduire : « rougir extrêmement, » il faudrait qu'il y eût en chinois 過 恥 *kouo-tchi* (et non 恥 過 *tchi-kouo*) ; mais cette idée se rend par 深 恥 *tchin-tch'i*, « profondément rougir. » Le mot 過 *kouo* étant placé après le verbe 恥 *tch'i*, « rougir de, » doit se rendre substantivement par le mot *faute*.

3° Il rend le mot 飾 *chi*, « embellir, pallier, » dont le régime est 非 *feï*, « faute, délit, crime, » (s'ils pallient leur crime) par « ils « se reconnaissent coupables ! »

4° Il fait la négation *ne pas* du substantif 非 *feï*, « faute, crime, » (qui est le régime du verbe 飾 *chi*, « pallier, ») et le construit avec le mot 欲 *yo*, « désirer, » qui commence le membre de phrase suivant. Il traduit alors « ils ne désirent pas, » rapportant aux prévenus le verbe *désirer*, qui se rapporte au juge, comme on va le voir plus bas.

J'ai dit plus haut que M. P. avait pris le substantif 非 *feï*, « faute, crime, » dans le membre de phrase précédent, pour en faire ici la négation *ne pas*. Voici le mot à mot des douze caractères suivants : « 欲 *yo*, (si le juge) désire, 究 *khieou*, scruter à fond,
« 情 實 *thsing-chi*, la réalité des faits, 事 *sse*, (pour les) af-
« faires, 者 *tche*, qui, 須 *siu*, exigent, 案, *an*, une sen-
« tence (c'est-à-dire où il est nécessaire de prononcer une sen-
« tence), 凡 *fan*, en général, 有 *yeou*, il y a 四 條 *sse-thiao*,
« quatre articles (c'est-à-dire, quatre moyens indiqués dans les articles
« du code pénal). »

5° M. P. a rapporté le verbe 欲 *yo*, « désirer, » aux prévenus, au lieu de le rapporter au juge.

6° Il a rendu les mots 情實 *thsing-chi*, « vérité, réalité des faits,» par « les intentions (des prévenus). »

7° Il a fait régir par le verbe 究 *kieou*, « scruter à fond, » le substantif 事 *sse*, « affaire, » qui commence le membre de phrase suivant.

8° Il joint ce substantif au verbe 須 *siu*, « exiger, » et fait de ces deux caractères 事須 *sse-siu* un mot composé qu'il rend par *les circonstances !*

9° Il commence une phrase chinoise par les mots 案者 *ngan-tche*, qui ne peuvent faire un sens. En effet, le mot 者 *tche*, «qui,» se rapporte au mot 事 *sse*, « affaire, » et le mot 案 *ngan*, « sen-« tence, » est le complément direct du verbe 須 *siu*, « exiger. » (Voyez sa note 2, pag. 163.)

75.

罪人與石盛以連囊。
沉之深流。校其眞僞。

S. J. : « On lie ensemble deux sacs : dans l'un on met l'accusé et « dans l'autre une grosse pierre ; ensuite on les plonge dans un cou-« rant profond, afin d'examiner (c'est-à-dire de reconnaître) l'exacti-« tude ou la fausseté (de sa déclaration). »

Littéralement : « L'accusé et une pierre sont mis, renfermés dans « des sacs liés, etc. »

M. Pauthier : « L'homme accusé d'un crime doit, *avec une pierre* « *destinée à cet usage, aller immédiatement* se plonger dans le fond « d'une eau courante, et y rester jusqu'à ce que la vérité ou la faus-« seté *de l'accusation* soit reconnue. »

1° Il suppose que *l'accusé prend une pierre sous son bras et va se plonger ainsi dans l'eau*, et rend les mots 與石盛以 *iu-chi-ching-i*, « avec une pierre, il est mis dans, » par « il doit, avec une « pierre *destinée à cet usage* (!), aller, etc. »

2° Il rend le participe passif 連 *lien*, « liés, attachés ensemble, »

9

par l'adverbe *immédiatement*, sens que ce mot n'a qu'en style moderne, et encore faut-il qu'il commence une phrase.

3° Il passe le mot 囊 *nang*, « sac, sacs, » qu'il n'a pas compris.

4° Il rend les mots 沉之 *tching-tchi*, « on les plonge, c'est-à-« dire on plonge l'homme et la pierre, » par « il doit aller se plon-« ger. »

5° Il ajoute que l'*accusé doit rester dans l'eau.*

6° Il rapporte les mots le *vrai* ou le *faux*, à l'*accusation*, tandis qu'ils se rapportent à la *déclaration* de l'accusé. (Voyez plus haut, § 74 : si l'accusé s'obstine à nier son crime, ou cherche à le pallier.)

76.

人浮石沉。則無隱。

S. J. : « Si l'homme surnage et que la pierre s'enfonce dans l'eau, « alors on reconnaît qu'il a dit la vérité (littéral. qu'il n'a rien caché. » C'est-à-dire qu'il était fondé à nier le crime qu'on lui imputait, et que, par conséquent, il est innocent.

Le mot 隱 *in* veut dire ici « cacher, céler une chose. » M. P. ayant trouvé parmi les différentes significations du mot 隱 *in*. celle de « fixé, établi (fixed, settled. Morrison, *Dict. chin.*, part. II, n° 12311), il a traduit : « alors la culpabilité n'est pas *démontrée.* »

77.

火乃燒鐵。罪人踞上。

S. J. : « Pour l'épreuve du feu, on chauffe fortement un morceau « de fer ; le prévenu s'assied dessus. »

M. Pauthier : « Quant à l'épreuve du feu, elle se fait avec une « barre *d'acier rougie* au feu. L'homme accusé d'un crime doit *mar-« cher dessus à plusieurs reprises.* »

1° L'auteur ne parle pas de *barre d'acier*.

2° M. P. a rendu le mot 踞 *kiu*, *s'asseoir*, par « marcher dessus. »

3° Il a commis une faute grave contre la syntaxe, en construisant avec le verbe 踞 *kiu*, « s'asseoir, » l'adverbe 復 *feou*, qui commence le membre de phrase suivant, et qu'il traduit inexactement par « à « plusieurs reprises. » En chinois, l'adverbe se place ordinairement avant le verbe auquel il se rapporte. (Conf. *Meng-tseu*, liv. I, cap. I, § 15 : « firmo-animo (*ngan*) accipere præcepta tua. » Cf. Rémus. *Gram.* § 177.) Il résulte de cette règle invariable, que le mot 復 *feou* eût été placé avant le verbe *kiu*, s'il eût dû être construit avec lui.

78.

復使足蹈。

S. J. : « En outre, on l'oblige à y appliquer ses pieds. »

Si c'est ce membre de phrase que M. P. a rendu par « marcher « dessus à plusieurs reprises, » nous lui reprocherons :

1° D'avoir passé les mots 踞上 *kiu-chang*, « s'asseoir dessus. »

2° D'avoir traduit le mot 復 *fo* ou *feou*, « encore, de nouveau, (c'est-à-dire en recommençant une autre épreuve), » par « à plusieurs « reprises (marcher dessus). »

3° De s'être trompé sur la place que l'adverbe doit occuper en chinois. (Voyez plus haut, § 77, n° 3.) S'il se fût rapporté ici au verbe 蹈 *tao*, « pedibus-calcare, » l'auteur l'eût placé avant 蹈 *tao*; mais 復蹈 *fo* ou *feou-tao* eût signifié « iterum pedibus calcare, y appliquer *une seconde fois* les pieds. »

79.

懦弱之人。不堪炎熾。

捧未開花。散之向焰。

S. J. : « Les hommes faibles et pusillanimes ne peuvent endurer la « chaleur (du fer). Ils prennent dans leurs mains des fleurs qui ne « sont pas encore écloses, et les sèment *devant un feu ardent.* »

M. Pauthier : « L'accusé *ayant été jugé* trop faible pour, etc.... les « disperse *sur l'acier ardent;* s'il est innocent, alors les fleurs s'épa- « nouissent. »

Les mots 向焰 *hiang-yen*, signifient « devant la flamme, » et non « sur l'acier ardent. » Du reste, il serait difficile d'imaginer comment des fleurs peuvent s'épanouir sur *une barre d'acier ardent;* elles seraient brûlées à l'instant même.

80.

稱。則人石平衡。輕重取驗。

S. J. : « Pour l'épreuve du pesage, on pèse l'homme avec une « pierre, et l'on prononce suivant qu'il est plus léger ou plus lourd « (littéralement : de la légèreté ou de la pesanteur, on tire la « preuve). »

M. Pauthier : « Dans l'épreuve par *la pesée*, le prévenu est mis en « équilibre dans une balance avec une pierre, pour *savoir*, *par cette* « *expérience*, lequel de l'accusé ou de la pierre est le plus pesant ou « le plus léger. »

1° Les mots 取驗 *thsiu-nien*, que M. Pauthier traduit : « savoir « par une expérience, » signifient : « tirer une preuve (judiciaire). » En traduisant ainsi, M. P. commet une faute grave contre la syntaxe chinoise; il oublie la règle de position qui veut que le mot qui est au cas instrumental (cas qui indique l'instrument, le moyen par lequel on fait quelque chose), se place constamment avant le verbe, comme lorsqu'on dit en latin *experientia scire* (savoir par expérience), *ense ferire* (frapper avec une épée). Si par impossible le mot 取 *thsiu*, signifiait ici *savoir*, et le mot 驗 *nien, expérience*, l'auteur chinois aurait écrit nécessairement 驗取 *nien-thsiu*, et non 取驗 *thsiu-nien*. Voici un exemple où le verbe 取 *prendre*, est construit avec un substantif placé, par sa position, au cas instrumental ; suivant l'usage constant, ce substantif précède le verbe : 羅取 *lo-thsiu*, « pren- « dre les oiseaux avec un filet (retibus capere *aves*). » Si 羅 *lo*, *filet*, était placé après 取 *thsiu*, ces deux mots signifieraient nécessaire-

海上絲綢之路文獻集成 科技與文化編

ment « prendre un filet (conf. *P'eï-wen-yun-fou*, liv. XXXVII, part. 2, fol. 101, *r.*), » et non « prendre avec un filet. » De même, dans le cas qui nous occupe, 取驗 *thsiu-nien*, signifie « prendre, tirer la « preuve (judiciaire), » littéralement « le témoignage, » et non « savoir *par expérience.* »

2° « On pèse l'homme avec une pierre *pour savoir*, d'après sa légè- « reté ou sa pesanteur relatives, *s'il est innocent ou coupable* (c'est ce « qu'indiquent les mots 取驗 *thsiu-nien*, « tirer la preuve), » et non « pour s'assurer s'il est plus léger ou plus pesant que la pierre. »

81.

毒。則以一羖羊。剖其右髀。
隨被訟人所食之分。雜諸
毒藥。置剖髀中。實。則毒發
而死。虛。則毒歇而穌

S. J. : « Pour l'épreuve par le poison, on prend un bélier ; on lui « ouvre la cuisse droite, et l'on y insère une portion des aliments du « prévenu, après l'avoir mêlée de poison. Si l'accusation est vraie, le « poison agit et (l'animal) meurt ; si elle est fausse, le poison reste « sans effet, et l'animal se rétablit (littéralement : ressuscite). »

M. Pauthier n'a rien compris à ce passage : Dans *l'épreuve par le « poison, on se sert d'un mouton à laine blanche et noire que l'on divise « par le milieu ; la cuisse droite est donnée à l'accusé* qui doit *manger « immédiatement cette portion*, dans laquelle on a fait entrer toute « sorte de poisons. Si l'accusé est réellement coupable, alors le poi- « son se manifeste et *il meurt ;* s'il est innocent, alors le poison n'agit « pas et *il se dissipe.* »

1° 羖羊 *Kou-yang* veut dire « un bélier. »

2° Les mots 剖其右髀 *p'eou-khi-yeou-pi*, signifient « fen- « dre sa cuisse droite, » et non « diviser l'animal par le milieu. »

3° La phrase suivante parle « d'une portion des aliments que

« mange le prévenu ; » le texte ne dit pas « qu'il doit manger immé-« diatement la cuisse droite ! »

4° M. P. a omis les quatre mots 置剖髀中 *tchi-p'eou-pi-tchong*, « on place, on introduit cela au milieu de la cuisse qu'on a « fendue. »

5° Les mots 死 *sse*, « il meurt, » et 穌 *sou*, « il ressuscite, il « guérit, » s'appliquent à l'animal et non au prévenu.

6° Le mot 穌 *sou*, « revenir à la vie, » n'a jamais signifié « se « dissiper » (en parlant du poison).

82.

舉四條之例。防百非之路。

S. J. : « On emploie la loi des quatre épreuves pour fermer la voie « de tous les crimes. »

M. Pauthier : « Les *règles* de ces quatre sortes d'épreuves judiciaires « *défendent tout autre moyen que ceux qui sont prescrits.* »

Les mots « fermer la voie de tous les crimes » (littéralement : « des « cent crimes ») signifient « empêcher qu'on ne commette toute sorte « de crimes. »

M. P. a omis le mot 舉 *kin*, « on prend, on emploie. » Il a compris qu'on ne devait pas employer d'autres moyens (c'est-à-dire d'autres épreuves judiciaires que les quatre qui ont été décrites plus haut, pour connaître la culpabilité ou l'innocence des accusés. J'ajouterai, 1° que le mot 路 *lou* (*via*) ne signifie jamais *moyen*. Il a constamment le sens de *voie* au propre et au figuré.

2° Le mot 防 *fang*, « mettre obstacle, » s'applique ici à l'action d'arrêter, de réprimer les crimes. M. P. croit qu'il signifie « *défendre* « (d'employer) toute autre épreuve judiciaire. »

83.

致敬之式。

Ces quatre mots signifient « manières de témoigner le respect. »

Dans cette locution, le mot 致 *tchi* (*vulgo* parvenir), a ici le sens du verbe causatif « faire parvenir; » faire parvenir le respect 致敬 *tchi-king*, c'est-à-dire, « témoigner son respect. »

M. P. traduit le mot *tchi* (致), comme verbe neutre, dans son acception ordinaire d'*arriver*, *parvenir ;* et il prend pour un verbe le substantif 敬 *king*, « respect, » qui est le régime direct du verbe causatif 致 *tchi*, « faire parvenir, témoigner. » Il écrit : « NOUS AR-« RIVONS aux règles prescrites pour *témoigner le respect*. »

84.

三。舉手高揖。

S. J. : « La troisième consiste à élever les mains, et à saluer en « restant droit (c'est-à-dire à saluer de la tête sans se courber). »

M. Pauthier : « La troisième consiste à élever les mains jointes *jus-« qu'à la hauteur du front*, et à s'incliner ensuite. »

On lit dans l'Histoire de la Chine septentrionale, biographie de Li-yeou-lien : « Ho-sse-k'aï jouissait de la plus grande autorité. Tous « les magistrats lui donnaient des marques du plus profond respect. « Mais Yeou-lien se contentait *de les saluer en restant droit* (高揖 *kao-i*).

Pour traduire ainsi, M. P. lit 舉手高。揖 *kiu-cheou-kao, i*, au lieu de 舉手。高揖 *kiu-cheou, kao-i*.

M. P. a oublié la place que doit occuper l'adverbe dans la phrase chinoise, et il a rapporté l'adverbe 高 *kao* (*ex alto*) au verbe 舉 *kiu*, « élever, » qui précède, tandis que, par sa position, il se rapporte nécessairement à 揖 *i*, « saluer, » 高揖 *kao-i*, « saluer de haut, « saluer de sa hauteur, » c'est-à-dire « saluer sans se courber. »

Pour exprimer l'idée d'élever en haut, les Chinois disent 高舉 *kao-kiu*, « in altum erigere » (cf. *P'eï-wen-yun-fou*, l. XXXVI, f. 138 : 高舉兩手 *KAO-kiu-liang-cheou*, « *in altum* tollere ambas ma-« nus) ; » et non 舉高 *kiu-kao ;* car, d'après la règle de position, les mots 舉高 *kiu-kao*, signifieraient « erigere *altam* domum, » et cela, par la raison que le régime direct d'un verbe se place après lui. On lit dans Mencius, l. II, ch. 1, § 6 : 為 高 *weï-KAO*, « lors-« qu'on fait, on construit quelque chose d'élevé, c'est-à-dire un bâti-« ment élevé (高 *kao*). » D'un autre côté, la règle générale de l'adverbe le place toujours avant le verbe auquel il se rapporte (voyez plus haut, § 74, nº 2); cette règle trouve son application dans ce passage même : 高 揖 *kao-i*, littéral. « ex alto salutare. »

85

四。合 掌 平 拱。

S. J. : « La quatrième consiste à joindre les mains, et à incliner la « tête au niveau de la ceinture. »

M. Pauthier : « La quatrième consiste à joindre les paumes des « mains, et *à les porter en avant horizontalement.* »

L'expression 平 拱 *p'ing-kong*, a ici le même sens que 平 衡 *p'ing-heng* (incliner la tête au niveau de la ceinture), dans le dictionnaire *P'in-tseu-t'sien*. (Conf. *P'ing-tseu-louï-pien*, liv. CCXXXIX.)

Au lieu de « incliner la tête au niveau de la ceinture, » M. P. traduit : « porter en avant horizontalement les paumes des mains. »

86.

五。屈 膝。

S. J. : « La cinquième consiste à fléchir les genoux. »

M. Pauthier traduit : « S'incliner sur ses genoux. »

Cette expression est synonyme de 跪 *koueï*, « s'agenouiller en « tenant les hanches et la ceinture dans une position droite, position « qui a quelque chose de périlleux » (dit le dictionnaire de Khang-hi à qui j'emprunte toute cette définition), parce qu'on est exposé à tomber en avant et en arrière. C'est ce que semble indiquer la composition du mot 跪 *koueï*, « s'agenouiller, » formé des mots 足 « pied, » et 危 *weï*, « péril. » (Voyez la seconde définition que donne Khang-hi. Cf. *Fa-youen-tchu-lin*, liv. XXVIII, fol. 29.)

En traduisant « s'incliner sur les genoux, » M. P. fait une faute grave contre la règle de position. En effet, il paraît considérer le mot 膝 *si*, « genoux » (régime direct du verbe actif *fléchir*), comme étant au cas locatif. Or, en chinois, les mots placés à ce cas par leur rôle grammatical se mettent toujours avant le verbe avec lequel ils se construisent. (Voyez § 38, 4°, et § 67, 2°.)

87.

六。長跪

S. J. : « La sixième consiste à rester longtemps à genoux. »

M. Pauthier : « La sixième consiste à s'agenouiller *en faisant une* « *profonde révérence.* »

J'ai traduit 長跪 *tch'âng-koueï*, suivant la définition que le Dictionnaire de Khang-hi donne du mot *khi*. (Dict. de Basile, n° 10,699 : « diutius genu flectere; » Morrison, part. II, n° 5,187 : « to kneel for a long time. »

88.

七。手膝踞地

S. J. : « La septième consiste à se tenir assis sur la terre à l'aide « des mains et des genoux. »

M. P. traduit : « Avoir les mains et les genoux *abaissés jusqu'à* « *terre.* »

M. P. s'est trompé encore ici sur la règle de position. Les mots 手膝 *cheou-si*, « mains et genoux, » sont au cas instrumental, et signifient ici : « PAR les mains et les genoux, AU MOYEN de mains « et des genoux (*manibus et genibus*), s'asseoir à terre (*insidere terræ*). « Khang-hi : 踞。坐上 *kiu* signifie s'asseoir sur. » Cf. § 80, 1°. La traduction de M. P. montre clairement qu'il a construit les mots 手膝 *cheou-si*, « mains et genoux » comme étant au nominatif. J'ajouterai que le mot 踞 *kiu*, « s'asseoir sur quelque chose, » ne peut signifier « être abaissé jusqu'à.... »

10

89.

八。五輪俱屈

S. J. : « La huitième consiste à fléchir en même temps les cinq « parties arrondies. »

Mot à mot : Les cinq parties arrondies sont fléchies ensemble.

M. Pauthier : « La huitième consiste à avoir les *cinq roues* inclinées « ensemble. »

Il ajoute en note : « nous ignorons ce que c'est que *les cinq* « *roues.* »

Suivant l'Encyclopédie bouddhique *Fa-youen-tchou-lin*, liv. XXVIII, fol. 18, il s'agit ici des deux coudes, des deux genoux, et du sommet de la tête. (*Ibid.*) Le mot 輪 *lun*, veut dire dans ce passage, « une « chose arrondie (圓 *youen*). »

90.

九。五體投地。

S. J. : « La neuvième consiste à jeter à terre ses cinq membres; « c'est-à-dire les genoux, les bras et la tête. »

Cf. *Fa-youen-tchou-lin*, liv. XXVIII, fol. 18, *r*.

M. P. dit en note que les cinq membres dont il s'agit ici sont le front, les deux joues et les deux mains. Il pense que cette cérémonie répond à celle qu'on appelle en sanscrit पञ्चाङ्ग *pañtchânga*, mot composé de *pañtcha*, cinq, et de *anga*, membre.

Si M. P. eût consulté le Dictionnaire sanscrit de Wilson (nouvelle édition, p. 494), au mot पञ्चाङ्ग *pañtchânga*, il aurait donné une définition des « cinq membres, » conforme à celle de l'encyclopédie bouddhique, *Fa-youen-tchou-lin*. Wilson : « Reverence by « extending *the hands*, bending *the knees* and *the head*; salut res- « pectueux qui consiste à étendre *les mains* et à fléchir les *genoux* et « *la tête*. »

91.

遠。稽顙拜手。

S. J : « De loin, on frappe la terre de son front, ou bien on incline « sa tête en l'appuyant sur ses mains. »

M. Pauthier : « Lorsqu'on se trouve éloigné de la personne qu'on « veut saluer, *alors on incline la tête* vers la terre *en saluant avec la* « *main.* »

Je traduis ici les expressions 稽顙 *ki-sang*, et 拜手 *paï-cheou*, d'après la définition de l'encyclopédie bouddhique, *Fa-youen-tchou-lin*, livre XXVIII.

1° 顙 *sang*, veut dire « le front » et non « la tête. »

2° 拜手 *paï-cheou*, ne signifie pas « saluer de la main. » Pour dire : « saluer de la main, avec la main, » il faudrait écrire 手拜 *cheou-paï*, par la raison qu'en chinois un substantif au cas instrumental se place constamment avant le verbe avec lequel il est construit. Le dictionnaire *P'in-tseu-t'sien* définit ainsi l'expression 拜手 *paï-cheou* : « Abaisser les mains de manière que la tête n'arrive pas « jusqu'à terre, et se lever immédiatement. » Suivant le *Fa-youen-tchou-lin*, c'est incliner sa tête en l'appuyant sur ses deux mains. J'ai dû préférer l'explication des commentateurs bouddhistes.

3° L'auteur parle ici de deux sortes de salutations, M. P. les a réduites à une seule.

92.

近。則舐足摩踵

S. J. : « Lorsqu'on est près (de la personne), on lui lèche (baise) les « pieds et l'on caresse ses talons avec la main. »

M. Pauthier : « Lorsqu'on se trouve à proximité, alors on *embrasse* « *les genoux que l'on baise*, et *l'on presse* les talons. »

93.

凡其致詞。受命。褰裳長跪。

S. J. : « Tout Indien qui veut adresser la parole (à un sage), ou « recevoir ses instructions, relève la partie inférieure de ses vête- « ments, et reste longtemps à genoux. »

M. Pauthier : « Tout Indien à qui il *arrive de solliciter un emploi* ou « de recevoir *une mission*, doit *se prosterner aux pieds* de son *supérieur*, « et lui *relever un peu son vêtement en signe de respect.* »

1° M. P. a décomposé l'expression 致詞 *tchi-thse*, litt. « faire « parvenir des paroles, » c'est-à-dire adresser la parole à quelqu'un ; et il a rendu la première syllabe 致 *tchi*, « faire parvenir, » par « il « arrive de, » et la seconde, 詞 *thse*, « paroles, » régime direct du verbe 致 *tchi*, « faire parvenir, adresser ; » par « solliciter un em- « ploi. » (!)

2° L'expression 受命 *cheou-ming*, litt. « recevoir des ordres, » ne signifie pas ici « recevoir une mission, » mais recevoir les instruc- « tions » d'un sage, instructions qui sont comme des ordres (命 *ming*), pour celui à qui elles s'adressent.

3° M. P. a supposé que celui qui témoigne son respect à un sage *LUI relève son vêtement* (c'est-à-dire le vêtement du sage). Il fallait dire, au contraire, qu'il relève la partie inférieure *de son propre vête- ment*. Il prend cette précaution pour poser ses genoux *nus* à terre par excès d'humilité, et afin de ne point s'embarrasser dans ses vêtements en se relevant. (Cf. *Fa-youen-tchou-lin*, liv. XXVIII, f. 18.)

4° Il traduit l'expression 長跪 *tchang-koueï*, « rester long- « temps à genoux » (voyez plus haut, § 87), par « se prosterner aux « pieds de. »

5° Il construit les mots 褰裳 *kien-tchang*, « relever son vête- « ment inférieur, » avec l'adjectif 尊 *thsun*, « honorable » qui commence le membre de phrase suivant, et il termine le sens au mot 尊 *thsun*. Il traduit : « En LUI relevant un peu son vêtement EN SIGNE DE « RESPECT. » De cette manière, il fait une sorte d'adverbe de l'adjectif 尊 *thsun*, « honorable, » et oublie qu'en chinois un mot ne peut être traduit adverbialement, s'il ne précède le verbe avec lequel on le construit. (Voyez § 74, n° 2.)

Le mot 尊 qu'il rend par « en signe de respect, » doit être joint au mot suivant 賢 *hien,* « sage, » et fait partie du mot composé 尊賢 *thsun-hien,* « homme respectable et sage, ou homme sage et « digne de respect. »

94.

尊賢受拜。必有慰詞。或摩其頂。或拊其背。善言誨導。以示親厚。出家沙門。etc.

S. J. : « L'homme respectable et sage qui a reçu cette salutation « (d'un Indien) doit lui adresser des paroles bienveillantes ; tantôt il « lui touche le sommet de la tête, tantôt il lui caresse le dos avec la « main ; il l'instruit et le dirige par de salutaires avis pour lui témoi- « gner une tendre affection.

« Le samanéen qui a quitté sa famille (pour embrasser la vie reli- « gieuse), etc. »

M. Pauthier : « Le sage qui reçoit cette marque de déférence doit « faire à celui qui la lui donne *des compliments de congratulation.* « *Quelques-uns* lui posent les mains sur le sommet de la tête, *d'autres* « lui frappent légèrement de la main sur le dos, en lui donnant de « salutaires *instructions pour se conduire convenablement dans toutes* « *les circonstances de la vie, lorsqu'il sera sorti de sa famille.* »

1° M. P. traduit les mots 慰詞 *weï-thse,* « paroles consolantes, « c'est-à-dire bienveillantes, » par « compliments de congratula- « tions. »

2° Il rend les mots 或。或 *hoe, hoe,* « tantôt, tantôt, » par « quelques-uns, d'autres. » Il est cependant évident que les verbes 摩 *mo,* « caresser, » et 拊 *fou,* « flatter de la main, » ont pour nominatif l'adjectif composé 尊賢 *thsun-hien,* « l'homme res- « pectable et sage, » que l'Indien vient de saluer.

3° Les quatre mots 善言誨導 *chen-yen-hoeï-tao,* signifient littéral. « par de bonnes paroles, il l'instruit et le dirige. »

M. P. a rendu le verbe 誨 *hoeï*, « instruire, » par le mot « ins-« tructions. »

4° Il a rejeté au commencement du membre de phrase suivant le mot 導 *tao*, « il le dirige, » qui ne peut être séparé de 誨 *hoeï*, « instruire, » et l'a rapporté à la *conduite* que l'Indien, qui reçoit ces bons avis, doit tenir dans le monde. Il traduit : « Pour *se con-« duire* (導 *TAO*) *convenablement dans toutes les circonstances de la vie.* » Je dois ajouter que le mot 導 *tao*, « diriger quelqu'un, » ne signifie jamais « se conduire. »

5° Il rend les mots 以示親厚 *i-chi-thsin-heou*, « pour lui « montrer une tendre affection, » par « convenablement dans toutes « les circonstances de la vie ! »

6° Il termine cette phrase par les mots : « lorsqu'il sera sorti de sa « famille, » tandis que les quatre caractères 出家沙門 *tch'ou-kia-cha-men*, « le samanéen qui est sorti de sa famille, » sont le commencement et le nominatif de la phrase suivante.

95.

不止跪拜。隨其所宗事。多
有旋繞。或惟一周。或復三
帀。宿心別請。數則從欲。

S. J. : « (Les Indiens) ne se bornent pas à saluer en s'agenouillant. « Suivant le degré de respect qu'ils ont pour quelqu'un, il en est « beaucoup qui tournent autour de lui, tantôt une fois, tantôt deux « ou trois fois; et si leur profonde vénération exige davantage, ils « tournent autant de fois qu'ils veulent. »

M. Pauthier : « Et sans s'arrêter à faire toutes ces génuflexions, ces « actes de politesse, ceux qui prennent ainsi congé de leurs supérieurs « vont où leur devoir religieux les appelle : un grand nombre d'entre « eux ayant des tournées à faire dans l'intérêt de leur ordre. Il en est « qui ne font qu'une tournée, d'autres répètent trois fois la même « tournée. Si, au premier stage, leur cœur défaille, ou s'ils deman-« dent à n'en faire qu'un certain nombre, alors on les laisse faire ce « qu'ils désirent. »

M. P. n'a rien compris à tout ce passage. Il s'agit ici d'une sorte de salutation respectueuse bien connue, qu'on appelle en sanskrit *pradakchin'a* प्रदक्षिण. Wilson (*Dictionnaire sanskrit*, 2e éd., page 571) : « *Reverential salutation, by circumambulating a person or object.* Salut « respectueux qui consiste à marcher autour d'une personne ou d'un « objet. » (Conf. *Lois de Manou*, liv. II, § 48.)

Avant d'examiner ce passage mot à mot, je dois faire observer que M. P. l'a fait rapporter en entier au sage, au religieux samanéen, qui, suivant lui, se trouve en présence de son supérieur, tandis qu'il doit se rapporter, en général, aux Indiens qui veulent témoigner leur respect.

1° Les quatre mots 不 止 跪 拜 signifient : « les Indiens ne « se bornent pas à saluer en fléchissant le genou, » ainsi qu'on l'a dit plus haut ; ces mots servent de transition au salut circumambulatoire appelé *pradakchin'a* प्रदक्षिण.

M. P. traduit : « Sans s'arrêter à faire toutes ces génuflexions, toutes « ces politesses, les religieux bouddhistes qui prennent, etc. »

2° Les mots 隨 其 所 宗 事 *souï-khi-so-tsong-sse*, signifient « suivant le degré de leur respect. » M. P. « (Les religieux « bouddhistes) qui prennent ainsi congé de leurs supérieurs, se ren- « dent où leurs devoirs religieux les appellent ! »

M. P. se trouverait sans doute fort embarrassé de faire grammaticalement le mot-à-mot des cinq caractères 隨 其 所 宗 事 *souï-khi-so-tsong-sse*, de manière à justifier sa traduction. Pour moi, je ne vois pas un mot du texte qui se rapporte, de près ou de loin, au sens qu'il a adopté.

3° Au lieu de : « Il y en a beaucoup qui marchent autour (de la « personne révérée), » M. P. traduit : « un grand nombre d'entre eux « (c'est-à-dire d'entre ces religieux), ayant *des tournées à faire dans* « *l'intérêt de leur ordre !* »

4° M. P. a passé le mot 復 *feou*, une seconde fois ; de plus, il a traduit les mots 周 *tcheou*, et 帀 *tsa*, « action de tourner, » c'est-à-dire ici, « salutation circulaire, » par « tournée faite dans l'intérêt « d'un couvent ! »

5° M. P. a commis, dans la dernière partie de ce passage, une erreur aussi grave qu'inexplicable. Il y a en chinois 宿 心 *so-sin*, « si sa vénération profonde (littéral. « si ses *sentiments anciens*..... » (Cf. Morris. *Dict. chin.* part. I, pag. 847, col. 2, lig. 9 : 宿 怨 «*so-* « *youan*, an old resentment), 別 請 *pie-thsing*, demande (quelque

« chose) en outre (conf. *Dict. P'eï-wen-yun-fou*, liv. LIII, fol. 80 *v*.), » c'est-à-dire « demande qu'il tourne un plus grand nombre de « fois; 數 *sou*, quant au nombre, 從欲 *t'song-yo*, il suit son « désir. » Sur 宿心, voyez le dictionnaire *P'in-tseu-t'sien*.

M. P. a cru que le mot 心 *sin*, (sentiments), avait ici le sens de *cœur*, que le mot 宿 *so*, « anciens, formés de bonne heure, » signifiait un CARAVANSÉRAI, et que le mot 別 *pie*, « autre, » ici l'adverbe « *en outre* » (voy. 8 lignes plus haut, n° 5), voulait dire DÉFAILLIR! « Si leur cœur, dit-il, *défaille* au premier *stage* (c'est-à-dire, suivant « lui, au premier caravansérai). Il ajoute en note : 宿 *so*, « c'est un « endroit où les pélerins font halte en passant la nuit; on le nomme « ordinairement caravansérai. Les caravansérais se trouvent à une « distance l'un de l'autre d'environ trente lis. » Il est évident que M. P. n'a fait que traduire cette définition de Morrison (part. II, n° 9556), qui n'a aucune application ici : « A halting-place at the « distance of every thirty le, etc. A *stage* to rest at during the night, « etc. » Je ferai observer, en passant, que le mot anglais *stage* ne conserve pas en français le sens de « lieu de repos en voyage, lieu où « l'on prend des relais; » il signifie : « l'espace de temps pendant « lequel les avocats sont obligés de fréquenter le barreau, avant « d'être inscrits sur le tableau. » (*Dict.* de l'Acad. franç.) Je relève cette faute qui paraît étrangère à mon sujet, pour montrer la légèreté avec laquelle M. P. traduit, même lorsqu'il s'agit de l'anglais.

6° On a vu plus haut que l'auteur parle, dans tout ce passage, de l'espèce de cérémonie qui consiste à tourner autour de quelqu'un. M. P. a cru qu'il s'agissait encore de *tournées* (que font les religieux dans l'intérêt de leur couvent); il traduit : « S'ils demandent à n'en « faire qu'un certain nombre, on les laisse faire ce qu'ils désirent; » *au lieu de :* « Si leur profonde vénération exige qu'ils tournent un « plus grand nombre de fois, ils contentent leur désir. »

7° Il a regardé le mot *nombre* (voy. pag. 80, lig. 3) comme le régime direct du verbe *demander*, qui appartient au membre de phrase précédent.

96.

必未瘳差。方乃餌藥。

藥之性類。名種不同。

S. J. : « (Toutes les fois qu'un homme tombe malade, il s'abstient « de manger pendant sept jours. Dans cet intervalle, il y en a beau- « coup qui guérissent.) S'ils ne se rétablissent pas, alors ils prennent « des médicaments. Ces médicaments diffèrent entre eux par leur « nature, leur genre, leurs noms et leurs espèces. »

M. Pauthier : « .....Ils doivent, s'ils ne se trouvent pas mieux après « ce laps de temps, *envoyer un exprès* dans *le pays* pour chercher *un* « *ingrédient, espèce de gâteau* dont la nature et l'espèce se nomment « TCHONG, différent des médicaments, etc. »

1° M. P. a traduit le mot 差 *tch'aï*, « se rétablir, guérir » (cf. Morrison, part. I, rad. 48, « to put away disease, » et *Khang-hi*, clef 48, fol. 45, *r.*, lig. 4), par « envoyer un exprès. »

2° Il a rendu l'adverbe 方 *fang* (alors), par le substantif *pays.* Je dois faire observer qu'il a mal ponctué tout ce passage. Il a construit le dernier mot 差 *tch'aï* (guérir), avec 方 *fang* (alors), qui commence la phrase suivante, et il traduit « envoyer un exprès (差 « *tch'aï*) dans le pays (方 *fang*) ! »

3° Il rend les mots 餌 藥 *eul-yo*, « avaler (餌 *eul*), c'est-à-dire « prendre, des médicaments (藥 *yo*), » par « un ingrédient (藥 *yo*), « espèce de gâteau (餌 *eul*) ! »

Il ne s'est pas aperçu que d'après sa position, le mot 餌 *eul*, remplit le rôle d'un verbe actif, dont 藥 *yo* (médicaments) est le régime direct.

4° Ce qui suit est bien plus grave encore. Il a confondu deux parties de phrase qui signifient littéralement : « la nature et le genre, « les noms et les espèces des médicaments ne sont pas semblables. » Il a traduit : « gâteau (餌 *eul*) dont la nature et l'espèce se *nomment* « *tchong*, différent des médicaments, etc. »

M. P. a rendu le nominatif 名 *ming* (*nomina*), par le verbe *se nommer*, et il a pris le mot 種 *tchong*, « espèces, (名 種 *ming*- « *tchong*, noms et espèces), » pour *un nom propre.* Espèce de gâteau, « dit-il, dont la nature et l'espèce se nomment 種 TCHONG ! »

5° Enfin, il cite en note, à propos de 種 *tchong*, l'expression

11

cochinchinoise : *disciputi bonziorum*, qui ne se rapporte pas le moins du monde à sa traduction fautive, ni au sens exact des mots du texte chinois.

97.

醫之工伎占候有異。

S. J. : « Les médecins diffèrent entre eux par leur savoir, et la « manière d'observer les symptômes (des maladies). »

Littéralement : « Des médecins — l'habileté — et la manière « d'observer — ont, c'est-à-dire offrent, des différences. »

M. Pauthier n'a pas compris un mot de ce passage ; il traduit : « *Gâteau différent* des *médicaments* préparés par *les gens de l'art*, et « sur lequel ils comptent beaucoup ; mais le *résultat* est souvent bien « différent de celui qu'ils espéraient. »

1° M. P. a commencé cette phrase par les mots 不同 *pou-thong*, littéralement « ne ressemblent pas, » qui appartiennent au membre de phrase précédent, et les a rapportés au mot 餌 *eul* (avaler), dont il a fait le mot *gâteau* : « (gâteau) différent des médicaments ! »

2° Il rend le mot 醫 *i* (médecin), par *médicaments*, et le mot 工伎 *kong-tchi*, « art, habileté, » par « les gens de l'art. » Ainsi au lieu de « l'habileté des médecins, » il traduit : « *médicaments* pré- « parés par *les gens de l'art*. »

3° Il rend l'expression 占候 *tchen-heou*, « l'action d'observer » (les symptômes des maladies), par *espérer*.

4° Il traduit les mots 有異 *yeou-i*, « présenter des différences, « différer, » par « le résultat ; » c'est-à-dire, selon M. P. « l'effet « médical (du GATEAU !) est bien différent. »

Je ne puis découvrir quels sont les caractères du texte chinois qu'il a cru traduire par les mots : « sur lequel cependant ils comptent « beaucoup. »

98.

終沒臨喪。哀號相泣。

S. J. : « Lorsqu'un homme est mort et (que les parents) assistent « à ses funérailles, ils poussent des cris douloureux, ou le pleurent « en silence. »

M. Pauthier : « Quand leur fin *arrive*, alors *commencent* les céré« monies des funérailles et *du deuil*, qu'ils *surnomment état de pleurs* « *mutuels* et *silencieux*. »

1° M. P. a rendu le verbe composé 終 沒 *tchong-mo*, « être « mort, » par « leur fin arrive. »

2° En construisant 喪 *sang* avant 臨 *lin* (suivant lui « les funé« railles commencent), » il a oublié qu'en chinois, le verbe ne doit jamais précéder son nominatif. Mais le mot 臨 *lin* veut dire ici : « assister à (en mandchou, *atchanambi*; Li-ki, *chin.-mandchou*, liv. I, « fol. 34), » et non « commencer. »

3° Il réunit le mot 喪 *sang*, « funérailles, » qui complète le sens du premier membre de phrase, au verbe 哀 *ngaï*, premier mot du membre de phrase suivant, et il a traduit ce verbe 哀 *ngaï*, « éprou« vant de la douleur (ils crient), » par le substantif *deuil!*

4° Il a rendu le mot 號 *hao*, « pousser de grands cris, » par « SURNOMMER » (état *qu'ils surnomment*).

5° Le mot 相 *siang* (vulgo *réciproquement*), se dit souvent de l'action d'une personne sur une autre. (Voy. le *Dict.* de Basile, n° 6597.) Ici, 相 泣 *siang-khi* veut dire « ils le pleurent en « silence. »

99.

服 制 不 聞。

S. J. : « Je n'ai pas entendu parler des règlements du deuil. »
M. Pauthier : « On assiste à la cérémonie sans rien entendre. »

L'expression 服 制 *fo-tchi*, « les règlements du deuil, » se trouve avec le même sens, dans le traité du philosophe *Tchou-hi*, sur les *Rites domestiques*, et a été traduite en mandchou par *sinakhi i kemoun*. Ici, le mot *deuil* se dit comme *sinakhi* des habits de deuil.

1° M. P. rend le génitif 服 *fo*, « des vêtements de deuil, » par le verbe *assister*, et le mot 制 *tchi* (les règlements), par *la cérémonie!*

2° En traduisant les mots 服制 *fo-tchi*, « (les règlements du « deuil), » par « on *assiste* à la cérémonie, » il a rapporté aux parents du défunt, les mots 無聞 *wou-wen*, « je n'en ai rien « appris, » que le voyageur *Hiouen-tsang* s'applique à lui-même.

3° Il rend les mots 無聞 *wou-wen* par « sans rien entendre, » c'est-à-dire, suivant lui, « sans entendre les cris funèbres, » au lieu de « quant aux règlements du deuil (dit le voyageur), je n'en ai pas « entendu parler. »

100.

喪期無數。

S. J. : « La durée du deuil n'est pas limitée. »

M. Pauthier : « Le temps de ces démonstrations est indéter- « miné. »

En Chine, le deuil dure tantôt cinq ou neuf mois, tantôt un ou trois ans, suivant le rang du défunt ou les degrés de parenté.

M. P. rend le mot 喪 *sang* (deuil), par « démonstrations (de « douleur). » Il a compris qu'il s'agissait ici « du temps pendant « lequel on déchire ses vêtements, on s'arrache les cheveux, etc. » L'auteur parle au contraire de la durée du deuil.

101.

送終殯葬。其儀有三。

S. J. : « Il y a trois manières de rendre les derniers devoirs aux « morts. » (*Litt.* : « Comitari mortuos, *eos* humare : hujus *funeris* « cæremoniæ sunt tres.) »

M. P. : « On *observe* ces démonstrations jusqu'à ce que les funé- « railles soient *achevées*. Le cérémonial pour les funérailles est de « trois sortes. »

Il a rendu le mot 送 *song* (accompagner), par *observer* (des démonstrations), et le mot 終 *tchong* (les morts), par *être achevées* (en parlant des funérailles). Le sens que je donne à 送終 *song-tchong* (*comitari mortuos*), est rendu, dans la version tartare-mandchoue du *Thong-kien-kang-mou* (part. II, liv. 38, fol. 97 *r.*, lig. 3), par : *akô okho be sindara*, c'est-à-dire « enterrer les morts. »

L'expression 殯葬 *pin-tsang*, signifie *enterrer* (Morris. *Dict. chin.*, part. II), mais l'*enterrement* proprement dit (*humatio*), n'étant pas en usage chez les Indiens, je me suis contenté de la traduire avec l'expression précédente (qui veut dire « conduire en terre), » par « rendre les derniers devoirs. »

On voit clairement qu'ici l'auteur ne dit pas un mot du temps que durent les pleurs et les démonstrations de douleur, et de plus, que M. P. a confondu le premier membre de phrase avec le second, et a rendu les verbes *pin-tsang* (enterrer), comme si c'était un substantif au génitif (le cérémonial pour les funérailles, c'est-à-dire *des funérailles*).

102.

積薪焚燎。

S. J. : « On les brûle sur un bûcher. »

M. Pauthier traduit : « *On entasse du bois* pour cet usage, et on y « met le feu *en différents endroits.* »

1° On voit, par la position des mots, que l'expression 積薪 *tsi-sin*, est ici au cas instrumental, et signifie « avec du bois accumulé, « au moyen de bois accumulé ; » elle se construit avec 焚燎 *fen-liao*, *brûler* (*congestis lignis* cremare, comburere). M. P. s'est donc trompé en traduisant le verbe 積 *tsi*, à l'indicatif présent, « on « entasse du bois pour cet usage. »

2° Il est encore tombé dans l'erreur en traduisant le verbe 燎 *liao*, *brûler*, par « mettre le feu *en différents endroits.* » Il a été conduit à ce sens par cette définition que Morrison donne du mot 燎 *liao*, lorsqu'il est pris comme substantif : « fire lit up in various places as « a sign of national concerns, etc. » Mais il s'agit, dans cette définition, de feux qu'on allume de distance en distance sur des lieux élevés, pour transmettre des signaux et annoncer quelque grave événement.

Ici, le mot 燎 *liao*, se prend dans un sens verbal, et dans ce cas, il signifie : « *comburere.* » Cf. *Chi-king*, ode *Han-lo*. En mandchou, ibid. *deidchimbi.*

103.

三曰野葬。棄林飼獸。

S. J. : « La troisième s'appelle *ye-tsang*, c'est-à-dire faire les funé-« railles (de quelqu'un) dans un lieu désert. On abandonne le mort « dans une forêt, afin qu'il serve de pâture aux animaux. »

M. Pauthier : « La troisième espèce s'appelle *funérailles des lieux* « *infréquentés*. On abandonne le corps du défunt dans une forêt, où « *il est dévoré par* les bêtes sauvages. »

1° Ici comme dans les passages cités plus haut, le mot qui précède 葬 *tsang* (littéral. « enterrer, ») est au cas locatif « dans un « désert, » comme les mots 火 *ho* (*feu*), et 水 *chouï* (*eau*), dans les locutions 火葬 *ho-tsang*, 水葬 *chouï-tsang*, littéralement : « enterrer *dans le feu*, enterrer *dans l'eau*. » M. P. a regardé le mot 野 *yé* comme étant au génitif : « funérailles *des* lieux infré-« quentés.

2° Il a pris le mot 飼 *sse*, « nourrir » (les animaux), pour un verbe passif. Il a oublié qu'un substantif non précédé de 於 *iu*, « par, » ne peut être regardé comme complément d'un verbe passif, que lorsqu'il est placé avant ce verbe; alors il se trouve au cas instrumental. Ex. 烏食 *ou-chi*, « être mangé par les corbeaux. » (Cf. *P'eï-wen-yun-fou*, livre CII *A*, fol. 73 *r.*)

Si le mot 烏 *ou*, « corbeaux, » était placé après le verbe 食 *chi*, « manger, » (comme 獸 *cheou*, « animaux, » est placé ici après 飼 *ssé*, « nourrir »), il deviendrait son régime direct, et les mots 食烏 *chi-ou*, signifieraient « manger des corbeaux. » D'où il résulte que, dans le passage qui nous occupe, les mots 飼獸 *ssé-tcheou*, signifient « (pour) nourrir les animaux, » et non « être mangé « PAR les animaux. »

Il arrive ordinairement que le verbe passif est placé avant son complément; mais dans ce cas, le nom est toujours précédé de la préposition 於 *iu*, « par, » comme dans cette phrase de Mencius : 治人者。食於人 *tch'î-jin-tche, ssé-iu-jin,* « ceux qui gou- « vernent les hommes sont nourris PAR les (autres) hommes. » (Cf. Rémusat, *Gram. chin.* § 172.)

J'ajouterai en terminant que le mot 飼 *ssé,* « nourrir, » ne peut être pris au passif dans le sens de « être mangé *par*, être dévoré *par*. » Lorsqu'il est passif, on doit le traduire par « être alimenté, être « nourri. » C'est ce que prouve l'exemple de Meng-tseu cité plus haut, où le mot 食 (vulgo *chi,* « manger ») ici « être nourri, » se prononce *ssé*, parce qu'il se prend pour 飼 *ssé.* (Cf. Dictionnaire de Khang-hi, clef 184, fol. 40 *v.* lig. 13 et 15.)

104.

生立德號。死無議謚。

S. J. : « Pendant la vie de l'homme, on lui donne un titre qui « rappelle ses vertus ; après sa mort, on ne lui décerne pas de nom « posthume. »

M. Pauthier a cru que ce passage, qui a un sens général, s'appliquait uniquement au roi ; il a traduit : « Il (l'héritier du trône) *établit* « *les qualités du défunt* en *proclamant* tout haut ses vertus, sans lui « donner de titres honorifiques posthumes. »

Il y a ici plus d'une erreur. 1° M. P. a supprimé le mot 生 *sing,* « vivant, » faute d'avoir vu le parallélisme des deux membres de phrase : « quand un homme est vivant,..... quand un homme est « mort,..... »

2° Il n'a pas vu que les mots 德號 *te-haó,* litt. « de vertu- « un titre, » étaient en construction et inséparables. Il a pris le génitif 德 *te,* « virtutis *ou* virtutum, » pour le régime direct du verbe 立 *li,* et il a traduit : « il établit les vertus. »

3° Il a fait le verbe actif *proclamer* du substantif 號 *haó,* « titre « honorifique, » qui est le régime direct du verbe 立 *li,* « établir » (立德號 *li-te-haó,* « constituer, donner un titre qui rappelle

« les vertus de quelqu'un »), et il a traduit : « *en proclamant* tout haut « ses vertus. » Ici le mot *hao* doit se lire au 3ᵉ ton *haó* (*nomen honorabile*).

4° Cette faute grave nous fournit l'occasion de faire une observation importante. Les règles de la syntaxe chinoise s'opposent absolument à ce que le régime de deux verbes monosyllabiques qui se suivent, ou d'un verbe dissyllabique, soit intercalé au milieu. C'est ce qui arriverait cependant si, par impossible, dans 立德號 *li-TE-hao* (quê M. P. explique par « établir les vertus, les proclamer »), le mot 德 *te*, « vertus, » était à la fois régime de 立 *li*, et de 號 *hao*. Pour que ces trois mots signifiassent, comme le veut M. P. « établir et proclamer les vertus, » il faudrait qu'il y eût dans le texte 立號德 *li-hâo-te*, « établir-proclamer-les vertus. » Mais l'expression 立號 *li-hâo*, n'existe pas en chinois avec le sens d'établir et de proclamer. De plus, le mot 號 *hao*, lu au premier ton (*hâo*) signifie « clameur » et « crier à haute voix ; » il n'a jamais, étant seul, le sens du verbe actif *proclamer*.

Il résulte des principes que je viens d'exposer, que le mot 號 *hao*, est nécessairement un substantif, régime direct du verbe 立 *li*, « établir, » et que le mot 德 *te*, « vertus » se trouve au génitif en vertu de sa position. (Cf. Rémusat, *Gramm. chin.* § 79.)

5° Et ceci est bien plus grave, M. P., oubliant que le génitif doit toujours précéder le mot avec lequel il est en construction (cf. Rémusat, *Gramm. chin.* § 79), a été chercher le mot 死 *sse*, « mourir, » qui commence le membre de phrase suivant, et en a fait le génitif « du défunt » (les vertus du défunt). Pour traduire : « les « vertus du défunt, » il faudrait qu'il y eût en chinois : 死者之德 *sse-tche-tchi-te*, mot à mot : « du défunt-les vertus. »

105.

喪禍之家。人莫就食。

S. J. : « Dans une maison où quelqu'un vient de mourir, personne « ne prend de nourriture. »

M. Pauthier : « *Le chef de la famille qui a présidé aux funérailles* « ne prend aucune nourriture. »

海上絲綢之路文獻集成 科技與文化編

1° Il a réuni ensemble le dernier mot 家 *kia*, « maison » (qui est au cas locatif, « *dans* la maison ») du premier membre de phrase, et le premier mot du second 人 *jin*, « hommes » (qui est au nominatif), et il en a formé le mot 家人 *kia-jin*, expression qu'il traduit par « le chef de famille, » quoiqu'elle ne signifie que « domes-« tique » (famulus), et cela en style moderne.

2° Les mots 喪禍 *sang-ho*, signifient : « malheur qui résulte « de la mort ; » M. P. les rend par le mot « funérailles, » auquel il ajoute le verbe « présider à » dont le texte n'offre aucune trace.

3° En réunissant le nominatif 人 *jin*, « hommes, » au mot 家 *kia*, « dans la maison, » qui précède, il a fait disparaître cette idée que *personne* de la maison où quelqu'un est mort ne prend de la nourriture, littéralement : « homines non adeunt, *id est* non tangunt « cibos, » et s'est imaginé que le chef de la famille (le père) seul s'imposait cette privation.

106.

殯葬之後。復常無諱。

S. J. : « Après les funérailles, ils reprennent leurs habitudes. Ils ne « célèbrent point l'anniversaire de la mort (de leurs parents). »

M. Pauthier : «..... *Il est d'un usage constant de ne pas renvoyer* ceux « qui ont accompagné, etc. »

Reprendre ses habitudes, c'est recommencer à prendre de la nourriture.

1° M. P. traduit les mots 復常 *fo-tchang*, « reprendre ses habi-« tudes, c'est-à-dire recommencer à manger, » par « il est d'un usage « constant. »

2° Suivant le dictionnaire bouddhique *Tseng-tsie-tchi-in* (fol. 17 *v*.), le mot 諱 *hoeï*, a quelquefois le sens de 忌辰 *ki-chin*, « jour « anniversaire de la mort (des parents). » (Voyez *Khang-hi*, au mot synonyme 忌日 *ki-ji*, et Gonçalvez, *Dict. port. chin.*, au mot *anniversario*.)

Il rend les mots 無諱 *wou-hoeï*, « ne pas avoir de jour anni-« versaire de la mort, » par « ne pas (無 *wou*) renvoyer (諱 *hoeï !*) « ceux qui ont accompagné, » etc.

12

107.

諸有送死。以爲不潔。

咸于郭外浴而後八。

S. J. : « Ceux qui ont assisté aux funérailles sont regardés comme « impurs. On ne les reçoit qu'après qu'ils se sont tous baignés hors « des murs de la ville. »

Mot à mot : « Après qu'ils se sont tous baignés, ils entrent. »

M. Pauthier : « *Il est d'un usage constant de ne pas renvoyer* (voyez « plus haut, § 106) ceux qui ont accompagné le mort dans ses funé- « railles, et qui, par cela même, sont considérés comme impurs, sans « *leur faire* à tous *prendre un bain* hors de *l'endroit où le mort a été* « *enterré;* après quoi, *ils rentrent chacun chez eux.* »

1° M. P. a confondu les quatre derniers mots de la phrase précédente, qu'il n'a pas entendus, avec les premiers mots de celle-ci.

2° Le verbe 浴 *yo*, étant précédé de *hien*, « tous, » signifie ici « se « baigner, » et non « baigner quelqu'un. » Pour le traduire activement ou lui donner le rôle d'un verbe causatif « faire prendre un bain « à, c'est-à-dire faire baigner quelqu'un, » il faudrait qu'il fût suivi du pronom relatif 之 *illos*. Cette règle de syntaxe ne souffre point d'exception.

3° L'expression 郭外 *kouo-waï*, signifie : « en dehors des murs « extérieurs, » et non « hors de l'endroit où le mort a été enterré. »

4° Le mot 八 *ji*, « entrer, » ne veut pas dire ici « ils entrent chez eux, » mais « ils entrent, » c'est-à-dire ils sont admis, reçus dans la maison du défunt dont les parents les regardaient comme impurs avant qu'ils eussent pris un bain.

108.

至于年耆壽耄。死期將致。

嬰累沉痾。生崖恐極。
猒離塵俗。願棄人閒。

S. J. : « Quant aux vieillards accablés d'années dont la fin « approche, lorsqu'ils se sentent réduits à une faiblesse extrême ou « atteints d'une maladie grave, et craignent d'être arrivés à la der« nière limite de la vie, ils se dégoûtent et s'éloignent du monde, et « désirent quitter la société des hommes. »

M. Pauthier : « Quand les Indiens *arrivent à* l'âge de *soixante ans* « ou à *soixante et dix et quatre-vingts*, et que la mort est attendue à « chaque instant, le temps fixé de la vie paraissant écoulé, l'homme « *retombe en enfance* et s'affaisse sous le poids des infirmités. Arrivé « sur *le bord de la vie*, à une époque *où les craintes sont portées à* « *l'extrême*, il se résigne à quitter le monde, à se séparer de sa « poussière. *Il est d'usage* qu'il désire être rejeté du milieu des « hommes.... »

1° Les mots 至于 *tchi-iu*, signifient ici « quant à, pour ce qui « regarde (*quoad*, *quod attinet*), » et non « arriver à (l'âge, etc.) »

2° Les quatre mots 年耆壽耄 *nien-khi-cheou-mao*, désignent d'une manière générale des vieillards très-avancés en âge, sans indiquer trois âges déterminés, comme l'a cru M. P.

C'est ce que montre clairement le membre de phrase suivant : « lorsque l'époque, le moment de la mort va bientôt arriver. » Ces expressions ne pourraient que dans un cas exceptionnel s'appliquer à un homme de soixante ans.

Les mots 至于年耆壽耄 *tchi-iu-nien-khi-cheou-mao*, me paraissent signifier : « quoad homines annis graves et longa ætate « vel senio confectos. » Je regarde les mots 年 *nien*, et 壽 *cheou*, « années et longévité, » comme placés ici au cas instrumental, et les mots 耆 *khi*, 耄 *mao*, comme des adjectifs avec lesquels ils sont en construction, et dont ils sont le complément.

3° M. P. a séparé les deux mots 死期 *sse-khi*, littéral. « de la « mort l'époque précise ; » il a traduit le premier par « la mort, » et le second par « le temps fixé de la vie. » Il a ajouté les mots « parais« sant écoulé, » qui ne se trouvent point dans le texte.

4° Le mot 嬰 *ing* seul veut dire ordinairement « enfant ; » mais lorsqu'il est joint au mot 累 *louï*, ce composé signifie « faiblesse, « affaiblissement physique, être faible, affaibli. » (Voy. le Dict. de Khang-hi, au mot 嬰 *ing*, clef 38, fol. 65 *v*. ligne 14.)

M. P. traduit : « l'homme *retombe en enfance !* »

5° Les mots 沉 痾 *tch'in-'o* signifient « être gravement malade. » M. P. a rendu comme verbe, l'adverbe *tch'in*, « profondément, » et comme substantif le verbe *'o*, « être malade » : « il s'affaisse sous le « poids des infirmités. » Pour traduire ainsi, il faudrait que *'o* 痾 fût au locatif et placé devant *tch'in* 沉 ; mais quand ce dernier mot est verbe, il signifie *s'enfoncer dans l'eau*.

6° M. P. a traduit les mots 生 崖 *sing-yaï*, « les limites, les « bornes de la vie, » par « le bord de la vie, » expression qui signifie au contraire « le commencement de la vie. » Dans cette locution, le mot 崖 *yaï* (Dict. de Basile, 2,325) se prend pour 涯 *yaï* (Basile, 5,016) dans le sens de « terminus, » comme dans les mots 天 涯 *thien-haï*, « cœli terminus, » que cite le même dictionnaire. Le mot 涯 *yaï*, *vulgo* « rivage » (Basile, 5,016), se dit au figuré, suivant le Dict. de Khang-hi, de la dernière limite d'une chose ; puis on y cite à l'appui de cette définition, cette belle pensée du philosophe Tchoang-tseu : « Notre vie a des limites (*yaï*), mais notre faculté de « connaître n'en a pas. »

7° Il traduit les mots 恐 極 *k'ong-ki*, par « les terreurs sont « portées à l'extrême. » Cependant le mot 恐 *k'ong* est ici un verbe neutre et signifie « craindre que ; » le mot 極 *k'i*, « être arrivé au « faîte, au comble, » se rapporte uniquement aux mots 生 崖 *seng-yaï*, « les limites de la vie ; » littéral. « il craint que les limites de sa « vie ne soient arrivées à leur dernier point. »

8° Il rend passivement le verbe actif 棄 *khi*, « abondonner, » et lui donne le sens de « être rejeté de. » Dans l'expression 人 間 *jin-kien*, le second mot n'est pas ici un adverbe signifiant « au milieu de. » Les mots 人 間 *jin-kien* désignent ici « le monde ; » ils sont le régime du verbe 棄 *khi*, « abandonner. » (Cf. *Sse-ki*, histoire de *Lieou-heou*.) Ce sens est confirmé par cette définition d'un dictionnaire chinois-espagnol, « *este mundo* » (ce monde).

9° Il réunit 離 et 塵, et traduit « se séparer de la *poussière*. » Il n'a pas vu qu'il fallait lire 離 塵 俗 « quitter le monde » (Basile, n° 1680 : *tch'in-so*, seculi mores) ; on trouve *li-tch'in-so* 離 塵 俗 *quitter le monde*, dans le *P'eï-wen-yun-fou*, liv. XCXI, fol. 10.

10° Ce n'est pas tout. Il a empiété sur la phrase suivante et a rendu le mot 俗 *so*, qui avec 塵 *tch'in*, signifie « le monde, » par *il est d'usage* (qu'il désire d'être rejeté du milieu des hommes).

109.

稀遠世路。于是親

故知友。奏樂餞會。

S. J. : « Il s'éloigne des voies du siècle. Alors ses parents et ses « amis se réunissent et lui offrent un repas d'adieu, aux sons des « instruments de musique. »

M. Pauthier : « Il fuit *autant qu'il est possible* les voies du monde, « *même avec ses proches. C'est pourquoi il fait savoir* à ses amis qu'il « désire *les réunir* pour se réjouir avec eux *dans un festin.* »

M. P. a commis plusieurs fautes graves qui tiennent surtout à ce qu'il a mal ponctué ce passage.

1° Il a rendu par « autant que possible, » le mot 稀 *hi*, qui, joint à *youen*, forme le verbe composé 稀遠 *hi-youen*, « s'éloigner. » (Cf. Morrison, *Dict. chin.*, part. II, n° 3,289.)

2° Les six mots 于是親故知友。*iu-chi-thsin-kou-tchi-yeou*, signifient mot à mot : *iu-chi*, « sur cela, » c'est-à-dire « là-dessus, alors, » *thsin-kou*, « ses parents et ses anciens amis, » *tchi-yeou*, « ses connaissances et ses camarades. » M. P. divise l'expression 親故 *thsin-kou;* il rattache les mots *iu-chi-thsin*, à la phrase précédente, et les traduit : « *même* avec (于 *iu*) ses 是 *chi*) proches (親 *thsin*). »

Jamais 于 *iu*, n'a eu le sens de la préposition *avec*, dans la locution *avec* quelqu'un; jamais, non plus, le pronom démonstratif 是 *chi*, n'a été employé pour le possessif *son*, *sa*, *ses*.

3° Il commence un autre membre de phrase par le mot 故 *kou*, « anciens amis, » qu'il rend par « c'est pourquoi. »

4° Il change le mot 知 *tchi*, « ses connaissances, » en un verbe causatif, « il fait savoir à, » et lui donne pour régime direct le nominatif 友 *yeou*, « camarades, » qui forme avec 知 *tchi*, le mot composé 知友 *tchi-yeou*, « les connaissances et les camarades » (*noti et socii*).

Sur 親故 *thsin-kou*, « parents et anciens amis, » voyez le Dict. *P'eï-wen-yun-fou*, liv. LXVI *Hia*, fol. 41 *v*. Sur 知友 *tchi-yeou*, (*noti et socii*), voyez *ibid.* liv. LV, fol. 106 *r*.

5° Il rejette dans la phrase suivante les mots 奏樂 *tseou-yo* (*canere fistulis*).

6° Il rend les mots 餞會 *tsien-hoeï*, « se réunir pour donner « un repas d'adieu à une personne qui s'éloigne, » par « les réunir « pour se réjouir avec eux dans un festin. » Le lecteur remarquera que M. P. a regardé « l'homme qui veut quitter la vie, » comme le nominatif des verbes 餞會 *tsien-hoeï*, suivant lui : « il désire les « réunir, etc., » tandis que ces verbes, ainsi que 奏樂 *tseou-yo* (*canunt fistulis*), ont pour sujet les mots *thsin-kou*, *tchi-yeou*, « les « parents et les anciens amis, les connaissances et les camarades. »

110.

泛舟鼓棹。濟殑伽河。
中流自溺。謂得生天。

S. J. : « Il monte sur une barque que dirigent des rameurs, « traverse (en partie) le Gange et se noie au milieu du courant. Par « là, il croit devenir un dieu.

« Sur dix, on en voit un qui, etc. »

M. Pauthier : « A la suite duquel (festin), il se rend, *accompagné* « *par des instruments de musique*, au milieu du fleuve *King-kia* (le « Gange), et là, s'abandonnant à son courant, il se noie dans ses « flots. On dit alors qu'il a conquis le *dixième ciel*. Il en est qui, etc. »

Il y a dans cette traduction une multitude de fautes graves.

1° Il a fait entrer dans cette phrase les mots 奏樂 *tseou-yo* (*canere fistulis*), qui appartiennent à la phrase précédente.

2° Il a construit l'adjectif 中 *tchong* (*medius*), avec le mot 河 *ho*, « fleuve, » qui termine le membre de phrase précédent, et en a fait l'adverbe « au milieu. »

3° Il a rendu le mot 濟 *tsi*, « traverser une rivière, » par « se « rendre dans. »

4° Par suite du déplacement de l'adjectif 中 *tchong* (*medius*), il a rendu le substantif 流 *lieou*, « le courant, » par « s'abandonner à « un courant. » L'expression 中 流 *tchong-lieou*, est, par sa position, au cas locatif, et doit être traduite par « *in medio flumine.* »

5° Il a construit le mot 十 *chi* (dix), du § 111, avec le 天 *thien* (ciel), qui termine le membre de phrase précédent, et a traduit les mots 天 十 *thien-chi*, par « le dixième ciel ! » Cette faute contre la règle de position, est extrêmement grave, car les nombres cardinaux (1, 2, 3, etc.) et les nombres ordinaux (1er, 2e, 3e, etc.), se mettent constamment devant les substantifs auxquels ils se rapportent.

En style ancien comme en style moderne, les nombres ordinaux sont toujours précédés de la particule 第 *ti*, qui a le même rôle que *us* dans prim*us*, secund*us*, etc. C'est ainsi qu'on trouve dans notre auteur, liv. XI, fol. 7 *r*. 第 一 百 年 *ti-i-pe-nien*, « la centième « année. » Pour traduire : « le dixième ciel, » il faudrait deux choses : 1° que le mot *dix* fût placé avant *ciel*; 2° que le mot *dix* fût précédé de la particule ordinale 第 *ti*, et qu'il y eût : 第 十 天 *ti-chi-thien*. (Cf. Rémusat, *Gramm. chin.* § 117.) Enfin l'auteur eût employé un autre mot que 生 *seng* (naître), s'il eût voulu exprimer la pensée que donne M. P. Mais il ne s'agit nullement du *dixième ciel*. L'expression 生 天 *seng-thien*, est employée par ellipse, pour 生 天 上 « naître dans le ciel, obtenir la vie des dieux. » (Conf. *San-t'sang-fa-sou*, liv. XXII, fol. 18 *v*.) « Lorqu'un homme « (*ibid.* fol. 19 *r*.) commence à *naître au ciel* (c'est-à-dire à deve- « nir un dieu), une lumière brillante voile son corps comme un « vêtement, etc. »

111.

十有其一。未盡鄙見。
出家僧衆。制無號哭。
父母亡喪。誦念酬恩。

愼終追遠。寃資冥福。

S. J. : « Sur dix, il s'en trouve un qui, n'ayant pas entièrement « renoncé à la vie, quitte sa famille, et se met au nombre des reli- « gieux dont la règle exclut les cris et les lamentations. »

« Si son père ou sa mère viennent à mourir, il récite des prières « pour les remercier de leurs bienfaits, il leur rend les derniers « devoirs et leur offre des sacrifices funèbres. Par là il leur procure « sûrement le bonheur de l'autre vie.

M. Pauthier : « Il en est qui, ne paraissant pas *avoir épuisé toutes « les humiliations, toutes les conditions méprisées de la vie*, sortent de « leurs familles, se font admettre dans la foule des religieux boud- « dhiques, *sans titres honorifiques*, pour y *déplorer hautement* la perte « d'un père ou d'une mère, en récitant, *à haute voix et avec mesure*, « *les louanges de celui qui leur a accordé un tel bienfait*, en *éloignant* de « *leur esprit tous les soucis du monde, jusqu'à ce qu'ils trouvent*, à la « *fin, les biens réels dans une félicité obscure*. »

Cette traduction est encore plus inexacte que celle des § 108, 109.

1° M. P. a inséré le mot 十 *chi* (dix), dans la phrase précédente, comme nous l'avons vu plus haut, et en a fait l'adjectif *dixième*, contrairement à la règle de position. Voyez § 110, 5°.

2° Il a passé le mot 一 *i* (un), dans la phrase : « sur *dix*, il s'en « trouve *un*. »

3° Les mots 未盡鄙見 *weï-tsin-pi-kien*, signifient : « qui « n'ont pas encore entièrement dépouillé les vues terrestres, » litté- « ralement « les vues grossières, » c'est-à-dire « qui n'ont pas encore « entièrement renoncé à la vie. » Il traduit : « ne pas avoir épuisé « toutes les humiliations, toutes les conditions méprisées de la « vie. »

4° Il a passé le mot 制 *tchi*, « la règle. »

5° Il a divisé en deux parties le mot composé 號哭 *hao-kho*, « crier et se lamenter, » et il a traduit la première syllabe 號 *hao* (crier), par « titres honorifiques ! »

6° Puis, empiétant sur la phrase suivante, il rend le verbe neutre 哭 *kho*, « pleurer, se lamenter, » qui forme la seconde syllabe de *hao-kho*, « crier et se lamenter, » par le verbe actif *déplorer*.

7° De cette façon, il prend les nominatifs 父 母 *fou-mou*, « le « père et la mère, » pour deux génitifs, et le verbe neutre composé 亡 喪 *wang-sang*, « mourir, » pour le substantif « mort. »

8° Ensuite il fait régir ce substantif par le verbe neutre 哭 *k'o*, qu'il a rendu activement : « déplorer la mort ! » L'expression 號 哭 *hâo-kho* se retrouve, avec le sens que nous lui donnons, dans le *Sse-ki*, Biogr. de *Sun-tchi* : « Tseu-sang étant mort, le peuple de Tching se livra aux cris et aux lamentations. » 號 哭 *hâo-kho*.

Nous avons vu plus haut (conf. § 98), que les séculiers qui viennent de perdre un parent, poussent des cris et des lamentations. Ces bruyantes démonstrations de douleur sont interdites aux religieux.

9° Sous ce rapport, M. P. s'est encore trompé, puisqu'il s'imagine que les hommes dont parle l'auteur, embrassent la vie religieuse pour « déplorer la perte de leur père et de leur mère. »

10° Les mots 誦 念 *song-nien* signifient « réciter des prières » (conf. Dict. de Basile, n° 10,090), il traduit : « réciter, à haute voix et « avec mesure, les louanges. »

11° Il traduit les mots 酬 恩 *tch'eou-ngen*, « remercier quelqu'un « de ses bienfaits, » par « (Les louanges) de celui qui leur a accordé « un pareil bienfait. »

Il est évident qu'il s'agit ici des bontés que le père et la mère du religieux ont eues pour lui pendant leur vie.

M. P. serait sans doute fort embarrassé de dire où il a trouvé l'idée de *louanges*, et ce qu'il entend par « celui qui leur a accordé un « pareil bienfait. »

12° Il passe le mot 追 *tchouï*, « poursuivre, remonter à, « et fait le verbe actif « éloigner, » de l'adjectif 遠 *youen*, « éloigné, » régime direct du verbe 追 *tchouï*.

Les mots du *Lun-yu* (liv. I, § 15) 追 遠 *tchouï-youen*, « remonter à ceux qui sont éloignés, » signifient, suivant les commentateurs, « offrir des sacrifices à ceux qui sont morts depuis longtemps. » Ces deux mots et les deux suivants : 愼 終 *chin-tchong*, sont tirés du *Lun-yu* de Confucius (*ibid.*), mais ils se trouvaient transposés dans le texte de *Hiouen-thsang*. Il faut lire : 愼 終。追 遠 *chin-tchong, tchouï-youen* (au lieu de *tchouï-youen, chin-tchong*), « donner « tous ses soins aux funérailles, » littéralement : « à ceux qui sont « morts, et leur offrir, longtemps après, des sacrifices funèbres. »

13° Il a divisé en deux la locution 愼終 *chin-tchong* (*Lun-iu*, liv. I, § 15), « donner tous ses soins aux morts » (c'est-à-dire, suivant le commentaire de *Tchou-hi*, « rendre les derniers devoirs à « ses parents, avec tout le soin convenable »), et il a traduit le verbe neutre 愼 *chin*, « donner toute son attention à, » par « les soucis « du monde ! »

14° Il a fait régir ce substantif *soucis*, par l'adjectif 遠 *youen*, « éloigné » (voyez 12°), dont il a fait le verbe actif « éloigner. »

15° Il à fait un adverbe du substantif 終 *tchong*, « morts (les pa- « rents), qui est le régime du verbe 愼 *chin*, « *diligenter attendere* « *rei*, » et il traduit : « jusqu'à ce qu'ils trouvent *à la fin*. »

16° Il a suppléé sans motif les mots « jusqu'à ce qu'ils trouvent, » dont le texte n'offre aucune trace.

17° Il a pris l'adverbe 寔 *chi*, « en réalité, » qui commence le dernier membre de phrase, pour l'adjectif « véritable. »

18° Il a rendu le verbe 資 *tse*, « donner, procurer » (conf. Dict. *Tseu-weï*) par le mot « richesses. »

19° Il a fait régir les mots « les véritables richesses, » par le verbe actif « trouver, » qui n'existe pas dans le texte. Il n'a pas vu que le mot 資 *tse* est, par sa position, un verbe actif qui a pour régime les mots 冥福 *ming-fo*, mot à mot : 寔 *chi*, « véritablement, » 資 *tse*, « ils procurent à leurs parents » (par ces prières et ces sacrifices funèbres), 冥福 *ming-fo*, « le bonheur de l'autre monde. »

20° Le mot 冥 *ming* n'est point ici comme l'a cru M. P. l'adjectif du mot 福 *fo*, « félicité ; » c'est un substantif signifiant : *the invisibile state of departed spirits*, *Hades*. Morr. *Dict. chin.*, part. II, n° 7,723. Conf. Gonçalvez, *Dict. port. chin.* au mot *mundo* (*outro*).

21° M. P. traduit 冥福 *ming-fo*, par « dans une félicité « obscure. » Sans m'arrêter de nouveau à la manière dont il a traduit 冥福 *ming-fo*, je ferai observer que si ces deux mots eussent été par leur position au cas locatif, et qu'ils eussent signifié par impossible : « dans une félicité obscure, » ils auraient été placés devant un verbe, le verbe *trouver*, par exemple, s'il eût existé dans le texte. En chinois, les mots qui expriment le temps, le lieu, se mettent toujours devant un verbe, lorsqu'on les emploie sans prépositions. Pour les placer après un verbe dont ils sont le complément indirect, on les fait précéder d'une des prépositions 於 *iu*, 于 *iu*, 乎 *hou*, qui signifient « dans. »

112.

政教既寬。機務亦簡。

戶不籍書。人無傜課。

S. J. : « Les règlements administratifs étant très-bienveillants, les « affaires de l'état sont peu compliquées. Les familles ne sont point « portées sur des registres civils, les hommes ne font point de cor- « vées. »

M. Pauthier n'a rien compris à tout ce passage : « Quant à la « direction de l'enseignement, il y a de grands établissements d'ins- « truction publique, et cependant, même dans les plus grands de ces « établissements, on ne fait point usage de *livres*. Les habitants ne « payent point d'impôts *pour les écoles*. »

1° L'expression 政教 *tching-kiao*, « de l'administration-les « instructions, » signifient litt. « les instructions administratives, » c'est-à-dire les règlements que publie le gouvernement pour maintenir le peuple dans le devoir ou le ramener au bien. M. P. n'a pas compris le sens de ces deux mots, qu'il rend par « direction de l'en- « seignement. »

2° Il a encore oublié la règle invariable qui veut que, lorsque deux noms sont en construction, le terme antécédent (le nominatif) se place après le terme conséquent (le génitif) (cf. Rémusat, *Gramm. chin.* § 79), et il traduit : « la direction (政 *tching*) de l'enseigne- « ment (教 *kiao*), » au lieu de : « les instructions (教 *kiao*) de l'ad- « ministration (政 *tching*). »

3° Il rend le mot 寬 *kouan*, « être indulgent, être bienveillant, » par « de grands établissements ! »

4° Il traduit les mots 機務 *ki-wou*, « affaires du conseil d'état » (Morrison, *Dict. chin.*, part. II, n° 5272) par : « on s'efforce de donner « de l'instruction à la jeunesse ! »

5° Il construit le mot 簡 *kien*, « être abrégé, être peu compli- « qué, » qui finit un membre de phrase, avec le mot 戶 *hou*,

« famille, » qui commence le suivant, et il traduit : « dans les plus « grands (簡 *kien !*) de ces établissements (戶 *hou*) ! »

6° Il rend les mots 籍 書 *tsi-chou*, « être inscrit (書 *chou*) sur un registre (籍 *tsi*), » par « faire usage de livres d'étude ! » On voit qu'il a pris le mot 籍 *tsi*, « registre, » pour le mot 藉 *thsie* (Basile, n° 9262), « se servir pour un temps. » De cette manière, il a pris les mots 籍 書 *tsi-chou*, « sur un registre-être inscrit, » pour les mots 藉 書 *thsie-chou*, selon lui « se servir de livres, » locution qui n'existe pas en chinois. On dirait 用 書 *yong-chou*, *uti libris*. D'après sa position, le mot 書 *chou* est ici verbe passif et signifie « être écrit, être inscrit. » Le mot 籍 *tsi*, étant placé avant 書 *chou*, « être inscrit, » se trouve au cas locatif, « *sur* un « registre, *dans* un registre. » Le sens que je donne ici au mot 籍 *tsi* se trouve dans tous les dictionnaires. Basile, n° 7634 : « *registrum in* « *quo plebis nomina scribuntur* ; » Gonçalvez (*Dict. port. chinois*) : « liste de la population. »

De plus, M. P. suppose, sans le moindre scrupule, que *dans les grands colléges de l'Inde on ne faisait point usage de livres d'étude !* Il oublie qu'il a cité (voyez le cahier de décembre 1839, pag. 465 et suiv.) les ouvrages que les Indiens étudient.

7° Il passe le mot 徭 *yao* de l'expression *yao-kho* 徭 課 « corvées » (travail gratuit et forcé, dû au roi par les hommes du peuple), et rend le mot 課 *k'o* par « taxes pour les écoles. » Voici l'origine de cette erreur étrange. Le mot 課 *k'o* signifie quelquefois « le devoir, la tâche que le maître donne en classe à ses écoliers ; » Morrison (*Dict. chin.*, part. II, n° 6442) : « *a duty or TASK imposed at school.* » C'est évidemment dans cette définition anglaise du mot 課 *k'o* que M. P. a découvert le sens de *TAXES pour les écoles*. Il a pris le mot *TASK*, « tâche » (en latin, *pensum*), pour le mot anglais TAX, « taxe. » Les mots *imposed at school*, « (devoir) imposé en classe, « à l'école, » auraient dû l'avertir, ce semble, qu'il ne s'agit point ici d'*impôts pour l'entretien des écoles*. Cette idée s'exprimerait tout autrement en anglais, soit par *school-tax*, soit par *a tax for the support* ou *for the maintenance of schools*.

113.

二以封建輔佐宰臣。

S. J. : « La seconde partie (des revenus des domaines royaux) sert « à constituer des fiefs aux ministres et aux membres du conseil « d'état. »

M. Pauthier : « La seconde est *assignée en jouissance* aux ministres « et aux autres grands fonctionnaires de l'état, pour *les aider* (à « occuper dignement leur emploi). »

1° Il n'a pas compris l'expression 封建 *fong-kien*, « établir un « fief en faveur de quelqu'un. »

2° Il a rendu le substantif composé 輔佐 *fou-tso*, « ministre » (Gonçalvez, *Dict. port. chin.* « ministro de estado »), par le verbe « aider. »

114.

三賞聰睿碩學高才。

S. J. : « La troisième partie (de ces revenus) *sert à récompenser* les « hommes doués d'une rare intelligence, d'un savoir solide ou de « talents élevés. »

M. P. Il traduit : « La troisième est *donnée en jouissance* aux hommes « qui ont des lumières supérieures, qui sont doués d'une intelligence « profonde, et qui, par leurs études et leur savoir, ont acquis des « talents sublimes. »

M. P. ayant trouvé le sens de « *oblectari, to take pleasure in,* » parmi les différentes significations de 賞 *chang*, « récompenser, » l'a rendu par « être donné en jouissance. » Il paraît ignorer que ce mot signifie toujours « récompenser, » lorsque, comme ici, il a pour régime un nom de personne, et qu'il ne signifie « jouir de, prendre plaisir à

« une chose, » que lorsqu'il est suivi d'un nom de chose. Ainsi l'on dit 賞花 *chang-hoa*, « jouir de la vue des fleurs » (conf. Dict. de Basile, n° 10,478), et 賞月 *chang-joueï*, «jouir de la vue de la lune» (Dict. *P'eï-wen-yun-fou*, liv. XCV, fol. 28).

Sa traduction n'est qu'une paraphrase dont plusieurs parties manquent d'exactitude.

1° Il emploie deux lignes pour rendre le mot composé 聰睿 *thsong-jouï*, « intelligent, perspicace, » c'est-à-dire doué de grandes lumières.

2° Il fait dépendre la troisième expression 高才 *kao-thsaï*, littéralement « talents élevés, » de la seconde 碩學 *chi-hio*, « savoir solide, » qui s'applique à un genre de mérite particulier.

3° Il prend le mot 才 *thsaï* pour les *talents* qui sont le fruit de l'étude. Ce mot chinois désigne les talents naturels de l'homme, *innatæ ingenii dotes*. Ici l'expression 高才 *kao-thsaï* signifie « les « hommes doués de talents élevés, distingués, » et non « des talents « distingués. » C'est le mot 賞 *chang*, « récompenser, » qui détermine ici cette nuance. De même, l'expression 碩學 *chi-hio* doit se prendre adjectivement. Elle signifie : « doué d'un savoir « solide. »

110.

四樹福田。給諸異道。所
以賦斂輕薄。傜稅儉省。

S. J. : « La quatrième partie (de ces revenus) sert à cultiver le « champ du bonheur, et à donner des aumônes aux hérétiques. C'est « pourquoi les impôts sont légers, les corvées et les taxes sont très- « modérées. »

M. Pauthier n'a pas compris un mot de tout ce passage, dont il a coupé en deux la dernière phrase pour commencer son paragraphe XV. Il traduit : « La quatrième est destinée à *procurer du* « *bien-être à la foule de ceux* qui ont reçu ces mêmes propriétés pour « les faire valoir ; *manière d'agir bien différente* de celle de ces hommes « qui se livrent à toutes sortes d'exactions. »

XV. DES IMPOTS ET CHARGES PUBLIQUES.

M. P. « Les charges publiques, les impôts fonciers que les habitants « sont obligés de payer, sont très-modérés dans *les provinces.* »

Suivant le dictionnaire bouddhique *San-thsang-fa-sou* (liv. VII, fol. 22 à 24), l'expression « planter ou cultiver le champ du bonheur » signifie faire de bonnes œuvres; par exemple, offrir aux dieux toutes sortes de parfums, parer richement leurs statues, faire résonner en leur honneur une musique harmonieuse : voilà pour les riches. Les pauvres peuvent se contenter de témoigner du respect à Bouddha, aux trois Précieux, aux religieux, à leurs père et mère. Par là on obtient le bonheur, de même qu'en cultivant un champ avec ardeur, on obtient une abondante récolte. (Cf. *ibid.*, liv. XI, fol. 20 *v.*)

1° M. P. divise en deux l'expression 福田 *fo-thien*, « champ « du bonheur ; » il met un repos après 福 *fo*, « bonheur, » et traduit : 樹福 *chou-fo*, « procurer du bien-être ! »

2° Contrairement à la règle qui veut que le verbe actif précède son régime, il considère le mot 田 *thien*, « champ, » seconde syllabe du mot 福田 *fo-thien*, « champ du bonheur, » comme le régime du verbe 給 *ki*, « faire des aumônes, » qui commence le membre de phrase suivant, et traduit : « (procurer du bien-être) A « LA FOULE de ceux qui ont REÇU ces mêmes *propriétés territoriales* « pour les faire valoir. »

3° Il isole le mot 諸 *tchou*, qui correspond ici à l'article *les*, et qui est toujours suivi d'un substantif (comme en cet endroit, les *hérétiques*), et le rend par « la foule de ceux qui. »

4° Il rend le mot 給 *ki*, « faire des dons, des aumônes, » par « qui ONT REÇU ! »

5° Il ajoute les mots : « pour les faire valoir, » dont le texte n'offre aucune trace.

6° Il rend les mots 異道 *i-tao*, « les hérétiques, » par « manière « d'agir bien différente de celle de ces hommes qui, etc. »

7° Il ne tient aucun compte des mots 所以 *so-i*, « c'est pour- « quoi. »

8° Il rend les mots 賦斂輕薄 *fou-lien-king-po*, « les

« impôts sont légers, » par : « ces hommes qui se livrent à toutes « sortes d'exactions ! »

9° Il divise en deux l'expression double 儉省 *kien-seng*, « modéré, » qui se compose de 儉 *kien*, « ménager (adj.), » et de 省 *seng*, « économe, » et traduit : « (les impôts) sont modérés « (儉 *kien*) dans les PROVINCES (省 *seng*)!!! » Le mot 省 *seng* veut dire quelquefois « province, » mais il faut qu'il soit précédé d'un nom de pays. Ainsi l'on dit : 廣東省 *kouang-tong-seng*, « la « province de Canton. »

M. P. commet encore une faute grave contre la règle de position. Si, par impossible, le mot 省 *seng* eût signifié ici « DANS les pro- « vinces, » il eût été au cas locatif, et l'auteur l'aurait placé, en conséquence, au commencement de la phrase, avant les mots 賦斂 *fou-lien*, « les impôts. »

116.

各安世業。俱佃口分。

S. J. : « Chacun conserve l'héritage de ses pères ; tous cultivent « la terre pour se nourrir. »

M. Pauthier : « Chacun, *dans les temps de paix et de tranquillité*, est « suffisamment pourvu dans ses besoins par la culture des terres. »

M. P. n'a pas vu que le mot 安 *ngan* est ici le verbe neutre « res- « ter dans » (*to remain in*, Morrison, *Chin. Dict.*, n° 2834) ; il en a fait le substantif « paix, tranquillité, » et a rendu l'adjectif 世 *chi*, « héréditaire, » par le mot « temps. »

2° Il a rendu le mot 業 *nie*, « propriété, » par « suffisamment. »

3° Il a traduit 俱 *kiu*, « tous, » par « pourvu (dans ses besoins). »

4° Il a laissé de côté les quarante mots suivants :

假種王田。六稅其一。

商賈逐利。來往貿遷。

津路關防。輕稅後過。

國家營建。不虛勞役。
據其成功。酬之價直。

« Ils empruntent des semailles aux champs du roi et payent en « tribut la sixième partie de leur récolte. Les marchands qui pour-« suivent le gain, vont et viennent pour leur négoce. Aux gués des « rivières, aux barrières des chemins, on passe après avoir payé une « légère taxe. Lorsque le roi construit un édifice, il n'oblige pas ses « sujets à travailler gratuitement. Il leur donne un juste salaire, pro-« portionné au travail qu'ils ont fait. »

117.

鎮戍征行。宮廬宿衛。

S. J. : « (Les soldats sont chargés de) défendre les frontières ou « d'aller combattre les ennemis ; d'autres montent la garde, pendant « la nuit, dans les postes du palais. »

M. Pauthier traduit : « Lorsqu'on entreprend une campagne pour « marcher contre les *barbares*, les palais, les chaumières, tous les « lieux de stations sont employés à loger les troupes, *s'ils sont reconnus* « *propres à cet usage.* »

1° Il a pris le mot 戍 *chou*, « garder les frontières, » pour le mot 戎 *jong*, « barbares, » et il a traduit les mots 鎮戍 *tching-chou*, « fines tueri, » par « entreprendre une campagne contre les « barbares ! »

2° Il fait des mots 宮廬 *kong-liu* les deux nominatifs « palais » et « chaumières. » Cependant le premier est au génitif et le second au locatif. Ils signifient littéralement : « dans les postes ou corps de « garde du palais. » (Cf. § 55.)

3° Il rend le verbe 宿 *so*, « passer la nuit, » par les mots « lieux « de stations, » et le verbe 衛 *wei*, « protéger, monter la garde, » par « loger des troupes. »

14

4° Il déplace les deux mots 量事 *liang-sse*, littéralement « mesurer les choses, » qui appartiennent à la phrase suivante, et les rend par : « s'ils sont reconnus propres à cet usage ! »

118.

量事招募。縣償待入。

S. J. : « On lève des soldats suivant les besoins du service ; on leur « promet des récompenses et l'on attend qu'ils viennent d'eux- « mêmes. »

M. Pauthier : « *S'ils* (les lieux de stations) *sont reconnus propres à* « *cet usage* (c'est-à-dire à loger des troupes), on appelle aux armes les « divers *districts*, ou bien on leur permet *d'attendre l'issue de la* « *campagne* et *de rentrer dans l'intérieur*. »

Le mot 縣 *hiouen*, littéralement « suspendre en haut, » veut dire ici « montrer de loin, promettre. »

1° M. P. n'a pas entendu un mot de ce passage. J'ai signalé plus haut (§ 117, n° 4) son étrange version des mots 量事 *liang-sse*, qui veulent dire ici : « suivant les besoins DU SERVICE. » Ce qui suit est encore plus grave. Il a confondu deux membres de phrase séparés, et a pris le verbe 縣 *hiouen*, « suspendre en haut, » c'est-à-dire promettre, pour le substantif 縣 *hien*, « district » (qui s'écrit de même). Il en a fait le régime direct des verbes 招募 *tchao-mou*, « lever des troupes, » qui forment un sens complet, et a traduit : « appeler aux armes LES DISTRICTS ! »

2° Il a passé le mot 償 *tch'ang*, « récompenses, » régime direct du verbe 縣 *hiouen*, « suspendre en haut, promettre, » dont il a fait le mot « district. »

3° Le mot 待 *taï* veut dire que le roi *attend* que les soldats s'enrôlent d'eux-mêmes (littéralement « entrent » 入 *ji*) et ne les prend point de force. M. P. a supposé que ce mot se disait des soldats qui ATTENDENT *l'issue de la campagne*.

4° Il rend le mot 入 *ji*, « entrer, » c'est-à-dire s'enrôler, par : « rentrer dans l'intérieur. »

119.

宰牧輔臣。庶官僚佐。
各有分地。自食封邑。

S. J. : « Les gouverneurs, les ministres, les magistrats et les « employés reçoivent chacun une certaine quantité de terres. Ils « consomment seuls les revenus de leurs domaines. »

M. Pauthier divise ce passage en deux, et commence son paragraphe XVII par la seconde phrase; il traduit : « (Rentrer dans « l'intérieur) pour *aider* les ministres et la foule des magistrats, ainsi « que ceux qui *les assistent* dans l'accomplissement de leurs devoirs.»

XVII. PROPRIÉTÉS TERRITORIALES, ETC.

« Chaque Indien a une portion de terre avec laquelle il pourvoit à « sa nourriture et à son entretien. On donne des cités en apanages. »

1° M. P. passe les mots 宰 牧 *tsaï-mou*, « les gouverneurs. »

2° Il rattache le nominatif 輔 臣 *fou-tch'in*, « les ministres, » à la phrase précédente où il parle *de soldats qui rentrent dans l'intérieur;* puis, divisant le mot composé 輔 臣 *fou-tch'in*, « ministres, » il traduit la première syllabe, 輔 *fou*, par « aider, » et la seconde 臣 *tch'in*, par « les ministres. »

3° Il prend le nominatif 庶 官 *chou-kouan*, « les magistrats, » pour des accusatifs qu'il fait régir par son verbe 輔 *fou*, « aider, » lequel mot est simplement la première syllabe du nominatif 輔 臣 *fou-tch'in*, « ministres. »

4° Il a divisé en deux l'expression composée 僚 佐 *lia-tso*, « les employés; » il traduit la première syllabe 僚 *liao* par le mot « devoirs, » et le mot 佐 *tso* (seconde partie du mot 僚 佐 *lia-tso*, « un employé »), par le verbe « assister. » M. P. « ceux qui les « *assistent* dans leurs *devoirs*. »

5° Il coupe en deux la phrase : « Les gouverneurs, les ministres,

« les magistrats, les employés, *ont chacun une certaine quantité de* « *terres.* »

6° Il finit un paragraphe au mot « les employés » (mot composé qu'il traduit par « ceux qui les assistent dans leurs devoirs »).

7° Ensuite il commence son § XVII aux mots : « chacun a ou reçoit « une certaine portion de terres, » qui font partie de la phrase précédente.

8° Il confond ensemble deux membres de phrase séparés, et rattache les mots 自 食 *tseu-chi*, « ils mangent, ils consomment eux-« mêmes, » aux mots 分 地 *fen-ti*, « terres réparties. » « *Unus-*« *quisque*, dit-il en note, *habet partitam terram AD SEIPSUM NU-*« *TRIENDUM.* » Les mots 自 食 *tseu-chi*, « ipsi comedunt, » ne peuvent signifier « se nourrir soi-même ; » ils ont pour régime les mots 封 邑 *fong-i*, que j'explique plus bas.

9° Il a commencé une phrase par les mots 封 邑 *fong-i*, « terres « données en fief, » qui sont le régime direct des deux mots précédents 自 食 *tseu-chi*, « ils consomment eux-mêmes, c'est-à-dire « seuls, les revenus des terres qui leur sont données en fiefs. » Littér. « *ipsi comedunt terras jure beneficiario mancipatas.* » Il traduit : « on donne *des cités* en apanage. »

10° Le mot 邑 *i*, ne veut pas dire ici « des cités, » mais « terres « données aux magistrats. » Il est synonyme de 采 地 ou 埰 地. (Cf. *Khang-hi*, clef 163, et Morrison, part. II, n° 10,411.)

120.

風 壤 旣 別。地 利 亦 殊。
花 艸 果 木。雜 種 異 名。

S. J. : « Comme les climats et les qualités du sol sont fort différents, les productions de la terre offrent aussi une grande variété. « Les plantes à fleurs et les arbres à fruits diffèrent autant par leurs « espèces que par leurs noms. »

M. Pauthier n'a presque rien compris à ce passage qui est cependant d'une clarté extrême ; il traduit : « On *distribue* des *terres*, *à condition* « de *partager* les produits du sol, *y compris même* les fleurs, les

« **herbes, les fruits et les arbres de toute nature.** *Les produits du sol* « **sont très-variés ; ils portent différents noms,** *tels que*, etc. »

1° Il passe le mot 風 *fong*, « vent, » qui veut dire ici « climat. »

2° Il rend les mots 壤 別 *jang-pie*, « les sols (*jang*) sont différents (*pie*), » par « distribuer (別 *pie*) des terres (壤 *jang*). » Il ne fait pas attention que la position des mots s'oppose absolument à ce que le mot 別 *pie*, « être différent, » soit pris ici pour le verbe actif « distribuer, » gouvernant le mot 壤 *jang*, « sol » (le verbe doit précéder son régime). Du reste, jamais le mot 別 *pie* n'a signifié « distribuer. »

3° Dans le passage : « Les produits de la terre sont également différents, » il rend le mot 殊 *tchou*, « différent, » par « partager » (à condition de partager, etc.). C'est ici le lieu de répéter l'observation que nous avons faite plus haut, à l'occasion du mot 別 *pie*. La position du mot 殊 *tchou*, « être différent, » ne permet pas d'en faire un verbe actif et de lui donner pour régime direct le mot 利 *li* « profit, » c'est-à-dire produits du sol. J'ajouterai encore que le mot 殊 *tchou* n'a jamais, en chinois, le sens de « partager. »

4° Il ajoute « y compris même, » et fait régir les nominatifs 花 艸 *hoa-ts'ao*, « plantes à fleurs, », 果 木 *ko-mo*, « arbres à « fruits, » par le verbe actif *partager*, qui n'existe pas dans le texte.

5° Il n'a pas vu que, dans les mots 花 艸 *hoa-ts'ao* et 果 木 *ko-mo*, les mots 花 *hoa*, « fleurs, » et 果 *ko*, « fruits, » étaient pour ainsi dire des qualificatifs des mots *plantes* et *arbres*, et qu'il fallait traduire « plantes à fleurs, » c'est-à-dire plantes qu'on recherche pour leurs fleurs, et non « fleurs et herbes ; » « arbres à fruits, » et non « fruits et arbres. »

6° Il a commencé une nouvelle phrase par les mots 雜 種 *tsa-tchong*, « espèces variées, » 異 名 *i-ming*, « noms différents, » qui se rapportent aux quatre syllabes précédentes : « Les plantes à « fleurs, les arbres à fruits, sont d'espèces variées et ont des noms « différents. » Aussi, pour faire un sens, a-t-il été obligé d'ajouter : *les produits du sol*.

121.

凡厥此類。難以備載。見珍人世者。略舉言焉。

S. J. : « Il serait difficile de donner l'énumération complète de « toutes ces espèces de fruits; je vais citer sommairement ceux que « les hommes estiment le plus. »

M. Pauthier traduit : « Fruits dont il serait difficile *de déterminer* « l'espèce et la nature, mais *qui paraissent précieux et excellents* dans « leur genre. Les hommes de notre siècle en parlent avec beaucoup « d'éloges. »

1° Il a cru que les mots 備載 *pi-tsai*, « rapporter, énumérer « complétement, » signifiaient ici *déterminer* d'une manière scientifique à quelles espèces se rapportent ces fruits.

2° Il y a en chinois 見珍人世者。略舉言焉。 mot à mot : « ceux qui — sont estimés — dans la génération des « hommes, c'est-à-dire parmi les hommes, sommairement, je vais « les citer. »

M. P. a coupé cette phrase en deux, et a mis un point après 見珍 *kien-tchin*, « sont estimés. » Le mot 見 *kien* (*vulgo* voir) est ici une marque du passif. (Conf. Rémusat, *Gramm. chin.* § 173.) M. P. le rend par « paraître, » et il fait l'adjectif *précieux* du mot 珍 *tchin*, qui, par l'addition du mot 見 *kien*, est devenu le verbe passif « être estimé. »

3° Il a recommencé une phrase par les mots 人世者 *jin-chi-tche*, et, oubliant, comme à l'ordinaire, la règle du génitif, il prend le génitif 人 *jin*, « hominum, » pour un nominatif, et le mot 世 *chi*, « generatione » (qui est ici au cas locatif par position), pour un génitif, et il traduit : « les hommes du siècle, » au lieu de *in hominum generatione*, id est *ab hominibus*.

4° Il rapporte aux hommes le mot 者 *tche*, « ceux qui, » qui se rapporte aux *fruits*, et sert à rattacher le premier membre de phrase au second.

5° Il rend les mots 略舉言 *lio-kiu-yen*, « en abrégé, je vais « les citer et les nommer, » par : « les hommes du siècle en parlent « avec beaucoup d'éloges ! »

122.

至于棗栗椑杮。印度無聞。

S. J. : « Quant aux fruits du jujubier, du châtaignier, du kaki, ils « sont inconnus dans l'Inde. »

M. Pauthier : « Quant aux fruits du *tsao* (espèce de *cannarium*), « à la châtaigne, aux fruits *pi* et *chi*, *l'Inde n'en a jamais entendu* « *parler*. »

1° M. P. s'est trompé en prenant le fruit de l'arbre 棗 *tsao* (le jujubier) pour la datte. (Voyez les dictionnaires chinois de Basile et de Gonçalvez.)

2° Il fait deux arbres des mots 椑杮 *pi-chi*. Ces deux syllabes désignent une seule espèce d'arbre (le *kaki*). (Voyez l'*Encycl. japon.*, liv. LXXXVI., fol. 12.)

2° En chinois, jamais on ne personnifie les noms de pays. Les mots 印度 *in-tou*, « l'Inde, » qu'il met au nominatif, sont au locatif (*in India*); et les mots 無聞 *wou-wen*, « ne pas entendre parler de, » se rapportent, soit aux habitants de l'Inde, soit au voyageur Hiouen-ts'ang, et non à l'Inde *personnifiée*.

123.

梨柰桃杏蒲萄等果。迦溼彌羅國已來。往往間植。

S. J. : « Depuis que les deux espèces de poiriers *li* et *naï*, le pêcher, « l'amandier, la vigne et autres arbres à fruit, ont été apportés du « royaume de Cachemire, on les voit croître (litt. « plantés ») en tous « lieux. »

M. Pauthier : « La poire, la *prune*, la pêche, la *prune acide*, les « raisins et autres fruits, viennent du royaume de Cachemire, *où ils* « *croissent en abondance.* »

1° Il rend 柰 *naï*, sorte de *poire*, par le mot *prune*.

2° Il a pris le mot 杏 *heng*, « l amande, » pour la *prune acide*.

3° Il a rendu au présent (ils viennent), les mots 已 來 *i-lai*, « depuis qu'ils sont venus, » et s'est trompé principalement sur l'époque antérieure dont parle Hiouen-ts'ang.

4° Il a cru que les mots 往 往 間 植 « ils sont plantés par- « tout, » ne se rapportaient qu'au pays de Cachemire.

5° Enfin il a lu *kia* 經 *KING-mi-lo*, au lieu de *kia* 溼 *CHI-mi-lo*, que porte le texte, et a fait une note de huit lignes pour corriger une faute qui n'existe pas. Si l'on se donne la peine de comparer le mot 溼 *chi*, « humide, » (Basile, n° 5150), avec le mot 涇 *king*, nom de rivière (Basile, n° 5001), on reconnaîtra pourquoi il a pris le son *chi* pour le son *king*. Dans le premier, le groupe phonétique *chi* se compose, 1° de la clef 1 —, 2° de la clef 52 幺 répétée, 3° de la clef 32 土. Dans le second mot, le groupe phonétique *king* se compose, 1° de la clef 1 —, 2° de la clef 47 巛, 3° de la clef 162 迦 renfermant le son *kia* 加, *Kia-chi-mi-lo* (Cachemire).

124.

石榴甘橘。諸國皆樹。

S. J. : « Tous les royaumes (de l'Inde) produisent des grenades et « des oranges douces. »

Littéralement : « Le grenadier, — l'oranger à fruits doux, — *dans* « tous les royaumes (de l'Inde) — l'un et l'autre — sont plantés, « c'est-à-dire cultivés. »

M. Pauthier : « La grenade, les oranges *viennent d'autres* « *royaumes*.

« *Toutes les plantes et les arbres*, etc. »

1° Il a mis un point après les mots 諸 國, qui sont au cas locatif (*dans* les royaumes), et sépare ainsi les substantifs *grenadier*, *oranger*, du verbe 樹 *chou*, « être planté, » dont ils sont le sujet.

2° Il rend les mots *grenadier*, *oranger*, par *grenades* et *oranges*, mots qui ne peuvent cadrer avec le verbe passif 樹 *chou*, « être « planté. »

3° Pour faire un sens, il ajoute les mots *viennent de*, qui ne se trouvent pas dans le texte.

4° Il a traduit le mot 諸 *tchou*, « les, » par le mot « autres, » et a compris que ces deux fruits venaient *d'autres royaumes* que celui de Cachemire.

5° Il rejette dans la phrase suivante les mots 皆 樹 *kiaï-chou*, « l'un et l'autre » (皆 *kiaï*, vulgo *tous*, se rend ainsi quand il ne se rapporte qu'à deux noms), c'est-à-dire le grenadier et l'oranger sont plantés, cultivés, et les rend par TOUTES *les plantes et arbres*. Il oublie que 皆 *kiaï*, « tous, l'un et l'autre, » se met toujours, comme dans ce passage, après les nominatifs auxquels il se rapporte. (Conf. Rémusat, *Grammaire chinoise*, § 75.) C'est la position de ce mot qui indique ici que 樹 *chou* (vulgo *arbre*), remplit le rôle d'un verbe passif et signifie *être planté*, *cultivé*.

125.

墾田務農。稼穡

耕耘。播植隨時。

S. J. : « Ils cultivent les champs et se livrent aux travaux agri- « coles; ils sèment, récoltent, labourent, sarclent et plantent suivant « les saisons. »

M. Pauthier n'a presque rien compris à ce passage; il traduit : « *Toutes les plantes et les arbres à fruits qui produisent ceux dont on* « *vient de parler*, *sont cultivés dans les champs*. Les agriculteurs les « plantent, et en recueillent les fruits avec soin. Ils commencent par « bien nettoyer la terre des mauvaises herbes qui la couvrent; ils « sèment et plantent ensuite quand la saison est propice. »

1° Il fait précéder ce passage des mots 皆 樹 *kiaï-chou*, « tous deux sont plantés, » qui font partie de la phrase précédente et en complètent le sens. Il les a traduits par TOUTES *les plantes et arbres*.

15

En chinois (Rémusat, *Grammaire chinoise*, § 75), le mot 皆 *kiaï*, « tous, » ne peut être placé avant le substantif; il le suit toujours. Ainsi, pour dire « tous les arbres, » on doit écrire 樹皆 *chou-kiaï*, et non 皆樹 *kiaï-chou;* car, dans cette dernière position, le mot 樹 *chou* (vulgo *arbre*), remplit le rôle d'un verbe passif et signifie *être planté*, *cultivé*. (Voyez § 124, n° 5.)

2° Il rend par *plantes et arbres* le mot 樹 *chou*, qui signifie proprement *arbre* quand la position des mots ne lui donne pas, comme ici, le rôle d'un verbe. L'idée de *plante* s'exprime par 草 *thsao*.

3° Il rend les mots 墾田 *k'en-thien*, « (les Indiens) cultivent « les champs, » par « (ces arbres) sont cultivés (墾 *k'en*) dans les « champs (田 *thien*). » Si le mot 田 *thien*, « champs, » était au cas locatif, « *dans* les champs, » il serait placé avant un verbe. De plus, le mot 墾 *k'en*, « cultiver, » se dit des *terres*, et non des *arbres*.

4° Il rend les mots 務農 *wou-nong*, « (ils se livrent à l'agri- « culture) sèment et récoltent (les céréales), » par : « les *agriculteurs* « (務農 *wou-nong*) les plantent (ces arbres) et en récoltent les « *fruits*. » Il ne s'est pas aperçu que les verbes 稼穡 *kia-se*, « semer et récolter, » se disent uniquement des *céréales*, à la culture desquelles s'appliquent les mots *labourer* et *sarcler*.

5° Il rapporte aux seuls mots « semer, planter, » les mots 隨時 *souï-chi*, suivant les saisons qui s'appliquent à tous les travaux agricoles énoncés plus haut.

6° Il a fait des mots 務農 *wou-nong*, « ils s'appliquent à l'agri- « culture, » qu'il traduit à tort par « les agriculteurs, » le nominatif de la phrase suivante, 稼穡耕耘 *kia-se-keng-yun*, « ils « sèment, récoltent, labourent et sarclent, » tandis qu'ils complètent le sens du premier membre de phrase.

126.

各從勞逸。

S. J. : « Chacun se repose après avoir travaillé. »

Littéral. « Chacun en venant de travailler se repose. »

M. Pauthier : « Chacun *retire* de son travail le *bonheur et l'ai-* « *sance*. »

1° Il traduit le mot 從 *t'song*, « en sortant de, » par le verbe actif « retirer. »

2° Il rend le verbe 勞 *lao*, « travailler, » par le substantif « tra-« vail, » et le verbe 逸 *i*, « se reposer, » par « bonheur, aisance. »

127.

葱蒜寡少。啖食亦稀。
家有食者。驅令出郭。

S. J. : « Les ciboules et les aulx ne sont pas communs; aussi en « mange-t-on rarement. Si quelqu'un en mange dans sa maison, on « l'expulse et on l'oblige de sortir hors des murs de la ville. »

M. Pauthier a divisé ce passage en deux parties, et, faute de le comprendre, il a commencé son § XVIII par le mot 有 *yeou*, « s'il y en a (qui en mangent), » lequel appartient à la première moitié de la seconde phrase.

Il lit ainsi le texte : 啖食亦稀家。有食者 *tan-chi-i-hi-KIA. YEOU-chi-tche*, etc., au lieu de *tan-chi-i-hi. KIA-yeou-chi-tche*, etc.

Il traduit : « Quoique les oignons et les *poireaux* soient rares, on *en* « *mange* cependant jusqu'à *satiété* (*tan-chi* 啖食), mais dans *un* « *petit nombre de familles* (*hi-kia* 稀家). »

§ XVIII. — DES ALIMENTS, ETC.

« *Il est une espèce d'aliment* qu'il est ordonné de *ne préparer* qu'en « dehors des faubourgs des villes *par la pression.* »

On voit que M. P. n'a rien compris à tout ce passage.

1° Les mots 啖食 *t'an-chi* signifient simplement « manger. » Il les rend par « manger jusqu'à SATIÉTÉ. »

2° Le mot 蒜 *souan* veut dire *ail, aulx;* il le traduit par *poireaux*.

3° Il rattache le mot 稀 *hi*, « rare, » qui se rapporte à l'action de manger, « τὸ comedere (cæpas) *rarum est*, » au mot 家 *kia*, « dans la maison, » qui commence le membre de phrase suivant, et traduit : « mais *dans un petit nombre de familles!* »

4° M. P. se trompe encore sur les règles de position; car si, par impossible, les mots 稀 家 *hi-kia* signifiaient « dans un petit nombre « de familles, » ils seraient nécessairement placés avant le verbe 啖食 *tan-tchi*, « manger. » En effet, la syntaxe veut que les mots, qui par leur position sont au cas locatif, soient placés invariablement avant les verbes dont ils sont le complément indirect.

5° Il commence son § XVIII par les mots 有 食 者 *yeou-chi-tche*, « s'il y a des personnes qui en mangent, » et les traduit par « il est (有 *yeou*) un aliment (食 者 *chi-tche*), » comme si les mots 食 者 *chi-tche*, « qui comedit » (celui qui mange) pouvaient signifier un *aliment!*

6° Il rend le mot 令 *ling*, « on leur ordonne (de sortir), » par « il est ordonné (de préparer cet aliment). »

7° Il suppose que le mot 驅 *k'iu*, « chasser, expulser violemment, » signifie ici « pressurer, » (comme lorsqu'on presse le fromage), et traduit : « par LA PRESSION! »

128.

至于乳酪膏酥。沙糖石蜜。
芥子油諸餅麨。常所膳也。

S. J. : « Ils se nourrissent ordinairement de gâteaux de farine de « grains torréfiés, dans laquelle ils mêlent de la crème, du beurre, « de la cassonade, du sucre solide ou de l'huile de graine de mou- « tarde. »

M. Pauthier traduit : « (*Par la pression*) *jusqu'à ce que l'on en ait « extrait une matière sucrée, douce et onctueuse, que l'on mélange avec « sa boisson. Le miel en pierre, l'huile ou le beurre clarifié, sont des « substances onctueuses* qui servent habituellement à la préparation « des aliments. »

1° Il a mis un point entre les signes 7-8 (cassonade) et 9-10 (sucre solide), qui sont inséparables.

2° Il rend les mots 至于 *tchi-yu*, « quant à, » par « jusqu'à ce « que (on en ait extrait). »

3° Il traduit les mots 乳酪 *jeou-lo*, « crème, » 膏酥 *kao-sou*, « beurre, » et 沙糖 *cha-t'ang*, « cassonade, » par « matière « sucrée et onctueuse, très-agréable au goût, que l'on mélange avec « sa boisson. » Il m'est impossible d'imaginer comment M. P. a pu trouver ce sens dont le texte chinois n'offre pas la moindre trace.

4° Les mots 石蜜 *chi-mi*, qu'il traduit par « miel en pierre, » signifient « du sucre dur et solide, » par opposition avec le sucre appelé 沙糖 *cha-tang*, « sucre (semblable au) sable, » c'est-à-dire cassonade jaune en poudre. (Cf. *P'ing-tseu-louï-pien*, liv. 42, fol. 47.)

5° Il rend les mots 芥子油 *kiaï-tseu-yeou*, « huile de graines « de moutarde, » par « ce sont des substances onctueuses. »

6° Il a passé l'expression 餅麨 *ping-tch'ao*, « gâteaux faits avec « de la farine de grains torréfiés, » qui est le mot le plus important de la phrase.

7° Il rend les mots 常所膳 *tch'ang-so-chen*, « c'est ce qu'ils « mangent constamment, » par « servent habituellement à la prépa- « ration des aliments. »

129.

魚羊獐鹿。時薦殽胾。

S. J. : « Le poisson, le mouton, le daim, le cerf, se servent en tout « temps, soit en pièces, soit découpés en tranches. »

M. Pauthier traduit : « Le poisson, le mouton, les daims et les « cerfs, *sont préparés en aliments dans les saisons convenables, et for- « ment des provisions.* »

1° Il rend le mot 時 *chi*, « en tout temps, constamment, » par « dans les saisons convenables. »

2° Il rend le mot 薦 *tsien*, « être servi sur la table, » par « être « préparé en aliment. »

3° Il traduit les mots 殽 *hiao*, « viande avec ses os, » et 胾 *tse*, « viande désossée et découpée, » par « former des provisions.

130.

牛驢象馬。豕犬狐狼。師子
猴猿。凡此毛羣。例無味啖。

S. J. : « Quant aux quadrupèdes appelés bœufs, anes, éléphants, « chevaux, porcs, chiens, renards, loups, lions, singes, la loi défend « de les manger. »

M. Pauthier : « Le bœuf, le *mulet*, etc., tous ces animaux *à poils et « à crinière, classés ensemble dans la même catégorie, sont sans saveur « ou n'en ont qu'une très-fade.* »

Je ne m'arrêterai pas à relever l'expression « animaux à poils et à « crinière, » au lieu de « quadrupèdes; » les fautes qui suivent sont d'une gravité extrême.

1° Le mot 驢 *liu* signifie *âne*, et non *mulet*.

2° 例 *li* veut dire « loi » (mot à mot : « d'après la loi, en vertu « de la loi, on ne les mange pas »). Il rend ce mot par « être classé « dans la même catégorie, » en parlant des animaux qu'on vient d'énumérer.

2° Il ne s'est pas aperçu que le mot 味 *weï* (*vulgo* saveur) devient par sa position, le verbe « savourer, » et qu'il forme avec 啖 *t'an*, qui suit, le verbe « manger. » Ainsi les mots 無味啖 *wou-weï-tan*, signifient « ne pas manger, » et non « sont sans saveur ! »

3° Il a lu 淡 *tan*, « fade, insipide » (Basile, n° 5048), pour 啖 *t'an*, « manger, » et au lieu de dire « qu'on ne mange pas la chair de « ces animaux, » il a écrit « qu'ils ont une saveur fade! »

131.

啖者鄙恥。衆所穢惡。
屏居郭外。稀迹人閒。

S. J. : « Ceux qui *en mangent* sont couverts de mépris et de honte, « et ils deviennent pour tout le monde un objet de haine et de

« dégoût. Repoussés (de la société), ils vivent en dehors des murs de « la ville, et ne paraissent que rarement parmi les hommes. »

M. Pauthier traduit : « Ils sont *insipides* et *nauséabonds*. La *lie du* « *peuple*, qui est regardée, par les classes supérieures, comme souillée « et dégradée par toutes sortes de vices, qui habite en dehors des « faubourgs, et paraît très-rarement au milieu de l'autre popu- « lation.... »

1° M. P. n'a rien compris à cette phrase. Persévérant dans l'erreur signalée plus haut, il rend les mots 啖 者 *t'an-tche* (*qui comedunt*), « ceux qui en mangent, » par : « ils (ces animaux) sont insipides et « nauséabonds ! »

2° Il suppose que les mots 鄙 *pi*, « mépriser, » et 恥 *tch'i*, « avoir honte, » qui terminent le second membre de phrase et deviennent passifs par position (être méprisé, être honni), signifient : « la « lie du peuple ! »

3° Il rend le mot 衆 *tchong*, « la foule, la multitude, » par « les « classes supérieures. »

4° Il n'a pas compris l'expression 屛 居 *p'ing-kiu*, littéralement : « étant expulsé, demeurer, » il traduit : « qui habite. »

132.

若其酒醴之差。滋味流別。
蒲萄甘蔗。剎帝利飲也。

S. J. : « Passons aux différentes sortes de vins et de liqueurs. Le « jus des raisins et de la canne à sucre est le breuvage des Kchat- « triyas.... »

M. Pauthier : « Si elle (la lie du peuple — voyez 131, 2°) *boit* des « liqueurs fermentées, elle les *distille* pendant une nuit, *à la dérobée*, « et *la saveur la plus succulente se perd et se dissipe. On distingue* ce- « pendant le vin fait de grappes de raisin et la liqueur produite par « la canne à sucre, que boivent les Kchatriyas. »

M. P. n'a presque rien compris à ce passage.

1° Le texte chinois signifie littéralement : « quant aux différences « des vins et aux sortes variées des liqueurs douces, etc. » On voit que l'auteur passe à un autre sujet. M. P. a rattaché les dix premiers mots de cette phrase à la précédente, et les rapporte à « LA LIE DU « PEUPLE, » dont l'auteur ne dit pas un mot.

2° Il divise l'expression 酒 醴 *thsieou-li*, « vin distillé. » (voy. le *Chou-king*, chap. *Youeï-ming*, 3ᵉ part.); il fait de la première syllabe, un substantif, et de la seconde, un verbe actif, et traduit : 酒 *thsieou*, « les liqueurs fermentées, » 醴 *li*, « elle les distille pendant la « nuit; » puis il rend le mot 差 *tch'a*, « différence, » par « à la « dérobée. » Je ferai observer que si le mot 差 *tch'a* avait ici le rôle adverbial que M. P. lui prête, il faudrait que, suivant l'usage constant, il fût placé devant un verbe. (Cf. Rémusat, *Gram. chin.*, § 177.)

3° Il rend le génitif 滋 味 *tse-wei*, « des liqueurs » (littéralement : « des choses douces »), par un nominatif : « la saveur la « plus succulente. »

L'expression 差 別 *tch'a-pie* signifie « la différence » (*P'eï-wen-yun-fou*, liv. XCII, fol. 80). L'auteur l'a divisée en deux, en laissant à chacune des deux syllabes le sens du mot composé. La première ligne signifie littéralement : « quant à » 若 *jo*, 差 *tch'a*, « la différence, » 酒 醴 *tsieou-li*, « des vins, » c'est-à-dire : quant aux différents vins; 流 別 *lieou-pie*, « (quant à) la différence des « sortes, » 滋 味 *tse-weï*, « des saveurs douces, » c'est-à-dire : des différentes liqueurs.

Les mots 蒲 萄 *p'ou-thao*, « raisins, » répondent aux mots *tsieou-li* 酒 醴 « vins, » et les mots *kan-tche* 甘 蔗 « canne à « sucre » aux mots *tse-weï* « saveurs douces. » Ce passage permet de penser que les Indiens fabriquaient une liqueur avec le suc de canne à sucre.

4° Il divise en deux l'expression 流 別 *lieou-pie*, « la différence « des sortes, c'est-à-dire les différentes sortes, » et traduit : « (La saveur succulente) se perd et se dissipe (流 *lieou!*). » Puis commençant la phrase suivante par la seconde syllabe du mot composé 流 別 *lieou-pie*, « la différence des sortes, les différentes sortes, » il traduit : « on distingue ! (別 *pie*) cependant le vin. »

133.

然其資用之器。功質有殊。

« Cependant les vases dont ils se servent diffèrent par la façon ou « la matière. »

M. Pauthier : « Ceux qui ont *de l'aisance se servent* de vases et « d'ustensiles de ménage formés *d'une substance travaillée avec art;* « lorsque ces ustensiles *sont endommagés....* »

1° Il a divisé en deux l'expression 資用 *tse-yong*, « se servir « de. » Il rend la première syllabe 資 *tse*, par « avoir de l'aisance, » et la seconde, 用 *yong*, par « employer. »

2° Il confond le membre de phrase terminé par 器 *khi*, « vases, » avec le suivant, dont il prend seulement les deux premiers mots 功質 *kong-tchi*, « la façon et la matière; » il considère 功 *kong*, « fa- « çon, » comme un participe passif, et traduit : « (vases) formés d'une « substance (質 *tchi*) travaillée avec art (功 *kong*). »

Si les mots 功質 *kong-tchi* avaient ici cette signification, ce seraient de véritables qualificatifs, et ils devraient par conséquent être placés avant 器 *khi*, « vases. » (Conf. Rémusat, *Gram. chin.*, § 95.)

3° Il détache les deux derniers mots du second membre de phrase 有殊 *yeou-tch'ou*, « avoir, offrir de la différence, » et les construisant avec les mots 什物 *chi-wou*, « ustensiles, » qui commencent le troisième membre de phrase, il les traduit par « ÊTRE ENDOM- « MAGÉ. »

Le lecteur n'a pas oublié que M. P. a déjà rendu plusieurs fois le mot 殊 *tch'ou*, « différence, différent, différer » par « être détruit. » (Conf. § 3, 2° et § 20, 3°.)

134.

什物之具。隨時無闕。

S. J. : « Les Indiens sont abondamment pourvus, suivant l'occa- « sion, des ustensiles nécessaires. »

16

Littéralement : « Les ustensiles de ménage, suivant l'occasion, ne « manquent pas. » L'expression 什物 *chi-wou* signifie 常用者 « les choses dont on se sert ordinairement (*Khang-hi*).

M. Pauthier : « Lorsque ces ustensiles de ménage *sont endommagés*, « ils ne s'en laissent pas manquer suivant les circonstances. »

J'ai expliqué plus haut (§ 133, 3°), l'origine de la faute qu'il a commise en rendant les mots 有殊 *yeou-tch'ou*, « être différent, » par « être endommagé. »

135.

雖釜鑊斯用。而炊

甑莫知。多器坯土。

S. J. : « Ils se servent même de chaudrons en métal, mais ils ne « connaissent pas les marmites en terre cuite pour préparer les ali- « ments. Ils ont beaucoup de vases en argile séchée. »

M. Pauthier : « *Quoique* ce soient des vases de métal, sans pieds, « dont ils se servent, et qu'ils préparent leurs aliments dans des « vases de terre cuite, ils ne connaissent pas ces nombreux vases en « poterie. »

1° Le mot 雖 *souï* veut dire ici « même, » et non « quoique. »

2° M. P. a confondu deux phrases ensemble. Il a pris deux mots du second membre de phrase 炊甑 *tch'ouï-tseng*, « les marmites « en terre pour cuire (le riz) » et il traduit : » ils préparent leurs ali- « ments dans des vases en terre cuite. » L'auteur dit au contraire « qu'ils ne connaissent pas ces marmites en terre cuite. »

3° Puis, s'emparant des deux derniers mots 莫知 *mo-tchi*, « ils ne connaissent pas » (ces marmites en terre cuite), il les cons- truit avec les quatre mots dont se compose le troisième membre, et traduit : « Ils ne connaissent pas (莫知 *mo-tchi*) ces *nom-* « *breux* vases en poteries. » L'auteur dit au contraire « qu'ils ont « beaucoup de vases en argile séchée. »

4° Il a fait du nominatif 多器 *to-khi*, « nombreux vases, » le régime direct du verbe 知 *tchi*, « connaître, » qui termine le membre de phrase précédent, et a pour régime les mots 炊飯 *tch'ouï-tseng*, « quant aux *marmites en terre cuite* pour (cuire le riz) « ils ne *les connaissent pas.* »

5° Il rend le mot 坯土 *p'eï-thou*, « argile séchée au soleil et « non cuite au four, » par poterie. » Le mot *poterie*, qui peut s'appliquer à des pots de métal (on dit, par exemple, « poterie d'étain ») ou de terre cuite au four, ne peut donner l'idée « d'argile séchée au so- « leil, » que présentent les mots 坯土 *p'eï-thou*.

136.

少用赤銅。食以一器。

S. J. : « Ils font rarement usage du cuivre rouge ; ils mangent dans « un seul vase. »

M. Pauthier n'a pas compris le second membre de phrase ; il le confond avec le premier et traduit : « Ils se servent rarement de *vases* « en cuivre rouge pour *prendre leurs aliments.* »

1° M. P. a confondu le mot 銅 *t'ong*, « cuivre, » qui termine la première moitié de cette phrase, avec le mot 食 *chi*, « manger, » qui commence la seconde.

2° Il a passé les mots 以一器 *i-i-khi*, « (pour manger) ils se « servent d'un seul vase, » et a fait disparaître cette observation que les Indiens ne font pas usage de plusieurs plats, de plusieurs vases, pour manger les différents mets dont se compose leur repas.

3° Il s'est trompé, faute d'avoir vu le parallélisme de cette phrase, dont le premier et le second membre se composent chacun de quatre mots.

137.

衆味相調。手指

斟酌。略無匕箸。

S. J. : « Ils apprêtent leurs mets avec divers assaisonnements, « et les prennent avec les doigts. Ils ne se servent jamais de cuillers « ni de bâtonnets. »

M. Pauthier : « Ils goûtent de *tous les mets* avec les doigts de la « main; ils prennent ou distribuent les aliments sans cuillers ou bâ- « tonnets. »

Les quatre premiers mots 衆味相調 *tchong-weï-siang-t'iao*, forment un sens complet. M. P. a pris les deux mots 手指 *cheou-tchi*, « avec les doigts de la main, » qui commencent la phrase suivante, et en a fait le complément indirect des mots 相調 « mêler, combiner ensemble, » expression qu'il traduit par « goûter. »

2° Il a rendu les mots 衆味 *tchong-weï*, « assaisonnements « nombreux, » par « tous les mets. »

3° Après avoir confondu les mots 手指 *cheou-tchi*, « doigts de « la main, » (qui se construisent avec 斟酌 *tchin-tcho*, « puiser, « prendre »), avec 相調 *siang-thiao*, « mêler, combiner ensem- « ble, » il s'est vu dans la nécessité de construire les mots 斟酌 *chin-tcho*, « puiser, prendre, » avec les quatre mots suivants 略無匕箸 *lio-wou-pi-tcho*, « ils n'ont ni cuillers ni bâtonnets, » qui forment seuls un sens complet.

4° Il a divisé en deux les mots 斟酌 qui forment le verbe composé « puiser, » et les a rendus par « prendre *ou* distribuer. »

5° Ses erreurs viennent surtout de ce qu'il n'a pas vu que chacune de ces trois phrases se compose de quatre mots.

138.

若其金銀鍮石。白玉火珠風土所産。彌復盈積。

S. J. : « Quant à l'or, l'argent, le laiton, le jade blanc, les perles

« à feu, qui sont des produits indigènes, on les voit entassés avec « profusion. »

M. Pauthier : « Si nous arrivons *aux métaux*, l'or, l'argent, la « pierre de *iu* ou le jade, le jaspe, les perles de feu ou la nacre, sont « produits par le sol (de l'Inde) ; on en rencontre partout où l'on se « trouve, et en grande abondance. »

1° 若 *jo* signifie ici *quant à* et non *arriver à*.

2° Il n'est pas permis de ranger parmi les métaux le jade et les perles à feu, sorte de lentilles de cristal.

3° M. P. prend pour du *jade* le laiton, 鍮石 *theou-chi* (mots qu'il prononce *iu-chi*). (Rémusat, *Notices des manuscrits*, tom. XI, pag. 232 ; n° 23.) Suivant le Dict. de *Khang-hi*, on fait du 鍮石 *theou-chi* artificiel en combinant, par parties égales, le cuivre et la calamine.

4° Il prend *le jaspe* pour *le jade*, et, pour *la nacre*, les lentilles de cristal ou de verre, appelées *perles à feu*, dont on se sert pour allumer, aux rayons du soleil, l'armoise sèche destinée à brûler la peau dans l'opération du *moxa*.

5° M. P. a divisé en deux la phrase 彌復盈積 *mi-fo-ing-tsi*, « (ces produits) sont entassés en abondance ; » il n'a pris ici que les deux premiers adverbes 彌復 *mi-fo*, qu'il a rendus par : « on en rencontre partout où l'on se trouve et en grande abondance. »

6° Il a commencé la phrase suivante par l'expression 盈積 *ing-tsi*, « être entassé, » qui termine celle-ci. De cette manière, il a été obligé de rendre ces deux verbes activement, et de leur donner pour régime direct les nominatifs 珍奇雜寶 *tchin-k'i-tsa-p'ao*, « les différents joyaux, précieux et rares » qui commencent la phrase suivante. C'est comme *si l'on avait entassé*, dit-il, les choses les plus précieuses et les plus extraordinaires.

139.

珍奇雜寶。異類殊名。

出自海隅。易以求貨。

S. J. : « Une foule de choses rares et précieuses, différentes « d'espèces et de noms, viennent des îles. Il leur est facile de s'en-« richir. »

M. Pauthier : « C'est comme si l'on y avait entassé les choses les « plus précieuses et les plus extraordinaires, les plus variées et les « plus rares; mais tous les noms m'échappent. Ces objets rares « viennent des golfes de la mer; on *s'en sert* dans les relations com-« merciales *pour se procurer des objets d'échange.* »

1° M. P. ainsi que je l'ai dit plus haut (6°), a commencé cette phrase par les deux derniers mots du membre de phrase précédent, qui, par leur position sont à la voix passive (ils sont entassés); il les rend par « entasser, » et leur donne pour régime direct les quatre premiers mots de cette phrase-ci qui sont au nominatif.

2° Il ne s'est pas aperçu que, dans l'expression 雜寶 *tsa-p'ao*, le mot 寶 *p'ao* est un substantif, « joyaux, » dont les trois mots précédents sont les qualificatifs; mot à mot : 寶 *p'ao*, « les joyaux,» 珍 *tchin*, « précieux, » 奇 *khi*, « rares, » 雜 *tsa*, « variés, » et il rend ces quatre mots 珍奇雜寶 *tchin-khi-tsa-p'ao* par « choses précieuses (珍 *tchin*), choses extraordinaires (奇 *khi*), « choses variées (雜 *tsa*), choses rares (寶 *p'ao*. »

3° Les quatre mots suivants 異類殊名 *i-louï-tchou-ming* signifient « dont les espèces et les noms sont différents (*variæ species*, « *varia nomina*). »

Il a passé les mots 異類 « variæ species. »

4° On a vu au § 3 qu'il a rendu *tch'ou* 殊 de 殊方 « différents « pays, » par *détruit*. Ici les mots 殊名 signifient « différents « noms; mais il s'est imaginé que 殊名 avait le sens de « noms « *détruits* » et l'a traduit : « mais les noms *m'échappent!* »

5° Il a rendu l'expression 海隅 *haï-iu* par « golfes de la mer; » ici elle veut dire « les îles. » Ce sens est confirmé par ce passage du *Chou-king* (chap. *I-tsi*) : 帝光天之下。至于海隅蒼生。*ti-kouang-t'ien-tchi-hia-tchi-iu-haï-iu-tsang-seng*, « Que l'em-« pereur illumine (par sa vertu) le dessous du ciel (c'est-à-dire « l'empire); qu'elle parvienne jusqu'aux peuples nombreux des îles « de la mer. » La version tartare-mandchoue rend les mots 海隅 *haï-yu* par *mederi toun*, expression que tous les dictionnaires mandchou-chinois rendent par 海島 *haï-tao*, « îles des mers. » Le dictionnaire tartare-mandchou *Thsing-wen-louï-chou* l'explique de même : « terre située au milieu de la mer, d'un fleuve ou d'un lac, « entièrement entourée d'eau, et qui n'a aucune communication avec « la terre ferme. » On peut comparer le Miroir impérial de la langue tartare-madchoue, liv. II, fol. 40 *r*.

6° 易以 *i-i*, « il leur est facile » (de se procurer des richesses). Suivant le dictionnaire *P'in-tseu-tsien,* le mot 貨 *ho*, « richesses, » comprend l'or, l'argent, le jade et les étoffes de soie et de toile.

De même que 難以 *nan-i* signifie *il est difficile de* (conf. § 52, 9° : *il est difficile de* rapporter cela en détail), l'expression 易以 *i-i* signifie ici *il* (leur) *est facile de*. On lit encore dans notre voyageur (liv. IX, fol. 16 *v*. lin. 9) : 易以成業 *i-i-tch'ing-nie*, « il leur « était *facile de* réussir dans leurs études. » Pour que le mot 易 *i* puisse se traduire par *échanger* une chose contre une autre, il faut qu'il soit précédé de 以 *i* et de la chose qui sert de moyen d'échange, et suivi du nom de la chose que l'on échange ou de la particule relative 之 *tchi*, « cela, » qui tient lieu de ce régime direct. Meng-tseu, liv. I, cap. v, § 26 : « Quel bonnet porte votre maître ? — Un bonnet « de soie unie. — Le tisse-t-il lui-même ? — Non, il l'échange contre « du millet, » 以粟易之 *i-sou-i-tchi*. M. P. a cru que le mot 易 *i* signifiait ici *relations commerciales*. Il paraît ignorer la règle de position exposée plus haut, et d'après laquelle on reconnaît infailliblement si le mot 易 *i* veut dire *facile* ou *échanger*.

7° Il a traduit le mot 貨 *ho*, « richesses, » par *objets d'échange*. (Voyez plus haut, 5°.)

140.

然其貨用。交遷有無。
金錢銀錢。貝珠小珠。
印度之境。疆界具舉。
風壤之差。大略斯在。
同條共貫。粗陳梗槩。

異政殊俗。據國而敍。

S. J. : « Ainsi donc j'ai fait connaître d'une manière complète « l'emploi (varié) de leurs richesses, les échanges du commerce, les « monnaies d'or et d'argent, les coquilles à perles et les petites perles, « les frontières de l'Inde et ses limites territoriales.

« J'ai noté sommairement les différences du climat et du sol; j'ai « groupé ensemble les détails qui se rattachaient au même sujet, et « j'en ai présenté un résumé succinct; enfin, en traitant de chaque « royaume, j'ai eu soin de décrire les différents modes d'administra- « tion, et les mœurs diverses des habitants. »

M. Pauthier : « Ces objets sont employés dans le commerce *au lieu « de monnaies d'or et d'argent dont ils ne font pas usage.* Les perles « grandes et petites *se récoltent sur les rivages et les frontières de l'Inde, « dans des contrées particulières où des hommes sont envoyés exprès pour « les chercher. Le plus souvent ces perles sont enfilées ensemble, et par « ordre, dans un même fil. Généralement parlant, une administration « différente et des mœurs également différentes* (*de celles des Chinois*) « *appartiennent à ce royaume dont nous venons de nous entretenir.* »

1° M. P. a cru que les choses précieuses dont on vient de parler plus haut étaient généralement employées par les Indiens dans leurs transactions commerciales, *au lieu de monnaies*, etc.

Notre voyageur dit, au contraire, de la manière la plus formelle, que les habitants de l'Inde *faisaient usage de monnaies d'or et d'argent.*

Je vais expliquer, n° 7, comment M. P. a été conduit à dire le contraire, savoir, qu'ils ne faisaient pas usage de monnaies d'or et d'argent.

2° Il a mal ponctué la première ligne, et c'est peut-être là la cause des erreurs qu'il a commises au commencement de ce passage. Il a regardé le mot 然 *jen* comme une particule finale appartenant au membre de phrase précédent.

3° Il a placé un point (。) après le génitif 貨 *ho*, « richesses » (*divitiarum*), et en a fait le nominatif *objets* (d'échange). (Voyez § 139, 6°.)

4° Il a construit le mot 用 *yong*, « l'usage, l'emploi, » dernier mot du premier membre de phrase, avec les deux premiers mots du suivant, 交 遷 *kiao-thsien*. Il a traduit : « *ces objets* SONT EM-

« PLOYÉS dans le commerce. » Il a fait ainsi le verbe passif *être employé* du substantif *emploi* (*l'emploi* de leurs richesses).

5° Si les mots 交 遷 *kiao-thsien* (voyez leur sens 7°) signifiaient *dans le commerce* et étaient dans la dépendance du mot 用 *yong* (dans le cas où ce mot signifierait *être employé*), ils devraient nécessairement le précéder.

6° Il a passé le mot 有 *yeou*, « ce qu'on a. »

7° L'expression 交 遷 有 無 *kiao-thsien-yeou-wou* signifie l'action d'échanger mutuellement (交 遷 *kiao-thsien*) ce qu'on a (有 *yeou*) contre ce qu'on n'a pas (無 *wou*). Il a construit le régime direct 無 *wou*, « ce qu'on n'a pas, » avec les mots 金 錢 銀 錢 *kin-tsien-yn-tsien*, « monnaies d'or, monnaies d'argent, » qui commencent le second membre de phrase, et, le rendant par « ne pas avoir, » il a entendu qu'ils « N'AVAIENT PAS (無 *wou*) DE « MONNAIES D'OR ET D'ARGENT ! »

8° Il a construit les quatre mots 珠 貝 小 珠 *tchou-peï-siao-tchu*, « les coquilles à perles et les petites perles, » avec la phrase suivante (les frontières de l'Inde et ses limites territoriales) qui est tout à fait distincte, et il a traduit : « les perles grandes et petites *se récol-« tent sur les rivages et les frontières du Intou* (l'Inde). » Nous allons voir que, depuis cet endroit jusqu'à la fin du récit, M. P. n'a rien entendu au texte chinois.

9° Il y a en chinois 貝 珠 *peï-tchou*. D'après le philosophe Kouan-tseu, liv. XII, fol. 26, et le dictionnaire *P'eï-wen-yun-fou*, liv. LXVII, fol. 7, il faut lire 珠 貝 *tchou-peï*, « coquilles à perles, « coquilles portant des perles. » M. P. a cru que le mot 貝 *peï*, « perles, » signifiait *grand*, et il a traduit « les *grandes* perles. »

10° M. P. n'a pas vu que les mots 珠 貝 *tchou-peï*, « les coquilles « à perles, » et 小 珠 *siao-tchou*, « les petites perles, » étaient, ainsi que les mots précédents (l'emploi des richesses, les échanges du commerce, les monnaies d'or et d'argent et les mots suivants (les frontières de l'Inde et ses limites territoriales), que ces mots, dis-je, étaient le sujet du verbe passif 舉 *kiu*, « être cités. » Il n'a rapporté qu'aux perles ce verbe 舉 *kiu*, « être cité, » et il a traduit « les « perles SE RÉCOLTENT ! »

11° Pour expliquer l'origine de *ces perles*, origine dont l'auteur ne parle pas, il rend les mots 印 度 之 境 *in-tou-tchi-king*, « les « frontières de l'Inde, » par « *les rivages* et les frontières de l'Inde. »

17

12° Il a cru que le mot 差 *tch'a*, « différences » (cf. § 96, 2°), signifiait « envoyer un exprès, » et que les mots 風 壤 *fong-jang*, « climat et sol, » avait le sens de « contrées particulières; » et au lieu de : « les différences du climat et du sol, » il a traduit : « des « hommes sont envoyés exprès (差 *tch'a*) dans des contrées particu- « lières (風 壤 *fong-jang*) pour les chercher » (les perles) !

13° M. P. a passé les mots 大 略 斯 在 *ta-lio-sse-tsaï*, « (les « différences du climat et du sol) sont indiquées ici (c'est-à-dire dans « cet ouvrage) d'une manière abrégée. »

14° Les mots 同 條 共 貫 *thong-thiao-kong-kouan* signifient : « les articles semblables ont été liés ensemble. » M. P. qui veut voir des perles dans les deux phrases précédentes et dans celle-ci, n'hésite pas à traduire : « Le plus souvent ces perles SONT ENFILÉES ENSEMBLE « ET PAR ORDRE DANS UN MÊME FIL ! »

15° Les quatre mots 粗 陳 梗 槩 *tsou-tch'in-keng-kaï* signifient littéralement : « en gros, j'ai exposé le résumé. » M. P. traduit : « généralement parlant. »

16° L'auteur parle des administrations et des mœurs qui diffèrent entre elles dans les diverses contrées de l'Inde qu'il a décrites. Il ne veut pas dire que ces modes d'administration et ces mœurs diffèrent de ce qu'on remarque en Chine. M. P. traduit : « des mœurs diffé- « rentes de celles des Chinois. »

17° Les mots 據 國 而 敍 *kiu-koue-eul-siu* signifient : « sui- « vant l'état de chaque royaume, ces choses ont été exposées. » M. P. traduit : « Ces mœurs *appartiennent* à ce royaume dont nous venons « de *nous entretenir*. » Il y a ici trois fautes.

18° 據 *kiu* signifie ici « se fonder sur » et non « appartenir à. »

19° Le mot 國 *koue*, « royaume, » doit être traduit au pluriel, « les royaumes, ou chaque royaume, » à cause des mots « différentes « administrations, mœurs différentes. »

20° Ce n'est qu'en style moderne que le mot 敍 *siu* veut dire « converser sur; » en style ancien, il signifie « disposer, ranger, expo- « ser, » et au passif « être rangé, exposé. »

CONCLUSION[1].

(1841).

M. Pauthier m'informe qu'il se propose de répondre de point en point à l'article qu'on vient de lire. Il aura raison; car il se doit à lui-même, il doit aux sinologues dont il recherche les suffrages depuis quinze ans, de reprendre l'une après l'autre mes observations critiques, et de les réfuter, autant qu'il est en lui, par la force de la logique et le témoignage des auteurs, de manière à ne pas laisser planer le plus léger doute sur l'exactitude de sa traduction.

Mais, pour y réussir, il lui sera nécessaire de formuler, si cela est possible, une nouvelle grammaire chinoise, et de détruire, par des exemples et des principes contradictoires, des lois rigoureuses de syntaxe qui découlent de la nature même de la langue. Une telle polémique se rattache aux points les plus importants de la grammaire générale, et ne peut manquer, par conséquent, d'intéresser les philologues, quel que soit le genre ou la direction de leurs études.

[1] L'*Asiatic Journal* de Londres donne dans le numéro de ce mois (mai 1841), pag. 62-63, une notice littéraire sur l'Examen méthodique des faits concernant l'Inde (traduit du chinois par M. Pauthier, et extrait du Journal asiatique de Paris, octobre, novembre, décembre 1839, et mars 1840), dont je viens d'examiner environ la cinquième partie. On y remarque le passage suivant : « This « is a work for which the students of the history and antiquities of China and « India, *will not hesitate to confess deep obligations to the learned author*, IT « IS A CAREFUL TRANSLATION *from chinese authorities* of the historical records « of their intercourse with India and the regions beyond the Indus, illustrated « (*we may truly say*) by copious notes, containing original texts, where neces- « sary, and *evincing great learning*, *research and ingenuity;* » c'est-à-dire : « Voici un ouvrage pour lequel les personnes qui étudient l'histoire et les anti- « quités de la Chine et de l'Inde, *n'hésiteront pas à témoigner leur profonde « reconnaissance au savant auteur. C'est une* TRADUCTION FIDÈLE (!) d'après « les auteurs chinois, des documents historiques sur les relations des Chinois « avec l'Inde et les régions au delà de l'Indus, enrichie (*nous pouvons le dire « avec vérité*) de notes étendues, accompagnées du texte chinois lorsque cela « est nécessaire, et où *brillent à un haut degré le savoir*, *l'esprit de recherches « et la sagacité* »

Je n'ai pas besoin de dire que si M. Pauthier s'égarait dans des généralités vagues, au lieu de lutter corps à corps contre chaque critique, au lieu de renverser péremptoirement chaque point de grammaire que j'ai voulu établir ou constater, cette manière de répondre donnerait un nouveau poids à mes observations, et autoriserait le lecteur à penser que toutes ses autres traductions de textes chinois ne sont peut-être pas exemptes d'erreurs semblables à celles que j'ai signalées dans le présent mémoire, et dont j'ai tâché de présenter l'analyse et la rectification.

STANISLAS JULIEN,

Membre de l'Académie des Inscriptions et Belles-Lettres
Professeur au Collége de France.

DERNIÈRES OBSERVATIONS

On a vu plus haut que M. Pauthier s'était proposé de combattre de point en point l'*Examen critique.* Mais ses prétendues réfutations (insérées dans les n°s 66 et 67 du tome XII du *Journal asiatique* de Paris), ont été anéanties dans les deux ouvrages suivants.

EXERCICES PRATIQUES d'analyse, de syntaxe et de lexicographie chinoise, où les sinologues trouveront la confirmation des principes fondamentaux, et où les personnes les plus étrangères aux études orientales puiseront des idées exactes sur les procédés et le mécanisme de la langue chinoise. — 1 vol. in-8° de 270 pages; Paris, 1842. Librairie de Maisonneuve.

SIMPLE EXPOSÉ D'UN FAIT HONORABLE, odieusement dénaturé dans un libelle récent de M. Pauthier, suivi de la réfutation de sa dernière réponse, du résumé analytique de plus de six cents fautes (commises dans la traduction de douze pages de chinois), qu'il n'a pas su justifier, et de l'examen de certains passages, à l'aide desquels il a prétendu prouver que des Égyptiens ont porté en Chine l'invention de l'Écriture, 2,353 ans av. J.-C. — 1 vol. in-8° de 215 pag., avec cette épigraphe : *Celui qui est soutenu par l'estime de tous les hommes ne peut être renversé par la calomnie d'un seul* (Yu-lin, liv. III). — Paris, 1842. Librairie de Maisonneuve.

Pour que le lecteur soit au courant des faits qui se rattachent à l'*Examen critique*, je crois devoir reproduire l'*Avertissement* des *Exercices pratiques*, où son origine et sa confirmation par les sinologues les plus renommés de l'époque (1842) se trouvent clairement exposées.

AVERTISSEMENT DES EXERCICES PRATIQUES

J'ai peu de chose à dire pour justifier la présente publication. Dès que mon *Examen critique* eut paru, mon premier soin fut de l'envoyer aux principaux sinologues d'Angleterre, d'Allemagne et de Russie. Tous, sans exception, adhérèrent à mes remarques d'une manière qui était d'autant plus flatteuse pour moi que j'avais sollicité non-seulement leurs avis, mais même leurs critiques consciencieuses. Parmi ces savants, il en est plusieurs qui ont passé une grande partie de leur vie à Canton ou à Péking, et à qui la langue chinoise est encore aussi familière que leur propre langue. Je citerai parmi les plus renommés, Sir Georges Staunton, l'illustre traducteur du code pénal de la Chine, Sir Francis Davis, honorablement connu par la traduction du roman *Hao-khieou-tch'ouen* et de deux drames, et le P. Hyacinthe Bitchourine, qui a résidé pendant plus de vingt ans à Péking, à la tête de l'école des jeunes de langue de sa nation, et qu'on regarde avec raison comme le plus habile des sinologues que compte la Russie.

Une approbation aussi imposante que la leur était bien nécessaire pour entraîner la conviction du public sur la portée de l'*Examen critique* composé par une personne qui n'a jamais mis le pied en Chine, et qui doit presque uniquement à ses propres efforts les progrès qu'elle peut avoir faits dans la langue du céleste empire. J'avais besoin aussi de leurs suffrages pour la tranquillité de ma conscience, car dans ce travail si compliqué, et rédigé à la hâte en une vingtaine de jours (voyez les *Exercices pratiques*, page 2), j'avais soulevé les questions les plus délicates et les plus ardues de syntaxe chinoise, questions dont un bon nombre manquent dans les grammaires, ou n'y sont indiquées que d'une manière incomplète.

Leur assentiment, si précieux pour moi, ne m'a pas manqué. MM. Wilhelm Schott, Fréd. Neumann, et le Rév Samuel Kidd, tous trois professeurs de langue chinoise à Berlin, à Munich et à Londres, ont bien voulu me donner, dans cette circonstance, le même témoignage d'estime et d'approbation.

Si M. Pauthier fût sagement resté dans la classe des étudiants, au-dessus de laquelle il n'a pas encore su s'élever *malgré douze années d'études avouées* (n° d'août, page 98), j'aurais probablement gardé le silence. Les erreurs d'un écolier ne tirent pas à conséquence, et d'ailleurs on doit une indulgence sans bornes à quiconque se présente comme tel. Mais bien différente était la position de M. Pauthier. Avant de s'être affranchi des lisières du rudiment chinois, il s'était mis à briguer le plus haut titre littéraire. Il y a en effet plus de sept ans qu'il s'est fait inscrire parmi les candidats de l'Institut, et presque à chaque vacance, il renouvelle, avec un aplomb imperturbable, les mêmes sollicitations. Il était de mon devoir d'éclairer la religion de l'Académie à laquelle j'ai l'honneur d'appartenir ; je me devais aussi à moi-même, en raison de mes fonctions de professeur, de dire la vérité au public, pour conserver intacte, chez nous, la bonne renommée des études chinoises auxquelles j'ai voué ma vie entière.

Pressé par mes confrères et par d'autres savants distingués, de m'expliquer sur la nature des connaissances de M. Pauthier en chinois, j'ai dû, on le sent bien, porter un jugement d'autant plus sévère que ses prétentions étaient plus élevées. Mais en m'exprimant sur ce sujet, soit verbalement, soit par écrit, je me suis toujours renfermé dans l'appréciation littéraire de ses travaux, sans effleurer son caractère personnel. Il est fort à regretter pour lui qu'il n'ait pas gardé la même réserve à mon égard.

La fausse position qu'avait prise M. Pauthier, ou peut-être l'instigation d'imprudents amis, l'a poussé à entreprendre en répliquant, une lutte trop inégale pour lui, et dont un aveuglement fatal l'empêchait de prévoir les conséquences.

Il a commencé par annoncer, dans le *Journal Asiatique* de juillet 1841, une *réfutation complète* de mon *Examen critique;* puis, dans le numéro suivant, il a inséré un essai de réplique où il déclare résolûment (page 101) que toutes mes observations *sont fausses et sans fondement*. Cela était beaucoup plus aisé à dire qu'à prouver. Aussi, laissant de côté mes déductions grammaticales et les preuves accablantes qui les appuyaient, a-t-il tâché d'en atténuer l'effet à l'aide d'arguments empruntés surtout à des définitions de dictionnaires chinois, dont, *chose étrange*, il s'est trouvé ne *pas avoir compris une seule!*

M. Pauthier s'est imaginé qu'un peu d'injure donnerait peut-être du nerf et du relief à sa réponse, et, pour suppléer à la nullité de ses raisons, il ne s'est pas fait faute de me qualifier (n° de septembre-octobre, page 362) de STUPIDE et D'ABSURDE!

Mais il semble que ce n'était pas assez pour M. Pauthier. Je suis encore à me demander comment il a pu, aux yeux d'un public à qui, j'ose le dire, la droiture de mon caractère est aussi connue que mes travaux, essayer de jeter des doutes sur ma *loyauté* (n° d'août, page 121), m'accuser, (*ibid.*, page 122) d'*altérer* sans scrupule le texte chinois, et (page 124) de *vouloir évidemment* en IMPOSER AU LECTEUR! Tout le monde reconnaîtra sans peine que le soin de ma considération comme homme et comme professeur, ne me permettait pas de garder le silence.

Après m'être reposé pendant quelques mois des fatigues de mon travail sur le philosophe *Lao-tseu*, j'ai pris le parti de rédiger, en février dernier, le mémoire qu'on va lire. Il eût paru plus tôt, s'il n'eût fallu un temps considérable pour clicher les types chinois dont j'avais besoin.

Mais tout en démontrant, comme je le devais, l'exactitude de ma traduction et la loyauté de mes critiques, et en repoussant ainsi les imputations qui pouvaient blesser mon caractère, j'ai voulu, qu'en dehors de la question personnelle, cet ouvrage pût encore être utile aux étudiants. J'ai tâché, autant que possible, de donner à mes développements une forme didactique, et d'y rassembler, à l'occasion d'un texte fort limité, une multitude de principes et de règles pratiques qui, ce me semble, n'avaient jamais été présentés ailleurs d'une manière si nette, si saillante, et si propre (grâce aux contrastes qu'offre la traduction critiquée) à se graver dans l'esprit des élèves, ou des personnes instruites qui peuvent désirer de comprendre, comme les sinologues exercés, les procédés et le mécanisme de la langue chinoise.

Il y a là une telle surabondance de règles, d'observations et de préceptes de tout genre, que nul esprit sage ne peut plus aujourd'hui conserver l'ombre d'un doute. Les personnes même étrangères au chinois pourraient-elles hésiter à se prononcer sur le fond de la question, lorsqu'elles voient le

18

P. Hyacinthe Bitchourine, l'un des sinologues les plus consommés de l'Europe, condamner en ces termes le système d'interprétation que j'ai critiqué : *Savez-vous pourquoi M. Pauthier se trompe en traduisant du chinois? C'est parce qu'il a une fausse idée du mécanisme de cette langue, et qu'il cherche à suppléer, par ses conjectures, aux connaissances qui lui manquent!* [1]

Les discussions grammaticales auxquelles je me suis livré ne resteront pas, je l'espère, sans résultat pour la science. Pendant longtemps la connaissance du chinois avait été, en Europe, le partage et pour ainsi dire le monopole de quelques hommes privilégiés dont le savoir était aveuglément accepté par les uns, et relégué par les autres au nombre des fables et des choses de pure invention. Mais depuis un certain nombre d'années, la langue chinoise a pris rang parmi les études sérieuses, positives et hautement utiles. On comprend aujourd'hui de quelle importance elle est pour connaître l'histoire, les institutions et les arts d'un peuple primitif qui représente à lui seul plus de la moitié du monde civilisé. Où pourrait-on étudier, ailleurs que dans les documents recueillis par les Chinois sur les pays étrangers, certaines nations asiatiques qui n'ont pas conservé leurs propres annales, et des races d'hommes, dont plusieurs ont disparu depuis des siècles de la face du globe?

Les difficultés incontestables du chinois ont été singulièrement grossies par des personnes ignorantes ou intéressées à se faire valoir, et ont effrayé sans motif une foule de savants qui auraient pu en acquérir la connaissance, et la faire servir aux progrès des sciences et des lettres. Mais grâce aux efforts

[1] J'ai supprimé le *fac-simile* de la lettre du P. Hyacinthe Bitchourine, qui accompagnait la première édition des *Exercices pratiques*, dont l'éditeur de ce volume possède encore quelques exemplaires.

海上絲綢之路文獻集成 科技與文化編

combinés des sinologues européens, grâce à des travaux récents, parmi lesquels nous n'osons citer les nôtres, la langue chinoise a pu être soumise à un système régulier d'enseignement qui a des principes clairs et positifs, des lois simples et constantes, et qui présente, dans ses procédés d'analyse grammaticale, une direction tellement sûre qu'on peut espérer, sans trop de témérité, d'arriver à une certitude presque mathématique du sens de la phrase. Si je ne m'abuse, les lecteurs qui auront étudié ce mémoire, resteront convaincus que la langue chinoise est, pour quiconque la possède suffisamment, aussi lucide et aussi précise que toutes les autres.

Le but de la présente publication sera atteint, et nous nous croirons dédommagé des sacrifices qu'elle nous a coûtés, si elle contribue à mettre en circulation des idées plus justes sur la nature de la langue et de la syntaxe chinoise, et si elle inspire à de nouveaux prosélytes, assez de confiance en eux-mêmes et en nous, pour qu'ils viennent associer leur zèle au nôtre, suivant la mesure de leurs forces et la direction de leurs études, et nous aider à cultiver, avec les autres sinologues européens, le champ à peine défriché de la littérature la plus ancienne et la plus vaste du monde.

Je m'étais proposé de réimprimer, à la suite de l'*Examen critique* les *Exercices pratiques* et le *Simple exposé*, mais comme ces deux traités de philologie chinoise ont déjà reçu une très-grande publicité, il m'a paru plus utile, au moment où nos relations avec la Chine donnent une haute importance à l'intelligence du style moderne, de faire suivre l'*Examen critique*, d'un petit dictionnaire par clefs, qui offre près de 5,000 locutions les plus élégantes et souvent les plus difficiles du célèbre roman *Yu-kiao-li* (Les deux Cousines), et en partie celles du *Hao-khieou-tch'ouen*, qui a été publié en anglais par Sir Francis Davis, sous le titre de *The fortunate Union*.

J'avais recueilli sur des cartes, il y a plus de trente ans, un nombre considérable de noms et d'expressions antiques qui se rapportent à l'histoire, à la fable et à la mythologie, et qui manquent non-seulement dans les dictionnaires composés par des sinologues européens, mais encore dans la plupart des dictionnaires tout chinois.

Au moment où j'imprime l'explication des locutions les plus remarquables et les plus difficiles du roman des *Deux Cousines*, je me décide à rédiger, sous forme de Dictionnaire par clefs, le Recueil des expressions dont je viens de parler, mais j'ignore quelle sera son étendue; je le publierais quelque jour à part si les matières dont il va se composer étaient de nature à trop grossir ce second volume.

DICTIONNAIRE

DES LOCUTIONS LES PLUS REMARQUABLES DU ROMAN

YU-KIAO-LI 玉嬌梨 LES DEUX COUSINES.

La lettre H indique des expressions tirées du *Hao-khieou-tch'ouen* 好逑傳 (L'histoire de l'épouse accomplie).

Des chiffres romains indiquent le nombre de traits ajoutés à la clé. — Le signe | représente un caractère déjà exprimé; deux, trois, quatre lignes verticales en représentent deux, trois, quatre.

CLÉ 1.

一路 Sur toute sa route, tout le long du chemin.

| 堂 Toute la salle. H.

| 二(用情) Une fois ou deux, pour une ou deux choses, montrer de l'intérêt à quelqu'un, rendre un ou deux services.

| 二(周旋) Si vous faites réussir un peu cette affaire (| 二 un peu).

| 二(聞) Avoir appris quelques détails sur une affaire.

| 個人(是) Vous et lui vous êtes comme un seul homme, vous ne faites qu'un, c'est-à-dire vous êtes intimement liés. H.

| 出(日) Dès que le soleil fut levé. H. XII, 8.

| 方 Chaque pays. H.

I.

丁憂 Porter le deuil (de 3 ans).

| (餘)。竝無 ||。 Il n'y a point d'autre homme.

七步(才非) *Litt.*: Je n'ai pas un talent de sept pas, c'est-à-dire le talent de *Tsao-tseu-kien* qui composa des vers après avoir fait sept pas.

| 步成詩 Faire des vers après sept pas.

海上絲綢之路文獻集成 科技與文化編

丨八 Sept ou huit parties (sur dix), c'est-à-dire presque.

丈老 Monsieur! Terme respectueux.

丨夫行事 Agir comme un homme d'un caractère élevé.

II.

三星 Les 3 étoiles qui président au mariage; elles forment une constellation qui correspond à une partie de *Scipio* et d'*Antares*. H.

丨法司。 Ces trois magistrats sont : un membre du tribunal criminel, un membre du conseil des censeurs et un *Ta-li-sse*, ou membre de la cour de justice. C'est à eux qu'on s'adresse pour former un appel devant le tribunal criminel. H.

丨竿(紅日) Le soleil rouge (est élevé) à la hauteur de 3 *kan*. (竿 désigne la hampe d'une lance, ou la tige d'une flèche.) — Cette expression signifie que le soleil va se coucher, que le soir approche.

丨(言)語四 Faire des objections contre quelque chose. H.

上 *Vlg.* en haut. — Au sujet de. 息子丨 Pour ce qui regarde un fils, un héritier mâle.

丨下(不相) Il ne lui est pas inférieur. H.

丨下(年紀三十) Il avait environ 30 ans. H.

丨京 Aller à la capitale.

丨任 Aller prendre possession d'une charge.

丨前(迎) S'avançant au-devant de lui.

丨司 Un magistrat supérieur. H.

丨吉之日 Un des jours les plus heureux (du calendrier). H. III, 7.

丨抗 résister. H.

丨栓 Mettre la barre qui ferme la porte. H.

丨堂 Tomber dans un piége. H.

丨坐 S'asseoir à la place d'honneur.

丨心 Faites bien attention, n'agissez pas étourdiment.

丨燈 Apporter les lampes (allumées).

丨皇 L'empereur. (Le frère aîné de l'empereur.)

丨簿的 Celui qui est inscrit sur un registre.

丨色的新衣 Un vêtement neuf, d'étoffe de première qualité.

丨裁 Votre haute décision. *Item :* Décidez-vous, prenez un parti.

丨謁 Rendre visite à un supérieur ou à un grand personnage.

丨達 Pénétrer en haut, c'est-à-dire parvenir jusqu'à vous. *Item :* Communiquer quelque chose à une personne d'un rang élevé.

丨關宗祧 En premier lieu, vous avez pour devoir de faire des sacrifices à vos ancêtres. (*Kouan*, cela concerne.)

丨(不)。行丨丨一二里 Il n'avait pas fait plus d'un ou deux li.

| 陳 *Litt.* : exposer en haut. Exposer quelque chose à l'empereur. H.

| (配得你) Il pourra vous épouser. H.

| (不)。喫 || 三五杯 Il ne but pas plus de trois ou cinq tasses.

| (不)。比他 || Je ne puis lui être comparé.

| (以) Au-dessus.

| (在)。年伯 || En présence de mon oncle.

| (就)。一說 || Dès que vous lui aurez parlé, vous réussirez.

| (情)。在 || Par égard pour, en considération de.

| (為)。去央 . . . || Il vaut mieux aller solliciter (M....).

| (江) A l'embouchure du *Kiang*.

| (赶) Rattraper quelqu'un qu'on poursuivait.

| (閉) 園門 Fermer la porte du jardin.

下一個請帖 Présenter, remettre un billet d'invitation.

| 交 Vous lier d'amitié avec une personne infime (avec moi). Terme de politesse.

| 士 Lettré de bas étage, médiocre.

| 問 Interroger un inférieur, lui demander des avis.

| 手 Mettre la main à l'œuvre. *Item* : Mettre la main sur quelqu'un, se saisir de quelqu'un. H.

| 教 Vous daignez m'instruire, m'éclairer de vos avis).

| 禮 Faire de profondes salutations.

|| 相見 Saluer en se prosternant à genoux.

| 榻 Loger quelque part. H.

|| (移) Changer de logement, de domicile. H.

| 求 Demander des avis à un inférieur.

| 獄 Être mis en prison. H.

| 綉針 Broder à l'aiguille.

| 臨 Daigner venir voir quelqu'un. H.

| 苦口 Donner des conseils pénibles à entendre, mais utiles (*litt.* demittere amarum os). H.

| 菜 Servir des légumes. H.

| 落了(有) J'ai trouvé mon affaire.

| 處 Le lieu où l'on est descendu, l'hôtellerie.

| 虛了 J'ai perdu la partie d'échecs. Au figuré, j'ai manqué mon coup.

| 酒 Boire du vin.

| 里(巴人) Un homme du pays de Pa et d'un village infime, c.-à-d. un homme obscur, inconnu.

| 顧 *Litt.* Regarder en bas, daigner venir voir qlq.

| 馬 *Litt.* Descendre de cheval. *Au fig.* Arriver dans sa nouvelle charge. H.

| (兩) Deux coups (d'éventail).

海上絲綢之路文獻集成 科技與文化編

丨 (兩) 約 定 Ayant arrêté leur projet entre eux deux. H.

丨 (分 付) Charger un inférieur de... (Par ex. un domestique de dire quelque chose à son maître.

丨 (四) De tous côtés.

丨 (在) Moi (votre serviteur); *litt.* (ego) infra te positus. Terme de respect.

丨 (在 人 之)。功 名 决不在我之下 Pour le mérite et la réputation, décidément, certainement il n'est pas au-dessous de moi, inférieur à moi.

丨 (定) Arrêter (un projet). H.

丨 (不 在 白 公 心) *Pé-kong* ne faisait nulle attention à lui.

丨 (在 愛) Être dans l'amitié de qlq., en être aimé, affectionné.

丨 (愚) Homme stupide et bas, méprisable.

丨 (燈) A la clarté des lampes.

丨 (月) Au clair de la lune.

丨 (鄉) 人 Un homme de la campagne, un villageois.

III.

不 得 了 (也 說) N'en parlons plus!

丨 (看) 上 Ne pas daigner regarder qlq.

丨 下 (放 心) Il n'était pas tranquille au fond de son cœur. H.

丨 來 (起) Il ne peut se lever. H.

丨 來 (拿 他) Il ne peut le prendre, le saisir. H.

丨 住 (捉 他) Ils ne purent le saisir, l'arrêter. H.

丨 到 (緝 獲) Ne pas venir à bout de saisir (un criminel). H.

丨 到 處 Défaut, imperfection de quelqu'un. H.

丨 到 (算 計) Il n'a pas réussi à me faire tomber dans ses piéges.

丨 動 (走) Elle ne pouvait courir. H.

丨 動 (誘 他) Je ne puis venir à bout de le tromper. H.

丨 及 (躲) Il ne pouvait fuir, s'évader. H.

丨 定 (把 持) Ne pouvoir tenir bon, c.-à-d. ici : conserver fermement sa vertu. H., VII, 2.

丨 定 (限 他) On ne peut leur fixer d'époque, de terme, c.-à-d. ici : déterminer l'époque où ils se corrigeront. H.

丨 平 (見) Voir une injustice. H.

丨 惑 (年 登) Être arrivé à l'âge où l'on n'a plus de doutes, c.-à-d. à l'âge de 40 ans. Cette expression est tirée du *Lun-yu*, livre II, § 4.

丨 日 拜 相 Au premier jour, il sera nommé ministre. H.

丨 着 (寃 我) Vous ne pourrez pas m'en vouloir. H.

| 起 (我 買) Je n'ai pas le moyen de les acheter. H.

| 過 (快 活) Il éprouva un plaisir infini. Hic agitur de venerea voluptate.

|| (氣 苦) Irrité et affligé au dernier point.

|| (氣 他) Ils étaient extrêmement irrités contre lui.

|| (蠢) Excessivement stupide. H.

|| 是 C'était uniquement. H.

|| 於取笑 Ne vous moquez pas de moi à l'excès. H.

|| (强 他) Il ne put la forcer (à aller). H.

|| (信 他) Je ne puis la croire, croire ce qu'elle dit. H.

|| (爲 何 殺 人) Pourquoi n'avez-vous pas tué les ennemis? H.

|| (比 他) Elles ne peuvent lui être comparées. H.

IV.

世 務 (不 諳) Il ne connaît pas les usages du monde.

| 兄 Vous, Monsieur, qui descendez d'une famille noble. H.

| 情 中 人 Un homme qui a les sentiments (étroits et egoïstes) des gens du monde.

| (一) Pendant toute ma vie.

| (去) Mourir.

丙 寅 Le jour du tigre rouge, le troisième du cycle.

去 (開) Se disperser. H.

CLÉ 2.

III.

丰 儀 La figure, le visage de qlqn.

丫 頭 (賤) Vile servante! (injure adressée à une servante).

|| Se dit aussi d'une demoiselle. H.

中。係 蘋 *fan*, En second lieu, c'est un devoir pour vous de vous marier.

| 中 (人 物) Sa personne, sous le rapport de la beauté, était fort ordinaire.

| 了 Ayant obtenu (le grade de *Kiu-jin*, ou la licence).

| (得) Obtenir ce grade.

| (知 他) J'ai su qu'il avait obtenu (la licence).

| (望 一) Espérer d'obtenir (la licence).

| 進 士 Obtenir le grade de docteur.

| 原 (驅) Lancer des gens (des chasseurs) dans les plaines de la Chine. *Au fig.* Mettre deux lettrés aux prises et les faire concourir.

|| (竝 驅) Si on les lançait ensemble dans les plaines de la Chine, c.-à-d. Si on les faisait concourir ensemble.

| 意 Être d'accord avec, répondre à la pensée d'un autre.

海上絲綢之路文獻集成 科技與文化編

| (不) 我 意 Elles ne m'ont pas plu (ces jeunes filles qu'on me proposait).

| 其 懷 Cela convenait à ses vues, entrait dans ses vues. H.

| 聽 (儘 是) J'entends bien ce que vous dites.

| 人 Les hommes ordinaires. H.

| 計 Réussir dans un stratagème. H.

| (此) Pendant ce temps-là.

VI.

串 同 S'associer, se coaliser ensemble dans un but criminel. H.

CLÉ 3.

III.

丹 墀 *Vulgo :* Vestibule du palais. — Un tribunal, une cour de justice. H.

IV.

主 人 之 意 L'intention de faire les honneurs, comme maître de la maison.

| 僧 Le supérieur d'un monastère. H.

| 持 Avoir sous sa garde (des biens). H.

|| Protéger, assister, soutenir qlqn. H.

| 母 La maîtresse (de la maison). H.

| 見 Vues, intentions, votre dessein. H.

| 張 不 定 Mon jugement (sur lui) n'est pas encore arrêté.

|| (難 于) Il m'était difficile de prendre une décision, c.-à-d. de leur donner ma parole.

主 (作) Remplir le rôle de l'hôte qui reçoit, faire les honneurs de la maison.

| (夫 人 作) Madame, décidez-vous, prenez vous-même une décision.

| (做)。要 自 家 ||
Vous ne devez consulter que vous-même.

| (無) 銀 *Litt.* Une somme d'argent qui n'avait pas de maître, c.-à-d. une somme d'argent imaginaire, qui n'avait jamais existé.

| (|) (Il est) sans appui, sans protecteur. H.

| (神 魂 無) Il n'était pas maître de lui-même. H.

| (不 能 自) Ne pouvoir agir par soi-même, prendre soi-même une décision.

V.

| (財) Un homme riche, un richard.

CLÉ 4.

I.

乃 郎 Fils.

II.

久 之 (注 意) Depuis longtemps, j'avais fixé mes vues sur lui.

IV.

乏 人 (翰 林 院) Il y a une place vacante à l'Académie.

乎 (斷) Décidément. H.

IX.

乘除 *Litt. Additionner* et *soustraire. Au fig.* Ajouter (des qualités aux uns) et en retrancher (aux autres).

| 危 Être exposé au danger.

CLÉ 5.

I.

九泉 Les neuf fontaines, l'autre monde.

|| (抱) 之痛 Elle est au bord des neuf fontaines (dans l'autre monde) le cœur rempli de chagrin.

|| (含恨) Elle est pleine d'indignation dans l'autre monde.

II.

也先 *Ya-sien*, nom propre du chef des Mongols.

X.

乾淨書案 Une table à écrire, propre et nette.

|| (不得) Nous sommes tous dans de mauvais draps.

|| Signifie souvent : Quitte, débarrassé de.

|| Ils partirent, disparurent, *litt.* ils firent place nette. H.

|| (做得) Faire une chose complètement. (Comme si l'on disait : Faire une chose de manière à en être tout à fait débarrassé.)

CLÉ 6.

I.

了 (不)。忙 || Je n'ai pas un instant de loisir.

|| (快活) Éprouver une joie infinie.

| 期 (無) Ne pas avoir de fin, ne devoir jamais finir.

VII.

事故 Un prétexte.

| (尋) Chercher à faire du tort à qlqn., à le mettre dans une mauvaise affaire. H.

| 故 (尋些) Chercher noise à qlqn. H.

| 端 (生) Susciter quelque fâcheuse affaire à qlqn.

| (生) S'attirer quelque fâcheuse affaire. H.

| (共) Le servir ensemble, c.-à-d. l'avoir toutes deux pour époux.

| (無) Ne pas éprouver d'embarras, de désagrément.

CLÉ 7.

II.

于歸 Se marier (en parlant d'une fille).

| (美) Plus belle que.

五內 Dans mes entrailles, dans mon cœur.

| (九) Le trône.

云胡 Comment? Pourquoi?

丨(浪) Follement.

V.

些上(那) A quel propos, pour quel motif?

丨須 Bagatelle (en parlant d'un petit cadeau).

丨須 Une petite quantité (par ex. d'argent, de provisions).

丨(好) Un peu meilleurs (vers).

丨(快) Un peu plus vite, plus vite que cela, pour dire très-vite.

丨(近) Plus près, rapproché.

CLÉ 8.

IV.

交椅 Un fauteuil à bras.

丨孚 Être d'accord ensemble. H.

丨手 Remettre une chose à quelqu'un, la lui remettre entre les mains. H.

丨接 Recevoir des visites. H.

丨丨(朋友) Dans ses relations avec ses amis. H.

丨租 Apporter, payer le prix d'un loyer. H.

丨知 Un ami, une connaissance. H.

丨還 Remettre, rendre.

丨丨與 Rendre, restituer qlq. chose à.

丨(春夏之) Le moment, l'époque où l'été succède au printemps.

充使 Remplir une mission (le rôle d'envoyé).

VI.

享用 Jouir de (par ex. de la fortune, des honneurs).

CLÉ 9.

I.

人 pour 人物。其丨與其才相配否 Sa personne (son extérieur) répond-elle à son talent littéraire?

丨家(御史) Les *Yu-sse* ou moniteurs impériaux.

丨丨(一村) Un village.

丨丨(他令愛別有) Sa fille a épousé un autre homme.

丨物 Figure, mine, extérieur de qlqn.

丨丨聰俊 Il est intelligent et perspicace. 丨丨 signifie aussi *natura*, en mandchou *banin*.

丨丨 S'emploie quelquefois avec emphase pour désigner un personnage important: 大邦丨丨 Un personnage d'un pays célèbre (*Kin-ling*).

丨丨之地 Un pays qui a produit des hommes éminents. H.

丨丨俊秀 Il est beau et distingué de sa personne. H.

丨生一快 Dans la vie d'un homme,

海上絲綢之路文獻集成 科技與文化编

(cela peut s'appeler) un sujet de joie.

| 夫 Les gens de sa suite (en anglais *attendants*).

II.

介(貴) Synonyme de 公子 Votre noble fils. *Item :* Des personnes nobles, distinguées. H.

| 意(不消) Il n'est pas besoin d'y penser, de vous en préoccuper.

|| (不必) Même sens. H.

| 人(一非) Un homme de peu d'importance. H.

| 紹 Lettre de recommandation.

III.

以(有) Avoir ses raisons (pour).

|| (良) En vérité, elle avait des raisons (pour agir ainsi).

| 誠 Agir avec sincérité.

| 下之人(個) Un homme du commun.

他(無) Sans égal, sans pareil. H.

| 鄉人(一個) Un homme d'un autre district. H.

令愛 La fille chérie (*aï*) de l'homme honorable (*ling*) c.-à-d. de vous.

|| (有) Avoir une fille.

令(送) Donner (aux convives) un mot qu'on doit placer dans un vers ou une phrase (sorte de jeu).

| (行) Placer un mot convenu dans un vers ou une phrase.

仕女 Femme distinguée.

仙才 Homme doué d'un talent divin.

| 遊 Voyager parmi les immortels, c.-à-d. mourir.

| 仙有致。(這首詩) |||| Cette pièce de vers est composée avec une grâce divine.

代筆 Écrire, composer à la place de quelqu'un.

| 爲 A sa place.

| 勞 Prendre cette peine à votre place, faire ce travail pour vous.

IV.

任是古今英雄 Même les héros de l'antiquité et des temps modernes (n'y ont pas échappé). H.

| 是 Quoique.

| (到) Prendre possession de sa charge.

| (前) Précédemment, il avait rempli la charge de.

| 性 Être capricieux, obstiné, entêté.

| 情(是) Il est entier, têtu, obstiné.

| 情任性 Ne suivre que ses goûts et ses caprices. H.

|| 揮灑 Composer des vers au gré de ses sentiments, c.-à-d. en se laissant aller à sa verve poétique.

| 意 Au gré de sa pensée, de son imagination.

| 在朝 Il est (actuellement) employé à la cour.

仰學正 Je compte sur l'appui du directeur du collége.

| 扳 Prendre quelqu'un (pour gendre). H.

| 望(所) L'homme sur l'appui duquel elle compte.

| 測 Se tourner vers quelqu'un et examiner (sa figure).

休得 Gardez-vous de.

伏下 Mettre des hommes en embuscade. H.

| 辜 Être puni de mort.

| 侍 Être au service de qlqn.

| 二兄挈帶 Je pense humblement, c.-à-d. j'ose espérer que tous deux vous me soutiendrez et me protégerez.

V.

住(坐不) Il ne pouvait se tenir assis, (il tombait, il s'endormait).

| (被纏) Être constamment importuné par qlqn.

| 口(不) Sans cesser de parler, de crier.

| (不) Sans s'arrêter, continuellement.

| (占) S'emparer de, garder, pour toujours. H.

| (圍) Entourer étroitement. H.

作詞賦人 Jouer le rôle de poëte.

| (佳) Votre composition élégante.

| (尊) La composition de l'homme honorable, c.-à-d. votre composition.

| 伐(與兄) Faire, pour vous, la demande de mariage.

| 子 Prendre, adopter qlqn. pour fils.

| 成 Faire, composer (des vers).

似他(官高) (Quoique) ma charge soit plus élevée que la sienne.

何止天淵 *Litt.* : Est-ce qu'il y a seulement le ciel et les abîmes? pour dire « il y a plus de distance entre eux qu'entre le ciel et la mer. »

| 事 A quoi bon, que sert de?

| 等待伱 Avec combien (d'affection) ne vous ai-je pas traité! Le mot | n'est pas ici interrogatif; il a le sens emphatique de *quantum!*

| 等(我)苦勸伱 Avec quelles instances ne vous ai-je pas priée! H.

| | 憐才 Combien elle aime le talent! c.-à-d. combien elle désire épouser un homme de talent!

| | 慧心 Combien elle a de finesse, de perspicacité!

| 易 Combien c'est aisé!

伱爲父的 pour 爲伱父的 Celui qni est votre père.

佛頭上面偏加糞 (La mouche qui) à côté de la figure de Bouddha, dépose ses ordures. On lui compare un homme incommode et incivil.

海上絲綢之路文獻集成 科技與文化編

体 氣 *Litt.* la forme et l'air (la tournure d'une composition littéraire).

| 態 Extérieur et air de qlqn.

| (事) L'affaire, l'état des choses.

低 昂 Infériorité ou supériorité (d'une pièce de poésie).

伸 冤 Redresser une injustice ou en obtenir la réparation. H.

伯 仁 *Pé-jîn.* Nom d'homme. *Tcheou-i*, dont le surnom était *Pé-jîn*, était ministre sous les *Tsin* 晉.

| 樂 *Pe-lo.* Nom d'un homme qui se connaissait en chevaux. Au figuré, || s'emploie pour désigner une personne qui sait reconnaître le mérite. On dit aussi || 之顧 le coup d'œil de *Pe-lo*. Voy. *Yun-fou-kiun-yu*, XI, fol. 18.

VI.

供 奉 Offrir des sacrifices à, présenter des offrandes à.

| 明 Déclarer clairement. H.

| 稱 Avouer devant un juge, faire une déposition. H.

佩 (心) Conserver, graver (des paroles) dans son cœur.

| 于身 (親) Porter qlq. chose sur soi.

| 服 Conserver dans son cœur (le souveuir des bienfaits). H.

| (感) Sentiments de reconnaissance. H.

例 (自)。反引以 || Vous les avez citées (ces anciennes paroles) pour vous en faire l'application.

| (獄) Sentence d'un prisonnier. H.

使 氣 S'emporter, s'abandonner à la colère.

| 乖 Recourir à un artifice, à une fourberie.

| 器械 Se servir d'armes. H.

| (卽) Quand même.

| (假)。| (設)。| (令) *Idem.* Si.

| (奉) Porter un message, aller en mission, en embassade.

| 臣 Un envoyé.

| (出)。|| 乏人 On ne trouve personne pour envoyer en députation, en ambassade.

| 用 Dépenses (pour vivre).

佳 話 Un charmant sujet d'entretien, de conversation.

| 人 Une jolie femme ou demoiselle. — *La prétendue.*

侍 奉 Servir quelqu'un, être au service de quelqu'un.

| 兒 Une servante.

| 君子 Servir un sage, c.-à-d. devenir l'épouse d'un sage.

| 郎 (禮部) Adjoint du président du tribunal des rites.

| 生 Même sens que | 郎

| 講 (翰院) Membre de l'académie des *Han-lin*, avec la charge de lecteur impérial.

使喚（備） Être prêt à exécuter les ordres de quelqu'un. H.

來意 Les motifs qui l'amenaient.

丨歷之人（有） Un homme d'une ancienne famille, d'une famille noble. H.

依稀 Ressembler un peu.

丨丨 Ressemblance confuse d'une chose.

佯問 Interroger en dissimulant (comme un homme qui feint de ne pas savoir de quoi il s'agit).

侄兒（一個） Un jeune garçon.

VII.

俊雅 (Homme) distingué par son extérieur, ses manières.

丨逸 Nobles et élevés (en parlant de vers).

丨彥 Distingué, éminent.

俠氣 Grandeur d'âme.

丨（女） Une héroïne.

丨（義） Élévation de sentiments, héroïsme. H.

丨烈之氣 Le goût des exploits héroïques. H.

丨胆 Courage héroïque. H.

丨膓 (Un homme qui a) un courage héroïque. H.

便服 Vêtement ordinaire, par opposition à vêtement de cérémonie.

丨殿 Le palais pour les audiences ordinaires. H.

丨（請兩） Je vous prie de consulter votre intérêt, votre avantage et le mien. H.

丨（爲） C'est plus commode, plus avantageux. H.

丨是。想丨丨這等想 Quoique j'aie précisément la même idée.

丨丨不 Quoiqu'il ne (n'excelle pas à).

丨丨（不是） Si ce n'étaient pas des... c'étaient des...

丨（不）。打擾丨丨 Il ne convient pas que je vous importune.

丨（不）處 s'emploie, dans un sens détourné pour *mulieris natura.*

丨（有甚不） Quelle difficulté, quel inconvénient y a-t-il?

丨（不）。行禮丨丨 (Étant convalescent), il ne lui serait pas commode de faire les salutations prescrites.

丨（多不） Beaucoup d'inconvénients.

丨（尊）。但請丨丨 Je vous prie seulement de faire ce qui vous plaira, vous conviendra.

丨（自） Faites ce qui vous plaît, convient.

丨（暫） (Je m'absente) un instant pour un besoin (naturel).

丨飯 Du riz tout prêt, tout préparé.

丨好。丨丨爲伱尋親 Il me sera facile de te marier.

保得（可以） Je puis répondre de lui, me porter garant pour lui.

| 奏 Présenter à l'empereur un rapport où l'on se porte caution pour qlqn. H.

| 舉 Répondre de qlqn. et le recommander.

| •薦 Même sens. H.

| 重 Se tenir sur ses gardes. H.

俏胆 Courage. H.

信服年兄(極) Il a pleine confiance en vous.

| 門戶犬(便) Vous le prendriez pour le chien de la maison (qui flatte, caresse les hôtes).

| 馬而行 Marcher au gré de son cheval.

| 口 Laisser aller sa langue, se laisser aller à sa loquacité (parler sans réfléchir).

| 手各取 Prenez chacune (une des feuilles), à votre volonté, *litt.* manui fidendo, quæque capiat.

| 手寫 Écrire tout ce qui vient sous le pinceau, improviser en écrivant. *Litt.* Manui fidendo scribere.

| (回) Réponse à une lettre. — Rendre réponse. H.

| (失) Manquer de parole.

| (入籍河南之) La nouvelle (*sin*) qu'il s'était fait inscrire dans le *Ho-nan*.

| (得) Recevoir des nouvelles.

| (通)與 Donner des nouvelles à qlqn. H.

俗子 Un homme vulgaire, du commun.

| 眼 Sa manière de voir est vulgaire. H.

| (不要太) Ne faites pas tant de cérémonies.

| (俚) Chose (composition) vulgaire.

VIII.

倫(出) S'élever au-dessus de la foule (par son mérite)

| (莫) Elle n'a point d'égale.

倒 | (顛 |) Revers, contre-temps.

| (算計我不) Il n'a pu me faire tomber dans ses piéges, n'a pu me vaincre par ses stratagèmes. H.

倚伏 Se toucher de près. H.

倘或 Si par hasard.

俯就 Daigner consentir (à une proposition).

修阻 Long et difficile (chemin).

| 好 Tenir une bonne conduite.

| 過 Réparer sa faute, faire ses excuses.

| 塚 Faire des réparations à un tombeau.

借坐 Demander la permission de s'asseoir.

| 住 Demander un asile, un gîte. H.

| 此 Je prends ce prétexte (pour).

倡和 Composer des vers le premier, ou sur les même rimes qu'un autre.

IX.

偏年兄 A votre insu, en cachette de vous.

丨二兄(有) Je vous ai quittés tous deux.

丨丨的 Par partialité.

丨向(意) Partialité.

丨有 Quoiqu'il ait. H.

停(調) Arranger (une affaire). H.

丨(十)人家 Dix individus. H.

偷生 Échapper à la mort. H.

丨相 Épier furtivement qlqn. H.

側轉身 Se retourner sur le côté (dans son lit).

傲慢人 Traiter qlqn. avec hauteur et mépris.

做 Être, devenir. 打點丨女婿 Il se dispose à devenir son gendre.

丨得成(這秀才) (Nous verrons) s'il pourra conserver ce grade de bachelier.

丨作(許多) Beaucoup de ruses, d'artifices, de stratagèmes.

丨丨(行踪) Se donner de grands airs, faire l'homme important.

丨十二朝 Célébrer un mariage. H.

假令 Si.

丨借 Emprunté, c.-à-d. faux. H.

丨倡 S'attribuer faussement (les vers d'un autre).

丨托 Prétexter faussement.

丨滿 Le congé (accordé par l'empereur) est expiré.

丨作 Faire semblant de.

丨(給一) Demander un congé. 給 *Vulg.* donner.

侯伯 Un homme noble. H.

候(恭) J'attends avec respect (sous-entendu : de vos nouvelles).

丨問 S'informer des nouvelles de qlqn.

丨見 Demander à voir qlqn. H.

偶(良) Un couple distingué, vertueux (d'époux).

丨俗(不喜) Il n'avait pas de goût pour le mariage. H.

X.

傍著夕陽 Se tournant du côté du soleil couchant.

丨晚 L'approche du soir (le coucher du soleil).

備辨 Préparer qlq. chose.

丨下 Préparer.

丨極 Mettre le comble à (son déshonneur).

XI.

傷感 Avoir le cœur navré.

丨情 S'affliger.

丨心 Même sens.

| 情處 Endroit, point (d'un discours) où le cœur se serre de tristesse.

傳呼 Transmettre l'ordre d'appeler qlqn. H.

| 說 Rapporter des propos tenus par d'autres. H.

| 進(口) Transmettre qlq. ch. de vive voix.

|| Apporter et présenter qlq. chose.

| 講 Communiquer et discuter (une nouvelle).

| 語人 *Litt.* Transmettre des paroles à qlqn.

| 臚報 Annoncer une nouvelle en la transmettant de l'un à l'autre.

催飯 Presser qlqn. de prendre le riz.

| 租 Presser le paiement d'un loyer. H.

傾(一座) Toutes les personnes qui étaient assises s'inclinèrent devant lui.

| 慕 Aimer passionnément.

| 動一時 (Par votre talent) vous touchez profondément tous les hommes de notre temps.

XII.

僕從 Les domestiques et les gens de la suite.

| 馬 Le cavalier et le cheval.

僥天之幸 Un bonheur grand comme le ciel.

| 倖(幾分) Quelques succès.

| 倖 Réussir dans une affaire. H.

| 小姐一日之婚 Avoir le bonheur d'épouser un jour cette demoiselle.

|| 得 Avoir le bonheur d'obtenir.

|| 後 Après avoir réussi (au concours), c.-à-d. après avoir obtenu le doctorat.

僭(獨) Faire des excès tout seul (c.-à-d. boire tout seul).

| 妄 Empiéter sur les droits de qlqn. et agir avec témérité.

像我門 Des gens comme nous (autres bacheliers).

| (露) Montrer le bout de l'oreille, se trahir par son indiscrétion. H.

| (不) 意 Il n'était pas satisfait. H.

僱下 Louer (un cheval).

XIII.

儀賓 Le gendre de l'empereur.

| (代) Au lieu, en guise de cadeaux.

| 文 Cadeaux (que s'offrent les deux familles des futurs époux).

| (程) Présents de voyage, présents qu'on offre à un voyageur. H.

| 門 La seconde porte (du palais) à partir de l'entrée.

XIV.

儒雅 Un homme distingué comme un lettré.

XV.

償還 Payer une dette.

優待 Traiter qlqn. avec beaucoup d'égards et de distinction.

丨劣 Le fort et le faible, l'homme de mérite et l'ignorant.

丨禮 Traiter qlqn. avec une grande urbanité. H.

XX.

儼然科甲 Il ressemblait à, il avait l'air d'un homme qui s'est élevé dans les concours.

丨 Semblable à (*Pan-'an*, homme célèbre par sa beauté).

CLÉ 10.

II.

元名 Son nom primitif.

丨魁 Celui qui a obtenu le premier rang au concours pour la licence.

丨(掄) Obtenir le premier rang au concours pour la licence.

III.

兄弟(小) Un petit garçon.

IV.

容得(還) (Sa mise, son extérieur) peut encore passer.

光(容) L'air de sa figure.

丨(春) L'apparence, la beauté du printemps.

丨祿寺 Le bureau des promotions.

丨丨(陞了) Il avait été élevé au rang (de vice-président) de la chambre des promotions.

丨(時) Le temps.

丨亮 Les rayons du soleil.

丨(台) L'honneur de votre visite.

丨顧(一) Honorer qlqn. d'une visite.

丨景 L'état des choses. — Situation de qlqn.

丨子(耳) Un soufflet (alapa).

丨于(有) Répandre de l'éclat sur. H.

兆(入相之) Le présage de son entrée au ministère.

先達 Occuper le premier rang (en littérature).

丨人 Feu mon père.

丨父 Même sens.

丨兄 Feu mon frère aîné.

丨輩鉅公 Les grands princes (sages) des générations passées.

充…選。丨東床之丨 *Litt.* : Remplir le choix du lit oriental, c.-à-d. être choisi pour gendre.

丨報子 Remplir le rôle de messager. H.

丨做 Remplir le rôle de, agir en qualité de.

丨(不)。即使學問丨丨 Quand même son instruction serait incomplète.

VI.

兎毫 Un pinceau de poil de lièvre.

海上絲綢之路文獻集成 科技與文化編

兒女之樂 Le bonheur de votre fils (gendre) et de votre fille.

XVIII.

競秀 Rivaliser de beauté (il s'agit de pics escarpés).

CLÉ 11.

入人罪 Impliquer qlqn. dans une accusation criminelle, le présenter comme coupable.

| 告 Informer l'empereur. H.

| 贅 Épouser une femme et aller demeurer avec elle chez ses parents Voy. Staunton, *Penal Code*, liv. III, sect. 104. H.

| 陳 Exposer qlq. chose à l'empereur. H.

| (迎) Aller au-devant de qlqn. et le faire entrer. H.

VI.

兩存 Les garder toutes deux (pour épouses).

| (無) Sans égal, sans pareil. H.

| 全 Faire d'une pierre deux coups.

| 愛 *Litt.* Recevoir les deux (c.-à-d. aimer deux personnes à la fois).

CLÉ 12.

八字 Les huit caractères, savoir ; 2 pour l'année, 2 pour le mois, 2 pour le jour et 2 pour l'heure de la naissance d'une personne. — Avant de marier un jeune homme et une jeune fille, les deux familles s'envoient réciproquement leurs 8 *caractères*. Un astrologue choisi de part et d'autre, les examine et les compare pour voir si le mariage sera heureux. H.

II.

公 | Beau-père. H.

|| 正 | *Kong-kong, tching-tching*, Ouvertement et dans les formes.

| 然 Ouvertement.

| 乎 (爲) Est-ce dans l'intérêt public?

| 事 Les affaires publiques, les devoirs de sa charge.

| 務 Même sens.

| 侯之家 Maison d'un homme noble. H.

| 位 Siége d'un juge, ou d'un fonctionnaire public remplissant les fonctions de juge. H.

| 呈 (一張) Un placet collectif.

| 堂 *Litt.* La salle publique, c'est-à-dire la salle d'audience, la salle du tribunal. H.

| 子 (新) Le fils adoptif de.

| 子 (敎) Instruire mon fils.

|| Désigne le fils d'un personnage distingué.

| 庭之上 (Quand vous êtes) dans votre tribunal.

| 座 Le siége du juge. H.

| 服 Habit, costume de cérémonie.

丨 差 Un messager du gouvernement, ou d'un haut fonctionnaire public.

丨 宴 Un repas de corps (commune epulum).

丨 論 (也 有) J'aurai pour moi l'opinion publique.

丨 議 Délibérer en assemblée publique, solennelle.

丨 疏。丨 本 Rapport (à l'empereur) rédigé en commun.

丨 舉 Même sens.

丨 酒 Un repas de corps.

V.

具 目 者 Celui qui est pourvu d'yeux, clairvoyant.

丨 靈 心 Avoir un esprit ingénieux, doué d'une sagacité surnaturelle. H.

VI.

典 試 Présider le concours (pour la licence).

丨 型 Modèle, exemple. H.

丨 刑 Condamner à mort. H. Dans le *Chou-king*, 丨丨 signifie lois (pénales) déterminées, immuables.

丨 正 刑 Faire exécuter les lois pénales (punir de mort). H.

其 中 Dans cette circonstance. H.

丨 人。愧 非 丨丨 Je rougis de ne pas être un homme de cette trempe, d'un tel mérite.

VIII.

兼 之 Ajoutez à cela que.

丨 才 子 Homme d'un talent ou d'un mérite accompli.

CLÉ 13.

II.

內 中 Dans l'intérieur du palais, ou de l'appartement des femmes.

丨 助 (求) Le prier de vous aider secrètement, sous main : ailleurs,

丨 助 Désigne quelquefois *une épouse*.

丨 裏 有 人 Avoir dans l'intérieur des auxiliaires, avoir des intelligences dans la place.

III.

冊 封 Accorder une charge par lettres patentes.

VI.

冒 稱 Se donner faussement le nom de.

丨 充 名 流 J'ai osé me faire passer indûment pour un homme illustre.

CLÉ 14.

II.

冗 (俗) Mes affaires; *litt.* mes a. vulgaires.

丨 尊 (有 何) Quelle affaire avez-vous? *litt.* quelle honorable affaire avez-vous?

海上絲綢之路文獻集成 科技與文化編

VII.

冠首 *Litt.* Coiffer la tête, c.-à-d. mettre en tête, commencer un vers par un mot déterminé.

丨軍 *Litt.* Être le premier de l'armée. Au fig. Être un homme supérieur, sans rivaux.

丨玉 Le jade qui orne un bonnet.

CLÉ 15.

V.

冷暖有誰知 Qui aurait connu ses sentiments secrets?

丨落 Baisser, décliner, devenir pauvre.

丨丨落丨 *Ling-ling-lo-lo* Décrépit, délabré.

丨會 Société froide, qui ne dit rien. *Pe-kong* se sert de cette expression en parlant des plantes et des arbres au milieu desquels il vit, et dont il fait pour ainsi dire sa société.

丨曹(一) (Moi qui suis) un pauvre magistrat.

况(何)求友 A plus forte raison, je n'ai pas cherché un ami. *Litt.* A plus forte raison, chercher un ami. — J'ai ajouté en français la négation *ne... pas*, parce que la phrase qui précède est négative. J'ai dû faire de même dans la locution qui suit.

丨乎知心 A plus forte raison, ne pourrai-je pas connaître votre cœur. *Litt.* A plus forte raison, connaître le cœur.

VIII.

凉質 Mon naturel médiocre (expression modeste).

淩傲 Traiter qlqn. avec dureté et hauteur.

IX.

減于 Le céder à qlqn., lui être inférieur.

丨價 Diminuer de valeur.

XIV.

凝(神) Vos esprits sont posés. (Vous avez un esprit calme.)

CLÉ 16.

I.

凡庸 Commun, vulgaire.

IX.

凰(求) Chercher un phénix femelle (une femme parfaite).

XII.

兜住馬 Il arrêta son cheval.

丨馬屁股 Il frappa le derrière du cheval.

CLÉ 17.

III.

出題目 Fournir un sujet de composition.

丨口 Ouvrir le premier la bouche.

| (畫) Venir à bout de peindre.

| (| 不) 的 Une personne tellement belle qu'on ne pourrait la peindre.

| 疏。| 本。Adresser un rapport, un mémoire (à l'empereur).

| 名 Mettre en avant son propre nom, c.-à-d. l'écrire sur une carte de visite.

| 使 Aller en ambassade pour remplir un message.

| 衆 S'élever (par son mérite) au-dessus de la foule.

| 路辛苦 Vous êtes très-fatigué de votre voyage.

| 語 Paroles dites par qlqn.

| (已) 萬分僥倖 Je suis au comble du bonheur! *Litt*. Cela dépasse un bonheur (composé) de dix mille parties.

| (高)... 外 S'écarter beaucoup de, différer beaucoup, grandement.

| (已) 望外 Mes espérances ont été dépassées.

| (寔) 僥倖 Véritablement, ç'a été un bonheur pour moi.

| (裝不) 詩書氣味 Il ne pouvait simuler l'air d'un homme qui connaît le *Chi-king* et le *Chou-king*.

| (說不) Je ne puis le dire, l'exprimer.

| (做不) 詩 Il ne pouvait venir à bout de composer des vers.

| (看) Découvrir, apercevoir qlq. chose.

| (不) 吾料 Cela ne s'éloigne pas de mes conjectures, c.-à-d. mes conjectures se réalisent.

| (不) 半月 Sans dépasser 15 jours, c.-à-d. avant 15 jours.

CLÉ 18.

刀 (代人捉) Composer des vers pour un autre, à la place d'un autre.

| (捉) *Litt*. Tenir le couteau, ici le pinceau. Dans l'antiquité, pour écrire sur des planchettes de bambou, on faisait usage d'un couteau dont la lame servait à ratisser le bois, et la pointe à tracer des caractères.

| 筆 Un pinceau.

II.

分定 (姻緣) Ce mariage est décidé par le ciel.

| (有)。這也是婚姻 | | Même sens que ci-dessus.

| 房考 (L'empereur le nomma) examinateur d'une section.

| (有 幾) Il a qlqs. chances de succès.

| (有) 撞得一個 Si j'ai le bonheur d'en rencontrer une (une épouse).

| (情) Marques de bienveillance.

| (無) 于 Je n'ai aucunes prétentions sur (elle).

| (是 無) Je n'ai pas l'espoir de réussir.

海上絲綢之路文獻集成 科技與文化编

| (福) Bonheur.

| 上(個大) Un personnage considérable, très-influent.

| 辯(與人) Discuter, disputer avec qlqn.

| 開 Écartés, séparés l'un de l'autre.

| 韻 Se distribuer des rimes (convenues), quand on fait des vers ensemble sur le même sujet.

| 頭 En se séparant : se dit des gens qui vont chacun de leur côté.

V.

刪改 Corriger une composition littéraire.

別無知者 Il n'y a personne qui le connaisse.

| (作) Faire ses adieux.

| (不我) Sans prendre congé de moi.

| 才 Un talent particulier.

利(加)償還 Rembourser une somme en ajoutant les intérêts.

| 器 Un instrument tranchant.

| (考得) Réussir dans un concours.

初(有) Bien commencer. (Expression tirée du *Chouking*.)

VI.

制于父母 Elle est violentée par son père et sa mère (dans le choix d'un époux).

刻(少) Au bout de quelques instants.

| (午) A l'heure de midi, au coup de midi.

| (一)來 Je reviens dans un instant.

| 奏 Accuser qlqn. auprès de l'empereur.

刹 Couvent bouddhique.

到(不)。選擇 || Il n'a pas réussi à bien choisir.

| 也是一件難事 C'est aussi une affaire difficile.

| 底 Au fond, au bout du compte.

|| Jusqu'à la fin (de notre vie).

刮目 Faire, à qlqn., un accueil bienveillant.

|| (雖未蒙) Quoiqu'il n'ait pas encore été reçu et admis (chez nous).

VII.

刺繡 Broder à l'aiguille.

前人 Un ancien, un homme du temps passé.

| (在) Être en présence (de l'empereur).

| 程 Une promotion.

|| (黜退) Il lui retira sa promotion c.-à-d. son grade de bachelier.

| 輩 Des personnages honorables, de grands personnages, les anciens.

| 往 Aller en avant, partir.

| 途 Le chemin que vous avez à faire, le pays où vous allez.

21

|| Si vous allez en avant, si vous vous mettez en route.

| (樽) Devant des coupes (remplies de vin).

VIII.

剖明 Exposer clairement une affaire.

| (代) Composer (des vers) à la place de qlqn.

| 魚 Nom élégant du miroir. *Tch'ing-yu-khao.*

剝落 Usé, passé (par ex. couleur *passée*).

剛半面而 A peine avais-je vu la moitié de son visage que...

IX.

剪着手(背) Ayant les mains derrière le dos.

副(一) Une feuille de papier.

劉郎 *Lieou-lang*, nom d'homme. Se prend pour un amant d'une figure commune et sans mérite.

| 阮 *Lieou-youen*, nom d'homme. On raconte qu'il fut, un jour, transporté dans le séjour des dieux.

CLÉ 19.

I.

力力 De toutes mes forces.

| (得)。一個 || 家人 Un domestique capable.

| (易爲) Facile à faire.

III.

功(婦) Les travaux de la femme (l'éducation des vers à soie et le tissage des étoffes).

加(大)稱賞 Il lui donna de grands éloges.

| 意 Avec une attention marquée.

| 陞 Être élevé en grade.

| 納了中書 En donnant (de l'argent) il a obtenu la charge de conseiller.

功課 Office (que récitent les religieux).

IV.

劣叔 Moi, votre oncle. *Litt.* L'oncle faible (d'esprit).

V.

助(賢) Une sage auxiliaire, une femme vertueuse.

VII.

勃 | (詩思) Impétuosité de la verve poétique.

勅書 Une lettre officielle.

IX.

勘合(一張) Un passe-port.

動(傾) ou 驚 | Mettre qlqn. en mouvement, en émoi.

| (一)。一舉 || Cha-

海上絲綢之路文獻集成 科技與文化編

cune de leurs démarches, de leurs actions.

| (原封不) On n'avait pas touché à l'enveloppe primitive.

| (越走不) Il lui était encore plus difficile d'aller vite.

| 問 Adresser une question.

| 心 Avoir le cœur ému, troublé.

| 情 Avoir le cœur ému.

|| Se sentir inspiré (par la verve poétique).

| ... 思 Penser à qlqn.

| 成佳話 Faire naître des récits ou des entretiens intéressants, y donner lieu.

| 本 Présenter un rapport à l'empereur.

| 公舉 Présenter un rapport rédigé en commun.

| 蕩(十分) Avoir le cœur extrêmement ému, agité.

| 火 S'enflammer, devenir épris de qlqn.

| 身 Se mettre en route.

| 靜(不聞) Il n'entendit pas le plus léger bruit.

| 靜 Les manières, l'extérieur de qlqn.

| 一張公呈 Présenter une pétition rédigée en commun.

勒逼 Presser, contraindre qlqn.

| 轉馬頭 Tourner bride.

X.

勞(重) Je vous ai donné beaucoup de peine, je vous ai bien importuné (terme de politesse).

勝(不)厚幸 Être comblé de bonheur.

| 以 Cela vaut mieux que de.

| 兒(一個方) Un paquet carré (formé de pièces de vers pliées et mises sous enveloppe).

| (形)之處 Un endroit pittoresque.

| (名)人 Un homme d'une grande réputation.

| (名) Lieu, endroit célèbre.

| seul se prend pour la beauté d'un endroit, d'un site :

流覽那兩峰六橋之 | Il examinait, en se promenant, la beauté de ces deux pics et de (ces) six ponts.

| 骨肉(寔) En vérité, nous sommes plus intimement liés que des proches parents.

XI.

勢位 Puissance, influence des gens en place.

| 利(太)了些 Il a un peu trop flatté les hommes puissants.

| (時)。如今 || Les circonstances actuelles.

XIV.

勸美 Exhorter, encourager.

| 成 Presser qlqn. de faire, de terminer une chose.

| 勉 Solliciter, presser instamment qlqn.

CLÉ 21.

III.

北行 Aller à la capitale.

| 上 Même sens.

|（往）Aller au nord, en Mongolie.

| 使 Un envoyé du nord, un envoyé des Mongols.

IX.

匙大 Gros, grosse comme une cuiller.

CLÉ 23.

IX.

區處（作）Prendre un parti une décision.

CLÉ 24.

十字路 Un chemin en croix, qui fait la croix.

| 拏九穩（這等一頭親事）Le succès de ce mariage est presque assuré.

| 二分隱了 Ce mariage est en partie décidé. La totalité, totalement, s'exprime par | 分 dix parties. | 二分 signifie : deux parties sur dix.

I.

千古 Mille générations.

| 伶百俐 Elle était très-adroite, très-rusée.

| … 萬。| 思 | 慮 *Thsien-sse-wan-liu* : Je songeais de mille manières (à mon projet).

| 萬不可 Il ne faut pas absolument.

| 金馬骨（作）*Au fig.* Se donner comme un homme d'un grand mérite.

III.

半子 Un gendre.

VII.

南（一）一北 L'une habite le midi et l'autre le nord.

| 渡 (Lorsque *Kao-tsong*, de la dynastie des *Song*) passa dans le midi de la Chine.

| 直 La province de *Nan-king*.

| 宮（戰勝）Il a remporté la victoire dans le palais du midi, c.-à-d. il a obtenu le grade de docteur.

| 雍（加納了）J'ai été admis au nombre des 監生 *kien-seng*, des étudiants qui ont acheté le grade de bachelier.

XI.

準頭隆直 Le nez (*tchun*) proéminent (*long*), et le front (*theou*), d'une rectitude verticale (*tchi*).

準要行了 Il faut absolument que je parte.

CLÉ 25.

卜問 Consulter les sorts.

III.

占盡 Accaparer tout.

| (獨) Accaparer seul.

VI.

卦(變) Changer les *koua;* au fig. changer d'avis.

CLÉ 26.

IV.

印堂 (Dans le langage des physionomistes) le front.

V.

卵(壓) Litt. : œufs qu'on va écraser; au fig. situation critique, périlleuse de quelqu'un.

| 翼之 Au fig. aider et protéger qlqn.

VI.

卷(閱) Parcourir, examiner les copies ou compositions écrites des candidats.

| (選墨) Choisir les (meilleures) compositions littéraires.

| (數行黃) Quelques raies jaunes et tortueuses (sur sa figure).

VII.

卽使 Quand bien même.

| 此 De cet endroit.

X.

卿(小) Vice-président (d'un bureau).

CLÉ 27.

VII.

厚薄 *Litt.* Épais et mince, affection grande ou faible.

VIII.

原唱 La chanson originale (sur les rimes de laquelle d'autres chansons ont été composées).

| 韻 Les rimes originales, c.-à-d. les rimes de la pièce originale, la pièce originale elle-même.

| 主 Le maître ou propriétaire primitif (d'une somme d'argent).

| 籍 Pays natal. I, 3.

|| 貴鄉 S'étant fixé dans le pays de V. E.

XII.

厭聽 Se lasser d'entendre (ces deux chanteurs).

| 煩(不覺) Sans éprouver de fatigue.

| (惹) Provoquer le dégoût.

|·憎 Avoir du dégoût et de l'aversion pour.

| 厭 Elle est tombée en langueur.

海上絲綢之路文獻集成 科技與文化編

丨 物 Un être odieux, repoussant.

XVI.

龎 (面) Les traits du visage.

CLÉ 28.

III.

去 (過 不) Ne pouvant supporter cela.

丨 (請 兄) Il vous a envoyé chercher.

丨 (領) Emporter qlq. chose.

丨 心 Le désir de partir.

IX.

參 et 丨 論 Faire à l'empereur, un rapport contre qlqn.

丨 差 Sorte de flûte.

丨 朝 Se présenter à l'audience de l'empereur.

CLÉ 29.

又 是 一 快 C'est un plaisir de plus, un nouveau sujet de satisfaction.

丨丨 一 個 C'était un autre (du même nom).

II.

及 (多) *Litt.* Multa attingere, parler beaucoup, entrer dans beaucoup de détails.

丨 (問) Il l'interrogea sur...

丨 (收 不) Il n'avait pas eu le temps de mettre de côté (les pièces de vers).

丨 (不 可) Il n'a pas son égal, son pareil.

友。(師) Le maître et le disciple.

VI.

叔 (大) *Litt.* Grand-oncle. — Mon ami, mon brave! (en parlant à un concierge).

受 用 suivi d'un nom de femme, rem habere cum eâ.

丨丨 Jouir d'une chose.

丨丨 (好 不) Il a une infinité de jouissances.

取 (所) Celui qu'il a adopté, jugé estimable.

丨 事 于 中 (要) Il voulut profiter de cet engagement pour faire réussir son projet. *Litt.* Voluit sumere rem in medio.

丨 他 案 首 Il lui a donné le 1er rang sur la liste (des bacheliers).

丨 (不 堪) Repoussant (air).

丨 噗 小 弟 Vous vous moquez de moi.

丨 誚 S'attirer des railleries.

丨 名 夢 梨 Il m'a donné le nom de *Meng-li.*

VII.

敘 (一) (Il les invite à venir) causer un instant (avec lui).

丨 (小) Causer un peu.

丨丨 *Siu-siu*, causer.

丨 情 Causer affectueusement.

CLÉ 30.

口 語 Parole, réponse verbale.

| 授 Transmettre, communiquer de vive voix.

| 傳 進 Même sens.

| (多) Bavard, indiscret.

| 舌 De vains propos. Querelles, altercations.

| (講) Discuter ou disputer avec qlqn.

II.

司 (上) Les magistrats qui sont au-dessus de lui (dans l'ordre administratif).

| 道 Un magistrat.

| 理 Président d'un tribunal criminel.

| 李 Même sens.

可 (痊) Être rétabli (en parlant d'un malade).

| (猛) 裏 (sic) brusquement, à l'improviste.

| 意 Qui plaît à qlqn., qui est de son goût.

| 人 Un homme capable, ou de mérite,

|| (一 個) Un seul homme digne d'être choisi.

| (許) Donner son consentement à, approuver, permettre.

| 取 Allez prendre, chercher (le registre).

| 知 道 (兄) Monsieur, saviez-vous cela ?

只 怕 也 有 後 門 Je pense qu'il y a une porte de derrière.

| 恁 De cette manière.

叨 錢 君 Importuner M. *Thsien*.

| 飲 過 多 J'ai trop bu.

| 厚 款 (深) J'ai été comblé de ses bontés; j'ai reçu de lui l'accueil le plus affectueux.

| 陪 令 郎 Tenir compagnie à M. votre fils.

| 惠 J'ai reçu de lui un bienfait.

召 用 Appeler qlqn. pour l'employer.

古 怪 Merveilleux.

|| Singularité, bizarrerie.

叩 謁 (Vous) rendre visite.

台 臺 Votre excellence.

| (師)。老 || Respectable maître.

| 顏 La figure de V. E., votre figure.

| 誨 Les instructions de Votre Seigneurie.

| 目 Les yeux de V. E.

| 命 Les ordres de Votre Seigneurie, vos ordres.

| 光 (久 仰) Depuis longtemps j'aspirais à l'honneur de vous voir.

|| *Litt.* Je désirais, j'attendais l'éclat de V. E.

| 坐 (請) Je vous prie de vous asseoir en haut, c.-à-d. au haut du bout de la salle.

III.

向（去）La direction qu'il a prise en partant, le lieu où il est allé.

合（不）Je n'aurais pas dû (l'écouter).

丨當（也是）事敗 Il fallait bien que l'affaire se découvrît.

丨城 Toute la ville.

同年（我）Il a été promu (à une charge) dans la même année que moi. 與人丨丨 Être entré en charge la même année qu'un autre.

丨丨 Être nommé docteur en même temps qu'un autre.

丨丨（做了）Nous avons été amis.

丨門（與人）Ami de qlqn.

吐露 Laisser échapper (un secret), révéler (une chose qu'on tenait cachée).

丨丨 Épancher, manifester, faire connaître (ses sentiments secrets).

丨面 (Ses sentiments amoureux) étaient répandus sur son visage.

丨辭 Les expressions que vous avez employées.

吉期日 Le jour de l'heureuse époque, c.-à-d. du mariage.

名教（得罪）Offenser la doctrine célèbre (de Confucius), c.-à-d. les lois de la morale.

丨節 Réputation.

丨公 Des hommes célèbres.

丨色 Nom, titre. Par exemple : Sous le rapport du nom, du titre, je ne suis qu'un précepteur.

丨丨（是）C'est un faux prétexte.

丨（中）。中了第十三名進士 Il obtint le 13ᵉ rang sur la liste des docteurs.

丨（無）。簿上丨丨 Ne pas être inscrit sur un registre.

丨（假托）Prendre le prétexte de, prétexter une ch

丨（虛）。都是丨丨 Tout cela n'est qu'un vain prétexte.

丨（完）Mettre le comble à sa réputation.

吊下（從天）Tomber du ciel, venir d'en haut (se dit d'une chose inattendue).

丨了秀才 Il l'a suspendu de son grade de bachelier, il lui a ôté son grade de bachelier.

丨取 Aller prendre, chercher.

丨今古 Planer sur l'antiquité et les temps modernes (dans une composition poétique).

丨古 Creuser, sonder l'antiquité, en parler avec érudition.

丨（掉）Employer un stratagème.

IV.

告假 Demander (obtenir un congé).

丨（在）諸臣 Les magistrats qui ont obtenu un congé.

海上絲綢之路文獻集成 科技與文化编

漢文指南 卷二

丨 止 Demander la permission de s'arrêter (c.-à-d. de cesser de boire).

丨 辭 Prendre congé de qlqn.

丨 別 Même sens.

丨 退 Demander la permission de se retirer.

丨 小 停 Je vous demande la permission de me reposer un peu.

丨 病 Demander un congé pour cause de maladie.

吟 (同) Composer des vers avec qlqn.

丨 詠 Lire des vers.

君 (家) Mon père.

丨 (縣) Un sous-préfet.

丨 Vous, en parlant à un homme (à un amant, un époux futur).

丨 Vous, Messieurs! 無人不

丨 (識) Il n'y a personne qui ne vous connaisse.

丨 Terme de respect : 蘇 丨 M. *Sou-yeou-pé*.

叫 進 Faire appeler (accersere).

丨 船 Louer une barque.

吹 噓 Recommander qlqn.

丨 簫 Jouer de la flûte (pour gagner sa vie).

呈 覽 Présenter (à qlqn. une composition) et la mettre sous ses yeux.

丨 (動一張公) Présenter un placet rédigé en commun.

V.

含 淚 Retenir ses larmes.

丨 怒 Être irrité.

丨 笑 Rire.

命 (吾所) C'est ce dont l'empereur m'a chargé, c'est ce que je dois faire pour obéir à l'empereur (c.-à-d. sacrifier ma vie).

丨 (父) L'ordre, c.-à-d. une lettre de son père.

丨 (得) 之至 J'attends votre réponse (style épistolaire).

丨 題 Donner un sujet de composition.

周 折 (費了許多) Ayant éprouvé beaucoup de tribulations.

丨 旋 Se charger d'arranger, de faire réussir une affaire.

丨 丨 你 Je vous satisferai, je vous complairai.

丨丨 (好爲) J'aimerai à prendre ses intérêts, à lui prêter assistance.

丨丨 (全不) Il ne lui témoignait aucun égard, il ne lui faisait pas le moindre accueil.

味 (備一) Préparer quelques mets, une petite collation.

丨 (知其) Sentir, apprécier sa saveur (c.-à-d. le mérite de cette pièce de vers).

丨 (無) C'est sans utilité.

丨 (甚覺無) Je trouve cela excessivement insipide.

| (無) (Il se sentit) vexé, mortifié ou désappointé.

| (有) Ils ont du charme (les vers qu'on lit).

和羹 Assaisonner du bouillon.

| (講) Traiter de la paix.

| 好(講) Même sens.

| (議) Faire la paix. — Délibérer pour faire la paix.

| (請) Demander à faire la paix.

| 的兩首詩 Deux pièces de vers composées sur les mêmes rimes.

| 一首 Composer une pièce de vers sur les mêmes rimes.

| 韻詩 Vers composés sur les mêmes rimes que celles d'une autre pièce.

| 韻 *Litt.* Faire accorder les rimes, c.-à-d. versifier sur les mêmes rimes qu'une autre personne.

| 新柳 Composer sur les rimes de la pièce intitulée *les Saules du printemps*.

| 詩(與人) Composer des vers avec qlqn. sur les mêmes rimes.

VI.

品(人) Mine, extérieur de qlqn.

| 水 Discourir sur les eaux (les ruisseaux et les rivières qui sont des sujets de poésie).

| (文人之) (C'est) la manière, le genre des lettrés.

| 題 Traiter un sujet (de poésie).

VII.

唐突(不勝) J'ai été bien téméraire, bien impoli.

VIII.

唾乎成 (Ce mariage) est sur le point d'être fait. Le mot | signifie ordinairement *cracher;* il se prend ici pour 垂 *tchouï* qui a le sens de pencher, être près de. — C'est un sens que les dictionnaires devraient indiquer.

哼 | 卽 | Marmotter entre ses dents, murmurer tout bas.

唱酧 Composer des vers à tour de rôle. 唱 c'est commencer; 酧 c'est répondre, composer à son tour (sur les mêmes rimes).

單 || Isolé, isolé, isolé. Paroles magiques que prononce le devin *Saï-chin-sien.*

| 毡 Des tapis simples.

| (俵) Envoyer un billet (de convocation).

問心(以心) Songer en soi-même.

IX.

喬(附) S'attacher à un grand arbre. Se dit, au propre, d'une plante grimpante; au fig. d'une femme qui prend un époux pour appui. Mais ici, il s'agit d'un jeune homme qui veut épouser une fille illustre.

喻意 Donner à entendre (par métaphore).

海上絲綢之路文獻集成 科技與文化編

| (默) Donner à entendre secrètement, insinuer secrètement.

喜好不同 Les goûts (des hommes) ne sont pas les mêmes.

| 地閣 Le bas du menton (dans le langage des physionomistes).

啻(不). Davantage. || Plus que. || 色之眷色 (Le talent aime le talent) plus que la beauté n'aime la beauté.

| (不)飲醇 C'est mieux c.-à-d. meilleur que si j'avais bu d'excellent vin.

善辭 Refuser adroitement.

| 文墨 Exceller dans les compositions littéraires.

| 遣 Les renvoyer (expulser) qlqn. comme il faut.

| 詞令 Habile dans l'art de parler.

| 星平 Exceller (*chen*) en astrologie.

| 善爲事 S'acquitter parfaitement d'une affaire.

X.

嘆笑(獻) *Litt.* Offerre risum vel ridendi occasionem. Terme de modestie, i. e. Offrir à qlqn. des choses (des vers) qui seront un sujet de risée.

嗣續 Un héritier direct.

XII.

嘴强(不要) Gardez-vous de raisonner (de me tenir tête).

|| (他好不) Il a eu la langue bien mauvaise!

| 臉風流的 Homme d'une figure charmante.

| 唇皮都讀破了 *Litt.* La peau de mes lèvres est usée, déchirée, à force de lire.

XIII.

器局 Esprit, caractère. 我的|| 小了 Je ferais preuve d'un esprit étroit.

| 宇(英英) Un homme hors ligne, d'un mérite et d'une capacité extraordinaires.

XIV.

啣感不盡 J'en conserverai une reconnaissance éternelle.

| 結 *Litt.* Apporter dans son bec (un anneau de jade) et lier (l'herbe), c.-à-d. témoigner sa reconnaissance. — Il y a ici deux allusions : la première à un oiseau blessé à qui un jeune homme avait sauvé la vie, et qui plus tard, lui apporta dans son bec un anneau de jade; — la seconde à l'âme d'une femme qui, sous une forme humaine, lia l'herbe d'un champ, pour qu'un guerrier qui avait été son bienfaiteur, échappât à la poursuite de son ennemi.

XVII.

嚴(先) Mon père.

| 肅 Avec sévérité.

CLÉ 31.

II.

四海 Tout l'empire. 隻身 ‖ Parcourir seul tout l'empire.

III.

回了(這親事) Cette proposition de mariage a été refusée.

| 去(帶) Remporter une chose en s'en retournant.

| 嗔作喜 Changer sa colère en joie.

| 天 Faire revenir le ciel (sur ses décisions).

| 復 Revenir pour rendre réponse.

| 復他 (A moins que *Pekong* ne) le renvoie (c.-à-d. n'en veuille plus pour gendre).

| 思轉念 Revenir sur une résolution.

| 念 Même sens.

| 拜 Rendre à qlqn. sa visite.

‖ 客 Rendre des visites.

| 書 Réponse à une lettre.

| 絕(親事) Il avait refusé à tout jamais cette proposition de mariage.

| 船 *Litt.* Faire retourner ou revenir son bateau, c.-à-d. revenir sur un bateau, par exemple, au point d'où l'on est parti.

IV.

困身虜庭 Il est prisonnier chez les Mongols. — 庭 désigne ici la résidence d'un chef ou d'un prince.

V.

固正 Solide et juste (raisonnement).

VIII.

國戚 Un allié de la famille impériale.

| 土 L'empire.

XI.

圖書 Des peintures et des livres.

| 報 Témoigner sa reconnaissance.

| (再) Je désire encore.

| (有他) Former un autre projet.

| (事有可) L'affaire pourrait réussir.

CLÉ 32.

II.

切(憐才心) Votre amour pour le talent a été très-ardent.

III.

在(有)。一鍾情 ‖ Votre profonde affection est fixée sur qlqn. (une belle personne).

丨…裡。丨伱店裡 Dans votre auberge.

丨… 中。Avec un verbe de mouvement : 丨城中回來 En revenant de la ville.

丨心(未必) Il n'est pas certain qu'il fera attention (à ma demande).

丨丨(我也不) Je n'y fis pas attention.

地主 Le maître de céans, de la maison.

丨下(于) Dans l'autre monde.

丨閣豐厚 *Le bas* de votre *menton* (*ti-ko*) est large et épais.

丨(爲小妹) S'occuper des intérêts de votre sœur.

丨(無) Il ne sait où se mettre, que devenir.

丨(無感激) Avoir une reconnaissance sans bornes.

IV.

坐性(有個) Être un homme sédentaire.

坎(心) Le fond du cœur.

V.

幸剖 Je vous prie de me donner une réponse décisive.

丨…留神 Je vous prie d'être très-attentif.

坦坦之容 La mine, l'air, l'extérieur d'un gendre, d'un homme digne d'être pris pour gendre.

丨(賜之東) Lui donner le titre de gendre.

丨腹(欲招他) Je désire le prendre pour gendre.

丨丨 Coucher dans un lit en qualité de gendre.

VII.

垂乎成 (*Ce mariage*) est sur le point d'être conclu. Toutes les éditions donnent la leçon erronée 唾 vulgo *cracher*.

丨愛 Daigner témoigner de l'affection à qlqn.

丨顧(使) Vous les avez envoyés me rendre visite (de votre part), *litt.* daigner me regarder.

丨顧 Daigner témoigner de l'intérêt, de la bonté.

丨問 Vous daignez m'interroger.

埋沒 Enterrer, ensevelir. *Au fig.*, laisser dans l'obscurité (le talent de qlqn.).

丨丨了人(莫要) Gardez-vous d'être injuste envers lui.

VIII.

執事(衙門) Des employés de son bureau.

丨意 Tenir à son idée, être obstiné dans sa résolution. Se dit d'une personne qui refuse avec obstination.

丨拗 Obstiné, inflexible.

培植(加) *Au fig.* Le protéger et le soutenir (dans son projet).

堂尊 Le préfet d'un département.

| (公) Salle d'audience (d'un magistrat).

| (報) Annoncer quelque chose à l'assemblée (des magistrats).

| 上 Les magistrats composant un bureau, ou le conseil des inspecteurs généraux.

| 翁大大 S. E. le président de la chambre des inspecteurs généraux.

| (下) Répudier sa femme.

| (在)。寡母 || Ma mère vit encore, est encore du monde.

IX.

報知 Annoncer une chose à qlqn.

| 子 Un messager.

| 到 La gazette est arrivée.

| (一本) Un numéro de la *Gazette de Pé-king*.

| (送) Apporter la gazette.

| (見) Voir, lire la gazette.

堪憎(最) Très-haïssable.

墮人計 Tomber dans le piége de qlqn.

X.

塡詞 Sorte de chanson dont les règles sévères exigent l'emploi successif des quatre tons et des rimes masculines et féminines.

| 多少 Demander une somme quelconque (pour enseigner qlqn.).

塞責 S'acquitter tellement quellement de sa tâche.

塗名 Farder sa réputation.

塊(一大) Un gros lingot (d'argent).

XI.

塲(入) Entrer dans la salle du concours, concourir.

| (南) Le concours du midi, c.-à-d. de la province de Nanking.

| (覰覰) Se présenter au concours.

| (主) Présider au concours.

| (三)已畢 Ayant fini les trois compositions (requises pour la licence).

| (當) Dans l'arène du concours.

墊頭(替他做) Lui servir de marchepied.

境(漸入佳) Entrer peu à peu dans le séjour du bonheur. 佳境 « beau séjour » désigne ici le mariage, ou la chambre nuptiale.

塵愧(不勝) J'éprouve une extrême confusion.

XIII.

壑(萬) Dix mille ruisseaux (des vallées).

壁立不回 Ne point reculer, comme un homme appuyé contre un mur, c.-à-d. être inébranlable dans sa résolution.

海上絲綢之路文獻集成 科技與文化編

XIV.

壓人(以勢) Écraser, terrasser qlqn. par la puissance.

| 倒 Écraser et renverser, c.-à-d. surpasser qlqn. (en mérite).

XVI.

壞心 Qui a un méchant cœur.

| 人(參) Présenter un rapport hostile contre quelqu'un et le faire destituer.

| 事 Gâter les affaires de qlqn.

CLÉ 33.

XIV.

壽文 Pièce littéraire pour l'anniversaire de qlqn.

CLÉ 36.

夕(旦) Du matin au soir.

| (朝不保) J'attends ma fin d'un moment à l'autre.

| 陽時侯 Le moment où le soleil se couche.

II.

外(百金以) Plus de cent onces d'argent.

| (喜出望) Leur joie dépassa leurs espérances, ils furent au comble de la joie.

| 了(是見) C'est me considérer comme un étranger, *litt.* comme un homme du dehors.

| 之(豈) Est-ce que vous me regardez comme un étranger (parce que je ne suis plus en place)?

| (在世俗之) Nous sommes en dehors des habitudes du siècle, c.-à-d. nous n'agissons point comme le vulgaire.

| (意)之變 Un changement (c.-à-d. un malheur) imprévu.

III.

多(一箭) Un peu plus (de la distance, de la portée) d'une flèche.

| (不及) Il s'en faut de beaucoup que nous vous égalions.

| 言了 J'ai trop parlé, j'ai eu la langue trop longue.

| 講 Parler trop, dire des choses déplacées.

| 了(酒) J'ai beaucoup bu, j'ai trop bu.

| 一番口舌 (Elle craint que cela ne cause) trop de discussions, de débats pour une fois.

| 月(半個) Plus de la moitié d'un mois.

V.

夜飯 Le riz du soir, le souper.

XI.

賁緣(替他) (Son père) qui avait intrigué pour lui.

丨丨做了個舉人 (Quoique) par intrigue, il fût devenu un *kiu-jin* (il eût obtenu le grade de licencié).

夢丨不知 Même en songe, nous ne l'avons pas su, appris.

丨梨(盧) Mlle *Lou*, (dont la mère) a rêvé (aux fleurs de) poirier.

CLÉ 37.

大…一歲 Plus âgée d'un an.

丨話(說) Se vanter, parler avec prétention.

丨家 Tous deux. L'expression *ta-kia* indique ordinairement un plus grand nombre de personnes, par ex. « toute la société, toute la compagnie. »

天(一)。丨丨狐疑 Tous ses doutes.

丨(老) Le ciel personnifié, la providence.

丨臺 La tour du ciel. Allusion à l'aventure de *Lieou-chin* et de *Youen-tchao*, qui arrivèrent dans un endroit habité par deux déesses, dont ils devinrent les époux. Ce passage signifie : Je ressemble justement à *Lieou-chin* et à *Youen-tchao*, qui seraient allés une seconde fois à *Thien-t'aï*. *Sou-yeou-pe* veut dire qu'il est au comble du bonheur, et qu'il a rencontré une seconde fois une jeune fille belle comme une immortelle.

丨大的 Grand comme le ciel.

丨淵之隔(有) J'en suis aussi éloigné que le ciel est de l'abîme, c.-à-d. de la mer.

丨高地厚 Élevé comme le ciel et épais comme la terre.

丨…地。屈天屈地 En commettant une injustice (*litt.* une oppression) grande comme le ciel et la terre.

I.

太史公 Le grand historien, c.-à-d. *Sse-ma-thsien.*

丨白復生(以爲) Elle pensa que le poëte *Li-thaï-pe* était ressuscité (compliment adressé à un poëte).

丨常 Le bureau des cérémonies.

II.

失却春意 (Dès qu'une branche fleurie) a perdu l'affection (du dieu du printemps).

丨意 Être trompé dans ses vœux, échouer dans ses projets.

丨敬 Je vous ai manqué de respect; terme de courtoisie pour dire : « Je ne vous ai pas montré les égards qui vous sont dus. »

丨手 Laisser échapper une chose de sa main.

丨注了 On a manqué, on a oublié de l'inscrire.

丨約 Manquer un rendez-vous.

丨芳菲 Perdre sa beauté, c.-à-d. paraître sans beauté.

海上絲綢之路文獻集成 科技與文化编

| 陪 Manquer de vous tenir compagnie.

| 落 Perdre ou oublier qlqch.

| 言 Faire une indiscrétion, laisser échapper une parole imprudente.

| 身 Se perdre soi-même (oublier ses devoirs).

|| 非偶 Se compromettre en épousant un homme indigne d'elle. *Litt.* *feï-ngeou*, (un époux) non assorti.

| 迎 *Litt.* ils manqueront d'aller au devant de vous, pour dire : Ils seront privés de l'honneur de vous recevoir.

| 唉 Laisser échapper un sourire.

| 聲 Laisser échapper un cri.

央 | 董老官 Solliciter M. *Tong*.

IV.

夾頭夾臉(打) Frapper sur la tête et les joues.

| 襖 Habit court ouaté.

V.

奉台顏 Voir la figure de, avoir l'honneur de voir V. E.

| 瀆 Présenter (une lettre à quelqu'un) et l'en importuner (expression de politesse).

| 賀 Offrir des félicitations.

| 屈一叙 Je vous inviterai à venir causer un instant.

| 上 Offrir à qlqn.

| 懇 Adresser une prière à qlqn.

| 和 Composer des vers sur les mêmes rimes qu'un autre.

| 教 Recevoir les instructions de qlqn., l'avoir pour maître.

| 謁 Rendre visite à qlqn.

| 承(好) Aimer à flatter qlqn., à lui faire sa cour. — Être zélé, obséquieux pour qlqn.

|| 了他 Si je lui faisais ma cour.

| 陪(來) Je viens vous tenir compagnie.

奇(淸) Homme d'un air distingué.

奈煩(誰) Qui est-ce qui supporterait l'ennui (d'attendre)?

| 何(無可) Il ne pourra me rien faire.

|| (沒法) Ne sachant que faire (comment se tirer d'embarras).

|| 我(要) Il veut me mettre à bout, me réduire à l'extrémité (en me commandant des choses impossibles).

|| 他 Il l'avait opprimé.

VI.

契厚(相) Intimement liés ensemble.

VII.

套(做一) Faites m'en une (une chanson).

| 包 Tomber dans un piége. Il s'agit d'un poëte dont un plagiaire s'est approprié les compositions.

| 語 Des lieux communs.

奚落人 Se moquer de qlqn., le bafouer, le persifler.

XI.

奪(鳩) (En luttant avec la pie) la colombe remporte (la victoire).

CLÉ 38.

女(仕 pour 士) Une femme distinguée.

| 紅 Prononcez *niu-kong*. Ouvrage, travail de femme, par ex. la broderie. 紅 est ici pour 功.

II.

奴才(老) Vieil esclave! (injure).

| (逆) *Litt.* Les esclaves révoltés (les Mongols).

| 虜 *Litt.* Esclaves-prisonniers (les Mongols).

III.

妄想 Dans mes folles, téméraires pensées.

如(不)前賢 Ne pas ressembler aux anciens sages. Ordinairement || signifie : Il vaut mieux.

| 夫人 Une concubine.

| 之(何幸) Quel bonheur pourrait être comparé à celui-là?

| 今(事致) Puisque l'affaire est arrivée à ce point, dans cette conjoncture.

| 約 Se trouver au rendez-vous.

| 願 Répondre aux vœux, aux désirs de qlqn.

| 何 *Vulgo* Comment. *Ici* Oh! combien!

|| (悵之) (Quand une affaire ne réussit pas) quelle douleur n'éprouve-t-on pas!

| (怎)京師 Cela vaut-il la capitale? c.-à-d. cela ne vaut pas la capitale.

好不 Excessivement. || 受用 Il a une infinité de jouissances.

| 信人 Homme très-fidèle à sa parole.

| 推托 Il vous sera aisé de vous excuser, de trouver un prétexte, un subterfuge.

| 猜 Vous êtes habile à deviner.

| 歹 Bon gré, malgré.

|| D'une manière ou d'une autre (je chercherai un gendre distingué).

|| Le bien ou le mal. 不顧 || Sans s'embarrasser de rien (sans rien craindre).

| 發了(案) La liste est sur le point d'être publiée.

| 逑求不得 Chercher une femme accomplie, sans pouvoir la trouver ou l'obtenir.

|| 已自有人 Vous avez déjà trouvé l'épouse accomplie (que vous cherchiez).

海上絲綢之路文獻集成 科技與文化编

| (包) Il les enveloppa avec soin.

| (封) Il mit (la lettre) sous enveloppe (et la scella) comme il faut, avec soin.

| (只) 此時此際 Il ne me reste plus que ce jour, que ce moment.

| (如可) Comment pourrai-je (le ramener)?

| (怎麼) Comment pourrais-je (y aller)?

奸險 Un homme méchant et dangereux.

IV.

妍媸 *Litt.* La beauté ou la laideur. *Au fig.* L'élégance ou la médiocrité (d'une pièce de vers).

|...| Le beau ou le laid, c.-à-d. l'homme de mérite et l'ignorant.

妖冶 (恐陟) Je crains d'être tombé dans un style affecté, maniéré, ridicule.

妙人 Un excellent ami, un homme charmant.

姊丈 Mon beau-frère.

| 妹 Cousines.

V.

姐妹 Cousines.

| 姐 (還是) Vous êtes encore demoiselle (vous n'êtes pas encore mariée).

|| (是) Vous êtes son aînée, c.-à-d. plus âgée qu'elle.

姑娘 Ma tante.

| 舅姊妹 Cousines germaines.

| 念小年 J'ai égard à sa jeunesse, je suis indulgent pour lui à cause de sa jeunesse.

始末 D'un bout à l'autre.

| 終如一 Rester le même depuis le commencement jusqu'à la fin.

委曲 (有些) (Cette affaire) présente quelques difficultés.

| 委曲曲 En détail.

| 曲甚多 (其中) Dans cette affaire, il y a beaucoup à dire, *litt.* beaucoup de détails.

| 曲從 Consentir docilement, complètement à.

| 曲玉成 Si cette affaire réussit de quelque manière que ce soit.

| (蒙) 已完 La tâche que vous avez bien voulu me donner est achevée.

VI.

姻緣 (不是) Si ce n'était pas un mariage décidé par le ciel.

姿容 Le teint et les traits du visage.

VII.

娄 (新) 初罷 Elle venait d'achever sa toilette du matin.

娘 (沒了) Il a perdu sa mère.

| 舅 Oncle maternel.

VII.

婚姻 Prendre une femme (se marier).

媒說 Faire parler (c.-à-d. faire faire des propositions de mariage) par une entremetteuse.

IX.

媄(古) Les belles femmes de l'antiquité.

媚(花) Les fleurs étaient belles.

丨(明) Brillant et beau.

婿舍妹 Si vous épousez ma sœur.

X.

嫁人 Les marier à des hommes.

丨(不) Si je ne lui donne pas (ma fille) en mariage.

丨衣裳(作) *Litt.* J'en ferai un vêtement de noces (il s'agit de vers volés à autrui); c.-à-d. je m'en servirai pour le succès de mon mariage projeté.

XI.

嫡親姊妹 Sœurs de père et de mère.

XII.

嬋娟 Une jolie femme.

XIV.

嬪二女 Épouser deux jeunes filles.

XVI.

嬾于 Avoir peu d'inclination pour, peu de goût pour.

CLÉ 39.

子都之姣 La beauté du jeune *Tseu-tou* (cité par *Meng-tseu*, liv. II, ch. 5.

丨(狼) Les petits du loup.

丨虛 *Tseu-hiu*, nom d'homme. Personnage imaginaire, introduit par *Sse-ma-siang-jou* pour parler lui-même au roi de *Thsou*. (Voyez *Tchao-ming-wen-siouen-sou-kiaï*, liv. VII.)

丨嗣 Un héritier mâle.

I.

孔(眼) La cavité des yeux.

丨面(掉轉) Changer l'air de son visage (à l'égard de qlqn.).

III.

字(曾許) L'avez-vous promise en mariage à qlqn.?

丨(待) Elle attend encore le titre d'épouse, elle n'est pas encore mariée.

丨(十年不) Rester dix ans sans se marier (en parlant d'une jeune fille).

丨跡 L'écriture de qlqn.

V.

孤飛 *Litt.* Voler seul, c.-à-d. rester seul et isolé.

丨相(有) Avoir l'air d'un homme qui vivra seul, garçon, non marié.

海上絲綢之路文獻集成 科技與文化編

XI.

學 (府) Collége où l'on examine les bacheliers. (Morrison.)

| 院 Le recteur ou le principal d'un collége.

| 臺 ou | 政 Le même. (Morrison, part. I, vol. I, pag. 759, col. 2.

XVI.

孽 (自 作 之) Faute qu'on a commise, châtiment qu'on s'est attiré.

CLÉ 40.

III.

安 妥 Être en paix, jouir de la paix.

| 于 命 (不) Mécontents de leur sort, c.-à-d. mécontents de n'avoir pas obtenu la licence.

| 出 (計 將) *Litt.* D'où sortira un stratagème, c.-à-d. quel stratagème employerons-nous?

|| (法 將) Ce moyen, comment le trouverez-vous?

| 知 Comment savez-vous?

| 身 Rester dans un endroit.

| (問) S'informer de la santé de qlqn.

| 定 幾 本 書 S'attacher obstinément à lire quelques livres.

| 此 Rester en cet endroit.

| (自) Se tenir tranquille (rester seul, célibataire).

IV.

完 (收) 文 書 Ayant fini de serrer, de ranger ses papiers officiels.

宋 玉 *Songyu*, nom d'homme. Ce nom désigne ici un amant heureux.

| (有) (Je ne pensais pas) qu'il y eût ici un *Songyu* (voy. plus haut), jeune homme célèbre par sa beauté.

V.

官 銀 Argent provenant d'un impôt.

| 服 Habits de cérémonie (d'un magistrat).

宛 如 Exactement comme.

定 奪 Décision.

| (張 主) Ses plans sont bien arrêtés.

| (一)。這 個 || Cela est bien certain.

| (料 不) On ne peut les déterminer d'avance, les juger définitivement (les affaires).

| (料) Il présuma avec certitude.

| (料 得) Deviner juste.

| (立) 不 走 Il restait obstinément en place et ne marchait pas.

宗 (祧)。上 關 || En premier lieu, vous avez pour devoir de sacrifier à vos ancêtres.

| (光) Illustrer ma famille.

| (同) Qui a les mêmes ancêtres, qui est de la même famille.

| 師 L'examinateur en chef, le président des examens, du concours.

VI.

宣(不) *Litt.* Not to say more (Wells Williams). Formule pour la conclusion d'une lettre.

客(見) Recevoir des visites.

| (說) L'hôte de la parole (un entremetteur de mariage).

| (嬌) Un hôte élégant, distingué.

| (酒) Un buveur.

| (詞) Un faiseur de romances.

| (刺) Un sicaire, un assassin.

| (賦) Un poëte.

| (遊) Des promeneurs.

室(妻) Une épouse.

| (受) Prendre femme, se marier.

| (授) Même sens.

VII.

宮花 Les fleurs que l'empereur donne à celui qui obtient le premier rang sur la liste des docteurs.

| (妻) Le mariage.

容得 Permettre à qlqn. de, lui laisser la liberté, la faculté de.

| (改) Changer de visage.

| (能) Pouvoir endurer (souffrir une seconde femme près d'elle).

| (豈) Permettrait-elle?

| 日當奉賀 Un autre jour, je viendrai vous offrir mes félicitations.

家(他)明說 Les gens de sa maison m'ont dit positivement *que*.

| (大)不成 Si, tous deux, ils ne réussissent pas dans leurs vues.

| (每日) Chaque jour.

| (人)。定了 || Elle était déjà promise à un homme (fiancée).

| 下貧寒 Ses moyens d'existence sont médiocres.

VIII.

宿搆了 Avoir composé d'avance (des vers).

寅兄 Monsieur mon subordonné (au vocatif).

| 賓館 L'appartement où l'on donne à coucher aux hôtes.

| (同) Amis.

寄居 Demeurer momentanément quelque part.

| 興 Composer des vers.

| (轉) 書 Faire remettre une lettre.

| 情(無以) Il n'avait pas occasion, sujet de manifester ses pensées.

冤屈。|| Je suis innocent. *Bis. Litt.* Je suis opprimé.

海上絲綢之路文獻集成 科技與文化編

| 我 M'accuser injustement.

| 家路窄(是) C'est comme si (je rencontrais) un ennemi dans un chemin étroit.

IX.

寒舍 Ma maison.

| 星 Étoile brillante.

| 薄 Faire faire maigre chère à qlqn.

| 微 Un homme pauvre et obscur.

| 溫(敘了) Après avoir parlé du froid et du chaud, c.-à-d. de choses indifférentes, ou après lui avoir demandé des nouvelles de sa santé.

|| (有誰知) Qui aurait jamais su ses sentiments secrets?

| 素 Homme pauvre et d'une basse condition.

寔為 En réalité, au fond, c'était (parce que).

富弼 *Fou-pi*, nom d'homme. Il était originaire du *Ho-nan* et vivait sous les *Song*. Son nom honorifique était *Yen-koue*. Il s'éleva aux plus hauts emplois par ses talents littéraires et fut envoyé en ambassade chez les *Ki-tan*.

| 厚 Riche, opulent.

寬袍 Oter son manteau.

| 心 Tranquillisez-vous.

XI.

察院 Examinateur (des concours).

| 覺 Découvrir (une chose cachée) après un examen attentif.

寧不悲乎 Pourrait-il ne pas s'affliger?

實告 Parler à qlqn. avec sincérité, lui faire connaître la vérité.

| 說 Dire la vérité (vere loqui).

賓(西) *Littér.* Un hôte de l'ouest, qui habite la partie occidentale de la maison, c.-à-d. un précepteur particulier qu'on loge dans sa maison.

XVI.

寵招 Faire à qlqn. l'honneur de l'inviter.

CLÉ 41.

寸進(得) Obtenir un peu (*litt.* un pouce) d'avancement.

VI.

封兒(個) Un petit paquet (renfermant de l'argent).

| (原)不動 L'enveloppe primitive n'avait pas été touchée.

| (四大)銀子 Quatre gros paquets d'onces d'argent.

| 了一兩 Ayant enveloppé une once d'argent.

| 皮(兩條) Deux bandes de papier ou de ruban sur lesquelles on appose les scellés.

| 鎖 Fermer avec une serrure sur laquelle on a apposé les scellés.

VIII.

將(遞)過去 (Il lui ordonna d'aller) les présenter, les remettre (les billets de visite).

| 無...作 Il faut que vous ne soyez pas, c.-à-d. il ne faut pas que vous soyez (infidèle à la belle personne que vous aimez).

| 去(行) En marchant.

IX.

尊(縣) Un sous-préfet.

| (家) Mon père.

| (公) Monsieur votre père.

| 翁大人 Votre honorable père.

| (pour 樽) 前 Devant les coupes (remplies de vin).

XI.

對(一) Un couple (d'époux).

| (作) Tenir tête à quelqu'un (pour composer des vers).

| (作) Devenir le pendant de qlqn. (ici, devenir un époux digne de vous).

| 會 Confronter deux personnes ensemble.

CLÉ 42.

小人 Un méchant homme, un homme méprisable.

|| Moi (*ego parvus*, terme de modestie).

| 老 *Litt.* Mon petit vieillard (terme d'amitié, en parlant à un domestique).

I.

少(惡) De méchants garnements (sans talent).

| 保 Sous-gouverneur de l'héritier présomptif.

| 不得 Il est indispensable, il faut absolument que.

| 會 J'ai manqué de, j'ai été privé du plaisir de vous voir.

III.

尖(眼) Avoir la vue perçante.

CLÉ 43.

IX.

就計(將計) Employer ruse contre ruse.

| 完 Achever, terminer (une pièce de vers).

| (未) (La phrase finale) n'est pas encore achevée.

| 正 Observer les convenances (c.-à-d. faire des vers pour vous complaire).

|...婚。| 本院之婚 Prendre en mariage la fille de moi, le gouverneur.

海上絲綢之路文獻集成 科技與文化編

| (兩) Prendre deux (femmes à la fois).

| 是赶到 Quand même nous arriverions en faisant diligence.

| 忘記了 (Est-ce que) vous avez oublié cela aussitôt (*tsieou*)?

CLÉ 44.

I.

尺(一)之詔 Un décret impérial.

IV.

局量 Esprit, caractère.

屁股(掀) Lever la croupe, c.-à-d. se cabrer (en parlant d'un cheval).

V.

屈兄(要) Je voulais vous inviter.

| 于此(斗胆) J'ai osé. vous donner la peine de venir ici. (*Litt.* Vous courber ici).

| 相公(欲) Il désire vous donner la peine de (instruire son fils), pour dire vous *prier de*. *Litt.* vous *plier*, *abaisser* jusqu'à.

| (須)此草榻一宵 Il faut que vous preniez la peine de passer une nuit sur ce mauvais lit.

居然 Se tenant avec calme et gravité.

VI.

咫尺之間(在) Il se trouvait à une petite distance, tout près de moi.

|| (在) Même sens : être tout près.

|| (然) Cependant, quoique je fusse à deux pas de vous.

屛風 Un paravent. Ici, *au fig.* un châssis garni de fleurs qui forme une sorte de paravent.

XVIII.

屬官(...之) Magistrat subordonné à, dans la dépendance de.

| 下 Le subordonné d'un magistrat.

|| (在) Nous sommes ses subordonnés, sous ses ordres.

| 意白小姐 (Quoique) vous soyez attaché à Mlle *Pé*.

|| Penser constamment à qlqn.

CLÉ 46.

山門 La porte d'un couvent.

| 人 Un homme retiré des emplois, qui vit dans la retraite. Comme si l'on disait : Un homme qui habite sur les montagnes.

| 斗(仰) Contempler qlqn. avec autant de respect que le mont *Thaï-chan*, ou la constellation *du Boisseau* (*Pé-teou*).

| 陰禹穴。Deux endroits célèbres. Sous les *Ming*, *Chan-in* était un district dépendant de *Chao-hing-fou*. Dans l'antiquité, c'était le royaume de *Keou-tsien*, roi de *Youeï*. (*P'ing-tsen-louï-pien*.) Ce district, fondé par *Thsin-chi-hoang-ti*, dépendait, dans l'origine, de l'arrondissement de *Kouaï-ki*. La grotte de l'empereur *Yu* (*Yu-hioue*) se trouvait dans le même arrondissement. Cf. *Yun-fou-kiun-yu*.

| (出) Quitter sa retraite.

| (日色啣) Le disque du soleil mange la montagne, c.-à-d. le soleil se couche.

IV.

岔路 Chemin qui se divise.

VII.

峻(孤) Homme solitaire et hautain, peu sociable.

| 拒 Repousser (refuser des présents) avec hauteur.

崛强 Récalcitrant, inflexible.

CLÉ 47.

III.

巡(代) Faire une inspection à la place d'un autre.

| 按 Faire sa tournée d'inspecteur (dans une province).

|| 有缺 La place d'inspecteur est vacante.

|| (出) Sortir pour faire sa tournée d'inspecteur.

CLÉ 48.

工容 Habileté (dans les ouvrages de femme) et (beauté de la) figure.

| (用)太急 Trop travailler, c.-à-d. étudier avec trop d'ardeur.

| (用) Être laborieux.

| 夫躭閣不得了 Cette affaire ne peut être différée.

|| (沒) Je n'ai pas le temps. le loisir de...

|| 到...來(有) Avoir du loisir pour aller...

| (做) *Travailler* à, pour (par ex. pour l'examen de la licence.)

XI.

左右 Les domestiques.

|| Tantôt d'une façon; tantôt d'une autre (ils alléguaient des prétextes).

巧妙 Avec une habileté parfaite.

| (取)見 (Si) je réussis à voir (*Yen-sou*).

IV.

巫(大)在前 Un grand sorcier (c.-à-d. un grand poète) est devant moi.

| (小) Le petit sorcier (c.-à-d. moi, qui ne suis qu'un médiocre versificateur). Le petit sorcier sera découragé devant le grand sorcier. Ici les expressions

siao-ou et *ta-ou* 大 | ont le même sens que ci-dessus.

VII.

差 勝 Supérieur à, qui l'emporte sur.

| 失了 (無) Alors, je ne me tromperai plus, je ne commettrai plus de fautes.

| 池 (若有) S'il y a quelque irrégularité, c.-à-d. si je ne retrouve pas mon argent.

|| (不) Je ne vous ai pas menti.

| 訛 Erreur et mensonge.

| 錯 Erreur, méprise.

| (奉) Recevoir une mission officielle, être envoyé en mission.

| (承) et | (公) Un messager officiel.

| (討一) Demander une mission.

CLÉ 49.

己 (作) Faire passer pour siennes (les compositions d'un autre).

I.

巴 人 Homme du pays de *Pa*, c.-à-d. un homme obscur.

| 不到了 Vous n'arriverez pas (aujourd'hui).

| 不得他去 Il était impatient de le voir partir.

CLÉ 50.

巾 櫛 (侍) Remplir ses devoirs d'épouse (expression humble employée par les femmes mariées). Le sens littéral est : être près de (quelqu'un pour lui présenter) le bonnet et le peigne.

II.

市 交 Vendre son amitié.

布 心 (先此) Avant cette époque, (c.-à-d. en attendant), je vous fais connaître mes sentiments.

IV.

希 圖 Former le projet de.

V.

帖 然 D'une manière bien arrêtée, c.-à-d. avec sincérité (demander la paix).

| (一個單名) Un billet (d'invitation) où est inscrit seulement le nom (de celui qui invite).

| (下一個請) Déposer, remettre, présenter un billet d'invitation.

VII.

師 (求) Consulter les docteurs (les médecins).

席 (這一) 話 Cette kyrielle de paroles.

| 上 (回到) Il revint à table.

| 殘了 (見) Voyant qu'il n'y avait

plus que les restes des mets qu'on avait servis.

| (酒) Un dîner. 請了他三 | | Il l'a invité trois fois à dîner.

| | (喫了幾) Ayant eu plusieurs invitations à dîner, ayant dîné plusieurs fois en ville.

| 間 Pendant le repas.

| (入) Se mettre à table.

| (定) Déterminer les places des convives. (*Litt.* Fixer les nattes.)

| (換) Apporter une nouvelle table (avec de nouveaux mets).

| (設一) Préparer, servir un repas.

| (赴) Aller à un dîner.

| (送) Conduire à table (les convives), les faire mettre en place à table.

| (遜) Faire asseoir qlqn. à table en lui cédant sa propre place.

| (遜) Céder le pas à qlqn. *Au fig.* (Ici se reconnaître vaincu par lui sous le rapport des compositions littéraires.)

VIII.

帶領 Emmener qlqn. avec soi.

| (一)。並在白公 | | Il était assis à côté de *Pe-kong*.

帳 (飯) Le compte, le prix du riz qu'on a mangé.

| (打) Je me proposais de.

常 (其) Les choses d'un usage ordinaire, que l'on fait habituellement.

XI.

幕之賓 (入) Un homme que l'on admet dans son intimité. (Un hôte reçu dans la partie occidentale de la maison.)

| (引之入) Si vous le prenez pour gendre.

| (選他入) Si vous le choisissez pour gendre.

CLÉ 51.

干人 Flatter les autres.

| (與我何) En quoi cela me regarde-t-il ?

| 係 (是你的) Les conséquences retomberont sur vous (vous m'en répondrez, savoir, de mon argent perdu.)

| 瀆聽 (J'ose) importuner les oreilles de V. E., c.-à-d. vous importuner de cette demande.

II.

平安 Sain et sauf.

| 平 Une personne d'un rang ordinaire.

| 分一半 Partager en deux parties égales.

| 天下 *Litt.* Partager avec équité l'empire; *au fig.* disputer à quelqu'un un avantage à armes égales.

海上絲綢之路文獻集成 科技與文化编

丨南(日色) *Litt.* Le disque du soleil était de niveau avec le midi, c.-à-d. on était juste au milieu du jour, à l'heure de midi.

丨正 Ordinaires (traits du visage), qui n'ont rien de distingué.

丨素 Par le passé.

III.

年家(一個敝) Un de mes amis.

X.

幹(謀) Employer un stratagème.

丨辦 S'acquitter de sa commission.

丨 Affaire. 丨(有何貴) Quelle affaire avez-vous? Quelle affaire vous amène ici?

CLÉ 52.

II.

幼兒(自) Depuis mon enfance.

VI.

幽慧 Elle est douée de pénétration.

丨雅 (Endroit) charmant.

丨靜 (Site) frais et tranquille.

IX.

幾危 Je fus presque en danger (de mourir).

CLÉ 53.

V.

府(本) Notre préfet (*vulgo* moi, le préfet).

丨(尊) Votre Excellence, M. le préfet.

丨(官) Les magistrats.

丨縣 Le préfet et le sous-préfet.

丨裏 A la préfecture.

丨裏門子 Les huissiers de la préfecture.

店舍 Boutique (où l'on vend par ex. des vivres).

庚(貴)幾何 Quel âge avez-vous?

底了考 Il a subi un examen.

丨(花) Au bas des fleurs, sous un arbre en fleurs.

丨裏盡窺 *Litt.* Au fond, je l'ai complètement épié, c.-à-d. je le connais à fond.

丨丨(不能盡其) Je ne puis (en ce moment) connaître complètement le fond de cette affaire.

VI.

度外(直之) Je l'ai abandonné (ce corps), c.-à-d. (quant à ma vie) j'en ai fait le sacrifice.

VII.

座主 Le président du concours pour le doctorat (c'est toujours un *Han-lin*).

| (驚) Étonner ou remplir d'admiration toute l'assemblée.

VIII.

庸腐 (Homme) commun et stupide.

| 碌小工 Un ouvrier commun, inhabile.

CLÉ 54.

IV.

廷臣 Les moniteurs impériaux.

V.

廹脇 Faire faire quelque chose de force.

CLÉ 55.

IV.

弄了風波 Il a soulevé le vent et les flots, c.-à-d. il s'est attiré des choses fâcheuses.

| 出一道旨意來 Obtenir par ruse un décret impérial.

|| 醜來 Faire découvrir la laideur, c.-à-d. l'ignorance de qlqn.

| 得 S'être attiré une chose désagréable.

|| Il l'avait réduit à (courir tout le jour).

| 成 S'attirer (une mauvaise chose, par ex. une maladie.)

| 眼 Jouer des prunelles.

| 重了(豈不) (Ces deux pièces de vers) est-ce qu'il ne les répétera pas ?

| (吟) S'amuser à composer des vers.

| (哄) Tromper qlqn.

| (空)。瑤琴 || (Je croyais) jouer en vain de ma précieuse guitare. (Allusion à l'histoire de la belle *Wen-kiun* et de *Sse-ma-siang-jou*.

XII.

敝(作) Commettre une tricherie.

CLÉ 57.

VIII.

張一張 Lancer un coup-d'œil.

| (往內一) Ayant plongé les regards dans l'intérieur du temple.

| 儉 Nom d'un homme qui vivait sous les *Han*. Il fut assez imprudent pour faire annoncer sa visite à un homme qu'il était chargé d'arrêter. On cite ce fait pour blâmer ceux qui, dans des circonstances graves, s'attachent puérilement à l'étiquette et aux usages ordinaires.

| (東) Regarder du côté de l'orient.

| (惶) Troublé, agité.

海上絲綢之路文獻集成 科技與文化編

IX.

強迫其故 Je lui en demandai la cause en le pressant.

丨似在此 Ce sera plus avantageux que de rester ici.

CLÉ 59.

IV.

形正 Vos traits sont réguliers.

丨影自守 *Litt.* Corps et ombre, me garder, c.-à-d. je resterai seul (sans me marier).

丨之顏色 Laisser paraître cela sur ma figure.

丨穢 Montrer ma turpitude (mon ignorance).

丨(相) Se faire ressortir mutuellement.

丨像 Sa tournure et sa mine.

丨狀 La mine, les airs, de qlqn.

丨神 La tournure et la physionomie.

XII.

影(素) Le disque blanc de la lune.

丨兒(記得些) *Litt.* Je m'en rappelle une petite ombre, c.-à-d. j'en ai un souvenir vague, confus.

丨(沒)的盜賊 Un voleur imaginaire, *litt.* qui ne laisse pas d'ombre.

丨響(無) *Litt.* Il n'y a ni ombre ni son, c.-à-d. je n'ai (de lui) aucune nouvelle.

丨兒 Une petite ombre, c.-à-d. la moindre trace d'une personne que l'on cherche.

丨(一)附者 Un homme qui s'attache (à un homme de mérite) dont il n'est que l'ombre, c.-à-d. dont il n'a que l'apparence, la ressemblance extérieure.

CLÉ 60.

IV.

役丨王事 Très-occupé par les affaires de l'empereur (de l'état).

丨(人) Un employé, un huissier.

丨(衙) Satellites d'un tribunal.

丨(門) Le concierge, le portier.

V.

往來 *Litt.* Qui va et vient, réciproque (il s'agit de présents envoyés de part et d'autre.)

丨丨(與人) Fréquenter quelqu'un, avoir avec lui des relations d'amitié.

丨丨(與此老不甚) Je ne fréquente pas beaucoup ce vieux *Li;* nous ne sommes pas très-bien ensemble.

丨此去 Partir par ce chemin.

丨復之言語 *Litt.* Paroles qui sont allées et revenues, c.-à-d.

paroles dites et répondues, dites de part et d'autre.

| 返 *Litt.* Aller et revenir. — Avancer et reculer (se dit d'un homme incertain, irrésolu). — *Item* : Fréquenter quelqu'un, avoir de fréquents rapports avec lui.

| ... 過 Passer par un lieu.

| (一)。小弟深情不過 || Mes sentiments n'ont rien de constant. *Litt.* Mes sentiments profonds se bornent à une allée, à une passade.

VI.

待字 Elle attend encore son nom de femme, c.-à-d. elle n'est pas encore mariée.

| 茶過 Après leur avoir offert le thé (il les invita à).

後人之責 Les devoirs imposés à un héritier, — qui consistent à faire des offrandes funèbres sur la tombe d'un père légitime ou adoptif.

| 進末學 Jeune homme arriéré dans ses études (expresion modeste par laquelle se désigne un étudiant). | 進 Des jeunes gens.

| 隨 Suivre qlqn. (en parlant d'un domestique).

| (于 ... 之) A la suite de (il s'agit de vers qu'on a écrits à la suite de quatre peintures).

| (何敢) Comment oserais-je rester en arrière? c.-à-d. venir trop tard au rendez-vous.

| (無) Être sans postérité mâle.

律詩(七言) Des vers réguliers (ou modernes) de sept syllabes.

VII.

徒作山鬼伎倆 Employer en vain les ruses des démons des montagnes.

| (利) *Litt.* Un camarade du profit, c.-à-d. un homme avide d'argent.

徑行 Partir sur le champ.

VIII.

從來 Jusqu'à ce jour. || 念頭 Les pensées que j'ai eues jusqu'à ce jour. *Item* : || Depuis l'antiquité

| 何 D'où (*unde?*)

| 前好意 Les bonnes intentions qu'il avait montrées auparavant.

| 師 Suivre un maître, c.-à-d. recevoir ses leçons.

| 直些(到) Allons, obéissez tout de suite, c.-à-d. accceptez tout de suite l'argent que je vous offre.

| 走出來 Il sortit de nouveau.

| (僕) Des domestiques.

御(侍郎) Conseiller d'un ministère (ici, du ministère des travaux publics).

| 史(取) Obtenir la charge de moniteur impérial.

徜徉(詩酒) S'amuser à faire des vers et à boire.

海上絲綢之路文獻集成 科技與文化編

得 人 Trouver l'homme qu'il faut (il s'agit d'un époux).

| | (薦 舉) Faire une bonne présentation, présenter des hommes de mérite.

| 失 Le succès et l'insuccès.

VIII.

得 心 Gagner le cœur de qlqn.

| 意 Réussir dans une affaire.

| 意 之 人 Une personne qui nous plaît, qu'on aime.

| (不 消 謙) Il n'est pas besoin de montrer tant d'humilité.

IX.

復 了 前 程 Lui rendre promptement son grade (de bachelier).

| 他 Lui rendre réponse.

| 命 Rendre compte à l'empereur de sa commission. — Rendre réponse.

| 弟 Me rendre réponse.

| 轉 來 Revenir sur ses pas.

| 舍 親 Le renvoyer à mon parent.

| (奉) Rapporter une réponse (après s'être acquitté d'un message).

X.

微 道 Dire, faire connaître tout doucement une chose.

XII.

德 于 (有) Rendre service à qlqn.

| 政 Aministration vertueuse, bienfaisante.

| (忘) Oublier les bienfaits de qlqn.

| (感) Être touché d'un bienfait, en être reconnaissant.

CLÉ 61.

心 (以... 爲) Songer à.

| 上 (不 在) Il n'y fait pas attention.

| 死 (不) Il ne renoncera pas à son projet.

| (沒) Sans songer, c.-à-d. Étourdîment, imprudemment.

| (無) N'avoir pas envie de, n'être pas d'humeur à, être indifféret à une chose, n'y prendre aucun intérêt.

| (無) 中 Par mégarde.

| 事 Une affaire qui préoccupe fortement l'esprrit. (Le plus souvent c'est *une affaire de cœur*, qui intéresse un homme ou une femme.)

| 下 (不 在) Il ne fit pas attention à lui. *Item :* Il n'avait pas cela à cœur, il n'y faisait pas attention, n'y songeait pas.

| (留) Donner toute son attention, tous ses soins à.

| (細) La même chose que

| (小) être attentif, examiner avec soin. *Item :* Un homme attentif.

| 力 Efforts d'esprit, efforts d'imagination.

丨 (同) N'avoir qu'une même pensée.

丨 腹侍兒 Une servante en qui elle avait confiance, ou qu'elle aimait beaucoup.

丨 腸 (愛才) Ame qui aime le talent, passionnée pour le talent.

丨 腸 (好) Par l'impulsion de son bon cœur (il a rendu l'argent trouvé).

丨 (有兩) *Litt.* Avoir deux cœurs, avoir un cœur double.

丨 (有) Avoir une intention, avoir ses raisons.

丨 (才人有) Un homme de talent est rempli d'idées ingénieuses.

丨 (有) 人 Un homme passionné, amoureux. *Item :* Une personne douée de pénétration.

丨 (有)。舉止 丨丨 Ses manières et son extérieur annoncent un cœur sincère.

丨 (成)。有 丨丨 Avoir une opinion arrêtée (sur une composition).

丨 (談) Parler à cœur ouvert, causer intimement.

III.

忘懷 Oublier une chose qu'on avait à cœur.

丨 記 Perdre le souvenir d'une chose.

志 (有) Avoir du caractère. *Item :* Avoir de grandes prétentions, de grandes vues.

丨 士 Un homme d'un grand caractère, un homme qui a des vues élevées.

丨 (大) Élévation d'âme. Grandes vues, grandes prétentions.

忌妒 Être jaloux de quelqu'un, lui porter envie.

IV.

忝臺 Synonyme de 學院 Examinateur d'un collége de district.

忱 (鄙)。展 丨丨 Vous montrer mon humble attachement. *Litt.* Mes viles pensées.

忝相知 *Litt.* pour ma confusion, je suis votre ami, c.-à-d. j'ai l'honneur d'être votre ami.

丨 在同榜 A ma confusion, j'ai été sur la même liste, c.-à-d. j'ai eu l'honneur d'être inscrit sur la même liste (du concours).

V.

快士 Un homme d'un caractère ferme et élevé.

丨 心 Avoir le cœur joyeux.

丨 活不了 Éprouver une joie infinie.

丨 活所在 Un lieu charmant.

丨 暢 Être très-content, être transporté de joie.

丨 論 Raisonnement net et décisif.

怎的 ou 地 Pourquoi, pour quelle raison? A la fin d'une phrase : 只管

丨 丨 (看他) Pourquoi ne faites-vous que la regarder?

丨 如得 . . . Que ne puis-je vous posséder!

怠慢 Être lent, paresseux, négligent. 不｜｜ Sans perdre de temps.

怪了你(錯) Je vous ai blâmé à tort.

｜(又來作) Voilà encore que vous faites des choses étranges.

｜(又作)了 Voilà qui est encore singulier, étrange.

｜(作) C'est singulier, c'est étrange.

怨(抱) Elle a conçu du ressentiment (c.-à-d. un chagrin mêlé de colère, dans l'appartement intérieur).

｜女懷夫 Cette locution se prend en bonne part, dans le sens de femme (honnête) qui gémit de ne pas être mariée, et songe avec affection à un mari.

急于 Être impatient de (partir).

｜(性) (Homme) d'un caractère impatient.

性成 Formé par la nature, inné (talent).

思慕 Penser avec amour à qlqn.

｜索 Réfléchir.

VI.

恭(打一) Faire un salut, une révérence.

｜喜了 Vous avez eu bien du bonheur! *ou* vous avez eu un grand sujet de joie.

｜喜(相公) Monsieur, je vous félicite.

恝然者 Un homme sans affection, indifférent.

恩私 Partialité bienveillante.

VII.

患(不)不成 (Le mariage que projette le *Fou-taï*) je ne crains pas qu'il ne se fasse pas, c.-à-d. je ne serai pas embarrassé de l'arranger.

悠悠行路(以) (Quand je devrais) faire un très-long voyage.

悔過 Regretter une faute qu'on a commise.

VIII.

惡俗 Ignoble et vulgaire (écriture).

｜識他不得 Il ne faut pas nous mettre mal avec eux (des gens de cette sorte).

｜辭 Refuser d'une manière désobligeante.

惆悵至今 J'en ai été tourmenté jusqu'aujourd'hui (de ce que je ne vous ai pas rendu visite).

惋惜 Être contrarié, peiné.

惑一時(止) Ne tromper que pour un temps.

惟… 是。｜先生之言是聽 (J'ai appris) qu'il n'écoutait que vos avis.

情上(在) Par égard pour.

情上(在他親) Par égard pour son parent, etc.

丨動(不禁) Il ne put s'empêcher d'avoir le cœur ému.

丨思 Les sentiments et les pensées.

丨意最篤 Nous étions extrêmement liés.

丨狀 Mine, air.

丨盡(個) Tout son content.

丨興 L'exaltation de mes pensées, ma verve poétique.

丨面 Considération, égards (qu'on doit à un parent, à un ami).

丨面(有幾分) Il vous favoriserait, vous protégerait un peu.

丨面上(是)却不過 (C'était un éloge) qui pouvait tout au plus me procurer sa bienveillance extérieure (et non de l'avancement).

丨願 Désirer vivement.

丨(一)。若不丨丨 Si je n'ai pas la même affection (pour elles deux).

丨(不)。說得不經丨丨 Vous venez de dire là une chose qui n'est ni régulière, ni vraisemblable.

丨(下) Bassesse de sentiment, humilité rampante.

丨(世) Les affaires du monde.

丨(女兒) Mon affection pour ma fille.

丨(前) L'affaire ancienne, les faits qui s'étaient passés. — Les motifs, les raisons mentionnées plus haut.

丨(厚) Grandes marques de bonté, d'amitié, d'affection.

丨(多)之甚 Un homme qui a de grands moyens, une grande capacité d'esprit.

丨(忘) Oublier une personne qu'on aimait.

丨(不忘) Ne pas oublier (même en songe) l'affection qu'on a pour qlqn.

丨(沒)沒趣的 Se sentant mortifié.

丨(沒) Qui n'a pas d'affection pour qlqn., qui montre de l'indifférence pour qlqn.

丨(無)物 Chose privée de sentiment (se dit des nuages).

丨(爲)。自難丨丨 Naturellement, il est difficile d'en prendre son parti, de ne pas s'en affliger.

丨(無以爲) Ne sachant comment lui témoigner ses sentiments.

丨(用) Rendre service à qlqn., lui montrer de l'intérêt, de la bonté.

丨(盛)。承丨丨 Recevoir une grande marque de bonté (il s'agit d'un don en argent).

丨(直)。丨丨告之 Je lui en dis le véritable motif.

丨(至)之言 Paroles très-affectueuses.

丨(苦) Une affaire fâcheuse, affligeante.

| (說人) Parler dans l'intérêt de qlqn.

| (隱)。有何 || Qu'y a-t-il de caché là dessous, là dedans? (c.-à-d. Il n'y a rien de caché là dessous.)

| (隱) Cacher la cause, le motif de.

| (一段隱) Une affaire secrète, une idée secrète.

| (領) Recevoir des marques d'affection.

| (骨肉之) L'affection qui tient aux liens de la chair et du sang.

| (高) Votre haute bienveillance (à mon égard).

IX.

愈覺 Je sens davantage que...

| 加 Davantage.

感傷(自) S'affliger.

| (悽)于衷 J'en éprouve un grand chagrin au fond de mon cœur.

| 慨 Avec force et hardiesse.

| 冒 s.-ent. 風寒 J'ai éprouvé les atteintes du vent et du froid (c.-à-d. de la fièvre).

| (知) Penser à qlqn. avec une vive reconnaissance.

| 泣 Pleurer d'émotion.

愛(台) (J'ai reçu) des marques d'affection de la part de V. E.

| 下(叨在) Vous m'honorez de votre amitié.

想頭(幾分) (Peut-être ai-je) quelque espérance.

| 慕 Désirer de voir qlqn.

| 起來(不) Je ne puis me rappeler cela (tout de suite).

愚(爲人所) Tomber dans le piége de qlqn.

| 昧 (Homme) stupide et bouché.

| (將誰) Qui pourrais-je tromper?

意中之人 L'homme à qui vous pensez, que vous aimez.

| 中之豔 La belle femme qui occupe votre cœur.

| (雨) *Litt.* Envie de pleuvoir, c.-à-d. disposition (du temps) à la pluie.

| 氣已深 Notre pensée et nos sentiments sont déjà profonds, c.-à-d. nous avons déjà beaucoup d'attachement l'un pour l'autre.

| 思(不好) Cela ferait un mauvais effet, cela serait désagréable.

| (得) Réussir, obtenir l'objet de ses vœux.

| (有)否 Avez-vous (la même) idée, ou non? c.-à-d. êtes-vous disposé à consentir à ma proposition?

| (好)。又討不得一些 || Il n'en obtenait pas la plus légère marque de bienveillance.

| (何)。此 || Qu'est-ce que cela signifie?

| (不) A mon insu (ces compositions ont été dérobées par *Tchang-fan-jou*).

| 態 Air du visage.

惹下禍 S'attirer un malheur.

愆期(未至) N'avoir pas dépassé l'époque (c.-à-d. l'âge du mariage).

愐顏 Rougir de honte.

| | 進謁 J'ai osé me présenter devant vous. (*Litt.* Je me suis présenté devant vous en rougissant).

| est ici pour 靦.

| 顏而受 (Si) j'ose recevoir cela.

X.

愧乎同心(不) Vous ne faites pas rougir votre amie (*litt.* celle qui a le même cœur que vous). En mandchou : *Giroubombi.*

態(作) Prendre les airs (d'une jeune demoiselle, folle d'amour).

| 度 Mine, air, manières de qlqn.

愼重 Craintif et grave, circonspect et réservé.

慈(尊)在堂 Votre mère vit encore.

| 侍下 La mère survit au père.

XI.

愆限 Jour ou terme fixé.

| 相公罷了(只) Je me conformerai entièrement à vos volontés.

慰晚年(兒女之樂) Consoler vos vieux ans par la joie (la bonne harmonie) de votre fils (gendre) et de votre fille.

慘然 Ayant le cœur serré par la douleur.

憂富貴 S'affliger de ce qu'on ne possède pas la fortune et les honneurs *ou* la noblesse.

慢打 Ne me battez pas, ne me frappez pas.

| | *Man-man*, le même que

謾 | Tout doucement.

| | 歡喜 *Noli lætari*, ne vous abandonnez pas à la joie.

| 他 Le traiter avec dédain, lui faire un mauvais accueil.

慕之(深) Je désirerais vivement (la même chose).

慮之審 Vos calculs, vos desseins sont profonds.

| (無) Il n'y a pas de quoi s'inquiéter.

| | signifie aussi : A peu près.

XII.

憐他(有幾分) Il avait quelque affection pour lui, il lui portait quelque intérêt.

| 念 Avoir pitié de qlqn.

| 才 Affectionner les hommes de talent.

憤懣之言 Des plaintes amères.

XIII.

應(一) La totalité.

| 須 Il faut.

| 酧 Témoigner sa reconnaissance.

海上絲綢之路文獻集成 科技與文化编

應酬（食卒） A la hâte, subitement (j'ai composé ces vers pour) répondre à son désir.

||（不可以其）而不賞 Il ne faut pas ne pas les goûter parce que ce sont des vers de commande.

| 聲荅 Répondre sur le même ton qu'un autre.

| 接不暇 Il n'avait pas assez de temps pour visiter (tous ces beaux sites).

| 承 Consentir (à une demande, à une proposition).

|（相）。到底不 || Au fond (leur cœur) ne répond pas (à leur extérieur).

懇切 Avec instance, d'une manière pressante.

XVI.

懸念 Penser avec inquiétude à qlqn.

| 遠 Extrêmement éloigné.

懷（感） J'ai eu le cœur ému, mon imagination s'est montée.

懶一步（一步） (Le cheval) marchait lentement et pas à pas.

CLÉ 62.

III.

成全 Réussir dans une affaire. Faire réussir une affaire.

| 名 Acquérir une grande réputation.

|（做） Quand j'aurai fini de faire (de composer cette pièce de vers).

| 人（不） La conduite du vieux *Yang* n'est point celle d'un homme honorable. || veut dire ici « se « conduire honorablement. »

|（不） (Si je fais en sorte que ces deux hommes, *Sou-yeou-pé* et *Pe kong*) ne réussissent pas dans leurs vues.

| |（只是） Voyant que rien ne réussissait (que le mariage ne s'arrangeait pas).

|（不）。活 || Nous ne pourrons pas vivre, notre vie est en grand danger.

|（不）。見 || 了 Vous ne viendrez pas à bout de le voir, vous ne pourrez le voir.

||（胸中亦知有我） Il pensait donc à moi ?

|（和）一首 Composer une pièce de vers sur des rimes données.

戒（無後之） (Vous devez connaître) la défense de rester sans descendants mâles c.-à-d. de garder le célibat.

|（有）。遠遊人子 || Il est défendu à un fils (dont le père et la mère vivent) de voyager au loin, ou bien un fils s'abstient de voyager au loin.

VIII.

戛然而去 Il partit sans cérémonie.

海上絲綢之路文獻集成 科技與文化編

X.

截人(兩) Un homme à deux faces (*litt.* un jeune homme en deux pièces).

| 身子(半) La moitié de son corps.

CLÉ 64.

I.

手…足。| 舞 | 蹈 *Litt.* Mes mains dansent, mes pieds trépignent, c.-à-d. je suis transporté de joie.

| 脚(弄一) Employer un stratagème.

| 脚(做) Jouer un mauvais tour à qlqn.

| (下) Mettre la main à l'œuvre. (*Ici* commencer à faire du vin.)

| (到) Elle est venue à la portée de ma main.

| | (佳人七八) Je tiens presque (*thsi-pa*) la belle personne.

| (敵) Une digne rivale, une personne de même force, du même talent.

| (動) Mettre la main à l'œuvre, commencer.

| (淨) *Litt. Abluere manus.* (S'emploie pour dire : Lâcher de l'eau, en lat. *mingere.*) Rémusat a traduit, tom. III, pag. 85 : *On lava ses mains.*

| (高) Un artiste (peintre) habile.

才品 Le talent et la conduite distinguée de qlqn. — Le talent et la figure distinguée de qlqn.

| 學 Talent inné et instruction acquise par l'étude.

| 思 L'instruction de qlqn. *Litt.* Son talent et ses idées.

| 情 Talent littéraire. *Litt.* Talent et sentiments.

| 氣 Du talent et du courage, du talent et de l'intrépidité.

| 美 Un homme doué de talent et de beauté.

| (人)秀美 Doué d'une belle figure et d'un talent distingué.

| (狗) Chien! maraud! misérable! (injure).

| (異) Homme d'un talent extraordinaire.

| (選) Choisir (chercher) un homme de talent.

II.

打入網 Tomber dans un filet (*au fig.*).

| 到心窩(字字) Chaque mot lui allait au cœur, lui chatouillait le cœur.

| 動 Émouvoir, toucher qlqn.

| 動(有幾分) Il était un peu ému, intrigué.

| 從山東 En passant par le *Chan-tong.*

| 從大船邊過 Il passa à côté du grand bateau.

| 探…消息 Demander des nouvelles de qlqn.

| 掃 Balayer.

| 發人去 Renvoyer qlqn.

| 發喫夜飯 Il les envoya souper.

| 緊 (這不) Cela n'est pas difficile, pas important.

| 點 (Sans régime.) Faire ses préparatifs (pour).

扒起來 Il se leva sur son séant.

III.

托 (你既有) Puisque tu as quelqu'un qui se charge de toi.

| (相)。終身 || Compter l'un sur l'autre jusqu'à la fin de la vie.

IV.

承 (多) 遠顧 Je suis très-reconnaissant de ce que vous êtes venu me voir de loin.

| 應 Donner son consentement.

扭 (七) 八拗 (Style) contraint, embarrassé.

| 住 Saisir, empoigner qlqn et le tenir en respect.

| 揑 Se pavaner, étaler ses grâces.

扳 (Sans régime.) Courir après (les grands pour rechercher leur appui).

| 人 Prendre qlqn (pour gendre).

| (相) Vous prendre pour gendre.

| (苦苦相) Je l'ai recherché avec ardeur pour qu'il fût son époux.

| (奉)。小酌 || Je vous ai offert un petit repas et ai voulu vous donner ma fille.

| (容日奉) Un autre jour, je vous inviterai à venir (pour recevoir vos instructions).

| 談 Causer, discourir.

扶了一個童子 S'appuyant sur l'épaule d'un jeune garçon.

| 持 Appui, protection.

抄舊 Copier (ici piller une pièce de vers) ancienne.

| 襲之弊 Le plagiat d'une composition (*Tch'ao*, copier. — *Si*, s'approprier. — *Pi*, mauvaise action).

把捉。神魂 || 不定 Il ne put conserver le calme de son âme.

| 臂 Vous serrer la main (c.-à-d. me rapprocher de vous), causer avec vous dans l'intimité.

| 酒 Prendre du vin, boire du vin.

折一折 Il le plia en deux (le manuscrit de la chanson).

| 折折 Séparé, séparé, séparé. Paroles magiques que prononce le devin *Saï-chin-sien*.

| 對 (當面) Confrontez nous ensemble devant vous.

| 罪 (將功) Compenser mon crime, ma faute, par le service que je vous rendrai.

| 擠 Briser.

| 飯 罷 Contentez-vous de *couper du riz cuit*, c.-à-d. de prendre une portion de riz formant une masse compacte (et qu'on peut emporter lorsqu'on est pressé, — par opposition avec le riz liquide ou en bouillie qu'il faut manger avec une cuiller.)

| (心) Décider à l'aide de sa sagacité.

投 機 S'entendre ensemble, tomber d'accord.

| 機 (見 說 得) Voyant qu'il parlait d'une manière si précise.

| 進 書 Faire présenter, ou faire remettre une lettre.

批 文 Pièces, dépêches officielles.

V.

拜 上 相 公 (Mon maître) salue Votre Seigneurie, lui présente ses civilités.

| 客 Aller faire des visites.

| 匣 (一 個) Une boîte, une cassette. Le mot *paï* 拜 (saluer) indique que c'est une boîte où l'on met des présents qu'on offre aux personnes à qui l'on rend visite.

| (要) 門 生 了 Vous voulez avoir l'honneur d'être un de ses disciples.

| 見 Saluer qlqn en lui rendant visite.

拙 鳩 L'innocente colombe.

| (勝) L'emporter sur l'homme simple.

| (工) (Mon) habileté ou mon inhabileté (en poésie).

抱 恙 Être malade.

| 愧 Éprouver de la honte.

| | (已 覺) Il se sentit honteux.

| (一) 拿 了 D'une brassée, il prit (les registres de la porte).

拈 出 Extraire, tirer de.

| 一 題 Proposer un sujet de composition.

| 一 首 Composer une pièce de vers.

招 我 以 女 兒) Il a voulu me donner sa fille en mariage.

| 他 (有 個 女 兒) Il avait une fille qu'il lui avait proposée en mariage.

拘 留 Être retenu quelque part.

| (相)。以 俗 禮 | | Si nous nous attachons strictement aux cérémonies vulgaires.

| (太) Être trop cérémonieux.

拒 絕 Repousser qlqn et rompre avec lui.

拗 悔 Se repentir d'une chose, en avoir du regret.

拂 拂 微 風 Un léger vent soufflait.

| 眉 Peindre ses sourcils.

| (紅) Un balai de plumes rouges (époussetoir). — Celle qui le tient.

抵 死 不 允 Il ne consentirait pas, même au péril de sa vie.

海上絲綢之路文獻集成 科技與文化編

抽豊 Me faire quelque demande. (Me soutirer quelque chose.)

丨身 Se retirer (Abire).

押得來 Trouver un mot pour rime.

VI.

拔識 Tirer qlqn de l'obscurité et le faire connaître.

拿究 Prendre qlqn et le mettre en jugement.

挑問 Questionner, interroger.

丨達吟 Étendre ses compositions poétiques sur tous les sujets.

拱一拱 Saluer qlqn en levant les mains croisées.

丨他 Il lui fit un salut.

丨候 Attendre qlqn avec respect.

丨聽 Écouter qlqn avec respect.

挈家 Amener sa maison, c.-à-d. toutes les personnes de sa maison.

丨帶 Soutenir et protéger.

掛礙(無) Il n'a plus d'inquiétude et n'éprouve plus d'obstacles, c.-à-d. il a l'esprit tranquille, rien ne le tourmente.

丨(心下記) Songer avec anxiété (à une parole).

丨齒 *Litt.* Suspendre aux dents.

丨丨(何足) En quoi (ces vers) méritent-ils vos éloges?

按下…不題 Laisser qlq. chose de côté et ne pas s'en occuper (pour le moment) afin de passer à un autre sujet.

丨臺 Juge criminel d'une province.

丨院 Même sens.

指(針)之事 La couture. *Litt.* Le travail de l'aiguille et des doigts.

丨寔。若指丨了他有才 Si je dis qu'il a du talent.

丨望(幾分) Quelque espérance.

丨丨(去) Aller vers l'objet de ses espérances.

VII.

挽回 Faire revenir qlqn sur sa décision. — Faire retirer ou révoquer un décret. — Retirer, par exemple, une parole imprudemment lâchée. — Remédier à qlq. chose.

拚着 Il avait sacrifié (telle somme d'argent).

拚着性命 Au péril, au risque de ma vie.

挨攏來(都) S'approchant tous deux ensemble.

挪移與…去 Remettre qlq. chose à qlqn par ex. une somme d'argent.

VIII.

掬了筆 Ayant imbibé un pinceau d'encre.

掬(可)。笑容丨丨 Avec un visage riant, épanoui.

掉下淚 Laisser tomber ses larmes, pleurer.

| 轉面孔 Changer de mine (envers qlqn).

推過 Passer (par ex. l'hiver).

掌上燈來 Apporter des lanternes.

掩淚 Cacher ses larmes (avec sa manche).

| 映 Laisser apercevoir à demi.

| (黑白難) Le noir et le blanc se cachent difficilement, c.-à-d. paraissent, se distinguent aisément.

捧誦 Tenir (un écrit) et le lire.

接人去 Envoyer chercher qlqn.

| 住 (Elle) alla le recevoir.

| 待(去) Aller recevoir une personne et lui faire accueil.

| 木(移花) Sorte de proverbe qui paraît signifier: abandonner ses idées ou ses volontés pour suivre celles des autres.

| 着(直) Les chambres se communiquaient directement ou de plein pied.

| 見回拜 Rendre à qlqn la visite qu'il a faite.

| 談 Converser avec qlqn.

| (縣) Être contigu.

掃門 Balayer sa porte, c.-à-d. faire les préparatifs nécessaires, pour recevoir qlqn.

措手(難于) Avoir de la peine à composer des vers. (*Litt.* à poser la main.)

| 詞(無以) Ne plus savoir que répondre.

| 辦 Fournir (de l'argent).

| (無) Ne savoir que devenir, où donner de la tête.

探望 Rendre visite à qlqn.

| 知 Ayant appris (cette nouvelle).

捨己從人 Renoncer à ses idées pour suivre celles des autres.

推老兒 Vous céder le pas (*lao-eul*, le petit vieillard, est un terme de respect).

| 轂 Pousser l'essieu, c.-à-d. la roue. Pour dire « mettre quelqu'un en avant, le pousser. »

| Alléguer un prétexte. | 未乾 Il prétextait qu'il n'avait pas encore vidé sa tasse.

| 三阻四 Faire des façons et des difficultés (pour accepter).

| 人 Présenter qlqn (pour remplir une charge).

| 他才望 Le recommandant comme un homme d'un grand mérite.

| . . . 爲 Présenter qlqn (à l'empereur) pour qu'il soit (*wei*), c.-à-d. pour qu'il remplisse la charge de.

| 出 Éliminer, évincer, expulser.

| 却 Refuser.

| 尊 Être élevé aux honneurs.

| 官 Président d'un tribunal criminel.

| 托 Refuser sous quelque prétexte.

海上絲綢之路文獻集成 科技與文化編

| 敲 Retoucher, repolir (une pièce de vers, y mettre la dernière main).

| 測 Sonder les sentiments de qlqn.

| 說 Dire pour prétexte, prétexter que.

| 讓 Refuser et décliner qlq. chose, par ex. refuser de faire des vers.

| 醉 Il s'excusait (en disant qu'il) était ivre.

| 重 Estimer grandement qlqn. (*Litt.* recommander et estimer).

| 開 Écarter et ouvrir (les rideaux).

| (一個節) La charge de | 官 ou président d'un tribunal criminel.

| (只) Il prétexta seulement que.

| (浙)。選 || Nommer qlqn à la charge de | 官 (Voyez plus haut.) dans le *Tche-kiang*.

IX.

換衣 *Litt.* Changer de vêtements (ici remplacer ses vêtements de voyage par un costume de cérémonie).

| 過大衣 Il ôta son costume de cérémonie.

| 了一道茶 Ils apportèrent encore du thé.

| (別) Il mit à sa place (un autre portier).

提學 Inspecteur d'un collége.

| 携 Conduire par la main (un enfant). *Au fig.* Protéger quelqu'un avec zèle.

| 起讀書 (若) Si on lui parlait de lire, si on l'engageait à étudier.

|| Mettre une chose sur le tapis.

揚揚去了 Il partit d'un air épanoui.

| | (紛 |) Tout le monde en jase.

揭年兄名字 Il a présenté votre nom.

| 出 (將他底裏) Je le démasquerai complètement, *litt.* à fond.

| 曉之日 Le jour où l'on affiche (la liste des candidats qui ont réussi au concours).

| (出一) Présenter un placet.

| (出一紙病) Présenter, adresser une lettre où l'on prétexte une maladie (pour se dispenser de).

揣 (不) Moi, sans considérer (mon humble rang).

揮灑 Mouvoir (le pinceau) et humecter (le papier), c.-à d. composer des vers.

| 金 Répandre l'or, le dépenser libéralement.

X.

搶白 Faire affront à qlqn.

| 辨起來 (Voyant) qu'ils allaient se tarabuster et se quereller.

搆考官 Accuser les examinateurs du concours.

丨思 Réfléchir. *Item :* Combiner ses pensées (pour composer des vers).

捉响 Il frappait et faisait résonner (le tube de bambou).

搭包 Un sac long qu'on porte à la ceinture (comme les maquignons) et où l'on met de l'argent.

XII.

撮合 Unir (par le mariage). *Item :* Arranger une affaire (*litt.* rapprocher les deux parties).

撫臺 Vice-gouverneur d'une province.

丨巡 *Idem.*

播弄 Tromper, leurrer qlqn.

摸索 Chercher en tâtant.

撲 *so-so* (Basile, 7387) 落下淚來 Il fondit en larmes.

XIII.

撿出來 Il choisit et prit (un objet parmi plusieurs).

操行 (其) Sa résolution et sa conduite, c.-à-d. sa conduite honorable.

擔當 Se charger, prendre sur soi une chose. *Item :* Supporter, endurer.

擁 (前) Précéder qlqn en foule (en parlant d'une multitude de domestiques).

擅今古奇 Il possède seul les merveilles (c.-à-d. le plus beau style) des temps modernes et de l'antiquité.

XV.

擾 (取) Vous importuner.

XVI.

攬事 Accaparer les affaires.

XVIII.

攛掇 (替他) Le presser dans l'intérêt de cet homme.

CLÉ 65.

支吾 Parler d'une manière vague, ne pas s'expliquer d'une manière nette et positive, tergiverser.

丨來的 (縣裏) (Celui) qui est venu du district pour toucher (une somme d'argent).

CLÉ 66.

II.

收成 (自) Se parer, faire sa toilette.

丨留 Recevoir et retenir qlqn chez soi.

丨管 Recueillir qlqn et prendre soin de lui.

丨育 Recueillir qlqn et le nourrir.

丨錄 Recevoir et inscrire (par ex. des vers offerts).

丨定 Contenir, retenir fortement.

海上絲綢之路文獻集成 科技與文化編

III.

改容 Changer de figure, c.-à-d. *ici* prendre son air ordinaire (en parlant d'une personne qui a cessé de pleurer).

丨正 Corriger et rectifier (une composition littéraire).

丨正原受館職 Lui rendre la charge de *Han-lin* qu'il avait reçue dans l'origine.

丨移 (無) Elle ne changera pas (de résolution), c.-à-d. ne prendra pas d'engagement avec un autre époux.

丨補 Rentrer en charge.

丨補別縣 Il fut nommé à une autre sous-préfecture.

丨選 Donner une autre charge à qlqn (celle de *Tchouï-kouan* 推捕).

IV.

放下 Laisser de côté, oublier (des pensées 念頭).

丨下心 Se tranquilliser l'esprit.

丨心 Même sens.

丨學 Donner congé à un écolier.

丨水 Lâcher de l'eau (*mingere*).

丨丨 (佘眼中間) Dans le noble œil (de la statue de Bouddha, la mouche) *emittit aquam, i. e. urinam.*

丨狂 *Litt.* S'abandonner à la folie, c.-à-d. composer des vers étourdiment et d'une manière extravagante.

丨肆 Faire preuve de témérité, de présomption. — Agir avec effronterie. — Se conduire d'une manière inconvenante.

丨量 Boire beaucoup, avec excès.

丨開邊 Jeter une chose dans un coin.

V.

故 (托) Prendre, alléguer un prétexte.

丨親 Ami ou parent.

VI.

效命 M'efforcer d'exécuter vos ordres.

VII.

教我那裡去 Dites-moi un peu où j'irai, c.-à-d. où irai-je?

丨正 Instruire qlqn et le corriger, c.-à-d. corriger sa composition littéraire.

丨育 Instruire et élever (un enfant).

丨 (奉) Recevoir vos instructions, c.-à-d. faire les vers que vous me commandez.

丨 (應) Répondre à vos instructions. Même sens que 奉教.

丨 (求) Demander des instructions à qlqn, c.-à-d. le prier de composer des vers.

丨 (奉)。王兄妙句還要丨丨 Je demande que M. *Wang* me montre encore son habileté (en vers). *Litt.* Je veux recevoir les instructions de M. *Wang*, etc.

| (請) 一 套 時 曲 Composez-nous une chanson dans le goût moderne.

| (請) Je vous prie de m'instruire, c.-à-d. de me dire votre avis sur cette pièce de vers ou de la corriger.

| (見) Daignez m'instruire, *ici* me montrer votre pièce de vers, qui sera comme un modèle pour moi.

| (賜) *Litt.* Donnez-moi des instructions, c.-à-d. donnez-moi un échantillon de votre savoir en poésie.

| (賜) *Litt.* Me donner vos instructions, c.-à-d. me composer les vers que je vous demande.

| 一 二 (賜) Montrez-moi une ou deux de vos pièces de vers.

| (領)。長 兄 佳 作 已 || 過 Quant à l'élégante composition de M. *Tchang*, j'ai déjà reçu ses instructions, c.-à-d. j'en ai pris connaissance.

敕 書 Ordres, décrets impériaux écrits.

敏 捷 Avec intelligence et célérité.

救 丘 *Litt.* Soldat auxiliaire; *ici* un homme qui compose des vers pour un autre.

敗 露 Être démasqué (en parlant d'un coupable).

| (事) Res detecta est, perdita est.

VIII.

敝 相 知 Mon ami.

| 屣 Un soulier usé.

敝 (作) Faire une tricherie.

| (有) Il y a de la fraude (un plagiat).

散 散 Se promener. — Promenous-nous.

| 人 (便 是) Alors je ne suis plus qu'un homme ordinaire (sans titre ni dignité, pourquoi me donner le nom de *Han-lin*, académicien)?

| 碎 銀 子 Onces d'argent en menus fragments.

敢 (不) *Litt.* Je n'oserais. — Nous dirions à peu près dans le même sens : Je vous demande pardon ; je ne suis pas si jeune, j'ai 21 ans.

| 不 Oserais-je ne pas?

IX.

數 銅 錢 Compter (à qlqn) des pièces de monnaie de cuivre.

| (不 足) Elle ne mériterait pas d'être comptée, c.-à-d. d'être mise au même rang, de lui être comparée.

敬 畏 (不 勝) Être rempli, pénétré d'un respect inexprimable.

X.

敲 打 兩 句 Je lui adressai quelques railleries.

XI.

敵 貌 (不) (Si son talent) n'égale pas sa beauté.

海上絲綢之路文獻集成 科技與文化編

CLÉ 67.

文君(室鮮) Dans les maisons, on rencontre rarement des *Wen-kiun* (belle femme célèbre).

丨君(窺客) La belle *Cho-wen-kiun* (la même que ci-dessus) qui a observé furtivement l'hôte (le poëte *Sse-ma-siang-jou*).

丨君既見相如 Dès que *Cho-wen-kiun* eut aperçu (le beau) *Siang-jou*, (elle n'hésita pas à passer par dessus les rites, et s'enfuit avec lui).

丨字(他的) Son écriture.

丨才 Talent littéraire.

丨昌纏斗 Les étoiles appelées *Wen-tchang* entouraient la constellation du Boisseau (斗).

丨雅 (Manières) élégantes et distinguées.

丨墨 Les livres, la littérature. — Pièces littéraires.

丨(一篇) Une pièce, un morceau de *Wen-tchang* (style élégant).

丨(人) pour 丨人 Les hommes de lettres.

丨(做)做詩 Composer de la prose élégante, composer des vers.

丨(論) Causer de littérature.

VIII.

斑管(一枝) Une hampe de pinceau en bambou, peinte de diverses couleurs.

CLÉ 68.

斗 Le Boisseau (du nord), constellation.

丨室 Une petite maison.

丨胆 *Litt.* Un boisseau de fiel (le fiel suivant les Chinois est le siége du courage) : J'ai osé.

丨胆(敢) J'ose avec une grande audace (vous prier de cela).

丨胆(放) *Litt.* J'ai lâché un boisseau de fiel, c.-à-d. j'ai eu la grande audace, la grande hardiesse de.

丨酒百篇 *Litt.* Un boisseau de vin — cent pièces, c.-à-d. après avoir bu une cruche de vin, *Li-t'aï-pé* (poëte célèbre) composait cent pièces de vers.

丨(北) Le Boisseau du nord, c.-à-d. la grande Ourse. *Au fig.* Un homme éminent.

VI.

料不定 On ne saurait les juger définitivement (les affaires du monde).

丨然安妥 Certainement, je serai en repos, en sûreté.

丨理 Pourvoir à. (Si vous avez besoin d'argent), j'y pourvoirai.

VII.

斜橫 Placer en travers, horizontalement.

丨(西) S'incliner à l'occident (se dit du soleil couchant).

CLÉ 69.

I.

斥(見) *Litt.* Il a daigné l'écarter, le renvoyer, c.-à-d. il l'a privé de son grade de bachelier.

IV.

所取(有) (Peut-être) qu'il avait des qualités qui le rendaient digne d'être pris, choisi (pour époux).

丨取不同(爲何又) Pourquoi ne vous accordez-vous pas ensemble dans votre manière de voir?

斧柯(執) Tenir le manche de la cognée, c.-à-d. demander pour qlqn une fille en mariage.

丨柯(以)托人 Confier à qlqn le manche de la cognée, c.-à-d. le charger d'une demande en mariage.

丨柯(爲) Être l'entremetteur d'un mariage.

丨(資) Ressources pécuniaires.

丨鑿(滿紙) *Litt.* Le papier est plein de coups de hache et de ciseau, c.-à-d. ma composition n'a rien de naturel, sent le travail.

丨(弄) *Long-fou*, manier la hache. Voyez 辨門.

VIII.

斯人 pour 文人 Un homme habile en littérature.

丨文一脈(是) Vous êtes tous de la famille des lettrés.

IX.

新公子 Le fils adoptif d'un homme distingué.

XIV.

斷出 Deviner juste (une chose) en tirant l'horoscope de qlqn d'après les *Koua* (lignes symboliques).

丨錯 *Litt.* Se tromper en décidant, c.-à-d. *ici* se tromper en tirant l'horoscope de qlqn d'après les *Koua*.

CLÉ 70.

方之 Si je la compare (sa composition avec la mienne).

丨便一辭 Rendez-moi le service de refuser (de ma part).

丨(大) Un grand homme, un homme d'un grand mérite.

丨(多) De votre mieux. *Litt.* Par beaucoup de moyens.

丨纔的 (M. *Tchang*) qui sort à l'instant d'ici.

海上絲綢之路文獻集成 科技與文化編

V.

施(先) *Litt.* Donner le premier, c.-à-d. rendre le premier une visite à qlqn.

VII.

族弟 (Il est) mon parent et mon cadet.

| (孤) Un homme seul.

| (寒) Homme d'une famille pauvre.

旅次 Une auberge, un hôtellerie. *Item :* Rester à l'hôtellerie.

| | 不皇 Un voyageur (comme moi) n'en a pas le temps (savoir de préparer des présents de noces).

| | *Litt.* Dans une auberge.

| 之人(失) Une personne qui a perdu sa compagnie, qui est séparée de sa famille.

CLÉ 72.

日(一)來到 Dans l'espace d'un jour, il arriva à.

| (不) En moins d'un jour, c.-à-d. bientôt, au premier jour.

| (有如皎) J'en prends à témoin le soleil brillant.

| 正長 Les jours lui paraîtront longs, c.-à-d. il sera impatient de.

| 月(躭閣) Temporiser, perdre son temps, *litt.* tarder des jours et des mois.

| 降 Tomber, baisser. *Au fig.* s'altérer de jour en jour (les mœurs).

I.

旦夕不離 Du matin au soir, vous ne le quittiez pas.

II.

旨意說他 Le décret disait, portait qu'il...

早。酒也 | (Chez lui) le dîner commence de bonne heure.

| 一步 Si j'étais venu un peu plus tôt.

| 來一刻 Venir un instant (un *khe*) plus tôt.

| 是(又)小弟留下一首 En outre, c'est que d'avance j'avais gardé une pièce de vers.

| 是…辭脫了 J'ai bien fait de refuser cela et de m'en débarrasser.

| | 有主意 Mon esprit étant fixé d'avance.

| 晚(只在) Ce sera le matin ou le soir, c.-à-d. il arrivera au premier jour.

| 知 Si je l'avais su de bonne heure, c.-à-d. plus tôt.

IV.

易久(等人) Il lui aurait été facile de l'attendre longtemps.

明日 *Litt.* demain, c.-à-d. dans la suite, plus tard.

| 後日 Après-demain.

| 早 Le lendemain matin.

V.

昨秋 L'automne dernier.

春元 Le premier (de la promotion) du printemps, c.-à-d. des *Kiu-jin* ou licenciés.

| 忽冬 Il s'est écoulé rapidement une année. *Litt.* printemps, tout à coup hiver.

| 心(不露) (Quelques branches) ne montrent pas leurs fleurs épanouies.

| 情 Sentiments de printemps, c.-à-d. sentiments passionnés, amoureux.

| 烟(衣剪) Ses vêtements étaient légers comme la brume du printemps.

| 色 Beauté du printemps, c.-à-d. la beauté des fleurs.

| | *Au fig.* La beauté d'une femme.

| 風面 Un visage gracieux.

| (向)爲榮 Regarder comme un honneur (un bonheur) de voir le printemps.

| (滿面)。彼此虛生滿 | | C'est en vain que le printemps brille sur toute la figure de l'un et de l'autre, c.-à-d. qu'ils sont épris l'un de l'autre.

| (留) Retenir le printemps, c.-à-d. l'objet aimé, l'objet qu'on aime.

星命(他) Son horoscope tiré de l'observation des étoiles.

| 夜回來 Revenir en voyageant la nuit.

| 戶良人 *Litt.* Un homme excellent de la porte des étoiles, c.-à-d. un époux vertueux.

| 平(善) Exceller, être habile en astrologie.

| 相之士 Un astrologue.

| (小) Expression tirée du *Chi-king* : 以 | | 而侍君子 En qualité de seconde femme servir le sage, c.-à-d. devenir sa seconde femme.

| (飛)着人 *Litt.* Envoyer un courrier (rapide comme) une étoile qui vole.

是便是這等說 Quoi que vous en disiez.

| 非(談論) Causer et raisonner sur le bien et le mal (critiquer).

| | Le vrai ou le faux.

| | (避) Échapper aux propos du public.

| (不)。 Ce n'est pas, *pour* n'est-ce pas?

方纔過去的 | | N'est-ce pas? (c.-à-d. c'est précisément) celui qui vient de passer tout à l'heure.

晉謁 Rendre visite au prince de *Tsin*, *au fig.* à un grand personnage.

VI.

時刻 A tout instant. — Un instant.

丨務 Les affaires du temps, les affaires actuelles.

丨名(有些) Avoir obtenu une réputation momentanée.

丨常 Constamment, continuellement.

丨(一)。不丨丨 Au bout de quelques instants.

時(一)名士 Un des lettrés célèbres, l'homme le plus célèbre de notre époque.

丨(一) Dans le même temps.

丨(一) En un moment, sur le champ, tout de suite.

丨(一) Tous les hommes, tout le monde.

丨(傾動一) Vous mettez tous les hommes, tout le monde, en mouvement.

VII.

晚年 Dans les dernières années de votre vie.

丨(將)。天色丨丨 La nuit approchait.

晤(一) Dès que je vous eus rencontré.

VIII.

景仰 Contempler avec respect, admirer.

丨入桑榆 Le disque du soleil entre parmi les mûriers et les ormes (le soleil se couche). Comparaison pour dire « ma vie est à son déclin. »

丨致 Choses belles à voir.

丨(好) Un beau site.

丨(四)詩 Vers sur quatre sujets de peinture (*litt.* sites, vues).

丨丨(畫) Peindre quatre sujets.

丨(因)命題 Un sujet de vers donné d'après ce qu'on voit, par ex. d'après les fleurs qu'on a sous les yeux.

丨(晚) Les dernières années de la vie.

丨(時) L'occasion, les circonstances actuelles.

丨(情)。觸着丨丨 Être ému, inspiré par un beau paysage, une vue intéressante.

丨(盛) Un lieu charmant.

丨(觀) Examiner, contempler un beau site.

丨(即)題詩 Composer des vers d'après le site ou les choses agréables qu'on a sous les yeux.

智略 Prudence et adresse.

IX.

暇(何) Comment aurait-il le temps de?

暖聒一片心 (L'autre a) un cœur chaud (aimant) et doux (charmant).

暌離 Etre séparés l'un de l'autre.

暗時景(雖然不) Dans ce passage, le mot *ngan*

暗 *obscur*, *secret*, présente une grande difficulté. Je crois qu'il signifie : Quoique ce vers (où figure la fleur *rouge* de l'abricotier) *ne recèle pas en secret* l'idée de la saison actuelle.

X.

曆日 *Litt.* Les jours du calendrier, — le calendrier où sont marqués les jours.

XI.

曉得了 Je suis instruit, informé, c.-à-d. c'est entendu.

暮年 *Litt.* Les années du soir, c.-à-d. les dernières années de la vie. — *Ici*, un homme sur le déclin de l'âge.

丨(日已) Le soleil est près de se coucher.

XV.

曠世 S'élever au-dessus de son siècle.

丨官 Ne pas s'acquitter de sa charge (*litt.* la laisser vide.

CLÉ 73.

II.

曲丨(委丨) En détail.

丨子 Une chanson.

丨從 Daigner condescendre, consentir à.

丨論 Vos instructions habiles.

丨賜 Daigner accorder, faire à qlqn la grâce de.

丨(心) Les replis du cœur.

談丨丨 Faire connaître ses sentiments intimes.

III.

更改的(不能) Chose immuable, irrévocable.

丨感 Je suis encore plus reconnaissant, plus touché de.

丨換 Mettre une chose à la place d'une autre, faire une substitution.

丨衣 Quitter les habits, le costume de cérémonie.

V.

曷勝快慰 *Litt.* Comment surmonter ma joie et ma consolation, c.-à-d. je suis au comble de la joie.

丨丨欣佩 J'en ai été ravi et pénétré d'admiration.

VI.

書史 Le secrétaire de qlqn.

丨房 La bibliothèque, le cabinet d'étude.

丨(家) Une lettre de sa famille.

丨帖家人(管) Le domestique chargé de recevoir les lettres et les billets de visite.

VII.

曹(一冷) (Je suis) un magistrat pauvre.

IX.

會人 Avoir une entrevue avec qlqn.

海上絲綢之路文獻集成 科技與文化编

| 做 Il sait composer (quelques vers).

| 意。| 過意來 Il comprit (c.-à-d. il crut comprendre) sa pensée, son idée.

| 期 (今日是) Aujourd'hui, c'est un jour de réunion (pour composer ensemble).

| 試不中 Au concours général, il n'avait pas réussi (n'avait pu obtenir le grade de docteur).

| (做) Former une réunion, ou une association (se dit des bacheliers qui composent ensemble des pièces de *Wen-tchang*, pour se préparer à obtenir le grade de *Kiu-jin*, licencié).

| (良) Une heureuse occasion.

| (鄉) Sorte d'association, de club littéraire, qui réunit les lettrés d'un même village.

CLÉ 74.

月 姊 La sœur de la lune (une belle personne).

| (閉) 之 貌 Une beauté qui efface celle de la lune, *litt.* qui cache, masque la lune.

II.

有。| 這樣無氣骨人 Trouverait-on un autre homme aussi dépourvu de caractère?

| 人 (未) Elle n'est pas encore mariée ou fiancée.

| 司 Un magistrat.

| 在 Se trouver dans un endroit.

| 這等事 (Sans interrogation) cela est-il possible?

| 違 Désobéir à.

IV.

服 侍 Être au service de qlqn.

| 藥 Prendre (avaler) des médicaments.

| (敬) Je me soumets (à vous) avec respect, c.-à-d. je reconnais votre supériorité (en fait de talent littéraire).

| (深) S'incliner profondément (devant le talent de qlqn), l'admirer beaucoup.

| (吾所深) Ce sont des (vers) que j'admire beaucoup.

VII.

望之李老 Attendre cela du vieux *Li*, c.-à-d. espérer qu'il vous donne cela.

| (德) Réputation de vertu.

| (才)。推他 || Ils le recommandèrent comme un homme d'un grand talent.

| (拜) Aller rendre visite à qlqn.

| (金陵之) Hommes célèbres, ou les plus célèbres de *Kin-ling* (ville de la province du *Kiang-nan*).

VIII.

期 (與人) Prendre un rendez-vous avec qlqn.

| (不) Je ne pensais pas, je ne prévoyais pas, ou plutôt : Sans m'y attendre, contre mon attente.

| (不)。肯也 || Qui sait s'il ne consentira pas (à ce mariage)? *Litt.* On ne peut déterminer d'avance s'il consentira.

| (何) Aurais-je pu prévoir que?

| (相)。以鼎甲 || Il le considère comme un licencié.

朝上而坐 Être assis en face de qlqn.

| 夕便來 Il reviendra dans l'intervalle du matin au soir, c.-à-d. bientôt, promptement.

| 廷官 Magistrat de l'empereur.

| 歸 Présenter ses hommages à qlqn.

| (六) 佳句 Expressions élégantes (comme celles des poëtes des) six dynasties.

| (還) Revenir dans son royaume, remonter sur le trône.

CLÉ 75.

木。倚草附 | S'appuyer sur une plante pour s'attacher à un arbre. On dit cela d'un intrigant qui emprunte la recommandation, l'appui de qlqn pour épouser la fille d'un homme éminent.

I.

末學 Moi qui ai une instruction arriérée, médiocre (expression modeste).

| 術 Ma science infime (dit un devin).

本來 Ordinairement (*litt.* dès l'origine).

| 皃 (書) Les livres.

未必 On ne peut pas dire que. (*Litt. Nondum necessario*).

札 (書) Des lettres (epistolæ).

II.

朱陳之好。締結 |||| Former une union (matrimoniale) comme celle des gens des villages de *Tchou* et de *Tch'in* (qui ne se mariaient qu'entre eux), c.-à-d. vous marier avec sa fille, vous donner sa fille en mariage.

朶 (花)。一層 || Un bosquet de fleurs.

朽 (老) Vieux et décrépit.

III.

束脩 ou 修 Appointements, honoraires d'un maître.

杏臉 Joues semblables aux fleurs d'abricotier.

杜撰 Pour se tirer d'affaire, composer.

| (學老) Imiter la manière du respectable poëte *Thou-fou*.

李 (苦) Poire amère. *Au fig.* une femme sans beauté ni mérite.

杯水酒(治) Préparer une tasse d'eau et de vin.

| (一)。|| 茶 Une tasse de thé.

| (舉) Lever la tasse, c.-à-d. se disposer à boire.

IV.

松栢 Les pins et les cyprès (qui ne perdent point leurs feuilles en hiver) : emblèmes de la constance, de la fidélité.

枚卜 Deviner au jeu de mourre.

| (猜) Même sens.

杳然(一去) Une fois parti, on n'a plus eu de ses nouvelles.

東··西。借|借西 Emprunter tantôt une chose, tantôt une autre.

| 君 Le prince de l'orient (le soleil).

| 坦(做) Prendre qlqn pour gendre.

| 家 Le maître de la maison (l'hôte qui reçoit).

| 墻 Le mur oriental (*au fig.* la chambre nuptiale).

| 床(坐不隱) Il ne put s'asseoir solidement sur le lit oriental, c.-à-d. il ne put se faire agréer pour gendre.

| | 之選 Choix de qlqn pour gendre.

| | | | 者 Celui qui a été choisi pour gendre.

| | (献之) L'offrir pour le lit oriental, c.-à-d. vous le présenter pour gendre.

| | (許) Promettre à qlqn le lit oriental, c.-à-d. promettre sa fille en mariage.

| | 俊彦 Un gendre distingué.

| 皇 Le vent de l'est.

| | S'emploie aussi pour le Printemps personnifié (*P'ing-tseu-louï-pien*).

| 翁 L'homme respectable que vous devez avoir pour beau-père.

| 閣 L'appartement de l'est, c.-à-d. des époux.

| (小)。一個 || Une petite chose, une bagatelle, un petit cadeau.

林(詞) Les poëtes.

枉顧 Il a daigné venir me voir, me faire visite.

| 道 Se détourner de son chemin.

| (不) 朋友相處一埸 Si vous ne dédaignez pas de rester quelque temps avec un ami.

| (見) Vous avez daigné me venir voir.

果(擲) Jeter des fruits à qlqn. Allusion à l'histoire du beau *Pouan-'an* 潘安 qui, lorsqu'il se promenait un jour près d'un marché, vit des femmes, éprises de lui, lui jeter les plus beaux fruits en telle quantité que sa voiture en fut presque remplie.

| | 之人(自多) Naturellement, il doit y avoir beaucoup de personnes qui vous jettent des fruits, c.-à-d. beaucoup de femmes qui désirent vous épouser.

海上絲綢之路文獻集成 科技與文化編

V.

柳折腰 Taille souple comme une branche de saule.

丨眉 Sourcils semblables aux feuilles de saule.

柯斧(懇矛) Il m'a prié de faire sa demande de mariage.

查訪 S'informer exactement.

丨收 Examinez (comptez votre argent) et prenez-le.

柔媚 (Air) délicat et gracieux.

VI.

桃李 Pêches et poires. *Au fig.* 不失爲師門丨丨 Il ne s'écartera pas des devoirs d'un disciple envers son maître.

丨源 La source des pêchers.

丨(甜) Pêche douce. *Au fig.* une épouse accomplie.

桑榆(景入) *Litt.* Le disque du soleil entre dans les mûriers et les ormes. *Au fig.* « Ma vie touche à sa fin, » elle ressemble au soleil qui se couche.

格外 Au-delà des bornes, d'une manière extraordinaire.

案尙未發 La liste du concours n'est pas encore publiée.

丨(發) Publier cette liste.

丨中 Parmi les concurrents reçus.

丨首(考) Obtenir la première place au concours.

丨(一出) La liste une fois publiée.

丨(完今朝一會之) Terminer la tâche, l'affaire qui est l'objet de la réunion d'aujourd'hui.

丨(書) Table à écrire.

株守常訓 S'attacher stupidement aux préceptes ordinaires.

丨守(安可) *Litt.* Pourriez-vous attendre au pied du tronc d'arbre, c.-à d. pourriez-vous vous obstiner sans raison à l'attendre? — Allusion à un homme qui, ayant pris par hasard un lièvre au pied d'un arbre, s'obstinait stupidement à rester au même endroit en attendant d'autres lièvres.

根了(有) Ce mariage a des racines, c.-à-d. est arrêté, est assuré.

丨尋 Chercher (en remontant à) la racine, (à) l'origine.

丨(托)。丨丨于門墻之下 *Litt.* Prendre racine au bas du mur de votre porte, c.-à-d. venir vous rendre visite.

栖(許雙) *Litt.* Il promit de nous donner un nid à toutes deux, c.-à-d. de nous épouser toutes deux.

丨(欲小生雙) *Litt.* Elle veut que je niche avec elle, c.-à-d. m'avoir pour époux.

VII.

梨影拖肩 Des épaules mobiles

comme l'ombre d'un poirier qui flotte à terre.

梗 (斷) 浮 *p'ing* Algue flottante dont la racine est coupée; se dit d'une personne qui erre au loin et dont on n'a plus de nouvelles.

梅 (標) La chute des fleurs de prunier. *Au fig.* l'époque du mariage.

梆 (傳) Après qu'on eut fait résonner le *pang*. *Pang* est un morceau de bois creux sur lequel on frappe pour avertir le public.

VIII.

棄 損 Abandonner, rejeter qlqn.

棹 (返) S'en retourner, repartir (en bateau).

森 | (Arbres) rangés en ligne.

IX.

業 (事) Une grande affaire, une affaire importante.

誤 丈 夫 || Compromettre la grande affaire (l'avancement littéraire) d'un homme éminent.

| (受) J'ai reçu des leçons (*litt.* des devoirs — *pensa discipuli*), c.-à-d. j'ai étudié.

| (成 了 家) Il s'établit (dans le pays de *Kin-ling*).

楣 (門) Linteau de la porte. *Au figuré :* un gendre.

楚 中 Dans le pays de *Thsou*, aujourd'hui le *Hou-kouang*.

| 囚 之 態 (作) Prendre la mine des prisonniers de *Thsou*, c.-à-d. se lamenter.

| (作) Être malade. 今 日 賤 腹 || Hodie vilis (i. e. meus) venter dolet.

| (鮮) Neuf (costume).

楮 (臨) Approchant (de la fin) du papier (de ma lettre).

椿 萱 *Litt.* Le frêne et l'hémérocalle, c.-à-d. le père et la mère.

X.

榜 (同) Être nommé docteur en même temps qu'un autre. *Litt.* être sur la même liste.

| (北)。登 || Etre inscrit sur la liste du nord, c.-à-d. être inscrit, à *Pé-king*, sur la liste des licenciés.

樣 (一)。與 . . . 是 ||
Ils ressemblaient exactement à...

|| (也 是) Ce sera probablement la même chose (que si nous le voyions).

榻 于 陳 蕃 (借) (Je désire) emprunter un lit à *Tch'in-fan*, c.-à-d. vous prier de me donner à coucher.

| (下) Coucher chez qlqn. En général, cela signifie donner à coucher à qlqn. Allusion à *Tch'in-fan* qui, lorsqu'il lui arrivait un ami, descendait un lit qu'il tenait suspendu au plafond de sa chambre.

|| (兄) 于... 處 Monsieur, vous vous étiez fixé chez (S. E.).

XI.

榮幸 Honoré et heureux.

樂廣之冰淸 Pur comme la glace du palais de la lune.

標題 Écrire un sujet, c.-à-d. une pièce de vers sur le sujet (d'une peinture).

丨名 Être inscrit (sur une liste).

樛木(關雎) (Je ne pensais pas que vous eussiez) la grandeur d'âme vantée dans les odes 弘量 du *Chi-king* intitulées *Kouan-tsiu* et *Kieou-mo*.

模樣(做出) Se donner les airs, prendre les manières (d'un homme distingué).

XII.

機密事 Stratagème secret.

丨括 Une occasion.

丨關 Artificium, mécanisme. — Cette expression peut se diviser. 千丨萬丨 Mille artifices, mille stratagèmes.

丨(事)敗露 Ses artifices sont découverts.

丨(借避禍之) Sous prétexte de fuir le malheur.

丨(天) Les desseins cachés du ciel.

樵樓 La tour au haut de laquelle on annonce les veilles de la nuit (en frappant un tambour).

橫豎 Disposés en travers (en croix) — en parlant des scellés.

丨頭(在) Ils furent placés chacun à l'un des des deux bouts de la salle.

XIII.

檢近些 Prendre (le chemin) le plus court. (un chemin) un peu plus court.

XVIII.

權代一飯 Pour le moment (cet argent) remplacera un repas de riz.

丨宿一夜 En attendant vous dormirez une nuit.

丨用 Se servir d'une chose faute d'une autre, *litt.* se servir pour le moment.

丨貴 Homme puissant et noble.

丨(一日無) Être un jour sans sentir le frein de l'autorité.

丨(從) Obéir aux circonstances.

丨(行) Agir suivant les circonstances, céder aux circonstances.

CLÉ 76.

欠情 J'ai manqué de vous témoigner mon respect.

丨(尙) J'ai encore besoin de (polir ma pièce de vers); *litt.* elle manque encore de...

II.

次第 L'un après l'autre.

丨(其)。思 丨丨 Il a pensé (à la jeune personne) qui vient après (sous le rapport du mérite littéraire).

丨(將)上燈 On était sur le point d'apporter les lampes.

VII.

款(深叨厚) J'ai été traité par lui de la manière la plus affectueuse.

丨(叨盛) Désirer d'être traité magnifiquement. (Il s'agit d'une invitation à dîner.)

欲死。狂喜 丨丨 Être près de mourir dans un accès de joie folle.

VIII.

欺負小弟 M'écraser, m'opprimer.

欽敬 Être pénétré de respect pour qlqn.

丨召 Être appelé par l'empereur.

丨詔 En vertu d'un décret impérial.

丨限 Terme fixé par l'empereur (pour le départ de qlqn).

IX.

戲子 Comédiens.

XI.

歎賞 Louer, goûter avec admiration.

CLÉ 77.

止住 Arrêter, contenir (leur douleur).

丨得半年 Il n'y a qu'une demi-année.

丨丨七八里路了 Il n'y a que sept ou huit *li* de chemin.

I.

正 丨(端 丨) En bon ordre, au grand complet.

丨主考 Le président en chef du concours (pour la licence).

丨事(完) S'acquitter de sa tâche.

丨副使 Le premier et le second envoyés.

丨台顏 Tenez votre figure droite (*thaï-yen*, la figure de V. E.).

丨相完 L'examen physionomique étant achevé.

II.

此行 Partant d'ici.

IV.

步韻 Suivre pas à pas les rimes, c.-à-d. composer sur les rimes de qlqn. — Composer des vers.

丨月 Se promener au clair de la lune.

丨難危 Être exposé aux malheurs et aux dangers.

武林西湖 Le lac situé à l'ouest du pays de *Wou-lin.*

X.

歷練 Avoir l'expérience des affaires.

丨落 Beaux à voir (arbres). En mandchou *saïkan.*

丨風雨 Souffrir du vent et de la pluie (*litt.* traverser le vent et la pluie).

XIV.

歸日 A l'époque du mariage.

丨途 En revenant d'un voyage.

丨(遲) Se marier (*nubere*) tard.

CLÉ 78.

II.

死書 Livres d'auteurs anciens.

丨生不忘 Que je meure, que je vive, je n'oublierais jamais (ce bienfait).

丨生不負言 Même au péril de sa vie, ne pas manquer à sa parole, à sa promesse.

丨不 Dussé-je périr, je ne...

丨(其心不) Ses projets ne sont pas encore éteints, vivent encore dans son cœur. *Litt.* Ejus cor nondum periit.

VI.

殊覺不安 Je me sens fort tourmenté, ou contrarié.

VIII.

殘冬 La fin de l'hiver.

CLÉ 79.

VI.

殷丨(台命) Les ordres de V. E. sont pressants.

CLÉ 80.

母利 Le capital et les intérêts.

丨(伯) Tante.

IV.

毒手(遭) Être victime de la méchanceté de qlqn.

丨(惡)渾如好奉承 Quoique remplis de méchanceté, ils aiment beaucoup à faire la cour (aux grands).

CLÉ 81.

比先更殷勤 Plus attentif, plus prévenant qu'auparavant.

丨(非怨女之) On ne peut la comparer à une femme mécontente (de ne point être mariée).

CLÉ 82.

毛錐 Un pinceau.

毛嬙 *Mao-tsiang*, femme célèbre par sa beauté, la même que 西施 *Si-chi*.

| 顏復生 (Quand) la belle *Mao-yen* ressusciterait.

CLÉ 84.

VI.

氣味(詩書)。裝不出 | | | | Quoi qu'il fasse, il ne peut se donner l'air d'un lettré; *litt.* il ne peut réussir à feindre le goût du *Chi-king* et du *Chou-king*.

| 宇 Sa figure, son air.

| 惱 Colère et indignation.

| 怒 Se mettre en colère.

| 折 Être découragé, vaincu.

| | (自應) Naturellement, je dois avouer ma défaite.

| 色 Physionomie, air du visage.

| 象 Mine, air du visage.

| 盾 Attaques contre qlqn.

使 | | Se permettre de telles attaques.

| 酒(喫了幾杯) Il a bu quelques tasses de vin par colère, avec colère.

| 骨之人(無) Un homme sans caractère, sans noblesse d'âme.

| (一口)赶來 Courir tout d'une haleine après qlqn.

| (歎口) Pousser un soupir.

| (丈夫) Le courage d'un homme, d'un brave.

| (下) Abaisser sa fierté (en faisant le premier une démarche auprès de qlqn).

| 死(何不) Comment ne pas crever de colère?

| (出) Assouvir, décharger sa colère.

| (動) Se mettre en colère.

| (受) Éprouver la mauvaise humeur de qlqn, être vexé par qlqn.

| (和)。一團 | | Une grande affabilité.

| (善) Air joyeux, joie.

| (惡)。受 | | Éprouver des peines, des déboires, des mauvais traitements.

| (持才倚) Être fier de son talent.

| (持倚才) Même sens que ci-dessus.

| (發) Se mettre en colère.

CLÉ 85.

水族 Les poissons.

| (泰) La mère de la femme.

| 鑑(大) Un grand devin.

III.

求聘于白工部之

女 Demander en mariage la fille de *Pé*, membre du ministère des ouvrages publics.

汚台目 Souiller, c.-à-d. blesser les regards de V. E.

江(西)。欲掬盡 | | Vouloir (une chose impossible, comme) épuiser le fleuve de l'ouest, avec le creux de la main.

IV.

沈 | 有物 Il y avait (dedans) quelque chose de très-lourd.

決裂(弄) Laisser voir son ignorance. (*Kioue-lie*, *litt.* la rupture et la déchirure, c.-à-d. son côté faible.)

沙棠 Sorte de *Pyrus Japonica*.

沐恩 Comblé de vos bienfaits.

沒了主意 Ayant renoncé à son projet.

| 柰何 Contraint par la nécessité. *Item:* Être aux abois, être réduit aux plus dures extrémités.

| 甚親戚 Il n'a plus aucun parent.

汪倫 *Wang-lun*. Nom d'homme. (Cette eau, profonde de mille pieds, dit *Li-t'aï-pé*, n'égale pas en profondeur les sentiments de *Wang-lun*, qui m'a reconduit.)

V.

注意于他 Il avait arrêté ses vues sur lui (comme gendre futur).

| 明 Écrire nettement (le nom de quelqu'un).

泛 | (大都) En général (ces vers) sont ordinaires, médiocres.

泠落(門庭) Ma maison est tombée dans la solitude et le délaissement.

沾手 Mouiller sa main; *au fig.* donner dans un piége, se laisser prendre aux discours de qlqn.

法眼 Des yeux perçants.

| (必有) Il faut absolument un stratagème, un moyen, un expédient.

治弟 *Litt.* Le frère cadet qui est sous votre juridiction, moi, votre subordonné.

| (史) Fonctions de magistrat.

泥首 Se prosterner. *Litt.* Mettre sa tête dans la boue.

油(腦) Sueur de la tête.

泉湧 Jaillir comme une fontaine, comme une source d'eau.

VI.

洗塵(與人) *Litt.* Laver la poussière à qlqn, c.-à-d. faire rafraîchir un voyageur qui arrive.

洞房(無)之日 Je ne pourrai pas me marier.

| | 花燭(肯) Consentir aux bougies fleuries de la chambre nuptiale, c.-à-d. à prendre une épouse.

洋 | 得意 Être joyeux et au comble de ses vœux.

活 | (快 |) Enchanté, joyeux.

海上絲綢之路文獻集成 科技與文化编

活 | 現 | (說得) Parler très-clairement, très-nettement.

| 不成 Notre vie est en grand danger.

| 死 (這偏是) Pour le coup, ce serait ma mort.

| 神仙 (C'est) un génie, un dieu vivant.

VII.

流寓 Se promener dans un endroit et s'y arrêter.

| 落 Errer, à l'aventure, d'un endroit à l'autre.

| 覽 Visiter, examiner en se promenant.

| (一)。李太白 || 人物 Un homme de l'espèce, de la classe (c.-à-d. du mérite) du poëte *Li-t'aï-pé*.

| (名) Un homme célèbre, illustre.

| (順) *Litt.* Suivre le courant. *Au fig.* aller à merveille (en parlant d'une affaire).

浮踪浪跡 *Litt.* Traces flottantes, pas tracés sur les flots.

| 雲 Nuages qui flottent dans l'air.

涇渭自分 Les eaux des rivières *King* et *Weï* se séparent et se distinguent.

浙 (西) La partie ouest du *Tche-kiang*.

海量 *Litt.* Capacité de la mer. *Au fig.* Avoir une âme grande comme la mer, pour dire « extrêmement généreuse. »

消受 *Litt.* Perfrui (pulchrâ puellâ), c.-à-d. avoir une belle personne pour épouse.

| | 你我 Perfrui nobis ambabus, c.-à-d. nous épouser toutes deux.

| 息 (現) Une nouvelle véritable.

| 遣 Dissiper (son chagrin, ou son ennui).

| | 悮情 Se désennuyer et s'amuser.

| (何) Qu'est-il besoin de.

浪云 Follement (chercher).

| 子 Un homme dissipé, dépensier.

| 跡 Pas tracés sur les flots, c.-à-d. les traces ou vestiges d'une personne qui a disparu.

| 遊 Voyager à tort et à travers, vagabonder. *Item* : Se promener.

VIII.

淪落 Se noyer. *Au fig.* Périr, mourir.

淺 (其)。不自愧 || Si je ne rougissais pas du peu de profondeur de mon esprit.

混擾 Importuner qlqn, le fatiguer.

深于情者 Vous qui avez des sentiments profonds.

淡淡 Froidement.

清乏 Pauvre.

| 亮 (Voix) pure et claire ou brillante.

| 廉 Probe et intègre ou désintéressé.

清 奇 D'un caractère pur et honorable.

| 妙 (Vers) purs et merveilleux.

| 濁 (Tons) clairs et obscurs (dans une chanson).

| 癯 Doué d'une taille svelte et élégante.

| 道 藍 旗 Étendard bleu portant les mots *Thsing-tao* « débarrassez la voie » (devant le magistrat qui passe).

| 閒 Être peu occupé et avoir du loisir.

IX.

測 (不) Un malheur imprévu. Événement imprévu.
| | signifie littéralement *ce qui est imprévu*.

| (難) *Litt.* Difficile à scruter.

| | (虜 情) Les dispositions des Mongols sont mobiles et changeantes.

湊 手 (不 能) Je ne pourrais les trouver, me les procurer (ces dix onces d'argent).

| 巧 Par bonheur.

| | (不) Ne pas tomber juste, ne pas trouver ce qu'on cherche.

| | (來 得) Je suis venu fort à propos.

| 趣 (說 話) (Voyant que) ses paroles étaient remplies de charme, d'agrément.

減 (不) Ne pas le céder à, ne pas être inférieur à.

湯 (蹈) Marcher au milieu de l'eau bouillante. *Au fig.* S'exposer à un grand danger.

渴 想 Je songeais à vous avec impatience.

渾 含 Cacher une pensée, renfermer une pensée cachée (en parlant d'un vers).

| 如 pour | 然 En entier, entièrement.

游 子 他 鄉 (未 必) Elle ne laissera pas son fils voyager dans d'autres pays.

| 心 S'amuser (par ex. à composer des vers).

X.

滋 味 Saveur exquise. *Au fig.* agrément, charme (de la poésie).

| 蔓 S'étendre.

溜 (順) Aller à merveille (en parlant d'une affaire).

XI.

漏 網 魚 (Être comme) le poisson qui s'est échappé par les mailles du filet. *Au fig.* Se dit de celui qui a sauvé sa vie par la fuite.

漫 喜 Ne vous réjouissez pas.

漢 (一 條 大) Un grand gaillard.

XII.

潘 貌 La beauté de *Pouan-'an*
| 安 . Voyez 果 (擲).

潦 草 (J'ai composé) d'une manière commune, négligée.

| 艸 *Idem.* | | 應 酧

Témoigner sa reconnaissance par des vers vulgaires; négligés (expression modeste).

| 艸 (雖 悤 |) (Quoiqu'il ait écrit ces vers) avec précipitation et d'une manière négligée.

潛 修 之 士 Un lettré qui se perfectionne dans la retraite.

潤 筆 *Litt.* Humecter le pinceau : donner un gratification à l'auteur d'une composition littéraire.

潢 (銀) La voie lactée.

潔 淨 Proprement, avec propreté.

潭 府 Votre hôtel.

| 水 L'eau profonde de l'étang (où flottent les fleurs de pêchers).

XIII.

激 烈 (心 雖) Quoiqu'il eût de l'énergie dans le cœur.

濁 穢 *Litt.* Sale et dégoûtant (ignoble, en parlant d'une écriture).

XIV.

濫 交 Se lier d'amitié avec le premier venu.

| 授 Par une faveur excessive, on lui a donné (la charge de).

濟 事 (也 不) Cela ne servira de rien.

XVII.

蕭 洒 風 流 (Votre style est) charmant, merveilleux.

XXII.

灣 (轉 了 一 個) Ayant fait un détour.

| 城 Parcourir les détours (des rues) de la ville.

| (東 城) L'angle oriental des murs de la ville.

CLÉ 86.

火 (動) S'enflammer (c.-à-d. devenir épris de).

| (赴) S'élancer au milieu des flammes. *Au fig.* S'exposer au plus grand danger.

IV.

炙 (親) S'approcher de.

VI.

烏 紗 Crêpe noir. Bonnet de crêpe noir (de magistrat).

| 絲 籤 紙 Papier réglé (verticalement) en noir.

| 有 *Ou-yeou.* Personnage imaginaire, introduit par *Siang-jou* dans une pièce de vers, où il réprimande le roi de *Thsou.* Voyez *Tchao-ming-wen-siouen*, liv. VII.

烟 火 (絕 無) *Litt.* Ce n'est pas du tout un feu d'artifice, c.-à-d. ce n'est pas une de ces pièces de vers qui éblouissent un instant, sans avoir un mérite réel.

| | (不 食) 者 (Ces vers semblent faits par qlqn) qui n'a

pas mangé des mets cuits au feu, c.-à-d. ils semblent composés par un dieu.

烟 雲 *Litt.* Des nuages de fumée (l'encre de Chine se fait avec du noir de fumée), c.-à-d. caractères noirs tracés en grand nombre sur du papier.

丨 霧 (若 望) Comme si de la fumée ou un nuage se fussent abaissés devant mes yeux.

丨 (人) Feux, maisons où l'on fait du feu, des maisons.

VIII.

無 的 (難 道 也 是) Est-ce qu'elles n'existent pas, est-ce que leur existence est un conte?

丨 柰 (事 出) Dans l'embarras où nous sommes.

然 (不)。終 丨丨 Si cela n'était pas vrai.

丨 (信 以 爲) Il eut confiance dans ses paroles.

IX.

照 次 Suivant leur rang (respectif).

丨 看 (左 右) Faire réfléchir (dans un miroir) ce qui est à droite et à gauche et le regarder.

煩 Prenez la peine de, ayez la bonté de.

丨 你 Je vous donnerai la peine de, c.-à-d. veuillez prendre la peine de, avoir la bonté de.

丨 媒 妁 Charger (de ce soin) une entremetteuse de mariage.

丨 勞 Fatigue.

丨 丨 Charger qlqn d'un travail.

丨 (大) Je me suis beaucoup fatigué.

丨 (要) 一 個 名 人 Il veut charger un homme célèbre (de faire des vers).

丨 (重) Donner beaucoup de peine à qlqn (en le chargeant de composer des vers).

XI.

熟 識 Connaître intimement qlqn.

丨 (最 與)... Être très-lié avec qlqn.

丨 (讀 不) Ne pas avoir mûrement lu (c.-à-d. ne pas avoir appris par cœur, une pièce de vers).

丨 (路 不) Il ne connaît pas bien les chemins.

熱 鬧 Très-affairé.

丨 (親) Affection intime.

XII.

燕 *Yen-*
燕 *ing.* L'hirondelle et le loriot. *Au fig.* on compare à l'une, un amant beau et distingué par son talent, et à l'autre, un amant disgracieux et sans mérite.

XIII.

燥 皮 (無 限) Il montrait une insolence, ou une arrogance, sans bornes.

海上絲綢之路文獻集成 · 科技與文化編

營利 Chercher le profit.

XVII.

爛熳 Très-brillant, très-beau.

CLÉ 87.

IV.

爭執 *Litt.* Disputer et tenir bon.

丨差 Différer, être différent (il s'agit de deux jeunes filles).

丨丨(若有) S'il survient quelque contretemps, quelque échec.

丨流 *Litt.* Couler à l'envi (en parlant d'une multitude de petits ruisseaux).

爭衡 Lutter avec qlqn.

VIII.

爲此(既) En ce cas.

丨何却原有令甥 Comment! Quoi! c'était donc votre nièce?

CLÉ 88.

VIII.

爺(老) Mon père.

丨(差) Monsieur le courrier, Monsieur le messager.

IX.

爽利 Piquant, spirituel (dans sa conversation).

丨丨酒 Du vin excellent, délicieux.

丨約 Manquer à une convention, à un rendez-vous.

丨(不)時刻 Vous n'avez pas manqué (le rendez-vous) d'une minute.

CLÉ 91.

VI.

牌(一面) Un écriteau, une enseigne.

丨票 Un mandat officiel (ici un mandat d'amener).

丨(招) Enseigne, ou écriteau pour appeler le monde ou attirer l'attention du public.

丨(發)起身 Il partit précédé d'un écriteau (planche dont l'inscription indiquait le titre de sa charge).

CLÉ 93.

牛馬(作) Travailler comme un bœuf ou un cheval.

IV.

物色蹤跡(自能) Nécessairement, ou naturellement, il viendra chercher les traces, c.-à-d. demander des nouvelles (de ses vers).

物色(爲何不可) Pourquoi ne pourrai-je vous rencontrer (vous voir à mon retour)?

| | (小弟子虛烏有不可) Moi, semblable à *Tsen-hiu* et à *Ou-yeou* (personnages imaginaires, introduits par le poëte *Siang-jou*), je serai (peut-être) invisible, introuvable (à votre retour).

| (人)。大邦 || Vous êtes originaire d'un pays célèbre.

| (何) 小年 De quelle sorte, de quelle espèce sont ces jeunes gens?

| (俗)。這等 || Des êtres aussi vulgaires.

| 議(恐轉添) Je crains que nous ne soyons davantage exposés aux critiques, aux propos du public.

| 異 Un homme unique et extraordinaire, qui l'emporte sur tous les autres.

| 亓 Ordre spécial.

VII.

犁牛之子 Le fils sage d'un homme vicieux.

犀火 Le feu, la lumière produite par la queue enflammée d'un rhinocéros. Voyez sur ce fait fabuleux Goncalvez, *Arte china*, pag. 482, 196.

| | (如) Comme si elle était éclairée par la lumière du rhinocéros.

| (靈) Le divin rhinocéros (qui voit, dit-on, à travers les cloisons les plus épaisses).

CLÉ 94.

犬馬(雖) Quand je vous servirais (dans une autre existence) en qualité de chien ou de cheval.

| (門戸) Le chien de la porte (on lui compare celui qui flatte bassement).

II.

犯難 Braver les dangers.

IV.

狀(近)。可問白公之 | | Je pourrais *lui* demander des nouvelles de *Pé-kong*.

狂妄 (Il est) léger et téméraire.

V.

狗(喪家) (Être comme) un chien dont le maître est mort. Se dit, au figuré, d'un homme découragé.

| (芻) Le chien de paille (qu'on jette dehors après le sacrifice). 將以弟妹爲 || 取 Traiterez-vous ma sœur comme un chien de paille? c.-à-d. la rejetterez-vous avec mépris?

VI.

狡猾 Rusé et perfide.

| | 馬 Un cheval vicieux et fringant.

海上絲綢之路文獻集成 科技與文化编

VIII.

猜枚 Jouer à la mourre, deviner au jeu de mourre.

IX.

猶子 Un fils adoptif.

獻讒 Dire des médisances.

XIII.

獨棄(既不) Comme je ne puis abandonner l'une des deux.

XV.

獲辭(不) Cela n'admet pas d'excuse.

CLÉ 95.

玄機 Secrets profonds, abstrus (d'un devin).

V.

玆有言者 Maintenant, j'ai quelque chose à vous dire.

VI.

率性 Spontanément.

CLÉ 96.

玉人 Une belle femme.

| 堂金馬 (Quand même j'obtiendrais) le titre de *Han-lin*, académicien. Le mot *kin-ma*, cheval de métal, fait allusion à un *cheval de bronze*, qui fut placé à la porte de l'académie appelée || la salle de jade.

| 成(委曲) Si cette affaire réussit de quelque manière que ce soit.

| 留痕 Des cicatrices, des marques des coups paraissent ou restent sur (leur peau blanche comme) le jade (après une sorte de pugilat).

| 石(自分) Naturellement vous distinguerez le jade de la pierre commune, c.-à-d. l'homme de mérite de l'ignorant.

| 鏡未歸 Le miroir de jade (la lune) n'est pas encore revenu, c.-à-d. ma fille n'est pas encore mariée.

| (白) Jade blanc. *Au fig.* Des fleurs blanches (tombées).

IV.

玩賞 Se délecter d'une chose (par ex. de la lecture d'une pièce de vers).

| (吟) S'amuser à lire, à réciter des vers.

| (遊)景致 Visiter, parcourir avec plaisir de beaux sites.

V.

珍賞 Priser et goûter (des vers).

VI.

珠玉 Des perles et du jade. *Au fig.* Des expressions élégantes (en poésie). *Item.* La perle et le jade, pour dire une personne parfaitement belle.

珠玉(引|) Amener des perles et du jade, c.-à-d. provoquer des compositions élégantes.

| | (聆) Entendre le bruit de la perle et du jade, pour dire : Entendre de beaux vers.

| (遺) 重收 La perle délaissée est reçue une seconde fois, c.-à-d. des vers dédaignés d'abord, sont favorablement accueillis après un second examen.

| 玉(青年) Jeune homme (comparable à) une perle et au jade, c.-à-d. jeune homme parfaitement beau.

| Perle. Se prend pour la prunelle. 眼中無|之人 Des hommes qui n'ont point de prunelles dans les yeux, c.-à-d. qui sont dépourvus de lumières, de sagacité.

| 彈(淚) *Litt.* Pleurer des balles de perles, c.-à-d. pleurer à chaudes larmes.

| 璣 Des perles et des pierres précieuses. *Au fig.* Des expressions élégantes.

| (去) 復還 Si la perle (c.-à-d. la belle personne) qui était partie, revient.

| (明) 暗投 Perle brillante jetée dans un lieu obscur.

班(一) Une compagnie, une troupe (de comédiens).

| 門前弄斧 Manier la hache devant la porte de *Lou-pan* 魯班 célèbre charpentier. *Au fig.* Faire une chose au-dessus de ses forces.

VII.

現 | (活|) Très-nettement, très-clairement.

理會不來 Il ne veut pas entendre, comprendre.

| 論 Discuter avec qlqn.

| (論)。論起理來 Si je raisonne suivant la justice, si je considère la justice, l'équité.

| (無不諧之) Il n'y a pas de raison pour que nous ne tombions pas d'accord.

VIII.

琴心(以)相挑 Il (le poëte *Siang-jou*) séduisit le cœur (de *Cho-wen-kiun*) par les sons du *kin*.

| 瑟音 Les sons du *kin* et du *ché*. Se dit au figuré de la bonne intelligence qui règne entre deux amis.

| (人) 俱亡 Elle est morte. *Litt.* La personne et la guitare ensemble sont mortes.

| (人) 既亡 Puisque mon épouse (future) est morte.

XIII.

璧(全) Une tablette de jade entière ; *au fig.* Un homme parfait, accompli.

CLÉ 97.

瓜葛之私 Liens de parenté.

CLÉ 99.

甘心 De bon cœur, très-volontiers.

丨丨(不)。便死也不丨丨 Je mourrai avec regret.

IV.

甚事(無) Vous n'avez aucune affaire.

丨(更)。奸丨丨 Il est encore plus rusé.

丨(沒)。我因丨丨要緊 Comme cela ne m'a pas paru très-important, très-essentiel.

丨(爲) Pour quelle raison?

丨于此(有) (Les pensées secrètes de...) ont quelque chose de plus grave que cela.

丨(多情之) Un homme excessivement passionné, amoureux.

CLÉ 100.

生妒心 Devenir jalouse (d'une autre femme).

丨愁 Devenir triste.

丨意 Un métier, une profession.

丨丨上門(見是) Il vit (au ton de sa voix) qu'il venait chez lui dans un but secret.

丨踈 (Homme) ignorant et médiocre.

丨(一) Un bachelier.

丨(三)有幸 J'aurai du bonheur pour trois existences, c.-à-d. ce sera un immense bonheur pour moi.

丨(愚) Un homme simple et sans esprit.

丨(有)。不知丨丨 (Courant de l'est à l'ouest), il ne prend pas soin de sa vie.

丨(此) Ce jeune homme.

CLÉ 101.

用心 Montrer, témoigner de l'intérêt à qlqn.

丨丨 Appliquer son cœur à, c.-à-d. s'adonner à (par ex. au vin, à la volupté).

丨情眞至 Il montre une affection sincère et parfaite.

丨是 pour 以是 C'est pourquoi.

丨茶 Prendre le thé.

丨酒 Boire du vin.

丨飯 Prendre du riz.

30

用韻(自) Composer sur des rimes qu'on a données soi-même.

| (何) A quoi bon? Pourquoi?

| (那裡) *Litt.* (J'ignore) pour quelle raison vous employez cela, c.-à-d. pourquoi vous me priez de consulter les *Koua*.

CLÉ 102.

甲一城(富) Sous le rapport de la fortune, il efface toute la ville, c.-à-d. tous les habitants de la ville. 甲 Surpasser.

| 榜(登) Obtenir le grade de docteur.

| 第 Obtenir le doctorat.

| 科 Un docteur.

| (二)第一 Le premier de la seconde section (au concours pour le doctorat).

申報 Faire un rapport sur une affaire (se dit d'un juge inférieur).

| 敬 Témoigner du respect.

| 詳上去 Exposer une cause en détail à son supérieur (se dit d'un magistrat inférieur).

由他(這也) En cela, qu'il fasse comme il voudra.

| (無)。其道 | | Il n'a su que faire, quel parti prendre.

V.

留 | Retenir qlqn (par ex. à boire).

| 意 Penser à qlqn, faire attention à lui.

| 茶 Retenir qlqn pour boire le thé.

| 連 S'arrêter dans un endroit.

| 題(卽景) Il composait des vers sur les sites (*litt.* d'après les sites) qu'il voyait.

畜生 Animal, butor (injure).

VI.

略 | 識字 Il connaît peu, médiocrement les caractères (de l'écriture).

| 其前辜 Oublier ses torts passés.

| 去富貴 Abandonner les (gendres) riches et distingués.

VII.

番(前) Précédemment.

VIII.

當(何以克) Comment pourrais-je accepter (cet honneur)?

| 對 Ils se correspondent, ils sont mutuellement proportionnés.

| 大觀 Être digne de devenir le sujet, l'objet de votre examen élevé, c.-à-d. que vous examiniez ma figure pour tirer mon horoscope.

當(你)易容中這個舉人 Vous vous figurez que c'est chose facile que d'obtenir ce grade de *Kiu-jin*.

| 年 Dans l'année courante.

| 廚 Être occupé à la cuisine.

| 得 Il sera convenable que... Je devrai... *Item :* C'est bien, *ou* je suis à vos ordres, je vais vous obéir.

| | 起(方纔) Il peut remplir ce rôle, répondre à vos vues.

| 不得 Il ne pouvait tenir tête à.

| 時 Le temps présent, l'époque présente.

| 今 Même sens.

| 眞 En réalité, réellement.

| 笄年 Elle se trouvait dans l'âge de se marier, *litt.* dans l'année de l'aiguille de tête.

| 門的 Le concierge, le portier.

| 面錯過 *Litt.* Vous l'avez manqué, en face, c.-à-d. vous avez, par mégarde, manqué un mariage qui s'offrait à vous.

| 風流才婿 Rencontrer un gendre aimable, et doué de talent.

| 鹿鳴之候 Se trouver à l'époque où l'on chante l'ode *Lou-ming*. Voyez clef 198, l'expression *Lou-ming*.

| 其未還 Lorsqu'elle n'est pas encore revenue, c.-à-d. avant son retour.

| (何敢) Comment oserais-je recevoir cela (ces bracelets, ces perles)?

| (快) Prompt, expéditif.

| (贖) Retirer un objet mis en gage.

CLÉ 103.

IX.

疑(多) Il est très-soupçonneux, très-défiant.

| (遲) Hésiter, balancer.

CLÉ 104.

V.

病(弊)。原有 | | Dans le commencement, il s'était rendu coupable de supercherie.

VIII.

痴想 Devenir éperdûment épris de.

XIII.

癖性 Ma disposition naturelle, mon caractère. *Litt.* ma nature partiale. Expression modeste.

XIV.

癡 | 迷 | Il raffolait et avait l'esprit troublé.

癡 念 *Litt.* Mes pensées folles, c.-à-d. troublées par ma passion.

| 想 *Litt.* Pensée folle, c.-à-d. un faible, un travers d'esprit.

| (嬌) (Jeune fille) élevée mollement, avec trop de délicatesse.

| (兒 女 情) Une jeune fille que la passion rend folle, à qui l'amour fait tourner la tête.

CLÉ 105.

VII.

發 一 帖 Remettre (à un domestique) un billet de visite.

| 之 人 (大) Un homme qui fera un grand chemin, qui s'élèvera très-haut.

| 了 (到 秋) Quand, à l'automne, vous aurez obtenu le grade de *Kiu-jin* (la licence).

| 作 Éclater, se faire sentir avec force (en parlant de la verve poétique).

| 動 Se remuer. Il s'agit de deux fiches portant un *koua* ou figure symbolique.

| 行 裝 Préparer ses bagages de voyage.

| 心 造 Ils formèrent le vœu de, ils promirent de construire (un couvent).

| 急 Se fâcher, se mettre en colère.

| 憤 Par colère, dans un moment, un accès de colère.

| 泄 Répandre, épancher (ses idées).

| 的 一 個 貴 (是) (En obtenant le grade de *Kiu-jin* (licencié), il est devenu un homme illustre.

| 舟 Mettre à la voile.

| 見 Paraître, se montrer.

| 過 的 Un homme qui s'est élevé (par ses talents littéraires).

| (一) 要 看 Il désira encore davantage de les voir.

| (一) 胡 說 Vous extravaguez encore davantage.

| (一) 容 易 C'est encore bien plus aisé.

| 一 差 訛 Dissiper une erreur.

| (高) Obtenir un grade élevé.

登 時 Sur le champ.

| 堂 Rendre visite à qlqn.

| 極 Monter sur le trône.

| 科 (小 年) Obtenir jeune le grade de docteur.

| 達 S'élever très-haut (dans les emplois, dans les charges publiques).

| 龍 (得 賜) Vous m'avez accordé le bonheur de voir votre figure (*litt.* j'ai obtenu la faveur de franchir la porte du dragon).

| | (蒙 賜) Même sens.

CLÉ 106.

白 | 的 Sans motif légitime.

| 去 S'en aller à vide, c.-à-d. sans rien prendre (manger).

| 日 (于) En plein jour.

| 木 *Litt.* le bois blanc. *Au fig.* les riches (qui portent une canne de bois blanc).

| 頭 (以) 相 守 Ils vécurent ensemble, mot à mot : Ils se gardèrent mutuellement (il s'agit de deux époux) *jusqu'aux cheveux blancs*, c.-à-d. jusqu'à la vieillesse la plus avancée.

I.

百 年 大 事 La grande affaire de cent ans (de toute la vie, c.-à-d. le mariage).

| 結 柔 腸 蚕 吐 絲 *Litt.* Après avoir noué (replié) cent fois ses flexibles entrailles, le bombyx vomit la soie.

III.

的 (請 教) Une chose sur laquelle on demande des informations.

| pour 然。白 白 的 Sans motif raisonnable.

| pour 得。我 說 | Je vous l'ai déjà dit.

| (收) pour 收 得 Accepter quelque chose.

| 來 (做) pour 做 得 來 Être capable de faire.

| 當 (一 個) 媒 婆 Une entremetteuse de mariages adroite, entendue.

| 確 Exactement.

| (亦 未 必) Je ne suis pas sûr que ce soit exact.

IV.

皇 (娥) L'une des deux femmes de *Chun*.

| 親 莊 (李) La maison de campagne de *Li*, membre de la famille impériale.

CLÉ 107.

皮 相 L'air extérieur de qlqn.

CLÉ 108.

VI.

盒 兒。擺 開 一 個 攢 | |。Ayant fait servir un repas.

| | (又 送 子 一 個) Il m'offrit une collation.

| (酒) Un repas.

VIII.

盟 (前)。追 尋 | | Il revient pour poursuivre ses premiers serments, c.-à-d. pour contracter un mariage consenti antérieurement.

盟 (前) 自 在 Ses premiers serments subsistent.

| (尋) *Litt.* Venir chercher le serment, c.-à-d. venir pour épouser une demoiselle qui nous a été promise en mariage.

| (完) Accomplir un serment, c.-à-d. des engagements qu'on a pris pour le mariage.

IX.

監 生 Bachelier qui a obtenu, par faveur ou à prix d'argent, la faculté de concourir pour la licence.

| (北)。納 了 || Il a été admis dans le nord (c.-à-d. à *Péking*) au nombre des *Kien-seng*. (Voyez l'article précédent.)

| (在) Être dans le *Koue-tseu-kien* (dans le collége impérial).

| (納) Faire admettre qlqn dans le collége impérial.

| (進) Entrer au collége impérial.

盡 歡 Éprouver une joie complète.

| 辜 Éteindre, effacer entièrement ma faute, mon crime.

| (不) A l'infini, sans fin.

| (不) Je n'en finirais pas (si je voulais vous exprimer toute ma reconnaissance).

| (餘 不) *Litt.* Le reste (de ce que j'ai à dire) ne pourrait s'épuiser (conclusion d'une lettre).

| (不)。按 || Il ne pourrait venir à bout de cacher, de dissimuler.

| (觀 不) Regarder sans pouvoir se rassasier.

| (占) Tout accaparer, avoir le monopole de.

| (方) Alors je dirai tout.

| (歡 喜 無) Éprouver une joie infinie.

| (一 言 難) *Litt.* En un mot, je ne pourrais épuiser, c.-à-d. je ne saurais tout vous dire en quelques mots.

| 于 此 (你 我 言) Maintenant, notre conversation est finie.

X.

盤根錯節之見利器也。Une racine contournée et un nœud épais (de bambou) font voir si une serpe est bien tranchante. (Proverbe qu'on applique aux grands hommes dont l'adversité fait éclater la vertu.)

| 桓 (與...) Passer son temps dans la société de...

| | 數 日 Passer quelques jours (avec qlqn).

| (滿) Une multitude de circuits, de détours (en route).

| 費 Frais ou dépenses de voyage.

XI.

盧 (穹) Pauvre tente (mongole).

XIX.

鹽 院 Le directeur, ou inspecteur des salines.

CLÉ 109.

III.

直 些 (從) Acceptez mon offre sans hésiter. (*Litt.* consentez un peu plus franchement.)

| 示 Montrer ou dire tout droit, franchement, sans détour.

IV.

省 力 (幹 事) Faire une chose aisément, sans efforts.

| 得 S'épargner le soin de.

眉 宇 Les sourcils.

| 山。衍 | | 一 派 Étendre un rameau du mont *Meï-chan*, c.-à-d. une branche de votre famille.

| 揚 *Litt.* Ses sourcils s'étalent. *Au fig.* Il est au comble de la joie.

| 目 相 對 Se trouver vis-à-vis l'un de l'autre.

相 中 (若 據) 着 來 Si je m'en rapporte à ce que j'ai vu, observé (dans mon examen physionomique).

| 依 (來 此) Venir ici chercher un appui, un asile.

| 公 (我 家) Mon maître (dit un domestique).

| 士 Un physionomiste, un homme qui tire l'horoscope d'après l'examen des traits du visage.

| 如 c.-à-d. 司 馬 | | *Sse-ma-siang-jou*, l'amant et ensuite l'époux de la belle *Chowen-kiun*.

| 强 Faire violence à qlqn, le forcer de faire qlq. chose.

| 思 Penser avec affection (à un ami). 良 友 | | 之 苦 Le chagrin qu'on éprouve en pensant à un excellent ami (absent).

| | 害 死 了 Elle est morte d'amour, c'est le sentiment qui l'a tuée.

| | (一 個 慮) (Maladie provenant) d'une passion déçue.

| | (透 骨) Pensées d'amour qui pénètrent les os.

| 聞 (不) Je n'ai pas reçu de vos nouvelles.

| 與 的 (難) Un homme avec qui il est difficile de se lier, de s'entendre amicalement.

| 見 Recevoir qlqn suivant les rites.

| | Saluer qlqn.

| | 畢 Après avoir fini de se saluer mutuellement.

| 親 S'occuper de trouver une épouse.

相許(以終身) Elle promet de se donner, consacrer à moi pendant toute sa vie.

丨(入) Être admis au rang des ministres.

丨(孤) *Litt.* Mine d'homme seul, c.-à-d. qui annonce qu'on vivra seul (sans prendre une compagne).

看坐 Faire asseoir qlqn.

丨酒 Apporter, servir du vin.

丨丨來 Faire préparer et servir du vin.

丨顧 Avoir l'œil sur, prendre soin de qlqn.

V.

眞情 Sentiments et dispositions sincères.

丨者(一) Un homme d'un vrai mérite.

丨至(用情) Il montre une sensibilité aussi sincère que parfaite.

丨(有) Il possède la réalité de..., c.-à-d. il possède en réalité, les qualités de...

VI.

睽望着 J'avais trouvé, rencontré.

眷戀一會 Ils se donnèrent encore un instant des témoignages d'amitié.

丨(鄉) Homme du même village.

眼力不差 Ses yeux ne le trompaient pas, *litt.* la force de ses yeux n'était pas en défaut.

丨(入) Donner dans l'œil, plaire à qlqn (en parlant d'une pièce de vers).

丨睛最高 Vous étiez très-difficile (à contenter en fait de beauté). *Litt.* vos prunelles étaient très-élevées.

丨丨丨丨 Elle est très-difficile à contenter (en fait de poésie).

丨丨低了 Vous êtes devenue bien moins exigeante. *Litt.* les prunelles de vos yeux ont baissé.

丨丨大 *Litt.* ses prunelles sont devenues grandes, pour dire : Il est très-avide d argent.

丨鈍 Qui a les yeux obtus. *Au fig.* qui a peu de pénétration.

丨(轉) En un clin d'œil, c.-à-d. au bout de peu de temps.

VII.

着了急 Il s'emporta.

丨忙(心下) Il était troublé au fond du cœur.

丨丨 Être pressé de faire une chose.

丨何事(爲) Pour quelle affaire? Pour quoi faire, dans quel but?

丨孩兒(爲) A cause de (moi) votre enfant.

丨實 Fortement.

丨落(有) Être arrangé, conclu (en parlant d'un mariage).

丨驚(妨) Se mettre en garde contre ce qui alarme (par ex. les voleurs).

丨(不)。赶丨丨 Il ne put rattraper (cette personne qu'il poursuivait).

着 (尋) Trouver ce qu'on cherchait.

| (說)。件 件 || Tout ce qu'il a dit (ce devin) s'est trouvé juste, s'est vérifié. *Litt.* sur chaque article, il a parlé avec justesse, avec exactitude.

X.

瞎 錢 (使 兩 個) Dépenser deux pièces d'argent qui rendent les gens aveugles, c.-à-d. qui font fermer les yeux aux gens, qui les empêchent d'être attentifs.

CLÉ 110.

矛 盾 (自 相) Se contredire réciproquement, être en opposition mutuelle.

CLÉ 111.

III.

知 已 (既 非) *Litt.* Puisque je ne connais pas vos pensées, c.-à-d. puisque je ne suis pas votre ami.

| 心 (既 遇) Puisque j'ai trouvé une personne qui me comprend, qui comprend mes sentiments.

| 會 Donner connaissance d'une chose.

| (只 道 自) Il affectait les airs d'un homme savant.

VII.

短 于 史 治 J'ai trop peu de talent pour exercer une magistrature.

| 路 小 人 Un coquin qui arrête les voyageurs dans les sentiers étroits.

XII.

矯 情 Déguiser ses sentiments.

| 羞 作 態 (不 見) On ne la voyait pas prendre un air timide et feindre de rougir.

| 竊 Obtenir qlq. chose par surprise.

CLÉ 112.

V.

破 綻 (露 出) Laisser voir, apercevoir le défaut de la cuirasse, *litt.* la brisure et la déchirure, c.-à-d. son ignorance.

| 萬 卷 Avoir lu mille kiven.

| 錢 Dépenser de l'argent.

| (看 得) Découvrir qlq. chose (qu'une autre personne cachait).

| (說) Révéler une chose.

VI.

硃 卷 Compositions de licenciés ou de docteurs qui ont réussi au concours.

VII.

硜 | 之言 (豈可爲) Comment pouvez-vous parler avec ce ton obstiné?

| 守 (素情) Je suis naturellement franc et droit.

硬媒 (要他做) Il voulait les forcer d'être les entremetteurs de ce mariage.

| 着心腸 Ayant pris de la fermeté, *litt.* ayant endurci son cœur et ses entrailles.

| 記在心 Graver fortement (une chose) dans son esprit.

VIII.

碗小 Petit comme une tasse.

| (一) 雙匙 (Mettre) deux cuillers dans la même tasse. Proverbe, pour dire : Donner deux femmes à un même époux.

XI.

磨 (多) Beaucoup de traverses, beaucoup de tribulations, de rudes épreuves.

| (百) Même sens.

CLÉ 113.

III.

社 (原是同) Dans l'origine, nous étions du même collége.

| (結) Former une association (littéraire pour cultiver le *Wen-tchang* et se préparer à un concours). 詩 | Association (littéraire) pour cultiver la poésie.

V.

祖 (上) Aïeul.

| 餞 Reconduire un voyageur et lui offrir un repas d'adieu.

神 (其課) 如此 Ses prédictions sont parfaitement exactes, *litt.* divines à ce point.

| (下筆如有) Il manie le pinceau comme s'il y avait un dieu (qui guidât sa main).

| 人也 Vous êtes un génie (pour deviner si juste).

| 仙 *Litt.* un esprit, un génie. *Ici* un homme d'une pénétration divine.

| 凝 L'air du visage.

| 情俱失 Il se sentit tout découragé. *Litt.* il perdit à la fois l'esprit et le sentiment.

| | 頓滅 Son esprit était abattu.

| 往 Aller en esprit. (Remonter jusqu'aux hommes de la haute antiquité).

| (入)。寫得 | | C'est divinement écrit.

| (定) Prendre de l'assurance.

| (留) Examiner avec une grande attention.

海上絲綢之路文獻集成 科技與文化編

VIII.

禁當不起 Je ne pourrais soutenir (ses regards irrités, sa colère).

IX.

福人 Un homme qui a du bonheur.

丨善人 Accorder du bonheur aux hommes vertueux.

丨蔭 Bonheur.

XII.

禪堂 Un temple bouddhique.

禧(台) Le bonheur de V. E. *Ici*, votre santé.

丨丨(恭候) J'attends (je demande) avec respect des nouvelles de la santé de V. E.

XIII.

禮(厚) Riches présents (de cérémonie).

丨(薄) Présents médiocres.

丨帖 La note, la liste des présents (qu'on apporte à qlqn en lui rendant visite).

丨(將)送上 Il lui offrit des présents.

丨(聘) Présents destinés à une personne qu'on invite.

丨(行) Faire les salutations prescrites.

CLÉ 114.

IV.

禹穴 La (célèbre) grotte de l'empereur *Yu*.

丨跡寺 Le monastère élevé dans un endroit qu'avait habité *Yu* (l'empereur). *Litt. Yu* — traces — couvent.

VIII.

禽獸 Animal, butor (injure).

CLÉ 115.

II.

秀(閨中) La jeune fille distinguée de l'appartement intérieur.

丨才 *Vulgo* : Un bachelier. *Item* : Le grade de bachelier. 一個丨丨黜出了 Le grade de bachelier lui avait été retiré.

丨(妍) Beau, charmant.

III.

私(兄妹之) Les sentiments secrets de ma sœur aînée.

丨(兒女之) Les pensées secrètes des jeunes filles (de l'appartement intérieur).

丨(涉于) (Cette affaire) tient, se rattache à une intrigue secrète.

丨(有) Avoir, entretenir une intrigue (d'amour),

litt. avoir une affaire secrète, privée.

私乎(爲) Est-ce dans son propre intérêt, dans son intérêt privé?

| (存) Avoir des vues intéressées.

| (懷) Avoir des motifs privés (personnels — d'inimitié).

| (無) Ne pas avoir de relations secrètes (avec un homme).

IV.

科甲(儼然) Il ressemblait à un homme qui doit son élévation au grade de docteur.

| 舉(沒有) Il n'a pas été admis à concourir pour le grade de *Kiu-jin* (la licence).

| 道 Les chefs des six ministères.

| (六) Les chefs des six ministères.

| (新)的 Nouvellement nommé *Kiu-jin*, licencié.

秋水(神凝) L'air de son visage était (pur comme) les eaux d'automne.

| 風(打) *Litt.* faire du vent d'automne. *Au fig.* tirer de l'argent à qlqn, lui faire une demande intéressée.

| 千 pour 鞦 *thsien* (Basile, 12,119). Une balançoire.

| (千) Mille automnes (mille ans).

| | 玄賞 Éloges pompeux qui doivent vivre pendant mille ans.

VI.

移(金玉不) (Comme) l'or et le jade, (sa parole donnée) ne changera pas.

| 花接木 Transplanter une fleur et la greffer sur un arbre.

VII.

程文 Sujets de concours (pour les *Kiu-jin*).

| (薄) Chétives provisions de voyage (en argent).

| (登) Se mettre en route.

| (起) Partir.

稀罕 Chose rare, extraordinaire.

| | (相公自不) Monsieur, naturellement, vous rejetterez mon offre. Voyez Gonçalvez, *Dict. Port.-Chin.*, au mot *Rejeitar*.

| 疎 Rarement, à de rares intervalles.

IX.

稱二兩 Peser deux onces d'argent.

| 呼 Appeler qlqn (d'un nom).

| | (何改了) Pourquoi avez-vous changé la manière de m'appeler? c.-à-d. pourquoi me traitez-vous autrement que par le passé?

| 快 Être joyeux.

稱美 Louer et exalter.

丨賀 Adresser des félicitations à qlqn, louer qlqn.

丨(相)。年貌到也

丨(丨) (Qui) lui ressemble par l'âge et la beauté (*litt.* l'âge et la beauté se balancent mutuellement).

X.

稿兒(一幅) Un brouillon, l'ébauche d'un écrit.

丨(原) Le manuscrit original (d'une pièce de vers).

丨(曲) Le manuscrit, la copie manuscrite d'une chanson.

XII.

穩了(此事便不) Et alors cette affaire échouerait, *litt.* ne serait pas assurée. 丨丨 *ouen-ouen*, sûrement. 不丨 (Chose) qui n'est pas encore solidement arrangée.

丨當 Exactement, avec justesse (en parlant de la correspondance des rimes).

XIV.

穢形 *Litt.* mon corps laid, ma laideur.

CLÉ 116.

III.

空便(這個) Cette occasion favorable.

丨身 Seul.

丨丨 (Homme) dépouillé de tout (par les voleurs).

丨丨來 Vous êtes venu les mains vides, c.-à-d. sans argent.

丨隙 Une occasion favorable, *litt.* vide et fissure.

丨頭路(走) Faire un voyage inutile.

丨(得) Avoir du loisir.

丨(當) Dans le vide, c.-à-d. dans le ciel.

IV.

穽魚 Percer (harponner) un poisson.

丨堂 Son cabinet.

V.

窄(路)。寃家丨丨 Un ennemi qu'on rencontre dans un sentier étroit.

VII.

窗(同) Condisciple, camarade d'études.

X.

窮官 Magistrat pauvre.

丨途 Ayant été réduit à l'extrémité sur la route (après avoir été dépouillé par les voleurs).

丨丨之中 Dans un voyage où j'ai éprouvé des malheurs, de cruelles privations.

窮 | (雖) Quoique je me trouve dans une gêne extrême, dans une grande pénurie, au milieu de ma route.

| (無) Inépuisable.

XI.

窺 測 Épier furtivement qlqn.

CLÉ 117.

立 候 *Litt.* Je vous attends debout, c.-à-d. avec la plus grande impatience.

| 等 Attendre debout. Même sens.

V.

竝 馬 En tenant leurs chevaux sur la même ligne, de front.

IX.

端 | 正 | En bon ordre, au grand complet.

| 士 Un homme droit.

| 正 (打 點) Tout est arrangé comme il faut.

| 溪 *Touan-khi*, nom d'un endroit d'où l'on tire d'excellentes pierres pour faire des encriers.

| 淑 Grave et imposant.

| 的 (知) Savoir ce qui en est, connaître la vérité tout entière.

| (事)。生 || Susciter quelque mauvaise affaire.

CLÉ 118.

IV.

笄 年 (當) Elle se trouvait dans l'âge de se marier (*litt.* dans l'année où l'on prend l'aiguille de tête, 16 ans).

笋 (春) *Litt.* pousses printanières de bambou. *Au figuré* les doigts effilés d'une femme.

V.

第 (一) Le grade de bachelier.

| 一 Du premier ordre, du premier rang.

| | 盛 景 Le plus beau, le plus magnifique site.

| (不) 的 舉 子 Un aspirant à la licence qui n'a pas réussi au concours.

| (登) Obtenir le degré de *Kiu-jin*, ou la licence.

VI.

筒 (封) Un papier roulé en forme de tube que l'on cachette des deux bouts.

等 人 Attendre qlqn.

| 數 Le numéro, le rang (qu'il a obtenu au concours).

| 閒 Traiter qlqn légèrement, avec dédain.

| | 得 見 Pouvoir voir qlqn aisément, sans cérémonie.

策 (無) Ne sachant que faire; *litt.* sans plan, sans stratagème.

海上絲綢之路文獻集成 科技與文化編

漢文指南　卷二

筆 | Tous les traits du pinceau.

| 墨 L'écriture.

| | 之役 Besogne littéraire.

VII.

算不得 Ne pouvoir être compté pour, regardé comme.

| 計定了 Leur stratagème étant arrêté.

| 還 Compter et rembourser (l'argent qu'on doit).

| (不) Ne pas compter pour, ne pas être regardé comme.

箕裘(尋常) Affaires ordinaires. C'est le sens de la version mandchoue. 紹 | | signifie : Continuer la profession de son père.

VIII.

管下 Le subordonné, le subalterne (d'un magistrat supérieur).

| 園的 Celui qui a soin du jardin, jardinier.

| 家(小) Mon petit intendant! Expression amicale en parlant à un domestique. 一位老 | | Un vieux domestique.

| 留 Je vous réponds, je vous garantis qu'elle conservera...

| 裏窺天 *Litt.* apercevoir le ciel dans, à travers un tube de bambou. *Au fig.* avoir des vues superficielles.

| 門(一個) Un portier.

| | 的 Même sens.

| (班)一枝 Un pinceau dont la hampe est peinte de différentes couleurs.

IX.

節情 Modérer, réprimer ses affections, ses passions.

| 義 L'honnêteté et la justice.

| (全) S'acquitter parfaitement, honorablement de son devoir.

| (成) Montrer une fidélité ou une chasteté à toute éprouve (se dit d'une femme).

箭(一)多遠 A un peu plus de la distance d'une flèche.

| (如)。去心 | | Mon désir de partir est comme une flèche (lancée), c.-à-d. ne peut souffrir le plus léger retard.

篇章 Des pièces de composition.

XI.

簌簌 Dru, pressé.

簇簇新新 Tout fraîchement, tout nouvellement.

| 擁 Se presser en foule autour de qlqn.

XII.

簡慢 Manquer d'égards envers qlqn.

| 褻 Même sens.

XIII.

簾下 En dedans de la jalousie.

簿書中(在) Être au milieu des registres et des paperasses.

｜(姻婚) *Litt.* le livre des mariages, c.-à-d. où sont inscrits dans le ciel les mariages prédestinés.

｜(門)。上｜｜ Écrire (le nom de qlqn) sur le registre de la porte (le registre sur lequel le concierge inscrit les noms des visiteurs).

XIV.

籍(入)。｜｜河南 Se faire inscrire sur les registres civils du *Ho-nan*.

｜(原)何處 De quel pays êtes-vous?

｜(父) Le pays natal de mon père.

｜(祖) Pays natal.

｜貫 Le pays natal de qlqn, où il est inscrit sur les registres civils.

｜｜(注河南) Il était inscrit sur les registres civils du *Ho-nan*.

XVI.

籠在…中 Enfermer, serrer qlq. chose dans (par ex. dans sa manche).

CLÉ 119.

IV.

粉(紅) *Litt.* fard rouge. *Au fig.* une belle femme.

料想 J'imagine que, je suppose que.

｜道 Il se dit en lui-même.

V.

粗俗 (Homme) grossier et commun.

｜安 Je suis, je me porte un peu mieux.

VI.

粱(膏)。｜｜白木中 Parmi les gens riches (voyez 白木), (il cherche un gendre). ｜｜ Mets exquis. *Item* : Ceux qui en mangent.

VIII.

精于 Habile (en vers).

｜工 Habile à travailler.

｜｜ Travail délicat (tel que la peinture, la broderie).

｜潔 Élégant et propre (couvent).

｜神。沒精沒神 Abattu, découragé. *Item :* N'avoir ni force ni énergie.

｜｜踴躍 Ses esprits étaient agités.

｜｜(費) Dépenser ses esprits, se fatiguer.

｜｜(白費) Perdre sa peine.

海上絲綢之路文獻集成 科技與文化編

精神(養 養) Reprendre ses forces.

| 細 Minutieux, très-attentif.

| 良 Fin et d'excellente qualité (par ex. pinceau, encre).

| 詳(慮 事) Il calcule les affaires avec finesse et netteté.

| 通. Parfaitement versé dans un art (par ex. dans la poésie).

| 風 鑑 Habile à tirer l'horoscope d'après la physionomie.

IX.

糊 塗 Bouché, dénué d'intelligence.

| | (此 事) Cette affaire est louche.

| 糊塗塗說道(口中) Bredouiller, balbutier, prononcer des mots inarticulés.

| (含) 荅 Répondre d'une manière confuse.

| | 事 Une sottise, *litt.* une affaire stupide.

XI.

糢糊之語 Paroles confuses.

CLÉ 120.

III.

紈 褲 *Litt.* une culotte de soie. *Au fig.* un riche insolent et sans mérite.

約 人 到 Engager qlqn à venir. *Litt.* lui donner rendez-vous pour venir.

約 有 Il y avait environ (la valeur de 100 onces d'argent).

| 通(與 人) S'entendre avec qlqn.

| (失) Oublier, manquer un rendez-vous.

| (有) Avoir un rendez-vous.

| (有 婚 姻 之) *Litt.* il y a une convention de mariage, c.-à-d. le mariage est convenu, arrêté.

IV.

紅 粉(兩 行) Deux rangées de belles femmes.

| (女) Ouvrages de femme (couture, broderie). Ici | se prend pour 功.

素 不 相 知 Jusqu'à présent je ne le connaissais pas.

| (樊) Jeune fille citée dans la comédie de la *Soubrette accomplie*, trad. par M. Bazin. Elle fut la maîtresse de 白 樂 天 *Pe-lo-thien*, qui vivait sous les *Thang*.

素 渼 Lisez 桑 渼. (Cf. *Chi-king*, édit. imp., liv. IV, fol. 13, 14, et *Li-ki*, ch. *Yo-ki*, liv. XVIII, fol. 3, édit. mandchou-chinoise.) 是以 | | 待白小姐矣 C'est traiter Mlle *Pé* comme une personne sans mœurs, c.-à-d. c'est traiter Mlle *Pé* comme une de ces femmes vicieuses dont parle le *Chi-king*, qui vont à leurs rendez-vous amoureux, au milieu des mûriers (*sang*), sur les bords de la rivière *Po*. Ce passage difficile n'avait pas été compris par

32

A. Rémusat, chap. 17, fol. 7 r. lig. 6.

素酒 Vin pur, limpide.

納言 *Litt.* recevoir les paroles de qlqn, c.-à-d. faire tout ce qu'il désire.

丨悶 Être affligé.

紛丨揚丨 A l'envi, *certatim.*

索然(情興) Son ardeur, sa passion se refroidit. *Ts'ing-hing*, ardeur, enthousiasme.

紗(烏)。一頂丨丨 Un bonnet de crêpe noir (bonnet de magistrat).

V.

終日 Tout le long du jour.

丨身。誤我丨丨 Compromettre, faire échouer l'affaire qui intéresse toute ma vie (le mariage).

丨丨者(所仰望以爲) Celui que j'espérais d'avoir pour appui pendant tout le reste de ma vie.

丨(有) Bien finir (ce qu'on a bien commencé).

丨(無)之人 Les hommes qui ne savent pas finir (ce qu'ils ont commencé).

紙包(一個) *Litt.* une enveloppe de papier, c.-à-d. un paquet (d'argent) enveloppé dans du papier.

絃(斷了) La corde du luth s'étant brisée, c.-à-d. comme il avait perdu sa femme.

累哥 Vous charger, mon frère, d'une affaire.

累(一) Une cause de soucis, de regrets. *Litt.* un embarras.

丨(受) Éprouver des contrariétés, des malheurs, de la part de qlqn.

丨(遺) Attirer (*litt.* léguer) des embarras, des malheurs à qlqn.

VI.

給一假 Demander un congé.

丨事中 Un messager d'état.

結句 Phrase finale. 後聯丨丨 Les deux vers de la fin, les deux derniers vers.

丨納 Lier amitié avec qlqn.

丨親 Demander une fille en mariage.

絕世 Elle éclipse son siècle.

丨丨佳人 Belle femme qui efface tout son siècle par sa beauté.

丨丨代 L'emporter sur tout son siècle.

丨于天(自) Il s'est aliéné le ciel.

丨口(不)。贊丨丨丨 Louer sans se lasser.

丨宗。丨女宗 Éteindre votre famille.

丨一個念頭 Renoncer à penser à une chose.

丨望 J'ai renoncé à mes espérances.

丨然無 Pas du tout.

丨無知者 Il n'y a absolument personne qui la connaisse.

海上絲綢之路文獻集成　科技與文化編

絕色 Beauté extraordinaire. (Femme) douée d'une beauté extraordinaire.

丨(一) Un air (de chanson).

丨回 Renvoyer qlqn pour toujours.

VII.

絲(一樹) Les branches minces d'un saule (*litt.* les soies d'un arbre).

丨蘿附喬 La plante grimpante *Sse-lo* s'attache au grand arbre; c.-à-d. *au fig.* la jeune fille se marie à un homme éminent.

丨丨(想) Il pense à la plante grimpante *Sse-lo*, c.-à-d. il pense à épouser votre fille.

丨丨(結) Marier sa fille à qlqn.

經史(專心) S'appliquer uniquement aux livres canoniques et aux historiens.

丨年 Il s'est écoulé un an.

丨想(不) Il n'avait pas réfléchi.

丨筵舉行 Commencer à expliquer les livres canoniques devant l'empereur (charge dévolue à des lettrés renommés).

丨風雨妒 *Litt.* éprouver la jalousie du vent et de la pluie, c.-à-d. être assailli par le vent et la pluie.

丨(不)。說得丨丨不情 Vous parlez là d'une manière irrégulière et invraisemblable.

VIII.

綿包(掉) Substituer une chose à une autre.

綠 *ngo* (Basile, 9197) (幾株) Quelques pieds de bambous verts.

IX.

緣命 Destinée. 何妾之緣慳而命之薄也 pour 何妾之丨丨慳薄也 Combien j'ai peu de bonheur! c.-à-d. j'ai bien peu de bonheur.

丨分 Destinée de qlqn, le sort qui lui est départi par le ciel.

丨道途修阻 Parce que le chemin était long et périlleux.

丨法(是) C'est un coup du destin, du ciel.

丨(天) La destinée préparée par le ciel.

丨(姻) Mariage prédestiné par le ciel. 或者丨丨有在。亦未可知 Qui sait si je ne trouverai pas là l'époux que me réserve le ciel ou le destin?

丨(有) Ce mariage est décidé par le ciel.

丨(無)。C'est l'opposé de 有緣 Morrison, II, 12559 : A cause existing, from the arrangements of fate, for the meeting of persons.

線索甚靈 *Litt.* ses fils et ses cordes sont extrêmement divins (efficaces);

c.-à-d. il a dans le palais intérieur (harem) de puissantes intelligences.

緩 Retarder, attendre un peu.

| 乎 (倘 可) Pouvez-vous encore attendre, c.-à-d. différer, retarder votre départ?

緊 急 Être pressant, imminent, être près d'arriver (en parlant d'un terme fixé).

緬 憶 Penser constamment à qlqn.

X.

縣 東 首 A l'est de la maison du sous-préfet.

| 裡 Dans le bureau de la sous-préfecture.

| | (到) Se rendre auprès du sous-préfet.

| (堂 尊 兩) Les deux sous-préfets.

| (鄒) La ville du district de *Tseou*.

XII.

繫 念 孩 兒 *Litt.* vous attachez vos pensées sur votre enfant, vous ne songez qu'à moi.

| | (名 花) Avoir l'âme captivée par une belle fleur.

| 紅 綃 (裙 子) Une jupe (de soie) serrée par une ceinture rouge; *litt.* à laquelle était attachée une ceinture rouge.

XIII.

繳 還 Renvoyer qlq. chose.

| 一 課 (再) Recommencer à consulter les *koua*, les consulter une seconde fois.

XIV.

繼 他 爲 子 Il l'a adopté pour fils.

| 新 公 子 Adopter pour fils un jeune homme distingué.

| (過) 爲 子 Il m'a adopté pour fils.

XVI.

纏 住 (被) Être constamment importuné par qlqn.

| 擾 Importuner, obséder qlqn (par ex. par des demandes, des sollicitations).

| | (俗 冗) Mes affaires m'accablaient, j'étais accablé d'affaires.

| 斗 (文 昌) Les étoiles appelées *Wen-tchang* entouraient la constellation *Pe-teou*, ou la grande Ourse.

CLÉ 121.

IV.

缺 處。 Brèche, échancrure (de la lune). 明 月 終 須 有 | | A la fin, il faudra bien que la lune s'échancre, c.-à-d. qu'elle décroisse.

| (有) Il y a une vacance, la place (la charge) est vacante.

海上絲綢之路文獻集成 科技與文化編

CLÉ 122.

VIII.

置身何地 Où me mettrai-je? c.-à-d. que deviendrai-je?

罪弟之深(何) Pourquoi m'accusez-vous, me blâmez-vous si sévèrement?

丨(得) Se rendre coupable envers qlqn, l'offenser.

丨(謝) Avouer sa faute, faire ses excuses.

XIV.

羅致 Tourmenter, persécuter qlqn.

丨兎 *Lo-t'ou.* Plante grimpante. *Au fig.* se dit d'une femme qui prend un mari pour appui. Dans le chap. 18, f. 12 r., l. 6, il s'agit d'un homme qui veut épouser la fille d'un personnage illustre.

CLÉ 123.

V.

羞人 Causer de la honte, de la confusion à qlqn.

丨辱 Couvrir qlqn de honte.

VI.

着(爲)何事 Pour quelle affaire?

VII.

羣(不) Qui n'est pas vulgaire, qui l'emporte sur les autres.

義塚 Tombes construites par charité.

CLÉ 124.

IV.

翁(兄) Vous, Monsieur. Expression de politesse.

丨(尊)大人 Votre honorable père.

丨(富) Un richard.

V.

習靜 Vivre dans le calme et la retraite (pour étudier).

VIII.

翠蛾 *Au fig.* sourcils (de femme) peints en noir, sourcils noirs.

IX.

翩然 Avec empressement.

XI.

翰林 *Litt.* forêt de pinceaux. — Un académicien.

丨第(中) Avoir obtenu le grade d'académicien.

丨苑 *Litt.* jardin de pinceaux: L'Académie. *Item* : Un académicien.

丨(台)。求丨丨 Je demande à V. E. une lettre (de recommandation).

丨(尊) Votre lettre.

XII.

翻然 En revenant (sur sa résolution).

海上絲綢之路文獻集成 科技與文化编

CLÉ 125.

II.

老了面皮 *Litt.* ayant vieilli la peau de son visage. Ayant pris de l'assurance, de la hardiesse.

| 天 Le Ciel (personnifié).

| 爺 Mon maître (dit un domestique).

| (一大老) Un homme éminent.

考了個三等 J'ai obtenu, au concours, le troisième rang, la troisième place (sur la liste).

| 他一考 Le soumettre à une épreuve, à un examen.

| 他不過 Je ne pourrais l'emporter sur lui dans un concours littéraire.

| 作。考他作案首 Après l'avoir examiné, il lui donna le premier rang, la première place sur la liste (des bacheliers).

| 案首的 Celui qui a obtenu, au concours, le premier rang sur la liste (des bacheliers).

| | 甚公 Le jugement (de l'examinateur en chef) a été très-équitable.

| | (學中) Lors de l'examen qui a eu lieu au collége.

| | (前日)。定居前列 Ces jours derniers, lorsque vous avez passé votre examen, vous avez dû occuper (obtenir) le premier rang.

| 的如何 Quel rang a-t-il obtenu au concours?

| 試 Soumettre qlqn à un examen littéraire, le faire concourir.

| (小) Mon examen, l'examen que j'ai passé.

| (月) Examen mensuel (pour les bacheliers).

| (季) Examen qui a lieu au commencement de chaque saison (pour les bacheliers).

| (科) Examens réguliers, dans le cours de l'année. Ils sont faits par des examinateurs officiels, qui désignent les bacheliers dignes de concourir pour la licence.

| (歲) Examens annuels (par les mêmes que ci-dessus) pour choisir les bacheliers qui aspirent au grade de *Kiu-jin* (licencié).

V.

者(言) Celui dont je vous ai parlé. En style ancien

| (|) signifierait : Celui qui parle.

CLÉ 126.

III.

耍子(論文做詩) Leur amusement, leur récréation étaient de parler littérature et de faire des vers.

耐久 Persister longtemps, rester longtemps.

| 煩(不) Il s'impatientait.

CLÉ 127.

IV.

耗(音) Nouvelles (de qlqn).

CLÉ 128.

耳目(飾人) Leurrer, tromper les oreilles et les yeux (des autres).

| |(惹人) Éveiller l'attention des hommes.

IV.

耿直 Sincère et droit.

V.

聊(無) Il était triste, sans ressource, sans appui, découragé. 甚是| | Il était dans un embarras extrême (*litt.* erat valde destitutus auxilio).

|以 Je profiterai (de cette occasion) pour...

|以此代之 Elle compte les remplacer par cela.

VI.

聖明 *Litt.* celui qui est saint et éclairé, l'empereur.

VIII.

聚散 Être réunis ou séparés.

|會 Se trouver réunis.

聞知 Apprendre une chose (qu'on raconte).

|(一叚新) Une nouvelle fraîche.

IX.

聯姻 Se marier (avec une femme).

|(頭一) Les deux premiers vers (*lien*, réunion, signifie ici deux vers liés ensemble).

|捷 Il a vaincu deux fois de suite (il a obtenu de suite la licence et le doctorat).

X.

聲口 L'accent d'une personne, le ton de sa voix.

|(家) Les instructions domestiques, les instructions du père. 有墮| | *Litt.* j'ai laissé tomber les, etc., c.-à-d. je n'ai point profité des instructions de mon père.

XI.

|(履) Le bruit des pas (de qlqn).

XII.

職(各) Chaque fonctionnaire.

XVII.

聽信 L'écouter et le croire, c.-à-d. lui obéir.

|憑 Je vous laisse libre de, ou la liberté de.

|從 Se conformer à.

|斷 Je me soumettrai à votre décision.

CLÉ 129.

VII.

肄業 Lire, étudier.

CLÉ 130.

III.

肚皮中 *Litt.* in ventris pellis medio, c.-à-d. au fond du cœur.

丨(疊) Ventre à plusieurs étages.

肝胆(諄丨丨) Vous m'avez parlé à cœur ouvert, vous m'avez fait connaître vos sentiments intimes.

丨丨(旣瀝) Puisque je vous ai fait connaître mes sentiments secrets, intimes.

丨膈之言 Des paroles intimes, une confidence intime.

丨丨之談 *Litt.* conversation du foie et de la poitrine, c.-à-d. conversation intime.

IV.

肴核 Des mets excellents.

肩(竝)而坐 Ils s'assirent les épaules réunies, c.-à-d. côte à côte.

丨(壓)。詩思丨丨 *Litt.* les pensées poétiques écrasaient ses épaules, c.-à-d. il avait l'air d'un poëte.

肯讀書 Avoir du zèle pour l'étude.

V.

背兄 (J'ai fait cela) en cachette de vous, à votre insu.

丨地一言 Une parole donnée en secret, en cachette.

丨後 Derrière (les châssis de fleurs).

丨(早) Mourir de bonne heure.

丨(嚴親已) Depuis la mort de mon père.

丨(見) Mourir.

胞(同) Frère utérin.

胡塗(說話) Parler d'une manière confuse. 丨 se prend pour 糊 ici et plus bas.

丨狂 Extravagant.

丨沙 *Litt.* les sables des barbares, c.-à-d. les déserts sablonneux des Mongols.

丨說 Discours extravagants.

胏腑隱情 Une affaire que l'on tient cachée au fond de son cœur.

丨丨(出之) Je vous ai ouvert mon cœur.

胆氣 Courage, ardeur intrépide.

丨大了(便) Alors, ils reprirent courage.

丨(大)了 Mon audace a été bien grande.

海上絲綢之路文獻集成　科技與文化編

脉(做得過) Je puis la faire servir d'intermédiaire (pour ce mariage).

VI.

脇制 Domination violente de qlqn. 不受人｜｜ Je ne me laisserai pas mener par un autre, je ne subirai jamais la tyrannie d'un autre.

胸襟浩瀚 Ses pensées et ses idées s'agrandirent.

能事 (Un homme) entendu, capable.

VII.

脱稿 Finir d'écrire le brouillon (d'une pièce de vers).

｜空 J'ai échoué.

｜身 Se tirer d'un danger.

｜離 S'échapper et s'éloigner de.

脚跟便立定了 Je suis solide sur mes pieds, je ne crains pas d'être débusqué.

｜(跌) Frapper du pied (en signe de mécontentement).

VIII.

腕(擊) Sorte de pugilat.

腐談 Paroles sans valeur, oiseuses.

的腐 Quelques-uns avaient l'air commun.

腔(一)。｜｜貪色念 Avoir l'âme entièrement occupée d'idées de volupté. 我｜｜情思 Tous mes sentiments et toutes mes pensées.

｜套 Air important, pédant.

｜(裝) Se donner de grands airs, faire l'important.

IX.

腹中(他的事在我) *Litt.* ejus negotium est in meo ventre, c.-à-d. je connais toute son affaire.

腸…肚 Viscera et venter.

牽腸挂肚 Être inquiet, tourmenté.

｜(俠) Esprit ferme et résolu.

｜(枯) *Litt.* entrailles desséchées, c.-à-d. esprit épuisé. 搜索｜｜ Creuser son cerveau desséché (pour trouver des idées poétiques).

｜(柔) Mon cœur attendri (par ma première impression).

XII.

膳(早) Le déjeuner.

XIII.

臉(惱着) Il prit un visage, un air irrité.

臂(一)。效得｜｜ Pouvoir donner un coup d'épaule à qlqn.

｜(把) Serrer la main (à un ami).

XVI.

騰閣 Le palais du roi de *Theng*.

33

CLÉ 131.

臣子(爲) Être le sujet et (comme) le fils (de l'empereur).

XI.

臨時 Au moment même.

丨頭 Le moment décisif, le moment critique.

CLÉ 132.

自...後 Depuis que.

丨在(前盟) Notre premier engagement subsiste.

丨丨 Je suis mon maître, je suis indépendant.

丨媒 Se servir à soi-même d'entremetteuse (se dit d'une femme).

丨丨之計 Le projet de devenir l'entremetteuse de son mariage.

丨從 Depuis que.

丨丨...後 Depuis que.

丨由 Ne dépendre que de soi, être son maître.

CLÉ 133.

至性(出于) *Litt.* (la folie ou la stupidité que je montre dans cette circonstance) vient de mon naturel.

至情(語丨) Toutes vos paroles ont pénétré mon cœur.

丨意(先爲) Allez le trouver d'avance et parlez-lui pour moi.

丨丨(骨肉) L'affection profonde d'un parent.

丨謝 Offrir des remerciments à qlqn.

丨身朝廷 Dévouer sa vie pour l'empereur.

丨(景) Beauté d'un site, beau site.

丨(有)。到也丨丨 (Ces deux sujets de poésie) sont intéressants.

丨(丨) Être gracieux, beau, charmant.

丨(煩)小姐 Faites-moi le plaisir de porter (cela) à Mademoiselle.

丨(莫) Je n'ai pu aller (vous rendre visite).

VIII.

臺中(他官) Il a la charge de *Yu-chi* ou moniteur impérial.

丨(推) Le vice-gouverneur d'une province.

丨(按) Le juge d'une province.

丨撫 Vice-roi, vice-gouverneur d'une province.

丨(老恩) Bienfaisant vice-gouverneur (formule polie pour dire : Vous le vice-gouverneur).

CLÉ 134.

VII.

舅舅 Le frère de ma mère, mon oncle maternel.

| 子 Le frère cadet de ma femme (beau-frère du côté de ma femme).

| 老爺 Son oncle maternel.

| (妻) Le frère cadet de sa femme.

IX.

興(為何有此高) Dans quelle vue êtes-vous venu? Quelle idée avez-vous eue de venir?

| 復不淺 Le plaisir que j'en éprouverai ne sera pas mince, c.-à-d. j'en serai charmé, enchanté.

| 興頭頭 D'un air enchanté.

| 頭(添了) Il était plus enchanté, plus exalté (que le jour précédent).

| | (好不) Il était tout à fait enchanté (*hao-pou*, extrêmement).

| | (|) Bonne affaire, bonne nouvelle! (dit-il au domestique).

| | 了(就) (Puisque Sa Seigneurie *Wang* daigne me venir voir), c'est qu'il y a une bonne affaire, c'est qu'il apporte une bonne nouvelle.

| | 時節(正在) Être justement dans un moment de succès, de bonne fortune.

興 Se dit aussi de la verve poétique. 這等方有 | De cette façon (c.-à-d. si vous buvez), la verve vous viendra.

興頭(打斷) Interrompre votre verve, c.-à-d. vous arrêter dans le feu de la composition poétique.

| (情) Exaltation de l'esprit. Se dit aussi de la verve poétique. 無 | | Ne pas être en verve pour composer.

| (|)。文人 | | 所至 Un homme de lettres à qui l'inspiration arrive.

| (寄) Composer des vers.

| (情) 怱怱 Il était plein d'ardeur, d'enthousiasme.

| (|) 索然 Son ardeur, sa passion se refroidit.

| (|) 勃勃 Son esprit, sa verve s'exalta par degrés.

| (意) | | Votre affaire sera alors en bon train (il s'agit d'un mariage).

| (掃)。與他一個 | | Le décourager une bonne fois.

| (有) Avoir la tête, l'imagination montée.

| (|)。可謂 | | Je puis dire que j'ai du bonheur.

| (便有) 了 J'aurai alors de l'inspiration, il me viendra des idées.

| (幾分詩) Quelque verve pour composer des vers.

興 (詩)。| | 頗 豪 (Autrefois) j'étais très-habile à composer des vers.

| (|)。發 | | Exciter la verve poétique de qlqn.

| (敗) Laisser éteindre sa verve poétique.

| (酒)。有 二 分 | | Être un peu exalté par le vin.

| (乘) Profiter de cette exaltation (pour composer des vers).

| (遣) Épancher sa verve poétique.

| (高)。有 | | Être fort en verve. *Item* : avoir l'esprit exalté, échauffé (après avoir beaucoup bu).

| (沒) Les malheur, les revers.

| (無)。因 在 此 | | Comme je n'étais pas disposé à rester ici.

X.

舉 保 Mettre qlqn en avant et répondre de lui.

| 動 Exécuter, par ex. un projet de mariage.

| | Manière d'agir, conduite.

| 子 Un aspirant à la licence.

| 止 Conduite, manière d'agir.

| 業 Études pour arriver à la licence.

| | (在) 上 做 工 夫 S'occuper des études (préparatoires) pour la licence, c.-à-d. composer du *wen-tchang* (style élégant et relevé).

| 行 Commencer à.

| (一) 成 名 Du premier coup (c.-à-d. par un succès au concours) faire sa réputation.

| (一) 一 動 Chacune de leurs démarches, chacune de leurs actions.

| (今 之) La démarche d'aujourd'hui.

| (中) Obtenir le grade de *Kiu-jin* (la licence).

| (公) Un rapport (à l'empereur) rédigé en commun.

| (義) Conduite équitable, conforme à la justice.

CLÉ 135.

II.

舍 弟 Mon frère cadet, pour dire mon ami.

| (官) Magistrat.

| 中 長 相 公 M. *Tchang*, qui est dans la salle d'étude, c.-à-d. qui remplit les fonctions de professeur.

| | (到) Il se rendit à son bureau.

| 職 (選 了) On le nomma à la charge de *Han-lin* (académicien).

| (驛) Le bureau de la poste (aux chevaux).

| (處) Faire le métier de professeur.

| 事 Fonctions de professeur.

海上絲綢之路文獻集成 科技與文化编

舍 (賓) La maison des hôtes, la partie de la maison où l'on reçoit les hôtes, les visiteurs.

CLÉ 137.

V.

船 (順水推) *Litt.* pousser un bateau qui suit le cours de l'eau. *Au fig.* encourager, aider qlqn dans son projet.

CLÉ 138.

I.

良 (不)。心懷 || Former dans son cœur un mauvais dessein.

CLÉ 139.

色 (有起) Entrer en convalescence, se trouver un peu mieux.

| (出)。|| 才子 Un homme d'un talent transcendant.

| (四) Quatre articles différents (il s'agit de présents).

| (六)。點了 || choisit six sortes (de présents).

| (日) Le disque du soleil.

| (月) Le disque de la lune.

| (正) Prenant un air sérieux.

| (物)。不能 || Je n'ai pas pu distinguer (votre mérite).

| (美) Une belle femme.

| (行) 怱 | Je suis pressé de partir.

| (|) 倥怱 Mon désir de partir étant très-pressant.

| (詞) 不順 *Litt.* la couleur de ses paroles n'est pas agréable, c.-à-d. ses paroles n'annoncent pas des dispositions favorables.

| (酒) Le vin et la volupté, le vin et les femmes.

CLÉ 140.

艸 | D'une manière négligée, par ex. (écrire) dans un style négligé.

| 稿 Copie manuscrite (quelquefois un brouillon).

| 茅下士 Un lettré inférieur, *litt.* bas comme l'herbe et le jonc.

| (鬪) *Litt.* lutter avec des herbes, c.-à-d. lutter à qui les cueillera le plus lestement (sorte d'amusement).

III.

芝蘭咫尺 *Litt.* quand le *Tchi* et le *Lan* (plantes odorantes) sont à deux pas de moi. *Au fig.* || Une belle personne.

| | 氣同 Le *Tchi* et le *Lan* ont la

même odeur. Se dit au figuré de deux amis qui sont parfaitement assortis, dont le caractère et les sentiments sont les mêmes.

芝宇(接) Voir votre noble figure.

IV.

芥(拾) *Litt.* ramasser un fétu.

具‖之才 *Au fig.* posséder un talent littéraire (à l'aide duquel on acquiert de la réputation aussi aisément qu'on) ramasse une paille, un fétu.

花燭。洞房‖之福 Le bonheur conjugal, *litt.* le bonheur de la chambre profonde (conjugale, éclairée par des) bougies fleuries, c.-à-d. de diverses couleurs.

| 竹 Des fleurs et des bambous.

| 姨 *Litt.* la sœur des fleurs; *au fig.* une belle femme.

| (眼) J'ai eu la berlue.

芳菲 Fleuri, en fleurs (arbre).

| | Beauté des fleurs.

| | Beauté (d'une femme). Chap. 13, fol. 11 v., lin. 1.

V.

苟且(不敢) Je n'ose agir avec négligence.

苦無 Par malheur, je n'ai pas de...

| 吟 Se donner beaucoup de peine pour composer des vers. ‖ Versifier avec ardeur. ‖一首 S'efforcer de composer une pièce de vers.

| 留 Faire de vives instances pour retenir qlqn.

| 藏 Se donner de la peine pour cacher une chose.

| 心教 Instruire qlqn avec un grand zèle.

| |(不負一段) Je n'ai pas perdu ma peine.

| (叫) Déplorer son malheur.

英(女) *Niu-ing*, l'une des femmes de l'empereur *Chun* 舜.

| 皇 pour 女英 et 娥皇 *Niu-ing* et *'O-hoang*. C'étaient les deux femmes de l'empereur *Chun* 舜.

| (羣) Les hommes de mérite.

| 邁 Distingué, extraordinaire.

| 雄氣 Ardeur, courage héroïque.

茂盛 Très-beau, florissant.

茅塞(開我) *Au fig.* vous avez soulagé mon cœur accablé de chagrin, d'inquiétude. *Litt.* vous avez écarté les joncs qui m'obstruaient. Cette locution est de *Meng-tseu*, qui l'a employée dans le sens de: Dissiper les ténèbres de l'esprit (en éclairant qlqn).

苹(浮)。一斷梗‖ Une algue flottante dont la racine est coupée. *Au fig.* on lui compare une personne qui erre au loin et dont on n'a plus de nouvelles.

海上絲綢之路文獻集成 科技與文化編

VI.

荒疏之句 Phrases communes, médiocres, sans mérite littéraire.

丨蕪之詞 Expressions incultes et négligées.

荅還 Rendre la pareille à qlqn, par ex. lui donner à son tour des présents.

荊請 Demander pardon à qlqn, lui présenter ses excuses. On écrit ordinairement 負荊請罪 Porter sur son dos des épines (des verges épineuses) et demander le châtiment de son crime.

丨丨(乞容) Permettez-moi de venir (un autre jour) vous demander mon châtiment, c.-à-d. vous présenter mes excuses.

丨州(識) Connaître *Khing-tcheou* (nom d'un homme célèbre), c.-à-d. avoir l'honneur de vous connaître, de vous voir.

草(起) Faire un brouillon.

丨酌 Verser, offrir du vin commun.

丨草 Sans cérémonie. Faire les choses précipitamment, ou d'une manière négligée.

丨丨 (Écrire une lettre) dans un style négligé.

丨木(非是) Je ne suis pas (insensible comme) une plante ou un arbre.

(鬭) Cueillir des fleurs à l'envi (certatim flores colligere). Sorte de jeu, inventé par la princesse *'An-lo*, sous le règne de *Tchong-tsong* (en 684). Ce jeu, auquel se livraient à la fois un grand nombre de femmes, consistait à cueillir des fleurs en courant, et à couper et jeter celles qu'on laissait de peur que d'autres ne pussent les cueillir.

荀鳴鶴 *Siun*, surnommé la cigogne qui chante.

茶飯(常) *Litt.* le thé et le riz ordinaires, c.-à-d. l'occupation habituelle d'un lettré.

茫丨(別去) Se quitter pour toujours.

VII.

荷蒙 Recevoir (des bienfaits).

莊周(蝴是) *Litt.* le papillon est *Tchoang-tseu*, surnommé *Tcheou*. Ce philosophe avait rêvé qu'il était changé en papillon.

丨院(租了) Il loua une maison de campagne.

丨(蔡衙) Le village de *Thsaï-ya*.

荐進 Recommander qlqn.

莫非 Ne serait-ce pas que? Peut-être que.

VIII.

華服 Vêtement de couleur brillante.

丨藻 Élégant (pavillon).

丨(年) L'âge de qlqn.

丨(才) L'éclat du talent littéraire.

IX.

葉公 *Ye-kong.* Nom d'un homme inconséquent. Il aimait, dit-on, les dragons en peinture, et s'enfuyait quand il en voyait de véritables.

落得耳根清淨 *Litt.* le bout de mes oreilles est propre et net; c.-à-d. je suis bien débarrassé.

菲才 Talent borné, médiocre.

葑菲之陋 Vulgaire, commun comme l'herbe.

葱(倒栽) *Litt.* un oignon planté la tête en bas. Comparaison pour dire : Un homme qui tombe de cheval la tête la première.

落去 Se coucher et disparaître (en parlant du soleil).

| 名字 Écrire son nom (au bas d'une pièce de vers).

| 得喫的(是) C'est un dîner qui vous tombe du ciel.

| 莫之人 Un homme du commun.

| 洛 Seul, isolé.

| (下)。有 || J'en ai eu des nouvelles, je l'ai trouvée.

萬望 J'espère dix mille fois, c.-à-d. je vous supplie instamment.

| 一(不能報高厚于) Je ne puis vous témoigner ma reconnaissance pour la dix-millième partie de vos grands bienfaits.

| 一 Une fois sur dix mille, c.-à-d. par hasard.

| 不可爲 Il est absolument impossible de les faire (les affaires de l'empereur).

| 無不允之理 Bien certainement il n'aura aucun motif pour refuser.

| 分美事 Une affaire excessivement heureuse.

| 分僥倖 Un bonheur immense.

| 分要緊(就是) Quand vous auriez des affaires excessivement pressées.

| 難 (Il me serait) excessivement difficile.

葷飯(喫) Nous mangeons de la viande et du riz.

X.

蒹葭(附)。願 ||| Je désire appuyer le roseau (contre le grand arbre), c.-à-d. je désire m'attacher à vous, rechercher votre honorable appui.

蓍龜 La divination (*litt.* l'herbe *chi* et la tortue).

蒙恥 Endurer, prendre sur soi la honte.

XII.

蕩(日)芳塵 Le soleil est caché par une poussière parfumée.

蕪詞 Romance d'un style négligé.

蕉鹿(至今猶然) Jusqu'à présent je n'aurais pas

海上絲綢之路文獻集成 科技與文化编

compris sa conduite, j'aurais cru faire un rêve. — Cf. *Yun-fou-kiun-yn.*

XIII.

薦上 Présenter qlqn (à l'empereur).

丨拔 Recommander qlqn et le tirer (de la foule), c.-à-d. lui procurer de l'avancement.

丨舉 Présenter qlqn (pour un emploi).

丨賞 Recommander et louer qlqn.

丨(自) Se mettre soi-même en avant.

薄之有(何) Où voyez-vous que j'aie montré pour vous de l'indifférence?

丨倖之言 Paroles qui annoncent un cœur froid, indifférent.

丨丨(君) Votre indifférence.

丨(好命) Je suis bien malheureuse!

XIV.

藏修 Se perfectionner en secret, étudier dans la retraite (en attendant l'examen).

XV.

藉(慰)。兩相丨丨 Se consoler ensemble en s'appuyant l'un sur l'autre.

藝林(受業) J'ai étudié les livres, la littérature.

XVI.

蘇學士之才華 L'éclat du talent, le talent brillant du poëte *Sou-toug-po*, le *Hio-sse.*

丨武 *Sou-wou*, nom d'homme.

丨淵 *Sou-youen*, c.-à-d. *Sou-yeou-pé*, surnommé *Youen.*

丨蕩(身體) Son corps et ses membres devinrent engourdis.

XVII.

蘋 *fan* (Basile, 9237) (中係) En second lieu, c'est un devoir pour vous de vous marier.

丨丨主(爲) Devenir l'épouse de qlqn.

CLÉ 141.

II.

虎口(脫離) S'échapper de la gueule du tigre, c.-à-d. échapper à un danger imminent.

丨視 Il la guette comme le tigre (guette sa proie).

丨(畫) *Litt.* peindre un tigre, c.-à-d. bien boire (suivant le P. Cibot).

V.

虛哄 Tromper qlqn par des mensonges.

丨度 Passer inutilement, sans fruit (le temps d'une réunion).

34

虛想 *Litt.* réfléchir à vide, c.-à-d. faire semblant de réfléchir.

丨懸 *Litt.* être suspendu en l'air. *Au fig.* se dit d'une affaire incertaine, qui n'est pas encore arrêtée d'une manière positive.

丨美 (Personne) qui a été l'objet de vaines louanges. Ici *meï* veut dire *trouver beau, louer.*

丨夕(不) Ne pas passer inutilement une soirée.

處(一件長于人) Un côté par lequel il l'emportait sur les autres hommes.

丨他一丨 Lui jouer un tour, le faire tomber dans un piége.

丨館 Être maître, précepteur à domicile.

丨(在)。在白公處 Quand je logeais, quand je demeurais chez *Pe-kong.*

丨(留在一個友) Je restai chez un de mes amis.

丨(在宗師) Auprès du (*litt.* chez) le président du concours.

丨(盧姑娘) Chez ta tante *Lou.*

丨(一)。就有丨丨 Aussitôt il y aura un endroit, c.-à-d. un moyen de trouver cette somme.

丨(若有用) *Litt.* s'il y avait lieu de m'employer, c.-à-d. si mon faible talent pouvait trouver un emploi.

丨(不佳) Endroits défectueux, les défauts (d'une composition).

丨(不妙) Un côté blâmable (dans le caractère).

丨(假) Fraude, supercherie.

丨(再) Délibérer de nouveau (sur ce qu'il y a à faire).

丨了(易) (Cet argent pour le voyage) sera facile à trouver.

丨(我自有) J'ai une autre idée, un autre moyen (de réussir.)

丨(無)訪問 Je ne savais où m'informer de vous (*litt.* je n'avais pas d'endroit).

丨(長) Son plus grand talent, son grand mérite (comme si l'on disait *son plus beau côté*).

丨(貴) Quel est votre pays natal?

VII.

虞(無) N'avoir plus rien à craindre.

丨(猶) Vous craigniez encore.

虜營 Le camp des Mongols.

丨庭 Résidence du khan des Mongols.

丨(夷) Mongol.

VIII.

虧(喫) Éprouver un tort, un préjudice.

丨你 Grâce à vous.

丨母親(多) Grâce à sa mère.

號(爲)。皆稱名丨丨 Tous vantaient son nom et exaltaient ses titres.

海上絲綢之路文獻集成 科技與文化編

CLÉ 142.

VI.

蜂 蝶 L'abeille et le papillon (on les compare aux amants).

| (狂) *Litt.* les abeilles folles. *Au fig.* les amants légers, inconstants.

VII.

蛾 (翠) Sourcils peints en noir, sourcils noirs.

VIII.

蜮 Un lutin.

IX.

蝶 (浪) Papillons étourdis. On leur compare les jeunes amants, légers et sans mérite.

XII.

蟲 (冰) L'insecte de la glace, de l'hiver. *Au fig.* un homme borné et sans instruction.

XIII.

蠅 (夏 秋) La mouche de l'été ou celle de l'automne. On compare à ces mouches, les flatteurs qui s'attachent aux gens et ne les quittent pas.

XVII.

蠢 才 Butor! (injure).

XIX.

蠻 (小) *Siao-man*, maîtresse de *Pe-lo-tien*, qui vivait sous les *Thang*. Elle est citée dans la *Soubrette accomplie*, comédie chinoise, trad. par M. Bazin.

CLÉ 144.

行 令 (Sorte de jeu littéraire) faire circuler, donner un mot que les convives doivent placer dans un vers improvisé.

| 取 Aller prendre un poste plus élevé.

| 封 鎖 (盡) Ayant tout fermé et scellé (ayant fermé toutes les serrures et y ayant apposé des scellés).

| 徑 (打 扮 做 山) Ayant pris le costume, l'acoutrement d'un paysan.

| | Conduite de qlqn.

| 文 Envoyer une dépêche officielle.

| 李 Bagages de voyage (des vêtements et des couvertures).

| | (做) Faire confectionner des habits de voyage.

| 止 Conduite, allures de qlqn. *Item :* les circonstances d'un voyage.

| 楷。半 行 半 楷 (Il écrivit) en caractères à moitié cursifs et à moitié réguliers.

| 藏 Conduite de qlqn. 訪 問 小 姐 近 日 | | Je demanderai ce qu'a fait ma-

demoiselle dans ces derniers temps.

行 | Air, apparence extérieure de qlqn.

| (千)。曲 || Mille lignes de chansons.

| (幾) Quelques lignes (de poésie).

| (歌) Les vers d'une chanson, rangés en lignes.

| (四換韵歌) Chanson dont la rime change à chaque strophe de quatre vers.

| (此) Ce voyage, ce départ.

V.

術中(墮) Tomber dans un piége.

VII.

衙役 Les employés du bureau d'un magistrat.

| 門(有) Être pourvu d'une charge.

IX.

衞家玉閏 Brillante comme le jade de la maison de *Weï;* se dit d'une personne remarquable par son talent et sa beauté.

| 玠 *Weï-kiaï.* Nom d'un homme dont la taille était svelte et élégante.

CLÉ 145.

衣(大)。換 || Oter, changer ses habits de cérémonie.

III.

表(一)。|| 人物 C'est un bel homme, il a une belle tournure, prestance.

| (一)人才 Un homme de talent.

| 字 Nom honorifique.

衫履。字不衫不履 Caractères qui ne sont point tracés avec une régularité sévère, tracés avec liberté. *Litt.* sans chemise ni souliers.

衰朽 Cassé et décrépit (vieillard).

| 邁之年 Vieillesse décrépite.

IV.

衷(一隱) Une pensée secrète.

| (一段隱) Un motif secret.

衿(靑) Collet vert (marque du grade de bachelier).

袂(分) Se séparer de qlqn.

V.

袖 Manche. — Verbe : Mettre qlq. chose dans sa manche.

| 了 Ayant mis (les vers) dans sa manche.

VI.

裁定 Prendre une décision, décider qlq chose.

| 處 Décision.

| 鑑 Votre décision et vos observations.

海上絲綢之路文獻集成 科技與文化編

VII.

裝 (男) Costume, accoutrement d'un homme.

丨 (金) Tout orné d'or, enchâssé dans l'or.

裘馬富盛 Richement vêtu et monté sur un excellent cheval.

補湊 Suppléer à.

丨申 Offrir une addition, un supplément (de présents).

丨討此差出來 On lui donna en outre cette nouvelle mission.

丨選 (別行) Qu'on nomme une autre personne à sa place.

裏邊 Dans l'intérieur. *Item* : De l'intérieur.

丨 (那)。老董丨丨却叫那個去好 Qui convient-il d'envoyer chez le vieux *Tong?*

丨 (玉) *Litt.* enveloppé dans le jade, c.-à-d. tout couvert d'ornements de jade.

VIII.

製 (佳) Faire une composition élégante (en vers).

IX.

褊 (淺) (Esprit) étroit et bas (par opposition à âme grande et élevée).

XI.

褻 (相) Vous traiter familièrement.

丨瀆 Traiter qlqn sans façon, trop familièrement (lui manquer d'égards).

CLÉ 146.

西席 (設) 待兄 Il vous avait reçu en qualité de précepteur particulier. *Litt.* il avait placé une natte d'occident, c.-à-d. dans la partie occidentale de la maison pour vous recevoir.

丨丨 (高據) Conserver fièrement sa place de précepteur (particulier).

丨廂 (待月) Le pavillon de l'occident où l'on attend la lune (allusion à la comédie *Si-siang-ki* ou *Tchang* attend sa maîtresse dans le pavillon d'occident).

丨施 *Si-chi*, femme célèbre par sa beauté, citée par *Meng-tseu*, part. 2, chap. 5.

丨東 (別) Les séparer (deux amants) et les placer l'un à l'occident et l'autre à l'orient.

丨賓 *Litt.* l'hôte d'occident, c.-à-d. un précepteur particulier.

丨 (日已平) Le soleil était sur son déclin, *litt.* était déjà au niveau de l'occident.

III.

要 (勢) Les hommes puissants.

XII.

覆姓 Nom de famille composé de deux caractères.

丨庇 Protéger qlqn.

海上絲綢之路文獻集成　科技與文化编

CLÉ 147.

見 Voir, juger à propos de, daigner.

| 笑 Se moquer de (*litt.* daigner se moquer).

| | (休) Gardez-vous de vous moquer (de mes vers).

| (非) 愛 Vous ne me donnez pas une marque d'affection.

| (何 故) 拒 Pour quel motif refusez-vous?

| (以 寔 心) 教 Faites-moi connaître vos vrais sentiments.

| 教 (仁 兄) 本 不 當 違 Je ne devrais pas, Monsieur, désobéir à vos instructions, c.-à-d. refuser votre demande.

| 客 Recevoir des visites.

| 之 遠 Vous avez des vues étendues, de grandes vues.

| 之 勅 書 Montrer cela, manifester cela dans la lettre officielle.

| 得 (何 以) Comment avez-vous découvert cela?

| | (也 不) (Peut-être que l'empereur aura pitié de vous), c'est ce qu'on ne voit pas; c.-à-d. peut-être que, etc.

| 怪 Se formaliser.

| 禮 Recevoir qlqn en le saluant.

| 了 禮 S'étant salués en s'abordant.

| 個 禮 Elle fit une révérence.

| 了 (不) Elle a disparu.

| (不)的 pour 不見得 (Mon argent) a disparu (dans votre auberge).

| (所) Votre idée, votre avis.

V.

視 于 (小) Avoir une opinion désavantageuse sur (qlqn).

IX.

親 厚 Affectionné, intimement lié.

| 情 La parenté, ou des sentiments qui naissent de la parenté.

| 近 Se rapprocher de qlqn.

| (娶) Prendre une femme pour épouse.

| (求) Demander une fille en mariage.

| (願) Désirer de se rapprocher de qlqn.

XII.

覺 (一)。睡 || Faire, dormir un somme.

| (不) 勞 苦 Il ne s'apercevait pas de la fatigue (du voyage).

XVIII.

觀 觀 場 (去) (Je veux) aller subir, passer l'examen.

| 瞻 Contempler qlqn, regarder qlqn avec admiration.

CLÉ 148.

角(海) Les bornes des mers.

VI.

解事 Comprendre une chose.

| 手(一個絕妙) Un stratagème merveilleux.

| | signifie aussi *mingere*. Voy. Morrison, part. II, au mot |

| 散 Se dissiper (en parlant des doutes).

| 此(自不) Naturellement, il ne s'y entend pas à cela (à faire des vers).

| (不) Ne pas s'expliquer une chose, ne pas la comprendre.

CLÉ 149.

言者(有) Avoir qlq. chose à dire.

| 詩 Parler poésie.

| 諭(不可) Je ne pourrais les exprimer par des paroles (vos bienfaits).

II.

計策(再無) Je ne pouvais plus trouver aucun stratagème.

| 羅截 Entre les étoiles *Ki-to* (nœud ascendant) et *Lo-heou* (nœud descendant). *Gaubil.*

| 較(與人) Lutter avec qlqn, lui tenir tête.

| (無) Ne savoir comment faire.

III.

記了名 Il inscrivit son nom, il le mit par écrit.

| 室(充) Remplir les fonctions de secrétaire.

| 得在京時 Se rappeler le temps (où) il était à la capitale.

IV.

許久 (Depuis) longtemps.

訪察 Prendre des informations minutieuses.

設處(儘可) Je pourrai vous fournir tout cela (les frais de voyage et les bagages).

| 謀 Employer des stratagèmes.

V.

詐(何) Pourquoi employer la ruse (pour me tirer mon secret)?

詞令 Paroles, éloquence.

| 意 Les expressions et les pensées, les idées (d'une pièce de vers).

評賞 Examiner (une composition littéraire) et la goûter, la lire avec délices.

| (官) La censure des magistrats.

海上絲綢之路文獻集成 科技與文化編

VI.

詩二房 La seconde classe du *Chi-king*, c.-à-d. où l'on explique le *Chi-king*.

丨思清新 Ses idées poétiques sont pures et neuves.

試期 L'époque de l'examen ou du concours (pour la licence).

丨(一) Le mettre à l'épreuve, lui faire subir une épreuve. 與... 丨丨 Le faire concourir avec...

丨(殿) L'examen du palais, l'examen qu'on subit dans le palais impérial, pour obtenir le grade de *Han-lin* (académicien).

丨(會) Concours pour le doctorat.

丨(鄉) Examen triennal des bacheliers qui aspirent à la licence.

丨(秋) Le concours pour la licence.

丨(應) Se présenter à l'examen.

丨(面) Faire composer qlqn (*litt.* le mettre à l'épreuve) devant soi.

詳察 Examiner avec une grande attention.

丨細 En détail, d'une manière détaillée.

丨(其) Les détails, les circonstances détaillées.

丨(慮之最) J'y ai pensé avec soin, très-mûrement.

VII.

說明 Expliquer clairement, nettement.

丨通 Expliquer tout au long (une chose).

丨(此無他) Il n'a pas d'autre motif; (voici uniquement sa pensée, son motif).

認(誤) Prendre par erreur une personne pour une autre.

誤大事 Compromettre une grande affaire (celle du mariage), la faire manquer.

丨朝廷 Compromettre les intérêts de l'empereur.

丨了此生(却不) Ne serait-ce pas compromettre la carrière de ce jeune homme?

丨(自) Se compromettre soi-même, compromettre son établissement, son mariage (il s'agit d'une jeune fille).

丨(所)。為我丨丨 C'est une personne dont j'ai compromis les intérêts, c.-à-d. dont le mariage a manqué par ma faute.

誠(至)。一片丨丨 Ses sentiments parfaitement sincères.

VIII.

諒 J'imagine, je présume que.

丨(不)。仁兄奈何 Comment, Monsieur, comment ne m'excusez-vous pas?

諄丨如此 La demander ainsi à plusieurs reprises, c.-à-d. avec tant d'instances. Le sens que je donne ici à | | résulte plutôt de l'ensemble du texte que de la signification de | | qui veut dire (vulgo) *repetitis vicibus inculcare, docere.*

| | 肝胆 Vous m'avez parlé à cœur ouvert, vous m'avez fait connaître vos sentiments intimes.

| | 言之 Répéter, dire une chose plusieurs fois.

論 (闊) Discuter avec emphase.

| (無) Sans considérer que. — Non-seulement.

謅一個謊 Faire, arranger un mensonge.

| 理 Soigner (un malade).

| (同) Être à l'unisson avec qlqn, c.-à-d. avoir la même pensée, les mêmes sentiments.

誇美 Vanter et exalter qlqn.

| 詐書生 Des étudiants pleins de jactance et de fausseté.

誼 (高) Une grande marque d'amitié 既蒙 | | Puisque j'ai eu l'honneur de recevoir votre visite (*litt.* cette grande marque d'amitié).

課 (功名) La prédiction du devin relativement à mon avancement.

| (賽神仙之) La divination de *Saï-chin-sien*, obtenue au moyen des *koua*.

| (此) Cette prédiction.

| 上若無 Si une chose, une prédiction, n'était pas renfermée dans les *koua*, indiquée par les *koua* (je n'oserais rien promettre).

| 筒 Étui renfermant les baguettes marquées de signes symboliques pour la divination.

| (起) 先生 Un homme qui tire les sorts à l'aide des *koua* (ou lignes symboliques du *I-king*).

| (起成一) (Bientôt, de la disposition des baguettes divinatoires) surgit un *ko* 課, c.-à-d. surgirent les éléments d'une prédiction.

| (要起) 麼 Voulez-vous que je tire votre horoscope? 起課 Consulter les *koua* pour tirer l'horoscope de qlqn. L'expression 起課 paraît signifier *litt.* lever des baguettes divinatoires qu'on a jetées à terre, et tirer un horoscope d'après les *koua* qui y sont inscrits.

| (功)。做晚 | | Réciter, lire l'office du soir (se dit des religieux bouddhistes).

談 (高) Parler avec emphase, avec prétention.

請 (有) J'ai une demande à vous faire, une faveur à vous demander.

| 教郎君 (要) Je veux vous demander des renseignements. Par politesse, on appelle ici *lang-kiun* 郎君 un jeune homme qui demande une jeune fille en mariage.

請教 Je vous prie de m'instruire. Ces mots s'emploient quelquefois pour prier qlqn de corriger une composition littéraire.

〡〡一二 Je vous prie de m'instruire une ou deux fois, c.-à-d. d'écrire devant moi une ou deux pièces de vers.

〡罪 Demander pardon d'un crime, c.-à-d. présenter ses excuses.

〡(病) Demander (sa retraite) pour cause de maladie.

IX.

諭意學官 Il instruisit de mes intentions le proviseur du collége.

謀爲(自家) Agir résolûment en ne consultant que soi-même.

〡之姐〡 En délibérer avec vous, ma sœur aînée.

諾(金) Un consentement précieux comme l'or.

諱言 Parler en dissimulant, dissimuler la vérité.

X.

講得來(與他) Ils s'entendaient avec lui, ils étaient de bon accord avec lui.

〡禮 Se saluer mutuellement.

謝家道藴 Mlle *Tao-yun*, de la famille *Sié*.

〡絕 Renvoyer, congédier qlqn pour toujours.

〡(辭) Faire ses adieux à qlqn.

XI.

謫人間 (Un dieu) exilé parmi les hommes.

〡仙 L'immortel exilé *sur la terre* (le poëte *Li-t'aï-pé*).

謾〡歡喜 *Litt.* réjouissez-vous tout doucement, c.-à-d. ne vous hâtez pas tant de vous réjouir.

〡〡覷他動靜 J'examinerai tout doucement son extérieur, sa mine.

〡道 Ne dites pas.

〡言 Même sens.

XII.

譏刺 Critiquer qlqn d'une manière mordante.

識路(不) Je ne connaissais pas les routes, je n'avais pas beaucoup voyagé.

〡(不) Ils sont dépourvus de discernement.

〡(定)。無〡〡 Il n'a pas un esprit bien arrêté.

XIII.

議論(生) Faire naître, donner lieu à des propos.

〡親 Faire des propositions de mariage.

〡(所) (La jeune personne) dont je vous ai parlé.

〡(物)。異日又增一番〡〡 Plus tard, cela pourrait être une nouvelle source de propos (malveillants).

XIV.

變 (一)。遭 || Éprouver une mésaventure.

| (生) Il survient un changement imprévu; cela se dit d'un contre-temps, d'un malheur imprévu.

XVI.

譴 督 Réprimander qlqn.

XVII.

讓 (何) En quoi le cédez-vous, en quoi êtes-vous inférieur (au poëte *Li-thaï-pé*) ?

| (不敢多) Je n'ose pas trop céder (ma place aux autres, faire des cérémonies quand on me prie de faire des vers).

| (相) Leur céder le pas (par politesse).

CLÉ 151.

VI.

豐 厚 Large et épais.

| (抽) Me faire quelque demande.

CLÉ 152.

VII.

豪 爽 (生來) Naturellement fort et bien portant.

| (甚)。山水之興 | | Les beautés des montagnes et des eaux causent un très-vif enthousiasme.

| (賢) *Litt.* homme sage et éminent. Terme de politesse : Honorable monsieur !

CLÉ 153.

V.

貂 (續) *Litt.* continuer la martre. La phrase entière est 狗尾 || suppléer, au moyen d'une queue de chien, à ce qui manque à une fourrure de martre. *Au fig.* composer une mauvaise pièce de vers sur les rimes d'une pièce excellente, ou traiter d'une manière médiocre un sujet déjà traité avec talent par un autre.

VIII.

貌 (無) (Celui) qui est sans beauté, laid.

CLÉ 154.

II.

負之而去 S'en aller en l'emportant sur son dos (c.-à-d. l'obtenir pour épouse).

| 德 Oublier un service rendu.

| 于前 Être infidèle à une personne antérieure, c.-à-d. une personne qu'on a aimée précédemment.

| 心 Être infidèle.

負心之人 Un homme dont le cœur est infidèle, qui manque de répondre à l'affection des autres.

| | 人(作) Devenir infidèle (envers une femme).

| 我 Me manquer de parole, m'être infidèle.

| 托 Tromper la confiance de qlqn.

| 痛 Éprouver de la douleur.

| (相) Vous être infidèle, pour dire : Manquer au rendez-vous que je vous ai donné.

| (自) 才 Se flatter d'avoir du talent, ou être fier de son talent littéraire.

貞守 Garder la foi jurée (à un époux), lui rester fidèle.

| 心 Avoir un cœur droit.

| (稱) Louer la chasteté (d'une fille qui reste sans se marier).

IV.

貫籍 Son pays natal.

責人以市交 Reprocher à qlqn de vendre son amitié.

V.

貪酷 Cupide et dur.

賀慶 Félicitations.

| 一杯 Offrir une tasse de vin en signe de félicitation.

貽(自)羞 S'attirer un affront.

費力 Perdre sa peine.

| | Se donner beaucoup de peine, faire beaucoup d'efforts.

| 心 Se donner une peine extrême.

| 心了(大) Vous avez montré un grand zèle, un grand dévoûment.

| 解 Donner beaucoup d'explications.

| 躊躕 S'abandonner à l'inquiétude.

| (盤) L'argent nécessaire pour un voyage.

VI.

賈胡 *Kia-hou*, homme qui avait le talent de discerner les gens de mérite.

賊奴 *Litt.* esclave voleur! (injure). 老 | Vieux coquin.

資斧(若缺) Si vous manquez d'argent pour votre voyage.

VIII.

賞拔 Louer et mettre en avant (les hommes de mérite).

| 玩 Examiner une chose avec plaisir (par ex. des vers, une peinture).

| (當清) Satisfaire votre goût délicat (il s'agit de vers).

| (玄) Éloges merveilleux, pompeux.

| (見) Goûter (une composition), la lire avec charme.

| (所)之人 L'homme qu'elle a goûté, c.-à-d. dont elle a goûté les compositions.

賣弄才華 Étaler les fleurs de son talent.

| 賦 Vendre des pièces de vers toutes faites et en composer pour de l'argent.

贊嘆 Louer, exalter.

| 好 Louer une chose.

| 美 (加) Accorder des éloges.

| 襄 Aider, seconder qlqn.

| 賞 (加) Donner de grands éloges à qlqn.

質鬼神 (可) (Son âme) pourrait être présentée, soumise au jugement des dieux (sans craindre leurs reproches).

| (豔) Une belle femme.

| (陋) Un homme d'un extérieur commun.

IX.

賴人 Accuser qlqn faussement.

| 你不成 Est-ce que je voudrais vous accuser injustement?

| 有此 Je compte là dessus.

賭氣 Entrer en colère.

X.

賽西施 Elle l'emporte sur (la belle) *Si-chi.*

| 神仙 Celui qui surpasse les esprits et les génies (nom d'un devin).

| 過神仙 Vous avez surpassé les esprits et les génies (vous l'emportez sur les esprits et les génies).

XI.

贄見 Faire des cadeaux à la première visite qu'on rend à qlqn.

| | Ces mêmes présents.

| | (上呈) Les offrir.

贅于太玄 Demeurer en qualité de gendre chez *Taï-hiouen.*

XVIII.

贓罪 Crime de celui qui s'est laissé corrompre par des présents.

CLÉ 156.

II.

赴任 Aller prendre possession d'une charge.

起...魂。| 掘中魂 Ressusciter qlqn (*khio-tchong*, *litt.* au milieu de la fosse).

| 初 Dans le commencement.

| 卦。又 | 姤卦 Voilà encore que je lève, que je trouve le *koua* « keou » (qui annonce une rencontre, un mariage).

| | Lever un *koua*, c.-à-d. quand on tire l'horoscope de qlqn, ramasser une fiche ou une petite baguette sur laquelle est inscrit un *koua*, un signe symbolique.

| 家 S'établir dans un endroit (en parlant d'un chef de famille).

起復 Rétablir qlqn (dans ses premières fonctions).

問前程｜｜ Je demande si je serai rétabli dans ma charge.

｜文書(去) Aller porter, remettre un placet.

｜陞 Être élevé à un poste éminent.

｜(一)。那｜｜飲酒的相公 Cette société de messieurs qui boivent.

｜(不)。再想｜｜ Il ne put se les rappeler.

｜(當不) Je ne puis supporter.

｜(留)一首與我 M'en laisser une pièce (de vers).

｜(隱)眞名 Il cacha son vrai nom.

III.

赶路 Poursuivre rapidement sa route.

｜轉 Courir après qlqn pour le remmener.

V.

越想越惱 Plus il y songeait, plus il s'irritait.

｜禮 Passer par dessus les rites, les enfreindre.

VIII.

趣(有) Avoir de la grâce, être charmant.

｜(有)的朋友 Un ami charmant, excellent.

｜(有)的人 Un homme de goût, qui sait apprécier les choses charmantes (par ex. les beautés champêtres).

｜(沒)去 S'en aller confus, mortifié.

使他一個｜｜ Faire qu'il soit une bonne fois couvert de honte.

X.

趨侍 Vous servir avec empressement.

｜承 Faire sa cour à qlqn, être fort obséquieux pour qlqn.

｜捧 Même sens.

｜貴 Faire sa cour aux nobles, aux personnes puissantes.

｜迎 Faire sa cour à qlqn, aller au devant de ses désirs, le flatter avec obséquiosité.

XIX.

趲行 Marcher rapidement.

CLÉ 157.

足矣 (A la fin d'une phrase) cela suffit, n'en parlons plus.

｜感 Être très-reconnaissant de.

｜徵 (Par là) vous montrez suffisamment que.

｜見 Vous faites voir surabondamment (votre bienveillance).

｜觀 (Vers) dignes d'être vus, lus.

足(不)論 Ils ne méritent pas qu'on parle d'eux.

| (不) Il n'est pas encore rassasié, satisfait.

| (何)言信. En quoi suis-je digne, est-ce que je suis digne d'être appelé un homme de parole?

| (何)言詩 (Des êtres aussi stupides) sont-ils dignes qu'on parle avec eux de poésie?

| (捷)者 Un homme agile des pieds, c.-à-d. expéditif en affaires.

IV.

跡(古) Un monument antique (*litt. antiqua vestigia*).

VI.

跳(亂)。心中不住 | | *Litt.* au dedans, son cœur ne faisait que palpiter avec violence. 不住 Ne s'arrêtait pas, ne cessait pas.

路上 Sur la route. *Au fig.* 閨中 | | Sur le chapitre du mariage.

| (一條好) Un bon chemin, une bonne voie à suivre, un bon moyen.

| 裏(半) *Litt.* à mi-chemin. *Au fig.* au mileu d'une entreprise (s'arrêter et regretter ce qu'on a fait).

VII.

踈遠 Vivre éloigné d'un endroit.

踈失 Être écarté et mis de côté, rejeté.

| 懶 Négligent et paresseux, indifférent à.

| 略 Négligence.

| 竹 Bambous écartés.

| 野瀟洒氣味(幾分) (Ces fleurs ont) qlq. chose de sauvage et pourtant de gracieux.

VIII.

蹤(無)無影處 Endroit où il n'y a (de qlqn) ni traces ni ombre.

| 跡 *Litt.* traces, vestiges. — Conduite de qlqn.

躊躕旅次 Il était resté à l'auberge.

IX.

踵門 Venir à votre porte (chez vous).

X.

蹉跎 Temporiser.

XII.

蹴(一) D'un pas, d'une enjambée.

CLÉ 158.

身上(在你) Cela dépend de vous.

| | (都在我) Je me charge de tout cela (de vous fournir tout cela).

| 分(做) Regarder comme un devoir de.

身（一）Personne seule, isolée.

丨（失）匪人 Se perdre, se compromettre (en épousant) un homme vicieux.

丨（孤）Se trouver seul, orphelin.

III.

射進來 Darder ses rayons dans l'intérieur (en parlant du soleil).

IV.

躭閣 Différer, temporiser. — Retarder, faire retarder (par ex. le voyage).

V.

躰（便非）Ce serait inconvenant.

丨面（便沒）Il fut tout confus.

CLÉ 159.

車駕。勞老爺丨丨 Donner à votre maître la peine de venir.

II.

軍門 La porte de l'hôtel (du vice-gouverneur).

V.

軸（轉）Les gonds de la porte.

VI.

載路 (La neige) remplit, couvre les routes.

較量 Comparer (le mérite de plusieurs personnes).

VII.

輕盈 Gracieux.

丨薄 Traiter qlqn avec mépris.

丨覷 Traiter qlqn avec dédain.

丨（看）Regarder qlqn avec mépris, faire peu de cas de qlqn.

丨（看得）Faire peu de cas de qlqn.

VIII.

輪一輪 Tracer un cercle (dans l'air, avec la main).

IX.

輸色笑 Être inférieur en beauté, *litt.* être vaincu sous le rapport de la figure et du sourire.

丨 *ing* (Basile, 10,526). Vaincre ou être vaincu.

X.

轄下 Moi (votre) subordonné. On se désigne ainsi en parlant à un préfet ou à un sous-préfet.

XI.

轉（不能）(Je crains de) ne pouvoir me retourner, c.-à-d. changer ma résolution.

丨來（思想）Il songeait à revenir (sur ce qu'il avait fait).

丨出北門 Après avoir fait des détours, il sortit par la porte du nord.

轉 念 Revenir sur une résolution.

| 灣 Tortueux.

| 辭 Rapporter une réponse à qlqn.

| (一)。心 下 | | Sa résolution étant changée.

| 到 Arriver en faisant un circuit.

| (叫) Appeler qlqn pour qu'il revienne, rappeler qlqn.

CLÉ 160.

辛 苦 Éprouver de la fatigue.

辜 負 Rendre inutile, faire échouer.

| | 好 意 Rendre inutile une bonne intention.

| | 人 之 心 Tromper les espérances de qlqn.

| | 那 生 才 貌 (不要) N'allez pas manquer ce jeune homme, doué de talent et de beauté (*litt.* manquer le talent et la figure de ce jeune homme).

| | 芳 辰 Laisser passer en vain une belle journée (*litt.* une heure odorante).

| (不)。| | 弟 妹 之 苦 心 *Litt.* vous ne rendrez pas inutiles les efforts de votre sœur cadette (c.-à-d. mes efforts).

IX.

辨 明 Expliquer qlq. chose clairement.

| 幹 S'acquitter (de sa commission, de ses affaires).

XIII.

辭 辭 靜 心 Prendre congé de *Tsing-sin*.

| 出 Il avait pris congé et était sorti.

| 去 Congédier qlqn.

| 世 Quitter le monde, mourir.

| 色 慌 張 La voix émue et le visage troublé.

| 脫 Refuser une chose et s'en débarrasser.

| (不) Ne pas refuser de, c.-à-d. ne pas hésiter à.

CLÉ 161.

辰 (芳) Une belle journée, un jour charmant.

III.

辱 命 Déshonorer les ordres de qlqn, c.-à-d. ne pas s'en acquitter dignement.

| 先 施 Daigner rendre le premier une visite.

| 寵 招 Vous m'avez fait l'honneur de m'inviter.

| 沒 人 Déshonorer qlqn, faire affront à qlqn, lui causer du déshonneur.

| 臨 Daigner venir.

海上絲綢之路文獻集成 科技與文化編

辱見愛 Vous avez daigné me montrer de l'amitié.

| 薦 *Litt.* déshonorer la présentation, c.-à-d. ne pas faire honneur à celui qui m'a présenté.

| 門楣之選(不足) Je ne puis faire honneur, répondre au choix que vous avez daigné faire de moi pour gendre.

| (有)。恐 || 下交 *Litt.* je crains de déshonorer celui qui s'abaisse pour se lier d'amitié avec moi, c.-à-d. je suis bien indigne d'être honoré de votre amitié.

| (不意乃) 老師珍賞之如此 Je ne prévoyais pas que vous (*litt.* le vénérable maître) lui feriez l'honneur de les apprécier et louer (ses vers) à ce point.

| (撻) Faire honte à qlqn, couvrir de honte qlqn en le battant.

CLÉ 162.

IV.

迎接 Aller au-devant de qlqn, aller le recevoir.

| 請 Aller au-devant de qlqn pour l'inviter.

近來 Dans ces derniers temps.

VI.

迥出之姿 Beauté extraordinaire.

追悔 Se repentir, éprouver des regrets.

| 求 *Litt.* poursuivre et chercher, c.-à-d. faire des recherches très-actives.

逃生 Sauver sa vie par la fuite.

送上 Présenter qlq. chose (à un supérieur).

| 出客來 Sortir pour aller reconduire un hôte.

| 將來 S'offrir, se présenter (se dit d'une occasion).

| 行人 Gens qui reconduisent une personne qui part.

| 進 Offrir, présenter, remettre, par ex. des vers à qlqn.

| 還 Rendre une chose.

逢迎 Accueillir qlqn avec empressement.

| | (有) Obtenir, trouver un accueil empressé.

迷(指) Dessiller les yeux de qlqn. 多承 || Je vous remercie beaucoup de m'avoir ouvert les yeux, c.-à-d. des renseignements que vous m'avez donnés.

退出 Renvoyer (par ex. des objets qu'on n'accepte pas).

| 縮 Se retirer, reculer (lâchement).

VII.

遞酒 Faire servir du vin.

造化 Avoir du bonheur.

| | (有) Même sens.

造化小兒 Le Sort, le Destin, personnifiés.

丨謁 Aller rendre visite à qlqn.

丨(尊)八字 Les huit caractères qui sont les éléments de votre horoscope.

丨(輕) Venir à la légère, c.-à-d. sans cérémonie (chez qlqn).

逞才 Montrer, faire briller son talent.

逡巡 Synonyme de 徘徊 Hésiter, être dans l'incertitude.

逝(已) Elle est morte.

通于天 Pénétrer jusqu'au ciel.

丨報一聲(與你) Je vous annoncerai à mon maître (dit un domestique à un visiteur).

丨家 Des amis communs (qui sont comme de la même famille).

丨的(不) Un homme bouché, ignorant.

丨知 Annoncer qlqn (un visiteur).

丨融(他事尙可) S'il s'agissait d'une autre affaire, je pourrais encore m'y prêter, y consentir.

丨誠(請) Je vous prie de me faire connaître sincèrement votre pensée.

丨財 Faire part (aux autres) de ses richesses.

丨(一) Une communication (écrite, une lettre).

丨(其不) C'est un homme, un esprit bouché.

丨(不)丨(不) Cela ne convenait pas, c'était inconvenant.

丨(大)。文字雖不丨丨 Quoiqu'il ne fût pas fort, très-habile, en littérature.

透個消息 Lui faire parvenir de nos nouvelles.

連連 De suite, continuellement.

丨夜 Pendant la nuit suivante.

丨聲 Continuâ voce, repetitâ voce.

丨道 Dire à plusieurs reprises.

VIII.

逸羣 S'élever au-dessus de la foule.

丨(句) Les expressions sont merveilleuses.

丨(雋) (Vers) élégants.

達上 Communiquer, exposer une chose à qlqn.

進取 Obtenir de l'avancement.

丨學 Obtenir le grade de bachelier.

丨發(往北) Il partit en se dirigeant vers le nord.

丨謁 Rendre visite à qlqn.

丨(少) Obtenir un peu d'avancement (dans les grades littéraires).

IX.

遊子 Un promeneur.

丨戲之作 Composition (poétique) faite en jouant, en badinant.

遊玩 Se promener et s'amuser.

遂我心 J'obtiendrai l'objet de mes vœux.

過 (A la fin). 飯已用｜ Pour le riz, je l'ai déjà pris. ｜ est ici une marque du passé.

｜去(昨日) Vous étiez parti hier.

｜｜的事 Une chose, une affaire passée (depuis longtemps).

｜度 Outre mesure.

｜意(有三分不) Il éprouvait quelque contrariété.

｜時的鄉官 Un magistrat qui a fait son temps, qui est retiré des emplois.

｜廳來 Passer dans le salon.

｜求 Solliciter qlqn avec trop d'instance.

｜言 Parole blâmable.

｜譽 Louer avec exagération.

｜讓 Montrer une déférence excessive.

｜路客 Un hôte qui passe.

｜繼爲子 Il m'a adopté pour son fils.

｜門 Devenir la femme de qlqn.

｜于用心 *Litt.* être excessif en employant son cœur, c.-à-d. montrer une bonté, une bienfaisance excessives.

｜(不)是 C'est uniquement parce que.

｜(不)。拗｜｜ Il ne put refuser, s'y refuser. 推辭｜｜ Même sens.

｜(不)。撇二相公體｜｜ Ne pouvant oublier les égards qu'il devait aux deux ministres. 撇不｜族中情面 Il ne put oublier les égards, la considération qu'il devait à un parent.

料瞞｜｜ Il pensa bien qu'elle ne pourrait lui céler cela.

考他｜｜ Je ne pourrais l'emporter sur lui, dans un examen ou un concours. 配兄｜｜ Elle n'est pas digne d'aller de pair avec vous (de vous épouser).

｜(不) Excessivement. 懽喜｜｜ Excessivement enchanté. 氣｜｜ Excessivement irrité.

｜(得)。如何抗得他過 Comment pourrais-je lui tenir tête, lui résister? 敵得他過 Pouvoir lui tenir tête, l'égaler (en habileté).

｜(還氣得他) Je lui aurai fait sentir ma colère. 配｜｜小姐 Il serait digne de devenir votre époux.

｜(誤) Par erreur, laisser passer (manquer) qlqn (un gendre).

過勒 Vim inferre (mulieri).

遇合 Se rencontrer et se convenir (en parlant de plu-

海上絲綢之路文獻集成　科技與文化編

sieurs personnes). *Item :* Tomber juste (en parlant d'éloges bien appliqués).

違 行 Faire sa révolution, en parlant des saisons.

違 拗 Résister, désobéir.

| 心 以 賜 Donner à contre-cœur.

| (不)。我 願 || Notre désir ne rencontre pas d'opposition.

道 人 Un religieux bouddhiste.

| 茶 (兩) Deux tasses de thé.

| 蘊 (謝 家) Mademoiselle *Tao-yun*, de la famille *Sie* (qui était habile en poésie).

| 達 Faire savoir, communiquer une chose à qlqn.

| (一)。用 了 || 茶 Ayant pris (encore) une fois du thé.

| (一) 旨 Un décret.

| (一) 殷 勤 Faites-lui mes compliments.

| (何 足) En quoi suis-je digne d'être cité, mentionné? c.-à-d. je ne suis pas digne d'être cité, mentionné.

| (家) Ses ressources (de fortune).

| (得) Avoir acquis le *Tao*, être arrivé au *Tao* (à la connaissance de la cause première), s'être identifié avec le *Tao*, perfection rêvée par les *Tao-sse*.

X.

遣 候 (欲) Je voulais aller vous rendre visite.

遠 了。兄 特 想 || Monsieur, vous n'y êtes pas. *Litt.* ce que vous avez pensé, est bien éloigné.

蓬 島 L'île de *Pong* (séjour des immortels).

XI.

適 間 Tout à l'heure.

| 興 之 詩 Vers composés dans un moment d'inspiration fortuite.

遮 蓋 Couvrir, cacher (par ex. les défauts, les bévues de qlqn).

遲 兩 日 Deux jours plus tard (le surlendemain).

| 日 *Litt.* les jours lents. c.-à-d. les jours du printemps.

| 晚 J'ai tardé (à me marier).

| 疑 Conserver des doutes.

| 暮 之 年 Vieillesse très-avancée, déclin de la vie.

| (候) Nous avons tardé à vous rendre visite.

| (行 之 未) Vous aurez encore le temps de faire cela.

XII.

遺 失 Oublier qlq. chose, par ex. un sac d'argent.

| | 了 Il est perdu, égaré (en parlant d'un billet de visite).

| 笑 Donner un sujet de risée.

| 落 Abandonner, délaisser, négliger qlqn (qu'on n'aime pas).

XIII.

邀惠 Chercher à obtenir une faveur.

丨住 Arrêter, retenir (qlqn) pour qu'il ne parte pas.

避舍 Vous abandonner la partie, me retirer devant vous (comme un homme vaincu).

丨跡 Se cacher, vivre à l'écart.

還是 Ou bien, c'est.

XV.

邇(在) Être proche, approcher (par ex. l'examen approche).

邊(一)。去在丨丨 Jeter (une chose) dans un coin, c.-à-d. abandonner une chose, un projet, etc.

丨(前) Devant (le pays qui est devant vous).

丨(後)的 Les derniers (couplets).

丨(丨) Plus tard, dans la suite.

丨(裏) Dans l'intérieur.

CLÉ 163.

IV.

邦(大) Un grand, un illustre pays (il s'agit de *Kin-ling*).

那裏。說丨丨話 Que dites-vous là? pourquoi parlez-vous ainsi?

VI.

郊外 En dehors de la ville.

郁李 Espèce de poirier.

VII.

郡中 Dans la ville.

丨縣(這邊) (Dans) cette ville.

丨(外) Provinces extérieures.

丨(合) Toute la ville.

郎君 Monsieur! Une femme appelle ainsi un amant ou un futur époux.

丨(資) Un richard.

丨(一位乃) Un fils.

丨(兒) Un jeune homme.

丨(令) Votre noble fils.

丨(才) Un prétendant, un amant doué de talent.

丨(窺) Épier un amant.

VIII.

部下 Un subordonné.

丨(張史) *Tchang*, membre du ministère du personnel.

IX.

鄉榜(中了) Il a obtenu la licence (le grade de *Kiu-jin*).

丨試 Examen que l'on passe, en province, pour obtenir le grade de *Kiu-jin* (la licence).

海上絲綢之路文獻集成 科技與文化編

鄉試(中了) Il avait obtenu la licence.

| | (今年) Cette année a lieu le concours pour la licence.

| 眷 Qui est du même village, compatriote.

| 紳人家 Un magistrat retiré.

| 貴 Les hommes puissants d'un pays.

| (四) *Litt.* dans les quatre directions, de tous côtés.

都察院 La chambre des inspecteurs généraux.

| 督 Le vice-roi.

| 院 Vice-gouverneur d'une province.

| 堂 Même sens.

XI.

鄙俗 Commun, vulgaire.

| 吝復生(頓覺) *Litt.* tout à coup, j'ai senti renaître ma grossièreté, pour dire: Je vous ai manqué de respect.

| 棄 Mépriser et repousser qlqn.

| 瑣 (Air) commun, vulgaire.

| 詞 Style vulgaire.

XII.

鄭重(再三) Après plusieurs démonstrations de politesse, de courtoisie.

CLÉ 164.

III.

酌(小)數杯 Boire quelques tasses de vin.

| (對) Ils boivent étant placés l'un devant l'autre.

| (赴) Se rendre à un dîner.

配得 Pouvoir être uni avec qlqn, associé à qlqn.

| (作) Aller de pair avec qlqn, être bien assortie avec qlqn (en parlant d'une femme).

酒了(有) *Litt.* il y eut du vin. Le repas fut servi.

| 也早 Chez lui, le dîner commence de bonne heure.

| 席 Un repas.

| | 齊備 On a fini de servir le repas.

| 底(說) *Litt.* parler au fond du vin, c.-à-d. après avoir bu, trouver une phrase poétique où l'on puisse placer un mot convenu.

| | 却費思量 *Litt.* au fond du vin, il dépensait ses pensées, c.-à-d. après avoir bu, il se creusait le cerveau pour trouver des idées.

| 興(有幾分) Être un peu exalté par le vin.

| 船 Bateau où l'on va boire, sorte de cabaret flottant.

酒飯(留) Retenir qlqn à dîner.

丨(備) Préparer du vin, c.-à-d. un repas.

丨(喫) *Litt.* boire du vin, c.-à-d. dîner.

丨(丨)(今日) Aujourd'hui, il dîne (en ville).

丨(治) Préparer un repas.

丨(移) Transporter une table chargée de vases de vin.

丨(這) Cette invitation à dîner.

VI.

酧和 Composer des vers sur les rimes d'une autre pièce.

丨應 Répondre (en buvant) aux santés qu'on nous porte.

VII.

酷顮 Très-semblable à qlqn.

酸的酸。腐的腐。 Ils avaient l'air commun, grossier.

丨話 Paroles qui font de la peine à entendre.

VIII.

醇(吞) *Litt.* boire un vin excellent. *Au fig.* faire une chose agréable.

X.

醜態 *Litt.* air laid, laidéur (ignorance ignoble).

丨陋 Laid et ignoble.

丨(出) Montrer sa honte (son ignorance).

丨(呈) *Litt.* vous offrir sa laideur, c.-à-d. vous présenter sa médiocre composition.

丨(献) *Litt.* offrir sa laideur, c.-à-d. présenter une composition dont on devrait rougir, montrer une ignorance honteuse. Expression de modestie exagérée.

丨(丨) Je vous ai montré ma laideur, c.-à-d. mon mauvais style, mes mauvais vers.

丨(自献其) (Je voulais) moi-même vous montrer mon mauvais style.

XI.

醫治 Prendre des médicaments et se soigner.

XII.

醮丨墨 Il imbiba son pinceau d'encre.

XVII.

釀就 Façonner, former.

CLÉ 165.

采(納)。卽當丨丨 Je devrais tout de suite vous offrir des présents de noces.

XIII.

釋手 Lâcher une chose des mains.

丨疑 Dissiper les doutes.

丨惓之衷 Soulager mon cœur affligé.

海上絲綢之路文獻集成 科技與文化编

CLÉ 166.

II.

重 (一字千金) Un mot (de lui vaut) mille onces d'argent. Allusion à *Ki-pou* 季布 dont on disait : 一諾千金重 Un consentement (de *Ki-pou*) vaut mille onces d'argent.

| 于兄 Vous témoigner de l'estime.

| 來 Venir une seconde fois.

| (器) Estimer beaucoup qlqn.

| 出來 Reparaître de nouveau. *Au fig.* revenir en faveur.

| 天下之人 (名) Des (lettrés) dont la réputation efface celle de tous les hommes de l'empire.

| 白綾子 Une pièce de soie épaisse et blanche.

| 蒙台教 Recevoir les instructions importantes de V. E.

| 他 (不) Je ne l'estime pas, je n'en fais nul cas.

| (借) Emprunter l'aide (de votre talent). Dans un endroit du *Hao-khieou-tch'ouen*, || veut dire aussi : Prier qlqn de jouer un rôle important (celui d'entremetteur de mariages).

| (保) Ménagez-vous bien, ayez bien soin de vous.

| (價)。今文章 || *Litt.* aujourd'hui le beau style hausse de prix.

| (倚) Vous appuyer sur lui, rechercher son appui.

| (勞) 仁兄 Vous donner de la peine, Monsieur, par ex. vous donner la peine de faire cette commission.

| (|) Causer de la fatigue à qlqn (en le laissant venir).

| 慎 Circonspect.

| (愛) Aimer et estimer qlqn, montrer à qlqn de l'amitié et de l'estime.

| (看得) Considérer (une chose) avec estime, l'estimer beaucoup.

| (降) Daigner rendre visite à qlqn.

| (承降) Recevoir un accueil bienveillant, une visite bienveillante de qlqn.

IV.

野馬 Un cheval sauvage. Dans le philosophe *Tchoang-tseu*, on trouve || dans le sens de tourbillon de poussière.

| (四) Des quatre côtés de l'horizon.

V.

量淺 (小弟) Je suis un faible buveur (*litt.* ma capacité est petite).

| 窄 Même sens.

| (弘) Avoir une âme grande.

海上絲綢之路文獻集成 科技與文化編

CLÉ 167.

金 *Vulgo :* Métal, or.

| (一) Une once d'argent.

| (柳拖) Les saules laissent traîner leurs branches dorées (*litt.* l'or).

| 殿 Le palais impérial.

| 玉 (Paroles précieuses comme) l'or et le jade.

| | L'or et le jade, *au fig.* les beaux vers de qlqn.

| 紫者(博) Qui est vêtu d'une large robe violette et porte une ceinture d'or ou dorée.

| 馬玉堂 La dignité d'académicien. Sous les premiers *Han*, *Yu-thang* était le nom d'un palais; dans la suite, ce nom désigna la salle de l'académie. Ici *Kin-ma* ne signifie pas *cheval d'or*, mais *cheval de bronze*. L'empereur *Wou-ti* ayant reçu un beau cheval de Formose, en fit fondre en bronze un semblable qu'on plaça à la porte de l'académie.

V.

鈴(繫) Attacher une sonnette (en français : Attacher le grelot), c.-à-d. susciter une affaire, en être le premier auteur.

| (解) Délier, détacher le grelot, c.-à-d. défaire une chose dont on a été le promoteur.

鉅公 Des personnages éminents.

VI.

銘感 Conserver un souvenir reconnaissant de.

銀子(四大封) Quatre gros paquets d'onces d'argent.

VII.

鋪陳 Nattes et couvertures pour coucher en voyage. *Litt.* ce qu'on étend.

銷了(一槩) Il les détruisit tous (les mandats d'amener).

| 人魄 *Liquare virorum animas*, c.-à-d. séduire les hommes.

| (魂) Mon âme s'est comme fondue, c.-à-d. s'est pour ainsi dire échappée de mon sein.

VIII.

錦箋(一幅) Une feuille de papier orné de fleurs.

錄(試) La liste du concours, c.-à-d. des licenciés reçus.

錯主意 Manquer un projet.

| 尋 Chercher à tort, *litt.* en se trompant.

| 念 Lire d'une manière erronée.

| 愛 Montrer par erreur de l'affection à qlqn.

| 看 Se méprendre sur une chose qu'on voit.

| 節 Un gros nœud (de bambou).

| 落 Être jeté pêle-mêle.

錯西(日) Le soleil est déjà incliné à l'occident.

丨記了 Votre mémoire vous a trompé.

丨過 Laisser de côté (*litt.* passer) qlqn par erreur (le manquer).

丨機會 Laisser échapper une occasion.

錐鑿(絕無) *Litt.* il n'y a pas absolument d'alène ni de ciseau, c.-à-d. ces vers ne sentent nullement le travail.

IX.

鍾情 Profonde affection (pour qlqn).

丨愛 Aimer vivement qlqn.

丨子期 *Tchong-tseu-khi*, nom d'homme. Il excellait à distinguer les sons musicaux.

丨期 Nom d'homme, le même que ci-dessus.

丨丨(入)之聽 Entrer dans les oreilles de *Tchong-tseu-khi*, c.-à-d. plaire à vos nobles oreilles, vous plaire (en parlant d'une chanson).

丨(所)。情之丨丨正在我輩 Les fortes passions ou affections sont justement le partage des jeunes gens de notre âge.

丨丨(情之) (Une affaire) qui tient fortement au cœur (ne peut être différée).

丨丨 (Vous êtes une personne) que j'aime profondément.

丨丨。Autre sens : 山川秀氣丨丨 La réunion des vapeurs les plus pures des montagnes et des rivières vous a formée. *Litt.* (une personne) en qui se sont réunies les vapeurs, etc. Voyez Basile, 11,522.

XIV.

鑑選 Choisir après un mûr examen.

丨(深負冰清之) J'ai manqué l'occasion de voir dans un miroir pur comme la glace, c.-à-d. je n'ai pas su reconnaître votre brillant mérite.

丨(藻) Talent d'observer, jugement éclairé.

XVI.

鑿丨(說之) Vous parlez avec une exacte vérité.

CLÉ 168.

長者 Un vieillard.

丨紅玉一歲 Plus âgée que *Hong-yu* d'un an.

丨于 Exceller dans, être habile en qlq. chose (par ex. en poésie).

丨成 Devenir grand et fort.

丨班 Les domestiques qui se tiennent à la porte pour annoncer les visites. *Item :* Les gens de la suite de qlqn.

丨短 *Litt.* le long et le court. *Au fig.* les qualités et les défauts de qlqn.

丨進的(不) Un homme qui n'est

pas éclairé, qui n'est pas instruit.

長(一無所) (Il) n'était supérieur en rien, il n'avait pas un mérite distingué.

| (其)。覩 | | Voir ses qualités, juger de son mérite.

| (他) Les qualités supérieures, les talents supérieurs des autres.

CLÉ 169.

門上 Le gardien de la porte, le concierge.

| 下 Vous (monsieur).

| | (開罪) Ils'estrendu coupable envers vous.

| 脊 Votre disciple.

| | 生 *Idem.*

| | (拜在) Devenir votre disciple.

意欲拜在他門下 Je voudrais le fréquenter en qualité de disciple.

| 人(一) Un disciple.

| 墻(竝立) Me trouvant avec lui dans votre maison.

| 子(府裏) Les huissiers de la préfecture.

| 戶不當對 Les deux familles ne peuvent aller de pair.

| | 憂(兗) *Litt.* être exempt du chagrin de la famille, c.-à-d. ne point craindre que ma famille ne s'éteigne sans éclat.

| 房 La loge du portier.

| 楣冷落 Notre maison ayant décliné, étant devenue pauvre.

| | 有天淵之隔 Je suis aussi éloigné de la main de votre fille (*litt.* du linteau de la porte) que le ciel l'est de l'abîme.

| 路(尋條) Chercher un expédient.

| | (求親) Le moyen de demander, d'obtenir une jeune fille en mariage.

| (無)。進退 | | Ne pouvoir avancer ni reculer.

| (開)。開一個和詩之門 Il proposa (les saules du printemps) comme sujet d'une pièce de vers sur les mêmes rimes.

IV.

開悟 Ouvrir l'esprit à qlqn (lui faire comprendre qlq. chose).

| 罪門下 Il s'est rendu coupable envers vous.

| (初) Commencer à s'épanouir (en parlant des fleurs).

閒步 *Hien-pou.* Se promener.

| 錢 Argent dépensé inutilement.

| (娛) Charmer ses loisirs (par la promenade).

| 了(幾時) Quand vous aurez quelques moments de loisir (vous lui ferez subir un examen).

海上絲綢之路文獻集成 科技與文化編

閒（三）*San-kien.* ｜｜大樓 Un grand pavillon composé de trois pièces.

VI.

閣中（在）Dans la chambre des conseillers d'état.

｜下 Les membres du conseil privé de l'empereur.

｜｜ signifie aussi : Vous!

｜起了 Il a différé (l'exécution de son projet).

閨中路上 *Au fig.* sur le chapitre du mariage.

｜英 Jeune fille distinguée.

IX.

闈（春）Le concours du printemps (pour le doctorat).

XI.

關人耳目 (Chacune de leurs actions) intéresse les oreilles et les yeux (du public).

｜名節 (Cela) concerne ma réputation et mon honneur, c.-à-d. mon honneur et ma réputation en dépendent.

｜學（非）(Le talent poétique) ne tient pas à l'étude, est indépendant de l'étude.

｜心（字字）Chacune de ses paroles allait au cœur.

｜情 (Sujet) touchant, qui touche le cœur.

｜書（一個）Une lettre qu'on écrit pour engager un professeur ou un secrétaire.

｜｜（一封）Une telle lettre, mise sous enveloppe.

｜雎（過于）Elle l'emporte sur la fille vertueuse, citée dans la première ode du *Chi-king*, commençant par les mots *Kouan-thsiu* (*litt.* elle l'emporte sur *Kouan-thsiu*).

｜（所）。情義｜｜ Tout ce qui regarde le sentiment et les convenances.

｜（相）。一段脈脈｜｜之情 Une conformité de sentiments intimes.

｜｜ Avoir des rapports mutuels.

CLÉ 170.

IV.

阮郎 Le jeune *Youen*, le même que *Youen-tchao*

｜肇. Se prend ici pour un amant beau et distingué.

防範（小心）Être attentif et se tenir sur ses gardes. *Item* : Prendre des mesures de précaution (pour protéger qlqn).

｜（不）人笑 Il ne s'apercevait pas d'avance qu'on se moquait de lui.

V.

附喬 S'attacher à un arbre élevé. *Au fig.* épouser la fille d'un homme puissant.

附喬 (La plante grimpante *Ssé-lo* 絲蘿) s'attache à un arbre élevé, c.-à-d. *au fig.* une jeune fille épouse un homme éminent.

| | (以甥生) Appuyer ma nièce contre un arbre élevé, c.-à-d. vous la donner en mariage.

| | S'allier par mariage à une grande famille.

| (願) 賢豪 Je voulais m'attacher à un homme doué de sagesse et de talent, c.-à-d. lui donner ma fille en mariage.

| 顧 Fixer (sur soi) les regards, l'attention de qlqn.

VI.

降臨 Daigner venir dans un endroit.

| 罪 Infliger un châtiment (se dit de l'empereur).

| (日) Baisser (s'altérer) de jour en jour (en parlant des mœurs).

| (承) 後 Depuis que j'ai eu l'honneur de recevoir votre visite.

限韻 Déterminer, fixer d'avance les rimes (d'une pièce de vers).

| (人才有) (Dans ce village) le talent des hommes est borné, c.-à-d. le nombre des hommes de talent est borné (ce n'est pas comme dans la capitale).

| (非年兄所) (Son talent est inné); vous ne pourriez, Monsieur, lui assigner des bornes.

VII.

除下 Oter (par ex. des bracelets).

| 却 Exclure. *Ici :* A l'exception de.

| 名 Rayer le nom de qlqn, par ex. l'exclure de l'examen, du concours.

| 非 A l'exception de, à moins que, le seul moyen est de.

| | 是 Il n'y a qu'un moyen, c'est de.

| | | (Cela est impossible) à moins que ce ne soit (à moins que je n'épouse les deux sœurs).

| | 莫爲 (Si vous voulez qu'une chose ne se sache pas) le meilleur moyen est de ne pas la faire.

陞賞 Élever qlqn en dignité et le récompenser.

| (榮) Une promotion honorable ou glorieuse.

院 (三) Les trois magistrats supérieurs d'une province, savoir le *Fou-youen* 撫 |, le vice-gouverneur. le *Tou-thsaï-youen* 都察 |, l'inspecteur impérial, et le *'An-youen* 按 | ou *'An-thsaï-ssé* 按察史, le juge criminel.

| (學) Synon. de 宗師 le président du concours.

| (本) Moi, le *Fou-youen* 撫 |, c.-à-d. moi, le vice-gouverneur de la province.

海上絲綢之路文獻集成 科技與文化編

VIII.

陪笑 Sourire à qlqn qui nous sourit. *Litt.* accompagner le sourire. Répondre à un sourire.

丨丨臉 Même sens.

丨(下) Tenir compagnie (à des hôtes) au bas bout de la table.

陸士龍 *Lo*, surnommé *Ssé-long* (le dragon, le coryphée des lettrés).

陳句 Des phrases sans mérite, *litt.* vieilles, surannées.

陶情詩酒 Se livrer au plaisir de la poésie et du vin.

IX.

陰陽 (Tons) obscurs ou clairs (dans une pièce de vers).

丨德(萬代) Un bienfait caché qui vivra pendant dix mille générations.

丨 *tchi* (Basile, 11,857 *bis*) 事 Une action méritoire qu'on fait en secret.

丨(成) Donner de l'ombre, former un ombrage.

隆直 (Nez) proéminent et droit.

X.

陷我 M'exposer à un grand danger, me perdre.

隔壁有人 De l'autre côté du mur, dans la maison voisine, il y a des personnes (qui peuvent nous observer ou entendre).

丨丨門前 Devant la porte d'une maison voisine.

丨絕 Être tout à fait séparé (d'une personne par la distance des lieux).

隗始(欲自) *Litt.* j'ai voulu commencer par *Kouo-weï*. Allusion à l'histoire de *Kouo-weï*, qui devint le maître (précepteur) de *Tchao-wang*. Quand ce prince monta sur le trône après avoir subjugué le roi de *Yen*, il employa de riches présents pour attirer auprès de lui les hommes de mérite. *Kouo-weï* lui dit : Si vous voulez attirer les sages, *commencez par moi*, c.-à-d. commencez par me combler de faveurs.

XII.

隣(東) Du côté de l'orient. *Litt.* dans le voisinage oriental.

XIII.

險些 Presque.

隨後 Immédiatement après, de suite.

XIV.

隱了(婚姻) Le mariage est arrêté, décidé.

丨密 Secrètement.

丨(恐不)便 Il craignit que (cet endroit) ne fût pas sûr et avantageux, c.-à-d. il craignit d'être aperçu.

XVI.

隴望蜀(得) *Litt.* celui qui possède (c.-à-d. est arrivé à) *Long*, aspire après *Chou* (ce sont deux noms de pays). Cela se dit des ambitieux qui ne sont jamais satisfaits.

CLÉ 172.

III.

隻身 *Litt.* corps seul. Se dit ici d'une personne dépouillée de tout par les voleurs.

IV.

Yen (Basile, 11,883) (落)之容 Une figure tellement belle qu'elle ferait descendre les oies (du haut du ciel — pour la contempler?).

雄才 Talent éminent, extraordinaire.

丨豪(好不) Il avait l'air d'un grand personnage.

丨飲 Boire beaucoup.

雅愛 Votre honorable amitié.

丨意 Louable intention.

丨致 Distingué, délicat, charmant.

丨(高) Un homme d'un grand talent et d'une figure distinguée.

V.

雍(北) L'école du nord, c.-à-d. le collége de *Pé-king*.

丨丨(入) Être admis au nombre des bacheliers du titre de *Kien-seng* 監生 (qui peuvent concourir pour le grade de *Kiu-jin* 舉人 (pour la licence.)

XI.

難他一難 Lui proposer qlq. chose de difficile.

丨喫的酒 Un repas auquel il est difficile d'être invité. *Litt.* du vin qu'il est difficile de boire.

丨回 Il leur était difficile de répondre (qu'ils ne feraient pas des vers).

丨得 Il serait difficile de trouver, où trouverait-on?

丨測(虜情) Les sentiments, les dispositions des Mongols sont difficiles à sonder.

丨爲我 Me faire de la peine.

丨丨人 Susciter des embarras à qlqn.

丨丨情(自) Il est naturel qu'on éprouve de la peine (à se séparer).

丨賦客 On l'aurait pris difficilement pour un poëte.

丨(與我爲) Il est devenu mon ennemi, il a agi en ennemi à mon égard.

丨(料) Je présume qu'il vous sera difficile (impossible) de.

CLÉ 173.

IV.

雲泥之隔了 Je me trouve séparé de vous comme par des nuages ou par un mur d'argile.

海上絲綢之路文獻集成 科技與文化編

雲雨賦 Vers qui peuvent faciliter un mariage. *Litt.* vers des nuages et de la pluie, c.-à-d. relatifs aux plaisirs de l'amour.

| 霄(比) Se comparer aux nuages et à la plus haute région de l'air. *Au fig.* se comparer à un homme du rang le plus éminent.

| 石 Une pierre veinée.

| (行) Un nuage qui marche (qui glisse rapidement dans les airs).

IX.

霜威 Imposant.

XV.

靈先生(這樣) Un devin doué de facultés aussi surnaturelles (véridique à ce point).

| 異 (Événement) surnaturel et extraordinaire.

CLÉ 174.

青天白日之下 En plein jour.

| 年(甚是) Vous êtes extrêmement jeune.

| 帝 Le printemps personnifié.

| 眼看 Regarder avec des yeux bienveillants.

| 衿(一領) Un vêtement bleu, vêtement de bachelier.

| 蓮 Le *nymphæa bleu*, surnom du poëte *Li-thaï-pé.*

| | 减價 *Li-thaï-pé* diminue de valeur, c.-à-d. à côté d'un poëte aussi habile que vous, *Li-thaï-pé* perd de sa valeur.

| (垂) Daigner accueillir qlqn avec bienveillance.

| 宮 Le palais du prince impérial.

| (海) (Couleur) vert d'eau (*litt.* de mer).

| (踏) Fouler la verdure.

VIII.

靜養 Soigner sa santé.

| (習) Étudier dans le calme (de la retraite).

CLÉ 176.

面 | 偷覷 Ils se regardaient furtivement.

| 上。在小蘇 | | 用些情 Montrer quelque intérêt à *Sou-yeou-pé.*

| 孔 L'air du visage.

| 情(撇)不過 Il ne pouvait (lui) manquer d'égards, de considération.

| 欺(不是) Je ne suis point un menteur, un imposteur, *litt.* un homme qui trompe par l'air de sa figure.

| 皮(老了) *Litt.* ayant vieilli la peau de mon visage, c.-à-d. ayant pris un air hardi.

38

面諭 *Litt.* donner des instructions en face. Cela se dit de l'empereur qui parle lui-même à qlqn pour lui donner ses ordres.

丨試 *Litt.* j'éprouve en face, c.-à-d. j'éprouve le talent de qlqn (en le priant de faire des vers sous mes yeux).

丨賀 Féliciter qlqn en face, en personne.

丨陳 Raconter une chose à qlqn en face, en tête à tête.

丨頭鑼 (兩) Deux (instruments de musique appelés) *Lo* (sorte de *tam-tam*).

丨(一) 牌 Une décision, une proclamation officielle. 行丨丨 L'envoyer.

丨(一)。思丨 Je pensais à avoir une entrevue, un moment d'entrevue. 與他有丨 Il l'avait vu une fois, il le connaissait un peu.

丨(上) Dedans (c.-à-d. dans la lettre).

丨丨 Au dessus de moi (j'ai un adversaire).

丨丨席 Table située au haut bout de la table, c.-à-d. à la place la plus honorable.

丨(下) En bas (en parlant d'une inscription ou note écrite).

丨(丨) *Litt.* le bas, la deuxième partie (d'un rapport judiciaire).

丨(上) La première partie.

丨(前) 園 Le village qui est devant vous.

丨半深 C.-à-d. enfoncé, caché de manière à ne montrer que la moitié de sa figure.

丨(後) Après cela, plus tard.

丨(無) 去 Je n'aurais pas le front (l'audace) d'aller (le solliciter).

丨(當) 下情 La bassesse de sentiments qu'ils montrent en face (du monde).

丨(裏) Dans l'intérieur, dans la maison.

丨(丨) Dedans (papier roulé dont l'écriture est tournée en dedans).

丨(外) En dehors.

丨(見) Être admis auprès de qlqn.

CLÉ 177.

革出 Il lui ôta son emploi (de portier) et le chassa.

CLÉ 180.

音信稀踈 Les nouvelles étaient rares, c.-à-d. ils avaient rarement des nouvelles de lui.

丨(佳) De bonnes nouvelles.

丨(一好) Une bonne nouvelle.

丨(知)。個丨朋友 Un ami qui connaît (qui a le sentiment de) la musique. Allusion à l'histoire de *Li-thaï-pé*.

丨(聲) L'accent de la voix.

海上絲綢之路文獻集成 科技與文化編

音律(入) S'accorder avec l'air d'une chanson (en parlant des paroles).

X.

韻士 Un poëte.

| 致 Charmant, gracieux, distingué (par la figure ou l'esprit).

| (一)。須限 || Il faut me donner une rime.

| (四) Quatre distiques.

| (四換) Changer la rime de quatre en quatre vers.

| (失) Manquer les rimes, c.-à-d. ne pas bien suivre les rimes prescrites.

| (秀)之姿 Grâce et élégance dans la figure, la tournure de qlqn.

CLÉ 181.

II.

頂了蘇友白名字 En me faisant passer pour *Sou-yeou-pe*.

| 倒。廟門已被 || La porte du temple était barricadée.

| 冒 Usurper effrontément (les titres d'un autre).

III.

順口 Au gré de leur bouche, suivant ce qui leur était venu à la bouche.

| | (十分) (Les sons) étaient extrêmement coulants.

IV.

頓滅 Être abattu, découragé.

| 足 Trépigner des pieds, frapper la terre du pied.

頑劣 Stupide.

V.

領意 Répondre à l'invitation de qlqn (*litt.* recevoir l'intention).

| 教(佳作已)過 J'avais déjà appris qu'il (M. *Tchang*) faisait de belles compositions (de beaux vers).

| | (要)佳章 Je désire que vous m'appreniez à faire de beaux vers.

| 略 Conduire, amener.

| | 得來 Pouvoir deviner.

| (再)何如 Je vous demanderai vos autres ordres.

VII.

穎悟 Finesse et intelligence d'esprit.

頭一年 La première année.

| | 首 La première pièce de vers.

| 巾(這頂) Ce bonnet (de bachelier).

頭裏 Dans le commencement, d'avance.

丨角崢嶸 Monter en grade et devenir illustre.

丨路(摸不着) *Litt.* ne pouvant trouver la route en tâtonnant, c.-à-d. n'en pouvant découvrir la cause.

丨丨(沒有) Il ne savait comment s'y prendre, que faire.

丨(二兩) Deux onces d'argent.

丨(仕女班) (On peut dire) qu'elle se distingue par dessus toutes les femmes.

丨(出)說話 Se montrer et parler.

丨(丨) Se mettre en avant.

丨(念) Pensées, vues, projets.

丨(想)。幾分丨丨 Quelque peu d'espérance.

丨(樓) Le haut du pavillon.

丨(酒) Un buveur, un ivrogne.

丨(骨) Les os.

丨(白) Jusqu'à la vieillesse.

丨(出一) Être supérieur aux autres hommes.

丨(埋) Cacher sa tête.

丨(掉) Retourner la tête.

丨(科) Qui a la tête nue.

丨(玉搔) Une aiguille de tête en jade.

丨 (*p'ong*, Basile, 9,127), ayant les cheveux en désordre.

丨(蒼) Un vieux domestique.

丨(渡) Endroit où l'on passe une rivière.

丨(筆) La pointe d'un pinceau.

丨(陌) Limites d'un champ.

丨(解) Le premier des *Kiu-jin* (licenciés).

IX.

顏色 Mine, air du visage.

丨丨(我衣馬) La couleur de mon vêtement et de mon cheval.

丨丨(無甚) Il était fort honteux.

丨丨 signifie ici : Honneur, considération. 破丨丨 ou 破體面 veut dire : Insulter qlqn, le couvrir de honte.

丨面(因無) Comme il se sentait honteux, tout confus.

丨(毛) *Mao-yen*, paraît être le nom d'une personne habile en poésie.

丨(違) Être éloigné de qlqn (être absent).

題咏 Vers qu'on a composés.

丨意 (Donner) l'idée d'un sujet de vers, c.-à-d. le sujet d'une pièce de vers.

丨起 Faire mention de.

丨(不) à la fin d'une phrase signifie : Nous n'en parlerons pas (pour le moment). C'est une transition pour passer à un autre sujet.

海上絲綢之路文獻集成 科技與文化編

題目(也無) Il ne trouvait pas de sujet, de prétexte (pour m'accuser).

| | (一固難) Un sujet difficile de composition. *Au fig.* une condition difficile à remplir.

| (命) Un sujet de vers que qlqn a donné.

| (出一) Donner un sujet de composition.

X.

類(出)之才 Un talent transcendant, *litt.* talent qui s'élève au dessus de l'espèce, de la classe (à laquelle on appartient).

顛 | 倒 | Revers et contre-temps.

| (文) Un homme fou de littérature.

| 沛(當) Être dans le malheur.

XII.

顧(不)失了約 Sans s'en apercevoir, il manqua le rendez-vous.

| (光)。承 || Nous avons reçu votre honorable visite.

| (枉) Daigner faire visite à qlqn.

| (賜) Honorer qlqn de sa visite.

| (遠) Venir de loin pour voir qlqn.

CLÉ 182.

風(貞淑之) Sa conduite ferme et vertueuse.

| 光如故 Ce site est comme auparavant.

| | 一風光 Se donner un peu de lustre (en s'attribuant les vers d'un autre).

| | (覺) J'en éprouverai une vive joie.

| 子 pour 瘋子 Un fou.

| 寒(感冒) Éprouver du vent et du froid.

| 憲 Les lois et les règlements.

| 景(樹木) Le spectacle (*litt.* l'apparence) des arbres.

| 波 *Litt.* vents et flots. *Au fig.* querelles, animosités.

| | (另生) Susciter un autre orage. *Au fig.* susciter quelque autre malheur.

| 流 (Homme) qui a des manières aimables ou élégantes.

| | (嘴臉)的 Homme d'une figure charmante.

| | (Vers) faits avec grâce.

| | 佳話 Charmant sujet d'entretien, sur un sujet tendre.

| | 才子 Un jeune lettré d'une figure distinguée.

風流(人物) C'est un jeune homme d'un extérieur élégant, distingué.

| | 話 Paroles d'un homme qui n'aime que le plaisir.

| 聲(得) Apprendre une nouvelle, avoir vent de qlq. chose.

| 鑑如神 Vous tirez l'horoscope comme un dieu, c.-à-d. avec une habileté divine.

| | (精) Habile à tirer l'horoscope d'après l'examen de la physionomie.

| 雅 (Homme) distingué.

| | 思 Pensées élégantes.

| | 文人 Un lettré d'un talent distingué, éminent.

| 騷 (Manières) élégantes, distinguées.

| | (字字) Tous les mots sont pleins de grâce, d'élégance.

| 體(盛唐) La manière habile (de versifier) des célèbres poëtes des *Thang*.

| 魔 Devenit ensorcelé, — devenir fou (d'amour).

| parait employé ici pour 瘋。

| (世) Les mœurs du siècle.

| (接) Rafraîchir un voyageur qui arrive. *Litt.* accueillir le vent.

| (林下) Vent qui souffle dans la forêt.

| (高) (Votre) noble conduite.

XI.

飄流 Être exposé aux vents et aux flots. *Au fig.* être exposé à mille dangers.

| 零 Errer à l'aventure (comme une feuille que pousse le vent).

CLÉ 184.

IV.

飯(小) Une petite collation.

飲恨 Se consumer de chagrin.

V.

飽學 Être profondément instruit.

飾行 Farder sa conduite.

| 詞 Paroles spécieuses, prétextes.

VI.

養病 Soigner sa maladie.

| 身體(靜) Prendre du repos et soigner sa santé.

| 高 Vivre en paix.

| (潛) Vivre retiré.

餂知 Découvrir (par ex. les intentions de qlqn) à l'aide de questions adroites, captieuses.

VII.

餓鬼(色中) *Litt.* un diable affamé

海上絲綢之路文獻集成 科技與文化編

au milieu de la volupté. *Au fig.* un homme amoureux comme un diable.

VIII.

餞行(與人) Accompagner un voyageur qui part, et lui offrir un repas d'adieu.

| (公) Reconduire qlqn en société.

| (私) Reconduire seul qlqn.

XII.

饒 Beaucoup.

| 惹厭 Causer un grand dégoût.

CLÉ 185.

首...尾。畏 | 畏 | *Weï-cheou-weï-weï*, craindre la tête et la queue, craindre tout, être fort méticuleux.

| 肯 Consentir par un signe de tête.

| (一)。和 || Composer une pièce de vers sur les mêmes rimes, en suivant les rimes d'une autre pièce.

| (東) Le côté oriental.

| (自) Se dénoncer soi-même.

CLÉ 186.

香俊辭 Expressions distinguées et charmantes.

| 奩佳詠 Vers élégants qu'on serre dans une boîte à parfums.

| 火 Une chapelle.

| (紹書) *Litt.* continuer la réputation littéraire (de ses parents).

CLÉ 187.

馬脚(露出) *Litt.* laisser voir les pieds du cheval. C'est laisser voir son ignorance.

| (匹) 胡沙 *Litt.* à cheval (je marcherai au milieu des) sables des barbares, c.-à-d. des déserts sablonneux des barbares (des Mongols).

| (金) *Litt.* le cheval de bronze, c.-à-d. le titre d'académicien. Voyez page 290, col. 1 金馬玉堂。

III.

馳騁 *Litt.* galoper. Se laisser aller au gré de son imagination.

| 騖(思) Ils lâchent la bride à leur esprit (ils se laissent emporter par le goût de la poésie au lieu d'étudier les livres canoniques et les historiens).

V.

駙馬(招) (Si l'empereur) vous demandait pour gendre.

駕(怎敢勞重台) Comment oserais-je donner tant de peine à Votre Seigneurie? (la peine de venir).

丨說 Forger un récit (mensonger).

丨此一篇謊說 Il a forgé cette kyrielle de mensonges.

駒(千里之) *Litt.* un poulain qui peut faire mille *li* (cent lieues). *Au fig.* un homme d'un mérite éminent qui obtiendra de grands succès.

IX.

驄馬 Cheval pommelé. *Au fig.* un moniteur impérial.

騙得 Obtenir par ruse, *litt.* obtenir en trompant.

丨我鞭子 M'enlever mon fouet par ruse, m'escamoter mon fouet.

X.

騰那(有) Employer un stratagème (?). Sic versio tartarica.

XI.

驅逐 Chasser qlqn.

丨馳 Galoper à cheval, voyager.

Me (Basile, 12,562) 然 Tout à coup.

XII.

驚動 Déranger qlqn (terme de politesse).

XIII.

驗時(到應) Quand (ma prédiction) se sera réalisée.

驛(馳) Voyager avec les chevaux de poste (du gouvernement).

XIV.

驟至 Arriver avec impétuosité.

CLÉ 188.

骨(負丈夫之) Avoir la fermeté, la grandeur d'âme d'un héros.

丨(英雄) Homme d'un caractère héroïque.

丨力 Force physique.

丨相到也富厚 Son extérieur est avantageux.

丨丨 Mine, figure.

丨肉之愛 L'affection d'un proche parent, *litt.* l'affection des os et de la chair.

丨丨(情同) Nos sentiments sont aussi intimes que l'union de la chair et des os, c.-à-d. que si nous étions frères.

丨丨(生死) *Litt.* les os et la chair qui naissent et meurent ensemble. Se dit, au figuré, des frères qui sont intimement unis.

XIII.

體(翰林之) L'étiquette qu'on observe à l'égard des *Han-lin*.

海上絲綢之路文獻集成 科技與文化編

體面(撇) Oublier les égards qu'on doit à qlqn, n'avoir aucune considération pour qlqn.

CLÉ 189.

高厚(報) Témoigner sa reconnaissance par de grands bienfaits.

丨妙(進) Acquérir un talent éminent.

丨卧 *Litt.* dormir en haut, c.-à-d. vivre au gré de sa fantaisie.

丨(不能) Il ne pourrait s'élever, c.-à-d. prendre de grands airs.

CLÉ 191.

XVI.

鬮開 Donner séparément deux sujets de poésie, *litt.* tirer au sort séparément.

CLÉ 192.

VIII.

鬆(口) Son langage se radoucit.

CLÉ 194.

鬼一車(載) *Litt.* porter une charretée de démons. — Avoir le cauchemar, être horriblement tourmenté.

丨胎(滿肚皮懷着) *Litt.* in plenâ ventris pelle, gestabat dæmonis fœtum, c.-à-d. il avait le cauchemar, il était horriblement tourmenté.

丨(山)伎倆 Les ruses perfides des démons des montagnes.

丨(色) *Litt.* le démon de la volupté. Cette expression désigne un homme excessivement amoureux.

丨(色中餓) En latin, mot à mot: In voluptatis medio famelicus dæmon. Il est amoureux comme un diable, diablement amoureux.

IV.

魂飛天外 Il resta éperdu, il perdit connaissance. *Litt.* son âme s'envola au delà du ciel.

魁鄉榜 Obtenir le premier rang sur la liste des licenciés.

丨首(文章) Le coryphée du style élégant.

丨(奪) Obtenir le premier rang au concours pour la licence.

丨(經)二名 Le second au concours pour obtenir la licence. *Litt.* le deuxième nom parmi les coryphées qui composent sur des sujets tirés des *Kings* (livres canoniques).

海上絲綢之路文獻集成 科技與文化编

CLÉ 195.

魚目(以)混玉 *Litt.* confondre le cristallin d'un œil de poisson avec du jade, c.-à-d. prendre un ignorant pour un homme de mérite.

丨(意不在) Sa pensée n'était pas appliquée au poisson, c.-à-d. aux livres. Allusion à un poisson dans le corps duquel on trouva une lettre.

丨(沉)之容 Une figure tellement belle qu'à sa vue les poissons s'enfoncent dans les abîmes.

V.

鮑子 *Pao-tseu*, nom d'homme. *Kouan-tchong* 管仲 et *Pao-cho* 丨叔 ou 丨子 deux amis célèbres. Voyez la nouvelle 13 du recueil *Kou-kin-khi-kouan*.

VI.

鮮兄弟 Je n'ai point de frère.

CLÉ 196.

III.

鳳(求) Chercher un amant ou un époux accompli.

丨凰 Phénix mâle et phénix femelle. *Au fig.* amant et amante accomplis.

丨卜(諧) Elle est déjà mariée.

丨池獨步 *Litt.* il marchera seul au bord de l'étang des phénix, c.-à-d. il deviendra académicien, ou le coryphée de l'académie.

IV.

鴉 Corbeau.

丨(塗) Se dit d'un enfant qui ne sait pas bien écrire, qui barbouille du papier. Voyez le *Sio-gen-zi-ko*, dict. japon.-chin. in-4° publié par Siebold, fol. 36, l. 13.

VI.

Youen-yang (Basile, 12,914-12,924). Nom de deux oiseaux (le second est la femelle du premier) qui volent constamment ensemble, et dont on dit que l'un meurt lorsque l'autre est pris. Ils sont pour les Chinois l'emblème des amants ou des époux fidèles.

X.

鶬鶊止妒 La chair de l'oiseau *Ts'ang-keng* (loriot) guérit, *dit-on*, de la jalousie (les femmes qui en mangent). (Cf. *Yun-fou-kiun-yu*, liv. 13, fol. 6.)

CLÉ 198.

鹿鳴宴 *Litt.* le festin du cri du cerf. Cf. *Chi-king*, *Siao-ya*, od. 1. — Festin qu'on offre aux licenciés qui viennent d'être reçus et pendant lequel on chante l'ode du *Chi-king* citée plus haut.

鹿(未知)死誰手 Je ne sais pas quel est celui des deux qui tuera le cerf, c.-à-d. *au fig.* celui qui l'emportera sur l'autre par le talent littéraire.

CLÉ 201.

黃金 Or jaune. *Au fig.* fleurs de saule.

CLÉ 203.

v.

黜退前程 Oter à qlqn son grade (littéraire).

點了 Il a été nommé (à telle charge).

| | 學院 Il fut nommé examinateur du collége (de *Nan-king*).

| | 六色 Il en choisit (*litt.* il en pointa) de six sortes (il s'agit de présents).

| 出來 Être désigné pour aller en tournée.

| 子馬 Un cheval moucheté.

| 心 Une collation.

| 染 Tacher et souiller.

| 汚不佳 *Au fig.* ne pas composer avec élégance. | | veut dire *salir* au propre et au figuré.

| 畫 Les points et les traits (des caractères chinois).

| 綴得春光 Ajouter à l'éclat, à la beauté du printemps.

| 鐵爲金 Changer le fer en or. *Au fig.* rendre excellente une médiocre composition littéraire, en la corrigeant.

| 頭兩點 Hocher deux fois la tête.

| (圈) Points ronds (sur la peau du visage, marques de petite vérole).

| (查) Examiner.

CLÉ 206.

鼎甲相期(且以) *I-ting-kia-siang-khi*, il présume qu'il sera (un jour) membre de l'académie. Wells Williams: 三 *ting-kia*, the three highest of the *Han-lin*.

CLÉ 210.

齊整 Propre et élégant.

| | Mis en ordre, bien arrangé.

| 至 *Litt.* arriver ensemble (il s'agit ici de mets qu'on sert sur la table).

| (文)福齊 Il fit une excellente composition et eut un grand bonheur.

III.

齋夫(學中) Les employés du collége.

| (晚) Le repas maigre du soir.

CLÉ 211.

齒(沒) Jusqu'à la fin de ma vie.

| 錄 Les états (le registre) où l'on inscrit le rang et l'âge des fonctionnaires publics.

| (掛) Faire cas de qlqn, en parler avec éloge. *Litt.* le suspendre aux dents.

| (啓) Ouvrir la bouche (pour parler de qlq. chose).

| (音) Voix d'un chanteur.

CLÉ 212.

龍蛇 Des dragons et des serpents (on désigne ainsi, *au fig.*, les traits hardis d'une belle écriture cursive).

| 虎榜 La liste des dragons et des tigres (la liste des docteurs).

| (登) 門 Franchir la porte du dragon, *au fig.* avoir l'honneur d'être admis dans la maison d'un lettré renommé.

| (陸士) *Lo*, le coryphée des lettrés.

CLÉ 213.

龜鑑 *Litt. tortue-miroir. Au fig.* un excellent modèle, un excellent exemple.

海上絲綢之路文獻集成 科技與文化编

趙氏孤兒

TCHAO-CHI-KOU-EUL

L'ORPHELIN DE LA CHINE

TRAGÉDIE EN CINQ ACTES

COMPOSÉE SOUS LA DYNASTIE DES YOUEN

PAR KI-KIUN-THSIANG

TRADUCTION MOT A MOT DES DIALOGUES DES TROIS PREMIERS ACTES

PAR STANISLAS JULIEN

PERSONNAGES

TOU-'AN-KOU, ministre de la guerre.

TCHAO-SO, fils de *Tchao-tun* et gendre du roi.

LA PRINCESSE, fille du roi et épouse de *Tchao-so*.

TCH'ING-ING, médecin.

HAN-KIOUÉ, général.

KONG-SUN-TCHOU-KIEOU, ancien ministre, retiré des affaires.

TCHING-PEI, l'orphelin de *Tchao*.

WEI-KIANG, premier ministre d'État.

楔子 KIE-TSEU

PROLOGUE

SCÈNE I.

TOU-'AN-KOU, suivi de soldats. (Il récite des vers.)
Il parle.

[1]人 [2]無 [3]害 [4]虎 [5]心。[6]虎 [7]有 [8]傷 [9]人 [10]意。

« [1]*Jin* l'homme, [2]*wou* n'a pas, [5]*sin* l'intention, [3]*haï*-[4]*hou* de faire « du mal au tigre; [6]*hou* le tigre, [7]*yeou* a, [10]*i* l'intention de, [8]*chang* « blesser, [9]*jin* l'homme. »

[1]當 [2]時 [3]不 [4]盡 [5]情。[6]過 [7]後 [8]空 [9]淘 [10]氣。

« [1]*Tang* dans, [2]*chi* le temps (présent), [3]*pou*-[4]*tsin* (si) nous n'épui« sons pas (ne contentons pas complètement), [5]*thsing* nos passions, « [6]*kouo*-[7]*heou* quand (le temps) sera passé, [8]*khong* en vain, [9]*thao*-[10]*khi* « nous remuerons notre bile (nous ferons de vains efforts). »

[1]某 [2]乃 [3]晉 [4]國 [5]大 [6]將 [7]屠 [8]岸 [9]賈 [10]是 [11]也。

[1]*Meou* moi, [2]*naï* certes, [10]*chi* je suis, [7]*Tou*-[8]*'an*-[9]*kou*, [5]*ta* le grand, [6]*tsiang* général, [4]*koue* du royaume, [3]*tsin* de *tsin*, [11]*ye* particule finale.

[1]俺 [2]主 [3]靈 [4]公 [5]在 [6]位。[7]文 [8]武 [9]千 [10]員 [11]其 [12]信 [13]任 [14]的。[15]只 [16]有 [17]一 [18]文 [19]一 [20]武。[21]文 [22]者 [23]是 [24]趙 [25]盾。[26]武 [27]者 [28]卽 [29]某 [30]矣。

(Depuis que) [1]*ngan* notre, [2]*tchou* maître, roi, [3]*Ling*-[4]*kong*, [5]*tsaï*-[6]*weï* est sur le trône, [9]*thsien* (parmi) les mille, [10]*youen* officiers, [7]*wen* civils,

[8]*wou* et militaires, [14]*ti* ceux auxquels, [11]*khi* il, [12]*sin*-[13]*jin* donne sa confiance, [15]*tchi* seulement, [16]*yeou* il y a, [17]*i* un, [18]*wen* (officier) civil, [19]*i* un, [20]*wou* (officier) militaire. [22]*Tche* le, [21]*wen* civil (l'officier civil), [23]*chi* c'est, [24]*Tchao*-[25]*tun;* [27]*tche* le, [26]*wou* militaire (l'officier militaire), [28]*tsi*-[29]*meou* c'est moi; [30]*i* particule finale.

[1]俺[2]二[3]人[4]文[5]武[6]不[7]和。[8]常[9]有[10]傷[11]害[12]趙[13]盾[14]之[15]心。[16]爭[17]奈[18]不[19]能[20]入[21]手。

[1]*Ngan*-[2]*eul* nous deux, [3]*jin* hommes, [4]*wen* civil, [5]*wou* et militaire, [6]*pou*-[7]*ho* ne vivons pas en bonne intelligence; [8]*tch'ang* constamment, [9]*yeou* j'ai, [15]*sin* l'intention, [10]*chang*-[11]*haï* de tuer, [12]*Tchao*-[13]*tun*, [14]*tchi* particule relative. [16]*Tseng*-[17]*naï* cependant, [18]*pou*-[19]*neng* (jusqu'ici) je n'ai pu, [20]*ji*-[21]*cheou* le faire entrer dans mes mains (c.-à-d. le faire tomber sous mes coups).

[1]那[2]趙[3]盾[4]兒[5]子[6]喚[7]做[8]趙[9]朔。[10]現[11]為[12]靈[13]公[14]駙[15]馬。

[4]*Eul*-[5]*tseu* le fils, [1]*na* de ce, [2]*Tchao*-[3]*tun*, [6]*houan*-[7]*tso* s'appelle, [8]*Tchao*-[9]*so;* [10]*hien* actuellement, [11]*weï* il est, [14]*fou*-[15]*ma* le gendre, [12]*Ling*-[13]*kong* (du roi) *Ling-kong*.

[1]某[2]也[3]曾[4]遣[5]一[6]勇[7]士[8]鉏[9]麑[10]仗[11]着[12]短[13]刀。[14]越[15]墻[16]而[17]過。[18]要[19]刺[20]殺[21]趙[22]盾。

[1]*Meou* moi, [2]*ye* même, [3]*tseng*-[4]*kien* j'avais envoyé, [5]*i* un, [7]*sse* homme, [6]*yong* courageux, [8]*Tsou*-[9]*ni* (nommé *Tsou-ni*). [10]*Tchang*-[11]*tcho* s'étant armé, [12]*toen*-[13]*tao* d'un poignard (*litt.* couteau court), [14]*youe* il franchit, [15]*thsiang* les murs (du palais), [16]*eul* et, [17]*kouo* passa outre; [18]*yao* il voulait, [19]*thsi* percer, [20]*cha* et tuer, [21]*Tchao*-[22]*tun*.

[1]誰[2]想[3]鉏[4]麑[5]觸[6]樹[7]而[8]死。

[1]*Chouï* qui, [2]*siang* aurait pensé, [3]*Tsou*-[4]*ni* que *Tsou-ni*, [5]*tch'o* se heurterait (la tête) contre, [6]*chou* un arbre, [7]*eul* et, [8]*sse* mourrait?

[1]那[2]趙[3]盾[4]為[5]勸[6]農[7]出[8]到[9]郊[10]外。[11]見

[12]一[13]餓[14]夫[15]在[16]桑[17]樹[18]下[19]垂[20]死

[1]*Na* ce, [2]*Tchao*-[3]*tun*, [7]*tch'ou* était sorti, [4]*weï* pour, [5]*k'iouen*-[6]*nong* exhorter à l'agriculture (exciter les laboureurs au travail). [8]*Tao* quand il fut arrivé, [10]*waï* en dehors, [9]*kiao* de la banlieue, [11]*kien* il vit, [12]*i*-[14]*fou* un homme, [13]*ngo* affamé, [15]*tsaï* qui se trouvait, [18]*hia* au bas, [16]*sang*-[17]*chou* d'un mûrier, [19]*tch'ouï* et était près de, [20]*sse* mourir.

[1]將[2]酒[3]飯[4]賜[5]他[6]飽。[7]飱[8]了[9]一[10]頓。[11]其[12]人[13]不[14]辭[15]而[16]去。

[1]*Tsiang* prenant (marque de l'accusatif), [2]*thsieou* du vin, [3]*fan* et du riz, [4]*sse* il les donna, [5]*tha* à lui, [6]*pao* et le rassasia; [7]*thsan*-[8]*liao* il avala (prit) ainsi, [9]*i*-[10]*tun* un repas. [11]*Khi*-[12]*jin* cet homme, [13]*pou*-[14]*thse* ne lui dit pas adieu, [15]*eul* et, [16]*khiu* partit, cet homme partit sans lui dire adieu.

[1]後[2]來[3]西[4]戎[5]國[6]進[7]貢[8]一[9]犬。[10]呼[11]曰[12]神[13]獒。[14]靈[15]公[16]賜[17]與[18]某[19]家。

[1]*Heou*-[2]*laï* dans la suite, quelque temps après, [5]*koue* un royaume, le prince d'un royaume, [4]*jong* des barbares, [3]*si* d'occident, [6]*thsin*-[7]*kong* offrit en tribut, [8]*i*-[9]*khiouen* un chien, [10]*hou*-[11]*youe* qu'on appelait, [12]*chin*-[13]*'ao*. [14]*Ling*-[15]*kong* (le roi) *Ling-kong*, [16]*sse* le donna, [17]*yu* à, [18]*meou*-[19]*kia*, moi.

[1]自[2]從[3]得[4]了[5]那[6]箇[7]神[8]獒。[9]便[10]有[11]了[12]害[13]趙[14]盾[15]之[16]計。

[1]*Tseu*-[2]*thsong* depuis que, [3]*te*-[4]*liao* j'ai eu, [5]*na*-[6]*ko* ce, [7]*Chin*-[8]*'ao*, [9]*pien* alors, [10]*yeou*-[11]*liao* j'ai eu, j'ai conçu, [16]*ki* un stratagème, [12]*haï* pour tuer, [13]*Tchao*-[14]*tun*, [15]*tchi* particule relative.

[1]將[2]神[3]獒[4]鎖[5]在[6]淨[7]房[8]中。[9]三[10]五[11]日[12]不[13]與[14]飲[15]食。

[1]*Tsiang* prenant (marque d'accusatif), (le chien appelé) [2]*Chin*-[3]*'ao*. [4]*so* je l'enchaînai, [5]*tsaï*-[8]*tchong* dans, [7]*fang* une chambre, [6]*tsing* propre (*sic*); [9]*san* (pendant) trois, [10]*ou* (ou) cinq, [11]*ji* jours, [12]*pou*-[13]*yu* et je ne lui donnai pas, [14]*in* à boire, [15]*chi* et à manger.

40

[1]於 [2]後 [3]花 [4]園 [5]中。[6]紮 [7]下 [8]一 [9]箇 [10]草 [11]人。[12]紫 [13]袍 [14]玉 [15]帶 [16]象 [17]簡 [18]烏 [19]靴。[20]與 [21]趙 [22]盾 [23]一 [24]般 [25]打 [26]扮。

[1]*Yu* dans, [5]*tchong* le milieu, [4]*youen* du jardin, [3]*hoa* des fleurs, [2]*heou* postérieur (du jardin fleuriste, situé derrière le palais), [6]*tcha*, j'attachai, [7]*hia* et plaçai en bas (je suspendis), [8]*i*-[9]*ko* un, [10]*thsao*-[11]*jin* homme de paille, [12]*tse*-[13]*p'ao* par le manteau violet, [14]*yu*-[15]*taï* la ceinture (ornée) de jade, [16]*siang*-[17]*kien* la tablette d'ivoire, [18]*ou*-[19]*houe* les bottes noires, [25]*ta*-[26]*pan* costumé, [23]*i*-[24]*pan* d'une manière semblable, [20]*yu* à, [21]*Tchao*-[22]*tun*, de la même manière que *Tchao-tun*.

[1]草 [2]人 [3]腹 [4]中 [5]懸 [6]一 [7]付 [8]羊 [9]心 [10]肺。[11]某 [12]牽 [13]出 [14]神 [15]獒 [16]來。[17]將 [18]趙 [19]盾 [20]紫 [21]袍 [22]剖 [23]開。[24]着 [25]神 [26]獒 [27]飽 [28]飧 [29]一 [30]頓。

[4]*Tchong* dans, [3]*fo* le ventre, [1]*thsao*-[2]*jin* de l'homme de paille, [5]*hiouen* je suspendis, [9]*sin* le cœur, [10]*feï* et les poumons, [6]*i* d'un, [8]*yang* mouton, [7]*fou* caractère numéral insignifiant. [11]*Meou* moi, [12]*kien* je tirai, [13]*tch'ou*-[16]*laï* et fis sortir, [14]*Chin*-[15]*'ao;* [17]*tsiang* prenant (marque d'accusatif), [20]*tse*-[21]*p'ao* le manteau violet, [18]*Tchao*-[19]*tun* de *Tchao-tun*, [22]*p'eou* je le fendis, [23]*khaï* et l'ouvris. [24]*Tcho* j'ordonnai à, [25]*Chin*-[26]*'ao*, [27]*pao* de se rassasier, [28]*thsan* et d'avaler, [29]*i*-[30]*tun* un repas, c.-à-d. de manger le cœur et les poumons du mouton, pour en faire son repas.

[1]依 [2]舊 [3]鎖 [4]入 [5]淨 [6]房 [7]中。[8]又 [9]餓 [10]了 [11]三 [12]五 [13]日。[14]復 [15]行 [16]牽 [17]出 [18]那 [19]神 [20]獒。

[1]*I*-[2]*kieou* comme auparavant, [3]*so* l'enchaînant, [4]*ji* je l'introduisis, [7]*tchong* dans, [6]*fang* une chambre, [5]*tsing* propre (*sic*), [8]*yeou* encore, [9]*ngo*-[10]*liao* je l'affamai, [11]*san*-[12]*ou*-[13]*ji* pendant trois ou cinq jours; [14]*feou* de nouveau, [15]*hing* j'y allai, [16]*k'ien* je tirai, [17]*tch'ou* et fis sortir, [18]*na* ce, [19]*Chin*-[20]*'ao*.

[1]撲 [2]着 [3]便 [4]咬 [5]剖 [6]開 [7]紫 [8]袍。[9]將 [10]羊 [11]心 [12]肺 [13]又 [14]飽 [15]飧 [16]一 [17]頓。

[1]*Po*-[2]*tcho* s'étant élancé, [3]*pien* alors, [4]*yao* il mordit, [7]*tse*-[8]*p'ao* le man-

teau violet, [5]*p'eou* qui était fendu, [6]*khaï* et ouvert. [9]*Tsiang* prenant, [11]*sin* le cœur, [12]*feï* et le poumon, [10]*yang* du mouton, [13]*yeou* encore, [14]*pao* pour se rassasier, [15]*thsan* il avala, [16]*i*-[17]*tun* un repas.

[1]如 [2]此 [3]試 [4]驗 [5]百 [6]日。[7]度 [8]其 [9]可 [10]用。

[3]*Che* après l'avoir essayé, [4]*nien* et éprouvé, [1]*jou*-[2]*thseu* comme cela, [5]*pe*-[6]*ji* pendant cent jours; [7]*to* je considérai que, [8]*khi* lui (ce chien), [9]*kho* pourrait, [10]*yong* être employé, c.-à-d. servir mes desseins.

[1]某 [2]因 [3]入 [4]見 [5]靈 [6]公。[7]只 [8]說 [9]今 [10]時 [11]不 [12]忠 [13]不 [14]孝 [15]之 [16]人。[17]甚 [18]有 [19]欺 [20]君 [21]之 [22]意。

[2]*In* en conséquence, [1]*meou* moi, je, [3]*ji* entrai (dans le palais), [4]*kien* voyant, [5]*Ling*-[6]*kong*, [7]*tchi* seulement, [8]*choue* je lui dis : [9]*kin*[10]*chi* maintenant, à présent, [16]*jin* un homme, [11]*pou*-[12]*tchong* déloyal, [13]*pou*-[14]*hiao* dépourvu de piété filiale, [15]*tchi* particule relative, [17]*chin* à un degré extrême, [18]*yeou* a, [22]*i* l'intention, [19]*khi* de tromper, [20]*kiun* le prince, [21]*tchi* particule relative.

[1]靈 [2]公 [3]一 [4]聞 [5]其 [6]言。[7]不 [8]勝 [9]大 [10]惱。[11]便 [12]向 [13]某 [14]索 [15]問 [16]其 [17]人。

[3]*I* une fois que (dès que) [1]*Ling*-[2]*kong* le roi *Ling-kong*, [4]*wen* eut entendu, [5]*khi*-[6]*yen* ces paroles, [7]*pou*-[8]*ching* il ne put surmonter, [9]*ta*-[10]*nao* sa grande colère; [11]*pien* alors [12]*hiang* se tournant vers, [13]*meou* moi, [14]*so*-[15]*wen* il s'informa, [16]*khi*-[17]*jin* de cet homme.

[1]某 [2]言。[3]西 [4]戎 [5]國 [6]進 [7]來 [8]的 [9]神 [10]獒。[11]性 [12]最 [13]靈 [14]異。[15]他 [16]便 [17]認 [18]的。

[1]*Meou*-[2]*yen* je lui dis : [9]*Chin*-[10]*'ao* le chien (nommé) *Chin-'ao*, [6]*thsin*-[7]*laï*-[8]*ti* qui a été présenté (offert en tribut), [5]*koue* par un royaume, [3]*si*-[4]*jong* des barbares de l'occident, [11]*sing* par sa nature, *est* [12]*tsouï* extrêmement, [13]*ling* intelligent, [14]*i* et extraordinaire. [15]*Tha* lui, [16]*pien* immédiatement, [17]*jin*-[18]*ti* pourra le reconnaître (的 *ti* pour 得 *te*, pouvoir).

[1]靈[2]公[3]大[4]喜[5]說。[6]當[7]初[8]堯[9]舜[10]之[11]時。[12]有[13]獬[14]豸。[15]能[16]觸[17]邪[18]人。[19]誰[20]想[21]我[22]晉[23]國[24]有[25]此[26]神[27]獒。

[1]*Ling*-[2]*kong*, [3]*ta* grandement, [4]*hi* se réjouit. [5]*Choue* il dit : [6]*tang* dans, [7]*thsou* le commencement, (dans) [11]*chi* le temps, [10]*tchi* de, [8]*Yao*, [9]*Chun* et de *Chun*, [12]*yeou* il y avait, [13]*Hiaï*-[14]*tchaï* (un animal appelé) *Hiaï-tchaï;* [15]*neng* il pouvait, [16]*tcho* attaquer, [17]*sie*-[18]*jin* les hommes pervers. [19]*Chouï*-[20]*siang* qui aurait pensé (que), [21]*ngo* dans mon, [22]*tsin*-[23]*koue* royaume de *Tsin*, [24]*yeou* j'aurais, [25]*thseu* ce, [26]*Chin*-[27]*'ao?*

[1]今[2]在[3]何[4]處。[5]某[6]牽[7]上[8]那[9]神[10]獒[11]去。

[1]*Kin* maintenant, [2]*tsaï* il est dans, [3]*ho*-[4]*tch'ou* quel lieu? (où est-il?) [5]*meou* moi, [11]*khiu* j'allai, [6]*kien*-[7]*chang* et j'amenai, [8]*na* ce, [9]*Chin*-[10]*'ao*.

[1]其[2]時[3]趙[4]盾[5]紫[6]袍[7]玉[8]帶[9]正[10]立[11]在[12]靈[13]公[14]坐[15]榻[16]之[17]邊。

[1]*Khi*-[2]*chi* dans ce temps, ce moment, [3]*Tchao*-[4]*tun*, [5]*tse*-[6]*p'ao* avec son manteau violet, [7]*yu*-[8]*taï* et sa ceinture (ornée de) jade, [9]*tching* justement, [11]*tsaï* se trouvait, [10]*li* debout, [17]*pien* à côté, [16]*tchi* du, [15]*tha* lit de repos, [14]*tso* où était assis, [12]*Ling*-[13]*kong*.

[1]神[2]獒[3]見[4]了。[5]撲[6]着[7]他[8]便[9]咬。

[1]*Chin*-[2]*'ao*, [3]*kien*-[4]*liao* l'ayant aperçu, [5]*p'o*-[6]*tcho*-[7]*tha* s'élança sur lui, [8]*pien* et aussitôt, [9]*kiao* le mordit.

[1]靈[2]公[3]言。[4]屠[5]岸[6]賈[7]你[8]放[9]了[10]神[11]獒。[12]兀[13]的[14]不[15]是[16]讒[17]臣[18]也。

[1]*Ling*-[2]*kong*-[3]*yen*, *Ling-kong* dit : [4]*Tou*[5]*'an*-[6]*kou*, [7]*ni* vous, [8]*fang*-[9]*liao* avez lâché, [10]*Chin*-[11]*'ao;* [12]*ouo*-[13]*ti* hélas! [14]*pou*-[15]*chi*-[18]*ye* n'êtes-vous pas, [17]*tch'in* un sujet, [16]*thsan* calomniateur? Sur [18]*ye*, voyez tom. I, p. 164.

[1]某[2]放[3]了[4]神[5]獒。[6]趕[7]着[8]趙[9]盾。[10]繞[11]殿[12]而[13]走。

[1]*Meou*-[2]*fang*-[3]*liao* quand j'eus lâché, [4]*Chin*-[5]*'ao*, [6]*kan*-[7]*tcho* il poursui-

vit, [8]*Tchao-*[9]*tun*, (qui) [10]*jao* fit le tour, [11]*tien* du palais, [12]*eul* et, [13]*tseou* s'enfuit, s'échappa.

[1]爭 [2]奈 [3]傍 [4]邊 [5]惱 [6]了 [7]一 [8]人。[9]乃 [10]是 [11]殿 [12]前 [13]太 [14]尉 [15]提 [16]彌 [17]明。[18]一 [19]瓜 [20]搥 [21]打 [22]倒 [23]神 [24]獒。

[1]*Tseng-*[2]*naï* cependant, [7]*i-*[8]*jin* un homme, [3]*pang-*[4]*pien* (qui passait) à côté, [5]*nao-*[6]*liao* entra en colère. [9]*Naï* particule conjonctive, [10]*chi* c'était, [15]*Ti-*[16]*mi-*[17]*ming* (nom d'homme), [13]*thaï-*[14]*weï* chef de la garde impériale, [11]*tien-*[12]*thsien* attaché au palais (*litt.* devant le palais), [18]*i-*[20]*tch'ouï* avec une massue, [19]*koua* (à tête de) courge, [21]*ta* en frappant, [22]*tao* il renversa, [23]*Chin-*[24]*'ao*.

[1]一 [2]手 [3]揪 [4]住 [5]腦 [6]杓 [7]皮。[8]一 [9]手 [10]撳 [11]住 [12]下 [13]嗑 [14]子。[15]只 [16]一 [17]劈。[18]將 [19]那 [20]神 [21]獒 [22]分 [23]爲 [24]兩 [25]半。

[1]*I-*[2]*cheou* d'une main, [3]*tsieou-*[4]*tchou* il saisit fortement, [7]*p'i* la peau, [5]*nao-*[6]*tcho* du crâne; [8]*i-*[9]*cheou* d'une main (de l'autre main), [10]*pan-*[11]*tchou* il saisit fortement, [12]*hia* et abaissa, [13]*ho-*[14]*tseu* la mâchoire, [15]*tchi* et seulement, [16]*i-*[17]*p'i* en fendant une fois, [18]*tsiang* prenant (marque d'accusatif), [19]*na* ce, [20]*Chin-*[21]*'ao*, [22]*fen* il le divisa, [23]*weï* et en fit, [24]*liang* deux, [25]*pouan* moitiés (il le coupa en deux).

[1]趙 [2]盾 [3]出 [4]的 [5]殿 [6]門。[7]便 [8]尋 [9]他 [10]原 [11]乘 [12]的 [13]駟 [14]馬 [15]車。

[1]*Tchao-*[2]*tun*, [3]*tch'ou-*[4]*ti* étant sorti (*ti* pour *te*), [5]*tien-*[6]*men* de la porte du palais, [7]*pien* aussitôt, [8]*ts'in* chercha, [15]*tch'e* le char, [13]*sse-*[14]*ma* à quatre chevaux, [12]*ti* sur lequel, [9]*tha* lui, [10]*youen* primitivement, [11]*ching* était monté, sur lequel il était d'abord venu.

[1]某 [2]已 [3]使 [4]人 [5]將 [6]駟 [7]馬 [8]摘 [9]了 [10]二 [11]馬。[12]雙 [13]輪 [14]去 [15]了 [16]一 [17]輪。[18]上 [19]的 [20]車 [21]來。[22]不 [23]能 [24]前 [25]去。

[1]*Meou* moi, je, [2]*i-*[3]*sse* avais ordonné, [4]*jin* à un homme, de, [5]*tsiang*

prendre (marque d'accusatif), [10]*eul*-[11]*ma* deux chevaux, [6]*sse*-[7]*ma* des quatre chevaux, [8]*thse*-[9]*liao* et de les ôter promptement, c.-à-d. j'avais ordonné à un homme de détacher deux des quatre chevaux, [14]*khiu*-[15]*liao* et d'enlever promptement, [16]*i*-[17]*lun* une roue, [12]*choang*-[13]*lun* des deux roues, c.-à-d. d'enlever promptement une des deux roues. [18]*Chang*-[19]*ti*-[21]*laï* quand il fut monté sur, [20]*tch'e* son char, [22]*pou*-[23]*neng* il ne put, [24]*thsien*-[25]*khiu* aller en avant.

[1]傍 [2]邊 [3]轉 [4]過 [5]一 [6]箇 [7]壯 [8]士。[8]一 [10]臂 [11]扶 [12]輪。[13]一 [14]手 [15]策 [16]馬。[17]逢 [18]山 [19]開 [20]路。[21]救 [22]出 [23]趙 [24]盾 [25]去 [26]了。

[1]*Pang*-[2]*pien* à côté, [3]*tch'ouen*-[4]*kouo* passa, [5]*i*-[6]*ko* un, [7]*tchoang*-[8]*sse* homme robuste. [9]*I*-[10]*pi* avec un de ses bras, [11]*fou*-[12]*lun* il soutint la roue, [13]*i*-[14]*tcheou* avec une de ses mains, [15]*thse*-[16]*ma* il fouetta les chevaux. [17]*Fong*-[18]*chan* allant au devant d'une montagne (vers une montagne), [19]*khaï*-[20]*lou* il s'ouvrit un chemin, [21]*kieou* il sauva, [23]*Tchao*-[24]*tun*, [22]*tch'ou*-[25]*k'iu*-[26]*liao* et le fit échapper.

[1]你 [2]道 [3]其 [4]人 [5]是 [6]誰。[7]就 [8]是 [9]那 [10]桑 [11]樹 [12]下 [13]餓 [14]夫 [15]靈 [16]輒。

[1]*Ni*-[2]*tao* vous me direz : [3]*khi*-[4]*jin* cet homme, [6]*chouï* qui, [5]*chi* était-ce? quel était cet homme? [7]*tsieou*-[8]*chi* précisément c'était (c'était précisément), [15]*Ling*-[16]*tch'e*, [9]*na*-[14]*fou* cet homme, [13]*ngo* qui mourait de faim, [12]*hia* au bas, [10]*sang*-[11]*chou* d'un mûrier.

[1]某 [2]在 [3]靈 [4]公 [5]根 [6]前 [7]說 [8]過。[9]將 [10]趙 [11]盾 [12]三 [13]百 [14]口 [15]滿 [16]門 [17]良 [18]賤 [19]誅 [20]盡 [21]殺 [22]絕。

[1]*Meou* moi, [7]*choue*-[8]*kouo* après avoir parlé, [2]*tsaï* étant, [5]*ken*-[6]*thsien* (1) en présence de, [3]*Ling*-[4]*kong*, [9]*tsiang* prenant (marque d'accusatif), [17]*liang* les nobles, [18]*tsien* et les roturiers, [15]*mouan*-[16]*men* de toute la maison, [10]*Tchao*-[11]*tun* de *Tchao-tun*, [12]*san*-[13]*pe*-[14]*kheou* (au nombre de)

(1) 根 *ken*, *vulgo* racine, est ici pour *ken* talon. Basile : 跟 前 (*Litt.* devant les talons) *coram aliquo*.

trois cents personnes, [19]*tchou* en les tuant, [20]*tsin* je les épuisai (je les tuai tous), [21]*cha* en les immolant, [22]*tsioue* je les détruisis.

[1]止[2]有[3]趙[4]朔[5]與[6]公[7]主[8]在[9]府[10]中。[11]為[12]他[13]是[14]箇[15]駙[16]馬。[17]不[18]好[19]擅[20]殺。

[1]*Tchi* seulement, [2]*yeou* il y a (il ne reste plus que), [3]*Tchao*-[4]*so* qui, [5]*yu* avec, [6]*kong*-[7]*tchou* la princesse, [8]*tsaï* se trouve, [9]*fou*-[10]*tchong* dans son palais; [11]*weï* parce que, [12]*tha*-[13]*chi* lui est (il est), [14]*ko* un, [15]*fou*-[16]*ma* gendre du roi, [17]*pou*-[18]*hao* il ne serait pas bon, [20]*cha* que je le tuasse, [19]*chen* en agissant d'après ma seule volonté.

[1]某[2]想[3]剪[4]草[5]除[6]根[7]萌[8]芽[9]不[10]發。

[1]*Meou*[2]*siang* j'ai pensé que, [3]*tsien* pour détruire, [4]*thsao* une plante, (il faut) [5]*tch'ou* arracher, [6]*ken* la racine, (et alors) [7]*ming*-[8]*ya* les rejetons, [9]*pou*-[10]*fa* ne poussent plus.

[1]乃[2]詐[3]傳[4]靈[5]公[6]的[7]命。[8]差[9]一[10]使[11]臣。[12]將[13]着[14]三[15]般[16]朝[17]典。[18]是[19]弓[20]絃。[21]藥[22]酒。[23]短[24]刀。[25]着[26]趙[27]朔[28]服[29]一[30]般[31]朝[32]典[33]身[34]亡。

[1]*Naï* alors, [2]*tcha* faussement, [3]*tch'ouen* j'ai transmis, [7]*ming* un ordre, un décret, [6]*ti* de, [4]*Ling*-[5]*kong;* [8]*tch'aï* j'ai envoyé, [9]*i* un, [10]*sse*-[11]*tch'in* messager; [12]*tsiang*-[13]*tcho* il a pris, [14]*san*-[15]*pan* trois sortes de, [16]*tch'ao*-[17]*tien* présents de la cour, du roi (voyez Morrison, part. II, n° 10, 119, dernières lignes); [18]*chi* ce sont : [20]*hien* une corde, [19]*kong* d'arc, [21]*yo*-[22]*thsieou* du vin empoisonné, [23]*toen*-[24]*tao* un couteau court (un poignard). [25]*Tcho* (le décret) ordonne à, [26]*Tchao*-[27]*so*, [28]*fo* de se servir, [29]*i*-[30]*pan* d'une sorte (d'un), [31]*tch'ao*-[32]*tien* des présents de la cour, ou du roi, (pour que) [33]*chin* son corps, sa personne, [34]*wang* meure.

[1]某[2]已[3]分[4]付[5]他[6]疾[7]去。[8]早[9]來[10]回[11]我[12]的[13]話。

[1]*Meou* je, [2]*i*-[3]*fun*-[4]*fou* ai recommandé, [5]*tha* à lui, [7]*khiu* de partir, [6]*tsi* promptement, [9]*laï* et de venir, [8]*tsao* de bonne heure, bientôt, [10]*hoeï*

pour rapporter, [13]*koa* les paroles, [11]*ngo*-[12]*ti* de moi, pour me rendre réponse.

Il récite des vers :

[1]三[2]百[3]家[4]屬[5]已[6]滅[7]門。[8]止[9]有[10]趙[11]朔[12]一[13]親[14]人。[15]不[16]論[17]那[18]般[19]朝[20]典[21]死。[22]便[23]教[24]剪[25]草[26]盡[27]除[28]根。

[1]*San*-[2]*pe* trois cents, [3]*kia*-[4]*cho* personnes de la famille, [5]*i*-[6]*mie* ont été exterminées, [7]*men* dans la maison (?). [8]*Tchi* seulement, [9]*yeou* il y a (il n'y a plus que), [10]*Tchao*-[11]*so*, (qui est) [12]*i* un, [13]*thsin*-[14]*jin* parent. [15]*Pou*-[16]*lun* je n'examine pas (peu importe), [17]*na*-[18]*pan* par quelle sorte de, [19]*tch'ao*-[20]*tien* présent de la cour, du roi, [21]*sse* il meure; [22]*pien* ainsi, [23]*kiao* j'aurai ordonné de, [24]*tsien* couper, [25]*thsao* la plante (et de), [26]*tsin* complètement, [27]*tch'ou* arracher, [28]*ken* la racine.

(Il sort.)

SCÈNE II.

TCHAO-SO, LA PRINCESSE, son épouse.

TCHAO-SO.

[1]小[2]官[3]趙[4]朔[5]官[6]拜[7]都[8]尉[9]之[10]職。

[1]*Siao*-[2]*kouan* le petit magistrat (moi), [3]*Tchao*-[4]*so*, [5]*kouan* comme magistrat, [6]*paï* a été nommé, [10]*tchi* à la charge, [9]*tchi* de, [7]*tou*-[8]*weï* (1).

(1) Morrison : all soothing; Bridgmann : general soother. Ces deux explications ne disent rien. Dans Morrison, *Dict. chin.*, part. I, pag. 822, § 98, on voit le terme *tou-wei* appliqué à *an officer who had controul over the imperial gardens and watering places*.

[1]誰 [2]想 [3]屠 [4]岸 [5]賈 [6]與 [7]我 [8]父 [9]文 [10]武 [11]不 [12]和。[13]搬 [14]弄 [15]靈 [16]公 [17]將 [18]俺 [19]三 [20]百 [21]口 [22]滿 [23]門 [24]良 [25]賤 [26]誅 [27]盡 [28]殺 [29]絕 [30]了 [31]也。

[1]*Chouï*-[2]*siang* qui aurait pensé que, [3]*Tou*-[4]*an*-[5]*kou*, [6]*yu* avec, [7]*ngo*-[8]*fou* mon père, [9]*wen* (l'un officier) civil, [10]*wou* (l'autre officier) militaire, [11]*pou*-[12]*ho* ne s'accorderait pas, (et que) [13]*p'ouan*-[14]*long* il aurait entraîné, [15]*Ling*-[16]*kong*, [17]*tsiang* à prendre (marque d'accusatif), [24]*liang* les nobles, [25]*tsien* et les roturiers, [18]*ngan*-[22]*mouan*-[23]*men* de toute ma maison, [19]*san*-[20]*pe*-[21]*kheou* (au nombre de) trois cents personnes, [26]*tchou*-[27]*tsin* à les tuer tous, [28]*cha*-[29]*tsioue*-[30]*liao* et à les exterminer, [31]*ye* particule finale.

[1]公 [2]主 [3]你 [4]聽 [5]我 [6]遺 [7]言。[8]你 [9]如 [10]今 [11]腹 [12]懷 [13]有 [14]孕。[15]若 [16]是 [17]你 [18]添 [19]箇 [20]女 [21]兒。[22]更 [23]無 [24]話 [25]說。

[1]*Kong*-[2]*tchou* princesse, [3]*ni* toi, [4]*thing* écoute, [6]*i*-[7]*yen* les dernières paroles, [5]*ngo* de moi. [8]*Ni* toi, [9]*jou*-[10]*kin* maintenant, [11]*fo*-[12]*hoaï* dans le sein, [13]*yeou*-[14]*ing* tu portes un fruit (habes fœtum). [15]*Jo*-[16]*chi* si, [17]*ni*-[18]*thien* tu mets au monde, [19]*ko* une, [20]*niu*-[21]*eul* petite fille, [23]*wou* je n'ai pas, [22]*keng* davantage, [24]*hoa* de paroles, [25]*choue* à dire.

[1]若 [2]是 [3]箇 [4]小 [5]厮 [6]兒 [7]呵。[8]我 [9]就 [10]腹 [11]中。[12]與 [13]他 [14]箇 [15]小 [16]名。[17]喚 [18]做 [19]趙 [20]氏 [21]孤 [22]兒。[23]待 [24]他 [25]長 [26]立 [27]成 [28]人。[29]與 [30]俺 [31]父 [32]母 [33]雪 [34]冤 [35]報 [36]讎 [37]也。

[1]*Jo*-[2]*chi* si c'est, [3]*ko* un, [4]*siao* petit, [5]*sse*-[6]*eul* garçon (1), [7]*ho* ah! [8]*ngo* moi, [9]*tsieou* tout de suite, [10]*fo*-[11]*tchong* dans ton sein, [12]*yu*-[13]*tha* je lui donne, [14]*ko* un, [15]*siao*-[16]*ming* petit nom, nom d'enfance, [17]*houan*-[18]*tso* je l'appelle, [21]*kou*-[22]*eul* le petit orphelin, [19]*tchao*-[20]*tchi* de la famille de *Tchao*. [23]*Taï* attends que, [24]*tha* lui, il, [25]*tchang*-[26]*li* ait grandi, [27]*tch'ing*-[28]*jin* et qu'il soit devenu un homme, (afin que) [29]*yu* pour, [30]*ngan* mon,

(1) Je suis obligé de traduire ainsi, quoique tous les dictionnaires donnent à [5]*sse* le sens de domestique (servus).

41

[31]*fou* père, [32]*mou* et ma mère, [33]*sioue*-[34]*youen* il lave les injures, [35]*pao*-[36]*tch'eou* et se venge, [37]*ye* particule finale.

La Princesse, pleurant,

[1]元[2]的[3]不[4]痛[5]殺[6]我[7]也。

[1]*Ouo*-[2]*ti* hélas! (est-ce que) [3]*pou*-[5]*cha* vous ne tuez pas, [6]*ngo* moi, [4]*thong* de douleur? [7]*ye* particule finale (c.-à-d. vous me faites mourir de douleur).

SCÈNE III.

Un Messager, suivi de plusieurs huissiers, **Tchao-so**,
la Princesse, sa femme.

Le Messager,

[1]小[2]官[3]奉[4]主[5]公[6]的[7]命。[8]將[9]三[10]般[11]朝[12]典。[13]是[14]弓[15]絃。[16]藥[17]酒。[18]短[19]刀。[20]賜[21]與[22]駙[23]馬[24]趙[25]朔。

[1]*Siao*-[2]*kouan* ce petit magistrat (moi), [3]*fong* ayant reçu, [7]*ming* les ordres, [6]*ti* du, [4]*tchou*-[5]*kong* roi, [8]*tsiang* j'apporte, [9]*san*-[10]*pan* trois sortes, [11]*tch'ao*-[12]*tien* des présents de la cour, du roi, [13]*chi* ce sont : [14]*kong*-[15]*hien* une corde d'arc, [16]*yo*-[17]*thsieou* du vin empoisonné, [18]*toen*-[19]*tao* un couteau court (un poignard), [20]*sse* (le roi) les donne, [21]*yu* à, [22]*fou*-[23]*ma* son gendre, [24]*Tchao*-[25]*so*.

[1]隨[2]他[3]服[4]那[5]一[6]般[7]朝[8]典。[9]取[10]速[11]而[12]亡。[13]然[14]後[15]將[16]公[17]主[18]囚[19]禁[20]府[21]中。

[1]*Souï*-[2]*tha* suivant lui, à son choix, [3]*fo* qu'il fasse usage, [5]*i*-[6]*pan* d'une sorte, [4]*na* de ces, [7]*tch'ao*-[8]*tien* présents de la cour, du roi, [9]*thsiu* qu'il

la prenne, [10]*so*-[12]*wang* et qu'il meure promptement, [11]*eul* particule explétive. [13]*Jen*-[14]*heou* ensuite, [15]*tsiang* prenant (marque d'accusatif), [16]*kong*-[17]*tchou* la princesse, [18]*thsieou*-[19]*kin* je l'emprisonnerai, [20]*fou*-[21]*tchong* dans son palais.

[1]小 [2]官 [3]不 [4]敢 [5]久 [6]停 [7]久 [8]住。[9]卽 [10]刻 [11]傳 [12]命。[13]走 [14]一 [15]遭 去[16]。

[1]*Siao*-[2]*kouan* le petit magistrat (moi, je), [3]*pou*-[4]*kan* n'ose pas, [5]*kieou*-[6]*ting* longtemps rester, [7]*kieou*-[8]*tchou* longtemps m'arrêter. [9]*Tsi*-[10]*khe* tout de suite, [11]*tch'ouen*-[12]*ming* portons le décret, [13]*tseou*-[16]*k'iu* allons courir, [14]*i*-[15]*tsao* une fois.

[1]可 [2]早 [3]來 [4]到 [5]他 [6]府 [7]門 [8]首 [9]也。

[1]*Kho* je pourrai, [2]*tsao* de bonne heure, bientôt, [3]*laï*-[4]*tao* arriver à, [8]*cheou* la tête (l'entrée), [7]*men* de la porte, [5]*tha*-[6]*fou* de son palais.

(Apercevant *Tchao-so*.)

[1]趙 [2]朔 [3]跪 [4]者。[5]聽 [6]主 [7]公 [8]的 [9]命。

[1]*Tchao*-[2]*so*, [3]*khoueï*-[4]*tche* mettez-vous à genoux; [5]*t'ing* écoutez, [9]*ming* le décret, [6]*tchou*-[7]*kong*-[8]*ti* du roi. ([4]*Tche*, signe d'impératif. Voyez tome I, page 65.)

Il lit :

[1]爲 [2]你 [3]一 [4]家。[5]不 [6]忠 [7]不 [8]孝。[9]欺 [10]公 [11]壞 [12]法。[13]將 [14]你 [15]滿 [16]門 [17]良 [18]賤。[19]盡 [20]行 [21]誅 [22]戮。

« [1]*Weï* parce que, [3]*i*-[4]*kia* toute la maison, toutes les personnes de « la maison, [2]*ni* de toi, [5]*pou*-[6]*tchong*-[7]*pou*-[8]*hiao* étaient dépourvues de « loyauté et de piété filiale, (parce que) [9]*khi*-[10]*kong* tu as trompé le « prince, [11]*hoaï*-[12]*fa* tu as détruit, violé les lois, [13]*tsiang* prenant (mar- « que d'accusatif), [17]*liang* les nobles, [18]*tsien* et les roturiers, [15]*mouan*- « [16]*men* de toute la maison, [14]*ni* de toi, [19]*tsin* complètement, [20]*hing*- « [21]*tchou*-[22]*liao* je les ai fait massacrer. »

[1]尙 [2]有 [3]餘 [4]辜。[5]姑 [6]念 [7]趙 [8]盾 [9]有 [10]一 [11]脈

[12]之 [13]親。[14]不 [15]忍 [16]加 [17]誅。[18]特 [19]賜 [20]三 [21]般 [22]朝 [23]典。[24]隨 [25]意 [26]取 [27]一 [28]而 [29]死。

« [1]*Chang* encore, [2]*yeou* il y a, [3]*yu*-[4]*kou* des crimes de reste, c.-à-d. « des crimes qui ne sont pas encore punis. [5]*Kou*-[6]*nien* je songe avec « un sentiment d'indulgence que, [7]*Tchao*-[8]*tun*, [9]*yeou* a, [13]*thsin* la « parenté, [10]*i*-[11]*me*-[12]*tchi* d'une ligne de succession (1), [14]*pou*-[15]*jin* je ne « puis avoir la cruauté, [16]*kia*-[17]*tchou* de lui donner la mort. [18]*Te* exprès, « [19]*sse* je lui donne, [20]*san*-[21]*pan* trois sortes de, [22]*tch'ao*-[23]*tien* présents « du palais; [24]*souï*-[25]*i* suivant son idée, à son gré, [26]*thsiu*-[27]*i* qu'il en « prenne un, [28]*eul*-[29]*sse* et qu'il meure. »

[1]其 [2]公 [3]主 [4]囚 [5]禁 [6]在 [7]府。[8]斷 [9]絕 [10]親 [11]疏。[12]不 [13]許 [14]往 [15]來。

« [1]*Khi*-[2]*kong*-[3]*tchou* sa princesse, la princesse sa femme, [4]*thsieou*-[5]*kin* « sera emprisonnée, [5]*tsaï*-[6]*fou* dans son palais; [8]*touan*-[9]*tsioue* elle sera « complètement séparée, [10]*thsin* de ses proches parents, [11]*sou* et de ses « parents éloignés; [12]*pou*-[13]*hiu* il ne lui sera pas permis, [14]*wang*-[15]*laï* « de les fréquenter, d'avoir des relations avec eux. »

Le Messager,

[1]兀 [2]那 [3]趙 [4]朔。[5]聖 [6]命 [7]不 [9]可 [9]違 [10]慢。[11]你 [12]早 [13]早 [14]自 [15]盡 [16]者。

[1]*Ouo*-[2]*na* holà! [3]*Tchao*-[4]*so*, [5]*ching*-[6]*ming* le saint décret, le décret du roi, [7]*pou*-[8]*kho* ne peut pas, [9]*weï* être désobéi, [10]*man* ou négligé. [11]*Ni* toi, [12]*tsao*-[13]*tsao* vite, vite, [14]*tseu*-[15]*tsin*-[16]*tche* détruis-toi toi-même, donne-toi la mort ([16]*tche* marque d'impératif).

Tchao-so,

公 [2]主 [3]似 [4]此 [5]可 [6]怎 [7]了 [8]也。

[1]*Kong*-[2]*tchou* princesse! [3]*sse*-[4]*thseu* (les choses étant) comme cela

(1) C.-à-d. Il est mon parent, et pourrait me succéder en vertu de son mariage avec ma fille. Morrison, part. II, n° 7684 : [10]*I*-[11]*me*, one line of succession.

(dans cette situation), [5]*kho*-[6]*tseng*-[7]*liao* que puis-je faire? que faire? [8]*ye* particule finale.

La Princesse,

[1]天 [2]那。[3]可 [4]憐。[5]害 [6]的 [7]俺 [8]一 [9]家。[10]死 [11]無 [12]葬 [13]身 [14]之 [15]地 [16]也。

[1]*Thien*-[2]*na* ô ciel! [3]*kho*-[4]*lien* ayez pitié de nous. [5]*Haï*-[6]*ti* il a tué (的 *ti* pour 得 *te*), [8]*i*-[9]*kia* toute la maison, toutes les personnes de la maison, [7]*ngan* de nous. [10]*Sse* elles sont mortes, [11]*wou* et n'ont pas, [15]*ti* de lieu, [12]*tsang* où l'on puisse enterrer, [13]*chin* leurs corps, [14]*tchi* particule relative, [16]*ye* particule finale.

Tchao-so,

[1]公 [2]主。[3]我 [4]囑 [5]付 [6]你 [7]的 [8]說 [9]話。[10]你 [11]牢 [12]記 [13]者。

[1]*Kong*-[2]*tchou* princesse, [12]*ki*-[13]*tche* souviens-toi ([13]*tche* marque d'impératif), [11]*lao* fermement, [8]*choue*-[9]*hoa* des paroles. [7]*ti* que, [3]*ngo* moi, [4]*tcho*-[5]*fou* j'ai recommandées, [6]*ni* à toi.

La Princesse,

[1]妾 [2]身 [3]知 [4]道 [5]了 [6]也。

[1]*Thsie*-[2]*chin* votre épouse, [3]*tchi*-[4]*tao*-[5]*liao* le sait, [6]*ye* particule finale.

(*Tchao-so* se tue d'un coup de poignard et on l'emporte de la scène.)

La Princesse,

[1]駙 [2]馬。[3]則 [4]被 [5]你 [6]痛 [7]殺 [8]我 [9]也。[10]下。

[1]*Fou*-[2]*ma* gendre du roi, [3]*tse* ainsi, [4]*pi* j'éprouve (le malheur que), [5]*ni* vous, [6]*thong* par la douleur, [7]*cha*-[8]*ngo* me tuez (vous me faites mourir de douleur), [9]*ye* particule finale.

[10](Elle sort.)

LE MESSAGER,

[1]趙 [2]朔 [3]用 [4]短 [5]刀。[6]身 [7]亡 [8]了 [9]也。[10]公 [11]主 [12]已 [13]囚 [14]在 [15]府 [16]中。[17]小 [18]官 [19]須 [20]回 [21]主 [22]公 [23]的 [24]話 [25]去 [26]來。

[1]*Tchao-*[2]*so*, [3]*yong* ayant fait usage, [4]*toen-*[5]*tao* d'un couteau court (d'un poignard), [6]*chin* son corps, [7]*wang-*[8]*liao* est mort, [9]*ye* particule finale. [10]*Kong-*[11]*tchou* la princesse, [12]*i-*[13]*thsieou* est déjà emprisonnée, [14]*tsaï* étant, [15]*fou-*[16]*tchong* dans son palais. [17]*Siao-*[18]*kouan* le petit magistrat (moi, je), [19]*siu* doit, [25]*khiu-*[26]*laï* aller, [20]*hoeï* rapporter, [21]*tchou-*[22]*kong-*[23]*ti* du roi, [24]*hoa* les paroles (rendre réponse au roi).

Il récite des vers :

[1]西 [2]戎 [3]當 [4]日 [5]進 [6]神 [7]獒。

[1]*Si-*[2]*jong* les barbares de l'ouest, [3]*tang-*[4]*ji* dans un jour, un jour, [5]*thsin* avaient offert en tribut, [6]*Chin-*[7]*'ao* (un chien nommé) *Chin-'ao.*

[1]趙 [2]家 [3]百 [4]口 [5]命 [6]難 [7]逃。

[3]*Pe-*[4]*kheou* cent personnes, [1]*Tchao-*[2]*kia* de la maison de *Tchao*, [6]*nan* n'ont pu, [7]*thao* échapper, [5]*ming* à la mort.

[1]可 [2]憐 [3]公 [4]主 [5]猶 [6]囚 [7]禁。

[3]*Kong-*[4]*tchou* la princesse, [1]*kho-*[2]*lien* digne de pitié, [5]*yeou* encore, [6]*thsieou-*[7]*kin* est emprisonnée.

[1]趙 [2]朔 [3]能 [4]無 [5]決 [6]短 [7]刀。

(Plût au ciel que) [1]*Tchao-*[2]*so*, [3]*neng* eût pu, [4]*wou* ne pas, [5]*kioue-*[6]*toen-*[7]*tao* (pour 決以短刀 *kioue-i-toen-tao*) trancher (ses jours) avec un poignard.

(1) Il me semble que l'auteur a retranché *i* 以 avec, pour que le vers n'eût pas plus de sept syllabes. Par la même raison, dans le second vers, il a supprimé le mot *san* 三 trois, devant 百口 *pe-kheou* (cent personnes), quoique dans le texte qui précède, on ait parlé plusieurs fois de *trois cent personnes* (三百口 *san-pe-kheou*) massacrées dans le palais de *Tchao-so* par l'ordre de *Tou-'an-kou*.

ACTE PREMIER

SCÈNE I.

TOU-'AN-KOU.

[1]某[2]屠[3]岸[4]賈。[5]只[6]為[7]公[8]主。[9]怕[10]他[11]添[12]了[13]箇[14]小[15]厮[16]兒。[17]久[18]以[19]後[20]成[21]人[22]長[23]大。[24]他[25]不[26]是[27]我[28]的[29]讎[30]人。

[1]*Meou* je (suis), [2]*Tou-*[3]*'an-*[4]*kou*, [5]*tchi* seulement, [6]*weï* à cause de, [7]*kong-*[8]*tchou* la princesse, [9]*p'a* je crains que, [10]*tha* elle, [11]*thien-*[12]*liao* n'ait mis au monde, [13]*ko* un, [14]*siao-*[15]*sse-*[16]*eul* petit garçon; [17]*kieou* longtemps, [18]*i-*[19]*heou* après, [20]*tch'ing-*[21]*jin* quand il sera devenu homme, [22]*tchang-*[23]*ta* quand il aura grandi, [24]*tha* lui, [25]*pou-*[26]*chi* ne sera-t-il pas, [27]*ngo-*[28]*ti* de moi, [29]*tch'eou-*[30]*jin* l'ennemi?

[1]我[2]已[3]將[4]公[5]主[6]囚[7]在[8]府[9]中。[10]這[11]些[12]時[13]該[14]分[15]娩[16]了。

[1]*Ngo* moi, [2]*i* déjà, [3]*tsiang* prenant (marque d'accusatif), [4]*kong-*[5]*tchou* la princesse, [6]*thsieou* je l'ai emprisonnée, [7]*tsaï-*[9]*tchong* dans, [8]*fou* son palais. [10]*Tche-*[11]*sie-*[12]*chi* dans ce moment, [13]*kaï* elle doit, [14]*fun-*[15]*mien-*[16]*liao* être accouchée.

[1]怎[2]麼[3]差[4]去[5]的[6]人[7]去[8]了[9]許[10]久。[11]還[12]不[13]見[14]來[15]回[16]報。

[1]*Tseng-*[2]*mo* comment (se fait-il que), [6]*jin* l'homme, [3]*tch'aï-*[4]*khiu-*[5]*ti* qui a été envoyé, [7]*khiu-*[8]*liao* étant parti, [9]*hiu-*[10]*kieou* il y a longtemps, [12]*pou-*[13]*kien* je ne le voie pas, [11]*hoan* encore, [14]*laï* venir, [15]*hoeï-*[16]*pao* pour me rendre réponse?

SCÈNE II.

UN SOLDAT, TOU-AN-KOU,

UN SOLDAT,

[1]報[2]的[3]元[4]師[5]得[6]知。[7]公[8]主[9]囚[10]在[11]府[12]中。[13]添[14]了[15]箇[16]小[17]厮[18]兒。[19]喚[20]做[21]趙[22]氏[23]孤[24]兒[25]哩。

[1]*Pao*-[2]*ti* (*ti* pour *te*) j'apporte des nouvelles, [3]*youen*-[4]*thsouï* au général en chef, [5]*te* pour qu'il puisse, [6]*tchi* savoir (être informé) : [7]*kong*-[8]*tchou* la princesse, [9]*thsieou* étant emprisonnée, [10]*tsaï* dans, [12]*tchong* le milieu, [11]*fou* de son palais (dans son palais), [13]*thien*-[14]*liao* a mis au monde, [15]*ko* un, [16]*siao*-[17]*sse*-[18]*eul* petit garçon, [19]*houan*-[20]*tso* qu'on appelle, [23]*kou*-[24]*eul* le petit orphelin, [21]*tchao* [22]*chi* de la famille de *Tchao*, [25]*li* particule finale.

TOU-'AN-KOU,

[1]是[2]眞[3]箇[4]喚[5]做[6]趙[7]氏[8]孤[9]兒。[10]等[11]一[12]月[13]滿[14]足。[15]殺[16]這[17]小[18]厮。[19]也[20]不[21]爲[22]遲。

[1]*Chi* est-(il), [2]*tchin*-[3]*ko* vrai (que), [4]*houan*-[5]*tso* il s'appelle, [8]*kou*-[9]*eul* le petit orphelin, [6]*tchao*-[7]*chi* de la famille de *Tchao?* [10]*teng* attendons (que), [11]*i*-[12]*youeï* un mois, [13]*mouan*-[14]*tso* soit accompli; [15]*chan* je tuerai, [16]*tche* ce, [17]*siao*-[18]*sse* petit garçon, [19]*ye* même, [20]*pou*-[21]*weï* ce ne sera pas, [22]*tch'i* tard, c.-à-d. j'aurai encore le temps de le tuer, etc.

[1]令[2]人[3]傳[4]我[5]的[6]號[7]令[8]去。[9]着[10]下[11]將[12]軍[13]韓[14]厥。[15]把[16]住[17]府[18]門。[19]不[20]搜[21]進[22]去[23]的。[24]只[25]搜[26]出[27]來[28]的。

[1]*Ling*-[2]*jin* soldats, [8]*khiu* allez, [3]*tch'ouen* porter, [6]*hao*-[7]*ling* les ordres, [4]*ngo*-[5]*ti* de moi (mes ordres). [9]*Tcho* j'ordonne, [13]*Han*-[14]*kioue* à *Han-kioue*, [11]*tsiang*-[12]*kiun* général, [10]*hia* inférieur (en second), [15]*pa*-[16]*tchou* de garder, [17]*fou*-[18]*men* les portes de son palais; [19]*pou*-[20]*seou* on ne fouillera pas, [23]*ti* ceux qui, [21]*thsin*-[22]*khiu* entrent, [24]*tchi* seulement, [25]*seou* on fouillera, [28]*ti* ceux qui, [26]*tch'ou*-[27]*laï* sortent.

1若 2有 3盜 4出 5趙 6氏 7孤 8兒 9者。10全 11家 12處 13斬。14九 15族 16不 17留 18一 19壁。

[1]*Jo* si, [2]*yeou* il y a, [9]*tche* (un homme) qui, [3]*tao*-[4]*tch'ou* emporte furtivement (*litt.* sorte ayant volé), [7]*kou*-[8]*eul* le petit orphelin, [5]*tchao*-[6]*chi* de la famille de *Tchao*, [10]*thsiouen*-[11]*kia* toute sa famille, [12]*tch'ou*-[13]*tchan* sera décapitée, [14]*kieou*-[15]*tso* des neuf parents en ligne droite, [16]*pou*-[17]*lieou* il ne restera pas, [18]*i*-[19]*pi* un individu.

1與 2我 3張 4掛 5榜 6文。7徧 8告 9諸 10將。11休 12得 13違 14悞。15自 16取 17其 18罪。

[1]*Yu*-[2]*ngo* pour moi, [3]*tchang*-[4]*koua* qu'on suspende, [5]*pang*-[6]*wen* une affiche, (pour) [7]*pien* de tous côtés, [8]*kao* informer, [9]*tchou*-[10]*tsiang* les chefs militaires; [11]*hieou*-[12]*te* qu'ils se gardent de, [13]*weï* me désobéir, [14]*ou* et de commettre quelque erreur; [15]*tseu*-[16]*thsiu* ils s'attireraient eux-mêmes, [17]*khi*-[18]*tsouï* leur châtiment.

Il récite des vers :

1不 2爭 3晉 4公 5主 6懷 7孕 8在 9身。10產 11孤 12兒 13是 14我 15讎 16人。17待 18滿 19月 20鋼 21刀 22割 23死。24纔 25稱 26我 27削 28草 29除 30根。

[1]*Pou*-[2]*tseng* certainement (*litt.* ne pas disputer), [4]*kong*-[5]*tchou* si la princesse, [3]*tsin* de *Tsin*, [6]*hoaï*-[7]*ing*-[8]*tsaï*-[9]*chin* étant enceinte (partum gerens in corpore, in alvo), [10]*thsan* a mis au monde, [11]*kou*-[12]*eul* le petit orphelin, [13]*chi* ce sera, [14]*ngo* de moi, [15]*tch'eou*-[16]*jin* l'ennemi. [17]*Taï* attendons, [18]*mouan*-[19]*youeï* un mois plein, accompli, [21]*tao* avec un couteau, un sabre, [20]*kang* d'acier, [22]*ko* étant coupé, [23]*sse* il mourra. [24]*Thsaï* alors, [25]*tch'ing* on dira que, [26]*ngo* moi, [27]*sio* pour détruire, [28]*thsao* la plante, [29]*tch'ou* j'ai arraché, [30]*ken* la racine.

SCÈNE III.

LA PRINCESSE, tenant un enfant nouveau-né.

Elle récite des vers :

1天 2下 3人 4煩 5惱。6都 7在 8我 9心 10頭。11猶 12如 13秋 14夜 15雨。16一 17點 18一 19聲 20愁。(1)

« 4*Fan* les peines, 5*nao* les tourments, 3*jin* des hommes, 1*thien*-2*hia* « du dessous du ciel, du monde, 6*tou* tous, 7*tsaï* sont dans, 8*ngo* mon, « 9*sin*-10*theou* cœur; 11*yeou*-12*jou* de même que, 15*yu* la pluie, 14*ye* d'une « nuit, 13*thsieou* d'automne, 16*i*-17*tien* à chaque goutte, 18*i*-19*ching* à « chaque bruit, 20*tsieou* s'amasse, s'accumule. »

1妾 2身 3晉 4室 5公 6主。7被 8姦 9臣 10屠 11岸 12賈。13將 14俺 15趙 16家 17滿 18門 19良 20賤。21誅 22盡 23殺 24絕。

1*Thsie*-2*chin* moi, (je suis) 5*kong*-6*tchou* une princesse, 3*tsin*-4*chi* de la maison (royale) de *Tsin*, 7*pi* j'ai éprouvé (le malheur que), 9*tch'in* un ministre, 8*kien* traître, (nommé) 10*Tou*-11*'an*-12*kou :* 13*tsiang* prenant (marque d'accusatif), 19*liang* les nobles, 20*tsien* et les roturiers, 17*mouan*-18*men* de toute la maison, 14*ngan* de ma, 15*tchao*-16*kia* famille de *Tchao*, 21*tchou*-22*tsin* il les a tous tués, 23*cha* et en les massacrant, 24*tsioue* les a exterminés.

1今 2日 3所 4生 5一 6子。7記 8的 9駙 10馬 11臨 12亡 13之 14時。15曾 16有 17遺 18言。19若·20是 21添 22箇 23小 24厮 25兒。26喚 27做 28趙 29氏 30孤 31兒。

3*So*-4*seng* l'enfant que j'ai mis au monde, 1*kin*-2*ji* aujourd'hui, 5*i*-

(1) Le P. Prémare a passé ce second vers dont la construction et le sens présentaient de grandes difficultés. Le mot 愁 prononcé *tseou* signifie avoir du chagrin; mais il se prend quelquefois pour *tsieou* 楢 et a le sens de *amasser*, *accumuler*. Morrison (Part. II, nº 10,880) : To collect together.

[6]***tseu*** est un fils; [7]*ki*-[8]*ti* je me souviens que, [9]*fou*-[10]*ma* le gendre du roi (mon époux), [14]*chi* dans le temps, le moment où, [11]*lin-wang* il était près de mourir, ([13]*tchi* particule relative), [15]*tseng*-[16]*yeou* eut, prononça ([15]*tseng* marque du passé), [17]*i*-[18]*yen* ses dernières paroles, ses dernières volontés (en ces termes) : [19]*jo*-[20]*chi* si, [21]*thien* vous mettez au monde, [22]*ko* un, [23]*siao*-[24]-*sse*-[25]*eul* petit garçon, [26]*houan*-[27]*tso* appelez-le, [30]*kou*-[31]*eul* le petit orphelin, [28]*tchao*-[29]*chi* de la famille de *Tchao*.

[1]待 [2]他 [3]久 [4]後 [5]成 [6]人 [7]長 [8]大。[9]與 [10]父 [11]母 [12]雪 [13]冤 [14]報 [15]讎。

[1]*Taï* attendez que, [2]*tha* lui, [3]*kieou*-[4]*heou* après longtemps, [5]*tch'ing*-[6]*jin* soit devenu homme, [7]*tchang*-[8]*ta* et ait grandi, (afin que) [9]*yu* pour, [10]*fou* son père, [11]*mou* et sa mère, [12]*sioue*-[13]*youen* il lave les injures, [14]*pao*-[15]*tch'eou* et se venge.

[1]天 [2]那。[3]怎 [4]能 [5]彀 [6]將 [7]這 [8]孩 [9]兒。[10]送 [11]出 [12]的 [13]這 [14]府 [15]門 [16]去。

[1]*Thien*-[2]*na* ô ciel! [3]*tseng* comment, [4]*neng*-[5]*keou* pourrai-je, [6]*tsiang* prenant (marque d'accusatif), [7]*tche* ce, [8]*haï*-[9]*eul* jeune enfant, [10]*song* le conduire, [11]*tch'ou*-[12]-*ti*-[16]*khiu* et le faire sortir de, [15]*men* la porte, [13]*tche* de ce, [14]*fou* palais? ([12]*ti* est pour *te*).

[1]可 [2]也 [3]好 [4]也。[5]我 [6]想 [7]起 [8]來。[9]目 [10]下 [11]再 [12]無 [13]親 [14]人。[15]只 [16]有 [17]俺 [18]家 [19]門 [20]下 [21]程 [22]嬰。[23]在 [24]家 [25]屬 [26]上。[27]無 [28]他 [29]的 [30]名。[31]字。

[1]*Kho*-[2]*ye*-[3]*hao*-[4]*ye* heureusement, [5]*ngo* moi, je, [6]*siang*-[7]*ki*-[8]*laï* je me mets à penser (il me vient une idée) : [9]*mo*-[10]*hia* maintenant, [11]*tsaï* encore, [12]*wou* je n'ai pas, [13]*thsin*-[14]*jin* de parents. [15]*Tchi* seulement, [16]*yeou* il y a, [21]*Tch'ing*-[22]*ing* (nom d'homme), [19]*men*-[20]*hia* (qui était) au bas de la porte, [17]*ngan*-[18]*kia* de notre maison (qui était attaché au service de notre maison) : [23]*tsaï*-[26]*chang* dans, parmi, [24]*kia*-[25]*cho* les personnes de notre maison, [27]*wou* il n'y avait pas, [28]*tha*-[29]*ti* de lui, [30]*ming*-[31]*tseu* le nom et le surnom, c.-à-d. dont le nom n'était pas porté sur la liste des personnes qui composaient notre maison.

[1]我 [2]如 [3]今 [4]只 [5]等 [6]程 [7]嬰 [8]來 [9]時。[10]我 [11]自 [12]有 [13]箇 [14]主 [15]意。

[1]*Ngo* moi, [2]*jou*-[3]*kin* maintenant, [4]*tchi* seulement, [5]*teng* j'attends, [9]*chi* le moment où, [6]*Tch'ing*-[7]*ing*, [8]*laï* sera venu, [10]*ngo*-[11]*tseu* moi-même, [12]*yeou* j'ai, [13]*ko* un, [14]*tchou*-[15]*i* dessein.

SCÈNE IV.

TCH'ING-ING, portant une boîte remplie d'herbes médicinales.

[1]自 [2]家 [3]程 [4]嬰 [5]是 [6]也。

[1]*Tseu*-[2]*kia* moi, je, [5]*chi* suis, [3]*Tch'ing*-[4]*ing*, [6]*ye* particule finale.

[1]元 [2]是 [3]箇 [4]草 [5]澤 [6]醫 [7]人。[8]向 [9]在 [10]駙 [11]馬 [12]府 [13]門 [14]下。[15]蒙 [16]他 [17]十 [18]分 [19]優 [20]待。[21]與 [22]常 [23]人 [24]不 [25]同。

[1]*Youen* dans l'origine, [2]*chi* j'étais, [3]*ko* un, [6]*i*-[7]*jin* médecin, [4]*thsao*-[5]*tse* d'herbes (qui traite avec des simples); [8]*hiang* précédemment, [9]*tsaï* j'étais, [13]*men*-[14]*hia* au bas de la porte, [12]*fou* du palais, [10]*fou*-[11]*ma* du gendre du roi (c.-à-d. j'étais au service du gendre du roi). [15]*Mong* je suis reconnaissant (de ce que), [16]*tha* lui, [17]*chi*-[18]*fen* extrêmement, [19]*yeou*-[20]*taï* me traitait avec bienveillance; [24]*pou* pas, [25]*thong* d'une manière semblable, [21]*yu* aux, [22]*tch'ang*-[23]*jin* hommes ordinaires, c.-à-d. il ne me traitait pas comme les hommes ordinaires.

[1]可 [2]奈 [3]屠 [4]岸 [5]賈 [6]賊 [7]臣。[8]將 [9]趙 [10]家 [11]滿 [12]門 [13]良 [14]賤。[15]誅 [16]盡 [17]殺 [18]絕。

[1]*Kho*-[2]*naï* mais hélas! [3]*Tou*-[4]*'an*-[5]*kou*, [7]*tch'in* cet officier, [6]*tse* homicide, [8]*tsiang* prenant (marque d'accusatif), [13]*liang* les nobles, [14]*tsien* et les roturiers, [11]*mouan*-[12]*men* de la maison entière, [9]*tchao*-[10]*kia* de la famille de Tchao, [15]*tchou*-[16]*tsin* les a tous tués (*litt.* en les tuant les a épuisés), [17]*cha* et en les massacrant, [18]*tsioue* les a exterminés.

海上絲綢之路文獻集成 科技與文化編

[1]幸 [2]得 [3]家 [4]屬 [5]上 [6]無 [7]有 [8]我 [9]的 [10]名 [11]字。[12]如 [13]今 [14]公 [15]主 [16]囚 [17]在 [18]府 [19]中。[20]是 [21]我 [22]每 [23]日 [24]傳 [25]茶 [26]送 [27]飯。

[1]*Hing* par bonheur, [2]*te* j'ai obtenu (que), [5]*chang* sur, [3]*kia*-[4]*cho* (la liste) des personnes de la maison, [10]*ming*-[11]*tseu* le nom et le surnom, [8]*ngo*-[9]*ti* de moi, [6]*wou*-[7]*yeou* n'ont pas existé, ne se sont pas trouvés. [12]*Jou*-[13]*kin* maintenant, [14]*kong*-[15]*tchou* la princesse, [16]*thsieou* est emprisonnée, [17]*tsaï* dans, [19]*tchong* le milieu, l'intérieur, [18]*fou* de son palais. [20]*Chi* c'est, [21]*ngo* moi (qui), [22]*meï*-[23]*ji* chaque jour, [24]*tch'ouen* lui apporte, [25]*tch'a* le thé, [26]*song* et lui offre, [27]*fan* le riz cuit.

[1]那 [2]公 [3]主 [4]眼 [5]下 [6]生 [7]的 [8]一 [9]箇 [10]小 [11]厮。[12]取 [13]名 [14]趙 [15]氏 [16]孤 [17]兒。

[1]*Na* cette, [2]*kong*-[3]*tchou* princesse, [4]*yen*-[5]*hia* maintenant, [6]*seng*-[7]*ti*, pour *seng-te*, a mis au monde, [8]*i*-[9]*ko* un, [10]*siao*-[11]*sse* petit garçon, [12]*thsiu*-[13]*ming* et lui a donné le nom de, [16]*kou*-[17]*eul* le petit orphelin, [14]*tchao*-[15]*chi* de la famille de *Tchao*.

[1]等 [2]他 [3]長 [4]立 [5]成 [6]人。[7]與 [8]父 [9]母 [10]報 [11]讎 [12]雪 [13]寃。[14]只 [15]怕 [16]出 [17]不 [18]得 [19]屠 [20]賊 [21]之 [22]手。[23]也 [24]是 [25]枉 [26]然。

[1]*Teng* j'attends que, [2]*tha* lui, [3]*tchang*-[4]*ta* ait grandi, [5]*tch'ing*-[6]*jin* et qu'il soit devenu homme, (afin que) [7]*yu* pour, [8]*fou* son père, [9]*mou* et sa mère, [10]*pao*-[11]*tch'eou* il tire vengeance, [12]*sioue*-[13]*youen* et lave leurs injures. [14]*Tchi* seulement, [15]*p'a* je crains que, [17]*pou*-[18]*te* il ne puisse, [16]*tch'ou* s'échapper, [22]*cheou* des mains, [21]*tchi* du, [20]*tse* brigand, [19]*Tou Tou-'an-kou*, [23]*ye* et alors, [24]*chi* ce serait, [25]*wang*-[26]*jen* en vain, c.-à-d. toutes les espérances que l'on fonde sur lui seraient détruites.

[1]聞 [2]得 [3]公 [4]主 [5]呼 [6]喚。[7]想 [8]是 [9]產 [10]後 [11]要 [12]什 [13]麼 [14]湯 [15]藥。[16]須 [17]索 [18]走 [19]一 [20]遭 [21]去。

[1]*Wen*-[2]*ti* (pour *wen-te*) j'ai appris que, [3]*kong*-[4]*tchou* la princesse, [5]*hou*-

[6]*houan* m'avait appelé ; [7]*siang* je pense que, [9]*thsan*-[10]*heou* après l'enfantement, [11]*yao* elle demande, [12]*chi*-[13]*mo* quelques, [14]*thang*-[15]*yo* simples pour tisane. [16]*Siu* il faut, [17]*so*-[18]*tseou* courir, [21]*khiu* et y aller, [19]*i*-[20]*tsao* une fois.

[1]可[2]早[3]來[4]到[5]府[6]門[7]首[8]也。[9]不[10]必[11]報[12]復。[13]徑[14]自[15]過[16]去。

[1]*Kho* je pourrai, [2]*tsao* de bonne heure, [3]*laï* venir, [4]*tao* et arriver, [7]*cheou* à l'entrée, [6]*men* de la porte, [5]*fou* de son palais, [8]*ye* particule finale. [9]*Pou*-[10]*pi* il n'est pas nécessaire, [11]*pao*-[12]*feou* qu'on m'annonce. [13]*King* tout droit, [14]*tseu* moi-même, [15]*kouo*-[16]*khiu* je vais y passer (entrer).

Apercevant la princesse :

[1]公[2]主[3]呼[4]喚[5]程[6]嬰。[7]有[8]何[9]事。

[1]*Kong*-[2]*tchou* la princesse, [3]*hou*-[4]*houan* a appelé, [5]*Tch'ing*-[6]*ing ;* [7]*yeou*-[8]*ho*-[9]*sse* quelle affaire y a-t-il ?

La Princesse,

[1]俺[2]趙[3]家[4]一[5]門。[6]好[7]死[8]的[9]苦[10]楚[11]也。

[4]*I*-[5]*men* toute la maison, [1]*ngan* de notre, [2]*tchao*-[3]*kia* famille de *Tchao*, [7]*sse*-[8]*ti* est morte, [6]*hao*-[9]*khou*-[10]*thsou* d'une manière bien cruelle, [11]*ye* particule finale.

[1]程[2]嬰[3]喚[4]伱[5]來。[6]別[7]無[8]甚[9]事。[10]我[11]如[12]今[13]添[14]了[15]箇[16]孩[17]兒。

[1]*Tch'ing*-[2]*ing*, [3]*houan*-[5]*laï* j'ai appelé, [4]*ni* vous (je vous ai appelé). [7]*Wou* il n'y a pas, [6]*pie* d'autre, [8]*chin*-[9]*sse* affaire quelconque (que ceci). [10]*Ngo* moi, je, [11]*jou*-[12]*kin* maintenant, [13]*thien*-[14]*liao* ai mis au monde, [15]*ko* un, [16]-*haï*-[17]*eul* petit enfant.

[1]他[2]父[3]臨[4]亡[5]之[6]時。[7]取[8]下[9]他[10]一[11]箇[12]小[13]名。[14]喚[15]做[16]趙[17]氏[18]孤[19]兒。

[1]*Tha*-[2]*fou* le père de lui (son père), [6]*chi* dans le temps, le moment

où, [3]*lin*-[4]*wang* il était près de mourir, [5]*tchi* particule relative, [7]*thsiu*-[8]*hia* donna, [9]*tha* à lui, [10]*i*-[11]*ko* un, [12]*siao*-[13]*ming* petit nom, [14]*houan*-[15]*tso* et l'appela, [18]*kou*-[19]*eul* le petit orphelin, [16]*tchao*-[17]*chi* de la famille de *Tchao*.

[1]程[2]嬰[3]你[4]一[5]向[6]在[7]俺[8]趙[9]家[10]門[11]下[12]走[13]動[14]也。[15]不[16]曾[17]歹[18]看[19]承[20]你。

[1]*Tch'ing*-[2]*ing*, [3]*ni* vous, [4]*i*-[5]*hiang* jusqu'à présent, [6]*tsaï* étant, [10]*men*-[11]*hia* au bas de la porte (dans la maison), [7]*ngan* de notre, [8]*tchao*-[9]*kia* famille de *Tchao*, [12]*tseou*-[13]*tong* vous circuliez (*litt. tseou* courir, *tong* se mouvoir), c.-à-d. vous fréquentiez notre maison, [14]*ye* particule finale. [15]*Pou* pas, [16]*tseng* marque du passé, [17]*taï* mal, [18]*khan* voir, [19]*tch'ing* recevoir, [20]*ni* vous, c.-à-d. nous ne vous avons jamais traité mal, nous vous avons toujours traité avec bonté.

[1]你[2]怎[3]生[4]將[5]這[6]個[7]孩[8]兒[9]掩[10]藏[11]出[12]去。

[1]*Ni* vous, [2]*tseng*-[3]*seng* comment, [4]*tsiang* prenant (marque d'accusatif), [5]*tche*-[6]*ko* ce, [7]*haï*-[8]*eul* petit enfant, [9]*yen*-[10]*thsang* (pourrez-vous) le cacher, [11]*tch'ou*-[12]*khiu* et le faire sortir *d'ici*, l'emporter d'ici.

[1]久[2]後[3]成[4]人[5]長[6]大。[7]與[8]他[9]趙[10]氏[11]報[12]讎。

(Afin que) [1]*kieou*-[2]*heou* longtemps après, [3]*tch'ing*-[4]*jin* quand il sera arrivé à l'âge d'homme, [5]*tchang*-[6]*ta* et sera devenu grand et fort, [11]*pao*-[14]*tch'eou* il tire vengeance, [7]*yu* pour, [9]*tchao*-[10]*chi* la famille de *Tchao*, [8]*tha* de lui, sa famille de *Tchao*.

TCH'ING-ING,

[1]公[2]主[3]你[4]還[5]不[6]知[7]道。[8]屠[9]岸[10]賈[11]賊[12]臣。[13]聞[14]知[15]你[16]產[17]下[18]趙[19]氏[20]孤[21]兒。

[1]*Kong*-[2]*tchou* princesse, [3]*ni* vous, [5]*pou*-[6]*tchi*-[7]*tao* ne savez pas, [4]*hoan* encore (que), [8]*Tou*-[9]*'an*-[10]*kou*, [12]*tch'in* cet officier, [11]*tse* homicide, [13]*wen*-

[14]*tchi* ayant appris, [15]*ni* que vous, [16]*thsan*-[17]*hia* avez enfanté, [20]*kou*-[21]*eul* le petit orphelin, [18]*tchao*-[19]*chi* de la famille de *Tchao*.

[1]四 [2]城 [3]門 [4]張 [5]掛 [6]榜 [7]文。[8]但 [9]有 [10]掩 [11]藏 [12]孤 [13]兒 [14]的。[15]全 [16]家 [17]處 [18]斬 [19]九 [20]族 [21]不 [22]留。

[1]*Sse*-[3]*men* aux quatre portes, [2]*tch'ing* de la ville, [4]*tchang*-[5]*koua* il a suspendu, il a fait suspendre, [6]*pang*-[7]*wen* une affiche (ainsi conçue) : [8]*tan* si, [9]*yeou* il y a, [14]*ti* (une personne) qui, [10]*yen*-[11]*thsang* cache (ait caché), [12]*kou*-[13]*eul* l'orphelin, [15]*thsiouen*-[16]*kia* sa famille entière, [17]*tch'ou*-[18]*tchan* sera décapitée, [19]*kieou*-[20]*tso* et ses neuf parents en ligne droite, [21]*pou*-[22]*lieou* ne resteront pas ou ne seront pas laissés, c.-à-d. seront exterminés.

[1]我 [2]怎 [3]麼 [4]掩 [5]藏 [6]的 [7]他 [8]出 [9]去。

[1]*Ngo* moi, [2]*tseng*-[3]*mo* comment, [6]*ti* pourrais-je, [4]*yen*-[5]*thsang* cacher, [7]*tha* lui (le cacher), [8]*tch'ou*-[9]*khiu* et le faire sortir d'*ici*, l'emporter d'*ici* ([6]*ti*, pour *te*, pouvoir).

LA PRINCESSE,

程嬰 Tch'ing-ing!

Elle récite des vers :

[1]可 [2]不 [3]道。

[1]遇 [2]急 [3]思 [4]親 [5]戚。[6]臨 [7]危 [8]託 [9]故 [10]人。

[1]*Kho*-[2]*pou*-[3]*tao* ne dit-on pas? [1]*Yu*-[2]*ki* dans une situation critique, [3]*sse* pensez, [4]*thsin*-[5]*t'si* à vos parents, [6]*lin*-[7]*weï* quand vous êtes en danger, [8]*tho* appuyez-vous sur, [9]*kou*-[10]*jin* vos amis.

[1]你 [2]若 [3]是 [4]救 [5]出 [6]親 [7]生 [8]子。[9]便 [10]是 [11]俺 [12]趙 [13]家 [14]留 [15]得 [16]這 [17]條 [18]根。

[2]*Jo*-[3]*chi* si, [1]*ni* vous, [4]*kieou* sauvez, [5]*tch'ou* et faites sortir d'*ici*, [8]*tseu* le fils, [6]*thsin* par moi-même, [7]*seng* enfanté, [9]*pien*-[10]*chi* alors, [11]*ngan*

notre, [12]*tchao*-[13]*kia* famille de *Tchao*, [14]*lieou*-[15]*te* pourra conserver, [16]*tche* ce, [17]*thiao*-[18]*ken* rejeton (*litt. thiao* branche, *ken* racine).

Elle se jette à genoux.

[1]程[2]嬰[3]你[4]則[5]可[6]憐[7]見。[8]俺[9]趙[10]家[11]三[12]百[13]口。[14]都[15]在[16]這[17]孩[18]兒[19]身[20]上。

[1]*Tch'ing*-[2]*ing*, [3]*ni* vous, [4]*tse* en conséquence, [5]*kho*-[6]*lien*-[7]*kien* daignez avoir pitié de nous. [11]*San*-[12]*pe* trois cents, [13]*kheou* personnes, [8]*ngan* de notre, [9]*tchao*-[10]*kia* famille de *Tchao*, [14]*tou* toutes, [15]*tsaï* sont, reposent, [20]*chang* sur, [19]*chin* le corps, la personne, [16]*tche* de ce, [17]*haï*-[18]*eul* petit enfant, c.-à-d. la vengeance des trois cents personnes de la famille de *Tchao* dépend de cet enfant.

TCH'ING-ING,

[1]公[2]主[3]請[4]起。[5]假[6]若[7]是[8]我[9]掩[10]藏[11]出[12]小[13]舍[14]人[15]去。[16]屠[17]岸[18]賈[19]得[20]知。[21]問[22]你[23]要[24]趙[25]氏[26]孤[27]兒。[28]你[29]說[30]道[31]我[32]與[33]了[34]程[35]嬰[36]也。[37]俺[38]一[39]家[40]兒[41]便[42]死[43]了[44]也[45]罷。[46]這[47]小[48]舍[49]人[50]休[51]想[52]是[53]活[54]的。

[1]*Kong*-[2]*tchou* princesse, [3]*thsing* je vous prie de, [4]*khi* vous lever. [5]*Kia*-[6]*jo*-[7]*chi* si, [8]*ngo* je, [9]*yen*-[10]*ts'ang* l'ayant caché secrètement, [11]*tch'ou*-[15]*khiu* je fais sortir, j'emporte d'ici, [12]*siao*-[13]*che*-[14]*jin* mon petit maître, [16]*tou*-[17]*'an*-[18]*kou* et que *Tou-'an-kou*, [19]*te* puisse, [20]*tchi* le savoir, l'apprendre, [21]*wen*[22]-*ni* s'il vous interroge, [23]*yao* s'il demande, [26]*kou*-[27]*eul* le petit orphelin, [24]*tchao*-[25]*chi* de la famille de *Tchao*, [28]*ni*-[29]*choue*-[30]*tao* et que vous lui disiez, [31]*ngo* moi, [32]*yu*-[33]*liao* je l'ai donné, [34]*tch'ing*-[35]*ing* à *Tch'ing-ing*, [36]*ye* particule finale, [38]*i*-[39]*kia*-[40]*eul* toute la famille, [37]*ngan* de moi, toute ma famille, [41]*pien* immédiatement, [42]*sse*-[43]*liao* mourra. [44]*Ye* particule initiale, [45]*pa* je cesse, je n'insiste pas (peu importe),

(1) Les trois mots [5]*kia*-[6]*jo*-[7]*chi* signifient simplement *si*.

43

[46]*tche* mais ce, [47]*siao*-[48]*che*-[49]*jin* petit enfant (*litt.* petit homme de la maison). [50]*hieou* gardez-vous de, [51]*siang* penser que, [52]*chi* il sera, [53]*ho*-[54]*ti* vivant (ne croyez pas qu'il échappera à la mort).

LA PRINCESSE,

[1]罷 [2]罷 [3]罷。[4]程 [5]嬰 [6]我 [7]教 [8]伱 [9]去 [10]的 [11]放 [12]心。

[1]*Pa*-[2]-*pa*-[3]*pa* c'en est fait (*ter*); [4]*Tch'ing*-[5]*ing*, [6]*ngo* je, [7]*kiao*-[8]*ni* vous ordonne, [9]*khiu*-[10]*ti* (pour *khiu-te*) de vous en aller, [11]*fang*-[12]*sin* et de tranquilliser votre esprit.

Elle récite des vers :

[1]程 [2]嬰。[3]心 [4]下 [5]且 [6]休 [7]慌。[8]聽 [9]吾 [10]說 [11]罷。[12]涙 [13]千 [14]行。[15]他 [16]父 [17]親 [18]身 [19]在 [20]刀 [21]頭 [22]死。

[1]*Tch'ing*-[2]*ing*, [3]*sin*-[4]*hia* au fond de votre cœur, [5]*thsie* particule auxiliaire, [6]*hieou* gardez-vous, [7]*houang* de vous alarmer; [8]*thing* écoutez, [9]*ngou*-[10]*choue*-[11]*pa* ce que je vous dis pour finir (mes dernières paroles). [12]*Li* mes larmes, [13]*thsien*-[14]*hang* (forment) mille lignes (mille ruisseaux), [18]*chin* le corps, [15]*tha*-[16]*fou*-[17]*thsin* de son père, [22]*sse* est mort, [19]*tsaï*-[20]*tao*-[21]*theou* sous le glaive, le poignard.

Elle prend sa ceinture et se pend.

[1]罷 [2]罷 [3]罷。[4]為 [5]母 [6]的。[7]也 [8]相 [9]隨。[10]一 [11]命 [12]亡。

[1]*Pa*-[2]*pa*-[3]*pa* c'en est fait (*ter*), [6]*ti* celle qui, [4]*weï* est, [5]*mou* la mère, [7]*ye* particule auxiliaire, [8]*siang*-[9]*souï* le suit, doit le suivre, et [10]*i*-[11]*ming* par un même destin, [12]*wang* mourir.

On l'emporte de la scène.

TCH'ING-ING,

1誰 2想 3公 4主 5自 6縊 7死 8了 9也。10我 11不 12敢 13久 14停 15久 16住。

1*Choui*-2*siang* qui aurait pensé que, 3*kong*-4*tchou* la princesse, 5*tseu*-6*i* en se pendant, 7*sse*-8*liao* mourrait, se donnerait la mort? 9*ye* particule finale. 10*Ngo* moi, 11*pou*-12*kan* je n'ose, 13*kieou*-14*ting* longtemps rester, 15*kieou*-16*tchou* longtemps m'arrêter.

1打 2開 3這 4藥 5廂。6將 7小 8舍 9人。10放 11在 12裏 13面。14再 15將 16些 17生 18藥 19遮 20住 21身 22子。

1*Ta*-2*khaï* je vais ouvrir, 3*tche* cette, 4*yo*-5*siang* boîte d'herbes médicinales, 6*tsiang* prenant (marque d'accusatif), 7*siao*-8*che*-9*jin* le petit enfant, 10*fang*-11*tsaï* je le déposerai dans, 12*li*-13*mien* l'intérieur, 14*tsaï* ensuite, 15*tsiang* prenant (marque d'accusatif), 16*sie* un peu de, quelques, 17*seng*-18*yo* herbes médicinales, 19*tche*-20*tchou* je couvrirai, 21*chin*-22*tseu* son corps.

1天 2也 3可 4憐 5見。6趙 7家 8三 9百 10餘 11口 12誅 13盡 14殺 15絕。16止 17有 18一 19點 20點 21孩 22兒。

1*Thien*-2*ye* ô ciel, 3*kho*-4*lien*-5*kien* daignez avoir pitié. 8*San*-9*pe*-11*kheou* trois cents personnes, 10*yu* et plus, 6*tchao*-7*kia* de la famille de *Tchao*, 12*tchou*-13*tsin* ont été toutes tuées, 14*cha* massacrées, 15*tsioue* exterminées; 16*tchi* seulement, 17*yeou*, il y a, il reste, 18*i*-19*tien*-20*tien* (1) un petit, petit, 21*haï*-22*eul* enfant.

1我 2如 3今 4救 5的 6他 7出 8去。9你 10便 11有 12福。13我 14便 15成 16功。

2*Jou*-3*kin* aujourd'hui, 1*ngo* si je, 5*ti* puis (*ti* pour *te*), 4*khieou*-6*tha* le

(1) Morrison : *I-tien*, a dot, a little.

sauver, [7]*tch'ou*-[8]*khiu* et le faire sortir, l'emporter d'ici, [9]*ni* toi (petit orphelin), [10]*pien* alors, [11]*yeou*-[12]*fo* tu auras du bonheur, [13]*ngo* et moi, [14]*pien* alors, [15]*tch'ing*-[16]*kong* j'aurai fait une action méritoire.

[1]若 [2]是 [3]捜 [4]將 [5]出 [6]來 [7]呵。[8]你 [9]便 [10]身 [11]亡。[12]俺 [13]一 [14]家 [15]兒。[16]都 [17]也 [18]性 [19]命 [20]不 [21]保。

[1]*Jo*-[2]*chi* si, [3]*seou* on me fouille, [4]*tsiang* et que te prenant, [5]*tch'ou*-[6]*laï* on te tire dehors (de la boîte aux simples), [7]*ho* hélas! [9]*pien* alors, [8]*ni* de toi, [10]*chin* le corps, [11]*wang* périra. [12]*I*-[13]*kia*-[14]*eul* quant à toute la famille, [15]*ngan* de moi, [16]*tou* à tous, [17]*ye* particule auxiliaire, [18]*sing*-[19]*ming* la vie, [20]*pou*-[21]*pao* ne sera pas conservée, ils ne pourront échapper à la mort.

Il récite des vers :

[1]程 [2]嬰 [3]心 [4]下 [5]自 [6]裁 [7]劃。[8]趙 [9]家 [10]門 [11]戶 [12]實 [13]堪 [14]哀。

[1]*Tch'ing*-[2]*ing*, [3]*sin*-[4]*hia* au fond de ton âme, [5]*tseu* toi-même, [6]*thsaï*-[7]*hoe* médite bien, [8]*tchao*-[9]*kia*[10]*men*-[11]*hou* toutes les personnes de la famille de *Tchao*, [12]*chi* véritablement, [13]*khan*-[14]*ngaï* sont dignes de pitié.

[1]只 [2]要 [3]你 [4]出 [5]的 [6]九 [7]重 [8]師 [9]府 [10]連 [11]環 [12]寨。[13]便 [14]是 [15]脫 [16]却 [17]天 [18]羅 [19]地 [20]網 [21]灾。

[1]*Tchi* seulement, [2]*yao* il faut que, [3]*ni* tu, [4]*tch'ou*-[5]*ti* puisses sortir (*ti* pour *te*), [8]*thsouï*-[9]*fou* du palais du général en chef, [6]*kieou*-[7]*tchong* qui a neuf enceintes, et [12]*tch'aï* d'un camp, [10]*lien*-[11]*hoan* d'anneaux liés ensemble (1) (c.-à-d. infranchissable). [13]*Pien* ainsi, [14]*chi* ce serait, [15]*tho*-

(1) Le P. Prémare n'a pas compris les mots [10]*Lien*-[11]*hoan*-[12]*tch'aï* et les a passés. Ils me paraissent signifier un camp dont l'enceinte est continue comme si elle était formée d'anneaux liés ensemble. L'expression *lien-hoan* se traduit en mandchou par *Kholbokho moukheren* (Dict. *Thsing-han-wen-haï*, liv. VIII, fol. 19).

Ce camp n'existait pas plus que le palais du général entouré de neuf enceintes. L'auteur a usé d'une licence poétique. Il a voulu simplement dire que l'enfant se trouvait dans un palais étroitement gardé, dont il serait bien difficile de le faire sortir.

[16]*khio* échapper (aussi difficile que d'échapper), [21]*tsaï* aux malheurs, [17]*thien*-[18]*lo* des filets du ciel, [19]*ti*-[20]*wang* et des rets de la terre, c.-à-d. du réseau de malheurs dont le ciel et la terre enveloppent les hommes.

(Il sort.)

SCÈNE V.

HAN-KIOUE, suivi de soldats.

[1]某[2]下[3]將[4]軍[5]韓[6]厥[7]是[8]也。[9]佐[10]於[11]屠[12]岸[13]賈[14]麾[15]下。[16]著[17]某[18]把[19]守[20]公[21]主[22]的[23]府[24]門。

[1]*Meou*-[7]*chi* un tel est (je suis), [5]*Han*-[6]*kioue* (nom d'homme), [2]*hia*-[3]*tsiang*-[4]*kiun* le général en second, [8]*ye* particule finale. [9]*Tcho* je suis adjudant, [10]*yu*-[15]*hia* au bas de, sous, [14]*hoeï* la bannière (c.-à-d. sous les ordres de), [11]*Tou*-[12]*'an*-[13]*kou ;* [16]*tcho*-[17]*meou* il m'a ordonné, [18]*pa*-[19]*tcheou* de garder, [23]*fou*-[24]*men* la porte du palais, [22]*ti* de, [20]*kong*-[21]*tchou* la princesse.

[1]可[2]是[3]爲[4]何。[5]只[6]因[7]公[8]主[9]生[10]下[11]一[12]子。[13]喚[14]做[15]趙[16]氏[17]孤[18]兒。

[1]*Kho*-[2]*chi*-[3]*weï*-[4]*ho* pourquoi cela? [5]*tchi* seulement, [6]*in* parce que, [7]*kong*-[8]*tchou* la princesse, [9]*seng*-[10]*hia* a mis au monde, [11]*i*-[12]*tseu* un fils, [13]*houan*-[14]*tso* qu'on appelle, [17]*kou*-[18]*eul* le petit orphelin, [15]*tchao*-[16]*chi* de la famille de *Tchao*.

[1]恐[2]怕[3]有[4]人[5]遞[6]盜[7]將[8]去。[9]著[10]某[11]在[12]府[13]門[14]上。[15]捘[16]出[17]來[18]時。[19]將[20]他[21]全[22]家[23]處[24]斬[25]九[26]族[27]不[29]留。

[1]*Kong*-[2]*p'a* il craint, [3]*yeou*-[4]*jin* qu'il y ait (qu'il n'y ait) un homme, [5]*ti* qui le transporte, [6]*tao* le dérobe, [7]*tsiang*-[8]*khiu* et l'emporte. [9]*Tcho*-[10]*meou* il m'a ordonné, [11]*tsaï*-[13]*men*-[14]*chang* d'être, de me tenir à la

porte, [12]*fou* du palais. [13]*Chi* dans le temps où, quand, [15]*seou* en le fouillant, [16]*tch'ou*-[17]*laï* on l'aura découvert, [19]*tsiang* prenant (marque d'accusatif), [20]*tha* de lui, [21]*thsiouen*-[22]*kia* toute la maison, toute la famille, [23]*tch'ou*-[24]*tchan* il la décapitera, la fera décapiter, [25]*kieou*-[26]*tso* et ses neuf parents en ligne droite, [27]*pou*-[28]*lieou* ne seront pas laissés, seront exterminés.

[1]小[2]校[3]將[4]公[5]主[6]府[7]門[8]把[9]的[10]嚴[11]整[12]者。

[1]*Siao*-[2]*kiao* soldats, [3]*tsiang* prenant (marque d'accusatif), [7]*men* les portes, [6]*fou* du palais, [4]*kong*-[5]*tchou* de la princesse, [8]*pa*-[9]*ti*-[12]*tche* gardez-les ([12]*tche* marque d'impératif), [10]*yen*-[11]*tching* sévèrement.

[1]嗨。[2]屠[3]岸[4]賈[5]誰[6]似[7]你。[8]這[9]般[10]損[11]壞[12]忠[13]良。[14]幾[15]時[16]是[17]了[18]也[19]呵。

[1]*Haï* oh! [2]*Tou*-[3]*'an*-[4]*kou*, [5]*choui*-[6]*sse*-[7]*ni* qui pourrait te ressembler? (toi qui) [8]*tche*-[9]*poen* de cette façon, [10]*sun*-[11]*hoaï* fais périr, [12]*tchong*-[13]*liang* des hommes loyaux et vertueux. [15]*Ki*-[16]*chi*-[17]*liao* quand sera-ce fini? [18]*ye* particule finale, [19]*ho* exclamation.

[1]我[2]想[3]屠[4]岸[5]賈[6]與[7]趙[8]盾[9]兩[10]家[11]兒。[12]結[13]下[14]這[15]等[16]深[17]讎。[18]幾[19]時[20]可[21]解[22]也。

[1]*Ngo*-[2]*siang* je pense que, [3]*Tou*-[4]*'an*-[5]*kou*, [6]*yu* avec, [7]*Tchao*-[8]*tun*, [9]*liang*-[10]*kia*-[11]*eul* tous deux, [12]*kie*-[13]*hia* avaient contracté, [17]*tch'eou* une inimitié, [16]*chin* profonde, [14]*tche*-[15]*teng* de cette espèce (une inimitié si profonde); [18]*ki*-[19]*chi* dans combien de temps, [20]*kho* pourra-t-elle, [21]*kiaï* être apaisée? [22]*ye* particule finale.

[1]屠[2]岸[3]賈[4]你[5]好[6]狠[7]也。

[1]*Tou*-[2]*'an*-[3]*kou*, [4]*ni* toi, tu, [5]*hao*-[6]*hen* es bien cruel, [7]*ye* particule finale.

[1]令[2]人[3]門[4]首[5]覷[6]者。[7]看[8]有[9]甚[10]麼[11]人

[12]出 [13]府 [14]門 [15]來。[16]報 [17]復 [18]某 [19]家 [20]知 [21]道。

[1]*Ling-*[2]*jin* soldats, [5]*thsiu-*[6]*tche* veillez, [3]*men-*[4]*cheou* à l'entrée de la porte ([6]*tche* marque d'impératif); [7]*khan* si vous voyez, [8]*yeou* qu'il y ait, [9]*chin-*[10]*mo-*[11]*jin* quelque homme, [12]*tch'ou-*[15]*laï* qui sorte, [13]*fou-*[14]*men* de la porte du palais, [16]*pao-*[17]*fo* annoncez-le, [18]*meou-*[19]*kia* à moi, [20]*tchi-*[21]*pao* (pour que je le) sache.

LES SOLDATS,

[1]理 [2]會 [3]的。

[1]*Li-*[2]*hoeï-*[3]*ti* nous avons compris, c'est entendu (*ti* pour *te*).

SCÈNE VI.

TCH'ING-ING, courant d'un air effaré,

[1]我 [2]抱 [3]着 [4]這 [5]藥 [6]廂。[7]裏 [8]面 [9]有 [10]趙 [11]氏 [12]孤 [13]兒。[14]天 [15]也。[16]可 [17]憐。

[1]*Ngo* je, [2]*pao-*[3]*tcho* tiens dans mes bras, [4]*tche* cette, [6]*siang* boîte, [5]*yo* (qui renferme des) herbes médicinales. [7]*Li-*[8]*mien* dans l'intérieur, [9]*yeou* il y a, [12]*kou-*[13]*eul* le petit orphelin, [10]*tchao-*[11]*chi* de la famille de *Tchao*. [14]*Thien-*[15]*ye* ô ciel! [16]*kho-*[17]*lien* ayez pitié (de lui).

[1]喜 [2]的 [3]韓 [4]厥 [5]將 [6]軍 [7]把 [8]住 [9]府 [10]門。[11]他 [12]須 [13]是 [14]我 [15]老 [16]相 [17]公 [18]擡 [19]舉 [20]來 [21]的。[22]若 [23]是 [24]撞 [25]的 [26]出 [27]去。[28]我 [29]與 [30]小 [31]舍 [32]人 [33]性 [34]命 [35]都 [36]得 [37]活 [38]也。

[1]*Hi-*[2]*ti* (pour *hi-te*) je me réjouis (heureusement que), [5]*tsiang-*[6]*kiun* le général, [3]*Han-*[4]*kioue*, [7]*pa-*[8]*tchou* garde, [9]*fou-*[10]*men* la porte du palais; [11]*tha* lui, [12]*siu-*[13]*chi* doit être, [21]*ti* un homme que, [14]*ngo* notre, [15]*lao* respectable, [16]*siang-*[17]*kong* seigneur (*Tchao-tun*), [18]*thaï-*[19]*khiu-*[20]*laï* a élevé (a fait élever au rang de général en second); [22]*jo-*[23]*chi* si,

[24]*tchoang*-[25]*ti* (*ti* pour *te*) je puis le rencontrer, [26]*tch'ou*-[27]*kh'iu* et sortir (si je le rencontre en sortant), [28]*ngo* de moi, [29]*yu* et, [30]*siao*-[31]*che*-[32]*jin* du petit enfant, [33]*sing*-[34]*ming*-[35]*tou* les existences ([35]*tou* marque du pluriel), [36]*te* pourront, [37]*ho* vivre (c.-à-d. notre vie sera sauvée), [38]*ye* particule finale.

Il sort du palais.

HAN-KIOUE,

[1]小[2]校[3]拏[4]回[5]那[6]抱[7]藥[8]廂[9]兒[10]的[11]夫[12]來。[13]你[14]是[15]甚[16]麼[17]人。

[1]*Siao*-[2]*kiao* petits *kiao* (*kiao* est un titre militaire), [3]*na* prenez, [4]*hoeï*-[12]*laï* et ramenez-moi, [5]*na*-[11]*fou* cet homme, [6]*pao*-[10]*ti* qui tient dans ses bras, qui porte, [8]*siang*-[9]*eul* un petit coffre, [7]*yo* d'herbes médicinales, renfermant des herbes médicinales.

Parlant à *Tch'ing-ing* :

[13]*Ni* vous, [15]*chin*-[16]*mo* quel, [17]*jin* homme, [14]*chi* es-tu?

TCH'ING-ING,

[1]我[2]是[3]箇[4]草[5]澤[6]醫[7]人。[8]姓[9]程。[10]是[11]程[12]嬰。

[1]*Ngo*-[2]*chi* je suis, [3]*ko* un, [6]*i*-[7]*jin* médecin, [4]*thsao*-[5]*tse* d'herbes (qui traite avec des herbes). [8]*Sing* mon nom de famille, [9]*tch'ing* est *Tch'ing*; [10]*chi* je suis, [11]*Tch'ing*-[12]*ing*.

HAN-KIOUE,

[1]你[2]在[3]那[4]裏[5]去[6]來。

[1]*Ni* toi, [2]*tsaï*-[3]*na*-[4]*li* de quel lieu, [5]*khiu*-[6]*laï* viens-tu?

TCH'ING-ING,

[1]我[2]在[3]公[4]主[5]府[6]內[7]煎[8]湯[9]下[10]藥[11]來。

[1]*Ngo* moi, [2]*tsaï*-[6]*noui* étant dans l'intérieur, [5]*fou* du palais (dans le

palais), [3]*kong*-[4]*tchou* de la princesse, [7]*tsien* après avoir fait bouillir, [8]*thang* des tisanes, [9]*hia* et avoir fourni, [10]*yo* des herbes médicinales, [11]*laï* je viens.

HAN-KIOUE,

[1]你 [2]下 [3]甚 [4]麼 [5]藥。

[1]*Ni* toi, [3]*chin*-[4]*mo* quelles, [5]*yo* herbes médicinales, [2]*hia* as-tu données ?

TCH'ING-ING,

[1]下 [2]了 [3]箇 [4]益 [5]母 [6]湯。

[1]*Hia*-[2]*liao* je lui ai donné, [3]*ko* une, [4]*thang* infusion de, [5]*i*-[6]*mou* leonurus cardiaca (*litt.* ce qui est utile à une mère, à un femme en couches).

HAN-KIOUE,

[1]你 [2]這 [3]廂 [4]兒 [5]裏 [6]面。[7]甚 [8]麼 [9]物 [10]件。

[5]*Li*-[6]*mien* dans l'intérieur, [2]*tche* de ce, [3]*siang*-[4]*eul* petit coffre, [1]*ni* de toi, [7]*chin*-[8]*mo* quel, [9]*wou*-[10]*kien* objet (y a-t-il)?

TCH'ING-ING,

都 [2]是 [3]生 [5]藥。

[1]*Tou* en totalité, [2]*chi* ce sont, [4]*yo* des simples, [3]*seng* naturels (c.-à-d. tels qu'on les cueille).

HAN-KIOUE,

[1]是 [2]甚 [3]麼 [4]生 [5]藥。

[2]*Chin*-[3]*mo* quels, [5]*yo* simples, [4]*seng* naturels, [1]*chi* sont-ils ?

TCH'ING-ING,

[1]都 [2]是 [3]桔 [4]梗 [5]甘 [6]草 [7]薄 [8]荷。

[1]*Tou* en totalité, [2]*chi* ce sont (les plantes), [3]*kie*-[4]*keng* (campanula glauca), [5]*kan*-[6]*thsao* (glycyrrhiza), [7]*po*-[8]*ho* (mentha).

HAN-KIOUE,

[1]可 [2]有 [3]什 [4]麼 [5]夾 [6]帶。

[1]*Kho-*[2]*yeou* y aurait-il, [3]*chi-*[4]*mo* quelque chose, [6]*taï* que vous auriez apporté, [5]*kia* en l'insérant (y auriez-vous introduit quelque autre chose)?

TCH'ING-ING,

[1]並 [2]無 [3]夾 [4]帶。

[1]*Ping-*[2]*wou* il n'y a pas du tout, il n'y a absolument rien, [4]*taï* que j'aie apporté, [3]*kia* en l'introduisant (je n'y ai introduit rien de plus).

HAN-KIOUE,

[1]這 [2]等 [3]你 [4]去。

[1]*Tche-*[2]*teng* de cette façon, en ce cas, [3]*ni-*[4]*khiu* allez-vous-en.

Tch'ing-ing s'enfuit, *Han-kioue* le rappelle.

HAN-KIOUE,

[1]程 [2]嬰 [3]回 [4]來。[5]這 [6]廂 [7]兒 [8]裏 [9]面。[10]是 [11]甚 [12]麼 [13]物 [14]件。

[1]*Tch'ing-*[2]*ing*, [3]*hoeï-*[4]*laï* revenez. [8]*Li-*[9]*mien* dans l'intérieur, [5]*tche* de ce, [6]*siang-*[7]*eul* petit coffre, [11]*chin-*[12]*mo* quelle, [13]*wou-*[14]*kien* chose, quel objet, [10]*chi* y a-t-il?

TCH'ING-ING,

[1]都 [2]是 [3]生 [4]藥。

[1]*Tou* en totalité, [2]*chi* c'est, ce sont, [3]*seng-*[4]*yo* des simples naturels.

HAN-KIOUE,

[1]可 [2]有 [3]甚 [4]麼 [5]夾 [6]帶。

[1]*Kho-*[2]*yeou* y aurait-il, [3]*chin-*[4]*mo* quelque chose, [5]*kia-*[6]*taï* que vous

auriez apporté en l'insérant (y auriez-vous introduit quelque autre chose)?

TCH'ING-ING,

[1]並 [2]無 [3]夾 [4]帶。

[1]*Ping*-[2]*wou* il n'y a rien du tout, il n'y a absolument rien, [4]*taï* que j'aie apporté, [3]*kia* en l'y insérant (je n'y ai introduit rien autre chose).

HAN-KIOUE,

[1]你 [2]去。

[1]*Ni*-[2]*khiu* allez-vous en.

Tch'ing-ing s'enfuit avec précipitation, *Han-kioue* le rappelle.

HAN-KIOUE,

[1]程 [2]嬰 [3]回 [4]來。[5]你 [6]這 [7]其 [8]中。[9]必 [10]有 [11]暗 [12]昧。[13]我 [14]着 [15]你 [16]去 [17]呵。[18]似 [19]弩 [20]箭 [21]離 [22]絃。[23]呌 [24]你 [25]回 [26]來 [27]呵。[28]便 [29]似 [30]氈 [31]上 [32]拖 [33]毛。[34]程 [35]嬰。[36]你 [37]則 [38]道。[39]我 [40]不 [41]認 [42]的 [43]你 [44]哩。

[1]*Tch'ing*-[2]*ing*, [3]*hoeï*-[4]*laï* revenez. [8]*Tchong* au milieu de, dans, [6]*tche*-[7]*khi* cette affaire, cette conduite, [5]*ni* de vous, [9]*pi* certainement, [10]*yeou* il y a, [11]*ngan*-[12]*weï* du louche. [13]*Ngo*-[14]*tcho*-[15]*ni* quand je vous ordonne, [16]*khiu* de vous en aller, [17]*ho* exclamation, [18]*sse* vous ressemblez, [20]*tsien* à une flèche, [19]*nou* d'arc, [21]*li* qui s'est échappée, [22]*hien* de la corde; [23]*kiao*-[24]*ni* quand je vous appelle, [25]*hoeï*-[26]*laï* pour revenir (quand je vous rappelle), [27]*ho* exclamation, [28]*pien* alors, [29]*sse* vous ressemblez, [33]*mao* à un cheveu, [32]*tho* qui traîne, [31]*chang* sur, [30]*tchen* sur un tapis de laine. [34]*Tch'ing*-[35]*ing*, [36]*tse* maintenant, [37]*ni*-[38]*tao* dites-moi, (est-ce que) [39]*ngo* moi, [40]*pou*-[41]*jin*-[42]*ti* je ne reconnais pas, [43]*ni* vous, [44]*li* particule interrogative?

Il chante (1) :

« Vous êtes un ancien hôte de la maison de *Tchao-tun*. Moi, je suis

(1) Je suis obligé de donner la traduction de ce chant pour faire comprendre la suite du dialogue.

« attaché au service de *Tou-'ankou.* Je pense que vous avez caché ce « rejeton de *ki-lin* (ce fils d'un prince) qui n'a pas encore un mois. « Si je n'étais pas un général soumis à *Tou-'an-kou*, je ne vous interro- « gerais pas d'une manière si pressante. »

Il parle :

[1]程 [2]嬰。[3]我 [4]想 [5]你 [6]多 [7]曾 [8]受 [9]趙 [10]家 [11]恩 [12]來。

[1]*Tch'ing-*[2]*ing*, [3]*ngo-*[4]*siang* je pense que, [5]*ni* vous, [7]*tseng-*[8]*cheou-*[12]*laï* avez reçu ([7]*tseng* marque du passé), [6]*to* en grand nombre, [11]*ngen* des bienfaits, [9]*tchao-*[10]*kia* de la maison, de la famille de *Tchao.*

TCH'ING-ING,

[1]是 [2]知 [3]恩 [4]報 [5]恩。[6]何 [7]必 [8]要 [9]說。

[1]*Chi* c'est que, [2]*tchi-*[3]*ngen* (celui qui) connaît les bienfaits (qu'il a reçus), [4]*pao-*[5]*ngen* (doit) récompenser les bienfaits. [6]*Ho-*[7]*pi* pourquoi, [8]*yao-*[9]*choue* voulez-vous que je le dise? (cela va sans dire).

HAN-KIOUE,

[1]小 [2]校 [3]靠 [4]後。[5]喚 [6]爾 [7]便 [8]來。[9]不 [10]喚 [11]爾 [12]休 [13]來。

[1]*Siao-*[2]*kiao* soldats, [3]*kao-*[4]*heou* appuyez en arrière, c.-à-d. retirez-vous. [5]*Houan-*[6]*eul* si je vous appelle, [7]*pien* alors, [8]*laï* venez; [9]*pou-*[10]*houan-*[11]*eul* si je ne vous appelle pas, [12]*hieou* gardez-vous de, [13]*laï* venir.

LES SOLDATS,

[1]理 [2]會 [3]的。

[1]*Li-*[2]*hoeï-*[3]*ti* nous avons compris, c'est entendu (*ti* pour *te*).

HAN-KIOUE, ouvrant la boîte et apercevant l'enfant :

[1]程 [2]嬰。[3]你 [4]道 [5]是 [6]桔 [7]梗。[8]甘 [9]草。[10]薄

11荷。12我 13可 14搜 15出 16人 17參 18來 19也。

1Tch'ing-2ing, 3ni-4tao vous disiez que, 5chi c'étaient (les plantes) 6kie-7keng (campanula glauca), 8kan-9thsao (glycyrrhiza), 10po-11ho (mentha). 12Ngo moi, 13kho j'ai pu, 14seou en fouillant, 15tch'ou-18laï faire sortir (du coffre), 16jin-17sen un petit homme (1), 19ye particule finale.

TCH'ING-ING, tout tremblant, se jette à genoux devant lui.

Il récite des vers :

1告 2大 3人 4停 5嗔 6息 7怒。

Kao je vous en prie, 2*ta*-3*jin* grand homme (seigneur), 4*ting*-5*tch'in* arrêtez votre colère, 6*si*-7*hou* calmez votre courroux.

1聽 2小 3人 4從 5頭 6分 7訴。

1*Thing* écoutez, 2*siao*-3*jin* (ce que) le petit homme (votre serviteur), 6*fun* en détail, 7*sou* va vous raconter, 4*thsong*-5*theou* depuis le commencement.

1想 2趙 3盾 4晉 5室 6賢 7臣

1*Siang* songez que, 2*Tchao*-3*tun* (était), 6*hien*-7*tch'in* un sage sujet, 4*tsin*-5*chi* de la maison de *Tsin*.

1屠 2岸 3賈 4心 5生 6嫉 7妒。

1*Tou*-2*'an*-3*kou*, 4*sin* dans son cœur, 5*seng* conçut, 6*tsi*-7*tou* de l'envie (contre lui).

1遣 2神 3獒 4撲 5害 6忠 7良。

1*Kien* il envoya (lança), 2*chin*-3*'ao* un chien nommé *Chin-'ao*, 4*p'o* pour qu'il attaquât, 5*haï* et blessât (et tuât) cet homme, 6*tchong* loyal, 7*liang* et vertueux.

(1) Littéralement du *jin-sen* (panax quinquefolium). Il y a ici un jeu de mots intraduisible. Le *jin-sen* est une plante fort estimée en Chine. On dit que sa racine, inférieurement bifurquée, ressemble à un *homme*. La première syllabe *jin* signifie *homme*. C'est sur cette idée que joue *Han-kioue*.

[1]出[2]朝[3]門。[4]脫[5]身[6]逃[7]去。

[1]*Tch'ou* étant sorti, [2]*tch'ao*-[3]*men* de la porte du palais, [4]*tho*-[5]*chin* il s'échappa, [6]*thao*-[7]*khiu* et s'enfuit.

[1]駕[2]單[3]輪。[4]靈[5]輒[6]報[7]恩。

[1]*Kia* il monta sur, [2]*tan*-[3]*lun* (un char qui avait) une seule roue. [4]*Ling*-[5]*tch'e* (un homme nommé) *Ling-tch'e*, [6]*pao*-[7]*ngen* récompensa ses bienfaits.

[1]入[2]深[3]山。[4]不[5]知[6]何[7]處。

(*Tchao-tun*) [1]*ji* entra, [2]*chin*-[3]*chan* (dans les bois d'une) montagne profonde. [4]*Pou*-[5]*tchi* on ne sut pas, [6]*ho*-[7]*tch'ou* en quel lieu (il s'était réfugié).

[1]奈[2]靈[3]公[4]聽[5]信[6]讒[7]言。

[1]*Naï* mais, [2]*Ling*-[3]*kong*, [4]*thing*-[5]*sin* ajouta foi, [6]*thsan*-[7]*yen* à des paroles calomnieuses.

[1]任[2]屠[3]賊[4]橫[5]行[6]獨[7]步。

[1]*Jin* il laissa, [3]*tse* le brigand, [2]*tou*, *Tou-'an-kou*, [4]*hong*-[5]*hing* agir d'une manière désordonnée, [6]*to*-[7]*pou* et marcher seul, c.-à-d. jouir d'un pouvoir supérieur (1).

[1]賜[2]駙[3]馬[4]伏[5]劍[6]身[7]亡。

(Le roi) [1]*sse*-[2]*fou*-[3]*ma* accorda à son gendre la faveur de, [4]*fo*-[5]*kien* se soumettre au glaive, [6]*chin*-[7]*wang* et de mourir, c.-à-d. de se tuer en se poignardant (2).

[1]滅[2]九[3]族。[4]都[5]無[6]活[7]路。

[1]*Mie* il éteignit, détruisit, [2]*kieou*-[3]*tso* les neuf parents en ligne directe; [4]*tou* tous, [5]*wou* n'eurent pas (non habuerunt), [6]*ho*-[7]*lo* (vivendi viam), le moyen de vivre (tous périrent).

(1) En mandchou : *emkhoun tcholgorome yaboune*, marcher seul en l'emportant (sur les autres).

(2) Au commencement, il est question d'un poignard (*toen-tao*), mais cette expression dissyllabique aurait allongé le vers d'une syllabe.

^{1}將 ^{2}公 ^{3}主 ^{4}囚 ^{5}禁 ^{6}冷 ^{7}宮。

^{1}*Tsiang* prenant (marque d'accusatif), ^{2}*kong*-^{3}*tchou* la princesse, ^{4}*thsieou*-^{5}*kin* il l'emprisonna dans, ^{6}*ling*-^{7}*kong* un palais froid, isolé.

^{1}那 ^{2}裏 ^{3}討 ^{4}親 ^{5}人 ^{6}照 ^{7}顧。

^{1}*Na*-^{2}*li* comment, ^{3}*thao* (aurait-elle pu) demander que, ^{4}*thsin*-^{5}*jin* ses parents, ^{6}*tchao*-^{7}*kou* prissent soin d'elle?

^{1}遵 ^{2}遺 ^{3}囑 ^{4}喚 ^{5}做 ^{6}孤 ^{7}兒

^{1}*Tsun* pour se conformer, ^{2}*i*-^{3}*tcho* aux dernières volontés (de son époux), ^{4}*houan*-^{5}*tso* elle appela (l'enfant), ^{6}*kou*-^{7}*eul* le petit orphelin.

^{1}子 ^{2}共 ^{3}母 ^{4}不 ^{5}能 ^{6}完 ^{7}聚

^{1}*Tseu* le fils, ^{2}*kong* avec, et, ^{3}*mou* la mère, ^{4}*pou*-^{5}*neng* ne purent, ^{6}*ouan* complètement, ^{7}*tsiu* être réunis.

^{1}纔 ^{2}分 ^{3}娩。^{4}一 ^{5}命 ^{6}歸 ^{7}陰。

^{1}*Thsaï* peu après, ^{2}*fun*-^{3}*mien* qu'elle l'eut enfanté, ^{4}*i*-^{5}*ming* par le même destin (que son époux), ^{6}*koueï*-^{7}*in* elle alla dans l'ombre, dans les sombres demeures (elle mourut).

^{1}着 ^{2}程 ^{3}嬰 ^{4}將 ^{5}他 ^{6}掩 ^{7}護。

^{1}*Tcho* elle avait ordonné, ^{2}*tch'ing*-^{3}*ing* à moi *Tch'ing-ing*, de, ^{4}*tsiang* prenant (marque d'accusatif), ^{5}*tha* lui (illum), ^{6}*yen* le cacher, ^{7}*hou* et le conserver,

^{1}久 ^{2}以 ^{3}後 ^{4}長 ^{5}立 ^{6}成 ^{7}人。

(Pour que) ^{1}*kieou* longtemps, ^{2}*i*-^{3}*heou* après, ^{4}*tchang*-^{5}*li* quand il aurait grandi, ^{6}*tch'ing*-^{7}*jin* et serait devenu homme,

^{1}與 ^{2}趙 ^{3}家 ^{4}看 ^{5}守 ^{6}墳 ^{7}墓。

^{1}*Yu* pour, ^{2}*tchao*-^{3}*kia* la maison de *Tchao*, ^{4}*khan*-^{5}*cheou* il gardât, *fun*-^{7}*mou* les tombeaux, c.-à-d. pour qu'il gardât les tombeaux de la maison de *Tchao*.

海上絲綢之路文獻集成　科技與文化编

[1]肯 [2]分 [3]的 [4]遇 [5]着 [6]將 [7]軍。

[1]*K'eng*-[2]*fun*-[3]*ti* par bonheur (*sic* Prémare), [4]*yu*-[5]*tcho* j'ai rencontré, [6]*tsiang*-[7]*kiun* le général, c.-à-d. je vous ai rencontré (1).

[1]滿 [2]望 [3]你 [4]拔 [5]刀 [6]相 [7]助。

[1]*Mouan*-[2]*wang* j'espère pleinement, entièrement, [3]*ni* que vous, [4]*pa* tirerez, [5]*tao* l'épée, [6]*siang*-[7]*tsou* pour m'aider.

[1]若 [2]再 [3]剪 [4]除 [5]了 [6]這 [7]點 [8]萌 [9]芽。

[1]*Jo* si, [2]*tsaï* en outre, [3]*tsien*-[4]*tch'ou*-[5]*liao* il coupait et extirpait, [6]*tche*-[7]*tien* ce petit, [8]*ming*-[9]*ya* rejeton (ce vers et le suivant ont neuf syllabes).

[1]可 [2]不 [3]斷 [4]送 [5]他 [6]滅 [7]門 [8]絕 [9]戶。

[3]*Touan*-[4]*song* en faisant périr, [5]*tha* lui, [1]*kho*-[2]*pou* pourrait-il ne pas (c.-à-d. ne pourrait-il pas), [6]*mie*-[8]*tsioue* éteindre et exterminer, [7]*men*-[9]*hou* la famille (de *Tchao*)?

HAN-KIOUE,

[1]程 [2]嬰。[3]我 [4]若 [5]把 [6]這 [7]孤 [8]兒。[9]獻 [10]將 [11]出 [12]去。[13]可 [14]不 [15]是 [16]一 [17]身 [18]富 [19]貴。[20]但 [21]我 [22]韓 [23]厥。[24]是 [25]一 [26]箇 [27]頂 [28]天 [29]立 [30]地 [31]的 [32]男 [33]兒。[34]怎 [35]肯 [36]做 [37]這 [38]般 [39]勾 [40]當。

[1]*Tch'ing*-[2]*ing*, [4]*jo* si, [3]*ngo* moi, [5]*pa* prenant (marque d'accusatif), [6]*tche*-[7]*kou*-[8]*eul* ce petit orphelin, [11]*tchou*-[12]*khiu* j'allais, [9]*hien* le (lui) offrir, [10]*tsiang* et donner, [13]*kho*-[14]*pou*-[15]*chi* ne serais-je pas, ne deviendrais-je pas, [16]*i*-[17]*chin* en toute ma personne, [18]*fou* riche, [19]*koueï* et comblé d'honneurs? [20]*Tan* mais, [21]*ngo* moi, [22]*Han*-[23]*kioue*, [24]*chi* je suis, [25]*i*-[26]*ko* un, [32]*nan*-[33]*eul* homme, [31]*ti* qui, [29]*li*-[30]*ti* placé sur la terre, [27]*ting*-

(1) *Ti* me paraît employé pour *te* (obtenir), mais je ne puis analyser les trois mots *K'eng-fun-te* de manière à y trouver le sens de Prémare qui, du reste, est parfaitement d'accord avec les circonstances.

[30]*t'ien* porte sa tête jusqu'au ciel (1), [31]*tseng* comment, [35]*k'eng* consentirais à, [36]*tso* faire, [39]*keou-*[40]*tang* une (méchante) action, [37]*tche-*[38]*pouan* de cette sorte (2)?

[1]程 [2]嬰。[3]你 [4]抱 [5]的 [6]這 [7]孤 [8]兒 [9]出 [10]去。[11]若 [12]屠 [13]岸 [14]賈 [15]問 [16]呵。[17]我 [18]自 [19]與 [20]你 [21]回 話。

[1]*Tch'ing-*[2]*ing*, [3]*ni* toi, [4]*pao-*[5]*ti* tenant dans tes bras, [6]*tche* ce, [7]*kou-*[8]*eul* petit orphelin, [9]*tchou-*[10]*khiu* sors et va-t-en. [11]*Jo* si, [12]*Tou-*[13]*'an-*[14]*kou*, [15]*wen* m'interroge, [16]*ho* exclamation, [17]*ngo-*[18]*tseu* moi-même, [21]*hoeï-*[22]*hoa* je répondrai, [19]*yu-*[20]*ni* pour toi.

TCH'ING-ING,

[1]索 [2]謝 [3]了 [4]將 [5]軍。

[1]*So-*[2]*sie-*[3]*liao* je vous remercie, [4]*tsiang-*[5]*kiun* général.

Il prend la boîte et sort précipitamment, puis il revient et se jette à genoux devant *Han-kioue*.

HAN-KIOUE,

[1]程 [2]嬰。[3]我 [4]說 [5]放 [6]你 [7]去。[8]難 [9]道 [10]耍。[11]你 [12]可 [13]快 [14]出 [15]去。

[1]*Tch'ing-*[2]*ing*, [3]*ngo* moi, [4]*choue* je t'ai dit que, [5]*fang-*[7]*khiu* je laissais aller, [6]*ni* toi, [8]*nan-*[9]*tao* est-ce que, [10]*choua* je plaisantais. [12]*Kho* il faut que, [11]*ni* toi, [13]*khouaï* promptement, [14]*tch'ou* sortes, [15]*khiu* et t'en ailles.

TCH'ING-ING,

[1]索 [2]謝 [3]了 [4]將 [5]軍。

[1]*So-*[2]*sie-*[3]*liao* je (vous) remercie, [4]*tsiang-*[5]*kiun* général.

Il s'en va précipitamment, puis il revient et se jette à genoux.

(1) Wells Williams : One who can reach to heaven *very talented*. Prémare traduit : mais *Han-kioue* a trop de droiture pour commettre une telle action.

(2) L'expression *keou-tang* se prend le plus souvent en mauvaise part.

HAN-KIOUE,

[1]程[2]嬰。[3]你[4]怎[5]生[6]又[7]回[8]來。

[1]*Tch'ing-*[2]*ing*, [5]*tseng-*[6]*seng* comment, pourquoi, [3]*ni* toi, [7]*hoeï-*[8]*laï* reviens-tu, [6]*yeou* encore?

TCH'ING-ING,

[1]將[2]軍。[3]我[4]若[5]出[6]的[7]這[8]府[9]門[10]去。[11]你[12]報[13]與[14]屠[15]岸[16]賈[17]知[18]道。[19]別[20]差[21]將[22]軍[23]赶[24]來[25]拏[26]住[27]我[28]程[29]嬰。

[1]*Tsiang-*[2]*kiun* général, [4]*jo* si, [3]*ngo* je, [5]*tchou-*[6]*ti-*[9]*khiu* puis sortir, [10]*men* de la porte, [7]*tche-*[8]*fou* de ce palais, et que [11]*ni* vous, [12]*pao* annonciez cela, [13]*yu* à, [14]*Tou-*[15]*'an-*[16]*kou*, [17]*tchi-*[18]*tao* pour qu'il le sache, [19]*pie* en outre, [20]*tch'aï* il enverra, [21]*tsiang-*[22]*kiun* un général (il enverra un autre général), [23]*kan-*[24]*laï* qui poursuivra, [25]*na-*[26]*tchou* et arrêtera, [27]*ngo* moi, [28]*Tch'ing-*[29]*ing*.

[1]這[2]箇[3]孤[4]兒[5]萬[6]無[7]活[8]理。[9]罷[9]罷[9]罷。[10]將[11]軍。[12]你[13]拏[14]將[15]程[16]嬰[17]去。[18]請[19]功[20]受[21]賞。[22]我[23]與[24]趙[25]氏[26]孤[27]兒[28]情[29]願[30]一[31]處[32]身[33]亡[34]便[35]了。

[1]*Tche-*[2]*ko* ce (hic unus), [3]*kou-*[4]*eul* petit orphelin, [5]*wan-*[6]*wou* n'aura en aucune façon, [7]*ho-*[8]*li* un moyen de vivre (périra infailliblement); [9]*paï-*[9]*paï-*[9]*paï* c'en est fait (*ter*), [10]*tsiang-*[11]*kiun* général, [12]*ni* vous, [13]*na-*[14]*tsiang-*[17]*khiu* prenez et emmenez, [15]*Tch'ing-*[16]*ing*, [18]*thsing-*[19]*kong* demandez le prix de vos services, [20]*cheou-*[21]*chang* et recevez des récompenses; [22]*ngo* moi, [28]*thsing-*[29]*youen* je désire, [23]*yu* avec, [26]*kou-*[27]*eul* le petit orphelin, [24]*tchao-*[25]*chi* de la famille de *Tchao*, [30]*i-*[31]*tch'ou* dans le même endroit, [32]*chin* moi-même, [33]*wang* mourir, [34]*pien* alors, [35]*liao* ce sera fini.

HAN-KIOUE,

程[2]嬰。[3]你[4]好[5]去[6]的。[7]不[8]放[9]心[10]也。

Tch'ing-[2]*ing,* [3]*ni* toi, [4]*hao-*[5]*khiu-*[6]*ti* peux bien t'en aller ([6]*ti* pour *te*), te sauver. [7]*Pou-*[8]*fang-*[9]*sin* (cependant) tu ne mets pas ton cœur à l'aise (tu montres de l'inquiétude), [10]*ye* particule finale.

[1]程[2]嬰[3]你[4]去[5]的[6]放[7]心[8]者。

[1]*Tch'ing-*[2]*ing,* [3]*ni* toi, [4]*khiu-*[5]*ti* partant, [6]*fang-*[7]*sin-*[8]*tche* mets ton cœur à l'aise, c.-à-d. bannis l'inquiétude ([8]*tche* marque d'impératif).

Il se tue, de peur que *Tou-'an-kou* n'emploie les tortures pour lui arracher la vérité.

TCH'ING-ING,

[1]呀。[2]韓[3]將[4]軍[5]自[6]刎[7]了[8]也。[9]則[10]怕[11]軍[12]校[13]得[14]知[15]報[16]與[17]屠[18]岸[19]賈[20]知[21]道。[22]怎[23]生[24]是[25]好。

[1]*Ya* hélas! [3]*tsiang-*[4]*kiun* le général, [2]*Han-kioue,* [5]*tseu-*[6]*wen-*[7]*liao* lui-même s'est tué, [8]*ye* particule finale. [9]*Tse* en conséquence, [10]*p'a* je crains que, [11]*kiun-*[12]*kiao* les soldats, [13]*te-*[14]*tchi* ne puissent apprendre (ce fait), [15]*pao* et qu'ils ne l'annoncent, [16]*yu* à, [17]*Tou-*[18]*'an-*[19]*kou,* [20]*tchi-*[21]*tao* pour qu'il le connaisse; [22]*tseng-*[23]*seng* comment, [24]*chi-*[25]*hao* sera-ce bien (c.-à-d. comment faire)?

[1]我[2]抱[3]着[4]孤[5]兒。[6]須[7]索[8]逃[9]命[10]去[11]來。

[1]*Ngo* moi, [2]*pao-*[3]*tcho* ayant pris dans mes bras, [4]*kou-*[5]*eul* le petit orphelin, [6]*sin* je dois, [7]*so-*[8]*t'ao* fuir, [9]*ming* le destin, la mort, [10]*khiu-*[11]*laï* et m'en aller.

Il récite des vers :

[1]韓[2]將[3]軍[4]果[5]是[6]忠[7]良。[8]為[9]孤[10]兒[11]自[12]刎[13]身[14]亡。[15]我[16]如[17]今[18]放[19]心[20]前[21]去[22]太[23]平[24]庄。[25]再[26]做[27]商[28]量。

[2]*Tsiang-*[3]*kiun* le général, [1]*Han-kioue,* [4]*ko* réellement, [5]*chi* est, [6]*tchong*

fidèle, [7]*liang* et vertueux. [8]*Weï* pour, dans l'intérêt de, [9]*kou*-[10]*eul* l'orphelin, [11]*tseu*-[12]*oueu* il s'est tué, [13]*chin*-[14]*wang* et il est mort. [15]*Ngo* moi, [16]*jou*-[17]*kin* maintenant, [18]*fang*-[19]*sin* ayant le cœur tranquille, [20]*thsien*-[21]*khiu* je vais en avant; [24]*tchoang* dans la ferme, [22]*thaï*-[23]*p'ing* de *Thaï-p'ing*, c.-à-d. de la grande tranquillité, [25]*tsaï* de nouveau, [26]*tso* je ferai, [27]*chang*-[28]*liang* une délibération, je délibérerai (sur ce que je dois faire).

(Il sort.)

ACTE II

SCÈNE I.

TOU-'AN-KOU, suivi de soldats.

[1]事 [2]不 [3]關 [4]心。[5]關 [6]心 [7]者 [8]亂。[9]某 [10]屠 [11]岸 [12]賈。[13]只 [14]爲 [15]公 [16]主 [17]生 [18]下 [19]一 [20]箇 [21]小 [22]的。[23]喚 [24]做 [25]趙 [26]氏 [27]孤 [28]兒。[29]我 [30]差 [31]下 [32]將 [33]軍 [34]韓 [35]厥。[36]把 [37]住 [38]府 [39]門。[40]搜 [41]撿 [42]姦 [43]細。

[1]*Sse* les affaires, [2]*pou*-[3]*kouan* n'occupent pas, [4]*sin* mon cœur, [7]*tche* celles qui, [5]*kouan*-[6]*sin* occupent le cœur, [8]*loen* le troublent. [9]*Meou* je

(suis), [10]*Tou-*[11]*an-*[12]*kou*, [13]*tchi* seulement, [14]*weï* parce que, [15]*kong-*[16]*tchou* la princesse, [17]*seng-*[18]*hia* a enfanté, [19]*i-*[20]*ko* un, [21]*siao-*[22]*ti* petit (garçon), [23]*houan-*[24]*tso* qu'on appelle, [27]*kou-*[28]*eul* le petit orphelin, [25]*tchao-*[26]*chi* de la famille de *Tchao*, [29]*ngo* moi, [30]*tch'aï-*[31]*hia* j'ai envoyé, [32]*tsiang-*[33]*kiun* le général, [34]*Han-*[35]*kioue*, [36]*pa-*[37]*tchou* pour garder, [39]*men* la porte, [38]*fou* du palais, [40]*seou-*[41]*kien* et fouiller, [42]*kien-*[43]*si* les espions (1).

[1]一 [2]面 [3]張 [4]掛 [5]榜 [6]文。[7]若 [8]有 [9]掩 [10]藏 [11]趙 [12]氏 [13]孤 [14]兒 [15]者。[16]全 [17]家 [18]處 [19]斬。[20]九 [21]族 [22]不 [23]留。[24]怕 [25]那 [26]趙 [27]氏 [28]孤 [29]兒 [30]會 [31]飛 [32]上 [33]天 [34]去。

[1]*I-*[2]*mien* d'un côté, [3]*tchang-*[4]*koua* j'ai étendu et suspendu (j'ai fait afficher), [5]*pang-*[6]*wen* une proclamation (ainsi couçue) : [7]*Jo* si, [8]*yeou* il y a, [15]*tche* une personne qui, [9]*yen-*[10]*ts'ang* cache, [13]*kou-*[14]*eul* le petit orphelin, [11]*tchao-*[12]*chi* de la famille de *Tchao*, [16]*thsiouen-*[17]*kia* toute sa famille, [18]*tch'ou-*[19]*tchan* sera décapitée, [20]*kieou-*[21]*tso* ses neuf parents en ligne directe, [22]*pou-*[23]*lieou* ne seront point laissés (seront exterminés). [24]*P'a* puis-je craindre que, [25]*na* ce, [28]*kou-*[29]*eul* petit orphelin, [26]*tchao-*[27]*chi* de la famille de *Tchao*, [30]*hoeï* sache, [31]*feï-*[34]*khiu* s'envoler, [32]*chang* et monter, [33]*thien* au ciel?

[1]怎 [2]麼 [3]這 [4]早 [5]晚 [6]還 [7]不 [8]見 [9]送 [10]到 [11]孤 [12]兒。[13]使 [14]成 [15]放 [16]心 [17]不 [18]不。[19]令 [20]人 [21]與 [22]我 [23]門 [24]外 [25]覷 [26]者。

[1]*Tseng-*[2]*mo* comment, [3]*tche-*[4]*tsao-*[5]*wan* ce matin (ou ce) soir, c.-à-d. d'un moment à l'autre, [6]*hoan* encore, [7]*pou-*[8]*kien* ne vois-je pas, [9]*song-*[10]*tao* apporter, [11]*kou-*[12]*eul* le petit orphelin. [13]*Sse* cela fait que, [14]*ngo* moi, [17]*pou-*[15]*fang-*[18]*hia* je ne mets pas à l'aise, [16]*sin* mon cœur, c.-à-d. je n'ai pas le cœur tranquille. [19]*Ling-*[20]*jin* soldats, [21]*yu-*[22]*ngo* pour moi, [23]*men-*[24]*waï* en dehors de la porte, [25]*thsiu-*[26]*tche* épiez ([26]*tche* marque d'impératif).

(1) Morrison, *Dictionn. anglais-chinois*, pag. 1213 : *Spy*, *kien-si*.

SCÈNE II.

UN SOLDAT, TOU-'AN-KOU.

UN SOLDAT.

[1]報[2]元[3]帥[4]禍[5]事[6]到[7]了。

[1]*Pao* j'annonce, [2]*youen*-[3]*thsouï* au général en chef que, [4]*ho*-[5]*sse* un malheur, [6]*tao*-[7]*liao* est arrivé.

TOU-'AN-KOU,

[1]禍[2]從[3]何[4]來。

[1]*Ho* le malheur, [2]*thsong*-[3]*ho* d'où, [4]*laï* est-il venu?

LE SOLDAT,

[1]公[2]主[3]在[4]府[5]中。[6]將[7]裙[8]帶[9]自[10]縊[11]而[12]死。[13]把[14]府[15]門[16]的[17]韓[18]厥[19]將[20]軍。[21]也[22]自[23]刎[24]身[25]亡[26]了[27]也。

[1]*Kong*-[2]*tchou* la princesse, [3]*tsaï* étant, [4]*fou*-[5]*tchong* dans son palais, [6]*tsiang* a pris, [8]*taï* la ceinture, [7]*kiun* de sa robe, [9]*tseu*-[10]*i* s'est pendue, [11]*eul* et, [12]*sse* est morte; [19]*tsiang*-[20]*kiun* le général, [17]*Han*-[18]*kioue*, [16]*ti* qui, [13]*pa* gardait, [14]*fou*-[15]*men* la porte du palais, [21]*ye* aussi, [22]*tseu*-[23]*ouen* s'est tué, [24]*chin*-[25]*wang*-[26]*liao* sa personne est morte, il est mort, [27]*ye* particule finale.

TOU-'AN-KOU,

[1]韓[2]厥[3]爲[4]何[5]自[6]刎[7]了。[8]必[9]然[10]走[11]了[12]趙[13]氏[14]孤[15]兒。[16]怎[17]生[18]是[19]好。[20]眉[21]頭[22]一[23]皺。[24]計[25]上[26]心[27]來。

[3]*Weï*-[4]*ho* pourquoi, [1]*Han*-[2]*kioue*, [5]*tseu*-[6]*wen*-[7]*liao* s'est-il tué? [8]*pi*-[9]*jen* certainement, [10]*tseou*-[11]*liao* il a laissé s'enfuir (laissé emporter), [14]*kou*-

[15]*eul* le petit orphelin, [12]*tchao*-[13]*chi* de la famille de *Tchao*, [16]*tseng*-[17]*seng* comment, [18]*chi*-[19]*hao* sera-ce bien (comment faire)? [20]*meï*-[21]*theou* (quand) les sourcils, [22]*i* une fois, [23]*tseou* sont froncés (par la colère), [24]*ki* les stratagèmes, [25]*chang*-[27]*laï* montent, [26]*sin* dans le cœur, c.-à-d. naissent au fond du cœur.

[1]如 [2]今 [3]不 [4]免 [5]詐 [6]傳 [7]靈 [8]公 [9]的 [10]命。[11]把 [12]晉 [13]國 [14]內 [15]但 [16]是 [17]半 [18]歲 [19]之 [20]下。[21]一 [22]月 [23]之 [24]上。[25]新 [26]添 [27]的 [28]小 [29]厮。[30]都 [31]與 [32]我 [33]拘 [34]刷 [35]將 [36]來。

[1]*Jo*-[2]*kin* maintenant, [3]*pou*-[4]*mien* je ne puis m'empêcher de, [5]*tcha* en contrefaisant, [6]*tch'ouen* transmettre, [10]*ming* un ordre, [9]*ti* de, [7]*Ling*-[8]*kong*, (pour que) [11]*pa* prenant (marque d'accusatif), [14]*nouï* dans l'intérieur, [12]*tsin*-[13]*koue* du royaume de *Tsin*, [28]*siao*-[29]*sse* les petits garçons, [25]*sin*-[26]*thien*-[27]*ti* nouvellement nés, [16]*chi* qui sont, [15]*tan* seulement, [20]*hia* au-dessous [19]*tchi* de, [17]*pouan*-[18]*souï* une demi-année (six mois), [24]*chang* et au-dessus, [23]*tchi* de, [21]*i*-[22]*youeï* un mois, [33]*kiu* on les saisisse, [34]*choua* et on les balaie (c.-à-d. on les enlève tous ensemble), [30]*tou* tous, [35]*tsiang*-[36]*laï* et qu'on les apporte, [31]*yu-ngo* à moi, c.-à-d. un ordre d'enlever, comme d'un coup de filet, tous les enfants qui ont moins de six mois et plus d'un mois, et de me les apporter.

[1]見 [2]一 [3]箇 [4]剁 [5]三 [6]劍。[7]其 [8]中 [9]必 [10]然 [11]有 [12]趙 [13]氏 [14]孤 [15]兒。[16]可 [17]不 [18]除 [19]了 [20]我 [21]這 [22]腹 [23]心 [24]之 [25]害。

[1]*Kien* (dès que j'en) verrai, [2]*i*-[3]*ko* un, [4]*to* je le couperai, percerai (sous-entendu *i*, avec), [5]*san*-[6]*kien* trois coups d'épée. [7]*Khi*-[8]*tchong* parmi eux, [9]*pi*-[10]*jen* certainement, [11]*yeou* il y aura, se trouvera, [14]*kou*-[15]*eul* le petit orphelin, [12]*tchao*-[13]*chi* de la famille de *Tchao*, [16]*kho*-[17]*pou* n'aurai-je pas pu, [18]*tch'ou*-[19]*liao* expulser vite, [20]*ngo*-[21]*tche* ce mien, [25]*haï* malheur, [24]*tchi* du, [22]*fo*-[23]*sin* cœur (1)? c.-à-d. j'aurai pu me délivrer du poids qui pesait sur mon cœur.

(1) En mandchou, l'expression *tch'ou-hai* se traduit par *dchobolon be gederemboume*, calamitatem expellere. Dict. *Thsing-han-wen-haï*, liv. 37, fol. 23.

[1]令 [2]人 [3]與 [4]我 [5]張 [6]掛 [7]榜 [8]文。[9]着 [10]晉 [11]國 [12]內 [13]但 [14]是 [15]半 [16]歲 [17]之 [18]下。[19]一 [20]歲 [21]之 [22]上 [23]新 [24]添 [25]的 [26]小 [27]廝。[28]都 [29]拘 [30]刷 [31]到 [32]我 [33]帥 [34]府 [35]中 [36]來。

[1]*Ling*-[2]*jin* soldats (c'est ainsi que Prémare rend *ling-jin*), [3]*yu*-[4]*ngo* pour moi, [5]*tchang* étendez, [6]*koua* et suspendez (c.-à-d. afficheé), [7]*pang*-[8]*wen* une proclamation (ainsi conçue) : [9]*Tcho* j'ordonne que, [12]*nouï* dans l'intérieur, [11]*koue* du royaume (dans le royaume), [10]*tsin* de *Tsin*, [26]*siao*-[27]*sse* les petits garçons, [23]*sin*-[24]*thien*-[25]*ti* nouvellement nés, [14]*chi* qui sont, [13]*tan* seulement, [18]*hia* au-dessous, [17]*tchi* de, [15]*pouan*-[16]*souï* une demi-année (six mois), [22]*chang* et au-dessus, [21]*tchi* de, [19]*i*-[20]*souï* un an, [28]*tou* tous, [29]*keou* soient saisis, [30]*choua* et balayés (c.-à-d. enlevés tous ensemble), [31]*tao*-[36]*laï* et arrivent (soient apportés), [35]*tchong* au milieu, [32]*ngo*-[34]*fou* de mon palais (dans mon palais), [33]*thsouï* de général en chef.

[1]聽 [2]令。[3]違 [4]者 [5]全 [6]家 [7]處 [8]斬 [9]九 [10]族 [11]不 [12]留。

[1]*Thing*-[2]*ling* qu'on écoute mes ordres : [3]*weï*-[4]*tche* ceux qui désobéiront, [5]*thsiouen*-[6]*kia* toute leur famille, [7]*tch'ou*-[8]*tchan* sera décapitée, [9]*kieou*-[10]*tso* et leur neuf parents en ligne directe, [11]*pou*-[12]*iieou* ne seront pas laissés, c.-à-d. seront exterminés.

Il récite des vers :

[1]我 [2]拘 [3]刷 [4]盡 [5]晉 [6]國 [7]嬰 [8]孩。[9]料 [10]孤 [11]兒 [12]沒 [13]處 [14]藏 [15]埋。[16]一 [17]任 [18]他 [19]金 [20]枝 [21]玉 [22]葉。[23]難 [24]兆 [25]我 [26]劍 [27]下 [28]之 [29]灾。

[1]*Ngo* moi, [2]*keou*-[3]*choa*-[4]*tsin* j'ai complètement ramassé et balayé, [7]*ing*-[8]*haï* les petits enfants, [5]*tsin*-[6]*koue* du royaume de *Tsin*. [9]*Liao* je présume que, [10]*kou*-[11]*eul* le netit orphelin, [12]*mo*-[13]*tch'ou* n'aura pas de lieu, [14]*thsang*-[15]*maï* pour être caché ; [16]*i*-[17]*jin*-[18]*tha* quoiqu'il soit, [19]*kin*-[20]*tchi* un rameau d'or, [21]*yu*-[22]*ye* une feuille de jade (un enfant issu du sang

royal), [23]*nan*-[24]*thao* il aura de la peine à échapper, [29]*tsaï* au malheur, [25]*kien*-[26]*hia*-[27]*tchi*, *litt.* de dessous mon glaive, c.-à-d. à la mort dont le menace mon glaive.

SCÈNE III.

KONG-SUN-TCHOU-KIEOU, suivi d'un domestique,

[1]老[2]夫[3]公[4]孫[5]杵[6]臼[7]是[8]也。[9]在[10]晉[11]靈[12]公[13]位[14]下。[15]為[16]中[17]大[18]夫[19]之[20]職。

[1]*Lao*-[2]*fou* ce vieillard, [7]*chi*-[8]*ye* c'est, est, [3]*Kong*-[4]*sun*-[5]*tchou*-[6]*kieou*; [9]*tsaï* étant, [14]*hia* au bas, [13]*weï* du trône (à la cour), [11]*ling*-[12]*kong* du roi *Ling-kong*, [10]*tsin* de *Tsin*, [15]*weï*-[20]*tchi* j'avais la charge, [19]*tchi* de, [16]*tchong*-[17]*ta*-[18]*fou* nom de dignité, sorte de conseiller à la cour.

[1]只[2]因[3]年[4]紀[5]高[6]大。[7]見[8]屠[9]岸[10]賈[11]專[12]權。[13]老[14]夫[15]掌[16]不[17]得[18]王[19]事。[20]罷[21]職[22]歸[23]農。

[1]*Tchi* seulement, [2]*in* parce que, [3]*nien*-[4]*ki* mon âge, [5]*kao*-[6]*ta* est haut et grand, c.-à-d. très-avancé, [7]*kien* voyant que, [8]*Tou*-[9]*'an*-[10]*kou*, [11]*tchouen*-[12]*khiouen* tenait en main le pouvoir, [13]*lao*-[14]*fou* ce vieillard (moi), [16]*pou*-[17]*te* ne pouvant, [15]*tch'ang* prendre soin, [18]*wang*-[19]*sse* des affaires du roi, [20]*pa*-[21]*tchi* j'ai quitté ma charge, [22]*koueï*-[23]*nong* et je suis retourné à l'agriculture.

[1]苫[2]庄[3]三[4]頃[5]地。[6]扶[7]手[8]一[9]張[10]鋤。[11]住[12]在[13]這[14]太[15]平[16]庄[17]上。[18]往[19]常[20]我[21]夜[22]眠[23]斗[24]帳[25]聽[26]角。

[1]*Chen*-[2]*tchoang* (ayant) une maison des champs couverte de chaume, [3]*san*-[4]*khing*-[5]*ti* et trois cents arpents de terres, [6]*fou*-[7]*cheou* appuyant ma main sur, [8]*i* une, [10]*thsou* houe, [9]*tchang* caractère numérique insignifiant, [11]*tchou*-[12]*tsaï* je demeure, [17]*chang* dans, [13]*tche* cette, [16]*tchoang* ferme, [14]*thaï*-[15]*p'ing* de la paix profonde, [18]*wang*-[19]*tch'ang* ordinaire-

ment, [21]*ye* la nuit, [20]*ngo-*[22]*mien* je dors, [23]*teou-*[24]*tchang* dans une petite tente, [25]*thing* j'entends, [26]*khio* les sons du cornet (champêtre).

[1]如 [2]今 [3]斜 [4]倚 [5]柴 [6]門。

[1]*Jou-*[2]*kin* maintenant, [3]*sie* me penchant, [4]*i* je m'appuie sur, contre, [5]*tch'aï-*[6]*men* ma porte de bois.

SCÈNE IV.

TCH'ING-ING, UN DOMESTIQUE, KONG-SUN.

TCH'ING-ING,

[1]程 [2]嬰 [3]你 [4]好 [5]慌 [6]也。[7]小 [8]舍 [9]人 [10]你 [11]好 [12]險 [13]也。[14]屠 [15]岸 [16]賈 [17]你 [18]好 [19]狠 [20]也。

[1]*Tch'ing-*[2]*ing*, [3]*ni* toi, tu, [4]*hao-*[5]*hoang* es bien troublé, [6]*ye* particule finale; [7]*siao-*[8]*che-*[9]*jin* mon petit maître, [10]*ni* toi, tu, [11]*hao-*[12]*hien* es bien exposé au danger, [13]*ye* particule finale; [14]*Tou-*[15]*'an-*[16]*kou*, [17]*ni* toi, tu, [18]*hao-*[19]*hen* es bien cruel, [20]*ye* particule finale.

[1]我 [2]程 [3]嬰 [4]雖 [5]然 [6]擔 [7]着 [8]箇 [9]死 [10]撞 [11]出 [12]城 [13]來。

[4]*Souï-*[5]*jen* quoi qu'il en soit, cependant, [1]*ngo* moi, [2]*Tch'ing-*[3]*ing*, [6]*tan-*[7]*tcho* en m'exposant, [8]*ko-*[9]*sse* à une mort, à la mort, [10]*tchoang* en m'élançant rapidement, [11]*tch'ou-*[12]*laï* je suis sorti, [13]*tch'ing* de la ville.

[1]聞 [2]的 [3]那 [4]屠 [5]岸 [6]賈。[7]見 [8]說 [9]走 [10]了 [11]趙 [12]氏 [13]孤 [14]兒。[15]要 [16]將 [17]晉 [18]國 [19]內 [20]半 [21]歲 [22]之 [23]下 [24]一 [25]月 [26]之 [27]上 [28]小 [29]孩 [30]兒。[31]每 [32]都 [33]拘 [34]攝 [35]到 [36]元 [37]帥 [38]府 [39]裏。[40]不 [41]問 [42]是 [43]孤 [44]兒 [45]不 [46]是 [47]孤 [48]兒。[49]他 [50]一 [51]箇 [52]箇 [53]親 [54]手 [55]剁 [56]做 [57]三 [58]段。

[1]*Wen-*[2]*ti* j'ai appris que, [3]*na* ce, [4]*Tou-*[5]*'an-*[6]*kou*, [7]*kien* voyant, [8]*choue*

qu'on disait (entendant dire), [9]*tseou-*[10]*liao* qu'on avait fait échapper, [13]*kou-*[14]*eul* le petit orphelin, [11]*tchao-*[12]*chi* de la famille de *Tchao* (*ou* que le petit orphelin s'était échappé), [15]*yao* il voulait que, [16]*tsiang* prenant, [19]*nouï* dans l'intérieur du, [18]*koue* royaume, [17]*tsin* de *Tsin*, [28]*siao-*[29]*haï-*[30]*eul* les petits enfants, [23]*hia* au bas, au-dessous, [22]*tchi* de, [20]*pouan-*[21]*souï* une demi-année (de six mois), [27]*chang* et au-dessus, [26]*tchi* de (et ayant plus de), [24]*i-*[25]*youeï* un mois, [33]*keou-*[34]*che* qu'on les prît, [31]*meï-*[32]*tou* tous, [35]*tao-*[39]*li* (et qu'on les apportât) jusque dans l'intérieur, [38]*fou* du palais, [36]*youen-*[37]*thsouï* du général en chef, c.-à-d. dans son palais, [40]*pou-*[41]*wen* sans s'informer (si un enfant), [42]*chi* est, [43]*kou-*[44]*eul* le petit orphelin, [45]*pou-*[46]*chi* ou s'il n'est pas, [47]*kou-*[48]*eul* le petit orphelin, (il voulait) [53]*thsin-*[54]*cheou* de sa propre main, [55]*to* dépecer, [49]*tha* eux, [50]*i-*[51]*ko-*[52]*ko* un à un, [56]*tso* et faire (de chacun), [57]*san-*[58]*touan* trois morceaux.

[1]我[2]將[3]的[4]這[5]小[6]舍[7]人。[8]送[9]到[10]那[11]處[12]去。[13]好[14]有[15]了。

[1]*Ngo* moi, [2]*tsiang-*[3]*ti* tenant, [4]*tche* ce, [5]*siao* petit, [6]*che-*[7]*jin* maître (*sic* Prémare), [9]*tao-*[10]*na-*[11]*tch'ou* jusqu'en quel endroit, en quel endroit, [8]*song-*[12]*khiu* irai-je le porter ? [13]*hao* heureusement, [14]*yeou-*[15]*liao* je l'ai eu, je l'ai trouvé (j'ai trouvé cet endroit) !

[1]我[2]想[3]太[4]平[5]庄[6]上[7]公[8]孫[9]杵[10]臼。[11]他[12]與[13]趙[14]盾[15]是[16]一[17]殿[18]之[19]臣。[20]最[21]相[22]交[23]厚。[24]他[25]如[26]今[27]罷[28]職[29]歸[30]農。

[1]*Ngo* moi, je, [2]*siang* pense à, [7]*Kong-*[8]*sun-*[9]*tchou-*[10]*kieou* (nom d'homme), [5]*tchoang-*[6]*chang* (qui demeure) dans la ferme, [3]*thaï-*[4]*p'ing* de la paix profonde (c'est le nom de sa ferme). [11]*Tha* lui, [12]*yu* avec, [13]*Tchao-*[14]*tun*, [15]*chi* était, [19]*tch'in* officier, [16]*i-*[17]*tien-*[18]*tchi* d'un même palais, dans le même palais ; [20]*tsouï-*[22]*kiao-*[23]*heou* ils étaient très-liés d'amitié, [21]*siang* ensemble, [24]*tha* lui, [25]*jou-*[26]*kin* maintenant, [27]*paï-*[28]*tchi* a quitté sa charge, [29]*koueï* et est retourné, [30]*nong* à l'agriculture.

[1]那[2]老[3]宰[4]輔[5]是[6]箇[7]忠[8]直[9]的[10]人。[11]那[12]裏[13]堪[14]可[15]掩[16]藏。[17]我[18]如[19]今[20]來[21]到

²²庄 ²³上。²⁴就 ²⁵在 ²⁶這 ²⁷芭 ²⁸棚 ²⁹下。³⁰放 ³¹下 ³²這 ³³藥 ³⁴廂。

¹*Na* ce, ²*lao* respectable, ³*tsaï*-⁴*fou* ministre, ⁵*chi* est, ⁶*ko* un, ¹⁰*jin* homme, ⁷*tchong*-⁸*tchi*-⁹*ti* loyal et droit; ¹¹*na*-¹²*li* en cet endroit, ¹³*khan*-¹⁴*kho* je puis, ¹⁵*yen*-¹⁶*thsong* cacher (l'orphelin). ¹⁷*Ngo* moi, ¹⁸*jou*-¹⁹*kin* maintenant, ²⁰*laï*-²¹*tao* je suis arrivé, ²²*tchoang*-²³*chang* à la ferme, dans la ferme; ²⁴*tsieou* tout de suite, ²⁵*tsaï*-²⁹*hia* au bas de, au-dessous de, ²⁶*tche* ce, ²⁷*pa*-²⁸*p'ong* berceau de bananiers, ³⁰*fang*-³¹*hia* je dépose, ³²*tche* ce, ³³*yo*-³⁴*siang* coffre (qui contient des) herbes médicinales.

¹小 ²舍 ³人 ⁴你 ⁵且 ⁶權 ⁷時 ⁸歇 ⁹息。¹⁰咱 ¹¹我 ¹²見 ¹³了 ¹⁴公 ¹⁵孫 ¹⁶杵 ¹⁷臼。¹⁸便 ¹⁹來 ²⁰看 ²¹你。²²家 ²³童 ²⁴報 ²⁵復 ²⁶去。²⁷道 ²⁸有 ²⁹程 ³⁰嬰 ³¹求 ³²見。

¹*Siao*-²*che*-³*jin* mon petit maître, ⁴*ni* vous, ⁵*thsie* particule initiale, ⁶*khiouen*-⁷*chi* pendant quelque temps, ⁸*hie*-⁹*si* reposez-vous, ¹⁰*thsa*-¹¹*ngo* moi-même, ¹²*kien*-¹³*liao* après avoir vu, ¹⁴*Kong*-¹⁵*sun*-¹⁶*tchou*-¹⁷*kieou* (nom d'homme), ¹⁸*pien* immédiatement, ¹⁹*laï* je viendrai, ²⁰*khan*-²¹*ni* vous voir.

Parlant à un domestique :

²²*Kia*-²³*thong* domestique, ²⁶*khiu* allez, ²⁴*pao*-²⁵*fo* m'annoncer, ²⁷*tao* dites (à votre maître), ²⁸*yeou* qu'il y a, ²⁹*Tch'ing*-³⁰*ing*, ³¹*khieou* qui demande, ³²*kien* à le voir.

LE DOMESTIQUE, à *Kong-sun*,

¹有 ²程 ³嬰 ⁴在 ⁵於 ⁶門 ⁷首。

¹*Yeou* il y a, ²*Tch'ing*-³*ing*, ⁴*tsaï* qui est, ⁵*yu*-⁷*cheou* à la tête, c.-à-d. à l'entrée, ⁶*men* de la porte.

KONG-SUN,

¹道 ²有 ³請。

¹*Tao* dites-lui, ²*yeou*-³*thsing* que je l'invite (à entrer).

LE DOMESTIQUE,

[1]請 [2]進。

[1]*Thsing*-[2]*thsin* je vous prie d'entrer.

SCÈNE VI.

KONG-SUN, TCH'ING-ING.

KONG-SUN,

[1]程 [2]嬰。[3]你 [4]來 [5]有 [6]何 [7]事。

[1]*Tch'ing*-[2]*ing*, [3]*ni*-[4]*laï* pour que vous veniez, [6]*ho*-[7]*sse* quelle affaire, [5]*yeou* y a-t-il ? c.-à-d. quelle affaire vous amène ici ?

TCH'ING-ING,

[1]在 [2]下 [3]見 [4]老 [5]宰 [6]輔 [7]在 [8]這 [9]太 [10]平 [11]庄 [12]上。[13]特 [14]來 [15]相 [16]訪。

[1]*Tsaï*-[2]*hia* celui qui est au bas, au-dessous (votre serviteur, moi), [3]*kien* voyant que, [4]*lao* le respectable, [5]*tsaï*-[6]*fou* ministre (c.-à-d. vous), [7]*tsaï* était, demeurait, [12]*chang* dans, [8]*tche* cette, [11]*tchoang* ferme, [9]*thaï*-[10]*p'ing* de la paix profonde, [13]*te* exprès, [14]*laï* je suis venu, [15]*siang*-[16]*fang* demander de ses nouvelles.

KONG-SUN,

[1]自 [2]從 [3]我 [4]罷 [5]官 [6]之 [7]後。[8]衆 [9]宰 [10]輔 [11]每 [12]好 [13]麽。

[1]*Tseu*-[2]*thsong*-[7]*heou* depuis que, [3]*ngo* moi, je, [4]*paï*-[5]*kouan* j'ai quitté ma charge, [6]*tchi* particule relative, [8]*tchong*-[9]*tsaï*-[10]*fou*-[11]*meï* tous les ministres, [12]*hao*-[13]*mo* se sont-ils bien portés ?

TCH'ING-ING,

[1]嗨。[2]這[3]時[4]不[5]比[6]老[7]宰[8]輔[9]爲[10]官[11]時[12]節。[13]如[14]今[15]屠[16]岸[17]賈[18]專[19]權。[20]較[21]往[22]常[23]都[24]不[25]同[26]了[27]也。

[1]*Haï* hélas! [2]*tche*-[3]*chi* ce temps-ci, [4]*pou*-[5]*pi* n'est pas comparable, [11]*chi*-[12]*tsie* à l'époque où, [6]*lao*-[7]*tsaï*-[8]*fou* le respectable ministre (c.-à-d. vous), [9]*weï*-[10]*kouan* était magistrat (était en charge). [13]*Jou*-[14]*kin* maintenant, [15]*Tou*-[16]*'an*-[17]*kou*, [18]*tchouen*-[19]*khiouen* possède seul le pouvoir, [20]*kiao* si l'on compare (les choses actuelles), [21]*wang*-[22]*tch'ang* aux choses ordinaires, c.-à-d. à ce qu'elles étaient ordinairement, [23]*tou* toutes, [24]*pou*-[25]*thong*-[26]*liao* n'y ressemblent plus, [27]*ye* particule finale.

KONG-SUN,

[1]也[2]該[3]着[4]衆[5]宰[6]輔[7]每[8]勸[9]諫[10]勸[11]諫。

[1]*Ye* particule initiale, [2]*kaï* il faut, [3]*tcho* engager, [4]*tchong*-[5]*tsaï*-[6]*fou*-[7]*meï* tous les magistrats, [8]*kiouen*-[9]*kien* à lui faire des représentations, [10]*kiouen*-[11]*kien* à lui faire des représentations.

TCH'ING-ING,

[1]老[2]宰[3]輔。[4]這[5]等[6]賊[7]臣。[8]自[9]古[10]有[11]之。[12]便[13]是[14]那[15]唐[16]虞[17]之[18]世。[19]也[20]還[21]有[22]四[23]凶[24]哩。

[1]*Lao*-[2]*tsaï*-[3]*fou* respectable ministre! [7]*tch'in* des sujets, [6]*tse* brigands, [4]*tche*-[5]*teng* de cette espèce, [8]*tseu* depuis, [9]*kou* l'antiquité, [10]*yeou*-[11]*tchi* on les a eus, c.-à-d. ont existé. [12]*Pien*-[13]*chi* ainsi, [18]*chi* dans le siècle, le temps, [17]*tchi* de, [14]*na* ces (empereurs), [15]*thang*-[16]*yu* *Yao* et *Chun*, [19]*ye* même, [20]*hoan* encore, [21]*yeou* il y a eu, [22]*sse* quatre, [23]*hiong* scélérats, [24]*li* particule finale.

[1]老[2]宰[3]輔。[4]幸[5]的[6]皇[7]天[8]有[9]眼。[10]趙[11]氏[12]還[13]未[14]絕[15]種[16]哩。

[1]*Lao*-[2]*tsaï*-[3]*fou* vénérable ministre! [4]*hing*-[5]*ti* heureusement (*ti* pour

te), [6]*hoang*-[7]*thien* l'auguste Ciel, [8]*yeou* a, [9]*yen* des yeux (vigilants). [10]*Tchao*-[11]*chi* la famille de *Tchao*, [12]*hoan*-[13]*weï* (n'a) pas encore, [14]*tsioue*-[15]*tchong* été privée pour toujours de rejeton, [16]*li* particule finale.

KONG-SUN,

[1]他[2]家[3]滿[4]門[5]良[6]賤[7]三[8]百[9]餘[10]口[11]誅[12]盡[13]殺[14]絕。

[3]*Mouan*-[4]*men* de toute la maison, [1]*ta*-[2]*kia* de cette famille (de *Tchao*), [5]*liang* les hommes de bonne famille, [6]*tsien* les roturiers, (au nombre de) [7]*san* trois, [8]*pe*-[10]*kheou* cents personnes, [9]*yu* et plus, [11]*tchou*-[12]*tsin* ont tous été tués, [13]*cha*-[14]*tsioue* et exterminés.

[1]便[2]是[3]駙[4]馬[5]之[6]被[7]三[8]般[9]朝[10]典[11]短[12]刀[13]自[14]刎[15]了。[16]公[17]主[18]也[19]將[20]裙[21]帶[22]縊[23]死[24]了。[25]還[26]有[27]什[28]麼[29]種[30]在[31]那[32]裏。

[1]*Pien*-[2]*chi* ainsi (Morrison : thus), [3]*fou*-[4]*ma* le gendre (du roi), [5]*ye* même, [6]*pi* par, [11]*toen*-[12]*tao* un poignard, avec un poignard, (pris parmi) [9]*tch'ao*-[10]*tien* des présents du palais, [7]*san*-[8]*pouan* de trois sortes, [13]*tseu*-[14]*ouen*-[15]*liao* s'est tué lui-même. [16]*Kong*-[17]*tchou* la princesse, [18]*ye* même, [19]*tsiang* prenant, [21]*taï* la ceinture, [20]*kiun* de sa robe, [22]*i* s'est pendue, [23]*sse*-[24]*liao* et est morte. [26]*Yeou* s'il y a, [25]*hoan* encore, [27]*chi*-[28]*mo* quelque, [29]*tchong* rejeton, [31]*na*-[32]*li* en quel endroit, [30]*tsaï* est-il ?

TCH'ING-ING,

[1]那[2]前[3]項[4]的[5]事。[6]老[7]宰[8]輔[9]都[10]已[11]知[12]道。[13]不[14]必[15]說[16]了。

[1]*Na* ces, [5]*sse* affaires, [2]*thsien*-[3]*hiang*-[4]*ti* antérieures (*litt.* de sortes antérieures), [6]*lao* le respectable, [7]*tsaï*-[8]*fou* ministre (c.-à-d. vous), [9]*tou* complètement, [10]*i* déjà, [11]*tchi*-[12]*tao* les connaît. [13]*Pou*-[14]*pi* il n'est pas nécessaire, [15]*choue*-[16]*liao* d'en parler.

[1]近[2]日[3]公[4]主[5]囚[6]禁[7]府[8]中。[9]生[10]下[11]一

[12]子。[13]喚 [14]做 [15]孤 [16]兒。[17]這 [18]不 [19]是 [20]趙 [21]家。
[22]是 [23]那 [24]家 [25]的 [26]種。

[1]*Kin-*[2]*chi* ces jours derniers, [3]*kong-*[4]*tchou* la princesse, [5]*thsieou-*[6]*kin* étant emprisonnée, [7]*fou-*[8]*tchong* dans son palais, [9]*seng-*[10]*hia* a enfanté, [11]*i-*[12]*tseu* un fils, [13]*koan-*[14]*tso* elle l'a appelé, [15]*kou-*[16]*eul* l'orphelin. [17]*Tche* si celui-ci, [18]*pou-*[19]*chi* n'est pas, [26]*tchong* le rejeton, [20]*tchao-*[21]*kia* de la maison, de la famille de *Tchao*, [23]*na-*[24]*kia-*[25]*ti* de quelle famille, [22]*chi* est-il, [26]*tchong* le rejeton ?

[1]但 [2]恐 [3]屠 [4]岸 [5]賈 [6]得 [7]知。[8]又 [9]要 [10]殺 [11]壞。
[12]若 [13]殺 [14]了 [15]這 [16]一 [17]箇 [18]小 [19]的。[20]可 [21]不
[22]將 [23]趙 [24]家 [25]眞 [26]絕 [27]了 [28]種 [29]也。

[1]*Tan* seulement, [2]*kong* je crains que, [3]*Tou-*[4]*'an-*[5]*kou*, [6]*te* ne puisse, [7]*tchi* le savoir, et que [8]*yeou* encore, [9]*yao* il ne veuille, [10]*cha-*[11]*hoaï* le tuer. [12]*Jo* si, [13]*cha-*[14]*liao* il avait tué, [15]*tche* ce, [16]*i-*[17]*ko* unique, [18]*siao-*[19]*ti* petit enfant, [20]*kho-*[21]*pou* n'est-ce pas que, [22]*tsiang* prenant (marque d'accusatif), [23]*tchao-*[24]*kia* la maison de *Tchao*, [26]*tsioue-*[27]*liao* il aurait détruit, [25]*tchin* véritablement, [28]*tchong* le rejeton, c.-à-d. ne pourrait-on pas dire qu'il aurait véritablement détruit le rejeton de la famille de *Tchao ?* [29]*ye* particule finale.

KONG-SUN,

[1]如 [2]今 [3]這 [4]孤 [5]兒 [6]却 [7]在 [8]那 [9]裏。[10]不 [11]知
[12]可 [13]有 [14]人 [15]救 [16]的 [17]出 [18]來 [19]麼。

[1]*Jou-*[2]*kin* maintenant, [8]*na-*[9]*li* en quel endroit, [7]*tsaï* se trouve, [6]*k'io* réellement, [3]*tche* ce, [4]*kou-*[5]*eul* petit orphelin ? Ou bien : [3]*Tche* ce, [4]*kou-*[5]*eul* petit orphelin, [8]*na-*[9]*li* en quel endroit, [7]*tsaï* se trouve-t-il, [6]*khio* réellement ? [10]*Pou-*[11]*tchi* je ne sais, [12]*kho-*[13]*yeou* s'il peut y avoir eu, [14]*jin* un homme, [16]*ti* qui, [15]*kieou* l'ait sauvé, [17]*tch'ou-*[18]*laï* et l'ai fait sortir, échapper, [19]*mo* particule interrogative.

TCH'ING-ING,

[1]老 [2]宰 [3]輔 [4]既 [5]有 [6]這 [7]點 [8]見 [9]憐 [10]之 [11]意。[12]在 [13]下 [14]敢 [15]不 [16]實 [17]說。

[1]*Lao* respectable, [2]*tsaï*-[3]*fou* ministre, [4]*ki* comme, [5]*yeou* vous avez, [6]*tche* cette, [7]*tien*-[11]*i* petite intention (quelque intention), [8]*kien* de daigner, [9]*lien* avoir pitié, [10]*tchi* particule, [12]*tsaï*-[13]*hia* celui qui est au bas (moi), [14]*kan* oserais-je, [15]*pou* ne pas, [16]*chi* avec vérité, [17]*choue* parler? oserais-je ne pas vous dire la vérité?

[1]公 [2]主 [3]臨 [4]亡 [5]時。[6]將 [7]這 [8]孤 [9]兒 [10]交 [11]付 [12]與 [13]了 [14]程 [15]嬰。[16]着 [17]好 [18]生 [19]照 [20]覷 [21]他。[22]待 [23]到 [24]成 [25]人 [26]長 [27]大。[28]與 [29]父 [30]母 [31]報 [32]讎 [33]雪 [34]恨。

[1]*Kong*-[2]*tchou* la princesse, [5]*chi* dans le temps, le moment où, [3]*lin* elle était près, [4]*wang* de mourir, [6]*tsiang* prenant (marque d'accusatif), [7]*tche* ce, [8]*kou*-[9]*eul* petit orphelin, [10]*kiao*-[11]*fou* le remit, [12]*yu*-[13]*liao* et le donna à, [14]*Tch'ing*-[15]*ing* (à moi), [16]*tcho* et lui ordonna de, [17]*hao*-[18]*seng* bien, [19]*tchao*-[20]*thsiu* avoir soin, [21]*tha* de lui, [22]*taï* et d'attendre, [23]*tao* jusqu'à ce que, [24]*tch'ing*-[25]*jin* il soit devenu homme, [26]*tchang*-[27]*ta* qu'il soit devenu grand et fort, (afin qu'il puisse) [28]*yu* pour, [29]*fou*-[30]*mou* son père et sa mère, [31]*pao*-[32]*tch'eou* tirer vengeance, [33]*sioue* et laver, [34]*hen* la haine.

[1]我 [2]程 [3]嬰 [4]抱 [5]的 [6]這 [7]孤 [8]兒 [9]出 [10]門。[11]被 [12]韓 [13]厥 [14]將 [15]軍 [16]要 [17]拏 [18]的 [19]去 [20]報 [21]與 [22]屠 [23]岸 [24]賈。

[1]*Ngo* moi, [2]*Tch'ing*-[3]*ing*, [4]*pao*-[5]*ti* portant dans mes bras, [6]*tche* ce, [7]*kou*-[8]*eul* petit orphelin, [9]*tch'ou*-[10]*men* je sortis de la porte, [11]*pi* j'ai eu le malheur que (Wells Williams : to suffer), [14]*tsiang*-[15]*kiun* le général, [12]*Han*-[13]*kioue*, [16]*yao* voulut, [17]*na*-[18]*ti* me prenant (*ti* pour *te*), [19]*khiu* aller, [20]*pao* annoncer cela, [21]*yu* à, [22]*Tou*-[23]*'an*-[24]*kou*.

47

[1]是 [2]程 [3]嬰 [4]數 [5]說 [6]了 [7]一 [8]場。[9]那 [10]韓 [11]厥 [12]將 [13]軍 [14]放 [15]我 [16]出 [17]了 [18]府 [19]門。[20]自 [21]刎 [22]而 [23]亡。

[1]*Chi* ce, [2]*Tch'ing*-[3]*ing* (c.-à-d. moi), [4]*so* promptement, [5]*choue*-[6]*liao* ayant parlé, [7]*i*-[8]*tch'ang* une fois (en mandchou *emou mari*), [7]*na* ce, [12]*tsiang*-[13]*kiun* général, [10]*Han*-[11]*kioue*, [14]*fang*-[16]*tchou*-[17]*liao* ayant lâché et fait sortir, [15]*ngo* moi, [18]*fou*-[19]*men* de la porte du palais (m'ayant lâché, etc.), [20]*tseu*-[21]*wen* se tua, [22]*eul*-[23]*wang* et mourut.

[1]如 [2]今 [3]將 [4]的 [5]這 [6]孤 [7]兒。[8]無 [9]處 [10]掩 [11]藏。[12]我 [13]特 [14]來 [15]投 [16]奔 [17]老 [18]宰 [19]輔。

[1]*Jou*-[2]*kin* maintenant, [3]*tsiang*-[4]*ti* tenant, [5]*tche* ce, [6]*kou*-[7]*eul* petit orphelin, [8]*wou*-[9]*tch'ou* n'ayant pas d'endroit, [10]*yen*-[11]*thsang* pour le cacher, [12]*ngo* moi, je, [14]*laï* suis venu, [13]*te* exprès, [15]*theou*-[16]*pen* pour me réfugier auprès, [17]*lao* du respectable, [18]*tsaï*-[19]*fou* ministre, c.-à-d. auprès de vous.

[1]我 [2]想 [3]宰 [4]輔 [5]與 [6]趙 [7]盾 [8]元 [9]是 [10]一 [11]殿 [12]之 [13]臣。[14]必 [15]然 [16]交 [17]厚。[18]怎 [19]生 [20]可 [21]憐 [22]見。[23]救 [24]這 [25]箇 [26]孤 [27]兒 [28]咱。

[1]*Ngo*-[2]*siang* je songe que, [3]*tsaï*-[4]*fou* le ministre (c.-à-d. vous), [5]*yu* et, [6]*Tchao*-[7]*tun*, [8]*youen* dans l'origine, [9]*chi* vous étiez, [13]*tch'in* des officiers, [12]*tchi* de, [10]*i*-[11]*tien* un même palais, [14]*pi*-[15]*jen* nécessairement, [16]*kiao*-[17]*heou* vous étiez intimement liés. [18]*Tseng*-[19]*seng* comment, [20]*kho*-[21]*lien* pourrez-vous prendre en pitié, [22]*kien*-[23]*kieou* et daigner sauver, [24]*tche*-[25]*ko* ce, [26]*kou*-[27]*eul* petit orphelin? [28]*thsa* particule finale.

KONG-SUN,

[1]那 [2]孤 [3]兒 [4]今 [5]在 [6]何 [7]處。

[1]*Na* ce, [2]*kou*-[3]*eul* petit orphelin, [6]*ho*-[7]*tch'ou* en quel endroit, [5]*tsaï* est-il, [4]*kin* maintenant?

TCH'ING-ING,

[1]現 [2]在 [3]芭 [4]棚 [5]下 [6]哩。

[1]*Hien* actuellement, [2]*tsaï* il est, [5]*hia* au-dessous, [4]*p'ong* d'un berceau, [3]*pa* de bananiers, [6]*li* particule finale.

KONG-SUN,

[1]休 [2]驚 [3]諕 [4]着 [5]孤 [6]兒。[7]你 [8]快 [9]抱 [10]的 [11]來。

[1]*Hieou* gardez-vous, [2]*king*-[3]*hoe*-[4]*tcho* d'effrayer, [5]*kou*-[6]*eul* le petit orphelin, [7]*ni* vous, [8]*khouaï* promptement, [11]*laï* venez, [9]*pao*-[10]*ti* le portant dans les bras.

TCH'ING-ING,

Il apporte le coffre, l'ouvre et regarde.

[1]謝 [2]天 [3]地。[4]小 [5]舍 [6]人 [7]還 [8]睡 [9]着 [10]哩。

[1]*Sie*-[2]*thien*-[3]*ti* je remercie le Ciel et la Terre (grâce au Ciel et à la Terre), [4]*siao*-[5]*che*-[6]*jin* mon petit maître, [7]*hoan* encore, [8]*chouï*-[9]*tcho* dort, [10]*li* particule finale.

[1]趙 [2]氏 [3]一 [4]家 [5]全 [6]靠 [7]着 [8]這 [9]小 [10]舍 [11]人。[12]要 [13]他 [14]報 [15]讎 [16]哩。

[3]*I*-[4]*kia* toute la maison, [1]*tchao*-[2]*chi* de la famille de *Tchao*, [5]*thsiouen* entièrement, [6]*khao*-[7]*tcho* repose sur, [8]*tche* ce, [9]*siao*-[10]*che*-[11]*jin* petit maître, [12]*yao* il faut que, [13]*tha* lui, il, [14]*pao*-[15]*tcheou* venge (son père et sa mère), [16]*li* particule finale.

[1]老 [2]宰 [3]輔 [4]不 [5]知 [6]那 [7]屠 [8]岸 [9]賈。[10]為 [11]走 [12]了 [13]趙 [14]氏 [15]孤 [16]兒。[17]晉 [18]國 [19]內 [20]小 [21]的。[22]都 [23]拘 [24]刷 [25]將 [26]來。[27]要 [28]傷 [29]害 [30]性 [31]命。

[1]*Lao* respectable, [2]*tsaï*-[3]*fou* ministre, [4]*pou*-[5]*tchi* vous ne savez pas que, [6]*na* ce, [7]*Tou*-[8]*'an*-[9]*kou*, [10]*weï* parce que, [11]*tseou*-[12]*liao* on avait fait échapper, [15]*kou*-[16]*eul* le petit orphelin, [13]*tchao*-[14]*chi* de la famille de *Tchao*,

(a ordonné) [23]*keou*-[24]*choua* de prendre et de balayer (d'enlever en masse), [25]*tsiang*-[26]*laï* et de lui apporter, [22]*tou* complètement, [20]*siao*-[21]*ti* les petits (enfants mâles), [19]*nouï* de l'intérieur, [17]*tsin*-[18]*koue* du royaume de *Tsin*, c.-à-d. qui se trouvent dans le royaume de *Tsin*, [27]*yao* il veut, [28]*chang*-[29]*haï* détruire, [30]*sing*-[31]*ming* leur vie, c.-à-d. les faire périr.

[1]老 [2]宰 [3]輔。[4]我 [5]如 [6]今 [7]將 [8]趙 [9]氏 [10]孤 [11]兒。[12]偷 [13]藏 [14]在 [15]老 [16]宰 [17]輔 [18]跟 [19]前。[20]一 [21]者 [22]報 [23]趙 [24]駙 [25]馬 [26]平 [27]日 [28]優 [29]待 [30]之 [31]恩。[32]二 [33]者 [34]要 [35]救 [36]晉 [37]國 [38]小 [39]兒 [40]之 [41]命。

[1]*Lao* respectable, [2]*tsaï*-[3]*fou* ministre, [4]*ngo* (si) moi, [5]*jou*-[6]*kin* maintenant, [7]*tsiang* prenant (marque d'accusatif), [10]*kou*-[11]*eul* le petit orphelin, [8]*tchao*-[9]*chi* de la famille de *Tchao*, [12]*theou* furtivement, [13]*thsang* je l'ai caché, [14]*tsaï* étant, [18]*ken*-[19]*thsien*, *litt.* devant les talons, [15]*lao* du respectable, [16]*tsaï*-[17]*fou* ministre, c.-à-d. auprès de vous, [20]*i*-[21]*tche* en premier lieu, [22]*pao* (c'était pour) reconnaître, [31]*ngen* les bienfaits, [24]*fou*-[25]*ma* du gendre du roi, [23]*tchao* appartenant à la famille de *Tchao*, (lequel) [26]*p'ing*-[27]*ji* tous les jours, [28]*yeou* largement, avec une grande bonté, [29]*taï* me traitait, [30]*tchi* particule explétive, [32]*eul*-[33]*tche* en second lieu, [34]*yao* je voulais, [35]*kieou* sauver, [41]*ming* la vie, [40]*tchi* des, [38]*siao*-[39]*eul* petits enfants, [36]*tsin*-[37]*koue* du royaume de *Tsin*.

[1]念 [2]程 [3]嬰 [4]年 [5]近 [6]四 [7]旬 [8]有 [9]五。[10]所 [11]生 [12]一 [13]子 [14]未 [15]經 [16]滿 [17]月。[18]待 [19]假 [20]粧 [21]做 [22]趙 [23]氏 [24]孤 [25]兒。[26]等 [27]老 [28]宰 [29]輔 [30]告 [31]首 [32]與 [33]屠 [34]岸 [35]賈 [36]去。

[1]*Nien* songez que, [2]*tch'ing*-[3]*ing*-[4]*nien* les années de *Tch'ing-ing*, [5]*kin* approchent de, [6]*sse*-[7]*sun* quarante, [8]*yeou* et, [9]*ou* cinq (quarante-cinq), [12]*i*-[13]*tseu* et qu'un fils unique, [10]*so*-[11]*seng* que j'ai procréé, [14]*weï*-[15]*king*-[16]*mouan* n'a pas encore accompli, [17]*youeï* un mois. [18]*Taï* attendez que, [19]*kia* faussement, [20]*tchoang*-[21]*tso* je le fasse passer pour, [24]*kou*-[25]*eul* le petit orphelin, [22]*tchao*-[23]*chi* de la famille de *Tchao*; [26]*teng* j'attendrai que, [27]*lao* le respectable, [28]*tsaï*-[29]*fou* ministre, [36]*khiu* aille, [30]*kao*-[31]*cheou* me dénoncer, [32]*yu* à, [33]*Tou*-[34]*'an*-[35]*kou*.

[1]只 [2]說 [3]程 [4]嬰 [5]藏 [6]着 [7]孤 [8]兒。[9]把 [10]俺 [11]父 [12]子 [13]二 [14]人 [15]一 [16]處 [17]身 [18]死。

[1]*Tchi* seulement, [2]*choue* (le ministre) dira que, [3]*Tch'ing*-[4]*ing*, [5]*thsang*-[6]*tcho* a caché, [7]*kou*-[8]*eul* le petit orphelin. (*Tou-'an-kou*) [9]*pa* prendra, [10]*ngan* nous, [11]*fou*-[12]*tseu* le père et le fils, [13]*eul*-[14]*jin* tous deux, [15]*i*-[16]*tch'ou* et dans le même endroit, [17]*chin* leur corps, [18]*sse* périra, et nous périrons ensemble.

[1]老 [2]宰 [3]輔 [4]慢 [5]慢 [6]的 [7]擡 [8]舉 [9]的 [10]孤 [11]兒。[12]成 [13]人 [14]長 [15]大。[16]與 [17]他 [18]父 [19]母 [20]報 [21]讎。[22]可 [23]不 [24]好 [25]也。

[1]*Lao* respectable, [2]*tsaï*-[3]*fou* ministre, [4]*man*-[5]*man*-[6]*ti* tout doucement, [7]*thaï*-[8]*kiu*-[9]*ti* vous pourrez élever, [10]*kou*-[11]*eul* le petit orphelin, (afin que) [12]*tch'ing*-[13]*jin* quand il sera devenu homme, [14]*tchang*-[15]*ta* et devenu grand et fort, [16]*yu* pour, [17]*tha* de lui, [18]*fou*-[19]*mou* le père et la mère (pour son père et sa mère), [20]*pao*-[21]*tch'eou* il tire vengeance; [22]*kho*-[23]*pou*-[24]*hao* n'est-ce pas bon (n'est-ce pas un excellent dessein)? [25]*ye* particule finale.

KONG-SUN,

[1]程 [2]嬰。[3]你 [4]今 [5]多 [6]大 [7]年 [8]紀。

[1]*Tch'ing*-[2]*ing*, [3]*ni* vous, [4]*kin* maintenant, [5]*to*-[6]*ta*-[7]*nien*-[8]*ki* quel âge avez-vous?

TCH'ING-ING,

[1]在 [2]下 [3]四 [4]十 [5]五 [6]歲 [7]了。

[1]*Tsaï*-[2]*hia* votre serviteur, [3]*sse*-[4]*chi*-[5]*ou* quarante-cinq, [6]*souï* années, [7]*liao* marque du passé, c.-à-d. j'ai quarante-cinq ans accomplis.

KONG-SUN,

[1]這 [2]小 [3]的 [4]算 [5]着 [6]二 [7]十 [8]年 [9]呵。[10]纔 [11]報 [12]的 [13]父 [14]母 [15]讎 [16]恨。[17]你 [18]再 [19]着 [20]二 [21]十

[22]年 [23]也。[24]只 [25]是 [26]六 [27]十 [28]五 [29]歲。[30]我 [31]再 [32]着 [33]二 [34]十 [35]年 [36]呵。[37]可 [38]不 [39]九 [40]十 [41]歲 [42]了。[43]其 [44]時 [45]存 [46]亡 [47]未 [48]知。[49]怎 [50]麼 [51]還 [52]與 [53]趙 [54]家 [55]報 [56]的 [57]讎。

[1]*Tche* ce, [2]*siao*-[3]*ti* petit enfant, [4]*souan*-[5]*tcho* en comptant (encore), [6]*eul*-[7]*chi*-[8]*nien* vingt ans, [9]*ho* exclamation, [10]*thsaï* alors, [11]*pao*-[12]*ti* il pourra venger, [15]*tch'eou*-[16]*hen* la haine, [13]*fou*-[14]*mou* de son père et de sa mère, c.-à-d. satisfaire la haine de ses parents en les vengeant. [17]*Ni* vous, [18]*tsaï*-[19]*tcho* en ajoutant encore, [20]*eul*-[21]*chi*-[22]*nien* vingt ans, [23]*ye* particule finale, [24]*tchi*-[25]*chi* seulement ce sera, vous aurez seulement, [26]*lou*-[27]*chi*-[28]*ou* soixante-cinq, [29]*souï* ans, [30]*ngo* et moi, [31]*tsaï*-[32]*tcho* en ajoutant encore, [33]*eul*-[34]*chi* vingt, [35]*nien* années, [36]*ho* exclamation, [37]*kho*-[38]*pou* ne sera-ce pas (n'aurai-je pas), [39]*kieou*-[40]*chi*-[41]*souï* quatre-vingt-dix ans, [42]*liao* marque du passé, c.-à-d. quatre-vingt-dix ans accomplis? [47]*Weï*-[48]*tchi* on ne sait pas si, [45]*thsun*-[46]*wang* j'existerai ou serai mort, [43]*ki*-[44]*chi* à cette époque là. [49]*Tseng*-[50]*mo* comment, [52]*yu* pour, [53]*tchao*-[54]*kia* la famille de *Tchao*, [51]*hoan* encore, [55]*pao*-[56]*ti*-[57]*tcheou* pourrait-il tirer vengeance? c.-à-d. comment pourrai-je lui apprendre à tirer vengeance?

[1]程 [2]嬰 [3]你 [4]肯 [5]捨 [6]的 [7]你 [8]孩 [9]兒。[10]倒 [11]將 [12]來 [13]交 [14]付 [15]與 [16]我。[17]你 [18]自 [19]首 [20]告 [21]屠 [22]岸 [23]賈 [24]處。[25]說 [26]道 [27]太 [28]平 [29]庄 [30]上 [31]公 [32]孫 [33]杵 [34]臼 [35]藏 [36]着 [37]趙 [28]氏 [39]孤 [40]兒。

[1]*Tch'ing*-*ing*, [3]*ni* (puisque) vous, [4]*keng* consentez à, [5]*che*-[6]*ti* abandonner (sacrifier), [7]*ni*-[8]*haï*-[9]*eul* votre fils, [10]*tao* après tout, [11]*tsiang*-[12]*laï* apportez-le, [13]*kiao*-[14]*fou* et remettez-le, [15]*yu*-[16]*ngo* à moi; [19]*ni* vous, [18]*tseu* vous-même, [19]*cheou*-[20]*kao* me dénoncerez, [24]*tch'ou* dans le lieu de, c.-à-d. auprès de, [21]*Tou*-[22]*'an*-[23]*kou*, [25]*choue*-[26]*tao* vous direz que, [29]*tchoang*-[30]*chang* dans la ferme, [27]*thaï*-[28]*p'ing* de la grande tranquillité, [31]*Kong*-[32]*sun*-[33]*tchou*-[34]*kieou*, [35]*thsang*-[36]*tcho* a caché, [39]*kou*-[40]*eul* le petit orphelin, [37]*tchao*-[38]*kia* de la famille de *Tchao*.

1那 2屠 3岸 4賈 5領 6兵 7校 8來。9拏 10住 11我 12和 13你 14親 15兒 16一 17處 18而 19死。

1*Na* ce, 2*Tou*-3*'an*-4*kou*, 5*ling* conduisant, 6*ping*-7*kiao* des soldats, 8*laï* viendra, 9*na* prendra, 10*tchou* et arrêtera, 11*ngo* moi, 12*ho* avec, 14*thsin*-15*eul* le propre enfant, 13*ni* de vous; 16*i*-17*tch'ou* et dans le même endroit, 18*eul* particule explétive, 19*sse* nous mourrons.

1你 2將 3的 4趙 5氏 6孤 7兒。8擡 9舉 10成 11人 12與 13他 14父 15母 16報 17讎。18方 19纔 20是 21箇 22長 23策。

1*Ni* vous, 2*tsiang*-3*ti* prenant, 6*kou*-7*eul* le petit orphelin, 4*tchao*-5*chi* de la famille de *Tchao*, 8*thaï*-9*kiu* vous l'élèverez, (jusqu'à ce que), 10*tch'ing*-11*jin* étant devenu homme, 12*yu* pour, 13*tha*-14*fou*-15*mou* son père et sa mère, 16*pao*-17*tch'eou* il tire vengeance. 18*Fang*-19*tsaï* alors, 20*chi* ce sera, 20*ko* un, 22*tchang*-23*thse* grand projet, un excellent projet.

TCH'ING-ING,

1老 2宰 3輔 4是 5則 6是。7怎 8麼 9難 10為 11的 12你 13老 14宰 15輔。16你 17則 18將 19我 20的 21孩 22兒。23假 24粧 25做 26趙 27氏 28孤 29兒。30報 31與 32屠 33岸 34賈 35去。36等 37俺 38父 39子 40二 41人 42一 43處 44而 45死 46罷。

1*Lao* respectable, 2*tsaï*-3*fou* ministre, 4*chi*-5*tse*-6*chi* pour être vrai, c'est vrai (je suis de votre avis); mais 7*tseng*-8*mo* comment, 11*ti* pourrais-je, 9*nan*-10*weï* faire du mal, 12*ni* à vous, 13*lao* respectable, 14*tsaï*-15*fou* ministre. 16*Ni* vous, 17*tse* en conséquence, 18*tsiang* prenant, 19*ngo*-20*ti* de moi, 21*haï*-22*eul* l'enfant, 23*kia* faussement, 24*tchoang*-25*tso* faites-le passer pour, 28*kou*-29*eul* le petit orphelin, 26*tchao*-27*chi* de la famille de *Tchao* et 35*khiu* allez, 30*pao* annoncer cela, 31*yu* à, 32*Tou*-33*'an*-34*kou*, 36*teng* vous attendrez que, 37*ngan* nous, 38*fou*-39*tseu* le père et le fils, 40*eul*-41*jin* tous deux (*litt.* duo homines), 42*i*-43*tch'ou* dans le même endroit, [44]*eul* particule explétive, [45]*sse* nous soyons morts, [46]*pa* et ce sera fini.

KONG-SUN,

[1]程 [2]嬰 [3]我 [4]一 [5]言 [6]已 [7]定。[8]你 [9]再 [10]不 [11]必 [12]多 [13]疑 [14]了。

[1]*Tch'ing*-[2]*ing*, [3]*ngo* de moi, [4]*i*-[5]*yen* une parole, [6]*i*-[7]*ting* est fixée (comme j'ai donné une fois ma parole), [8]*ni* vous, [10]*pou*-[11]*pi* ne devez pas, [9]*tsaï* encore, [12]*to*-[13]*i* avoir beaucoup de doutes, [14]*liao* marque du passé.

TCH'ING-ING,

[1]老 [2]宰 [3]輔 [4]你 [5]精 [6]神 [7]還 [8]强 [9]健 [10]哩。

[1]*Lao* respectable, [2]*tsaï*-[3]*fou* ministre, [4]*ni* de vous, [5]*thsing*-[6]*chin* la constitution, [7]*hoan* est encore, [8]*khiang*-[9]*kien* forte et robuste, [10]*li* particule finale.

KONG-SUN,

[1]程 [2]嬰。[3]你 [4]只 [5]依 [6]着 [7]我 [8]便 [9]了。

[1]*Tch'ing*-[2]*ing*, [3]*ni* vous, [4]*tchi* seulement, [5]*i*-[6]*tcho*-[7]*ngo* obéissez-moi (suivez mes conseils), [8]*pien*-[9]*liao* et (tout) sera convenable.

TCH'ING-ING,

[1]老 [2]宰 [3]輔。[4]你 [5]好 [6]好 [7]的 [8]在 [9]家。[10]我 [11]程 [12]嬰 [13]不 [14]識 [15]進 [16]退。[17]平 [18]白 [19]地 [20]將 [21]着 [22]這 [23]愁 [24]布 [25]袋。[26]連 [27]累 [28]你 [29]老 [30]宰 [31]輔。[32]以 [33]此 [34]放 [35]心 [36]不 [37]下。

[1]*Lao* respectable, [2]*tsaï*-[3]*fou* ministre, [4]*ni* vous, [5]*hao*-[6]*hao*-[7]*ti* heureusement, [8]*tsaï*-[9]*kia* viviez dans votre maison. [10]*Ngo* moi, [11]*Tch'ing*-[12]*ing*, [13]*pou*-[14]*tchi* qui ne sais pas, [15]*thsin*-[16]*t'ouï* avancer ni reculer, c.-à-d. agir avec prudence, [17]*p'ing*-[18]*pe*-[19]*ti* inutilement, [20]*tsiang*-[21]*tcho* ayant pris, [22]*tche* ce, [24]*pou*-[25]*taï* sac, [23]*thseou* de chagrins (vous ayant présenté un

sujet d'immenses chagrins), [26]*lien-*[27]*louï* j'ai compromis, [28]*ni* vous, [29]*lao* respectable, [30]*tsaï-*[31]*fou* ministre. [32]*I-*[33]*thseu* à cause de cela, [36]*pou-*[34]*fang-*[37]*hia* je ne puis tranquilliser, [35]*sin* mon cœur, mon âme.

KONG-SUN,

[1]程[2]嬰。[3]你[4]說[5]那[6]裏[7]話。[8]我[9]是[10]七[11]十[12]歲[13]的[14]人。[15]死[16]是[17]常[18]事[19]也。[20]不[21]爭[22]這[23]早[24]晚。

[1]*Tch'ing-*[2]*ing*, [5]*na-*[6]*li* comment, [3]*ni-*[4]*choue-*[7]*hoa* dites-vous ces paroles, c.-à-d. que dites-vous là? [8]*Ngo* moi, je, [9]*chi* suis, [14]*jin* un homme, [10]*thsi-*[11]*chi-*[12]*souï-*[13]*ti* âgé de soixante-dix ans ([13]*ti* représente *us* dans septuagenari*us*). [15]*Sse* si je meurs, [16]*chi* c'est, ce sera, [17]*tch'ang-*[18]*sse* une chose ordinaire, [19]*ye* particule finale. [20]*Pou-*[21]*tseng* sans conteste, c.-à-d. certainement (je mourrai), [22]*tche* ce, [23]*tsao* matin, [24]*ouan* ou ce soir (au premier jour).

TCH'ING-ING,

[1]老[2]宰[3]輔。[4]既[5]應[6]承[7]了。[8]休[9]要[10]失[11]信。

[1]*Lao* respectable, [2]*tsaï-*[3]*fou* ministre, [4]*ki* puisque, comme, [5]*ing-*[6]*tch'ing-*[7]*liao* vous m'avez promis, [8]*hieou* gardez-vous de, [9]*yao* vouloir, [10]*chi-*[11]*sin* manquer de parole.

[1]老[2]宰[3]輔。[4]你[5]若[6]存[7]的[8]趙[9]氏[10]孤[11]兒。[12]當[13]名[14]標[15]青[16]史[17]萬[18]古[19]留[20]芳。

[1]*Lao* respectable, [2]*tsaï-*[3]*fou* ministre, [5]*jo* si, [4]*ni* vous, [6]*thsun-*[7]*ti* pouvez conserver, sauver, [10]*kou-*[11]*eul* le petit orphelin, [8]*tchao-*[9]*chi* de la famille de *Tchao*, [12]*tang* il faudra que, [13]*ming* votre nom, [14]*piao* soit inscrit, [15]*tsing-*[16]*chi* dans l'histoire, [17]*wan-*[18]*kou* et jusqu'aux siècles les plus reculés (en mandchou [17]*wan-*[18]*kou* se rend par : dix mille générations, *toumen dchalan*), [19]*lieou-*[20]*fang* vous laisserez un parfum, c.-à-d. vous conserverez la réputation (d'homme vertueux).

[1]老[2]宰[3]輔。[4]還[5]有[6]一[7]件。[8]若[9]是[10]屠[11]岸

[12]賈 [13]拏 [14]住 [15]老 [16]宰 [17]輔。[18]你 [19]怎 [20]熬 [21]的 [22]這 [23]三 [24]推 [25]六 [26]問。[27]少 [28]不 [29]得 [30]指 [31]攀 [32]我 [33]程 [34]嬰 [35]下 [36]來。

[1]*Lao* respectable, [2]*tsaï*-[3]*fou* ministre, [5]*yeou* il y a, [4]*hoan* encore, [6]*i*-[7]*kien* une chose, une considération. [8]*Jo*-[9]*chi* si, [10]*Tou*-[11]*'an*-[12]*kou*, [13]*na*-[14]*tchou* prend et arrête, [15]*lao*-[16]*tsaï*-[17]*fou* le respectable ministre (Votre Excellence), [18]*ni* vous, [19]*tseng* comment, [20]*ngao*-[21]*ti* pourrez-vous supporter, [22]*tche* ces, [23]*san* trois, [24]*tch'ouï* examens, [25]*l'ou* et ces six, [26]*wen* questions (c.-à-d. les rigueurs de la question)? [28]*pou*-[29]*te* vous ne pourrez, [27]*chao* manquer de, vous ne manquerez pas de, [30]*tchi*-[35]*hia* indiquer, [31]*p'an*-[36]*laï* et dénoncer, [32]*ngo* moi, [33]*Tch'ing*-[34]*ing* (me dénoncer).

[1]俺 [2]父 [3]子 [4]兩 [5]箇 [6]死。[7]是 [8]分 [9]內。[10]只 [11]可 [12]惜 [13]趙 [14]氏 [15]孤 [16]兒 [17]終 [18]歸 [19]一 [20]死。[21]可 [22]不 [23]把 [24]你 [25]老 [26]宰 [27]輔 [28]乾 [29]累 [30]了 [31]也。

[1]*Ngan*-[2]*fou*-[3]*tseu* nous, le père et le fils, [4]*liang*-[5]*ko* tous deux, [6]*sse* mourrons; [7]*chi* c'est, [8]*fun*-[9]*nouï* dans notre lot, c'est ce qui nous revient, [10]*tchi* seulement, [11]*kho*-[12]*si* chose lamentable! [15]*kou*-[16]*eul* le petit orphelin, [13]*tchao*-[14]*chi* de la famille de *Tchao*, [17]*tchong* à la fin, [18]*koueï* ira, [19]*i*-[20]*sse* à une même mort, mourra comme nous. [21]*Kho*-[22]*pou* n'est-il pas vrai que, [23]*pa* prenant (marque d'accusatif), [24]*ni* vous, [25]*lao* respectable, [26]*tsaï*-[27]*fou* ministre, [28]*kan* inutilement, [29]*louï*-[30]*liao* je vous aurai impliqué, entraîné dans le malheur? [31]*ye* particule finale.

KONG-SUN,

[1]程 [2]嬰。[3]你 [4]也 [5]說 [6]的 [7]是。[8]我 [9]想 [10]那 [11]屠 [12]岸 [13]賈 [14]與 [15]趙 [16]駙 [17]馬 [18]呵。[19]唱。

[1]*Tch'ing*-[2]*ing!* [3]*ni* vous, [4]*ye* particule auxiliaire, [5]*choue*-[6]*ti*-[7]*chi* dites vrai (*ti* pour *te*). [8]*Ngo* moi, [9]*siang* je pense à, [10]*na* ce, [11]*Tou*-[12]*'an*-[13]*kou*, [14]*yu* et, [16]*fou*-[17]*ma* au gendre (du roi), [15]*tchao* issu de la famille de *Tchao*. [18]*Ho* oh!

Il chante (1) :

[1]這[2]兩[3]家[4]做[5]下[6]敵[7]頭[8]重。

[1]*Tche* ces, [2]*liang* deux, [3]*kia* maisons, ces deux hommes, [4]*tso*-[5]*hia* étaient devenus, [8]*tchong* gravement, [6]*ti*-[7]*theou* ennemis.

[1]但[2]要[3]訪[4]的[5]孤[6]兒[7]有[8]影[9]蹤。

[1]*Tan* uniquement, [2]*yao* il veut, [3]*fang*-[4]*ti* découvrir, [5]*kou*-[6]*eul* l'orphelin, [7]*yeou* et avoir, [8]*ing* son ombre, [9]*tsong* et ses traces.

[1]必[2]然[3]把[4]太[5]平[6]庄[7]兵[8]圍[9]擁。

[1]*Pi*-[2]*jen* certainement, [3]*pa* prenant (marque d'accusatif), [6]*tchoang* la ferme, [4]*thaï*-[5]*p'ing* de la paix profonde, [7]*ping* avec ses soldats, [8]*weï*-[9]*yong* il l'environnera.

[1]鐵[2]桶[3]般[4]密[5]不[6]通[7]風。

[3]*Pan* (elle sera) comme, [1]*thie*-[2]*thong* un tonneau en fer, [4]*mi* (tellement) clos que, [7]*fong* le vent, l'air, [5]*pou*-[6]*thong* n'y pénètre pas.

[1]那[2]屠[3]岸[4]賈[5]拏[6]住[7]了[8]我。[9]高[10]聲[11]喝[12]道。[13]老[14]匹[15]夫。[16]豈[17]不[18]見[19]三[20]日[21]前[22]出[23]下[24]榜[25]文。[26]偏[27]是[28]你[29]藏[30]下[31]趙[32]氏[33]孤[24]兒[35]與[36]我[37]作[38]對。

[1]*Na* ce, [2]*Tou*-[3]*'an*-[4]*kou*, [5]*na*-[6]*tchou*-[7]*liao* ayant pris et arrêté, [8]*ngo* moi (m'ayant pris, etc.), [9]*kao*-[10]*ching* à haute voix, [11]*ho* en grondant, [12]*tao* dira, [13]*lao* vieil, [14]*pi*-[15]*fou* homme du peuple, [16]*khi* est-ce que, [17]*pou*-[18]*kien* tu n'as pas vu, [24]*pang*-[25]*wen* la proclamation, [22]*tch'ou*-[23]*hia* publiée, [19]*san*-[20]*ji*-[21]*thsien* il y a trois jours. [26]*Pien*-[27]*chi* puisque, [28]*ni* toi, tu, [29]*thsang*-[30]*hia* as caché, [33]*kou*-[34]*eul* le petit orphelin, [31]*tchao*-[32]*chi* de la famille de *Tchao*, [35]*yu*-[36]*ngo* à moi, [37]*tso* tu es devenu; [38]*touï* opposé, tu es devenu mon ennemi.

(1) Je suis obligé de traduire les quatre vers qui suivent.

Kong-sun chante et énumère les tortures auxquelles il sera exposé, puis il parle ainsi :

[1]程 [2]嬰。[3]你 [4]則 [5]放 [6]心。[7]前 [8]去 [9]擡 [10]舉 [11]的 [12]這 [13]孤 [14]兒。[15]成 [16]人 [17]長 [18]大 [19]與 [20]他 [21]父 [22]母 [23]報 [24]讎 [25]雪 [26]恨。[27]老 [28]夫 [29]一 [30]死。[31]何 [32]足 [33]道 [34]哉。

[1]*Tch'ing*-[2]*ing*, [3]*ni* vous, [4]*tse* en conséquence, [5]*fang*-[6]*sin* tranquillisez-vous, [7]*thsien*-[8]*khiu* allez en avant, partez, (afin que), [9]*thaï*-[10]*kiu*-[11]*ti* quand vous aurez élevé, [12]*tche* ce, [13]*kou*-[14]*eul* petit orphelin, (quand), [15]*tch'ing*-[16]*jin* il sera arrivé à l'âge d'homme, [17]*tch'ang*-[18]*ta* et devenu grand et fort, [23]*pao*-[24]*tch'eou* il tire vengeance, [25]*sioue*-[26]*hen* et lave la haine, [19]*yu* pour, [21]*fou*-[22]*mou* le père et la mère, [20]*tha* de lui. [27]*Lao*-[28]*fou* le vieillard (c.-à-d. moi), [29]*i*-[30]*sse* une fois mort, [31]*ho* est-ce que, [32]*tso* il vaut la peine, [33]*tao* qu'on parle de lui? [34]*tsaï* particule interrogative.

TCH'ING-ING,

[1]事 [2]勢 [3]急 [4]了。[5]我 [6]依 [7]舊 [8]將 [9]這 [10]孤 [11]兒 [12]抱 [13]的 [14]我 [15]家 [16]去。[17]將 [18]我 [19]的 [20]孩 [21]兒 [22]送 [23]到 [24]太 [25]平 [26]庄 [27]上 [28]來。

[1]*Sse*-[2]*chi* l'état des choses, [3]*ki*-[4]*liao* est devenu pressant. [5]*Ngo* moi, [6]*i*-[7]*khieou* comme auparavant, [8]*tsiang* prenant, [9]*tche* ce, [10]*kou*-[11]*eul* petit orphelin, [12]*pao*-[13]*ti* le portant dans mes bras, [16]*khiu* je m'en vais, [14]*ngo*-[15]*kia* dans notre maison. [17]*Tsiang* prenant (marque d'accusatif), [18]*ngo*-[19]*ti* de moi, [20]*haï*-[21]*eul* le petit orphelin, [22]*song*-[28]*laï* je le porterai, [23]*tao* jusque, [26]*tchoang*-[27]*chang* à la ferme, [24]*thaï*-[25]*p'ing* de la paix profonde.

Il récite des vers :

[1]甘 [2]將 [3]自 [4]己 [5]親 [6]生 [7]子。[8]偷 [9]換 [10]他 [11]家 [12]趙 [13]氏 [14]孤。[15]這 [16]本 [17]程 [18]嬰 [19]義 [20]分 [21]應

[22]該[23]得。[24]只[25]可[26]惜[27]遺[28]累[29]公[30]孫[31]老[32]大[33]夫。

[1]***Kan*** volontiers, [2]*tsiang* prenant (marque d'accusatif), [7]*tseu* le fils, [3]*tseu*-[4]*ki*-[5]*thsin* par moi-même, [6]*seng* engendré, [8]*theou* furtivement, [9]*houan* je l'échange, [14]*kou* contre l'orphelin, [10]*tha*-[11]*kia* d'une autre maison, [12]*tchao*-[13]*chi* celle de la famille de *Tchao*. [16]*Pen* au fond, [17]*Tch'ing*-[18]*ing*, [19]*i* d'après la justice, [20]*fun* et son devoir, [21]*ing*-[22]*kaï* il fallait, [23]*te*-[24]*tche* qu'il obtînt cela, c.-à-d. qu'il fît cet échange. [24]*Tchi* seulement, [25]*kho*-[26]*si* il est déplorable, [27]*i*-[28]*louï* qu'il lègue des embarras (un grand malheur), [29]*kong*-[30]*sun* à *Kong-sun-tchou-kieou*, [31]*lao* le respectable, [32]*ta*-[33]*fou* (nom de dignité).

ACTE III

SCÈNE I.

TOU-'AN-KOU, suivi de soldats.

[1]兀[2]的。[3]不[4]走[5]了[6]趙[7]氏[8]孤[9]兒[10]也。[11]某[12]已[13]會[14]張[15]掛[16]榜[17]文。[18]限[19]三[20]日[21]之[22]內[23]不[24]將[25]孤[26]兒[27]出[28]首。[29]卽[30]將[31]晉[32]國[33]內[34]小[35]兒。[36]但[37]是[38]半[39]歲[40]以[41]下

[42]一 [43]月 [44]以 [45]上。[46]都 [47]拘 [48]刷 [49]到 [50]我 [51]帥 [52]府 [53]中。[54]盡 [55]行 [56]誅 [57]戮。

[1]*Wo-*[2]*ti* holà! [3]*pou-*[4]*tseou-*[5]*liao* n'a-t-on pas fait échapper, [8]*kou-*[9]*eul* le petit orphelin, [6]*tchao-*[7]*chi* de la famille de *Tchao*, [10]*ye* particule finale? [11]*meou* moi, [12]*i-*[13]*tseng-*[14]*tchang-*[15]*koua* j'ai fait afficher ([12]*i-*[13]*tseng* marques du passé), [16]*pang-*[17]*wen* une proclamation; [18]*hien* j'ai fixé cette limite : [19]*san-*[20]*ji-*[21]*tchi-*[22]*nouï* si dans l'intérieur (dans l'intervalle) de trois jours, [24]*tsiang* prenant (marque d'accusatif), [25]*kou-*[26]*eul* le petit orphelin, [23]*pou-*[27]*tch'ou-*[28]*cheou* on ne le déclare pas, si quelqu'un ne fait pas savoir où est l'orphelin, [29]*tsi* sur le champ, [30]*tsiang* prenant, [34]*siao-*[35]*eul* les petits enfants, [33]*nouï* de l'intérieur, [31]*tsin-*[32]*koue* du royaume de *Tsin*, [36]*tan-*[37]*chi* qui sont seulement, [40]*i-*[41]*hia* au-dessous, [38]*pouan-*[39]*tsouï* d'une demi-année, de six mois, [44]*i-*[45]*tchang* et au-dessus, [42]*i-*[43]*youeï* d'un mois, [47]*keou* on les prendra, [48]*choua* on les balaiera (on les apportera en masse), [46]*tou* tous, [49]*tao* jusque, [53]*tchong* au milieu, [52]*fou* du palais, [50]*ngo* de moi, [51]*thsouï* le général en chef, (pour que), [54]*tsin* complètement, [55]*hing* j'en fasse, [56]*tchou-*[57]*lou* le massacre, pour que je les tue tous.

[1]令 [2]人。[3]門 [4]首 [5]覷 [6]者。[7]若 [8]有 [9]首 [10]告 [11]之 [12]人。[13]報 [14]復 [15]某 [16]家 [17]知 [18]道。

[1]*Ling-*[2]*jin* soldats, [3]*men-*[4]*cheou* à l'entrée de la porte, [5]*thsiu-*[6]*tche* allez épier ([6]*tche* marque d'impératif). [7]*Jo* si, [8]*yeou* il y a, [12]*jin* un homme, [9]*cheou-*[10]*kao* qui vienne dénoncer (quelqu'un), [11]*tchi* particule relative, [13]*pao-*[14]*fo* annoncez-le, [15]*meou-*[16]*kia* à moi, [17]*tchi-*[18]*tao* pour que je sache (de quoi il s'agit).

SCÈNE II.

TCH'ING-ING, TOU-'AN-KOU, SOLDATS.

TCH'ING-ING,

[1]自 [2]家 [3]程 [4]嬰 [5]是 [6]也。[7]昨 [8]日 [9]將 [10]我 [11]的

[12]孩 [13]兒。[14]送 [15]與 [16]公 [17]孫 [18]杵 [19]臼 [20]去 [21]了。[22]我 [23]今 [24]日 [25]到 [26]屠 [27]岸 [28]賈 [29]跟 [30]前 [31]首 [32]告 [33]去 [34]來。

[1]*Tseu*-[2]*kia* moi, je, [5]*chi* suis, [3]*Tch'ing*-[4]*ing*, [6]*ye* particule finale. [7]*Tso*-[8]*ji* hier, [9]*tsiang* prenant, [10]*ngo*-[11]*ti* de moi, [12]*haï*-[13]*eul* le jeune enfant, [14]*song*-[20]*khiu*-[21]*liao* je suis allé le porter, [15]*yu* à, [16]*Kong*-[17]*sun*-[18]*tchou*-[19]*kieou;* [22]*ngo* moi, [23]*kin*-[24]*ji* aujourd'hui, [25]*tao*-[33]*khiu*-[34]*laï* je vais aller, [29]*ken*-[30]*thsien* devant les talons de, [26]*Tou*-[27]*'an*-[28]*kou* (je vais auprès de *Tou-'an-kou*), [31]*cheou*-[32]*kao* pour accuser ou dénoncer (*Kong-sun-tchou-kieou*).

[1]令 [2]人 [3]報 [4]去 [5]道 [6]有 [7]了 [8]趙 [9]氏 [10]孤 [11]兒 [12]也。

[1]*Ling*-[2]*jin* soldats, [3]*pao*-[4]*khiu* allez m'annoncer; [5]*tao* dites que, [6]*yeou*-[7]*liao* on a trouvé, [10]*kou*-[11]*eul* le petit orphelin, [8]*tchao*-[9]*chi* de la famille de *Tchao*, [12]*ye* particule finale.

Un Soldat,

[1]你 [2]則 [3]在 [4]這 [5]裏。[6]等 [7]我 [8]報 [9]復 [10]去

[1]*Ni* vous, [2]*tse* en conséquence, [3]*tsaï* restez, [4]*tche*-[5]*li* en cet endroit, [6]*teng* attendez que, [7]*ngo* moi, [10]*khiu* j'aille, [8]*pao*-[9]*fou* vous annoncer.

Parlant à *Tou-'an-kou :*

[1]報 [2]的 [3]元 [4]帥 [5]得 [6]知。[7]有 [8]人 [9]來 [10]報 [11]趙 [12]氏 [13]孤 [14]兒 [15]有 [16]了 [17]也。

[1]*Pao*-[2]*ti* j'annonce, [3]*youen*-[4]*thsouï* au général en chef, [5]*te*-[6]*tchi* pour qu'il puisse le savoir, (j'annonce), [7]*yeou*-[8]*jin* qu'il y a un homme, [9]*laï* qui est venu, [10]*pao* rapporter que, [13]*kou*-[14]*eul* le petit orphelin, [11]*tchao*-[12]*chi* de la famille de *Tchao*, [15]*yeou*-[16]*liao* est trouvé, [17]*ye* particule finale.

TOU-'AN-KOU,

[1]在 [2]那 [3]裏。

[2]*Na-*[3]*li* en quel endroit, où, [1]*tsaï* est-il ?

LE SOLDAT,

[1]現 [2]在 [3]門 [4]首 [5]哩。

[1]*Hien* actuellement, [2]*tsaï* il est, [3]*men-*[4]*chou* à l'entrée de la porte, [5]*li* particule finale.

TOU-'AN-KOU,

[1]着 [2]他 [3]過 [4]來。

[1]*Tcho* ordonnez, [2]*tha* à lui, [3]*kouo-*[4]*laï* de venir.

LE SOLDAT,

[1]着 [2]過 [3]來。

[1]*Tcho* on vous ordonne, [2]*kouo-*[3]*laï* de venir.

(Il entre.)

TOU-'AN-KOU,

[1]兀 [2]那 [3]厮。[4]你 [5]是 [6]何 [7]人。

[1]*Ouo-*[2]*na* holà ! [3]*sse* coquin, [4]*ni* toi, [6]*ho-*[7]*jin* quel homme, qui, [5]*chi* es-tu ?

TCH'ING-ING,

[1]小 [2]人 [3]是 [4]個 [5]草 [6]澤 [7]醫 [8]士 [9]程 [10]嬰。

[1]*Siao-*[2]*jin* parvus homo (votre serviteur), [3]*chi* est, [4]*ko* un, [7]*i-*[8]*sse* médecin, [5]*thsao-*[6]*tse* d'herbes (qui traite avec des simples), (nommé), [9]*Tch'ing-*[10]*ing*.

TOU-'AN-KOU,

[1]趙 [2]氏 [3]孤 [4]兒。[5]今 [6]在 [7]何 [8]處。

[3]*Kou*-[4]*eul* le petit orphelin, [1]*tchao*-[2]*chi* de la famille de *Tchao*, [7]*ho*-[8]*tch'ou* en quel endroit, où, [6]*tsaï* est-il, [5]*kin* maintenant?

TCH'ING-ING,

[1]在 [2]太 [3]平 [4]庄 [5]上。[6]公 [7]孫 [8]杵 [9]臼 [10]家 [11]藏 [12]着 [13]哩。

[1]*Tsaï* il est, [5]*chang* dans, [4]*tchoang* la ferme, [2]*thaï*-[3]*ping* de la paix profonde; [6]*Kong*-[7]*sun*-[8]*tchou*-[9]*kieou*, [10]*kia* dans sa maison, [11]*thsang*-[12]*tcho* l'a caché, [13]*li* particule finale.

TOU-'AN-KOU,

[1]你 [2]怎 [3]生 [4]知 [5]道 [6]來

[1]*Ni* toi, [2]*tseng*-[3]*seng* comment, [4]*tchi*-[5]*tao*-[6]*laï* l'as-tu appris, l'as-tu su?

TCH'ING-ING,

[1]小 [2]人 [3]與 [4]公 [5]孫 [6]杵 [7]臼。[8]曾 [9]有 [10]一 [11]面 [12]之 [13]交。[14]我 [15]去 [16]探 [17]望 [18]他。[19]誰 [20]想 [21]臥 [22]房 [23]中。[24]錦 [25]襁 [26]繡 [27]褥 [28]上。[29]倘 [30]着 [31]一 [32]個 [33]小 [34]孩 [35]兒。

[1]*Siao*-[2]*jin* parvus homo (votre serviteur), [3]*yu* avec, [4]*Kong*-[5]*sun*-[6]*tchou*-[7]*kieou*, [8]*tseng* (marque du passé), [9]*yeou* avait, [10]*i*-[11]*mien*-[12]*tchi*-[13]*kia*-quelques relations d'amitié. [14]*Ngo* moi, [15]*khiu* j'étais allé, [16]*than*-[17]*wang* rendre visite, [18]*tha* à lui (le voir). [19]*Choui*-[20]*siang* qui aurait pensé que, [21]*ngo*-[22]*fang*-[23]*tchong* dans la chambre à coucher, [27]*jo*-[28]*chang* sur une couverture, [26]*sieou* brodée, [24]*kin*-[25]*kiang* avec des langes en soie brochés, [29]*thang* à ma grande surprise (inexpectedly), [30]*tcho* on aurait mis, [31]*i*-[32]*ko* un, [33]*siao*-[34]*haï*-[35]*eul* petit enfant.

[1]我[2]想[3]公[4]孫[5]杵[6]臼[7]年[8]紀[9]七[10]十。[11]從[12]來[13]沒[14]兒[15]沒[16]女。[17]這[18]個[19]是.[20]那[21]裏[22]來[23]的。

[1]*Ngo* moi, [2]*siang* je pensai (je me dis en moi-même) : [3]*Kong-*[4]*sun* [5]*tchou-*[6]*kieou,* [7]*nien-*[8]*ki-*[9]*thsi-*[10]*chi* a soixante-dix ans, [11]*thsong-*[12]*laï* jusqu'à présent, [13]*mo-*[14]*eul* il n'a pas eu de fils, [15]*mo-*[16]*niu* il n'a pas eu de fille, [17]*tche-*[18]*ko* (hic unus) celui-ci, [20]*na-*[21]*li* de quel endroit, [19]*chi* est-il, [22]*laï-*[23]*ti* venu ?

[1]我[2]說[3]道。[4]這[5]小[6]的[7]莫[8]非[9]是[10]趙[11]氏[12]孤[13]兒[14]麼。[15]只[16]見[17]他[18]登[19]時[20]變[21]色。[22]不[23]能[24]荅[25]應。[26]以[27]此[28]知[29]孤[30]兒[31]在[32]公[33]孫[34]杵[35]臼[36]家[37]裏。

[1]*Ngo* je, [2]*choue-*[3]*tao* lui dis : [4]*tche-*[5]*siao-*[6]*ti* ce petit (garçon), [7]*mo-*[8]*feï-*[9]*chi* ne serait-il pas, [12]*kou-*[13]*eul* le petit orphelin, [10]*tchao-*[11]*chi* de la famille de *Tchao*, [14]*mo?* [15]*tchi* seulement, [18]*teng-*[19]*tchi* dans ce moment, [16]*kien-*[17]*tha* je le vis, [20]*pien-*[21]*se* changer de couleur, [22]*pou-*[23]*neng* et ne pouvoir, [24]*ta-*[25]*ing* me répondre. [26]*I-*[27]*thseu* par là, [28]*tchi* je sus, je reconnus que, [29]*kou-*[30]*eul* le petit orphelin, [31]*tsaï* était, [36]*kia-*[37]*li* dans la maison, [32]*Kong-*[33]*sun-*[34]*tchou-*[35]*kieou* de *Kong-sun-tchou-kieou.*

TOU-'AN-KOU,

[1]咄。[2]你[3]這[4]匹[5]夫。[6]你[7]怎[8]瞞[9]的[10]過[11]我。[12]你[13]和[14]公[15]孫[16]杵[17]臼[18]往[19]日[20]無[21]讎。[22]近[23]日[24]無[25]寃。[26]你[27]因[28]何[29]告[30]他[31]藏[32]着[33]趙[34]氏[35]孤[36]兒。

[1]*To* exclamation de colère, [2]*ni* toi, [3]*tche* ce, [4]*p'i-*[5]*fou* misérable, [6]*ni* toi, [7]*tseng* comment, [9]*ti* pourrais-tu, [8]*mouan-*[10]*kouo* tromper, [11]*ngo* moi ? [12]*ni* toi, [13]*ho* avec (contre), [14]*Kong-*[15]*sun-*[16]*tchou-*[17]*kieou,* [18]*wang-*[19]*ji* par le passé, [20]*wou* tu n'as pas eu, [21]*tch'eou* d'inimitié, [22]*kin-*[23]*ji* ces

jours derniers, [24]*wou* tu n'as pas eu, [25]*youen* de sujet de haine, [26]*ni* toi, [27]*in*-[28]*ho* pour quel motif, [29]*kao*-[30]*tha* l'as-tu accusé, [31]*thsang*-[32]*tcho* d'avoir caché, [35]*kou*-[36]*eul* le petit orphelin, [33]*tchao*-[39]*chi* de la famille de *Tchao?*

[1]你[2]敢[3]是[4]知[5]情[6]麽。[7]說[8]的[9]是。[10]萬[11]事[12]全[13]休。[14]說[15]的[16]不[17]是。[18]令[19]人[20]磨[21]的[22]劍[23]快。[24]先[25]殺[26]了[27]這[28]個[29]匹[30]夫[31]者。

[1]*Ni*-[2]*kan*-[3]*chi*-[4]*tchi*-[5]*thsing*-[6]*mo* est-ce par affection pour moi (traduction du P. Prémare)? [7]*Choue*-[8]*ti*-[9]*chi* si ce que tu dis est vrai, [10]*wan*-[11]*sse* dix mille choses, [12]*thsiouen* complètement, [13]*hieou* cessent (tout est fini); [14]*choue*-[15]*ti*-[16]*pou*-[17]*chi* si ce que tu dis n'est pas vrai, [18]*ling*-[19]*jin* soldats, [20]*mo*-[21]*ti* ayant aiguisé, [22]*kien* votre épée à deux tranchants, [23]*khouaï* (de manière qu'elle soit) bien coupante (en anglais *sharp*), [24]*sien* d'abord, [25]*cha*-[26]*liao*-[31]*tche* tuez vite ([31]*tche* marque de l'impératif), [27]*tche* ce, [29]*p'i*-[30]*fou* misérable.

TCH'ING-ING,

[1]告[2]元[3]帥[4]暫[5]息[6]雷[7]霆[8]之[9]怒。[10]畧[11]罷[12]虎[13]狼[14]之[15]威。[16]聽[17]小[18]人[19]訴[20]說[21]一[22]遍[23]咱。

[1]*Kao* je prie, [2]*youen*-[3]*thsouï* le général en chef, [5]*si* d'apaiser, [4]*tsan* pour un moment, [6]*louï*-[7]*ting*-[8]*tchi*-[9]*nou* sa colère comparable au bruit du tonnerre ([8]*tchi* particule relative), [11]*pa* et d'arrêter, [10]*lio* un peu, [12]*hou*-[13]*lang*-[14]*tchi*-[15]*weï* son air effrayant (comparable à) celui du tigre et du loup ([14]*tchi* particule relative), [16]*thing* permettez, [17]*siao*-[18]*jin* parvo homini (à votre serviteur), [19]*sou*-[20]*choue* de s'expliquer, [21]*i*-[22]*pien* d'un bout à l'autre, complètement, [23]*thsa* particule finale.

[1]我[2]小[3]人[4]與[5]公[6]孫[7]杵[8]臼[9]原[10]無[11]讎[12]隙。[13]只[14]因[15]元[16]帥[17]傳[18]下[19]榜[20]文。[21]要[22]將[23]晉[24]國[25]內[26]小[27]兒。[28]拘[29]刷[30]到[31]帥[32]府。[33]盡[34]行[35]殺[36]壞。

[1]*Ngo* moi, [2]*siao*-[3]*jin* parvus homo (votre serviteur), [4]*yu* avec, [5]*Kong*-

[6]*sun*-[7]*tchou*-[8]*kieou*, [9]*youen* dans l'origine, [10]*wou* je n'ai pas eu, [11]*tch'eou* d'inimitié, [12]*hi* ni de cause de ressentiment, [13]*tchi* mais, [14]*in* comme, [15]*youen*-[16]*thsouï* le général en chef, [17]*tch'ouen*-[18]*hia* avait transmis, publié, [19]*pang*-[20]*wen* une proclamation, [21]*yao* voulant que, [22]*tsiang* prenant (marque d'accusatif), [26]*siao*-[27]*eul* les petits garçons, [25]*nouï* de l'intérieur, [23]*Tsin*-[24]*koue* du royaume de *Tsin*, [28]*keou*-[29]*choua* on les balayât (amenât en masse), [30]*tao*-[31]*thsouï*-[32]*fou* jusqu'au palais, dans le palais du général en chef, (pour que), [33]*tsin* complètement, [34]*hing* il fît, [35]*cha*-[36]*hoaï* l'action de les tuer et détruire, c.-à-d. pour qu'il les fît mourir tous.

[1]我 [2]一 [3]來 [4]爲 [5]救 [6]晉 [7]國 [8]內 [9]小 [10]兒 [11]之 [12]命。[13]二 [14]來 [15]小 [16]人 [17]四 [18]旬 [19]有 [20]五。[21]近 [22]生 [23]一 [24]子 [25]尚 [26]未 [27]滿 [28]月。[29]元 [30]帥 [31]軍 [32]令 [33]不 [34]敢 [35]不 [36]獻 [37]出 [38]來。[39]可 [40]不 [41]小 [42]人 [43]也 [44]絕 [45]後 [46]了。

[1]*Ngo* moi, [2]*i*-[3]*laï* en premier lieu, [4]*weï*-[5]*kieou* pour sauver, [12]*ming* la vie, [9]*siao*-[10]*eul*-[11]*tchi* des petits enfants, [8]*nouï* de l'intérieur, [6]*tsin*-[7]*koue* du royaume de *Tsin;* [13]*eul*-[14]*laï* en second lieu, [15]*siao*-[16]*jin* exiguus homo (moi), [17]*sse*-[18]*sun* j'ai quatre décades d'années, [19]*yeou*-[20]*ou* plus cinq (j'ai quarante-cinq ans). [21]*Kin* récemment, [22]*sing*-[23]*i*-[24]*tseu* j'ai eu un fils, (qui), [25]*chang*-[26]*weï* pas encore, [27]*mouan* (n') a accompli, [28]*youeï* un mois (qui n'a pas encore un mois accompli). [31]*Kiun*-[32]*ling* en raison des ordres militaires, [29]*youen*-[30]*thsouï* du général en chef, [33]*pou*-[34]*kan* je n'aurais pas osé, [35]*pou* ne pas, [38]*laï* venir, [36]*hien*-[37]*tch'ou* vous l'offrir. [39]*Kho*-[40]*pou* n'est-ce pas que, n'aurait-on pas pu dire que, [41]*siao*-[42]*jin* exiguus homo (votre serviteur), [43]*ye* même, [44]*tsioue*-[45]*heou*-[46]*liao* aurait été privé de postérité ?

[1]我 [2]想 [3]有 [4]了 [5]趙 [6]氏 [7]孤 [8]兒。[9]便 [10]不 [11]損 [12]壞 [13]一 [14]國 [15]生 [16]靈。[17]連 [18]小 [19]人 [20]的 [21]孩 [22]兒 [23]也 [24]得 [25]無 [26]事。[27]所 [28]以 [29]出 [30]告。

[1]*Ngo*-[2]*siang* j'ai pensé que, [3]*yeou*-[4]*liao* ayant eu, ayant trouvé, [7]*kou*-[8]*eul* le petit orphelin, [5]*tchao*-[6]*chi* de la famille de *Tchao*, [9]*pien* alors,

[10]*pou*-[11]*sun*-[12]*hoaï* vous ne feriez pas mourir, [15]*seng*-[16]*ling* les êtres vivants (les petits enfants), [13]*i*-[14]*koue* de tout le royaume, [17]*lien* (et que) en même temps, [21]*haï*-[22]*eul* l'enfant, [18]*siao*-[19]*jin*-[20]*ti* exigui hominis (de votre serviteur), [23]*ye* même, [24]*te* pourrait, [25]*wou*-[26]*sse* ne pas avoir d'affaire (fâcheuse), c.-à-d. pourrait échapper au danger, à la mort. [27]*So*-[28]*i* voilà pourquoi, [29]*tch'ou*-[30]*kao* je suis venu accuser, dénoncer (*Kong-sun-tchou-kieou*).

Il récite des vers :

[1]告 [2]大 [3]人 [4]暫 [5]停 [6]嗔 [7]怨。[8]這 [9]便 [10]是 [11]首 [12]告 [13]緣 [14]故。

[1]*Kao* je prie, [2]*ta*-[3]*jin* le grand homme (je vous prie, Seigneur), [5]*ting* d'arrêter, de calmer, [4]*tsan* pour un moment, [6]*nou*-[7]*tch'in* votre colère. [8]*Tche* cela, [9]*pien*-[10]*chi* est justement, [13]*youen*-[14]*kou* la cause, [11]*cheou*-[12]*kao* de mon accusation, de ma dénonciation, la cause (qui m'a poussé à) l'accuser, à le dénoncer.

[1]雖 [2]然 [3]救 [4]晉 [5]國 [6]生 [7]靈。[8]其 [9]實 [10]怕 [11]程 [12]家 [13]絕 [14]戶。

[1]*Souï*-[2]*jen* quoique, [3]*kieou* (je voulusse) sauver, [6]*seng*-[7]*ling* les créatures vivantes (les petits enfants), [4]*tsin*-[5]*koue* du royaume de *Tsin*, [8]*khi*-[9]*chi* en réalité, [10]*p'a* je craignais que, [11]*tch'ing*-[12]*kia* la famille de *Tch'ing-ing*, [13]*tsioue*-[14]*hou* ne fût privée de descendants.

TOU-'AN-KOU,

[1]哦。[2]是 [3]了。[4]公 [5]孫 [6]杵 [7]臼 [8]元 [9]與 [10]趙 [11]盾 [12]一 [13]殿 [14]之 [15]臣。[16]可 [17]知 [18]有 [19]這 [20]事 [21]來。[22]令 [23]人 [24]則 [25]今 [26]日 [27]點 [28]就 [29]本 [30]部 [31]下 [32]人 [33]馬 [34]同 [35]程 [36]嬰 [37]到 [38]太 [39]平 [40]庄 [41]上。[42]拿 [43]公 [44]孫 [45]杵 [46]臼 [47]走 [48]一 [49]遭 [50]去。

[1]*Ngo* marque d'exclamation, [2]*chi*-[3]*liao* c'est bien cela. [4]*Kong*-[5]*sun*-[6]*tchou*-[7]*kieou*, [8]*youen* dans l'origine, [9]*yu* avec, [10]*Tchao*-[11]*tun*, *chi* était, [15]*tch'in* officier, [12]*i*-[13]*tien*-[14]*tchi* d'un même palais, dans le même palais.

[16]*Kho*-[17]*tchi* on peut comprendre, (pourquoi), [18]*yeou*-[21]*laï* est venue, est survenue, [19]*tche*-[20]*sse* cette affaire. [22]*Ling*-[23]*jin* soldats, [24]*tse* en conséquence, [25]*kin*-[26]*ji* aujourd'hui, [27]*tien*-[28]*thsieou* choisissez, [32]*jin*-[33]*ma* des cavaliers, [29]*pen*-[30]*pou*-[31]*hia* sous mes ordres; [34]*thong* avec, [35]*Tching*-[36]*ing*, [37]*tao* (je veux) aller, [40]*tchoang*-[41]*chang* à la ferme, [38]*thaï*-[39]*p'ing* de la paix profonde, [42]*na* pour prendre, [43]*Kong*-[44]*sun*-[45]*tchou*-[46]*kieou*; [47]*tseou*-[50]*khiu* allons-y, [48]*i*-[49]*tsao* une fois.

Ils sortent tous.

SCÈNE III.

KONG-SUN-TCHOU-KIEOU,

老 [2]夫 [3]公 [4]孫 [5]杵 [6]臼 [7]是 [8]也。[9]想 [10]昨 [11]日
[12]與 [13]程 [14]嬰 [15]商 [16]議 [17]救 [18]趙 [19]氏 [20]孤 [21]兒
[22]一 [23]事。[24]今 [25]日 [26]他 [27]到 [28]屠 [29]岸 [30]賈 [31]府
[32]中 [33]首 [34]告 [35]去 [36]了。[37]這 [38]早 [39]晚 [40]屠 [41]岸
[42]賈 [43]這 [44]厮 [45]必 [46]然 [47]來 [48]也 [49]呵。

[1]*Lao*-[2]*fou* le vieillard (que vous voyez), [7]*chi* est, [3]*Kong*-[4]*sun*-[5]*tchou*-[6]*kieou*, [8]*ye* particule finale. [9]*Siang* je songe que, [10]*tso*-[11]*ji* hier, [12]*yu* avec, [13]*Tch'ing*-[14]*ing*, [15]*chang*-[16]*i* j'ai délibéré, [22]*i*-[23]*sse* sur une affaire, un moyen, [17]*kieou* de sauver, [20]*kou*-[21]*eul* le petit orphelin, [18]*tchao*-[19]*chi* de la famille de *Tchao*. [24]*Kin*-[25]*ji* aujourd'hui, [26]*tha* lui, il, [27]*tao*-[35]*khiu*-[36]*liao* est allé, [31]*fou*-[32]*tchong* dans le palais, (de) [28]*Tou*-[29]*'an*-[30]*kou*, [33]*kao*-[34]*cheou* pour m'accuser, me dénoncer. [37]*Tche* ce, [38]*tsao* matin, [39]*wan* ou ce soir, c.-à-d. au premier moment, [43]*tche*-[44]*sse* ce coquin de, [40]*Tou*-[41]*'an*-[42]*kou*, [45]*pi*-[46]*jen* nécessairement, certainement, [47]*laï* viendra, [48]*ye* particule finale, [49]*ho* exclamation.

SCÈNE IV.

TOU-'AN-KOU, suivi de ses soldats et de TCH'ING-ING ; KONG-SUN.

TOU-'AN-KOU,

[1]來 [2]到 [3]這 [4]太 [5]平 [6]庄 [7]上 [8]也。

[1]*Laï-*[2]*tao* nous voici arrivés, [7]*chang* à, [3]*tche* cette, [6]*tchoang* ferme, [4]*thaï-*[5]*p'ing* de la paix profonde, [8]*ye* particule finale.

[1]令 [2]人 [3]與 [4]我 [5]圍 [6]了 [7]太 [8]平 [9]庄 [10]者。

[1]*Ling-*[2]*jin* soldats, [3]*yu-*[4]*ngo* pour moi, [5]*weï-*[6]*liao-*[10]*tche* investissez ([10]*tche* marque d'impératif) investissez-moi, cernez-moi promptement, [9]*tchoang* la ferme, [7]*thaï-*[8]*p'ing* de la paix profonde.

Parlant à *Tch'ing-ing* :

[1]程 [2]嬰。[3]那 [4]裏 [5]是 [6]公 [7]孫 [8]杵 [9]臼 [10]宅 [11]院。

[1]*Tch'ing-*[2]*ing*, [3]*na-*[4]*li* en quel endroit, [5]*chi* est, [10]*tse-*[11]*youen* la demeure de, [6]*Kong-*[7]*sun-*[8]*tchou-*[9]*kieou?*

TCH'ING-ING,

[1]則 [2]這 [3]個 [4]便 [5]是。

[1]*Tse* maintenant, [4]*pien-*[5]*chi* c'est justement, [2]*tche-*[3]*ko* celle-ci.

TOU-'AN-KOU,

[1]拿 [2]過 [3]那 [4]老 [5]匹 [6]夫 [7]來。

[1]*Na-*[2]*kouo-*[7]*laï* amenez-moi, [3]*na* ce, [4]*lao* vieux, [5]*p'i-*[6]*fou* misérable.

Parlant à *Kong-sun :*

[1]公 [2]孫 [3]杵 [4]臼。[5]你 [6]知 [7]罪 [8]麼。

[1]*Kong-*[2]*sun-*[3]*tchou-*[4]*kieou,* [5]*ni* toi, [6]*tchi-*[8]*mo* connais-tu, [7]*tsoui* ton crime?

KONG-SUN,

[1]我 [2]不 [3]知 [4]罪。

[1]*Ngo* je, [2]*pou*-[3]*tchi* ne connais pas, [4]*tsouï* le crime (dont on m'accuse).

TOU-'AN-KOU,

[1]我 [2]知 [3]你 [4]個 [5]老 [6]匹 [7]夫。[8]和 [9]趙 [10]盾 [11]是 [12]一 [13]殿 [14]之 [15]臣。[16]你 [17]怎 [18]敢 [19]掩 [20]藏 [21]着 [22]趙 [23]氏 [24]孤 [25]兒。

[1]*Ngo*-[2]*tchi* je sais que, [3]*ni* toi, [4]*ko* un, [5]*lao* vieux, [6]*p'i*-[7]*fou* misérable, [8]*ho* avec, [9]*Tchao*-[10]*tun*, [11]*chi* (tu) étais, [15]*tch'in* officier, [12]*i*-[13]*tien*-[14]*tchi* d'un même palais, dans le même palais, [16]*ni* toi, [17]*tseng* comment, [18]*kan* as-tu osé, [19]*yen*-[20]*thsang*-[21]*tcho* cacher, [24]*kou*-[25]*eul* le petit orphelin, [22]*tchao*-[23]*chi* de la famille de *Tchao?*

KONG-SUN,

[1]老 [2]元 [3]帥。[4]我 [5]有 [6]熊 [7]心 [8]豹 [9]膽。[10]怎 [11]敢 [12]掩 [13]藏 [14]着 [15]趙 [16]氏 [17]孤 [18]兒。

[1]*Lao* respectable, [2]*youen*-[3]*thsouï* général en chef, [4]*ngo*-[5]*yeou* (quand) j'aurais eu, [6]*hiong*-[7]*sin* le cœur (le courage) d'un ours, [8]*pao*-[9]*tan* et le fiel (l'audace) (1) d'un léopard, [10]*tseng* comment, [11]*kan* aurais-je osé, [12]*yen*-[13]*thsang*-[14]*tcho* cacher, [17]*kou*-[18]*eul* le petit orphelin, [15]*tchao*-[16]*chi* de la famille de *Tchao?*

TOU-'AN-KOU,

[1]不 [2]打 [3]不 [4]招。[5]令 [6]人 [7]與 [8]我 [9]揀 [10]大 [11]棒 [21]子。[13]着 [14]實 [15]打 [16]者。

[1]*Po*-[2]*ta* si on ne le frappe pas, [3]*pou*-[4]*tchao* il n'avouera pas; [5]*ling*-[6]*jin* soldats, [7]*yu*-[8]*ngo*-[9]*kien* choisissez-moi, [10]*ta* un gros, [11]*pang*-[12]*tseu* bâton, et, [13]*tcho*-[14]*chi* fortement, [15]*ta*-[16]*tche* frappez-le ([16]*tche* marque d'impératif).

Les soldats le frappent.

(1) Les Chinois considèrent la vésicule du fiel comme le siége du courage.

KONG-SUN,

[1]這 [2]事 [3]是 [4]誰 [5]見 [6]來。

[4]*Chouï*-[3]*chi* qui est-ce (qui), [5]*kien*-[6]*laï* a vu, [1]*tche*-[2]*sse* cette chose (l'action de cacher l'orphelin).

TOU'-AN-KOU,

[1]現 [2]有 [3]程 [4]嬰 [5]首 [6]告 [7]着 你[8] [9]哩。

[1]*Hien* actuellement, [2]*yeou* il y a, [3]*Tch'ing*-[4]*ing* (qui), [5]*cheou*-[6]*kao*-[7]*tcho* a accusé, a dénoncé, [8]*ni* toi (te accusavit), [9]*li* particule finale.

KONG-SUN,

[1]你 [2]殺 [3]了 [4]趙 [5]家 [6]滿 [7]門 [8]良 [9]賤 [10]三 [11]百 [12]餘 [13]口。[14]則 [15]剩 [16]下 [17]這 [18]孩 [19]兒。[20]你 [21]又 [22]要 [23]傷 [24]他 [25]性 [26]命。

[1]*Ni* vous, [2]*cha*-[3]*liao* avez tué, [10]*san*-[11]*pe* trois cents, [13]*kheou* personnes, [12]*yu* et plus, [8]*liang* de bonne famille, [9]*tsien* et du peuple, [6]*mouan*-[7]*men* de toute la maison, [4]*tchao*-[5]*kia* de la famille de *Tchao*. [14]*Tse* alors, [15]*ching*-[16]*hia* restait, [17]*tche* ce, [18]*haï*-[19]*eul* petit enfant. [20]*Ni* vous, [21]*yeou* encore, [22]*yao* voulez, [23]*chang* détruire, [24]*tha* de lui, [25]*sing*-[26]*ming* la vie, sa vie.

TOU-'AN-KOU,

[1]老 [2]匹 [3]夫。[4]你 [5]把 [6]孤 [7]兒 [8]藏 [9]在 [10]那 [11]裏。[12]快 [13]招 [14]出 [15]來。[16]免 [17]受 [18]刑 [19]法。

[1]*Lao* vieux, [2]*p'i*-[3]*fou* misérable, [4]*ni* toi, [5]*pa* prenant (marque d'accusatif), [6]*kou*-[7]*eul* le petit orphelin, [8]*thsang* tu l'as caché, [9]*tsaï*-[10]*na*-[11]*li* dans quel endroit? c.-à-d. en quel endroit as-tu caché le petit orphelin? [12]*khouaï* promptement, [13]*tchao*-[14]*tch'ou*-[15]*laï* avoue, [16]*mien* pour éviter, [17]*cheou* de recevoir, de subir, [18]*hing*-[19]*fa* des supplices.

50

KONG-SUN,

[1]我 [2]有 [3]甚 [4]麼 [5]孤 [6]兒。[7]藏 [8]在 [9]那 [10]裏。[11]誰 [13]見 [14]來。

[1]*Ngo* moi, [3]*chin-*[4]*mo* quel, [5]*kou-*[6]*eul* orphelin, [2]*yeou* ai-je? [8]*tsai-*[9]*na-*[10]*li* dans quel lieu, [7]*th'sang* l'ai-je caché? [11]*chouï* qui, [12]*kien-*[13]*laï* m'a vu?

TOU-'AN-KOU,

[1]你 [2]不 [3]招。[4]令 [5]人 [6]與 [7]我 [8]採 [9]下 [10]去。[11]着 [12]實 [13]打 [14]者。

[1]*Ni-*[2]*pou-*[3]*tchao* si tu n'avoues pas, [4]*ling-*[5]*jin* soldats, [6]*yu-*[7]*ngo* pour moi, [10]*khiu* allez, [8]*thsaï-*[9]*hia* le saisir (allez me le saisir), [11]*tcho-*[12]*chi* et fortement, rudement, [13]*ta-*[14]*tche* frappez-le ([14]*tche* marque d'impératif).

[1]這 [2]老 [3]匹 [4]夫 [5]癩 [6]肉 [7]頑 [8]皮。[9]不 [10]肯 [11]招 [12]承。[13]可 [14]惱 [15]可 [16]惱。[17]程 [18]嬰 [19]原 [20]是 [21]你 [22]出 [23]首 [24]的。[25]就 [26]着 [27]實 [28]替 [29]我 [30]行 [31]杖 [32]者。

[1]*Tche* ce, [2]*lao* vieux, [3]*p'i-*[4]*fou* misérable, [5]*laï-*[6]*jo* a la chair ladre (*sic* Prémare), [7]*wan-*[8]*p'i* et la peau insensible (?), [9]*pou-*[10]*keng* il ne consent pas, [11]*tchao-*[12]*tch'ing* à avouer, [13]*kho-*[14]*nao* il y a de quoi être indigné, [15]*kho-*[16]*nao* il y a de quoi être indigné. [17]*Tch'ing-*[18]*ing*, [19]*youen* premièrement, [20]*chi* ce fut, [21]*ni* toi, [21]*ti* qui, [22]*tch'ou-*[23]*cheou* l'as dénoncé. [25]*Tsieou* tout de suite, [26]*tcho-*[27]*chi* fortement, rudement, [28]*thi-*[29]*ngo* pour moi, [30]*hing-*[31]*tchang-*[32]*tche* frappe-le, frappe-le moi ([32]*tche* marque de l'impératif).

Ils le frappent.

TCH'ING-ING,

[1]元 [2]帥 [3]小 [4]人 [5]是 [6]個 [7]草 [8]澤 [9]醫 [10]士 [11]撮

[12]藥。[13]尚 [14]然 [15]腕 [16]弱。[17]怎 [18]生 [19]行 [20]的 [21]杖。

[1]*Youen-*[2]*thsouï* général en chef, [3]*siao-*[4]*jin* exiguus homo (moi, je), [5]*chi* suis, [6]*ko* un, [9]*i-*[10]*sse* médecin, [7]*thsao-*[8]*tse* (qui traite avec des) herbes. [11]*Thso* je recueille, [12]*thsao* des simples, [13]*chang-*[14]*jen* mais, [15]*wan* mon poignet, [16]*jo* est faible, [17]*tseng-*[18]*seng* comment, [20]*ti* (pour *te*) pourrai-je, [19]*hing-*[21]*tchang* manier le bâton?

TOU-'AN-KOU,

[1]程 [2]嬰 [3]你 [4]不 [5]行 [6]杖。[7]怕 [8]指 [9]攀 [10]出 [11]你 [12]麼。

[1]*Tch'ing-*[2]*ing*, [3]*ni* toi, [4]*pou-*[5]*hing-*[6]*tchang* ne manies pas le bâton. [7]*Pa-*[12]*mo* crains-tu, [8]*tchi-*[9]*p'an-*[10]*tch'ou* qu'il ne compromette et ne dénonce, [11]*ni* toi?

TCH'ING-ING,

[1]元 [2]帥 [3]小 [4]人 [5]行 [6]杖。[7]便 [8]了。

[1]*Youen-*[2]*thsouï* général en chef, [3]*siao-*[4]*jin* exiguus homo (moi, je), [5]*hing-*[6]*tchang* vais manier le bâton, [7]*pien-*[8]*liao* je vous obéis.

Il prend un bâton.

TOU'-AN-KOU,

[1]程 [2]嬰。[3]我 [4]見 [5]你 [6]把 [7]棍 [8]子。[9]揀 [10]了 [11]又 [12]揀。[13]只 [14]揀 [15]着 [16]那 [17]細 [18]棍 [19]子。[20]敢 [21]怕 [22]打 [23]的 [24]他 [25]疼 [26]了。[27]要 [28]指 [29]攀 [30]下 [31]你 [32]來。

[1]*Tch'ing-*[2]*ing*, [3]*ngo* je, [4]*kien-*[5]*ni* te vois, [6]*pa* prendre, [7]*kouen-*[8]*tseu* un bâton, [9]*kien-*[10]*liao* ayant choisi, [11]*yeou-*[12]*kien* tu choisis encore, [13]*tchi* seulement, [14]*kien-*[15]*tcho* tu as choisi, [16]*na* ce, [17]*si* mince, [18]*kouen-*[19]*tseu* bâton. [20]*Kan* j'ose (croire, je crois que), [21]*p'a* tu crains que, [22]*ta-*[23]*ti-*[26]*liao* (*ta-ti* pour *ta-te*) ayant frappé, [24]*tha* lui, [25]*thong* et qu'il ait éprouvé de la douleur, [27]*yao* il ne veuille, [28]*tchi* indiquer, [29]*p'an-*[30]*hia-*[32]*laï* et impliquer, [31]*ni* toi (te dénoncer et t'impliquer dans le crime).

TCH'ING-ING,

1我 2就 3拿 4大 5棍 6子 7打 8者。

2*Tsieou* tout de suite, 1*ngo*-3*na*-8*tche* que je prenne, 4*ta* un gros, 5*kouen*-6*tseu* bâton (prenons un gros bâton), 7*tha* et que je le frappe (et frappons-le); 8*tche* marque d'impératif, sert pour les deux verbes *na* et *ta*.

TOU-'AN-KOU,

1住 2者。3你 4頭 5裏 6只 7揀 8着 9那 10細 11棍 12子 13打。14如 15今 16你 17却 18拿 19起 20大 21棍 22子 23來。24三 25兩 26下 27打 28死 29了 30呵。31你 32就 33做 34的 35個 36死 37無 38招 39對。

1*Tchou*-2*tche* arrête. 3*Ni* toi, 4*theou*-5*li* d'abord, 6*tchi* seulement, 7*kien*-8*tcho* tu as choisi, 9*na* ce, 10*si* mince, 11*kouen*-12*tseu* bâton, 13*ta* et tu l'as frappé, 17*khio* mais, 14*jou*-15*kin* maintenant, 16*ni* tu, 18*na*-19*khi*-23*laï* te mets à prendre, tu prends, 20*ta* un gros, 21*kouen*-22*tseu* bâton. 24*San*-25*liang*-26*hia* en deux ou trois coups (*litt.* en trois et deux) (1), 27*ta*-28*sse*-29*liao* tu le tuerais, 30*ho* exclamation, 31*ni* toi, 32*tsieou* tout de suite, 33*tso*-34*ti* (pour *tso-te*) ferais, 35*ko*-36*sse* un mort (tu le tuerais), 37*wou* il n'aurait pas, 38*tchao*-39*touï* (le moyen) d'avouer et de répondre, ou de répondre en avouant.

TCH'ING-ING,

1着 2我 3拿 4細 5棍 6子。7又 8不 9是。10拿 11大 12棍 13子。14又 15不 16是。17好 18着 19我 20兩 21下 22做 23人 24難 25也。

1*Tcho*-2*ngo* vous m'ordonnez, 3*na* de prendre, 4*si* un mince, 5*kouen*-6*tseu* bâton, 7*yeou* encore, 8*pou*-9*chi* vous n'approuvez pas; 10*na* si je

(1) Quand les Chinois énoncent deux chiffres, ils mettent le plus faible au second rang : ils disent 5 et 4 pour 4 et 5, 1000 et 100 pour 100 et 1000.

海上絲綢之路文獻集成 科技與文化編

prends, [11]*ta* un gros, [12]*kouen-*[13]*tseu* bâton, [14]*yeou* encore, [15]*pou-*[16]*chi* vous n'approuvez pas. [17]*Hao-*[18]*tcho* vous faites bien, vous faites précisément que, [19]*ngo* moi, [20]*liang-*[21]*hia* dans ces deux cas, [24]*nan* j'aie de la peine, [22]*tso-*[23]*jin* à jouer le rôle d'homme, à agir.

TOU-'AN-KOU,

[1]程 [2]嬰。[3]你 [4]只 [5]拿 [6]着 [7]那 [8]中 [9]等 [10]棍 [11]子 [12]打。

[1]*Tch'ing-*[2]*ing*, [3]*ni* toi, [4]*tchi* seulement, [5]*na-*[6]*tcho* ayant pris, [7]*na* ce, [10]*kouen-*[11]*tseu* bâton, [8]*tchong-*[9]*teng* d'espèce, de dimension moyenne, [12]*ta* et frappe-le.

[1]公 [2]孫 [3]杵 [4]臼 [5]老 [6]匹 [7]夫。[8]你 [9]可 [10]知 [11]道 [12]行 [13]杖 [14]的。[15]就 [16]是 [17]程 [18]嬰 [19]麽。

[1]*Kong-*[2]*sun-*[3]*tchou-*[4]*kieou*, [5]*lao-*[6]*p'i-*[7]*fou* vieux misérable ! [8]*ni* toi, [9]*kho-*[19]*mo* peux-tu, [10]*tchi-*[11]*tao* savoir que, [12]*ti* celui qui, [13]*hing-*[14]*tchang* manie le bâton, [16]*chi* est, [15]*tsieou* justement, [17]*Tch'ing-*[18]*ing ?*

TCH'ING-ING, le frappant,

[1]快 [2]招 [3]了 [4]者。

[1]*Khouaï* promptement, [2]*tchao-*[3]*liao-*[4]*tche* avoue ([4]*tche* marque d'impératif).

Il le frappe trois fois.

KONG-SUN,

[1]*Aï* [2]哟。[3]打 [4]了 [5]這 [6]一 [7]日。[8]不 [9]似 [10]這 [11]幾 [12]棍 [13]子。[14]打 [15]的 [16]我 [17]疼。[18]是 [19]誰 [20]打 [21]我 [22]來。

[1]*'Aï-*[2]*yo* hélas ! [3]*ta-*[4]*liao* (la manière dont) il m'a frappé, [5]*tche-*[6]*i-*[7]*ji* ce jour-ci, c.-à-d. cette fois-ci, [8]*pou-*[9]*sse* ne ressemble pas, [10]*tche-*[11]*ki* à ces peu nombreux, [12]*kouen-*[13]*tseu* coups de bâton (que j'ai déjà recus).

[14]*Ta*-[15]*ti* étant frappé, [16]*ngo*-[17]*thong* j'éprouve de la douleur. [19]*Choui*-[18]*chi* qui est-ce (qui), [20]*ta*-[22]*laï* a frappé, [21]*ngo* moi (m'a frappé)?

TOU-'AN-KOU,

[1]是 [2]程 [3]嬰 [4]打 [5]你 [6]來。

[1]*Chi* c'est, [2]*Tch'ing*-[3]*ing* (qui), [4]*ta*-[6]*laï* a frappé, [5]*ni* toi (t'a frappé).

KONG-SUN,

[1]程 [2]嬰。[3]你 [4]剗 [5]的 [6]打 [7]來 [8]我 [9]那。

[1]*Tch'ing*-[2]*ing*, [3]*ni* toi, [4]*thsan*-[5]*ti* (pour *thsan-jen*) en écorchant, [6]*ta*-[7]*laï* tu as frappé, [8]*ngo* moi, [9]*na* exclamation.

TCH'ING-ING,

[1]元 [2]帥。[3]打 [4]的 [5]這 [6]老 [7]頭 [8]兒 [9]兀。[10]的 [11]不 [12]胡 [13]說 [14]哩。

[1]*Youen*-[2]*thsouï* général en chef, [3]*ta*-[4]*ti* depuis que j'ai frappé, [5]*tche* cette, [6]*lao* vieille, [7]*theou*-[8]*eul* tête (ce vieux barbon), [9]*ouo*-[10]*ti* oh! [11]*pou*-[12]*hou*-[13]*choue* ne déraisonne-t-il pas? (il déraisonne), [14]*li* particule finale.

KONG-SUN chante,

Qui est-ce qui s'acharne à me tuer sous les coups? etc.

TCH'ING-ING,

[1]快 [2]招 [3]了 [4]者。

[1]*Khouaï* promptement, [2]*tchao*-[3]*liao*-[4]*tche* avoue ([4]*tche* marque de l'impératif).

KONG-SUN,

[1]我 [2]招 [3]我 [4]招。

[1]*Ngo*-[2]*tchao* j'avoue, [3]*ngo*-[4]*tchao* j'avoue, c.-à-d. je vais avouer.

(*Tch'ing-ing* paraît tout ému.)

TCH'ING-ING,

[1]你[2]快[3]招[4]罷。[5]省[6]得[7]打[8]殺[9]你。

[1]*Ni* toi, [2]*khouaï* promptement, [3]*tchao*-[4]*pa* avoue et que ce soit fini, [5]*seng*-[6]*te* j'éviterai de, [8]*cha*-[9]*ni* te tuer, [7]*ta* en te frappant.

KONG-SUN,

有有有。

[1]*Yeou*-[2]*yeou*-[3]*yeou* j'y suis, j'y suis, j'y suis, c.-à-d. j'avoue, j'avoue, j'avoue.

Il chante :

Nous avons délibéré tous les deux sur le moyen de sauver ce petit enfant.

TOU-'AN-KOU,

[1]可[2]知[3]道[4]指[5]攀[6]下[7]來[8]也。[9]你[10]說[11]二[12]人。[13]一[14]個[15]是[16]你[17]了。[18]那[19]一[20]個[21]是[22]誰。[23]你[24]實[25]說[26]將[27]出[28]來。[29]我[30]饒[31]你[32]的[33]性[34]命。

[1]*Kho* on peut, [2]*tchi*-[3]*tao* savoir, voir que, [4]*tchi* tu indiques, [5]*p'an*-[6]*hia*-[7]*laï* et impliques (dénonces un complice), [8]*ye* particule finale. [9]*Ni* tu, [10]*choue* as parlé, [11]*eul*-[12]*jin* de deux hommes. [13]*I*-[14]*ko* l'un, [15]*chi*-[17]*liao* c'est, [16]*ni* toi. [18]*Na*-[19]*i*-[20]*ko* cet autre, [21]*chi*-[22]*choui* c'est qui? qui est-ce? [23]*Ni* si toi, [24]*chi* avec vérité, [25]*choue* parles, [26]*tsiang*-[27]*tch'ou*-[28]*laï* et le fais connaître, [29]*ngo* moi, [30]*jao* j'épargnerai, [31]*ni*-[32]*ti* de toi, [33]*sing*-[34]*ming* la vie, je te ferai grâce de la vie.

KONG-SUN,

[1]你[2]要[3]我[4]說[5]那[6]一[7]個。[8]我[9]說[10]我[11]說。

[1]*Ni* vous, [2]*yao* voulez que, [3]*ngo* moi, [4]*choue* je dise, je nomme, [5]*na*-

[6]*i*-[7]*ko* cet autre, [8]*ngo*-[9]*choue* je vais le dire, le nommer, [10]*ngo*-[11]*choue* je vais le dire, le nommer.

TOU'-AN-KOU,

1程 2嬰 3這 4樁 5事 6敢 7有 8你 9麼。

[1]*Tch'ing*-[2]*ing*, [3]*tche*-[4]*tchun*-[5]*sse* dans cette affaire ([4]*tchun* particule numérale), [6]*kan* j'ose (dire), je pense que, [7]*yeou* il y a, [8]*ni* toi, [9]*mo* particule interrogative (ne serais-tu pas pour quelque chose dans cette affaire, c.-à-d. ne serais-tu pas l'autre coupable)?

TCH'ING-ING, parlant à *Kong-sun*,

1兀 2那 3老 4頭 5兒。6你 7休 8妄 9指 10平 11人。

[1]*Ouo*-[2]*na* holà! [3]*lao* vieille, [4]*theou*-[5]*eul* tête, vieux barbon, [6]*ni*-[7]*hieou* garde-toi de, [8]*wang* faussement, [9]*tchi* indiquer (accuser), [10]*p'ing*-[11]*jin* un homme paisible, innocent.

KONG-SUN,

1程 2嬰 3你 4慌 5怎 6麼。

[1]*Tch'ing*-[2]*ing*, [5]*tseng*-[6]*mo* comment, pourquoi, [3]*ni*-[4]*hoang* êtes-vous si troublé?

TOU-'AN-KOU,

1你 2頭 3裏 4說 5兩 6個。7你 8怎 9這 10一 11會 12兒 13可 14說 15無 16了。

[1]*Ni* toi, [2]*theou*-[3]*li* d'abord, [4]*choue* tu as parlé de, [5]*liang*-[6]*ko* deux (coupables); [8]*tseng* comment, [9]*tche* dans cette, [10]*i* unique, [11]*hoeï*-[12]*eul* occasion, [7]*ni*-[13]*kho* peux-tu, [14]*choue* dire que, [15]*wou*-[16]*liao* il n'y en a pas (un autre)?

KONG-SUN chante,

Vous m'avez tant frappé que j'en ai perdu la tête.

TOU-'AN-KOU,

[1]你[2]還[3]不[4]說。[5]我[6]就[7]打[8]死[9]你[10]個[11]老[12]匹[13]夫。

[1]*Ni* toi, [3]*pou-*[4]*choue* ne parles pas, [2]*hoan* encore. [5]*Ngo* moi; [6]*tsieou* tout de suite, [7]*ta-*[8]*sse* je frapperai à mort, [9]*ni* toi (qui es), [10]*ko* un, [11]*lao* vieux, [12]*p'i-*[13]*fou* misérable.

SCÈNE V.

TOU-'AN-KOU, KONG-SUN, TCH'ING-ING, UN SOLDAT tenant dans ses bras un petit enfant.

[1]元[2]帥[3]爺[4]賀[5]喜。[6]土[7]洞[8]中[9]搜[10]出[11]個[12]趙[13]氏[14]孤[15]兒[16]來[17]了[18]也。

[1]*Youen-*[2]*thsouï* général en chef, [3]*ye* seigneur, [4]*ho-*[5]*hi* réjouissez-vous, félicitez-vous. [8]*Tchong* au milieu, du milieu, [6]*thou-*[7]*thong* d'une cave, [9]*seou* en fouillant, [10]*tch'ou-*[16]*laï-*[17]*liao* on a fait sortir, on a découvert, [11]*ko* un, [14]*kou-*[15]*eul* petit orphelin, [12]*tchao-*[13]*chi* de la famille de *Tchao*, [18]*ye* particule finale.

TOU-'AN-KOU riant aux éclats,

[1]將[2]那[3]小[4]的。[5]拿[6]近[7]前[8]來。[9]我[10]親[11]自[12]下[13]手[14]剁[15]做[16]三[17]段。[18]兀[19]那[20]老[21]匹[22]夫。[23]你[24]道[25]無[26]有[27]趙[28]氏[29]孤[30]兒。[31]這[32]個[33]是[34]誰。

[1]*Tsiang* prenant, [2]*na* ce, [3]*siao-*[4]*ti* petit enfant, [5]*na-*[8]*laï* apportez-le, [6]*kin* tout près, [7]*thsien* et devant moi. [10]*Thsin-*[11]*tseu* moi-même, [9]*ngo-*[12]*hia-*[13]*cheou* je vais abaisser la main, [14]*to* le hacher, [15]*tso* et en faire, [16]*san-*[17]*touan* trois morceaux (le couper en trois). [18]*Quo-*[19]*na* holà! [20]*lao* vieux, [21]*p'i-*[22]*fou* misérable, [23]*ni-*[24]*tao* tu disais que, [25]*wou-*[26]*yeou* tu n'a

51

vais pas, [29]*kou*-[30]*eul* le petit orphelin, [27]*tchao*-[28]*chi* de la famille de *Tchao*. [31]*Tche*-[32]*ko* cet (enfant), [34]*chouï*-[33]*chi* qui est-ce?

(*Kong-sun* chante et reproche à *Tou-'an-kou* les crimes qu'il a commis.)

TOU-'AN-KOU,

[1]我 [2]見 [3]了 [4]這 [5]孤 [6]兒。[7]就 [8]不 [9]由 [10]我 [11]不 [12]惱 [13]也。

[1]*Ngo*-[2]*kien*-[3]*liao* quand j'ai vu, [4]*tche* ce, [5]*kou*-[6]*eul* petit orphelin, [7]*tsieou* sur-le-champ, [8]*pou*-[9]*yeou* il n'a pas dépendu, [10]*ngo* de moi, [11]*pou*-[12]*nao* de ne pas entrer en colère, en fureur, [13]*ye* particule finale.

(*Kong-sun* chante et décrit l'air féroce et l'attitude menaçante de *Tou-'an-kou*.)

TOU-'AN-KOU, d'un ton irrité,

[1]我 [2]拔 [3]出 [4]這 [5]劍 [6]來。[7]一 [8]劍 [9]兩 [10]劍 [11]三 [12]劍。

[1]*Ngo* je, [2]*p'a*-[3]*tch'ou*-[6]*laï* tire, [4]*tche* ce, [5]*kien* glaive, [7]*i*-[8]*kien* un glaive, c.-à-d. un coup, [9]*liang*-[10]*kien* deux coups, [11]*san*-[12]*kien* trois coups.

(*Tch'ing-ing* est rempli d'effroi et de douleur.)

TOU-'AN-KOU,

[1]把 [2]這 [3]一 [4]個 [5]小 [6]業 [7]種。[8]剁 [9]了 [10]做 [11]三 [12]段。[13]兀 [14]的 [15]不 [16]稱 [17]了 [18]我 [19]平 [20]生 [21]所 [22]願 [23]也。

[1]*Pa*-[2]*tche*-[3]*i*-[4]*ko*-[5]*siao*-[6]*nie*-[7]*tchong* (en latin : capiens hanc parvam stirpem), prenant ce rejeton (*sic* Prémare), [8]*to*-[9]*liao*-[10]*tso*-[11]*san*-[12]*touan* je l'ai coupé en trois morceaux. [13]*Ouo*-[14]*ti* holà! [15]*pou*-[16]*tch'ing*-[17]*liao* n'ai-je pas satisfait, [21]*so* ce que, [18]*ngo* je, [22]*youen* désirais, [19]*p'ing*-[20]*seng* pendant toute ma vie? c.-à-d. j'ai assouvi le désir de toute ma vie. ([5]*Siao*-[6]*nie*-[7]*tchong* est une injure, comme s'il disait : petit bâtard.)

KONG-SUN chante,

(Il déplore le sort de l'enfant que *Tou-'an-kou* vient de massacrer, et plaint amèrement *Tching-'ing* qui cache ses larmes.)

Il parle :

[1]屠[2]岸[3]賈[4]那[5]賊。[6]你[7]試[8]覷[9]者。[10]上[11]有[12]天[13]哩。[14]怎[15]肯[16]饒[17]過[18]的[19]你。[20]我[21]死。[22]打[23]甚[24]麽[25]不[26]緊。

[1]*Tou-*[2]*'an-*[3]*kou*, [4]*na* ce, [5]*tse* brigand, [6]*ni* toi, [7]*che-*[9]*tche* essaie de, [8]*thsiu* regarder ([9]*tche* marque d'impératif); [10]*chang* là-haut, [11]*yeou* il y a, [12]*thien* une providence, [13]*li* particule finale. [14]*Tseng* comment, [15]*keng-*[18]*ti* (*ti* pour *te*) pourrait-elle consentir à, [16]*jao-*[17]*kouo* pardonner, [19]*ni* à toi (te pardonner)? [20]*Ngo-*[21]*sse* si je meurs, [22]*ta-*[23]*chin-*[24]*mo-*[25]*pou-*[26]*kin* (comme s'il y avait, suivant une note de Prémare : [22]*ta-*[23]*chin-*[24]*mo-*[26]*kin*) quelle importance cela a-t-il?

[1]我[2]撞[3]堦[4]基。[5]覓[6]箇[7]死[8]處。

[1]*Ngo* je, [2]*tchoang* vais me heurter contre, [3]*kiaï-*[4]*ki* les degrés de pierre, [5]*mi* pour chercher, [6]*ko* un, [7]*sse-*[8]*tch'ou* moyen de mourir.

On l'emporte mort de la scène.

UN SOLDAT apportant une nouvelle à *Tou-'an-kou*,

[1]公[2]孫[3]杵[4]臼[5]撞[6]堦[7]基。[8]身[9]死[10]了[11]也。

[1]*Kong-*[2]*sun-*[3]*tchou-*[4]*kieou*, [5]*tchoang* s'est heurté contre, [6]*kiaï-*[7]*ki* les degrés de pierre; [8]*chin* son corps, [9]*sse-*[10]*liao* est mort (il est mort), [11]*ye* particule finale.

TOU-'AN-KOU riant,

[1]那[2]老[3]匹[4]夫[5]既[6]然[7]撞[8]死。[9]可[10]也[11]罷[12]了。(Il rit encore.) [13]程[14]嬰。[15]這[16]一[17]椿[18]事。[19]多

[20]虧 [21]了 [22]你。[23]若 [24]不 [25]是 [26]你 [27]呵。[28]如 [29]何
[30]殺 [31]的 [32]趙 [33]氏 [34]孤 [35]兒。

[5]*Ki-*[6]*jen* puisque, [1]*na* ce, [2]*lao* vieux, [3]*p'i-*[4]*fou* misérable, [7]*tchoang* en se heurtant contre (les degrés), [8]*sse* est mort, [9]*kho-*[10]*ye* c'est bien, [11]*pa-*[12]*liao* tout est fini. [13]*Tch'ing-*[14]*ing*, [15]*tche-*[16]*i-*[17]*tchun-*[18]*sse* dans cette affaire (en latin : in hac una re, *tchun* numérale des choses, des affaires), [19]*to* beaucoup, [20]*khoueï-*[21]*liao-*[22]*ni* je t'ai des obligations. [23]*Jo* si, [24]*pou-*[25]*chi-*[26]*ni* ce n'avait pas été toi, c.-à-d. sans toi, [27]*ho* exclamation, [28]*jou-*[29]*ho* comment, [31]*ti* (pour *te*) aurais-je pu, [30]*cha* tuer, [34]*kou-*[35]*eul* le petit orphelin, [32]*tchao-*[33]*chi* de la famille de *Tchao?*

TCH'ING-ING,

[1]元 [2]帥。[3]小 [4]人 [5]原 [6]與 [7]趙 [8]氏 [9]無 [10]讎。[11]一
[12]來 [13]救 [14]晉 [15]國 [16]內 [17]衆 [18]生。[19]二 [20]來。[21]小
[22]人 [23]跟 [24]前 [25]也 [26]有 [27]個 [28]孩 [29]兒 [30]未 [31]曾
[32]滿 [33]月。[34]若 [35]不 [36]搜 [37]的 [38]那 [39]趙 [40]氏 [41]孤
[42]兒 [43]出 [44]來。[45]我 [46]這 [47]孩 [48]兒 [49]也 [50]無 [51]活
[52]的 [53]人 [54]也。

[1]*Youen-*[2]*thsouï* général, [3]*siao-*[4]*jin* parvus homo (votre serviteur), [5]*youen* dans l'origine, [9]*wou* n'avait pas, [10]*tch'eou* de haine, [6]*yu* avec (contre), [7]*tchao-*[8]*chi* la famille de *Tchao.* [11]*I-*[12]*laï* en premier lieu, [13]*kieou* (j'ai voulu) sauver, [17]*tchong-*[18]*seng* les vivants (les enfants), [16]*nouï* de l'intérieur, [14]*tsin-*[15]*koue* du royaume de *Tsin;* [19]*eul-*[20]*laï* en second lieu, [21]*siao-*[22]*jin* parvus homo (votre serviteur), [23]*ken-*[24]*thsien* devant lui, *litt.* devant les talons, [25]*ye* aussi, [26]*yeou* avait, [27]*ko* un, [28]*haï-*[29]*eul* jeune enfant, qui, [30]*weï-*[31]*tseng* pas encore, [32]*mouan* n'avait accompli, [33]*youeï* un mois. [34]*Jo* si, [35]*pou-*[37]*ti* on n'avait pas pu, [36]*seou-*[43]*tchou-*[44]*laï* en fouillant découvrir, [38]*na* ce, [41]*kou-*[42]*eul* petit orphelin, [39]*tchao-*[40]*chi* de la famille de *Tchao*, [46]*tche* ce, [47]*haï-*[48]*eul* petit enfant, [45]*ngo* de moi, [49]*ye* aussi, [54]*ye* serait devenu, [53]*jin* un homme, [50]*wou-*[51]*ho-*[52]*ti* non vivant, c.-à-d. aurait été aussi massacré, [54]*ye* particule finale.

TOU-'AN-KOU,

[1]程[2]嬰。[3]你[4]是[5]我[6]心[7]腹[8]的[9]人。[10]不[11]如[12]只[13]在[14]我[15]家[16]中。[17]做[18]個[19]門[20]客。

[1]*Tch'ing*-[2]*ing*, [3]*ni* toi, [4]*chi* tu es, [9]*jin* un homme, [8]*ti* du, [6]*sin* cœur, [7]*fo* et du ventre, [5]*ngo* de moi, c.-à-d. mon ami le plus intime. [10]*Pou*-[11]*jou* il vaut mieux, [12]*tchi* seulement, [13]*tsaï* rester, [14]*ngo*-[15]*kia*-[16]*tchong* dans ma maison, [17]*tso* et devenir, être, [18]*ko* un, [19]*men*-[20]*khe* hôte de la porte, de la maison.

[1]擡[2]舉[3]你[4]那[5]孩[6]兒[7]成[8]人[9]長[10]大。[11]在[12]你[13]跟[14]前[15]習[16]文。[17]送[18]在[19]我[20]跟[21]前[22]演[23]武。

[1]*Thaï*-[2]*kiu* tu élèveras, [3]*ni* de toi, [4]*na* ce, [5]*haï*-[6]*eul* petit enfant, [7]*tch'ing*-[8]*jin* quand il sera un homme, [9]*tchang*-[10]*ta* et sera devenu grand et fort, [11]*tsaï* étant, [12]*ni*-[13]*ken*-[14]*thsien* devant tes talons, devant toi, [15]*si*-[16]*wen* il étudiera les lettres, [17]*song* tu me l'enverras (pour que), [18]*tsaï* étant, [19]*ngo*-[20]*ken*-[21]*thsien* devant mes talons, c.-à-d. devant moi, [22]*yen* il s'exerce, [23]*wou* à l'art de la guerre.

[1]我[2]也[3]年[4]近[5]五[6]旬。[7]尙[8]無[9]子[10]嗣。[11]就[12]將[13]你[14]的[15]孩[16]兒[17]與[18]我[19]做[20]個[21]義[22]兒。

[1]*Ngo* moi, [2]*ye* aussi, [3]*nien* par les années, [4]*kin* j'approche de, [5]*ou*-[6]*sun* cinq dizaines (j'approche de cinquante ans), [7]*chang* et encore, [8]*wou* je n'ai pas, [9]*tseu*-[10]*sse* de fils pour me succéder, [11]*tsieou* immédiatement, [12]*tsiang* prenant (marque d'accusatif), [13]*ni*-[14]*ti* de toi, [15]*haï*-[16]*eul* le petit enfant, [19]*tso* je le ferai, [20]*ko* un, [21]*i*-[22]*eul* fils adoptif, [17]*yu*-[18]*ngo* pour moi.

[1]我[2]偌[3]大[4]年[5]紀[6]了。[7]後[8]來[9]我[10]的[11]官

[12]位 [13]也。[14]等 [15]你 [16]的 [17]孩 [18]兒 [19]討 [20]箇 [21]應 [22]襲。[23]你 [24]意 [25]下 [26]如 [27]何。

[1]*Ngo* moi, [4]*nien-*[5]*ki-*[6]*liao* je suis arrivé à un âge, [2]*je-*[3]*ta* si grand, si avancé, [7]*heou-*[8]*laï* dans la suite, [11]*kouan-*[12]*weï* quand à la charge, [9]*ngo-*[10]*ti* de moi, [13]*ye* particule finale, [14]*teng* j'attendrai que, [17]*haï-*[18]*eul* le jeune enfant, [15]*ni-*[16]*ti* de toi, [19]*tao* demande, [20]*ko* une, [21]*ing-*[22]*si* succession (demande à me succéder). [23]*Ni* toi, [24]*i-*[25]*hia* dans ta pensée, [26]*jou-*[27]*ho* comment, c.-à-d. qu'en penses-tu?

TCH'ING-ING,

[1]多 [2]謝 [3]元 [4]帥 [5]擡 [6]舉。

[1]*To-*[2]*sie* je remercie beaucoup, [3]*youen-*[4]*thsouï* le général en chef, *thaï-*[6]*kiu* de l'élever.

TOU-'AN-KOU,

Il récite des vers :

[1]則 [2]為 [3]朝 [4]綱 [5]中 [6]獨 [7]顯 [8]趙 [9]盾。[10]不 [11]由 [12]我 [13]心 [14]中 [15]生 [16]忿。[17]如 [18]今 [19]削 [20]除 [21]了 [22]這 [23]點 [24]萌 [25]芽。[26]方 [27]纔 [28]是 [29]永 [30]無 [31]後 [32]釁。

[1]*Tse* alors, [2]*weï* parce que, [8]*Tchao-*[9]*tun*, [7]*hien* brillait, [6]*to* seul, [3]*tch'ao-*[4]*kang-*[5]*tchong* dans le gouvernement, [10]*pou-*[11]*yeou-*[12]*ngo* indépendamment de moi, [13]*sin-*[14]*tchong* dans mon cœur, [15]*seng-*[16]*fun* j'ai conçu de la colère. [17]*Jou-*[18]*kin* (comme) maintenant, [19]*sio-*[20]*tch'ou-*[21]*liao* j'ai extirpé, [22]*tche* ce, [23]*tien* petit, [24]*ming-*[25]*ya* rejeton; [26]*fang-*[27]*tsaï* alors, [28]*chi* c'est que, [29]*yong* pour toujours, [30]*wou* je n'aurai plus, [31]*heou-*[32]*hin* de future occasion d'animosité ou de ressentiment (*sic* Morrison, part. II, n° 3940).

FIN DU TROISIÈME ACTE.

ADDITIONS ET CORRECTIONS.

Page 6, I, lisez : 詳天竺之稱異議糾紛。

» 121, lignes 2, 11, au lieu de 哭, lisez 器。

» 142, » 26-29, lisez : Cette expression 三竿(紅日) *hong-ji-san-kan*, signifie que le soleil se lève, que le jour approche.

» 328, » 24, 25,
» 340, » 4,
» 341, » 23,
} Au lieu de 捘, lisez 搜。

JUGEMENTS DE DIVERS SAVANTS

SUR LE PREMIER VOLUME DE L'OUVRAGE INTITULÉ

SYNTAXE NOUVELLE DE LA LANGUE CHINOISE

FONDÉE SUR LA POSITION DES MOTS

SUIVIE DE DEUX TRAITÉS SUR LES PARTICULES ET LES PRINCIPAUX TERMES DE GRAMMAIRE,

D'UNE TABLE DES IDIOTISMES, DE FABLES, DE LÉGENDES ET D'APOLOGUES TRADUITS MOT A MOT

PAR STANISLAS JULIEN.

Extrait du *Journal des Débats* du 5 juillet 1869.

Quand on regarde quelque curiosité chinoise : éventail, écran, vase de porcelaine, bijoux de jade, dieux ou griffons de bronze, on est toujours tenté de se demander ce que signifient ces légendes cabalistiques que les habitants du Céleste-Empire sèment partout comme un ornement. Que veulent dire ces signes bizarres, rangés en ligne horizontale ou perpendiculaire? Ce sont, dit-on, des hiéroglyphes; chacun de ces caractères a été, dans l'origine, la peinture d'un objet, peinture chinoise, il est vrai, et depuis longtemps altérée. Fort bien; mais comment, avec des symboles invariables, un peuple peut-il exprimer les mille nuances d'une même idée? C'est là une énigme dont il est difficile à un Européen de trouver le mot; car autour de lui il n'a aucun terme de comparaison pour l'aider.

Les langues que nous connaissons ne ressemblent en rien au chinois. Nos alphabets ne sont autre chose que

L'art ingénieux
De peindre la parole et de parler aux yeux.

Chaque lettre, ou du moins chaque syllabe représente non pas une chose, mais un son. Or, le nombre des sons n'est pas grand, quoiqu'ils se combinent à l'infini; il suffit donc d'une petite quantité de signes pour les exprimer tous; on en peut juger par la simplicité de la nota-

52

tion musicale. Dans nos langues d'Europe, c'est assez d'une seule lettre, et quelquefois même d'une lettre qui ne se prononce plus, pour indiquer une modification de l'idée. L'*s*, par exemple, mise à la fin d'un mot, le fait passer du singulier au pluriel : *maison*, *maisons; père*, *pères; roi*, *rois*. Et si nous prenons un verbe, c'est-à-dire la partie la plus vivante du langage, celle qui rend le mieux toutes les vibrations de l'âme humaine, nous voyons une même racine exprimer tous les temps, tous les modes, et, dans quelques langues, toutes les personnes, au moyen d'un changement de désinences : *amo*, *amabas*, *amavisti*, *amabor*, etc. Habitués à cette simplicité féconde, il nous est difficile de comprendre comment, avec un signe invariable qui voudra dire indifféremment *amour* ou *aimer*, une langue parviendra à rendre sensibles tous les mouvements de la pensée; il nous est plus difficile encore d'admettre que cette langue pétrifiée ait une littérature, et qu'elle suffise à un peuple civilisé.

J'avoue que, pour moi, il y avait là un de ces problèmes qu'on écarte de son esprit, faute de moyens pour les aborder. Que les Indiens d'Amérique écrivent en images, cela se conçoit; ils ont si peu d'idées à exprimer; c'est le premier essai de pauvres sauvages; mais, sous peine de vieillir dans une éternelle enfance, un peuple n'en peut pas rester là. Aussi ce qui m'avait le plus frappé dans la découverte de Champollion, c'était de voir comment les Égyptiens, après avoir commencé comme les Chinois, avaient fini par transformer leur peinture des objets en une simple écriture ou notation des sons, et avaient réduit leurs hiéroglyphes à n'être plus qu'un alphabet qui est peut-être l'origine des nôtres.

Mais les Chinois n'ont jamais franchi ce pas difficile; leur langue écrite est restée une peinture des choses, sans rapport avec la langue parlée. Et cependant c'est un des peuples qui lit le plus; il a une littérature immense qui remonte à vingt siècles, et cette écriture sert à quatre cent cinquante millions d'hommes. C'est donc une des plus grandes et des plus longues expériences que nous offre l'histoire; force nous est d'admettre qu'il y a là une façon d'exprimer ses pensées qui, pour n'être pas la nôtre. n'en est pas moins digne d'attention.

Aujourd'hui le problème est résolu pour nous, grâce à un livre que je ne puis trop recommander à ceux que ces études intéressent. Sous le titre de *Han-wen-tchi-nân* ou *Boussole de la langue chinoise*, M. Stanislas Julien vient de publier une syntaxe nouvelle de la langue chinoise, qui est un chef-d'œuvre de clarté. Nous n'avons pas affaire à une grammaire traduite du chinois, et par conséquent écrite pour un peuple qui a des habitudes d'esprit toutes différentes des nôtres; c'est un savant français qui ramène à notre point de vue une langue composée, comprise, enseignée à un point de vue tout opposé. Le problème est celui qui nous inquiète; c'est un Français qui le pose, mais ce sont les Chinois eux-mêmes qui se chargent de la solution, au moyen d'exemples empruntés à leurs plus anciens auteurs. Cette solution est d'une simplicité parfaite; une fois maître de ce fil conducteur, il sera facile à tout Européen un peu instruit de se reconnaître dans le labyrynthe des hiéroglyphes chinois.

Le principe de la langue chinoise, c'est que la valeur des mots dépend de leur position. La place qu'ils occupent dans le discours, place qui n'a rien d'arbitraire, décide de leur nature et de leur sens. C'est un système qui n'est ni celui des langues classiques, ni celui de nos langues modernes, mais qui ne manque ni de simplicité ni de clarté. Quelques mots d'explication permettront d'en juger.

Chez les Grecs et les Romains, c'est la flexion qui règle le rapport des mots; l'ordre qu'ils suivent est à peu près indifférent. Pour un Romain, rien n'était plus élégant et en même temps plus facile à comprendre que les vers suivants d'Horace, où les mots sont pour ainsi dire mêlés au hasard :

> Te maris et terræ, numeroque carentis arenæ
> Mensorem cohibent, Archyta,
> Pulveris exigui prope littus parva Matinum
> Munera.

Qu'un Français essaie de traduire ces vers, en respectant, même de loin, la disposition latine, il sentira bientôt que nos articles et nos verbes auxiliaires n'ont pas la souplesse des flexions latines; il y a dans notre langue une certaine hiérarchie de mots dont nous ne pouvons pas nous écarter.

Voilà donc deux manières différentes d'exprimer les rapports des mots ou des idées; chez les anciens, ce sont les flexions des mots; chez les modernes, ce sont les articles et les verbes auxiliaires. Le Romain dira : *hominis virtus*, et le Français : *la vertu de l'homme;* le Chinois a les deux formes; il peut dire comme nous *vertu de homme*, — il n'a pas d'article, — ou, à la façon romaine, mais sans flexion : *homme vertu*. Il n'a pas besoin d'une flexion pour indiquer que le mot *homme* est au génitif, parce que toutes les fois que deux substantifs se suivent, le premier est nécessairement au génitif : voilà le principe de position, et la clef de la grammaire chinoise. *Thien-tseu*, littéralement *ciel fils*, est aussi clair pour un Chinois que *cœli filius* pour un Romain, ou *le fils du ciel* pour un Français; on sait que ce nom est celui de l'empereur.

Cette règle est absolue; elle permet de mettre deux, trois, quatre génitifs à la suite les uns des autres, sans que le sens de la phrase en soit obscurci. Présentez à un Chinois les mots : *anciens sages nobles vertus exemples*, il lit sans difficulté : *les exemples des nobles vertus des anciens sages*. A première vue, ceci peut nous sembler étrange, mais en ce point, comme en beaucoup d'autres, tout est habitude et éducation. Montrez pour la première fois à un enfant les chiffres arabes 1, 2, 3, 4, et demandez-lui de vous lire le nombre 1234; il ne verra que quatre chiffres isolés, tandis que vous lirez du premier coup d'œil *douze cent trente-quatre*. Douze chiffres en ligne ne vous embarrassent guère, il n'est pas plus difficile de lire trois ou quatre génitifs qui se suivent dans une ordre invariable et nettement déterminé.

Cette valeur de position, cette valeur de chiffre arabe, si l'on me permet cette expression, fait que dans l'écriture chinoise un même mot peut tour à tour être substantif, adjectif, adverbe, verbe actif, passif ou neutre. *Méchant homme*, *homme méchant*, expriment pour le Chinois deux idées différentes; le premier terme signifie un *méchant homme*, le second *l'homme est méchant*. *Fo* veut dire indifféremment *vêtir* et *vêtement*, *fo fo* signifie *mettre un habit*. Il est juste de dire que certains caractères accessoires facilitent la lecture. Le signe du futur ou du passé mis devant un mot indique que ce mot est nécessairement un verbe. Le signe de l'accusatif, signe découvert par M. Julien, ne permet guère de douter que le mot qui précède soit un verbe actif. Il y a là toute une grammaire *sui generis* dont la nouveauté nous étonne, mais qui n'est ni plus compliquée ni moins ingénieuse que la nôtre. Une fois qu'on tient la clef du système, les phrases les plus bizarres prennent le sens le plus simple. On lit, par exemple, dans le premier chapitre du livre de Meng-Tseu les mots suivants : *Lao-ngou-lao*, *yeou-ngou-yeou*, littéralement, *vieillards mes vieillards*, *jeunes gens mes jeunes gens*. La position indiquant clairement que le premier mot de chacun de ces membres de phrase est un verbe, il est aisé de ramener ce texte à l'expression d'une idée toute chinoise, mais qui n'a rien d'obscur. *Je traite en vieillards*, c'est-à-dire je respecte, *mes vieillards*, c'est-à-dire mon père et ma mère; *je traite en jeunes gens*, c'est-à-dire j'affectionne, *mes jeunes gens*, c'est-à-dire mes frères cadets.

Je ne pousserai pas plus loin ces exemples. Ce qu'ils ont d'étrange et d'imprévu troublerait le lecteur au lieu de l'éclairer. D'un autre côté, je craindrais d'affecter une érudition qui ne m'appartient point, je m'entends au chinois autant qu'à l'hébreu. J'ai voulu surtout signaler aux curieux l'originalité du nouveau livre de M. Julien; il y a là, ce me semble, une découverte qui n'intéresse pas seulement les savants de profession. Du reste, M. Julien nous a habitués à ces heureuses surprises. Il a le génie des langues, il sait y voir ce que personne n'y a vu avant lui. Sa traduction des voyages d'Hiouen-Thsang dans l'Inde nous a fait connaître une des pages les plus importantes de l'histoire du bouddhisme; sa méthode pour déchiffrer et transcrire les noms sanscrits qui se trouvent dans les livres chinois est un chef-d'œuvre d'érudition. Sa syntaxe n'est pas un travail moins considérable; elle ajoute à la science des langues une province nouvelle; elle fait entrer le chinois dans le cercle des études philologiques, et cela en un temps où la philologie, tirant du tombeau l'Inde ancienne, l'Égypte et l'Assyrie, renouvelle l'histoire des premiers temps du monde, et nous fait assister aux bégaiements de l'humanité.

— Tout cela est fort bien, diront des sceptiques. La syntaxe chinoise fera le bonheur de ces vénérables érudits qui s'enferment dans le passé, comme un ver à soie dans son cocon; mais ces découvertes, qui font la joie des Académies, à quoi servent-elles? Et quel profit la civilisation en tire-t-elle?

Je n'aime pas les paradoxes, et je ne voudrais pas faire d'un grain de sable une montagne; je dirai cependant, comme résultat d'une longue expérience, que la plupart de ces innocentes découvertes ont plus fait pour la civilisation que tous les débats des Chambres et des Congrès, défenseurs obstinés des passions et des préjugés du jour. Il n'y a pas de vérité indifférente; il n'en est point qui, tôt ou tard, ne sorte du paisible domaine pour entrer dans le monde et y tracer son sillon.

N'est-il pas évident, par exemple, que les études naturelles ont entièrement tranformé la science politique depuis quarante ans? Que sont devenus les contre-poids, les ressorts et tout l'attirail des vieux constitutionnels? Partout l'idée d'organisme a remplacé l'idée de mécanisme. Partout on a fini par comprendre que la société est chose vivante, qu'il y a des lois naturelles qui président à son développement, et que le rôle de la politique est de respecter ce libre développement, au lieu de le contrarier sous le vain prétexte de le régler. La liberté moderne est sortie de cette nouvelle conception de la société.

La philologie, elle aussi, a son importance morale et politique.

Nous avons tous intérêt à ce que l'observation prenne la place de ces études brillantes, mais éphémères, qui trop longtemps ont amusé les hommes en les égarant. Il y a plus de vingt siècles qu'on disserte sur l'origine et la nature du langage; mais depuis Platon jusqu'à M. de Bonald, qu'est-ce que toute cette philosophie, sinon une suite de rêves plus ou moins ingénieux? C'est de nos jours, c'est depuis Burnouf que la philologie est devenue une science d'observation. Grâce à cette méthode nouvelle, il nous est permis de classer les langues par genre et par famille, d'en suivre le développement chronologique, et de faire ainsi, pièces en main, l'histoire de l'humanité. Déjà on commence à connaître les Aryâs et les Sémites; désormais, avec M. Julien, on pourra connaître et comprendre les Chinois.

Le résultat de ces recherches est des plus inattendus. Ce qui en ressort clairement, c'est la variété de l'esprit humain. Une seule forme de langage, un seul ordre d'idées, c'est la chimère des ignorants. De même qu'il y a des races blanches, jaunes, rouges, noires, et cependant une seule espèce humaine, de même il y a des familles de langues différentes les unes des autres, et cependant un seul esprit. Voilà ce que le plus grand philosophe ne pouvait deviner. De l'unité de sa pensée il ne pouvait tirer que l'unité primitive du langage, et fatalement il était conduit à croire que toutes les intelligences devaient se développer suivant un même plan. Tout ce qui n'était pas grec était barbare, c'est-à-dire imparfait ou déchu. L'expérience dissipe ces songes philosophiques. L'étude et la comparaison nous font retrouver dans la nature humaine cette diversité infinie qui se montre parmi toutes les familles de plantes et d'animaux. C'est là une vérité nouvelle qui a changé notre idéal de l'humanité et de la civilisation. L'uniformité, cette conception étroite, disparaît de notre esprit; elle est remplacée par la conception de l'harmonie, c'est-à-dire de l'unité obtenue par la variété. Au lieu de tout apprécier à la courte mesure de nos idées, il nous faut sortir de nous-mêmes, observer, comparer; il nous faut enfin comprendre que les hommes et les choses ont plus d'un aspect, et qu'il ne nous est pas permis d'emprisonner la vérité ni la beauté dans nos formules étroites. Loin de mépriser un peuple, et de le traiter de barbare parce qu'il ne pense pas, ne sent pas, ne parle ou n'écrit pas comme nous, nous en arrivons à l'étudier comme un phénomène, et nous finissons par lui rendre justice, par l'estimer et par l'aimer. C'est là, ce semble, un résultat qui n'est pas à dédaigner.

La syntaxe de M. Julien ne jouera pas sans doute un grand rôle dans le monde; mais peut-être aura-t-elle une influence qui ne se fera pas seulement sentir dans la science. L'étude du sanscrit a appris aux Anglais que les Indous étaient leurs frères, qu'un même sang coulait dans leurs veines; qui sait si cette découverte philologique n'est pas destinée à rapprocher les vaincus et les vainqueurs? Qui sait si le livre de M. Julien ne nous révèlera pas que les Chinois sont des hommes comme nous, qu'ils ont autant ou plus d'esprit que ceux qui les dédaignent, et que leurs yeux bridés, leur peau jaune et leur queue ne nous donnent peut-être pas le droit de les empoisonner sans scrupule, comme font les Anglais, ni de les tuer à coup sûr, comme nous n'hésitons pas à le faire, quand par hasard ils se permettent de n'être pas de notre avis?

ÉDOUARD LABOULAYE,
de l'Institut.

海上絲綢之路文獻集成 科技與文化編

(Extrait du *Times.*)

The study of Chinese seemed formerly to be a French *spécialité*. For a long time neither Germany nor England could boast of any eminent Chinese scholars, and the very name of " sinologue, " which sounds quite natural in French, has remained without a counterpart in English and German. We hear of Egyptology and Egyptologists, but no one has been bold enough, as yet, to use the name of Chinologist or Chinology. The volume before us, *Syntaxe Nouvelle de la Langue Chinoise*, would seem to show, however, that a real interest in the ancient language and literature of the Celestial Empire is spreading in the principal countries of Europe. It is written by Stanislas Julien, the Nestor and, at the same time, the Achilles among the students of Chinese. It is dedicated to an English scholar, Dr. James Legge, the translator of the Chinese classics, " *l'un des plus éminents sinologues de notre époque*, " and it is printed at Vienna.

This work of M. Stanislas Julien has been so long expected, not only by those who make Chinese their special study, but by all who take an interest in the science of language, that it well deserves a short notice in these columns. It is not a work that could possibly command the same interest as other publications of the same author — for instance, his *Histoire de la Vie de Thouen-thsang, et de ses Voyages dans l'Inde, entre les années* 629 *et* 645, of which we gave a full account some years ago. It is, in fact, a simple grammar, if such a term can be used with regard to a language which enjoys the special privilege of having no grammar at all. If by grammar is meant a collection of rules exhibiting the changes which nouns and adjectives undergo in declension, and verbs in conjugation, there is nothing corresponding to it in Chinese. Chinese stands alone in the whole realm of human speech as a type of language without inflexions, and it is for this reason, apart from its literary interest or practical importance, that a study of Chinese becomes indispensable to every student of language. What a philosopher might imagine the earliest stage of language to have been is presented in Chinese as an undeniable reality. What a careful analysis of other families of language teaches us — viz., that all is now purely formal in language was originally material — stands before us in Chinese, not as the result of a laborious induction, but as a simple fact. There was a language, and there still is a language, and a language spoken by a larger number of human beings than any other, in which we have no sign of gender, case, or number, no personal terminations, no tenses or moods, no irregular nouns or defective verbs, nay, in which there is no outward distinction between a noun, an adjective, a verb, an adverb, and a participle. What a happy country China must be! many a schoolboy would think, where there are no irregular verbs, no false quantities, no genders. But, alas! there is no rose without thorns, and, in spite of all its grammatical simplicity, Chinese—at least, the ancient classical Chinese—is known to be one of the most difficult languages to learn. We quote from M. Stanislas Julien's work : —

" All Chinese characters are monosyllabic, indeclinable, and inconjugable." They are not capable of receiving those inflexions which in Greek and Latin show at a glance the gender, case, and number of nouns, the voice, tenses, moods, and persons of verbs. But, in spite of this absence of inflexions, the Chinese language is to a well-informed " sinologue" as clear and intelligible as those learned languages which abound in inflexions. If it were otherwise, how could the innumerable works which it has produced in every branch of literature for more than 2,000 years have been read and reproduced from century to century since the first discovery of printing? The Chinese began to print from woodcuts in 581 A. D. In the year 907—400 years before the discovery of printing in Europe — they introduced the use of stone for the same purpose, and in 1040 they invented movable types. Again, how could it now, under its modern form, called *kouan-hoa*, or vulgar language, be spoken in China, Cochin China, Japan, Siam, Corea, and even in Tibet, by a population of more than 450 millions — that is to say, by half of the civilized world? How does a language, apparently so imperfect, answer, nevertheless, all purposes, and how has it enabled Chinese authors to treat in innumerable works of every scientific and literary subject that can interest the human mind? The answer is, that the inflexions of nouns and verbs, which give so much precision to the ancient languages, find their equivalents to a certain degree in the collocation of the Chinese characters, which, according to the position which they occupy in a sentence, and according to the words with which they are construed, can assume every possible grammatical value. The relative position of words determines their character, and imparts the requisite clearness both to the spoken and the written speech. "

It has often been said that there is no language which in its grammatical features approaches so near to Chinese as English. M. Stanislas Julien himself, whenever he wishes to illustrate the peculiarities of Chinese, has recourse to English rather to French in order to give something like an approximate idea of a Chinese word or a Chinese sentence. If, however, we look more closely into these similarities between a language without inflexions, like Chinese, and English, which belongs to a family of speech in which inflexion had once reached its highest perfection, we shall find that they are apparent rather than real. They admit of an historical explanation, and they form, in fact, a new instance of the old rule that " extremes meet. " Chinese and English form two opposite poles. The circle in the growth of language begins with Chinese and ends with English as far as grammatical articulation is concerned. What the Chinese language has not yet English has no more. English in its more ancient stages had signs of gender, case, number; it was far richer in personal and case determinations, and there was a well-marked difference between its nouns and verbs. Instances like those quoted by M. Stanislas Julien as counterparts of Chinese could not be produced from Anglo-Saxon, still less from ancient Gothic. In Chinese the word *tchi* means governing in the most general acception. If it precedes another word it serves the purpose of an active verb — *e. g.*, *pou-neng*, he cannot; *tchi*, rule; *sse*, the judges. If it stands at the end of a sentence and governs the preceding noun it is to all intents and purposes a passive verb — *e. g.*, *noui*, the interior; *tchi*, of; *sse* the four; *king*, frontiers; *pou*, is not; *tchi*, governed properly. Or, to take a simpler illustration, *tchi koue* would mean to govern the kingdom; *koue tchi* would mean the kingdom is governed; while *chi tchi*, literally magistrate-governing, can only mean the administration of the magistrates. The same holds good with regard to almost every word in Chinese. *Thouan*, which means round, as an adjective, means likewise a round, a circle, or to round. The same word which signifies great can also be used to express greatness, or to become great, or to be great — nay, it can be and is used as an adverb in the sense of very. M. Julien points out what is perfectly true, that in English, too, a word such as *set* must be a verb — *e. g.*, to set a thing on the table; or an adjective — *e. g.*, with a set purpose; or a substantive — *e. g.* a set of books. The same word may still further change its meanings, according to the words with which it is joined. We may play a set, we may dance a set, people may make a dead set at somebody. The word *present* with a slight change of accent, such as we find in Chinese too for the purpose of distinguishing different meanings of the same word, may signify a gift or to give; and it may likewise be used as an adjective, as, for instance, the present time; and as a substantive, the present, ou for the present.

Nothing can be more instructive, nothing can better illustrate the peculiar character of the Chinese language than analogies of this kind, which M. Julien has carefully collected in his grammar. But, useful as, no doubt, they are for the practical purpose of teaching Chinese, for which alone M. Julien has used them, those who write on the philosophy of language should be warned against using th-m for any other purpose. They are no proof whatever of the morphological iden tity of two branches of human speech so distant from each other in time and space as English and Chinese. If it is true, as no doubt it is, that languages should be classified, not according to the similarity of their words, but according to their grammatical structure, it is equally true that their grammatical structure must be properly understood before any useful comparisons can be instituted. This applies to modern as well as to ancient languages. English and French, for instance, both form their plural by s, but the s in *mothers* is totally different from the s in *les mères*. We have only to trace back French to Latin, or English to Anglo-Saxon in order to see that is purely accidental if these two languages, which are closely related to each other, mark their plural by the same letter, the s.

In the same manner it is perfectly true that languages which, like French, and, still more, like English, have lost most of the terminations of declension and conjugation, are subject to the same stringent rules with regard to the collocation of words in a sentence of Chinese. While in Latin we may safely say, *filius amat patrem*, or *patrem amat filius*, or *amat patrem filius*, or *filius patrem amat*, we are restricted in French to *le père aime le fils*, in English to "the father loves the son." This may be called "Chinese Syntax," instead of "Latin Grammar," but though the syntactical results in our modern languages are the same, in appearance at least, as in the Chinese, the most ancient form of speech with which we are acquainted, the historical antecedents and the logical motives in the one and the other are totally distinct. In English every one of the words which M. Julien mentions as doing service as substantives, adjectives or verbs, has been in a previous phase either a substantive, or an adjective, or a verb. The terminations by which a substantive was distinguished from a verb have in course of time disappeared, the terminations were felt to be troublesome, or, at all events, it was perceived that the purposes of conversation could be carried out without them. But there remained in the minds of the speakers the firmly established categories of thought and speech which, though no longer marked in every instance by outward signs, were kept up by oral tradition.

In Chinese this is totally different. The word *tchi*, governing, was at no time a substantive, or an adjective, or a verb. These are distinctions which in their grammatical meaning have no existence in Chinese. The word *tchi* expresses a conception which can be used as a

海上絲綢之路文獻集成　科技與文化編

subject and as a predicate, and which then, according to our way of thinking, becomes a substantive or a verb; but no so with the Chinese. They may apparently speak like ourselves, but they do not think like ourselves, unless we are able to transfer our thoughts back into that state when we used to say, "Harry beat Tommy," "me good," "me have caky," "naughty bow-wow pite poor pussy," etc. This way seem to us a very imperfect way of speaking, yet for the time it seemed to answer its purpose, and it certainly has answered its purpose marvellously in Chinese.

Every language fulfils its purpose if the hearer understands what the speaker wishes to express. How that is best affected is left to the genius of each language, or family of languages. Some languages express too much, some too little. The so called polysynthetic languages of America, many also of the agglutinative languages of Asia, and, to a certain extent, even some the ancient Aryan languages, express more than is necessary. Their grammar, with its numerous terminations to distinguish singular, plural, dual, the gender, the animate or inanimate character of nouns, the transitive or-intransitive nature of verbs. the persons with their number and gender, the tenses and moods in endless variety, become too cumbersome; what is unnecessary and can be safely dispensed with is slowly and imperceptibly discarded, and, instead of the exuberant growth of grammar, such as we see it in Sanscrit and Greek, we find at last the scanty framework of declension and conjugation with which the English language does its work, and does it so well. In English much is understood which is no longer expressed; in Chinese much is understood which, as yet, has found no expression in their language. This is a subject of great importance to the student of logic and psychology even more than to the student of language. It shows that language does not reflect every process that passes in the mind, that it indicates often, instead of fully exhibiting, a whole train of thought, that it comprehends and abbreviates, instead of enumerating every single impression that requires expression. M. Bréal, in his essay, "*Les idées latentes du langage*" (Paris, 1868), has lately treated this subject with great success. He brings forward a number of instances where words or whole phrases in Greek and Latin, but still more in German and English, are, in reality, as equivocal as words and sentences in Chinese, but where, nevertheless, the tradition of language leaves no doubt in the minds of speakers and hearers as to what is intended. A singing-master is *un maître à chanter*, a reading-room a *cabinet de lecture*. The signs to mark the relation of the two words are omitted in English as in Chinese, yet the meaning of the words is perfectly clear. A "rail-road accident insurance com pany" is more Chinese than Chinese, yet it is quite as intelligible as "*Compagnie d'assurances contre les accidents sur les chemins de fer.*" Only let it be remembered that if even in French we can say *Hôtel-Dieu* instead of *Hôtel de Dieu*, it is because at one time *hôtel* and *dieu* were clearly marked by their form, *hôtel* as a nominative and *dieu* as an oblique case; but for this such a collocation of words as we find in *Hôtel-Dieu* would be perfectly impossible in French. In course of time the terminations disappeared, but the compound remained. There is nothing analogous to this in Chinese. Here the words have remained in their radical stage. They have not been distinguished by any outward signs as substantives, or adjectives, or verbs. They are put together by their own weight, and forming the arch of a sentence according to strict architectural rules.

Those of our readers who have the courage to attack a Chinese grammar will find their daring fully rewarded by a careful perusal of M. Julien's work. Every Chinese character is transcribed and numbered, and in the translation into French each word is marked by a figure corresponding to the numbers attached to the Chinese characters. By this process it is possible to read not only the examples which are given to illustrate each syntactical rule, but even to spell out a number of fables which M. Julien has given as an appendix.

These fables are interesting in many respects. They were translated by M Julien, and published in 1859 under the title "*Les Avadaras, Contes et Apologues Indiens, traduits du Sanscrit en Chinois et du Chinois en Français,*" in three volumes. Their translation from Sanscrit into Chinese dates from the fifth to the eighth century of our era. They were translated into Chinese as part and parcel of the Buddhist literature. We find them again in the second literature of the Buddhists in India, both in the Pâli canon of Ceylon and in the Sanscrit canon of Nepal. But the most startling fact is that many of them are simply the same as the so-called fables of Æsop. This fact, which was first pointed out by the late Spence Hardy, remains still to be explained. Some scholars maintain that the Buddhists borrowed these fables from the Greeks, others that the Greeks borrowed them from the Buddhists, while with regard to some of them it has been suspected that they may be common Aryan property, moral myths, illustrated proverbs, known to the Aryans before their separation, and preserved by each Aryan colony in the same way as their common grammar, their common words, their common names of gods and goddesses, their common stories of the sky and the earth, the storms and the dawn.

MAX MULLER,
Professeur à l'Université d'Oxford,
membre de l'Institut de France.

Extrait de l'*Athenæum*.

CHINESE GRAMMAR.

Syntaxe Nouvelle de la Langue Chinoise fondée sur la Position des Mots; suivie de Deux Traités sur les Principaux Termes de Grammaire, d'une Table des Idiotismes, de Fables, de Légendes et d'Apologues traduits mot à mot, par M. Stanislas Julien. (Paris, Maisonneuve.)

M. Stanislas Julien's new work is one of the most remarkable productions of an author who has long since established his position in the front rank of French philologists. When, a few years ago, the well-known "Méthode pour déchiffrer et transcrire les Noms Sanscrits" was published, scholars most competent to pronounce on subjects of the kind were unanimous in expressing their admiration of a treatise in which so much sagacity was brought to bear upon grammatical difficulties of no ordinary nature. On the present occasion, we have to draw the attention of our readers to M. Stanislas Julien's lucid explanation of syntactic problems which are both puzzling in themselves, and extremely hard to state on account of the puculiar structure of the Chinese language. Nothing can be clearer than the "Syntaxe Nouvelle de la Langue Chinoise;" the rules are fully given, and the examples added by way of illustration are so thoroughly dissected, that even the student the least acquainted with the idioms here brought under his notice can, in a short time, understand both the arrangement of the words and the laws according to which that arrangement takes place.

About the beginning of the present century, Dr. Marshman published, at Serampore, a work entitled "Elements of Chinese Grammar," in which he was the first to point out what is now universally recognized as the key to a knowledge of that difficult idiom. "The whole of Chinese Grammar," he remarked, "depends upon position." Unfortunately, however, instead of explaining this rule, and of showing to what extent the place occupied by any word in a sentence can answer the purpose of those flexional forms which are characteristic of the Indo-Germanic languages, Dr. Marshman launched forth into discussions which bore no relation to the subject he had taken in hand, and thus his work remained incomplete. Now, the very design of M. Stanislas Julien in publishing his "Syntaxe Nouvelle" has been to perfect what his forerunner had left unfinished, and to unfold, as minutely and as clearly as possible, the fundamental law of the Chinese grammar.

We all know that the Chinese characters are monosyllabic: as they can be neither declined nor conjugated, they are not susceptible of the varied inflexions which enable us to determine at once, for any Greek or Latin word, the gender, the case, the number, if that word is a noun or an adjective; the mood, the tense and the person, if it is a verb. Let us take and random any four or five words like the following: " book, " " child, " " house, " " read, " " diligence; " how are we to find out the relations which these *disjecta membra* bear to each other, and the manner in which they must be arranged so as to form a sentence? How is it possible that any literature can exist, any conversation be carried on, the elements of which seem at first sight to be words tossed together in a bag, and drawn out from it at haphazard? And yet listen to M. Stanislas Julien : —

" Notwithstanding the absence of flexions, the Chinese language is, for a learned Sinologist, as clear, as intelligible as the idioms the most amply provided with the flexional forms of which it is deprived. If it had not the qualities of perspicuity and of lucidity, how could we account for the numberless works it has produced in every department of literature during more 2,000 years, — works which, re-issued from century to century since the invention of printing, have been extensively read, and have been a subject of interest for every successive generation down to the present time? Could it now, under its modern form *kouan-hoa*, be spoken in China, Cochin China, Japan, Siam, Corea, and even Thibet, by a population of more than 450.000.000 souls, — that is to say, by half the civilized world? Why is it that a language, apparently so imperfect, answers all the requirements of thought sufficiently to allow the Chinese authors to discuss, as they have done for twenty centuries and upwards, in innumerable works, all the scientific and literary topics which can interest the human mind? It is because the flexions of the nouns and verbs, which give so much precision to the classical languages, find, to a certain extent, their equivalent in the mobility of the Chinese signs. These assume every kind of grammatical force, according to the place they occupy in the sentence and to the words with which they are connected. The relative position of the words defines clearly their meaning, thus giving to the speech or to the written composition all the necessary lucidity. "

In order that our readers may understand the above rule as laid down by M. Stanislas Julien, and see exactly the extent to which it is carried, we shall give two or three examples selected from the " *Syntaxe Nouvelle.* " The word *tch'i*, to govern, when placed before the word *koue*, a kingdom, is an active verb, and *tch'i koue* = " to govern a kingdom. " If the position of the two signs is reversed, the meaning alters likewise; *koue tch'i* being read " the kingdom is governed. " Finally, when *tch'i* occurs after *chi*, a magistrate, it has the force of a substantive; *chi tch'i* = " the office of administration committed to the magistrates. " *Ngan*, repose, is another Proteus-like word, changing its signification according to the place it occupies in the sentence. Thus, *wen-ngan* = " to inquire about a person's health. " (*Ngan* is here a substantive.) *Ngan-min* = " to give peace to the people " (*ngan*, active verb); *Min-ngan* = " the people enjoy peace " (*ngan*, neuter verb); *Youen ngan tch'ing kiao* = " I desire with a firm will to receive your instructions " (*ngan*, adverb).

Dr. Marshman notices, in his " Elements of Chinese Grammar, " that the English language offers expressions in which the same word changes its meaning, or rather its grammatical power, according, not to its position, but to the words with which it is connected. Thus, *set* may be a verb (to *set* a thing on the table); an adjective (his eyes are *set*); a substantive (a *set* of books); and even, considered as a substantive, the same word *set* is susceptible of embodying a variety of ideas: for instance, we speak of " dancing four *sets*, " — " at *set* of sun, " — " a hound being at *a dead set*, " — " things which are at *a dead set*, " — " a person making *a dead set* at another. "

It is evident, from the remarks we have thus made, and which we might have easily multiplied by quoting the numerous examples given in M. Stanislas Julien's excellent book, that a tolerable degree of accuracy in translating Chinese cannot be obtained without much practice. We should be guilty of mistating the facts if we said that much is left to conjecture in the interpretation of that curious language; but still, the first attempt must be, to a certain extent, a matter of guess; and the problem will appear all the more puzzling when we consider that the same sign, pronounced differently, as belonging to this or that tone, is susceptible of distinct meanings on the ground not only of *position*, but of *sound*, although the sign is in all cases the same. It follows likewise that, strictly speaking, there is no such thing in Chinese as parts of speech, moods, tenses, etc. To make the parsing more intelligible, however, Endlicher, Gonçalvez, and M. Stanislas Julien after them, have, whilst dissecting each sentence, described the several words as being substantives, adjectives or verbs in the nominative, the instrumental, etc., case, according to their position in the sentence.

We have thus endeavoured to give an idea of what may be considered as the Preface of M. Stanislas Julien's " Syntax." The substantives and verbs are very fully discussed in two separate sections, and the various rules which affect them illustrated by a number of examples. It is curious to remark, in connexion with this part of the subject, that certain words, besides having a meaning of their own, are also used to denote cases, such as the accusative, genitive, etc.; and the ascertaining of this fact is one of M. Stanislas Julien's most valuable grammatical discoveries. It will be seen at once that for want of knowing so important a feature of the Chinese language, blunders must continually occur, and it was a mistake made by Father Noël whilst translating a passage from " Meng-tseu " which led M. Julien to determine the sense of a certain character as a kind of accusative termination, independently of its usual signification. The passage runs thus in the original : " i-jin-thsun-sin, " and the sign here rendered *i* having frequently the meaning of *to make use*, Father Noël had translated into Latin " pietatis-auxilio-conservat-cor. " Now, by consulting commentaries on the works of the celebrated philosopher, M. Stanislas Julien saw that the doubtful sign was nothing else but the termination of the accusative, and the Mantchu translation made this supposition perfectly clear by giving the equivalent. If we suppose a Latin sentence arranged in the following extraordinary manner : *si non os ill-camp reddas, (regno) Lou*, i. e. si non reddas illos campos regno *Lou*, we shall have some idea of one of the ways by which the accusative is expressed in Chinese; the plan of making one termination serve for two words cannot, at any rate, but seem curious enough; the well-known pentameter, " Deficiente *pecu*, deficit omne *nia*, " may be quoted as an instance of a grammatical form which amongst the *literati* of the Celestial Empire is strictly correct and of frequent occurrence.

Some of the Chinese characters have such a number of meanings, and are employed in such a multiplicity of manners, that they deserve to be treated separately, and M. Stanislas Julien has devoted to each of them a distinct monograph, thus taking the opportunity of explaining many idiomatic forms not easily understood even by experienced Sinologists. These monographs are followed by the condensed translation of a Chinese treatise on the particles and on the principal terms used in grammar; so that we have not only the views of a European *savant* respecting the syntax, but also those of a native, who was evidently quite a master of that difficult language. The treatise in question, the importance of which was pointed out to M. Stanislas Julien by Dr. Legge, is the work of a writer named Wang-in-tchi, who occupied a high position at the Court of Peking towards the end of the last century, and who published his philological treatise for the first time in 1798. The French translator has taken care to verify all the examples given by the author, and to compare them with the text of the books from which they are quoted.

We have not yet noticed one of the most interesting parts of M. Stanislas Julien's volume, namely, the collection of tales given as illustrations of the principles explained in the body of the work. We have already said that the examples quoted under each rule are very copious; but they consist of short sentences or portions of sentences, and therefore cannot enable the reader to form any idea of what Chinese composition really is. In order to supply this desideratum, M. Stanislas Julien has put together at the end of his volume a *recueil* of tales literally rendered into French, and broken up into fragments, if we may use such an expression, according to the plan adopted by Prof. Max Müller in his school edition of the "Hitopadesa." These tales are taken from a series intitled the *Avadânas*, or Parables, translated from the Sanskrit into Chinese between the fifth and the eighth centuries of the Christian era. It would be very interesting, did time permit, to discuss here the origin of these *Avadânas*, and to open thus a new chapter in the history of Eastern imaginative literature. Suffice it to say for the present, that the fables, apologues and novelettes of which the collection consists are preserved in the great *recueil* of Buddhist works printed at Peking in the Chinese, the Mantchu, the Thibetan and the Mongolic languages. They are all the more valuable, says M. Stanislas Julien, because it would be impossible perhaps to find now, in India, the greater part of the Sanskrit texts from which they are translated. Amongst the many results brought about by the religious movement which the Buddha Sakyamuni originated, the modifications undergone by Chinese thought and Chinese literature are not the least curious. No *savant* has done more than M. Stanislas Julien to elucidate this point of ancient history; and the collection of tales he now publishes as an appendix to his grammar, after having ten years ago printed them merely in a French version, is another monument of his critical talent in that direction.

We cannot terminate our article without a word of commendation of the type, paper, and general appearance of the volume. A second instalment is announced as forthcoming; we shall look forward to its publication with great interest, and in the meanwhile we would congratulate M. Stanislas Julien on the success of his efforts to facilitate the knowledge of the Chinese language. The development of commer-

54

cial intercourse between the European nations and the inhabitants of the Celestial Empire gives additional value to his philological researches.

GUSTAVE MASSON,
Professeur au Collége de Harrow on the hill
(near London).

Extrait du *London and China Telegraph*, sept. 1869.

We have received the first volume of a very important work on Chinese grammar, by the learned professor of the College de France. The work which M. Julien presents to the public bears in the Chinese language the title of *Han-wen-tchi-nân*, or, the " Compass of the Chinese Language, " the expression *Tchi-nân*, compass, being commonly used for didactic works intended for students; thus, a collection of dialogues is called *Monggou-tchi-nân*, the compass of the Mongol tongue. " The whole of the Chinese grammar depends on position, " is used as a motto for the work, and M. Julien, in referring to Dr. Marshman's work published at Serampore in 1814, says to that gentleman, who called his work, too modestly, " Elements of Chinese Grammar," is due the discovery recorded in his own words in the above motto. The learned doctor however, says M. Julien, did not demonstrate the above truth with sufficient clearness, he did not accompany his dissertation with sufficient examples, drawn from the best sources and faithfully translated. The Chinese characters, says M. Julien, are all monosyllabic, indeclinable, and without conjugation; there are no inflexions to show the different genders, cases, numbers, persons, moods, or tenses; yet, in spite of the absence of inflexions, the language to a good Chinese scholar is as clear and intelligible as the learned languages which are so rich in these inflexions. M. Julien has given in the commencement of the work some very simple examples which illustrate the syntax by position; thus, if the character *tch'i*, to govern, be placed before *koue*, kingdom, the two together signify *to govern the kingdom;* if, on the contrary, the order of the two characters be reversed, the meaning then is, *the kingdom is governed;* if the character *tch'i* is placed after *chi*, magistrate, the former becomes a substantive, and the other two form the expression *the administration of the magistrates*. Again, the character *thouan*, round, may, according to its position, be either an adjective, substantive, verb, or adverb. Thus: — *Thouan-chen*, means a round screen; *fen-thouan*, a bowl of white lead; *thouan-fan*, to make a ball of cooked rice; and *thouan-tso*, to sit down in a circle. This will be sufficient to explain to the uninitiated the peculiarity of syntax depending entirely on the relative position of the words or characters in a sentence. The Chinese have, however, certain propositions which mark the cases, and those used for the accusative — *i*, *yu*, *hou*, etc., were discovered by M. Julien, and recorded in a memoir in his Latin translation of "Mencius." Appended to the grammar proper is a series of very valuable *monographies*, or full descriptions of a number of the most important characters in the Chinese language, showing how many and what changes they are susceptible of by collocation, in some cases amounting to seventeen, if not more. Following the *monographies* is a translation, abridged, of a treatise on the particles and principal grammatical terms, written in 1798, by Wang-in-tchi, president of one of the Six Ministeries. Next we have a table of the particles which serve to form the idioms or peculiar expressions of the *kou-wen*, ancient style, extracted from classic and canonical works, and from selections from the antique. These idiomatic and other irregular forms are numerous, the Chinese encyclopedia *Kia-p'ao-thsiouen-chou* containing about three hundred. The volume concludes with a collection of fables, Indian legends, translated from Sanscrit into Chinese, and explained word for word to assist the student in the comprehension of the *kou-wen*, or ancient style. The text of these works and extracts is broken up into sentences and paragraphs, the translation following the original in each case, and the characters, as well as their names or sounds, being all numbered, the student finds out easily which belongs to the French equivalent, and, consequently, what is the collocation of the phrases. M. Julien has dedicated his work to our countryman, Dr. James Legge, whose name appears in more than one place in the volume.

LETTRE DE M. ALEXANDER WYLIE.

I cannot however longer delay to express the pleasure I have received in the perusal of your work, and rejoice that such facilities will be afforded to future students of Chinese. The care and exactitude apparent throughout the volume, are, — may I say, — characteristic of all your publications; but you are in this work laying us under special obligations, in giving us the condensed result of your long, laborious and accurate course of Chinese study. Your discussion of the particles and idiotisms are extremely valuable, and even beyond exclusively Chinese studies, will form a precious guide to the general philologist. I beg sincerely to congratulate you and to thank you for having published such a work. I may probably speak of it more in detail in a public notice.

A. WYLIE.

London, 28 September 1869.

TRADUCTIONS DE L'ALLEMAND

Litterariches central Blatt, n° 32, 26 août 1869.

M. le professeur Stanislas Julien, membre de l'Institut, est reconnu comme le premier sinologue de l'Europe. Après avoir publié les philosophes *Meng-tseu* et *Lao-tseu* en chinois avec des traductions, ensuite, en français, deux drames chinois, *le Cercle de Craie* et *l'Orphelin de la Chine*, trois romans chinois, *les Deux Couleuvres-Fées*, *les Deux jeunes Filles lettrées*, *les Deux Cousines*, le résumé des principaux traités chinois sur la *Culture des Mûriers* et l'*Éducation des Vers à soie*, l'*Histoire et la Fabrication de la Porcelaine*, il a porté son attention sur la riche littérature chinoise-bouddhique. Ce n'était pas chose facile, parce que l'écriture défectueuse des Chinois ne peut rendre que d'une manière très-imparfaite la représentation et l'expression des sons indiens qui lui sont tout à fait étrangers. M. Julien se vit obligé, à un âge fort avancé, d'apprendre le sanscrit, pour comprendre cette espèce d'ouvrages chinois. Après un travail de quinze ans, il mit au jour sa *Méthode pour déchiffrer et transcrire les noms indiens qui se rencontrent dans les livres chinois*, 1861. Sans parler de divers mémoires qui ont paru dans le *Journal asiatique*, nous devons à ces études son *Histoire de la Vie et des Voyages de Hiouen-thsang* (1 vol.), les *Mémoires de Hiouen-thsang sur les contrées occidentales* (2 vol.) et les *Avadânas* (3 vol.).

Mais, pour ceux qui veulent étudier la langue et la littérature chinoises, il a publié il y a longtemps plusieurs mémoires fort utiles. Nous citerons d'abord : 1° son *Examen critique :* Discussions grammaticales sur certaines règles de position qui, en chinois, jouent le même rôle que les inflexions dans les autres langues (1841, 8°); 2° ses *Exercices pratiques d'analyse, de syntaxe et de lexicographie chinoise;* 3° son *Simple Exposé :* Observations sur la grammaire chinoise (1842, 8°); enfin, 4° son *Enseignement primaire de la langue chinoise* (1864), contenant d'abord le livre des mille mots, *Thsien-tseu-wen* (en chinois, avec l'analyse de tous les caractères, une traduction mot à mot et des notes perpétuelles) et ensuite le livre des phrases de trois mots, *San-tseu-king*, en chinois et en latin, en chinois et en anglais.

Aux ouvrages précédents, M. Julien a ajouté un traité de 422 pages dont le titre chinois, *Han-wen-tchi-nân* signifie : *La boussole de la langue chinoise*. Comme le titre étendu de l'ouvrage en indique suffisamment le contenu, nous sommes dispensés de le décrire en détail. D'après la préface, ce n'est pas une grammaire chinoise complète pour comprendre les ouvrages en style ancien (*kou-wen*), mais seulement un supplément à toutes les grammaires chinoises qui ont paru jusqu'ici. Le but principal de l'auteur est de mettre en pleine lumière les règles de position qui, en chinois, tiennent lieu des flexions grammaticales. Il fait observer que, dès 1814, le docteur Marshman avait eu le mérite d'exprimer, dans ses *Éléments de la grammaire chinoise*, cette idée fondamentale : " *The whole of Chinese grammar depends on position;* " malheureusement il ne l'avait pas démontrée, car son énorme volume de 556 pages in-4° se noie dans un déluge de détails étrangers au sujet.

L'auteur donne pages 1-67 un aperçu grammatical d'après ce principe qui lui est propre, et suivant lequel certains mots appelés vides (*hiu-tseu*) sont expliqués d'une manière particulière. Ensuite viennent pages 73-153 des monographies, c'est-à-dire des explications détaillées de certains caractères qu'on rencontre à chaque pas avec des significations infiniment variées, et sur lesquels la plupart des grammaires ne donnent que quelques lignes. Ce sont 之 *tchi*, 以 *i*, 所 *so*, 者 *tche* (précédé de 所 *so*), 為 *weï*, 者 *tche* (seul), 而 *eul*, 與 *yu* et 諸 *tchou*. Pour faciliter l'intelligence des exemples, chaque caractère chinois est marqué d'un chiffre, et chaque son chinois, portant le même chiffre, est constamment accompagné de la traduction. Ensuite vient, pages 153-231, un traité chinois des particules, publié en 1798 par *Wang-in-tchi* et que le docteur Legge a fait connaître à M. Julien. Il attribue des significations innombrables et souvent neuves à certains caractères auxquels on n'en donne ordinairement que deux ou trois; reste à savoir si c'est toujours d'une manière exacte et incontestable. L'auteur chinois traite de 160 mots, mais M. Julien n'en a donné qu'un extrait.

Enfin, M. Julien offre une table des idiotismes qui échappent aux règles de la grammaire, tirés la plupart d'une encyclopédie chinoise intitulée : *Kia-p'ao-thsiouen-chou* (collection complète de trésors domestiques). Le P. Hyacinthe Bitchourine en avait déjà donné un grand nombre dans sa grammaire russe de la langue chinoise, mais sans les accompagner des exemples nécessaires. M. Julien en a expliqué 80, rangés cette fois dans l'ordre des 214 clefs chinoises, etc.

JEAN-HENRY PLATH,
de l'Académie de Munich.

LETTRE DE M. JOSEPH HOFFMANN,

Professeur de langue et de littérature japonaise.

9 juillet 1869.

Très-honoré monsieur et ami,

Je m'empresse de vous annoncer que je viens de recevoir votre *Syntaxe nouvelle de la langue chinoise*, que vous avez eu la bonté de m'envoyer. En vous offrant, à ce sujet, mes sincères remercîments, je vous félicite d'avoir achevé un ouvrage qui va faire entrer l'étude du chinois dans une nouvelle phase. L'opinion de Marshman : " *The whole of Chinese grammar depends on position* " est parfaitement juste, et d'après ma propre expérience, l'emploi logique des règles de position, est la seule, la véritable boussole (指 南 *tchi-nân*) pour se diriger dans l'étude de la langue chinoise. Ai-je besoin d'ajouter que ce nouveau travail, qui nous offre le résultat d'une longue expérience, orne d'une nouvelle perle (*sic*) la couronne de vos services littéraires? (*Den Kantz* Ihrer Verdienste mit einer neuen Perle schmückt?)

JOSEPH HOFFMANN.

Extrait du *Zeitschrift der Deutchen morgenlandischen Gesellschaft* (23e volume.)

Ce nouvel ouvrage du vétéran de tous les sinologues vivants sera accueilli avec une haute faveur non-seulement par les personnes qui étudient la langue chinoise, mais encore par ceux qui s'intéressent à la grammaire générale. L'auteur avait déjà traité plusieurs fois d'une manière lumineuse, diverses parties de la syntaxe chinoise, dans l'*Appendice* de son Meng-tseu, dans les *Exercices pratiques d'analyse, de syntaxe et de lexicographie chinoise,* dans le *Simple Exposé d'un fait honorable*, etc., et, par là, il nous avait très-naturellement inspiré le vif désir de le voir traiter dans son ensemble la syntaxe chinoise. On sait que la langue chinoise se compose de mots monosyllabiques, dépourvus de flexions, de sorte que toute la grammaire de la langue consiste, à proprement parler, dans la théorie des règles de position et dans l'emploi de certaines particules. C'est d'après ce point de vue que l'auteur a composé le présent ouvrage. Il est divisé de la manière suivante.

1. *Syntaxe nouvelle de la langue chinoise*, pages 1-67. La première section traite des substantifs (et des adjectifs) et montre comment sont exprimés les cas des autres langues, tant par des particules que par la simple position des mots, quelle est la place de l'adjectif dans la phrase, et comment l'on indique les degrés de comparaison. Chaque règle est expliquée par des exemples, et ce qui donne une importance particulière à ce livre, c'est que, dans tout l'ouvrage, les caractères chinois sont accompagnés de chiffres correspondant à ceux d'une traduction verbale, ce qui dispense d'ajouter une double traduction (l'une littérale et l'autre pour le sens), laquelle est lourde et prendrait beaucoup de place.

Dans une seconde section, l'auteur traite des verbes, et montre particulièrement comment ils deviennent, par leur position, actifs, passifs, neutres ou causatifs, puis de quelle manière on indique les personnes, les modes et les temps. De courtes observations sur les adverbes terminent cette section.

2. *Monographies*, pages 69-149. Cette section est consacrée à une discussion fort étendue sur certains mots qui se rencontrent très-souvent et avec des significations très-différentes, et offrent par conséquent une grande difficulté pour l'intelligence du style antique (*kou-wen*).

L'auteur a puisé dans ses immenses lectures la matière d'observations très-variées et très-intéressantes. Il conclut en donnant encore quelques règles sur ce qu'il appelle l'Antéposition, c'est-à-dire sur le caractère particulier de certains mots que l'on place avant des caractères qu'ils devraient précisément suivre.

Comme supplément à cette section vient ensuite (pages 151-231) une traduction abrégée d'un traité chinois sur les particules et les principaux termes de grammaire. L'auteur de ce traité, Wang-in-tchi, président d'un des six ministères, l'a publié en 1798, et y a rassemblé tout ce qui, dans la lecture des anciens ouvrages, lui avait paru négligé ou mal expliqué par les commentateurs, et M. Julien en a extrait ce qu'il y a trouvé de particulièrement intéressant ou nouveau, parce que la traduction complète de tout l'ouvrage aurait dépassé les bornes qu'il s'était imposées.

3. *Table des particules qui servent à former des idiotismes*, ou expressions particulières au style antique (*kou-wen*). Dans cette section, les particules les plus usitées sont classées dans l'ordre des 214 clefs (ou radicaux), les locutions de la langue chinoise ont été rapportées en détail et expliquées par des exemples. Lorsque, dans toutes les sections, l'auteur joint fréquemment, aux exemples qu'il cite, la traduction mandchoue, cela montre quelle valeur M. Julien lui attribue pour l'intelligence parfaite d'un texte chinois, et de quelle importance est pour les sinologues la connaissance de la langue mandchoue.

4. La dernière partie se compose de fables, de légendes et d'apologues traduits du sanscrit mot à mot pour l'intelligence de la traduction du style antique (pages 295-412). Chaque caractère chinois est aussi accompagné d'un chiffre qui correspond à celui de la traduction française. Ces morceaux de lecture sont très-propres à initier les étudiants à la connaissance du style antique.

CONON DE LA GABELENTZ.

Extrait du *Beilage zur Allgmeinen Zeitung*, 16 juillet 1869.

Un tiers, bien plus, cinq douzièmes environ de l'humanité emploient des langues que l'on désigne ordinairement sous le nom de « langues monosyllabiques. » Le fait même que cette classe de langues est répandue sur un si grand espace, lui donne déjà une haute importance tant pratique que scientifique. De plus, les peuples qui parlent de telles langues sont admirablement doués, et les Chinois, les premiers d'entre eux, ne comptent pas seulement parmi les plus anciennes nations civilisées, mais sont absolument les seuls qui, pendant de nombreux siècles, aient conservé presque intacte jusqu'aujourd'hui leur ancienne civilisation.

Un grand nombre de raisons décisives concourent à devoir appeler l'attention sur cette famille de langues, et en particulier sur le chinois. N'est-ce pas le chinois qui, en portant l'antique civilisation de la moitié occidentale de l'Asie-Mineure bien au delà des limites de la Chine, chez des peuples de même famille et aussi chez des peuples étrangers, a exercé sur eux, jusque dans les temps modernes, l'influence la plus profonde ? Au Japon, en Corée, dans le royaume d'Annam, la langue chinoise fait partie de la bonne éducation, et l'écriture chinoise sert de moyen pour comprendre et de base pour établir de nouvelles écritures accessibles même aux classes les moins lettrées. D'un autre côté, les Chinois se sont élevés à une conception critique de tous les événements historiques survenus dans leur royaume. C'est ce qui rend si précieuse leur ancienne littérature, tant géographique qu'historique ; c'est ce qui en fait un répertoire très-sûr pour les annales de peuples et d'époques, sur lesquels d'autres littératures sont ou complètement muettes ou ne nous fournissent que des renseignements sujets à caution.

Et pourtant l'étude du chinois est loin d'être très-cultivée en Europe. Pour compter les vrais sinologues, on n'a pas besoin des doigts des deux mains.

M. Stanislas Julien, le connaisseur le plus profond de la langue chinoise en Europe, s'est acquis des titres sérieux à notre reconnaissance par des traductions, qui devaient surtout nous montrer l'effet produit sur les Chinois par leur contact avec les peuples étrangers. Mais, en même temps, dès le début de ses études, il avait porté toute son attention sur les moyens que cette langue a mis en œuvre pour répondre pleinement à tous les besoins, malgré les difficultés que semble y opposer la forme monosyllabique.

C'est à ce point de vue qu'on ne saurait trop recommander aux sinologues, aussi bien qu'aux linguistes, l'étude du nouveau livre dont le premier volume vient de paraître.

Le titre chinois, *Han-wen-tchi-nân*, placé en tête du volume, signifie « *la Boussole de la langue chinoise*.» Et en effet on connaîtra désormais, grâce à ce livre, le chemin qu'il faut prendre et suivre pour devenir capable de comprendre aussi sûrement et aussi complètement un ouvrage chinois de l'« ancien style » (*kou-wen*) que s'il était écrit dans une des langues que nous connaissons.

Voici le titre français : « *Syntaxe nouvelle de la langue chinoise, fondée sur la position des mots*, etc., par Stanislas Julien, de l'Institut. Premier volume. » Comme on le voit, cette syntaxe est fondée sur les services que rend la position des mots pour l'intelligence de cette langue. Cependant l'auteur ne s'est pas limité à ce point spécial, mais il a exposé les procédés que le chinois, sans catégories lexicographiques ou grammaticales, c'est-à-dire sans classes ni formes de mots, sans conjugaisons ni déclinaisons, emploie pour exprimer, dans leurs parties essentielles, les mêmes idées qui, dans d'autres langues, sont rendues par les diverses classes et espèces de mots. Je dis : dans leurs parties essentielles, car le chinois n'y réussit pas complètement; il arrive, pour ainsi dire, à rendre le côté intellectuel de la langue, sans pouvoir marquer les nuances du sentiment personnel.

L'ouvrage contient une foule de remarques des plus fines et telles qu'elles ne pouvaient être réunies que par un tel maître avec ses longues années d'études pénétrantes. Des trois parties dont il se compose, la première donne en deux sections la syntaxe. Nous y voyons comment, grâce à la position des mots et aussi à l'addition de certaines particules, on peut reconnaître les substantifs et leurs rapports casuels, les adjectifs et leurs degrés de comparaison, les verbes et leurs catégories (actif, passif, causatif, impersonnel, etc.), et aussi leurs relations de personnes, de temps et de modes, enfin les adverbes.

La deuxième partie est consacrée à des monographies sur quelques expressions chinoises, de significations très-diverses, et dont l'emploi n'avait pas encore été reconnu d'une manière rigoureusement scientifique. Les passages qui sont cités comme exemples, sont ici, comme dans tout le livre, expliqués avec une telle clarté, qu'ils constituent de vrais modèles pour l'enseignement du chinois. Ces monographies sont complétées (pages 153-231) par une traduction excellente des principaux passages d'un traité chinois (de l'an 1798) sur les particules qui jouent un rôle grammatical. A la fin de cette partie, on trouve une liste, rangée d'après les 214 clefs, des particules qui entrent dans certains idiotismes du style ancien (*kou-wen*).

Dans ces deux parties, l'auteur a souvent cité, à l'appui de ses assertions, les traductions mandchoues, de telle sorte que l'ouvrage fournit sur ce point aussi plus d'un enseignement.

La troisième partie (page 297-412) contient des exercices consistant en fables, légendes et apologues, traduits du sanscrit en chinois.

Dans ces textes, comme dans les autres textes chinois, qui sont tous accompagnés d'une traduction française, parfois aussi d'une traduction mandchoue et latine, l'auteur a pris la peine d'ajouter un même chiffre au caractère chinois et au mot qui y répond dans la traduction, de telle sorte que l'étudiant ne peut jamais tomber dans le doute ou dans l'erreur sur les mots qui se correspondent. Il est ainsi mis en état de se représenter à chaque phrase la construction chinoise, si originale et si nécessaire à l'intelligence des textes, et de se familiariser ainsi avec tous ses procédés.

Nous saluons dans ce livre, où des questions si compliquées sont résolues avec une clarté admirable, un nouveau secours pour apprendre la langue chinoise, et nous espérons que la nouvelle « grammaire » aura une influence favorable pour la propagation parmi nous d'une étude trop délaissée jusqu'ici dans notre patrie.

PUBLICATIONS DE M. S. JULIEN.

1824. — **MENG-TSEU VEL MENCIUM**, inter sinenses philosophos ingenio, doctrina, nominisque claritate Confucio proximum, edidit, latina interpretatione, ad interpretationem tartaricam utramque recensita, instruxit, et perpetuo commentario e sinicis deprompto illustravit Stanislaus Julien, sinice et latine. 2 vol.

1827. — **L'HÉROISME DE LA PIÉTÉ FILIALE**. Nouvelle traduite du chinois, publiée dans les contes chinois, traduits par d'Entrecolles et Francis Davis, et édités en 3 vol. in-8°, par Abel Rémusat.

1832. — **HOEI-LAN-KI**, ou l'**HISTOIRE DU CERCLE DE CRAIE**; drame en prose et en vers, traduit du chinois.

1834. — **TCHAO-CHI-KOU-EUL**, ou l'**ORPHELIN DE CHINE**; drame en prose et en vers, suivi de nouvelles et de poésies chinoises. In-8°.

1834. — **PÉ-CHÉ-THSING-KI**, ou les Deux Couleuvres-Fées; roman traduit du chinois. In-8°.

1835. — **KHAN-ING-PIEN**, le **LIVRE DES RÉCOMPENSES ET DES PEINES**, en chinois et en français, accompagné de quatre cents légendes, anecdotes et histoires qui font connaître les doctrines, les croyances et les mœurs de la secte de Tao-sse.

1837. — **RÉSUMÉ** des principaux traités chinois sur la culture des mûriers et l'éducation des vers à soie, traduit par Stanislas Julien, et publié par ordre du ministre de l'agriculture et du commerce. In-8°. Fig.

1841. — **LAO-TSEU-TAO-TE-KING**, le Livre de la Voie et de la Vertu, de Lao-tseu, philosophe chinois du sixième siècle avant J.-C., traduit en français, et publié avec le texte chinois et un commentaire perpétuel. In-8°.

1841. — **EXAMEN CRITIQUE**. — **DISCUSSIONS GRAMMATICALES** sur certaines règles de position qui, en chinois, jouent le même rôle que les inflexions dans les autres langues. In-8°.

1842. — **EXERCICES PRATIQUES D'ANALYSE, DE SYNTAXE ET DE LEXICOGRAPHIE CHINOISE**. In-8°.

1842. — **SIMPLE EXPOSÉ**, etc. Observations sur la grammaire chinoise. In-8°.

1853. — **HISTOIRE DE LA VIE DE HIOUEN-THSANG**, et de ses voyages dans l'Inde, entre les années 629 et 645. In-8°.

1856. — **HISTOIRE ET FABRICATION DE LA PORCELAINE CHINOISE**, traduite par ordre du ministre de l'agriculture et du commerce. In-8°. Fig.

1857. — **MÉMOIRES SUR LES CONTRÉES OCCIDENTALES**, traduits du sanscrit en chinois par Hiouen-Thsang, en 648, et du chinois en français, par Stanislas Julien, tome I, de LXXVIII et 493 pages, avec une carte de l'Asie centrale. In-8°.

1859. — **MÉMOIRES SUR LES CONTRÉES OCCIDENTALES**, etc. Tome II, de XIX et 576 pages, avec une carte japonaise de l'Asie centrale et de l'Inde. In-8°.

1859. — **LES AVADANAS**. Contes et apologues indiens, traduits du sanscrit en chinois et du chinois en français, suivis de fables, de poésies et de nouvelles chinoises. 3 vol. in-16.

1861. — **PING-CHANG-LING-YEN**, ou les Deux jeunes Filles lettrées; roman chinois. 2 vol. in-12.

1861. — **MÉTHODE POUR DÉCHIFFRER ET TRANSCRIRE** les noms sanscrits qui se rencontrent dans les livres chinois. In-8°.

1863. — **YU-KIAO-LI**, ou les Deux Cousines, traduction nouvelle, accompagnée de notes philologiques et historiques. 2 vol. in-12.

1864. — **ENSEIGNEMENT PRIMAIRE DE LA LANGUE CHINOISE.**

N° 1. — **THSIEN-TSEU-WEN**, ou le Livre des mille mots; texte chinois suivi de l'analyse des 1000 mots, du tableau des 214 radicaux, de la prononciation, du mot à mot, d'une traduction développée et de notes philologiques et historiques. In-12.

N° 2. — **SAN-TSEU-KING**, le Livre des phrases de trois mots, en chinois et en latin. In-8°. — En chinois et en anglais. In-8°.

1869. — **SYNTAXE NOUVELLE DE LA LANGUE CHINOISE**, fondée sur la position des mots, suivie de deux traités sur les particules et les principaux termes de grammaire, d'une table des idiotismes, de fables, de légendes et d'apologues traduits mot à mot. 1 vol. in-8°.

1869. — **INDUSTRIES ANCIENNES ET MODERNES DE L'EMPIRE CHINOIS**, d'après des notices traduites du chinois par M. Stanislas Julien, membre de l'Institut, et accompagnées de notices industrielles et scientifiques par M. Paul Champion, préparateur de chimie au Conservatoire des Arts-et-Métiers, etc. In-8°. Librairie de Lacroix, 54, rue des Saints-Pères.

PARIS. — IMPRIMERIE ORIENTALE DE VICTOR GOUPY, RUE GARANCIÈRE, 5.

国家出版基金项目
NATIONAL PUBLICATION FOUNDATION

海上絲綢之路文獻集成

總主編　陳支平　陳春聲

科技與文化編

71

主編　王揚宗　葉農

海峽出版發行集團
THE STRAITS PUBLISHING & DISTRIBUTING GROUP
福建人民出版社

本册目次

漢文經緯

（*Chinesische Grammatik: Mit Ausschluss des niederen Stiles und der heutigen Umgangssprache*）

〔德〕甲柏連孜（Georg von der Gabelentz）著

《漢文經緯》，德國甲柏連孜著。甲柏連孜（Georg von der Gabelentz，一八四〇—一八九三），德國漢學家。生於德國珀施維茨，一八七八年任教於萊比錫大學，一八八九年任教於柏林大學。曾將《金瓶梅》譯爲法文。是書凡三卷，含導論、概述、分析系統及綜合系統等内容，運用十九世紀普通語言學理論成果，分析論述古漢語語法系統。一八八一年付印，較馬建忠《馬氏文通》稍早。據一八八一年萊比錫版影印。

漢
文
經
緯

GEORG VON DER GABELENTZ

CHINESISCHE GRAMMATIK.

光緒七年

甲柏連孜

漢文經緯

立郎州　位玖書鋪

漢文經緯

CHINESISCHE GRAMMATIK

MIT AUSSCHLUSS

DES

NIEDEREN STILES UND DER HEUTIGEN UMGANGSSPRACHE

VON

GEORG VON DER GABELENTZ.

MIT DREI SCHRIFTTAFELN.

LEIPZIG

T. O. WEIGEL

1881.

VORREDE.

Der ‚Beitrag zur Geschichte der chinesischen Grammatiken und zur Lehre von der grammatischen Behandlung der chinesischen Sprache‘, welchen ich vor nun drei Jahren veröffentlicht habe*), war ein Versuch, rückblickend die Leistungen früherer Grammatiker auf ihren Werth zu prüfen und dann, vorwärts schauend, mir und Anderen über eine der schwierigsten Aufgaben wissenschaftlicher Sprachdarstellung Klarkeit zu verschaffen. Die Ansichten, zu welchen ich hierbei gelangte, vertrete ich im Wesentlichen auch heute; in Einzelheiten haben dieselben Wandelungen, ich hoffe Läuterungen zu erfahren.

Das vorliegende Werk soll, soweit es nach dem jetzigen Stande der Wissenschaft, nach meinen Kräften und innerhalb des verfügbaren Raumes möglich ist, ein ausführliches wissenschaftliches Lehr- und Nachschlagebuch zunächst für die classische und nachclassische Sprache sein. Die grammatischen Eigenthümlichkeiten der vorclassischen Literaturdenkmäler mussten hierbei aus praktischen Gründen, um ihrer mannichfachen Nachwirkungen willen, eine wenigstens theilweise Berücksichtigung finden. Sie zusammenfassend zu behandeln ist eine ganz neue, aber höchst wichtige Aufgabe (vgl. §. 60), zu deren Lösung unlängst, Dank dem Fleisse meines Freundes und früheren Zuhörers, des Herrn Dr. Max Uhle, ein erster bedeutender Schritt geschehen ist.**)

Als Ziel eines ausführlichen Lehrbuches dürfte dies gelten, den Lernenden dahin zu bringen, dass er Texte selbständig, ohne Beihülfe eines Lehrers

*) Zeitschrift der Deutschen Morgenländischen Gesellschaft, Bd. XXXII, Seite 601 bis 664, vgl. darüber *China Review*, vol. VIII, Nr. 3, pag. 199 sq.

**) Vgl. Seite 313 ff.

oder einer Uebersetzung, lesen und verstehen, und dass er in der erlernten Sprache seine Gedanken richtig ausdrücken könne — beides natürlich nur insoweit, als es durch Vertrautheit mit dem Geiste, den Gesetzen und Regeln der Sprache erreichbar ist; das Lexikalische und die Realien der fremden Culturwelt mussten anderen Lehr- und Hülfsmitteln vorbehalten bleiben. Obenan hatte das Bedürfniss der Lernenden zu stehen; und so sind denn zweifelhafte Spracherscheinungen, soweit sie nicht aufzuklären waren, theils nur kurz berührt, theils vorläufig übergangen worden. Es wird der eingehendsten Einzeluntersuchungen bedürfen, ehe wir mit den Ueberlieferungen der einheimischen Philologen endgültig Abrechnung halten können; genug vorjetzt, wenn wir ihrer Hülfe nicht öfter bedürfen, als etwa die gebildeten Chinesen unserer Zeit.

Verständlichkeit in der Darstellung der Sache und Uebersichtlichkeit in der Einrichtung des Buches habe ich überall erstrebt, aber von meiner wissenschaftlichen Auffassung des Gegenstandes habe ich dem Lehrzwecke keinen Deut geopfert. Im Gegentheile: für eine Sprache, welche an das Gedächtniss so mässige, an das logische Denken so strenge Anforderungen stellt, dürfte die systematische Lehrmethode zugleich die zweckmässigste, förderlichste sein.

Anlässlich meines ‚Beitrages‘ wurde mir von einigen meiner Freunde*) entgegengehalten, ich ginge zu weit im Specialisiren des Stoffes. Durch das gegenwärtige Buch hoffe ich den gründlicheren Leser überzeugt zu haben, dass ich selbst die Berechtigung dieses Einwandes nicht ganz verkannt habe. Man urtheile nicht vorschnell nach der Zahl der Paragraphen: wohl neun Zehntel derselben stellen weiter nichts dar, als besondere Aeusserungen der allgemeinen Grundsätze, welche ich am Schlusse des ersten Buches und dann weiter in den Einleitungen zu den einzelnen Hauptstücken des analytischen Systems dargelegt, — Verbindungen, welche die Elemente untereinander eingehen. Eingelernt, wie etwa die Lehrsätze einer Sanskrit-Grammatik, will nur das Allerwenigste von ihnen sein, vorab das Phraseologische; das Uebrige soll das Verständniss jener Grundlehren erweitern, klären, vertiefen und all-

*) So auch neuerdings von einem talentvollen jungen Sinologen, Herrn Lodovico Nocentini (*Bollett. ital. degli studii orient.* N. S. Nr. 18—19, pag. 355—357).

海上絲綢之路文獻集成 科技與文化編

mählich durch Uebung an Beispielen zu einem wahren Eingelebtsein in dem Geiste der Sprache steigern. Für das Nachschlagen — einen Zweck, dem ich gleichfalls Rechnung tragen musste — sind wohl viele und kleine Paragraphen bequemer als wenige und grosse.

Dass das Buch zunächst nicht für erste Anfänger bestimmt ist, beweist sein Umfang, und nur die Erfahrung kann erweisen, ob fleissige und nicht ganz unbefähigte Anfänger es mit Erfolg zum Selbstunterrichte benutzen können. Ihnen würde ich Folgendes empfehlen: sie mögen sich einen kurzen Auszug anfertigen, sich die Lehren von der Transscription und Aussprache (§§. 72, 101 bis 106), von den Bildungsweisen der Schriftzeichen (§§. 132—140), von der lexikalischen Anordnung derselben (§§. 155—167), in der Hauptsache, dann recht gründlich die Grundgesetze des Sprachbaues (§§. 250—269) und die Einleitung in das analytische System (§§. 270—279) einprägen und darauf die übrigen Theile des analytischen Systems und das synthetische System ein erstes Mal rasch durchnehmen. Dabei sind die Paragraphen, welche von selteneren Erscheinungen handeln, ganz zu übergehen, in den übrigen nur diejenigen Beispiele zu benutzen, deren Analyse schnell einleuchtet. Ich möchte glauben, dass hierbei etwa ebensoviel an Kenntnissen und Fertigkeiten erworben wird, als von einer Elementargrammatik zu verlangen ist; die weitere Arbeit mag sich dann nach den §§. 57—65 richten. Den Bedürfnissen des Neulings etwa durch häufige eingehende Analysen und Wort-für-Wort-Uebersetzungen noch weiter entgegenzukommen, musste ich mir versagen: Umfang und Inhalt des Buches würden dadurch in Missverhältniss gerathen sein. Eine Elementargrammatik bleibt noch zu schreiben, nachdem die bisherigen theils veraltet, theils vergriffen sind. Lehrer der Sprache, welche etwa sich des gegenwärtigen Buches schon vom Beginne des Unterrichtes an bedienen wollen, werden eine geeignete Auswahl zu treffen und die nöthigen Verdeutlichungen hinzuzufügen wissen.

Der Reichthum der chinesischen Sprache, auch innerhalb der uns gezogenen Grenzen, die Mannichfaltigkeit ihrer Erscheinungen, die Feinheiten ihrer Ausdrucksweisen sind zur Zeit eher zu erahnen als zu ermessen. Jedes neue Buch, das man aufmerksam durchliest, bietet Stoff zu neuen grammatischen Beobachtungen, manchmal wohl auch neue Räthsel. Gerade hierbei aber wird sich ein folgerichtiges grammatisches Denken bewähren. Je mehr man lernen wird die Einzelregeln der Grammatik als Aeusserungen der wenigen den Sprachbau beherrschenden Gesetze zu erkennen, desto leichter wird man jene Regeln begreifen und wo nöthig ergänzen. Bei Abfassung dieses Buches habe ich nach Reichhaltigkeit streben, auf Vollständigkeit aber verzichten müssen. Um so mehr schien es mir geboten, meine Darstellung thunlichst so einzurichten, dass im Besonderen das Allgemeine, im Verwandten das Gemeinsame erkennbar werde. Dass dies nicht immer ausdrücklich geschehen ist, wird man zu entschuldigen wissen; wo die logische Arbeit — bei aller Neuheit — so einfach ist, wie hier in den meisten Fällen, da lässt man sich lieber ein zu zeitiges *sapienti sat* als ein allzu aufdringliches Vorkäuen gefallen.

Das erste Buch enthält zwei Abschnitte, welche man in Büchern dieser Art zu suchen nicht gewohnt ist: einen hodegetischen (§§. 48—65) und einen mehr zur wissenschaftlichen Anregung als zur praktischen Belehrung geschriebenen über Probleme der Sprach-Vorgeschichte (§§. 195—249). Beide weisen über die Grenzen dieses Buches hinaus, und das sollen sie eben. Der Fall dürfte einzig dastehen, dass der zwanzigste Grammatiker einer Sprache sich noch darum streiten muss, ob diese Sprache eine Grammatik habe oder nicht; die es verneinen, sind durchaus nicht die Geringsten unter den heutigen Sinologen, und der Neuling, der auf ihre Stimmen hört, kann nur zu leicht zu einem flachen Routinewesen verleitet werden, welches am allerwenigsten im Sinne jener verdienten Männer liegen dürfte. Wie leicht kann er übersehen, dass der Streit mehr dem Worte als der Sache gilt! Dies das Eine. Dann aber kam es auch darauf an, zu zeigen, wie sehr noch immer unser Wissen um das Wesen dieser Sprache Stückwerk ist. Man ist einer Sprache mächtig, wenn man sie versteht und anwendet wie ein Eingeborner. In der Seele des Eingebornen wirkt aber unmittelbar nur die ihm gegenwärtige Sprache: er redet so und nicht anders, zunächst nicht, weil seine Vorfahren ähnlich geredet haben würden, sondern weil er selbst in so und so vielen ähnlichen Fällen ähnlich reden würde, d. h. weil der in ihm wirkende Sprachgeist ihn so reden macht. Die Vorzustände der Sprache wirken nur mittelbar. Will ich den Flug des Schmetterlings begreifen, so ist mir mit Ei, Raupe und Puppe wenig gedient: ich muss

海上絲綢之路文獻集成 科技與文化编

漢文經緯

den Schmetterling betrachten, um seine Kräfte zu verstehen. Und so gewiss dies eine wissenschaftliche Arbeit ist: so gewiss ist es auch die Einzelgrammatik, welche sich bescheidet, nur die jetzige Organisation der Sprache in ihrem inneren Zusammenhange nachzuweisen. Sie würde ihre Aufgabe vollkommen lösen, wenn es ihr gelänge darzuthun, auf welchem Zusammenwirken geistiger Kräfte die Sprachäusserungen beruhen.

So einfach liegen aber die Dinge nicht. Gerade den Cultursprachen haften gern vereinzelte Stücke aus früheren Phasen an, wie Eierschalen dem Küchlein. Sie wirken auch, jetzt hemmend, jetzt reizend, immer die Einheitlichkeit unterbrechend. Hier muss die Vorgeschichte aushelfen und aufhellen, vorausgesetzt dass sie selbst aufgehellt worden ist.

Hinsichtlich der Grundgesetze des Sprachbaues, §§. 250—269, und des analytischen Systems glaube ich auf meinen zu Eingange erwähnten ‚Beitrag' verweisen zu dürfen. Und doch sehe ich mich auch hier noch sehr weit von dem zu erstrebenden Ziele. Nicht nur bleibt Vieles zu ergänzen, sondern auch gewiss Manches zu vereinfachen, und schon jetzt glaube ich zu ahnen, dass gewisse Erscheinungen, welche ich getrennt behandeln musste, sich später als gleichartig erweisen werden. Es schien geboten, hier Zurückhaltung zu üben und lieber hin und wieder durch eingestreute Bemerkungen den Leser zu selbstständigem Nachdenken anzuregen, als ihn in einen noch unfertigen Neubau einzuführen.

Neu ist dagegen mein synthetisches System. Man kann den praktischen Werth eines solchen sehr wohl empfinden, ohne seine wissenschaftliche Berechtigung anzuerkennen. Diese ihrerseits kann aber nur im Sprachgefühle des Volkes beruhen, nach welchem verschiedene Mittel des grammatischen Ausdruckes als gleichbedeutend oder sinnverwandt einander vertreten dürfen. Dem gegenüber erscheint der bekannte Rahmen europäischer Sprachlehren als etwas Fremdartiges, Zufälliges: der Genitiv wollte nicht neben den übrigen Casus, sondern neben dem Adjectivum stehen, der Numerus des Substantivums nicht in der Nähe der Casuslehre, sondern bei den übrigen Zahlenausdrücken u. s. w. Inwieweit die von mir gewählte Anordnung des Stoffes beibehalten zu werden verdiene, muss die Zeit lehren. Neuerungslust hat mich nicht geleitet, und noch heute scheint mir die Anordnungsfrage für das synthetische System minder erheblich als für das analytische.

Der Schwerpunkt dürfte da wo anders liegen, wie denn der Zweck ein anderer ist. Es gilt, sich in der fremden Sprache richtig, womöglich gewandt ausdrücken zu lernen. So muss man über eine möglichst vollständige Synonymik verfügen und die Unterschiede zwischen den Synonymen möglichst genau kennen. So aufgefasst ist das zweite grammatische System geradezu die hohe Schule der Sprachlehre, — sollte sie wenigstens sein. Wie ich es heute vorlege, wird es den Eindruck eines Torso machen und sich im günstigen Falle als ein lebensfähiger, der Weiterpflege würdiger Keim erweisen. Ich musste mich kürzer fassen, als mir lieb war, um den mir vom Herrn Verleger mit dankenswerthestem Entgegenkommen bewilligten Raum nicht allzuarg zu überschreiten; und ich durfte mir in vielen Fällen mit Verweisungen auf das analytische System behelfen. Hierdurch ist das dritte Buch wenigstens etwas gehaltreicher geworden, als es zu sein scheint. Eine scharfe Grenze zwischen den beiden Systemen innezuhalten, ist mir freilich nicht immer gelungen, und einige Male hat mir das dritte Buch willkommene Gelegenheit geboten, um Lücken des zweiten auszubessern.

Im Punkte der Synonymik sah ich mich oft auf neuem, zuweilen auf recht schlüpfrigem Boden. Die Lehre von den Bedeutungsunterschieden sinnverwandter Ausdrucksweisen scheint selbst von den Chinesen noch nicht gepflegt worden zu sein, und sie ist eine der heikelsten in der Sprachkunde. Die grossen einheimischen Phrasensammlungen besitze ich nicht, und ich muss abwarten, ob die Grundsätze, nach welchen ich das mir vorgelegene Beispielmaterial zu beurtheilen und zu verwerthen versucht habe — §§. 898—901 — sich bewähren. Eins hoffe ich zuversichtlich: nach einer bisher wenig beachteten Richtung hin anzuregen zu weiterem Sammeln und Forschen; und schon dies wäre ein Gewinn.

Mein Transscriptionssystem wird hoffentlich, trotz einzelner Ungleichmässigkeiten, die ich noch nicht vermeiden konnte, Niemanden stören, den Meisten die Erleichterung bieten, welche ich mir davon verspreche (§. 86). Ich selbst bedauere nur, nicht noch weiter gegangen zu sein. Hätte ich Chalmer's trefflichen *‚Concise K'ang-hi'* früher gekannt, so wäre es ein Leichtes gewesen, auch die alten Anlaute zu berücksichtigen und z. B. zu schreiben: 其 *g'î*, 才 *dz'âi*, 何 *h̲ô*, 時 *ži* (aber 人 *řin*, 日 *řit*, 二 *ři*, u. s. w.), 文 *mwên*, 言 *ngyên*, 忌 *gí*, 扶 *vû*, 孚 *fū*, 知之 *či tši*, 長 *ġ'âng*, 牀 *dž'uâng*, 由 *jeû*, (aber 英 *yīng* u. s. w.). Den Pflegern der Peking-Mundart zuliebe würde man auch die Wörter des eingehenden Tones mit subsidiären Tonzeichen versehen, und, wo es der Vocalismus erfordert, die Pekinger Aussprache in Parenthese beifügen können, z. B. 玉 *ngyûk*, aber 白 *bek* (*pâi*), 學 *hiok* (*hiaô* oder *hsiaô*) u. s. w. Für's Auge würde durch solche Mittel der Sylbenschatz der Sprache gewaltig gesteigert werden, und der Vortheil, welcher daraus für das Gedächtniss und namentlich für wissenschaftliche Untersuchungen erwüchse, wöge die kleine Unbequemlichkeit reichlich auf. Man würde dann bei einiger Uebung transscribirte Texte fast ebensogut verstehen können wie chinesisch geschriebene; gelingt mir dies doch schon bei meiner jetzigen Umschreibungsweise oft genug.

Ein Wort der Verständigung bedarf die Art, wie ich die Beispiele übersetzt habe. Meiner Meinung nach muss dies in einer Sprachlehre oft ganz anders geschehen als in einer musterhaften Uebersetzung ganzer Bücher. Eine solche stellt sozusagen ein Compromiss dar zwischen dem, was sinngetreu und verständlich, und dem was formgetreu und schön ist. Die Uebersetzungen des Grammatikers hingegen wollen und sollen den Lehrsatz verdeutlichen und bestätigen helfen, sind mithin mit von diesem abhängig. So wird der nämliche Satz anders zu übersetzen sein, wenn es gilt, seine Form, anders, wenn es gilt, seine logische oder ästhetische Wirkung zu verdeutlichen, — anders je nachdem diese oder jene seiner grammatischen Erscheinungen grell beleuchtet werden soll. Ich bitte, dies im Auge zu behalten, um mir den Vorwurf so vieler scheinbarer Inconsequenzen zu ersparen.

An Wiederholungen konnte es bei der Anlage des Buches nicht fehlen, und ich habe sie nicht gescheut. Ein System soll sich entwickeln, und jede Entwickelung ist zugleich eine Wiederholung. Dass freilich Einzelnes derart ohne Schaden zu vermeiden oder zu kürzen gewesen wäre, ist mir bewusst, und insofern möge mir der Umfang des Buches, die Schwierigkeit, jede Einzelheit desselben in jedem Augenblicke gegenwärtig zu haben, zu einiger Entschuldigung dienen.

Mein Buch selbst wird bezeugen, wieviel ich den Arbeiten meiner Vorgänger verdanke. Was mir von Leistungen Anderer zugänglich war und benutzenswerth schien, habe ich nach bestem Wissen, regelmässig unter Andeutung der Quellen, benutzt. Man wird sehen, wieviel Anregung und Hülfe ich im ersten Buche von den Arbeiten der Callery, Wells Williams und Edkins, im zweiten von denen der Julien und Schott, im dritten überdies von Prémare und gelegentlich von Gonçalves empfangen habe. Und wo ich die King, die Ssî-šū oder das Tsò-čuén angeführt habe, da brauchte ich den berühmten Herausgeber der *Chinese Classics* nicht noch besonders zu nennen. Zudem hatte ich das Glück, im brieflichen Verkehre mit ihm mir manche hochwillkommene Belehrung einholen zu können.

An meinen zeitherigen Zuhörern hoffe ich erfahren zu haben, was *docendo discimus* besagen will. Eines von ihnen, der sich inmittelst selbst seinen Platz unter den chinesischen Grammatikern erobert hat, gedachte ich bereits. Ein Anderer, mein junger Freund und jetziger College, Herr Dr. Wilhelm Grube, hat mein synthetisches System durch reiche Beiträge an Beispielmaterial und durch manche treffende Bemerkung fördern helfen, und Herr Student L. W. F. Reinsdorf in Leipzig war so freundlich, mir einzelne beschwerliche Zusammenstellungsarbeiten abzunehmen.

Wie sehr ich Grund habe, meinem Verleger, dem Herrn T. O. Weigel in Leipzig, für seine Opferwilligkeit, und dem Drucker Herrn Adolf Holzhausen in Wien für seine verständnissvolle Sorgfalt zu danken, darüber werden hoffentlich die Leser mit mir einer Meinung sein. Druckfehler waren, trotz der gütigen Beihülfe meiner Freunde, des Herrn Professor Emilio Teza in Pisa und des Herrn Dr. Grube, bei der Correctur leider nicht zu vermeiden; die Schuld dürfte aber dabei fast überall auf mich und mein Manuscript fallen.

Poschwitz bei Altenburg, den 13. October 1881.

海上絲綢之路文獻集成 科技與文化編

INHALTS-VERZEICHNISS.

ERSTES BUCH.

Einleitung und allgemeiner Theil.

海上絲綢之路文獻集成 科技與文化編

Erstes Hauptstück.

Laut- und Betonungslehre.

Zweites Hauptstück.

Schriftlehre.

漢文經緯

Drittes Hauptstück.

Lautgeschichtliche und etymologische Probleme.

Viertes Hauptstück.

Die Grundgesetze des Sprachbaues.

ZWEITES BUCH.

Analytisches System.

Einleitung

Erstes Hauptstück.

Bestimmung des gegenseitigen Verhältnisses zwischen den Satztheilen und Sätzen.

Erster Abschnitt: Stellungsgesetze.

海上絲綢之路文獻集成 科技與文化編

漢文經緯

Zweiter Abschnitt: Hülfswörter.

b*

海上絲綢之路文獻集成 科技與文化编

漢文經緯

Zweites Hauptstück.

Bestimmung der Redetheile.

海上絲綢之路文獻集成 科技與文化編

漢文經緯

Drittes Hauptstück.

Abgränzung der Sätze und Satztheile.

DRITTES BUCH.

Synthetisches System.

Einleitung.

Erstes Hauptstück.

Die Satztheile.

Zweites Hauptstück.

Der einfache Satz.

海上絲綢之路文獻集成　科技與文化編

b**

Drittes Hauptstück.

Der zusammengesetzte Satz und die Satzverbindungen.

海上絲綢之路文獻集成 科技與文化編

Viertes Hauptstück.

Stilistik.

ABKÜRZUNGEN.

Ch. curr. = W. Visserring, *On Chinese currency etc.*

Das. = Daselbst.

Endl. = Endlicher, Anfangsgründe der chinesischen Grammatik.

Gonç. = Gonçalves, *Arte china.*

J. = Stanislas Julien (S. n. = *Syntaxe nouvelles de la langue chinoise.* — Ex. cr. = *Examen critique.* — Ex. prat. = *Exercices pratiques*).

Kwpč. = Ku-wen-p'ing-č'u.

L. Cl. = Legge, *The Chinese Classics.*

LYü = Lün-iü (Legge, Class. I).

Mtsï = Meng-tsï (ed. Legge, Chin. Class. II).

Pr., Prém. = Prémare, *Notitia, linguae sinicae.*

Sch. = Schott, Chinesische Sprachlehre.

Sing-li = Sing-li-tsing-i.

Die *Šip-tsï* (§§. 21, 22) citire ich nach der kaiserlichen Ausgabe von 1804.

ERSTES BUCH.

EINLEITUNG UND ALLGEMEINER THEIL.

Einleitung.

I. Das chinesische Volk.

§. 1. Erstes Auftreten. In der zweiten Hälfte des dritten Jahrtausends vor unserer Zeitrechnung tritt im südlichen Theile des heutigen Schăn-sî, im Osten und Norden des Hoâng-hô ein gesittetes Volk in die Geschichte der Menschheit ein, welches seitdem, stätig sich ausbreitend, zu dem zahlreichsten unserer Erde angewachsen ist. Jene Begründer der chinesischen Nation waren sesshafte, Ackerbau und mannichfaches Gewerbe treibende Menschen; sie hatten ein patriarchalisch-monarchisches Staatswesen entwickelt und besassen allem Anscheine nach damals schon eine selbständig geschaffene Schrift.

Anmerkung. Diese Schrift selbst scheint darauf hinzudeuten, dass ihr Ursprung in noch viel ältere Zeiten zurückzuverlegen sei. Es fällt auf, dass in ihr das **Schaf** mehrfach als Symbol des Guten und Schönen gilt, und man hat hieraus auf ein früheres Nomadenthum des Volkes schliessen wollen. Andere Anzeichen ähnlicher Art deuten freilich auch auf früh entwickelten Ackerbau hin.

Der älteste in der Geschichte vorkommende Namen, den sich das Volk beilegte, ist 黎民 ***lî-mîn***, was eine doppelte Uebersetzung zulässt: das schwarzhaarige Volk, oder: das zahlreiche Volk. Erstere Deutung ist die gemeinhin angenommene, würde aber wohl voraussetzen, dass das Volk ehemals blond- oder braunhaarige Nachbarn gehabt habe, wofür bisher nichts spricht. Eine andere Bezeichnung ist 百姓 ***pek-sing***, die hundert Familien.

§. 2. Mischungen. Rings um jene ältesten Chinesen herum wohnten fremde, wilde oder halbwilde Völkerschaften: 四夷 *ssĭ-yî*, ‚die vier Barbarenvölker‘, vier, nämlich im Norden, Süden, Westen und Osten. Sie wurden bei dem Vordringen des friedliebenden Chinesenvolkes wohl nur zum geringsten Theile ausgerottet, vielmehr, wenn sie nicht vorzogen ihr Land zu verlassen, allmählich in die herrschende Nation mit aufgenommen. Mehrmals haben kriegerische Nomadenvölker auf längere Zeit China oder dessen nördliche Theile in Besitz genommen; aber auch sie mussten die geistige Uebermacht des

1*

unterworfenen Volkes, in der Regel auf Unkosten ihrer eigenen Nationalität und Sprache, anerkennen. Auch sie führten diesem Volke frische Elemente zu; die Mischungen änderten sich, es bildeten sich provinzielle Eigenartigkeiten heraus; allein die Einheit der Nation konnte nicht zerstört werden, Dank den Banden einer gemeinsamen Geschichte und Cultur, welche alle ihre Glieder verknüpften.

II. Die Sprache.

A. Indochinesische Sprachen.

§. 3. In jenem gewaltigen Ländergebiete, welches aus dem eigentlichen China, Tibet sammt einem Theile der südlichen Himâlaja-Abhänge, Assam und der transgangetischen Halbinsel (Hinterindien) mit Ausnahme der Halbinsel Malakka besteht, wohnen eine Anzahl Völkerschaften, welche bei allen sonst unter ihnen bestehenden Verschiedenheiten doch gewisse gemeinsame Merkmale aufweisen, aus denen vorläufig die Vermuthung verwandtschaftlicher Zusammengehörigkeit geschöpft werden könnte. Ihr Racentypus ist der mongolische, theilweise mit Hinneigung zum malaiischen, und ihre Sprachen zeigen auffallende Uebereinstimmungen, zunächst in morphologischer Hinsicht.

§. 4. Alle diese Sprachen sind **isolirend**, d. h. sie pflegen die grammatischen Beziehungen der Wörter wesentlich durch äusserliche Mittel — Wortstellung, Hilfswörter — nicht durch Veränderungen in oder an dem Worte zum Ausdrucke zu bringen.

Anmerkung. Ansätze zu, vielleicht Spuren von flectirenden oder agglutinirenden Bildungen finden sich freilich fast überall, sie geben aber nicht das Gepräge. Gehören die Kirânti mit in den Verwandtschaftskreis, wie aus lexicalischen Gründen zu vermuthen ist, so hört allerdings der isolirende Bau auf wesentliches Stammesmerkmal zu sein. Allein wir haben es vorläufig nur mit den auffälligsten Uebereinstimmungen zu thun, welche eine erste, vorläufige Vermuthung begründen. Vgl. übrigens §§. 195 ff.

§. 5. Monosyllabisch nennt man diese Sprachen mit Rücksicht auf die Form ihrer Stammwörter, welche — abgesehen von mehr oder minder losen Anfügungen — in der Regel je aus einer Sylbe bestehen.

§. 6. Die weitere Bezeichnung: **singende** Sprachen gilt nicht von allen, z. B. nicht von allen Dialecten des Tibetischen. Sie bezieht sich darauf, dass jedem Worte ein bestimmter Ton oder Tonfall zukommt, welcher für die Identität des Wortes ebenso entscheidend ist, wie die Laute selbst.

海上絲綢之路文獻集成 科技與文化編

漢文經緯

§. 7. Nur eine **lexicalische Vergleichung** vermag festzustellen, ob hier wirkliche leibliche Verwandtschaft vorliege. Eine solche Untersuchung wird nach allen jetzt vorliegenden Anzeigen vermuthlich ergeben, dass die Mehrzahl der in Frage stehenden Sprachen, darunter die chinesische, tibetische, barmanische, die der Karen, die siamesische sammt ihren näheren Verwandten, und noch so manche andere, minder namhafte, Glieder eines grossen **indochinesischen Sprachstammes** sind, während einige wenige, namentlich das Annamitische und das Talaing (Môn, Peguanische), vielleicht anderes Stammes sind.

B. Die chinesische Sprache.

§. 8. In mehr als einer Hinsicht zeichnet sich das Chinesische vor den meisten seiner vermuthlichen Verwandten aus.

Zunächst ist es diese Sprache, welche die ältesten schriftlichen Denkmäler aufweist, und in welcher sich die Geschichte einer viertausendjährigen Entwickelung vor unseren Augen abspielt. Die hierbei zu machenden Beobachtungen betreffen allerdings zunächst weniger das Lautwesen, welches in der Schrift nur unvollkommen dargestellt wird; allein dafür verdienen die mannichfachen Wandelungen, welche in der Bedeutung der Wörter, in der Wahl und Bildung der Ausdrücke, ja im Satzbaue selbst vorgegangen sind, in um so höherem Grade die Beachtung nicht nur des Sprachgenealogen, sondern des historisch-philosophischen Sprachforschers überhaupt.

§. 9. Geradezu unvergleichlich aber unter den Literaturen, nicht nur der indochinesischen, sondern aller asiatischen Völker, steht der Bücherschatz der Chinesen da. Höchstens der arabische mag ihn an Vielseitigkeit, höchstens der indische an Selbständigkeit erreichen: in Rücksicht auf Zahl und Umfang der Werke kommt ihm kein anderer nahe. Das grösste Culturvolk Asiens ist zugleich von Alters her eines der schreib- und leselustigsten; seine Sprache wurde früher als die meisten anderen Trägerin der mannichfaltigsten Geisteserzeugnisse, und sie zählt, durch Jahrtausende geschult, zu den höchstentwickelten Sprachen unserer Erde. So ist sie nicht nur die wichtigste Vertreterin, sondern recht eigentlich die gereifteste Frucht isolirender Sprachbildung.

§. 10. Es konnte nicht fehlen, dass auch das Chinesische im Laufe eines so langen Lebens bedeutende **Veränderungen** erlitt. Mehr als die blosse Zeitdauer mögen hierbei folgende Umstände mitgewirkt haben:

a.) Vor Allem die Mischungen mit anderen Völkern (§. 2), welche die an Zahl und Gesittung weit überlegene Nation zwar nicht wesentlich ändern, doch auch nicht ganz unbeeinflusst lassen konnten. Und gerade die Sprachen sind erfahrungsgemäss solchen Einflüssen besonders zugänglich. Solche Mischungen nun werden regelmässig nicht zugleich im ganzen Reiche, sondern bald in diesen bald in jenen Theilen desselben stattgefunden haben, hier mit diesem, dort mit jenem fremden Elemente. Man begreift, wie sehr dies die Dialectbildung fördern und die Dialecte einander selbst und der Sprache der Vorfahren entähnlichen mochte.

§. 11. — b.) Die Einheit des Volkes aber blieb. Das Reich ist freilich öfter und Jahrhunderte hindurch politisch getheilt gewesen, und die Geschichte des Mittelreiches weiss von Bruderkriegen zu erzählen. Sie mögen das Culturleben zeitweise gehemmt haben, gespaltet, wie es etwa der dreissigjährige Krieg bei uns gethan, haben sie es nicht; die getrennten Theile flossen immer wieder zusammen, sobald die Scheidewand gefallen war. Die Centralisation war und ist naturgemäss, und in ihr haben wir einen weiteren mächtigen Factor zu erblicken. Wieder zunächst einen zersetzenden. Im Leben der höheren Gesellschaftsclassen strömt Alles nach dem gemeinsamen Mittelpunkte hin, strömt Alles von diesem Mittelpunkte wieder aus, provinzielle Eigenheiten schleifen sich aneinander ab, erst in den oberen Ständen, dann, wenn auch sachter, in den niederen. Mehr noch; ganze Bauernschaften sind von Provinz zu Provinz übergesiedelt, und so vollziehen sich in dem Volke selbst jahraus jahrein Mischungen, welche dem centrifugalen Drange der Dialecte entgegenwirken.

§. 12. — c.) Ihre zersetzende Kraft werden solche Mischungen zunächst am Lautsystem ausüben. Aber sie können auch fördernd, bereichernd wirken. Neue Wörter können aus dem Schatze der Dialecte der Literatursprache zugeführt werden, und dass dies wirklich geschehen sei, darauf deuten die neuen Wörter, welche zu Zeiten plötzlich in den Büchern auftauchen. Zumal die hauptstädtische Umgangssprache und wohl auch manchmal die Mundart der kaiserlichen Familie, mag hierbei reichlichen Antheil haben, und man weiss, wie oft die Residenzen und die Herrschergeschlechter einander abgelöst.

§. 13. — d.) Von Wichtigkeit — wiederum in doppelter Hinsicht — war auch die Schrift. Diese, bekanntlich eine Wortschrift, zeigt die Laute der Wörter theils gar nicht, theils nur unvollkommen an; Jeder kann sie in seiner heimischen Mundart ablesen, ähnlich wie wir unsere Zahlzeichen. Verschliff sich nun das Lautwesen, so war sie nicht dazu angethan, an eine richtigere

海上絲綢之路文獻集成 科技與文化編

Aussprache zu erinnern: insoweit hinderte sie den Verfall nicht. Dafür begünstigte sie aber in ganz eigenthümlicher Weise das Wachsen des Wortschatzes. Jeder Schriftsteller beherrscht nur einen Theil von der Unzahl ihrer Charaktere; und andrerseits muss die Sprache schon sehr früh reich an gleich- und ähnlichlautenden Wörtern gewesen sein. Die Wahl des richtigen Schriftzeichens fällt sonach doppelt schwer. Von Verwechslungen, wie sie oft genug vorkamen, ist hier nicht zu reden: sie waren ein unvermeidliches Uebel. Ein wahrer Gewinn aber wurde ein Theil jener Neuschöpfungen, vermöge deren ein und dasselbe Wort sich in zwei oder mehrere spaltete. Nur bei einer solchen Schrift konnten Verschiedenheiten der Anwendung oder Aussprache einzelner Wörter so ungemein fruchtbringend werden.

Anmerkung. Aehnliche Dissimilationen, z. B. bellum — duellum, tauchen — taufen, Born — Brunnen u. s. w., kommen zwar auch in unseren Sprachen vor, spielen aber hier bei Weitem nicht eine so wichtige Rolle, wie im Chinesischen.

C. Aeussere Sprachgeschichte. 1. Stilarten.

§. 14. Die Wandelungen, welchen eine jede Sprache unterliegt, mochten beim Chinesischen nicht immer mit gleicher Geschwindigkeit oder Langsamkeit vor sich gehen; äussere Umstände werden sie jetzt gehemmt, jetzt beschleunigt haben. Immer aber konnten sie nur stätig, nie sprungweise geschehen. Dies gilt von der eigentlichen Sprache, von der des Volksmundes. Anders die Sprache der Bücher. Sie ist, sobald einmal classische Muster vorhanden, an diese gebunden, so lange nicht neue Muster oder neue Bedürfnisse zu neuen Formen anregen. Von Hause aus musste sie dem Brauche des Volksmundes folgen, schon um verständlich zu sein. Hatte sie sich aber einmal gefestigt, so durfte sie Jahrhunderte lang in immer wachsender Ferne hinter der Umgangssprache zurück bleiben, um dann mit einem Male wieder an deren Seite zu stehen, sobald der Augenblick der Wiedervereinigung gekommen war. Solcher Knotenpunkte — vom ersten abgesehen — weist die chinesische Schriftsprache zwei auf, und nach ihnen bestimmen wir die Perioden ihrer Geschichte.

a. Vorclassische Periode, 上古文 *šáng-kù-wên.*

§. 15. Die erste Periode umfasst den Zeitraum vom Beginne der uns erhaltenen Literatur bis auf Laò-tsï und Confucius, diese ausgeschlossen, mithin vom Ausgang des dritten Jahrtausends bis ins sechste Jahrhundert vor unserer Zeitrechnung. Nur fünf Bücher und eine Anzahl Inschriften geben uns von der Sprachentwickelung während dieser langen Zeit Zeugniss, sie harren aber noch einer erschöpfenden grammatischen Ausbeutung. Eins dürfte vorläufig anzunehmen sein: die Schreibweise, soweit sie sich nicht an poetische oder rhytmische Formen band, schloss sich noch innig an die Ausdrucksweise der lebendigen Rede an.

§. 16. Das älteste und wichtigste Denkmal jener frühesten Sprachgeschichte ist das ***Šū-kīng*** **書 經**. Es umfasst Urkunden fast aus dem ganzen uns jetzt beschäftigenden Zeitraume. Die Sprache, in den ältesten Theilen oft rhytmisch gebunden, ist anfangs von fast unglaublicher Kraft und Kürze. Zum Theile mag die Form der früheren Urkunden den späteren als Vorbild gedient haben; immerhin aber nimmt man wahr, wie die Ausdrucksweise allmählich wortreicher wird.

§. 17. Das ***Šī-kīng*** **詩 經** oder canonische Liederbuch umfasst dreihundert und einige Lieder verschiedenen Inhaltes und Umfanges aus der Zeit vom 18. bis zum 6. Jahrh. v. Chr. Ihre mannichfaltigen Versformen sind durch Sylbenzahl und (meist) durch Reim bestimmt. Da aber die Gesänge mündlich vorgetragen wurden, so mussten sie dem Gehöre verständlich sein; und in der That trägt fast die ganze erste Hälfte von ihnen ein volksthümliches Gepräge.

§. 18. Das canonische Buch der Wandelungen, **易 經** ***Yik-kīng*** ist in seinen vorclassischen Theilen zu mystisch dunkel, als dass die Sprachkunde viel Ausbeute von ihm erhoffen könnte.

§. 19. Zwei umfängliche Regulativsammlungen, angeblich aus der ersten Zeit der Tscheu-Dynastie (um 1000 v. Chr.), das **周 禮** ***Čeū-lì*** oder **周 官** ***Čeū-kuān*** und das **義 禮** ***Ngí-lì*** versprechen der sprachgeschichtlichen Forschung noch reichlichen Gewinn. Endlich verdient noch das kurze Wörterbuch **爾 雅** ***Rì-yà*** Erwähnung, welches dem Čeu-kung, um 1000 v. Chr., zugeschrieben wird, aber erst von einem Schüler des Confucius vollendet und mehrere Jahrhunderte später in diejenige Gestalt gebracht worden sein soll, in welcher es jetzt erhalten und einer der sogenannten dreizehn Classiker ist.

b. Classische Periode; nachclassische Literatur.

§. 20. Classische Periode, 中 古 文 ***čūng-kù-wên.*** Der stets zunehmende Verfall des Tscheu-Reiches mochte auf die Literatur zwiefach

海上絲綢之路文獻集成 科技與文化编

漢文經緯

wirken. Einmal lähmend: es fehlte an Ermuthigung, ja an Ruhe und Frieden zu geistigem Schaffen. Dann aber wieder weckend durch die Macht des Gegensatzes. ***Laò-tsï*** 老子, 6. Jahrh. v. Chr., zog sich, der Welt gram, in die Einsamkeit zurück und legte die Ergebnisse seines mystisch tiefsinnigen Denkens in dem ,Canonischen Buche vom Logos und der Tugend, 道德經 ***Taò-tek-kīng*'** nieder, einem Buche von erhabener Grösse, aber von wahrhaft radicaler Richtung. Sein etwas jüngerer Zeitgenosse ***K'ùng-tsï*** 孔子 (Confucius) suchte das Heil in den bewährten Einrichtungen der Altvordern, suchte seine Stellung mitten im politischen Treiben drinnen, erhielt und übermittelte der Nachwelt was ihm von der älteren Literatur das Beste schien, schriftstellerte selbst nur wenig, wirkte aber um so mehr durch mündliche Lehre.

§. 21. Die beiden Männer sind die Häupter der zwei in China heimischen philosophischen Schulen geworden. Allein die Schicksale beider Schulen waren verschieden. Von des Laò-tsï Nachfolgern sind vier sammt ihrem grossen Lehrer in die Reihe der ,Zehn Meister 十子 ***šip-tsï*'** aufgenommen worden: 列子 *Liet-tsï*, 韓非子 *Hân-Fēi-tsï*, 莊子 *Čuāng-tsï* und 鶡冠子 *Hot-kuán-tsï*, sämmtlich dem 4. Jahrhundert v. Chr. angehörend, Muster edler Schreibweise. Allein die Lehre der 道家 ***Taò-kiā*** oder 道士 ***Taò-ssï***, wie sich die angeblichen Nachfolger des Laò-tsï nennen, artete bald in schnöden Aberglauben aus und hat seitdem nichts mehr erzeugt, was ausserhalb ihrer Schule für classisch gälte.

§. 22. Anders war das Schicksal der zwar trockenen, aber thatkräftigen und lebenskundigen **confucianischen Lehre** 儒教 ***zû-kiaó***. Theils dem Meister selbst, theils seinen unmittelbaren Schülern verdanken wir drei philosophische Werke: ,Die grosse Lehre, 大學 *tá-hiok*', ,Die Unwandelbarkeit der Mitte (?), 中庸 *čūng-yûng*', und ,Die Gespräche, 論語 *lùn-iù*'; einem späteren Nachfolger 孟子 *Méng-tsï* und dessen Jüngern (372—289 v. Chr.), das nach ihm benannte Buch, welches später mit den vorher genannten zu den **vier classischen Büchern** 四書 ***ssï-šū*** vereinigt wurde. Das Ritualwerk 禮記 ***lì-kí***, jetzt den canonischen Schriften beigezählt, ist ein aus älteren Urkunden zusammengetragenes Werk aus dem ersten Jahrhundert vor unserer Zeitrechnung. Fünf selbständigere Denker aus dieser Schule bilden die andere Hälfte der 十子 ***šip-tsï*** (siehe vorigen Paragraph). Es sind dies 管子 *Kuàn-tsï*, angeblich ein Zeitgenosse des Confucius, 荀 | *Sûn-tsï*, 4—3. Jahrh., 淮南 | *Hoâi-nâm-tsï*, 2. Jahrh., 楊 | *Yâng-tsï* und 王通 *Wâng-t'ûng*, 1. Jahrh. v. Chr.

§. 23. Die **Geschichtsschreibung** hatte im Mittelreiche schon seit dem frühesten Alterthume einer Pflege genossen, wie kaum anderswo. Von ihren ältesten Denkmälern ist indessen nur das Schu-king (§. 16) auf uns gekommen. Confucius nun stellte die Annalen seines Heimathsstaates 魯 *Lù* in einem Werke 春秋 ***C'ūn-ts'ieū,*** ‚Frühling und Herbst', zusammen, einem vielbewunderten Muster des trockensten Lapidarstiles. Sein Schüler 左邱明 *Tsò Kieù-mîng* verfasste hierzu einen Commentar, das classische 左傳 ***Tsò-čuên.*** Der anerkannte Meister unter den Historikern aber ist 司馬遷 *Ssī-mà Tsiēn,* 1. Jahrh. v. Chr., dessen gewaltige Reichsgeschichte 史記 ***Ssì-kì,*** fast der ganzen späteren Geschichtsschreibung als Muster gedient hat. Von anderen, minder hervorragenden Werken aus der Zeit der früheren Classicität darf hier geschwiegen werden. Erwähnung aber verdient die entsetzliche Bücherverbrennung unter dem Ts'in-Kaiser Schi-hoang-ti, gegen 220 v. Chr., in welcher unahnbare Schätze der alten Literatur unwiederbringlich zu Grunde gegangen sind.

§. 24. Nachclassische Stilformen, 下古文 ***hià-kù-wên.*** Die Sprache und Stilform jener Classiker ist mustergültig geblieben bis auf den heutigen Tag. Unbedingte Herrschaft konnte sie indessen nur behaupten innerhalb des Kreises ihrer ursprünglichen Zwecke. Erweiterte das Schriftstellerthum das Feld seiner Thätigkeit, schlug es neue Richtungen ein, so mochte es wohl den alten Vorbildern nach Kräften treu bleiben, musste aber dem Ueberkommenen Neues hinzufügen und nur streben, dies Neue als eine Fortbildung, nicht als eine Verneinung des Alten erscheinen zu lassen. Das etwa ist der Charakter der nachclassischen Stilformen.

§. 25. Mit der Einführung des **Buddhismus** im Mittelreiche, um Beginn unserer Zeitrechnung, wurde dem Volke und der Schriftstellerwelt ein neuer Ideenkreis eröffnet. Die heiligen Schriften jener Religion wurden ins Chinesische übertragen, bisher fremde Begriffe suchten und fanden in der Sprache Ausdruck. Einen weitergehenden Einfluss aber scheint der indische Eindringling nicht geübt zu haben.

§. 26. Höhere Ziele wurden der Sprache in einer anderen Richtung gesteckt. Die Werke der grossen Philosophen regten zur **philologischen und philosophischen Kritik** an; man schrieb Commentare, die Meinungen geriethen in Widerstreit, Auslegerschulen entstanden und befehdeten einander. Jetzt kam es nicht mehr allein auf die Richtigkeit und Hoheit der Lehrsätze, sondern auch, zuweilen vorzugsweise, auf die Schlüssigkeit der Beweisführung, auf die Gewandtheit in der Discussion an. Dies Treiben dauert noch immer

海上絲綢之路文獻集成 科技與文化編

fort. Es hat manches Treffliche, aber auch viel Schales und Hohles geschaffen. Der Sprachentwickelung gedieh es zum Vortheile; denn es steigerte das Vermögen der Satzerweiterung, der Bildung umfänglicher und doch durchsichtiger Perioden, ihm dankt die wissenschaftliche Prosa ihre Blüthe.

§. 27. Einen nachhaltigen Aufschwung erlebte die Philosophie zur Zeit der Sung-Dynastie, 960—1126, als eine Anzahl hervorragender Confucianer es unternahm und durchführte, die gesammte Natur- und Geistesphilosophie in ein grossartig einheitliches System zu bringen. 周濂溪 *Čeū Liêm-k'ì* gewöhnlich Čeū-tsì genannt, die beiden Brüder 程 *Č'îng* und der grosse 朱熹 *Čū-hī* sind die Namhaftesten unter ihnen. Das von ihrer Schule vertretene System, 性理 ***síng-lì*** genannt, ist in dem bändereichen Sammelwerke | | 大全 *Síng-lì-tá ts'iuên* enthalten. Das | | 精義 *Síng-lì-tsīng-ngí* ist ein vortrefflicher Auszug aus letzterem.

§. 28. Die **Dichtkunst** feierte ihre Blüthezeit unter der Herrschaft der Thang, 618—907. Ihre Formen wurden unter der Pflege der grossen Meister 杜甫 *Tù-fū*, 李太白 *Lì T'ái-pek* und Anderer veredelt und so wie sie von diesen geschaffen, von der Kunstpoesie der Epigonen angenommen.

§. 29. Eine neue Literaturgattung kam unter der mongolischen (Yuen-) Dynastie, 1206—1368, auf: der **historische Roman.** Sein Stil lehnt sich an den classischen, sein Inhalt an die geschichtlichen Thatsachen an. Allein die phantastische Ausschmückung des Stoffes, der rhetorische Zierath, womit er verbrämt wird, verbieten die hierher gehörigen, zum Theile sehr umfänglichen Bücher der höheren Literatur beizuzählen; man nennt sie 小說 ***siaò-šuot,*** kleine Geschichten. Als berühmteste dieser Art verdienen die Geschichte der drei Reiche 三國志 *sām-kuok-čí,* und die Erzählung von den Seeräubern 水滸傳 *šùi-hù-čuén,* Erwähnung.

§. 30. Je weiter sich die Umgangssprache von der Sprache der Classiker entfernte, desto mehr wurde die Nachahmung dieser letzteren als eine künstliche empfunden, desto näher lag die Versuchung, in ihr weiter zu künsteln, die Anmuth der Schreibweise als Zweck, den Gedankeninhalt als Nebensache zu behandeln. So entwickelte sich eine Art **Essayistenthum,** dessen elegante Erzeugnisse die Bewunderung des neueren China erregen. Die Schreibweise dieser Aufsätze, 文章 ***wên-čāng*** ist verschwenderisch im Gebrauche von Partikeln und zusammengesetzten Ausdrücken, nähert sich mithin im Punkte des Wortreichthumes der neueren Sprache.

Es ist nicht klar, ob und inwieweit hiermit das 世文 ***ší-wên*** identisch ist, von welchem Premare (Not. l. sin. pag. 189—190) sagt: Sie vocant compositiones illas rhetoricas, in quibus sinae literati totam suam aetatem misere conterunt; ex quo 王安石 *Wâng Ngān-šik*, regni minister sub familia 宋 *Sóng*, istas amplificationes pro scholasticorum examine instituit. Nihil illis fingi potest pulchrius et inanius. Ventus est qui molli sono jucunde pulsat aures sine ullo alio fructu; flosculi sunt qui pascunt oculos, interim dum mens jejuna remanet. Calamistris trita est oratio, pigmentis abundans, et sensu vacua . . . Ein Sprüchwort besagt: 讀古文曉得做時文。 *tuk kù-wên, hiaò-tek tsó* ***šî-wên.*** Lies alten Stil, so verstehst du neuen Stil zu schreiben (Scarborough, *Chin. Prov.* No. 564.).

c. Neuere Sprache und niederer Styl.

§. 31. Schon Tschu-hi — §. 27 — bedient sich in seinen Commentaren nicht selten einer der Umgangssprache seiner Zeit nahe verwandten Schreibweise, und manche andere Commentatoren gehen hierin noch weiter. Die alte Sprache war nachgerade eine todte geworden, die Zeit war gekommen, wo man aus ihr übersetzen konnte und gelegentlich musste. Allein dies brauchte nicht nothwendig in Büchern, es konnte auch mündlich in den Schulen geschehen, und so ist denn auch der Gebrauch der Umgangssprache in Werken wissenschaftlichen Inhaltes nie allgemein geworden.

§. 32. Es gibt einen Punkt in der Geschichte der Literaturen, auf welchem sich die Beibehaltung der veralteten Sprachformen als unmöglich erweisen muss. Die Redeweise der Alten ist der grossen Menge der Zeitgenossen unverständlich geworden; will man zu den Massen reden, so muss man sich ihrer Sprache bedienen. Oder aber: man will Zeitgenössisches aus dem Alltagsleben erzählen: wie passte da das altehrwürdige Gewand? Im Mittelreiche scheint vornehmlich Letzteres, das Aufkommen des socialen Romans und Dramas, deren Anfänge gleichfalls in das Zeitalter der Yuen zurückreichen, die Neuerung herbeigeführt zu haben. Hier wurde eine Literatur geschaffen, welche raschen Schrittes dem Wandel der Umgangssprache folgen musste und folgte. Classiker in ihrem Fache, deren Ausdrucksweise bewundert und zum Vorbilde genommen wird, erstanden freilich auch hier; und andererseits bemühten sich realistische Schriftsteller, recht im allerneuesten Slang zu schreiben. Allein bei aller Mannichfaltigkeit in Redewendungen und Stil ist sich die Grammatik der neueren Umgangssprache in der Hauptsache gleich geblieben.

海上絲綢之路文獻集成 科技與文化编

漢文經緯

§. 33. Diese Umgangssprache der gebildeten Kreise wird 官話 ***kuān-hoá,*** allgemeine Sprache, genannt, im doppelten Gegensatze einmal zu den provinziellen Dialecten 土話 ***t'ù-hoá,*** und dann zu dem alten Stile. Der Ausdruck *kuān-hoá* ist bekanntlich missverständlich durch ‚Mandarinen-Sprache, *mandarin dialect*' übersetzt worden. Es ist dies der Dialect, welcher, mannichfach abschattirt, in den nördlich vom Yang-tsï-kiang gelegenen Provinzen, in Ssï-č'uen, Yün-nan, Kuei-čeu und in Theilen von Hunan und Kuang-si, allgemein geredet wird.

§. 34. Von den nach Zeit und Ort verschiedenen Ausspracheweisen dieses Dialectes soll hier nicht geredet werden. Aber die Ausdrucksweise selbst lässt vielfache Grade von Vornehmheit und Trivialität zu. Studirte Leute gefallen sich oft darin, ihre Gespräche mit Redewendungen des höheren Stiles zu verzieren, wohl gar nach Möglichkeit ‚zu reden wie ein Buch', und sie betrachten Manches als gemein, was einfach volksthümlich ist. Hierher gehörige einheimische Bezeichnungen sind:

俗 | ***suk-hoá*** vulgäre Ausdrucksweise, Provinzialismen, Argot;

半文半俗 ***pán wên pán suk,*** ‚halb büchermässig, halb volksthümlich', d. i. Umgangssprache in Rücksicht auf die grammatische Form, aber verziert mit gewählten Ausdrücken und rhetorischen Formen, welche dem höheren Stile entlehnt sind.

通文 ***t'ûng-wên,*** ‚elegante Sprache, klarer Stil' (W. Williams, *Syll. Dict.* pag. 933), aber auch ‚hoher, büchermässiger Stil der Umgangssprache', welcher die provinziellen und trivialen Ausdrücke — *colloquialisms* — vermeidet (das. pag. 1041).

Anmerkung. Als Gegensatz zu 古文 *kù-wên* sollte man 今文 *kīm-wên* erwarten. Beide Ausdrücke scheinen aber nur in der Bedeutung: alter und jetziger Text, einander gegenübergestellt zu werden. So in der Vorrede zum Kù-wên hiaó-kīng. 古文 bedeutet überdies ‚veraltete Schriftzeichen'.

2. Dialecte.

Vgl. Wells Williams, *Syll. Dict.* pag. XXXI ff. Edkins, *Mandarin Gramm.* 2d. ed. pag. 84 ff.

§. 35. Die chinesische Sprache zerfällt in eine noch nicht ganz übersehbare Anzahl von Dialecten und Mundarten, welche erst zum Theile eine wissenschaftliche Behandlung erfahren haben. Sie weichen manchmal sehr erheblich von einander ab; oft geschieht es, dass Leute, die kaum eine Tagereise weit auseinander wohnen, sich nicht mündlich miteinander ver-

海上絲綢之路文獻集成　科技與文化編

ständigen können. Und die Verschiedenheiten betreffen nicht nur die Aussprache der Wörter, sondern auch die Wahl dieser, die Bildung der Ausdrücke, ja grammatische Formmittel selbst. Wörter, welche in der allgemeinen Schriftsprache keine Vertreter haben, sind in den Dialecten nicht selten, in manchen sehr zahlreich vorhanden.

§. 36. Diese Dialecte bieten vorzüglich ein sprachgeschichtliches Interesse. Soll das Chinesische etymologisch erforscht, sollen seine verwandtschaftlichen Beziehungen dargethan werden, so gilt es vor Allem sein früheres Lautsystem zu ermitteln, und es wird sich zeigen, zu welch wichtiger Rolle hierbei die Dialecte berufen sind. Einzelne von ihnen, so der von Canton, haben wohl auch ihre kleinen Literaturen, Volksbücher, für die Wissenschaft kaum mehr aber auch kaum weniger interessant, als die anderer Länder. Abgesehen hiervon und von dem gelegentlichen Einschmuggeln hauptstädtischer Redewendungen in die Werke der schönen Literatur, ist die Schriftsprache in ihren mannichfachen Stilarten durch das ganze Reich dieselbe, und auf dieser Einheit beruht nicht zum geringsten Theile die Einheit der Nation selbst.

§. 37. Der sogenannte **Mandarinendialect**, 官 話 ***kuān-hoá***, ist der verbreitetste und angesehenste, aber auch, soviel bekannt, der lautlich verschliffenste und verderbteste unter allen Dialecten der Sprache. Man theilt ihn in drei Unterdialecte:

a. Den südlichen, 南 | | ***nâm-kuān-hoá***, auch 正 音 ***čing-yīm***, richtige Aussprache genannt. Er hat seinen Hauptsitz in Nanking, hier aber auch in neuerer Zeit manchen Verderb erfahren. So wie er in den Schriften der Jesuiten aus dem 17. und 18. Jahrhundert und in den meisten Transscriptionen der Mandschu wiedergegeben ist, sollte er von uns für alle wissenschaftlichen Zwecke angenommen werden.

b. Erst seit neuerer Zeit ringt der nördliche Dialect, 北 | | ***pek-kuān-hoá*** in seiner hauptstädtischen Form, 京 話 ***kīng-hoá***, nach allgemeiner Aufnahme, und der Sieg scheint zu seinen Gunsten entschieden zu sein. Er wird von den Beamten bevorzugt, von den europäischen Diplomaten erlernt. Die Wissenschaft darf dieser Mode nicht folgen. Die Pekinger Mundart ist vielleicht von Allen die lautärmste, daher die an Homophonen reichste, daher die für wissenschaftliche Zwecke ungeeignetste.

c. Als Hauptsitz des **westlichen** Mandarinen-Dialectes wird Č'ing-tu-fu, die Hauptstadt von Ssï-č'uen betrachtet.

Anmerkung. Der nur durch ein dürftiges Vocabular (HODGSON, *Essays on the languages etc. of Nepal and Tibet*, London 1874, 8⁰, II. pag. 65 ff.) bekannte Dialect der **Gyámi**

漢文經緯

an der chinesisch-tibetischen Grenze, scheint dem Kuan-hoá nahe zu stehen, hat aber gelegentlich Doppelanlaute — *sphun, šré* — die in keinem der bekannten übrigen Dialecte wiederzufinden sind.

§. 38. Der Dialect von **Če-kiang** und **Kiang-su**, uns am besten als Mundart von **Shanghai** bekannt, zeigt in seiner Grammatik und in seinen Auslauten viel Uebereinstimmung mit dem Kuān-hoá, weicht aber von diesem im Auslautsysteme erheblich ab.

§. 39. Unter den Mundarten von **Kuang-tung** ist der sogenannte Canton-Dialect **本地話** ***pùn****(pèn)****-tí-hoá*** der bekannteste und wichtigste. Er hat, abgesehen von wenigen Ausnahmen, die alten Auslaute rein bewahrt.

§. 40. Ihm nahe steht der sogenannte **Hakka**-Dialect **客家話** ***hek-kiā-hoá.*** Die Hakka (d. i. Gäste, Einwanderer) verliessen in der Regierungszeit des Khang-hi (1662—1723) ihre Heimath in Kia-ying-čeu und wendeten sich westwärts. Sie haben einen grossen Theil von Kuang-tung und Kuang-si besiedelt.

§. 41. Der weitaus eigenartigste unter allen uns bekannten Dialecten ist der der Provinz **Fu-kien** (in der einheimischen Aussprache **Hokkien),** welchem sich die Mundart von **Č'ao-čeu-fu (Čin-čeo** oder **Tie-čiu)** anschliesst. Ein eigenthümliches Anlautsystem, seltsame Nasalirungen des Inlautes, namentlich aber eine sehr grosse Zahl ihm allein eigenthümlicher Wörter zeichnen ihn aus. Dabei besitzt er für viele einsylbige Wörter eine doppelte Aussprache, je nachdem er im mündlichen Verkehre oder beim Lesen angewendet wird.

Die **Hok-lo** in der Provinz Kuang-tung sind Einwanderer aus Fu-kien und reden eine Mundart des Hokkien-Dialectes. Dagegen weicht die Mundart der Provinzialhauptstadt **Fu-čeu** durch manche Eigenartigkeiten von diesem Dialecte sehr erheblich ab.

§. 42. Ueber die sonst in dem grossen Reiche erklingenden Mundarten wissen wir noch zu wenig, als dass wir sie mit Sicherheit einordnen könnten. Dass China schon vor Jahrhunderten seine Ansiedler nach Ländern der transgangetischen Halbinsel, nach dem jetzigen Niederländisch Indien, den Philippinen und Formosa, neuerdings auch nach Amerika und Australien entsandt hat, ist bekannt. Ein dialectisches Interesse scheinen indessen jene Colonien nicht zu gewähren. Die chinesischen Anwohner der Küsten von **Hai-nam** sollen einen eigenthümlichen, an die annamitische Aussprache des Chinesischen erinnernden Dialect reden.

Zusatz I. In den dem europäischen Handel eröffneten Häfen Chinas hat sich eine noch sehr rohe und arme Contactsprache entwickelt. Es ist dies das sogenannte **Pitchen**

(Pidgin, wohl auch *Pigeon,* d. i. *business)* **English**, dessen Wortschatz grösstentheils englisch, dessen Lautwesen aber dem chinesischen Organe angepasst, und dessen grammatischer Bau ein jämmerliches Abbild des Chinesischen ist.

Zusatz II. In der Einleitung zu WELLS WILLIAMS *Syllabic Dictionary* ist ein Text in nachclassischem — fast classischem — Stile von 220 einsylbigen Wörtern in mehrere Dialecte übersetzt. Hierzu wurden in Peking 470, in Hankau 350, in Shanghai 375, in Ningpo 355, in Fuhtscheu 290, in Swateu 365, in Canton 325 Sylben gebraucht. So verschieden verhalten sich die Dialecte in Rücksicht auf die Weitläufigkeit des Ausdruckes.

3. Die chinesische Sprache bei anderen Völkern Ostasiens.

§. 43. Zwei Mittelpunkte waren es, von welchen die gesammte Gesittung des östlichen Asiens ausgestrahlt ist: Indien, dessen aufopfernde Buddhapriester ihre milde Glaubenslehre weithin gen Norden, gen Süden und Osten verbreiteten, — und China, das, soweit es nicht selbst seine Grenzen erweiterte, lediglich durch den Glanz seiner Bildung die Nachbarn zur Nacheiferung anregte. Der Islâm scheint hier, wie im übrigen Asien, mehr Unrath als Segen geschaffen zu haben.

§. 44. Die **Koreaner**, von Alters her dem Mittelreiche benachbart und politisch bald mehr bald minder von ihm abhängig, scheinen die Ersten gewesen zu sein, welche die chinesische Literatur als classische, die chinesische Sprache als gelehrte bei sich aufnahmen. Ihre Aussprache der chinesischen Einsylbler, vermuthlich auf einem alten Dialecte des Nordens beruhend, ist für die Lautgeschichte der Sprache von hohem Interesse. Ihre einheimische Schrift ist noch immer ein paläographisches Räthsel.

Anmerkung. Diese Schrift besteht aus 11 Vocal- und Diphthongzeichen, 18 Consonanten und einer Anzahl Ligaturen. Die Buchstaben werden sylbenweise in Vierecke zusammengruppirt und diese Gruppen erinnern allerdings bei oberflächlicher Betrachtung an chinesische Schriftzeichen. Dies gilt aber nur der Form; das System ist fast ganz das indische.

§. 45. Ein koreanischer Prinz war es, der im Jahre 284 n. Chr. die erste Kunde von chinesischer Schrift und Literatur nach **Japan** brachte. Diese fanden hier, zunächst am Hofe, gar bald eifrige Aufnahme und Pflege. Erst im sechsten Jahrhundert aber, als der Buddhismus über China in das Inselreich drang, ward das Studium des Chinesischen in den vornehmeren Kreisen des Landes allgemein. Man unterscheidet hier drei Aussprachen verschiedenen Alters und Dialectes:

a. Kan-won 漢 音 nach der Dynastie der Han, 202 v. Chr. bis 220 n. Chr., benannt, dem heutigen Nordchinesischen nahestehend;

海上絲綢之路文獻集成 科技與文化编

漢文經緯

b. Go-won 吳 音, so benannt nach der Dynastie Wu oder Ngu, 226 bis 280 n. Chr., anscheinend auf dem Fu-kien-Dialecte beruhend;

c. Tau-in sprich: Too-in 唐 音, Aussprache der T'ang, 619—906 n. Chr., sehr ähnlich dem heutigen Kuān-hoá.

Bis in die neueste Zeit war das Chinesische gelehrte Sprache der Japaner, die ihre eigene Muttersprache je länger je mehr durch die Aufnahme chinesischer Fremdwörter bereichert und verderbt haben. Kenntniss des Chinesischen ist Vorbedingung zu einem erfolgreichen Studium der japanischen Literatur. Die Umschreibungen chinesischer Sylben aber sind für die Sprachgeschichte wenig werth, weil die einheimischen Schriften der chinesischen Phonetik nicht gewachsen sind.

Anmerkung. Bekanntlich haben die Japaner eine Anzahl chinesischer Schriftzeichen in abgekürzten oder verflüchtigten Formen zur Darstellung der 47 Sylben ihrer Sprache verwendet. Näheres siehe in der Einleitung zu Hoffmanns *Japanischer Sprachlehre*, S. 3, 30 ff. und Aston, *Grammar of the japanese written lang.* 2d. ed. pag. II ff.

§. 46. Von den hinterindischen Reichen hat nur eins, **Annam,** den chinesischen Einfluss nachhaltig empfunden. Im Jahre 214 vor unserer Zeitrechnung eroberte es der T'sin-Kaiser Schi-hoang-ti und entsandte eine halbe Million chinesischer Ansiedler dahin. Das politische Abhängigkeitsverhältniss lockerte sich bald wieder, das culturliche aber blieb. Noch heute sind chinesische Bücher die geistige Nahrung der Annamiten, welche es zu einer wirklich einheimischen Literatur nicht gebracht zu haben scheinen. Zahllose chinesische Wörter haben in eigenthümlicher Lautgestalt in ihrer Sprache Bürgerrecht erlangt, und ihre Schrift ist die chinesische, vermehrt durch eine Menge nacherfundener zusammengesetzter Zeichen.

§. 47. Die beiden tungusischen Völker der **Kitan** oder **Liao,** 907—1125, und der **Niü-či, Aisin** oder **Kim,** 1115—1235, beflissen sich während sie als Eroberer im Mittelreiche sassen, der einheimischen Bildung und schufen sich Syllabarschriften nach chinesischem Muster, von welchen noch einige Denkmäler vorhanden sind. Beide scheinen jedoch bald wieder in ihren Culturbestrebungen erlahmt zu sein.

§. 48. Anders die **Mandschu**. Sie haben sich, seit sie China erobert (1644), mit ebensoviel Eifer wie Erfolg der Pflege der chinesischen Sprache und Literatur gewidmet. Erlauchte Kaiser, zu den Besten zählend, die das Mittelreich gehabt hat, so K'ang-hi, 1662—1723, und Kien-lung, 1736—1796, selbst Gelehrte ersten Ranges, liessen eine Menge der vorzüglichsten chinesischen Bücher in ihre Muttersprache übersetzen und unter ihren Landsleuten ver-

海上絲綢之路文獻集成 科技與文化編

breiten. Die meisten dieser Uebertragungen können als authentische, manche von ihnen als meisterhafte gelten. Sie vor Allem haben uns Europäern den Weg der sinologischen Forschung gebahnt; und noch heute sollte Niemand, der Chinesisch treiben will, die Erlernung der Mandschusprache vernachlässigen.

Die ältesten jener Uebersetzungen enthalten zahlreiche chinesische Lehnwörter, die später, dank einem gesunden puristischen Streben, durch einheimische Ausdrücke ersetzt worden sind. Die Mandschu selbst aber, soweit sie im eigentlichen China wohnen, fangen nachgerade an ihre Muttersprache zu vergessen; viele von ihnen reden nur noch chinesisch.

K'anghi selbst hat für die Pflege und Bearbeitung der chinesischen Sprache wohl mehr gethan, als irgend einer seiner Vorgänger; denn auf seine Anordnung wurden einige der wichtigsten Wörterbücher dieser Sprache geschaffen, darunter die grössten, welche irgend eine Sprache der Welt aufzuweisen hat: das **佩文韻府** *P'ei-wên-yün-fú* (110 oder 186 Bände) und das **駢字類編** *P'în-tsï-lúi-piēn* (120 oder 240 Bände), überdies das allbekannte ‚K'anghi'sche Wörterbuch **康熙字典** *K'āng-hī-tsï-tièn*' in 30 bis 40 Bänden.

D. Methode und Zwecke der Spracherlernung.

§. 49. Wer sich das Chinesische durch den **lebendigen Verkehr mit Eingeborenen** aneignen will, für den gelten die allgemeinen Grundsätze dieser Art der Spracherlernung: er höre, rede und lese so viel chinesisch und so wenig in anderen Sprachen, als nur möglich, und suche sich an der Hand eines tüchtigen Lehrers vermittelst der Umgangssprache den Zugang zu der Sprache der Literatur. Dies ist der Weg, welchen Prémare, Gonçalves, Perny und Zottoli den Missionären, Wade den diplomatischen Dolmetschern vorgezeichnet. Er ist bei der nöthigen Ausdauer sicher, aber nicht kurz.

§. 50. Das **grammatische Verständniss** der Sprache sollte von Jedem erstrebt werden, der eines solchen fähig ist. Blosse Routine reicht nicht über den Kreis der gemachten Erfahrungen hinaus; gründliches Vertrautsein mit den Sprachgesetzen dagegen vermag auch auf ungebahnten Pfaden weiterzudringen. Und kein Irrthum ist bedenklicher als der, dass das Chinesische keine oder nur eine dürftige Grammatik besitze, keiner aber auch näherliegend für Solche, welche das Ende der Sprachlehre etwa hinter dem Capitel von den unregelmässigen Verben suchen.

§. 51. Die chinesische Grammatik ist, abgesehen von der Laut- und Schriftlehre, lediglich **Syntax**, und will als solche begriffen sein. Begriffen, nicht nur angelernt. Denn diese Syntax ist in allen wesentlichen Stücken nichts weiter, als die logisch folgerichtige Entwickelung einiger weniger Grundgesetze, welche in ihrem Zusammenwirken sozusagen das Lebensprincip des Sprachorganismus bilden. Aus ihnen ist logisch zu deduciren, und die Erfahrung lehrt, dass ein solches Schlussfolgern, einsichtig gehandhabt, viel Einlernen von Einzelnheiten zu ersetzen vermag.

§. 52. Die Gedächtnissarbeit wird dadurch geringer, aber sie wird nicht ganz erspart. Denn der Deduction ist nicht Alles erreichbar, weil in der Sprache wohl Alles gesetzlich, aber nicht Alles nothwendig ist. Auch die Freiheit, die **Geschichte** hat ihr Antheil an ihr. Wo jene Grundgesetze nur ein Bereich von Möglichkeiten umgränzen konnten, da hatte die Geschichte zu entscheiden, welche dieser Möglichkeiten zu Thatsachen werden sollten.

Anmerkung. Ein Beispiel: Zu den Grundgesetzen gehört es, dass ein actives Verb sein Object hinter sich, und dass jedes Wort seine Attribute vor sich hat. Daraus folgt, dass ein Verbum mit seinem Objecte vor einem anderen Verbum eine adverbiale Bestimmung dieses letzteren enthalten kann, daraus weiter die Möglichkeit verbaler Präpositionen und die Wahrscheinlichkeit, dass hierzu besonders solche Verba verwendet werden, welche von dehnbarer Bedeutung und von häufigem Gebrauche sind. Wie sich das nun in der Wirklichkeit gestaltet hat, das ist Sache der Sprachgeschichte. Es hat auch seine Gründe, aber keine, welche im Wesen der Einzelsprache selbst lägen.

§. 53. Es ist leicht einzusehen, dass diese geschichtlichen Mächte auf die besondere Ausbildung der uralten Cultursprache einen weitgehenden Einfluss üben mussten. Man darf hierbei folgende Fälle unterscheiden:

a.) Wörter haben den Dienst als Partikeln, d. h. als Ausdrücke für grammatische Verhältnisse. Solche Wörter muss man kennen, um den Bau der Sätze zu verstehen.

b.) Herkömmliche Redensarten scheinen in der Form ihrer Bildung oder in ihrer Bedeutung wider die Gesetze der Sprache zu verstossen. Es mögen z. B. sich Ueberbleibsel aus früheren Zeiten der Sprachentwickelung im Gebrauche erhalten haben oder gewisse Ellipsen üblich sein. Solchen Fällen gegenüber hilft nur Vertrautheit mit den Thatsachen.

c.) Innerhalb des von den grammatischen Gesetzen gelassenen Spielraumes hat in unzähligen, mehr die Phraseologie betreffenden Fällen das Herkommen der Willkür Schranken gesetzt. Man denke sich, wir dürften im Deutschen nicht Erde und Himmel sagen, sondern nur Himmel und Erde, nicht gut oder bös, sondern nur gut oder schlecht u. s. w. Es ist gut, in

2*

diesen Dingen bewandert zu sein: man versteht und geniesst dadurch die Texte besser und gewinnt Sicherheit im chinesischen Ausdrucke. Allein sie können in einem grammatischen Lehrbuche nicht erschöpft werden und finden passend im Wörterbuche Platz.

d.) Geradezu verblüffend können kurze, scheinbar das Satzgefüge störende Anspielungen auf geschichtliche Thatsachen oder auf Aussprüche hervorragender Schriftsteller wirken. Hierbei Hülfe zu schaffen ist aber sicher nicht Sache der Grammatik.

§. 54. So bleiben denn als nächste Aufgabe des Lernens nur die beiden unter a.) und b.) erwähnten Gegenstände, und deren Zahl und Schwierigkeit ist nicht allzugross. Wenn man die besten Bücher mit Aufmerksamkeit liest, so wird man von selbst mit jenen besonderen Feinheiten des Sprachgebrauchs und guten Geschmackes vertraut. Darum sei es das erste Bestreben des Lernenden, schnell in die Lecture einzutreten. Einen ersten Versuch hierin darf man schon wagen, wenn man die Laut- und Schriftlehre hinter sich hat; nur muss der Text an sich leicht sein, und man entweder einen Lehrer, oder eine zwischenzeilige Uebersetzung mit grammatischen Anmerkungen zur Seite haben. Das 三字經 *Sām-tsī-kīng* oder Drei-Wort-Buch und der *Méng-tsì* 孟子 in den bekannten Julien'schen Ausgaben sind für solche Zwecke brauchbar. Immerhin jedoch ist ein solcher vorläufiger Versuch nur von nebensächlichem Werthe.

§. 55. Die Hauptsache ist die Gewinnung einer sicheren **grammatischen Grundlage** durch systematisch-methodisches Studium der Anfangsgründe. Es ist gezeigt worden, dass es hierbei weit mehr auf die Schärfe und Klarheit der logischen Auffassung ankommt, als auf die Menge des Erlernten. Es ist nie leicht, sich in einem uns ganz fremdartigen Denken heimisch zu machen; wer aber im Chinesischen diese Schwierigkeit rasch überwindet, der braucht nicht eben hervorragendes Sprachtalent zu besitzen: er hat in der That nur gutes logisches Fassungsvermögen bewiesen. Der Versuch, die Lehrsätze unseres analytischen Systems in eine Art algebraischer Formeln zu kleiden, würde als Mittel der Schulung lohnen, selbst wenn er misslingen sollte.

§. 56. Zum Ausgangspunkte ist der classische Stil — §. 20 ff. — zu wählen. Dem vorclassischen sind Anfänger noch nicht gewachsen, und den nachclassischen und niederen Stil kann man mit Sicherheit nur auf Grund genügender classischer Vorbildung verstehen.

§. 57. Hat man die Grundlehren der Grammatik inne, so mag man leichte übersetzte **Texte lesen.** Dabei empfiehlt sich Folgendes:

海上絲綢之路文獻集成 科技與文化编

漢文經緯

a.) Man lese, wo es angeht, laut, mit sorgsamer Betonung der Wörter. Dadurch übt man nicht nur das Sprachorgan, sondern auch den Geschmack an dem eigenthümlichen Tonfall und Gleichklang der Sätze.

b.) Man lese zweimal, das eine Mal langsam unter fortwährender Führung grammatischer Collectaneen, das andere Mal flüchtiger. Jenes schult im grammatischen Denken, dieses weckt den Sinn für chinesische Denk- und Schreibweise.

c.) Man thut wohl, sich besonders schöne oder bezeichnende Stellen auszuschreiben und sie womöglich auswendig zu lernen. Die Chinesen sind grosse Freunde von Citaten.

§. 58. Zur ersten Lecture empfiehlt sich jedenfalls *Méng-tsï*, dann das *Lün-iü*, das *Tá-hiok* und *Čung-yûng* (§. 22), *Laò-tsï* (§. 20), das *Šu* und das *Ši* (§. 16, 17); andere in europäische Sprachen oder in das Mandschuische übersetzte Werke mögen darauf folgen. Zwischen hinein können auch nachclassische Schriften, soweit Uebersetzungen davon zu erlangen sind, gelesen werden. Jedenfalls lese man fortan möglichst unausgesetzt, hoffe aber nicht zu früh, zum selbständigen Uebersetzen reif zu sein.

§. 59. Die Befähigung hierzu, wenn sie nicht durch grosse Belesenheit als eine Routine erworben werden soll, wird am sichersten durch einen zweiten, **höheren grammatischen Cursus** gewonnen. Dieser braucht nicht in zu langem Zwischenraume auf den ersten zu folgen. Sein Zweck ist zunächst, das beim Lesen praktisch erworbene Wissen zu ordnen, zu klären und zu ergänzen. Das analytische System wird mehr ins Einzelne durchgearbeitet, das synthetische tritt als neues Lehrfach hinzu. Soweit sollte Jeder geschult sein, ehe er sich der einen oder anderen Specialität zuwendet. Und allerdings ist eine gewisse Specialisirung räthlich; die Aufgaben der Sinologie sind so mannichfaltig, dass nicht leicht Jemand hoffen darf, ihnen allen gewachsen zu sein. Auf einzelne von ihnen soll im Folgenden hingedeutet werden.

§. 60. Unsere Kenntnisse von der **Sprache** verlangen noch vielfache Erweiterung und Vertiefung. Die lautgeschichtlichen und etymologischen Probleme, von denen später, im dritten Hauptstücke des Allgemeinen Theils, die Rede sein wird, wollen gelöst sein; eine erschöpfende Grammatik der vorclassischen Sprache ist erst noch zu schaffen, der Sprachgebrauch einzelner Schriftsteller zu untersuchen, die lexikalische und grammatikalische Synonymik ins Klare zu bringen, ein vollständiges Wörterbuch zu erstreben.

Anmerkung. Vgl. in letzterer Hinsicht meinen Aufsatz: *Stand und Aufgaben der chinesischen Lexicographie*, Ztschr. d. d. M. G., Bd. XXX, S. 587—602.

§. 61. Unahnbare Schätze sind noch in den fündigen Gängen der chinesischen **Literatur** zu heben. Die Geschichte eines mehrtausendjährigen philosophischen Geistesstrebens ist erst in Bruchstücken bekannt, die Politik des lebenszähesten Culturstaates, sein gesellschaftliches Leben, sein reges Treiben in Gewerbe und Handel, seine Erfindungen und Entdeckungen sind der gründlichsten geschichtlichen Untersuchungen wohl werth. Was der rastlose Fleiss der Chinesen auf den Gebieten der Erfahrungswissenschaften für Naturbeschreibung, für Himmels-, Erd- und Völkerkunde u. s. w. geleistet hat, das ist der westlichen Welt nur erst zum kleinsten Theile zugänglich geworden. Ihre Dichtkunst, von Alters her bis auf den heutigen Tag mit Begeisterung gepflegt, ist fast nur in ihren älteren Erzeugnissen durch würdige europäische Uebersetzungen vertreten*); aus den letzten zweitausend Jahren ihrer Entwickelung kennt man bei uns erst wenige und doch zum Theil recht einladende Proben. Man sieht: nicht an Arbeit fehlt es, sondern an Arbeitern.

§. 62. Nach Erlangung einer gründlichen classischen Vorbildung wird der Eintritt in die sogenannte niedere Literatur leicht. Die Grammatik des neuen Stiles bietet wohl manches Neue, aber kaum etwas, was befremden könnte, und über die lexikalischen Schwierigkeiten helfen die Wörterbücher hinweg. Von der reichen Romanschriftstellerei der Chinesen kennen wir genug, um ihren Werth zu ahnen. Sie führt uns, zuweilen mit rücksichtslosem Realismus, mitten in das heutige Volksleben hinein, und manche ihrer Erzeugnisse sind wahre Meisterwerke an Geist, an Geschmack, oder an Lebenswahrheit.

§. 63. Wer sich in der Abfassung **chinesischer Aufsätze** üben will, der findet zahlreiche einheimische Mustersammlungen vor. Wade's vortreffliches *Tzŭ-erh Chi* enthält in seiner documentary series eine praktische Schule im amtlichen Geschäftsstile. Man beginne jedenfalls mit der Rückübersetzung einheimischer Texte, vergleiche die eigene Arbeit mit der Urschrift, bilde sich vorläufig nicht ein, dass man es besser machen könne, sondern suche sich zu erklären, warum der vom Schriftsteller gewählte Ausdruck den Vorzug verdiene.

§. 64. Von Beginn des Studiums an wende man der **Schrift** unausgesetzte Sorgfalt zu. Man übe sich, die gelernten Zeichen genau, am besten mit dem spitzigen chinesischen Pinsel, nachzuschreiben, sie in ihre Bestandtheile zu zerlegen und im Wörterbuche aufzuschlagen. Man wird erstaunen, wie schnell hierbei die scheinbaren Schwierigkeiten der chinesischen Schrift

*) Obenan zu nennen ist: Victor von Strauss, *Schī-kīng, das canonische Liederbuch der Chinesen.* Heidelberg 1880, 8°.

海上絲綢之路文獻集成 科技與文化编

漢文經緯

auf ein sehr bescheidenes Maass herabschwinden, und man wird sich Fertigkeiten aneignen, welche dem ganzen weiteren Lernwerke zu Statten kommen. Ueber die Erfordernisse und den Nutzen einer schönen Handschrift wird in der Schriftlehre das Nöthige gesagt werden.

§. 65. Europäische Sinologen verfallen leicht in den Fehler, das **Lautwesen** oder doch die **Betonungen** der Wörter zu unterschätzen. Es ist wohl wahr, man kann chinesische Texte übersetzen, ohne von ihrer Aussprache eine Ahnung zu haben. Damit ist aber der philologischen Aufgabe nicht genügt; denn wenn **das** chinesisch lesen hiesse, so wäre das Chinesische eine lautlose, das heisst gar keine Sprache, und die chinesische Schrift wäre eine Pasigraphie, die man eben nicht lesen, sondern nur übersetzen könnte. In der That erspart man durch eine solche Vernachlässigung der Aussprache für die Dauer nicht einmal Zeit und Mühe, verliert aber dadurch sehr viel vom ästhetischen Genusse und verwirkt jede Berechtigung zur Beurtheilung der Sprache.

Erstes Hauptstück.

Laut- und Betonungslehre.

I. Wörter, Sylben, Lautcomplexe.

§. 66. Wir betrachten hier die chinesische Sprache nur in dem Zustande, in welchem sie in den Denkmälern ihrer Literatur und im Munde des Volkes erscheint; von zu vermuthenden früheren Stufen ihrer Entwickelung sehen wir vorläufig ab. In diesem Zustande nun sind ihre Stammwörter durchgängig einsylbig und in der Regel unveränderlich. Agglutination oder Flexion giebt es nicht, Differenzierungen der Bedeutungen durch Laut- oder Tonveränderungen nur in vereinzelten Fällen. Das einzige Mittel, ihren Wortschatz organisch zu vermehren, besteht in der Zusammensetzung. Diese aber geschieht regelmässig ohne gegenseitige lautliche Beeinflussung der benachbarten Sylben. Es giebt keine Sandhi-Gesetze.

Anmerkung. Von gelegentlichen Verschmelzungen zweier Sylben in eine siehe später, drittes Hauptstück III, c. (§. 246).

§. 67. Zur Vermeidung von Zweideutigkeiten muss man drei Begriffe scharf unterscheiden:

I. Lautcomplex ist die Verbindung zweier oder mehrerer Laute zu einer Sylbe, abgesehen von der Betonung. So sind *ma, kiuan, liao* drei Lautcomplexe. Kürze halber werden unter diesem Begriff auch einzelne Vocale verstanden werden, sofern sie für sich allein Träger von Sylben sind, z. B. *i, u.*

II. Sylben sind Lautcomplexe mit bestimmter Betonung. Z. B. sind *mâ, mà* und *má* drei verschiedene, aber gleichlautige Sylben.

III. Eine Sylbe als Trägerin eines Begriffes ist ein **Stammwort** oder Wort schlechthin. So sind 麻 *mâ,* Hanf, 痲 *mâ,* Masernkrankheit, 蟆 *mâ,* Frosch, drei verschiedene — gleichsylbige — Wörter.

漢文經緯

§. 68. Eine chinesische Sylbe ist in zweifacher Hinsicht durchschnittlich gewichtiger, als eine Sylbe in unseren Sprachen: körperlich, weil sie — wenigstens in der alten Sprache und in der Mehrzahl der Dialecte — stets eine Länge darstellt; die Kürzen, aus denen bei uns die Sätze zur guten Hälfte zu bestehen pflegen, fehlen. Geistig wiegt die chinesische Sylbe schwerer, weil sie stets ein Stammwort enthält, also einem vollen europäischen Worte mit seinen Bildungssylben, oft auch mit den ihm zugehörigen Hülfswörtern entspricht. Wir Deutschen bedürfen zur Uebersetzung eines altchinesischen Satzes in unsere Sprache selten weniger, oft mehr als die doppelte Sylbenzahl.

§. 69. Jedes Wort der Schriftsprache hat in der Regel ein bestimmtes, ihm allein zukommendes Schriftzeichen. Es kommt jedoch vor,

a.) dass ein Wort durch mehrere unter sich für gleichbedeutend geltende Zeichen — Varianten — ausgedrückt werden kann, z. B. 從、从 *ts'ûng,* folgen;

b.) dass ein und dasselbe Stammwort in verschiedenen seiner Bedeutungen durch verschiedene Zeichen dargestellt wird, z. B. 十 *šip,* zehn, 什 *šip,* eine Rotte von zehn Mann Soldaten, ein Gezehent;

c.) wohl auch, dass das nämliche Zeichen für zwei oder mehrere Wörter angewandt wird, z. B. 安 *ngān,* Ruhe, zugleich für *ngān,* wie? wo? 惡 *ngok,* bös, zugleich für das Fragwort *ngū;*

d.) endlich dass ein Stammwort durch Veränderung seines Lautes oder seiner Betonung — mit oder ohne gleichzeitige Annahme eines anderen Schriftzeichens — einen Bedeutungswandel erfährt. Es ist dies die einzige Art der Ableitung, welche noch als solche empfunden zu werden scheint. Beispiele: 好 *haò,* gut, 好 *haó,* für gut halten = lieben; 從 *ts'ûng,* folgen; 從 *tsúng,* Nachfolge, Gefolge, Nachkommenschaft, 蹤 *tsūng,* Spur, nachahmen.

Man sieht, es wäre voreilig, aus der Zahl der Schriftzeichen unmittelbar auf die Zahl der Stammwörter schliessen zu wollen. Vgl. §. 13.

§. 70. Die Zahl der in den einzelnen Dialecten vorhandenen verschiedenen Sylben und Lautcomplexe wird regelmässig nur annähernd zu bestimmen sein, und die desfallsigen Angaben der Gewährsmänner sind oft schwankend. Nach dem Wu-fang-yuen-yin besitzt das Kuān-hoá 532 Lautcomplexe, nach Wells Williams, *Syll. Dict.,* S. XV, deren nur 460, die Mundart von Peking gar nur 420, Shanghai 660, Swatow 674, Tie-chiu 676, Canton (Punti) 707, Chang-cheu 846, Fuh-cheu 928 (Das. S. XVIII, XXIII).

Anmerkung. Es leuchtet ein, dass je ärmer, verschliffener das Lautwesen eines Dialectes, desto grösser die Zahl seiner Homophonen, desto näherliegend also die Gefahr der Zweideutigkeit, und mithin weiter das Bedürfniss einer verdeutlichenden, sylbenreicheren Ausdrucksweise sein wird. So betrachtet, bieten die Zahlenangaben im Zusatze II zu §. 42 im Vergleiche mit den obigen ein besonderes Interesse.

II. Die Laute.

A. Transscriptionen.

§. 71. In den europäischen Umschreibungen chinesischer Laute herrscht eine fast unglaubliche Mannichfaltigkeit. Diese beruht theils auf den verschiedenen Orthographien unserer Sprachen, theils auf den zu Grunde gelegten Mundarten des Kuān-hoá, theils endlich auf verschiedener Auffassung der nämlichen Laute. Eine Einigung dürfte nicht so bald zu erzielen sein; vielmehr muss man sich nach Möglichkeit in dem herrschenden Wirrwarr zurecht zu finden suchen.

§. 72. Wir unsererseits bedienen uns folgender Buchstaben:

a.) Vocale: *a, i, ï, u, ü, e, o.*

b.) Consonanten: *k, k', ng; t, t', n; č, č'; p, p', m; f, w; ts, ts', s (ss); š, ž; y, h; l, r.*

Man spreche ***ï*** wie ein vocalisirendes Forthallen des vorhergehenden Consonanten, ***e*** mehr oder weniger ähnlich einem *ä*; ***č*** wie *tsch*, englisch *ch*, ***w*** wie englisch *w*, ***š*** wie *sch*, englisch *sh*, ***ž*** wie französisch *j*, ***y*** wie deutsch *j*, die apostrophirten Consonanten aspirirt, d. h. mit nachfolgendem *h*, also *k', t', č', p', ts'* etwa wie *k-h* u. s. w. in: ‚Pflockholz, statthaft, klatschhaft, Kapphahn, scherzhaft‘. Im Auslaute spreche man ***k, t*** und ***p*** gar nicht, ***m*** wie *n* aus. — Der von mir nach Vorgang theils der Mandschu, theils der alten Missionäre angenommene Doppelvocal ***eu*** entspricht wenigstens der heutigen Aussprache nicht mehr. Man spreche und schreibe auch lieber für ***yeu:*** *yiu*, für auslautendes ***ieu:*** *iu*; für blosses ***eu:*** *ou*, z. B. statt *heu: hou*; statt *k'ieu: k'iu* u. s. w. Alle Consonanten gelten als einfach.

§. 73. Die Chinesen selbst scheinen erst im 5. oder 6. Jahrhundert unserer Zeit durch indischen Einfluss darauf verfallen zu sein, die Laute ihrer Sprache umschreibend darzustellen. Die von ihnen hierbei geübte Methode, 反切 ***fàn-ts'iet*** (wörtlich: umkehrend spalten) oder 切音 ***ts'iet-yim,*** Laute spalten, genannt, ist folgende: Man unterscheidet zwischen dem Anlaute 母 ***mù,*** eigentlich ‚Mutter‘, und dem Auslaute 韻 ***yūn,*** ‚Reim‘. Ersterer ist stets ein einfacher Consonant, Letzterer umfasst den Rest des Lautcomplexes. Nun stellt man ein Wort mit gleichem Anlaute und ein anderes mit gleichem Auslaute und Tone wie das zu erklärende zusammen, z. B. 十、

漢文經緯

時 入 切 ○ *šip, šî-žip ts'iet,* **‚šip** (= zehn), *šî* und *žip* gespalten‘. Gelegentlich fügt man wohl auch noch ein gleichlautendes Wort hinzu, z. B. 疳、沽 三 切、音 甘 ○ *kām, kū-sām t'iet, yīm kām* = ***kām,*** *kū* und *sām* gespalten, Laut: *kām‘*. Die Zeichen, welche zu diesen Lautangaben verwendet werden, sind in den verschiedenen Wörterbüchern verschieden ausgewählt. Die Laute *i* und *ĭ*, *ž* und *r* fallen bei dieser Umschreibung zusammen: 耳 *rî* : 忍 止 切 ○ *žìn* und *čì* getheilt (also eigentlich *žì*).

B. Die Anlaute, 母 *mù.*

§. 74. In Khang-hi's bekanntem Wörterbuche, im Tsï-wéi und einigen anderen Werken dieser Art sind die Anlaute, welche die Sprache im 6. bis 8. Jahrhundert unserer Zeitrechnung besessen, folgendermassen geordnet und dargestellt:

Tafel der Anlaute.

	Classe	stark	aspir.	schwach	nasal etc.
I.	牙 音 ***yâ-yim,*** Unterzahnlaute	見 *k*	溪 *k'*	郡 *g*	疑 *ng*
II.	舌 頭 音 ***šit-t'eû-yīm,*** Zungenlaute	端 *t*	透 *t'*	定 *d*	泥 *n*
III.	舌 上 音 ***šit-šáng-yim,*** Gaumenlaute	知 *č*	徹 *č'*	澄 *ǧ*	娘 *ñ*
IV.	重 脣 音 ***čúng-šûn-yim,*** starke Lippenlaute	幫 *p*	滂 *p'*	並 *b*	明 *m*
V.	輕 脣 音 ***k'ïng-šûn-yïm,*** leichte Lippenlaute	非 *f*	敷 *f'*	奉 *v*	微 *w*
VI.	齒 頭 ***č'ì-t'eû,*** Oberzahnlaute	精 *ts*	淸 *ts'*	從 *dz*	心 *s*
					邪 *z*
VII.	正 齒 ***číng-č'ì,*** gerade Zahnlaute	照 *tš*	穿 *tš'*	牀 *dž*	審 *š*
					禪 *ž*
VIII.	喉 音 ***heû-yīm,*** Kehllaute	影 *y*	曉 *h*	喻 *j*	匣 *h̲*
IX.	半 舌 半 齒 ***pán-šit-pán-č'ì,*** Linguodentale	來 *l*	日 *r(?)*		

§. 75. Von obigen Lauten fehlen dem heutigen Kuan-hoá:

1. sämmtliche schwache, mithin die der dritten Columne,

2. das aspirirte *f'*, das weiche *s (z)* und die Zweitheilung des *h*.

3. In der ersten, älteren Reimtafel des Khang-hi-Wörterbuchs fehlen Classe V und VII, sind also nur 27 Anlaute enthalten.

海上絲綢之路文獻集成 科技與文化編

Das mouillirte ***ñ***, dessen Aussprache sich von selbst ergiebt, ersetzen wir mit durch das einfache *n*. Zwischen ***č*** und ***tš***, ***č'*** und ***tš'*** pflegt von den Mandschu und den Europäern wenigstens nicht mehr geschieden zu werden; doch wäre hier eine graphische Unterscheidung wohl zu wünschen. Der Laut ***j*** wird von den Meisten mit durch *y* ersetzt: *yü* u. s. w. Wir schreiben, dem Vorbilde der Mandschu folgend, *iü*. Nach dem nämlichen Vorgange schreiben wir für das vocalisch forttönende ***s***: *ssï*.

§. 76. ***K*** und ***k'*** vor *i* verwandeln sich in der Pekinger Mundart in *ts, ts'* oder *č, č'*; z. B. 京 *kīng*, Hauptstadt: *tsīng* oder *čīng*; 句 *kiû*, Satz: *tsiû, čiû*; 其 *k'î*, er, sie es, sein: *ts'î* oder *č'î*.

Im Č'eng-tu lautet ***k*** vor *a, u* und *e* wie *kr*.

§. 77. Anlautendes ***ng*** pflegt vor *i* nicht mehr ausgesprochen zu werden: 義 *ngí*, sprich *í*, Rechtschaffenheit. Vor *a, e, o* kann es entweder wegfallen oder auch wie blosses *g* lauten: 安 *ngān, ān, gān*, Ruhe; 恩 *ngēn, ēn, gēn*, Gunst. Vor *o* und *u* ist statt dessen auch *w* zulässig: 我 *ngò, ò, gò, wò*, ich; 五 *ngù, ù, wù*, fünf.

Man beachte, dass *ng* nicht getrennt, sondern in Einem Laute auszusprechen ist, wie im engl. *king, young*.

§. 78. Statt ***n*** spricht man in vielen Mundarten des Westens und jetzt auch in Nanking meist *l*: 能 *nêng*, können, wie *lêng*; 乃 *naì*, dein, da, wie *laì*; 寧 *nîng*, Ruhe, besser, wie *lîng*.

§. 79. ***S*** wird oft für *š*, ***ts*** für *č* gebraucht, *ssï* und *ši* oft gar nicht unterschieden. Man darf sagen: 生 *šēng* oder *sēng*, gebären; 事 *ssî* oder *ší*, dienen, u. s. w. In der Provinz Kansu tritt in vielen Wörtern *f* an Stelle von *š*.

§. 80. Statt ***ž*** spricht man in einigen Theilen von Schantung *y*, in manchen Mundarten des Kuān-hoá *r*. So lauten 人 *žîn*, Mensch, und 日 *žit*, Sonne, im Gyami: *rin* und *ré*.

§. 81. Auch ***y*** vor *u* wird gelegentlich wie *r* ausgesprochen. So von manchen Einwohnern von Peking: 容 *rûng* für *yûng*, ertragen, 月 *ruéh* für *yuet*, Mond u. s. w. In anderen Mundarten des Kuān-hoá treten mehr oder weniger oft *ng, ny* oder *ñ* oder *ž* an die Stelle von *y*.

§. 82. ***H*** und ***s*** vor *i* schmelzen in Peking zu einer Art Mittellaut *hs* zusammen, der einigermassen an unser *ch* in ‚ich' erinnert, aber mehr an *s* anklingt als dieses. So lauten 姓 *síng*, Familie, und 興 *híng*, erfreut, beide in dieser Mundart *hsíng*.

§. 83. Der Anlaut ***r*** findet sich nach unserer Umschreibung nur in der vocalisirten Form *rï*. Dieser Lautcomplex erinnert im Klange etwas an

漢文經緯

französisch *eul* in *seul,* englisch *ir, ur* in *bird, burden.* Er wird von den Japanern im Tau-in (§. 45, c) *rŭ,* von den Mandschu *el (= öl),* ähnlich von den Franzosen *eul,* von Callery *ell,* von dem Portugiesen Gonçalves *olr,* von Engländern *urh, ûr, 'rh, rï* geschrieben. Das *r* wird mit der Mitte, nicht mit der Spitze der Zunge gebildet und darf nicht schnurren. Vgl. übrigens §. 73 a. E.

C. Die Auslaute, 韻 *yün.*

§. 84. In der Auffassung und Darstellung der Auslautsgruppen bestehen unter den Kennern, den europäischen wie den chinesischen, sehr erhebliche Verschiedenheiten. Die Aufgabe ist hier weniger einfach als bei den Anlauten, und selbst in den Umschreibungen der Mandschu, denen man sonst gerne folgen möchte, herrscht nicht völlige Uebereinstimmung und Consequenz.

§. 85. Fassen wir, der heutigen Aussprache folgend, *m* und *n* in *n* zusammen, und ersetzen wir nach dem Vorgang der Engländer die stummen *k, t* und *p* durch *h,* so ergiebt sich für das Kuān-hoá folgende

Tafel der Auslaute.

i	*in*	*ing*	*ih*
ï	—	—	—
e	${}^{i}_{u}en$	${}_{u}eng$	${}^{i}_{u}eh$
${}^{i}_{o,u}ei$	—	—	—
${}^{i}eu$	—	—	—
${}^{i}_{o,u}a$	${}_{u}an$	${}^{i}_{u,o}ang$	${}^{i}_{o}ah$
${}^{i}_{o}ai$	—	—	—
${}^{i}ao$	—	—	—
${}_{u}o$	—	—	${}^{i}_{u}oh$
u	—	${}^{i}ung$	*uh*
ü	${}^{i}ün$	—	${}^{i}üh$
ui	—	—	—
—	${}^{i}uen$	${}^{i}uang$	${}^{i}ueh$

海上絲綢之路文獻集成 科技與文化編

Hierbei bezeichnen die kleinen, — halbvocalisch auszusprechenden — $_{i}$, $_{o}$ und $_{u}$ diejenigen Vocale, welche zwischen den Anlaut und den folgenden Vocal treten können. Es ist also $^{i}_{o}a = a + ia + oa$ u. s. w. Zweifelhaft scheint es, ob besser *$_{u}i$* statt *ui*, *ueh* statt *$_{u}eh$* zu schreiben gewesen wäre.

§. 86. Es ist zweckmässig, in die Umschreibung die alten Auslaute ***m, k, t*** und ***p*** mit aufzunehmen. Erstens stellt man damit so viel vom alten Lautbefunde her, als unbeschadet der jetzigen Aussprache ohne Weiteres zu erlangen ist, und erleichtert sich dadurch einerseits das Verständniss der Reime und andererseits die Erlernung anderer Dialecte. Zweitens dürften sich gerade die volllautigeren Formen dem Gedächtnisse bequemer einprägen als die verschliffenen. 日 *žit*, Sonne, und 入 *žip*, eintreten, 力 *lik*, Kraft, und 立 *lip*, stehen, 心 *sīm*, Herz, und 新 *sīn*, neu u. s. w., tragen sozusagen ausgeprägtere Züge als *žih, lih, sīn*. Nur vergesse man nicht, dass es sich hierbei um blosse Hülfsconstructionen handelt: ausser jenen Schlussconsonanten ist Alles modern.

§. 87. Die **halbvocalischen *u*** und ***o*** werden von den Mandschu unterschieden: *hôwa* = *hoā* 花, Blume, *guwa* = *kuá* 卦, Diagramm; *hôi* = *hoèi* (englisch *hwui)* 悔, bereuen, *guwei* = *kuei* 鬼, Dämon. Gonçalves schreibt für beide *o (oei* zugleich für *ui)*, die Engländer *w*.

§. 88. Auslautende, einfache Vocale, mit oder ohne vorhergehendem Halbvocal, werden lang oder doch scharf gesprochen; graphisches ***k, t, p*** dagegen zeigt an, dass der vorausgehende Vocal kurz abzubrechen ist, wie im französischen *mot, trop*. Die Pekinger Mundart hat auch diese Spur der auslautenden *mutae* verloren.

§. 89. Auslautendes ***eu*** und ***ao*** haben den Ton auf dem letzten Vocale, auslautende ***ei, ai, ui*** auf dem vorletzten. Statt ***ieu*** schreiben Manche *iu*. Vgl. §. 72 a. E.

§. 90. Der Laut *ï* reimt bei den Dichtern auf *i*. Er ist stets final und hat nur *r, ss, ts* oder *ts'* vor sich. Nach moderner Aussprache vertritt er auch *i* hinter *č, č'* und *š*, z. B. 知 *čï* statt *čī*, wissen; 時 *šî* statt *šî*, Zeit.

§. 91. ***ng*** klingt fast wie französisches *n* in *an, on*. Die Portugiesen schreiben dafür *m*, die Russen *нъ*, für *n* dagegen *нь*.

§. 92. Vocale vor schliessendem Nasal werden weniger lang ausgesprochen. Doch scheint dadurch die Sylbe nicht scharf, sondern dem Nasale ein Theil der Dehnung übertragen zu werden.

§. 93. Der Auslaut ***in*** (einschliesslich des darin mit aufgegangenen *im)* wird jetzt nur noch in einzelnen Mundarten des Kuān-hoá von ***ing*** unterschieden; so in Peking und Si-ngan. In Ssï-čuen lauten beide *in*, in Nanking und im Osten und Süden dieser Stadt beide *ing*.

§. 94. Hinter *č*, *č'*, *ž* und *š* schreiben Neuere statt ***in*** und ***ing*** vielmehr *en*, *eng*, z. B. 人 *žën*, Mensch; 神 *šën*, Geist; 正 *čéng*, recht. So Edkins, der dafür, der neueren Aussprache folgend, hinter den nämlichen Anlauten ***en*** und ***eng*** durch *an*, *ang* ersetzt (*Mandarin Gramm.* 2 d. pag. 36, 50).

§. 95. Folgen ***en*** und ***eng*** auf Labiale, so klingen sie meist etwas dumpfer. Man findet statt 本 *pèn*, Wurzel: *poen*, englisch *pun*, statt 分 *fēn*, theilen: *fuen*, englisch *fun*, statt 孟 *méng*, Erstgeborener: *mong* u. s. w.

§. 96. ***ien*** und ***uen*** lauten in manchen nördlichen Mundarten wie *ian*, *uan* und werden von den Mandschu *iyan*, *uwan* geschrieben; ***ien*** und ***iuen*** werden mundartlich verwechselt.

§. 97. Für ***ung*** schreiben Manche *ong*, in manchen Wörtern wohl auch *eng*, z. B. 風 *fūng*, Wind, auch *fong*, *feng* (W. Williams: *făng*); ***ueng*** wechselt mit *ung* und *eng*: 橫 *huêng*, *hûng* oder *hêng*, quer.

§. 98. Die Vocale ***u*** und ***ü*** scheinen, ursprünglich identisch, jetzt einander zu ergänzen. Man hat — nach unserer Orthographie — *ü*, *ün*, *iün*, *iüh*, aber nicht *iu*, *un*, *iun*, — dagegen *u*, *ung*, *iung*, *uh*, nicht *ü*, *üng*, *iüng*, *üh*. Für ***ün*** kommt mundartlich *uen* vor, z. B. 論 *lün*, sich besprechen, dafür bei den Mandschu *luwen* = *luen*.

III. Die Betonungen, 聲 *šïng*.

§. 99. Wenn man Chinesen mit einander sprechen, und mehr noch wenn man sie laut zurufen oder vorlesen hört, so fällt der eigenthümliche, fast singende Ton auf, in welchem sie die Wörter äussern. Dieser Ton ist nicht rhetorisch, denn er haftet am einzelnen Worte, nicht am Satze: ob die Rede erzählend, fragend, antwortend, ausrufend, befehlend, bittend sei, ist zunächst für ihn gleichgültig. Ein fragendes: Ja? und ein bestätigendes: Ja! sind für uns ein und dasselbe Wort; dem Chinesen erscheinen beide nicht minder verschieden als uns: ‚ja' und ‚da'. Und auch mit dem eigenthümlichen Tonfalle stark singender europäischer Dialecte, z. B. des schwäbischen, thüringischen, können die chinesischen Betonungen nicht verglichen werden; denn auch jener Tonfall haftet mehr am Satze als an den Wörtern. Rein musicalisch wiederum sind die chinesischen Töne auch nicht; durch Noten lassen sie sich gleich jenen Tonfällen unserer Sprache nur unvollkommen darstellen, und im Gesange werden sie nicht von der Melodie verdrängt, sondern bleiben hörbar.

§. 100. In der That ist es für uns nicht schwer, sie nachzuahmen, da wir fast jeden einzelnen von ihnen in der eigenen Muttersprache selbst gebrauchen und hören. Die Schwierigkeit liegt vielmehr darin, uns von der uns geläufigen rhetorischen Betonung zu befreien, und dies kann nur durch fleissige Uebung erreicht werden. Also laut lesen und nie ohne Betonungszeichen transscribiren!

§. 101. Bei Bestimmung einer jeden Betonung handelt es sich um dreierlei:

a.) um die Tonlage, 高 低 ***kaō-tī,*** hoch oder tief, 陰 陽 ***yēm-yâng,*** dunkel oder hell, d. i. ob sie hoch (h., 上 ***sáng),*** tief (t., 下 ***hià)*** oder mittel (m., 中 ***čūng)*** ist;

b.) um die Quantität, 緩 急 ***huàn-kip,*** langsam oder rasch, d. h. ob der Ton lang, gedehnt (l.) oder rasch (r.) ist;

c.) um die Qualität: ob der Ton gleichmässig, eben (g., 平 ***p'îng)*** oder ungleichmässig (ug., 仄 ***tsek),*** und letzterenfalls ob er steigend (st., 上 ***sàng),*** fallend oder fortgehend (f., 去 ***k'iû)*** oder abgebrochen, eingehend (a., 入 ***žip)*** ist.

Anmerkung. Also hlg = hoher langer gleicher u. s. w. Diese Darstellung stützt sich wesentlich auf Edkins. Hinzuzufügen war die mittlere Tonlage, da im Canton-Dialect ein hoher, mittler und tiefer žip-šīng vorhanden sind. Mundartlich kommen steigende und fallende Circumflexe vor, bei denen die Stimme auf- und wieder ab- oder ab- und wieder aufsteigt.

§. 102. Die Entfernung der beiden **Tonlagen** beträgt in der gewöhnlichen Verkehrssprache nicht mehr als eine musikalische Secunde oder zwei volle Noten (z. B. e : c derselben Octave); er kann aber in feierlicher oder heftiger Rede bis zu einer halben Octave anwachsen; den örtlichen Mundarten, ja selbst den Eigenheiten der Einzelnen ist mithin ein weiter Spielraum gelassen.

Anmerkung. In Sinnsprüchen und auch sonst oft pflegt man bei uns den Vordersatz in hoher, den Nachsatz in tiefer Tonlage zu sprechen: Rast' ich, so rost' ich. Wenn die Könige bau'n, haben die Kärrner zu thun.

§. 103. Der **gleiche Ton,** 平 聲 ***p'îng-šīng,*** wird mit einer einfachen musikalischen Note oder dem Klange einer Glocke verglichen. Die Stimme bleibt von Anfang bis Ende der Sylbe in gleicher Höhe.

§. 104. Der **steigende Ton,** 上 聲 ***šàng-šīng,*** klingt fragend, erwartend oder erstaunt, z. B. Nun? (wird's bald?) — Wie? (habe ich recht gehört? meinst du es wirklich?)

海上絲綢之路文獻集成 科技與文化編

漢文經緯

§. 105. Der **fallende Ton,** 去 聲 ***k'iü-šing,*** ist dem vorigen entgegengesetzt: die Stimme ist anfangs hoch und senkt sich dann bis zum Verschwinden. Wir bedienen uns seiner z. B. in antwortender Rede: Ja (st.)? — Ja (f.)! Ferner in Nachsätzen im Gegensatze zu einem steigenden Tone im Vordersatze: Wer A (st.) sagt, muss B (f.) sagen.

§. 106. Der sogenannte **eingehende Ton,** 入 聲 ***žip-šing*** ist im Kuān-hoá stets kurz und soll den Eindruck machen, als ob man sich in der Rede unterbräche. Hierher gehörige Sylben lauten stets auf *mutae* aus, und Sylben mit solchen Auslauten haben stets den eingehenden Ton. Geht daher ein Wort aus dem *žip-šing* in eine andere Betonung über oder umgekehrt, so bedeutet dies allemal zugleich einen Wechsel im Auslaute, z. B. 復 *fuk,* gesprochen = vergelten, aber mit fallendem Tone: *feú* = wiederholen, wieder. Nasale wechseln hierbei je mit der entsprechenden *muta: ng* mit *k, n* mit *t,* und *m* mit *p.*

§. 107. Edkins *(Mandarin Gramm.,* 2 d. ed., pag. 94—95) gelangt zu dem einleuchtenden Ergebnisse, dass die Sprache in ältester Zeit nur den gleichen Ton (für vocalische und nasale Auslaute) und den eingehenden (für *muta*-Auslaut) gehabt habe, dass der steigende Ton vielleicht erst um das Jahr 1000 v. Chr., der fallende um Mitte des 3. Jahrhunderts, endlich der tiefe gleiche im Kuān-hoá erst um 1300 unserer Zeitrechnung in Aufnahme gekommen sei.

Die Dichtkunst, seit sie den Ton berücksichtigt, und die Rhetorik scheiden nur zwischen gleichem 平 *p'îng* und ungleichmässigem Tone 仄 *tsek.* Die Viertheilung in ebenen, steigenden, fallenden und eingehenden Ton scheint um 500 n. Chr. eingeführt worden zu sein.

§. 108. Die Chinesen lassen ihre Betonungen in der Regel unbezeichnet. Sie bezeichnen dieselben nur bei Wörtern, welche einen anderen Laut angenommen haben, — und auch dies nur in sorgfältigeren Drucken. Dabei wird ein Kreis oder Kreisabschnitt an einer der vier Ecken des Schriftzeichens angebracht. Dieser bedeutet links unten: *p'îng,* links oben: *šàng;* rechts oben: *k'iü,* rechts unten: *žip.* Manche Neuere ahmen dies nach, indem sie nur noch die Höhe oder Tiefe des Tones andeuten: *꜀p'ing* oder *.ping* (tg.), *'šang* (st.), *k'iü'* (f.), *žih,* (e.). Um Verwechslungen mit Interpunctionszeichen zu vermeiden, bedienen wir uns nach dem Vorbilde Aelterer der Accentzeichen: ¯.. = hg., ^.. = tg., \.. = st., ./. = f.; der eingehende Ton ergiebt sich aus dem Auslaute.

Zur Uebersicht diene folgendes Schema:

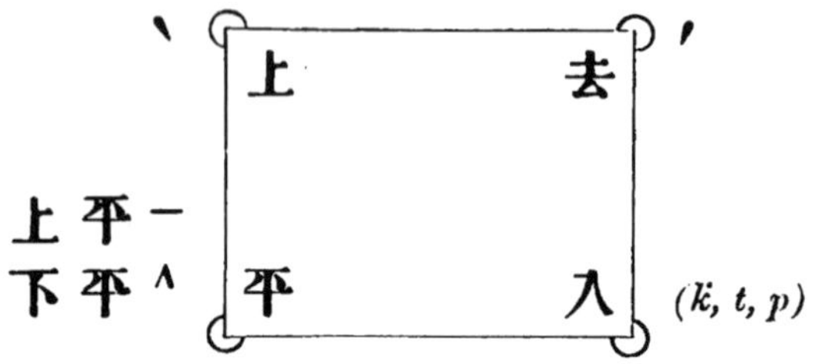

§. 109. In der Behandlung der Betonungen gehen die heutigen Mundarten des Kuān-hoá vielfach auseinander. Edkins hat folgende Tabelle zusammengestellt:

	Peking, Ta-hing	Tien-tsin	Si-ngan, San-yuen	Nanking, Shang-yuen	Č'eng-tu, Hoa-yang
上平	*hg, hrf*	*tlg*	*trf*	*tg, tlf*	*hg, hrst*
下平	*hrst*	*hrst*	*trst*	*hrst*	*trg, trf*
上	*trst*	*trst*	*hrf*	*tlst*	*hrf*
去	*trf*	*hrf*	*hg*	*rf*	*trst*
入	*hrf, trst* etc.	*trst, tg* etc.	*trf, hrf* etc.	*a*	*trg, trf*

Zusatz. Ausführlicheres über Aussprache und Betonung enthalten die Einleitungen zu den meisten Wörterbüchern, namentlich aber die vortrefflichen Werke von Edkins: *A Grammar of the Chinese colloquial language, commonly called the Mandarin Dialect*, Shanghai 1857, 8⁰, 2d. ed. Das. 1864, 8⁰, und *A Grammar of colloquial Chinese as exhibited in the Shanghai Dialect*. Das. 1853, 8⁰, 2d. ed. Das. 1868, 8⁰. Ihnen ist im Obigen das Meiste entlehnt worden.

IV. Lautwesen der Dialecte.

§. 110. Die zwischen den verschiedenen Dialecten bestehenden Lautverhältnisse sind noch nicht völlig klarzustellen. Ehe man nicht die gemeinsamen Grundformen kennt, ist es in der Regel nicht möglich, mit Sicherheit

海上絲綢之路文獻集成 科技與文化編

漢文經緯

vorherzubestimmen, welche Sylbe in dem einen Dialecte der und der in dem andern Dialecte entsprechen müsse. Die Nachrichten über das Lautwesen im 6. bis 8. Jahrhundert unserer Zeitrechnung, welche uns in den Wörterbüchern erhalten sind, führen uns begreiflicherweise der Quelle nur ein Stück Weges näher und sind ihrerseits zum Theile noch erst zu enträthseln. Ein vorläufiger Ueberblick über die wichtigsten Erscheinungen der Lautverschiebung ist gleichwohl wünschenswerth. Er giebt einen Begriff von der Schwierigkeit der gestellten Aufgabe und erleichtert die Erlernung der Dialecte.

§. 111. In den folgenden Tabellen sind unter den Anlauten auch einige selbständige Lautcomplexe (mit Sternchen bezeichnet) aufgeführt worden. Von den Auslauten vertreten die mit halbvocalischem *i* oder *u* anfangenden zugleich die entsprechenden, mit *y* (*i*) oder *w* anlautenden Complexe.

§. 112. Folgende besondere Lautzeichen waren hierbei zu verwenden: ***ă*** = engl. *a* in *variable*; ***è*** = *ä*; ***ŏ*** (deutsch); ***o*** = *å*, engl. *a* in *all*, *water*; ***ȯ*** = *o* in ‚so'; ***ɥ*** = engl. *u* in *turn*. Der Acutus dient als Dehnungszeichen. Uebergeschriebenes kleines ^{n} bezeichnet die eigenthümliche feine Nasalirung im In- und Auslaute, welche einzelnen Dialecten eigen ist. Für die Auslaute in *m* dürften die gegebenen Beispiele genügen. Im Canton-Dialecte sind übrigens noch eigenthümliche vocalisirte *'m* und *'ng* als Stellvertreter für *wu* und *ngu* zu verzeichnen.

§. 113. Die Unterscheidungen, welche die Wörterbücher zwischen den Anlauten *č* und *tš* u. s. w., zwischen *f* und *f'*, *h* und *h̲* machen, scheinen in den jetzigen Dialecten wenig oder keinen Einfluss zu üben.

§. 114. Manche Dialecte, welche sonst noch auslautendes *p* und *m* besitzen, ersetzen dieses nach anlautendem Labial durch *t* und *n*. So lauten 法 *fap*, in Canton *fat*, in Amoy *huat*, dagegen in Tie-čiu *hwap*; 凡 *fâm*, alle, in Canton *fân*, aber in Tie-čiu *hwâm*.

§. 115. Die Fuh-kien-Dialecte haben öfter doppelte Aussprache für dasselbe Wort: eine meist alterthümlichere in der Umgangssprache und eine andere, beim Lesen der Classiker gebrauchte, z. B. in Tie-čiu: 笑 *č'ie*, *čio*, lachen (Kuān-hoá: *siaó*); 一 *ček*, *it*, eins (Kuān-hoá: *yit*, vergl. tibetisch *gčig*); 木 *bak*, *mok*, Baum (*muk*); 男 *lam*, *nam*, Mann (*nam*); 舌 *či*, *siet*, Zunge (*šet*).

Anmerkung. Die Tabellen mussten lückenhaft bleiben, da meine Hülfsmittel zu ihrer Vervollständigung nicht zureichten.

3*

Die Anlaute in den Dialecten.

6. bis 8. Jahrh.	Kuān-hoá	Peking	Hankeu	Shanghai	Ningpo	Fuhčeu	Amoy	Tie-čiu	Swateu	Canton
k	k	k	k	k	k	k	k	k	k	k
ki	ki	či	ki	ki	č, dži, kyi	ki	ki	ki	ki	ki
ku	ku	ku	ku	ku	ku	ku	k	ku	ku	ku
k'	k'	k'	k'	k', h	k			k'	k'	k', h
k'i	k'i	č'i, ts'i	k'i	č'i			k'	k'i		k'
k'u	k'u	k'u	k'u	k'u	ku	k	k'u	k'u	w	k'u, f, w
g	k'	k	k'	k'			k			k'
gi	k'i	č'i	č'i	ži	dž'i	ki	ki	k'i	k'i	k'i
gu	k'u	k'u	k'u	k'u			k'u	k'u		k'u
ng	ng, '	'	ng	', n	'	', ng	', g	', ng	'n, ng	'
t	t	t	t	t	t	t	t	t	t	t
t'	t'	t'	t'	t'	t'	t'	t'	t', t	t	t'
d	t	t	t	d	d	t	t	t	t	t
n	n	n	l	n	n	n	l	n, l	n	n
č	č	č		ts		ti	ti, č	t		č
*či	či	či	ts'	ts	či	ti	ti	čai	čai	či
č'	č'	č'		dz			t'i	t', t'i	t'	č'
ǧ	č'	č'		dz			t'i	t', t, t'i	t'	č
ñ	n	n		n			l, n	n	n	n
p	p	p	p	p	p	p	p	p	p	p
p'	p'	p'	p'	p'			p	p'	p'	p'
b	p	p	p	p	b	p	p	p	p	p
m	m, w	m, w	m, w	m	m, v, mw	m, w	b	b, m	b, m, mu	m
f	f	f	f	f	f	h	h	hu	hu	f
f'	f	f	f	v	v	h	h	h, hu	h	f

v	f	f	f	v	v	h	h		p	f
w	w	w	w	v	v	'	b	b	b	m
ts	ts	ts	ts	ts	ts	č	č	č	č	ts
*tsi	tsï	tsï	tsï	ts	tsï	čü	ču	ču̥	ču̥	tsï
ts'	ts'	ts'		ts'			č'	č'		č', ts'
dz	ts'	ts'	ts'	dz			ts	č'		ts'
*dzi	ts'ï	ts'ï	ts'ï	zï	ssï	ču̥ü	ču	č'u	ču̥	ts'ï
s	s	s, hs	s	s	s	s	s	s	s	s
z	s	s	s	dz, dž			s	s		ts'
*zi	ts'ï	ts'ï		ssï			su	su̥		ts'ï
tš	č	č	ts	ts	ts	č	č	č	č	č
tš'	č'	č'		ts			č'	č'		č'
dž	č'	č'	ts'	ts'	ts'	č'	ts', ts	č'	č'	č'
š	s, š	s, š	s	s	s	s	s	s	s	š
ž	š, č'	š, č'	ss	z, dz	s, dz	s	s	s	č, s	š
y	y	y	y	y	y	'	y	y	y	y, ng
h	h	h	h	h	h	h	h	h	h	h
hi	hi	hsi	hi	hi, y	hi	h	h	h	h, (k)	h
	hu	hu	h	h, hu, w	h	hu, w, h, k'u	h, hu, ku	hu	hu, u	f, w, ', ku
j	y	y	y	'	y	y	y	y	y	y
ju	iü	iü	yü	ü	ü	ü	u	ngu, i	ngu, i	ü
h̲	h	h	h	h	h	h	h	h, k	h	h
h̲i	hi	hsi	hi	y	hsi	h(ai)	h	h	h	h
h̲u	hu	hu	hu	w	w	hu	hu	hu	hu	w, *u
l	l	l	l	l	l	l	l	l	l	l
r	ž	ž, r	l	ny	ž	'	ž	n	n	y
*ri	rï	rï	rï	rï	rï	i	ži	žu̥, ži, $h^{n}i$, no	žu̥	yi

Die Auslaute in den Dialecten.

Kuān-hoá	Hankeu	Shanghai	Ningpo	Fuhčeu	Amoy	Tie-čiu	Swateu	Canton
i	i, éi	i, é	i, é	i, é, ie	i, é, u	i	i, i^n, u̥, ai, oi	i, ai
e	é	é, a	ié	ia	ia	ia	ia	e (a)
ei	ei	i, é	i	é, ié	i, ui, ɔé	ue, ui	é, ui	ai, i, ei
iei		ia		a, ai	ia	ia	a, ɔ	ié, é
oei, uei	uei	ué	ué, uo	ui, ié	úi, i	ui	úi, ua	uai
eu	u	u	eu, iu	éu	iu, o	iu	iu, ong, o	au
ieu	iu̥	iu̥	iu	iu	iu	iu, au	iu	au
a		a, o		a, ai	a	a	a	a
ia	ia	ia	iɔ	a	a	iu, e	a	a
ua, oa		uo			ua	ue, ua		ua
ai	ai	é	ai, é	ai	ai	ai	ai, $a^n i$	oi
iai	ai	ia	ié	ai	ai	ai	ai	ai
oai, uai	uai	ué	ué	uai	uai		uai	uai
ao	ao	ɔ	aɔ	ɔ	au, o	ɔ	o, au	áu, ɔ
iao	iao	io	iao	au, iu	au, iau	au	au, ié, á	áu, iu
o	o	u	ɔ	u	o	ɔ, ua	o	ɔ
uo	o	u	eu	uo	o^n	ué	ué	ɔ
u	u	u	u, eu	u, o	u, ɔ	u, ɔ	u, o, é	u, o
ül	ü	ü	ü, ï	u̥ü, ü	u	u	u, (i)	ü
ui	ui, éi	üé, é	é	ɔi, ui	ui, ɔe	ui, ai	ui, ai, iu	ui, ɔi
in	in, ăn	ing, iăng	ing, ăn	ing, eng	in, u̥n	in, u̥n	in, u̥n, ang	ín, ăn, un
im	in, ăn	ing, ăng	in, ing	ing	im	im	im	ăm
en	ăn	ăng	ăn, ing	ɔng, eng	u̥n, in	u̥n, ung	un	ăn

海上絲綢之路文獻集成 科技與文化編

ien	ien	ĭ^n	ì^n	ieng	ien	^{n}oi, ien	^{n}i	ín
uen		uăng		uăng, ung, uong	ún	un, ien	ún	ün, uăn
an	an	ŏ^n, ĩen	è^n	ang	an	an	an	òn
am					am	am		am
uan	uan	uen	wún, en	uang	an, uan	uan, ^{n}ua	uan, w^{n}a	ún
üin	üin	üin	üin	ung	ún	un	un	uăn
iuen		ün, ön, üen, ṳen		iong, üng, ieng	ian	ien	ien, ^{n}ui, úan	ün
ing	in, ăn	iăng, ăng	ing	ing, aing	eng	^{n}ia, eng	^{n}ia, eng, yong	ing, ăng
eng	ăn	ăng	ăng, ăn	eng	eng	eng	eng, ^{n}e	ăng
ueng		ung, uang		uang	éng		uang, ^{n}ue	uăng
ang	ang	ang, ong	ong	ong, uüng	ong	ang	ang, ung, ong	ong
iang	iang	iang	iang	iong	iong	iang	iang	eung
oang, uang	uang	ong	ong	uong, ong	ong	uang	uang	uong, ong
ung	ung	ung	ung	ong, üng	ong, iong	ong, eng	ang, ^{n}ia, ong	ung
iung		iung		üng, ing, iang	eng, iong	iong, ^{n}ia	iong, ím	uing, ing, ung
ih	i, ï	ăk, ŏk, ih, eh	ih, ieh	ík, ék	it, ek	ia, ek, at	ek, at, ia	ik, ăk
	i, ï	ih, ăk	ih, eh	ik, ék	ek, it, út	it	it, iet, ṳt	ăt
		ih, eh		i, ia, é	ip	ip	ip, ap	ip, ăp
eh	é	ăh, ak, eh	eh, ah	aik, iek, ék	ék	ek, ak	ek, é	ăk, ik
		eh		iek	iat	iet	iet	ít
		eh		iek	iap, ip	iap, íp	iap, íp	íp
ieh		ih, èh		iek, iàk, ík	iat	iet	iat	ít
		ih, èh			iap	iap	iap	íp
ah		.ah	ah	ak	ak	ǒi		ák
	a	ah, èh	ah	ak	at	at	at	át

Die Auslaute in den Dialecten.

Kuān-hoá	Hankeu	Shanghai	Ningpo	Fuhčeu	Amoy	Tie-čiu	Swateu	Canton
ah		ah, èh	ah	ak	ak	ap	íp	ap
								ak
iah		èh		ak, iek	at, út, iat		at	at
		ah, èh		ak, iek	ap, iap	ap	ap, iap	ap
	u	ok, uah	oh	uk, uak, ok	ok, út		út	ok, uak
uah, oah		uah, uèh		uak	út		ut	ot, uat
						uap		
	o	ok, ek, öh	oh	oh, auk, ok, aik	ok, ek		ak, ok	ok, euk, uk
oh		eh			uat, at	át	at, et	ot, üt
						ap, [a]	ap	op
ioh	iu, io	iòk, ïek	iòh, òh	ok, ïk, auk, iȧk, uȧh	iòk, ak		òk, ak, auï, iak	òk, iòk, euk
					iat			
uoh, ueh		òk, uòk		uòk, uak	ok, ek		aḱ, ok	òk, ak
		òk, uòk		uok, uak	at, út, uat	ué, ut		at, út
uh	eu, u	òk	òh, auh	úk, y̥ük	ek, ok, iù	ák, òk	ak, òk, ek, iu	ok, uk
	u	òk, eh	eh	y̥ük, òk	út, uat	ut	ut, uat	ut, at
üh					iok, ek		ak, ok	ük, wik, ok
		ih		ok, uòh, úk	ut, út		út	üt, ăt, ut
iüh				èük, ok	iok		ak, iok	ük, wik, ok
				uoh	út, ut		út	üt
							ȧk	
iueh		üih, öh, ih		aik, iek, uk, uok, oi, iok	iat, uat	iòh, uě	ué, uat, ui	üt
							iap	

海上絲綢之路文獻集成 科技與文化編

漢文經緯

§. 116. Eine vollkommene Regelmässigkeit in den Lautverschiebungen ist zur Zeit wenigstens nicht zu entdecken; scheinbare Willkürlichkeiten und Zufälligkeiten kommen nur zu häufig vor. So wechseln im Kuān-hoá und im Canton-Dialecte zuweilen *š* und *č*, *č'*, ebenso *s* und *ts*, *ts'*. Beispiele:

	Kuān-hoá.	Canton.	
設	*šet*,	*č'it*,	einrichten.
褶	*siep*,	*čip*, *čap*,	gestreiftes Kleid.
丞	*čîng*,	*šing*,	helfen.
陲	*čûi*,	*šui*,	Grenze, — ja sogar:
曄	*yep*,	*šíp*,	Strahl, Blitz.
匝	*tsap*,	*sap*,	Rundgang halten.
蹭	*tsáng*,	*sang*,	irre gehen.
尋	*sîm*,	*ts'am*,	verfolgen.
隰	*sip*,	*tsap*,	Sumpf.

Kuān-hoá *lí*, Amoy *lé*, 隸, beaufsichtigen, lautet in Canton *tái*, in Shanghai *tí*.

Anmerkung. In manchen Punkten lassen sich übrigens schon jetzt die Lautverschiebungsregeln viel genauer fassen, als dies in den obigen Tabellen geschehen konnte, z. B. wenn man die Verhältnisse zwischen An- und Auslauten, Jodirungen u. dgl. überall mit berücksichtigen wollte (*šang* = *siang*, daher in Canton *šeung*). Erschöpfende Untersuchungen dieser Art wären aber, wenn nicht verfrüht, so doch jedenfalls hier nicht am Orte.

Zweites Hauptstück.

Schriftlehre.

I. Charakter der Schrift.

§. 117. Die Chinesen bedienen sich von Alters her bis auf den heutigen Tag einer sogenannten **Wortschrift.** Es ist dies eine ächte Schrift: jedes ihrer Zeichen kann in der Regel nur auf eine Weise richtig gelesen, die darin verfassten Texte können nur in der aus der Aufeinanderfolge der Zeichen sich ergebenden Ordnung abgelesen werden. Dadurch unterscheidet sie sich vom Bilde und auch von jenen symbolischen Darstellungen, welche in der That nicht zu lesen, sondern nur zu deuten sind (Totems der Indianer u. dgl.). Die sprachlichen Einheiten aber, welchen ihre Zeichen entsprechen, sind zunächst nicht Laute, sondern Wörter. Diese Wörter sind freilich einsylbig; allein darum ist die Schrift noch nicht ein Syllabar, etwa nach Art der japanischen, tscherokesischen oder anderer; denn verschiedenen homophonen Wörtern kommen regelmässig verschiedene Zeichen zu. Von einer Hieroglyphenschrift zu reden ist hier vollends unstatthaft: die ägyptische Schrift weicht ihrem ganzen Systeme nach gar sehr von der chinesischen ab, und es ist leicht einzusehen, dass für eine flectirende Sprache eine Wortschrift nicht taugt. Die einer solchen gestellte Aufgabe ist von den Chinesen zwar nicht in denkbar vollkommenster, doch jedenfalls in bewunderungswürdiger Weise gelöst worden. Ihr Schriftsystem, wie es uns jetzt vorliegt, lässt an Vollständigkeit vielleicht nichts, an Einfachheit, Folgerichtigkeit und Klarheit der Durchführung nur sehr wenig zu wünschen übrig.

§. 118. Jedes in der allgemeinen Schriftsprache — gleichviel welches Stiles — verfasste Schriftstück kann in jeder beliebigen chinesischen Mundart gelesen werden, und zwar wieder im wahren Sinne des Wortes Zeichen für

Zu: von der Gabelentz, Chinesische Grammatik. Verlag von T. O. Weigel in Leipzig. 1881.

Zeichen abgelesen. Insofern ist die Schrift eine Art Pasigraphie, aber nur innerhalb der Dialecte **einer** Sprache, daher wieder eine ächte Schrift, vor Allem aber ein unentbehrliches Bindemittel für die ungeheuere Volkseinheit.

Anmerkung. Unsere Zahlzeichen, mit denen man wohl die chinesische Schrift zu vergleichen liebt, sind von den Einzelsprachen losgelöst. Für 19 *undeviginti*, für 97 *quatre-vingt dix-sept* zu sagen, heisst streng genommen nicht lesen, sondern deuten, allenfalls übersetzen.

II. Geschichte der Schrift.

§. 119. Die Chinesen setzen den Ursprung ihrer Schrift in die erste Hälfte des dritten Jahrtausends vor unserer Zeitrechnung. Kaiser Fuk-hī 伏羲 oder P'aô-hī 庖羲, angeblich 2852 bis 2738 v. Chr., soll die acht mystischen Diagramme 八卦 *pat-kuai* und die Schreibekunst erfunden haben, durch welch' letztere die bis dahin üblichen Knotenschnüre*) ersetzt wurden. So die eine Sage. Nach einer anderen Erzählung wurde die Schrift gegen 2700 v. Chr. von zwei Ministern des Kaisers Hoâng-tí 皇帝, Namens Ts'äng-k'iet 倉頡 und Tsiū-súng 沮誦, oder von dem Ersteren allein erfunden. Alle stimmen darin überein, dass die neue Kunst zunächst zu geschichtlichen Aufzeichnungen verwerthet worden; und dies ist auch ohnedem wahrscheinlich.

§. 120. Als sicher darf Folgendes angesehen werden: Die Chinesen haben sich schon um Ende des dritten Jahrtausends vor unserer Zeitrechnung im Besitze einer Schrift befunden, welche schon damals so ausgebildet war, dass sie nicht mehr als Urform gelten kann. Eine lange Entwicklung, vielleicht eine noch längere, als ihr die einheimischen Sagen geben, setzen schon ihre ältesten erhaltenen Denkmäler voraus. Der Augenschein lehrt, dass ihre Zeichen sich aus Bildern und Symbolen entwickelt haben; allein der Weg von jenen sogenannten Felseninschriften, dergleichen man in Sibirien und dann wieder in einzelnen Theilen von Amerika gefunden hat, bis zu ihr ist ein sehr weiter. Sie weist eben schon gleichmässige Schriftzeichen auf, deren ästhetische Tendenz, bei aller Treue und Deutlichkeit der bildlichen Darstellung, doch mehr graphisch als malerisch ist: man strebte schon mehr nach zierlichem Gleichmasse als nach bildnerischer Treue, man wollte die Wörter darstellen, nicht blos die Gegenstände, mithin auch Wörter, deren Begriff sich nicht zur Abbildung eignete; Form und Bedeutung der Zeichen standen conventionell fest. Man darf wohl annehmen, dass alles dies nicht mit einem Male von einer einzelnen

*) Diese mochten den bekannten Quipus der Peruaner ähnlich sein.

Person erfunden, sondern dass es allmählich, durch Jahrhunderte lange Arbeit errungen worden sei.

Anmerkung. Nichts spricht dafür, dass die chinesische Schrift in einem anderen als dem chinesischen Volke entstanden, dass sie eine entlehnte wäre. Wenn einzelne ihrer Bilderzeichen den entsprechenden in den ägyptischen Hieroglyphen oder in der babylonischen Keilschrift auffällig ähneln, so erklärt sich dies einfach genug aus der Form der dargestellten Gegenstände und aus der Naivität einer Zeichenkunst, welche von Perspective, Kürzungen u. dgl. nichts weiss und sich immer mit Vorliebe an die Hauptmerkmale der Gattung hält.

§. 121. Der Ausdruck 書 *šū*, Schrift, Buch, kommt schon in einem der ältesten Theile des Schu-king vor. Das Zeichen besteht aus einer Hand, die den Pinsel hält, und dem geöffneten Mund = sprechen, oder einem anderen Bestandtheile, der ‚kundthuen‘ bedeuten soll. Ein anderes Schriftzeichen 典 *tièn*, Tafel, Buch, stellt zwei verbundene Bambustafeln auf einem Gestelle dar und dürfte ebenso alt sein wie jenes. Dies möchten die ältesten nachweislich auf die Schrift bezüglichen Ausdrücke sein. Andere, wie 文 *wên*, Striche, Bildzeichen, 字 *tsî*, Schriftzeichen, 史 *ssî*, Geschichtsschreiber, machen zwar auch den Eindruck hoher Alterthümlichkeit, kommen aber in den ältesten uns erhaltenen Denkmälern nicht, oder doch nicht in diesen Bedeutungen vor.

§. 122. Die älteste Schriftform, von welcher wir Kunde haben, wird 古文 ***kù-wên,*** diesmal — vgl. §. 15 f. — in der Bedeutung: alte Zeichen, genannt. Es sind dies rohe, bald einfache, bald in Gruppen zu Zweien oder Dreien zusammengefügte Bilder und Symbole. Die Beifügung lautangebender Bestandtheile ist hier noch seltener. Viele von diesen Zeichen sind seitdem ausser Gebrauch gekommen oder doch durch anders gebildete ersetzt worden und erscheinen nur noch ausnahmsweise in den Büchern. Solchenfalls nun fügen sie sich in ihrer Form dem neuen Ductus, werden aber immer noch in Rücksicht auf ihre Bildungsweise *kù-wên* genannt. Beispiele jener alten Bilderzeichen sind:

jetzt:	日	月	木	犬	女	子	山
	Sonne.	Mond.	Baum.	Hund.	Weib.	Kind.	Berg.
	žit.	*yuet.*	*muk.*	*kiuèn.*	*niù.*	*tsì.*	*šān.*

Zu den symbolischen Bildern gehören u. A.:

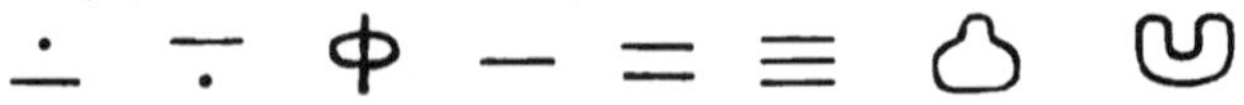

上	下	中	一	二	三	凸	凹
oben.	unten.	Mitte.	eins.	zwei.	drei.	convex.	concav.
šáng.	*hià.*	*čūng.*	*yit.*	*rì.*	*sām.*	*tiet.*	*ngaō.*

海上絲綢之路文獻集成 科技與文化编

漢文經緯

Solcher einfacher Zeichen hatte das Kù-wên ungefähr zweihundert, und diese sind denn auch ferner die Grundbestandtheile der Schrift geblieben. Daneben waren, soweit unsere Quellen reichen, fortwährend zusammengesetzte Charaktere, zumal symbolische Gruppen im Gebrauch. Allein es scheint, als habe in jenen frühen Zeiten der Vorrath an Schriftzeichen den Wortschatz nicht erschöpft; es kam vor, dass ein Zeichen für mehrere gleichlautige Wörter angewendet wurde, und Nachwirkungen hiervon haben wir noch heute. — Das Wörterbuch 說文 *šuot-wên* enthält eine reiche Sammlung jener ältesten Schriftform.

§. 123. Frühe schon hat man an allerlei Verschnörkelungen der Schrift Gefallen gefunden. Die Chinesen zählen solcher eine ganze Menge auf und sprechen vielen von ihnen ein sehr hohes Alter zu. Eine Prachtausgabe des berühmten kaiserlichen Lobliedes auf die Stadt Mukden weist 32 alte Schriftformen auf. Zu den ältesten derselben scheint das oft genannte ***k'ō-teù-šū*** 蝌蚪 (科斗) 書, Kaulquappenschrift, zu gehören, — so genannt, weil in ihr jeder Strich mit einem Ringe oder Punkte anfängt und in eine wellenförmig gebogene Linie ausläuft. Die vielumstrittene sogenannte Inschrift des *Jù* 禹 gilt für ein Denkmal der Kaulquappenschrift.

§. 124. Ein wahrer Fortschritt war die Erfindung einer an Zeichen reicheren, in der Form gefälligeren Schrift, der 大 篆 ***tá-čuén,*** grossen Tschuen, durch einen Geschichtsschreiber *Lieú* (daher auch 籀 文 ***Lieú-wên*** genannt) um 800 v. Chr. Sie erinnert durch die gleichmässige Stärke ihrer bald geraden, bald gebogenen Striche an die alten Schreibmaterialien: Stein- und Metallplatten, Gefässe, Holztafeln, in welche geritzt oder auf welche mit groben Pinseln, zugespitzten und faserig zugeklopften Holzstiften geschrieben wurde.

§. 125. Eine ornamentale Nebenform dieser Schrift heisst 上 方 大 篆 ***šáng-fāng-tá čuén.*** In ihr füllt jedes Zeichen gerade ein Oblongum oder Quadrat aus. Die Striche sind rechtwinklich, waag- und senkrecht gebrochen, nur wo sie sich schräg schneiden müssen, in kurzen Diagonalen gekreuzt, längere senkrechte oft zinnenförmig geknickt. Noch heute wird diese Schriftform vorzugsweise auf Siegeln und Stempeln gebraucht, daher der gewöhnliche Name Siegelschrift.

§. 126. Das Tá-cuén war vollständiger und schöner, dafür aber auch complicirter als das Kù-wên. Es galt eine Vereinfachung zu schaffen, die Schrift unbeschadet ihrer Vollständigkeit und Lesbarkeit bequemer zu machen. Dies geschah erst im 2. Jahrhundert vor unserer Zeitrechnung durch die Erfindung der kleinen Čuén, 小 篆 ***siaò-čuén.*** Der Ductus ist hier derselbe geblieben, aber die Strichezahl vieler Zeichen hat sich vermindert. — Das

篆字彙 *Čuén-tsī-wéi* ist ein reichhaltiges Verzeichniss der grossen und kleinen Tschuen in lexikalischer Anordnung. Auch diese beiden Formen erscheinen oft auf Siegeln und Stempeln. Die Chinesen haben zahlreiche, zum Theile sehr grosse Inschriftensammlungen veröffentlicht, deren Titel meist zu Anfang oder in der Mitte die Worte 金石 *kīm-šik*, Erz und Stein, enthalten. (Näheres darüber in Wylie, *Notes on chin. literature*, S. 61—64.)

§. 127. Erst seit der Han-Dynastie 200 v. Chr. bis 200 n. Chr. hat der Pinsel einen entscheidenden Einfluss auf den Schriftductus gewonnen. Man ersetzte die Rundungen der kleinen Čuén-Schrift durch rechtwinklige Ecken, erfand Nebenformen für gewisse Bestandtheile der Schriftzeichen und presste diese letzteren in der Regel in breite Oblongen zusammen. Die Striche dieser Schrift, des ***lí-šū*** 隷書, Curialschrift, erscheinen noch plump, etwa so, wie sie Anfänger in der Führung des Pinsels zu machen pflegen.

§. 128. Etwa um die nämliche Zeit kam eine Schnellschrift, 草書 ***ts'aò-šū,*** Grasschrift, in Gebrauch, eine an Willkürlichkeiten reiche, schwer erlernbare Verflüchtigung der Schriftzeichen. Sie ist noch heute in China bei Kaufleuten und Handwerkern, in Japan auch sonst beliebt und zumal in ihren tollsten Abkürzungen für den Ungeübten kaum zu entziffern.

§. 129. Flüchtiger als das Lí-šū, deutlicher und sorgfältiger als das Ts'aò, zierlicher als Beide ist das 行書 ***hîng-šū,*** dessen Ursprung Einige gleichfalls schon in die Zeit der Han-Dynastie setzen.

§. 130. Der allgemeine Gebrauch des Schreibpapiers, die Vervollkommnung des Haarpinsels und der Tinte (Tusche) führten im 4. Jahrhundert n. Chr. zu einer neuen Verbesserung, dem ***k'iài-šū*** 楷書, Normalschrift, welche noch heute in fast allen sorgfältigen Drucken und bei Strafe in allen Eingaben an den Kaiser gebraucht wird. (Die in diesem Buche gebrauchten Typen gehören ihr an.)

§. 131. Unter der Sung-Dynastie, um Beginn unseres Jahrtausends, kam eine etwas flüchtigere, aber auch viel zierlichere Nebenform des K'iài-šū auf, das 宋書 ***Súng-šū*** oder 楷行書 ***k'iài-hîng-šū*** genannt, eine der anmuthigsten Schriften, welche es überhaupt giebt. Werke der leichteren Literatur, aber auch manche der Reichsannalen und viele der in Japan erschienenen Ausgaben chinesischer Bücher sind in dieser Schrift gedruckt; sie gut zu schreiben, ist eine schwierige, nach chinesischen Begriffen für den Gebildeten unerlässliche Kunst.

Noch heute lieben es die Chinesen, in Vorreden und in den Erklärungen von Bildern eine flüchtigere oder alterthümlichere Schriftform anzuwenden.

海上絲綢之路文獻集成 科技與文化编

漢文經緯

III. Bildungsweisen der Schriftzeichen: 文字 *wên-tsî*, 六書 *luk-šū.*

§. 132. Schon frühe theilten die Chinesen ihre Schriftzeichen mit Rücksicht auf die Art ihrer Bildung in zwei Classen: 文 ***wên,*** d. h. bildliche oder symbolische, gleichviel ob einfache oder zusammengesetzte, — und 字 ***tsî,*** d. h. solche mit lautangebenden Bestandtheilen.

§. 133. Schon im Čeū-lì, angeblich um 1100 v. Chr., ist aber von den sechs Classen der Schriftzeichen, 六書 ***luk-šū*** oder 六義 ***luk-ngí,*** die Rede. Man versteht hierunter folgende — die beigefügten Zahlen sind die dazugehörigen Charaktere in einem Wörterbuche*).

Classe	Namen	Zahl
I.	像形 *siáng-hîng,* Bilder von Gegenständen	608
II.	指事 *či-ssî,* symbolische Bilder	107
III.	會意 *hoéi-í,* symbolische Zusammensetzungen	740
IV.	轉註 *čuèn-čú,* bedeutsame Wendung der Figur	372
V.	假借 *kià-tsié,* entlehnte	598
VI.	諧聲 *hiâi-šīng,* Zeichen mit Andeutung des Lautes	21,810
	Summa	24,235

§. 134. (I.) Von den beiden ersten Classen wurden bereits oben §. 122 einige Beispiele gegeben. Viele der ***siáng-hîng*** tragen noch heute deutliche Spuren ihrer Entstehung aus dem Bilde. So 人 *žîn,* Mensch, 刀 *taū,* Messer, Schwert, 口 *k'eù,* Mund, 耳 *rì,* Ohr, 目 *muk,* in seiner Nebenform 罒, Auge, 心 *sīm,* Herz, 手 *šeù,* Hand, 魚 *iû,* Fisch, 黽 *mìn,* Frosch, 龜 *kuēi,* Schildkröte, 馬 *mà,* Pferd, 屮 *č'et,* Spross, Schössling, 羽 *iù,* Flügel, 艸 *ts'aò,* Gras, 彡 *sām,* Haare, Borsten, 弓 *kūng,* Bogen zum Schiessen, 火 *hoò,* Feuer, 巛 oder 川 *č'uēn,* Strom, 匕 *pì,* Löffel. 母 *mù,* Mutter, stellt ursprünglich eine Frau mit vollen Brüsten dar, 臣 *č'în,* Unterthan, Minister, einen Mann, der sich tief verneigt oder zu Boden wirft.

§. 135. (II.) Zu den symbolischen Bildern, ***či-ssî,*** gehören u. A. noch 旦 *tán,* die Sonne über dem Horizonte = früh; 東 *tūng,* die Sonne hinter

*) Nach Summers, *Handbook of the Chinese Lang.*, pt. I, pag. 15.

einem Baume = Morgen, Osten; 西 *sī*, ein Vogel der sich auf sein Nest herniederlässt = Abend, Westen; 夕 *sik*, aufgehender Halbmond = Abend, Abenddämmerung; 史 *ssì*, Geschichtsschreiber, aus Hand 又 und einem Griffel, nach Anderen aus Hand und 中 *čūng*, Mitte, die Pflicht der Unparteilichkeit andeutend; 曰 *yuet*, ein geöffneter Mund = sprechen; 孑 *kiet*, ein einarmiges Kind = verwaist, einsam; 大 *tá*, ein erwachsener Mann = gross u. s. w.

§. 136. (III.) Die symbolischen Zusammensetzungen, ***hoéi-í***, sind zum Theile sehr nüchtern und naheliegend. So bedeuten zwei Bäume 林 *lîm*: Wald; zwei Menschen hintereinander 从 *ts'ûng* (jetzige Form 從): folgen; zwei Kinder 孖 *mā*: Zwillinge; ein Mensch in einer Umfriedigung 囚 *sieû*: Gefängniss, Gefangener; Sonne und Mond 明 *mîng*: hell. 不 正 *put-čing*: nicht gerade, ergiebt 歪 *wāi*, krumm, schief; Mund und Athem 吹 *č'ūi*, blasen; Mund und Vogel 鳴 *mîng*, singen, schreien.

Zuweilen sind solche Gebilde recht sinnig und witzig: Weib und Kind 好 *haò*, gut, oder *haó*, lieben; zwei Weiber beisammen 奻 *wân*, Zank; ihrer drei 姦 *kiēn*, Ränke, Verrätherei; das Weib unter'm Dache 安 *ngān*, Frieden, Ruhe; zwei Schalen einer Muschel 朋 *p'êng*, oder zwei verschränkte Hände 友 *yeù*, Freunde, Genossen; Mensch und zwei 仁 *žîn*, Menschlichkeit. Unser: ‚Ein Mann, ein Wort' findet sich in 信 *sín*, wahr, glauben. Ein Mann mit Hand und Mund, soll heissen mit Rath und That, 佑 *yeú*, helfen; Sonne und Mond, diesmal übereinander, 易 *yik*, wechseln, tauschen; zehn Münder, d. h. zehn Generationen, 古 *kù*, alt; dreimal zehn (nämlich Jahre), 世 *ší*, Menschenalter, Generation.

Dreifach zusammengesetzte Zeichen dieser Art nennt man 三字會意 ***sam-tsí-hoéi-í***. Dahin gehören z. B. 婦 *fù*, Frau, Hand und Besen = Hausfrau; 來 *lâi*, zwei Menschen unter einem Baume = kommen; 坐 *tsó*, zwei Menschen auf der Erde = sitzen.

Zusammensetzungen dieser Classe sind oft nur in ihren älteren Formen zu enträthseln. Missverstand, aber auch graphische Rücksichten haben hier viele Entstellungen herbeigeführt. 赤 *č'ik*, roth, soll ursprünglich ‚gross' 大 und ‚Feuer' 火, also die Farbe eines grossen Feuers, dargestellt haben; in 家 *kiā*, Haus, hat vormals der untere Theil nicht ein Schwein, sondern drei Menschen dargestellt, welche als Familie unter einem Dache vereinigt sind.

Anmerkung. Unter den chinesischen Gelehrten selbst herrscht über solche Erklärungen oft Zwiespalt. Bekannt sind die geistvollen Spielereien älterer Missionäre, welche aus gewissen Schriftzeichen theologische Wahrheiten bis hinauf zur heiligen Dreifaltigkeit heraustüfteln wollten. Vgl. Callery, *Syst. phon.* I, Introd., pag. 20.

漢文經緯

§. 137. (IV.) Besonders arg pflegen die ***čuèn-čú*** in der heutigen Schrift entstellt zu sein, weil in der Regel die einfache Wendung eines Zeichens mit dem Schriftductus nicht mehr zu vereinigen ist. Das Zeichen 人 *žîn,* Mensch, wird in liegender Stellung zu 尸 *šī,* Leichnam; 司 *ssï,* Beamter, ist noch deutlich Gegenstück zu 后 *heú,* Fürst, 乏 *fap,* Mangel, darniederliegen, in seiner alten Form ein umgewendetes 正 *čing,* aufrecht, richtig.

§. 138. (V.) Nicht die Bildungs-, sondern die Anwendungsweise betrifft die fünfte Classe ***kià-tsiè.*** Manche Wörter waren entweder ihres abstracten Inhaltes wegen überhaupt nicht wohl durch Bild oder Symbol darstellbar — so namentlich Hülfswörter — oder sie wurden sonst aus Mangel an einem geeigneten Zeichen oder aus Unkenntniss des etwa schon vorhandenen durch die Charaktere für andere gleichlautende Wörter mit ausgedrückt. So ist 之 *čī,* dessen, deren, ihn, sie, es, eigentlich das Bild eines aus dem Boden sprossenden Keimes (屮 auf einer Querlinie); die Präpositionen 于 *iû* und 乎 *hû* sollen aufsteigenden, sich ausbreitenden Athem oder Dampf vorstellen; die Conjunction 且 *ts'iè* und die Schlusspartikel 也 *yè* waren Bilder der männlichen und weiblichen Geschlechtstheile; 而 *rî,* und, dabei, stellt angeblich einen Backen- oder Kinnbart vor. — Die Chinesen rechnen aber auch in diese Classe 時 *šî,* Zeit, wenn es 是 *ší,* dies, es ist, 孫 *sūn,* Enkel, wenn es 遜 *sún,* gefällig, 故 *kú,* Ursache, wenn es 古 *kù,* alt, 女 *niù,* Weib, wenn es 汝 *žù,* du, vertritt, ja metaphorische Ausdrücke wie 心 *sīm,* Herz, für Geist, Gesinnung, 手 *šeù,* Hand, für Arbeiter u. s. w.

§. 139. (VI.) Das weitaus wichtigste Mittel der Zeichenbildung war die Verbindung eines ideographischen Elementes mit einem phonetischen, ***hiâi-šīng.*** Es ist zugleich das jüngste, und wie der Erfolg bewiesen hat, das wirksamste, denn fast neun Zehntel der Schriftzeichen verdankt ihm ihre Entstehung. Ein Vorläufer, freilich ein bedenklicher, war die einfache Entlehnung (V); es bedurfte aber nur der Hinzufügung eines sinnandeutenden Unterscheidungsmerkmals, um ein neues, doppelt bedeutsames an Stelle des doppeltdeutigen zu setzen. Man nimmt klärlich wahr, wie der Gebrauch dieser Classe Schriftzeichen in der Literatur stetig um sich greift.

§. 140. Die so geschaffenen Zeichen bestehen aus der Zusammensetzung von ungefähr zweihundert ideographischen und ungefähr anderthalb tausend phonetischen Elementen. Erstere werden Radicale, Schlüssel, besser Classenhäupter, — letztere *phoneticae,* weniger passend *primitives* genannt. Folgende Tabelle enthält einige der gewöhnlichsten von beiden in ihren Verbindungen.

	人 žîn, Mensch	心 sīm, Herz	手 šeù, Hand	木 muk, Baum
工 kūng, Arbeiter	仜 hûng, Dickbauch	忊 k'ūng, Ungeduld	扛 kâng, tragen	杠 kiāng, Holzbrücke
分 fēn, theilen		忿 fén, Zorn	扮 pán, sich schmücken	枌 fên, Holzsäule
由 yeû, aus, von	伷 šeú, Helm	怞 yeû, traurig	抽 šeū, zerren	柚 yeú, Pampelmus
甫 fù, erhaben	俌 fù, unterstützen	恵 fú, ängstlich	捕 pú, ergreifen	梙 fù, Geländer
尃 fu, verkünden	傅 fú, Meister	慱 pok, ausgedehnt	搏 pok, schlagen	榑 fû, heiliger Baum
兼 kiēm, zugleich	傔 kiém, Diener	慊 k'iēm, Zorn	搛 kiêm, trommeln	
翏 lieù, auffliegen	僇 luk, schimpfen	憀 liaô, Sorge	摎 kieū, anbinden	樛 kieū, hängender Ast
敖 ngaó, stolz	傲 ngaó, Anmassung	慠 ngaō, stolz	摮 ngaō, schütteln	檄 ngaō, Schiffe im Schlepptau
參 ts'ām, drei	傪 ts'aō, gut	慘 ts'àm, Kummer	摻 šàm, ergreifen	槮 šàm, Stange
堯 yaô, erhaben	僥 yaô, falsch	憢 hiaō, Feigheit	撓 naó, verwirren	橈 žaō, Zweig
番 fān, fremd	僠 p'ô, (ein Name)	憣 fān, die Meinung ändern	播 pó, streuen	橎 fān, (eine Holzart)
果 kò, Frucht	倮 kò, dumm	惈 kò, kühn	捰 ngò, nehmen	

海上絲綢之路文獻集成 科技與文化編

漢文經緯

水, 氵 *šùi*, Wasser	糸 *ssī̈*, Seide, Faden	艸 *ts'aǒ*, Gras	言 *yên*, Rede	辵 *č'ok*, gehen
江 *kiāng*, Strom	紅 *hûng*, roth		訌 *hûng*, Zank	
汾 *fên*, überfliessen	紛 *fēn*, verworren	芬 *fēn*, Wohlgeruch	訜 *fēn*, Geschwätz	
油 *yeû*, Oel	紬 *šeû*, Seide		詘 *šeú*, beten	迪 *tik*, fortschreiten
浦 *fù*, Flussarm		莆 *p'û*, eine Pflanzenart	誧 *fū*, berathschlagen	逋 *pū*, fliehen
溥 *pù*, gross, krumm		薄 *pok*, (wie oben)		
溓 *lìēm*, ein Fluss	縑 *kiēm*, Seidenzeug	蒹 *kiēm*, Schilf	謙 *k'iēm*, gehorchen	
	繆 *nieú*, verknüpft	蓼 *liaǒ*, Absynth	謬 *nieú*, lügnerisch	
滶 *ngaō*, ein Fluss		蔜 *ngaō*, eine Pflanze	謷 *ngaó*, prahlen	遨 *ngaô*, lustwandeln
滲 *šèm*, abfliessen	縿 *šām*, Wimpel	蔘 *sām*, Ginseng	謲 *ts'ám*, drohen	
澆 *hiaō*, gering	繞 *žaǒ*, wickeln	蕘 *žaō*, Brennstroh	譊 *naô*, Geschrei	遶 *žaō*, umgeben
潘 *fān*, Reiswasser	繙 *pân*, übersetzen	蕃 *fân*, üppig		
	緥 *kǒ*, entwirren	菓 *kǒ*, Frucht	課 *k'ó*, prüfen	

§. 141. Es ist leicht, in den Beispielen der vorstehenden Tabelle die Einheit des Bauprincipes zu erkennen. Damit ist jedoch selbstverständlich nicht gesagt, dass die Schrifterfinder nach einem fertigen Plane gearbeitet hätten. Wir finden in unseren Beispielen den ideographischen Bestandtheil meist auf der linken Seite, zuweilen auch oben, unten, oder den phonetischen von zwei Seiten einfassend. Wir werden in anderen Fällen finden, wie gewisse Classenhäupter rechts stehen, andere das Lautzeichen von drei oder vier Seiten einschliessen, zuweilen wohl auch nur in die Mitte oder in eine leere Ecke desselben eingeschoben werden. Bei ihrer Auswahl selbst mag viel Zufall mitgewaltet haben. So fanden wir ‚Anmassung, stolz‘ unter ‚Mensch‘ und ‚Herz‘, ‚gut, falsch, dumm‘ unter ‚Mensch‘, andere Gemüths- und Geisteseigenschaften unter ‚Herz‘, ‚verwirren, verworren‘ unter ‚Hand‘ und ‚Faden‘ u. s. w.

§. 142. Aehnlich verhält es sich mit den phonetischen Bestandtheilen. Als solche sind 甫 *fù*, 尃 *fū*, 溥 *pù* und 浦 *fù* nur Nebenformen. Sie sind, soviel sich erkennen lässt, ursprünglich willkürlich gewählt und gleichbedeutend, seitdem aber in der Regel nicht mehr gegeneinander auszutauschen, ohne dass zugleich die Bedeutung, manchmal auch die Aussprache des Zeichens eine andere würde. Andere derartige Verwandtschaftsgruppen sind z. B. 付 府 für *fu*, 古 胡 固 für *ku*, *hu*, 匕 比 坒 毘 für *pi*, 卓 朝 für *čao*, 矢 知 疑 und 至 致 für *či*, 者 奢 著 署 諸 für *če*, *ču*, *šu*, 尙 敞 堂 當 für *čang*, *tang*, *šang*, 取 聚 für *čeu*, *tseu*, 亞 惡 für *ya*, *ngo*, 可 阿 何 哥 für *ko*, *ngo*, *ho*, 干 旱 für *han*, *kan*, *kien*, 吉 喜 für *hit*, *hiat*, *hiet*, *kit*, *kiet*, 工 空 巩 貢 巠 für *hung*, *kung*, *kiang*, *king*, *hing*, 弓 强 弘 für *kung*, *hung*, 羊 羕 養 für *yang*, *siang*, 昜 湯 昜 für *tang*, *yang*, 叔 戚 für *tsi*, 西 䙴 für *tsien*, 子 字 für *tsï*, 彡 參 für *šam*, *šem*, *tsam*, 生 星 für *seng*, *sing*, 勿 忽 für *wut*, *hut*, *mut*, 女 妥 委 如 für *žu*, *nei*, *no*, 方 旁 für *fang*, *pang*, 已 忌 *ki*, *kai*, 臣 臤 監 (*čin*), *kin kiem*, *hien*, 口 句 后 區 *keu*, *heu*, 卯 留 *lieu*, *liao*, 夆 逢 *peng*, *pang*, *feng*, 亡 巟 芒 罔 *wang*, *mang*, *meng*, *hoang*, 王 匡 狂 皇 *wang*, *hoang*, *kuang*, 而 耎 需 𦓝 *rï*, *nai*, *no*, *neu*, *žu*, *šui*, *šuan*, *žuen*, *nuan* u. s. w. — Es sind hier in der Regel nur einige der Lautwerthe und diese mit Hinweglassung etwaiger auslautender mutae aufgeführt worden. Die Gruppen würden übrigens viel grösser ausfallen, wenn man nach weiteren Verwandtschaftskreisen suchen wollte.

§. 143. Die meisten dieser Lautzeichen vereinigen mehrere Lautwerthe in sich, oft scheinbar in ganz willkürlicher Weise. 監 z. B. lautet ausser

海上絲綢之路文獻集成 科技與文化编

漢文經緯

kiem, hiem auch oft *lam*; ähnlich 各 *kok, hok,* aber auch oft *lok,* 果 *ko, ho, lo,* 久 *kieu, lieu.* Eindeutig sind z. B. 巳 *ssî,* 刃 *žin,* 夫 *fu,* 尤 *yeu,* 互 *hú,* 巴 *pa,* 比 *pi,* 止 *či,* 中 *čung,* 宁 *čù,* 主 *ču* (往 *wàng* gehört nicht hierher), 末 *mot,* 正 *čing,* 巨 *kiü,* 尼 *ni,* 弘 *hûng,* 民 *min,* 乎 *hu,* 付 *fu,* 半 *pan, p'an,* 夷 *i,* 昌 *č'ang,* 皇 *hoâng,* 㚇 *tsung,* 咢 *ngok,* 素 *sú,* 馬 *ma,* 致 *či,* 𦐇 *tap,* 晃 *hoang,* 章 *čang,* 連 *lien,* 票 *piao, p'iao,* 將 *tsiang, ts'iang,* 曼 *man,* 畢 *pit,* 勞 *lao,* 焦 *tsiao, ts'iao,* 尊 *tsuen,* 幾 *ki* (*k'i*), 義 *ngi,* 嬰 *ing* u. s. w. Man sieht, dass bei mehreren derselben sogar die Betonung sich gleich bleibt.

Bei der Mehrzahl der übrigen hält sich der Lautwandel innerhalb bestimmter, freilich oft recht weiter Grenzen. Insoweit werden die oben gegebenen Beispiele für jetzt genügen. Die Erscheinungen sind zum grossen Theile schwer zu erklären, und ihre nähere Betrachtung gehört zu den Aufgaben der lautgeschichtlichen Untersuchungen.

Gelegentlich beruht die Mehrlautigkeit nur auf graphischen Kürzungen oder Irrthümern. So ersetzt 田 *t'iên,* Feld, in 雷 *lêi,* Donner, und 累 *lêi,* binden (beides wieder phonetischen Zeichen), ein 畾 *lûi* oder *lêi,* welches durch Dämme abgetheilte Felder darstellt.

§. 144. Umgekehrt werden die meisten Lautcomplexe des heutigen Mandarinen-Dialectes durch mehrere — insoweit gleichwerthige — Lautzeichen dargestellt. So finden sich

für *čai, č'ai* 叉 此 寒 窄 責 祭 最 廌 齊
für *čeu, č'eu* 寸 丑 兄 由 舟 州 取 帚 周 秋 芻 臭 鬼 蚩 㐱 聚 壽
für *čuang, č'uang* 爿 壯 怱 倉 爽 從 童
für *čung, č'ung* 中 公 冬 充 宗 重 冢 衆 聚 龍
für *rï* 而 耳 兒 貳 爾
für *ngai* 乂 矣 委 㝵 盍 豈 愛 疑
für *hiung* 弓 厷 凶 兄 向 能
für *hoang* 兄 皇 晃 黃
für *hung* 工 厷 弘 共 夅 貢 景 皿
für *lieu* 久 卯 㐬 咎 留 翏
für *kiang, k'iang* 工 夅 羌 京 空 冓 竟 强 畺
für *mei* 夬 夂 未 每 免 某 眉 冒 黑
für *sing* 生 辛 易 星 u. s. w.

Nur durch je ein Zeichen vertreten sind dagegen: *fang* 方, *ngang* 卬, *hang* 亢, *hen* 艮, *ken, k'en* 艮, *žit* 日, *žang* 襄, *ženg* 乃, *žeu* 柔, *ning* 寧, *niü* 女, *nu* 奴, *nuan* 爰, *nuen* 敕, *nung* 農, *sang* 桑, *seng* 曾 (生 *šēng* wird freilich auch von Vielen *sĕng* gelesen), *tseng, ts'eng* 曾, *siuet* 雪, *šuai* 衰, *šung* 春 und vielleicht noch einige andere.

Anmerkung. Das System der chinesischen Lautzeichen ist zuerst in umfassender und vorzüglicher Weise von J. M. Callery dargestellt worden. Sein *Systema phoneticum scripturae sinicae*, 2 partes, Macao 1841, enthält im ersten Theile eine sehr lesenswerthe Einleitung in die chinesische Schriftlehre, im zweiten ein nach den Lautzeichen geordnetes, ziemlich reichhaltiges Wörterbuch mit kurzen lateinischen und französischen Erklärungen, bis vor Kurzem das einzige seiner Art. Dies Wörterbuch kann oft gute praktische Hülfe leisten, wenn es gilt, undeutlich gedruckte Zeichen zu enträthseln. John Chalmers' viel reichhaltigerer, aber rein chinesisch geschriebener sogenannter *Concise Khang-hi* (康熙字典撮要, Canton 1878, 500 Foliobl., 4⁰), sehr übersichtlich nach den phonetischen Elementen geordnet, ist ein ausgezeichnetes Hülfsbuch für Geübtere. — Auf J. Edkins' wichtiges Werk: *An introduction to the study of the chinese characters*, London 1876, 8⁰, ist später zurückzukommen. S. Wells Williams druckt in der Einleitung zu seinem *Syllabic Dictionary* die Callery'schen *phoneticae* ab und empfiehlt dieselben auswendig zu lernen. Das dürfte indessen kaum der Mühe werth sein, da so viele dieser Zeichen mehrdeutig sind, also keinen genügenden Anhalt für die Bestimmung der Aussprache bieten, und wieder viele von ihnen nur in sehr wenigen der gebräuchlicheren Schriftzeichen vorkommen. Das praktisch Wichtigste erlernt man ohnehin bei der nöthigen Aufmerksamkeit mit nebenher.

§. 145. Nicht selten sind phonetische Zusätze zugleich sinnandeutend. So z. B. 中 *čūng*, Mitte, in 窜 *čūng*, mitten durchbohren, 仲 *čúng*, Mittelster; 少 *šaò*, wenig, in 玅 *miaó*, 仯 *miaò*, klein, wenig; 正 *číng*, recht, aufrecht, in 政 *číng*, regieren; 禺 *iû*, Affe, in 愚 *iû*, albern. Fälle dieser Art gehören eigentlich nicht hieher, sondern in den folgenden Abschnitt.

IV. Nebenformen (Varianten) der Schriftzeichen.

§. 146. Beziffert man die Menge der in der heutigen Druckschrift — *k'iài* — vorhandenen Schriftzeichen, so ergibt sich die erschreckende Zahl von vierzig- bis fünfzigtausend. So viel, darunter freilich einige Tausend unerklärter, enthält Khang-hi's bekanntes Wörterbuch; das Tsî-wéi dagegen bietet deren nur gegen dreiunddreissigtausend. Nun aber sind zwei Dritttheile bis drei Viertheile dieser Zeichen von höchst seltenem Gebrauche. Die bisher von Europäern verfassten Wörterbücher erklären zwischen acht- und vierzehntausend Schriftzeichen, und selbst die kleineren unter ihnen lassen Einen insoweit bei der Lectüre selten im Stich. Die Chinesen selbst erwarten von einem Gelehrten des höchsten Ranges, dass er neuntausend Schriftzeichen kenne, und zwei Dritttheile hiervon dürften für das gewöhnliche Bedürfniss des

海上絲綢之路文獻集成 科技與文化编

漢文經緯

Gebildeten vollauf genügen; die Massen der Ungebildeten kommen für ihre Lectüre und Schreibereien mit noch weit Wenigerem aus. Der Zeichenvorrath ist eben viel grösser als der Wortschatz, zur grösseren Hälfte besteht er aus sogenannten Nebenformen, Varianten.

§. 147. Schon vorhin — §. 145 — wurde einer Erscheinung gedacht, welche streng genommen hierher zu ziehen ist: der **Dissimilation** der Wörter nach ihren verschiedenen Anwendungen durch die Bezeichnung mittelst verschiedener Charaktere. Derartige Dissimilationen hat man regelmässig da anzunehmen, wo zwei oder mehrere Schriftzeichen das nämliche phonetische Element, gleiche Aussprache und verwandte Bedeutungen haben. Solche Unterscheidungen werden in den meisten Fällen rein künstliche, mit dem Bewusstsein von der Einheit des Wortes, aber der Absicht auf Verdeutlichung des Sinnes geschaffen sein; in anderen Fällen mag jenes Bewusstsein schon aus dem Sprachgefühle entschwunden gewesen sein, und dann hat die Entähnlichung für eine organische zu gelten. Weitere Beispiele dieser Art sind: 參 *ts'ām*, drei, mit 馬 *mà*, Pferd, zusammengesetzt: 驂 *ts'ām*, Dreigespann; 固 *kú*, fest, hart, gewiss, mit 冫 *pīng*, Eis: 凅 *kú*, gerinnen, gefrieren; 周 *čeū*, umgeben, mit 辵 *č'ok*, gehen: 週 *čeū*, umkreisen; 奄 *yèn*, verbergen, mit 土 *t'ù*, Erde: 埯 *yèn*, mit Erde bedecken, mit 手 *šeù*, Hand: 掩 *yèn*, bedecken, verhüllen; 取 *ts'iù*, nehmen, mit 女 *niù*, Frau: 娶 *ts'iù*, ein Weib nehmen, heiraten; 家 *kiā*, Haus, mit 人 *žîn*, Mensch: 傢 *kiā*, Hausgeräthe, mit 女 *niù*, Frau: 嫁 *kiá*, heiraten (von der Frau gesagt); 甲 *kiap*, Brustharnisch, mit 衣 *ī*, Kleid: 衤甲 *kiap*, kurzes Gewand, mit 肉 *žuk*, Fleisch: 胛 *kiap*, Brust; 四 *ssî*, vier, mit 馬 *mà*, Pferd: 駟 *ssî*, vier Pferde; 丁 *tīng*, Nagel, mit 木 *muk*, Baum, Holz: 朾 *tìng*, Holzpflock, mit 金 *kīm*, Metall: 釘 *tìng*, metallener Nagel.

Die Chinesen theilen nun ihre Schriftzeichen in Rücksicht auf ihre **Aechtheit** folgendermassen ein:

§. 148. (I.) 正 字 ***čing-tsî*,** correcte, sind solche, wie sie in guten Drucken und Handschriften regelmässig erscheinen: die richtigen Bestandtheile in der richtigen Ordnung zusammengefügt. Soweit sie untereinander gleichwerthig sind, werden sie 同 字 *t'ûng-tsî*, gleiche Zeichen, auch wohl 通 *t'ūng*, durchdringende, genannt, z. B. 二 und 貳 *rî*, zwei.

§. 149. (II.) 古 字 ***kù-tsî*,** oder 古 文 ***kù-wên*,** sind alterthümliche Nebenformen, z. B. 忎 für 仁 *žîn*, Menschlichkeit, 礼 für 禮 *lì*, Schicklichkeit, 㠯 für 以 *ì*, nehmen, mit, durch. — Die Buddhisten suchen oft etwas darin, solche Zeichen in ihren Schriften zu verwenden.

§. 150. (III.) 本字 ***pèn-tsï*** sind die ursprünglicheren, historisch berechtigteren Formen der Schriftzeichen, z. B. 厺 für 去 *k'iü*, fortgehen, 扗 für 在 *tsái*, Dasein, 処 für 處 *č'ù*, Ort, 气 für 氣 *k'í*, Odem, Hauch, 与 für 與 *iù*, geben, mit, und.

§. 151. (IV.) 俗字 ***suk-tsï,*** vulgäre, zu welchen nach einigen einheimischen Gewährsmännern alle die zu rechnen sind, welche sich nicht im Wörterbuche *Šuot-wên* vorfinden; dies enthält aber nur 9313 Zeichen. Man trifft dergleichen oft in billigen, schlecht ausgestatteten Drucken, aber auch manchmal in sonst guten japanischen Ausgaben. Dahin gehören 变 statt 變 *pién*, wechseln, 𠩄 𠩄 statt 所 *sò*, Ort, das was.

§. 152. (V.) 省字 ***šèng-tsï*** sind abgekürzte Formen; dahin gehört auch ein grosser Theil der vulgären. Beispiele: 圣 für 聖 *šíng*, heilig, 观 für 觀 *kuān*, betrachten, 万 für 萬 *wán*, zehntausend, 亓 für 其 *k'ī*, er, sein, ihr, 斈 für 學 *hiok*, lernen. Manche hierher gerechnete Zeichen, z. B. 万 亓, sind übrigens auch alterthümlich und werden von anderen Gewährsmännern der zweiten Classe zugezählt.

§. 153. (VI.) 譌字 ***ngô-tsï,*** 誤 | ***ngú-tsï,*** falsche, wohl auch 非 ***fēi,*** schlechte Formen der Zeichen, sind in nachlässigen Drucken und in den Schriften Ungebildeter oft anzutreffen. Der gemeine Mann wählt oft die Zeichen nur nach dem Laute.

§. 154. Diese Eintheilung ist keine schlechtweg durchgreifende. Eine abgekürzte Form kann zugleich alterthümlich oder vulgär, eine vulgäre zugleich die ursprüngliche, ja die heute als correct eingeführte nach strengerem Urtheile eigentlich eine fehlerhafte sein; so nach Prémare's Ausspruch 仁 und 去. Anerkannt falsche Formen werden natürlich in den Wörterbüchern nicht berücksichtigt, abgekürzte oder vulgäre nur dann, wenn ihnen der Verfasser eine gewisse Berechtigung zuspricht.

Anmerkung. Varianten aus älteren Schriftformen werden zuweilen in den Ductus der heutigen Schrift umgemodelt und finden in dieser Gestalt in den Wörterbüchern Aufnahme. Die bezügliche Angabe 篆、籀 u. s. w. bedeutet dann nur, dass das Zeichen aus den Bestandtheilen und in der Gruppirung des jener Schriftform angehörigen Zeichens nachgebildet ist.

V. Lexikalische Anordnung der Schriftzeichen.

§. 155. Die Chinesen sind früh darauf verfallen, Sammlungen ihres Schriftzeichen- und Wortschatzes zu veranstalten, und heute steht ihre Philologie in lexikographischer und paläographischer Hinsicht kaum hinter der

海上絲綢之路文獻集成 科技與文化編

漢文經緯

unsrigen zurück, überflügelt diese vielleicht sogar. Die Verhältnisse lagen dort günstiger als bei uns, der Zusammenhang mit dem Alterthume war nie auf die Dauer unterbrochen, pietätvolles Interesse für die Vergangenheit stets im Volke lebendig. Einer Renaissance hat es dort nie bedurft.

Die Aufgabe und demgemäss die Anordnung der Wörterbücher gestaltete sich nun naturgemäss dreifach:

1.) Es galt die vorhandenen Wörter in Rücksicht auf die Begriffskreise, denen sie angehören, zu überschauen, so zu sagen die Werkzeuge zu inventarisiren, aus welchen der grosse Sprachapparat besteht: so werden die Werkzeuge nach ihren Zwecken, d. h. die Wörter und Zeichen nach ihren Begriffen zusammenzustellen sein. Das Ergebniss ist eine **Synonymik in encyklopädischer Anordnung.**

2.) Es kam darauf an, Laut und Begriffe oder Anwendungen eines jeden gegebenen Schriftzeichens feststellen zu können, — man weiss ja, dass insoweit die Schriftzeichen nicht völlig selbstredend sind. Jetzt musste die äussere Erscheinung der Schriftzeichen als Eintheilungsgrund dienen: die Anordnung war eine **graphische.**

3.) Es fragte sich: welche Sylben besitzt die Sprache, wie viele Bedeutungen und welche Schriftzeichen kommen einer jeden derselben zu? Da musste man denn von den Lauten, ihren Verwandtschaften oder Aehnlichkeiten ausgehen, die Wörter **phonetisch** ordnen.

Anmerkung. Es ist leicht einzusehen, warum die chinesische Philologie die Schrift- und Wörterkunde bevorzugen, die eigentliche Grammatik aber vernachlässigen musste. Ihr Forschertrieb wurde auf diesen Punkt durch die Menge und Mannichfaltigkeit ihrer Schriftzeichen mit gleicher Macht gelenkt, wie jener der Inder durch die Klarheit und Fülle ihres Flexionssystems auf die Wortbildungs- und Formenlehre ihrer Sprache.

§. 156. Unter den **nach Gegenständen geordneten Wörterbüchern** verdient das 爾 雅 *Rĭ-yà* hervorgehoben zu werden, ein kleines, aber mit Recht für classisch geltendes Buch, vielleicht von einem unmittelbaren Schüler des Confucius, — und dann die riesenhaftige Sammlung der zweisylbigen Ausdrücke 駢 字 類 編 *P'iên-tsī lúi-piēn* in 120 oder 240 Bänden, einem Werke der jetzigen Dynastie. Vgl. §§. 19. 48.

§. 157. Für die **graphisch geordneten Wörterbücher** bedurfte es der vergleichenden Prüfung der Schriftzeichen in Rücksicht auf ihre äussere Erscheinung. Nun ist, wie gezeigt worden, die Mehrzahl der Schriftzeichen zweitheilig, ideographisch-phonetisch zusammengesetzt, beide Bestandtheile freilich

海上絲綢之路文獻集成 科技與文化編

dann oft wieder aus zwei oder mehreren Elementen, — und die Zahl der Lautangebenden ist weit beträchtlicher als die der Begriffbezeichnenden. An Letztere hat man sich daher schliesslich gehalten und hatte dann weiter nur die noch übrigen Charaktere wohl oder übel nach gewissen auffälligen Bestandtheilen den aufgestellten Classen einzureihen. Diese Classen nannte man 字部 ***tsï-pú*** oder schlechthin 部 *pú*, Arten, Abtheilungen, und eben so bezeichnete man die **Classenhäupter** (Radicale oder Schlüssel nach europäischer Ausdrucksweise). So gehört z. B. 媽 *mà*, Matrone, unter den Radical ‚Weib', 女部 *nìü-pú*, 意 *í*, Sinn, Absicht, unter den Radical ‚Herz', 心 | *sīm-pú*.

§. 158. Zahl und Anordnung dieser Classenhäupter haben vielfach geschwankt. Das berühmte *Šuot-wên* 說文, um 100 n. Chr. erschienen, hat deren 540, das *Yük-piēn* 玉篇, 523 erschienen, 542, das *Lúi-piēn* 類篇, aus dem 11. Jahrhundert, 544. Unter der Dynastie Ming, 1368—1640, erschien das Wörterbuch *Luk-šū-pèn-ngí* 六書本義 mit 360, später das vortreffliche *Tsï-wei* 字彙 mit 214 Classenhäuptern. Diese sind seitdem allgemein angenommen und liegen auch den beiden grossen Wörterbüchern der jetzigen Dynastie zu Grunde, dem *Číng-tsï-t'ūng* 正字通 und dem *K'āng-hī-tsï-tièn* 康熙字典. Fast alle europäischen Lexicographen bedienen sich ihrer.

Anmerkung. Von CALLERY's Systeme war bereits die Rede; GONÇALVES und WASSILIEW haben versucht, neue Schlüsselsysteme zu gründen, die zwar Manches vereinfachen mögen, aber doch auch ihr Bedenkliches haben. — Die 214 Classenhäupter muss man wenigstens einmal gründlich auswendig gelernt haben.

§. 159. Die 214 Classenhäupter sind nach der **Zahl der Striche** geordnet, aus welcher sie in der heutigen correcten Schrift bestehen. Zuerst kommen die einstrichigen, dann die zweistrichigen u. s. w. bis zum 214ten, welches aus siebzehn Strichen gebildet ist. Die gleiche Ordnung findet innerhalb der einzelnen Classen statt: hat man das Classenhaupt ermittelt, so zählt man die übrigen Striche des Schriftzeichens (den Radikal ausgenommen) und hat somit nur noch innerhalb eines engen Raumes des Wörterbuches zu suchen. Z. B. besteht 本 *pèn*, Wurzel, aus rad. 75 木 *muk*, Baum, + 1 Strich; 味 *wéi*, Geschmack, aus rad. 30 口 *k'eù*, Mund, + 未 *wéi* (als selbständiges Zeichen s. v. a. noch nicht) = 5 Strichen.

§. 160. Die Chinesen nehmen acht, höchstens neun solcher einfacher Striche, 畫 ***hoá***, an und ordnen einzelnen derselben gewisse Nebenformen bei. Hierin, sowie in den Benennungen ist Manches schwankend.

漢文經緯

Tafel der einfachen Striche.

Nr.	Namen	Form	Nebenformen
I.	側 *tsek*, 點 *tièm*	丶	㇀ ˎ ㇛ ㇛
II.	勒 *lek*, 畫 *hoá*	一	㇀
III.	努 *nù*, 直 *čik*	丨	
IV.	趯 *yok*, 鈎 *keú*	亅	乛 (曲 *küük* genannt) → ㇋ ㇆ ㇉
V.	策 *ts'ek*	㇀	
VI.	掠 *liok*, 丿 *p'iet*	丿	㇇ 丿
VII.	啄 *čok*	㇒	(mehr liegend und spitz als VI)
VIII.	磔 *tsiek*, 拔 *pat*	㇏	㇏ ㇏
IX.	戈 *kuŏ*	乙	㇄ ㇜ ㇙ ㇙ ㇂ ㇃ ㇊

§. 161. Die Kalligraphie verlangt, dass diese Striche in gewissen Fällen gekürzt oder verlängert, steiler oder schräger gestellt werden u. s. w., — wovon später. Mit Hülfe vorstehender Tafel lassen sich z. B. folgende Zeichen zerlegen:

Zweistrichige: 刀 *taō*, Messer, IV, VI; 乃 *naì*, VI, IV; 冂 III, IV; 凵 IX, III; 乂 IX, I.

Dreistrichige: 之 *čī*, dessen, ihn I, VI, VIII; 口 *k'eù*, Mund III, IV, II; 女 *niù*, Weib I, VI, II; 已 *ì*, bereits, vollendet IV, II, IX.

Vierstrichige: 毋 *wû*, nicht II, IX, IV, VI; 丐 *kái*, betteln II, III, II, IV.

Fünfstrichige: 以 *ì*, nehmen, mit III, V, I, VI, I; 玄 *hiuên*, dunkel I, II, I, IX, I; 匃 *kái*, Nebenform von 丐, VII, IV, VI, I, IX.

Die **sechsstrichigen** Zeichen 永 *yùng*, ewig, und 衣 *ī*, Kleid, sollen alle Striche enthalten.

Immerhin ist dabei Manches conventionell und nur durch Uebung zu erfahren. Dahin gehört, dass 口 aus 3, nicht aus 2, 凵 dagegen aus 2, nicht aus 3, 以 nicht aus 4 (IX statt III + V), sondern aus 5 Strichen besteht. Das Meiste hiervon lernt man praktisch im Schreibunterrichte und an Mustern eleganter Cursivschrift. §. 131.

§. 162. Manche Schriftzeichen erleiden mehr oder minder starke Veränderungen, meist Kürzungen, wenn sie zur Bildung anderer als sinn- oder

海上絲綢之路文獻集成 科技與文化编

lautanzeigender Bestandtheile verwendet werden. Beispiele: 政 *čing*, regieren, aus 正 *čing*, gerade, und 攴 *puk*, schlagen; obiges 以 *i* wohl aus dem gleichbedeutenden 目 *i* + 人 *žin*. Dieses 人 hat, wenn es zur Linken steht, meist die Form 亻; im gleichen Falle wird 心 *sīm*, Herz, durch 忄, 水 *šùi*, Wasser, durch 氵, 阜 *feú*, Hügel, durch 阝 ersetzt. 火 *huò*, Feuer, nimmt als unterer Bestandtheil die Form 灬 an, und 罪 *tsúi*, Verbrechen, besteht aus 网 *wàng*, Netz, + 非 *fēi*, nicht, unrecht.

§. 163. Nicht immer ist es leicht, das Classenhaupt eines Schriftzeichens zu ermitteln. Zuweilen ist Letzteres eigentlich selbst ein untrennbares, einheitliches Bild oder Symbol und nur deshalb nicht zum Classenhaupte erhoben worden, weil es gar nicht oder doch nicht oft genug als sinnanzeigender Bestandtheil in Zusammensetzungen vorkommt. Dann wird es um eines oder einiger seiner Striche willen dem oder jenem Classenhaupte untergeordnet. So das Bild 兎 *t'ú*, Hase, unter 儿 *žin*, Mensch; 丁 *tīng*, Nagel, unter 一 *yit*, eins; 九 *kieù*, neun, unter 乙 *yit*, krumm. Oder das Classenhaupt steht in einem Winkel, vielleicht gar irgendwo in der Mitte des Schriftzeichens. So 木 *muk*, Baum, und 肉 *žuk*, abgekürzt 月, Fleisch, in 條 *t'iaô*, lang, und 脩 *sieū*, schmücken, zurüsten; 心 *sīm*, Herz, in 愛 *ngái*, lieben; 口 *k'eù*, Mund, in 單 *tān*, allein, 喬 *k'iaô*, hoch, 咸 *hiêm*, insgesammt u. s. w. Solchen ‚zweifelhaften und schwierigen Schriftzeichen', 疑難字 ***ngî-nân-tsí***, ist in den Wörterbüchern ein besonderer Abschnitt 檢字 ***kièm-tsí***, ‚classificirte Schriftzeichen', gewidmet. Darin werden dieselben nach der Zahl ihrer sämmtlichen Striche (die des Classenhauptes inbegriffen) aufgeführt und ihren Radicalen zugewiesen.

§. 164. In der folgenden Tafel der Classenhäupter bedeutet

* dass der Radical als selbständiges Schriftzeichen nicht gebräuchlich ist;

† seine Nebenformen in Zusammensetzungen. Die Buchstaben in Parenthese geben die gewöhnliche Stellung des Radicals in Zusammensetzungen an:

(o) = oben,
(u) = unten,
(r) = rechts,
(l) = links,
(lr) = links und rechts, den Zusatz in der Mitte,
(or) = oben und rechts
(ol) = oben und links } zweiseitig einfassend,
(lu) = links und unten
(e) = ringsherum einfassend.

Von den rechts stehenden Zahlen giebt die erste an, wieviele Zeichen in Khang-hi's Wörterbuche, die zweite, wieviele im *Tsî-wéi* unter dem Classenhaupte aufgeführt werden. Vgl. §. 158.

NB. deutet auf ähnlich gestaltete Classenhäupter oder Nebenformen von Classenhäuptern.

Als Beispiele sind den meisten Radicalen einige der gebräuchlicheren und der schwer auffindbaren Schriftzeichen beigefügt.

Tafel der 214 Classenhäupter.

I Strich.

1. 一 ***yit,*** eins . . . . 42. 32.
上 *šáng*, oben. 下 *hià*, unten. 不 *put*, nicht. 且 *ts'iè*, überdies. 世 *ší*, Welt, Generation.

*2. 丨 ***k'uèn*** (Wiederholungszeichen) . . . . 21. 14.
中 *čūng*, Mitte.

*3. 丶 ***čù*** (Punkt, Comma) . . . . 10. 7.
主 *čù*, Herr. 丹 *tān*, fleischfarben.

*4. 丿 ***p'iet*** . . . . 33. 22.
乃 *naì*, da, dann. 久 *kieù*, lange. 之 *čī*, dessen, ihn, es. 乏 *fap*, Mangel. 乎 *hû*, eine Präposition.

5. 乙 ***yit*** (krumm, ein cyklisches Zeichen) . . . . 42. 21.
九 *kieù*, neun. 乞 *k'it*, bitten. 乾 *kān*, trocken.

*6. 亅 ***kiuet*** (Haken) . . . . 19. 8.
予 *iû*, ich. 事 *ssî*, Geschäft, dienen.

II Striche.

7. 二 ***rí,*** zwei . . . . 29. 22.
于 *iū*, praepos. 五 *ngù*, fünf. 云 *yûn*, sprechen. 互 *hú*, gegenseitig. 亟 *kik*, schnell.

*8. 亠 (o) ***t'eû*** (bedecken) . . . . 38. 20.
亡 *wâng*, vergehen. 亦 *yik*, auch. 京 *kīng*, Hauptstadt.

9. 人 (o) ***žîn,*** Mensch. † 亻 (l) . . . . 794. 741.
仁 *žîn*, Menschlichkeit. 今 *kīm*, jetzt. 以 *ì*, nehmen, mit, durch. 來 *lâi*, kommen. 使 *ssì*, senden, verursachen.

*10. 儿 (u) *žîn,* Mensch . . . . 52. 34.
兄 *hiūng,* älterer Bruder. 兆 *čaó,* Million.
11. 入 *žip,* eintreten . . . . 28. 12.
內 *núi, néi,* Inneres. 全 *ts'iuên,* ganz. 兩 *liàng,* beide.
12. 八 *pat,* acht. † 丷 (o). 𠆢 (u) . . . . 44. 18.
公 *kūng,* Fürst. 共 *kúng,* zusammen. 其 *k'î,* er, sie, es, sein. 兼 *kiēm,* vereinigen. 兵 *pīng,* Soldat.
*13. 冂 *k'iūng,* Wüste, Einöde . . . . 50. 29.
册 *č'ek,* Register. 再 *tsái,* abermals. 胄 *čeú,* Nachkommen. 冒 *maó,* rennen. 冕 *mièn,* Krone. NB. 72. 73. 74. 130.
*14. 冖 (o) *mik,* bedecken . . . . 30. 25.
冠 *kuān,* Mütze. 冢 *č'ùng* erster, Haupt.
*15. 冫 (l, u) *pīng,* Eis . . . . 115. 86.
冬 *tūng,* Winter. 冷 *lèng,* eisig. 凍 *túng,* kalt.
16. 几 (r, u) *kì,* Bank, Tisch . . . . 38. 16.
凣 凡 *fâm,* alle. 凭 *páng,* sich stützen, vertrauen.
*17. 凵 (e) *k'àm,* Behältniss . . . . 23. 15.
凶 *hiūng,* unglücklich. 出 *č'ut* herauskommen.
18. 刀 *taō,* Messer, Schwert. † 刂 (r). . . . . 377. 326.
分 *fēn,* theilen. 初 *č'ū,* anfangen. 前 *ts'iên,* vorn. 別 *piet,* scheiden. 則 *tsek,* dann. 剛 *kāng,* hart, fest.
19. 力 *lik,* Kraft . . . . 163. 132.
加 *kiā,* zunehmen, hinzufügen. 功 *kūng,* Verdienst. 助 *tsú,* helfen. 努 *nù,* sich anstrengen. 勇 *yùng,* tapfer. 勝 *šíng,* besiegen. 勞 *laô,* arbeiten.
*20. 勹 (r) *paō,* Bündel . . . . 64. 51.
勿 *wut,* nicht. 包 *paō,* einwickeln.
*21. 匕 *pì,* Löffel . . . . 19. 13.
化 *hoá,* verändern. 北 *pek,* Norden.
*22. 匚 (r) *fāng,* Korb, Kasten . . . . 64. 57.
匠 *tsiáng,* Handwerker. 匪 *fèi,* unrecht.
*23. 匸 (r) *hì,* verbergen . . . . 17. 13.
匹 *p'it,* Paar. 匿 *nik,* verbergen.
24. 十 *šip,* zehn . . . . 55. 31.
半 *pán,* halb. 卒 *ts'ut,* plötzlich. 卓 *č'ok,* übertreffen.
25. 卜 *puk,* loosen, wahrsagen 45. 19
占 *č'ām,* Loose werfen. 卦 *kuá,* magische Diagramme.

海上絲綢之路文獻集成 科技與文化编

漢文經緯

*26. 卩 (r) 㔾 ***tsiet,*** Stempel . . . . 40. 35.
危 *nguêi,* Gefahr. 即 *tsik,* alsbald. 卷 *kiuèn,* Heft. NB. 163. 170.

*27. 厂 (lo) ***hán,*** Klippe, Abgrund . . . . 129. 96.
厚 *heú,* dick. 原 *yuên.* Ebene. 厭 *yém,* hassen.

*28. 厶 ***ssï,*** selbstsüchtig . . . . 40. 17.
去 *k'iü,* fortgehen. 參 *ts'ām,* Trias, mischen.

29. 又 (lu) ***yeú,*** Hand, auch, überdies . . . . 91 60.
反 *fàn,* entgegen, zurückkehren. 及 *k'ip,* erreichen. 友 *yeù,* Freund. 取 *ts'iü,* nehmen.

III Striche.

30. 口 ***k'eù,*** Mund (l, selten u oder o) . . . . 1146. 989.
只 *čï,* nur. 可 *k'ò,* können, sollen. 右 *yeú,* rechts. 吏 *lí,* Beamter. 君 *kiün,* Fürst. 同 *t'ûng,* gleich. 吾 *ngû,* ich. 和 *huô,* Harmonie. 品 *pìn,* Classe, Ordnung.

*31. 囗 (e) ***wêi,*** Einfassung . . . . 118. 92.
回 *hoêi,* zurückkehren. 固 *kú,* sicher. 國 *kuok,* Staat.

32. 土 (l) ***t'ù,*** Erde, Land . . . . 580. 480.
地 *tí,* Land. 在 *tsái,* Dasein. 坐 *tsó,* sitzen. 堂 *t'âng,* Halle. 執 *čip,* ergreifen. 垂 *č'ûi,* niedersteigen, hängen.

33. 士 ***ssï,*** Gelehrter . . . . 24. 18.
壯 *čuáng,* stark. 壽 *šeú,* langes Leben.

*34. 夂 ***čí,*** folgen . . . . 11. 7.
夅 *kiáng,* herniedersteigen; *hiâng,* unterwerfen.

*35. 夊 (u) ***sūi,*** langsam gehen . . . . 23. 19.
夏 *hiá,* Sommer.

36. 夕 ***sik,*** Dunkelheit, Abend . . . . 34. 29.
外 *nguái,* draussen. 多 *tō,* viel. 夜 *yé,* Nacht.

37. 大 ***tá,*** gross . . . . 132. 110.
夫 *fū,* Mann. 天 *t'iēn,* Himmel. 失 *šit,* verlieren. 奇 *k'î,* wunderbar. 奚 *hî,* wie? 奪 *t'ot,* wegnehmen.

38. 女 (lu) ***niü,*** Weib, Mädchen . . . . 681. 834.
奴 *nû,* Sklave. 如 *žû,* wie. 始 *šì,* Anfang. 妻 *ts'ī,* Gattin. 姓 *síng,* Familienname, Geschlecht.

39. 子 (lu) ***tsï,*** Sohn, Kind . . . . 83. 67.
孑 *k'iet,* verwaist. 存 *ts'ûn,* bewahren. 孝 *hiaó,* kindliche Pietät. 學 *hiok,* lernen, Lehre.

*40. 宀 (o) ***miên,*** Dach . . . . 246. 199.
守 *šeù*, aufbewahren. 官 *kuān*, Beamter.

41. 寸 (ru) ***tsûn,*** ein Zoll . . . . 40. 32.
將 *tsiāng*, nehmen, bald. 尊 *tsūn*, ehrwürdig.

42. 小 ***siaò,*** klein . . . . 41. 31.
少 *saò*, wenig. 尙 *šáng*, ehren, hinzufügen.

43. 尢、兀、尣、尣 ***wāng,*** lahm, Krüppel . . . . 66. 57.
就 *tsieú*, sich nähern. 尤 *yeû*, noch mehr, sehr.

*44. 尸 (ol) ***šī,*** Leichnam . . . . 148. 119.
尺 *č'ik*, ein Fuss (Maass). 居 *kiū*, wohnen.

*45. 屮 ***č'iet,*** Keim, Sprössling . . . . 38. 17.
屯 *čūn*, keimen, sprossen; *t'ûn*, versammeln.

46. 山 (l, o) ***šān,*** Berg . . . . 636. 574.
崩 *pēng*, Bruch. 岡、崗 *kāng*, Bergrücken.

47. 川 ***č'uēn,*** Ströme. † 巛、巜 . . . . 26. 22.
州 *čeū*, Bezirk. 巡、廵 *siûn*, Rundreise machen.

48. 工 ***kūng,*** Arbeit, Arbeiter . . . . 17. 11.
左 *tsò*, links. 巨 *kiû*, gross. 差 *č'ā*, verschieden sein.

49. 已 ***kì,*** selbst . . . . 20. 19.
己 *ì*, beendigt. 巳 *ssî*, ein cyklisches Zeichen. 卮 *čī*, Becher. 巽 *sûn*, auswählen.

50. 巾 (l) ***kīn,*** Mütze . . . . 295. 248.
市 *šì*, Markt. 帝 *tí*, Herr. 師 *ssī*, Lehrer.

51. 干 ***kān,*** Schild, widerstehen . . . . 17. 15.
平 *p'îng*, eben. 幹 *kán*, geschickt. 年 *niên*, Jahr.

*52. 幺 ***yaō,*** klein, unreif . . . . 20. 15.
幼 *yeú*, jung. 幽 *yeū*, verborgen sein. 幾 *kì*, einige.

*53. 广 (ol) ***yèm,*** Dach . . . . 285. 226.
庿 *miaó*, Tempel. 廣 *kuàng*, breit.

*54. 廴 (lu) ***yèn,*** grosse Reise . . . . 9. 10.
延 *yên*, sich erstrecken. 建 *kién*, errichten, herstellen. NB. wechselt zuweilen mit 162.

*55. 廾 (u) ***kùng,*** die Hände zusammenlegen . . . . 50. 33.
弊 *pí*, verdorben, schlecht.

56. 弋 (r) ***yik,*** Wurfspiess . . . . 15. 14.
式 *šik*, Gesetz, Muster. 弑 *ší*, morden.

57. 弓 (l) ***kūng,*** Schiessbogen . . . . 165. 142.

海上絲綢之路文獻集成 科技與文化编

漢文經緯

弗 *fut*, nicht. 弟 *tí*, jüngerer Bruder. 弱 *žok*, schwach. 强、彊 *k'iâng*, stark. 引 *yìn*, führen, citiren.

*58. 彐、彑、彑 (o) ***kí,*** Schweinskopf . . . . 25. 17.
彙 *wéi*, Igel, Classe. 彗 *súi*, *hoéi*, Besen.

*59. 彡 (r) ***sām,*** Haare . . . . 62. 40.
形 *hîng*, Gestalt. 影 *yìng*, Schatten.

*60. 彳 (l) ***č'ik,*** Schritt . . . . 215. 177.
彼 *pì*, jener. 往 *wàng*, weggehen. 後 *heú*, nach. **NB. Dreistrichige Nebenformen anderer Classenhäupter:** 忄 61. 扌 64. 氵 85. 犭 94.

IV Striche.

61. 心 (u) ***sīm,*** Herz. † 忄 (l), 小 (u) . . . . 1115. 972.
必 *pit*, nothwendig. 忘 *wâng*, vergessen. 恭 *kūng*, Ehrerbietung. 悅 *yuet*, froh. 性 *síng*, Natur.

62. 戈 (r) ***kuō,*** Lanze . . . . 116. 87.
我 *ngò*, ich. 成 *č'îng*, ganz, werden. 或 *huok*, vielleicht, Jemand. 戰 *čín*, kämpfen.

63. 戶、户、戸、(ol, l) ***hú,*** Thüre . . . . 44. 38.
房 *fâng*, Zimmer. 所 *sò*, Ort, das was.

64. 手 (u) ***šeù,*** Hand. † 扌 (l) . . . . 1203. 1030.
才 *ts'âi*, Stoff, Talent. 承 *č'îng*, empfangen. 拜 *pái*, grüssen. 擇 *tsik*, wählen. 指 *čì*, Finger, zeigen.

65. 支 (r) ***čī,*** Zweig . . . . 26. 21.
攲 *k'ī*, *kì*, krumm, uneben.

*66. 攴 ***p'uk,*** schlagen. † 攵 (r). . . . . 296. 242.
改 *kài*, verändern. 故 *kú*, Ursache. 教 *kiaó*, lehren.

67. 文 ***wên,*** Literatur. † 攵 (l) . . . . 26. 19.
斐 *feì*, zierlich. 斑 *pān*, bunt.

68. 斗 (r) ***teù,*** Metze ($^1/_4$ Scheffel) . . . . 32. 27.
料 *liaó*, messen, berechnen.

69. 斤 (r) ***kīn,*** Axt, Beil . . . . 55. 45.
斯 *ssī*, dies. 新 *sīn*, neu. 斧 *fù*, Axt.

70. 方 (l) ***fāng,*** Viereck, Seite . . . . 92. 68.
於 *iū*, praepos. 旁 *p'âng*, Seite. 旅 *liù*, Gast, Menge.

71. 无、旡 ***wû,*** nicht . . . . 12. 9.
旣 *kí*, bereits, vollendet.

72. 日 (l) *žit*, Sonne, Tag . . . . 453. 388.
昌 *č'āng*, Licht. 易 *yik*, wechseln; *í*, unschwer. 春 *č'ūn*, Frühling. 星 *sīng*, Stern. 時 *šî*, Zeit. 旦 *tán*, Morgen. NB. 73. 13.

73. 曰 *yuet*, sagen . . . . 37. 23.
曲 *k'iuk*, krumm. 更 *kēng*, erneuern, *kéng*, mehr. 曷 *hot*, wie? 書 *šū*, Buch. 會 *hoéi*, 最 *tsúi*, sammeln.

74. 月 *yuet*, Mond. † 月 (o) . . . . 69. 59.
有 *yeù*, haben. 服 *fuk*, gehorchen. 朋 *p'êng*, Freund. 望 *wáng*, erwarten. 朝 *čaō*, Morgen, *č'aô*, Hof, Palast. NB. 130. 13.

75. 木 (l) *muk*, Baum, Holz . . . . 1369. 1242.
本 *pèn*, Wurzel. 末 *mut*, Zweigende. 未 *wéi*, noch nicht. 果 *kuò*, Frucht. 東 *tūng*, Osten. 柔 *žeû*, geschmeidig. 格 *kik*, untersuchen.

76. 欠 (r) *k'iém*, schulden, mangeln . . . . 235. 193.
次 *ts'ï*, der folgende. 欲 *yuk*, wünschen. 欺 *k'ī*, täuschen.

77. 止 *čì*, stillstehen . . . . 99. 49.
正 *číng*, recht. 此 *ts'ï*, dieser. 武 *wù*, kriegerisch. 歲 *súi*, Jahr. 歸 *kuēi*, zurückkehren.

78. 歹、歺 (l) *tài*, bös . . . . 231. 190.
死 *ssï*, sterben. 殘 *ts'iên*, zerstören, schädigen.

*79. 殳 (r) *šû*, tödten . . . . 93. 85.
殺 *šat*, tödten. 殷 *yēn*, vollständig. 毅 *ngí*, kühn.

80. 毋 *wû*, nicht . . . . 16. 10.
母 *mù*, Mutter. 每 *mèi*, jeder. 毒 *tuk*, Gift.

81. 比 *pì*, vergleichen . . . . 21. 14.
毖 *pí*, aufmerksam. 毗 *p'î*, helfen, hülfreich.

82. 毛 *maô*, Haar . . . . 211. 156.
毡、氈 *čēn*, Filz. 毳 *ts'úi*, Flaum.

83. 氏 *šì*, Familie . . . . 10. 7.
民 *mîn*, Volk. 氐 *tī*, Grundlage. 氓 *mîn*, Bauer.

*84. 气 (or) *k'í*, Athem, Odem . . . . 17. 9.
氣 *k'í*, Odem, Materie. 氛 *fēn*, Dampf.

85. 水 *šùi*, Wasser. † 氵 (l). † 氺 (u) . . . . 1595. 1354.
永 *yùng*, ewig. 求 *k'ieû*, suchen. 江 *kiāng*, der Yang-tse-kiang. 治 *čí*, regieren. 洋 *yâng*, Ocean. 海 *hài*, Meer. 流 *lieû*, fliessen.

海上絲綢之路文獻集成 科技與文化编

86. 火 (l) ***huò,*** Feuer. † 灬 (u) . . . . 639. 548.
烏 *ngū,* schwarz. 然 *žân,* so, ja. 無 *wû,* nicht haben. 炙 *čik,* rösten. 燈 *tēng,* Lampe.

87. 爪 ***čaò,*** Klauen. † 爫 (o) . . . . 36. 23.
爭 *čēng,* streiten. 爲 *wêi,* sein, machen.

88. 父 ***fú,*** Vater . . . . 10. 10.
爺 *yê,* Vater, Vorfahr.

*89. 爻 ***hiaô,*** mischen, kreuzweis legen . . . . 16. 12.
爾 *rì,* du, ihr. 爽 *šàng,* hell.

*90. 爿 (l) ***č'uâng,*** Bettstelle . . . . 48. 38.
牀 *č'uâng,* Bett. 牆 *ts'iâng,* Mauer.

91. 片 (l) ***p'ién,*** Splitter, Stück . . . . 77. 75.
版 *pàn,* Liste. 牒 *tiep,* Urkunde.

92. 牙 ***yâ,*** Zahn . . . . 9. 9.

93. 牛 (l) ***nieû,*** Ochse . . . . 233. 214.
物 *wet, wut,* Dinge. 牧 *muk,* Hirt.

94. 犬 ***k'iuèn,*** Hund. † 犭 (l) . . . . 444. 421.
狗 *keù,* Hund. 猶 *yeû,* wie. 獨 *tuk,* allein. **NB. Vierstrichige Nebenformen anderer Classenhäupter:** 允、冘 43. 王 96. 四、罒、冈 122. 月 130. 艹 140. 辶 162. 玄 95.

V Striche.

95. 玄、玄 ***hiuân,*** dunkel, tief . . . . 6. 6.
率 *šuái, šot, šut,* befolgen, plötzlich.

Anmerkung. Der Radical hat zu Ehren des Kaisers K'ăng-hī, in dessen Milchnamen das Wort hiuân vorkommt, mit dem folgenden (96) den Platz gewechselt und wird seitdem in neueren Schriften meist ohne den letzten Punkt, also vierstrichig geschrieben.

96. 玉 ***yük,*** Edelstein. † 王 (l) . . . . 473. 420.
王 *wâng,* König. 珠 *čū,* Perle. 理 *lì,* regeln, Vernunft. 瑟 *šit,* Laute. 瑞 *šúi,* Szepter.

97. 瓜 ***kuā,*** Kürbis, Gurke . . . . 55. 50.

98. 瓦 (r) ***nguà, wà,*** Ziegel . . . . 174. 161.
瓶 *p'ing,* Vase. 瓮 *wúng, wéng,* Krug.

99. 甘 ***kām,*** süss . . . . 22. 19.
甚 *čím,* sehr. 甜 *t'iêm,* wohlschmeckend.

100. 生 ***šēng, sēng,*** hervorbringen, leben . . . . 22. 17.
產 *sàn,* erzeugen.

5*

101. 用 **yúng,** anwenden . . . . 10. 10.
甫 *fù*, gross, erhaben. 甬 *yùng*, hervorbrechen, entquellen.
102. 田 (l) **t'iên,** Feld . . . . 192. 151.
甲 *kiap*, Harnisch. 由 *yeū*, aus, durch, wegen. 男 *nâm*, Mann. 畝 *meù*, Acker. 疆 *kiāng*, Grenze.
103. 疋 **p'it,** Rolle Zeug. † 𤴔 (l) . . . . 15. 12.
疎、疏 *sū*, weit, lose. 疑 *ngî*, zweifeln.
*104 疒 (ol) **nik,** Krankheit . . . . 526. 472.
疾 *tsit*, Krankheit. 病 *píng*, Krankheit, Kummer.
*105. 癶 (o) **pot,** gespreizte Beine . . . . 15. 12.
發 *fat*, entsenden, zeigen. 登 *tēng*, steigen.
106. 白 (l) **pek,** weiss, offenbar . . . . 109. 88.
百 *pek*, hundert. 皆 *kiāi*, insgesammt. 皇 *hoâng*, erhaben.
107. 皮 (l) **p'î,** Haut, Fell, Rinde . . . . 94. 76.
108. 皿 (u) **mìng,** Schüssel . . . . 129. 104.
益 *yik*, Vortheil. 盡 *tsín*, erschöpfen.
109. 目 (l) **muk,** Auge. † 罒 (o) . . . . 647. 519.
直 *čik*, gerade. 眞 *čīn*, wahr. 看 *k'ān*, beobachten. 相 *siāng*, einander. 眼 *yèn*, Auge. NB. 122.
110. 矛 **meû,** Hellebarde . . . . 65. 48.
矜 *kīng*, bemitleiden.
111. 矢 (l) **šì,** Pfeil . . . . 64. 55.
知 *čī*, wissen. 短 *tuàn*, kurz.
112. 石 (l) **šik,** Stein . . . . 499. 450.
砂 *šā*, Sand. 研 *yên*, pulverisiren, untersuchen.
113. 示 (l) **ší,** Geist, Omen, ankündigen. † 礻 (l) . . . . . 213. 180.
神 *šîn*, Geist, Gottheit. 祖 *tsù*, Ahne. 祭 *tsí*, opfern.
*114. 禸 **žeù,** Fusstapfen, Spur . . . . 12. 12.
禺 *iû*, Affe. 禽 *k'îm*, Vögel.
115. 禾 (l) **huô,** Getreide . . . . 431. 355.
秋 *ts'ieū*, Herbst. 穀 *kuk*, Getreide. NB. 186. 202.
116. 穴 (o) **hiuet,** Höhle. † 穴 (o) . . . . 298. 144.
空 *k'ūng*, hohl, leer. 窮 *k'ûng*, arm, erschöpfen.
117. 立 (l) **lip,** stehen, stellen . . . . 101. 73.
章 *čāng*, Capitel. 端 *tuān*, richtig. **NB. Fünfstrichige Nebenformen:** 氺 85. 歺 78. 罒 122.

海上絲綢之路文獻集成 科技與文化編

漢文經緯

VI Striche.

118. 竹 ***čuk,*** Bambu. † ⺮ (o) . . . . 953. 675.
笑 *siaó*, lachen. 筆 *pit*, Pinsel, 簡 *kiàn*, Urkunde.

119. 米 (l) ***mì,*** Reis . . . . 318. 207.
粉 *fen*, Mehl. 精 *tsīng*, fein. 粗 *ts'ū*, roh, grob.

120. 糸 (l) ***mik,*** Seide. . . . . 823. 628.
終 *čūng*, Ende. 累 *lùi*, binden.

121. 缶 (l, u) ***feu,*** Töpferwaare, Krug. † 缶 (l) . . . . . . 77. 62.
缺 *k'iuet*, mangelhaft, schadhaft.

*122. 网 ***wâng,*** Netz. † 四 ⺳ ⺲ 冈 (o). . . . . 163. 121.
置 *čí*, setzen, richten. 罔 *wàng*, nein, nicht.

123. 羊 (l, o) ***yâng,*** Schaf . . . . 156. 108.
美 *mèi*, schön. 義 *ngí*, Rechtschaffenheit. 羣 *k'iün*, Heerde.

124. 羽 ***iü,*** Federn. † 羽 (o). . . . . 220. 157.
習 *sip*, üben. 翰 *hán*, Griffel, Pinsel.

125. 老 ***laò,*** alt . . . . 22. 14.
考 *k'aò*, prüfen. 者 *čè*, der welcher, das was.

126. 而 ***rî,*** dabei, da, und . . . . 22. 17.
耐 *nái*, dulden.

127. 耒 (l) ***lúi, léi,*** Pflug . . . . 84. 77.
耕 *kēng*, pflügen. 耦 *ngeò*, ein Paar.

128. 耳 (l, u) ***rì,*** Ohr . . . . 172. 138.
聞 *wên*, hören. 聲 *šīng*, Ton. 聽 *t'īng*, hinhören.

*129. 聿 (l,u) ***yüt,*** Pinsel . . . . 19. 15.
肅 *suk*, Ehrfurcht. 肆 *ssî*, sehr, nun, dann.

130. 肉 ***žuk,*** Fleisch. † 月 (r) † ⺼ (u) . . . . 674. 578.
能 *nêng*, können. 育 *yuk*, ernähren. 脩 *sieū*, pflegen.
脫 *t'ot*, rauben. 肝 *kān*, Leber.

131. 臣 ***č'in,*** Minister, Unterthan . . . . 16. 12.
臨 *lîm*, herabkommen.

132. 自 (o) ***tsí,*** selbst, aus . . . . 34. 21.
臭 *hieú*, riechen, wittern.

133. 至 ***čí,*** hingehen, erreichen, sehr . . . . 24. 17.
致 *čí*, Ziel, regeln. 臺 *t'âi*, Söller.

134. 臼 ***k'ieù,*** Mörser . . . . 71. 40.
與 *iü*, mit, und. 興 *hīng*, erheben. 舉 *kiü*, desgl.

135. 舌 (l) **šet,** Zunge . . . . 31. 34.
舍 *šé,* Hütte, wohnen. 舖 *p'ú,* Bude, Laden.
136. 舛 **č'uèn,** einander gegenüber . . . . 10. 8.
舜 *šūn,* der Kaiser Schün, 2255—2205 v. Chr.
*137. 舟 (l) **čeū,** Schiff, fahren . . . . 197. 166.
般 *pān,* Art und Weise. 船 *č'uên,* Schiff.
*138. 艮 **kén,** Grenze . . . . 5. 5.
139. 色 (l) **sek,** Farbe, Laster . . . . 21. 20.
豔 *yém,* schön, reizend.
*140. 艸 **ts'aò,** Gras, Kräuter. † 艹 (o) . . . . 1902. 1431.
草 dasselbe. 苟 *keù,* wenn. 若 *žok,* wenn, wie. 莫 *mok,* Niemand. 萬 *wán,* zehntausend.
141. 虍 (ol) **hū,** Tiger . . . . 114. 73.
虛 *hiū,* leer. 處 *č'ù,* wohnen. 號 *hû,* rufen.
142. 虫 (l) **hoèi,** Insekten . . . . 1067. 810.
蚩 *č'ī,* dumm. 蚪 *teù,* Kaulquappe.
143. 血 (l) **hiuet,** Blut . . . . 60. 40.
衆 *čúng,* Menge.
144. 行 (lr) **hîng,** thuen, gehen . . . . 53. 35.
衍 *yèn,* Ueberschwemmung. 術 *šut,* Pfad, Kunst.
145. 衣 (u) **ī,** Kleidung. † 衤 (l) . . . . 607. 473.
表 *piaò,* Aussengewand. 被 *p'eì,* Decke. NB. 113.
*146. 襾 **hià,** bedecken. † 覀 (o) . . . . 29. 20.
西 *sī,* Westen. 要 *yaó,* bedürfen. 覆 *fuk,* wiederholen.

VII Striche.

147. 見 (r) **kién,** sehen . . . . 161. 135.
視 *ší,* betrachten. 親 *ts'īn,* Verwandte. 覺 *kiok,* wahrnehmen. 觀 *kuān,* anschauen, Erscheinung.
148. 角 (l) **kiok,** Horn, Ecke . . . . 158. 137.
解 *kiài,* erklären, Commentar.
149. 言、訁 (l) **yên,** reden . . . . 861. 750.
計 *kí,* rechnen. 記 *kí,* Geschichte. 說 *šuot,* sagen. 語 *iù,* Gespräch. 請 *ts'ìng,* bitten. 變 *pién,* wechseln.
150. 谷 **kuk,** Thal . . . . 54. 48.
151. 豆 **teú,** Schüssel, Bohnen . . . . 68. 49.
登 *tēng,* hinaufsteigen. 豈 *k'ì,* wie? nicht wahr?

海上絲綢之路文獻集成 科技與文化編

漢文經緯

152. 豕 (l) *šì,* Schwein . . . . 148. 121.
象 *siáng,* Elephant, Gestalt. 豫 *iú,* Müssiggang.

*153. 豸 (l) *či,* Reptilien . . . . 140. 114.
貓 *miaō,* Katze.

154. 貝 (l, u) *péi, púi,* Kostbarkeiten . . . . 277. 218.
貴 *kuéi,* vornehm. 買 *mài,* kaufen. 賣 *mái,* verkaufen.
賤 *tsién,* arm. 財 *ts'âi,* Reichthum.

155. 赤 (l) *č'ik,* fleischfarben . . . . 31. 29.
赦 *šé,* verzeihen. 赧 *nàn,* erröthen.

156. 走 (l, u) *tseù,* laufen . . . . 285. 243.
起 *k'ì,* anfangen. 趨 *ts'ieū,* eilen.

157. 足 *tsuk,* Fuss, genug. † ⻊ (l) . . . . 580. 507.
路 *lú,* Weg. 踐 *tsién,* treten.

158. 身 (l) *šīn,* Körper, selbst . . . . 97. 67.
躬 *kūng,* Person. 軀 *k'iū,* Körper.

159. 車 (l) *č'ē,* Wagen . . . . 361. 342.
軍 *kiūn,* Heer. 載 *tsái,* enthalten, beladen.

160. 辛 *sīn,* bitter, unangenehm . . . . 36. 32.
辟 *pik,* Fürst. 辦 *pién,* Muster, besorgen. 辭 *ts'î,* Wort, Ausdruck. 辯 *pién,* streiten.

161. 辰 *č'în,* Doppelstunde, Gestirne . . . . 15. 14.
辱 *žuk,* entehren. 農 *nûng,* Ackerbau.

*162. 辵 *č'ok,* gehen. † ⻌ (l, u) . . . . 381. 327.
近 *kín,* nahe. 遠 *yuèn,* fern. 通 *t'ūng,* durchdringen.
進 *tsín,* herantreten. 道 *taó,* Weg, Norm, reden.

163. 邑 *yip,* Stadt. † ⻏ (r) . . . . 350. 345.
邪 *siê,* schlecht. 部 *pú,* Behörde, Classe. 鄉 *hiāng,* Dorf.
NB. 170. 26.

164. 酉 (l) *yeù,* reif, Spirituosen . . . . 290. 251.
酒 *tsieù,* Wein. 醉 *tsúi,* betrunken.

*165. 釆 *pién,* trennen . . . . 14. 10.
釋 *šik,* befreien, erklären.

166. 里 *lì,* chinesische Meile . . . . 14. 7.
重 *čúng,* schwer. 野 *yè,* Wildniss.

海上絲綢之路文獻集成 科技與文化編

VIII Striche.

167. 金 (l) ***kīm,*** Erz, Gold . . . . 806. 723.
銀 *yên,* Silber. 銅 *t'ûng,* Kupfer. 鑑 *kiém,* Spiegel.
168. 長 ***č'âng,*** lang. † 镸 (l) . . . . 55. 49.
NB. 190.
169. 門 (r) ***mên,*** Thüre . . . . 246. 213.
間 *kiān,* Zwischenraum. 閒 *hiân,* Musse. (Beide Zeichen werden oft verwechselt.)
*170. 阜 ***feú,*** Hügel. † 阝 (l) . . . . .348. 282.
陰陽 *yīm-yâng,* das ruhende und das bewegende Princip.
隊 *túi,* Schaar. 隨 *sûi,* folgen, gemäss.
*171. 隶 (r) ***tái,*** erreichen . . . . 12. 11.
隸 *lí,* zugehörig.
*172. 隹 (r) ***čūi,*** Vögel . . . . 233. 205.
雅 *yà,* correct. 集 *tsip,* sammeln. 雖 *sūi,* obschon. 難 *nân,* schwierig. 雙 *šuāng,* ein Paar.
173. 雨 ***iù,*** Regen. † 雨 (o) . . . . 298. 237.
雲 *yûn,* Wolke. 雪 *siuet,* Schnee. 電 *tién,* Blitz. 靈 *lîng,* Geist, wunderbar.
174. 青 ***ts'īng,*** azurfarben . . . . 17. 17.
靖 *tsíng,* beruhigen. 靜 *tsíng,* ruhig.
175. 非 ***fēi,*** nicht, unrecht . . . . 25. 17.

IX Striche.

176. 面 (l) ***mién,*** Antlitz . . . . 66. 64.
靦 *t'ìen,* erröthen.
177. 革 (l) ***kek,*** Haut . . . . 305. 290.
鞋 *hiâi,* Schuhe. 韁 *kiāng,* Zügel.
*178. 韋 (l) ***wêi,*** Leder, gegenüber . . . . 100. 64.
179. 韭 ***kieù,*** Zwiebel, Lauch . . . . 20. 16.
180. 音 (l) ***yīm,*** Ton . . . . 43. 34.
韻 *yún,* Reim.
181. 頁 (r) ***hiep,*** Kopf . . . . 372. 324.
順 *šún,* gehorchen. 頭 *t'eû,* Kopf. 類 *lúi,* Classe, Art.
願 *yuén,* wünschen. 顯 *hìen,* offenbar.
182. 風 ***fūng,*** Wind . . . . 182. 161.

漢文經緯

183. 飛 ***fēi,*** fliegen . . . . 12. 10.
184. 食 (u) ***šik,*** essen. † 飠 (l) . . . . 403. 345.
飯 *fán,* Mahlzeit, Reis. 飲 *yèm,* trinken. 養 *yàng,* ernähren. 餓 *ngó,* hungern.
185. 首 (r) ***šeù,*** Kopf . . . . 20. 17.
186. 香 (l) ***hiāng,*** Wohlgerüche . . . . 37. 32.

X Striche.

187. 馬 (l) ***mà,*** Pferd . . . . 472. 412.
駭 *k'iâi,* erschrocken, scheu. 騎 *k'î,* reiten.
188. 骨 (l) ***kut,*** Knochen . . . . 185. 164.
體 *t'ì,* Körper.
189. 高 ***kaō,*** hoch . . . . 34. 27.
*190. 髟 (o) ***piaō,*** lange Haare . . . . 243. 226.
髦 *maô,* Menschenhaar.
191. 鬥 (r) ***teú,*** streiten, kämpfen . . . . 23. 20.
鬭 *teú,* dasselbe.
*192. 鬯 ***č'áng,*** wohlriechende Kräuter . . . . 8. 7.
*193. 鬲 (l, u) ***lik,*** Dreifuss . . . . 73. 55.
194. 鬼 ***kuèi,*** Dämon, Geist . . . . 141. 121.
魂 *yûn,* Seele. 魄 *pek,* animalische Seele.

XI Striche.

195. 魚 (l) ***iû,*** Fisch . . . . 571. 498.
鯉 *lì,* Karpfen. 鮮 *siēn,* frisch, neu, *siēn,* selten.
196. 鳥 (r, u) ***niaò,*** Vogel . . . . 750. 622.
鳴 *mîng,* Gesang, Geschrei. 鳳 *fúng,* männlicher Phönix.
197. 鹵 (l) ***lù,*** Salz . . . . 44. 39.
198. 鹿 (ol) ***luk,*** Hirsch . . . . 104. 85.
199. 麥 (lu) ***mek,*** Weizen . . . . 131. 117.
200. 麻 (ol) ***mâ,*** Hanf . . . . 34. 30.
麽 *mô,* was?

XII Striche.

201. 黃 ***hoâng,*** gelb . . . . 42. 35.
202. 黍 (l) ***šù,*** Hirse . . . . 46. 44.
黎 *lî,* schwarzhaarig, zahlreich.

203. 黑 (l, u) ***hek,*** schwarz . . . . 172. 146.
點 *tiem*, Punkt.
204. 黹 (l) ***či,*** nähen, sticken . . . . 8. 9.

XIII Striche.

205. 黽 (u) ***min,*** Frosch . . . . 40. 35.
鼈 *piet*, Schildkröte.
206. 鼎 ***ting,*** Dreifuss . . . . 14. 13.
207. 鼓 (o) ***kù,*** Trommel . . . . 46. 41.
208. 鼠 (l) ***šù,*** Ratte, Maus . . . . 92. 82.

XIV Striche.

209. 鼻 (l) ***pí,*** Nase . . . . 49. 47.
210. 齊 (o) ***ts'î,*** ordnen . . . . 18. 16.

XV Striche.

211. 齒 (l) ***č'ì,*** obere Vorderzähne . . . . 162. 148.
齡 *lîng*, Vorderzähne, Lebensalter.

XVI Striche.

212. 龍 ***lûng,*** Drache . . . . 14. 19.
213. 龜 ***kuēi,*** Schildkröte . . . . 24. 21.

XVII Striche.

214. 龠 (l) ***yok,*** Flöte . . . . 19. 17.

---

§. 165. Prüft man obige Tafel statistisch, so ergiebt sich (Rémusat, *Élémens*, pag. 21, 22), dass

a.) weit über zwei Drittheile der vorhandenen Schriftzeichen unter ein knappes Dritttheil der Classenhäupter fallen;

b.) reichlich vier Fünftheile der Schriftzeichen unter Classenhäupter von fester Stellung (links, rechts u. s. w.) gehören;

c.) von den Classenhäuptern etwa ein Dritttheil keine feste Stellung hat, während ihrer 25 regelmässig oben, 20 rechts, 85 links, 6 unten, 6 einschliessend stehen, und 4 oder 5 zweierlei Stellen einnehmen können.

海上絲綢之路文獻集成 科技與文化編

§. 166. Gerade mit den selteneren Classenhäuptern kann man oft Mühe haben. Man vergisst sie leicht; viele von ihnen sind anscheinend, andere thatsächlich mit anderen Classenhäuptern zusammengesetzt, und so läuft man Gefahr, sie und die ihnen zugeordneten Schriftzeichen am unrechten Orte aufzusuchen.

§. 167. Kennt man die 214 Radicale, so wird man sie in der Regel nach folgenden Grundsätzen ermitteln (Rémusat, a. a. O.):

a.) Scheint ein Schriftzeichen senk- oder waagerecht theilbar, so schlage man es unter demjenigen Classenhaupte auf, welches sich an der ihm nach obiger Tafel regelmässig zukommenden Stelle findet, z. B. 唁 *yèn*, Beileid bezeugen, unter 30, nicht unter 149, weil dieses als Classenhaupt links stehen müsste; aus gleichem Grunde 徒 *t'û*, zu Fusse gehen, unter 60, nicht unter 156. Ausnahmen kommen freilich vor; so 問 *wén*, fragen, und 聞 *wên*, hören, nicht unter 169, sondern unter 30 und 128.

b.) Besteht von den beiden Theilen der eine aus einem Radicale, der andere aus einer Zusammensetzung mehrerer Radicale, so gehört in der Regel das Schriftzeichen unter jenen ersteren Radical. Also 慾 *yuk*, lüstern, 61 + (150 + 76), unter 61, 智 *či*, Weisheit, unter 72. Ausnahme z. B. 楚 *ts'ù*, Dickicht, unter 75, nicht unter 103.

c.) Erst wenn man nach Befolgung obiger Regeln nicht zum Ziele gelangt, suche man in den Verzeichnissen der schwer aufzufindenden Schriftzeichen Rath. Diese Verzeichnisse pflegen viel ausführlicher zu sein, als eigentlich nöthig, und sind daher ein langweiliger Nothbehelf.

§. 168. Tonische Wörterbücher. Edkins (*Introd. to the study of the chin. char.*, pag. 178 ff.) setzt die ersten erfolgreichen Versuche einer Ordnung der Wörter nach ihren Lauten in das 4. Jahrhundert unserer Zeitrechnung. Khang-hi's Wörterbuch führt als Gewähr für die Laute ausser dem *Yük-p'iēn* 玉 篇, 523 n. Chr., noch folgende tonische Lexika an: Das *T'âng-yûn* 唐 韻 und das *Kuàng-yûn* 廣 | aus dem 7., das *Tsip-yûn* 集 | aus dem 11., das *Ngù-yīm-tsip-yûn* 五 音 | | aus dem 12., das *Yûn-hoéi* | 會 aus dem 13., und das *Hûng-wù-číng-yûn* 洪 武 正 | aus dem 14. Jahrhundert unserer Zeitrechnung. Neuere Werke dieser Art sind z. B. das *Ngù-č'ē-yûn-fù* 五 車 韻 府, auf welches Morrison, und das *Ngù-fāng-yuên-yīm*, 五方元音, auf welches Wells Williams ihre phonetischen Wörterbücher gegründet haben.

§. 169. Wie die meisten Titel andeuten, pflegt in den Werken dieser Art der Wortschatz nicht nach An-, sondern nach Auslauten und Betonungen geordnet zu sein. Diese Anordnung ist bei den Chinesen weitaus die beliebteste; eine Menge kleinerer Wörterbücher und wohl alle Dialectwörterbücher folgen ihr, so sehr sie in einzelnen Punkten ihrer Einrichtung auseinander gehen mögen.

§. 170. Bei der **Zerlegung der Schriftzeichen in ihre Elemente** bedienen sich die Chinesen des Wortes 从 *ts'ûng* (folgen) = aus, von. 幾 | 𢆶 | 戍。 *kī ts'ûng yāng ts'ûng siû*, ‚(das Zeichen) *kī* (verborgen) besteht aus *yāng* (zart) und *siû* (8 Uhr Abends)‘.

§. 171. Unter der Ueberschrift 二 字 相 似 ***rî tsî siang ssî***, ‚Zwei Zeichen ähneln einander‘, geben die Wörterbücher Verzeichnisse solcher Charaktere, welche wegen ihrer Achnlichkeit leicht verwechselt werden könnten, wie 日 *žit*, Sonne, und 曰 *yuet*, reden.

VI. Einrichtung und Eintheilung der Texte und Bücher, Interpunction.

§. 172. Die chinesische Schrift wird in senkrechten Linien von oben nach unten geschrieben; die Linien folgen von der Rechten nach der Linken aufeinander:

g *d* *a*
h *e* *b*
i *f* *c*

Demgemäss fangen auch die chinesischen Bücher da an, wo die unserigen aufhören.

§. 173. Ausnahmen hiervon sind zulässig und üblich. Man schreibt:

a.) waagerecht von der Rechten nach der Linken (*d c b a*), wenn der Platz eine waagerechte Zeile ergibt;

b.) übereck:

a
d *c*
b

die vier Schriftzeichen auf den Münzen;

c.) endlich in zweisprachigen, zwischenzeilig übersetzten Werken regelmässig in derjenigen Folge der Zeichen und Zeilen, welche die Schrift der fremden Sprache erfordert: senkrecht, aber mit Zeilenfolge von links nach rechts, in chinesisch-mandschuischen, waagerecht, von links nach rechts, in tibetisch-chinesischen Texten u. s. w. Es ist sonach ebenso erlaubt, wie es

海上絲綢之路文獻集成 科技與文化編

empfehlenswerth ist, in Büchern wie dem vorliegenden die europäische Zeichenfolge beizubehalten.

Anmerkung. Dagegen thut man besser, in grösseren zusammenhängenden Texten die Zeichen nach chinesischer Art zu ordnen, weil dabei die Schrift leichter den richtigen Ductus gewinnt.

§. 174. In der **Interpunction** herrscht viel Willkür, und Texte und Bücher ohne Interpunction sind sehr häufig. Eigentlich hierher gehörige Zeichen sind:

a.) ein Ring, welcher den Raum eines Schriftzeichens einnimmt, zu Anfange eines Abschnittes. Das Zeichen — (sonst = 1), welches in diesem Falle nicht gelesen zu werden braucht, vertritt etwa unser altes ‚item' zu Beginne von Artikeln;

b.) (nach Bytschurin, jedenfalls selten vorkommend) ein kleiner Horizontalstrich zur Linken des letzten Schriftzeichens, am Ende längerer Sätze;

c.) ein kleiner Ring ₒ, oder thränenförmiger Punkt ␣, genannt ***čù*, 點 *tièm*** oder 讀 ***teù*,** rechts unter dem letzten Zeichen eines Satzes oder Satztheiles als allgemeines Interpunctionszeichen, unser Comma, Semicolon, Colon, Punkt, Frage- und Ausrufezeichen vertretend;

d.) seltener wird zwischen Satz und Satztheil unterschieden, und dann entweder der kleine Ring als Comma mitten unter, als Schlusszeichen rechts unter das letzte Schriftzeichen gesetzt, oder ␣ statt des Commas, ₒ aber als satzschliessendes Zeichen — beide rechts unten stehend — gebraucht.

§. 175. Der Chinese pflegt wohl den Text vor den Erklärungen durch grösseren Druck auszuzeichnen, wendet aber sonst innerhalb des Textes in der Regel Unterscheidungen, wie wir sie durch gesperrten oder fetten Druck, durch Italiques, Cursiv, Majuskeln u. s. w. bewirken, nicht an. Dafür hat er einige andere Mittel von ähnlicher Wirkung.

a.) Vor besonders ehrwürdigen Namen, vor Titeln des Kaisers, der Dynastie, des Himmels u. s. w. bricht er die Zeile ab und beginnt die folgende Zeile um ein oder zwei Zeichen höher — 擡 寫 ***t'âi-siè.***

b.) Vor Namen oder Titeln anderer Respectspersonen lässt er, ohne sonst die Zeile abzubrechen, den Raum eines Schriftzeichens leer, oder beginnt eine neue Zeile.

c.) In ehrerbietigen Eingaben an den Kaiser wird das Zeichen 臣 *č'în*, Unterthan = ich, in halber Breite ein wenig zur Rechten geschrieben.

d.) Personennamen werden durch eine senkrechte Linie zur Rechten, Kaisernamen durch eine ebensolche Linie, an deren oberem und unterem Ende sich je ein kleiner Ring befindet, ausgezeichnet.

e.) Doppelte senkrechte Linien zur Rechten heben Amtstitel, ebensolche Linien, aber oben und unten durch kleine Querstriche geschlossen, Regierungsnamen hervor.

f.) Titel von Büchern und Capiteln, welche citirt werden, Namen von Dynastien und Hauptstädten rahmt man in ein Viereck mit gebrochenen Ecken ein.

g.) Hervorragende Stellen in Büchern werden zuweilen durch kleine Ringe oder Punkte (、) zur Rechten eines jeden Schriftzeichens augenfällig gemacht. Ein runder Punkt an Stelle jener Ringe vertritt dann die Interpunction. In Abhandlungen wird wohl auch die Thesis durch doppelte Ringel ◎ und die Deduction derselben durch runde Punkte ● zur Rechten der Schriftzeichen hervorgehoben.

h.) Gewisse Ueberschriften werden wohl weiss auf schwarzem Grunde gedruckt.

Nur die unter a.), b.) und c.) gedachten, durch die Höflichkeit gebotenen Auszeichnungen sind in allgemeinem Gebrauch; die Anwendung der übrigen ist mehr willkürlich.

§. 176. Besondere hiehergehörige Zeichen sind noch:

a.) ein Doppelpunkt 〵 an Stelle des Schriftzeichens, Wiederholung des vorhergehenden bedeutend;

b.) ein Viereck □, den Raum eines Schriftzeichens, — eine Reihe solcher Vierecke, Lücken im Texte anzeigend.

c.) Eine Art doppelter Keile ⌶ deutet an, dass zwei Schriftzeichen die Plätze zu wechseln haben.

d.) Das Ausstreichen geschieht durch einen flüchtigen ringförmigen Strich.

§. 177. Das chinesische **Papier** ist meist sehr dünn und durchlässig (Löschpapier), und wird daher in der Regel nur auf einer Seite beschrieben oder bedruckt. Die **Bücher** bestehen aus Doppelblättern; der Bruch derselben befindet sich — anders als bei uns — am äusseren Rande, und dieser Rand trägt meistens den Titel des Buches, Heft- und Blattzahl, wohl auch Capitelangaben. Nicht die Seiten, sondern die Blätter werden gezählt; im Uebrigen vertritt diese Randschrift unsere Seitenüberschriften.

Grössere Bücher bestehen aus mehreren Heften zu etwa zwanzig bis hundert Blatt. Das Format pflegt sich in den Gränzen zwischen Hochquart und klein Duodez zu halten; Letzteres ist für Werke der leichteren Literatur und für die sogenannten Aermelausgaben der Classiker üblich.

海上絲綢之路文獻集成 科技與文化編

漢文經緯

Ein Titelblatt, meist von gelbem oder rothem Papiere, pflegt nur das erste Heft zu haben. Dasselbe ist meist in drei Columnen getheilt. Die mittelste, breiteste enthält den Titel in grossen, zuweilen alterthümlichen Schriftzeichen. In der rechten, oben, pflegt der Verfasser oder Herausgeber, in der linken, unten, Verlagsort und Geschäft zu stehen. Oben darüber steht dann zuweilen in einer Querlinie die Jahreszahl.

Es folgen nun — wenn überhaupt ein Titelblatt vorhanden — ganz ähnlich wie bei uns Vorreden 序 ***siú,*** Einleitung 凡例 ***fâm-lí*** (eigentlich allgemeine Regeln) und Inhaltsverzeichniss 目錄 ***muk-luk,*** endlich der Text selbst 文 ***wên,*** zuweilen mit eingeschalteten Commentaren 註 ***ču,*** Analysen 解 ***kiài,*** Paraphrasen und Excursen 訓詁 ***hiún-kù*** oder 訓講 ***hiún-kiàng*** u. s. w. Diese Zugaben zum Texte sind meist in Lettern von halber Breite, manche von ihnen wohl oberhalb des Textes gedruckt. Ist ihre Schrift der des Textes gleich, so pflegen sie ‚eingerückt' zu stehen, d. h. ihre Zeilen fangen etwas tiefer als jene des Textes an.

Anmerkung. Oft sind auch den einzelnen Heften besondere Inhaltsangaben vorgefügt. — Die Buddhisten pflegen übrigens ihre heiligen Bücher nicht zu heften, sondern nach indischer Art zickzackweise in ein oblonges Format zu falten und oben und unten mit steifen Deckeln zu versehen.

§. 178. Die **Buchdruckerkunst** war den Chinesen schon zur Zeit der Sûi-Dynastie, 589—618, bekannt und unter den darauffolgenden T'âng, 618 bis 913, im Gebrauche. Erst unter den folgenden kurzlebigen fünf Dynastien, 907—960, jedoch begann sie in allgemeinere Uebung zu kommen, und bereits 952 erschien die erste gedruckte Ausgabe der Classiker. Die Súng, 960—1280, liessen zahlreiche, sehr bedeutende und umfängliche Druckwerke veröffentlichen.

Bewegliche Typen wurden zwar frühzeitig erfunden, kamen aber nie in allgemeineren Gebrauch. Der Druck pflegt mittelst Stereotypplatten zu geschehen, deren jede ein Doppelblatt herstellt. Die Manuscriptblätter werden mit der beschriebenen Seite nach unten auf die Holztafeln geklebt, — das Ausschneiden geschieht dann rein mechanisch. Seltener wird Kupferstich angewandt.

Gewöhnlich druckt man schwarz auf weiss, Gedichte zuweilen weiss in schwarz. Die mit Recht berühmten kaiserlichen Ausgaben sind an den roth gedruckten Vorreden kenntlich.

§. 179. Chinesische Ausdrücke für die Theile von Texten und Büchern sind:

讀 ***teú,*** Satztheil,

句 ***kiú,*** Satz, Periode, Verszeile,

節 ***tsiet,*** Abschnitt, Vers, Paragraph,

章 ***čāng,*** Capitel,

回 ***hoêi,*** Capitel in Romanen,

段 ***tuán,*** Abtheilung, Act in Schauspielen,

卷 ***kiuén,*** Theil, Heft nach der Foliirung,

本 ***pèn,*** Heft, Band in Rücksicht auf die Heftung, meist 1—3 *kiuén* enthaltend,

套 ***t'aó,*** Umschlag aus Pappe mit Zeugüberzug, oder Holzbehälter, englisch: *case,* mehrere *pèn* enthaltend. Die Zahl und Vertheilung der *pèn* und der *t'aó* ist willkürlich, und die meisten Bücher kommen nur geheftet, aber ohne Umschlag in den Handel.

VII. Schönschreibekunst.

Vgl. Bridgman, *Chin. Chrestom.*, pag. 19—40. Jakinth (Byčurin), *Kitaiskaja gramm.*, pag. 29—52. Wade, *Tzŭ erh chi, Writing exercises.*

§. 180. Die Chinesen legen viel Gewicht auf den Besitz einer guten Handschrift. Der Satz: *docti male pingunt* hat bei ihnen keine Geltung; eine ungeschickte Pinselführung macht auf sie einen ähnlich unvortheilhaften Eindruck, wie etwa auf uns ein unorthographischer Brief. Und das nicht ganz mit Unrecht. Denn einmal liegen bei ihnen Schön- und Rechtschreibung sehr nahe beisammen, und dann verräth wohl auch der geschmeidige Pinsel und die kunstvoll durchgebildete Schrift den ungebildeten und ungeübten Schreiber leichter, als unsere steifen Federn und Buchstaben.

§. 181. Die jetzt gebräuchlichen Schreibmaterialien — 四寶 ***ssī-paò,*** die vier kostbaren Dinge — sind: 筆 ***pit,*** der Pinsel, 墨 ***mek,*** die Tinte oder Tusche, 紙 ***čì,*** das Papier, und 硯 ***yén,*** der Stein, auf welchem die Tusche gerieben wird.

Anmerkung. Der **Haarpinsel** sei spitz und elastisch. Wenn man ihn senkrecht aufsetzt und einen Kreis mit ihm zeichnet, so muss er in seine Spitze zurückschnellen. Ist er etwas abgenutzt, so taugt er noch lange zu gröberer Schrift.

In Ermangelung chinesischen **Papieres** mag man unser weiches, fliessendes Seidenpapier anwenden. Planirte Papiere greifen durch ihre Härte den Pinsel mehr an und nöthigen weniger zur raschen, sicheren Zeichnung der Striche, als die weichen Löschpapiere.

Die **Reibsteine** bestehen aus einer unpolirten, aber eben geschliffenen, meist mit einem erhöhten Rande umfassten Steinplatte. Eine darin angebrachte Vertiefung nimmt das Wasser zum Eintauchen der Tusche auf. Das Material ist in der Regel ein schwärzlicher Schiefer, dessen beste Art sich in der Provinz Kuang-tung findet.

海上絲綢之路文獻集成 科技與文化编

漢文經緯

§. 182. Man reibe die Tusche so, dass sie weder zu wässerig, noch zu schwerfliessend ist. Das Papier lege man gerade vor sich. Den Pinsel halte man folgendermassen: den Rücken des Daumens nach dem Körper zu, ihm gegenüber Zeige- und Mittelfinger, deren Rücken nach auswärts gewendet sind; der Pinsel wird von seiner linken Seite vom Daumen, rechts von jenen beiden Fingern gehalten. Die beiden letzten Finger werden dicht beisammen unter dem Pinsel nach dem Körper zu gebogen, aber ja nicht auf das Papier gestützt. Die Faust sei halb geöffnet und hohl, die Haltung der Finger nicht gespreizt. Der Pinsel stehe senkrecht auf dem Papiere. Je höher oben man ihn anfasst und je weniger man Hand und Arm aufstützt, desto schwieriger ist anfangs das Schreiben, desto sicherer erlangt man aber mit der Zeit Schwung und Sicherheit in der Pinselführung.

§. 183. Die Lernmethode ist der unseren ähnlich: von den einfachen Strichen zu immer complicirteren Zeichen, von der grösseren Schrift zur kleineren fortschreitend. Die Schreibmuster dienen zunächst nicht als Vor-, sondern als Unterlagen; entweder sind sie roth gedruckt und werden schwarz überzogen, oder sie sind schwarz gedruckt und werden mit durchscheinendem Papiere überkleidet und durchgezeichnet.

Bemerkung. Seidenpapier lege man doppelt, sonst fliesst die Tinte durch und auf das Muster.

§. 184. Zunächst muss die correcte Cursiv- (Súng-) Schrift erlernt werden. Sie ist zugleich die praktisch wichtigste und diejenige, an welcher sich die Handschrift am besten bildet. Die flüchtigeren Formen (*hîng* und *ts'aò*) ergeben sich aus ihr fast von selbst; *k'iài* und die übrigen werden fast mehr gemalt als geschrieben.

§. 185. Jeder einfache Strich will so eingeübt sein, dass er in beliebiger Grösse aus freier Hand in einem Zuge vollkommen richtig gezeichnet wird.

Anmerkung. Die Chinesen besitzen eine reiche Terminologie für die verschiedenen zulässigen und unzulässigen Formen der einzelnen Striche. Vgl. Bridgman a. a. O.

§. 186. Wichtig ist es, beim Schreiben mehrstrichiger Zeichen die Striche, bei zusammengesetzten die einzelnen Elemente in der richtigen Reihenfolge zu machen, 運筆 ***yün-pit.*** Einestheils erleichtert dies die rechte Formung der Zeichen, anderntheils ist es nothwendig zum Verstehen und Erlernen der flüchtigeren Schriftformen. Folgendes sind die wichtigsten Regeln:

a.) Man mache den oberen Strich vor dem unteren: 丁丄匸三叉刀.

b.) Den linken vor dem rechten: 卜厂匚人儿冖冂凵勹厶.

Ausnahmen: Der mittelste Strich zuerst in 川 小 水 止. In 非 兆 羽 u. s. w. fängt man mit den beiden grossen Strichen, gewissermassen als Trägern, an und macht dann erst die kleineren.

c.) Den kreuzenden Querstrich oder Haken vor dem durchkreuzten senkrechten oder schrägen: 十 力 土 士 寸 井 夫.

Ausnahmen: Der Querstrich zuletzt in 子 女. In 禾 der senkrechte vor dem Querstriche.

d.) Der Haken ㇆ oben rechts wird zuerst gemacht, ausser wenn er sich links an 丨 oder 丿 lehnt: 巳 已, dagegen 冂 勹 u. s. w.

Weitere Beispiele: 木: 一 丨 丿 乀 ○ 也: ㇆ 丨 乚 ○ 戈: 一 乀 丿 丶 ○ 斗: 丶 丶 一 丨 ○ 牙: 一 ㇄ 亅 丿 ○ 片: 丿 丨 一 ㇇ ○ 凹: 丨 ㇅ 丨 ㇆ 一 一 ○ 心: 丶 乚 丶 丶 ○ 日: 丨 ㇆ 二 ○ 斤: 丿 ㇀ 一 丨 ○ 广: 丶 一 丿 ○ Vergl. auch §. 161.

§. 187. Analoges gilt von zusammengesetzten Zeichen:

a.) Das obere Element vor dem unteren: 兄 守 志. So wird auch rad. 162 immer zuletzt gemacht: 道 近 u. s. w.

b.) Das linke vor dem rechten: 相 信.

c.) Kreuzende 口 日 vor dem durchkreuzten senkrechten oder schrägen Striche: 史 東 更 (rad. 73).

d.) In der Regel wird jedes Element vollendet, ehe zum anderen übergegangen wird, z. B. 銅 erst 金 dann 同. Aber rad. 31 囗 wird unten erst geschlossen, nachdem er mit seinem Complemente ausgefüllt ist: 囿 u. s. w.

e.) In 學 *hiok*, lernen, fange man mit den beiden Kreuzchen an; ähnlich wohl in 興 u. A.

Manches hierbei ist anscheinend willkürlich, z. B. dass der Querstrich in 左 zuerst, in 右 zu zweit, dass in 司 der grosse Haken zuletzt gemacht werden soll. Einzelne Anweisungen derart enthält das *Tsï-wei,* 首 卷 Bl. 9 ff. — Die Ts'aòschrift giebt ihrerseits oft über die Strichfolge Aufschluss.

§. 188. Nächst der Zeichnung der einzelnen Striche gelten die Schönheitsregeln den richtigen Verhältnissen und Abständen zwischen den Strichen und Zeichenelementen. Letztere sind eng an- und, wo es angeht, ineinander zu fügen, so dass womöglich kein gerader Strich, am wenigsten zwei Parallelstriche zwischen ihnen gezogen werden können. Anfänger fehlen hiergegen meist und malen scheinbar zwei Zeichen statt eines.

Anmerkung. Schön geschriebene Charaktere haben eine Art plastischer Anmuth: Gleichgewicht und Festigkeit ohne Steifheit und Schwerfälligkeit. Ganz wenige, allerdings

海上絲綢之路文獻集成 科技與文化编

hässliche Ausnahmen abgerechnet, darf kein Schriftzeichen den Eindruck machen, als könnte es, wäre es ein Körper, um- oder auseinander fallen; denn wo etwa der Schwerpunkt verschoben ist, da scheint, wie bei einem belebten Wesen, eine angedeutete Bewegung ausgleichend entgegen zu kommen. Der leichte, doch kräftige Schwung der Striche, das Sichzusammenschmiegen der Glieder, endlich das fast geflissentliche Vermeiden einer ganz ebenen, der Trägheit und Ruhe zusagenden Grundlinie: das Alles erinnert an das Verhalten belebter, sich frei bewegender Wesen, und so ist das Schönheitsideal dieser Schrift dem bildhauerischen verwandter als dem architektonischen. — Unter diesem Gesichtspunkte betrachtet, dürften die folgenden Einzelvorschriften bald einleuchten.

§. 189. Der berühmte Schreibkünstler 邵瑛 *Šaó-yīng* hat 92 **kalligraphische Regeln** aufgestellt und jeder derselben vier Beispiele beigegeben (Tafel 2).*)

1.) 宇宙定寧 ○ der obere Theil bedeckt die unteren.

2.) 至聖孟蓋 ○ der untere Theil trägt die oberen.

3.) 粉部幼卽 ○ der linke Theil ausgedehnt auf Kosten des kleinern rechten.

4.) 讀蝀議續 ○ der rechte, grössere Theil auf Kosten des linken ausgedehnt.

5.) 喜吾婁安 ○ breiter Querstrich.

6.) 甲乎于牛 ○ langer senkrechter durch die Mitte gehend.

7.) 葡萄蜀葛 ○ der Haken nicht zu krumm und nicht zu kurz.

8.) 句勺匀勿 ○ der Haken nicht zu gerade und nicht zu lang.

9.) 左在尤龙 ○ die Querlinie kurz, die schräge lang.

10.) 右有厷灰 ○ umgekehrt: die Querlinie lang, die schräge kurz.

11.) 木本朱東 ○ die Querlinie kurz, die senkrechte und die beiden schrägen lang.

12.) 樂栔築集 ○ die Querlinie lang, die senkrechte kurz, die beiden schrägen im Punkte zusammengezogen.

13.) 十上下士 ○ lange Querlinie, kurze senkrechte.

14.) 才斗丰井 ○ kurze Querlinie, lange senkrechte.

15.) 丕正亞並 ○ sind oben und unten Querlinien, so ist die obere kurz, die untere lang.

16.) 目自因固 ○ sind links und rechts senkrechte, so wird die rechte verlängert, die linke gekürzt.

17.) 川升邢邦 ○ ist links ein schräger, rechts ein senkrechter, so wird dieser nach unten verlängert, der schräge gekürzt.

---

*) Die Regeln sind frei, meist in kürzerer Fassung wiedergegeben.

18.) 伊 侈 僇 修 。 ist links ein senkrechter, rechts ein schräger, so wird dieser verlängert, jener zusammengezogen.

19.) 亦 赤 然 無 。 der linke und der rechte Punkt weisen mit den Spitzen nach der Mitte des Schriftzeichens.

20.) 三 册 冉 聿 。 mehrere Querlinien von verschiedener Länge, um Steifheit zu vermeiden.

21.) 雖 願 顧 體 。 sind beide Theile gleich gross, so stehen sie in gleicher Ebene.

22.) 御 謝 樹 術 。 stehen drei Theile nebeneinander, so ist der mittelste regelmässig zu machen.

23.) 戀 響 需 留 。 sind die obere und die untere Hälfte gleich gross, so kann die Mitte nach Bedürfniss etwas ausgedehnt oder zusammengedrückt werden.

24.) 章 意 素 累 。 von drei übereinander liegenden Theilen sind der oberste und unterste gleichmässig auszudehnen oder zusammenzudrücken.

25.) 吸 呼 峰 峻 。 ist der linke Theil klein, so rückt er hinauf.

26.) 和 知 鈿 細 。 ist der rechte Theil klein, so rückt er herab.

27.) 囂 嚻 噐 器 。 gleiche Theile, aussen herum vierfach wiederholt, bilden ein Rechteck.

28.) 齒 爾 爽 臨 。 gleiche Theile, innen vierfach wiederholt, sind dicht zusammenzurücken.

29.) 此 七 也 乜 。 die Querlinie schräg.

30.) 云 去 且 旦 。 die Querlinie fast waagerecht.

31.) 丈 尺 史 叉 。 der linke schräge ausgedehnt, dafür der rechte schräge und das Obertheil gekürzt.

32.) 武 成 或 幾 。 der schräge Haken frei ausgedehnt, nicht zu dünn und nicht zu krumm.

33.) 恩 息 必 志 。 der horizontale Haken darf gekrümmt werden.

34.) 勉 旭 魁 拋 。 der Haken nach rechts unter dem Complemente hin verlängert.

35.) 天 父 外 文 。 die beiden Schrägen treffen in der Mitte zusammen.

36.) 鳩 鳩 輝 類 。 der Haken wird schräg nach links geführt und gekürzt.

37.) 鳥 馬 焉 爲 。 der Haken weist nach der Mitte der vier Punkte.

38.) 師 明 既 野 。 die oberen Horizontalen in einer Ebene.

39.) 朝 故 辰 後 。 unten eben.

40.) 燓 談 茶 黍 ○ wiederholt sich die nach links schräge Linie, so ist sie das eine Mal auszudehnen, das andere Mal zusammenzuziehen.

41.) 禁 林 森 懋 ○ wiederholt sich der senkrechte Haken, so ist er bald beizubehalten, bald in einen Punkt zu verwandeln.

42.) 褱 菱 哥 柔 ○ stehen zwei Haken übereinander, so ist der untere mehr auszubilden als der obere.

43.) 冠 冤 寇 宅 ○ weist ein Haken abwärts, ein anderer aufwärts, so ist jener zu kürzen, dieser zu verlängern.

44.) 雲 普 皆 齊 ○ verlangt der obere Theil viel Platz, so ziehe man ihn auseinander.

45.) 衆 表 萬 禹 ○ verlangt der untere Theil viel Platz, so mache man ihn breit.

46.) 施 騰 讓 靖 ○ ähnlich im gleichen Falle die rechte Hälfte, —

47.) 敬 獻 歛 劉 ○ die linke Hälfte, —

48.) 弼 辨 衍 仰 ○ und, auf Kosten der Mitte, die beiden Seiten.

49.) 蕃 筆 衝 擲 ○ desgleichen die Mitte.

50.) 鬱 鶯 鶩 釁 ○ verlangen der obere und der untere Theil viel Raum, so wird die Mitte zusammengedrückt.

51.) 風 鳳 飛 氣 ○ hier — im Gegensatze zu 32.) — sind die Haken gekrümmt, übrigens auch stark.

52.) 先 見 元 毛 ○ der horizontal gebogene Haken gerundet und verlängert.

53.) 庭 居 尹 底 ○ der Schräge werde nicht ‚wie ein Rattenschwanz' zugespitzt.

54.) 友 及 反 皮 ○ mehrere Schräge nebeneinander müssen nicht parallel sein, sondern mit den Spitzen convergiren.

55.) 參 修 須 形 ○ der Kopf jedes unteren Schrägen weist auf die Mitte des vorhergehenden.

56.) 治 洪 流 海 ○ die Spitze des untersten Punktes in 氵 weist nach dem Ende des obersten.

57.) 是 足 走 辵 ○ ein kleiner Querstrich (nicht Punkt wie in 卜 *puk*) an die Mitte des senkrechten angesetzt.

58.) 者 耆 老 考 ○ hierin das Zeichen 土 aufrecht, nicht schräg, sein senkrechter Strich mit dem darunter befindlichen in einer Linie.

59.) 馨 聲 繁 繫 ○ innige Verbindung vieler Elemente bei völliger Deutlichkeit der Zusammensetzung.

60.) 繼編羸纏緺 ○ dichtes Anschliessen ohne Vermischung der Theile.

61.) 車 申 中 巾 ○ nadelförmig zugespitzter Senkrechter.

62.) 卓 犖 單 畢 ○ stumpf verlaufender Senkrechter.

63.) 易 乃 毋 力 ○ schräge Lage, aber Schwerpunkt in der Mitte.

64.) 正 主 本 王 ○ gerade (regelmässige), dabei einfache Zeichen sind mit dicken Strichen zu schreiben.

65.) 身 目 耳 貝 ○ schmale Zeichen dürfen nicht zu kurz gemacht werden.

66.) 白 工 日 四 ○ in breiten Zeichen seien die Striche dick.

67.) 會 合 金 命 ○ die beiden das Dach bildenden Schrägen reichen — abweichend von 31.) — gleich tief.

68.) 琴 吝 各 谷 ○ die beiden überhängenden Schrägen von gleicher Länge.

69.) 土 止 山 公 ○ kräftige, aber nicht schwerfällige Striche.

70.) 了 寸 卜 才 ○ schlanke, aber nicht gar zu dünne Striche.

71.) 上 下 千 小 ○ einfache Zeichen, ins Breite gezogen.

72.) 龢 齋 龜 疊 ○ vielstrichige Zeichen, die Striche harmonisch vertheilt.

73.) 品 磊 轟 森 ○ symmetrische Vertheilung gleicher Elemente.

74.) 爨 鬱 靈 糜 ○ Deutlichkeit, trotz der Menge der Striche.

75.) 口 日 田 由 ○ der untere Querstrich etwas verlängert, so dass er den linken senkrechten trägt.

76.) 丁 苧 寧 亭 ○ der unterste Haken etwas abwärts gebogen, wie um etwas vom Boden aufzuhaken.

77.) 遠 邊 還 逮 ○ im Complemente von rad. 162 ist der obere Theil verhältnissmässig grösser als der untere.

78.) 莫 矣 矢 契 ○ ist die Horizontale lang und die nach links Schräge kurz, so muss die nach rechts Schräge in einen Punkt verwandelt werden.

79.) 作 仲 冲 行 ○ die linke Senkrechte kurz, die rechte lang.

80.) 臣 巨 拎 隹 ○ die linke Seite mag lang, die rechte kurz sein.

81.) 官 窒 宥 宰 ○ der obere Haken gilt für schön, ‚wenn er einem Vogel gleicht, der auf seine Brust herabsieht‘.

82.) 鶴 赫 闘 鷺 ○ viele Senkrechte in einem Zeichen, fein geschrieben.

83.) 卭 印 叩 卹 ○ 卩 in Zusammensetzungen.

84.) 郄 郊 鄭 鄰 ○ rad. 163 desgleichen.

85.) 陼 隝 陔 阪 ○ rad. 170 desgleichen.

86.) 登 癹 發 癸 ○ rad. 105 desgleichen.

海上絲綢之路文獻集成 科技與文化編

漢文經緯

87.) 祭 蔡 察 登 ｏ man beachte das gemeinsame Element.
88.) 永 泉 衆 聚 ｏ desgleichen (dreimal 人).
89.) 家 象 豪 冡 ｏ desgleichen 豕.
90.) 仁 儀 俯 休 ｏ desgleichen 人 亻 rad. 9.
91.) 從 徐 循 後 ｏ desgleichen 彳 rad. 60.
92.) 乳 亂 色 包 ｏ desgleichen 乙 巳 巴.

---

§. 190. Man denke sich nun das Papier netzförmig in gleich grosse Rechtecke getheilt, so muss:

a.) jedes Schriftzeichen die ihm nach Massgabe dieser Rechtecke zukommende Grösse haben, nicht aber nothwendig den ihm bemessenen Raum nach beiden Richtungen hin ausfüllen (vgl. vorhin Regeln 65, 66).

b.) Es muss der Schwerpunkt jedes Zeichens in den Mittelpunkt des Rechteckes fallen. Zumal in Zeichen mit verlängerten Senkrechten kommt es vor, dass der Schwerpunkt etwas oberhalb oder unterhalb der geometrischen Mitte liegt. Vgl. die Tafel.

Anmerkung. Anfänger machen meist den Fehler, die chinesischen Zeichen, ähnlich den Grundstrichen unserer Cursivschrift, etwas schräg zu stellen. Dies gewöhnt man sich am sichersten durch fleissiges Schreiben in senkrechten Columnen ab.

VIII. Die chinesische Schrift als Transscriptionsmittel.

§. 191. Es leuchtet ein, dass die Chinesen in ihrer Schrift nur ein sehr ungefügiges Mittel zur Umschreibung fremder Laute besitzen. Die Zeichen — ganz abgesehen von ihrer nach Zeit und Ort verschiedenen Aussprache — werden selten ein klares Lautbild ergeben: behaftet mit der Eigenart der chinesischen Sylbe, besagen sie bald zu viel, bald nicht genug.

Dass man sich einzelne Wörter fremder Sprachen mundgerecht gemacht und sie mit einheimischen Zeichen geschrieben, wird wohl seit uralter Zeit geschehen sein. Hierher gehören wahrscheinlich mindestens theilweise die Namen benachbarter Barbarenvölker im Schu-king, und ein schon jüngeres, aber sicheres Beispiel ist 梵 *fám* (*bam?*) für *brahman*, *brahmâ*. Bei Wörtern dieser Art, welche in das chinesische Sprachgut aufgenommen worden sind, kann jedoch von eigentlicher Transscription nicht wohl die Rede sein.

§. 192. Eine solche, vielleicht die älteste in grösserem Umfange, ist uns aus der Zeit der Hán, 2. Jahrhundert v. Chr., aufbewahrt*). Zahlreiche Transscriptionen indischer (Sanskrit-) Wörter, wichtig für die Lautgeschichte des Chinesischen, lieferten einige Jahrhunderte später die Buddhisten. Das chinesische Zeichen ersetzt hier in der Regel eine Sylbe, bei Consonantenanhäufungen einen Consonanten der Ursprache. Für *a* steht (nach heutiger Aussprache wenigstens) oft *o*. Bei Sylben im *žip-šīng* scheint die auslautende *muta* meist, nicht immer, vom folgenden Consonanten abhängig zu sein. Bei der Wahl des Umschreibungszeichens für blosse Consonanten pflegt auf den Vocal der folgenden (seltener der vorhergehenden) Sylbe Rücksicht genommen zu sein. Anscheinende Seltsamkeiten im Consonantismus erklären sich aus den Veränderungen des Lautwesens. Beispiele: 蘇 弗 悉 窒 利 *sū-fot-sik-čit-lí* = *subhâstrî*; 帝 利 耶 瞿 榆 尼 伽 *tí-lí-yê-k'iû-iû-nî-* (oder *nik*) *yâ* = *tiryagyonika*; 設 覩 魯 *šet-tù-lù* = *çatru*. 捺 地 迦 葉 波 *nat-tí-kiā-siep-pō* = *Nadîkâçyapa*; 阿 鼻 達 磨 *ō-pí-tat-mô* = *abhidharma*; 吠 舍 佉 *féi-šé-k'iū* = *vaiçâkha*. Von strenger Durchführung eines Systems ist dabei keine Rede: die nämliche Sylbe wird durch verschiedene Zeichen ausgedrückt, und oft vertritt dasselbe Zeichen verschiedene Sylben.

Anmerkung. Vgl. Stan. Julien, *Méthode pour déchiffrer et transcrire les noms sanscrits qui se rencontrent dans les livres chinois*. Paris 1861, 8⁰, und E. J. Eitel, *Handbook for the student of chinese buddhism*. Hongkong und Shanghai 1870, 8⁰.

§. 193. Die beschriebene Methode ist die herrschende geblieben. Sie wird, nur mit den Aenderungen, welche die jetzige Lautverfassung des Chinesischen mit sich bringt, auch auf die neueren asiatischen und auf die europäischen Sprachen angewandt: 耶 穌 *yê-sū* = Jesus; 英 吉 利 *yīng-kit-lí* = English; 佛 冷 西 *fut-lìng-sī* (Canton: *fat-làng-sāi*) = français; 普 魯 士 *p'ò-lù-ssî* = Preussen; 巴 理 *pā-lì* = Paris. Sylbenschliessendes *r* wird entweder weggelassen oder durch *rï* (兒 爾 耳 u. s. w.), selten durch eine Sylbe mit *l* ersetzt; ein *r* vor Vocalen vertritt nach der chinesischen Aussprache stets ein *l*.

Anmerkung. Europäer in China müssen Acht haben, dass ihre Namen nicht von den Eingebornen in garstige Spitznamen umgewandelt werden.

§. 194. Weit umständlicher und beinahe buchstabirend ist die Art, wie in dem grossen Spiegel- (Wörter-) Buche der Mandschusprache, *Han-i araha*

*) Nach dem *Ssï-ki* mitgetheilt von Chalmers (Legge, *Ch. class. III*, Proleg., pag. 97—98). Meines Wissens sind die da aufbewahrten cyklischen und mythologischen Namen noch nicht gedeutet.

海上絲綢之路文獻集成 科技與文化編

漢文經緯

nonggime toktobuha manju gisun-i buleku bithe, die fremden Laute umschrieben werden.

鄂 *'ok*
克 *k'ik*
伊 緀 *ts'ī-ī*
因 *īn*

= *okčin* (*oktsin*).

烏 諸 *čū-ū*
斯 *ssī*
阿 塔 *t'ǔ-'ā*
安 *'ān*

= *justan.*

Einfacher und kaum weniger deutlich ist die folgende Umschreibung mongolischer Wörter*). Die auslautenden Consonanten sind hier durch schmale — statt dessen diesmal mit Sternchen bezeichnete — Charaktere dargestellt.

本 *pön*
布 *pú*
= *bümbü.*

巴 *pā*
*兒 *rî*
*斯 *ssī*
= *bars.*

阿 *'a*
*勒 *liek*
坦 *t'àn*
= *altan.*

Die Regel ist hier überall, dass die chinesische *tenuis* eine *media,* die chinesische *aspirata* eine *tenuis* vertritt.

*) Jakinf (Bytschurin), *Kitaiskaja grammatica,* S. 64 ff.

Drittes Hauptstück.

Lautgeschichtliche und etymologische Probleme.

I. Einleitung.

§. 195. Es ist eine sehr verbreitete Ansicht, Chinesisch sei eine sogenannte Wurzelsprache, seine Wörter haben ausser jenen Lautveränderungen, welche die Zeit mit sich bringt, nie einen Wandel erlitten, sie seien noch Wurzeln, allenfalls verstümmelte, verschliffene Wurzeln. So hat man in dieser Sprache ein wohlerhaltenes Bild der ältesten menschlichen Rede überhaupt zu finden gemeint und darnach ihr bei der Classification der Sprachen ihren Platz zugewiesen.

Wäre jene Annahme richtig, so hätte das Chinesische so viele Wurzeln als selbständige Wörter, so hätte es nie eine Wortbildung, viel weniger eine Formenbildung besessen, so könnte folglich keines seiner dermalen als selbständig erscheinenden Wörter mit einem anderen gleichwurzelig sein.

Es ist nicht hier der Ort, zu untersuchen, ob die Annahme einer Wurzelperiode für alle menschliche Sprache so schlechthin von der Wissenschaft zu fordern sei. Gesetzt, dies wäre der Fall, so müsste man doch Bedenken tragen, das Chinesische und seine vermuthlichen Verwandten für noch erhaltene, also für stabil gebliebene Vertreter dieser Urform anzusehen. Eher wären dann einzelne von ihnen auf eine dem Urzustande äusserlich ähnliche morphologische Stufe zurückgekehrt.

§. 196. Zu den muthmasslichen Verwandten des Chinesischen gehören einige Sprachen, welche zweifellos mehr oder minder entwickelte Agglutination, ja Flexion besitzen. So sind z. B. die erstaunlichen Anlautshäufungen des

漢文經緯

Schrift-Tibetischen kaum anders als aus Präfixbildungen, die inneren Vocalwandel in seiner Conjugation nicht wohl anders denn als Flexionen zu erklären. Im Barmanischen unterscheiden sich Transitiva von Neutris und Passiven durch Aspiration des Anlautes: *kya*, fallen; *k'ya*, werfen, u. s. w.

§. 197. Das Chinesische selbst weist schon bei einer flüchtigen Betrachtung lautliche Uebereinstimmungen sinnverwandter Wörter auf, welche zur Vermuthung führen müssen, dass hier Gleichheit der Wurzel und Verschiedenheit der Bildung oder Form vorliege. Fälle wie 大 *tá* oder *tái*, gross, neben 太 *t'ái*, sehr, 田 *t'iên*, Feld, neben 佃 *tién*, Ackerbau treiben u. s. w., laden zur Vergleichung der aspirirten und nicht aspirirten Anlaute ein; Fälle wie 語 *iù*, Gespräch, 云 *yûn*, reden, 曰 *yuet*, sagen, heissen, scheinen auf eine Functionsverschiedenheit der Auslaute, auf vormalige Suffixe hinzudeuten. Und ähnliche finden sich massenweise.

§. 198. Es leuchtet ein, von wie hervorragender Wichtigkeit die Fragen sind, welche hier erstehen. Es handelt sich in der That um nichts Geringeres, als um die Stellung des Chinesischen innerhalb der Sprachenwelt in doppelter Hinsicht: einmal in Betreff des Zustandes seiner morphologischen Entwickelung, und dann in Betreff seiner verwandtschaftlichen Beziehungen zu anderen Sprachen. Beide Fragen dürften nur vereint zu lösen sein; ihre Lösung ist um so sicherer zu erhoffen, je mehr es gelingt, die erreichbar älteste Lautverfassung der Sprache zu enthüllen, und die Mittel und Wege hierzu müssen daher zunächst aufgesucht werden: das Quellenmaterial und die Methode seiner Prüfung und Verwerthung.

II. Quellen.

A. Die Dialecte.

§. 199. Man wird gut thun, vom Nächstliegenden und Sichersten auszugehen, — und das sind wohl ohne Zweifel die Dialecte. Die Chinesen scheinen ihnen schon frühe ihre Aufmerksamkeit zugewendet zu haben. Etwa um Beginn unserer Zeitrechnung ward ein Idiotikon verfasst, welches in Khang-hi's Wörterbuche unter dem Titel *Yâng-tsì-fāng-yên* 楊子方言 angeführt wird, aber mehr Auskunft über den örtlichen Gebrauch gewisser Wörter, als über deren Aussprache zu geben scheint*). Gerade für die Erhaltung solcher Provinzialausdrücke ist aber das centralisirte China kein günstiger Boden. Den uns wichtigeren

*) Vgl. darüber Edkins, *Introd. to the study etc.* Appendix *E*, pag. 10 sq.

Zweck, den lautkundlichen, erfüllen dafür bewusst eine Anzahl neuerer Dialectwörterbücher, und unbewusst wahrscheinlich auch viele der übrigen Lexika, insofern sie von der Mundart ihrer Verfasser Spuren tragen werden.

§. 200. In den Anlauten haben alle Dialecte arge Einbusse erlitten. Der Unterschied zwischen den Gaumenlauten *č* u. s. w. und den sogenannten geraden Zahnlauten, *tš* u. s. w. hat sich mehr oder weniger verwischt, ebenso der zwischen aspirirten und nicht aspirirten *f*; die alten *mediae* sind fast überall mit den Aspiraten zusammengefallen; nur in Shanghai zeigen sich noch bedeutendere Spuren einer Unterscheidung. (Vgl. die Tabelle S. 36—37.)

§. 201. Um so wichtigere Aufschlüsse darf man sich von den Dialecten für die Kunde der alten In- und Auslaute versprechen. Fast jeder von ihnen scheint in dieser Hinsicht besondere Vorzüge zu besitzen: Fuh-čeu durch die Mannichfaltigkeit seiner Vocale und Diphthongen, Amoy, Fuh-kien und Canton durch ihre wohlerhaltenen *m, k, t* und *p*. Aber selbst die Pekinger Mundart ist lehrreich durch das spurlose Verschwinden dieser vier Auslautsconsonanten und durch die Verwandlung der eingehenden Betonung in bald diese, bald jene der vier übrigen. Dergleichen vollzieht sich nicht mit einem Schlage, die Neigung dazu muss schon längst geherrscht haben.

Ein Beispiel: 學 *hiok*, lernen, lautet in Peking *hiaô* (*hsiaô*). Dazu stimmt 教 *kiaó* — Peking: *čiaó* oder *čiaō*, lehren, und vielleicht weiter 覺 *kiok*, Peking: *čiaó*, *čiaô*, verstehen. 學 und 孝 *hiaó*, Pietät, hatten vormals Ein Schriftzeichen!

Anmerkung. Edkins nimmt in seiner *Introd.* (cap. III und sonst) diesen Schwund der auslautenden *tenues* in so weitem Maasse an, dass in einer früheren Zeit der Sprachentwickelung vocalische Auslaute kaum vorgekommen wären.

B. Einheimische Wörterbücher.

§. 202. Die Lautangaben der chinesischen Wörterbücher führen uns etwa 1100—1300 Jahre weit zurück, also in eine Zeit, zu welcher jedenfalls die Sprache schon in Dialecte gespalten war, — und sie bieten nur Formen der nördlichen Mundarten, mithin der Vorläufer des heutigen Kuān-hoá.

§. 203. Ihr Werth ist leicht zu ermessen. Sie zeigen uns das Anlautsystem auf zwei Stufen seiner früheren Entwickelung: das erste Mal ohne die *f*-Reihe und ohne die Zweitheilung in Gaumen- und gerade Zahnlaute, das zweite Mal mit diesen. Sie bezeugen somit eine in sehr kurzer Zeit erfolgte erhebliche Wandelung der Sprache. Und ihnen allein verdanken wir sichere Auskunft über die Zweitheilung des *h* und *f* und über die alten *mediae*. Einzelne

海上絲綢之路文獻集成 科技與文化編

漢文經緯

Schwankungen in der Aussprache oder Auffassung der Laute sind freilich wahrzunehmen, namentlich zwischen *dz* und *z*, *dž* und *ž* — ähnlich wie im heutigen Japanischen. Die dialectischen Unregelmässigkeiten im Wechsel von *ts'* und *s*, von *č'* und *š* scheinen hier ihre Erklärung zu finden; denn nichts hindert anzunehmen, dass aus unsicherer Articulation unregelmässige Lautverschiebung entsprungen sei. Vgl. §. 116.

§. 204. Das In- und Auslautswesen der Wörterbücher scheint noch besonderer Untersuchungen zu bedürfen, zumal in Hinsicht auf den Vocalismus. Es ist noch nicht abzusehen, inwieweit eine Vergleichung der Dialecte hierbei zum Ziele führen wird. Für die Kenntniss der Endconsonanten sind, soviel sich vorläufig beurtheilen lässt, die Wörterbücher die zuverlässigere Quelle, — dafür allerdings auch die weniger bequeme. Vgl. §. 114.

C. Zeugnisse der Nachbarvölker.

§. 205. Die Umschreibungen chinesischer Wörter in den Büchern der **Mandschu** sind zu neu, als dass sie lautgeschichtliches Interesse beanspruchen könnten: sie reichen günstigsten Falls noch keine zweihundert Jahre weit zurück. Auch die uns erhaltenen **mongolischen** Transscriptionen chinesischer Texte geben nur das Kuān-hoá des 13.—14. Jahrhunderts unserer Zeitrechnung. Das Schluss-*m* ist in ihnen erhalten, die auslautenden *mutae* dagegen fehlen.

Anmerkung. Es finden sich im Wortvorrathe der Mandschu ziemlich viele, anscheinend ganz ächte Gebilde, welche auf ältere Entlehnungen aus dem Chinesischen schliessen lassen; z. B. *ginggun*, Ehrfurcht, chin. *king*, *fafun*, Gesetz, chin. *fap*, vielleicht auch *fiyelen*, Abschnitt, Seite eines Buches, chin. *p'ïēn*, *leolen*, Gespräch, chin. *lün* u. s. w. Sie sind indessen für die Geschichte des Mandschuischen von mehr Belang als für die des Chinesischen.

§. 206. Auf die **japanischen** Umschreibungen chinesischer Wörter würde an sich nicht viel zu geben sein — vgl. §. 45. Einzelnes ist jedoch auch aus ihnen zu lernen. Anlautendes *ng* haben sie zuweilen treuer gewahrt als die heutigen Dialecte, z. B. 義 *gi*, Rechtlichkeit, 疑 *gi*, zweifeln. Durch die Sylben *ku*, *tu* oder *ti* und *fu* ersetzen sie die Auslaute *k*, *t*, *p*, durch finales *n*, zugleich *m* und *n*, z. B. 文 *mon* oder *bun* = *wên*, 山 *san*, Berg, = *šān*, aber 三 *san*, drei, = *sām*. Die Auslaute *ing* und *eng* werden *ei*, z. B. 明 *mei* = *mîng*, hell; 生 *sei* = *šēng*, *sēng*, erzeugen. Dagegen wird *ng* hinter *a*, *o* und *u* durch *u* wiedergegeben, z. B. 孟 *mou* = *móng*, *méng*; 孔 *kou* = *k'òng*, *k'ùng*; 王 *wau* = *wâng*, König; 風 *fuu* = *fūng*, Wind. Statt auslautendem *ï* steht im *kan-won* und *go-won* noch überall reines *i*; z. B. 子 *si* = *tsï̂*, Kind;

士 *si* = *ssï*, Gelehrter; statt *rï* aber im *kan-won*: *zi*, im *go-won*: *ni*, im *tō-in*: *ru*. — Allerdings besitzt das Japanische nur die fünf Vocale *a*, *i*, *u*, *e*, *o*; allein auch so scheinen jene Transscriptionen manchen Aufschluss über den Vocalismus des älteren Kuān-hoá und Fuh-kien-Dialectes zu versprechen.

§. 207. Die **koreanische** Buchstabenschrift enthält eilf Zeichen für Vocale und Diphthongen und siebenzehn für Consonanten, ist also viel leistungsfähiger als das Syllabar der Japaner. Die koreanischen Umschreibungen chinesischer Laute dürften zu den ältesten ihrer Art gehören. Sie zu verwerthen, ist aber noch nicht unternommen worden, und so ist es unmöglich, sie voll zu würdigen. Auffällig ist der Gebrauch des *r* (oder *l*) für schliessendes *t*.

§. 208. In **Annam** wurde nach einheimischen Angaben*) die chinesische Schrift erst um Anfang des 6. Jahrhunderts n. Chr. eingeführt und verdrängte die bis dahin übliche (indische) Schrift. Hier haben wir also nicht Umschreibungen chinesischer Wörter, sondern eine andere Aussprache der chinesischen Zeichen, deren viele als phonetische Elemente in neugebildete annamitische Charaktere aufgenommen wurden (vgl. §. 46). Wir kennen zur Zeit nur ihre heutige Aussprache, diese bietet aber immerhin noch des Interessanten genug. Keinem der jetzigen Dialecte des Mittelreiches scheint sie besonders nahe zu stehen, am nächsten vielleicht dem von Hainan. Die Auslautsconsonanten sind, wenn auch nicht immer ganz unverändert, doch deutlich erhalten, die Anlaute aber, in welchen z. B. öfter *t*, *th* an Stelle von *ts*, *s*, *š* und *ž*, ferner *ky* (oder *ty*), *ks*, *tr* an Stelle von *č*, *č'* treten, sind von noch weit höherem Interesse. Nur freilich thäte es noth zu wissen, wie alt die uns vorliegende Aussprache sei.

Anmerkung. Auch in anderen Gebieten Hinterindiens hatte ehemals das Chinesenthum Fuss gefasst. Welche sprachliche Spuren es aber dort etwa hinterlassen, ist noch nicht festgestellt.

D. Chinesische Umschreibungen indischer Wörter.

§. 209. St. Julien (*Méthode etc.*, vgl. §. 192) hat 2300 Zeichen gesammelt, deren sich die chinesischen Buddhisten zur Uebertragung indischer Laute bedienen. Der Gebrauch dieser Zeichen ist, wie früher angedeutet wurde, ein ziemlich willkürlicher; doch dürfte eine sorgfältigere Untersuchung manche scheinbaren Widersprüche lösen. Die Buddhapriester haben ihre Thätigkeit

*) Trüong-vinh-ky, *Abrégé de grammaire annamite*, Saigon 1867, 8°, pag. 7–8.

海上絲綢之路文獻集成 科技與文化編

漢文經緯

als Uebersetzer im ersten Jahrhunderte unserer Zeitrechnung eröffnet und durch anderthalb Jahrtausende fortgesetzt*). Dabei eröffneten sich für das Umschreibungswesen verschiedene Möglichkeiten.

a.) Man suchte den Klang der Sanskritwörter, so gut es angehen wollte, durch Sylben der Muttersprache wiederzugeben. Damit hat man sicher angefangen. Wüssten wir also, wie damals das Sanskrit geklungen, ob man z. B. in so vielen Fällen *ă* wie *ŏ*, *ya* wie *ye* ausgesprochen: so würde ohne Weiteres viel Licht in die Vorgeschichte der chinesischen Laute fallen.

b.) Wo eine Transscription bereits geschaffen und dem Uebersetzer bekannt war, behielt man sie auch später bei, einerlei wie sich die jeweilige Aussprache der chinesischen Zeichen zu den indischen Lauten schickte. Auch dies wird man als Regel annehmen können, nur nicht als ausnahmslose.

c.) Wo neue Umschreibungen zu schaffen waren, hatte man die Wahl, ob man die zeither gebräuchlichen Sylbenzeichen als conventionelle für die entsprechenden indischen Laute benutzen, oder diese letzteren durch solche Zeichen wiedergeben wollte, welche nach ihrer derzeitigen Aussprache angemessener erschienen. So z. B. finden sich 指 *čì* für *ki* und *čì*; 枳 *čì* für *ki*, *kê* und *di*; 至 *čí* und 支 *čī* für *ṭi*, *ti*, *ḍi*, aber auch für *čî*, *či* u. s. w. Dann wieder für *ki*, *kî* und *ti*, *di*, *ṭi*, *ḍi* Zeichen, welche heute noch *ki* und *ti*, *t'i* ausgesprochen werden. Ehedem konnte man *tenuis*, *tenuis aspirata* und *media* durch entsprechende chinesische Laute wiedergeben. Seit aber dem Chinesischen die *mediae* abhanden gekommen sind, wird man wahrscheinlich sie lieber durch *tenues* und die indischen *tenues* durch chinesische *aspiratae* ersetzt haben.

§. 210. Man sieht: für das Anlautwesen haben diese Umschreibungen ein hervorragendes Interesse. Beispiele wie die eben angeführten gemahnen an ähnliche Erscheinungen in der annamitischen Aussprache des Chinesischen und laden zur näheren Vergleichung mit diesen ein. *F* ersetzt bald *v*, bald *b*, *bh* oder *p*, — *w* je nachdem *w* (*v*) oder *m*, *m* regelmässig *m*, nur ganz ausnahmsweise *b* (wie im Fuh-kien-Dialecte), *rï* meist *ni*, *nye*, *jñe*, aber auch *r*, — *ž* meist *ny*, *jñ*, selten *j* (*dsch*). Dies Alles erinnert an die Lautangaben der alten Wörterbücher, d. h. an die alten Dialecte des Nordens und Westens. Allein die ältesten buddhistischen Umschreibungen sind um vier Jahrhunderte älter als jene Wörterbücher, und deshalb entsprechend wichtiger.

---

*) Sam. Beal, *The buddhist Tripitaka, as it is known in China and Japan.* Devonport 1876, fol., pag. 110.

E. Reime in alten Versen.

§. 211. Gereimte Verse sind uns vereinzelt im *Šū-kīng* und im *Taó-tek-kīng*, in grosser Anzahl im *Šī-kīng* und im *Lî-saō* 離騷, einer Kunstdichtung aus dem 3. Jahrhundert v. Chr., aufbewahrt, — von späteren poetischen Werken zu geschweigen. Auch von den meisten älteren wissen wir mehr oder minder sicher die Zeit ihrer Entstehung. Und so hätten wir denn ein reiches Material für die Geschichte der Auslaute. Den Chinesen selbst ist es längst aufgefallen, wie wenig die Reimgruppen jener ältesten Dichtungen zu den in ihren Tagen üblichen Ausspracheweisen mehr passten, und an Versuchen zur Feststellung des alten Reimwesens haben sie es nicht fehlen lassen*).

§. 212. Die Verwerthung dieser wichtigen Denkmäler ist aber ungemein schwierig.

a.) Zunächst arbeitet man nur mit unbekannten Grössen. Das erste Ergebniss ist: $x = y = z$ u. s. w. Die Wörterbücher stehen jenen Dichtungen zeitlich zu fern, als dass sie zureichenden Aufschluss geben könnten. Von den übrigen bisher besprochenen Erkenntnissquellen gilt dies natürlich ebenfalls.

b.) Zweitens liegen viele der Lieder der Zeit nach zu weit auseinander, als dass sie ohne Weiteres lautlich aneinander gemessen werden könnten. Will man also eine leidlich sichere Grundlage gewinnen, so muss man periodenweise rückwärts gehen.

c.) Drittens: Nichts scheint dafür zu bürgen, dass alle Reime rein gewesen wären. Ein einziger falscher Reim kann leicht die ärgsten Fehlschlüsse veranlassen. Hier wird nun eine gewissenhafte Zuratheziehung der übrigen Quellen bald bestätigend, bald berichtigend nachhelfen.

d.) Viertens können und werden wahrscheinlich schon in jenen alten Zeiten mundartliche Verschiedenheiten innerhalb der Sprache bestanden haben: was sich in der einen Landschaft reimte, brauchte sich nicht nothwendig auch in jeder anderen zu reimen.

Dies gilt namentlich von den Liedern aus den Einzelstaaten, deren Sammlung die erste Hälfte des *Šī-kīng* ausmacht. Glücklicherweise darf man aber annehmen, dass zu der Zeit, wo diese entstanden, die dialectischen Verschiedenheiten noch nicht so weit entwickelt waren, wie heutzutage.

---

*) Näheres siehe bei Legge, *Ch. class. IV, I*, Proleg., pag. 102—113. Vgl. auch Edkins, *Introd.*, pag. 169—178 und Appendix *D*.

海上絲綢之路文獻集成 科技與文化编

漢文經緯

§. 213. Es ist nothwendig, alle diese Bedenken zu erwägen, ohne sie zu überschätzen. Immerhin bleiben diese Reime ein hochwichtiges Glied in dem weitläufigen Indicienbeweise, dessen Führung der Wissenschaft obliegt. Bis zum Beweise des Gegentheils wird man ihnen trauen dürfen, und dieser Beweis wird, wo nöthig, in den meisten Fällen zu führen sein. Auch sind sie mit Nichten das letzte Glied in der Kette.

F. Die phonetischen Bestandtheile der Schriftzeichen.

§. 214. Wenn die Zeichen für mehrere Wörter den gleichen phonetischen Bestandtheil enthalten, so folgt daraus mit Nothwendigkeit, dass diese Wörter zu der Zeit, wo die Zeichen erfunden wurden, einander gleich oder doch sehr ähnlich geklungen haben.

Anmerkung. Vorausgesetzt natürlich, dass die phonetischen Zusätze wirklich das sind, was sie sein sollen. Fehlerhafte Verwechselungen unter ihnen kommen bekanntlich vor und manche derselben sind durch den Gebrauch geheiligt. Vgl. §. 143.

§. 215. Es wurde schon früher (§. 143) auf die Mehrdeutigkeit der meisten dieser Zeichen hingewiesen. Die Frage wird sein: inwieweit lassen sich gewisse Grundsätze entdecken? Man wird hierbei wohl zu unterscheiden haben zwischen häufig wiederkehrenden und mehr vereinzelten Erscheinungen.

Im Folgenden sollen einige der wichtigsten Lautwechsel betrachtet werden. Zu Grunde gelegt wird hierbei: die Aussprache des heutigen Kuān-hoá, dabei aber halbvocalisches *i* und *u*, diesmal *y* und *w* geschrieben, mit zu den Anlauten gezogen.

Anmerkung. Natürlich würde hierbei durch eine Vergleichung der alten Dialecte, der Wörterbücher u. s. w. viel gewonnen werden; eine solche hätte aber für diesmal zu weit geführt.

a. Anlaute.

§. 216. Zu den gewöhnlichsten Wechseln gehören die zwischen *tenuis*, *aspirata* und *spirans*, wo letztere in der Reihe vorhanden ist. Seltener tritt auch der entsprechende Nasal hinzu.

k, k', h, ng: 干 *kan, k'an, kien, hien, ngan*; 工 *kung, kang, kiang, kiung, hung*; 弓 *kung, hung, kiung, kang, kiang*; 亢 *hang, k'ang, k'eng*; 介 *kiai, hiai, hai*; 斤 *kin, hin, in, ki* u. s. w. 可 *k'o, ko, ho.* 乞 *kit, ki, kot, kut, hot, hut*; 厷 *kung, hung, hiung*; 夅 *kiang, hiang, hung* (aber auch *p'ang*); 夾 *kiap, hiap, kiep, hiep* (aber auch *tsiep* und *šem*) u. s. w.

p, p', f, m: 已 fam, piem; 方 fang, p'ang; 反 fan, pan. 市 fei, pei, p'ei; 畐 fu, fuk, pik. 夆 fung, p'ung; 𠂢 p'ai, mok, mik; 百 pek, mok; 弁 pien, p'ien, fan; 非 fei, pei, p'ei, pai, p'ai.

t, n: 丹 tan, tung, nan.

§. 217. Fast unbeschränkt scheinen **Dentale, Palatale** und **Sibilanten** untereinander vertauscht zu werden. Dafür nur einige Beispiele: 十 šip, čip, hiep; 寸 ts'ün, šeu, čeu; 丁 ting, čeng; 乇 t'o, tok, t'ok, tu, tsik, ča, č'a; 勺 čok, tik (aber auch yok, pok); 巛 č'uan, šuen, siün; 冘 yin, č'en, šen, tan; 心 sim, ts'im; 者 če, č'e, ču, č'u, t'u, tu, siü, — dazu 著 ču čuk, č'u, 署 šu, 諸 ču, č'u, šu; 隹 šui, čui, sui, tui, ferner hoei, wei, č'uen; 周 čeu, č'eu, tiao, t'iao, t'ik. 垂 čui, č'ui, šui, to, t'o, yeu.

§. 218. Der Wechsel zwischen ***m*** und ***w***, wie bei 文 wen, min, lin; 門 men, wen; 勿 mut, wut, findet in den heutigen Dialecten seines Gleichen. Man pflegt dabei *m* für das Ursprünglichere zu halten. Vielleicht ist es aber richtiger, ein altes *mw* anzunehmen, was jedenfalls besser zu dem Folgenden passt.

§. 219. Die Halbvocale ***y*** und ***w*** kommen oft wechselnd mit und ohne vorhergehenden anderen Consonanten vor. Beispiele: 于 ü, hü; 牙 ya, kia, hia; 予 ü, siü (šu, ču, ye); 夭 yao, ngao, hiao, siao, ü, wuk; 匀 yün, kiün, tsin; 乙 i, ya, yao, kieu; 斤 kin, hin, yin; 亘 hiuen, huan, yuen; 兆 čao, tiao, tao, yao; 肙 yuen, hiuen, kiuen; 軍 kiün, hiün, kuen, huen, hoei, yün; 枼 yep, siep, šep, čep, tiep; 羊 yang, siang; 睘 hiuen, yuen, siuen, hoan. — Ferner für *w*: 元 yuen, wan, und das verwandte 完 wan, hoan, kuan, yuen; 官 kuan, wan, kien; 果 ko, ho, hoa, kuan, wo; 貫 kuei, hoei, wai, i; 䜌 liuen, luan, wan, man, suan, pien.

§. 220. Verwandt mag der öfter vorkommende Wechsel von ***y*** mit Dentalen, Palatalen und Zischlauten sein, z. B.: 以 i, ssï; 矣 i, ssï; 也 ye, či, t'a, to, ti, ši; 世 ši, siei, i; 失 čit, tiet, yit; 㐌 i, to; 易 yik, yi, sik, ssï, sing; 昜 yang, šang, čang, t'ang.

§. 221. Die Anlaute ***ss, š, č, č', ts, ts'*** sind wohl auch im Chinesischen meist durch Mouillirung (Jodirung, Zetacismus) entstanden, aber nicht immer dentalen Ursprunges, wie folgende Beispiele beweisen dürften.

k—č u. s. w. 井 tsing, keng; 支 či, ki, k'i, kuei; 及 kip, hip, čap, sap; 出 čut, čot, kiüt, tut, sui; 氏 ši, či, ki; 公 kung, čung, sung.

ny—č: 丑 č'eu, nieu; 聶 niep, čep, šep.

my—š: 少 šao, miao (vgl. 小 siao); 米 mi, ši.

h—č, s: 喜 hi, či; 惠 hoei, sui.

海上絲綢之路文獻集成 科技與文化編

漢文經緯

§. 222. Seltener, aber doch mehrfach vertreten sind Wechsel von ***y*** und ***l***, z. B. 聿 *yüt, lut*; 樂 *yok, lok*.

§. 223. Schon oben — §. 143 — wurde auf den seltsamen Tausch von ***k*** und ***l*** aufmerksam gemacht. Er kommt in der That öfter vor, z. B. 久 *kieu, lieu*; 立 *lip, lap, yip, kip*; 各 *kok, hok, lok, liok, lu*; 京 *king, kiang, liang, liok*; 果 *ko, ho, wo, hoa, kuan, lo*; 監 *kiem, hiem, lam*; 兼 *kiem, hiem, liem, čem*.

Anmerkung. Beispiele wie diese, besonders das letzte, erinnern stark an einen ähnlichen Anlautwandel in den romanischen Sprachen: lateinisch *clamare*, ital. *chiamare*, span. *llamar*, portug. *chamar* (also *kl, ky, ly, š*), — nur dass da mehrere Sprachen, in unserem Falle dagegen ein einzelner Dialect einer Sprache die Lautverschiebungen aufweist.

§. 224. Verwandt ist vielleicht der gelegentliche Wechsel von ***l*** und ***č, š***, z. B. 离 *li, či*; 龍 *lung, čung*; 麗 *li, ši, šai*.

§. 225. Endlich sind noch zwei öfter vorkommende Lautverschiebungen zu erwähnen.

ž, n, r, z. B. 乃 *nai, žing*; 而 *rï, nai, nok* und das verwandte 需 *žu, neu, siü*, sowie 耎 *žuan, žuen, nuan, nuen, no*; 女 *nüü, žu*; 若 *žok, nik, žek, čok*; 柔 *žeu, nao*; 辱 *žuk, nok, neu*.

y, ng: 五 *ngu*, 吾 *ngu, üü*; 厄 *ngo, ngai, ngi, yai, yi*; 奧 *ngao, üü, yük*. 屋 *nguk, yok*.

b. Auslaute.

§. 226. Es würde zu weit führen, die Auslautserscheinungen hier in gleich eingehender Weise zu betrachten, zumal viele derselben schon in den vorhin gegebenen Beispielen mit vertreten sind.

Vorzüglich wichtig dürfte der häufige Wechsel zwischen offenen und durch *muta* oder Nasal geschlossenen Sylben sein; dabei beachte man, wie in der Regel *muta* und Nasal dem gleichen Organe angehören, also *k* und *ng*, *t* und *n*, *p* und *m* einander entsprechen. Beispiele: 不 *put, p'eu, feu, pei*; 召 *hiem, yem, kam, k'am, ham, tam, č'am, kiap*; 念 *niem, yem, žem, šem, tiem, niep*; 嗇 *šek, ts'iang*; 夬 *kuai, k'uai, kiuet, hiuet, yuet*; 出 *č'ut, cot, tut, sui*; 八 *pat, pai, pa*; 厄 *ngok, yai*; 與 *hiok, kiok, hoang*; 乏 *fap, fam, piem*; 勿 *wut, mut, hut, wen*; 匽 *yen, yat*; 旦 *tan, t'an, tat*; 兄 *hiung, hoang, čuk, čeu*; aber 册 ***tsek, ts'ek, sak, san***.

G. Gebrauch der Wörter und Schriftzeichen.

§. 227. Wir fassen hier drei Fälle zusammen:

a.) Die alten Schriftsteller wenden aus Irrthum, Noth oder Laune das Zeichen des einen Wortes für ein anderes, vermuthlich zu ihrer Zeit gleich- oder sehr ähnlich lautendes, an (vgl. §. 138);

b.) dasselbe Zeichen hat zwei oder mehrere Aussprachen, welchen besondere Bedeutungsmodificationen entsprechen (vgl. §. 69, d);

c.) ältere Wörter mit ihren Schriftzeichen werden in allen oder einzelnen Fällen ihrer Anwendung durch neue, ähnlich lautende ersetzt.

Es ist leicht einzusehen, wie nahe verwandt die beiden ersteren dieser Erscheinungen jenen sind, wo ein und dasselbe phonetische Element nach heutiger Aussprache verschiedene Lautcomplexe vertritt. Ueberall handelt es sich um verschiedene Aussprache desselben Zeichens, mag dies nun ein Wort- oder nur ein Lautzeichen sein, und um die mehr oder minder sicheren Lautwandelsgesetze, welche hieraus zu folgern sind. Dass diese in demselben Dialecte einer Sprache und gleichzeitig in Kraft sind, ist eine Thatsache, welche hingenommen werden muss, und die vielleicht bei keiner Sprache weniger befremden darf, als bei einer von der Lebensgeschichte der chinesischen. Vgl. §§. 10—13.

§. 228. a.) Stellvertretende Schriftzeichen. Wenn im Alterthume ein Schriftzeichen an Stelle eines anderen gebraucht worden ist, so kann und wird dies in der Regel auf Gleichwerthigkeit der entsprechenden phonetischen Elemente schliessen lassen. Im Šu z. B. vertritt 時 *šî*, Zeit, das Demonstrativwort 是 *ší*, dies, das ist. Daraus folgt die Gleichlautigkeit der Schriftelemente 寺 *si*, *ši*, *či*, *tek*, *teng*, *tai* und 是 *ši*, *ti*, *t'i*. In demselben Buche steht 玆 *tsï̈* (*ts'i*) für 此 *ts'ì̆* (*tsi*, *ts'i*, *č'ai*). Beide Lautelemente sind also vermuthlich ursprünglich identisch. Die alte Literatur ist sehr reich an solchen Beispielen, und diese müssen gesammelt werden, um das Verständniss jener Schriftbestandtheile zu vertiefen, ihre Verwerthung zu sichern und zu erweitern.

§. 229. b.) Mehrlautige Schriftzeichen. Nach einer anderen Richtung hin bedeutsam ist der Gebrauch jener Schriftzeichen, welche man mehrlautige nennen kann. Sie bezeugen, dass die Sprache von Hause aus mitnichten der bedeutsamen Wortveränderungen so bar ist, wie man ehemals angenommen hat. Ein noch lebendiges Form- oder Wortbildungssystem kann

海上絲綢之路文獻集成 科技與文化編

sie allerdings schon vor viertausend Jahren nicht mehr besessen haben. Darf man aus den Schriftzeichen folgern, so war sich das Sprachgefühl wohl noch in einzelnen, aber keineswegs in allen Fällen der Zusammengehörigkeit verschieden lautender Wörter bewusst, aber wohl kaum mehr fähig, die etwa aus einer älteren Zeit der Sprachentwickelung überkommenen Bildungselemente noch frei als solche zu verwerthen.

Anmerkung. Diese Sätze sind absichtlich mit allem Vorbehalte ausgesprochen. Immer wird sich die Frage wiederholen, ob etwa Affix auf der einen Seite oder Lauteinbusse auf der anderen anzunehmen sei? und hierauf schon jetzt eine allgemeine Antwort zu geben, wäre voreilig.

§. 230. Sehr gebräuchlich ist bedeutsamer **Betonungswechsel.** Manche behaupten, dass solcher stets dann stattfinde, wenn ein sonst einem anderen Redetheile angehöriges Wort als Verbum angewandt wird.*) In der Regel erhält es dann den fallenden Ton 去聲 *k'iǜ-šīng.* Beispiele: 上 *šàng* (jetzt auch *šáng*), oben, *šáng*, hinaufsteigen; 下 *hià*, unten, *hiá*, herabsteigen; 中 *čūng*, Mitte, *čúng*, (in die Mitte) treffen; 先 *siēn*, zuvor, früher, *sién*, voranstellen, vortreten; 當 *tāng*, angemessen, geziemend, *táng*, wofür halten; 相 *siāng*, gegenseitig, *siáng*, helfen; 王 *wâng*, König, *wáng*, König werden.

Zuweilen werden auf diese Art active oder causative Verba von *neutris* unterschieden, z. B. 來 *lâi*, kommen, *lái*, kommen machen, heranziehen; 去 *k'iǜ*, fortgehen, *k'iǜ*, fortgehen machen, entfernen; 勝 (rad. 19) *šīng*, ertragen, erheben, *šíng*, übertreffen; 勞 *laō*, arbeiten, *laó*, die Arbeit lohnen; 聽 *t'īng*, hinhören, lauschen, *tíng*, anhören.

Auch abgeleitete, mehr specielle Nominalbedeutungen werden nicht selten durch die Betonung gekennzeichnet. So 少 *šaò*, gering, wenig, *šaó*, jung, Jüngling; 長 *č'âng*, lang, *čàng*, an Jahren älter; 乘 *šîng*, fahren, *šíng*, Viergespann, Wagen.

§. 231. Noch auffälliger ist es, wenn Wörter in ihrem **Lautbestande** selbst Wandelungen erfahren. Fälle dieser Art sind u. A. 見 *kién*, sehen, *hién*, sichtbar werden, sich zeigen; 樂 *lok*, sich freuen, *yok*, Musik, *yaó*, sich erfreuen an, *laó*, ein Eigenname; 從 *ts'ûng*, folgen, *tsúng*, zugehörig sein, Angehörige, *sūng*, mild, gefällig; 惡 *ngok*, schlecht, *ngú*, hassen, *ngū*, *ū*, *wū*, wie? warum? 內 *núi*, innen, *nap*, einschalten, 復 *feú*, wieder, *fuk*, zurückgeben; 易 *yik*, wechseln, tauschen, *yí*, leicht (= nicht schwierig); 度 *tú*, Maass, *tuk*, messen. Blosser Wechsel des Vocals findet statt in 行 *hîng*,

*) *Prémare*, Notitia linguae sinicae, pag. 11.

海上絲綢之路文獻集成 科技與文化編

gehen, handeln, *hâng*, Gilde, Handel. Nasal und *muta* wechseln im Auslaute selten; z. B. 怛 *tán*, bemitleiden, *tat*, Mitleid, Trauer.

§. 232. c.) Auftreten neuer Wörter. Folgendes Beispiel zeigt einen bedeutsamen, sicher nicht vereinzelten Vorgang in der Geschichte der chinesischen Sprache: Der classische Stil besitzt zwei sinnverwandte, in der Anwendung aber streng geschiedene Demonstrativpartikeln 之 *čï* und 者 *čè*. Dass beide auch lautverwandt seien, ist glaubhaft, denn 之 *čï* wird von Alters her oft in der Bedeutung: wohin gehen, statt 至 *čí*, wohin gelangen, gebraucht, und Letzteres hat in Zusammensetzungen die weiteren Lautwerthe *čik*, *tiek*; 者 *čè* dagegen ist selbst phonetisches Zeichen und gilt als solches für *če*, *č'e*, *ču*, *č'u*, *tu*, *t'u*, *šu* und *čuk*. Edkins nimmt für 至 *tik*, für 者 *tak* als alte Laute an und vergleicht Letzteres mit dem sinnverwandten 是 *ší*, *dik* (Introd. pag. 70, Nr. 237, und pag. 92, Nr. 531). Nun kommt aber in den ältesten Theilen des Šū 之 *čï* sehr häufig, 者 *čè* nur an vier Stellen, und dann wieder Letzteres im Šī öfter vor. Die scharfe Scheidung Beider nach ihren Functionen scheint sich nur allmählich vollzogen zu haben. Unter der Súng-Dynastie, 960—1280, kam statt jener Wörter 低 *tī* (sonst s. v. a. niederbiegen, herabhängen, tief) oder 底 *tì* (sonst s. v. a. unten) in Gebrauch. Das phonetische Element in diesen Zeichen wird ausser *ti* auch *či*, *č'i* ausgesprochen und wechselt, wo es letzteren Werth hat, in den Zusammensetzungen oft mit 至 *čí*. Dieses 低 *tī* hat den Dienst als Partikel nicht lange zu versehen gehabt; schon unter der folgenden Dynastie, den Yuên, 1280—1369, trat 的 *tik* (sonst s. v. a. klar, offenbar, nach Pekinger Aussprache *tī*) an dessen Stelle.

Es ist nicht wohl zu bezweifeln, dass 之 *čï*, 底 *tì* oder 低 *tī* und 的 *tik* als Partikeln im Grunde ein Wort *tik* sind, welches die älteste Form gerade in seiner neuesten Auflage am reinsten bewahrt, in seiner ältesten Schriftgestalt dagegen dieselbe fast bis zur Unkenntlichkeit entstellt hat. Woher nun das immer neue Hervorbrechen der alten Laute? Die Mundarten von Fuh-kien scheinen hier einen beachtlichen Fingerzeig zu liefern.

a.) Manchmal bewahren sie altes *t* statt des jüngeren *č*, wo dies die anderen Dialecte nicht mehr thun. Z. B. 致 *čí*, hingehen, sich erstrecken, lautet dort noch *tí*, während das verwandte 至 schon *čí* gesprochen wird.

b.) Wie bekannt — §. 115 — haben dort viele Wörter eine doppelte Aussprache, deren eine, dem Kuān-hoá nahestehende, beim Lesen, deren andere, oft stark abweichende, in der Umgangssprache üblich ist, z. B. *yit* 一, eins, gesprochen *ček*, gelesen *it*; *žîn* 人, Mensch, gesprochen *nang*, gelesen *žin*; *niù* 女, Weib: *nụng*, *ni*; *rí* 二, zwei: *no*, *žụ* u. s. w.

漢文經緯

Man wird wohl annehmen müssen, dass im Gebiete des Kuān-hoá selbst, neben und zwischen den Pflanzstätten der Literatur, der Volksmund noch alterthümlichere Laute aufbewahrt hatte, Wörter, welche vom allgemeinen Abschleifungsprocesse bisher verschont geblieben waren. Ihre Identität mit den entsprechenden der Schriftsprache war für's Ohr verloren gegangen und somit in's Vergessen gerathen. Wurde nun die *lingua rustica* hoffähig, sollte sie zur Literatursprache werden, so erforderten jene Wörter neue Zeichen.

Anmerkung. Die Vergleichung mit ähnlichen Erscheinungen in europäischen Sprachen, z. B. französisch *échelle, escalade, scala; sieur, seigneur* — liegt nahe. Auch hier ist das jüngere Wort aus der älteren Quelle geschöpft, daher lautlich alterthümlicher. Allein in anderen Hinsichten liegen hüben und drüben die Fälle sehr verschieden. Die französische Schriftsprache ist sowohl nach ihren Lauten wie nach ihrem grammatischen Baue modern, die chinesische lautlich arg verschliffen, grammatisch alterthümlich. Das Lautwesen des Lateinischen ist, dank der Buchstabenschrift, verewigt, — jenes des Altchinesischen, schuld der Wortschrift, dem Verderben und Vergessen preisgegeben. Die Thatsache, dass in dem chinesischen Wortschatze verschiedene Phasen der Lautverschiebung neben einander bestehen, scheint nach den gemachten Erfahrungen unleugbar; verstehen aber kann man sie nur, wenn man sich vergegenwärtigt, unter wie eigenthümlichen Bedingungen sich die Sprache entwickeln musste.

H. Indochinesische Sprachvergleichung.

§. 233. Eine wissenschaftliche Vergleichung der indochinesischen Sprachen gehört noch zu den vielen Aufgaben der Linguistik, zu deren Lösung kaum eben die ersten Schritte gethan sind. Eine solche Vergleichung verspricht nun, allen vorliegenden Anzeichen nach, die wichtigsten Aufschlüsse über die Vorgeschichte des Chinesischen.

§. 234. Dass sie ein positives Ergebniss haben, dass sie insbesondere das Chinesische in einen weiten Verwandtenkreis einweisen werde, erscheint so gut wie gesichert. Gründlich bearbeitet sind allerdings von den hieher gehörigen Sprachen nur erst wenige. Aber von einer sehr grossen Anzahl besitzen wir Wörtersammlungen, und diese gestatten, wenn man sie gehörig verwerthet, einen ziemlich sicheren Schluss auf die lexikalische Verwandtschaft. Von grossem Nutzen sind hierbei Gruppen solcher lautähnlicher Wörter, welche ihrer Bedeutung nach untereinander nicht wohl genetisch zusammengehören können. So in unserem Falle die Gruppe: ‚ich, fünf, Fisch', chinesisch *ngu, iü*, in fast allen übrigen Sprachen *nga, gna, nya*, und ähnlich; ferner: ‚du, zwei, Ohr', chinesisch *rï, ni*, bei den Anderen *na, no* u. s. w. Ein solch' gruppenweises Zusammentreffen kann kaum auf Zufall beruhen, am wenigsten, wenn magere Vocabularien genügen, um es nachzuweisen.

§. 235. Zuletzt und zuhöchst soll natürlich rückschliessend die indochinesische Ursprache entdeckt werden. Die Geschichte der Indogermanistik lehrt aber, wie bedenklich es ist, vorschnell Wörter und Formen zu reconstruiren. Genug, wenn es gelänge festzustellen, welche unter den Schwestersprachen vermuthlich die besterhaltene, der Mutter ähnlichste sei und etwa derweile eine ähnlich bevorzugte Rolle verdiene, wie sie jüngst noch in der Durchforschung unseres Sprachengeschlechtes das Sanskrit gespielt hat.

Vielleicht hat das **Tibetische** hierzu Anwartschaft. Zur Zeit wenigstens dürfte es den sichersten Schlüssel zum Verständnisse gewisser auffälliger Anlautserscheinungen bieten. Dafür ein Beispiel: Zu dem Gemeingute des vermutheten Sprachstammes gehören unter Anderen auch die Zahlwörter. Unter diesen pflegen die Ausdrücke für Acht und für Hundert gleichen Anlaut zu haben:

	Acht:	**Hundert:**
Chinesisch	*pat*	*pek*
Newar, Pahi (Padhi)	*čya*	*či*
Barmanisch	*rhač*	*ra*
Singpho	*ma-tsat*	*la-tsa*
Sokpa	*čor-ka*	*čo-vo*
Gyarung	*oryet*	*paryē*
Horpa	*rhiēē*	*rhyā*
Sērpa	*gyē*	*gyā*
Thak'sya	*bhrē*	*bhra*
Kassia	*prah*	—
Murmi, Gurung	*prē*	—

u. s. w.

Hier haben sich also im Anlaute vier verschiedene Consonanten ergeben: *b, bh* oder *p*; *r* oder *rh*; *g* und *y*, während *č* und *ts* als secundär gelten mögen; alle Vier sind in den tibetischen Wörtern *brgyad*, acht, und *brgya*, hundert, erhalten.

Anmerkung I. Diese oder ähnliche vier Consonanten werden also vermuthlich auch in der Ursprache vorhanden gewesen sein. Dass sie auch so rauh gehäuft, dass die Wörter auch einsylbig gewesen wären, ist jedoch nicht wahrscheinlich. Sechs, chinesisch *luk*, tibetisch *druk*, lautet in den Nagasprachen *tarok, thelok* u. s. w.; vier, chinesisch *ssï*, tibetisch *bži*, dort *pazr, phalē* und ähnlich. Vergl. damit Limbu: *li*, Lepcha: *pha-li*. Zwei und drei, chinesisch *rï (ni)* und *sam*, tibetisch *gnyis, gsum*, Nowgong-Naga: *anna*, *asam*.

漢文經緯

Anmerkung II. Dass die indochinesische Sprachvergleichung wie jede andere an Planmässigkeit und Strenge dem Vorbilde der Indogermanistik nachzueifern habe, versteht sich von selbst. Wieweit aber im Einzelnen die Nachahmung zulässig sei, hat erst die Erfahrung zu lehren. Dass unser Sprachstamm, so gross er ist, alle Möglichkeiten der sprachverwandtschaftlichen Beziehungen, dass er alle Möglichkeiten der Lautverschiebung erschöpfe, dass in keinem anderen ein schwächeres oder auch stärkeres Articulationsvermögen die Veränderungen und Scheidungen der Laute bedingt habe: das und manches Andere, was man vorschnell verallgemeinernd aus einseitigen Erfahrungen deduciren mag, soll man nicht behaupten, ehe man es beweisen kann.

III. Methode und erste Ergebnisse.

§. 236. Wie gezeigt worden, sind die Erkenntnissquellen ebenso verschiedenartig wie verschiedenwerthig. Es galt, sie nach ihrem Alter, ihrer Ergiebigkeit, ihrer Zuverlässigkeit und ihrer Zugänglichkeit beurtheilen zu lernen, um feststellen zu können, in welcher Weise und in welcher Reihenfolge sie am besten zu verwerthen seien. Denn das leuchtet ein, dass es nicht gleichgültig ist, wo man anfängt; wenn irgendwo, so ist hier die Wahl der richtigen Methode für Schnelligkeit und Sicherheit der Erfolge entscheidend.

§. 237. Die Ergebnisse der **indochinesischen Sprachvergleichung** abzuwarten, wäre aus doppeltem Grunde verfehlt. Einmal liegt diese Arbeit selbst noch zu sehr im weiten Felde, und dann setzt ihre glückliche Lösung voraus, dass von allen zu vergleichenden Sprachen die ältesten zugänglichen Lautformen festgestellt werden. Zweierlei dürfte sie indessen schon jetzt lehren: erstens, dass die Wörter der indochinesischen Ursprache nicht nothwendigerweise einsylbig gewesen sein müssen, und zweitens, dass nichts hindert, dem Altchinesischen Consonantenhäufungen im Anlaute zuzutrauen.

Anmerkung. Nur Letzteres geht uns hier an; es ist aber auch wichtig genug. Es wirft, so scheint es, ein neues Licht auf die Mehrlautigkeit der phonetischen Schriftelemente und macht es zugleich erklärlich, dass die Alten ihre Schriften auch beim blossen Vorlesen verstehen konnten. Wäre ihr Lautwesen so ärmlich einfach gewesen, wie es Edkins in seiner trefflichen Introduction annimmt, und hätten sie dabei vollends, wie er anderwärts wahrscheinlich macht, nur zwei oder gar keine wortunterscheidenden Betonungen gehabt, so könnte man kaum begreifen, wie z. B. die Lieder des Šï-king möglich waren.

§. 238. Die alten **Reimverse** sind ein unverfälschtes Zeugniss von der Einsylbigkeit und von der syntaktischen Einfachheit und Kürze der alten Sprache. Diese war damals längst einer reichen Cultur dienstbar und jedenfalls weder arm noch roh, sondern im Besitze eines ergiebigen Schatzes lautlich wohl unterschiedener Wörter; zu viele Homophonen hätte sie nicht vertragen. Schon

海上絲綢之路文獻集成 科技與文化編

das aber ist ein Gewinn, dass wir nun nicht annehmen dürfen, die Alten hätten wesentlich anders gesprochen als geschrieben, ihre Aufzeichnungen wären etwa nach Art unserer Telegramme syntaktisch gekürzt. Dagegen müssen, wie gezeigt wurde, erst besondere Untersuchungen erweisen, welche Bedeutung den Reimen für die Erkenntniss des alten Auslautwesens beizumessen sei.

§. 239. Die bedeutsamen Erscheinungen in der **Schrift** und der **Schriftsprache** dürften in erster Reihe zur Ausbeutung einladen. Sie führen uns in eine sehr frühe Zeit zurück. Was sie besagen, ist freilich zunächst nur relativ bestimmt, aber auch so schon verwerthbar. Wörter, deren Schriftzeichen denselben lautangebenden Bestandtheil enthalten, waren allem Vermuthen nach vor Alters einander lautähnlich. Wenn nun überdies auch ihre Bedeutungen zusammenstimmen, so ist weiter zu vermuthen, dass sie auch ihrer Abstammung nach einander verwandt seien. An diesem Punkte also kann die etymologische Forschung am sichersten einsetzen.

a. Verwandte Wörter mit gleichen phonetischen Zeichen.

§. 240. Es wurde oben, §. 216—226, gezeigt, welch' interessante Lautverschiebungs-Erscheinungen sich bei einer Beobachtung der vieldeutigen lautangebenden Schriftbestandtheile ergeben. Diese Beobachtungen werden noch lehrreicher, wenn sie sich innerhalb der nun gezogenen engeren Grenzen wiederholen. Dafür die folgenden Beispiele die Anlaute betreffend:

a.) Aspirata und Tenuis: 田 *t'iên*, Feld, 佃 *tién*, Ackerbauer, Landbau treiben; 耡 *čù* und 鋤 *č'û*, Spaten, graben; 稠 *č'eû*, dicht wachsendes Getreide, 鬍 *čeū*, dichter Haarwuchs; 擲 *kuok*, ausdehnen; 廓 *k'uok*, geräumig, ausdehnen; 椿 *čuāng* und 舂戈 *č'uāng*, Pfahl; 半 *pán*, Hälfte, 胖 *p'ân*, Hälfte, Mitte, 判 *p'án*, scheiden, entscheiden.

b.) k, k', h: 亢 *hâng*, Kehle, 吭 *k'áng*, Kehle der Vögel; 合 *hop*, 洽 *hiap*, 佮 *kiap*, vereinigen; 陜 *hiap*, 狹 *kiep*, eng, schmal; 陘 *hîng*, 䋁 *kēng*, Weinkrug; 見 *kién*, sehen, 現 *hién*, erscheinen; 高 *kaô*, 喬 *k'iaó*, hoch.

c.) p, p', f: 彷 *fáng*, ähnlich, 仿 *p'âng*, ähnlich, zweifelhaft sein; 分 *fēn*, 汾 *pìn*, theilen; 坌 *fen*, 扮 *p'én*, Staub; 發 *fat*, herauslassen, veröffentlichen, 撥 *pot*, ausstreuen, veröffentlichen.

d.) Dentale, Palatale, Zischlaute: 殊 *šû*, 誅 *čū*, tödten; 肖 *siaó*, 俏 *ts'iaó*, ähnlich; 消 *siaō*, 颵 *šaō*, trocken; 升 *šēng*, 陞 *šêng*, emporsteigen, 拼 *čèng*, erheben; 忳 *čûn*, aufrichtig, 純 *šûn*, rein, aufrichtig; 沌 *tûn*, Ver-

漢文經緯

wirrung, 吨 *t'ûn*, 訰 *čün*, verwirrt reden; 峙 *čī*, 跱 *čī*, anhalten, stehen bleiben, 庤 *čī*, aufbewahren, 待 *tái*, warten; 諁 *čot*, 啜 *tot*, geschwätzig, vgl. 剟 *čot*, *tot*, schneiden.

e.) n, ž (rï): 內 *núi*, *néi*, innen, 閞 *žúi*, eintreten, vgl. 入 *žip*, desgl.

f.) y, w und andere Consonanten: 勻 *yûn*, 均 *kiün*, eben, gleich; 垣 *yuên*, 宣 *huên*, niedrige Mauer; 垠 *yîn*, 限 *hién*, Grenze; 谷 *kuk*, Thal, 峪 *yuk*, Thalsumpf. 兌 *túi*, 悅 *yuet*, sich freuen; 化 *hoá*, verändern, 囮 *wō*, anders werden. — Merkwürdig ist 少 *šaò*, wenig, 玅、仯 *miaó*, *miaò*, klein, gering, und 骰 *t'eû*, 股 *kù*, Oberschenkel.

§. 241. Einige fernere Beispiele mögen einen Begriff von dem mannichfachen Wandel der **Vocale** geben: 盳 *mâng*, 盲 *mêng*, *mûng*, blind; 怰 *hiuén*, verkaufen, 賅 *hiên*, *hièn*, zum Verkaufe ausbieten; 生 *šēng*, *sēng*, gebären, entstehen, 姓 *síng*, Familienname, 性 *síng*, Natur; 伹 *tsüü*, roh, ungeschickt, 粗 *ts'ū*, roh, grob; 倔 *čut*, klein, kurz, 炪 *čot*, kurz; 裁 *ts'âi*, Zeug zuschneiden, 㦸 *tsī*, Fleisch zerschneiden; 老 *laò*, alt, 佬 *liaô*, Greis; 卹 *süüt*, Mitleiden, Almosen geben, 賉 *sit*, desgl.; 谷 *kuk*, Thal, 谽、郤 *kik*, Spalte; 別 *piet*, verschieden, unterscheiden, 捌 *pat*, spalten, theilen (vgl. oben 分, 半 u. s. w.); 空 *k'ūng*, 㹨 *k'iāng*, leer, hohl; 夌 *lîng*, Hügel, 崚 *lēng*, Berg; 箒 *čeù*, Besen, fegen, 掃 *saó*, fegen, u. s. w.

Entgegengesetzte Bedeutungen haben: 幷 *pīng*, zusammen, 併 *píng*, vereinigen, Eintracht, 迸 *péng*, zerstreuen. Ob hier Zufall walte oder nicht, kann nur durch weitergehende Untersuchungen festgestellt werden. Vgl. aber 明 *mîng*, klar, mit obigen *mâng*, *mêng*, blind.

§. 242. Oft wechselt vocalischer Auslaut mit consonantischem, in der Regel mit der *muta*, seltener diese mit dem entsprechenden Nasal oder ein Nasal mit dem andern.

a.) Vocal und muta: 沸 *féi*, *fut*, aufwallen, überfliessen; 宅 *tsek*, 垞 *č'á*, Haus, Wohnung; 欬 *k'ái*, 咳 *k'ot*, Husten; 列 *liet*, ordnen, 例 *lí*, Gesetz, Ordnung; 至 *čí*, 郅 *čit*, erreichen, sehr; 朿 *t'sí*, 茦 *tsek*, Stachel, Dorn; 㓞 *k'iê*, 契 *kiet*, Schriftstück, 栔 *kiet*, einschneiden, ritzen; 白 *pek*, 皤 *p'ō*, 皏 *feǹ*, weiss; 悖 *péi*, 誖 *pot*, sich widersetzen; 置 *čí*, stellen, 踶 *ček*, stehen, 植 *čí*, pflanzen, 植 *ček*, Pflanze; 曄 *yep*, 燁 *wèi*, glänzend; 襒 *kiuet*, die Kleider lüften, 撅 *kuéi*, die Kleider zurückstreifen; 謨 *mok*, 暮 *mô*, Gesetz, Regel; 際 *tsí*, 察 *č'at*, prüfen; 槈 *žuk*, 耨 *neú*, gäten.

b.) Vocal und Nasal: 暉 *hoēi*, Licht, Glanz, 煇 *hūn*, glänzend.

c.) Nasal und muta: 冥 *mîng*, 默 *mik*, dunkel; 廣 *kuàng*, weit, ausgedehnt, 擴 *kuok*, erweitern, ausdehnen.

d.) Nasale untereinander: 臤 *kiēn*, fest, 掔 *k'iēn*, ziehen, fest, 緊 *kìn*, fest, 掔 *k'ēng*, ziehen, fest.

b. Phonetische Gruppen.

§. 243. Es wäre ein Leichtes, noch viel mehr derartige Beispiele in Callery's *Systema phoneticum* zu sammeln. Sollen aber die phonetischen Schrifttheile voll verwerthet werden, so bedürfte jenes vortreffliche Werk einer Ergänzung im Einzelnen und einer Umordnung im Ganzen. Einer Ergänzung, denn Alles, was uns sonst über die älteren Laute der Wörter Auskunft geben kann, wäre hinein zu verarbeiten, die Aussprache der Wörter in den Dialecten, die Lautangaben der Wörterbücher u. s. w. Einer Umordnung, denn statt der Zahl und der Folge der Striche müsste die Verwandtschaft der Lautzeichen bestimmend sein. In beiden Hinsichten bezeichnet Chalmers' *Concise K'ang-hi* einen entschiedenen Fortschritt.

§. 244. Wir sahen, dass diese Verwandtschaft sich auf zweierlei Weise äussern kann: einmal graphisch, indem manche Lautzeichen nichts Anderes sind als Erweiterungen Anderer, das heisst, von Hause aus selbst phonetische Composita (§. 142); und zweitens *a posteriori* durch die Anwendung eines Lautzeichens oder Wortes an Stelle eines anderen (§. 228). So werden sich also grössere Gruppen ergeben, die Gebiete, innerhalb deren man nach sinn- und wurzelverwandten Wörtern suchen darf, gewinnen an Raum, was sie an Zahl verlieren, grössere etymologische Familien werden sich zusammenfinden, und die Untersuchung wird der Entdeckung der Wurzeln und der etwaigen Bildungsmittel um ein Bedeutendes näher geführt.

§. 245. Als Beispiel diene zunächst 而 *rî* mit seinen graphischen Verwandten 耎 *žuèn* und 需 *šiū*.

a.) 而 versieht zuweilen die Stelle eines pron. II. pers. Regelmässig dienen als solches 爾 *rì*, 汝 oder 女 *žù*, 乃 *naì*, seltener 若 *žok*, (in der heutigen Sprache auch 尔, 你 *nì*).

b.) Vielleicht verwandt hiermit ist die gewöhnliche Bedeutung von 而 *rî*, und, aber, da. Hierin berührt es sich am nächsten mit 乃 *naì*, 如 *žû* und 然 *žên*, *žân*.

c.) In der Bedeutung: ‚wie' begegnen sich 如 *žû*, 若 *žok* und 仍 *žîng*.

d.) 如 *žû* und 迈 *žîng* bedeuten: ‚hingehen nach' (ähnlich das pron. III. pers. 之 *čī*).

海上絲綢之路文獻集成 科技與文化编

e.) 然 *žên*, 如 *žû*, 若 *žok* und 爾 *rî* sind Adverbialsuffixe und treffen hierin wieder mit 而 *rî* zusammen, welches das vorausgehende Satzglied als ein adverbiales kennzeichnet.

f.) Durch das Bisherige scheint sich der Begriff des Hindeutens oder Hingehens nach etwas Nahem durchzuziehen. Dazu würde nun ferner 邇 *rî*, nahe, passen.

g.) Das Wort *nài*, Milch, Brüste, wird sowohl 奶 als 嬭 geschrieben; verwandt ist wohl ⿰口耎 *žuèn* oder *žûn*, saugen.

h.) In der Bedeutung: ‚schwach' treffen zusammen: 愞 *nó*, 耎 *žuèn*, 媆 *nuén*, 嬬 *siū*, aber auch 弱 *žok* und 嫋 *naò*, und wohl auch 懦 *žû*, schüchtern, und 傉 *žèn*, weich, zart.

i.) Mit 渜 *žuèn*, Bodensatz im Waschwasser, scheinen ⿰黑辱 *žuk*, schwarz, schmutzig, und 埿 *nik*, Schmutz, zusammenzugehören. Weiter vergleiche man

k.) ⿰忄爾 *rî*, dumm, 擩 *neú*, dumm, und vielleicht 溽 *žuk*, träge, langsam.

l.) 溽 *žuk*, Feuchtigkeit, 濡 *žû*, anfeuchten, und allenfalls auch 溺 *nik*, untertauchen, pissen.

m.) 蹃 *nok*, treten, 蹨 *niēn*, desgl.

n.) ⿰火爾 *siēn*, Feuer, Brand, 燸 *žū*, 然 *žên*, 燃 *žên*, verbrennen, brennen.

Dagegen wechselt 耳 *rî*, Ohr, nur einmal mit 而: ⿰口而 *rî* oder 咡 *rî*, Mundwinkel; und 兒 *rî*, Kind, in den meisten Zusammensetzungen *i* lautend, hat gar keine Beziehungen zu unserer Gruppe.

§. 246. Es steht zu erwarten, dass wir auf diesem Wege zu ganz neuen Anschauungen über das altchinesische Lautwesen, zunächst über die Anlaute gelangen. Die indochinesische Sprachvergleichung würde bezüglich des Chinesischen im Finstern tappen, wenn sie einer solchen Leuchte entrathen wollte. Sie ihrerseits wird aber erst erweisen, wie jene seltsamen Vereinigungen und Spaltungen der Laute zu Stande kommen konnten. Dass z. B. 別 *piet*, verschieden, in dem Zeichen 捌 *pat* die Zahl acht vertritt, dürfte an das tibetische *brgyad*, acht, erinnern und besser aus einer dem ähnlichen alten Lautform, als aus einer blossen Laune bei der Schriftschöpfung zu erklären sein.

§. 247. Erst wenn man die Anlaute geordnet hat, kann man mit Aussicht auf Erfolg zu einer durchgängigen Prüfung des In- und Auslautwesens vorschreiten. In vielen Fällen liegt allerdings schon jetzt die Verlockung hierzu nahe. Zu 四 *ssî*, vier, passt offenbar 乘 *šing*, Viergespann, also vermuthlich auch zu 二 *rî*, zwei: 兩 *liàng*, Paar, Zweigespann. Die Lautcomplexe *rî* und *žu* sahen wir vorhin mehrfach wechseln; 女 *niù*, Weib, lautet als pron. II. pers. *žù*. Mit diesem Worte scheint nun 娘 *niâng*, Fräulein, verwandt, dessen Lautzeichen 良 sonst *liâng*, in manchen Zusammensetzungen auch *lang* ausgesprochen wird. So erinnert 犬 *k'iuèn*, hündisch, Hundegeschlecht, an 狗 *keù*, Hund, 面 *mién*, Antlitz, Gesicht, an 目 *muk*, in den meisten indochinesischen Sprachen *mik*, tibetisch *mig*, Auge, u. s. w. Bei allen solchen Vergleichungen ist aber die grösste Vorsicht geboten, und auf Muthmassungen über die ursprüngliche Bedeutung der etwa zu Tage tretenden Bildungselemente darf man sich noch gar nicht einlassen.

c. Wortschöpfungen im Chinesischen.

§. 248. Die Chinesen haben nicht nur von Zeit zu Zeit aus dem Volksmunde Wörter für ihre Literatursprache geschöpft und dadurch Mundartliches zum Gemeingute gemacht, sondern sie haben auch wirklich neue Wörter geschaffen. Bildungsmittel, wie sie anderen Völkern in der Agglutination oder Flexion zu Gebote stehen, haben sie ja innerhalb der geschichtlichen Zeit nie besessen. Allein die Lautabschleifung, die Flüchtigkeit der Rede führten zu Sylbenverschmelzungen und diese wieder zur Entstehung neuer Einsylbler. In Mundarten des Fuh-kien-Dialectes fliessen 我 *ngò*, ich, und 你 *nì*, du, mit der Pluralpartikel 們 *mên* zu *ngan* — wir, *nin* — ihr zusammen. In Peking ist aus 早晚 *tsaò-wàn*, früh (oder) spät, ein neues Wort, 昝 *tsān*, Länge der Zeit, entstanden; die Sylbe *rï*, *ẹrh* schwindet dort oft zu einem blossen Auslaute des vorhergehenden Wortes zusammen, und wenn dieses auf einen Nasal schloss, so fällt derselbe aus: 前而 *ts'îen-rî* ergiebt *ts'irh*, *ts'iẹrh*, ähnlich das Substantivsuffix 兒 *rî* (sonst — Kind) mit 人 *žîn*, *žën*: *žẹrh*, mit 天 *t'iēn*: *t'iẹrh*, mit 絲 *ssī*: *ssïrh*, *ssẹrh*, mit 板 *pàn*: *parh*, mit 風 *fūng*: *foẹrh* u. s. w.*) Was nun noch unter unseren Augen geschieht, das wird wohl auch vor Alters möglich gewesen sein. Und in der That hat die Sprache längst die Zahlwörter 二 *rî*, 2, 三 *sām*, 3, und 四 *ssî*, 4, mit 十 *šip*, 10, zu 廿 *žip* — 20, 卅 *sap* — 30 und 卌 *sip* — 40 verschmolzen. Vielleicht noch älteren Vorkommens ist 諸 *čū* — 之乎 *čï-hû*, eine Verbindung des Objectspronomens ‚ihn, sie, es' mit einer Präposition oder Fragepartikel.

§. 249. In der That dürfte die heutige Umgangssprache zu einem noch weitergehenden, allgemeineren Rückschlusse Anhalt bieten. Sie bewegt sich mit Vorliebe in zweisylbigen Wortverbindungen, und in diesen überwuchert

*) Vergl. Edkins, *Mand. Gr.*, 2d. ed., pag. 19, 49; Haas, *Deutsch.-chines. Conversationsbuch*, Einl. S. 8, Aufgaben S. 4; Williams, *Syll. Dict.*, pag. XXI.

海上絲綢之路文獻集成 科技與文化编

漢文經緯

nachgerade der logische Accent, welcher die eine der zwei Sylben bevorzugt und benachdruckt, — die der einzelnen Sylbe anhaftende Betonung; die benachtheiligte Sylbe wird enklitisch und verfällt somit, nach den Erfahrungen anderer Sprachen zu schliessen, einem rascheren Lautverderbe*). Die Vorliebe der Sprache für Wortpaare lässt sich aber bis in die ältesten Zeiten zurück verfolgen, und so scheint es denn fast, als sähen wir die Entwickelung des Chinesischen geschehen unter der sich kreuzenden Macht zweier Tendenzen: derjenigen der Einsylbigkeit, welche in dem Sprachgefühle des Volkes wurzelt und immer und immer wieder hervortritt, und jener der Zweisylbigkeit, welche den Ausgleich schafft zwischen dem stetig fortschreitenden lautlichen Verfalle und dem Bedürfnisse nach Deutlichkeit.

Anmerkung. Mit diesem Dissyllabismus mag die entschiedene Vorliebe der Chinesen für viersylbige Sätze zusammenhängen, welche sich aus der Verbindung eines zweisylbigen Subjectes mit einem zweisylbigen Prädicate ganz von selbst ergeben; frühentwickelter feiner Sinn des Volkes für Symmetrie und Antithese mag dabei mitgewirkt haben. — Zweisylbige Wörter mit Prä- oder Suffixen von abgeschwächter Bedeutung sind übrigens auch in anderen Sprachen, welche wir dem indochinesischen Stamme vorläufig beizählen, oft genug anzutreffen.

*) Näheres siehe bei Edkins, *Mand. Gr.*, 2d. ed., pag. 28 flg.

Viertes Hauptstück.

Die Grundgesetze des Sprachbaues.

I. Wörter und Redetheile.

§. 250. Was wir im vorigen Abschnitte von muthmasslichen älteren Bildungsmitteln des Chinesischen mehr ahnen als kennen lernten, das bleibt fortan ausser Berücksichtigung. Die folgende Betrachtung gilt ausschliesslich der Sprache in demjenigen Zustande, in welchem sie sich durch ihre schriftlichen Denkmäler offenbart, das heisst als einer **isolirenden.** Und eine solche ist sie im Sinne des sie redenden Volkes: ob ein Substantivum in diesem oder jenem Numerus oder Casus, ob ein Verbum in diesem oder jenem Genus, Tempus oder Modus angewendet sei u. s. w. — immer bleibt das Wort unverändert. Ja noch mehr: ein Wort mag jetzt als Substantivum, jetzt als Adjectivum, Adverb oder Verbum gebraucht werden, ohne eine Formveränderung zu erfahren.

Anmerkung. Hieran wird auch durch die gelegentlichen bedeutsamen Betonungswechsel, §. 230, nichts Wesentliches geändert. Solche zeigen nur an, dass der Chinese die Functionswechsel recht wohl empfindet, was auch ohnehin nicht zu bezweifeln wäre.

§. 251. Die Chinesen theilen ihre Wörter, 字 *tsï,* in Rücksicht auf die syntaktische Function derselben folgendermassen ein:

a.) 實 字 *šit-tsï,* volle oder Stoffwörter, und 虛 字 *hiü-tsï,* leere, d. i. immaterielle oder Formwörter (Partikeln). Statt des letzteren Ausdruckes wird auch oft 辭 *ts'ï,* 語 | *iü-ts'ï,* seltener 詞 *ts'ï* gebraucht. Dies entspricht ungefähr der Eintheilung der Begriffe in empirische und reine.

b.) 活 字 *huot-tsï,* ‚lebende Wörter‘ sind Verba im Gegensatze zu den Nominibus, 死 字 *ssï-tsï,* ‚todten Wörtern‘. Diese Unterscheidung ist wichtig, weil viele Wörter bald als Verba, bald als Nomina angewandt werden.

漢文經緯

Anmerkung. Zu a.) vergl. Steinthal, *Geschichte der Sprachwissenschaft bei den Griechen und Römern*, S. 26—27. Uebrigens sind die chinesischen Gelehrten selbst durchaus nicht einig darüber, welche Wortarten zu den vollen, welche zu den leeren zu rechnen seien. Zu den Letzteren sollen nach Manchen auch die Adjectiva und Verba, also ächte Stoffwörter, gehören. (Vergl. Edkins, *A grammar of colloquial Chinese as exhibited in the Shanghai dialect*, §. 83, 85, 1. Auflage, pag. 62.) Prémare, *Notitia*, pag. 39, sagt: *Vacuas appellant quaecunque orationi non sunt essentiales. Nulla enim littera proprie vacua est, sed in se semper aliquid significat. Adeoque cum litterae supponuntur pro meris particulis et dicuntur vacuae, id fit per* **kiá-tsié** *seu metaphoram* (siehe §. 138), *hoc est a proprio sensu ad alienum transferuntur.*

§. 252. Es ist unbedenklich und Kürze halber sogar rathsam, die uns geläufigen **grammatischen Ausdrücke** auf das Chinesische anzuwenden, sofern damit dem Sprachgeiste nicht Zwang angethan wird. Was also dieser gleich behandelt, ist gleich zu benennen, was er unterscheidet, auch in der Terminologie auseinanderzuhalten.

§. 253. Wir haben bei den Wörtern zu unterscheiden zwischen:

a.) ihrer **Grundbedeutung,** ob sie Individuen oder Gattungen, Eigenschaften, Zahlen, Thätigkeiten oder Zustände u. s. w. bezeichnen. Darnach ergeben sich **Wortkategorien,** welche wir mit deutschen Wörtern benennen: Hauptwort, Eigenschaftswort, Zeitwort u. s. w.;

b.) ihrer jeweiligen **Function** im Satze, und zwar hier wieder:

α.) in Rücksicht auf den Redetheil, ob sie als Substantiva, Adjectiva, Verba u. s. w. gebraucht sind, — und

β.) specieller rücksichtlich der Casus des Substantivs, der Grade des Adjectivs, der Genera, Modi, Tempora des Verbums u. s. w. Für alles dies bedienen wir uns der lateinischen Ausdrücke. So z. B. ist 大 *tá*, gross, seiner Wortkategorie nach ein für allemal ein Eigenschaftswort, es mag nun jeweilig als Substantivum: Grösse, als Adverb: sehr (*grandement*), als Verbum: vergrössern, oder was sonst bedeuten.

Die Kategorie ist also dem Worte unwandelbar anhaftend, die Function bei vielen Wörtern wechselnd.

II. Allgemeine Stellungsgesetze.

§. 254. Die ganze nun folgende Grammatik ist Syntax, und diese ganze Syntax beruht auf wenigen, mehr oder minder unverbrüchlichen Gesetzen der Wortstellung. Vom Satze ist also auszugehen; er ist zugleich erstes Object der analytischen Untersuchung und erster Zweck der synthetischen Sprachanwendung.

海上絲綢之路文獻集成 科技與文化编

§. 255. (I.) Nothwendige Bestandtheile des (grammatischen) Satzes sind Subject und Prädicat; ein Ausdruck der Copula gehört nicht zu den unerlässlichen Erfordernissen. **Das Subject steht vor dem Prädicate:** 王 *wâng*, König, 曰 *yuet*, sprechen: *wâng yuet*, der König sprach; 民安 *mîn ngān*, das Volk (ist) ruhig.

§. 256. (II.) **Das Object eines Verbums steht hinter diesem.** Präpositionen sind sowohl ihrem Ursprunge als auch ihrer syntaktischen Behandlung nach Verba; 治國 *čí kuok*, regieren den Staat; 孰能知之。*šuk nêng čī čī?* wer kann wissen es? (wer kann es wissen?) 止於仁 *čì iū žîn*, feststehen in der Menschlichkeit. — Dieses Gesetz erleidet gewisse Ausnahmen.

§. 257. (III.) Ein Satztheil kann aus zwei oder mehreren einfach **nebeneinandergestellten coordinirten Wörtern** bestehen. Die Coordination ist entweder cumulativ: A und B, oder alternativ: A oder B: 山海 *šān hài*, Berg und Meer; 內外 *núi nguái*, innen und aussen, innen oder aussen; 是非 *ší fei*, sein oder nicht sein, Recht und Unrecht; 二三 *rî sām*, zwei oder drei.

§. 258. (IV.) **Ein Wort, durch welches ein anderes näher bestimmt wird, steht vor diesem:**

a.) Genitiv: 乃心 *nài sīm*, dein Herz; 天子 *t'iēn-tsî*, Himmelssohn (— Kaiser von China).

b.) Adjectiva: 聖人 *šíng* (r. 128) *žîn*, heiliger Mensch; 大夫 *tá-fū*, (grosser Mann —) Grosswürdenträger.

c.) Zahlwörter: 四方 *ssî fāng*, die vier Seiten (Himmelsgegenden).

d.) Adverbia: 不知 *put čī*, nicht wissen; 何不來 *hô put lâi?* warum nicht kommt (er, kommst du u. s. w.)? 吾日三省吾身。*ngû žit sām šèng ngû šīn*, ich täglich dreifach prüfe meine Person (mich selbst). LYü I, IV.

§. 259. (V.) **Apposition** geschieht durch einfache Nebeneinanderstellung; 帝堯 *tí Yaô*, Kaiser Yao (d. h. etwa: der damalige Kaiser Namens Yao); 文王 *Wên wâng*, *Wen rex* (— Wen, welcher damals König war).

§. 260. (VI.) Es scheint naturgemäss und ist jedenfalls dem Chinesen nicht weniger Bedürfniss als uns, mit der Rede bei dem zu beginnen, was ihren Gegenstand bilden soll, und nun in der Reihenfolge fortzufahren, dass von Schritt zu Schritt die Gesammtheit der folgenden Glieder sich zu der Gesammtheit der vorausgegangenen als Aussage über diese verhält. Nächster Gegenstand der Rede — **psychologisches Subject** — ist aber nicht immer das grammatische Subject (unser Nominativ), sondern es kann das auch ein anderer Theil des Satzes sein, z. B. eine Zeit oder ein Ort, das grammatische Object, ein Genitiv, welcher zu letzterem gehört, u. s. w. Solche Wörter müssen

漢文經緯

also aus dem syntaktischen Verbande herausgerissen und **absolut gestellt** werden. Das Chinesische hilft sich dabei ähnlich wie das Französische: *votre frère, j'ai de ses nouvelles* u. dgl. — Davon später.

In der erzählenden Rede pflegt in der Regel erst die **Zeit**, dann der **Ort**, dann das **Subject** des Geschehnisses genannt zu werden. 秋、七月、辛酉、叔老卒。*ts'ieū, ts'it yuet, Sīn-yeū, Šuk-laò tsut,* (im) Herbste, (im) siebenten Monate, (zu) Sin-yeu, Schuk-lao starb. Č'ūn-ts'ieu IX, 12, 3.

Anmerkung. Sachlich richtiger wäre es vielleicht gewesen, diesem Paragraph die erste Stelle anzuweisen, so dass das Uebrige als Besonderungen, beziehungsweise Einschränkungen desselben erschiene. In der That aber enthält er nur in seinem zweiten Absatze einen die Regel bildenden Grundsatz, während die übrigen Fälle der absoluten Stellung theils durch besondere, hier noch nicht zu erörternde Mittel zu Stande kommen, theils vermöge ihres selteneren Vorkommens die Ausnahmen bilden.

§. 261. (VII.) Bilden zwei oder mehrere Wörter zusammen einen **Satztheil**, so werden sie syntaktisch zusammen **wie ein einziges Wort** — meist wie ein Substantivum — behandelt. Innerhalb ihrer behalten sie ihre gegenseitige Rection. So können selbst ganze Sätze Objecte einer Präposition werden oder zu einem folgenden Worte in das Genitivverhältniss treten: 以綦於禮義故。*ì kī iū lì ngí kú,* durch [(sie sind) gebunden an Sitte (und) Recht] (dessen) Ursache = durch Ursache dessen, dass (— weil) sie gebunden sind.

Anmerkung. Diese Fähigkeit des Chinesischen — Bildung von Quasi-Wörtern, wenn der Ausdruck erlaubt ist — gehört zu den wichtigsten Eigenthümlichkeiten der Sprache zu ihren mächtigsten, dabei feinsten Mitteln.

§. 262. (VIII.) **Der Satz schliesst oft mit gewissen Partikeln,** welche ihn als behauptenden, fragenden u. s. w. kennzeichnen: 可乎。*k'ò hû? potest-ne? licet-ne?* 可也。*k'ò yè, potest (licet) sane.*

§. 263. (IX). Ob der Satz ein einfacher oder Theil eines zusammengesetzten, ob er behauptend, fragend, befehlend oder was sonst sei, ist ohne Einfluss auf die Stellung der Wörter in ihm.

III. Ausdrucksweise, Verschweigungen.

§. 264. Constante Wortverbindungen sind häufig und wichtig. Zumal in der Coordination pflegen oft gewisse Wörter nur mit gewissen anderen und nur in einer bestimmten, herkömmlichen Reihenfolge verbunden zu werden. In der Regel steht dabei das *potius* (das Grössere, Vornehmere, Bessere) oder das der Zeit nach Frühere, Aeltere voran: 男女 *nâm-niù,* Mann und Weib;

上中下 *šáng čūng hià*, oben, mitten und unten; 生死 *šēng ssì*, leben und (oder) sterben; 日月 *žit yuet*, Sonne und Mond, weil Erstere grösser ist als Letzterer; aber 月日 *yuet žit*, Monate und Tage, weil der Monat grösser ist als der Tag. — An solchen constanten Verbindungen wird nicht leicht ohne besondere Absicht etwas geändert; man vermeidet aber auch, dass sie scheinbar da zu Stande kommen, wo nicht ihre gewöhnliche Bedeutung beabsichtigt ist. Daraus folgt ein Doppeltes:

a.) Wo scheinbar von der constanten Reihenfolge abgewichen ist, da wird auch die Construction oder die Bedeutung der Glieder eine andere sein.

b.) Umgekehrt: wo solche ständige Gruppen erscheinen, da werden sie auch den herkömmlichen Sinn haben: 子女 *tsì niù*, Söhne und Töchter, aber 女子 *niù-tsì*, weibliches Kind = Mädchen, Tochter; 子弟 *tsì-tí*, Söhne und jüngere Brüder, aber 弟子 *tí-tsì*, Schüler, Jünger.

Der chinesische Ausdruck für diese meist zweisylbigen Wortverbindungen ist 駢字 ***p'iên-tsì***, gepaarte Wörter, Composita.

§. 265. Auf **Coordination** beruhende Composita erfordern natürlich, dass die zu verbindenden Begriffe gleich allgemeine oder gleich besondere seien, dass sie sich also nicht etwa zu einander wie die Gattung zur Art, die Art zum Einzelnen, oder umgekehrt verhalten. Es sind zu unterscheiden:

a.) Composita von Synonymen. Zwei Wörter, welche in einer ihrer Bedeutungen übereinstimmen, werden zur Verdeutlichung zusammengefügt und ergeben nun die ihnen gemeinsame Bedeutung: 根 *kēn*, Wurzel, Grund, Ursprung u. s. w.; 柢 *tì*, Stock oder Wurzel des Baumes, Grundlage, also *kēn-tì* = Wurzel, Grundlage; 變 *pién* (r. 149), verwandeln, wechseln, 化 *hoá*, verändern, umwandeln: *pién-hoá* = verändern, umgestalten, Veränderung. — In der Regel wird man nicht fehlgehen, wenn man annimmt, dass **zwei aufeinander folgende Wörter, welche in einer ihrer Bedeutungen übereinstimmen, ein solches Synonym-Compositum bilden.**

b.) Composita Entgegengesetzter. Dualismus, Sinn für scharfe Antithese wurzelt tief in der chinesischen Geistesanlage und äussert sich lebhaft in Sprache und Stil. Eigenthümlich ist dabei die häufige Verbindung begrifflich entgegengesetzter Wörter zur Bildung mehr abstracter Begriffe, namentlich substantivischer, z. B. 多少 *tō-šaò*, viel-wenig, für Zahl; 長短 *č'âng-tuàn*, lang-kurz, für Länge *in abstracto*; 來往 *lâi-wàng*, kommen-gehen = verkehren, Reisende. — Meist, nicht immer, wird sich folgende Regel bewähren: **Sind zwei aufeinander folgende Wörter in einer oder mehreren ihrer Bedeutungen einander logisch entgegengesetzt, so bilden sie ein antithetisches**

海上絲綢之路文獻集成 科技與文化編

漢文經緯

Compositum. Man beachte aber die Reihenfolge der Wörter; steht das begrifflich Vorzüglichere — vgl. §. 264 — an zweiter Stelle, so wird vermuthlich auch keine Coordination, folglich auch kein solches Compositum vorliegen.

§. 266. Attributive Composita, zumal genitivische, haben oft ganz besondere Bedeutungen, auf die man nicht verfällt, wenn man nur weiss, was jeder Bestandtheil für sich bedeutet. Beispiele: 君子 *kiün-tsï*, wörtlich: Fürstensohn = sittlich edler Mensch. Gegensatz davon 小人 *siaò-ẑin*, (kleiner Mensch) — gemeiner, niedrig gesinnter, ungebildeter Mensch. Allgemeine Regeln sind hier nicht aufzustellen, vielmehr gehört das Nähere, soweit es die Construction betrifft, in besondere Abschnitte der Sprachlehre, soweit es sich aber um technische Bedeutungen handelt, in's Wörterbuch. Dasselbe gilt von den ständigen Verbindungen gewisser Zahlwörter mit gewissen Substantiven (vgl. die fünf Sinne, die sieben Todsünden) und von den eigentlichen Appositionen.

§. 267. Kürze des Ausdruckes zeichnet die Sprache aus, vornehmlich den classischen Stil. Ausgedrückt — theils durch blosse Wortstellung, theils mit Hilfe von Partikeln — werden regelmässig nur die Beziehungen der Satztheile und Sätze untereinander: Attributivverhältnisse, Casus des Substantivs u. s. w. und Genus des Verbums, endlich oft die Art des Satzes als eines behauptenden, fragenden u. s. w. Alles Andere — Numerus des Substantivums, Tempus und Modus des Verbums und was unsere Flexionssprachen sonst noch ausdrücken müssen — bezeichnet das Chinesische nur dann ausdrücklich, wenn es sich nicht ohnehin aus dem Zusammenhange ergiebt, oder wenn besonderer Nachdruck darauf gelegt werden soll. 樂極生悲。 *lok kik šēng pēi* (Freude Gipfel erzeugen Kummer) ist ein Sprichwort, welches besagt, dass Uebermass der Freude oder Freude im Uebermasse Kummer erzeugt. Zu übersetzen ist es auf verschiedene Weise, nie aber so algebra-artig abstract wie in der chinesischen Form. Numerus der Substantiva, Tempus des Verbums sind Dinge, die wir hineintragen müssen, obschon sie vom Chinesen nicht ausgedrückt und vermuthlich bei einem solchen Satze auch gar nicht gedacht waren.

Anmerkung. Man sieht, nicht immer ist der Nachtheil auf chinesischer Seite. Die chinesische Ausdrucksform ist zunächst allgemein und wird nur nach Bedürfniss und Belieben specialisirt; die unsere hält sich immer an das Besondere, nur der Gedanke kann ihr die Allgemeinheit unterlegen. Umgekehrt dort, wo in der Regel das Besondere zu ergänzen bleibt. Vgl. G. de Humboldt, *Lettre à M. Abel-Rémusat sur le génie de la langue chinoise*, besonders pag. 42—48. Desselben: *Ueber die Verschiedenheit des menschlichen Sprachbaues*, §. 24. Uebrigens sind wir mit unserm Wissen um die grammatische Synonymik der Sprache noch lange nicht am Ziele angelangt; und so mag uns noch heute Vieles weit unbestimmter, farbloser erscheinen, als es thatsächlich ist.

§. 268. Syntaktisch am wichtigsten ist die häufige **Unterdrückung des grammatischen Subjectes,** als welches dann je nach Umständen dies oder jenes persönliche Fürwort zu ergänzen ist. Offenbar liegt in solchen Fällen logisch ein Satz, syntaktisch aber nur ein Satztheil vor, und aus diesem Widerspruche erwachsen manchmal Schwierigkeiten. 不敢 *put-kàm,* nicht wagen, ist an und für sich in jeder Person, in jedem Tempus und Modus des Verbums zu übersetzen; überträgt man es durch: ‚ich wage nicht, er wagte nicht' oder sonst wie, so trägt man eben etwas Zufälliges, nicht im Ausdrucke selbst Liegendes hinein, und Aehnliches gilt von den meisten Uebersetzungen grammatischer, aus dem Contexte herausgerissener Beispiele.

§. 269. Es ist nicht chinesische Art, **Unpersönliches zu personificiren** und etwa das Werkzeug statt des Urhebers als thätig, den Ort statt seiner Bewohner als empfindend darzustellen. Man erwarte also nicht Redewendungen wie die: ‚seine Hand leitet mich, das ganze Land beweinte ihn' u. dgl., sondern die nüchterneren Wendungen: ‚er leitet mich mit oder an der Hand, Alle im Lande beweinten ihn'.

Anmerkung. Dass der Name eines Landes oder Ortes statt des Namens oder Titels des betreffenden Fürsten, Befehlshabers u. s. w. gebraucht wird, kommt wohl vor. Dergleichen abgekürzte Ausdrücke sind aber ebensowenig Personificationen, als die entsprechenden in den europäischen Sprachen.

海上絲綢之路文獻集成 科技與文化編

漢文經緯

ZWEITES BUCH.

ANALYTISCHES SYSTEM.

Einleitung.

I. Zweck und Methode.

§. 270. Das analytische System hat die Frage zu beantworten: wie ist Chinesisch grammatisch zu verstehen? Das heisst: welches sind seine grammatischen Erscheinungen, und was bedeuten dieselben? Diese Erscheinungen müssen aus den Grundgesetzen des Sprachbaues folgen und demgemäss begriffen und organisch geordnet werden.

§. 271. Jene Grundgesetze sind Gesetze der Wortstellung. Massgebend für diese sind Anfang und Ende des Satzes; daher ist vom begränzten Satze auszugehen und erst schliesslich zu erörtern, wie die Satzgränzen zu finden seien, wenn sie nicht äusserlich (durch Interpunctionen) erkennbar sind.

§. 272. Innerhalb des begränzten Satzes ist die Wirkung der Wortstellung auf die gegenseitigen Beziehungen der Wörter oft abhängig von den grammatischen Redetheilen, welchen die Wörter angehören — §. 253. Diese Redetheile aber sind ihrerseits oft nur aus syntaktischen Umständen zu erkennen. Offenbar erheischt nun die Methode, von dem Leichteren zum Schwierigeren fortzuschreiten, also zunächst die Redetheile als bekannt vorauszusetzen, und dann erst zu zeigen, wie sie erkannt werden.

§. 273. Die grammatischen Mittel der Sprache sind erstens die Wortstellung und zweitens die Hülfswörter, deren Bedeutung wieder von der Wortstellung abhängig ist. Daher sind die Hülfswörter nach den Stellungsgesetzen zu behandeln. Beide zusammen bestimmen nicht nur die Beziehungen der Wörter untereinander, sondern auch oft die Redetheile, als welche die Wörter fungiren. Dies ist ein Grund mehr, die Lehre von der Ermittelung der Redetheile hinter jene beiden Hauptstücke zu verweisen.

Anmerkung I. Diese vorläufige Ausschau erschien nothwendig. Die Sprache will organisch, aus sich heraus begriffen und dargestellt sein. Weil ihr Organismus so grundverschieden von demjenigen unserer Sprachen ist, muss die Anordnung ihrer Grammatik weit von der uns geläufigen abweichen. Dies aber kann den Neuling verwirren und befremden, wenn er nicht den Zusammenhang des Ganzen überblickt.

Anmerkung II. Die vorclassische Sprache erheischt eine besondere grammatische Bearbeitung und ist noch lange nicht genug durchforscht, um etwa zum Ausgangspunkte des grammatischen Unterrichtes genommen werden zu können. Sie wird im Folgenden nur ab und zu Berücksichtigung finden.

II. Grundregeln der Analyse.

§. 274. (I.) Wie angedeutet — §. 267 — pflegt die **Ausdrucksweise** der chinesischen Schriftsteller kurz, oft wirklich elliptisch zu sein. Dem gegenüber nehme man an, dass der Verfasser wahrscheinlich nicht undeutlich und gewiss nicht etwas Unsinniges schreiben wollte. Viele Fehler im Uebersetzen rühren daher, dass man entweder den gedanklichen Zusammenhang nicht beachtet, oder in unzeitigem Misstrauen sich einem sylbenstecherischen Getüftel ergiebt.

§. 275. (II.) Ein anderer naheliegender Fehler ist der, dass man sich einbildet, einen grammatischen **Ausnahmefall** entdeckt zu haben, ehe man sich völlig davon überzeugt hat, dass die gemeingültigen Regeln zur Erklärung des Textes nicht ausreichen.

§. 276. (III.) Für die **Beziehungen der Wörter** untereinander, also namentlich für Casus des Substantivums und Genus des Verbums, ist es gleichgiltig,

a.) ob der Satztheil aus einem Worte mit oder ohne Attribut oder Apposition, oder ob er aus mehreren coordinirten Wörtern bestehe: 富人思來年、窮人思眼前。*fú žîn ssī lâi niên, k'iûng žîn ssī yèn ts'iên*, (ein) reicher Mensch denkt (an) künftige Jahre, (ein) armer Mensch denkt (an der) Augen Vorderes, d. h. an das, was er eben vor Augen hat (Sprichwort). Hier ändern die Attribute nichts an den syntaktischen Beziehungen der durch sie näher bestimmten Wörter. Ebenso bei der Coordination: 紙筆殺人、不用刀。*čì pit šat žîn, put yúng taō*, Papier (und) Pinsel tödten (einen) Menschen, nicht gebraucht (man ein) Schwert (Sprichwort);

b.) ob ein Satztheil zu Anfang des Satzes stehe, oder ob ihm eine Conjunction, eine Interjection oder ein adverbialer Ausdruck vorausgehe; z. B. 今予命汝作大正。*kīm iû míng* (r. 30) *žù tsok tá-číng*, jetzt ich befehle dir (zu) machen (meinen) Grosskämmerer, d. h. dessen Amt zu versehen. Šu V, xxvi, 4. Hier steht 予 *iû*, ich, so gut wie zu Anfang des Satzes, d. h. auf dem Platze, welcher ihm als Subject zukommt;

海上絲綢之路文獻集成 科技與文化编

c.) ob ein Wort zu Ende des Satzes steht, oder noch eine oder mehrere Adverbien, Präpositionen mit ihren Regimen oder Schlusspartikeln darauf folgen — vgl. §. 262.

§. 277. (IV.) Für die grammatischen Beziehungen der Wörter unter einander — ob Coordination, Attribut u. s. w. — ist es oft mit entscheidend, wie sich die durch die Wörter ausgedrückten **Begriffe logisch zu einander verhalten.** Beispiele: Vater und Mutter sind coordinirt (die beiden Eltern). Mithin wird 父 母 *fú-mù* gleichfalls coordinirt sein und bedeuten: Vater und Mutter. Will also der Schriftsteller sagen: des Vaters Mutter, so wird er wahrscheinlich einen anderen Ausdruck wählen, um nicht undeutlich zu sein. Weib, 女 *niū*, fällt unter die Gattung Mensch, 人 *žîn*; *niū-žîn* als Satztheil wird also: weiblicher Mensch, Frauenzimmer bedeuten, nicht etwa: Weib und Mensch. So wird 對 曰 *túi-yuet* ‚antwortend sagen‘, 問 曰 *wén-yuet* ‚fragend sagen‘ bedeuten, weil Fragen und Antworten Arten des Sprechens sind; dagegen aus demselben Grunde 問 對 *wén-túi* ‚fragen und antworten‘. Sollte es heissen: ‚fragend antworten‘ (also durch eine Gegenfrage), so wäre ein anderer Ausdruck zu erwarten.

Anmerkung. Alle diese Regeln sind eigentlich selbstverständlich. Anfänger übersehen sie aber leicht, weil sie von ihrer Muttersprache her an grössere Ausführlichkeit des Ausdruckes gewöhnt sind. Natürlich übrigens kommt man auch damit nicht allemal zum Ziele. Besondere Kenntnisse in Phraseologie und Realien oder gute Hilfsmittel hiefür sind in vielen Fällen überdies nothwendig; denn die Regeln gelten nicht ausnahmslos.

§. 278. (V.) **Eigennamen von Personen** sind meist nicht auf den ersten Blick zu erkennen. Hervorzuheben ist:

a.) Wo sie stehen, muss ein entsprechendes Substantivum oder pronomen personale in den Satz passen.

b.) Sie eignen sich nur in selteneren Fällen dazu, im Adverbialis (d. h. in einem adverbialen Casus) zu stehen.

c.) In der Regel würde es zu Sinnwidrigkeiten führen, wenn man die den Eigennamen bildenden Wörter in ihren gewöhnlichen Bedeutungen verstehen wollte.

§. 279. Manche der gebräuchlichen **Wortverbindungen** sind schwer, manche wohl noch gar nicht genetisch zu erklären. Missverständliche Anwendung homophoner Schriftzeichen, oder eine ausser dieser Verbindung längst nicht mehr wirkende Bedeutung des einen oder anderen der verbundenen Wörter mag dabei mit im Spiele sein, und Vieles ist heute nur als Thatsache zu merken, was erst eine tiefere Erforschung der Sprache und ihrer Vorgeschichte aufhellen wird. Vgl. §. 53, b.

Erstes Hauptstück.

Bestimmung des gegenseitigen Verhältnisses zwischen den Satztheilen und Sätzen.

Erster Abschnitt.

Stellungsgesetze.

I. Capitel.

Nomen zu Nomen.

§. 280. Unter Nomen verstehen wir jedes Stoffwort von nominaler — nicht verbaler oder adverbialer Anwendung.

a. Coordination.

§. 281. Verbindung zweier sinnverwandter Nomina zu **Synonym-Compositis** ist eine sehr häufige Erscheinung: **朋友** *p'êng-yeù*, Freund, Genosse; **聲音** *šing-yim*, Ton, Stimme; **明白** *mîng-pek*, (hell — weiss) = klar; **光明** *kuāng-mîng*, glänzend, hell; **中間** *čung-kiān*, (Mitte — zwischen) = Inneres; **自已** *tsî-kì* (selbst — selbst) = selbst; **同一** *t'ûng-yit* (dasselbe — eins) = ein und dasselbe, identisch. Vgl. §. 265, a.

§. 282. Sind Nomina von **verschiedener** oder gar entgegengesetzter Bedeutung einander coordinirt, so hat man je nach Umständen ein **und** oder ein **oder** dazwischen zu ergänzen: **孔孟** *K'ùng Méng*, Confucius und Mencius; **君臣** *kiūn č'în*, Fürst und Minister; **父子** *fú tsì*, Vater und Sohn; **犬馬** *k'iuèn mà*, Hunde und Pferde; **新舊** *sīn kieú* (r. 134), neu und (oder) alt; **古今** *kù kīm*, alt und (oder) modern; **二三** *rî sām*, zwei oder drei; **我爾** *ngò rî* (r. 89), ich und du, ich oder du; **天地人** *t'iēn tí žîn*, Himmel,

漢文經緯

Erde und Mensch; 東西南北 *tūng sī nâm pek*, Osten, Westen, Süden und Norden; 水火木金土 *šùi huò muk kīm t'ù*, Wasser, Feuer, Holz, Metall, Erde (die fünf Elemente 五行 *ngù-hîng* der Chinesen); 禮樂仁義忠信 *lì yok žîn ngí čūng sín*, gute Sitte, Musik, Menschlichkeit, Rechtlichkeit, Aufrichtigkeit und Treue.

§. 283. Stehen Zehner vor Einern oder höhere Zehnerpotenzen vor niederen, so sind diese zu jenen zu **addiren**; 十六 *šip-luk* = 10 + 6 = 16; 百十 *pek-šip* = 100 + 10 = 110.

§. 284. Oft ersetzt man durch Coordination zweier Nomina von entgegengesetzter Bedeutung den Ausdruck für einen **allgemeinen Begriff**: 兄弟 *hiūng-tí* (r. 57), älterer Bruder — jüngerer Bruder = Bruder, Gebrüder; 夫婦 *fū-fù*, Mann und Frau, Ehegatten; 禽獸 *k'îm* (r. 114) *-šeú*, Geflügel und Wild = Thiere. So kommt 二三 *rí-sām*, zwei oder drei, auch in der allgemeineren Bedeutung: ‚einige wenige' vor.

§. 285. Sind Adjectiva von entgegengesetzter Bedeutung coordinirt, so ersetzen sie in der Regel ein **abstractes Substantivum**; 小大 *siaò-tá*, klein — gross = Grösse; 多少 *tō-šaò*, viel — wenig = Quantität; 輕重 *k'īng-čúng* (r. 166), leicht — schwer = Gewicht; 長短 *č'âng-tuàn*, lang — kurz, oder 短長 *tuàn-č'âng*, kurz — lang = Länge; 方圓 *fāng-yuên*, viereckig — rund = Gestalt; 堅脆 *kiēn-ts'úi*, fest — zart = Consistenz. Han-fei-tsï VI, 12 a. Vgl. §. 265, b.

b. Attribut.

§. 286. Stehen zwei Substantiva oder substantivische Wortgruppen zu einander im Attributivverhältnisse, so ist in der Regel der erste Theil als **Genitiv** zu verstehen; 河水 *hô-šùi*, des Flusses Wasser; 家鬼 *kiā-kuèi*, des Hauses (der Familie) Dämonen; 家神 *kiā-šîn*, Hausgeist; 天命 *t'iēn-míng*, des Himmels Befehl, das Schicksal; 民力 *mîn-lik*, des Volkes Kräfte; 乃心 *nài-sīm*, dein Herz; 其三 *k'î-sām*, *eorum tertius* oder *eorum tres*.

So können auch mehrere Genitive von einander abhängen; 天下 *t'iēn-hià*, des Himmels Unteres = das Reich oder die Welt; 天下事 *t'iēn-hià-ssí* (r. 6), die Reichsangelegenheiten; 天下人心 *t'iēn-hià žîn sīm*, die Herzen der Menschen des Reiches; 推求書理精微 *č'ūi-k'ieû šū lì tsīng-wêi*, (erforschen suchen Buch Principien fein verborgen) = das Feine und Geheimnissvolle der Principien der Bücher erforschen und suchen. Fehlten diese Verben, stünden also die vier letzten Wörter selbständig, so würden sie den Satz bilden: ‚die Principien der Bücher sind fein und geheimnissvoll.'

Anmerkung. St. Julien, dem das letzte Beispiel entlehnt ist, hat bis zu fünf solcher von einander abhängiger Genitive — meist freilich aus Büchertiteln, gesammelt. (*Exerc. prat.*, pag. 7; *Simple exposé*, pag. 53; *Syntaxe nouvelle* I, pag. 13.)

§. 287. Hierher gehören auch Composita, deren erstes Glied 人 *žîn*, Mensch, deren zweites ein Wort für bestimmte Verwandte, Beamte, Diener u. dgl. ist. Der Sinn ist: Einer der zu Anderen in dem und dem Verhältnisse steht. Beispiele: 人主 *žîn-čù* (r. 3), ein Herr über Andere, Eines Herr; 人君 *žîn-kiūn*, ein Fürst über Menschen, ein Fürst (ἄναξ ἀνδρῶν, नृपतिः); 人臣 *žîn-č'în*, ein Minister; 人兄 *žîn-hiūng*, ein älterer Bruder; 人弟 *žîn-tí*, ein jüngerer Bruder u. s. w.

Dass hier wirklich Genitive, nicht Appositionen vorliegen, dafür sprechen folgende Gründe:

a.) Mandschu-Uebersetzungen: 爲人君、止於仁、爲人臣、止於敬、爲人子、止於孝、爲人父、止於慈。 *wêi žîn-kiūn, čì iū žîn*; *wêi žîn-č'în, čì iū king*; *wêi žîn-tsì, čì iū hiaó*; *wêi žîn fú, čì iū ts'î*, als (eigentlich: seiend) Anderer Fürst verblieb (er) in Menschlichkeit, als Anderer Minister verblieb er in Ehrerbietung, als anderer Sohn verblieb er in Pietät, als Anderer Vater verblieb er in Wohlwollen. Mandschu: *niyalmai ejen*, — *amban*, — *jui*, — *ama oci* = *hominum princeps etc.*, *si erat*. Ta-hiok III, 3.

b.) Dass gelegentlich die Partikel 之 *čī*, welche in diesem Falle nur Genitivzeichen sein kann, zwischengeschoben wird. Han-fei-tsï XIII, Bl. 8 b: 今爲人之主而漏羣臣之語、是猶無當之玉巵。 *kīm wêi žîn čī čù rî leú k'iūn-č'în čī iù, ší yeû wû tāng čī yūk-čī* (r. 49), nun-aber (zu) sein der Menschen Herr und (zu) vergessen der Minister Reden, ist wie ein nutzloser Edelsteinbecher. Darauf aber Bl. 9 a: 爲人主而漏泄 (*leú-í*, compos. synon.) 其羣臣之語 u. s. w., ganz in demselben Sinne.

c.) In Appositionen steht sonst 人 *žîn* immer an zweiter Stelle.

§. 288. Theil- und Verhältnisswörter, d. h. Wörter für allgemeine, räumlich bestimmte Theile und räumliche oder zeitliche Verhältnisse, haben naturgemäss gern einen Genitiv vor sich und ersetzen dann oft als Postpositionen unsere Präpositionen: 國中 *kuok čūng*, des Reiches Mitte, inmitten des Reiches, im Reiche; 面前 *mién-ts'iên*, (des Antlitzes Vorderes =) vor dem Angesichte; 其後 *k'î heú*, dessen Nachfolgendes, seine Nachkommen, aber auch: ‚nach diesem'.

§. 289. Adjectiva und **Zahlwörter**, letztere sowohl als Cardinalien wie als Ordinalien, stehen vor dem Substantivum, dessen Attribute sie bilden:

海上絲綢之路文獻集成 科技與文化編

漢文經緯

黑心爛肝。*hek sīm lán kān*, schwarzes Herz (und) faule Leber — ein lasterhafter, nichtswürdiger Mensch (Sprichwort); 人身一小天地。*žîn šīn yit siaò t'iēn-tí*, des Menschen Körper (ist) ein kleines Himmel-und-Erde (Mikrokosmos. Dgl.) 三日 *sām žit*, drei Tage, oder: der dritte Tag.

§. 290. Seltener bilden zwei Adjectiva, oder ein Adjectivum und ein Zahlwort, deren Ersteres sich zum Anderen attributiv verhält, **substantivische Composita:** 太平 *t'ái-p'îng*, gross-eben = allgemeiner Frieden; 大千 *tá-ts'iēn* (r. 24), die grossen Tausend = die Welt; 大黃 *tá-hoâng*, grossgelb = Rhabarber.

§. 291. Zahlwörter untereinander multipliciren sich, wenn die niedere Zehnerpotenz (oder der Einer) vor der höheren steht; 四十 *ssï-šip* = 40; 三百六十五日 *sām-pek luk-šip-ngù žit*, 365 Tage; 五百二十四萬 *ngù-pek-rï-šip-ssï-wán* = (5 × 100 + 2 × 10 + 4) × 10.000 = 5,240.000. So nun auch in ungefähren Angaben mit coordinirten Multiplicatoren: 七八千 *ts'it-pat-ts'iēn* sieben- bis achttausend.

Auch andere Zahlen als die Zehnerpotenzen werden auf diese Weise multiplicirt: 三九二十七。3 × 9 = 27; 五八四十。5 × 8 = 40. Hoai-nam-tsï III, Bl. 14 a. Der Zusammenhang lehrt ohne Weiteres, dass hier nicht etwa 5 × 8 × 40 oder 5 bis 8 × 40 gemeint sein kann.

§. 292. Wichtig, nicht nur für das Verständniss der Schriftsteller, sondern auch für die Kenntniss des chinesischen Culturlebens, sind jene zahlreichen ständigen **Verbindungen von Zahlwörtern und Substantiven oder Adjectiven,** welche zum Ausdrucke für gewisse Allheitsbegriffe dienen; z. B. 兩儀 *liàng* (r. 1) *-ngî*, die beiden Formen, nämlich 陰 *yīm* und 陽 *yâng*, das dunkle, ruhende, receptive, und das leuchtende, sich bewegende, productive Princip; 三才 *sām-ts'âi*, die drei Mächte: Himmel, Erde und Mensch; 四方 *ssï-fāng*, die vier Himmelsgegenden; 五常 *ngù-č'âng*, die fünf Beständigen (= Cardinaltugenden): 仁 *žîn*, Menschlichkeit, 義 *ngí*, Rechtlichkeit, 禮 *lì*, gute Sitte, 智 *čí*, Klugheit, und 信 *sín*, Treu und Glauben; 四部 *ssï-pú*, die vier Classen (der Literatur): 經 *kīng*, Classiker, 史 *ssì*, Historiker, 子 *tsï*, Philosophen, und 集 *tsip*, Sammlungen (Dichter, Essayisten u. s. w.).

Für Allheiten von unbestimmter, grösserer Zahl pflegen in gewissen Verbindungen 百 *pek* = 100 und 萬 *wán* = 10,000 gebraucht zu werden: 百官 *pek-kuān*, alle Beamten; 百工 *pek kūng*, aller Art Handwerker; 萬物 *wán wet*, alle Dinge; 萬民 *wán mîn*, die ganze Bevölkerung.

Anmerkung. Eine reiche, wenn auch noch nicht vollständige Sammlung derartiger Ausdrücke findet sich in dem empfehlenswerthen historisch-encyklopädischen Hülfsbuche von W. F. Mayers: *A Chinese Reader's Manual.* Shanghai 1874, 8°.

§. 293. Adjectiva oder Zahlwörter können mit folgenden Substantiven **Possessiv-Composita** nach Art der indischen Bahuvrîhi bilden: 久火錬成鋼。*kieù* (r. 4) *huò lién č'ing kāng*, lang-feuriges (= lang geglühtes) Eisen wird Stahl; sprichwörtlich: 本色人 *pèn-sek-žîn*, ein naturfarbener, d. h. aufrichtiger Mensch; 千里馬 *ts'iēn-lì-mà*, Tausend-Meilen-Pferd, d. h. Renner. — In Beispielen dieser Art pflegt das folgende Substantivum über den Sinn des Compositums keinen Zweifel zu lassen.

§. 294. Aber auch selbständig — nicht attributiv, sondern substantivisch — werden derlei Zusammensetzungen gebraucht: 異姓爲後。*í-sing wêi heú*, die von verschiedenen Familiennamen sind nachfolgend, d. h. haben den Nachtritt. Tso-čuen I, 11. 一歲爲烏喙 *yit-súi wêi ngū-hoéi*, Einjährige sind (heissen) Rabenschnäbel (oder Schwarzschnäbel). Ssï-ki LXIX, Bl. 17 b, Anm. 十年亦死、百年亦死。*šip-niên yik ssï*, *pek-niên yik ssï*, Zehnjährige auch sterben, Hundertjährige auch sterben. Liet-tsï VII, 2 b. 上德爲之。*šàng-tek wêi čī*, (Leute von) höchster Tugend thun es. Kuan-tsï IV, 14 a, Anm.

Anmerkung. An und für sich wäre es auch zulässig, in solchen Fällen anzunehmen, diese Wortverbindungen fungirten adverbial und das Subject sei zu ergänzen: mit 10 Jahren stirbt man, bei höchster Tugendhaftigkeit thut man es u. s. w. Allein dagegen scheinen andere Gründe zu sprechen, zumal die Verwendung der Bahuvrîhi als Prädicate, §. 302.

§. 295. Erinnerten jene Composita an unsere Wörter: blauäugig, vierstöckig u. s. w., so ähneln andere nach ihrer Bildungsweise und Bedeutung unsern: kernfaul, menschenleer, handfest. In ihnen ist nämlich ein **Substantivum adverbial mit einem Adjectivum** verbunden. Dahin gehören 年同 *niên-t'ûng*, an Jahren gleich; 氣短 *k'í-tuàn*, kurz von Athem, kurzathmig; 志短 *čí-tuàn*, kurz an Geist, geistig unzulänglich; 志氣高 *čí-k'í-kaō*, an Geist (= Vorsätzen) und Temperament hoch, d. i. hochstrebend, ehrgeizig; 才高學廣 *ts'âi-* (r. 64) *kaō hiok-kuàng*, an Begabung hoch, an Wissenschaft umfassend, hochbegabt und vielgelehrt; 年高 *niên-kaō*, hochbejahrt. — Man sieht, wären dies nicht Satztheile, sondern Sätze, so würden die Adjectiva passende Prädicate zu den Substantiven abgeben: die Jahre sind gleich, der Athem ist kurz u. s. w.

Bemerkung verdienen Redewendungen wie: 朱虛侯年二十有氣力。*Čū-hiū heû niên rī-šip yeù k'í-lik*, Fürst Tschu-hiü, (an) Jahren zwanzig

海上絲綢之路文獻集成 科技與文化編

漢文經緯

(d. h. mit zwanzig Jahren) hatte Energie (eigentlich: Odem und Kraft). Ssï-ki LII, 2a. 王年少、懼大罪。*wâng niên-šaó, kiū tá tsúi* (r. 122), der König, an Jahren jung, fürchtete grosse Unbill. Daselbst 9a. 大敗楚軍、斬首五萬。*tá pái Ts'ù kiūn, čàm šeù ngù-wán.* Sehr schlug (er des Staates) Ts'u Heer, schnitt ab Köpfe 50.000. *čàm šeù*, Compositum = köpfen, Ssï-ki XL, 33a.

Julien (Exam. crit. no. 14) bemerkt, dass Substantiva, welche die Oertlichkeit oder Richtung ausdrücken, immer vor dem Adjectivum (oder Verbum) zu stehen haben: 北廣南狹。*pek kuàng nâm hiap*, (er ist) im Norden breit, im Süden schmal.

c. *Apposition.*

§. 296. Stehen **Appellativa** unter einander in Apposition, so steht das allgemeinere in der Regel nach (vgl. Eichbaum, Pudelhund): 官人 *kuān-žîn*, Beamter-Mensch, Beamter; 犬部 *k'iuàn pú*, die Classe (der Radical) *k'iuàn*; 行而不至四字 *hîng rî put čí ssí tsì*, die vier Wörter *hîng rî put čí* (gehen und nicht erreichen). — In solchen Fällen ist die Apposition kaum vom Attribute zu unterscheiden.

§. 297. Steht ein **Nomen proprium** mit einem Appellativum in Apposition, so tritt

a.) Letzteres nach, wenn der Sinn ist: A, welcher ein B ist, oder welcher damals ein B war. 李大官人 *Lì tá-kuān-žîn*, Li, der Grossbeamte, Excellenz Li; 魯國 *Lù kuok*, der Staat Lu; 孔子 *K'ùng-tsì*, Herr Khung, Confucius.

b.) Das Appellativum tritt voran, wenn der Sinn ist: der jetzige oder damalige A, welcher B heisst oder hiess: 帝舜 *tí Šūn*, der (damalige) Kaiser (Namens) Schün. Šu-king. 猶吾大夫崔子也。*yeû ngû tá-fū Ts'ūi-tsì yè.* (Sie sind) wie unser Grosswürdenträger, Herr Ts'ui. LYü V, xviii, 2. Vgl. §. 259.

§. 298. Wörter für **Stück-, Maass- oder Gewichtseinheiten** treten zwischen das Zahlwort und das zugehörige Substantivum: 一个臣。*yit-kó* (r. 2) *č'în*, ein Minister. Ta-hiok Comment. X, 14; 一羣羊 *yit k'iūn yâng*, eine Heerde Schafe; 交易者以車載錢。*kiaō-yik čè ì č'ē-tsái ts'iên.* Der Verkehr geschah mittelst Wagenladungen (von) Geld. Ma Tuan-lin.

Zuweilen steht übrigens auch das Gezählte oder Gemessene voran: 後車數十乘、從者數百人、以傳食於諸侯、不以泰乎。*heú č'ē šú šip šíng, tsúng-čè šú pek žîn, ì čuén šik iū čū-heû, put ì t'ái hû?* Hinten

Wagen einige zehn Geschirre, Gefolge einige Hundert Leute, damit fortwährend speisen (als Gast aufliegen) bei den Lehnsfürsten, (thust du) nicht damit Uebermässiges? Mtsï III, ɪɪ, IV, 1.

§. 299. Die Wörter 子 *tsï*, sonst = Kind, Baron, und 氏 *ší*, sonst = Familie, werden in der classischen Sprache oft hinter Namen von Männern als ehrende Titel gesetzt: 孟子 *Méng-tsï*, Herr Meng; 王氏 *Wâng-ší*, Herr Wang. In neuerer Zeit tritt 氏 *ší* oft hinter die Namen von Frauen.

d. Subject und Prädicat.

§. 300. Bilden **zwei Nomina** oder nominale Wortgruppen zusammen einen Satz, so ist der erste Theil, das Subject, stets substantivisch. Als Beispiele einige Sprüchwörter: 官大書差大。*kuān tá šū-č'āi tá.* (Ist der) Beamte gross, (so sind auch seine) Schreiber (und) Boten gross; 人畜一般。*žîn č'eú yit pān.* Mensch und Thier sind Eine Art; 利大害大。*lí tá hái tá.* (Ist der) Gewinn gross, (so ist auch der) Schaden gross; 本大利大。*pèn tá lí tá.* Ist die Wurzel (das Capital) gross, so ist auch der Gewinn gross; 心高命不高。*sīm kaō mîng put kaō.* (Sein) Herz ist hoch, sein Schicksal (aber) ist nicht hoch; 人多君子稀。*žîn tō kiūn-tsï hī.* Die Menschen sind zahlreich, die Edeln selten. In allen diesen Sätzen hätten wir eher die attributive Ausdrucksweise erwartet: Grosser Vortheil — grosse Gefahr u. s. w. — 美言不信、信言不美。*mèi yên put sín, sín yên put mèi.* Schöne Worte sind nicht wahr, wahre Worte nicht schön. Prém. 福海壽山。*fuk hài šeú šān.* (Sein) Glück (sei) ein Meer, (seine) Lebensdauer ein Berg. Sch. 名川三百、支川三千。*Mîng č'uēn sām-pek, čī-c'uēn sām-ts'iēn.* Namhafte Flüsse (giebt es) dreihundert, Zweig- (Neben-) Flüsse dreitausend. Prém.

§. 301. Der Chinese lässt nicht selten scheinbar dem substantivischen Hauptprädicate noch ein **zweites, adjectivisches Prädicat** folgen, wo wir statt dessen ein attributives Adjectivum vor dem Prädicatssubstantivum erwarten würden. Dies geschieht, wenn ein Subject A als ein so und so (B) beschaffenes Glied der Gattung C beschrieben wird. Die Stellung ist dann oft ACB statt ABC: 人命事重。*žîn mîng ssï čúng.* Des Menschen Schicksal ist eine gewichtige Sache. So einfache Sätze dieser Art sind nicht häufig; meist steht: A 之為 C B, des A C-sein ist B, manchmal fehlt auch die Genitivpartikel 之 *čī.* Der Sinn der Construction ist etwa: A als C ist B.*)

*) Aehnlich Schott, dem dies Beispiel entlehnt ist. *Zur chines. Sprachl.* S. 34: ‚Menschenleben Sache (ist) wichtig'.

海上絲綢之路文獻集成 科技與文化编

漢文經緯

§. 302. Possessivcomposita — §. 293, 294 — werden sehr oft als Prädicate angewandt. Die Copula ist dann je nach Umständen durch ‚haben, empfangen, sein von‘ u. s. w. zu ergänzen: 此七子皆異世而同誅者、以七子異世而同惡。 *ts'ï ts'it tsï kiāi í-ší rî t'ûng-čū-čè, ì ts'it tsï í-ší rî t'ûng-ngok.* Diese sieben Herren alle (waren von) verschiedenen Zeitaltern, aber (empfingen) gleiches Strafgericht, weil die sieben Herren (zwar angehörten) verschiedenen Zeitaltern, aber (waren von) gleicher Schlechtigkeit (oder: gleich schlecht waren). Kia-iü II, 3 b. 此兩者、同出而異名。 *ts'ï liàng-čè, t'ûng č'ut rî í mîng.* Diese Beiden (haben) verschiedenen Ausgang aber gleichen Namen. Tao-tek-king, I, 1. 今天下車同軌、書同文、文行同倫。 *kīm t'iēn-hiá č'ē t'ûng-kuèi, šū t'ûng-wên, wên-híng t'ûng lûn.* Jetzt (haben im) Reiche die Wagen gleiche Spurweite, die Bücher gleiche Schrift, die Anstandsformen gleiche Ordnung. Čung-yung XXVIII, 3. 爲力不同科。 *wéi lik put t'ûng-k'ō.* Weil die Kräfte nicht gleichen Grades sind. LYü III, xvi. 黃帝二十五子。 *Hoâng-tí rí-šip-ngù tsï.* Hoang-ti (hatte) fünfundzwanzig Söhne. Ssï-ki I, 4 b. 陰陽不同氣。 *Yīm-yâng put t'ûng-k'í.* Yim und Yang (haben) nicht gleiche Materie. Hot-kuan-tsï I, 14 a.

§. 303. Wird ein allgemeines quantitatives Adjectivum oder Substantivum durch besondere **Zahl- und Maassangaben** näher bestimmt, so pflegen Letztere nachzustehen. Man sagt z. B. ‚dick zwei Zoll‘ 厚二寸 *heú rí ts'ûn*, statt ‚zwei Zoll dick‘; 文王之囿、方七十里。 *Wên-wâng čï yeú, fāng ts'it-šip lì.* Wen-wang's Park (hatte) Geviert 70 Li = 70 □Li. Mtsï I, ii. II, 1, 2. 堂高數仞 *t'âng kaō šú žín.* Hallen, mehrere Klafter hoch, Mtsï VII, ii, XXXIV, 2.

Anmerkung. Ueber die syntaktische Deutung dieser Wortstellung lässt sich streiten: A hat an Länge B; A's Länge ist B; A ist lang, und zwar (Prädicat des Prädicats) B; A ist lang (Object:) B — vgl. unsern Accusativ in solchen Fällen. Zudem ist eine Vergleichung mit §. 298 ziemlich naheliegend. Von praktischer Erheblichkeit ist die Frage jedenfalls nicht, und der Fall, dass die nämliche Wortstellung theoretisch zwei oder mehrere verschiedene Auslegungen zulässt, welche in der Wirkung auf Eins hinauslaufen, steht in dieser Sprache nicht vereinzelt da.

II. Capitel.

Verbum zu Verbum.

§. 304. Zwei unmittelbar aufeinander folgende Verba bilden meist nur einen **Satztheil,** selten einen Satz.

9*

§. 305. Sind sie von verwandter Bedeutung, so bilden sie in der Regel ein **Synonymcompositum**, z. B.: 協和 *hiep-huô*, vereinigen und in Einklang bringen; 平秩 *p'îng-čit*, ebnen und ordnen; 希革 *hī-kik*, sich mausern; 敷奏 *fū-tseú* (r. 37), melden, berichten; 分北 *fēn-p'ëi*, trennen und scheiden; 遏密 *ngot-mit*, hemmen, verstummen machen; 震驚 *čín-kīng*, in Furcht und Schrecken sein, aufgeregt sein, in Aufregung versetzen; 詢謀 *siūn-meû*, berathschlagen; 協從 *hiep-ts'ûng*, vereinigen, folgen — sich anschliessen. Šu.

§. 306. Nicht selten hat das erste der zwei sinnverwandten Verba eine engere Bedeutung als das zweite, und dann ist es dessen **nähere Bestimmung:** 登庸 *tēng-yûng*, erheben - anstellen = im Amte befördern. Šu I, III, 9. 蓄租 *č'uk-tsū*, anhäufen - sammeln = zu Haufen sammeln. Ši I, xv, II, 3. 禋祀 *yīn-ssî*, ein reines Opfer darbringen. Der Sinn ist vollständig in *yīn* enthalten; *ssî* = opfern im Allgemeinen. Ši IV, I (II), VI.

§. 307. Zwei auf einanderfolgende Verba von entgegengesetzter Bedeutung sind in der Regel einander **coordinirt** und können dann einen abstracteren Ausdruck ersetzen. 好惡 *haó-ngú*, lieben oder hassen, 往來 *wàng-lâi*, gehen und kommen = verkehren; 生死 *šēng-ssì*, leben oder sterben; 有無 *yeù-wû*, haben oder nicht haben, vorhanden sein oder fehlen.

§. 308. Folgen zwei Verba von verschiedener, aber nicht gegensätzlicher Bedeutung aufeinander, so sind zwei Fälle möglich:

I. Das erste verhält sich zum zweiten **adverbial**, und beide sind, je nach dem Zusammenhange, als gleichzeitig oder als aufeinanderfolgend zu verstehen. Die Uebersetzung durch ‚und' ist in diesen Fällen sinngemäss; dem Sprachgeiste aber dürfte die adverbiale Auffassung mehr entsprechen: 來告 *lâi k'aó*, kommen und melden; 言笑晏晏 *yên siaó ngán-ngán*. (Reden lachen freundlich freundlich:) wir plauderten und lachten freundschaftlich (zusammen). Ši I, v, IV, 6. 獨寐寤言。*tuk meí ngú yên.* Allein schläft, wacht und redet (er). Mandschu: *eiten amgacibe, getefi gisurecibe*, mag er nun allein schlafen oder erwacht seiend reden. Ši I, v, II. 於我歸處。*iū ngò kuēi* (r. 77) *č'ù.* Bei mir (mögen sie) einkehren und wohnen. *Minde jifi biki.* Ši I, XIV, I. In vielen dieser Fälle ist es jedoch an sich auch zulässig, das zweite Verbum als ein **beabsichtigtes** zu verstehen; namentlich wenn das erste Verbum eine Handlung ausdrückt, welche in der Regel nicht Selbstzweck ist. Dahin gehören zumal Verba des sich Fortbewegens; und so wird man nach Umständen auch übersetzen können: kam **zu** melden, einkehren **um zu** wohnen u. s. w.

Manche Hülfsverba, welche wir im Verhältnisse zu den auf sie folgenden Verba als regierende aufzufassen pflegen, scheinen sich im Sinne der chine-

海上絲綢之路文獻集成 科技與文化编

漢文經緯

sischen Sprache adverbial zu verhalten. Zwischen 得 *tek*, erlangen zu, und 能 *nêng*, können, und das zugehörige Hauptverbum wird nämlich zuweilen die Partikel 而 *rî* eingefügt, welche dem vorausgehenden Worte oder Satztheile adverbiale Function zuweist. Eine genaue Abgränzung ist aber noch nicht möglich.

§. 309. II. Hülfsverba stehen vor den Hauptverben, zu welchen sie gehören. Beispiele:

a.) Können, dürfen, 可 *k'ò*, 能 *nêng*, 克 *k'ek* (alt): 可愛非君、可畏非民。*k'ò ngái fēi kiün, k'ò wéi fēi mîn?* (Wer) ist - zu lieben, wenn - nicht der Fürst? (wer) ist - zu fürchten, wenn - nicht das Volk? Šu II, II, 17. 敬修其可願。*kíng sieū k'î k'ò yuén*, aufmerksam pflege das - was ist - zu wünschen (das Erstrebenswerthe). Das. 汝能庸命。*žù nêng yûng míng* (r. 30), du bist - fähig auszuführen (meine) Befehle. Šu I, III, 12. 克讓。*k'ek yáng*. Er konnte gefällig sein. Šu I, I, 1. 克諧以孝。*k'ek hiâi ì hiaó*. (Er war) fähig Eintracht zu halten (mit ihnen) vermöge (seiner) Pietät. Das. III, 12. 五典克從 *ngù tièn k'ek ts'ûng*. Die fünf Ordnungen könnten befolgt werden. (Gemeint sind die Pflichten zwischen Fürst und Unterthan, Vater und Sohn, Gebrüdern, Ehegatten und Freunden.) Šu II, I, 2.

b.) Wagen zu . . ., 敢 *kàm*: 丨問 *kàm wén*. (Ich) wage zu fragen; darf ich fragen?

c.) Bitten zu . . ., 請 *ts'ìng*, 尙 *šáng*: 請坐 *ts'ìng tsó*, bitte sich zu setzen; bitte setze dich; 爾尙一乃心力 *rì šáng yit naì sīm lik*. Ihr möget (wollet) vereinigen eure Herzen (und) Kräfte. Šu II, II, 20.

d.) Müssen, 必 *pit*: 衆惡之、必察焉、衆好之、必察焉。*čúng ngó čī, pit č'at yên, čúng haó čī, pit č'at yên*. Die Menge hasst ihn: es muss untersucht werden; die Menge liebt ihn: es muss untersucht werden (d. h. ob die Menge Einen hasst oder liebt, es muss u. s. w.). LYü XV, XXVII.

e.) Es geziemt sich, ist angemessen, 宜 *ngî*, 應 *yīng*, 當 *tāng*, 該 *kāi*: 宜靜、不宜忙。*ngî tsíng, put ngî wâng*. Es geziemt ruhig - zu - sein; nicht geziemt es zu eilen. (J.) 論負者當戮。*lún-fú-čè tāng luk*. Der in der Disputation (*lún*) Unterliegende (*fú-čè*, *čè* — *is qui*) soll getödtet - werden. Si-yü-ki. 當從我誨。*tāng ts'ûng ngò hoéi*. (Ihr) sollt meinen Anweisungen folgen. Das. (J.)

f.) Wollen, wünschen zu, 欲 *yuk*, 願 *yuén*: 欲辟土地。*yuk p'ik t'ù-tí*. (Du) begehrst (dein) Gebiet zu vergrössern. Mtsï I, I, VII, 16. 願藏於其市。*yuén ts'âng iū k'î šì*. (Die Händler) wünschen aufzuspeichern auf seinem Markte. Das. II, I, V, 2. 夫人請公欲立叚爲太子。*fū-žîn ts'ìng kūng yuk lip Hiâ wêi t'ái-tsì.* Die Fürstin bat den Fürsten, er wolle einsetzen (den) Hia zu werden (= als) Erbprinz. Ssï-ki XLII, 3a.

g.) Anfangen zu, oder **mit, zuerst,** 初 *č'ū,* 始 *šì* oder *č'ì*: 周公初基。*Čeū-kūng čū kī,* der Tscheu-Fürst begann den Grund zu legen. Šu V, IX, 1. 蚩尤惟始作亂。*Č'ī-yeû wêi šì tsok luén.* Tsch'i-yeu war beginnend — mit machen Aufruhr, d. h. war der Erste, welcher u. s. w. Das. V, XXVII, 2.

h.) Vorhaben, im Begriffe stehen zu, 將 *tsiāng* (r. 41), gewöhnliches Hülfswort des Futurums: 慄慄危懼、若將隕于深淵。*lut-lut nguêi-kiū, žok tsiāng yùn iū šīm yuēn.* (Ich bin) zitternd, zitternd in Gefahr und Angst, wie im-Begriffe-zu stürzen in (einen) tiefen Abgrund. Šu IV, III, 6.

i.) Beendigen, fertig sein mit, 已 *ì,* 既 *kí,* 曩 *č'áng,* Hülfswörter des Perfectums: 君已日。*kiūn ì yuet,* der Fürst hat gesagt. Šu V, XVI, 3. 九族既睦。*kieù tsuk kí muk,* die neunerlei Verwandten wurden (völlig) einträchtig. Šu I, I, 2. 既日 *kí yuet,* (du) hast gesagt.

k.) Erlangen zu, 得 *tek*: 更可得用。*kéng k'ò tek yúng.* Um-so-besser kann (es) erlangen angewendet-zu-werden, um so geeigneter ist es für den Gebrauch. Ma Tuan-lin. 得聞 *tek wên,* zu hören bekommen; 得知 *tek čī,* zu wissen bekommen, erfahren.

§. 310. 見 ***kién,*** sehen, mit folgendem Verbum, pflegt dieses in ein Passivum zu verwandeln. 年四十而見惡焉、其終也已。*niên ssí-šip rî kién ngú yên, k'î čūng yè-ì* (Jahre 40 und sehen Hass, der immer part. fin) = wer mit 40 Jahren gehasst wird, der wird es bis an's Ende. LYü XVII, XXVI. 不見知 *put kién čī.* Er wird nicht gekannt. Čung-yung XI, 3. 夫子何以知其將見殺。*fū-tsì hô-ì čī k'î tsiāng kién šat?* Meister, wodurch weisst — du, (dass) er getödtet werden wird? Mtsï VII, II, XXIX.

§. 311. So können auch andere Verben mit einander objectiv oder adverbial verbunden werden: 天下莫與汝爭能。*t'iēn-hià mok iù žù čēng nêng.* (Im) Reiche Niemand mit dir nimmt-es-auf-an Befähigung; 罰不能必不可。*fat put nêng pit put-k'ò.* Durch Strafen nicht kann-man erzwingen Unmögliches. Hier ist *pit,* müssen, causativ angewandt: müssen machen, erzwingen.*) Hot-kuan-tsï III, 9a. 今夫水、搏而躍之、可

*) An sich wäre auch folgende Uebersetzung möglich: Unfähige zu bestrafen ist jedenfalls *(pit)* unthunlich. Allein *pit* kommt kurz zuvor im nämlichen Gespräche in der Bedeutung: ‚zwingen' vor, und der Commentar führt als Beispiel an: Man kann nicht einen Stummen singen machen.

海上絲綢之路文獻集成 科技與文化编

漢文經緯

使過顙、激而行之、可使在山。*kim fû śùi, pok rî yok ći, k'ò ssî kuó sàng, kik rî hîng ći, k'ò ssî tsái śān.* Nun-aber dies Wasser, schlägt und spritzt (man) es, kann verursacht-werden zu-übersteigen (deine) Stirn, dämmt und leitet (man) es, kann verursacht-werden zu-sein-auf dem-Berge. Mtsï VI, I, II, 3.

§. 312. Bilden zwei oder mehrere Verba einen **grammatischen Satz**, so ist natürlich das Subject substantivisch, d. h. durch einen Infinitiv oder ein entsprechendes Verbalsubstantivum, seltener durch ein Particip zu übersetzen. Nur im letzteren Falle pflegt die Construction Schwierigkeit zu machen. — Im Commentar zu obiger Stelle des Meng-tsï heisst es: 搏擊也、躍跳也。 *pok kik yè, yok t'iaó yè*; *pok* = schlagen, *yok* = spritzen. 知足。*ći tsuk*, das Wissen genügt. — So kann man sagen 存亡在走。*ts'ûn wâng tsái tseù*. Am-Leben-bleiben (oder) untergehen beruht-im Fliehen.

§. 313. Das Verbum 有 ***yeù***, haben, vorhanden sein, und seine Negation 無 ***wû***, nicht haben, können als unpersönliche Verba: es gibt, es gibt nicht, andere Verben von participial-substantivischer Function als Objecte hinter sich haben: 有能奮庸。*yeù nêng fen yûng*? Gibt-es (Einen, welcher) kann bethätigen Tüchtigkeit? Šu II, I, 17. 有能典朕三禮。*yeù nêng tièn ćim sām lì*? Gibt es Einen, der Unsere dreierlei Cultushandlungen (gegen die himmlischen, irdischen und menschlichen Geister) verwalten kann? Das. 23. — Diese Ausdrucksweise ist alterthümlich; in der classischen und nachclassischen Sprache pflegen solche Sätze mit 者 *ćè* = *is qui*, zu schliessen.

Folgender Satz besteht aus nichts als Verben: 生事愛敬、死事哀戚。 *šēng ssî ngái kíng, ssì ssî ngāi-ts'ik.* (Leben dienen lieben ehren, sterben dienen betrauern beklagen —) 父母生則事之以愛敬、死則 . . . (Wenn) Vater und Mutter leben, so dient man ihnen durch Liebe und Ehrerbietung, wenn sie sterben u. s. w. Hiao-king, jap. Ausg. XXII, Bl. 24 b. Hier ergibt sich der Sinn aus der materiellen Bedeutung der Wörter: *šēng* und *ssì* Gegensätze; *ngái-kíng* und *ngāi-ts'ik* zwei Paare Sinnverwandter, je Arten von *ssî*, dienen. Der Sinn ist auch ohne die Umschreibung klar; die grammatische Construction selbst darf dunkel bleiben. Man hätte erwarten können: *ngái-kíng ssî šēng* . . ., mit Liebe und Ehrerbietung den Lebenden dienen u. s. w. Der Schriftsteller durfte aber invertiren, da es ohne Undeutlichkeit geschehen konnte. Fälle dieser Art sind sehr selten.

III. Capitel.

Nomina und Verba zu einander.

§. 314. Aus den allgemeinen Stellungsgesetzen ergeben sich für das gegenwärtige Capitel folgende **Grundregeln:**

a.) Was **vor dem Verbum steht,** ist entweder sein Subject oder seine (adverbiale) nähere Bestimmung;

b.) Was **auf das Verbum folgt,** ist entweder Object oder secundäres Prädicat desselben.

Allein beide Regeln können einander kreuzen; es kann geschehen, dass der Chinese als Object behandelt, was wir in adverbialer Stellung erwartet hätten; — und sie können ihrerseits gekreuzt werden durch Inversionen. Daraus ergeben sich nun allerdings Schwierigkeiten, aber mehr noch für die grammatische Darstellung als für das Verständniss der Texte.

A. Subject — Prädicat, Object.

a. Activum.

§. 315. Das Subject steht vor dem Verbum. Ist dieses **activ,** so folgt ihm in der Regel ein Object; 匏有苦葉、濟有深涉。*p'aô* (r. 20) *yeú k'ù yep, tsí yeù šīm šep.* Der Kürbis hat bittere Blätter, die Furt hat tiefe zu - durchwatende - Stellen. Ši I, III, IX, 1. 雉鳴求其牡。*čí mîng k'ieû k'î meù,* die Fasanin rufend sucht (lockt) ihr Männchen. Das. 2. 忠臣不事二君、貞婦不事二夫。*čūng č'în put ssî rî kiün, čīng fú put ssî rî fū,* ein aufrichtiger Minister dient nicht zweien Fürsten, eine keusche Ehefrau dient nicht zweien Männern. Sprüchw.

§. 316. Folgen zwei oder mehrere Nomina auf ein actives Verbum, so sind zwei Fälle möglich:

a.) Sie bilden zusammen ein einheitliches Object, einen Satztheil, dessen Glieder im Coordinations-, Appositions- oder Attributivverhältnisse stehen können: 事父母。*ssî fú mù,* Vater und Mutter dienen; 讀孔子家語。*tuk K'ùng-tsî kiā-iù,* des Confucius Hausgespräche lesen. — Das Nähere ergiebt sich aus der Lehre von Nomen zu Nomen.

b.) Sie bilden doppelte Objecte.

§. 317. Für das **doppelte Object** liegen wieder, je nach der Natur des regierenden Verbums, zwei Möglichkeiten vor. Verben des Gebens, Mittheilens,

Nehmens haben ausser dem directen Objecte noch ein indirectes **(Dativ).** Dieses steht in der Regel vor dem Accusativ: 天佑下民、作之君、作之師。*t'iēn yeú hià mîn, tsok čī kiūn, tsok čī ssī.* Der Himmel helfend dem niederen Volke, machte ihm Herrscher, machte ihm Lehrer. Šu V, ı (1) 7. 歸孔子豚。*kuēi* (r. 77) *K'ùng-tsī t'ûn.* Er schenkte dem Confucius ein Spanferkel. LYü XVII, ı, 1. 魯君賜之玉環。*Lù kiūn ssí čī yük-huân.* Der Fürst von Lu verehrte ihm einen Jadering. Han-fei-tsï IX, 5 b. 對三公一言。*túi sām kūng yit yên,* er antwortete den drei Fürsten ein (= dasselbe) Wort, gab ihnen dieselbe Antwort. Das. XVI, 5 a. 亦教之孝弟而已矣。*yik kiaó čī hiaó tí rî-ì-ì,* auch lehre sie Elternliebe und Bruderliebe — das genügt. Mtsï VII, ı, XXXIX, 2.

§. 318. Die umgekehrte Stellung, Accusativ vor Dativ, ist namentlich dann gebräuchlich, wenn das Objectspronomen 之 *čī* = ihn, sie, es, das directe Object vertritt: 問之仲尼。*wén čī Čúng-nî.* Er fragte es (= darüber) den Tschung-ni (Confucius). Han-fei-tsï IX, 7 b. 申子欲言之君。*Šin-tsī yuk yên čī kiūn.* Schin-tsï wollte es dem Fürsten sagen. Das. 12 b.

Der Ausdruck: 請地他國、*ts'ìng tí t'ā kuok,* Länderei von anderen Staaten begehren, Han-fei-tsï III, 4 b, lässt mehrere Erklärungen zu: a.) *ts'ìng-tí,* Land begehren, sollte innig verbunden bleiben; oder b.) *t'ā kuok tí* hätte genitivische Construction vermuthen lassen; oder c.) das einsylbige Object hätte hinter dem zweisylbigen garstig nachgeschleppt.

Anmerkung. Bekanntlich trennen auch unsere Sprachen das pronominale Regimen nicht gern vom Verbum: ‚er gab ihm Geld', aber: ‚er gab es seinem Bruder'.

§. 319. Manche Verba — und dies ist der zweite hieher gehörige Fall, — haben nicht Gegenstände, sondern schon vorhandene oder erst zu bewirkende Thatsachen zum Objecte. So die Verba des Wahrnehmens, des Benennens, Wofürhaltens, Wozumachens, Verursachens. Hier verhält sich das eine Object zum Andern prädicativ: ich nenne ihn X = ich sage, er ist X u. s. w. Die Wortstellung ist dem entsprechend, und doppelte Objecte dieser Art sind nicht immer von Objectssätzen zu unterscheiden. Auch kann dabei das zweite Object verbal sein: 召上左右飲。*čaó šáng tsò-yeú yìm.* Er entbot die oberen Rechten und Linken (Beamten) zum Trinken. Ssï-ki CIII, 5 a. 天下皆爲我大。*t'iēn-hià kiāi wêi ngò tá,* im-Reiche Alle machen (= nennen) mich gross. Tao-tek-king II, LXVII. 臣等嘗聞議者謂 . . . *č'în tèng č'âng wên ngì-čè wéi . . .* (Euer) Unterthan und Genossen haben (*č'âng,* n. perf.) gehört (wie) Beurtheilende meinten . . . Ma-Tuan-lin. 命之曰同。*míng čī yuet T'ûng.* Er befahl ihn T'ung zu heissen. Das Object enthält hier logisch, aber nicht grammatisch, etwa den Satz: 其子曰同, sein Sohn heisst T'ung; 之 *čī* kann aber nicht als Subject des Satzes stehen, darum müssen die drei letzten Wörter Object im einfachen Satze sein. Aus der Stellung von 曰 *yuet* ergibt sich, dass der Inhalt des Befehls nicht activ, sondern passiv zu verstehen ist: *jussit appellari eum*, nicht *appellare*. Tso-čuen II, 6. 不貴難得之貨、使民不爲盜、不見可欲、使民心不亂。 *put kuéi nân-tēk-čī huó, ssî mîn put wêi taó, put kién k'ò-yuk, ssî mîn sīm put luán.* Nicht zu schätzen schwer - erlangbare Güter verursacht - dass das Volk nicht diebisch wird; nicht zu betrachten Begehrenswerthes verursacht - dass des Volkes Herzen nicht in Aufruhr gerathen. Tao-tek-king I, m. 五色令人目盲、五音令人耳聾、五味令人口爽、馳騁田獵令人心發狂、難得之貨令人行妨。 *ngù sek líng žîn muk mûng; ngù yīm líng žîn rì lûng; ngù méi líng žîn k'eù šuàng* (r. 89); *č'î-p'íng t'iên-liep líng žîn sīm fat-k'uáng; nân-tek-čī huó líng žîn hîng fâng.* Die fünf Farben machen der Menschen Augen erblinden, die fünf Töne*) machen die Ohren taub, die fünferlei Geschmäcke**) machen der Menschen Münder sich (im Geschmacke) irren; scharfe Ritte und Feldjagden machen der Menschen Herz toll; schwer - erreichbare Güter veranlassen die Menschen zu schädlichen Handlungen (machen der Menschen Handlungen schädlich). Das. XII.

b. Passivum.

§. 320. Zuweilen tritt das logische Object als grammatisches Subject vor das Verbum. Dieses wird dann Passivum und nimmt in der Regel die letzte Stelle im Satze ein: 前王不忘。 *ts'iên wâng put wâng.* Die früheren Könige werden (oder sind) nicht vergessen. Ta-hiok III, 5. 鐵錢易得。 *t'iet-ts'iên í tek.* Eisengeld wird leicht erlangt. Ma Tuan-lin. 道雖邇、不行不至、事雖小、不爲不成。 *taó sūi rì, put hîng put čí; ssî sūi siaò, put wêi put č'îng.* Der Weg, obschon nahe, wird er nicht gegangen, so wird er nicht zurückgelegt; das Geschäft, obschon gering, wird es nicht gemacht, so wird es nicht fertig. Siün-tsï I, 14 b.

Man beachte folgende Construction: 晋幷公之於亥唐也、入云則入、坐云則坐、食云則食。 *Tsín P'îng kūng čī iū Hài-t'âng, žip yûn tsek žip, tsò . . . šik . . .* Des Fürsten P'ing von Tsin (Benehmen) gegen Hai-t'ang (war so): wurde: tritt ein! gesagt, so trat er ein, . . . setze dich . . .

---

*) Der chinesischen Tonleiter fehlen die Quart und die Septima (in c-dur *f* und *h*).

**) Die fünf Geschmacksarten sind: salzig, bitter, sauer, würzig oder scharf, und süss.

漢文經緯

iss . . . (Hier ist also das regierte Verbum zum Subject eines Passivums gemacht). Mtsï V, ıı, III, 4.

§. 321. Werden **Verba mit doppeltem Objecte** in Passiva verwandelt, so wird nur eines dieser Objecte zum Subject gemacht; das directe Object wird Subject, das indirecte bleibt in der Objectsstellung: 理相奪予。*lì siáng t'ot iû.* Leitung und Hülfe sind mir geraubt. Han-fei-tsï VI, 2b. So ist: 曰 A N, *yuet* A N den A (einen) N nennen; aber A 曰 N A wird N genannt, heisst N. — 爲 *wêi*, machen, wird in gleicher Stellung zu ‚werden', dann ‚sein': *wêi* A B den A zum B machen; A *wêi* B A wird oder ist B. — In diesen und ähnlichen Fällen mag man zweifeln, ob man statt Passivum lieber Neutrum, statt Activum lieber Causativum sagen soll. Sachlich macht dies keinen erheblichen Unterschied.

Beachtung verdient folgende Stelle aus dem Li-ki I, Bl. 8 b der mandschu-chinesischen Ausgabe: 禮聞取於人、不聞取人、禮聞來學、不聞往教。*lì wên ts'iû iü žîn, put wên ts'iû žîn; lì wên lâi hiok, put wên wàng kiaó.* ‚*Ritus auditur accipi ab hominibus, non auditur accepisse homines; ritus auditur accedendo disci, non auditur eundo doceri*', man hört wohl, dass die gute Sitte von den Menschen als Muster angenommen werde, nicht aber, dass sie sich die Menschen zum Muster nehme, . . . dass man komme, um sie zu lernen, nicht, dass man gehe sie zu lehren.

c. *Ellipse des Objectes.*

§. 322. Zuweilen stehen active Verba am Ende des Satzes, ohne Passiva zu werden. Dies geschieht namentlich in verneinender Rede, und dann in zwei Fällen:

1. Kürze halber, wenn das Object aus dem Vorhergehenden leicht zu ergänzen ist: 王大怒、使人殺中射之士。. . . 王乃不殺。*wâng tá nú, ssï žîn šat čúng-šé-čī-ssï . . . wâng nài put šat.* Der König, sehr erzürnt, beauftragte einen Menschen, den Scharfschützen (?) zu tödten . . . Der König darauf tödtete (ihn) nicht. Han-fei-tsï VII, 10a. 法 *fap*, Gesetz, kann, wenn ihm ein Object folgt, denominative Bedeutung bekommen: 法之 *fap čī*, es zum Gesetze machen, für Gesetz halten. 不合乎先王之法者、君子不法也。*put hop hû siēn wâng či fap čè, kiün-tsï put fap yè.* Was (*čè*) nicht übereinstimmt (*put hop*) mit (*hû*) der früheren Könige (n. genit.) Gesetzen, — der Edle hält (das) nicht für Gesetz (part. fin.). Yang-tsï III, 4a.

2. Sehr oft bei Verben des Wahrnehmens, Wissens, Glaubens, d. h. bei solchen, welche mehr einen Zustand als eine Handlung ausdrücken: 至治

海上絲綢之路文獻集成 科技與文化編

之法術、已明矣。而世學者弗知也。 *či či čī fap-šut, ì mìng ì; rî ši* (r. 1) *hiok-čè fut čī yè.* Anlangend die Grundsätze der Regierung, (so) sind sie wohl bereits erläutert; aber die derzeitigen Studierenden kennen (sie) nicht. Han-fei-tsï XIV, 13b. 間其左右、盡不知也。 *wén k'î tsò-yeú, tsín put čī yè.* Er fragte seine rechten und linken (Beamten); durchaus wussten (sie es) nicht. Das. VII, 12a. 今一人言市有虎、王信之乎。曰、不信。 *kīm yit žìn yên: šì yeù hù; wâng sín čī hû? yuet: put sín.* (Wenn) jetzt ein Mensch sagte: auf-dem-Markte giebt-es (einen) Tiger: würde der König es glauben? Er sprach: ich würde es nicht glauben. Das IX, 6b. 使目非是無欲見也、使耳非是無欲聞也、使口非是無欲言也、使心非是無欲慮也。 *ssî muk fēi ší wû yuk kién yè, ssî rî . . . wên yè, ssî k'eù . . . yên yè, ssî sīm . . . liū yè.* (Dies) verursacht, dass die Augen ausser diesem nicht Lust haben (etwas) zu sehen, . . . die Ohren . . . zu hören, . . . die Münder . . . zu sprechen, . . . die Herzen . . . sich (um Etwas) zu kümmern. Sün-tsï I, 8b.

§. 323. Seltener ist Ellipse des Objectes in affirmativer Redeweise: 一家養女、百家求。 *yit kiā yàng niù, pek kiā k'ieû,* eine Familie erzieht eine Tochter, hundert Familien werben (um sie). Sprüchwort.

d. Verbum neutrum.

§. 324. Die Syntax des Verbum neutrum ist ganz die nämliche wie die des Passivums. 臣死。 *č'în ssî.* Der Minister starb; 父母在。 *fú mù tsái.* Vater und Mutter sind da (sind am Leben); 以爾車來、以我賄遷。 *ì rî č'ē lâi, ì ngò hoèi ts'iēn.* Mit deinem Wagen komm her, mit meiner Habe ziehe ich fort. Ši I, v, IV, 2. 愾我寤嘆。 *hí ngò ngú t'án!* Wehe, ich erwache und seufze! Ši I, xiv, IV.

e. Neutrum transitivum.

§. 325. Verba des Verweilens oder Sichfortbewegens haben oft ein örtliches, seltener zeitliches oder ursächliches Object hinter sich. Ob solches als Ablativ oder Elativ, als Locativ, Illativ oder Terminativ zu verstehen sei, ergiebt sich aus der Bedeutung des Verbums. Beispiele:

1. Locativ. 在上 *tsái šáng* oder 居上 *kiū šáng,* (oben sein, oben wohnen) in hoher Stellung sein. LYü III, xxvi. 禽獸居之。 *k'îm šeú kiū či.* Vögel und wilde Thiere bewohnen es (das Gebirge). Čung-yung XXVI, 9. 居其所。 *kiū k'î sò,* er verweilt auf seinem Platze. LYü II, i. 大王居邠。 *T'ái wâng kiū Pīn.* König Thai wohnte in Pin. Mtsï I, ii, XIV, 2. 予美

漢文經緯

亡此。*iû méi wâng ts'ì.* Mein Schönster ist nicht hier (亡 Gegensatz von 在 *tsái*). Ši I, x, XI. 不仁者、不可以久處約、不可以久處樂、仁者安仁。*put žîn-čè, put k'ò-ì kieù* (r. 4) *č'ù yok, put k'ò ì kieù č'ù lok; žîn-čè ngān žîn.* Die nicht Menschlichen können nicht lange in Ungemach verweilen (= aushalten), können nicht lange in Freude verweilen. Der Menschliche ist - ruhig - in Menschlichkeit. LYü IV, II. 在此、在彼、*tsái ts'ì . . . tsái pì,* hier seiend, dort seiend. Ši. 過家門不敢入。*kuó kiā-mên put kàm žip.* Er ging vorbei an der Hausthüre, wagte nicht einzutreten. Ssï-ki II, 2 b. — Man beachte 在 *tsái* = es beruht in oder auf, z. B. 在其君之德也。*tsái k'î kiūn čī tek yè.* Es beruht auf der Tugend seines Fürsten. Tso-čuen IX, 18.

2. Illativ oder Terminativ. 子入大廟。*tsì žip t'ái-miaó.* (Wenn) der Meister eintrat in den Haupttempel. LYü III, xv. 及此 *kip ts'ì,* hierher gelangen; 反古之道。*fàn* (r. 29) *kù čī taó,* zurückkehren auf die Wege der Alten. Čung-yung XXVIII, 1. 楚人坐其北門。*Č'ù* (r. 75) *žîn tsó k'î pek mên.* Tsch'u's Leute setzten sich an (d. h. besetzten) sein nördliches Thor. Tso-čuen II, 6. 不復其國。*put fuk k'î kuok.* Er kehrte nicht in sein Land zurück. Das. 然後禹踐天子位。*žân-heú Iù tsién t'iēn-tsì wéi.* Darauf bestieg Iü den Thron der Himmelssöhne (= Kaiser). Ssï-ki I, 20 b. 其官至孝文時。*k'î kuān čí Hiaó-wên šî,* sein Amt erreichte (= dauerte bis zu) Hiao-wen's Zeit. Das. CIII, 1 b.

3. Ablativ, Elativ. 故君子不出家而成教於國。*kú kiūn-tsì put č'ut kiā rî č'îng kiaó iū kuok.* Daher der Edle nicht geht - aus dem Hause, und - doch vollendet den Unterricht im (oder für den) Staat. Ta-hiok IX, 1. 去之 *k'iù čī,* er ging weg von dort. Mtsï I, II, XIV, 2; LYü XVIII, I. 如出一口。*žû č'ut yit k'eù,* (sie antworteten) wie aus einem Munde (eigentlich hervorgehend aus). Han-fei-tsï X, 3 b. 祭肉不出三日。*tsí-žuk put č'ut sām žit.* Das Opferfleisch überdauerte nicht drei Tage. LYü X, VIII, 3. 辟 x, *p'ik* x = fliehen vor x. Das. XIV, XXXIX.

§. 326. Seltener geschieht es, dass auch andere Verba neutra Ortsbestimmungen hinter sich haben.

Beispiele: 死夫人所 *ssì fū-žîn sò,* sterben im Palaste der Fürstin. Han-fei-tsï IV, 14 b. Das entgegengesetzte 生 *šēng,* leben, (von Pflanzen) wachsen, hat oft locativisches Object: 生 N 地, *šēng* N *tí,* lebt im Lande N.; 跟官人吃官人。*kēn kuān-žîn k'it kuān-žîn.* (Wer) Beamten folgt, isst **bei** Beamten. Sprüchwort. 對大廷、魁多士。*túi tá t'îng, k'uēi tō ssì.* Er antwortete im grossen Saale, (er wurde der) Oberste unter den Gelehrten. Sām-tsï-king (Sch.). Letzterer Satz enthält eine poetische Licenz.

海上絲綢之路文獻集成 科技與文化编

§. 327. Ganz ausnahmsweise finden sich auch Ortsbestimmungen hinter activen Verben und deren Objecten: 子產使校人畜之池。*Tsï-č'àn ssï hiaó-žîn č'uk čī č'î*, Tsï-tsch'an beauftragte den Teichwärter, ihn (den Fisch) im Teiche aufzubewahren. Mtsï V, I, II, 4. 修之身(家、鄉、邦、天下)。*sieū čī šīn (kiā, hiāng, pāng, t'iēn-hià)*. Er pflegt es (das Tao, in seiner eigenen) Person (— in seiner Familie, im Dorfe, im Staate, im Reiche). Tao-tek-king II, LIV (JULIEN, *Synt. nouv.* I, pag. 34.). Die Verba: ‚aufbewahren' und ‚pflegen' besagen mittelbar, dass die Objecte, während sie bewahrt oder gepflegt werden, verweilen.

§. 328. Verba der Gemüthsstimmung oder Gefühlsäusserung können das zum Objecte haben, was die Stimmung oder Aeusserung veranlasst: zürnen über, lachen über — belachen u. s. w.: 上恤孤。*šáng siuet kū.* (Wenn) der Obere Mitleid-hat mit den Verwaisten. Ta-hiok X, 1. 恥惡衣惡食。*č'ì ngok ī ngok šik*, sich schlechter Kleidung und schlechter Speise schämen. LYü IV. IX. 不患人之不己知、患不知人也。*put huán žîn čī put kì čī, huán put čī žîn yè.* Ich bin nicht betrübt über der Menschen Nicht-mich-kennen, ich bin betrübt nicht die Menschen zu kennen. Das. I, XVI. 季康子患盜。*Kí K'āng-tsï huàn taó*, Herr Ki-k'ang war betrübt über die Diebe (das Diebsunwesen im Lande). Das. XII, XVIII. 故君子必愼其獨也。*kú kiūn-tsï pit šín k'î tuk yè.* Darum muss der Edle aufmerksam sein auf sein Alleinsein, d. i. auf sein Verhalten in der Einsamkeit. Ta-hiok VI, 1, 2. 君子憂道、不憂貧。*kiūn-tsï yeū taó, put yeū p'în*, der Edle sorgt sich um Vernunft (LEGGE: *truth*), nicht sorgt er sich um Armuth. LYü XV, XXXI. 君子有三畏、畏天命、畏大人、畏聖人之言 *kiūn-tsï yeù sām wéi, wéi t'iēn míng, wéi tá žîn, wéi šíng žîn čī yên.* Der Edle hat drei (Gegenstände der) Ehrfurcht: er scheut des Himmels Fügung, scheut grosse Menschen und scheut der heiligen Menschen (n. gen.) Worte. Das. XVI, VIII, 1. 夫子何哂由也。*fū-tsï hô šìn Yeû yè?* Warum lächelte der Meister über Yeu? Das. XI, XXV, 9. 子哭之慟。*tsï k'uk čī túng*, der Meister, weinend um ihn, war-über-die-Maassen-traurig. Das. XI, IX, 1.

f. Causativum.

§. 329. Tritt das logische Subject eines **Verbums des Verweilens oder sich Fortbewegens** als Object hinter dieses Verbum, so wird Letzteres ein Causativum: 百工來 *pek kūng lâi*, die hundert (d. h. alle Arten von) Handwerker kommen heran; aber 來百工 *lâi pek kūng*, aller Arten Handwerker heranziehen, d. i. die Industrie fördern. Čung-yung XX, 12, 13. 令出 *líng č'ut*,

漢文經緯

der Befehl ergeht; 王速出令。*wâng suk č'ut líng.* (Wenn) der König eilends einen Befehl erlässt. Mtsï I, ii, XI, 4. 河不出圖。*hô put č'ut t'û.* Der Fluss wirft keine Tafel aus. LYü IX, viii; 天去其疾矣。*t'iēn k'iü k'î tsit ì,* der Himmel nahm sein Leiden von ihm. Tso-č'uen II, 8. 臧文仲居蔡。*Tsāng Wên kiū ts'ái.* Tsang-Wen hielt (in einem Hause) eine-grosse-Schildkröte. LYü V, xvii. 求也退、故進之、由也兼人、故退之。*K'ieû yè t'úi, kú tsín čī; Yeû yè kiēm žîn, kú t'úi čī.* K'ieu da ist zurückhaltend, darum ziehe ich ihn heran; Yeu drängt sich vor, darum halte ich ihn zurück. (*Kiēm žîn,* wörtlich: die Menschen vereinigen, zusammenfassen, wird übersetzt: *niyalma ci nendeki sembi,* sagen, ich will Anderen vorangehen). LYü XI, xxi. 止子路宿。*čì Tsï-lú suk.* Er behielt den Tïs-lu über Nacht (wörtlich: machte ihn dableiben zu übernachten, *suk*). Das. XVIII, vii, 3. 既來之、則安之。*kí lâi čī, tsek ngān čī.* Hast (du) sie herangezogen, so beruhige sie. LYü XVI, i, 11. 爲能 . . . 立天下之大本。*wêi nêng . . . lip t'iēn-hià čī tá pèn,* ist fähig . . . stehen zu machen (= zu festigen) die grosse Grundlage der Welt. Čung-yung XXXII, 1.

§. 330. Causativa dieser Art können auch ein indirectes Object haben: 載寢之牀、載衣之裳、載弄之璋。*tsái ts'ìm čī č'uâng, tsái ī čī šâng, tsái lúng čī čāng.* Dann lässt man sie schlafen **in** Betten, dann kleidet man sie **in** Gewänder, dann lässt man sie spielen **mit** Sceptern. Ši II, iv, V, 8. 達之天下。*tat čī t'iēn-hiá,* erstreckt sie über das (ganze) Reich. Mtsï VII, i, XV, 3. 是以附之世家。*ší-ì fú čī ší-kiā.* Darum fügte er es den ‚Geschlechtern und Familien' (= der genealogischen Abtheilung seines Buches) bei. Ssï-ki LX, 8 b.

§. 331. Weniger gebräuchlich ist die Verwandlung von **Verben der Gemüthsstimmung** in entsprechende Causativa. Beispiele: 恭己。*kūng kì,* er machte sich ehrerbietig. LYü XV, iv. 悦 *yuet,* sich freuen, aber: 悦親有道。*yuet ts'īn yeù taó.* Die Eltern zu erfreuen gibt es einen Weg (ein Mittel). Mtsï IV, i, XII, 1; vgl. das. IV, ii, II, 5; VI, i, VII, 8.

§. 332. Ausnahmsweise werden wohl Zeitwörter, welche vom Hause aus ein Object verlangen (activa), durch blosse Wortstellung in Causativa verwandelt. 覺 *kiok,* heisst: wahrnehmen, verstehen, offenbaren, 故先覺覺後覺。*kú siēn kiok kiok heú kiok.* Daher die früher Verstehenden (d. i. die Lehrer), machen verstehen (= führen zum Verständniss) die später Verstehenden (d. i. die Schüler). *Tuttu neneme ulhihengge amala ulhihengge de ulhibume.* T'ung-šu VIII.

g. Impersonalia, Verbum vor dem Subjecte.

§. 333. Verba mit der Haupt- oder Nebenbedeutung: ‚wahrnehmbar werden, in Erscheinung treten‘, stehen mehr oder minder oft vor dem Substantive, welches — wenigstens nach unseren Begriffen — ihr Subject ist. Bei 有 *yeù*, haben, in der Bedeutung: ‚es gibt‘, liegt offenbar ein echtes Objectsverhältniss vor; bei anderen ist aber eine Inversion des Subjectes ebenso wahrscheinlich, wo nicht wahrscheinlicher. Daher ist eine Scheidung zwischen beiden Fällen vorläufig nicht möglich.

§. 334. Unpersönliches 有 ***yeù*** = es gibt (*il y a*), und 無 ***wû*** = es gibt nicht, steht regelmässig voran. 未有小人而仁者。 *wéi yeù siaò-žîn rî žîn čè.* Noch - nicht gab es Einen, der (*čè*) ein kleiner Mensch (d. i. von niedriger Gesinnung) und dabei pflichtgetreu (gewesen wäre). LYü XIV, vii. 其家不可教、而能教人者、無之。 *k'î kiā put k'ò kiaó, rî nêng kiaó žîn čè, wû čī.* Einen dessen (*k'î . . . čè*) Familie nicht kann unterrichtet werden, und der (*čè*) fähig wäre (andere) Menschen zu unterrichten, den gibt es nicht. Ta-hiok IX, 1.

§. 335. 下 ***hiá*** (nach Anderen *hià*) und 落 ***lok,*** in der Bedeutung: ‚herunterfallen‘, stehen vor Wörtern für Regen, Schnee u. dgl. So: |雨 *hiá* (oder *lok*) *iù*, es regnet; |雪 *hiá* (*lok*) *siuet*, es schneit; |雹 *hiá* (*lok*) *pok*, es hagelt.

§. 336. 行 ***hîng,*** gehen, erscheint in der Redensart 行雷 *hîng-lûi*, es donnert. Auffallend ist folgende Stelle aus Ma Tuan-lin: 崇寧元年、復行陝西交子。 *Č'ûng-nîng yuên niên, feú hîng Šen-sī kiaō-tsï.* (Im) ersten Jahre (der Regierungszeit) Tsch'ung-ning coursirten wieder (in) Schen-si Banknoten. (VisserING, *Chin. curr.*, pag. 174.)

§. 337. 生 ***šēng,*** heisst gebären, aber auch entstehen, leben, und in diesen Bedeutungen scheint es gelegentlich zwischen den Namen von Oertern und deren Producten zu stehen: 麗水之中生金。 *Lí-šùi čī čūng šēng kīm,* wohl zu übersetzen: im Li-Gewässer entstand Gold, nicht: des Li Mitte erzeugte Gold. Han-fei-tsï IX, 8 b.

§. 338. Man trifft auch Inversionen anderer Verben. Der Sinn ist dabei immer, dass erst auf die Erscheinung aufmerksam, und dann deren Subject (als psychologisches Prädicat) namhaft gemacht wird. So im Ši-king: 汎彼柏舟。 *fám pì pek-čeū.* (Da) treibt - dahin jenes Cypressen - boot. I, iii, I, 1; I, iv, I, 1. 毖彼泉水。 *pí pì ts'iuên-šùi.* Es sprudelt hervor jenes Quellwasser. Das. XIV, 1. 鴥彼晨風。 *yüt pì čîn-fūng.* Rasch - fliegt - dahin jener ‚Morgenwind‘ (angeblich eine Falkenart). I, xi, VII, 1. Vgl. II, iii, IX;

海上絲綢之路文獻集成 科技與文化编

漢文經緯

II, v, III, 1 und öfter. Im Schi-king sind solche Inversionen des Prädicates überaus häufig, und letzteres scheint in dergleichen Fällen vom Attribute nicht scharf unterschieden zu sein. Oft beginnt der Vers mit einer schallnachahmenden Doppelung oder einem Adjective, und dann folgt bald 彼 *pì*, bald 者 *čè*, bald 之 *čī*.

h. Anteposition.

§. 339. Als Anteposition bezeichnet Julien (*Synt. nouv.* I, pag. 147—149) die Stellung des Objectes vor dem Verbum oder der Präposition, welche es regieren. Das Object ist hiebei immer ein Pronomen, aber die Fälle sind rücksichtlich der Zulässigkeit oder Nothwendigkeit verschieden.

§. 340. Das objective Relativpronomen 所 ***sò,*** welchen, welche, welches, sowie das gleichbedeutende alterthümliche 攸 ***yeû,*** wird stets anteponirt. 人皆有所不忍、達之於其所忍、仁也。人皆有所不爲、達之於其所爲、義也。 *žîn kiāi yeù-sò put žìn; tat čī iū k'î sò žìn, žîn yè; žîn kiāi . . . wêi; tat čī . . . ngí yè.* Die Menschen sämmtlich haben etwas-was (*sò*) sie nicht ertragen (etwas Zartgefühl); erstrecke das auf das-was (*sò*) sie ertragen, (so wird es) Menschlichkeit; . . . was sie nicht thuen (Scham- und Scheugefühl); . . . Rechtschaffenheit. Mtsï VII, ii, XXXI. 萬壽攸酢。 *wán šeú* (r. 33) *yeû tsok,* was zehntausend Alter vergelten. Ši II, vi, V, 3.

§. 341. Pronomina interrogativa stehen oft vor dem sie regierenden Verbum; bei 何 *hô,* was? ist dies beinahe Regel: 吾何執。 *ngû hô čip* (r. 30)? *ego quid suspiciam?* Was soll ich unternehmen? LYü IX, ii, 2. 吾之於人也誰毀、誰譽。 *ngû čī iū žîn yè, šûi wèi, šûi iû?* (In) meinem (Verhalten) zu den Menschen, wen verlästere ich? wem schmeichle ich? LYü XV, xxiv. 吾敢誰怨乎。 *ngû kàm šûi yuén hû?* Wen wagte ich zu hassen? Ssï-ki XXXI, 12 b. 孰爲來哉。 *šuk-wéi lâi tsāi?* Warum ist er gekommen? (*wéi* = wegen). Williams, *Syll. Dict.* pag. 780. 誰因誰亟。 *šûi yīn šûi kik?* Auf-wen (sollte ich) mich verlassen? wer würde herzueilen? Ši I, iv, X, 4. 誰適爲容。 *šûi tik wéi* (oder *wêi?*) *yûng? we be ejen seme miyamire?* Legge: *But for whom should I adorn myself?* Wörtlich wohl: Wen (soll ich) als Herrn betrachten und für ihn mich schmücken? Ši I, v, VIII, 2.

§. 342. Das Reflexivpronomen 自 ***tsï*** = sich selbst, wird stets anteponirt. Da es aber auch als Subject (determinativ: er selbst u. s. w.) vor dem Verbum steht, so kann nur der Zusammenhang lehren, wie es sich zum Verbum verhält: 皆自明。 *kiāi tsï mîng.* Sie Alle haben sich berühmt gemacht. Tahiok I, 4. 是以聖人自知不自見、自愛不自貴。 *ší-ì šíng žîn tsï* *či, put tsï hién, tsï ngái* (r. 61), *put tsï kuéi*, daher der heilige Mensch sich selbst kennt, nicht sich bemerklich macht, sich schont, nicht sich überschätzt. Tao-tek-king LXXII.

§. 343. Andere Pronomina dulden die Anteposition regelmässig nur dann, wenn ihnen eine Negation vorausgeht. Beispiele:

I. pers. 莫我聞。*mok ngò wên*, Niemand hört mich an. Ši I, vi, VII, 3. 子不我思。*tsï put ngò ssï*. (Wenn du,) Herr, nicht meiner gedenkst. Ši I, vii, XIII. 無我惡兮。*wû ngò ngú hî!* Ach, hasse mich nicht! Das. VII. 居則曰、不吾知也。*kiū tsek yuet: put ngû či yè.* In der Regel sagt ihr: ‚Man kennt uns nicht'. LYü XI, xxv, 2, 3. 歲不我與。*súi put ngò iù.* Die Jahre warten nicht auf uns. LYü XVII, i, 2. 我雖尊高、人弗我害。*ngò sūi tsūn kaō, žîn fut ngò hái.* Obschon ich angesehen und vornehm bin, mögen mir die Menschen nicht schaden (*fut* = nicht mögen). Kia-iü XI (II, 2b). 世旣莫吾知兮。*ší kí mok ngû či hî!* Ach, unter-den-Zeitgenossen hat Keiner mich erkannt! Ssï-ki LXXXIV, 7a. 唯其言而莫予違也。*wêi k'î yên rî mok iû wêi yè*, nur dass sich betreffs (*rî*) meiner Reden Niemand mir widersetze. LYü XIII, xv, 4.

II. pers. 雖速我訟、亦不爾從。*sūi suk ngò tsúng, yik put rì ts'ûng.* Obschon du mich vor Gericht ziehst, doch folge ich dir nicht. Ši I, ii, VI, 3. 余恐亂命、以不女違。*iû k'ùng luén míng, ì put žù wêi.* Ich fürchtete (deine) Anordnungen zu stören, daher widersetzte ich mich dir nicht. Tso-čuen IX, 10. 豈不爾思。*k'ì put rì ssï?* Wie gedächte ich nicht deiner? Ši I, vi, VII, 3.

III. pers. 兵甲之事、未之聞也。*pīng kiap či ssï, wéi či wên yè.* Der Waffen und Rüstungen Angelegenheiten, noch nicht habe ich sie (d. h. davon) gehört. Küa-iü XLI (IV, 14a). 若此而不亡者、未之有也。*žok-t'sï rî put wâng čè, wéi či yeù yè.* Einen der (*čè*) so (gehandelt hätte) und nicht zu Grunde gegangen (*wâng*) wäre, den hat es noch nicht gegeben (= dass Einer . . . ist noch nicht dagewesen). Das. X (I, 26a). 汝未之詳也。*žù wéi či siâng yè*, du hast es noch nicht untersucht. Das. XIV (II, 12a). 非今之急、後自知之。*fēi kīm či kip, heú tsï či či.* Dränge jetzt nicht darnach, später erfährst du es selber. Das. VIII (21a). 民莫之令而自均。*mîn mok či líng rî tsï kiūn.* Das Volk, Niemand befiehlt es, und doch beruhigt es sich selbst. Tao-tek-king XXXII. Vgl. LI. 上禮爲之而莫之應。*šáng-lì wêi či rî mok či yíng.* Menschen-von-höchster-Gesittung (*šáng-lì, bahuvrîhi*) üben sie und Niemand erwidert sie. Das. XXXVIII. 莫之爲而常自然。*mok či wêi rî č'âng tsï žên.* Niemand macht sie, sondern (sie

海上絲綢之路文獻集成　科技與文化编

漢文經緯

sind) beständig von selbst so. Nam-hoa-king VI, 5 a. — Besonders gebräuchlich sind satzschliessende Phrasen wie: 未之有(聞、見、知)也。*wéi čī yeù* (*wên, kién, čī*) *yè*, es ist noch nicht vorgekommen (ich habe es noch nicht gehört, gesehen, erfahren). Vgl. LYü IV, vi, 3; Ta-hiok IX, 4; Mtsï I, i, VII, 2; Nam-hoa-king VIII, 26 b u. s. w.

Demonstrativa: 禍福之至不是過也。*huó fuk čī čí put ší kuó yè*. Das Eintreffen von Missgeschick und Glück geht nicht über dies hinaus (bewegt sich innerhalb dieser Grenzen). Kia-iü XLI (IV, 13 b).

Reflexivum 己 *kì*, sonst nachstehend: 不患莫己知。*put huán mok kì čī*, ich bin nicht (darüber) betrübt, dass Niemand mich (*kì*, auf das Hauptsubject zu beziehen) kennt. LYü IV, xiv. Aehnlich I, xvi; XIV, xlii.

§. 344. Zwischen das Pronominalobject und das Hauptverbum können **Hülfsverben** oder **Adverbien** treten, und dem Hauptverbum kann noch ein zweites Object folgen: 無我有尤。*wû ngò yeù yeû*. Hege mir nicht Tadel. Ši I, iv, X, 4. 莫我肯顧(德、勞)。*mok ngò k'èng* (r. 130) *kú* (*tek, laô*). Nie hast du uns (Aufmerksamkeit, Güte, Arbeit) gewährt, d. h. wohl: für uns gearbeitet. Legge: *not been willing to think of our toil*. Mandschu ähnlich: *mimbe umai suilaha sehekô*. Du hast nie gedacht, dass wir ermüdet waren. Ši I, ix, VII. 莫余敢止。*mok iû kàm čì*. Niemand wagte mich anzuhalten. Č'ün-ts'ieu (J). 未之能行也。*wéi čī nêng hîng yè*. Ich vermochte noch nicht sie auszuüben. Kia-iü XV (II, 16 a). 莫之能識。*mok čī nêng šik*. Niemand vermochte es zu verstehen. Das. VIII (I, 20 b). 金玉滿堂、莫之能守。*kīm yük màn t'âng, mok čī nêng šeù*. Gold und Edelsteine füllen eine Halle, Niemand kann sie hüten. Tao-tek-king I, ix. 莫之敢妬也。*mok čī kàm tú yè*. Niemand wagt es (oder ihn) zu neiden. Sün-tsï II, 16 b. 吾未之有得。*ngû wéi čī yeù tek*. Ich habe es noch nicht erreicht. LYü VII, xxxii.

§. 345. Selten, und wohl nur im vorclassischen Stile kommt die Anteposition auch **in bejahender Rede** vor, z. B.: 民具爾瞻。*mîn kiü rì čēm*. Das ganze Volk blickt — ehrerbietig auf dich. Ši II, iv; VII, 1.

§. 346. Bilden **Präpositionen** mit Relativ-, Interrogativ- oder Demonstrativpronomen adverbiale Zusammensetzungen, so findet oft Anteposition statt: 所以 *sò-ì*, womit, wodurch; 何以 *hô-ì?* wodurch? weshalb, wozu; 是以 *ší-ì*, dadurch, daher; 斯以 *ssī-ì*, dadurch; 所由 *sò-yeû*, woher, wodurch; 何由 *hô-yeû*, wodurch, woher? 是由 *ší-yeû*, hiedurch, daher; 何用 *hô-yúng*, womit, wodurch? 是用 *ší-yúng*, dadurch, daher; 何如 *hô-žû* — *quomodo? qualis?* 何爲 *hô-wéi?* warum? 所自 *sò-tsí*, woher, von wo an. — 百姓足、君孰與不足、百姓不足、君孰與足。*pek-síng tsuk, kiün*

10*

šuk-iü put tsuk? *pek-sing* etc., (Wenn) die hundert Familien (das Volk) genug haben, mit wem (sollte) der Fürst nicht genug haben (= darben)? Wenn u. s. w. LYü XII, ix, 4. 王誰與爲善。*wâng šûi-iü wêi šén?* Mit wem (vereint könnte) der König Gutes thun? Mtsï (J). 此與株塊奚以異矣。*ts'ï iü čū k'uái hî-ì í ì?* Wodurch (*hî-ì*) unterscheiden sich wohl diese von Holzklötzen und Erdschollen? Yang-ču (Legge, *Chin. Class.* II, pag. 100).

Von gewissen constanten Verbindungen von 之 *čï* mit bestimmten Verben wird bei Behandlung jenes Hülfswortes die Rede sein.

Zusatz I. Die Anteposition durchbricht anscheinend das sonst so feste Satzgefüge des Chinesischen in bedenklicher Weise und dürfte nicht leicht mit Sicherheit zu erklären sein.

a.) Dass nur Pronomina, nicht auch Substantiva oder Eigennamen zu anteponiren sind, ist schwerlich ein Zufall. Es wurde oben gezeigt, wie das pronominale Object, gleichviel ob es direct oder indirect ist, gern dicht beim Verbum bleibt.

b.) An passive Construction ist nicht zu denken, weil 之 *čï* regelmässig Object ist.

c.) Näher liegt es, an eine Verwechslung von Object und Adverb zu denken: 何以 *hô-ì*, wodurch, statt: durch was u. s. w. Andere indochinesische Sprachen machen zwischen Beiden in der Stellung keinen Unterschied.

d.) Aber auch das Genitivverhältniss könnte mit in Frage kommen, wenigstens könnte die Analogie der Postpositionen auf die Präpositionen gewirkt haben: 是以 *ší-ì*, durch dies; 是故 *ší-kú*, Ursach dessen, Beides = daher; A 之謂 B = A, ihn nennt man B, oder = des A Benennung ist B. So findet sich die Präposition 爲 *wéi*, wegen, ausnahmsweise postponirt: 非夫人之爲慟而誰爲。*fēi fû žîn čï wéi túng rî šûi wéi?* (Soll ich) nicht dieses Mannes wegen trauern, dann wegen wessen? LYü XI, ix, 3.

Zusatz II. Wo die Anteposition nicht gestattet, sondern nur erlaubt ist, da modificirt sie etwas die Bedeutung des Satzes. 彼不知我也。*pì put čï ngò yè.* Jener verkennt oder ignorirt mich. Ssï-ki LXII, 4 a. 吾弗爲之矣。*ngû fut wêi čï ì.* Ich möchte das nicht thun, d. h. es wäre meiner Handlungsweise zuwider; *ngû fut čï wêi ì* hiesse etwa: ich möchte — nicht das thun (*nollem facere hoc: hoc facere nollem*). Čung-yung XI, i, 1. 莫能宗予。*mok nêng tsūng iû.* Niemand versteht ehrerbietig zu sein mir gegenüber. Ssï-ki XLVII, 28 b. 君非自知我、以人之言而遺我。*kiūn fēi tsí čï ngò; ì žîn čï yên rî î ngò.* Der Fürst kennt mich nicht selbst (aus eigener Erfahrung), er

漢文經緯

nimmt der Leute Reden und vernachlässigt mich (d. h. auf Grund des Geredes der Leute). Liet-tsï VIII, 3 a.

B. Adverbiale Attribute.

a. Adverbialis.

§. 347. Ob ein Substantivum, Eigenname oder Pronomen, vor einem Verbum stehend, dessen Subject oder nur eine adverbiale Nebenbestimmung desselben ist, lässt sich nur aus dem logischen Zusammenhange bestimmen. In den folgenden Regeln werden Kürze halber unter Substantiven stillschweigend auch substantivische Wortgruppen, *nomina propria* und substantivische Pronomina mit inbegriffen.

§. 348. (I.) Ein einzeln vor dem Hauptverbum stehendes Substantivum muss nicht immer als Subject gelten. Das Subject kann auch unterdrückt sein und eine adverbiale Bestimmung den Satz eröffnen: **東敗於齊**。*tūng pái iū Ts'î*, im Osten wurde (ich) besiegt von Ts'i. Mtsï I, ɪ, V, 1.

§. 349. (II.) Unpersönliches wird nicht personificirt: **至于棗栗棹柿、印度無聞**。*čí-iū tsaò lut pī-ší, Yín-tú wû wên.* Anlangend die Brustbeeren, Kastanien und Kaki (-früchte), in Indien wird von ihnen nicht gehört. (Nicht: Indien hat davon nichts gehört.) Julien, *Exam. crit.* no. 122. (§. 269.)

§. 350. (III.) Stehen mehrere aufeinanderfolgende Substantiva vor dem Hauptverbum, so pflegen ihre respectiven Bedeutungen — in sorgfältigen Drucken überdies die Interpunctionszeichen — Anhalt zur Bestimmung ihrer Beziehungen untereinander und zu dem Verbum zu bieten. **十有八年、春、王三月、曹伯須卒**。*šip yeú pat niên, č'ūn, wâng sām yuet, Ts'aô pek Siū tsut.* Im 10 + 8 (= 18.) Jahre, im Frühling, in des Königs drittem Monate starb der Graf von Ts'ao (Namens) Siü. Č'ün-ts'ieu X, 18. Schwieriger ist folgender Satz: **夏、四月、乙丑、天王崩**。*hiá, ssî yuet, Yik-č'eù, t'iēn wâng pēng.* Im Sommer, im vierten Monate, am (Tage) Yik-tsch'eu, starb nach-des-Himmels-Fügung der König. Hier ist offenbar **天** *t'iēn* weder Genitiv: des Himmels König, noch Eigenname: König T'iēn, noch Locativ: im Himmel. Sonach kann es nur den Urheber bedeuten. Das. 22.

Zeit und Ort.

§. 351. Zeit und Ort, wann und wo etwas geschehen, pflegen **vor dem Subjecte** genannt zu werden. Die Zeitangabe geht in der Regel der Ortsangabe voraus, d. h. man erzählt zunächst von der Zeit, dann innerhalb dieser vom Orte, endlich von der Person oder Sache (fortschreitendes psychologisches Subject): 其時中國亦以幣權錢。*k'î śî čūng-kuok yik ì pí k'uên ts'iên.* Zu der Zeit wog man im Mittelreiche auch Seidenzeug gegen Geld. *Chin. curr.*, pag. 199. 世莫知其然否。*śí mok čī k'î žân-feù.* In der Mitwelt Niemand weiss dessen Ob oder Ob-nicht (= ob daran etwas wahr ist). Ssï-ki LXIII, 3 a. 天下知之者少。*t'iēn-hiá čī čī čè śaò.* Im Reiche sind die, welche es wissen, wenige. Han-fei-tsï IV, 14 b. — Vgl. §. 260.

§. 352. Anders, wenn Zeit- oder Ortsangaben **zwischen Subject und Verbum** stehen. Dann sind sie lediglich nähere Bestimmungen des Letzteren und also erst recht eigentlich adverbial: 於是漢王夜出。*iü-śí Hán wâng yé* (r. 36) *č'ut.* Darauf zog der Han-König bei Nacht aus (unternahm eine nächtliche Expedition). Ssï-ki VII, 24 a. 楚兵四面擊之。*Č'u pīng ssí mién kik čī.* Das Heer von Tsch'u griff ihn auf (oder von) vier Seiten an (machte einen vierseitigen Angriff). Das.

§. 353. Wo die Interpunction fehlt, kann es zweifelhaft sein, ob Ort oder Zeit adverbial oder als Attribute des folgenden Substantivums stehen: 二十年 N, könnte an sich sowohl: der zwanzigjährige N, als auch: im zwanzigsten Jahre, N . . . bedeuten; 楚人 sowohl: in Ts'ù ein Mann, als auch: ein Mann aus Ts'ù. Nach dem Sprachgebrauch wird in der Regel im ersteren Falle eine Zeitangabe — nicht Altersbestimmung —, im zweiten eine Angabe der Herkunft, nicht des Ortes wo zu vermuthen sein; doch dürften sich nähere grammatische Vorschriften hierüber kaum geben lassen.

Ursache, Werkzeug, Beziehung.

§. 354. Zuweilen giebt ein vor dem Verbum stehendes Substantivum das Mittel, Werkzeug, die Beziehung oder die Ursache an: 性不知禮義。*síng put čī lì ngí.* Von Natur kennt er (der Mensch) nicht Schicklichkeit und Rechtlichkeit. Siün-king. 太后心欲之。*t'ái-heú sīm yuk čī.* Die Kaiserin-Mutter wünschte es von Herzen. Ssï-ki LII, 3 a. 我何面目見之。*ngò hô mién muk kién čī?* Mit welchem Antlitz und Auge soll ich sie sehen? Das. VII, 31 a. 天下何耆皆從易牙之於味也。*t'iēn-hiá hô śí* (= 嗜) *kiāi ts'ûng Yik-yâ čī iü wéi yè?* Warum sollten im Reiche Alle betreffs des Appetites (dem Verhalten) des Yik-ya zum Geschmacke folgen? Mtsï VI, I; VII, 5. 使之力役相助。*ssì čī lik-yik siāng tsú.* Es veranlasst sie, mit Dienstleistungen einander zu unterstützen. Sing-li-tsing-i III, 23 a. Dann weiter: 患難相恤。*huán nân siāng sut*, in Angst und Sorgen einander bemitleiden. Das. 有所不逮、可教者教之、可督者督之。*yeù sò put* *tái, k'ò kiaó-čè kiaó čī, kò tuk-čè tuk čī.* Giebt es etwas, was er nicht erreicht, so kann man ihn durch Lehrer belehren, durch Führer anleiten. Das. XI, 22a. 惠王此言但知有利乃爲已之私也。*Hoêi wâng ts'ī yên tán čī yeù lí nài wêi kì čī ssī yè.* König Hoei wusste, dieser Rede nach zu urtheilen, nur, dass es Vortheil gebe, und machte (betrieb) seinen eigenen Nutzen. Tägliche Erklärung zu Mtsï I, I, Bl. 2a. 力能手格猛獸。*lik nêng šeù kek méng-šeú.* Vermöge seiner Körperkraft war er fähig, mit (blosser) Hand mit reissenden Bestien zu kämpfen. T'ung-kien-k'ang-mu (Sch.).

§. 355. In ähnlicher Weise kann der **Urheber eines passiven Verbums** adverbiale Stellung erhalten: 汝身非汝有也。*žù šīn fēi žù yeù yè.* Dein Körper wird nicht von dir gehabt, ist nicht dein eigen. Liet-tsï I, 11a. 無憂王建。*Wû-yeū* (r. 61) *wâng kién.* (Diese Stûpas sind) vom Könige Wu-yeu (= Açoka) errichtet. Si-iü-ki (J.).

Aehnlichkeit.

§. 356. Seltener und, wie es scheint, nur in gewissen Verbindungen treten Substantiva vor das Verbum, um dessen Art und Weise durch einen Vergleich zu versinnlichen. Die Aehnlichkeit kann dabei sowohl auf Seiten des Subjects wie auf Seiten des Objects gedacht sein. Beispiele:*)

Auf Seiten des Subjects: 庶民子來。*šú mîn tsī lâi.* Das ganze Volk kam wie Kinder. Ši III, I, VIII, 1. 鯨吞 *k'îng t'ūn,* wie ein Walfisch verschlingen. 鳥獸散 *niaò šeú sàn,* sich zerstreuen wie Vögel und wilde Thiere. 蠶食天下。*ts'âm šik t'iēn-hiá,* wie Seidenraupen das Reich fressen, d. h. sich desselben nach und nach bemächtigen.

Auf Seiten des Objects: 今知君之犬馬畜伋。*kīm čī kiūn čī kiuèn mà č'uk Kip.* Jetzt weiss ich, dass der Fürst den K'ip (= mich) wie einen Hund oder ein Pferd füttert. So auch Li-ki, *Chin. Mandsch.* I, 13b: 父(兄)事之。*fú (hiūng) ssí čī,* ihm wie einem Vater (älteren Bruder) dienen.

b. Adverbiale Objecte oder Prädicate.

§. 357. Die Wortstellungsgesetze sind hinsichtlich der näheren Bestimmungen des Verbums weniger unverbrüchlich als sonst. Statt der attributiven Stellung vor dem Verbum kommt mehr oder minder häufig eine andere, nachdrücklichere hinter dem Verbum vor. Es ist nicht ganz klar, wie dieselben

*) Die Beispiele sind Julien's *Syntaxe nouvelle* I, pag. 66—67 entnommen.

vom Sprachgeiste aufgefasst werden, ob man eine Art secundärer Prädicate oder eine Art Objecte (der Wirkung) geschaffen habe. Von Locativen dieser Art wurde oben §§. 325, 327 gesprochen. Die Erscheinung kehrt aber auch sonst wieder.

Zeitdauer.

§. 358. Angaben der Zeitdauer pflegen oft hinter dem Verbum zu stehen; der Zeitverlauf wird dabei wohl als Wirkung, mithin als Object des Geschehens gedacht (vgl. unsern Accusativ in ähnlichen Fällen): 行之一年。*hîng čï yit niên*. Er that es ein Jahr lang. Kia-iü I, 1a. 若是三年、而百姓正矣。*žok-ší sām niên, rî pek-síng číng ì*. (Ist es) so drei Jahre lang, so sind die hundert Familien (ist das Volk) wohl in Ordnung. Das. II, 3b. 居外十三年。*kiū nguái šip-sām niên*. Er verweilte auswärts dreizehn Jahre lang. Ssï-ki II, 2b. 吾與回言終日。*ngû iù Hoêi yên čūng-žit*. Ich habe mit Hoei den ganzen Tag geredet. LYü II, IX.

Von anderer Wirkung ist die attributive Stellung: 三月不知肉味。*sām yuet put čï žuk wéi*. Drei Monate lang kannte er nicht den Geschmack des Fleisches, d. h. der empfangene Eindruck äusserte sich drei Monate lang dadurch, dass er u. s. w. LYü VII, XIII.

Urheber, Ursache.

§. 359. Auf der Analogie mit Verben des Folgens, Nachahmens u. s. w. mag es beruhen, dass gelegentlich Verba von verwandter Bedeutung das zum Objecte haben, was logisch ihr Urheber oder ihre Ursache ist. Thai-kih-thu §. 8c findet sich der Satz: 聖人可學矣。*šíng žîn k'ò hiok ì*, wörtlich: der heilige Mensch mag (ì) gelernt werden können. Dies ins Activum verwandelt, ergiebt: 學聖人。den (d. i. beim) heiligen Menschen lernen, ihm nachstreben; 化 *hoá*, verändern, beeinflussen, bekehren, sich bekehren; aber: 化師法 *hoá ssï fap*, durch Lehrer und Gesetze umgewandelt werden, sich nach deren Vorschriften bekehren; 化禮義 *hoá lì ngí*, *‚they have come under the transforming influences of propriety and righteousness.* Sün-K'ing (Legge, *Chin. Class.* II, Einl., pap. 82—83, 85).

C. Infinitiv.

§. 360. Jedes Verbum mit seinen etwaigen Objecten und Adverbialattributen bildet ohne Weiteres einen Infinitiv, wenn es nicht als Prädicat und wenn der Verbalbegriff selbst substantivisch fungirt. Der Infinitiv sammt seinem etwaigen Zubehör ist nach Aussen hin Substantiv und kann in den verschiede-

海上絲綢之路文獻集成 科技與文化编

nen grammatischen Beziehungen (Casus) eines solchen auftreten; dagegen bleibt er in Rücksicht auf jenen Zubehör, ganz wie bei uns, verbal. Als Beispiele einige Sprüchwörter: 臨淵羨魚、不如退而結網。*lîm yuēn sién iû, put žû t'úi rî kiet wàng.* Hinuntersteigen zum Tümpel (Wirbel) und Fische begehren ist nicht (so gut) wie heimkehren und Netze stricken; 坐食山崩。*tsó šik šān pēng.* Ueber dem Sitzen und Essen fällt ein Berg ein (geht ein Vermögen zu Grunde); 忙中有錯。*máng čūng yeù ts'ó.* Eilens Mitte hat Irren — in der Eile gibt es Irrthum; 三年讀書不如聽講。*sām niên tuk šū put žû t'īng kiàng.* Drei Jahre lang Bücher lesen ist nicht (soviel nütz) wie Besprechungen (wissenschaftliche Discussionen) anhören. Die Stellung besagt: drei Jahre sind auf die eine Art besser angewendet, als auf die andere.

D. Participien.

a. Adjectivische.

§. 361. Ein Verbum mit oder ohne adverbialen oder objectiven Zubehör fungirt als attributives Particip, wenn es **vor sein logisches Subject** tritt und mit demselben zusammen einen **substantivischen Satztheil** bildet. Man bemerke aber, dass der Chinese nicht, wie wir es wohl thun, das attributive Particip in erzählender Absicht statt eines adverbialen Particips oder *verbum finitum* gebraucht. Statt: der erschrockene Knabe lief davon, wird er sagen: der Knabe erschrak (und) lief davon.

§. 362. Steht ein Verbum mit oder ohne Zubehör vor einem Substantive als dessen Attribut, so ergibt sich das ***genus verbi*** ohne Weiteres, wenn man das Attribut in ein Prädicat verwandelt, d. h. wenn man das Substantivum als Subject vor das Verbum (sammt Zubehör) stellt, also aus dem Satztheile einen Satz macht. Daraus ergeben sich folgende Regeln:

§. 363. Ein *verbum neutrum* vor seinem logischen Subjecte bildet ein ***participium neutrum***: 人亡 *žîn wâng*, ein Mensch ist fortgegangen: 亡人 der fortgegangene Mensch, d. i. der Flüchtling. Ta-hiok c. X, 13. 居 *kiū*, wohnen, sich zurückziehen: 居士 *kiū-ssï*, ein in der Zurückgezogenheit lebender Gelehrter. Han-fei-tsï XII, 7 a. 亂臣 *luán č'în*, ein aufrührerischer Minister. Das. XIII, 13 b. 罪人 *tsúi-žîn*, ein Verbrecher. Das. XV, 7 a. 倍 *péi*, sich auflehnen: 有|心 *yeù péi sīm*, rebellische Gesinnungen haben. Das. XVI, 3 b. 過客止。*kuó k'ok čì.* Der vorübergehende Fremde bleibt stehen. Tao-tek-king XXXV. — Hierher gehören weiter Composita, wie: 去年 *kiū-niên*, vergangenes Jahr; 來世 *lâi-ši*, kommende Geschlechter; 行人 *hîng-*

žîn, Reisender; 行書 *hîng-šū*, Currentschrift; 通寶 *t'ūng-paò*, überall durchdringender Werth, d. h. coursirende Münze.

§. 364. Steht ein sonst actives Verbum attributiv vor seinem logischen Objecte, so gilt es als **passives Participium:** 取到舊會。*ts'iū-taó kieú hoéi*, das eingezogene alte Papiergeld. *Chin. curr.* pag. 194. 河南官私作見錢。*Hô-nâm kuān ssī tsok hién ts'iên*, das zu Ho-nan öffentlich (von Staatswegen) oder von Privaten gemachte baare Geld. Das. 198.

So findet sich zuweilen 有 *yeù* = gehabt werdend, ἐχόμενος: 天下有始、以爲天下母。*t'iēn-hià yeù šì, ì-wêi t'iēn-hiá mù*. Der von der Welt gehabte Anfang (der Anfang der Welt), daraus ist geworden der Welt Mutter. Julien: *le principe du monde* etc. Tao-tek-king LII. 天下有中、敢直其身、先王有道、敢行其意。*t'iēn-hià yeù čūng, kàm čik* (r. 109) *k'î šīn, siēn wâng yeù taó, kàm hîng k'î í*, in der von der Welt gehabten Mitte zu wagen, aufzurichten seine Person, betreffs der von den früheren Königen gehabten Grundsätze zu wagen ins Werk zu setzen seine Ansichten. Legge, *Chin. Class.* II, Introd. 90: *Boldly to take up his position in the place of the universally acknowleged Mean . . . doctrines of the ancient kings.* Sün-k'ing. — Man sieht, dass 有 in solchen Fällen ein sehr kräftiger Ausdruck des Genitivverhältnisses ist.

§. 365. Steht ein **Verbum mit seinem Objecte** attributiv vor seinem logischen Subjecte, so bleibt das Genus unverändert: 讀書人講理、做工人講嘴。*tuk-šū-žîn kiàng lì, tsó-kūng-žîn kiàng tsùi*. Bücher lesende Menschen (Studirte) sprechen von Vernunft, Handarbeit machende Menschen sprechen vom Schnabel (übers Essen). Sprüchwörter. 在外會子。*tsái nguái hoéi-tsì*, das draussen seiende Papiergeld. *Chin. curr.*, pag. 192.

§. 366. Nicht eigentlich participial sind attributive Verbindungen von Verben und Substantiven nach Art unserer Composita: Schreibfeder, Sterbestunde, Stehplatz, in welchen, logisch genommen, das **Substantivum sich zum Verbum** nicht als Subject oder Object, sondern irgendwie **adverbial** verhält, z. B.: 死罪 *ssì-tsúi*, todeswürdiges Verbrechen. Han-fei-tsï X, 8 a. 生日 *šēng-žit*, Geburtstag; 死日 *ssì-žit*, Todestag; 居處 *kiū-č'ú*, Wohnort; 坐月 *tsó-yuet*, Sitzmonat, d. h. die Wochen nach der Niederkunft; 謌聲 *kō-šīng*, Singstimme. 民之爲道 *mîn čī wêi taó*, die Seinsart (das Verhalten, *la manière d'être*) des Volkes. Mtsï III, ɪ, III, 3. Hierher gehören Büchertitel, wie: 太上老君說常清靜經。*T'ái-šáng-laò-kiūn šuot č'âng ts'īng tsíng kīng* — canonisches Buch, in welchem des Allerhöchsten Fürst (*Laò-tsï*) von der beständigen Reinheit und Ruhe spricht. Wylie, *Chin. Lit.*, pag. 178.

海上絲綢之路文獻集成 科技與文化编

漢文經緯

Endlich mögen hier die wenig gebräuchlichen Verbindungen von Verben und Adjectiven erwähnt werden, z. B. 死白 *ssï-pek,* sterbensbleich.

b. Substantivische Participien.

§. 367. Dass Verba mit oder ohne Zubehör ohne Weiteres in substantivische Participien verwandelt werden, kommt in der classischen und nachclassischen Sprache nur ausnahmsweise und besonders in gewissen ständigen, technischen Ausdrücken, Amtsnamen u. dgl. vor: 二生一死。*rì šēng, yit ssï,* zwei Arten lebender, und eine Art todter (Thiere). Šu II, I, 8. 乃話民之弗率。*nài hoá mîn čī fut šut.* Da redete er zu den Unfolgsamen unter dem Volke. Šu IV, VII; II, 1. 今爾奔走臣我監五祀。*kīm rì pēn-tseù čîn ngò kiēm ngù ssï.* Jetzt habt ihr fünf Jahre lang umhereilend meinen Aufsehern gedient (*kiēm,* beaufsichtigen). Šu V, XVIII, 24. 位事惟能。*wéi-ssï wêi nêng.* Er übertrug Dienste nur den Befähigten. Šu V, III, 10. 嘉善而矜不能。*kiā* (r. 30) *šén rî kīng put-nêng,* zu beloben die Guten und zu bemitleiden die Nichtkönnenden. Čung-yung XX, 14. 自西自東、自南自北、無思不服。*tsï sī tsï tūng tsï nâm tsï pek, wû ssï put fuk.* Aus dem Westen, aus dem Osten, aus dem Süden, aus dem Norden, nicht gab es Solche, welche gedachten, sich nicht zu unterwerfen. Ši III, I, IX, 6. — Zumal 能 *nêng,* und 不能 *put nêng* = Befähigte, Unbefähigte, trifft man auch in der classischen und nachclassischen Literatur noch öfter an.

§. 368. 有 ***yeù,*** haben, mit folgendem Landes-, Volks- oder Ortsnamen bedeutet: der . . . habende, d. h. der Fürst, Befehlshaber von . . . So im Šu 有苗 *yeù-Miaô,* der Miao-Fürst u. s. w.; 伊尹耕於有莘之野。*Ī-yìn* (r. 44) *kēng iū yeù-Sīn čī yè.* I-yin pflügte (= war Landwirth) auf des Fürsten von Sin Ländereien. Mtsï V, I, VII, 2.

§. 369. Hierher gehörige **Aemternamen** sind sehr häufig: 將軍 *tsiáng-kiūn,* der das Heer Anführende, oder auch nur 將 *tsiáng,* Anführender = General; 有司 *yeù-ssï,* Amthabender = Beamter.

Anmerkung. Massenhafte Beispiele dieser Art finden sich in: W. Fr. Mayers, *The chinese government.* Shanghai, 1878, 4°, einem empfehlenswerthen Handbuche des chinesischen Behördenwesens.

IV. Capitel.

Casuslehre.

§. 370. Die Casuslehre ist in den Capiteln: ‚Nomen zu Nomen', und ‚Nomina und Verba zu einander' vollkommen vorbereitet. Allein dort war sie nicht als Eintheilungsgrund massgebend und musste daher in Stücke gerissen werden. Jetzt gilt es, sie einheitlich zusammenzufassen, um festzustellen, ob und welche Casusbegriffe die chinesische Sprache kenne. Kennt sie solche, so kann sie dieselben zunächst nicht anders als durch die Mittel der **Wortstellung** zum Ausdrucke bringen, welche ja in den Partikeln nur eine weitere Entwickelung erfahren. Nun hat es sich ergeben, dass allerdings die Beziehungen der Substantiva untereinander und zu anderen Redetheilen in der Wortstellung ihren Ausdruck finden, dass also die Sprache recht wohl Casusunterschiede zu machen weiss.

§. 371. Somit fragt es sich weiter: **Wie viele und welche Casus** erkennt das Chinesische an? Was es unterscheidet, darf nicht vermengt, was es gleich behandelt, darf nicht auseinander gerissen werden. 三年讀書 *sām niên tuk šū*, und 讀書三年 heisst Beides: drei Jahre lang Bücher lesen; aber *sām niên*, drei Jahre, hat im ersten Falle adverbiale, im zweiten Objectsstellung, steht folglich in zwei verschiedenen Casus. Dagegen kann die nämliche Stellung auch nach dem Geiste der Sprache verschiedenen Casus dienen. Das Substantivum tritt vor das Verbum, mag es nun als Subject, mag es adverbial fungiren. Beide Functionen scheinen vom Sprachgefühle unterschieden zu werden und sind daher auch grammatisch auseinander zu halten. Und wiederum darf das Object in gewissen Fällen vor das Verbum treten; dass es aber darum in der Anteposition nicht minder Object bleibe, lehrt der Gebrauch des Objectspronomens 之 *čī* und die sofortige Umstellung der Glieder, wenn die etwa nöthige Negation wegfällt oder ein anderes Wort an Stelle des Pronomens tritt.

§. 372. Aus der Reihe der Casus sind **auszuscheiden:**

a.) die absolute Stellung des Substantivums;

b.) der Vocativ, — Beide, weil in ihnen das Wort ausserhalb der Satzverbindung steht;

c.) die Apposition;

d.) die Coordination, einschliesslich der Verbindung von Synonymen, und

e.) die Stellung hinter einem genitivischen, adjectivischen oder participialen Attribute, — diese drei, weil bei ihnen die Substantiva in jedem beliebigen Casus stehen können.

Selbstverständlich gilt Alles, was von Substantiven gesagt wird, auch von Eigennamen und substantivischen Fürwörtern, sowie von Infinitiven; und was von einfachen Wörtern gilt, gilt auch von coordinirten und von solchen mit Attributen.

海上絲綢之路文獻集成 科技與文化編

漢文經緯

§. 373. Darnach dürften sich folgende Casus ergeben:

a.) der **Subjectivus**, wenn das Substantivum als Subject vor einem Verbum — vgl. auch b.) — steht;

b.) der **Prädicativus**, wenn es, ohne von einem Verbum regiert zu sein, am Ende des Satzes steht. In diesem Falle gilt es als Verbum neutrum, sofern es den Begriff der Copula in sich trägt und Adverbien vor sich haben kann, dagegen in Rücksicht auf seine etwaigen genitivischen oder adjectivischen Attribute als Substantivum;

c.) der **Objectivus**, wenn es hinter einem Verbum (oder einer Präposition) als deren Regimen steht;

d.) der **Genitivus**, wenn ihm ein Substantivum folgt, dessen nähere Bestimmung es bildet; endlich

e.) der **Adverbialis**, wenn es mittelbar oder unmittelbar vor einem Adjectiv oder Verbum als dessen nähere Bestimmung steht.

Anmerkung. Der Fall, wo ein Nennwort sich durch seine Stellung in ein Verbum transitivum verwandelt, gehört nicht hierher, und auch die gelegentliche Verwendung eines Nennwortes als passives Verbum am Ende des Satzes würde, wenn sie nachweisbar sein sollte, nicht unter den Prädicativus fallen; denn hier wie dort kann nicht mehr von Substantiven die Rede sein. Dagegen walten in anderen Einzelnheiten noch theoretische Zweifel, die indessen das Textverständniss nicht beeinträchtigen dürften.

§. 374. Wo das **Subject** ausgedrückt ist, wird man es in der Regel leicht erkennen. Steht ein Substantivum vor dem Prädicate, so ist es entweder Subject oder adverbial, und letzteren Falls ist das Subject unausgedrückt. Was im einzelnen Falle vorliegt, ergiebt sich aus dem logischen Begriffsverhältnisse zwischen jenem Substantive und dem Prädicate. Das Verbum 有 *yeù* kann in der Bedeutung: ‚haben‘ einen Subjectivus, in der Bedeutung: ‚es giebt‘ einen Adverbialis vor sich haben und ebenso sein Gegensatz 無 *wû*. Das Subject wird in der Regel persönlich, der Adverbialis örtlich sein. Anders z. B. in folgendem Sprüchworte: 官有大小、吏無尊卑。 *kuān yeù tá siaò, lí wû tsūn pēi.* Unter den Beamten giebt es Grosse und Kleine, unter den Subalternen giebt es nicht Hohe oder Geringe (— dort Rangunterschiede, hier keine). Objecte von 有 und 無 sind Arten der Gattungen 官 und 吏; daher können Letztere nicht wohl Subject sein. In anderen Fällen mag man vielleicht mit dem Subjectscasus übersetzen, aber adverbial construiren: 豈惟口腹有飢渴之害、人心亦皆有害。 *k'î wêi k'eù fuk yeù kī hot čī hái? žîn sīm yik kiāi yeù hái.* Hätten (empfänden) etwa nur Mund und Bauch des Hungers und Durstes Uebel? der Menschen Herzen gleichfalls alle haben

Uebel (= leiden mit). Hier dürfte im chinesischen Sinne adverbial zu construiren sein, um die *pars pro toto* zu vermeiden. Mtsï VII, I, XXVII, 1.

§. 375. Steht ein einzelnes Substantivum am Ende des Satzes, so ist es entweder **Object** oder **Prädicat.** Es leuchtet ein, dass ein Prädicat zum Subject, ein Object zum regierenden Verbum passen muss, und dass dabei nur selten Zweideutigkeiten vorkommen können. Im Einzelnen merke man:

a.) Stehen Possessivcomposita prädicativ — §. 302 —, so ist als Copula ‚haben' zu ergänzen, und dann kann sich das Prädicat zum Subjecte wie der Theil zum Ganzen verhalten: 人皆深目高鼻。 *žîn kiāi šīm-muk kaō-pí.* Die Menschen (eines gewissen Volkes) durchgängig haben tiefliegende Augen (und) hohe Nasen (Sch.).

b.) Theoretisch lässt sich in manchen Fällen zweifeln, ob Wörter für das Sein und seine Modalitäten, welche nach unsern Begriffen Subject und Prädicat verbinden, im Sinne des Chinesen wirklich einen Prädicativus und nicht vielmehr einen Objectivus hinter sich haben. Practisch ist diese Frage unerheblich. Vgl. §. 321.

§. 376. Objectivus und **Adverbialis** berühren sich insofern, als Beide Orts- und Zeitangaben enthalten können. Allein:

a.) Ortsbestimmungen aller Art und Angaben der Zeit, wann etwas geschehen, stehen regelmässig im Adverbialis, also vor dem Verbum (§§. 351, 352).

b.) Die objective Stellung gebührt ihnen hinter Verben des örtlichen Verweilens oder Sichfortbewegens (§. 325). Ausnahmen, wo solche Angaben auch hinter anderen Verben stehen, sind selten und allerdings schwierig (§§. 326, 327).

c.) Angaben der Zeitdauer können in allen Fällen in beiden Casus stehen (§. 358).

§. 377. Aehnlich wie mit den Angaben des Ortes verhält es sich mit denen des Grundes: die adverbiale Stellung ist die regelmässige; die objective Stellung dagegen setzt solche Verba voraus, bei denen Gegenstand und Ursache Eins sind, d. h. Verba der Gemüthsstimmung oder Gefühlsäusserung (§. 328). Diese Schranke wird in ganz vereinzelten Fällen überschritten. — §. 359.

§. 378. Ein **Genitivus** kann natürlich nur einen substantivischen Satztheil hinter sich haben, also mit diesem zusammen nur einen solchen bilden und mithin keinen vollen Satz ergeben. Wenn nun der Chinese das logische Subject eines Satzes in den Genitiv setzt, so verwandelt er diesen ganzen Satz in ein Quasi-Substantivum: 太極有動靜。 *t'ái-kik yeǹ túng tsíng*, das Ur-

海上絲綢之路文獻集成 科技與文化編

princip hat Bewegung und Ruhe. Aber mit dem Genivworte 之 *čī*: 太極之有動靜、是天命之流行也。... *šï t'iēn míng čī lieû-hîng yè*. Des Urprincips Bewegung-und-Ruhe-haben (— **dass** das Urprincip — hat), ist Wirkung der himmlischen Bestimmung. Thai-kih-thu 2a. — Da der Genitiv in solchen Fällen nie durch die blosse Wortstellung vom Subjectivus zu unterscheiden ist, so gehört das Nähere in die Lehre von den Hülfswörtern.

§. 379. Oft ist dasselbe Substantivum, Nomen proprium oder Pronomen **zugleich hinsichtlich des nächstfolgenden Satztheiles Genitiv** und — stillschweigend, der Wirkung nach — **hinsichtlich des Prädicates oder Hauptprädicates Subject.** Fälle dieser Art behandeln die §§. 301, 439.

§. 380. Folgen im Satze zwei oder mehrere Substantiva aufeinander, so ist zunächst zu prüfen, ob und wie sie sich etwa in Gruppen zusammenschliessen; das Nähere siehe unter ,Nomen zu Nomen'. Die zweite Aufgabe ist, zu erkennen, wie sich die Einzelwörter oder Gruppen ihren Bedeutungen nach zu einander und etwa zu den übrigen Satztheilen verhalten. Beispiele:

I. (Sam-tsï-king:) 首孝弟、次見聞。 *šeù hiaó tí, ts'ï kién wên*, wörtlich: Kopf, kindliche Pietät, jüngerer Bruder, Zweites, Sehen, Hören. 弟 *tí*; jüngerer Bruder, wird oft statt 悌 *tí* = richtiges Verhalten des jüngeren Bruders gegen den älteren, angewandt. So offenbar hier, weil *hiaó tí* = Pietät und Bruderliebe, eine gebräuchliche Verbindung ist. 見聞 *kién-wên* vereinigt sich in dem Begriffe: Kenntnisse, Erfahrungen. Das Wort 首 *šeù*, Kopf, passt in dieser seiner Grundbedeutung nicht hierher. Genitivisch kann es sich offenbar zum folgenden nicht verhalten; ebensowenig kann es Subject sein, folglich muss es adverbial aufgefasst werden: ,am Kopfe' und dies wieder figürlich: ,zuerst, vor Allem'; 次 *ts'ï* = zweitens, hernach, steht ihm passend gegenüber. Also ist zu übersetzen: Vor Allem kindliche Pietät und Bruderliebe, dann (erst) Hören und Sehen — erst sittliche Erziehung, dann Ausbildung der Intelligenz.

II. (Sprüchwort): 菜不食心、以有生意。 *ts'ái put šik sïm, ì yeù šēng í*, Gemüse nicht essen Herz, dadurch haben Wachsen Absicht. 有...意 mit zwischenstehendem Verbum heisst: die Absicht oder Tendenz haben zu ... Nun ist sowohl 生 als auch 食, Letzteres als Passivum verstanden, passendes Prädicat zu 菜 — essbare Kräuter. Allein 食 hat hinter sich das Object 心, muss also activ sein und folglich ein ungenanntes Subject haben. Darnach ist 不食心 Zwischensatz, und die Construction diese: das Gemüsekraut, isst man nicht sein Herz (= den Sitz seiner Lebenskraft), hat demzufolge die Tendenz (weiter) zu wachsen. Prémare (*Not. l. sin.*, pag. 255) übersetzt frei: *Si herbarum cor non comedis, iterum pullulant.*

III. (Desgl.) 得失一朝、榮辱千載。 *tek šit yit čaō, yûng žuk ts'iēn tsài,* erlangen, verlieren ein Morgen, Ehre, Schande tausend Jahre. Zwei Parallelsätze mit coordinirten Entgegengesetzten als Subjecten, und Possessivcompositis als Prädicaten: Gewinnen oder Verlieren ist Sache eines Morgens, Ehre oder Schande währt tausend Jahre.

IV. (Desgl.) 家人犯法、罪在家主。 *kiā žîn fám fap, tsúi tsái kiā čù,* Haus Mensch verletzen Gesetz, Schuld ist-in Haus Herr. Hier sind die beiden *kiā* offenbar Genitive zu *žîn* und *čù*; die Verben *fám* und *tsái* ergeben, was Subject und was Object ist, und die Uebersetzung lautet: (Wenn) die Hausbewohner die Gesetze verletzen, so liegt die Schuld am Hausherrn.

V. Capitel.

Stellung der Adverbien.

§. 381. Adverbien können dreierlei Stellung haben:

a.) unmittelbar vor dem Verbum, Adjectivum oder vor einem andern Adverb;

b.) zu Anfang des Satzes, — von der vorigen Stellung nur dann äusserlich verschieden, wenn das Subject unausgedrückt ist;

c.) hinter dem Verbum.

Nominale Prädicate gelten hinsichtlich der Adverbien als *verba neutra*: x sein.

Jene drei Stellungen sind in Anwendung und Bedeutung wesentlich verschieden. Die Unterschiede ergeben sich aus den allgemeinen Stellungsgesetzen. Man vergleiche aber auch die Capitel II und III hinsichtlich der adverbialen Anwendung von Substantiven und Verben.

Anmerkung. Das Adverb ist im Chinesischen ein schwer zu umgränzender Redetheil, zumeist aus Substantiven, Adjectiven, Pronomen und wohl auch Verben zusammengeborgt. Unter den sogenannten Hülfsverben (§. 309) mag manches Adverb stecken. Zum Glücke ist auch in diesem Falle der theoretische Zweifel ohne Einfluss auf das praktische Verständniss der Texte.

A. Attributive Stellung.

§. 382. Steht das Adverb unmittelbar vor einem Verbum oder Adjectivum, so ist es ausschliesslich nähere Bestimmung des folgenden Wortes oder Wortcomplexes: 子所雅言、 *tsì sò yà yên,* das was (wovon) der Meister häufig redete (war das Ši u. s. w.). LYü VII, XVII. 魯王聞之

海上絲綢之路文獻集成 科技與文化编

漢文經緯

大慙。 *Lù wâng wên čī tá ts'âm.* Der König von Lu, es hörend, schämte sich sehr (*tá* = *grandement*). Ssï-ki CIII, 3. 博學之、審問之、愼思之、明辨之、篤行之。 *pok hiok čī, šìm wén čī, šín ssī čī, mîng pién čī, tuk hîng čī.* Es (das Gute) weithin erforschen, genau darnach fragen, sorgfältig darüber nachdenken, es klärlich unterscheiden, es ernstlich ausüben. Čung-yung XX, 19. 吾甚恐。 *ngû čím k'ùng.* Ich bin sehr besorgt.

§. 383. Zu den Adverbien, welche regelmässig unmittelbar vor das Verbum treten, gehören ausser den **verneinenden** namentlich die **fragenden:** 何 *hô*, 曷 *hot*, 奚 *hî*, 豈 *k'ì*, 惡 *ngū*, 焉 *yēn* — wie? warum? sowie die aus 何 *hô* und einer Präposition gebildeten Composita und die ebenso zusammengesetzten **Relativadverbien** mit 所 *sò* (§. 346): 吾豈匏瓜也哉、焉能繫而不食。 *ngû k'ì p'aô* (r. 20) *kuā yè-tsāi? yēn nêng hí rî put šik?* Bin ich etwa (*k'ì*) ein bitterer Kürbis? Wie (*yēn*) kann ich aufgehängt und nicht gegessen werden? (Man beachte die Stellung der Passiva.) LYü XVII, VII, 4. 孝者、所以事君也。 *hiaó čè, sò-ì ssī kiūn yè.* Pietät ist es, wodurch man dem Fürsten dient. Ta-hiok c. IX, 1.

Rhetorischen Fragen mit 何 *hô* u. s. w. gehen in der Regel direct verneinende Ausdrücke parallel: 何(豈)敢 *hô* (*k'ì*) *kàm?* wie dürfte ich? = 不敢、何足 *hô tsuk?* wie genügte wohl . . .? — 不足、何可 *hô-k'ò?* wie wäre es thunlich? = 不可、何異 *hô-í?* worin verschieden? — 不異、何必曰利。 *hô pit yuet lí?* Warum ist es nothwendig von Vortheil zu reden? — es ist nicht nöthig, 不必 . . .

§. 384. Der Chinese bedient sich gern adverbialer Ausdrucksweisen, wo wir vielmehr adnominale Bestimmungen erwarten würden. So besonders in zwei Fällen:

a.) Statt die **Mehrzahl** des Subjectes etwa durch ein unbestimmtes Zahlwort auszudrücken, bezeichnet er das Geschehen als ein mehrfaches oder allgemeines. Adverbien, welche zu solchem Zwecke gebraucht werden, sind: 皆 *kiāi*, zusammen, insgesammt; 俱 *kiū*, wofür zuweilen auch 具 *kiū*, allesammt, beisammen; 咸 *hiâm* (r. 30), übereinstimmend, sammt und sonders; 都 *tū*, allgemein; 均 *kiūn*, gleichmässig u. s. w.; 人皆知之。 *žîn kiāi čī čī.* Alle Menschen wissen es. 父子皆行德。 *fú tsì kiāi hîng tek.* Vater und Sohn üben Beide die Tugend. 儒咸從之。 *žû hiâm ts'ûng čī.* Alle Literaten befolgen es.

b.) Statt eines **Adjectivs zum Objecte** fügt man ein entsprechendes Adverb zum Verbum: 若不堪重、則多作輕而行之。 *žok put k'ām čúng, tsek tō tsok k'īng rî hîng čī.* Wenn man das schwere (Geld) nicht für geeignet hielt, so machte man vielfach (= viel) leichtes und setzte es in Umlauf. Ma Tuan-lin. 多行不義。*tō hìng put-ngí.* Er hat viele Ungerechtigkeiten verübt. Tso-čuen I, 1. 使我介然有知。*ssī ngò kiái-žân yeù či.* Angenommen, ich hätte ein wenig (adv.) Kenntnisse. Tao-tek-king LIII. 然理非別爲一物。*žân lì fēi piet wêi yit wet.* Also die Vernunft ist nicht abgesondert ein Ding = nicht ein Ding für sich allein, ein Sonderwesen. Sing-li X, 1b. 至爲義外之說。*čí wêi ngí-nguái-čī šuot.* Er macht (führt) eine sehr (*čí*) ausserhalb-der-Rechtschaffenheit-fallende Rede = seine Worte überschreiten die Grenzen der Rechtlichkeit sehr. Ču-hi zu Mtsï I, Bl. 42a. 人之修短有數。*žîn čī sieū tuàn yeù šú.* Der Menschen Bestrebungen haben eine kurze Frist. *Scarb. Prov.*, no. 912.

Auch statt eines **Adjectivs zum Subjecte** können adverbiale Wendungen eintreten: 忽雷電大起。*hut lûi-tién tá k'ì.* Plötzlich erhob sich ein grosses Gewitter (eigentl. Donner und Blitz). Ngan-ši-teng II. (Sch.)

B. Psychologisches Subject.

§. 385. Das Adverb tritt vor das Subject ganz in den Fällen, in welchen auch dem Adverbialis diese Stellung gebührt — vgl. §§. 351, 352. — Besonders Adverbien der Zeit, des Ortes, der Ursache oder des Umstandes werden gern als nächster Gegenstand der Rede den Satz eröffnen. Viele von ihnen knüpfen an das vorher Gesagte an, fassen es zusammen oder greifen ein Stück heraus und stehen insofern den Conjunctionen nahe. Doch ist die Stellung vor dem grammatischen Subjecte nicht etwa die ausschliesslich gebotene: wo das grammatische Subject zugleich psychologisches Subject, das Adverb nur nähere Bestimmung des Verbums ist, da hat das Adverb hinter dem Subjecte zu stehen: 今汝曰。*kīm žù yuet* — *nunc tu dicis,* redet davon, was jetzt geschieht; 汝今曰 — *tu nunc dicis,* redet zunächst von dir und dann von dem, was du jetzt thust.

§. 386. Zu den adverbialen Ausdrücken, welche vorzugsweise zu Beginn des Satzes erscheinen, gehören u. A.:

a.) Adverbien von Hause aus, wie: 然 *žân,* so; 則 *tsek,* dann; 然則 *žân-tsek,* also; 然而 *žân-rî,* nun aber; 況 oder 况 *hoáng,* um so mehr, erst recht, vollends; 且 *ts'iè,* überdies.

b.) Solche mit folgendem 者 *čè* (etwa = *quidem*), wie: 古丨 *kù-čè,* vor Alters; 昔丨 *sik-čè,* vormals; 今丨 *kīm-čè,* jetzt; 少丨 *šaò-čè,* über ein Kleines, gleich darauf; 或丨 *huok-čè,* vielleicht.

漢文經緯

c.) Wörter für allgemeine örtliche, zeitliche oder ursächliche Beziehungen, wie: 上 *šáng*, oben; 中 *čūng*, in der Mitte, drinnen; 下 *hià*, unten; 內 *núi*, innen; 外 *nguái*, *wái*, draussen, ausserhalb; 先 *siēn*, zuvor, früher; 前 *ts'iên*, vorn, vorher; 後 *heú*, darnach, später, hinten; 間 *kiān*, dazwischen; 始 *šì*, Anfangs; 終 *čūng*, am Ende. Diese alle können ein genitivisches 其 *k'î* = ‚dessen' vor sich haben: in dessen Mitte u. s. w. (vgl. §. 288). Dahin gehört auch 故 *kú* = Ursache, und 是故 *ší-kú* = Ursache dieses, in der Bedeutung: daher, deshalb.

d.) Verbindungen von Präpositionen und Demonstrativwörtern, wie: 是以 *ší-ì*, daher, darum; 於此 *iū-ts'ì* in Diesem = hier; 於彼 *iū-pì*, in Jenem = dort; 自是 *tsî-ší*, seitdem.

e.) Verbindungen, deren letztes Glied ein (im Adverbialis stehendes) Wort für Zeit oder Zeittheile ist, wie: 是時 *ší-šî*, zu dieser Zeit; 當時 *tāng-šî*, zu jener Zeit, damals; 當今之時 *tāng-kīm-čī-šî*, zu dieser jetzigen Zeit; 今日 *kīm-žit*, heute; 明日 *mîng-žit*, morgen; 昨日 *tsok-žit*, gestern; 亡日 *wâng-žit*, in vergangenen Tagen, vormals; 今早 *kīm-tsaò*, diesen Morgen; 明早 *mîng-tsaò*, morgen früh; 昨夜 *tsok-yé* (r. 36), gestern Nacht; 今夜 *kīm-yé*, diese Nacht; 來年 *lâi-niên* oder 明丨 *mîng-niên*, künftiges Jahr; 去丨 *k'iū-niên*, voriges Jahr u. s. w.

f.) Endlich noch eine Menge anderer zusammengesetzter Ausdrücke, wie: 今而後 *kīm-rî-heú*, jetzt und später, fortan; 自今以後 *tsî-kīm-ì heú*, oder 丨丨丨來 *tsî-kīm-ì-lâi*, von nun an, u. s. w.

C. Prädicative Stellung.

§. 387. Die Stellung des Adverbs hinter dem Verbum lässt zunächst eine zweifache Erklärung zu:

a.) Das Adverb kann als ein Object der Wirkung aufgefasst werden: er schreibt schön = er schreibt eine schöne Handschrift oder einen schönen Stil; er lacht laut = er verursacht durch sein Lachen Lärm u. s. w.

b.) Das Adverb kann als Prädicat zweiter Ordnung gelten: er schreibt und seine Schrift ist schön; er lacht, und sein Lachen ist laut. Die nachgesetzten Adjectiva im Französischen sind von ähnlicher Wirkung.

Die erstere Annahme würde nur einen Theil der hierhergehörigen Erscheinungen erklären; die letztere erklärt sie alle, und darum verdient sie den Vorzug.

Anmerkung. Diese Wortstellung scheint am beliebtesten bei den Schriftstellern der Tao-Secte. Sehr gebräuchlich ist sie jedenfalls nicht, und die Mehrzahl der folgenden

11*

Beispiele sind aus Julien, *Exerc. prat.*, pag. 15, *Synt. nouv.* I, pag. 66, und Schott, *Chines. Sprachl.*, S. 69—71, und *Zur chines. Sprachl.*, S. 37, entlehnt.

§. 388. Es ist einleuchtend, dass ein prädicatives Adverb nachdrücklicher wirkt als ein attributives, und so erscheinen denn vorzugsweise sinnverstärkende, aber auch sinnschwächende Adverbien in dieser Stellung, z. B.: 至 *či*, sehr, 甚 *šìm*, sehr, 些 *siê*, wenig, 久 *kieù*, lange, u. a. m. Allein — wieder wie im Französischen — ist auch die Quantität des Adverbs von Einfluss: längere adverbiale Bestimmungen werden zuweilen nachgesetzt, um schleppenden Satzbau, vielleicht auch um Zweideutigkeit zu vermeiden.

Beispiele: 將入戶、視必下。 *tsiāng žip hú, ší pit hià.* Im Begriffe in die Thür zu treten, muss er niederwärts blicken (das Blicken muss niederwärts gerichtet sein). Li-ki I, 16 a. 流行古今、不言之妙。 *lieû-hîng kù kīm, put-yên-čī miaó.* Sie fliessen und wandern (= breiten sich aus) ehemals und jetzt, — ein unsagbares Wunder. Thai-kih-thu 9 d. 生之難及生、夫人弗愛、後生少子、生之易、夫人愛之。 *šēng čī nân kip šēng; fū-žîn fut ngái* (r. 61); *heú šēng šaò-tsì, šēng čī í; fū-žîn ngái čī.* Sie gebar ihn schwer, bis er zur Welt war; die Fürstin mochte ihn nicht leiden; darnach gebar sie den jüngeren Sohn; sie gebar ihn leicht: die Fürstin bevorzugte ihn. Ssï-ki XLII, 3 a. 以予觀於夫子、賢於堯舜遠矣。 *ì iū kuān iū fū-tsì, hiên iū Yaô Šūn yuèn ì.* Nach-der-Art-wie ich den Meister betrachte, ist er wohl bei-Weitem (*yuèn*) weiser als Yao und Schün. Mtsï II, I, II, 26. 覯閔既多、受侮不少。 *keú mìn kí tō, šeú wù put šaò.* Ich sah (= erfuhr) Kränkungen schon viel, empfing Beleidigungen nicht wenig. Ši I, III, II, 4. 致虛極、守靜篤。 *čí hiū kik, šeù tsíng tuk.* Gelangt auf der Selbstentäusserung (eigentl. Leerheit) Gipfel, bewahrt er die Ruhe standhaftiglich. Tao-tek-king XVI. 已受恩深。 *ì šeú yīn šīm.* ‚*Elle avait reçu des bienfaits profondement.*' Pe-še-tsing-ki I, 1 (J.). 回民禁忌豬肉最嚴。 *Hoeî-mîn kím-kí čū-žuk tsúi yêm.* Die muhamedanischen Völker verbieten und verschmähen das Schweinefleisch äusserst streng. 樂感人深。 *yok kàm žîn šīm.* Die Musik erregt den Menschen tief (J.). 若是、則弟子之惑滋甚。 *žok-ší, tsek tí-tsì čī huok tsī ším.* Wenn das ist, dann wächst des Schülers (= mein) Erstaunen sehr. Mtsï II, I, I, 7. 暴其民甚、則身弑國亡、不甚、則身危國削。 *paò k'î mîn ším, tsek šīn ší kuok wâng; put ším, tsek šīn nguêi kuok siok.* Bedrückt (der Fürst) sein Volk sehr, so wird er selbst ermordet und der Staat vernichtet; wenn nicht sehr, so wird er selbst gefährdet und der Staat geschwächt. Mtsï IV, I, II, 4. 施澤於民久。 *ší tsik iū mîn kieù*, dem Volke Wohlthaten erweisen lange

漢文經緯

Zeit (LEGGE: *for a long time*). Mtsï V, I, VI, 2. 名聲出廣下甚遠。 *mîng-sīng č'ut Kuàng hià śim yuèn.* An Ruhm steht er sehr weit unter Kuang. Ssï-ki (S.).

§. 389. Am deutlichsten zeigt sich die prädicative Natur des Adverbs da, wo ihm eine Trennungspartikel vorausgeht: 故民之從之也輕。 *kù mîn čī ts'ûng čī yè k'īng*, daher des Volkes folgen ihm || (war) leicht = daher geschah es leicht, dass das Volk ihm folgte. Mtsï I, I; VII, 20. Wo nun gar dem Umstandsworte ein genitivisches 之 *čī* unmittelbar vorausgeht, da wird Letzteres eben durch diese Stellung Substantiv. So in dem JULIEN'schen Beispiele: 夏失天下之易。 *Hiá śit t'iēn-hià čī yí.* Hia verlor das Reich, dessen Leichtigkeit = die Leichtigkeit, mit welcher Hia u. s. w., oder: dass Hia so leicht u. s. w. — SCHOTT führt u. A. noch an: 貪財至極 *t'âm ts'âi čí-kik*, habgierig im höchsten Grade, wörtlich: erstreben Reichthum erreichen Höchstes. Dazu bemerkt er aber mit Recht, dass eigentlich *t'âm-ts'âi* sich zu *čī-kik* adverbial verhalte, nicht umgekehrt: den Reichthum erstrebend kam er zum Aeussersten.

VI. Capitel.

Doppelung und Wiederholung der Wörter.

§. 390. Die Wiederholung eines Wortes kann eine dreifache grammatische Bedeutung haben:

a.) Das doppelt gesetzte Wort bildet eine Worteinheit — eigentliche Doppelung;

b.) das Wort erscheint unmittelbar hintereinander in der nämlichen Function — echte Wiederholung;

c.) dasselbe Wort tritt in zwei verschiedenen Functionen auf, z. B.: 君君、臣臣、父父、子子。 *kiūn kiūn, č'în č'în, fú fú, tsì, tsì.* Der Fürst (sei) Fürst, der Unterthan Unterthan, der Vater Vater, der Sohn Sohn. LYü XII, XI, 2. 是是非非 *śí śí fēi fēi*, bejahen, was ist, verneinen, was nicht ist, — das Billige billigen, das Unbillige missbilligen u. s. w. Erscheinungen dieser Art sind nicht in diesem Abschnitte zu erörtern: das eine Beispiel erklärt sich aus der Lehre von Nomen zu Nomen, das andere erfordert die Ermittelung der Redetheile, welche erst im nächsten Hauptstücke gelehrt werden soll.

A. Doppelung.

§. 391. Eigentliche Doppelungen sind schildernd, sozusagen malend. Sie kommen namentlich in beschreibender, poetischer oder sonst erregter Rede vor. Inwieweit sie onomatopoetische Gebilde seien, wird wohl nie völlig aufgeklärt werden, jedenfalls scheint in der Mehrzahl derselben der Zusammenhang zwischen ihrer Bedeutung und derjenigen des einzelnen Wortes entweder sehr lose oder völlig räthselhaft, und die Grammatik dürfte insoweit allgemeinere Grundsätze nicht aufstellen können. — Beispiele aus dem Šu: 仡 *yit* (*ngit*) = stark: | | = martialisch; 兢 *kīng*, ängstlich: | | = vorsichtig; 孜 *tsī*, heftig lieben oder begehren: | | = unermüdlich fleissig; 安 *ngān*, Ruhe: | | = natürlich, zwanglos; 截 *tsiet*, abschneiden, zerschneiden: | | = spitzfindig; 昧 *méi*, düster: | | 我思之。. . . *ngò ssī čī*. Tief habe ich darüber nachgedacht. V, xxx, 6. 桓 *huân*, Name einer Baumart: | | = martialische Haltung; 棼 *fên*, Giebelbalken: | | — verworren, unordentlich; 業 *yep*, Erbtheil, Güter: | | = furchtsam sein; 泯 *mìn*, erschöpft, zerstört sein: | | = geblendet, düster, irre werden; 濟 *tsì*, Name eines Flusses (*tsí*, gesprochen = unterstützen): | | *tsì-tsì*, = zahlreich; 眇 *miaò*, einäugig: | | = unbedeutend; 蹌 *ts'iāng*, rasch laufen: | | — straucheln, im Laufen hinfallen.

Beispiele aus dem Ši: 爰 *yuên*, führen, darauf, da: | | — langsam und vorsichtig; 牂 *tsāng*, Schaf: | | = üppig belaubt; 瑲 *ts'iāng*, Farbe gewisser Edelsteine: | | = klingender Ton; 簡 *kiàn*, beschriebene Bambustafel: | | = behäbig, segensreich, laut- und schönklingend (von Musik); 管 *kuàn*, Rohr, Pfeife: | | = seiner Wege gehen, ohne Führer sein. — Zahlreich sind im Ši die Doppelungen, welche (wenigstens angeblich) üppigen Pflanzenwuchs bedeuten oder allerhand Geräusche und Töne nachahmen.

B. Wiederholung.

§. 392. Die Bildungen durch Doppelung, so zahlreich sie sein mögen, sind doch durch den Sprachgebrauch beschränkt; sie vermehren den Wortschatz, sind aber ihrerseits nicht beliebig zu vermehren. Die Wiederholung dagegen kann nach Bedürfniss und Willkür geschehen. Sie beruht theils lediglich auf der Erregung des Redenden, theils ist ihre Bedeutung eine mehr sachliche, malende oder schildernde.

In der **erregten Rede** erscheint die Wiederholung bei den Chinesen ganz ähnlich wie bei uns: 是是 *ší ší*! Ja, ja! Recht so, recht so! 好好 *haò haò*! Gut, gut! 碩鼠碩鼠、無食我黍。 *šik šù*, *šik šù*, *wû šik ngò šù*! Grosse Ratte, grosse Ratte! friss nicht unsere Hirse! Ši I, ix, VII, 1.

漢文經緯

Wo der Redende erregt ist, wird die Sache darnach sein, ihn zu erregen; und so können derartige Wiederholungen eine verstärkende Bedeutung haben, z. B. oben: *ší ší* = sehr recht, sehr wahr! *haò haò* = sehr gut, vortrefflich! 慄慄 *lit-lit*, sehr ängstlich; 懍懍 *lìm-lìm*, sehr furchtsam; 明明 *mîng-mîng*, sehr erleuchtet, sehr klug; 浩浩 *haó-haó*, sehr gewaltig; 來來 *lâi lâi*! komm, komm! aber auch: komm schnell, komm doch endlich! u. s. w.

§. 393. Wo die Doppelung **malend** ist, da drückt sie in der Regel Allheit (aber nicht in dem Sinne der Gesammtheit, sondern mit Auseinanderhaltung der Einzelnen: ‚jeder'), bei Verben wohl auch öfteres Geschehen (‚wiederholt, immer wieder, hin und her, hier und da') aus: 人人 *žîn-žîn*, Jedermann, Mann für Mann; 事事 *ssî-ssî*, alle Geschäfte; 子子孫孫 *tsì-tsì sūn-sūn*, alle Kinder und Kindeskinder. Šu.

Besonders in adverbialem Gebrauche sind z. B. 日日 *žit-žit*, täglich; 時時 *šî-šî*, jederzeit; 世世 *šší-ší*, von Geschlechte zu Geschlechte; 歲歲 *súi-súi*, alljährlich; 處處 *č'ú-č'ú*, aller Orten, überall; 往往 *wàng-wàng*, wohin man auch gehe, allerwärts (Sch.).

C. Doppelungen und Wiederholungen im Satze.

§. 394. Weder Doppelungen noch Wiederholungen bieten in Rücksicht auf ihre Stellung im Satze besondere Schwierigkeiten:*) 便便言。*p'iên-p'iên yên*. Er redete eingehend. LYü X, I, 2. 歲歲取之。*súi-súi ts'ìü čī*. Jährlich sammelte man es. Ma Tuan-lin. 是何匈匈也。*ší hô hiūng-hiūng yè*? Was ist das für ein Gezänke? Han-fei-tsï XIII, 8a. 聖人休休焉。*šíng žîn hieū-hieū yên*. Der heilige Mensch ist resignirt. Nam-hoa-king VI, 2a. 其政悶悶、其民醇醇、其政察察、其民缺缺。*k'î číng mén-mén, k'î mîn šûn-šûn*; . . . *č'at-č'at*, . . . *k'iuet-k'iuet*. Ist die Verwaltung recht trübe (Julien: *dépourvue de lumières*), so wird das Volk sehr reich, . . . sehr klug, . . . sehr arm. Tao-tek-king LVIII. 焉得人人而濟之。*yēn tek žîn-žîn rî tsî čī*? Wie kann er Jedermann übersetzen? (‚Wie erlangend Jedermann so setzt er ihn über?') Mtsï IV, II, II, 4. 得一善、則拳拳服膺、而不失之矣。*tek yit šén, tsek k'iuên-k'iuên fuk-yīng, rî put šit čī ì*. Erfasste er etwas Gutes, so trug er es fest an seine Brust gepresst und verlor es nicht (wieder). *k'iuên* = Faust, festpacken; *fuk* = tragen; *yīng* (r. 130) = Brust. Čung-yung VIII. 堂堂乎張也。*t'âng-t'âng hû Čang yè*! Wie grossartig war Tschang! LYü XIX, XVI.

*) Gewisse sie angehende Eigenthümlichkeiten können erst in der Lehre von den Hülfswörtern Berücksichtigung finden.

海上絲綢之路文獻集成 科技與文化編

VII. Capitel.

Satzfolge.

§. 395. Von **zusammengesetzten Sätzen**, von abhängigen Vorder-, Nach- und Zwischensätzen, kann nur da die Rede sein, wo grammatische Merkmale vorliegen, welche den Satz als Satztheil kennzeichnen. Solche Merkmale können zweierlei Art sein:

a.) Entweder sie befinden sich am fraglichen Satze selbst. Da nun in ihm die Wortstellung dieselbe bleibt, gleichviel, ob der Satz ein selbständiger oder nur Theil einer höheren Satzeinheit ist: so können diese Merkmale nur in Hülfswörtern bestehen, gehören also noch nicht hierher.

b.) Oder das Merkmal befindet sich ausserhalb des fraglichen Satzes, vor oder hinter diesem. Auch hierbei können natürlich Hülfswörter in Frage kommen: trägt der Nachsatz sein Merkmal an sich, so ist dadurch mittelbar auch der Vordersatz als solcher gekennzeichnet. Allein es kann auch sonst ein Satztheil vorausgehen oder folgen, welcher nach oder vor sich einen anderen Satztheil, ein Subject, Object oder Prädicat, verlangt: und auch dann ist der scheinbar selbständige Satz eben nur ein Satztheil: 公告不能。*kūng kaó put nêng*. Der Fürst meldete, er könne nicht. Tso-čuen II, 6. 恐民有倍心。*k'ùng mîn yeù pái sīm*. Er fürchtete, dass das Volk aufrührerische Gesinnung hätte. Han-fei-tsï XVI, 3b. 子張問十世可知也。*Tsï-čāng wén šip šī k'ò čī yè*. Tsï-tschang fragte, ob (die Angelegenheiten von) zehn Generationen (vorher) gewusst werden könnten? LYü II, xxiii, 1. 吾不與祭、如不祭。*ngû put iû tsí, žû put tsí*. Wenn ich nicht dem Opfer beiwohne, so ist es, als ob ich nicht opferte. LYü III, xii, 2. 孰謂鄹人之子知禮。*šuk wéi Tseū žîn čī tsì čī lì?* Wer sagt, dass der Sohn des Mannes von Tseu (einer Stadt in Lu) das Ritual kenne? Das. XV. 不患莫已知。*put huán mok kì čī*. Ich sorge mich nicht, dass Niemand mich (*kì* — sich selbst, auf's Hauptobject bezogen) kennt. Das. IV, xiv. 哀公問弟子孰爲好學。*Ngāi kūng wén tí-tsì šuk wêi haó hiok?* Fürst Ngai fragte, wer von den Schülern lernbegierig sei? Das. VI, ii.

§. 396. Auch sonst geschieht es, sowohl in erzählender oder beschreibender, als in sentenziöser Rede häufig, dass ganze Sätze oder Prädicate, welche logisch von einander abhängig sind, einfach aneinander gereiht werden. Besondere Regeln sind hierfür nicht aufzustellen; vielmehr hat in jedem einzelnen Falle der Zusammenhang zu lehren, ob man ein zeitliches, ursächliches, relatives, conditionales, concessives Verhältniss zu denken habe. Beispiele: 風不來、樹不動。*fūng put lâi, šú put túng.* **Wenn** der Wind nicht kommt, bewegen sich die Bäume nicht. Sprüchwort. 樹倒無陰。*šú taó wû yīm.* **Wenn** der Baum gefällt ist, hat er keinen Schatten. Dgl. 樹高千丈、葉落歸根。*šú kaō ts'iēn čáng, yep lok kuēi kēn.* **Obgleich** der Baum tausend čáng hoch sei: die Blätter, indem sie abfallen, kehren zurück zur Wurzel. Dgl. 成人不自在、自在不成人。*č'îng žîn put tsî tsái . . .* **Um** Mann zu werden, verweile man nicht in sich (d. h. lasse man sich nicht gehen); **wer** in sich selbst verweilt, wird kein Mann. Sprüchwort. 不登山、不知天之高、不臨溪、不知地之厚。*put tēng šān, put čī t'iēn čī kaō; put lîm k'ī, put čī tí čī heú.* **Wenn** man nicht Berge ersteigt, erkennt man nicht des Himmels Höhe; **wenn** man nicht im Flusse untertaucht, so erkennt man nicht der Erde Dicke (Tiefe). Hier wäre der Relativsatz: ‚wer nicht . . . der . . .' ebenso geeignet. Sprüchwort. 將相本無種、男兒當自强。*tsiáng siáng pèn wû čúng; nân-rî tāng tsî k'iáng.* Generäle und Minister haben ursprünglich keine Saat (d. h. wachsen nicht aus Saat auf); Knaben müssen sich anstrengen. Hier ist das Verhältniss zugleich causal: **weil** Niemand zum General oder Minister geboren wird, — und adversativ: Niemand wird . . ., **sondern** Knaben müssen sich anstrengen (um es so weit zu bringen). Dgl. 不在其位、不謀其政。*put tsái k'î wéi, put meû kî číng.* **Wer** nicht an dessen (= Eines) Platz ist, der berathe nicht (rede nicht hinein in) dessen Verwaltung. LYü VIII, XIV und XIV, XXVII. 見父之執、不謂之進不敢進、不謂之退不敢退、不問不敢對。*kién fú čī čip, put wéi čī tsín put kàm tsín, . . . t'úi . . ., put wén . . . túi.* Sieht (trifft) er (seines) Vaters Freunde: sagen sie ihm nicht heranzutreten, so wagt er nicht heranzutreten, . . . sich zurückzuziehen . . ., wird er nicht gefragt, . . . zu antworten. Li-ki I, 13 a. 人君知此義、知爲政之先後輕重。*žîn-kiūn čī ts'ī ngí, čī wêi číng čī šiēn heú k'īng č'úng.* Ein Fürst, **welcher** (oder: **wenn** er) diese Rechtlichkeit kennt, versteht der Regierung Früheres oder Späteres, Leichtes und Gewichtiges zu leisten. Sing-li-tsing-i III, 14 b.

§. 397. Die Objecte von 有 ***yeù,*** haben, vorhandensein, und 無 ***wû,*** nicht haben, es giebt keinen . . ., es fehlt an . . ., haben oft ein Prädicat hinter sich, wo wir statt dessen ein Attribut erwarten würden, und welches wir jedenfalls durch einen Relativsatz übersetzen müssen: 有文在其手。*yeù wên tsái k'î šeù.* Sie hatte ein Abzeichen, **welches** sich an ihrer Hand befand. Tso-čuen I, 1. 有父母在。*yeù fú mù tsái.* Er hatte Vater und Mutter, welche da waren (d. h. am Leben). Ssï-ki LXVII, 4 a. 有朋友

海上絲綢之路文獻集成 科技與文化編

自遠方來、不亦樂乎。*yeù p'êng-yeù tsî yuên fāng lâi, put yik lok hû?* Freunde zu haben, **die** aus fernen Gegenden kommen, (ist das) nicht auch eine Freude? LYü I, ı, 1. 龜圖各有文在腹下。*kuēi-t'û kok yeù wên tsái fuk hià.* Die Schildkrötenschalen hatten sämmtlich Schriftzeichen, **welche** sich am Untertheile des Bauches (= unter dem Bauche) befanden. Ssï-ki VIII, 4 b. 無水可洗。*wû šùi k'ò sièn.* Es mangelte an Wasser, **womit** es (das neugeborne Kind) hätte gewaschen werden können. Sam-tsai t'u-hoei (Sch.).

Zweiter Abschnitt.

Hülfswörter.

Einleitung.

§. 398. Die Hülfswörter oder Partikeln werden chinesisch 虛字 ***hiū-tsï,*** leere oder abstracte Wörter, 語辭 ***iù-ts'ï,*** ‚Redeausdrücke', d. i. grammatische Wörter, 助詞 ***čú-ts'ï,*** 助言 ***čú-yên,*** 助字 ***čú-tsï,*** 助語辭 ***čú-iù-ts'ï,*** 語助辭 ***iù-čú-tsï,*** Hülfswörter (der Rede, *iù*), in Zusammensetzungen auch einfach 辭, seltener 詞 ***ts'ï,*** Ausdrücke κατ' ἐξοχήν genannt. (Vgl. §. 251 a.) Sie versehen zweierlei Dienst:

a.) Erstens **verdeutlichen** sie die Rede. Die Ordnung der Stoffwörter bleibt dieselbe, welche sie ohnedem gewesen wäre, aber ein- oder zugefügte Hülfswörter bestimmen des Näheren die grammatisch-logischen Beziehungen der Satztheile und Sätze, verstärken oder mildern den Inhalt der Rede, kennzeichnen sie als eine behauptende, fragende u. s. w.: 入於家 *žip iū kiā,* eintreten ins Haus, ist materiell kaum verschieden von 入家 *žip kiā,* das Haus betreten, 民之力 *mîn čï lik,* des Volkes Kräfte, fast gleich 民力 *mîn lik,* die Volkskräfte. Der formelle Unterschied aber leuchtet ein, und so muss man sich hüten, unter den ‚leeren Wörtern' nichtssagende Füllmittel zu verstehen.

b.) Zweitens **verleihen sie dem Satzbaue Beweglichkeit,** durchbrechen die starren Stellungsgesetze. Die Anmuth und Freiheit, die Feinheit und Schärfe des Ausdruckes, jene überraschende Biegsamkeit und Vielgestaltigkeit der chinesichen Prosa, namentlich auch oft der schöne Rhythmus ihrer Sätze — das Alles beruht wesentlich auf einer meisterhaften Verwerthung dieser wenigen, einfachsten Werkzeuge.

漢文經緯

§. 399. Die chinesischen Lexikographen und Commentatoren haben eine Menge **technischer**, zum Theil wohl auch frei gebildeter **Ausdrücke** für die Partikeln in Rücksicht auf ihre Function. Dahin gehören:

指物之辭 ***čì wut čī ts'î,*** auf Gegenstände hindeutende Partikeln, Demonstrativa, z. B. 其 *k'î,* pron. 3. pers.; 此 *ts'ì,* dies; 彼 *pì,* jenes; 所 *sò,* der welcher, das was.

有所指之| ***yeù sò čì čī ts'î,*** *habendi quod indicetur particula,* z. B. 夫 *fû,* dies (besagte).

卽物之| ***tsik wut čī ts'î,*** einen Gegenstand betreffende Partikel, z. B. 者 *čè,* derjenige welcher, das was . . . ist.

起語| ***k'ì-iù-ts'î,*** die Rede eröffnende, z. B. 只 *čì,* nur.

接|| ***tsiep-iù-ts'î,*** Conjunctionen.

語端| ***iù tuān ts'î,*** oder 發端之| ***fat-tuan čī ts'î,*** einführende, eröffnende, z. B. 夫 *fû,* nun das; 而 *rî,* und.

發語| ***fat iù-ts'î,*** desgl., z. B. 也 *yè,* in der Bedeutung: auch, ferner; 蓋 *kái,* denn; 況 *hoáng,* um so mehr, überdies.

繼事之| ***kí ssí čī ts'î,*** oder 繼字 ***kí-tsí,*** Bindewort, Conjunction, z. B. 乃 *naì,* und da.

歎| ***t'án-ts'î,*** Seufzewörter, oder 虛歎 ***hiū t'án,*** leerer Seufzer, z. B. 於乎 *ū-hû,* wehe! 吁 *hiū,* ach!

疑| ***ngî,*** (r. 102)-***ts'î,*** Zweifels- (Frage-) Wörter, z. B. die Finalen 乎 *hû,* 夫 *fû,* 邪 *yê.*

疑怪| ***ngî-kuái-ts'î,*** Partikel des Zweifelns und Erstaunens, z. B. 吁 *hiū,* ach!

歇語| ***hiet-iù-ts'î,*** 語已| ***iù-ì-ts'î,*** 語終| ***iù-čūng-ts'î,*** Finalen, z. B. 也 *yè,* 矣 *ì,* 焉 *yên,* 已 *ì,* 諸 *čū.*

决| ***kiuet-ts'î,*** bestätigende (Final-) Partikeln, z. B. 也 *yè,* 矣 *ì,* 焉 *yên.*

歌| ***kō-ts'î,*** Gesangspartikel, so die im Ši gebräuchliche Finale 兮 *hî.*

Oft sind solche Ausdrücke weniger beschreibend als umschreibend: bald wird der Sinn in Form eines Prädicates, bald ein Synonymon angegeben, und dann pflegt vor 辭 *ts'î* die Attributivpartikel 之 *čī* zu treten. So wird 則 *tsek,* dann, umschrieben als 然後|| *žân-heú čī ts'î,* Partikel mit der Bedeutung: ‚darauf darnach‘, oder 且然|| *ts'iè-žân čī ts'î, . . .* ‚ferner, so‘; 然 *žân,* so, durch: 若此|| *žok-ts'ì čī ts'î, . . .* ‚wie dies‘; 及 *kip,* und, durch 兼與|| *kiēm iù, . . .* ‚und, zusammen mit‘; 且 *ts'iè* in der Bedeutung: ‚vielleicht‘, und 或 *huok,* vielleicht, durch 不 (oder 未) 定|| *put* (*wéi*) *tíng, . . .*

'es steht (noch) nicht fest'; 可 *k'ò*, können, möglicherweise, durch 僅 (oder 未) 足 | | *kin* (*wéi*) *tsuk*, . . . 'kaum (oder noch nicht) genügen'; 豈 *k'ì*, etwa? (in rhetorischer Frage) durch 非然 | | *fēi žân*, . . . 'es ist nicht so', u. s. w.

§. 400. Wir theilen die Hülfswörter, soweit sie in diesem Systeme zu besprechen sind, in Rücksicht theils auf ihren Ursprung, theils auf ihre Stellung im Satze ein in:

A.) eigentliche Pronomina,

B.) Pronominalpartikeln, und zwar

a.) den Demonstrativpronominibus,

b.) den Fürwörtern der 2. pers. verwandte,

c.) fragende.

C.) Verbalpartikeln und

D.) Finalpartikeln und Interjectionen.

Dabei ist jedoch zu bemerken, einmal, dass nicht bei allen den in diesem Systeme zu behandelnden Partikeln der Ursprung klar, insoweit also ihre Einreihung nur eine vorläufige ist, — und dann, dass gewisse Hülfswörter, welche allerdings zumeist im zweiten synthetischen Systeme zu behandeln sein werden, von Hause aus anderen Redetheilen angehören.

Die Fragpartikeln bieten, gleich den Negationen, der Analyse keine Schwierigkeiten, sind vielmehr im synthetischen Systeme des Näheren zu erörtern.

Diese Eintheilung ist eine vorläufige und unvollkommene. Erstens ist der Eintheilungsgrund kein einheitlicher. Es ist schwerlich ein Zufall, dass ein Theil der wichtigsten Verbalpartikeln zugleich als Finalen oder Interjectionen dienen, so 於 *iû*, 于 *iû* (吁 *hiû*), 乎 *hû*, 與 *iù*, *iû*, 以 *ì* vergl. mit 矣 *ì*. Allein das Sprachgefühl des Volkes dürfte schon in der ältesten Zeit der Literatur keinen logischen Zusammenhang zwischen den Präpositionen und den Empfindungslauten mehr geahnt haben. Aber auch Pronomina und Verba treffen gelegentlich zusammen, so bei 之 *čī*, 如 *žû* u. A. m. — Zweitens ist die Etymologie in den meisten Fällen mit Nichten sicher; und so werden denn unter die Demonstrativpartikeln (Ba) mehrere Aufnahme finden, welche sich nur wegen ihrer Lautbeschaffenheit und ihrer Functionen den übrigen zweckmässig anzureihen schienen.

§. 401. Die Function der Partikel kann eine **logische** sein, d. h. den grammatisch-logischen Beziehungen der Satztheile und Sätze untereinander gelten; oder sie kann eine **psychologisch-rhetorische** sein, d. h. dem Verhältnisse des Redenden zur Aussage, seinem Empfinden oder Wollen dabei gelten. Das älteste Chinesisch ist freigebig mit Hülfswörtern der letzteren,

海上絲綢之路文獻集成 科技與文化编

漢文經緯

karg dagegen mit solchen der ersteren Art. Dies gibt ihm den doppelten Charakter wuchtiger Kürze und gemüthlicher Subjectivität. Von Wörtern der logischen Beziehung sind im Šu solche mit copulativer Bedeutung (sein, können, müssen, dürfen, nicht sein u. s. w.) vorwiegend entwickelt. — Es wäre eine lohnende Aufgabe, die geistige Weiterentwickelung der Sprache nach dieser Richtung hin in's Einzelne zu verfolgen.

Zusatz. Die Grenze zwischen Formwort und Stoffwort ist nicht in allen Fällen mit Sicherheit zu bestimmen. Der gegenwärtige Abschnitt will aber auch nur die für die Analyse wichtigeren Partikeln behandeln. Die Hülfswörter des vorclassischen Stiles sind hier nur mit Auswahl und nebenher zu berücksichtigen.

I. Capitel.

Die Pronomina.

§. 402. Die Pronomina sind vermöge der Anteposition ein scharf abgesonderter Redetheil. Im Uebrigen aber unterscheiden sie sich syntaktisch von den anderen Nominibus nicht. Im analytischen Systeme verdienen sie daher nur insofern besondere Behandlung, als sie noch weitergehende Dienste im Satzbaue versehen. Hier sind sie der Mehrzahl nach blos aufzuzählen; nur Wenige von ihnen bieten zu besonderen Bemerkungen Anlass.

I. Pronomina der 1. und 2. Person.

§. 403. Pronomina der ersten Person: **ich, wir** u. s. w., sind: 吾 *ngû*, 我 *ngò*, 予 *iû* (r. 6), 余 *iû* (bescheiden), 卬 *ngâng* (von Weibern gebraucht. Ši I, III, IX), 台 *yî*, in den vier ersten Büchern des Šu vorkommend, 朕 *čím*, welches bald von den Kaisern allein benutzt wurde.

(咱 *tsā* oder *tsá* und 喒 *tsàn* [für 咱們 *tsā-mên*?] gehören dem heutigen nördlichen Kuān-hoá an.)

§. 404. Für die zweite Person: **du, ihr** u. s. w., werden gebraucht: 汝, wohl auch 女 oder gar 如 geschrieben, *žù*; seltener 若 *žok*, z. B. Ssï-ki VII, 31 b; LIV, 7 b; CIII, 1 a; 戎 *žûng* findet sich mehrmals im Ši. Alt ist auch 爾 *rì*, seltener 而 *rî*; 乃 *nài*, im Alterthume vorzugsweise als Possessiv. 尔、尒 jetzt meist 你 geschrieben, ist eine alte Nebenform von 爾 *rì*, wird aber jetzt *nì* gesprochen und im niederen Stile angewandt. Ihm verwandt ist das moderne, seltene und ehrerbietige 您 *nìm* oder *lîm*.

海上絲綢之路文獻集成 科技與文化編

II. Pronomina der 3. Person und Demonstrativa.

§. 405. Das Pronomen der 3. Person **er, sie, es** pflegt im Subjectscasus unausgedrückt zu bleiben.

§. 406. **厥** ***kiuet,*** mehr der vorclassischen Sprache angehörend, tritt im Šu und Ši vorzugsweise als Possessivum auf: 觀｜刑于二女。 *kuān kiuet hîng iū rī niū.* (Ich will) beobachten sein Verhalten gegenüber (meinen) zwei Töchtern. (*hîng* sonst: Strafe.) Šu I, III, 12. — Aber auch statt eines Possessivpronomens der 1. und 2. Person wird es im Šu angewandt: 有罪無罪、予曷敢有越｜志。 *yeù tsúi wû tsúi, iū hot kàm yeù yuet kiuet ći?* (Anlangend die welche) Schuld haben und keine Schuld haben, wie darf ich meinen Wünschen Nachgiebigkeit hegen? — Man beachte die Stellung des zweisylbigen indirecten Objectes hinter dem einsylbigen und mit *yeù* redensartlich verbundenen directen. Šu V, I, I, 7.

Durch das Pronomen relativum ist **厥** *kiuet* zu übersetzen in folgender Stelle des Ši (III, II, I, 1): ｜初生民、時維姜嫄 *kiuet ćū šeng mîn, ši wêi Kiāng-yuên.* Die zuerst Völker gebar, das war Kiang-yuen.

Im Šu findet sich überdies **厥** *kiuet* gelegentlich hinter Demonstrativpronominibus da, wo in der classischen Sprache **之** *ćī* stehen würde: 此｜不聽、人乃訓之。 *ts'ī kiuet put t'īng, žîn nài hiún ćī.* Wenn (du) diesem nicht Gehör schenkst, so werden Andere (nämlich deine Minister) es (dir) nachmachen. Šu V, xv, 15. 自時｜後 *tsí ši kiuet heú* = 自是之後 *tsí ši ćī heú,* nach diesem, hernach. Das. 7 (J.).

§. 407. **伊** ***yī,*** wofür auch **繄** *yī* gebraucht wird, hatte in vorclassischer Zeit die Bedeutungen:

a.) eines attributiven Demonstrativpronomens: dieser, der u. s. w.: 所謂伊人 *šò wêi yī žîn,* der Mann, den ich nenne, meine, an den ich denke. Ši;

b.) der copulativen Partikeln **惟** *wêi* oder **維** *wêi,* etwa = nur, ist nur, oder unübersetzbar: 其約維何、維絲伊緡。 *k'î yok wêi hô, wêi ssī yī mîn.* (Der Sinn ist:) Womit angelt man? mit Seidenfäden (*ssī*), in Schnuren (*mîn*) gedreht. Ši I, I, XIII, 3. 王室之不壞、繄伯舅是賴。 *wâng šit ćī put huái, yī pek-keù ši lái.* (Dass) des Königs Haus nicht gestürzt wurde, war nur, (weil) die Oheime Stütze waren. Tso-ćuen, Siang-kung 14 (J.).

Neuer und angeblich besonders im Thal des Yang-tse-kiang heimisch ist der Gebrauch von **伊** *yī* als pron. 3. pers., er, ihn u. s. w.

§. 408. **其** ***k'î*** wird in der classischen und nachclassischen Sprache vorzugsweise substantivisch, und zwar meist im Genitiv gebraucht. Nie steht

漢文經緯

es im Objectscasus: 若是其大乎。*žok-ši k'î tá hû?* (War) so seine Grösse? Mtsï I, II. — 其 *k'î* hat überdies andere wichtige Functionen, sowohl in dieser Aussprache, als auch in den Aussprachen *kī* und *kí*. Davon ist an einer besonderen Stelle zu handeln.

§. 409. 之 ***či***, eine der wichtigsten Partikeln, steht als substantivisches pron. 3. pers. stets im Objectscasus: 聖人則之。*šíng žîn tsek či*. Der heilige Mensch befolgt es. Sing-li-tsing-i IV, 3 a.

§. 410. 是 ***ší***, dafür im Šu oft 時 ***šî*** (sonst — Zeit), im Ši auch 只 ***či***, auf Gegenwärtiges hinweisend, ist sowohl attributiv als substantivisch: 是時 *ší šî*, diese Zeit, zu dieser Zeit; 若是 *žok ší*, wie dieses = so.

§. 411. 此 ***ts'ï***, wofür im Alterthume 玆 ***tsï***, der, die, das, deutet auf Nahes, Vorliegendes. So wird in der Einleitung zum Thai-kih-thu öfter 此圖 *ts'ï t'û*, diese Tafel, gesagt. — Der Unterschied zwischen 是 *ší* und 此 *ts'ï* dürfte darin beruhen, das Ersteres mehr auf die Beschaffenheit, Letzteres mehr auf die örtliche Lage hinweist.

§. 412. 彼 ***pì***, jener, steht dem 此 *ts'ï* gegenüber: 見彼而不見此 *kién pì rî put kién ts'ï*, jenes sehen und nicht dieses sehen; 去彼取此 *k'iü pì ts'iü ts'ï*, jenes lassen, dieses annehmen. Han-fei-tsï VI, 3 a. 此是則彼非、此非則彼是。*ts'ï ší tsek pì fēi* . . . Ist dies, so ist Jenes nicht u. u. Sing-li-tsing-i II, 32 b. 彼夫 *pì fū*, jener Mann.

§. 413. 夫 ***fû***, von *fū*, Mann, nur durch den Tiefton verschieden, knüpft an Gesagtes an, greift, sozusagen, aus der vorausgegangenen eigenen oder fremden Rede ein Stück heraus. Unser anknüpfendes ‚nun' hat zuweilen ähnliche Wirkungen und ist meist da zu gebrauchen, wo 夫 *fû* nicht attributiv steht. Redensarten wie: ‚Verweilen wir einmal bei . . . *Nous parlions de . . . Eh bien!*' u. s. w. sind sinnverwandt, aber wegen ihrer Umständlichkeit für die Uebersetzung unbrauchbar. 天之能盡物、則謂之曰昊天、人之能盡民、則謂之曰聖人。夫昊天之盡物、聖人之盡民、皆有四府焉。*t'iēn či nêng tsìn wet, tsek wéi či yuet haò t'iēn, žîn či nêng tsìn mîn, tsek wéi či yuet šíng žîn; fû* . . ., *kiāi yeù ssí fù yên*. Sofern der Himmel vermag die Dinge zu erschöpfen, benennend ihn sagt man lichter Himmel; sofern ein Mensch . . . sagt man heiliger Mensch. **Dies** Erschöpfen der Dinge durch . . ., Erschöpfen des Volkes durch . . . hat **nun** Beides (je) vier Organe (eigentl. Magazine). Sing-li-tsing-i III, 11 a.

§. 414. 斯 ***ssï*** weist auf ein Nahes, wohl meist eben Bevorstehendes hin: 斯時 *ssï-šî*, alsbald; 斯今 *ssï kīm*, sogleich, gleich jetzt. So ersetzt es auch zuweilen adverbial 卽 *tsik* und 則 *tsek*, sodann, alsbald.

海上絲綢之路文獻集成 科技與文化編

§. 415. 當 *tāng*, sonst = gehörig, geziemend, hat vor Adverbien und Substantiven der Zeit demonstrative Wirkung: 丨時 *tāng-šî*, zu jener Zeit; 丨今 *tāng-kīm*, in diesem Jetzt = jetzt, derzeit; 於丨世 *iü tāng ší*, in jenem Zeitalter. 丨吾先君孔子之世。 *tāng ngû siēn kiün K'ùng-tsì čī ší.* In jenem Zeitalter unserer früheren Fürsten und des Confucius. Vorrede zur japanischen Ausgabe des Hiao-king 1a.

§. 416. Der neueren Sprache gehören an:

他 *t'ā* (sonst = anderer), er, sie, es;

這 *čé*, dieser, diese, dieses, und

那 *ná*, der, jener u. s. w.

該 *kāi*, im amtlichen Geschäftsstile gebräuchlich, = der besagte, fragliche, betreffende.

III. Pronomina interrogativa.

§. 417. Als fragende Fürwörter dienen vorzüglich — vgl. §. 341 —:

誰 *šûi*, wer? persönlich und substantivisch;

孰 *šuk*, wer? was? substantivisch, aber sowohl persönlich als auch sächlich;

何 *hô*, was? (sächl. substant.) oder: welcher? welches? (attributiv).

Einige andere hierher gehörige Wörter kamen bereits in der Lehre von der Anteposition vor. Modern ist 那 *nà* (nur durch den Ton vom Demonstrativworte verschieden.)

§. 418. Man beachte die Verbindung 其孰 *k'î-šuk*, wer (in aller Welt)? in rhetorischen Fragen: 苟不固聰明聖知、達天德者、丨丨能知之。 *keù put kú ts'ūng mîng šíng čí, tat t'iēn tek čè, k'î šuk nêng čī čī?* Wenn nicht Einer der (*čè*) sicher, klug, klar, weise, kenntnissreich, die himmlische Tugend umfasst hat: wer ist fähig ihn zu kennen? Čung-yung XXXII, 3. 非天所畀、丨丨能與於此。 *fēi t'iēn sò pí, k'î-šuk nêng iù iū ts'ì.* Wenn nicht Einer dem der Himmel (es) giebt, wer kann dahin gelangen? Thai-kih-thu Einl. 8.

IV. Pronomina reflexiva und determinativa.

§. 419. Die hierher gehörigen Wörter sind folgende:

自 *tsí*, wovon später ausführlicher, steht sowohl als Reflexivum (sich selbst), als auch als Adverb (von selber) stets vor dem Verbum. Der Zusammenhang, zumal die An- oder Abwesenheit eines etwaigen anderen Objectes, entscheidet über die Bedeutung: 毋自辱焉。 *wû tsí žuk yên.*

漢文經緯

Beschimpfe dich nicht selbst. LYü XII, xxiii. 鄉人有自爲火來者。 *hiāng-žîn yeù tsî wéi huò lâi čè.* Unter den Dorfleuten gab es solche, welche (*čè*) von selbst wegen des Feuers kamen. Kia-iü XLII (IV, 18 a).

己 ***kì*** — sich selbst, steht hinter dem Verbum: 自己 ***tsî-kì.*** 禍福無不自己求之者。 *huò fuk wû put tsî-kì kieû čī čè.* Missgeschick und Glück sind immer (von uns) selbst gesucht. (Wörtlich: sie haben nicht (*wû*) dass man selbst sie nicht suche). Mtsï II, i, IV, 5.

Die Substantiva 身 ***šīn*** und 躬 ***kūng,*** Körper, Person, und 親 ***ts'īn,*** Verwandte, Angehörige, und Zusammensetzungen wie 親自、***ts'īn-tsî,*** 親躬 ***ts'īn-kūng,*** 親身 ***ts'īn-šīn,*** neuer: 本身 ***pèn-šīn*** = in eigener Person, 身自 ***šīn-tsî*** kommen adverbial vor. 其(我、吾、乃)身 *k'î* (*ngò, ngû, naì*) *šīn* = sich (mich, dich) selbst, findet sich auch als Object hinter dem Verbum.

V. Pronomina indefinita u. s. w.

§. 420. Endlich mögen aufgeführt werden: 或 ***huok,*** Jemand; 莫 ***mok,*** Niemand, Nichts; 他 ***t'ā,*** anderer; 他人 ***t'ā žîn,*** meist nur 人 ***žîn,*** andere Leute, ein Anderer.

Als **Relativpronomina** dienen 者 ***čè*** = *is qui, ii qui, id quod* und 所 ***sò*** = *is quem, id quod* u. s. w., von welchen später das Nähere.

II. Capitel.

Die Pronominalpartikeln.

Erste Gruppe:

Den Demonstrativpronominibus verwandte.

I.

之 (㞢) *čī.*

§. 421. Das Schriftzeichen 之 ***čī*** (richtiger ***tšī*** zu transcribiren) stellt in seiner älteren Form 㞢 ein aus dem Boden sprossendes junges Pflänzchen dar, ist also formverwandt mit r. 45 屮 *č'et,* r. 140 艸 *ts'aò,* mit 出 *č'ut,* hervorkommen (r. 17), 生 *šēng,* wachsen, und 止 *čì,* stehen bleiben.

Man hat hierauf hin die Bedeutungen dieser Partikel etwa so entwickelt: 出 *č'ut*, hervorkommen, 適 *šik*, hingehen, 至 *či*, hin gelangen; 於 *iü*, gen, betreffs, 是 *ši*, dies u. s. w. Einfacher erscheint folgende Annahme: 之 *čī* war ursprünglich ein Deutewort, mit anderen noch heute lautähnlichen verwandt, vielleicht mit diesem oder jenem von Hause aus identisch. Ein bildliches oder symbolisches Zeichen dafür zu erfinden ging nicht wohl an, — man war auf Entlehnung angewiesen. Nun mochte ein anderes Wort, etwa von der Bedeutung ‚Spross, keimen' ihm lautähnlich sein, und so lag es nahe, sich an dieses zu halten.

§. 422. Sämmtliche Anwendungen von 之 *čī* lassen sich auf zwei Grundbedeutungen zurückführen:

a.) eine pronominale, in welcher 之 *čī* dem auf Nahes hinweisenden, qualificativen 是 *ši* sinnverwandt ist;

b.) eine verbale: hingehen, — in welcher 之 sich dem lautähnlichen, aber in der Bedeutung stärkeren 至 *či*, hin gelangen, ankommen, nähert.

Man könnte darum meinen, es berge das nämliche Schriftzeichen zwei grundverschiedene, nur zufällig gleichlautende Wörter. Allein diese Annahme ist nicht nothwendig: pronominale und verbale Wurzeln müssen nicht allemal verschieden sein, und mit den Begriffen: ‚hier, da, dort' passen die des örtlichen Daseins und Sich-bewegens sehr gut zusammen. So berührten sich — §. 245 — in dem Lautcomplexe *žu* (*rï*, *nai*) die Bedeutungen: du, da, nahe, hingehen. Nun scheint es aber natürlicher, den verbalen Begriff aus dem demonstrativpronominalen herzuleiten, als umgekehrt, naiver zu sagen: ‚er da Haus' für: er geht ins Haus, — als etwa: ‚gehen Mensch' für: dieser Mensch.

I. Pronominale Anwendungen.

a. Demonstrativ.

§. 423. Als reines Demonstrativpronomen mit der Bedeutung: **dieser, diese, dies** erscheint 之 *čī* in der vorclassischen Sprache und hat sich von da her in einzelnen Redensarten des classischen und nachclassischen Styles erhalten.

§. 424. Attributiv (dieser, diese u. s. w.) erscheint 之 *čī* namentlich oft im Ši, nie aber im Šu: 之子于歸。 *čī tsì iü kuēi* (r. 77). Dies Kind (Mädchen) geht sich zu verheirathen. Ši I, I, VI; IX; II, I. Aehnlich II, VIII, I, 3. 之子歸、不我與。 *čī tsì kuēi, put ngò iù*. Dies Kind heirathet, uns nimmt sie nicht mit. Das. II, XI, 2. 乃如之人兮。 *nài žû čī žîn hî*! Da ist dieser Mann. Das. III, IV. 我覯之子。 *ngò keú čī tsì*. Ich sehe diese

漢文經緯

Herren. Das. II, vi, X. 之屏之翰。 *či p'îng či hán.* Diese Schirme, diese Träger . . . Das. vii, I, 3. So findet sich noch bei Hot-kuan-tsï III, 9b: 之二也、在權在埶。 *či rî yè, tsái k'iuên tsái ngí.* Diese Zwei beruhen in der Kraft, beruhen in der Geschicklichkeit.

§. 425. Als substantivisches Demonstrativpronomen findet sich 之 *či* in einigen gebräuchlichen Redewendungen.

1. a 之謂 b, — *a či wéi b* = a, das heisst b. 天命‖性、率性‖道、修道‖教。 *t'iēn míng či wéi síng; šut . . . taó; sieū . . . kiaó.* Des Himmels Ordnung, das heisst Natur, Gemässheit der Natur (Naturgemässheit), das heisst Vernunft, Pflege der Vernunft, das heisst Unterricht. Čung-yung I, 1.

So findet sich 之謂 *či wéi* oft hinter Demonstrativpronomen, zuweilen auch ohne folgendes Substantivum und dann in der Bedeutung: das heisst es, das ist darunter gemeint. So: 此‖。 *ts'ì či wéi.* Siün-tsï I, 12a. Aber: 夫是‖治氣養心之術也。 *fû ší či wéi čí k'í yàng sīm či šut yè.* Dies nun heisst der Weg den Odem zu lenken, das Herz zu nähren (erbauen). Das. I, 11b. 志所謂多行無禮、必自及也、其是‖乎。 *čí sò wéi ‚tō hîng wû lì, pit tsî kip yè', k'î ší či wéi hû.* Was in einer Geschichte gesagt ist: viel Handeln ohne Schicklichkeit muss auf Einen selbst (zurück-) gelangen (= straft sich selbst): das trifft hier wohl zu. Tso-čuen IX, 4. 其斯‖與。 *k'î ssī či wéi iû?* Sollte das (nicht) hier zutreffen? Passt der Ausspruch nicht auf diesen Fall? LYü XVI, xii. In diesen beiden Fällen ist 其 nicht Pronomen, sondern Modalpartikel = möchte, dürfte. Aehnlich hinter Citaten: 此‖也 *ts'ì či wéi yè* = das passt hierher, trifft hier zu, das besagt dasselbe. Thai-kih-thu §. 5i.

2. 之可知(見、言) *či k'ò či (kién, yên)* findet sich am Ende von Sätzen mit der Bedeutung: man kann erkennen (ersehen, sagen), dass . . . 理氣本無先後之可言。 *lì k'í pèn wû siēn-heú či k'ò yên.* Vernunft und Odem hatten ursprünglich kein Früher oder Später — das darf man sagen = man darf sagen dass . . . Sing-li tsing-i X, 1b.

3. Hinter Fürwörtern findet sich 之 *či* vereinzelt auch sonst, und dann ist wenigstens scheinbar das pronominale Object invertirt. Auf die Frage: Was fand Confucius am Wasser zu preisen? 何取於水也。 antwortet Meng-tsï mit einer Schilderung des Wassers und schliesst: 是之取爾。 *ší či ts'iù rì.* Nur dies fand (er zu loben). IV, ii, XVIII, 2. Es lässt sich nicht bestimmen, ob hier nicht *či* Genitivpartikel und das Verbum passiv und substantivisch zu verstehen sei: (es war) nur dessen Hervorhebung.

4. 爲之 ***wêi či*** mit folgendem Substantivum *a*, heisst: dessen oder deren *a* sein (werden), oder: ihm, ihnen ein *a* sein. 求也、千室之邑、百乘之家、可||宰也。 *K'ieû yè, ts'iēn šit či yip, pek šing či kiā, k'ò wêi či tsài yè.* K'ieu, in einer Stadt von tausend Häusern, in einem Hauswesen von hundert Gespannen, kann sein deren Vorsteher. LYü V, vii, 3. 赤也||小、孰能||大。 *Č'ik yè wêi či siaò, šuk nêng wêi či tá.* (Wenn) Tsch'ik dessen (= darin) klein ist, wer konnte darin gross sein? Das. XI, xxv, 12. 箕子||奴。 *Kī tsì wêi či nû.* Der Herr von Ki wurde dessen (Tscheu's) Sklave. Das. XVIII, i, 1.

b. Pronomina 3. Person im Objectscasus.

§. 426. Steht 之 *či* am Ende des Satzes oder Satztheiles, so ist es regelmässig **Pronomen der dritten Person im Objectscasus**: ihn, sie, es, ihm, ihr. 故聲聞過情、君子恥之。 *kú šing-wên kuó ts'ing, kiün-tsì č'ì či.* Daher (wenn) der Leumund die Thatsachen übertrifft, schämt sich dessen der Edle. Mtsï IV, ii, XVIII, 3. 不教民而用之、謂之殃民。 *put kiaó mîn rî yúng či, wéi či yāng mîn.* Das Volk nicht belehren und es (im Kriege) gebrauchen, das nenne ich, das Volk verderben. Das. VI, ii, VIII, 2. 吾不得而目見之也。 *ngû put tek rî muk kién či yè.* Wir erlangen nicht es mit Augen zu sehen. Sing-li-tsing-i. III, 10 b.

Dass objectives 之 *či* nach vorausgehender Negation anteponirt werden kann, wurde §. 343 gezeigt. Einige weitere Beispiele sind: 民莫之令而自均。 *mîn mok či líng rî tsì kiün.* Das Volk, obschon Niemand es ihm gebietet, beruhigt sich selbst. Tao-tek-king XXXII. 臣未之聞也。 *č'în wéi či wên yè.* (Euer) Unterthan hat es noch nicht gehört. Mtsï I, i, VII, 2.

§. 427. Objectives 之 *či*, durch seine Stellung leicht erkennbar, ist oft darum für die Analyse besonders wichtig, weil es das vorausgehende — bei Anteposition das nachfolgende Wort als Verbum kennzeichnet. So werden in folgendem Beispiele 來 *lâi*, kommen, und 安 *ngān*, ruhig, zu causativen Verben. 故遠人不服、則修文德以來之、旣來之、則安之。 *kú yuèn žîn put fuk, tsek sieū wên tek ì lâi či, kí lâi či, tsek ngān či.* Daher (wenn) ferne Völker sich nicht unterwerfen, so pflege Bildung und Tugend, um sie zum Kommen zu veranlassen (heranzuziehen); hast du sie erst herangezogen, so beruhige sie. LYü XVI, i, 11. Ohne 之 *či* wären die beiden Wörter *verba neutra*: kommen, ruhig sein. In folgendem Beispiele werden 天 *t'iēn*, 地 *tí* und 人 *žîn* durch folgendes 之 *či* in Verba von der Bedeutung: bezüglich des Himmels, der Erde, der Menschen das Richtige wahrnehmen, verwandelt:

海上絲綢之路文獻集成　科技與文化编

用兵之法、天之、地之、人之、賞以勸戰、罰以必衆、五者已圖。 *yúng pīng či fap, t'iēn či, tí či, žîn či, šàng ì k'iuén čén, fat ì pit čúng, ngù čè ì t'û.* Die Regeln der Heeresführung, (nämlich) das richtige Verhalten betreffs des Himmels (= Jahreszeit, Wetter), der Erde (= des Terrains) und der Menschen, Belohnungen um das Heer anzufeuern, Strafen um Alle (zum Gehorsam) zu zwingen: diese fünf (Punkte) sind bereits beschrieben worden. Hot-kuan-tsï III, 8 b.

§. 428. 之 *či* als **indirectes Object** kann zuweilen Schwierigkeiten machen: 先之勞之。 *siēn či, laô či.* Gehe ihnen voran, arbeite für sie. LYü XIII, I, 1. 吾有司死者三十三人、而民莫之死也。 *ngû yeù-ssï ssî čè sām-šip-sām žîn, rî mîn mok či ssî yè.* Meine Offiziere die starben waren 33 Mann, und vom Volke Niemand starb für sie. Mtsï I, II, XII, 1.

§. 429. Zuweilen wird objectives 之 *či* in ganz **unbestimmtem** Sinne, ohne Beziehung auf einen bekannten Gegenstand angewandt, — ähnlich unserm **es** in den Redensarten: es versehen, es weit bringen. In solchen Fällen verhindert es nur, dass ein activ gedachtes Verbum passivisch verstanden werde, und pflegt unübersetzbar zu sein: 以約、失之者鮮矣。 *ì yok, šit či čè sièn ì.* Solche die Vorsicht anwendend es (gleichwohl) versehen, dürften selten sein. Legge: *the cautions seldom err.* LYü IV, XXIII. 用之則行、舍之則藏、惟我與爾有是。 *yúng či tsek hîng, šè či tsek ts'âng, wêi ngò iù rì yeù ší.* (Wenn man) amtirt, dann thätig sein, (wenn man) ausser Amtes ist, dann sich zurückziehen: nur ich und du haben dies (erreicht). Das. VII, x, 1. 我非生而知之者。 *ngò fēi šēng rî či či čè.* Ich bin nicht Einer, der bei seiner Geburt wissend gewesen wäre. (*I am not one who was born with the possession of knowledge*). Das. XIX. 爲之難、言之得無訒乎。 *wêi či nân, yên či tek wû žín hû?* Thun ist schwierig: kann (da) Reden ohne Stocken sein? d. h. muss man bei schwierigen Angelegenheiten nicht vorsichtig und zurückhaltend im Reden sein? Das. XII, III, 3. 塡然鼓之。 *t'iên-žân kù či.* Trumtrum trommelt man. Mtsï I, I, III, 2. Eine eigenthümliche Wirkung hat 之 *či* in folgendem Beispiele: 誠者、天之道也、誠之者、人之道也、誠者、不勉而中、不思而得、從容中道、聖人也。誠之者、擇善而固執之者也。 *šîng čè t'iēn či taò yè; šîng či čè, žîn či taò yè, šîng čè, put mièn rî čúng, put ssï rî tek, sūng-yûng čúng taò, — šíng žîn yè; šîng či čè, ček šén rî kú čip či čè yè.* Aufrichtigkeit ist des Himmels Weg, die **Erlangung der** Aufrichtigkeit ist des Menschen Weg. Der Aufrichtige strengt sich nicht an und trifft doch (das Rechte), denkt nicht nach und erlangt doch (Verständniss), natürlich und leicht trifft er den Weg, — es ist der heilige Mensch. Der welcher Aufrichtigkeit **erlangt**, ist der welcher das Gute wählt und es fest behauptet. Čung-yung XX, 18. 知及之、仁不能守之、雖得之、必失之。 *čí kip či, žîn put nêng šeù či, süi tek či, pit šit či.* (Wenn) das Wissen auslangt, die Pflichttreue (aber) nicht zu behaupten vermag, obschon man erlangt, verliert man (das Erlangte wieder). LYü XV, xxx, 1. 與之在君、奪之在君。 *iù či tsái kiün, t'ot či tsái kiün.* Geben und Nehmen steht dem Fürsten zu. Ma-tuan-lin. 恕而行之、德之則也、禮之經也。 *šú rî hîng či, tek či tsek yè, lì či kīng yè.* Gemäss der Gegenseitigkeit handeln ist Regel der Tugend, ist Richtschnur der guten Sitte. Tso-čuen I, 11.

§. 430. Einige Redensarten mit objectivem 之 verdienen gemerkt zu werden.

1. 有之 ***yeù či,*** das gibt es, kommt vor, ist dagewesen; 未之有也 ***wéi či yeù yè,*** das hat es noch nicht gegeben. Beides steht am Ende des Satzes. 行而不至者、有之、不行而能至者、未之有也。 *hîng rî put čí čè, yeù či; put hîng rî nêng čí čè, wéi či yeù yè.* Solche die wandern und nicht (ans Ziel) gelangen, gibt es; solche die nicht wandern und doch ans Ziel gelangen, die hat es noch nicht gegeben. — Aehnlich kommt auch 無之 ***wû či,*** das gibt es nicht, das ist unmöglich, vor.

2. 古諺有之曰 . . . *kù yén yeù či yuet* . . . Ein altes Sprüchwort gibt es, das besagt . . . (Pr.)

3. 我聞之 ***ngò*** (oder dafür ein anderer Ausdruck für die erste Person) ***wên či*** = ich habe gehört dass . . ., zu Anfange des Satzes, ist eine höfliche Wendung, um Gemeinplätze oder bekannte Thatsachen ins Gespräch einzuführen.

4. 謂之 ***wéi či*** = man nennt ihn (sie, es), ist verschieden von 之謂 *či wéi*, §. 425, 1.; Letzteres ist beschreibend, Ersteres (*wéi či*) definirend: 吾聞之、無財者、謂之貧、學而不能行者、||病。 *ngû wên či, wû ts'âi čè, wéi či p'în, hiok rî put nêng hîng čè, wéi či píng.* Ich hörte: wer keine Güter hat, den nennt man arm; wer lernt und es nicht zu bethätigen vermag, den nennt man schwach. Ssï-ki LXVIII, 16 b.

5. 日有食之 ***žit yeù šik či,*** eigentl.: die Sonne hat (etwas was) sie (acc.) auffrisst — es ist (war) eine Sonnenfinsterniss. Č'ün-ts'ieu II, 17.

6. Merkwürdig ist auch die Wendung: 當務之爲急。 *tāng wú či wêi kip.* Mandschu: *kiceci acarangge de ebšembi.* Sie beunruhigen sich um das was zu erstreben geziemt. Mtsï V, ı, XLVI, 1. Vgl. §. 432?

§. 431. Mit Hülfe des objectiven 之 *či* kann das **Object invertirt,** d. h. zu Anfang des Satzes gestellt werden; statt seiner folgt dann 之 *či* auf das

海上絲綢之路文獻集成 科技與文化编

Verbum: 君之使、不可殺之。*kiün čī ssî, put k'ò šat čī.* Die Gesandten des Fürsten darf man nicht tödten. — Ohne 之 wäre das Verbum passiv. Ssï-ki XIV, 2 b. 皆謙而禮交之。*kiāi k'iēm rî lì kiaō čī.* Mit Allen verkehrte er ehrerbietig und höflich. Ssï-ki LXXVII, 1. 生死之道、吾二人進之矣。*šēng ssî čī taó, ngû rî žîn tsín čī ì.* Den Weg des Lebens und Sterbens betreten wohl wir Beide. Liet-tsï VII, 4 a.

§. 432. Selten ist objectives 之 *čī* durch ein **Relativpronomen im Objectscasus** zu übersetzen: 及至其致好之也、目好之五色、耳好之五聲、口好之五味、心利之有天下。*kip-čí k'î čí haó čī yè: muk haó čī ngù šek, rî . . . šīng, k'eù . . . wéi, sīm lí čī yeù t'iēn-hià.* Anlangend **das was** sie am Meisten lieben, was sie mit den Augen lieben, (sind) die fünf Farben, . . . Ohren . . . Töne, . . . Mund . . . Geschmäcke, **was** sie im Herzen für Gewinn halten, (ist) das Reich zu besitzen. Sün-tsï I, 8 b. Hier scheint 之 das sonst gebräuchliche 所 *sò* zu vertreten.

Aehnlich scheint folgende Stelle aus Ma Tuan-lin: 是中國貨寶與四夷共用之也。*ší Čūng-kuok huó-paò iû ssî Î kúng yúng čī yè.* (Das Geld ging ausser Landes;) nämlich die Verkehrswerthe des Mittelreiches waren im Verkehre mit (*iû*) den vier Barbarenstämmen im allgemeinen Gebrauche. *Chin. curr.* pag. 153. 所 wäre hier schleppend.

§. 433. Inversion des Objectes mittels 之 *čī*. Besondere Beachtung verdienen die Fälle, wo 之 *čī* zwischen das anteponirte Object und das Verbum tritt. Das oben behandelte 之謂 *čī wéi* dürfte dahin gehören. Im Šu pflegt solchenfalls vor dem Objecte die Partikel 惟 *wêi* = ‚nur' zu stehen: 以庶邦惟正之供。*î šú pāng wêi číng čī kiūng.* Von allen Staaten erhob er nur das Richtige (= die ihm zukommenden Steuern). Šu V, xv, 12. So nach aufforderndem 其 *k'î*: 王其德之用。*wâng k'î tek čī yúng.* Möge der König die Tugend bethätigen. Das. V. xii, 26. So auch im verneinenden Satze: 吾斯之未能信。*ngû ssï čī wéī nêng sín.* Ich kann das noch nicht glauben. LYü V, v und Ssï-ki LXVII, 19 a. 吾以子爲異之問、曾由與求之問。*ngû ì tsî wêi í čī wén; tsêng Yeû iû K'ieù čī wén.* Ich dachte, der Herr würde nach Ausserordentlichem fragen; statt dessen fragt er nach Y. und K. LYü XI, xxiii, 2. 何必公山氏之之也。*hô pit Kūng Šān-ší čī čī yè?* Warum musst du zu (*čī*[1]) Herrn (*ší*) Kung-schan gehen (*čī*[2])? Das. XVII, v, 2. (Vgl. §. 425, 1. und 2, und §. 430, 6.)

§. 434. Bemerkenswerth ist der Gebrauch von 之 *čī* nach vorausgegangenem 何 *hô* = was? — 何 a (Substantiv oder Definitiv) 之 b (Verbum)

= 何 b a, seltener = b 何 a. Beispiele: 王何卿之問。*wâng hô k'īng čī wén*? Nach was für Ministern fragt Eure Majestät? Mtsï V, II, IX, 1.

Am gebräuchlichsten ist die Wendung: 何 x 之有 ***hô x čī yeù?*** = Was bedarf es da eines x? Was ist es nöthig zu x? 寇讐、何服之有。*k'eú-šeû, hô fuk čī yeù*? Ein Räuber und ein Feind: was ist um den zu trauern? Mtsï IV, II, III, 4. 丨罪 (*tsúi*) 丨丨。Was ist dabei Verbrecherisches? Han-fei-tsï IX, 6 a Comm. 丨棄丨丨。*hô k'í čī yeù*? Warum soll man ihn verstossen? Tao-tek-king LXII. 臣丨力丨丨焉。*č'în hô lik čī yeù yên*? Was brauchte Euer Unterthan dazu (viel) Anstrengung? Tso-čuen IX, 11. 其丨福丨丨。Was für Segen (*fuk*) kann das bringen? Das. II, 6. 丨常師丨丨。Was bedurfte es eines ständigen Lehrers (*šâng ssī*)? LYü XIX, XXII, 2. So findet sich 丨難(懼)丨丨。Was ist dabei Schwieriges, *nân*, (zu befürchten, *kiü*)? In den meisten dieser Beispiele würde 何有所 x, etwa dasselbe besagen; doch sprechen wieder die gelegentlich vorkommenden Substantiva (力 u. s. w.) für genitivisches 之: Welches x (gen.) Vorhandensein?

Einen ähnlichen Gebrauch von 是 *ší* siehe dort.

c. 之 *čī als Partikel des Genitivs.*

§. 435. Steht 之 *čī* zwischen zwei Substantiven, so zeigt es an, dass das Erste von diesen sich zum Zweiten genitivisch verhält. Es ist dann selbst genitivisch, = dessen, deren, sein, ihr, und die Construction erinnert einigermassen an unser volksthümliches: dem Bruder sein Haus. 物之理 *wet čī lì*, die Vernunftmässigkeit der Dinge; 賢者之常 *hiên-čè čī č'âng*, das Beständige des Weisen.

Genitiv des passiven Objectes kommt vor und kann Schwierigkeiten machen. 三王之罪人 *sām wâng čī tsúi-žîn*, Verbrecher gegen die drei Könige. Mtsï VI, II, VII. 先君之好 *siēn kiūn čī haó*, Liebe zum früheren Fürsten (J.).

§. 436. Dieses genitivische 之 *čī* ist wichtig für die Bestimmung der Redetheile, weil eben die es umgebenden Wörter Substantiva sein müssen. 自 *tsí* — aus, von ... her; aber: 知風之自。*čī fūng čī tsí*. Er kennt des Windes Herkunft (Woher). Čung-yung XXXIII, 1. 動 *túng*, sich bewegen, 靜 *tsíng*, ruhen; aber: 動之大者、謂之太陽、... 靜之大者、謂之太陰。*túng čī tá-čè, wéi čī t'ái yâng, tsíng ... t'ái yīm*. Der Bewegung Grösse nennt man das grosse Yang, ... der Ruhe ... das grosse Yin. Sing-li-tsing-i III, 7 b.

海上絲綢之路文獻集成 科技與文化編

漢文經緯

§. 437. Tritt genitivisches 之 *čī* zwischen Subject und Prädicat eines Satzes — sog. **subjectives** 之 *čī* —, so wird dieser Satz in einen Satztheil verwandelt und kann syntaktisch gleich einem Substantivum behandelt werden. In der Uebersetzung müssen wir uns meist mit den Hülfswörtern: ‚dass, wenn, indem' helfen. Die Fähigkeit der chinesischen Sprache zur Bildung umfassender und doch leicht verständlicher Perioden beruht nicht zum geringsten Theile auf dem Gebrauche dieses einfachen Mittels. 夫子之不可及也、猶天之不可階而升也。*fū-tsì čī put k'ò kip yè, yeû t'iēn čī put k'ò kiāi rî šīng* (r. 24) *yè.* Des Meisters Nicht-können-erreicht-werden (ist) wie des Himmels Nicht-können auf-Leitern-erstiegen-werden. (Die Unerreichbarkeit des M. gleicht der des H., welcher nicht ...) LYü XIX, xxv, 3. 道之不行也、我知之矣。*taò čī put hîng yè, ngò čī čī ì.* **Dass** der (rechte) Pfad nicht begangen wird, das weiss ich wohl. Čung-yung III, 1. 鬼神之爲德、其盛矣乎。*kuèi šîn čī wêi tek, k'î šíng ì-hû!* **Wenn** Dämonen und Geister (ihre) Kräfte üben, wie gewaltig mag das sein! Das. XVI, 1. 交子之有兩界、自此始。*kiaō-tsì čī yeù liàng kiái, tsì ts'ì šì.* **Dass** die Banknoten zwei (Einlösungs-) Termine hatten, nahm von da seinen Anfang. Ma Tuan-lin. 政之不忠、君之患也、令之不行、臣之罪也。*číng čī put čūng, kiūn čī huán yè, líng čī put hîng, č'în čī tsúi yè.* **Wenn** die Regierung nicht loyal ist, so ist es des Fürsten Verderben; **wenn** die Befehle nicht ausgeführt werden, so ist es der Minister Verschulden. Kia-iü III, 5 a. 天下皆知美之爲美。*t'iēn-hià kiāi čī mèi čī wêi mèi.* Alle in der Welt wissen, **dass** das ‚Schöne' schön ist. Tao-tek-king II. 吾是以知無爲之有益。*ngû ší-ì čī wû-wêi čī yeù yik.* Wir erkennen daraus, dass die Unthätigkeit Nutzen hat. Das. XLIII. 君子是以知李文子之忠於公室。*kiūn-tsì ší-ì čī Lì Wên-tsì čī čūng iū kūng šit.* Der Edle erkennt hieraus, **dass** Herr Li-Wen treu war gegen das fürstliche Haus (oder: des L. Treue gegen ...). Tso-čuen IX, 5. 子之事君有二心矣。*tsì čī ssí kiūn yeù rí sīm ì.* **Die Art, wie** Sie, Herr, dem Fürsten dienen, dürfte zwei Herzen haben (zweideutig sein). Ssï-ki XLII, 7 a. 聖人之生也、天行、其死也、物化。*šíng žîn čī šēng yè, t'iēn hîng; k'î ssì yè, wut hoá.* **Indem** der heilige Mensch lebt, waltet der Himmel, **indem** er stirbt, verwandeln sich die Dinge. Nam-hoa-king VI, 2 a.

§. 438. Mit gleicher Wirkung wird — freilich nur selten — ein Adverbialis in einen Genitiv verwandelt: 教以孝、所以敬天下之爲人父者也。*kiaó ì hiaó, sò-ì kíng t'iēn-hià čī wêi žîn fú čè yè.* Unterricht in der kindlichen Pietät ist es, wodurch man die ehrt, welche **im** Reiche Väter (von Menschen) sind. Hiao-king, jap. Ausg. XVI. 民望之、若大旱之

海上絲綢之路文獻集成 科技與文化編

望雲霓。*mìn wáng* (r. 74) *či*, *žok tá hàn či wáng yûn ngî*. Das Volk schaute nach ihm aus, wie man **bei** grosser Dürre ausschaut nach Wolken und Regenbogen. Mtsï I, II, XI, 2.

§. 439. Sehr häufig tritt 之 zwischen das logische Subject eines Relativsatzes und das objective Relativpronomen 所 *sò* = *quem, quam, quod* etc.: 古聖王之所以能致天下之治、無他術也。*kù šing wâng či sò-i nêng či t'iēn-hià či či, wû t'ā šut yè*. Das, wodurch die alten heiligen Könige die Regierung des Reiches zu vollenden fähig waren, hatte keine anderen Wege. Sing-li-tsing-i XI, 3a. — Dieses 之 *či* kann nur genitivisch aufgefasst werden.

Nun kommt — ähnlich wie im vorigen Paragraph — 之所 *či sò* auch hinter einem ursprünglichen Adverbialis vor: 其旦晝之所爲。*k'î tán-čeū či sò wêi*. Was sie **zur** Tageszeit thun. Mtsï VI, I, VIII, 2. 非舟車足力之所及。*fēi čeū čē tsuk lik či sò kip*. (Ein Land), wohin man nicht mit der Kraft der Schiffe, Wagen oder der (eigenen) Füsse gelangt. Liet-tsï (Prémare pag. 244).

§. 440. Eine eigenthümliche, nach chinesischem Sprachgeiste (vgl. §. 379) keineswegs fehlerhafte Construction ist diese, dass der Genitiv im adverbialen Satztheile zugleich als Hauptsubject gilt: 凡人主之國小而家大、權輕而臣重者、可亡也。*fâm žîn-čù či kuok siaò rî kiā tá, k'iuên k'ing rî č'în č'úng čè, k'ò wâng yè*. Wörtlich: Jedes Menschenherren Land klein aber Hauswesen gross, Macht gering aber Minister überwiegend (seiend), mag zu Grunde gehen, d. h.: Jeder Fürst, dessen . . . ist, mag oder muss zu Grunde gehen. Han-fei-tsï V, 1a. 衆人之用神也躁。*čúng žîn či yúng šîn yè tsaó*. Alle Menschen sind im Gebrauche des Geistes übereilt. Das. VI, 5a. 然五行之生、隨其氣質、而所稟不同。*žân ngù hîng či šēng, sûi k'î k'í čit, rî sò pìm put t'úng*. Nun aber sind die fünf Elemente **bei** ihrer Entstehung, zufolge ihres Odems und Stoffes, an Begabung nicht gleich. T'ai-kih-thu 4e. 蓋人物之生、無不有太極之道焉。*kái žîn wet či šēng, wû put yeù t'ái-kik či taò yên*. Denn Menschen und Dinge haben bei ihrer Entstehung ohne Ausnahme des Urprincips Norm. Das. 6a. — Vgl. hierzu §. 301.

§. 441. Genitivisches 之 *či* vor einer Präposition und deren Regimen ist ein wirksames Mittel, um das Verhalten oder Verfahren des einen Substantivums gegenüber dem anderen abstract auszudrücken.

1. A 之於 B, A *či iü* B = des A Verhältniss zum B, A in seinem Verhältniss zum B. 故湯||伊尹、學焉而後臣之。*kú T'āng či iü Yî-yìn: hiok yên rî heú č'în či*. Daher des T'ang Verfahren gegen Yi-yin (war so): er studirte (bei ihm) und dann erhob er ihn zum Minister. (Das zweite

之 macht 臣 zum denominativen Verbum). Mtsï II, ɪɪ, II, 8. 天下何耆皆從易牙‖味也。 *t'iēn-hià hô ší kiāi ts'ûng Yik-yâ čī iū wéi yè?* Im Reiche warum sollten hinsichtlich des Appetites (耆 = 嗜 im adv.) Alle des Y. Verhalten zum Geschmacke befolgen? Das. VI, ɪ, VII, 5.

2. A 之與 B, A *čī iū* B = des A Verkehr, oder A im Vergleiche mit B, A im Verkehre mit B. 唯‖阿、相去幾何、善‖惡、相去何若。 *wèi čī iū wō siāng k'iū kì-hô; šen čī iū ngok, siāng k'iū hô-žok*! (Die Sylben) *wei* und *wo* miteinander verglichen, wie wenig gehen sie auseinander! Gut verglichen mit böse, wie sehr gehen sie auseinander! Tao-tek-king XX. 譬道之在天下、猶川谷‖江海。 *p'í taò čī tsài t'iēn-hià, yeû č'uēn kuk čī iū kiāng haì.* Vergleichsweise ist das Tao in seinem Dasein in der Welt wie Flüsse und Thäler im Vergleiche zu Strom und Meer. Das. XXXII.

Analoge Redewendungen mit anderen Präpositionen dürften vorkommendenfalls nicht befremden.

d. Attributives 之 *čī.**)

§. 442. 之 *čī* ist oft blosses Zeichen des Attributivverhältnisses, d. h. es tritt verdeutlichend zwischen das Attribut und den dadurch bestimmten Satztheil, welcher Letztere dadurch zugleich als ein substantivischer gekennzeichnet wird. Es sind hier zwei Fälle zu unterscheiden:

1. Das Prädicat tritt als Attribut vor sein Subject, 之 *čī* zwischen Beide: 後之爲國者 *heú čī wêi kuok čè*, die späteren Staatslenker. — Ohne *čī* wäre der Sinn: die welche später den Staat lenkten. 須上之人。 *siū šáng čī žîn.* Die Menschen an der Spitze der Geschäfte. Ma Tuan-lin. 爲四寸之棺、五寸之槨。 *wêi ssî ts'ùn čī kuān, ngù ts'ùn čī kuok.* (Er liess) machen vierzollige innere und fünfzollige äussere Särge. Kia-iü I, 1a. 不貴難得之貨、使民不盜。 *put kuéi nân tek čī huó ssì mîn put taó.* Schwer zu erlangende Dinge nicht hoch schätzen, macht, dass das Volk nicht stiehlt. (貨難得 = die Sachen werden schwer erlangt). Tao-tek-king III; ähnlich Das. LXIV. 草上之風 *ts'aò šáng čī fūng.* Der über das Gras (wehende) Wind. LYü XII, xɪx. 有無君之心。 *yeù wû kiūn čī sīm*, ein Herz haben das keinen Fürsten hat = keine Treue gegen den Fürsten haben. Tso-čuen II, 2. 有無父之國、可也。 *yeù wû fú čī kuok, k'ò yè.* Gäbe es ein Land, wo keine Väter sind, so ginge es an. Das. II, 16. 皆異能之士。 *kiāi í nêng čī ssî.* Alle waren Gelehrte von verschiedener Befähigung. Ssï-ki LXVII,

*) Natürlich im engeren Sinne; im weiteren gehört auch das genitivische hierher.

1 a. 夫魯難伐之國。*fû Lù nân fát čī kuok.* Dieses Lu ist ein schwer zu züchtigendes Land. Das. 8 a. 夫信不然之物、而誅無罪之臣、不察之患也。*fû sín put žân čī wut, rî čū wû tsúi čī č'în, put č'at čī huán yè.* Dieses Glauben-schenkend nicht so-seienden Dingen, Tadeln einen unschuldigen Minister war des Nichtprüfens Unheil (schlimme Folge). Han-fei-tsï IV, 10 a.*) 然而有百金之馬、而無一金之鹿者。*žân-rî yeù pek kīm čī mà, rî wû yit kīm čī luk čè* . . . Dass es nun aber Pferde zu hundert Goldstücken, und keine Hirsche zu einem Goldstücke gibt . . . Das. XIII, 5 b. 然則仁義法正、有可知可能之理。*žân-tsek žîn ngí fap číng, yeù k'ò čī k'ò nêng čī lì.* Nun aber haben Menschlichkeit, Gerechtigkeit, Gesetz und Aufrichtigkeit Principien, welche man erkennen und können (= üben) kann. Sün-k'ing. 此之謂擅主之臣。*ts'ï-čī-wéi šén čù čī č'în.* Das nennt man einen sich die Herrschaft anmassenden Minister. Han-fei-tsï IV, 11 a. 非禮之禮、非義之義、大人弗爲。*fēi lì čī lì, fēi ngí čī ngí, tá žîn fut wêi.* Sitte, welche keine Sitte, Rechtlichkeit, welche keine Rechtlichkeit ist (= unächte Sitte und Rechtlichkeit), werden von grossen Männern nicht geübt. Mtsï IV, II, VI.

In allen diesen Fällen gewinnt man ohne Weiteres einen Satz, wenn man *čī* streicht und die beiden es umgebenden Glieder umstellt.

§. 443. II. Die nämliche Umstellung ergibt aber auch zuweilen einen Adverbialis des Subjectes, mit anderen Worten: das Attribut ist nicht mit ‚welcher', sondern mit ‚wo, womit, wobei' u. s. w. zu umschreiben. 事父之孝、事君之忠、交朋友之信、治民之仁。*ssï fù čī hiaó, ssï kiūn čī čūng, kiaō p'êng-yeù čī sín, čí mîn čī žîn.* Die Pietät **womit** man dem Vater, die Aufrichtigkeit **womit** man dem Fürsten dient, die Treue **mit der** man mit den Freunden verkehrt, die Menschlichkeit **womit** man das Volk regiert. Yang-ming I, 3 a. 此貪國弱兵之道也。*ts'ï t'ām kuok žok pīng čī taò yè.* Das ist die Art **wie** man die Staatsmacht erstrebt und die Heeresmacht schwächt. Han-fei-tsï IV, 10 a. Vgl. §. 438.

§. 444. In beiden Fällen kann das Attribut selbst ein Subject enthalten. 言汝器用之人。*yên žù k'i-yúng čī žîn.* Er meint einen Menschen, welchen

---

*) Diese Uebersetzung, so gedrechselt sie ist, gibt eben nur die chinesische Construction wieder: durch *fû* wird das folgende *sín* bis *č'în* substantivisch, durch *rî* wird *sín* bis *wut* im Verhältnisse zu *čū* bis *č'în* adverbial *(en ajoutant foi à . . .)*, durch *čī* werden *put č'at* und *huán* zu abstracten Substantiven. Alles das hat im Chinesischen nichts Ueberfeines und nichts Schwerfälliges; wir müssen uns statt dessen concret ausdrücken: Dass er . . . Glauben schenkte und . . . tadelte, war schlimme Folge davon, dass er nicht prüfte.

海上絲綢之路文獻集成 科技與文化編

漢文經緯

du brauchen kannst. Ssï-ki LXVII, 7 b, Comm. 使先生立象盡意之微指、闇而不明。 *ssî siēn-šēng lip siáng tsìn í či wêi či, ngàm rî put mîng.* (Das) verursachte, dass die tiefsinnigen Andeutungen, in welchen der Gelehrte das Bild errichtet und (dessen) Sinn erschöpft (hatte), verdunkelt statt erklärt wurden. Thai-kih-thu, Einl. 15.

§. 445. Besondere Bemerkung verdienen:

a.) Attributives 之 *či*, ein Umstandswort in ein Adjectivum verwandelnd. 當今之憂 *tāng-kīm či yeū* (r. 61), der jetzige Nothstand. Ma Tuan-lin. 因本有自然之心也。 *yīn pèn yeù tsî-žân či sīm yè.* Weil er ursprünglich eine von-selbst-so-seiende (spontane) Gesinnung hat. *tsî-žân* = von selbst. Hiao-king, jap. Ausg. X, Comm. 蓋太極者、本然之妙也。 *kái t'ái-kik čè, pèn-žân či miaó yè.* Denn das Urprincip ist das ursprüngliche Wunderbare. *pèn-žân* = ursprünglich, von Hause aus; ohne *či* wäre zu übersetzen: ist von Ursprung an wunderbar. Thai-kik-thu 2 g.

b.) Attributives 之 *či* hinter 所 *sò* = *quem, quam, quod* etc. und dem zugehörigen Verbum: 故將大有爲之君、必有所不召之臣。 *kú tsiāng* (r. 41) *tá yeù-wêi či kiün, pit yeù sò put čaó či č'în.* Daher ein Fürst, welcher grosse Thaten vorhat (*tá*, adv. statt adj. §. 383, b.), muss haben einen Minister, den er nicht zu sich entbietet (sondern selbst aufsucht). Mtsï II, ɪɪ, II, 7.

c.) Die Häufung 彼其之子 *pì k'î či tsî*, dort dieser Herr, ein gewisser Herr. Ši I, ᴠɪɪ, VI; ɪx, II; x, IV und sonst.

II. Verbale Anwendungen.

§. 446. 之 *či* als Verbum neutrum ist meist transitiv, seltener intransitiv: hingehen (nach).

§. 447. Ist verbales 之 *či* **transitiv**, so steht es vor einem substantivischen Redetheile, welcher meist eine Oertlichkeit oder Person bedeutet, und dann lehrt der Zusammenhang, es nicht etwa attributiv oder genitivisch aufzufassen. 去而之吳。 *k'iü rî či Ngû.* Gehe ich fort und gehe ich nach Ngu. Ssï-ki LXVII, 9 a. 朝覲者、不之堯之子、而之舜。 *č'aô-kín-čè, put či Yaô či tsî, rî či Šün.* Die Beschwerdeführer (am Hofe Audienz Suchenden) gingen nicht zu des Yao Sohn, sondern gingen zu Schün. Mtsï V, ɪ, V, 7.

Beispiele mit Anteposition: 牛何之。 *nieû hô či?* Wohin geht der Ochse? Mtsï I, ɪ, VII, 4. 吾將瞯良人之所之也。 *ngû tsiāng hiân liâng-žîn či sò či yè.* Ich werde ausspähen, wohin (unser) guter Mann geht. Das. IV, ɪɪ,

XXXIII, 1. 心之所之謂之志。*sīm či sò či wéi či čí.* Wo das Herz hingeht, das nennt man Vorsatz. Sing-li-tsing-i IX, 24 a.

§. 448. Ist verbales 之 *či* **intransitiv**, so steht es am Ende des Satzes oder Satztheils, unterscheidet sich aber vom Objectspronomen dadurch, dass ihm kein Verbum vorausgeht: 末之也已、何必公山氏之之也。*mot či yè ì, hô pit Kūng-šān sí či či yè?* Legge: *Indeed, you cannot go! why must you think of going to see Kung-shan? The first and last* 之 *are the verb.* 末 = 無、末之也已 = *There is no going there; indeed there is not.* 何 . . . 也 = *why must there be going to* [之 = *to*] *that K.?* Mandschu: *genere ba akô oci, nakara dabala; Gung šan-i jakade genere ai dalji?* Wenn du nicht gehen musst, so stehe nur ab (ì) u. s. w. LYü XVII, v, 2.

§. 449. Gleichfalls verbal ist die Anwendung von 之 *či* als **Präposition** = 至 *čí*, bis zu. 之死矢靡他。*či ssì šì mì t'ā.* Bis zum Tode schwöre ich (*šì*) keinen Andern zu haben. Ši I, iv, I. — So liest man auf den Deckeln mehrbändiger Bücher: 三之六。七之十二 (Heft) 3—6, 7—12.

§. 450. Verwandt ist die seltene Anwendung von 之 *či* in der Bedeutung: anlangend, in Betreff: 人之其所親愛而辟焉、之其所賤惡而辟焉、之其所畏敬而辟焉、之其所哀矜而辟焉、之其所敖惰而辟焉。*žîn či k'ì sò ts'īn ngái rî p'ik yên; . . . tsién ngú . . .; . . . wéi kíng . . .; . . . wāi kīng . . .; . . . ngaô t'ô . . .* Die Menschen, anlangend das was sie lieben und gerne haben, sind parteiisch, . . . geringschätzen und verschmähen . . .; . . . scheuen und ehren . . .; . . . beklagen und bedauern . . .; . . . das worin sie anmassend und unhöflich sind. Ta-hiok C. VIII, 1. (§. 440?)

§. 451. 之 *či* soll in einzelnen Fällen = 及 *kip*, mit, und, sein. 及 *kip* selbst ist sinnverwandt mit 至 *čí*, erreichen, gelangen bis, und so wäre das Eintreten von 之 *či* auch hier allenfalls erklärlich; die genitivische Auffassung scheint in den fraglichen Textstellen durch sachliche Gründe ausgeschlossen. 惟有司之牧夫。*wêi yeù-ssī či muk-fū.* Da waren die Beamten **und** Hirten. Šu V, xix, 13, 21. 皇父之二子死焉。*Hoâng-fú či rí tsì ssì yên.* Hoang-fu **und** (seine) zwei Söhne starben. Č'ün-ts'ieu, Wen-kung 11 (J.).

III. Doppeltes (und dreifaches) 之 *či*.

§. 452. 之 *či* zweimal unmittelbar aufeinander folgend, kommt nicht gar selten vor. Steht doppeltes 之 *či* in der Mitte des Satzes, so ist es in der Regel das erste Mal objectiv — ihn, es, sie —, das zweite Mal attributiv oder genitivisch zu verstehen: 致之之道 *čí či či taò*, die Art und Weise

海上絲綢之路文獻集成 科技與文化编

漢文經緯

dahin zu gelangen. Ma Tuan-lin. 非先有長之之心在我。*fēi siēn yeù càng čī čī sīm tsái ngò.* Nicht zuvor gab es die Gesinnung, ihn als Aelteren zu behandeln, in mir. Mtsï VI, I, IV, Comm. 學之之博未如知之之要、知之之要未如行之之實。*hiok čī čī pok wéi žû čī čī čī yaó, . . . hîng čī čī šit.* Der Umfang ihrer (der Tugend) Erlernung gleicht noch nicht der Nützlichkeit ihrer Kenntniss, ... der Wirklichkeit ihrer Ausübung. Prémare, pag. 154.

Doppeltes objectives 之 *čī* mit Anteposition des zweiten: 大而化之之謂聖。*tá rî hoá čī čī wéi šing.* Gross seiend (Andere, *čī*) umgestalten, das heisst heilig. Mtsï VII, II, XXV, 7.

§. 453. Von doppelten 之 *čī* am Ende des Satzes ist entweder das erste verbal, das zweite objectiv, oder das erste genitivisch, das zweite Verbalsubstantiv. Auf letztere Art erklärte Legge obiges Beispiel: 何必公山之之也. LYü XVII, v, 2. 欲之之 *yok čī čī,* will dahin gehen.

§. 454. Prémare (Not. l. s. pag. 155) gibt ein Beispiel von dreifachem 之 *čī*: 不知之之之路 *put čī čī čī čī lú.* Den Weg, auf welchem (*čī* [3]) man dahin (*čī* [2]) geht (*čī* [1]) nicht kennen. Solche Spielereien sind wohlfeil: 不知之之之之道也。Sie (die Gefahr) nicht kennen, ist der Weg hinein zu gerathen.

II.

者 *čè.*

§. 455. In der Deutung des Schriftzeichens 者 *čè* (richtiger *tšè*, r. 125) herrscht zwischen den Erklärern Meinungsverschiedenheit. Der obere Theil soll das jetzige 旅 *lü*, Schaaren, Gäste, viele, nach Anderen 多 *tō*, Viele, — der untere entweder einfach 白 *pek*, weiss (also unter den Vielen hervorleuchtend), — oder 自 *tsï*, selbst, in abgekürzter Form vorstellen.

§. 456. Das Wort (Schriftzeichen), eines der gebräuchlichsten und wichtigsten in der classischen und nachclassischen Sprache, hat eine seltsame Geschichte. Im Šu, aber schon in einzelnen seiner ältesten Bücher, findet es sich nur an vier Stellen, und da ganz nach classischem Gebrauche angewandt. Im Ši ist es häufig, tritt aber oft da ein, wo die classische Sprache es nicht dulden und eher ein 之 *čī* gestatten würde, und so sind denn auch in der neueren

Sprache die Beiden (wieder?) in Eins zusammengeflossen. Vgl. §. 233. Ueberall aber ist 者 *čè* entschieden pronominal und erinnert in seinen Anwendungen bald an unsern bestimmten Artikel, bald an die pronominalen Endungen der attributiven Adjectiva in den germanischen und litauisch-slavischen Sprachen.

§. 457. Letzteres, 者 *čè* **zwischen Attribut und Substantivum** (statt 之 *čī*), ist wie angedeutet dem Ši eigen. 彼茁丨葭。*pì čuat čè kiā*, diese üppig sprossenden Binsen. I, II, XIV. 彼蒼丨天 *pì ts'āng čè t'iēn*. (Du) blauer Himmel dort! I, XI, VI. 彼姝丨子、何以予之。*pì č'ū čè tsì, hô-ì iù čī?* Jener schöne Herr, womit beschenkt er sie? I, IV, IX, 2, vgl. VIII, I, IV.

Alle übrigen Anwendungen von 者 *čè* laufen darauf hinaus, dass der vorausgehende Satztheil zum Substantivum wird. Die Abschattungen, welche wir hierbei wahrnehmen und den folgenden Paragraphen zu Grunde legen, sind von mehr praktischem Belange.

§. 458. Besonders oft schliesst 者 *čè* das Subject in **Definitionen** ab; die Finale 也 *yè* pflegt dann den Satz zu beschliessen: 政丨正也。*číng čè číng yè*. Regieren ist richtig-machen. LYü XII, XVII. 孝丨、所以事君也、弟丨、所以事長也、慈丨、所以使衆也。*hiaó čè, sò-ì ssî kiün yè; tí čè, sò-ì ssî čàng yè, ts'î čè, sò-i ssî čúng yè*. Kindliche Liebe ist das, womit man dem Fürsten dient, brüderliche Achtung . . . Aelteren . . ., Wohlwollen . . . die Massen behandelt. Ta-hiok C. IX, 1. 德丨本也、財丨末也。*tek čè pèn yè; ts'âi čè mot yè*. Tugend ist die Wurzel, Wohlstand das Gezweige (= Ursache: Wirkung). Das. X, 7. 果丨、陽之決、確丨、陰之守。*kuò čè, yâng čī kiuet; k'iok čè, yīm čī šeù*. Kühnheit ist die Entschlossenheit des Yang; Standhaftigkeit ist die Beharrlichkeit des Yin. (Mandschu: *kengse (teng) serengge* = das . . . Genannte. T'ung-šu II, 7. 凡性丨、天之就也。*fâm síng čè, t'iēn čī tseú yè*. Alle (oder: im Allgemeinen) Natur ist des Himmels Vollendung (Bestimmung). Sün-k'ing. 禮義丨、聖人之所生也。*lì ngí čè, šíng žîn čī sò šēng yè*. Sitte und Recht sind Erzeugniss der heiligen Menschen. Das. 凡上丨、民之表也。*fâm šáng čè, mîn čī piaò yè*. Im Allgemeinen sind die Oberen des Volkes Obergewand. Kia-iü III, 5 a. 信丨、言之瑞也、善之主也。*sín čè, yên čī šúi yè, šén čī čù yè*. Treue ist der Rede Scepter, ist des Guten Hauptsache. Tso-čuen IX, 9.

So auch mit folgender Frage: 孝經丨何也。*hiaó-kīng čè hô yè?* Was ist (bedeutet) Canon der kindlichen Pietät? Vorrede zur japanischen Ausgabe des Hiao-king.

So ferner in Citaten, welche zum Gegenstande einer Erklärung oder Bemerkung gemacht werden. 王曰丨史臣追稱之也。*,wâng yuet' čè, ssì-*

海上絲綢之路文獻集成 科技與文化编

漢文經緯

č'în čūi č'īng či yè'. (Die Worte:) ‚Der König sprach', der Staatshistoriker sagt sie (*č'īng či*), indem er auf die Vergangenheit zurückgeht (*čūi.*) J.

Zuweilen liegt die definirende Bedeutung des Prädicates weniger klar zu Tage: 君子道丨三、我不能焉、仁者不憂、知丨不惑、勇丨不懼。 *kiūn-tsì taò čè sām, ngò put nêng yên; žîn čè put yeū* (r. 61); *čí čè put huok; yùng čè put k'û* (*kiū*). Des Edeln Wege (Normen) sind drei, — ich bin ihrer nicht fähig: pflichttreu, ist er furchtlos; klug, ist er nicht verblüfft; muthig, ist er unerschrocken. LYü XIV, xxx. 叱丨何也。 *č'it čè hô yè?* Was bedeutet das Geschrei? Ssï-ki LXXVI, 3b.

§. 459. Hieran schliesst sich der Gebrauch von 者 *čè* hinter satzeröffnenden **Adverbien** und **adverbialen Redewendungen**: 昔丨偃也聞 . . . *sik čè Yèn yè wên* . . . Früher habe ich, Yen, gehört, dass . . . LYü XVII, iv, 3. 古丨、民有三疾。 *kù čè, mîn yeù sām tsit.* Im Alterthume hatte das Volk drei Fehler. Das. xvi, 1. 古丨、諸侯出疆、必具官。 *kù čè, čū-heû č'ut kiāng* (r. 102), *pit kiū kuān.* Vor Alters, (wenn) die Lehensfürsten (ihre) Grenzen überschritten, hatten sie jedenfalls Beamte zur Hand. Kia-iü I, 1b. 或丨為失乎。 *huok čè wêi šit hû?* Vielleicht war es ein Fehler? Das. 2a. 多丨兩三人。 *tō čè liàng sām žîn.* Höchstens sind es zwei oder drei Menschen. Ssï-ki LIII, 3a. 多丨千人、寡丨百數。 *tō čè ts'iēn žîn, kuà čè pek šú.* Höchstens sind es tausend Mann, wenigstens (die geringste Zahl angenommen) ihrer hundert und einige. Das. LXXVI, 4a. 乃 *naì* = dann, da: 乃者 *naì čè*, anlässlich dessen, bei dieser Gelegenheit, damals. Das. LIV, 7b. 往 *wàng*, weggehen; 往丨 *wàng čè*, Vergangenheit, oder als Adverbial: in vergangener Zeit, vormals. 丨丨漢文之時、已有放鑄之令。 *wàng-čè Hán Wên či ší, ì yeù fáng čú či lîng.* Vormals, zur Zeit des Han Wen, hat es bereits eine die Münzprägung freigebende Verordnung gegeben. Ma Tuan-lin. So ist auch 今丨 *kīm-čè*, jetzt, gebräuchlich.

Bei *wàng-čè* zeigte sich schon, wie die syntaktische Function von 者 *čè* mit der wortbildenden zusammentreffen kann. In solchen Fällen, und sie sind sehr häufig, muss der Zusammenhang lehren, ob 者 *čè*, wie in den bisherigen Fällen, den vorausgehenden Satztheil, ohne seine Bedeutung sonst zu ändern, lediglich abschliesst, oder ob es mit diesem zusammen, dessen Sinn verändernd, eine Art Worteinheit (Quasi-Wort) bildet.

§. 460. Es gibt Kategorien von Wörtern, welche ihrem Begriffe nach nur Prädicate oder Attribute sein können: Die Eigenschaft verlangt einen Träger, die Zahl ein Gezähltes, die Thätigkeit einen Urheber. Hinter Wörtern dieser Art kann 者 sowohl den abstracten Begriff: das So-sein, So-thun, —

als auch das concrete Subject: den, das, die So-seienden, So-thuenden, bedeuten. Letzteres ist namentlich der Fall bei **Eigenschafts- und Zahlwörtern:** 聞斯二丨。 *wên ssï rí čè.* Ich hörte diese zwei (Dinge). LYü XVI, xiii, 4. 一乃當舊丨之四。 *yit nài tāng kieú čè či ssí.* Eine (neue Banknote) galt da gleich vieren der alten. Ma Tuan-lin. 天下有大惡丨五。 *t'iēn-hià yeù tá ngok čè ngù.* Im Reiche gibt es grosse Missethaten fünf (oder: die im Reiche existirenden grossen Missethaten sind fünf). Kia-iü II, 3a. 此五丨、有一於人、不免君子之誅。 *ts'ï ngù čè, yeù yit iū žîn, put mièn kiūn-tsï či čū.* Diese Fünf, ist Eine im Menschen vorhanden, so entrinnt er nicht der Vernichtung des (= durch den) Edlen. Das. 善丨果而已。 *šen čè kuò rî ì.* Der Gute entscheidet, dann hält er ein. Tao-tek-king XXX. 夫兩丨、各得其所欲、大丨宜爲下。 *fû liàng čè, kok tek k'î sò yuk, tá čè ngî wêi hià.* Diese Beiden nun erlangen ein Jedes, was es begehrt. Die Grossen sollten sich erniedrigen (niedrig werden). Das. LXI. So schon Šu V, iv, 32: 五者來備。 *ngù čè lâi pí.* (Wenn) die Fünf kommen und vollständig sind.

§. 461. Zeitwörter, d. h. Wörter von wesentlich verbaler Bedeutung, werden oft durch 者 *čè* in abstracte Substantiva oder Infinitive verwandelt, zumal als Subjecte des Satzes: 勝而不美、而美之丨、是樂殺人也。 *šíng rî put mèi; rî mèi či čè, ší lok šat žîn yè.* Er siegt, doch jubelt er nicht; darüber zu jubeln, das heisst lieben die Menschen zu tödten. Tao-tek-king XXXI. 不愛其親而愛他人丨、謂之悖德、不敬其親而敬他人丨、謂之悖禮。 *put ngái k'î ts'īn rî ngái t'ā žîn, wéi či péi tek; put kíng . . . lì.* Nicht seine Angehörigen lieben, sondern andere Menschen lieben, das heisst verkehrte Tugend (oder: die Tugend verkehren); . . . ehren, . . . Sitte. Hiao-king, jap. Ausg. XII. 故無分丨、人之大害也、有分丨、天下之本利也。 *kú wû fén čè, žîn či tá hái yè, yeù . . ., t'iēn-hià či pèn lí yè.* Daher ist Unterschiedslosigkeit (Gleichmacherei) der Menschen grösstes Unglück, das Vorhandensein von Unterschieden (ist) die grundlegende Wohlthat für das Reich (eigentl. des Reiches Urvortheil). Sün-tsï VI, 7a. 爲民上而不與民同樂丨、非也。 *wêi mîn šáng rî put iū mîn t'ûng lok čè, fēi yè.* Des Volkes Oberhaupt sein und sich nicht zugleich mit dem Volke erfreuen, ist Unrecht. Mtsï. 死丨 *ssì čè,* kann: die Todten, der Todte, aber auch: der Tod, das Sterben bedeuten. 丨丨人之所必不免丨也。 *ssì čè žîn či sò pit put mièn čè yè.* Der Tod ist das, was die Menschen sicherlich nicht vermeiden. (J.)

§. 462. Viel häufigeren Vorkommens ist 者 *čè* hinter Verben und eintretendenfalls deren Objecten und sonstigen Ergänzungen in der Bedeutung:

海上絲綢之路文獻集成 科技與文化编

漢文經緯

derjenige welcher, diejenigen welche: 知德|鮮矣。 *či tek čè siēn ì.* Solche welche die Tugend kennen, dürften selten sein. LYü XV, III. 生而知之|、上也、學而知之|、次也。 *šēng rî či či čè, šáng yè; hiok . . . ts'î yè.* Die welche bei (*rî*) der Geburt wissend sind (之 *či*, unbestimmtes Object), sind die Obersten; die welche durch Lernen . . . die Nächstfolgenden. Das. XVI, IX. 故好而知其惡、惡而知其美|、天下鮮矣。 *kú haó rî či k'î ngok, ngú rî či k'î mèi čè, t'iēn-hiá siēn ì.* Daher die welche lieben und (‚dessen' d. h. des Gegenstandes ihrer Liebe) Schlechtes kennen, welche hassen und dessen Vorzüge kennen, dürften in der Welt selten sein. Ta-hiok C. VIII, 1. 能補過|、君子也。 *nêng pok kuó čè, kiūn-tsì yè.* Wer (seine) Fehler verbessern kann, ist ein Edler. Kia-iü XLI (IV, 8 b). 臣聞有文事|、必有武備、有武事|、必有文備。 *č'în wên yeù wên ssî čè, pit yeù wù pí . . .* Euer Diener hat gehört, wer civildienstliche Geschäfte vorhat, muss militärische Unterstützung haben, und umgekehrt. Das. I, 1 b. 故貴以身爲天下|、可以寄天下。 *kú kuéi ì šin wêi t'iēn-hiá čè, k'ò ì kí t'iēn-hiá.* Daher wer sich scheut mit (in) Person das Reich zu regieren, dem kann man das Reich übertragen. Tao-tek-king XIII. 知|不言、言|不知。 *či čè put yên . . .* Wer weiss, der redet nicht u. u. Das. LVI. 知我|、其天乎。 *či ngò čè, k'î t'iēn hû.* Der der mich kennt, mag vielleicht der Himmel sein. LYü XIV, XXXVII, 2. 有德者、必有言、有言|、不必有德、仁|、必有勇、勇|、不必有仁。 *yeù tek čè, pit yeù yên . . . žîn čè . . . yùng . . .* Wer Tugend hat, hat nothwendig (auch) Redegabe . . . wer pflichttreu ist, . . . Muth . . . LYü XIV, V. 古之欲明明德於天下|、先治其國。 *kù či yuk mîng mîng tek iü t'iēn-hiá čè, siēn č'î k'î kuok.* Die Alten, welche die erlauchte Tugend in dem Reiche erleuchten wollten, ordneten zuvörderst ihre Staatswesen. — Hier ist *kù či* Attribut zu *yuk . . . čè*, also eigentlich zu übersetzen: die alten . . . Wollenden. Ta-hiok, Text 4. 世之學老子|。 *ší či hiok Laò-tsì čè.* Diejenigen unter den Zeitgenossen, welche den Lao-tsï studiren. Ssï-ki LXIII, 3 b.

Man beachte die Construction: 其家不可教、而能教人|、無不。 *k'î kiā put k'ò kiaó, rî nêng kiaó žîn čè, wû či.* **Einen dessen** Haus nicht zu belehren ist, und **der** Andere belehren könnte, den gibt es nicht. Ta-hiok C. IX, 1. Ferner: 不宜立| *put ngî lip čè,* **Einer welchen man** nicht (auf den Thron) setzen darf (J.); besser wohl: Einer der nicht geeignet ist den Thron zu besteigen.

§. 463. Auch in anderen als dem Subjectscasus erscheinen derartige substantivische Gebilde: 學|之於經也。 *hiok čè či iü kīng yè.* Der

13*

海上絲綢之路文獻集成 科技與文化編

Studirenden (= die Studirenden in ihrem Verhalten) zu den canonischen Büchern. 是學易|之過也。*ší hiok Yik čè či kuó yè*. Das ist der Fehler derer welche das Yih-king studiren. 此善爲政|之術也。*ts'ï šèn wêi číng čè či šut yè*. Das ist das Verfahren derer welche eine gute Regierung führen (*šèn*, adv. statt adj.). Prémare. 吾未見好德如好色|也。*ngû wéi kién haó tek žû haó sek čè yè*. Ich habe noch nicht Jemand gesehen, der die Tugend ebenso liebte, wie er Schönheit (‚Farbe', d. h. schöne Weiber, Liebesgenuss) liebt. LYü IX, xvii. Vgl. das. IV, vi, 1.

§. 464. Seltener erscheint 者 *čè* sächlich, in der Bedeutung: **das was, Etwas was**: 是不可以他求|也。*ší put k'ò i t'ā k'ieû čè yè*. Das ist Etwas was man nicht durch Andere suchen (= warum man nicht bei Anderen nachsuchen) darf. 無非取於人|。*wû fēi ts'iù iū žîn čè*. Er hatte nicht Etwas was er nicht von (anderen) Menschen entnommen hätte (J.). Hieher gehören auch 往| *wàng-čè*, das was vergangen ist = die Vergangenheit, und 來| *lâi-čè*, das was kommt = die Zukunft. 焉知來|之不如今也。*yēn či lâi-čè čî put žû kīm yè?* Wie sollen wir wissen, dass (*či*, gen. subj.) die Zukunft nicht der Gegenwart gleiche? LYü IX, xxii. Vgl. das. XVIII, v.

§. 465. Steht ein mit 者 *čè* abschliessendes verbales Prädicat hinter seinem Subjecte, so stellt es einen zu diesem gehörenden **Relativsatz** dar, und 者 *čè* ist durch: **welcher, welche, welches** zu übersetzen: 當時銅錢在江北|。*tāng šî t'ûng-ts'iên tsái kiāng pek čè*. Zu jener Zeit das Kupfergeld, welches nördlich vom Flusse (Yang-tse-kiang) war, . . Ma Tuan-lin. 海內之地、方千里|九。*hài núi či tí, fāng ts'iēn lì čè kieù*. Die Ländereien zwischen den Meeren (*či* attrib.), welche (je) ins Geviert tausend Li haben, sind neun. Mtsï I, i, VII, 17. 凡事不合天理、不當人心|、必害天下。*fâm ssî put hop t'iēn lì, put tāng žîn sīm čè, pit hái t'iēn-hià*. Jedes Thun, welches nicht sich der himmlischen Vernunft anschliesst, nicht gemäss ist dem Menschenherzen, muss dem Reiche schaden. Sing-li-tsing-i XI, 10a. 士志於道而恥惡衣惡食|、未足與議。*ssî čí iū taó, rî č'ì ngok yī ngok šik čè, wéi tsuk iù ngí*. Ein Gelehrter, der nach Vernunftmässigkeit strebt, aber sich schlechter Kleidung und schlechter Speise schämt, genügt nicht, um mit ihm zu verhandeln. LYü IV, ix.

§. 466. Auffällig ist der Gebrauch von 者 *čè* in folgendem Beispiele: 益|三友、損|三友。*yik čè sām yeù, sùn* . . . Nützlich sind drei (Arten) Freundschaften, nachtheilig . . . LYü XVI, iv; vgl. das. V. Hier enthält *čè* vorgreifend das folgende *yeù*: nützliche, nachtheilige Freundschaften. Legge übersetzt: *There are three friendships which are advantageous.*

§. 467. Manche Wörter für Eigenschaften, Zustände oder Thätigkeiten sind schon früh von der Sprache substantivisch, als Abstracta behandelt worden — **Zustandshauptwörter**. Hinter solchen verlangt die classische Sprache ein 者 *čè*, wenn nicht das Abstractum sondern, **derjenige, der so ist, das übt** u. s. w., gemeint wird: 仁丨安仁、知丨利仁 *žîn čè ngān žîn, čí čè lí žîn.* Die Pflichttreuen ruhen in Pflichttreue, die Klugen halten Pflichttreue für Gewinn. LYü IV, II. 管仲非仁丨與。*Kuàn-čúng fēi žîn čè iû.* Kuan war wohl nicht ein pflichttreuer (Mann). LYü XIV, XVIII, 1.

Dieses 者 *čè* kann hinausgeschoben werden: 未有仁而遺其親丨也、未有義而後其君丨也。*wéi yeù žîn rî yî k'î ts'īn čè yè, . . . ngí rî heú k'î kiūn . . .* Es hat nie Einen gegeben, der ein pflichttreuer Mensch gewesen und seine Angehörigen verlassen, nie einen Rechtschaffenen, der seinen Fürsten hintangesetzt. Mtsï I, I, I, 5. Hier ist *žîn* (*ngí*) . . . *čè* Object zu *yeù*.

§. 468. 者 *čè* hinter einem Substantivum, mit diesem zusammen einen substantivischen Satztheil bildend, modificirt zuweilen den Sinn in auffälliger Weise.

a.) Einer der ein wirklicher, richtiger . . . ist: 如有王丨、必世而後仁。*žû yeù wâng čè, pit ší rî heú žîn.* Wenn es einen echten (tüchtigen) König gäbe, so bedürfte es einer Generation, und dann wäre Pflichttreue (herrschend). LYü XIII, XII. 夫明堂丨、王丨之堂也。*fû mîng t'âng čè. . .* Dieser ‚glänzende Palast' ist ein für wirkliche Könige bestimmter Palast. Mtsï I, II, V, 2.

b.) Einer der mit . . . berufsmässig zu thun hat. Hier ist das naturgemäss zugehörige active Verbum als Mittelglied hinzuzudenken (vgl. Fisch, fischen, Fischer). 芻蕘丨 *ts'û žaô čè*, Grasmäher und Holzleser; 兎雉丨 *t'ú čí čè*, Hasen- und Fasanenjäger. Mtsï I, II, II, 2. 桑丨 *sāng čè*, Maulbeerpflanzer. Ši I, IX, V.

c.) Vielleicht reiht sich hieran die merkwürdige elliptische Ausdrucksweise in Mtsï I, I. VII, 6: Das Volk deutete eine Handlungsweise des Königs als Geiz; Meng-tsï versichert, er sei anderer Ueberzeugung. Der König erwidert: 然、誠有百姓丨。*žân, šîng yeù pek-síng čè.* Legge: *You are right. And yet there really was an appearance of what the people condemned.* Dies giebt offenbar den richtigen Sinn. Mandschu: *inu; tanggô hala-i irgen de bisirengge yargiyan.* Das was im Volke der hundert Familien ist, ist wahr. Ču-hi erklärt es: 實有百姓所譏丨。*Nimirum erat quod centum familiae deriderent.* Die Tägl. Erklär. I, 21 b: 誠有如百姓之譏我丨。Wirklich gab es Etwas, wie es das Volk an mir tadelte. 百姓者 im Texte scheint das Volksgerede, demnächst den geeigneten Stoff dazu, zu bedeuten, und würde sonach an unser: Fraubaserei, englisch *gossip* erinnern.

Verbindungen mit 者 *čè*.

§. 469. 有 ***yeù,*** haben, mit folgendem 者 *čè* lässt verschiedene Constructionen zu:

a.) Die Wörter von 有 bis 者 bilden zusammen einen substantivischen Satztheil: **derjenige welcher . . . hat.** So oben: |文事者 *yeù wên ssî čè*, wer civildienstliche Geschäfte vorhat. — Zuweilen muss man dann übersetzen durch: **Eigenthümer, Inhaber, Beherrscher von . . .**: 有國有家|、不患寡、而患不均。*yeù kuok yeù kiā čè, put huán kuà, rî huàn put kiūn.* Landesherren und Hausherren (sollten) nicht numerische Schwäche (ihrer Unterthanen und Angehörigen) fürchten, sondern fürchten, dass (dieselben) nicht Ordnung halten. LYü XVI, ɪ, 10. Vgl. Ta-hiok C. X, 4.

b.) Das auf 有 Folgende einschliesslich 者 ist Object von 有.

aa.) Gewöhnlich steht unmittelbar hinter 有 ein Verbum, und dann ist der Sinn: **es gibt Einen der . . .** oder **Etwas was . . .**: 如有用我|。*žû yeù yúng ngò čè.* Wenn es Einen gäbe, der mich anwendete. LYü XVII, v, 3. 雖小道、必有可觀|也。*sūi siaò taò, pit yeù k'ò kuān čè yè.* Selbst auf kleinen Pfaden (in geringen Beschäftigungen) gibt es sicher Etwas was betrachtet zu werden verdient. Das. XIX, ɪv. So in Erzählungen, ähnlich unserm: Es war einmal ein Mann, der . . . 客有爲齊王畫|。*K'ok yeù wêi Ts'î wâng hoá čè.* In K'ok war Einer der ein Bild des Königs von Ts'i anfertigte. Han-fei-tsï XI, 5 b.

bb.) Zwischen 有 und 者 *čè* steht ein Personenname, darauf folgt eine Aussage über die Persönlichkeit. Diese Redeweise entspricht unserm: Da sind (oder wir haben) Leute wie der N N, der . . ., oder: Da ist zum Beispiel der N N. Auf die Frage, wer von seinen Schülern Lerntrieb besitze, antwortet Confucius: 有顏回|好學、不遷怒 . . . *yeù Yên-hoêi čè, haó hiok; put ts'iēn nú* . . . Da war zum Beispiel Yen-hoei, der liebte das Studium; er übertrug nicht seinen Verdruss u. s. w. LYü VI, ɪɪ. Vgl. das. xɪɪ.

§. 470. Relativsätze mit 所 ***sò*** = *quem, quam, quod* u. s. w., werden durch schliessendes 者 *čè* zugleich als substantivische Satztheile gekennzeichnet und nach Aussen hin abgegrenzt: 人物之所得以爲性|也。(Es ist) das was Menschen und Dinge empfangen und zur Natur (= zu ihrer Natur) machen. Sing-li-tsing-i II, 2 a. Näheres unter *sò*.

海上絲綢之路文獻集成 科技與文化編

漢文經緯

§. 471. 其 . . . 者 *k'î . . . čè* mit dazwischen stehendem Prädicate = derjenige welcher . . ., diejenigen welche . . ., das was . . .: 可丨與之、其不可丨拒之。*k'ò čè iù čī; k'î put k'ò čè k'iù čī.* Die da im Stande sind (dich zu fördern), denen geselle dich zu; die da nicht im Stande sind, die entferne. LYü XIX, III. 其得道以生、至今不亡丨、日月星辰是也。*k'î tek taò ì šēng, čí kīm put wâng čè, žit yuet sīng šîn ší yè.* Die da nach der empfangenen Norm leben (und) bis jetzt nicht vergangen sind, das sind Sonne, Mond, Planeten und Fixsterne. Hot-kuan-tsï III, 21 b. 其見於經丨如此。*k'î kién iü kīng čè žû ts'ï.* Das was man im (Schu-)king sieht, ist also (wie angegeben). (J.)

§. 472. 如 *žû* oder 若 *žok* mit folgendem 者 *čè* und dazwischen stehendem Substantivum kann bedeuten: Einer welcher ist wie . . ., aber es kann auch, wenn es den Satz eröffnet, den Sinn haben: anlangend . . . Näheres unter *žû* und *žok.*

§. 473. 也者 *yè-čè* tritt hinter das Subject des Satzes, wenn dieses ein schon vorher besprochener Gegenstand ist und nun noch näher beschrieben werden soll (Prémare). Der Satz pflegt dann mit einem zweiten 也 *yè*, der Partikel der bestimmten Behauptung, zu schliessen: 中丨丨、天下之大本也、和丨丨、天下之達道也。*čūng yè-čè, t'iēn-hià čī tá pèn yè; huô . . . tat taò yè.* Die Mitte ist der Welt grosse Wurzel, die Eintracht . . . durchgängige Norm. Čung-yung I, 4. 理丨丨、形而上之道也。*lì yè-čè, hîng rî šáng čī taò yè.* Die Natur ist die hinsichtlich der Gestalt oberste Norm. Sing-li-tsing-i X, 1a. 故素丨丨、謂其無所與雜、純丨丨、謂其不虧其神也。*kú sú yè-čè, wéi k'î wû sò-iù tsap, šûn . . . put k'uēi k'î šîn yè.* Daher ‚echt' besagt, dass es mit nichts vermischt ist; ‚rein' besagt, dass es seinen Geist nicht trübt. Nam-hoa-king VI, 3b. 學丨丨、固學一之也。Lernen ist (heisst) offenbar durch Lernen vereinheitlichen. Sün-tsï I, 8 a. 喜丨丨、怒丨丨、惡丨丨、欲丨丨、天下之敗也。*hì yè čè, nú . . ., ngú . . ., yuk . . ., t'iēn-hià čī pái yè.* Freude, Zorn, Hass, Wünsche sind des Reiches Verderben. Kuan-tsï IV, 14 a. 性丨丨、吾所不能爲也。*síng yè-čè, ngû sò put nêng wêi yè.* Natur ist das was wir nicht machen können. Sün-tsï IV, 15 a.

Anders, wenn 也者 nicht das Subject abschliesst. Fälle dieser Art sind seltener: 安見方六七十、如五六十、而非邦丨丨。*ngān kién fāng luk ts'it šip, žû ngù luk šip, rî fēi pāng yè čè.* Sahst du wohl je (*ngān*, Fragwort), dass ein Gebiet von 60 bis 70 oder von 50 bis 60 (Li) nicht ein Staat gewesen wäre? LYü XII, xxv, 11. Hier bildet *fāng . . . yè* einen Satz; dieser, als Object von *kién*, wird durch *čè* substantivisch.

§. 474. In der umgekehrten Verbindung 者也 *čè yè* behalten beide Partikeln ihre gewöhnlichen Bedeutungen: 回也、非助我||。*Hoêi yè, fēi čú ngò čè yè.* Hoei (da) ist nicht Einer der mir hilft. LYü XI, III. 所謂人者、惡死欲生||。*sò wéi žîn čè, ngú ssì yuk šēng čè yè.* Was man Mensch nennt, ist ein den Tod hassendes, das Leben begehrendes (Wesen). Hot-kuan-tsï I, 1 b. 未有上好仁、而下不好義||。*wéi yeù šáng haó žîn, rî hià put haó ngí čè yè.* Noch nie ist es dagewesen, dass der Obere die Menschlichkeit (Pflichttreue) geliebt und die Unteren die Rechtlichkeit nicht geliebt hätten. Ta-hiok C. X, 21. 詩所謂有力如虎||。*šī sò wéi ,yeù lik žû hū' čè yè.* Das ist, was das Schi besagt (davon gilt das Wort des Schi): er hat Kraft wie ein Tiger. Tso-čuen IX, 10.

§. 475. Auch in den Verbindungen 者之 *čè čī* und 之者 *čī čè* beeinflussen die beiden Partikeln einander nicht: 主之者之謂帝、妙之者之謂神。*čù čī čè čī wéi tí, miaó čī čè čī wéi šîn.* Der sie (die Dinge) beherrscht, heisst der Herr, der sie schmückt, heisst der Geist. (Pr.)

§. 476. Zuweilen wird bei **Inversion des Objectes** dieses mittels 者 *čè* abgeschlossen und dann durch objectives 之 *čī* gedanklich wiederholt: 高者抑之、下者舉之、有餘者損之、不足者補之。*kaō čè yik čī, hià-čè kiū čī, yeù iû čè siūn čī, put tsuk čè pù čī.* Das Hohe erniedrigt er, das Niedrige erhöht er, das Ueberflüssige nimmt er weg, das Unzureichende ergänzt er. Tao-tek-king LXXVII. 爲不善乎顯明之中者、人得而誅之、爲不善乎幽閒之中者、鬼得而誅之。*wéi put šén hû hièn-mîng čī čūng čè, žîn tek rî čū čī; . . . yeū-kiēn . . ., kuèi . . .* Wer übel thut inmitten der Oeffentlichkeit, den ergreifen und vernichten die Menschen . . . Verborgenheit . . . die Dämonen. Nam-hoa-king VIII, 7 a.

Zusatz: Fehlendes 者 *čè.*

§. 477. Viele Sätze im vorclassischen Stile und manche in die spätere Sprache übergegangene Redensarten werden verständlich, wenn man am geeigneten Orte ein 者 *čè* ergänzt. Beispiele §§. 312, 313. So auch: 殺一無罪、非仁也。*šat yit wû tsúi, fēi žîn yè.* Einen, der keine Schuld hat, tödten, ist nicht menschlich. Mtsï VII, I, XXXIII, 3.

海上絲綢之路文獻集成 科技與文化編

漢文經緯

III.

是 ší (寔 šik, 實 šit, 時 šî).

§. 478. Das Schriftzeichen 是 ší (r. 72) soll ursprünglich aus 日 žit, Sonne, und 正 číng, aufrecht, richtig, zusammengesetzt sein. Im Šu und Ši wird es oft durch 時 šî, sonst = Zeit, im Ši überdies durch 寔 šik, sonst = einhalten, stillstehen oder Nebenform des folgenden, und 實 šit (nach Edkins: šik) = wahr, reell, ersetzt. — Im Folgenden wird zunächst nur von 是 ší die Rede sein.

§. 479. Als Grundbedeutung von 是 ší wird die demonstrative anzusehen sein: **dieser, diese, dies,** jedoch weniger auf den Ort als auf die Beschaffenheit hinweisend, ähnlich unserm alten: **sothaner,** und gleich diesem immer auf ein früher Genanntes bezüglich (nie = folgendes). Hieran reiht sich zunächst die copulative. Gewöhnlich folgen Subject und Prädicat unmittelbar aufeinander: A, B. Hiezu verhält sich A dies (ist) B, ähnlich wie französisch *A est B* zu *A c'est B.* Letzteres ist nachdrücklicher, entschiedener behauptend. Die weiteren Bedeutungen von 是 ší: **wirklich, richtig, recht,** liegen nun nahe, und hier dürfte 實 šit einmünden.

A. Demonstratives 是 ší.

§. 480. Substantivisches 是 ší = **dies** findet sich sowohl als Subject, wie als Object und Prädicat. Im Genitiv kommt es regelmässig nur mit folgendem 之 čī vor. Beispiele: 是何言與。ší hô yên iû! Was ist das für eine Rede! Hiao-king, jap. Ausg. XX, Bl. 20 b. 小人反是。siaò-žîn fàn ší. Die kleinen (= gemeinen) Leute kehren dies um. Prémare.

§. 481. Man merke folgende hierhergehörige Redensarten:

如| žû-ší oder 若| žok ší, im Šu dafür 若時 žok-šî, 猶| oder 由| yeû-šî, wie dies = so.

於(于)是乎 iû-ší-hû = anlässlich dessen, bei dieser Gelegenheit, hierbei, hierin. Aehnlich 于時 iû-šî, hierin, hierbei. Šu I, 12.

自時 tsí-šî, seit diesem = hinfort. Šu.

是以 ší-i, 是用 ší-yúng (mit Antepos.), dadurch, daher.

是謂 ***ší-wéi,*** das heisst.

是之謂 ***ší čī wéi*** . . . = dieses heisst, das ist, was genannt wird . . . Šu V, ɪv, 26. Vgl. §. 425.

壹是 ***yit-ší,*** angeblich = **一切** *yit-ts'ái,* alle, insgesammt. Ta-hiok, Text §. 6.

時謂 ***šî-wéi,*** das wird genannt. Šu IV, ɪv, 7.

是故 ***ši-kú*** (*ší* in diesem einzigen Falle genitivisch) — aus dessen Ursach, deshalb.

§. 482. 是也 ***ší yè,*** als Prädicat am Ende des Satzes, — das ist oder war, das bedeutet, das beruht in, macht das Subject des grammatischen Satzes zum logischen Prädicate des vorhergegangenen Satzes oder Satztheils: **生子一人、昭帝||。** *šēng tsì yit žîn, Čaō-tí ší yè.* Sie gebar einen Sohn, **das war** Čao-ti. Ssï-ki XLIX, 15 b. **水外暗而內明、以其根於陽也、火外明而內暗、以其根於陰也、太極圖陽動之中有黑底、陰靜之中有白底、||。** *šùi nguái ngám rî núi mîng, ì k'î kēn iū yâng yè, huò . . . yīm yè; t'ái-kik-t'û yâng túng čī čūng yeù hek tì, yīm tsíng . . . pek tì, ší yè.* Wasser ist aussen dunkel und innen klar, weil es im Yang wurzelt, Feuer . . . Yin . . .; dass in der Tafel des Urprincips inmitten der Bewegung des Yang ein schwarzer Grund, . . . Ruhe des Yin ein weisser Grund ist, **bringt Obiges zum Ausdrucke.** Sing-li-tsing-i I, 7 a. **故曰、禮薄也、凡物不玆盛、陰陽||。理相奪子、威德||、實厚者貌薄、父子之禮||。** *kú yuet: lì pok yè, fâm wut put píng-šíng, yīm yâng ší yè; lì-siáng t'ot iū, nguēi tek . . ., šit-heú-čè mok-pok, fú tsì čī lì ší yè.* Daher heisst es: das Ritual wird vernachlässigt, alle Dinge sind nicht in einheitlichem Gedeihen: **das beruht im** Yin und Yang; die vernünftige Leitung ist mir geraubt: **das liegt an** Würde und Tugend. Das Echte und Stichhaltige wird verachtet (**貌** = **邈**): **das liegt an** der sittlichen Ordnung zwischen Vater und Sohn. — Hier ist *ší-yè* freier durch: da fehlt es an . . . zu übersetzen. Han-fei-tsï VI, 2 b.

§. 483. 是 *ší* kann beispielsweise (= das und das, etwas Bestimmtes) angewendet werden: **由|則生、而有不用也、由是則可以辟患、而有不爲也。** *yeû ší tsek šēng, rî yeù put yúng yè; . . . k'ò-ì pí huán . . . put wêi yè.* Durch **das und das** lebt man (bleibt man leben), und doch geschieht es, dass man (es) nicht anwendet; . . . kann man Unglück vermeiden, . . . thut. Mtsï VI, ɪ, X, 4. **夫子至於|邦也、必聞其政。** *fū-tsì čí iū ší pāng yè, pit wên k'î číng.* Kommt der Meister in **das oder jenes** Land, so erfährt er sicher dessen Regierungsweise. LYü I, x, 1.

海上絲綢之路文獻集成 科技與文化编

§. 484. Wenn 是 *ší* vor einem Substantivum steht und mit diesem zusammen einen substantivischen Satztheil bildet, so ist es **attributiv:** dieser u. s. w. 爾尚明時朕言。 *rî šáng mîng šî čím yên.* Ihr wollet beleuchten (= beachten) diese meine Rede. Šu V, xxII, 7. 是日 *ší žit,* an diesem Tage.

寔 *šik* und 實 *šit* kommen als Demonstrativpronomina nicht vor.

B. Copulatives 是 *ší,* 時 *šî,* 寔 *šik* oder 實 *šit.*

§. 485. Steht 是 *ší* vor einem verbalen oder nominalen Prädicate, so ist es copulativ, den Begriff des So-seins oder Das-seins stark hervorhebend. Sein Gegensatz ist in der classischen und nachclassischen Sprache die Negation 非 *fēi:* 不教以孝、而聽其獄、|殺不辜。 *put kiaó ì hiaó, rî t'īng k'î yuk, ší šat put-kū.* (Wenn Einer seine Kinder) nicht zur Pietät erzieht und man hört seine Klage an, so ist (heisst) das einen Unschuldigen tödten. Zu 不辜 ergänze man 者). Kia-iü II, 3b. 美之者、|樂殺人也。 *mèi čī čè, ší lok šat žin yè.* Es schön finden, heisst lieben die Menschen zu tödten. Tao-tek-king XXXI. 此|太極之動而陽時。 *ts'ì ší t'ái-kik čī túng rî yāng šî.* Dies ist die Zeit, wo das Urprincip sich bewegend Yang (ist). Sing-li-tsing-i I, 18b. 太極之有動靜、|天命之流行也。 *t'ái-kik čī yeù túng tsíng, ší t'iēn míng čī lieû-hîng yè.* Dass (*čī*, gen. subj.) das Urprincip Bewegung und Ruhe hat, ist Wandel und Walten der himmlischen Bestimmung. Das. I, 6b.

Wegen 實 *šit* vgl. z. B. Ši I, III, II, 4; I, III, III, 3; XV. I, IV, I; I, VII, XVIII; wegen 寔 *šik* das. I, II, X.

§. 486. Copulatives 是 *ší* verbindet sich, zumal in der nachclassischen Sprache nicht selten mit anderen Partikeln.

便是 ***pién-ší*** = das ist gerade, das eben ist . . . (*pién* = angemessen, bereit, ganz wie, so, dann, alsbald): 易有兩儀、一曰變易、||流行底、一曰交易、||對峙底。 *yik yeù liàng ngî; yit yuet pién-* (r. 149) *yik, pién-ší lieû-hîng tì, . . . kiaō-yik, . . . túi č'ì tì.* Die Verwandlungen haben zwei Erscheinungen; die eine heisst die umgestaltende Verwandlung: sie eben ist des Wandels und Waltens Grundlage; die andere heisst die Verkehrsverwandlung (?), sie eben ist die Grundlage des Zugesellens und Sich-häufens (?) Sing-li-tsing-i I, 6b.

是就 ***ší-tsieú*** hat ähnliche Bedeutung. (*tsieú* = sich nähern, begleiten, alsbald, jetzt u. s. w.) Sing-li-tsing-i I, 18b.

只是 ***čì-ší*** = ist nur; im nachclassischen Stile häufig. 問靈處是心抑是性、曰靈處||心、不是性、性||理。 *wén lîng-č'ú ší sīm* *yik ši sing? yuet . . . li.* Frage: ist die Seele Herz (Geist, Sinn) oder ist sie Natur? Antwort: die Seele ist nur Geist . . . die Natur ist nur Vernunft. Sing-li-tsing-i I, 11 a. — Oft wird man das ‚nur' in der Uebersetzung weglassen müssen.

§. 487. Copulatives 是 *ší* tritt, namentlich wohl in der älteren Sprache, oft zwischen das logische Object und das Verbum. Man hat dann die Wahl, ob man mit Julien (*Synt. nouv.* I, pag. 28) eine Inversion oder nicht lieber einen eigenthümlichen Gebrauch des Passivums annehmen will. Jedenfalls ist ein bestimmtes logisches Subject (Urheber) gemeint. 承筐丨將。*šing k'uāng ši tsiāng.* Die Opferkörbe werden dargebracht. Ši II, I, I, 1. 乃生女子 . . . 唯酒食丨議。*nài šēng niü-tsì . . . wêi tsieù šik ši ngí.* Dann erzeugen sie Töchter; . . . nur an Wein und Essen denken (dieselben). Das. IV, V, 9. Ferner aus Julien l. c. 婦言丨用。*fù yên ši yúng.* (Seiner) Ehefrau Worte wendet er an (schenkt ihnen Gehör). 將虢丨荷。*tsiāng Kuok* (r. 141) *ši hò.* Er war im Begriff (den Staat) Kuok zu vernichten. 先君之好丨繼。*siēn kiün či haó ši kí.* Die Freundschaft des (= mit dem) vorigen Fürsten setzte er fort.

C. 是 *ši* u. s. w. = wahr, recht, richtig.

§. 488. 是 *ši,* Gegensatz 非 *fēi,* kann auch da, wo es nicht copulativ ist, die Bedeutung: sein, *esse,* haben, und hieran reihen sich die weiteren: wahr, recht, richtig.

So erscheint es als *Verbum neutrum* am Ende des Satzes prädicativ in dem früher mitgetheilten Beispiele: 此是則彼非、此非則彼是。*ts'ì ši tsek pì fēi . . .* Ist dies wahr, so ist Jenes falsch u. s. w. 偃之言丨也。*Yen či yên ši yè.* Yen's Worte sind richtig. LYü XVII, IV, 4. Ebenso zu Ende des Satzes: 非是也 *fēi ši yè.* Das ist nicht wahr, nicht richtig (J.).

So substantivisch als Object oder hinter einem Genitiv: 以非爲是。*ì fēi wêi ši.* Das Nichtsein zum Sein machen, Falsch in Recht verkehren. Kuang-tung-t'ung-či CCCI, 16 b. 但見其是而不見其非。*tán kién k'î ši rî put kién k'î fēi.* Nur seine positive, nicht auch seine negative Seite sehen. Das. 不恤是非。*put siüt ši fēi.* Nicht sehen (berücksichtigen) Recht und Unrecht. Sün k'ing. Ebenso im Genitiv: 是非之心。*ši fēi či sim,* der Sinn für Recht und Unrecht, das Gewissen. Mtsï VI, I, VI, 7.

So endlich adverbial, sowohl vor dem Subjecte als auch zwischen diesem und dem Prädicate: 天地之經、而民丨則之。*t'iēn-tí či kīng, rî mîn ši tsek či.* Des Himmels und der Erde Richtschnur macht sich das Volk gebührend

海上絲綢之路文獻集成 科技與文化编

漢文經緯

zur Regel. (*rî* = und, da, macht das Vorausgehende adverbial, etwa: anlangend . . . Das *či* am Ende wiederholt das logische Object. 是 = 誼 *ngí*, angemessen, gebührend, Comment.) Hiao-king, jap. Ausg. VIII, Bl. 8 b. 是天下錢少、非穀穰賤。 *ší t'iēn-hià ts'iên šaò, fēi kuk-* (r. 115) *yâng tsién*. In der That ist im Reiche das Geld rar, nicht das Getreide theuer. Ma Tuanlin (*Chin. curr.*, pag. 79).

是非 *ší fēi* sind übrigens nicht immer coordinirt: ||君子之道。 *ší fēi kiūn-tsï či taò*. Das ist nicht des Edeln Weg (Art, Verfahren). Julien, *Synt. nouv.* I, pag. 275. ||爾所知也。 *ší fēi rì sò či yè. C'est ce que tu ne comprends pas*. Mtsï V, ɪ, I, 2.

IV.

斯 *ssï*.

§. 489. Das Schriftzeichen 斯 *ssï* ist seltsam zusammengesetzt. Es dient für zwei gleichlautende, aber grundverschiedene Wörter: ein Verbum: spalten, klein schneiden, — und ein Demonstrativpronomen. Jenes deutet der rechte Bestandtheil 斤 *kīn*, Axt, — dieses der linke 其 *k'î*, pron. 3. pers. an. Einen phonetischen Bestandtheil enthält es also nicht, wohl aber bildet es seinerseits einen solchen in einigen zwanzig anderen Zeichen. Seine beiden Bestandtheile sind sinnangebend, aber nicht symbolisch aufeinander bezogen. — Nur das pronominale 斯 *ssï* kommt im Folgenden in Betracht, und dieses scheint erst um Beginn der Čeū-Dynastie, 12. Jahrh. v. Chr., schriftgebräuchlich geworden zu sein. Seine Anwendungen dürften sich erst in der classischen Periode recht gefestigt haben; in den ältesten Urkunden, namentlich im Ši, scheinen sie noch schwankend und besonderer Untersuchung bedürftig.

A. Demonstratives 斯 *ssï*.

§. 490. Demonstratives *ssï* 斯 kommt sowohl substantivisch als auch attributiv vor — ganz wie 是 *ší*. 有|、明享。 *yeù ssï, mîng hiàng*. (Trunksüchtige Beamte sind zu belehren.) Haben sie diese (Belehrung), so werden sie glänzend befördert. Šu V, x, 16. 斯謀斯猷、惟我后之德。 *ssï meû, ssï yeû, wêi ngò heú či tek*. Dieser Rath, dieser Plan ist nur unseres Fürsten Verdienst. Das. xxɪ, 6.

海上絲綢之路文獻集成 科技與文化編

§. 491. Gern bezieht sich 斯 *ssï* auf ganze Thatsachen oder den Inhalt ganzer Sätze: 得見君子者、丨可矣。*tek kién kiün-tsï čè, ssï k'ò ì.* Erlangen zu sehen einen Edeln, das würde (mir) genügen. LYü VII, xxv. 禮之用、和爲貴、先王之道、丨爲美。*lì čï yúng, huô wêi kuéi; siēn wâng čï taò, ssï wêi mèi.* In der Ausübung der Gebräuche ist Harmonie das Werthvollste; unter der alten Könige Normen ist dies die schönste. Das. I, xii, 1.

§. 492. Verwandt sind vielleicht die Fälle, wo wir 斯 *ssï* durch: **solch ein, ein Solcher** übersetzen möchten: 亡之、命矣夫、丨人也、而有丨疾也。*wâng čï; míng ì-fû! ssï žîn rî yeù ssï tsit yè!* Es (die Krankheit) vernichtet ihn, — (das ist) Schickung, ach! Ein **solcher** (vortrefflicher) Mensch und hat eine **solche** Krankheit! LYü VI, viii. Man achte auf den Gegensatz von 此 *tsï* und 斯 *ssï* in folgendem Beispiele: 此四者、天下之窮民、而無告者、文王發政施仁、必先斯四者。*ts'ï ssí čè, t'iēn-hià čï k'iûng mîn, rî wû kaó čè; Wên wâng fat číng šï žîn, pit siēn ssï ssí čè.* (Alte Witwer, alte Witwen, kinderlose Greise und Waisen;) diese vier (Classen) sind im Reiche die ärmsten Leute und haben keine Zuflucht (‚kein Anrufen'. Indem) König Wen die Regierung verbreitete und Menschlichkeit entfaltete, musste er **solche** (ärmste und hülflose) vier Classen bevorzugen. Mtsï I, ii, V, 3.

§. 493. Gelegentlich bezieht sich attributives 斯 *ssï* auf etwas das Subject der Rede zunächst Angehendes und wird dann durch **sein, ihr** zu übersetzen sein: 如之何其使丨民飢而死者。*žû čï hô k'î ssï ssï mîn kī rî ssï čè.* Wie (soll man denken) betreffs Eines (§. 471), der sein Volk Hungers sterben lässt? Mtsï I, i, IV, 6. Vgl. das. VII, 12.

§. 494. Folgende hierher gehörige Redensarten verdienen Erwähnung:

如斯 *žû-ssï* = wie Solches, so: 丨丨而已乎。*žû-ssï rî ì hû?* Ist das Alles? ist es damit gethan? (wie Solches da bewendet es?) LYü XIV, xlv.

斯以 *ssï-ì* = durch solches (Thun, Verhalten u. s. w.): 丨丨爲舜乎。*ssï-ì wêi Šûn hû!* Durch solches (sein Benehmen) war er (ein) Schün! Čung-yung VI.

斯文 *ssï-wên,* wohl auch verdoppelt: *ssï-ssï-wên-wên* = gebildet, fein, beruht wohl auf LYü IX, v, 3. Vgl. Thai-kih-thu Einl. 2: diese Gesittung = diejenige des Wen-wang.

B. Copulatives 斯 *ssï*.

§. 495. 斯 *ssï*, ähnlich 是 *šï*, die Copula verstärkend und zwischen Subject und Prädicat stehend, ist im classischen Stile selten. 攻乎異端、

丨害也已。*kūng hû í tuān, ssï hái yè ì*. Sich auf fremde Lehrgrundsätze verstürzen ist nur schädlich. LYü II, xvi. Doch könnte hier *ssï* für 則 *tsek* stehen und den Nachsatz einleiten. Vgl. das. xv. Im vorclassischen Stile sind die Beispiele häufig. 大木丨拔。*tá muk ssï pat*. Die grossen Bäume die werden ausgerissen. Šu V, vi, 16. 責人丨無難、惟受責俾如流、是惟艱哉。*ček žîn ssï wû nân; wêi šeú ček pèi žû lieû, ší wêi kiēn tsāi!* Andere tadeln, das hat keine Schwierigkeit; aber Tadel empfangen (und ihm freien) Lauf lassen, das ist schwer! Das. xxx, 2. 弓矢丨張。*kūng šì ssï čāng*. Bogen und Pfeile sind schussbereit. Ši II, vii, VI, 1.

C. 斯 *ssï*, satzverbindend = dann, so.

§. 496. Gleich dem gebräuchlicheren 則 *tsek* leitet 斯 *ssï* oft den folgernden Nachsatz ein: 小人窮丨濫矣。*siaò-žîn k'iûng, ssï lám ì*. Wenn gemeine Menschen darben, so schweifen sie wohl aus. LYü YV, i, 3. 君行仁政、丨民親其上、死其長矣。*kiūn hâng žîn číng, ssï mîn ts'īn k'î šáng, ssï k'î čàng ì*. Uebt der Fürst ein menschliches Regiment, so liebt das Volk seine Oberen und stirbt für seine Vorgesetzten. Mtsï I, ii, XII, 3. Vgl. LYü IV, vii; xxvi. VIII, iv, 3. Mtsï V, ii, IV, 3. VII, ii, XXX, 2. In allen diesen Beispielen schliesst der Satz mit der bescheiden behauptenden, vermuthenden Finale 矣 *ì* — dürfte, möchte wohl. Fragendes, zweifelndes 與 *iû* am Ende findet sich z. B. Mtsï V, ii, IV, 4.

§. 497. 何如斯 ***hô-žû ssï***, zwischen Subject und Prädicat = wie muss . . . beschaffen sein, damit . . .? 士丨丨丨可謂之達矣。*ssï hô-žû ssï k'ò wéi či tat ì?* Wie muss ein Beamter beschaffen sein, dass man ihn ausgezeichnet nennen könne? LYü XII, xx, 1. Ebenso mit Weglassung des Subjectes: 丨丨丨可謂之士矣。Wie muss (Einer) sein, damit man ihn einen (rechten) Gelehrten nennen könne? Das. XIII, xxviii. Aehnlich Mtsï VII, ii, XXVII 3; 8 und oft.

D. Besondere Anwendungen von 斯 *ssï* im Ši.

§. 498. Von den sprachlichen Eigenheiten der alten Lieder verdienen hier folgende erwähnt zu werden:

a.) 斯 *ssï*, ähnlich 者 *čè* das Subject abschliessend, z. B. II, i, VIII, 2; ii, IX; X.

b.) Final, hindeutend (da, hier). I, xv, IV; II, v, IV, 6.

c.) Genitivisch: (?) 螽|羽 *čūng ssī iù*, Flügel der Heuschrecken, *sek-sehe-i asha*. I, I, V.

d.) Zwischen Attribut und Substantiv, sogar wenn Ersteres ein Zahlwort ist, z. B. II, VI, VII, 4; III, I, VI, 1; II, VIII, V, 8.

Bei den nächstfolgenden Partikeln ist der pronominale Ursprung mehr oder minder fraglich. Wegen ihrer grammatischen Functionen aber empfahl es sich, sie hierher zu ziehen.

V.

肆、肄 *ssí*.

§. 499. 肆, seltener 肄 *ssí* (r. 129 und 171) vereinigt von Alters her eine Anzahl zum Theil sehr verschiedenartiger Bedeutungen in sich, z. B. ausbreiten (*étaler*), zeigen, gehen lassen, sich gehen lassen — unachtsam sein, sich wohl befinden oder erholen. In der vorclassischen Sprache diente es aber auch als Conjunction: daher, darnach, darauf, aber, nun. Beispiele: 天降之咎、|予以爾衆士、奉辭伐罪。 *t'iēn kiáng čī kieú; ssí iû ì rì čúng ssí, fúng* (r. 37) *ts'î tái tsúi*. Der Himmel verhängt Unglück über ihn; **darum** nahm (versammelte) ich euch, ihr Tapferen, um (euch) den Befehl zu überbringen, (seine) Verbrechen zu bestrafen. Šu II, II, 20. (Der Kaiser machte eine Inspectionsreise;) |覲東后。 *ssí kín tūng heú*, **darauf** ertheilte er den Fürsten des Ostens Audienz. Das. II, I, 8. (Ihr waret auseinander gesprengt ohne Unterkunft; ihr fragt mich, warum ich euch hierher versetzt habe;) |上帝將復我高祖之德。 *ssí šáng-tí tsiāng fuk ngò kaō tsù čī tek*, **aber** der höchste Herr wird meines hohen Ahnen Tugend erneuen (und uns helfen). Das. IV, VII, III, 6. 宅新邑、|惟王其疾敬德。 *ček sīn yip; ssí wêi wâng k'î tsit kíng tek*. Wir bewohnen die neue Stadt; **nun** möge (*k'î*) der König sorgsam die Tugend der Frömmigkeit pflegen. (*tsit* = krank, besorgt, in Hast sein.) Das. V, XII, 20. (Es wurden die Verdienste des Königs T'ai aufgezählt; dann:) |成人有德。 *ssí č'îng žîn yeù tek*. So (= in Folge dessen) hatten erwachsene Männer Tugend. Ši III, I, VI, 5.

§. 500. Im Ši kommt 肆 *ssí* ausserdem noch in zweifacher Bedeutung als Hülfswort vor:

a.) Den concessiven Vordersatz einleitend: |不殄厥慍、亦不隕厥問。 *ssí put t'ièn kiuet wén, yik put yuèn kiuet wén*. Obschon er (daher?)

海上絲綢之路文獻集成 科技與文化编

漢文經緯

nicht ihren Ingrimm verhinderte, liess er doch seinen Ruhm nicht fallen. III, I, III, 8. 丨戎疾不殄、烈假不瑕。 *ssî žûng tsit put t'ien, liet kià put hiâ.* Obgleich schwere Leiden nicht abgewandt wurden, (wurde sein) Glanz und seine Grösse nicht befleckt. (*Te amba jobolon getereheko* **bicibe,** *horon amban ekiyehun akô*). Das. VI, 4.

b.) Zwischen Subject und Prädicat: 吉甫作誦、其詩孔碩、其風丨好。 *Kit-fù tsok tsúng, k'î ši k'ùng šik, k'î fūng ssî haó.* Kit-fu machte das Lied; dies Gedicht ist sehr gross, seine Melodie ist schön (Mandschu: *terei mudan mujakô icangga* = ist sehr angemessen). III, III, V, 8. Hier bleibt es zweifelhaft, ob *ssî* copulativ, oder adverbial (*mujakô,* sehr) oder endlich etwa dem *haò* coordinirt ist (klar und schön?).

VI.

則 *tsek.*

§. 501. 則 *tsek* hat schon in den ältesten Urkunden zwei Bedeutungen, eine substantivische: **Muster, Vorschrift, Regel,** mit der abgeleiteten verbalen: zum Muster u. s. w. machen oder nehmen, — und eine adverbiale: **dann, folglich.** Erstere Bedeutung dürfte dem Schriftzeichen: Messer und Muschel zu Grunde liegen. Es steht dahin, ob auch hier dasselbe Zeichen zweien grundverschiedenen Wörtern dient, oder ob etwa das Substantivum im Adverbialis in erweiterter Anwendung zum satzverknüpfenden Adverb geworden ist. Für Letzteres könnte die Analogie des sinnverwandten 方 *fāng* sprechen, welches u. A. ‚Ecke, Richtung, Art und Weise, **Regel, dann,** hierauf' bedeutet. Im Uebrigen ist *tsek* zugleich eine der häufigst vorkommenden, wichtigsten, und eine der leichtest verständlichen Partikeln.

A. 則 *tsek* als Substantivum und Verbum.

§. 502. Wann 則 *tsek* Substantivum ist, werden die Regeln von der Ermittelung der Redetheile ergeben. Hier einige Beispiele. Als Subject: 則法也。 *tsek, fap yè.* Regel ist (soviel als) Gesetz. Als Object: 故有物、必有丨。 *kú yeù wut, pit yeù tsek.* Daher, gibt es Dinge, (so) gibt es gewiss Gesetze. Mtsï VI, I, VI, 8. 彼求我丨。 *pì k'ieû ngò tsek.* Sie suchen mich zum Muster. Ši II, IV, VIII, 7. Hinter einem Genitive: 順帝之則。 *šûn tí či tsek,* befolgend des Herrn Vorbild. Das. III, I, VII, 7.

海上絲綢之路文獻集成 科技與文化編

§. 503. Steht 則 *tsek* vor, oder im Falle der Anteposition hinter einem Objecte, so ist es Verbum: 唯天爲大、唯堯|之。 *wêi t'iēn wêi tá; wêi Yaô tsek čī.* Nur der Himmel ist gross, — nur Yao nahm ihn zum Vorbilde! LYü VIII, xix, 1. So ist zulässig: 其所| das was er zum Vorbilde nimmt. 莫之| *mok čī tsek.* Niemand nimmt ihn zum Vorbilde. 不可| *put k'ò tsek* (passiv). Es ist nicht zum Vorbilde zu nehmen u. s. w.

B. 則 *tsek* als Hülfswort.

§. 504. Substantivisches 則 *tsek* wird zu Anfang des Satzes nur ausnahmsweise vorkommen und dann leicht zu verstehen sein. Eröffnet 則 *tsek* einen Satz, oder steht es vor einem Prädicate, so ist es in der Regel Hülfswort, die logische Folge andeutend, und leitet den **Nachsatz nach einem bedingenden Vordersatze** ein. Dieser Vordersatz enthält zuweilen, aber sehr oft auch nicht, eine bedingende Conjunction: 如 *žû,* 若 *zok,* 苟 *keù* = wenn, 使 *ssì* = angenommen dass („*fac*"). 君子學則愛人、小人學|易使。 *kiūn-tsì hiok, tsek ngái žîn; siaò-žîn hiok, tsek yí ssì.* Studirt ein Edler, so liebt er die Menschen; studirt ein gemeiner Mann, so ist er leicht zu verwenden. Ssï-ki LXVII, 13 a. 上好禮、|民易使也。 *šáng haó lì, tsek mîn yí ssì yè.* Lieben die Oberen die (gute) Sitte, so ist das Volk . . . LYü XIV, xliv. 苟非此心寂然無欲而靜、|又何以酬酢事物之變、而一天下之動哉。 *keù fēi ts'ì sīm tsik-žân wû yuk rî tsíng: tsek yeú hô-ì č'eû-tsok ssì wut čī pién, rî yit t'iēn-hià čī túng tsāi?* Wenn nicht dies Herz still, ohne Gelüste und ruhig wäre, wie sollte es da auch dem Wechsel der Ereignisse und Dinge entsprechen und der Welt Bewegung vereinigen? (*č'eû-tsok,* eigentl. vor- und nachtrinken.) Thai-kih-thu §. 7 g. 如有復我者、|吾必在汶上矣。 *žû yeù feú ngò čè, tsek ngû pit tsái Wên šáng ì.* Wenn es Einen gäbe, der (= wenn es geschähe, dass man) mich wiederholt-aufforderte, so müsste ich am Ufer des Wen sein (Wohnung nehmen). LYü VI, vii.

§. 505. Wechselt das Subject im Nachsatze, so steht es bald vor, bald, wie in zweien der vorigen Beispiele, hinter 則 *tsek.* Letzteres ist dann die Regel, wenn der Nachsatz die allgemeine Frage beantwortet: was geschieht dann? Ersteres tritt ein, wenn die Frage bestimmter dahin lauten würde: Wenn A so ist oder thut, wie verhält sich dann B? 凡諸侯有命、告|書、不然|否。 *fâm čū-heû yeù míng, kaó tsek šū; put žân tsek feù.* Im Allgemeinen, wenn die Lehensfürsten eine Verordnung erhielten, so wurde die Bekanntmachung geschrieben; wenn nicht so, dann nicht. Tso-čuen I, 11. 其子趨而往視之、苗|槁矣。 *k'î tsì ts'iū rî wàng ší čī, miaô tsek kaò ì.* Als

漢文經緯

sein Sohn eilends hinging es zu sehen, da war das Getreide verdorrt. — In Fällen wie dieser fasst der Chinese, gleich dem Mandschu, den Vordersatz als einen bedingenden. Mtsï II, I, II, 16.

§. 506. Ist der Vordersatz fragend, so bedeutet 則 *tsek* im Nachsatze die Absicht und ist mit: **damit, dass** zu übersetzen: 何爲丨民服。*hô wêi tsek mîn fuk?* Was thun, damit das Volk sich unterwerfe? LYü II, xx. Dasselbe wird dann der Fall sein, wenn der Vordersatz ein Erforderniss ausspricht, z. B.: 民必教、丨可使矣。*mîn pit kiaó, tsek k'ò ssï ì.* Das Volk muss unterrichtet werden, damit es verwendet werden könne. 如之何丨可。*žû čï hô tsek k'ò?* Wie (muss man sich) betreffs dessen (verhalten), damit es möglich sei? Wie ist das zu erreichen? Mtsï I, I, V, 1; I, II, XII, 1. 德何如丨可以王矣。*tek hô-žû tsek k'ò-ì wáng ì?* Wie muss (Eines) Tugend beschaffen sein, damit er König werden könne? Das. I, I, VII, 3. Redewendungen dieser Art finden sich oft. — Aber 何則。*hô-tsek?* = Wie ist diess?

§. 507. In Gesprächen findet sich die Wendung: 無已則 . . . *wû ì tsek* . . ., wohl auch mit 以 *ì* statt 已, = Ist dir (an dem Gesagten) nicht genug, so . . ., oder: Soll ich weiter reden, so . . . (無已 = es ist kein Aufhören, Genügen). Z. B.: 丨丨丨王乎。*wáng hû?* Genügt dir (diese Auskunft) nicht, so (ist dir) vielleicht (ein Gespräch über) die Erlangung der Königswürde (genehm)? Mtsï I, I, VII, 2. 是謀非吾所能及也、丨丨丨有一焉。*ší meû fēi ngû sò nêng kip yè; . . . yeù yit yên.* Dieser Plan ist nicht, woran ich gehen kann (= ich bin incompetent darin). Soll ich weiter reden, so habe ich Eins (vorzuschlagen). Das. I, II, XIII, 2.

§. 508. Steht 則 *tsek* **im einfachen Satze** hinter dem ersten Satztheile, so ist dieser seiner syntaktischen Function nach adverbial, wird isolirt und im Verhältnisse zum Folgenden irgendwie conditional. Letzteres ist wohl zu empfinden und allenfalls durch Umschreibungen zu erläutern, aber kaum in der Uebersetzung nachzuahmen. 上丨能尊君、下則能愛民。*šáng tsek nêng tsūn kiūn, hià . . . ngái mîn.* Nach Oben können sie den Fürsten ehren, nach Unten das Volk lieben. Sün-tsï II, 7 a. 寬、丨得衆、信、丨民任焉、敏、丨有功、公、丨說。*k'uān, tsek tek čúng; sín, tsek mîn žîm yên; mìn, tsek yeù kūng; kūng, tsek yuet.* Freigebig, gewann er Alle; aufrichtig, vertraute ihm das Volk; fleissig, hatte er Erfolg; gerecht — so war Freude. — Hier ersetzt die conditionale Ausdrucksweise die causale; Legge: *by his generosity etc.* LYü XX, I, 9. So werden vor 則 *tsek* die isolirt stehenden Zeitwörter 入 *žip*, eintreten, und 出 *č'ut*, ausgehen, zu Adverbien: zu Hause: auswärts. 入丨心非、出丨巷議。*žip tsek sïm fēi, č'ut tsek hiáng ngí.* Zu Hause (sind sie) im Herzen unzufrieden, draussen raisonniren sie öffentlich. Ssï-ki LXXXVII, 6 b. Hier steht Bedingung statt Zeit und Umstand.

§. 509. Auch mittels **則** *tsek* kann eine **Inversion des Objectes** stattfinden. Der Sinn derselben ist etwa: Fragt man mich nach . . ., so . . . **可以爲難矣、仁｜吾不知也。** *k'ò ì-wêi nân ì; žîn tsek ngû put čī yè.* (Die Unterdrückung der Leidenschaften) mag wohl für schwierig gelten; (ob aber auch schon für) Pflichttreue, weiss ich nicht. (NB. Verbum ohne Object activ. §. 322.) LYü XIV, II, 2. **俎豆之事、｜嘗聞之矣。** *čù-teú čī ssî, tsek č'âng wên čī ì.* Ueber Angelegenheiten der Opfergefässe habe ich wohl gehört. Das. XV, I, 1.

§. 510. Man merke folgende Redewendungen mit **則** *tsek*:

a.) 一則 . . . 一則 ***yit-tsek . . . yit-tsek*** = einestheils . . . anderntheils: **父母之年不可不知也、｜｜以喜、｜｜以懼。** *fú-mù čī niên put k'ò put čī yè: yit-tsek ì hì, . . . kiû.* Der Eltern Jahre darf man nicht nicht wissen (= muss man wissen): einestheils um sich zu freuen, anderntheils um zu fürchten. LYü IV, XXI.

b.) 則亦 ***tsek-yik*** = ja nochmals: **然而無有乎爾、｜｜無有乎爾。** *žân-rî wû yeù hû-rî, tsek yik . . .?* Nun denn, gäbe es nur Keinen (zweiten Confucius)? ja nochmals: gäbe es Keinen? Mtsï VII, II, XXXVIII, 4.

C. Zusatz: 此 *ts'ì* statt 則 *tsek.*

§. 511. Vereinzelt findet sich das Demonstrativpronomen **此** *ts'ì* an Stelle des folgernden **則** *tsek*: **故君子、先愼乎德、有德此有人、有人｜有土、有土｜有財、有財｜有用。** *kú kiūn-tsì, siēn šín hû tek; yeù tek ts'ì yeù žîn; . . . t'ù; . . . ts'âi . . . . yúng.* Daher der Edle achtet zuvörderst auf (seine) Tugend; hat er Tugend, so hat er die Menschen; . . . das Land; . . . Reichthum; . . . Hülfsmittel. Mandschu: *erdemu bici,* ***teni*** *niyalma bi etc.* Ta-hiok C. X, 6.

VII.

卽 即 即 *tsik.*

§. 512. Das Schriftzeichen **卽** *tsik* (r. 26) ist schwer zu erklären. In Zusammensetzungen hat es die Lautwerthe *tsiet, tsit, tsot, čit,* und so dürfte der Radical **卩** *tsiet,* Siegel, Kerbholz, wohl selbst lautangebend sein.

Das Wort erscheint in den ältesten Urkunden vorwiegend in der verbalen Bedeutung etwa von 就 *tsieú* (r. 43) **sich nähern, herangehen an;** es hat dann ein Object bei sich. 弗丨工 *fut tsik kūng.* (Die Miao) verweigern an ihre Pflicht zu gehen, *weileme jihekô.* Šu II, ɪv, 8. 文王卑服、丨康功田功。*Wên wâng pēi fuk, tsik k'āng kūng t'iên kūng.* König Wen kleidete sich ärmlich; er ging an (= widmete sich) Arbeiten des Friedens und Arbeiten des Landbaues. Das. V, xv, 9. 予不我丨。*tsî put ngò tsik.* Der Herr kommt nicht zu mir. Ši I, vɪɪ, XV, 2. 善人教民七年、亦可以丨戎。*šén žîn kiaó mîn ts'it niên, yik k'ò-i tsik žûng.* Ein guter Mensch unterrichte das Volk sieben Jahre (lang), und-schon kann es zu den Waffen gehen (zum Kriege gebraucht werden). LYü XIII, xxɪx. Vgl. noch das. XIX, ɪx. Mtsï III, ɪ, II, 4. 丨命 *tsik míng* = Befehle einholen. Šu V, vɪ, 8; = das Schicksal befragen, das. V, vɪɪ, 3.

Diese verbale Bedeutung dürfte die ursprüngliche sein. An sie reihen sich zunächst und zum Theil schon in frühester Zeit die adverbialen: **sofort, alsbald, dann,** und die präpositionelle: **anlangend.** Die Lautähnlichkeit mit 則 *tsek,* vielleicht selbst die Verwandtschaft der verbalen Bedeutung mit derjenigen von 之 *čī,* mochte nun das Uebrige thun, um 卽 *tsik* vollends im Sprachgefühle des Volkes der Familie der pronominalen Partikeln einzuverleiben,*) so dass es am Ende in seinen Anwendungen bald an 則 *tsek,* bald an 是 *ší* erinnert.

§. 513. Als **Adverb** hat 卽 *tsik* zunächst die Bedeutung: alsbald, sogleich. 王丨命曰。*wâng tsik míng yuet.* Der König (möge) sofort befehlend sagen. Šu V, xɪɪɪ, 7. Auf weniger unmittelbare Zeitfolge deutet es: 丨有邰家室。*tsik yeù T'āi kiā-šit.* (Heu-tsik trieb mit Erfolg Ackerbau;) und so bekam er das Haus (= das Gebiet) T'ai. Ši III, ɪɪ, I, 5. 西戎丨敘。*sī Žûng tsik siú.* Die westlichen Kriegervölker kamen darauf in Ordnung (*wargi aiman* ***tereci*** *dasabuha*). Šu III, ɪ, 83.

§. 514. Die nachclassische Sprache hat 卽 *tsik* eine ähnliche Bedeutung gegeben wie die von 則 *tsek*: folgernd, aber mit besonderem Nachdrucke. Man denke sich im Vordersatze: ‚sobald' statt ‚wenn'. Schon bei einzelnen Schriftstellern der classischen Zeit findet sich dieser Gebrauch. 飢丨不食、寒丨不衣。*kī tsik put ssî, hân tsik put i.* Hungert (sein Freund), so speist er ihn nicht, friert er, so kleidet er ihn nicht. Mek-tsï. 聖人之所以聖、不

---

*) So mag wohl das deutsche Sprachgefühl die Conjunction **weil** ihres Anlautes wegen mit den Relativen: ‚wenn, wie, wo, welcher' verknüpfen.

海上絲綢之路文獻集成 科技與文化編

過全此實理而已、|所謂太極者也。 *šíng žîn čī sò-ì šíng, put kuó ts'iuên ts'ï šit lì rî-ì; tsik sò wéi t'ái-kik čè yè.* Das, wodurch der heilige Mensch heilig ist, geht lediglich (*rî-ì*) nicht über das Erschöpfen dieser wahren Vernunft hinaus; folglich (d. h. sobald dies feststeht) ist es das was Urprincip genannt wird. T'ung-šu II, 1, Comm. 誠|所謂太極也。 *šîng* . . . Wahrheit ist folglich . . . Das. I, 1, Comm. 言乾道變化、而萬物各得受其所賦之正、則實理於是而各爲一物之主矣、|圖之陰靜也。 *yên k'iên taó pién-hoá, rî wán wut kok tek-šeú k'ì sò fú čī číng, tsek šit lì iū-ší-rî kok wêi yit wut čī cù ì; tsik t'û čī yīm tsíng yè.* Es besagt: indem (*rî*) des K'ien Norm sich verändert, erhalten die (10,000) Dinge je das Richtige des ihnen Verliehenen; (dies angenommen) so (*tsek*) ist die wahre Vernunft darnach (*iū-ší*) eines jeden Dinges Herrin, folglich (gleich) der Ruhe des Yim in der Tafel. Das. I, 3, Comm.

§. 515. Dem satzverknüpfenden Adverb oder der Conjunction steht nach chinesischen Begriffen die **Copula** näher, als nach den unsrigen. Was durch das Vorhergehende begründet ist, das ist eben darum sicher und bestimmt; und so müssen wir copulatives 卽 *tsik* durch: ‚ist eben, ist gerade . . .‘ übersetzen: 塞只是氣。吾之體|天地之氣。 *sek čì-ší k'í; ngû čī tì tsik t'iēn tí čī k'í.* Fest ist nur Odem (Materie); unser Körper **ist eben** Odem des Himmels und der Erde. Sing-li-tsing-i II, 2 a. Auffallend ist die Stellung von 卽 *tsik* in den bald darauf folgenden Sätzen: 故天地之所以充塞、吾|其體、天地之所以爲主宰、吾|其性也。 *kú t'iēn tí čī sò-ì č'ūng-sek, ngû tsik k'ì t'ì, . . . wêi cù-tsài, . . . síng yè.* Daher **ist** das, wodurch Himmel und Erde substanziell und fest sind, in Rücksicht auf uns **eben** (nichts anderes als) unser (eigentl. ‚ihr‘ *k'ì*) Körper, . . . herrschen, . . . Natur. Das. — Man beachte Mtsï I, ı, VII, 6: 齊雖小、吾何愛一牛、|不忍其觳觫。 *Ts'î sūi siaò, ngû hô ngái yit nieû? tsik put žìn k'ì huk-tsuk.* Obschon (das Land) Ts'i klein ist, warum sollte ich um einen Ochsen geizen? Ich ertrug **eben** nicht sein Zittern (anzusehen).

§. 516. Mit der verbalen Bedeutung von 卽 *tsik* scheint seine Anwendung als einführende Partikel: **‚anlangend‘** zusammenzuhängen: 侵戎我國家純、|我御事、罔或耆壽俊在厥服。 *ts'īm Žûng ngò kuok-kiā šûn; tsik ngò iū-ssí, wàng huok k'î-šeú* (r. 33) *tsûn tsái kiuet fuk.* Durch die einfallenden Žung (Barbaren) ist mein Staat gänzlich (verheert worden. Mandschu: *wargi aiman, ambarame mini gurun boode necinjihe*, würde erfordern: *Žûng ts'īm ngò* etc.); anlangend (Legge: *moreover*) meine Beamten, so fehlt es an irgendwelchen Bejahrten und Erfahrenen in ihren Aemtern

漢文經緯

(eigentl. Gewändern). Šu V, xxviii, 2. . . . 止於四象、以爲火水金木、而丨其中、以爲土。 či iū ssî siàng, ì-wêi huò šùi kīm muk; rî tsik k'î čūng, ì-wêi t'ù. Sie bleiben bei den ‚vier Gestalten' stehen (und) fassen sie auf als (ì-wêi) Feuer, Wasser, Metall und Holz; und anlangend deren Mitte, so verstehen sie darunter die Erde. T'ung-šu VII, 6 Comm. Doch könnte hier auch 卽 tsik folgernden Sinn haben.

§. 517. Folgende Verbindungen mit 卽 tsik, wohl durchweg der späteren Sprache angehörend, mögen Erwähnung finden:

丨今 ***tsik-kīm,*** jetzt, unterdessen;

丨日 ***tsik-žit,*** heute, desselben Tages;

丨刻 ***tsik-hek,*** 立丨 ***lip-tsik,*** 丨時 ***tsik-šî,*** alsbald, sogleich, jetzt;

丨然 ***tsik-žân,*** nächstens;

無他丨 ***wû t'ā tsik,*** kein anderer (anderes) als . . .

丨是 ***tsik-ši,*** wohl auch 丨係 ***tsik-hí,*** eben (gerade) das, es ist so. (Williams, *Syll. Dict.*, pag. 984.) — Alt ist:

然丨 ***žân-tsik,*** bei Mek-tsï = 然則 *žân-tsek,* folglich, somit. Man beachte bei demselben Schriftsteller: 然丨之 . . . 者 *žân-tsik či . . . čè,* ein Subject einschliessend, z. B.: 丨丨交兼丨、果生天地之大利也與。 *žân-tsik či kiāo-kiēm čè, kuò t'iēn tí či tá lí čè iû.* Somit also ist es diese Nächstenliebe, welche sicherlich der Welt grössten Gewinn erzeugt.

VIII.

且 *ts'iè.*

§. 518. 且 ***ts'iè,*** für welches man das Bild eines Phallus, nach Anderen das eines Opfertisches, vermuthlich um einer Lautgleichheit willen gewählt hat, ist phonetisches Element in mehr als hundert Schriftzeichen mit den Lauten *ts'ie, tsie, ča, ču, ts'iü, tsu, sie* u. s. w. Im Alterthume erscheint es vereinzelt als Demonstrativum: **dieses, hier.** 匪丨有丨、匪今斯今、振古如玆。 *fei ts'iè yeù ts'iè, fei kīm ssï kīm, čín-kù žû-tsï.* Nicht nur hier gibt es dies, nicht nur jetzt (ist) dies Jetzige: von Altersher (war es) so. Ši IV, i (iii), V.

§. 519. Gebräuchlich ist 且 *ts'iè* als wort- und satzverknüpfende Conjunction mit steigernder Nebenbedeutung: **und noch dazu, überdies.*)** 自牧

*) Manche Schriftsteller gebrauchen ***ts'iè*** sehr häufig, andere gar nicht. So z. B. dürfte es im Šu nicht anzutreffen sein.

歸荑、洵美丨異。 *tsī muk kuēi* (r. 77) *t'ī, siūn mèi ts'iè ī.* Von der Trift (Weide) brachte sie (mir) einen Schössling, wahrhaft zierlich und-zudem selten. Ši III, XVII, 3. 我歌丨謠。 *ngò kō ts'iè yaô.* Ich singe mit und auch ohne Begleitung. Das. I, IX, III, 1, 如有周公之才之美、使驕丨吝、其餘不足觀也已。 *žû yeù Čeū kūng čī ts'âi čī mèi, ssī kiaō ts'iè lín, k'î iû put tsuk kuān yè ì.* Wenn (Einer) die Vollkommenheit der Fähigkeiten des Tscheu-Fürsten hätte: gesetzt er wäre hoffärtig und dazu geizig, so wäre das Uebrige nicht hinreichend um (nicht werth) angesehen zu werden. LYü VIII, XI. 周公之過、不亦宜乎。丨古之君子、過則改之。 *Čeū kūng čī kuó, put yik ngî hû? ts'iè kù čī kiūn-tsī, kuó tsek kài čī.* War nicht des Tscheu-Fürsten Fehler auch berechtigt? Zudem, wenn die Edeln des Alterthums fehlten, so besserten sie es wieder. Mtsï II, II, IX, 3, 4.

Man beachte die Anwendung von 且 *ts'iè* in folgendem Satze: 百工之事不可耕丨爲也。 *pek-kūng čī ssī put k'ò kēng ts'iè wêi yè.* Die Geschäfte der (hunderterlei) Handwerker können nicht **zugleich mit** dem Ackerbau betrieben werden. Mtsï III, I, IV, 5.

§. 520. Zuweilen finden wir 且 *ts'iè*, wo wir eine folgernde Conjunction: **und daher**, erwarten sollten: 邦有道、貧丨賤焉、恥也、邦無道、富丨貴焉、恥也。 *pāng yeù taó, p'în ts'iè tsién yên, č'ì yè; pāng wû taó, fú ts'iè kuéi . . .* Hat ein Land Ordnung (gute Regierung), so ist Armuth und Niedrigkeit eine Schande; hat ein Land keine Ordnung, . . . Reichthum und Ansehen . . . LYü VIII, XIII, 3. 生則桀紂、死則腐骨、丨趣當生、奚遑死後。 *šēng tsek Kiet Čeú, ssī tsek fù kut; ts'iè ts'iū tāng-šēng: hî hoâng ssī-heú?* Lebend waren sie Kiet und Tscheu, sterbend wurden sie moderndes Gebein. So lasst uns denn eilen, so lange wir leben: wo (fänden wir) Musse nach dem Tode? Yang-tsï (Legge, Cl. II, Prol., pag. 97).

§. 521. Disjunctives 且 *ts'iè* — **oder**, 抑 *yik*, soll folgende Stelle der Kuok-iü enthalten: 王以天下尊秦乎、丨尊齊乎。 *wâng ì t'iēn-hià tsūn Ts'în hû, ts'iè tsūn Ts'î hû?* Meint Ew. Majestät, dass das Reich Ts'in ehre, oder dass es Ts'i ehre? Hier dürfte das wiederholte fragende *hû* das **oder** genugsam ausdrücken; *ts'iè* wird wohl auch hier steigernd und durch: **eher, vielmehr,** wenn nicht durch: **gar** zu übersetzen sein. (Julien, *Synt. nouv.* I, pag. 157.)

§. 522. Legge hat beobachtet, dass 且 *ts'iè* manchmal einer Antwort (oder Folgerung) vorzugreifen scheint: 然則聖人丨有過與。 *žân-tsek šíng žîn ts'iè yeù kuó iû?* Also ein heiliger Mann (war er), und hatte (= beging) Fehler? (Zu ergänzen: wie viel leichter kann ein geringerer Mann fehl gehen!) Mtsï II, II, IX, 3. Vgl. das. III, II, I, 5.

海上絲綢之路文獻集成 科技與文化編

漢文經緯

§. 523. In Sätzen, welche einen Willen aussprechen, scheint sich 且 *ts'iè*, ähnlich unserm **erst**, in der doppelten Bedeutung: nicht früher, und: zuvörderst, vor allen Dingen, zu finden: 今吾尙病、病愈、我丨往見。*kīm ngû šáng* (r. 42) *píng*; *píng iù, ngò ts'iè wàng-kién.* Heute bin ich noch (*šáng*) krank; bessert sich die Krankheit, so will ich erst (ihn) besuchen. Mtsï III, I, V, 1. Darauf: 吾今則可以見矣、不直、則道不見、我丨直之。*ngû kīm tsek k'ò-ì kién ì*; *put čik, tsek taó put hién*; *ngò ts'iè čik čī.* Ich könnte ihn heute wohl besuchen. Wird er nicht gebessert, so wird die Vernunftordnung nicht offenbar. Ich will ihn erst bessern. Das. 2.

§. 524. 且 *ts'iè* findet sich in mehreren **zusammengesetzten Redensarten:**

a.) 丨 . . . 丨 ***ts'iè . . . ts'iè*** = sowohl-als auch: 何不日鼓瑟、丨以喜樂、丨以永日。*hô put žit kù šit, ts'iè ì hì-lok, ts'iè ì yùng žit?* Warum schlägst du nicht täglich die Laute, sowohl um dich zu ergötzen, als auch um den Tag zu verlängern? Ši I, x, II, 3.

b.) Anscheinend ähnliche Bedeutung hat das schwierige 終 . . . 丨 ***čūng . . . ts'iè*** im Ši (I, III, III, 4; V; XV, 1 und öfter).

c.) 丨夫 ***ts'iè-fû*** oder 今丨 ***kīm-ts'iè,*** zu Anfang des Satzes, = um ferner, um erst.

d.) 丨如 ***ts'iè-žû*** = angenommen dass . . . (J.).

e.) 方丨 ***fāng-ts'iè*** = da doch, während doch: 周公丨丨膺之、子是之學。*Čeū kūng fāng-ts'iè yīng čī, tsì ší čī hiok.* Während doch der Čeu-Fürst sie vertrieben hat, gehst du, Herr, bei ihnen in die Lehre. *Jeo gung,* ***hono*** *bošoho* ***bade,*** *agu si, tede tacici* . . . (§. 433). Mtsï III, I, IV, 16.

f.) 丨然 ***ts'iè-žân*** = *it is also, it follows.* Williams, *Syll. Dict.* pag. 974.

g.) 丨說 ***ts'iè-šuot*** = *let us further speak of* . . . Das.

h.) 姑丨 ***kū-ts'iè*** = lass' es hingehen, es ist entschuldbar; für jetzt mag es hingehen. Das. — Julien, *Synt. nouv.* I, pag. 157: *„pour le moment"*.

i.) 丨猶 ***ts'iè-yeû*** mit folgendem 而況(况) ***rî-hoáng*** = wenn schon, dann erst: 管仲丨丨不可召、丨丨不爲管仲者乎。*Kuàn-čūng ts'iè-yeû put k'ò čaó, rî-hoáng put wêi Kuàn čè hû?* Wenn schon K. nicht (zum Fürsten) entboten werden durfte, wieviel mehr erst Einer, der nicht ein K. ist? Mtsï II, II, II, 10. Vgl. das. VII, I, VIII.

k.) 然丨 ***žân-ts'iè,*** den Zwischen- oder Nachsatz eröffnend, = und doch, dennoch. Mtsï II, II, XII, 1; VI, II, VIII, 3; 8.

l.) 果丨 ***kuò-ts'iè,*** wirklich also, schliesslich: 丨丨有彼是乎哉、丨丨無彼是乎哉。. . . *yeù pì ší hû-tsāi?* . . . *wû* . . .? Gibt es also wirk-

海上絲綢之路文獻集成 科技與文化編

lich ein Dies und Jenes (= Etwas und Anderes = Unterschied) oder nicht? Čuang-tsï I, 17 a.

§. 525. Zusatz. 且, *tsiû* ausgesprochen, sonst = viele, allerhand, erscheint im Ši als eine noch nicht genügend erklärte Finalpartikel. Auch 只且 *čì-tsiû* findet sich daselbst ein paar Male in ähnlicher Stellung.

IX.

所 (䛐、所) *sò*, 攸 (逌) *yeû* und 處 *č'ú.*

§. 526. Diese drei Wörter treffen zusammen in den Bedeutungen: Ort, verweilen; — 處 ist aber in letzterer Bedeutung *č'ù* auszusprechen. 攸 *yeû* ist als Hülfswort in der vorclassischen Sprache völlig gleichbedeutend mit 所 *sò*; in Zusammensetzungen bedeutet es lautlich bald *yeu*, bald *sieu*, *siao*, *tiao*, *t'iao*, *tik*, *t'ik*, *č'eu*, *čuk*. 所 *sò* ist nach Anderen *šù* oder *sù* zu sprechen. Beide Schriftzeichen sind schwer zu erklären. 處 *č'ú* erscheint erst in den jüngsten Formen der höheren Schreibweise als eine Art Hülfswort, unterscheidet sich aber in seinen Anwendungen als solches scharf von den beiden vorigen. Sein ursprünglicheres Zeichen 処 soll aus 止 *či*, stillstehen, und 几 *kì*, Bank, zusammengesetzt, also symbolisch sein.

A. 所 *sò* und 攸 *yeû*.

§. 527. Die wichtigste Function dieser viel gebrauchten Hülfswörter ist die, dass sie ein **Relativpronomen im Objectscasus** ersetzen: *quem*, *quam*, *quod*, *quos*, *is quem*, *id quod* u. s. w. Dies geschieht häufig und geschah im Alterthume vielleicht vorzugsweise dann, wenn das regierende Verbum ein örtliches Object erheischt oder zulässt — vgl. §. 325 ff. — und in solchen Fällen sind beide Wörter mit: **wo, wohin, woher** zu übersetzen.

Beide werden stets anteponirt. Daher ist es bedenklich, ihnen eine substantivische Grundbedeutung (Ort) beizulegen; 所在 *sò tsái*, wo ist, kann nach den Stellungsgesetzen nicht ‚Daseinsort‘ bedeuten. Wohl aber dürfte anzunehmen sein, dass das örtliche Relativum **wo**, wie in manchen anderen Sprachen, das objective mit vertreten habe. Dass ein solches Hülfswort, zumal hinter einem Genitive, die Bedeutung eines entsprechenden Substantivums gewinnt, ist in den allgemeinen Gesetzen der Sprache begründet. Und wiederum, weil beide Wörter, substantivisch angewendet, nicht ‚Gegenstand, Object', sondern ‚Ort' bedeuten, wird man rückschliessend die örtliche Bedeutung des Relativwortes für die ältere halten müssen.

§. 528. Zwischen dem logischen Subjecte des Satzes und dem Relativworte steht oft genitivisches, sogenanntes **subjectivisches** 之 *či*. Es muss jedoch vorläufig dahingestellt bleiben, ob sonach auch bei fehlendem *čī* das sogenannte Subject im chinesischen Sinne sich genitivisch verhalte. Zwischen Relativwort und Verbum können Hülfsverba und adverbiale Nebenbestimmungen treten. Die Art des Objects- oder Ortsverhältnisses (Dativ, Accusativ, Locativ, Ablativ u. s. w.) ergibt sich aus dem Verbum, zuweilen auch aus dem durch das Relativwort vertretenen Substantivum. — Dies sei hier ein- für allemal bemerkt.

a. 所 *sò und* 攸 *yeû = wo u. s. w.*

§. 529. 所 *sò* und 攸 *yeû* haben vorzugsweise in solchen Fällen örtliche Bedeutung, wo das folgende Verbum ohnehin ein örtliches Object verlangt oder verträgt, also eine Art des Verweilens oder sich Fortbewegens bedeutet: 水木本魚鳥之丨生也。 *šùi muk pèn iû niaò čī sò šēng yè.* Wasser und Bäume (sind es) ursprünglich, wo Fische und Vögel leben. (*šēng* mit örtlichem Object = leben in, sonst = erzeugen.) Ma Tuan-lin. 邦畿千里、惟民丨止。 *pāng-kī ts'iēn lì, wêi mîn sò čì.* Die Staatsdomäne (umfasst) tausend Li, sie ist es, wo das Volk verweilt. Ši IV, III, III, 4. 禍兮、福之丨倚、福兮、禍之丨伏。 *huó hî, fuk čī sò ì, . . . fuk.* Das Unglück, ach! ist es, worauf das Glück beruht, . . . worin . . . verborgen ist. Tao-tek-king LVIII. 日月丨照、風雨丨至、莫不從服。 *žit yuet sò čaó, fūng iù sò čí, mok put ts'ûng-fuk.* Wo Sonne und Mond schienen, wo Wind und Regen hintrafen, Nichts nicht (— Alles) unterwarf sich. Ssï-ki I, 7 a. 是以未嘗有所終三年淹也。 *ší-ì wêi-č'âng yeù sò čūng sām niên yêm yè.* Daher hatte er nie wo er volle drei Jahre (lang) verweilen (mochte). Mtsï V, II, IV, 6. 爾攸居。 *rì yeû kiū,* wo ihr wohnt, euer Aufenthalt. Šu V, XIV, 26.

b. 所 *sò und* 攸 *yeû als objective Relativpronomina.*

§. 530. Steht 所 *sò* oder 攸 *yeû* vor einem anderen Verbum, so ist es sein meist accusativisches Object: 有交鈔、所載、其所見如此。 *yeù kiaō-č'aó; sò tsái, k'î sò kién žû-ts'ì.* Es gab Wechselurkunden; was sie enthielten, — das was wir (oben) sahen war so (= war wie das was wir . . .). Ma Tuan-lin. 人之丨教、我亦教之。 *žîn čī sò kiaó, ngò yik kiaó čī.* Was (andere) Leute lehren, ich auch lehre es. Tao-tek-king XLII. 是聰耳之丨不能聽也、明目之丨不能見之、辯士之丨不能言也。 *ší ts'ūng-rî čī sò put nêng t'īng yè, mîng-muk . . . kién yè, pièn ssî . . . yên yè.* Das ist was scharfe Ohren nicht hören, scharfe Augen nicht sehen, streitende Gelehrte nicht sagen können (vielleicht richtiger: Feinohrige, Scharfäugige?) Sün-tsï III, 5a. 吾之所說。 *ngû čī sò šuot.* Das was ich rede. Han-fei-tsï IV, 5, Comm. 無或敢伏小人之攸箴。 *wû huok kàm fuk siaò-žîn čī yeû čīm.* Möge nicht Irgendeiner wagen der kleinen Leute Beschwerden zu unterdrücken. Šu IV, vii, I, 5.

In folgendem Beispiele ist 所 *sò* durch: **wenn etwas** zu übersetzen: 予丨否者、天厭之、天厭之。 *iû sò feù če, t'iēn yím čī, . . .* Wenn ich etwas verfehlt (Unrechtes gethan) habe, möge der Himmel es (mich) verwerfen . . . LYü VI, xxvi.

Doppeltes Object: 是故君子無丨不用其極。 *ší-kú kiün-tsî wû sò put yúng k'î kik.* Daher ein Edler hat Nichts, **wozu** er nicht sein Aeusserstes (= sein ganzes Können) anwendete. Ta-hiok C. II, 4.

§. 531. Objectives 所 *sò* macht das folgende Wort, auch wenn es in der Regel einem anderen Redetheile angehört, als actives, — meist factives oder denominatives Verbum erkennbar. 然 *žân* = so, ja; 非 *fēi* = nicht sein, unrecht, nein: 因其丨然而然之、其丨非而非之。 *yīn k'î sò žân rî žân čī . . .* Weil er bejaht was derselbe bejaht, verneint . . . (*rî* + *čī* bilden eine Inversion, statt *žân k'î sò žân* etc.) Nam-hoa-king VI, 11b. 難 *nân* = schwierig; 易 *í* = leicht. 子之所難、人之丨易、子之丨易、人之丨難。 *tsî čī sò nân, žîn . . .* Was ihr für schwer haltet, halten Andere für leicht u. u. Ssï-ki LXVII, 8b. 善 *šén* = gut: 是以主有丨善、臣從而譽之。 *ší-ì cù yeù sò šén, č'în ts'ûng rî iü čī.* Daher, findet der Herrscher etwas gut, so lobt (*iü*) es folgend (= darauf hin) der Minister. Han-fei-tsï IV, 11a. 是 *ší* = ja; 非 *fēi* = nein: 人主之丨是(非)也。 *žîn cù čī sò ší (fēi) yè* (das ist) was der Herrscher bejaht (verneint, oder billigt, missbilligt). Das.

§. 532. Die gebräuchliche Redensart 所謂 ***sò-wéi*** = *quod dicit, quod dicitur,* was . . . nennt oder heisst, verlangt regelmässig ein zweites Object: 道者丨丨誠也。 *taó če sò-wéi šîng yè.* Vernunft ist was man Wahrheit nennt. Sing-li-tsing-i II, 32a.

c. 所 *sò vor verbis neutris.*

§. 533. Bisher vertrat 所 *sò* immer ein Object des ihm folgenden Verbums, war mit anderen Worten nichts weiter als ein anteponirter Objectivus,

海上絲綢之路文獻集成 科技與文化编

und das Verbum hätte dieselbe Bedeutung behalten, wenn ihm nicht *sò* vorausgegangen, sondern etwa 之 *či* = ,ihn, sie, es' u. s. w. gefolgt wäre. Das ist aber nicht immer der Fall: das Verbum kann auch hinter *sò* die Bedeutung als Neutrum behalten, namentlich dann, wenn ein Eigenschafts- oder Umstandswort durch *sò* zum Verbum geworden ist. Dann lautet die Uebersetzung: **das, worin . . . ist**, wofür wohl auch ein abstractes Substantivum oder ein Infinitivus eintreten mag. 所 *sò* bleibt hierbei immerhin eine Art entferntes Object, aber eine ganz besondere, scheinbar vereinzelt dastehende Art*). 生死古今之丨同。*šēng ssî, kù kīm či sò t'ûng*, Leben und Sterben ist das worin Alterthum und Jetztzeit sich gleichen. Liet-tsï I, 8 b. 天有所短、地有所長。*t'iēn yeù sò tuàn, tí . . . č'âng*. Der Himmel hat Kürzen, die Erde hat Längen (d. h. ist in gewissen Hinsichten kurz—lang). Das. I, 3 a. 凡人有丨一同。*fâm žîn yeù sò yit-t'ûng*. Alle Menschen haben (gewisse Dinge), worin sie sich gleichen. Siün-tsï II, 13 b. 是禹桀之丨同。*ší Iù Kiet či sò t'ûng*. Das ist es, worin Iü und Kiet einander gleichen. Das. 萬物丨異者、生也、所同者、死也。*wàn wut sò í čè, šēng yè, sò t'ûng čè, ssî yè*. Das worin alle Dinge verschieden sind, ist das Leben, das worin sie gleich sind, der Tod. Yang-tsï. 以差觀之、因其所大而大之、因其丨小而小之。*ì č'ā kuān či, yīn k'î sò tá rî tá či, . . . siaò . . .* Betrachtet man sie in Rücksicht auf ihre Unterschiede, so nennt man sie wegen dessen, worin sie gross sind, gross, . . . klein. Nam-hoa-king VI, 11 a. — Es wäre widersinnig, hier *k'î sò tá* (*siaò*) durch Denominativa: was sie für gross (klein) halten, zu übersetzen.

Zuweilen mag man wohl in derartigen Fällen *sò* durch: **das was . . . ist** wiedergeben; dabei wird aber immer an ein Object zu denken sein. 知丨先後。*či sò siēn heú*. Wissen was das Erste und Letzte ist (was man zu thun hat). Ta-hiok Text 3. 教化者、不能違丨宜。*kiaó hoá čè, put nêng wêi sò ngî*. Die sich durch Belehrung Bessernden können sich nicht dem was (zu thun) geziemt widersetzen. Liet-tsï I, 3 a. 物固有所然、物固有所可。*wut kú yeù sò žân, . . . k'ò*. Die Dinge haben sicherlich ein So-sein und ein Seinkönnen (Thatsächlichkeit und Möglichkeit). Hier lehrt der Gegensatz zu *k'ò* die Bedeutung von *žân* erkennen. Nam-hoa-king IX, 8 b. Der Sinn wäre überall ein anderer, wenn man 所 *sò* durch 者 *čè* ersetzen wollte.

Man beachte die Wirkung von *sò* in folgendem Beispiele: 故生非所生、死非丨死、賢非丨賢、愚非丨愚、貴非丨貴、賤非丨賤。*kú šēng*

*) Um die scheinbare Ausnahme zu begreifen, denke man an die ursprüngliche adverbiale Bedeutung des Wortes: **wo**, wohl auch an die Analogie des Fragwortes *hô* = wie? was?

fëi sò šeng, ssï . . ., hiên . . ., iû . . ., kuéi . . ., tsién . . . (Legge:) *Therefor (a man's) life is not* **his own,** *. . . death . . ., intelligence . . ., stupidity . . ., honorableness . . ., meanness . . .* Yang-tsï (Legge, Cl. II, Prol., pag. 97).

d. Bedingendes 所 *sò.*

§. 534. Der Grammatiker Wang In-ki hat Fälle gesammelt, wo 所 *sò* im Vordersatze, ähnlich 若 *žok*, wenn, im Vordersatze diesem die Bedeutung eines Bedingungssatzes verleiht (Julien, *Synt. nouv.* I, pag. 192). Es tritt also hier, wie in manchen anderen Sprachen, **wo** an die Stelle von **wenn.** 爾｜弗勗、其于爾躬有戮。*rï sò fut hiük, k'ï iü rï kūng yeù luk.* Wo ihr Thatkraft verweigert, wird (*k'ï*) es für eure Leiber Tod geben (wird euch Todesstrafe treffen). Šu V, ii, 10. ｜不與舅氏同心者、有如白水。*sò put iü kieù-ší t'ûng sīm čè, yeù žû pek šùi.* Wo ich nicht mit (meinem) Oheim mütterlicher Seite gleiches Sinnes bin, verhält es sich wie klares Wasser (d. h. ich schwöre bei diesem Wasser? Julien). Tso-čuen. ｜有帛玉之使、則告、不然則否。*sò yeù pek yük čï ssî, tsek kaó, put žân tsek feù.* Wenn ein Abgesandter mit Seidenzeug oder Edelsteinen da ist, so melde ich, wenn nicht, dann nicht. Das. — Man beachte, dass hier überall objectives *sò* keinen Sinn ergeben würde, sei es, weil das Verbum ein anderweites Object hat, sei es, weil es überhaupt kein Object verträgt.

e. 所 *sò im Prädicate.*

§. 535. Erscheint 所 *sò* im Prädicate, so hebt es, ähnlich dem französischen *c'est ce que* —, das logische Object sehr wirksam hervor. Eröffnet Letzteres als grammatisches Subject den Satz, so liegt eine Art Inversion vor: 曰師未及國、非寡人之｜敢知也。*yuet ssï wéi kip kuok; fëi kuà-žin čï sò kàm čï yè.* Du sagst, das Heer habe noch nicht das Land erreicht; davon wagt meine Wenigkeit nicht Kenntniss zu nehmen. Tso-čuen I, 5. 是謀非吾｜能及也。*ší meû fëi ngû sò nêng kip yè.* Einen solchen Plan kann ich nicht (mit meinem Urtheile) erreichen. Mtsï I, ii, XIII, 2. 子有令聞而美其室、非所望也。*tsï yeù líng wén rî mèi k'ï šit, fëi sò wáng* (r. 74) *yè.* Ein Herr hat deine Berühmtheit und verschönert sein Wohnhaus (= dass ein Herr von deiner Berühmtheit sein Wohnhaus verschönert), das hätte ich nicht erwartet. (*líng*, befehlen, auch = gut, ersetzt höflich das pron. poss. 2. pers.) Tso-čuen IX, 15. 此皆君之｜明知。*ts'ï kiāi kiün čï sò mîng čï.* Dies Alles weiss der Fürst klärlich. Ssï-ki LXXIX, 22 a. 天下之事、非一人之｜能獨知也。*t'iën-hià čï ssî, fëi yit žîn čï sò nêng tuk čï yè.* Des Reiches

漢文經緯

Angelegenheiten vermag nicht ein Mensch allein zu kennen. Hot-kuan-tsï I, 15 b.

In derartigen Fällen kann es sich empfehlen, 所 *sò* passivisch zu übersetzen. Folgende zwei Beispiele theilt Schott (*Sprachl.* S. 92) mit: 不知何人 | 集。*put či hô žin sò tsip.* Man weiss nicht, was für ein Mensch es gesammelt. (Besser: von wem es gesammelt worden.) Ma Tuan-lin. 其耕種之時、懼鶴所食。*k'î kĕng čúng či ši, kiû hok sò šik.* Zur Zeit wo sie pflügen und säen, fürchten sie von den Reihern gefressen zu werden.

Schott, a. a. O., bemerkt noch, dass 為 *wêi* = *esse*, vor dem Subjecte stehend, dem auf 所 *sò* folgenden Verbum eine Art passive Bedeutung verleihe: 為胡 | 得。*wêi Hû sò tek.* Er wurde von den Hu (-Barbaren) gefangen genommen. — Natürlich muss das Verbum an sich ein actives, nicht ein Neutr. transit. sein.

f. 在所 *tsái sò.*

§. 536. Steht 在 *tsái* = Dasein, *inesse*, vor 所 *sò* und dem es regierenden Verbum, so ist der Sinn: zu denen gehören, welche . . ., Einer sein, den . . . Etwas sein, was . . . . | | 當去 *tsái sò tāng k'iû.* Er gehört zu denen, welche man verlassen muss. (J.) | | 不無。. . . *put wû.* Es gehört zu den Dingen, die man nicht entbehren oder umgehen kann. Williams, *Syll. Dict.* pag. 817. 滕更之在門也、若在所禮、而不答、何也。*T'ĕng Kĕng* (r. 73) *či tsái mên yè, žok tsái sò lì, rî put tap, hô yè?* Als (*či*, gen. subj.) Keng aus Theng in der Thüre (Schule) war, (schien es) als ob er Einer wäre, dem man Höflichkeiten erweist (*dorolon-i tuwara jergi de bisire gese bime*), und doch antwortest zu ihm nicht; warum das? Legge: *it seemed proper that a polite consideration should be paid to him.* Mtsï VII, I, XLIII, 1.

g. 有所 *yeù sò*, 無所 *wû sò*, 罔所(攸) *wàng sò (yeû).*

§. 537. Folgt relatives (objectives) 所 *sò* oder 攸 *yeû* unmittelbar auf ein Verbum von der Bedeutung ‚haben' oder ‚nicht haben', so sind zwei Fälle möglich:

a.) Das hinter 所(攸) stehende Verbum hat kein anderes Object als das Relativpronomen. Dann ist die Bedeutung einfach: *habere quod* oder *quos* oder *ubi* (c. conjunctivo). 於不可已而已者、無 | 不已、於 | 厚者薄、無 | 不薄也。*iû put k'ò ì rî ì čè, wû sò put ì; . . . heú . . . pok . . .* Wer in dem, wo man nicht stillstehen darf, stillsteht, hat (kennt) Nichts wo er nicht still stünde; wer was ehrwürdig (eigent. schwer) ist, verachtet . . . Mtsï VII, I,

海上絲綢之路文獻集成 科技與文化編

XLIV, 1. 罔丨愆 *wàng sò k'iēn.* Ich habe nicht worin ich irre, bin frei von Irrthum. Šu V, xxx, 4. 罔有攸赦。*wàng yeù yeû šé.* Es gibt Nichts das ich vergäbe. Das. IV, I, 4. 人皆有丨不忍。*žîn kiāi yeù sò put žìn.* Alle Menschen haben (gewisse Dinge), die sie nicht vertragen. Mtsï VII, xxx, 1. Vgl. das. 3: 無丨往而不爲義也。*wû sò wàng rî put wêi ngí yè.* Wohin er auch gehen möge, (immer) handelt er rechtlich.

b.) Hat das nach 所(攸) folgende Verbum noch ein anderes Object, so pflegt der Sinn zu sein: Gründe, Anlass, Mittel, Anhalt haben oder nicht haben, um zu . . . (etwa: *avoir de quoi*). 王言惟作命、不言、臣下罔攸稟令。*wâng yên wêi tsok míng* (r. 30); *put yên, č'în-hià wàng yeû pĭm líng.* (Wenn) der König redet, macht er Befehle; redet er nicht, so haben seine Untergebenen kein Mittel, Anordnungen zu empfangen. Šu IV, VIII, I, 1. 爲機變之巧者、無丨用恥焉。*wêi kī-pién či k'iaò če, wû sò yúng č'ì yên.* Wer Kunstgriffe der List übt, der ‚hat nicht das Zeug dazu', Schamgefühl zu bethätigen. (*kī-pién* = künstliche Vorrichtungen). Mtsï VII, I, VII, 2. 刑罰不中、則民無丨措手足。*hîng-fat put čúng, tsek mîn wû sò ts'ú šeù tsuk.* Wenn die Leibes- und Geldstrafen (d. i. die Strafen überhaupt) nicht das Rechte treffen, so weiss das Volk nicht, wie es Hände und Füsse bewegen soll. LYü XIII, III, 6. 無所措手足 sonst = *no place to put my hands and feet, i. e. perplexed, at a loss* (verblüfft). Williams, *Syll. Dict.* pag. 1008.

§. 538. Zusatz. Hinter 有 *yeù* und 無 *wû* fehlt zuweilen 所 *sò*, wo man es erwarten sollte: 其生也有自來。*k'î šēng yè yeù tsî lâi.* Sein Leben hat woher es kommt. *Wen-čang-kuei-fam-p'ing-lim,* jap. Ausg. IV, 17 a. In Mtsï II, II, III, 5 erklärt Legge 未有處 *wéi yeù č'ù* durch 未有所處 ich hatte noch nicht was ich verwalten (hätte können). Das da folgende 無處 wäre darnach auch = *wû sò č'ù.* Man merke die Verbindungen:

有以 yeù-ì und **無以 wû-ì** mit folgendem Verbum, = haben (nicht haben) womit . . ., Mittel, Anlass u. s. w. haben oder nicht haben, um zu . . .

有能 yeù nêng = 有所能者, Leute welche Fähigkeiten besitzen, Befähigte (häufig im Šu).

有(無)爲 yeù (wû) wêi = zu thun haben, ein Amt inne haben, — unthätig sein. Vgl. Šu V, IV, 11, 13.

無不 wû-put mit folgendem Verbum, fast = *wû sò put.* 丨丨在 *wû put tsái, non habet ubi non sit,* ist allgegenwärtig.

漢文經緯

h. 所 sò mit folgender Präposition.

§. 539. Relatives 所 sò verbindet sich mit Präpositionen zu Adverbien:
丨以 **sò-ì,** 丨用 **sò-yúng,** womit, wodurch, warum;
丨自 **sò-tsí,** 丨從 **sò ts'ûng,** woher, woraus, von wo;
丨由 **sò-yeû,** woher;
丨與 **sò-iù,** womit, mit welchem;
丨於、丨于 **sò-iū,** wobei, worin, worauf u. s. w.
丨爲 **sò-wéi,** weshalb, wozu.

Man beachte folgende seltene Wendung: 此所謂無極而大極也、所以動而陽靜而陰之木體也。 *ts'ì sò wéi ‚wû-kik rî t'ái-kik'; sò-ì túng rî yâng, tsíng rî yīm čī pèn t'ì yè.* Diese (Figur stellt dar) was bezeichnet wird als ‚ohne Princip dabei Urprincip'; **weiches durch seine** Bewegung des Yang, — (durch seine) Ruhe des Yin ursprüngliche Realität ist. — Die näher liegende Uebersetzung: wodurch es, indem es sich bewegt u. s. w., würde den Wortlaut, aber nicht den Sinn treffen. Sing-li-tsing-i I, 2 a. Vgl. §. 379?

i. 所 sò, mit seinem Verbum attributiv.

§. 540. 所 sò mit seinem Verbum kann attributiv stehen. Dann muss auf dieses Verbum dessen logisches Object folgen und das Ganze zusammen einen substantivischen Satztheil bilden: 吾丨讀書 *ngû sò tuk šū,* das Buch, welches ich lese. Präpositionen sind in ihrer Rection den activen Verben gleich, und so erklärt sich folgendes Beispiel (Julien, *Synt. nouv.* I, pag. 99): 執、不言所于地。 *čip, put yên sò iū tí.* Er wurde gefangen: man sagt nicht, in (*iū*) welchem Lande.

§. 541. In der Regel wird in solchen Fällen attributives 之 *čī* eingeschoben: 物各得其所生之宜。 *wut kok tek k'î sò šēng čī ngî.* Die Dinge (Wesen) alle erhielten ihre Gebühr (— den ihnen gebührenden Platz), wo sie lebten. Kia-iü I, 1 a. 語及其丨匿之事。 *iù kip k'î sò nik čī ssî.* Das Gespräch kommt auf Angelegenheiten, die er geheim hält. Ssï-ki LXIII, 7. 凡失其所欲之路。 *fâm šit k'î sò yuk čī lú.* Alle verfehlen den Weg, welchen sie (zu gehen) wünschen. Han-fei-tsï VI, 4 a. 道也者、生於丨以有國之術。 *taó yè čè, šēng iū sò-ì yeù kuok čī šut.* Die Norm entsteht aus der Kunst, durch welche man den Staat behauptet. Das. 6 a. (§. 445, b).

海上絲綢之路文獻集成 科技與文化编

k. 所 . . . 者 *sò . . . čè.*

§. 542. Ausser in seiner eben behandelten attributiven Anwendung hat 所 *sò* sammt seinem Zubehör stets den syntaktischen Werth eines substantivischen Gebildes. Die so entstandene Wortgruppe wird nicht selten mit 者 *čè* abgeschlossen, wodurch die Construction an Deutlichkeit gewinnt: 丨謂大臣丨、以道事君、不可則止。 *sò wéi tá č'în čè, ì taó ssï kiün; put k'ò tsek čï.* Was man einen grossen Minister nennt, der dient (seinem) Fürsten gemäss der Vernunftnorm; ist das unmöglich, so tritt er ab. LYü XI, xxiii, 2. 丨謂致知在格物丨、言欲致吾之知、在卽物、而窮其理也。 *sò wéi ,čí čï tsái kek wut' čè, yên yuk čí ngû čï čï, tsái tsik wut, rî k'iûng k'î lì yè.* Der Ausdruck: ,das Wissen vervollkommnen beruht im Untersuchen der Dinge', besagt: wollen wir unser Wissen vervollkommnen, so beruht dies darin, dass wir, wenn (*rî*) wir mit den Dingen in Berührung kommen, ihr Wesen (*ratio*) ergründen. Ču-hi zu Ta-hiok C. V. 君子之丨不可及丨、其唯人之所不見乎。 *kiün-tsï čï sò put k'ò kip čè, k'î wêi žîn čï sò put kién hû!* Das worin der Edle nicht erreicht werden kann, ist das was die Menschen nicht sehen! Čung-yung XXXIII, 2. 王使人學之、丨使學丨、未及學而客死。 *wâng ssï žîn hiok čï; sò ssï hiok čè, wéi kip hiok rî K'ok ssï.* Der König sandte einen Mann bei ihm (K'ok) zu studiren; den er zu studiern abgesandt, war noch nicht an's Studium gegangen, da starb K'ok. Han-fei-tsï XI, 5 b. 日丨以蝕於朔丨、月常在下、日常在上。 *žit sò-ì šik iü šok čè, yuet šâng tsái hià, žit . . . šáng.* Die Ursache, warum die Sonne am Neumonde verfinstert wird, ist, dass die Sonne beständig (= gemäss den Naturgesetzen?) unten, der Mond beständig oben ist. Sing-li-tsing-i X, 10 a.

§. 543. Zuweilen muss man die durch 所 . . . 者 *sò . . . čè* gebildete substantivische Gruppe als im Adverbialis stehend auffassen, und dann mittels **,wenn, indem'** übersetzen: 君所爲輕身、以先匹夫者、以爲賢乎。 *kiün sò wêi k'īng šīn, ì siēn p'it fū čè, ì wêi hiên hû?* Indem du, Fürst, dich selbst erniedrigst (eigentl. leicht machst), so dass du einem gewöhnlichen Manne zuvorkommst, hältst du ihn wohl für einen Weisen? Mtsï I, ii, XVI, 1.

Anmerkung. Julien, *Synt. nouv.* I, pag. 101—108, hat Beispiele gesammelt, wo zwischen *sò . . . čè* und *sò-ì . . . čè* 10—18 Wörter eingeschaltet sind. In einzelnen Fällen kann natürlich die Frage entstehen, ob *čè* zu *sò* oder zu einem anderen Worte (etwa in der Bedeutung *is qui*) zu ziehen sei; sie ist aber immer nur nach dem Sinne zu entscheiden. Führt *sò-wéi* = *quod dicitur* ein Citat ein, so ersetzt *čè* fast immer die schliessenden Anführungsstriche, gehört also nicht mit zum citirten Ausspruche. Beispiele in Menge hiefür bei den Commentatoren.

漢文經緯

l. 所 *sò (und* 攸 *yeû) als Substantiva und Verba.*

§. 544. Substantivisches 所 *sò* oder 攸 *yeû* ist nicht leicht mit pronominalem oder adverbialem zu verwechseln. Meist steht es am Ende des Satzes, wo es als Hülfswort nicht stehen könnte; oder der Sinn ergibt, dass es nicht zum Folgenden gezogen werden dürfe. Man trifft es in zwei Stellungen:

a.) in der Regel hinter Genitiven in der Bedeutung: der dafür bestimmte regelmässige oder geeignete Aufenthalts- oder Verwahrungsort, der —platz: 子退朝而之火所。*tsï t'úi c'aô rî čī hud-sò.* Der Meister (= Confucius) kehrte vom Hofe zurück und begab sich nach (*čī*) der Brandstätte. Kia-iü XLII (IV, 17 b). 鄭公子忽在王|。*Č'íng kūng tsï Huot tsái wâng-sò.* Des Fürsten von Tsch'ing Sohn Huot war in der königlichen Residenz. Tso-čuen I, 7. 往至佛|。*wàng čí Fut-sò.* Er ging fort und gelangte nach Buddha's Aufenthalte. Uebers. d. *Lalita vistara* VII. 夫人|。*fū-žîn-sò.* Der Palast der Fürstin. Han-fei-tsï IV, 14 b. 因與壬游於魯君|。*yīn iü Žîm yeû iū Lù kiūn sò.* Daher wanderte er zusammen mit Žim nach der Residenz des Fürsten von Lu. Das. IX, 5 a. 天子之|。*t'iēn-tsï čī sò.* Der für den Kaiser bestimmte (vorbehaltene) Platz (zum Jagen). Ši II, III, VI, 2. 王師之|。*wâng ssï* . . . Die Stellung des königlichen Heeres. Das. III, III, IX, 4. 澧水攸同。*Fūng šùi yeû t'ûng.* Der Behälter für das Fung-Gewässer desgleichen. Šu III, I, 75;

b.) in gleicher Bedeutung hinter infinitivisch (lateinisch: *genitivus gerundii*) zu verstehenden Verben: 我成功|。*ngò č'îng kūng sò.* Der Ort wo ich das Werk vollenden muss. Šu V, VII, 10. 非歎|也。*fēi t'án sò yè.* Das ist nicht der Ort zum Seufzen. Tso-čuen II, 9;

c.) hinter Verben oder Präpositionen als deren Object, mit oder ohne zwischentretenden Genitiv. Auch hier bedeutet 所 *sò* den geeigneten Ort, die Heimat, Unterkunft, den Lebensunterhalt u. s. w. Als Verben erscheinen dabei in der Regel: 得 *tek,* erlangen, finden; 失 *šit,* verlieren, einbüssen, verfehlen; 無 *wû,* nicht haben, entbehren (also vermuthlich auch 有 *yeù,* haben?). 舟行之人無所。*čeū hîng čī žîn wû sò.* Die im Boote gefahrenen Leute hatten kein Unterkommen. (J.) 云我無|。*yûn ngò* . . . So habe ich keine Stätte (für mich). Ši III, III, IV, 4. 咸得厥|。*hiâm tek kiuet sò.* Alles erhielt die ihm gebührende Behandlung. Šu. 雅頌各得其|。*yà súng kok tek k'î sò.* Die Hof- und Lobgesänge erhielten alle die ihnen gebührenden Stellen. LYü IX, 14. 爰得我|。*yuân tek ngò sò.* Da erhalten wir unsern Platz (finden wir, was wir brauchen). Ši I, IX, VII, 1. 失|爲愆。*šit sò wêi*

15*

k'iēn. Den Ort verfehlen ist (macht) Verwirrung. Kia-iü XI (IV, 7 a). 不失其|者久。*put šit k'î sò čè k'ieù.* Wer (oder was) nicht seinen (naturgemäss ihm zukommenden) Platz verfehlt, ist dauernd. Tao-tek-king XXXIII. 靜也虛也得其處、取也與也失其|。*tsíng yè hiū yè tek k'î č'ú, ts'iü yè iü yè šit k'î sò.* Ruhe, Beschaulichkeit (eigentl. Leere) erreichen ihre Bestimmung (*č'ú* für *sò*), Nehmen, Geben verfehlen ihren Zweck. Liet-tsï I, 9 a. 樂其|。*lok k'î sò.* Er freut sich seines Schicksals, seiner Lage. (J.) 不更其|。*put kéng* . . . Er ändert nicht seine Vorsätze. (J.) 不以||。*put ì* . . . Sie halten sich nicht an ihre Pflicht. (J.) 日月其爭於|乎。*žit yuet k'î čēng iü sò hû?* Streiten etwa Sonne und Mond um den Platz? Čuang-tsï V, 22 a. Dazu Comm.: 不爭|而自代謝也。*put čēng sò rî tsî tái sié yè.* Sie streiten nicht um den Platz, sondern von selbst abwechselnd weichen sie. 富而後使復其|。*fú rî-heú ssî fuk k'î sò.* (Er wurde) reich und darauf liess man ihn in seine Heimat zurückkehren. Tso-čuen IX, 15. 爲韓姞相攸。*wéi Hân-k'it siáng yeû.* Für Han-k'it ersah er einen Platz. Ši III, III, VII, 5.

Anmerkung. Šu V, XVI, 9 kommt *sò* am Ende des Satzes, angeblich als **Finale**, vor. Das wäre sonst beispiellos. (Ob *niên-sò* = Jahresräume?)

§. 545. Jünger ist der Gebrauch von 所 *sò* als **Numerativ** von Gebäuden: 有天祠五十餘|。*yeù t'iēn-ssî ngù-šip iû sò.* Es gibt fünfzig und einige Dêva-Tempel. (J.)

Als **substantivische Composita** mit 所 *sò* sind noch zu erwähnen: 方| *fāng-sò,* 房| *fâng-sò,* 處| *č'ú-sò* = Ort, Oertlichkeit, — sämmtlich Composita Sinnverwandter.

§. 546. Als *neutrum transitivum*: verweilen, beharren in (oder *verbum factivum*: es zu seinem Lebensprincip machen?) findet sich 所 *sò* vereinzelt im Šu V, XV, 1: 君子|其無逸。*kiün-tsì sò k'î wû yit.* Der Edle **beharrt** darin, dass er keinen Müssiggang hat (sich gönnt).

m. Zusatz. 其所 *k'î-sò.*

§. 547. Die Verbindung 其所 *k'î-sò* kommt häufig vor, und Julien gibt (*Exerc. pratiques*, pg. 35—42) einige sehr praktische Regeln für ihr Verständniss, welche hier mit einigen Ergänzungen folgen mögen.

I. Wenn 所 *sò* nicht Substantivum ist, so folgt ihm stets mittel- oder unmittelbar ein Verbum, dessen Object es ist;

a.) ist dies Verbum activ, causativ oder denominativ (factiv), so ist 所 *sò* zu übersetzen durch *quem, quam, quod* etc. (seltener *cui, quibus*);

漢文經緯

b.) ist es ein *neutrum transitivum*, so ist zu übersetzen: wo, worin, wohin, woher u. s. w.

II. Vor 其所 *k'î-sò* können nur zweierlei Wörter stehen, nämlich:

a.) Verben, deren Object das Folgende ist: 聖人難||爲。*šíng žîn nân k'î sò wêi.* Der heilige Mensch hält für schwierig, was er thut. Kuan-tsï V, 12; — oder:

b.) Präpositionen: 吾聞觀近臣以||爲主、觀遠臣以||主。*ngû wên: kuān kín č'în ì k'î sò wêi čú, kuān yuèn* . . . Ich höre, man betrachte (beurtheile) die eigenen (eigentl. nahen) Minister nach (ì) denen, welche sie zu (ihren) Gästen machen, . . . die fremden (eigentl. fernen) . . ., bei welchen sie zu Gaste sind. Mtsï V, I, VIII, 4.

III. Folgt ein Verbum nach *k'î-sò*, so ist 其 *k'î* immer dessen Subject.

IV. Steht 其所 *k'î-sò* am Ende des Satzes oder folgt ihm ein Wort, welches nicht Verbum sein und *sò* zum Objecte haben kann, so ist *sò* Substantivum: 爲政以德、譬如北辰、居||而衆星共之。*wêi čing ì tek, p'í žû pek-šîn: kiū k'î sò rî čúng sing kùng čī.* Wer der Tugend gemäss regiert, ist gleichsam wie der Nordstern. Er bleibt auf seinem Platze und alle Sterne wenden sich nach ihm hin. LYü II, I.

B. 處 *č'ú.*

§. 548. 處 *č'ú,* Ort, Stelle, Lage, Umstand, in sorgfältigeren Drucken von 處 *č'ù*, verweilen, durch Tonzeichen unterschieden, dient in der neueren und niederen Sprache als eine Art Substantiva bildendes, immer suffigirtes Hülfswort. So findet man es auch gelegentlich in neueren Schriften der ernsten Literatur. Daher hier in Kürze Folgendes:

a.) | *č'ú* in substantivischen Compositis: 用| *yúng č'ú*, Gebrauch, Bethätigung; 好| *haò-č'ú*, das Gute, der Vortheil; 短| *tuàn-c'ù*, Unzulänglichkeit, das Zu-wenige; 本| *pèn-čú*, im Briefstile = ich, von niederen Beamten gebraucht. Desgleichen im Briefstyle: 尊| *tsūn-č'ú* (geehrter Ort) für: Sie, mein Herr, und 敝| *pí-č'ú* (niederer, armseliger Ort) = meine Wenigkeit, ich. (Williams, *Syll. Dict.*, pag. 95).

b.) | *č'ú*, ganze Sätze, zumal Citate abschliessend und syntaktisch als Substantiva kennzeichnend: 今於此心寂然無欲而靜|、欲見所謂正義者、何以見。*kīm iū ,ts'ì sīm tsik-žân wû yuk rî tsíng' č'ú, yuk kién sò wéi čing ngí čè, hô-ì kién?* Nun anlangend (*iū*) den Passus (*č'ú*): ‚dieses

Herz ist stille, ohne Wunsch und ruhig': wer (*čè*) sehen will, was Geradheit und Rechtschaffenheit genannt wird, wodurch (= auf welche Weise kann er es) sehen? Sing-li-tsing-i I, 12 b. Vgl. das. II, 3 b.

X.

自 *tsí.*

§. 549. 自 *tsî* soll das Bild einer Nase darstellen und eine alte Nebenform von 鼻 *pí*, Nase, sein (vgl. 臭 *čeú*, stinken). Es hat zwei, vermuthlich unter sich verwandte Hauptbedeutungen:

a.) als Pronomen: **sich selbst, von selbst;**

b.) als Präposition: **aus, von . . . her, seit.** *)

§. 550. 自 *tsî* ist pronominal, wenn es einen prädicativen (verbalen), Präposition, wenn es einen adverbialen Satztheil eröffnet. Es versteht sich, dass unter prädicativen Satztheilen auch solche zu verstehen sind, welche vermöge ihrer Stellung oder angrenzender Hülfswörter substantivische oder attributive Function versehen, — Infinitive oder Participien in unserem Sinne.

A. 自 *tsî* als Pronomen.

§. 551. Pronominales 自 *tsî* steht stets vor einem Verbum. Vgl. §. 419.

§. 552. Ist dieses Verbum activ und hat es kein anderes Object, so ist in der Regel 自 *tsî* reflexiv und bedeutet: **sich selbst.** 毋｜辱焉。*wû tsî žuk yên.* Beschimpfe nicht dich selbst, ziehe dir keine Schande zu. LYü XII, xxiii. ｜經 *tsî-kīng*, sich erhängen, dann im Allgemeinen sich entleiben. Das. XIV, xviii, 3. ｜脩 *tsî sieū*, sich (geistig und sittlich) ausbilden. Ta-hiok C. III, 4. ｜欺 *tsî k'ī*, sich selbst betrügen. Das. VII, 1. 誠者、｜成也。*šîng čè, tsî č'îng yè.* Wahrhaftigkeit ist Selbstvervollkommnung. Čung-yung XXV, 1. 君子無入而不｜得焉。*kiūn-tsì wû žip rî put tsî tek yên.* Der Edle hat nicht, wo er einträte und nicht sich selbst erlangte = behauptet in jeder Lage seinen (gleichmüthigen) Charakter. Das. XIV, 2. So auch mit **Präpositionen:** 所以｜爲、則吾不知也。*sò-ì tsî wéi, tsek ngû put čī yè.* (Anlangend das) was er für sich that, so wissen wir nicht, (ob es recht war).

---

*) Die Nase gilt angeblich — Williams, *Syll. Dict.*, pag. 1031 — als Ausgangspunkt der embryonalen Entwickelung, daher das Symbol der Ursprünglichkeit, Selbstheit und Herkunft (?).

海上絲綢之路文獻集成 科技與文化编

Mtsï II, ɪɪ, V, 3. **Mit doppeltem Objecte:** 丨謂不能者。 *tsî wéi put nêng čè*. Solche, die sich selbst unfähig nennen. Das. II, ɪ, VI, 6.

§. 553. So werden auch Wörter anderer Kategorien hinter 自 *tsî* zu activen Verben im weiteren Sinne, — meist zu Denominativen oder Factiven: 不敢丨暇丨逸。 *put kàm tsî hiá tsî yit*. Sie wagten nicht sich der Trägheit (*hiá*) und dem Müssiggange (*yit*) zu ergeben. Šu V, x, 9. 丨謙 *tsî-k'iēm*, Selbstgenügsamkeit (im guten Sinne des Wortes). Ta-hiok C. III, 4. 美者丨美、吾不知其美也。惡者丨惡、吾不知其惡也。 *mèi-čè tsî mèi: ngû put či k'î mèi yè; ngok* . . . Die Schöne hält sich selbst für schön: ich kenne nicht ihre Schönheit; die Hässliche . . . Han-fei-tsï VII, 13a.

§. 554. Hat das auf 自 *tsî* folgende Verbum ein directes Object, so ist 自 *tsî* in der Regel als *dativus commodi*: ***sibi ipsi,*** zu verstehen und gelegentlich wohl in der Uebersetzung als Possessiv: **seinen eigenen,** zum zweiten Objecte zu ziehen: 無丨立辟。 *wû tsî lip p'ik*. Stelle nicht deine eigene Schlechtigkeit (vor ihnen) hin. Ši III, ɪɪ, X, 6. 丨獨俾臧、丨有肺腸。 *tsî tuk pèi tsāng, tsî yeù féi č'âng*. Sich selbst allein gesteht er Gutes zu, für sich selbst hat er Lungen und Eingeweide (= er hat seine Neigungen und Ansichten für sich). Das. III, ɪɪɪ, III, 8. 則皇丨敬德。 *tsek hoâng tsî king tek*. Dann haben sie sehr (*hoāng*) Acht auf ihr eigenes Betragen. Šu V, xv, 17. 是丨求禍也。 *ší tsî k'ieû huò yè*. Das ist (heisst) sich selbst Unheil suchen. Mtsï II, ɪ, IV, 2. 丨作孽。 *tsî tsok yet*. Sich selbst Vergeltung zuziehen. Das. 6.

§. 555. Kann 自 *tsî* weder directes noch indirectes Object des folgenden Verbums sein, so hat es die adverbiale Bedeutung: **von selbst.** 民訖丨若是多盤。 *mîn kit tsî žok-ší, tō puān*. Das Volk ist allgemein von Natur so, es geht zumeist dem Vergnügen nach. Šu V, xxx, 2.

Die Stelle LYü XIV, xxx, 2: 夫子自道也。 *fū-tsî tsî taó yè*, wird wohl besser reflexiv: Meister, da redest du von dir (= beschreibst du dich) selbst, *beyebe hendurengge kai*, — als: ‚das sagst du selbst' übersetzt. Mtsï III, ɪ, IV, 8: 使丨得之。 *ssî tsî tek či*, übersetzt Legge: *causing them* (*či*) *to become possessors of themselves*, — der Mandschu aber: *ini cisui bahabu*, lass' sie es von selbst erlangen.

Gebräuchlich ist das Adverb 自然 ***tsî-žân*** = von selbst so, spontan, natürlich.

Das Synonymcompositum 自己 ***tsî-kì,*** selbst, erscheint schon in der classischen Sprache: 禍福無不丨丨求之。 *huò fuk wû put* . . . *k'ieû či*. Unheil und Glück immer selbst sucht man sie sich. Mtsï II, ɪ, IV, 5.

海上絲綢之路文獻集成 科技與文化编

B. 自 *tsï* als Präposition und Conjunction.

§. 556. Steht 自 *tsï* vor einem Substantivum oder substantivischen Redetheil, mit welchem zusammen es einen adverbialen Satztheil bildet, so ist es Präposition der örtlichen oder zeitlichen Richtung woher, und durch: **aus, von—aus, von—an, von—her, seit** u. s. w. zu übersetzen: 天下有道、則禮樂征伐、自天子出。 *t'iēn-hià yeù taó, tsek lì yok čīng-fat, tsï t'iēn-tsï č'ut.* Hat das Reich normale Zustände, so gehen Ritual, Musik und Züchtigungskriege vom Himmelssohne aus. LYü XVI, II, 1. 自誠明、謂之性、自明誠謂之教。 *tsï šîng mîng, wéi čī síng; . . . kiaó.* Aus Wahrheit Klarheit, heisst Natur, . . . Erziehung. Čung-yung XXI. 五年、春、公至|晉。 *ngù niên, č'ūn, kūng čí tsï Tsín.* Im fünften Jahre, im Frühlinge, kam der Fürst aus Tsin an. Čün-ts'ieu IX, 5. 子都|下射之。 *Tsï-tū tsï hià šik čī.* Tsï-tu erschoss ihn von unten aus. Tso-čuen I, II.

§. 557. Auf 自 *tsï* und sein Regimen folgt natürlich gern eine Angabe des Zieles oder doch der Richtung. Als Ausdrücke für **bis** sind zu erwähnen:

至 *čí* = bis zu: |文武|此、七百餘年。 *tsï Wên Wù čí ts'ì, ts'it-pek iû niên.* Seit (den Königen) Wen und Wu bis dahin waren siebenhundert und einige Jahre. Cu-hi zu Mtsï I, 36 a. |十千|百千。 *tsï šip ts'iēn čí pek ts'iēn,* von 10,000 bis 100,000. Ma Tuan-lin.

至於(于) *čí-iū* = bis nach, bis zu: 王朝步|宗周||豐。 *Wâng čaō pú tsï tsūng Čeū čí iū Fūng.* Der König ging des Morgens aus der ehrwürdigen (Stadt) Tscheu bis nach Fung. Šu V, XXIV, 1.

以至於(于) *i-čí-iū* = bis zu, bis auf: |天子|||庶人。 *tsï t'iēn-tsï . . . šú-žîn.* Vom Kaiser bis (herab) zum gemeinen Manne. Ta-hiok, Text 6. |天地之剖判|||今。 *tsï t'iēn tí čī p'eù-puán . . . kīm.* Seit der Scheidung des Himmels und der Erde bis auf den heutigen Tag. Han-fei-tsï VI, 4 a.

通於(于) *t'ūng-iū* = durchgehend bis; |天子||庶人。 Vom Kaiser (durch alle Volksschichten) bis zum gemeinen Manne. Sün-tsï VI, 4 a.

及 *kip* = bis an: |古|今。 *tsï kù kip kīm.* Seit dem Alterthume bis an den heutigen Tag. Tao-tek-king XXI.

§. 558. Die **Richtung** wird durch Theil- und Verhältnisswörter, zum Theile mit veränderter Betonung, oder durch Verba ausgedrückt. Vor beiden stehen gerne die Hülfswörter 以 *i* (selten 已 *ì*) oder 而 *rî:* |今(以)後 *tsï kīm (ì) heú,* von jetzt an. |今以來 . . . *lâi,* von nun an in Zukunft. Han-

漢文經緯

fei-tsï XI, 13 a. |五伯已來。*tsî ngù pek ì lâi,* seit den fünf Pek. Ssï-ki LXXX, 5 a. 凡雨|三日以往爲霖。*fâm iù tsî sām žit ì wàng wêi lîm.* Jeder Regen von drei Tagen und darüber ist ein Landregen. Tso-čuen I, 9. |虎牢以東。*tsî Hù-laô ì tūng,* von H. aus ostwärts. (J.)

§. 559. Regiert 自 *tsî* einen Satz oder ein Prädicat, mit welchem zusammen es einen adverbialen Satztheil bildet, so ist es **Conjunction:** seit. |吾得由、惡言不聞於耳。*tsî ngû tek Yeû, ngok yên put wên iū rî.* Seit ich den Yeu habe, werden böse Reden nicht von (meinem) Ohre gehört. Ssï-ki LXVII, 6 a.

XI.

其 *k'î, kī, kí.*

§. 560. Die alte, noch jetzt gelegentlich vorkommende Nebenform von 其 *k'î* ist 丌. Dieses bedeutet, *kī* ausgesprochen: Grund, Fundament, vgl. 基 *kī*, dass., und erinnert vielleicht nicht zufällig an 几 *kī*, Bank, Tisch. Die Form 其 *k'î* soll eine Abkürzung von 箕 *kî*, Fächer, sein (? Williams, *Syll. Dict.*, pag. 342). Die drei unteren Striche scheinen 丌 vorzustellen; was aber 甘 *kām*, süss, dabei soll, bleibt räthselhaft. Jedenfalls sind beide Zeichen nur sogenannte entlehnte (假借 *kià-tsiè*, §. 138).

§. 561. 其 hat angeblich drei Aussprachen und mindestens vier, anscheinend grundverschiedene Bedeutungen:

1. ***k'î:*** a.) pronominal,
b.) modal;

2. ***kī,*** eine Finalpartikel;

3. ***kí,*** wofür auch 記、忌、近 *kí* und 己(已) *kì* eintreten kann, als ‚ausfüllende Partikel' bezeichnet.

Die beiden Letzteren gehören der vorclassischen Sprache an. In dieser erscheint aber auch 其 *k'î* oft an Stellen, wo es im classischen Style nicht mehr zulässig wäre, und ist dann zuweilen schwer zu erklären.

I. Pronomiales 其 *k'î*.

§. 562. 其 *k'î* als pron. 3. pers. ist meist, wo nicht immer genitivisch oder possessiv zu verstehen: bald, wenn es sich auf das Subject des Satzes bezieht, ist es = *suus* etc., bald, wenn es eine andere Person oder Sache vertritt, = *ejus, eorum* etc.: 其一(二、三)曰。*k'î yit (rî, sām) yuet.* Der Erste (Zweite, Dritte) von ihnen sprach. Šu III, III, 4, 5, 6. 其心好之、不啻如自其口出。*k'î sīm haó čī, put ší (č'í) žû tsî k'î k'eù č'ut.* In seinem Herzen liebt er sie, nicht nur wie es aus seinem Munde hervorgeht (= mehr als er sagt). Das. V, XXX, 6. 孔子以其兄之子妻之。*K'ùng tsî ì k'î hiūng čī tsî ts'í čī.* Confucius verheiratet ihn mit seines (*sui*) älteren Bruders Tochter. LYü XI, v.

§. 563. Diese Anwendung von 其 *k'î* ist zugleich die gebräuchlichste und die wichtigste. Auf einen Genitiv kann nur ein Substantiv oder substantivischer Satztheil folgen. Darnach bestimmt sich:

a.) der Redetheil, welchem das auf 其 *k'î* folgende Wort angehört: |善者僞也。*k'î šen čè wéi yè.* Seine Güte ist erkünstelt. Sün-tsï. 故母取|愛、君取|敬。*kú mù ts'iù k'î ngái, kiūn . . . kíng.* Daher die Mutter empfängt seine Liebe, der Fürst . . . Ehrerbietung. Hiao-king, jap. Ausg. V, 6b. 事|上。*ssî k'î šáng,* seinen Oberen dienen. Das. 7a;

b.) ist 其 *k'î* scheinbar Subject eines Satzes, so ist dieser ganze Satz ein substantivischer Satztheil, ganz wie bei dem sog. subjectiven 之: 欲|有別也。*yuk k'î yeù piet yè.* (Indem sie) wollen, **dass dieselben** Unterschied haben. Sing-li-tsing-i VII, 4a. 是知|不可而爲之者與。*ší čī k'î put k'ò rî wéi čī čè iû?* Ist das (*ší-iû*) derjenige, welcher (*čè*) weiss, **dass es** unmöglich ist, und doch es thut? LYü XIV, XLI. |事上也敬、|養民也惠、|使民也義。*k'î ssî šáng yè, kíng; k'î yàng mîn yè hoéi, k'î ssî mîn yè ngí.* **Indem er** den Oberen diente, war er ehrerbietig; . . . das Volk ernährte . . . gütig; . . . das Volk verwendete . . . rechtlich. LYü V, xv. Vgl. Thai-kih-thu §. 7d. Folgendes Beispiel zeigt in einem Parallelismus die genitivische Natur von 其 *k'î*: 道之得於心者謂之德、|別有是五者之用。*taó čī tek iū sīm čè wéi čī tek; k'î piet yeù ší ngù-čè čī yúng.* **Sofern** die Vernunftnorm vom Herzen angenommen wird, heisst sie Tugend; **sofern sie** sich specialisirt, enthält sie die Bethätigung dieser fünf (Cardinaltugenden). T'ung-šu II, 3 Comm. 傳者見其如此。*čuên-čè kién k'î žû-ts'ì.* Die Ueberlieferer sahen, **dass** dem so war. Thai-kih-thu, Einl. 14.

§. 564. Sehr selten erscheint 其 *k'î* da, wo wir **genitivisches** 之 *čī* erwarten sollten: 朕|弟小子封。*čím k'î tí siaò tsî Fūng.* Mein jüngerer Bruder, das kleine Kind (der Prinz?) Fung. Šu V, IX, 2. Scheinbar gehört hierher auch ein Beispiel aus dem nachclassischen Stile: 故天地之塞、吾|體、天地之帥、吾|性。*kú t'iēn tí čī sek, ngû k'î t'ì, . . . šuái . . . síng.* (Wohl richtiger zu übersetzen:) Daher des Himmels und der Erde Füllung ist

海上絲綢之路文獻集成 科技與文化編

漢文經緯

rücksichtlich unserer deren (= unser) Körper, . . . Vollendung . . . Natur. Si-ming §. 2. — Wegen 其 . . . 者 *k'î . . . čè* vgl. §. 471.

II. Modales 其 *k'î*.

§. 565. Steht 其 *k'î* zwischen Subject und Prädicat, so ist es Modalpartikel und verleiht dem Ausspruche den Charakter des Präsumptiven, Vorgreiflichen im weitesten Sinne des Wortes: ‚es ist noch nicht geschehen, aber ich erwarte es, sehe es voraus, beabsichtige es, wünsche es; ich weiss nicht, ob es geschieht oder geschehen ist, aber ich vermuthe es; es ist nicht geschehen, wäre aber zu erwarten gewesen; vielleicht darf ich nicht, aber ich wage'. Das und Aehnliches wird in den Beispielen gefunden, wo der Sinn der Partikel klar ist, und darf in den übrigen Beispielen vermuthet werden: 我|試哉。*ngò k'î ší tsāi!* Ich **will** (ihn) auf die Probe stellen! Šu I, III, 12. 咸若時、惟帝|難之。*hiâm žok ší, wêi tí k'î nân čī.* Alles Derartige, der Kaiser (Yao) **würde** es für schwierig gehalten haben (wenn es an ihn gekommen wäre). Das. II, III, 2. 庶績|凝。*šú tsik k'î nîng.* Die mannigfaltigen Pflichten **werden** (unter diesen Voraussetzungen) erfüllt werden. Das. 4. 天|申命用休。*t'iēn k'î šīn míng yúng hieū.* Der Himmel **wird** (seine günstige) Schickung erneuern und Wohlthaten üben. Das. II, IV, 2. 予小子|退。*iû siaò tsì k'î t'úi.* Ich kleines Kind **will** fortgehen. Šu V, XIII, 18. 天|以予乂民。*t'iēn k'î ì iû ngéi mîn.* Der Himmel **scheint** durch mich das Volk zu decken. Das. V, I, II, 5. 爾|孜孜奉予一人。*rì k'î tsī-tsī fūng iû yit žîn.* **Möget** ihr fleissig mir Einzelnem beistehen. Das. V, I, III, 3. 予|曰、惟爾洪無度。*iû k'î yuet, wêi rì hûng wû tú.* Ich **darf wohl** sagen (Legge: *may I not say . . . ?*), ihr waret sehr gesetzlos. Das. V, XIV, 16. 雖不吾以、吾|與聞之。*sūi put ngû ì, ngû k'î iù wên čī.* Obschon man mich nicht (dienstlich) verwendet, **hätte** ich darüber gefragt werden **sollen.** LYü XIII, XIV. 下民|咨。*hià mîn k'î tsī.* Das niedere Volk murrt **gewiss** (wenn ich auch nichts davon wahrnehme). Šu I, I, 11. 盈而蕩、天之道也、先君其知之矣。*yîng rî táng, t'iēn čī taó yè; siēn kiūn k'î čī čī ì.* Ueberfluss dann Verschwendung, — das ist des Himmels Weg; die früheren Fürsten **werden** das wohl gewusst haben. Tso-čuen III, 4.

§. 566. Vor dem Subjecte steht modales 其 *k'î*:

a.) regelmässig in der Verbindung 其誰 *k'î šûi* = *num quis?* 非禹||能及之。*fēi Iù, k'î-šûi nêng kip čī?* Wenn nicht ein Iü, wer würde es erreichen können? Ssï-ki XXXI, 7 b;

b.) gelegentlich auch sonst: |或不恭、邦有常刑。*k'î huok put kūng, pāng yeù šâng hîng.* **Sollte** Jemand (von euch) nicht achtsam sein, so hat der Staat geregelte Strafen. Šu III, IV, II, 4. |今爾何懲。*k'î kīm rî hô č'îng?* Wenn **könntet (solltet)** ihr jetzt zur Warnung nehmen? Šu V, XXVII, 12.

§. 567. Modal ist wohl auch 其 *k'î* in der Redewendung: 與|…寧… *iù k'î a nîng b* — lieber *b* als *a*. ||殺不辜、|失不經。*iù k'î šat put kū, nîng šit put kīng.* Lieber fehlen und nicht die Ordnung einhalten, als einen Unschuldigen tödten. Ta-hiok C. X, 22.

Anmerkung. JULIEN führt, *Synt. nouv.* I, pag. 174—175, nach Wang-in-či Beispiele an, wo *k'î* = ‚wenn' (bedingend) sein soll. Diese Erklärung ist nicht nothwendig: man kommt mit der modalen aus.

III. Die Finale 其 *kī.*

§. 568. Diese Finale der vorclassischen Sprache findet sich selten und immer am Ende von Fragesätzen: 若之何|。*žok či hô kī?* Was ist anlässlich dessen zu thun? *ainaci ojoro?* Šu IV, XI, 3. 子曰何|。*tsî yuet …?* Was meint der Herr? Ši I, IX, III. 夜如何|。*yé* (r. 36) *žû hô kī?* Wie ist die Nacht? Das. II, III, VIII.

IV. 其 *kí.*

§. 569. 其 *kí* findet sich im Ši in der stehenden Phrase: 彼|之子 *pì kí či tsî*, angeblich = jener Herr, jene Herren, jene Kinder. I, VI, IV; VII, VI; IX, II; X, IV; XIV, II. Diese Phrase ist offenbar pronominal, auf bestimmte Persönlichkeiten deutend. Ich vermuthe, die Häufung der Wörter, welche einen Vers füllen, ersetze etwa unser ‚N. N.' in Liedertexten, d. h. der Sänger hatte die Wahl, ob er an der Stelle Namen einschieben, oder die discrete Form beibehalten wollte: ‚dort ein gewisser Herr So und So', ‚ich kenne dort Jemanden, der …'

XII.

蓋、葢、盖 *kái.*

§. 570. 蓋 *kái* findet sich im Šu nur als Stoffwort in den Bedeutungen: bedecken und vernachlässigt oder geringgeschätzt werden. Hiervon unabhängig dürfte die Partikel *kái* sein, welche ich nur in Ermanglung eines geeigneteren

海上絲綢之路文獻集成 科技與文化編

Platzes an dieser Stelle unterbringe. Graphisch verwandt ist das Fragewort 盍 *hop* = 何不 *hô-put*, warum nicht? für welches zuweilen unser 蓋, gesprochen: *hop*, gebraucht wird.

§. 571. Als Hülfswort erscheint 蓋 *kái* zuerst im Ši, und zwar:

a.) zwischen Subject und Prädicat: 謂山丨卑、爲岡爲陵。 *wéi šān kái pī, wêi kāng* (r. 46) *wêi lîng.* Sagt man, der Berg sei tief, so sind da Bergrücken und Höhen. II, iv, VIII, 5. 謂天丨高、不敢不局、謂地丨厚、不敢不蹐。 *wéi t'iēn kái kaō, put kàm put kiŭk; wéi tí kái heú, . . . tsik.* Man sagt, der Himmel sei hoch: ich wage nicht anders als mich zu bücken; man sagt, die Erde sei dicht, . . . zu trippeln. Das. 6;

b.) zu Anfang des Satzes (Nachsatzes?): 我行既集、丨云歸處。 *ngò hîng kí tsip, kái yûn kuēi č'ú.* (Als) unsere Arbeit beendet war, sagten wir, wir gehen heim. II, viii, III, 2, 3.

Hier ist überall 蓋 *kái* unübersetzt geblieben ohne sichtlichen Nachtheil für den Sinn. Das Wort muss eine sehr flüchtige modale Bedeutung gehabt haben, vielleicht ähnlich dem süddeutschen ‚halt'. Vielleicht mag es auch die Erwartung auf ein ‚Aber' erwecken, also einen Vorbehalt ausdrücken.

§. 572. Letzteres dürfte der Sinn der Partikel in folgenden Beispielen sein: 有能一日用其力於仁矣乎、我未見力不足者。丨有之矣、我未之見也。 *yeù nêng yit žit yúng k'î lik iū žîn ì-hû? ngò wéi kién lik put tsuk čè. kái yeù čī ì, ngò wéi čī kién yè.* Giebt es Einen, der einen Tag lang seine Kräfte zur Pflichtübung verwenden kann? Ich habe noch Keinen gesehen, dessen Kräfte nicht (dazu) ausreichten. **Sollte** etwa Einer sein, so habe ich ihn noch nicht gesehen. LYü IV, vi, 2, 3. Aehnlich: 丨有不知而作之者、我無是也。 *kái yeù put čī rî tsok čī čè, ngò wû ší yè.* Es **mag wohl** Leute geben, die handeln, ohne es zu wissen: ich (aber) habe nicht diese (Handlungsweise). Das. VII, xxvii.

§. 573. Schon in classischer Zeit findet sich 蓋 *kái* zu Anfang von Sätzen, welche eine Begründung des Vorhergehenden enthalten: 丘也、聞有國有家者不患寡、而患不均、不患貧、而患不安、丨均無貧、和無寡、安無傾。 *K'ieū yè, wên yeù kuok yeù kiā čè, put huán kuà, rî huán put kiūn, . . . p'în . . . put ngān. kái kiūn wû p'în, huô . . ., ngān wû k'īng.* Ich, K'ieu (= Confucius), habe gehört, Inhaber von Staaten und Familien fürchten nicht Verminderung (der Bevölkerungszahl), sondern fürchten Ungleichheiten, nicht Armuth, sondern Unruhe. **Denn** bei Gleichheit gibt es keine Armuth, bei Harmonie keine Verminderung, bei Ruhe keinen Umsturz. LYü XVI, i, 10. — Im nachclassischen Stile spielt 蓋 *kái* = denn, nämlich eine grosse Rolle, doch ist der Gedankenzusammenhang, den es ausdrückt, zuweilen ziemlich locker. Im Thai-kih-thu, Comm. 2 a—f, wird die Entstehung des Yim und Yang aus dem Urprincipe erklärt, dann fortgefahren (g): 丨太極者、本然之妙也、動靜者、所乘之機也。 *kái t'ái-kik čè, pèn-žân čī miaó yè, túng tsíng čè, sò šîng čī kī yè.* **Denn** das Urprincip ist das ursprüngliche Wunderbare, Bewegung und Ruhe sind die Mittel, deren es sich bedient.

§. 574. Zuweilen scheint 蓋 *kái* nur fortsetzende Bedeutung zu haben, etwa wie unser: **nun, ferner**; so vielleicht Mtsï III, I, v, 4 und V, II, VI, 4. Als nachclassisch wird aufgeführt: 丨時 *kái ší*, damals nun; 丨曰 *kái yuet*, nun sagt man; 丨因 *kái yīn*, darum nun; 丨來 *kái lâi*, da du nun gekommen bist (Wörterbücher).

§. 575. Zwischen Subject und Prädicat findet sich 蓋 *kái* anscheinend mit abschwächender Wirkung, muthmassend oder mildernd (Mandschu: *muru* = beinahe, ungefähr): 二公丨未嘗見此誌而云云爾。 *rî kūng kái wéi č'âng* (r. 30) *kién ts'ì čí rî yûn-yûn rì.* Die beiden Kung hatten **vielleicht** noch nicht diese Nachrichten zu Gesicht bekommen, und so redeten sie (auf's Gerathewohl) hin. Einl. zu Thai-kih-thu, 20. 孟子之不動心、其原丨出於此。 *Méng-tsï čī put túng sīm, k'î yuên kái č'ut iü ts'ì.* Dass Meng-tsï unerschütterlich war, dessen Quell entspringt **vielleicht** aus diesem. Ču-hi zu Mtsï I, Bl. 38 a. — Es muss dahin gestellt bleiben, ob 蓋 *kái* in solchen Fällen zugleich folgernd ist; Vermuthungen pflegen ja Folgerungen zu sein.

Zweite Gruppe:

Den Pronomm. 2. pers. verwandte Hülfswörter.*)

I.

如 žû.

§. 576. Das Zeichen für 如 *žû*, dessen Grundbedeutung etwa **wie, ähneln** ist, soll nach einer chinesischen Auslegung darstellen, dass ein Weib sich den Anordnungen — durch ‚Mund' angedeutet — gemäss zu verhalten

*) Die Angehörigen dieser Gruppe zeigen sowohl in ihren Functionen als auch in ihren Lauten viel innigere Verwandtschaft untereinander als die meisten der vorigen Gruppe. Vgl. §. 245.

海上絲綢之路文獻集成 科技與文化编

漢文經緯

hat. In der That ist hier der Radical 38, unter welchem es die Wörterbücher aufführen, phonetisches Element und 口 *k'eù*, Mund, sinnandeutend, — ganz wie rad. 111 in 知 *čī*, wissen.

§. 577. In den meisten seiner Anwendungen wechselt 如 *žû* mit 若 *žok*. Man kann wohl sagen, dass hier das eine, dort das andere Wort das gebräuchlichere ist, muss aber immer gefasst sein, dem einen da zu begegnen, wo man nach den bisherigen Erfahrungen das andere erwartet hätte. Vielleicht hat ein abgestumpftes Sprachgefühl zwei stammverwandte, aber formverschiedene Wörter mit der Zeit zusammengemischt; vielleicht aber auch ist man mit der Dissimilation zweier vom Hause aus identischer Wörter nicht ganz fertig geworden.

A. Vergleichendes 如 *žû.*

§. 578. Die gewöhnlichste Anwendung von 如 *žû* ist die als vergleichendes relatives Hülfswort: **wie, gemäss.** Wo nun *žû* die Copula mit in sich trägt, da ergeben sich folgende weitere Uebersetzungsweisen: 1. sein wie, ähneln, gleichen, scheinen zu, anscheinend u. s. w.; 2. sein gemäss, sich gemäss verhalten u. s. w. Beispiele: 所謂誠其意者、毋自欺也、|惡惡臭、|好好色也。 *sò wéi šîng k'î í čè, wû tsî k'ī yè; žû ngó ngok čeú, žû haó haò sek yè.* Was genannt wird ‚die Gedanken aufrichtig machen', ist sich der Selbsttäuschung enthalten, **gleichwie** man üble Gerüche hasst und schöne Farben liebt. Ta-hiok C. VI, 1. 吾與回言終日、不違、|愚。 *ngû iù Hoêi yên čūng žit, put wêi, žû iû.* Ich habe mit Hoei den ganzen Tag gesprochen; er widersprach nicht, **wie wenn** er dumm wäre. LYü II, ɪx. 人之視己|見其肺肝、則何益矣。 *žîn čī ší kì žû kién k'î féi hūn, tsek hô yik ì?* Wenn der Andere ihn betrachtet, **gleich als** sähe er sein Herz und Eingeweide, was hilft dann (seine Verstellungskunst)? Ta-hiok C. VI, 2. 五月南巡守、至于南岳、|岱禮。 *ngú yuet nâm sûn* (r. 47) *-šeú, čí iû Nâm-yok, žû Tái lì.* Im fünften Monate machte er eine Inspectionsreise südwärts, bis nach dem Südberge, und **verhielt sich gemäss** dem Ceremoniell von Tai (d. h. beobachtete das gleiche C. wie zuvor in Tai). Šu II, ɪ, 8. 百姓|喪考妣。 *pek-síng žû sāng kaò pì.* Das Volk **schien** einen Vater oder eine Mutter zu betrauern. Das. 13. 有匪君子、|金|錫、|圭|璧。 *yeù fèi kiūn-tsì, žû kīm žû sik, žû kuēi žû pik.* Da ist der feine Fürstensohn, **wie** Gold, wie Zinn, wie ein Scepter, wie ein Edelstein. Ši I, v, I, 3. 就之|日、望之|雲。 *tsieú čī žû žit, wáng* (r. 74) *čī žû yûn.* Trat man ihm näher, so **glich** er der Sonne, sah man ihn von ferne . . . einer Wolke. Ssï-ki I, 7 b.

海上絲綢之路文獻集成 科技與文化编

§. 579. Ausnahmsweise findet sich 如 *žû* auch da, wo man eher eine disjunctive Partikel erwarten sollte: 方六七十、|五六十、求也爲之、及三年、可使足民。*fāng luk ts'it šip, žû ngù luk šip, K'ieû yè wêi čī, kip sām niên, k'ò ssī tsuk mîn.* (Nehmen wir an, ein Land habe) in's Geviert 60—70 **oder** 50—60 (Li), und (ich) K'ieu verwaltete (eigentl. machte) es: innerhalb (eigentl. bis) dreier Jahre könnte ich machen, dass dem Volke genügendes Auskommen würde. LYü XI, xxv, 5. Der Sinn ist: oder meinethalben, — mir soll es gleich sein.

§. 580. 辟如 oder 譬如 *p'í-žû* (*p'í* = vergleichen), heisst: vergleichbar mit, gleichsam: 君子之道||行遠必自邇、||登高必自卑。*kiūn-tsī čī taó p'í-žû hîng yuèn pit tsī rī, . . . tēng kaō . . . pī.* Des Edeln Pfad ist vergleichbar mit dem Wandern in die Ferne, (welches anfangen) muss vom Nahen, dem Steigen in die Höhe, . . . Niedrigen. Čung-yung XV, 1.

§. 581. Unmittelbar hinter nicht verbietenden Negationen ist 如 *žû* in der Regel durch: **gleichkommen** zu übersetzen.

1. 不如 ***put-žû,*** eine sehr gebräuchliche Redewendung, findet sich namentlich zwischen zwei substantivischen oder infinitivischen oder adverbialen Ausdrücken: *a* || *b* = *b* ist besser, wichtiger als *a*. 今諸侯之事我寡君、||昔者。*kīm čū-heû čī ssī ngò kuà kiūn put žû sik-čè.* Wie (*čī, gen. subj.*) jetzt die Lehensfürsten unserm kleinen Herren dienen, ist nicht (so gut) wie ehemals. Tso-čuen IX, 14. 千羊之皮||一狐之掖、千人之諾諾||一士之諤諤。*ts'iēn yâng čī p'î put žû yit hû čī yik; ts'iēn žîn čī nok-nok put žû yit ssī čī ngok-ngok.* Die Felle von tausend Schafen sind weniger werth als eines Fuchses Achselhöhle; die Zustimmung . . . eines Gelehrten Warnungen. Ssï-ki LXVIII, 7 b. — Steht *put-žû* ohne Angabe dessen, was das Geringere ist, so übersetze man: **es ist** (wäre) **besser** (*il vaut mieux, had better*) u. s. w. 人斯自以爲||非。*žîn ssī-tsī ì-wêi put žû fēi.* Die Leute meinten daher, es wäre ohnedem besser gewesen. Ssï-ki LXIII, 5 b. 君||伐吳。*kiūn . . . fat Ngû.* Der Fürst sollte lieber Ngu züchtigen. Das. LXVIII, 8 a. — Seltener findet sich 不如 *put žû* ohne Regimen in der Bedeutung: **unzulänglich, ungeeignet** für einen bestimmten Zweck. 兵||者、勿與挑戰、粟||者、勿與持久。*pīng put-žû čè, wut iù t'iaō čén; suk . . . č'î kieù.* Sind (deine) Waffen nicht darnach, so errege nicht mit (Andern) Streit; ist das Getreide . . . hebe es nicht lange mit auf. Das. LXX, 10 b.

2. Aehnlich findet sich 弗如 ***fut-žû:*** ||也。Du kommst (ihm) nicht gleich. *isirakô kai.* LYü V, viii, 3.

漢文經緯

3. 莫如 ***mok-žû*** Nichts ist besser als, trägt das Subject gleich in sich: **朝廷||爵、鄉黨||齒、輔世長民||德**。 *č'aô-t'îng mok žû tsiok; hiâng-tàng . . . č'ï; fù ší čàng mîn . . . tek.* Bei Hofe gilt nichts mehr als Adel, in Dörfern . . . Zähne (d. h. hohes Alter); um dem Zeitalter aufzuhelfen und dem Volke vorzustehen, ist nichts wichtiger als Tugend. Mtsï II, II, II, 6. **然則||和戎乎**。 *žân-tsek mok žû huô Žûng hû?* Wäre denn also das Beste, sich mit den Žung zu vereinigen? Tso-čuen IX, 4.

§. 582. Bildet **則如** ***tsek žû*** mit folgendem Infinitiv den Nachsatz, so heisst es: dann war oder ist es ebenso gut zu . . . Dabei kann im Hintergrunde der Gedanke liegen: es wäre besser. Beispiele aus dem Tso-čuen: **愛其二毛、||服焉**。 *ngái k'î rî maô, tsek žû fuk yên.* Liebst du ihre zwei Haare (oder: unter ihnen die, welche zwei Haare haben, d. h. die alten Leute), so ist es ebenso gut (soll heissen: besser), dich ihnen zu unterwerfen. **若知不能、||無出**。 *žok či put nêng, . . . wû č'ut.* Wenn er wusste, dass er nicht (siegen) konnte, so war es ebenso gut, er zog gar nicht (erst) aus (J.).

§. 583. 如此 ***žû-ts'ï,*** **|是** ***žû-ší,*** **|斯** ***žû-ssï,*** wie dies, wie solches = so, sind gebräuchliche Verbindungen: **夫|是**。 *fû žû-ší.* So ist es. LYü XVI, I, 11. **|斯而已乎**。 *žû-ssï rî ì hû?* so-seiend bewendet es? ist das Alles? Das. XIV, XLV. Vgl. Mtsï VI, I, XVII.

今如此 ***kîm-žû-ts'ï,*** jetzt wie dies, findet sich in bedingenden Vordersätzen in der Bedeutung: wenn nun, wenn jetzt: **|||以百騎走、凶奴遂射、我立盡**。 *kîm-žû-ts'ï ì pek k'í tseù, Hiūng-nû súi šé, ngò lip tsín.* Wenn ich nun mit den hundert Reitern fliehe, und die Hiung-nu (uns) verfolgen (und auf uns) schiessen, sind wir sofort vernichtet. Ssï-ki (Sch.).

§. 584. In eigenthümlicher Anwendung findet sich **如彼** ***žû-pì,*** wie jenes (Bekannte): **管仲得君、||其專也、行乎國政、||其久也、功烈、||其卑也、爾何曾比予於是**。 *Kuàn-čūng tek kiūn, žû-pì k'î čuēn yè, hîng hû kuok číng, . . . kieù yè, kūng-liet . . . pī yè: rì hô ts'êng pì iû iû ší.* Kuan-čung besass (das) Vertrauen seines Fürsten, so-sehr war dessen Ganzheit, (er) wirkte an der Staatsverwaltung, so-sehr war dessen Zeitdauer, (seine) verdienstlichen Thaten, so-sehr war deren Geringfügigkeit: warum hast du mich mit diesem verglichen? Legge: *Considering **how** entirely K. possessed* etc. Dies gibt den richtigen Sinn. Mtsï II, I, I, 3.

§. 585. Zuweilen hat **如** *žû* kein Regimen hinter sich, sondern ist, ähnlich unserem ‚-lich', sozusagen **Suffix beschreibender Ausdrücke.** Letztere sind oft Doppelungen. In der Regel, wo nicht immer, steht hierbei **如也** ***žû-yè*** am Satzende, bildet also mit dem Vorausgehenden zusammen ein

Prädicat: 霸者之民、驩虞|也、王者之民皞皞|也。*pá-čè čī mîn, huān-iû žû yè; wâng . . . haó-haó . . .* Eines Oberfürsten Volk sieht froh und munter aus, eines rechten Königs . . . zufrieden. Mtsï VII, I, XIII, 1. 始作、翕|也。*šì tsok, hip-žû yè.* Fängt man an (Musik zu machen, so sei sie) anscheinend vermischt. LYü III, XXIII. 意豁||。*í huot-žû yè.* Er war von Gesinnung grossmüthig. Ssï-ki VIII, 2 a. 子之燕居、申申||、夭夭||。*tsì čī yèn-kiü, šîn . . ., 'yaō . . .* Wenn der Meister Musse hatte, war er (in seinem Benehmen) ungezwungen und heiter. LYü VII, IV. Vgl. das. XIII, XVIII, namentlich aber X passim.

Anmerkung. JULIEN, *Synt. nouv.* I, pag. 260, führt zwei Beispiele an, wo *žû* allein, ohne *yè* erscheint. Sein Citat ist aber aus einem Wörterbuche und mag dort gekürzt sein. Redensarten mit *žû-yè* sind sehr häufig.

B. Bedingendes 如 *žû.*

§. 586. Eröffnet 如 *žû* einen Vordersatz, so ist es in der Regel bedingend: sowie — wenn: |知爲君之難也、不幾乎一言而興邦乎。*žû čī wêi kiūn čī nân yè, put kī-hû yit yên rî hīng pāng hû?* Wenn (der Herrscher) die Schwierigkeit, Fürst zu sein, kennt, wird er da nicht voraussichtlich nach einem einzigen Worte den Staat emporbringen? LYü XIII, XV, 3. |其善、而莫之違也、不亦善乎、|不善、而莫之違也、不幾乎一言而喪邦乎。*žû k'î šén, rî mok čī wêi yè, put yik . . . sāng pāng hû?* Wenn sie (des Herrschers Worte) gut sind und Niemand ihnen widerspricht (genauer wohl: wenn N. ihrer Güte widerspricht): ist es nicht auch gut? wenn . . . das Staatswesen verderbt? Das. 5. |將戕賊杞柳而以爲桮棬、則亦將戕賊人以爲仁義與。*žû tsiāng ts'iâng-tsek kì-lieù rî ì wêi pēi kiuēn, tsek yik . . . žîn . . . žîn ngî iû.* Wenn du den Weiden Gewalt und Schaden anthun wirst, um Becher und Schüsseln daraus zu machen, so wirst du auch den Menschen . . ., um sie menschlich und rechtschaffen zu machen! Mtsï VI, I, I, 2. Hier wäre statt **wenn** auch **wie** sinngemäss.

§. 587. Wie in den europäischen Sprachen, tritt auch im Chinesischen zuweilen die bedingende Redeweise an Stelle der begründenden: **wenn,** statt: **da, sintemalen:** |不可求、從吾所好。*žû put k'ò k'ieû, ts'ûng ngû sò haó.* Da (der Reichthum) nicht gesucht werden kann, folge ich dem, was ich liebe. LYü VII, XI.

§. 588. Folgende Verbindungen mit bedingendem 如 *žû* sind zu merken: |使 *žû-ssì, si facis fac,* gesetzt den Fall dass . . .: ||予欲富、辭十萬而受萬、是爲欲富乎。*žû-ssì iû yuk fú, ts'î šip wán rî šeú*

漢文經緯

wán, ší wêi yuk fú hû? Gesetzt, ich wünschte Reichthum, lehnte 100,000 ab und nähme 10,000 an: wäre dies wohl Reichthum wünschen? Mtsï II, II, X, 5.

且 | ts'iè-žû soll nach Julien, *Synt. nouv.* I, pag. 157, eine ähnliche Bedeutung haben (§. 524, d.).

C. 如 žû — anlangend.

§. 589. In der Bedeutung: ‚anlangend Einen, oder Etwas betreffen' kommt 如 *žû* nur in gewissen, später zu behandelnden Redewendungen vor. Im Šu (B. IV) findet sich: 其 | 台。*k'î žû yî?* Was geht das uns an? Zweifelhaft ist, ob hier 其 *k'î* pronominal oder modal zu verstehen sei. 至 | 禮文、不可不信。*ći-žû lì wên, put k'ò put sín.* Anlangend den Text des Ritualbuches, so ist er unstreitig glaubenswürdig (*ćí-žû, compos. synon.*). Li-ki, *Chin. mandsch.* I, 5 a.

D. 如 žû im Nachsatze.

§. 590. 如 *žû* kommt, jedenfalls nur selten, im Nachsatze an Stelle der gewöhnlicheren Partikeln 而 *rî* oder 則 *tsek* = da, dann, vor. Die hiefür angeführten Beispiele sind theilweise sehr bedenklich*): 星隕 | 雨。*sīng yùn žû iù.* Sterne fielen wie Regen. Aber Commentar: | 而也、星隕而且雨。*žû* ist s. v. a. *rî* (und, da): Sterne fielen, und dazu regnete es! Č'ün-ts'ieu III, 7. Das Tso-čuen fügt hinzu: 與雨偕也。zugleich mit dem Regen. — Sam-tsï-king: 孝經通、四書熟、| 六經始可讀。*hiaó-kīng t'ūng, ssí-šū šuk, žû luk-kīng šì k'ò tuk.* Ist das Hiao-king verstanden, sind die Ssï-schu (geistig) verarbeitet, **dann** können die sechs King erst gelesen (mit ihrer Lectüre begonnen) werden. — Vorrede zu LYü, vorletzter Absatz: 今人不會讀書 | 讀論語。*kīm žîn put hoéi tuk šū žû tuk lûn-iù.* (Wohl:) Jetzt verstehen die Leute nicht, das Šu zu lesen, wie sie das Lün-iü lesen. (Besser als: wenn sie noch nicht das Šu verstehen, so lesen sie das L.) — Tso-čuen I, 7: 歃 | 忘。*šap žu wáng.* Er bestrich seine Lippen mit dem Blute des Opferthieres, als ob er vergässe (was er that). Nach Anderen: **und** vergass. — Li-ki, *Chin. mandsch.* III, 8 a: 天下豈有無父之國、吾何行 | 之。*t'iēn hiá k'ì yeù wû fú ćī kuok? ngû hô hîng žû ćī?* Gibt es in der Welt ein Land ohne Väter? wie gehe ich dahin? (*žû* = gehen nach, *ćī*, obj.; Mandschu: *bi aibide genembi?* Wohin gehe ich?) Aber Wang-yin-či meint: *žû* = 而, *ćī* = 至: wie gehend komme ich an? *ćī* als Verbum müsste wohl ein Object hinter sich haben.

---

*) Schott, *Chines. Sprachl.*, S. 121. Julien, *Synt. nouv.* I, pag. 180, nach Wang-yin-či.

16*

海上絲綢之路文獻集成 科技與文化編

E. 如 *žû* = gehen nach.

§. 591. In einzelnen Schriftstellern findet sich 如 *žû* in der Bedeutung eines *neutrum transitivum*: gehen nach. Der Zusammenhang, Person als Subject, Ort als Object, lehrt dann leicht erkennen, dass das vergleichende 如 *žû* hier nicht am Platze wäre: 冬叔孫豹|邾、李孫宿|晉。 *tūng Šuk Sün-p'aó žû čū, Lì Sün-suk žû Tsín.* Im Winter ging Schuh-S. nach Tschu, L. S. nach Tsin. Č'ün-ts'ieu IX, 6. 齊使者|梁。 *Ts'î ssì-čè žû Liâng.* Der Abgesandte von Ts'i ging nach Liang. Ssï-ki LXV, 2 b.

F. Verbindungen von 如 *žû* mit 何 *hô.*

§. 592. 何如 ***hô-žû*** hat viererlei Anwendungen:

a.) vor einem Substantivum stehend ist es attributiv: welcher Art? *qualis?* 吳起||人哉。 *Ngû-kì hô-žû žîn tsāi?* Was für ein Mann ist Ngu-ki? Ssï-ki LXV, 5 b. ||其知也。 . . . *k'î čí yè?* Welcher Art war seine Weisheit? LYü V, XVII;

b.) als Prädicat (am Ende) des Hauptsatzes hat es den Sinn: wie steht es damit? was hältst du davon? 吾欲居西方||。 *ngû yuk kiü sī-fāng hô-žû?* Wenn ich in der Westgegend wohnen will, was meinst du dazu? Ssï-ki XLII, 2 a. 所謂明王者||。 *sò wéi mîng wâng čè . . .?* Was man erlauchte Könige nennt, wie steht es damit? Das. LXIX, 20 b;

c.) den Vordersatz bildend, mit folgendem 則 *tsek,* 斯 *ssī,* seltener 而 *rî,* heisst es: wie muss man sich verhalten, beschaffen sein (damit)? was muss man thun (um zu . . .)? wie geschieht es (dass . . .)? ||斯可謂士矣。 *hô-žû ssī k'ò wéi ssì ì?* Wie muss sich Einer verhalten, damit er ein Beamter genannt werden könne? LYü XIII, XX, 1. ||而相保。 *hô-žû rî siāng paò?* Wie geschieht es (wie fangen sie es an), dass sie sich gegenseitig beschützen? Hot-kuan-tsï III, 9 b; vgl. §. 497;

d.) als Prädicat eines bedingenden Vordersatzes: wie muss beschaffen sein (damit)? 德||則可以王矣。 *tek hô-žû tsek k'ò-ì wâng ì?* Wie muss (Eines) Tugend beschaffen sein, damit er die Königswürde erlangen könne? Mtsï I, I, VII, 3.

§. 593. 如何 ***žû-hô,*** wenig gebräuchlich, bedeutet:

a.) wo es den bedingenden Vordersatz bildet: wie (kommt es dass)? ||則可爲服。 *žû hô tsek k'ò wêi fuk?* Wie geht es zu, dass er Trauer anlegen kann? Julien, *Synt. nouv.* I, pag. 250;

b.) als Prädicat: wie ist ...? 其地之廣||。 *k'î tí či kuàng ...?* Wie ist die Ausdehnung seines Gebietes? Das. 其理||。 *k'î lì ...?* Wie ist dessen Vernünftigkeit? = ist das vernünftig? Ma-Tuan-lin.

§. 594. 如 ... 何 *žû ... hô,* mit eingeschaltetem Objecte = anlangend ... wie? was geht es ... an? wie verhält (er) sich zu ...? 人而不仁、|禮|、人而不仁、|樂|。 *žîn rî put žîn, žû lì hô? ... yok hô?* Ein Mensch, der nicht menschlich (der pflichtvergessen) ist, was hat der mit Schicklichkeit — mit Musik — zu schaffen? LYü III, III. 匡人其|予|。 *K'uāng žîn k'î žû iû hô?* Was werden mich die Leute von K. angehen? was sollten sie mir anhaben? Das. IX, v, 3. 不能正其身、|正人|。 *put nêng číng k'î šīn ...?* Wer sich selbst nicht beherrschen kann, wie eignet der sich dazu, Andere zu beherrschen? Das. XIII, XIII.

§. 595. Besonders gebräuchlich ist: 如之何 *žû-či-hô* = wie steht es damit wie soll man sich dazu oder dabei verhalten? was soll man davon denken? wie ist das zu thun? 定公問君使臣、臣事君、|||。 *Tíng kūng wén kiūn ssì č'în, č'în ssì kiūn, ...?* Fürst T. fragte, **wie muss** ein Fürst seine Minister verwenden, und ein M. seinem F. dienen? LYü III, XIX. 雖有善者、無|||矣。 *sūi yeù šén-čè, wû ... ì.* Obgleich es Gute gibt, ist nicht (ein Mittel) vorhanden, wie man sich dazu (in dieser Lage) verhalten müsse = ist nichts daran zu ändern, keine Abhülfe möglich. Ta-hiok C. X, 23. 不曰|||、|||者、吾末|||也已矣。 *put yuet ... čè, ngû mot ... yè-ì-ì.* Wer nicht (immer) sagt: was soll ich davon denken, ...? mit dem weiss ich nichts anzufangen. LYü XV, XV. 去人倫、無君子、|||其可也。 *k'iû žîn lûn, wû kiūn-tsì, ... k'î k'ò yè.* Die menschlichen Pflichtverhältnisse beseitigen, keine edeln Menschen haben, wie sollte das angehen (zu ertragen sein)? Mtsï VI, II, X, 6. |||則可。 Wie muss man sich verhalten, damit es möglich sei? (Siehe unter 則 *tsek,* §. 506.)

G. Ausserordentliche Anwendungen von 如 *žû.*

§. 596. Folgende Anwendungen von 如 *žû* sind noch zu erwähnen:

a.) angeblich = 欲 *yuk* oder 將 *tsiāng.* 寡人|就見者也。 *kuà-žîn žû tsieú-kién čè yè.* Meine Wenigkeit wollte gehen (Sie) zu besuchen. Mtsï II, II, II, I. 有喜而憂、|有憂而喜乎。 *yeù hì rî yeū, ...?* Du hast (Grund zur) Freude und trauerst; wirst du, wenn du Grund zur Traurigkeit hast, dich freuen? So nach Wang-yin-či Tso-čuen VII, 12, §. 4;

b.) 如 *žû* statt 汝 *žù,* du, selten vorkommend;

c.) 二月爲丨。*rí yuet wêi žû.* Der zweite Monat ist (heisst) Žû. Rï-ya;
d.) 如 *Žû* ist ein Familienname (*sing*).

II.

若 *žok.*

§. 597. Das Schriftzeichen 若 *žok*, aus ‚rechter Hand' und ‚Pflanze' zusammengesetzt, bedeutet ursprünglich: Kräuter auslesen. Durch Entlehnung ist es für ein gleich- oder ähnlich lautendes Hülfswort angewendet worden.

Anmerkung. Alte Nebenformen siehe in Khang-hi's Wörterbuch. Als ältere Aussprache findet sich *žu* angegeben. Mit der Aussprache *žè* bedeutet das Zeichen: Heu; *Žè* gesprochen, ist es ein Ländername. Darauf ist nicht weiter zurückzukommen.

A. Vergleichendes 若 *žok.*

§. 598. Vergleichendes 若 *žok* = wie, gleich, gemäss, bildet mit seinem Regimen bald einen adverbialen Ausdruck, bald ein Prädicat. Letzterenfalls ist die Copula zu ergänzen und zu übersetzen: sein wie, gleichen u. s. w.: 以丨所爲、求丨所欲、盡心力而爲之、後必有災。*ì žok sò wêi, k'ieû žok sò yuk, tsín sīm lik rî wêi čī, heú pit yeù tsāi.* (‚Mit wie was du thust, suchend wie was du wünschest' =) durch ein solches Verfahren einem solchen Wunsche nachstrebend, des Herzens Kräfte erschöpfend und so es thuend, hast du später sicher Missgeschick. Mtsï I, ı, VII, 17. 丨季氏、則吾不能。*žok Kí šì, tsek ngû put nêng.* Wie das Oberhaupt der Familie Ki (ihn empfangen), das kann ich nicht. (*šì* hinter dem Familiennamen = das Oberhaupt, jetzt oft ehrend zur Bezeichnung von Frauen angewendet.) LYü XVIII, ııı. 明道丨昧、進道丨退、夷道丨類、上德丨谷、大白丨辱、廣德丨不足、建德丨偷、質眞丨渝。*mîng taò žok wéi, tsín . . . túi, yî . . . léi, šáng tek žok kuk, tá pek žok žuk, kuàng . . . put tsuk, kién . . . t'eū, čit čīn žok iû.* Das Tao verstehen ist wie Dunkelheit, ihm sich nähern ist wie Zurückweichen, ihm gewachsen sein . . . Gemeinheit; die höchste Tugend ist wie ein Thal, grosse Weisse . . . Makel, umfassende Tugend . . . Unzulänglichkeit, feste . . . Nachlässigkeit; schlicht und wahr ist wie entehrt (d. h. es scheint so, nach dem Aeusseren zu urtheilen). Tao-tek-king XLI. 大成丨缺。*tá č'îng žok k'iuet.* Sehr vollkommen sein, scheint wie Stückwerk. Das. XLV. 治大國、丨烹小鮮。*čí tá kuok, žok p'ïng siaò siēn.* Einen grossen

漢文經緯

Staat regieren (geschehe nach denselben Grundsätzen), wie wenn man einen kleinen Fisch kocht. Das. LX.

相若 *siāng-žok,* einander gleichen: **故吾知其不||矣**。*kú ngû či k'î put siāng žok ì.* Daher weiss ich, dass sie nicht einander gleich sind. Liet-tsï I, 8 a.

§. 599. An die Bedeutung ‚wie' u. s. w. reihen sich einige speciellere an:

a.) Es einer Person **gleichthun,** ihr **nachfolgen: 知|師** *či žok ssï,* wissen dem Lehrer zu folgen. Sün-tsï I, 15 a.

b.) Etwas **befolgen: 奉|天命**。*fúng žok t'iēn míng* (r. 30). Des Himmels Befehl ehren und befolgen. Šu IV, ii, 2.

c.) (Absolut, ohne Regimen:) **angemessen,** so wie es sein muss: **暨鳥獸魚鼈咸|**。*k'í niaò šeú iû piet hiâm žok.* Und Vögel und Säugethiere, Fische und Schildkröten befanden sich Alle angemessen (*gemu ijishôn oho bihe*). Šu IV, iv, 2. Im Ši findet sich öfters **是|** ***ší žok*** als Prädicat in ähnlicher Bedeutung, doch so, dass das vorausgehende Substantivum im Adverbialis zu verstehen ist: **im Einklange mit . . . 萬民||** *wán mîn ší žok.* Mit (den Erwartungen des) ganzen Volkes im Einklange, *tumen irgen de acabumbi.* Ši IV, ii, IV, 9; vgl. das. 7, ferner II, vi, VIII, 1; III, iii, VI, 2.

d.) Hieraus erklärt sich weiter der ausnahmsweise vorkommende Gebrauch von **若** *žok* als eines causativen oder denominativen Verbums: in Einklang bringen, **angemessen machen** (so angeblich Šu IV, iii, 2), und: für angemessen halten, **billigen: 茲亦惟天|元德**。*tsï yik wêi t'iēn žok yuên tek.* Dann auch wird der Himmel (eure) grosse Tugend gutheissen (und lange werdet ihr nicht vergessen im Königshause). So nach Legge; Mandschu: *ede abka, inu amba erdemu de ijishôn ofi . . .* Dann wird auch der Himmel der grossen Tugend entsprechend sein (= sie lohnen?) und . . . Šu V, x, 7.

§. 600. 若否 *žok feù* findet sich in der vorclassischen Sprache in der Bedeutung: angemessen sein oder nicht, gut oder schlecht sein: **今我旣羞告爾于朕志||**。*kîm ngò kí sieū kaó rì iû čìm čí žok feù.* Jetzt habe ich euch vorgebracht und verkündigt, was meinem Sinne entspricht und nicht entspricht (*mini mujilen de acanara acanarakô babe alaha*). Šu IV, vii, III, 11. **邦國||、仲山甫明之**。*pāng kuok žok feù, Čúng-šān-fù mîng čī.* In den Provinzen und Staaten die Guten und Bösen, Č. beleuchtet (unterscheidet) sie. Ši III, iii, VI, 4.

§. 601. 辟若 *p'í-žok* = **辟如** *p'í-žû,* vergleichbar mit . . .: **有爲者、||掘井**。*yeù wêi čè, p'í žok kiüt tsìng.* Wer (ernstlich) zu thun hat, ist vergleichbar mit (Einem der) einen Brunnen gräbt. Mtsï VII, I, XXIX.

§. 602. Unmittelbar hinter Negationen heisst 若 *žok,* ähnlich wie 如 *žû:* **gleichkommen.** 不丨與人。 *put žok iū žîn.* (Sich allein an Musik erfreuen) ist nicht so (angenehm) wie mit Anderen. Mtsï I, ɪɪ, I, 4. 可也、未丨貧而樂、富而好禮者也。 *k'ò yè; wéi žok p'în rî lok, fú rî haó lì čè yè.* Sie mögen angehen, (aber sie) kommen noch nicht einem Armen, der fröhlich ist, oder einem Reichen, der die gute Sitte liebt, gleich. LYü I, xv, 1. 如恥之、莫丨師文王。 *žû č'ì čī, mok žok ssï Wên-wâng.* Wenn (der Fürst) sich dessen schämt, so ist nichts besser, als den König Wen zum Lehrer nehmen. Mtsï IV, ɪ, VII, 4.

Statt der negativen Wendung findet sich auch die rhetorische Frage: 豈若 ***k'ì-žok,*** wie käme es gleich . . .? 且而與其從辟人之士、丨丨從辟世之士哉。 *ts'iè-rî iū k'î ts'ûng pí žîn čī ssî, k'ì-žok ts'ûng pí ší čī ssî tsāi?* Zudem, statt Gelehrten zu folgen, welche sich von (einzelnen) Menschen zurückziehen, ist es nicht besser, Gelehrten zu folgen, welche sich von der Welt (überhaupt) zurückziehen? — Hier ist scheinbar der Schriftsteller aus der Construction gefallen: *iū k'î* = im Zusammenhalte mit etwaigem . . ., liesse: 寧 *nîng,* es ist besser, statt: 豈若 *k'ì žok* erwarten. Aber die Wendung ist auch sonst gebräuchlich. LYü XVIII, ᴠɪ, 3. Aehnlich Mtsï V, ɪ, VII, 4. 我何以湯之聘幣爲哉、我丨丨處畎畝之中、由是以樂堯舜之道哉。 *ngò hô ì T'āng čī p'íng-pí wêi tsāi? ngò k'ì žok č'ù kiuèn meù čī čūng, yeû ší ì lok Yaô Šūn čī taò tsāi?* Was mache ich mit des T'ang (mir als) Einladung (*p'íng*, übersandtem) Seidenzeuge? Thue ich nicht besser, inmitten der Gräben und Felder (der canalisirten F.?) zu wohnen, um so mich an des Yao und Schün Wegen (= Lehren) zu erfreuen? Mtsï V, ɪ, VII, 3.

§. 603. Auch 若 *žok* bildet in Verbindung mit Demonstrativpronominibus Ausdrücke mit der Bedeutung: **so:** 丨是 ***žok-ši,*** LYü XIII, xv, 1; 4. 丨時 ***žok-ši,*** Šu V, xxxvɪ, 8. 丨茲 ***žok-tsī,*** Šu. 丨然 ***žok-žân.*** 丨此則上偪君而下虐民。 *žok-ts'ì tsek šáng pik kiūn rî hià yok mîn.* Also nach Oben bedrängte er den Fürsten, und nach Unten tyrannisirte er das Volk. Han-fei-tsï IV, 10 a.

§. 604. In der vorclassischen Sprache kommt 若 *žok,* ähnlich wie 如 *žû,* als eine Art **Suffix beschreibender Prädicate** vor: 日休徵、日肅、時雨丨、日乂、時暘丨、日哲、時燠丨、日謀、時寒丨、日聖、時風丨、日咎徵、日狂、恆雨丨、日僭、恆暘丨、日豫、恆燠丨、日急、恆寒丨、日蒙、恆風丨。 *yuet hieū čīng, yuet suk* (r. 129), *ši iū žok, yuet ngái, . . . yâng . . . čet . . . ngaò . . . meû . . . hân . . . šíng . . . fūng žok; yuet k'ieù čīng, yuet k'uâng, hêng . . . tsiém . . . iū . . . kip . . . mûng . . .* Nennt man

海上絲綢之路文獻集成 科技與文化編

漢文經緯

die glücklichen Erfolge, so nennt man für Ernst (als dessen Ausdruck) rechtzeitigen Regen, für Ordnung . . . Sonnenschein, für Klugheit . . . Wärme, für Ueberlegung . . . Kälte, für Weisheit . . . Wind; nennt man die unglücklichen . . . Wildheit . . . beständigen Regen . . . Anmassung . . . Trägheit . . . Uebereilung . . . Dummheit . . . (Mandschu: *sain acabun serengge, ciran oci, erileme agambi.* Anlangend . . ., wenn Ernst vorhanden ist, regnet es rechtzeitig u. s. w. Die Zustand-schildernde Wirkung von 若 *žok* kommt auch hierbei noch nicht recht zur Geltung. Šu V, iv, 34. 桑之未落、其葉沃|。 *sāng čī wéi lok, k'î yep yuk-žok.* Wenn (*čī*, gen. subj.) der Maulbeerbaum noch nicht entlaubt ist, sind seine Blätter saftig. Ši I, v, IV, 3.

§. 605. In der vorclassischen Sprache findet sich gelegentlich 若 *žok* **als Substantivum** im Objectscasus hinter einem Genitiv: 我其克灼知厥|。 *ngò k'î k'ek čok čī kiuet žok.* Mögen wir ihr Wie (= ihre Sinnesart) deutlich erkennen können. Šu V, xix, 16. Vergl. die zum Theil schwierigen Stellen das. V, xx, 4; xxiii, 2 und 6.

B. Bedingendes 若 žok.

§. 606. 若 *žok* = **wenn** steht im bedingenden Vordersatze, und zwar in der Regel vor dem Subjecte, wenn der Nachsatz ein anderes Subject hat, zwischen Subject und Verbum aber, wenn Ersteres im Nachsatze nicht wechseln soll: |網在綱、有條而不紊、|農服田力穡、乃亦有秋。 *žok wàng tsái kāng, yeù t'iaô rî put wên; žok nûng fuk t'iên lik sik, nài yik yeù ts'ieū.* Wenn das Netz an der Leine ist, gibt es Ordnung und nicht Verwirrung; wenn der Landwirth das Feld bearbeitet und angestrengt erntet, dann gibt es auch einen (guten) Herbst. Šu IV, vii, I, 9. 予|籲懷新邑、亦惟汝故、以丕從厥志。 *iû žok yok* (r. 118) *huâi sīn yip, yik wêi žù kú, ì p'ēi ts'ûng kiuet čī.* Wenn ich (euch) bitte, die neue Stadt zu lieben, so (thue ich es) auch nur euretwegen, um sehr euren Absichten zu folgen; Das. IV, vii, II, 5. |君不修德、舟中之人殺之。 *žok kiūn put sieū tek, čeū čūng čī žîn šat čī.* Wenn der Fürst nicht die Tugend pflegt, so tödten ihn die Leute im Schiffe. (*čī* 1. attrib., 2. object.) Ssï-ki LXV, 6b. |不忠信耳、豈有以忠信而罪者乎。 *žok put čūng sín rì, k'ì yeù ì čūng sín rî tsúi čè hû?* Wenn er nicht einmal aufrichtig und treu ist, wie wäre er da Einer, der (das Zeug dazu) hätte, sich durch Aufrichtigkeit und Treue zu vergehen? Das. LXIX, 19a. — Man sieht, auch hier kommt es vor, dass die Bedingung an Stelle einer Ursache oder eines (feststehenden) Umstandes, ein ‚wenn' an Stelle eines ‚da, indem' tritt.

海上絲綢之路文獻集成 科技與文化编

C. 若 *žok* = anlangend.

§. 607. 若 *žok* dient zuweilen dazu, das psychologische Subject einzuführen, sei nun dies zugleich grammatisches Subject oder eine adverbiale Bestimmung. Der Zusammenhang ergibt dann meist, dass es weder vergleichend noch bedingend sein kann. Die Uebersetzung durch **anlangend, was ... betrifft** ist noch die zutreffendste, oft aber zu schleppend: |翼日乙卯、周公朝至于洛、則達觀于新邑營。*žok yik-žit Yit-maò, Čeū-kūng čaō čí iū Lok, tsek tat kuān iū sīn yip yîng.* Anlangend den folgenden Tag, einen Yit-mao (= 52. des 60 tägigen Cyklus), so gelangte Tscheu-kung des Morgens nach Lok; dann besichtigte er eingehend den Plan der neuen Stadt. Šu V, xii, 4. |聖與仁、則吾豈敢。*žok šing iū žîn, tsek ngû k'ì kàm?* Heilig und pflichtgetreu, — wie sollte ich wagen (solches Lob für mich zu beanspruchen)? LYü VII, XXXIII. |由也、不得其死然。*žok Yeû yè, put tek k'î ssì žân.* Anlangend Yeu (behaupte ich), er erlangt nicht seinen Tod (— stirbt keines natürlichen Todes). LYü XI, xii und Ssï-ki LXVII, 5a. |民、則無恆產、因無恆心。*žok mîn, tsek wû hêng ts'àn, yīn wû hêng sīm.* Anlangend das Volk: hat es keinen festen Unterhalt, so folgt daraus, dass es keine feste Gesinnung hat. Mtsï I, i, VII, 20.

§. 608. In fortfahrender Rede findet sich auch 乃若 *nài žok* = dabei anlangend ...: 是故君子有終身之憂、||所憂、則有之。*ší-kú kiūn-tsì yeù čūng-šīn čī yeū* (r. 61); *naì žok sò yeū, tsek yeù čī.* Daher ein edler Mensch hat einen lebenslänglichen Kummer; dabei, anlangend das was ihn bekümmert, so hat er es. Mtsï IV, ii, XXVIII, 7. Das. VI, i, VI, 5 fängt die Rede mit *naí žok* an: (Du behauptest, die menschliche Natur sei gut. Antwort:) ||其情、則可以爲善矣。*naí žok k'î ts'îng, tsek k'ò-ì wêi šén ì.* Dabei (meine ich) anlangend ihre Gefühle, so könnten sie gut sein. Vergl. Mek-tsï (Legge, Cl. II, Prol., pag. 107).

D. 若 *žok*, prägnant; als Conjunction.

§. 609. 如 *žû* und 若 *žok* haben mit den Verbalpartikeln (Präpositionen) das gemein, dass sie in der Regel ein Object verlangen. Gleich manchen Präpositionen kann nun auch 若 *žok* prägnant, als Adverb gebraucht werden. Als sein Regimen ist dann ein Pron. 3. pers. oder demonstrativum zu denken, und der Sinn: wie das, wie dies — so, ähnlich. Und hieran reiht sich weiter eine entsprechende adjectivische Anwendung:

a.) Im Šu findet sich: 王丨曰。 *wâng žok yuet.* Der König sprach etwa folgendermassen. IV, VII, I, 6. Vgl. IV, XI, 1; 4 und öfter.

b.) Der Ausdruck: 若而 ***žok-rî*** ist merkwürdigerweise adnominal und bedeutet: so und so viele. (而 pflegt sonst dem vorausgehenden Worte oder Satztheile adverbiale Function zuzuweisen.) 夫婦所生丨丨人、妾婦之子丨丨人。 *fū-fù sò šēng žok rî žîn, ts'iep-fù čī tsì* . . . (Die Töchter), welche meine Ehefrau geboren hat, sind so und so viele, Kinder von Nebenfrauen (habe ich) so und so viele. Tso-čuen IX, 12.

c.) 若人 ***žok žîn*** dieser (so beschaffene) Mensch, findet sich am Ende ausrufender Sätze: 君子哉丨丨、尚德哉丨丨。 *kiün-tsì tsāi žok žîn! šáng tek* . . .! Ein Edler, traun! ist dieser Mann! ein Verehrer der Tugend . . .! *ambasa saisa serengge, ere niyalma kai, erdemu be wesihulerengge* etc. LYü XIV, VI; vgl. das. V, II.

§. 610. Wang-yin-či (Julien, *Synt. nouv.* I, pag. 224—228) führt noch einige, anscheinend hieher gehörige Fälle an:

a.) 若 *žok* = 如此 *žû-ts'ì*, **so:** 爾知寧王丨勤哉。 *rì čī Nîng-wâng žok k'în tsāi!* Ihr wisst, der ‚Ruheschaffende König' hat sich so sehr angestrengt, — *tuttu joboho be sambidere.* Legge: *how great was the toil of* etc. Šu V, VII, 10.

b.) 若 *žok* = 此 *ts'ì*, **dieser, diese, dieses** (richtiger: **solcher** u. s. w.): 有明天子、則襄公得爲丨行乎。 *yeù mîng t'iēn-tsì, tsek Siāng kūng tek wêi žok hîng hû?* Gäbe es einen erleuchteten Himmelssohn, würde dann Fürst Siang erlangen solche Handlungen zu thun? Č'ün-ts'ieu III, 4, Comm. von Kung-yang. 雖有至聖大賢、豈能勝丨讒。 *sūi yeù čí šíng tá hiên, k'ì nêng šing* (r. 19) *žok č'âm?* Wenngleich es einen vollkommen Heiligen, sehr Weisen gäbe, wie könnte er solche Verleumdungen überwinden? Yen-tsï, cap. Tsï-kien.

c.) 若 *žok*, satzverbindend = 乃 *nài*, **dann:** 必有忍也、丨能有濟也。 *pit yeù žìn yè, žok nêng yeù tsí yè.* Du musst Geduld haben, dann kannst du Erfolg haben. Čeu-iü, Citat aus Šu V, XXI, 12, wo statt dessen steht: 其乃有濟。 *k'î nài yeù tsí.* Du wirst dann Erfolg haben. 我心之憂、日月逾邁、丨弗云來。 *ngò sīm čī yeū, žit yuet iû-mái, žok fut yûn-lâi.* Meines Herzens Kummer (ist, dass) Tage und Monate dahinschwinden und dann nicht zurückkehren. Besser wohl Legge: *as if they would not come again.* Šu V, XXX, 3. 故貴以身爲天下、丨可寄天下。 *kú kuéi ì šīn wêi t'iēn-hiá, žok k'ò k'í* . . . Daher scheut er sich, in Person das Reich zu verwalten, dann kann er mit dem Reiche betraut werden. Tao-tek-king XIII.

海上絲綢之路文獻集成 科技與文化編

d.) 若 *žok* = 而 *rî*, **da, so,** das Vorhergehende adverbial machend: 予有眩瞀之疾、其歸丨已。*tsì yeù hiuên-meú či tsit; k'î kuēi žok ì.* Herr, Sie haben ein Kurzsichtigkeitsleiden; kehren Sie doch heim und ruhen Sie aus; Kuok-iü, Wu-iü. 幸丨獲宥。*hing žok hoak yeú.* Glücklicherweise erlangte er Verzeihung. Tso-čuen III, 22. In beiden Beispielen wäre 而 *rî* zu erwarten gewesen.

e.) 若 *žok* — 及 *kip* oder 與 *iü*, **und, sowie:** 拜手稽首、旅王丨公。*pái šeù k'ì šeù, liù wâng žok kūng.* Mit (grüssend) gefalteten Händen und (knieend) das Haupt bis zum Boden gesenkt, bringe ich dem Könige und den Fürsten (dieses) dar. *han, jai gung de tucibuki.* Šu V, XII, 8. 父母有婢子丨庶子庶孫。*fú mù yeù pí-tsì žok šú-tsì šú sün.* (Wenn) Vater und Mutter Kinder von Mägden und Kinder oder Enkel von Nebenfrauen haben. Li-ki XI.

§. 611. Wiederholtes 若 *žok* bedeutet: **sowohl — als auch, bald — bald, sei es — sei es:** 中士聞道、丨存丨亡。*čūng ssî wên taò, žok ts'ûn žok wâng.* Hören Literaten mittlerer Art vom Tao, so bewahren sie es bald, bald verlieren sie es. Tao-tek-king XLI. 孟氏使半爲臣、丨子丨弟。*Méng-ší ssì puán wêi č'în, žok tsì žok tí.* Herr Meng machte zur Hälfte dienstbar, sowohl Söhne als auch jüngere Brüder. Tso-čuen. IX, 11. 丨物之外、丨物之內、惡至而倪貴賤、惡至而倪小大。*žok wut či nguái, . . . núi, ngū či rî ngî kuéi tsién, . . . siaò tái?* Sei es im Innern der Dinge, sei es an ihrem Aeussern, wiefern soll man Werth und Unwerth, Grösse und Kleinheit abgrenzen? Nam-hoa-king VI, 10 b.

E. 若 *žok* = gelangen nach, erreichen.

§. 612. Auch hiefür werden Stellen aus den Schriften Tso K'ieu-ming's angeführt: 病未丨死。*píng wéi žok ssì.* Er ist krank aber bis zum Sterben gelangt. Kuok-iü, Tsin-iü. Dafür Tso-čuen VIII, 2: 病未及死 mit gleicher Bedeutung.

F. Verbindungen von 若 *žok* mit 何 *hô.*

§. 613. 何若 ***hô-žok*** findet sich prädicativ = wie steht es mit . . . u. s. w.: 陰陽丨丨。*yīm yâng hô-žok?* Wie verhält es sich mit (den Weltprincipien) Yin und Yang! Hot-kuan-tsï I, 20 a.

§. 614. 若何 ***žok-hô*** kommt prädicativ vor: 然則丨丨。*žân-tsek žok-hô?* Was dann? Nam-hoa-king VIII, 29 b.

漢文經緯

§. 615. 若之何 ***žok-či-hô*** findet sich statt 如之何 *žû-či-hô*: 得罪於晉、又得罪於楚、國將|||。 *tek tsúi iü Tsin; yeú . . . Ts'ù, kuok tsiāng . . .?* Wir haben Tsin beleidigt; beleidigen wir nun noch Ts'u, was wird aus dem Staate werden? Tso-čuen IX, 10. 君命以共、|||毀之。 *kiün míng ì kūng, . . . wèi či?* Der Fürst gab den Befehl aus Demuth; wie sollten wir dies zerstören? Das. 13. 君之齒長矣、未有大子、|||。 *kiün či č'ì čàng ì; wéi yeù t'ái-tsï . . .?* Der Fürst ist (eigentl. des F. Zähne sind) wohl alt; wie kommt es, dass er noch keinen Erbprinzen hat? Das. XII, 5. 莫知其所終、|||其無命也、莫知其所始、|||其有命也。 *mok či k'î sò čūng: . . . wû míng yè? . . . šì: . . . yeù míng yè?* Niemand weiss, wo sie enden: wie sollten sie kein Schicksal haben? . . . anfangen: . . . ein Schicksal haben? Nam-hoa-king IX, 11 a.

G. 若 *žok* als Pron. 2. pers.

§. 616. Der Gebrauch von 若 *žok* statt 汝 *žù*, du, ist selten: |則有常。 *žok tsek yeù šâng.* Du hast dann eine Norm. Ngi-li bei K'ang-hi. 三日|宿而至。 *sām žit žok suk rî čí.* Am dritten Tage machst du Halt und bist da (?). Tsin-iü, ebenda citirt. Vgl. Ssï-ki LIV, 7 b: 然無言我告|也。

H. Besondere Verbindungen mit 若 *žok.*

§. 617. Julien führt nach Wang-yin-tschi noch folgende Redensarten mit 若 *žok* an:

a.) 此| ***ts'ì-žok*** = |此 *žok-ts'ì*: 王何不使辯士、以||言說秦。 *wâng hô put ssì pién ssì, ì ts'ì-žok yên šuet Ts'în.* König, warum sendest du nicht einen beredten Beamten, der durch solche Reden den Ts'in (-Kaiser) berede. Ssï-ki LXIX, 24 a. (In der Ausgabe von 1806 fehlt *žok.*)

b.) |干 ***žok-kān*** = so viele, so und so viele (Williams, *Syll. Dict.*, pag. 310: *how many? so much*): ||百年後。 *žok-kān pek niên heú.* Nach so vielen hundert Jahren.

c.) 猶| ***yeû-žok*** = 猶然 *yeû-žân*, noch: (Obschon seine Opfergaben mittelmässig sind,) ||可以致其敬於鬼神。 *yeû-žok k'ò ì čí k'î kíng iü kueì šîn.* Doch kann er noch den Dämonen und Geistern seine Ehrerbietung erweisen. Li-ki VII, ii. 民||不足。 *mîn yeû-žok put tsuk.* Das Volk hat noch nicht genug. Kuan-tsï, King-čung-kia. — Ferner:

d.) 無|. . . 何 ***wû žok . . . hô*** = nicht wissen, was anfangen mit . . .: 無若諸侯之屬辱在寡君者何。 *wû žok čū-heû či šok žuk tsái kuà-kiün*

海上絲綢之路文獻集成 科技與文化編

čè hô. Ich weiss nicht, was ich anfangen soll mit der Dienerschaft des Lehensfürsten, welche sich herablässt, bei (mir) dem geringen Fürsten zu verweilen. Vgl. §. 595. (Julien, *Synt. nouv.* I, pag. 282.)

III.

而 *rî.*

§. 618. 而 *rî* ist ursprünglich Bild eines Backenbartes und wird in dieser Bedeutung jetzt 髵 *rî* geschrieben. Das Schriftzeichen wurde durch Entlehnung für ein gleichlautendes pronominales Wort angewendet, welches seinerseits sich in seinen Functionen vielfach mit anderen lautverwandten Wörtern berührt.

A. 而 *rî* innerhalb des Satzes.

§. 619. Die wichtigste, häufigste Function von 而 *rî* ist diese, dass es das Vorhergehende als in Rücksicht auf das Folgende adverbial kennzeichnet. Am zutreffendsten wird es in solchen Fällen durch **dabei, da, so** erklärt. Wo es nun innerhalb des Satzes steht, da ist es in der Regel nicht besonders zu übersetzen. Man kann etwa sagen, es sei für das adverbiale Verhältniss dasselbe, was 之 *čï* für das adnominale ist: 日出|作、日入|息。 *žit č'ut rî tsok, žit žip rî sik.* Die Sonne geht auf, da arbeite, die Sonne geht unter, da ruhe = Mit Sonnenauf(unter-)gang u. s. w. Damit vergleiche man: 國之法 *kuok čï fap,* Staat seine Gesetze = des Staates Gesetze. In beiden Fällen haben wir also pronominale Hülfswörter, welche das Vorhergehende gedanklich wiederholen und es gleichzeitig als nähere Bestimmung des Folgenden erkennen lassen.

§. 620. In dieser Weise steht nun 而 *rî* zuweilen **zwischen Adverb und Verbum:** 是故言悖|出者、亦悖|入、貨悖|入者、亦悖|出。 *ší-kú yên péi rî č'ut čè, yik . . . žip; huò . . .* Daher Reden, welche ungebührlicherweise hervorgehen, kehren auch . . . heim; Güter . . . eingebracht werden, gehen . . . verloren. Ta-hiok X, 10. 子思恐其久|差也。 *Tsï-ssï k'ùng k'î kieǹ rî č'ā yè.* Tsï-ssï fürchtete, dass man in der Länge der Zeit in Irrthümer (darüber) verfallen möchte. (*k'î* modal). Čung-yung, Einl. 多|殺二人。 *tō rî šat rî žin.* Höchstens tödtet er zwei Menschen. Tso-čuen XII, 4. 孟子因|見之。 *Méng-tsï yīn rî kién čï.* M. besuchte ihn daher. Mtsï, Tägl. Erkl. I, ɪ, Bl. 2 a.

漢文經緯

§. 621. So findet es sich namentlich oft zwischen dem **Regimen einer Präposition** und dem Verbum: 於是大風從西北丨起。*iü-śí tá fūng ts'ûng sī-pek rî k'ì.* Darauf erhob sich von Nordwesten her ein starker Wind. Ssï-ki VII, 22 a. 讀者不可以近丨忽之也。*tuk čè put k'ò ì kín rî hut čī yè.* Die Leser dürfen nicht sie wegen (ihrer) Nähe (d. h. weil der Inhalt der beiden Capitel auf der Hand zu liegen scheint) verachten. Nachwort zum Ta-hiok. 民之從事、常於幾成丨敗之。*mîn čī ts'ûng-ssî, śâng iü kī č'îng rî pái čī.* Wenn das Volk etwas unternimmt, immer beim Erwarten es zu vollenden, verdirbt es es. Tao-tek-king LXIV. 以輔萬物之自然、丨不敢爲。*ì fú wán-wut čī tsî-žân, rî put kàm wêi.* Um aller Dinge Freiheit zu fördern, wagt er nicht thätig einzugreifen. Das.

§. 622. Auch ohne die Hülfe von Präpositionen treten **Substantiva,** wenn zwischen ihnen und dem Verbum 而 *rî* steht, zu diesem in ein adverbiales Verhältniss: 君子疾沒時丨名不稱焉。*kiün-tsì tsit mut-śî rî mîng put č'īng yên.* Der Edle sorgt sich darum, dass zur Zeit, wo er nicht mehr ist, sein Name nicht (mehr) genannt werde. LYü XV, XIX. 斯民也、三代之所直道丨行也。*ssī mîn yè, sām tái čī sò čik taò rî hîng yè.* Ein solches Volk war (der Grund), dass die drei Dynastien*) auf dem Pfade der Aufrichtigkeit wandelten. Das. XXIV, 2. Vergl. XVIII, II. 此日何時丨亡乎。*ts'ì žit hô śî rî wâng hû?* Zu welcher Zeit geht diese Sonne unter? Tägl. Erkl. zu Mtsï I, Bl. 6 b. 五十步丨止者、亦但不至於百步耳。*ngù-śip pú rî čì čè, yik tán put čí iü pek pú rì.* Die, welche nach fünfzig Schritten stehen geblieben sind, sind auch nur nicht bis hundert Schritte gelangt (ausgerissen sind sie aber auch). Das. 8 b. 知天之所爲者、天丨生也。*čī t'iēn čī sò wêi čè, t'iēn rî šēng yè.* Wer weiss, was der Himmel thut, lebt wie der Himmel (von selbst). Čuang-tsï III, 1 a. 太極、形丨上之道也、陰陽、形丨下之器也。*t'ái-kik, hîng rî šáng čī taò yè, Yīm Yâng, hîng rî hià čī k'í yè.* Das Urprincip ist rücksichtlich der Gestalt oberste Norm, Y. und Y. sind ... unterste Anlage. Thai-kih-thu 2 b.

So wird in folgendem Beispiele ein prägnant gebrauchtes **Zahlwort** adverbialisirt: 國君十五丨生子。*kuok kiün šip-ngù rî šēng tsì.* Ein Landesherr erzeugt (möglicherweise) mit fünfzehn (Jahren) einen Sohn. (Ohne 而 *rî* könnte es heissen: fünfzehnmal.) Tso-čuen IX, 9.

§. 623. In hypothetischen Sätzen, auch wenn sie in fragende Form gefasst sind, findet sich zuweilen eine **Inversion des Objectes** in der Weise,

*) Nämlich die Hia, die Šang und die Čeu (2205—1766, 1766—1122 und weiter).

海上絲綢之路文獻集成 科技與文化編

dass dieses vor das Verbum, und zwischen beide 而 *rî* gesetzt wird. Oft, aber nicht immer, folgt dann auf das Verbum ein objectives 之 *čī*: 焉得人人|濟之。故爲政者、每人|悅之、日亦不足矣。*yēn tek žîn-žîn rî tsí čī? kú wêi-číng-čè, mèi žîn rî yuet čī, žit yik put tsuk ì.* Wie brächte er es fertig, Jedermann über den Fluss zu setzen? Daher wollte ein Regent jedem Menschen zu Gefallen sein, so würde auch der Tag (die Zeit) nicht ausreichen. Mtsï IV, ɪɪ, II, 4, 5. 堯桀不其國|治、以其類異也。*Yaô Kiet put k'î kuok rî čí, ì k'î lúi í yè.* (Der weise Kaiser) Yao und (der Rebell) Kiet würden nicht (zusammen) ihr Land regieren können, weil ihre Art verschieden ist. Kia-iü VIII (I, 16 b). 非其位|居之 . . . 非其名|有之。*fēi k'î wéi rî kiü čī? . . . mîng rî yeù čī?* Wäre er nicht an seinem Platze? Hätte er nicht seinen (ihm zukommenden) Namen? Oder: Wo anders als u. s. w. Ssï-ki LXVIII, 7 a. Ganz eigenthümlich ist die Wortfolge in folgendem Satze des Sün-k'ing (Legge, Class. II, Prol., pag. 85): 假之人有弟兄貲財|分者。*kià čī žîn yeù tí-hiūng tsî-ts'âi rî fēn cè.* Setzen wir den Fall (*čī*, obj.), unter den Menschen gäbe es Brüder, welche (unter sich) Güter oder Gelder theilten. Legge: *Suppose the case that there is an amount of property or money to be divided among brothers.*

§. 624. Einen ähnlich hypothetischen Sinn verleiht 而 *rî* dem Satze dann, wenn es **zwischen Subject und Prädicat** steht. Man hat dann bei der Uebersetzung die Wahl zwischen einem Relativ- und einem Conditionalsatze. Thatsächlich ist aber auch hier das scheinbare Subject adverbial: 人|不儀、不死何爲。*žîn rî put ngî, put ssî hô wêi?* Als Mensch nicht schicklich, nicht sterbend was thun? = Was soll ein Mensch, **der** nicht ein schickliches Benehmen hat, anders thun als sterben? Ši I, ɪv, VIII, 1. 君|知禮、孰不知禮。*kiūn rî čī lì, šuk put čī lì?* **Wenn** der Fürst die gute Sitte kennt, wer kennt nicht die gute Sitte? LYü VII, xxx, 2. Hier ergibt sich aus dem Wechsel des Subjectes, dass man nicht durch einen Relativsatz übersetzen darf. 人|不爲周南召南、其猶正牆面|立也。*žîn rî put wêi Čeū-nâm Čaó-nâm, k'î yeû číng ts'iâng mién rî lip yè.* Als Mensch nicht das Č. und das Č. studiren, das ist, wie wenn man gerade mit dem Gesichte gegen die Wand stünde, d. h.: ein Mensch, **welcher** . . . ist, als ob er . . . — oder: **wenn** ein M. u. s. w. LYü XVII, x. 仕|優則學、學|優則仕。*ssî rî yeū tsek hiok; . . .* **Wenn** ein Beamter seine Geschäfte erledigt hat, so studirt er; wenn ein Studirender . . . wird er Beamter. Das. XIX, xɪɪɪ. 司武|梏於朝、難以勝矣。*ssī-wù rî kuk iū č'aô, nân-ì šíng ì.* Ein Kriegsminister, **der** bei Hofe gefesselt wird, dürfte schwerlich diensttüchtig

漢文經緯

sein. Tso-čuen IX, 6. 富丨可求也、雖執鞭之士、吾亦爲之。*fú rî k'ò k'ieû yè, sūi čip piēn čī ssî, ngû yik wêi čī.* **Wenn** Reichthum zu suchen wäre: — wäre es selbst als Peitsche-führender Mann, — ich würde es auch thun. LYü VII, xi.

§. 625. Steht 而 *rî* zwischen dem Objecte eines Verbums und dem auf dieses bezüglichen Prädicate, so ist es durch ein **Relativpronomen** zu übersetzen. Diese Anwendung reiht sich sichtlich an die im vorigen Paragraph behandelte an, ist aber auch wohl nur aus dieser Analogie zu erklären: 有一言丨可以終身行之者乎。*yeù yit yên rî k'ò-ì čūng-šīn hîng čī čè hû?* Gibt es ein Wort, welches man zeitlebens ausüben kann? LYü XV, xxiii. 人之爲道丨遠人、不可以爲道。*žîn čī wêi taò rî yuèn žîn, put k'ò ì wêi taò.* Wenn Jemand einen Pfad einschlägt, welcher von den Mitmenschen entfernt, so kann das nicht für den (rechten) Pfad gelten. Čung-yung XIII, 1. 惡似而非者。*ngú ssî rî fēi čè.* Jch hasse Aehnlichkeiten, welche unwahr sind. (So Legge; einfacher wohl: was ähnlich und dabei unwahr ist.) Mtsï VII, ii, XXXVII, 12.

§. 626. Steht 而 *rî* **zwischen zwei Verben**, so versieht das Erstere derselben den Dienst eines adverbialen Participiums, wenn auch eine andere Uebersetzungsweise in der Regel passender sein wird: 或生丨知之、或學丨知之、或困丨知之、及其知之、一也。或安丨行之、或利丨行之、或勉强丨行之、及其成功、一也。*huok šēng rî čī čī, huok hiok . . . k'uén . . . kip k'î . . . yit yè; huok ngān rî hîng čī, huok lí . . . mièn-k'iâng . . . č'îng-kūng . . .* Die Einen kennen sie von Geburt an, Andere durch Erlernung, Andere durch schlimme Erfahrungen; aber ihr Wissen ist ein und dasselbe; Einige üben sie ruhig (als etwas ihnen Natürliches), Andere um des Vortheils willen, Andere unter Anstrengungen; aber ihr Erfolg ist einer und derselbe. Čung-yung XX, 9. 不成丨死。*put č'îng rî ssì.* Ehe er erwachsen war, starb er. Tso-čuen XII, 5.

§. 627. Der eigenthümliche Gebrauch von 而 *rî* **zwischen Hülfsverbum und Hauptverbum** (in unserem Sinne, vgl. §. 308) scheint zu beweisen, dass im chinesischen Sinne hier ein Adverbial-, nicht ein Objectivverhältniss zu denken sei: 不可、當今吾不能丨與晉爭。*put k'ò; tāng-kīm ngû put nêng rî iù Tsín čēng.* Es geht nicht an; jetzt sind wir nicht im Stande, uns mit Tsin zu messen. Tso-čuen X, 9. 雖有耳目、安得丨正之也。*sūi yeù rì muk, ngān tek rî číng čī yè?* Obschon er Ohren und Augen hat, wie erreicht er sie richtig zu machen? Yang-tsï II, 6 a, Glosse. 其能丨亂四方。*k'î nêng rî luén ssî-fāng?* Wäre ich fähig das Reich zu regieren? Šu V, xxii, 25.

§. 628. Verwandt sind Fälle, wo 而 *rî* hinter einem Verbum des Verursachens und dessen Objecte steht und **Folge** oder **Absicht** auszudrücken scheint: 此率獸丨食人也。 *ts'ï sut šeú rî šik žîn yè.* Das heisst die wilden Thiere abrichten, **dass** sie die Menschen fressen (die M. zu fr.). Mtsï I, I, IV, 4.

§. 629. Oft findet sich 而 *rî* scheinbar **zwischen zwei** entgegengesetzten, einander in der Regel ausschliessenden **Prädicaten desselben** (genannten oder ungenannten) **Subjectes.** Es hat dann concessive Bedeutung und ist durch: **und doch, aber** zu übersetzen: 我欲賤丨貴、愚丨智、貧丨富、可乎。 *ngò yuk tsién rî kuéi, iû rî či, p'în rî fú: k'ò hû?* Ich wünsche gering aber geehrt, dumm aber klug, arm aber reich zu sein: ist das möglich? Sün-tsï III, 5 b. 天地者、同事丨異域者也。 *t'iēn tí čè, t'ûng ssî rî i yuk čè yè.* Himmel und Erde haben gleiche Functionen, aber verschiedene Gebiete. Hot-kuan-tsï II, 23 a.

§. 630. Fast regelmässig steht 而 *rî* **zwischen zwei Prädicaten** (oder Infinitiven), **von denen das eine negativ, das andere positiv ist,** — gleichviel wie sie aufeinander folgen und wie sie sich logisch zu einander verhalten, ob concessiv, consecutiv u. s. w. Die Uebersetzungsweisen ergeben sich aus den folgenden Beispielen: 是以聖人、不行丨至、不見丨名、不爲丨成。 *ší-ì šíng žîn, put hîng rî čí, put kién rî mîng, put wêi rî č'îng.* Daher der heilige Mensch gereicht zum Ziele **ohne zu** gehen, benennt **ohne zu** sehen, vollendet **ohne zu** handeln. Tao-tek-king XXVII. 是以聖人、方丨不割、廉丨不劌、直丨不肆、光丨不耀。 *ší-ì šíng žîn, fāng rî put hot, liêm . . . kuéi, čik . . . ssî, kuāng . . . yaó* (r. 124). Daher ist der h. M. gerecht **und doch** nicht verletzend, uneigennützig **und** (folglich) nicht schädigend, aufrichtig **und** (folglich) nicht nachgiebig, leuchtend, **doch** nicht blendend. Das. LVIII. 不爭丨善勝、不言丨善應、不召丨自來。 *put čēng rî šén šing, put yên . . . yíng, put čaó rî tsî lâi.* **Ohne zu** kämpfen versteht er zu siegen, ohne zu reden weiss er sich Gehorsam zu schaffen, er ruft nicht, **sondern** man kommt von selbst. Das. LXXIII. 其君愚丨不仁、大臣僞丨無用。 *k'î kiūn iû rî put žîn, tá-č'în nguéi rî wû yúng.* Sein (des Landes) Fürst ist thöricht **und** unmenschlich, der Premierminister heuchlerisch **und** nutzlos. Ssï-ki LXVII, 8 a. 富丨不驕、貴丨不舒。 *fú rî put kiaō, kuéi . . . šū.* Reich, **doch** nicht übermüthig, vornehm, **doch** nicht müssig. Das. I, 7 b. 士無事丨食、不可也。 *ssî wû ssî rî šik, put k'ò yè.* Dass ein Gelehrter **ohne zu** dienen Unterhalt annehme, geht nicht an. Mtsï III, II, IV 2. 故聽丨無聞、視丨無見。 *kú t'îng rî wû wên, ší rî wû kién.* Darum lauschen sie **und** können nichts (eigentlich haben nicht zu) hören, schauen hin . . . sehen. Hot-kuan-tsï II, 2 b. 上德無爲丨無不爲。 *šáng*

漢文經緯

tek wû wêi rî wû put wêi. Die höchste Tugend ist thätigkeitslos, **dabei doch** ohne Unthätigkeit. Han-fei-tsï VI, 1 b.

§. 631. Dass 而 *rî* **zwischen zwei zeitlich aufeinander folgende Prädicate** tritt, ist nicht eben häufig. Beispiele: 目逆|送之。 *muk yik rî súng čī.* Mit den Augen begegnete er ihr und verfolgte sie. Tso-čuen II, 1. 殺孔父|取其妻。 *šat K'ùng Fú rî ts'iǔ k'î ts'ī.* Er tödtete den K'ung-fu und nahm dessen Weib. Ibid II, 2.

§. 632. Disjunctives 而 *rî* findet sich in folgendem Fragesatze: 爲仁由已|由仁乎哉。 *wêi žîn yeû kì rî yeû žîn hû-tsāi?* Geht die Uebung der Pflichttreue von uns selbst, **oder** geht sie von Anderen (仁 für 人) aus?! LYü XII, ɪ, 1.

§. 633. Ausnahmsweise findet sich 而 *rî* in der Bedeutung von 如 *žû*, **wie, als ob,** und dann soll es nach Einigen auch *žû* ausgesprochen werden: 胡然|天也、胡然|帝也。 *hû-žân žû t'iēn yè! hû-žân žû tí yè!* Ach, (sie ist) wie der Himmel (wie eine Himmlische), ach, (sie ist) wie eine Göttin! Ši I, ɪv, III, 2. 彼都人士、垂帶|厲、彼君子女、卷髮如蠆。 *pì tū žîn-ssï, šûi tái žû (rî) lí, pì kiūn-tsï niù, kiuèn fat žû č'ái.* Jene Beamten der Hauptstadt schleppen Gürtel wie ... (?), jene Edeldamen haben das Haar gedreht wie Scorpionenschwänze. — Der Sinn von *lí*, sonst: ‚Wetzstein' und noch manches Andere bedeutend, ist nicht klar; aber dass 而 *rî* = 如 *žû*, dürfte der Parallelismus ergeben. Ši II, ᴠɪɪɪ, I, 4. 文王視民如傷、望道|未之見。 *Wên wâng ší mîn žû šāng, wáng taò rî (žû) wéi čī kién.* König Wen betrachtete das Volk (mitleidsvoll) wie einen Verwundeten, und spähte nach dem (rechten) Pfade, als ob er ihn noch nicht sähe. Mtsï IV, ɪɪ, XX, 3.

B. Satzverknüpfendes 而 *rî*.

§. 634. Steht 而 *rî* zu Anfang eines Satzes, so drückt es in der Regel aus, dass der vorhergegangene Satz im Verhältnisse zu diesem als Umstand zu denken sei, und zwar meist als **gleichzeitiger Umstand.** Beide Sätze sind grammatisch selbständige; man hat aber beim Uebersetzen die Wahl, ob man sie durch **indem, während** u. dgl. verknüpfen, oder 而 *rî* durch **dabei, da, und so, und, aber** u. dgl. wiedergeben will: 衆人多|聖人寡。 *čúng-žîn tō rî šíng žîn kuà.* Gewöhnliche Menschen sind zahlreich, **aber** heilige Menschen sind rar. Oder: **während** g. M. z. sind, sind ... Han-fei-tsï VI, 4 b. 我無爲|民自化、我好靜|民自正、我無事|民自富、我無欲|民自樸。 *ngò wû wêi rî mîn tsï hoá; ngò haó tsíng ... číng; ... ssï ... fú; ... yuk ... p'uk.* **Indem** ich ohne Thätigkeit bin, bekehrt das Volk sich von selbst; ... die Ruhe liebe, bringt sich ... in Ordnung; ... unbeschäftigt bin, bereichert sich ...; ... ohne Wünsche bin, kehrt ... zur Einfachheit zurück. Tao-tek-king LVII. 遠人不服、|不能來也、邦分崩離析、而不能守也。而謀動干戈於邦內。 *yuèn žîn put fuk, rî put nêng lái yè; pāng fēn-pēng lî-sik, ... šeǹ yè; rî meû túng kān kuō iū pāng núi.* Fernerstehende Menschen unterwerfen sich nicht, **und** er vermag nicht sie heranzuziehen; im Lande (herrscht) Theilung und Niedergang, Losreissung und Spaltung, **und** er vermag nicht es zusammenzuhalten. **Und dabei** plant er **noch** Schilder und Speere im Innern des Landes in Bewegung zu setzen. LYü XVI, ɪ, 12, 13. Man beachte die gegensätzliche Wirkung der drei 而 *rî*: Erstens und zweitens: Schäden — Unfähigkeit zur Abhülfe; drittens: Unfähigkeit, Hülflosigkeit — tollkühne, die Zustände noch verschlimmernde Pläne. 蓋五行異質、四時異氣、|皆不能外乎陰陽。陰陽異位、動靜異時、|皆不能離乎太極。 *kái ngù hîng í čit, ssî šî í k'í, rî kiāi put nêng nguái hû Yīm Yâng; ... wéi, túng tsíng í šî, ... lî hû t'ái-kik.* Denn **wenn auch** die fünf Elemente verschiedenen Stoff, die vier Jahreszeiten verschiedenen Odem haben, **so** können sie alle **doch** nicht aus Y. und Y. heraustreten, ... Standpunkt, Bewegung und Ruhe verschiedene Dauer haben, ... sich vom Urprincipe entfernen. Thai-kih-thu 4 c.

§. 635. Zuweilen leitet auch 而 *rî* wirkliche **Nachsätze** ein. So nach 雖 ***sūi,*** obgleich, in folgendem interessanten Beispiele: 一動一靜、循環無窮、|貞也者、萬物之所以成終而成始者也。故人雖不能不動、而立人極者、必主乎靜。 *yit túng yit tsíng, siûn-huân wû k'iung; rî čing yè čè, wán wut čī sò-ì č'îng čūng rî č'îng šì čè yè. kú žîn sūi put nêng put túng, rî lip žîn kik čè, pit čù hû tsíng.* Bald Bewegung, bald Ruhe: der Kreislauf hat kein Ende; **dabei** ist es die Lauterkeit, durch welche alle Dinge das Ende vollziehen **und doch auch** (而 *rî* zwischen entgegengesetzten Prädicaten) den Anfang vollziehen. Daher der Mensch, wiewohl er nicht bewegungslos sein kann, **doch,** indem er das Princip des Menschen aufstellt, nothwendigerweise die Ruhe zur Hauptsache macht. (者 macht 立人極 zu einem Quasi-Substantivum, welches im Adverbialis steht: ‚bei Aufstellung u. s. w.') Thai-kih-thu, Anhang 4. So findet sich 而 *rî* öfter nach vorausgegangenem 非 *fēi* — wenn nicht: 非予覺之|誰也。 *fēi iû kiok čī, rî šûi yè?* Wann nicht ich sie zur Einsicht führe, wer (soll es) **dann?** Mtsï V, ɪ, VII, 5.

海上絲綢之路文獻集成 科技與文化编

漢文經緯

C. 而 rî zur Bildung von Adverbien.

§. 636. Im Ši erscheint 而 rî ein paar Male, ähnlich den anderen Hülfswörtern dieser Gruppe, als eine Art Adverbialsuffix: 舒丨脫脫兮。 *iü-rî túi-túi (čuái-čuái) hî*! Ruhig! sachte, sachte doch! Ši I, ɪɪ, XII, 3. 未幾見兮、突丨弁兮。 *wéi kì kién hî, tut-rî pién hî*! Nach kurzer Zeit (eigentl. nach noch nicht Einigem) sich, ei! plötzlich ist er bemützt, ei! Das. I, ᴠɪɪɪ, VII, 3. Im Folgenden finden sich 而 rî und 若 *žok* parallel: 頎丨長兮、抑若楊兮。 *k'î-rî č'âng hî, yik-žok yâng hî*! Wie gewaltig gross (ist er von Gestalt)! Wie anmuthig ist seine hohe-Stirn! Das. XI, 1.

D. 而 rî als Finalpartikel.

§. 637. Julien führt (*Synt. nouv.* I, 132) zwei Beispiele an, wo 而 *rî*, am Ende des Satzes stehend, das sonst übliche 耳 *rì* vertritt: 室是遠丨。 *šit ší yuèn rî*. (Dein) Haus ist **nur** (gar) entfernt. 吾國褊小、方百里丨。 *ngû kuok pièn-siaò, fāng pek lì rî*. Mein Land ist eng und klein, in's Geviert (misst es) **nur** hundert Li. Dahin gehört wohl auch: 已丨已丨。 *ì rî ì rî*! Lass nur ab! lass nur ab! LYü XVIII, v, 1.

§. 638. 乎而 ***hû-rî***, anscheinend ein Ausruf der Freude, beschliesst die neun Verse, aus welchen Ši I, ᴠɪɪɪ, III besteht: 俟我於著丨丨、充耳以素丨丨、尙之以瓊華丨丨。 *ssî ngò iü čú hû-rî! č'ūng rì ì sú hû-rî! šáng čī ì k'iûng hoâ hû-rî*! Er erwartete mich unter dem Thürvorhange (zwischen Thüre und Vorhang)! Die Ohren gestopft mit weisser Seide! Diese behängt mit Edelsteinschmuck!

E. 而 rî als Pronomen 2. pers.

§. 639. Sehr vereinzelt erscheint 而 *rî* an Stelle gebräuchlicherer Pronomina 2. pers. (汝 *žù*, 乃 *nài*, 爾 *rì*): 丨康丨色。 *rî k'āng rî sek*. Beruhiget eure Mienen. Šu V, ɪv, 11. In dieser Stelle und den darauf folgenden 13 und 19 ist die Bedeutung von 而 *rî* bestritten. — 我日斯邁、丨月斯征。 *ngò žit ssï mái, rî yuet ssï čīng*. Meine Tage die schreiten vorwärts, deine Monate die gehen dahin. Ši II, v, II, 4.

F. Redensarten mit 而 rî.

§. 640. 而況 (oder 況) ***rî-hoáng*** vor einem substantivischen Satztheile = um wie viel mehr; geht eine Negation voraus, so ist es = um wie viel weniger. Der Satz ist rhetorisch fragend oder ausrufend, schliesst daher in der Regel mit einer entsprechenden Finalpartikel: 乎 *hû* u. s. w. Hinter dem Subjecte des Vordersatzes findet sich zuweilen 猶 *yeû* = wie, gleichwohl, in der Bedeutung von: sogar, schon, (nicht) einmal (*even, même*). Auf *rî-hoáng* folgt nicht selten zunächst die Präposition 於 oder 于 *iü* = betreffs: 天地尙不能久、||於人乎。 *t'iēn tí šáng put nêng kieù, rî-hoáng iü žîn hû!* Himmel und Erde sogar können nicht lange bestehen; wieviel mehr (gilt das) betreffs des Menschen! oder: wieviel weniger der M. Tao-tek-king XXIII. 在大猶有咎、||小乎。 *tsái tá yeû yeù kieù, rî hoáng siaò hû.* Wenn es schon in einem grossen (Staate) etwas Anstössiges hat, wie viel mehr erst in einem kleinen! Tso-čuen IX, 4. Aehnlich: 管仲猶不可召、|| 不爲管仲者乎。 *Kuàn Čúng yeû put k'ò čaó, rî-hoáng put wêi . . . čè hû.* Wenn nicht einmal Kuan-čung (zu Hofe) entboten werden durfte, wieviel weniger Einer, der nicht ein Kuan-čung ist! Mtsï II, II, II, 10.

§. 641. 然而然 ***žân-rî-žân*** = so und so (sein); 云而云 ***yûn-rî-yûn*** = so und so reden: 禮然而然、則是情安禮也、師云而云、則是知若師也。 *lì . . ., tsek ší ts'îng ngān lì yè; ssï . . . čī žok ssï yè.* Bestimmt die gute Sitte so und so, dann will ich in der guten Sitte beharren; sagt der Lehrer so und so, dann weiss ich dem Lehrer zu folgen (*ší* wohl copulativ). Sün-tsï I, 15 a.

Dagegen: 皆自然而然。 *kiāi tsî-žân rî žân.* Alles ist von selbst so (wie es ist). Sing-li IX, 39. (Williams, *Syll. Dict.*, pag. 1031: *tsî žân-rî-žân* = *by degrees to become used to a thing, to become confident*).

§. 642. Weitere bemerkenswerthe Zusammensetzungen mit 而 *rî* sind:

a.) |已 ***rî-ì*** und dabei bewendet es, und nichts weiter, und das ist Alles, das ist genug: 王何必曰利、亦有仁義||矣。 *wâng hô pit yuet lí? yik yeù žîn ngí rî-ì ì.* König, warum ist es nöthig von Vortheil zu reden? es gibt (ja) auch Menschlichkeit und Rechtlichkeit, und die dürften genügen (mehr braucht man nicht). Mtsï I, I, I, 3. 誠者、非自成己||也。 *šîng-čè, fēi tsî č'îng kì rî ì yè.* Der Wahrhaftige beruhigt sich nicht dabei, sich selbst auszubilden. Čung-yung XXV, 3.

b.) |後 ***rî-heú,*** dafür im Texte des Ta-hiok |后 ***rî-heú,*** den Nachsatz einleitend = und dann, (wenn . . .) dann.

c.) |今|後 ***rî-kīm rî-heú*** = jetzt und hinfort. LYü VIII, III. Hier ist das erste 而 *rî* vielleicht nur aus dem rückwirkenden Einflusse des zweiten zu erklären. Vgl. je — je —, oder: desto — desto — für: je — desto.

d.) |何 ***rî-hô,*** nach Julien = 如何 *žû-hô.* 見仲||。 *hién Čúng rî-hô?* Wie konntest du Čung (bei Hofe) einführen? — Vielleicht ist aber

漢文經緯

hier *rî* von *hô* zu trennen: Indem du . . . einführtest, was beabsichtigtestdu? Wie wolltest du es rechtfertigen? Tso-čuen X, 4.

e.) 而且 ***rî-ts'iè*** = und überdies.

f.) Hinter 自 *tsî* oder 由 *yeû* = seit, von . . . ab und deren Regimen finden sich: 丨往 ***rî-wàng,*** und ferner, 丨來 ***rî-lâi,*** herwärts, 丨上 ***rî-šàng,*** aufwärts, 丨下 ***rî-hiá,*** abwärts (mit verändertem Tone): 由孔子丨來、至於今、百有餘歲。*yeû K'ùng-tsî rî-lâi, či iû kim, pek yeú iû súi.* Von Confucius abwärts, bis zur Jetztzeit, sind hundert und einige Jahre. Mtsï II, II, XXXVIII, 4. Zuweilen geht auch keine Präposition voraus: 官人丨下。*kuān-žin rî hiá.* Von den Beamten abwärts. Čeu-li-tsing-hoa I, Bl. 49 b, Commentar.

g.) 既而 ***kí-rî*** = darnach, *quo facto.* Mtsï V, I, VII, 4.

IV.

爾 *rì.*

§. 643. Das Zeichen 爾 *rî* (r. 89), für welches gemeinhin wohl auch 尒 *rî* gebraucht wird, ist schwer zu erklären; das Wort selbst aber bietet der Analyse nur selten Schwierigkeiten.

§. 644. Innerhalb des Satzes ist 爾 *rî* in der Regel **Pronomen der 2. Person:** 賜也、非丨所及也。*Ts'î yè, fēi rî sò kip yè.* Ts'ï, das hast du nicht erreicht. LYü V, XI. 盍各言丨志。*hop kok yên rî čí.* Warum sagt ihr nicht ein Jeder eure Wünsche? Das. XXV, 1.

§. 645. Gleich den anderen Wörtern dieser Gruppe dient nachgesetztes 爾 *rî* zuweilen **zur Bildung von Adverbien** oder Ausdrücken für Arten des Benehmens oder Verhaltens: 蠢丨蠻荆。*ts'ùn-rî mân King.* Thöricht waren (handelten) die barbarischen King. Ši II, III, IV, 4. 式丨 *šik-rî,* absichtlich; 適丨 *šik-rî,* zufälligerweise. Šu V, IX, 8. 如有所立卓丨。*žû yeù sò lip čok-rî.* Es ist als stände etwas aufrecht (vor mir). LYü IX, x, 3. 嘑(蹴)丨而與之。*hū (ts'uk) -rî rî iû čī.* (Wenn man es) ihm mit beleidigender Rede (mit einem Fusstritte) überreicht. Mtsï VI, I, X, 6.

§. 646. Am Schlusse der Sätze hat 爾 *rî* etwa die Bedeutung: ‚nur'. Näheres hierüber und über die Verbindung 云爾 ***yûn-rî*** siehe unter den Finalpartikeln.

§. 647. 爾 *rì* soll: **so** bedeuten in Mtsï VI, I, VII, 1: 非天之降才|殊也。*fēi t'iēn čī kiáng-ts'âi rì šû yè.* Nicht durch des Himmels Gabe sind sie so verschieden.

Die Bedeutung 彼 *pì*, jener, soll es haben im Ši IV, I (I), X. Es steht da im Gegensatze zu 此 *ts'ì*, bedeutet aber wohl nicht *ille*, sondern *iste*, was ja begrifflich mit der 2. Person verwandt ist.

V.

乃、廼、迺 *nài.*

§. 648. Das Schriftzeichen 乃 *nài* und seine beiden Varianten sind schwer zu erklären; die von den Chinesen versuchten Deutungen derselben dürften kaum befriedigen. Das Wort selbst wird vorwiegend attributiv angewandt, in der classischen Sprache adverbial, in der vorclassischen auch adnominal.

A. 乃 *nài* als Pronomen.

§. 649. Im Šu erscheint 乃 *nài* häufig als pron. 2. pers., und zwar fast ausschliesslich als Possessivum: 時乃功 *ší nài kūng.* Das ist dein Verdienst. II, II, 8. 予懋|德、嘉|丕績。*iû meú nài tek, kiá nài p'ēi tsik.* Ich schätze deine Tugend und lobe deine grossen Leistungen. Das. 14. 愼|有位。*šín nài yeù wéi.* Sei achtsam auf deinen innezuhabenden Thron. Das. 17. 爾尙一|心力。*rì šáng yit nài sīm lik.* Möget ihr eure Herzen und Kräfte vereinigen! Das. 20.

Anmerkung. Ich sage: fast ausschliesslich, weil nach Legge, *Chin. Class.* III, II, 648, *nài* einmal im Objectscasus vorkommen soll. Die Stelle habe ich aber nicht auffinden können. — Im Ši kommt pronominales *nài* nur einmal, IV, I, II, 1, vor. Legge übersetzt hier: *Order all our men to be provided with* **their** *spuds and hoes.* Ich würde, gerade wegen *nài*, die directe Rede vorziehen. Julien citirt: *nài* = sein, *suus*: |翁 *nài ngūng*, **sein** Vater, *ini ama* (ohne Angabe der Stelle), und aus Li-ki tsa-ki hia: 乃 *nài* = 某 *meù*, Jemand, statt ‚ich'. 夫日|。*fū yuet ‚nài'.* Der Ehemann sagt (um sich zu bezeichnen): **‚Jemand'**, *eigen oci, eigen tere seme hôlambi. Synt. nouv.* I, 239—240, Vgl. K'ang-hi's Wörterbuch, Art. *nài.* Beides dürfte, wenn überhaupt die Erklärungen richtig sind, ganz vereinzelt sein.

B. Adverbiales 乃 *nài.*

§. 650. In der classischen und nachclassischen Sprache hat 乃 *nài* in der Regel die Bedeutung: **dann, so, darauf, darauf hin**; es zeigt wohl immer

海上絲綢之路文獻集成 科技與文化编

eine nahe, aber nicht unmittelbare Aufeinanderfolge an und unterscheidet sich hierin einerseits von 而 *rî*, andererseits von 則 *tsek*. In der Regel steht es hinter dem Subjecte und eröffnet nur dann den Satz, wenn dieser kein Subject enthält: 玄德升聞、丨命以位。*hiuên tek šing wên, nài míng ì wéi.* (Seine) geheime Tugend wurde höheren Orts in Erfahrung gebracht, und darauf hin wurde er zum Throne bestimmt. Šu I, ɪɪ, 1. (Der Kaiser sprach zu Iü: Gehe hin und schaffe Ordnung.) 禹丨會羣后。*Iü nài hoéi k'iûn-heú.* Iü versammelte darauf die Fürsten (*k'iûn*, Schaar, deutet die Vielheit an). Das. II, ɪɪ, 20. 日亡、吾丨亡。*žit wâng, ngû nài wâng.* Wenn die Sonne untergeht, dann vergehen wir. Tägl. Erkl. zu Mtsï I, 6 a.

§. 651. So folgt 乃 *nài* namentlich auch gern auf **satzeröffnende Adverbien** und adverbiale, vornehmlich zeitangebende Ausdrücke: 如五器、卒丨復。*žû ngù k'í, tsut nài fuk.* Anlangend die fünferlei Instrumente, schliesslich da wurden sie zurückgegeben. Šu II, ɪ, 8. 既月、丨日覲四岳羣牧。*kí-yuet, nài žit kín ssï-yok k'iûn-muk.* Um Monatsschluss empfing er täglich (den Häuptling der) vier Berge und die Hirten (= Oberaufseher). Das. II, ɪ, 7. 於是丨歸所侵魯之四邑。*iü-ší nài kuēi sò ts'īm Lù čī ssï yip.* Darauf (da) gab er die vier Städte, welche er (dem Fürsten von) Lu abgenommen hatte, zurück. Kia-iü I, 2 a.

§. 652. Zuweilen steht 乃 *nài* da, wo man statt dessen 則 *tsek* erwarten könnte, nämlich in **bedingten Nachsätzen**: 后克艱厥后、臣克艱厥臣、政丨乂、黎民敏德。*heú k'ek kiēn kiuet heú, č'în . . ., číng nài ngái, lî mîn mìn tek.* Der Fürst verstehe sein Fürstenamt zu bewältigen, der Minister . . .: dann wird die Regierung wohlgeordnet sein und das schwarzhaarige Volk sich in der Tugend üben. Šu II, ɪɪ, 2. 修之於身、其德丨眞、修之於家、其德丨餘。*sieū čī iū šīn, k'î tek nài čīn, . . . kiā, . . . iû.* Pflegt er es an sich, so wird seine Tugend ächt; . . . im Haus, . . . überreichlich sein. Tao-tek-king LIV; vergl. XXVIII. Wir übersetzen hier durch das Futurum, um die Mittelbarkeit der Folge anzudeuten.

§. 653. 乃 *nài* kommt auch, ähnlich wie 而 *rî*, zwischen negativen und positiven Prädicaten vor und ist dann durch **aber, sondern** zu übersetzen: 不見子都、丨見狂且。*put kién Tsï-tū, nài kién k'uâng tsiū.* Ich sehe nicht den Tsï-tu, sondern ich sehe einen Narren. Ši I, vɪɪ, X, 1. 始吾不知水之可滅人之國、乃今知之。*šì ngû put čī šùi k'ò miet žîn čī kuok; nài kīm čī čī.* Anfangs wusste ich nicht, dass das Wasser einen Staat der Menschen vernichten könne; aber jetzt weiss ich es. Han-fei-tsi XVI 6 a.

§. 654. 乃 *nài*, zwischen Subject und Prädicat stehend, ist manchmal anscheinend blosse **Copula**, so dass seine adverbiale Grundbedeutung kaum mehr erkennbar ist: 終始惟一、時丨日新。 *čung ši wêi yit, ši nài žit sin.* Ende und Anfang sei dies eine; dies sei täglich neu. Šu IV, vi, 6. 此丨中國所以亂也。 *ts'ï nài Čung-kuok sò-ì luén yè.* Das ist es (dann), wodurch das Mittelreich in Wirren geräth. Ssï-ki V, 14 b. 所謂天王者、丨天子。 *sò wéi t'iên-wâng čè, nài t'iên-tsï.* Was man den Himmelskönig nennt, ist der Kaiser. Das. X. 2 b. 知常容、容丨公、公丨王、王丨天、天丨道、道丨久。 *či šâng yûng; . . . kung, . . . wâng, . . . t'ien, . . . taò, . . . kieù.* Wer beständig zu sein versteht, ist grossmüthig, . . . gerecht, . . . König, . . . himmlisch, . . . *taò*, . . . von Dauer. So Julien. Besser wohl: grossmüthig, dann gerecht u. s. w. (v. Strauss: Wer das Ewige kennt, ist umfassend; umfassend, daher gerecht u. s. w.) Tao-tek-king XVI. — Zweifelhaft ist das wiederholte 乃 *nài* in folgender Stelle: 帝德廣運、丨聖丨神、丨武丨文。 *tí tek kuàng yǘn, nài šíng nài šin, nài wù nài wên.* Des Kaisers Tugend ist hehr und gewaltig, ist heilig, ist göttlich, ist in Kriegs- und Friedensangelegenheiten (gleich gross?). Šu II, ii, 4.

§. 655. Ausnahmsweise findet sich 乃 *nài* auch **als Prädicat:** 孟孫氏特覺、人哭亦哭、是自其所以丨。 *Méng Sün-ší t'ek kiok; žîn k'uk yik k'uk; ší tsî k'î sò-ì nài.* Herr Meng-Sün beobachtete sorgsam: weinten Andere, so weinte er auch. Das rührt von (derselben Ursache,) wodurch er **so war.** Nam-hoa-king III, 14 a.

§. 656. In der vorclassischen Sprache wird 乃 *nài* **im bedingten Vordersatze** statt 若 *žok*, **wenn**, angewendet: 汝萬民丨不生生、暨予一人猷同心、先后丕降與汝罪疾。 *žù wán-mîn nài put šeng šeng, k'í* (r. 72) *iû yit žîn yeû t'ûng sim, siên heú p'ûi-lûng iù žù tsúi tsit.* Wenn ihr Myriaden Völker nicht Leben zeugt, und mit mir dem Einen Menschen in euern Absichten gleiches Sinnes seid, (so werden) die früheren Fürsten (die Geister meiner Vorfahren) über euch schwere Bussen eurer Vergehen verhängen. (*p'ûi-lûng, compos. synon.*, hier adv. statt adj.) Šu IV, vii, II, 12. 乃 *nài* scheint hier, wie im Ši II, iv, VIII, 9, etwa soviel als *quodsi*.

Anmerkung. Hier wie oft ist über die eigentliche Natur der Erscheinung wegen ihrer Seltenheit nicht zu entscheiden. Die Frage bleibt offen: führt *nài* lediglich den Gedanken fort (‚*atqui*‘), und ergibt sich das Bedingungsverhältniss lediglich aus dem Zusammenhange, oder hat *nài* wirklich bedingende Bedeutung, wechselt es also mit seinen Verwandten *žok* und *žù?* — Bei Ma Tuan-lin (Vissering, *Chinese Currency* pag. 81 a. E.) findet sich *nài* anscheinend im bedingenden Vordersatze und im Nachsatze wiederholt; allein auch hier kommt man zur Noth auch mit zweimaligem ‚dann‘ aus.

海上絲綢之路文獻集成 科技與文化編

漢文經緯

C. Verbindungen mit 乃 nài.

§. 657. 乃若 *nài-žok* (nach Julien, *Synt. nouv.* I, 162 auch 乃如 *nài-žû*) = anlangend nun. Beispiele siehe §. 608.

Im Ši I, III, IV und I, IV, VII, 3 findet sich die Verbindung: 乃如之人 *nài žû či žîn*, Legge: *nài-žû*, fast aber, 之 = 是 *ši* oder 此 *ts'ï*, dieser: *here is this man*, — *this person*. Die Wendung dürfte ähnlich zu verstehen sein wie: 彼其之子 (vgl. §. 569).

§. 658. 乃是 *nài-ši* = das ist, das heisst, und zwar: 泉布之設、||阜通財貨之物、權財貨之所由生者。 *ts'iuên-pú či šet, nài-ši feù t'ūng ts'âi-huó či wut, k'iuên ts'âi-huó či sò-yeû šēng čè.* Die Einrichtung der Verkehrsmünzen, **das heisst** das Ansammeln gemeingültiger Werthgegenstände, ist etwas aus der Abwägung der Werthgegenstände Entstandenes. Ma Tuan-lin (*Chin. curr.*, pag. 18). 南齊孔顗之言、||不可易之論。 *Nâm-ts'î K'ùng-ngì či yên, nài-ši put k'ò yik či lûn.* (Obiges ist) eine Aeusserung des K'ung-i aus Nam-ts'i, **und zwar** ein unabänderlicher Ausspruch. Das. 157. 使姦民無利、||國家之大利。 *ssï kiān mîn wû lí, nài-ši kuok-kiā či tá lí.* Eigennützige Leute keinen Vortheil haben lassen, **das ist** des Staatswesens grösster Vortheil. Das.

§. 659. 乃安 *nài-ngān* findet sich in der rhetorischen Frage: 朕||敢望先帝乎。 *čím nài-ngān kàm wáng* (r. 74) *siēn tí hû?* Wie dürfte ich zu dem vorigen Herrscher aufschauen? Ssï-ki LIV, 7 b.

乃者 *nài-čè* = damals, bei dieser Gelegenheit u. s. w., siehe §. 459.

§. 660. 於是乃 *iû-ši-nài* = darauf, darauf hin, aus diesem Anlasse: |||以田爲將。 . . . *ì T'iên wêi tsiáng.* Darauf ernannte er den T'ien zum General. Ssï-ki LXV, 3 a. |||下令曰。 . . . *hiá líng yuet.* Darauf erliess er einen Befehl und sagte. Han-fei-tsï IX, 10 a.

§. 661. 無乃 *wû-nài* zu Anfang des Satzes ist eine Form der bescheidenen rhetorischen Frage: 居簡行簡、||大簡乎。 *kiū kiàn hîng kiàn, wû-nài tá kiàn hû?* In Sorglosigkeit verweilen, in Sorglosigkeit wandeln, **wäre das nicht doch** zu grosse Sorglosigkeit? LYü VI, I, 3. 丘何爲是栖栖者與、||爲佞乎。 *K'ieū hô-wéi ši sī-sī čè iû? wû-nài wêi níng hû.* K'ieu, warum lungerst du herum? **Wärest du nicht doch** (nur) ein Schwätzer? Das. XIV, XXXIV, 1. 獲戎失華、||不可乎。 *huok* (r. 94) *Žûng šit Hoâ, wû-nài put k'ò hû.* Die Žung (ein Volk im Westen) gewinnen und China verlieren, dürfte das nicht unräthlich sein? Tso-čuen IX, 4. ||爾是過與。 *wû-nài rì ši kuó iû?* Solltest nicht du (dabei) im Unrechte sein? LYü XVI, I, 3.

海上絲綢之路文獻集成 科技與文化編

Nach Julien, *Synt. nouv.* I, pag. 278, findet sich auch **毋乃** ***wû-nài*** in ähnlicher Bedeutung: **｜｜不可**。 *wû-nài put k'ò.* Wäre es nicht unzulässig? *Peut-être que ce n'est pas permis* etc. Ku-wen-yuen-kien I, Bl. 17.

VI.

然 *žân.*

§. 662. **然** *žân*, ein häufig vorkommendes Wort, macht der Analyse wenig Schwierigkeiten. Ueberall ist die Grundbedeutung: **so** zu erkennen; man merke jedoch, dass **然** *žân* nicht adnominal gebraucht zu werden pflegt.

Anmerkung. Das Schriftzeichen besteht aus ‚Mond', nach Einigen ursprünglich ‚Fleisch', — ‚Hund' und ‚Feuer', und bedeutet gelegentlich: verbrennen, wofür sonst **燃** *žân* gebräuchlich ist. Alle Nebenformen lassen das Feuer weg oder haben statt des Mondes die Sonne. Das Zeichen ist offenbar ein entlehntes, und die einfache Form — ohne ‚Feuer' — vielleicht mit **狱** *žân*, Name einer Affenart, gleichbedeutend gewesen.

§. 663. Ausserhalb der Satzverbindung, alleinstehend, bedeutet **然** *žân*: **ja.** **對曰、｜**。 *túi yuet: žân.* Antwortend sagte er: Ja. **｜乎否乎**。 *žân hû feù hû?* Ja oder nein? habe ich recht oder nicht? **不｜**。 *put žân.* Mit nichten.

§. 664. Als Prädicat ist **然** *žân*, zu Ende des Satzes stehend, — **so sein**, gelegentlich auch = **so thun:** **才難、不其｜乎**。 *ts'âi nân, put k'î žân hû?* Talente sind rar (eigentl. schwierig), — ist es nicht so? (nicht wahr?) LYü VIII, xx, 3. **何爲其｜也**。 *hô-wéi k'î žân yè?* Warum sollte er so thun? (nämlich Einem in den Brunnen nachspringen). Das. VI, xxiv. **所當｜** *sò tāng žân* = was so sein muss, oder: **當｜之則** *tāng žân čī tsek*, die Regel des So-sein-müssens = das Essentielle. Prémare. **所以｜者** *sò-ì žân čè*, (der Grund) warum dem so ist (ist folgender:). Ma Tuan-lin.

Prägnant, mit dem Sinne: so wie es wirklich ist oder sein sollte = **richtig**, findet sich **然** *žân*: **雍之言｜**。 *Yūng čī yên žân.* Yung's Rede ist richtig, zutreffend. LYü VI, i, 4.

§. 665. Zu Beginn des Satzes stehend ist **然** *žân* eine Conjunction, etwa von der Bedeutung: **so nun, nun aber:** **仁人之事者、必務求興天下之利、除天下之害。｜當今之時、天下之害孰爲大**。 *žîn žîn čī ssî čè, pit wú-k'ieû hīng t'iēn-hià čī lí, č'û . . . hái. žân tāng-kīm čī šî, . . . šuk wêi tá?* Die Obliegenheiten eines pflichttreuen Menschen erfordern, dass er strebe den Vortheil des Reiches zu fördern, die Missstände des Reiches zu

漢文經緯

beseitigen. Nun also, in der jetzigen Zeit, welches ist unter den Missständen des Reiches der grösste? Mek-tsï (Legge, Cl. II, Prol. 111). 丨終於此而已矣。 *žân čūng iū ts'ï rî-ì-ì.* Nun aber hielt er hierbei ein und liess es genug sein. Mtsï V, II, III, 4.

§. 666. Sehr häufig versieht 然 *žân* den Dienst einer Art **Adverbialsuffixes:** 喟 *wèi* = klagen, seufzen, stöhnen: 夫子喟然歎曰。 *fū-tsï wèi-žân t'án yuet.* Der Meister, kläglich seufzend, sprach. LYü XI, xxv, 7, vgl. IX, x, 1. 循 *siûn* = folgen: 夫子丨丨丨善誘人。 *fū-tsï siûn-siûn-žân šén yeù žîn.* Der Meister leitet in methodischer Weise geschickt die Menschen. Das. IX, x, 2. 故君子之道、闇丨而日章、小人之道、的丨而日亡。 *kú kiūn-tsï čī taò, ngàm-žân rî žit čāng, siaò-žîn čī taò, tik-žân . . . wâng.* Daher ist es des Edeln Weg, in Zurückgezogenheit täglich berühmter zu werden, — des gemeinen Menschen Weg, mit Ostentation von Tage zu Tage mehr zu schwinden (*ngàm* = die Thüre verschliessen, sich zurückziehen; *tik* = hell, offenbar; *rî* hebt den scheinbaren Widerspruch zwischen Adverb und Verb hervor). Čung-yung XXXIII, 1.

Derartige Ausdrücke kommen auch in prädicativer Stellung vor, wenn das Prädicat die äussere Erscheinung oder das Benehmen beschreibt — vgl. 如也 *žû-yè*, §. 585 —: 君子有三變、望之儼丨、... *kiūn-tsï yeù sām pién* (r. 149): *wáng čī yèm-žân* . . . Der Edle hat drei Verwandelungen: sieht man ihn von fern, so **erscheint** er ehrfurchtsgebietend (*yèm* = ehrwürdig, gebieterisch). LYü XIX, x.

Man merke insbesondere die Ausdrücke: 自然 *tsï-žân*, von selbst, spontan, und 本丨 *pèn-žân*, ursprünglich: 蓋太極者、本丨之妙也。 *kái t'ái-kik čè, pèn-žân čī miaó yè.* Denn das Urprincip ist das ursprüngliche Wunderbare. (Hier wird durch 之 *čī* das Adverb adnominal und das Eigenschaftswort *miaó* zum Substantiv. Ohne 之 *čī* wäre zu übersetzen: ist ursprünglich wunderbar.) Thai-kih-thu §. 2 g. 自丨而丨 *tsï-žân rî žân* = von selbst so.

§. 667. Verwandt ist die Anwendung von 然 *žân* **am Satzende,** wenn das Prädicat einen Vergleich mittels 如 *žû*, 若 *žok*, wohl auch 猶 *yeû* — wie, enthält: 人之視己、如見其肺肝丨。 *žîn čī ší kì, žû kién k'î féi kān žân.* Die Menschen betrachten ihn selbst, als wenn sie seine Lunge und Leber sähen (eigentl. der Menschen . . . Betrachten ist wie . . . sehen). Ta-hiok C. VI, 2. 予豈若是小丈夫丨哉。 *iû k'ì žok ší siaò čáng-fū žân tsāi?* Bin ich etwa (*k'ì*) wie diese kleinen Männer? (*čáng-fū*, ein Mann von 10 Fuss Länge = ein tüchtiger, befähigter Mann, hier, in Verbindung mit *siaò*, ironisch.) Mtsï II, II, XII, 6. Vgl. das. III, II, I, 1; VI, II, II, 7; VII, I, XLI, 1.

§. 668. Auch sonst beschliesst 然 *žân* zuweilen das Prädicat, wenn dieses ein Urtheil nach dem Anscheine oder nach Symptomen enthält: 禹吾無間｜。*Iù ngû wû kián žân.* An Iü finde ich nichts Lückenhaftes (so viel ich sehen kann). LYü VIII, xxi. 若由也、不得其死｜。*žok Yeû yè, put tek k'î ssì žân.* Anlangend den Y. da, der wird keines natürlichen Todes sterben (das folgt aus seiner Gemüthsanlage). Das. XI, xii, 2. — Das. XIV, vi, wird dasselbe von körperlich geschickten und starken Männern der Vergangenheit gesagt, und der Sinn dürfte auch hier sein: nach ihrer Anlage und Neigung zu körperlichen Kraftleistungen mussten sie eines gewaltsamen Todes sterben.

Verbindungen mit 然 *žân.*

§. 669. Bemerkung verdienen folgende hiehergehörige zusammengesetzte Ausdrücke:

a.) 既｜ ***kí-žân,*** nachdem (oder sintemal) dem so ist;

b.) 雖｜ ***sûi-žân,*** gleichwohl, demungeachtet;

b.) ｜而 ***žân-rî*** — darauf hin, dabei, aber, doch: 今有國者、雖地廣人衆、｜｜人主壅蔽、大臣專權、是國越也。*kīm yeù kuok čè, sûi tí kuàng žîn čúng, žân-rî žîn-čù yùng-pí, tá-č'în čuēn k'iuên, ší kuok yuet yè.* Die heutzutage die Staatsgewalt innehaben, — wenn auch der Staat gross, die Bevölkerung zahlreich ist, doch wenn der Herrscher sich zurückzieht und verschliesst und die Minister die Macht an sich reissen, so ist dies des Staates Verderben. Han-fei-tsï IV, 3 a. 彼｜｜伐之。*pì žân-rî fat čī.* (Ich sagte, es dürfe zerstört werden;) sie haben es darauf hin zerstört. Mtsï II, ii, VIII, 2. Vgl. das. VI, ii, V, 6; VII, ii, XXXVIII, 4 und oft;

d.) 然而然 ***žân-rî-žân*** — so und so: 不知吾所以｜｜｜、命也。*put čī ngû sò-ì . . . míng yè.* Wenn ich nicht weiss, warum es mir so und so geht, so ist das Schicksal. Liet-tsï II, 9 b; vgl. §. 641.

e.) 然則 ***žân-tsek,*** so nun, also, wohlan denn;

f.) 然卽 ***žân-tsik*** desgl., häufig bei Mek-tsï — §. 517;

g.) 然且 ***žân-ts'iè*** — und trotzdem, gleichwohl — §. 524 k;

h.) 然後 ***žân-heú*** = dann, nach bedingenden Vordersätzen: 知此｜｜知 . . . *čī ts'ì žân-heú čī . . .* Weiss man dies, so sieht man ein, dass . . . (Prémare);

i.) 亦然 ***yik-žân,*** im Nachsatze = (dann geschieht es, oder dann thue ich) ebenso, desgleichen. Mtsï I, i, III, 1 und öfter.

Beispiel aus Mek-tsï (Micius): 然而今天下之士君子曰、然乃若兼則善矣、雖然、不可行之物也。*žân-rî kīm t'iēn-hià čī ssï kiūn-*

海上絲綢之路文獻集成 科技與文化編

漢文經緯

tsî yuet: žân nâi žok (§. 592) *kiēm tsek šén ì; sūi-žân, put k'ò hîng čī wut yè.* Da sagen aber jetzt die Gelehrten und Edeln im Reiche: Ja, was die All-Einheit (allgemeine Menschenliebe) betrifft, so mag sie gut sein; immerhin jedoch ist sie ein unausführbares Ding (Legge, Cl. II, Pr. 109).

Dritte Gruppe.

Die Frage-Adverbien.

§. 670. Sämmtliche Hülfswörter dieser Gruppe, ein einziges ausgenommen, haben noch heute gutturalen Anlaut. Es sind dies die folgenden: 何 *hô,* 胡 *hû,* 曷 *hot,* 害 *hot,* 或 *huok,* 盍 *hop,* 奚 *hî,* 豈 *k'ì,* 幾 *kì,* 惡 *ngū,* 安 *ngān* und 焉 *yēn.*

Anmerkung 1. 焉 *yēn,* als Finalpartikel *yên* gesprochen, hat als lautangebendes Element mit r. 30, 38 und 75 die Lautwerthe *hien, hen, kien;* die übrigen Zusammensetzungen lauten allerdings *yen* oder *yin,* und die Dialecte von Kuang-tung und Fuh-kien zeigen keine Spur eines Guttural-Anlautes.

Anmerkung 2. Mit 何 *hô* ist 可 *k'ò,* können, dürfen, graphisch verwandt; ob auch etymologisch, ist noch nicht zu entscheiden. Die Interrogativpronomina 誰 *šûi* und 孰 *šuk* scheinen keine weiteren Verwandten zu haben, man müsste denn etwa an 雖 *sūi,* obgleich, denken.

§. 671. Der syntaktischen Analyse bieten die Frage-Adverbien keine nennenswerthen Schwierigkeiten. Sie sind, theils als selbständige Adverbien, theils in Zusammensetzungen im Gebrauche. Schwierig ist nur ihre Synonymik, und diese gehört in das synthetische System.

Wegen der Anteposition der fragenden Fürwörter vgl. §. 341.

I. 何 *hô.*

§. 672. 何 ***hô,*** weitaus das gebräuchlichste unter den hier zu behandelnden Wörtern, wird vorzugsweise adverbial oder als Object vor Verben angewandt: 君何憂焉。*kiün hô yeū yên?* Fürst, was grämst du dich? Ssï-ki LXXV, 2 b. 何患於喪乎。*hô huán iū sáng hû?* Warum seid ihr betrübt über den Verlust? LYü III, xxiv. 書云...何謂也。*šū yûn: . . .; hô wéi yè?* Wenn das Šu sagt: . . . — was heisst das? LYü XIV, xlii. 何爲則民服。*hô wêi tsek mîn fuk?* Was (muss man) thun, damit sich das Volk unterwerfe? LYü II, xix.

Bemerkung verdienen Redensarten wie: 何事於仁。*hô ssî iū žîn?* Wie sollte es sich um (weiter nichts als) Pflichttreue handeln? (Ist er nicht ein Heiliger? *ainahai gosingga teile ni?*) LYü VI, xxviii, 1. 何有於我哉。*hô yeù iü ngò tsāi?* Was (von diesen Tugenden) wird von mir besessen? LYü VII, ii.

§. 673. 何也 ***hô-yè,*** am Satzende = was ist es, was bedeutet es, woher kommt es, dass ...? 吾令若去此子、而敢生之、何也。*ngû líng žok k'iü ts'ì tsì, rî kàm šēng čī, hô yè?* Ich befahl dir, dieses Kind zu beseitigen (abzutreiben), und du wagst es zu gebären: wie kommt das? Ssï-ki LXXV, 2 a, b.

§. 674. Seltener findet sich 何 *hô* allein, sei es als Object oder als Prädicat, am Ende des Satzes: 吾所以得之者何。*ngû sò-ì tek čī čè hô?* Was ist es, wodurch ich es erreicht habe? Ssï-ki XCVII, 8 a. 子之子爲何。*tsì čī tsì wêi hô?* Wie heisst des Sohnes Sohn? Ssï-ki LXXV, 2 b. 夫子曰何。*fū-tsì yuet hô?* Was meinte der Meister?

§. 675. 何所 ***hô sò*** = *quis est quem? quid est quod?* 天下何所歸。*t'iēn-hià hô sò kuēi?* Wem unterwirft sich das Reich? Ssï-ki XCVII, 4 a.

§. 676. Adnominales 何 *hô* = welcher, was für ein ... ist weniger gebräuchlich: 問左右何人可使收債於薛者。*wén tsò-yeú hô žîn k'ò ssì šeū čái iü Siet.* Er fragte (seine Beamten zur) Linken und Rechten, welchen Menschen man beauftragen könne, die Schuld von Siet einzuheben. Ssï-ki LXXV, 8—9.

§. 677. Folgende gebräuchlichere oder schwierigere Redensarten mit 何 *hô* verdienen Erwähnung:

奈何 ***nái-hô?*** Was hilft es? was kann es helfen? (da ist nichts zu thun, ich füge mich). Ssï-ki VI, 32 a. 無奈何。*wû nái-hô.* Es lässt sich nichts thun, es gibt keine Abhülfe.

如何 ***žû-hô,*** prädicativ am Satzende, = wie ist ...? 學之道||。*hiok čī taò žû-hô?* Wie ist der Pfad des Studiums (der Lehrgang)? Sing-li VII, 5 a. 所以事長是||。*sò-ì ssì čàng ší žû-hô?* Wie ist das (Verhalten) beschaffen, womit man Aelteren dient? Das. 2 a b.

Wegen anderer Verbindungen von 何 *hô* mit 如 *žû* und 若 *žok* vgl. §§. 592—595 und 613—615.

云何 ***yûn-hô,*** fragender Nachsatz, = was nun? was dann? Ssï-ki LXIV, 2 a, b.

何必 ***hô pit,*** mit folgendem Verbum, = was ist es nöthig? Mtsï I, i, I, 2.

何敢 ***hô kàm,*** desgleichen oder freistehend, = wie darf man (es) wagen? wie darf ich darauf Anspruch machen?

海上絲綢之路文獻集成 科技與文化编

漢文經緯

何謂 ***hô wéi*** mit folgendem Objecte, = was nennt man . . .? was versteht man unter . . .?

Wegen der Verbindungen von 何 *hô* mit nachfolgenden Präpositionen vgl. §. 346; wegen 何 . . . 之有 ***hô . . . čī yeù*** siehe §. 434.

II. 胡 *hû*.

§. 678. 胡 ***hû*** = wie? wodurch? 丨能有定。*hû nêng yeù tíng*? Wie kann er Stätigkeit haben? Ši I, III, IV. 弗爲丨成。*fut wêi hû č'îng*? Wenn man nicht arbeitet, wie (will man) fertig werden? Williams, *Syll. Dict.* 221.

§. 679. 胡爲乎 ***. . . hû wêi hû . . .?*** im Ši = was thun in, wozu verweilen in . . .? 丨丨丨中露。*hû wêi hû čūng lú*? Was sollen wir (hier) im mittelsten (dichtesten) Thau? Ši I, III, XI, 1; vgl. das. 2; I, XII, IX, 1.

胡然 ***hû-žân,*** ebenda, = wie so sehr, wie so ganz . . .! 丨丨而天也、丨丨而帝也。*hû-žân rî* (*žû*) *t'iēn yè*! . . . *tí yè*! Wie so ganz (ist sie) himmlisch! . . . göttlich! I, IV, III, 2. 丨丨我念之。*hû-žân ngò niém čī*! Wie so sehr gedenke ich seiner! I, XI, III, 2; vgl. II, IV, VIII, 8.

胡自 ***hû-tsí,*** woher? 此丨丨生。*ts'ì hû-tsí šēng*? Woher entsteht dies? Mek-tsï (Legge, Cl. III, Prol. 111).

III. 曷、曷、害 *hot*.

§. 680. 曷 ***hot,*** auch 曷 und vorclassisch 害 *hot* geschrieben, ist sinnverwandt mit 何 *hô*: 曷維其已(亡)。*hot wêi k'î ì* (*wâng*)? Wie kann er (mein Kummer) aufhören (vergessen werden)? Ši I, III, II, 1, 2. 害澣害否。*hot huàn, hot feù*? Welche (Kleider) wasche ich, welche nicht? Ši I, I, II, 3. 曷予靖之。*hot iû ts'îng* (*tsíng*) *čī*? Wie sollte (oder könnte) ich ihn in's Gleichgewicht bringen (ihn beruhigen, seine Sachen ordnen)? Ši II, VII, X, 3. 丨飲食之。*hot yím ssí čī*? Wie kann ich ihn tränken und speisen? Das. I, X, X. 曷不肅雝。*hot put suk yūng*? Wie wären sie nicht feierlich und harmonisch? Ši I, II, XIII, 1. Aber 曷 *hot* angeblich = wann? 曷其有佸。*hot k'î yeù kuet*? Wann werden wir Vereinigung haben (= uns wiedersehen; *atanggi bahafi acambini*)? Ši I, VI, II, 2.

IV. 或 *huok*.

§. 681. 或 ***huok,*** ein sehr gebräuchliches Wort, hat die Bedeutungen: vielleicht, etwa, und: Jemand, Manche. Diese Bedeutungen sind nicht immer scharf zu trennen: 或曰 *huok yuet* ist in der Regel = Jemand sagt (sagte), kann aber auch bedeuten: *dixerit fortasse aliquis*. Der Gegensatz ist 莫 *mok*

= Niemand, nicht, kaum: 丨生而知之、丨學而知之。*huok šēng rî čī čī, huok hiok* . . . **Manche** wissen es von Geburt an, **Manche** durch Lernen. Čung-yung XX, 9. 丨謂孔子曰。*huok wéi K'ùng-tsì yuet.* **Jemand** sagte zu Confucius. LYü II, xxi, 1. 古者、民有三疾、今也、或是之亡也。*kù čè, mîn yeù sām tsit; kīm yè, huok ší čī wû yè.* Vor Alters hatte das Volk drei Gebrechen; jetzt aber sind diese **vielleicht** nicht vorhanden. (亡 = 無; Inversion mittelst 之 *čī*. Man beachte *kù čè*: *kīm yè*.) Das. XVII, xvi, 1. — Wiederholtes 或 *huok* kann auch adverbialen Sinn haben: 諸侯或朝或否。*čū-heû huok č'aô huok feù.* Die Lehensfürsten erscheinen **theils** bei Hofe, **theils** nicht. Ssï-ki VI, 10 a.

V. 盍 *hop.*

§. 682. 盍 ***hop*** hat immer die Bedeutung von 何不 *hô-put, quidni?* Zuweilen wird 蓋 (sonst *kái*, s. §§. 570—575) statt dessen gebraucht und dann gleichfalls *hop* ausgesprochen: 丨去諸。*hop k'iü čū?* Warum nicht es im Stiche lassen? Mtsï IV, ii, XXXI, 1, 2.

VI. 奚 *hî.*

§. 683. 奚 ***hî*** ist in der Regel durch 何以 *hô-ì* zu erklären: 丨其正。*hî k'î číng?* Wozu sollen sie (die Namen) richtig gestellt werden? LYü XIII, iii, 3. 丨而不喪。*hî rî put sáng?* Warum verliert er nicht (seinen Thron)? Das. XIV, xx, 1. 子將丨先。*tsì tsiāng hî siēn?* Was wirst du, Meister, für das Nächstwichtige halten? Das. XIII, iii, 1. 奚可甚哀。*hî k'ò ším ngāi?* Wie wäre darum so sehr zu klagen? Ssï-ki X, 17 a.

Anteponirt in Verbindung mit Präpositionen ist 奚 *hî* = 何 *hô*: 榮雖多亦奚以爲。*yûng sūi tō yik hî ì wêi.* Sind auch der Ehren viele, was macht man damit? Ssï-ki LXIX, 1 b. 丨爲 *hî-wêi*, warum? 丨自 *hî-tsí*, woher? (J.)

VII. 豈 *k'ì.*

§. 684. 豈 ***k'ì,*** adverbial, ist etwa = *num.*: 昔非不足、今丨有餘。*sik fēi put tsuk; kīm k'ì yeù iû?* Vor Alters war es nicht unzureichend; haben wir jetzt etwa mehr? (*numquid amplius?*) Sing-li VII, 3 a.

Sätze mit diesem Fragworte wird man in der Regel richtig verstehen, wenn man 不 *put* an die Stelle von 豈 *k'ì* setzt und somit den Satz in einen negativ aussagenden verwandelt: 丨敢 *k'ì kàm?* darf ich? = ich wage nicht. 丨如 . . . *k'ì-žû* = 不如, es ist nicht so (gut u. s. w.) wie . . . 丨必 *k'ì pit,*

海上絲綢之路文獻集成 科技與文化編

wäre es etwa nothwendig? = 不必。| 惟 k'ì wêi = 不惟, nicht nur. (Julien, *Synt. nouv.* I, pag. 291.) 今之君子、豈徒順之、又從爲之辭。 *kīm čī kiūn-tsì, k'ì t'û šūn čī? yeú ts'ûng wêi čī ts'î.* Geben etwa die jetzigen Edeln nur ihnen (ihren Irrthümern) nach? Sie machen noch dazu ein Gerede davon. (*ts'ûng*, mehrdeutig, aber wohl nicht mit *wêi* allein zu verbinden: *geli dahacame arame gisurembi.*) Mtsï II, ii, IX, 4. |有此禮。 *k'ì yeù ts'ì lì?* Giebt es denn diese Höflichkeit? ist eine bescheidene Wendung, gleichbedeutend mit |敢 (Prémare).

VIII. 幾 kī, kì.

§. 685. 幾 *kī* (r. 52) im hohen gleichen Tone = verborgen, Gefahr. 庶| *šú-kī*, vielleicht, nahe sein (dem Ziele, der Vollendung): 王之好樂甚、則齊國||乎。 *wâng čī haó yok šim, tsek Ts'î kuok šú-kī hû.* Ist des Königs Liebe zur Musik sehr gross, so kann es der Staat Ts'i zu etwas bringen (*hû*, hier vermuthend). Mtsï I, ii, I, 1. 吾王||無疾疾與。 *ngû wâng šú-kī wû tsit-tsit iû.* Unser König scheint wirklich kein Leiden zu haben. Das. 7.

§. 686. Im steigenden Tone gesprochen, ist 幾 *kì* s. v. a. einige, wie viele? 無| *wû-kì* = 無多 *wû tō*, nicht viele, nicht oft. Khang-hi's Wörterb. |日 *kì žit*, wieviele Tage? Mtsï IV, i, XXIV, 2. 爾居徒|何。 *rì kiū t'û kì hô?* Wieviele sind deine Genossen? *sini hoki udu bi?* (d. h. es sind wenige oder gar keine). Ši II, v, IV, 6.

IX. 惡 ngū.

§. 687. 惡 *ngū*, im Šu und Ši noch nicht erscheinend, ist in der classischen Sprache ein Fragwort mit der Bedeutung: wie? 彼|敢當我哉。 *pì ngū kàm tāng ngò tsāi?* Wie wagt Jener es mit mir aufzunehmen? Mtsï I, ii, III. 5. |能治國家。 *ngū nêng čí kuok-kiā?* Wie können sie ein Staatswesen lenken? Das. III, i, V, 18. |得無罪。 *ngū tek wû tsúi?* Wie konnte er nicht Schuld haben (dem Tadel entgehen)? Das. IV, ii, XXIV, 1.

§. 688. 惡乎 *ngū-hû*, im Satze vor dem Verbum stehend, ist adverbial und ein verstärktes 惡 *ngū*: 辭尊居卑、辭富居貧、||宜乎。 *ts'î tsūn kiū pēi, ts'î fú kiū p'în, ngū-hû ngî hû?* Ehren ablehnen und in Niedrigkeit verbleiben, Reichthum ablehnen und in Armuth verbleiben: wie wäre das das Richtige? Mtsï V, ii, V, 3.

§. 689. 惡在 *ngū tsái* mit folgendem Objecte heisst: wie beruht es in ...? wie ist es vereinbar mit ...? ||其敬叔父也。 *ngū tsái k'î king*

18*

海上絲綢之路文獻集成 科技與文化編

šuk-fú yè. Wie ist es vereinbar mit der Ehrerbietung gegen des Vaters jüngeren Bruder? Mtsï VI, I, V, 4.

Am Ende des Satzes bedeutet: 惡在 *ngū tsái*, wo ist? 居||。 *kiū ngū tsái*? Wo ist der Sitz? *teku aide bi*? Das. VII, I, XXXIII, 3.

X. 安 *ngān*.

§. 690. 安 ***ngān***, sonst = ruhen, findet sich als fragendes Adverb in der Bedeutung: wie? wo? |見 *ngān kién* . . .? Wo sahest du . . .? hat man je . . . gesehen? LYü XI, xxv, 11. 彼王不能用君之言任臣、又安能用君之言殺臣乎。 *pì wâng put nêng yúng kiūn čī yên žim č'în*; *yeú ngān . . . šat č'în hû*? Jener König kann nicht auf des Fürsten Rede hin dem Unterthanen (= mir) Vertrauen schenken; wie kann er doch . . . tödten? Ssï-ki LXVIII, 1 b. 子之客妄人耳、安足用邪。 *tsì čī k'ek wáng žîn rì*; *ngān tsuk yúng yê*? Ihr Gast, Herr, ist nur ein ungebildeter Mensch; wie wäre er geeignet, angestellt zu werden? Das. 2 a.

安在 ***ngān tsái***, zu Ende des Satzes, = wo ist? 天之生我、我辰||。 *t'iēn čī šēng ngò, ngò šîn ngān tsái*? Als der Himmel mich schuf, wo war mein Gestirn? (unter welchem Unglücksstern bin ich geboren? *mini erin aba ni*). Ši II, v, III, 3.

XI. 焉 *yēn*.

§. 691. 焉 ***yēn***, im Gegensatze zu der Finalpartikel *yên* im Hochtone gesprochen, als Adverb = wie? |得諼草。 *yēn tek hiuēn ts'aò*? Wie finde ich das Kraut des Vergessens? Ši I, v, VIII, 4. |知來者之不如今也。 *yēn čī lâi-čè čī put žû kīm yè*? Wie wissen wir, dass die Zukunft nicht der Gegenwart gleichen werde? LYü IX, xxII. 夫|有所倚。 *fû yēn yeù sò yì*? Wie gäbe es nun etwas, wovon er abhinge? Čung-yung XXXII, 1.

III. Capitel.

Die verbalen Hülfswörter.

Einleitung.

§. 692. Die hier zu behandelnden Formwörter sind vom Hause aus, — theils nachweislich, theils sicherem Vermuthen nach — *verba activa* oder *neutra transitiva* von allgemeiner Bedeutung. Sie wurden sammt ihren Objecten zu adverbialen Nebenbestimmungen verwendet, um bald den Adverbialis, bald den Objectscasus zum Hauptverbum, wohl auch die einfache Coordination zu vertreten.*) Ihre Zahl ist nicht genau zu umschreiben, weil manche sonst selbständige Verba ausnahmsweise den Dienst sinnverwandter Partikeln versehen können. — Vgl. §. 52, Anmerkung.

§. 693. Die regelmässige **Stellung** dieser Hülfswörter ist vor ihren Objecten; mit diesen zusammen aber können sie zum Theile freier als die blossen Substantiva in den entsprechenden Casus, bald vor, bald hinter das Hauptverbum treten, zuweilen mit veränderter Bedeutung.

§. 694. Einige, wo nicht alle Wörter dieser Gruppe, können auch ausser dem Falle der eigentlichen Anteposition **hinter ihrem logischen Regimen** stehen, und diese Erscheinung ist schwer zu erklären:

a.) Es könnte eine passivische Wendung, dem lateinischen *ablativus absolutus* vergleichbar, vorliegen.

b.) Die sinnverwandten Postpositionen, welche einen Genitiv vor sich verlangen, könnten ansteckend gewirkt haben — falsche Analogie. Dafür liesse sich das gelegentliche Erscheinen eines 之 *čï* anführen.

c.) Das Hülfswort liesse sich prägnant — vgl. folgenden §. 695 — auffassen: 傳以成俗。 *čuēn ì č'îng suk.* Ueberlieferung, dadurch wurde es Sitte = durch Ueberl. u. s. w., wäre dann zu vergleichen mit: 人之心 *žîn čï sīm,* Mensch, dessen Herz = des M. H.

d.) Endlich könnte ein verhärteter Rest aus vorgeschichtlichen Zeiten der Sprachentwicklung vorliegen. — Vgl. §. 53, b.

§. 695. Prägnant nennen wir diese Hülfswörter, wenn sie nicht als oder statt Präpositionen, sondern als Adverbien oder Conjunctionen gebraucht werden. Dann schliessen sie der Bedeutung nach ein demonstratives Object in sich ein; z. B.: 以 *ì*, sonst = mit, durch, gemäss, heisst dann: damit, dadurch, demgemäss.

Zusatz I. Die Hülfswörter 自 *tsï* in der Bedeutung: aus, 之 *čï* in der Bedeutung: anlangend, und 如 *žû*, 若 *žok* in der Bedeutung: wie, so, schliessen sich in syntaktischer Hinsicht der gegenwärtigen Gruppe auf's Engste an.

Zusatz II. Es ist schwerlich ein Zufall, dass gerade die wichtigsten Wörter dieser Gruppe zugleich als Interjectionen und als Finalpartikeln erscheinen. Vgl. §. 400.**)

---

*) Dies gilt von *iû*, mit, *čí*, gelangen nach, und *kip*, gelangen bis, soweit wir sie durch ‚und, oder' übersetzen. Thatsächlich ist auch hier das Verhältniss adverbial.

**) Auch im Mandschu ist die Genitivpartikel *ni* zugleich Fragfinale, auch im Japanischen die Accusativpartikel *wo* zugleich ausrufender Schlusslaut.

Zusatz III. Die vorclassische Sprache bietet gerade im Gebrauche mehrerer der hierher gehörigen Wörter viele Erscheinungen, welche im günstigsten Falle nur durch besondere Untersuchungen aufzuklären sind und in einem Lehrbuche nur mit Auswahl berücksichtigt werden dürfen. Es ist nicht schwer, auf die Autorität einiger Commentatoren hin, einer Partikel ein Dutzend besondere Bedeutungen zuzuschreiben; man thut aber besser, nach LEGGE's Vorgange hierin vorsichtig zu sein.

I.

以 *ì*.

§. 696. Das jetzt gebräuchliche Zeichen 以 *ì* (r. 9) ist aus seiner veralteten Form 目 und dem rad. ‚Mensch' zusammengesetzt. 目 *ì* (rad. 49) seinerseits scheint ursprünglich mit 已 *ì* = innehalten, fertig sein, bereits, identisch zu sein. Ob die Wörter selbst es vor Alters auch waren, steht dahin; jedenfalls sind sie es seit der historischen Zeit nicht mehr; ihre Functionen sind verschieden, und nur ausnahmsweise findet man in den Texten 已 *ì* statt 以 *ì* oder das Umgekehrte.

Anmerkung. Die Deutung der Zeichen ist zweifelhaft. Die einfachsten Formen welche uns aus alter Zeit erhalten sind, gleichen etwa einem umgekehrten S mit unten stark eingekrümmter Rundung.

A. Verbale Grundbedeutung.

§. 697. Die Grundbedeutung von 以 *ì* dürfte etwa: **nehmen** sein. Hieran reihen sich in physischer Bedeutung die weiteren: nehmen und behalten = **haben**; nehmen zu einem Zwecke = **anwenden, gebrauchen**; nehmen und behandeln = **machen, thun.** Beispiele: 夏后氏|松、殷人|栢、周人|栗。*Hiá heú-ší ì súng, Yīn žîn ì pek, Čeū žîn ì lit.* Der Hiafürst nahm (wendete an) Fichte, die Yin-Leute Cypresse, die Čeu-Leute Kastanie (zu gewissen Altären). LYü III, xxi, 1. 不使大臣怨乎不|。*put ssì tá-č'în yuén hû put ì.* Er macht nicht, dass die Staatsminister verdriesslich werden über Nichtheranziehung (zu den Geschäften). Das. XVIII, x. 如或知爾、則何|哉。*žû huok čī rì, tsek hô ì tsāi?* Wenn Jemand dich kännte, was würdest du dann thun? Das. XI, xxv, 3. 彼|其富、我|吾仁、彼|其爵、我|吾義。*pì ì k'î fú, ngò ì ngû žîn, . . . tsiok, . . . ngí.* Jene haben ihren Reichthum: ich habe meine Pflichttreue; . . . Vornehmheit: . . . Rechtschaffenheit. Mtsï II, ii, II, 6. 其閒不能以寸。*k'î kiān put nêng ì ts'ün.* Ihr Zwischenraum (Unterschied) kann nicht einen Zoll fassen (betragen).

海上絲綢之路文獻集成 科技與文化編

漢文經緯

Das. IV, ii, VII. 行者必｜贐。 *hîng-čè pit ì tsìn.* Reisende müssen Reisegelder haben. Das. II, ii, III. 3.

Nach Anderen bedeutet 以 ì an dieser Stelle, wie angeblich öfters im Ši: **geben**, beschenken mit: Reisende müssen mit . . . beschenkt werden.

§. 698. In's Geistige übertragen, ergeben sich die Bedeutungen: nehmen als, **halten für**; sich zu Gemüthe nehmen, **beachten**, daran denken; eines Gemüth **erfassen**, es rühren, erfüllen, betreffen: 以吾一日長乎爾、毋吾｜也。 *ì ngû yit žit čàng hû rì, wû ngû ì yè.* Angenommen, ich bin einen Tag älter als ihr, macht (darum) kein Aufhebens von mir. LYü XI, xxv, 2. 余一人有罪、無｜萬夫。 *iû yit žîn yeù tsúi, wû ì wán fū.* (Wenn) ich einzelner Mensch etwas verschulde, so betreffe es nicht die zehntausend Männer (meine Unterthanen) (J.). 自｜不寃。 *tsî ì put yuēn.* Er hält sich selbst für nicht falsch angeschuldigt (J.). 樂｜天下、憂｜天下。 *lok ì t'iēn-hià, yeū* ... (Seine) Freude erfasst das Reich, sein Kummer ... (So nach Legge: *a sympathy of joy will pervade the empire.* Mandschu: *abkai fejergi-i sebjelere* u. s. w.) Mtsï I, ii, IV, 3.*)

B. Als Präposition.

§. 699. Ist 以 ì sammt dem ihm folgenden Substantive, Pronomen u. s. w. Ergänzung zu einem anderen Verbum im Satze, so dient es als Präposition. Die besonderen Bedeutungen dieser ergeben sich aus den verbalen: dem körperlichen oder geistigen Nehmen oder Anwenden, und entscheidend ist das Verhältniss des Objectes von 以 ì zu dem Hauptverbum und nach Befinden zu dessen Objecte. Dabei ist die **instrumentale** Function die vorwiegende: 殺人｜梃。 *šat žîn i t'ìng.* Einen Menschen **mit** einem Stocke tödten, eigentl.: einen M. tödtend sich eines St. bedienen. Mtsï I, i, IV, 3. 夫佛以善道化人。 *fû Fut ì šén taò hoá žîn.* Dieser Buddha anwendend gute Normen (= **durch** gute N.) verbessert die Menschen. Ma Tuan-lin ｜道佑人主者、不以兵强天下。 *ì taò yeú žîn čù čè, put ì pīng k'iâng t'iēn-hià.* Wer **mit** dem Tao dem Herrn der Menschen hilft, unterwirft nicht **durch** Waffen das Reich. Tao-tek-king XXX. 以正治國、以奇用兵、以無事取天下。 *ì číng čí kuok; ì k'î yúng pīng; ì wû-ssî ts'iù t'iēn-hià.* **Mit** Geradheit regiert man den Staat, **mit** List gebraucht man die Waffen, **durch** Ungeschäftigkeit bemächtigt man sich des Reiches. Das. LVII. 凡德者、以無爲集、以無

*) Vielleicht einfacher und besser: sich freuen — Trauer empfinden — (ausschliesslich) vermittelst des Reiches = je nach dessen Befinden (und dann nicht Reichsoberhaupt werden, das ist noch nicht dagewesen).

海上絲綢之路文獻集成　科技與文化編

欲成、以不思安、以不用周。*fâm tek čê, ì wû-wêi tsip, ì wû-yuk č'îng, ì put-ssï ngān, ì put-yúng čeū.* Jederlei Tugend wird **durch** Unthätigkeit angesammelt, **durch** Wunschlosigkeit vollendet, **durch** Nichtdenken gestätiget, **durch** Nichtanwendung gesichert. Han-fei-tsï VI, 1 a. 俾以象旁求于天下。*pèi ì siáng p'âng k'ieū iü t'iēn-hià.* Er liess **mit Hülfe** des Bildes allerwärts nachforschen im Reiche. Šu IV, viii, I, 3.

§. 700. Nur selten wird 以 *ì*, ähnlich wie 若 *žok* und 於 *iü*, **hypothetisch**, ein Substantiv isolirend gebraucht: 以母則不食、|妻則食之、|兄之室則弗居、以於陵則居之。*ì mù tsek put šik, ì ts'ī tsek šik čī; ì hiūng čī šit tsek fut kiü, ì Ngū-lîng* . . . Seine Mutter, — bei der ass er nicht; seine Gattin, — da ass er es; seines älteren Bruders Haus, — da mochte er nicht wohnen; in Ng. — da wohnte er. Mtsï III, ii, X, 6. Hier ist 以 *ì* = wenn man nimmt, nehmen wir an, es war . . .

§. 701. Bei Verben, welche ein **Tauschen** zweier Gegenstände gegen einander bedeuten, steht 以 *ì* vor demjenigen Gegenstande, welchen man giebt: |大易小。*ì tá yik siaò.* Gegen Grosses Kleines eintauschen, an Stelle eines Grösseren ein Kleineres setzen. Ma Tuan-lin. |重代輕。*ì čúng* (r. 166) *tái k'īng.* Schweres in Leichtes umwandeln. Das. 代虐|寬。*tái yok ì k'uān.* An Stelle der Unterdrückung setzte er Milde. Šu IV, iv, 3. |幣權錢。*ì pí k'iuên ts'iên.* Geld gegen Seide aufwägen. Ma Tuan-lin. 以日納三分之一償之。*ì žit nap sām fén čī yit č'âng čī.* Man bezahlte sie zu einem Drittel der täglichen Einnahmen. Das.

§. 702. In mehr geistigem Sinne angewandt, bezeichnet 以 *ì* die **Ursache** oder **Norm:** 君子不|言舉人、不|人廢言。*kiūn-tsï put ì yên kiü žîn, . . . féi yên.* Ein Edler erhebt nicht einen Menschen wegen seiner Worte, noch verwirft er Worte wegen des Menschen (der sie gesprochen hat). LYü XX, xxii. 楚人|是咎子重。*Ts'ù žîn ì ší kieú Tsï-čúng.* Die Leute von Ts'u tadelten wegen dieses den Tsï-čung. Tso-čuen IX, 3. 使天下無|古非今。*ssï t'iēn-hià wû ì kù fēi kīm.* Das bewirkt, dass man im Reiche nicht um des Alten willen das Jetzige tadelt. Ssï-ki LXXXVIII, 7 a. 故妻|妾之詐棄、而子|之死。*kú ts'ī ì ts'iep čī čá k'í, rî tsï ì čī ssï.* Daher die Ehefrau in Folge des Betruges der Nebenfrau verstossen wurde, und ihr Sohn in Folge desselben starb. Han-fei-tsï IV, 15 a. |予觀於夫子、賢於堯舜遠矣。*ì iü kuān iü fū-tsï, hiên iü Yaô Šün yuèn ì.* Nach meiner Ansicht über den Meister dürfte er bei Weitem weiser als Y. und Sch. sein (wörtlich: weise in Bezug auf Y. u. s. w.). Mtsï II, i, II, 26. 子|君命辱於敝邑。*tsï ì kiūn míng žuk iü péi yip.* Herr, Ihr habt Euch auf Befehl eures Fürsten erniedrigt, in (meinen) geringen Staat (zu kommen). Tso-čuen IX, 4.

Gebräuchliche Redensarten sind: 以禮 *ì lì*, der guten Sitte gemäss; 以法 *ì fap*, nach dem Gesetze; 以道 *ì taò*, nach der Vernunftordnung.

§. 703. 以 *ì* kann vor einem Substantivum stehen, welches sich zu einem anderen vorausgegangenen oder gedachten logisch als Prädicat verhält. Dann heisst es: **vermöge** oder **gemäss seiner Eigenschaft als** und ist kurzweg durch ‚als' (*en qualité de, comme*) zu übersetzen: 父爲大夫、子爲士、葬丨大夫、祭丨士。*fú wêi tá-fū, tsì wêi ssì, tsáng . . ., tsí . . .* War der Vater Grosswürdenträger, der Sohn ein Literat, so wurde beerdigt nach dem für Gr., und geopfert nach dem für L. geltenden Ceremoniell. Čung-yung XVIII, 3. 丨君辟臣辱也。*ì kiūn pí č'în žuk yè.* Als Fürst vor einem Unterthanen fliehen ist schimpflich (J.).

§. 704. Eigenthümlich ist der gelegentliche Gebrauch von 以 *ì* **vor Zeitangaben.** Damit dürfte gemeint sein, dass die Zeit entweder eine gewählte, benutzte, oder wohl auch, dass sie Ursache oder Anlass zu dem Ereignisse gewesen sei. 壯者丨暇日脩其孝弟忠信。*čuáng-čè ì hiá-žit sieū k'î hiaó tí čūng sín.* Die Erwachsenen an Mussetagen (d. h. sie benutzend) bilden ihre kindliche und brüderliche Pietät, Treue und Wahrhaftigkeit aus. Mtsï I, ı, V, 3. 丨凶年造邑也。*ì hiūng-niên tsaó yip yè.* In einem Jahre der Noth erbaute er eine Stadt (J.).

§. 705. 以 *ì*, **den Objectscasus ersetzend.***) Die Chinesen vermeiden gern das doppelte Object hinter einem Verbum. Von den hierher gehörigen Auskunftsmitteln, deren sie sich bedienen, ist eines der gebräuchlichsten dies, dass sie das directe Object mittelst 以 *ì* in einen Instrumentalis verwandeln (vgl. dem *A* ein *B* schenken: den *A* mit einem *B* beschenken u. dgl.). 妻 *ts'ī* = Ehefrau, zur Frau geben: 丨其子妻之。*ì k'î tsì ts'ī čī.* Er gab ihm sein Kind zur Frau. Ssï-ki LXVII, 16 b. Vgl, LYü XI, v. 晉侯丨樂之半賜魏絳。*Tsín heû ì yok čī pán ts'ì Nguéi-kiáng.* Der Fürst von Tsin schenkte die Hälfte der Capelle (von Sängerinnen) dem Ng. Tso-čuen IX, 11. 陳子丨時子之言告孟子。*Č'în-tsì ì Šî-tsì čī yên kaó Méng-tsì.* Č'. meldete des Š. Worte dem M. Mtsï II, ıı, X, 4. 君子丨仁存心、丨禮存心。*kiūn-tsì ì žîn ts'ûn sīm, ì lì . . .* Der Edle verwahrt die Pflichttreue (die gute Sitte) in seinem Herzen. Das. IV, ıı, XXVIII, 1. 丨天下與人。*ì t'iēn-hiá iù žîn.* Die Reichsgewalt einem Menschen geben. Das. V, ı, V, 6; vgl. das. 1.

*) Bekanntlich eine Entdeckung Julien's.

Zuweilen steht 以 *ì* mit seinem Regimen hinter dem Hauptverbum: 分人丨財、謂之惠、敎人丨善、謂之忠。*fēn žîn ì ts'âi, wéi čī hoéi, kiaó žîn ì šén, . . . čūng.* (Seine) Güter Anderen mittheilen, heisst Wohlwollen, Andere das Gute lehren, heisst Treue. Mtsï III, I, IV, 10. 居、吾語汝丨其故。*kiū, ngû iù žù ì k'î kú.* Bleibe da, (dass) ich dir die Ursache davon sage. Kia-iü II, 3 a.

§. 706. Seltener findet sich das sogenannte accusativische 以 *ì* bei einfachen Objecten: 管仲丨其君霸、晏子丨其君顯。*Kuàn Čūng ì k'î kiūn pá; Ngán-tsï . . . hièn.* K. machte seinen Fürsten zum Gewaltherrn, Ng. den seinen berühmt. Mtsï II, I, I, 5. 丨齊王、由反手也。*ì Ts'î wáng, yeû fàn šeù yè.* Ts'i zum Könige zu machen, wäre (so leicht) wie die Hand umwenden. Das. 6. Hier könnte man an 以 *ì* = machen, mit dopp. Obj. denken. 孔子歷階而進以公退曰。*K'ùng-tsï lik kiāi rî tsín ì kūng t'úi yuet.* Confucius überschritt die Stufen und herantretend zog er den Fürsten zurück und sprach. (Die einfachere Wortfolge wäre gewesen: *rî tsín t'úi kūng*; *tsín-t'úi* ist aber eine constante gegensätzliche Verbindung: vorwärts oder rückwärts gehen. Die gewählte Wendung vermeidet also eine Zweideutigkeit.) Kia-iü I, 1 b.

§. 707. Zuweilen scheint 以 *ì* nicht instrumentale und unterordnende, sondern comitative und nebenordnende Bedeutung zu haben. 予懷明德、不大聲丨色。*iû hoâi mîng tek, put tá šīng ì sek.* Ich habe (deine) erlauchte Tugend lieb; (sie ist) nicht grosstönend **und** gefärbt. Ši III, I, VII, 7. 丨民遷。*ì mîn ts'iēn.* **Mit** dem Volke siedelte er um (d. h. es mit sich führend). Šu IV, VII, II, 1; vgl. 6. 天大雷電丨風。*t'iēn tá lûi tién ì fūng.* Der Himmel donnerte und blitzte sehr **bei** Sturmwind (der Wind trieb also das Gewitter). Šu V, VI, 16. Julien, *Synt. nouv.* I, 84 citirt: 此年行師當克丨不。*ts'ì niên hîng ssī tāng k'ek ì put.* Dieses Jahr müssen die marschirenden Truppen siegen **oder** nicht (?). Andere hiefür angeführte Beispiele, zumal aus der classischen Zeit, sind zweifelhaft. Vgl. noch Mtsï III, I, IV, 2.

§. 708. 以 *ì* mit seinem Regimen kann auch **prädicativ** stehen, ohne dass 以 *ì* darum seine Bedeutung als Präposition verlöre. Die Copula (sein, geschehen) ist dann zu ergänzen. 有氣則生、無氣則死、生者丨其氣、有名則治、無名則亂、治者丨其名。*yeù k'í tsek šēng, wû . . . ssì; šēng-čè ì k'î k'í; yeù mîng tsek čí, . . . luén; . . .* Hat es Odem, so lebt es, hat es keinen, so stirbt es: das Leben **geschieht durch** den Odem; hat es Namen, so ist es geordnet, . . . in Verwirrung: die Ordnung **ist gemäss** den Namen. Kuan-tsï IV, 13 a.

海上絲綢之路文獻集成 科技與文化編

C. Nachgefügtes 以 ì.

§. 709. Wenn das Object von 以 ì emphatisch diesem vorangestellt ist, so kann das die Analyse erschweren. Man frage sich, ob es passt, das vor 以 ì stehende als Subject oder Adverbialis aufzufassen? und letzterenfalls: als was dann das 以 ì fungire? ob als Präposition zum darauffolgenden, oder prägnant als Adverb oder Conjunction, oder gar als *verbum finitum*? Wo 以 ì unbeschadet seiner präpositionalen Bedeutung nachgesetzt ist, da wird in der Regel kein anderer Deutungsversuch befriedigen. Beispiele **(Instrumental)**: 君子義丨爲質、禮丨行之、孫丨出之、信丨成之、君子哉。 *kiün-tsì ngí ì wêi čit, lì ì hîng čī, sūn ì č'ut čī, sín ì č'îng čī: kiün-tsì tsāi*! Der Edle macht Rechtlichkeit zur Hauptsache, übt sie nach der guten Sitte, äussert sie mit Bescheidenheit, vollendet sie mit Wahrhaftigkeit; (so ist) der Edle! LYü XV, XVII. 簞食壺漿丨迎王師。 *tān ssî ngû tsiāng ì yîng wâng ssī*. Mit Körben (voll) Reis und Schüsseln (voll) Getränken kamen sie des Königs Truppen entgegen. Mtsï I, II, X, 4. 繼世丨有天下。 *kí-ší ì yeù t'iēn-hià*. Durch Erbfolge das Reich besitzen. Das. IV, I, VI, 4. 士丨兵之。 *ssî ì pīng čī*. Mit Soldaten sie bekämpfen. Kia-iü I, 1 b. 江漢丨濯之、秋陽丨暴之、暠暠乎。 *Kiāng Hán ì čok čī, ts'ieū-yâng ì paó čī, kaò-kaò hû*. (Wenn man) es mit (Wasser aus dem) Kiang oder dem Han wäscht, bei Herbstsonne es trocknet: wie weiss (wird es da)! Mtsï III, I, IV, 14.

§. 710. Besonders üblich ist diese Wortstellung da, wo das Mittel in einem **Verhalten**, Benehmen oder einer **Eigenschaft** des Subjectes besteht, mithin — logisch — zugleich dessen Prädicat ist: 敏丨求之者也。 *mìn ì k'ieû čī čè yè*. (Ich bin) einer, der es mit Anstrengung sucht. LYü VII, XIX. 信丨得之、驕泰丨失之。 *sín ì tek čī, kiaō-t'ái ì šit čī*. Durch Wahrhaftigkeit es erlangen, durch Stolz und Uebermuth es verlieren. Ta-hiok C. X, 18. Vgl. auch vorigen §. Mehr Beispiele bei Julien, *Synt. nouv.* I, pag. 90—95.

§. 711. Auch **object-vertretendes** 以 ì kann nachgesetzt werden: 程子昆弟之學於周子也、周子手是圖丨授之。 *Č'îng-tsì kuēn-tí hiok iü Čeū-tsì yè, Č. šeù ší t'û ì šeú čī*. Als (*čī*, gen. subj.) die Brüder Č'. bei Č. studirten, gab Č. ihnen (*čī*) mit der Hand diese Tafel. Thai-kih-thu 10, b. Der Satz: 不我屑以。 *put ngò siet ì. Non me aestimas, mimbe hihalarakô*, Ts'ing-han-wen-hai XXXVI, Bl. 1 (J.), beruht auf Anteposition, statt: *put siet ì ngò*.

§. 712. Oefter erscheint Nachsetzung von 以 ì bei **Zeitangaben**: 夜丨繼日。 *yé ì kí žit*. Die Nacht benutzend, den Tag fortsetzen. Mtsï IV, II, I, 5. 若晉君朝丨入、則婢子夕丨死。 *žok Tsín kiün čaō ì žip, tsek p'ì-tsì sik* *ì ssî.* Wenn der Fürst von Tsin am Morgen eintritt, so stirbt die Dienerin (= ich) am Abend (J.). 百世丨俟聖人而不惑。*pek ší ì ssî šing žîn rî put huok.* Hundert Generationen lang erwartet er den heiligen Menschen, ohne zu verzweifeln. Čung-yung XXIX, 3. Man bemerke 日以 *žit-ì* = von Tage zu Tage: 德丨丨盛 *tek . . . šing.* (Seine) Tugend nimmt von T. zu T. zu (J.). 民丨丨病。*mîn . . . píng.* Das Volk wird von T. zu T. elender (J.).

§. 713. Julien (*Exerc. prat.*, pag. 97—98) bemerkt, dass instrumentales 以 *ì* besonders häufig dann nachgesetzt werde, wenn es die Art und Weise abgebe, wie etwas **üblich** (zur **Sitte**) geworden sei: 然習之所尙、浸丨成風。*žân sip čī sò šáng, tsím ì č'îng fūng.* Also was man übend ehrt (J.: *les habitudes auxquelles les hommes sont attachés?*), wird allgemach (eigentl. sickernd) zur Gewohnheit. Si-iü-wen-kien: Si-iü-ki IV, Bl. 7. 習丨成俗。*sip ì č'îng suk.* Durch Uebung wird es zur Gewohnheit. Si-iü-ki XI, Bl. 20.

§. 714. Ausnahmsweise findet man 以 *ì* nach Art einer wirklichen Postposition **hinter einem Genitive**: 是昆吾稔之日也、侈故之以。*ší Kuēn Ngû žìm čī žit yè, — č'ì kú čī ì.* Das ist der Tag, an welchem K. reif wurde, — durch Schuld seines Uebermuthes (= *ì č'ì čī kú*). Tso-čuen X, 18. (Oder soll man eine Inversion mittelst 之 *čī* — §. 433 — annehmen?)

D. 以 *ì*, eine Conjunction ersetzend.

§. 715. Wo wir 以 *ì* durch die Conjunctionen: **weil, dadurch dass,** übersetzen müssen, ist es lediglich Präposition und sein Object ist nicht im grammatischen, sondern nur im logischen Sinne ein Satz; dies ergibt sich aus dem Gebrauche des sogenannten subjectiven Genitivs: 夫何故、丨其生生之厚。*fû hô-kú? ì k'î šēng-šēng čī heú.* Woher nun das? Weil sein Lebenstrieb (zu) intensiv ist (wegen der Intensität seines L.). Tao-tek-king L. 丨其無死地。*ì k'î wû ssì-tí.* Weil er keine Todesstätte hat (vor dem Tode sicher ist, — eigentl. wegen seines Nichthabens T.). Das. 民之難治、丨其知多。*mîn čī nân čí, ì k'î čī tō.* Das Volk ist schwer zu regieren, weil es zuviel weiss. Das. LIV. Vgl. Mtsï II, I, II, 15.

In dem Satze: 以吾一日長乎爾、毋吾以也 (LYü XI, xv, 2, vgl. §. 698) ist 以 *ì* nur scheinbar concessiv.

§. 716. Auch dieses 以 *ì* kann mit seinem Regimen prädicativ stehen: ... 信乎。(曰、)丨告者過也。. . . *sín hû? (yuet:) ì kaó čè kuó yè.* Ist es wahr, dass . . .? (Antwort:) **Es beruht darauf, dass** die Erzähler übertreiben. LYü XIV, xiv, 2.

海上絲綢之路文獻集成 科技與文化編

漢文經緯

E. 以 ì prägnant.

§. 717. 以 ì ist prägnant, wenn es, ohne ein ausdrückliches Object bei sich zu haben, adverbial gebraucht wird. Die Bedeutungen und Uebersetzungsweisen ergeben sich in der Regel, wenn man hinter 以 ì ein objectives 之 či ergänzt. Enthält der Satz ein Subject, so steht prägnantes 以 ì regelmässig hinter demselben: 皆道古、丨害今。 *kiāi taó kù, ì hái kīm.* Alle reden sie vom Alterthume und schädigen **dadurch** die Jetztzeit. Ssï-ki LXXXVII, 6b. 不欲丨靜。 *put yuk ì tsíng.* Man begehrt nicht, **dadurch** ist man ruhig. Tao-tek-king XXXVII. 聲色之於丨化民、末也。 *šīng sek čī iū ì hoá mîn, mot yè.* Töne und Farben sind die geringsten Mittel, **um** das Volk **zu** bekehren. (Wörtlich: Der Töne und Farben [Verhalten] betreffs des dadurch Bekehrens das Volk: [sie sind] gering = sie sind in ihrem Verhalten als Mittel . . . gering.) Čung-yung XXXIII, 6. 惡得有其一、丨慢其二哉。 *ngū tek yeù k'î yit, ì mán k'î rí tsāi?* Wie kann er, einen dieser (Vorzüge) habend, **darauf hin** die (Besitzer der) beiden (anderen) verachten? Mtsï II, II, II, 6. 雜引孔子之言以明之。 *tsap yìn K'ùng-tsï čī yên ì mîng čī.* Einmischend (zwischen hinein) führt er des Confucius Reden an, **um** es **zu** erklären. Ču-hi zu Čung-yung XII.

§. 718. Vor Verben mit doppeltem Objecte kann adverbiales 以 ì ein **Pronomen 3. pers. im Objectscasus** ersetzen: 以示玉人。 *ì ší yuk-žîn.* Ich zeigte **es** einem Juwelier. Tso-čuen IX, 15. 若丨與我、皆喪寶也。 *žok ì iù ngò, kiāi sáng* (r. 30) *paò yè.* Wenn du **es** mir gibst, verlieren wir Beide (unsere) Schätze. Das. 南氏生男、則以告於君與大夫。 *Nâm-ší šēng nâm, tsek ì kaó iū kiūn iū tá-fū.* Gebiert Frau N. einen Knaben, so berichte **es** an den Fürsten und die Grosswürdenträger. Das. XII, 3. 遂執之與其大夫、以畀楚師於三戶。 *súi čip čī iū k'î tá-fū, ì pí Ts'ù ssī iū Sām-hú.* Schliesslich ergriff er ihn sammt seinen Grosswürdenträgern und übergab **sie** dem Herrn von Ts'u in S. Das. 5.

§. 719. Auch in **comitativer** Bedeutung findet sich prägnantes 以 ì: 吾未嘗以就公室。 *ngû wéi č'âng ì tsieú kūng šit.* Ich bin noch nicht **mit ihm** in des Fürsten Haus gegangen. Li-ki (J.).

F. Verbindungen mit 以 ì.

§. 720. Schliessen die Präposition 以 ì und die Postposition 故 kú = Ursache, einen Satztheil oder Satz ein, so bedeuten sie in der Regel: **wegen** oder **weil.** Das eingeschlossene Glied steht im Genitive, welcher zuweilen

海上絲綢之路文獻集成 科技與文化编

durch 之 *či* ausgedrückt wird: 以此之故 *ì ts'ì či kú*, aus Ursache dessen, deswegen. 晉人以鄫故來討。*Tsin žîn ì Ts'êng kú lâi t'aò.* Ein Mann aus Tsin kam, um wegen Ts'eng's Erkundigung einzuziehen. Tso-čuen IX, 6. 以先生之故。*ì siēn-šēng či kú.* Wegen Euch, Herr. Ssï-ki LXIX 17 a. 以學之不熟故 *ì hiok či put šuk kú*, weil das Lernen unreif ist. LYü I, I, Comm. 今以錢重物輕之故、立蓄錢之限。*kīm ì ts'iên čúng wut k'īng či kú, lip č'uk ts'iên či hián.* Jetzt, weil das Geld theuer, die Waaren billig sind, verfügen sie eine Einschränkung des Geldansammelns. Ma Tuan-lin (*Chin. curr.*, pag. 124).

Julien, *Synt. nouv.* I, pag. 90, führt an: 告 *N. N.* 以 *x* 之故 = dem N. N. die Ursache von x anzeigen. — Vgl. §. 705.

§. 721. Mit **anteponirten Fürwörtern** bildet 以 *ì* adverbiale Verbindungen, deren manche sehr gebräuchlich sind — §. 346: 此以沒世不忘也。*ts'ì-ì mut-ší put wâng yè.* Deshalb werden sie bis an's Ende der Welt nicht vergessen werden. Ta-hiok C. III, 5.

§. 722. 難以 ***nân-ì*** = (es ist) schwer zu —; 易以 ***yí-ì***, es ist leicht zu —, mit folgendem Verbum. Julien, *Exam. crit.*, Nr. 139, 6°.

§. 723. 有以 ***yeù-ì*** = haben zu —, und 無以 ***wû-ì*** = nicht haben zu —, mit folgendem Verbum drücken ein Können oder Nichtkönnen aus. Die genauere Bedeutung dieser Redeweise ergibt sich, wenn man nach §. 537 所以 statt 以 setzt. 有以異乎。*yeù ì í hû?* Kann man (dazwischen) einen Unterschied machen? 無以異也。Man kann keinen . . ., d. h. man hat keinen Grund, keine Berechtigung zu unterscheiden. Mtsï I, I, IV, 3, 4. — LYü XIX, XXIV findet sich: 無以爲也, Mandschu: *uttu ume*, so sei es nicht! nach Ču-hi = 無用爲此, es nützt nichts, dies zu thun.

有以 *yeù-ì*, ohne folgendes Verbum = 有爲, thätig, vielgeschäftig sein. Lao-tsï (J.).

§. 724. 足以 ***tsuk-ì***, mit folgendem Verbum = genügen zu —, geeignet sein um zu —, ist ein sehr gebräuchlicher Ausdruck. Čung-yung XXXI, 1. Mtsï V, II, IV, 6.

可以 ***kò-ì*** = können, dürfen, *to may*, hat *verba activa* oder *neutra* hinter sich: 有國者、不可以不愼。*yeù-kuok-čè, put k'ò-ì put šin.* Die Inhaber der Staatsgewalt dürfen nicht unachtsam sein. Čung-yung X, 4. 夫婦之肖、可以能行焉。*fū fù či siaó, k'ò-ì nêng hîng yên.* Die (gewöhnliche) Art Männer und Weiber ist möglicherweise fähig (es) auszuüben. Das. XII, 2.

§. 725. 以 *ì* zwischen einem Substantivum, Eigennamen oder Zahlwort *a* und einem Theil- oder Verhältnissworte oder Verbum des Sichfortbewegens *b*, bedeutet: von *a* beginnend, weiter in der Richtung *b*: 十千以上 *šip-ts'iēn ì-šàng*, 10,000 und darüber. Ma Tuan-lin. 四百以下 *ssî-pek ì-hiá*, 400 und weniger. Ders. 十一月十四日以前。*šip-yit yuet šip-ssî žit ì ts'iên*, vor dem 14. Tage des 11. Monats. Ders. 自...月...日以後 *tsî ... ì-heú*, von ... an. Ders. 中人以上(下) *čūng žîn ì šàng* (*hiá*), über- (unter-) mittelmässige Leute. LYü VI, xix. 自今以來 *tsî kīm ì-lâi*, von jetzt an. Han-fei-tsï XI, 13 a. So ferner mit 往 *wàng*, vergehen, 及 *kip* oder 至 *čí* (於), gelangen bis, und mit den Himmelsgegenden: 以東 *ì tūng*, ostwärts u. s. w. — Vgl. §. 558.

G. Wechsel von 以 *ì* und 已 *ì*.

§. 726. 以 *ì* statt 已 *ì*, aufhören, es bewenden lassen, findet sich Mtsï I, i, VII, 3: 無以則王乎。*wû ì tsek wâng hû?* Wenn es damit nicht genug ist, dann (soll ich etwa reden von) der Königswürde?

§. 727. Umgekehrt 已 *ì* für 以 *ì* kommt gelegentlich in Fällen des §. 725 vor: 自此已下至於列子。*tsî ts'ì ì-hiá čí iū Liet-tsì*, von da abwärts bis auf L. Čuang-tsï I, 3 a, Comm. 自五伯已來 *tsî ngú pek ì-lâi*, seit den fünf Pek. Ssï-ki LXXX, 5 a.

Zusatz: 取 *ts'iù* statt 以 *ì*.

§. 728. 取 *ts'iù*, nehmen, findet sich, wenn auch nur selten, statt 以 *ì*, sowohl als Präposition als auch als Conjunction: 如論語、止取其面前明白者教之。*žû Lûn-iù, čì ts'iù k'î mién ts'iên mîng-pek čè kiaó čī.* Anlangend das Lün-iü, sie nur das, was vor ihren Augen klar und hell ist, lehren (*ts'iù* statt sogen. accusativischen 以). Sing-li VII, 2 b. So erklärt sich auch die Stelle bei Schott (*Sprachl.*, pag. 69): 取其易成。*ts'iù k'î yí č'îng.* (Man benutzt leichtes Holz), weil man (oder es) leicht fertig wird, weil es leicht zu bearbeiten ist. Ma Tuan-lin CLXXIV.

II.

用 *yúng.*

§. 729. 用 *yúng*, gebrauchen, anwenden, verwenden, ersetzt zuweilen 以 *ì*:

海上絲綢之路文獻集成 科技與文化编

a.) Als Präposition: 用下敬上、謂之貴貴、用上敬下、謂之尊賢。 *yúng hià kíng šáng, wéi či kuéi kuéi; . . . tsūn hiên.* **Als** Untergebener den Oberen Ehre erweisen, heisst den Vornehmen als Vornehmen behandeln, . . . die Weisen ehren. Mtsï V, II, III, 6. |此觀之、 *yúng ts'ì kuān či,* betrachtet man es **gemäss** diesem. Sün-tsï. |無子故廢耳。 *yúng wû tsì kú féi rì.* Ich lehne nur ab wegen der Kinderlosigkeit. Ssï-ki XLIX, 11 a.

b.) Bei Anteposition: 是用 *ší-yúng* = daher, dadurch. LYü V, XXII; Ši II, v, I, 3. 何用 *hô-yúng* = woher? wodurch? K'ang-hi h. t.

c.) Prägnant: 用見魯之不朝于周。 *yúng kién Lù či put č'aô iû Čeū.* Daraus ersieht man, dass (der Fürst von) Lu nicht am Hofe von Čeu seine Aufwartung gemacht hatte (J.). 王由足用爲善。 *wâng yeû tsuk yúng wêi šén.* Der König ist noch geeignet Gutes zu wirken. Mtsï II, II, XII, 5.

III.

由 *yeû.*

§. 730. 由 *yeû,* seltener 繇 *yeû* (r. 120), als *verbum neutrum*: hindurchgehen, folgen, als Causativum: zulassen, erlauben, als Substantivum: Grund, Form, Anlage, hat als Hülfswort eine dreifache Function:

(1.) Als **Präposition** deutet es den Aus- oder Durchgangspunkt an: 禮義|賢者出。 *lì ngí yeû hiên-čè č'ut.* Gute Sitte und Rechtlichkeit gehen vom Weisen aus, werden von ihm zur Erscheinung gebracht. Mtsï I, II, XVI, I. 誰能出不|戶、何莫|此道也。 *šûi nêng č'ut put yeû hú? hô mok yeû ts'ì taò yè?* Wer kann anders als durch die Thüre ausgehen? Warum geht Niemand durch diesen Weg? LYü VI, xv. 施|親始。 *šī yeû ts'īn šì.* Die Entfaltung (Aeusserung der Liebe) beginnt bei den Eltern. Mtsï III, I, V, 3. |*a* 至於 *a, yeû a čí iû b* = von *a* bis *b*. Das. II, I, I, 8. | . . . 故 *yeû . . . kú,* mit eingeschlossenem Genitiv = wegen: 由此之故 *yeû ts'ì či kú,* deswegen. Julien, *Exerc. prat.*, pag. 76.

§. 731. (2.) **Adverbial** gebraucht, vertritt 由 *yeû* das gleichlautende 猶 *yeû* in der Bedeutung: gleichwohl, noch, mit Negationen: (nicht) einmal. Beispiel §. 729, c.

§. 732. (3.) In **copulativer** Stellung ersetzt es gleichfalls 猶 *yeû,* wie, gleichwie: 人役而恥爲役、|弓人而恥爲弓、矢人而恥爲矢也。 *žîn-yik rî č'ì wêi yik, yeû kūng-žîn . . ., šì-žîn . . .* Ein Diener (§. 287), der sich

漢文經緯

schämt Dienste zu leisten, gleicht einem Bogenmacher, der sich schämt Bögen zu fertigen, einem Pfeilmacher . . . Mtsï II, ɪ, VII, 3.

Zu merken ist schliesslich das Adverb: 由由然 *yeû-yeû-žân*, behaglich, wohlig. Mtsï II, ɪ, I, 8.

§. 733. Im amtlichen Geschäftsstile steht 由 *yeû* oft **vor persönlichen Subjecten** von Sätzen, ohne dass darum die passive Redeweise einträte: 由縣約束工書。*yeû hién yok-šuk kūng-šū.* Der Bezirksbeamte überwacht (eigentl. zügelt und bändigt) die Secretäre der Abtheilung für öffentliche Arbeiten. (Hirth.)

IV.

於、于 *iū.*

§. 734. 於 (vulgäre Nebenform: 扵) *iū* und 于 *iū* (r. 7) sind identisch; 於 aber, mit der Aussprache *ngū*, und 于, *hiū* gesprochen, statt des gebräuchlicheren 吁, sind überdies noch Empfindungslaute. 于 *iū* soll an einigen Stellen des Šu (V, ɪɪɪ, 1; vɪɪ, 5, 6) und des Ši (I, ɪ, VI; IX und öfter) die verbale Bedeutung **gehen** haben, während 於 *iū* von den Wörterbüchern verbal durch 在 *tsái* oder 居 *kiū* erklärt wird, was höchstens über einen Theil der Anwendungen Aufschluss geben könnte.

Das Hülfswort 於、于 *iū* ist leichter beim Lesen richtig zu verstehen, als beim Schreiben richtig anzuwenden, daher im synthetischen System ausführlicher zu behandeln als hier. Die Bedeutung der Präposition ist diese: sie bezeichnet im Allgemeinen die Beziehung ihres Regimens zu einem anderen Worte oder Wortcomplexe, so dass die Art dieser Beziehung sich lediglich aus den verknüpften Begriffen ergiebt. Die Eintheilungen, welche wir im Folgenden machen, betreffen mehr die uns geläufige Sprachauffassung, als die chinesische.

§. 735. Vorzugsweise oft dient 於、于 *iū* dazu, das **Objectsverhältniss** hervorzuheben, wohl auch es zu modificiren. Steht also diese Präposition mit ihrem Regimen hinter einem *verbum activum, neutrum transitivum* oder *causativum*, so gelten im Wesentlichen die Bestimmungen von Abschn. I, Cap. III, A. a, e, f, S. 136 ff.

I. Directes Object activer Verba: 苟志於善。*keù čí iū šén.* Wenn wir nach dem Guten streben. Ma Tuan-lin. 不察|雞豚。*put č'at iū kī t'ûn.* Er sieht nicht nach Federvieh und Ferkeln. Ta-hiok C. X, 22.

2. Persönliches Object im Gegensatze zum sächlichen. So in den Redensarten: 問(請、求、得) *x* 於 *N*, *wén* (*ts'ìng, k'ieû, tek*) *x iū N*, Jemand nach etwas fragen (ihn bitten um —, von ihm begehren, erlangen). 陛下何不禁於人。*pí-hià hô put kím iū žîn?* Warum verbietet Eure Majestät (*pí-hià*, eigentl. unter den Thronstufen) den Leuten (es) nicht? Ma Tuan-lin.

3. Secundäres Object (§. 319): 可名於大(小)。*k'ò mîng iū tá* (*siaò*). Es kann gross (klein) genannt werden. Tao-tek-king XXXIV. Fälle dieser Art dürften selten sein.

4. Oertliches Object transitiver Neutra (§. 325): 入於河(漢、海) *žip iū hô* (*Hán, hài*), sich **an** den (Hoang-)ho (den Han-Fluss, das Meer) zurückziehen. LYü XIII, IX, 2. 必出|爭奪、合|犯分、亂理而歸|暴。*pit č'ut iū čēng t'ot, hop iū fám fén, luén lì rî kuēi iū paó* (r. 72). Nothwendigerweise läuft es **auf** Kampf und Raub hinaus, trifft zusammen **in** Verrückung der (gesellschaftlichen) Scheidungen, man verwirrt die Ordnung und kehrt zur Rohheit zurück. Sün-tsï (Legge, Cl. II, Prol. 82). 我則異|是。*ngò tsek í iū ší.* Ich bin also verschieden **von** diesen. LYü XVIII, VIII, 5. 至於(于) *čí iū* = gelangen zu, als Präposition: bis. — Man beachte: 此言自|近至|遠。*ts'ì yên tsî iū kín čí iū yuèn.* Das heisst **vom** Nahen ausgehend **zum** Fernen gelangen. Liet-tsï VII, 4 b.

§. 736. Was im vorigen §. 735 unter 2. als persönliches Object bezeichnet wurde, ist immer zugleich als mitthätig zu denken; das Subject ist dabei begehrend oder empfangend. Verwandt ist der Fall, wo *iū* = von, durch, zwischen einem **passiven Verbum** und dessen **Urheber** steht: 君子有物、非有於物。*kiūn-tsì yeù wut, fēi yeù iū wut.* Der Edle besitzt (beherrscht) die Dinge, wird (aber) nicht von den Dingen beherrscht. 故生法者、命也、生於法者、亦命也。*kú šēng fap čè, míng yè, šēng iū . . . yik . . .* Daher was das Gesetz (*legem*) erzeugt, ist Schicksal, was von dem G. erzeugt wird, ist gleichfalls Schicksal. Hot-kuan-tsï I, 13 a. 雖見非於賈誼、亦無廢於賢君。*sūi kién fēi iū Kià-ngí, yik wû féi iū hiên kiūn.* Obschon es von K. als unrecht angesehen wurde (*kién* nach §. 310?), wurde es doch von den weisen Fürsten nicht verboten. Ma Tuan-lin (*Chin. curr.*, pag. 107). 服役于富室。*fuk-yik iū fú šit.* (Die Armen) werden unterworfen und zu Hörigen gemacht von den reichen Familien. Das. 111.

Anmerkung. Hier gilt also §. 320 in Verbindung mit §. 276, c. Dagegen leidet die an letzterer Stelle gegebene Regel in den Fällen 1. und 2. des vorigen Paragraphen eine Ausnahme. Nur der Zusammenhang, das Verhältniss des Subjectes und des Regimens von *iū* zum Verbum und jener beiden unter einander, dürfte in solchen Fällen ergeben, ob active oder passive Redeweise vorliege (§. 274).

海上絲綢之路文獻集成 科技與文化編

§. 737. Auch ohne Mitwirkung eines Verbums des örtlichen Seins oder Sich-fortbewegens ist 於、于 *iü* oft Präposition für **Orts- oder Zeitangaben**: 所惡丨上、毋以使下、所惡丨下、毋以事上。 *sò ngú iü śáng, wû ì ssì hià, . . . ssì śáng.* Was du an den Oberen hassest, damit behandle nicht die Untergebenen; was du . . . diene nicht den Oberen. Ta-hiok C. X, 2. 民沸泣丨市。 *mîn féi k'ip iü śì.* Das Volk klagte und weinte auf dem Markte. Ma Tuan-lin (l. c. 52). 既行之於古、亦宜效之丨今矣。 *kí hîng čī iü kù; yik ngî hiaó čī iü kīm ì.* Es ist bereits im Alterthume geübt worden; aber es dürfte auch angemessen sein, es in der Jetztzeit nachzuahmen. Das. 91. 死丨魯。 *ssì iü Lù.* Er starb in Lu. Ssï-ki. LXVII, 16 a. 爭名者於朝、爭利者丨市。 *čēng mîng čè iü č'aô, čēng lí . . . śì.* Kampf um Ruhm bei Hofe, . . . Gewinn auf dem Markte (Sprüchw.). Das. LXX, 3 b.

Oertliches 於 *iü* mit seinem Regimen vor dem Verbum: 於汴京置局造官會。 *iü Pién-kīng čí kuk tsaò kuān-hoéi.* In P. errichtete er ein Magazin zum Anfertigen von Staatsobligationen. Ma Tuan-lin (l. c. 197). So auch vor Verben: 於止知其所止。 *iü čì čī k'î sò čì.* Beim Stillestehen weiss er, wo er stille steht. Ta-hiok C. III, 2.

§. 738. Gern wird die Präposition *iü* mit **Postpositionen** (§. 288) gehäuft: 則中國之錢、眞可流於地上矣。 *tsek čūng-kuok čī ts'iên, čīn k'ò lieû iü tí śáng ì.* Dann kann das Geld des Mittelreiches thatsächlich auf der (ganzen) Erde coursiren. Ma Tuan-lin (l. c. 132). 以戈殺犬丨門中。 *ì kuō śat k'iuàn iü mên čūng.* Mit dem Speere tödtete er einen Hund im Thore. Tso-čuen IX, 18. 涉於魚齒下。 *śep iü Iû-č'ì hià.* Er watete durch unterhalb Iü-tsch'i. Das.

§. 739. Auch bei Verben, welche kein doppeltes Object verlangen, kann 於、于 *iü* eine Art ***dativus commodi*** oder ***incommodi*** andeuten: 忠衰於君。 *čūng śuāi iü kiūn.* (Seine) Aufrichtigkeit schwindet gegen den Fürsten = seine A. gegen den F. schwindet. Sün-tsï. 吾得罪丨君。 *ngû tek tsúi iü kiūn.* Ich habe mich gegen den Fürsten vergangen. (Nicht etwa: ich habe Unrecht erfahren vom F.) Tso-čuen IX, 20; vgl. Ssï-ki LXIII, 10 a, b. 不死于曹君也。 *put ssì iü Ts'aô kiūn yè.* Er ist nicht für den Fürsten von Ts'ao gestorben (J.).

§. 740. Steht 於、于 *iü* zwischen zwei substantivischen Satztheilen, so ist der erste von diesen ein Genitiv und auch oft als solcher durch 之 *čī* gekennzeichnet: *A* 之於 *B*, ***A čī iü B;*** der zweite kann auch ein Infinitiv sein. Das Ganze bedeutet: des A Verhältniss oder Verhalten zu B (ist wie folgt), oder nach §. 379: A in seinem Verhalten zu B. 始吾丨人也、聽

19*

海上絲綢之路文獻集成 科技與文化编

其言而信其行、今吾丨人也、聽其言而觀其行。*k'î ngû iû žîn yè, t'ìng k'î yên rî sín k'î hîng; kīm . . . kuān . . .* Anfangs hielt ich es mit den Menschen so: ich hörte ihre Reden und verliess mich (darauf hin) auf ihre Handlungen; jetzt . . . beobachte . . . LYü V, ix, 2. 聲色之於以化民、末也。*šīng sek či iû ì hoá mîn, mot yè.* Töne und Farben sind in ihrem Verhalten als Mittel (ì) das Volk zu bekehren, das Letzte (Geringste). Čung-yung XXXIII, 6. 上之親下也、如手足之於腹心矣、下之親上也、如幼子之於慈母矣。*šáng či ts'in hià yè, žû šeù tsuk či iû fuk sīm ì; . . . žû yeú tsì . . . ts'î mù ì.* Die Liebe der Oberen zu den Untergebenen ist wie das Verhalten von Hand und Fuss zu Bauch und Herz; . . . junger Kinder zu einer lieben Mutter. Kia-iü III, 5 b. Vgl. Mtsï VII, ii, XIV. — §. 441, 1.

§. 741. Auch zu Anfang des Satzes kann 於、于 *iû* bedeuten: **was — betrifft, in Rücksicht auf:** 於義皆無所當。*iû ngí kiāi wû sò tāng.* In Rücksicht auf die Rechtlichkeit hat (dies) Alles nichts Geziemendes. Ma Tuan-lin (l. c. 153). 丨予與、何謀。*iû Iû iû, hô meû?* Anlangend den Iü, ach, wie ist ihm zu rathen? LYü V, ix, 1.

§. 742. Hinter Wörtern für Eigenschaften oder Zustände kann 於、于 *iû* deren **Beziehung** auf einen Gegenstand oder eine Person ausdrücken: 勇於敢、則殺。*yùng iû kàm, tsek šat.* (Ist man) kühn im Wagen, so wird man umgebracht. Tao-tek-king LXXIII. 人性之無分於善不善也、猶水之無分於東西也。*žîn síng či wû fēn iû šén put šén yè, yeû šùi . . . tūng sī yè.* Das unterschiedslose-Verhalten der Menschen in Betreff des Guten und Unguten gleicht dem des Wassers . . . Osten und Westen. Mtsï VI, i, II, 1. 人之過也、各於其黨。*žîn či kuó yè, kok iû k'î tàng.* Indem die Menschen fehlen, (fehlt) ein Jeder in Rücksicht auf seine Classe. LYü IV, vii.

§. 743. Verwandt ist der häufige Gebrauch von 於、于 *iû* = im Vergleiche mit, zum Ausdrucke des **Comparativs** sowohl von Adjectiven als von Verben: 罪莫大於可欲、禍莫大丨不知足、咎莫大丨欲得。*tsúi mok tá iû k'ò yuk, huó . . . put či tsuk, kieù . . . yuk tek.* Unter den Verbrechen ist keines grösser als den Gelüsten fröhnen, . . . Unglück . . . nicht wissen sich zu begnügen, . . . Verderb . . . wünschen zu erlangen. Tao-tek-king XLVI. 謂流丨泉、布丨布、寶丨金、利丨刀。*wéi lieû iû ts'iuên, pú iû pú, paò iû kīm, lí iû taō.* Man sagt, es (das Geld) fliesse (rascher) als Quellen, verbreite sich (weiter) als Zeugstücke, sei werthvoller als Gold, schärfer als Messer (*lí* zugleich = nützlich). Čing-ts'iao (*Chin. curr.*, pag. 8). 介于石

漢文經緯

kiái iü šik (Yik-king, Hi-ts'ï, Julien, *Synt. nouv.* I, pag. 166) wird übersetzt: *tuwakiyan wehe-i gese*, fest wie Stein, heisst aber wohl: fester als Stein.

§. 744. Dass 於、于 *iü*, ausser in Fällen der nothwendigen Anteposition, **hinter sein Regimen** tritt, geschieht nur selten. Wang-yin-či (Julien, *Synt. nouv.* I, pag. 195) führt folgende Beispiele an: 人無水於監、當於民監。 *žîn wû šùi iü kiām, tāng iü mîn kiām.* Die Menschen sollen nicht in's Wasser schauen (um sich zu spiegeln); sie sollten auf's Volk schauen. Andere Lesart: *iü šùi*). Šu V, x, 12. 入而能民、土於何有。 *žip rî nêng mîn, t'ù iü hô yeù?* Wenn du eintretend das Volk begütigst, was (für Schwierigkeiten) hast du mit dem Lande? Tso-čuen. 私族于謀。 *ssï tsuk iü meû.* (Sie) verabredeten sich heimlich in der Familie. Das. 室於怒、市於色。 *šit iü nú, šì iü sek.* Im Hause Verdruss, auf dem Markte (Zornes-) Farbe. Čen-kuok-ts'ï.

Prägnant dürfte 於、于 *iü* nicht gebraucht werden.

§. 745. Verbindungen mit 於、于 *iü*:

a.) 殆於 ***t'ài-iü,*** nahezu, vielleicht: ||不可。 *t'aì-iü put k'ò.* (Das) dürfte kaum zulässig sein. Mtsï IV, ii, XXX, 1;

b.) 況(况)於 ***hoáng-iü*** vor dem Subjecte = um so mehr, um so gewisser: ||忠臣殺其身以善其君。 *hoáng-iü čūng č'în šat k'î šīn ì šén k'î kiün.* Um so gewisser tödtet ein treuer Minister sich selbst, um seinen Fürsten zu bessern (J.);

c.) 於(于)是 ***iü-ší,*** darauf, ||乃 ***iü-ší nàì,*** darauf, darauf hin. Vgl. §§. 481, 660;

d.) 何有於 ***hô yeù iü*** mit folgendem Objecte, als Prädicat = was ist (davon) vorhanden in ...? LYü VII, ii; IX, xv;

e.) 於 *x* 何有 ***iü x hô yeù*** = welche Schwierigkeiten oder Bedenken hat es mit x? |答是也||。 *iü tap ší yè hô yeù?* Was ist dabei schwierig, dies zu beantworten? Mtsï VI, ii, I, 4;

f.) 無分於 ***wû fēn iü,*** sich unterschiedslos verhalten gegenüber ... Mtsï VI, i, II, 1;

g.) 於焉 ***iü-yên,*** im Ši = hier;

h.) 于以 ***iü-ì*** im Ši zu Anfang des Satzes, nach der Mandschu-Uebersetzung s. v. a. damit beschäftigt zu ..., nach V. v. Strauss = gehen zu ..., was wohl den Sinn trifft. Ši I, ii, II; IV; I, iii, VI, 3.

海上絲綢之路文獻集成 科技與文化编

V.

乎 *hû.*

§. 746. 乎 *hû* (im Tieftone) ist in den uns bekannten Texten stets Hülfswort, und zwar:

a). in den meisten Fällen fragender oder ausrufender Schlusslaut, insoweit im folgenden Capitel zu besprechen;

b.) nicht selten Präposition, welche in den meisten ihrer Anwendungen mit 於、于 *iü* übereinstimmt.

Im Hochtone gesprochen, ist 乎 *hū* = 呼 eine Interjection: 於乎 *ngū-hū*, o! ach! Čung-yung XXVI, 10. (Andere lesen: *ngū-hû.*)

§. 747. Vorzugsweise oft dient die Präposition 乎 *hû* dazu, ein **Objectsverhältniss** hervorzuheben und zu modificiren.

1. Directes Object activer, factiver und denominativer Verba: 察乎人之性僞之分。*č'at hû žin či síng wêi* (oder *nguéi*) *či fēn.* Den Unterschied zwischen Natürlichem und Erkünsteltem am Menschen prüfen. Sün-tsï (Legge, Cl. II, Prol. 83). 惡能識乎性命哉。*ngū nêng šik hû síng míng tsāi?* Wie kann man sich auf Natur und Schicksal verstehen? Ssï-ki XLIX, 2. 何賢乎叔武。*hô hiên hû Šuk-wù?* Warum hältst du den Š. für weise? *Šo u be ainu mergen de (be?) obuha?* (J.)

2. Dativ (in unserem Sinne, aber nicht immer bei Verben mit doppeltem Objecte): 射有似乎君子。*šé yeù ssï hû kiün-tsï.* Das Bogenschiessen hat eine Aehnlichkeit mit dem (Verhalten des) Edeln (vgl. §. 313). Čung-yung XV, 5. 舜問|烝日。*Šūn wén hû Čīng yuet.* Š., den Č. fragend, sprach. Liet-tsï I, 11 a.

3. Oertliches Object transitiver Neutra: 好學近乎知、力行近乎仁、知恥近乎勇。*haó hiok kín hû čí, lik hîng . . . žîn, či č'ì . . . yùng.* Zu lernen lieben ist Nahekommen **an** das Wissen, kräftig handeln . . . Pflichttreue, Schamgefühl kennen . . . Entschlossenheit. Čung-yung XX, 10. 錢輕出乎物多。*ts'iên k'īng č'ut hû wut tō.* Die Leichtigkeit des Geldes entspringt **aus** der Menge der (vorhandenen) Waaren. Ma Tuan-lin (*Chin. curr.*, pag. 110).

§. 748. Gelegentlich bezeichnet 乎 *hû* den **Urheber eines passiven Verbums:** 吾大夫之命乎天子者也。*ngû tá-fū či míng hû t'iēn-tsï čè yè.* Er ist einer unserer Grosswürdenträger, welcher vom Kaiser ernannt worden

漢文經緯

ist. Julien, *Synt. nouv.* I, 50. 獲乎上。*huok hû šáng*, Annahme (Vertrauen) finden bei den Oberen. Stattdessen Mtsï IV, I, XII, 1: 獲於上。Ferner: 信乎朋友 *sín hû p'êng-yeù*, Vertrauen geniessen bei den Freunden. Čung-yung XX, 17.

§. 749. 乎 *hû* = **in Betreff:** 王變丨色。*wâng pién hû sek.* Der König veränderte sich betreffs der Farbe = wechselte die Farbe. Mtsï I, II, I, 2. 仕、非爲貧也、而有時乎爲貧、娶妻、非爲養也、而有時乎爲養。*ssî, fēi wéi p'în yè, rî yeù šî hû . . ., ts'iü ts'ī, . . . yáng . . .* Man nimmt nicht Aemter an wegen Armuth, doch giebt es Zeiten, wo man (es thut) wegen Armuth (oder: um es zu thun wegen A.); man nimmt nicht eine Frau wegen seiner Verpflegung . . . Mtsï V, II, V, 1.

§. 750. Wie schon im letzten Beispiele, so regiert 乎 *hû* überhaupt gern infinitivisch zu verstehende **Prädicatswörter** oder **ganze Sätze:** 夫仁、亦在丨熟之而已矣。*fû žîn, yik tsái hû šuk čī rî-ì-ì.* Diese Pflichttreue nun beruht gleichfalls lediglich **darauf, dass** man sie zur Reife bringe. Mtsï VI, I, IX. 何患丨無君。*hô huán hû wû kiün?* Warum seid ihr besorgt, **dass** ihr keinen Fürsten habt? Das. II, xv, 1. 予無樂丨爲君 *iû wû lọk hû wêi kiün.* Ich habe keine Freude **daran,** Fürst zu sein. LYü XIII, xv, 4. 何言丨齊人執之。*hô yên hû Ts'î žîn čip čī.* Warum sagt er, **dass** die Leute von Ts'i ihn (oder es) genommen hätten? (J.) 其義則始乎爲士、終丨爲聖人。*k'î ngí tsek šì hû wêi ssî, čūng . . . šíng žîn.* Seine Bedeutung also fängt **damit** an, **dass** man ein Gelehrter, endigt **damit, dass** man ein heiliger Mensch ist. Sün-tsï I, 5 a.

§. 751. Comparativisches 乎 *hû*: 學莫便丨近其人。*hiok mok pién hû kín k'î žîn.* Zu lernen ist nichts zuträglicher, als seine Leute sich nahe zu ziehen. Sün-tsï I, 6 b. 故言理之當先乎氣。*kú yên lì čī tāng siēn hû k'í.* Daher sagt man, dass die Vernunft früher sein müsse als der Odem. Sing-li X, 2 b. 愛齊侯丨山戎。*ngái Ts'î heû hû šān Žûng.* Er liebt den Fürsten von Ts'i mehr als die Žung (Barbaren im Westen von China) des Gebirges (J.).

§. 752. Oft, auch wenn das Verbum kein *neutrum transitivum* ist, ist die durch 乎 *hû* angedeutete Beziehung eine **örtliche.** 見丨蓍龜、動丨四體。*kién hû šī kuēi, túng hû ssî t'ì.* (Solche Ereignisse) werden gesehen an Schafgarbe und Schildkröte (deren man sich zum Wahrsagen bedient) und wirken bewegend in den vier Extremitäten. Čung-yung XXIV. 女正位丨內、男正位丨外。*niü číng wéi hû núi, nâm . . . nguái.* Des Weibes richtiger Platz ist im Innern (im Hause), des Mannes . . . draussen. Yik-king XXXVII.

海上絲綢之路文獻集成 科技與文化編

So mit Theil- und Verhältnisswörtern und zwischengeschobenem Genitiv: 存丨是氣之中。 *ts'ûn hû ši k'í či čung.* Sie ist in dieser Materie enthalten. Sing-li X, 1 b.

§. 753. Inversion von 乎 *hû* ist selten: 河上丨逍遙。 *hô šáng hû yaô-siaō.* Am Ufer des (Hoang-)ho lustwandeln. Ts'ing-han-wen hai X, 2 (J.). 能以禮讓爲國丨何有。 *nêng ì lì-žáng wêi kuok hû hô yeù?* Dass man mit Höflichkeit und Gefälligkeit den Staat verwalten könne, was ist dabei (schwierig bedenklich)? LYü IV, XIII. Vgl. zu letzterem Beispiele §. 745 e.

§. 754. 於(于)是乎 ***iû-ši-hû*** = hierin, somit, darauf hin, auf Thatsachen hinweisend, ist namentlich im geschichtlichen Stile gebräuchlich: 夫州吁、殺其君而虐用其民、丨丨丨不務令德、而欲以亂成。 *fû Čeū-iū, šat k'î kiūn rî yok yúng k'î mîn; iû-ši-hû put wú* (r. 19) *líng tek, rî yuk ì luén č'îng.* Dieser Č. hat seinen Fürsten getödtet und sein Volk tyrannisch behandelt; somit hat er nicht Recht und Tugend im Auge gehabt, sondern durch Aufruhr zum Ziele kommen wollen. Tso-čuen I, 4. 宋災、丨丨丨知有天道。 *Súng tsāi, . . . či yeù t'iēn-taò.* Seit der Katastrophe von Sung weiss man, dass es eine himmlische Vorsehung gibt (hierin erkannte man sie, eigentlich: Sung's Kat., hierin erkannte man u. s. w.). Das. IX, 9. Vgl. das. I, 10; IX, 4, 11, 15.

§. 755. 於 (于) ***iû*** und 乎 ***hû*** können auch andere Objecte einschliessen: 由也、果、於從政乎何有。 *Yeû yè, kuò; iû ts'ûng čing hû hô yeù?* Yeu da ist energisch; welchen Anstand hätte es, dass er in die Verwaltung einträte? LYü VI, VI.

§. 756. 若是乎 ***žok-ši-hû*** zu Anfang des Satzes = *uttu oci,* wenn dem so ist, richtiger wohl: so ist es, dass . . . 丨丨丨賢者之無益於國也。 . . . *hiên-čè či wû yik iû kuok yè.* So ist es (zeigt es sich), dass die Weisen ohne Vortheil für den Staat waren. Mtsï VI, II, VI, 3. 丨丨丨從者之廋也。 . . . *ts'ûng-čè či šeū yè?* So treibt (also) das Gefolge Diebereien. Das. VII, II, XXX, 2. Ebenda XV findet sich *žok ši hû* am Satzende, und hier ist *hû* fragende Finale und von *žok-ši* zu trennen.

§. 757. Andere **Verbindungen mit** 乎 ***hû:***

a.) 行乎 ***hîng-hû*** = handeln gemäss seiner Eigenschaft oder Lage als . . .: 素富貴、丨丨富貴。 *sik fú-kuéi, . . .* Jetzt reich und vornehm, handelt er als ein Reicher und Vornehmer. Čung-yung XIV, 2.

b.) 信乎 ***sín-hû*** = ist es wahr, dass . . . 丨丨夫子不言、不笑、不取乎。 *sín-hû fū-tsì put yên, put siaó, put ts'iù hû?* Ist es wahr, dass der Meister nicht redet, nicht lacht, nicht nimmt? LYü XIV, XIV, 1.

c.) 宜乎 ***ngî-hû*** = es ist recht dass, mit Recht: ||百姓之謂我愛。 *ngî-hû pek-sing či wéi ngò ngái.* Mit Recht nannte das Volk mich geizig. Mtsï I, I, VII, 7.

d.) 難乎 ***nân-hû*** = es ist schwer zu: ||免於今之世矣。... *mièn iü kīm či ší ì.* Es dürfte schwer sein, dem jetzigen Zeitalter zu entrinnen. LYü VI, XIV.

e.) 庶乎 ***šú-hû*** = vielleicht: 學者必由是而學焉、則||其不差矣。 *hiok-čè pit yeû ší rî hiok yên; tsek šú-hû k'î put ts'ī ì.* Die Lernenden müssen davon ausgehend studiren, dann vielleicht gehen sie nicht fehl. Ču-hi's Einl. z. Ta-hiok.

f.) 盍歸乎來。 *hop kueī hû lâi?* Warum sollte ich nicht gehen mich (ihm) anzuschliessen? *ainu dahame generakô?* Mtsï IV, I, XIII, 1.

g.) 足乎 ***tsuk-hû*** statt 足以 *tsuk-ì*, genügen um zu ..., würdig sein zu ... (J.).

h.) 况乎 ***hoáng-hû*** = 况於 *hoáng-iü* (§. 745 b), um so mehr betreffs ... Mek-tsï (Legge, Cl. II. Prol. 109).

Zusatz: 夫 *fû* statt 乎 *hû*.

§. 758. Ausnahmsweise findet sich 夫 *fû* statt der Präposition 乎 *hû*: 菑必逮夫身。 *tsāi pit tái fû šīn.* Unheil wird sicher seine Person befallen. Ta-hiok C. X, 17. Die sonst angeführten Stellen LYü XVI, I, 9; XVII, IX, 1; XXI, 4 sind zweifelhaft.

VI.

諸 *čū*.

§. 759. 諸 *čū* (*tšü*) als Partikel wird in den Wörterbüchern durch objectives 之 *čī* und durch die Präposition 於 *iü* erklärt, und endlich als Partikel des Zweifels bezeichnet. Die Wahrheit*) ist, dass 諸 *čū* in den meisten Fällen = 之乎 *čī hû* ist, wobei 乎 *hû* sowohl Finalpartikel als auch Präposition sein kann. Ein anderer häufiger Gebrauch dieses Hülfswortes als Pluralbezeichnung dürfte mit jenem nicht nachweisbar zusammenhängen, und auch das Vorkommen des Wortes (Schriftzeichens) in gewissen anderen Verbindungen ist noch unerklärlich.

*) Meines Wissens zuerst von Legge entdeckt.

海上絲綢之路文獻集成 科技與文化編

§. 760. Als **Pluralbezeichnung** steht 諸 *čū* als Attribut vor einem Substantiv, welches nach dem classischen Sprachgebrauche regelmässig eine Classe von Personen bezeichnet: 我|戎 *ngò čū Žûng*, wir Žung (-leute, Name eines Volkes). Tso-čuen IX, 14. |士 *čū ssï*, die Gelehrten, u. s. w. Jüngeren Gebrauches sind Ausdrücke wie: |凡 *čū-fâm*, Alle; |物 *čū wut*, alle Dinge, Sachen.

Die Verbindung 諸侯 ***čū-heû***, Lehensfürsten, wird schon seit alter Zeit auch für den Singular: ‚ein Fürst', angewandt.

§. 761. 諸 *čū* steht oft zwischen einem Verbum und dessen secundärem, indirecten oder directen Objecte (§§. 317—319) oder einer Ortsangabe. Dann ist es = **objectivem** 之 *čï* + **Präposition** 乎 *hû*: 孔子溝而合|墓焉。 *K'ùng-tsì keù rî hop čū mú yên*. Confucius zog-einen-Graben und vereinigte es (das Grab) mit den (übrigen) Grabstätten. Kia-iü I, 1 a. 然則盟|僖閎、詛|五父之衢。 *žân-tsek mîng čū Hī hûng, čù čū Ngù-fù čï k'iû*. Also vereinbarten sie es bei Hi's Tempelthore und wiederholten es auf der Strasse von Ngu-fu. Tso-čuen IX, 11. 子罕寘|其里。 *Tsì-hàn čí čū k'î lì*. Ts. brachte ihn unter in seiner Gasse. Das. IX, 15. 今問|使者。 *kīm wén čū ssì-čè*. Jetzt frage ich den Gesandten darnach. Das. I, 5. 是以其所欲者、能得|民。 *ší-ì k'î sò yuk čè, nêng tek čū mîn*. Daher was er will, das kann er beim Volke (vom V.) erreichen. Kuan-tsï X, 23 b. 聞|夫子曰。 *wên čū fū-tsì yuet*. Ich hörte es den Meister sagen. LYü XVII, iv, 3; XIX, xvii. 迸|四夷。 *pìng čū ssï-yî*. (Er) jagt ihn hinaus unter die vier Barbarenvölker. Ta-hiok C. X, 15. So wohl auch mit folgendem Objectssatze: 見莫敖而告|天不假易也。 *kién mok-ngaô rî kaó čū t'iēn put kià yí yè*. (Er) besuche den Mok-ngao (Beamten) und sage **ihm, dass** der nicht den Leichtsinnigen aushilft. Ku-wen-yuen-kien I, 10 (J.). Aber LYü XIV, xix, 1 (§. 767).

§. 762. Steht 諸 *čū* am Ende des Satzes, so ist es in der Regel = **objectivem** 之 *čï* + **fragendem** 乎 *hû*: 公何以加|。 *kūng hô-ì kiā čū?* Warum verändert es der Fürst? Ssï-ki LXV, 6 b, Comm. 山川其舍|。 *šān č'uēn k'î šè čū?* Würden (*k'î*) Berg und Strom (-geister) es verschmähen? LYü VI, iv. 子路問聞斯行|。 *Tsì-lú wén wên ssî hîng čū?* Ts. fragte, ob (man, wenn man etwas) hört, dann (sogleich) es ausüben (solle)? Das. XI, xxi.

Hierher gehört die Redensart: 有諸 ***yeù-čū,*** am Ende des Satzes, = gibt es das? ist das Thatsache? 不識||。 *put šik yeù čū*. Ich weiss nicht, ob das (was man mir erzählt hat) Thatsache ist. Antwort: 有之。 *yeù čï*. Ja, es ist Thatsache. Mtsï I, i, VII, 4, 5.

§. 763. 其諸 ***k'î-ču*** mit folgendem 與 *iû* am Satzende ist eine vermuthende Redeweise: 夫子之求之也、||異乎人之求之與。 *fū-tsì čī k'ieû čī yè, k'î-čū í hû žîn* . . . (Die Art, wie) der Meister sich erkundigt, ist doch wohl verschieden von der anderer Leute! LYü I, x, 2.

VII.

與 (与) *iù (iú, iû).*

§. 764. Das Schriftzeichen 與 hat dreierlei Betonung und Bedeutung:

a.) Im steigenden Tone, ***iù*** gesprochen, ist es *verbum activum* oder *neutrum transitivum*, oder Präposition;

b.) im fallenden Tone, ***iú,*** ist es *neutrum transitivum*;

c.) im tiefen gleichen Tone, ***iû,*** ist es fragende oder vermuthende Finalpartikel, insoweit also im nächsten Capitel zu behandeln.

Zuweilen wird das Zeichen 予 (sonst *iû*, ich) statt 與 gebraucht. So bei Han-fei-tsï VII, 7 b ff.

A. 與 *iù*, im steigenden Tone.

a. Als Verbum.

§. 765. Als ***verbum activum*** hat 與 *iù* folgende Bedeutungen:

a.) Geben: 乞諸其鄰而|之。 *k'it* (r. 5) *čū k'î lîn rî iù čī.* Er erbat es sich von seinem Nachbar und gab (es) ihm. LYü V, xxiii. 孰能|之。對曰、天下莫不|也。 *šuk nêng iù čī? túi yuet: t'iēn-hià mok put iù yè.* Wer kann ihm (die Reichsgewalt) geben? Ich antwortete und sprach: Im Reiche wird Niemand (sein, der sie) ihm nicht gäbe. (Vgl. §. 322.) Mtsï I, i, VI, 5, 6.

b.) Mittheilen (sagen): 求之與、抑|之與。 *k'ieû čī iû? yik iù čī iû?* Erkundigt er sich darnach, oder theilt man es ihm mit? LYü I, x, 1. 吾無行而不|之二三子者。 *ngû wû hîng rî put iù čī rî sām tsì čè.* Ich habe nichts gethan, was ich nicht euch (zwei oder drei) Kindern gesagt hätte (eigentl. *hîng — čè* Obj. v. *wû*: ich habe nicht etwas was ich gethan u. s. w., J.).

c.) (Angeblich:) **nennen:** |之獸何也。 *iù čī šeú hô yè?* Warum nennt man es ein Thier? Ta T'ai Li-ki (bei Wang-yin-či, Julien, *Synt. nouv.* I, 222).

海上絲綢之路文獻集成 科技與文化编

d.) (Angeblich:) **sagen**, behaupten: 世人不丨能死。*ší-žîn put iû nêng ssì.* Die Zeitgenossen werden nicht sagen, dass ich sterben kann (? Wang-yin-či bei Julien, l. c.). So vielleicht auch LYü XVIII, vi, 4: 天下有道、丘不丨易也。*t'iēn-hià yeù taò, K'ieū put iû yik yè.* Mandschu: *abkai fejergi de doro bici, Kio bi halaki serakô kai* = Wenn im Reiche Ordnung herrscht, so sage ich, K'ieu, nicht (ich wolle sie) ändern. Dagegen Legge: *there would be no use for me to change its state* (die Finale *yè* ist schwer zu erklären).

e.) Anwenden, nutzen (= 用 *yúng*): 我未丨其本事也。*ngò wéi iû k'î pèn-ssì yè.* Ich habe noch nicht ihre Fähigkeiten verwerthet. Kuan-tsï XXII, 5 a.

Anmerkung. Nach Wang-yin-či (Julien, l. c.) gehört hierher — unter e — auch Ši I, x, XII, 2, was wohl irrig ist.

§. 766. Die Bedeutungen von 與 *iû* als ***neutrum transitivum*** nähern sich denen von *iû* (im fallenden Tone) und denen der Präposition *iû*:

a.) Helfen: 取諸人以爲善、是丨人爲善者也。*ts'iû čū žîn ì wêi šén, ší . . . čè yè.* Es (das Beispiel) von Anderen entnehmen, um Gutes zu thun, das heisst Anderen helfen das Gute zu thun. Mtsï II, i, VIII, 5.

b.) Sich unterwerfen, sich anschliessen: 孰能丨之。*šuk nêng iû čī?* Wer kann sich ihm anschliessen? *we dahame mutembi?* Mtsï I, i, VI, 5. Vgl. LYü XIX, iii.

c.) Warten auf . . .: 歲不我丨。*súi put ngò iû.* Die Jahre warten nicht auf uns. LYü XVII, i, 2.

d.) Beipflichten, gestatten: 弗如也、吾丨汝、弗如也。*fut žû yè; ngû iû žù . . .* Du kommst ihm nicht gleich; ich gebe dir Recht, du u. s. w. LYü V, viii, 3. 丨其進、不丨其退也。*iû k'î tsín, put . . . t'úi yè.* Ich gestatte, dass sie (an mich) herankommen, ich gestatte nicht (brauche nicht zu gestatten), dass sie sich zurückziehen. Das. VII, xxviii, 2. Hier scheint die Grundbedeutung zu sein: ich bin dabei.

b. Als Präposition und Conjunction.

§. 767. 與 *iû* als Präposition hat meist comitative oder adessive Bedeutung: **mit, neben.** Regelmässig steht es mit seinem Regimen vor dem Hauptverbum: 見其丨先生並行。*kién k'î iû siēn-šēng píng hîng.* Ich sehe, dass er mit den früher Geborenen vereint wandelt (Legge: *walks shoulder to shoulder with his elders*). LYü XIV, xlvii, 2. 來、予丨爾言。*lâi, iû iû rì yên.* Komm, dass ich mit dir rede. Das. XVII, i, 1. 丨國人交、止於信。*iû kuok-žîn kiaō, čì iû sín.* Mit seinen Unterthanen verkehrend, beharrt er in der Wahrhaftigkeit. Ta-hiok III, 3. 則可以｜天地參矣。*tsek k'ò-ì iü t'iēn tí ts'ām ì.* Dann kann er wohl mit Himmel und Erde zusammen eine Dreiheit bilden. Čung-yung XXII. 故天下莫能｜之爭。*kú t'iēn-hià mok nêng iü či čēng.* Daher kann Niemand in der Welt mit ihm wetteifern. Tao-tek-king XXII. 欲｜王爲好。*yuk iü wâng wêi haó.* Ich wünsche mit dem Könige freundschaftlich zu verkehren. Ssï-ki LXXXI, 4a. 不｜漢王相見。*put iü Hán wâng siāng kién.* Er traf nicht mit dem Han-Könige zusammen. Das. VII, 22a. ｜文子同升諸公。*iü Wên-tsï t'ûng šīng čū kūng.* Zugleich mit W. stieg er hinauf zum Fürsten. LYü XIV, XIX, 1.

Seltener findet sich 與 *iü* mit seinem Regimen hinter dem Hauptverbum: 我能爲君約｜國。*ngò nêng wêi kiün yok iü kuok.* Wir können für den Fürsten Bündnisse abschliessen (*yok*) mit (anderen) Staaten. Mtsï VI, II, XI, 2.

§. 768. Verwandt sind die Fälle, in welchen wir 與 *iü* durch: **und** zu übersetzen haben: 國｜國不相攻。*kuok iü kuok put siāng kūng.* Staat und Staat greifen einander nicht (feindlich) an. Mek-tsï (Legge, Cl. II, Prol. 105). 唯上知｜下愚不移。*wêi šáng čí iü hià iü put î.* Nur die höchste Klugheit und die tiefste Dummheit verändern sich nicht. LYü XVII, III. 令錢｜引半用。*líng ts'iên iü yìn pán yúng.* Befehlen, dass Münze und Banknoten je zur Hälfte angewendet würden. Ma Tuan-lin (*Chin. curr.*, pag. 175). 然則能不能｜可不可、其不同遠矣。*žân-tsek nêng put nêng iü k'ò put k'ò, k'î put-t'ûng yuèn ì.* Also Fähigkeit oder Unfähigkeit und Möglichkeit oder Unmöglichkeit, deren Ungleichheit dürfte weit (gross) sein. Sün-k'ing (Legge, Cl. II, Prol. 89).

§. 769. Zuweilen wird man 與 *iü* lieber disjunctiv, durch: **oder** übersetzen: 能｜不能可知也。*nêng iü put nêng k'ò čī yè.* (Sein) Können oder Nichtkönnen ist erkennbar. Han-fei-tsï XI, 4b.

§. 770. Folgt auf die beiden durch 與 *iü* verbundenen Wörter ein fragendes Fürwort und auf dieses das Prädicat, so ist *iü* disjunctiv und das Prädicat als **Comparativ** zu verstehen. Diese Ausdrucksweise ist sehr gebräuchlich. 子貢問師｜商也孰賢。*Tsï-kúng wén Ssï iü Šāng yè šuk hiên.* Ts. fragte, wer weiser wäre, Ssï oder Š.? LYü XI, XV, 1. 禮｜食孰重。*lì iü šik šuk čúng?* Was ist wichtiger: die Schicklichkeit oder das Essen? Mtsï VI, II, I, 1.

§. 771. Eine andere, gleichfalls beliebte comparativische Redewendung ist die: 與 a 寧 (寗) b, ***iü a nîng b*** = lieber oder besser b als a. Die Vergleichungsgegenstände sind dabei meist verbal, und oft folgt auf 與 *iü* zunächst ein modales 其 ***k'î*** (§. 567). 與其使民諂下也、寧使民諂

上。*iü k'î ssï mîn taō hià yè, nîng . . . šáng*. Besser, man lasse das Volk an den Oberen, als an den Unteren zweifeln. Han-fei-tsï XII, 7 a. ||有聚歛之臣、|有盜臣。*iü k'î yeù tsiü-lìem či č'în, nîng yeù taó č'în*. Besser, einen diebischen Minister haben, als einen habgierigen (das Volk durch Steuern bedrückenden). Ta-hiok C. X, 22. Vgl. LYü III, iv, 3; xiii, 1. So auch fragend: 且予||死於臣之手也、無寧死於二三子之手乎。*ts'iè iû iü k'î ssì iü č'în či šeù yè, wû nîng ssì iü rì-sām tsì či šeù hû?* Und zudem, statt dass ich von des Ministers Hand sterbe, sterbe ich nicht lieber von euern (der zwei bis drei Kinder) Händen? Das. IX, xi, 3.

§. 772. In Fällen dieser Art finden sich zuweilen an Stelle von 寧 *nîng*:

a.) 不若 ***put žok*** (vgl. §. 602): 與其死夫人所者、||賜死君前。*iü k'î ssì fū-žîn sò čè, put žok ts'ì ssì kiūn ts'iên*. Lieber als im Palaste der Fürstin sterben, will ich vor dem Fürsten den Tod empfangen. Han-fei-tsï IV, 14 b.

b.) 豈若 ***k'ì žok***, ist es etwa so (gut) wie = es ist nicht u. s. w.: 且而||從辟人之士也、||從辟世之士哉。*ts'iè-rî iü k'ì ts'ûng pí žîn či ssì yè, . . . ší . . . tsāi?* Thust du ebenso wohl daran, dass du einem Beamten folgst, der sich von einem Anderen zurückzieht, als wenn du einem folgtest, der sich von der Mitwelt zurückzieht? LYü XVIII, vi, 3.

§. 773. Wegen der Redewendung A 之與 B, ***A či iü B*** = A im Verkehre (Vergleiche) mit B, vgl. §. 441, 2. Man beachte aber den doppelten Genitiv in folgendem Satze des Mek-tsï: 今若國||國之相攻、. . . 此則天下之害也。*kīm žok kuok či iü kuok či siāng kūng, . . . ts'ì tsek t'iēn-hià či hái yè*. Anlangend jetzt (den Umstand), dass Staat und Staat einander angreifen, . . . so sind dies die Schäden des Reiches (Legge, Cl. II, Prol. 106).

§. 774. Wo die chinesischen Erklärer 與 *iü* = 如 *žû*, **wie**, setzen, da dürften die Bedeutungen: **neben, im Vergleiche mit**, als Mittelglieder anzusehen sein. Wang-yin-či (Julien, *Synt. nouv.* I, 223) führt an:

a.) 何與 ***hô-iü*** = 何如 *hô-žû*, wie? (ohne Belegstellen).

b.) 孰與 ***šuk-iü*** = 何如 *hô-žû*, 弗何 *fut-žû* (vgl. §. 581): 救趙||勿救。*kieú Čaó šuk-iü wut kieú?* Den (Fürsten von) Č. ausliefern, was ist das neben (= wie wäre das ebensogut wie) ihn nicht ausliefern? 楚王之獵、||寡人。*Ts'ù wâng či liep, šuk-iü kuà-žîn?* Wie kann der König von Ts'u mit seinen Jagden neben meiner Wenigkeit (genannt werden? sich mit mir messen?).

Anmerkung. In dem ersten a. a. O. mitgetheilten Beispiele soll *šuk-iü*, am Anfange des Satzes stehend, = *hô-žû, quomodo*, sein. — LYü XII, ix, 4 ist *šuk-iü* = mit wem?

海上絲綢之路文獻集成 科技與文化編

漢文經緯

§. 775. Aus der Bedeutung: ‚helfen' dürfte es zu erklären sein, dass wir 與 *iü* gelegentlich durch: **für** zu übersetzen haben: 趙簡子使王良丨嬖奚乘。*Čaó Kiàn tsï ssï Wâng Liâng iü pí Hî śing.* Herr Č. liess den W. für seine Geliebte Hi den Kutscher machen. Mtsï III, ɪɪ, I, 4 (das. noch zweimal ähnlich). 所欲、丨之聚之 *sò yuk, iü čī tsiü čī,* was sie wünschen, das für sie sammeln. Das. IV, ɪ, IX, 1.

Bei Ma Tuan-lin (*Chin. curr.*, pag. 120, 121) findet sich 與 *iü* hinter ‚verbieten, erlauben' anscheinend rein **dativisch:** 請禁丨商賈飛錢。*ts'ìng kím iü śāng-kù fēi ts'iên.* Er bat, den Kaufleuten das fliegende Geld (— den Gebrauch von Assignaten) zu verbieten. 許丨商人敵貫而易之。*hiü iü śāng-źîn tik-kuán rî yik čī.* Er erlaubte den Kaufleuten, es vollwerthig umzutauschen. Doch könnte hier auch 與 *iü* heissen: im Verkehre mit, oder unter (den Kaufleuten).

§. 776. 與 *iü* **prägnant** — mit ihm u. s. w. ist gebräuchlich, zumal wenn 可 *k'ò* — man kann, vorhergeht: 可丨言、而不丨之言、失人、不可丨言、而丨之言、失言。*k'ò iü yên, rî put iü čī yên, śit źîn . . .* Wenn man mit Einem reden kann und nicht mit ihm redet, so irrt man in Betreff des Menschen; . . . des Redens. LYü XV, ᴠɪɪ. 不仁、則不可丨謀。*put źîn, tsek put k'ò iü meû.* Ist er nicht pflichttreu, so kann (darf) man sich nicht mit ihm berathen. Han-fei-tsï IX, 9 a. Vgl. Kung-yang-kao (Kwpč. II, 64 b). 鳥獸不可丨同羣。*niaò seú put k'ò iü t'ûng k'iûn.* Vögel und vierfüssige Thiere, mit denen kann man sich nicht zusammenschaaren. LYü XVIII, ᴠɪ, 4. 弗丨共天位也、弗丨治天職也、弗丨食天祿也。*fut iü kúng t'iēn wéi yè, . . . č'î . . . t'iēn śik yè, . . . śik t'iēn luk yè.* Er mochte nicht mit ihm die himmlische (— dem Herrscher zukommende) Stellung theilen, . . . die h. Aemter verwalten, . . . die h. Einkünfte verzehren. Mtsï V, ɪɪ, III, 4. 不丨同中國。*put iü t'ûng Čūng-kuok.* Nicht mit ihm gemeinsam das Mittelreich bewohnen. Ta-hiok C. X, 15.

與 *iü* **hinter sein Regimen** zu stellen, scheint fast nur in den gesetzlichen Antepositionsfällen üblich zu sein. Vgl. §. 246. Aber: 吾非斯人之徒丨而誰丨。*ngû fēi ssï źîn čī t'û iü, rî śûi iü?* Wenn ich nicht mit eines solchen Mannes Gefolge sein (verkehren, mich verbinden) soll, mit wem denn? LYü XVIII, ᴠɪ, 4. — Ganz ähnliche Construction mit 爲 *wéi,* wegen, das. XI, ɪx, 3.

相與 *siāng-iü* — miteinander: 二人丨丨言。*rî źîn siāng-iü yên.* Die beiden Leute redeten miteinander. Liet-tsï II, 6 a.

海上絲綢之路文獻集成 科技與文化編

B. 與 *iû* im fallenden Tone.

§. 777. 與 *iû* (im fallenden Tone) hat die Grundbedeutung: **dabei sein**: 吾不丨祭、如不祭。 *ngû put iû tsí, žû put tsí.* Wenn ich dem Opfer nicht **beiwohne**, ist es als ob ich nicht opferte (*ngû*, gen. subj.). LYü III, xII, 2. 舜禹之有天下也、而不丨焉。 *Šûn Iû čï yeù t'iēn-hià yè, rî put iû yên.* (Wunderbar war es, wie) Šün und Iü die Reichsgewalt innehatten, als ob sie nichts **damit zu thun hätten**. Das. VIII, xvIII.

與於(于) *iû iû* mit folgendem Objecte = theilhaben an, theilhaftig werden: 則不得丨丨國政。 *tsek put tek iû iû kuok číng.* Dann erlangt er nicht, Antheil zu haben an der Staatsverwaltung. Tso K'ieu-ming (J.). 天之將喪斯文也、後死者、不得丨丨斯文也。 *t'iēn čï tsiāng sáng ssï wên yè, heú-ssï-čè, put tek iû iû ssï wên yè.* Hätte der Himmel vor, diese Gesittung verloren gehen zu lassen, so hätte der Später-sterbende (= ich) nicht mit ihr **in Berührung zu kommen** erlangt (Mandschu: *ere šu be bahaburakô bihe*). LYü IX, v, 3. Vgl. §. 418, wo statt *iû*: *iû* zu lesen ist.

VIII.

爲 *wêi, wéi.*

A. 爲 *wêi* im tiefen gleichen Tone.

§. 778. 爲 *wêi* ist stets Verbum und hat die Grundbedeutung: **machen**; vgl. 僞 *nguéi, wêi,* fälschen, fingiren, und 譌 gespr. *nguô* = 訛 *nguô,* falsch, fälschen, gespr. *kuēi* = 詭 *kuèi,* täuschen, betrügen, verleumden. Diese Grundbedeutung verzweigt sich nun sehr mannichfach je nach den grammatischen Objecten von 爲 *wêi* und ihrem logischen Verhältnisse zum Subjecte. Dabei sind zwei Hauptfälle zu unterscheiden:

a.) das grammatische Object ist nicht ein (logisches) Prädicat des Subjectes: **actives** 爲 *wêi*;

b.) es ist ein solches Prädicat: **copulatives** 爲 *wêi.*

a. Actives 爲 *wêi.*

§. 779. Actives 爲 *wêi* mit einfachem Objecte hat die Grundbedeutung: **machen**: 不圖爲樂之至於斯也。 *put t'û wêi yok čï čí iû ssï yè.* Ich hätte nicht gedacht, dass das Musikmachen dies erreichte (solche Macht übte).

LYü VII, xiii. 定丨三年之喪。 tíng wêi sām niên čī sāng. Er ordnete an, eine dreijährige Trauer zu machen (zu beobachten). Mtsï III, i, II, 3. 設丨庠序學校以教之。 čet wêi siâng, siû, hiok, hiaò ì kiaó čī. Einrichtend mache (= errichte) Schulen (es sind deren vier Arten genannt), um die Leute zu unterrichten. Das. III, 10. 夷子憮然丨閒曰。 Yî-tsì wù-žân wêi kián yuet. Y. machte nachdenklich eine Pause, (dann) sprach er. Das. V, 5. (Mandschu: *kejine ofi hendume.*) 我善丨陳、我善丨戰。 ngò šén wêi č'ín, ... čén. Ich verstehe mich darauf eine Truppenaufstellung zu machen, ... einen Angriff zu machen. Mtsï VII, ii, IV, 1. 善丨說辭 šén wêi šuot-ts'î, sich auf's Reden verstehen. Das. II, i, II, 18.

§. 780. Dieses ‚Machen' hat zuweilen die speciellere Bedeutung: etwas treiben, sich damit abgeben. So in den gebräuchlichen Redensarten: 爲國 *wêi kuok*, den Staat verwalten, regieren; 丨邦 *wêi pāng*, das Land regieren. LYü XIII, xi. 丨都 *wêi tū*, eine Hauptstadt verwalten; 丨丨者 *wêi-tū-čè*, Stadt-Befehlshaber. Mtsï II, ii, IV, 4. 丨政 *wêi číng*, sich der Regierung widmen. 汝丨周南召南乎。 žù wêi Čeū-nâm Čaó-nâm hû? Hast du das Č. und das Č. (Theile des Ši) getrieben (studirt)? LYü XVII, x, 1. 爲孔子者 *wêi K'ùng-tsì čè*, ‚die, welche den Confucius treiben' = die Confucianer. 有丨神農之言者。 yeù wêi Šîn-nûng čī yên čè. Es gab Einen, der (angeblich) des Š. Aussprüche (zum Gegenstande seiner Forschungen oder zur Richtschnur seines Handelns?) machte. Mtsï III, i, IV, 1.

§. 781. Zuweilen ist der Sinn von 爲 *wêi*: thun als ob, sagen, meinen, vorgeben, oder passivisch: gehalten werden für, gelten als: 病死、女子丨自殺於房中者二人。 píng ssì; niù-tsì wêi tsì šat iū fâng čūng čè rì žîn. Sie starben an einer Krankheit; das Weib **meinte**, sie hätten sich selbst entleibt im Zimmer, die Beiden. Dann: 今死而婦人丨之自殺者二人。 kīm ssì rî fù-žîn ... Jetzt sind sie gestorben und die Frau ... (Man beachte čè und die Apposition rì žîn.) Ssï-ki LXXVI, 9a. 何必讀書、然後丨學。 hô pit tuk šū, žân-heú wêi hiok? Warum muss man (erst) Bücher lesen, um darnach für unterrichtet zu **gelten?** LYü XI, xxiv, 3. 豈自丨尊大乎。 k'ì tsì wêi tsün tá hû? **Halte** ich etwa mich selbst für ehrwürdig und gross? (J.) 亡而爲有、虛而爲盈、約而爲泰、難乎有恆矣。 wû rî wêi yeù, hiū ... yîng, yok ... t'ái, nân hû yeù hêng ì. Nicht habend, **sich stellen als ob** man hätte, leer ... voll wäre, beengt ... frei wäre: hat schwerlich Bestand. LYü VII, xxv, 3. 無臣而丨有臣 wû č'în rî wêi yeù c'în, während keine Minister vorhanden sind, **thun als ob** Minister vorhanden wären. LYü IX, xi, 2. 知之丨知之、不知之丨不知、是也。 čī čī wêi ... put ... ší yè. Weisst du es, so **sage dass** du es weisst; weisst du es nicht, so sage dass du nicht weisst: das ist es.

§. 782. Die Verbindungen 有爲 *yeù-wêi* und 無爲 *wû-wêi* = 有(無)所爲, etwas oder nichts zu thun haben, lassen verschiedene Abschattungen ihrer Bedeutungen zu. 爲 *wêi* ist hierbei substantivisch, also ohne Object: 將大有爲之君 *tsiāng tá yeù-wêi čī kiūn*, ein Fürst, der grosse **Werke vorhat** (vgl. §. 384, b). Mtsï II, ɪɪ, II, 7. 不足與||也。*put tsuk iù yeù-wêi yè.* Er ist nicht werth **sich** mit ihm **abzugeben.** Das. ||者亦若是。*yeù wêi čè yik žok ší.* Mit Einem der zu thun hat **(sich anstrengt)**, ist es ebenso. Das. III, ɪ, I, 4. 人有不爲也、而後可以有爲。*žîn yeù put wêi yè, rî-heú k'ò-ì yeù-wêi.* **Hat** Jemand **was er nicht thun (will)**, dann kann er **(Kraft zur) That haben.** Das. IV, ɪɪ, VIII. 上德無爲而無以爲。*šáng-tek wû wêi rî wû ì-wêi.* Die höchst Tugendhaften **strengen sich nicht an** und machen kein Wesens daraus. Tao-tek-king XXXVIII.

§. 783. Steht 爲 *wêi* mit seinem Objecte hinter dem Objecte eines anderen Verbums, zu welchem (Objecte) sich das Object von *wêi* als logisches Prädicat verhält, so ist der Sinn: machen, anstellen, annehmen **zu** oder **als** ... Einige hierher gehörige zusammengesetzte Ausdrücke sind:

a.) 使 *N* 爲 *x*, ***ssï N wêi x*** = Jemand zu etwas machen, ernennen. 平王使無忌爲太子。*P'îng wâng ssï Wû-kí wêi t'ái-tsï.* König P'. ernannte den W. zum Erbprinzen. Ssï-ki LXVI, 1 a.

b.) 取 *N* 爲 *x*, ***ts'iù N wêi x*** = Jemanden als etwas annehmen, zum ... nehmen. 吳起取齊女爲妻。*Ngû-k'ì ts'iù Ts'î niù wêi ts'ī.* Ng. nahm ein Weib aus Ts'i zur Gemahlin. Ssï-ki LXV, 5 a.

c.) 立 *N* 爲 *x*, ***lip N wêi x*** = Jemanden einsetzen als ... 大臣請立呂產爲呂王。*tá-č'în ts'ìng lip Liù Č'àn wêi Liù-wâng.* Die hohen Würdenträger beantragten, den L. als Liü-wang einzusetzen. Ssï-ki LI, 3 b. 立臣爲齊王 *lip č'în wêi Ts'î wâng*, den Unterthanen (= mich) als König von Ts'i einsetzen. Das. LII, 4 a.

d.) 封 *N* 爲 *x*, ***fūng N wêi x*** — den N zum x befördern. 卽封吳起爲西河守。*tsik fūng Ngû-k'ì wêi Si-hô šeù.* Alsbald beförderte er den Ng. zum Hauptmann (Commandanten) von Si-ho. Ssï-ki LV, 7 a.

e.) 以 *A* 爲 *B*, ***ì A wêi B*** = den oder das A zum B machen u. s. w. Siehe hierüber den besonderen Abschnitt.

海上絲綢之路文獻集成 科技與文化编

漢文經緯

b. Copulatives 爲 wêi.

§. 784. Schon in den Fällen des vorigen Paragraphen gränzte das active 爲 wêi dicht an das copulative. Und so kann es auch oft zweifelhaft sein, ob ein 爲 wêi, welches wir copulativ durch **sein** oder **werden** übersetzen, nicht vielmehr activ: thun, ausüben, oder passiv: gemacht werden (*fieri, factum esse*) zu verstehen sei. 丨仁 *wêi žîn*, pflichttreu sein, aber auch: Pflichttreue üben; 丨人君 *wêi žîn-kiün*, Fürst sein (den Fürsten machen = *partes gerere, officio fungi?*) 孔子初仕丨中都宰。*K'ùng-tsì č'ū ssî wêi Čūng-tū tsài.* Confucius war bei (nach) seiner ersten Anstellung Oberbeamter in Č. (*wêi = factus est?* vgl. §. 321). Kia-iü I, 1 a. 恤民丨德、正直丨正、直曲丨直、參和丨仁。*siüt mîn wêi tek*; *číng-čik* (r. 109) *wêi číng*; *čik k'iük wêi čik*; *ts'ām huô wêi žîn.* Mitgefühl mit dem Volke ist Tugend; Aufrichtigkeit ist Richtigkeit; Fehler (eigentl. Krummes) berichtigen ist Rechtlichkeit; die drei vereint sind Menschenpflicht. Tso-čuen IX, 7. 德丨聖人、尊丨天子。*tek wêi šíng žîn, tsūn wêi t'iēn-tsì.* An Tugend war er ein Heiliger, seiner Würde nach war er ein Himmelssohn. Čung-yung XVII, 1. 女丨君子儒、無丨小人儒。*žù wêi kiūn-tsì žû, wû wêi siaò-žîn žû.* Sei du ein edler Gelehrter, sei kein gemeiner Gelehrter. LYü VI, XI. 小人君子者、未嘗不可以相爲。*siaò-žîn kiūn-tsì čè, wéi č'âng put k'ò-ì siāng wêi.* Es ist gemeinen Leuten und Edlen noch nie unmöglich gewesen, die Rollen zu vertauschen. Sün-tsï (Legge, Cl. II, Prol. 89). Man beachte 所 *sò* in folgendem Satze: 夫所丨先王之教者、何也。*fû sò wêi siēn wâng čī kiaó čè, hô yè.* Das nun, was der früheren Könige Lehre war, was ist es? Han-iü (Kwpč VI).

§. 785. Zuweilen steht copulatives 爲 *wêi* **vor einem anderen Verbum**, dessen Genus sich dann nach den allgemeinen Gesetzen bestimmt. **Activ:** 苟丨後義而先利、不奪不饜。*keù wêi heú ngí rî siēn lí, put t'ot put yém.* Wenn sie die Gerechtigkeit hintansetzen und den Vortheil zur Hauptsache machen, so werden sie, wenn sie nicht rauben, nicht gesättigt. Mtsï I, I, I, 4. 告子未爲知道。*Kaó-tsì wéi wêi čī taò.* (Er sagt, dass) K. noch nicht die Norm kennt (eigentl. kennend ist). Ču-hi zu Mtsï I, 37 a. — **Passiv:** 饑者易丨食、渴者易丨飲。*kī-čè yí wêi šik, k'ot . . . yìm.* Hungrige sind leicht zu nähren, Durstige . . . tränken; *yuyurengge de ulebuci ja, kangkarangge de omibuci ja.* (Darnach wäre statt *šik*: *ts'ï* zu lesen. Legge: *are easily supplied with food, . . . drink*). Mtsï II, I, XII, 11. So auch mit Angabe des Urhebers: 馬丨人用、而鹿不爲人用也。*mà wêi žîn yúng, rî luk put . . . yè.* Das Pferd

20*

wird vom Menschen gebraucht, aber der Hirsch nicht. Han-fei-tsï XIII, 5 b. Gebräuchlich ist die Verbindung 爲能 ***wêi-nêng,*** fähig sein.

§. 786. 爲 *A* (Urheber) 所 *b* (Verbum), ***wêi A sò b,*** ist eine passivische Redewendung: 卒|相子少康|誅。 *ts'ut wêi Siāng tsï Šaò-k'āng sò čū.* Alsbald wurde er von des Siang Sohne Š. getödtet. JULIEN, *Synt. nouv.* I, 113.

§. 787. Die gebräuchliche Redewendung: *A* (之) 爲 *B C*, ***A (čī) wêi B C*** erklärt sich nach §. 301. Der Sinn ist: A ist ein so und so (C) beschaffenes B, eigentl.: A, B seiend, ist C: 吳王爲人暴猛。 *Ngû wâng wêi žîn paó* (r. 72) *mùng.* Der König von Ngu ist ein heftiger, grausamer Mensch. Ssï-ki LXVII, 10 b. 尙爲人仁。 *Šáng wêi žîn žîn.* Š. ist ein pflichtgetreuer Mensch. Das. LXVI, 2 a. 起之爲將、與兵卒最下同衣食。 *K'ì čī wêi tsiáng, iù pīng-tsut tsúi hià t'ûng yī šik.* K'i war ein General, der mit den allerniedrigsten (seiner) Soldaten gleiche Kleidung und Nahrung hatte. Ssï-ki LXV, 6 a. 回之爲人也、擇乎中。 *Hoêi čī wêi žîn yè, ček hû čūng.* Hoei war ein Mensch, der die (rechte) Mitte wählte. Čung-yung VIII. 且夫錢之爲物、貫以通貨。 *ts'iè fû ts'iên čī wêi wut, kuéi ì t'ūng huó.* Zudem ist nun das Geld eine für den Waarenverkehr wichtige Sache. Ma Tuan-lin (*Chin. curr.*, pag. 109). 夫夷節之爲人也、無德而有知。 *fû Yî Tsit čī wêi žîn yè, wû tek rî yeù čí.* Dieser Y. ist ein Mensch ohne Tugend, aber mit Klugheit begabt. Nam-hoa-king VIII, 27 a.

A 之爲言 *B*, ***A čī wêi yên B,*** wird in Worterklärungen, namentlich auch in etymologischen, gebraucht: 征|||正也。 *čīng . . . číng yè,* etwa: *rectificare est rectum facere.* 孫|||猶遜。 *sūn . . . yeû sūn — sún* ist s. v. a. *sún* (gehorchen, nachgeben). JULIEN, *Synt. nouv.* I, 112.

c. *Dativische Objecte von* 爲 *wêi.*

§. 788. Sowohl actives als auch copulatives 爲 *wêi* hat manchmal ausser dem directen Objecte, beziehungsweise Prädicate, noch ein indirectes Object (Dativ), welches zuweilen passend durch einen Genitiv übersetzt wird: 吾聞觀近臣、以其所爲主、觀遠臣、以其所主。 *ngû wên kuān kín č'in, ì k'î sò wêi čù, kuān yuèn . . .* Ich habe gehört, man beurtheile die eigenen (eigentl. nahen) Minister nach denen, welchen sie Wirthe sind (d. h. welche sie bei sich als Gäste aufnehmen), die fremden M. nach denen, welche sie zu Wirthen haben (bei denen sie zu Gaste sind). Mtsï V, I, VIII, 4. 皆悅而願爲之氓。 *kiāi yuet rî yuén wêi čī mêng* (r. 83). Alle empfinden Wohlgefallen und wünschen sein Volk zu sein. Das. II, I, V, 5. 爲之辭 *wêi čī* ts'î, Worte machen darüber. Das. II, ɪɪ, IX, 4. 爲之兆也。 wêi čī čaó yè. ‚Er machte dafür ein Prognostikon' = einen Anfang, Versuch damit, *ajabuha kai*. Das. V, ɪɪ, IV, 6.

d. Verbindungen von 以 *ì und* 爲 *wêi.*

§. 789. Die Verbindungen des Hülfswortes 以 *ì* mit dem Verbum 爲 *wêi* können sowohl in syntaktischer Hinsicht, als auch in Rücksicht auf ihre materielle Bedeutung und die ihnen entsprechenden Uebersetzungsweisen sehr mannigfaltig sein. 以 *ì* kann sowohl Präposition als auch Adverb (prägnant gebraucht) sein, und als Präposition kann es nicht nur vor, sondern auch gelegentlich hinter seinem Regimen stehen; und in allen diesen drei Fällen kann es sowohl eigentl. instrumentale Bedeutung haben, als auch den Objectscasus ersetzen. 爲 *wêi* hat in diesen Verbindungen meist die eine oder andere seiner activen Bedeutungen; in einzelnen der hierher gehörigen Fälle nähert sich jedoch seine Bedeutung der copulativen: ‚werden, entstehen'.

§. 790. (I.) 以 *ì* = **Stoff, Werkzeug,** 爲 *wêi* = **machen:** 文王以民力爲臺爲沼。 *Wên-wâng ì mîn lik wêi t'âi wêi čaò.* König Wen machte (schuf) vermittelst der Kraft des Volkes den Thurm und den Söller. Mtsï I, ɪ, I, 3. 以百姓心爲心。 *ì pek-sing sīm wêi sīm.* Er macht das Herz des Volkes zu dem seinen. Tao-tek-king XLIX. 以其弟子蘭爲令尹。 *ì k'î tí-tsì Lân wêi líng-yìn.* Seinen Schüler L. machte er zum Ling-yin (Name eines Amtes). Ssï-ki (Kwpč V, 25 b). So mit 爲 *wêi* **vor Verben:** 古者、聖人以天下之耳目爲視聽。 *kù-čè, šíng žîn ì t'iēn-hià čī rì muk wêi ší t'īng.* Im Alterthume die heiligen Menschen ‚thaten mit des Reiches (= Volkes) Ohren und Augen sehen und hören'. Čung-king XII. — 以 *ì* **postponirt:** 紅紫不||褻。 *hûng tsì put ì-wêi siet.* Roth und Violett macht er nicht zu (verwendet er nicht an) der Alltagskleidung. LYü X, ᴠɪ.

§. 791. (II.) 以 *ì* **accusativisch,** 爲 *wêi* = **meinen dass, halten für, nennen:** 彼以煦煦爲仁、孑孑爲義。 *pì ì hiū-hiū wêi žîn, k'iet-k'iet wêi ngí.* Jener hält Gefälligkeit für Menschlichkeit, Isolirung (Zurückgezogenheit von der Welt) für Rechtschaffenheit. Han-iü (Kwpč VI, 39 b). Hier ist das zweite Mal 以 *ì* unterdrückt. — 皆以修身爲本。 *kiāi ì siēu šīn wêi pèn.* Alle betrachten die Selbstvervollkommnung als Wurzel. Ta-hiok 6. — 以 *ì* **prägnant:** ||文不足。 *ì-wêi wên put tsuk.* Haltet dafür, dass die äussere Zier (der Schein) nicht genüge. Tao-tek-king XIX. ||秦錢重難用。 *ì-wêi Ts'în ts'iên čúng nân yúng.* Sie meinten, das Geld von Ts'in sei (zu) schwer und unbequem im Gebrauche. Ma Tuan-lin (*Chin. curr.*, pag. 29). —

海上絲綢之路文獻集成 科技與文化编

Man beachte die Construction in folgendem Satze: 趙挺之||福建、蔡京之鄉里、故免焉。*Čaó T'ìng čī ì-wêi Fuk-kién, Ts'ái Kīng čī hiāng-lì, kú mièn yên.* Nach Č.'s Meinung (gen. subj.) ist Fuh-kien, weil es des Ts'. Landschaft (Heimat) war, verschont geblieben. (Ohne 之 *čī* wäre zu übersetzen: Č. meint, F. war des Ts'. Landschaft, darum u. s. w.) Das. 177. 諸大夫皆||然。*čū tá-fū kiāi ì-wêi žân.* Die Grosswürdenträger waren insgesammt derselben Meinung. Tso-čuen IX, 10. 玉人||寶。*yük-žîn ì-wêi paò.* Der Juwelier hielt es für kostbar. Das. IX, 15. 孔子||能通孝道。*K'ùng-tsï ì-wêi nêng t'ūng hiaó taò.* Confucius glaubte, er könne den Pfad der Pietät bahnen. Ssï-ki LXVII, 14 b. 吾之所||樂、人皆有之而反||憂。*ngû čī sò ì-wêi lok, žîn kiāi yeù čī rî fàn ì-wêi yeū.* Was ich für Freude halte, haben Andere und halten es umgekehrt für Jammer. Liet-tsï I, 7 b. — Man beachte die Verbindung 以爲與 *ì-wêi iù* in folgendem Satze: 王自以爲與周公、孰仁且智。*wâng tsí ì-wêi iù Čeū-kūng, šuk žîn ts'iè čí?* Sinn: Wen hält Eure Majestät für pflichttreuer und zudem für weiser: sich selbst oder den Č.? Wörtlicher wohl: der König denke sich neben (- vergleiche sich mit) Č., wer ist dann u. s. w. §. 770. Mtsï II, II, IX, 2.

§. 792. (III.) Hinter 何 ***hô***, was? 有 ***yeù*** und 無 ***wû*** = 有(無)所, vgl. §. 537, hat 以爲 *ì-wêi* mit oder ohne folgendes Object die Bedeutung: sich etwas daraus machen, Nutzen davon haben, Gewicht darauf legen: 我何以湯之聘幣爲哉。*ngò hô ì T'āng čī p'íng pí wêi tsāi?* Was soll ich mit dem von T'. zum Geschenk gesandten Seidenzeuge machen? Mtsï V, I, VII, 3. 何以文|。*hô ì wên wêi?* Wozu braucht er der Zierde? LYü XII, VIII, 1. 奚以爲。*hî ì wêi?* Was nützt es? Das. XIII, V. 無以|也。*wû ì wêi yè.* Es nützt nichts. Das. XIX, XXIV. 夫無以生爲者、是賢於貴生。*fû wû ì šēng wêi čè, ší hiên iü kuéi šēng.* Nun ist das Leben nicht zu achten weiser, als es hochzuschätzen (*wû-ì-wêi* Gegensatz von *kuéi*). Tao-tek-king LXXV. 上義爲之、而有||也。*šáng ngí wêi čī, rî yeù ì wêi yè.* Leute von höchster Rechtschaffenheit thun es und dürfen (man darf?) etwas davon halten, es nutzen. Han-fei-tsï VI, 1 b. Vgl. §. 782.

§. 793. (IV.) In **passiver Rede** kann sowohl das Object von 以 *ì* als auch das von 爲 *wêi* zum Subjecte gemacht werden: 君子一言||知、一言||不知。*kiün-tsï yit yên ì-wêi čí, . . . put čí.* Ein Edler wird auf ein einzelnes Wort hin für verständig, und auf ein einzelnes Wort hin für unverständig gehalten. LYü XIX, XXV, 2. 恭儉豈可以聲音笑貌爲。*kūng kiém k'ì k'ò ì šīng-yīm siaó maó wêi?* Kann etwa Achtung und Mässigkeit durch den Ton der Stimme und durch lächelnde Miene gemacht werden? *gungnecuke* *malhôngga be, ainahai jilgan mudan, injere arbun-i miyamišaci ombi?* Mtsï IV, I, XVI.

§. 794. (V.) Zuweilen hat 以爲 *ì-wêi* die Bedeutung eines ***neutrum transitivum*:** entstehen aus, werden zu: 故有之丨丨利、無之丨丨用。 *kú yeù čī ì wêi lí, wû čī ì wêi yúng.* Daher aus dem Vorhandensein entsteht der Vortheil, aus dem Nichtvorhandensein entsteht der Gebrauch. Tao-tek-king XI. 沖氣丨丨和。 *č'ūng k'í ì wêi huô.* Aus aufsteigendem Hauche entsteht Harmonie. Das. XLII.

§. 795. (VI.) Manchmal ist 以爲 *ì wêi* zu trennen und bedeutet dann: um zu sein, um zu thun; oder 爲 *ì* ist mit einem satzschliessenden 故 *kú,* Ursache, zu verbinden, und der Sinn ist: weil ist, weil thut u. s. w.: 晉侯衞侯、次於戚、丨丨之援。 *Tsín heû Wéi heû, ts'ï iū Ts'ik, ì wêi čī yuên.* Die Fürsten Ts. und W. machten Halt in Ts'ik, um ihm zum Rückhalte zu dienen. Tso-čuen IX, 1. 樂取於人丨丨善。 *lok ts'iū iū žîn ì wêi šén.* Er hatte Freude daran, von Andern (Beispiel) zu nehmen, um Gutes zu thun. Mtsï II, I, VIII, 3. 去之丨丨之名。 *k'iū čī ì wêi čī mîng.* Verlassen wir ihn, um ihn berühmt zu machen. Tso-čuen IX, 16. 君不出令、則失其所以爲君。 *kiūn put č'ut líng, tsek šit k'ì sò-ì wêi kiūn.* Erlässt der Fürst nicht Befehle, so verfehlt er das, warum er Fürst ist (seinen fürstlichen Beruf). Han-iü (Kwpč VI, 41 b).

§. 796. (VII.) Beachtenswerthe Wendungen: 莫不以教化爲大務。 *mok put ì kiaó hoá wêi tá wú.* Jeder macht Erziehung und Besserung zum Gegenstande grosser Anstrengungen. Kwpč IV, 48 b. 以王季爲父、以武王爲子。 *ì Wâng-kí wêi fú, ì Wù-wâng wêi tsï.* Er hatte den W. zum Vater, den W. zum Sohne. Čung-yung XVIII, 1. Der Sinn ist wohl: er (Wen-wang) hatte das Glück, einen W. seinen Vater (Sohn) nennen zu dürfen.

B. 爲 *wéi* im fallenden Tone.

§. 797. Die Präposition 爲 *wéi,* anscheinend mit dem Verbum 爲 *wêi* verwandt, hat zunächst etwa die Bedeutung: **in Rücksicht auf** einen Grund oder einen Zweck. Hieraus und aus dem jedesmaligen Zusammenhange ergeben sich die Uebersetzungsweisen: 舟車不能通、丨其途之遠、其至之難。 *čeū č'ē put nêng t'ūng, wéi k'î t'û čī yuèn, k'î čí čī nân.* Schiffe und Wagen konnten nicht hin gelangen **wegen** der Länge des Weges und der Schwierigkeit des Erreichens (*k'î* = dessen, darf unübersetzt bleiben). Ma Tuan-lin (*Chin. curr.*, pag. 9). 然則一羽之不舉、丨不用力焉。 *žân-tsek yit iū čī put kiū, wéi put yúng lik yên.* Nun denn, dass eine Feder nicht emporgehoben wird, (ist) **weil** man nicht die Kraft anwendet. Mtsï I, I, VII, 10. 古之學者爲己、今之學者丨人。 *kù či hiok čè wéi kì*; *kīm . . . žîn.* Die im Alterthume studirten, (thaten es) **wegen** ihrer selbst (= zu ihrer eigenen Befriedigung); die jetzt . . . **wegen** Anderer (= um des Beifalls willen). LYü XIV, xxv. 非爲人泚。 *fēi wéi žîn ts'ì.* Nicht **wegen** Anderer (aus Scham vor den Leuten) schwitzten sie. Mtsï III, I, V, 4. 臣丨上丨德、丨下丨民。 *č'în wéi šáng wéi tek, wéi hià wéi mîn.* Der Minister sei ‚**für** oben **für** die Tugend, **für** unten **für** das Volk' (*amban serengge, dergi de oci, erdemu-i jalin, fejergi de oci, irgen-i jalin*). Der Sinn ist wohl: der M. vertrete zu Gunsten des Fürsten das sittlich Gute, zu Gunsten des Volkes dessen Interessen. Šu IV, VI, 7. 夫子丨衞君乎。 *fū-tsì wéi Wéi kiūn hû?* Ist der Meister **für** den Fürsten von Wei? 夫子不丨也。 Der M. ist nicht für ihn. LYü VII, XIV. 丨人謀 *wéi žîn meû*, für Andere verhandeln. LYü I, IV. 冉子丨其母請粟。 *Yèm-tsì wéi k'î mù ts'ìng suk.* Y. bat **für** seine Mutter um Getreide. Das. VI, III, 1. 善丨我辭焉。 *šén wéi ngò ts'î yên.* Lehne hübsch (höflich) **für** mich ab. Das. VII. 父丨子隱、子丨父隱。 *fú wéi tsì yìn . . .* Der Vater verhehlt (vertuscht) **zu Gunsten** des Sohnes u. u. Das. XIII, XVIII, 2. 所以爲蚳鼃、則善矣、所以自爲、則吾不知也。 *sò-ì wéi Č'î Nguā, tsek šén ì, sò-ì tsî-wéi, tsek ngû put čī yè.* Insoweit er **für** Č'. handelt, mag es gut sein; insoweit er **für** sich selbst . . ., wissen wir nicht (ob er Recht hat). Mtsï II, II, V, 3. 何求丨我。 *hô k'ieû wéi ngò?* Was sucht ihr **nach** mir? Ši III, III, V, 8. — So als Conjunction: 似也、爲其可以言也。 *ssî yè, wéi k'î k'ò ì yên yè.* (Du hast um das Oberrichteramt angehalten,) anscheinend, **weil** du dich voraussichtlich (*k'î*, in dieser Stellung) aussprechen könntest. Mtsï II, II, V, 2.

§. 798. Hieran reiht sich die Bedeutung eines ***dativus commodi:*** 丨王前驅。 *wéi wâng ts'iên k'iū.* Dem Könige fährt er voraus. Ši I, V, VIII, 1. 臣請丨王言樂。 *č'în ts'ìng wéi wâng yên yok.* Euer Unterthan (= ich) bittet (um die Erlaubniss) zu Euer Majestät von Musik zu reden. Mtsï I, II, I, 5. 丨經作傳。 *wéi kīng tsok čuén.* Zu den King machte er Aufzeichnungen. Kwpč II, 63 b.

§. 799. 爲 *wéi* findet sich auch zuweilen **prägnant**, adverbial, angewandt in der Bedeutung von 爲之 *wéi čī*: 克告於君、君丨來見也。 *K'ek kaó iü kiūn; kiūn wéi lâi kién yè.* Ich, K'., habe (dich) beim Fürsten angemeldet; der Fürst ist demzufolge zu Besuch gekommen. Mtsï I, II, XVI, 3.

§. 800. Dass 爲 *wéi* **postponirt** wird, kommt gleichfalls vor und kann Schwierigkeiten machen, wenn die Genitivpartikel fehlt: 非夫人之丨慟

而誰|。 fêi fû žîn čī wéi túng, rî šûi wéi? Wenn ich nicht wegen dieses Menschen trauern soll, wessentwegen dann? LYü XI, IX, 3. 使人樂|而俗弊改。 ssì žîn lok wéi rî suk pí kài. Man lasse um des Wohlbefindens der Leute willen den allgemeinen Missstand abstellen. Ma Tuan-lin (*Chin. curr.*, pag. 88). Vgl. §. 776, Abs. 2.

Fälle der regelmässigen Anteposition bieten die gebräuchlichen Verbindungen: 何爲 ***hô-wéi***, 曷爲 ***hot-wéi*** und 奚爲 ***hî-wéi*** (nach Anderen mit *wêi* im gleichen Tone) = warum?

C. Doppeltes 爲 (*wêi* oder *wéi*).

§. 801. Folgen im Satze zwei 爲 *wei* — gleichviel in welchem Tone — unmittelbar aufeinander, so sind sie syntaktisch zu trennen, und der Zusammenhang nach Aussen wird das Nähere ergeben. Beispiele: 君子曷||春秋。 *kiün-tsì hot-wéi wêi č'ün-ts'ieū?* Warum hat der Edle (Confucius) das Č'. verfasst? Ku-wen-yuen-kien (J.). 曷||執公貶。 *hot-wéi wéi čip* (r. 32) *kūng pìem?* Warum wurde er getadelt, weil er den Fürsten ergriffen hatte? (J.) 不知者、以||肉也、其知者、以||無禮也。 *put čī čè, i-wêi wéi žuk yè; k'î . . . wû lì yè.* Die ihn nicht kannten glaubten, (er thue es) wegen des (Opfer-)Fleisches; die ihn kannten . . . Unschicklichkeit. Mtsï VI, II, VI, 6. 奚其||政。 *hî k'î wêi wêi-čing.* Warum muss man daran denken, sich der Regierung zu widmen? LYü II, XXI, 2. 誰爲爲之。 *šûi wéi wêi čī?* Für wen machst du es? Kwpč V, 59 b.

IX.

惟、維、唯 *wêi.*

Vgl. Max Uhle, Beitrage zur Grammatik des vorclassischen Chinesisch. I. Die Partikel *wéi* im Schu-king und Schi-king. Leipzig, T. O. Weigel, 1880, 8⁰.

§. 802. Die drei Schriftzeichen 惟, 維 und 唯 *wêi* waren in der vorclassischen Zeit, soweit sie als Hülfswörter dienten, gleichwerthig; 惟 ist im Šu, 維 im Ši gebräuchlich, und in Letzterem findet sich ausserdem zweimal 唯.

Das Wort, seit der classischen Zeit nur noch ein Adverb von der Bedeutung **nur**, ist in der vorclassischen Sprache eines der wichtigsten und schwierigsten.

Anmerkung. Der vorclassische Gebrauch dieses Hülfswortes ist hier nur in den allgemeinsten Umrissen zu behandeln. Wegen des Näheren siehe Uhle's grundlegende Monographie.

§. 803. 惟 *wêi* steht bald vor dem Subjecte zu Anfang des Satzes, bald zwischen Subject und Prädicat, ist also seiner Stellung nach **adverbial.** Was seine Deutung in der vorclassischen Sprache erschwert, ist, dass es in den meisten Fällen anscheinend ohne wesentliche Aenderung des Sinnes weggelassen werden kann. Durch Uhle's Untersuchungen dürfte nun nachgewiesen sein, **dass 惟 *wêi*, ähnlich der Finale 也 *yè* der classischen Sprache, hinsichtlich des Prädicates constatirende, hinsichtlich des zu Anfang des Satzes stehenden, auf 惟 *wêi* folgenden Satztheiles hervorhebende Bedeutung hat.**

§. 804. Darnach sind scheinbar die Functionen und jedenfalls die für uns gebotenen Uebersetzungsweisen dieses Hülfswortes sehr mannigfaltig. Hervorzuheben ist namentlich:

a.) Inversion des Objectes. Zwischen dieses und das Verbum kann nach §§. 433 und 487 之 *či* oder 是 *ši* treten, es kann aber auch das Verbum unmittelbar auf sein logisches Object folgen: 寧王惟卜用 *Nîng wâng wêi puk yúng*, . . . König Ning, sich des Looses bedienend, . . . Šu V, xi, 7. 乃及王季、|德之行。 *nài kip wâng Kí, wêi tek či hîng.* Da mit dem Könige Ki (den Pfad der) Tugend wandelten sie. Ši III, ii, II, 2. |慢遊是好、傲虐是用。 *wêi mán-yeû ši haó, ngaó-yok ši yúng.* Trägheit und Zerstreuung die liebte er, Uebermuth und Bedrückung die übte er. Šu II, iv, 8.

b.) Sein, existiren, werden: 我聞|曰。 *ngò wên wéi yuet.* Ich höre dass gesagt ist. Šu V, x, 9. 我將我享、維羊維牛。 *ngò tsiāng ngò hiàng, wêi yâng wêi nieû.* Ich brachte dar, ich opferte, es war ein Widder, es war ein Rind. Ši IV, i, VII, 1. 予惟聽用德。 *iû wêi t'īng yúng tek.* ‚Ich bin hörend und befolgend die Tugend' = Einer der hört u. s. w. Šu V, xiv, 20. Zuweilen wird dies copulative 惟 *wêi* auch in Fällen gebraucht, wo es sich um **Zukünftiges,** Nothwendiges oder Gewolltes handelt. Uhle §. 13.

c.) Verwandt ist die Bedeutung **weil,** *c'est que*: 今我曷敢多誥、我惟大降爾四國民命。 *kīm ngò hot kàm tō kaó? ngò wêi tá kiáng rì ssí kuok mîn míng.* Nun warum wage ich viel zu verkünden? weil ich sehr das Loos des Volkes eurer vier Staaten mildere (drei Genitive!). Šu V, xviii, 20.

d.) In mannigfaltigster Weise wirkt 惟 *wêi* **gegensätzlich,** sowohl zwischen Satztheilen als zwischen Sätzen: |齊非齊 *wêi ts'î fēi ts'î,* ordnen was nicht geordnet ist. Šu V, xxvii, 19. 罔非酒|行。 *wàng fēi tsieù wêi* *hîng*. Nichts als Wein war es, womit sie sich abgaben. Das. x, 3. 罔有不克、|既厥心。*wàng yuet put k'ek wêi kí kiuet sīm*. Sagt nicht, ihr könntet nicht, **sondern** rüstet eure Herzen. Das. xxiv, 15. 鹿斯之奔、維足伎伎。*luk ssï čī puēn, wêi tsuk k'ì-k'ì*. Der Hirsch, der läuft, **aber** seine Füsse sind träge. Ši II, III, III, 5.

e.) Hervorhebung des Subjectes oder satzeröffnenden Adverbs: |戊午、王次于河朔。*wêi Meú-ngù, wâng ts'ï iü hô šok*. Es war (am Tage) M., da hielt der König auf dem Nordufer des Stromes. Šu V, I (II) 1; |聖罔念作狂、|狂克念作聖。*wêi šíng wàng niém tsok k'uâng; . . . k'ek . . .* Der Weise, hat er nicht Ueberlegung, handelt närrisch; der Narr, kann er überlegen, handelt weise. Das. XVIII, 17. So auch einen Satztheil **isolirend** (absolut stellend), um ihn hernach durch ein Pronomen zu wiederholen: 維柞之枝、其葉蓬蓬。*wêi tsok čī čī, k'î yep p'ûng-p'ûng*. Die Aeste der Eiche, deren Laub ist üppig (wirr?). Ši II, VII, VIII, 4.

§. 805. In der **classischen und nachclassischen Sprache** ist 惟 *wêi* = nur: 無憂者、其|文王乎。*wû yeū čè, k'î wêi Wên wâng hû*. Ohne Kummer (= frei von K.) war vielleicht nur König Wen. Čung-yung XVIII, 1. |仁者、能好人、能惡人。*wêi žîn čè, nêng haó žîn, nêng ngú žîn*. Nur der Pflichttreue ist fähig Menschen zu lieben und Menschen zu hassen. LYü IV, III.

IV. Capitel.

Die Finalpartikeln.

Einleitung.

§. 806. Alle hier zu behandelnden Hülfswörter sind ihrer Wirkung nach **modal**, und zwar zunächst nicht logisch, sondern **psychologisch**, das heisst: sie erklären in erster Reihe nicht die Beziehungen der Begriffe und Gedanken untereinander, sondern das Verhältniss des Redenden zur Rede, seine Stimmung oder Absicht dabei (vgl. §. 401). Nur mittelbar, in zweiter Reihe, können sich daraus logische Modalitäten, z. B. Gewissheit, Möglichkeit, Wahrscheinlichkeit, ergeben.

Anmerkung. Der naheliegende Vergleich dieser Partikeln mit unseren Interpunctionszeichen ist bei aller Plumpheit nicht ganz unzutreffend. Was diese Zeichen uns andeuten: Steigen, Fallen, Ruhen der Stimme und noch manches Andere, das wird im Chinesischen wenigstens theilweise durch besondere Wörter ausgedrückt. Dass diese Sprache

海上絲綢之路文獻集成 科技與文化編

die rhetorische Betonung einschränkt, konnte nicht zur Schöpfung solcher Wörter führen; denn diese sind wohl ebenso naiv, wie unser ‚he? halt, sagt' er' und andere Einschiebsel der niederen Umgangssprache, und ihresgleichen findet sich auch in Sprachen, welche keine dem Einzelworte anhaftenden Stimmbiegungen kennen. Wohl aber mochte jene Eigenthümlichkeit des Chinesischen der Erhaltung und Pflege dieser Wörtchen zu Statten kommen.

§. 807. Die Frage nach **Herkunft und Grundbedeutung** dieser Wörter ist nur bei einzelnen derselben mit mehr oder minderer Wahrscheinlichkeit und vermuthlich nicht bei allen gleichartig zu beantworten:

a.) Für **verbalen** Ursprunges hat mit Sicherheit 云 *yûn* und mit Wahrscheinlichkeit die ganze Gruppe derer zu gelten, welche zugleich als Präpositionen gebraucht werden (vgl. §. 400).

b.) Ursprünglich **pronominal** mag 爾 *rì*, vielleicht auch 也 *yè* und 焉 *yên* sein.

c.) Ob dies oder jenes der hierher gehörigen Wörter — etwa 哉 *tsāi*, 兮 *hî* — von Hause aus eine **Interjection** sei, muss unentschieden bleiben.

Anmerkung. Die Wortstellungsgesetze geben hierbei überall keinen Aufschluss; eher darf man vielleicht sagen, sie seien durchbrochen durch das Bedürfniss des Redenden, die Rede nachträglich sozusagen zu retouchiren, Aus- und Eindruck derselben zu verstärken oder zu mildern, mit einem Worte, nicht nur etwas, sondern sich selbst auszusprechen.

§. 808. Die **Stellung** der Finalen kann eine doppelte sein:

1. satzschliessend, — dies bildet die Regel;

2. einen **Satztheil abschliessend**; diese Stellung ist vielleicht nicht bei allen zulässig, bei einzelnen jedenfalls wenig gebräuchlich.

Anmerkung. Die Finalen bei der Analyse der Texte richtig zu deuten, ist in der Regel leicht, sie richtig anzuwenden aber um so schwieriger. Daher sind sie im synthetischen Systeme eingehender zu besprechen als hier.

I.

也 *yè.*

§. 809. Satzschliessendes 也 *yè* ist **constatirend,** aber unübersetzbar: 吾見其進也、未見其止也。*ngû kién k'î tsín yè, wéi kién k'î čì yè.* Ich sah ihn vorwärtsschreiten, ich sah ihn noch nie stillstehen. LYü IX, xx. 天地之道、博也、厚也、高也、明也。*t'iēn tí čī taò, pok yè, heú yè, kaō yè, mîng yè.* Der Weg (die Norm) des Himmels und der Erde ist weit, ist dicht, ist hoch, ist klar. Čung-yung XXVI, 8.

So schliesst auch 也 *yè*, versichernd, einen bedingten Nachsatz: 爾還而入、我心易也、還而不入、否難知也。壹者之來、俾我祇也。*rî huân rî žip, ngò sīm í yè; huân rî put žip, feù nân čī yè; yit-čè čī-lâi, pèi ngò k'î yè.* Kehrst du zurück und trittst du ein, ist mein Herz erleichtert; kehrst du zurück und trittst nicht ein: ist die Ablehnung schwer zu begreifen; kommst du einmal angegangen, machst du, dass ich mich beruhige. Ši II, v, V, 6.

Wegen der Form: Subj. 者 *čè*, Präd. 也 *yè* vgl. §. 458.

§. 810. 也 *yè* am Ende von **Fragesätzen** ist nicht fragend, sondern gleichfalls constatirend und nur durch Umschreibungen wiederzugeben: 子張問十世可知也。*Tsì-čāng wén šip ší k'ò čī yè?* heisst etwa: Ts. fragte, ob der Satz wahr sei, dass (die Angelegenheiten von) zehn Generationen gewusst werden können. 也 *yè* beschliesst also eine Behauptung, welche ihrerseits Gegenstand der Frage ist. LYü II, xxiii, 1. 何由知吾可也。*hô yeû čī ngû k'ò yè?* Woher weisst du, dass ich kann? = worauf stützt sich deine Gewissheit, deine Versicherung, dass u. s. w. Mtsï I, i, VII, 4.

何也 ***hô yè,*** prädicativ am Ende von Sätzen, = was ist . . .? 其故||。*k'î kú hô yè?* Was ist dessen Ursache? (Man denke hinzu: 必有故。Es muss eine Ursache haben.) Han-fei-tsï IX, 4 a. — Wegen 是也 ***ší-yè*** vgl. §. 482.

§. 811. 也 *yè* **hinter dem ersten Satzgliede** hebt dieses — gleichfalls mit einer Art constatirender Wirkung — hervor:

a.) Hinter dem **Subjecte**, zumal oft hinter Eigennamen: 吾友張也、爲難能也。*ngû yeù Čāng yè, wêi nân nêng yè.* Mein Freund Č. da ist in Schwierigem fähig (Zottoli: *facit difficilia tentatu*). LYü XIX, xv. 古之狂也肆、今之狂也蕩、古之矜也廉、今之矜也忿戾、古之愚也直、今之愚也詐而已矣。*kù čī k'uâng yè ssî, kīm . . . táng; . . . kīng yè liêm, . . . fèn lí; . . . iû yè čik, . . . čá rî ì ì.* Der Hochmuth des Alterthums war grossartig, der H. der Jetztzeit ist ausschweifend; der Ernst . . . enthaltsam, . . . heftig und arg; die Einfalt . . . bieder, . . . verschmitzt und weiter nichts. LYü XVII, xvi, 2. Der Sinn ist hier überall: der wirklich vorhandene Hochmuth u. s. w., nicht: der etwaige. — Wegen 也者 *yè čè* vgl. §. 473.

b.) Hinter **adverbialen Satzeröffnungen**: 吾聞國家之立也、本大而末小、是以能固。*ngû wên kuok-kiā čī lip yè, pèn tá rî mot siaò, ší-ì nêng kú.* Ich höre, wenn bei Errichtung eines Staatswesens die Wurzel gross, das Gezweige aber klein sei, so könne man dadurch sicher sein. Tso-čuen II, 2. 未有天地之先、畢竟也只是理。*wéi yeù t'iēn tí čī siēn, pit*

海上絲綢之路文獻集成 科技與文化編

(r. 102) *king yè, ?i śí ?i.* Ehe Himmel und Erde vorhanden waren, war überhaupt (eigentl. endlich) nur Vernunft. Sing-li X, 1 b. So finden sich 古也 *kù yè*, vor Alters, 今也 *kīm yè*, heutzutage, zu Anfang von Sätzen. — Wegen der Redensart: *A* 之於 *B* 也 vgl. §. 740.

§. 812. Eigenthümlich ist die gebräuchliche Wendung: 必也 . . . 乎 ***pit-yè . . . hû.*** 君子無所爭、||射乎。*kiün-tsï wû sò čēng, pit-yè šé hû.* Der Edle wetteifert in Nichts, **höchstens etwa** im Bogenschiessen (*hono gabtara de dere*). LYü III, VII. 不得中行而與之、||狂狷乎。*put tek čūng hîng rî iü čī; pit-yè k'uâng kiuén hû.* Ich finde nicht Mittelwegige, mit denen ich verkehren (könnte), **höchstens etwa** Eifrige und Bedächtige. Das. XIII, XXI. Vgl. Mtsï VII, II, XXVII, 2. 何事於仁、||聖乎。*hô sśï iü žîn? pit-yè šing hû.* Was hat das mit Pflichttreue zu thun? (es ist viel mehr;) **allenfalls** (passt etwa die Bezeichnung) heilig. LYü VI, XXVIII, 1; vgl. VII, X, 3. — Man beachte, dass immer ein negativer Satz (oder eine rhetorische Frage) vorausgeht, und 必也 berichtigend das Maximum oder Minimum einführt, welches zugestanden wird.

II.

矣 *ì.*

§. 813. Der obere Theil von 矣: 厶 ist von Hause aus eine Abkürzung von 㠯, welches seinerseits die ursprüngliche Form von 以 *ì*, nehmen, darstellt. Somit unterscheiden sich 以 und 矣 nur durch die Radicale. Dass beide Wörter nur künstlich, durch die Schrift, einander entähnlicht seien, ist wahrscheinlich. Die Finale 矣 *ì* gibt der Rede den Werth einer **subjectiven Meinungsäusserung**;*) das oberdeutsche ‚halt', das ‚*dare say, I guess, I calculate*' der Engländer und Amerikaner geben es ziemlich genau wieder, und unsere Schriftsprache behilft sich dafür passend mit einem ‚wohl' oder mit den Hülfsverben: dürfte, möchte. Wie im Deutschen, so scheint nun auch im Chinesischen ‚nehmen' (annehmen, halten) zugleich im geistigen Sinne = denken, meinen, gebraucht worden zu sein. Beispiele: 丘之禱久矣。*K'ieū čī taò kieù ì.* Dass ich, K'., gebetet habe, dürfte lange her sein. LYü

---

*) Das Verdienst, dies nachgewiesen zu haben, gebührt Herrn Dr. W. Vissering (*On Chinese Currency*, ch. I, pag. 3 und öfter).

漢文經緯

VII, xxxiv. 吾老矣、不能用也。 *ngû laò ì; put nêng yúng yè.* Ich bin wohl (zu) alt; ich kann (ihn oder seine Rathschläge) nicht gebrauchen (das weiss ich, *yè*) Das. XVIII, 3.

§. 814. Nicht selten schliesst von zwei gegensätzlich coordinirten Sätzen der erste mit 矣 *ì*, der zweite mit 也 *yè*. Dann ist die Wirkung eine **concessive**: A mag sein, — ich will es annehmen: aber B ist, — das weiss ich sicher. 由也、升於堂矣、未入於室也。 *Yeû yè, šing iû t'âng ì, wéi žip iû šit yè.* Yeu da **mag wohl** zur Vorhalle hinangestiegen sein, **aber** er ist noch nicht in die Innengemächer eingetreten. LYü XI, xiv, 2. 水火吾見蹈而死者矣。未見蹈仁而死者也。 *šùi huò ngû kién t'aó rî ssï čè ì, wéi kién . . . yè.* In Wasser und Feuer habe ich **wohl** Leute treten und (davon) sterben sehen; **aber** ich habe noch Keinen gesehen, der vom Eintritte in die Pflichttreue gestorben wäre. (Man beachte, wie wirksam der Gegensatz auch durch die Wortstellung hervorgehoben ist). Das. XV, xxxiv. Vgl. Mtsï II, ii, V, 3.

§. 815. Am Schlusse **bedingter** oder bedingt gedachter Sätze pflegt 矣 ì anzudeuten, dass etwas zu erwarten ist oder zu erwarten war, — englisch: *will, would.* 以能問於不能、以多問於寡、有若無、實若虛、犯而不校、昔者吾友、從事於斯矣。 *ì nêng wén iû put nêng, ì tō . . . kuà, yeù žok wû, šit žok hiū, fám rî put kiaó: sik-čè ngû yeù, ts'ûng ssï iû ssï ì.* Als Befähigter Unbefähigte befragen, vielbegabt gering Begabte befragen, haben als ob man nicht hätte, voll sein als ob man leer wäre, beleidigt sich nicht rächen (nicht nachtragen): vor Alters ein Freund von mir verfolgte (*would pursue*) die Sachen auf diese (Art, das heisst: beobachtete ein solches Verfahren. — Hier enthalten die ersten Glieder der Vordersätze Umstandsangaben). LYü VIII, v. 君命召、不俟駕行矣。 *kiūn míng-čaó, put ssï kiá hîng ì.* Wenn ihn der Fürst zu sich beschied, ging er ohne das Anschirren abzuwarten. Das. X, xiii, 4. 如有所譽者、其有所試矣。 *žû yeù sò iû čè, k'î yeù sò ší ì.* Wenn ich etwas hochpreise, so wird etwas (von mir) Erprobtes daran sein. Das. XV, xxiv, 1.

§. 816. Wird mit rhetorischem Nachdrucke das **Prädicat vor das Subject** gestellt, so kann 矣 ì zwischen beide treten und hat dann seine gewöhnliche Bedeutung: 逖矣西土之人。 *tik ì sī t'ù čī žîn.* Weit her (kommt ihr) wohl, Leute der westlichen Länder. Šu V, ii, 1. 甚矣吾衰也、久矣吾不復夢見周公。 *ším ì ngû šuāi yè, kieù ì ngû put fuk múng* (r. 36) *kién Čeū kūng.* Arg ist wohl mein Verfall, lange wohl ist es, dass ich nicht den Čeu-Fürsten im Traume gesehen habe. (Der Verfall ist Thatsache: *yè*; dass er sehr arg sei, ist subjective Meinung: ì.) LYü VII, v.

海上絲綢之路文獻集成 科技與文化編

§. 817. Eine entsprechende Bedeutung hat 矣 *i* auch dann, wenn es im nicht invertirten Satze **zwischen das Subject oder einen adverbialen Satztheil und das Prädicat** tritt. Fälle dieser Art sind selten: 惡不仁者、其爲仁矣、不使仁不者、加乎其身。*ngú put žîn čè, k'î wêi žîn i, put ssì put žîn čè, kiā hû k'î šîn.* Wer das nicht Pflichtgemässe hasst, der wird in seiner Pflichtübung (§. 379, — welche ihm zuzutrauen ist: *i*) nicht zulassen, dass nicht Pflichtmässiges seine Person beeinflusse. LYü IV, vi, 1.

§. 818. Zu merken sind **prädicative** (satzschliessende) **Ausdrücke mit** 矣 ***i***, wie:

久矣 ***kieù i,*** (dass ...) ist wohl lange her; längst, vor langer Zeit.

明矣 ***mîng i,*** (dass ...) leuchtet wohl ein; offenbar. Sün-tsï (Legge, Cl. II, Prol. 82, 83, 88); Han-fei-tsï IX, 6 b.

多矣 ***tō i,*** (wenn ...) so dürfte es schon viel sein, höchstens. Tsočuen II, 5.

Man sieht, es sind dies Fälle, wo der Chinese die prädicative Ausdrucksweise vor der adverbialen bevorzugt.

III.

已 *i.*

§. 819. 已 *i*, als *verbum neutrum* = enden, aufhören, als *neutrum transitivum* = von etwas abstehen, sich davon zurückziehen, darauf verzichten, als Hülfsverbum (§. 309 i) ein Ausdruck für das Perfectum, erscheint als Finale etwa in der doppelten, zeitlichen und logischen Bedeutung unserer Adverbien: **endlich, schliesslich, am Ende** (*enfin, finir par, finalement*): 然則王之所大欲可知已、欲辟土地。*žân-tsek wâng čī sò tá yuk k'ò čī i: yuk pik t'ù-tí.* Dann also ist endlich zu verstehen, was Eure Majestät sehr wünscht: sie wünscht das Gebiet zu erweitern. Mtsï I, i, VII, 16. 苟無恆心、放辟邪侈、無不爲已。*keù wû hêng sīm, fáng-pí siê-č'ì, wû put wêi i.* Wenn sie nicht feste Gesinnung haben, so ist schliesslich keine Liederlichkeit und böse Ausschweifung, welche sie nicht treiben. Das. 20. 援而止之而止者、是亦不屑去已。*yuán rî čī čī rî čī čè, ší yik put siet k'iū i.* Wenn man ihn ziehend (= dringlich, im Amte) festhielt, und er blieb: so war dies schliesslich auch (soviel als) dass er es nicht für würdig hielt (*hihalarakôngge*) zu gehen. Das. II, i, IX, 2.

漢文經緯

IV.

焉 *yên.*

§. 820. Die Finale 焉 *yên,* ursprünglich wohl = wie, oder: so, und mit dem Fragworte 焉 *yên* identisch oder doch verwandt, ist immer von **schildernder** oder **beschreibender** Wirkung. Dies äussert sich auf mannigfache Weise.

§. 821. Meist steht 焉 *yên* **am Ende des Satzes,** und dann ist in der Regel das Prädicat durativ zu verstehen: 君子之言、不下帶、而道存焉。 *kiün-tsï čī yên, put hiá tái, rî taò ts'ûn yên.* Eines Edeln Worte gehen nicht weiter hinunter als der Gürtel (= scheinen auf der Hand zu liegen), aber Principien sind darin enthalten (*yên* etwa = sie sind so, dass Principien u. s. w.). Mtsï VII, II, XXXII, 1. 國有道、不變塞丨。 *kuok yeù taò, put pién sek yên.* Herrschen im Staate (die rechten) Principien, so bewahrt er seine Zurückhaltung unverändert. (‚Bewahren' dürfte hier annähernd die Wirkung von *yên* wiedergeben.) Čung-yung X, 5. 致中和、天地位丨、萬物育丨。 *čí čūng huô, t'iēn tí wéi yên, wán wut yük yên.* Bei vollkommener Mittehaltung und Harmonie sind Himmel und Erde in Ordnung, alle Dinge im Gedeihen. Das. I, 5.

§. 822. Oft bereitet satzschliessendes 焉 *yên* auf das Folgende vor, erweckt die Erwartung darauf (Legge, Cl. I, Ind. 348): 古之人所以大過人者、無他丨、善推其所爲而已矣。 *kù čī žîn sò-ì tá kuó žîn čè, wû t'ā yên: šén t'ūi k'î sò wêi rî-ì-ì.* Das, wodurch die Menschen des Alterthums die Anderen sehr übertrafen, war nichts Anderes **als dies:** sie verstanden auszuführen was sie thaten, — das war Alles. Mtsï I, I, VII, 12. 君子之道四、丘未能一丨、所求乎子、以事父、未能也。 *kiūn-tsï čī taò ssī, K'ieū wéi nêng yit yên: sò k'ieû hû tsï, ì ssī fú, wéi nêng yè.* Des Edlen Principien sind vier; ich vermag noch nicht ein einziges (derselben zu beobachten; **ich meine,)** was man vom Sohne verlangt, damit dem Vater zu dienen, vermag ich noch nicht; (folgen noch drei Parallelsätze). Čung-yung XIII, 4. 仁之於父子也、義之於君臣也、禮之於賓主也、智之於賢者也、聖人之於天道也、命也、有性焉、君子不謂命也。 *žîn čī iū fú tsï yè, ngí . . . kiūn č'în yè, lì . . . pīn čù yè, čí . . . hiên-čè yè, šíng žîn . . . t'iēn taò yè, míng yè; yeù síng yên: kiūn-tsï put wéi míng yè.*

Die Pflichttreue in Beziehung auf Vater und Sohn, die Rechtlichkeit . . . Fürst und Minister, die gute Sitte . . . Gast und Wirth, die Klugheit . . . den Weisen, der heilige Mensch . . . den Pfad des Himmels — (beruhen auf himmlischer) Fügung; **sofern** (aber) Natur dabei in's Spiel kommt, sagt der Edle nicht, es sei Fügung. Mtsï VII, II, XXIV, 2.

§. 823. So findet sich satzschliessendes 焉 *yên* selbst da, wo wir das Folgende durch einen **Relativsatz** übersetzen werden: 今有人丨、力能行之、而識不足以知之。 *kīm yeù žîn yên, lik nêng hîng čī, rî šik put tsuk ì čī čī.* Jetzt gibt es Menschen, **welche** nach ihren Kräften es üben können und deren Wissen doch nicht genügt es zu begreifen. Sing-li VIII, 1 a. 南方有鳥丨、名曰蒙鳩。 *nâm fāng yeù niaò yên, mîng yuet mûng-kieū.* In den südlichen Gegenden gibt es einen Vogel, **welcher** mit Namen M. heisst. Süntsï I, 2 a.

§. 824. Aehnlich 然 *žân* und anderen Hülfswörtern der zweiten Gruppe, bildet nachgefügtes 焉 *yên* eine Art **beschreibender Composita**: 始舍之、圉圉丨、少、則洋洋丨。 *sì šè čī, iù-iù-yên; šaò, tsek yâng-yâng-yên.* Als ich ihn (den Fisch) zuerst losliess, war er wie schüchtern, nach kurzer Zeit schien er munterer. Mtsï V, II, II, 4. 性丨安丨、則精明應妙。 *síng-yên ngān-yên, tsek tsīng mîng yīng miaó.* Naturgemäss, ruhig, dann ist er lauter, klar, angemessen und vollkommen. T'ung-šu IV, 3. So mit attributivem 之 *čī*: 賈之家六、而貲丨之家一。 *kù čī kiā luk, rî tsī-yên čī kiā yit.* Häuser von Krämern gibt es sechs, aber reich seiende Häuser (nur je) eins (auf sechs Kramläden). Han-iü (Kwpč. VI, 40 b). Dagegen: 由是而之丨之謂道。 *yeû ší rî čī yên čī wéi taò.* Diesem gemäss gehen (*yên*, durativ), das heisst der Pfad. Das. 42 b.

§. 825. Auch 焉而 ***yên-rî*** findet sich in ähnlicher, doch wohl stärkerer Bedeutung als blosses 而 *rî* (§. 624) zwischen Subject und Prädicat: 子丨丨不父其父、臣丨丨不君其君、民丨丨不事其事。 *tsì yên rî put fú k'î fú, č'în . . . kiūn, . . . mîn . . . ssí . . .* Sohn seiend, nicht seinen Vater als Vater behandeln, Minister . . . Fürsten . . ., dem Volke angehörend, nicht seine Pflichten als Pflichten behandeln. Han-iü (l. c. 42 b).

§. 826. Die Verbindung 焉者 ***yên-čè*** ist eine ganz lose: beide Hülfswörter beeinflussen einander in Ansehung ihrer Bedeutungen nicht: 其爲人也、寡欲、雖有不存丨丨、寡矣。 *k'î wêi žîn yè, kuà yuk; sūi yeù put ts'ûn yên čè, kuà ì.* Es sei ein Mensch, der wenig Wünsche hat: Wenn es auch (Tugenden) gibt, die er nicht hegt (§. 538), so dürften das wenige sein.

海上絲綢之路文獻集成 科技與文化编

漢文經緯

Mtsï VII, II, XXXV. 過我門、而不入我室、我不憾||、其惟鄉原乎。*kuó ngò mên, rî put žip ngò šit, ngò put hám yên če, k'î wêi hiāng-yuén hû!* Die an meiner Thür vorbeigehen und nicht in mein Haus eintreten, ohne dass ich verdriesslich werde, das sind wohl nur die Tugendhaften vom Dorfe (原 = 愿). Das. XXXVII, 8. 性之品有上中下三、上||善焉而已矣。*síng čī p'ìm yeù šáng čūng hià sām; šáng yên čè šén yên rî-ì-ì.* Grade der Natur gibt es einen oberen, einen mittleren und einen unteren, (diese) drei; der obere ist lediglich gut; (folgt 中|| . . . 下||). Han-iü (Legge, Cl. II, Prol. 92).

V.

與 *iû*.

§. 827. Die Finale 與 *iû*, wofür auch das jüngere 歟 *iû* üblich, ist vermuthend und fragend, zuweilen Erstaunen anzeigend. Sie angemessen zu übersetzen hat oft Schwierigkeiten; zuweilen werden Wendungen wie: Wäre wirklich . .? *serait-ce que* . .? — passen; oft aber auch gibt die rhetorische Frage den Sinn wieder, und gelegentlich thut man besser, die fragende Form durch eine vermuthend aussagende zu ersetzen: 周公知其將畔而使之|。曰、不知也。然則聖人且有過|。*Čeū-kūng čī k'î tsiāng puán rî ssì čī iû? yuet: put čī yè. žân-tsek šíng žîn ts'iè yeù kuò iû?* Hätte wirklich der Čeu-Fürst, wissend, dass er sich empören würde, ihn angestellt? — Antwort: ich weiss nicht. — Also scheint es, dass ein heiliger Mensch noch dazu Fehler haben (begehen) könne? Mtsï II, II, IX, 3. 君子之爲道也、其志亦將以求食|。*kiūn-tsì čī wêi taò yè, k'î čí yik tsiāng ì k'ieû šik iû?* Der Edle hat bei seinem Wandel wohl auch die Absicht sich dadurch sein Brod zu erwerben? Das. III, II, IV, 4. 子欲子之王之善|。*tsì yuk tsì čī wâng čī šén iû.* Sie, Herr, scheinen Ihres Königs (sittliches) Wohl zu wünschen. Das. VI, 1. 是何言|、是何言|。*ší hô yên iû! . . .* Was sind das für Reden! . . . Ku-wen hiao-king XX.

§. 828. Auch **in der Mitte der Sätze** findet sich 與 *iû* als eine Interjection. Fälle dieser Art dürften aber selten sein: 於予|改是。*iû Iû iû kài ší.* Bei Iü, ach, änderte ich dies! LYü V, IX, 2.

21*

海上絲綢之路文獻集成 科技與文化编

VI.

乎 *hû.*

§. 829. 乎 *hû*, am Satzende stehend, ist die gebräuchlichste **fragende** Schlusspartikel der classischen und nachclassischen Sprache. In den Denkmälern aus der vorclassischen Zeit findet sie sich nur ganz vereinzelt: 吁、嚚訟、可乎。 *hiû! ngîn súng; k'ò hû?* Ach, (er ist) falsch und streitsüchtig! geht er an? (ist er zur Anstellung geeignet?) Šu I, 9. 學詩乎。 *hiok ši hû?* Hast du das Ši (-king) studirt? LYü XVI, XIII, 2. 仲尼豈賢於子乎。 *Čúng-nî k'ì hiên iü tsì hû?* War Č. (= Confucius) etwa weiser als Ihr, Herr? Das. XIX, XXV, 1.

Wiederholtes 乎 *hû* bildet Alternativfragen: 且子食志乎、食功乎。 *ts'iè tsì tsí čí hû? tsí kūng hû?* Und ferner: lohnen Sie Absicht, **oder** lohnen Sie die Leistung? Mtsï III, II, IV, 4.

§. 830. Ausrufendes 乎 *hû* findet sich sowohl am Satzende, als auch bei invertirtem Prädicate zwischen diesem und dem Subjecte: 巍巍乎、唯天爲大、唯堯則之。 *nguêi-nguêi hû! wêi t'iēn wêi tá, wêi Yaô tsek čī.* Wie erhaben! Nur der Himmel ist gross, nur Yao nahm ihn zum Vorbilde. LYü VIII, XIX, 1. 巍巍乎、其有成功也。 *nguêi-nguêi hû, k'î yeù č'îng kūng yè.* Erhaben sind die Werke, welche er vollendet hat! Das. 2.

VII.

夫 *fû.*

§. 831. 夫 *fû* am Satzende ist ausrufend: 逝者如斯夫、不舍晝夜。 *ší čè žû ssï fû! put šè čeú yé.* Das Dahinschwinden gleicht dem! es lässt nicht nach bei Tag und Nacht. LYü IX, XVI.

VIII.

哉 *tsāi.*

§. 832. 哉 *tsāi*, es mag nun mitten im Satze oder am Ende desselben stehen, ist immer ausrufend. Besonders oft schliesst es rhetorische Fragen:

豈好辯哉。 *k'ì haó pién tsāi*? Liebe ich etwa, mich zu streiten?! Mtsï III, II, X, 13. 何以異於人哉。 *hô-ì í iû žîn tsāi*? Wodurch unterscheide ich mich von Anderen?! Das. IV, II, XXXII. — Aber auch behauptende Sätze kann es bekräftigen: 有是哉。 *yeù ší tsāi*! Das gibt es ja! LYü XIII, III, 3.

§. 833. Wo in ausrufender Rede das grammatische Prädicat vor das Subject tritt, da pflegt zwischen beide 哉 *tsāi* eingeschoben zu werden. Es hat dann bekräftigende Wirkung: 善 | 問。 *šén tsāi wén*! Wahrlich, eine gute Frage! LYü XII, XXI, 2. 何哉爾所謂達。 *hô tsāi rì sò wéi tat*? Was verstehst du eigentlich unter durchdringend? Ssï-ki LXVII, 14 a.

IX.

邪、耶 *yê*.

§. 834. 邪 *yê* — sonst *siê* gesprochen = verderbt, schlecht —, sowie 耶 *yê*, welches insoweit als Nebenform des Ersteren gilt, wird von einigen Schriftstellern als fragende Finale gebraucht: 今將以禮義積僞爲人之性邪。 *kīm tsiāng ì lì ngí tsik nguéi wêi žîn či síng yê*? Wirst du nun gute Sitte, Rechtlichkeit und das (dazu) gehäufte Gethue für des Menschen Natur halten? Sün-tsï (Legge, Cl. II, Prol. 87). 使予也而有用、且得此大也邪。 *ssì iû yè rî yeù yúng, ts'iè tek ts'ì tá yè yê*? Nimmst du an, dass ich, wenn ich einen Nutzen hätte (§. 624), zudem diese Grösse erreicht haben würde? (So lässt Čuang-tsï einen Baum sagen.) Prémare, N. l. s., pag. 165.

X.

爾、耳 *rì* (而 *rî*).

§. 835. Steht 爾 *rì* oder 耳 *rì* als Finalpartikel am Ende eines Satzes, so hat es die Bedeutung: **nur, blos**: 君子胡不慥慥爾。 *kiün-tsì hû put ts'aó-ts'aó rì*? Wie wäre der Edle nicht lediglich aufrichtig? Legge: *Is it not* ***just*** *entire sincerity, which marks the superior man*? Čung-yung XIII, 4. 便便言、唯謹爾。 *p'iên-p'iên yên, wêi kìn rì*. Eingehend sprach er, doch nur vorsichtig. LYü X, I, 2. 前言戲之耳。 *ts'iên yên hí či rì*. Mit meinen vorigen Worten habe ich nur gescherzt. Das. XVII, IV, 4.

Wegen des finalen 而 *rî* vgl. §. 637.

海上絲綢之路文獻集成 科技與文化編

XI.

云 *yûn.*

§. 836. 云 *yûn*, sagen, hat als Finalpartikel seine verbale Bedeutung (‚sagt er' u. s. w.) und entspricht etwa unserem schliessenden Anführungszeichen: 亦言北界別無錢幣、惟用中國錢云。 *yik yên pek kiái piet wû ts'iên-pí, wêi yúng Čūng-kuok ts'iên yûn.* Auch sagte er, in den nördlichen Marken hätte man keine besonderen (*piet*, adv. statt adj., §. 384 b) Münzen, man gebrauche nur das Geld des Mittelreiches. Ma Tuan-lin IX, 28 a.

XII.

Häufungen von Finalen.

§. 837. Häufungen von Finalen finden sich vorzüglich, wo nicht ausschliesslich am Satzende. Ihre Bedeutung ergibt sich ohne Weiteres, wenn man den Sinn der einzelnen hierher gehörigen Wörter kennt und davon ausgeht, dass jedes derselben das ganze Vorausgehende modal beeinflusst. Eben hieraus ergibt sich aber auch eine gewisse Regelmässigkeit in der Reihenfolge der Elemente: je subjectiver, rhetorischer, je mehr der Empfindung angehörend eine Finale ist, desto mehr pflegt sie an's Ende gerückt zu werden. Man kann darnach vier Reihen aufstellen:

1. 也 *yè*, 焉 *yên*; 云 *yûn*;
2. 已 *ì* (mit Ausnahmen);
3. 矣 *ì*;
4. 乎 *hû*, 夫 *fû*, 邪 *yê*, 與 *iû*, 哉 *tsāi*; wogegen 爾、耳 *rì* keinen festen Platz hat.

Die einzelnen Verbindungen dieser Art bedürfen nach Obigem keiner besonderen Erklärung. Aufzuführen sind: 也已 LYü II, xvi; VI, xxviii, 3; VIII, ix; IX, xxii; XVII, xxvi. 也已矣 Das. VIII, xx, 4; IX, xxiii; XII, vi. 也夫 Ssï-ki LXVII, 3 b. 也哉 LYü XVII, vii, 4; 也與 LYü VI, vi; IX, xxvi, 1; XI, xxv, 11. 也與哉 Das. XVII, xv, 1. 也邪 Prémare, N. l. s. 165. 焉哉、焉耳矣 Mtsï I, i, III, 1; 焉耳乎 LYü VI, xii. 已矣

漢文經緯

LYü I, xv, 3; XIX, i. 已矣乎、已矣夫 (Prémare) 已夫 LYü XV, xxv. 已乎 (Prémare), aber auch 乎已 LYü XVII, xxii. 矣夫 LYü VI, xxv; IX, xxi; XII, xv. 矣乎 Das. VI, xxvii; XII, iii, 3. 矣哉 Das. IX, xi, 3; XVII, xxii. 乎哉 Das. IX, vii. 乎耳 (Prémare). 哉乎 Mtsï VII, i, XXXVI, 1. 爾也 Das. III, i, V, 3; VI, i, IX, 1. 耳矣 Das. IV, i, XXII; VI, i, VI, 7. Wegen 而已矣、而已也 siehe §. 642a. 云耳(爾) LYü VII, xviii, 2. 云爾已矣 Das. VII, xxxiii. 云乎 u. s. w.

海上絲綢之路文獻集成 科技與文化編

Zweites Hauptstück.

Bestimmung der Redetheile.

Einleitung.

§. 838. Die grosse Mehrzahl der chinesischen Wörter gehört nicht ein für alle Male einem bestimmten, sondern je nach dem Satzzusammenhange — der Wortstellung, den begleitenden Hülfswörtern — bald diesem, bald jenem Redetheile an — vgl. §. 272. — Daher sieht man sich bei der Textanalyse fast auf Schritt und Tritt vor die Aufgabe gestellt, zu bestimmen, welchen Redetheil einzelne Wörter jeweilig vertreten. So werden in diesem Hauptstücke die Grundregeln der Analyse (§§. 274—279) eine Weiterentwicklung, die Lehren von der Wortstellung und den Hülfswörtern eine neue Verwerthung erfahren. Die Regeln, nach welchen die Aufgabe zu lösen ist, beruhen theils auf allgemein logischen, theils auf grammatischen Gesetzen; nicht eine jede von ihnen beansprucht ausnahmslose Geltung: sie können einander kreuzen, und dann haben logische Erwägungen allein zu entscheiden.

Anmerkung. Der Erste, der solche Regeln zum Theil ausdrücklich aufgestellt, zum Theil wenigstens kritisch verwerthet hat, war JULIEN in seinen Streitschriften gegen PAUTHIER: *Examen critique etc.* (Journal Asiat. 1841, wieder abgedruckt in der *Synt. nouv.* II, pag. 1—130), *Exercices pratiques d'analyse, de syntaxe et de lexigraphie chinoise etc.*, Paris 1842, 8°, und *Simple exposé d'un fait honorable etc.* Das. 1842, 8°.

§. 839. Die **Grundbedeutungen** der Wörter — **Wortkategorien,** §. 253 a — sind sehr oft auch für die Ermittlung der Redetheile bedeutsam. Fast die ganze Lehre jedoch wird von einigen allgemeinen Grundsätzen beherrscht.

I. Allgemeine Grundsätze.

§. 840. Es ist im Folgenden überall der **einfache Satz** zu Grunde zu legen. Ob und wie ein solcher zum Satztheile werden könne, kommt nicht weiter in Betracht. Es bleibt daher unberücksichtigt, ob z. B. ein Verbum im

Nebensatze jenem des Hauptsatzes gegenüber sich adverbial, ob ein Satz sich attributiv, objectiv oder wie sonst zu einem andern verhalte u. s. w.

§. 841. Ein für alle Male gilt Folgendes: Wörter oder Satztheile fungiren

a.) substantivisch, wenn sie Subject oder Object im Satze sind;

b.) verbal, wenn sie das Prädicat bilden;

c.) adverbial, wenn sie zur näheren Bestimmung eines Verbums oder Adjectivums dienen;

d.) adnominal, wenn sie Attribut eines Substantivums oder dem gleichstehenden Redetheiles sind.

Dem gegenüber bleiben fortan ausser Betracht:

zu a.) die **Infinitive.** Diese gelten in Rücksicht auf ihren Zubehör (Adverbien, Objecte) lediglich als Verba, vgl. §§. 309—312, 360;

zu b.) die **substantivischen oder adjectivischen Prädicate.** Sie wirken im Satzganzen als Verba neutra: das oder so sein, bleiben aber ihrem Zubehör gegenüber Substantiva, beziehungsweise Adjectiva, vgl. §§. 300—302;

zu c.) der **Adverbialis** der Substantiva, sowie Verba, welche als **adverbiale Participien** fungiren, vgl. §§. 308, 347—359;

zu d.) adjectivische Participien, vgl. §§. 361—366, 442—445.

§. 842. Den vorhin hervorgehobenen Einzelfällen ist dies gemeinsam, dass **ein Wort sammt seinem Zubehöre im Satzganzen einen anderen Redetheil vertreten kann, als diesem Zubehöre gegenüber.** Diese Erscheinung ist im Chinesischen überaus häufig, und in ihr äussert sich ganz besonders die erstaunliche Biegsamkeit und Bildsamkeit der Sprache.

Anmerkung. Vereinzelte Analogien finden sich auch in unseren Sprachen, so der Infinitiv mit dem Artikel im Griechischen und englische Redewendungen von der Art: *He told me nothing about his having seen my brother.* Auch hier ist dasselbe Wort seinem Zubehöre gegenüber Verbum und sammt diesem ein substantivischer Satztheil. Auch unsere adjectivischen und adverbialen Participien, Gerundien u. s. w. sind zu vergleichen.

§. 843. Aus den Lehren von den Stellungsgesetzen und den Hülfswörtern ergeben sich folgende, hernach in's Einzelne durchzuführende Regeln:

(I.) Ein Wort oder Satzglied ist **substantivisch,** wenn es im **Genitiv** steht oder durch einen Genitiv näher bestimmt wird. Hier zeigt sich die Bedeutung der Hülfswörter: 之 *či*, §. 436, und 其 *k'i*, §. 563. Man beachte jedoch:

a.) 之 *čī* kann auch adjectivischen Attributen dienen, und dann ist nur das darauf folgende Satzglied substantivisch, vgl. §§. 442—445;

b.) objectives 之 *čī* kann ein zweites Object, §§. 317—319, oder Adverbien hinter sich haben, §. 388;

c.) 其 *k'i* kann auch modal sein, und dann folgt darauf meist ein Verbum, seltener ein anderer Redetheil, §§. 565—567.

§. 844. (II.) Ein Satztheil, welcher mit 者 *čè* abschliesst, ist in der Regel substantivisch. Gelegentlich aber kann es Schwierigkeiten machen, den Anfang solcher Satztheile zu bestimmen. Vgl. §§. 458—476 und wegen 所 . . . 者 *sò . . . čè* §§. 542—543. Fälle, wo 者 *čè* adverbiale Satztheile abschliesst, siehe in §. 459.

§. 845. Zu den **Wörtern, welche in der Regel ein Verbum hinter sich haben,** gehören:

a.) gewisse **Adverbien,** welche vorzugsweise oder ausschliesslich die attributive Stellung einnehmen, vgl. §§. 383, 384 a;

b.) die **Hülfsverba,** namentlich solche des Könnens, Wollens, Müssens, Sollens, Dürfens, des Futurums und des Perfectums, vgl. §. 309.

Allein in beiden Fällen kann auch ein als Verbum neutrum fungirendes Substantivum oder Adjectivum folgen, vgl. §. 841 zu b.

§. 846. Transitive Verba im weiteren Sinne des Wortes sind:

a.) Activa, §§. 315—319,

b.) Neutra transitiva, §§. 325—328,

c.) Causativa, §§. 329—332,

d.) Reflexiva, §§. 551—553, und Reciproca, welche durch das Adverb 相 *siāng* (seltener 交 *kiaō*) = ‚gegenseitig' gekennzeichnet sind, endlich

e.) Factiva und Denominativa, wovon später. Diese alle sind in der Regel daran kenntlich, dass sie Objecte hinter, oder im Falle der Anteposition (§§. 339—345) vor sich haben. Ausnahmsfälle, Ellipsen des Objectes (§§. 322, 323), werden kaum Schwierigkeiten machen; man beachte aber die Inversionen des Objectes mittelst 之 *čī*, §. 433, und 而 *rî* ohne folgendes objectives 之 *čī*, §. 623.

§. 847. Verba neutra intransitiva, §. 324, und **Passiva,** §. 320, stehen einander syntaktisch gleich. Sie werden meist durch ihre Stellung am Ende des Satzes hinlänglich gekennzeichnet. Ausnahmsfälle sind:

a.) Prädicativ stehende Adverbien, §§. 387—389, und

b.) Passiva von Verben mit doppelten Objecten, §. 321.

§. 848. Das Hülfsverbum 可 ***k'ò,*** können, kennzeichnet in der Regel das folgende Wort als ein **passives Verbum.** Zwischen Hülfs- und Hauptverbum können Adverbien stehen.

海上絲綢之路文獻集成 科技與文化編

II. Die Wortkategorien.

Vgl. des Verfassers Beitrag zur Geschichte der chinesischen Grammatiken u. s. w. Zeitschrift der deutschen Morgenlandischen Gesellschaft, XXXII, S. 648—656.

§. 849. Bei der analytischen Arbeit ist oft die Ermittlung der Grundbedeutungen der Wörter unerlässliche Veraussetzung zur Feststellung der Redetheile, welchen sie angehören, und somit weiter ihrer Beziehungen zu den übrigen Theilen des Satzes.

Anmerkung. Wilhelm v. Humboldt, *Lettre à M. Abel-Rémusat sur le génie de la langue chinoise etc.*, pag. 42, sagt geradezu: ‚*Dans la langue chinoise le sens du contexte est la base de l'intelligence, et la construction grammaticale doit souvent en être déduite. Le verbe même n'est connaissable qu'à son sens verbal. La méthode usitée dans les langues classiques, de faire précéder du travail grammatical, et de l'examen de la construction, la recherche des mots dans le dictionnaire, n'est jamais appliquable à la langue chinoise. C'est toujours par la signification des mots qu'il faut y commencer.*' Dies geht etwas zu weit; schon bei dem jetzigen Stande unseres grammatischen Wissens ist man sich gar oft über die Redetheile und ihre syntaktischen Beziehungen klar, ehe man die materielle Bedeutung der betreffenden Wörter kennt.

§. 850. Vorläufig wird sich folgende **Eintheilung des Wortschatzes** empfehlen:

a.) Ausrufwörter (Interjectionen);

b.) schallnachahmende Wörter;

c.) Für- und Deutewörter, d. h. Wörter von pronominaler Grundbedeutung;

d.) Hauptwörter, d. h. Wörter von gegenständlicher Grundbedeutung;

e.) Theil- und Verhältnisswörter, z. B. 上 *šáng*, 後 *heú*, 內 *núi*;

f.) Zahlwörter;

g.) Eigenschaftswörter;

h.) Zeit- oder Lebewörter, vgl. §. 251 b, d. h. Wörter mit verbaler Grundbedeutung;

i.) Verneinungswörter.

Es sind jedoch die Kategorien **a.), b.), c.)** und **i.)** einer besonderen Behandlung an dieser Stelle nicht bedürftig. Eine Kategorie Umstandswörter einzuführen scheint kaum erforderlich.

A. Hauptwörter.

§. 851. Hauptwörter fungiren in der Regel als **Substantiva.** Allein syntaktisch berühren sie sich:

a.) im Genitivus mit dem **Adjectivum,**

b.) im Adverbialis mit dem **Adverb,**

c.) als Prädicat mit dem **Verbum neutrum.**

§. 852. Hauptwörter sind **Verba activa**, meist Factiva oder Denominativa, deren Bedeutung sich regelmässig ergibt, wenn man statt dessen setzt: 以 *b* (obj.) 爲 *a*. Dies ist der Fall:

a.) wenn ihnen 所 *sò* vorausgeht. Beispiele siehe in §. 531;

b.) wenn auf sie ein Pronomen folgt, mit welchem zusammen sie einen Satztheil bilden: 孔子之作春秋也、諸侯用夷禮、則夷之、夷而進於中國、則中國之。*K'ùng-tsì čī tsok Č'ūn-ts'ieū yè, čū-heû yúng yî lì, tsek yî čī, yî rî tsín iū Čūng-kuok* . . . Confucius bei Abfassung des Č'. (verfuhr so:) bedienten Lehensfürsten sich barbarischer Sitten, so behandelte er sie als Barbaren, näherten sich Barbaren (der Gesittung des) Mittelreiches, so . . . wie Chinesen. Han-iü (Kwpč. VI, 42 b);

c.) wenn ein anderes Hauptwort folgt, mit welchem zusammen das erste einen verbalen Satztheil — also auch Infinitiv — bildet. Die beiden Hauptwörter müssen dann am Ende eines Satzgliedes stehen, und der Zusammenhang wird ergeben, dass das erste nicht etwa als Substantivum im Coordinations-, Genitiv- oder Attributivverhältnisse zum zweiten stehen kann: 爲天下國家有九經、曰、脩身也、. . . 親親也 . . . 子庶民也。*wêi t'iēn-hià kuok-kiā yeù kieù kīng; yuet: sieū šīn yè, . . . ts'īn ts'īn yè, . . . tsì šú mîn yè.* Für das Verwalten des Reiches und der Staaten gibt es neun Richtschnuren; sie heissen: sich selbst vervollkommnen, . . . die Verwandten verwandtschaftlich behandeln, . . . das ganze Volk wie Kinder ansehen. Čung-yung XX, 12; vgl. das. 13.

§. 853. Auch als **Neutra transitiva** (ein *a* im Verhältnisse zum *b* sein oder werden) können Hauptwörter unter den gleichen Voraussetzungen dienen; Fälle dieser Art sind jedoch selten: 大都君相以父母天下爲王道。*tá-tū kiūn siáng ì fú mù t'iēn-hià wêi wâng taò.* Im Allgemeinen halten Fürsten und Staatsmänner dem Reiche Vater und Mutter zu sein für Königspflicht. Offenbar liegt hier der sprüchwörtliche Satz zu Grunde, dass der Fürst des Volkes Vater und Mutter sein soll. Sing-li-tsing-i XI, 6 b.

Man muss in allen diesen Fällen gewärtig sein, entsprechenden **passiven** Sätzen mit 可 *k'ò* zu begegnen: 可王 *k'ò wâng*, kann zum Könige gemacht oder als König behandelt werden u. s. w.

B. Theil- und Verhältnisswörter.

§. 854. Wörter, welche Theile von oder Verhältnisse zu etwas Anderem bezeichnen, sind in ihrer Anwendung besonders vielseitig.

海上絲綢之路文獻集成 科技與文化编

漢文經緯

Tabelle von Theil- und Verhältnisswörtern.

	subst.	*adverb.*	*adject.*	*postpos.*	*v. fact.*	*neutr. transit.*
上 *šáng*	Oberes, Obere	oben	oberer, früherer	auf		*šáng*, sich Einem überlegen zeigen, *šàng*, besteigen
下 *hià*	Unteres, Untergebene	unten	unterer, späterer	unter	zum U. machen, hinunter lassen	*hià*, sich Einem unterwerfen, *hiá*, absteigen von
中 *čūng*	Mitte	innen	mittler, halber	in		*čúng*, treffen
內 *núi*	Inneres, Familie	innen	innerer	in, innerhalb	*núi*, zum I. machen, *nap*, enthalten	*nap*, eintreten
外 *nguái*	Aeusseres	aussen	äusserer, fremd	ausserhalb, ausschliesslich	ausschliessen, zum Aeuss. machen	überschreiten
間 *kiān*	Zwischenraum	dazwischen	zwischen befindlich	zwischen, während		*kián*, den Raum einnehmen zwischen
前 *ts'iên*	Vorderes	vorn, zuvor	vorderer, früherer	vor		
先 *siēn*	Frühere, die Alten	früher, erst, zuvor	voriger, früherer	vor	voranstellen	*sién*, vorausschreiten
後 *heú*	Späteres, Nachkommen	später, darnach	späterer, hinterer	nach, hinter	hintansetzen	nachfolgen
本 *pèn*	Wurzel, Ursprung	ursprünglich	ursprünglicher, eigener		zur Grundlage machen, wurzeln in	ergründen
故 *kú*	Ursache	daher	(*kù*, alt)	wegen, weil		
方 *fāng*	Seite, Richtung, Art und Weise.	dann, darauf, in's Geviert	viereckig	gen, nach	beiseite setzen, vernachlässigen	

Anmerkung. Obige Tabelle ist unvollständig in Rücksicht sowohl auf die Wörter als auf ihre Bedeutungen. Die leer gelassenen Fächer werden vorkommendenfalls auf Grund der nachfolgenden Regeln leicht auszufüllen sein. Beachtung verdienen die häufigen Wechsel der Aussprache in der letzten — einmal auch in der vorletzten — Columne.

§. 855. Folgt auf ein satzeröffnendes Theil- und Verhältnisswort 者 *čè*, so hat der Zusammenhang zu entscheiden, ob Ersteres ein Substantivum oder ein Adverb sei. 上者 *šáng čè*, die Oberen, aber auch: oben. 上(下)焉者 *šáng* (*hià*) *yên čè*, die höher Gestellten (die Geringeren). Čung-yung XIX, 2. Vgl. §. 826.

§. 856. Wörter dieser Art erscheinen als **Substantiva** in allen Casus; doch wird man in den meisten Fällen, wenigstens beim Uebersetzen, sich lieber für das Adverb oder die Postposition, als für den Adverbialis entscheiden. 上失其道而殺其下、非理也。*šáng šit k'î taò rî šat k'î hià, fēi lì yè*. Wenn ein Oberer seinen Weg (seine Pflicht) verfehlt und seine Untergebenen tödtet, so ist das nicht recht. Kia-iü II, 3 b. 宗廟之禮、所以事祀乎其先也。*tsūng miaó čī lì, sò-ì ssè ssì hû k'î siēn yè*. Die Riten des Ahnentempels, wonach sie ihren Vorfahren dienten und opferten. Čung-yung XIX, 6. 誠於中、形於外。*šîng iū čūng, hîng iū nguái*. Was wahrhaft ist im Innersten, tritt nach Aussen in Erscheinung. Ta-hiok VI, 2. 不願乎其外。*put yuén hû k'î nguái*. Er strebt nicht nach dem, was darüber hinaus liegt. Čung-yung XIV, 1. 合內外之道也。*hop núi nguái čī taò yè*. Es ist die Art und Weise, Inneres und Aeusseres zu vereinigen. Das. XXV, 3. 使人問其故。*ssì žîn wén k'î kú*. Er liess Jemanden nach der Ursache davon fragen. Han-fei-tsï IV, 9 b.

Man sieht, dass in den meisten Fällen ein durch 之 *čī* oder 其 *k'î* kenntlicher Genitiv vorausgeht. §. 843, I.

§. 857. Stehen Theil und Verhältnisswörter hinter einem Genitiv, mit welchem zusammen sie einen adverbialen Satztheil bilden, so fungiren sie als **Postpositionen**: 皆是以民間錢少而不能流通。*kiāi ší ì mîn kiān ts'iên šaò rî put nêng lieû-t'ūng*. Alles dies war, weil unter dem Volke das Geld rar war und nicht umlaufen konnte. Ma Tuan-lin (*Chin. curr.*, pag. 154). 大軍之後、必有凶年。*tá kiūn čī heú, pit yeù hiūng niên*. Nach grossen Kriegen gibt es sicher Nothjahre. Tao-tek-king XXX. 親沒之後。*ts'īn mut čī heú*, nach dem Tode der Eltern. Ssï-ki LXVII, 14 b, Comm. 百日之內 *pek žit čī núi*, innerhalb hundert Tagen. Das. LXXIX, 16 b. 口耳之間、則四寸。*k'eù rì čī kiān, tsek ssì ts'ún*. Zwischen Mund und Ohr sind vier Zoll. Sün-tsï I, 6 a.

§. 858. Dasselbe ist der Fall, wenn das auf einen Genitiv folgende Theil- und Verhältnisswort Object eines Verbums des örtlichen Verweilens oder einer der Präpositionen 於、于 *iū* und 乎 *hû* ist: 在天地之間 *tsái t'iēn tí čī kiān*, zwischen Himmel und Erde sein. 存乎是氣之中。*ts'ûn hû ší k'í čī*

漢文經緯

čūng. Sie ist in dieser Materie enthalten. Sing-li X, 1 b. 哭於楚山之下。 *k'uk iü Ts'ù-šān čī hià*. Er weinte unterhalb (am Fusse) des Ts'u-Berges. Han-fei-tsï IV, 9 b.

§. 859. Hat aber in den Fällen der beiden vorigen Paragraphen das Theil- und Verhältnisswort den Genitiv 其 *k'î* vor sich, so ist es meist durch ein entsprechendes **Adverb** zu übersetzen: 其中 *k'î čūng*, darinnen, aber auch: in ihm, in ihnen u. s. w.

§. 860. Theil- und Verhältnisswörter sind in der Regel **Adverbien**, wenn sie vor einem Verbum stehen. Zwischen beide können andere adverbiale Bestimmungen treten: 內不可以知父子之義、外不可以知君臣之正。 *núi put k'ò-ì čī fú tsì čī ngí; nguái . . . kiūn č'în čī čing*. Daheim kann er nicht die Rechtlichkeit zwischen Vater und Sohn kennen, draussen nicht das richtige Verhältniss zwischen Fürsten und Unterthanen. Sün-tsï (Legge, Cl. II, Prol. 88). 君子上達、小人下達。 *kiün-tsì šáng tat, siaò-žîn hià tat*. Der Edle schreitet fort nach Oben, der gemeine Mensch nach Unten. LYü XIV, xxiv. 見不賢而內自省也。 *kién put hiên rî núi tsí sìng yè*. Indem du Unweise siehst, untersuche innerlich dich selbst. Das. IV, xvii. 請先相見。 *ts'ìng siēn siāng kién*. Er bat, zuförderst einander zu sehen (zusammenzutreffen). Tso-čuen I, 8. 後五日復求見鞅。 *heú ngù žit feú k'ieû kién Yāng*. Fünf Tage darnach suchte er wieder den Y. zu treffen. Ssï-ki LXVIII, 2 a. — Merkwürdig ist folgende Wendung: 先行其言、而後從之。 *siēn hîng k'î yên, rî-heú ts'ûng čī*. (Wörtlich: erst thut er seine Rede, und darnach befolgt er es —) er handelt ehe er spricht und befolgt dann (beim Reden) seine Handlungen, *gisun-i anggala yabufi, teni dahabumbi*. LYü II, xiii.

Folgen Adjectiva, z. B.: 上白下黑 *šáng pek, hià hek*, so hat man die Wahl, ob man das Theil- und Verhältnisswort substantivisch oder adverbial übersetzen will: das Obertheil ist weiss, das Untertheil schwarz, oder: oben weiss, unten schwarz. Letzteres ist vielleicht das der chinesischen Auffassung Angemessenere.

§. 861. Adverbial sind die Wörter dieser Kategorie auch dann zu übersetzen, wenn sie Objecte von Verben des örtlichen Verweilens sind: 在外 *tsái nguái*, draussen sein; 在上 *tsái šáng*, oben sein = sich in hoher Stellung befinden, — Gegensatz: 在下 *tsái hià*.

§. 862. Adjectivisch können sie angewendet werden:

a.) in **attributiver** Stellung: 上帝 *šáng-tí*, der höchste Herr, Gott; 下民 *hià-mîn*, das niedere Volk; 中國 *čūng-kuok*, das Mittelreich; 外國 *nguái* *kuok*, fremde Länder, das Ausland; 中人 *čūng žîn*, mittelmässige Menschen. LYü VI, XIX; 先聖 *siēn šíng*, die früheren Heiligen. Mtsï III, II, IX, 4.

b.) In **prädicativer** Stellung: 仁、內也、非外也、義、外也、非內也。*žîn, núi yè, fēi nguái yè; ngí* . . . Menschlichkeit ist innerlich, nicht äusserlich, Rechtlichkeit . . . Mtsï VI, I, IV, 1.

§. 863. Zuweilen scheint ein attributiv gestelltes Wort dieser Kategorie die entsprechende Postposition zu ersetzen: 居不中奧、坐不中席、行不中道、立不中門。*kiü put čūng ngaó, tsó . . . sik, hîng . . . taò, lip . . . mên.* (Ein Sohn) verweilt nicht **mitten auf** dem Opferplatze, setzt sich . . . die Matte, geht . . . dem Wege, steht nicht mitten in der Thüre (*teku-i dulimbade terakô* u. s. w.). Li-ki, *Chin. mandschu* I, 14 a.

§. 864. Als **Verba factiva oder denominativa** dienen die Theil- oder Verhältnisswörter unter denselben Voraussetzungen wie die Hauptwörter (vgl. §. 852): 天非私曾騫孝己、而外衆人也。*t'iēn fēi ssī Tsēng Hiēn Hiaó-kì, rî nguái čúng žîn yè.* Der Himmel behandelt nicht Tseng, Hien und Hiao-ki als Lieblinge und alle (übrigen) Menschen als Fremdlinge. Sün-tsï (LEGGE, Cl. II, Prol. 88). 是以聖人後其身而身先。*ší-ì šíng žîn heú k'î šīn rî šīn siēn.* Daher der heilige Mensch setzt seine Person hintan, und doch steht seine Person vornan. Tao-tek-king VII. 德者本也、財者末也、外本內末、爭民施奪。*tek čè pèn yè, ts'âi čè mot yè; nguái pèn núi mot, čēng mîn šī t'ot.* Tugend ist die Wurzel, Güter sind die Zweige; macht man die Wurzel zum Aeusseren und die Zweige zum Inneren, so streitet man mit dem Volke und verbreitet Räuberei. Ta-hiok c. X, 7, 8. 下令 *hià líng*, einen Befehl (hinab) ergehen lassen; dazu **Passivum:** 令下 *líng hià*, ein Befehl ergeht. Han-fei-tsï IX, 11 a. Ebenso mit 可 *k'ò*: 不可內也。*put k'ò núi yè.* (Der Feind) kann nicht eingeschlossen werden. Han-fei-tsï VIII, 5 b.

§. 865. Sehr oft haben Theil- und Verhältnisswörter in der gleichen Stellung die Bedeutung von **transitiven Neutris**, also gerade den umgekehrten Sinn, nicht: *A* macht *C* zum *B*, sondern: *A* macht sich dem *C* gegenüber zum *B*. Missverständnisse sind eben darum in der Regel ausgeschlossen, selbst wenn kein Betonungszeichen (§. 108) den Bedeutungswechsel andeutet: 我不可以後之。*ngò put k'ò-ì heú čī.* Ich kann nicht hinter ihm gehen. Tso-čuen I, 11. 小國以下大國、則取大國。*siaò kuok ì hiá tá kuok, tsek ts'iù tá kuok.* Kleine Staaten, dadurch dass sie sich grossen Staaten unterwerfen, gewinnen grosse Staaten. Tao-tek-king LXI. 是以聖人、欲上民、必以言下之、欲先民、必以身後之。*ší-ì šíng žîn, yuk šàng mîn, pit ì yên hiá čī, yuk siēn . . . ì šīn heú čī.* Daher der heilige Mensch, will er über dem

漢文經緯

Volke stehen, so muss er sich durch seine Reden ihm unterordnen, will er an des Volkes Spitze treten, . . . persönlich dagegen zurücktreten. Das. LXVI. Man beachte: 後天地而生 . . . 先天地而亡。*heú t'iēn tí rî šēng . . . siēn . . . wâng.* Später als Himmel und Erde geboren werden . . . früher . . . vergehen, eigentl. nachfolgend — vorangehend. Hot-kuan-tsï III, 21 a.

§. 866. Zusatz. Gemischte Beispiele: 其詞先上後下、次左後右。*k'î ts'î siēn šáng heú hià, ts'î tsò heú yeú.* Ihre (der Münzen) Aufschrift (war zu lesen) erst oben, dann unten, darauf links, dann rechts (also übereck, nach §. 173 b). Ma Tuan-lin (*Chin. curr.*, pag. 102). 食之如在上前。*šik čī žû tsái šáng ts'iên.* Er ass es, als befände er sich angesichts des Vorgesetzten. Ssï-ki CIII, 2 a. 太上、下知有之。*t'ái šáng, hià čī yeù čī.* Im hohen Alterthume wussten die Unterthanen, dass es deren gebe. Tao-tek-king XVI.

C. Eigenschaftswörter.

§. 867. Eigenschaftswörter sind **Adjectiva** in zwei Fällen:

a.) wenn sie attributiv vor einem Substantive stehen: 小人 *siaò-žîn,* kleine, d. i. gemeine Leute;

b.) wenn sie das Prädicat bilden: 人之性惡。*žîn čī síng ngok.* Des Menschen Natur ist böse. Sün-tsï (Legge, Cl. II, Prol. 82).

§. 868. Adverbien sind sie, wenn sie attributiv vor Verben stehen: 大破之。*tá p'ó čī.* Sehr schlug er sie, er brachte ihnen eine grosse Niederlage bei. Ssï-ki LXV, 5 a.

Seltener fungiren sie in prädicativer Stellung adverbial. Beispiele §. 388.

§. 869. Eigenschaftswörter sind stets **Substantiva,** wenn ihnen ein **Genitiv vorangeht** und nicht ein anderes Substantivum folgt, dessen Attribut sie wären: 天地之大 *t'iēn tí čī tá,* die Grösse des Himmels und der Erde. Čung-yung XII, 2. 喜揚人之美。*hì* (r. 30) *yâng žîn čī mèi.* Er hatte Freude daran, Anderer schöne Eigenschaften zu verbreiten (bekannt zu machen). Ssï-ki LXVII, 12 b.

§. 870. Ebenso sind sie Substantiva, wenn ihnen **Zahlwörter vorausgehen** und sie selbst nicht attributiv stehen: 三古 *sām kù,* die drei grossen Zeitalter des Alterthums, die des Fuk-hi, des Wen-wang und des Confucius; 四大 *ssî tá,* die vier Elemente der Buddhisten: Erde, Wasser, Feuer und Luft; 百美 *pek mèi,* die hundert Schönen (Dichterinnen einer bekannten Sammlung).

海上絲綢之路文獻集成 科技與文化編

§. 871. Folgen zwei Eigenschaftswörter von **entgegengesetzter Bedeutung** unmittelbar aufeinander, so bilden sie in der Regel ein substantivisches Compositum, meist von abstracter Bedeutung (§. 258): 善爲國者、觀物之貴賤、錢之輕重。 *šén wêi kuok čè, kuān wut čī kuéi-tsién, ts'iên čī k'ing-čúng.* Wer den Staat gut regiert, sieht auf den Werth der Sachen und auf das Gewicht des Geldes. Ma Tuan-lin (*Chin. curr.*, pag. 110). 幽明之數。 *yeū-mîng čī šú,* die Wechselfälle von Dunkel und Licht. Ssï-ki I, 4 a, Comm. Aber: 女惡知貴賤之門、小大之家。 *žù ngū čī kuéi tsién čī mên, siaò tá čī kiā?* Woran erkennst du die Thüren von Vornehm und Gering, die Häuser der Kleinen und der Grossen? Nam-hoa-king VI.

§. 872. Stehen nicht-attributive Eigenschaftswörter hinter Verben, so sind sie in der Regel deren **Objecte** und Substantiva, welche bald die Eigenschaft *in abstracto,* bald deren Träger bedeuten: 見小曰明。 *kién siaò yuet mîng.* Kleines sehen heisst Scharfsichtigkeit. Tao-tek-king LII. 告老 *kaó laò* — sein Alter anmelden, vorgerückten Alters halber um Entlassung bitten. Tso-čuen IX, 7.

§. 873. In anderen Fällen pflegen Eigenschaftswörter, wenn sie als Substantiva gebraucht werden, ein 者 *čè* hinter sich zu haben (§. 460). Wo dieses fehlt, wird es für das Verständniss entbehrlich sein: 善不可失、惡不可長。 *šén put k'ò šit, ngok . . . č'âng.* Gutes muss man nicht verlieren, Schlechtes nicht verlängern. Tso-čuen I, 6. 臣聞小之能敵大也、小道而大淫。 *č'în wên, siaò čī nêng tik tá yè, siaò taò rî tá yîm.* Ich höre, wenn es Kleine mit Grossen aufnehmen können, (so ist der Grund, dass) die Kleinen verständig und die Grossen zügellos sind. Das. II, 6. 幽陰明陽。 *yeū yîm mîng yâng.* Dunkelheit ist Yim, Licht ist Yang. Ssï-ki I, 4 a, Comm. 古往今來。 *kù wàng kīm lâi.* Das Alterthum verging, die Jetztzeit kam. Ma Tuan-lin (*Chin. curr.*, pag. 107). — Man beachte, wie viel in allen diesen Beispielen die Antithese zur Klarheit beiträgt.

Ausnahmsweise und nur aus dem logischen Zusammenhange erkennbar finden sich auch Eigenschaftswörter als **Substantiva im Adverbialis**: 君子不可小知、而可大受也、小人不可大受、而可小知也。 *kiūn-tsì put k'ò siaò čī, rî k'ò tá šeú yè; siaò žîn . . .* Edle sind nicht an Kleinigkeiten zu erkennen, aber sie sind in grossen Dingen anzunehmen (zu gebrauchen); gemeine Leute . . . (‚*ajige bade, amba bade*'). LYü XV, xxxiii.

§. 874. Befinden sich Eigenschaftswörter in der Stellung **activer Verba**, so sind sie fast immer **factiv** oder **denominativ** zu verstehen: 是以萬物莫不尊道而貴德。 *ší-ì wán-wut mok put tsūn taò rî kuéi tek.* Daher alle

漢文經緯

Wesen ausnahmslos verehren Tao und schätzen (halten für werthvoll) die Tugend. Tao-tek-king LI. 同其好惡。 *t'ûng k'î haó ngú*, theilnehmen an ihrer Liebe und ihrem Hasse. Čung-yung XX, 14. 富之。 *fú či*, bereichere sie. LYü XIII, IX, 3. 人能弘道、非道弘人。 *žîn nêng hûng taò, fēi* . . . Der Mensch kann die Principien vergrössern, nicht umgekehrt. Das. XV, XXVIII. 然孔子小之。 *žân K'ùng-tsï siaò či*. Nun aber verkleinert es Confucius. Ssï-ki LXII, 5 a. 彼長而我長之 . . . 猶彼白而我白之。 *pì čàng rî ngò čàng či . . . yeû pì pek* . . . Jener ist älter, so behandle ich ihn als einen Aelteren . . . wie wenn Jener weiss ist und ich ihn als weiss betrachte. Mtsï VI, I, IV, 2. 君聞而賢之。 *kiün wên rî hiên či*. Der Fürst hörte es und hielt ihn für einen Weisen. Han-fei-tsï IV, 8 b. 是以小重小也。 *ší-ì siaò čúng siaò yè*. Daher halten Kleine (Leute) Kleinigkeiten für gewichtig. Sün-tsï II, 14 b. So auch **reflexiv:** 重 *čúng* — schwer, gewichtig: 自重 *tsî čúng*, sich selbst achten. Vgl. §. 553. **Passivisch** mit 可 *k'ò*: 鼻大可小、小不可大也。目小可大、大不可小也。 *pí tá k'ò siaò, siaò put k'ò tá; muk* . . . Ist die Nase (zu) gross, so kann sie verkleinert werden, ist sie zu klein, so kann sie nicht vergrössert werden; ist das Auge . . . Han-fei-tsï VIII, 2 a.

§. 875. Selten und zuweilen schwierig sind Fälle, wo Eigenschaftswörter als ***neutra transitiva*** fungiren. So ist 宜 *ngî* — recht, richtig, öfter factiv: 宜民宜人 *ngî mîn ngî žîn*. Er brachte das Volk — die Menschen — auf rechte Wege. Ši III, II, V; aber *n. transit.* das. II, II, VI, 3: ｜兄｜弟。 *ngî hiūng ngî tí*, sich gehörig verhalten gegen ältere und jüngere Brüder. 老者安之、朋友信之。 *laò čè ngān či, p'êng-yeù sín či*. Den Alten Ruhe geben (fact.), den Freunden gegenüber sich wahr erweisen. LYü V, XXV, 4. Sonst kann *ngān* auch *n. transit.* — ruhig verweilen in . . ., sein: 察其所安。 *č'at k'î sò ngān*. Untersuche, worin er verweilt. LYü II, X, 3; — und 信 *sín* ist in der Regel denominativ: für wahr halten, glauben. 驕 *kiaō*, stolz, hochmüthig: 不敢以其富貴驕士。 *put kàm ì k'î fú kuéi kiaō ssî*. Er unterstand sich nicht, auf seinen Reichthum und vornehmen Rang hin gegen die Gelehrten hochmüthig aufzutreten. Ssï-ki. LXXVII, 1.

D. Zahlwörter.

§. 876. Ueber die Verbindungen der Zahlwörter untereinander siehe §§. 283, 284, 291.

Zahlwörter vor Substantiven sind in der Regel **Cardinalzahlen:** 三人 *sām žîn*, drei Menschen.

22*

§. 877. Zahlwörter mit folgendem 者 *čè* sind **substantivische Cardinalzahlen**: 三者 *sām čè*, die drei.

§. 878. Zahlwörter sind **substantivische Ordinalzahlen**:

a.) wenn ihnen das Wort 第 *tí*, Ordnung, vorausgeht: 章第六 *čāng tí-luk*, der Capitel sechstes, Capitel VI;

b.) meist wenn ihnen ein Genitiv vorausgeht und nicht ein Substantiv folgt: 其五 *k'î ngù*, der fünfte von ihnen.

§. 879. Adjectivische Ordinalzahlen pflegen einfach vor das Substantivum zu treten. Dies ist namentlich bei Zeitangaben gebräuchlich: 三年 *sām niên*, drei Jahre, oder: im dritten Jahre. Man bemerke:

a.) Angaben des Zeitpunktes pflegen den Satz zu eröffnen — §§. 260, 351 — also spricht bei dieser Stellung die Vermuthung für die Ordinalzahl.

b.) Angaben der Zeitdauer stehen in der Regel hinter, seltener vor dem Verbum, vgl. §. 358; daher streitet bei jener Stellung die Vermuthung für die Cardinalzahl.

§. 880. Bruchzahlen können durch blosse Stellung des Dividendus vor den Divisor ausgedrückt werden: 六一 *luk yit* $^1/_6$. Ist der Bruch Object eines Verbums, so pflegt dies zwischen beide Zahlen zu treten: 三取二 *sām ts'iù rí*, von dreien zwei ($^2/_3$) nehmen. Vgl. Mtsï I, ɪ, I, 4.

§. 881. Stehen Zahlwörter vor Verben, mit denen zusammen sie einen Satztheil bilden, so sind sie **Zahladverbien**: 一日而三失伍 *yit zit rî sām šit ngù*, an einem Tage dreimal die Reihe verfehlen, nicht in der richtigen Reihe stehen. Mtsï II, ɪɪ, IV, 1. — Es ist jedoch zu beachten, dass in gewissen ständigen Verbindungen von Zahl- und Zeitwörtern Letztere zu Substantiven werden, Erstere also Cardinalzahlen sind. Davon später (§. 885).

§. 882. In der Stellung **activer Verba** pflegen Zahlwörter **factive** Bedeutung zu haben: 一之 *yit či*, es vereinigen. 因而四(六)之。 *yīn rî ssí (luk) či.* Darum vervierfache (versechsfache) es. Hoai-nam-tsï III, 14 b. So auch **passivisch**: 其不可一(二、三)也。 *k'î put k'ò yit (rí, sām) yè.* Sie können nicht vereinigt (entzweit, gedreitheilt) werden. Ssï-ki LV, 7 a.

E. Zeit-(Lebe-)wörter.

§. 883. Die Wörter von verbaler Grundbedeutung sind in der Regel Verba und insoweit in der Lehre von den Stellungsgesetzen behandelt; vgl. §. 841 zu a—d.

Wo wir Wörter dieser Kategorie, welche hinter Genitiven stehen, durch **abstracte Substantiva** übersetzen, da fällt ihre Anwendung mit der infiniti-

海上絲綢之路文獻集成 科技與文化編

漢文經緯

vischen zusammen, und der Genitiv ist der des logischen Subjectes: 不能易耳目之用。*put nêng yik rĭ muk čī yúng.* Er kann nicht die Functionen der Ohren und der Augen umtauschen (wörtlich: das Angewendetwerden). Liet-tsï IV, 3a. 不復譏錢之出。*put feú ki ts'iên čī č'ut.* Man tadelte (untersuchte) nicht weiter das Hinausgehen (= die Ausfuhr) des Geldes. Ma Tuan-lin (*Chin. curr.*, pag. 152).

§. 884. Aehnlich den Eigenschaftswörtern, bilden **Zeitwörter von entgegengesetzter** Bedeutung, wenn sie gepaart erscheinen, oft eine Art **abstract substantivischer** Ausdrücke: 道無終始、物有死生。*taò wû čūng-šï, wut yeù ssï-šēng.* Die Vernunft hat nicht Ende oder Anfang, die Dinge haben Tod und Leben. Nam-hoa-king VI, 13a. 死生之說。*ssï-šēng čī šuet,* die Wechselfälle des Sterbens und Lebens. Ssï-ki I, 4a. 存亡之難。*ts'ûn-wâng čī nân,* die Schwierigkeiten (Dilemmata) des Bestehens und Vergehens. Das. 4b.

§. 885. In gewissen ständigen Verbindungen haben Zeitwörter **hinter Zahlwörtern** stehend die Bedeutung bald **abstracter Substantiva,** bald **substantivischer Participien.** Dahin gehören u. A.: 六行 *luk hîng,* die sechs (pflichtmässigen) Handlungsweisen (孝 *hiaó,* kindliche Pietät; 友 *yeù,* Freundestreue; 睦 *muk,* Gefälligkeit; 婣 *yīn,* Verwandtschaftlichkeit; 任 *žïm,* Duldsamkeit; 恤 *siüt,* Mitleid); 六合 *luk hop,* ‚die sechs Vereinigungen', nämlich die vier Himmelsgegenden, Zenith und Nadir; 九思 *kieù ssï,* die neun Dinge, an welche ein edler Mensch denken muss. LYü XVI, x. 七政 *ts'it číng,* die sieben Regierenden: Sonne, Mond und die fünf Planeten. Šu. 九有 *kieù yeù,* die neun Provinzen. Šu.

§. 886. Zu den Ausnahmefällen gehört es, wenn Zeitwörter ohne folgendes 者 *čè* als Objecte anderer Verba den Dienst **substantivischer Participien** versehen: 是故聖人、見出以知入、觀往以知來。*ši-kú šíng žîn, kién č'ut ì čī žip, kuān wàng ì čī lâi.* Daher der heilige Mensch, sieht er das Hinausgehende, so weiss er dadurch das Hineingehende, schaut er auf das Vergangene, ... Künftige. Liet-tsï VIII, 1b. 問知而聽能。*wén čī rî t'ing nêng,* Wissende fragen und auf Befähigte hören. Han-fei-tsï VI, 4b. 補不足 ... 助不給。*pù put tsuk ... čú put kip,* das Unzureichende ergänzen, dem nicht Genügenden nachhelfen. Mtsï I, ii, IV, 5. Weitere Beispiele siehe in §§. 367 und 477; Fälle, wo hinter 有 *yeù* und 無 *wû* das sonst nöthige 所 *sò* ausfällt, §. 537.

海上絲綢之路文獻集成 科技與文化編

F. Zustandshauptwörter.

§. 887. Thätigkeiten, Zustände und Eigenschaften sind ihrer Natur nach nur als Prädicate oder Attribute denkbar, und demgemäss werden Zeit- und Eigenschaftswörter in der Regel behandelt: um sie substantivisch zu gebrauchen, pflegt man entweder ihnen einen Genitiv vorzufügen oder 者 *ċè* anzuhängen. Wo man zwei Wörter von entgegengesetzter Bedeutung zusammensetzt, da ist selbstverständlich nicht ein Prädicat oder Attribut vorhanden, da entgegengesetzte Prädicate oder Attribute an dem nämlichen Träger unvereinbar sind; vielmehr wird dann nur eine Frage: ob so oder so? vorliegen. Vgl. §§. 871, 884.

Einige der hierher gehörigen Begriffe sind jedoch schon frühzeitig an sich zum Gegenstande des Denkens gemacht worden, und dies hatte die Folge, dass die entsprechenden Wörter ohne Weiteres und in allen Fällen als abstracte Substantiva angewendet werden können. Dahin gehören u. A.: 德 *tek*, Tugend; 孝 *hiaó*, Pietät; 禮 *lì*, gutte Sitte; 樂 *yok*, Musik; 政 *ćing*, Regierung; 學 *hiok*, Lehre, Studium; 亂 *luén*, Aufstand, Empörung; 敬 *kíng*, Ehrerbietung; 和 *huô*, Harmonie. Die verbalen und adjectivischen Anwendungen derartiger Wörter, insoweit sie überhaupt üblich sind, richten sich nach den Grundbedeutungen.

Drittes Hauptstück.

Abgränzung der Sätze und Satztheile.

§. 888. Texte ohne Interpunctionen sind häufig, und der Mangel einer äusserlichen Satzabgränzung pflegt dem Verständnisse weit weniger Schwierigkeiten entgegenzustellen, als man von vorneherein erwarten sollte. Die Aufgabe, welche dabei dem Leser gestellt wird, erheischt wohl oft besondere phraseologische, manchmal auch realistische Kenntnisse, verlangt oft ein gewisses Eingelebtsein in die chinesische Denk- und Schreibweise, also Vertrautheit mit Dingen, welche, insoweit sie überhaupt grammatischer Natur sind, eher dem synthetischen Systeme angehören. In vielen Fällen jedoch kommt man schon zum Ziele, wenn man das bisher Gelehrte und noch ein paar fast mechanisch einfache Regeln zu verwerthen weiss.

Anmerkung. Nur insoweit kann diese Lehre an dieser Stelle behandelt werden. Dabei ist natürlich nur von solchen Texten die Rede, welche keine weiteren Conjecturen als das Einschalten der Interpunctionszeichen erheischen.

I. Grammatische Merkmale.

§. 889. (I.) Zunächst werden solche Wörter und Wortverbindungen auffallen, welche stets oder in der Regel entweder zu Ende oder zu Anfang eines Satzes oder Satztheiles stehen, also:

a.) Finalen, z. B. 也、矣、哉、焉 u. s. w. Andere, die zugleich Präpositionen sein können, wie 乎、與, sind zunächst werthlos;

b.) satzeröffnende Conjunctionen und Adverbien, wie: 則、然則、然後、又、況、而況、故、是以、是故、如使、今者、昔者 u. a. m.

§. 890. (II.) **Constante** oder in dem vorliegenden Texte sich wiederholende **Wortverbindungen** und andere beliebte Phrasen sind in der Regel nicht auseinanderzureissen; so: 如(若)之何、吾聞之、書曰、敢問 und unzählige andere.

§. 891. (III.) In negativer Richtung können solche Wörter bedeutsam werden, vor oder hinter welchen ein Satzabschnitt nicht wahrscheinlich ist, z. B.:

nicht zu Anfang: 者、之 (selten);

nicht am Ende: 其、所 (selten), 如 (ausser 何如), 於、于、以、自 u. a. m.

§. 892. (IV.) **Steht das nämliche Wort** (Schriftzeichen) **zweimal hintereinander**, so kann:

a.) eine echte Doppelung vorliegen, über welche das Wörterbuch Auskunft gibt, vgl. §. 391;

b.) weniger wahrscheinlich, aber wohl immer leicht aus dem Zusammenhange zu erkennen sind emphatische Wiederholungen und Fälle, wo das doppelt stehende Wort in demselben Satze zwei verschiedene Bedeutungen oder Beziehungen hat (之之、爲爲, Factiva und Denominativa mit ihren Objecten u. dgl., vgl. §. 390 c);

c.) meist wird zwischen beide Wörter ein Interpunctionszeichen zu setzen sein.

II. Stilistische Merkmale.

§. 893. Zwei Eigenthümlichkeiten der chinesischen Schreibweise sind besonders auffällig: die ausgeprägte Rhythmik und die Vorliebe für scharf zugespitzte Antithesen. Die Neigung zu Beiden scheint nicht künstlich anerzogen, sondern innig mit dem Sprachgefühle des Volkes verwachsen zu sein; denn sie tritt selbst in der gewöhnlichen Umgangssprache zu Tage. Vgl. Anmerk. zu §. 249.

§. 894. Rhythmik. Gerne werden mehrere Sätze von gleicher Sylbenzahl aneinander gereiht, zumal viersylbige. Diese Form ist zum Glück auch im erzählenden und schildernden Stile beliebt, wo sie nicht selten das sicherste Satztheilungsmerkmal darbietet. Nur erwarte man nicht, dass der angenommene Rhythmus in eintöniger Weise ununterbrochen herrsche. Beispiel aus Ma Tuan-lin: 入水不沉、隨手破碎、市井不復斷、數十萬錢、不盈一掬、斗米一萬、商賈不行。*žip šùi put č'îm* (4), *sûi šeù p'ó-súi* (4); *šì-tsìng* (r. 7) *put feú tuán* (5); *šú šip-wán ts'iên, put yîng yit kuk*; *teù mì*

漢文經緯

yit-wán (4); *šāng* (r. 30) *-kù put híng* (4). Kamen sie (gewisse Münzen) in's Wasser, so sanken sie nicht unter; dem entsprechend zerbrachen sie in der Hand; auf den Märkten wurden sie nicht wieder verboten; einige hunderttausend Münzen füllten (noch) nicht eine hohle Hand; ein Scheffel Reis (kostete) 10,000 (solcher Münzen); Handel und Wandel ging nicht von Statten. — Hier helfen zur Erkenntniss des Rhythmus die Composita *p'ó-súi, ši-tsìng, šāng-kù,* die Zahlwörter, welche man nicht ohne zu Widersinn zu gelangen auseinanderreissen kann, und die drei 不 *put,* welche nicht am Satzende stehen können (*Chin. curr.*, pag. 76).

§. 895. Antithese. Sehr oft lassen die chinesischen Schriftsteller Sätze von völlig gleichem Baue, aber irgendwie entgegengesetztem Inhalte aufeinander folgen. Die Gegensätze können in der Verneinung oder im positiven Gegentheile bestehen, z. B.:

大 *tá*	不大 *put tá*	小 *siaò*
來 *lâi*	不來 *put lâi*	往 *wàng*
君 *kiün*	非君 *fēi kiün*	臣 *č'în* u. s. w.,

oder es kann auch nur eine andere Art derselben Gattung oder ein anderes Individuum derselben Art genannt sein (金 *kīm*: 石 *šik*; 孔子 *K'ùng-tsì*: 老子 *Laò-tsì* u. s. w.). Wo sich nun derartige Gegensätze in annähernd gleichen Abständen wiederholen, da pflegt sich die Satzabtheilung in ziemlich mechanischer Weise zu machen: man setzt einfach die gegensätzlichen Glieder untereinander, so ergibt sich von selbst, wo die Zeile abbricht, wo also abzutheilen ist.

§. 896. Was man den chinesischen **Parallelismus** nennt, ist eine Vereinigung von Rhythmus und Antithese. Oft finden sich dabei zwischen den entgegengesetzten Gliedern an entsprechenden Stellen gleiche Wörter, und auch das kann die Satzabgränzung fördern, wenn man die Abstände zwischen solchen ausmisst.

Anmerkung I. Fleissiges Lautlesen schärft am besten den Sinn für diese Eigenthümlichkeit der chinesischen Schriftsprache. Bei einiger Uebung bringt man es leicht so weit, dass man in vielen Fällen die Satztheilung empfindet, ehe man die Bedeutung aller einzelnen Wörter des Textes kennt.

Anmerkung II. Es leuchtet ein, welch' wichtiges Mittel für das Verständniss der Texte gerade im Parallelismus liegt: das einzelne Wort kann von seinen verschiedenen möglichen Bedeutungen und Functionen an dieser Stelle nur diese eine haben, weil es nur so dem gegenüberstehenden Gliede des Parallelsatzes entspricht.

Anmerkung III. Wo die grammatischen und stilistischen Merkmale fehlen oder den Dienst zu versagen scheinen, da ist man natürlich auf rein sachlich-logische Erwägungen angewiesen, zu welchen die Grammatik keine Anleitung bieten kann.

Beispiele der Satztheilung.

I. Čung-yung XXVIII, 1: 子曰愚而好自用賤而好自專生乎今之世反古之道如此者災及其身者也。

a.) Aus grammatischen Gründen ist hinter 者 und wahrscheinlich auch hinter 子曰 eine Pause, 如此 wahrscheinlich zu verbinden, keine Pause zu vermuthen hinter 自 und 及.

b.) 而好自, 之 und 者 wiederholen sich, und 今 und 古 sind Gegensätze. Also schreibe man untereinander:

子曰、愚而好自用
　　　賤而好自專
　　　生乎今之世
　　　　反古之道
　　　　　如此者
　　　災及其身者也

Tsî yuet: iû rî haó tsî-yúng, tsién rî haó tsî čuēn, šēng hû kīm čī ší, fàn kù čī taò: žû-ts'ī čè, tsāi kip k'î šīn čè yè. Der Meister (Confucius) sprach: Unwissend seiend, lieben sich auf sich selbst zu verlassen, in geringer Stellung lieben sich hervorzudrängen (anmassend aufzutreten), in dem heutigen Geschlechte leben und zu des Alterthums Art zurückkehren: wer so ist, ist Einer, dessen Person Unheil trifft.

II. Aufschrift auf einer Dose*): 程子以道充爲富身安爲貴子以知足日富自重日貴。 *Č'ìng-tsî ì taò č'ūng wêi fú šīn ngān wêi kuéi iû ì čī tsuk yuet fú tsî čúng yuet kuéi.*

a.) Es wiederholen sich in gleichen Abständen 以、富 und 貴. Dies ergibt:

程子以道充爲富身安爲貴
　子以知足日富自重日貴

*) Vgl. meinen Aufsatz: Ein Probestück von chinesischem Parallelismus. Ztschr. für Völkerpsych. und Sprachw., Bd. X, 230—234.

漢文經緯

b.) In Zeile 1 wiederholt sich 爲, in Zeile 2 an denselben Stellen 日 Dies ergibt:

程子以道充爲富
身安爲貴
予以知足日富
自重日貴

Damit ist die Satztheilung geschehen. Nun ist der Parallelismus weiter zu verwerthen.

c.) 富 *fú*, Reichthum, und 貴 *kuéi*, Ehre, Ansehen, Würde, werden gern coordinirt.

d.) Es entsprechen sich: 以 *a* 爲 *b* = a für b halten, und 以 *a* 日 *b* = a als b bezeichnen. Also erklären Zeile 1 und 3, was Č'ing-tsï und was der Schreiber (予 *iû*) für Reichthum hält.

e.) 充 *č'ūng*, Zeile 1 — füllen, stopfen, genug. Ihm entspricht der Stelle nach in Zeile 3 足 *tsuk* = Fuss, voll, genügend, ganz. Die gemeinsamen Bedeutungen: Fülle, genug, werden also hier anzunehmen sein, und sie passen zu dem Begriffe des Reichthums.

f.) 道 *taò* = Weg, Norm, *taó* = reden, raisonniren, steht 知 *čī*, wissen, gegenüber. Hier muss der Gegensatz liegen: der Eine hält Redefülle, der Andere Wissensfülle für Reichthum.

g.) In Zeile 2 und 4 sind aus Zeile 1 und 3 以 zu ergänzen; denn erstens lässt die Definition des Reichthums eine solche der Ehre erwarten, und zweitens ist um des Parallelismus willen zu vermuthen, dass diese auch wieder zweisylbig sein werde.

h.) 自 *tsî* und 身 *šīn* treffen sich in der Bedeutung: selbst. 身安 *šīn ngān* = persönliche Ruhe, 自重 *tsî-čúng* = Selbstachtung. Darnach ist zu übersetzen: Č'ing-tsï (ein Philosoph der Sung-Dynastie) hält Redefülle für Reichthum, persönliche Ruhe für Würde; ich nenne Wissensfülle Reichthum, Selbstachtung Ehre.

III. Beispiel aus dem 忠經 *Čūng-kīng*, canonischen Buche von der Loyalität, des Mà-yûng (79—166 n. Chr.), Cap. XV:

E	D	C	B	A	
正 *čing*	抗 *k'áng*	行 *hîng*	道 *taò*	忠 *čūng*	1
后 *heú*	議 *ngì*	者 *čè*	光 *kuāng*	臣 *č'în*	2
從 *ts'ûng*	終 *čūng*	下 *hià*	矣 *ì*	之 *čī*	3
諫 *kián*	於 *iü*	也 *yè*	諫 *kián*	事 *ssí*	4
則 *tsek*	死 *ssì*	違 *wêi*	於 *iü*	君 *kiūn*	5
聖 *šing*	節 *tsit*	而 *rî*	未 *wéi*	也 *yè*	6
	以 *ì*	不 *put*	形 *hîng*	莫 *mok*	7
	成 *č'îng*	諫 *kián*	者 *čè*	先 *siēn*	8
	君 *kiūn*	則 *tsek*	上 *šáng*	於 *iü*	9
	休 *hieū*	非 *fēi*	也 *yè*	諫 *kián*	10
	以 *ì*	忠 *čūng*	諫 *kián*	下 *hià*	11
	寧 *nîng*	臣 *č'în*	於 *iü*	能 *nêng*	12
	社 *šè*	夫 *fû*	已 *ì*	言 *yên*	13
	稷 *tsik*	諫 *kián*	彰 *čāng*	之 *čī*	14
	書 *šū*	始 *šì*	者 *čè*	上 *šáng*	15
	云 *yûn*	於 *iü*	次 *ts'ì*	能 *nêng*	16
	木 *muk*	順 *šün*	也 *yè*	聽 *t'īng*	17
	從 *ts'ûng*	辭 *ts'î*	諫 *kián*	之 *čī*	18
	繩 *šing*	中 *čūng*	於 *iü*	則 *tsek*	19
	則 *tsek*	於 *iü*	既 *kí*	王 *wâng*	20

Hier fallen zunächst auf: schliessende 也 A 6, B 10, 17, C 4; 矣 B 3; 者 B 8, 15, C 2; wahrscheinlich eröffnende 則 A 19, C 9, D 20, E 5, 夫 C 13; 書云 D 15, 16. Andere Wiederholungen: 能 A 12, 16; 諫於 B 4, 11, 18; 於 C 16, 20, D 4; 以 D 7, 11; 從 D 18, E 3; Gegensätze: 下、上 A; 上、次、下 B; 未、已、既 B; 始、中、終 C, D; gebräuchliche Verbindungen: 事君、莫 . . . 於、王道、社稷 (Götter des Landbaues) u. s. w. Von C 5 an ist der viersylbige Rhythmus unverkennbar. — Nun ist A: 忠 . . . 也 substantivischer Satztheil wegen des *gen. subj.* — 於 verlangt ein Object: 諫. Dass hinter dieses die Pause fällt, beweist der folgende Parallelismus: 下 . . . 上 . . . 之. Also zu übersetzen: ‚Im Dienste eines loyalen Ministers gegenüber dem Fürsten steht nichts mehr voran als das Tadeln (die Gegenvorstellungen). Kann der Untergebene es äussern, kann der Obere

漢文經緯

es anhören, so ist des Königs Pfad klar. Die das noch nicht Gestaltete tadeln (rechtzeitig vorher warnen), stehen obenan; die das bereits in Erscheinung Tretende tadeln, kommen darnach; die die vollendete Thatsache tadeln, stehen zu unterst. Ist (der Minister) ungehorsam statt zu tadeln, so ist er kein loyaler Minister. Dieses Tadeln nun fängt an mit bescheidener Rede, hat seine Mitte in widerstrebendem Rathe (in Gegenvorstellungen); endet mit der Todesgrenze (d. h. der Minister muss sterben als Opfer seiner Ueberzeugung), um zu vollenden des Fürsten Wohlergehen, um die Landesgötter zu beruhigen. Das Šu sagt: ‚Folgt der Baum der Schnur, so ist er gerade, folgt der Fürst dem Tadel, so ist er heilig.'

IV. Folgendes Beispiel, Cap. XI desselben Buches, zeigt die Bedeutsamkeit doppelt stehender Wörter für die Satztheilung: 明王之爲國也任於正去於邪邪則不忠忠則必正有正然後用其能。 *mîng wâng čī wêi kuok yè, žím iū číng, k'iū iū siê; siê, tsek put čūng, čūng, tsek pit číng; yeù číng, žân-heú yúng k'î nêng.* Erlauchte Könige, indem sie den Staat regieren, betrauen (mit Aemtern) die Geraden und halten sich fern die Falschen. Aus der Falschheit folgt Illoyalität, aus der Loyalität folgt nothwendig Geradheit. Hat (der König) Gerade, dann nutzt er ihre Fähigkeiten.

V. Beispiel aus Liet-tsï V, 1 b ff.: 北宮子謂西門子曰朕與子並世也而人子達並族也而人子敬並貌也而人子愛並言也而人子庸並行也而人子誠並仕也而人子貴並農也而人子富並商也而人子利朕衣則裋食則粢居則蓬室出則徒行子衣則文錦食則粱肉居則連欐出則結駟在家熙然有棄朕之心在朝諤然有敖朕之色請謁不相及遨遊不同行固有年矣子自以德過朕邪西門子曰予無以知其實汝造事而窮予造事而達此厚薄之驗歟而皆謂與予並汝之顏厚矣。 *Pek-kūng-tsî wéi Sī-mên-tsî yuet: čím, iû tsî píng ší yè, rî žîn tsî tat; píng tsuk . . . kíng; píng maó . . . ngái; píng yên . . . yûng; píng hîng . . . šîng; píng ssî . . . kuéi; píng nûng . . . fú; píng šāng . . . lí. čím ī tsek šù, šik tsek tsī, kiū tsek p'ûng šit, č'ut tsek t'û hîng; tsî . . . wên kìm, . . . liâng žuk, . . . liên-lí, . . . kiet ssî. tsái kiā hiap žân yeù k'í čím čī sīm; tsái č'aô ngok žân yeù ngaô . . . sek, ts'ìng-yet put siāng kip, ngaó-yeû put t'ûng hîng. kú yeù niên ì. tsî tsî ì tek kuó čím yê? — S. yuet: iû wû ì čī k'î šit. žù tsaó ssî rî k'iûng, iû . . . tat. ts'ì heú pok čī yém iû, rî kiāi wéi iû iû píng, žù čī yên heú ì.* P. sprach zu S.: Ich bin mit Ihnen von der gleichen Generation, aber bei

海上絲綢之路文獻集成 科技與文化編

den Menschen stehen Sie (mehr als ich) im Ansehen; . . . gleicher Classe . . geehrt; . . . Art . . . beliebt; . . . Redegabe . . . finden Sie Verwendung; . . . Wandels . . . Vertrauen; . . . Amtes . . . vornehmer; wir haben gleich grossen Grundbesitz . . . reicher; . . . Handel . . . machen Sie Profit. Ich kleide mich in groben Stoff (eigentl. kleide ich mich, so ist es u. s. w.), esse groben Reis, bewohne eine Strohhütte, gehe draussen zu Fusse. Sie . . . gestickten Seidenstoff, . . . Hirse und Fleisch, . . . Palast, fahren vierspännig aus. Zu Hause hinter lächelnder Miene verschmäht man mein Herz; bei Hofe macht man sich geradezu über mein Aussehen lustig; auf Einladungen treffen wir einander nicht, auf Spaziergängen geht man nicht mit mir. (So ist es) gewiss schon seit einigen Jahren. Meinen Sie, Sie überträfen mich an Tugend? — S. antwortete: Ich kann nicht wissen, was daran Thatsache ist; Du kommst in Deinem Geschäftsbetriebe rückwärts, ich in dem meinen vorwärts: wäre das nicht die Wirkung der grösseren und geringeren Tüchtigkeit (eigentl. von dick und dünn)? Und Alles, was Du mit mir gleich zu haben behauptest, dürfte auf eine Dickköpfigkeit (Unverschämtheit) deinerseits hinauslaufen.

漢文經緯

DRITTES BUCH.

SYNTHETISCHES SYSTEM.

Einleitung.

I. Zweck und Methode.

§. 897. Zweck. War es Sache des ersten Systems, die Erscheinungen der Sprache nach ihrem Zusammenhange unter einander und nach der Mannichfaltigkeit der Bedeutungen zu erklären, so ist es die Aufgabe des zweiten, zu zeigen, welche Mittel die Sprache zur Erfüllung ihres Zweckes besitze. Jene Erscheinungen und diese Mittel sind beide grammatischer Natur. Allein die Gesichtspunkte, von welchen aus in beiden Fällen die Sprache betrachtet wird, sind verschieden; verschieden ist daher die Ordnung, in welcher sich die Gegenstände der Betrachtung darbieten und in welcher sie folglich dargestellt sein wollen; verschieden darum ferner die Art der Darstellung und die Auswahl unter den darzustellenden Gegenständen. Die persönlichen und fragenden Fürwörter, die Verneinungswörter und die Wörter des Seins, die Hülfsverba u. a. m. zeigen nur als Kategorien gewisse Eigenthümlichkeiten der Erscheinung. Die Unterschiede aber unter den einzelnen Wörtern dieser Kategorien nachzuweisen, zu lehren, wann das eine, wann das andere zu gebrauchen sei: das ist Sache des zweiten Systems. Nur wo derselbe Gegenstand als Erscheinung und als Ausdrucksmittel gleichen Werth hat, gebührt ihm in beiden Systemen gleiche Berücksichtigung. Dies gilt z. B. von den meisten Partikeln, soweit sie als solche, nicht als Stoffwörter fungiren.

§. 898. Das zweite System ist eine **grammatische Synonymik.** Der praktische Werth einer solchen leuchtet ein. Es handelt sich dabei in der That nicht nur um die Anwendung der Sprache, welche einen beherrschenden Ueberblick über die verfügbaren Mittel verlangt, sondern auch um das Verständniss des Gehörten oder Gelesenen, welches nie vollkommener sein kann, als wenn man weiss, welche Redewendungen für den Ausdruck des nämlichen Gedankens etwa noch möglich gewesen, und warum gerade die vorliegende gewählt worden sei. Die theoretische Bedeutung der Sache betrifft vor Allem die Würdigung der Sprache hinsichtlich ihres Reichthums und ihrer Feinheit.

§. 899. Die grammatische Synonymik wurzelt im Sprachgefühle des Volkes und findet ihre Bestätigung im Sprachgebrauche. Nur insoweit hat sie wissenschaftliche Berechtigung. Ihre Aufgabe ist zu lehren, nicht wie man aus dieser oder jener Sprache richtig in's Chinesische übersetze, sondern wie man den Gedanken auf gut chinesisch ausdrücke, womöglich wie man ‚chinesisch denke'.

§. 900. Von vorneherein darf man annehmen, dass eine Sprache auf die Dauer keinen Luxus dulden werde. Völlig Gleichbedeutendes wird sie entweder ausscheiden, so dass von den Synonymen nur Eines am Leben bleibt, oder sie wird es mit der Zeit unterscheiden, dissimiliren, und somit den lästigen Ueberfluss in nützlichen Reichthum verwandeln. Die eigenthümlichen Bedingungen, unter welchen sich das Chinesische zu entwickeln gehabt (§§. 10—13, 227—232), mussten das Zusammentreffen synonymer, oft nur dialectisch verschiedener Ausdrücke in der Schriftsprache begünstigen. Soweit sich nun solche neben einander erhalten haben, wird man nur auf Grund ganz zwingender Thatsachen annehmen dürfen, dass sie unterschiedslos gleichdeutig geblieben seien. In manchen Fällen, wie bei 如 *žû* und 若 *žok*, den Pronominibus 1. und 2. Person, mag die Untersuchung besonders schwierig sein; nichts beweist aber, dass sie nicht endlich doch zu einem positiven Ergebnisse führen könne.

§. 901. Von den Fragen der grammatischen Synonymik wird ein grosser Theil — wenn überhaupt — nur auf Grund sehr umfassender Beispielsammlungen zu lösen sein. Manche Erleichterungen bieten sich aber doch:

a.) man achte auf den Sprachgebrauch hinsichtlich der Gegensätze: 是 : 非 u. s. w.;

b.) man bevorzuge Beispiele, wo sinnverwandte Ausdrücke nahe beisammen vorkommen;

c.) man berücksichtige die übrigen Bedeutungen und Anwendungen des betreffenden Wortes, welche in der Regel verwandt, vielleicht noch greller, concreter sind, z. B.: 是 = dies, sein, richtig;

d.) auch sinnverwandte Wörter mit gleichem oder nachweislich verwandtem phonetischen Schriftelemente können brauchbare Fingerzeige geben, z. B.: 忘 *wâng*, vergessen, 忙 *wâng*, zerstreut, unaufmerksam: 亡 *wâng*, nicht da sein, nicht mehr sein.

海上絲綢之路文獻集成 科技與文化编

漢文經緯

Anmerkung. Eine besondere Schwierigkeit liegt für die Bearbeitung eines synthetischen Systemes darin, dass nicht alle Schriftsteller sich der grammatischen Synonymik gegenüber gleich verhalten. Die meisten, wo nicht alle, werden, je nach individueller oder örtlicher Gewohnheit, wohl auch nach Laune, diese oder jene Ausdrucksweisen bevorzugen, dafür andere vernachlässigen, und so ist jeder von ihnen nur insoweit ein classischer Zeuge, als er zwei oder mehrere Synonymen unterschiedlich anwendet.

II. Wahl des Ausdruckes.

§. 902. Die chinesische Sprache besitzt eine erstaunliche **Biegsamkeit und Mannichfaltigkeit des Ausdruckes:**

a.) Sie ist reich an synonymen einsylbigen Wörtern, deren Bedeutungen sich fein abschattiren. Soweit es sich hierbei um Stoffwörter handelt, hat das Wörterbuch zur richtigen Wahl anzuleiten;

b.) einsylbige und zusammengesetzte Wörter sind einander synonym: 閒 *kiān* oder 中閒 *čūng-kiān*, zwischen; 本 *pèn* oder 原本 *yuên-pèn*, Ursprung; 本 *pèn* oder 根本 *kēn-pèn*, Wurzel;

c.) den Dienst der grammatischen Formen können in den meisten Fällen nach Belieben die blossen Wortstellungsgesetze oder Hülfswörter, ja Häufungen solcher versehen; mancherlei Ellipsen sind gestattet, und hierin besitzt das Chinesische eine Dehnbarkeit und Kürzungsfähigkeit, welcher unsere Sprachen nichts an die Seite zu stellen haben. Man denke z. B. an die Ausdrücke für den Locativ durch Wortstellung, durch Präpositionen, Postpositionen oder Verbindung beider: 在家 *tsái kiā*, 在乎家 *tsái hû kiā*, 在乎家之內 *tsái hû kiā čī núi* u. s. w. = im Hause sein. — Hier wie bei b.) beruht der Unterschied lediglich in der grösseren oder geringeren Ausführlichkeit und Deutlichkeit des Ausdruckes, nicht im ausgedrückten Gedanken;

d.) endlich weiss die Sprache auch die Starrheit ihrer Stellungsgesetze durch einfache Mittel zu überwinden. Inversionen verleihen der Rede Lebendigkeit und Anmuth, ohne die Verständlichkeit zu beeinträchtigen.

§. 903. Bei so viel Freiheit das Richtige zu wählen ist schwierig und nur durch sorgfältiges Studium der besten Stilmuster zu erlernen. Folgende **allgemeine Regeln** lassen sich vorläufig aufstellen:

a.) Man wahre die Einheit des Stiles, hüte sich also vor Anachronismen und wähle nur unter denjenigen Redeweisen, welche der betreffenden Sprachperiode und Stilart angehören. Alle anderen bleiben von vorneherein von der Wahl ausgeschlossen;

23*

海上絲綢之路文獻集成 科技與文化編

b.) unter mehreren synonymen Ausdrucksweisen wähle man die zutreffendste, d. h. diejenige, welche den Gedanken am richtigsten wiedergibt;

c.) unter gleich zutreffenden wähle man die deutlichste, mindestens vermeide man solche, welche ein Missverständniss nahelegen;

d.) unter den sonach zulässigen Redeweisen verdient in der Regel die kürzere den Vorzug vor der wortreicheren.

Andere Rücksichten, welche entscheidend sein können, gehören der **Rhetorik** und **Stilistik** an.

§. 904. Vor Allem gewöhnt man sich schwer an die **Abstractheit** des chinesischen Ausdruckes: man will, übersetzend statt selbstschaffend, Alles zum Ausdrucke bringen, was die heimischen Sprachformen besagen. Dabei vergisst man, erstens dass diese oft weit über das Bedürfniss der Verständlichkeit hinausgehen, z. B. wenn sie Zeit, Person, Zahl zugleich durch selbstständige Wörter und Wortformen ausdrücken, und zweitens, dass gar oft unsere Sprachen nothgedrungen in den Ausdruck allgemeiner Sätze ganz zufällige Dinge mit hineintragen, von welchen der Hörer abstrahiren muss, um die Allgemeingültigkeit des Ausspruches zu verstehen. Beispiel: der Satz 聖希天、賢希聖、士希賢。 *šíng hī t'iēn, hiên . . ., ssî* . . . (heilig nachstreben Himmel, weise . . ., gelehrt . . .), kann folgende Sätze vertreten: 1. der Heilige strebt dem Himmel nach . . ., 2. die Heiligen . . ., 3. heilig ist: dem H. nachstreben . . ., 4. heilig ist, wer . . ., 5. Heiligkeit u. s. w. T'ung-šu X, 1. Aehnlich folgender Satz: 用人必自好賢始。 *yúng žîn pit tsî haó hiên šì.* Wer die Menschen benutzen will, muss damit anfangen, die Weisen (oder die Weisheit) zu lieben; oder: die Verwendung — muss anfangen bei der Liebe u. s. w. Sing-li XI, 35 b. — Der Chinese vermag es und liebt es, Eigenschaften, Zustände, Thätigkeiten, Verhaltungsweisen abstract, lediglich in Rücksicht auf ihre gegenseitigen Beziehungen zu betrachten und zu behandeln. Seine Sprache besitzt Mittel, wie sie bei uns die Mathematiker für ihre Zwecke verwenden, und dieser Vergleich lässt sich selbst auf das hoch entwickelte System der Functionszeichen ausdehnen: auf die copulativen und modalen, Begriffe und Gedanken verknüpfenden Ausdrücke. Vgl. §. 267.

Erstes Hauptstück.

Die Satztheile.

I. Capitel.

Bildung der Redetheile.

I. Im Allgemeinen.

§. 905. Die Frage, welche in diesem Abschnitte zu beantworten ist, lautet: Durch welche Mittel bringt die Sprache ihre **Stoffwörter** hervor? Unter Stoffwörtern sind Substantiva und Eigennamen, Adjectiva, Zahlwörter, Verba und Adverbien zu verstehen; als Wörter oder Worteinheiten aber haben hierbei auch die zum Ausdrucke eines einheitlichen Begriffes dienenden Zusammensetzungen — Composita — zu gelten.

§. 906. Die Frage nach der Entstehung der einsylbigen Wörter gehört nicht hierher; sie betrifft die Vorgeschichte der Sprache. Die Fälle, um die es sich hier handelt, sind vielmehr folgende:

a.) Ein einsylbiges oder durch Doppelung entstandenes zweisylbiges Wort gehört regelmässig einem bestimmten Redetheile an. Dies ist der Fall mit den Zahlwörtern und der Mehrzahl der Pronomina und Partikeln, aber auch mit vielen Substantiven u. s. w.;

b.) ein Wort erhält durch seine Stellung im Satze seine Geltung als dieser oder jener Redetheil. Dieser Vorgang ist syntaktischer Art und schon in der Lehre von den Wortkategorien im analytischen Systeme behandelt worden;

c.) zwei oder mehrere einsylbige Stoffwörter gehen eine constante Verbindung ein — Composita von Stoffwörtern;

d.) mit dem Stoffworte wird eine Partikel verbunden, welche anzeigt, welchem Redetheile der Ausdruck angehört.

II. Substantiva.

§. 907. Von Hause aus sind Substantiva die Benennungen:

a.) für körperliche Wesen, Sachen und Gesammtheiten, und für Zeit und Wetter, wie: 江 *kiāng*, Strom, der Yang-tse-kiang; 顏 *yên*, Antlitz; 題 *t'î*, Stirn; 氏 *ší*, Familie; 秋 *ts'ieū*, Herbst, u. s. w.;

b.) für personificirte geistige Wesen, z. B.: 神 *šîn*, Geist; 鬼 *kuèi*, Dämon;

c.) für eine grosse Anzahl Abstracta — Eigenschaften, Zustände, Thätigkeiten — zumal solcher, welche häufig an und für sich, ohne Rücksicht auf ihre logischen Subjecte, zum Gegenstande der Besprechung gemacht werden. So die fünf Cardinaltugenden 五常 *ngù šâng*: 仁 *žîn*, Menschlichkeit; 義 *ngí*, Rechtlichkeit; 禮 *lì*, Schicklichkeit; 智 *čí*, Weisheit, und 信 *sín*, Treue.

§. 908. Selten sind die durch **Doppelung** entstandenen Substantiva, z. B.: 猩猩 *sīng-sīng* (nach Schott *sēng-sēng*), eine Art menschenähnlicher Affe (*Rhinopithecus roxellana?*). Dahin gehören Ausdrücke wie: 哥哥 *kō-kō*, mein älterer Bruder; 嫽嫽 *laò-laò*, Grossmutter mütterlicherseits. 奶奶 *naì-naì*, Grossmutter, Dame, — welche indess neuen Gebrauchs sind.

§. 909. Von Alters her ist es sehr gebräuchlich, zwei **sinnverwandte** Substantiva so mit einander zu verbinden, dass sie zusammen die ihnen gemeinsame Bedeutung darstellen (§. 265 a). Der Gebrauch hat in den meisten Fällen den beiden Gliedern eine feste Stellung angewiesen: 老耆 *laò-k'î*, Greise; 土地 *t'ù-tí*, Land, Gebiet; 命令 *míng-líng*, Vorschrift, Befehl; 伯兄 *pek-hiūng*, der älteste Bruder; 法度 *fap-tú*, Gesetze und Verordnungen; 典常 *tièn-šâng*, Ordnungen, Satzungen; 則典 *tsek-tien*, Regel; 垣墉 *yuên-yûng*, Mauern, Wälle.

§. 910. In den **attributiven** Zusammensetzungen ist das erste Glied ein Genitiv, Adjectivum, oder als Participium wirkendes Verbum, oder es verhalten sich die beiden Glieder zu einander appositional. Als zweites Glied sind schon im Alterthume 人 *žîn*, Mensch, 子 *tsì*, Kind, Sohn, 夫 *fū*, Mann, häufig; dagegen gehören 戶 *hú*, 匠 *tsiáng*, 手 *šeù* für Berufsnamen, 頭 *t'eû* für runde Gegenstände, 子 *tsì* für kleine Sachen dem neueren und niederen Stile an.

a). Genitivisch. 工師 *kūng-ssī*, Werkmeister; 匠人 *tsiáng-žîn*, Arbeiter, Handwerker; 玉人 *yük-žîn*, Juwelier; 矢人 *ší-žîn*, Pfeilmacher; 函人 *hām-žîn*, Harnischverfertiger; 弓人 *kūng-žîn*, Bogenmacher; 廩人 *làm-žîn*, Magazinverwalter; 虞人 *iû-žîn*, Förster; 館人 *kuàn-žîn*, Palastaufseher; 門人 *mên-žîn*, (Thürenleute =) Schüler, Jünger; 丘民 *k'ieū-* (r. 1) *mîn*, (Hügelvolk =) Bauern.

海上絲綢之路文獻集成 科技與文化編

漢文經緯

b.) Adjectiv und Substantiv. 大夫 *tá-fū*, Grosse, Grosswürdenträger; 上帝 *sáng-tí*, höchster Herr = Gott; 良人 *liâng-žîn*, (der treffliche Mensch) = (mein) Gatte; 中國 *čūng-* (r. 2) *kuok*, Mittelreich, China.

c.) Apposition. 女人 *niù-žîn*, Frauenzimmer; 女子 *niù-tsï*, Mädchen; 男子 *nâm-* (r. 102) *tsï*, Mann, Gatte; 夫人 *fū-žîn*, Fürstin, gnädige Frau.

d.) Participium und Substantiv. 侍人 *ší-žîn*, (aufwartender Mensch =) Diener (mit verächtlicher Nebenbedeutung); 侍子 *ší-tsï*, Dienstknecht; 侍妾 *ší-ts'iep*, Zofe, Concubine; 乞人 *k'it-žîn*, Bettler.

e.) Infinitiv und Substantiv. Ein mit einem Verbum attributiv verbundenes Substantivum kann auch zu jenem Verbum in **adverbialem** Verhältnisse stehen: der Ort wo, die Zeit wann, das Werkzeug womit, der Zweck wozu etwas geschieht oder geschehen ist: 死路 *ssï-lú*, ‚Todespfad' = gefahrvoller Weg; 賞格 *šàng-kik*, Taxe, nach welcher belohnt wird; 賞帖 *šàng-t'iep*, Schreiben, worin eine Belohnung ausgesetzt wird. Vgl. §. 366.

§. 911. Manche Amts- und Berufsbezeichnungen werden durch die Verbindung eines **Verbums mit seinem Objecte** gebildet. Ihre Kenntniss ist wichtig, schon weil es nahe liegt, das Verbum als Infinitiv statt als Participium, das Ganze als ein Abstractum statt als ein Concretum aufzufassen. Dahin gehören: 有司 *yeù-ssï*, habend Amt = Beamter, Officier. Aehnlich im Šu: 執事 *čip-ssí*, ergreifen Geschäfte — Beamte; 歸市 *kuēi-* (r. 77) *ší*, zurückkehrend zum Markte = Händler. Mtsï I, II, VII = Marktbesucher. Ibid. XV, 1. 司馬 *ssï-mà*, (die Pferde überwachend =) Kriegsminister; 司空 *ssï-k'ūng*, Arbeitsminister. Šu. 司寇 *ssï-k'eú*, (die Räuber überwachend =) Criminalminister; 司徒 *ssï-t'û*, Unterrichtsminister. Ibid. Hierher gehört wohl auch 官占 *kuān-čēm*, der Beamte für die Wahrsagung (*kuān* verbal = vorstehen). Šu II, II, 18.

§. 912. Abstracta, welche das Ob oder Ob-nicht, das Mehr oder Weniger einer Eigenschaft oder eines Zustandes bezeichnen, pflegen wir in den meisten Fällen einseitig oder durch Fremdwörter auszudrücken: Grösse = Quantität schliesst die Kleinheit, Güte = Qualität die Schlechtigkeit mit in sich. Der Chinese bildet zu diesem Zwecke **Composita entgegengesetzter** Adjectiva und Verba: 小大 *siaò-tá*, Klein-Gross — Grösse; 多少 *tô šaò*, Viel-Wenig — Zahl, Menge; 輕重 *k'īng-čúng* (r. 166), Leicht-Schwer = Gewicht; 長短 *čâng-tuàn*, Lang-Kurz = Länge, aber auch = für und wider; 是非 *ší-fēi*, Sein-Nichtsein, Ja-Nein = die Frage ob oder ob nicht; 存亡 *ts'ûn-wâng*, Bestehen-Vergehen = Existenz. §§. 871 884.

海上絲綢之路文獻集成 科技與文化編

§. 913. Ein adjectivisches oder verbales Prädicatswort wird durch Anfügung von 者 *čè* = *is qui, id quod (est)* in ein Substantivum umgewandelt, welches das Subject dieses Prädicates, den Träger der Eigenschaft, des Zustandes, oder den Urheber der Handlung bezeichnet: 上| *šáng-čè*, die Oberen, das Obere; 下| *hià-čè*, der oder das Untere; 仕| *ssî-čè*, Staatsdiener, Beamte; 化| *hoá-čè*, (die sich Verwandelnden =) die Todten; 智| *čí-čè*, ein Weiser. Mtsï II, II, III, 1. 二| *rí-čè*, die Zwei, die Beiden. Ibid. IV, I, II, 2.

§. 914. Substantiva selbst erhalten durch Anfügung von 者 *čè* oft eine andere Bedeutung, vgl. §. 468.

§. 915. Seltener dient nachgefügtes 者 *čè* zur Bezeichnung der Eigenschaft, des Zustandes oder der Thätigkeit *in abstracto*: 死|人之所必不免|也。*ssî-čè žîn čī sò pit put mièn čè yè.* Der Tod ist das, dem die Menschen sicher nicht entgehen. 不爲者、與不能者、何以異。*put wêi čè, iù put nêng čè, hô-ì í?* Nichtthun und Nichtkönnen, wodurch unterscheiden sie sich? Mtsï I, I, VII, 11. 天下有大惡|五。*t'iēn-hià yeù tá ngok čè ngù.* Im Reiche gibt es fünf grosse Schlechtigkeiten. Kia-iü II, 3a.

§. 916. Aus der Lehre von den Wortkategorien (§§. 841, 843) ist zu wiederholen, dass jedes Wort und jeder Wortcomplex **vermöge seiner Stellung** als ein Substantivum gilt, wenn er oder es Subject des Satzes, Object eines activen Verbums oder einer Präposition, oder durch einen Genitiv näher bestimmt ist. Letzteres anzuwenden ist meist unbedenklich. Dagegen prüfe man jedesmal wohl, ob nicht Missverständnisse nahe liegen, wenn ein Wort, welches in der Regel anderen Redetheilen zugehört, ohne vorausgehenden Genitiv oder folgendes 者 *čè* als Substantivum auftreten soll.

III. Eigennamen.

A. Personennamen.

a. Familiennamen, 姓 *sing.*

§. 917. 姓 ***sing,*** anscheinend verwandt mit 生 *šēng*, zeugen, bedeutet zugleich Geschlecht und Geschlechtsnamen. Schon in den ältesten Urkunden (Šu I, 2 und oft) erscheint 百姓 ***pek-sing,*** die hundert Geschlechter, als Bezeichnung des chinesischen Volkes, und diese Ziffer mag einen annähernden Schluss auf die Zahl der zu jener Zeit bestandenen Geschlechter rechtfertigen.

§. 918. Sicher ist diese Zahl im Laufe der Jahrtausende mit der steten Ausbreitung des chinesischen Volkes gewachsen. Der Ausdruck: 百家姓 ***pek-kiā-sing,*** die hundert, d. i. sämmtliche Familiennamen, ist noch jetzt im Gebrauche, und *pek-sing* nicht minder. Thatsächlich aber ist die Zahl laut Khang-hi's Wörterbuche auf 438 gestiegen.

§. 919. Von diesen Namen sind 408 einsylbig, 單 | ***tān-sing,*** 30 zusammengesetzt: 複 | ***fuk-sing*** oder 雙 | ***šuāng-sing,*** von letzteren wieder 22 zweisylbig und 8 dreisylbig.

§. 920. Soweit diese Namen ursprünglich Appellativa sind, ist meist ihre Bedeutung leicht zu erklären. Dahin gehören z. B.: 朱 *Čū,* Rothe; 舟 *Čeū,* Schiff; 終 *Čūng,* Ende; 力 *Lik,* Kraft; 孔 *K'ùng,* Höhle; 孟 *Méng,* ältester Bruder; 司馬 *Ssī-mà,* Marschall; 石 *Šik,* Stein; 毛 *Maô,* Haar; 王 *Wâng,* König. Verba werden als Participien oder *nomina auctoris* zu verstehen sein: 有 *Yeù,* Habend, Haber; 作 *Tsok,* Macher; 坐 *Tsò,* Sitzer; 見 *Kién,* Seher; 來 *Lâi,* Kommender; 中行 *Čūng-hîng,* Mittelgänger, u. s. w. Wo Partikeln als Familiennamen zu fungiren scheinen, dürfte das Zusammentreffen nur im gewählten Schriftzeichen beruhen; so bei 之 *Čī,* 于 *Iû,* 於 *Iû,* 非 *Fēi,* 其 *K'î* u. A. — Einige wenige Schriftzeichen nehmen eine andere Aussprache an, sobald sie als Geschlechtsnamen dienen, z. B. 不 *Feū* statt *Put.* Zu den nachweislich fremden Namen gehört z. B. 耶律 *Yê-liüt* (Mandschu Yelioi) der der Herrscherfamilie der tungusischen grossen Liao, welcher im Mittelreiche eingebürgert wurde.

Anmerkung. Gleichlautende Familiennamen werden gelegentlich durch Beschreibung der ihnen dienenden Schriftzeichen unterschieden: 二馬馮 *rí-mà Fûng,* der zweipferdige Fung; 木子李 *muk-tsì Lì,* Holzsohn Li; 弓長張 *kūng-č'âng Č'āng,* Bogenlanger Tschhang; 立早章 *lip-tsaò Čāng,* stehen-früh Tschang; 文武武 *wên-wù Wù,* Civil- und Militär-Wu, d. h. Wu in der Form, wie es in ‚Civil und Militär' (Literatur und Kriegskunst) vorkommt. W. Williams, *Syll. Dict.,* pag. 1243.

b. Rufnamen, 名 *mîng.*

§. 921. 名 ***mîng,*** Name, als Adjectivum = berühmt, wird ohne weiteren Zusatz in der Bedeutung des sogenannten kleinen Namens 小名 ***siaò-mîng*** oder Milchnamens 奶 | ***nài-mîng,*** 乳 | ***žû-mîng,*** gebraucht. Dieser wird dem Kinde bald nach der Geburt vom Vater oder wohl auch von sonst einer der Familie nahestehenden Person beigelegt. Es ist stets von Hause aus ein Appelativum, das eine Anspielung auf ein denkwürdiges, etwa zur Geburt in Beziehung stehendes Ereigniss, oder ein glückliches Omen für den Neugebornen enthalten soll. So erinnert z. B. angeblich der kleine Name des Confucius, 丘 *K'ieū*, Hügel, an einen Hügel, auf welchem die Eltern oder die Mutter des Weisen um einen Sohn gebetet. — Heutzutage sind die Milchnamen in der Regel zweisylbig.

§. 922. Der Gebrauch dieser Namen in der Anrede setzt eine Vertraulichkeit voraus, welche Fernerstehenden gegenüber geringschätzig sein würde. Dafür wird es als bescheiden angesehen, den eigenen Milchnamen statt des Pron. der 1. Person zu gebrauchen. Die Ehrerbietung erfordert auch, das Schriftzeichen für den Milchnamen des regierenden Kaisers nicht zu gebrauchen, sondern es durch Zuthat oder Hinwegnahme eines oder mehrerer Striche, durch eine schon bestehende oder neu zu bildende Variante zu ersetzen. So wurden unter der fünfzigjährigen Herrschaft des Kaisers K'âng-hī, 1662 bis 1723, die Schriftzeichen seines kleinen Namens 玄燁 *Hiuên-yep*, blauer Funke, durch Wegnahme des letzten Punktes und des letzten waagrechten oder senkrechten Striches abgeändert; und so fügt man noch heute dem Zeichen 丘 oft den 170. Radical bei: 邱 *K'ieū*, Hügel. Vgl. Williams' *Syll. Dict.*, pag. 266.

§. 923. Der ‚Buchname', 書名 ***šū-mîng*** oder 學| ***hiok-mîng***, pflegt beim Eintritte in die Schule, der Amtsname, 官名 ***kuān-mîng***, bei Beginn der amtlichen Laufbahn angenommen zu werden. Spitz- und Spottnamen, 花名 ***hoā-mîng*** (Blumennamen), oder 混| ***huèn-mîng***, 混號 ***huèn-haó*** (leichtfertig untergeschobene Namen), gehören der niederen Sprechweise an.

c. Ehrennamen, 字 *tsí*.

§. 924. Die Verleihung des 字 ***tsí*** oder literarischen Ehrennamens bedeutet eine Art Grossjährigsprechung. Sie erfolgt bei Männern im zwanzigsten Lebensjahre, vormals unter gleichzeitiger Bekleidung mit der männlichen Mütze, 冠 *kuān*, bei Mädchen gelegentlich der Verlobung. Diese Sitte besteht nur in den höheren Classen der Gesellschaft. Man wählt hierzu einen zweisylbigen Ausdruck, welcher in der Regel irgendwie an den Buchnamen anknüpft, wohl auch eine Beziehung zu dem Vorleben, den Neigungen oder Anlagen des mannbar Gewordenen enthält. Im mündlichen Verkehre, in amtlichen Schriftwerken und in Büchern werden diese Namen sehr oft allein zur Bezeichnung der Personen gebraucht, z. B. 仲尼 *Čúng-nî* für Confucius.

海上絲綢之路文獻集成 科技與文化編

d. Andere Namen.

§. 925. 諱 ***hoéi,*** scheuen, verhüllen, wird besonders auch für das Vermeiden geheiligter Namen und diese selber gebraucht: 忌| *kí-hoéi*, sich scheuen einen solchen auszusprechen oder zu schreiben; 犯| *fàm-hoéi*, ihn frivol gebrauchen; 避| *pí-hoéi*, den Gebrauch des kaiserlichen Rufnamens vermeiden; 聖| *šíng-hoéi*, dieser geheiligte Name selbst. — Einem verstorbenen Familienhaupte wird nun von seinem ältesten Sohne ein Ehrentitel beigelegt, welcher gleichfalls 諱 ***hoéi*** genannt, auf eine in der Ahnenhalle aufzustellende Tafel, 靈碑 *lîng-p'âi*, geschrieben und bei Darbringung der Todtenopfer gebraucht wird. Das Andenken bedeutender Männer wird nicht selten nach dem Tode von den Kaisern selbst durch Verleihung derartiger Titel geehrt; so bei Confucius nacheinander: 褒成侯宣尼公 *Paō* (r. 145) *šing heû, siuēn Nî kūng*, der ruhmvollendete Lebensfürst, der erhabene Fürst Nî, abgekürzt 宣尼 *Siuēn Nî* oder 宣父 *Siuēn-fú*, dann 先聖 *Siēn-šíng*, der frühere Heilige, endlich 至聖 *Či-šíng*, der höchst Heilige. (Viele Beispiele dieser Art siehe in Mayers' *Chinese Reader's Manual.*)

Stifter von Dynastien werden in der Regel in ihren posthumen Namen als solche bezeichnet: 世祖 *ší-tsù*, 元祖 *yuên-tsù*, 太祖 *t'ái-tsù* oder 高祖 *kaō-tsù*, der erste Ahn.

§. 926. 別號 ***piet-haó*** oder wohl auch 名| ***mîng-haó*** sind selbstgewählte Namen, welche von Manchen beim Amtsantritte oder nach der Verheiratung angenommen werden. Ersterer Ausdruck bezeichnet aber auch schriftstellerische Pseudonymen. Dergleichen sind überaus gebräuchlich und oft schwer verständlich. Der Schriftsteller nennt auf dem Titel seines Werkes oder seiner Sammlung nicht seinen Namen, sondern den Ort, an oder bei welchem er die Arbeit verfasst hat, ein Dorf oder Landhaus, einen Hügel, Fluss oder Bach u. s. w., und dies schlechthin, ohne Angabe der Provinz, des Kreises, in welchem sich der Ort befindet. Vgl. Julien, *Simple exposé*, pag. 66.

e. 子 *tsì*, 氏 *ší* und Anderes.

§. 927. 子 ***tsì***, Kind, Sohn, war schon im hohen Alterthume Titel des vierten Adelsgrades und hat vermuthlich daher, in erweiterter Anwendung, den Werth eines Ehrenprädicates erhalten. Als solches erscheint es schon in der vorclassischen Zeit, zumal im Ši-king. Es wird bald allein, in der Bedeutung: ‚der Herr, mein Gatte', später von den Confucianern κατ' ἐξοχήν für ihren Meister, oder in der Anrede statt eines Fürworts der zweiten Person: ‚Sie, mein Herr' gebraucht, bald dem Namen als Apposition angefügt. So in der classischen und nachclassischen Sprache zumal bei Namen hervorragender Philosophen: 孔| *K'ùng-tsï*, 孟| *Méng-tsï*, 程| *Č'îng-tsï*, 朱| *Čū-tsï*, u. s. w. *Laò-tsï* 老|, ‚der alte Herr', ist nur eine ehrende Benennung; der eigentliche Name dieses Weisen war 李伯陽 *Lì Pek-yâng*. Der Tao-Philosoph 鶡冠| *Hot-kuān-tsï* (4. Jahrh. v. Chr.) heisst so nach einer Mütze von oder mit Federn des Hot, einer Fasanenart, welche er getragen haben soll.*)

§. 928. 氏 ***ší,*** Familie, tritt schon im Schu-king appositionell an Namen von Fürstenthümern und Dynastien, aber auch von Aemtern, um deren Inhaber anzudeuten. Im Schi-king erweitert sich der Gebrauch dieser Umschreibung; *ší* tritt hier nicht nur an Geschlechtsnamen, 姓 *síng*, als Bezeichnung des Geschlechtsoberhauptes, sondern auch, anscheinend im ehrenden Sinne, an Verwandtschaftsnamen, z. B. 母| *mù-ší*, etwa = die Frau Mutter I, III, VII; 伯|、仲| *pek ší, čúng ší*, die älteren, jüngeren Brüder II, V, V, 7, u. s. w. — Im classischen und nachclassischen Stile bezeichnet ein dem Geschlechtsnamen angefügtes *ší* einen hervorragenden Angehörigen des Geschlechtes: 管| *Kuàn-ší*, Herr Kuan. LYü III, XXI, 3. — In diesem Falle wird wohl auch der kleine Name hinter das *síng* gesetzt: 孟軻| *Méng K'ō-ší*, (der berühmte) Herr Meng Kho, das ist Meng-tsï. Thai-kih-thu, Einl.

Neueren Gebrauches ist die Benennung von Frauen durch Anfügung von 氏 *ší* an den Geschlechtsnamen: 王| *Wâng-ší* = Frau (geborene) Wang.

§. 929. (Andere Beinamen.) Aehnlich wie bei den Römern Quintus, Sextus, Decimus u. s. w., werden bei den Chinesen gewisse Wörter für Erst- und Nachgeborne gerne als Rufnamen, wohl auch statt solcher gebraucht. Dahin gehören:

孟 ***méng*** oder
伯 ***pek,*** der Aelteste unter mehreren Brüdern;
仲 ***čúng,*** der Zweite von drei Brüdern;
季 ***kí,*** der Dritte und Jüngste.

§. 930. Im Allgemeinen gilt für die Benennung von Personen Folgendes:

a.) der Geschlechtsname, wo er genannt wird, steht zuerst;

b.) auf ihn folgt in der Regel das 名 *mîng*, welches ausser in vertraulicher Anrede oder als Vertreter des Pron. 1. Person nicht allein genannt zu

---

*) Heutzutage erscheinen solche Mützen noch auf der Bühne; die da auftretenden Lictoren werden gleichfalls *hot-kuān-tsï* genannt.

海上絲綢之路文獻集成 科技與文化编

漢
文
經
緯

werden pflegt. 姓 *síng* und 名 *mîng* zusammen dienen in der Regel zur Bezeichnung historischer Personen, z. B.: 孔安國 *K'ùng Ngān-kuok*, 司馬光 *Ssī mà Kuāng*;

c.) das 字 *tsí* wird meist ohne das 姓 und wohl stets ohne das 名 genannt. So heisst im Lün-iü der Schüler des Confucius: 卜商 *Puk Šāng* in der Regel 子夏 *Tsì-hiá*, ein Anderer Namens 仲由 *Čung-yeû*: 子路 *Tsì-lú*;

d.) Titel folgen in der Regel auf den Namen: 陽明先生 *Yâng Mîng siēn-šēng*, Meister (Herr) Yang Ming. Wo aber der Amtscharakter das Wesentliche, der Name das Nebensächliche ist, steht Letzterer hinter Ersterem. So im Šu: 帝堯 *tí Yaô*, etwa = der Kaiser Namens Yao. Vgl. §. 259.

f. Namen der Dynastien und Kaiser.

§. 931. Die ältesten im Schu-king aufgeführten Kaiser*) führen einsylbige Namen: 堯 *Yaô* 2356—2258, 舜 *Šún* 2255—2205, 禹 *Yù* 2205—2197. Dieser, in der Regel 大| *tá Yù*, der grosse Yü genannt, ward der Stifter der ersten Dynastie 夏 *Hiá*, 2205—1776 v. Chr. Seitdem hat China erbliche Herrscherhäuser 朝 *č'aô*, oder 代 *tái*, Dynastien; 三代 *sām-tái* sind die drei Dynastien der Hiá, der Šang 商, 1766—1122, und der Čeū 周 1122 bis 255 v. Chr. Man sagt: 秦朝 *Ts'în-č'aô* 255—206, 漢| *Hán-č'aô* 206 v. Chr. bis 221 n. Chr., 唐| *T'âng-č'aô* 618—907, 宋| *Súng-č'aô* 960—1280, 明| *Mîng-č'aô* 1368 bis gegen 1640. — Auch fremde Eroberer legten ihren Herrscherhäusern derartige Namen bei. So die Kitan 937—1125 遼 *Liaò* fern, die Dschingischaniden 1278—1369 元 *Yuên* = Ursprung, Haupt; die Niü-tschi 1115—1135 übersetzten ihren tungusischen Stammesnamen in 金 *Kīm*, Erz. Die seit 1640 regierenden Mandschu haben sich 淸 *Ts'īng*, die Reinen, oder 大| *Tá-ts'īng* genannt.

§. 932. Die **officiellen Namen der Kaiser** waren unter den Hiá theils ein-, theils zweisylbig. Seit den Šang sind zweisylbige Namen gebräuchlich, deren zweite Theile Namen des Zehnercyklus waren: 太甲 *T'ái-kiap*, 小乙 *Siaò-yit* u. s. w. Die Tscheu führten als zweites, seltener drittes Glied ihrer Namen 王 *wâng*, z. B. 武| *Wù-wâng* 1145—1109, Kaiser seit 1122. Diese Sitte wurde von den ersten Regenten des Hauses Ts'in beibehalten; Fürst Čing nahm aber den alten Titel 黄帝 *Hoâng-tí* = gelber Kaiser wieder auf und nannte sich 始|| *Šì-hoâng-tí*.

*) Die im Ssï-ki und sonst aufgeführten Namen älterer Herrscher (bis 2852 v. Chr. hinauf) können nicht als historisch sicher gelten.

§. 933. Unter den Han, 163 v. Chr., kam die Sitte auf, die Kaiser unter je zwei Namen zu bezeichnen:

a.) den einen 年號 ***niên-haó***, Jahresbezeichnung, wählen die Kaiser selbst, wechseln wohl auch, zumal in Zeiten des Unglücks, damit. Er ist stets zweisylbig, meist nach der Absicht seines Erfinders ein gutes Omen oder eine Art Regierungsprogramm enthaltend. Er dient zu Zeitbestimmungen, z. B. 康熙二十八年 *Khāng-hī rī-šip-pat niên*, 28. Jahr Khang-hi (= Ruhe und Gedeihen, 1662—1723) = 1690.

b.) Der Tempelname 廟號 ***miaó-haó*** ist der, unter welchem die Kaiser in die Ahnentafeln eingetragen werden. Er ist bald zwei-, bald mehrsylbig. Gewisse Schlusswörter kehren dabei häufig wieder. Die Han nahmen statt des 王 der Čeu-Kaiser das alte 帝 *tí* an, und dies wurde mit wenigen Ausnahmen bis zu den Sûi, 581—618, beibehalten. Unter den T'ang, den Yuen und den Ming war 宗 *tsûng* gebräuchlich, und die fünfsylbigen Tempelnamen der Mandschukaiser enden auf 皇帝 *hoâng-tí*, erhabener Kaiser.

§. 934. Der Deutlichkeit halber wird nicht selten den Tempelnamen, zuweilen auch den Jahresbezeichnungen der Dynastiename vorausgeschickt, z. B.: 宋太平興國四年 *Súng T'ái-p'îng* (r. 51) *Hîng-* (r. 134) *kuok ssí niên*, im 4. Jahre T'ai-p'ing (oder) Hing-kuok der Sung-Dynastie, = 980 n. Chr. (Der damalige Kaiser hatte nämlich in einem Jahre zwei Namen eingeführt.) Li-čung-ting-kung, Biogr. Bl. 1 a.

§. 935. 有 ***yeù*** haben, im Sinne eines activen Participiums vor die Namen von Ländern oder Dynastien gesetzt, bezeichnet den Inhaber oder das Oberhaupt dieser letzteren (Beispiele s. §. 368).

B. Geographische Namen.

Vergl. E. Biot, *Dictionnaire des noms etc.* Paris 1842, 8°, und G. M. H. Playfair, *The Cities and Towns of China, a geographical dictionary*, Hongkong 1879, 8°.

§. 936. Die geographischen Namen haben in China vielfach gewechselt. Im Alterthume waren sie meist einsylbig, so die Flussnamen 河 *Hô*, der Hoang-ho, 江 *Kiāng*, der Yang-tsï-kiang, die Ländernamen 魯 *Lù*, 周 *Čeū* u. s. w. Zur Verdeutlichung wurden aber oft Appositionen beigefügt: 魯國 *Lù-kuok*, der Staat Lu, 泰山 *T'ái šān*, der Berg T'ai. Jetzt bilden mehrsylbige Namen die Regel, und das letzte Glied derselben pflegt eine Apposition zu enthalten; nur die Namen der Provinzen, 省 *šèng*, machen von Letzterem eine Ausnahme. In der höheren Büchersprache bedient man sich noch gern der alten Namen.

海上絲綢之路文獻集成 科技與文化編

§. 937. Personen werden in Rücksicht auf ihre Landes- oder Heimatsangehörigkeit durch den Zusatz 人 *žîn,* Weiber durch 女 *niù* bezeichnet: 法國人 *Fap kuok žîn,* Franzose; 上海女 *Šáng-hài niù,* eine Shanghaierin.

§. 938. Bei **geographischen Bestimmungen** geht man in der Richtung vom Weiteren zum Engeren, nicht umgekehrt: 雒陽軒里之人也。*Lok-yâng Hiēn-lì čī žîn yè.* Er war ein Mann aus H. in L. Ssï-ki LXIX, 1 a.

IV. Adjectiva.

§. 939. Die Bildung der Adjectiva, d. h. der als adnominale Attribute oder Prädicate wirkenden Eigenschaftswörter, bietet keine Schwierigkeiten. Die meisten hierher gehörigen **einsylbigen** Wörter sind Adjectiva von Hause aus. Gebräuchliche **Gegensätze** sind: 黑 *hek,* schwarz: 白 *pek,* weiss; 貧 *p'în,* arm: 富 *fú,* reich; 貴 *kuéi,* vornehm: 賤 *tsién,* gering; 美 *mèi,* schön: 醜 *č'eù,* hässlich; 好 *haò,* gut: 歹 *tài,* schlecht; 新 *sīn,* neu: 古 *kù,* alt; 長 *č'âng,* lang: 短 *tuàn,* kurz; 高 *kaō,* hoch: 低 *tī,* niedrig; 明 *mîng,* hell: 暗 *ngàn,* dunkel; 强 *k'iâng,* stark: 弱 *žok,* schwach; 厚 *heú,* dick: 薄 *pok,* dünn; 虛 *hiū,* leer, eitel: 實 *šit,* voll, ächt; 剛 *kāng,* hart: 柔 *žeû,* weich; 聖 *šing,* heilig: 愚 *iû,* thöricht, roh; 正 *čing,* aufrecht, richtig: 邪 *siê,* schief, falsch; 直 *čik* (r. 109), gerade: 曲 *k'iük* (r. 73), krumm.

§. 940. Theil- und Verhältnisswörter sind bekanntlich von Hause aus zugleich substantivisch, adjectivisch und adverbial, sind mithin auch hier zu erwähnen: 上天 *šáng t'iēn,* der obere (erhabene) Himmel; 下民 *hià mîn,* das niedere Volk; 後世 *heú ší,* spätere Generationen.

§. 941. Verdoppelung der Adjectiva ist sehr emphatisch, daher in Dichtungen üblicher als in der Prosa: 君子終日乾乾。*kiūn-tsì čūng-žit k'iēn-k'iēn.* Der Edle ist den ganzen Tag lang rastlos fleissig. Yik-king I, Bl. 3 a. 肅肅兎罝、椓之丁丁、赳赳武夫、公侯干城。*suk-suk* (r. 129) *t'ú-tsiē, čū čī čīng-čīng; kieù-kieù wù-fū, kūng-heû kān šîng.* Das wohlgespannte Hasennetz, man klopft es (d. i. die Pflöcke, an welche es gespannt ist) fest ting, ting! Der tapfre, tapfre Kriegersmann ist des Fürsten Schild und Wall. Ši I, I, VII.

§. 942. Paarung **sinnverwandter** Adjectiva ist häufig und oft sehr wirksam. Denn die beiden verbundenen Wörter pflegen einander nicht nur zu erläutern, sondern auch zu verstärken: 昭明 *čaō-mîng,* glänzend und erleuchtet; 側陋 *tsik-leú,* niedrig und gemein; 困窮 *k'uén-k'iûng,* bedrängt und arm; 廣運 *kuàng-yün,* hehr und unendlich. Šu. 旱乾 *hàn-* (r. 72) *kān* (r. 5), trocken, dürr; 敦 (oder 惇) 厚 *tūn-heú,* freigebig.

V. Verba.

§. 943. Auch unter den Verben bilden die **einsylbigen** in der classischen Sprache die grosse Mehrzahl, und es ist für das Verständniss der Texte wie für die Correctheit des Ausdruckes wichtig zu wissen, welche von ihnen einander regelmässig **entgegengesetzt** werden. Beispiele: 好 *haò* — 歹 *taì* = gut, schlecht; 善 *šén* — 惡 *ngok* = gut, böse. Aber 好 *haó* — 惡 *ngú* = lieben, hassen, d. i. für gut oder für böse halten. 愛 *ngái* (r. 61), lieben, parteiisch sein für; 恨 *hén*, hassen; 生 *šēng*, leben; 死 *ssì*, sterben. Aber 死 *ssì* — 活 *huot* = todt, lebendig, oder: Tod, Leben. 存 *ts'ûn*, erhalten bleiben, am Leben bleiben; 亡 *wâng*, vergehen, sterben. 在 *tsái*, da sein; 亡 *wâng*, fort sein (auch zuweilen: leben — todt sein). 往 *wàng*, gehen; 來 *lâi*, kommen. Aber auch: 來 *lâi*, kommen; 去 *k'iü*, fortgehen. 出 *č'ut*, ausgehen; 入 *žip*, eintreten, hineingehen. 合 *hop*, vereinigen; 離 *lî*, losreissen, trennen. 勝 *šíng*, siegen; 敗 *pái*, unterliegen. 增 *tséng*, mehren; 減 *kiàm*, mindern. 升 *šīng* (r. 24), hinaufsteigen; 降 *kiáng*, herabsteigen. 語 *iü*, reden; 默 *mek*, schweigen. 伸 *čīn*, ausbreiten; 屈 *k'iüt* einziehen, zusammendrücken. 消 *siaō*, abnehmen, schwinden; 長 *č'âng*, wachsen.

§. 944. Zu erwähnen sind diejenigen Verba, welche durch **Veränderungen des Tones**, zuweilen auch des **Schriftzeichens**, von anderen Redetheilen abgeleitet sind: 左 *tsò*, links, 右 *yeú*, rechts, aber 佐 *tsó* und (ohne Veränderung des Tones) 佑 *yeú*, Beide = helfen; 中 *čūng*, Mitte, aber 中 *čúng* (in die Mitte) treffen; 釘 *tīng*, Nagel, sprich *tíng*, nageln. Vgl. §§. 230, 231.

§. 945. Synonymzusammensetzungen sind von Alters her sehr gebräuchlich. So z. B.: 平章 *p'îng-čāng*, ordnen und glätten; 協和 *hiep-huô*, in Einheit und Einklang bringen; 平秩 *p'îng-čit*, herrichten und ordnen; 登庸 *tēng-yûng*, befördern und anstellen; 敷奏 *fū-tseú* (r. 37), melden, Bericht erstatten; 死亡 *ssì-wâng*, sterben; 忖度 *ts'ùn-tok*, ermessen, berechnen, durch Nachdenken ermitteln; 使令 *ssì-líng*, angestellt werden, ein Amt bekleiden; 係纍 *hí-lûi*, binden, fesseln; 忸怩 *nuk-nî*, erröthen, sich schämen (schon im Šu); 怵惕 *č'ut-t'ik*, fürchten, sich scheuen (dgl.); 愧恥 *kuéi-č'ì*, sich schämen; 殺戮 *šat-luk*, tödten. 忿懥 *fen-č'í*, sich ärgern; 恐懼 *k'ùng-kiü*, sich fürchten. Vgl. §. 305.

§. 946. Als **attributive** Composita sind solche zu bezeichnen, in welchen das erste Verbum den specielleren, das zweite den allgemeineren Begriff enthält: 賊刑 *ts'ik-hîng*, tödtend strafen, hinrichten; 對曰 *túi-yuet*, antwortend sagen. Vgl. §. 306.

海上絲綢之路文獻集成 科技與文化編

漢文經緯

VI. Adverbien.

§. 947. Die meisten **einsylbigen** Adverbien sind von Hause aus Eigenschaftswörter. Wesentlich Umstandswörter sind z. B.: 難 *nân*, schwierig; 易 *í*, leicht (*facile*); 古 *kù*, vor Alters; 今 *kīm*, jetzt; 久 *kieù*, lange; 然 *žên* oder *žân*, so.

Bekannt ist der häufige Gebrauch von **Theil- und Verhältnisswörtern** als Adverbien: 上 *šáng*, oben; 下 *hià*, unten; 外 *nguái*, draussen; 內 *núi*, drinnen; 先 *siēn*, zuvor, zuerst; 後 *heú*, darnach, später, hinten. Manche **copulative Wörter** für ‚können, müssen, nur' u. s. w. scheinen dem Geiste der Sprache nach eher adverbialer als verbaler Natur zu sein. Vgl. §§. 308, 627.

§. 948. Durch **Doppelung** gebildete Adverbien pflegen Zustände, Erscheinungsformen, Arten des Verhaltens oder Benehmens zu schildern. Beispiele siehe in §. 391.

§. 949. Sehr gebräuchlich sind Adverbialbildungen durch nachgefügtes 然 ***žân***, eigentl. — so, vgl. §. 666. Dahin gehören: 自 | *tsí-žân*, von selbst, spontan, natürlich; 必 | *pit-žân*, nothwendigerweise; 本 | *pèn-žân*, ursprünglich; 定 | *tíng-žân*, sicherlich, bestimmt; 果 | *kuò-žân*, desgl.; 安 | *ngān-žân*, friedlich, ruhig, zufrieden; 偶 | *ngeù-žân*, zufälligerweise, unerwartet; 徒 | *t'û-žân*, vergebens, umsonst; 卒 | *ts'ut-žân*, plötzlich; 忽 | *huet-žân*, desgl.; 白 | *pek-žân*, klärlich, öffentlich; 顯 | *hièn-žân*, sichtlich, offenbar; 艴 | *p'ut-žân*, erröthend; 蹴 | *ts'uk-žân*, befangen, ehrerbietig; 忻 | *hīn-žân*, fröhlich, gern, mit Vergnügen; 欿 | *k'àm-žân*, unzufrieden, in gedrückter Stimmung; 幡 | *fān-žân*, wie umgestimmt; 勃 | *pot-žân*, mit veränderter Miene; 喟 | *wéi-žân*, seufzend; 塡 | *t'iên-žân*, mit Trommelschall; 沛 | *p'éi-žân*, heftig, gewaltig, plötzlich; 浡 | *put-žân*, heftig, rasch; 浩 | *haó-žân*, gewaltig, entschlossen; 易 | *í-žân*, leicht, mühelos; 闇 | *yēm-žân*, eunuchenmässig; 介 | *kiái-žân*, plötzlich; 寂 | *tsik-žân*, unbeweglich, still. Ferner solche mit Doppelung, wie: 芒芒 | *wâng-wâng-žân*, müde träge, oder dumm aussehend; 望望 | *wáng-wáng-* (r. 74) *žân*, mit Ueberdruss, mit hochmüthiger Miene; 由由 | *yeû-yeû-žân*, behaglich; 欣欣 | *hīn-hīn-žân*, lächelnd, heiter; 盻盻 | *hí-hí-žân*, mit ärgerlicher oder sorgenschwerer Miene; 綽綽 | *č'ok-č'ok-žân*, frei, unbeengt; 紛紛 | *fēn-fēn-žân*, verworren; 綴綴 | *čúi-čúi-žân*, im Zusammenhang; 漠漠 | *mok-mok-žân*, wüstenartig, weit.

§. 950. Auch 焉 ***yên*** versieht zuweilen den Dienst eines Adverbialsuffixes (vgl. §. 824): 少 | *šaò-yên*, alsbald; 正 | *číng-yên*, richtig; 圉圉 |

海上絲綢之路文獻集成 科技與文化編

iû-iû-yên, befangen, ängstlich; 洋洋| *yâng-yâng-yên*, in der Fülle lebend, wohlig; 休休| *hieū-hieū-yên*, schlicht, wohlwollend, herzlich.

§. 951. Nachgesetztes **如** ***žû***, wie, bildet eine Art Adverbien, welche das äussere Erscheinen oder Verhalten schildern und wohl nur mit folgendem 也 *yè* als Prädicate, nie attributiv angewendet werden dürfen: 福| *fuk-žû*, wie glückselig; 闕| *hiuet-žû*, vorsichtig und zurückhaltend; 翕| *hip-žû*, als wären sie vermischt; 豁| *huot-žû*, grossartig, freigebig; 行行| *hîng-hîng-žû*, thatkräftig aussehend; 皇皇| *hoâng-hoâng-žû*, scheinbar besorgt; 皞皞| *haō-haō-žû*, freundlich und zufrieden aussehend. Vgl. §. 585.

§. 952. Im vorclassischen Stile findet sich zuweilen das verwandte **若** ***žok*** als zweites Glied adverbialer Ausdrücke: 抑|揚兮。 *yik-žok yâng hî*! Voll Anmuth die hohe Stirn, o! Ši I, viii, XI, 1. 六轡沃|。 *luk p'éi* (r. 159) *wuk-žok*. Die sechs Zügel sind von Seidenglanz. Ši II, i, III, 4 und vi, X, 3. Vgl. §. 646.

§. 953. In ähnlicher Weise dient ein angefügtes **爾** ***rì***, sonst = nur, zur Bildung von Adverbien: 嘑| *hū-rì*, in beleidigendem, anfahrendem Tone; 蹴| *ts'uk-rì*, (darauf, darnach) tretend; 式| *šik-rì*, absichtlich, mit Fleiss; 偶| *ngeū-rì*, zufälligerweise, unvorsehens; 適| *šik-rì*, zufälligerweise. Desgleichen mit Doppelungen: 遑遑| *hoâng-hoâng-rì*, rastlos (*hoâng*, Musse); 傴傴| *kiû-kiû-rì*, mit vorgebeugtem Körper. Vgl. §. 645.

§. 954. **而** ***rî*** drückt bekanntlich in der Regel aus, dass der vorausgehende Satztheil sich zum folgenden abverbial verhält. Es scheint aber auch im Alterthume, gleich 然 *žân*, 如 *žû* ständige Verbindungen eingegangen zu sein. Vgl. §. 636.

VII. Negativbildung.

§. 955. Zu den Formen der Zusammensetzungen gehört auch die durch Vorfügung der Negation **不** ***put***. Dieses Wörtchen selbst ist die Verneinung der einfachen Position. Während den übrigen Negationen gewisse Affirmationen gegensätzlich entsprechen (是非、有無 u. s. w.), so steht einem 不 *x* nur ein einfaches x gegenüber, das Gefühl für Antithese und Symmetrie verlangt nicht mehr.*)

§. 956. Die Chinesen bedienen sich der negativen Ausdrucksweise öfter als wir.

---

*) Metrisch gilt *put* natürlich als Sylbe. Im Rhythmus der Prosa zählt es entweder mit, oder unterbricht als überzählige Sylbe in nicht störender Weise den Gleichklang.

漢文經緯

a.) Der negative Ausdruck ist natürlich milder als der entgegengesetzte positive: 不善 *put šén*, nicht gut, milder als 惡 *ngok*, schlecht, u. s. w. Gerade darum wird er aber gelegentlich bevorzugt.

b.) Andererseits kann der negative Ausdruck schärfer, wirksamer sein als der positive. So namentlich bei den beliebten Antithesen, wovon später.

Anmerkung. Man betrachte die Texte gerade auf diesen Punkt hin recht genau; rechtzeitiger Gebrauch der negativen Redewendungen gehört zu den Dingen, an welchen sich echt chinesische Denk- und Schreibweise zu offenbaren pflegt.

II. Capitel.

Erweiterung der Satztheile.

I. Adnominale Bestimmungen.

§. 957. Als adnominale Bestimmungen oder Attribute im einfachen Satze sind nur solche zu bezeichnen, welche mit ihrem Determinatum zusammen eine syntaktische Einheit bilden, also entweder die dem Attribute zukommende Stellung vor dem näher zu bestimmenden Substantivum einnehmen, oder sich appositionell zu demselben gesellen.

§. 958. Nach den Redetheilen, welchen sie angehören, zerfallen sie in folgende Classen:

a.) substantivische; dahin gehören:

aa.) die Apposition und

bb.) der Genitiv;

b.) adjectivische und

c.) verbale, d. h. solche, welche unseren adjectivischen Participien entsprechen.

Soweit in allen diesen Fällen die Verbindungen unmittelbar geschehen, reiht sich diese Lehre eng an jene von der Bildung zusammengesetzter Substantiva an. Nur der Sprachgebrauch vermag zu entscheiden, ob die Verbindung eine constante oder eine freie, willkürliche ist. Und wiederum können neue Composita willkürlich gebildet werden, sobald es gilt, für einen neuen Begriff einen Ausdruck zu schaffen; der Sprachgebrauch mag dann blos individuell sein, aber jedenfalls ist die Ständigkeit der Verbindung beabsichtigt.

Die Lehre von den adnominalen und adverbialen Zahlenverhältnissen wird besser zusammenhängend in einem besonderen Capitel behandelt.

海上絲綢之路文獻集成 科技與文化編

A. Apposition.

§. 959. Wo Apposition bei Appellativen vorkommt, da wird meist eine Zusammensetzung vorliegen. So bei den Namen für Thier-, Pflanzen- oder Mineralienarten, für Aemter oder Verwandtschaftsgrade, für Geräthe u. s. w. Echte Appositionen dieser Art enthalten Redewendungen, wie: 回字 *hoêi tsï*, das Schriftzeichen *hoêi* (= umkehren); 性理篇 *síng-lì p'iēn*, der Abschnitt ‚Natur und Vernunft'.

Anmerkung. Einen Genitiv des Stoffes oder Inhaltes in solchen Fällen anzunehmen scheint bedenklich, so lange nicht das etwaige Vorkommen der Genitivpartikel dazu nöthigt. Vgl. §. 296.

§. 960. Hervorzuheben sind aber die Bezeichnungen für das **natürliche Geschlecht.** Diese erinnern zwar zum Theil mehr an adjectivische Attribute (männlich, weiblich), denn an Appositionen; indessen sind die gebrauchten Ausdrücke immer Hauptwörter. Dahin gehören:

a.) für **Menschen:** 男 *nâm*, Mann, 女 *niù*, Weib: 男人 *nâm-žîn*, Mann; 女人 *niù-žîn*, Frau, Weib; |工 *nâm-* (*niù-*) *kūng*, Arbeiter, Arbeiterin; 女弟 *niù tí*, (meine) jüngere Schwester; 孫女 *sūn-niù*, Enkelin (*sūn*, Enkel);

b.) für **Vierfüssler** und andere auf der Erde laufende Thiere: 牝 *p'ìn*, Weibchen, und 牡 *meù*, Männchen. 牝鷄 *p'ìn-kī*, weibliches Huhn, Henne;

c.) für **Geflügel** und Insecten: 雌 *ts'ī*, Weibchen, Sie; 雄 *hiûng*, Männchen, Hahn; |雞 *ts'ī-* (*hiûng-*) *kī*, Henne, Hahn.

§. 961. Besonders wichtig ist die Apposition bei **Eigennamen.** Hier steht das Appellativum bald voran, bald nach.

a.) Hinter den Eigennamen hat es zu treten, wenn es Titel, Rang, Amt oder sonstige Kategorie desselben angibt: A, welcher ein B ist.

b.) Vor dem Eigennamen hat es zu stehen, wenn es ein bestimmtes Einzelnes bedeutet, dessen Name erklärend beigefügt wird: der A Namens B. Beispiele §. 297.

§. 962. Kommt dieselbe Apposition **mehreren Substantiven** oder Eigennamen zu, so ist es üblich, ein Zahlwort beizugeben: 孔孟二子 *K'ùng Méng rí tsì*, die beiden Meister Confucius und Mencius (statt: *K'ùng-tsì Méng-tsì*). 天地人三字 *t'iēn tí žîn sām tsí*, die drei Wörter: Himmel, Erde und Mensch. Dagegen 三天字 *sām t'iēn tsí*, die drei Wörter Himmel = das dreimal (im Texte) vorkommende Wort Himmel.

Man beachte Ausdrucksweisen wie: 程先生兄弟 *Č'îng siēn-šēng hiūng-tí* (r. 57), die Herren Gebrüder Tsch'ing. T'ai-kih-t'u Einl. 10. Aehnlich: 程子昆弟 *Č'îng-tsì kuēn-tí*, dasselbe. Das. §. 10 b.

B. Genitiv.

§. 963. Der Genitiv wird bekanntlich auf doppelte Art ausgedrückt:

a.) durch die blosse Wortstellung und

b.) durch Einschiebung der Partikel 之 *čī* zwischen das genitivische und das durch dieses bestimmte Wort.

Beide Ausdrucksweisen verhalten sich den besonderen Bedeutungen des Genitivverhältnisses gegenüber gleichgültig, d. h. beide können gleich gut den possessiven, partitiven u. s. w. Genitiv ausdrücken.

§. 964. Der Genitiv als adnominaler Casus ist im Chinesischen fast überall da zulässig, wo er es in den europäischen Sprachen auch ist, ja er tritt mehrfach auch da ein, wo manche unserer Sprachen Präpositionen oder abgeleitete Adjectiva vorziehen. — Im Folgenden ist zur Verdeutlichung überall die Auflösung des Genitivverhältnisses in den entsprechenden Satz beigefügt:

a.) Possessiv: a hat b. 吾國 *ngû kuok,* mein Staat;

b.) Partitiv: b ist Theil von a. 其一 *k'î-yit,* Eins (Einer) von ihnen. 夏之日、冬之夜。*hiá čī žit, tūng čī yé.* Tage des Sommers, Nächte des Winters. Ši I, x, XI, 4;

c.) Genitiv **des Stoffes:** b besteht aus oder in a. 金花 *kīm hoā,* goldene Blumen. 殺人之罪。*šat žîn čī tsúi.* Das Verbrechen einen Menschen zu tödten. Mtsï I, ɪɪ, II, 3. 柏舟 *pek čeū,* Boot von Cypressenholz. Ši I, ɪɪɪ, II, 1;

d.) des **Urhebers** einer Sache oder einer Handlung: a macht oder thut b. 孔氏之遺書。*K'ùng-ší čī î šū.* Ein hinterlassenes Buch des Confucius. Vorwort zu Ta-hiok;

e.) des **Trägers einer Eigenschaft** oder des **Subjectes eines Zustandes:** a ist b. 民樂其樂。*mîn lok k'î lok.* Das Volk freute sich an seiner Freude. Ču-hi zu Mtsï I, 3 a. 知其難 *čī k'î nân,* seine Schwierigkeit kennen;

f.) des **Ortes** oder der **Zeit, wo:** b ist in a. 宋儒程夫子。*Súng žû Č'îng fū-tsì,* ein Gelehrter unter der Sung-Dynastie, Meister Tsch'ing. Sing-li-tsing-i;

g.) des **Ortes** oder des **Zeit, woher:** b ist aus a. 宋人 *Súng-žîn,* ein Mann aus Sung;

h.) der **Aehnlichkeit:** b ist wie a. 龍馬 *lûng-mà,* drachenartiges Pferd, ein fabelhaftes Thier. 夫秦齊、雄雌之國。*fû Ts'în Ts'î, hiûng-ts'ï čī kuok.* Nun sind Ts'in und Ts'i Staaten wie Hahn und Henne. (Ist der Eine stark, so muss der Andere schwach sein.) Ssï-ki LXXV, 11 a;

海上絲綢之路文獻集成 科技與文化编

i.) des **Inhaltes** oder der **Ausstattung**: b enthält a, ist mit a versehen. 金馬門 *kīm-mà-mên*, das Thor mit dem ehernen Ross, d. i. Han-lin-Collegium;

k.) des **Maasses**: b misst oder füllt a. 五尺之童 *ngù č'ik čī t'ûng*, ein Knabe von fünf Fuss (Höhe). Julien, *Synt. nouv.* I, pag. 81;

l.) Eigenthümlich ist der Genitiv der **Richtung wohin**: b ist nach a gerichtet. 其猶牆面而立也與。*k'î yeû ts'iâng miến rî lip yè iû!* Ist der doch, als ob er mit nach der Wand gewendetem Gesichte dastünde! LYü XVII, x. Aehnlich: 南面、北面、*nâm-* (r. 24) *miến*, *pek-miến*, für die Stellung des Kaisers, bez. der Unterthanen bei Audienzen; Ersterer steht mit südwärts, Letztere mit nordwärts gewandtem Antlitze. LYü VI, I, 1;

m.) Genitiv des **Werthes**: b gilt a. 有百金之馬。*yeù pek kīm čī mà.* Es gibt Pferde zum Preise von hundert Goldstücken. Han-fei-tsï XIII, 5 b.

§. 965. Einen **Genitiv des Objectes** gibt es nicht; was so scheinen könnte, ist vielmehr ein Genitiv des passiven Subjectes. Hieraus ergibt sich folgende Regel:

1. Soll die Thätigkeit selbst substantivisch behandelt werden, so behalte man die Objectsstellung bei: 教民之道 *kiaó mîn čī taò*, der Weg der Volkserziehung. 罪莫大於殺人。*tsúi mok tá iū šat žîn.* Unter den Verbrechen ist keines grösser als Menschentödtung.

2. Soll aber der Leidenszustand oder das Ergebniss der Thätigkeit zum Substantiv gemacht werden, so wähle man die genitivische Construction: 喜怒哀樂之未發、謂之中。*hì nú ngāi lok čī wéi fat, wéi čī čūng.* Das Noch-nicht-hervorgebracht-sein von Freude, Verdruss, Trauer oder Lust (diesen Zustand) nennt man ‚Mitte'. Čung-yung I, 4. Weitere Beispiele siehe §. 437.

§. 966. Nichts hindert, **Genitive** unter sich und mit anderen Attributen beliebig zu **häufen**. Die Einförmigkeit derartiger Ketten wird in dieser Sprache nicht empfindbar: 以奉先世神主 *ì fúng* (r. 37) *siēn ší šîn čù* (r. 3), um zu huldigen den Geisterherren (= den Manentafeln) der früheren Geschlechter. Sing-li-tsing-i V, 2 b. 管攝天下人心。*kuàn-šip t'iēn-hià žîn sīm.* Die Herzen der Menschen des Unteren des Himmels (= des Reiches) leiten. Ibid. 未覩前哲令德之則。*wéi kuān ts'iên* (r. 18) *čit líng tek čī tsek.* Sie haben noch nicht das Vorbild der trefflichen Tugend der früheren Weisen betrachtet. Ku-wen-yuen-kien V, 16 b. (J.). 然則此圖當爲先生書首。*žân-tsek ts'ì t'û tāng wêi siēn-šēng šū šeù.* Also diese Tafel muss für das erste unter den Büchern des Gelehrten gelten. Thai-kih-thu Einl. 13. 力謂

土地甲兵之力。 *lik wéi t'ù-tí kiap-pīng čī lik.* Gewalt heisst die Gewalt der Waffen des Landes. Ču-hi zu Mtsï I, 45 a.

§. 967. Für die **Wahl des Genitivausdruckes** entscheidet, nächst der Rücksicht auf Deutlichkeit und Rhythmus, die Innigkeit der gedachten Verbindung. Einfache Aneinandersetzung ist von der Zusammensetzung kaum zu unterscheiden. Man beachte aber auch ihre Verwandtschaft mit der adjectivischen Ausdrucksweise, welche unsere Sprachen oft vorziehen (Possessivpronomina, Wörter wie: eisern, heurig, ausländisch, königlich, drachenartig u. s. w.). 之 *čī* dagegen hat zugleich verbindende und trennende Wirkung; darum wird es gerne da gebraucht, wo complicirtere Verbindungen zu Zweideutigkeiten führen können (z. B. kleiner Viehstall — Stall für Kleinvieh, eiserner Thürriegel — Riegel der eiserner Thüre). Ferner betont es die Verbindung; darum eignet es sich besonders dann, wenn letztere eine mehr willkürliche ist, wenn etwa nicht die Gattung, sondern ein Einzelnes derselben im Genitiv steht (Schwertklinge — Klinge des Schwertes): 百姓聞王鐘鼓之聲...王車馬之音。*pek-sing wên wâng čūng kù čī šing, . . . wâng č'ē mà čī yīm.* Das Volk hört die Töne von des Königs Glocken und Trommeln . . . das Geräusch von des Königs Wagen und Rossen. Mtsï I, II, I, 6, 7. 聖人之心與天下之人之心原一心也。 *šíng* (r. 128) *žîn čī sīm iù t'iēn-hià čī žîn čī sīm yuên yit sīm yè* Des heiligen Menschen Herz und die Herzen der Menschen der Welt sind ursprünglich **ein** Herz. Ngeu-yang. 此先王之教之神也。 *ts'ï siēn wâng čī kiaó čī šîn yè.* Das ist der Geist der Lehre der früheren Könige. Ohne 之 *čī* könnte es auch heissen: das ist die Belehrung, welche die früheren Könige den Geistern ertheilten (Pr.). 使夫天理之微、人倫之著、事物之衆、鬼神之幽、莫不洞然畢貫於一。 *ssì fû t'iēn lì čī wêi, žîn lûn čī čú, ssî wut čī čúng, kuèi šîn čī yeū, mok put t'úng-žân pit kuán iū yit.* Dadurch wurden die Tiefen der himmlischen Vernunft, die Erscheinungen der menschlichen Pflichtverhältnisse, die Menge der Dinge und Wesen, die Geheimnisse der Dämonen und Geister ausnahmslos klärlich ganz von Einheit durchdrungen. Thai-kih-thu Einl. 6. 天命之流行。 *t'iēn míng čī lieû-hîng.* Wirkung der himmlischen Bestimmung. Ibid. 2 a.

§. 968. Dass lange Ketten von einander abhängiger Genitive auch ohne die Partikel 之 *čī* gebildet werden können, hat Julien, *Exerc. prat.*, pag. 7—8, nachgewiesen. Seine Beispiele enthalten aber nur Büchertitel oder Ueberschriften oder Bezeichnungen von Personen, mithin in allen Fällen Gebilde, welche sich den Eigennamen anschliessen, indem sie nur bestimmten Individuen gelten. Dies erklärt die Kürze des Ausdruckes: 孔氏家語序。

K'ùng-ší kiā-iû siû. Vorrede zu den Hausgesprächen des Confucius. 法苑珠林。*fap yuèn čū lîm.* Der Perlenwald des Gesetzesgartens. 禮記義疏。*lì-kí ngí sú.* Darlegung des Sinnes der Beschreibung der Gebräuche. 周易義海撮要。*Čeū Yik ngí hài ts'ot-yaò.* Zusammenfassung des Meeres der Bedeutungen des Yik (-king) der Tscheu (-Dynastie). 薛西原先生老子集解引。*Siet sī yuên siēn-šēng Laò-tsì tsip-kiài yìn.* Einleitung zu dem Commentare zum Lao-tsï vom Doctor der Ebene des Westens von (der Familie) Siet.

§. 969. Die **persönlichen Fürwörter** einschliesslich 其 *k'î* und 厥 *kiuet* werden regelmässig durch die blosse Stellung vor Substantiven zu Genitiven (Possessiven und anderen). Die Einfügung von 之 *čī* hinter ihnen ist etwas emphatischer und weniger gewöhnlich: 我心 *ngò sīm,* mein Herz. 吾友 *ngû yeù,* mein Genosse. 疇若予工。*č'eû žok iû kūng?* Wer ist meinen Arbeiten gewachsen? Šu II, ɪ, 21. 咸聽朕命。*hiâm* (r. 30) *t'īng čìm míng* (r. 30)! (Ihr) Alle hört auf meinen Befehl! Šu II, ɪɪ, 20. 爾尙一乃心力。*rì šáng yit naì sīm lik!* Möchtet Ihr Eure Herzen und Kräfte vereinigen! Ibid. Aber: 吾之體卽天地之氣。*ngû čī t'ì tsik t'iēn tí čī k'í.* Unser Körper ist eben des Himmels und der Erde Odem, d. h. was an uns körperlich ist u. s. w. Sing-li II, 2 a.

§. 970. Dagegen bedürfen **Demonstrativpronomina**, welche regelmässig vor Substantiven als adjectivische Attribute stehen — *haec domus, illa corpora* —, um zu substantivischen Genitiven zu werden — *hujus patrem, illorum capita* —, der Genitivpartikel. Beispiele dieser Art sind übrigens nicht häufig: 逢彼之怒。*fûng pì čī nú.* (Ich) begegne dem Zorne Jener. Ši I, ɪɪɪ, II, 2.

C. Adjectivum.

§. 971. Adjectiva von Haus aus und in der Regel auch adjectivisch gebrauchte Theil- und Verhältnisswörter pflegen unmittelbar vor das durch sie bestimmte Substantivum zu treten: 小國 *siaò kuok,* kleiner Staat; 後世 *heú ší,* spätere Generationen.

§. 972. Adverbien sind in Adjectiva zu verwandeln, indem man zwischen sie und das durch sie näher zu bestimmende Substantivum 之 *čī* einschiebt: 不失其本然之靜也。*put šit k'î pèn-žân čī tsíng yè.* Er verfehlt nicht seine ursprüngliche Ruhe. Thai-kih-thu, Anh. 4.

§. 973. Einschiebung von 之 *čī* zwischen Adjectivum und Substantivum ist namentlich dann gebräuchlich, wenn ohnedem das Adjectivum als Adverb erscheinen könnte, oder wenn das Adjectivum einen Relativsatz ersetzen soll (vgl. §. 442): 不賢之君 *put hiên či kiün*, ein unweiser Fürst, d. h. ein Fürst, welcher unweise ist. Tägl. Erkl. zu Meng-tsï I, 5 a. 今之學者 *kīm či hiok čè*, die jetzigen Studirenden. (Ohne 之 *či* wäre der Sinn: die, welche jetzt studiren.)

D. Adjectivische Participien.

§. 974. Die **Verba neutra** werden ihrer Bedeutung nach ohne Weiteres in adjectivische Participia verwandelt, indem man sie unmittelbar vor ihr logisches Subject setzt: 世來 *ší lâi*, Geschlechter kommen: 來世 *lâi ší*, künftige Geschlechter; 俗流 *suk lieû*, Gebräuche fliessen, coursiren: 流俗 *lieû suk*, landläufige Gebräuche; 流水 *lieû šùi*, fliessendes Wasser; 流民 *lieû mîn*, fliessendes Volk, Vagabunden; 流言 *lieû yên*, umlaufendes Gerücht; 往年 *wàng-niên*, oder 去年 *k'iü niên*, vergangenes Jahr. Vgl. §. 363.

§. 975. Passiva werden wie Neutra behandelt: 修廢官。*sieū féi kuān*. Er setzte die entlassenen Beamten wieder ein. LYü XX, I, 6. 以不教民戰、是謂棄之。*ì put kiaó mîn čén, ší wêi k'í či*. Mit einem ungeschulten Volke Krieg führen, das heisst es (das Volk) wegwerfen. Ibid. XIII, xxx. Vgl. §. 364.

Andere sinnverwandte attributivische Gebilde werden besser in der Lehre von den Relativsätzen mitbehandelt.

II. Adverbiale Bestimmungen.

A. Allgemeines.

§. 976. Ueber die Stellung der Substantiva im Adverbialis vgl. §§. 347 bis 356, über adverbiale Objecte und Prädicate §§. 357—359, über die Stellung der Adverbien selbst §§. 381—389. Beispiele: 樂歲終身飽、凶年免於死亡。*lok-súi čūng-šīn paò, húng-niên* (r. 51) *mièn iū ssì-wâng*. (Dass sie) in guten Jahren fortwährend genug haben, und in Unglücksjahren dem Tode und Verderben entrinnen. Mtsï I, I, VII, 21. 食舍肉。*šik šè žuk*. Von den Speisen legte er das Fleisch (oder ein Stück Fl.?) bei Seite. Tso-čuen I.

§. 977. Befremdend und schwierig ist der **Genitiv des logischen Subjectes vor adverbialen Bestimmungen** (§§. 379, 440). Man beachte folgenden Satz: 是以老而無妻子者、有所侍養以終其壽、幼弱孤童之無父母者、有所放依以長其身。*ší-ì laò rî wû ts'ī tsì čè, yeù sò ší yáng ì čūng k'î šeú, yeú-žok kū-t'ûng či wû fú mù čè, yeù sò fáng-ī ì č'âng* *k'î šîn.* Dadurch haben Greise, welche nicht Weib und Kinder haben, Pflege und Nahrung, um ihr Alter zu Ende zu führen, haben Schwache und Verwaiste **in ihrer** Elternlosigkeit Solche, auf die sie sich getrost verlassen (können), um ihr Leben zu verlängern. (Legge: *helpers that shall bring them up.* Ch. Cl. III, Prol. 113.) Mek-tsï.

§. 978. Hat ein Verbum eine adverbiale Bestimmung, gleichviel welcher Art, vor sich, so kann zwischen Beide das Hülfswort 而 *rî* = da, so, treten. Sein Gebrauch und Nichtgebrauch in solchen Fällen ist ziemlich willkürlich; seine Wirkung ist nur die, zu verdeutlichen, Nachdruck zu geben und das Adverb vom Verbum zu trennen: 大夫七十丨致事。 *tá-fū ts'it-šip rî čí-ssî.* Grosswürdenträger nehmen mit siebzig (Jahren) ihren Abschied. Ohne 而 *rî* könnte man verstehen: siebzigmal. Li-ki I, 11 b. 主人入門丨右、客入門丨左。 *čù-žîn žip mên rî yeú, k'ok . . . tsò.* Der Hausherr ist beim Eintreten in die Thür rechts, der Gast . . . links. Ohne 而 *rî* könnte es heissen: tritt in die rechte (linke) Seite der Thür. Das. 17 a.

B. Zeitadverbien.

§. 979. Eigentliche Ausdrücke für die **Zeiten des Verbums** kennt das Chinesische nicht.

a.) Was ohne Rücksicht auf die Zeit gilt, wird natürlich auch ohne Zeitangabe ausgedrückt. So alle Sätze allgemeinen Inhalts, Definitionen, Sprüchwörter, Lehrsätze u. s. w. (§. 267): 誠者、聖人之本、物之終始、而命之道也。 *šing čè, šing žîn čī pèn, wut čī čūng šì, rî míng čī taò yè.* Wahrheit ist des heiligen Menschen Grundlage, der Dinge Ende und Anfang und des Schicksals Norm. Thai-kih-thu §. 2 c.

b.) Zeitlich Begränztes pflegt die Zeit des Verbums lediglich aus den äusseren Umständen erkennen zu lassen. Bei Erzählungen und Schilderungen aus der Vergangenheit und Gegenwart, Vorhersagungen für die Zukunft braucht die Zeit des Verbums in der Regel nicht ausgedrückt zu werden, weil sie aus besonderen Zeitangaben oder aus den Personen und Dingen, von welchen die Rede ist, sich von selbst ergibt: 孔子魯人也。 *K'ùng-tsì Lù žîn yè.* Confucius war ein Mann aus Lu. 明日來。 *mîng-žit lâi.* Morgen wird er kommen.

c.) Wo aber ein Präteritum oder Futurum in unserem Sinne auszudrücken ist, da pflegt der Chinese sich **modaler** Formen zu bedienen: das Vergangene wird als beendigt, abgebrochen u. s. w., das Zukünftige als

海上絲綢之路文獻集成 科技與文化編

beabsichtigt, im Werke seiend, nothwendig und ähnlich dargestellt. Vgl. §. 309. Ausdrucksmittel dieser Art sind daher an anderer Stelle zu besprechen.

§. 980. Zu den Adverbien für Gegenwart, Vergangenheit und Zukunft im Allgemeinen gehören folgende:

a.) Jetzt, damals: 今 *kīm*, 當今 *tāng-kīm*, jetzt, dermalen. 今時 *kīm-šî* = zu jetziger Zeit, jetzt. 是時 *ší-šî*, zu dieser Zeit. Ssï-ki LXXV, 6 a. 當是時 *tāng ší šî*, zu dieser (derselben) Zeit. Ssï-ki LXVI, 7 a. 當是之時 *tāng ší čī šî*, desgl. Pr. 255. 於此之時 *iū ts'ì čī šî*, zu dieser Zeit, damals. Pr. 255. 當今之世 *tāng kīm čī ší*, in dieser jetzigen Generation, heutzutage. 當今之時 *tāng-kīm-čī-šî* = zu dieser jetzigen Zeit, heutzutage. Ssï-ki X, 17 a.

b.) Vorher, bisher: 昔 *sik*, 昔者 *sik-čè*, früher, einst, vormals; 古 *kù*, 古者 *kù-čè*, vor Alters; 先時 *siēn-šî*, in früheren Zeiten, vormals; 當先 *tāng-siēn*, vormals, damals (früher); 至今 *čí kīm*, bis jetzt, bisher; 從古以來 *ts'ûng kù ì-lâi*, von Alters her. Ču-hi zu Mtsï I, 45 a.

c.) Darnach, künftig: 於是乃 *iū-ší-nài*, darauf, vgl. §. 660. 其往 *k'î wàng*, hinfort. Wörterb. 其後 *k'î heú*, darnach. 自今以往 *tsî kīm ì-wàng*, von jetzt an, hinfort. Li-čung-ting-kung 29 a. 自今而後 *tsî kīm rî-heú*, von nun an; 自是之後 *tsî ší čī heú*, seitdem, seit diesem Ereignisse. Ssï-ki LXXV, 5 a. 沒世 *mut-ší*, bis an's Ende der Welt, *jalan duhentele*. Ta-hiok C. III, 5. LYü XV, XIX. 今而後 *kīm-rî-heú* = jetzt und hernach, fortan, von nun an; aber auch = jetzt erst, endlich. 夫民｜｜｜得反之也。 *fû mîn kīm-rî-heú tek fàn čī yè*. Nun aber erlangt das Volk jetzt endlich (nachdem es lange unter seinen Beamten zu leiden gehabt), ihnen es zu entgelten. Mtsï I, II, XII, 2.

d.) Leben, Alter, Tod: 當生 *tāng-šēng*, in diesem Leben, bei Lebzeiten. Yang-tsï. 死後 *ssì-heú*, nach dem Tode. Yang-tsï. 身後 *šīn-heú*, desgl. 至老 *čí laò*, bis in seine (ihre) alten Tage. Kwpč. III, 54 a. 沒齒 *mut č'ì*, bis in's zahnlose Alter. LYü XIV, X, 3.

§. 981. Durch **Reduplication** werden Adverbien gebildet, wie: 年年 *niên-niên*, jährlich; 日日 *žit-žit*, täglich; 時時 *šî-šî*, immer, fortwährend; 世世 *ší-ší*, von Geschlechte zu Geschlechte, auf immer.

§. 982. Mit 終 *čūng*, Ende, beendigen, sind Adverbien der Zeitdauer zusammengesetzt. So z. B.: 終日 *čūng-žit*, den ganzen Tag lang; 終夜 *čūng-yé*, die ganze Nacht hindurch. LYü XV, XXX. 終年 *čūng-niên*, das ganze Jahr hindurch; ｜歲 *čūng-súi*, desgl.; 終身 *čūng-šīn*, lebenslang, sein Lebtag; 終古 *čūng-kù*, in allen Zeiten, immerdar; 終食之閒 *čūng šik čī kiān*, innerhalb des Beendigens einer Mahlzeit, in wenigen Minuten. LYü IV, V, 3.

§. 983. Mit Wörtern für Tag, Tageszeiten, Monat, Jahr, sind z. B. folgende adverbiale Zusammensetzungen gebildet: 今日 *kīm-žit*, heute; 今朝 *kīm-čaō*, heute Morgen; 今夕 *kīm-sik*, heute Abend; 今夜 *kīm-yé*, diese Nacht. 明日 *mîng-žit*, oder 來日 *lâi-žit*, morgen; 明日 *mîng-žit*, am folgenden Tage; 明旦 *mîng-tán*, am folgenden Morgen. Ssï-ki LXXV, 12 a. 明天 *mîng-t'iēn*, morgen. Han-iü (Kwpč. VII, 2 a). 他日 *t'ā-žit*, an einem anderen Tage; 明朝 *mîng-čaō*, morgen Früh; 後日 *heú-žit*, übermorgen; 明年 *mîng-niên*, nächstes Jahr; 來年 *lâi-niên*, künftiges Jahr, in kommenden Jahren; 昨日 *tsok-žit*, gestern; 昨夜 *tsok-yé*, letzte Nacht; 前日 *ts'iên-žit*, vorgestern; 近日 *kín-žit*, oder 近時 *kín-šî*, letzter Tage, unlängst; 往日 *wàng-žit*, vergangener Tage; Ssï-ki LXIX, 17 a. 前月 *ts'iên-yuet*, im vorletzten Monate, vor Monaten. 去年 *k'iǜ-niên*, oder 去歲 *k'iǜ súi*, voriges Jahr; 遠年 *yuèn niên*, vor langen Jahren; 日暮之後 *žit mú čī heú*, nach Sonnenuntergang. Ssï-ki LXXV, 12 a.

§. 984. 他日 *t'ā-žit* — an einem anderen Tage, an anderen Tagen, kann sich sowohl auf die Vergangenheit als auf Späteres beziehen: früher, sonst, am nächsten oder an einem anderen Tage, nachmals: 丨丨見於王。 *t'ā-žit hién iū wâng*. An einem anderen Tage hatte er Audienz beim Könige. Mtsï II, ɪɪ, IV, 4. 吾丨丨未嘗學問 . . . 今也 . . .。 *ngû t'ā-žit wéi č'âng* (r. 30) *hiok-wén . . . kīm yè* . . . Ich hatte sonst (früher) nie gelernt und gehört (= mich mit Studiren beschäftigt); jetzt aber . . . Ibid. III, ɪ, II, 4. 蓋上世 . . .、丨丨 . . . *kái šáng-ší . . .*; *t'ā-žit* . . . Denn in den ältesten Zeiten . . .; zu einer anderen Zeit (= nachmals) . . . Ibid. V, 4.

§. 985. 久 *kieù*, lange, kann sowohl in Beziehung auf die Vergangenheit, als auch für zukünftige lange Dauer gebraucht werden: 晏平仲、善與人交、久而敬之。 *Ngán P'îng-čúng šén iù žîn kiaō: kieù rî kíng čī*. Ng. verstand es mit den Menschen umzugehen: nach langer Zeit noch achtete er sie. LYü V, xvi. 天下歸殷、丨矣、丨、則難變也、. . . 紂之去武丁、未丨也。 *t'iēn-hià kuēi* (r. 77) *Yīn, kieù ì*; *kieù, tsek nân pién* (r. 149) *yè . . . Čeú čī k'iǜ Wù-tīng* (r. 1), *wéi kieù yè*. Das Reich war vereinigt mit Yin lange Zeit wohl; lange, daher schwer zu ändern (d. h. der Zustand war durch die Länge der Zeit gefestigt) . . . Tscheu's (zeitliche) Entfernung von Wu-ting war noch nicht lang. Mtsï II, ɪ, I, 8. 可以丨則丨、可以速則速、孔子也。 *k'ò-ì kieù tsek kieù, k'ò-ì suk tsek suk, K'ùng-tsì yè*. Durfte man verweilen, dann verweilen, durfte man eilen, dann eilen: das war (die Art des) Confucius. Das. ɪɪ, 22. Vgl. V, ɪɪ, I, 4 (而 statt 則). 天下之生丨矣。 *t'iēn-hià čī šēng kieù ì*. Dass die Welt entstanden, ist wohl lange her. Das. III, ɪɪ, IX, 2. 丨假

海上絲綢之路文獻集成 科技與文化編

漢文經緯

而不歸。*kieǹ kiǹ rî put kuēi.* Lange borgen und nicht zurückgeben. Das. VII, I, XXX, 2. 故|而後失之也。*kú kieǹ rî-heú šit čī yè.* Darum (erst) nach langer Zeit verlor er es (dauerte es lange bis . . .). Das. II, I, I. 8.

§. 986. 亟 ***k'í*** (r. 7) = oft, häufig, immer wieder. Dasselbe Zeichen im vierten Tone: *kik*, bedeutet: schnell, rasch. Darnach dürfte das Wort vorzüglich auf ein in rascher Folge, in kurzen Zwischenräumen sich wiederholendes Geschehen passen: 好從事、而亟失時。*haó ts'ûng-ssî, rî k'í šit šî.* (Wenn Jemand) liebt in Dienst zu treten und immer die Gelegenheit dazu versäumt. LYü XVII, I, 2. 仲尼|稱於水日。*Čúng-nî k'í č'ing iü šuì yuet.* Tschung-ni (Confucius) lobte oft das Wasser und sprach. Mtsï IV, II, XVIII, 1. |問、|餽鼎肉。*k'í wén, k'í kuéi tìng-žuk.* Oft fragte er (nach seinem Befinden), oft sandte er ihn als Speisegeschenk (*kuéi*) gekochtes Fleisch (eigentl. Dreifussfleisch). Ibid. V, II, VI, 4. 僕僕爾|拜。*puk-puk-rì k'í pái* (r. 64). Zum Ueberdrusse oft Verbeugungen machen. Ibid. 5. 不得|見之。*put tek k'í kién čī.* Sie erlangten nicht (die Erlaubniss) ihn oft zu besuchen. Ibid. VII, I, VIII, 1.

§. 987. 屢 ***liû*** = oft, in der Regel: 屢空。*liû k'úng.* Er ist oft in dürftiger Lage. LYü XI, XVIII, 1. Der nachclassischen Sprache gehören an: || *liû-liû*, immer und immer wieder; |年 *liû-niên*, viele Jahre lang; |次 *liû-ts'ì*, oft.

§. 988. 恆 ***hêng,*** beständig, stets, meist, gewöhnlich: 愛人者、人恆愛之。*ngái žîn čè, žîn hêng ngái čī.* Denjenigen, der die Menschen liebt, lieben die Menschen stets. Mtsï IV, II, XXVIII, 3. 人恆過、然後能改。*žîn hêng kuó, žân-heú nêng kài.* Die Menschen fehlen gemeiniglich und sind hinterdrein im Stande, es wieder gut zu machen. Das. VI, II, XV, 3. 出、則無敵國外患者、國恆亡。*č'ut tsek wû tik kuok nguái huán čè, kuok hêng wâng.* Wenn es draussen keine feindlichen Staaten und (sonstige) Missstände gibt, geht der Staat meist zu Grunde. Das. VI, II, XV, 4.

§. 989. 常 ***šâng,*** 常常 ***šâng-šâng*** = beständig, dauernd, stets: 雖然、欲常常而見之。*sūi žân, yuk šâng-šâng rî kién čī.* Nichtsdestoweniger wünscht er (Schün), ihn immerwährend zu sehen. Mtsï V, I, III, 3. 地之所以萬古常存。*tí čī sò-ì wán kù šâng ts'ûn.* Das wodurch die Erde von Uralters her beständig erhalten wird. Sing-li X, 3a.

C. Ortsadverbien.

§. 990. Die meisten Ortsadverbien sind Theil- und Verhältnisswörter, daher erst später aufzuführen. Pronominal sind: 此 ***ts'ì*** = dieses, hier, und

彼 ***pì***, jenes, dort, — sowie: 於此 *iū-ts'ì*, 於彼 *iū-pì*: 子美亡此。*iū mèi wâng ts'ì*. Mein Schönster ist nicht mehr hier. Ši I, x, XI. 今王鼓樂於此。*Kīm wâng kù yok iū ts'ì*. Nun veranstalten Eure Majestät eine Musikaufführung hier. Mtsï I, ii, I, 6.

§. 991. 入 ***žip***, eintretend, und 出 ***č'ut***, hinausgehend, werden in der Bedeutung: **zu Hause** und **draussen**, ausserm Hause, gebraucht; 弟子入則孝、出則弟。*tí-tsì žip tsek hiaó, č'ut tsek tí*. Ein Jüngling sei zu Hause pietätsvoll, draussen bescheiden gegen Aeltere. LYü I, vi; vgl. IX, xv; Mtsï III, ii, IV, 3; VI, ii, XV, 4, überall mit folgendem 則 *tsek*, aber bald 入 *žit*, bald 出 *č'ut*, zuerst. Dagegen: 脩其孝弟忠信、入以事其父兄、出以事其長上。*sieū k'î hiaó tí čūng sín, žip ì ssí k'î fú hiūng, č'ut . . . čàng šáng*. Sie pflegen ihre Pietät, Bruderliebe, Aufrichtigkeit und Treue, um damit daheim ihren Vätern und älteren Brüdern, draussen älteren und höhergestellten Personen zu dienen. Das. I, i, V, 3.

§. 992. 仰 ***yàng***, aufwärts schauend, und 俯 ***fù***, sich niederbeugend, abwärts blickend, werden in der Bedeutung: **nach oben**, **nach unten**, angewandt: 故明君制民之產、必使仰足以事父母、俯足以畜妻子。*kú mîng kiūn čí mîn čī č'àn, pit ssì yàng tsuk ì ssí fú-mù, fù tsuk ì č'uk ts'ī tsì*. Darum (wenn) ein erleuchteter Fürst die Nahrung des Volkes regelt, so wird er gewiss es dahin bringen, dass nach oben sie genügt um Vater und Mutter zu dienen, nach unten sie genügt um Weib und Kinder zu erhalten. Mtsï I, i, VII, 21 (vgl. das. 22). 仰不愧於天、俯不怍於人。*yàng put k'uéi iū t'iēn, fù put tsok iū žîn*. Nach oben fühlt er sich nicht beschämt vor dem Himmel, nach unten erröthet er nicht vor den Menschen. Ibid. VII, i, XX, 3.

D. Adverbien der Art und Weise.

§. 993. Ausdrücke für **so** werden gebildet durch Verbindungen der Wörter 如 *žû* und 若 *žok* — wie, mit den Demonstrativpronominibus 此 ***ts'ì***, vorclassisch: 茲 ***tsī***, dies, 彼 ***pì***, jenes, 是 ***ší*** (時 ***sî***) und 斯 ***ssī***, dies, Solches, 然 ***žân***, so. Vgl. §§. 583, 603.

§. 994. Die materiell beschreibenden adverbialen Ausdrücke sind entweder durch Doppelung oder durch Anfügung von Hülfswörtern gebildet (Beispiele im vorigen Capitel §§. 948—954), oder adverbial gebrauchte Substantiva, Adjectiva oder Verba. §§. 308, 347—350, 354—356.

Anmerkung. Die **Zahladverbien** sind nicht wohl von den Zahlwörtern, die Adverbien der **Möglichkeit, Nothwendigkeit, Verneinung** u. s. w. nicht wohl von den Ausdrücken

海上絲綢之路文獻集成 科技與文化編

漢文經緯

für die Copula und die logische Modalität, endlich die mehr **satzverknüpfenden** Adverbien der Zeit, des Umstandes, der Ursache, Folge u. s. w. nicht gut von den Conjunctionen loszureissen. Ebenso bleiben die Ausdrücke: **nur, auch, wieder, noch** einer späteren Stelle vorbehalten.

E. Adverbiale Beziehungen der Substantiva.

a. Im Allgemeinen.

§. 995. Wo man die Wahl hat, ob man adverbiale Beziehungen der Substantiva **durch blosse Stellung oder durch Präpositionen** ausdrücken solle, da gelten, ausser etwaigen stilistischen Rücksichten, folgende Grundsätze:

I. Die Stellung des adverbialen Satztheiles als **psychologisches Subject** vor das grammatische Subject ist nachdrücklicher, nicht nur als die Stellung des Adverbialis zwischen Subject und Prädicat, sondern auch als der Gebrauch einer Präposition, welche den adverbialen Satztheil aus seiner isolirten Stellung heraus, und in den Satznexus hineinzieht;

II. die Stellung der **Präposition hinter ihrem Regimen** hebt, wo sie zulässig ist, dies Regimen schärfer hervor als die Stellung vor demselben. Vgl. zu 以 *ì* §§. 709—713, zu 於、于 *iü* §. 744, zu 乎 *hû* §. 753, zu 爲 *wêi* §. 800;

III. der **zwischen Subject und Prädicat stehende Adverbialis** ist mit dem Verbum inniger verbunden, als wenn das Substantivum in gleicher Stellung oder gar hinter dem Verbum stehend eine Präposition bei sich hätte: 天下溺、援之以道、嫂溺、援之以手、子欲手援天下乎。 *t'iēn-hià nik, yuán čī ì taò; saō . . . šeù; tsì yuk . . . hû?* Fällt das Reich in's Wasser, so rettet man es durch vernünftige Ordnung; fällt die Schwägerin . . . mit der Hand; wollen Sie, Herr, das Reich mit der Hand retten (etwa: Hand-retten)? Mtsï IV, ɪ, XVII, 3. Aehnlich ist bei uns das Verhältniss zwischen: ‚nasführen' und: ‚an der Nase führen', zwischen: ‚brieflich benachrichtigen', und: ‚durch einen Brief benachrichtigen'.

§. 996. Zeit- und Ortsangaben sind in der Regel **psychologisches Subject** der erzählenden Rede (§. 260) und eröffnen solchenfalls den Satz ohne andere Kennzeichen als ihre Stellung, wobei die Zeit zuerst und dann der Ort genannt zu werden pflegt (§. 351).

§. 997. Sind, umgekehrt, die Zeit- oder Ortsangaben **psychologisches Prädicat,** soll also von einer Thatsache ausgesagt werden, wann oder wo sie geschehen ist oder geschieht: so stehen diese Angaben am Ende des Satzes, und dann bedient man sich in der Regel der Präposition 於、于 *iü* (§. 737), seltener 乎 *hû* (§. 752).

海上絲綢之路文獻集成 科技與文化編

§. 998. Bildet das **grammatische Subject in seinem Verhalten oder seiner Erscheinung an einem Orte oder zu einer Zeit** den Gegenstand der Rede, so steht die Orts- oder Zeitangabe, meist mit 於、于 *iü* oder 乎 *hû*, zwischen dem Subjecte und Prädicate (§. 737).

§. 999. Ist die Orts- oder Zeitangabe lediglich **nähere Bestimmung des Verbums oder des adjectivischen Prädicates**, so tritt sie, meist ohne Präposition, vor das Verbum oder Adjectivum (§§. 295, 352).

Bei Zeitangaben ist solchenfalls die Präposition 以 *i* — vor- oder nachgesetzt — zulässig, wenn die Zeit zugleich mit als Mittel oder Ursache des Geschehens gedacht werden soll (§§. 704, 712).

b. Die Präpositionen.

1. Die Präpositionen 於、于 *iü* und 乎 *hû*.

§. 1000. 於、于 *iü*, mit seinem Regimen meist hinter dem Verbum stehend, ist die gebräuchlichste Präposition für den **Locativ** und den **Illativ**: 今王發政施仁、使天下仕者、皆欲立丨王之朝、耕者、皆欲耕丨王之野、商賈、皆欲藏丨王之市、行旅、皆欲出丨王之塗。 *kīm wâng fat číng šī žîn, ssì t'iēn-hià ssì čè, kiāi yuk lip iü wâng čī č'aô, kēng čè, kiāi yuk kēng iü wâng čī yè, šāng-kù, kiāi yuk ts'âng iü wâng čī šì, hîng-liü, kiāi yuk č'ut iü wâng čī t'û.* (Wenn) jetzt der König bei Errichtung der Regierung Menschlichkeit entfaltet, so wird (dies) verursachen, dass alle Beamten des Reiches wünschen, an des Königs Hofe zu dienen, alle Pflüger wünschen, auf des Königs Feldern zu pflügen, alle Kaufleute wünschen, auf des Königs Märkten (ihre Waaren) aufzuhäufen, alle Reisenden wünschen hinauszugehen auf des Königs Strassen. Mtsï I, I, VII, 18. 丨傳有之。 *iü čuên yeù čī.* In den Berichten ist es enthalten, findet es sich bestätigt. Mtsï I, II, VIII, 1. 於吾言無所不說。 *iü ngû yên wû sò put yuet.* In (oder an) meinen Reden ist nichts, worüber er sich nicht freute. LYü XI, III. 天生德於予。 *t'iēn šēng tek iü iû.* Der Himmel erzeugte Tugend in mir. LYü VII, XXII. 子畏於匡。 *tsì wéi iü K'uāng.* Der Meister gerieth in Furcht in K'. Das. IX, v, 1. 予死於道路乎。 *iû ssì iü taò-lú hû.* Werde ich auf der Strasse sterben? Das. XI, 3. 問人於他邦。 *wén žîn iü t'ā pāng.* Sich nach Einem (nach Eines Befinden) in einem anderen Staate erkundigen. Das. X, XI, 1. 由之瑟、奚爲於丘之門。 *Yeû čī sit, hî wêi iü K'ieū čī mên?* Was soll Yeu's Laute an meiner Thür? Das. XI, XIV, 1. 於斯二者何先。 *iü ssī rì čè hô siēn?* Was steht unter diesen Beiden voran (ist das

漢文經緯

Wichtigere)? Das. XII, vii, 2, 3. 無求備於一人。*wû k'ieû pí iû yit žîn.* Er suche nicht Vollkommenheit (Allseitigkeit) in einem einzelnen Menschen. Das. XVIII, x. 於人何所不容。*iû žîn hô sò put yûng?* Wer ist unter den Menschen, den ich nicht duldete? Das. XIX, iii. 勞於王事。*laô iû wâng ssî,* sich abmühen im Dienste des Königs. Mtsï V, i, IV, 2. 孔子於鄉黨、恂恂如也、似不能言者。*K'ùng-tsï iû hiâng-tàng, siûn-siûn-žû yè, ssî put nêng yên čè.* Confucius war auf dem Dorfe von schlichtem Benehmen und machte den Eindruck Eines, der nicht reden könnte. LYü X, i, 1.

§. 1001. Verzeichniss einiger **Verba, welche mit locativem** 於、于 *iû* **verbunden werden:** 舞 *wù,* tanzen an einem Orte. LYü III, i. 立 *lip,* stehen desgl. LYü V, vii, 4; X, x, 2. Mtsï I, i, II, 1; VII, 18. 原 *yuên,* den Ursprung haben in. Ssï-ki LXIII, 11 b. 遊 *yeû,* wandeln, wandern irgendwo. LYü XII, xxi. 宿 *suk,* übernachten in. LYü XIV, xli. Mtsï II, ii, XI, 1. 止 *čì,* feststehen, beharren in. Ta-hiok 1. 藏 *ts'âng,* verborgen sein in. Çung-yung, Vorrede. 備 *pí,* vorräthig (vorbereitet) sein in. Das. Cu-hi zu I. 躍 *yok,* hüpfen in, auf. Čung-yung XII, 3. 爲政 *wêi čing,* regieren in. Mtsï I, ii, XI, 1. 洽 *hiap,* durchdringen in (dem Reiche). Das. II, i, I, 7. 氾濫 *fám-lám,* überschwemmen. Das. III, i, IV, 7. 坐 *tsó,* sitzen auf oder in. Mtsï I, i, VII, 4. 運 *yün,* herumwenden in. Das. 12. 耕 *kēng,* pflügen auf. Das. 18. 出 *č'ut,* reisen auf (塗 *t'û,* 路 *lú,* der Strasse). Das. I, i, VII, 18; II, i, V, 3. 舍 *šé,* wohnen in. Das. I, ii, IV, 10. 轉 *čuén,* sich wälzen, umherliegen in. Das. II, ii, IV, 2. 閒 *kián,* liegen zwischen. Das. I, ii, XIII, 1. 求 *k'ieû,* suchen in. Das. II, i, II, 17. 發 *fat,* sich zeigen in. Das. 生 *šēng,* entstehen in. Das. 要 *yaō,* suchen (auf der Strasse). Das. II, ii, II, 3. 築室 *čuk šit,* ein Haus bauen in. Das. III, i, IV, 13. 居 *kiû,* wohnen, verweilen in. Das. III, ii, VI, 2. 處 *č'ù,* wohnen in. Das. III, ii, X, 5. 寓 *iú,* beherbergen in. Das. IV, ii, XXXI, 1. 殛 *kik,* gefangen setzen in. Das. V, i, III, 2. 終 *čūng,* anhalten, endigen bei. Das. V, ii, III, 4. 館 *kuán,* bewirthen, beherbergen in. Das. 5. 根 *kēn,* wurzeln in. Das. VII, i, XXI, 4.

§. 1002. Verzeichniss einiger **Verba, welche mit illativem** 於、于 *iû* **verbindbar sind:** 至 *čí,* gelangen nach, in. LYü I, x, 1. 近 *kín,* nahekommen. LYü I, xiii. 使 *ssî,* als Gesandter gehen nach. LYü VI, iii, 1. 興 *hīng,* erheben zu (der Pflichttreue). LYü VIII, ii, 2. 與 *iú,* theilhaftig werden, in Berührung kommen mit Etwas. §. 777, Abs. 2. 入 *žip,* eintreten in. LYü XI, xiv, 2. Mtsï II, i, VI, 3. 使 *ssì,* senden (wohin). LYü XIII, v, XIV, xxvi. 墜 *č'úi,* herniederfallen auf. LYü XIX, xxii, 2. 侵 *ts'īm,* feindlich einfallen in. Mtsï III, ii, V, 6. 移 *î*, fortbringen nach. Mtsï I, i, III, 1. 赴 *fú*, kommen zu. Das. VII, 18. 進 *tsín*, vorschreiten zu oder gegen. Das. 19. 陷 *hién*, fallen in. Das. 20. 放 *fàng*, gehen bis. Das. I, ii, IV, 4. 造 *ts'aó*, gehen zu. Das. II, ii, II, 3. 陳 *č'în*, wohin setzen, stellen, einordnen. Das. 4. 反 *fàn*, zurückkehren nach. Das. VII, 1. 往 *wàng*, hingehen zu. Das. V, i, I, 2. 揖 *yip*, sich niederbeugen zu. Das. III, i, IV, 13. 委 *wèi*, etwas wegwerfen, wohin. Das. V, 4. 遷 *ts'iēn*, sich entfernen nach. Das. IV, ii, I, 1. 下 *hiá*, hinabsteigen zu. Das. III, 3. 流人 *lieû žîn*, einen verbannen nach. Das. V, i, III, 2. 放人 *fàng žîn*, desgl. Das. 歸 *kuēi*, zurückkehren nach. Das. VI, 5. 降 *kiáng*, hinabsenden zu. Das. VI, ii, XV, 2.

§. 1003. Für **ablativische und elativische Verhältnisse** ist 於、于 *iū* nur in Verbindung mit Verben von entsprechender Bedeutung zulässig: 召莊公于鄭而立之。*čaó Čuāng kūng iū Čîng rî lip čī.* Er berief den Fürsten Čuang **aus** Čing und setzte ihn ein. Tso-čuen II, 2. — Andere hierher gehörige Verba sind z. B.: 改 *kài*, abweichen von etwas. LYü IV, xx. 免 *mièn*, entrinnen (der Strafe). LYü V, i, 2. 娶、取 *ts'iū*, ein Weib nehmen von. LYü VII, xxx, 2. 間 *kián*, abweichen von etwas. LYü XI, iv. 選 *siuèn*, wählen (aus oder unter Vielen). LYü XII, xxii, 6. 受 *x*, *šeú x*, etwas empfangen von. Čung-yung XVII, 5. 異 *í*, verschieden von. Mtsï I, i, III, 5. 拯 *č'ìng*, befreien von. Das. I, ii, XI, 3. 疏 *sū*, entfernt sein von. Das. II, i, I, 11. 聞 *wên*, etwas hören von Jemanden. Das. II, 7. 救 *kieú*, retten vor. Das. III, ii, V, 5. 驅 *k'iū*, vertreiben von. Das. III, ii, IX, 6. 學 *hiok*, lernen von oder bei Jemanden. Das. IV, ii, XXIV, 1. 理 *lì*, abhängig sein von. Das. VII, ii, IX, 1. 免 *mièn*, vermeiden, entgehen. Das. I, i, IV, 5; VII, 21. 擇 *tsik*, wählen zwischen. Das. I, ii, XV, 3.

§. 1004. Eigenschaftswörter, deren Begriff eine Bethätigung in sich schliesst, werden zu den Objecten dieser Bethätigung (Substantiven u. s. w. oder Verben) durch 於、于 *iū*, seltener 乎 *hû*, in Beziehung gesetzt. Diese Präpositionen sammt ihren Regimen pflegen hinter dem Eigenschaftsworte zu stehen: 敏|事 *mìn iū ssí*, klug in Geschäften. LYü I, xiv. 愼|言 *šín iū yén*, vorsichtig im Reden. Das. 訥|言 *nut . . .*, zögernd in der Rede. Das. IV, xxiv. 敏|行 *mìn iū híng*, rasch im Handeln. Das. 篤|親 *tuk iū ts'īn*, pflichttreu gegen die Angehörigen. Das. VIII, ii, 2. 多識|鳥獸草木之名。*tō šik iū niaò šeú ts'aò muk čī mîng.* Wir werden bewandert in vielen Namen von Vögeln, Vierfüsslern, Kräutern und Bäumen (*tō*, adv. statt adj.). Das. XVII, ix, 7. So ferner 信 *sín*, treu gegen. Mtsï IV, i, XII, 1. 敵 *tik*, feindlich gegen. Das. VII, ii, III, 3. Vgl. §. 742.

漢文經緯

§. 1005. Die Präpositionen 於、于 *iü* und 乎 *hû* werden fast unterschiedslos in denselben Verbindungen angewendet; doch erscheint 乎 *hû* bei den meisten Schriftstellern weniger häufig als 於、于 *iü*, und für dieses ist das Zeichen 於 gebräuchlicher als 于. Anscheinend hat 乎 *hû* eine leise Nebenbedeutung des Unbestimmten, Zweifelhaften oder Partiellen. Wo es gebraucht wird, da kann man meist ein: ‚irgendwo, irgendwie, etwa, zum Theile' einschieben, oder sagen: ‚in einem Theile von'. 於、于 *iü* dagegen dürfte bestimmter das ganze Object erfassen: 夫鐵錢用不贍者、在乎銅貴、銅貴之由、在於採用者衆矣。 *fû čú ts'iên yúng put šém čè, tsái hû t'ûng kuéi; t'ûng kuéi či yeû, tsái iü ts'ài yúng čè čúng ì.* Dass nun das geprägte Geld sich im Gebrauche nicht bewährt, beruht (theilweise mit) darin, dass das Kupfer theuer ist; der Grund der Kupfertheuerung dürfte (lediglich) in der Menge der Sammelnden und Gebrauchenden (= der starken Nachfrage) liegen. Ma Tuan-lin (*Chin. curr.*, pag. 113). 拜下、禮也、今拜乎上。 *pái* (r. 64) *hià, lì yè; kīm pái hû šáng.* Sich unterhalb (der Empfangshalle) zu verbeugen ist gemäss der Etiquette; jetzt macht man seine Verbeugungen (irgendwo) oben. LYü IX, III, 2. 浴乎沂、風乎舞雩。 *yuk hû Ngî, fūng hû wù-iû.* (Ich möchte) mich baden (irgendwo) im Ngi-flusse, mich lüften (abkühlen) beim Tanzopfer (Stätte des Altars, an welchem um Regen gebetet wurde). Das. XI, xxv, 7. 行乎國政 *hîng hû kuok číng,* (irgendwie) in der Staatsverwaltung thätig sein. Mtsï II, I, I, 3. — Aber auch weniger unbestimmt: 孝乎鬼神 *hiaó hû kuèi šîn,* pietätsvoll gegen Dämonen und Geister; 美乎黻冕。 *mèi hû fut mièn* (r. 13), elegant in Betreff der Opfermütze und Schürze; 盡力乎溝洫。 *tsín lik hû keū hiuet,* seine Kräfte erschöpfte er an (der Anlage von) Deichen und Canälen. LYü VIII, XXI.

§. 1006. Verba, welche sich mit 乎 *hû* verbinden, haben dieses sammt seinem Regimen in der Regel hinter sich. Dergl. sind z. B.:

a.) 乎 *hû*, locativ. 存 *ts'ûn*, enthalten, verwahrt sein in. Mtsï IV, I, XV, 1. 立 *lip*, stehen in. Mtsï V, II, V, 5. 在 *tsái*, sein in. Mtsï VI, I, XIX. 轉 *čuén*, sich wälzen in oder auf. Mtsï I, II, XII, 2. 察 *č'at*, sich offenbaren in. Čung-yung XII, 4. 見 *hién*, sichtbar werden in. Das. XXIV. 生 *šēng*, leben (in einer Zeit). Das. XXVIII. 洋溢 *yâng-yit*, überschwemmen, sich ausbreiten über. Čung-yung XXXI, 3.

b.) 乎 *hû*, illativ. 反 *fàn*, zurückkehren zu. Mtsï I, II, XII, 2. 陷 *hién*, fallen in. Mtsï III, I, III, 3. 溢 *yit*, verbreiten über. Mtsï IV, I, VI. 放 *fàng*, gehen nach. Mtsï IV, II, XVIII, 2. 致 *čí*, gelangen (getrieben werden) bis.

25*

LYü XIX, xiv. 至 *či*, gelangen bis, erreichen. Ta-hiok C. V (Ču-hi). 達 *tat*, sich erstrecken, erstreckt werden bis. Čung-yung XVIII, 3. 近 *kín*, nahe kommen an. Das. XX, 10 (vgl. §. 747, 3). 及 *kip*, gelangen zu (dem Studium von). Sing-li VIII, 40 a. 入 *žip*, eingehen in und durch. Sün-tsï I, 6 a.

c.) 乎 *hû*, ablativ, instrumental. 異 *í*, verschieden von. LYü I, x, 2; XI, xxv, 7; XIX, iii. 隱 *yìn*, verheimlichen vor Jemand. LYü VII, xxiii. 造端 *tsaó-tuān*, den Anfang nehmen von. Čung-yung XII, 4. 求 *k'ieû*, begehren von Jemand. Čung-yung XIII, 4. 行 *hîng*, gemäss (einer Eigenschaft) handeln, handeln als (vgl. §. 757 a). 出 *č'ut*, herauskommen, hervorgehen aus. Mtsï I, ii, XII, 2. 拔 *pat*, sich erheben über. Das. II, i, II, 28. 得 *tek*, erlangen, erhalten von. Das. IV, i, XXVIII, 1. 始 *šì*, anfangen mit (vgl. 750). 終 *čūng*, enden mit (vgl. §. 750). 由 *yeû*, entspringen aus (einer Ursache). Ma Tuan-lin.

§. 1007. Für objectives 之 + 乎 *čī hû* darf man 諸 *čū* sagen: 君子求諸己、小人求諸人。 *kiūn-tsï k'ieû čū kì, siaò-žîn* . . . Der Edle sucht es in sich selbst, der gemeine Mensch sucht es in Anderen. LYü XV, xx. Vgl. §. 761.

2. Die Präposition 與 *iù*.

§. 1008. 與 *iù* (vgl. §§. 767—776) = mit, ist **Comitativ** und **Sociativ**, aber auch im feindlichen Sinne. 與人忠 *iù žîn čūng*, (im Verkehre) mit Anderen aufrichtig. LYü XIII, xix.

Man beachte die Verbindungen dieser Präposition mit 並 *píng*, vereinigt, 同 *t'ûng*, zusammen, zugleich, 共 *kúng*, gemeinsam, und 偕 *kiāi*, zusammen, gemeinschaftlich: 見其與先生並行也。 *kién k'î iù siēn-šēng píng hîng yè*. Ich sehe sein Zusammengehen mit Aelteren. LYü XIV, 47, 2. 堂堂乎張也、難與並爲仁矣。 *t'âng-t'âng hû Čāng yè, nân iù píng wêi žîn ì*. Wie würdevoll ist Tschang! schwer möchte es sein, mit ihm zugleich (zusammen) Menschlichkeit zu üben. Das. XIX, 16. 大夫僎、與文子同升諸公。 *tá-fū Čuén, iù Wên-tsï t'ûng šīng čū kūng*. Der Officier Tschuen begab sich mit Wen-tsï zusammen zum Fürsten. LYü XIV, 19, 1. 願車馬、衣輕裘、與朋友共。 *yuén č'ē mà, í k'īng k'ieû, iù p'êng-yeù kúng*. Ich wünsche (mir) Wagen und Rosse, und leichte Pelzkleider zu tragen mit meinen Freunden zusammen. LYü V, 15, 2. 可與共學、未可與適道。 *k'ò iù kúng hiok, wéi k'ò iù šik taò*. Kann man mit Jemand gemeinsam studiren, so kann man (darum) noch nicht mit ihm zu (praktischen) Grundsätzen

海上絲綢之路文獻集成 科技與文化编

漢文經緯

weiterschreiten. LYü IX, XXIX. 古之人與民偕樂。*kù či žîn iû mîn kiāi lok.* Die Menschen des Alterthums freuten sich mit dem Volke zugleich, liessen das Volk an ihrer Freude Theil haben. Mtsï I, I, II, 3. 故由由然與之偕、而不自失焉。*kú yeû-yeû-žân iû či kiāi, rî put tsï šit yên.* Darum selbstbewusst ging er mit ihnen um (pflog er mit ihnen Gemeinschaft) und gab sich nicht preis. Das. II, I, VIII, 2.

§. 1009. Verba, mit welchen sich 與 *iû* verbindet, sind z. B.: 交 *kiaō,* verkehren. LYü I, IV; VII; V, XVI. Mtsï III, I, IV, 5. 言 *yên,* reden. LYü III, VIII, 3. 共 *kúng,* zusammen sein. LYü V, XXV, 4. 立 *lip,* stehen bei oder neben Jemand. LYü IX, XXVI, 1. 權 *k'iuên,* erwägen, berathen mit Jemand. Das. XXIX. 坐 *tsó,* sich mit Einem setzen, mit ihm Platz nehmen (aber Mandschu: *terebe tebufi,* ihn sich setzen lassen). LYü XIV, XXVI, 2. 並行 *píng-hîng,* neben Jemand gehen. LYü XIV, XLVII, 2. 徒 *t'û,* sich Einem anschliesen. LYü XVIII, VI, 4. 參 *ts'ām,* mit (zwei Anderen) eine Dreiheit bilden. Čung-yung XXII. 樂 *lok,* die Freude theilen mit Jemanden. Mtsï I, I, II, 3. 偕 *kiāi,* zusammen (sein, thun, haben) mit. Das. I, I, II, 4; II, I, 1, 2. 戰 *čén,* kämpfen mit. Das. I, I, VII, 17. 相似 *siāng ssï,* übereinstimmen mit. Das. II, II, II, 5. 辯 *pién,* streiten mit. Das. VII, II, XXVI, 2. 爭 *čēng,* wetteifern mit (vgl. §. 767). 爲好 *wêi haó,* freundschaftlich verkehren mit. Das. 相見 *siāng kién,* zusammentreffen mit Jemand. Das. 同 *t'ûng* (mit folgendem Verbum) zusammen mit; das. (mit folgendem Substantivum): gemeinsam haben mit (vgl. §. 302).

3. Die Präpositionen 以 *ì* und 用 *yúng.*

§. 1010. 以 *ì* und das seltenere und entschiedenere 用 *yúng* sind die regelmässigen Ausdrücke für **instrumentale** Beziehungen im weitesten Sinne des Wortes: 君子以文會友、以友輔仁。*kiūn-tsï ì wên hoéi yeù, ì yeù fú žîn.* Der Edle wird durch literarische Bestrebungen mit Freunden zusammengeführt und fördert durch Freunde (seine) Pflichttreue. LYü XII, XXIV. 楚人以是咎子重。*Č'ù žîn ì-ší kieú Tsï-čúng.* Die Leute von Tsch'u tadelten deswegen den Tsï-tschung. Tso-čuen IX, 3. 君若辱貺寡人、則願以滕君爲請。*kiūn žok žuk hoáng kuà žîn, tsek yuén ì T'êng kiūn wêi ts'ìng.* Wenn Eure Hoheit geruhen, mir eine Gunst zu erweisen (貺), so wünschte ich in Betreff des Fürsten von T'eng eine Bitte zu thun. Das. I, 11. 予一以貫之。*iû yit ì kuán či.* Ich verknüpfe es durch Einheit. LYü XV, II, 3. 此所謂性、以氣稟而言也。*ts'ì sò wéi síng, ì k'í pìm rî yên yè.* Was hier Natur heisst, ist in Rücksicht auf Odem und Begabung

海上絲綢之路文獻集成 科技與文化編

gesagt. T'ung-šu VII, 1. — Ausführlicheres siehe im analytischen Systeme, §§. 696—729.

§. 1011. Wegen der Verwendung von 以 *ì* bei **Zeitangaben** siehe §§. 704, 712. Der Gebrauch scheint ziemlich frei zu sein:*) 文以五月五日生。 *Wên ì ngù yuet ngù žit šēng.* Wen wurde am fünften Tage des fünften Monats geboren. Ssï-ki LXXV, 2 a.

4. Die Präposition 因 *yīn.*

§. 1012. 因 ***yīn,*** als Substantiv — Grund, ist **instrumental** und hat als Präposition die besondere Nebenbedeutung: ‚etwas sich von selbst Darbietendes benutzend oder wahrnehmend': 故天之生物、必因其材而篤焉。 *kú t'iēn čī šēng wut, pit yīn k'î ts'âi rî tuk yên.* Daher der Himmel, indem er die Wesen erzeugt, nothwendigerweise sie **je nach** ihren Begabungen zunehmen lässt. Čung-yung XVII, 3. 時子因陳子而以告孟子。 *Šî-tsì yīn Č'în-tsì rî ì kaó Méng-tsì.* Š. berichtete es durch Vermittelung des Č. dem M. Mtsï II, II, X, 4; vgl. III, I, V, 1. 爲政、不因先王之道、可謂智乎。 *wêi čing, put yīn siēn wâng čī taò, k'ò wéi čí hû?* Regieren anders als vermittelst der Normen der alten Könige, kann das verständig heissen? Das. IV, I, I, 6. 爲高、必因丘陵、爲下、必因川澤。 *wêi kaō, pit yīn k'ieū lîng; wêi hià, pit yīn č'uēn tsik.* Hoch machen (bauen) muss (geschehen) unter Benutzung der Hügel und Höhen; tief . . . Ströme und Marschen. Das. (aus Li-ki X, II, 10). 因是謝人、以作爾庸。 *yīn ší Sié žîn, ì tsok rì yûng.* Vermittelst dieser Leute von Sie (an ihnen) bethätige deine Tüchtigkeit. Ši III, III, V, 3. 因民弗忍、距于河。 *yīn mîn fut žìn, k'iū iū Hô.* Die Unzufriedenheit des Volkes als Vorwand benutzend (*irgesei hamirakô anagan de*), leistete er Widerstand am Ho. Šu III, III, 2. 因民之所利而利之、斯不亦惠而不費乎。 *yīn mîn čī sò lí rî lí čī, ssī put yik* auch *hoéi rî put féi hû?* Was dem Volke zusagt, das (als Massgebendes, *yīn*) für Vortheil halten, ist das nicht Wohlthätigkeit ohne Verschwendung? *irgen-i aisingga be dahame, aisi obure oci.* LYü XX, II, 2.

5. Die Präposition 隨 *sûi.*

§. 1013. 隨 ***sûi,*** folgen, dient als Präposition mit der Bedeutung: **zufolge, gemäss:** 然五行之生、隨其氣質、而所禀不同。 *žân ngù hîng čī šēng, sûi k'î k'í čit, rî sò pìm put t'ung.* Aber die fünf Elemente sind bei

*) Dies mag mit der Tagewählerei und dem Horoskopstellen zusammenhängen.

漢文經緯

ihrem Entstehen zufolge Odem und Stoff in ihrer Begabung ungleich. Thai-kih-thu §. 4 e.

6. Die Präposition 仍 *žing.*

§. 1014. 仍 *žing* — gemäss, ähnlich: 仍舊貫、如之何。*žing kieú kuán, žû čī hô?* Wenn es gemäss dem Alterthum (*the old style*) wiederzustellen ist, wie dann? LYü XI, 13, 2.

7. Die Präposition 爲 *wéi.*

§. 1015. 爲 *wéi* = wegen, für, zu Gunsten von, steht in der Regel mit seinem Regimen vor dem Verbum (vgl. §§. 797—800): 宋爲乘丘之役故、侵我。*Súng wéi Šing-k'ieū čī yik kú, ts'īm ngò.* Sung überfiel uns wegen der Action bei Šing-k'iu. Tso-čuen III, XI.

Verba, mit welchen sich 爲 *wéi* verbindet, sind z. B.: 謀 *meû*, verhandeln für. LYü I, IV (vgl. §. 797). 請 *ts'ìng*, (um etwas) bitten für. LYü VI, III, 1. 征 *čing*, bestrafen wegen etwas. Mtsï III, II, V, 3. 隱 *yìn*, zu Gunsten Jemandes vertuschen (vgl. §. 797). 求 *k'ieû*, suchen nach Jemanden. Das. 慟 *túng*, trauern um Jemanden (vgl. §. 800). 貶 *pièm*, tadeln wegen (vgl. §. 801). 爲 *wêi*, (etwas) thun für Jemanden. Das.

8. 比 *pí* als Präposition.

§. 1016. 比 *pí*, sonst — messen, übereinstimmen, in sorgfältigen Drucken mit Tonzeichen versehen, kann angewendet werden in der Bedeutung: **mit Rücksicht auf:** 且比化者、無使土親膚、於人心獨無恔乎。*ts'iè pí hoá-čè, wû ssì t'ù ts'īn fū* (r. 130), *iū žîn sīm tuk wû hiaó hû?* Zudem, mit Rücksicht auf die Todten, nicht zulassen, dass die Erde an (deren) Körper herankomme, hat das allein nichts Befriedigendes für das Menschenherz? Mtsï II, II, VII, 4.

9. Die Präposition 自 *tsí.*

§. 1017. 自 *tsí* = von, aus (vgl. §§. 556 ff.), steht mit seinem Regimen bald vor, bald hinter dem Verbum. Verben, mit welchen es sich auf diese Weise verbindet, sind z. B.: 出 *č'ut*, ausgehen von; 至 *čí*, anlangen, ankommen von wo (vgl. §. 556); 行 *hîng*, gehen (von einem Punkte aus). Čung-yung XV, 1. 來 *lâi*, ankommen von. LYü I, I, 2. 五年、春、公至自晉。*ngù niên, č'ün, kūng čí tsí Tsín.* Im fünften Jahre, im Frühling, langte der Fürst aus Tsin an. Č'ün-ts'ieu IX, v, 1. Tso-čuen IX, 5. 鄭厲公自櫟侵鄭。*Čing Li kūng tsï Lik ts'ïm Čing.* Der Fürst Li von Čing drang von Lik her in Čing ein. Das. III, xiv.

10. Die Präposition 從 *ts'ûng.*

§. 1018. 從 ***ts'ûng,*** sonst = folgen, ist in der Bedeutung: **von, aus, zufolge,** zulässig: 是言丨誰生乎。*ší yên ts'ûng šûi šeng hû?* Von wem entstand diese Rede? K'ang-hi Wörterb. h. t. 不聞人丨日邊來。*put wên žin ts'ûng žit piēn lâi.* Ich habe nicht gehört, dass Jemand aus dem Gebiete der Sonne gekommen wäre. Tsin-šu-ming-ti-ki (das.). 租稅丨何出。*tsū-šúi ts'ûng hô č'ut?* Von wem gehen die Steuern aus? (werden sie getragen?) Julien, *Ex. prat.* 84. 吳王從臺上觀。*Ngû wâng ts'ûng t'âi šáng kuān.* Der König von Ngu sah von der Terrasse aus (*du haut de la terrasse*) zu. Ssï-ki LXV, 1 b. (Vgl. §. 621.)

11. Die Präposition 由 *yeû.*

§. 1019. Die Präposition 由 ***yeû*** (vgl. §. 730) bezeichnet das Herkommen, Hervor- oder Ausgehen von oder durch etwas: 由百世之後、等百世之王。*yeû pek ší* (r. 1) *čī heú, tèng pek ší čī wâng.* Aus meiner Entfernung von hundert Menschenaltern ordne ich (nach ihren Verdiensten) die Könige der hundert Menschenalter. Mtsï II, i, II, 27. 汝疾不由天、亦不由人、亦不由鬼。*žù tsït put yeû t'iēn, yik put yeû žîn, . . . kuèi.* Deine Krankheit ist nicht vom Himmel, auch nicht von Menschen, auch nicht von Dämonen (verursacht). Liet-tsï VI, 6 b. 學者必由是而學焉。*hiok-čè pit yeû ší rî hiok yên.* Die Lernenden müssen **mit** diesem **anfangend** (= anfangen zu) lernen. Einl. zu Ta-hiok. 禮義由賢者。*lì ngí yeû hiên-čè.* Gute Sitte und Rechtlichkeit gehen vom Weisen aus (*saisa ci tucibumbikai*). Mtsï I, ii, XVI, 1. 由湯至於武丁。*yeû T'āng čí iû Wù-tīng.* Von (der Zeit des) T'. bis auf W. Das. II, i, 1, 8.

12. Die Präpositionen 至 *čí,* 及 *kip* und 到 *taó.*

§. 1020. 至 ***čí,*** seltener 及 ***kip*** oder 到 ***taó,*** sind **terminativ** — bis. Sie verbinden sich gern mit 於、于 *iû:* 由堯舜至於湯、五百有餘歲。*yeû Yaô Šûn čí iû T'āng, ngù-pek yeú iû súi.* Von Yao und Schün bis auf T'ang waren es fünfhundert und einige Jahre. Mtsï VII, ii, XXXVIII, 1. 民到于今稱之。*mîn taó iû kīm č'ing čī.* Das Volk preist sie bis jetzt. LYü XVI, 12. Wegen 及 *kip* und 以至於 *ì čí iû* siehe §. 557.

海上絲綢之路文獻集成 科技與文化编

漢文經緯

F. Theil- und Verhältnisswörter.

§. 1021. Die Theil und Verhältnisswörter (§§. 854—866) kommen hier in zweien ihrer Anwendungen in Betracht:

a.) als **Adverbien** oder adverbial zu übersetzende Objecte, §§. 859 bis 861, und

b.) als **Postpositionen**, §§. 857—858.

Die Frage, wann sie in letzterer Anwendung schlechtweg im Adverbialis, wann sie in Verbindung mit Präpositionen zu gebrauchen seien, entscheidet sich nach den allgemeinen Grundsätzen (§. 995), ebenso die weitere Frage, wann man den zugehörigen Genitiv durch die blosse Wortstellung, und wann man ihn mittelst 之 *čī* auszudrücken habe (§. 967).

§. 1022. Das **Adverb** mit 其 *k'î* (§. 859) ist bestimmter als das schlechthin adverbial angewendete Wort: 其下 *k'î hià* — darunter, aber 下 *hià* = unten; 其後 *k'î heú* = darnach, aber 後 *heú* = später, u. s. w.

Man merke die Verbindungen der Wörter dieser Classe mit 以(已) *ì*: 以上 *ì-šáng*, aufwärts, 以下 *ì-hià*, abwärts, 以後 *ì-heú*, hinterwärts, später, u. s. w. (§§. 725, 727), sowie die sinnverwandten mit 而 *rî* (§. 642 f.).

§. 1023. Die **Postposition**, mit oder ohne Präposition, ist bestimmter, materieller, als die blosse Präposition oder die adverbiale (bez. objective) Wortstellung: 列姑射山、在海河洲中、山上有神人。 *Liet-kū-yè šān, tsái hài Hô čeū čūng; šān šáng yeù šîn-žîn.* Der Berg L. liegt im Meere (mitten) auf der Insel Ho; (oben) auf dem Berge gibt es Geistermenschen. — Hier üben die Postpositionen etwa die Wirkung der in der Uebersetzung eingeklammerten Adverbien, doch ohne deren Schwerfälligkeit.

Anmerkung. Im Folgenden sind nur einige der wichtigsten Wörter dieser Classe zumal in Rücksicht auf ihre Synonymik zu besprechen.

§. 1024. 上 ***šáng***, 下 ***hiá*** = oben — unten, auf, über — unter, aufwärts — abwärts: 王坐於堂上。 *wâng tsó iū t'âng šáng.* Der König sass auf dem Söller. Mtsï I, I, VII, 4. 可運之掌上。 *k'ò yǘn čī čàng šáng.* Man kann es auf der Handfläche herumwenden. Das. II, I, VI, 2. 樂正子二之中、四之下也。 *Yok Čing-tsì rî čī čūng, ssî čī hià yè.* Y. steht inmitten der zwei (ersten) und unter den vier (letzten, höheren Classen). Das. VII, II, XXV, 9.

§. 1025. 中 ***čūng*** (r. 2), Mitte, ist Gegensatz zu oben und unten, vorn und hinten, links und rechts, Anfang und Ende. 則是方四十里爲阱

海上絲綢之路文獻集成 科技與文化编

於國|。 *tsek ši fāng ssī-šip lì, wêi tsíng iü kuok čūng.* Daher diese vierzig Quadrat-Li sind eine Fallgrube in der Mitte des Staates. Mtsï I, ii, II, 3. 民以爲將拯己於水火之|也。 *mîn ì-wêi tsiáng č'ìng kì iü šùi hò čī čūng yè.* Das Volk meinte, du würdest es retten mitten aus Wasser und Feuer. Ibid. XI, 3. 水由地|行。 *šùi yeû tí čūng hîng.* Die Gewässer liefen mitten durch die Erde. Ibid. III, ii, IX, 4. 書|有金玉。 *šū čūng yeù kīm yük.* In den Büchern sind Gold und Edelsteine enthalten. Yeu-hiok-či. |止 *čūng čì,* in der Mitte stehen bleiben, nicht zu Ende gelangen. |心悅 *čūng sīm yuet,* im innersten Herzen erfreut sein. Mtsï II, i, III, 2. |天下而立 *čūng t'iēn-hiá rî lip,* mitten im Reiche stehen. Ibid. VII, i, XXI, 2 (§. 863).

§. 1026. 內 ***núi*** oder ***néi*** (r. 11), innen; Gegensatz: 外 ***nguái,*** draussen. *núi-nguái,* innen und aussen: 海內之地 *hài núi čī tí,* das innerhalb der Meere (gelegene) Land. Mtsï I, i, VII, 17. 臣聞郊關之內、有囿方四十里。 *č'în wên kiaō-kuān čī núi, yeù yeú fāng ssī-šip lì.* Euer Unterthan hörte, dass innerhalb der Grenzthore sich ein Park befände, vierzig Geviert-Li (gross). Ibid. I, ii, II, 3. 內無怨女、外無曠夫。 *núi wû yuén niü, nguái wû k'uáng-fū.* Drinnen (in den Häusern) gab es keine missmuthigen Weiber und draussen keine ledigen Männer. Ibid. I, ii, VI, 1. 我入自外。 *ngò žip tsí nguái.* Ich komme herein (kehre heim) von draussen. Ši I, iii, 15.

§. 1027. 間 ***kiān*** — zwischen, innerhalb: 天地之間 *t'iēn tí čī kiān,* zwischen Himmel und Erde. 三年之間 *sām niēn čī kiān,* innerhalb dreier Jahre.

§. 1028. 先 ***siēn,*** ist der gewöhnlichste Ausdruck für: früher, zuvor, zuweilen auch für: zuerst, im Gegensatze zu Späterem, 後 *heú*: 知虞公之將亡、而|去之、不可謂不智也。 *čī Iû-kūng čī tsiāng* (r. 41) *wâng, rî siēn k'iü čī, put k'ò wéi put čí yè.* (Dass er,) wissend, dass der Fürst von Iü untergehen würde, ihn zuvor verliess, kann nicht unklug genannt werden. Mtsï V, i, IX, 3. 先立乎其大者、則其小者不能奪也。 *siēn lip hû k'î tá čè, tsek k'î siaò čè put nêng t'ot yè.* Wer erst feststeht in seiner Grösse (= in dem, was an ihm gross, edel ist), dem kann dann das, was an ihm klein ist, (die Grösse) nicht rauben. Ibid. VI, i, XV, 2.

§. 1029. 前 ***ts'iên*** = vorn, vor, früher; Gegensatz: 後 *heú.* |日 *ts'iên-žit,* in früheren Tagen, vormals, vorgestern. |時 *ts'iên-šî,* in früherer Zeit. 我未之前聞也。 *ngò wéi čī ts'iên wên yè.* Ich hatte es noch nicht zuvor gehört. T'an-kung (Kwpč. III, 11 a). Comm.: 前者、我未之聞。 *ts'iên-čè* . . . 便嬖不足使令於前與。 *p'iên pí put tsuk ssì-líng iü-ts'iên iû.*

漢文經緯

Genügen die Diener und Favoritinnen nicht um Aufträge und Befehle zu empfangen vor dir? (*ssî-líng* passiv). Mtsï I, I, VII, 16.

§. 1030. 後 ***heú*** — hinten, später, hinter, nach; Gegensatz von 先 *siēn*, 前 *ts'iên* und 今 *kīm*. 其後 *k'î-heú*, darnach. 吾今而後知殺人親之重也。 *ngû* ***kīm-rî-heú*** *čī šat žîn ts'īn čī čúng yè*. **Von jetzt an** (*te teni*) kenne ich die schweren Folgen einer an Anderer Verwandten verübten Tödtung. Mtsï VII, II, VII.

§. 1031. 側 ***tsik***, Seite, neben: 雖袒裼裸裎於我側、爾焉能浼我哉。 *súi t'àn-sik lò č'îng iū ngò tsik, rì yēn nêng mèi ngò tsāi?* Obschon ihr mit entblössten Brüsten und Armen oder nackt neben mir steht, wie könnt ihr mich beschmutzen? Mtsï II, I, IX, 2; V, II, I, 3. 子食於有喪者之側。 *tsì sik iū yeù sāng čè čī tsik*. (Wenn) der Meister an der Seite Eines, der Trauer hatte, ass . . . LYü VII, IX, 1.

§. 1032. 故 ***kú***, Ursache, als Postposition, oft mit den Präpositionen 以 *ì*, 因 *yīn* oder 由 *yeû* verbunden, — wegen, weil; als Adverb oder Conjunction — daher, deshalb. 以(因、由)此之故 *ì* (*yīn, yeû*) *ts'ì čī kú*, aus diesem Grunde. Julien, *Ex. prat.*, pag. 76. 今以錢重物輕之故、立蓄錢之限。 *kīm ì ts'iên čúng wut k'īng čī kú, lip č'uk ts'iên čī hiàn*. Jetzt, wegen der Theuerung des Geldes und der Billigkeit der Waaren, verordnen sie eine Einschränkung des Geldansammelns. Ma Tuan-lin (*Chin. curr.*, 124). 唯善故能舉其類。 *wêi šén kù nêng kiù k'î léi*. Nur weil er (selbst) gut war, vermochte er seines Gleichen zu erheben. Tso-čuen IX, 3. 晉侯以我喪故、未之見也。 *Tsín heû ì ngò sāng kú, wéi čī kién yè*. Der Fürst von Tsin gab ihm, (angeblich) unserer Trauer wegen (d. h. weil unser Fürst gestorben war) keine Audienz. Das. IX, 31. Vgl. §§. 720, 730, 1015.

III. Capitel.

Die Zahl.

I. Grundzahlen, Zahlzeichen.

§. 1033. Im chinesischen Zahl-, Maass- und Gewichtswesen herrscht seit uralter Zeit das **Decimalsystem**.

§. 1034. Dreizehn **Grundzahlen** sind in regelmässigem Gebrauche, nämlich 1—10, 100, 1000 und 10,000.

Tafel der Grundzahlen.

Werth	Normal	Curial	Handel	Strichzeichen		Aussprache
1	一	壹	〡	𝍩	𝍠	*yit*
2	二	貳	〢	𝍪	𝍡	*rî*
3	三	參	〣	𝍫	𝍢	*sām*
4	四	肆	〤	𝍬	𝍣	*ssî*
5	五	伍	〥	𝍭	𝍤 ȯ	*ngù*
6	六	陸	〦	𝍮	𝍥	*luk*
7	七	柒	〧	𝍯	𝍦	*ts'it*
8	八	捌	〨	𝍰	𝍧	*pat*
9	九	仇	〩	𝍱	𝍨	*kieù*
10	十	拾	十	—o	|o	*šip*
100	百	百	[illegible]	|oo	—oo	*pek*
1000	千	仟	千			*ts'iēn*
10,000	萬 万	萬	万			*wán*
0			o	o	o	

§. 1035. Die beiden ersten Columnen obiger Tafel enthalten echte Schriftzeichen, welche in der Reihe des Textes geschrieben und gleich anderen Wortzeichen abgelesen werden. Man ist frühe darauf verfallen, neben den einfachen Formen der gemeingebräuchlichen — **normalen** — Zeichen noch complicirtere für die wichtigen Zahlen in Urkunden und anderen amtlichen Schriftstücken einzuführen, um Fälschungen vorzubeugen, **curiale Zahlzeichen**, 官字 *kuān-tsî*. Letztere sind zum Theile entlehnt; so heisst 參 *ts'ām*, verbinden, mischen; 拾 *šip*, vereinigen u. s. w.

§. 1036. Die **Handelsziffern** pflegt man waagerecht von der Linken zur Rechten zu schreiben. Dabei setzt man die Multiplicatoren der Zehner, Hunderter u. s. w. über die Zeichen für 10, 100 u. s. w. Also:

3 5 8 7 0
〣 〥 〨 〧
万 千 [illegible] 十

漢文經緯

Der Null bedient man sich nur in der Mitte der Reihe, um das Ausfallen einer Stelle anzudeuten:

1 0 8 0 4

〡 〨

万 〇 〨 〇 〤

Runde Zahlen schreibt man ohne Nullen, rückt aber die Multiplicatoren mit in die Reihe: 〣千 = 3000; 〥万 = 50,000. (Nach Perny.)

§. 1037. Die **Strichzeichen** scheinen seltener angewandt zu werden. Sie folgen ganz dem arabischen (indischen) Systeme, scheinen aber nicht diesem, sondern dem chinesischen Rechenbrette, 算盤 *suán-p'ân*, nachgebildet zu sein. Man gebraucht die beiden Zifferformen beliebig abwechselnd. Die Ziffern folgen waagerecht von der Linken zur Rechten; bei Decimalbrüchen scheint eine Interpunction hinter der ersten Null nicht üblich zu sein. Beispiele: 𝍧𝍲〇𝍦𝍱 83,072, 𝍤〇〇〇 5000, 〇𝍳𝍡 0·42. (Nach Perny.)

§. 1038. Als **abgekürzte Zahlwörter** haben zu gelten 廿 oder 卄 *žip*, zwanzig, 卅 *sap*, dreissig, und 卌 *sip*, vierzig, welche zweifellos Zusammenziehungen von *r̂i-šip*, *sām-šip*, *ssï-šip* sind. Vgl. §. 248.

§. 1039. Höhere Potenzen der Zehn als die vierte pflegen durch Multiplication von 萬 *wán* ausgedrückt zu werden; doch kommt schon frühe 億 *yik* = 100,000, 兆 *čaó* und 秭 *tsï* = Million, ungeheuer viele, vor. Erst der Buddhismus mit seiner Vorliebe für erstaunliche Zahlengrössen scheint Ursache gewesen zu sein, dass man conventionell für höhere Potenzen gewisse Wörter und Zeichen verwandte. Recht eingebürgert hat sich das nie, und die Bedeutungen und Ausdrücke schwanken. K'hang-hi's Wörterbuch *verbo* 垓: 十億曰兆、十兆曰京、十京曰垓。 Zehn *yik* heissen *čaó*, zehn *čaó* heissen *kīng*, zehn *kīng* heissen *kāi*. Dagegen wird daselbst *verbo* 秭 ein anderer Gewährsmann angeführt, nach welchem 秭 *tsï* = 100 Millionen, 垓 *kāi* = 1000 Millionen, 壤 *yáng* = 10,000 Millionen, 溝 *keū* — 100,000 Millionen, 澗 *kián* = 1 Billion, 正 *číng* = 10 Billionen, 載 *tsái* = 100 Billionen sind. Das ‚Spiegelbuch', *buleku bithe*, der Mandschusprache VII, 60 b ff. stimmt hiermit überein, fügt aber Bl. 61 a 極 *kik* = 1000 Billionen und noch einige höhere Zahlenausdrücke hinzu. (Endl.)

II. Combinationen der Grundzahlen.

§. 1040. Zusammengesetzte Zahlen werden nach folgenden Grundsätzen gebildet:

a.) die zu einander zu addirenden Bestandtheile folgen in absteigender Ordnung aufeinander: 十八 *šip pat* = 10 + 8 = 18 (§. 283);

b.) die Multiplicatoren der Zehnerpotenzen treten vor diese: 二萬六千四百九十七 *rî wán luk ts'iēn ssî pek kieù šip ts'it* = 26,497;

c.) die leeren Stellen — Nullen — bleiben entweder unausgedrückt: 二百三 *rî pek sām* = 203, oder man ersetzt sie durch 零 ***lîng*** (= und hierüber): 二万||七十 *rî wán lîng lîng ts'it šip* = 20,070. Sch.;

d.) es steht frei, die Eins vor Zehnerpotenzen auszudrücken oder wegzulassen, doch ist Ersteres wohl bei längeren Zahlenreihen und bei genauen Zahlangaben das Empfehlenswerthere: 一千八百八十一 1881;

e.) in der vorclassischen und classischen Sprache werden meist die höheren Stellen mit den niederen durch 有 ***yeú*** (im fallenden Tone) = und, verbunden.

Anmerkung. Wegen der Verwendung der Zahlwörter als Ordinalien, Zahladverbien u. s. w. vgl. §§. 876—882. Wegen ihrer Stellung bei Appositionsverhältnissen vgl. §. 298.

§. 1041. Für **unbestimmte Einer oder niedere Zehnerpotenzen** gebraucht man 餘 ***iû,*** Uebriges, seltener 饒 ***yaô,*** Ueberschuss, Ueberfluss: 五百有餘歲。*ngù pek yeú iû súi*, fünfhundert und einige Jahre. Mtsï VII, ɪɪ, XXXVIII, 2. 後二十饒日 *heú rî šip yaô žit*, einige zwanzig Tage später. Ssï-ki CV, 15 a.

III. Synonymausdrücke der bestimmten Zahlwörter.

§. 1042. Statt der Grundzahlen werden mehr oder minder häufig gewisse andere Ausdrücke für bestimmte Zahlen, meist in etwas engerer Bedeutung angewandt.

§. 1043. 兩 ***liàng*** = beide, die Beiden, deutet auf Aehnlichkeit oder Verwandtschaft der Zwei und darauf, dass diese die Einzigen ihrer Art sind: 舞干羽于|階。*wù kān iû iû liàng kiāi.* Sie tanzten (mit) Schildern und Federn auf den beiden Treppen. Šu II, ɪɪ, 23.

§. 1044. Als **Collectivzahlen** sind zu merken: 雙 ***šuāng,*** 偶 ***ngeù*** und 媾 ***yeú*** = ein Paar, sämmtlich in dieser Bedeutung wohl erst von neuerem Gebrauche; ferner 參 ***ts'ām*** = Dreiheit, Vereinigung Dreier; z. B.: 立則見其|于前也。*lip tsek kién k'î ts'ām iû ts'iên yè.* Steht er, so sehe er deren Dreiheit vor sich. (Eigentlich ist er selbst darin mit inbegriffen.) LYü XV, v, 3. 可以贊天地之化育、則可以與天地|。*k'ò-ì tsán t'iēn tí čī hoá yuk* (r. 130), *tsek k'ò-ì iû t'iēn tí ts'ām.* Kann er des Himmels und der Erde umwandelnde und ernährende Macht fördern, so kann er mit Himmel und Erde eine Dreiheit bilden. Čung-yung XII.

§. 1045. Aehnlich werden die Nebenformen 伍 *ngù*, 什 *šip*, 佰 *pek* — fünf Mann, zehn Mann, hundert Mann, in der Bedeutung Fünfheit u. s. w. oder verbal: zu einer solchen vereinigen, angewandt: 三相參爲參、五相伍爲伍。 *sām siāng ts'ām wêi ts'ām, ngù siāng ngù wêi ngù.* Drei zusammen vereint bilden eine Dreiheit, fünf zusammen vereint bilden eine Fünfheit. Khang-hi's Wörterbuch *verbo.* 參. 十人爲什。 *šip žîn wêi šip.* Zehn Menschen machen ein Gezehent. Das. *verbo* 什. Das. *verbo* 佰 wird aus dem Šuot-wen citirt: 相什佰也。 *siāng šip pek yè.* Sie vereinigen sich zu Zehnen und zu Hunderten.

§. 1046. Zu den Ausdrücken, welche statt der **Multiplicativzahlen** gebraucht werden, gehören: 洊 *tsién,* verdoppeln, doppelt, zweimal; 倍 *péi,* doppelt, noch einmal so viel, aber auch hundertmal (Williams, *Syll. Dict.*, pag. 670); 再 *tsái* (r. 13), wieder, zum zweiten Male, zweimal, der zweite; 蓰 *sì,* verfünffachen, fünffach; 什 *šip,* zehnfach; 佰 *pek,* hundertfach: 今又倍地、而不行仁政、是動天下之兵也。 *kīm yeú péi tí, rî put hîng žîn číng, ší túng t'iēn-hiá čī pīng yè.* (Wenn du) jetzt bei noch verdoppeltem Landesgebiete nicht ein menschliches Regiment übst, so heisst dies die Waffen des Reiches in Bewegung setzen. Mtsï I, II, XI, 3. 問人於他邦、再拜而送之。 *wén žîn iū t'ā pāng, tsái pái rî súng čī.* Erkundigte er sich (nach dem Befinden eines) Menschen in einem anderen Staate, so verneigte er sich zweimal und gab (seinem Boten) das Geleit. LYü X, XI, 1. 或相倍蓰、或相什佰、或相千萬。 *huok siāng péi sì, huok siāng šip pek, huok siāng ts'iēn wán.* Einige (Sachen) sind zwei- oder fünffach, andere zehn- oder hundertfach, andere tausend- oder zehntausendfach (werthvoll) im gegenseitigen Verhältnisse. Mtsï III, I, V, 18.

§. 1047. Die adjectivischen und adverbialen **Ordnungszahlen** werden oft durch andere Ausdrücke ersetzt: 冢 *č'ùng* = hauptsächlich, gross, erscheint für ‚erster' in Verbindungen wie: ｜宰 *č'ùng-tsài,* erster Minister, ｜子 *č'ùng-tsï,* erstgeborener Sohn.

§. 1048. 始 *šì,* anfangen, zuerst: ｜吾於人也、聽其言而信其行、今吾於人也、聽其言而觀其行。 *šì ngû iū žîn yè, t'īng k'î yên rî sín k'î híng; kīm ngû iū žîn yè, t'īng k'î yên rî kuān kî híng.* Erst war mein Verhalten zu den Menschen das, ihre Worte zu hören und ihrem Benehmen zu vertrauen; jetzt ist es das, ihre Worte zu hören und ihr Benehmen zu beobachten. LYü V, IX, 2. ｜至於境、問國之大禁、然後敢入。 *šì čí iū kìng, wén kuok čī tá kín; žân-heú kàm žip.* Als ich zuerst an die Gränze gelangte, fragte ich nach den grossen verbietenden Gesetzen des Landes; darnach wagte ich (darin) einzutreten. Mtsï I, II, II, 1.

海上絲綢之路文獻集成 科技與文化编

§. 1049. 初 *č'ū* — (Kleider) zuschneiden, anfangen, 再 *tsái*, 三 *sām* u. s. w. kommen adjectivisch in der Bedeutung: der erste, zweite, dritte u. s. w. vor: 初令日、誅不孝、無易樹子、無以妾爲妻、再令日、尊賢育才、以彰有德、三令日、敬老慈幼、無忘賓旅、四令日、無世官、官事無攝。*č'ū líng yuet: čū put-hiaó, wû yik šú-tsì, wû ì ts'iep wêi ts'ī; tsái líng yuet: tsün hiên yuk ts'âi, ì čāng yeù-tek; sām líng yuet: king laò ts'î yeú, wû wâng pīn liû; ssî líng yuet: wû ší kuān, kuān ssî wû šep.* Das erste Gesetz lautet: Tödte die Pietätslosen, wechsle nicht (in der Wahl des) Erbsohnes, mache nicht eine Nebenfrau zur Hauptfrau. Das zweite Gesetz lautet: Ehre die Weisen und unterhalte die Befähigten, um die Tugendhaften auszuzeichnen. Das dritte: Sei ehrerbietig gegen die Alten und liebevoll gegen die Jungen, vergiss nicht die Fremden und Gäste. Das vierte: Es gebe keine Erbämter, die Functionen (verschiedener) Aemter sollen nicht (in einer Person) zusammengefasst sein. (So nach Legge. 攝事 heisst sonst: den Geschäften obliegen — Williams, *Syll. Dict.*, pag. 750.) Mtsï VI, II, VII, 3.

§. 1050. Für **beschränkte Zahlen** namentlich gewisser Gegenstände werden gelegentlich folgende **Ordinalien** gebraucht:

a.) für Theile von Büchern: 上 *šáng*, 下 *hià*, erster und zweiter, oder 上、中、下 erster, zweiter und dritter; dann zu potenziren: 上上、上下 u. s. w.;

b.) für drei Söhne oder für die drei Monate einer Jahreszeit: 孟 *méng*, 仲 *čūng*, 季 *kí*. 季春月 *kí č'ün yuet*, der dritte Monat des Frühlings;

c.) die vier ersten Worte des Yik-king: 元 *yuên*, 亨 *hiāng*, 利 *lí*, 貞 *čīng* dienen zuweilen dazu, Theile von Büchern zu nummeriren.

§. 1051. Brüche pflegen mittelst 分 *fén*, Theil, ausgedrückt zu werden: 三分之二 *sām fén čī rī* = $^2/_3$. Doch kann man auch den Nenner einfach vor den Zähler stellen, vgl. §. 880. Das Wort 分 *fén* wird sonst auch schlechthin für Zehntel gebraucht: 三四分 *sām ssî fén* — 3—4 Zehntel; 九分 *kieù fén* = $^9/_{10}$. Vgl. übrigens §. 880.

§. 1052. Für die **Zeitrechnung** bedienen sich die Chinesen zweier **Cyklen**:

a.) eines **Zehnercyklus**: 1. 甲 *kiap*; 2. 乙 *yit*; 3. 丙 *pìng*; 4. 丁 *tīng*; 5. 戊 *wù*; 6. 己 *kì*; 7. 庚 *kēng*; 8. 辛 *šīn*; 9. 壬 *žīm*; 10. 癸 *kuèi*.

b.) eines **Zwölfercyklus**: I. 子 *tsì*; II. 丑 *č'eù*; III. 寅 *yîn*; IV. 卯 *maò*; V. 辰 *šîn*; VI. 巳 *ssí*; VII. 午 *ngù*; VIII. 未 *wéi*; IX. 申 *šīn*; X. 酉 *yeù*; XI. 戌 *sut*; XII. 亥 *hái*.

c.) Beide obige Cyklen werden zu einem **Sechzigercyklus**, 甲子 *kiap-tsì*, verbunden, indem man nur gerade Zahlen mit geraden, ungerade mit

漢文經緯

ungeraden zusammenfügt. Dabei ergibt das Zeichen des Zehnercyklus den Einer und, wenn man von diesem die Ziffer des Zwölferzeichens abzieht, der Rest die Zehner:

$\pm 0 = 0$

$\left.\begin{matrix} -2 \\ -10 \end{matrix}\right\} = 10$

$\left.\begin{matrix} +4 \\ -8 \end{matrix}\right\} = 20$

$\pm 6 = 30$

$\left.\begin{matrix} +8 \\ -4 \end{matrix}\right\} = 40$

$-2 = 50$

癸亥 = 60*)

Tafel des Sechzigercyklus.

	甲	乙	丙	丁	戊	己	庚	辛	壬	癸
子	1		13		25		37		49	
丑		2		14		26		38		50
寅	51		3		15		27		39	
卯		52		4		16		28		40
辰	41		53		5		17		29	
巳		42		54		6		18		30
午	31		43		55		7		19	
未		32		44		56		8		20
申	21		33		45		57		9	
酉		22		34		46		58		10
戌	11		23		35		47		59	
亥		12		24		36		48		60

*) Diese Regel ist von A. Severini *(Astrologia giapponese)* aufgestellt worden.

海上絲綢之路文獻集成 科技與文化編

§. 1053. Anwendungen der Cyklen:

I. **Beide einfache Cyklen** können zum Numeriren von Zehnen bez. Zwölfen gebraucht werden.

II. Der **Zwölfercyklus** dient zur Bezeichnung der zwölf Doppelstunden, 時 *ši*, in welche der Tag getheilt wird: 子時 *tsï ši* = 11—1 Uhr Nachts; 丑時 *č'eù ši* = 1—3 Uhr Früh, u. s. w.

III. Der **Sechzigercyklus** dient:

a.) zu einer fortlaufenden Numerirung von Jahren, kehrt also alle sechzig Jahre wieder. Man pflegt bei Jahresangaben hinter dem Regierungsjahre (§. 933 a) den cyklischen Jahresnamen anzugeben. Der jetzt laufende Cyklus beginnt mit 1864;

b.) in gleicher Weise werden aber auch zu astrologischen und anderen Zwecken der Magie und Mantik die Tage numerirt, z. B.: 道光四十年甲午正月二十五日辛卯 der 25. Tag, *sīn-maò*, des 1. Monats des 40. Jahres *kiap-ngù*, (der Regierung) *Taò-kuāng*.

IV. Unbestimmte Zahlenangaben.

§. 1054. Singular und Plural der Substantiva und Pronomina pflegen nur da ausgedrückt zu werden, wo ein Missverständniss ausgeschlossen oder sonst die Einzahl, Mehrzahl oder Allheit besonders hervorgehoben werden soll.

§. 1055. 幾 *kì* = **einige, wenige, wieviele?** wird adnominal gebraucht: 鯤之大、不知其|千里。 *kuēn čī tá, put či k'î kì ts'iēn lì.* Des K. (-fisches) Grösse beträgt, ich weiss nicht wieviel tausend Li. Čuang-tsï I, 1a. 子來幾日矣。 *tsï lâi kì žit ì?* Vor wievielen Tagen sind Sie gekommen? Mtsï IV, I, XXIV, 2. 幾年於此矣。 *kì niên iū ts'ï ì.* Wieviele Jahre wohl bis jetzt (= seit wieviel Jahren)? Ssï-ki LXXVI, 2b. Vgl. §. 686.

§. 1056. 幾希 *kì-hī*, **wenig, gering,** kommt meist, wo nicht immer, prädicativ vor: 人之所以異於禽獸幾希。 *žîn čī sò-ì í iū k'îm šeú kì-hī.* Dasjenige, wodurch sich der Mensch von Vögeln und Thieren unterscheidet, ist gering. Mtsï IV, II, XIX, 1.

§. 1057. 數 *šú*, Zahl, = einige: 數年 *šú niên*, einige Jahre. LYü VII, XVI. 夫子之牆、數仞 。*fū-tsï čī ts'iâng, šú žîn.* Des Meisters Mauer ist einige Spannen (hoch). Das. XIX, XXIII, 3. 斬首數百。 *čàm-šeù šú pek.* Er köpfte (liess köpfen) einige Hundert. Ssï-ki VI, 4a.

§. 1058. 一二 *yit-rí*, ein oder zwei, dient sowohl substantivisch als auch attributiv in der Bedeutung: einige, wenige: 然後始得聞其說一二。 *žân-heú šì tek wên k'î šuet yit-rí.* Da erst bekam ich den einen und andern seiner Aussprüche zu hören. Sing-li I, 17a. 寡君願與一二兄弟相見。*kuà kiūn yuén iù yit-rí hiūng-tí siāng kién.* Mein Fürst wünscht mit den Brüdern zusammenzukommen. Tso-čuen IX, 3.

§. 1059. 若而 ***žok-rî*** und 若干 ***žok-kān*** = so und soviele (§. 609b, 617b): 君若不忘先君之好……則猶有先君之適、及遺姑姊妹若而人。*kiūn žok put wâng siēn kiūn čī haó . . . . . . tsek yeû yeù siēn kiūn čī tik, kip î kū tsì méi žok-rî žîn.* Für den Fall, dass der Fürst die guten Beziehungen der früheren Fürsten nicht vergessen hat, ..., so giebt es noch sowohl von des früheren Fürsten (d. h. meines Vaters) eigener Frau, als auch von seinen hinterbliebenen Schwestern so und soviele Menschen (nämlich Töchter). Tso-čuen X, 3.

§. 1060. 多 ***tō,*** viel, Gegensatz 少 ***šaò,*** wenig, kann sowohl adverbial als auch adnominal stehen: 爾多士 *rì tō ssí,* Ihr Beamten; 爾多方 . . . *fāng,* Ihr aus allen Gegenden. Šu (Prémare). 樂多賢友 *ngaò tō hiên yeù,* sich daran erfreuen, viele weise Freunde zu haben. LYü XVI, v. 多聞(見) *tō wên (kién),* Vieles hören (sehen). Das. VII, xxvii. 王子宮室、車馬、衣服多與人同。*wâng tsì kūng-šit, č'ē-mà, ī-fuk tō iù žîn t'ûng.* Der Palast, die Fuhrwerke und die Kleider des Kronprinzen sind **grossentheils** wie (die) anderer Menschen. Mtsï VII, I, 3b, 2.

多者 ***tō-čè,*** zu Anfang, und 多矣 ***tō-ì,*** zu Ende des Satzes, = **höchstens** (§§. 459, 818).

§. 1061. Ausdrücke für **meistens** sind: 大都 ***tá-tū,*** 大底 ***tá-tì,*** 大抵 ***tá-tì,*** 大率 ***tá-šut,*** 大都如是 *tá-tū žû-ší.* Meistentheils (im Allgemeinen) sind sie so. 大抵人君以知人爲貴、以用人爲急。*tá-tì žîn-kiūn ì čī žîn wêi kuéi, ì yúng žîn wêi kip.* In der Regel meinen die Fürsten, die Menschen zu kennen sei das Wichtigste, sie zu verwenden sei das Dringlichste. Sing-li XI, 21a. 大率患在於自私而用智。*tá-šut huán tsái iū tsí-ssī rî yúng čí.* Meistens beruht das Missgeschick darin, dass man in selbstsüchtiger Weise von seiner Klugheit Gebrauch macht. Sing-li VII, 8a.

§. 1062. 鮮 ***sièn*** — selten, Wenige: 人莫不飲食也、鮮能知味也。*žîn mok put yìm šik yè, sièn nêng čī wéi yè.* Alle Menschen trinken und essen, wenige vermögen den Geschmack zu erkennen. Čung-yung IV, 2.

§. 1063. 庶 ***šú,*** viele, Menge, bildet in gewissen Verbindungen einen Ausdruck für die Mehrzahl: 庶士 *šú-ssí,* die Gelehrten, Beamten; 庶人 *šú-žîn,* die (gemeinen) Leute; 庶民 *šú-mîn,* das (niedere) Volk.

26*

海上絲綢之路文獻集成 科技與文化编

V. Allheit.

§. 1064. Der Ausdruck der Allheit durch **Doppelung** ist von beschränktem Gebrauche und hat stets distributive, meist adverbiale Bedeutung: 人人 *žîn-žîn*, jeder Mensch, Mann für Mann. Vgl. §. 393.

§. 1065. Ausnahmslosigkeit wird durch doppelte Negation ausgedrückt. Die erstere von diesen ist 無 *wû*, nicht haben (mit oder ohne objectives 所 *sò*, §. 537), 莫 *mok*, Niemand, Nichts, seltener 靡 *mì*, Keiner, Keines; — die zweite ist je nach der Modalität 不 *put*, 非 *fēi*, 弗 *fut* u. s. w.: 人莫不飲食也。 *žîn mok put yìm šik yè*. Alle Menschen ohne Ausnahme trinken und essen. Čung-yung IV, 2. 天下萬物之萌生、靡不有死。 *t'iēn-hià wán-wut čī mêng-šēng, mì put yeù ssì*. Alle Dinge in der Welt haben in ihrem Keimen und Leben ohne Ausnahme den Tod. Ssï-ki X, 17a.

§. 1066. Zahlwörter bilden in gewissen constanten Verbindungen Allheitsausdrücke (§§. 292, 870, 885). So wird auch 兆 *čaó*, Million, für Alle angewandt: 兆民 *čaó mîn*, alle Völker.

§. 1067. 衆 *čúng* = alle, steht sowohl adnominal als auch substantivisch: 衆星 *čúng sīng*, alle Sterne. LYü II, 1. 能濟衆 *nêng tsì čúng*, fähig Allen zu helfen. Das. VI, XXVIII, 1. 衆技衆矣。 *čúng kí čúng ì*. Alle dürften Alle für klug halten (*omnes sese mutuo tollunt*. Prémare). Čuang-tsï.

§. 1068. 諸 *čū* bedeutet eine Allheit oder Gesammtheit von Personen oder Gegenständen, wobei diese nicht als Individuen, sondern als Classe gedacht sind. Die Allheit braucht keine absolute zu sein, und so genügt 諸 *čū* in der Regel da nicht, wo wir ausdrücklich ‚alle . . .' sagen würden. Es entspricht ungefähr unserem Plural mit dem bestimmten Artikel, und sein Gebrauch oder Nichtgebrauch ist daher ziemlich willkürlich: 舉直錯丨枉、則民服、舉枉錯丨直、則民不服。 *kiù čik, ts'ú čū wàng, tsek mîn fuk* . . . Befördere die Aufrichtigen und entferne die (von Charakter) Krummen, so unterwirft sich das Volk; . . . LYü II, XIX. vgl.; das. XII, XXII, 3, 4. 親親、則丨父昆弟不怨。 *ts'īn ts'īn, tsek čū fú kuēn tí put yuén*. Hat (der Herrscher) gegen die Verwandten verwandtschaftliche Gesinnung, so werden die Väter, die älteren und jüngeren Brüder nicht (wider einander) hadern. Čung-yung XX, 13. 王之丨臣 *wâng čī čū č'în*, die Beamten des Königs. Mtsï I, I, VII, 16. 丨大夫 *čū tá-fū*, die Grosswürdenträger. Das. I, II, VII, 4; II, II, X, 3. Vgl. §. 760.

§. 1069. 各 *kok* = jeder, ein Jedes, ist distributiv und wird in der classischen Sprache nur adverbial gebraucht. In der Regel folgt darnach 其

漢文經緯

k'î oder ein anderes Possessivpronomen (*suum quisque*): **人之過也、｜於其黨**。 *žin či knó yè, kok iü k'î tàng.* Der Menschen Fehler stehen je in Bezug zu deren Lebensstellung. LYü IV, vii. **盍｜言爾志**。 *hop kok yên rì či.* Sage mir doch Jeder von Euch sein Vorhaben. Das. V, xxv, 1. **才不才、亦｜言其子也**。 *ts'âi put ts'âi, yik kok yên k'î tsì yè.* Ob (ein Sohn) befähigt oder talentlos sei, jedenfalls nennt ihn ein Jeder seinen Sohn, d. h. Jeder erkennt seinen Sohn als solchen an, sei derselbe nun u. s. w. Das. XI, vii, 2. **萬物｜得受其所賦之正、則實理於是而各爲一物之主矣**。 *wán wut kok tek-šeú k'î sò fú či číng; tsek šit lì iü-ši rî kok wêi yit wut či čù ì.* Alle Dinge erhalten je das rechte (Maass) des ihnen Verliehenen; dann ist die reine Vernunft sonach Leiterin eines jeden einzelnen Dinges (adv. statt adj.). T'ung-šu I, 3.

§. 1070. Im heutigen amtlichen Stile wird **各** *kok* auch adnominal (adjectivisch) als Ausdruck einer Allheit gebraucht, doch so, dass jedes Einzelne für sich gemeint ist. Stets gehen Genitive oder Adjectiva voraus: **約內｜條必總准行**。 *yok núi kok t'iaô pit tsùng čùn-hîng.* Alle (einzelnen) Artikel im Vertrage müssen unverkürzt zugestanden werden. Tsŭ-erh-chi D. 5, 15. **文武｜官**。 *wên wù kok kuān,* die Civil- und Militärbehörden (Hirth).

§. 1071. **所有** *sò-yeù* = *qui sunt, quae sunt,* die vorhandenen, wird in der Geschäftssprache oft dann zum Ausdrucke einer Gesammtheit gebraucht, wenn diese durch Attribute näher bestimmt und von anderen derselben Classe unterschieden ist (Hirth). **｜｜民間田地**。 *sò-yeù mîn kiān t'iên-tí,* die unter dem Volke vorhandenen Ackerländereien. Tsŭ-erh-chi D. 5, 237. **｜｜上元等六縣**。 *sò-yeù Šáng-yuên tèng luk hién.* Die sechs Bezirke von Schang-yuen und so weiter. Das. 258.

§. 1072. **凡、凢** ***fâm,*** mehr adverbial, als adnominal, in der Regel zu Anfang des Satzes stehend, leitet Sätze ein, welche **im Allgemeinen** von gewissen Classen gelten. **｜有四端者**。 *fâm yeù ssí tuān čè,* alle (Menschen), welche die vier Principien haben. Legge: Da alle — haben. Mtsï II, i, VI, 7. **｜民罔不譈**。 *fâm mîn wàng* (r. 122) *put túi.* Das ganze Volk unfehlbar verabscheut (ihn). Das. IV, 4. **｜同類者、舉相似也**。 *fâm t'úng-lúi čè, kiù* (r. 134) *siāng ssì yè.* Alles, was gleichartig ist, ist Alles (*kiù*) einander ähnlich. Das. VI, i, VII, 3. **｜可以得生者、** *fâm k'ò-ì tek šēng čè,* Alles, wodurch man das Leben erhalten kann. Das. X, 3, **｜所爲修身齊家治國平天下之道、未有外於此者**。 *fâm sò wêi sieū šīn ts'î kiā čí kuok p'îng t'iēn-hià či taò, wéi yeù nguái iü ts'ì čè.* Alles, was Norm für die Pflege der eigenen Person, für die Ordnung des Hauses, die Regierung des Staates, die

海上絲綢之路文獻集成 科技與文化編

Pacification des Reiches ist, hat nichts, das jenseits dessen (des *lì*) läge, — ist darinnen begriffen. Li-ki I. 凡有氣莫非天、凡有形莫非地。*fâm yeù k'í mok fēi t'iēn, . . . hîng . . . tí.* Im Allgemeinen ist Odem haben immer himmlisch, Gestalt haben immer irdisch. Sing-li X, 3b.

§. 1073. 皆 ***kiāi,*** adverbial stehend, ist der gebräuchlichste Ausdruck für ‚Alle', aber auch für ‚alle Beide'. Der ursprüngliche Sinn dieses Wortes ist: ‚zusammen, gleichmässig'; vgl. 偕 *kiāi* (§. 1008), welches manchmal an seine Stelle tritt: 苟好善、則四海之內、皆將輕千里而來。*keù haó šén, tsek ssî-hài čī núi* (r. 11), *kiāi tsiāng k'īng ts'iēn lì rî lâi.* Wenn man das Gute liebt, dann achten Alle innerhalb der vier Meere tausend Li für gering und kommen. Mtsï VI, II, XIII, 7. 吾二臣者、皆不欲也。*ngû rî č'în čè, kiāi put yuk yè.* Wir zwei Minister wünschen es Beide nicht. LYü XVI, I, 5.

Dass 皆 *kiāi* adverbial ist, ersieht man aus Beispielen wie folgendem: 兄弟妹嫂妻妾竊丨笑之。*hiūng-tí méi sū ts'ī ts'iep ts'iet kiāi siaó čī.* Die Brüder, die jüngeren Schwestern und Schwägerinnen, die Hauptfrau und die Nebenfrauen insgeheim sämmtlich lachten über ihn. Ssï-ki LXIX, 1b.

§. 1074. 俱 ***kiū*** — zusammen, alle, beide. Dafür kommt auch das verwandte 具 ***kiū*** = vorbereitet, Alles beisammen, Werkzeuge vor: 父母丨存。*fú-mù kiū ts'ûn.* Vater und Mutter sind Beide am Leben. Mtsï VII, I, XX, 2. 丨不得其死。*kiū put tek k'î ssì.* Sie Alle erlangten nicht ihren Tod, d. h. starben keines natürlichen Todes. LYü XIV, VI. Die ursprüngliche Bedeutung ergibt sich aus Beispielen wie: 雖與之丨學。*sūi iù čī kiū hiok,* obschon er mit ihm zusammen studirt. Mtsï VI, I, IX, 3.

§. 1075. 舉 ***kiù,*** emporheben, vereinigen, wird sowohl adnominal = sämmtliche, als auch adverbial = insgesammt, angewandt: 舉羣臣實受其貺。*kiù k'iûn č'în šit šeú k'î hoáng.* Sämmtliche Unterthanen werden in der That sein Geschenk annehmen. Tso-čuen X, 3. 天下之民舉安。*t'iēn-hià čī mîn kiù ngān.* Des Reiches Völker sind insgesammt zufrieden. Mtsï II, II, XII, 5; vgl. das. I, II, I, 6, 7; VI, I, VII, 3.

§. 1076. 兼 ***k'iēm*** (r. 12) = vereinigen, vereinigt, zusammen: 二者、不可得丨。*rî-čè put k'ò tek k'iēm;* (wenn) die Zwei nicht zusammen zu bekommen sind. Mtsï VI, I, X, 1. 丨所愛、則丨所養也。*k'iēm sò ngái* (r. 61), *tsek k'iēm sò yàng yè.* Ist es das Gesammte, was er liebt, so ist es auch das Gesammte, was er ernährt. Ibid. XIV, 1. 達、則丨善天下。*tat, tsek k'iēm šén t'iēn-hià.* Wurden sie zu Würden erhoben, dann machten sie das gesammte

漢文經緯

Reich gut; eigentl. dann zusammen machten sie gut das Reich. — Das Adverb wird hier wie oft dem Adjectivum vorgezogen. Ibid. VII, I, IX, 6.

§. 1077. 羣、羣 ***k'iûn,*** Schaar, wird in gewissen Verbindungen adnominal gebraucht, um gesammte Classen zu bezeichnen: 鄭羣公子以僖公之死也、謀子駟。*Č'ing k'iûn kūng-tsï̂ ì Hī kūng čī ssï̂ yè, meû Tsï̂-ssï̂.* Die Prinzen von Tsch'ing machten nach des Fürsten Hi Tode (Legge: *in consequence of etc.*) einen Plan gegen Tsï-ssï. Tso-čuen IX, 8. 羣臣願奉馮也。*k'iûn č'în yuén fúng P'îng yè.* Alle Officiere wünschen dem P'ing zu dienen. Das. I, 3.

§. 1078. 均 ***kiün*** = eben, gleichmässig, wird adverbial in der Bedeutung: ‚alle ohne Unterschied' gebraucht: 生意之人丨不敢來城買賣。*šēng-í čī žîn kiün put kàm lâi č'îng mài-mái.* Handelsleute ohne Unterschied dürfen nicht in die Stadt kommen, um zu handeln. Tsü-erh-chi D. 5, 396.

§. 1079. 僉 ***ts'iēm,*** adverbial, wird von gemeinsamen, einhelligen Handlungen oder Aeusserungen gebraucht (Hirth). So schon im Šu: 僉曰 *ts'iēm yuet.* Alle sprachen (einhellig).

§. 1080. 咸 ***hiâm*** (r. 30) = durchweg, gänzlich, ist ein adverbialer Ausdruck für die Allheit: 萬國咸寧。*wán kuok hiâm nîng.* Alle Staaten sind in Frieden. Prémare. 謨蓋都君咸我績。*meû kái tū-kiün hiâm ngò tsik.* Der Plan, den Hauptstadt(-bauenden) Fürsten zu bedecken, ist ganz mein Verdienst. Mtsï V, I, II, 3.

§. 1081. 盡 ***tsìn,*** erschöpfen, wird gelegentlich adverbial, = insgesammt, angewandt: 人盡夫也、父一而已。*žîn tsìn fū yè, fú yit rî ì.* Die Menschen sind insgesammt Gatten (können insgesammt Gatten sein); Vater ist nur Einer. Tso-čuen II, 15.

§. 1082. 每 ***mèi,*** jeder, ist distributiv, auf die Einzelnen bezüglich: 入大廟、丨事問。*žip t'ái-miaó, mèi ssï̂ wén.* Trat (Confucius) in den Haupttempel ein, so erkundigte er sich über jede Angelegenheit. LYü III, xv und X, xiv. Vgl. Mtsï IV, II, II, 5 (§. 623): 丨人 jeden (einzelnen) Menschen.

§. 1083. Nachdrückliche **Häufungen von Allheitsausdrücken** sind zulässig und beliebt: 人人各自以爲孟嘗君親己。*žîn-žîn kok tsï̂ ì-wêi Méng-č'âng kiün ts'īn kì.* Jedermann glaubte von selbst, Fürst M. sei gegen ihn (besonders) liebevoll. Ssï-ki LXXV, 3 b. 王之諸臣皆足以供之。*wâng čī čū č'în kiāi tsuk ì kūng čī.* Deine Minister, o König, sind hinreichend, um dich damit zu versorgen. Mtsï I, I, VII, 16. 諸大夫皆曰賢。*čū tá-fū kiāi yuet hiên.* (Wenn) alle Grosswürdenträger (übereinstimmend Jemanden) einen Weisen nennen . . . Das. I, ɪɪ, VII, 4. 衆皆悦之。*čúng kiāi yuet čī.* Alle freuten sich darüber. Mtsï VII, ɪɪ, XXIII, 2.

Gebräuchlich ist namentlich das Zusammenwirken von 凡 *fâm* und 皆 *kiāi:* 凡有血氣之類、皆具五常。*fâm yeù hiuet k'í čī léi, kiāi kiû ngù šâng.* Alles, was Blut und Odem hat, erschöpft insgesammt die fünf Cardinaltugenden. Sing-li-tsing-i IX, 25 b. *Yaya senggi sukdun bisire ele duwali, gemu sunja enteheme be yongkiyahabi.* 凡地中生物者、皆天氣也。*fâm tí čūng šēng wut čè, kiāi t'iēn k'í yè.* Alle auf der Erde lebenden Wesen sind (oder haben) Himmelsodem. Das. X, 4 a.

VI. Coordination.

§. 1084. Die gebräuchlichste Form der Coordination, sowohl der cumulativen durch **und**, als auch der alternativen durch **oder**, ist die einfache Aneinanderreihung, wobei jedoch die richtige (herkömmliche) Folge der Glieder wahrgenommen werden muss: 父兄 *fú-hiūng,* Vater und ältere Brüder; 子弟 *tsì-tí* (r. 57), Söhne und jüngere Brüder; dagegen 弟子 *tí-tsì* appositional: Schüler, Jünger (etwa: jüngere Brüderchen); 父母 *fú-mù* (r. 80), Vater und Mutter; 君臣 *kiūn-č'în,* Fürst und Minister; 男女 *nâm-niù,* Mann und Weib; 夫婦 *fū-fù,* Gatte und Gattin; 婦子 *fù-tsì,* Weib und Kinder; 妻妾 *t'sī-ts'iep,* Ehefrau und Nebenfrauen; 妻子 *ts'ī-tsì,* Weib und Kinder; 子孫 *tsì-siūn,* Kinder und Kindeskinder; 犬馬 *k'iuàn-mà,* Hunde und Pferde; 珠玉 *čū-yük,* Perlen und Edelsteine; 皮幣 *p'î-pí,* Häute und Seidenzeug, aber auch: kostbares Pelzwerk; 父兄子弟 *fú hiūng tsì tí,* Väter und ältere Brüder, Söhne und jüngere Brüder. Ssï-ki C, IV, 7 a. 凶年饑歲 *hiūng-niên* (r. 51) *kī-súi,* Unglücksjahre und Hungerjahre. Mtsï I, ɪɪ, XII, 2. 君子創業垂統、爲可繼也。*kiūn-tsì č'uáng yep* (r. 75) *č'ûi* (r. 32) *t'ùng, wêi k'ò kí yè.* Ein Prinz begründet das Erbe (und) überliefert den Anfang (und) thut was fortzusetzen ist. Mtsï I, ɪɪ, XIV, 3. 大抵推一理二氣五行之分合、以紀綱道體之精微、決道義文辭利祿之取舍、以振起俗學之卑陋。*tá-tì t'ūi yit lì rì k'í ngù hîng čī fēn hop, ì kì-kāng taò t'ì čī tsing-wêi, kiuet taò ngí wên ts'î lí luk čī ts'iù šè, ì čín-k'ì suk hiok čī pī-leú.* In der Hauptsache erörtert er die Scheidung und Vereinigung der einen Vernunft, der zwei Odem und der fünf Elemente, um zu entwirren, was am Wesen der Lehre geheimnissvoll ist; er unterscheidet das Empfangen und Hingeben der Lehre, der Rechtlichkeit, der Wissenschaft, der Rede, des Vortheils und des Lohnes, um zu heben, was in den landläufigen Doctrinen niedrig und gemein ist. Sing-li I, 16 b.

海上絲綢之路文獻集成 科技與文化編

§. 1085. Bei **Aufzählungen** wiederholt man gern bei jedem Gliede dasjenige Wort, welches allen Gliedern gemeinsam zugehört: 弟子之職、曰孝曰弟、曰謹、曰信、曰愛、曰親。*tí-tsì či čik, yuet hiaó, yuet tí, yuet kìn, yuet sín, yuet ngái, yuet ts'īn.* Die Pflichten eines Schülers heissen: Pietät, Bruderliebe, Aufmerksamkeit, Treue, Liebe und Anhänglichkeit. Sing-li VII, 4 b. 陽也、剛也、仁也、物之始也。陰也、柔也、義也、物之終也。*Yâng yè, kâng yè, žîn yè, wut čī šì yè; Yīm yè, žeû yè, ngí yè, wut čī čūng yè.* Yang, Strenge, Pflichttreue sind der Dinge Anfang; Yim, Milde, Rechtlichkeit . . . Ende. Thai-kih-thu §. 9 c. 須有左有右、有前有後。*siū yeù tsò yeù yeú, yeù ts'iên yeù heú.* Es muss ein Links und Rechts, ein Vorn und Hinten geben. Sing-li X, 4 a.

§. 1086. Erhält ein Subject **zwei Prädicate**, die sonst einander auszuschliessen pflegen, deren Zusammentreffen also unerwartet ist, oder von denen das eine positive, das andere negative Fassung hat, so pflegt man diese Prädicate nicht einfach neben einander zu stellen, sondern durch 而 *rî* = aber, und doch, zu verbinden: 賢者狎而敬之、畏而愛之、愛而知其惡、憎而知其善、積而能散、安安而能遷。*hiên-čè hiap rî kíng čī, ngueí rî ngái čī, ngái rî čī k'î ngok, tsêng rî čī k'î šén, ts'ek rî nêng sán, ngān-ngān rî nêng ts'iēn.* Der Weise ist gegen Andere vertraulich und doch ehrerbietig, scheut sie und liebt sie doch, liebt sie und kennt doch ihre Fehler, hasst sie und kennt doch ihr Gutes, ist vielgeschäftig und versteht doch (seine Zeit und Kräfte) zu vertheilen, ist ruhig und versteht doch sich zu verändern. Li-ki I, 7 a, b. Vgl. §§. 629, 630.

§. 1087. Verhält sich von zwei **Verben**, welche wir mit **und** zu verknüpfen pflegen, das erstere zum zweiten irgendwie adverbial, so darf 而 *rî* zwischen beide gesetzt werden: 孔子與之坐而問焉。*K'ùng-tsì iù čī tsó rî wén yên.* Confucius setzte sich neben ihn und befragte ihn. (Eigentl. sich neben ihn setzend u. s. w.) LYü XIV, xxvi, 2. Vgl. §. 626.

§. 1088. 及 *kip* = erreichen, kommen zu . . ., dient im vorclassischen Stile (Ši und Šu) und auch bei manchen Classikern als wortverbindendes **und, sowie:** 治梁及岐。*čí Liâng kip K'î.* Er ordnete (die Länder) Liang und Khi. Šu, III, i, I, 4. 海岱及淮惟徐州。*hài Tái kip Hoâi wêi Ts'ieû-čeū.* Das Meer, der Tai-Berg und der (Fluss) Hoai waren (die Grenzen) von Ts'ieu-tscheu. Ibid. 28. 三月、公及邾儀父盟于蔑。*sām yuet, kūng kip Čū Ngî-fù mêng iû Miet.* Im dritten Monate schlossen der Fürst und Ngi-fu von Tschu ein Bündniss in Miet. C'ün-ts'ieu I, i, 2. 傅瑕殺鄭子、及其二子、而納厲公。*Fú Hiâ šat Č'íng tsì, kip k'î rí tsì, rî nap Lí kūng.*

F. tödtete den Dynasten von Č'ing und dessen zwei Söhne und setzte den Fürsten Li ein. Tso-čuen III, 54. 生澆及豷。*šēng Kiaō kip Hí.* Er erzeugte Kiao und Hi. Das. IX, 4.

§. 1089. 暨 *kí* (r. 72), erreichen, kommt im Šu in der Bedeutung von ‚und, nebst, zusammen mit' vor: 汝羲|和。*žü Hī kí Hô*, Ihr, Hi und Ho. I, 8. 讓于殳斨|伯與。*žáng iü Šû Ts'iâng kí Pek-iû.* Er lehnte es ab zu Gunsten von Schu, Ts'iang und Pek-iü. II, ı, 21. 淮夷蠙珠|魚。*Hoâi Î* (r. 37) *pīn-čū kí iû.* Die Hoai-Barbaren (brachten) Austerperlen und Fische. III, ı, 35.

§. 1090. 與 *iü* (r. 134) = mit, neben, nebst, ist sowohl cumulativ als disjunctiv, immer aber in gewisser Weise auseinanderhaltend: 二公及王乃問諸史|百執事。*rî kūng kip wâng naì wén čū ssì iü pek čip-* (r. 32) *ssì.* Die zwei Fürsten und der König befragten darauf den Geschichtsschreiber und die hundert (übrigen) Beamten. Šu V, vı, 17. 穀|魚鼈不可勝食。*kuk* (r. 115) *iü iû piet put k'ò šíng-šik.* Das Getreide, **sowie** die Fische und Schildkröten können nicht aufgezehrt werden (*iü* trennt das pflanzliche Nahrungsmittel von den thierischen). Mtsï I, ı, III, 3. 殺人以梃|刃、有以異乎。*šat žîn ì t'ìng iü žín, yeù ì í hû?* (Ob man) einen Menschen mit der scharfen Waffe **oder** mit einem Stocke tödtet, giebt es (dazwischen) zu unterscheiden? (ist Eines besser als das Andere?) Das. IV, 2. 子罕言、利、與命、與仁。*tsì hàn yên, lí, iü míng, iü žîn.* (Die Gegenstände, über welche) der Meister selten redete, (waren) Vortheil **und** Schicksal **und** Pflichttreue. LYü IX, ı. 吾得見與否、在此歲也。*ngû tek kién iü feù, tsái ts'ì súi yè.* (Gleichviel) ob ich es zu sehen bekomme **oder** nicht, hängt von diesem Jahre ab. Tso-čuen IX, 30. 其不改父之臣、與父之政、是難能也。*k'î put kài fú čī č'în, iü fú čī číng, ší nân nêng yè.* Dass er nicht des Vaters Ministerium **noch** des Vaters Regierungsweise wechselte, das war eine schwierige Leistung. LYü XIX, xvııı.

§. 1091. 且 *ts'iè* — und überdies, und zudem, und dann, scheint da, wo es als wortverbindendes **und** gebraucht wird, besonders nachdrückliche Wirkung zu haben: 公語之故、且告之悔。*kūng iü čī kú, ts'iè kaó čī hoèi.* Der Fürst theilte ihm den Grund mit und sprach ihm seine Reue aus. Tso-čuen I. 季武子如晉見、且聽命。*Kí Wù-tsì žû Tsín hién, ts'iè t'ìng míng.* K. kam nach Tsin zur Zusammenkunft und vernahm die Befehle. Das. IX, 6. Vgl. §§. 519—521.

海上絲綢之路文獻集成 科技與文化編

IV. Capitel.

Pronomina.

A. Pronomina der 1. Person.

§. 1092. **我** ***ngò,*** ich, wir, wird vorzugsweise im Subjects- oder Objectscasus gebraucht: **仁遠乎哉、我欲仁、斯仁至矣。** *žîn yuèn hû tsāi? ngò yuk žîn, ssï žîn čí ì.* Ist denn Pflichttreue fern? Ich will pflichttreu sein, so stellt sich die Pflichttreue ein. LYü VII, xxix. **王順長息、則事我者也。** *Wâng Šûn Č'âng Sik, tsek ssî ngò čè yè.* Anlangend W. und Č'., so sind sie mir Dienende. Mtsï V, ii, III, 3. **爾爲爾、我爲我。** *rì wêi rì . . .* Ihr seid Ihr, ich bin ich. Das. I, 3. **我固有之也。** *ngò kú yeù čī yè.* Wir haben sie sicherlich. Das. VI, i, VI, 7. **與我伐夷、而取其地。** *iù ngò fat Î, rî ts'iù k'î tí.* Greifet mit mir Î an und nehmet sein Land. Tso-čuen III, xvi. **幾日而不我從。** *kì žit rî put ngò ts'ûng?* Wirst du nicht nach wenigen Tagen mir folgen? Das. IX, 6. **其誰暱我。** *k'î šûi nik ngò.* Wer wird mit mir verkehren? Das. IX, 2.

§. 1093. **吾** ***ngû*** steht vorzugsweise, aber nicht ausschliesslich:

a.) im Genitiv und

b.) als Subject, wenn ein Adverb oder Hülfsverbum darauf folgt.

Beispiele: **吾於子思、則師之矣。** *ngû iû Tsï-ssï, tsek ssī čī ì.* Den Tsï-ssï behandle ich als meinen Lehrer (*ngû*, gen.; vgl. §. 441, 1). Mtsï V, ii, III, 3. **吾明告子。** *ngû mîng kaó tsì.* Ich berichte Ihnen klärlich, Herr. Das. VI, ii, VIII, 5. **吾願與伯父圖之。** *ngû yuén iù pek-fú t'û čī.* Ich wünsche es mit meinem Oheim zu überlegen. Tso-čuen III, 14. Aber z. B.: **吾一婦人、而事二夫。** *ngû yit fú-žîn, rî ssî rí fū.* Ich bin eine Gattin und diene dabei zwei Gatten. Das. III, 14.

Wo **吾** *ngû* scheinbar Subject des Satzes ist, dürfte in der Regel sogenannter **Genitiv des Subjectes** vorliegen (vgl. §. 437). So in der gebräuchlichen Satzeröffnung: **吾聞(之)** *ngû wên (čī)*, soviel ich höre, gehört habe.

Wechsel von 吾 *ngû* und 我 *ngò*: **在彼者、皆我所不爲也、在我者、皆古之制也、吾何畏彼哉。** *tsái pì čè, kiāi ngò sò put wêi yè; . . . kù čī čí yè; ngû hô nguéi pì tsāi!* Was in Jenen ist (Legge: *what they esteem*), das Alles treibe ich nicht; was in mir ist, sind insgesammt die Regeln

海上絲綢之路文獻集成 科技與文化編

der Alten; was fürchte ich mich vor Jenen?! Mtsï VII, II, XXXIV, 2. 此非吾君也、何其聲之似我君也。 *ts'ï féi ngû kiün yè; hô k'î šing čï ssï ngò kiün yè?* Dieser ist nicht unser Fürst; wie ist es, dass seine Stimme (derjenigen) unseres Fürsten ähnelt? Das. VII, I, XXXVI, 3. 使饑餓於我土地、吾恥之。 *ssï kī-ngó iû ngò t'ù-tí, ngû č'ì čï.* Hungers sterben lassen in meinem Lande, dessen schäme ich mich. Das. VI, II, XIV, 4. 苟舍我、吾請納君。 *keù šè ngò, ngû ts'ìng nap kiün.* ‚*If you let me go, I will undertake to effect your restoration.*' Tso-čuen III, 14.

§. 1094. 予 ***iû,*** in allen Casus gebräuchlich, scheint etwas bescheidener zu sein als 我 *ngò* und 吾 *ngû*: ǀ及女偕亡。 *iû kip žù kiāi wâng.* Ich und du zusammen vergehen. Šu III, I, 3. ǀ忖度之。 *iû ts'ùn-tok čï.* Ich berechne und ermesse sie (die Gesinnungen Anderer). Ši II, IV, IV, 4. ǀ豈好辯哉、ǀ不得已也。 *iû k'ì haó pién tsāi! iû put tek ì yè.* Liebe ich etwa zu streiten? (aber) ich kann nicht umhin. Mtsï III, II, IX, 1. 起予者商也。 *k'ì iû čè Šāng yè.* Der mich aufscheucht (meine Gedanken ausspürt) ist Schang. LYü III, VIII, 3. 啟予足、啟予手。 *k'ì* (r. 30) *iû tsuk, . . . šeù.* Entblösst meine Hände, . . . Füsse. Das. VIII, III. 予助苗長矣。 *iû čú miaô čàng ì.* Ich half halt der Saat wachsen. Mtsï II, I, II, 16. 或敢侮ǀ。 *huok kàm wù iû?* Ob Jemand wagt mich zu beleidigen? Ši I, XV, II, 2. 焉能使ǀ不遇哉。 *yēn nêng ssï iû put iû tsāi!* Wie konnte sie veranlassen, dass ich nicht antraf! Mtsï I, II, XVI, 3. 以ǀ觀於夫子、賢於堯舜遠矣。 *ì iû kuān iû fū-tsï, hién iû Yaô Šún yuèn ì.* Nach meiner Ansicht über den Meister ist er weiser als Yao und Schün bei Weitem. Mtsï II, I, II, 26.

§. 1095. 余 ***iû,*** weniger gebräuchlich als 予 *iû*, dürfte diesem gleichbedeutend sein. 是余之罪也夫、是余之罪也夫。 *ší iû čï tsúi yè-fû!* . . . Es ist mein Verschulden! ach, es ist mein Verschulden! Kwpč. V, 57 b. 洚水儆余。 *kiáng šùi kìng iû.* Das Ueberschwemmungswasser warnte mich. Šu II, III, 14. In den Ssï-šū kommt sonst 余 nicht vor.

§. 1096. 朕 ***čím*** ist seit dem Jahre 221 v. Chr. das kaiserliche **Wir** und in allen Casus zu gebrauchen; früher durfte sich Jeder dieses Fürwortes bedienen. Vgl. S. 349, Beispiel V.

§. 1097. Für besonders **bescheiden** gilt es, sich selbst mit seinem **kleinen Namen,** 名 *mîng* (§. 921) zu bezeichnen. So sagt Confucius oft 丘 *K'ieū*, ich K'ieu, statt des Pronomens 1. Person. Statt dessen ist auch 某 ***meù,*** Jemand, zulässig und üblich. Prémare, N. l. s. 149.

§. 1098. 竊 ***ts'iet*** = heimlich, privatim, wird von Schriftstellern in bescheidener Weise für **ich** gebraucht: 是以竊嘗疑之。 *ší-ì ts'iet č'âng ngî čī.* Daher hatte ich meinestheils immer meine Zweifel daran. Einl. zu Thai-kih-thu 19.

§. 1099. Im amtlichen Geschäftsstile wird 本 ***pèn*** = ursprünglich, eigen,

a.) mit Angabe der Rangbezeichnung für **ich, mir, mich** (Subject oder Object),

b.) sonst statt des Possessivpronomens: **mein, unser,** angewendet. 本大臣等 *pèn tá-č'în téng,* wir Minister. Tzŭ-erh-chi D. 5, 29. 本名 *pèn mîng,* mein Name; 本身 *pèn šīn,* ich selbst, u. s. w.

啟者 ***k'ì-čè,*** der Berichtende, wird geeigneten Orts für **der Unterzeichnete, die Unterzeichneten** gebraucht. Beispiele ebenda.

§. 1100. 臣 ***č'în,*** der Unterthan, nennt man sich Fürsten gegenüber. 臣聞之。 *č'în wên čī,* Euer Unterthan hat (Folgendes) gehört. Wegen der Schreibweise, vgl. §. 175c.

§. 1101. 寡人 ***kuà-žîn,*** meine Wenigkeit, nannten sich im Alterthume die Fürsten; 寡君 ***kuà kiūn,*** unser Fürst, 寡小君 ***kuà siaò kiūn,*** unsere Fürstin, sagen Unterthanen des einen Staates zu Fürsten oder Unterthanen des anderen. Vgl. LYü XVI. xiv.

§. 1102. 愚 ***iû*** oder 愚者 ***iû-čè,*** der Dumme, Unwissende, ist ein Ausdruck äusserster Bescheidenheit: 愚不知所謂也。 *iû put čī sò wéi yè.* Ich Unwissender weiss nicht, was du meinst. Ssï-ki LXXV, 12a.

Im Briefstile ist auch 僕 ***puk,*** Ihr Diener, für **ich** gebräuchlich. Prémare, N. l. s. 149.

B. Pronomina der 2. Person.

§. 1103. Die eigentlichen Pronomina der 2. Person werden nur in vertraulicher und geringschätziger Rede gebraucht: 人能充無受爾汝之實。 *žîn nêng č'ūng wû šeú rì žù čī šit.* ‚(Wenn) ein Mensch vermag völlig nicht hinzunehmen des Du, Du Wahrheit' — wenn ihm sein Selbstgefühl verbietet sich dutzen zu lassen. Mtsï VII, ii, XXXI, 3.

§. 1104. Von den hierher gehörigen Wörtern pflegen: 汝、女 ***žù,*** sowie die selteneren 如 ***žû*** und 若 ***žok*** im Subjects- und im Objectscasus, 爾 ***rì,*** wofür zuweilen 而 ***rî,*** und das vorclassische 乃 ***nài*** im Genitiv angewendet zu werden: 女知之乎。 *žù čī čī hû?* Weisst du es? Ku-wen-hiao-king I. 吾語女。 *ngû iù žù.* Ich (will es) dir sagen. Das. 女與回也、孰愈。 *žù iù Hoêi yè, šuk iù?* Wer ist vorzüglicher, du oder H.? LYü V,

海上絲綢之路文獻集成 科技與文化编

VIII, 1. 汝知而心與左右手背乎。 *žù či rî sīm iù tsò yeú šeù péi hû?* Kennst du dein Herz und den Rücken der linken und rechten Hand? Ssï-ki LXV, 1b. 舉爾所知。 *kiù rì sò či.* Erhebe (zu Aemtern) die, welche du kennst. LYü XIII, II, 2. 而 ***rî,*** *pron. poss.* 2. Person Čung-yung X, 2.

§. 1105. In ehrendem Sinne pflegt die classische Sprache sich zwischen Gleichgestellten des Titels 子 ***tsì,*** Sie, Herr, gegen verheiratete Damen 夫人 ***fū-žîn,*** Madame, gegen Höhergestellte des ihnen zukommenden Titels 王 *wâng,* Ew. Majestät, 君 *kiūn,* Ew. Durchlaucht u. s. w. zu bedienen: 子欲子之王之善與。我明告子。 *tsì yuk tsì či wâng či šén iû? ngò mîng kaó tsì.* Sie, mein Herr, wünschen, dass Ihr König gut sei? Ich berichte Ihnen klärlich, (was da zu thun sei). Mtsï III, II, VI, 1.

§. 1106. 足下 ***tsuk-hià,*** unter den Füssen, ist ein namentlich im Briefstil üblicher höflicher Ausdruck für das Pron. 2. Person: 安足爲足下所取信哉。 *ngān tsuk wêi tsuk-hià sò ts'iù sín tsāi?* Wie wäre ich der Mann dazu, bei Ihnen Glauben zu finden? Ngeu-yang-sieu (Prémare N. l. s. 150).

§. 1107. Andere Ausdrücke für: **Sie, mein Herr,** sind 夫子 ***fū-tsì,*** Meister, 老夫子 ***laò-fū-tsì,*** 老大人 ***laò-tá-žîn,*** 先生 ***siēn-sēng,*** 老先生 ***laò-siēn-šēng.*** Prémare l. c. 陛下 ***pí-hià,*** 皇上 ***hoâng-šáng,*** 皇帝陛下 ***hoâng-tí pí-hià,*** bei den Mandschu 主子 ***čù-tsì,*** dienen zur Anrede an den Kaiser: Ew. Majestät. Prémare l. c.

C. Pronomina der 3. Person.

§. 1108. Im **Subjectscasus** bleibt das Pronomen der 3. Person regelmässig unausgedrückt: 可乎曰、可也。 *k'ò hû? yuet: k'ò yè.* Ist es thunlich? Er antwortete: Es ist thunlich.

§. 1109. Ein für alle Male lautet dies Pronomen im **Objectscasus** 之 *či* (§§. 426—434) und im **Genitiv** oder als Possessivum 其 ***k'î,*** (§§. 562—564) vorclassisch 厥 ***kiuet.***

Wegen der Ersetzung des Objectspronomens durch 以 ***ì*** siehe §. 718.

§. 1110. 之 *či* und 其 *k'î* werden aber auch da gern gebraucht, wo wir entweder gar kein Pronomen oder ein Pronomen indefinitum: **Jemanden, etwas, Eines,** sagen. Es pflegt dies dann zu geschehen, wenn entweder ein Verbum ein Object verlangt um als Activum kenntlich zu sein (§. 425), oder wenn von Substantiven die Rede ist, welche ihrem Begriffe nach einen Genitiv verlangen und nicht *in abstracto,* sondern in ihrer Zugehörigkeit zu einem Anderen verstanden werden sollen: 所謂道者、五常而已、非此、則

其動也邪矣。 *sò-wéi taò čè, ngù šâng rî-ì; fēi ts'ì, tsek k'î tūng yè siê ì.* Was man Norm nennt, sind lediglich die fünf Cardinaltugenden; ohne diese ist eines Menschen Thun verkehrt. T'ung-šū V, 3.

D. Demonstrativpronomina.

§. 1111. Die vier der classischen und nachclassischen Sprache angehörigen, allgemeinen Demonstrativpronomina sind sowohl substantivisch als auch attributiv, regelmässig aber nur rückwärts weisend (nicht in der Bedeutung: folgender, folgendes) zu gebrauchen.

此 ***ts'ì,*** dieser, hier, ist örtlich: 此書 *ts'ì šū,* dies Buch hier.

是 ***ší,*** dieser, ein solcher, ist beschreibend: 是人 *ší žîn,* dieser (so beschaffene) Mensch. Vgl. §§. 480—484.

斯 ***ssī,*** dieser, solcher, ist gleichfalls beschreibend mehr in Rücksicht auf die Thatsachen als auf die Eigenschaften: 斯人 *ssī žîn,* diese (thatsächlich gegebenen) Menschen (meine Zeitgenossen). LYü XVIII, vi, 4. Vgl. §§. 490—494.

彼 ***pì,*** jener, steht allen drei vorigen gegenüber: 是亦彼也、彼亦是也、彼亦一是非、此亦一是非。 *ší yik pì ye, . . . pì yik yit ší-fēi, tsì . . .* Dies ist auch Jenes, . . .; Jenes ist auch ein So- oder Nichtsoseiendes, dies hier . . . — Commentar: 我亦爲彼所彼、彼亦自以爲是、此亦自是而非彼、彼亦自是而非此、此與彼各有一是一非於體中也。 Čuang-tsï I, 17 a.

當 ***tāng,*** dieser, wird nur attributiv und nur von der Zeit gebraucht. Vgl. §§. 415, 980.

§. 1112. 該 ***kāi*** = angemessen, zukommend, gebührend, sollen, ist in der amtlichen Geschäftssprache gebräuchlich in der Bedeutung: ‚der besagte, fragliche, betreffende'. Diese Ausdrucksweise setzt natürlich voraus, dass der Gegenstand oder die Person bereits zuvor genannt ist: |犯 *kāi fám,* der in Rede stehende Verbrecher; |府 *kāi fù,* der schon gedachte Präfect. |船 *kāi č'uên,* das fragliche Schiff. Tsŭ-erh-chi.

§. 1113. (Zusatz.) 也 *yè* wird **hinter Namen anwesender Personen** hervorhebend und hindeutend gebraucht, und zwar nicht nur, wenn diese Namen Subject des Satzes sind (§. 811 a): 子之不使白也喪之何也。 *tsì čī put ssì Pek yè sāng čī hô yè?* Wie kommt es, dass Sie, Herr, nicht den Pek da um dieselbe trauern lassen? Tan-kung (Kwpč. III, 12 a).

海上絲綢之路文獻集成 科技與文化编

E. Reflex- und Determinativpronomina.

§. 1114. Der **Unterschied zwischen** 自 *tsï* **und** 己 *kì* = selbst, ist der, dass *tsï* (vgl. §§. 551—555) stets etwas von der Bedeutung: aus sich selbst heraus, von selbst, spontan, hat, *kì* dagegen nicht. 自 *tsï* als Object eines Verbums macht dieses zu einem Reflexivum: das Subject der Handlung ist zugleich deren Object und Ziel; objectives 己 *kì* dagegen besagt nur, dass die Handlung auf das Subject fällt, so dass dieses sich dem Erfolge gegenüber passiv verhält: 不患人之不己知。 *put huán žîn či put kì či.* Ich gräme mich nicht, dass die Leute mich nicht kennen. LYü I, xvi. Stünde statt dessen 不自知, so wäre der Sinn: sich selbst nicht kennen. 請皆卒、自我始。 *ts'ìng kiāi tsut; tsï ngò šì.* Lasst uns Alle Fussvolk sein; ich selbst mache den Anfang. Tso-čuen X, 1. 毋友不如己者。 *wû yeù put žû kì čè.* Habe nicht Freunde, welche nicht dir selbst gleichen. LYü IX, xxiv. 克己復禮爲仁。 *k'ek kì fuk lì wêi žîn.* Dich selbst bezwingen und zur guten Sitte zurückkehren, ist Pflichttreue. LYü XII, i, 1. 以爲己相。 *ì wêi kì siáng.* Er machte ihn zu seinem Minister. Tso-čuen IX, 4. 夫仁者、己欲立而立人、己欲達而達人。 *fû žîn-čè, kì yuk lip rî lip žîn, . . . tat . . .* Der Pflichttreue nun, indem er selber eine Stellung einzunehmen wünscht, bringt Andere in Stellung, . . . weiterzudringen . . . LYü VI, xxviii, 2. 自 *tsï* hiesse: für sich selbst. 仁以爲己任。 *žîn ì-wêi kì žím.* Pflichttreue hält er für seine Aufgabe. LYü VIII, vii, 2. Hier wäre 自 *tsï* ganz unmöglich: ‚die Pflichttreue, meint er, betrachte sich selbst als ihre Aufgabe', — das etwa wäre dann der Sinn.

Häufung von Ausdrücken für **selbst**: 親於其身爲不善者、君子不入也。 *ts'īn iū k'î šīn wêi put šén čè, kiūn-tsï put žip yè.* Wer selbst, in eigener Person, Unrecht thut, bei dem kehrt ein Edler nicht ein. LYü XVII, vii, 2.

F. Interrogativpronomina.

§. 1115. 誰 *šûi* = wer? so wie das vorclassische 疇 *č'eû*, ist immer persönlich und substantivisch. Es wird vorzugsweise dann angewendet, wenn die Frage ist, ob Jemand oder Niemand (*numquis, nonne aliquis*)? — aber auch, wenn blosse Nennung des Namens verlangt wird: 夫誰與王敵。 *fû šûi iù wâng tik?* Wer wird nun Ew. Majestät widerstehen? Mtsï I, i, V, 5. 能治其國家、誰敢侮之。 *nêng čí k'î kuok-kiā, šûi kàm wù čī?* Vermag er sein Staatswesen zu verwalten, wer untersteht sich, ihn zu beleidigen?

Das. II, I, IV, 3. 舍我其誰也。*šè ngò k'î šûi yè?* (Mich beiseite lassend, wer etwa? =) Es ist Niemand anders als ich, der dabei in Frage kommen könnte. Das. II, II, XIII, 5. 是誰之過與。*ší šûi čī kuó iû.* Wessen Fehler ist das? (Es ist doch wohl (*iû*) Jemandes Schuld). LYü XVI, I, 7. 子爲誰。*tsì wêi šûi?* Wer sind Sie, Herr? Das. XVIII, VI, 3.

§. 1116. 孰 ***šuk,*** gleichfalls substantivisch, fragt sowohl nach Personen als nach Sachen, meist in dem Sinne: welcher oder welches von Mehreren oder Allen: 孰謂鄹人之子知禮乎。*šuk wéi Tseū žîn čī tsì čī lì hû?* Wer sagt, dass der Sohn des Mannes von Tseu die gute Sitte kenne? LYü III, xv. 孰能一之。*šuk nêng yit čī?* Wer kann es vereinigen? Mtsï I, I, III, 3. 鄒人與楚人戰、則王以爲孰勝。*Tseū žîn iû Ts'ù žîn čén, tsek wâng ì-wêi šuk šíng?* Wenn die Leute von Tseu und die von Ts'u miteinander Krieg führen: wer meint dann Ew. Maj. werde siegen? Das. XII, 17. — **Sächliches** *šuk*: 是可忍也、孰不可忍。*ší k'ò žìn yè, šuk put k'ò žìn?* Ist (ihm) dies erträglich, was ist ihm nicht erträglich? LYü III, I. — Wegen 其孰 ***k'î-šuk*** vgl. §. 418, wegen *A* 與 *B* 孰 . . . (comparativisch) §. 770.

Wegen 何 ***hô*** siehe §§. 672—677 und später in der Lehre von den Fragesätzen.

G. Pronomina indefinita.

§. 1117. 或 ***huok*** (§. 681) und 某 ***meù*** = **Jemand.** 或問禘之說。*huok wén tí čī šuet.* Jemand fragte nach der Bewandtniss mit dem Kaiseropfer. LYü III, XI. **Manche — Andere** (Personen) wird durch wiederholtes 或 *huok* ausgedrückt. Beispiel §. 681.

Gegensatz von 或 *huok* ist 莫 ***mok,*** Niemand, und dies hat in Verbindung mit anderen Negationen die Bedeutung: **Jeder, Alle**: 莫不有文武之道。*mok put yeù Wên Wù čī taò.* Jeder besitzt die Grundsätze des Wen und des Wu. LYü XIX, XXII, 2.

§. 1118. Für **etwas** und **Jemand** sind ferner Umschreibungen mittelst 有 ***yeù*** = *est quod, sunt qui, sunt quos,* üblich. Dabei können die Relativwörter 所 *sò* und 者 *čè* weggelassen werden: 有所不足、不敢不勉、有餘、不敢盡。***yeù sò*** *put tsuk, put kàm put mièn;* ***yeù*** *iû, put kàm tsín.* Ist **etwas** unzureichend, so wagt er nicht sich nicht anzustrengen (lässig zu sein); ist **etwas** übermässig, . . . es zu erschöpfen. Čung-yung XIII, 4. 子路有聞、未之能行、唯恐有聞。*Tsï-lú yeù wên, wéi čī nêng hîng, wêi k'ùng yeù wên.* Wenn Tsï-lu **etwas** gehört hatte und es noch nicht ausüben konnte, so fürchtete er nur, etwas (Anderes) zu hören. LYü V, xiii. 有殺身以成仁。 *yeù šat šīn ì č'îng žîn.* **Manche** tödten sich selbst, um die Pflicht zu erfüllen. Das. XV, viii.

§. 1119. Die Substantiva 人 *žîn,* Mensch, und 物 *wut,* Sache, vertreten nicht selten unsere: **Jemand, ein Anderer, Andere, — etwas, Anderes:** 君子之所不可及者、其唯人之所不見乎。 *kiūn-tsì čī sò put k'ò kip čè, k'î wêi žîn čī sò put kién hû.* Das, worin der Edle unerreichbar ist, dürfte nur das sein, was Andere nicht sehen. Čung-yung XXXIII, 2. 極之爲物、常在物之中。 *kik čī wêi wut, šâng tsái wut čī čūng.* Princip ist etwas, was beständig in eines Anderen Mitte ist. Sing-li X, 2b ff.

Wegen der Anwendung der Pronomina 3. Person 其 *k'î* und 之 *čī* in unbestimmter Bedeutung s. §. 1110. in Verb. mit §. 429.

§. 1120. 他 *t'ā,* anderer, Anderes, wird sowohl adjectivisch als auch substantivisch angewandt. Es betrifft die Identität, nicht die Beschaffenheit: 以|辭無受。 *ì t'ā ts'î wû šeú,* etwas Anderes vorschützen, um die Annahme (eines Geschenkes) abzulehnen. Mtsï V, ii, IV, 3. |國 *t'ā kuok,* ein anderer, fremder Staat. |日 *t'ā-žit,* (adv.) an einem anderen, dem nächsten oder einem späteren Tage, auch: zu anderen Zeiten, sonst (§. 984); 言| *yên t'ā,* von anderen Dingen reden, das Gespräch ablenken; 此無|。 *ts'ì wû t'ā,* dies hat nichts Anderes = weiter hat dies keinen Grund. Mtsï I, ii, I, 6, 7; vgl. II, ii, II, 9. 問之道無|、求其放心而已矣。 *wén čī taò wû t'ā: k'ieû* (r. 85) *k'î fáng sīm rî-ì-ì.* Des Fragens (Forschens) Norm ist keine andere (als) zu suchen nach seinem verlorenen Herzen. Das. VI, i, XI, 4. 所以考其善不善者、豈有|哉、於己取之而已矣。 *sò-ì k'aò k'î šén put šén čè, k'ì yeù t'ā tsāi: iū kì ts'iù čī rî-ì-ì.* Wodurch man untersucht seine Güte oder Ungüte, was gibt es Anderes (für einen andern Weg als)? in sich selbst nehme (finde) man es, und damit genug. Das. XIV, 1. 顧而之|。 *k'ú rî čī t'ā.* Er schaute umher und ging anderswohin. Das. IV, ii, XXXIII, 1.

§. 1121. 異 *í,* verschiedener = anderer, Anderes, Gegensatz: 同 *t'ûng,* gleich, betrifft die Beschaffenheit: 雖從者能戒、其若異客何。 *sūi tsúng-čè nêng kiái, k'î žok í k'ok hô?* Wenngleich dein Gefolge (dich) zu bewachen vermag, wie steht es hiemit in Betreff der anderen Gäste? Tso-čuen IX, 31.

海上絲綢之路文獻集成 科技與文化编

VI. Capitel.

Ellipsen, Kürzungen.

§. 1122. Die Frage: welche Satztheile unterdrückt werden dürfen, welche ausgedrückt sein wollen, — eine der schwierigsten des synthetischen Systems, — setzt vor Allem Kenntniss des **analytischen** Systems voraus. Dieses hat zu entscheiden, ob die beabsichtigte Kürzung unbeschadet des Sinnes möglich sei oder nicht. Bejahenden Falles entscheiden dann weiter Rücksichten der **Stilistik und Rhetorik**, ob die Kürzung oder der ausführlichere Ausdruck zu wählen sei.

§. 1123. Folgende **allgemeine Regeln** lassen sich aufstellen:

I. Wörter, auf welche ein Nachdruck fällt, sind selbstverständlich nicht zu unterdrücken.

II. Man spare nicht mit Ausdrücken für die Modalität (Finalen, Wörtern für das Sein, Können, Müssen u. s. w.).

III. Erwünscht sind dagegen Ersparnisse an Stoffwörtern, sowie an Pronomen, Präpositionen, Postpositionen, Conjunctionen und genitivischem 之 *čï*.

IV. Wiederholungen desselben Wortes gelten für nachdrücklich und in der Regel nicht für unschön.

§. 1124. Das **persönliche Fürwort als Subject des Satzes**, zumal das der 1. und der 3. Person (für welch letzteres es ein solches Wort überhaupt nicht gibt), darf weggelassen werden: 雖曰不要君、吾不信也。*sūi yuet put yaō kiün, ngû put sín yè.* Obschon **man** sagt, **er** habe (seinen) Fürsten nicht genöthigt, glaube ich es nicht. LYü XIV, xv. 昔者孟子嘗與我言於宋、於心終不忘。*sik-čè Méng-tsï č'âng iü ngò yên iü Súng; iü sīm čūng put wâng.* Vormals hat M. immer mit mir geredet im Sung; im Herzen habe **ich es** nie vergessen. Mtsï III, ı, II, 1. 聞君行聖人之政。*wên kiūn hîng šíng žîn čï číng.* **Wir** hören, der Fürst übe das Regiment der heiligen Menschen. Das. IV, 2.

§. 1125. Objectives 之 *čï* darf weggelassen werden:

a.) in den Fällen des §. 322, zumal wenn Verba des **Wollens, Denkens, Glaubens, Wissens** u. s. w. mit einer **Negation** versehen sind: 汝知之乎。曰、不知。*žù čï čï hû? yuet: put čï.* Weisst du es? Antwort: Ich weiss **es** nicht. 夫子欲之、吾二臣者、皆不欲也。*fū-tsï yuk čï; ngû rí č'în čè,* *kiāi put yuk yè.* Der Meister will es; wir zwei Minister wollen (es) Beide nicht. LYü XVI, I, 5;

b.) vor der Finale 焉 *yên:* 民無能名焉。*mîn wû nêng mîng yên.* Das Volk vermochte **es** nicht zu benennen, fand keinen Namen dafür. LYü VIII, XIX, 1. 天下之惡皆歸焉。*t'iēn-hià čī ngok kiāi kuēi yên.* Die Uebel der Welt vereinigen sich alle **über ihm.** Das. XIX, xx;

c.) nach dem verbietenden 勿 *wut:* 子路問事君、子曰、勿欺也、而犯之。*Tsì-lú wén ssî kiūn; tsì yuet: wut k'ī yè, rî fám čī.* Tsï-lu fragte nach (der Art) dem Fürsten zu dienen. Der Meister sprach: Täusche **ihn** nicht, sondern tritt ihm (offen) entgegen. LYü XIV, XXXIII. 勿聽。*wut t'īng.* Höre nicht **darauf.** Mtsï I, II, VII, 4, 5. 勿取。*wut ts'iù.* Nimm es nicht. Das. X, 2, 3.

§. 1126. Ein Wort, welches **im satzeröffnenden adverbialen Satztheile Genitiv** ist, pflegt, wenn es zugleich **Hauptsubject** sein soll, nicht wiederholt zu werden (§§. 379, 440): 草上之風必偃。*ts'aò šáng čī fūng pit yèn.* Bei über das Gras (streichendem) Winde muss **(das Gras)** sich biegen = das Gras muss bei . . . Winde u. s. w. LYü XII, XIX.

§. 1127. Das Chinesische besitzt kein Mittel, die genitivische Zugehörigkeit eines früher genannten Substantivs zu einem anderen pronominal, nach Art unserer Wendungen: **derjenige des . . .** u. s. w., auszudrücken. Entweder wird das Zugehörige namentlich wiederholt: ‚seine Hand ist grösser als meine Hand', — oder es bleibt gänzlich unausgedrückt, und das genitivisch zu verstehende Wort ist dann äusserlich nicht als Genitiv zu erkennen: 大學在郊、天子曰辟雍、諸侯曰頖宮。*tá hiok tsái k'iaō; t'iēn-tsì yuet p'ik-yūng, čū heû yuet p'án-kūng.* Die grosse Schule ist in der Vorstadt; **die des** Kaisers heisst Staatsburg, **die der** Lehensfürsten heisst Fürstenschule (*abkai jui-i tacikô oci, gurun-i tacikô sembi etc.*). Li-ki V, 11 a. 如使口之於味也、其性與人殊。*žû-ssì k'eù čī iū wéi yè, k'î sing iù žîn šû.* Angenommen eines Mundes Verhalten zum Geschmack (wäre dieses): seine Natur wäre von **derjenigen** (anderer) Menschen verschieden. Mtsï VI, I, VII, 5. 厥若彝、及撫事、如予。*kiuet žok yî, kip fù ssî, žû iû.* Es sei deren (d. h. Euer) Befolgen der Rechtsvorschriften und versöhnliches Verhalten gleich dem meinigen. Šu V, XIII, 10. 其仁如天、其知如神。*k'î žîn žû t'iēn, k'î čí žû šîn.* Seine Tugend war wie die des Himmels, seine Weisheit wie die der (höheren) Geister. Ssï-ki I, 7 b. 力謂命曰、若之功奚若我哉。*lik wéi míng yuet: žok čī kūng hî žok ngò tsāi?* Die Kraft sprach zu dem

海上絲綢之路文獻集成 科技與文化編

Schicksale: Was sind deine Verdienste im Vergleiche zu den meinigen! Liet-tsï VI, 1 a.

§. 1128. Präpositionen mit ihren Regimen können prädicativ stehen, wenn das zugehörige Verbum sich aus dem Zusammenhange ergibt: 今之學者、大抵爲名、爲名與爲利。*kīm či hiok-če, tá-tì wéi mîng, wéi mîng iù wéi lí.* Die heutigen Studirenden (studiren) meistens wegen des Ruhmes, wegen des Ruhmes und wegen des Gewinnes. Sing-li-tsing-i VII, 10 b.

§. 1129. Das **Relativwort** 者 *čè* = derjenige welcher u. s. w., kann wegfallen, wenn der substantivische Relativsatz Object eines Verbums ist (§. 367): 如殺無道、以就有道、何如。*žû šat wû taò, ì tsieú yeù taò, hô-žû?* Wenn man die, welche keine Grundsätze haben, tödtet, um diejenigen, welche solche haben, zu fördern, was hältst du davon? LYü XII, xɪx.

§. 1130. Das **Relativwort** 所 *sò* = derjenige welchen, das was u. s. w. darf hinter 有 *yeù,* haben, und 無 *wû,* nicht haben, weggelassen werden (§§. 538 und 1118).

§. 1131. Ist **zweien oder mehreren Satztheilen ein und dasselbe Wort in gleicher Function und Rection gemeinsam**, so ist es erlaubt und üblich, dieses Wort nur einmal zu setzen, und zwar:

a.) wenn es den Satztheil eröffnet, nur in dem ersten,

b.) wenn es den Satztheil beschliesst, nur in dem letzten Satztheil.

Beispiele: 於是乃以田忌爲將、而孫子爲師。*iû-ší-nài ì T'iên Kí wêi tsiáng, rî Sün-tsï wêi ssï.* Daraufhin ernannte er den T'. zum General und den S. zum Instructor. Ssï-ki LXV, 3 a. 吾聞君子詘於不知己、而信於知己者。*ngû wên, kiün-tsï k'iüt iû put či kì, rî sín iû či kì čè.* Ich habe gehört, der Edle füge sich denen, welche ihn nicht kennen, aber er glaube denen, welche ihn kennen. Ssï-ki LXII, 4 a. 能以耳視而目聽。*nêng ì rì ší rî muk t'īng.* Er kann mit den Ohren sehen und mit den Augen hören. Liet-tsï IV, 2 b. Vgl. auch das Beispiel in §. 539, wo 之本體也 das erste Mal, 所以 das zweite Mal weggelassen ist. — Man hüte sich vor Missbrauch dieser Regel. ‚Wer nicht Vortheil, sondern Rechtlichkeit liebt' — ist zu übersetzen: 不好利而好義者。*put haó lí rî* ***haó*** *ngí čè.* Ohne das zweite *haó* wäre der Sinn: Wer nicht Vortheil liebt, sondern rechtschaffen ist, oder gar: Er liebt nicht, was vortheilhaft und dabei rechtschaffen ist. Freier ist folgende Construction: 上有好者、下必有甚焉者矣。*šáng yeù haó čè, hià pit yeù ším yên-čè ì.* Hat der Obere etwas zu lieben, so haben die Unteren gewiss es erst recht **zu lieben.** Mtsï III, ɪ, II, 4.

Anmerkung. Die ausdrückliche Wiederholung solcher gemeinsamer Wörter hat ganz andere, nämlich meist aufzählende Wirkung.

§. 1132. Zu den **ausserordentlichen Kürzungen** gehört z. B. die folgende: 初鄭武公娶於申日武姜。*č'ū Čing Wù kūng ts'iū iü Šin yuet Wù-kiāng.* Zu Anfange (des Jahres) heiratete Fürst Wu von Čing im (Staate) Šin (ein Mädchen) Namens Wu-kiang. Comm.: 武公娶申國之女、名日武姜。Tso-čuen, Yin-kung 3.

海上絲綢之路文獻集成 科技與文化編

Zweites Hauptstück.

Der einfache Satz.

I. Capitel.

Subject, Prädicat, Object.

§. 1133. Das gegenwärtige Capitel umfasst die Lehre von den zwei wesentlichen Bestandtheilen des einfachen Satzes: dem Subjecte und dem Prädicate, und von den Erweiterungen dieses Letzteren durch directe und indirecte Objecte, mithin nach der Ausdrucksweise unserer Grammatiken folgende Formen des *verbum finitum*: Neutrum, Activum, Passivum, Reflexivum, Reciprocum, Causativum, Factivum und Denominativum, — sowie folgende Casus: den Nominativ, Accusativ, Dativ und den sogenannten Instrumentalis für den Urheber eines passiven Verbums.

§. 1134. Zu den **Verbis neutris** sind hier nicht nur verbale, sondern auch nominale, d. h. substantivische und adjectivische Prädicate zu zählen. Diese Prädicate folgen gemäss der allgemeinen Regel auf ihre Subjecte, und zwar die verbalen Prädicate meist unmittelbar, die nominalen dagegen nur dann unmittelbar, wenn es unbeschadet der Verständlichkeit geschehen kann; sonst tritt ein Ausdruck der Copula zwischen Beide: 寒來暑往。 *hân lâi šù wàng.* Die Winterkälte kommt, die Sommerhitze vergeht. Ts'ien-tsï-wen 1 a. 共音恭、國名。 *Kūng yīm kūng, kuok mîng.* Die Aussprache von Kung ist (oder: Kung lautet) *kūng*, es ist der Name eines Staates. Kwpč. I, 1 b.

Anmerkung. Die Voranstellung des Prädicates in ausrufender Rede ist nicht hier zu behandeln.

§. 1135. Active Verba, d. h. solche, welche begrifflich ein Object erheischen, verlangen regelmässig, dass ihnen auch ein solches folge. Ohnedem würden sie in der Regel als Passiva zu verstehen sein (§. 315 in Verb.

海上絲綢之路文獻集成 科技與文化编

mit §. 320). Wo wir den Ausdruck für ein **unbestimmtes Object** (etwas, Jemanden) weglassen, da verlangt das Chinesische regelmässig ein objectives 之 *či* (§§. 429, 1110).

§. 1136. Wo aber das Object leicht aus dem Vorhergehenden zu ergänzen ist, da darf es weggelassen werden. Dies ist namentlich dann gebräuchlich, wenn dem Verbum eine Negation vorausgeht, oder wenn das Verbum ein Wahrnehmen, Wissen, Glauben bedeutet (§. 322): 令吏求之、三日不能得也。*líng lí* (r. 29) *k'ieû čī; sām žit put nêng tek yè.* Er befahl einem Beamten, sie (eine verlorene Haarnadel) zu suchen; drei Tage lang konnte (dieser sie) nicht erlangen. Han-fei-tsï IX, 14 a. Vgl. §. 1125.

§. 1137. Verba der Gemüthsstimmung oder Gefühlsäusserung (sich freuen, trauern, lachen, weinen u. s. w.) können ebensogut als **Neutra** wie als Activa **(Neutra transitiva)** angewendet werden. Letzteren Falls ist ihr Object das, wodurch die Erregung veranlasst wird (lachen über, trauern um oder über, beweinen, bejubeln u. s. w.): 王笑而不言。*Wâng siaó rî put yên.* Der König lachte und redete nicht. Mtsï I, I, VII, 12. 衆皆悅之、其爲士者笑之。*čúng-kiāi yuet čī; k'î wêi ssï čè siaó čī.* Die grosse Menge freute sich über ihn, die aber Gelehrte waren, lachten über ihn. Das. VII, II, XXIII, 2. 民大悅。*mîn tá yuet.* Das Volk war sehr erfreut. Das. I, II, XI, 2. Vgl. §. 328.

Desgleichen können **Verba des örtlichen Verweilens oder Sich-fortbewegens** sowohl als Neutra ohne Object, wie auch als Transitiva mit örtlichen Objecten gebraucht werden: 汝來。*žù lâi.* Du kommst, komm'! 來此 *lâi ts'ï*, hierher kommen. Vgl. §§. 324, 325.

§. 1138. Zwei Classen von Verben verlangen logisch **doppelte Objecte:**

a.) die Verba des Gebens, Mittheilens oder Nehmens einen Dativ und einen Accusativ;

b.) die Verba des Nennens Wofürhaltens, Wozumachens, Verursachens zwei Objecte, welche sich zu einander wie Subject und Prädicat verhalten.

§. 1139. Wo nach Verben der ersteren Art (Geben, Nehmen u. s. w.) die beiden Objecte durch die blosse Stellung gekennzeichnet werden, steht in der Regel **der Dativ vor dem Accusativ:** 此一女是能教民孝者。*ts'ï yit niù ší nêng kiaó mîn hiaó čè.* Dies eine Weib ist Eine, welche das Volk kindliche Pietät lehren kann. Kwpč. III, 54 a. Comm. (§. 317).

§. 1140. Die umgekehrte Stellung — **directes Object vor dem indirecten** — ist in zwei Fällen üblich:

a.) wenn das directe Object ein Pronomen, das indirecte ein *nomen appellativum* oder *proprium* ist: 太丘人言之周孝王。*T'ái-k'ieū-žîn yên čī Čeū Hiaó wâng.* Der Mann von T'. sagte es dem Čou-Könige Hiao. Ssï-ki V, 3 b;

b.) wenn das directe Object mit dem Verbum redensartlich verbunden ist: 斬頭三百人。*čàm-t'eû sām pek žîn.* Er hieb ab die Köpfe (= köpfte) dreihundert Menschen. Vgl. §. 318.

§. 1141. Nach Verben des Nennens, Wofürhaltens, Wozumachens u. s. w. steht das directe Object vor dem indirecten: 謂之一夫。*wéi čī yit fū.* Man nennt ihn einen Kerl. Mtsï I, II, VIII, 3. Vgl. §. 319.

§. 1142. Hat eine Handlung doppeltes Object, ein näheres (Accusativ) und ein entfernteres (Dativ, Illativ u. s. w.), so empfiehlt es sich oft um der Deutlichkeit willen Beide zu trennen. Denn folgten sie unmittelbar aufeinander, so könnte es scheinen, als wären sie coordinirt, oder Subject und Prädicat, oder als wäre das eine dem anderen als Attribut beigegeben. Bei Verben des Mittheilens, Gebens, Sagens, Nehmens, des Wozumachens, Wofürhaltens oder Ausgebens wird daher gern das directe Object mittelst der Präposition 以 *ì* = mit, durch, in einen Instrumentalis umgewandelt, und man sagt lieber: den A mit einem B beschenken, als: dem A ein B schenken, — lieber: aus B ein A machen, als: ein A zu einem B machen u. s. w.: 吾說公以王道。*ngû šuet kūng ì wâng taò.* Ich sprach dem Fürsten von der königlichen Regierungskunst. Ssï-ki LXVIII, 2 a. 己弗能有、而以與人。*kì fut nêng yeù, rî ì iù žîn.* Selbst (etwas) nicht haben können und es Anderen geben. Tso-čuen I, 11. 王語暴以好樂。*wâng iù Paó ì haó yok.* Der König sagte dem Pao (= mir), dass er die Musik liebe. Mtsï I, II, I, 1. Ohne das 以 *ì* hätte es scheinen können, als wäre *Paó haó yok* ein Satz: P. liebt die Musik. Weitere Beispiele siehe in §§. 705, 711, 718.

§. 1143. Viele Verba lassen zweierlei Construction zu: entweder sie haben ein durch die **blosse Wortstellung** gekennzeichnetes Object, oder ihr logisches Object wird von einer der Präpositionen 於、于 ***iû*** oder 乎 ***hû*** regiert. Unsere Sprachen bieten Aehnliches: ein Haus bewohnen: darin wohnen; auf die Felder gehen: sie begehen; Holz schneiden: in H. schneiden; etwas oder nach etwas suchen u. s. w. Der Unterschied dürfte im Chinesischen derselbe sein wie bei uns, dass nämlich das grammatische Object in mehr inniger, nothwendiger Beziehung zum Verbum gedacht wird, als das mit einer Präposition versehene. Beispiele:

海上絲綢之路文獻集成 科技與文化編

a.) 於、于 *iü*: 子入大廟。 *tsï žip t'ái-miaó.* (Wenn) der Meister den Haupttempel betrat. LYü III, xv. 不中樣者、不入於市。 *put čúng yáng čè, put žip iü šì.* Die nicht mustermässigen (Stücke) gelangten nicht auf den Markt. Ma Tuan-lin (*Chin. curr.*, pag. 97). 出家 *č'ut kiā*, über sein Haus hinausgehen, die Grenze der Familie überschreiten. Ta-hiok c. IX, 1. 出三日 *č'ut sām žit*, drei Tage überdauern. LYü X, viii, 8. Aber: 出於治 *č'ut iü čí.* Es läuft auf gutes Regiment hinaus, geht nach Recht und Ordnung. Sün-tsï (Legge, Cl. II, Pr. 82). 其所令反其所好。 *k'î sò líng fàn k'î sò haó.* Was sie befahlen, widerstrebte dem, was sie liebten. Ta-hiok c. IX, 4. 反於性 *fàn iü síng*, gegen die Natur sein, sich zu ihr im Gegensatze befinden. Sün-tsï l. c. 所至 *sò čí*, das, was (Schiffe und Wagen) erreichen; 所通 *sò t'ūng*, das, was (Menschenkräfte) durchdringen. Čung-yung XXXI, 3. Aber: 君子之至於斯也。 *kiün-tsï čī čí iü ssï yè.* Wenn ein Edler zu Solchem gelangt. LYü III, xxiv. 通於神明、參於天地矣。 *t'ūng iü šîn mîng, ts'ām iü t'iēn tí ì.* Er dringt durch bis zu überirdischer Klarheit, bildet eine Dreiheit mit Himmel und Erde. Sün-tsï (l. c. 89). 觀於海者 *kuān iü hài čè*, der, welcher auf das Meer schaut; dann: 觀水有術 *kuān šùi yeù šut.* Das Wasser zu betrachten gibt es eine Kunst. Mtsï VII, i, XXIV, 1, 2. 陳魚而觀之。 *č'én iû rî kuān čī.* Er befahl die Fischer herbei und beobachtete sie. Tso-čuen I, V. 將觀於我。 *tsiāng kuān iü ngò.* Sie werden uns beobachten. Tso-čuen IX, 4. 悅親有道、反身不誠、不悅|親矣。 *yuet ts'īn yeù taò; fàn šīn put šîng, put yuet iü ts'īn ì.* Die Eltern zu erfreuen gibt es einen Weg: wenn man in sich gehend nicht aufrichtig ist, so erfreut man die Eltern nicht. (Freilich heisst *yuet* activ auch: Freude empfinden über, aber die passive Construction: es wird von den Eltern Freude empfunden über —, ist aus anderen Gründen unwahrscheinlich.) Mtsï IV, i, XII, 1.

Andere Verba mit objectivem 於、于 *iü* sind z. B.: 監 *kiām*, blicken auf etwas. LYü III, xiv. 患 *huán*, betrübt sein über. LYü III, xxiv. 放 *fàng*, die Richtung nehmen (= streben) nach etwas. LYü IV, xii. 喻 *iü*, sich verstehen auf. LYü IV, xvi. 學 *hiok*, sein Lernen auf etwas richten. LYü VI, xxv. 比 *pì*, vergleichen mit. LYü VII, i. 游 *yeû*, sich erholen an etwas. LYü VII, vi, 4. 據 *kiü*, festhalten an. LYü VII, vi, 2. 依 *ī*, sich angemessen verhalten. LYü VII, vi, 3. 改 *kài*, etwas ändern an. Mtsï IV, i, XIV, 1. 王 *wáng*, herrschen über. Das. V, i, V, 5. 鬻 *yuk*, verkaufen an. Das. IX, 1. 分 *fēn*, sich verschieden verhalten gegenüber, betreffs. Mtsï VI, i, II, 1. 期 *k'î*, sich richten nach Jemandem. Das. VII, 5. 愧 *k'uéi*, sich schämen vor Jemandem. Das. VII, i, XX, 3. 怍 *tsok*, erröthen vor. Das. 愈 *iü*, übertreffen,

漢文經緯

besser sein als. Das. VII, I, XXXIX, 1. 媚 *méi*, Einem schmeicheln. Das. VII, II, XXXVII, 9. 愬 *sú*, sich beklagen bei. Das. I, I, VII, 18. 用其力 *yúng k'î lik*, seine Kräfte verwenden auf etwas. LYü IV, VI, 2. 得罪 *tek tsúi*, sich vergehen gegen. Mtsï IV, I, VI. 薦人 *tsién žîn*, Jemand Einem empfehlen. Das. V, I, V, 5. 暴人 *puk žîn*, Jemand Einem vorstellen. Das. 問 *wén*, fragen. LYü I, x, 1 (§. 735, 2). 旅 *lü*, Einem opfern. LYü III, VI. 施 *ší*, Einem Wohlthaten erweisen. LYü VI, XXVIII, 1. 詘、屈 *k'iüt*, sich Einem fügen. Ssï-ki LXII, 4 a. 信 *sín*, Einem glauben, Vertrauen schenken. Das. 傳 *č'uên*, Einem überliefern. Das. LXIII, 11 a. 求 *k'ieû*, Jemand ersuchen. 求爲後於魯。 *k'ieû wêi heú iü Lù.* (Er) ersuchte (den Fürsten von) Lu, einen Nachfolger zu ernennen. LYü XIV, xv. 告 *kaó*, Jemandem melden. LYü XIV, XXII, 2. 聽 *t'ing*, Jemandem gehorchen. Das. XLIII, 2. 讓 *žáng*, Einem nachgeben, nachstehen. LYü XV, XXXV. 見 *hién*, Jemand besuchen, treffen. Das. XVI, I, 2. 近 *kín*, nahe sein bei. LYü XVI, I, 8. 逮 *tái*, an Jemanden gelangen, Einem zufallen. Das. III. 侍 *ší*, Einem aufwarten, dienen. Das. VI. 傷 *šāng*, Einem Schaden zufügen. LYü XIX, XXIV. 察 *č'at*, nach etwas schauen. Ta-hiok c. X, 22. 快 *k'uái*, erfreut sein über. Mtsï I, I, VII, 14. 志 *čí*, streben nach etwas. §. 735, 1. 禁 *kím*, Jemandem verbieten. §. 735, 2. 合 *hop*, übereinstimmen mit. Mtsï I, I, VII, 3. 復 *fuk*, berichten an Jemanden. Das. VII, 10. 觀 *kuān*, inspiciren. Das. I, II, IV, 4; II, I, II, 26. 朝 *č'aô*, Einem seine Aufwartung machen. Das. IV, 5. 託 *t'ok*, Einem anvertrauen. Das. VI, 1; V, II, VI, 1. 謀 *meû*, berathen mit Jemandem. Das. XI, 4. 害 *hái*, verletzen, Schaden zufügen. Das. II, I, II, 17. 諫 *kián*, Jemand tadeln. Das. II, II, V, 2. 先 *siēn*, Einem zuvorkommen. Das. I, II, XVI, 1. 塞 *sik*, erfüllen. Das. II, I, II, 13. 慚 *ts'âm*, sich schämen vor. Das. II, II, IX, 1. 親 *ts'īn*, Jemand (verwandtschaftlich) lieben. Das. III, I, III, 10. 附 *fú*, verbunden sein mit. Das. III, II, V, 5; V, II, II, 4. 從 *ts'ûng*, sich Einem anschliessen. Das. IV, I, XXIV, 1. 稱 *č'īng*, etwas preisen. Das. IV, I, XVIII, 1. 明 *mîng*, sich verstehen auf etwas. Das. IV, II, XIX, 1. 難 *nán*, ankämpfen gegen Jemanden. Das. XXVIII, 6. 饋 *hoéi*, (etwas) Jemandem schenken. Das. V, I, II, 4. 接 *ts'iep*, mit Jemandem verkehren. Das. III, 3.

b.) 乎 *hû*. 何賢乎荀息。 *hô hiên hû Sün Sik?* Warum nennt er den S. weise? was findet er an ihm weise? Kung-yang-kao (Kwpč. II, 63 b). 何成丨公之意。 *hô č'îng hû kūng čï í?* Wie führte er des Fürsten Absichten aus? Mtsï (J.). Andere Verba mit 乎 *hû*: 攻 *kūng*, sich einer Sache widmen. LYü II, XII. 戒愼 *kiái-šín*, sich hüten vor. Čung-yung I, 2. 恐懼 *k'ùng-kiü*, sich fürchten vor. Das. 擇 *ček*, etwas wählen. Čung-yung VII; VIII. 依 *ī*, ent-

海上絲綢之路文獻集成 科技與文化編

sprechen, sich gemäss verhalten Das. XI, 3. 願 *yuén*, begehren nach. Das. XIV, 1. 似 *ssî*, ähneln. Čung-yung XIV, 5 (§. 747, 2). 明 *mîng*, etwas verstehen. Das. XIX, 6. Mtsï IV, ı, XII, 1. 祀 *ssî*, Einem Opfer darbringen. Čung-yung XIX, 6. 順 *šûn*, gehorsam sein gegen. Čung-yung XX, 17. 動 *túng*, sich bewegen machen. Das. XXIV. 問 *wén*, Jemanden fragen. Mtsï II, ı, I, 3 (§. 747, 2). 殉 *siün*, Einen begleiten. Mtsï VII, ı, XLII, 2. 得 *tek*, Jemanden für sich gewinnen. Das. VII, ıı, XIV, 2. 合 *hop*, einwilligen in etwas, sich anschliessen. Das. XXXVII, 1. 同 *t'ûng*, übereinstimmen mit. Das. 患 *huán*, besorgt, betrübt sein über. Das. I, ıı, XV, 1. 察 *č'at*, prüfen (§. 747, 1). 樂 *lok*, sich freuen über (§. 750). 愼 *šín*, sorgen für, besorgt sein um. Ta-hiok X, 6. 讓 *žáng*, Einem nachgeben. Sün-tsï (Legge, Cl. II, Pr. 84). 代 *tái*, arbeiten für Jemanden. Das. 識 *šik*, sich verstehen auf. Ssï-ki XLIX, 2.

§. 1144. Vor 曰 ***yuet***, sagen, pflegt der Dativ durch 謂 ***wéi*** — anreden, ausgedrückt zu werden: 子謂白魚曰。*tsî wéi Pek-iû yuet.* Der Meister sprach zu (seinem Sohne) P. LYü XVII, x.

Wegen 爲 ***wéi*** als Ausdruck für den *dativus commodi* vgl. §§. 798 ff., 1015.

§. 1145. Ein von Hause aus actives Verbum wird **Passivum,** indem man sein logisches Object in's grammatische Subject verwandelt: 養民 *yàng mîn*, das Volk ernähren: *mîn yàng*, das Volk wird ernährt. Vgl. §. 320.

§. 1146. Verba mit doppeltem Objecte treten als Passiva zwischen die beiden Objecte (vgl. §. 321): 文傳世。*wên č'uên ší* (r. 1). Schriftliche Aufsätze sind der Welt überliefert. Legge, *Chin. compos.*, pag. 27.

§. 1147. Haben Verba **Theile eines Ganzen** zum Objecte, so kann das Ganze zum passiven Subjecte gemacht werden, der Theil aber die Objectsstellung behalten. Diese Construction ist nicht sehr gebräuchlich und vielleicht nur da zulässig, wo Verbum und Theilobject eine constante Verbindung darstellen: 十室之邑、人人提耳而教。*šip šit čī yip, žîn-žîn t'î rì rì kiaó.* In einem Gemeinwesen von zehn Hausständen werde Jedermann bei den Ohren genommen und unterrichtet. T'ung-šu XII, 1. 二十人皆梟首。*rî šip žîn kiāi kiaō šeù.* Von zwanzig Menschen wurden die Köpfe ausgestellt. Ssï-ki VI, 4 b.

§. 1148. Soll der Urheber eines passiven Verbums bezeichnet werden, so wird er hinter diesem durch eine der Präpositionen 於 ***iû***, 于 ***iû*** oder 乎 ***hû*** eingeführt: 興於詩、立於禮、成於樂。*hīng iû šī, lip iû lì, č'îng iû yok.* Wir werden erhoben durch die Gedichte, gestellt (gefestigt) durch die gute Sitte, vollendet durch Musik. LYü VIII, viii. 勞心者、治

漢文經緯

人、勞力者、治於人、治於人者、食人、治者人、治於人。laô sīm čè, č'î žîn; laô lik čè, č'î iû žîn; č'î iû žîn čè, ssî žîn; č'î žîn čè, ts'î iû žîn. Die, welche den Geist anstrengen, regieren die Menschen; die, welche die Körperkräfte anstrengen, werden von Menschen regiert; die von Menschen regiert werden, ernähren die Menschen; die, welche Menschen regieren, werden von den Menschen ernährt. Mtsï III, I, IV, 6.

Verzeichniss einiger Verba, welche diese Construction zulassen: 有 yeù, gehabt werden; 生 šēng, erzeugt werden; 廢 féi, verboten werden; 服役 fuk-yik, unterworfen und zu Hörigen gemacht werden (§. 736); 命 míng, ernannt, berufen werden (§. 748). Ferner aus Mtsï: 敗 pái, geschlagen werden, eine Niederlage erleiden. I, I, V, 1. 喪 sáng, beraubt werden. Das. 辱 žuk, beleidigt, beschimpft werden. Das. 挫 ts'ó, gestossen werden. II, I, II, 4. 賜 ts'î, belohnt werden. V, II, VI, 3. 詘 k'iūt, gezwungen werden. Ssï-ki LXII, 4 a. 信 sín, Glauben finden bei. Das. 聞 wên, gehört werden. Das. LXVII, 6 b, Comm. 憔悴 ts'iaô-súi, geplagt (drangsalirt) werden. Mtsï II, I, I, 11. Man beachte folgende Construction: 予也、有三年之愛於其父母乎。Iû yè, yeù sām niên čī ngái iû k'î fú mù hû? Hat Iü dort dreijährige Liebe von seinen Eltern genossen? LYü XVII, XXI, 6. Wegen des selteneren **Adverbialis** siehe §. 355.

§. 1149. Die Bildung des Passivums mittelst des Hülfsverbums 見 ***kién***, sehen, scheint besonders dann zulässig zu sein, wenn es sich um Leidenszustände handelt, welche man empfindet. So findet sich: 丨惡 *kién ngú*, gehasst werden; 丨知 *kién čī*, gekannt werden, Anerkennung finden; 丨殺 *kién šat*, getödtet werden (§. 310); 丨休 *kién hieū*, beglückt werden. Mtsï III, II, V, 5. 丨伐 *kién fat*, geschlagen werden, eine Niederlage empfangen. Julien, *Synt. nouv.* I, pag. 52. 說不行而有敗、則見疑。*šuet put hîng rî yeù pái, tsek kién ngî.* Wird die Rede nicht ausgeführt und hat man Misserfolg, so wird man beargwöhnt. Ssï-ki LXIII, 7b.

§. 1150. 被 ***pí,*** erleiden, wird gelegentlich als verdeutlichendes Hülfsverbum des Passivums angewandt: 母被出。*mù pí č'ut.* Die Mutter war verstossen (von ihrem Manne geschieden). Kwpč. III, 12a, Comm.

Seltener werden andere Verba in ähnlicher Weise zur Umschreibung des Passivums angewendet: 覯閔既多、受侮不少。***keú*** *mìn kí tō,* ***šeú*** *wù put šaò.* Ich **begegnete** Kränkungen schon oft, **empfing** Beleidigungen nicht wenig. Ši I, III, II, 4.

§. 1151. Wörter, welche von Hause aus *verba neutra* sind, werden durch die blosse Wortstellung in **Causativa** verwandelt, sobald man ihr logisches

海上絲綢之路文獻集成 科技與文化編

Subject zum Objecte macht: 故遠人不服、則修文德以來之、既來之、則安之。 *kú yuèn žîn put fuk, tsek sieū wên tek ì lâi čī; kí lâi čī, tsek ngān čī.* Daher, wenn die fernen Menschen sich nicht unterwerfen, so pflege Bildung und Tugend, um sie heranzuziehen; hast du sie herangezogen, so beruhige sie. (*žîn lâi*, die Menschen kommen; *žîn ngān*, die M. sind ruhig). LYü XVI, ı, 11. Näheres siehe in §§. 329—332.

§. 1152. Haupt- und Eigenschaftswörter erhalten durch das gleiche Verfahren die Bedeutung **factiver** oder **denominativer** Verba (machen zu . . ., halten für . . ., behandeln als . . ., bezeichnen als . . .). Man hüte sich hierbei vor Zweideutigkeiten. Diese sind dann am sichersten ausgeschlossen, wenn auf das so gebildete Verbum ein Pronomen, sei es als Object, sei es als Genitiv zum Objecte folgt. Besonders gern wird dasselbe Wort erst als Verbum und dann als dessen Object gebraucht: 上老老、而民興孝、上長長、而民興弟。 *šáng laò laò, rî mîn hīng hiaó, šáng čàng čàng, . . . tí.* Indem der Obere (Fürst) die Alten als Alte ehrt, erhebt sich das Volk zur Pietät, . . . Aeltere als Aeltere behandelt, . . . brüderlichen Ehrerbietung. Ta-hiok X, 1. 可賞賞、可罪罪。 *k'ò šàng šàng, k'ò tsúi tsúi.* Er kann Verdienste belohnen, kann Vergehen bestrafen. Han-fei-tsï XV, 4b, Glosse. 親親 . . . 子庶民。 *ts'īn ts'īn . . . tsì šú mîn.* Die Verwandten verwandtschaftlich lieben, . . . das ganze Volk wie (eigene) Kinder behandeln. Čung-yung XX, 12. 善者、吾善之。 *šén-čè, ngû šén čī.* Die Guten behandle ich als Gute. Tao-tek-king XLIX. So **mit wechselnder Aussprache desselben Zeichens:** 樂驕(佚、宴)樂 *ngaó kiaō (yit, yén) lok,* Freude empfinden an ausschweifenden Vergnügungen (an V. der Faulheit, der Festlichkeiten). LYü XVI, v. 食其食者、不避其難。 *šik k'î ssì čè, put pí k'î nân.* Wer Eines Brod isst, flieht nicht vor (nimmt Theil an) dessen Beschwernissen. Ssï-ki LXVII, 6 a. Vgl. §§. 852, 864, 874.

§. 1153. Das gebräuchlichste **causative** Hülfsverbum ist 使 *ssì*, verursachen, lassen: 夫何|我至於此極也。 *fû hô ssì ngò čí iū ts'ì kik yè?* Warum nun lässt er uns gelangen bis zu diesem Aeussersten (des Elendes)? Mtsï I, ıı, I, 6. 今王發政施仁、|天下仕者、皆欲立於王之朝。 *kīm wâng fat čing šī žîn, ssì t'iēn-hià ssì-cè, kiāi yuk lip iū wâng čī č'aô.* (Wenn) jetzt der König bei Einrichtung der Regierung Wohlwollen bethätigt, (so) bewirkt dies, dass des Reiches Beamte alle wünschen an des Königs Hofe zu stehen. Das. I, ı, VII, 18. 行或|之、止或尼之。 *hîng huok ssì čī, čì huok ní čī.* ‚Gehen, vielleicht verursacht man es (oder ihn), stillstehen, vielleicht hemmt man ihn‘, d. i. ob man vorwärts kommt oder stehen bleibt,

漢文經緯

kann von der Einwirkung Anderer abhängen. — Man beachte die Inversion mittelst 之 *či*. Das. I, II, XVI, 3.

§. 1154. 令 *lìng*, sonst — befehlen, wird von Einigen statt 使 *ssì* gebraucht. So Tao-tek-king XII und XIX.

§. 1155. 助 *čú*, helfen, beistehen, kann ein einfaches Object hinter sich haben: 丨上帝 *čú šáng-tí*, den höchsten Herrn (Gott) unterstützen. Mtsï I, II, III, 7 nach dem Šu-king. 丨不給 *čú put kip*, dem Unzureichenden, den Mängeln abhelfen. Das. IV, 5. — Es ist aber auch gebräuchlich in der Bedeutung: Einem helfen zu, ihm beistehen beim . . . 予丨苗長矣。 *iû čú miaô čàng ì*. Ich half halt (ì) dem Getreide wachsen. Das. II, I, II, 16.

§. 1156. Wegen der nothwendigen und der zulässigen **Anteposition des Objectes** siehe §§. 339—346. Wegen des Unterschiedes zwischen der Anteposition und der Nachfügung des Objectes vgl. Zusatz II zu §. 346, S. 148.

§. 1157. Wegen der Ausdrücke für das **reflexive Verbum** durch entsprechende Fürwörter und Substantiva siehe §§. 551—555 und 1114.

§. 1158. Gegenseitigkeit der Handlung wird regelmässig durch das Adverb 相 *siāng* = einander, gegenseitig, ausgedrückt: 父子不丨見。 *fú tsì put siāng* (r. 109) *kién*. Väter und Söhne sehen einander nicht. Mtsï I, II, I, 6.

§. 1159. Nennwörter und *verba neutra*, welche vom Hause aus den Begriff der Gegenseitigkeit in sich tragen, werden durch 相 *siāng* zu reciproken *verbis neutris*, nicht zu Factiven oder Causativen: 丨似 *siāng-ssì*, einander ähneln; 丨異 *siāng-í*, von einander verschieden sein; 丨近 *siāng-kín*, einander nahe; 丨遇 *siāng-iû*, einander begegnen, zu einander passen; 丨合 *siāng-hop*, sich mit einander vereinigen, übereinstimmen; 丨與 *siāng-iû*, sich zusammengesellen.

§. 1160. Weit seltener, mindestens in der classischen Sprache, kommt 交 *kiaō* (r. 8) (sonst — mit einander verkehren), adverbial in der Bedeutung **einander, gegenseitig** vor. Im Šu und Ši heisst es als Adverb: zusammen. 上下丨征利。 *šáng-hià kiāo čīng lí*. Obere und Untere erringen einander Vortheil. Mtsï I, I, I, 4.

§. 1161. Auch 互 *hú* = gegenseitig, abwechselnd, wird in ähnlichem Sinne gebraucht: 一動一靜、互爲其根。 *yit túng yit tsíng, hú wêi k'î kēn*. Bald Bewegung, bald Ruhe, abwechselnd ist Eins des Andern Ursache. Thai-kih-thu §. 2.

Zusatz.

§. 1162. In der amtlichen Geschäftssprache wird häufig 由 *yeû* = von — her, **vor das Subject** gesetzt, wenn dieses eine Person oder Gemeinschaft von Personen ist, ohne dass deshalb die passive Construction an Stelle der activen träte: 由雲南督撫用文照會該國王。 *yeû Yûn-nâm tuk fù yúng wên čaó-hoéi kāi kuok wâng.* Der Generalgouverneur und der Gouverneur von Yün-nan setzen sich schriftlich mit dem Könige des besagten Landes in's Vernehmen. Tsŭ-erh-chi D. 5, 376. Vgl. das. 29, 103, 123, 128, 224, 249, 257, 268, 269 (Hirth). Der Sinn von 由 *yeû* ist ursprünglich der unseres ‚seiten, abseiten'; aber der Gebrauch hat es gestattet, gleichwohl das folgende Substantiv als grammatisches Subject zu behandeln.

II. Capitel.

Psychologisches Subject, Inversionen.

§. 1163. Verschiedene **Gründe** können dahin führen, dass man gelegentlich die gemeingültigen Stellungsgesetze umgeht oder doch unbeschadet dieser Gesetze einzelne Satztheile besonders hervorhebt:

a.) es kann gelten, das psychologische Subject — einerlei ob dasselbe auch zugleich grammatisches Subject ist oder nicht — als solches zu kennzeichnen;

b.) oder es soll sonst ein Satztheil nachdrücklicher hervorgehoben werden, als dies bei der gewöhnlichen Stellung desselben möglich wäre;

c.) oder die Absicht ist, eine schleppende oder undeutliche Satzbildung durch eine feiner gegliederte zu ersetzen, namentlich also wortreiche Satzglieder aus dem Verbande herauszulösen;

d.) oder es mag anmuthiger erscheinen, ab und zu in die Eintönigkeit des Satzbaues Abwechslung zu bringen.

A. Psychologisches Subject.

§. 1164. Das **psychologische Subject** (§. 260), sei es nun zugleich grammatisches Subject, oder Object, Adverb, Genitiv zu irgend welchem Satztheile oder die Beziehung zweier Satztheile zu einander selbst, hat stets den Satz zu eröffnen. Würde dadurch das allgemeine Stellungsgesetz durchbrochen, rückt also ein Satztheil in die erste Stelle, welcher sonst nicht dahin gehörte, so pflegt man diesen **absolut**, d. h. ausserhalb des Satzverbandes zu stellen und meistens im Satzverbande durch entsprechende Pronomina der 3. Person (之 *čī*, 其 *k'î*) oder durch prägnante Verbalpartikeln (以 *ì*, 與 *iù*) zu ersetzen: 五畝之宅、樹之以桑。 *ngù meù čī tsik, śú čī ì sāng.* Hauswesen zu fünf

海上絲綢之路文獻集成 科技與文化編

漢文經緯

Morgen (Land) umpflanzen mit Maulbeerbäumen. Mtsï I, ɪ, VII, 24. **行或使之、止或尼之。** *hîng huok ssî čī, čì huok ní čī.* Das Gehen mag man veranlassen, das Stillstehen mag man erzwingen (eigentl. hemmen). Ibid. II, xvi, 3. **如此臺池鳥獸、亦以之爲樂乎。** *žû-ts'ì t'âi č'î niaò šeú, yik ì čī wêi lok hû?* Solche Söller, Teiche, Vögel und wilde Thiere, hält er sie auch für eine Freude? Tägl. Erklär. zu Mtsï I, 5a. **其所善者、吾則行之、其所惡者、吾則改之。** *k'î sò šén čè, ngû tsek hîng čī, k'î sò ngú čè, ngû tsek kài čī.* Was sie für gut halten, will ich ausführen, was sie für schlecht halten, will ich ändern. Tso-čuen IX, 31. **諸侯之禮、吾未之學也。** *čū-heû čī lì, ngû wéi čī hiok yè.* Das Ceremoniell der Lehensfürsten habe ich noch nicht erlernt. Mtsï III, ɪ, II, 2. **納我而無二心者、吾皆許之上大夫之事。** *nap ngò rî wû rī sīm čè, ngû kiāi hiù čī šáng tá-fū čī ssī.* Denen, welche mich unterstützten ohne wankelmüthig zu sein, versprach ich Dienst als Officiere erster Classe. Tso-čuen III, 14. **天地之經、而民是則之。** *t'iēn tí čī kīng, rî mîn ší tsek čī.* Des Himmels und der Erde Richtschnur nimmt sich das Volk geziemend zur Regel. Ku-wen hiao-king VIII. **百畝之田、勿奪其時、八口之家、可以無飢矣。** *pek meù čī t'iên, wut t'ot k'î šî, pat k'eù čī kiā, k'ò-ì wû kī ì.* Bei einem Ackergute von hundert Morgen, raube man nicht dessen (geeignete Bestellungs-) Zeit, so kann ein Hausstand von acht Mündern nicht Hunger leiden (dem Hunger entgehen). Mtsï I, ɪ, VII, 24. **昔者所進、今日不知其亡也。** *sik-čè sò tsín, kīm-žit put čī k'î wâng* (r. 8) *yè.* Die du gestern befördert hast, heute weisst du nicht, dass sie weg sind. Mtsï I, ɪ, VII, 1. **鳥吾知其能飛、魚吾知其能游、獸吾知其能走。** *niaò ngû čī k'î nêng fēi, iû . . . yeû, šeú . . . tseù.* Vom Vogel weiss ich, dass er fliegen, vom Fisch, dass er schwimmen, vom Wilde, dass es laufen kann. Ssï-ki LXIII, 2a. **一介不以與人、一介不以取諸人。** *yit kiái put ì iù žîn, . . . ts'iù čū žîn.* Nicht einen Strohhalm hätte er Anderen gegeben, noch von Anderen genommen. Mtsï V, ɪ, VII, 2. Wenn hier **諸 — 之乎**, so wäre der Satz anomal gebaut, das Objectspronomen doppelt vertreten. **我非堯舜之道、不敢以陳於王前。** *ngò fēi Yaô Šŭn čī taò, put kàm ì č'în iû wâng ts'iên.* Was nicht nach Yao's und Schün's Grundsätzen ist, das wage ich nicht vor dem Könige zu äussern. Mtsï II, ɪɪ, II, 4. **羔裘玄冠不以弔。** *kaō k'ieû hiuên kuán put ì tiaó.* Im Lämmerpelze oder in der dunklen Mütze machte er nicht Beileidsbesuche. LYü X, vɪ, 10.

§. 1165. Selten wird in solchen Fällen das **Pronomen weggelassen:** **夫國之有錢、時所通用、若許私鑄、人必競爲。** *fû kuok čī yeù* *ts'iên, šì sò t'ūng yúng, žok hiŭ ssī čú, žîn pit king wêi.* Dies im Staate vorhandene Geld nun, welches man immer allgemein gebraucht, wenn man erlaubt, (dasselbe) privatim zu prägen, werden sicher die Leute es massenweise thun. Ma Tuan-lin (*Chin. curr.*, pag. 109). 舜之不告而娶、則吾既得聞命矣。*Šŭn čī put kuk rî ts'iŭ, tsek ngû ki tek wên míng ì.* Was das betrifft, dass Schün ohne seine Eltern zu benachrichtigen geheiratet hat, so habe ich wohl bereits Ihre Belehrung (eigentl. den Befehl) zu hören bekommen. Mtsï V, I, II, 2.

§. 1166. Sowohl 者 *čè* als auch 也 *yè* kann das psychologische Subject abschliessen. Der Unterschied zwischen beiden ist dieser:

者 *čè* setzt den Gegenstand der Rede (Adverb oder grammatisches Subject) als einen gedachten, möglichen (Legge: *in the case of . . .*);

也 *yè* setzt ihn als einen wirklich existirenden. Daher steht 也 *yè* gern hervorhebend hinter Namen von Personen, zumal anwesenden, sowie bei wirklich vorhandenen Thatsachen oder Lebenslagen: *A* 之於 *B* 也 — *A* in seinem thatsächlich bestehenden oder bestandenen Verhalten gegenüber dem B (§. 441, 1) u. s. w. — Man beachte 者 . . . 也 = μὲν — δὲ: 古者、民有三疾、今也、或是之亡也。*kù čè, mîn yeù sām tsit; kīm yè, huok ší čī wû yè.* Vor Alters wohl hatte das Volk drei Gebrechen; jetzt freilich hat es vielleicht diese nicht mehr (§. 433). LYü XVII, xvi, 1. — Weitere Beispiele für 也 *yè*: 人之知也少。*žîn čī čī yè šaò.* Des Menschen Wissen ist gering. Nam-hoa-king VIII, 25 a. 其知之也、似不知之也。*k'î čī čī yè, ssì put čī čī yè.* Sein Wissen darum gleicht dem Nichtwissen. Das. 25 b. Vgl. wegen weiterer Beispiele zu 者 *čè* §§. 458, 459, zu 也 *yè* §§. 811, 812.

§. 1167. Ist das **Subject** des Satzes ein schon vorher in der Rede gebrauchter Ausdruck, den man **näher erklären** oder mit einem neuen Prädicate versehen will, so kann es sehr emphatisch mit 也者 *yè-čè* abgeschlossen werden: 道||、不可須臾離也。*taò yè-čè, put k'ò siū-iû lî yè.* Der Pfad (von dem ich sprach) darf nicht einen Augenblick verlassen werden. Čung-yung I, 2. Für elegant gilt die Satzbildung: **Subject** 也者 *yè-čè*. **Prädicat** 者也 *čè yè*: 而貞也者、萬物之所以成終而成始者也。*rî číng yè-čè, wán wut čī sò-ì č'îng čūng rî č'îng šì čè yè.* Dabei ist es die (vorhin genannte) Lauterkeit, durch welche alle Dinge ihr Ende und ihren Anfang vollbringen. Thai-kih-thu, Anh. 4. Vgl. §. 473.

§. 1168. Hat die satzeröffnende **adverbiale Bestimmung** zugleich die Bedeutung einer **Voraussetzung oder Bedingung**, so darf zwischen sie und das Verbum das Hülfswort 則 *tsek* eingeschoben werden: 自稱曰老夫、於其國|稱名。*tsì č'ing yuet laò-fū; iū k'î kuok tsek č'ing mîng.* Sich selbst

海上絲綢之路文獻集成 科技與文化編

nennend, sagt er ‚der alte Mann'; (wenn er ist) in seinem Staate, so nennt er (seinen) Vornamen. Li-ki I, 12a. Mehr Beispiele siehe §. 508.

Im gleichen Falle kann auch das **logische Object** mittels 則 *tsek* invertirt werden. Siehe §. 509.

§. 1169. Soll das **Verhalten** von Jemand oder Etwas zu einem Andern (A zu B) abstract ausgedrückt werden, so sagt man *A* 之於 *B A či iü B* und behandelt diesen Wortcomplex gleich einem Substantivum. Diese Redewendung ist beliebt, wenn das Verhältniss selbst psychologisches Subject ist und ausgesagt werden soll, worin das Verhältniss bestehe: 口||味、有同耆也。 *k'eù či iü wéi, yeù t'ûng ší yè.* Der Münder Verhalten zu den Geschmäcken (ist dies): sie haben gleiche Gelüste. Mtsï VI, I, VII, 5. 聲色之於以化民、末也。 *šing sek či iü ì hoá mîn, mot yè.* Töne und Farben sind in ihrem Verhalten als Mittel das Volk zu bekehren das Letzte (Geringste). Čung-yung XXXIII, 6. Vgl. §. 441, 1.

§. 1170. Soll zum Gegenstande der Rede gemacht werden, was eine Person oder Sache in **Gemeinschaft** mit einer oder mehreren anderen ausmacht, so kann zwischen beide 之與 *či iü* geschoben werden: A in Gemeinschaft mit B: 然則禮記||周禮義禮、相爲表裏。 *žân-tsek Lì-kí či iü Čeū-lì Ngí-lì, siāng wêi piaò lì.* Also macht das Li-ki zusammen mit dem Čeu-li und I-li Aussen- und Innengewand (Aeusseres und Inneres) aus. Li-ki I, 5b. Vgl. §§. 441,2 und 773.

§. 1171. Aehnliche absolute Stellung mit 之所 *či sò*: 然愈之所志於古者、不惟其辭之好、好其道焉爾。 *žân Iü či sò čí iü kù čè, put wêi k'î ts'î či haó, haó k'î taò yên rì.* Aber was ich, Iü, von den Alten begehre: nicht nur ihre Redeweise liebe ich, ich liebe gerade ihre Normen. Han-iü (Kwpč. VI, 80a).

§. 1172. Soll ein **Prädicat** psychologisches Subject sein, also ausgesagt werden, auf wen es zutreffe, so kann die relative Ausdrucksweise gewählt werden: 知吾者天也。 *či ngû čè t'iēn yè.* Der mich kennt, ist der Himmel.

Anmerkung. Die Ausdrücke für **anlangend, betreffs** bleiben der Lehre von den Satzverbindungen vorbehalten.

B. Sonstige Inversionen.

§. 1173. Die Inversion des Objectes mittelst zwischengeschobenen 之 *či*, §§. 433, 434 (vorclassisch auch 是 *ší*), ist nur in gewissen Fällen gebräuchlich, namentlich in den Redensarten 之謂 *či wéi*, §§. 425, 1, 之可知 *či k'ò či* und ähnlich, §. 425, 2, 何 *x* 之有 *hô x či yeù*, §. 434, sowie

28*

海上絲綢之路文獻集成 科技與文化編

nach 非 *fēi* = wenn nicht, wen anders als, im bedingenden Vordersatze einer Frage, §§. 776 Abs. 2, 880. Nur ausnahmsweise bedient man sich dieser Wendung auch sonst zu scharfer gegensätzlicher Hervorhebung des Objectes: 義之與比。*ngí čī iû-pí.* Der Rechtlichkeit folgt er, *jurgan de acabumbi.* LYü IV, x. 周公方且膺之、子是之學。*Čeū kūng fāng-ts'ìe yīng čī; tsī ší čī hiok.* Der Čeu-Fürst also schlug sie; bei Solchen (Barbaren) lernen Sie, Herr! Mtsï III, i, IV, 16. 我之求也。*ngò čī k'ieû yè?* Suchet ihr mich? Tso-čuen II, xvi. — Nach 不惟, Beispiel §. 1171.

Eine Inversion des Objectes ohne zwischengeschobenes 之 *čī* findet bei einzelnen **Präpositionen** statt, namentlich bei 以 *ì*, §§. 709—713, seltener bei 於、于 *iû*, §. 744, 乎 *hû*, §. 753, und 爲 *wéi*, §. 800.

Wegen der Inversion des Objectes durch 而 *rî* siehe §. 623. Man beachte folgenden Satzbau: 焉有仁人在位、罔民而可爲也。*yēn yeù žîn žîn tsái wéi, wàng mîn rî k'ò wêi yè?* Wo käme es vor, dass, während ein pflichttreuer Mann den Thron innehat, man dem Volke Fallstricke legen dürfte? (. . . *irgen be geodebure be yabuci ombini?*) Mtsï III, i, III, 3.

§. 1174. Mittelst 所 *sò* kann das logische Object eines Verbums beliebig zum Subjecte oder zum Prädicate des Satzes gemacht werden. Diese Redeweisen sind zumal dann zu empfehlen, wenn das logische Object aus einer grösseren Wortgruppe besteht, oder das logische Subject bejahend oder verneinend hervorgehoben werden soll: 以爲得之於人、則決非种穆所及。*ì wêi tek čī iû žîn, tsek kiuet fēi Č'ūng Muk sò kip.* Meint man, er habe es von Andern empfangen, dann sicherlich reichen Č'. und M. nicht an ihn heran. Einl. zu Thai-kih-thu 18. 千里而見王、是予所欲也、不遇故去、豈予所欲哉。*ts'iēn lì rî kién wâng, ší iû sò yuk yè; put iû kú k'iû, k'ì iû sò yuk tsāi?* Tausend Li (weit gehen) um den König zu besuchen, das wollte ich; ihn nicht antreffen und darum gehen, wollte ich etwa das? Mtsï II, ii, XII, 3. 生亦我所欲。*šēng yik ngò sò yuk.* Zu leben wünsche auch ich. Das. VI, i, X, 2. 如使人之所欲、莫甚於生、則凡可以得生者、何不用也。*žû ssì žîn čī sò yuk, mok ším iû šēng, tsek fâm k'ò ì tek šēng čè, hô put yúng yè?* Angenommen, die Menschen wünschten nichts mehr als zu leben: warum wird denn nicht Alles angewandt, wodurch man das Leben erhalten kann? Das. 3. Vgl. §§. 530—531, 535. 如曰、. . . 則非愚所敢知也。*žû yuet: . . . tsek fēi iû sò kàm čī yè.* Wenn man sagt: . . ., so wage ich Unwissender nicht, es zu wissen (masse mir darüber kein Urtheil an). Han-iü (Kwpč. VI, 69 b). 此非臣之所敢任也。*ts'ì fēi č'în čī sò kàm žim yè.* Dies wagt Euer Unterthan nicht zu verantworten. Ssï-ki

漢文經緯

LXXVI, 7 b. — So auch mit Präpositionen: 斯民也、三代之所以直道而行也。*ssï mîn yè, sām tái či sò-ì čik taò rî hîng yè.* Wegen eines solchen Volkes wandelten die drei Dynastien den geraden Pfad. LYü XV, xxiv, 2.

§. 1175. Hat ein actives Verbum eine **Negation** bei sich, und ist das Object desselben zugleich **Voraussetzung, Bedingung** oder **Umstand** des Nichtthuens, so ist Inversion auch ohne entsprechende Hülfswörter zulässig: das logische Object eröffnet den Satz, und das Verbum hat kein grammatisches Object hinter sich: 沽酒市脯不食。*kū tsieù šì fú put šik.* Gekauften Wein und Hackefleisch vom Markte genoss er nicht, d. h. er genoss nicht den Wein, wenn er gekauft u. s. w. LYü X, viii, 5. 危邦不入、亂邦不居。*nguêi pāng put žip, luán . . . kiū.* Einen gefährdeten Staat betritt er nicht, in einem aufrührerischen Staate verweilt er nicht. LYü VIII, xiii, 2.

In folgenden Sätzen wird scheinbar das Attribut des invertirten Objectes selbst zum Objecte: 食不厭精、膾不厭細。*ssî put yím tsīng, kuèi . . . sí . . .* Reis verschmähte er nicht wohlgereinigt, Ragout . . . fein; d. h. beim Reis schätzte er die reine Qualität u. s. w. LYü X, viii, 1.

§. 1176. Eine eigenthümliche Anwendung von 其 ***k'î*** ist diese, dass es ein vorausgegangenes Prädicat gedanklich wiederholen kann mit der Wirkung, als ob dieses mit zwischengeschobenem attributiven 之 *či* vor dem betreffenden Substantive stünde (§§. 442 ff.): 見善如不及、見不善如探湯、吾見其人矣、吾聞其語矣。*kién šén žû put kip, kién put šén žû t'âm t'āng, ngû kién k'î žîn ì, ngû wên k'î iù ì.* Gutes sehen (mit Eifer), als ob man es nicht erreichte, Schlechtes sehen (mit Abscheu), als ob man heisses Wasser (mit der Hand) versuchte: ich sah wohl solche Menschen, ich hörte wohl solche Worte. LYü XVI, xi, 1. Hier ist 其 *k'î* nicht pronominal, sondern sozusagen proverbal.

§. 1177. Keine eigentliche Inversion ist die **prädicative Stellung der Adverbien.** Sie ist überall da zu empfehlen, wo wir selbst das Adverb zum Prädicate machen würden: 是故以天下與人易、爲天下得人難。*ší-kú ì t'iēn-hiá iù žîn yí, wéi . . . tek žîn nân.* Darum: das Reich einem Menschen zu übergeben ist leicht, für das Reich einen (geeigneten) Menschen zu finden ist schwierig. Mtsï III, i, IV, 10. — Aber auch sonst ist diese Stellung zulässig (vgl. §. 388): 然而葬其親厚。*žân rî tsáng k'î ts'īn heú.* Doch aber hat er seine Eltern freigebig (mit Aufwand) bestattet. Das. V, 2.

海上絲綢之路文獻集成 科技與文化编

Drittes Capitel.

Copula, Modalität.

I. Satzschliessende 也 *yè*, 矣 *ì*, 已 *ì*, 焉 *yên* und 云 *yûn*.

§. 1178. Die Finalen 也 *yè*, 矣 *ì* und 焉 *yên* sind die gebräuchlichsten der mittheilenden Rede und wegen der Zartheit ihrer Bedeutungen mehr als andere Hülfswörter geeignet, ab und zu mehr als Füllmittel im Dienste des Rhythmus verwendet oder dem Rhythmus zuliebe weggelassen zu werden. Bedeutungslos sind sie indessen nie, und ihre rechtzeitige Anwendung und richtige Wahl gehört zu den Schwierigkeiten des guten Stils.

§. 1179. Keiner Finalen bedient man sich in der Regel in gleichmüthiger Rede, namentlich:

a.) in der blossen Erzählung oder sicheren Voraussage von Ereignissen: 顏淵死、子哭之慟。*Yên-yuēn ssì, tsì k'uk čī túng.* Als Y. starb, weinte der Meister um ihn bitterlich. LYü XI, IX, 1. 夫人不言、言必有中。*fû žîn put yên; yên pit yeù čúng.* Dieser Mann redet nicht (ist nicht gesprächig); redet er, so ist es sicher treffend. Das. XIII, 3;

b.) in wissenschaftlicher Entwicklung von Vorgängen: 太極動而生陽、動極而靜、靜而生陰、靜極復動。*t'ái-kik túng rî šēng yâng; . . . tsíng; . . . yīm; . . . feú túng.* Das Urprincip, indem es sich bewegt, erzeugt Yang; auf dem Gipfel der Bewegung (angelangt) ruht es; . . . Yim; . . . bewegt es sich wieder. Thai-kih-thu §. 2;

c.) in Sentenzen: 貧而無怨、難、富而無驕、易。*p'în rî wû yuén, nân; fú rî wû kiaō, í.* Arm sein ohne zu murren ist schwer; reich sein ohne sich zu überheben ist leicht. LYü XIV, XI.

Aber auch sonst ist es durchaus nicht zu empfehlen, Finalen überall da anzuwenden, wo sie allenfalls hinpassen.

Anmerkung. Das *Lün-iü* ist besonders reich an Finalen; dies bringt der gemüthliche, zuweilen erregte Gesprächston so mit sich, ist also nicht unterschiedslos nachzuahmen. *Méng-tsì* in seiner mehr discursiven Redeweise ist viel sparsamer, zumal in Häufungen von Finalen, und Schriften in Lehrbuchsform wie das *Taò-tek-kīng* u. A. bedienen sich natürlich dieser Mittel noch seltener.

§. 1180. Satzschliessendes 也 *yè* (vgl. §§. 809—810) wird namentlich in folgenden Fällen angewandt:

漢文經緯

a.) in bestimmt versichernder Rede, vorzugsweise bei negativen Prädicaten: 狂者進取、狷者有所不爲也。 *k'uâng-čè tsín ts'iŭ, kiuén-čè yeŭ sò put wêi yè.* Die Kühnen gehen vor und greifen zu; die Bedächtigen thuen Mancherlei (Schlimmes) nicht (davor sind sie gesichert). LYü XIII, XXI. 太極之有動靜、是天命之流行也。 *t'ái-kik čī yeù túng tsíng, ší t'iēn míng čī lieû-hîng yè.* Dass das Urprincip Bewegung und Ruhe hat, ist Wirkung der himmlischen Fügung. Thai-kih-thu §. 2 a;

b.) wiederholt in Antithesen: 非求益者也、欲速成者也。 *fēi k'ieû yik čè yè; yuk suk č'îng čè yè.* Er ist nicht Einer, der Fortschritt sucht, sondern Einer, der rasch fertig (ein Mann) werden will. Das. XIV, XLVII, 2. 則子非食志也、食功也。 *tsek tsî fēi ssî čí yè, ssî kūng yè.* Also lohnen Sie, Herr, nicht die Absicht, sondern Sie lohnen die Leistung. Mtsï III, II, IV, 5;

c.) in definirender Rede, gleichviel ob das zu erklärende Wort Subject oder Prädicat ist: 陰陽、氣也、形而下也、道、太虛也、形而上也。 *yīm yâng, k'í yè, hîng rî hià yè; taò, t'ái hiū yè, . . . šáng yè.* Yim und Yang sind Odem (Materie), hinsichtlich der Erscheinungen das Untere; Norm ist die äusserste Leere (Abstraction), . . . das Obere. Sing-li, *Lì-k'í* 1 a. 情之未發者性也、是乃所謂中也、天下之大本也。性之已發者情也、其皆中節、則所謂和也、天下之達道也。 *ts'îng čī wéi fat čè síng yè; ší nài sò wéi čūng yè; t'iēn-hià čī tá pèn yè, síng čī ì . . .; k'î kiāi čúng tsiet, tsek sò wéi huô yè, . . . tat taò yè.* Der Neigungen Noch-nicht-hervorgetreten-sein ist Natur; dies ist weiterhin die sogenannte Mitte; es ist der Welt grosses Fundament. Der Natur Hervorgetreten-sein ist Neigung; treffen sie beide (trifft sie in allen Fällen?) das Rechte, so ist es . . . Harmonie, . . . durchdringende (allgemeine) Norm. Thai-kih-thu, Anh. 6. 誠者、自成也、而道、自道也。 *šîng-čè, tsî č'îng yè, rî taò, tsî taò yè.* Wahrheit ist Selbstbewährung, und Norm ist Selbstnormirung. Čung-yung XXV, 1.

§. 1181. Sehr wirksam ist **wiederholtes** 也 *yè:*

a.) hinter den Prädicaten: 爲天下國家有九經、曰、脩身也、尊賢也、親親也、敬大臣也、體羣臣也、子庶民也、來百工也、柔遠人也、懷諸侯也。 *wêi t'iēn-hià kuok-kiā yeù kieù kīng, yuet: sieū šīn yè, tsūn hiên yè, ts'īn ts'īn yè, kíng tá-č'în yè, t'ì k'iûn č'în yè, tsî šú-mîn yè, lâi pek-kung yè, žeû yuèn žîn yè, hoâi čū-heû yè.* Reich und Staatswesen zu verwalten, gibt es neun Richtschnuren; sie heissen: sich selbst vervollkommnen, die Weisen ehren, die Verwandten verwandtschaftlich behandeln, die Minister achten, höflich sein gegen alle Beamten, das ganze Volk wie Kinder lieben, die Gewerke heranziehen, gegen Leute aus der Ferne Milde üben, den Lehensfürsten Liebe erweisen. Čung-yung XX, 12; vgl. auch §. 809;

b.) sowohl hinter dem Subjecte als auch hinter den Prädicaten, in Fällen, wo hinter dem Subjecte 也 *yè* (vgl. §. 1167) oder 也者 *yè čè* (vgl. §. 1167) am Platze sein würde: 陽也剛也仁也、物之始也。陰也柔也義也、物之終也。*yâng yè kāng yè žîn yè, wut čī šì yè; yîm yè žeû yè ngí yè, wut čī čūng yè.* Yang, Strenge, Pflichttreue sind der Dinge Anfang; Yim, Milde, Billigkeit . . . Ende. Thai-kih-thu §. 9 c.

§. 1182. Wegen 矣 *ì* vgl. §§. 813—818. Dieses Hülfswort ist in bescheidenen, besonders in folgernden Behauptungen nach 則 *tsek,* 斯 *ssī,* 即 *tsik* und sonst zu empfehlen und bei positiven Prädicaten gebräuchlicher als bei negativen: 童子言焉、將爲戮矣。*t'ûng-tsì yên yên, tsiāng wêi luk ì.* Wenn ein Knabe (wie du) so redet, wird er wohl gezüchtiget werden. Tso-čuen IX, 8. 三年無改於父之道、可謂孝矣。*sām niên vû kài iū fú čī taò, k'ò wéi hiaó ì.* Drei Jahre lang nichts ändern an den Wegen des Vaters, kann wohl Pietät genannt werden. (Das Subject ist zugleich Bedingung, ein gesetzter Fall; daher 矣, nicht 也 *yè.*) LYü IV, xx.

Wechselndes 矣 *ì* und 也 *yè* = μὲν — δὲ: 子謂韶、盡美矣、又盡善也、謂武、盡美矣、未盡善也。*tsì wéi Šaô, tsín mèi ì, yeú tsín šén yè; wéi Wù . . . wéi . . .* Der Meister sagte von Š., es sei **wohl** vollkommen schön, **aber** auch vollkommen gut; von Wu, . . . noch nicht . . . LYü III, xxv.

§. 1183. 焉 *yên* (vgl. §§. 820—823) ist vorzüglich in folgenden Fällen beliebt:

a.) In schildernder oder beschreibender Rede, zumal wenn es sich um dauernde Zustände oder Verhaltungsweisen handelt: 智者作法、愚者制焉、賢者更禮、不肖者拘焉。*čí-čè tsok fap, iû-čè čí yên; hiên-čè kēng lì, put-siaó-čè k'iū yên.* Kluge machen Gesetze, Dumme reglementiren (?); Weise gestalten die Sitten um, Unzulängliche halten (an denselben) fest. Ssï-ki LXVIII, 3 b. 賜不受命、而貨殖焉。*Ts'ï put šeú míng, rî huó čik yên.* Ts'ï nimmt nicht das Schicksal hin (wie es ist), und sein Vermögen ist im Wachsen. LYü XI, xviii, 2. 君有何疑焉。*kiūn yeù hô ngî yên?* Welches Bedenken (welchen Argwohn) hegt der Fürst? Ssï-ki LXXV, 10 a. 女得人焉耳乎。*žù tek žîn yên rì hû?* Findest du wenigstens (*rì*) Leute (die dir zusagen)? LYü VI, xii.

b.) Rhetorisch, um die Erwartung auf das Folgende zu wecken: 王之爲都者、臣知五人焉、知其罪者、惟孔距心。*wâng čī wêi tū čè, čîn čī ngù žîn yên: čī k'î tsúi čè, wêi K'ùng K'iū-sīm.* Von Ew. Majestät Stadt-

海上絲綢之路文獻集成 科技與文化编

Befehlshabern kennt Ew. Unterthan fünf; Einer, der seine Fehler einsieht, ist (unter diesen) nur K'. Mtsï II, ii, IV, 4. 十室之邑、必有忠信如丘者焉、不如丘之好學也。*šip šit čī yip, pit yeù čūng sín žû K'ieū čè yên, put žû K'ieū čī haò hiok yè.* In einer Gemeinde von zehn Hauswesen wird es sicher Ehrliche und Wahrhaftige wie mich geben, **aber welche** nicht wie ich das Studium lieben. LYü V, xxvii.

Man beachte namentlich 焉 *yên* vor Aufzählungen (§. 822).

c.) Euphonisch, wo es der Sinn erlaubt, hinter Wörtern, auf welche es reimt: 有聖人之言焉。*yeù šíng žîn čī yên yên.* Es gibt einen Ausspruch eines heiligen Menschen (der besagt . . .). 道不傳焉。*taò put č'uên yên.* Die rechte Norm wird (ist) nicht überliefert (Prémare).

Ein Beispiel von **wiederholtem** 焉 *yên* siehe §. 450.

§. 1184. 已 *ì* (vgl. §. 819) = am Ende, schliesslich, erscheint häufiger in Verbindung mit anderen Finalen als allein: 浸潤之譖、膚受之愬、不行焉、可謂明(遠)也已矣。*tsím-žûn čī čím, fū šeú čī sú, put hîng yên, k'ò wéi mîng (yuèn) yè ì ì.* Wenn einsickerndes Gerede und in's Fleisch aufgenommene (verwundende) Anschuldigungen nicht wirken, so kann das wohl schliesslich in der That Scharfblick (Fernblick) heissen. LYü XII, vi. 亦各言其志也已矣。*yik kok yên k'î čí yè ì ì.* Sie haben wohl (ì₂) schliesslich (ì₁) auch nur ein Jeder seine (wirklichen, *yè*) Wünsche ausgesprochen. LYü XI, xxv, 8. 其言也訒、斯謂之仁已乎。*k'î yên yè žín, ssï wéi čī žîn ì hû?* Ist er in seinen Reden vorsichtig, nennt man ihn dann (*ssï*) am Ende pflichttreu? (läuft die Pflicht darauf hinaus?) LYü XII, iii, 3. 四十五十而無聞焉、斯亦不足畏也已。*ssí-šip ngù-šip rî wû wên yên, ssï yik put tsuk nguéi yè ì.* Vierzig oder fünfzig Jahre alt sein, ohne einen Ruf zu haben, das genügt schliesslich auch nicht, um mit Ehrfurcht empfangen zu werden. LYü IX, xxii.

§. 1185. Dasselbe gilt von dem anführenden 云 *yûn* (vgl. §. 836): 聖與仁、則吾豈敢、抑爲之不厭、誨人不倦、則可謂云爾已矣。*šíng iù žîn, tsek ngû k'ì kàm? yik wêi čī put yím, hoéi žîn put kiuén, tsek k'ò yûn rì ì ì.* Heilig und (tadellos) pflichttreu, sollte ich darauf Anspruch machen? Aber dass ich daran arbeite ohne Ueberdruss und die Menschen belehre ohne zu ermüden, mag allenfalls noch von mir gesagt werden. LYü VII, xxxiii.

海上絲綢之路文獻集成 科技與文化編

II. Ja und Nein.

§. 1186. Die Antwort mittelst Ja und Nein geschieht auf zweierlei Weise:

I. Durch Wiederholung des zu bestätigenden oder — unter Beifügung der Negation — des zu verneinenden Wortes: 汝安乎。安。 *žù ngān hû? — ngān.* Befindest du dich wohl? — Ja. 是魯孔丘與。曰、是也。 *ší Lù K'ùng K'ieū iû? yuet: ší yè.* Das ist doch wohl K'. aus Lu? Antwort: Er ist es. LYü XVIII, vi, 2. 可乎。不可。 *k'ò hû? put k'ò.* Ist es zulässig? Nein.

II. Durch besondere Ausdrücke für Ja und Nein. Solche sind: 然 ***žân,*** ja, bestätigend; 諾 ***nok,*** ja, einwilligend. LYü XVII, i, 2. 否 ***feù,*** nein, verneinend; 諤 ***ngok,*** nein, ablehnend (§. 581, 1). 不然 ***put žân,*** mit nichten (§. 663).

III. Prädicat des Seins.

§. 1187. Die einfache Copula **sein** bleibt **unausgedrückt** oder findet vielmehr in der gegenseitigen Stellung von Subject und Prädicat hinreichenden Ausdruck. Sowohl die Finalen, als auch die Wörter für **sein** haben stets eine modale Nebenbedeutung: 性善 *síng šén,* die Natur ist gut. Mtsï VI, i, VI, 4. 吾有司死者、三十三人。 *ngû yeù-ssï ssì čè, sām-šip-sām žîn.* Von meinen Officieren waren die Gestorbenen 33 Mann, sind 33 Mann im Kampfe gefallen. Das. I, ii, XII, 1. 君道知人、臣術知事。 *kiün taò čī žîn, č'în šut čī ssí.* Des Fürsten Norm ist Menschenkenntniss, des Ministers Kunst ist Geschäftskundigkeit. Hot-kuan-tsï I, 17 a. 聖人太極之全體。 *šíng žîn t'ái-kik čī ts'iuên t'ì.* Der heilige Mensch ist die völlige Verkörperung des Urprincipes. Thai-kih-thu §. 8, a (vgl. §. 300).

IV. Possessives Prädicat.

§. 1188. Possessivcomposita (Bahuvrîhi, §§. 293, 294, 302), aus Adjectiven oder Zahlwörtern und Substantiven gebildet, sind dann als Prädicate zu verwenden, wenn der Besitz als eine Eigenschaft des Subjectes erscheinen soll: 人皆深目高鼻。 *žîn kiāi šim muk kaō pí.* Die Leute (Einwohner) alle **haben** tiefliegende Augen und hohe Nasen (sind tiefäugig und hochnasig). Sch.

V. Ursächliches Prädicat.

§. 1189. Soll von einer Thatsache ausgesagt werden, wodurch sie verursacht, von einer Möglichkeit, wodurch sie bedingt sei, so ist einfache prädicative Verbindung der beiden Glieder zulässig und üblich: 北宮子之窮、非愚失也、皆天也、非人也。 *Pek-kūng-tsï či k'iûng, fēi iû šit yè; kiāi t'iēn yè, fēi žîn yè.* Des P. Armuth **beruht** nicht **auf** Dummheit und Fehlern; ganz ist sie **vom** Himmel, nicht **von** Menschen **verursacht.** Liet-tsï VI, 2b. 然而生生死死、非物非我、皆命也。 *žân-rî šēng šēng ssï ssï, fēi wut fēi ngò, kiāi míng yè.* Nun aber ist Lebenserzeugung und Todbringung nicht von den Dingen und nicht von uns, sondern beides vom Schicksale **abhängig.** Das. 5b.

Wegen einer sinnverwandten Ausdrucksweise durch 在 *tsái, inesse,* siehe später (§. 1201 b).

VI. Wörter für Sein und Werden.

§. 1190. 是 ***ší,*** Gegensatz 非 *fēi* (vgl. §§. 485—487), ist pronominal und verhält sich als Ausdruck der Copula zu jenem durch die blosse Wortstellung ähnlich wie im Französischen das nachdrückliche *c'est* (z. B. *le mouvement, c'est la vie*) zu blossem *est*; wie Jenes betont es, dass das Prädicat auf das Subject zutrifft, hat aber eine weniger rhetorische, überraschende Wirkung. In nachclassischer Zeit hat der Gebrauch dieser Copula sehr überhand genommen und gleichzeitig viel von seiner Kraft verloren. 室是遠而。 *šit ší yuèn rî.* (Dein) Haus, das ist nur (zu) fern. LYü IX, xxx, 1. 虎兕出於柙、龜玉毀於櫝、是誰之過。 *hù ssï č'ut iü hiap, kuēi yük wèi iü tuk, ší šûi či kuó?* (Wenn) ein Tiger oder Rhinoceros aus seinem Käfige entkommt, (wenn) eine Schildkröte oder ein Edelstein im Kasten beschädigt wird: wessen Schuld ist dies? Das. XVI, I, 7. — Man beachte den Unterschied zwischen 是 *ší* und 爲 *wêi* in folgendem Beispiele: 鈞是人也、或爲大人、或爲小人、何也。 *kiūn* (= 均) *ší žîn yè; huok wêi tá žîn, . . . siaò žîn: hô yè.* Alle sind Menschen (der Name gebührt ihnen); Manche sind (durch ihr Verhalten oder äussere Umstände) grosse, Andere kleine Menschen: woher das? Mtsï VI, I, XV, 1. 天道是理、陰陽五行是氣、合而言之、氣卽是理。 *t'iēn taò ší lì, Yīm Yâng ngù hîng ší k'í; hop rî yên či, k'í tsik ší lì.* Des Himmels Norm ist Vernunft; Yim, Yang und die fünf Elemente sind Materie. Redet man von ihnen vereint, so ist Materie zugleich Vernunft. Sing-li X, 2a.

Wegen neuerer Verbindungen mit copulativem 是 *ší* siehe §§. 486 und 517.

§. 1191. Nachdrücklich und belebend ist die Wendung 是也 ***ší yè*** = das ist, das war, nämlich (§. 482): 臣聞七十里、爲政於天下者、

湯是也。*č'ìn wên ts'ït-šip lì, wêi čìng iü t'iēn-hià čè: T'āng ší yè.* Der Unterthan (= ich) hörte von Einem, der mit (einem Besitze von) siebenzig Li übte die Regierung im Reiche: Thang **war dies.** Mtsï I, ɪɪ, XI, 2. 陰陽之氣、有常存而不散者、日月是也、有消長而無窮者、寒暑是也。*yīm yâng čī k'í, yeù č'âng ts'ûn rî put sàn čè: žit yuet ší yè; yeù siaō càng rî wû k'iûng čè: hân šù ší yè.* Des Yim und Yang Odem hat etwas Ewigwährendes und sich nicht Verwirrendes, **nämlich** Sonne und Mond; er hat etwas Ab- und Zunehmendes und doch Unerschöpfliches, **nämlich** Kälte und Hitze. Sing-li X, 10 b.

§. 1192. 卽 ***tsik*** — ist eben, ist gerade, erscheint zumal im nachclassischen Stile häufig, hat aber immer die Nebenbedeutung einer Conjunction, indem es logisch an ein zuvor Gesagtes anknüpft. Beispiele siehe §. 515.

Aehnliches gilt von dem schon in classischer Zeit beliebten 乃 ***nài*** — ist dann, war dann (§. 654).

Wegen des seltenen copulativen 斯 ***ssï*** vgl. §. 495.

§. 1193. Copulatives 爲 ***wêi,*** vgl. §§. 784—787, bezieht sich immer auf ein Werden oder gewordenes Sein, gleichviel ob eigenes Verhalten des Subjectes oder andere Umstände als Ursache gedacht sind: 化而爲鳥。*hoá rî wêi niaò.* Sich verwandelnd wird er ein Vogel. Čuang-tsï I, 1 a. 天所賦爲命、物所受爲性。*t'iēn sò fú wêi míng, wut sò šeú wêi síng.* Was der Himmel verleiht, ist Schicksal; was die Dinge empfangen, ist Natur. (Hier wird die Entstehung von Schicksal und Natur erklärt; handelte es sich blos um die Bedeutung der Begriffe, so müsste es heissen: 命(性)也.) T'ung-šu I, 3, Comm.

Wegen des gelegentlichen Gebrauches von 爲 *wêi* vor verbalen Prädicaten vgl. §. 781.

§. 1194. Beliebt ist die beschreibende Wendung: *A* (之)爲 *B C*, ***A*** ***(čī) wêi B C*** (§. 787). 其爲說實相表裏。*k'î wêi šuet šit siāng piaò lì.* Die Erörterungen verhalten sich in der That zu einander wie Ober- und Untergewand. Sing-li I, 16 b. 易之爲書、廣大悉備。*Yik čī wêi šū, kuàng tá sit pí.* Das Yik(-king) ist ein umfassendes und grosses, ganzes und vollständiges Buch. Yik-king, Hi-ts'ï II, cap. 10. 心之爲物、至虛至靈。*sīm čī wêi wut, čí hiü čí lîng.* Das Herz ist ein höchst unkörperliches, höchst geistiges Ding. Sing-li VII, 15 a.

§. 1195. 成 ***č'îng*** = vollenden, vollkommen, als copulatives Verbum = werden, verwandt mit 誠 *šîng,* wahr, ächt, wirklich, und mit 盛 *šíng,* voll, Fülle, Gedeihen: 徒杠成。*t'û-kiāng č'îng.* Die Holzbrücken für Fussgänger sind fertiggestellt. Mtsï IV, ii, II, 3. 乾道成男、坤道成女。*K'iên taò č'îng nâm, K'uēn taò č'îng niü.* Des K'ien Norm ist das Männliche, des K'uen Norm das Weibliche geworden (*ohobi*). Yik-king, Hi-ts'ï I, 4.

§. 1196. 加 ***kiā,*** hinzufügen, Einem (eine Würde) übertragen, befördern zu, hat als Neutrum oder Passivum die Bedeutungen: mehr werden, zunehmen, erhoben werden zu: 加減 *kiā kiàm,* zu- und abnehmen; 加多、加少 *kiā tō, kiā šaò,* (numerisch) zunehmen, abnehmen. Mtsï I, i, III, 1. 夫子加齊之卿相。*fū-tsï kiā Ts'î čī k'īng siáng.* (Wenn) du, Meister, Edelmann und erster Minister von Ts'i würdest. Das. II, i, II, 1.

§. 1197. 作 ***tsok*** heisst, ähnlich wie 爲 *wêi:* machen, anfertigen: 始丨俑者、其無後乎。*šì tsok yùng čè, k'î wû heú hû?* Der zuerst Holzpuppen anfertigte, hatte der keine Nachkommen? Mtsï I, i, IV, 6. 民乃丨慝。*mîn naì tsok nik.* Das Volk verübt da Schlechtigkeiten. Das. I, ii, IV, 6. 詩亡、然後春秋丨。*šī wâng, žân-heú č'ün-ts'ieū tsok.* Die Lieder gingen verloren, darnach wurde das Tsch'ün-ts'ieu verfasst. Das. IV, ii, XXI, 1.

§. 1198. Copulativ angewandt, hat 作 ***tsok,*** ähnlich unserem ‚machen', die Bedeutung: eine Stelle, ein Amt, einen Dienst versehen, — doch ohne verächtlichen Beigeschmack: 由湯至於武丁、賢聖之君六七丨。*yeû T'āng čí iü Wù-tīng, hiên-šíng čī kiün luk ts'it tsok.* Von Thang bis auf Wu-ting (1765—1323 v. Chr.) haben weise und heilige Fürsten sechs bis sieben gewaltet. Mtsï II, i, I, 8. 聖王不丨。*šíng wâng put tsok.* Heilige Könige erstanden nicht. Das. III, ii, IX, 9. 邪說者不得丨。*siê-šuet-čè put tek tsok.* Uebelredner erlangen nicht aufzutreten. Das. 10. 天子丨民父母。*t'iēn-tsï tsok mîn fú-mù.* Der Himmelssohn ist (thatsächlich) Vater und Mutter des Volkes. Ssï-ki XXXVIII, 6 a. Man beachte: 今日我疾丨。*kīm-žit ngò tsit tsok.* Heute bin ich krank (zähle als Kranker, bin daher kampfuntüchtig). Mtsï IV, ii, XXIV, 2.

§. 1199. 有 ***yeù*** wird sowohl persönlich in der Bedeutung: **haben,** als auch unpersönlich, mit oder ohne vorausgehendem Adverbialis (Locativ) in der Bedeutung: **vorhanden sein** gebraucht. Gegensatz: 無 *wû.* 有教無類。*yeù kiaó wû lúi.* Gibt es Unterricht (Bildung), so gibt es keinen Rangunterschied. LYü XV, xxxviii. 人之有技、若己有之。*žîn čī yeù kí, žok kì yeù čī.* Haben Andere Fähigkeiten, so ist es, als ob er sie selber hätte. Ta-hiok X, 14. 古之人有行之者、文王是也。*kù čī žîn yeù hîng čī čè: Wên-wâng ší yè.* Unter den Männern des Alterthums gab es Einen, der das that: Wen-wang war dies. Mtsï I, ii, X, 3. — So kann auch 有 *yeù* auf **ganze Thatsachen** bezogen werden: 不識有諸。*put šik yeù čū.* Ich weiss nicht, ob das (Erzählte) wirklich geschehen ist. Das. I, I, VII, 4. Dahin gehören die beliebten Satzschlüsse: **有之** ***yeù čī,*** das kommt vor, — Gegensatz: **未之有也** ***wéi čī yeù yè,*** das ist noch nicht vorgekommen.

Passivischer Gebrauch von **有** *yeù* ist gleichfalls zulässig: **可以生可以死、得生得死、有矣。不可以生不可以死、或死或生、有矣。** *k'ò-ì šēng ... ssì, tek ... yeù ì; put ... huok ...* In der Lage zu leben ... sterben, wirklich zu leben ..., das kommt wohl vor. Nicht in der Lage ... schwanken zwischen Sterben und Leben, das kommt wohl vor. Liet-tsï VI, 5b.

§. 1200. Wegen der gebräuchlichen Redensart **何** *x* **之有。** ***hô x čī yeù*** vergl. §. 434. **實理自焉、何爲之有。** *šit lì tsî-žân; hô wêi čī yeù?* Die reine Vernunft ist spontan; was bedarf es einer Thätigkeit? T'ung-šu II, 1, Comm.

§. 1201. **在** ***tsái*** = *inesse* ist:

a.) örtlich: wo sein: **某在斯。** *meù tsái ssī.* Der und der ist hier. LYü XV, XLI, 1.

b.) ursächlich: es liegt an Jemand oder Etwas: **故知之難、不在見人、在自見。** *kú čī čī nân, put tsái kién žîn, tsái tsî kién.* Darum beruht die Schwierigkeit des Wissens nicht darin, Andere zu sehen, sie beruht darin, sich selbst zu sehen. Han-fei-tsï VII, 6a.

VII. Negationen.

§. 1202. Das Chinesische besitzt sowohl adverbiale, als auch verbale und substantivische Verneinungswörter. Gemeinsam ist ihnen (oder doch den meisten von ihnen) die syntaktische Wirkung bei der Anteposition (§§. 343, 344).

Anmerkung. Es ist schwerlich ein Zufall, dass alle hierher gehörigen Wörter mit Labialen anlauten; dabei ist *w* immer aus älterem *mw* hervorgegangen.

§. 1203. Die allgemeine und einzig reine Negation ist **不** ***put,*** nicht; alle anderen verneinenden Wörter enthalten etwas mehr als die blosse Negation, und es stehen ihnen entsprechende positive Ausdrücke gegenüber. **不** ***put*** dagegen wende man an, wenn man lediglich ein Prädicat oder Attribut verneinen, nicht ein entgegengesetztes behaupten will. Vgl. §§. 955, 956.

§. 1204. **終不** ***čūng-put*** — nie, nimmer, weist auf die Zukunft: **終不可諠兮。** *čūng put k'ò hiuēn hî!* O, nie kann er vergessen werden. Ši I, v, I, 1. **昔者孟子嘗與我言於宋、於心終不忘。** *sik-čè Méng-tsì č'âng iù ngò yên iū Súng; iū sīm čūng put wâng.* Einst hat M. in Sung mit mir geredet; in meinem Herzen werde ich es nie vergessen. Mtsï III, I, II, 1.

海上絲綢之路文獻集成 科技與文化編

§. 1205. 否 *feù* wurde in vorclassischer Zeit auch im Zusammenhange des Satzes gebraucht: 否德。*feù tek.* Ich habe nicht die (nöthige) Tugend. Šu I, i, 12. — Seit der classischen Zeit pflegt es absolut in der Bedeutung von **nein, wenn nicht, anderenfalls, oder nicht?** angewendet zu werden: 格則承之庸之、否則威之。*kek tsek šing* (r. 64) *čī yúng čī, feù tsek wēi čī.* Bessern sie sich, so nimm sie an, verwende sie; wo nicht, so schüchtere sie ein. Šu II, iv, 7. 德惟治、否德亂。*tek wêi čí, feù tek luán.* Wo Tugend, da ist (gute) Regierung, wo nicht, da ist Verwirrung. Šu IV, v, III, 2. 否、不然。*feù, put žân.* Nein, dem ist nicht so. Mtsï V, i, IX, 1.

§. 1206. 末 ***mot*** bedeutet sonst: ‚Ende, Endpunkt, schliesslich' und wird von manchen Schriftstellern nur in diesem Sinne gebraucht. Als Negation verbindet es sich gern mit finalem 已 *ì* und scheint diesem entsprechend die Bedeutung: **‚schliesslich nicht, am Ende nicht,** zu haben. 雖欲從之、末由也已。*sūi yuk ts'ûng čī, mot yeû yè-ì.* Obschon ich ihm zu folgen wünsche, kann ich es ihm schliesslich nicht nachthun. LYü IX, x, 3. 說而不繹、從而不改、吾末如之何也已矣。*yuet rî put yik, ts'ûng . . . kài, ngû mot žû-čī-hô yè-ì-ì.* (Wenn Einer an diesen Worten) Freude hat, aber sie nicht entfaltet, ihnen beipflichtet, aber sich nicht bekehrt, so weiss ich in der That schliesslich kaum (*yè ì-ì*), was ich von ihm halten soll. Das. XXIII; vgl. XV, xv. 末之也已。*mot čī yè-ì.* Geh' am Ende nicht hin. Das. XVII, v, 2. 末之難矣。*mot čī nân ì.* Ich möchte es nicht für schwer halten, — man braucht es nicht ernst zu nehmen. LYü XIV, xlii, 3.

§. 1207. 未 ***wéi*** = **noch nicht,** ist Gegensatz von 既 *kí* und 已 *ì*, bereits, Hülfswörtern des Perfectums. Es verbindet sich, zumal im nachclassischen Stile, gern mit 嘗 *č'âng*: 未嘗 ***wéi-č'âng,*** noch nie. 今乘輿已駕矣、有司未知所之。*kīm šing-* (r. 4) *iû* (r. 159) *ì kiá ì, yeù-ssï wéi čī sò čī.* Jetzt ist der Wagen bereits angespannt, (und) die Beamten wissen noch nicht, wohin du gehst. Mtsï I, ii, XVI, 1. 毛羽未成。*maô iù wéi č'îng.* Haare und Federn sind noch nicht gewachsen. Ssï-ki LXIX, 2a. 自上古以來未嘗有。*tsī šáng kù ì-lâi wéi-č'âng yeù.* Seit dem höchsten Alterthume bisher ist es noch nicht dagewesen. Ssï-ki VI, 10a. 民不足而可治者、自古及今未之嘗聞。*mîn put tsuk rî k'ò čí čè, tsī kù kip kīm wéi čī č'âng wên.* Dass ein Volk, ohne genug (zum Leben) zu haben, regierbar gewesen wäre, hat man seit vor Alters bis auf den heutigen Tag noch nie gehört. Comm.: 未嘗聞。ist noch nie gehört worden. Kia-ngi (Kwpč. IV, 10b). 孝公善之而未用也。*Hiaó kūng šén čī rî wéi yúng yè.* Fürst H. lobte ihn, aber gab ihm noch keine Anstellung. Ssï-ki LXVIII, 2a, b. 寡君未

知所過。*Kuà kiūn wéi čī sò kuó.* Mein Fürst weiss noch nicht, worin er gefehlt hat. Tso-čuen IX, 7. 於我未病、楚不能矣。*iū ngò wéi píng, Č'ù put nêng ì.* Für uns ist es noch ohne Nachtheil, (der Staat) Tsch'u (dagegen) wird es nicht aushalten. Das. 9.

Wegen 未 *wéi,* in der Bedeutung: ‚ehe, bevor', siehe die Lehre von den zeitlichen Adverbialsätzen.

§. 1208. 無 *wû* = **nicht haben, nicht vorhanden sein, ohne,** alte Nebenform 无 *wû,* ist Gegensatz von 有 *yeù* (§§. 1199, S. 445) und wird, abgesehen von der Anteposition, ganz wie dieses construirt (vgl. §§. 313, 334, 374, 397, 536, 537, 544 c, 723): 仲尼之徒、無道桓文之事者、是以後世無傳焉。*Čúng-nî čī t'û, wû taó Huân Wên čī ssî čè; ší-ì heû ší wû čuén yên.* Von des Č. (Confucius) Schülern hat Keiner (eigentl. *non erat qui*) des H. und W. Angelegenheiten besprochen; daher hat die Nachwelt keine Ueberlieferungen. Mtsï I, ı, VII, 2. 疑行無名、疑事無功。*ngî hîng wû mîng, ngî ssî wû kūng.* Zaudern zu handeln bringt keinen Ruhm, zaudern zu dienen bringt kein Verdienst. Ssï-ki LXVIII, 3 a. 盜賊無有。*taó-tsek wû yeù.* Diebe und Räuber gibt es nicht. Mek-tsï (Legge, Cl. III, Prol. 105). (Eigentl. ist 無有 = 無所有, *non sunt quos habeamus,* §. 537.) 不誠無物。*put šîng wû wut.* Ohne Aufrichtigkeit gäbe es nichts. Čung-yung XXV, 2.

Seltener ist 無 *wû* als blosse verstärkte Negation **nicht, mit nichten.** Beispiel LYü XVIII, x, siehe §. 1000.

§. 1209. 無 *wû* kann mit **prohibitiver** Wirkung angewendet werden. Es ist dann gleich 無所 *wû-sò,* du hast nicht zu . . ., brauchst nicht zu . . ., also eigentlich aussagend, nicht befehlend. Es ist da am Platze, wo nicht blos eine subjective Stimmung, sondern sachliche Erwägungen dem Abrathen oder Verbieten zu Grunde liegen. 父召|諾。*fú čaó wû nok.* Wenn der Vater ruft, so hast du nicht (erst) zu antworten (denn es versteht sich, dass du sofort Folge leistest). Li-ki I, 20 a. 君無尤焉。*kiūn wû yeû yên.* Der Fürst tadle (sie) nicht. Mtsï I, ıı, XII, 2. 君|見焉。*kiūn wû kién yên.* Fürst, besuche (ihn) nicht! Ibid. XVI, 1. In beiden Fällen ist der Sinn: Du hast keinen Anlass oder Grund dazu.

§. 1210. 毋 *wû* scheint blosse Nebenform von 無 *wû* zu sein: 子絕四、毋意、毋必、毋固、毋我。*tsì tsiuet ssî: wû yí, wû pit, wû kú, wû ngò.* Der Meister hatte mit vier Dingen abgethan: er hatte kein ‚Meine-ich', kein ‚Muss', kein ‚Sicherlich' und kein ‚Ich' (d. h. keine Einbildungen, vorschnelle Schlussfolgerungen, keinen Eigensinn und Eigennutz). LYü IX, ıv.

海上絲綢之路文獻集成　科技與文化编

漢文經緯

§. 1211. 罔 *wàng* ist ein vorclassisches Synonymon von 無 *wû*: 凡民罔不譈 *fâm mîn wàng put túi.* Im ganzen Volke ist niemand, der (sie) nicht hasste. Mtsï V, II, IV, 4 aus Šu V, x, 15. 后非民罔使、民非后罔事。 *heú fēi mîn wàng ssï, . . . ssï.* Der Fürst hat niemand anders als das Volk zu befehligen, das Volk Niemandem ausser dem Fürsten zu dienen. Šu III, VI, 11.

§. 1212. 靡 *mì* erscheint in vorclassischer Zeit in der Bedeutung von 無 *wû*: 天命靡常。 *t'iēn míng mì šâng.* Des Himmels Fügung ist ohne Bestand. Ši III, I, I. 時靡有爭。 *šî mì yeù čēng.* Zu dieser Zeit (*tere ucuri*) gibt es keinerlei Wettstreit. Das. IV, III, II, 2.

§. 1213. 勿 *wut* ist **prohibitiv**, oft warnend. In Zusammensetzungen bedeutet es z. B. fern, entfernen: 遏、沕 *wut*; vergessen, vernachlässigen: 惚 *hut*; verborgen, dunkel: 沕 *wut*, 芴 *wut*, 惚 *hut*; halbdunkel: 昒、曶 *hut.* Die Bedeutung der Negation dürfte mithin sein: sich fernhalten von, unterlassen. Das Objectivpronomen 之 *čī* pflegt darnach auszufallen, und es lässt sich vielleicht sagen, dass 勿 *wut* = 無之 *wû čī.**) 效死勿去。 *hiaó-ssï wut k'iü.* Er kämpfe bis zum Tode und weiche nicht. Mtsï I, II, XV, 2. 說大人則藐之、勿視其巍巍然。 *šúi tá-žîn tsek miaò čī, wut ší k'î nguêi-nguêi-žân.* Gibt man grossen Leuten Rath, so verachte man sie und blicke nicht auf ihre Grossthuerei. Das. VII, II, XXIV, 1. 臨財勿苟得、臨難勿苟免、很勿求勝、分勿求多、疑事勿質、直而勿有。 *lîm ts'âi wut keù tek, lîm nân wut keù mièn, hèn wut k'ieû šing, fēn . . . tō, ngî* (r. 103) *ssï wut čit, čīn rî wut yeù.* Begegnest du Reichthum, erwirb ihn nicht mit Unrecht; begegnest du Beschwerniss, entrinn ihr nicht mit Unrecht; durch Widerspenstigkeit suche nicht Sieg; durch Theilung nicht Mehrung; in zweifelhaften Dingen entscheide nicht; sei aufrichtig, aber nicht hartnäckig. Li-ki I, 7b. 施諸己而不願、亦勿施於人。 *šī čū kì rî put yuén, yik wut šī iū žîn.* Was du nicht willst, dass man dir thu', das füg' auch keinem Andern zu. Čung-yung XIII, 3.

§. 1214. Man beachte den gelegentlichen Gebrauch dieser Negation **hinter Verben des Könnens und Wollens.** Sie scheint hier die Nebenbedeutung zu haben: ‚sich enthalten, umgehen': 雖欲勿用。 *sūi yuk wut yúng.* Obschon man es nicht gebrauchen will. LYü VI, IV. 愛之能勿勞乎、忠焉能勿誨乎。 *ngái čī nêng wut laô hû? čūng-yên . . . hoéi hû?* Kann man, wenn man Jemanden liebt, sich enthalten, streng gegen ihn zu sein? Kann

*) Ob auch etymologisch?

man, aufrichtig seiend, sich enthalten (Andere) zu belehren? LYü XIV, VIII. 賢者能勿喪耳。*hiên-čè nêng wut sáng rì.* Weise vermögen nur es nicht zu verlieren. Mtsï VI, I, X, 5.

§. 1215. 亡 *wâng* (r. 8), nicht mehr da sein, ist Gegensatz zu 在 *tsái* (r. 32, §. 2201), hat aber weniger oft ein örtliches Object nach sich und bedeutet meist absolut: **vergehen, verschwinden, abhanden kommen, sterben,** oder perfectisch: **vergangen u. s. w. sein.** Ši-king I, x, 11: 予美亡此。*iû mèi wâng ts'ì.* Mein Schönster ist nicht mehr hier, d. h. ist todt. 亡人 *wâng-žîn,* der abhanden gekommene Mensch = der Flüchtling. — Verwandt, vielleicht ursprünglich gleich sind 忘 *wâng,* vergessen, 忙 *wâng,* geistig zerstreut, nicht bei der Sache sein. 予及女偕亡。*iû kip* (r. 29) *žù kiāi wâng.* Wir (wollen) mit dir zusammen vergehen. Šu III, I, 3. 樂酒無厭、謂之亡。*lok tsieù wû yém, wéi či wâng.* Den Wein lieben ohne Sättigung, das nenne ich verloren sein. Mtsï I, II, IV, 7. 不用賢則亡。*put yúng hiên tsek wâng.* Verwendet man nicht Weise (Würdige und Befähigte), so geht man zu Grunde. Das. VI, II, VI, 4. 暴其民甚、則身弒國亡。*paó* (r. 72) *k'î mîn šìm* (r. 99), *tsek šîn ší kuok wâng.* Unterdrückt (ein Fürst) sein Volk auf's Aeusserste, so wird er selbst erschlagen werden, und der Staat untergehen. Das. IV, I, II, 4. 孔子時其亡也。*K'ùng-tsì šî k'î wâng yè.* Confucius nahm die Zeit wahr, wo er ausgegangen war (um ihm seinen Besuch zu machen). LYü XVII, I, 1. 臣亡國之臣。*č'în wâng kuok či č'în.* Ich bin **nicht mehr** Minister des Staates. Ssï-ki V, 9 a.

§. 1216. Dasselbe Zeichen, *wû* gesprochen, erscheint zuweilen statt 無 *wû*: 問有餘、曰、亡矣。*wén yeù iû? yuet: wû ì.* Fragte (sein Vater), ob es Ueberbleibsel gebe, so antwortete er: Es gibt keine. Mtsï IV, I, XIX, 3. 若夫君子所患、則亡矣。*žok fû kiūn-tsì sò huán, tsek wû ì.* Anlangend nun das, was der Edle als Kummer hat (haben könnte), so ist es nicht vorhanden. Das. II, XXVII, 7.

§. 1217. 非 *fēi* — **nicht sein,** ist Gegensatz von 是 *ší* (vgl. §. 488): 世守也、非身之所能爲也。*ší šeù yè; fēi šîn či sò nêng wêi yè.* Sie (die Regierung) ist etwas durch Generationen Bewahrtes (Continuirliches und Traditionelles), sie ist nicht etwas, was ein Individuum machen könnte. Mtsï I, II, XV, 2. 有陳、非吾事也。*yeù Č'în, fēi ngû ssí yè.* Č'in inne zu haben ist nicht unsere Sache. Tso-čuen IX, 5. 老子之小仁義、非毀之也、其見者小也、坐井而觀天曰天小者、非天小也。*Laò-tsì či siaò žîn ngí, fēi wèi či yè: k'î kién čè siaò yè; tsó tsìng kuān t'iēn yuet t'iēn siaò čè, fēi t'iēn siaò yè.* Wenn L. die Menschlichkeit und Gerechtigkeit verkleinert,

海上絲綢之路文獻集成 科技與文化編

漢文經緯

so schmäht er sie darum nicht (‚*ce n'est pas que . . .*'): seine Ansicht ist klein. Wenn Einer im Brunnen sitzt, nach dem Himmel schaut und sagt: der Himmel ist klein, so ist darum nicht der Himmel klein. Han-iü (Kwpč. VI, 39 a).

§. 1218. 非 ***fēi*** wird gern da angewandt, wo in der Antithese 以 *ì* = durch, mit, gemäss stehen würde: 此豈丨天耶、丨天命孰能當之。*ts'ì k'ì fēi t'iēn yê? fēi t'iēn míng šuk* (r. 39) *nêng tāng čī?* Kommt das nicht vom Himmel? **wenn nicht durch** des Himmels Fügung, wer könnte dem gewachsen sein? Ssï-ki XLIX, 3 a. 五常百行、非誠非也、邪暗塞也。*ngù šâng pek híng, fēi šîng fēi yè; siê ngám sek yè.* Die fünf Cardinaltugenden und die vielerlei Handlungsweisen sind **ohne** Wahrheit nicht (ächt), sondern verderbt, verdunkelt, gehemmt. T'ung-šu II. 非六十萬人不可。*fēi luk-šip-wán žîn put k'ò.* **Anders als mit** 600,000 Mann geht es nicht an. Ssï-ki LXXIII, 7 a. 非先王之法、言不敢道。*fēi siēn wâng čī fap, yên put kàm taó.* **Anders als nach** der früheren Könige Gesetzen dürfen Worte nicht gesprochen werden. Hiao-king IV.

§. 1219. In verneinender und rhetorisch fragender Rede wird 非 *fēi* in der Bedeutung: **wenn nicht, ausser** gebraucht: 何事非君、何使非民。*hô ssï fēi kiün? hô ssï fēi mîn?* Wem diene ich ausser dem Herrn? Wessen bediene ich mich, wenn nicht des Volkes? Mtsï V, ii, I, 2. 非其君不事、非其民不使。*fēi k'î kiün put ssï, . . . mîn put ssï.* Niemand Anderem, als seinem Fürsten, dienen, sich keines anderen, als seines Volkes, bedienen. Mtsï II, i, II, 22. 非至德、其孰能訓民如此其大者乎。*fēi čí tek, k'î-šuk nêng hiün mîn žû-ts'ì k'î tá čè hû?* Wer anders als ein höchst Tugendhafter kann das Volk lehren, dass dieselbe (die Pietät) so gross (wichtig) ist? Ku-wen hiao-king XVI. (Vgl. §. 1211.)

§. 1220. Ein beliebter Ausdruck für die Frage: **Wer** oder **wen anders als** . . .? ist der durch 非 . . . 而誰 ***fēi*** . . . ***rî šûi?*** Wenn nicht . . ., wer (wen) da? 非予覺之而誰也。*fēi iû kiok čī, rî šûi yè?* Wenn nicht ich sie unterrichte, wer dann? Mtsï V, i, VII, 5.

Ist das grammatische Object Gegenstand der Frage, so wird es nach §. 433 mittelst 之 *čī* invertirt, um dicht auf 非 *fēi* zu folgen. Beispiele mit 爲 *wéi* und 與 *iù* siehe §§. 800 und 776, Abs. 2.

§. 1221. 匪 ***fèi,*** wenig gebräuchlich, scheint kaum von 非 *fēi* verschieden zu sein. Gützlaff (*Notices on Chin. Grammar*, pag. 107) bemerkt, dass es immer eine üble Nebenbedeutung habe. 匪仁、匪義、匪禮、匪智、匪信、悉邪也。*fèi žîn, fèi ngí, fèi lì, fèi čí, fèi sín: sek siê yè.* Ohne Pflichttreue, ohne Rechtlichkeit, ohne gute Sitte, ohne Klugheit, ohne Treue ist Alles verderbt. T'ung-šu V, 3. 厥彰厥微、匪靈弗瑩。*kiuet čāng kiuet wêi, fèi lîng fut yûng.* Ihren Glanz, ihre Verborgenheit — ohne Geisteskraft wird sie nicht aufgehellt. *Tere iletu, tere narhôn be, sure waka oci, getukeleme muterakô.* Das. XXII, 1.

§. 1222. 弗 ***fut*** erscheint als Lautelement in mehreren gleichlautenden Schriftzeichen, welche die Bedeutung ‚widerstehen, entgegen' haben; so mit r. 9, 61, 64. Allein es wird weniger für Nichtwollen, als vielmehr für **Nichtkönnen** angewendet. Auch nach dieser Negation pflegt objectives 之 *čī* weggelassen zu werden; die Verba sind auch ohnedem activ und bleiben Neutra: 飢者丨食、勞者丨息。*kī-čè fut šik, laô-čè fut sik.* Die Hungernden können nicht essen, die Arbeitenden kommen nicht zur Ruhe. Mtsï I, II, IV, 6. 弗如也。*fut žû yè.* Du kommst ihm nicht gleich. LYü V, VIII, 3. 亦可以弗畔矣夫。*yik k'ò-ì fut puán ì-fû.* O, er kann überdies nicht die Grenzen überschreiten (vor Ueberschreitungen sicher sein). Das. VII, XXV und XII, XV. 疑之而弗信也。*ngî čī rî fut sín yè.* Er bezweifelte es und mochte es nicht glauben. Ssï-ki LXV, 8a. 因謂王即弗用鞅。*yīn wéi wâng tsik fut yúng Yàng.* Daher sage ich, der König kann eben den Yang (= mich) nicht gebrauchen. Das. LXVIII, 1b. 雖稱之丨知、雖賞之不知。*sūi č'ïng čī fut čī, sūi šàng čī put čī.* Möge man sie (die Todten) preisen, sie können es nicht erfahren, möge man sie belohnen, sie erfahren es nicht. Yang-ču (Legge, Cl. II, Pr. 100). 不信、民弗從。*put sín, mîn fut ts'ûng.* Er findet nicht Glauben, das Volk mag (ihm) nicht folgen. Čung-yung XXIX, 2. 視之而丨見、聽之而丨聞。*ší čī rî fut kién, t'ïng . . . wên.* Wir schauen nach ihnen und sehen sie nicht, wir horchen . . . hören sie nicht. Das. XVI, 2.

§. 1223. 叵 ***p'ò*** (r. 30) = 不可 *put k'ò*, **kann nicht, ist nicht zu,** ist wenig gebräuchlich; 叵信 *p'ò sín*, unglaublich. Wörterb. 叵測 *p'ò tsik*, unergründlich (Gützlaff, *Notices on Chin. Grammar*, pag. 109).

§. 1224. 莫 ***mok,*** Gegensatz von 或 *huok* (§. 681), wird vorzugsweise substantivisch, = **niemand,** seltener = **nichts** (§§. 581, 3 und 602), aber auch adverbial, = **nicht, kaum** (*haud*), gebraucht. In beiden Fällen scheint es eine Art bescheidenen, zweifelnden Beigeschmack zu haben: 有司莫以告。*yeù-ssï mok ì kaó.* Keiner der Beamten meldete es (dir). Mtsï I, II, XII, 2. 人莫知其子之惡、莫知其苗之碩。*žîn mok čī k'î tsì čī ngok, . . . miaô čī šik.* Ein Mensch kennt nicht (oder: unter den Menschen kennt Niemand) seines Sohnes schlechte Seiten . . . seiner Getreidesaat Grösse. Ta-hiok C. VIII, 2. 晋國天下莫强焉。*Tsín kuok t'iēn-hià mok k'iâng yên.* Kein Staat im Reiche war mächtiger als Tsin (*Tsin regno in imperio nullum fortius*).

海上絲綢之路文獻集成 科技與文化编

Mtsï I, I, V, 1. 故君子莫大乎與人爲善。*kú kiūn-tsï mok tá hû iù žîn wêi šén.* Daher gibt es für einen Edeln nichts Grösseres, als Anderen zu helfen Gutes zu thun. Das. II, I, VIII, 5 — In manchen dieser Fälle wäre vielleicht zutreffender zu übersetzen: kaum Jemand, kaum irgend ein, kaum etwas.

§. 1225. Schliesslich mögen noch einige **in der classischen Sprache ungewöhnliche Negationen** aufgeführt werden: 鄙 ***p'ì,*** sonst: verachten, = 不 *put*; 沒 ***mut*** (vergehen, sterben), im Kuān-hoá gebräuchlich für: nicht; 冇 im Canton-Dialekt: ***mò*** = 無 *wû*; 微 ***wêi*** (klein, fein, verborgen) = 非 *fēi* und 無 *wû.*

VIII. Müssen, sollen, können.

§. 1226. Alle hier zu besprechenden Ausdrücke stehen regelmässig, sei es als Hülfsverba oder als Adverbien, vor einem Verbum. Vgl. §. 309 in Verbindung mit §. 308, Abs. 3.

§. 1227. 必 ***pit,*** müssen, nothwendigerweise, sicherlich, bezeichnet objective **Nothwendigkeit** und wird in diesem Sinne zuweilen auch da gebraucht, wo wir ein **Futurum** setzen: 爲巨室、則|使工師求大木。*wêi kieú* (r. 48) *šit, tsek pit ssï kūng-ssï k'ieû tá muk.* Machst (bauest) Du ein geräumiges Wohnhaus, dann gewiss lässt du den Werkmeister grosse Baumstämme suchen. Mtsï I, II, IX, 1. 他日君出、則|命有司所之。*t'ā-žit kiūn č'ut, tsek pit míng* (r. 30) *yeù-ssï* (r. 30) *sò čī.* Wenn an anderen Tagen der Fürst ausging, dann allemal kündigte er den Beamten an, wohin er ging. Das. XVI, 1. 從之、晉師必至。*ts'ûng čī, Tsín ssï pit čí.* Geben wir ihnen nach, so wird sicher das Tsin-Heer herkommen. Tso-čuen IX, 8. 小人之過也、必文。*siaò-žîn čī kuó yè, pit wén.* Wenn gemeine Leute fehlen, so müssen sie es beschönigen. LYü XIX, VIII. 動必以正、則和在其中矣。*túng pit ì číng, tsek huô tsái k'î čūng ì.* Die Bewegung muss dem Richtigen gemäss sein, damit ihr Harmonie innewohne. T'ung-šu V, 5. 今之成人者何必然。*kīm čī č'îng žîn čè hô pit-žân?* Wie wären (jene Tugenden) für einen ‚fertigen Mann' der Jetztzeit erforderlich? LYü XIV, XIII, 2. — Wegen 必也 . . . 乎 ***pit yè . . . hû*** siehe §. 812.

§. 1228. 固 ***kú*** (sonst = fest, stark) = **gewiss, in der That,** ist etwas subjectiver als 必 *pit* und namentlich auch da am Platze, wo aus der Folge auf die Ursache geschlossen wird: 君子固窮。*kiūn-tsï kú k'iûng.* Der Edle leidet gewiss Noth. LYü XV, I, 3. 固相師之道也。*kú siáng ssï čī taò yè.* (Meiner Ueberzeugung nach ist es) jedenfalls die Art, einen (blinden)

Musikmeister zu führen. Das. XV, xli, 3. 天下固畏齊之彊也。*t'iēn-hià kú nguéi Ts'î čī k'iâng yè.* Das Reich fürchtet in der That die Macht (des Staates) Ts'i. Mtsï I, ii, XI, 3. 臣固知王之不忍也。*č'în kú čī wâng čī put žìn yè.* Euer Unterthan weiss sicher, dass Ew. Majestät es nicht über Sich gewinnen konnten. Das. I, i, VII, 5.

§. 1229. 果 ***kuò*** = **entschieden, bestimmt, wirklich** (*yala*), ist objectiv, bezieht sich aber nicht, wie 必 *pit*, auf die Nothwendigkeit, sondern auf die Thatsächlichkeit: 果能此道矣。*kuò nêng ts'ï taò ì.* Er sei dieser Verhaltungsweise thatsächlich fähig. Čung-yung XX, 21. 王使人瞯夫子、果有異於人乎。*wâng ssï žîn hiàn fū-tsï, kuò yeù í iû žîn hû.* Der König hat Menschen ausgesandt, um auszukundschaften, ob der Meister wirklich von den Menschen Abweichendes besitzt. Mtsï IV, ii, XXXII. 果在外、非由內也。*kuò tsái nguái, fēi yeû núi yè.* Es kommt thatsächlich von aussen, nicht von innen her. Das. VI, i, V, 3 und 5.

§. 1230. Verwandt, doch mehr versichernd, sind 誠 ***šîng*, wahr, wahrlich, in der That**, und 實 ***šit*, wahr**, ächt, völlig, **allerdings:** 是誠在我。*ší šîng tsái ngò.* Das liegt in der That an mir (hängt von mir ab). Mtsï III, i, II, 5. 今君內實有四姬焉、其無乃是也乎。*kīm kiūn núi šit yeù ssí Kī yên; k'î wû-nài ší yè hû?* Nun hat der Fürst allerdings vier (Weiber Namens) Ki; ob es nicht etwa davon kommt (sc. dass er krank ist)? Tso-čuen X, 1.

§. 1231. 明 ***mîng*,** zu Anfange des Satzes — **es ist offenbar, dass ....** 明此圖盡之。*mîng ts'ï t'û tsín čī.* Offenbar erschöpft diese Tafel dasselbe. Thai-kih-thu §. 10a.

§. 1232. 當 ***tāng*,** sonst = entsprechen, Einem gewachsen sein, hat die Bedeutung: **es ist angemessen, es gebührt, geziemt sich,** *il convient:* 丨務之爲急。*tāng wú čī wêi kip.* Sie sind eifrig um das, was Anstrengung erfordert. *Kiceci acarangge de ebšembi.* Mtsï VII, i, XLVI, 1. 君子之事君也、務引其君以丨道。*kiūn-tsï čī ssí kiūn yè, wú yìn k'î kiūn ì tāng taò.* Indem ein Edler dem Fürsten dient, strebt er seinen Fürsten anzuleiten der Norm zu entsprechen (*doro de acabume*). Das. VI, ii, VIII, 9. — Man beachte folgende Wendung: 言人之不善、丨如後患何。*yên žîn čī put šén, tāng žû heú huán hô?* Von Anderer Fehlern reden, was gebührt dafür in Betreff späteren Leides? (Mandschu: *amaga jobolon be ainambini.*) Das. IV, ii, IX. 故言理之當先乎氣。*kú yên lì čī tāng siēn hû k'í.* Daher sagt man, die Vernunft müsse früher sein als die Materie. Sing-li X, 2b. 當斬。*tāng čàm.* Er muss geköpft werden. Ssï-ki LXIV, 2b.

海上絲綢之路文獻集成 科技與文化編

§. 1233. **不待** ***put tái,*** nicht erwarten, kommt vor in der Bedeutung: **es bedarf nicht erst, ist nicht nöthig, erst:** **不待思勉、而從容中道矣。** *put tái ssï mièn, rî sūng-yûng čúng taò ì.* Es bedarf nicht erst des Nachdenkens und der Anstrengung, sondern unwillkürlich trifft man die Norm. T'ung-šu II. **衆賢各任其職、則不待人人提耳而教矣。** *čúng hiên kok žím k'î šik, tsek put tái žîn-žîn t'î rì rî kiaó ì.* Wenn alle Weisen je ihrer Aemter warten, so braucht nicht erst Jedermann bei den Ohren genommen und unterrichtet zu werden. Das. XII.

§. 1234. **可** ***k'ò*** hat die Bedeutung eines **Gerundiums:** können, sollen, dürfen, mit folgendem passivischen Verbum. Es wird aber auch oft am Satzende als Prädicat angewendet in der Bedeutung: es ist zulässig, thunlich, geht an. Die passivische Redeweise ist üblich auch da, wo wir das Adjectivum gebrauchen: man kann, soll, darf u. s. w. **可不愼與。** *k'ò put šín iû?* Dürfte man (dabei) unachtsam sein? Mtsï I, II, VII, 3. **|殺。** *k'ò šat.* Er ist zu tödten, verdient den Tod. Das. 5. **臣弑其君可乎。** *č'în ší k'î kiün k'ò hû?* (Dass) ein Minister morde seinen Fürsten, ist das zulässig? Das. VIII, 2. **如之何其可也。** *žû-čī-hô k'î k'ò yè?* (Du hast das und das gethan;) war das zulässig? Das. XI, 3. **如之何則可也。** *žû-čī-hô tsek k'ò yè?* Was ist unter solchen Umständen das Richtige? (eigentl.: Betreffs dessen was, damit könne?) Das. XII, 1. **則是|爲也。** *tsek ší k'ò wêi yè.* (Verhältst du dich so und so,) dann ist es thunlich, oder das zu Thuende, Richtige. Das. XIII, 2. **仁人也、不可失也。** *žîn žîn yè; put k'ò šit yè.* Er ist ein menschlicher Mann; wir dürfen ihn nicht verlieren. Ibid. XV, 1. **敖不可長、欲不可從、志不可滿、樂不可極。** *ngaô put k'ò c'âng, yuk . . . ts'ûng, čí . . . màn, lok . . . kik.* Der Stolz ist nicht auszudehnen, die Begier . . . befolgen, der Wille . . . erfüllen, die Freude nicht auf den Gipfel zu treiben. Li-ki I, 7a. **可不謂忠乎。** *k'ò put wéi čūng hû?* Kann man anders als ihn treu nennen? Tso-čuen IX, 5. **可得乎。** *k'ò tek hû?* Ist es erreichbar? Mtsï VI, II, XIII, 8. **可欲之謂善。** *k'ò yuk čī wéi šén.* Wünschenswerth heisst gut. Das. VII, II, XXV, 3. **如之何其可及也。** *žû-čī-hô k'î k'ò kip yè?* Wie sollte er erreichbar sein (es ihm Jemand gleichthun)? LYü XIX, XXV.

Wenig gebräuchlich ist **可** ***k'ò*** **vor activen Verben:** **不可殺之。** *put k'ò šat čī.* Man darf ihn nicht tödten. Ssï-ki LXIV, 2b. **王可試下觀之。** *wâng k'ò ší-hià* (= **吓**) *kuān čī.* Der König möge sie sich versuchsweise einmal ansehen. Das. LXV, 2a.

§. 1235. Der Ausdruck für ein **durch äussere Umstände** (Mangel an Hindernissen) **bedingtes Können** ist **可以** ***k'ò-ì*** mit folgendem *verbum activum* oder *neutrum* (§. 724): 言不可以若是其幾也。 *yên put k'ò-ì žok-ší k'î kī* (= 期 *k'î*) *yè.* Von einem Worte ist nicht Solches (so Grosses) zu erwarten (*žok-sì k'î kī* ist wie ein Bahuvrîhi behandelt). LYü XIII, xv, 1. 如此、然後可以爲民父母。 *žû-ts'ì, žân-heú k'ò-ì wêi* (r. 87) *mîn fú-mù* (r. 80). (Verfährst du) so, dann kannst du sein des Volkes Vater und Mutter. Mtsï I, ii, VII, 6. 人而無恆、不可以作巫醫。 *žîn rî wû hêng, put k'ò-ì tsok wû yī.* Ein Mensch ohne Ausdauer kann nicht Zauberer oder Arzt sein. LYü XIII, xxii, 1. 凡說之難、在知所說之心、可以吾說當之。 *fâm šuet čī nân, tsái čī sò šuet čī sīm, k'ò ì ngû šuet tāng čī.* Alle Schwierigkeit des Redens besteht darin, das wir den Sinn des Angeredeten kennen und ihm durch unsere Rede entsprechen können. Ssï-ki LXIII, 7 a. 至誠之道、可以前知。 *čí šîng čī taò, k'ò-ì ts'iên čī.* Die Art vollkommener Aufrichtigkeit ist es, vorher wissen zu können. Čung-yung XXIV.

§. 1236. Ein starker Ausdruck für unbedingte natürliche oder sittliche Nothwendigkeit ist 不可不 ***put k'ò put*** = **unvermeidlich, unumgänglich, unerlässlich,** in der Regel mit passiver Redeweise: 禮者不可不學也。 *lì čè . . . hiok yè.* Die gute Sitte zu lernen ist unerlässlich nothwendig. Li-ki I, 10 b. 此之不可不知也。 *ts'ì čī put k'ò put čī yè.* Das (Obige) muss man nothwendig wissen. Kwpč. III, 36 a.

§. 1237. 能 ***nêng*** (r. 130) = **können vermöge eigener Befähigung,** wird sowohl mit folgenden Verben, als auch ohne solche gebraucht: 何其多能也。 *hô k'î tō nêng yè?* Wie ist sein Vielkönnen? *ai tuttu muten ambula ni?* LYü IX, vi, 1. 以爲能勝其任矣。 *ì-wêi nêng šíng* (r. 19) *k'î žím ì.* Du meinst, sie seien geeignet ihrem Zwecke zu entsprechen. Mtsï I, ii, IX, 1. 行止非人所能也。 *hîng čì fēi žîn sò nêng yè.* Gehen oder stillstehen liegt nicht in des Menschen Macht (allein). Das. XVI, 3. 楚人來討、能勿從乎。 *Č'ù žîn lâi t'aò, nêng wut ts'ûng hû?* Wenn die Tsch'u-Leute kommen, um (uns) zu bestrafen, sind wir im Stande, ihnen nicht nachzugeben? Tso-čuen IX, 8.

Man bemerke den Gegensatz: 可能也 ***k'ò nêng yè,*** das (vorhin Gesagte) kann man leisten, — und 是難能也 ***ší nân nêng yè,*** das ist oder war schwierig zu leisten, dessen ist schwerlich Einer fähig. LYü XIX, xviii.

§. 1238. 能 ***nêng*** kann auch **passivisch** gebraucht werden; dann ist aber der Urheber des passiven Verbums als Könnender gemeint, — nicht das grammatische Subject: 法語之言、能無從乎。 *fap iü čī yên, nêng*

海上絲綢之路文獻集成 科技與文化編

漢文經緯

wû ts'ûng hû? Gesetzlich redende (= ermahnende) Worte, — kann man anders als ihnen folgen? LYü IX, xxiii.

§. 1239. Das Adverb 善 ***šén*** = gut, schön, wird gebraucht, um eine Fertigkeit, Geschicklichkeit, Meisterschaft auszudrücken, gleichviel ob solche angeboren oder angelernt: 夫孝者、善繼人之志、善述人之事者也。*fû hiaó čè, šén kí žîn čī čí, šén šut . . . ssî čè yè.* Nun ist kindliche Pietät soviel als: **verstehen** Anderer Absichten zu verfolgen, **verstehen** auf Anderer Unternehmungen einzugehen. Čung-yung XIX, 2. 晏平仲|與人交。*Ngán P'îng-čúng šén iù žîn kiaō.* Ng. **wusste** (richtig) mit den Menschen zu verkehren. LYü V, xvi. |養我浩然之氣。*šén yàng ngò haó-žân čī k'í.* Ich **besitze die Fähigkeit**, meine hochstrebenden Neigungen zu nähren. Mtsï II, i, II, 11. 善作者、不必善成、善始者、不必善終。*šén tsok čè, put pit šén č'îng, šén šì . . . čūng.* Wer zu arbeiten versteht, versteht (darum noch) nicht nothwendig zu schaffen; wer anzufangen . . . zu vollenden (endigen). Kwpč. III, 47b. 故地之美者、善養禾、君之仁者、善養士。*kú tí čī mèi čè, šén yàng huô, kiün čī žîn čè, šén yàng ssî.* Daher ist es der Erde Vorzug, dass sie das Getreide zu nähren tauge; des Fürsten Tugend, dass er die Beamten zu ernähren verstehe. Kia-šan (Kwpč. IV, 15b).

§. 1240. 足 ***tsuk*** = **genügen, zureichend, geeignet sein,** wird als Hülfsverbum vorzugsweise in verneinender oder rhetorisch fragender Rede und vor passiven Verben gebraucht. Vor Activen ist statt dessen 足以 ***tsuk ì*** (§. 724) üblicher, welches sich auch oft in positiv gefassten Sätzen findet: 吾說夏禮、杞不足徵也。*ngû šuet Hiá lì; Kì put tsuk čīng yè.* Spreche ich vom Ritual der Hia-Dynastie, so genügt Ki nicht, es zu bezeugen. Čung-yung XXVIII, 5. 未足與議。*wéi tsuk iù ngì.* Er ist noch nicht geeignet, mit ihm zu berathen. LYü IV, ix. 器不足用也。*k'í put tsuk yúng yè.* Die Gefässe reichen nicht aus für den Bedarf. Mtsï VI, ii, X, 3. 何足問。*hô tsuk wén?* Wie wäre ich geeignet befragt zu werden (= in der Sache competent)? Ssï-ki V, 9a. 貴爲天子、而不足以解憂。*kuéi wêi t'iēn-tsì, rî put tsuk ì kiài yeū.* Seiner Würde nach war er Kaiser; aber das genügte nicht, um seinen Kummer zu vertreiben. Mtsï V, i, I, 4. 其言足以興國。*k'î yên tsuk ì hīng kuok.* Seine Reden genügen, um den Staat zu erheben. Čung-yung XXVII, 7; vgl. XXXI, 1. 亦足以發。*yik tsuk ì fat.* Er ist doch auch geeignet (mit seinem Geiste) hervorzutreten. LYü II, ix. 老者足以無失肉矣。*laò-čè tsuk ì wû šit žuk ì.* Die Greise **hatten genug,** um nicht des Fleisches zu ermangeln. Mtsï VII, i, XXII, 2. — Man beachte:

海上絲綢之路文獻集成 科技與文化編

材用不足。*ts'âi yúng put tsuk.* Die Mittel reichen für den Gebrauch nicht hin. Mtsï VII, II, XII, 3.

§. 1241. 得 *tek*, erlangen, ist namentlich dann ein geeigneter Ausdruck für das Können, wenn es sich um ein Erwünschtes, Erstrebtes handelt, dessen Erreichung nicht oder nicht allein von unserm Willen abhängt, oder wenn äussere Umstände es bedingen, ob Sachen ihre Tendenz oder ihren Zweck erfüllen. Zuweilen schreibt man zwischen Hülfs- und Hauptverbum die Conjunction 而 *rî* (§§. 308, 627): 不得與之言。*put tek iû či yên.* Es gelang ihm nicht, mit ihm zu reden. LYü XVIII, v, 2. 王之所大欲、可得聞與。*wâng či sò tá yuk, k'ò tek wên iû?* Kann man zu hören bekommen, was der König (so) sehr erwünscht? Mtsï I, I, VII, 16. 夫民今而後得反之也。*fû mîn kīm-rî-heú tek fàn či yè.* Nun hat das Volk jetzt endlich es erlangt, ihnen es zu entgelten. Das. XII, 2. 不得已也。*put tek ì yè.* Er konnte nicht umhin (so zu handeln); er konnte nicht anders. Das. XIV, 2; vgl. VII, 3. 竭力以事大國、則不得免焉。*kiet lik ì ssî tá kuok, tsek put tek mièn yên.* Erschöpfe ich (auch meine) Kräfte, um den grossen Staaten zu dienen, so gelingt es mir nicht, (ihren Bedrückungen) zu entgehen. Das. XV, 1. 善人吾不得而見之矣。*šén žîn ngû put tek rî kién či ì.* Einen guten Menschen habe ich wohl nicht zu sehen bekommen. LYü VII, xxv, 2. 天下非三官錢不得行。*t'iēn-hià fēi sām kuān ts'iên put tek hîng.* Im Reiche erlangte kein anderes Geld als dasjenige der drei Beamten Umlauf. (Hier bezieht sich *put tek* logisch auf die Privatmünzer und die Besitzer des von diesen geschlagenen Geldes.) Ma Tuan-lin (*Chin. curr.*, pag. 211). 必死於此、弗得出矣。*pit ssì iû ts'ì, fut tek č'ut ì.* Ich muss hier sterben, ich kann nicht fort. Tso-čuen IX, 9. 豈可得哉。*k'ì k'ò tek tsāi?* (am Ende des Satzes) — ist es erreichbar? Ssï-ki (Kwpč. V, 37 b).

§. 1242. 有以 *yeù-ì* und **無以 *wû-ì*** (§. 723) bedeuten ein Können oder Nichtkönnen in Rücksicht auf das Vorhandensein oder Fehlen der **Mittel** des **Stoffes**, der leitenden **Grundsätze, Anhaltspunkte** u. s. w.: 暴未有以對也。*Paó wéi yeù-ì túi yè.* Pao (= ich) hatte noch nicht darauf zu antworten (wusste nicht, was ich antworten sollte, weil ich unvorbereitet war). Mtsï I, II, I, 1. 不知命、無以爲君子也。不知禮、無以立也。不知言、無以知人也。*put či míng, wû ì wêi kiūn-tsì yè; ... lì ... lip yè; ... yên ... či žîn yè.* Erkennt man nicht die Fügung (des Himmels), so kann man nicht ein Edler sein; kennt man nicht die gute Sitte, so kann man nicht feststehen; versteht man nicht die Reden, so hat man keinen Anhalt, um die Menschen kennen zu lernen. LYü XX, III. 無以佐百

漢文經緯

姓。 *wû ì tsó pek-síng.* Ich kann dem Volke nicht helfen, mir fehlen Mittel und Wege dazu. Ssï-ki X, 17 b. 不學詩、無以言。 *put hiok šī, wû ì yên.* Studirst du nicht die Lieder, so hast du nichts (mit) zu reden. LYü XVI, xiii, 2.

§. 1243. 敢 ***kàm*** = wagen, sich erlauben, sich anmassen zu . . ., in der ersten Person höflich = darf ich? 敢問 *kàm wén* . . . darf ich fragen, ob oder über . . .? 敢請。 *kàm tš'ìng.* Ich wage (um Aufklärung hierüber) zu bitten. Mtsï I, ii, XVI, 1. 請勿復敢見矣。 *ts'ìng wut feú kàm kién ì.* Ich bitte (um die Erlaubniss, Sie) nicht wieder besuchen zu dürfen. Das. II, ii, XI, 3. 有所不足、不敢不勉、有餘、不敢盡。 *yeù sò put tsuk, put kàm put mièn; yeù iû, put kàm tsín.* Ist etwas an ihm unzureichend, so erlaubt er sich nicht, sich nicht anzustrengen; . . . zuviel, . . . sich dem hinzugeben. Čung-yung XIII, 4. 何敢望回。 *hô kàm wáng Hoêi?* Wie dürfte ich mich dem H. gegenüberstellen (mich mit ihm vergleichen)? LYü IV, viii, 2.

Die Redensart: 豈敢 ***k'ì kàm?*** Wie dürfte ich es wagen? Wie dürfte ich es mir anmassen? ist bescheiden ablehnend. LYü VII, 33.

§. 1244. 敢 ***kàm,*** wagen, dürfen, kann vor **passiven** Verben stehen, und dann ist der Urheber des passiven Verbums, nicht dessen grammatisches Subject, derjenige, welcher wagt oder darf: 愛親者、不敢惡於人。 *ngái ts'īn čè, put kàm ngú iû žîn.* Wer seine Angehörigen liebt, den unterstehen sich nicht Andere zu hassen, der darf nicht von Anderen gehasst werden. Ku-wen hiao-king II.

§. 1245. 或 ***huok*** (§§. 681, 1117) ist, adverbial gebraucht, ein Ausdruck der **Vermuthung:** wahrscheinlich, vielleicht; vgl. 惑 *huok,* versuchen, zweifeln: 是或一道也。 *ší huok yit taò yè.* Sie sind wohl (wahrscheinlich) nach einer Norm. Mtsï II, ii, II, 6. 不恒其德、或承之羞。 *put hêng k'î tek, huok č'îng čī seū.* Festigt er nicht seine Tugend, so wird er wahrscheinlich (irgendwie?) Beschämung davon ernten. LYü XIII, xxii, 2. 得其門者或寡矣。 *tek k'î mên čè huok kuà ì.* Die seine Thüre finden, mögen vielleicht Wenige sein. Das. XIX, xxiii, 4. 北方之學者、未能或之先也。 *pek fāng čī hiok-čè, wéi nêng huok čī sién yè.* Die Studirenden der nördlichen Gegenden konnten vielleicht ihn noch nicht übertreffen. (Man beachte die Stellung von *nêng huok,* vgl. §. 344.) Mtsï III, i, IV, 12.

或者 ***huok-čè*** zu Anfange des Satzes = **vielleicht:** 或者不可乎。 *huok-čè put k'ò hû?* Ist das nicht vielleicht unziemlich? Das. II, ii, II, 2.

海上絲綢之路文獻集成 科技與文化編

IX. Vorhaben, Wollen, Wünschen.

§. 1246. 將 *tsiāng* = vorhaben, im Begriffe sein zu, ist der gebräuchlichste Ausdruck für unser Futurum da, wo solches überhaupt ausgedrückt wird. Es wird aber auch für Vergangenes gebraucht, wenn dies damals noch bevorstand oder beabsichtigt war: 將以求吾所大欲也。*tsiāng ì k'ieû ngû sò tá yuk yè.* Ich will dadurch das suchen, was ich sehr erwünsche. Mtsï I, ı, VII, 15. 將見孟子。*tsiāng kién Méng-tsï.* Ich habe vor, den Meng-tsï zu besuchen. Das. I, ıı, XVI, 1. 子無大援、將不立。*tsï wû tá yuên, tsiāng put lip.* Der Herr wird sich ohne mächtigen Beistand nicht halten (seinen Platz nicht behaupten können). Tso-čuen II, 11. 晉將失諸候。*Tsín tsiāng šit čū-heû.* Tsin wird seine Fürsten (= seine Staaten) einbüssen. Das. X, 3. 其志將以求食也。*k'î čí tsiāng ì k'ieû šik yè.* Seine Absicht ist, sich dadurch Nahrung zu suchen. Mtsï III, ıı, IV, 5. 趙孟將死矣。*Čaó-méng tsiāng ssî ì.* Tschao-meng wird wohl sterben. Tso-čuen IX, 31. 雖不及晉、必將出師。*sūi put kip Tsín, pit tsiāng č'ut ssī.* Obwohl wir nicht an Tsin hinanreichen, müssen wir doch daran gehen, das Heer auszusenden. Tso-čuen IX, 9. 齊人將妻之。*Ts'î žîn tsiāng ts'ì čī.* Der Marquis von T'sî wollte ihm seine Tochter zum Weibe geben. Das. II, 11. 曰、不立突、將死。*yuet: put lip Tuk, tsiāng ssî.* Er sagte: wenn er den Tuk nicht auf den Thron erhöbe, würde er sterben. Das. II, 11. 公將有行。*kūng tsiāng yeù hîng.* Als der Fürst im Begriffe war aufzubrechen. Das. II, 18. 雍氏舍其室、而將享子於郊。*Yūng ší šè k'î šit, rî tsiāng hiàng tsî iū kiaō.* Yung hat sein Haus verlassen und gedenkt Sie in der Vorstadt aufzunehmen. Das. II, 15. 楚令尹將有大事。*Č'ù líng-yìn tsiāng yeù tá ssí.* Der Premierminister von Tsch'u hat ein grosses Unternehmen vor. Das. IX, 30.

§. 1247. Seltner findet sich 及 ***kip,*** gelangen zu, gehen bis, in ähnlicher Bedeutung: 及行、飲以酒。*kip hîng, yìm ì tsieù.* Als er **im Begriffe war,** aufzubrechen, machte er (Šeu-tsï) ihn durch Wein trunken. Tso-čuen II, 16.

§. 1248. Wegen des modalen, bald ein **Futurum,** bald einen **Optativ, Precativ** oder **Dubitativ** ersetzenden 其 ***k'î*** siehe §§. 565—567: 王之好樂甚、則齊國其庶幾乎。*wâng čī haó yok ším, tsek Ts'î-kuok k'î šú-kī hû.* Wenn des Königs Liebe zur Musik sehr gross wäre, so würde das Reich Ts'i sich (der Vollkommenheit) nähern. Mtsï I, ıı, I, 1. 大哉易也、斯其至矣。*tá tsāi Yik yè! ssī k'î čí ì.* Gross ist das Yik-king! Das wird wohl das Vollkommenste sein (*erebe teni akônaha seci ombi*). Thai-kih-thu §. 10.

漢文經緯

吾子其少安。 *ngû tsì k'î šaò ngān.* Mein Herr, seid ein wenig ruhig (vorsichtig). Tso-čuen IX, 7.

§. 1249. Copulatives 蓋 *kái* (§. 575) wird gelegentlich da angewendet, wenn man fürchtet, zu viel zu behaupten: 聖人作易、其大意蓋不出此。 *šíng žîn tsok Yik; k'î tá í kái put č'ut ts'ì.* Heilige Menschen verfassten das Yik-king; seine (dessen?) grosse Gedanken gehen **beinahe** nicht über dies hinaus. Thai-kih-thu §. 9 e. 則人蓋未始離乎天、而天亦未始離乎人也。 *tsek žîn kái wéi šì lî hû t'iēn, rî t'iēn yik . . . yè.* Also ist der Mensch **eigentlich** nicht grundverschieden vom Himmel, u. u. Das. Anh. 2.

§. 1250. 殆 *t'ài,* gefährlich, gewagt, drohend, bevorstehend, wird namentlich mit folgender Negation im vermuthenden Sinne gebraucht: doch wohl nicht, kaum: 丨不可伐。 *t'ài put k'ò fat.* Er (oder es) dürfte **kaum** zu bestrafen sein. Li-t'an-kung (bei K'ang-hi). 丨不可復。 *t'ài put k'ò feú.* Es dürfte schwerlich zu wiederholen sein. Mtsï VII, ii, XXIII, 1. (Meinen Sie, Herr, die Leute wären gekommen, um eine Sandale zu stehlen?) 曰、丨非也。 *yuet: t'ài fēi yè.* Antwort: **doch wohl** (sicher, *yè*) nicht. Das. XXX, 2.

§. 1251. 欲 *yuk* = **wollen, beabsichtigen:** 豈予所欲哉。 *k'ì iû sò yuk tsāi?* War das etwa meine Absicht? Mtsï II, ii, XII, 3. 欲其自得之也。 *yuk k'î tsì tek čī yè.* Er will es (wirklich, *yè*) selbst für sich erlangen. Das. IV, ii, XIV. — Man beachte: 謀欲殺之。 *meû yuk šat čī.* Er plante ihn zu tödten. Ssï-ki LXXV, 4 a.

§. 1252. 願 *yuén* = **wünschen, begehren** (mehr bedingt als 欲 *yuk*): 妾願得君狐白裘。 *ts'iep yuén tek kiūn hú pek k'ieû.* Die Nebenfrau begehrt des Fürsten weissen Fuchspelz zu bekommen. Ssï-ki LXXV, 4 b. 願與子慮之。 *yuén iù tsì liû čī.* Ich wünsche (wünschte) mich mit Ihnen darüber zu besprechen. Kung-yang-kao (Kwpč. II, 64 b).

§. 1253. 庶幾 *šú-kī* (§. 685) drückt **zuversichtliche Hoffnung** sowohl betreffs eines Zukünftigen, als auch betreffs eines bereits Geschehenen aus: 庶幾夙夜、以永終譽。 *šú-kī suk yè, ì yùng čūng iû.* Gewiss bei Tag und Nacht werden sie fort und fort lobpreisen. Ši IV, i, II, III, 2. 王丨丨改之。 *wâng šú-kī kài čī.* Der König, hoffte ich, würde es ändern. Mtsï II, ii, XII, 4; ebenso daselbst 5: der K. wird hoffentlich u. s. w.

§. 1254. 庶乎 *šú-hû* (§. 757 e) scheint dem vorigen sinnverwandt zu sein: 則丨丨其可矣。 *tsek šú-hû k'î k'ò ì.* Dann möchte es vielleicht angehen. 以及乎中、則丨丨至矣。 *ì kip hû čūng, tsek šú-hû čí ì.* Indem er zur Mittelstrasse gelangt, so erreicht er gewiss das Höchste (darf er hoffen, es zu erreichen). Prémare. 回也其庶乎。 *Hoêi yè k'î šú-hû.* H. ist so ziemlich (auf dem rechten Pfade). LYü XI, xviii, 1.

§. 1255. 無乃 *wû-nài* in rhetorischen Fragen scheint die Vermuthung von etwas **Unerwünschtem**, eine Befürchtung oder einen Argwohn auszudrücken. Beispiele siehe §. 661.

§. 1256. 不幸 *put híng* = **unglücklicherweise, leider:** 臣不幸有罷癃之病。 *č'în put híng yeù pà-lûng čī píng.* Euer Unterthan hat unglücklicherweise ein Schwächeleiden. Ssï-ki LXXVI, 1 b.

X. Perfectum.

§. 1257. 已 *ì*, endigen, aufhören, drückt, adverbial gebraucht, eine Art **Perfectum** mit der Nebenbedeutung des **Abgethanen** aus: 今乘輿已駕矣、有司未知所之。 *kīm šíng-iû ì kiá ì, yeù-ssī wéi čī sò čī.* Jetzt mag der Wagen schon fertig angespannt sein, und die Beamten wissen noch nicht, wohin du fährst. Mtsï I, ii, XVI, 1. 道之不行、已知之矣。 *taò čī put híng, ì čī čī ì.* Dass der (rechte) Weg nicht begangen wird, weiss er wohl längst. LYü XVIII, vii, 5. 秦皇帝身在之時、天下已壞矣。 *Ts'în Hoâng-tí šīn tsái čī šî, t'iēn-hià ì hoái ì.* Zu der Zeit, wo der Ts'in-Kaiser am Leben war, ist das Reich zu Grunde gegangen. Kia-šan (Kwpč. IV, 17 b). 當是時、百里傒已年七十餘。 *tāng-šì-šî, Pek-lì-hî ì niên ts'it-šip iû.* Zu dieser Zeit war P. bereits einige siebenzig Jahre alt. Ssï-ki V, 9 a. 已殺孔父、而殺殤公。 *ì šat K'ùng-fù, rî šat Šāng kūng.* Nachdem er den K'ung-fu ermordet hatte, ermordete er den Fürsten Šang. Tso-čuen II, 2.

§. 1258. 既 *kí* = erschöpfen, vollenden, ist als adverbiales Hülfswort für das **Perfectum** nicht weniger gebräuchlich als 已 *ì*, hat aber die Nebenbedeutung des **Fortdauerns, Nachwirkens:** 夫子既聖矣。 *fū-tsì kí šíng ì.* Meister, du dürftest schon heilig sein. Mtsï II, i, II, 19. 其未得之也、患得之、既得之、患失之。 *k'î wéi tek čī yè, huán tek čī; kí . . . šit čī.* Solange sie noch nicht ihr Ziel erreicht haben, sind sie besorgt es zu erreichen; haben sie es erst erreicht, . . . verlieren. LYü XVII, xv. 及其既長、 *kip k'î kí čàng,* und sind sie erst erwachsen, so . . . Sing-li V, 10 a. 王曰、吾既許之。 *Wâng yuet: ngû kí hiù čī.* Der König sprach: Ich habe es ihnen bereits zugestanden. Tso-čuen IX, 9. 既伏其罪矣。 *kí fuk k'î tsúi ì.* Er hat sein Vergehen gebüsst. Das. III, 14. 今既耕而卜郊。 *kīm kí kēng rî puk kiaō.* Nun ist bereits gepflügt worden, und wir suchen (noch) das Grenzopfer zu deuten. Das. IX, 7. 朕既不明、不能遠德。

海上絲綢之路文獻集成 科技與文化编

漢文經緯

čim kí put mîng, put nêng yuèn tek. Ich bin bisher nicht erleuchtet gewesen, habe nicht vermocht in die Ferne zu wirken. Ssï-ki X, 15a.

§. 1259. Eine energische Form des Perfectums ist die mittelst 既已 ***kí-ì,*** schon, bereits: 予治天下、天下||治也。*tsì či t'iēn-hià; . . . yè.* Der Herr regiert das Reich: das Reich ist allbereits regiert. Čuang-tsï I, 6a. 予既已知之矣。*iû kí-ì či čī ì.* Ich habe es schon gewusst, ich weiss es längst. Mtsï VI, ɪɪ, XIII, 8.

§. 1260. 嘗 ***č'âng*** (r. 30) (sonst = kosten, versuchen) hat als adverbiales Hülfswort des **Perfectums** etwas von der Nebenbedeutung des verwandten 常 *šâng,* immer: 昔者吾友、嘗從事於斯矣。*sik-čè ngû yeù, č'âng ts'ûng ssî iū ssī ì.* Ehemals hat mein Freund (ein Freund von mir) beständig die Handlungen auf diesem (Wege) verfolgt = diese Handlungsweise beobachtet. LYü VIII, v. 王|語莊子以好樂。*wâng č'âng iû Čuang-tsì ì haó yok.* Ew. Majestät haben immer dem Herrn Č. gesagt, dass Sie die Musik liebten. Mtsï I, ɪɪ, I, 2. 子好勇乎、吾|聞大勇於夫子矣。*tsì haó yùng hû? ngû č'âng wên tá yùng iū fū-tsì ì.* Lieben Sie Muth? Ich habe immer grossen Muth an dem Meister (rühmen) gehört. Das. II, ɪ, II, 7.

Wegen 未嘗 *wéi-č'âng* vgl. §. 1207.

§. 1261. Das seltenere 曾 ***ts'êng*** soll dem vorigen sinnverwandt sein: 爾何曾比予於是。*rì hô ts'êng pì iû iū ší?* Warum hast du mich mit diesem verglichen? Mtsï II, ɪ, I, 3. 曾不知以食牛干秦穆公之爲汙也、可謂智乎。*ts'êng put čī ì ssî nieû kān Ts'în Muk kūng čī wêi ngū yè: k'ò wéi čí hû?* Wenn er nicht gewusst hat, dass es schmutzig wäre, sich beim Fürsten M. von Ts'. durch Rinderhüten einzuführen: kann er einsichtig genannt werden? Das. V, ɪ, IX, 3.

XI. Auch, noch.

§. 1262. 又 ***yeú,*** auch, hat etwa die Bedeutung: **und auch, desgleichen, ebenfalls, abermals, wiederum, ferner,** d. h. es reiht das folgende an ein vorausgegangenes Aehnliches an: 侍者諫、不聽、又諫、殺之。*ssî-čè kián, put t'īng, yeú kián, šat čī.* Die Begleiter hielten es ihm vor; er hörte nicht (darauf). Abermals hielten sie es ihm vor; er tödtete sie. Tso-čuen IX, 7. 夫人之所欲也、又何不敢。*fû žîn čī sò yuk yè, yeú hô put kàm?* Ist es doch eines Menschen Wunsch: warum solltest du es auch nicht dürfen? Das. X, 1. 又間焉、對曰、午也可。*yeú wén yên, túi yuet: Wú yè k'ò.* Als er abermals fragte, antwortete er: Wu geht an. Das. IX, 3. 瑕叔盈又以蝥弧登。*Hiâ Šuk-yîng yeú ì maô-hû tēng.* H. stieg abermals mit dem Mao-hu (Name eines Banners) hinauf. Das. I, 11. **悅賢不能舉、又不能養也。** *yuet hiên put nêng kiù, yeú put nêng yàng yè.* Freude habend an Weisen kann er sie nicht befördern und gleichfalls nicht sie ernähren. Mtsï V, II, VI, 4. **鄭僖公之爲大子也、於成之十六年、與子罕適晉、不禮焉、又與子豐適楚、亦不禮焉。** *Č'íng Hī kūng čī wéi tái-tsì yè, iū Č'îng čī šip luk niên, iù Tsì-hàn šik Tsín, put lì yên; yeú iù Tsì-fūng šik Č'ù, yik put lì yên.* Als der Fürst Hi von Tsch'ing Erbprinz war (und) im 16. Jahre des (Fürsten) Tsch'ing mit Tsï-han nach Tsin ging, benahm er sich unschicklich; als er ferner mit Tsï-fung nach Tsch'u ging, benahm er sich ebenfalls unschicklich. Tso-čuen IX, 7.

§. 1263. **猶** *yeû* hat concessive Nebenbedeutung: **doch noch, noch immer: 民猶以爲小也。** *mîn yeû ì-wêi siaò yè.* Das Volk hielt es noch immer für klein. Mtsï I, II, II, 2. **置君而後去之、則猶可及止也。** *čí kiün rî heú k'iù čī, tsek yeû k'ò kip čì yè.* Wenn (Ew. Majestät) einen Fürsten einsetzen und ihn (den Staat Yen) dann verlassen, so wird es doch noch möglich sein, innezuhalten (im Angriff). Das. I, II, XI, 4. **當堯之時、天下猶未平。** *tāng Yaô čī šî, t'iēn-hià yeû wéi p'îng.* Zu des Yao Zeiten war die Welt noch immer nicht in Ordnung (*kemuni necin ojoro unde*). Das. III, I, IV, 7.

§. 1264. **尙** *šáng* (vgl. **常** *šâng*, beständig) bedeutet **Fortdauer: 今吾尙病。** *kīm ngû šáng píng.* Jetzt bin ich noch krank. Mtsï III, I, V, 1. **是丨爲能充其類乎。** *ší šáng wêi nêng č'ūng k'î lúi hû?* Ist ein Solcher noch fähig, seine Lebensweise durchzuführen (eigentl. seine Ordnung zu erfüllen)? Das. II, X, 6.

§. 1265. **亦** *yik,* auch, hat etwas von der Nebenbedeutung: **aber auch, doch auch,** d. h. es hebt hervor, dass das Folgende durch Anderes nicht ausgeschlossen sei: **雖有其位、苟無其德、不敢作禮樂焉、雖有其德、苟無其位、亦不敢作禮樂焉。** *sūi yeù k'î wéi, keù wû k'î tek, put kàm tsok lì yok yên; sūi . . . yik . . .* Obschon (Jemand) die zugehörige (*k'î*) Stellung hat, — gesetzt er hat nicht die . . . Tugend, so darf er nicht Gebräuche und Musik machen (regeln); obschon . . . **doch auch** . . . Čung-yung XXVIII, 4. **孫子無辭、亦無悛容。** *Sūn-tsì wû ts'î, yik wû ts'ūn yûng.* Sün-tsï antwortete nicht und änderte auch nicht sein Benehmen. Tso-čuen IX, 7. **君子亦有惡乎。** *kiūn-tsì yik yeù ngú hû?* Hat ein Edler auch Hass? LYü XVII, 1.

§. 1266. **尙亦** *šáng yik* = **und noch dazu, überdies: 寔能容之、以能保我子孫黎民、尙亦有利哉。** *šit nêng yûng čī, ì nêng paò*

漢文經緯

ngò tsî sūn lî mîn, šáng yik yeù lí tsāi. Er vermag es in Wahrheit, sie (sc. die anderen Menschen) zu behandeln, und ist dadurch im Stande, meine Söhne und Enkel und das schwarzhaarige Volk zu schützen, und überdies bringt das auch Vortheil. Ta-hiok X, 14.

§. 1267. 亦猶 *yik-yeû* — auch, aber mit **concessiver** Nebenbedeutung: doch auch, darum nicht weniger: 仲子||行古之道也。 *Čúng-tsì yik-yeû hîng kù čī taò yè.* Č. hat auch nach den Normen des Alterthums gehandelt (obschon sein Verfahren aussergewöhnlich war). Comm.: 行古之道、不止一端、舍孫立子亦猶是也。 . . . hat nicht nur ein Princip (*put čì yit tuān*); den Enkel übergehen und den Sohn einsetzen u. s. w. T'an-kung (Kwpč. III, 11 a).

§. 1268. 且 *ts'iè* — **und noch dazu, überdies,** ist steigernd (§. 519): 道之以政、齊之以刑、民免而無恥、道之以德、齊之以禮、有恥且格。 *taó čī ì číng, ts'î čī ì hîng, mîn mièn rî wû č'ì; . . . tek . . . lì, yeù č'ì tsiè kik.* Leitet man sie (die Menschen) durch Regierung, regelt man sie durch Strafen, so flieht das Volk und hat keine Scham; . . . Tugend, . . . gute Sitte, so hat es Scham und wird zudem gebessert. LYü II, iii.

XII. Nur.

§. 1269. 唯、惟 *wêi* (§. 802—805) ist in der classischen Zeit der gebräuchlichste Ausdruck für **nur,** wo es das Subject des Satzes betrifft: 唯聖者能之。 *wêi šíng-čè nêng čī.* Nur ein Heiliger vermag es. Čung-yung XI, 3. 鄭人皆喜、唯子產不順。 *Č'ing žîn kiāi hì, wêi Tsì-č'àn put šûn.* Die Leute von Tsch'ing freuten sich insgesammt, nur Tsï-tsch'an stimmte nicht bei. Tso-čuen IX, 8. 唯上知與下愚不移。 *wêi šáng čí iù hià iû put î.* Nur Leute von höchster Weisheit und solche von tiefster Thorheit ändern sich nicht. LYü XVII, iii.

不唯 *put wêi* — nicht nur, statt dessen auch 豈唯 *k'ì-wêi,* etwa nur (fragend, vgl. §. 684): 自今日既盟之後、鄭國而不唯晉命是聽、而或有異志者、有如此盟。 *Tsî kīm-žit kí mêng čī heú, Č'ing kuok rî put wêi Tsín míng ši t'īng, rî huok yeù í čí čè, yeù žû ts'ì mêng.* Wenn von dem heute stattgefundenen Vertrage an der Staat Tsch'ing nicht nur auf die Befehle von Tsin hört, sondern möglicherweise andere Absichten hat, so soll gemäss dem Vertrage geschehen. Tso-čuen IX, 9. 若惠顧敝邑、撫有晉國、賜之內主、豈唯寡君、舉羣臣實受其貺。 *žok hoéi kú pí yip, fù yeù Tsín kuok, ssî čī néi čù, k'ì-wêi kuà kiūn, kiù-k'iûn č'în šit šeú k'î hoáng.* Wenn er in Gnaden auf unsern Staat blicken und den Fürsten von

von Tsin trösten will, indem er ihm ein Haremsweib schenkt, so wird wahrlich nicht der Fürst allein, sondern auch sämmtliche Unterthanen sein Geschenk annehmen. Das. X, 3.

§. 1270. 獨 ***tuk*** — **allein, nur**: 寡君不能獨任其社稷之事。*kuà kiün put nêng tuk žîm k'î šé-tsik čī ssî.* Mein Fürst ist nicht im Stande, allein den Dienst seiner Altäre zu besorgen. Tso-čuen X, 3. 獨其言在耳。*tuk k'î yên tsái rî.* Nur ihre Reden sind noch vorhanden (ihre Gebeine sind vermodert). Ssï-ki LXIII, 1 b. 天下皆憂、吾獨得不憂乎。*t'iēn-hià kiāi yeū; ngû tuk tek put yeū hû?* Alle in der Welt sind betrübt; könnte ich allein nicht betrübt sein? Wen-čung-tsï V, 1 a. 仲尼言仁未嘗兼義。獨於易曰。立人之道曰仁與義。*Čúng-nî yên žîn wéi č'âng kiēm ngí; tuk iü Yik yuet: lip žîn čī tào yuet žîn iû ngí.* Wenn Čung-ni vom Wohlwollen sprach, identificirte er es niemals mit der Gerechtigkeit; nur im Yik heisst es: die Norm des Menschen feststellen, nennt man Wohlwollen und Gerechtigkeit. Sing-li tsing-i IX, 25 b.

非獨 ***fēi tuk*** — nicht allein: 非獨賢者有是心也、人皆有之、賢者能勿喪耳。*fēi tuk hiên-čè yeù ší sim yè; žîn kiāi yeù čī; hiên-čè nêng wut sáng rî.* Nicht allein der Weise hat diese Gesinnung; alle Menschen haben sie; der Weise ist nur fähig, sie nicht zu verlieren (das unterscheidet ihn von Anderen). Mtsï VI, I, X, 5.

§. 1271. 特 ***tek*** — **einfach nur**, bezieht sich auf das Prädicat und deutet an, dass die Thatsache eine andere hinreichend erkläre: 天下之士君子、特不識其利。*t'iēn-hià čī ssî kiūn-tsì, tek put šik k'î lí.* Die Gelehrten und Edeln des Reiches wissen einfach nicht deren (der allgemeinen Menschenliebe) Vortheil. Mek-tsï (Legge, Cl. II, Prol. 109). 此何難之有、特上不以爲政、士不以爲行故也。*ts'ì hô nân čī yeù? tek šáng put ì wêi číng, ssî . . . hîng kú yè.* Was ist dabei schwierig? Es liegt einfach daran, dass die Oberen nicht demgemäss regieren, die Beamten nicht demgemäss handeln. Das.

§. 1272. 但 ***tán*** — **blos, nur**, vgl. 袒 *tàn*, nackt, und 坦 *tàn*, eben, Ebene, gehört der nachclassischen Sprache an: 凡有血氣之類、皆具五常、但不知充而已矣。*fâm yeù hiuet k'í čī lúi, kiāi kiü ngù šâng, tán put čī č'ūng rî ì ì.* Alle Arten, welche Blut und Odem haben, erschöpfen insgesammt die fünf Cardinaltugenden, nur wissen sie (dieselben) nicht zu erfüllen, das ist Alles (*damu jalukiyara be sarkô dabala*). Sing-li tsing-i IX, 25 b.

§. 1273. 啻 ***ší***, still stehen, wird gelegentlich wie in der neueren Sprache das gleichbedeutende 止 *čì* (Beispiel §. 1267) für **nur** gebraucht. 不啻 ***put ší*** — nicht nur: 人之彥聖、其心好之、不啻若自其

海上絲綢之路文獻集成　科技與文化編

漢文經緯

口出。 *žîn či yén šíng, k'î sīm haó či, put ší žok tsî k'î k'eù č'ut.* (Wenn ich einen Minister habe, der . . .) die vollkommenen und heiligen unter den Menschen in seinem Herzen liebt, nicht nur wie es aus seinem Munde kommt (d. h. mit Worten). Ta-hiok X, 14 (Citat aus dem Šu).

§. 1274. Adverbiales 直 *čik* = gerade, hat zuweilen eine ähnlich einschränkende Bedeutung wie unser: **gerade, eben, eigentlich**: 自天子達於庶人、非直爲觀美也、然後盡於人心。 *tsî t'iēn-tsì tat iū šú-žîn, fēi čik wéi kuān mèi yè; žân-heú tsín iū žîn sīm.* (Die Regel wurde befolgt;) vom Kaiser bis durch's ganze Volk, nicht eigentlich (nicht nur) wegen des schönen Antlitzes, (sondern) damit darnach man den Gesinnungen der Leute Genüge leiste (*damu tuwara de saikan okini serengge waka: uttu oho manggi, teni niyalmai gônin be akômbuci ombi sere turgun*). Mtsï II, ii, VII, 2. — Zuweilen folgt finales 爾、耳 *rì*: 直好世俗之樂耳。 *čik haó ší suk či yok rì.* Ich liebe eben nur die moderne Musik. Mtsï I, ii, I, 2.

§. 1275. 只 *či* — nur, gehört mehr dem nachclassischen Stile an: 四支固是身所用、只可謂身之四支。四端固具於心、然亦未可便謂之心之用。 *ssî či kú ší šīn sò yúng, či k'ò wéi šīn či ssî či. ssî tuān kú kiū iū sīm, žân yik wéi k'ò pién wéi či sīm či yúng.* Die vier Glieder (Aeste) sind allerdings des Körpers Werkzeuge, nur können sie des Körpers vier Glieder genannt werden. Die vier Grundlagen werden allerdings durch das Herz erschöpft, jedoch kann man sie deswegen (便) noch nicht des Herzens Werkzeuge nennen. Sing-li tsing-i IX, 26 a. Man beachte die Häufung: 止 . . . 只 *či . . . či*: 所謂人者、天地之心、及天聰明自我民聰明。止謂只是一理。 *sò wéi žîn čè, t'iēn tí či sīm, kip t'iēn ts'ūng mîng tsî ngò mîn ts'ūng mîng. či wéi či ší yit lì.* Dasjenige, was man einen Menschen nennt, ist des Himmels und der Erde Herz, und des Himmels Einsicht und Verstand kommt aus unseres Volkes (Geschlechtes) Einsicht und Verstand. (Das) ist nur von dieser einen Vernunft allein gesagt. Sing-li tsing-i IX, 14 b (*damu emu giyan be teile henduhebi*).

§. 1276. 翅 *č'í* (sonst Flügel, Flossen) = **nur**: 取食之重者、與禮之輕者、而比之、奚翅食重。 *ts'iù šik či čúng čè, iù lì či k'īng čè, rî pì či, hî č'í šik čúng?* Man setze den Fall, dass das Essen wichtig und die Schicklichkeit unwichtig wäre, und vergleiche Beides: warum sollte nur das Essen wichtiger sein? Mtsï VI, ii, I, 7. (Legge: *why stop with saying merely that the eating is more important?*)

§. 1277. Die **Finale** 爾、耳 *rì* (seltener 而 *rî*) = **nur** (§. 835), wird namentlich auch dann gebraucht, wenn der vorhergehende Satz ein negirender

30*

war. Sie hat dann antithetische Nebenbedeutung: nicht —, sondern nur. Der verneinende Gedanke kann aber auch unausgesprochen bleiben, und dann entspricht die Finale etwa unseren Ausdrücken: **wirklich nur, eben nur,** *just only, tout simplement* u. s. w.: 不敢請耳、固所願也。*put kàm ts'ìng rî; kú sò yuén yè.* Ich wagte nur nicht zu bitten; sicher (aber) ist es das, was ich wünsche. Das. II, II, X, 2. 堯舜之治天下、豈不用其心哉、亦不用於耕耳。*Yaô Šûn či č'î t'iēn-hià, k'ì put yúng k'î sim tsāi? yik put yúng iū kēng rî.* Haben etwa Y. und Š., indem sie das Reich regierten, ihre Herzen nicht angestrengt? Sie haben sie nur nicht im Landbau angestrengt. — Man beachte die Wirkung von 亦 *yik*, auch: sie so gut wie Andere, aber u. s. w. Das. III, I, IV, 11. 鬱陶思君爾。*yut* (r. 192) *-t'aô ssï kiūn rî.* Ich dachte eben nur besorgnissvoll an den Fürsten (nur deshalb komme ich). Das. V, I, II, 3. 人人有貴於己者、弗思耳。*žîn-žîn yeù kuéi iū kì čè; fut ssï rî.* Alle Menschen haben Etwas, was in ihnen werthvoll ist; sie mögen eben nur nicht (daran) denken. Das. VI, I, XVII, 1. Vgl. VI, II, II, 3; 7.

§. 1278. 云爾 ***yûn-rî,*** nur sagen (§. 836), ist übliche Schlussform, wenn das **nur** sich auf das Sagen selbst bezieht, nicht Bestandtheil des Gesagten bildet: 其心曰、是何足與言仁義||。*k'î sim yuet: ší hô tsuk iù yên žîn ngí yûn-rî?* In ihren Herzen sagen sie nur: Wie eignete sich dieser dazu, dass man mit ihm von Pflichttreue und Gerechtigkeit rede? Mtsï II, II, II, 4. 不行王政||。*put hîng wâng číng yûn-rî.* Es ist nur gemeint, er übe nicht ein königliches Regiment, *han-i dasan be yaburakô be heudumbidere.* Das. III, II, V, 7. 汝奚不曰 . . . ||。*žù hî put yuet . . . yûn-rî?* Warum habt ihr nicht einfach gesagt: . . .? LYü VII, XVIII. Vgl. Mtsï IV, II, XXIV, 1; VII, I, XXXIX, 2. — Man beachte: 二公蓋未嘗見此誌而云云爾。*rí Kūng kái wéi č'âng kién ts'ì čí rî **yûn-yûn rì.*** Die beiden K. nämlich hatten noch nicht diese Nachrichten gesehen, und so haben sie **nur so hin gesprochen.** Einl. z. Thai-kih-thu, 20.

§. 1279. 而已 ***rî-ì*** am Satzende — und dabei bewendet es, nur: 心一而已爾。*sīm yit rî ì rî.* Das Herz ist lediglich eines (einheitlich). Sing-li tsing-i IX, 25a. 如斯而已乎。*žû-ssï rî ì hû?* Ist das (was du sagst) Alles? Weiter nichts als das? LYü XIV, XLV. — Man beachte die Häufung: 其知之者、不過以爲用意高遠而已。*k'î či či čè, **put kuó** ì-wêi yúng í kaō yuèn **rî-ì.*** Die, welche dieselbe (die Lehre) kannten, **begnügten sich lediglich damit,** die Verwirklichung seiner Gedanken für (zu) hoch- und fernliegend zu erachten. Sing-li I, 16b. 聖人之所以聖、不過全此實理而已。*šíng žîn či sò-ì šíng, **put kuó** ts'iuên ts'ì šit lì **rî-ì.*** Das, wodurch

漢文經緯

der heilige Mensch heilig ist, **ist nichts weiter als nur**, dass er diese wahre Vernunft erfüllt. T'ung-šu II.

§. 1280. Eine eigenthümliche Wendung für **nur** findet sich in Čung-yung XXVI, 9: 今夫天、斯昭昭之多。 *k'im fû tiēn, ssï č'aó-č'aó* ***čī tō.*** Nun ist dieser Himmel nur so leuchtend (*uttu geri geri sere gojime*); dann von der Erde: 一撮土之多。 *yit ts'ot t'ù* ***čī tō,*** nur eine Handvoll Erde; vom Wasser: 一勺|| *yit čok* ***čī tō,*** nur ein Löffel voll.

XIII. Wie.

§. 1281. Das gewöhnlichste Wort für **wie**, zumal in bildlich vergleichender Rede, ist 如 *žû* (§. 578 ff.): 人心之不同、如其面焉、吾豈敢謂子面如吾面乎。 *žîn sīm čī put t'ûng, žû k'î mién yên; ngû k'ì kàm wéi tsï mién žû ngû mién hû?* Der Menschen Geister sind ebenso ungleich wie ihre Antlitze: wie dürfte ich zu behaupten wagen, dass Euer Antlitz meinem Antlitze gleich sei? Tso-čuen IX, 31. 四端如四支。 *ssï tuān žû ssï čī.* Die vier Grundlagen sind wie die vier Glieder (eigentl. Aeste). Sing-li tsing-i IX, 26 a.

§. 1282. 若 *žok* — **wie**, wird entweder unterschiedslos statt 如 *žû*, oder vielleicht mit einer leisen conditionalen Nebenbedeutung (‚wie wenn . . . wäre') angewendet: 舜之飯糗茹草也、若將終身焉、及其爲天子也、被袗衣、鼓琴、二女果、若固有之。 *Šûn čī fàn k'ieù žú ts'aò yè, žok tsiāng čūng-šīn yên; kip k'î wêi t'iēn-tsï yè, p'í čìm ī, kù k'îm, rî niü nguò, žok kú yeù čī.* Šün genoss Grütze und ass Kräuter, als würde er sein Lebtag (so fortleben); und als er Kaiser war und sich in gestickte Gewänder kleidete, die Laute spielte und zwei Frauen zur Bedienung hatte, war es, als ob er es nothwendigerweise so haben müsste (es nicht anders sein könnte). Mtsï VII, II, VI. 使夫資朴之於美、心意之於善、若夫可以見之明不離目、可以聽之聰不離耳。 *ssï fû tsï-p'ok čī iü mèi, sīm-í čī iü sén, žok fû k'ò-ì kién čī mîng put lî muk, k'ò-ì t'ing čī ts'ūng . . . rî.* Nehmen wir an, diese Urelemente verhielten sich zum Schönen, und die Herzensgedanken . . . zum Guten (so unzertrennlich), wie das Augenlicht, womit man sehen kann, nicht vom Auge, das Wahrnehmungsvermögen, womit man hören kann, nicht vom Ohre weicht. (Man beachte die kurze eigenthümliche Ausdrucksweise; man hätte erwartet: ‚wie das Augenlicht zum Auge u. s. w.: Eines weicht nicht vom Anderen': 若夫 . . . 明之於目 . . . 皆不相離, oder ähnlich.) Sün-tsï (Legge, Cl. II, Prol. 83).

海上絲綢之路文獻集成 科技與文化編

§. 1283. 宜若 *ngî žok* — **es ist ganz als ob, es scheint als ob,** *on dirait que:* **不見諸侯、|| 小然。** *put kién ču-heû, ngî žok siaò-žân.* Dass du nicht die Lehensfürsten besuchst, macht den Eindruck, als wärest du kleinlich. Mtsï III, II, I, 1. **|| 可爲也。** *ngî žok k'ò wêi yè.* Ich sollte meinen, es wäre ausführbar (es macht so den Eindruck). Das.

Wegen **辟(譬)如(若)** *p'í žû, p'í žok,* vergleichbar mit, gleichsam, siehe §§. 580, 601.

§. 1284. 猶 *yeû* (vgl. §. 1263) — **wie,** bezieht sich namentlich auf Gleichheit des **Verhaltens** und ist in diesem Sinne auch in bildlicher Rede zulässig: **過猶不及。** *kuó yeû put kip.* Ueberschreiten ist (ebenso schlimm) wie nicht erreichen. LYü XI, xv, 3. **人之愛人、求利之也、今吾子愛人則以政、猶未能操刀而使割也。** *žîn čï ngái žîn, k'ieû lí čï yè; kīm ngû tsï ngái žîn tsek ì číng, yeû wéi nêng ts'aō taō rî ssï kot yè.* Wenn ein Mensch einen (andern) Menschen liebt, sucht er ihn zu fördern; wenn nun (aber) du, mein Fürst, einen Menschen (blos) aus Liebe anstellen willst, so ist das so viel, als wolltest du Einen, der noch nicht mit dem Messer umzugehen weiss, schneiden lassen. Tso-čuen IX, 31. **聽訟、吾猶人也。** *t'īng súng, ngû yeû žîn yè.* Im Anhören von Streitsachen bin ich wie andere Leute. Ta-hiok C. IV. **回也、視予|父也、予不得視|子也。** *Hoêi yè, ší iû yeû fú yè; iû put tek ší yeû tsï yè.* Hoei betrachtete mich wie einen Vater; ich habe es nicht dahin gebracht, ihn wie einen Sohn zu betrachten. LYü XI, x, 3. **吾在於天地之間、猶小石小木之在大山也。** *ngû tsái iü t'iēn tí čï kiān, yeû siaò šik šiaò muk čï tsái tá šān yè.* Ich bin zwischen Himmel und Erde wie ein kleiner Stein, ein kleines Bäumchen ist auf einem grossen Berge. Nam-hoa-king VI, 8 a. **臣之於君、猶子之於父也。** *č'în čï iü kiün, yeû tsï čï iü fú yè.* Das Verhältniss des Ministers zum Fürsten gleicht dem des Sohnes zum Vater. Sing-li XI, 21 b.

Man beachte die Verbindung mit **譬** *p'í:* **若非人而無以易之、譬之猶以水救火也。** *žok fēi žîn rî wû ì yik čï, p'í čï yeû ì šùi kieú huò yè.* Wenn man die Menschen tadelt und nicht die Mittel hat, sie zu bekehren, so ist das zu vergleichen mit (der Handlungsweise Eines, der) mit Wasser Feuer löscht (soll heissen: Einen aus dem Feuer zieht und in's Wasser taucht). Mek-tsï (Legge, Cl. II, Prol. 111.)

§. 1285. 似 *ssï* — ähneln, aussehen wie, betrifft die **äussere Erscheinung: 屏氣似不息者。** *pìng k'í, ssï put sik čè.* Er hielt den Athem an, wie Einer, der nicht athmet (nicht athmen kann oder nicht zu athmen wagt). LYü X, IV, 4. **望之不似人君。** *wáng čï put ssï žîn-kiün.* Als ich

漢文經緯

ihn von ferne ansah, sah er nicht aus wie ein Fürst. Mtsï I, i, VI, 2. 孟舍施|曾子。 *Méng Śï-šé ssî Tsēng-tsì.* M. war (im Aussehen) dem Ts. ähnlich. Das. II, i, II, 6. 故凡同類者舉相|也。 *kú fâm t'ûng-lúi cè, kiù siāng ssî.* Daher alles Gleichartige (insgesammt, *kiù*) ist einander (im Aussehen) ähnlich. Das. VI, i, VII, 3.

§. 1286. 非 . . . 一閒耳 ***fēi . . . yit kián rì*** = es ist fast ebenso (gut oder schlimm), als wenn . . .: 然則非自殺之也、|||。 *žân-tsek fēi tsî šat čī yè, yit kián rì.* Also tödtet er sie nicht selbst, (aber) es ist nur ein kleiner Abstand davon = es ist fast ebenso schlimm, läuft fast auf Eins hinaus. Mtsï VII, ii, VI.

§. 1287. Das ‚Wie' durch die blosse Wortstellung — **Adverbialis** — auszudrücken (§. 356), dürfte nur ausnahmsweise, vielleicht nur redensartlich zulässig sein: 豕人立而啼。 *šì žîn lip rî t'î.* Das Schwein stand wie ein Mensch (d. h. auf den Hinterbeinen) und schrie. Tso-čuen III, viii.

XIV. Comparativ.

§. 1288. Soll etwas schlechthin als **geringer** denn ein Anderes bezeichnet werden, so ist der gebräuchlichste Ausdruck der durch 不如 ***put žû*** (§. 581, 1) oder 不若 ***put žok***, 豈若 ***k'ì žok*** (§. 602): 君子謂子重於是役也、所獲不如所亡。 *kiün-tsì wéi Tsì-čúng iü ší yik yè, sò huok put žû sò wâng.* Der Edle meint, dass für Tsï-tschung bei diesem Unternehmen das Gewonnene dem Verlorenen nicht gleichkomme. Tso-čuen IX, 3. Wegen 與其 . . . 不若 (豈若) ***iü k'î . . . put žok*** (*k'ì žok*) vgl. §. 772.

§. 1289. Soll ausgedrückt werden, dass ein adjectivisches oder verbales **Prädicat von einem Subjecte mehr gilt als vom Anderen,** so bedient man sich der Redewendung mit 於、于 ***iü,*** seltener 乎 ***hû*** = im Verhältnisse zu, als (§§. 743, 751): 今尺長於古尺。 *kīm č'ik č'âng iü kù č'ik.* Das jetzige Fussmaass ist länger als das alte. Sing-li XII, 14b. 民之於仁也、甚於水火。 *mîn čī iü žîn yè, ším iü šùi huò.* Für das Volk ist Pflichttreue mehr (wichtiger) als Wasser und Feuer. LYü XV, xxxiv. 子貢賢於仲尼。 *Tsì-kúng hiên iü Čúng-nî.* Ts. ist weiser als Č. LYü XIX, xxiii, 1.

§. 1290. Unserem **noch** bei Comparativen entspricht 猶 ***yeû*** (vgl. §. 1263): 爲之、猶賢乎已。 *wêi čī, yeû hiên hû ì.* Es zu thun, wäre am Ende noch weiser. LYü XVII, xxii. 猶愈於戰。 *Yeû iü iü čén.* Das ist noch besser als ein Kampf. Tso-čuen IX, 9.

§. 1291. 加 ***kiā,*** hinzufügen, zunehmen, kann sowohl in der Bedeutung: **übertreffen,** als auch, mit folgendem Adjectivum, im Sinne von: **zunehmen in**

einer Eigenschaft angewandt werden: 今之時于孟子之時又加遠矣。*kīm čī šî iü Méng-tsì čī šî yeú kiā yuèn ì.* Die jetzige Zeit übertrifft die Zeit des M. wohl noch um ein Weites. Han-iü (Kwpč. VI, 71 b). 齊不加廣。*Ts'î put kiā kuàng.* (Das Land) Ts'i wird nicht grösser. Ssï-ki LXXV, 2 b. Vgl. Mtsï I, ɪ, III, 1.

§. 1292. 寧、甯 *nîng* — **lieber wollen,** kann sowohl mit vorausgehendem 與 (其) *iü* (*k'î*, Beispiele §. 771), als auch mit folgender Negation construirt werden: 甯死不可背理。*nîng ssì, put k'ò péi lì.* Lieber soll man sterben; man darf nicht der Vernunft den Rücken kehren (Sch.). 我甯游濱之中自快、無爲有國者所羈。*ngò nîng ngū-tuk čī čūng tsî k'uái, wû wêi yeù kuok čè sò kī.* Ich will lieber mich in einer schmutzigen Pfütze vergnügen, als Einer sein, den der Landesherr am Zügel hält. Čuang-tsï (Sch.).

§. 1293. Soll **gefragt** werden, welchem von zwei Subjecten, A und B, eine Eigenschaft C mehr zukomme, so bedient man sich der Wendung: *A* 與 *B* 孰 *C, A iü B šuk C.* 父與夫孰親。*fú iü fū šuk ts'īn?* Wer steht mir näher: der Vater oder der Gatte? Ssï-ki XLII, 5 a (§. 770).

§. 1294. 過 *kuó,* übertreffen, kann Comparative ersetzen: 地未有過千里者也。*tí wéi yeù kuó ts'iēn lì čè yè.* Das Gebiet hatte noch nicht mehr Umfang als tausend Li. Mtsï II, ɪ, I, 10. 故聲聞過情、君子恥之。*kú šīng-wén kuó ts'îng, kiūn-tsì č'ì čī.* Daher schämt sich der Edle, wenn sein Ruf besser ist als die Thatsachen. Das. IV, ɪɪ, XVIII, 3.

§. 1295. 愈 *iü* — übertreffen, mit oder ohne folgendes 於 *iü*: 丹之治水也、愈於禹。*Tān* (r. 3) *čī č'î šùi yè, iü iü Iü.* Ich, Tan, regle das Wasser besser als Jü. Mtsï VI, ɪɪ, XI, 1. 人道丨深、膺患丨重。*žip taò iü šīm, yīng-huán iü čúng.* **Je** tiefer er in das Tao eintritt, **desto** schwerer ist seine Bekümmerniss. (Sch.)

§. 1296. 彌 *mî* — **noch mehr, immer mehr**: 弟子丨衆。*tí-tsì mî čúng.* Seine Schüler wurden immer zahlreicher. Vorrede zum LYü (Sch.). 其出丨遠、其知丨少。*k'î č'ut mî yuèn, k'î čī mî šaò.* **Je** weiter er hinausgeht, desto weniger weiss (lernt) er. Tao-tek-king XLVII; vgl. das. LVII.

§. 1297. 不已 (以) . . . 乎 *put ì . . . hû?* als Nachsatz mit zwischengeschobenem Prädicate — **ist das nicht allzu . . .?** 三年之喪、丨丨久乎。*sām niên čī sāng, put ì kieù hû?* Ist eine dreijährige Trauer nicht allzulang? Ssï-ki LXVII, 6 b. 三月無君則弔、不以急乎。*sām yuet wû kiūn tsek tiaó, put ì kip hû?* Beileidsbezeigungen, wenn (Einer) drei Monate lang ausser

漢文經緯

Dienst gewesen ist, heisst das nicht Uebereifer? Mtsï III, ii, III, 2. Vgl. §. 298, Abs. 2.

XV. Superlativ.

§. 1298. Am gebräuchlichsten ist der Ausdruck des Superlativs durch die blosse **Wortstellung**, wobei die Gattung, innerhalb deren der Superlativ gelten soll, entweder in den **Genitiv** oder in den **Adverbialis** gesetzt wird: **禮之用、和爲貴、先王之道、斯爲美。** *lì čī yúng, huô wêi kuéi; siēn wâng čī taò, ssī wêi mèi.* Bei der Uebung der guten Sitte ist Harmonie das Wichtigste; im Verhalten der früheren Könige war dies das Schönste. LYü I, xii. **天地之性、人爲貴、人之行、莫大於孝。** *t'iēn tí čī síng, žîn wêi kuéi; žîn čī hîng, mok tá iû hiaó.* In des Himmels und der Erde Natur (Comm.: — unter den lebenden Wesen) ist der Mensch das Vornehmste; in des Menschen Handeln ist nichts grösser als die Pietät. Ku-wen hiao-king X. **禮之大者也。** *lì čī tá čè yè.* Dies war die grösste unter den Ceremonien. Tso-čuen IX, 1. **齊天下之彊國也。** *Ts'î t'iēn-hià čī k'iâng kuok yè.* Ts'i ist der mächtigste Staat im Reiche. Ssï-ki LXXV, 7 a. **曷爲天下善。** *hot wêi t'iēn-hià šén?* Was ist das Beste in der Welt? T'ung-šu VII, 1.

§. 1299. Noch entschiedener ist die Verneinung, dass etwas Anderes dem gleichkomme oder es übertreffe: **莫如** ***mok žû,*** **莫** *x* **於(乎)** ***mok x iû (hû),*** (§§. 581, 3; 602, 743): **莫見乎隱、莫顯乎微。** *mok hién hû yìn, mok hièn hû wêi.* Nichts ist sichtbarer als das Geheime, nichts offenbarer als das Verborgene. Čung-yung I, 3: **小國無文德而有武功、禍莫大焉。** *siaò kuok wû wên tek rî yeù wù kūng, huó mok tá yên.* Es gibt kein grösseres Unglück, als wenn kleine Staaten, ohne Tüchtigkeit in der Civilverwaltung zu besitzen, Kriegserfolg haben. Tso-čuen IX, 8. **功莫大於高皇帝、德莫盛於孝文皇帝。** *kūng mok tá iû Kaō hoâng-tí, tek mok šíng iû Hiaó-wên* . . . An Verdiensten ist keiner grösser als Kaiser K., an Tugend Keiner vollkommener als . . . Ssï-ki X, 19 b. **且夫秦之所欲弱者莫如楚、而能弱楚者莫如梁。** *ts'iè fû Ts'în čī sò yuk žok čè mok žû Ts'ù, rî nêng žok Ts'ù čè mok žû Liâng.* Ueberdies nun wünscht Ts'in keinen (Staat) lieber zu schwächen als Ts'u, und kein (Staat) ist befähigter Ts'u zu schwächen als Liang. Das. LXX, 6 b. **爲政何先。曰、莫要於守法。** *wêi číng hô siēn? yuet: mok yaó iû šeù fap.* Was steht bei Ausübung der Verwaltung obenan? Antwort: Nichts ist nöthiger als Aufrechterhaltung der Gesetze. Sing-li XI, 22 b.

§. 1300. Noch stärker ist die **Wiederholung des Adjectivums** als Prädicat mit zwischengeschobenem genitivischen 之 *či* und zuweilen 又 *yeú* = noch: 得其秀之秀者。 *tek k'î sieú či sieú če.* Er empfängt das Feinste ihres Feinen. Thai-kih-thu §. 7, d. 謂之玄、玄之又玄。 *wéi či hiuân, hiuân či yeú hiuân.* Man nennt es tief, das Tiefste des Tiefen. Tao-tek-king I. 寡之又寡以至於無。 *kuà či yeú kuà ì čí iû wû.* Durch des Geringen weitere Verringerung gelangt man zum Nichthaben. Thai-kih-thu §. 8, c.

§. 1301. 最 *tsúi* — **am meisten, weitaus, äusserst:** 畫孰最難者曰、犬馬難。孰易者。曰、鬼魅最易。 *hoak šuk tsúi nân če? yuet: k'iuèn mà nân. šuk í če? yuet: kuèi méi tsúi í.* Was war bei der Zeichnung das Allerschwierigste? Antwort: die Hunde und Pferde waren am schwierigsten. — Was war das Leichteste? . . . die Dämonen und Ungeheuer . . . Han-fei-tsï XI, 6 a. 言凡生天地之間、含氣之類、人最其貴者也。 *yên fâm šeng t'iēn tí či kiān, šé k'í či lúi, žîn tsúi k'î kuéi yè.* Es besagt, überhaupt in der zwischen Himmel und Erde lebenden, Athem ausströmenden Gattung, sei der Mensch weitaus das Vornehmste. Hiao-king, jap. Ausg. 11 b, Comm. 寤生即横生、是產之最難者。 *ngú-šeng tsik k'uàng šeng; ší č'àn či tsúi nân če.* ‚Wachgeburt' ist gleich Geburt in Querlage; dies ist eine äusserst schwere Niederkunft. Kwpč. I, 1 b.

§. 1302. 唯 *wêi* — nur, **gerade**, vor dem Subjecte stehend, kann dem Prädicate eine superlativische Bedeutung verleihen: 唯女子與小人、爲難養也。 *wêi niù-tsï iû siaò-žîn, wêi nân yàng yè.* Gerade (eigentl. nur) Mädchen und gemeine Leute sind am schwierigsten zu ernähren (zu behandeln). LYü XVII, xxv.

§. 1303. 甚 *šim* — **sehr, äusserst,** steht vor, aber auch hinter Adjectiven und Verben: 人而不仁、疾之已甚、亂也。 *žîn rî put žîn, tsit či ì-šim, luén yè.* Ein Mensch, der nicht pflichttreu ist, hasst man ihn auf's Aeusserste, erregt Aufruhr. LYü VIII, x. 仲尼不爲已甚者。 *Čúng-nî put wêi ì-šim če.* Č. (= Confucius) hat nichts Uebermässiges gethan, *hon dabanarangge be yaburakô.* Mtsï IV, ii, X. 馮先生甚貧。 *P'îng siēn-šeng šim p'în.* Herr P'ing ist sehr arm. Ssï-ki LXXV, 8 a. 此丨不可。 *ts'ì šim put k'ò.* Dies ist ganz unthunlich. Das. LXXVI, 5 a. 吾君之驩甚也。 *ngû kiūn či huān šim yè.* Unseres Fürsten Huld ist ausserordentlich. Das. LXVIII, 2 b. Vgl. §. 388.

§. 1304. 至 *čí* — **im höchsten Grade, Aeusserstes,** steht adverbial oder hinter einem Genitiv: 其爲氣也、至大至剛。 *k'î wêi k'í yè, čí tá čí kāng.*

海上絲綢之路文獻集成 科技與文化編

Es ist das Wesen der Leidenschaft, dass sie sehr gross und sehr hartnäckig ist. Mtsï II, I, II, 13. 大之至也。 *tá čī čí yè.* Es ist das Aeusserste an Grösse, das Allergrösste. Tso-čuen (Kwpč. I, 17 a).

§. 1305. Mit der Redewendung: 如此(彼)其 . . . *žû-ts'ì (-pì) k'î* . . . zwischen Verbum und Adverb wird die sich ergebende Hochgradigkeit des Adverbs (**so gar** . . .) ausgedrückt: 未嘗聞仕如此其急。 *wéi č'âng wên ssï žû-ts'ì k'î kip.* Noch nie habe ich gehört, dass (Jemand) so gar eifrig seinem Amte obläge. Mtsï III, II, IV, 6. Vgl. §. 584.

XVI. Befehle, Bitte.

§. 1306. Die **befehlende Redeweise** unterscheidet sich durch nichts von der mittheilenden; das Subject kann ausgedrückt oder weggelassen werden: 汝來 *žù lâi,* oder 來 *lâi* — komm! 學如不及、猶恐失之。 *hiok žû put kip, yeû k'ùng šit čī.* Lerne, als ob du nicht zu Ende kämest, wie wenn du fürchtest, es zu verfehlen. LYü VIII, XVII.

§. 1307. 姑 *kū* **für jetzt, nur,** mildert die befehlende Rede: 姑舍女所學而從我。 *kū šè žù sò hiok rî ts'ûng ngò.* Für jetzt (einstweilen) lass, was du gelernt hast, bei Seite und folge mir. Mtsï I, II, 9, 1. 姑舍是。 *kū šè ší.* Lassen wir diese jetzt. Das. II, I, 2, 21. (Legge: *Let us drop speaking about these, if you pleace.*) 是猶或紾其兄之臂、子謂之姑徐徐云爾。 *ší yeû huok čìn k'î hiūng čī pí, tsì wéi čī kū siû-siû yûn rì.* Das ist, wie wenn Jemand seines älteren Bruders Arm verdrehte (? *to twist*) und Sie ihm blos sagten: Nur sachte, sachte! Mtsï VII, I, 39, 2. (Legge: *Gently, gently, if you pleace.*)

§. 1308. 請 *ts'ìng* (vgl. §. 309 c) **bitte:** 心爲甚、王請度之。 *sīm wêi ším; wâng ts'ìng tok čī.* Das Herz ist die Hauptsache. König, bitte, bemiss dies. Mtsï I, I, VII, 13. 王請無好小勇。 *wâng ts'ìng wû haó siaò yùng.* König, bitte, liebe nicht die kleine Tapferkeit. Das. I, II, III, 5. 君請擇於斯二者。 *kiūn ts'ìng tsit iū ssï rí-čè.* Fürst, bitte, wähle zwischen diesen Beiden. Das. XV, 3.

§. 1309. Befehl, Bitte, Rath und Wunsch können **verstärkt**, d. h. nachdrücklicher, lebhafter, inniger gemacht werden durch Anfügung von 哉 *tsāi.* (Wenn ich einen kostbaren Edelstein habe, soll ich ihn aufbewahren oder verkaufen? — Antwort:) 沽之哉、沽之哉。 *kū čī tsāi!* . . .! Verkauf ihn! Verkauf ihn! LYü IX, XII.

海上絲綢之路文獻集成 科技與文化編

XVII. Frage- und Ausrufsätze.

A. *Einleitung.*

§. 1310. Die Sprache macht keinen wesentlichen Unterschied zwischen der eine Auskunft verlangenden **Anfrage** und der **rhetorischen Frage.** Letztere, eine energische Form der Verneinung oder Behauptung, ist im Chinesischen überaus beliebt und sogar im amtlichen Geschäftsstile, in Verordnungen und Berichten, ganz gebräuchlich.

§. 1311. Wichtiger ist eine andere Unterscheidung, welche in beiden obigen Arten der Frage Anwendung findet, nämlich folgende:

a.) die Frage gilt der **Copula,** dem Sein oder Nicht-sein, dem Ob oder Ob-nicht: Ist das so? War N. N. nicht dort? Die begehrte Antwort ist einfach: Ja, oder Nein. Fragen dieser Arten werden vorzugsweise durch Finalpartikeln als Fragen gekennzeichnet; oder

b.) die Frage gilt einem **materiellen Theile des Satzes,** dem Subjecte, Prädicate, Objecte, einem Umstande u. s. w. Als Formmittel dienen in solchen Fällen fragende Pronomina und Adverbien, mit oder ohne entsprechende Finalpartikeln;

c.) die **alternative** Frage hat zum Theile Formen, welche besser in der Lehre von der Coordination der Sätze zu besprechen sind.

§. 1312. Der **Ausruf** kann eine (positive oder negative) Behauptung oder einen Wunsch ausdrücken. Ersetzt er eine Behauptung, so ist er in Rücksicht auf seine Ausdrucksweisen fast in allen Punkten der Frage gleich.

B. *Finalen.*

§. 1313. 乎 ***hû*** ist die weitaus gebräuchlichste fragende Schlusspartikel, wird aber zuweilen, meist wohl in nachdenklicher Stimmung, auch am Schlusse ausrufender Sätze und Satztheile angewandt: 將得已乎。 *tsiāng tek ì hû?* Konnte ich etwa (davon) abstehen? Tso-čuen X, 3. 其斯以爲舜乎。 *k'î ssï-ì wêi Śûn hû!* (So verfuhr Schün;) dadurch war er ein Schün! Čung-yung VI. 若是其大|。 *žok-ší k'î tá hû?* So (gewaltig war) seine Grösse?! Mtsï I, ɪɪ, II, 2. 交鄰國有道|。 *kiaō lîn-kuok yeù taò hû?* Gibt es eine Norm für den Verkehr mit Nachbarstaaten? Ibid. I, ɪɪ, III, 1. 吾日三省吾身、爲人謀而不忠|、與朋友交而不信|、傳不習|。 *ngû žit sām šeng ngû šīn: wéi žîn meû rî put čūng hû, iû p'êng-yeù kiaō rî put sín hû, č'uên put sik hû?* Ich prüfe mich täglich dreifach: ob ich, für Andere verhandelnd, nicht ehrlich, ob ich im Verkehre mit Freunden nicht wahrhaftig gewesen bin, ob ich nicht (selbst) übe, was ich lehre? LYü I, iv. 管仲儉|。*Kuàn-čúng k'ièm hû.* War K. sparsam? Das. III, xxii, 2. 孟武伯問子路仁|。*Méng Wù pek wén Tsï-lú žîn hû.* M. fragte, ob Ts. (vollkommen) pflichttreu wäre. Das. V, vii, 1. 子曰、使乎、使乎。*tsï yuet: ssï hû! ssï hû!* Confucius sprach (bewundernd): Das ist ein Bote! Das ist ein Bote! Das. XIV, xxvi, 2. 不其然乎。*put k'î žân hû?* Ist dem nicht so? trifft das nicht zu? Das. VIII, xx, 3. 天乎、吾無罪。*t'iēn hû, ngû wû tsúi!* Beim Himmel, ich bin unschuldig! Ssï-ki VI, 31a. (§§. 829, 830.)

§. 1314. In wahlweisen **(alternativen)** Fragen wird 乎 *hû* wiederholt: 吾何執、執御|、執射|。*ngû hô čip* (r. 32)? *čip iü hû? čip šé hû?* Was (für eine Beschäftigung) soll ich ergreifen? das Wagenlenken? oder das Bogenschiessen? LYü IX, ii, 2.

§. 1315. Auch am Ende blos **vermuthender** Sätze ist 乎 *hû* zulässig: 若趙孟死、爲政者其韓子乎。*žok Čaó-méng ssï, wêi číng čè k'î Hân-tsï hû.* Wenn Čao-meng stirbt, wird doch wohl Han-tsï die Regierung übernehmen. Tso-čuen IX, 31. 爲之、猶賢乎已。*wêi čï, yeû hiên hû ì.* Es zu sein, wäre wohl schliesslich immer noch besser. LYü XVII, xxii.

§. 1316. Wo man in behauptender Rede finales 矣 *ì* anwendet, um das Urtheil als ein blos subjectives zu **mildern** (‚ich meine, es dürfte' u. s. w.), da lässt man den Fragesatz mit 矣乎 *ì-hû* schliessen: 子文...何如。子曰、忠矣。曰、仁||。*Tsï-wên ... hô-žû? tsï yuet: čūng ì. yuet: žîn ì-hû?* Tsï-wen (benahm sich so und so); wie beurtheilst du ihn? Der Meister sprach: Er dürfte aufrichtig (zu nennen) sein. (Der Andere) sagt: Dürfte er (auch) pflichttreu (zu nennen sein)? LYü V, xviii, 1; vgl. das. 2. 不既和矣乎。*Put kí huô ì hû?* Sollten sie nicht bereits versöhnt sein? Tso-čuen.

§. 1317. Derselbe Ausdruck kann bei der Aeusserung **schmerzlicher Wahrnehmungen oder Vermuthungen** ausrufend gebraucht werden: 已||、吾未見能見其過而內自訟者也。*ì ì-hû! ngû wéi kién nêng kién k'î kuó rî núi tsï súng čè yè.* (Ach, ich merke es,) es ist aus! Ich habe noch Keinen gesehen, der seine Fehler wahrnehmen und innerlich sich Vorwürfe machen könnte. LYü V, xxvi. 中庸之爲德、其至||、民鮮久矣。*čūng yûng čï wêi tek, k'î čí ì-hû! mîn sièn kieù ì.* Ach, die mittelwegige Beständigkeit steht wohl als Tugend obenan! Im Volke mag sie lange schon rar sein. Das. VI, xxvii.

§. 1318. 不亦...乎 ***put yik ... hû*** mit eingeschobenem Prädicate hinter einem (bedingenden) Vordersatze enthält eine rhetorische Frage in bescheidener Form: 民以爲小、||宜乎。*mîn ì-wêi siaò, put-yik ngî hû?* Wenn das Volk ihn für klein hielt: war das nicht in der Ordnung? Mtsï I, II, II, 2. 學而時習之||說乎、有朋自遠方來、||樂乎、人不知而不慍、||君子乎。*huok rî šî sip čī, put-yik yuet hû? yeù p'êng tsî yuèn fāng lâi, . . . lok hû? žîn put čī rî put yǔn, . . . kiūn-tsì hû?* Wenn man lernt und es täglich übt, ist das nicht ein Vergnügen? wenn man Freunde hat, die aus fernen Gegenden kommen, ist das nicht eine Freude? wenn man, von den Menschen ungekannt, sich nicht darum betrübt, ist man dann nicht ein Edler? LYü I, I. 居敬而行簡、以臨其民、||可乎。*kiū kíng rî hîng kiàn, ì lîm k'î mîn, put-yik k'ò hû?* In Frömmigkeit beharren, aber es sich leicht machen und so sein Volk überwachen, geht das nicht auch an? Das. VI, I, 3. 仁以爲己任、||重乎。*žîn ì-wêi kì žím, put-yik čúng hû?* Wenn man Pflichterfüllung zu seiner Aufgabe macht, ist sie nicht schwer lastend? Das. VIII, VII, 2.

§. 1319. 邪、耶 *yê* wird als fragendes Schlusswort von manchen Schriftstellern gar nicht, von anderen anscheinend unterschiedslos für 乎 *hû* gebraucht: 然則祟此害、亦何用生哉、以不相愛生邪。*žân-tsek č'ûng ts'ì hái, yik hô-yúng šēng tsāi? ì put siāng ngái šēng yê?* Nun also dies Unheil, woher entsteht es seinerseits? entsteht es etwa daraus, dass man sich nicht gegenseitig liebt? Mek-tsï (Legge, Cl. II, Prol. 106). 歲亦無恙耶、民亦無恙耶、王亦無恙耶。*súi yik wû yáng yê? mîn . . . wâng . . .?* Ist auch das Jahr ohne Klage? . . . das Volk . . . der König . . .? (Erkundigung nach dem Befinden). Kwpč. III, 53 a. Vgl. §. 834.

§. 1320. 邪、耶 *yê* wiederholt in **alternativen** Fragen: 天之蒼蒼、天之正色|、其遠而無所至極|。*t'iēn čī ts'âng-ts'âng, t'iēn čī číng sek yê? k'î yuèn rî wû sò čí kik yê?* Ist des Himmels Tiefblau des Himmels eigentliche Farbe? oder ist es (kommt es daher), dass der Himmel fern ist und nirgends eine Grenze hat? Čuang-tsï I, 2 a.

§. 1321. Die Finale 夫 *fû* ist **ausrufend und folgernd** zugleich; wo sie gebraucht wird, da wird man in der Regel sinngemäss Redensarten einschalten können, wie: ‚Ach, ich sehe es wohl . . .‘, ‚Ja, da merkt man . . .‘: 用之則行、舍之則藏、惟我與爾有是|。*yúng čī tsek hîng, šè čī tsek ts'âng, wêi ngò iù rî yeù ší fû.* Gebrauchen sie Einen, dann handeln, vernachlässigen sie Einen, dann sich zurückhalten: nur ich und du haben dies (erreicht)! LYü VII, X, 1. 而今而後、吾知免|、小子。*rî kīm rî heú, ngû čī mièn fû, siaò-tsì!* Jetzt und in Zukunft weiss ich Gefahren zu umgehen, Kinderchen! Das. VIII, III. 夫微之顯、誠之不可揜、如此夫。*fû wêi čī hièn,*

海上絲綢之路文獻集成 科技與文化編

šîng čī put k'ò yèm, žû-ts'ī fû! Dieses Offenbarsein des Verborgenen, (diese) Unmöglichkeit die Wahrheit zu unterdrücken ist so (gross)! Čung-yung XVI, 5. 率天下之人、而禍仁義者、必子之言夫。*šut t'iēn-hià čī žîn, rî huó žîn ngí čè, pit tsī čī yên fû!* Eine Anleitung für die Menschen der Welt, Menschlichkeit und Rechtlichkeit für Unglück zu halten, ist sicherlich Ihre Rede! Mtsï VI, i, I, 2.

§. 1322. Finales 矣夫 *ì-fû* wird in Ausrufen mit ähnlicher Wirkung wie 矣乎 *ì-hû* gebraucht (vgl. §§. 1316, 1317): 亡之、命||。*wâng čī; míng ì-fû!* Es bringt ihn um! (Ach, ich sehe es,) es ist Verhängniss! LYü VI, viii. 吾已||。*ngû ì ì-fû!* (Ach, ich merke es,) mit mir ist es aus! Das. IX, viii. 苗而不秀者、有||、秀而不實者、有||。*miaô rî put sieú čè, yeù ì-fû! . . . šit . . .* Spriessen und nicht zur Blüthe gelangen kommt wohl vor! . . . Früchte tragen . . .! Das. IX, xxi. 道其不行矣夫。*taò k'î put hîng ì-fû.* Ach! der (rechte) Weg scheint nicht begangen zu werden! Čung-yung V. (Heute bin ich krank.) 吾死||。*ngû ssī ì-fû!* Ach, ich sterbe! Mtsï IV, ii, XXIV, 2.

§. 1323. 也夫 *yè-fû* am Satzende drückt eine den Redenden **überraschende Gewissheit** aus: 能舉善也夫。*nêng kiù šén yè fû.* Er war freilich wohl im Stande, die Guten zu erheben. Tso-čuen IX, 3.

§. 1324. 諸 *čū* wird oft statt objectivem 之 *čī* + finalem 乎 *hû* angewandt, wenn der Rhythmus dabei gewinnt: 子路問聞斯行|。*Tsī-lù wén wên ssī hîng čū?* Tsï-lu fragte, ob man Gehörtes sogleich in's Werk setzen solle? LYü XI, xxi. Vgl. §. 762.

§. 1325. In **alternativen Fragen** wird 諸 *čū* = 之乎 wiederholt: 有美玉於斯韞匵而藏|、求善賈而沽|。*yeù mèi yük iū-ssī wén tuk rî ts'âng čū? k'ieû šén kù rî kū čū?* Ich habe da einen schönen Edelstein; soll ich ihn in einem Kasten niederlegen und aufheben, oder soll ich mich nach einem guten Kaufgebote umsehen und ihn verkaufen? LYü IX, xii.

§. 1326. 有諸 *yeù čū* am Ende des Satzes — ist das wahr? nicht wahr? 文王之囿、方七十里、||。孟子對日、於傳有之。*Wên-wâng čī yeú, fāng ts'it-šip lì, yeù-čū? Méng-tsī túi yuet: iū čuén yeù čī.* Wen-wang's Garten mass siebenzig Quadrat-Li, — nicht wahr? M. antwortete und sprach: In den Berichten steht es so. Mtsï I, ii, II, 1. 湯放桀、武王伐紂、||。*T'āng fáng Kiet, Wù-wâng fat Ceú, yeù čū?* (Dass) Thang verbannte den Kiet (und) König Wu züchtigte den Tscheu, ist dies Thatsache? Das. I, ii, VIII, 1.

海上絲綢之路文獻集成 科技與文化编

§. 1327. Eine Frage, auf welche man **zustimmende Antwort erwartet**, beschliesst man mit 與 *iû*. Dieser Form bedient man sich nicht nur da, wo wir ein ‚doch‘, ‚am Ende‘, ‚vielleicht‘, ‚wäre es wohl . . .‘ u. dgl. anwenden, sondern auch oft an Stelle unserer vermuthenden Sätze (‚ich denke, man sollte meinen‘ u. s. w.) und unserer rhetorischen Fragen: 若是其甚丨。 *žok-ší k'î ším iû?* Wäre es so arg?! Mtsï I, I, VII, 17. 可得聞丨。 *k'ò tek wên iû?* Könnte ich zu hören bekommen (wieso das)? Das. 何哉、君所謂踰者、前以士、後以大夫、前以三鼎、而後以五鼎丨。 *hô-tsāi! kiün sò wéi iû čè, ts'iên ì ssï, heú ì tá-fū, ts'iên ì sām tìng, rî-heú ì ngù tìng iû?* Wie?! Was der Fürst ‚übertreffen‘ nennt, (ist wohl, dass er) erst nach (dem Ritus der) Gelehrten, dann nach dem der Grosswürdenträger (verfahren ist, dass er) erst drei Dreifüsse und dann fünf Dreifüsse angewandt hat? Ibid. XVI, 2. 女弗能救丨。 *žù fut nêng kieú iû?* Du kannst es wohl nicht verhindern? LYü IV, VI. 從我者、其由丨。 *tsúng ngò čè, k'î Yeû iû?* Der mir nachfolgt, sollte das am Ende Yeu sein? (*Mimbe daharangge, tere lo dere.* LEGGE: *iû* = *Idare to say.*) LYü V, VI. 君子人丨、君子人也。 *kiün tsì žîn iû? . . . yè.* (Ein Mann von den Tugenden:) ist das ein edler Mensch? Ja, er ist ein edler Mensch. Das. VIII, VI. 夫子聖者丨、何其多能也。 *fū-tsì síng-čè iû? hô k'î tō nêng yè.* Der Meister ist wohl ein Heiliger; was braucht er viel befähigt zu sein? Das. IX, VI, 1. Vgl. §. 827.

§. 1328. Stellt die Frage die **Alternative** zwischen zwei Wahrscheinlichkeiten, so wiederholt man 與 *iû*. (Confucius ist immer schnell mit der Regierungsweise der Staaten, welche er besucht, vertraut; woher das?) 求之丨、抑與之丨。 *k'ieû čī iû, yik iû čī iû?* Erforscht er es, oder theilt man es ihm mit? (woher erfährt er es?) LYü I, X, 1. 道之將行也與、命也、道之將廢也與、命也。 *taò čī tsiāng hîng (féi) yè iû, míng yè.* Wenn meine Principien wirken (verfallen) sollen, so ist es Schicksal. LYü XIV, XXXVIII, 2.

§. 1329. 哉 *tsāi* ist die einzige eigentlich **ausrufende** Finale. Man beachte die zulässigen Inversionen des Prädicates (§. 833): 誠哉是言。 *šîng tsāi ší yên.* Wie wahr ist dieses Wort! Ssï-ki X, 20 a. 直哉史魚。 *čik tsāi ssì Iû!* Ehrlich, traun, war der Geschichtsschreiber Iü! LYü XV, VI, 1. 大丨言乎。 *tá tsāi yên hû!* Ein grosser Ausspruch! Mtsï I, II, III, 4. 善丨問也。 *šén tsāi wén yè.* Eine schöne Frage (in der That)! Mtsï I, II, IV, 5. 何丨。 *hô tsāi!* Was?! (Was sagst du?! folgt eine Gegenvorstellung). Das. XVI, 1. 管仲之器小丨。 *Kuàn-čúng čī k'í siaò tsāi!* Des K. Fähigkeiten waren (wahrlich) gering! LYü III, XXII, 1. Vgl. §. 832.

漢文經緯

§. 1330. 乎哉 ***hû-tsāi*** beschliesst zuweilen rhetorische Fragen: 仁遠||、我欲仁、斯仁至矣。 *žín yuèn hû-tsāi? ngò yuk žîn, ssī žîn čí ì.* Wäre denn die Pflicht weit entlegen?! Will ich die Pflicht, so ist die Pflicht da. LYü VII, xxix. 君子多||、不多也。 *kiün-tsì tō hû-tsāi? put tō yè.* Muss denn ein Edler viele (Fertigkeiten) haben? Er braucht nicht viele. (Hier ist eine Ellipse: *tō* statt des vorausgegangenen 多能, eines Possessivcompositums). Das. IX, vi, 3. 吾有知||。無知也。 *ngû yeù čī hû-tsāi? wû čī yè.* Habe ich denn eigentlich Wissen? ich habe kein Wissen. Das. IX, vi.

§. 1331. Wo in mittheilender oder behauptender Rede die Finale 矣 *ì* am Platze sein würde, da bedient man sich in Ausrufen der Form 矣哉 ***ì-tsāi;*** 久||、由之行詐也。 *kieù ì-tsāi, Yeû čī hîng čá yè.* Ach, wohl lange schon ist des Y. Benehmen betrügerisch! LYü IX, xi, 1.

C. Frageadverbien.

§. 1332. 何 ***hô*** = **was? wie?** (§§. 672—677) ist das in seiner Bedeutung allgemeinste und gebräuchlichste Frageadverb: 吾何快於是。 *ngû hô k'uái iü ší?* Wie sollte ich daran Freude haben? Mtsï I, i, VII, 15. 二三子、|患於喪乎。 *rí-sām-tsì, hô huán iü sáng hû?* Kinder, warum seid ihr über den Verlust betrübt? LYü III, xxiv. 子在、回|敢死。 *tsì tsái, Hoêi hô kàm ssì?* Da du, Meister, am Leben bist, wie dürfte ich, Hoei, sterben? Das. XI, xxii. — Man beachte: 何以其志爲。 *hô ì k'î čí wêi?* Was gehen uns seine Absichten an? Mtsï III, ii, IV, 4. 何傷乎。 *hô šāng hû?* Was schadet das? = Das schadet nichts. Das. XI, xxv, 7.

§. 1333. 何以 ***hô-ì*** = **wodurch? warum? woher?** 吾王不遊、吾||休、吾王不豫、吾||助。 *ngû wâng put yeû, ngû hô-ì hieū? ngû wâng put iü, ngû hô-ì čú?* (Wenn) unser König nicht umherreist, wodurch sollen wir gedeihen? (Wenn) unser König nicht seinen Ausflug macht, wodurch soll uns geholfen werden? (Gereimtes Sprüchwort aus der Zeit der Hia.) Mtsï I, ii, IV, 5. 王||日利。 *wâng hô-ì yuet lí?* Warum sagt der König (sagt Ew. Majestät) Vortheil? Das. I, i, I, 3. 大車無輗、小車無軏、其||行之哉。 *tá č'ē wû ngî, siaò č'ē wû ngut, k'î hô-ì hîng čī tsāi?* Ein grosser Wagen ohne Jochbalken, ein kleiner Wagen ohne Querholz, wodurch soll man sie in Gang bringen? LYü II, xxii. 孔文子、||謂之文。 *K'ùng Wên-tsì, hô-ì wéi čī Wên?* Warum hat man den K'ung Wen-tsï ‚*Wên*' genannt? Das. V, xiv. 何以知其聖乎。 *hô-ì čī k'î šíng hû?* Woher weisst du, dass er heilig ist? Liet-tsï IV, 2b.

§. 1334. In ähnlichem Sinne wird 所以 . . . 何 *sò-ì . . . hô* gebraucht: 古之所以貴此道者何。*kù čī sò-ì kuéi ts'ì taò čè hô?* Warum schätzten die Alten dieses Tao? Tao-tek-king LXII. Vgl. §. 673.

§. 1335. 何爲 *hô-wéi* = **warum?** 然則曾子||食膾炙、而不食羊棗。*žân-tsek Tsēng-tsì hô-wêi šik kuài čik, rî put šik yâng-tsaò?* Nun also, warum ass Tseng-tsï Hackefleisch und Braten und ass nicht Schafdatteln? Mtsï VII, II, XXXVI, 2. 且君之欲見之、||也哉。*ts'iè kiūn čī yuk kién čī, hô-wéi yè-tsāi?* Ueberdies, dass der Fürst ihn zu sehen begehrt, warum das?! Das. V, II, VII, 3.

Wegen anderer Verbindungen von 何 *hô* mit Präpositionen siehe §. 346.

§. 1336. 何有 *hô yeù* am Satzende = **was ist dabei?** welchen Anstand oder welche Schwierigkeit hat es? **warum sollte nicht . . .?** Zuweilen geht 乎 *hû* voraus: 能以禮讓爲國乎、||。*nêng ì lì-žáng wêi kuok hû, hô yeù?* Kann (ein Fürst) mit Zuvorkommenheit den Staat regieren, welche Schwierigkeit hat er? LYü IV, XIII. 於從政乎||。*iū ts'ûng číng hû hô yeù?* (Er ist energisch, klug u. s. w.) Was wäre dabei (bedenklich), wenn er in die Verwaltung einträte? Das. VI, VI. 於答是也||。*iū tap ší yè . . .?* Was ist dabei schwierig, dies zu beantworten? Mtsï VI, II, I, 4.

§. 1337. 何 . . . 之有 *hô . . . čī yeù?* mit dazwischen stehendem Verbum oder Adjectivum wird rhetorisch gebraucht, um ein erhobenes oder etwa zu erhebendes Bedenken zurückzuweisen: **Was ist dabei (zu) . . .?** 子欲居九夷。或曰、陋、如之何。子曰、君子居之、何陋||。*tsì yuk kiū kieù yî. huok yuet: leú, žû-čī-hô? tsì yuet: kiūn-tsì kiū čī, . . .?* Der Meister wollte sich unter den neun Barbarenstämmen (des Ostens) niederlassen. Jemand äusserte: Sie sind roh; was ist mit ihnen anzufangen? Der Meister sprach: Wohnt ein Edler unter ihnen, wo ist da die Rohheit? (sie sollten schon gebildet werden!) LYü IX, XIII.

Statt 有 *yeù* können auch andere Verben stehen, doch ist dies seltener; vgl. §. 433: 何德之衰。*hô tek čī šuāi!* Wie geräth (deine) Tugend in Verfall! LYü XVIII, V, 1. Vgl. §. 434.

§. 1338. 奈何 *nái-hô*, rhetorische Frage, = **was hilft es? es gibt keine Hülfe.** 奈吾何 *nái ngû hô* (am Satzende) = was hilft es mir? was ist mir damit geholfen? Kwpč. VI, 33b. Vgl. §. 677.

§. 1339. 如之何 *žû-čī-hô* = betreffs dessen wie? (§. 595), und zwar:

a.) alleinstehend oder zu Anfang des Satzes, mit zu ergänzendem Subjecte: = **was soll ich davon denken? wie soll man sich dazu verhalten?**

海上絲綢之路文獻集成 科技與文化編

漢文經緯

士師不能治士、則｜｜｜。 *ssī-ssī put nêng č'ī ssī, tsek žû-čī-hô?* Wenn der Oberrichter nicht befähigt ist, die Beamten in Zucht zu halten: was soll man mit ihm thun? Mtsï I, ii, VI, 2. ｜｜｜其使斯民飢而死也。 *žû-čī-hô k'î ssī ssï mîn kī rî ssī yè?* Was soll man von dem denken, der verursacht, dass sein Volk Hungers stirbt? Ibid. I, i, IV, 6.

b.) am Satzende, — **wie steht es damit?** 周室班爵祿也、｜｜｜。 *Čeū šit pán tsiok-luk yè, žû-čī-hô?* Wie verhielt es sich mit den von den Tscheu angeordneten Rangeinkünften? Mtsï V, ii, II, 1.

c.) am Ende des bedingenden Vordersatzes = **wie muss man sich dazu verhalten, damit . . .? was ist zu thun, dass . . .?** 願比死者一酒之、｜｜｜則可。 *yuén pí ssī-čè yit sì čī: žû-čī-hô tsek k'ò?* Ich wünsche wegen der Verstorbenen es einmal wegzuwaschen (die Schmach zu tilgen); was muss ich thun, damit es angehe? Mtsï I, i, V, 1.

Wegen 若之何 ***žok-čī-hô*** vgl. §. 615.

§. 1340. **何如** ***hô-žû*** (vgl. §. 592) = wie beschaffen, wird prädicativ angewandt, entweder am Satzende, um eine Beurtheilung des Subjectes zu erfordern, oder am Ende des bedingenden Vordersatzes mit folgendem **則** ***tsek*** oder **斯** ***ssï,*** um nach den Eigenschaften des Subjectes zu fragen, von deren Vorhandensein der Nachsatz abhängt: Wie muss Etwas oder Jemand sein, damit . . .? 取之｜｜。 *ts'iû čī hô-žû?* Wenn ich es nähme, **wie wär's?** Was meinst du, soll ich es nehmen? Mtsï I, ii, X, 1. 德｜｜、則可以王矣。 *tek hô-žû, tsek k'ò-ì wáng ì?* **Wie muss** die Tugend **beschaffen sein, damit** man König werden könne? Ibid. I, i, VII, 3. 以五十步笑百步、則｜｜。 *ì ngù-šip pú siaó pek pú, tsek hô-žû?* (Wenn Einer) mit fünfzig Schritten (die er zurückgewichen ist,) über die hundert Schritte (die ein Anderer geflohen ist,) lacht, **wie ist das?** Ibid. III, 2. 敢問｜｜、斯可謂之狂矣。 *kàm wén hô-žû, ssï k'ò wéi čī k'uâng ì?* Ich wage zu fragen, welcher Art die sind, welche man ehrgeizig nennen könne? oder: wie Einer sein müsse, dass man ihn u. s. w. **斯** statt **則**. Ibid. VI, ii, XXXVII, 3; vgl. das. 8. 賜也｜｜。 *Ts'ï yè hô-žû?* **Wie beurtheilst du** Ts'ï (= mich)? LYü V, iii. — Wegen attributivem **何如** ***hô-žû*** siehe §. 592 a; wegen **何若** ***hô-žok*** siehe §. 613.

§. 1341. **如** . . . **何** ***žû . . . hô*** mit zwischengeschobenem Objecte, = betreffs dessen wie? setzt man an's Ende des Satzes, um zu fragen, **wie Jemand oder Etwas sich zu einem Anderen verhalte.** Die Frage ist meist eine rhetorische und drückt aus, dass Beide nichts mit einander zu thun haben, das oder der Erstere nicht zum Anderen passe, ihm nicht gewachsen sei: 君如彼何哉。 *kiūn žû pì hô tsāi?* Was hat der Fürst mit Jenem zu thun, was kann jener

31*

Staat dir anhaben? Mtsï I, II, XIV, 3. 不能以禮讓爲國、|禮|。*put nêng ì lì-žáng wêi kuok, ...?* Kann man nicht mit gesitteter Zuvorkommenheit den Staat regieren, wie steht es da mit der Gesittung (des Regierenden)? LYü IV, XIII. Vgl. §. 594. — Wegen 若何 ***žok-hô*** siehe §. 614.

§. 1342. Mit 何也 ***hô-yè*** am Satzende wird die Benennung eines vom Fragenden beschriebenen Gegenstandes verlangt, oder nach dem Grunde einer den Inhalt des Satzsubjectes bildenden Thatsache gefragt: was ist es, was ...? woher kommt es, dass ...? 鄰國之民不加少、寡人之民不加多、||。*lîn kuok čī mîn put kiā šaò, kuà-žîn čī mîn put kiā tō, hô-yè?* Der benachbarten Staaten Bevölkerung mindert sich nicht; meiner Wenigkeit Volk mehrt sich nicht: **woher das?** Mtsï I, I, III, 1. 心之所同然者、||。謂理也、義也。*sīm čī sò t'ûng-žân čè, hô-yè? wéi lì yè, ngí yè.* Worin die Herzen übereins sind, **was ist das?** Ich sage, es ist Vernunft, es ist Rechtlichkeit. Das. VI, I, VII, 8. 三子者、不同道、其趨一也、一者、||、曰仁也。*sām tsì čè, put t'ûng taò, k'î tsieū yit yè; yit čè, hô-yè? yuet žîn yè.* Die drei Meister (verfolgten) nicht denselben Weg, ihr Rennziel war Eins. Das Eine, **was war es?** ich sage, es war Menschlichkeit. Das. II, VI, 2. Vgl. §. 673.

§. 1343. 曷 ***hot*** (r. 73) = **warum? wieso?** fragt nach dem Grunde, der Möglichkeit, Berechtigung. Im Šu ist es häufig; von den Schriftstellern der classischen Zeit gebrauchen es nur einzelne; die anderen behelfen sich mit 何 *hô* und 奚 *hî*: 天下|敢有越厥志。*t'iēn-hià hot kàm yeù yuet kiuet čí.* Wie dürfte man im Reiche ihre Absichten übertreffen? (Legge: *give indulgence to ...*) Mtsï I, II, III, 7; vgl. Šu V, I, I, 7. 汝|弗告朕。*žù hot fut kaó čím?* Warum meldet ihr es nicht mir? Šu IV, VII, I, 12; vgl. das. II, 4. 自怒|瘳。*tsí nú hot liaô?* Wenn ihr euch ärgert, wie soll es Heilung bringen? Das. II, 6. |虐朕民。*hot yok čím mîn?* Warum unterdrückt Ihr mein Volk? Das. 11. |益乎。*hot yik hû?* Was soll es nützen? Ssï-ki XLIV, 22b. 塗之人可以爲禹|謂也。*t'ù čī žîn k'ò-ì wêi Iù hot wéi yè.* (Jeder) Mensch auf der Landstrasse könne ein Iü werden — was besagt das? (was liegt dem Ausspruche zu Grunde?) Sün-tsï. — 曷 *hot* = wann? ist selten: 吾子其曷歸。*ngû tsì k'î hot kuēi?* **Wann** wird unser Herr zurückkehren? Tso-čuen X, 1. Vgl. §. 680.

§. 1344. 胡 ***hû*** = **wie, warum**, anscheinend von adverbialem 何 *hô* kaum verschieden, findet sich vereinzelt im Šu, sehr oft im Ši, bei den classischen Schriftstellern aber wohl nur selten: |不歸。*hû put kuēi?* Warum kehren wir nicht zurück? Ši I, III, XI. |不遄死。*hû put čùi ssì?* Warum stirbt er nicht schnell? (Zuvor: 不死何爲。) Das. I, IV, VIII. 君子|不

漢文經緯

慥慥爾。*kiūn-tsî hû put ts'aó-ts'aó rî?* Wie könnte ein Edler anders als nur beständig sein? Čung-yung XIII, 4. **胡可比也**。*hû k'ò pì yè?* Wie kann das verglichen werden? Tso-čuen II, 15. Vgl. §§. 678, 679.

§. 1345. 奚 ***hî*** wird vorzugsweise in der rhetorischen Frage gebraucht, etwa in der Bedeutung von **何以** *hô-ì*, warum? wozu? **|暇治禮義哉**。*hî hiá č'î lì ngí tsāi?* **Wie** finden sie Musse, um gute Sitte und Rechtschaffenheit zu pflegen? Mtsï I, i, VII, 22. **女|不曰** . . . *žù hî put yuet* . . . **Warum** hast du (ihm) nicht gesagt: . . . LYü VII, xviii, 2. **子|不爲政**。*tsî hî put wêi číng?* Herr, warum bekleidet Ihr kein Amt in der Regierung? Das. II, xxi, 1. **|取於三家之堂**。*hî ts'iù iû sām kiā či t'âng?* **Mit welchem Rechte** wird (ein gewisses Opferlied) hereingenommen in die Hallen der drei Familien? (wie passt es dahin?) Das. III, ii. **此物|宜至哉**。*ts'ì wut hî ngî čí tsāi?* **Wodurch** war es berechtigt, dass diese (unangenehme) Sache mir begegnete? Mtsï IV, ii, XXVIII, 4. **|而不知也**。*hî rî put či yè?* Wie hätte er es nicht wissen können? Das. V, i, III, 3. **有庳之人|罪焉**。*Yeù-pí či žîn hî tsúi yên?* **Wieso** hätten sich des Y. Leute vergangen? Das. V, ii, III, 2. **子將|先**。*tsî tsiāng hî siēn?* Was werdet Ihr zuerst thun? womit werdet Ihr anfangen? LYü XIII, iii, 1. **縱弗能死、其又奚言**。*tsúng fut nêng ssî, k'î yeú hî yên?* Wenn ich dennoch nicht zu sterben vermag, **warum** soll ich dabei noch reden? Tso-čuen III, xiv. **我奚御哉**。*ngò hî yû tsāi?* **Wozu** soll ich mich widersetzen? Tso-čuen III, viii. Vgl. §. 683.

§. 1346. 奚爲 ***hî-wêi*** oder ***hî-wéi*** = **何以爲** *hô-ì-wêi*, aber auch = **何爲** *hô-wéi*, **wozu? warum?** **君|爲不見孟軻也**。*kiūn hî-wéi put kién Méng-k'ō yè?* Warum besucht der Fürst nicht den Meng-kho? Mtsï I, ii, XVI, 2. **由之瑟、||於丘之門**。*Yeû či šit, hî-wêi iû K'ieū či mên?* Was soll des Y. Laute an des K. (= meiner) Thür? LYü XI, xiv, 1. **||喜而不寐**。*hî-wêi hì* (r. 30) *rî put méi?* Warum hast du vor Freude nicht geschlafen? Mtsï VI, ii, XIII, 3. — Wegen **奚以** *hî-ì* und **奚自** *hî-tsî* siehe §. 683, Abs. 2.

§. 1347. 豈 ***k'ì*** (r. 151), in der rhetorischen Frage gebräuchlich, scheint, abweichend von den übrigen Frageadverbien, der **Copula**, also dem Ja oder Nein zu gelten. Häufig folgt die Finale **哉** *tsāi*. **|有他哉、避水火也**。*k'ì yeù t'ā tsāi? pí šùi hò yè.* Ist das denn etwas Anderes? (als wenn) sie fliehen vor Wasser und Feuer? Mtsï I, ii, X, 4. **一人三失、怨|在明**。*yit žîn sām šit, yuén k'ì tsái mîng?* Wenn ein Mensch (= ich?) dreimal fehlt: wie sollte Verdruss zu Tage treten? (*gasacun ainahai iletu de bini?*) Šu III, iii, 5. **予|汝威**。*iû k'ì žù wéi?* Behandle ich euch etwa herrisch? (mit

Anteposition, aber vorclassisch). Das. IV, vii, II, 9. |曰無衣、七兮。*k'ì yuet wû yī? ts'it hî!* Wie kann man sagen, er habe keine Kleider? Sieben (hat er)! Ši I, x, IX; vgl. xi, VIII; II, iv, IX, 5. |伊異人、兄弟匪他。*k'ì ī i žîn? hiūng-tí fēi t'ā.* Wie sollten sie Fremdlinge sein? Brüder (sind sie), nichts Anderes. Das. II, viii, III. |不爾思。*k'ì put rì ssï?* Gedenke ich etwa nicht deiner? LYü IX, xxx. |若匹夫匹婦爲諒也、自經於溝瀆、而莫之知也。*k'ì žok p'it-fū p'it-fù wêí liáng yè, tsî-kīng iū keū tuk, rî mok čī čī yè?* Soll er etwa wie ein Ehemann oder eine Ehefrau Treue üben und sich in einem Strome oder Teiche ersäufen (wörtlich: erhängen), ohne dass Jemand um ihn weiss? Das. XIV, xviii, 3. 吾|匏瓜也哉。*ngû k'ì p'aô* (r. 20) *kuā yè tsāi*?! Bin ich etwa ein bitterer Kürbis? Das. XVII, vii, 4. 我實不德、而要人以盟、豈禮也哉。*ngò šit put tek, rî yaō žîn ì mêng, k'ì lì yè tsāi?* Wir sind in der That untugendhaft und zwingen Andere zum Vertrage, ist das etwa schicklich? Tso-čuen IX, 9. Vgl. §. 684.

§. 1348. 豈唯 ***k'ì wêi,*** rhetorisch: **etwa nur:** 我之不德、民將棄我、豈唯鄭。*Ngò čī put tek, mîn tsiāng k'í ngò, k'ì wêi Č'íng?* Da wir untugendhaft sind, wird uns das Volk verwerfen, — etwa nur Tsch'ing allein? Tso-čuen IX, 9.

§. 1349. 焉 ***yēn*** = wie? ist ein rhetorisches Frageadverb, welches den **Mitteln, Umständen,** der **Möglichkeit** gilt: 將焉用賄。*Tsiāng yēn yúng hoèi?* Wie wirst du die Reichthümer nutzen können? was werden sie dir helfen? Tso-čuen IX, 24. |有仁人在位、罔民而可爲也。*yēn yeù žîn žîn tsái wéi, wàng mîn rî k'ò wêi yè?* Wo käme es vor (wie wäre es denkbar), dass, während ein menschlicher Mann den Thron innehat, es geschehen könnte, dass man das Volk in's Netz lockte? Mtsï I, i, VII, 20. 藏氏之子、|能使予不遇哉。*Tsāng šì čī tsì, yēn nêng ssì iû* (r. 6) *put iû tsāi?* Wie konnte das Kind der Familie Tsang machen, dass ich (ihm) nicht begegnete? Ibid. I, ii, XVI, 3. 人|廋哉。*žîn yēn seù* (oder *šeū*) *tsāi?* Wie (kann) ein Mensch sich verbergen (= sich auf die Dauer verstellen, ohne dass man ihn durchschaue)? LYü II, x, 4. |用佞。*yēn yúng níng?* Wozu braucht man beredt zu sein? Das. V, iv, 2. 棖也慾、|得剛。*Č'àng yè yuk, yēn tek kāng.* Č'ang ist leidenschaftlich; wie könnte er charakterfest sein? Das. V, x. Vgl. §. 691.

§. 1350. 安 ***ngān*** scheint, ähnlich wie 焉 *yēn*, nach der **Möglichkeit** zu fragen: 雖楚求我、將安用之。*sūi Č'ù k'ieû ngò, tsiāng ngān yúng čī?* Wenn uns Tsch'u auch rettet, wie sollen wir es ausnützen? (was hilft es uns?) Tso-čuen IX, 8. 然無水安得波浪。無性安得情也。*žân wú*

漢文經緯

šùi ngân tek pō láng? wû sing ngān tek ts'ìng yè? Wie könnte es aber ohne Wasser Wogen und Wellen geben? wie könnte es ohne Charakter Leidenschaften geben? Sing-li tsing-i IX, 16 a (*tuttu seme, muke akô oci, boljon colkon aibici jimbi? banin akô oci, gônin aibici jimbi?*). Vgl. §. 690.

§. 1351. 惡 ***ngū,*** rhetorisch nach der **Möglichkeit** oder **Berechtigung** fragend, wird seit der classischen Zeit von einigen Schriftstellern mit Vorliebe vor Verben des Könnens angewandt: 曰、棄父之命、惡用子矣。 *yuet: k'í fú či míng, ngū yúng tsì ì?* Er sprach: Ich habe des Vaters Befehl missachtet: wie könnte ich den Namen eines Sohnes führen? (用子 etwa = ‚Sohn spielen'). Tso-čuen II, xvi. 惡得爲有道之士乎哉。 *ngū tek wêi yeù taò či ssì hû tsāi?* Wie könnte er ein die Vernunftnorm besitzender Gelehrter sein?! Han-iü (Kwpč. VI, 51 b). 彼丨敢當我哉。 *pì ngū kàm tāng ngò tsāi?* Wie wagt der es mit mir aufzunehmen?! Mtsï I, ii, III, 5. 丨得有其一、以慢其二哉。 *ngū tek yeù k'î yit, ì màn k'î rí tsāi?* Wie mag man, wenn man eine von diesen (Eigenschaften) hat, darauf hin den Besitz der beiden (anderen) geringschätzen? Das. II, ii, II, 6; IV, i, XVI; IV, ii, XXIV, 1. 然、夫時子丨知其不可也。 *žân; fû Šî tsì ngū či k'î put k'ò yè?* Ja, aber wie konnte Herr Schi wissen, dass es nicht thunlich ist? Das. X, 5; vgl. XII, 3. 丨得賢。 *ngū tek hiên?* Wie kann er für einen Weisen gelten? Das. III, i, IV, 3. 丨能治國家。 *ngū nêng č'î kuok-kiā?* Wie können sie ein Staatswesen regieren? Das. 18. 生則丨可已也、丨可已、則不知足之蹈之、手之舞之。 *šēng tsek ngū kò ì yè? . . . put či tsuk či t'aó či, šeù či wù či.* Wächst es, wie kann es aufgehalten werden? wie . . . werden? (= wenn es nicht . . . kann), dann unwissentlich hüpfen die Füsse und spielen die Hände (*či*, unbestimmtes Obj.). Das. IV, i, XXVII, 2. 吾丨能爲吾萬民之身爲吾身。 *ngû ngū nêng wêi ngû wán mîn či šīn wêi ngû šīn.* Wie kann ich für meines ganzen Volkes Personen sein, was ich für meine Person bin? Mek-tsï (Legge, Cl. II, Prol. 114). Vgl. §. 687.

§. 1352. 惡乎 ***ngū-hû*** (§. 687) fragt gleichfalls rhetorisch nach der **Möglichkeit** oder **Berechtigung.** Eines entsprechenden Hülfsverbums bedarf es dabei nicht: 君子去仁、惡乎成名。 *kiün-tsì k'iù žîn, ngū-hû č'îng mîng?* Wenn ein Edler von der Pflicht lässt, wie erfüllt er seinen Namen? (= verdient er da noch ein Edler zu heissen?) LYü IV, v, 2. 天下丨丨定。 *t'iēn-hià ngū-hû tíng?* Wie kann das Reich gefestigt werden? Mtsï I, i, VI, 2. Vgl. II, i, II, 11; VI, ii, XII, 1.

§. 1353. 惡在 ***ngū tsái*** . . . = **wie beruhte** (dies Verhalten) **in . . .? wie ist es vereinbar mit . . .?** 丨丨其爲民父母也。 . . . *k'î wêi mîn fú-mù* *yè*? Wie kann (das lieblose Verhalten des Fürsten) mit seiner Stellung als Vater und Mutter des Volkes vereinbar sein? Mtsï I, I, IV, 5; III, I, III, 7. Vgl. VI, I, V, 4. Aber prädicativ: 居||、仁是也。 *kiü ngū tsái? žîn ší yè*. 路||、義是也。 *lú . . .? ngí . . .* **Wo ist** Verweilen? in der Pflicht; wo ein Weg? in der Rechtlichkeit. Das. VII, II, XXXIII, 3. Vgl. §. 689.

§. 1354. 惡 ***ngū*** ist auch als Ausruf der **Ueberraschung** anzuwenden: |、是何言也。 *ngū, ší hô yên yè*! O, was für eine Rede ist dies! Mtsï II, I, II, 19; II, IX, 2.

§. 1355. 盍 ***hop*** = *quidni*, warum nicht, wird in **aufforderndem** Sinne gebraucht, etwa wie unser ‚doch‘: thue es doch! 盍徹乎。 *hop č'et hû*? Warum nicht Zehnten erheben? LYü XII, IX, 2. 王欲行之、則|反其本矣。 *wâng yuk hîng či, tsek hop fàn k'î pèn ì*? Wenn der König wünscht, es zu bewerkstelligen, dann **warum nicht** geht er zurück auf dessen Ursprung (Wesentlichstes)? Mtsï I, I, VII, 23. 盍請濟師於王。 *hop ts'ìng tsí ssï iü wâng*? Warum (soll man sich) nicht Hülfstruppen vom Könige ausbitten? Tso-čuen II, XI. Vgl. §. 682.

海上絲綢之路文獻集成 科技與文化編

Drittes Hauptstück.

Der zusammengesetzte Satz und die Satzverbindungen.

Einleitung.

§. 1356. Die Sprache besitzt drei **Mittel, den logischen Zusammenhang der Gedanken darzustellen:**

a.) die Sätze (oder Prädicate) werden einfach aneinandergereiht (§§. 395 bis 397);

b.) selbstständige Sätze oder satzvertretende Prädicate werden durch Hülfswörter zu anderen in Beziehung gesetzt;

c.) der Satz wird formell in einen Satztheil verwandelt, so dass die Periode nur ein erweiterter einfacher Satz ist.

Von diesen Formen gehört die erste vorzugsweise der sententiösen, sowie der erzählenden und beschreibenden, die zweite besonders der erzählenden und discursiven, die dritte zumal der discursiven Rede, vornehmlich dem nachclassischen Stile an; doch ist keine in der einen oder anderen Stilart schlechtweg ausgeschlossen. Die beiden letzteren Formen sind nicht in allen Fällen scharf zu unterscheiden.

§. 1357. Die wichtigsten **Mittel, Sätze in Satztheile zu verwandeln,** sind folgende:

a.) Verwandlung des Subjectes oder Adverbialis in einen Genitiv; vgl. 之 *či*, §§. 437, 438, und 其 *k'î*, §. 563 b;

b.) Stellung des Satzes in den Objectscasus hinter Präpositionen, z. B. 自 *tsî*, §. 559, 以 *ì*, §§. 715, 716, oder in den Genitiv vor Postpositionen, z. B. 故 *kú*, §. 1031. In diesen Fällen ist der Satztheil substantivisch (§. 843);

c.) attributives 之 *či*, welches den Satz oder das Prädicat adjectivisch macht (§§. 442—444).

I. Capitel.

Subjects-, Prädicats- und Objectssatz.

§. 1358. Für den **Subjectssatz** genügt die **blosse Wortstellung** dann, wenn das Prädicat selbst es ausser Zweifel stellt, dass kein anderes Subject gemeint sei: 天子適諸候曰巡狩。*t'iēn-tsì sik čū-heû yuet siûn-šeú.* Wenn der Kaiser die Lehensfürsten besucht, so heisst dies ‚Inspection'. Mtsï I, II, IV, 5. 中卽禮、正卽智、圖解備矣。*čūng tsik lì, číng tsik čí, t'û kiài pí ì.* Dass Mitte halten soviel wie gute Sitte, Richtigkeit soviel wie Klugheit bedeute, ist in der ‚Tafel' des Näheren dargethan worden. T'ung-šu VI, I. 理氣本無先後之可言。*lì k'í pèn wû siēn heú čī k'ò yên.* Man darf sagen, dass Vernunft und Materie ursprünglich kein Früher oder Später haben. Sing-li X, 1 b.

§. 1359. Sowohl der **Subjects-** wie der **Prädicatssatz** werden in der Regel der Deutlichkeit halber durch den **Genitiv des Subjectes** gekennzeichnet: 吾之不遇魯候、天也。*ngû čī put iû Lù heû, t'iēn yè.* Dass ich den Fürsten von Lu nicht treffe, kommt vom Himmel (ist Fügung des Schicksals). Mtsï I, II, XVI, 3. 太極之有動靜、是天命之流行也。*t'ái-kik čī yeù túng tsíng, ší t'iēn míng čī lieû-hîng yè.* Dass das Urprincip Bewegung und Ruhe hat, ist das Wirken der himmlischen Bestimmung. Thaikih-thu §. 2a. 其動也、誠之通也。*k'î túng yè, šîng čī t'ūng yè.* Dass es sich bewegt, ist (soviel als dass) die Wahrheit durchdringt. Das. §. 2d. 秦之不能害燕亦明矣。*Ts'în čī put nêng hái Yēn yik mîng ì.* Dass (der Staat) Ts'in nicht im Stande ist (dem Staate) Yen Schaden zuzufügen, dürfte auch klar sein. Ssï-ki LXIX, 3a. 羣臣之不信、可見於此矣。*K'iûn-č'în čī put sín, k'ò kién iû ts'ì ì.* Dass die Minister nicht treu waren, dürfte hieraus zu ersehen sein. Ssï-ki VI, 37 b. 卦爻之立、由是而已。*kuá hiaô čī lip, yeû ší rî-ì.* Dass die Kua und die Hiao feststehen, kommt nur daher. T'ung-šu I, 7. 然其以和爲中與中庸不合。*žân k'î ì huô wêi čūng iù Čūng-yûng put hop.* Dass er nun aber Harmonie für den Mittelweg hält, stimmt mit dem Č. nicht überein. Das. VII, 3.

§. 1360. Der durch die **blosse Stellung** gekennzeichnete **Objectssatz** schliesst sich in Form und Wirkung an die lebhafte directe Rede an: 不知吾爲誰。*put čī ngû wêi šûi.* Ich weiss nicht, wer ich bin. Pek-kiü-yik (Kwpč. VI, 32 a). 聞誅一夫紂矣、未聞弒君也。*wên čū yit fū Čeú ì,*

漢文經緯

wéi wên ší kiūn yè. Ich hörte wohl, dass er einen Kerl (Namens) Tscheu getödtet, nicht (aber) hörte ich, dass er einen Fürsten gemordet hätte. Mtsï I, II. VIII, 3. 我不識能至否乎。*ngò put šik nêng čí feù hû?* Ich weiss nicht, kann man ihn antreffen oder nicht? Das. II, II, II, 3. 豈不見孟子言事親若曾子可也。*k'ì put kién Méng-tsï yên ssï ts'ïn žok Tsēng-tsï k'ò yè?* Sieht man denn nicht, dass Meng-tsï sagt, den Eltern zu dienen, wie Tseng-tsï (es gethan), gehe an? Sing-li XI, 21 b. Vgl. §. 395 b.

§. 1361. Soll der Objectssatz als solcher ausdrücklich bezeichnet werden, so bedient man sich des **Genitivs des Subjectes:** 知與之爲取、政之寶也。*čī iù čī wêi ts'iù, číng čī paò yè.* Wissen, dass Geben Nehmen ist, ist das Wichtigste beim Regieren. Ssï-ki LXII, 3 a. 莫或知其師傳之所自。*mok huok čī k'î ssï-č'uên čī sò-tsï.* Niemand weiss seiner Lehrüberlieferung Woher = woher er seine Lehre empfangen. Sing-li I, 16 a. 民惟恐王之不好勇也。*mîn wêi k'ùng wâng čī put haó yùng yè.* Das Volk fürchtet nur, dass der König die Tapferkeit nicht liebe. Mtsï I, II, III, 8. 吾何以知天下之然哉、以此。*ngû hô-ì čī t'iēn-hià čī žân tsāi? ì ts'ì.* Woher weiss ich nur, dass die Welt so ist? Aus diesem. Tao-tek-king LIV. Vgl. §. 437.

§. 1362. In Fällen, wo Umschreibung des Objectsverhältnisses mittelst 以 *ì* zulässig ist (§§. 705, 1142), darf auch der Objectssatz durch 以 *ì* eingeleitet werden. Beispiel siehe in §. 1142.

Wegen 乎 *hû* = **dass** siehe §. 750, wegen 信乎 *sín hû* = ist es wahr, dass . . .? u. s. w. §. 757.

II. Capitel.

Adnominalsätze.

§. 1363. Jedes Prädicat kann ohne Weiteres in ein **Attribut seines Subjectes** umgewandelt werden, wenn man es vor sein Subject stellt und zwischen Beide ein attributives 之 *čī* einschiebt. Vgl. §. 442: 好利之人、*haó lí čī žîn,* ein den Vortheil liebender Mensch. Sing-li XI, 21 a.

§. 1364. In gleicher Weise wird oft ein Prädicat in ein **Attribut des Adverbialis** verwandelt (§. 443): 爲我作君臣相說丨樂。*wéi ngò tsok kiūn č'în siāng yuet čī yok.* Für mich mache ein Lied, **welches darauf passt** (sich bezieht), **dass** Fürst und Minister an einander Gefallen haben. Mtsï I, II, IV, 10. Hier wird der Satz: ‚Fürst und Minister behagen einander', durch 之 *čī* zum Attribute von *yok.* — 行使之地 *hîng-ssï čī tí.* Das Gebiet, **wo**

(das Papiergeld) coursirt. Ma-tuan-lin. 初學入德之門也。*č'ū hiok žip tek čī mên yè.* (Das Ta-hiok) ist das Thor, **durch welches** zuerst die Lehre eintritt in die Tugend. Tschu-hi, Einl. zu Ta-hiok. 然徒惡之而不能去其得之之道。*žân t'û ngú čī rî put nêng k'iü k'î tek čī čī taò.* So hassen sie sie (die Schande) vergebens und können nicht den Weg, **auf welchem** sie sie sich zuziehen, vermeiden. Ču-hi zu Mtsï I, 45b. Vgl. weiter §. 444.

§. 1365. 者 *čè* hinter dem Prädicate macht dies (nachträglich) zu einem dem Subjecte zugehörigen **Relativsatze.** Diese Wendung ist namentlich dann üblich, wenn der Relativsatz einen Theil oder Einzelne aus der im Subjecte enthaltenen Gattung heraushebt: 是時佛經到中國者、尙未多。*ší ší Fut kīng taó Čūng-kuok čè, šáng wéi tō.* Zu dieser Zeit waren die buddhistischen canonischen Bücher, welche in das Mittelreich gelangten, noch nicht zahlreich. Ma Tuan-lin (Sch.) 有父子訟者。*yeù fú tsï súng čè.* Es gab einen Vater und einen Sohn, die mit einander im Rechtsstreite lagen. Kia-iü I, 2a. In Fällen der letzteren Art ist es gebräuchlicher 者 *čè* wegzulassen (§. 1367). — Weitere Beispiele siehe §. 465.

§. 1366. Substantivische Relativsätze (*is qui, id quod, ii qui* u. s. w.), einerlei, in welchem Casus sie stehen, schliessen mit 者 *čè:* 以大事小丨、樂天丨也、以小事大丨、畏天丨也、樂天丨、保天下、畏天丨、保其國。*ì tá ssî siaò čè, lok t'iēn čè yè; ì siaò ssî tá čè, wéi t'iēn čè yè; lok t'iēn čè, paò t'iēn-hià; wéi t'iēn čè, paò k'î kuok.* Wer mit Grossem dem Kleinen dient, ist Einer der sich am Himmel erfreut; wer mit Kleinem dem Grossen dient, ist Einer, der den Himmel fürchtet. Wer sich am Himmel erfreut, schützt das Reich; wer den Himmel fürchtet, schützt seinen Staat. Mtsï I, ɪɪ, III, 2. 王之臣、有託其妻子於其友、而之楚遊丨、... *wâng čī č'in, yeù t'ok k'î ts'ī tsï iü k'î yeù, rî čī Ts'ù yeû čè . . .* (Wenn) unter des Königs Ministern es (Einen) gäbe, welcher sein Weib und Kind seinem Freunde anvertraut und sich nach Ts'u auf Reisen begibt . . . Mtsï I, ɪɪ, VI, 1. 出乎爾丨、反乎爾丨也。*č'ut hû rì čè, fàn hû rì čè yè.* Was von dir ausgeht, ist das, was zu dir zurückkehrt. Ibid. XII, 2. Vgl. §§. 462, 463.

Wegen 其 . . . 者 ***k'î* . . . *čè,*** eigentlich wohl — *eorum ii qui* etc. siehe §. 471.

§. 1367. Hat das **Object eines Verbums** — namentlich 有 *yeù* und 無 *wû,* §. 397 — nach unserer Redeweise einen Relativsatz bei sich, so kann dieser im Chinesischen durch den einfachen prädicativen Ausdruck ersetzt werden: 於是老子乃著書上下篇、言道德之意、五千餘言而去。*iü-ší Laò-tsï nài čú šū šáng hià p'iēn, yên taò tek čī í, ngù-ts'iēn iû yên, rî* *k'iū.* Darauf hin verfasste L. ein Buch, welches aus einem ersten und zweiten Theile besteht, die Begriffe des Logos und der Tugend bespricht und fünftausend und einige Wörter enthält, — und ging. Ssï-ki LXIII, 2b. Vgl. §§. 397, 1129.

§. 1368. Das **objective Relativpronomen** (*quem, quam, quod, quos* etc.) ist 所 *sò,* welches anteponirt werden muss (§. 340). Der damit gebildete **substantivische** Relativsatz kann nach Belieben mit oder ohne 者 *čè* schliessen. Das Subject kann das Genitivzeichen 之 *čī* hinter sich haben und lautet als pron. 3. pers. stets 其 *k'î.* 是之謂以其所不愛及其所愛也。 *śí čī wéi ì k'î sò put ngái kip* . . . Das nenne ich: durch das, was sie nicht liebten, gelangen zu dem, was sie liebten. Mtsï VII, II, I, 2. Vgl. §§. 530—532.

§. 1369. Vor **adjectivischen Prädicaten** kann 所 *sò* in der Bedeutung: **das worin, in Hinsicht auf was** gebraucht werden: 夫尺有所短、寸有所長。 *fû č'ik yeù sò tuàn, ts'ún* . . . *č'âng.* Nun ist ein Fuss in gewisser Hinsicht (unter Umständen) kurz, ein Zoll . . . lang. Kwpč. III, 68 b. Vgl. §. 533.

Anmerkung. Es dürfte sich empfehlen, diese Redeweise nur da anzuwenden, wo ein Possessivcompositum als Prädicat stehen (§. 302), wo man also statt *sò* ein bestimmtes Substantivum *S* denken und statt *A sò x* einen Satz: *A x S* bilden könnte.

§. 1370. 所 *sò* = der welchen, die welche, das was (*is quem, ii quos* u. s. w.), kann mit seinem zugehörigen Verbum und etwaigen näheren Bestimmungen desselben **attributiv** angewandt werden, indem man die so gebildete Gruppe vor das näher zu bestimmende Substantivum stellt und 之 *čī* einschiebt: 以所得於齊之兵、作林鐘。 *ì sò tek iū Ts'î čī pīng, tsok lîm čūng.* Aus den von Ts'i erlangten Waffen machte er eine Lim-Glocke. Tso-čuen IX, 19. 吾所以字之之心、 *ngû sò-ì tsî čī čī sīm,* das Herz, womit wir sie lieben. Mtsï, Ču-hi's Comm. I, 19 a. Vgl. §. 541.

§. 1371. Seltener wird in solchen Fällen 所 *sò* ohne folgendes 之 *čī* gebraucht: 有所不充、則但當勿忘其所有事。 *yeù sò put č'ūng, tsek tán tāng wut wâng k'î sò yeù ssî.* Gibt es etwas, was nicht zureicht, so muss man nur seine eigenen Geschäfte nicht vergessen. Ču-hi zu Mtsï I, 41 a. Vgl. §. 540.

§. 1372. 所以 *sò-ì* = wodurch, wornach u. s. w., wird ganz wie 所 *sò* construirt: 皆惡危而愛其所以危也。 *kiāi ngú nguéi rî ngái k'î sò-ì nguéi yè.* Alle hassen die Gefahr, lieben aber das, wodurch sie in Gefahr kommen. Han-fei-tsï IV, 14 a. 小〻事大、信也。 *siaò sò-ì ssî tá, sín yè.* Das wodurch die Kleinen den Grossen dienen, ist Treue. Tso-čuen IX, 8. 請別白黑、〻異、陰陽而已矣。 *ts'ìng piet pek hek; sò-ì í, yīm* *yâng rî-ì-ì.* Bitte, unterscheiden wir Weiss und Schwarz; das, wodurch sie verschieden sind, ist Yin und Yang und weiter nichts. Ssï-ki LXIX, 4. 教以孝、所以敬天下之爲人父者也。*kiaó ì hiaó, sò-ì king t'iēn-hià či wêi žîn fú čè yè.* Er erzieht zur Pietät, womit man diejenigen ehrt, welche im Reiche Väter (Anderer) sind. Ku-wen hiao-king XVI.

§. 1373. Hat der Relativsatz etwa die Bedeutung: **‚so beschaffen, dass . . .'**, so pflegt das Hülfswort 而 *rî* unser Relativpronomen zu ersetzen, mit anderen Worten, das Substantivum, auf welches wir den Relativsatz beziehen würden, wird zu einer Art adverbialer Bestimmung des Prädicates gemacht. Dies ist namentlich dann gebräuchlich, wenn der Relativsatz eine **Bedingung** oder **Voraussetzung** ausspricht: 定公問一言而可以興天下有諸。*Ting kūng wén yit yên rî k'ò-ì hīng t'iēn-hià yeù čū?* Fürst Ting fragte, ob es ein Wort gebe, womit das Reich emporgebracht werden könne. Genauer: (dass man) indem ein Wort ist, mit ihm . . . könne, gibt es das? LYü XIII, xv, 1. 人而不學、如禽何。*žîn rî put hiok, žû k'îm hô?* Mensch seiend nicht lernen, wie im Verhältniss zu den Vögeln? = Ein Mensch, welcher nicht lernt, wodurch unterscheidet der sich von den Vögeln? Yang-tsï I, 6 a. Vgl. §§. 624, 625.

§. 1374. Zuweilen wird hierbei das, was bei uns Subject und Relativsatz ist, ganz als **bedingender Vordersatz** behandelt, der dann natürlich kein grammatisches Subject hat: 富貴而知好禮、則不驕不淫、貧賤而知好禮、則志不懾。*fú kuéi rî či haó lì, **tsek** put kiaō put yîng, p'în tsién . . . čí put šep.* Ein Reicher und Vornehmer, der die gute Sitte zu schätzen weiss, ist nicht stolz und nicht anmassend; ein Armer und Geringer . . . nicht zaghaften Gemüthes. — Man sieht, der Chinese sagt statt dessen: Wenn man . . . seiend, so ist man . . ., und statt zaghaften Gemüthes: im oder von G. zaghaft. Li-ki I, 11 a.

§. 1375. In anderen Fällen, wo bei uns ein Relativsatz einen Adverbialsatz des **Umstandes,** der **Bedingung,** der **Zeit** u. s. w. vertreten kann, wählt der Chinese die Form des entsprechenden Adverbialsatzes (mit oder ohne Hülfswörter). ‚Ein Edler welcher (= wenn er) nicht ernst ist, ist nicht ehrwürdig': 君子不重、則不威。*kiūn-tsï put čúng, tsek put wêi.* LYü I, viii, 1. ‚Bei Edlen, welche so weit gekommen sind, habe ich bisher immer Zutritt erlangt': 君子之至於斯、吾未嘗不得見也。*kiūn-tsï či čí iū ssï, ngû wéi č'âng put tek kién yè.* Das. III, xxiv. ‚Wie erfüllt ein Edler, welcher (wenn er) von der Pflicht abweicht, seinen Namen? 君子去仁、惡乎成名。*kiūn-tsï k'iù žîn, ngū-hû č'îng mîng?* Das. IV, v, 2.

漢文經緯

§. 1376. Gelegentlich kann man das Relativpronomen durch 是 *ší* ersetzen: 子於是日哭、則不歌。 *tsì iü ší žit k'uk, tsek put kō.* Der Meister sang nicht an Tagen, an welchen er geweint hatte. LYü VII, IX, 2. — So lassen sich auch die Beispiele in §. 483 mit relativen Wendungen übersetzen.

§. 1377. Wo wir einen beabsichtigten **Erfolg** durch den Relativsatz ausdrücken dürfen (*qui c. conj.*), da bedient sich der Chinese des Folgesatzes mit 則 *tsek* oder 斯 *ssï* = damit, dass (§§. 497, 506). Einen die **Erzählung fortführenden** Relativsatz (‚es kam ein Bote, welcher meldete') duldet die Sprache nicht.

III. Capitel.

Adverbialsätze, Conjunctionen.

I. Im Allgemeinen.

§. 1378. Die adverbiale Satzverbindung ist nächst der objectiven diejenige, welche am häufigsten **unausgedrückt** bleibt. Beispiele siehe in §. 396.

§. 1379. Adverbialsätze des **Umstandes**, der **Zeit** und (seltener) der **Bedingung** können ohne weitere Hülfsmittel durch den **Genitiv des Subjectes** bezeichnet werden. Ist das Subject des Adverbialsatzes zugleich Subject des Hauptsatzes, so wird es in letzterem nicht wiederholt: 聖人之生也、天行、其死也、物化。 *šíng žîn čī šēng yè, t'iēn hîng, k'î ssì yè, wut hoá.* Indem der heilige Mensch lebt, waltet der Himmel, indem er stirbt, verwandeln sich die Dinge. Nam-hoa-king VI, 2a. 昔者明王之以孝治天下也、不敢遺小國之臣、而况於公侯伯子男乎。 *sik-čè mîng wâng čī ì hiaó č'î t'iēn-hià yè, put kàm î siaò kuok čī č'în, rî hoáng iü kūng heû pek tsì nâm hû?* Vor Alters, indem die erlauchten Könige durch Pietät das Reich regierten, erlaubten sie sich nicht, einen Minister eines Kleinstaates zu vernachlässigen; wieviel weniger einen Herzog, Fürsten, Grafen, Freiherrn oder Edelmann? Ku-wen hiao-king IX. 凡諸侯之死、異姓臨於外、同姓於宗廟、同宗於祖廟、同族於禰廟。 *fâm čū-heû čī ssì, í-síng lîm iü nguái, t'ûng-síng iü tsūng-miaó, t'ûng-tsūng iü tsù-miaó, t'ûng-tsuk iü nì-miaó.* In der Regel, wenn ein Lehensfürst starb, wurde er, wenn er einem anderen Geschlechte angehörig war, draussen (vor den Thoren) bewehklagt, war er ein Geschlechtsgenosse, im Ahnentempel, war er ein Agnat, im Tempel des (gemeinsamen) Ahnen, war er von derselben Linie, im Tempel des Linienstammherrn. Tso-čuen IX, 12. 蓋人之幼也、知思未有所

主。*kái žin či yeú yè, či ssī wéi yeù sò čù.* Denn (wenn) der Mensch, während er jung ist, in Wissen und Denken noch keine Leitung (feste Richtung) hat … Siao-hiok, mandschu-chines. Einl. I, 1 a. Vgl. §§. 440, 563 b.

II. Umstand.

§. 1380. 而 *rî* = und dabei, und dagegen, eröffnet nie einen neuen Satz, sondern entweder einen Nachsatz oder das Hauptprädicat. Es bezeichnet das Vorhergehende als einen — meist gleichzeitigen — **Umstand** (indem, während); dabei kann der Nebengedanke sein, dass der Umstand zugleich Ursache oder Mittel ist: 文王一怒、而安天下之民 … 而武王亦一怒丨安天下之民。*Wên-wâng yit nú, rî ngān t'iēn-hià či mîn. . . . rî Wù-wâng yik yit nú rî ngān t'iēn-hià či mîn.* Wen-wang zürnte einmal und beruhigte (so) das Volk des Reiches; . . . und Wu-wang zürnte auch einmal und beruhigte das Volk des Reiches. Mtsï I, II, III, 8. 取之而燕民悅、則取之。*ts'iù či rî Yēn mîn yuet, tsek ts'iù či.* Wenn, indem du es (das Land Yen) einnimmst, das Volk von Yen (darüber) erfreut ist, so nimm es ein. Das. I, II, X, 3. 我何罪于天而至此哉。*ngò hô tsúi iū t'iēn rî čí ts'ï tsāi?* Was habe ich gegen den Himmel verbrochen, **dass** ich dahingekommen bin (*pour venir*)? Ssï-ki LXXIII, 6 b.

§. 1381. Gern wird 而 *rî* in **gegensätzlicher** Bedeutung gebraucht: **aber, sondern, vielmehr:** 今恩足以及禽獸、而功不足以及百姓者、獨何與。*kīm yīn tsuk ì kip k'îm-šeú, rî kūng put tsuk ì kip pek-sing čè, tuk hô iū?* (Wenn) nun (dein) Wohlwollen genügt, um sich auf Vögel und wilde Thiere zu erstrecken, und doch deine Wohlthätigkeit nicht genügt, um sich auf die hundert Familien (das Volk) zu erstrecken: wie ist dies nur? Mtsï I, I, VII, 12. 恃其射也、不修民事、而淫於原獸。*śí k'î šé yè, put sieū mîn ssï, rî yîm iū yuên-šeú.* Er ergab sich seinem Bogenschiessen, kümmerte sich nicht um die Geschäfte des Volkes, sondern lag der Jagd ob. Tso-čuen IX, 4. 僑聞君子長國家者、非無賄之患、而無令名之難。*K'iaô wên kiūn-tsī čàng kuok-kiā čè, fēi wû hoèi či huán, rî wû líng-mîng či nân.* Ich (K'iao) habe gehört, dass ein Edler, der einem Staatswesen vorsteht, sich nicht sowohl um den Mangel an Gütern grämt, als er vielmehr die Schwierigkeit in dem Mangel des guten Namens erblickt. Das. 24.

§. 1382. 然 *žân,* eigentl. = so, ist satzeröffnend und entspricht in discursiver Rede etwa unserem den Gedanken fortführenden **aber, nun aber, nun denn,** (vgl. §. 665): 學者多稱五帝、尚矣。然尚書獨載堯以來。*hiok-čè tō č'īng ngù tí; šáng ì. žân Šáng-šū tuk tsái Yaô ì-lâi.* Die

海上絲綢之路文獻集成 科技與文化编

Studirenden rühmen oft die fünf (ältesten) Kaiser; das dürfte zu weit hinaufgegriffen (尙 = 上) sein. Nun aber enthält das Schang-Buch nur (die Geschichte) seit Yao. Ssï-ki (Kwpč. V, 1 a). Wenn der Mensch Schamgefühl hat, so ist er der Belehrung und Besserung fähig. 然不可教、則雖聞過而未必能改矣。 *žân put k'ò kiaó, tsek sūi wên kuó rî wéi pit nêng kài ì.* Ist er aber nicht zu belehren, so ist er, obschon er Tadel hört, noch nicht nothwendigerweise im Stande, sich zu bessern. T'ung-šu VIII, 2.

§. 1383. 夫 *fû* ist zugleich Conjunction und Demonstrativwort: **nun also dieser . . .,** und in discursiver Rede sehr beliebt. Näheres siehe in §. 413: 曾子曰、戒之戒之、出乎爾者、反乎爾者也。夫民今而後得反之也。 *Tsēng-tsì yuet: kiái čī . . .! č'ut hû rì čè, fàn . . . yè. fû mîn kīm-rî-heú tek fàn čī yè.* Ts. sagt: ‚Hütet euch, hütet euch! was von euch ausgeht, ist das, was zu euch zurückkehrt.‘ Nun hat das Volk endlich erlangt es ihnen zurückzugeben. Mtsï I, II, XII, 2. 人道敏政、地道敏樹、夫政也者、蒲盧也。 *žîn taò mìn číng, tí . . . šú. fû číng yè-čè, p'û lû yè.* Des Menschen Weg (Verhalten, Verfahren) beschleunigt die Regierung; der Erde . . . den Pflanzenwuchs. Die Regierung nun ist (wie eine schnellwachsende) Binse oder ein Schilfrohr. Čung-yung XX, 3.

Noch etwas nachdrücklicher ist 今夫 ***kīm-fû.*** Beispiel Čung-yung XXVI, 9.

§. 1384. 所 *sò* kann im Vordersatze ein **indem, wenn** ersetzen; diese Redeweise ist aber wenig gebräuchlich: 師者、所攻人之惡、正人之不中而已矣。 *ssī čè, sò kūng žîn čī ngok, číng žîn čī put čūng rî-ì-ì.* Indem der Lehrer das, was an den Menschen schlecht ist, beseitigt, thut er nichts Anderes, als dass er das, was an den Menschen nicht mittelwegig ist, regelt. T'ung-šu VII, 5. Vgl. §. 530, Abs. 2.

III. Zeit.

§. 1385. 未 *wéi* = noch nicht, zuweilen mit nachfolgendem 之先 *čī siēn* = **ehe, bevor:** 言未及之而言。 *yên wéi kip čī rî yên.* Bevor das Reden an Einen kommt, zu reden. LYü XVI, VI. 未出之先而死。 *wéi č'ut čī siēn rî ssì.* Ehe sie verstossen war, starb sie. Kwpč. III, 12 b. 未有天地之先。 *wéi yeù t'iēn tí čī siēn.* Ehe es Himmel und Erde gab. Sing-li X, 1 b.

§. 1386. 將 *tsiāng* = **vorhaben, im Begriffe stehen zu** (§. 1246) bezeichnet im Vordersatze den Zeitpunkt, wo etwas geschehen sollte: 將立之而卒。 *tsiāng lip čī rî tsut.* Als er ihn einsetzen wollte, starb er. Tso-čuen

IX, 3. 將歸自田、家衆殺而亨之、以食其子。*tsiāng kuēi tsî t'iên, kiā-čúng šat rî p'ēng čī, ì ssî k'î tsì.* Als er im Begriffe war, vom Felde zurückzukehren, tödteten ihn seine Leute und kochten ihn und gaben ihn seinen Söhnen zu essen. Das. IX, 4 (衆 nachgesetzt!). 楚屈瑕將盟貳軫、鄖人軍於蒲騷、將與隨絞州蓼伐楚師。*Č'ù K'iok Hiâ tsiāng mêng Rí Čìn, Yûn žìn kiūn iū P'û-saō, tsiāng iù Sûi, Kiào, Čeū, Liaò fat Č'ù ssī.* K'iok Hia von Č'u war im Begriffe, mit Rï und Čin einen Vertrag abzuschliessen, (da) stellten die Leute von Yün ihr Heer in P'u-sao auf, in der Absicht, mit Sui, Kiao, Čeu und Liao das Heer von Č'u anzugreifen. Das. II, 11.

§. 1387. ‚Nachdem' im Vordersatze kann durch die Perfectpartikeln 既 *kí* (§. 1258) und 已 *ì* (§. 1257) ausgedrückt werden. Dabei darf der zeitliche Vordersatz einen bedingenden oder begründenden ersetzen: 兄弟既翕、和樂且湛。*hiūng-tí kí hip, huô lok ts'iè čām.* Sind erst (einmal) die Gebrüder einig, so ist die Eintracht angenehm und dauernd. Ši II, i, IV, 7. 文王既沒、文不在茲乎。*Wên wâng kí mut, wên put tsái tsī hû?* Da (nun einmal) König W. nicht mehr ist, beruht nicht die Gesittung in diesem (= in mir)? LYü IX, v, 2. 既見其著書、欲觀其行事。*kí kién k'î čú šū, yuk kuán k'î hîng ssî.* Hat man einmal die von ihm verfassten Bücher gesehen, so will man die von ihm vollbrachten Thaten betrachten. Ssï-ki LXII, 4 b. 已出之後而死。*ì č'ut čī heú rî ssì.* Nachdem sie bereits verstossen war, verstarb sie. Kwpč. III, 12 b.

§. 1388. 時 ***ši,*** Zeit, im Vordersatze = **so oft als, wann immer:** 故時措之宜也。*kú šî ts'ú čī ngî yè.* Darum so oft er sie anwendet, ist es recht. Čung-yung XXV, 3.

§. 1389. 乃 ***nài*** = dann, darauf, ist fortsetzend:

a.) zeitlich: dann, darauf, oft mit begründender Nebenbedeutung: **darauf hin;**

b.) gedanklich: verfolgen wir den Gedanken weiter, fragst du mich weiter, so ... In diesem Sinne kann es unser: **aber** vertreten: 不得免焉、乃屬其耆老而告之曰。*put tek mièn yên: nài čuk k'î k'î-laò rî kaó čī yuet.* Er erlangte nicht (den Bedrückungen) seiner Nachbarn zu entrinnen; **da** (Legge: *seeing this*) versammelte er seine Aeltesten und ihnen verkündigend sprach er. Mtsï I, ii, XV, 1. 吾未能有行焉、乃所願、則學孔子也。*ngû wéi nêng yeù hîng yên; nài sò yuén* (r. 181), *tsek hiok K'ùng-tsì yè.* Ich bin noch nicht fähig (gewisse Grundsätze der alten Weisen) zu bethätigen; **aber** was ich wünsche, ist, den Confucius zu studiren (ihn

海上絲綢之路文獻集成 科技與文化編

nachzuahmen). Das. II, I, II, 22. 是故君子有終身之憂、無一朝之患也、乃若所憂、則有之。 *ši-kú kiün-tsï yeù čūng-šīn čī yeū* (r. 61), *wû yit čaō čī huán yè; nài žok sò yeū, tsek yeù čī.* Daher der Edle hat eine lebenslängliche Sorge und nicht eines Morgens Unglück; **aber** anlangend das, warum er sich sorgt, so hat er es. Das. IV, II, XXVIII, 7. 於是秦昭王乃止。 *iü-ši Ts'în Č'aō wâng nài čï.* Darauf (auf diese Einflüsterung) hin nahm König Tsch'ao von Ts'in Abstand (von seinem Vorhaben). Ssï-ki LXXV, 4 a.

§. 1390. 卽 ***tsik*** — alsbald, im Nachsatze, deutet auf unmittelbare Folge: 得出卽馳去。 *tek č'ut tsik č'î k'iü.* **Sobald** er hinaus (aus dem Gefängnisse) gehen konnte, eilte er davon. Ssï-ki LXXV, 4 b. Vgl. §§. 513, 514.

§. 1391. 繼此 ***kí-ts'ï*** — **hiernach, hierauf**: 不識可以繼此而得見乎。 *put šik k'ò-ì kí-ts'ï rî tek kién hû.* Ich weiss nicht, ob ich ihn hiernach werde sehen können. Mtsï II, II, X, 2.

§. 1392. 繼而 ***kí-rî*** = **unmittelbar, gleich darauf**: 繼而有師命。 *kí-rî yeù ssï ming.* Unmittelbar darauf kam eine Mobilmachungs-Ordre. Mtsï II, II, XIV, 3.

§. 1393. 既而 ***kí-rî***, etwa = *quo facto*, **darauf, darnach**: 既而大叔命西鄙北鄙貳於己。 *kí-rî Tá Šuk míng sī pì pek pì rî iü kì.* Darauf befahl Ta Šuk den westlichen und nördlichen Gebieten, sich ihm anzuschliessen. Tso-čuen zu I. 蔿國請而免之、既而弗報。 *Wèi Kuok ts'ìng rî mièn čī. kí-rî fut paó.* Er liess ihn auf die Bitte des Wei Kuok frei. Darnach aber erwies er sich nicht dankbar (vergalt er es nicht). Tso-čuen III, XVI.

§. 1394. 方 ***fāng*** — **dann schon**, steht im doppelten Gegensatze zu 未 *wéi*, noch nicht, und 已 *ì* oder 既 *kí*, schon, bereits: 君子有三戒、少之時、血氣未定、戒之在色、及其壯也、血氣方剛、戒之在鬭、及其老也、血氣既衰、戒之在得。 *kiün-tsï yeù sām kiái: šaó čī šî, hiuet-k'í wéi tíng, kiái čī tsái sek; kip k'î čuáng yè, . . . fāng kāng, . . . teú; . . . laò yè, . . . kí šuái, . . . tek.* Ein Edler hat sich dreifach zu hüten: in der Zeit der Jugend, da Blut und Odem (die körperlichen Kräfte) noch nicht gefestigt sind, gilt seine Behutsamkeit der Wollust; ist er aber erwachsen, sind . . . schon gestärkt, . . . Streit; ist er endlich alt, . . . bereits geschwunden, . . . Habgier. LYü XVI, VII. Gegensatz zu 未 *wéi* und 已 *ì* z. B. T'ung-šu I, 5. 凡厥正人、既富方穀。 *fâm kiuet číng žîn, kí fú fāng kuk* (r. 115). Alle seine (= des Staates) rechten Leute, sind sie begütert, **dann** sind sie tugendhaft. Šu V, IV, 13.

海上絲綢之路文獻集成 科技與文化編

§. 1395. 遂 *súi* (folgen) — **darauf, dann, schliesslich:** 明日遂行。*mîng-žit súi hîng.* Am folgenden Tage ging er darauf fort. LYü XV, I, 1. 又極之於其所往、去之日、|收其田里。*yeú kik čī iû k'î šò wàng, k'iû čī žit, súi šeū k'î t'iên lì.* Auch treibt er ihn auf's Aeusserste in (dem Lande), wohin er geht, und am Tage seiner Abreise zieht er darauf seine Ländereien und Wohnung ein. Mtsï IV, II, III, 4. 一戰勝齊、|有南陽、然且不可。*yit čén šíng Ts'î, súi yeù Nâm-yâng, žân-ts'iè put k'ò.* Besiegst du in einer einzigen Schlacht Ts'i und hast du darnach N., dennoch ist es unzulässig. Das. VI, II, VIII, 3. 公曰、吾將畧地焉、遂往。*kūng yuet: ngû tsiāng liok tí yên; súi wàng.* Der Fürst sagte: Ich will das Land bereisen; darauf ging er. Tso-čuen I, v.

§. 1396. 而遂 *rî súi* = **und darauf:** 聞王命而遂不果。*wên wâng míng rî súi put kuò.* Du vernahmst des Königs Befehl, und darauf führtest du deinen Vorsatz nicht aus. Mtsï II, II, II, 5. 師死||倍之。*ssī ssì rî súi péi čī.* Euer Lehrer starb, und darauf habt ihr ihm den Rücken gekehrt. Das. III, I, IV, 12.

§. 1397. 從而 *ts'ûng-rî* — **in der Folge, darnach:** 孔子爲魯司寇、不用、從而祭。*k'ùng-tsì wêi Lù ssī-k'eú, put yúng. ts'ûng-rî tsí.* Als Confucius Justizminister in Lu war, wurde (sein Rath) nicht befolgt. Einige Zeit darnach fand das (Sonnenwende-)Opfer statt. Mtsï VI, II, VI, 6.

§. 1398. 然後 *žân-heú* (— so darnach, nachdem dies so ist) bezeichnet das Vorhergegangene als Voraussetzung des folgenden. Wie bei 而後 *rî-heú* ist die Grundbedeutung zeitlich, die Anwendung im bedingenden Sinne aber wohl die üblichere: 何必讀書、||爲學。*hô pit tuk šū, žân-heú wêi hiok?* Warum muss man **erst** Bücher gelesen haben, um **dann** ein Studirter zu sein? *ainu urunakô bithe hôlaha **manggi, teni** taciha sembi?* LYü XI, XXIV, 2. 權、||知輕重、度、||知長短。*k'iuên, žân-heú čī k'īng-čúng; tok, žân-heú čī č'âng-tuàn.* Wägt man, **dann erst** weiss man, was leicht und schwer ist; misst man, **dann erst** weiss man, was lang und kurz ist. Mtsï I, I, VII, 13. 國人皆曰賢、||察之、見賢焉、||用之。*kuok-žîn kiāi yuet hiên, žân-heú č'at čī; kién hiên yên, žân-heú yúng čī.* Wenn die Landesangehörigen alle sagen, er sei weise (zum Amte befähigt), **dann erst** prüfe es; siehst du, dass er weise ist, **dann erst** stelle ihn an. Mtsï I, II, VII, 4. 予聞之也、舍館定、然後見長者乎。*tsî wên čī yè: šé-kuàn tíng, žân-heú kién čàng-čè hû?* Sie haben gewiss gehört, dass man **erst dann** ältere Personen besucht, **wenn** man seine Behausung eingerichtet hat. Das. IV, I, XXIV, 2. 詩亡、然後春秋作。*šī wâng, žân-heú Č'ūn-ts'ieū tsok.* Die Lieder waren

漢文經緯

verloren gegangen; **darauf** wurde das Č'. verfasst. Das. IV, II, XXI, 1. 夫子時然後言 . . . 樂然後笑 . . . 義然後取。*fū-tsī̀ šî žân-heú yên . . . lok . . . siaó . . . ngí . . . ts'iù.* Der Meister redet **erst, wenn** es Zeit ist, lacht **erst, wenn** (Stoff zur) Freude ist, nimmt **erst, wenn** es recht ist. LYü XIV, XIV, 2. 愛敬盡於事親、||德教、加於百姓、刑於四海。*ngái kíng tsín iû ssī̀ ts'īn, žân-heú tek kiaó, kiā iû pek síng, hîng iû ssī̀-hài.* Werden Liebe und Ehrerbietung im Dienste der Eltern erschöpft, **dann erst** werden Tugend und Unterricht das ganze Volk beeinflussen, das ganze Reich beherrschen. Ku-wen hiao-king II, Bl. 3 b.

§. 1399. 而後 ***rî-heú,*** wofür im Texte des Ta-hiok 而后 ***rî-heú,*** setzt den Eintritt eines Umstandes oder Ereignisses voraus (vgl. übrigens §. 1398): 兆足以行矣、而不行、而後去。*čaó tsuk ì hîng ì, rî put hîng, rî-heú k'iù.* Nachdem es den Auspizien nach ausführbar gewesen wäre und doch nicht ausgeführt wurde, **(erst dann)** ging er fort (*ajabuhangge, yabukini sere gônin, tuttu bime, kemuni yaburakô oho* ***manggi, teni*** *geneme ofi*). Mtsï V, II, IV, 6. 蓋必體立、而後用有以行。*kái pit t'ì lip, rî-heú yúng yeù ì hîng.* Denn sicherlich, steht **erst** das Wesen fest, **dann** kann die Bethätigung erfolgen. Thai-kih-thu §. 7 b.

Der **Unterschied zwischen** 而後 ***rî-heú*** **und** 然後 ***žân-heú*** ist der, dass Letzteres sowohl einen neuen Satz, als auch einen Nachsatz, Ersteres dagegen nur einen Nachsatz eröffnen kann, vielleicht auch dass die Voraussetzung bei 然後 *žân-heú* mehr als Beschaffenheit oder Zustand, bei 而後 *rî-heú* mehr als Umstand oder Ereigniss gedacht ist.

§. 1400. 而先 ***rî-siēn*** im Nachsatze kann nach einem verneinenden Vordersatze unser **ehe, bevor,** vertreten: 今不問王而先問歲與民。*kīm put wén wâng rî siēn wén súi iû mîn.* Jetzt fragst du nicht nach dem Könige, sondern zuerst nach dem Jahre (der Ernte oder den Ernteaussichten) und dem Volke. Soll heissen: **Ehe** du nach dem K. u. s. w. Kwpč. III, 53 a.

§. 1401. 竟 ***kíng*** (Ende, Ergebniss) — **schliesslich:** 日夜爲樂飲者四歲、|病酒而卒。*žit yé wêi yok yìm čè ssí súi; kíng píng tsieù rî tsut.* Tag und Nacht trieb er Musik und Zecherei vier Jahre lang; schliesslich starb er an Siechthum und Wein. Ssï-ki LXXVII, 8 b.

IV. Grund, Absicht.

§. 1402. Der gebräuchlichste Ausdruck für **weil,** sowohl im Vorder- und Zwischensatze als auch im Nachsatze ist 以 ***ì,*** in der Regel **mit folgendem Genitive des Subjectes:** 可以其爲形器之粗而畧之哉。*k'ò ì*

海上絲綢之路文獻集成 科技與文化編

k'î wêi hîng k'i či ts'ū rî liok či tsāi. Darf man es, weil es ein rohes Gebilde und Werkzeug ist, geringschätzen? Hier ist der Zwischensatz: 禮記之爲形器粗, das Li-ki ist ein rohes u. s. w., wörtlich: des Li-ki . . . sein ist roh, durch die Einschaltung von 之 *či* zwischen Subject und Prädicat als Satztheil gekennzeichnet. Li-ki I, 6 c. 牛山之木、嘗美矣、以其郊於大國也、斧斤伐之。*Nieû-šān či muk, č'âng mèi ì; ì k'î kiaō iū tá kuok yè, fù-kīn fat či.* Die Bäume auf dem Rinderberge waren immer schön; weil sie (aber) an einen Grossstaat angrenzten, hieb man sie mit Aexten ab. Mtsï VI, I, VIII, 1. 舜爲聰明之聖者、以其能辨君子與小人也。*Šün wêi ts'ūng-mîng či šíng čè, ì k'î nêng pién kiün-tsï iū siaò-žîn yè.* Š. war ein kluger Heiliger, weil (oder dadurch dass) er zwischen Edeln und niederen Menschen zu unterscheiden vermochte. Ngeu-yang Sieu (Kwpč. VIII, 27). Vgl. §§. 715, 716.

§. 1403. 爲 *wéi* — **weil, darum dass,** wird ebenso construirt wie 以 *ì*, gilt aber mehr dem Beweggrunde als der unbewussten Wirkung: 爲其殺是童子而征之。*wéi k'î šat ši t'ûng-tsï rî čing či.* Weil er diesen Jüngling getödtet hätte, so züchtigte er ihn. Mtsï III, II, V, 3. 飲食之人、則人賤之矣、爲其養小以失大也。*yìm šik či žîn, tsek žîn tsièn či ì, wéi k'î yàng siaò ì šit tá yè.* Einen, der (immer nur) trinkt und isst, den achten Andere gering, weil er Kleines nährt und dadurch Grosses versäumt. Mtsï VI, I, XIV, 5. 月受日光、而日不爲之虧、然月之光乃日之光也。*yuet šeú žit kuāng, rî žit put* ***wéi či*** *k'uēi; žân yuet či kuāng nài . . .* Der Mond empfängt der Sonne Licht, aber die Sonne nimmt darum nicht ab; also ist das Licht des Mondes Licht der Sonne. Sing-li X, 3 b.

§. 1404. 從 *ts'ûng* — **in Folge davon dass, gemäss dem Umstande dass:** 猶彼白而我白之、從其白於外也。*yeû pì pek rî ngò pek či, ts'ûng k'î pek iū nguái yè.* (Es verhält sich damit), wie wenn Jener weiss ist, und ich ihn für weiss halte, gemäss dem, dass er aussen weiss ist. Mtsï VI, I, IV, 2.

§. 1405. 故 *kú,* Ursache, hinter einem Satze oder Prädicate **weil.** Meist wird der Satz mit einer der Präpositionen 以 *ì* (§. 720), 由 *yeû* (§. 730) oder 因 *yīn* eingeleitet, zumal wenn es gilt, eine längere Wortgruppe zu 故 *kú* in's Genitivverhältniss zu bringen. 君子所性、雖大行不加焉、雖窮居不損焉、分定故也。*kiün-tsï sò sing, sūi tá hîng put kiā yên, sūi k'iûng kiū put sǜn yên: fén tíng kú yè.* Was dem Edlen natürlich ist, wird selbst durch eine grosse Wirksamkeit nicht gesteigert, selbst durch Armuth und Zurückgezogenheit nicht verringert, weil es zugetheilt und

漢文經緯

bestimmt ist. Mtsï VII, i, XXI, 3. **以其皆因人之本性故**。 *ì k'î kiāi yīn žîn čī pèn síng kú.* Weil sie alle auf des Menschen eigenster Natur beruhen. Ku-wen-hiao-king, jap. Ausg. X, Bl. 12 b, Anm. **徃徃自幼至長、愚騃若一、由不知成人之道故也**。 *wàng-wàng tsī yeú čí čàng, iû-ngài žok yit; yeû put čī č'îng žîn čī taò kú yè.* Wohin man gehe, von Jung zu Alt, ist Unwissenheit und Thorheit gleichsam dieselbe; das kommt daher, dass man die Lebensregeln für Erwachsene verkennt. Sing-li V, 8 b. **因其不來之故**。 *yīn k'î put lâi čī kú.* Weil er nicht gekommen ist (Gonç.).

§. 1406. Sehr nachdrücklich ist die Wendung: **所以** ***sò-ì*** . . . **以** ***ì*, dass . . ., kommt daher dass, geschieht dadurch dass,** — wohl auch mit einem durch **故** ***kú*** eingeleiteten Schlusssatze: **天地長久、天地所以長久、以其不自生、故能長久**。 *t'iēn tí č'âng-kieù, . . ., ì k'î put tsī-šēng; kú nêng . . .* Himmel und Erde sind ewig; der Grund, warum sie ewig sind, ist, dass sie nicht sich selbst leben; darum können sie . . . Tao-tek-king VII. **江海所以能爲百谷王者、以其善下之、故能爲百谷王**。 *kiāng hài sò-ì nêng wêi pek kuk wâng čè, ì k'î šén hiá či; kú . . .* Dass Ströme und Meere aller Niederungen Könige sein können, beruht darauf, dass sie sich ihnen zu unterwerfen verstehen. Darum . . . Das. LXVI. **吾所以爲此者、以先國家之急、而後私讐也**。 *ngû sò-ì wêi ts'ì čè, ì siēn kuok-kiā čī kip, rî-heú ssī č'eû yè.* Ich meine dies deshalb, weil die früheren Staatswesen sich übereilten und später sich eigennützig befehdeten. Ssï-ki LXXI, 6 a. **動之所以正、以其合乎衆所共由之道也**。 *túng čī sò-ì číng, ì k'î hop hû čúng sò kúng yeû čī taò yè.* Die Bewegung ist dadurch richtig, dass sie übereinstimmt mit der Norm, aus welcher Alles gemeinsam hervorgeht. T'ung-šu V, 1.

§. 1407. In ähnlichem Sinne, doch seltener, wird auch **所以** . . . **爲** ***sò-ì . . . wéi*** gebraucht: **吾所以有大患者、爲吾有身**。 *ngû sò-ì yeù tá huán čè, wéi ngû yeù šīn.* Wir haben deshalb grosse Uebel, weil wir Körper haben. Tao-tek-king XII. **饑人所以饑而不食烏喙者、爲其愈克腹而與餓死同患也**。 *kī žîn sò-ì kī rî put šik ngū-hoéi čè, wéi k'î iú k'ek fuk rî iù ngó-ssï t'ûng huán yè.* Dass hungernde Menschen eher hungern, als einen ‚Rabenschnabel' (= Vogel im ersten Jahre) essen, beruht darin, dass sie lieber den Bauch bezwingen und dem Verhungern gleiche Qualen erdulden (als gegen ihr Gefühl handeln). Ssï-ki LXIX, 17 b.

§. 1408. Die umgekehrte Gedankenfolge (Grund, Wirkung) bei gleich inniger Satzverknüpfung bietet **以** . . . **是以** ***ì . . . ší-ì*, weil** (oder: **um zu**) . . . **darum:** **以敝邑褊小、介於大國、誅求無時、是以不敢寧居**。 *ì pí yip pièn siaò, kiái iū tá kuok, čū k'ieû wû šî, ší-ì put kàm nîng* *kiū.* **Da** unser Staat klein ist und von grossen Staaten begrenzt wird, welche über kurz oder lang Ansprüche (auf ihn) erheben werden, — **aus diesem Grunde** wagen wir nicht ruhig zu leben. Tso-čuen IX, 31. 先王以守財物、以御人事、而平天下也、是以命之曰。 *siēn wâng ì šeù ts'âi-wut, ì iû žîn ssí, rî p'îng t'iēn-hià yè, ši-ì míng čī yuet.* Die früheren Könige, **um** die Werthsachen zu erhalten, **um** der Menschen Geschäfte zu regeln und das Reich zu beruhigen — **darum** ordneten sie es an und sagten ... Ma Tuan-lin (nach Kuan-tsï, *Chin. curr.*, pag. 10). 古者聖王、以人之性惡、以爲偏險而不正、悖亂而不治、是以爲之起禮義 ... *kù-čè šíng wâng, ì žîn čī síng ngok, ì wêi p'iēn hièm rî put číng, péi-luén rî put čí, ši-ì wéi čī k'ì lì ngí ...* Vor Alters die heiligen Könige, **weil** der Menschen Natur bös, einseitig, gefahrvoll und unrichtig, widerspenstig, aufrührerisch und ungezügelt ist, **darum** stellten sie für sie gute Sitte, Recht ... auf. Sün-tsï.

§. 1409. 是以 *ši-ì* und das nachdrücklichere und seltenere 是用 *ši-yúng* = **daher, darum:** 吾弟則愛之、秦人之弟則不愛也、是以我爲悅者也。 *ngû tí tsek ngái čī; Ts'în žîn čī tí, tsek put ngái yè. ši-ì ngò wêi yuet čè yè.* Meinen jüngeren Bruder habe ich lieb; denjenigen eines Mannes aus Ts'in habe ich nicht lieb. Daher bin ich es, der Wohlgefallen empfindet. Mtsï VI, I, IV, 4. 伯夷叔齊、不念舊惡、怨是用希。 *Pek-yî Šuk-ts'î, put niém kieú ngok; yuén ši-yúng hī.* P. und Š. gedachten nicht früherer Schlechtigkeiten; sie grollten daher selten. LYü V, XXII.

§. 1410. 此以 *ts'ì-ì* = **daher:** 小人樂其樂、而利其利、以沒世不忘也。 *siaò žîn lok k'î lok, rî lí k'î lí, tsì-ì mut-ší put wâng yè.* Der kleine Mann (das Volk) nahm Theil an ihrer Freude und an ihrem Gewinne; daher vergass er sie nicht nach ihrem Tode. Ta-hiok C. III, 5.

§. 1411. 以 *ì* im Nachsatze, ohne neues Subject, ist der gewöhnlichste Ausdruck für: **dadurch, um zu:** 天地相合以降甘露。 *t'iēn tí siāng hop ì kiáng kām lú.* Himmel und Erde vereinigen sich, um einen süssen Thau herniedersteigen zu lassen. Tao-tek-king XXXII. 本意皆以利民。 *pèn í kiāi ì lí mîn.* Seine ursprünglichen Absichten waren ganz (lediglich), dadurch dem Volke zu nützen. Ma Tuan-lin (*Chin. curr.*, pag. 23—24). 聞一以知十。 *wên yit ì čī šip.* Er hört Eins (eine Sache), dadurch weiss er ihrer zehn. Ssï-ki LXVII, 7a. Vgl. §. 717.

§. 1412. 故 *kù*, adverbial, = **daher, darum:** 實理自然、故易、人僞奪之、故難。 *šit lì tsí-žân, kú yí; žîn nguéi t'ot čī, kú nân.* Die reine Vernunft ist spontan, daher leicht; der Menschen Falschheit raubt sie, daher ist sie schwierig. T'ung-šu II, 6. 夫如是、故遠人不服、則修文德

海上絲綢之路文獻集成 科技與文化編

漢文經緯

以來之。*fû žû-ší; kú yuèn žîn put fuk, tsek sieū wên tek ì lâi čī.* So ist es. Daher, wenn entfernte Menschen sich nicht fügen, so pflegt man Gesittung und Tugend, um sie heranzuziehen. LYü XVI, ı, 11.

因其故 ***yīn k'î kú,*** **deshalb, aus diesem Grunde.** Ssï-ki X, 18 a.

夫然、故 . . . ***fû žân, kú*** . . ., **dem ist nun so; daher** u. s. w. ist ein wenig gebräuchlicher Uebergang: **|||生則親安之、祭則鬼享之**。*fû žân, kú šēng, tsek ts'īn ngān čī, tsí, tsek kuèi hiàng čī.* Da dem so ist (da sie so sind), so sind, wenn sie leben, die Eltern mit ihnen zufrieden, wenn sie opfern, die Geister erfreut. Ku-wen hiao-king IX.

§. 1413. 是故 ***ší-kù,*** nachdrücklicher als blosses **故** *kú,* = **deshalb darum: 先王見教之可以化民也、是故先之以博愛、而民莫遺其親**。*siēn wâng kién kiaó čī k'ò-ì hoá mîn yè; ší-kú sién čī ì pok ngái, rî mîn mok î k'î ts'īn.* Die früheren Könige sahen, dass Belehrung das Volk verbessern könne; daher gingen sie ihm in umfassender Liebe voraus, und da verliess Niemand im Volke seine Eltern. Ku-wen hiao-king VIII.

§. 1414. 因 ***yīn,*** vgl. §. 1012, = **darauf hin: 其別有是五者之用、而因以名其體焉、卽五行之性也**。*k'î piet yeù ší ngù-čè čī yúng, rî yīn ì mîng k'î t'ì yên; tsik ngù hîng čī sing yè.* Ihre (der Norm) Sonderung enthält dieser fünf (Cardinaltugenden) Bethätigung, und darauf hin nennt man sie (ì) deren Wesen; (nämlich, *yên*) das ist eben die Natur der fünf Elemente. T'ung-šu III, 3. — **因而** ***yīn-rî:*** **俗之所欲、因而予之、俗之所否、因而去之**。*suk čī sò yuk, yīn-rî iù (iù = 與) čī, . . . feù, . . . k'iù čī.* Was man allgemein wünscht, (das) darauf hin gewähren, . . . ablehnt, . . . davon abstehen. Ssï-ki LXII, 2 b.

§. 1415. 是遂 ***ší-súi*** = **in Folge dessen: 有窮由是遂亡、失人故也**。*yeù K'iûng yeû ší-súi wâng, šit žîn kú yè.* Die Fürsten von K'iung starben in Folge dessen, weil sie das Volk verloren hatten. Tso-čuen IX, 4.

§. 1416. 從而 ***ts'ûng-rî*** = **demzufolge: 人皆以爲賤、故||征之**。*žîn kiāi ì-wêi tsién, kú ts'ûng-rî čīng čī.* Die Leute alle hielten (seine Handlungsweise) für gemein, darum demzufolge besteuerten sie ihn. Mtsï II, ıı, X, 7.

V. Bedingung.

§. 1417. Der Ausdruck des Bedingungsverhältnisses durch **blosses Aneinanderreihen der Sätze** — ohne entsprechende Hülfswörter im Vorder- oder Nachsatze — ist nicht ungewöhnlich, aber sehr nachdrücklich und gehört mehr in den rhetorischen oder sententiösen Stil als in den discursiven. Wird angenommen, dass die Bedingung nicht eintrete oder eingetreten sei — Hypothese des Gegentheils — so dürfte diese Redeform nicht am Platze sein: 故雖天子、必有尊也、言有父也、必有先也、言有兄也、必有長也。 *kú sūi t'iēn-tsī, pit yeù tsūn yè; yên yeù fú yè, pit yeù siēn yè; . . . hiūng . . . čàng yè.* Daher selbst der Kaiser hat nothwendigerweise Solche, die er ehren (muss); sagen wir, er habe einen Vater, so hat er . . . Einen, der ihm vorgeht, . . . älteren Bruder . . . Aelteren. Ku-wen hiao-king (jap. Ausg.) XVII, Bl. 18 b. 不誠無物。 *put šing wû wut. Unenggi akô oci, jaka akô ombi.* Čung-yung XXV, 2. 子去我而歸、吾孰與處。 *tsī k'iŭ ngò rî kuēi, ngû šuk-iŭ č'ù.* Wenn Sie mich verlassen und zurückkehren, mit wem soll ich zusammen verweilen? Kung-yang-kao (Kwpč. II, 67 a). 毛羽未成、不可以高蜚、文理未明、不可以并兼。 *maô-iŭ wéi č'îng, put k'ò-i kaō fēi; wên-lì wéi mîng, put k'ò-ì pîng-kiēm.* Ist das Gefieder noch nicht ausgewachsen, so kann (der Vogel) nicht hoch fliegen; ist der Stil noch nicht klar, so kann man nicht (die Gedanken) zusammenfassen. Ssï-ki LXIX, 2 a.

§. 1418. Hat der **Vordersatz kein bedingendes Hülfswort,** dagegen der **Nachsatz eine die Folge andeutende Partikel** (則、斯、即 u. s. w.), so ist die Möglichkeit, dass die Bedingung eintreffen oder eingetreten sein könne, angenommen, — dem Ausdrucke zufolge scheinbar das Eintreffen der Bedingung anticipirt.

§. 1419. 則 ***tsek*** = **dann, so,** im bedingten Nachsatze ist die gebräuchlichste, der Bedeutung nach allgemeinste Partikel ihrer Art. Häufig schliesst der Nachsatz mit einem bescheidenen 矣 *ì*: 今王與百姓同樂、|王矣。 *kīm wâng iŭ pek-síng t'ûng lok, tsek wáng ì.* Wenn nun der König mit dem Volke zugleich Freude empfindet, so mag er wohl Kaiser werden. Mtsï I, II, I, 7. 人不得、|非其上矣。 *žîn put tek, tsek fēi k'î šáng ì.* Wenn es die Leute nicht erlangen (nicht daran Theil nehmen dürfen), so tadeln sie ihre Oberen. Das. IV, 1. 王欲行王政、|勿毀之矣。 *wâng yuk hîng wáng číng, tsek wut hoèi čī ì.* Will der König eine königliche Regierung üben, so reisse er ihn nicht ein. Das. I, II, V, 2. 士師不能治士、|如之何。 *ssí-ssī put nêng č'î ssí, tsek žû čī hô?* Wenn der Oberrichter nicht fähig ist, die Beamten zu lenken, was ist dann mit ihm zu thun? Mtsï I, II, VI, 2. 心有主、|能不動矣。 *sīm yeù čù, tsek nêng put túng ì.* Hat das Herz einen Leiter, so kann es unwandelbar sein (seine Ruhe und Festigkeit bewahren). Č'ing-tsï.

§. 1420. Nach Vordersätzen, welche ein **Erforderniss** aussprechen, dienen die folgenden Hülfswörter 則 ***tsek*** und 斯 ***ssï*** statt unseres **damit, dass:**

海上絲綢之路文獻集成 科技與文化编

漢文經緯

動必以正、則和在其中矣。*túng pit ì číng, tsek huô tsái k'î čūng ì.* Die Bewegung muss der Ordnung gemäss sein, damit ihr Harmonie innewohne. T'ung-šu V, 5. Vgl. §§ 497, 506.

§. 1421. Das weniger gebräuchliche 斯 ***ssî*** im bedingten Nachsatze (vgl. §. 496) scheint hervorzuheben, dass die bedingte Thatsache durch die bedingende nicht nur möglich gemacht, sondern **bewirkt** wird: 其交也以道、其接也以禮、|孔子受之矣。*k'î kiaō yè ì taò, k'î tsiep yè ì lì, ssî K'ùng-tsì šeú či ì.* Wenn man es (das Geschenk) aus triftigen Gründen anbot und in schicklicher Form übersandte (*dorolon-i benere be*), so nahm Confucius es an. Mtsï V, II, IV, 3. 觀過、斯知仁矣。*kuān kuó, ssî či žîn ì.* Sieht man die Fehler, so kennt man die Pflichttreue. LYü IV, VII. 事君數、|辱矣、朋友數、|疏矣。*ssí kiün šuk, ssî žuk ì; p'êng-yeù šuk, ssî sū ì.* Zudringlichkeit im Dienste des Fürsten (diesem gegenüber) führt zu Herabwürdigungen, . . . unter Freunden . . . zur Entfernung (Erkaltung). Das. XXVI. 君子所貴乎道者三、動容貌、|遠暴慢矣、正顏色、|近信矣、出辭氣、|遠鄙倍矣。*kiün-tsì sò kuéi hû taò čè sām: túng yûng maó, ssî yuén paó mán ì; číng yân sek, ssî kín sín ì; č'ut ts'î k'í, ssî yuén p'ì péi ì.* Was der Edle im Verhalten hochschätzt, ist dreierlei: in Benehmen und Haltung sich fernzuhalten von Heftigkeit und Lässigkeit; bei Regelung der Geberden und Mienen sich der Wahrheit nahe zu halten; bei Aeusserung von Worten und Stimmungen (? eigentl. Odem) sich fern zu halten von Gemeinheit und Unbotmässigkeit (倍 — 背). Das. VIII, IV, 3. 莫己知、斯已而已矣。*mok kì čī, ssî ì rî-ì-ì.* Erkennt man Einen nicht, so stehe er ab (vom Staatsdienste), das ist Alles. Das. XIV, XLII, 2. 乾道變化、各正性命、誠斯立焉。*k'iên taò pién-hoá, kok číng síng míng, šîng ssî lip yên.* Des K'ien Norm verändert und wandelt sich, ein Jedes rechtfertigt seine Natur und Bestimmung: Die Wahrhaftigkeit steht somit fest. T'ung-šu §. 8.

§. 1422. 卽 ***tsik*** = **sogleich, alsbald,** wird zwar von Einigen anscheinend unterschiedslos statt 則 *tsek* im Nachsatze gebraucht (§. 514), ist aber im höheren Stile nicht zu empfehlen: 無所控告、民死亡者、非其父兄、卽其子弟。*wû sò k'úng-kaó, mîn ssì wâng čè, fēi k'î fú hiūng, tsik k'î tsì tí.* Ohne dass Jemand beschuldigt werden könnte, ist das Volk gestorben und untergegangen — wo nicht ihre Väter und älteren Brüder, so doch ihre Söhne und jüngeren Brüder. Tso-čuen IX, 8.

§. 1423. 然則 ***žân-tsek*** = **nun also, dann also,** acceptirt oder bestätigt das zuvor Gesagte oder Gehörte und zieht daraus einen Schluss: 師也過、商也不及。曰、||師愈與。*Ssī yè kuó, Šāng yè put kip. yuet: žân-*

tsek Šāng iû̆ iû? Ssï geht zu weit, Schang reicht nicht hinan. (Tsï-kung) sprach: dann also ist Ssï wohl der Vorzüglichere? LYü XI, xvi. 日、否、吾不爲是也、日、⺦王之所大欲、可知已。*yuet: feù; ngû put wéi ší yè. yuet: žân-tsek wâng čī sò tá yuk k'ò čī ì.* Er sprach: Nein, darum ist es mir nicht zu thun. (Meng-tsï) sprach: Wenn das ist, so kann man am Ende wissen, was der König am meisten erwünscht. Mtsï I, ɪɪ, VII, 16. 父母惡之、勞而不怨、然則舜怨乎。*fú mù ngú čī, laô rî put yuén; žân-tsek Šûn yuén hû?* Vater und Mutter hassten ihn: er duldete und murrte nicht; also (frage ich) hat Schün gemurrt? Das. V, ɪ, I, 2.

不然則 . . . ***put žân, tsek*** . . . wenn nicht, so . . ., andernfalls.

§. 1424. 若 ***žok*** (vgl. §. 606) = **wenn c. ind.**, sollte also nicht in der Hypothese des Gegentheils angewendet werden: 若有所成、吾得見乃可知也。*žok yeù sò č'îng, ngû tek kién nài k'ò čī yè.* Wenn etwas zum Austrag gekommen ist und ich es zu sehen bekomme (es erfahre), dann kann es gewusst werden. Tso-čuen IX, 30. 欲與大叔、臣請事之、若弗與、則請除之。*yuk iù Tái Šuk, č'în ts'ìng ssí čī, žok fut iù, tsek ts'ìng č'û čī.* Wünschest du es (Č'ing) dem Tai Šuk zu geben, so bitte ich, ibm dienen zu dürfen; wenn du es ihm (aber) nicht gibst, dann bitte ich, ihn vernichten zu dürfen. Das. I, 1. 若不來、羣臣不忍社稷宗廟。*žok put lâi, k'iûn č'în put žìn šè-tsik tsūng-miaó.* Wenn du nicht kommst, so ertragen es die Beamten nicht, (das Schicksal) der Altäre und Ahnentempel (zu erleben). Das. IX, 7. 若吾子賴之、則晉國貳。*žok ngû tsì lái čī, tsek Tsín kuok rí.* Wenn du, mein Fürst, darauf vertrauest, wird sich der Staat Tsin (dir) entfremden. Das. 24.

§. 1425. 如 *žû* = **wenn c. ind.**, ist etwas weniger gebräuchlich als 若 *žok* und scheint namentlich da beliebt zu sein, wo die Bedingung nebenbei eine Analogie mit dem Bedingten, das **Wenn** etwas von einem **Gleichwie** enthält: 王如善之、則何爲不行。*wâng žû šén čī, tsek hô-wéi put hîng?* König, wenn du es gut heissest, dann warum übst du (es) nicht aus? Mtsï I, ɪɪ, IV, 4. 如有周公之才之美、使驕且吝、其餘不足觀也已。*žû yeù Čeū-kūng čī ts'âi čī mèi, ssì kiaō ts'iè lín, k'î iû put tsuk kuān yè ì.* Wenn man von den Fähigkeiten des Tscheu-Fürsten die herrlichsten besitzt: gesetzt, man ist hochmüthig und überdies geizig, so ist schliesslich das Andere nicht der Betrachtung werth. LYü VIII, xi. 子如不言、則小子何述焉。*tsì žû put yên, tsek siaò-tsì hô šut yên?* Wenn Ihr, Herr, nicht redet, was sollen wir Schüler dann überliefern? Das. XVII, xɪx, 2. Vgl. §. 586.

海上絲綢之路文獻集成 科技與文化編

漢文經緯

§. 1426. 苟 *keù* = **wenn,** wird vorzugsweise für die **Hypothese des Gegentheils** (*si esset, si fuisset*), zuweilen wohl auch in der Bedeutung: ‚wenn nur' (*dummodo*) angewendet: 苟子之不欲、雖賞之不竊。*keù tsï či put yuk, sūi šàng či put ts'iet.* Wenn Ihr, Herr, nicht begehrlich wäret, so würden sie nicht stehlen, selbst wenn Ihr sie (dafür) belohntet. LYü XII, xviii. 苟行王政、四海之內、皆舉首而望之、欲以爲君。*keù hîng wâng číng, ssï hài či núi, kiāi kiù šeù rî wáng či, yuk ì wêi kiūn.* Wenn er eine königliche Regierung übte, so würden innerhalb der vier Meere Alle erhobenen Hauptes (mit gestrecktem Nacken) nach ihm ausschauen und wünschen ihn zu ihrem Fürsten zu machen. Mtsï III, ii, V, 7. 苟爲善、後世子孫必有王者。*keù wêi šén, heú ší tsï sūn pit yeù wáng čè.* Wenn du Gutes thätest, würde in späteren Generationen unter den Söhnen und Enkeln gewiss Einer die Königswürde erlangen. Das. I, ii, XIV, 3. 苟不至德、至道不凝焉。*keù put čí tek, čí taò put yîng yên.* Wenn nicht höchste Tugend wäre, würde der höchste Pfad nicht gefestigt werden (eigentl. gerinnen). Čung-yung XXVII, 5; vgl. das. XXXII, 3: 苟不...者、其孰能知之。Wer anders als Einer der ... kann es kennen? 苟以是心至、斯受之而已矣。*keù ì ší sīm čí, ssï šeú či rî ì ì.* Wenn (Schüler) mit dieser Gesinnung kämen, so nähmst du sie an und liessest es dabei bewenden. Mtsï VII, xxx, 2; vgl. Das. V, ii, IV, 5. 雖有其位、苟無其德、不敢作禮樂焉、雖有其德、苟無其位、亦不敢作禮樂焉。*sūi yeù k'î wêi, keù wû k'î tek, put kàm tsok lì yok yên* ... Wenn auch Einer dessen (= des Kaisers) Thron innehat: wenn er nicht dessen (entsprechende) Tugend hätte, so dürfte er nicht Ceremonien und Musik machen ... Čung-yung XXVIII, 4. 苟有過、人必知之。*keù yeù kuó, žîn pit či či.* (Ich bin glücklich;) wenn ich ein Fehl habe, so erfahren Andere es gewiss. LYü VII, xxx, 3.

§. 1427. 自 ***tsï,*** in der Bedeutung: **wenn, gesetzt dass,** *aikabade,* ist wenig gebräuchlich: 自非聖人全體、太極有以定之、則欲動情勝、利害相攻、人極不立、而違禽獸不遠矣。*tsï fēi šíng žîn ts'iuên t'ì, t'ái-kik yeù ì tíng či, tsek yuk túng ts'îng šíng, lí hái siāng kūng, žîn kik put lip, rî wêi k'îm šeú put yuèn ì.* Gesetzt, es hätte das Urprincip nicht die Macht, des heiligen Menschen ganzes Wesen zu bestimmen, so würden Gelüste sich regen, Leidenschaften obsiegen, Vortheil und Nachtheil miteinander streiten, des Menschen Princip (Ideal) nicht feststehen und (der Mensch) sich nicht weit von Vögeln und Vierfüsslern entfernen. Thai-kih-thu §. 6 e.

§. 1428. 使 ***ssï*** (verursachen) = **angenommen, gesetzt den Fall, dass** ...: 弈秋、通國之善弈者也、使弈秋誨二人弈、其一人、

專心致志、惟弈秋之為聽、一人、雖聽之、一心以為有鴻鵠將至、思援弓繳而射之、雖與之俱學、弗若之矣。 *Yik-Ts'ieû, t'ûng kuok čï šén yik-čè yè. ssï Y. hoéi rî žîn yik; k'î yit žîn, čuēn sīm čí čí, wêi Y. čī wêi t'īng; yit žîn, sūi t'īng čī, yit sīm ì-wêi yeù hûng-huk tsiāng čí, ssï yuân kūng čok rî šik čī; sūi iù čī kiü hiok, fut žok čī yè.* ‚Schach-Ts'ieu' ist im ganzen Lande der beste Schachspieler. Nehmen wir an, Sch. lehrte zwei Leuten das Schachspiel; der Eine ist mit ungetheiltem Geiste äusserst eifrig, nur auf Sch. lauscht er; der Andere hört ihn zwar, aber mit ganzer Seele denkt er, ein Schwan komme (fliege) heran, er nehme seinen Bogen, lege den Pfeil auf die Sehne und erschiesse ihn: obschon er mit dem Andern zusammen lernt, kann er es ihm nicht gleichthuen. Mtsï VI, I, IX, 3; vgl. LYü VIII, XI.

假使 ***kià-ssï*** = angenommen dass . . . (nachclassisch).

§. 1429. 如使 ***žû-ssï***, ‚wenn man macht dass', **gesetzt den Fall, angenommen dass**, wird beispielsweise angewandt: 丨丨子欲富。 *žû-ssï iû yuk fú.* Angenommen, ich wünschte reich zu werden (thäte aber das und das, wäre das Wunsch nach Reichthum?). Mtsï II, II, X, 5. 丨丨人之所欲、莫甚於生、則凡可以得生者、何不用也。 *žû-ssï žîn čī sò yuk, mok ším iû šēng, tsek fâm k'ò-ì tek šēng čè, hô put yúng yè?* Gesetzt, unter dem, was der Mensch begehrt, wäre nichts vorzüglicher (begehrter) als das Leben: warum wird dann nicht Alles, was das Leben erhalten kann, angewendet? Mtsï VI, I, X, 3.

§. 1430. Die Verbindungen 若是 ***žok-ší*** (§. 603), 如是 ***žû-ší*** und 夫如是 ***fû žû-ší*** (§. 583) können für sich allein einen bedingenden Vordersatz bilden: 若是、則弟子之惑滋甚。 *žok ší, tsek tí-tsï čī huok tsï ším.* **Wenn dem so ist,** so ist Ihres Schülers Verwirrung sehr gesteigert. Mtsï II, I, I, 7. 夫如是、奚不喪。 *fû-žû-ší, hî put sáng?* **Wenn dem nun so ist,** warum geht er nicht zu Grunde? LYü XIV, xx, 1.

Wegen 今如此 ***kīm-žû ts'ì*** siehe §. 583, Abs. 2.

VI. Concessivverhältniss.

§. 1431. 雖 ***sūi*, obschon, obwohl, obgleich, selbst wenn,** ist die gebräuchlichste Conjunction im concessiven Vordersatze. Der Nachsatz kann entweder keine entsprechende Partikel oder 然 ***žân***, 亦 ***yik***, bez. 猶 ***yeû*** enthalten: 緣木求魚、丨不得魚、無後災。 *yuên muk k'ieû iû, sūi put tek iû, wû heú tsāi.* Erklimmt man einen Baum, um Fische zu suchen, so hat man, wenn man auch keine Fische bekommt, doch weiter keinen Schaden davon. Mtsï I, I, VII, 17. 我丨不敏、請嘗試之。 *ngò sūi put mìn, ts'ìng*

漢文經緯

č'âng-ší čï. Obschon ich nicht befähigt bin, möchte ich es versuchen. Ibid. 19. **今有璞玉於此、丨萬鎰、必使玉人彫琢之。** *kīm yeù p'ok-yük iū-tsʻï; sūi wán yit, pit ssï yük-žîn čok čï.* Jetzt sei ein roher Edelstein hier; obschon er werth ist zehntausend Yit, gewiss lässest du einen Juwelier ihn schleifen (*wán-yit* wirkt als Possessivadjectivum — *bahuvrîhi*). Mtsï I, II, IX, 2. **年雖少、有奇才。** *niên sūi šaó, yeù k'î ts'âi.* Obschon jung an Jahren, besitzt er wunderbare Talente. Ssï-ki LXVIII, 1 b. **理雖已萌、事則未著。** *lì sūi ì mêng, ssï tsek wéi čú.* Obschon die Vernunft bereits gekeimt ist, hat sich also ihre Wirksamkeit noch nicht geäussert. T'ung-šu IV, 2. **至如易、雖言元者善之長、然亦須通四德以言之。** *čí žû Yik, sūi yên yuên-čè šén čï čàng, žân yik siū t'ūng ssï tek ì yên čï.* Und anlangend das Yik, so ist es, obwohl dasselbe die Grösse das Haupt des Guten nennt, doch angezeigt, die vier Tugenden zusammenfassend, dieses zu sagen (*jai i ging de udu amba serengge, sain-i da seme gisurecibe, inu urunakô duin erdemu be uherileme gisureci acambi*). Sing-li tsing-i IX, 26 a. **寡人雖死、亦無悔焉。** *kuà-žîn sūi ssï, yik wû hoèi yên.* Wenn ich gleich sterbe, so werde ich doch keine Reue empfinden. Tso-čuen I, III. **雖其和也、猶相積惡也。** *sūi k'î huô yè, yeû siāng tsik ngok yè.* Obwohl sie versöhnt sind, fügen sie einander doch noch Uebles zu. Tso-čuen IX, 30. — Man beachte: **雖小道、必有可觀者焉。** *sūi siaò taò, pit yeù k'ò kuān čè yên.* **Selbst** auf kleinen Wegen (in Kleinigkeiten) gibt es sicher etwas Beachtenswerthes. LYü XIX, IV. **雖堯舜不能也。** *sūi Yaô Šún put nêng yè.* Selbst Yao und Schün könnten es nicht. Sing-li XL, 21 a.

§. 1432. **縱** ***tsúng,*** erlauben, zu- oder nachgeben, hingehen lassen — verwandt mit **從** *ts'ûng,* folgen — wird zuweilen statt einer concessiven Conjunction angewandt: **Sollte auch . . ., mag immerhin . . .**: **丨不得大葬、予死於道路乎。** *tsúng put tek tá tsáng, iû ssï iū taò-lú hû?* Mag ich immerhin kein grosses Begräbniss bekommen, werde ich (darum) auf der Landstrasse sterben? LYü IX, XI, 3.

§. 1433. **猶** ***yeû*** = auch noch, doch noch, noch immer (vgl. §§. 1263 und 1267), verleiht dem Vorausgehenden concessive Wirkung, ist aber nur da zu gebrauchen, wo in den Nachsatz ein **noch, immer noch** (franz. *toujours, encore*) passt: **寡人之囿、方四十里、民以丨爲大、何也。** *kùa-žîn čï yeú, fāng ssï-šip lì, mîn yeû ì-wêi tá; hô yè?* Meiner Wenigkeit Garten misst (nur) vierzig Quadrat-Li, und das Volk hält ihn **doch** für (zu) gross; wie kommt das? Mtsï I, II, II, 2. **天地之大也、人猶有所憾。** *t'iēn tí čï tá yè, žîn yeû yeù sò hàm.* Wenn auch Himmel und Erde gross sind, die Menschen haben **immer noch** daran zu mängeln. Čung-yung XII, 2. **二、吾丨**

不足。 *rî, ngû yeû put tsuk.* An Zweien ist mir **noch** nicht genug; (wieviel weniger an Einem?) LYü XII, ix, 3. 修己以安百姓、堯舜其丨病諸。 *sieū kì ì ngān pek-síng, Yaô Šūn k'î yeû píng čū.* Sich selbst zu vervollkommnen, um das Volk zu beruhigen, — Yao und Schün **sogar** hätten darum Sorge gehabt. Das. XIV, xlv. 吾丨及史之闕文。 *ngû yeû kip ssì čī k'iuet wên.* Ich **selbst noch** habe einen Geschichtschreiber getroffen, der eine Lücke im Texte liess. Das. XV, xxv. 善鄭以勸來者、猶懼不蕺。 *šén Čing ì k'iuén lâi čè; yeû kiū put kí.* Behandle Čing mit Güte, um die Kommenden zu ermuntern; **immerhin** bleibt zu befürchten, dass sie nicht kommen. Tsočuen I, vi. 今滕絶長補短、將五十里也、猶可以爲善國。 *kīm T'âng* (r. 85) *tsiuet č'âng pù tuàn, tsiāng ngù-šip lì; yeû k'ò ì wêi šén kuok.* Nun wird (das Land) T'., verkürzt man die Länge und ergänzt man die Kürze, (etwa) fünfzig Li messen; **gleichwohl** kann es noch zu einem guten Staate gemacht werden. Mtsï III, i, I, 5.

§. 1434. 抑亦 *yik yik* — **doch auch, doch allenfalls:** 小人哉、丨丨可以爲次矣。 *siaò-žîn tsāi! yik yik k'ò-ì wêi ts'î ì.* Es sind kleine Leute! **doch allenfalls** mögen sie in zweiter Reihe folgen. LYü XIII, xx, 3. 不逆詐、不億不信、丨丨先覺者、是賢乎。 *put yik čá, put yik put sín, yik yik siēn-kiok čè, ší hiên hû!* Wer nicht berechnet, dass er getäuscht werde, nicht bedenkt, dass man ihm nicht Glauben schenken (könne), **und doch auch** (dergleichen) voraussieht, der ist wohl ein Weiser! LYü XIV, xxxiii.

Anmerkung. Mtsï II, ii, IV, 3 und III, ii, X, 3 wird *yik yik* = **oder auch** in alternativen Fragen gebraucht.

§. 1435. 然而 *žân-rî*, **gleichwohl** (wörtlich: so, und doch), eröffnet den Nachsatz, wenn derselbe eine unerwartete, überraschende Einschränkung enthält. (Er leistet das Schwierigste:) 丨丨未仁。 *žân-rî wéi žîn.* Und doch ist er noch nicht vollkommen pflichttreu. LYü XIX, xv. 老者衣帛食肉、黎民不飢寒、丨丨不王者、未之有也。 *laò-čè í pik šik žuk, lî* (r. 202) *mîn put kī hân, žân-rî put wáng čè, wéi čī yeù yè.* (Wenn) die Greise sich in Seide kleiden und Fleisch essen, das schwarzhaarige Volk nicht hungert (oder) friert, dass dann (der Landesherr) nicht Kaiser geworden wäre, das ist noch nicht dagewesen. Mtsï I, i, VII, 24. 犧牲既成、粢盛既潔、祭祀以時、丨丨旱乾水溢、則變置社稷。 *hī-šēng kí č'îng, tsī-šîng kí kiet, tsí-ssî ì šî, žân-rî hàn-kān šùi-yit, tsek pién-čí šè-tsik.* Wenn die Opferthiere vollkommen, die Opferschüsseln mit Hirse rein, und die Opfer der Zeit gemäss gewesen sind, und dann doch Dürre oder Ueberschwemmung (eintritt), dann verlegt man die (Opferstätten der) Land- und Fruchtgötter. Das. VII, ii, XIV, 4.

海上絲綢之路文獻集成 科技與文化编

漢文經緯

§. 1436. 然且 *žân-ts'iè* im Nachsatze ist sehr nachdrücklich: (wenn sogar, gesetzt selbst . . .,) **auch dann noch**: 徒取諸彼以與此、||仁者不爲。 *t'û ts'iù ču pì ì iù ts'ì, žân-ts'iè žîn-čè put wêi.* Selbst wenn es nur (darauf ankäme,) es Jenem zu nehmen, um es Diesem zu geben: auch dann noch würde ein Mann von Pflichtgefühl es nicht thun. Mtsï VI, ii, VIII, 8. 識其不可、||至、則是干澤也。 *šik k'î put k'ò, žân-ts'iè čí, tsek ší kān tsik yè.* Wenn er auch dann noch kam, als er wusste, dass es unausführbar war, so war das ein (blosses) Werben um Gunst. Das. II, ii, XII, 1.

§. 1437. 雖然 *sūi-žân* = **obschon dem so ist, gleichwohl, nichtsdestoweniger.** (Wesen und Aeusserungen des Urprincipes werden geschildert; dann:) 雖然、推之於前、而不見其始之合、引之於後、而不見其終之離也。 *sūi-žân, t'ūi čī iū ts'iên, rî put kién k'î šì čī hop; yìn čī iū heú, . . . čūng čī lî yè.* Gleichwohl, untersuchen wir es nach vorne (*a post.*), so sehen wir nicht sein anfängliches Vereintsein, verfolgen wir es nach Hinten (*a priore*), . . . endliches Auseinandergehen. Thai-kih-thu §. 21.

§. 1438. Den concessiven Redewendungen ist auch 必也 *pit yè* mit folgendem satzschliessenden 乎 *hû* = **höchstens etwa, allenfalls** (§. 812) anzureihen: 聽訟、吾猶人也、||、使無訟乎。 *t'īng súng, ngû yeû žîn yè; pit yè, ssì wû súng hû.* Im Anhören von Rechtshändeln bin ich wie andere Leute, — **höchstens etwa** dass ich mache, dass es keine Rechtshändel gebe. LYü XII, xiii. Hier ist ausnahmsweise der Vordersatz positiv, statt negativ; der Sinn ist aber: ich bin im Uebrigen nicht anders als u. s. w.

VII. Fortsetzung, Steigerung.

§. 1439. Der Ausdruck für steigerndes **ferner, überdies** (*moreover*) ist 且 *ts'iè* (§§. 518—525, 1268): 且王者之不作、未有疏於此時者也。 *ts'iè wâng-čè čī put tsok, wéi yeù šū iū ts'ì šî čè yè.* **Ferner**, dass ein ächter König erschien, noch nie war eine Zeit entfernter davon als die gegenwärtige. Mtsï II, i, I, 11. 且古之君子、過則改之。 *ts'iè kù čī kiūn-tsì, kuó tsek kài čī.* **Dazu kommt, dass** die Edeln des Alterthums, wenn sie irrten, es wieder gut machten. Ibid. 4. 且以文王之德、百年而後崩、猶未洽於天下。 *ts'iè ì Wên-wâng čī tek, pek niên rî-heú pēng, yeû wéi hiap iū t'iēn-hià.* Und W. mit seiner Tugend, der hundert Jahre alt starb, selbst er (seine Wirkung) drang noch nicht durch im Reiche. Das. II, i, I, 7.

§. 1440. Die Wörter 及 *kip* und 至 *čí* = anlangend, können unser satzeröffnendes **aber** vertreten, wenn ein neuer Gegenstand in die Rede eingeführt werden soll: 君子易事而難說也、說之不以道、不說也、

海上絲綢之路文獻集成 科技與文化編

及其使人也、器之。 *kiūn-tsī í ssī rî nân yuet yè; yuet čī put ì taò, put yuet yè; kip k'î ssī žîn yè, k'í čī.* Der Edle ist leicht zu bedienen und schwer zu erfreuen; (versucht man) ihn anders als mit dem, was recht ist, zu erfreuen, so freut er sich nicht; aber indem er die Menschen verwendet, thut er es nach ihren Fähigkeiten (*tetuśembi*). LYü XIII, xxv. 夫布衣韋帶之士、脩身於內、成名於外、至秦則不然。 *fū pú ī wêi tái čī ssī, sieū šīn iū núi, č'îng mîng iū nguái; čí Ts'în tsek put žân.* Diese (armen) Gelehrten im leinenen Gewande und ledernen Gürtel nun bilden sich aus nach Innen und werden berühmt nach Aussen. Anlangend aber Ts'in, so ist es da nicht so. Kù-šān, Čí-yên (Kwpč. IV, 13a).

§. 1441. Für satzverbindendes **oder** wird in der Regel 抑 ***yik*** gebraucht: 爲肥甘不足於口與、輕煖不足於體與、抑爲采色不足視於目與、聲音不足聽於耳與、便嬖不足使令於前與。 *wêi fêi-kām put tsuk iū k'eù iû, k'īng-nuàn put tsuk iū t'ì iû? yik wéi ts'ài-sek put tsuk ší iū muk iû, šīng-yīm put tsuk t'īng iū rì iû, p'iên-pí put tsuk ssī-líng iū ts'iên iû?* (Ist es) weil fette und süsse (Kost) nicht genügt für (deinen) Mund, leichte und warme Kleidung nicht genügt für (deinen) Leib? **Nun, oder** weil (deine) schönfarbigen Sachen nicht genügen, um betrachtet zu werden von deinen Augen, deine Vocal- und Instrumentalmusik nicht genügt, um angehört zu werden von deinen Ohren, deine Diener und Favoritinnen nicht genügen, um deine Befehle zu empfangen vor dir? Mtsï I, I, VII, 16. 求牧與芻而不得、則反諸其人乎、抑亦立而視其死與。 *k'ieû muk iū ts'ū* (r. 140) *rî put tek, tsek fàn čū k'î žîn hû, yik yik lip rî ší k'î ssī iû?* Wenn er Weide oder Gras sucht und nicht findet, wird er dann es (das Vieh) seinem Eigenthümer zurückgeben, oder wird er dastehen und zusehen, wie es verendet? Das. II, II, IV, 4.

§. 1442. 抑 ***yik,*** sonst = oder, wird zuweilen in der Bedeutung: **aber nur, aber allenfalls**, angewandt. (Heiligkeit und vollkommene Pflichttreue masse ich mir nicht an;) 抑爲之不厭、誨人不倦、則可謂云爾已矣。 *yik wêi čī put yém, hoéi žîn put kiuén, tsek k'ò wéi yûn rì ì ì.* Aber dass ich mich ihnen widme unverdrossen, dass ich Andere belehre unermüdlich, das kann allenfalls von mir gesagt werden, — mehr nicht. LYü VII, xxx. (Die Schüler des Tsï-hia sind ganz tüchtig in den und den Dingen;) 抑末也、本之則無。 *yik mot yè; pèn čī tsek wû.* Aber das sind nur Nebensachen; der Hauptsache obzuliegen (§. 429), das gibt es bei ihnen nicht. Das. XIX, XII, 1. 女自房觀之、曰、子晳信美、抑子南夫也。 *niù tsī fâng kuān čī, yuet: Tsī-sik sín mèi, yik Tsī-nâm fū yè.* Das Weib be-

漢文經緯

trachtete ihn aus der Stube und sprach: Tsï-sik ist in Wahrheit schön, **aber** Tsï-nam ist mein Mann. Tso-čuen X, 1. 抑此二者、不及君身。*yik ts'ï rî čè, put kip kiūn šīn.* Aber diese Beiden reichen nicht bis an des Fürsten Person. Das.

§. 1443. 况、况 *hoáng* oder 而况、而况 *rî-hoáng,* oft mit folgendem 於 *iū* = betreffs, folgert nach dem Grundsatze: *in majore minus continetur*: umsomehr, erst recht, oder nach negativem Vordersatze: um soweniger, geschweige denn. Meist wird es in rhetorischer Frageweise als Nachsatz mit satzschliessendem Fragelaute angewandt: 仁智、周公未之盡也、丨丨於王乎。*žîn čí, Čeū-kūng wéi čī tsín yè: rî-hoáng iū wâng hû?* Menschlichkeit und Weisheit, Tscheu-kung erschöpfte sie noch nicht (besass sie noch nicht in vollem Maasse): **wie viel weniger** (lässt sich das sagen) betreffs Ew. Majestät? Mtsï II, II, IX, 2. 君不行仁政、而富之、皆棄於孔子者也、丨於爲之强戰。*kiūn put hîng žîn číng, rî fú čī, kiāi k'í iū K'ùng-tsï čè yè; hoáng iū wéi čī k'iàng-čén.* (Die, welche) einen Fürsten, der nicht ein menschliches Regiment führte, bereicherten, wurden Alle von Confucius verworfen; **erst recht** also (die, welche) für ihn sich erkühnen zu kämpfen. Das. IV, I, XIV, 2. 吾未聞枉己而正人者也、丨辱己以正天下者也。*ngû wéi wên wàng kì rî číng žîn čè yè, hoáng žuk kì ì číng t'iēn-hià čè yè.* Ich habe nie gehört von Einem, der sich gebeugt und dabei Andere gerade gemacht hätte, **geschweige denn** von Einem, der sich selbst entehrt hätte, um das Reich in Ordnung zu bringen. Das. V, I, VII, 7.

§. 1444. Zuweilen lässt man dem 况 *hoáng* im Vordersatze ein einführendes 且 *ts'iè* vorausgehen: 管仲且猶不可召、而况不爲管仲者也。*Kuàn-čúng ts'iè-yeû put k'ò čaó, rî-hoáng put wêi Kuàn-čúng čè yè.* Wenn schon Kuan-tschung nicht vorgeladen werden durfte, wie viel weniger Einer, der nicht Kuan-tschung (sondern mehr) ist? Mtsï II, II, II, 10. 陶以寡、且不可以爲國、况無君子乎。*t'aô ì kuà, ts'iè put k'ò-ì wêi kuok; hoáng wû kiūn-tsï hû!* Weil der Töpfer (im Lande) zu wenige sind, kann es kein Staat sein, geschweige denn ohne Edle! Ibid. VII, II, X, 6.

VIII. Verschränkte Coordination.

§. 1445. Es ist unter Umständen zulässig, zwei logische Sätze (Subject A, Prädicat a, und Subject B, Prädicat b) in einem grammatischen Satz zu vereinigen, indem man statt der Sätze je die Subjecte und die Prädicate einander coordinirt. Dies scheint vorauszusetzen:

33*

a.) dass beide Subjecte und Prädicate je einsylbig sind, mithin ein viersylbiger Satz zu bilden ist;

b.) dass von den beiden Paaren mindestens das eine oder das andere zu den sprachgebräuchlichen Gegensätzen gehöre.

Räthlich erscheint es dann, wenn die gewöhnliche Wortfolge A, a, B, b, zu Missdeutungen Anlass geben könnte, wenn z. B. A a, a B oder B b regelmässig in anderem Sinne miteinander verbunden werden.

§. 1446. Findet nun eine solche Verschränkung statt, so ist die regelmässige Ordnung der Wörter A, B, a, b, d. h. **das erste Prädicat bezieht sich auf das erste, das zweite auf das zweite Subject:** 天地玄黃。 *t'iēn tí hiuān hoâng.* Der Himmel ist blau, die Erde fahl. (*tí-hoâng* ist der Name einer als Arznei gebrauchten Wurzel.) Ts'ien-tsï-wen.

§. 1447. Das Gleiche ist im **Objectsverhältnisse** erlaubt, Formel a b A B: 黜陟幽明。 *čut čik yeū mîng.* (Absetzen befördern Dunkle Erleuchtete —) er setzte die Unbefähigten ab und beförderte die Ausgezeichneten. Šu II, I, VI, 26.

§. 1448. Wo aber nach der constanten Ausdrucksweise oder zur Vermeidung von Missverständnissen in der Coordination die beiden Prädicate in umgekehrter Ordnung zu stehen haben, als die beiden bezüglichen Subjecte, da setzt man **das Prädicat zum zweiten Subjecte zuerst und das zum ersten Subjecte zuletzt** (A B b a): 陰陽清濁。 *yīm yâng ts'īng čok.* Das Yim (weibliche Princip) ist trübe, das Yang (männliche Princip) klar. Pin-tsï-luipien CCXXXVIII, Bl. 38. 日月盈昃。 *žit yuet yîng tsek.* Die Sonne neigt sich (*tsek*), der Mond wird voll (*yîng*). Ts'ien-tsï-wen. 身面寬大。 *šīn mién k'uān tá.* (Ihre) Körper sind gross, (ihre) Gesichter breit. (*tá-k'uān* hiesse: sehr breit.) Ts'ing-wen-lui-šu VII, 31 b (J.).

§. 1449. Auch die Formel a A B b, **Wechsel von Attribut** (a) **und Prädicat** (b), ist zulässig: 邦有道、危言危行、邦無道、危行言孫。 *pāng yeù taò, nguêi yên nguêi hîng; pāng wû . . . šūn.* Herrscht im Staate gute Ordnung, (so sind) kühne Reden und kühnes Handeln (am Platze); herrscht im Staate keine Ordnung, so mag kühnes Handeln am Platze sein, aber die Reden seien vorsichtig (eigentl. bei kühnem Handeln das Reden vorsichtig). LYü XIV, 4.

Anmerkung. Vgl. zu dieser Lehre JULIEN, *Exerc. prat.*, pag. 225—227, und *Simple exposé*, pag. 109 ff.

海上絲綢之路文獻集成 科技與文化編

漢文經緯

IX. Synonymik einiger Conjunctionen.

§. 1450. Wie sich die wichtigsten Conjunctionen der Nach- und Folgesätze in ihren Bedeutungen etwa zu einander verhalten, dürfte folgende Tabelle ergeben, in welcher entsprechende Wörter des Vorder- und Nachsatzes aufgeführt sind.

	Vordersatz	Nachsatz
而 *rî*	indem	da, dabei
乃 *nài*	nachdem, sintemal	dann, darauf
則 *tsek*	wenn	so, dann
卽 *tsik*	sobald	alsbald
且 *ts'iè*	schon	und überdies
然 *žân*	freilich, so ist es	aber, nun
猶 *yeû*	freilich wohl, während schon	doch noch
亦 *yik*	obschon	doch auch
況 *hoáng*	wenn schon	gar erst
方 *fāng*	wann (*quando*)	dann schon
又 *yeú*	gleichwie	so auch
故 *kú*	weil	darum
然則 *žân-tsek*	wenn nun, da nun	dann also
然後 *žân-heú*	erst wenn, erst nachdem	dann erst
然而 *žân-rî*	zwar	gleichwohl
然且 *žân-ts'iè*	angenommen selbst	auch dann noch
而後 *rî-heú*	erst nachdem	darnach erst
是以 *ší-ì*	indem, weil	darum, dadurch

Viertes Hauptstück.

Stilistik.

Einleitung.

§. 1451. Einen guten Stil zu schreiben, lernt man nur durch fleissiges Lesen der besten Schriftsteller, und die Aufgabe dieses Abschnittes kann nur die sein, hinzuweisen auf das, was man bei der Lectüre bemerken, beim Schreiben nachahmen soll. Es gilt, die Anmuth der chinesischen Schreibweise empfinden zu lernen, schöne Textstellen und feine Redewendungen dem Gedächtnisse einzuprägen; darum sind stilistische und phraseologische Collectaneen kaum minder wichtig als grammatische. *)

§. 1452. Prémare (*Not. l. sin.*, pag. 192) führt zwei bemerkenswerthe Aussprüche an:

a.) einen von Yang-tsï (vgl. §. 22): 事勝辭則伉、辭勝事則賦、事辭稱則經。*ssî šing ts'î, tsek k'áng; . . . fú; . . . č'ing tsek kīng.* Uebertrifft die Sache (der Sinn) den Ausdruck, so ist (der Stil) herb, schroff; wenn umgekehrt, so ist er (dichterisch) blühend; halten Gegenstand und Ausdruck einander die Waage, so ist er normal, classisch;

b.) einen von Ngeu-yang Sieu 歐陽修 (1017—1072): 言以載事、而文以飾言、事信言文、則去經不遠。*yên ì tsái ssî, rî wên ì šik yên; ssî sín yên wên, tsek k'iû kīng put yuèn.* Durch die Rede übermittelt man die Gedanken, und durch Stil schmückt man die Rede; ist der Gedanke wahr und die Rede stilisirt, so ist man vom Ideale (der Schreibweise, oder von der Schreibweise der King) nicht weit entfernt.

§. 1453. Soweit der Stil durch den Gegenstand bedingt ist, gelten folgende **allgemeine Regeln:**

---

*) Vgl. Prémare, *Not. l. sin.*, pag. 6. Dieser Schriftsteller (nach ihm Perny) und Gonçalves in seiner *Arte china* haben bisher die Stillehre am eingehendsten behandelt.

海上絲綢之路文獻集成　科技與文化編

漢文經緯

a.) Orientirende, in das Thatsächliche einführende **Einleitungen** pflegen gänzlich schmucklos zu sein. Der Stil ist kurz und schlicht, die Erzählung geschäftsmännisch trocken. Rhythmus wird weder gesucht noch vermieden.

b.) In fortlaufender, **erzählender oder schildernder Rede** pflegen die Sätze ohne Conjunctionen aneinander gereiht zu werden. Adverbien wie 於是 *iü-ší,* darauf, 當時 *tāng-šî,* damals, 自此之後 *tsî ts'ì či heú,* seitdem u. s. w. zu Anfang des Satzes, sowie 乃 *nài* = darauf (hinter dem Subject) werden geeigneten Ortes angewandt, und Reihen gleichlanger, zumal vier- und dreisylbiger Sätze sind beliebt. Rhythmus und richtige Wahl der Stoffwörter bilden die einzige Zier dieser Stilart. Die Mehrzahl der Hülfswörter findet schon wegen ihrer subjectiven oder raisonnirenden Functionen hier keine Anwendung. Mithin ist der Stil nicht geschmeidig, dafür aber kraftvoll und anschaulich.

c.) Gespräche, Reden, Briefe und amtliche Schriftstücke werden gern wörtlich, in directer Rede mitgetheilt. In ihnen, wie überhaupt in discursiven Schriften, kann die Sprache ihren Reichthum an logischen und rhetorischen Ausdrucksmitteln entfalten. Daher unterbrechen sie in wohlthuender Weise den nüchtern erzählenden Ton der Geschichtsschreibung.

I. Rhytmus.

§. 1454. Der **Rhythmus** ist theils **einfach,** d. h. aus je gleichlangen Sätzen bestehend, theils **zusammengesetzt,** d. h. derartig, dass Sätze von verschiedener Sylbenzahl in gleicher Reihenfolge wiederkehren. Am gebräuchlichsten ist der einfache **viersylbige** Rhythmus: 執德不弘、信道不篤、焉能爲有、焉能爲亡。*čip tek put hûng, sín taò put tuk: yēn nêng wêi yeù? yēn nêng wêi wû?* An der Tugend festhaltend, nicht hochstrebend (nach Vervollkommnung ringend) sein, an die Vernunftnorm glaubend, nicht standhaft sein, was kann am Vorhandensein, was am Nichtvorhandensein (solcher Halbheit) gelegen sein? *bisire (akô) de ai dabure babi?* LYü XIX, 11. **Dreisylbiger:** 古者聖王、制禮法、修教化、三綱正、九疇敘、百姓太和、萬物咸若。*kù-čè šíng wâng, čí lì fap, sieū kiaó hoá; sām kāng číng, kieǹ č'eû siû, pek-síng t'ái huô, wán-wut hiâm žok.* Im Alterthume die heiligen Könige ordneten Sitte und Recht, pflegten Unterricht und Erziehung; die drei Pflichtverhältnisse standen fest, die neun Abtheilungen wurden geordnet; die hundert Familien lebten in vollster Eintracht, alle Dinge waren durchaus im Einklange. T'ung-šu XVII. — **Fünfsylbiger** Rhythmus: 不爲不可成、不求不可得、不處不可久、不行不可復。*put wêi put k'ò č'îng, put k'ieû . . . tek, . . . č'ù . . . kieù, . . . hîng . . . fuk.* Wenn man nicht thätig ist, kann man nicht vollenden, . . . sucht, . . . finden,

... verweilt, ... Dauer haben, ... geht, ... zurückkehren. Kuan-tsï I, 4a. 博學而篤志、切問而近思、仁在其中矣。 *pok hiok rî tuk či, ts'iet wén rî kin ssï, žîn tsái k'î čūng ì.* Umfassendes Lernen, dabei ernstes Streben, eingehendes Forschen, dabei genaues Nachdenken: darin liegt wohl Pflichttreue. LYü XIX, vi. Beispiel der Form 3, 3, 3, s. Thai-kih-thu, Anh. 1; desgl. der Form 6, 6, 6, das. §. 4. Mehr als sechssylbige einfache Rhythmen sind seltener, zweisylbige kaum möglich.

§. 1455. Die **zusammengesetzten Rhytmen** dürften im discursiven Stile beliebter sein als im erzählenden und beschreibenden. Die thatsächlich vorkommenden Formen sind wohl unzählig; man beachte aber, dass die einander rhythmisch entsprechenden Glieder auch immer gedanklich parallel sein müssen. Beispiele: (3, 4; 3, 4) 素富貴、行乎富貴、素貧賤、行乎貧賤。 *sik fú kuéi, hîng hû ... p'în tsién ...* Jetzt reich und vornehm, handelt er als Reicher und Vornehmer; jetzt arm und gering, ... (So noch zweimal.) Čung-yung XIV, 2. (5, 4; 5, 4) 好仁不好學、其蔽也愚、好智不好學、其蔽也蕩。 *haó žîn put haó hiok, k'î pí yè iû; haó čí ... táng.* Die Pflicht lieben und nicht lieben zu lernen, dessen Trübung ist Dummheit; Klugheit ... Zerstreutheit. (So noch viermal.) LYü XVII, viii, 3. (3, 4, 3; 5, 3; 3, 4, 3; 3, 4, 3) 故君子、和而不流、强哉矯。中立而不倚、强哉矯。國有道、不變塞焉、强哉矯。國無道、至死不變、强哉矯。 *kú kiūn-tsï, huô rî put lieû: k'iâng tsāi kiaò! čūng lip ... yì: ...! kuok yeù taò, put pién sek yên: ...! kuok wû taò, čí ssï ...!* Daher der Edle ist harmonisch, ohne schwach zu sein: wie stark ist seine Festigkeit! er steht in der Mitte, ohne sich anzulehnen: ...! Ist im Staate Ordnung, so ändert er nicht (sein Verhalten in der Zeit der) Zurückgezogenheit; ... keine Ordnung, so bleibt er unwandelbar bis zum Tode (= mit Einsetzung seines Lebens) ...! Čung-yung X, 5. — So finden sich im Thai-kih-thu folgende Rhythmen: 4, 7; 4, 7: §. 9a. 5, 7; 5, 7: §. 3e. 5, 2; 5, 2; 6, 3; 6, 3: Anh. 3. 4, 4, 4, 4, 10; 4, 4, 4, 4, 10: §. 2e—f. 6, 6, 7; 6, 6, 7: §. 5f. 8, 7, 5, 4; 8, 7, 5, 4: §. 3c—d. 3, 4, 4; 3, 4, 4: §. 3a u. A. m.

§. 1456. Folgende Satztheile dürfen **bei Messung des Rhythmus ungezählt** bleiben, also überzählig sein, ohne den Rhythmus zu stören:

a.) satzeröffnende Conjunctionen, Adverbien und Interjectionen,

b.) die Negation 不 *put*, wenn der Parallelsatz an dieser Stelle einen positiven Ausdruck enthält,

c.) im Allgemeinen alle Satztheile, welche in den folgenden Gliedern stillschweigend weiterwirken, z. B. das gemeinsame Subject bei rhythmischen

海上絲綢之路文獻集成 科技與文化編

漢文經緯

Prädicaten, das Hülfsverbum, wenn es mehrere rhytmische Complemente hat, u. s. w.

Beispiele: 夫禮者、所以定親疏、決嫌疑、別同異、明是非也。*fû lì čè, sò-ì tíng ts'īn šū, kiuet hiêm ngî, piet t'ûng í, mîng šì fēi yè.* Nun ist die gute Sitte das, wonach man Nähe und Entfernung (der Lebensbeziehungen) feststellt, Verdacht und Zweifel entscheidet, zwischen Gleich und Ungleich unterscheidet, Recht und Unrecht erklärt. Li-ki I, 8 a. 蓋五行異質、四時異氣、而皆不能外乎陰陽、陰陽異位、動靜異時而皆不能離乎太極。*kái ngù hîng í čit, ssí ší í k'í, rî kiāi put nêng nguái hû yīm yâng; . . . wéi, túng tsíng í ší, . . . lî hû t'ái-kik.* Denn indem die fünf Elemente verschiedenen Stoff, die vier Jahreszeiten . . . Odem haben, können sie doch alle nicht aus Yin und Yang heraustreten; . . . Standpunkt, Bewegung und Ruhe . . . Zeit haben, . . . sich vom Urprincipe entfernen. Thai-kih-thu §. 4 c.

§. 1457. Beachtung verdienen die **Betonungen** 平 ***p'îng*** und 仄 ***tsek*** (§. 107, Abs. 2). Der gute Geschmack verbietet zu viele Sätze von gleicher Sylbenzahl auf den nämlichen Ton, d. h. auf einen oder den anderen der zwei gleichen oder der drei ungleichen Töne enden zu lassen: 無極之眞、二五之精、妙合而凝、乾道成男、坤道成女、二氣交感、化生萬物、萬物生生、而變化無窮焉。*wû-kik čī čīn, rî ngù čī tsīng, miaó hop rî nîng (yîng); K'iên taò č'îng nâm, K'uēn . . . niù, rî k'í kiaō kàm, hoá šēng wán wut, . . ., rî pién-hoá wû k'iûng yên.* Des Princip- (Ursprungs-) losen Wesenheit, der Zwei und der Fünf Wirkungskraft vereinigen sich wunderbar und gerinnen; des K'ien Norm wird das Männliche, des K'uen . . . Weibliche; die beiden Odem erregen einander; durch Veränderung erzeugen sie alle Dinge, . . . erzeugen Leben, und so sind Wechsel und Wandelung unerschöpflich. (Man beachte auch, wie schön schliesslich durch die Hülfswörter 而 *rî* und 焉 *yên* die Eintönigkeit des Rhythmus aufgehoben wird.) Thai-kih-thu §. 5.

II. Parallelismus.

§. 1458. Der Parallelismus (§. 896) ist fast ausschliesslich der didaktischen und rhetorischen Rede eigen. Er setzt, nächst dem Gefühle für Rhythmus, vor Allem gründliche Kenntniss der sprachüblichen Gegensätze voraus: die antithetischen Glieder müssen einander rhythmisch — der Stellung nach — entsprechen: 事親有隱而無犯、左右就養無方、服勤至死、致喪三年。事君有犯而無隱、左右就養有方、服勤至死、方喪

海上絲綢之路文獻集成 科技與文化编

三年。事師無犯無隱、左右就養無方、服勤至死、心喪三年。*ssî ts'ìn yeù yìn rî wû fám; tsò-yeú tseú yáng wû fāng; fuk k'în čí ssì; čí sāng sām niên. ssî kiūn . . . ssî ssî . . . sīm sāng sām niên.* Den Eltern dienend, habe man Verschwiegenheit (betreffs ihrer Fehler) und habe nicht Widerspruch; (die Pflicht, ihnen) zur Linken und zur Rechten sich zu fügen und zu dienen, hat keine Grenzen (*hashô ici ergi de acabure uilere de toktoho ba akô*); im Gehorsam strenge man sich an bis in den Tod; tiefste Trauer (um sie) drei Jahre. Dem Fürsten . . . dann Trauer drei Jahre. Dem Lehrer . . . im Herzen Trauer . . . Li-ki III. Text: 誠精故明、神應故妙、幾微故幽。*šîng tsīng kú mîng; šîn yíng kú miaó; kī wêi kú yeū.* Die Wahrheit ist lauter, daher klar; das Geistige angemessen, daher wunderbar; die Beweggründe sind verborgen, daher dunkel. — Dies wird commentirt: 清明在躬、志氣如神、精而明也。不疾而速、不行而至、應而妙也。理雖已萌、事則未著、微而幽也。*ts'īng mîng tsái kūng, čí k'í žû šîn, tsīng rî mîng yè; put tsit rî suk, put hîng rî čí, yíng rî miaó yè; lì sūi ì mêng, ssî tsek wéi čú, wêi rî yeū yè.* Wenn Reinheit und Klarheit der Person innewohnen, wenn Streben und Odem geistergleich sind, so heisst dies lauter und klar; nicht eilen, doch schnell sein, nicht wandern, doch anlangen, heisst angemessen und wunderbar; ist zwar die Vernunft bereits gekeimt, aber die Thatsache noch nicht hervorgetreten, so heisst dies verborgen und dunkel. — Also drei Parallelsätze, je aus drei viersylbigen Gliedern bestehend, deren dritte einander entsprechen, während die beiden ersten von Satz zu Satz verschieden gebaut und nur je unter sich parallel sind: 1c ≠ 2c ≠ 3c; aber 1a ≠ 1b u. s. w. T'ung-šu IV, 2.

III. Wiederholung.

§. 1459. Die **Wiederholung** gemeinsamer Satztheile ist immer nachdrücklich. Man bedient sich ihrer:

a.) in Aufzählungen, §. 1085;

b.) auch sonst, statt der blossen Coordination, um das Gemeinsame stark zu betonen: 非禮勿視、非禮勿聽、非禮勿言、非禮勿動。*fēi lì wut ší, . . . t'īng, . . . yên, . . . túng.* Anders als nach der guten Sitte blicke nicht, höre nicht, rede nicht, bewege dich nicht. LYü XII, I, 2. Ein anderes Beispiel enthält §. 450.

§. 1460. Rhetorische Fragen oder Ausrufesätze, mit welchen man die Rede eröffnet hat, werden zuweilen mit grossem Nachdrucke am Schlusse der Rede wiederholt: 天何言哉、四時行焉、百物生焉、天何言

漢文經緯

哉。*t'iēn hô yên tsái? ssî ší hîng yên, pek wut šēng yên; . . .!* Was redet denn der Himmel? Die vier Jahreszeiten verlaufen, alle Dinge entstehen (fortwährend, *yên*, §. 821); was redet denn der Himmel? LYü XVII, XIX, 3. Vgl. Mtsï I, I, I, 3—6; Čung-yung X, 5 (siehe §. 1455).

IV. Klimax.

§. 1461. Eine beliebte stilistische Form ist die der **Kette**, **連文** ***liên-wên***, verbundener Stil, in welcher jedes letzte Glied des vorhergehenden Satzes als erstes des folgenden wiederkehrt. Alle Sätze sind gleichförmig und bilden sozusagen eine Leiter von beliebig vielen Stufen: **人有分於處、處有分於地、地有分於天、天有分於時、時有分於數、數有分於度、度有分於一。** *žîn yeù fēn iü č'ú, . . . tí, . . . t'iēn, . . . ší, . . . šú, . . . tú, . . . yit.* Die Menschen haben Verschiedenheiten nach den Orten, . . . der Erde, . . . dem Himmel, . . . der Zeit, . . . der Zahl, . . . dem Maasse, . . . der Einheit. Hot-kuan-tsï I, 10 b. **誠則形、形則著、著則明、明則動、動則變、變則化、唯天下至誠、爲能化。** *šîng tsek hîng, . . . čú, . . . mîng, . . . túng, . . . pién, . . . hoá; wêi t'iēn-hià čí šîng, wêi nêng hoá;* Aufrichtig wird wahrnehmbar, — offenbar, — glänzend, — bewegend, — umwandelnd, — neugestaltend; nur die Aufrichtigsten in der Welt sind fähig umzugestalten. Čung-yung XXIII. Vgl. Text des Ta-hiok 4, 5.

V. Wortspiel.

§. 1462. Die Aufeinanderfolge mehrerer **gleich- oder ähnlichlautender Sylben**, einerlei ob solche dieselbe oder verschiedene Betonungen haben, gilt eher für elegant als für störend: **是時石氏** . . . *ší šî Šik ší* . . . Zu dieser Zeit (neun Leute der) Familie Schik. Ssï-ki CIV, 7 a. **此謂知之至也。** *ts'ï wéi čī čī čí yè.* Das heisst des Wissens Vollkommenheit. Ta-hiok V. Nachw. **道可道、非常道、名可名、非常名。** *taò k'ò taó, fēi šâng taò; mîng k'ò mîng, . . .* Tao, kann es ausgesprochen werden, ist nicht das ewige Tao; der Name, . . . genannt . . . Tao-tek-king I. **始於致知、智之事也、行所知而極其至、聖之事也。** *šì iü čí čī, čí čī ssî yè; hîng sò čī rî kik k'î čí, šíng* . . . Anfangen beim Vervollkommnen des Wissens ist Sache der Klugheit; thun was man weiss und sein Höchstes vollenden, . . . Heiligkeit. Sing-li VII, 10 b. **然後爲知之至。** *žân-heú wêi čī čī čí.* Dann wird es des Wissens Höchstes. Das. 17 a. **於予與改之。** *iü Iû iû kài čī.* Bei Iü freilich habe ich (mein Verhalten) geändert. LYü V, IX, 2. — Man beachte folgenden Satz: **重兵死、惡病終。** ***čúng pīng*** *ssì, ngú* ***pîng čūng.***

Sie (die Sifan) schätzen den Kriegertod und hassen das Ende durch Krankheit. Ma Tuan-lin (mir mitgetheilt von Schott). 夷狄不可以中國之治治也、譬若禽獸、然求其大治、必至於大亂、先王知其然、是故以不治治之、治之以不治者、乃所以深治之也。 *Yî Tik put k'ò ì Čung-kuok čī čí čí yè; pí žok k'îm šeú; žân k'ieû k'î tá čí, pit čí iü tá luán. siēn wâng čī k'î žân; kú ì put čí čí čī; . . . čè, nài sò-ì šīm čí čī yè.* Die Yi und Tik (-Barbaren) kann man nicht nach der Regierungsweise des Mittelreiches regieren. Sie sind vergleichbar mit Vögeln und wilden Thieren. Strebt man nun, dass sie sehr (wohl-) regiert werden, so gelangen sie nothwendig in grosse Verwirrung. Die früheren Könige wussten, dass dem so ist; daher regierten sie sie durch Nichtregierung; sie . . . regieren, ist die Art, sie am besten zu regieren. Su Tung-po (Pr.). 是是非非、謂之知、非是是非、謂之愚。 *ší ší fēi fēi, wéi čī čí; . . . iû.* Das Rechte für recht, das Unrechte für unrecht erkennen, nennen wir Klugheit; das Rechte für unrecht . . . halten . . . Thorheit. Sün-tsï (Pr.).

§. 1463. Oft, zumal in Definitionen, ist das Wortspiel zugleich ein **graphisches**, den phonetischen Schriftbestandtheil mitbetreffendes, und dann — bewusst oder unbewusst — **etymologisches.** 仁者人也。 *žîn čè žîn yè.* Menschlichkeit ist der Mensch. 政者正也。 *číng čè číng yè.* Regierung ist richtig machen. 生之謂性也。 *šēng čī wéi síng yè.* Leben heisst Natur. Mtsï VI, I, III, 1. 誠者、自成也。 *šîng čè, tsî č'îng yè.* Wahrhaftigkeit ist Selbstvollendung. Čung-yung XXV, 1.

§. 1464. Ueberhaupt sind **Definitionen** mittelst gleichlautender Wörter beliebt: 宜日義、理日禮。 *ngî yuet ngí, lì yuet lì.* Angemessenheit heisst Rechtlichkeit, Vernunftordnung heisst gute Sitte. T'ung-šu III. 道之得於心者謂之德。 *taò čī tek iü sīm čè, wéi čī tek.* Der Norm Erfasstwerden vom Herzen nennt man Tugend. Das. 有威而可畏、謂之威。 *yeù wēi rî k'ò wéi, wéi čī wēi.* Würde besitzen und gefürchtet zu werden verdienen nennt man Majestät. Tso-čuen IX, 31.

VI. Worterklärungen.

§. 1465. Worterklärungen geschehen in folgenden Formen:

a.) durch blosse copulative Verbindung, meist mit satzschliessendem 也 *yè*, oft mit 者 *čè* hinter dem Subjecte. Diese Form ist zumal im sententiösen Stile und bei den Commentatoren beliebt. Beispiele siehe in §§. 458, 1180 c;

漢文經緯

b.) durch **之謂** *či wéi* (§. 425, 1): **道卽理之謂也**。*taò tsik lì či wéi yè.* Norm besagt soviel wie: Vernunftordnung. T'ung-šu I, 5. **誠者、至實而無妄之謂、天所賦物所受之正理也**。*šîng čè, čí šit rî wû wàng či wéi; t'iēn sò fú wut sò šeú či číng lì yè.* Wahrheit heisst soviel als: völlig aufrichtig und ohne Falsch; sie ist die ächte Vernunft, welche der Himmel verbreitet und die Dinge empfangen. Das. I, 1. **博愛之謂仁、而宜之||義、由是而之焉||道、足乎己、無待於外||德**。*pok ngái či wéi žîn, rî ngî či . . . ngí, yeû ší rî či yên . . . taò, tsuk hû kì, wû tái iū nguái . . . tek.* Umfassende Liebe heisst Menschlichkeit, und richtige Ausübung heisst Rechtlichkeit; dieser zufolge gehen, heisst der Pfad; sich selbst genügen, nichts von Aussen erwarten, heisst Tugend. (*ngî či,* es angemessen machen, Wortspiel mit *ngí*; *či yên,* der Zustand des Gehens). Han-iü (Kwpč. VI, 39 a);

c.) durch **所謂** *sò wéi:* **誠、卽所謂太極也**。*šîng, tsik sò wéi t'ái-kik yè.* Wahrheit ist eben das sogenannte Urprincip. T'ung-šu I. **所謂道者、五常而已**。*sò wéi taò čè, ngù šâng rî ì.* Was Norm genannt wird, ist weiter nichts als die fünf Cardinaltugenden. Das. V, 3, Comm.;

d.) durch **曰** *yuet* = wird genannt: **用而和曰德**。*yúng rî huô yuet tek.* Harmonie in der Bethätigung heisst Tugend. T'ung-šu V, 2;

e.) durch *x* **之名** *x či mîng* (ist) ein Name für x: **善、則理之方行、而未有所立之名也**。*šén, tsek lì či fāng hîng, rî wéi yeù sò lip či mîng yè.* Güte ist also der Name dafür, dass die Vernunft dann (schon) wirkt, aber noch nicht ihren Standpunkt hat. T'ung-šu I, 5;

f.) durch *x* **之意** *x či í,* (hat) den Sinn von x: **沮尼皆止之之意也**。*tsū nî kiāi čì čī čī í yè.* (Die Wörter) *tsū* und *nî* haben beide die Bedeutung: etwas hemmen. Ču-hi zu Mtsï I, 33 b;

g.) durch Anführung einer Redensart, in welcher das Wort im nämlichen Sinne vorkommt: **長、長短之長也**。*č'âng, č'âng-tuàn či č'âng yè.* ‚Lang', ist das ‚lang' in der Redensart: lang oder kurz. Kuan-tsï I, 4 b, Anm.

VII. Citate.

§. 1466. Citate werden eingeführt mit: **故曰** *kú yuet,* daher wird gesagt; **又曰** *yeú yuet,* auch wird gesagt; *x* **曰**, *x yuet,* (der und der Schriftsteller, das und das Buch) sagt. Stellen aus dem Ši-king pflegt man mit **詩云** *šī yûn,* seltener **詩曰** *šī yuet* einzuleiten. Ausserdem merke man: **語有之矣**。*iù yeù čī ì.* Darauf dürfte wohl folgender Ausspruch passen:... Ssï-ki LXVIII, 8 a. **故諺有之曰**。*kú yén yeù či yuet.* Darum heisst es im Sprüchwort: . . . Ta-hiok C. VIII, 2. 古人有言曰。 *kù žin yeù yên yuet* Die Alten hatten ein Sprüchwort, das lautete: . . . Han-iü (Kwpč. VI, 71 a). *A* 有言曰。 *A yeù yên yuet.* Es gibt einen Ausspruch des A, folgendermassen lautend. LYü XVI, I, 7. 有人曰 *yeù žin yuet.* Es gibt Leute, welche sagen: . . . Mtsï VII, II, IV, 1. 作歌、其辭曰。 *tsok kō; k'î ts'î yuet.* (Er) verfasste ein Gedicht, dessen Worte (folgendermassen) lauteten: . . . Ssï-ki LXI, 3 a.

§. 1467. Zuweilen folgt dem Citate eine Bemerkung des Sinnes: **das passt hierher, besagt dasselbe.** 若 *NN* 論 *x* 而曰 . . . 亦此意爾。 *žok NN lûn x rî yuet . . .* ***yik ts'ì ì rì.*** Wenn NN, von x redend, sagt: . . ., so hat das den nämlichen Sinn. Thai-kih-thu §. 71. 故曰、(folgt das Citat), 此之謂也。 *kú yuet: . . .;* ***ts'ì čī wéi yè.*** Darum sagt man: . . .; dies besagt dasselbe, trifft hier zu. Ssï-ki VI, 44 b. 故子墨子曰、不可以不勸愛人者、此也。 *kú tsì Mek-tsì yuet: ,put k'ò-ì put k'iuén ngái žin' čè,* ***ts'ì yè.*** Daher, wenn (unser) Meister M. sagt: ,Man darf nicht unterlassen zur Menschenliebe zu ermahnen', — so besagt dies dasselbe. Mek-tsï (Legge: Cl. III, Prol. 106).

Oder es knüpft sich an das Citat eine subjective Bemerkung anderen Inhaltes: 如曰、. . . 則非 (吾) 之所敢知也。 *žû yuet . . . tsek fēi* (*ngû* oder ein bescheidenes Wort für das pron. 1. Person) *čī sò kàm čī yè.* Wenn man sagt: . . ., so masse ich mir nicht an, das zu wissen, darüber zu entscheiden. Han-iü (Kwpč. VI, 69 b).

§. 1468. 吾聞之 ***ngû wên čī*** . . . ich habe gehört, dass . . ., ist eine sehr beliebte Wendung, um gemeingültige Sätze oder historische Thatsachen, aus denen eine Lehre gezogen werden soll, einzuführen. Ebenso 吾嘗聞之 Ich habe immer (*č'âng*) gehört. Diese Redeweise ist bescheiden, und kann natürlich noch bescheidener geförmelt werden, indem man statt 吾 den kleinen Namen oder sonst ein Surrogat des pron. 1. Person setzt.

VIII. Fortführende und abschliessende Redensarten.

§. 1469. Gut ist es, eine Anzahl den Gedanken **fortführender**, behauptend, auffordernd oder fragend gefasster Redewendungen zu kennen. Dahin gehören: 吾是以知 . . . ***ngû ší-ì čī,*** dadurch wissen (erkennen) wir, dass . . . Tao-tek-king XLIII. 由是言之。 ***yeû ší yên čī.*** Redet man hiervon ausgehend, . . . Pr., *Not. l. sin.* 254. 自 *x* 而觀之、則 . . . ***tsì x rî kuān čī, tsek*** . . ., betrachtet man es ausgehend vom *x*, so . . ., unter dem Gesichtspunkte des *x* betrachtet, ist . . . Thai-kih-thu §. 5 f. 由

漢文經緯

此觀之。 ***yeû ts'ï kuān čï.*** Von diesem Gesichtspunkte aus betrachtet... (trägt man dem Rechnung, so wird man finden, dass . . .) Ssï-ki VI, 29 a. Aehnlich **自是觀之。** ***tsï ši kuān čï.*** Pr., *Not. l. sin.* 254. **在** *x* **言、則** . . . ***tsái x yên, tsek*** . . . **在天地言、則天地中有太極、在萬物言、** . . . *tsái t'iēn tí yên, tsek . . . čūng yeù t'ái-kik; tsái wán-wut yên* . . . Ist von Himmel und Erde die Rede, so ist in ihnen das Urprincip vorhanden; ist von den Dingen u. s. w. (*abka na be jafafi gisureci*). Sing-li X, 2 a. **夫豈然哉。** ***fû k'ì žân tsāi?*** Ist dem so? Commentar: **是將信將疑之詞。** *ší tsiāng šín tsiāng ngî čï ts'ï.* Dies ist eine Redensart (welche besagt), dass man zu glauben oder zu zweifeln bereit ist. Ngeu-yang Sieu (Kwpč. VIII, 33 b). **何則。** ***hô-tsek?*** Wie ist das? woher das? (Folgt die Antwort.) Liet-tsï I, 3 a. **是其故何也。** ***ší k'î kú hô yè?*** Warum dies? Mek-tsï (Legge: Cl. II, Prol. 106). **是何也。** ***ší hô yè?*** (nach einem Citate:) Was besagt das? (Folgt die Erklärung.) Kuan-tsï V, 4 b. **姑嘗本原** ***kū č'âng pèn-yuên.*** Untersuchen wir einmal den Grund. Mek-tsï (Legge: Cl. III, Prol. 112, vgl. 111). **今吾本原** . . . ***kīm ngû pèn-yuên*** . . . Jetzt haben wir den Grund von . . . untersucht. Mek-tsï (Legge: Cl. II, Prol. 112).

顧 ***kú,*** betrachten, = betrachte ich, bedenke ich . . .: **丨自始讀以至於今、歲月幾何、倐焉三紀。** *kú tsí ši tuk ì čí iü kīm, súi yuet kì-hô, šuk-yên sām kì.* Betrachte ich, wieviele Jahre und Monate, seit ich (es) zuerst las, bis jetzt (vergangen) sind, so sind es unvermerkt drei Jahrzwölft gewesen. Sing-li I, 17 a.

§. 1470. Auch andere, zumal **abschliessende** Redensarten allgemeineren Inhaltes sind zu sammeln. So **之可知(見、言、信)** ***čï k'ò čï (kién, yên sín)*** = es lässt sich einsehen (erkennen, sagen, glauben), dass . . . §. 425, 2; **明知** ***mîng ì,*** es dürfte einleuchten, dass . . . §. 818; **此自然之理也。** ***ts'ï tsí-žân čï lì yè.*** Das ist die spontane Ordnung = das liegt in der Natur der Sache. Ngeu-yang Sieu (Kwpč. VIII, 25 a).

I.

ALPHABETISCHES REGISTER.

Paragraphen- und (Seiten-)zahlen.

A.

海上絲綢之路文獻集成 科技與文化编

漢文經緯

Č. Č'.

D.

E.

海上絲綢之路文獻集成 科技與文化编

F.

G.

H.

海上絲綢之路文獻集成　科技與文化編

O.

P. P'.

海上絲綢之路文獻集成 科技與文化編

Š.

T. T'.

U.

V.

W.

海上絲綢之路文獻集成 科技與文化编

漢文經緯

Y.

Z.

Ž.

II.

REGISTER NACH RADICALEN.

Paragraphen- und (Seiten-)zahlen.

漢文經緯

海上絲綢之路文獻集成 科技與文化编

漢文經緯

海上絲綢之路文獻集成 科技與文化编

漢文經緯

海上絲綢之路文獻集成 科技與文化編

77. 止

78. 歹

80. 毋

81. 比

83. 氏

85. 水

86. 火

87. 爪

89. 爻

93. 牛

94. 犬

96. 玉

99. 甘

100. 生

101. 用

102. 田

漢文經緯

35*

海上絲綢之路文獻集成 科技與文化編

漢文經緯

DRUCKFEHLER UND BERICHTIGUNGEN.

Seite	§.	Zeile	statt	lies
15	38	4	Auslautsysteme	Anlautsysteme
31	94	2	*žĕn, šĕn*	*žĕn, šĕn*
32	101, 104	—	上 *sáng, šàng*	*šáng*
58	158	3	*piĕn*	*p'iĕn*
63	rad. 28	1	*ssï*	*ssĭ*
63	rad. 29	2	*k'ip*	*kip*
64	rad. 49	—	已, 己	(umzutauschen)
64	rad. 53	—	庫	廟
67	rad. 98	2	*p'ing*	*p'îng*
67	rad. 99	2	*čím*	*ším*
68	rad. 102	2	*yeū*	*yeù*
80	180	7	die kunstvoll	die sonst so kunstvoll
106	240 b	3	*kaò*	*kaō*
114	258 c	—	*fâng*	*fāng*
131	302	9 u. 10	verschiedenen ... gleichen	gleichen ... verschiedenen
134	309 i	1	嘗 *č'âng*	(steht verkehrt)
137	318	5	*Šin*	*Šĭn*
140	322	6 v. o.	罒	日 (liegt auf der Seite)
159	379	4	439	440
165	388	1	*sĭng*	*šĭng*
165	389	9	*ts'āi*	*ts'âi*
165	389	11	*ts'ái*	*ts'âi*
167	393	8	*úi*	*súi*
176	418	6	*iû*	*iû*
177	419	4 v. o.	Verbum: 自己 *tsî-kì.*	Verbum. 自己 *tsî kì:*
183	432	3	不	下
183	433	11	*K'ieù*	*K'ieù*
184	434	12	*kiū*	*kiû*
188	(442)	1	*fát*	*fat*

Seite	§.	Zeile	statt	lies
192	458	13	*tseù*	*tsieú*
195	462	30	無不	無之
199	473	8	Natur	Vernunft
214	515	5	*ȗ*	*t'ì*
215	517	12	也	者
217	524 c	1, 2	um ferner, um erst	nun ferner, nun erst
218	525	1, 3	*tsiû*	*tsiū*
227	544	7	*c'aô*	*č'aó*
228	544	(2)	*k'ieù*	*kieù*
229	547	(8)	*čú*	*čù*
231	554	9	*hoāng*	*hoâng*
234	563	5	*šēn*	*šén*
234	563	13	*iū*	*iû*
239	578	6	*ngó*	*ngú*
239	578	15	*ngú*	*ngù*
240	581	6	*ssī*	*ssî*
252	612	2	aber bis	aber noch nicht bis
253	615	7	*t'ái-tsï*	*t'ái-tsī*
254	620	3	*huò*	*huó*
286	724	4	*kò-ì*	*k'ò-ì*
302	772 b	1	*k'ì*	*k'ì*
303	776	8	*seú*	*šeú*
309	790	3	Söller	Teich
319	816	5	*fuk*	*feú*
320	817	4	仁不	不仁
338	872	3	*kién*	*kién*
340	880	4	*rī*	*rî*
358	909	7	*tien*	*tièn*
359	912	6	*tô*	*tō*
359	912	8	*čāng*	*č'âng*
361	921	6	Appelativum	Appellativum
362	922	12	170	163
363	925	11	*šing*	*č'ing*
375	967	(letzte)	*hing*	*hîng*
384	1000	6	*čî*	*čì*

Seite	§.	Zeile	statt	lies
384	1000	17	*ts'ī̂*	*tsī̂*
385	1000	6	*tsî*	*tsī̂*
388	1008	13	*ī̂*	*í*
390	1012	20	*yik* auch *hoéi*	*yik hoéi*
390	1012	21	nicht	nicht auch
390	1013	3	*t'ung*	*t'ûng*
394	1028	3	*c̆ī̆*	*čī*
394	1029	2	*šī̆*	*šî*
395	1032	8	*kù*	*kú*
399	1048	3	*kî*	*k'î*
400	1052 b	1	卬	卯
407	1077	3	*k'iûn*	*k'iûn*
409	1085	7	*kâng*	*kāng*
412	1093	2	*féi*	*fēi*
412	1095	5	II, III, 14	II, II, 14, nach Mtsï.
413	1103	2	und	und in
419	1124	8	habe	werde
421	1129	3	§. 367	§§. 367, 886.
431	1160	4	erringen	entringen
440	1183 a	3	*či-čè*	*či-čè*
444	1191	5	*č'âng*	*šâng*
448	1208	2	旡	无
451	1220	3	予	予
452	1221	2	Ihren	Ihr
452	1221	3	wird	werden
455	1234	4	Adjectivum	Activum
461	1253	3	*yè*	*yé*
469	1282	12	*sén*	*šén*
472	1295	2	*sùi*	*šùi*
474	1303	2	*tsit*	*tsit*
476	1313	11	*sik*	*sip*
486	1347	4	*fēi*	*fèi*

Ausserdem ist in der Eintheilung des synthetischen Systems zu verbessern: S. 48, IV. Capitel: Coordination. S. 411, V. Capitel: Pronomina. S. 419, VI. Capitel: Ellipsen, Kürzungen.

海上絲綢之路文獻集成 科技與文化編

海上絲綢之路文獻集成

總主編　陳支平　陳春聲

科技與文化編

73

主編　王揚宗　葉　農

国家出版基金项目
NATIONAL PUBLICATION FOUNDATION

海峽出版發行集團
THE STRAITS PUBLISHING & DISTRIBUTING GROUP
福建人民出版社

本册目次

通用漢言之法

（*A Grammar of the Chinese Language*）

〔英〕馬禮遜（Robert Morrison）著

《通用漢言之法》，英國馬禮遜著。馬禮遜（Robert Morrison，一七八二—一八三四），首位基督教新教來華傳教士。生於英國布勒古林，一八〇七年來華，在華前後達二十五年，曾創辦英華書院。編撰有《英華字典》、《中國一覽》、《廣東省土話字彙》等。是書首先介紹漢字注音法、漢語聲調、漢字及書寫、查字之法及句讀等，後分述漢語官話名詞、數詞、形容詞、代詞、動詞、副詞、介詞、連詞、感歎詞等詞類之特點，又補充介紹漢語方言情況、句法特點及中國傳統韻文形式。據一八一五年塞蘭坡版影印。

通用漢言之法

A

GRAMMAR

OF THE

CHINESE LANGUAGE.

通用漢言之法

BY THE REV. ROBERT MORRISON.

Serampore:

PRINTED AT THE MISSION-PRESS.

1815.

PREFACE.

THE object of the following work is, to afford practical assistance to the student of Chinese. All theoretical disquisition respecting the nature of the language has been purposely omitted. On this subject much has already been said; but, as yet, in our language, little practical assistance has been afforded to the student. It is hoped that this grammar will, in some degree, supply the defect. And, as it is the first work of the kind in English, and treats of a language little known to Europeans, it will, with the judicious, meet with every suitable allowance.

The writer strongly recommends it to the student to pay particular attention to the Chinese character; and not to consider that he knows any phrase, till he can write, without reference, every character contained in it. If this be attended to at first, it will render his future progress more easy, more pleasant, and in the writer's opinion more rapid, than if he confined himself merely to the pronunciation of words.

The Chinese occasionally practise writing with a pencil and water on a flat tile. The water dries up almost instantly, and they form the Character again and again till perfect. The student will find this mode of practising writing extremely useful, and thus forming the character repeatedly, the best method of committing it to memory.

The acquisition of the Chinese language has often been represented as almost impracticable: and sometimes, on the other hand, it has been said to be very easy. It is of importance that the student should take the middle path, where indeed the truth lies. To know something of the Chinese language is a very easy thing;—to know as much of it as will answer many useful and important purposes is not extremely difficult;—but to be master of the Chinese language, a point to which the writer has yet to look forward, he considers extremely difficult. However the difficulty is not insuperable. It is "a difficulty which" (in the words of Sir William Jones, when

A 2

speaking of the Persian language) "like all others in the world, will be insensibly surmounted by the habit of industry and perseverance, without which no great design was ever accomplished."

The student therefore should not undertake Chinese under the idea that it is a very easy thing to acquire: nor should he be discouraged from attempting it under an impression that the difficulty of acquiring it is next to insurmountable.

Should this attempt meet with a favorable reception, it is intended to be succeeded by Dialogues, Chinese and English; with Miscellaneous Translations, calculated to facilitate the progress of the student. Also by a Dictionary of the Chinese Language in two Parts. The first, Chinese and English; the second, English and Chinese.

MACAO, APRIL 2*d*, 1811.

CONTENTS.

海上絲綢之路文獻集成 科技與文化编

ERRATA.

Page 17, line 8, for '*Çuon,*' read '*Cuon.*'

—— 19, — 5, for '*keŭ,*' read '*keǔ.*'

—— 20, — 6, and elsewhere, for '*hiá,*' read '*heá.*'

—— 35, — 9, for '*lië,*' read '*lëë.*'

—— 44, — 5, for '*chuëng,*' read '*chuĕn.*'

—— 49, — 8, for '*kiuén,*' read '*keuén.*'

—— 51, — 2, dele (n).

—— 55, — 16, and elsewhere, for '*tèng,*' read '*tāng.*'

—— 59, — In the note for '(1),' read '(2),' and for '(2),' read '(1).'

—— 67, — 13, for '*kwān,*' read '*pëë.*'

—— — — 14, for '*pëë,*' read '*kwān.*'

—— 73, — 2, for '*hieūng,*' read '*heūng.*'

—— 81, — 10, after 'the extreme,' read (1), and after 'of,' read (2).

—— 90, lines 8, 9, 13, for '*Ya,*' read '*A.*'

—— 91, line 5, for '*xé,*' read '*she.*'

—— 93, last line, after 'old,' dele the comma.

—— 94, line 5, for '&c.'—read '&.'

—— 96, — 11, after '*yày,*' dele (3).

—— 102, lines 2, 4, and p. 103, l. 19 for '*sŭy,*' read '*shŭy.*'

—— 105, line 5, for 'cup,' read 'cups.'

—— 120, — 4, for 'not,' read 'not.*'

Page 121, line 3, after '*leaoù,*' read '(expletive to round the sentence.)'

—— 122, — 18, for '*tsaō,*' read '*tsaoū.*'

—— 131, — 10, for '*haē,*' read '*kaē.*'

—— 164, — 12, after 'time,' dele the semicolon.

—— 165, — 6, before 'Emperor,' read 'the.'

—— 167, — 4, after (discourse,) place a note of interrogation.

—— 179, — 11, for '*keaów,*' read '*keaoú.*'

—— 186, — 6, after 'him,' dele '&c.'

—— 194, — 7, after 'advised,' read '&c.'

—— 204, — 14, for '*aou,*' read '*Taou.*'

—— 206, last line, for 'respected,' read 'restricted.'

—— 213, line 12, for 'came,' read 'come.'

—— 227, — 1, after 'one,' place a note of interrogation.

—— 231, — 11, for 'of hot,' read 'hot.'

—— 233, — 6, for '*pwŭn,*' read '*pwăn.*'

—— 236, — 5, for '*Hiang,*' read '*Heang.*'

—— 240, — 11, for 'situation,' read 'situated.'

—— 243, — 2, for the '*Tartars,*' read 'the *Tartar.*'

—— 259, — 17, for 'languages,' read 'language.'

—— 270, — 5, for 'day,' read 'day's.'

A GRAMMAR

OF THE

CHINESE LANGUAGE.

PRELIMINARY REMARKS.

IN learning any language, ancient or modern, Chinese excepted, we build on the foundation that was laid in childhood.—We then acquired the knowledge of a few characters, the signs of simple sounds. To be able to combine these with readiness; to articulate a number of them joined together, on first seeing them; and to remember their various combinations, was the result of very considerable labour. In learning every alphabetic language we proceed on the same plan, and daily, though we may not advert to it, experience the advantage of our previous attainments. But in attempting the Chinese language we have to enter on an intirely new method. They have no alphabet. The character presents nothing to the eye by which its pronunciation can be ascertained. It attempts to communicate to the meaning, regardless of the sound. How far it succeeds, and whether this advantage, if really possessed, equals or overbalances the obvious defect of not conveying the sound, must be determined by those who are masters of Chinese as well as of an alphabetic language, and so able to make a fair comparison.

Though they have no alphabet, nor any thing in the character itself by

A

which its pronunciation can be known, they yet endeavour, and succeed imperfectly, to communicate the pronunciation of words. Thus, first, by giving a character in common use, and which is supposed to have been learned from the mouth of a master, of the same sound as a character less common. This they call the 音 *yin;* and, second, by the use of two characters which they call the 音切 *tsëë yin* or "divided sound." Thus of *ting* and *kea* the initial of the first and final of the last—they spell *Ta.* And would put it down thus:

Ting 定 Ting } *Ta*
Kea 迦 Kea }

大 (the word to be spelled)
Tsëë 切 divided
Yin 音 sound

If they confined themselves to just as many initials and finals as are necessary, these might soon be acquired, but they use in their Dictionaries and Commentaries (where they give the pronunciation as above) a great many different characters for the same initial or final, so that a considerable knowledge of the character is requisite before the *yin* or *tsëë yin,* can be of any use to a learner. At present I shall advert to that *orthography* of their words which is adopted in the following work.

It is proper to premise that their words consist but of one syllable, and those syllables distinguishable by our alphabet are not more in number than about three hundred and fifty. Hence, it is easy to perceive, that whatever orthography be adopted, it will be no difficult matter to make it familiar.

The different Nations of Europe who use the Roman alphabet do not agree in the powers of the letters, and so differ in the spelling of the Chinese syllables. In the English language little has been done relative to Chinese. Most of the spelling in Europe is that of the Portuguese, and for this reason it is given in the following Table of syllables.

The pronunciation of the court, called in Europe the Mandarine Tongue (in Chinese 話官 *Kwan hwa* Public officer's dialect) and which is spoken by public officers and persons of education in every part of the Empire, is different from the dialect of each Province: the Provinces moreover differ amongst themselves. The dialect of Macao is different from that of Canton, and the mandarine dialect of Nanking is different from that of Peking; hence any one orthography must of necessity be imperfect.

The following Table exhibits the orthography of the Chinese syllables both in the Mandarine tongue and in the dialect of Canton. To each syllable is affixed an useful character, that the learner in acquiring the pronunciation may avail himself of the assistance of the mere Chinese Scholar, to whom alphabetic characters alone would be unintelligible.

By reading over the Table of syllables with different natives, the Learner will be able to mark, with considerable ease, the varieties of pronunciation. Perhaps the pronunciation of the very first native who is tried will differ considerably from the orthography here given; but on hearing several natives, the Learner will find that it is as near the general pronunciation as the powers of the English alphapet will admit.

A 2

In the following Table,

A, has the power of *a* in "card;"

Ă, as in "hat;"

Ae, like *i* in "wine;"

A before *ong*, like *a* in "ale;"

Aou, like open broad a coalescing with *oo*;

E, as in "me;"

Ee final, may be pronounced as the preceding by learners who have not the assistance of a Native: they mark a sound which our letters do not convey;

Oa, as in "moan;"

Ow, as in "how, cow, and sow," when used as a Noun;

U, like the French *eu* in "Peu," except where in English it would sound short;

Ŭ, as in "but;"

Y, final as in "Truly."

The pronunciation is thrice given; first the English, and second the Portuguese of the Mandarine Tongue, and third the Canton dialect.

A TABLE

Of Syllables contained in the Chinese Language.

1. *A* as in Card.

A or *Ya* *Ya* *A*	亞	The second degree, &c.
An or *Gan* *Gan* or *Ngan* *Oan*	安	Repose.
Aou or *Gaou* *Gao* or *Ngao* *Ow*	傲	Proud.

2. *C.*

Cha *Cha* *Cha*	茶	Tea.
Chae or *Chi* *Chai* *Chae*	差	To send.
Chan *Chan* *Chan*	產	To produce; bear.
Chang *Chang* *Chaong*	長	Long.
Chaou *Chao* *Chew*	召	To call an inferior.
Chay *Che* *Chay*	這	This.
Che *Chi* *Che*	知	To know.
Chĕ or *Chih* *Chĕ* *Chik*	直	Direct; straight.
Chen *Chen* *Cheen*	展	To open; unfold.
Chin *Chin* *Chăn*	眞	True.
Ching *Ching* *Ching*	正	Straight; right.
Chŏ *Chŏ* *Chok*	竹	Bamboo.
Chow *Cheu* *Chăou*	醜	Ugly; disagreeable.
Chu or *Choo* *Chu* *Chu*	主	A lord; master.
Chuĕ *Chuĕ* *Chŭt*	拙	Coarsely done.
Chuen *Chuen* *Shune*	船	A ship or boat.
Chun *Chun* *Chun*	春	The spring.
Chung *Chung* *Chung*	中	The middle.

Chŭy *Chui* *Chuy*	吹	To blow the breath.
Chwang *Chöang* *Choang*	床	A bed or couch.

3. *E.* as in Me.

E *Y* *E*	衣	Garments.

4. *F.*

Fă *Fă* *Fat*	法	Rule: law.
Fan *Fan* *Fan*	反	To subvert; contrary.
Fang *Fang* *Fung*	房	A room.
Fe *Fi* *Fei*	肥	Fat, lusty.
Fei *Fy* *Fei*	非	A negative; not.
Fŏ *Fŏ* *Făt; fok*	佛	Author of a system of religion.
Foo *Fu* *Foo; Hoo.**	父	A Father.
Fow *Fou* *Făw*	浮	To float.
Fun *Fuen* *Fun*	分	To divide; part.
Fung *Fung* *Fung*	風	The wind.

5. *G.* hard.

Gae *Ngai* *Oe*	愛	To love.
Gan *Ngan* *Oan*	安	Rest; repose.
Găn *Gen* *Yan*	恩	Favour; bounty.
Gang *Ngang* *Gang*	昂	Lofty; high.
Găng *Ngeng* *Ying*	硬	Hard; stiff.
Gaou *Ngao* *Gow*	敖	Proud.
Gĕ or Gih *Ngĕ* *Gak*	額	The forehead.
Go or wo *Ngo* *Go*	我	I.
Gow *Ngeu* *Gow*	偶	Double; a pair.

6. *H.*†

Hae *Hai* *Hoe*	海	The sea; large river.

* *Hoo* is the pronunciation of Macao and its neighbourhood.

† In the dialect of Peking it becomes *sh* or *s*, before *e*, and *i*.

Han *Han* *Han*	旱	Dry.
Hăn *Hen* *Hăn*	恨	To hate.
Hang *Hang* *Hoang*	行	Walk; A factory.
Hăng *Heng* *Hăng*	恒	Continuance.
Haou *Hao* *How*	好	Good; to love.
He *Hi* *He*	喜	Joy: to rejoice.
Heang *Hiang* *Haong*	香	Odour; fragrance.
Heaou *Hiao* *Hew*	曉	To understand.
Hiĕ *Hiĕ* *Heep*	脇	The ribs.
Hëen *Hien* *Heen*	閒	Leisure.
Heŏ *Hiŏ* *Hoak*	學	To learn.
Heu *Hiu* *Hüy*	許	To permit.
Heuĕ *Hiuĕ* *Heut*	血	Blood.
Heuen *Hiuen* *Huen*	懸	To suspend.
Heun *Hiun* *Fŭn*	訓	To explain.
Heung *Hiung* *Hung*	兇	Cruel.
Hin *Hin* *Hun*	脪	Inflated.
Hing *Hing* *Hing*	興	To raise up.
Ho *Ho* *Fo*	火	Fire.
Hoo *Hu* *Foo*	護	To escort; preserve.
How *Heu* *How*	後	After.
Hung *Hung* *Hung*	紅	Red colour.
Hwă *Hoĕ* *Wak*	畫	A line or stroke.
Hwa *Hoa* *Fa*	花	A flower.

海上絲綢之路文獻集成 科技與文化编

Hwae *Hoai* *Wae*	壞	To destroy; spoil.
Hwan *Hoan* *Wan*	還	To revert; repay.
Hwang *Hoang* *Woang*	黃	Yellow.
Hwŏ *Huŏ* *Woot*	活	Living; animated.
Hwüy *Hoei* *Wooy*	回	To return.

7. *I.* as in French.

Iang *Iang* *Yaong*	攘	To exclude.
Iĕ or *jih* *Iĕ* *Yat*	日	The sun; day.
Ien *Ien* *Een*	然	Certainly.
Ieng *Ieng* *Ying*	仍	As before.
Iin *Iin* *Yun*	人	A human being.
Iŏ *Iŏ* *Yok*	若	If.
Iow *Ieu* *Yow*	柔	Softly: tender.
Ioo *Iu* *Yu*	如	As; if.
Iuen *Iuen* *Une*	懦	Timid—also read *No.*
Iun *Iun* *Yun*	潤	Mellow: comfortable.
Iung *Iung* *Yung*	冗	To sprinkle: to mix.

8. *K.**

Kae *Kai* *Koe*	該	Ought.
Kan *Kan* *Kum*	甘	Sweet.
Kăn *Ken* *Kăn*	根	Root.
Kang *Kang* *Koang*	剛	Hard.
Kăng *Keng* *Kăng*	更	More, forms the comparative.
Kaou *Kao* *Kow*	高	High.
Ke *Ki* *Ke*; *He*	起	To arise.
Kĕ or *kih* *Kĕ* *Hak*	刻	A moment; portion of time.

* In the Peking dialect before *e* and *i* it becomes *ch*; or *ts*.

Kea *Kia* *Ka*	家	A family; a house.
Keae *Kiai* *Kae*	誡	A precept.
Keang *Kiang* *Koang*	講	To speak.
Keaou *Kiao* *Kaou*	敎	To teach.
Kĕĕ *Kiĕ* *Kap*	及	And; even to.
Kĕen *Kien* *Keen*	見	To see.
Keu *Kiu* *Keu*	居	To dwell.
Keuĕ *Kiuĕ* *Keut*	决	Decidedly.
Keuen *Kiuen* *Keune*	犬	A dog.
Keun *Kiun* *Kwăn*	羣	A flock.
Keung *Kiung* *Kung*	窮	Poor, exhausted.
Kew *Kieu* *Kăou*	求	To beg; entreat.
Kin *Kin* *Kum*	金	Gold.
King *King* *King*	敬	To respect.
Ko *Ko* *Ho*	可	Should; ought.
Kŏ *Kŏ* *Kok*	各	Every.
Koo *Ku* *Koo*	古	Ancient.
Kung *Kung* *Kung*	工	Work.
Kwa *Kua* *Kwa*	寡	Alone; a widow.
Kwae *Kuai* *Fae*	快	Prompt; alert.
Kwan *Kuan & kuon* *Kwan & koon*	慣	Accustomed
	官	A public officer.
Kwăn *Kuen* *Kwăn*	困	Fatigued.
Kwang *Kuang* *Kwoang*	光	Light emitted from any body.
Kwăng *Kueng* *Kwăng*	肱	The arm.
Kwei *Kuei* *Kwei*	規	A circle.

Kwo *Kuo* *Kwo*	過	To pass.
Kwŏ *Kuĕ* or *ko* *Kwouk*	國	A nation.

9. *L.*

Lă *Lă* *Lap*	蠟	Wax.
Laé *Lai* *Loe*	來	To come.
Lan *Lan* *Lam*	纜	A rope.
Lang *Lang* *Long*	狼	A wolf.
Lăng *Leng* *Lăng*	冷	Cold.
Laou *Lao* *Low*	勞	Labour; toil.
Le *Li* *Lei*	禮	Urbanity.
Lĕ or *lih* *Lĕ* *Lik*	勒	To restrain.
Leang *Leang* *Leong*	兩	Two; both.
Leaou *Leao* *Lew*	了	Perfected.
Lĕĕ *Liĕ* *Lik*	力	Strength.
Lëen *Lien* *Leem*	憐	To compassionate.
Leŏ *Liŏ* *Leok*	略	Moderately; small.
Leŭ *Liu* *Lut*	律	Law; statute.
Leuen *Liuen* *Lune*	戀	To reflect on with pleasure.
Lew *Lieu* *Lăou*	留	To leave.
Lin *Lin* *Lun*	鄰	A neighbour.
Ling *Ling* *Ling*	另	Other.
Lŏ *Lŏ* *Lok*	綠	Green.
Loo *Lu* *Loo*	路	A road.
Lun *Lun* *Lun*	輪	A wheel.
Lung *Lung* *Lung*	礱	A millstone.

海上絲綢之路文獻集成 科技與文化編

Lŭy *Lui* *Lŭy*	雷	Thunder.
Lwan *Luon* *Lune*	亂	Confusion.

10. *M.*

Ma *Ma* *Ma*	馬	A horse.
Mae *Mai* *Mae*	買	To buy.
Man *Man* *Man*	慢	Slowly.
Mang *Mang* *Moang*	忙	Occupied; busy.
Măng *Meng* *Mang*	猛	Cruel.
Maou *Mao* *Mow*	毛	Hair; plumage.
Me *Mi* *Mei*	迷	To disturb; obscure.
Mĕ or *mih* *Mĕ* *Mak*	墨	Ink.
Meaou *Miao* *Mew*	廟	Temple of idols or ancestors.
Mëĕ *Mië* *Meet*	滅	To extinguish.
Mei *Moei* *Mooy*	每	Each.
Mëen *Mien* *Meen*	免	To depose.
Min *Min* *Măn*	民	The subjects of a country.
Ming *Ming* *Ming*	明	Bright; clear.
Mo *Mo* *Mo*	磨	To rub.
Mŏ *Mŏ* *Mok*	目	The eye.
Moo *Mu* *Moo*	毋	Mother.
Mow *Meu* *Măou*	謀	To scheme.
Mŭn *Muen* *Moon*	們	Forms the plural of Pronouns.
Mung *Mung* *Mung*	朦	Obscure.
Mwan or *man* *Muon* *Moon*	滿	Full.

11. *N.*

Na *Na* *Na*	拏	To take.

B 2

Nă *Nă* *Nap*	納	To seize; take.
Nae *Nai* *Noe*	嬭	Milk.
Nan *Nan* *Nam*	南	South.
Nang *Nang* *Noang*	曩	Formerly.
Năng *Neng* *Nâng*	能	To be able; can.
Naou *Nao* *New*	呶	To vociferate.
Ne *Ni* *Ne*	你	You; thou.
Neang *Niang* *Neong*	孃	A young lady.
Neaou *Niao* *New*	嫋	Delicate.
Niĕ *Nie* *Nik*	匿	To hide; abscond.
Nëen *Nien* *Neen*	年	A year.
Neŏ *Niŏ* *Yok*	虐	Cruel.
Neu *Niu* *Neu*	女	A female.
New *Nieu* *Năou*	扭	To wring.
Nin *Nin* *Nin*	紉	To thread a needle.
Ning *Ning* *Ning*	寧	Better; rather.
No *No* *No*	娜	Sluggish.
Nŏ *Nŏ* *Nok*	諾	To assent.
Noo *Nu* *Now*	怒	Anger.
Nun *Nun* *Nune*	嫩	Tender.
Nung *Nung* *Nung*	農	Husbandry.
Nuy *Nui* *Nuy*	內	Within.
Nwan *Nuon* *Nune*	煖	Warm.

12. *O.*

O *O* *O*	阿	Oh; so; said in reply.
Ŏ or *Gŏ* *Ŏ, Ngŏ* *Ok*	惡	Vicious; bad.

13. *P.*

Pa *Pa* *Pa*	怕	To fear.
Pă *Pă* *Pat*	八	Eight.
Pae *Pai* *Pae*	拜	To bow; to worship.
Pan *Pan* *Pan*	瘢	A cicatrix.
Pang *Pang* *Poang*	幫	To help; aid.
Păng *Peng* *Păng*	棚	A fence.
Paou *Pao* *Pow*	保	To protect.
Pe *Pi* *Pe*	庇	To shelter.
Pĕ or *pih* *Pĕ* *Păk*	北	The north.
Peaou *Piao* *Pew*	票	Brittle.
Pëĕ *Piĕ* *Peet*	別	Another: different.
Pëen *Pien* *Peen*	便	Convenient.
Pei *Py, poei* *Pei*	被	To receive: forms the passive voice.
Pew *Pieu* *Pew*	彪	Spotted tiger.
Pin *Pin* *Păn*	貧	Poor.
Ping *Ping* *Paing*	平	Even.
Po *Po* *Po*	破	To tear; to destroy.
Pŏ *Pŏ* *Pok*	薄	Thin.
Poo *Pu* *Pow*	舖	A shop.
Pow *Peu* *Pow*	剖	To split.
Pun *Pun* *Poon*	盆	A dish.
Pung *Pung* *Pung*	篷	A sail.
Pwan *Puon* *Poon*	盤	A cup; dish.

14. S.

Să *Să* *Sat*	撒	To sprinkle.

海上絲綢之路文獻集成　科技與文化編

Sae *Sai* *Sae*	揌	To agitate.
San *San* *San*	傘	An umbrella.
Sang *Sang* *Soang*	喪	Mourning clothes.
Săng *Seng* *Săng*	㾪	Lank ; lean.
Saou *Sao* *Sow*	掃	A brush.
Se *Si* *Sei*	細	Fine ; minute.
Sĕ or *sih* *Se* *Sik*	塞	To obstruct.
Seaou *Siao* *Sew*	銷	To melt.
See *Szu* *See*	事	Business ; affair.
Seĕ *Siĕ* *Seet*	洩	To ooze out.
Seĕn *Sien* *Seen*	先	Before.
Seŏ *Siŏ* *Seok*	削	To pare thin.
Seu *Siu* *Seu*	鬚	The beard.
Seuĕ *Siue* *Seut*	雪	Snow.
Seuen *Siuen* *Sune*	選	To choose.
Seun *Siun* *Sune*	巡	To range, to inspect.
Sew *Sieu* *Săou*	修	To adorn.
Sha *Xa* *Sha*	沙	Sand.
Shă *Xă* *Shăt*	殺	To kill.
Shae *Xai* *Shae*	曬	To dry in the sun.
Shan *Xan* *Shan*	訕	To detract.
Shang *Xang* *Sheong*	上	Above ; high.
Shaou *Xao* *Shew*	少	Few.
Shay *Xe* *Shay*	賒	Credit.

She *Xi* *She*	時	Time.
Shĕ *Xĕ* *Shĕ*	實	Really : solid.
Shen *Xen* *Sheen*	善	Good ; pious.
Shin *Xin* *Shun*	神	Spirit; God.
Shing *Xing* *Shing*	升	To ascend.
Shŏ *Xŏ* *Shok*	贖	To ransom.
Shoo : shu *Xu* *Shoo ; shu*	書	A book.
Show *Xeu* *Shăeu*	受	To receive.
Shun *Xun* *Shun*	順	To obey.
Shŭy ; shwŭy *Xui* *Shŭy*	稅	Duty ; custom.
Shwa *Xoa* *Sha*	耍	To sport ; play.
Shwae *Xoai* *Shae*	衰	Fading; decaying.
Shwang *Xoang* *Sheong*	雙	A pair.
Shwŏ *Xuĕ* *Sheut*	說	To speak.
Sin *Sin* *Sun*	新	New.
Sing *Sing* *Shăng*	星	A star.
So *So* *So*	鎖	A lock.
Sŏ *Sŏ* *Sok*	俗	Common, vulgar.
Soo *Su* *Soo*	數	To number.
Sun *Sun* *Sun*	遜	Obsequious.
Sung *Sung* *Sung*	送	To present to.
Sŭy *Sui* *Sŭy*	雖	Although.
Swan *Suon* *Sune*	算	To compute.

15. *T.*

Ta *Ta* *Tae*	大	Great, large.

Tă *Tä* *Tat*	達	To inform of.
Tae *Tai* *Toe*	代	For; instead of.
Tan *Tan* *Tan*	但	But; only.
Tang *Tang* *Toang*	當	Suitable; ought.
Tăng *Teng* *Tăng*	等	Degree; species.
Taou *Tao* *Tow*	逃	To run away.
Te *Ti* *Te*	地	The earth.
Tĕ or *tih* *Tĕ* *Tak*	得	To obtain; can.
Teaou *Tiao* *Tew*	調	To temper; moderate.
Teĕ *Tiĕ* *Tik*	敵	Inimical.
Teen *Tien* *Teen*	天	Heaven.
Tew *Tieu* *Tow*	丟	To throw.
Ting *Ting* *Taing*	定	Determined.
To *To* *To*	多	Many
Tŏ *Tŏ* *Tok*	讀	To read.
Too *Tu* *Too*	都	All.
Tow *Teu* *Tăou*	頭	The head.
Tsă *Çă* *Tsăp*	雜	To mix together.
Tsae *Çai* *Tsoe*	猜	To suppose.
Tsan *Çan* *Tsam*	殘	To injure.
Tsang *Çang; çam* *Tsoang*	艙	The hold of a ship.
Tsăng *Çeng* *Tsăng*	增	To augment.
Tsaou *Çao* *Tsow*	早	Morning; soon.
Tse *Çi* *Tsei*	妻	A wife.

Tsĕ or *Tsih* *Çĕ* *Tsik*	則	Therefore, hence.
Tseang *Çiang* *Tsaong*	匠	An artificer.
Tseaou *Çiao* *Tsew*	蕉	A plantain.
Tseay *Çie* *Tsay*	借	To lend or borrow.
Tsee *Çu* *Tsee*	此	This.
Tsëĕ *Çiĕ* *Tsat*	七	Seven.
Tseën *Çien* *Tseen*	前	Before.
Tseu *Çiu* *Tseu*	娶	To marry a wife.
Tseuĕ *Çiuĕ* *Tseut*	絕	To cut off from.
Tseuen *Çiuen* *Tsune*	痊	To heal.
Tseun *Ciun* *Tsun*	踆	To yield.
Tsew *Çieu* *Tsaou*	秋	Autumn.
Tsin *Çin* *Tsun*	親	Relations; kindred.
Tsing *Çing* *Tsing*	淨	Clear.
Tso *Ço* *Tso*	坐	To sit.
Tsŏ *Çŏ* *Tsok*	作	To do.
Tsoo *Çu* *Tsoo*	阻	To obstruct.
Tsow *Çeu* *Sow*	愁	To grieve.
Tsun *Çun* *Tsun*	尊	To honour; respect.
Tsung *Çung* *Tsung*	總	All; the whole.
Tswan *Çuon* *Tsune*	攢	To collect together.
Tun *Tun* *Tun*	頓	To bow the head to the ground.
Tung *Tung* *Tung*	同	The same; with.
Tüy *Tui* *Tüy*	推	To push from.
Twan *Tuon* *Tune*	短	Short.

16. *U.*

Ung *Ung* *Gung*	翁	Title of respect.

C

Urh *Ul; urh* *E, uge*	而	And.

17. *Wa.*

Wă *Vă* *Mat*	襪	Stockings.
Wae *Vai* *Ngoe*	外	Withoutside.
Wan *Van* *Man*	晚	Evening.
Wăn *Ven* *Măn*	聞	To hear.
Wang *Vang* *Moang*	望	To hope.
We *Vi* *Mei*	味	Taste.
Wei *Goei* *Wei*	爲	To do; because.
Wo or *Go* *Ngo* *Go*	我	I.
Woo *Gu; Ngu* *Ing*	五	Five.

18. *Y.*

Ya *Ya* *Ga*	牙	The teeth.
Yae *Yai* *Ak*	阨	Afflicted.
Yang *Yang* *Yaong*	洋	The ocean.
Yaou *Yao* *Yew*	要	To will to have; to want.
Yay *Ye* *Yay*	夜	Night.
Yen *Yen* *Een*	言	Words, discourse.
Yew *Yeu* *Yaou*	有	To have.
Yin *Yn* *Yün*	因	Cause; because.
Ying *Yng* *Ying*	影	Shadow.
Yŏ *Yŏ* *Yok*	欲	To desire.
Yu *Yu* *Ue*	魚	Fish.
Yuĕ *Yuĕ* *Yut*	月	The moon.
Yuen *Yuen* *Une*	圓	Round.
Yun *Yun* *Wăn*	雲	Fog; cloud.
Yung *Yung* *Yung*	用	To use.

Of the Tones.

The syllables are varied by four Tones; or, as the Chinese express it, *Seé* 四 *Shîng* 聲, and which they dilineate on a hand, thus

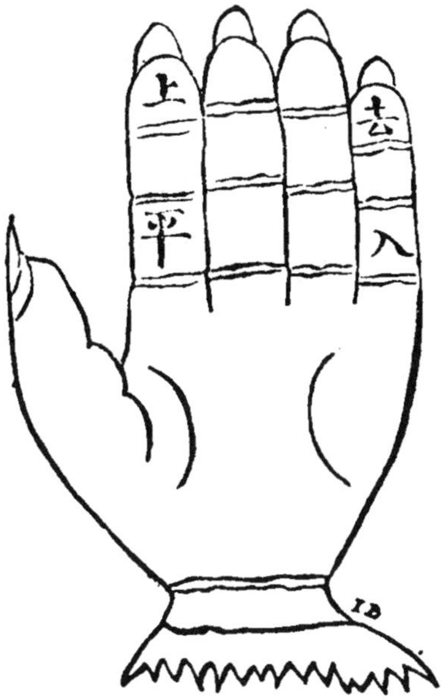

The character *pîng* 平 'even,' is the first in order; *shàng* 上 'high,' is the second; *keŭ* 去 'going,' is the third, and *jŏ* 入 'entering,' is the fourth.*

These characters as applied to vary the pronunciation of their syllables they define thus,

* The Chinese make a general division of the Tones into direct and oblique; *Pîng shîng* is the direct, and the three remaining ones they call *Cĕ* 仄 *shîng* 聲 oblique tones.

C 2

海上絲綢之路文獻集成 科技與文化編

The first, *pĭng*, denotes an " even path (tone) neither low nor high." The second, *shàng*, denotes " a high exclamation, violent and strong." The third, *keú*, " is distinct, clear, and delights in a lengthened path," (tone). The fourth *jŏ*, is " short, quick, and suppressed."

The first, viz. *pĭng-shîng*, is divided into *upper* and *lower*. Upper-ping is called 平 上 *shàng pĭng* ; and lower ping is called 平 下 *hiá pĭng*.*

Europeans have appropriated to each of these a mark, which in writing they place over the syllable like an accent. The marks are – Upper-*pĭng-shîng* ; ^, lower-*pĭng-shîng* ; \\, *shàng-shîng* ; /, *keú-shîng* ; ˘, *jŏ-shîng*.†

Hence the Europeans say that there are five tones, and generally speak of them by ' first, second,' &c. according to the order in which they stand above. The marks are placed above the syllable thus,—*Tūng, tùng, túng, tŭ.*

Mr. Manning, a gentlemen who has studied the language with care, says, that the pronunciation of *shàng-shîng* is effected, by shutting the Velum pendulatum Palati, and contracting the parts adjacent. In *keú-shîng* the same operation takes place in the close of the syllable. In *pĭng-shîng*, these are quite open. Attention to this remark will, I believe, assist considerably in distinguishing these three Tones. The *jŏ-shîng* is easily distinguished, from

* *Shàng-pĭng*, they some times call 平清 *tsing pĭng*, that is *clear pĭng* ; *Hiá-pĭng*; they call 平濁 *chŏ pĭng*, that is, *thick pĭng*.

† The Chinese place this mark o thus 天 to denote *pĭng-shîng* ;—thus 天 to denote *shàng-shîng* ; thus 天 *keú-shîng* ; and thus 天 *jŏ shîng*. They mark the tones only on some occasions.

its being extremely short, and generally capable of being spelled differently from the others, as *Tiĕn* ; *tièn* ; *tién* ; *tiĕ*.

Those syllables only which end in *n* or *ng* have the *jŏ-shing*.

Another variety in the Chinese syllables is marked by an aspirate placed with the other marks, thus, ˉʻ ˆʻ ˋʻ ˊʻ ˘ʻ. Only the mute initials, *k, p, t,* are aspirated. The syllable *Çhü* appears an exception, but is not really so, for it is strictly the sound of *Tcha*.

A variety in the vowels *e, o,* and *u,* is marked by a dot placed with the above marks, thus, ˉ· ˆ· ˋ· ˊ· ˘·. It is particularly requisite to distinguish *çù* in the Portugueze orthography from *çu*. The first cannot be spelled by the Roman Alphabet. It is something like *tsu*.[1] The last is *tsu*.[2]

The aspirate the Chinese do not seem to consider a modification of the same syllable, but a quite different initial sound.

In the Pekin dialect the short tones are lengthened, or rather do not exist.

The pronunciation of the Tones can only be learned from a living Instructor. They are not absolutely necessary to be understood in speaking Chinese; but are yet essential to *good* speaking. Hence an early attention to them is advisable.

On the opposite page is given a Table of syllables, for the purpose of practising the Tones.

Table for Practising the Tones.

§. I.

Siēn 先 Before.

Siēn 薛 Musk.

Sién 線 Thread.

Siĕ 屑 Labour.

§. II.

Gouī 威 Majesty.

Gouì 偉 Rare.

Gouí 畏 Dread.

§. III.

Kī 幾 Incipient.

Kì 紀 Chronicle.

Kí 記 Remember.

§. IV.

Chū 諸 All.

Chù 主 Lord.

Chú 著 Manifest.

§. V.

Sieū 修 Adorn.

Seù 叟 Noise of rice.

Sie 秀 Flourishing.

§. VI.

Tūng 東 East.

Tùng 董 To rectify.

Túng 凍 Congeal.

Tŏ 篤 Exceedingly.

§. VII.

Yīng 英 Herbage.

Yìng 影 Shade.

Yíng 應 Answering.

Yĕ 益 Advantage.

§. VIII.

Pīn 賓 A guest.

Pìn 禀 An address.

Pín 嬪 A widow.

Piĕ 畢 Finished.

§. IX.

Chāng 張 To stretch.

Chàng 掌 Palm of the hand.

Cháng 帳 Canopy.

Chŏ 着 To place.

§. X.

Kāng 剛 Hard.

Kiàng 講 To speak.

Kiáng 降 Condescend.

Kiŏ 角 A horn.

§. XI.

Chaō 朝 Imperial palace.

Chaò 沼 Fish pond.

Chaó 照 Illustrious.

海上絲綢之路文獻集成 科技與文化编

§. XII.

Kū 孤 Alone.
Kú 古 Ancient.
Kù 故 Cause.

§. XIII.

Yuēn 鴛 A bird.
Yuèn 婉 Obsequious.
Yuén 怨 To hate.
Yĕ 乙 One.

§. XIV.

Kiai 皆 All.
Kiaì 解 To explain.
Kiaí 介 To assist.

§. XV.

Tēng 登 To ascend.
Tèng 等 Species.
Téng 凳 A bench.
Tĕ 德 Virtue.

§. XVI.

Szū 師 A master.
Szù 史 Historian.
Szú 四 Four.

§. XVII.

Kin 金 Gold.
Kìn 錦 Silk.
Kín 禁 Forbid.
Kiĕ 急 Hasty.

§. XVIII.

Kiaō 交 Communicate.
Kiaò 絞 To twist.
Kiaó 教 To teach.

§. XIX.

Çai 栽 To plant.
Çaì 宰 To rule.
Çaí 載 To contain.

§. XX.

Kiēn 兼 With.
Kièn 檢 To examine.
Kién 劍 A sword.
Kiĕ 劫 To seize

§. XXI.

Çin 津 End of a bridge.
Çìn 贐 Part of a church.
Çín 進 To enter.
Çŏ 卒 A general.

§. XXII.

Sui 雖 Though.

海上絲綢之路文獻集成　科技與文化編

Suì 髓 Marrow.

Suí 歲 A year.

§. XXIII.

Kō 科 Vacuum.

Hò 火 Fire.

Hó 貨 Goods.

§. XXIV.

Kiĕn 鉗 Forceps.

Kièn 減 Lessen.

Kién 鑒 Mirrour.

Kiă 甲 Reins.

§. XXV.

Fān 翻 To fly.

Fàn 反 To subvert.

Fán 泛 To swim.

Fă 發 To issue.

§. XXVI.

Kiā 家 A family.

Kià 賈 A name

Kiá 嫁 To wed.

§. XXVII.

Kuōn 官 An officer.

Kuòn 管 To rule.

Kuán 貫 Habit.

Kuŏ 括 To reprove.

§. XXVIII.

Kue 魁 First; great.

Hoeì 賄 Precious.

Hoeí 誨 To admonish.

§. XXIX.

Chē 遮 To cover.

Chè 者 Expletive.

Ché 蔗 Matting.

§. XXX.

Kān 干 Shield.

Kàn 趕 Follow up.

Kán 幹 Endeavour.

Kŏ 割 To cut.

§. XXXI.

Kān 甘 Sweet.

Kàn 敢 To dare.

Kán 紺 Green and red.

Kŏ 蛤 An oyster.

§. XXXII.

Pēng 彭 A road.

Pàng 棒 A rod.

Ngéng 硬 Hard.

Ngĕ 額 The forehead.

§. XXXIII.

Ngú 吾 I.

Ngù 五 Five.

Ngú 悟 To advert.

In looking over this Table, the Remark made above will be apparent, viz. that those syllables only which terminate in *n*, or *ng* have the short tone.

The preceding is extracted from a small Dictionary of the Chinese, in which the syllables of the same termination and the same tone are arranged together. It is observable, that instead of making use of the initial sound, as we do, for the purpose of arrangement, they make use of the final sound.

The preceding Table contains all the* final sounds in the Language. It is intended that the learner should repeat it frequently with a native Teacher. To each character is affixed a partial definition, that whilst the Tones are acquired, the character also may become familiar.

Of the Chinese Character and Writing.

The Character of the Chinese is formed by a hair pencil, which they hold erect and firmly betwixt the thumb on one side and the fore and middle finger on the other. The wrist and the whole of the fore arm rests

* The table that was given before, exhibits all the initial sounds in the language. To spell any word in the Language, no more is necessary than the union of an initial and a final sound, as will be seen by attending to what has been said in the second page. The Chinese avail themselves of this for the purpose of secret correspondence. The persons corresponding fix upon a certain order of the sounds, and a rule for changing that order as frequently as they please, then instead of writing a character to give the sound write only a figure to denote its place. On the same plan they converse, by moving the finger till they arrive at the number which they wish to be noted by their companions, when they make a short pause.

D

海上絲綢之路文獻集成 科技與文化編

steadily on the table. The paper on which they write lies straight before them. They write in columns from the top to the bottom of the page, and begin on the right hand proceeding with column after column towards the left.

Occasionally inscriptions, &c. over doors in temples and in shops, and which consist but of a single line, are written horizontally from the right hand to the left.

That the character was originally hieroglyphic, is evident, from ancient characters which they preserve with great care: but for the sake of neatness and dispatch in writing, the character has undergone gradual and repeated changes, which have, in most cases, destroyed whatever there was of emblem in it. They still however keep up the idea, and in their Dictionaries often endeavour to illustrate the emblem which they conceive to be contained in the Character which they are defining. And further, in explaining compound characters they sometimes shew the allu sion which there is in the meaning of the whole compound, to the meaning of every part of which it is composed.

The varieties in the character now in use are five. First, the plain hand, which is in most general use. It is called 字正 *Chíng tseé*, right character. Second, the same written with freedom, but not so carelessly as the running hand. It is called 字行 *híng tseé*, walking character. Third, the running hand, called 字草 *Tsaoù tseé*, grass character. Fourth, a stiff-ancient character, much like the *chíng tseé*, called 字隸 *lé tseé*. Fifth, the seal character, called 字篆 *chuèn tseé*. The different appearance of these will be seen in the word *tūng*, the east, written five different ways. Thus,

東 *chíng-tseé*, or the plain hand;
東 *híng-tseé*, free hand;
東 *tsaoŭ-tseé*, the running hand;
東 *lé-tseé*, ancient character;
東 *Chuĕn-tseé*, seal character.

The running hand is much in use in writing letters, and keeping accounts. Prefaces to books are frequently written in it. Books themselves are almost universally in the plain hand. All papers sent in to government must be written in the plain hand. In the running hand and seal character there are various ways of writing the same character, which, together with the contractions made use of in the plain hand, constitute a great source of difficulty in acquiring the language thoroughly.

Though the Chinese character appears complicated, it is, generally, reducible to a very few primary parts which the Chinese call 部 *poó*, a tribunal.—In Europe the *poó* are called keys and radicals. They are two hundred and fourteen in number. On the opposite page is given a Table of them.

D 2

海上絲綢之路文獻集成 科技與文化編

Table of the Chinese Radicals, exhibiting their pronunciation, figure, and meaning.

Characters formed by one stroke of the pencil.

Pronunciation	Figure	Meaning
Yĕ	一	one.
Keuèn	丨	to descend. c
Chù	丶	a point.
Peĕ	丿	bent out. c
Yăy	乙	one. c
Keuĕ	亅	hooked. c

—By two strokes.

Pronunciation	Figure	Meaning
Úrh	二	two.
Tŏw	亠	undefined. c
Jín	人 / 亻 c	man.
Vŏ	儿	man. c
Jŏ	入	to enter.
Pă	八	eight.
Keūng	冂	wilderness. c
Mëĕ	冖	to cover. c
Ping	冫	isicle. c
Kè	几	niche.
Kăng	凵	gaping. c
Taoū	刀 / 刂 c	knife.
Lëĕ	力	strength.
Paoū	勹	to fold. c
Pè	匕	spoon. c
Fāng	匚	receptacle. c
Hè	匸	receptacle. c
Shăy	十	ten.
Pŏ	卜	to divine.
Sëĕ	㔾 / 卩 c	knot in wood.
Hàn	厂	shelter. c
Mòw	厶	curved.
Yéw	又	more.

—By three strokes.

Pronunciation	Figure	Meaning
Keū	口	mouth.
Hwûy	囗	inclosure. c
Toŏ	土	earth.
Seé	士	learned.
Chè	夂	to follow. c
Sūy	夊	to walk. c
Sëĕ	夕	evening.
Tá	大	great.
Neù	女	woman.
Tseè	子	child.
Mëĕn	宀	to collect. c
Tsún	寸	an inch.
Seaoù	小	little.

Yéw 尢 irregular, 尣 c waving, 兀 c edge.

Shē 尸 corpse.

Chĕ 屮 bud.

Shān 山 hill.

Chuēn 巛 channel.

Chuēn 巜 c, 巛 c, 川 same as the last.

Kūng 工 workman.

Kè 己 one's self.

Kin 巾 napkin.

Kān 干 shield.

Yéw 幺 slender.

Yèn 广 to protect. c

Yìng 廴 journey. c

Kūng 廾 join hands. c

Yăy 弋 to dart.

Kūng 弓 a bow.

Kĕ 彐, 彑, 彑 hog's head. c

Shàn 彡 hairs. c

Chĕ 彳 to pace. c

—By four strokes.

Shin 心, 忄 c, 㣺 c the heart.

Kŏ 戈 a lance.

Hoó 戶 inner door.

Shòw 手, 扌 c the hand.

Chē 支 branch.

Pŏ 攴, 攵 slight stroke. c

Wăn 文 literature.

Tòw 斗 firkin.

Kin 斤 pound.

Fāng 方 square.

Vû 无, 旡 negative.

Jĕ 日 day.

Yuĕ 曰 to speak.

Yuĕ 月 the moon.

Mŏ 木 wood.

Kēēn 欠 to owe.

海上絲綢之路文獻集成　科技與文化編

Chè	止	to stop.
Taè	歹 / 歺 c	evil.
Chŭ	殳	a staff. c
Wû	毋	not.
Pè	比	to compare.
Maoû	毛	hair.
Shē	氏	family name.
Keě	气	air. c
Shùy	水 / 氵 c / 氺 c	water.
Hò	火 / 灬 c	fire.
Chaoù	爪 / 爫 c	nails.
Foó	父	a father.
Heaoû	爻	to imitate. c
Chwăng	爿	undefined. c
Pëèn	片	a splinter.
Yá	牙	the teeth.
Néw	牛 / 牜 c	an ox.
Kiuèn	犬 / 犭 c	a dog.

—By five strokes.

Heuên	玄	dark colour.
Yŏ	玉 / 王 c	gem.
Kwā	瓜	melon.
Wà	瓦	tiles.
Kān	甘	sweet.
Sāng	生	to produce.
Yúng	用	to use.
Tëên	田	a field.
Pëě	疋	piece of cloth.
Tsëě	疒	sickness. c
Pŏ	癶	to mound. c
Pě	白	white.
Pě	皮	skin.
Míng	皿	dishes.
Mŏ	目	the eye.
Mów	矛	a spear.
Shì	矢	an arrow.
Shě	石	a stone.
Shí	示	to admonish.
Seù	禸	to creep. c
Hô	禾	grain.
Heuě	穴	a den.
Lëě	立	erect.

—By six Strokes.

Chŏ	竹 / ⺮c	bamboo.
Mè	米	rice.
Seé	糸 / 糹c	silk.
Feù	缶	crockery.
Wàng	网 / 罒 / ⺲c / 罓c	a net
Yâng	羊	a sheep.
Yù	羽 / 羽c	feathers.
Laoù	老	aged.
Ûrh	而	and.
Laè	耒	harrow.
Ùrh	耳	the ear.
Yŭ	聿	a pencil.
Jŏ	肉 / ⺼c	flesh.
Chîn	臣	minister.
Tseé	自	himself.
Ché	至	even to.
Kèw	臼	a mortar.
Shĕ	舌	the tongue.
Chu?n	舛	to disturb.
Chōw	舟	a ship.
Kán	艮	inobedient.
Sĕ	色	colour.
Tsaoù	艸 / 艹c	herbs.
Hoò	虍	a tiger.
Chŭng	虫	an insect.
Heuĕ	血	blood.
Hîng	行	to go.
È	衣	garments.
Ya	襾c	to oppose.
Sé	西	the west.

—By seven strokes.

Këen	見	to see.
Kiŏ	角	a horn.
Yên	言	words.
Kŏ	谷	valley.
Tów	豆	pulse.
Shè	豕	a hog.
Chè	豸	reptile.
Peí	貝	sea shells.
Tsòw	走	to walk.
Chăy	赤	carnation.
Tsŏ	足 / ⻊c	the foot.
Shīn	身	the body.

海上絲綢之路文獻集成 科技與文化編

Keū	車	a wheel.
Sin	辛	bitter.
Shin	辰	to tremble.
Chŏ	辵 辶	to run.
Yăy	邑 阝	a city. (right.)
Yèw	酉	finished.
Tsaè	釆	to pluck.
Lè	里	a mile.

—By eight strokes.

Kin	金	gold.
Chăng	長	long.
Mûn	門	a door.
Feù	阜 阝	a mound. (left.)
Taé	隶	highest.
Chuĕ	隹	wings.
Yù	雨	rain.
Tsing	青	azure.
Feí	非	false, not.

—By nine strokes.

Mëën	面	the face.
Kĕ	革	untanned skin.
Veí	韋	tanned leather.
Kèw	韭	leeks.
Yin	音	sound.
Hëë	頁	the head.
Fūng	風	wind.
Feí	飛	to fly.
Shăy	食	to eat.
Shów	首	the head.
Heāng	香	odour.

—By ten strokes.

Mà	馬	a horse.
Kwŏ	骨	a bone.
Kaoū	高	high.
Peaoú	髟	long hair.
Tów	鬥	to fight.
Chăng	鬯	sacrific wine.
Lëĕ	鬲	perfume pot.
Kweì	鬼	an imp.

—By eleven strokes.

Yú	魚	fish.
Neaoù	鳥	a bird.
Loò	鹵	tasteless.
Lŏ	鹿	a stag.
Mĕ	麥	wheat.
Mâ	麻	hemp.

—By twelve strokes.

Hwâng	黃	yellow.
Shoò	黍	millet.
Hĕ	黑	black.

Chè 黹 to embroider.

—By thirteen strokes.

Múng 黽 a toad.

Tìng 鼎 tripod.

Koò 鼓 drum.

Shoò 鼠 mouse.

—By fourteen strokes.

Pé 鼻 nose.

Tsê 齊 even.

—By fifteen strokes.

Chè 齒 teeth.

—By sixteen strokes.

Lúng 龍 dragon.

Kwei 龜 tortoise.

—By seventeen strokes.

Yŏ 龠 wind instrument.

The characters inclosed in braces are considered as the same. The first in the brace always exhibits the form of the character when it stands by itself;—those that follow shew the form which it bears when united with other parts in compound characters.

Those characters with the letter c placed below the definition, are used only in compounds: c placed by the side of the character, denotes the same.

The compound form of *yăy*, a city, is the same as that of *feù*, a mound, they are distinguished by one being placed on the right, and the other on the left as they are marked.

On the mode of finding out words in the Chinese dictionary.

Under the preceding two hundred and fourteen Radicals, all the characters in the Chinese language are arranged in their Dictionaries. In compound characters, the Radical is more frequently on the left side than in any other part. But the Radical part is also to be met with on the right side of the compound, as well as at the top and bottom, and in the middle, so that no rule can be given where to find the Radical, further than that it appears generally the most conspicuous part of the character.

In the Dictionary under each Radical are arranged, first, the characters that are formed by one stroke of the pencil more than is necessary to form the Radical; second, those that are formed by two strokes more; then those that are formed by three more, &c. So that in order to find out a word in the dictionary, excepting the Radical part, reckon how many strokes of the pencil are necessary to form the character which you wish to find, then, under its radical and that collection of characters consisting of the given number of strokes, look for it. If the character sought for, is not to be found, either the wrong radical has been fixed on, or the strokes not rightly numbered.

The only source of mistake in numbering the strokes is in square characters like *keü*, 口 the mouth, or those which are open at the bottom, like *keüng* 冂. The Chinese reckon that *keü*, 口 is formed by three strokes, and *keüng* by two: thus they first write the down stroke on the left; then the top and right side by one stroke of the pencil, and last of all the cross stroke at the bottom

丨 first made;

乛 second;

— last.

Observe, that in writing, the general rule is, to begin at the left side of the character;—to draw horizontal lines before those that are perpendicular, excepting the lowest horizontal stroke in the character, which is made last;—the left, top and right side of squares are formed before the parts enclosed;—the bottom horizontal stroke is made last of all.

Examples.

Pëén, 便 convenient, is found under the radical *jîn* 亻 which is on the left side. *Pëén* has seven strokes beside the Radical.

Tsoó, 助 to assist, is found under the Radical *lië* 力 which is on the right side. *Tsoó* has five strokes beside the Radical.

Tseün, 全 the whole, is found under the Radical *jŏ*, 入 and four strokes.

Pīng, 兵 a soldier, is found under the Radical *pă*, 八 and eight strokes

Gaé, 愛 to love, is found under the Radical *sīn*, 心 and nine strokes. In *gaé* the Radical is in the middle.

Of the Dictionary in which the syllables are arranged according to their pronunciation.

The Dictionary of the Emperor *Kāng hē* 康熙 according to the above arrangement, is that most in use in China. They have beside a dictionary in which the words are arranged according to the pronunciation.

E 2

Some Chinese and Latin Dictionaries write both arrangements. In a copious Index the characters are all arranged under the key as has now been explained. Having found the character sought in the Index and learned its sound which is written by the side of it, the Learner has to turn to the body of the work, in which the characters are arranged according their pronunciation, and there he finds the definition. The utility of this double arrangement is, that you may find a character either from having heard its sound or seen its form.

Punctuation is generally omitted in Chinese writing. Historical books and commentaries are usually pointed. They have but two points. A dot placed between the characters to point off the Member of a sentence, and which is called *tów* 讀, and a circular mark placed by the side of the character when the sense is complete : it is called,

圈 *kcuèn,* ronnd
斷 *twàn,* cut off,

Thus,

於 *vū* vu! (is)
·
歎 *tǎn* an aspiration
美 *mei* (of) praise
辭 *tsoǒ* expressed. *i. e.*
。

'Vu! denotes an aspiration of praise.'

OF NOUNS.

It has already been observed, that words in the Chinese Language consist of but one syllable; we now remark that these are all indeclinable. The number, case, or gender of Nouns produces no change of termination: they remain the same in every mood, tense and person of the verb.

What is, in other languages generally effected by declension and conjugation, is, in Chinese, performed by separate monosyllables.

Before it is shewn how they form the number, case, and gender of the Noun, it is proper to notice a class of words called Numerals, which generally precede or follow the Noun. From their name, it is apparent, that they are used in numbering. But they occur not only when reckoning, but also when mentioning one of a thing: as, 'a ship,' is expressed by.

船 *chuên* ship. 隻 *chě* single 一 *Yǐh* One

As if they would say, " one sail ship." The import and use of the Numerals are similar to the word *sail* when we say "twenty sail of merchantmen." The numeral has an allusion to some quality or circumstance of the Noun.

When reckoning or writing accounts, the Numeral follows the noun, as, " Of merchantmen twenty sail." In Chinese,—

隻 *chĕ* single ones. 十 *shĕ* tens 二 *ŭrh* two 船 *chuĕn* ship. 貨 *Hó* Merchandise

'White cloth a thousand pieces.'

疋 *pĕĕ* pieces. 千 *tsĕĕn* thousand 一 *yăy* one 布 *poó* cloth 白 *Pĭ* White

Tsăn, 餐 to swallow : the numeral of meals, as,

飯 *fán* rice. 餐 *tsăn* swallow 一 *Yăy* One

i. e. 'A meal.'

Breakfast is called 餐 *tsăn* meal. 早 *Tsaò* Morning

Dinner, the repast taken at noon 餐 *tsăn* meal. 午 *Vù* Noon

The Canton people call it 餐 *tsăn* meal. 大 *Tá* Great

Supper is called 餐 *tsăn* meal. 晚 *Wăn* Evening

Tsàn, 盞 a small cup, the numeral of lamps :

燈 *tăng* lamp. 盞 *tsàn* cup 一 *Yăy* One

'A Lamp.'

Tsăng, 層 the numeral of the stories or floors of a house, and of things piled one upon another : as,

樓 *leû* room.	層 *tsăng* flight	一 *Yăy* One

'A story, or flight of rooms.'

樓 *leû* room.	層 *tsăng* flight	一 *yăy* one	第 *Té* Number

Is, 'the first story.'

Tsëĕ 節 the numeral of joints, as the joinings in the cane and bamboo. Also of the paragraphs of a book.

節 *tsëĕ* paragraph.	一 *yăy* one	書 *shoō* book	講 *keàng* discourse	請 *Tsùng* Pray

'I'll thank you to explain a paragraph.'

吹 *chuĕ* blow.	管 *kwàn* (the numl.)	做 *tsó* make	節 *tsëĕ* section	砍 *Kăn* Cut
	來 *laê* come	簫 *seaoū* pipe	竹 *chŏ* bamboo	一 *yăy* one

Cut a section of bamboo, and make a pipe to play on.'

Tsó 座 a seat: the numeral of walls.

墻 *tseăng* wall.	座 *tsó* seat	一 *Yăy* One

'A wall.'

墻 *tseăng* wall.	石 *shĭy* stone	座 *tsó* seat	一 *yăy* one	建 *Këĕn* Build

'To build a stone wall.'

The numeral of mud walls is *fŏ* 幅

墻 *tseăng* wall.	土 *toŏ* earthen	幅 *fŏ*	一 *yăy* one	築 *Chŏ* Tread

'To erect a mud wall.'

Tsoŏ 牸 the numeral of cows and of mares, as

牛 *new* cow.	牸 *tsoŏ*	一 *Yăy* One

'A cow.' It denotes the feminine.

For quadrupeds, the numeral *chĕ* 隻 is generally used.

馬 *mă* horse.	隻 *chĕ* single	一 *Yăy* One

'A horse.' See page 51.

狗 *keŭ* dog.	隻 *chĕ* single	一 *Yăy* One

'A dog.'

CHĂNG 張 to stretch a cord, the numeral of chairs, tables, and sheets of paper. Also of beds, couches, &c.

子 *tseè*	棹 *chŏ* table.	張 *chăng*	一 *Yăy* One

'A table.'

紙 *chè* paper.	張 *chăng* stretch	一 *Yăy* One

i. e. 'A sheet of paper.'

海上絲綢之路文獻集成 科技與文化編

CHǍ 札 The numeral of coats of mail, of small bundles or parcels of pencils and of paper : and sometimes of letters.

千 *tsëen* thousand.	甲 *keă* armour	營 *yîng* camp	前 *tsëen*	Tseen-shan	帶 *Taé* Carry
札 *chă.*	一 *yăy* one	兵 *ping* soldier	山 *shān*		到 *taoú* to

'Take to Caza-brancó camp a thousand coats of mail.'

CHĔ 隻 single; the numeral of ships, and of one of those things that are in pairs.

船 *chuĕn* ship. 隻 *chĕ* single 一 *Yăy* One

'A ship.'

了 *leaoù* have. 到 *taoú* come to 隻 *chĕ* single ones 三 *sān* three 船 *chuĕn* ship 兵 *Ping* Soldier

'Three ships of war have arrived.'

靴 *heuĕ* boot. 隻 *chĕ* single 一 *Yăy* One

'A boot.'

CHĔ 帙 The numeral of cases of books;—six or eight volumes folded up in one case, after the Chinese manner.

帙 *chĕ* case. 一 *yăy* one 書 *Shoō* Book

'A case of books.'

F

CHĒ 枝 A branch, the numeral of branches, candles, pencils, &c.

燭 *chŏ* candle. 蠟 *lă* wax 枝 *chē* branch 一 *Yăy* One

'A wax candle.'

筆 *pĕĕ* pencil. 枝 *chē* branch 一 *Yăy* One

'A pencil.'

It can also be said,

筆 *pĕĕ* pencil. 管 *kwàn* reed 一 *Yăy* A

'A pencil.'

Chín 陣 The numeral of showers of rain, blows of wind, &c.

雨 *yù* rain. 陣 *chín* 一 *Yăy* One

'A shower of rain.'

'A heavy shower of rain,' is expressed by

雨 *yù* rain. 大 *tá* great 陣 *chín* 一 *Yăy* One

'The ship was lost in a heavy gale of wind or a Typhon.'

了 *leaoù* entirely. 打 *tà* stroke (and was) 大 *tá* great 一 *yăy* one 船 *Chuĕn* The ship

壞 *hwaé* spoiled 風 *fūng* wind's 陣 *chín* 被 *peí* received

海上絲綢之路文獻集成 科技與文化編

Chîng 成 The numeral of tunes played on an instrument, and also of whole numbers, as, ten, a hundred, and a thousand.

樂 *yŏ* music. 成 *chîng* perfect (piece of) 一 *Yăy* One

i. e. 'A tune.'

數 *soó* number. 成 *chîng* perfect 一 *Yăy* One

'A whole number.'

'Play a tune,' is expressed by

樂 *yŏ* music. 成 *chîng* perfect (piece of) 一 *yăy* one 作 *Tsŏ* Make

CHŎ 軸 The numeral of pictures that roll up.

畫 *hwá* picture. 軸 *chŏ* 一 *Yăy* One

'A picture.'

Chú 炷 The numeral of twigs of fragrant wood, used in the religious rites of the Chinese, called by Europeans Jos-sticks. As,

'Rise early in the morning, and kindle a twig of incense, to pay respect to deity.'

敬 *king* to pay respect to 神 *shîn* deity. 炷 *chú* twig 香 *heáng* incense 點 *tëen* kindle 一 *yăy* one 起 *kë* raise 身 *shin* body 清 *Tsing* Clear 早 *tsaoù* morning

Chuĕn 串 The numeral of things strung together, as beads are. As,

F 2

'A string of beads.'

珠 *chū* beads.	串 *chuĕn* string	一 *Yăy* One

'I am going to the shop to see a string of beads, (to know) if they will do to make bracelets of, or not.'

手 *shòw* hand	以 *è* to	串 *chuĕng* string	看 *kăn* to look (&)	我 *Gò* I
釧 *chuén* bracelet	做 *tsó* make	珠 *chū* beads	見 *këën* see	往 *wàng* go to
用 *yúng* use.	得 *tĕ* be	可 *kŏ* worthy	一 *yăy* one	鋪 *poo* shop

Chŭng 重 The numeral of heavens; of which the Chinese say there are nine: also of single garments. As,

天 *tëën* heaven.	重 *chŭng*	三 *săn* three	第 *Té* Number

'The third heavens.'

衣 *è* garment.	重 *chŭng*	一 *Yăy* One

'A garment.'

Făng 方 The numeral of squares of ink; as,

墨 *mĕ* ink.	方 *făng* square	一 *Yăy* One

Fŏ 幅 The numeral of pieces of silk; or of large letters written on silk; also of images.

海上絲綢之路文獻集成 科技與文化編

綢 *chôw* silk. 幅 *fŏ* piece of 一 *Yăy* One

Fūng 封 The most usual numeral of letters ; as,

'To send a letter to a friend.'

友 *yeù* 與 *yú* to 封 *fūng* closed 寄 *Ké* Send
朋 *pŭng* friend. 書 *shoō* book 一 *yăy* one

'On the 2d instant I received your letter.'

封 *fūng* en-closure. 信 *sín* faith (letter) 兄 *heūng* bro-ther's 接 *tseăy* received 初 *tsō* begin-ning 本 *Puìn* Original (this)
一 *yăy* one 來 *luê* coming 仁 *jîn* bene-volent 二 *úrh* two(I) 月 *yuĕ* moon

Weí 位 The numeral of persons of respectability.

客 *kĕ* visitor. 位 *weí* 一 *Yăy* One

'A Visitor ; a guest.'

Hâng 行 The numeral of things placed in a row ; of columns of characters.

樹 *shoŏ* trees. 行 *hâng* walk of 一 *Yăy* One

'A row of trees.'

字 *tseé* characters. 行 *hâng* column of 一 *Yăy* One

'One column of characters.'

Hiá 下 The numeral of blows given with the hand or a stick.

下	*hiá* come down.	一	*yăy* one	打	*Tà* Strike

'To strike a blow.'

'He struck that man but one blow.'

一	*yăy* one	過	*kwŏ* passing	人	*jîn* man	那	*nâ* that	他	*Tà* He
下	*hiá* come down.	是	*shé* was	不	*poŏ* not	個	*kó* (Numeral)	打	*tà* struck

Hŏ 夥 The numeral of multitudes of people, of squadrons of ships; boats, &c.

船	*chuĕn* ships.	賊	*tsĕ* pirate	夥	*hŏ* squad-ron (of)	一	*Yăy* One

Hwă 畫 The numeral of strokes of a pencil.

畫	*hwă* strokes, &c.	二	*ŭrh* Two	畫	*hwă* stroke.	一	*Yăy* One

Hwûy 回 The numeral of parts or divisions of a book.

文	*wân* literature.	古	*koò* ancient	回	*hwûy* return	一	*Yăy* One

'A section of ancient literature.'

Yuên 員 The numeral of officers of government.

官	*kwān.*	員	*yuên*	一	*Yăy*

'An officer.'

Kān 竿 The numeral of bamboos, as

竹 *chŏ.* 竿 *kăn* 一 *Yăy*

'A piece of bamboo.'

Keá 架 The numeral of clocks; of stringed instruments, as a piano forte, &c.

'A clock.'

時 *shê* time		一 *Yăy* One	
辰 *shin* hour	clock.	架 *keá* stand	
鐘 *chūng* bell.			

Kān 根 A root; the numeral of trees, &c.

一 *Yăy* One	
根 *kăn* root	A tree.
樹 *shoó* tree.	

Keŭ 口 The mouth; the numeral of draughts, as

茶 *chă* tea. 口 *keŭ* mouth (full of) 一 *Yăy* A

'A draught of tea:' also of doors and swords.

海上絲綢之路文獻集成　科技與文化編

Këén 間 The numeral of houses, as

屋 *rö, or ŏ* 間 *këén* 一 *Yăy*

'A house.'

' Your house is a very good one.'

好 *haoù* good. 實 *shĕ* reality 在 *tsaé* is in it } very 間 *këén* 屋 *ŏ* house (is) 你 *Ne* Your 一 *yăy* one

Also the numeral of the rooms of a house ; as

子 *tseè.* 房 *fâng* room 間 *këén* 一 *Yăy* One

' A room.'

Këén 件 The numeral of any business or affair, as

事 *seé* business. 件 *këén* piece of 一 *Yăy* A

'There is a very laughable affair,' is thus expressed,

好 *haoù* good 笑 *seaoú* to laugh. 十 *shĕ* ten 分 *fŭn* parts } very 件 *këén* 事 *seé* } affair 有 *Yeù* There is 一 *yăy* an

Kiŏ 局 The numeral of games at chess; as

悶 *mún* grief. 消 *seaoù* to dissipate 棋 *ke* at chess 局 *kiŏ* game 一 *yăy* a 作 *Tsŏ* Play

Keú 句 The numeral of words and sentences.

話	句	一
hwá speech.	*keú* sentence	*Yăy* One

'A sentence.'

'He pronounced a sentence which I do not understand.'

得	未 曾 曉	句 話 我	他 講 一
tě can.	*wé* not, *tsăng* yet, *heaoù* understand	*keú* *hwá* } sentence, *gò* I	*Tā* He, *keàng* spoke, *yăy* a

Kiuén 卷 The numeral of volumes, as

之 書	是 論 語	一 卷 書	棹 上 放
chē of, *shoō* the book.	*shé* is, *Lûn* *yù* } Lun-yu	*yăy* the, *keuén* volume, *shoō* book	*Chŏ* Table, *shàng* upon, *fang* laid

'The volume upon the table, is a volume of the work Lun-yu.'

Kó 個 The numeral of men in general, as

掃 樓	上 來	個 人	着 一
saoú to sweep, *leû* the floor.	*shàng* up, *laê* to come	*kó* *jìn* } man	*Chŏ* Order, *yăy* a

It is very generally applied to things.

Kō 科 The numeral of flowers and plants, as

G

'What is the name of this flower?'

叫 keaou called	這 Chĕ This
甚 shin } what	科 kŏ } (n) flower
麼 mò	花 hwâ
名 ming name?	係 hé is

Kŏ 顆 The numeral of grains, beads, gems, &c. as

珠 *chū* 顆 *kŏ* 一 *Yăy*

'A bead.'

Koò 股 The numeral of cords, &c. as

子 *tseè* 繩 *shing* 股 *koò* 一 *Yăy*

'A cord.'—Also of squadrons of boats;—shares of business, &c.

Kwaé 塊 The numeral of fragments; of tiles, and often of dollars, as

瓦 *wà* 塊 *kwaĕ* 一 *Yăy*

'A tile.'

錢 *tseĕn* 塊 *kwaĕ* 一 *Yăy*

'A dollar.'

Kwān 管 The numeral of pencils, of pipes, &c, as

海上絲綢之路文獻集成 科技與文化編

一 *Yǎy* A
管 *kwǎn* } (n) pipe, reed, &c. musical—
簫 *seaou* }

Kwǎn 欵 The numeral of affairs differing in kind, as violations of the law, &c.

'This affair is settled quite well.'

此 *Tseè* This
一 *yǎy* an
欵 *kwǎn* } affair
事 *seé* }
辦 *pán* managed
得 *tě* obtained
妥 *tǒ* well
當 *tāng* steady—proper.

Leàng 兩 The numeral of tales, as

這 *Chě* This
錠 *ting* bar
銀 *yin* } of silver
子 *tseè* }
有 *yeù* has (is)
十 *shě* ten
兩 *leàng* tales
重 *chǔng* weight.

Leáng 輛 The numeral of carriages, as

一 *Yǎy* 輛 *leáng* 車 *chē*

'A carriage.'

Lâng 稜 The numeral of corners, &c.

一 *Yǎy* 稜 *lâng* 角 *kiŏ*

'A corner.'

G 2

海上絲綢之路文獻集成 科技與文化編

Lëë 粒 The numeral of grains of corn, &c. as

米 *mè* of rice.	粒 *lëë* grain	一 *Yăy* A

Lëën 連 The numeral of things connected together, or following in succession, as

密 *mëë* close	間 *këën* } houses	一 *Yăy* One
之 *chê* of	屋 *ŏ*	連 *lëên* continuation
極 *këe* the extreme.	稠 *chŏw* thick	幾 *kê* several

'A continuation of several houses extremely close together.'

閒 *hiên* leisure.	不 *poŏ* not	数 *soŏ* several	一 *Yăy* One
	得 *tĕ* obtain	日 *jĕ* day	連 *lëên* continuation

'A succession of several days without leisure.'

Lìng 領 The numeral of suits of clothes, as

衫 *shān* clothes.	領 *lìng* suit (of)	一 *yăy* a	換 *Hwón* To change

Mów 畝 The numeral of fields, as

畝 *mów* } field.	耕 *kāng* ploughs	農 *Nûng* } The husbandman
田 *tëên*	一 *yăy* a	夫 *foô*

Mëén 面 The numeral of colours, flags, &c. as

一 *Yäy* One　面 *mëén* face　旗 *kê* flag.

'A colour.'

Meî 枚 The numeral of pieces of ink; gems, peaches, &c. as

摘 *Tsë* Pluck　兩 *leàng* two　枚 *meî* (Numeral)
桃 *taoû* 子 *tseè* } peaches　洗 *sè* wash
乾 *kän* dry　净 *tsìng* clean　拿 *nâ* take
來 *laê* come　我 *gò* I　食 *shäy* eat.

'Pluck two peaches, wash them, and bring them to me to eat.'

Mûn 門 The numeral of guns, as,

城 *Chîng* The city　樓 *leû* battlements
上 *shàng* upon　有 *yeù* there are
大 *tá* great　炮 *paoû* guns
八 *pä* eight　百 *pě* hundred
門 *mûn* (doors —N.)

Pä 把 The numeral of knives, whips, umbrellas, &c.

一 *Yäy*　把 *pä*　刀 *taoû.*

'A knife.'

拈 *Nëën* Take　一 *yäy* an
把 *pä* 傘 *san* } umbrella
上 *shàng* up　來 *laê* come
我 *gò* I　于 *yû* at
今 *kin* present　落 *lo* descend
去 *keù* go　要 *yaou* want
遮 *chê* to shade off　雨 *yù* the rain.

'Take an umbrella, and come up: I am now going out, and want to shade off the rain.'

斧 *foò* 把 *pà* 一 *Yăy*

'An axe.'

Pëĕ 疋 The numeral of pieces of silk, cloth, &c. as

'Into how many garments may a piece of silk be cut?'

衣 *ē* } garments?	多 *tó* many	得 *tĕ* can	緞 *twán* silk	一 *Yăy* One
服 *foĕ* }	件 *këĕn* (N.)	幾 *kĕ* how	裁 *tsaĕ* cut	疋 *pëĕ* piece

Pëĕ 匹 The proper numeral of horses.

馬 *mà* 匹 *pëĕ* 一 *Yăy*

'A horse.'

Pëén 片 The numeral of fragments of wood; flakes of snow, &c.

至 *ché* arrived.	知 *chē* known	雪 *seŭ* snow	一 *Yăy* A
	冷 *làng* cold	飛 *feĭ* flying	片 *pëén* flake (of)

'When the flakes of snow fly, we know that the cold season has arrived.'

Poó 部 The numeral of works consisting of several volumes.

Puèn 本 The numeral of single volumes.

Seûn 旬 The numeral of decades, or term of ten days, into three of which the Chinese divide the month.

旬 *seûn* ten	已 *è* now	尊 *tsūn* honoured	自 *Tseé* From
日 *jě* days.	經 *king* passed have	駕 *keá* Sir	別 *pëë* parting

'It is now ten days since we parted, Sir.'

***Taoū* 刀 The numeral of quires of paper, as**

紙 *chè* 刀 *taoū* 一 *Yăy*

'A quire of paper;' 100 sheets.

***Taĕ* 臺 The numeral of plays.**

戲 *hé* 臺 *taĕ* 一 *Yăy*

'A stage play.'

***Tŏw* 頭 The numeral of sheep, &c.**

羊 *yâng* 頭 *tŏw* 一 *Yăy*

'A sheep.'

***Tān* 擔 The numeral of burdens carried on the shoulder.**

緊 *kìn* wanting much	山 *shān* hill	挑 *teaoū* and bring	即 *tsëè* this instant	叫 *Keaoú* Call
煲 *paou* to boil	水 *shùy* water (I)	一 *ydy* a	時 *shê* time	黑 *hĕ* the blăck
茶 *chă* tea.	等 *tèng* wait	担 *tan* burden	去 *keŭ* to go	人 *jîn* man

'Call the black man, to go immediately and bring some spring water: I am waiting and want to boil water for tea.'

海上絲綢之路文獻集成　科技與文化編

Tcaoŭ 條 The numeral of things that extend in length; ropes, poles, serpents, and often of fish in general.

帶 *taé.* 條 *tcaoŭ* 一 *Yăy*

'A piece of tape.'

Tēĕ 帖 The numeral of petitions to government, visiting cards, &c.

一 *yăy* 帖 *tēĕ.* } one (N.) 奉 *Fùng* Present 稟 *pìn* petition

It is also expressed by

道 *taoŭ* (N.) 一 *yăy* one 稟 *pìn* petition 遞 *Té* Present

Or

件 *kēĕn* (N.) 一 *yăy* one 稟 *pìn* petition 呈 *Chĭng* Present

Tēĕn 點 The numeral of drops and of points, as

汗 *hán.* 點 *tēĕn* 一 *Yăy*

'A drop of sweat.'

Tìng 頂 The numeral of hats, caps, &c. as

帽 *maoŭ.* 頂 *tìng* 一 *Yăy*

'A hat or cap.'

Tò 朶 The numeral of bunches of flowers, &c. as

花 *hwā* 朶 *tò* 一 *Yăy*

'A flower.'

Tò 紽 The numeral of a clue or roll of silk.

絲 *seē* silk. 紽 *tò* clue (of) 一 *Yăy* A

Túy 對 The numeral of things in pairs, as

臺 *teē* stands. 燭 *chŏ* candle 蠟 *lă* wax 對 *túy* pair 一 *Yăy* One

'A pair of candlesticks.'

Twân 端 The numeral of secrets, plots, &c.

我 *Gò* I 與 *yŭ* with 你 *nè* you 斟 *chin* 酌 *chŏ* } consult 這 *chĕ* this 機 *kē* stratagem 密 *mĕĕ* secret 端 *twân* (N.) 事 *seé* business 之 *chē* (genitive) 不 *poŏ* not 可 *kò* may 洩 *sĕĕ* drop 漏 *leū* flow out.

'I'll consult with you about this secret affair, which must not be disclosed.'

Twăn 團 The numeral of things that are round; they say

麵 *mëën* bread. 團 *twăn* roll 一 *Yăy* One

'A cake or roll of bread.'

H

海上絲綢之路文獻集成　科技與文化編

Twán 段 The numeral of paragraphs or part of a story.

Wǎn 文 The numeral of the Chinese copper coin, which foreigners call cash.

錢 *tsiĕn* cash. 文 *wǎn* lettered 一 *Yǎy* One

'A cash.'

Weī 尾 The numeral of fish.

魚 *yû* fish. 尾 *weì* tail 一 *Yǎy* One

'A fish.'

魚 *yû* fish. 鮮 *seēn* fresh 新 *sin* new 尾 *wei* tail (N.) 一 *yǎy* one 買 *Maè* Buy

It is often said

魚 *yû* 條 *teaoû* 一 *Yǎy*

'A fish.'

Shów 首 The numeral of odes, poems, &c.

詩 *shé* ode. 首 *shów* (N.) 一 *yǎy* an 吟 *Yin* To recite

Shîng 乘 The numeral of carriages, chairs, &c.

轎 *kcaoû* 乘 *shîng* 一 *Yǎy*

'A sedan chair.'

通用漢言之法

Shwāng 雙 The numeral of things naturally in pairs, as

襪 *rŏ* } stockings. 一 *Yăy*
子 *tseè* 雙 *shwāng*

'A pair of stockings.'

鞋 *hiai* 雙 *shwāng* 一 *Yăy*

'A pair of shoes,' &c.

The particle *chày* 者 this or that thing, these or those things, is often post-fixed to nouns, and is intended to detain the mind for a moment on the thing, or things mentioned. Thus

星 *sing* the stars.(1) 月 *yuĕ* the moon 日 *jĕ* the sun 者 *chày* these are 光 *kwāng* lights— 三 *Sān* Three

In giving definitions, the word or words to be defined are first put down, with *chày* post-fixed, and, after the definition, corresponding to *che*, the particle *yày* is inserted, to round and close the sentence. Thus

也 *yày*(2) 主 *chù* the Lord (2) 所 *sò* that which is (1) 之 *chĕ* of (3) 身 *shin* body (4) 者 *chày* that is, 心 *Shin* Heart—

(1) 註 *chù*. 學 *hcŏ* 大 *Tá* (2) 經 *king*. 字 *tsè* 三 *Sān*

Of Number.

The Noun is the same in the plural as in the singular: they say, One man, two man, &c. Thus

人 *jin* man. 箇 *kó* (N.) 一 *Yăy* One

And,

人 *jin* man. 箇 *kó* (N.) 兩 *Leàng* Two

i. e. 'Two men.'

The plural is distinguished from the singular by a particle of number or multitude either prefixed or post-fixed: also from a repetition of the Noun, and often from the scope of the passage. Thus, first, by particles prefixed:

'A number of men.'

人 *jin* man. 多 *Tō* Many

'A great many things.'

件 *këén* (N.) 物 *voĕ* things 多 *tō* many 好 *Haoù* Good

'Several ships have arrived.'

了 *leaoŭ* (forms the perfect.) 到 *taoú* arrived 船 *chuĕn* ship 隻 *chĕ* (N.) 幾 *Kĕ* Several

Second, by particles post-fixed, thus,

海上絲綢之路文獻集成 科技與文化編

們 *mûn* (forms the plu.) 先 *Siēn* Before } Master
生 *sāng* born

'Masters; tutors.'

等 *tàng* order. 商 *shāng* merchant 行 *Háng* Hang

i. e. 'Hang-Merchants.'

輩 *poeí* order; species. 夷 *È* Foreign

i. e. 'Foreigners.'

類 *lúy* kind. 匪 *Feì* Vagrant

'Banditti; pirates, &c.'

Tō 多 which is prefixed may also be post-fixed. Thus it may be said,

多 *tō* many. 人 *Jîn* Man

'A great many people.'

Third, by a repetition of the noun. Thus,

道 *taoú* 知 *chē* knows, 人 *jîn* man 人 *Jîn* Man

i. e. 'All men;——every body knows.'

Lastly, from the scope of the passage, as

海上絲綢之路文獻集成 科技與文化編

觧 *keaè* presented to	當 *tāng* ought	此 *tseè* this	到 *taoù* to (this place)	有 *Yeù* Have
官 *kwān* the officer ⎫ magistrate.	被 *pei* to be	人 *jin* man	相 *siang* mutually	人 *jîn* man
府 *foò* district ⎭	拿 *nà* taken (and)	應 *yíng* properly	鬪 *tów* fight	來 *laê* come

'There are *persons* come here to fight: *these persons* should be seized, and carried before a magistrate.'

That the character *jîn*, though singular in form, is to be understood as including two or more persons is evident, since one man could not fight with himself. In all writings, it is from the scope of the passage chiefly, that the number of the Noun is ascertained.

Of Cases.

It is already evident that, strictly speaking, Nouns, in the Chinese Language, have no cases, for they do not undergo any change of termination; but as this work aims only to afford practical assistance in the acquisition of the Language, the usual division of cases is retained.

The cases of nouns are formed by particles. The particles *teĕ* 的 pertaining to, and *chē* 之 pertaining to, form the genitive case, as,

筆 *pëĕ* pencil.	的 *teĕ* (gen.)	官 *kwān* Mr	憲 *Hëĕn* Hien

'The pencil of Mr. Hien.'

通用漢言之法

之 *chē* (gen.) 孟 *Máng* } Mencius
母 *moô* mother. 子 *tsèè*

i. e. 'The mother of Mencius.'

The student, however, is not to expect the invariable use of these particles; they are often omitted, as

律 *leū* statute. 法 *fă* law 朝 *chaoû* empire 天 *Tëēn* Celestial

i. e. 'The laws of China,' or, as they style their country, the Celestial Empire.

The particles that form the dative case are chiefly *yú*, 與 to, *kwǒ*, 過 passing to, *túy*, 對 towards; over against. Thus

箇 *kó* (N.)—or 這 *chē* this 送 *súng* present 他 *tă* him 與 *yú* to 你 *Ne* You

'Present this to him.'

先 *siēn* before } the Master. 講 *keàng* spoken 我 *Gò* I
生 *sāng* born 過 *kwǒ* to 已 *è* have

說 *shwǒ* speak. 他 *tă* him 對 *túy* to 你 *Ne* You

i. e. 'Speak to him.'

To before the name of a place is rendered by *taoú* 到 to; at; arrive at; and *ché* 至 to; even to. As

到 *taoû* to		昨 *Tsŏ*	Yesterday
墺 *gaoû*	Macao.	天 *tëën*	
門 *mûn*		他 *tă* he	
		來 *laê* came	

The same sentence may be rendered without the verb *laê*, to come. As,

了 *leaoù* did		昨 *Tsŏ*	Yesterday
墺 *gaoû*	Macao.	天 *tëën*	
門 *mûn*		他 *tă* he	
		到 *taoû* arrive at	

The usual request on the address of Chinese letters is

省 *sáng* provincial	帶 *taé* to carry	煩 *fân* trouble (you)	此 *Tseè* This
城 *chîng* city.	至 *ché* to	駕 *keá* Sir,	信 *sin* letter (I'll)

i. e. 'I'll trouble you, Sir, to carry this letter to Canton.'

The Accusative is the same as the Nominative.

The Vocative is formed by a particle denoting invocation, and following the noun. As,

海上絲綢之路文獻集成 科技與文化編

主 *Chù* Lord
乎 *hoô* O!

The ablative is formed by the particles *yêw* 由, from ; *tseé* 自, from ; *tsûng* 從, from ; *tûng* 同, with ; *è* 以, by. Thus,

他 *Tā* He
由 *yêw* from
唊 *ying* }
咭 *kēe* } the English
唎 *le* }
國 *kwō* nation
到 *taóu* to
廣 *kwàng* }
東 *tūng* } Canton
來 *laê* come
了 *leaoù* did,—or

'He came from England to Canton.'

請 *Tsìng* Pray,
尊 *tsūn* respected
駕 *keá* Sir,
同 *tûng* with
我 *gò* me
出 *chǔ* go out (to)
街 *keaé* the street.

'Pray, Sir, will you walk out with me?'

所 *Sò* That which (you)
惡 *ò* hate
於 *yû* in
上 *shàng* superiors, (do)
毋 *wû* not
以 *è* by it
使 *shè* act to
下 *hiá* inferiors. (1)

(1) *hcô* 學 *Tá* 大
I

To denote the instrument, instead of by, they adopt the word, *yúng*, to use. As

人 *jîn* man. 戳 *chŏ* stabbed 刀 *taoù* knife 小 *seaoù* a small 用 *yúng* using (or by) 他 *Tā* He

Of Gender.

The gender of nouns is determined by particles denoting male or female: sometimes by the scope of the passage. *Jîn* 人 denotes one of the human species. The masculine is determined by the particle *nân*:—as *nân jîn*, 人男 a man. The feminine, by the particle *neù*: as, *neù jîn*, 人女 a woman. A child, is expressed by *ûrh* 兒; the character *tseè*, 子 a son, forms the masculine; as *ûrh tseè*, 子兒 a boy; *neù* forms the feminine, as *neù ûrh*, 兒女 a girl.

The masculine of beasts, fishes and domestic fowls is made by *kūng*, 公 and the feminine by *moò* 母. Thus, a horse, is *mà* 馬; a stallion, *mà kūng* 公馬; a mare, *mà moò* 母馬.

For the masculine of quadrupeds *mŏw* 牡 is also used; and for the feminine *pìn* 牝. Thus, *nêw*, 牛 a cow—common gender; *pìn nêw*, 牛牝 a cow; *mŏw nêw*, 牛牡 a bull.

For birds *heūng* 雄 forms the masculine, and *tseè* 雌 forms the feminine.

These rules are however frequently violated, and *heūng nêw* 牛雄 a bull, is to be met with.—Also *nêw koò* 牯 牛 a bull, *nêw kūng* 公牛 a bull, and *nêw moò,* 母 牛 a cow, &c.

Things without life have no *note* of the masculine or feminine gender. Every thing that is perfect or superior in its kind is considered masculine: the imperfect or inferior feminine. The sun is considered masculine, the moon feminine. Heaven is masculine, the earth feminine. The perfect, superior, or imaginary male energy in nature, is expressed by 陽 *yang*. The imperfect, inferior or female, by *yīn* 陰 or 隂. These two characters often occur in philosophical works,

To some nouns the words *tseè,* 子 a son—and *ùrh,* 耳 the ear, are postfixed—as euphonics. *Chŏ tseè,* 子 桌 a table.

筆	*kwăn*	幾	*Kè*	A few pencils.
耳	*ùrh*	管	*pĕĕ*	

For the application of these no determinate rule can be given.

I 2

海上絲綢之路文獻集成 科技與文化編

ADJECTIVES

In the Chinese language are, as the nouns, indeclinable monosyllables. As *pĕ,* 白 white ; *hĕ,* 黑 black ; *chăng,* 長 long ; *twan* 短 short. Thus—— *Pĕ chè,* 紙白 white paper.

黑 *hĕ* black — 一 *Yăy* } A
人 *jîn* man. — 箇 *kó*

When expressed unconnected with a substantive, they frequently take the particles *tëĕ* and *chày* after them, as *chŭng chày,* 者重 heavy ; *kaoū tëĕ,* 的高 high ; *té tëĕ,* 的低 low. Also, when they follow the substantive verb. As,

惡 *ŏ* } wicked. — 他 *Tă* He
的 *tëĕ* — 是 *shé* is

'This rice is good.'

好 *haoù* } good. — 這 *Chĕ* This
的 *tëĕ* — 米 *mè* rice
是 *shé* is

The same, however, can be expressed without either the verb or the particle.—Thus,

這 *Chĕ* This
米 *mè* rice
好 *haoù* good.

In grave composition, the particle *tëĕ* is seldom used The *Tá-haŏ*, the first of the Four Books, has the following sentence:

一 *Yăy* One
家 *keā* family
仁 *jîn* benevolent
一 *yăy* a
國 *kwŏ* nation
興 *hìng* will arise

仁 *jîn* benevolent
一 *yăy* one
家 *keā* fam'ly
讓 *jáng* accommodating
一 *yăy* a
國 *kuŏ* nation

興 *hìng* will arise
讓 *jáng* accommodating
一 *yăy* one
人 *jîn* man
貪 *tăn* covetous and
戾 *lé* wicked

一 *yăy* a
國 *kuŏ* nation
作 *tsŏ* will-be-put-in
亂 *luán* confusion
其 *kĕ* its
機 *kē* moving-cause (is)

如 *joô* as } thus.
此 *tseè* this }
此 *Tsèè* This
謂 *goei* is expressed (by)
一 *yăy* one
言 *yên* word

僨 *fǐn* ruins
事 *seé* an affair:
一 *yăy* one
人 *jîn* man
定 *tíng* determines
國 *kuŏ* a nation. (1)

Of Comparison.

The Comparative degree is made by *kāng*, 更 more, prefixed; *kwŏ*, 過 passing, post-fixed; *poŏ joô*, 如不 not as,—or so; *pè* 比 compare; *yéw*, 又 more; *hwân*, 還 again; *tsae*, 再 again, *pè poŏ te*, 得不比 compare cannot; *yuĕ*, 越 more, surpasssing; *yuĕ fă*, 發越 more putting forth; *yéw*, 尤 excess.

The application of these will be more easily perceived by a few examples than by rules. Thus it is said, *haoù*, 好 good.

(1) *hŏ* 學. *Tá* 大

海上絲綢之路文獻集成 科技與文化編

更 kăng more
好 haoù good
過 kuŏ passing
} Better.

更 Kăng More
好 haoù good
} Better.

好 haoú good
過 kuŏ passing
} Better.

'This is *better* than that,' may be rendered in these several ways.

好 haoù good.

那 nâ } that (is)
個 kó
更 kăng more

這 Chĕ } This
個 kó
比 pè compared with

那 nâ } that.
個 kó

好 haoù good
過 kuŏ passing

這 Chĕ } This (is)
個 kó

好 haoú good.

這 chĕ } this
個 kó

不 poŏ not
如 joŏ as

那 Nâ } That
個 kó

那 nâ } that is
個 kó
好 haoù good.

這 Chĕ } This
個 kó
比 pè compared with

這 *Chĕ* } This
個 *kó*
比 *pè* compared with
那 *nâ* } that
個 *kó*
又 *yĕw* more
好 *haoù* good.

Instead of *yéw haoù*, the words *hwân haoù*, 好還 still good, and *tsae hoaù*, 好再 again good, may be used, and the sense remain the same. Again

那 *Nâ* } That
個 *kó*
比 *pè* compare
不 *poŏ* not
得 *tĕ* can (with)
這 *chĕ* } this.
個 *kó*

這 *Chĕ* } This
個 *kó*
比 *pè* compared
那 *nâ* } that
個 *kó*
越 *yuĕ* more
發 *fă* putting forth
好 *haoù* good.

'Whether is this or that the better?'

這 *Chĕ* } This
個 *kó*
與 *yú* with
那 *nâ* } that
個 *kó*
孰 *shŏ* which
好 *haoù* good?

'Whether is this greater or smaller than that?'

個 *kó* (N.)	過 *kwŏ* more	或 *hwŏ* or	係 *hé* is	這 *Chĕ* } This
	於 *yū* than	係 *hé* is	大 *tá* great	個 *kó*
	那 *nà* that	小 *seaoù* little	過 *kwŏ* more	或 *hwŏ* whether

'This chest is smaller than the other.'

過 *kwŏ* more.	箱 *siāng* chest	別 *pëĕ* } the other	箱 *siāng* chest	這 *Chĕ* } This
	小 *seaoù* little	的 *tëĕ*	比 *pè* compared with	個 *kó*

'This room is cooler than the opposite one.'

房 *fâng* room.	對 *túy* over against	涼 *leâng* cool	房 *fâng* room	這 *Chĕ* } This
	面 *mëĕn* the face	過 *kwŏ* passing	更 *káng* more	間 *këĕn*

'This evening, Sir, you take tea sooner, and dine later than last evening.'

昨 *tsŏ* last	飯 *fan* rice	更 *kăng* more	駕 *keá* Sir, (you)	今 *Kin* This
晚 *wăn* evening.	遲 *chĕ* late	早 *tsaò* soon (and)	欵 *hŏ* drink	晚 *wăn* evening
	過 *kwŏ* passing	食 *shĭy* eat	茶 *chă* tea	尊 *tsŭn* honoured

'You are not so dutiful as your brother.'

孝 *heaoŭ* filial duty. 兄 *hieūng* brother 你 *nè* your 不 *poŏ* not 你 *Nè* You
的 *teĕ* 's 弟 *tè* next 得 *tĕ* can 比 *pè* compare

'This piece of ink is not so good as that.'

方 *fāng* square 如 *joŏ* as 墨 *mĕĕ* ink 這 *Chĕ* This
好 *haoŭ* good. 那 *nā* that 不 *poŏ* not 方 *fāng* square of

The Chinese say

生 *sāng* born. 莫 *mŏ* not 如 *joŏ* as (well as if) 不 *poŏ* not 子 *tseè* child 此 *Tseè* This

i. e. 'This child had better not been born.'

'The sooner the better,' is thus rendered,

好 *haoŭ* good. 越 *yuĕ* more 早 *tsaŏ* soon 越 *Yuĕ* More

'The sooner you attend to that business the better.'

好 *haoŭ* good. 事 *seé* business 那 *nā* that 你 *nè* you 越 *Yuĕ* More
越 *yuĕ* more 件 *kéen* (N.) 辦 *pán* manage 早 *tsaŏ* soon

'The more I hinder him, the more he comes.'

發 *fă* endeavours 他 *tā* he 阻 *tseè* hinder 我 *Gŏ* I
來 *laê* to come. 越 *yuĕ* the more 他 *tā* him 越 *yuĕ* more

J

'This article is damaged; if you move it, you will damage it still more.'

更 kăng more	動 tùng move	壞 hwaé injur-	這 Chě	This
壞 hwaé injure (it.)	他 tă it,	了 leaoù ed (is)	個 kó	
	一 yăy one	你 nè you	東 tŭng	thing
	發 fă exertion	若 jŏ if	西 sê	

'Last year was more plentiful than this year.'

今 kin this	過 kwŏ more	豐 fŭng abundant (and)	舊 Kéw Last
年 nëën year.	於 yü than	盛 shĭng plentiful	年 nëën year (was)

'A great deal better than this.'

個 kŏ (N.)	於 yū by	好 haoù good	太 Taě Much
	這 chě this	過 kwŏ passing	更 kăng more

'Greater than the whole.'

總 tsùng whole.	一 yăy one	過 kwŏ more or passing	大 Tá Great

Otherwise expressed by the phrase

切 tsëě whole.	一 yăy one	大 Tá Great

When two things are compared, and the one said to be longer, shorter, or higher than the other, the positive is used in a comparative sense. As,

寸 *tsún* tsun (about an inch.—) 三 *sān* three 短 *Twan* Short

i. e. ' Shorter three inches.'

尺 *chĕ* cubit. 一 *yăy* one 高 *Kaoū* High

i. e. ' One cubit higher.'

The Comparison made in English by 'rather' and 'than,' in different members of the sentence, is made in Chinese by *nîng kŏ* 可寧 rather should or would, and *poŏ kŏ* 可不 not would, or *poŏ kàn* 敢不 not dare

' I would rather sell goods for a small profit, than keep them till they spoil, and lose the first cost.'

本 *puèn* the original (cost.)	貨 *hó* goods	去 *keū* out (&)	賺 *chĕn* obtain	我 *Gò* I
	收 *sheu* to receive	不 *poŏ* not	利 *lé* profit	寧 *nîng* rather
	殘 *tsân* damage (&)	可 *kŏ* would	錢 *tsiĕn* money	可 *kŏ* would
	折 *chĕ* break	留 *lâw* keep	賣 *maé* sell	少 *shaoù* a little

' I would rather die than dare to offend Deity.'

神 *shîn* Deity.	得 *tĕ* to incur	不 *poŏ* not	可 *kŏ* would	我 *Gò* I
	罪 *tsooí* an offence (before)	敢 *kàn* dare	死 *scè* die (&)	寧 *nîng* rather

'I would rather live in Peking than go to Nanking.'

南 *nân* the south	不 *poŏ* not	北 *pĕ* the north	願 *yuén* wish	我 *Gò* I
京 *king* Capital.	往 *wàng* go-to	京 *king* Capital (&)	住 *chû* to dwell in	寧 *nîng* rather

The adverb 'than' after the Comparative adjective, is often made by *yū* 於; thus they say,

於 *yū* than	莫 *mŏ* not-any	高 *kaoû* lofty (&)	物 *Wŏ* Things (2)
天 *tëen* heaven.	過 *kuŏ* more so	大 *tá* great	之 *chē* of (1)

i. e. 'There is nothing higher or greater than heaven.'

In the preface to an historical work, it is said,

則 *tsĕ* is-of-course	次 *tsĕ* next	者 *chày* of those	而 *ûrh* and	夫 *Foô* Now
作 *tsŏ* forms	則 *tsĕ* is-of-course	莫 *mŏ* not-any	權 *keuĕn* authorities (2)	勢 *shé* powers (2)
史 *shè* history	天 *tëen* Heaven's	過 *kuŏ* more-so	之 *chē* of (1)	之 *chē* of (1)
之 *chē* who (2)	子 *tsè* son:	於 *yū* than	所 *so* those	所 *so* those
人 *jin* man.	其 *kĕ* his	天 *tëen* Heaven:	最 *tsooi* the most	極 *kēë* the most
	次 *tsĕ* next	其 *kĕ* Its	重 *chúng* weight—	隆 *lûng* magnificent

i. e. 'Now, of the most magnificent powers, and the highest authorities, there are none more so than heaven: The next is none other than the Emperor, and next to him (in power and authority) is the historian.' (1)

(1) 序 *seu.* 鑑 *këen* 綱 *Kang*

The Comparative is also made by a repetition of the adjective. Thus

高 *kaoû* high	是 *shé* is	這 *chĕ* } this	山 *shān* hill	那 *Nâ* That
的 *téĕ* pertaining to.	高 *kaoû* high	個 *kó* }	比 *pè* compared with	一 *yăy* one

'That hill is higher than this.'

The Superlative Degree,

Is made by the following particles prefixed, *tseuĕ,* 絕 to exceed, to cut off; *tsooí,* 最 to exceed; great; *té yăy,* 一第 number one; *tìng shàng,* 上頂 the top of superiors; *shĕ fūn,* 分十 ten parts. Thus, *haoù,* 好 good; *haoù kwŏ,* 過好 better; *tseuĕ haoù,* 好絕 most good, best.

'That river is the deepest.'

深 *shin* deep.	絕 *tseuĕ* most	河 *hô* river (is)	條 *teaou* (N.)	那 *Nâ* That

'This lake is the shallowest.'

淺 *tseēn* shallow.	湖 *hoô* lake (is)	這 *Chĕ* } This
	最 *tsooí* most	個 *kó* }

'The Viceroy is the greatest man in the Province.'

人 *jîn* man.	一 *yăy* one	爲 *weî* is	總 *tsùng* the general	之 *chĕ* of (2)	一 *Yăy* One
	大 *tá* great	第 *té* number	督 *toò* governor	中 *chŭng* the midst (1)	省 *sàng* province

'This article is the best.'

的 *tëe* per-taining to. 一 *yăy* one 是 *shé* is 物 *voë* } article 這 *Chĕ* } This
好 *haoù* good 第 *té* number 件 *këën* 個 *kó*

'This tea is of the best quality.'

品 *pìn* order 頂 *tìng* top 葉 *yăy* leaf 這 *Chĕ* This
的 *tëë* pertaining to. 上 *shàng* superior 是 *shé* is 茶 *chă* tea

'I am in perfect health.'

快 *kwaì* lively. 爽 *shwàng* well (&) 分 *fūn* parts 十 *shĕ* ten 我 *Gò* (I am)

The words *poŏ kwŏ*, 過不 not passed; and *taoú këĕ*, 極到 to the extreme, post-fixed, form the superlative degree. As

極 *këĕ* the extreme. 到 *taoú* to 窮 *Keúng* Poor

'Poorest.'

過 *kwŏ* } passed. 富 *Foó* Rich
的 *tëë* 貴 *kwei* honourable
不 *pŏ* not

'Richest'

我 Gò I	那 nà that	妙 meaoú pleasant	今 kin now	是 shé is
在 tsaé in	些 sëe little	不 pŏ not (to be)	回 hwúy returning to	更 kăng by much
廣 kwàng the great	時 shê time	過 kwŏ passed:	廣 kwàng the great	不 pŏ not
西 sē west (province)	是 shé was	而 úrh and	東 tūng east (province)	如 jŏ so (good.)

'The short time that I was at *Kwang-se* was most pleasant; to return now to Canton is not equal to it.'

最 Tsouí Most	上 shàng superior	等 tàng order	的 tëë of	酒 tsèw wine.

'The best wine.'

我 Gò My	令 líng (commanding &)	這 chē this	上 shàng superior	頂 tìng the top
舍 sháy cottage	尊 tsūn honoured (Sir)	個 kó one (is)	比 pè compared with	高 kaoū high
下 heá inferior	住 chú dwelling	還 hwân more	你 nè yours (&)	不 pŏ not
是 shé is	的 tëë of	高 kaoū high	我 gò } my	過 kwŏ } passed.
好 haoù a good	府 foò mansion	但 tán but	的 tëë }	的 tëë }
高 kaoū height	上 shàng superior	他 tā } his	舍 sháy cottage	
而 ûrh and	比 pè compared with	的 tëë }	下 heá inferior	
你 nè your	我 gò my	府 foò mansion	是 shé is	

'My house is a good height, and the house in which you live, Sir, is still higher, but compared with yours and mine, his is by far the highest.'

海上絲綢之路文獻集成 科技與文化編

The particles *kĕĕ* 極, the extreme, *yăy tăng* 等一, first order, *ché* 至 to the extreme, may be either prefixed or post fixed. Thus

'Most holy ;'—absolute perfection.

聖 *shing* holy, or perfect. 至 *Ché* Most

It is applied to Confucius, who is considered as having been absolutely faultless.

'Most ugly, depraved,' &c.—the worst in all respects.

至 *ché* the extreme. (1) 之 *chē* of (2) 醜 *Chōw* Badness

'Most true.'

極 *kĕĕ* in the extreme. 眞 *chin* true 眞 *chin* true, or 極 *Kĕĕ* Most

'The best.'

好 *haoù* good. 等 *tăng* order 一 *Yăy* First

'This is the best sample of tea.'

的 *tĕĕ* pertaining to. 一 *yăy* the first 是 *shĕ* is 茶 *chă* tea 這 *Chĕ* } This
等 *tăng* order 上 *shăng* superior 樣 *yăng* sample 個 *kó* }

'He performs the best work, you should employ him.'

他 *tā* him	可 *kŏ* may	工 *kŭng* work-	一 *yăy* the first	他 *Tā* He
做 *tsó* to work.	以 *è* therefore	夫 *foō* man (ship)	等 *tìng* order	作 *tsŏ* does
	托 *tŏ* engage	你 *nè* you	的 *tëĕ* of	上 *shàng* superior

The Chinese invariably divide persons and things into three degrees. "Superior; middling, and inferior." Thus, *shàng tìng*, 等 上 superior order; *chŭng tìng*, 等 中 middle order; *hiá tìng*, 等 下 inferior order.

'The best of the superior' is expressed by *tìng shàng*, 上 頂 the top of the superior. And 'the worst of the inferior' by

至 *chĕ* the extreme. 之 *chē* of 低 *Tē* Lowness

Numbers

Are expressed by three different series of characters: first, the plain hand, in most frequent use, second, a more complicated character used on formal occasions and in bonds, contracts, &c. to render, it is said, any alteration of the numbers more difficult. This appears analogous to our writing numbers in words on many occasions. Third, numbers are written in a running hand, which is generally made use of in keeping accounts. Numbers written in this hand may be considered the figures of the Chinese.

(First series)		(2nd.)	(3d.)	(Eng.)
Yây	一	壹	〡	One
ŭrh	二	貳	〢	two
sân	三	叁	〣	three
seé	四	肆	〤	four
woò	五	伍	〥	five
lö	六	陸	〦	six
tsĕ	七	柒	〧	seven
pă	八	捌	〨	eight
keeù	九	玖	〩	nine
shĕ	十。	拾。	〸	ten
shĕ yăy	十一。	拾壹。	〡一 十	11
shĕ úrh	十二。	拾貳。	〡二 十	12
shĕ sân	十三。	拾叁。	〡三 十	13
shĕ seé	十四。	拾肆	〡〤 十。	14
shĕ woò	十五。	拾伍。	〡〥 十	15
shĕ lö	十六。	拾陸。	〡〦 十	16
shĕ tsĕ	十七。	拾柒。	〡〧 十	17
shĕ pă	十八。	拾捌。	〡〨 十	18
shĕ keeù	十九。	拾玖。	〡〩 十	19
úrh shĕ	二十。	貳拾。	〢十	20
ŭrh shĕ yăy	二十一。	貳拾壹。	〢一 十	21
ŭrh shĕ ŭrh	二十二。	貳拾貳。	〢二 十	22

	(First series)	(2nd.)	(3d.)	(Eng.)
yŭn	云		say	i. e. &c.
yŭn	云。		say (thus)	
sān	三	叁	〣十	30
shĕ	十	拾。		
seé	四	肆	〤十	40
shĕ	十。	拾。		
woò	五	伍	〥十	50
shĕ	十。	拾。		
lŏ	六	陸	〦十	60
shĕ	十。	拾。		
tsĕ	七	柒	〧十	70
shĕ	十。	拾。		
pă	八	捌	〨十	80
shĕ	十。	拾。		
kĕeù	九	玖	〩十	90
shĕ	十。	拾。		
yăy	一	壹	〡百	100
pĕ	百。	佰。		

	(First series)	(2nd.)	(3d.)	(Eng.)	
yăy	一	壹		one	101
pĕ	百	佰	〡〇一百	hundred	
líng	零	零		(cypher)	
yăy	一。	壹。		one	
yăy	一	壹			102
pĕ	百	佰	〡〇二百		
líng	零	零			
ŭrh	二。	貳。			
yún	云				&c.
yún	〻。(1)				
yăy	一	壹			110
pĕ	百	佰	〡一百		
yăy	一	壹			
shĕ	十。	拾。			
yăy	一	壹			120
pĕ	百	佰	〡二百		
ŭrh	二	貳			
shĕ	十。	拾。			

(1) A mark which denotes a repetition of the character immediately preceding.

K 2

(First series)		(2nd.)	(3d.)	(Eng.)
ŭrh	二	貳	〢	200
pĕ	百。	佰。	百	
yăy	一	壹	〡	1000
tsēēn	千。	仟。	千	
yăy	一	壹	〡一	1100
tsēēn	千	仟	千百	
yăy	一	壹		
pĕ	百。	佰。		
yăy	一	壹	〡〇一	1010
tsēēn	千	仟	千	
lîng	零	零		
yăy	一。	壹。		
yăy	一	壹	〡〇〇一	1001
tsēēn	千	仟	千	
lîng	零	零		
lîng	零	零		
yăy	一。	壹。		

(First series)		(2nd.)	(3d.)	(Eng.)
ŭrh	二	貳	〢	2000
tsēēn	千。	仟。	千	
yăy	一	壹	〡	10,000
wán	萬。	萬	万	
shĕ	十	拾	十	100,000
wán	萬。	萬。	万	
yăy	億。		億	100,000
pĕ	百		百	1,000,000
wán	萬。		万	
or *chaoú*	兆		兆	1,000,000

海上絲綢之路文獻集成 科技與文化編

The Ordinals

Are made by the character *té* 第 order or turn, prefixed to the above cardinal numbers. Thus

第 *Tĕ* Order, 一 *yăy* first } First
第 *té*, 二 *ûrh* } second
第 *té*, 三 *sān* } third
第 *té*, 十 *shĕ*, 一 *yăy* } Eleventh
第 *té*, 十 *shĕ*, 二 *ûrh* } twelfth
第 *té*, 二 *ûrh*, 十 *shĕ* } twentieth
云 *yûn*, 云 *yûn* } &c.

The first series is distinguished by the name

數 *soŏ*, 目 *mŏ* } numeral
字 *tseé* characters.

原 *Yuĕn*, 本 *puĕn*, 的 *tĕĕ* } Original

海上絲綢之路文獻集成 科技與文化編

The second series is called

数 soó	numeral	大 Tá Largely	
目 mŏ		寫 sëe	written
字 tscè characters.		的 tëe	

And the last series are called

数 soó	numeral	花 Hwà Flower	
目 mŏ		碼 mà	weight
字 tscè characters.		的 tëe	

Also called

数 soó	numeral	蘇 Soō Soo Name
目 mŏ		州 chōw chow (a district)
字 tscè characters.		碼 mà weight

OF PRONOUNS.

The Personal pronouns are—Singular *gò*, 我 I or me; *nè*, 你 thou or thee; *tā*, 他 he or him.*

Plural *gò mûn*, 們我 we or us; *nè mûn*, 們你 ye or you; *tā mûn*, 們他 they or them. Thus

到 *taoú* to. 知 *chē* know 不 *poo* not 我 *Gò* I

i. e. 'I do not know.'

已 *è* already } have 經 *king* passed

尋 *tsin* sought } 着 *chŏ* right } found. 了 *leaoù* have

我 *Gò* I 所 *sò* which 尋 *tsin* sought 之 *chē* the 書 *shoō* book

i. e. 'I have found the book which I sought.'

處 *choò* place (or) 麼 *mò* not? 在 *tsaè* is in 你 *nè* your 鎖 *sò* 匙 *shè* } the key (1) 門 *mûn* door 之 *chē* of (2) 書 *shoō* book 房 *fâng* room 我 *Gò* 的 *teè* } My

i. e. 'Have you the key of my study.'

* The Chinese have not appropriate pronouns for "she, and it." In some books the pronoun 'I' is expressed by *nung* 儂 and 'he or that' by *keu* 渠. The Tartars sometimes use *tsà mûn* 們咱 for 'we.'

此 *Tseè* This
惡 *ŏ* bad-wicked-
事 *seé* affair
不 *poŏ* not
是 *shé* is

他 *tā* he
所 *sò* that which
辦 *pán* } transacted
的 *tëë* }
不 *poŏ* not

過 *kuŏ* more
是 *shé* is (than)
人 *jin* man
恨 *hán* hate
他 *tā* him

有 *yèw* has
如 *joô* as
此 *tseè* this
枉 *wàng* false
稱 *ching* assertion.

i. e. '*He* did not commit this bad action; it is merely the false assertion of a person who hated *him*.'

請 *Tsing* Pray
俾 *pè* give
墨 *mĕ* the ink
來 *laê* to come
過 *kuŏ* to
我 *gò* me.

i. e. 'I'll thank you to pass the ink to *me*.'

此 *Tseè* This
事 *seé* } affair
情 *tsing* }
我 *gò* } we
們 *mún* }

總 *tsùng* all
未 *wé* not
有 *yèw* have
見 *këén* see
過 *kwŏ* pass

惟 *wê* only
有 *yèw* there are
人 *jin* persons
家 *keā* (N.)
說 *shuŏ* spoke

過 *kuŏ* to
我 *gò* } us
們 *mún* }
知 *chē* } to know.
道 *taoú* }

i. e. 'We never saw this affair, only there are persons who have informed *us* of it.'

他 *Tă* } They
們 *mún*
一 *yăy* one } all at once
齊 *tsê* even
來 *laê* came

鬧 *naoŭ* disturbed
事 *seé* business
是 *shé* is } therefore
以 *è* by
主 *choò* master

人 *jîn* man
嚴 *yĕn* severely
責 *tsĭ* reproved
他 *tă* } them.
們 *mún*

i. e. '*They* came all at once, and made a disturbance, in consequence of which the master severely reproved *them*.'

Gò 我, the first person singular, is sometimes understood as the first person plural.—As

我 *Gò* I 中 *chūng* middle 國 *kwŏ* Empire 人 *jîn* man—is

'We Chinese.'

With the substantive verb thus—

我 *Gò* 是 *shé* 中 *chūng* 國 *kwŏ* 人 *jîn.*

It expresses, 'I am a Chinese.'

For the first person singular the characters *yû* 余, *yû* 予, *woó* 吾, *gàn* 俺, are to be met in writing. Denoting the second person singular, *ùrh* 爾 and *joò* 汝 are met with. The personal pronouns singular are often, from the scope of the passage, determined in a plural sense.

L

海上絲綢之路文獻集成 科技與文化編

Beside *mûn,* the characters *tèng* 等, *peí* 輩, *chaě* 儕, *ngeù* 偶, and 曹, are used to form the plural. *He, she, it,* and *they* are often formed not only by *tā* 他, and *tā mûn* 們他, but also by *ē* 伊, he, she, it, they, his ; *pè* 彼, he, she, it, they, his, also these, those;—*kě* 其 the same ; and the character *chē* 之 is often used for *him* and *them.* Thus

人 *jîn* persons.	告 *kaoú*	inform and tell	之 *chē* the	不 *poǒ* not	目 *Mǒ* Eye	At present
	訴 *soó*		時 *shê* time	在 *tsaé* is in	下 *hiá* below	
	他 *tā*	them or these	我 *gò* I	此 *tseè* this	亞 *Yá*	Ya-pin
	們 *mûn*		以 *è* by	處 *chǔ* place	品 *pìn*	
	兩 *leàng*	two	是 *shé* the exsiting	伊 *ē* they	亞 *Yá*	Ya-lin
	個 *kǒ*		情 *tsîng* affair (will)	來 *laê* come	林 *lîn*	

'Ya-pin and Ya-lin are not here at present ; when *they* come, I will inform them of the affair.'

如 *joô* as	也 *yày* (expl.)	愛 *ngáe* love (to)	爾 *èrh*	Your
彼 *pè* his.	不 *poǒ* not	我 *gò* me	之 *chē*	

'You do not love me as he does.'

爾 *ùrh* you	彼 *pè* *he*	對 *tùy* opposite	若 *Jŏ* As
小 *seaoù* little } a boy	晚 *wàn* in the evening (of life)	大 *tá* the great	梁 *Lâng* } Leang-haou (at)
生 *sāng* born	成 *chĭng* perfected (his fame)	廷 *tĭng* palace, (was)	灝 *haoù*
宜 *é* should	衆 *chúng* all	魁 *keuè* the highest of	八 *pă* } 82
立 *lĕ* fix (your)	稱 *chĭng* styled (him)	多 *tō* many	十 *xĕ*
志 *ché* intention.	異 *é* wonderful	士 *seé* literati—	二 *ùrh*

'As Leang-haou, in the 82d year of his age, was called to stand in the Imperial presence, at the head of a vast number of Literati—he, in the evening of life, became famous, and was, by every one, styled 'wonderful'—you a little boy should determine to be like him.' (1)

知 *chĕ* know	食 *shăy* eat	而 *ùrh* and	不 *poŏ* not	焉 *yĕn* ( )	心 *Shin* The heart
其 *kĕ* its	而 *ùrh* and	不 *poŏ* not	見 *kēĕn* see,	視 *shé* look	不 *poŏ* not
味 *wé* taste.	不 *poŏ* not.	聞 *wàn* hear,	聽 *tĭng* listen,	而 *ùrh* and	在 *tsaé* present,

i. e. 'When the heart is absent, you may look and not see, hear and not perceive, eat and not know the taste of what you eat.' (2)

惡 *ŏ* (they) hate	民 *mîn* the people	好 *haoú* (they) love	民 *mîn* the people	之 *chĕ* 's	君 *Keūn* } The good Prince (is)
惡 *ŏ* (he) hates	之 *chĕ* the	好 *haoú* (he) loves	之 *chĕ* the	父 *foŏ* father and	子 *tseè*
之 *chĕ* them.	所 *sŏ* thing and which	之 *chĕ* them:	所 *sŏ* things which	母 *moŏ* mother	民 *mîn* the people

(1 *king.* 經 *tseé* 字 *Sān* 三 (2) *haŏ.* 學 *Tá* 大

L 2

'The good Prince is the Father and Mother of his people; (he is of one mind with his people); What they hate he hates; what they love he loves.' (1)

Chē chē 之之 sometimes occurs, the first as the sign of the Genitive, and the second as a Pronoun. Thus—

子 *tseè* the children. (1) 之 *chē* of (2) 之 *chē* them 教 *Keaoù* Teach

i. e. 'Teach their children.'

In many cases, the Chinese dislike the use of the simple pronouns 'you' and 'I.' Amongst equals, they join 'you' with *tsūn keá,* 駕尊 honourable Sir, and *laoù yăy,* 爺老 old or venerable father, &c. which may be considered equal to 'you Sir;' but in addressing superiors, the pronoun is omitted, and the title of respect used in its stead. They would not say 'your Lordship'— 'your Excellency' or 'your Majesty;' but omit your, and use the words 'Lordship,' &c.

Instead of 'you,' in addressing the Chief Magistrate in a district, called *heén* 縣, they use *taè yăy* 爺太, eminent father. The Chief Officer of the districts, called *chōw* 州, is addressed by

爺 *yăy* father. 老 *laoù* venerable 大 *Tá* Great

The Chief Magistrate of a province, is addressed by *tá jîn* 人大 great man. The Emperor is addressed by

(1) *haŏ.* 學 *Tà* 大

皇 *Hwâng* Emperor	陛 *Pé* Steps	萬 *Wán* Ten thousand
上 *shàng* supreme.	下 *hiá* below.	歲 *súy* years

In speaking and in writing to these, whenever the pronoun 'you' occurs, the above epithets are used.

The people, in addressing the magistrates by speaking or writing, instead of 'I,' use *seaoù tëë* 的小, little; *è*, 蟻 pismire. Licenced Companies of Merchants write *shāng jîn* 人商, merchant man. Inferior officers addressing superiors write *pé chĕ* 職微, mean office, and *shīn* 身 body:—equals write *té* 弟 younger brother. A Tartar Viceroy, addressing the Emperor, writes *noô tsaê* 才奴, slave. The Chinese write *chĭn* 臣, servant. The Emperor, for I, uses *chin* 朕; *kwà jîn* 人寡, little destitute man. The magistrates, in public Edicts, for I, use

堂 *tâng* temple.	部 *poó* tribunal	本 *Puèn* Original

used by a Viceroy; *puèn foò* 府本; *puèn hëen* 縣本, &c. according to the situations which they hold. They generally address those who have petitioned them in the third person. Throughout an Edict to the merchants, after having once mentioned the names of the persons to whom it is addressed, they would say, *kaē shāng tìng* 等商該, the said merchants. Sometimes, when warm, they use the direct address *ûrh*, 爾 you.

The people, in writing to each other, use *té* 弟, younger brother, *yû* 愚, stupid, instead of the pronoun I—and for 'you,' they use *jîn heūng* 兄仁, benevolent elder brother; *koo jîn* 人故, ancient man; *koo yeù* 友故, old,

海上絲綢之路文獻集成 科技與文化编

friend; *laoù heūng* 兄老, venerable elder brother; *heūng taē* 台兄, elder brother's sublime place. Thus,

一	*yäy* one	接	*tseĕ* received	月	*yuĕ* moon's	敬	*King* Respectfully
封	*fūng* (N.)			初	*tsŏ* beginning	啟	*kĕ* commencing
		兄 台	*heūng* *taē* } elder brother, &c.	四	*seé* fourth	者	*chày* this is
		來	*laĕ* coming	日	*jĕ* day	於	*yü* on
		信	*sin* letter	弟	*té* younger brother,	本	*puèn* this

i. e. 'I would respectfully mention, that on the 4th instant, I received your letter.'

Affecting humility, they write *té*, small on the side of the column; and *heūng taē* is put more distant from the preceding character than the other characters are from each other, in token of respect. They use *pè* 彼, that or there; and *tseĕ* 此, this or here, for 'you, and, I.' Thus

情 *tsing* disposition. 同 *tūng* the same 有 *yeù* have 均 *keūn* equally 此 *tseĕ* this 彼 *Pè* That

i. e. 'You and I have the same feelings or disposition.'

The Possessive Pronouns are made by *tëĕ* 的 and *chē* 之, which form the possessive case of nouns. Thus, singular, *gò tëĕ* 的我, my or mine; *nè tëĕ* 的你, thy or thine, yours; *tă tëĕ* 的他, his or hers. Plural, *gò mún tëĕ* 的們我, ours; *nè mún tëĕ* 的們你, yours; *tă mún tëĕ* 的們他, theirs. Or, *gò chē* 之我, my or mine, &c.

此 *tseē* this. 是 *shē* is 意 *ē* idea and 我 *Gò* } My
如 *joô* as 思 *seē* thought 的 *teē* }.

i. e. 'My idea or meaning is thus.'

帽 *maoù* } hat. 他 *tā* } his 還 *hwân* or moreover 你 *nè* } yours 或 *hwǎ* whether 這 *Chē* } This
子 *tseè* } 的 *teē* } 係 *hē* is 的 *teē* } 係 *hē* is 個 *kó* }

i. e. 'Whether is this hat yours or his?'

房 *fâng* } room. 我 *Gò* } My
子 *tseè* } 之 *chē* }

i. e. 'My room.'

'Myself, yourself, himself, themselves,' &c. are made by *tseé-kè* 己自, self, self; added to *gò* 我, *nè* 你, *tā* 他, &c. as,

說 *shwǒ* } said. 已 *kè* self 他 *tā* he 句 *keù* sentence 此 *Tseē* This
的 *teē* } 所 *sò* that which 自 *tseé* him- 係 *hé* is 一 *yǎy* one

'This sentence is what he himself pronounced.'

他 *tā* other 不 *poǒ* not 自 *tseé* my- 關 *hwān* concerns 此 *Tseē* This
人 *jîn* man. 關 *hwān* concern 己 *kè* self, 我 *gò* me 事 *seé* affair

'This affair concerns myself, and not another person.'

In writing, *tseé* 自, and *kè* 己, are used singly, denoting 'self,' but whether joined to the first, second or third persons, is only discovered from the context.

後 *hów* keeps back 人 *jin* men 己 *kè* himself, 而 *ûrh* and 貴 *kwei* exalts (other) 君 *Keūn* } The prince—(good man)
己 *kè* himself. (1) 而 *ûrh* and 先 *siēn* advances 賤 *tsēēn* debases 人 *jin* men 子 *tseè*

'A good man honours others, and abases himself, promotes others, and himself keeps back.'

禮 *le* propriety. (2) 復 *fŏ* return to 己 *kè* self and 克 *Kĕ* Subdue

'Subdue self, and return to propriety.'

欺 *kē* to deceive 毋 *wû* not 意 *é* motive 誠 *ching* making sincere 所 *Sò* What
也 *yày* (3) 自 *tseé* himself 者 *chày* that (is) 其 *kĕ* his 謂 *weí* is called

'That which is called 'making sincere the motive' is, not to deceive oneself.'

Kè 己, with the third person singular preceding, is used for his.

子 *tseè* child. 己 *kè* his 愛 *waé* loves 他 *Tā* He

'He loves his son.'

Kĕ 其 is often used for his, hers, theirs.

善 *shén* morals. (3) 存 *tsŭn* preserve 子 *tseè* children 教 *keaoū* to teach 人 *Jin* Man
其 *kĕ* their 以 *è* to 其 *kĕ* his 當 *tāng* ought

(1) *king*. 經 *Lè* 禮 (2) *yù*. 語 *Lŭn* 論 (3) *chú*. 註 *king* 經 *tseè* 字 *Sān* 三

'A man should teach his children to preserve their morals.'

其 *kè* his	揜 *yèn* covers	君 *keūn* } the good man	善 *shén* goodness	小 *Seaoù* The little mean
善 *shén* good. (1)	其 *kè* his	子 *tseè*	無 *woô* not	人 *jîn* man
	不 *poǒ* not	而 *ûrh* and	所 *sò* that which	閒 *hién* at leisure
	善 *shén* good	後 *hów* after	不 *poǒ* not	居 *keū* dwelling
	而 *ûrh* and	厭 *yèn* secrets himself	至 *ché* advances to	爲 *wéi* practises
	著 *chú* publishes	然 *jén* indeed—	見 *kèén* seeing	不 *poǒ* not

'The worthless person living in retirement commits every species of wickedness: there is nothing of which he is not capable; when he sees the good man he secrets himself, or conceals his wickedness and exhibits his goodness.'

Ē 伊 is also used for his and their. Thus

伊 *ē* his	一 *yǎy* one	來 *laê* to come (and)	茲 *Tseē* Now (I)
手 *shòw* hand	本 *puèn* (N.) (I'll)	借 *tseáy* borrow	着 *chǒ* have sent
帶 *taé* to bring	煩 *fân* trouble (you)	琴 *kîn* stringed instrument	亞 *Yǎy* } Alin
回 *hwûy* back.	交 *keaoū* to give it to	譜 *poò* book	林 *lîn*

'I have now sent Alin to borrow a music-book; I'll trouble you to give it into his hand to bring it back with him.'

In information lodged against thieves it is said

(1) *haǒ.* 學 *Tá* 大
M

某 *Mòw* On a certain
年 *niên* year
某 *mòw* a certain
月 *yuĕ* moon
某 *mòw* a certain

日 *jĕ* day
有 *yeù* there were
賊 *tsĕ* } thieves
人 *jîn* }
到 *taoû* came to

厶 *mòw* a certain
處 *chŭ* place:
小 *seaoù* } I a mean person
的 *têĕ* }
被 *peí* received

伊 *ē* their
偷 *tŏw* seizing and
去 *keŭ* carrying off
衣 *ē* } clothes
服 *fŏ* }

一 *yĕy* one
箱 *siāng* chest.

'On a certain day of such a month, in a certain year, thieves came to such a place, and by them your petitioner was robbed of a chest of clothes.'

In speaking of relations, country, place of abode, &c. it is considered vulgar to use 'my,' or, 'your.' Thus

我 *Gò* } My
的 *têĕ* }
母 *moò* mother
親 *tsin* relation.

'My mother.'

你 *Nè* } Your
的 *têĕ* }
父 *foó* father
親 *tsin* relation.

'Your father,'

Phrases perfectly intelligible—are rarely made use of by the poorest person: they say for 'my mother.'

家 *Kiā* Family
母 *moò* mother:

For 'your father'

海上絲綢之路文獻集成 科技與文化编

尊 *tsūn* honourable. 令 *Líng* Commanding

Or

翁 *ūng* senior. 尊 *tsūn* honourable 令 *Líng* Commanding

Or

人 *jín* man. 大 *tā* great 尊 *Tsūn* Honourable

嚴 *yên* stern, severe. 尊 *Tsūn* Honourable

君 *keūn* prince, &c. 尊 *Tsūn* Honourable

The words used for 'my' are chiefly *keā* 家, house—family, *sháy* 舍, cottage, *pé* 敝, mean—vile, *tseén* 賤, cheap, worthless, *seaoù* 小, little.

Those made use of for 'your' are *kueí* 貴, noble, *líng* 令, commanding, *kaoū* 高, high—exalted, *tsūn* 尊, honourable. . Thus

'My father.'

父 *foó.* 家 *Keā*

'My elder brother.'

兄 *heūng* 家 *Keā*

'My younger.'

弟 *té* 舍 *Sháy*

'My relation.'

親 *tsūn* 舍 *Sháy*

'Your mother.'

堂 *tāng* temple. 令 *Líng*

Or

堂 *tāng* 授 *shóu* donor 令 *Líng*

堂 tăng 尊 Tsūn

慈 tseê compassion. 尊 Tsūn

'Your elder brother.'

兄 heūng 令 Lìng

'Your younger brother.'

弟 tě 令 Lìng

'Your relation.'

親 tsĭn 令 Lìng

'My wife.'

房 fâng room. 敝 Pĕ

Or

內 núy within, inner. 賤 Tseén

Or

人 jîn. 內 Núy

荊 kīng thorn. 拙 Chuĕ Rude

妻 tsē wife. 山 Shān Mountain

&c.

'Your wife.'

正 chíng up-right, just, &c. 令 Lìng

Or

人 jîn. 夫 foō supporting 正 chíng 令 Lìng

閫 kwàn threshhold. 尊 Tsūn

'Your family.'

眷 keuén family, 尊 Tsūn

&c.

'My country.'

國 kuŏ 敝 Pĕ

'My place of abode.'

處 chŭ place. 敝 Pĕ

'Your country.'

國 kuŏ nation. 貴 Kweí

'Your village.'

村 tsūn village. 盛 Shíng Abundant

'My sur-name.'

姓 síng surname. 賤 Tseén

'My name.'

名 míng name. 賤 Tseén

'Your sur-name.'

姓 síng 貴 Kweí

海上絲綢之路文獻集成 科技與文化编

'Your name.'

名 *ming* 高 *Kaou*

'Your name and sur-name.'

名 *ming.* 大 *tă* 姓 *sing* 高 *Kaou*

'My scholar.'

徒 *toŏ* disciple. 小 *Seaou*

Or

徒 *toŏ* disciple. 門 *mŭn* door 敝 *Pĕ*

'Your scholar.'

徒 *toŏ.* 令 *Ling*

徒 *toŏ.* 門 *mŭn* 令 *Ling*

'My servant.'

厮 *seĕ* servant. 小 *Seaou*

Or

价 *keaĕ* servant. 小 *Seaou*

'Your servant.'

价 *keaĕ,* 令 *Ling*

&c.

'My friend.'

友 *yeŭ* friend. 敝 *Pĕ*

'Your friend.'

友 *yeŭ.* 貴 *Kwei*

'My house.'

下 *heá* below ; inferior. 舍 *Sháy* Cottage

Or

舍 *sháy* cottage. 草 *Tsaou* Straw

'Your house.'

上 *shăng* above, superior. 府 *Foŏ* Palace

Or

府 *foŏ* 尊 *Tsŭn*

'Your boy.'

郎 *lâng* 令 *Ling*

'My boy.'

兒 *ŭrh* 小 *Seaou*

Or

子 *tseè* son. 犬 *Kiuĕn* Dog's

'Your girl.'

金 *kin* gold, 千 *tsëĕn* thou-sand (pieces) 令 *Ling*

&c. &c.

海上絲綢之路文獻集成 科技與文化編

The Interrogative

Pronouns who? which? what? are made by *süy* 誰, who? or *shŏ* 孰, who? which? *hô* 何, who? which? what? *shin mŏ* 甚麼, what? *shé nâ yăy* 是那一, is which one? Thus *süy laê* 誰來, 'who comes?' *Shé süy* 是誰, 'who is it?'

是 *Shé* Is 那 *nâ* what 一 *yăy* one 個 *kó* (N.) 人 *jîn* man?

'What person is it?'

是 *Shé* Is 那 *nâ* what 一 *yăy* one 個 *kó* (N.) 籃 *lân* 子 *tseè* } basket.

'Which basket?'

孰 *Shŏ* Who 得 *tĕ* can 而 *ûrh* and 禦 *yú* obstructing 止 *chè* stop 之 *chē* him 乎 *hoô* ?

'Who can stop him?'

何 *Hô* What 人 *jîn* man.

'What person? who?'

何 *Hô* What 爲 *weî* cause?

'What cause? why?'

我 *Gò* I 所 *sò* those which 說 *shwò* 的 *teë* } said 話 *hwá* the words 你 *nè* you 因 *yin* cause 何 *hô* what 不 *poè* not 依 *ē* attend to?

'Why did you not attend to what I said?'

事 *seé* affair. 甚 *Shín* } What 麼 *mŏ*

'What affair.'

緣 *yuên* reason and 故 *koó* cause. 甚 *Shin* } What 麼 *mŏ*

'What is the reason?'

Whose? is made by *sŭy tëĕ* 的 誰, whom pertaining to? As

係 *hé* is 誰 *sŭy* } whose? 的 *tëĕ* 這 *Chĕ* } This 個 *kó* 東 *tŭng* } thing 西 *sē*

'Whose is this thing.'

是 *shé* is— 誰 *Sŭy* who

i. e. 'Who is right?'

In some parts of the empire and in some works *shăy mŏ* 麼 什, what? is used for 'who? what? which?'

方 *făng* square and 法 *fă* rule. 什 *Shăy* } What 麼 *mŏ*

'By what means?'

海上絲綢之路文獻集成 科技與文化編

The Demonstrative

Pronouns are ; 'This,' *chĕ́* 這, this, *seē* 斯, this, *tseē̆* 此, this. 'That,' *nâ* 那, that, *pè* 彼, that, *tā* 他, that.

字 *tseé* character. 個 *kó* (N.) 這 *Chĕ* This

'This character.'

Or

字 *tseé* character. 此 *Tsee̊* This

狗 *keu* dog. 隻 *chĕ* (N.) 那 *Nâ* That

'That dog.'

人 *jîn* man. 他 *Tā* That

'That man.'

屋 *ŏ* house. 間 *keēn* (N.) 彼 *Pè* That

'That house.'

The plural 'these' is

這 *Chĕ* This, 幾 *kè* several, 個 *kó* (N.) } These.
這 *Chĕ* This, 等 *tìng* species. } These.
這 *Chĕ* This, 些 *seē* few. } These.

'Those' is made by

那 *Nà* That
幾 *kè* several
個 *kó* (N.)
} Those.

那 *Nà* That
等 *tìng* species.
} Those.

那 *Nà* That
些 *sëë* few.
} Those.

茶 *chà* tea
杯 *pei* cup.
這 *Chè*
些 *sëë*
} These

'These tea cups.'

傘 *sàn* umbrellas.
把 *pà* (N.)
雨 *yù* rain
那 *Nà*
幾 *kè*
} Those

'Those umbrellas.'

物 *voè* things.
這 *Chè*
等 *tìng*
} These

'These things.'

Pè 彼, *kë* 其, *ē* 伊, appear sometimes as demonstratives, either singular or plural according to the scope of the passage. *Shé* 是, the substantive verb, is used for '*this*' when it refers to any person, thing, or subject immediately preceding. *Pè* 彼, that or those, *tseē* 此, this or these, are frequently used together for 'that and this,' 'those and these.' As in English 'that' refers to the first mentioned, 'this' to the last mentioned.

N

海上絲綢之路文獻集成 科技與文化編

The Relative

Pronouns 'who, which, and that,' are made by *sò* 所, preceding the verb, or *chày* 者, closing the member of the sentence. Thus,

'The man is happy who lives virtuously.'

矣 *ì* ! 福 *fŏ* happiness 有 *yeù* has 者 *chày* he who 善 *shín* goodness 行 *Hîng* Practises

The same may be rendered

矣 *ì* ! 有 *yeù* has 之 *chē* who 2 行 *Hîng* Practises
福 *fŏ* happiness 人 *jîn* the man 1 善 *shén* goodness

In which *chē* appears to form the relative 'who.'

'He is a real friend who faithfully assists in the time of adversity,' is thus rendered:

朋 *pêng* 友 *yèw* } friend. 為 *weî* is 信 *sin* faithfully 之 *chē* of 2 遇 *Yú* Meeting
真 *chin* a true and 助 *tscé* assist 時 *shê* the time 1 難 *nán* distressing
實 *shĕ* real 者 *chày* he who 有 *yeù* has (does) 事 *seé* affairs

'He or they who come to this place.'

者 *chày* he or they who. 處 *chú* place 此 *tscè* this 到 *taoú* to 來 *Laê* Come

Or

處 *chú* place. 此 *tseè* this 到 *taoú* to 來 *laê* come 所 *Sò* Whoever

Or vulgarly,

人 *jin* persons. 那 *nâ* } those 此 *tseè* this 來 *Laê* Come
些 *sëë* } 處 *chŭ* place 到 *taoŭ* to

'The things which I wanted.'

東 *tŭng* } thing. 要 *yaoŭ* want 我 *Gò* I
西 *sê* } 的 *tëĕ* the 所 *sò* which

'He who learns.'

者 *chày* he who. 學 *Haŏ* Learns

Vulgarly,

人 *jîn* man. 那 *nâ* } that 所 *Sò* Who
個 *kò* } 學 *haŏ* learns

'Whoever' is rendered by

所 *sò* who or which. 凡 *Fân* All

Thus

良 *leâng* a virtuous 慎 *shín* diligently 務 *vu* must 交 *keaoū* intercourse 凡 *Fân* All
友 *yèw* friend. 擇 *tseĕ* choose 宜 *ê* suitably 遊 *yeû* amusement 所 *sò* who

'Whoever would have an associate, must attentively choose a virtuous friend.'

公 *kŭng* justly and 交 *keaoū* give and 還 *hwân* moreover 什 *shǎy* utensils & 買 *maè* buy and 凡 *Fân* All
平 *pîng* evenly. 易 *yǎy* exchange 須 *seū* should 物 *voĕ* things 賣 *maé* sell 所 *sò* those who

'Whoever buys and sells, should make a point of dealing justly.'

N 2

'Whatever' is also made by '*fân sò* :' As

必 *pëë* must be	其 *kë* their	之 *chë* the	貴 *kueí* valuable and	凡 *Fân* All
昂 *ngang* high.	價 *keä* price	物 *vöë* things	重 *chŭng* heavy	所 *sò* which are

'Whatever articles are valuable, their price must be high.'

The Distributive

Pronoun 'each' is made by *meî* 每, each. Thus

員 *yuên* dollar.	俾 *pè* give	個 *kó* (N.)	每 *Meî* Each
	一 *yăy* one	人 *jîn* man	一 *yăy* one

'Every' by *kŏ* 各: as, *kŏ heáng* 項各, 'every sort.' 'In every way,' is thus rendered : *pĕ pwān* 般百, 'a hundred ways.'

'Every way it amounts to the same thing.'

樣 *yâng* manner.	一 *yăy* one	是 *shé* are	都 *toō* all	般 *pwān* ways	百 *Pĕ* A hundred

'Every business requires attention.'

心 *shin* heart.	小 *seaou* little	要 *yaoú* require	都 *toō* all	事 *seé* affair	凡 *Fân* Every

'Every person goes.'

去 *keü* goes.	不 *poō* not	人 *jîn* man	無 *Vû* No

'Every day.'

天 Teēn Heaven or day
天 teēn the same.

Or

日 Jĕ Day
日 jĕ day.

'Either' is variously rendered.

'I have not seen either of those persons.'

彼 Pĕ There
兩 leàng two
個 kó (N.)
人 jîn men
都 toú all
不 poŏ not
見 keén see
過 kwŏ have.

'Either of them.'

不 Poŏ Not
論 lŭn distinguish
是 shĕ is
那 nà which
一 yĕy } one.
個 kó }

The same phrase would also render with propriety—'any of them.'

'It is neither of them.'

兩 Leàng } Both
個 kó }
不 pŏ not
是 shĕ is.

The Indefinite

Pronouns are variously rendered; the following are a few examples.

'There are *some* persons whom he delights, but *others* are not much pleased.'

有 *Yeù* There are
人 *jîn* men
家 *keā* (a house, N.)
他 *tā* he 2

所 *sò* whom 1
喜 *hè* makes glad and
悅 *yuě* pleases
惟 *wê* but

他 *tā* he (does)
不 *poŏ* not

別 *pëĕ* }
的 *tëĕ* } others

多 *tō* much
悅 *yuě* please.

'Amongst you there are *some* wise and virtuous; the *others* are diligent.'

爾 *Urh* You
之 *chē* of 2
中 *chŭng* the midst 1
有 *yeù* have

些 *sëē* a few
爲 *weî* are
知 *chē* }
者 *chày* } wise

其 *kê* them }
餘 *yû* beside } the rest—the others

善 *shén* }
者 *chày* } good

爲 *weî* are
勤 *kĭn* diligent
辦 *pán* managing
事 *seé* business.

'*Any* of them.'

不 *Poŏ* Not
論 *lŭn* distinguish
那 *nà* which

一 *yăy* }
個 *kó* } one.

海上絲綢之路文獻集成 科技與文化编

'Any person.'

Or thus

人 *jîn* man. 甚 *shín* 麼 *mŏ* } what 不 *Poŏ* Not 拘 *keū* con-fined to

'All are present.'

在 *tsaé* are present. 都 *Toŏ* All

Or

在 *tsaé* are present. 總 *tsùng* whole 一 *Yăy* One

'The passions of men are *such* that their hearts are never at rest.'

此 *tseè* this. 爲 *weî* are 如 *joŏ* as 其 *kê* his 情 *tsîng* passions 不 *poŏ* not 動 *tùng* move 總 *tsùng* all 無 *voŏ* not 人 *Jîn* Man's 心 *shin* heart

'Such a man as this.'

人 *jîn* man. 的 *tëë* of 樣 *yáng* manner 這 *Chĕ* This

'One should know his own mind.'

何 *hô* what. 意 *ê* the mind 1 如 *joŏ* as 己 *kè* self 之 *chê* of 2 道 *taoú* fully 自 *tseé* him 當 *tāng* ought 知 *chê* to know 人 *Jin* Man 應 *ying* should and

'None that go in to her, return again.'

出 *chŭ* out 者 *chày* those who. 有 *yeù* have 退 *tŭy* return 內 *núy* the midst 1 無 *voŏ* not 他 *tā* her 之 *chê* of 2 進 *tsún* go in 於 *yū* to 從 *Tsŭng* From 都 *toŏ* all (that)

'A disposition to respect the aged and pity the poor is possessed by *all* men.'

心 *shin* } heart.	有 *yeû* have	人 *jin* men	憐 *lëên* pity	敬 *King* Respect
也 *yày* } heart.	是 *shé* this	皆 *kaē* all	貧 *pǐn* the poor	老 *laoù* the aged

'The money, letter, pencils, ink, &c. which were sent have *all* been received.'

入 *jŏ* entered	已 *è* have	等 *tāng* &c.	信 *sín* letter	付 *Foó* Send
矣 *è*	得 *tĕ* obtained	物 *voĕ* things	筆 *pëĕ* pencils	來 *laê* come
	收 *sheú* received	俱 *keū* all	墨 *mëĕ* ink	銀 *yin* the money

海上絲綢之路文獻集成 科技與文化编

THE VERB

Is by the Chinese called *sàng tseé* 字生, 'a living word,' in contradistinction from the Noun, which they call *see tseé* 字死, 'a dead word.' (1)

The verb remains the same through every person in both numbers.

The Modes and Tenses are made by auxiliary words, the application of which we shall illustrate by examples : and first of the verb *To Have.*

To Have is expressed by the character *yeù* 有.

INDICATIVE MOOD.

Present Tense.

Singular.

3		2		1	
他	*Tā* He, she, or it	你	*Nè* Thou	我	*Gò* I
有。	*yeù* hath or has.	有。	*yeù* hast.	有。	*yeù* have.

Plural.

3		2		1	
他	*Tā* } They	你	*Nè* } Ye or you	我	*Gò* } We
們	*mûn*	們	*mûn*	們	*mûn*
有。	*yeù* have.	有。	*yeù* have.	有。	*yeù* have.

(1) The verb is also denominated *tŭng tseé* 字動, 'a moving word,' and the Noun *tsíng tseé* 字靜, 'a quiescent word.'

'I have a book.'

我 Gò I
有 yeù have
一 yǎy one
本 puèn (N.).
書 shoō book.

'You have a great deal of cotton.'

你 Nè, 們 mún } You
有 yeù have
許 heù very
多 tō much
棉 mëën, 花 hwâ } cotton.

'He has a chest of opium.'

他 Tà He
有 yeù has
一 yǎy one
箱 siang chest
鴉 yâ, 片 pëën } opium.

Interrogatively

'What have you to sell?'

你 Nè You
有 yeù have
甚 shìn, 麼 mò } what
貨 hó goods and
物 voǒ things
賣 maè to sell?

'Have you a pair of tongs?'

你 Nè You,
尊 tsūn, 駕 keá } Sir,
有 yeù have
一 yǎy a
把 pà (N.)
鐵 tëě iron
鉗 këën tongs
未 wé not
有 yeù have.

海上絲綢之路文獻集成 科技與文化編

'Have you not a tea pot?'

麼 mò ?	茶 chă tea-	是 shé is	你 Nè You
	壺 haô pot	有 yeù have	不 poŏ not

'Say positively, have you that thing or not?'

有 yeù have?	東 tūng } thing	有 yeù have	說 shwŏ speak	你 Nè You
	西 sē	那 nă that	來 laê forth	實 shĕ } really
	沒 mò not	件 këĕn (N.)	你 nè you	在 tsaé

Imperfect Tense.

'I had.'

有 yeù had.	時 shê time	先 siēn before	我 Gò I

Or

有 yeù had.	時 shê time	前 tsëĕn prior	我 Gò I

Or

有 yeù had.*	前 tsëĕn before	從 tsûng following	我 Gò I

As the verb, and the signs of the Tense are the same through every person, in both numbers, it is unnecessary to write them down at full length. 'Thou hadst,' is *Nè siēn shê yeù*; 'He had,' *tā siēn shê yeù*.

* Beside these indeterminate expressions, they say, *gò tsaê kāng yeù* 有剛纔我, 'I had just now,' as in the future, *gò tsèw yeù* 有就我, 'I shall soon have.'

O 2

'I had a European picture which I have now lost.'

了 *leaoù* have.	今 *kin* present	洋 *yâng* ocean	有 *yeù* had	我 *Gò* I
	遺 *è* left	畫 *hwá* picture	一 *yăy* one	先 *siēn* before
	失 *shĕ* lost	于 *yû* at	幅 *fŏ* (N.)	時 *shê* time

'He had a whetstone.'

塊 *kuaè* (N.)	石 *shĕ* stone	磨 *mô* rub	前 *tseên* before	他 *Tā* He
	一 *yăy* one	刀 *taoū* knife	有 *yeù* had	從 *tsûng* following

'They formerly had some large rope.'

大 *tá* large	曾 *tsăng* already	他 *Tā* } They
繩 *shîng* } ropes.*	有 *yeù* had	們 *mûn* }
子 *tseè* }	幾 *kè* a few	先 *siēn* before
	條 *teaoû* (N.)	時 *shê* time

Interrogatively

'Had you before?'

麽 *mò* ?	有 *yeù* had	先 *siēn* before	你 *Nè* You

* If a determinate time be mentioned, the usual signs of the tense are omitted. 'He had last year, *tā shàng niên yeù* 有年上他. 'I had this morning,' *Gò kin tsaò yeù* 有早今我. 'I had yesterday,' *Gò tsŏ tiēn yeù* 有天昨我.

Perfect Tense.

'I have had.'

過 kwŏ past. 有 yeù had 經 king gone by 已 ì already 我 Gò I

Or

過 kwŏ 有 yeù 已 ì 我 Gò

Or

過 kwŏ 有 yeù 經 king 我 Gò.

They also use, to denote the same time—

過 kwŏ 有 yeù 經 king 業 Nĕè

And

過 kwŏ 有 yeù 經 king 曾 Tsăng

'*I have had* a chair for some time.'

乘 shĭng (N.)	有 yeù } had	我 Gò I
	過 kwŏ }	已 ì } have
	轎 keaoú } sedan chair	經 king }
	子 tsèè }	幾 kĕ some
	一 yĕy one	久 kèw length of time

'He has had several bamboo chairs for a long time.'

椅 *è* chair	久 *kèw* while	他 *Tā* He
幾 *kè* several	有 *yeù* } had	曾 *tsăng* } has (1)
張 *chāng* (N.)	過 *kuó*	經 *king*
	竹 *chŏ* bamboo	好 *haoù* good

'They have had a carriage two years.'

馬 *mà* horse	兩 *leàng* two	他 *Tā* } They
車 *chāy* carriage	年 *nëên* years	們 *mún*
一 *yăy* one	有 *yeù* } had	業 *nëĕ* } have
駕 *keá* (N.)	過 *kuò*	經 *king*

Interrogatively,

'*Have* you not yet *had* a wash-hand-stand ?'

盆 *pwăn* vessel	有 *yeù* } had	你 *Nè* You
架 *keá* stand	過 *kuò*	未 *wé* not yet
麼 *mŏ* ?	面 *mëén* face	曾 *tsāng* have

(1) The character *châng* 嘗 is used in the same sense as *tsāng*.

海上絲綢之路文獻集成 科技與文化編

Pluperfect Tense.

'I had had.'

我 *Gò* I
那 *nà* that
時 *shê* time
前 *tsëên* before
經 *king* past
有 *yeù* } had.
過 *kuò* }

Or

曾 *Tsăng* Already
有 *yeù* } had.
過 *kuò* }

'*I had had* a tooth-pick before that time.'

我 *Gò* I
那 *nà* that
時 *shê* time
前 *tsëên* before
經 *king* had
有 *yeù* } had
過 *kuò* }
牙 *yâ* tooth
籤 *tseên* pick
一 *yǎy* one
副 *fô* (N.)

'The Surgeon *had had* a silver probe before he came here.'

醫 *E* } The surgeon
生 *săng* }
來 *laê* come
此 *tsæ̀* this
處 *chŭ* place
時 *shê* time
前 *tsëên* before
曾 *tsăng* had
經 *king* } had
有 *yeù* }
銀 *yin* silver
針 *chin* probe
一 *yǎy* one
管 *kwăn* (N.)

Interrogatively,

'Had he not had a boat-oar before that time ?'

那 *Nà* That
時 *shî* } time
候 *heú*
前 *tsiên* before
他 *tā* he

不 *poŏ* not } not
是 *shé* is
曾 *tsăng* had
經 *king* } had
有 *yeù*

過 *kwŏ* past
三 *sān* three } boat
板 *pàn* plank
槳 *tseàng* oar
一 *yăy* one

枝 *chē* (N.)
麼 *mō* ?

'No ; he had not.'

他 *Tā* He
不 *poŏ* } not
是 *shé*

有 *yeù* } had.
的 *teë*

The Future

One of the words by which the future is expressed will not answer to our indeterminate future* 'I shall have,' but answers to the Greek Paulo-post Future, 'I shall soon have,' or 'I shall have presently.' Thus

我 *Gò* I 就 *tséw* shall soon 有 *yeù* have.

* From this, and various other instances, will be manifest the difficulty, if not the impracticability, of translating literally, every character singly, so as to make sense in the connection in which they stand in the sentence.

'Any length of time is unnecessary, I shall soon have.'

久 *kèw* long time. 用 *yúng* use 有 *yeù* have 我 *Gò* I
了 *leaoù* 幾 *kè* any 不 *poò* no 就 *tsèw* shall soon

As 'will,' in the first person in both numbers denotes *purpose*, and 'shall,' in the second and third persons denotes necessity, either from a promise or threat, they require a different rendering from 'shall,' in the first person, which merely foretels, and 'will,' in the second and third persons which denotes the same. An approximation to the import of 'I will soon have,' may be made in these several ways.

有 *yeù* have. 就 *tsèw* will soon 想 *seàng* think or intend (that I) 我 *Gò* I

Or

有 *yeù* to have. 就 *tsèw* soon 要 *yaoú* want 我 *Gò* I

Or

有 *yeù* have. 必 *pëĕ* must 就 *tsèw* soon 我 *Gò* I

'I will soon have a few arm chairs placed in the library.'

樓 *leû* loft. 擺 *paè* placed 圈 *keuèn* round 有 *yeù* have 我 *Gò* I
在 *tsaé* to be in 手 *shòw* hand 幾 *kè* a few 要 *yaoú* will
書 *shoō* the book 椅 *è* chairs 張 *chāng* (N.) 就 *tsèw* soon

'*I will soon have* some business which I must request you to attend to speedily.'

辦 *pán* to perform. 赶 *kàn* urgently 請 *tsìng* request 事 *seé* business 要 *yaoú* will 我 *Gò* I
快 *kwaè* haste 你 *nè* you 必 *pëĕ* must 有 *yeù* have 就 *tsèw* soon

P

'I tell you in truth, that they shall soon have a saddle ready, to lend to you, Sir, for your use.'

你 *nè* you	架 *keá* (N.)	就 *tsèw* soon	你 *nè* you	我 *Gò* I
用 *yúng* to use.	便 *peén* ready	有 *yeù* have	聽 *ting* to hear	實 *shĕ* reality 2 }
	借 *tseáy* to lend,	馬 *mà* horse	他 *tā* } they	在 *tsaé* in 1 }
	尊 *tsūn* } Sir	鞍 *ngān* saddle	們 *mún* } they	說 *shwŏ* tell
	駕 *keá* } Sir	一 *yăy* one	必 *pĕ* must	與 *yŭ* to

The Future Tense

Is made by *tseāng* 將, about (to be ;) *tseāng laê* 來將, about to come, and *hów* 後, afterwards; *hów laê* 來後, after come.

'I shall have.'

有 *yeù* have.	將 *tseāng* shall	我 *Gò* I

'We shall not have books, and of course cannot greatly advance in learning.'

文 *wân* literature.	得 *tĕ* can	書 *shoō* books,	來 *laê* time (coming)	我 *Gò* } We
	大 *tă* greatly	則 *tsĕ* hence	不 *poŏ* not	們 *mún* } We
	進 *tsĭn* enter	不 *poŏ* not	有 *yeù* have	將 *tseāng* shall

'I am apprehensive that they will have a foul wind.'

風 *fūng* wind.	遭 *tsaō* to meet	將 *tseāng* will	他 *tā* } they	恐 *Kùng* Apprehend (and)
	逆 *neĕ* adverse	有 *yeù* have	們 *mún* } they	怕 *pă* fear

'I hope, Sir, that you will have what you wish.'

我 Gò I 望 wáng hope
老 laoù aged 爺 yây father } you, Sir,
將 tseāng will 有 yeù have
心 shin heart 所 sò that which
悅 yuě likes.

The remarks made above respecting 'shall and will,' apply in each future tense.

'I *will* have that.'

我 Gò I 將 tseāng shall
必 pëě of necessity 有 yeù have
那 nâ 箇 kŏ } that.

'Do not be afraid, you shall have that—indeed you shall.'

不 Poŏ Not 怕 pá fear 你 nè you
後 hów after 來 laê coming 必 pëě must
有 yeù have 那 nâ 個 kŏ } that
便 peén suitable 是 shí is.

When a determinate time is mentioned, the signs of the future are generally omitted.

'I shall have to-morrow.'

我 Gò I 明 míng 天 teën } to-morrow
纔 tsaê shall 有 yeù have.

Pp

海上絲綢之路文獻集成　科技與文化編

'Next year he will have.'

有 *yeù* have. 方 *fāng* well then 年 *nëën* year 明 *mîng* bright (next) 他 *Tā* He

Interrogatively

'Will he to-morrow have?'

將 *tseāng* will　他 *Tā* He
有 *yeù* have　明 *mîng* bright } to-morrow
麼 *mŏ* or not?　天 *tëën* heaven

'Will he have an umbrella the day after to-morrow?'

麼 *mŏ* or not?　有 *yeù* have　他 *Tā* He
雨 *yù* rain　後 *hów* after } day after to-morrow
傘 *sán* umbrella　天 *tëën* day

'Will you have this?'

這 *chĕ* } this?　你 *Nè* You
箇 *kó*　悅 *yuĕ* like
有 *yeù* to have

Or

這 *chĕ* } this?　你 *Nè* You?
箇 *kó*　肯 *kăng* will?
受 *shów* receive

Second Future Tense.

'I shall have had.'

了 *leaoù* perfected.	過 *kwŏ* past	有 *yeù* have	將 *tseāng* shall	我 *Gò* I

'I have not any this winter; it is necessary that you wait till next mid-summer, when I think I shall have had some.'

必 *pēē* must	那 *nâ* that	來 *laê* coming	未 *wé* not	今 *Kin* This
將 *tseāng* shall	時 *shê* time	年 *nëên* year	有 *yeù* have;	歲 *süy* year
有 *yeù* have	前 *tsëên* before	夏 *heá* summer's	務 *woó* must	冬 *tung* winter
過 *kwŏ* past	我 *gò* I	至 *chê* utmost	須 *seü* necessarily	季 *ké* season
了 *leaoù* perfected.	想 *seāng* think	節 *tseĕ* the term;	俟 *seé* wait	總 *tsùng* altogether

IMPERATIVE MOOD.

'Let me have,' *i. e.* permit me to have, is

有 *yeù* to have.	我 *gò* me	許 *Heù* Permit

Or

有 *yeù* to have.	我 *gò* me	准 *Chùn* Allow

'Have thou,' as a command or entreaty, cannot be rendered but by

有 *yeù* have.	你 *nè* thou	要 *yaoú* will (that)	我 *Gò* I

海上絲綢之路文獻集成 科技與文化編

Or

有 *yeù* to have. 你 *nè* you 着 *chŏ* order 我 *Gò* I

As an entreaty

有 *yeù* to have. 你 *nè* you 愛 *waé* wish 我 *Gò* I

Or

有 *yeù* to have. 你 *nè* you 勸 *keuĕn* exhort 我 *Gò* I

'Have patience.'

之 *chē* of 2 忍 *jin* } patience 3 你 *Nè* You
心 *shin* heart. 1 耐 *naé* } 用 *yúng* use

'Let (or permit) him (to) have.'

有 *yeù* to have. 他 *tà* him 許 *Heù* Permit

'Let us have.'

有 *yeù* to have 許 *Heù* Permit
我 *gò* } us
們 *mún* }

'Let us have gratitude,' as an exhortation in the first person plural.

心 *shin* heart. 恩 *wēn* favour ;— 有 *yeù* have 即 *tsëĭ* immediately 我 *Gò* } We
之 *chē* the 報 *paóu* to recompense 宜 *ê* should 們 *mún* }

'Have ye, or do ye have.'

即 tsëě instantly 你 Nè }You
有 yeù have. 們 mûn

Or

即 tsëě instantly 你 nè }you 我 Gò I
有 yeù to have. 們 mûn 欲 yŏ wish

'Let them have.'

有 yeù to have. 許 Heù Permit
他 tà }them
們 mûn

POTENTIAL MOOD.

Present Tense.

'I may have'

有 yeù have. 我 Gò I
可 kò }may
以 è

'I can have.'

我 *Gŏ* I
可 *kŏ* } can
能 *nâng* } can
有 *yeŭ* have.

'You may have that when you please.'

你 *Nè* You
隨 *sûy* according to
意 *è* wish
可 *kŏ* } may
以 *è* } may
有 *yeŭ* have
那 *nâ* } that
件 *këĕn* } that
物 *vuĕ* thing.

'He can have that precious stone.'

他 *Tâ* He
可 *kŏ* } can
能 *nâng* } can
有 *yeŭ* have
那 *nâ* } that
件 *këĕn* } that
寶 *paoù* precious
石 *shĕ* stone.

Interrogatively

'May I have?'

我 *Gŏ* I
可 *kŏ* } may
以 *è* } may
有 *yeŭ* have
麼 *mŏ* or not?

'How can he not have a master to teach him?'

他 *Tā* He
豈 *kè* how
不 *poŏ* not
可 *kò* } can
能 *nâng* }
有 *yeù* have
先 *siēn* } a master
生 *sāng* }
教 *keaoú* to teach
乎 *hoô* ?

Imperfect Tense.

'I might have.'

'Seven months ago *I might have* bought several houses.'

我 *Gò* I
先 *siēn* before
七 *tsē* seven
個 *kŏ* (N.)
月 *yuĕ* moons
可 *kò* } might
以 *ì* }
有 *yeù* have
買 *maè* bought
房 *fâng* rooms
屋 *ŏ* houses
幾 *kè* several
間 *kēen* (N.)

'You could have.'

'Last year you *could have* bought ten Mow of land at 30 tales per Mow.'

你 *Nè* You
上 *shàng* above
年 *nëen* year
可 *kò* } might
能 *nâng* }
有 *yeù* have
買 *maè* bought
田 *teên* field
十 *shĕ* ten
畝 *Mow* Mow;
每 *meì* each
畝 *Mow* Mow
銀 *yin* silver
三 *sān* thrice
十 *shĕ* ten
両 *leàng* tale.

海上絲綢之路文獻集成 科技與文化编

'I would,' denoting purpose,

'If I had known that affair yesterday, *I would have* come and consulted with you.'

若 *Jŏ* If 我 *gò* I 昨 *tsŏ* 天 *tëën* yesterday 纔 *tsaê* had 知 *chē* 道 *taoû* known

那 *nâ* 件 *këën* that 事 *sće* 情 *tsûng* affair 我 *gò* I 即 *tsëë* instantly 要 *yaoû* would

有 *yeù* have 來 *laê* come 與 *yû* to 你 *nè* you 斟 *chin* 酌 *chĕ* to consult.

'You would,' denoting that which would follow in consequence of some thing mentioned or understood.

'If you had come yesterday, you would have seen him, for he was here at that time.'

若 *Jŏ* If 你 *nè* you 昨 *tsŏ* 天 *tëën* yesterday

來 *laê* come 了 *leaoù* had 你 *nè* you 則 *tsĕ* would then

有 *yeù* have 見 *këën* seen 他 *tâ* him; 蓋 *kaê* for

那 *nâ* that 時 *shĭ* time— 節 *tseĕ* portion 他 *tâ* he

在 *tsaê* was 這 *chĕ* 裏 *lè* here.

'My Brother was here yesterday; if you had come you would have seen him.'

我 *Gŏ* My
兄 *heūng* } brother
弟 *té*
是 *shé* was
昨 *tsŏ* } yester-day
天 *tëen*
在 *tsaé* in
這 *chē* this
裏 *lè* place;
如 *joô* if
你 *nè* you
那 *nâ* that
時 *shê* time
來 *laê* come
就 *tsèw* then would
有 *yeù* have
見 *këén* seen
他 *tā* him.

Tsèw 就, which above is given as forming the Paulo-post future, denotes 'presently, hence, of course,' &c.

'Should,' denoting 'duty, obligation,' &c.

'Hitherto you should have attended diligently to what the master said.'

向 *Heáng* } Hitherto
來 *laê*
你 *nè* you
應 *ying* should and
該 *kaē* ought
有 *yeù* to have
慎 *shín* diligently
聽 *tīng* heard
先 *sëēn* } the master
生 *sāng*
所 *sò* which
講 *keàng* spoke
出 *chŭ* out
來 *laê* come
的 *teĕ* the
話 *hwá* words.

'I should have,' denoting that which follows of course.

'If I had heard sooner of that affair, *I should have* gone to assist them.'

若 *Jŏ* If
我 *gŏ* I
越 *yuĕ* more
早 *tsaò* soon
聽 *tīng* heard
那 *nâ* } that
件 *këén*
事 *seé* affair;
我 *gŏ* I
則 *tsĕ* would then
有 *yeù* have
去 *keū* gone
幫 *pāng* to aid and
助 *tsoó* assist
他 *tā* } them.
們 *mûn*

Q 2

Interrogatively,

'How might I not have obtained profit yesterday?'

我 *Gǒ* I (1)
豈 *kè* how (2)
不 *poǒ*, 是 *shé* — not
昨 *tsǒ*, 天 *tëen* — yesterday
可 *kǒ*, 以 *è* — might
有 *yeù* have
得 *tě* obtained
利 *lé*, 息 *seě* — profit
耶 *yây* !

'How could he have ability to perform it well!'

他 *Tā* He
安 *ngān* how
能 *nâng* could
有 *yeù* have
力 *lëě*, 量 *leáng* — ability
做 *tsó*, 得 *tě* — to perform it
妥 *tǒ*, 當 *tāng* — well
哉 *tsaè* !

'If he had before asked you to do it, *would you have* gone and done it?'

如 *Joô* If
他 *tā* he
先 *siēn* before
曾 *tsāng* already
有 *yeù* had
請 *tsǎng* requested
你 *nè* you
辦 *pán* to do (it)
你 *nè* you
肯 *kǎng* would
去 *kéw* go
辦 *pán* and do it
否 *feù* or not.

海上絲綢之路文獻集成 科技與文化編

'If he had adopted this mode of acting, *would it not have* been better.'

若 *Jŏ* If
他 *tă* he
先 *siēn* before
有 *yeù* had

用 *yúng* used
這 *chě* this
樣 *yâng* manner
的 *tëë* of

辦 *pán* acting
法 *fă* rule
不 *poŏ* } would it not
是 *shé* }

就 *tsèw* then
爲 *weî* been
更 *kăng* more
好 *haòu* good

耶 *yây* ?

'Should he not have acted thus?'

他 *Tă* He
曾 *tsăng* } ought
經 *king* }
應 *yîng* }

有 *yeù* to have
如 *joŏ* as
此 *tsè* this
辦 *pán* acted,

是 *shé* is
不 *poŏ* not
是 *shé* is?

'If I had come yesterday, should I not have seen him?'

若 *Jŏ* If
我 *gò* I
昨 *tsŏ* } yesterday
天 *tëën* }

來 *laê* came,
我 *gò* I
不 *poŏ* } not
是 *shé* }

就 *tsèw* then
有 *yeù* have
見 *këën* seen
他 *tă* him

麼 *mŏ* ?

Perfect Tense.

'I may or can have had.'

'I do not remember fully; I may have had--but it is uncertain.'

我 Gò I (do)
不 poĕ not
記 kĕ } remember
得 tĕ }

實 shĕ } really;
在 tsaé }
哉 hwă } perhaps
者 chày }

我 gò I
曾 tsāng } already
經 king }
可 kò may

有 yeù } have had:
過 kwö }
亦 yĕy yet
未 wé not

定 tĭng certain.

Or

'I may have had.'

哉 Hwă } Perhaps
者 chày }
我 gò I

從 tsûng } before
前 tsëën }
曾 tsāng already

有 yeù } have had.
過 kwö }

'That thing is what he cannot have had.'

那 Nà } That
件 këën }
物 voĕ thing
是 shĕ is

他 tă he
所 sò that which
不 poö not
能 nâng can

已 è } already
經 king }
有 yeù } have had
過 kwö }

的 teĕ the thing.

通用漢言之法

Interrogatively,

'Why can he not have had that?'

因	*Yin*	Because of
何	*hŏ*	what
他	*tā*	he
不	*poŏ*	not
是	*shĕ*	
曾	*tsăng*	already
能	*năng*	could
有	*yeù*	have had
過	*kwŏ*	
那	*nà*	that
件	*këën*	
物	*voŏ*	thing
耶	*yây*	?

Pluperfect Tense.

'I might could, would, or should have had.'

'Two years ago I might have had several silver soup-spoons'

前	*Tsëën*	Before
兩	*leàng*	two
年	*nëën*	years
我	*gŏ*	I
可	*kŏ*	might
以	*è*	
有	*yeù*	have had
過	*kwŏ*	
銀	*yin*	silver
幾	*kē*	several
湯	*tāng*	soup-
羹	*kāng*	spoons
把	*pà*	(N.)

'When your father was alive, you could have had a very pleasant place to live in.'

令	*Ling*	Your father
尊	*tsūn*	
在	*tsaè*	remained
時	*shê*	whilst
你	*nè*	you
可	*kŏ*	could
能	*nâng*	
有	*yeù*	have
好	*haoù*	a good (and)
趣	*tsëū*	pleasant
得	*tĕ*	obtained
過	*kwŏ*	
地	*tĕ*	place
方	*fāng*	
居	*keū*	to dwell (in.)
住	*chú*	

'The month before last I could have had bought a great quantity of tea, but I did not then know what your determination was.'

我 Gò I
前 tsiên the former
箇 kó (N.)
月 yuě moon
可 kò, 能 nâng } could
買 maè, 了 leaoù } bought
許 heù, 多 tō } a great deal of
茶 cha tea
葉 yěy leaf,
惟 wê but
當 tāng at that
時 shê time
不 poǒ not
得 tě could
知 chē, 道 taoù } know
你 nè, 的 teě } your
主 chu, 意 è } determination
如 joǒ, 何 hô } what.

'If at that time he had had more knowledge, he would not have had behaved in this manner.'

若 Jǒ If
那 nà that
時 shê, 節 tsëě } time
他 tà he
越 yuě, 發 fă } more
有 yeù had
得 tě possessed
見 keěn, 識 shě } knowledge
他 tà he
不 poǒ, 是 shê } not
有 yeù have
這 chě this
樣 yâng manner
的 teě of
行 hîng, 爲 wei } behaviour.

'Before he fell down, you *should have had* told him to be careful; that he was not permitted to go up hastily.'

他 *Tā* He 未 *wé* not 曾 *tsāng* yet 跌 *tëë* fallen

下 *hiá* down 之 *chē* the 先 *siēn* before, 你 *nè* you

應 *yíng* 當 *tāng* } should 預 *yú* previously have 囑 *chŏ* told

他 *tā* him 小 *seaou* 心 *shin* } to be careful; 不 *poŏ* not

許 *heù* allowed 急 *keĕ* in hurry 速 *sŏ* and haste 上 *shàng* up

來 *laê* to come.

Interrogatively,

'If before that time he had pleased to act thus, why could he not have had done it?'

那 *Nâ* That 時 *shê* time 之 *chē* the 前 *tsiēn* before

若 *jŏ* if 他 *tā* he 歡 *hwŏn* rejoiced 喜 *hè* gladly

有 *yeù* to have 如 *joŏ* as 此 *tseè* this 行 *hîng* acted:

豈 *kè* how 不 *poŏ* not 可 *kò* 能 *nâng* } might

去 *keú* go 辦 *pán* to act 乎 *hoô* ?

SUBJUNCTIVE MOOD.

Present Tense.

'If I had.'

若 *Jŏ* If 我 *gò* I 有 *yeù* have.

Or

如 *Joŏ* If 我 *gò* I 有 *yeù* have.

R

'If thou have.'

有 yeù have, &c. 你 nè thou 若 Jŏ If

The same in every person in both numbers.

'*If you have* a few articles, you had better sell them, for the price is now very high.'

若 Jŏ If
你 nè you
有 yeù have
些 sëë a few

貨 hó articles
賣 maé to sell
去 keú out (is)
更 kăng more

好 haoù good
因 yin because
目 mŏ } at present
下 heá }

價 keá } the price (is)
錢 tseên }
太 taé very
高 kaoû high.

Imperfect Tense.

'If I formerly had that thing, it is now lost.'

若 Jŏ If
我 gò I
從 tsŭng } before
前 tsiĕn }
有 yeù had

那 nà } that
件 këën }
東 tŭng } thing,
西 sē }
其 kê it

已 è } already is
經 king }
失 shĕ } lost.
了 leaoù }

通用漢言之法

'If I had, I would soon lend to you—What is there to hinder?'

若 *Jŏ* If
我 *gŏ* I
有 *yeù* had ;—
就 *tsiw* then soon
借 *tsëăy* lend
與 *yú* to
你 *nè* you :
亦 *yày* also
何 *hô* what
妨 *fāng* obstacle (in)
之 *chē* the
事 *seé* thing.

Perfect Tense.

'If I have had,' &c.

'*If he have had* that in his house, why did he not mention it?'

若 *Jŏ* If
他 *t'ā* he
曾 *tsăng* } already
經 *king* }
有 *yeù* } has had
過 *kwŏ* }
這 *chĕ* this
物 *voĕ* } thing
件 *këĕn* }
在 *tsaé* remaining
自 *tseé* } his
己 *kè* }
家 *keā* house
裏 *lè* within
因 *yin* because of
何 *hô* what
他 *t'ā* he
未 *wé* not
曾 *tsăng* yet
說 *shwŏ* mention
知 *chē* to know.

'*If you have had* this for some time, why did you not let me know?'

若 *Jŏ* If
你 *nè* you
業 *nëĕ* } already
經 *king* }
幾 *kĕ* some
久 *kèw* long time
有 *yeù* } have had
過 *kwŏ* }
這 *chĕ* } this
件 *këĕn* }
物 *voĕ* thing
因 *yin* because of
何 *hô* what
未 *wé* not
曾 *tsăng* yet
說 *shwŏ* tell
過 *kwŏ* to
我 *gŏ* me
知 *chē* } to know.
道 *taoú* }

Pluperfect Tense.

'If I had had,' &c.

'If before you came, *I had had* the thing which you wanted, I must have presented it to you.'

若 *Jŏ* If
你 *nè* you
來 *laê* came
時 *shê* time
之 *chê* the

前 *tsëĕn* before
我 *gò* I
曾 *tsāng* } had
經 *king* }
有 *yeù* had

此 *tsēe* this
物 *voĕ* thing
你 *nè* you
所 *sò* which
取 *tseù* wanted,

我 *gò* I
必 *pëĕ* must
有 *yeù* have
送 *súng* present-
過 *kwò* ed (it to)

你 *nè* you.

Paulo-post Future.

'If I shall soon have.'

若 *Jŏ* If
我 *gò* I
就 *tsèw* shall soon
有 *yeù* have.

First Future.

'If I shall have.'

'If, next year, *I shall have* a few things to sell, I shall inform you.'

若 *Jŏ* If
我 *gò* I
明 *mîng* } next year
年 *nëĕn* }
將 *tscāng* shall

有 *yeù* have
些 *sëē* a few
貨 *hó* } articles
物 *voĕ* }
賣 *maê* to sell,

我 *gò* I
就 *tsèw* shall
告 *kaoú* } inform
訴 *soó* }
你 *nè* you

聽 *tîng* to hear.

海上絲綢之路文獻集成 科技與文化编

通用漢言之法

'If I shall have tea, I must present a chest to you.'

若 *Jŏ* If
我 *gò* I
將 *tseāng* shall
有 *yeù* have
茶 *chă* tea
葉 *yăy* leaf,
我 *gò* I
必 *pĕĕ* must
定 *tĭng* certainly
送 *súng* present
一 *yăy* a
箱 *siāng* chest
過 *kwŏ* to
你 *nè* you.

Second Future.

'If I shall have had.'

'Wait till December next year: if before that time *I shall have had*, when you come I will let you know.'

等 *Tàng* } Wait till
待 *taé* }
明 *mîng* next
年 *nëën* year
十 *shĕ* ten
二 *ŭrh* two (i. e. 12th.)
月 *yuĕ* moon;
若 *jŏ* if
那 *nà* that
一 *yăy* one
時 *shĕ* time
未 *wé* not
到 *taoú* arrived,
我 *gò* I
將 *tseāng* shall
有 *yeù* }
過 *kwŏ* } have had
了 *leaoù* }
你 *nè* you
來 *laê* come
時 *shĕ* time
我 *gò* I
必 *pĕĕ* must
講 *keàng* tell
過 *kwŏ* to
你 *nè* you
知 *chē* } to know.
道 *taoú* }

THE INFINITIVE MOOD*

Is expressed by the simple character *yeù* 有 to have: As,

'I love to have.'

有 *yeù* to have. 愛 *waé* love 我 *Gò* I

'To have,' beginning a sentence, is expressed by *è yeù* 有以, to have, as,

'*To have* a great abundance of wealth, and not impart any to the poor, aged man—How is that goodness?'

老 *laoù* aged	而 *ùrh* and	以 *È* To
人 *jin* people;	從 *tsŭng* } never	有 *yeù* have
豈 *kè* how	不 *poö* } never	財 *tsaè* } wealth
爲 *weî* constitute	賜 *tseĕ* impart	帛 *pĕ* } wealth
善 *shén* goodness	與 *yŭ* to	豐 *fŭng* } in abundance
乎 *hoô*!	窮 *keŭng* poor	盛 *shĭng* } in abundance

THE PRESENT PARTICIPLE.

'Having.'

'He *having* a great quantity, shared a little to other persons.'

別 *pĕé* other	分 *fŭn* shared	許 *heù* } a great deal,	他 *Tā* He
人 *jin* persons.	些 *seĕ* a little	多 *tō* } a great deal,	既 *kè* when } having
	與 *yŭ* to	則 *tsĕ* then.	有 *yeù* had } having

* If the Optative Mood were inserted, it would be rendered by *Gò yuén yeù* 有願我, 'I wish or desire, to have'—and also by a peculiar phrase, *Gò pā poö tĕ yeù* 有得不巴我, 'I stop not can to have,' *i. e.* 'I wish to have.'

Perfect Participle.

'Had.'

過 *kuò.* 有 *Yeù*

COMPOUND PERFECT.

'Having had.'

'He *having had* a large fortune, indulged his passions without restraint.'

意 *é* will (and)	本 *puèn* original	有 *yeù* } had	他 *Tā* He
肆 *scé* irregular	業 *neě* property,	過 *kuò* } had	既 *kè* } having
慾 *yŏ* desire.	任 *jìn* indulged (his)	大 *tá* large	曾 *tsăng* } having

Although in conversation, and in detached sentences, the moods and tenses can be expressed determinately, as above, yet, in good composition, which is much more laconic than the spoken language, the signs of the tenses are not so fully employed, but much is left to be gathered from the scope of the passage. And although in some of the above cases, several different signs of the same tense are used together, to shew that it may be done, for the sake of greater precision, it is not to be understood always necessary.

The Substantive Verb '*To Be*,' *shé* 是, is not capable of any combination with other words that will correspond to the several Moods and Tenses of the English Verb. We shall shew by examples how the verb 'to be,' is rendered in Chinese.

INDICATIVE MOOD.

Present Tense.

'I am,' &c.

'*I am* an old man.'

人 *jîn* man. 老 *laoù* old 是 *shé* am 我 *Gò* I

'*You are* intelligent.'

聰 *tsŭng* 明 *mîng* 的 *teĕ* } intelligent. 你 *Nè* You 是 *shé* are

'He is a good man.'

人 *jîn* man. 善 *shĕn* a good 是 *shé* is 他 *Tă* He

'We are poor persons.'

人 *jîn* persons. 是 *shé* are 貧 *pĭn* poor 我 *Gò* 們 *mûn* } We

海上絲綢之路文獻集成 科技與文化編

'They are not proud.'

他 *Tă* } They
們 *mûn*
不 *poŏ* not
是 *shé* are
驕 *keaoû* } proud.
傲 *ngao*
的 *tëĕ*

'Am, art, is, are,'—are also rendered by *hé* 係; *weî* 爲; *tsaé* 在; *shŏ* 屬.

'This *is* mine.'

這 *Chē* } This
箇 *kó*
係 *hé* is
我 *gò* } mine.
的 *tëĕ*

'I am come from Fo-keen.'

我 *Gò* I
係 *hé* am
由 *yêw* from
福 *Fŏ* } Fo-keen
建 *keen*
來 *laê* come.

'He *is* a good son; he always loves and respects his father and mother.'

他 *Tă* He
爲 *weî* is
好 *haoù* good
子 *tsèe* son
他 *tă* he
常 *châng* always
愛 *waé* loves (and)
敬 *kíng* respects
父 *foó* father
母 *moò* mother.

S

'The book *is* here.'

書 *Shoō* The book
在 *tsaé* is
這 *chě* } here.
裏 *lè*

'This affair *is* greatly in opposition to the prohibitions.'

此 *Tsè* This
情 *tsǐng* affair
大 *tá* greatly
屬 *shŏ* is
違 *weî* opposed to
禁 *kín* the prohibitions.

'That *is* his,' is expressed by

那 *Nà* } That
箇 *kò*
屬 *shŏ* belongs to
他 *tā* him.

'Am, is,' &c. are often included in the adjective or verb. As,

'I am hungry.'

我 *Gò* My
肚 *toó* belly
餓 *gò* is hungry.

'He is sorry.'

他 *Tā* He
憂 *yeū* } is sorry.
悶 *mún*

海上絲綢之路文獻集成 科技與文化编

'I am very glad.'

我 *Gò* I
十 *shĕ* ten } very
分 *fŭn* parts
歡 *hwŏn* } am glad.
喜 *hè*

Interrogatively,

'*Am* I my brother's keeper ?'

我 *Gò* I
豈 *kè* how
是 *shĕ* am
爲 *weî* constituted
我 *gò* my
兄 *hŭng* } brother
弟 *tè*
之 *chĕ* 's
照 *chaoú* } keeper
拂 *foĕ*
者 *chày*
乎 *hoô* ?

'Are you not the man who came yesterday ?'

你 *Nè* You
不 *poŏ* not
是 *shê* are
昨 *tsŏ* } yesterday
天 *tëen*
所 *sò* who
來 *laê* came
之 *chĕ* the
人 *jîn* man
麼 *mŏ* ? (1)

Affirming strongly is put in the interrogative form ; thus,

(1) 'Is it, or is it not?' *shĕ poŏ shĕ* 是不是, is, not is? generally follows the proposition with which it is connected, *shĕ feu* 否是, 'is it, or not?' which denotes the same, either precedes or follows the preposition connected with it.

乎 *hoô* ?　來 *laê* came　昨 *tsŏ* } yesterday　爾 *Ûrh* You
之 *chē* the　天 *tëen* }　豈 *kè* how
人 *jîn* man　所 *sŏ* who　非 *fei* not

'How are you not the man who came yesterday?'

Shé 是 'is,' also denotes that which *is right*; *poŏ shé* 是不, not is, denotes that which is *wrong*.

是 *shé* is,　不 *poŏ* not　誰 *shŭy* who　是 *shé* is　誰 *Shŭy* Who

i. e. 'Who *is right*, and who *wrong*.'

It is said,

是 *shé* is,　不 *poŏ* not　有 *yeŏ* have　我 *Gŏ* I

i. e. 'I am wrong,' or 'I am in fault.'

Right and wrong are also expressed by *shé* 是 'is, and *feī* 非, not,' united. Thus,

也 *yăy*　知 *chē* know　所 *sŏ* that which　爾 *ûrh* you　非 *fei* not,　是 *Shé* Is,

i. e. 'You know right from wrong.'(1)

Shé feī sometimes occur together, when a pause in reading or speaking is required after *shé*, which alters the sense. Thus

(1) *Măng tseè* 子孟.

海上絲綢之路文獻集成 科技與文化编

知 chē } knows,	淺 tseēn the shallow	之 chē 's	中 Chŭng } Chung-yung (1)
也 yăy	學 haŏ learned	道 taoŭ doctrines	庸 yŭng
	者 chày person	是 shé are	性 sing nature
	所 sŏ that which	非 feì not	理 lè reason

i. e. 'The doctrines of *Chŭng-yŭng*, respecting nature and reason, are not understood by the partially learned.'

事 seé business. 之 chē the 非 feì wrong 是 Shé Right

And

人 jîn man, 之 chē the 非 feì wrong 是 Shé Right

Are expressions which denote affairs and persons of doubtful, indeterminate character, in which the bad preponderates. It is said,

非 feì and not	是 shé is	者 chày the person who	是 shé is	來 Laî Comes
人 jîn man—	是 shé an is	便 peēn of course	非 feì not	說 shuŏ to speak

i. e. 'He who comes (busily) saying this (person) is right, and that wrong, is himself a doubtful character.'

'*I am engaged*,'—the Chinese express by *gò yeù seé* 事有我, 'I have business.' They say,

(1) The second of the *Sé shoō* 書四, or Four books of Confucius.

好 haoù good,— 相 siang mutually 在 tsaé are 屬 shŏ related 家 keā family 大 Tá Great

i. e. 'We are all on good terms.'

The phrase 'What *is* he?' *i. e.* what occupation—they render by

麼 mŏ ? 甚 shĭn what 作 tsŏ do 是 shé is 他 Tā He

Imperfect Tense.

'I was,' &c.

'When I met him, *I was* riding upon the road.'

馬 mà a horse. 上 shàng upon 在 tsaé situated 我 gò I 之 chē the 遇 Yú Met
騎 ke riding 路 loó the road 是 shé was 時 shê time 他 tā him

'*He was* here yesterday.'

在 tsaê was 他 Tā He
這 chĕ } here. 昨 tsŏ } yesterday
裏 lè 天 teēn

'*They were* once at Peking.'

一 yĭy one 北 pĕ the north 到 taoú go to } were at 他 Tā } They
次 tseē time. 京 king capital 過 kwò passed 們 mûn

Interrogatively,

'*Were you* here when he came?'

麽 *mò* ?	此 *tsʼè* this	同 *tûng* with him	時 *shê* the time	他 *Tā* He
	處 *chú* place	在 *tsaé* were	你 *nè* you	來 *laê* came

'*Was* that affair thus or not?'

不 *poǒ* not	樣 *yâng* manner	有 *yeù* have	事 *seé* affair	那 *Nà* } That
是 *shé* is.	是 *shé* is	這 *chè* this	先 *siēn* before	件 *kéen* }

'Who *was* the person that came this morning?'

爲 *weî* was ·	之 *chē* the	所 *sò* who	今 *Kin* This
誰 *shûy* who?	人 *jîn* man	來 *laê* came	早 *tsaò* morning

'*Were* not these fruits very good last winter?'

是 *shé* is	十 *shě* } very	菓 *kwò* } fruits	時 *shê* time	舊 *Keú* Old
不 *poǒ* not	分 *fŭn* }	子 *tseè* }	這 *chè* } these	年 *neên* year
是 *shé* is.	好 *haoù* good;	爲 *weî* were	些 *seē* }	冬 *tung* winter

'What *were* you doing before you came?'

甚 *shin* } what?	前 *tsiên* before	來 *laê* come	你 *Nè* You
麽 *mò* }	做 *tsó* do	之 *chē* the	未 *wé* not

Perfect Tense.

'I have been,' &c.

'*I have been* here a long time.'

我 *Gò* I
業 *nëě* } have
經 *king* }
在 *tsaé* been
此 *tsèe* this
處 *chŭ* place
甚 *shín* very
久 *kèw* long time.

'*He has been* at England.'

他 *Tā* He
已 *è* } has before
經 *king* }
到 *taoù* } gone to
過 *kwò* }
暎 *yīng* } English
咭 *keĕ* }
唎 *lé* }
國 *kwŏ* country
地 *té* } ground.
方 *fāng* }

Interrogatively,

'Where *have you been?*'

你 *Nè* You
纔 *tsaê* } just now
剛 *kāng* }
去 *keú* go
那 *nà* which
一 *yǎy* one
處 *chŭ* place
來 *laê* come.

'*Have you been* to see who the person is who has come?'

你 *Nè* You
曾 *tsăng* } have
經 *king* }
去 *keú* go
探 *tăn* to enquire
是 *shé* is
何 *hô* who
一 *yăy* one
人 *jîn* man
來 *laê* come
了 *leaoù* has?

'*Have you been* at *Keang-she*?'

你 *Nè* You
已 *è* } have before
經 *king* }
到 *taoú* } gone to
過 *kwò* }
江 *Keāng* } Keang-she
西 *shē* }
麼 *mò* or not?

'*Have been*,' is often included in the verb: as,

'*I have been* reading.'

我 *Gò* I
纔 *tsaê* } just now
剛 *kāng* }
念 *neén* read
書 *shoō* book.

'What *have you been* doing?'

你 *Nè* You
纔 *tsaê* } just now
剛 *kāng* }
做 *tsó* do
甚 *shĭn* } what?
麼 *mò* }

T

'*Pluperfect Tense.*

'I had been,' &c.

'*I had been* there before he came.'

他 *Tā* He　來 *laê* come　時 *shê* time　之 *chē* the
先 *sëen* before　我 *gò* I　業 *nëĕ*　經 *king* } had
到 *taoú*　過 *kwò* } gone to　那 *nâ* that　處 *chú* place.

Or thus,

他 *Tā* He　未 *wé* not　曾 *tsâng* yet
來 *laê* come　我 *gò* I　已 *è* already
經 *king* had　到 *taoú*　過 *kwò* } been at
那 *nâ* that　處 *chú* place.

'Before that affair was introduced *he had been* here many years, and knew pretty well how to manage business, from first to last.'

那 *Nâ*　件 *këen* } That　事 *seé* affair　未 *wé* not　曾 *tsâng* yet
發 *fă* caused　起 *kè* to rise up　來 *laê* come,　他 *tā* he　已 *è* already
經 *king* had　在 *tsaé*　過 *kwò* } resided　這 *chè*　裏 *lè* } here
多 *tō* many　年 *nëên* years;　辦 *pân* managing　事 *seé* business　頗 *pŏ* in some degree
知 *chē* knows　首 *shów* head and　尾 *wè* tail.

Interrogatively,

'Before he came *had you not been* thinking about that affair?'

他 *Tā* He
未 *wé* not
曾 *tsăng* yet
來 *laê* come
你 *nè* you
不 *poŏ* } not
是 *shé* }
纔 *tsaê* } just then
剛 *kăng* }
已 *è* already
想 *seăng* think
及 *keĕ* respecting
那 *nâ* } that
件 *keĕn* }
事 *seé* affair?

'*Had you not been* at *Shan-se* before last year?'

舊 *Kēw* Old
年 *nëên* year
之 *chê* the
先 *siēn* before
你 *nè* you
不 *poŏ* } not
是 *shé* }
曾 *tsăng* } already
經 *king* }
到 *taoú* } been at
過 *kwŏ* }
山 *Shān* } Shan-se
西 *sē* }
麼 *mō* ?

Future Tense.

'*I will be* careful.'

我 *Gò* I 將 *tseăng* shall and 必 *peĕ* must 爲 *weî* make 小 *seaoù* little 心 *shin* heart.

'Next year *I shall be* at *Lo-fow* Hill.'

明 *Ming* ⎫
年 *nëen* ⎭ Next year
我 *gò* I
將 *tseäng* shall

在 *tsaé* be at
羅 *Lô* ⎫
浮 *fòw* ⎭ Lo-fow
山 *shān* Hill.

'Exercise filial piety and respect towards your father and mother, and then *you will* be a good son.'

你 *Nè* You
孝 *heaoú* be dutiful

敬 *kìng* respectful to
父 *foó* father

母 *moò* mother
方 *fāng* then will

爲 *wei* be
好 *haoù* go

子 *tseè* son.

'My mind *will be* at rest when that affair is fully settled.'

那 *Nà* ⎫
件 *këen* ⎭ That
事 *seé* affair

辦 *pán* managed
明 *mîng* ⎫
白 *pë* ⎭ clearly

去 *keú* gone
後 *hów* after
我 *gò* my

心 *shin* heart
方 *fāng* then will
得 *tĕ* obtain

安 *gān* rest
矣 *è* !

'I believe him that it *shall be* as he has said.'

我 *Gò* I
信 *shín* believe
他 *tā* him
以 *è* that
此 *tsè* this

事 *seé* affair
必 *peë* must
如 *joô* as
其 *kê* he
出 *chŭ* issued

言 *yĕn* words
而 *ĕrh* and ⎫
得 *tĕ* obtain ⎬ come to pass.
來 *laê* come ⎭
也 *yày*

'They *will be* victorious.'

他	*Tā*	They
們	*mûn*	
將	*tseāng*	will
得	*tĕ*	obtain
勝	*shing*	victory
矣	*è*	!

'*I shall be* wanting to go abroad.'

我	*Gò*	I
將	*tseāng*	shall
是	*shé*	
要	*yaoú*	want
出	*chŭ*	to go out to
街	*keae*	the street.

Interrogatively,

'*Will he not be* here to-morrow?'

他	*Tā*	He
不	*poŏ*	not
是	*shé*	
明	*mîng*	to-morrow
天	*tëen*	
在	*tsaé*	be
這	*chĕ*	here
裏	*lè*	
麼	*mŏ*	?

'If he be diligent to-day *will he be* permitted to play to-morrow?'

如	*Joô*	If
他	*tā*	he
今	*kin*	to-day
天	*tëen*	
勤	*kĭn*	diligently
做	*tsŏ*	do
事	*seé*	business
明	*mîng*	to-morrow
天	*tëen*	
還	*hwân*	then
是	*shé*	be
許	*heù*	allowed
他	*tā*	him
玩	*rŏn*	to play
耍	*shwà*	
麼	*mŏ*	?

Second Future.

'I shall have been.'

'Reckoning till October next year, *I shall have been* at *Heang-shan* eighteen years.'

十 *shĕ* } eighteen	有 *yeù* have	十 *shĕ* tenth	計 *Ké* Reckoning
八 *pă* }	在 *tsaé* been at	月 *yuĕ* moon	到 *taoú* till
年 *nëën* year's	香 *Heang* } Heang-shan	我 *gò* I	明 *míng* next
久 *këw* length of time.	山 *shān* }	是 *shé* shall	年 *nëën* year

IMPERATIVE MOOD.

'*Be thou* diligent in writing.'

字 *tsoé* character.	寫 *sëè* writing	勤 *kĭn* diligent	為 *weí* be	則 *tsaĕ* then	爾 *Ŭrh* You

'*Let him be* there.'

處 *chŭ* place.	那 *nà* that	在 *tsaé* be	他 *tă* him	許 *Heù* Let

'Let us be attentive.'

慎 *shin* attentively	即 *tseĕ* then	我 *Gò* } We
聽 *tĭng* listen.	宜 *é* should	們 *mún* }

海上絲綢之路文獻集成 科技與文化編

'*Let them be* merry.'

許 *Heü* Let
他 *tā* } them
們 *mŭn*
嬉 *hē* } be merry.
戲 *hē*

POTENTIAL MOOD.

Present Tense.

'*I may be* wrong.'

我 *Gò* I
或 *hwă* } perhaps
者 *chày*
有 *yeù* have
過 *kwŏ* passed the mark.

'He is not a perfect man, he also may be mistaken.'

他 *Tā* He
不 *poŭ* not
是 *shé* is
聖 *shĭng* perfect
人 *jin* man;
他 *tā* he
亦 *yǎy* also
可 *kŏ* } may
以 *è*
有 *yeù* have
錯 *tsŏ* error.

'*They can be* here to-morrow.'

他 *Tā* } They
們 *mŭn*
明 *míng* } to-morrow
天 *tëēn*
可 *kŏ* } can
能 *nâng*
到 *taoú* arrive at
此 *tseè* this
處 *chŭ* place.

'It *cannot be* effected.'

使 *Szè* Effected
不 *poŏ* not

得 *tĕ* }
的 *teĕ* } obtainable.

Interrogatively,

'How *can* this *be* the man who came yesterday?'

此 *Tseè* This
人 *jîn* man
豈 *kè* how
或 *hwă* may

爲 *wei* be
昨 *tsŏ* }
天 *teēn* } yesterday
所 *sŏ* who

來 *laê* came
之 *chê* the
人 *jîn* man
哉 *tsaê* !

'*Can this be* done or not?'

此 *Tseè* This
事 *seé* business

行 *hing* done
得 *tĕ* can

不 *poŏ* not
行 *hing* done

得 *tĕ* can?

Imperfect Tense.

'Might, could, would, or should be.'

'*He might be* here yesterday; I do not know.'

他 *Tā* He
或 *hwŏ* }
者 *chày* } perhaps
昨 *tsŏ* }
天 *teēn* } yesterday

在 *tsaê* was
此 *tseè* this
處 *chû* place
我 *gò* I
不 *poŏ* not

得 *tĕ* can
知 *chē* }
道 *taoú* } know.

'If he pleased he *could be* a good servant.'

若 *jŏ* If
他 *tă* his
情 *tsing* disposition
願 *yuĕn* liked

他 *tă* he
可 *kŏ* } could
能 *nâng* }
爲 *wei* make

好 *haoù* good
跟 *kăn* heel } servant.
班 *păn* attendant }

'I *would* not *be* troublesome.'

我 *Gò* I
不 *poŏ* not
願 *yuĕn* wish
煩 *fân* to trouble and

勞 *laoû* distress
人 *jîn* } persons.
家 *keā* }

'*I would* not *be* negligent.'

我 *Gò* I
不 *poŏ* not

肯 *kăng* will
做 *tsó* act

怠 *taè* } negligent.
慢 *mán* }

'You *should be* diligent that you may have a competence.'

你 *Nè* You
應 *ying* should and
該 *kaē* ought
勤 *kǐn* diligently
辦 *pán* to transact
事 *seé* business
以 *è* that
致 *chĭ* thereby
得 *tĭ* obtain
彀 *keú* enough
用 *yúng* to use.

V

Interrogatively,

'*Could he be* here if he pleased?'

麼 mō ?	這 chē	here	有 yeù have	他 tă he	歡 huōn	liked it	如 Joô If
	裏 lè		在 tsaé to be situated	能 nâng could	喜 hè		他 tă he

'*Could he be* at *Tseen-shan* yesterday at 12 o'clock?'

到 taoú arrival at		時 shê time		他 Tă He	
前 Tsëen	Tseen-shan	可 kò	could	昨 tsō	yesterday
山 shān		能 nâng		天 tëen	
麼 mō ?		得 tě obtain		午 ù noon	

Perfect Tense.

'May or can have been.'

'*He may have been* there formerly; it is uncertain.'

未 wé not	那 nâ that	可 kō	may	他 Tă He	
定 tíng certain.	處 chú place	能 nâng		從 tsûng	formerly
	亦 yây also	到 taoú have been at		前 tsëen	

海上絲綢之路文獻集成　科技與文化編

'*You cannot have been* there and have again returned.'

你 *Nè* You
不 *poǒ* not
能 *nâng* can
曾 *tsăng* } have
經 *king* }
得 *tĕ* } been at
到 *taoú* }
那 *nâ* that
處 *chǔ* place
而 *ûrh* and
復 *foǒ* again
回 *hwûy* returned
來 *laî* come.

Pluperfect Tense.

'Might have been,' &c.

'They *should have been* here before.'

他 *Tā* } They
們 *mún* }
先 *siēn* before
時 *shê* time
宜 *ê* should
在 *tsaé* have been
此 *tseè* this
處 *chǔ* place.

'He *might have been* there the day before yesterday.'

他 *Tā* He
前 *tsēēn* } day before yesterday
天 *tēēn* }
可 *kǒ* } might
能 *nâng* }
得 *tĕ* } have been
到 *taoú* }
那 *nâ* } there.
處 *chǔ* }

V 2

'If he had set off yesterday morning at day-light, he *would have been there* in the evening.'

若 *Jŏ* If
他 *tă* he
昨 *tsŏ*
天 *tëen* } yesterday

清 *tsing* clear
早 *tsaŏ* morning
起 *kè* rose
行 *hing* to walk

俟 *seê* waiting till
晚 *wăn* evening
上 *shàng* upon
他 *tă* he

則 *tsĕ* could
有 *yeù* have
得 *tĕ* obtained
到 *taoú* arrival at

那 *nă* that
處 *chŭ* place.

'If he had worked diligently in the morning, he *could have been* done by 12 o'clock.'

若 *Jŏ* If
他 *tă* he
今 *kin*
早 *tsaŏ* } this morning
勤 *kĭn* diligently
做 *tsó* done

工 *kŭng*
夫 *foō* } work
到 *taoú* at
午 *wù* noon
時 *shê* time;
他 *tă* he

可 *kŏ*
能 *năng* } might have
辦 *pán*
明 *mîng*
白 *pĕ*
了 *leaoù* } finished.

Interrogatively,

'*Could he have been* here last evening?'

他 *Tă* He
昨 *tsŏ* last
晚 *wăn* evening

可 *kŏ*
能 *năng* } could
在 *tsaé* been

這 *chĕ*
裏 *lè* } here
麼 *mŏ* or not?

海上絲綢之路文獻集成 科技與文化編

SUBJUNCTIVE MOOD.

Present Tense.

'If I be,' &c.

'If *this edict be* the Emperor's, it must of course be obeyed.'

若 *Jŏ* If
此 *tseè* this
諭 *yú* edict
係 *hé* be
皇 *hwâng*, 上 *shâng*, 的 *teĕ* } Emperor's
則 *tsĕ* then
務 *woó* must
須 *seū* necessarily
得 *tĕ* obtain
遵 *tsŭn* obedience
矣 *è*.

'*If he be* there, call him to come.'

若 *Jŏ* If
他 *tā* he
在 *tsaé* be
那 *nâ*, 處 *chŭ* } there
叫 *keoû* call
他 *tā* him
來 *laê* to come.

'*If you be* a good boy, your father will love you.'

若 *Jŏ* If
你 *nè* you
為 *weî* be
好 *haoù* good
兒 *ûrh*, 子 *tseè* } boy
你 *nè* your
父 *foó*, 親 *tsŭn* } father
即 *tseĕ* will then
愛 *waé* love
你 *nè* you.

'If *he be right*, it is of course unnecessary for all to wrangle.'

若 *Jŏ* If
他 *tā* he
是 *shé* be right,
則 *tsĕ* then
衆 *chúng* all
人 *jîn* the men
不 *poŏ* not
必 *peē* necessary
爭 *tsâng*, 論 *lŭn* } to wrangle
矣 *è*.

海上絲綢之路文獻集成　科技與文化編

'*Whether there be* this affair or not, we are altogether ignorant.'

有 Yeù Have
此 tsè this
事 sé business
否 feù or not
我 gò } we
們 mún
從 tsûng } altogether not
不 poǔ
曉 heaoù } know.
得 tě

Imperfect Tense.

'If I were,' &c.

'*If they were* here yesterday, why did they not remain till the master of the house came?'

若 Jŏ If
他 tă } they
們 mún
係 hé were
昨 tsŏ } yesterday
天 tëën
在 tsaé in
這 chè this
裏 lè place,
因 yin because of
何 hô what
他 tă they
不 poǔ not
等 tăng wait
待 taé till
東 tŭng } the master
家 keā
到 taoú arrived.

'If I were in his place, I would act thus.'

若 Jŏ If
我 gò I
係 hé } were in
在 tsaé
他 tă } his
的 tëë
分 fŭn part,
我 gò I
就 tsëw then would
有 yeù have
這 chè this
樣 yâng manner of
辦 pún acting.

'*If he were* to come now, what would you say to him?'

若 *Jŏ* If
他 *tă* he
卽 *tsĕĕ* now
來 *laĕ* come
你 *nè* you

就 *tsèw* then
對 *tùy* towards
他 *tă* him
有 *yeù* have

甚 *shin*, 麼 *mŏ* } what
說 *shuŏ*, 話 *hwá* } discourse.

Perfect Tense.

'*If you have been* at Cochin-China, you must know a little of their customs.'

若 *Jŏ* If
你 *nè* you
到 *taoú*, 過 *kwŏ* } have been at

安 *ngān*, 南 *nân* } Cochin-China
你 *nè* you
必 *pĕĕ* must

畧 *leŏ* a little
知 *chē*, 道 *taoú* } know
其 *kĕ* their

風 *fūng*, 俗 *sŏ* } customs
如 *joŏ*, 何 *hŏ* } how.

'If they have been here all night, and have not yet had any thing to eat, they must indeed be hungry.'

若 *Jŏ* If
他 *tă*, 們 *mún* } they
昨 *tsŏ* last
全 *tseŭn* all
夜 *yāy* night

在 *tsaé* were
這 *chĕ*, 裏 *lè* } here
而 *ûrh* and
未 *wé* not
曾 *tsāng* yet

得 *tĕ* obtain
食 *shăy* to eat
他 *tă*, 們 *mún* } they
自 *tseé*, 然 *jên* } must indeed

肚 *toó* (have) bellies
餓 *gŏ* hungry.

海上絲綢之路文獻集成 科技與文化編

Pluperfect Tense.

'*If you had been* here at that time, I should not have been at all unfortunate.'

若	Jŏ	If
那	nâ	that
時	shê	time
你	nè	you
是	shé	had been
在	tsaé	
這	chē	here
裏	lè	
我	gò	I
總	ts`ng	altogether
未	wé	not
有	yeù	have
被	pè	received
不	pŭ	not
幸	hing	fortunate
事	sé	occurrence.

'If I had been at your village last year, I should certainly have called to see you.'

若	Jŏ	If
我	gò	I
上	shàng	last year
年	nëën	
有	yeù	had
在	tsaé	been at
盛	shing	the abundant (your)
村	tsūn	village,
我	gò	I
即	tseĕ	then
必	pëĕ	must
有	yeù	have
來	lâe	come
問	wán	to ask and
候	heú	wait upon
你	nè	you.

First Future Tense.

'If I shall be there, I shall immediately inform him of that affair.'

若	Jŏ	If
我	gò	I
將	tseāng	shall
在	tsaé	be in
那	nâ	that
處	chŭ	place,
我	gò	I
即	tseĕ	then will
以	è	by
彼	pè	that
事	seé	affair
告	kaoú	inform
訴	soó	
他	tā	him
知	chē	to know.
道	taou	

Second Future Tense.

' If by October, next year, they *shall have been* there ten years, they may yet remain two years.'

如 *Joô* If
他 *tā* } they
們 *mûn* }
到 *taoú* at
明 *míng* } next year's
年 *niên* }
十 *shĕ* tenth

月 *yuĕ* moon
係 *hè* shall
有 *yeù* have
在 *tsaé* been
那 *nâ* } there
裏 *lè* }
十 *shĕ* ten

年 *niên* years
他 *tā* } they
們 *mûn* }
還 *hwân* still
可 *kò* } may
以 *è* }
在 *tsaé* remain

兩 *leàng* two
年 *niên* years.

INFINITIVE MOOD.

' *To be* or exist.'

是 *Shé.*

' *To be* in a certain state or condition.'

在 *Tsaé.*

' He loves *to be* foremost.'

他 *Tā* He
愛 *waé* loves,
在 *tsaé* to be
至 *chē* most
先 *siēn* before.

Also made by *weî* 爲.

'*To be* poor and proud is contrary to right reason in a great degree.'

理 *lè* reason. 不 *poŏ* not 傲 *n,aó* proud 貧 *pĭn* poor 以 *È* To

合 *hŏ* accord with 大 *tá* greatly 連 *leên* and also 爲 *weî* be

PRESENT PARTICIPLE.

'Being.'

'He, being poor, earnestly begged that a little money might be given to him.'

賜 *tseé* to have granted 窮 *keûng* poor 他 *Tà* He

些 *seē* a little 懇 *hăn* earnestly 既 *kè* } being

銀 *yin* money. 乞 *keē* begged 爲 *weî* }

The verb *to be* is sometimes entirely omitted, as,

'Are you hungry?'

麼 *mò* or not? 餓 *gò* hungry 肚 *toó* belly 你 *Nè* Your

'No, but I am thirsty a little.'

些 *seē* little 有 *yeù* have 但 *tán* but 不 *Poŏ* Not

渴 *kŏ* thirst. 一 *yĭy* a 我 *gò* I 是 *shé* is

'How old are you?'

紀 *kè* record? 年 *nëĕn* years 大 *tá* great 多 *tō* many 你 *Nè* You (how)

海上絲綢之路文獻集成 科技與文化编

'I am eight years of age.'

歲 *sŭy* years.	八 *Pă* Eight

To inferiors it is said,

歲 *sŭy* years (of age?)	多 *tō* 少 *shaù* } how many	你 *Nè* You 是 *shê* are

The ceremonious form of the question, is

庚 *kăng* age.	貴 *kweí* your noble	問 *wán* to ask	請 *Tsìng* I beg

THE VERB TO DO

Is made by *tsó* 做; *tsŏ* 作; *weî* 爲, *hîng* 行.

'They do as they please.'

做 *tsó* act.	隨 *sûy* follow (their) 意 *é* will (and)	他 *Tă* 們 *mún* } They

'What work does he do?'

工 *kūng* 夫 *foō* } work?	甚 *shìn* 麼 *mŏ* 的 *teê* } what	他 *Tă* He 係 *hé* is 作 *tsŏ* do

'Will you do it or not?'

麼 *mŏ* or not?	做 *tsó* do	肯 *kăng* will	你 *Nè* You

U 2

海上絲綢之路文獻集成 科技與文化編

PRESENT PARTICIPLE.

'What are you *doing*?'

你 *Nè* You
作 *tsó* 的 *teë* } do
何 *hô* what
事 *seé* business?

Or

你 *Nè* You
行 *hing* do
何 *hô* what
事 *seé* business?

Or

你 *Nè* You
為 *weì* do
甚 *shin* 麼 *mò* } what
事 *seé* business.

PERFECT PARTICIPLE.

'That work is *done*.'

那 *Nâ* 件 *keën* } That
工 *kūng* 夫 *foō* } work
做 *tsó* 完 *wôn* } is done.

'*Done*,' is rendered these several ways.

做 *Tsó* 完 *wôn*.

Or

做 *Tsó* 完 *wôn* 了 *leaoù*.

通用漢言之法

Or

白 pĕ. 明 ming 做 Tsó

Or

了 leaoù. 白 pĕ 明 ming 做 Tsó

Or

畢 pëĕ. 做 Tsó

Or

楚 tseè. 清 tsing 做 Tsó

Or

了 leaoù. 做 Tsó

Or

了 leaoù. 楚 tseè 清 tsing 做 Tsó

DO AND DID.

As auxiliaries, are included in the principal verb.

'*Do* you remember what I said to you the day before yesterday ?'

聽 tïng to hear?	講 keàng said	我 gò I	你 Nè You
	過 kuò to	前 tsëên } the day before yesterday	記 kí } remember
	你 nè you	天 tëën }	得 tĕ }

'Do you know?'

你 *Nè* You 知 *chē* 道 *taoú* know 麽 *mò* or not?

'Do you understand?'

你 *Nè* You 明 *míng* 白 *pĕ* understand 不 *poŏ* not 明 *míng* 白 *pĕ* understand.

'*Did* he come yesterday?'

他 *Tā* He 昨 *tsŏ* 天 *tëēn* yesterday 來 *laê* come 麽 *mŏ* ?

'I *did* formerly respect him?'

我 *Gò* I 先 *siēn* before 時 *shê* time 有 *yeù* had 敬 *kíng* respect for 他 *tā* him.

'He is a good man; who *does* not love and repect him?'

他 *Tā* He 是 *shê* is 好 *haoù* good 人 *jin* man; 誰 *shûy* who 不 *poŏ* not 愛 *ngaê* love 敬 *kíng* respect 他 *tā* him?

海上絲綢之路文獻集成 科技與文化編

'I *do* indeed speak the truth.'

我 Gò I
果 kuò } indeed
然 jên }
講 keùng speak
真 chin true
話 hwá words.

'They *do not* think of obtaining gain.'

他 Tā } They
們 mún }
不 pŏ not
是 shí are
想 seāng thinking
得 tĭ to obtain
利 lé gain.

MUST.

'He *must* come.'

他 Tā He
必 pĕĕ } must
須 seū }
來 laê come.

'I *must* go.'

我 Gò I
必 pĕĕ } must
定 tíng }
去 keū go.

'Whenever we speak, we *must* speak the truth.'

我 Gò, 們 mûn — We
隨 sûy, 時 shê — whenever
講 keàng, 話 hwá — speak
務 vú, 須 seū — must
說 shwŏ — speak
眞 chin, 的 tëë — true.

'You *must* rise early.'

你 Nè — You
務 vú, 必 pëë — must
清 tsing, 早 tsaò — early
起 kè, 身 shin — rise.

'*Must* he do that business now?'

他 Tă — He
是 shé — is it
必 pëë — must
目 mŏ, 下 heá — now
做 tsó — do
那 nà, 件 këén — that
事 seé — business?
麼 mò — ?

OUGHT; SHOULD.

'He *ought* to go.'

他 Tă — He
應 yīng, 該 keā — ought
去 keú — to go.

海上絲綢之路文獻集成 科技與文化編

'You ought to respect your father and mother.'

你 *Nè* You
應 *yìng* } ought
當 *tāng* }
敬 *kíng* to respect
父 *foó* father
母 *moò* mother.

'You should do this.'

你 *Nè* You
宜 *è* should
做 *tsó* do
這 *chě* this
樣 *yâng* manner.

CAN; COULD.

'*Can*' is often made by *tě* 得.

'Can you manage this affair?'

你 *Nè* You
辦 *pán* manage
得 *tě* can
這 *chě* } this
件 *kēēn* }
事 *seé* business?

'Can you do it or not?'

你 *Nè* You
做 *tsó* do
得 *tě* can
不 *poǒ* not
做 *tsó* do
得 *tě* can?

'He cannot do it.'

他 *Tā* He
做 *tsó* do
不 *poǒ* not
得 *tě* can
來 *laê* come (to pass.)

W

'If I could, I would go to *Keang-nan*, directly.'

若 *Jŏ* If
我 *gò* I
做 *tsó* do
得 *tĕ* } could
來 *laê* }

我 *gò* I
即 *tsëĕ* would directly
往 *wàng* go to
江 *Keāng* } Keang-nan.
南 *nân* }

'Can and could,' are also made by *kò*; *nâng*; and *kò-nâng*.

'I can obtain a pretty dog.'

我 *Gò* I
可 *kò* can
得 *tĕ* obtain

好 *haoù* good
看 *kán* } looking
的 *tëĕ* }

狗 *keù* dog
一 *yĕy* } one.
隻 *chĕ* }

'If you had examined at that time, you could have obtained the truth.'

若 *Jŏ* If
你 *nè* you
那 *nà* that

時 *shĕ* time
即 *tsëĕ* then
有 *yeù* had

查 *chă* } examined
過 *kwò* }
你 *nè* you

可 *kò* } might have
能 *nâng* }
得 *tĕ* obtained

其 *kĕ* the
實 *shĕ* reality.

MAY; MIGHT.

'He *may* have examined before I came.'

我 *Gò* I
未 *wí* not
曾 *tsâng* yet
到 *taoú* arrived

他 *tā* He
或 *huă* } may
者 *chày* }
已 *è* already

有 *yeù* have
查 *chā* } examined.
過 *kwò* }

'It *may* rain.'

或 *Huă* } Perhaps
者 *chày* }

下 *heá* descend
雨 *yù* rain.

'Had he applied his mind, he might have improved much more than he has.'

較 *Keaóu* Compared with
他 *tā* he
所 *sò* what
得 *tĕ* has obtained
之 *chē* the

學 *hŏ* } learning
文 *wân* }
他 *tā* he
如 *joô* if
專 *chuĕn* exert

心 *shīn* mind
可 *kò* } might
以 *è* }
越 *yuĕ* } much more
發 *fă* }

上 *shàng* } advanced.
進 *tsín* }

WILL.

'Will you or not ?'

你 *Nì* You
肯 *kàng* will
不 *poŏ* not
肯 *kàng* will ?

'He wills it to be thus.'

此 *tseè* this. 如 *joô* as 要 *yaoú* want 必 *pëè* must 他 *Tà* He

'Thus it is his will.'

這 *Chè* This 樣 *yâng* manner 係 *hè* is 他 *tà* 的 *teè* } his 主 *chù* 意 *í* } will.

'LET,' TO PERMIT.

Heù 許, or *chùn* 准,

'Let him come up.'

來 *laê* to come. 上 *shâng* up 他 *tà* him 許 *Heù* Permit

'Will you let me go?'

麼 *mò* ? 去 *keú* to go 我 *gò* me 許 *Heù* Permit

'Let us walk a while.'

一 *yǎy* a 回 *hwŷy* turn. 走 *tsòw* walk 走 *tsòw* walk 即 *tsëè* then 同 *tûng* together 我 *gò* 們 *mûn* } We

THE VERB TO ADVISE

May be conjugated in the following manner. A pronoun in the objective case is added to the verb, by which each phrase forms a more complete sense, and is more congenial to the ideas of the generality of Native Assistants. It is not thought necessary to write out, at length, the verb, connected with each person in both numbers, as it remains the same.

'To advise,' *keuĕn* 勸.

INDICATIVE MOOD.

Present Tense.

'I advise him.'

他 *tă* him.　勸 *keuĕn* advise　我 *Gŏ* I

'You advise him.'

他 *tă* him.　勸 *keuĕn* advise　你 *Nĕ* You

'He advises me.'

我 *gŏ* me, &c.　勸 *keuĕn* advises　他 *Tă* He

Imperfect Tense.

'I *advised* him before.'

他 *tă* him.　勸 *keuĕn* advised　時 *shĭ* time　先 *siĕn* before　我 *Gŏ* I

'I advised him yesterday.'

我 *Gò* I
昨 *tsŏ* } yesterday
天 *teën* }
勸 *keuĕn* advised
他 *tă* him.

'I advised him just now.'

我 *Gò* I
纔 *tsaĕ* } just now
剛 *kăng* }
勸 *keuĕn* advised
他 *tă* him.

Perfect Tense.

'I have advised him.'

我 *Gò* I
勸 *keuĕn* } have advised
過 *kuŏ* }
他 *tă* him.

Or

我 *Gò* I
曾 *tsăng* } have
經 *king* }
勸 *keuĕn* advised
他 *tă* him.

The *Perfect* is formed by *tsăng* 曾; or *è* 已, or *neë* 業 either separately or united with *kīng* 經, preceding the verb: also by *leaoù* 了, *kwŏ* 過 following it. It will moreover admit the signs preceding, and *kwŏ* following at the same time; as

我 *Gò* I
曾 *tsăng* 經 *kīng* already
勸 *keuĕn* 過 *kwŏ* have advised
他 *tā* him.

Pluperfect Tense.

'At that time I had advised him.'

那 *Nâ* That
時 *shê* 節 *tsĕĕ* time
我 *gò* I
曾 *tsăng* 經 *king* already
勸 *keuĕn* 過 *kwŏ* had advised
他 *tā* him.

'*I had advised him* before that.'

那 *Nâ* That
時 *shê* time
之 *chē* the
先 *siēn* before
我 *gò* I
勸 *keuĕn* 過 *kwŏ* had advised
他 *tā* him, &c.

First Future Tense.

'I will advise him presently.'

我 *Gò* I
就 *tsèw* will presently
勸 *keuĕn* advise
他 *tā* him.

'I will advise him.'

他 *tā* him. 勸 *keuĕn* advise 將 *tseāng* will 我 *Gò* I

'I will advise him to-morrow.'

勸 *keuĕn* will advise 我 *Gò* I
他 *tā* him. 明 *ming* } to-morrow
天 *teĕn*

'Shall and will' may be rendered as in the verb to have ;—See pages 120 —125.

Second Future Tense.

'*I shall have advised him* before the day after to-morrow.'

他 *tā* him. 有 *yeù* have 我 *gò* I 之 *chē* the 後 *Hów* } Day after to-morrow
勸 *keuĕn* advised 將 *tseāng* shall 先 *siēn* before 天 *teĕn*

IMPERATIVE MOOD.

'Let me advise him.'

他 *tā* him. 勸 *keuĕn* to advise 我 *gò* me 許 *Hèu* Permit

'Do thou advise him.'

他 *tā* him. 勸 *keuĕn* advise 你 *Nè* You

'Let him advise me.'

我 *gò* me, &c. 勸 *keuĕn* to advise 他 *tā* him 許 *Hèu* Permit

POTENTIAL MOOD.

Present Tense.

'You may or can advise him.'

他 *tă* him.　勸 *keuĕn* advise　可 *kŏ* may or can　你 *Nè* You

'*I may* advise him.'

勸 *keuĕn* advise　我 *Gŏ* I
他 *tă* him.　可 *kŏ* } may
以 *è*

'You *can* advise him.'

他 *tă* him.　勸 *keuĕn* } advise　你 *Nè* You
得 *tĕ*　能 *nâng* can

Or

他 *tă* him.　勸 *keuĕn* advise　能 *nâng* or can　可 *kŏ* may　你 *Nè* You

Imperfect Tense.

'Before, I might advise him.'

他 *tă* him.　可 *kŏ* } might　先 *Siēn* Before
以 *è*　時 *shê* time
勸 *keuĕn* advise　我 *gŏ* I

X

'You could have advised him this morning.'

今 Kin
早 tsaò } This morning
你 nè you
能 nâng could
勸 keuĕn
得 tĕ } have advised
他 tă him.

'You would advise him.'

你 Nè You
必 pĕĕ
要 yaoú } would
勸 keuĕn advise
他 tă him, &c.

'You should advise him.'

你 Nè You
應 ying
該 kaĕ } should
勸 keuĕn advise
他 tă him, &c.

Perfect Tense.

'I may have advised him two days ago.'

前 Tsëĕn Before
兩 leàng two
日 jĕ days
我 gò I
可 kò
以 è } may
勸 keuĕn
過 kuò } have advised
他 tă him.

'I can have advised him.'

我 Gò I
可 kò
能 nâng } can
勸 keuĕn
過 kuò } have advised
他 tă him.

海上絲綢之路文獻集成 科技與文化編

Pluperfect Tense.'

'I might have advised him before that.'

那	*Nà*	That
時	*shê*	time
之	*chê*	the
先	*siēn*	before
我	*gò*	I
可	*kò*	might
以	*è*	
有	*yeù*	have
勸	*keuěn*	advised
過	*kwò*	
他	*tā*	him.

'You could have advised him yesterday.'

你	*Nè*	You
昨	*tsŏ*	yesterday
日	*jĕ*	
可	*kò*	could
能	*năng*	
有	*yeù*	have
勸	*keuěn*	advised
得	*tĕ*	
他	*tā*	him.

'He should have advised you before.'

先	*Siēn*	Before
時	*shê*	time
他	*tā*	he
該	*kaē*	should
當	*tāng*	
有	*yeù*	have
勸	*keuěn*	advised
過	*kwò*	
你	*nè*	you.

'If I had been with him at that time, *I would have advised* him.'

若	*Jŏ*	If
那	*nà*	that
時	*shê*	time
我	*gò*	I
同	*tûng*	with (him)
在	*tsaé*	was
我	*gò*	I
即	*tsĕ*	would then
有	*yeù*	have
勸	*keuěn*	advised
他	*tā*	him.

海上絲綢之路文獻集成 科技與文化編

SUBJUNCTIVE MOOD.

Present Tense.

'If I advise him.'

他 tā him. 勸 keuĕn advise 我 gò I 若 Jŏ If

Imperfect Tense.

'If I before advised him.'

他 tā him. 勸 keuĕn advised 先 siēn before 我 gò I 若 Jŏ If

Perfect Tense.

'If I have advised him.'

勸 keuĕn } advised 若 Jŏ If
過 kuò } 我 gò I
他 tā him. 有 yeù have

Pluperfect Tense.

'If I had advised him when he came.'

他 tā him. 勸 keuĕn } advised 我 gò I 來 laê came 若 Jŏ If
過 kuò } 有 yeù had 時 shê the time 他 tā he

Future Tense.

'If I shall advise him.'

他 *tă* him. 勸 *keuĕn* advise 將 *tseāng* shall 我 *gò* I 若 *Jŏ* If

INFINITIVE MOOD.

'I want *to advise* him.'

他 *tă* him. 勸 *keuĕn* to advise 要 *yaoù* want 我 *Gò* I

'*To advise* him is good.'

好 *haoù* good. 爲 *weî* is 他 *tă* him 勸 *keuĕn* advise 以 *È* To

PARTICIPLES—PRESENT.

'Whilst *advising* him, he suddenly became angry.'

來 *laî* coming. 怒 *noó* anger 他 *tă* he 一 *yĕy* one } suddenly 之 *chē* the 勸 *Keuĕn* Advising
起 *kè* up 發 *fă* issued 下 *hiá* coming down } 時 *shê* time 他 *tă* him

'Whilst *advising* him' is also rendered thus,

間 *kiĕn* midst of. 之 *chē* the 他 *tă* him 勸 *Keuĕn* Advising

Or,

時 *shê* } time. 那 *nà* } that 勸 *Keuĕn* Advising
候 *hów* 個 *kŏ* 他 *tă* him

'Why did he not attend whilst you were *advising* him.'

不 *poŏ* not	間 *keen* midst	你 *Nè* You
理 *lè* attend.	因 *yin* } wherefore	勸 *keuēn* advise
	何 *hô* }	他 *tā* him
	他 *tā* he	之 *chē* the

PERFECT PARTICIPLE.

'Advised.'

勸 *Keuēn* 了 *leaoù.*

Or

勸 *Keuēn* 過 *kwò.*

Or

勸 *Keuēn* 完 *wôn.*

Or

勸 *Keuēn* 畢 *pēë.*

Or

勸 *Keuēn* 明 *mîng* 白 *pĕ* 了 *leaoù.*

COMPOUND PERFECT.

'*Having advised* him, I immediately retired.'

退 *tŭy* backward	他 *tā* him,	旣 *Kè* } Having advised
去 *kēw* went.	我 *gò* I	勸 *keuēn* }
	卽 *tsëĕ* immediately	過 *kwò* }

PASSIVE VOICE.

'To be advised.'

勸 *keuĕn* advice. 被 *Peï* To receive

Or

勸 *keuĕn* advice. 受 *Shów* To receive

INDICATIVE MOOD.

Present Tense.

'I am advised.'

勸 *keuĕn* advised. 被 *peï* am 我 *Gò* I

Or

勸 *keuĕn* advised. 受 *shów* am 我 *Gò* I

Imperfect Tense.

'I *was advised* yesterday.'

被 *peï* was 我 *Gò* I

勸 *keuĕn* advised. 昨 *tsŏ* } yesterday

天 *tiēn* }

Perfect Tense.

'I have been advised.'

我 Gò I
被 peï } have been
過 kuò }
勸 keuĕn advised.

Pluperfect Tense.

'I had then been advised.'

那 Nà That
時 shê time
我 gò I
已 è already
有 yeù had
被 peï } been
過 kuò }
勸 keuĕn advised.

Future Tense.

'I shall be advised.'

我 Gò I
將 tseāng shall
有 yeù } be
被 peï }
勸 keuĕn advised.

IMPERATIVE MOOD.

'Be thou advised.'

你 Ne You
被 peï be
勸 keuĕn advised.

'Let him be advised.'

勸 keuĕn advised. 被 peï be 他 tă him 許 Heù Let

POTENTIAL MOOD.

Present Tense.

'He may or can be advised.'

勸 keuĕn advice. 得 tĭ can 被 peï receive 他 Tă He

Or

勸 keuĕn advised. 被 peï be 可 kŏ may 他 Tă He

Imperfect Tense.

'He might before be advised.'

勸 keuĕn advised, &c. 可 kŏ 以 è } might 被 peï be 他 Tă He 先 siĕn before 時 shê time

Perfect Tense.

'He may have been advised.'

被 peï 過 kwò } have been 勸 keuĕn advised. 他 Tă He 可 kŏ 以 è } may

Y

Pluperfect Tense.

'I might have been advised before that.'

那 *Nâ* That
時 *shê* time
之 *chē* the
先 *siēn* before
我 *gò* I
可 *kò*
以 *ì* } might
被 *peï*
得 *tĕ* } have been
勸 *keuĕn* advised.

SUBJUNCTIVE MOOD.

'If I be advised.'

若 *Jŏ* If
我 *gò* I
被 *peï* be
勸 *keuĕn* advised.

Imperfect Tense.

'If I were advised before.'

若 *Jŏ* If
我 *gò* I
先 *siēn* before
有 *yeù*
被 *peï* } were
勸 *keuĕn* advised.

Perfect Tense.

'If I have been advised.'

若 *Jŏ* If
我 *gò* I
已 *ì*
經 *king* } already
有 *yeù* have
被 *peï* been
勸 *keuĕn* advised.

Pluperfect Tense.

'If at that time I had been advised.'

勸 keuěn advised.	被 peï	been	已 è already	時 shê time	若 Jŏ If
	過 kuŏ		有 yeù had	我 gò I	那 nâ that

Future Tense.

'If I shall be advised.'

勸 keuěn advised.	被 peï be	將 tsëăng shall	我 gò I	若 Jŏ If

INFINITIVE MOOD.

'I love *to be advised*.'

勸 keuěn advised.	被 peï to be	愛 waë love	我 Gò I

'It is good to be advised.'

好 haoù good.	為 weï is	勸 keuěn advised	被 peï be	以 È To

PARTICIPLES—PRESENT.

'He *being advised* soon reformed.'

就 tsèw soon	他 Tā He
改 kaè } reformed.	既 kè } being
過 kuŏ }	被 peï }
	勸 keuěn advised

海上絲綢之路文獻集成 科技與文化編

PERFECT.

'Advised.'

勸 keuĕn. 了 leaoù 被 Peï

Beside *peï* and *shŏw*, which have been given above, as forming the passive, the word 領 *ling*, to receive, is also sometimes used, as

'I am taught.'

教 keaoù teaching. 領 ling receive 我 Gò I

But the passive form of the verb does not prevail in Chinese. Instead of saying 'I am advised by him,' they prefer saying 'He advises me.' And instead of saying, 'This was made by him,' they say, 'This is that which he made.' Thus,

這 Chè 個 kŏ } This
是 shé is
他 tă he
所 sò that which
造 tsaoù 的 teĕ } made.

The sentence, 'Virtue was always praised by men,' they render, 'Virtue is that which men always praised.' Thus,

善 *Shén* } Virtue
事 *seé* }
常 *chăng* } always
時 *shî* }
為 *wei* was

人 *jîn* men
所 *sò* that which
讚 *tsán* } praised.
美 *mei* }
的 *tëë* }

'This table was made by the carpenter A-lin,'—is turned into,—'This table is that which the carpenter A-lin made.' Thus,

這 *Chĕ* } This
張 *chāng* }
桌 *chò* } table
子 *tseè* }
係 *hè* is

木 *mò* } the carpenter
匠 *tseáng* }
亞 *Á* } A-lin
林 *lin* }
所 *sò* that which

造 *tsaoù* } made.
的 *tëë* }

The Verbs *keā* 加, to increase, and *tà* 打, to strike, are sometimes joined with other verbs as auxiliaries denoting the action of the principal verb with which they are joined. Thus,

刑 *hîng* punishment; 加 *Keā* Increase

Is not to add to a person's punishment, but 'to inflict punishment.'

害 *haé.* 加 *Keā*

'To injure.'

恩 *ngĕn.* 加 *Keā*

'To confer favour.'

聽 *tĭng.* 打 *Tà*

Is 'To listen.'

動 *tŭng.* 打 *Tà*

'To move.'

嚏 *te.* 打 *Tà*

'To sneeze,' &c. &c.

IMPERSONAL VERBS.

'It rains.'

雨 *yù* rain. 下 *Heá* Descends

'It snows.'

雪 *seū* snow. 下 *Heá* Descends

'It hails.'

雹 *pŏ* hail. 下 *Heá* Descends

'It concerns you.'

你 *nè* } you. 是 *Shĕ* It is

們 *mún* } 關 *kwān* concerning

海上絲綢之路文獻集成 科技與文化編

'It belongs to him.'

他 *tă* him. 屬 *shŏ* belonging to 是 *Shé* It is

'It blows.'

風 *fūng* the wind. 翻 *Fān* Turns about

Or

風 *fūng* the wind. 起 *Kè* Rises

'*It is* your duty.'

本 *puèn* original 是 *Shé* Is

分 *fūn* part. 你 *nè* } your

的 *tëè*

'*It is* better.'

好 *haoù* good. 更 *kāng* more 是 *Shé* Is

'*It respects* that person.'

人 *jîn* person. 那 *nâ* } that 是 *Shé* Is

個 *kó* 指 *chè* pointing to

'It respects the great stone on the top of the hill.'

大 *tá* great 頂 *ting* top 向 *heáng* to 是 *Shé* Is

石 *shĕ* stone; 之 *chē* the 山 *shān* hill 指 *chè* pointing

海上絲綢之路文獻集成　科技與文化編

'It delights me.'

歡 huān } to rejoice.
喜 hè

是 Shé It is
令 lìng causing
我 gò me

'It grieves me.'

愁 tsŏw } to grieve.
悶 mún

是 Shé It
令 lìng causes
我 gò me

'It thunders.'

雷 lûy thunder.

行 Hîng Makes

ADVERBS.

1st. OF NUMBER.

'Once.'

次 *tseĕ* time. 一 *Yăy* One

'Twice.'

次 *tseĕ* times. 二 *Ŭrh* Two

'Thrice.'

次 *tseĕ* times. 三 *Sān* Three

'He came twice.'

來 *laê* came. 次 *tseĕ* times 二 *ûrh* two* 他 *Tâ* He

2d. OF ORDER.

'First.'

的 *teĕ.* 一 *yăy* 第 *Tí*

'Secondly.'

Or 的 *teĕ, &c.* 二 *ûrh* 第 *Tí*

'First.'

次 *tseĕ.* 一 *yăy* 第 *Tí*

* or 兩 *leàng.* 2

'Secondly.'

次 *tseē, &c.* 二 *úrh* 第 *Tè*

'Lastly.'*

者 *chày.* 終 *Tsūng*

'In the first place.'

先 *siēn.* 在 *Tsaé*

Or,

者 *chày.* 始 *Chè*

When three things are mentioned, they may be rendered as follows,—

'He *first* discoursed respecting Astronomy; *secondly*, respecting Geography, and *finally* (or *lastly*) he discoursed respecting good writing.'

論 *lún* discoursed	地 *té* } Geography;	天 *teēn* } Astronomy;	始 *Chè* } In the beginning
及 *kēē* respecting	理 *lè*	文 *wân*	者 *chày*
文 *wân* } Litera-ture.	終 *tsūng* } finally	次 *tseē* } next	他 *tā* he
墨 *mě*	者 *chày*	者 *chày*	論 *lún* discoursed
	他 *tā* he	及 *kēē* respecting	及 *kēē* respecting

* 'Finally,' *mŏ tseē* 節末.

海上絲綢之路文獻集成 科技與文化編

24. OF PLACE.

'Here.'

裏 *lè.* 這 *Chè*

Or,

處 *chŭ.* 此 *Tseè*

'There.'

裏 *lè.* 那 *Nà*

Or,

處 *chŭ.* 那 *Nà*

'Where?'

處 *chŭ.* 何 *Hŏ*

Or,

處 *chŭ.* 一 *yĭh* 那 *Nà*

Or,

裏 *lè.* 那 *Nà*

'Elsewhere.'

處 *chŭ.* 别 *Pëĕ*

'Any where.'

處 chŭ. 一 yăy 那 nà 論 lún 不 Poŏ

Or,

裏 lè. 那 nà 拘 keū 不 Poŏ

'Every where.'

處 chŭ. 處 Chŭ

Or,

處 chŭ. 到 Taoú

Or,

不 poŏ not. 所 sò place 無 Voŏ No

Thus, 'It is found every where.'

有 yeù have. 不 poŏ not 所 sò place 無 Voŏ No

The same is expressed by

都 toō all 到 Taoú } Every place
有 yeù have. 處 chŭ

'No where.'

所 sò. 無 Voŏ

'It is no where.'

在 tsaè. 所 sò 無 voŏ 其 Kê

通用漢言之法

'Herein.'

內 nuy. 此 Tseè

'*Whither* are you going?'

去 keú go? 你 Nè You
那 nà } whither
裏 lè

Or,

去 keú go? 處 chú place 一 yǎy one 那 nà which 到 taoú to 你 Nè You

'Come *hither*.'

這 chè } here. 你 Nè You
裏 lè 來 laê come

Or,

處 chú place. 此 tseè this 到 taoú to 來 laê come 你 Nè You

'Do you go *thither*?'

處 chú place. 一 yǎy one 那 nà that 到 taoú to 去 keú go 你 Nè You

'He went *upward*.'

去 keú going. 上 shàng up 往 wàng went 他 Tā He

'He went *downward*.'

去 keú going. 下 heá down 往 wàng went 他 Tā He

'He went *forward.*'

去 *keú* going. 前 *tsiēn* forward 進 *tsìn* proceeded 他 *Tā* He

'He went *backwards.*'

去 *keú* going. 後 *hów* back 退 *tūy* retired 他 *Tā* He

'From *whence* do you come?'

來 *laê* come? 你 *Nè* You
那 *nà* } whence
裏 *lè* }

Or,

來 *laê* come? 處 *chŭ* place 一 *yăy* one 那 *nà* what 自 *tseé* from 你 *Nè* You

'He went from *hence.*'

去 *keú* went. 這 *chĕ* } here 他 *Tā* He
裏 *lè* } 自 *tseé* from

Or,

去 *keú* went. 處 *chŭ* place 這 *chĕ* this 自 *tseé* from 他 *Tā* He

'He went from *thence.*'

去 *keú* went. 處 *chŭ* place 那 *nà* that 自 *tseé* from 他 *Tā* He

'*Whithersoever* you go.'

處 *chŭ* place 那 *nà* which 你 *nè* you 不 *Poŏ* Not
去 *keú* go. 一 *yăy* one 到 *taoú* to 拘 *keū* respected

通用漢言之法

4th. OF TIMES PRESENT.

'Now.'

今 Kin.

Or,

下 heá. 目 Mŏ

Or,

今 kin. 現 Hëén

Or,

今 kin. 玆 Tseё

Or,

在 tsaé. 現 Heén

Also

今 kin. 如 Joŏ

Or,

今 kin. 而 Úrh

Or,

時 shé. 今 Kin

Or,

時 shé. 現 Hëén

'To-day.'

天 tëën. 今 Kin

Or,

今 Kin 日 jĭ.

Or,

即 Tsëĕ 日 jĭ.

Or,

本 Puĕn 日 jĭ.

TIME PAST.

'He has *already* come.'

他 Tā He
曾 tsăng } has already
經 king }
來 laê come.

'Before.'

從 Tsŭng 前 tsëĕn.

Or,

前 Tsëĕn 時 shĭ.

Or,

先 Siĕn 時 shĭ.

'Lately.'

近 K'n 時 shĭ.

海上絲綢之路文獻集成 科技與文化編

'*Just now,*' referring to time past.

纔 Tsaê 剛 kăng.

Or,

方 Fāng 纔 tsaê.

'Yesterday.'

昨 Tsŏ 天 teēn.

Or,

昨 Tsŏ 日 jĭ.

'Heretofore.'

向 Heáng 來 laê.

'It has not been so *hitherto*.'

自 Tseĕ From 向 heáng towards 至 chĭ to 來 laê coming 今 kin now 未 wé not 有 yeù have 這 chĕ this 樣 yâng manner.

'Long ago.'

從 Tsûng 前 tseĕn } Before

好 haoù a good 久 këw while.

'In ancient times.'

古 Koo 時 shê.

A a

'High antiquity.'

古 koò. 上 Shàng

Or,

古 koò. 太 Taé

OF TIME TO COME.

'To-morrow.'

天 teēn. 明 Ming

Or,

日 jĕ. 明 Ming

'Next day.'

天 teēn. 後 Hów

'Not yet.'

曾 tsāng. 未 Wí

Or,

曾 tsāng. 不 Poĕ

'Ere long.'

近 kín. 將 Tseāng

'Hereafter.'

來 laê. 將 Tseāng

Or,

來 *laê.* 後 *Hów*

'Henceforth.'

後 *hów* afterwards. 以 *è* to 今 *kin* now 自 *Tseé* From

'Wait a little; he'll come by and by.'

來 *laê* come. 慢 *màn* 慢 *màn* } by and by 些 *sie* little; 他 *tā* he 等 *Tàng* Wait 一 *yǎy* a

'Instantly.'

刻 *kě* 卽 *Tsiě*

Or

卽 *tsiě.* 立 *lěě.*

'He'll come immediately.'

來 *laê* come. 就 *tsèw* will immediately 他 *Tā* He

OF TIME INDEFINITE.

'Oft, often, &c.'

次 *tseé* times. 多 *Tō* Many

'Repeatedly.'

次 *tseé.* 累 *Lúy*

'Frequently.'

次 *tseé.* 数 *Soó*

A a 2

海上絲綢之路文獻集成 科技與文化編

'Sometimes.'

時 shê. 有 Yeû

'Return soon.'

來 laê. 回 hwûy 早 tsaù 你 Nè

'Seldom.'

時 shê. 少 Shaoù

Or,

時 shê. 罕 Hán

'Daily.'

日 jê. 每 Meì

Or,

日 jê. 日 Jê

Or,

天 teēn. 天 Teēn

'*Weekly*' may be expressed by

天 teēn days. 七 tsë seven 每 Meì Each

It is sometimes expressed by

拜 paì. 禮 lè 每 Meì

But only persons acquainted with professed Christians know the phrase.

'Monthly.'

月 yuĕ. 每 Meî

Or

月 yuĕ. 月 Yuĕ

'Yearly.'

年 neĕn. 每 Meî

Or

年 neĕn. 年 Neĕn

'Always.'

時 shĕ. 常 Chăng

'*When* he came, I was writing.'

字 tseé character. 寫 seè write 我 gò I 時 shĕ time 來 laê came 他 Tā He

'*When* you have finished, you may *then* return home.' (1)

你 Nè You
做 tsó } finished
完 wŏn }
方 fāng then
可 kò may
回 hwŭy } return home.
歸 kweî }

---

(1) 'Come when you have finished,'

你 Nè You
旣 kè having
做 tsó }
明 ming } finished
白 pĕ }
就 tseéw then
來 laê come.

海上絲綢之路文獻集成　科技與文化編

'I *never* saw him.'

我 *Gò* I
總 *tsùng* } never
不 *poǒ*
見 *këěn* saw
他 *tā* him.

'Again.'

再 *Tsaì*
復 *fǒ*.

5th. OF QUALITY.

Adverbs of quality may be rendered into Chinese literally, as 'wisely.'

見 *Këěn* Seeing and 識 *shě* knowing 的 *teě* the 樣 *yáng* manner.

i. e. 'In a wise manner.'

'He acts wisely.'

他 *Tā* He
做 *tsó* does
事 *seé* business
見 *këěn* }
識 *shě* } wisely.
的 *teě* }
樣 *yáng* }

But the word 'manner,' expressed by the termination 'ly' in English, is generally omitted, and the quality which, when connected with a noun, is an Adjective, when joined to a Verb still retains the same form though used adverbially. Thus,

'A swift horse.'

匹 pĕĕ (N.) 一 yăy one 馬 mà horse 快 Kweĕ Swift

'He walks swiftly.'

快 kweĕ swiftly. 他 Tă He 走 tsòw 得 tĕ } walks

'Swift and swiftly' are the same in Chinese.

'He can write well.'

好 haou good. 得 tĕ can 寫 seĕ write 他 Tă He

'He deals justly.'

貿 mòu 易 yăy } deals. 他 Tă He 公 kūng 平 pĭng } justly

'He speaks leisurely.'

講 keàng 話 hwá } speaks. 他 Tă He 慢 màn 慢 màn } leisurely

Or,

他 Tă He
從 ts'ŏng } leisurely (mildly)
容 yung }
講 keàng } speaks.
話 hwá }

'He speaks at random.'

他 Tă He
亂 lwán } at random
亂 lwán }
講 keàng speaks.

'You should not speak confusedly.'

你 Nè You
講 keàng } speaking
話 hwá }
不 poŏ not
要 yaoú wanted
混 hwán } confusedly.
仗 cháng }

'He says *expressly* that he cannot do it.'

他 Tă He
明 míng } expressly
白 pè }
說 shwŏ says
不 poó not
能 nâng can
做 tsó do.

'Walk slowly.'

你 *Nè* You
慢 *màn* } slowly
慢 *màn* }
走 *tsòw* walk.

'He talks foolishly.'

他 *Tā* He
無 *voô* without
知 *chē* knowledge
講 *keàng* } talks.
話 *hwá* }

'He reads badly.'

他 *Tā* He
念 *neén* } reads
得 *tĕ* }
不 *poŏ* not
好 *haoù* well.

Or

他 *Tā* He 不 *poŏ* not 會 *hwúy* understand 念 *neén* to read 書 *shoō* book.

'He has greatly erred in managing that affair.'

他 *Tā* He
辦 *pán* manage
那 *nà* that
件 *keén* (N.)
事 *seé* business
大 *tá* greatly
有 *yeòu* has
錯 *tsŏ* erred.

B b

'He reasons ably.'

他 Tă — He	有 yeù — having
論 lún, 道 taoú, 理 lè — reasons	能 nâng, 幹 kăn — ability.

6th. OF QUANTITY.

'Much.'

多 Tŏ.

'Too much.'

太 Taè 多 tŏ.

Or,

過 Kuò 多 tŏ.

'Little.'

少 Shaò.

'Too little.'

太 Taè 少 shaò.

'Very little.'

甚 Shin 少 shaò.

'How much.'

少 shaò. 多 Tó

Or,

干 kān. 若 Jŏ

Also,

多 tó. 幾 Kè

'How great?'

大 tá. 多 Tó

Or,

大 tá. 幾 Kè

'Enough.'

足 Tsŏ.

Or,

彀 keú.

'That is enough.'

了 leaoù. 罷 Pá

It is an expression which the Chinese often use.

'A great deal.'

多 tó. 許 Hèw

Or,

多 tó. 好 Haoù

B b 2

7th. OF DOUBT.

'Perhaps.'

者 chày. 或 Hwŏ

Or,

概 kaé. 大 Tá

'About so high.'

高 kaoū high. 這 chē 樣 yáng } so 大 Tá 約 yŏ } About

8th. OF AFFIRMATION.

'Yes.'(1)

是 Shé.

'Certainly, surely, undoubtedly.'

然 jên. 自 Tseé

'Really.'

在 tsaé. 實 Shĕ

'He is really a good man.'

是 shé is 好 haoù a good 人 jin man. 他 Tă He 實 shĕ 在 tsaé } really

(1) It is commonly said, tsĭw shé 是就, and chúng shé 是正, 'just so.'

海上絲綢之路文獻集成 科技與文化編

通用漢言之法

'*Indeed* it is so.'

這 chě } so. 果 Kwǒ } Indeed
樣 yáng 然 jên
係 hě it is

'He is a *truly* good man.'

人 jîn man. 好 haoù a good 係 hě is 實 shě really 眞 chin truly 他 Tā He

'Decidedly.'

然 jên. 斷 Twán

'It is positively thus.'

這 chě } thus. 定 Tíng Positively
樣 yáng 是 shě is

9th. OF NEGATION.

'Not.'

不 Poǒ.

'By no means.'

是 shě is. 不 poǒ not 萬 wán ten thousand 萬 Wán Ten thousand

'Not at all.'

是 shě is. 不 poǒ not 總 Tsùng Altogether

海上絲綢之路文獻集成　科技與文化編

Or

是 shé is. 不 poŏ not 大 Tá Greatly

Beside the negative poŏ 不, there are these nine, voó 毋; voó 無; (1) voĕ 勿; foĕ 弗; wé 未; mŏ 莫; mè 靡; feī 非; wàng 罔. (2)

'It is not so.'

樣 yáng. 這 chĕ 是 shé 不 Poŏ

'He has not.'

有 yeà has. 未 wé not 他 Tā He

'On erring you should not be afraid to reform.'

改 kaè to reform. (3) 憚 tán fear 勿 voĕ not 則 tsĕ should 過 Kuò On erring (you)

'Do not idly spend the day.'

日 jĕ the day. 度 toó pass 虛 heū idly 毋 Voó Do not

'I had not leisure to pay my respects.'

問 wán, 候 hĕw } to pay respects. 弗 Foĕ Not 遑 hwâng leisure

'I am not adequate to it.'

也 yăy 逮 tĕ adequate to 之 chē it 未 wé not 我 Gò I

(1) In Yăy-king and some other ancient books, the character vū 旡 is in constant use as a negative.
(2) To the negatives add vé 微; mŏ 沒; mëĕ 蔑; maó 耗. (3) yū 語. Lŭn 論.

Commonly,

來 *laè* come to pass. 不 *poè* not 做 *tsó* do 我 *Gò* I

'To his thanks there was no end.'

靡 *mèe* no 他 *Tā* He
涯 *yaê* end. 感 *kàn* } gave thanks
謝 *seé*

'There is no better than this.'

這 *chē* } this. 莫 *Mó* Not
箇 *ko* 好 *haoù* better
於 *yū* than

'It is in no wise what I wish.'

願 *yuén* wish. 我 *gò* I 並 *Píng* } In no wise
所 *sò* that which 非 *feī*

'Do not oppose.'

違 *weî* oppose. 無 *Voû* Do not

'Do not deceive yourself.'

也 *yày* (N.) (1.) 欺 *kē* deceive 自 *tseé* yourself 毋 *Voû* Do not

'Not to regard one's promise.'

齒 *chè* teeth. 口 *keù* the mouth (or) 顧 *koó* regard 罔 *Wàng* Not

(1) *haô* 學. *Tá* 大

10th. OF INTERROGATION.

'*How* will you manage?'

辦 pán manage?	你 Nè You
	如 joô } how
	何 hô } how

Or,

辦 pán manage?	你 Nè You
	怎 tsèng } how
	麼 mò } how
	樣 yâng } how

'How?' expressing doubt, as,

'How is it thus?'

這 chĕ } thus?	豈 Kè How
樣 yâng } thus?	係 hé (is it)

'How is it not?'

是 shé is? 不 pŏ not 豈 Kè How

i. e. Meaning to affirm that *it is*.

海上絲綢之路文獻集成 科技與文化編

In books, *hoô* 胡; *hè* 奚; *voō* 烏; *voō* 惡; *ngān* 安, are used for 'how.'

'Why.'

何 *hô* what. 因 *Yin* Because of

Or,

爲 *wei* cause. 何 *hô* What

Or,

何 *hô* what. 爲 *Wei* Cause

Also,

故 *koó* cause. 何 *Hô* What

Or,

緣 *yuên* 故 *koó* } cause. 甚 *Shin* 麼 *mô* } What

'*Whether*, does he remain or go?'

麼 *mô* ? 去 *keú* go 或 *hwă* or 在 *tsaé* remain 或 *hwă* whether 他 *Tā* He

11th. OF COMPARISON.

'More,' in quantity.

多 *tô*. 更 *Kāng*

For 'more' and 'most' joined to Adjectives, see the Comparison of Adjectives.

'He walked more than a thousand *le*.'

他 *Tā* He
行 *hing* walked
路 *loó* the road
千 *tsëen* a thousand
里 *lè* le
有 *yeù* and
多 *tō* more.

'You have walked two paces more.'

你 *Nè* You
行 *hing* } have walked
了 *leaoù* }
多 *tō* more
兩 *leàng* two
步 *poó* paces.

'This is two tales less.'

這 *Chē* } This
個 *kó* }
少 *shaò* is less
二 *úrh* two
両 *leàng* tales.

'Have you been better recently?'

你 *Nè* You
一 *yäy* } recently
向 *heáng* }
還 *hwân* more
好 *haoù* well.

'How much more' is made by *hŏ hwáng* 况何, and *hwáng tsëè* 且况.

'If you be unable to take a short journey, how much more, a long one.'

若 Jŏ If	路 loó road	行 híng walk	遠 yuèn a distant
你 nè you	不 poŏ not	何 hŏ } how much more	路 loó road
近 kín near	能 nâng can	況 hwáng }	乎 hoô ?

'A great many times.'

好 Haoù } A great many
幾 kè }
遭 tsaō times.

Or,

好 Haoù } A great many
幾 kè }
回 hwûy times.

Or,

好 Haoù 幾 kè 次 tseě.

'A great deal more.'

太 Taě 更 kăng 多 tŏ.

'Very.'

甚 Shin.

Or,

實 Shĕ 在 tsaě.

'Very good.'

好 haoù. 甚 Shin

'Very bad.'

好 haoù. 不 poö 在 tsaè 實 Shë

'A very long time.'

久 kèw. 好 Haoù

'Very much or many.'

多 tö. 甚 Shin

'Very few.'

少 shaò. 甚 Shin

'Very great.'

大 tá. 在 tsaè 實 Shë

'Very little.'

小 seaoù. 在 tsaè 實 Shë

'Very ugly.'

醜 cheù. 太 Taè

'Very superior quality.'

等 tàng. 上 sháng 又 Yéw

'Very pleasant.'

得 tǎ } very. 趣 Tsëŭ } Pleasant
狠 hǎn 趣 tseŭ

'Very important, urgent.'

緊 kin. 得 tǎ 要 Yaoú

'Very high.'

的 tëǎ. 高 kaoù 高 Kaoù

'Almost enough.'

穀 keŭ enough. 多 tǒ much 不 poǒ not 差 Chǎ Error

'Nearly the same.'

同 tùng same. 多 tǒ much 不 poǒ not 差 Chǎ Error

Or,

樣 yâng. 一 yǎy 同 tùng 多 tǒ 不 poǒ 差 Chǎ

'A little more.'

些 sëě. 一 yǎy 多 Tǒ

'These two are alike.'

這 *Chè* These
兩 *leàng* } two
個 *kó* }
同 *tûng* same
一 *yĕy* one
樣 *yâng* manner.

'He rides about every where.'

他 *Tā* He
周 *cheū* } going round
圍 *wei* }
騎 *kĕ* rides
馬 *mà* a horse.

'*Since* that affair is thus, I have no resource.'

既 *Kè* } Since
然 *jên* }
那 *nà* } that
件 *këen* }
事 *scé* affair
為 *wei* is
如 *joô* } thus
此 *tseè* }
我 *gò* I
卽 *tsëĕ* then
無 *voô* } no resource.
奈 *nà* }
何 *hô* }

海上絲綢之路文獻集成 科技與文化編

OF PREPOSITIONS.

'Of,'

As denoting the possessive, is made by *chē* 之, and *tëë* 的.

'The house *of* my friend.'

我 *Gò* My
明 *pŭng* } friend
友 *yeù* }
之 *chē* 's
屋 *ŏ* house.

'Of,' denoting an effect, is rendered by *yīn* 因, and *weî* 爲

'He died *of* a fever.'

他 *Tā* He
係 *hè* was
因 *yin* because of
熱 *jĕ* of hot
病 *ping* disease
而 *ârh* and
死 *seè* died.

Or,

他 *Tā* He
爲 *weî* of
熱 *jĕ* } a fever
病 *ping* }
死 *seè* } died.
了 *leaoù* }

'For.'

'Make a garment *for* me in the present mode.'

你 *Nè* You
替 *tè* for
我 *gò* me
做 *tsó* make (this)
時 *shê* time
樣 *yâng* manner
的 *tëë* 's
衣 *ê* } garment.
服 *fŏ* }

海上絲綢之路文獻集成 科技與文化編

'For,' instead of.

'I'll thank you to attend to that business *for* me.'

我 Gò I
請 tsëng request
你 nè you
代 taé for
我 gò me
辦 pán to manage
那 nà } that
件 këën } that
事 seé business.

'For,' on account of.

'He loved the boy for his good disposition.'

他 Tā He
愛 waí loved
兒 ûrh } the boy
子 tseè } the boy
因 yin } for
爲 weí } for
他 tā his
好 haou good
性 sing } disposition.
情 tsing } disposition.

'Into,' is implied in the verb.

'He left the city, and went into the country to live.'

他 Tā He
離 lê left
城 ching the city
而 ûrh and
往 wàng went into
鄉 heāng } the country
下 heá } the country
居 keū } to live.
住 chú } to live.

'He went into the house.'

他 Tā He
進 tsin went
家 keā the house
裏 lè within.

'Take the money, and put it into the bag.'

拿 *Nâ* Take
銀 *yin* } the money
子 *tseè* }
裝 *chwāng* and put it
進 *tsin* into
口 *keū* the mouth of
袋 *taé* the bag.

'They put the goods *into* the ship's hold.'

他 *Tā* } They
們 *mún* }
搬 *puōn* moved
貨 *hó* the goods
入 *jŏ* into
船 *chuēn* the ship's
艙 *tsāng* hold.

'Within.'

'They are *within* the house.'

他 *Tā* } They
們 *mún* }
在 *tsaé* are
家 *keā* the house
裏 *lè* within.

'He is *within* the interior parts of the house.'

他 *Tā* He
在 *tsaé* is in
家 *keā* the house
裏 *lè* } interior.
面 *mēen* }

'He can finish *within* the time appointed.'

他 *Tā* He
在 *tsaé* remaining
日 *yĕ* the day
期 *kĕ* appointed
之 *chē* 's
內 *nŭy* within
辦 *pán* manage
得 *tĕ* can
完 *wân* complete.

Dd

'Without.'

'He stands *without* the door.'

外 *waé* outside. 之 *chē* 's 門 *mûn* the door 在 *tsaé* is 他 *Tā* He

'Go *without* me.'

我 *gò* me 你 *Nè* You
去 *keú* go. 除 *chǔ* } excluding
了 *leaoù* }

'With.'

'Go *with* me.'

去 *keú* go. 我 *gò* me 同 *tûng* with 你 *Nè* You

'He writes *with* a pencil.'

字 *tseé* characters. 寫 *seè* to write 筆 *peē* a pencil 用 *yúng* uses 他 *Tā* He

'He killed a man *with* a knife.'

人 *jîn* a man. 殺 *shā* killed 刀 *taoū* a knife 以 *è* by or with 他 *Tā* He

'He subjects men *by* virtue.'

人 *jîn* men. 服 *fō* subjects 德 *tē* virtue 以 *è* by 他 *Tā* He

海上絲綢之路文獻集成 科技與文化編

'They obtain food by diligent labor.'

飯 *fan* rice 食 *shĕ* to eat. 做 *tsó* doing 工 *kūng* 夫 *foō* work 得 *tĕ* obtain 他 *Tā* 們 *mún* They 以 *è* by 勤 *kĭn* diligently

'Down.'

'Go *down* the stone steps.'

石 *shĕ* stone 去 *keŭ* go. 階 *kaē* 級 *kĕĕ* the steps 你 *Nè* You 下 *heá* down

'Go *down*.'

去 *keŭ* go. 下 *heá* down 你 *Nè* You

'Put *down* the book.'

書 *shoō* the book. 下 *heá* down 放 *fāng* put 你 *Nè* You

'From.'

Tseé 自; *yéw* 由; *tsoóng* 從.

'To.'

Taoú 到; *ché* 至.

'He went from Nanking to Peking.'

北 *Pĕ* 京 *king* Peking. 去 *keŭ* went 到 *taoú* to 南 *Nân* 京 *king* Nanking 他 *Tā* He 自 *tseé* from

海上絲綢之路文獻集成 科技與文化編

'At.'

'He lives at Penang.'

他 Tā He
在 tsaé at
新 Sin, 埠 feú } Penang
居 keü, 住 chú } dwells.

'He arrived *at* Hiang-shan yesterday.'

他 Tā He
昨 tsŏ, 天 tëen } yesterday
到 taoú arrived at
香 Heäng, 山 shān } Heang-shan.

'On or upon.'

'Put it on the table.'

放 Fáng Put
物 voĕ the thing
在 tsaé stay
棹 chŏ, 子 tseè } the table
上 shàng upon.

'The bricklayer is *upon* the top of the house.'

坭 Nā, 水 shdy, 人 jîn } The bricklayer
在 tsaé is
房 fâng the house
背 poeí back
上 shàng upon.

'In.'

'He lives *in* the City.'

他 *Tā* He	居 *keū* } lives	城 *chĭng* the city
	住 *chŭ* }	內 *nŭy* within.

'He was born in the 50th year of Keen-lung.'

他 *Tā* He	五 *woò* } 50th
生 *săng* was born	十 *shĕ* }
於 *yū* in	年 *nëĕn* year
乾 *Këĕn* } Keen-lung's	之 *chē* the
隆 *lŭng* }	間 *këĕn* midst.

'The book is in the middle of the table.'

書 *Shoō* The book	棹 *chŏ* } the table	之 *chē* 's
在 *tsaé* is in	子 *tsèè* }	心 *shĭn* heart.

Or,

書 *Shoō* The book	棹 *chŏ* } the table's	中 *chŭng* } midst.
在 *tsaé* is in	子 *tsèè* }	間 *këĕn* }

海上絲綢之路文獻集成 科技與文化编

'He is in the province of Shan-tung.'

他 *Tā* He
在 *tsaé* is
於 *yu* in
山 *Shān* 東 *tūng* } Shan-tung
省 *sáng* province.

'Up.'

'Go *up* the hill.'

上 *Shàng* Up
山 *shān* the hill
去 *keú* go.

'He is gone up to Peking.'

他 *Tā* He
上 *shàng* up to
北 *Pĕ* 京 *king* } Peking
去 *keú* has gone.

'Lift up, or take up.'

拿 *Nâ* Take
起 *kè* up
來 *laê* come.

Or,

直 *Chĕ* Straight
起 *kè* up
來 *laê* come.

'Take that boiler *off* the fire.'

那 *Nâ* That
茶 *châ* tea
煲 *paou* boiler
由 *yew* from
火 *hò* 爐 *loô* } the fire place
拿 *nâ* take
開 *kaē* open
去 *keú* go.

'Take this thing *off* the table.'

拿 *nâ* take	棹 *chŏ* } the table	此 *Tsèè* This
去 *keú* away.	子 *tsèè*	物 *vŭĕ* thing
	上 *shàng* upon	由 *yêw* from

'Over.'

'He is gone *over* the water.'

去 *keú* is gone.	河 *hô* the river	過 *kwŏ* to pass	他 *Tā* He

'He climbed *over* the wall.'

去 *keú* went.	越 *yuĕ* over	牆 *tseâng* the wall	扳 *pān* climbed	他 *Tā* He

'Below, under.'

'*Below* the table.'

底 *tè* } below.	棹 *Chŏ* } The table
下 *heá*	子 *tsèè*

'The pencil is *below* your foot.'

之 *chē* 's	筆 *Pĕĕ* The pencil
底 *tè* } below.	在 *tsaé* is
下 *heá*	你 *nè* your
	脚 *keŏ* foot

'The situation of the Kwan-poo is *below* that of the Viceroy.'

關 Kwān } Kwan-poo
部 poó }
之 chē 's
位 weí seat
係 hè is
卑 peī mean-
過 kuǒ er than
總 Tsùng } the Viceroy
督 toǒ }
之 chē 's
位 wei seat.

'Above.'

'The office of the Viceroy is *above* that of the Kwan-poo.'

總 Tsùng } The Viceroy
督 toǒ }
的 teě 's
職 chě } office
分 fún }
是 shé is
高 kaoū high-
過 kuǒ er
於 yū than
關 Kwān } the Kwan-poo
部 poó }
的 teě 's.

'It is *above* your head.'

是 Shé Is
在 tsaé situation
你 nè your
首 shów head
上 shảng above
頂 tìng vortex.

'The price is *above* ten thousand tales.'

價 Keà } The price
錢 tsëen }
是 shé is
一 yǎy one
萬 wán ten thousand
兩 leàng tales
有 yeù and
多 tó more.

Or,

價 Keà } The price
錢 tsëen }
是 shé is
高 kaoū } higher
過 kuǒ }
於 yū than
一 yǎy one
萬 wán ten thousand
兩 leàng tales.

'Under.'

'I know that I can buy it *under* that price.'

得 tĕ can. 就 tsèw soon 之 chè the 是 shé that 我 Gò I
買 maè buy 下 heá below 價 keá price 知 chē know

'Before.'

'Go before me.'

去 keú go. 而 ûrh and 我 gò me 前 tsëĕn precede 你 Nè You

'*Before* the table of a magistrate.'

臺 taê table 官 Kwān } A magistrate's
前 tsëĕn before. 府 foò

'Behind.'

'He followed *behind*.'

行 hing walked. 而 ûrh and 後 héw after 隨 sûy followed 他 Tā He

'Beyond.'

'It is *beyond* that wall.'

牆 tseāng wall 在 Tsaé It is
之 chē 's 那 nâ } that
外 waé with outside. 幅 fŏ

E e

'It is now *beyond* the time appointed.'

而 *Ûrh* } Now
今 *kin* }
係 *hé* is
過 *kwŏ* past
期 *kē* the time appointed.

'Against.'

'It is *against* the wall.'

是 *Shé* It is
靠 *kaoŭ* } against
埋 *maê* }
牆 *tseăng* the wall.

'He was leaning *against* the posts of the door.'

他 *Tă* He
挨 *yaê* } leaned against
埋 *maê* }
門 *mûn* the door
枋 *fâng* post. ○

'He spoke to me *against* that man.'

他 *Tă* He
對 *túy* to
我 *gò* me
講 *keàng* } spoke
話 *kwá* }
攻 *kūng* } attacking
擊 *kĕĕ* }
那 *nà* } that
個 *kó* }
人 *jîn* man.

海上絲綢之路文獻集成 科技與文化編

通用漢言之法

'The Tartars fought against the Chinese.'

滿 *Mwàn* } The Tartars
洲 *chōw* }
人 *jîn* men
與 *yû* with
漢 *Hán* } the Chinese
人 *jîn* }
對 *túy* were opposed
敵 *tëë* as enemies.

'Over against.'

'*Ho-nan* is over against the foreign factories.'

河 *Hô* } Ho-nan
南 *nân* }
在 *tsaé* is situated
夷 *è* the foreign
館 *kwàn* factories
對 *túy* } opposite to.
面 *mëén* }

'Through.'

'Go *through* that road.'

你 *Nè* You
走 *tsèw* walk
通 *tŭng* through
那 *nà* } that
條 *teaoû* }
路 *loó* road
去 *keú* go.

'You can go *through*.'

你 *Nè* You
行 *hîng* walk
得 *tĕ* can
通 *tŭng* through.

It implies *going through*, a door, a passage, or *any business*.

海上絲綢之路文獻集成　科技與文化編

'About.'

'He went all *about* the market.'

他	Tă	He
往	wàng	went
街	keaè	} the market
市	shè	
周	chōw	} round about
圍	wei	
行	hîng	} walked.
過	kwŏ	

'About so much.'

大	Tá	} About
約	yŏ	
這	chĕ	} so
樣	yâng	
多	tō	much.

'He spoke to me *about* that affair.'

他	Tă	He
替	tē	to
我	gò	me
講	keàng	spoke
及	keĕ	about
那	nâ	} that
件	keĕn	
事	seé	affair.

'Among, amongst.'

'It must be *amongst* these.'

其	Kĕ	It
必	pĕĕ	must
在	tsaé	be
這	chĕ	} these
些	sëĕ	
之	chē	's
內	núy	midst.

'The Emperor is the greatest *amongst* men.'

人 *Jîn* Men
之 *chē* 's
中 *chūng* midst

皇 *hwâng*
帝 *té* } the Emperor
是 *shé* is

至 *ché* most
大 *tá* great.

'Between.'

'The pencil is lying *between* these two ink-stands.'

其 *Kê* The
筆 *pĕĕ* pencil
是 *shé* is

在 *tsaé* situated
那 *ná* these
兩 *leàng* two

墨 *mĕ*
硯 *yĕn* } ink-stand
之 *chē* 's

中 *chūng*
間 *këën* } between.

'Near.'

近 *Kín.*

'It is *near* that chair.'

是 *Shé* It is
在 *tsaé* situated
近 *kín* near
那 *ná*
張 *chāng* } that

椅 *è*
子 *tscè* } chair.

'It is a long time *since* that.'

久 *kĕw* long time.	係 *hĕ* is	至 *chĕ* to	其 *kĕ* that	自 *Tseĕ* From
	好 *haoŭ* a good	今 *kin* now	事 *seĕ* affair	有 *yeŭ* have

海上絲綢之路文獻集成 科技與文化編

OF CONJUNCTIONS.

'Though, although.'

'*Though* he be sick, he must come.'

雖 Süy } Though
然 jên }
他 tā he
有 yeù have
病 pìng sickness
倘 shàng } yet (he)
且 tsèe }
必 pēĕ must
來 laî come.

'*Although* I have frequently admonished him, I do not perceive that he has reformed.'

雖 Süy Although
我 gò I
係 hè have
数 soó several
次 tseé times
勸 keuĕn admonished
他 tā him,
還 hwân yet
不 poŏ not
見 këén see
他 tā him
改 kaè } reform.
過 kwò }

'For.'

蓋 Kaé.

'If at that time, that affair had happened, I must have seen it, *for* I was then present.'

若 *Jŏ* If
當 *tăng* that
時 *shê* time
偶 *ngeù*, 然 *jên* } happened
有 *yeù* to have
那 *nâ*, 件 *këên* } that
事 *seé* affair,
我 *gò* I
必 *pĕĕ* must
見 *këén*, 過 *kwŏ* } have seen
蓋 *kaé* for
彼 *pè* that
時 *shê* time
我 *gò* I
就 *tsèw* then
在 *tsaé* was
那 *nâ*, 處 *chŭ* } there.

'And,' is sometimes made by *ûrh* 而; *këĕ* 及; *yéw* 又; *píng* 並.

'He *and* his brother live in the city.'

他 *Tă* He
及 *këĕ* and
他 *tă*, 的 *tëĕ* } his
兄 *heūng*, 弟 *te* } brother
在 *tsaé* situated
城 *chĭng* the city
裏 *lè* within
居 *keū*, 住 *chú* } dwell.

通用漢言之法

'He came, *and* told me.'

他 *Tă* He
來 *laê* came
而 *ûrh* and
說 *shwŏ* } told
過 *kwŏ* }
我 *gŏ* me
知 *chē* } to know.
道 *taoû* }

'I want this *and* that also.'

我 *Gŏ* I
要 *yaoû* want
這 *chē* } that
個 *kó* }
又 *yéw* and also
要 *yaoû* want
那 *nà* } that.
個 *kó* }

'This *and* that were made by him.'

這 *Chē* } This
個 *kó* }
並 *píng* and
那 *nà* } that
個 *kó* }
爲 *weî* are
他 *tă* he
所 *sŏ* what
造 *tsaó* } made.
的 *teë* }

Yăy 亦, also, is used for the conjunction 'and.' The sound of *yăy* 也, the final particle, is commonly used in conversation for 'and.' It is also sometimes written, but it seems improper.

In Chinese composition, the conjunction 'and' is sparingly used.

'If.'

Jŏ 若; *tăng* 倘; *joô* 如, as, is often used for 'if.'

'If he accompany me, I will go.'

去 *keü* go. 我 *gò* I 隨 *sûy* follow 若 *Jŏ* If
則 *tsĕ* will then 我 *gò* me 他 *tā* he

'If you should have good news, I beg that you will hasten to send a line, to let me know.'

之 *chē* it. 字 *tsée* character 寄 *kė* send 祈 *kē* beg 佳 *keā* } good news 倘 *Tăng* If
知 *chē* (to make me) know 一 *yăy* a 速 *tsŏ* quickly 音 *yin* } 有 *yeŏ* (you) have

'So.'

是 *shĕ.* 如 *Joô*

'If that affair be so, it is well.'

卽 *tsëĕ* then 如 *joô* } so, 事 *seé* affair 若 *Jŏ* If
好 *haoù* well. 是 *shé* } 爲 *weî* be 其 *kĕ* that

'That,' denoting a final end.

致 *chĕ.* 以 *È*

海上絲綢之路文獻集成 科技與文化編

'He studied that he might obtain a public situation.'

他 Tă He
讀 tŏ read
書 shoō books
以 è } that (he)
致 chĕ }
得 tĕ might obtain
官 kwān magistrate's
職 chĭh situation.

'As.'

'Do it *as* you did before.'

你 Nè You
照 chaoú imitate
舊 kéw the old
而 êrh and
做 tsó act.

The same is expressed thus,

你 Nè You
做 tsó do
如 joô as
前 tsëěn before
時 shê time
一 yăy one
般 puān mode.

'*As* he wishes it so, very well.'

既 Kè As (or since)
他 tă he
悅 yuĕ likes
有 yeù to have
這 chĕ } thus
樣 yáng }
即 tsëĕ then
好 haoù well.

In this sentence, 'since' would probably be better than 'as.'

'*As* you please.'

隨 Sûy Follow
你 nè your
便 pëén convenience.

'*As* soon *as* he comes, inform me.'

他 Tă He
來 laê comes
即 tsëĕ the instant
時 shê time
報 paoú announce
與 yû to
我 gò me
知 chē to know.

F f 2

'He must do it *as* well *as* he can.'

做 tsó act. 而 ûrh and 力 lëě strength 如 joô as (his) 必 pëě must 他 Tâ He

They more generally say,

做 tsó do. 去 keû go and 力 lëě strength 盡 tsin exert. his-utmost 必 pëě must 他 Tâ He

Which expresses exactly the same sense.

'You may have as much as you please.'

可 kŏ may 隨 sûy follow 不 Poǒ Not

有 yeù have. 你 nè 之 chē } your 拘 keū restricted

意 é will 多 tō 少 shaò } how much

'Lest.'

Is difficult to render in Chinese.

'Make haste and finish, *lest* if not he should be angry.'

他 tâ he 如 joô if 你 Nè You

生 săng 怒 noó } will be angry. 不 poǒ 是 shé } not 快 kwaé hasten

恐 kŭng 怕 pá } apprehend 些 sëë a little

做 tsó 完 wân } to finish

'Than.'

'There is nothing higher *than* heaven.'

莫 *Mŏ* Not 高 *kaoû* higher 於 *yü* than 天 *tëën* heaven.

'Because.'

'He is happy *because* he is good.'

他 *Tă* He 有 *yeù* has 福 *fŏ* happiness 因 *yin* because 做 *tsó* does 善 *shén* good; 故 *koŏ* 也 *yày* } that is the reason.

'Neither.'

兩 *Leàng* 個 *kó* } Both 不 *poŏ* not 是 *shé* are.

'Both.'

兩 *Leàng* 個 *kó.*

'Unless.'

Is not easily rendered.—

'He will come soon, unless he be sick.'

倘 *Tăng* If 不 *poŏ* not 有 *yeù* have 病 *pìng* sickness 他 *tă* he 就 *tsèw* will soon 來 *laê* come.

Or thus,

他 Tā He, 就 tsèw will soon, 來 laê come;—

不 poŏ, 然 jên } if not so, 必 peĕ must

是 shé be (he), 有 yeù, 病 píng } is sick.

'Notwithstanding.'

'Though he was a little sick, he came *notwithstanding*.'

雖 Sūy Though, 他 tā he

有 yeù had, 些 sēē a little

病 píng sickness, 他 tā he

尙 sháng, 且 tsēè } notwithstanding

來 laê came.

'Yet.'

'There are *yet* a few.'

還 Hwân Yet, 有 yeù have

幾 kē, 個 kó } a few.

'But.'

'They came with me, *but* they went by themselves.'

他 Tā, 們 mûn } They, 同 tûng with, 我 gò me

來 laê came, 但 tán but, 他 tā, 們 mûn } they

自 tseé, 己 kè } themselves, 去 keú went.

海上絲綢之路文獻集成 科技與文化编

通用漢言之法

'I should be glad to do it, *but* the time is not suitable.'

我悅惟做時候不就

Character	Sound	Meaning
我	Gò	I
悅	yuĕ	delight
惟	wei	but
做	tsó	to do it,
時	shê	the time
候	hĕu	
不	pŏ	not
就	tsèw	suitable.

'It is not A-nan, *but* A-mew.'

不是亞南但是亞茂

Character	Sound	Meaning
不	Pŏ	Not
是	shé	is
亞	A	A-nan
南	nan	
但	tán	but
是	shè	is
亞	A	A-mew.
茂	mew	

'It is not only his duty to do it, *but* your duty also.'

不特係他應做卽你亦當做

Character	Sound	Meaning
不	Pŏ	Not
特	tĕ	only
係	hé	is
他	tă	his
應	ying	duty
做	tsó	to do
卽	tsëĕ	but
你	nè	you
亦	yăy	also
當	tāng	ought
做	tsó	to do it.

'This is what he wishes to do, *but* it is not my original intention.'

此事是他欲爲然非我本意

Character	Sound	Meaning
此	Tsè	This
事	seé	affair
是	shé	is
他	tă	his
欲	yŏ	wish
爲	wei	to do,
然	jĕn	but
非	fei	not
我	gò	my
本	puĕn	original
意	ê	intention.

'Nor.'

'He would *neither* do this way *nor* that way.'

這樣他不做那他樣不亦做

Character	Sound	Meaning
這	Chĕ	Thus
樣	yâng	
他	tă	he
不	pŏ	not
做	tsŏ	do
那	nă	that
他	tă	he
樣	yâng	way
不	pŏ	not
亦	yăy	also
做	tsŏ	do.

'Either, or.'

'It is *either* Lin-kwan *or* Haou-kwan, I do not know which.'

是 *Shé* It is
或 *hwŏ* either
林 *Lin* } Lin-kwan
官 *kwan*
或 *hwŏ* or
浩 *Haou* } Haou-kwan
官 *kwan*
不 *poŏ* not
知 *chē* know
是 *shé* is
那 *nà* which
一 *yĕy* } one.
個 *kó*

海上絲綢之路文獻集成 科技與文化编

OF INTERJECTIONS.

I. *Expressive of grief.*

As

呼 *hoō.* 嗚 *Woō*

'Alas! Alas!'

In distress, they say

我 *gŏ.* 憐 *lëĕn* 可 *Kŏ*

'I'm to be pitied!'

我 *gŏ.* 得 *tĕ* 不 *poĕ* 了 *Leaoù*

'I'm undone!'

哉 *tsaĕ.* 痛 *tung* 呼 *hoō* 嗚 *Woō*

'Alas, how painful!'

哉 *tsaĕ.* 吁 *heū* 嗚 *Woō*

And,

乎 *hoŏ.* 嗟 *tseāy* 吁 *Heū*

Also denote grief and anxiety.—

Gg

2. *Of Surprize.*

哉 tsaē. 何 Hô

'What!'

Âh yâ 阿吖 is extremely common, though the first of the characters is only found in lighter productions. It is an exclamation that escapes them when they admire, wonder, are distressed or pity, as well as in the moment of surprize.

3. *Of Admiration.*

哉 tsaē. 休 Hēeū

'How excellent!'

哉 tsaē. 矣 è 大 Tá

'O how great!'

哉 tsaē. 休 hēeū 歟 yû 猗 E

'O how admirable!'

È foō 夫矣, at the end of a sentence, denote admiration. *Foō* 夫 frequently occurs at the beginning of a sentence, and nearly corresponds to the word 'now' when used as a particle of connection, 'as, now if this be true,' &c.

海上絲綢之路文獻集成 科技與文化编

OF THE PROVINCIAL DIALECT.

OF THE CANTON DIALECT.

That the pronunciation of the character is in the provincial dialect different from that of the *Kwān* dialect, has already appeared in the table of syllables. Though that table exhibits the regular difference that subsists between them, there are yet in the provincial dialect many anamolies not noticed there, and which can be learned only from practice.

In the Canton dialect, there are words for which they have no character, and there are others, for which the people of the province have formed a character. These Provincial characters are not admitted into dictionaries of the language.

The Provincial dialect is called *pĕ hwá* 話白; *toò hwá* 話土, and *toò tăn* 談土 in contradistinction from the *proper* and *general* language of the Empire, called *kwān hwá* 話官, 'public officer's speech or language.' In Europe, it is called, from the Portugueze, the 'Mandarin tongue.'

The Chinese define the phrase *kwān-hwá* thus,

爲 *wei* are	聲 *shing* the tone and	言 *yin*	languages;	用 *yúng* use	公 *kūng* universally	各 *Kŏ* Every
正 *ching* right.	音 *yin* pronunciation	語 *yù*		之 *chĭ* the	通 *tūng* throughout	省 *săng* province

i. e. 'The proper and general language of the empire.'

Gg 2

In the Canton dialect, the names of things are generally the same as in the *kwān* dialect; that is, the character is the same, though they pronounce it differently. With the Pronouns it is not so. 'He' is expressed by *kue*^{12} 佢. The plural, they form by the word '*te*^{3},' for which they have no character.* 'We,'—*ngò* 我 *te*^{3}. 'You,' *nì* 你 *te*^{3}. 'They,' *kue*^{12} 佢 *te*^{3}.

The *Possessive,* 'mine,' *ngò tĭk* 的我, or *ngò* 我 *ka*^{2}. 'Ours,' *ngò* 我 *te*^{3} *ka*^{2}. The other persons are formed in the same way.

Demonstrative. 'This,' *nè kó* 個. 'That' *kó kó* 個 個.

The Interrogative. 'What?' *mat*^{1} 乜; *mat*^{1} *ya*^{2}, 野 乜. 'Who?' *mat*^{1} *ya*^{2} *yŭn* 人 野 乜, or *pen*^{3} *kó yŭn* 人 個 邊. It is also said *mat*^{1} *shue*^{12} 誰 乜. 'Which?' *pen*^{3} *kó ya*^{2} 野 個 邊, or *mat*^{1} *ya*^{2} 野 乜.

For the Verb *to be,* they generally use *hei* 係. Thus,

'Who is it?'

人 *yŭn.* 野 *ya*^{2} 乜 *mat*^{1} 係 *Hei*

The Adverb 'not,' they render by *im* 唔, and *mów* 冇.†

'Is it or not?'

係 *hei.* 唔 *im* 係 *Hei*

* Every person, however, adopts such a character as he thinks conveys the sound.

† No person,' *mów yŭn* 人 冇. 'He is not come,' *kue*^{12} *mów loi* 來 冇 佢. 'No business, affair &c.' *mów szŭ* 事 冇.

'It is not.'

係 *hei.* 唔 *Im*

'How?' is made by *tem*[3] *yaong*[22] 樣點. 'Thus,' by *kum*[1] *yaong*[22] 樣咁. 'Where?' *pen*[3] *chi* 處邊.

The word 'thing,' they express by *ya*[2] 野. 'A good thing,' *how*[2] *ya*[2] 野好. 'A bad thing,' *im how*[2] *ya*[2] 野好唔.

'To bring,' they express by *ning lei* 黎擰; *kai lei* 黎; *lo lei* 黎攞. 'To take,' *lo* 攞. 'To take away,' *ning hue*[12] 去擰; *kai hue*[12] 去; *lo hue*[12] 去攞. 'To eat,' *yak*[1]; *yak*[1] *fan.* 飯

An interrogation is often made by *hei má* 嗎係, 'is it, or not?' and also by *nê* 呢.

The above are the provincial characters which most frequently occur. We shall add a few sentences, taken from the preceding part of the work, and now render them according to the Canton dialect, by which the difference between it and the Mandarin tongue will be readily seen.

Sentences which occur under the Pronouns, page 87.

'I do not know.'

到 *tów.* 知 *che*[3] 唔 *im* 我 *Ngó*

'Have you the key of my study?'

嗎 ma. 你 nè 匙 shè ka 房 fông 我 Ngò

處 chì 係 hei 鎖 sò 門 mûn 書 shû

'I'll thank you to pass the ink to me.'

俾 pè 過 kuö 揩 kaì 請 Tsing

我 ngò. 黎 lei 墨 măk 你 nè

'You do not love me as he does.'

佢 kuei². 似 tsí 唔 im 我 ngò 愛 oí 你 Nè

'My meaning is this.'

樣 yaóng. 咁 kòm 係 hei 思 szí 意 é ka 我 Ngò

'This sentence is what he himself pronounced.'

話 wâh 己 kè 佢 kuei² 句 kuè 呢 Nè

ka. 所 shò 自 tsí 係 hei 一 yăt

'He loves his son.'

仔 tsei. ka 己 kè 自 tsí 愛 oí 佢 Kuei²

'What affair?'

事 sz'. 野 ya² 乜 Mat¹

'What person is it?'

人 *yân.* 個 *kó* 一 *yăt* 邊 *pen³* 係 *Hei*

'This character.'

字 *tsi.* 個 *kó* 呢 *Ni*

'That dog.'

狗 *kàu.* 隻 *chik* 個 *Kó*

'These tea cups.'

杯 *puî.* 茶 *chă* *te* *Ne*

'Those umbrellas.'

傘 *sàn.* 雨 *yü* 把 *pă* 幾 *kî* 個 *Kó*

'The thing which I wanted.'

野 *ya².* *ka* 攞 *lo* 所 *shò* 我 *Ngò*

Or

野 *ya².* *ka* 要 *yeü* 所 *shò* 我 *Ngò*

'Neither.'

係 *hei.* 唔 *im* 個 *kó* 兩 *Leòng*

'Such a man as this.'

人 *yăn.* *ka* 樣 *yaông* 咁 *Kùm*

Sentences which occur under the Adjectives, page 68.

'He is wicked.'

ka. 惡 ŏk 係 hei 佢 Kue²

'This rice is good.'

ka. 好 hŏw 係 hei 米 mei 樣 yaŏng 呢 Nĕ

'This is better than that.'

個 kŏ. 個 kó 過 kuŏ 好 hŏw 個 kó 呢 Nĕ

'Whether is this or that the better?'

個 kó. 個 kŏ 共 kŭng 呢 Nĕ
好 hŏw. 邊 pen_3 個 kó 個 kŏ

'The sooner the better.'

好 hŏw. 越 yăt 早 tsŏw 越 Yăt

'Greater than the whole.'

總 tsŭng. 一 yăt 過 kwŏ 大 Tí

'The best wine.'

酒 tsŏw. ka 等 tăng 上 sheŏng 最 Tsuĭ

'He performs the best work—you should employ him.'

佢 kue¹ ² 以 è 你 nè 工 kūng 等 tàng 上 sheòng 佢 Kue¹ ²
做 tsów. 託 tŏk 可 hò 夫 fū ka 一 yăt 做 tsów

Sentences which occur under the Verbs, pages 114, *&c.*

'I have a book.'

書 shō. 本 pùn 一 yăt 有 yàw 我 Ngò

'You have a great deal of cotton.'

花 fā. 棉 mĕn 多 tō 好 hòw 有 yàw te 你 Nè

'What have you to sell?'

賣 maí. 物 măt 貨 fó 野 ya² 乜 mat¹ 有 yàw 你 Nè

'Had you before?'

嗎 mà. 有 yàw 先 sēn 你 Nè

'No, he had not?'

ka. 有 yàw. 係 hei 唔 im 佢 Kue¹ ²

'I shall have.'

有 yàw. 者 chà 日 yăt 明 ming 我 Ngò

'To-morrow,' they often express by

日 yăt. Ting

H h

'Will he have to-morrow?'

嗎 mâ. 係 hei 有 yàw 將 tseông 日 yăt 明 ming 佢 Kuei 2

'I am an old man?'

人 yăn. 老 lòw 係 hei 我 Ngò

'This is mine?'

ku. 我 ngò 係 hei 個 kó Ne

'They were once at Peking.'

一 yăt 北 păk 到 tów 佢 Kuei 2
次 tsí. 京 king 過 kuò te

'I will be careful.'

心 sŭm. 小 seù 為 wei 必 pei3 將 tseông 我 Ngò

'Let him be there.'

處 chŭ. 個 kó 在 tsoi 佢 kuei 2 許 Huè

'If he be there call him.'

佢 kuei 2 處 chü 在 tsoi 若 Yŏk
黎 lei. 叫 keú 個 kó 佢 kuei 2

'How old are you.'

歲 suí. 多 tō 幾 kè 你 Nè

通用漢言之法

'That work is done.'

完 *unê.* 做 *tsów* 夫 *fū* 工 *kūng* *te* 個 *Kó*

'Did he come yesterday?'

係 *hei.* 唔 *im* 係 *hel* 黎 *lei* 日 *yăt* 作 *tsòk* 佢 *Kuei*

The syllable *lŏ* ends almost every sentence—it is a mere expletive. 'Yes' is expressed by *hei* 係 *lŏ*. The syllable *né* 呢, often terminates interrogative sentences.

'How?'

呢 *nê.* 樣 *yaông* 點 *Tem*

Hh2

OF SYNTAX.

As the adjective in Chinese has not, strictly speaking, though we use the terms, any distinction of gender, number or case it necessarily agrees with the substantive; again, as the verb is the same in every person, in both numbers, it always agrees with its nominative; and finally, as the form of the noun is not altered by the influence of the verb, there is no place either for Concord or Government, which two generally constitute the most material parts of the syntax of a language.

A few remarks on the right order of words in a sentence is all that can be included in the Syntax of a grammar of the Chinese language.

1. A noun in the nominative case follows that connected with it in the possessive, as, 'This man's son.'

兒 *ărh* } son.
子 *tseè*

人 *jîn* man
之 *chē* 's

這 *Chě* } This
個 *kó*

'His Excellency the Viceroy of *Canton* and *kwang-si*.'

大 *tá* } his excellency.
人 *jîn*

總 *tsùng* } Viceroy
督 *toŏ*

兩 *Leàng* Two
廣 *kwàng* kwang's

海上絲綢之路文獻集成 科技與文化編

2. After the name of office follows the person's name filling that office. Thus,

周 Chōw }
祚 tseě } Chow-tsee-he.
熙 hě }

順 Shún }
德 tě } Shun-te
縣 Hëěn Heen,

i. e. '*Chow-tsee-he*, the *Heen* of *Shun-te*.'

彭 pùng. 縣 Hëěn 山 shān 香 Heāng

i. e. '*Pung*, the *Heen* of *Heang-shan*.'

Heen is at once the appellation of a district of a certain extent, and the appellation of the officer or chief magistrate of the district.

3. The time of an action, precedes the verb expressing that action. As,

他 Tā He
明 mîng }
天 tëěn } to-morrow

將 tseāng will
來 laě come.

'He will come to-morrow.'

4. In dates, the year precedes the month, and the month the day. Thus—'A Petition of the first day, of the second moon of the 16th year of Kea-king,' rendered into Chinese is inverted. As,

嘉 *Keä* } Kea-king
慶 *king*
十 *shĕ* } 16th
六 *lŏ*
年 *neēn* year

二 *ŭrh* second
月 *yuĕ* moon
初 *tsŏ* } first
一 *yăy*
日 *jĕ* day

稟 *pĭn* petition.

5. Adjectives generally precede the noun. As

高 *Kaoū* High 山 *shān* hill.

'A high hill.'

好 *Haoù* 人 *jĭn.*

'A good man.'

Sometimes they may either precede or follow the noun. As,

地 *Tĕ* } Country
方 *fāng*

好 *haoù* very
大 *tá* large.

Or

好 *Haoù* Very
大 *tá* large

地 *tĕ* } country.
方 *fāng*

'A very extensive country.'

6. When a particular emphasis is laid on the adjective, it follows the noun; also when it is accompanied by an adverb. As,

事 *Seé* 情 *tsing* } Affair 大 *tá* great.

'An important affair.'

這 *Chē* 個 *kó* } This 係 *hé* is 一 *yăy* 端 *tuān* } an 事 *seé* affair 鄙 *pé* base 得 *tǐ* 狠 *hăn* } extremely.

'This is an affair extremely base.'

7. The adjective is sometimes separated from the noun by the verb coming between. As,

大 *Tá* Greatly 有 *yeǒ* has 關 *kwān* 係 *hé* } consequences.

'It has important consequences.'

8. *Voô* 無, at the beginning of a sentence, is understood to apply to every succeeding member, unless there be some turn in the expression. As,

無 *Voô* No 處 *chü* place 不 *pŏ* not 聞 *wăn* hear; 一 *yăy* a 方 *fāng* quarter 不 *poŏ* not 見 *keén* see 者 *chày* it 矣 *è* !

i. e. 'There is no place where it is not heard, no quarter in which it is not seen.'

The preface to the Dictionary of *Kang-he* says, that it was the Emperor's wish, that that work should be so perfect, that,

矣 *è* ! 不 *poŏ* not 音 *yin* sound 詳 *tsëăng* explained 之 *chē* which 無 *Voŏ* No

備 *pé* prepared 之 *chē* which 一 *yăy* a 不 *poŏ* not 義 *é* meaning

i. e. 'There should be no sense, (of the character which was) not fully explained; no pronunciation which was not given.'

9. Two negatives make a strong affirmative. As,

被 *pe* receive 其 *Kĕ* That.

壞 *hwaĕ* } ruined. 船 *chuĕn* vessel

了 *leaoŭ* } 無 *voŏ* not

不 *poŏ* not

'That vessel must inevitably be lost.'

知 *chē* know. 不 *poŏ* not 無 *voŏ* not 你 *Nè* You

'You cannot but know, or—you know it fully.'

知 *chē* know. 不 *poŏ* not 得 *tĕ* can 不 *poŏ* not 你 *Nè* You

'You cannot but know, or—you must know.'

OF PROSODY.

The Chinese language, from its being composed of monosyllables, when spoken gives a rather harsh and broken sound. There is a good deal of tone in the pronunciation of the natives. In the Tartar pronunciation of the language, however, there is less tone, and perhaps from its being the Court dialect it is very generally imitated. In reading the Classical books they delight in a musical pronunciation, like recitative.

For an account of what are commonly called the tones, and which are the accent and quantity of the Chinese language, see page 19.

The poetry of the Chinese is generally in rhyme. In the present day, however, they pay particular attention to the arrangement of the tones, or to the accent and quantity of each line.

A Chinese writer in his preface to a collection of poems, compares the progress of poetry in China, to the gradual growth of a tree. The celebrated *Shē kīng* 經詩, he compares to the roots; when *Soo-le*(1) flourished, the buds appeared; in the time of *Keen-ngan*,(2) there were abundance of leaves, but during the dynasty *Tang*,(3) many reposed under the shade of this

(1) *Soo le* 李蘇. (2) *Keen ngan* 安建. (3) *Tang* 唐.

I i

tree, and there were rich supplies of flowers and fruit. The *Shē kīng* 經詩 contains about three hundred ancient odes selected by Confucius. Of the three thousand from which he took them, many were immoral, and unworthy of being preserved. About 1500 years ago, *Choo-foo-tsee*(1) revised and published them with a collection of the best commentators. The *Shē-kīng* is divided into three parts called *fŭng* 風; *yā* 雅; and *sŭng* 頌. The first contains odes on the common occurrences of life; the second has a reference to government, and the third contains Eulogies. The sentences or lines generally consist of four characters. The Chinese often arrange the lines by the side of each other, but not always: they sometimes merely point them off; in that case you cannot tell, by the appearance of the page, whether it contains poetry or not.

The most regular compositions are called *she*, and always now contain either five or seven words in each line. They express them by, *woò yên shē*, 詩言五; and, *tsë yên shē* 詩言七.

Odes containing five words in each line have four, eight, or sixteen lines to a verse. Those which contain seven words in each line, have four or eight lines to a verse. The second, fourth, sixth, and eighth lines should rhyme. They frequently make the first also rhyme with the others. The Rhythmus they call *tŭng yún* 韻同, and denominate the verse by the number of words which rhyme. Thus they say, *Woò yên pà yún* 韻八言五,

(1) *Choo foo tsee*, 子夫朱.

海上絲綢之路文獻集成 科技與文化編

i. e. a verse containing five characters in each line, and sixteen lines: for every other line ends with the same sound. The difference between *píng-shing* 聲平, and *tsĕ-shing* 聲仄, has been already explained at page 19.

If there be five words in a line, and the second word be *píng-shing*, it is required that the fourth be *tsĕ-shing*; and vice versa, if the second be *píng-shing*, the fourth shall be *tsĕ-shing*. It is also required, that the second and fourth characters of every pair of lines, shall be in the one line *píng-shing* and in the other *tsĕ-shing*.

Similar rules are observed in those verses which contain seven characters in each line. In these it is required, that the second, fourth, and sixth words in each line should be varied.

Another species of poem more irregular than the *she*, and generally extended to a greater length, is denominated *foó* 賦. Beside these, there are small pieces which are intended to be sung, and which are called *kō* 歌; *keŏ*, 曲; and *tseĕ* 辭, or, *tseĕ* 詞. Without extensive knowledge of their ancient history, and the customs and manners of the country, it is very difficult to understand their poetical compositions. The very point and beauty of the piece often depends on some slight allusion which a foreigner does not perceive. Added to that, the style is peculiarly concise, and unusual words are introduced.

海上絲綢之路文獻集成 科技與文化編

A Specimen of that species of ode called She, containing seven words in each sentence, and eight lines in all.

寄友人

病多慵引架書看。(1)
官職無才興已闌。
穴鳳瑞時來却易
人龍別後見何難。
琴樽風月閒生計
金玉松筠舊歲寒。
早晚烟村碧江畔
挂罾重對蓼花灘。

To a Friend.

"Through much disease, I rarely take my book from the shelf;

"I hold an office, but am without ability—my spirits are broken.

"When the queen (2) of birds from the interstices of the mountains appeared, and times were prosperous, we easily met,

"But since the man who is a prodigy parted from me, how difficult to see him.

"In playing on the kin, drinking in the breeze, or beneath the shining moon, I spend my life,

"(But my friend valuable as) the gold and the gem remains, like the trees *Sung* and *Kiun*, unhurt by the rigours of winter.

"Ere long I shall return to my obscure village, and by the side of the stream spread my net;

"There again I shall fish over against the *ló* flower, and the stones of the brook."

(1) In M. S. the words which rhyme are often marked with a double period as above. (2) A fabulous bird, said to be seen when eminently great men appear.

An Ode (She) containing seven words in each sentence, and four lines in a verse.

憶父

吳樹燕雲斷尺書
迢迢兩地恨何如
夢魂不憚長安遠
幾度乘風問起居
欲歸未得悵空囊
兒女相思淚數行
苦憶蘐門雙白髮
朝朝扶杖倚閭望

On remembering my Father.

"The trees of *Woo* are entirely separated from the clouds of *Yen*,
So is our correspondence entirely broken off,

Extremely remote are the two countries; I am anxious how to act.

My spirit in dreams cares not for the distance.

I have often mounted on the wind, and gone to inquire when he arose, and where he dwelt:

I desire to return but cannot; I mourn in poverty.

My children, boys and girls, think of me with many tears,

I am distressed, when I remember my parents, and their hoary locks,

Morning after morning, leaning on their staff, and against the posts of the gate, they anxiously look for my return."

海上絲綢之路文獻集成 科技與文化編

Specimen of what are called Tseë 辭.

送春辭

日日人空老
年年春更歸
相歡在尊酒
不用惜花飛

An Adieu to Spring.

"Day after day man advances to vacant old age;

But year after year the spring returns.

Let us rejoice together, and take a bottle.(1)

It is in vain to regret the flowers that are fled."

(1) Sober as the Chinese appear to be, many of their lighter productions are Bacchanalism.

Specimen of what are called Keŏ 曲

江南曲

枝中水上春併歸。

長楊掃地桃花飛。

清風吹人光照衣。

光照衣。

景將夕。

擲黃金。

留上客。

A Keang Nan Keŏ.

"To the midst of the branches, and the surface of the water, spring has returned.

The long rows of willows brush the earth ; the peach flowers fly in the wind.

The gentle breeze blows on man ; the light of the setting sun shines on his garments.

It illumines his garments,

It glows as the evening advances.

Draw out the yellow gold ; (prepare a repast),

Detain our worthy guest."

海上絲綢之路文獻集成 科技與文化编

NOTE.

With the exception of a few sentences taken from books, the preceding phrases depend for their accuracy on the authority of a native of good parts, and who has taught the language to his own countrymen for twenty years.

FINIS.

漢語語法札記

(*Notices on Chinese Grammar*)

〔德〕郭士立(Karl Friedrich August Gützlaff)著

《漢語語法札記》，德國郭士立著。郭士立（Karl Friedrich August Gützlaff，一八〇三—一八五一），亦譯郭實獵，筆名Philo-Sinensis，意爲「愛漢者」，德籍基督教新教傳教士。一八三一年來華，一八三三年於廣州創辦《東西洋考每月統記傳》，著有《中國史略》等。著者據西方語言學理論體系，分別研究下列問題：第一部分説解語音、字形及詞彙，凡三章；第二部分爲語法與詞源學，分述名詞、形容詞、代詞、數目、動詞、副詞、介詞、連詞、感歎詞與歎語等詞類，凡九章。著者據西方語言學理論體系，分别研究下列問題：第一部分説解語音、字形及詞彙，凡三章；第二部分爲語法與詞源學，分述名詞、形容詞、代詞、數目、動詞、副詞、介詞、連詞、感歎詞與、歎語等詞類，凡九章。

據一八四二年巴達維亞版影印。

NOTICES

ON

CHINESE GRAMMAR.

PART I.

ORTHOGRAPHY AND ETYMOLOGY.

BY

PHILO-SINENSIS.

BATAVIA:

PRINTED AT THE MISSION PRESS.

MDCCCXLII.

NOTICES

ON

CHINESE GRAMMAR.

BOOK I.

CHAPTER I.

ON SOUNDS.

WITH regard to the sounds of the Chinese language the student would do well to consult Morrison's Grammar, which contains a short treatise on the subject. In Marshman's Clavis Sinica, there is a long and too theoretical essay. An able paper on this topic appears in the IIIrd Vol. of the Chinese repository, No. 1. Abel Remusat's Grammaire Chinoise, contains a lucid exposition of the system. Premáre, in his Notitiæ, is very short. The introduction to Kanghe's Dictionary, from whence most of the remarks of the above writers have been taken, is very full on the subject. For the Fokëèn, in particular, see Medhurst's introductory remarks to his Dictionary of that dialect, and Dyer's system of intonation: while for the Canton dialect, the Chinese Chrestomathy may be consulted, which adds little to the general notices contained in the above works.

1. On examining the great mass of the sounds of the Chinese language, they appear as if they were the first effort of articulation made by a child, which just commences to pronounce pa, ma, la, he, foo; for of such

simple monosyllables do the greater part of the words consist. They are thus the bare pronunciation of the elements of which every other language consists, without their multifarious combinations.

2. The Chinese is the most monosyllabic tongue on earth, though not entirely so. The Annamese is fuller, and admits of more combinations; the Siamese resembles the Chinese in many respects, so also the Laos, but both have a greater number of polysyllables; the Birmah and Pegu, two cognate dialects, have increased their compounds, and the Cambodian still more so; the Korean and Japanese are decidedly polysyllabic, though admitting of Chinese sounds to a great extent. It may also be remarked, that the Chinese oral medium has more combined words than the written one.

3. The student must therefore be prepared to deal with monosyllables in all their imperfections. If he merely wishes to study Chinese literature, this subject need not engage much of his attention; but if, on the contrary, he intends to speak the language, he must from the very first, bestow much care upon repeating, after the teacher, with a shrill voice, every sound, endeavouring to assimilate his enunciation, as much as possible, to the Chinese drawl. Missionaries, above all, must acquire the proper pronunciation, from frequent oral communications with the natives, and they cannot do better than live amongst the people, in order to ensure the acquisition of their dialects. Difficult as is the task, still many stupid Malays and Negros have learnt to pronounce the tones of the Chinese language by this means; whilst well-educated men, who have confined themselves to their teachers, have found great difficulty of utterance, whenever they come in contact with the common people. The table of syllables, in Morrison's alphabetic Dictionary, or that contained in Premáre's Notitiæ, if repeatedly read with a native, will perhaps assist the student in acquiring the various sounds contained in the Chinese language. We have, for the most part, retained Morrison's orthography, which though defective, is still the best invented.

4. In characterizing the language as monosyllabic, we do not mean to say, that it is entirely so; for it contains compounds of two, three, four, five, and even six syllables, e. g. 先生 söen säng, a teacher. 海口 hae kow, a harbour. 總兵官 tsung ping kwan, a Lieut.-General. 千里鏡 tsëen le king, a spy glass. 水師提督 shuy sze te tŭh, an admiral. 彌天之大過 me t'hëen che ta kwo, an abomination. 內閣大學士 nuy ko ta heŏ sze, a minister of state. 鐵枝海棠花 pĭh tëĕ che hae tang hwa, Pyrus Japonica: while those of two are of very frequent occurrence, (see the chapter on words.)

5. The sounds of the Mandarin dialect have ch, e, f, g, gn, h, (aspirated) j, k, l, m, n, o, ng, p, s, sh, sz, t, ts, u, w, and y, for initials, when expressed by our letters: the finals are our vowels, with the German or Italian pronunciation, besides n and ng; in this we do not include the syllable urh, which is unique in its kind. The initials k, p, and t are sometimes aspirated, as 基 ke, a foundation. 期 and k'he, a period. 巴 pa, crust, and 帊 p'ha, a curtain. 迪 teih, to guide, 惕 and t'heih, to fear; these aspirates ought to be carefully marked from the very commencement. The final vowels form a number of dipthongs, such as ae, aou, ay, ei, eaou, and ow. This is perhaps the most simple system of sounds in existence.

6. The numerous dialects spoken throughout the empire differ considerably from the Mandarin, both in the initials as well as in the finals, and it is next to impossible to give an outline of these variations. Even the Mandarin dialect is spoken in various ways; the northern people aspirate the words very strongly, and pronounce the short words, such as 德 tĭh, virtue; and 必 peih, must, as softly as if they ended in a short vowel; whilst more to the south, and in most of the provincial dialects, they are uttered abruptly as if they terminated in d, k, p, or t; thus 絕 tseuĕ, to cut off, sounds like tsöat. 甲 këă, a bud, as kap. 角 këŏ, a horn, as këok. Ts is often interchanged with ch, and sh; and vice versa. A diphthong and vowel are not pro-

nounced, as if they formed separate syllables; but the latter is always uttered short, so as almost to coalesce with the former: thus 了 leaou, finished, does not sound like li-aou. but leăou. 丢 tew, not te-u, but tĭu.

7. The great bulk of the nation has no idea of spelling, but in several native dictionaries, a system of dividing words into initials and finals is introduced, adopted perhaps in imitation of the Sanscrit, and by Kang-he carried to a great extent. In the national dictionary there are nine series of initials, called 字母 tsze moo, 36 in number. The first five have four, the sixth and seventh series have five, the eighth has four, and the ninth has only two sounds. The finals called 攝韻 neĕ yun, are twelve in number, eight of which are vowels or diphthongs; and four nasals. By means of these two classes the spelling of every word is effected. Thus suppose you wish to intimate how the character 畧 leŏ, little, sounds; you would write 來 lae; come, for the initial, 畧 lëŏ, to steal, as the final; thus l (ae and l) ëŏ becomes leŏ. This is a very tedious process, and not even understood by the natives. The curious reader will find enough upon this subject, in Kanghe's dictionary, and Marshman's grammar.

8. The whole number of distinct sounds formed in the above manner is 629, including 195 aspirated ones. It would have been quite impossible to have expressed all ideas with so very few articulations of the voice, and therefore the Chinese intonated them to increase their variety and distinctness. There are altogether four tones, called 聲 shing, as 平 ping, the even, 上 sháng, the high one, our acute, 去 k'heu, the low or falling sound, our grave; and the 入 jŭh, or abrupt sound. The Chinese mark them thus, 上 去 平 入 this, however, is not done, unless the word receive a different signification from what it has generally, and only very exact writers, in few cases, make use of this diacritical mark. The reason is, that every native when hearing for the first time a word pronounced, though otherwise entirely ignorant of the system, knows immediately to what sound it belongs. Western scho-

漢語語法札記

lars mark them, when expressing Chinese in Roman letters, the ping, by ā, the shang, by á, the k'heu, by à, the jŭh, by ă. This intonation is a very essential part of the language, to which a student from the very first must accustom his ear. It would be in vain to attempt to convey an idea of the proper pronunciation of these tones by rules; the auditory organs alone must be consulted; and when the distinction between them is ascertained, it ought to be carefully marked, what tone each character bears, for otherwise none will learn to talk intelligibly. Premáre, Morrison, and others have given lists of the tones, which if attentively perused with a teacher, will best initiate the student in this mystery.

9. The meaning of words, though to a foreign ear sounding in the same manner, is materially altered by intonation; thus 樞 chōo, a hinge: 厨 chóo, a kitchen; 處 chòo, a place; 出 chŭh, to go out. 麻 mā, hemp; 馬 má, a horse; 駡 mà, to scold; 抹 mă, or mŏ, to wipe. Only those words which end in a simple vowel can have the short sound. There are not many sounds that have this regular number of intonations; 533 have the ping, 501 the shang, 519 the k'heu, and 221 the jŭh, which gives the whole number of different sounds, varied by tones, to be found in the Chinese language, as 1781.

10. It is remarkable that the same system of intonation is found throughout all the dialects, and it may therefore be considered as an essential part of the language. Some dialects subdivide the tones into two classes, higher and lower ping, shang, &c. whilst poets merely divide them into 平 ping, even; and 仄 tsih, deflected; subdividing them again into 清 tsing, clear, and 濁 chŭh, impure tones.

11. Notwithstanding this intonation, there are still an immense number of words, which, though conveying different ideas, are to a European ear pronounced exactly alike; no less than 1160 characters have the sound of e, and of the other sounds, there are often from 50 to 150 characters to each, and on average 16 characters to

海上絲綢之路文獻集成 科技與文化編

each intonation. so that notwithstanding this refinement of tones there exists still very great confusion in the ennunciation of this extraordinary language.

12. We have already remarked, that several characters change their signification with the variation of the tone, as for instance 雨 yū, rain. becomes 雨 yù, it rains; 惡 wòo, to hate, becomes 惡 woō, or hoō, how? 惡 ŏ or gŏ, bad. Thus many substantives and adjectives are turned into verbs by giving to them the k'heu tone, as 主 chóo, a lord; 主 choo to rule; 上 sháng, above; 上 shàng, to ascend. Poets assume great liberty in changing the intonation, for the sake of cadence and rhyme. We would urge the reader most particularly to give his attention to this subject, as this peculiarity is so very frequently overlooked.

13. Many characters change their signification, by adopting different sounds, or in other words, certain characters have a variety of sounds and meanings. For instance, the character 頎 read khē, means elegant, tall; read kăn, it signifies sincerity; 剴 kē, to cut; read kwae. means to sharpen. This will appear still more clear, on examination of the dictionary: we merely subjoin the remark, that there are several characters, which may be read with two different accents, or even sounds, without changing the meaning.

14. It frequently happens that a similarity of sound conveys a similarity of meaning, thus 競 kìng, 俓 kìng, 勁 king, and 逕 king, mean all violent; so also 需 懦 腝 輭 钑 and 濡 all pronounced juen, or nwan, mean equally soft. This is not merely the case, where there is an apparent similarity of character, but also where these have not the slightest resemblance, as 僻 heáe, and 儈 heàe, bold; 哮 and 嚻 heāou, to call out. It is worthy of observation, that to a certain class of sounds, a certain series of ideas is attached, which remark would be confirmed by a reference to the dictionary: we shall quote here some examples: 識 shih, 知 che, 習 seih, and 悉 seïh, all signify to know, to be acquainted with. 洞 tung, 通 tung, 聰 and tsung, intelligent. 蒙 嚎 矇 朦 夢 懵 懵 all pronounced

mung, mean obscure, dull. A slight attention to this subject, would greatly facilitate the acquisition of the meaning of characters.

15. Many passages in Chinese books are obscure, because the writers, not consulting the meaning of the characters, and merely expressing the sound, without reference to the Dictionary, have greatly embarrassed the sense. This is principally the case where persons have only a partial acquaintance with the written language.

16. Without proper attention to the intonation the spoken Chinese language is a mere unintelligible jargon; great stress therefore should be laid upon the intonation, as a wrong tone is not only grating to the ear of the scholar, but perceptible by the most vulgar. In composition, the Chinese carefully put together their words so as to produce a rythmus, and when the regular characters do not suffice, they use expletives to render the cadence complete. It would be well for the foreign student, when beginning to read Chinese, to do it just in the same singing manner as the natives employ, for by this means he will learn to pronounce correctly, and avoid confounding congenial sounds.

CHAPTER II.

ON THE CHARACTERS.

For a general system of the Chinese character, see Abel Remusat's Grammar. Marshman's Grammar contains a variety of good ideas, mingled with some unfounded theories.

1. To convey ideas of objects, by tracing an outline of them, is the first and most natural way of writing The Chinese being throughout an original people, adopted this mode in high antiquity, and the invention of writing is ascribed to Fŭh-he and Tsanghëë. These worthies are said to have first discovered this important

海上絲綢之路文獻集成 科技與文化編

art, on beholding the lines on the back of a tortoise, and the streaks with which beautiful insects are adorned. But as every body cannot paint, and the process in itself is a very tedious one, some more easy representation of ideas became necessary; the forms were contracted and remodelled, so as to suit the convenience of the writer. It is also very obvious, that for the greatar part of ideas no imitative representations could be made, and therefore new and arbitrary signs had to be invented. Thus did the present system of the Chinese characters come into being, and attain completion after many changes and improvements. They constitute without exception the most stupendous work of human genius, of which the literary world can boast, and were brought to perfection by the incessant exertion and ingenuity of thousands of the most intelligent persons, chosen from a nation counting millions, and this after the labour of many centuries. Their acquisition is, therefore, very difficult, but their construction is worthy of our admiration.

2. They have been aptly compared to our numerals, each possessing an intrinsic meaning, with this difference, however, that from the component parts of some of the Chinese characters the sound can be partially ascertained. As a graphic system they have beauty and expressiveness in their favour, but their being so numerous and difficult of acquisition are very great defects. The paucity of sounds in this language renders all syllabic, or alphabetic representation of the same nugatory, and the manifold dialects make their adoption a matter of impossibility. The characters, therefore, are best adopted to form the written medium of the Chinese language; but some of the cognates, as the Korean and Japanese, possess a syllabic system, by which the sounds of the characters are indistinctly conveyed; and even the Cochin Chinese, admits of the use of certain symbols, which serves for conveying the sounds, nearly in the same manner as the above-named system. It as by the use of these characters that this great nation has remained one whole, and how great soever the dialectical dif-

ferences, the literature has remained the same, intelligible to the inhabitants of the most distant provinces, throughout all ages.

3. The modes of writing the characters are various. Those in present use are, 1st, the 宋體 sung te, in which character most of the books are printed. It is firm and stiff, plain and perspicuous; but it is little used in writing: 2nd, the 楷書 keae shoo, pattern style, an elegant and free hand, differing from the other by the total absence of all stiffness: 3rd, the 行書 hing shoo, or running hand, which is the quick mode of writing, used in the business of common life: 4th, the 草字 tsaou tsze, is the extreme of the above, full of abbreviations and contractions, betokening the hurry with which the characters are written, and almost unintelligible, except to the initiated. With the first three, every one who makes any pretensions to Chinese scholarship should make himself acquainted, while he should also endeavour to read the latter. There are besides these, three ancient forms, little used, except by pedants, and in prefaces. They are 1st, the 隸書 le shoo, official style, introduced about the commencement of our era, thus called on account of its being used in the public offices; it is more coarse and clumsy than any of the above, but has furnished the elements from whence the present mode of writing was drawn: 2nd, the 篆書 chuen shoo, a square character totally different from all others, almost exclusively used for seals: 3rd, the 蝌蚪 k'ho tow, tadpole style; this is the primary hieroglyphic, first used at the invention of writing, and now entirely obsolete. The Chinese characters are written from top to bottom, and from the right to the left of the page.

4. A good classification of the characters is still a desideratum; the Chinese have very little method in such matters, and exhibit therein the total absence of a philosophical spirit. The original and most natural division, which is still retained in some Japanese dictionaries, is to place them according to their signification. Thus all characters that denote celestial objects are placed under one head, those which signify terrestial ones pa-

der another, &c. This arrangement, however, has many great defects, and renders it often very difficult to find a character. The mode adopted by Kanghe and others, is to place the characters under keys or radicals, called 部 poo; and another plan is to divide the whole mass of symbols according to the principles on which they were originally constructed.

5. In detailing the latter classification we follow native authors: 1st, there are characters refering to natural objects, to which they bear some resemblance; these are called 形 象 hing sëang, or hieroglyphics. Such are 目 mŭh, derived from ⚊ the eye, &c. 子 tsze, from 𡿨 a child, &c. in all 608 in number. 2nd, there are characters that combine two or three ideas, in order to form a whole, as 箱 sëang, from wood, eye, and bamboo, which joined together signify a box, (the Chinese have them elegantly made of bamboo.) 明 ming, composed of sun and moon; signifying together bright, clear: these are called 會 意 hwuy e, combination of ideas, amounting to 740 in number: 3rd, those which convey by their formation some idea of situation or form; as 三 san, three, formed of three strokes put together; 下 hea, for ⚍ below, 上 and shang, for ⚎ above; these are called 指事 che sze, indications of things, and are together 107. They might, however, very properly be placed in the first class. 4th, there is a class, called inverted symbols, which have lost their original form; thus 右 yew, right, for 𠂇; and 左 tso, left, for 𠂈; these are called 轉 註 chuen choo, inverted significations, and are 372 in number. This class seems to be entirely fanciful. 5th, there are characters that have lost their direct meaning, and have retained the metaphorical one. Such are 慝 t'heĭh, a concealed heart, now used for vice. 出 chŭh, grass springing forth, used for to go out. These are called 假 借 këa tsëay, metaphorical, and are 598 in number. 6th, characters conveying some idea of sound are called 聲 形 shing hing, phonetic characters; they consist of compounds, of which one conveys the idea, and the other the sound: thus 柏 pĭh, a cypress, composed of 木 mŭh, a tree, and 白 pĭh,

海上絲綢之路文獻集成 科技與文化編

white. The former indicates the idea, the latter the sound. 鵝 gno, a goose, composed of 我 gno, the sound, and 鳥 neaou, the bird. This latter class is the most numerous, and contains no less than 21,810; making with the above 24,235 characters.

6. The elements of the characters are very simple; a horizontal and a perpendicular line, two oblique ones drawn in different directions, one with a hook at the end, and a point or dot; from these few strokes the vast variety of Chinese symbols has been framed, and they are all found in the character 永 yung, eternal. It is remarkable, that neither the circle nor the triangle has been used, whilst the square appears in the most varied forms. Caligraphy is a science amongst the Chinese, and nobody can lay claim to scholarship without being able to write a fair hand. Much attention, therefore, is bestowed on the art of drawing the characters, and many of the Chinese write very beautifully. The student ought to learn from a native teacher how best to sketch the symbol, and carefully imitate his manner.

7. The radicals under which the Chinese characters are classified, are 214. It is by no means necessary that there should be so many, for the forms of some are contained in others, and about one third have only a dozen characters under each, so that many of them are quite superfluous. In Gonsalves' Dictionary the number has been considerably reduced. We may remark with regard to these radicals that most of them are generic terms, under which a whole host of words is comprised; such as 鳥 neaou, bird; 魚 yu, fish; 艸 tsaou, grass, &c. Though in many instances the radical influences the meaning, it must not always be inferred, that this is the case; thus 藉 tsëay, to pretend, is found under the radical grass; 價 këa, a price, is classed under the radical man, and so with a great many others. The number of characters arranged under each radical differs also very considerably; thus 艸 tsaou, grass, has 1423, 水 shwuy, water, has 1333; 手 show, the hand, has 1012; 口 k'how, the mouth, has 983. It appears that the inventors of this system have embodied in their

list many original ideas, whilst they have introduced 150 various sounds. This shows that the classification now treated of, was the result of deep research and much labour.

8. The principal use of these radicals, or keys, is to enable the student to find out the words in the Imperial Dictionary. As soon as he has discovered the radical, which occupies generally the most conspicuous part of the character, whether to the left or right, above or below, (the left being, however, the place of most of them,) he must count the strokes of which the other part of the character is composed, and then look into the Dictionary, where he will find the word arranged under its appropriate radical, according to the number of the strokes; thus 借 tsëay, to borrow, is under the radical 人 jin, a man, with 8 strokes; 熱 jě, will be found under the key 火 ho, fire, with 12 strokes, &c. The method of counting the number of strokes can only be acquired by use; thus 乙 yih, is only considered as one stroke; 又 yew, and 厶 mow, as two; and 口 k'how, as having three strokes.

9. Many characters are written in different ways, equally correct; thus 嗜 che, to relish, may be written [illegible] [illegible] and [illegible] So 腦 naou, brains, is also written [illegible] [illegible]; and thus with many characters that are much in use, some of which have six different forms; one, however, is always the predominate.

10. Chinese lexicographers have drawn a line of demerkation between these variations. 1. There are 正字 ching tsze, characters which are correctly written, and have no variations. 2. 同字 tung tsze, identical characters, different forms having the same meaning, as 膳 and 饍 shen, food, a mess; 馗 頄 [illegible] 逵 and [illegible] all pronounced kwei, the cheek bones, a diverging road. 3. 通字 t'hung sze, characters that have some relation to each other, and may be used promiscuously, such as 參 tsan, to mingle, also used for 三 three: 蜜 meih, honey, used for 密 meih, secret. 4. 本字 pun tsze, and 古字 koo tsze, original and ancient forms of the character; of

海上絲綢之路文獻集成 科技與文化編

these there are a good many, as 厺 for 去 k'heu, to walk; 凷 for 塊 kwae, a clod. 5. 俗字 shŭh tsze, or vulgar forms; this class is the most numerous, as 鬼 for 鬼 kwei, a demon; 䖏 for 處 choo, a place. In short every provincial dialect has a number of characters, that are not to be found in the Imperial Dictionary, and are peculiar to the place itself. Even in printed books (and especially in those written in the colloquial style,) a great many abbreviations and contractions are met with on every page, which the reader after some experience will be able to understand; such are 厳 for 嚴 yen, severe; 办 for 辦 pan, to manage, and a thousand others.

11. Characters slightly modified, ought not to be considered as synonimous, unless the respective characteristic parts have a similar meaning, and the characters differ in no other respect. Thus many characters have promiscuously 木 mŭh, wood, 竹 chŭh, bamboo, and 艸 tsaou, grass, for radicals, and if the remainder of the form resembles one the other, they may almost be looked upon as synonimes. Should, however, the prevailing figure be 石 shĭh, a stone, 人 jin, a man, or 力 leih, strength, then how similar soever in form, they generally differ as widely in meaning. Many symbols are to an unaccustomed eye nearly alike, though the meaning is materially different; thus 平 ping, peace, and 乎 hoo, a note of admiration in or at. 見 këen, to see, and 貝 pei, a pearl, or precious substance. In distinguishing these, the attention should be directed to see, whether a perpendicular stroke be used, or one with a hook at the bottom, and whether the slanting strokes be straight or bent. Kanghe has given, in the introduction of the Imperial Dictionary a list of characters, which resemble each other; and Davis has written a very useful treatise upon Chinese Caligraphy, in the transactions of the Royal Asiatic Society.

12. The number of Chinese characters has been variously stated. The following estimate is perhaps nearest the truth. The characters in Kanghe's Dictionary, are 31,214; obsolete forms, 6,423; characters for

the first time collected in that work 1,659; and characters without name or meaning, 4,200; total 43,496. It is natural to suppose that these are not all in common use, and the question has again and again been asked, how many are wanted to enable a person to write upon any given subject. Some have said, that 2,000 were enough, not considering the increased number of ideas, which will need to be conveyed by persons writing on literary and religious topics. The result to which we have come is, that for the common purposes of life the above number would be nearly sufficient, but that a professional writer, and a student of general literature, must have from 8 to 9,000 at his command. (See Dyer's very useful table of the most common characters.)

13. We have already alluded to mere local characters; of this description there are in the Canton dialect [illegible] chuk, to move, and 唔 im, not: in the Fokëèn, 囝 këa, a child, and 郎 lang, man, with many hundreds more. In books these vulgarisms are rarely found; but whosoever wishes to be thoroughly conversant with a dialect, ought to make himself acquainted with these provincialisms.

14. The characters used by the Chinese are ideographic symbols, as rich in variety as the compounds of the Greek language. The Chinese, who are actuated in every thing by the rule of contrariety, instead of combining sounds, have multiplied by juxta-position the number of ideographic symbols. Other languages speak to the ear, the Chinese to the eye; in the first therefore it is extremely defective, in the second abundantly rich, without parallel in other literature.

The most superficial observer will have remarked, that besides the keys, there are a great number of signs, which serve to compose characters. We shall here merely quote a few, the others must be collected from the Dictionary; the character 我 gno, I, forms a component part of no less than 25 characters, to most of which it gives sound; 中 chung, middle, of 19; 知 che, to know, of 16, &c.

15. It cannot be denied, that these compounding

海上絲綢之路文獻集成 科技與文化編

symbols, in many instances, give not only sound, but also a generic meaning to the newly formed character; as is frequently the case with the radicals; still there are no certain rules for these derivations, and though some may occasionally be traced, it is very difficult, to fix with certainty upon the signification. (See the Dictionary, where this subject is amply discussed.) A number of characters contain the meaning of both the component parts; for instance 鐙 tăng, from 金 kin, metal, and 登 tăng, to ascend, means a stirrup; 娶 tseù, from 取 tseú, to take, and 女 neu, a woman, imports to take a wife, to marry; 屎 she, from 尸 she, dead, and 米 me, rice, produces ordure, excrements. 銘 ming, from 金 kin, metal, and 名 ming, a name, to engrave. The student ought to accustom himself thus to trace the origin of the characters, and in so doing he will never cease to admire the great ingenuity of the Chinese in forming their language.

16. If each Chinese character had but a single meaning, it would be tolerably easy to acquire a sufficient number of them; but besides the reasons that multiply in other languages the signification of words, there is in Chinese the similiarity of sound with other characters, that leads to the confounding of significations; and moreover, a system of compounding two or more symbols, to convey a single idea, which renders the acquisition still more difficult. Thus 舉 keu, for instance, means to raise, lift, move, elevate, introduce, recommend, to bring forward a subject, to praise, (used for 譽 yu, to praise,) to promote, all (used for 俱 keu, all,) to walk. (used for 去 k'heu, to go,) to venerate (used for 祈 ke, to pray to,) to kill victims for sacrifice, (used for 擊 keĭh, to kill,) to confiscate smuggled goods, (used for 據 keu, to lay hold of,) besides three taels weight, other and a variety of other significations. Combined with words to form phrases it reads thus, 舉人 keu jin, a graduate of the second degree; 舉動 keu tung, behaviour; 舉行 keu hing, to put in practice; 義舉 e keu, a noble act; 一舉 yih keu, with one stroke, at once; 舉世 keu she, the whole world; 舉薦

海上絲綢之路文獻集成 科技與文化編

keu tsëen, to recommend; 檢舉 këen keu, to arrange; 保舉 paou keu, to patronize; 悉舉 seih keu, detail; 舉止 keu che, conduct; 兩舉 leang keu, twice; 舉發 keu fă, to bring forward; 大舉 ta keu, loudly; 舉手之勞 keu show che laou, a job; 擡舉 tae keu, to raise; 舉揚 keu jang, to elevate; 特舉 tih keu, eminent; 舉免 keu mëen, to dispense; 告舉 kaou keu, to inform against, and many others. In this manner the meaning of the characters is multiplied to a very great extent, and the most common ones are subject to almost infinite variations.

17. It is therefore no small task to become conversant with the symbols of the Chinese language. The best plan is to become acquainted with the common ones first, and then to study the combinations. Having learnt a few hundred of these, others will occur, and rivet themselves in the memory almost mechanically, untill the student masters a sufficient number. Let it never be forgotten, however, that undivided attention must be given to this subject by every one, who wishes to make real progress in the language; for it is only by hard labour, that a Chinese scholar can be formed.

CHAPTER III.

ON WORDS.

1. We have already intimated that the Chinese symbols form a system of ideography, so that every character expresses an idea. Thus 地 te, earth, 廣 kwang, broad, 講 këang, to speak, 在 tsae, in, 嗟 tseay, ay! Of some, however, the meaning has been lost, and others serve as mere expletives, and are used only for the sake of euphony, as 兮 he, and 也 yay.

2. In our remarks upon this subject we shall confine ourselves principally to the written language, and

only notice the oral medium, in so far as it stands in relation with the other. The Chinese language is exceedingly dissimilar to our western tongues, and the European student at every step finds the greatest discrepancies, if not the utmost contrariety, as compared with all that he has been hitherto accustomed to. The sooner, therefore, such a learner can divest himself of his former ideas of Grammar, the better. A new scene here opens before his eyes, and the more completely he can localise himself in this new sphere, the more easily will he comprehend the structure of the Chinese tongue.

3. Referring to the above enumeration of characters, it will be seen, that a language must be rich, which has so many symbols of ideas; for it is natural to suppose, that they were formed according to the wants of writers, and that no character was framed, unless a new idea had rendered it necessary. There must have been a great demand for terms, among a series of writers, who lived during a period of more than 20 centuries, and who touched almost upon every topic of literature, penning volume upon volume, on each subject. If therefore, it may not be considered the richest language, (as far as the number of words is concerned,) it yields the palm of superiority to very few.

4. The Chinese is remarkable for an abundance of synonymes, which were perhaps found necessary, either to remedy the defect of a monosyllabic tongue, or to aid in the rythmus. A great number of these have almost the same meaning, at any rate it is difficult to discern the shades of difference between some of them; take, for instance, the characters for expressing the idea of examining: they are, 查 cha, 察 chă, 省 săng, 考 kaou, 稽 ke, 究 kew, 訊 sin, 檢 këen, 驗 nëen, 探 tan, 問 wăn, 詢 seun, 研 yen, 閱 yuĕ, 鑒 këen, 觀 kwan, 視 she, 校 keaou, 覈 hih, 試 she, 勘 kan, 尋 sin, 訪 fang, 詰 këĕ, 揆 kwei, 詳 sëang, and 核 hih, all of which, either separately or combined, have this meaning. So also the characters for speaking; as 講 këang, 話 hwa, 言 yen, 說

shwŏ, 談 tan, 云 yun, 語 yu, 曰 yuĕ, 論 lun, 道 taou, 敘 seu, &c.

5. The great resources of the language, however consist in its capacity for forming compounds. Phrases containing two words may be divided into four classes: 1. When both the characters are synonymous, as 查察 cha chă, to investigate: 繕寫 shen sëay, to write: 孩兒 hae urh, a child: 習熟 seĭh shŭh, accustomed. 2. When one of the characters gives a a general, and the other a definite meaning, as 絮道 seu taou, tautology; in this instance, 道 taou, to speak, gives the general, and 絮 seu, to reiterate, the definite sense. 森嚴 san yen, stern, severe; where 嚴 yen, regulates the meaning; and 交盤 keaou pwan, to transfer, where 交 expresses the definite idea. 3. When two characters respectively contribute to give a new but cognate idea: thus 絆絡 pwan lŏ, a snare, from 絆 pwan, ropes thrown about to entangle, and 絡 lŏ, threads of silk: 背叛 pei pwan, to rebel, from 背 pei, to turn the back on, and 叛 pwan, to revolt: 同伴 tung pwan, a companion, from 同 tung, together with, and 伴 pwan, an associate. 4. When by the juxta-position of two characters an idea is elicited, which is not inherent in either of them: as 方便 fang pëen, alms, from 方 fang, a square, and 便 pëen, convenience: 先生 sëen săng, a teacher, from 先 sëen, previous, and 生 sang, born: 令愛 ling gae, your daughter, from 令 ling, honourable, and 愛 gae, to love.

6. The first class is the most numerous. The Chinese, much delighting in euphony, group a great many characters together, merely for the sake of sound. Thus they say, 衣服 e fŭh, clothes; 生命 săng ming, life. Or they form the words with a view to greater distinctness in the sounds, and to prevent mistakes. Thus they combine 怡悅 e yuĕ, for joyful; 怡 e, alone, might signify a hundred other things, but by this collocation its meaning is fixed. So they say, 次序 tsze seu, regular; there are so many words pronounced tsze, that the latter, when enunciated, would not distinctly

海上絲綢之路文獻集成 科技與文化编

漢語語法札記

convey the proper idea meant by tsze. This is the great secret, why, notwithstanding the paucity of individual sounds, and the great sameness with which the characters are pronounced, there still exists so much distinctness in the spoken language. But these compounds are already definitely fixed by the force of habit, and cannot be put together at random, something like our words topsy turvy, harum scarum, and similar expressions. A fine ear will soon discover the propriety and euphony that exists in this juxta-position of words. In the spoken language, these synonymes occur more frequently, for the above reasons, than in the written. Let it, however, not be imagined, that the above compounding characters can only join with one associate; for there are several that may combine with two or three others, with equal justice. To give an instance of the amazing exuberance of the Chinese languge we quote the following combinations: 温 和 wăn ho, 和 睦 ho mŭh, 和 雍 ho yung, 相 和 sëang ho, 和 平 ho ping, 太 和 T'hae ho, and 和 氣 ho k'he, all of which mean harmony, peace, concord, &c. So also 歡 喜 hwan he, 喜 樂 he lŏ, 喜 悦 he yuě, and 欣 喜 hin he, which mean joy, and a hundred others, with as many variations. Besides these, there are a few characters that are always used together, as 靉 靆 gae tae, cloudy, and 沙 門 sha mun, priest; a few also are repeated, as 陛 陛 pe pe, arranged in order; and the language itself admits of tautology to a considerable extent.

7. The second class is far less numerous, and there exists yet no Dictionary that has carefully collected them, either native or foreign. A few will be found interspersed in every lexicographic work, and especially in Morrison's. They ought to be made a peculiar subject of study, otherwise many passages and phrases will necessarily be misunderstood. 虧 銀 kwei yin, for instance, means defalcation, which a beginner, perhaps would translate, to lose money: 功 課 kung kwo, exercises of a literary nature, and by no means, meritorious tasks. To be able to understand and use this class of

words properly furnishes the best proof of real progress in the study of Chinese lore.

8. To the third class many words similar to our brick-layer, shoe-maker, &c. belong. Under this head we also reckon a great number of metaphorical expressions, such as 裹足 ko tsŭh, to bind up the feet, generally used for being fettered, or hampered; 光棍 kwang kwăn, a bare stick, a sharper: 小人 seaou jin, a little man, a worthless fellow: 魂飛 hwăn fei, the soul flying, used for fainting; and many others, in which the Chinese have shown very great ingenuity. We ought here to remark, that it matters very little, whether in our acceptation of the words, the compounding characters are adjectives, substantives, or verbs; and whether they may be united with others belonging to a different class; the Chinese draw no such distinctions, and amalgamate words at pleasure, no matter to what class they originally belong.

9. The fourth class, certainly the most difficult, is not remarkable for its richness in primary ideas, but for its utility in describing scientific objects, or words that have been introduced by progressive civilization; such as 巡撫 seun-foo, a Lieut. Governor: 水師 shwuy sze, an admiral: 短處 twan choo, a fault, an error: 外科 wae ko, surgery. The student should not separate these expressions, but consider them as compounds; just as he would pollysyllabic words in any language, and thus read waeko, and not wae ko, no more than he would pronounce, or write sur gery, or trans actions.

10. We should not be far wrong in affirming, that the number of compounds in Chinese is greater than that of single characters, though most of the original ideas are conveyed in monosyllables, as is also the case in many instances in our own tongue. The Chinese language, moreover, is so well adapted to form new compounds, that the stock appears to be inexhaustible. As, however, every thing in Chinese Grammar depends on the collocation of words, it is by no means an indifferent matter which of the two characters is put before

海上絲綢之路文獻集成 科技與文化编

漢語語法札記

and which behind; a transposition either deranges the whole idea, or gives rise to a new one; thus 先 生 sëen săng, conveys the idea of "teacher;" but transposed "born before." So also 恩 主 găn choo, a patron, but 主 恩 choo găn, the grace of God. And 中 國 chung kwŏ, China, but 國 中 kwŏ chung, the middle of a kingdom.

11. There are a great many characters, which though not forming a single idea, are very frequently found in company: such as 德 行 tĭh hing, the practice of virtue. 仁 義 jin e, benevolence and justice: 利 害 le hae, advantage and injury: 道 理 taou le, the principles of reason. The line of demarcation between compounds and adventitious collocations cannot be drawn so definitely, that there should not be occasionally an approach to either side. In regard to the above mentioned classes, it ought also to be remembered, that they are not so distinct, as our general rules would seem to intimate; still this arrangement may enable the student to classify the compounds with which he meets critically, and thus considerably assist his memory.

12. Though each of the last three classes have a distinct meaning in combination, yet they may occasionally be used separately; thus the compound 嚴 慈 yen tsze, signifies together, father and mother; but they may in certain connections be also read 嚴 yen, stern, and 慈 tsze, kind, which are the original meanings of the terms. So 踢 燕 teĭh yen, a shuttle-cock, may also signify, to tread upon a swallow; which meanings are conveyed by each character separately.

13. In the collocation of two characters there is a great tendency to antithesis; a peculiarity in which this language surpasses others. Expressions like these, 黑 白 hih pih, black and white; 好 歹 haou tae, good and bad: 動 止 tung che, motion and rest; 男 女 nan neu, male and female; 老 幼 laou yew, old and young; occur again and again, where other languages do not require them. Compounds are also formed by putting a negative particle before an adjective, thus giving it the opposite meaning; as 不 好 pŭh

haou, bad; 不美 pŭh me, ugly, &c. this class is numerous.

14. Compounds do not merely comprise two characters, but sometimes many; as 千里鏡 tsëen le king, a spy glass; 修會長 sew hwuy chang, an abbot; 外洋人 wae yang jin, a foreigner. There are scarcely any verbs or adjectives of this class, and most of the triple compounds signify ideas that have been introduced into the language, since the march of intellect has made some progress.

15. Compounds of four characters, are such as these, 省寫減筆 săng sëay këen peih, an abbreviation; 抱嫌甚深 paou hëen shin shin, detestation; words of this class are either strictly speaking compounds, as 相戀之情 sëang lwan che tsing, attachment; and 水師遊擊 shwuy sze yew keih, a post captain; or they consist of the mere repetition of two compounds, as 保障封疆 paou chang fung keang, the defences (of a country;) 金枝玉葉 kin che yŭh yĕ, delicacies: 喪心蔑理 sang sin mëĕ le, abandoned, or they are circumlocutions, such as 週年之內 chow nëen che nuy, within the compass of a year; 愧慚無地 kwei tsan woo te, greatly ashamed; 假借名色 këa tsëay ming sih, pretence. Still, whatever they may be, they convey a single idea, more or less forcibly expressed. There are very few of five characters like 羅浮山石蘭 lo foo san shih lan, the dendrobium; and 簡切之言語 këen tsëĕ che yen yu, apothegms. Those of six are more frequently met with, as 飽學深通經史 paou hëŏ shin tung king sze, learned; 端莊整肅嚴威 twan chwang ching sŭh yen wei, majesty.

16. It cannot be denied that some of these latter compounds may be resolved into distinct significations, still the native reader considers them as expressing one idea, and the meaning thus conveyed by the aid of a number of symbols is fixed more impressively upon his mind. The formation of these words seems to have proceeded just in the same manner as our adoption of

compound Greek words, as we ourselves stood in want of proper terms for subjects of which our ancestors could not form the slightest notion. The Chinese language possesses, moreover, one advantage; it can place a great number of words before substantives, as epithets, and thus incorporate the description of the subject with the word itself, so as to represent it under the most varied forms. (See the Syntax.)

17. A great many compounds, if we may call them so, are also formed, by putting at the end of a string of words either 者 chay, or 的 teih; as 打魚的 ta yu teih, a fisherman; 作鞋的 tso heae teih, a shoemaker. Whether we denominate these phrases, or simple compounds, it is all the same; the idea becomes by this process concentrated, thus 作者 chŏ chay, a maker; 行者 hing chay, a walker. 想不到者 seang puh taou chay, incomprehensible, unexpected: 沒有規矩的 mŭh yew kwei keu teih, irregular; 不可赦的 puh k'ho shay teih, unpardonable. (For the formation of words by annexing 兒 urh, and 子 tsze, see the Chapter on Particles.)

18. A little study of the language soon convinces one, that it not merely consists of words, but in a great measure of sentences, or phrases, which are used, as our law terms and proverbs. This ought to be kept in view by the student, and as many of these trite expressions committed to memory, as that faculty is able to retain.

19. The Chinese have no idea of our grammatical distinctions, nor has a single native writer touched upon the subject. Whatever, therefore, is said in the second part of this work must be understood as an attempt to place the language under grammatical rules, in order to facilitate the study of it to Europeans. A word may be used as a substantive, adjective, or verb, just as it pleases the speaker or writer, and its position shows in what sense it ought to be understood; for instance, 與 yu, with, may also signify to give; 抑 yih, to oppress, may also be the disjunctive particle; 親 tsin, may be a

海上絲綢之路文獻集成 科技與文化編

relation, or to approach, or near; 之 che, may signify of, or to arrive at; 仰 neang, to look up, or the preposition to. We find also the same word repeated, when the first is a verb, and the second a substantive or adjective, for instance 弟 弟 te te, to treat younger brothers as such; 是 是 非 非 she she fei fei, to declare what is right to be right, and what is wrong to be wrong: 好 好 惡 惡 haou haou woo ŏ, to esteem what is good and hate what is bad.

20. The Chinese themselves divide all words into 虛 字 heu tsze, empty characters; or 助 辭 tsoo tsze, auxiliaries, and 實 字 shih tsze, solid ones; the former are the particles, the latter the other parts of speech. These are again subdivided into 活 字 hwŏ tsze, living characters, verbs, or 死 字 sze tsze, dead characters, or nouns and adjectives.

BOOK II

GRAMMAR, ETYMOLOGY.

CHAPTER I.

THE NOUN.

1. We ought here to premise that the Chinese with its cognate tongues has no inflexions, and that all the grammatical distinctions, which are thus indicated in other languages, are here conveyed by particles and generic terms.

2. We suppose that the student is acquainted with general Grammar, and therefore spend no time in definitions. Whatever is here said points strictly to the peculiarities of the language, without any attempt at adapting this tongue to the Latin Grammar. We intend to

give the Chinese, as a whole, such as it is, independent of any other language, to enable the reader to become fully acquainted with its idioms.

ON THE ARTICLE.

3. In most instances, the Chinese language leaves the article unexpressed: as 木匠帶棹來了 mŭh tsëang tae chŏ tsze leaou, the carpenter has brought the table: 學生纔入屋 hëŏ săng tsae jŭh ŭh, the pupil has just entered the house. When, however, a stress is laid upon the word, either 其 ke, the third personal pronoun, or 者 chay, the relative pronoun, or the demonstratives 此 tsze, 斯 sze, or 彼 pe, are used to indicate it: as 其惡不可赦免 ke ŏ pé pŭh k'ho shay mëen, *the* sin cannot be pardoned: 其人懷毒心 ke jin hwae tŭh sin, *the* man harbours malicious intentions: 此子尚可嘉也 tsze tsze shang k'ho këa yay, *this* child is still praise-worthy: 斯樹不結菓 sze shoo pŭh këë ko, *the* tree does not bear fruit: 彼妻青春喪偶 pe tse tsing chun sang gow, the woman became a widow in her youth: 人者無德安能任職乎 jin chay woo tih gan năng jin chih hoo, how can the man void of virtue hold an office?

4. In the conversational language 這個 chay ko, and 那個 na ko, serve the same purposes. It ought to be remarked, that all these pronouns may be translated this or that; but still the rule holds good, that wherever a definite article is necessary, the above words are used. The most frequent term employed in books is 其 ke.

5. The indefinite article is, in highly finished literary works, never expressed; in books written in the conversational style, and in common parlance it is conveyed, though not very frequently, by 一 yih, 一個 yih ko, 一箇 yih ko, and 一个 yih-ko, (an abbreviated form of 箇 ko;) as 俾他一箇沙梨 pe ta yih kong sha le, gave him a pear: 看一箇艷

色 的 女 k'han yih ko yen sih teih neu, he saw a beauty: 有 個 好 意 yew ko haou e, having a good intention. Almost all the Chinese substantives have their particular numerals, which, put before the noun, serve to circumscribe the indefinite article, as 一 船 隻 yih chih chuan, a vessel: 一 件 事 yih këen sze, a business: 一 樁 快 事 yih chun k'hwae sze, a pleasing affair: 諭 帖 一 道 yu tëë yih taou, an edict. (See the paragraph on numerals.)

ON CASES.

6. Before proceeding further with the noun, we must here remark, that there exists a very great difference between the conversational style, and works strictly literal, which will be amply treated of under the Chapter on Style; we shall only observe here, that we intend henceforth to distinguish these two modes by conv. (conversational,) and lit. (literary.)

7. The genitive is expressed either by position, preceding the nominative, or by 之 che, (lit.) and 的 teih, (conv.) Thus 人 屋 jin ŭh, a man's house: 天 星 thëen sing, heaven's stars. It is thus that many compounds are formed, as 書 房 shoo fang, book room, a library: 雨 水 yu shwuy, rain water. Regard to euphony and practice, will teach us whether we ought merely to indicate this case by position, or to use 之 che, and 的 teih; for one may say, 人 之 屋 jin che ŭh, and 天 的 星 t'hëen che sing, without changing the idea. If, however, several words precede, these particles must always be used; as 道 理 之 誠 taou le che ching, the truth of right principles: 原 非 他 人 的 事 務 yuen fei t'ha jin teih sze woo, it was not the affair of other people: 知 善 者 之 福 che shen chay che fŭh, to know the happiness of the good: 中 國 的 人 chung kwo teih jin, a man of the central empire, a Chinese. In the colloquial style 地 te, and 底 te, on account of the similarity of sound, are often substituted for 的 teih.

Every class of words, when placed before the noun, may require the genitive particle, just as if they were nouns; as 作行之樣 tsŏ hing che yang, the manner of doing any thing: 人之多 jin che to, many people: 善良之心 shen lëang che sin, a good heart, and similar expressions: (see also the paragraph upon the particles 之 che, and 的 teih.) It is well to remark also the following formations: 鐵的 tëĕh teih, made of iron: 石的 shih teih, stony: 木的 mŭh teih, wooden: 寫的 sëay teih, written.

8. The dative is seldom expressed. The following may be noticed: 以薪米濟汝 e sin me tse joo, we provide you with fuel and rice: 施恩眾人 she găn chung jin, to show favour to all men. In cases where emphasis is required, the particle 與 yu, is used; as 與其讀 yu ke tŭh, read to him, (this may however also signify, cause him to read:) 與朋友說話 yu păng yew shwŏ hwa, to speak to a friend: 給錢與工人 keih tsëen yu kung jin, to give money to workmen. 與我擒來 yu gno kin lae, seize and bring him to me: 向 heang, 于 yu, and 於 yu, (the latter merely on account of the similarity of sound) are often used for 與 yu, as in the following instances, 于我無干 yu gno woo kan, it is nothing to me: 于人無俾益 yu jin woo pe yih, no advantage to men: 問於我 wăn yu gno, ask me: 向他說 hëang t'ha shwŏ, tell him: 向洋商討 hëang yang shang t'haou, ask the Hong-merchants, or demand from them. Speaking to, may be expressed by 對他講 tuy ta këang, speak to him: 和他說 ho ta shwŏ, or 替他說 te ta shwŏ, tell him,(conv.) *For*, or *instead of*, is mostly expressed by 爲 wei, and occasionally by 代 tae, and 替 te, as 爲人捐命 wei jin keuen ming, (lit.) to sacrifice one's life for men: 代人做 tae jin tso, to do for one: 替國家出力 te kwŏ kea ch'hŭh leih, to exert one's self for the state. The words 給 keih, and 俾 pe, may occasionally serve to express the dative.

9. The accusative is altogether indicated by posi-

tion; the rule, however, that it follows the verb, is occasionally reversed. Thus in the regular way, 獲利 hwŏ le, to obtain profit; 人人皆發財 jin jin keae fă tsae, every body has made money. Instances where it is put before the verb are, 銀子都費了 yin tsze too fei leaou, all the money is spent; 買辦工人一概趕出 mae pan kung jin yĭh kae chĕ chŭh, the compradores and workmen were all driven out. (See the Syntax.)

10. The ablative is formed in various ways; thus our *by* is expressed by 被 pe, as 被人見 pe jin këen, seen by men; or by 以 e, as 以力强進 e leĭh keang tsin, to enter by force; this preposition, however, more frequently describes the instrumentality, like our *with*; as 以刀殺人 e taou shă jin, to kill men with the sword; 以仁服人 e yin fŭh jin, to subdue men with kindness. 由 yew, is not only used to indicate the place from whence any thing comes, but also serves to express our *by* of the passive construction, as 由洋商經理 yew yang shang king le, managed by the Hong-merchants; 由門出來 yew mun ch'hŭh lae, come out at the door; 由粤到閩 yew yuĕ taou man, from Canton to Fokëen province. 於 yu, is also used to express our *by*, and *through*; as 食於民 sze yu min, fed by the people; and, sometimes, but not often, 于 yu, is thus employed, as 保護我于兵 paou hoo gno yu ping, he protected me by soldiers. *On account of*, *for*, or *in behalf of*, is conveyed by 爲 wei, and less frequently by 代 tae, or 替 te, as 爲汝做 wei joo tso, I do it on your account; 代兄辦理 tae heung pwan le, I manage it for my brother; 替子害怕 te tsze hae pa, afraid about the child. The characters 由 yew, 從 tsung, and 自 tsze, express *from*; as 從家裡來 tsung kea le lae, come out of the house; 自城中前往海濱 tsze ching chung tsëen wang hae pin, from the city he went on to the sea beach. *In*, or *at*, is conveyed by 諸 choo, 在 tsae, 于 yu, 於 yu, and sometimes by 乎 hoo, as 在山上無草木 tsae shan shang woo

海上絲綢之路文獻集成 科技與文化编

漢語語法札記

tsaou mŭh, there is no verdure or wood on the hill; 天良于人之心 t'hëen leang yu jin che sin, heavenly goodness in the human heart; 惟求諸己 wei kew choo ke, to seek it in one's self; 止於至善 che yu che shen, to rest in extreme goodness; 連兩年於城貿易 lëen lëang nëen yu ching mow yih, for two years he traded in the city. *With*, is expressed by 與 yu, and 同 tung, as 與人相和 yu jin sëang ho, to live peaceably with people; 同汝出外 tung joo ch'hŭh wae, to go abroad with you: 偕 keae is used in the same manner. *On* and *at*, used before words expressing time, are generally not marked, as 十有二載巡狩方嶽 shih yew urh tsae seun show fang yŭh, on the 12th year he went to inspect the districts and mountains; 即日出省城 tseih jih ch'hŭh săng ching, on that very day he left the provincial city. The use of 於 yu, to express *in* is by no means of frequent occurence.

11. The vocative is either not expressed at all, as 老爺來 laou yay lae, come here, sir! or by 也 yay, after the word, as 伊也來 yu yay lae, come hither Yu! or by 阿 o, as 郎君阿 lang keun o, oh my husband! In conversation 呀 ya, is sometimes put after the word, to indicate this case; 歟 yu, and 噫 e, are likewise used in this manner in good writings: 噯呀 gae ya, and 吁 heu, are frequently used in exclamations, and 哉 tsae, at the end of a sentence. (See the paragraph on interjections.)

12. The student will readily perceive, that the Chinese cases, as given above, do not exactly correspond with ours, but further study will teach him where to use these particles, and where to omit them, whilst it will also aid him in the construction of sentences.

ON GENDER.

13. Chinese nouns, grammatically considered, have no gender; but whenever the nature of things is pointed out, there are generic terms to convey the same; for hu-

man beings, 男 nan, and 女 neu, express male and female; for animals generally, 公 kung, and 母 moo; for cattle in particular, 牡 mow, and 牝 pin; for birds, 雄 heung, and 雌 tsze; for inanimate things, 剛 kang, masculine, and 柔 jow, feminine: 乾 këen, and 坤 kwăn, or 陰 yin, and 陽 yang, for the male and female principles of nature, have their origin in the popular idea, that sex pervades the universe, and that all inanimate things partake either of one or the other quality.

14. The words above mentioned are never added to the substantive, unless with a view express the gender; as 雞 ke, a fowl; 雞公 ke kung, a cock; 雞母 ke mow, a hen; 此綿羊未曉是牝牡者 tsze mëen yang we heaou she pin mow chay, I do not yet know whether these sheep are ewes or rams; 生子男女各一 săng tsze nan neu kŏ yih, he brought forth children, one son and one daughter. The application of these characters is very easy; they seldom occur, and only when it is a matter of importance, that the gender should be known.

ON NUMBER.

15. Every Chinese noun may be expressive of the plural as well as the singular, thus 人 jin, may be a man, and men; 牛 neu, may be an ox, and oxen; 學生 heŏ săng, disciple, or disciples. Unless it be distinctly indicated that a word has a plural signification it is left doubtful. The plural form of the noun is pointed out, when necessary, by the use of particles: we shall here enumerate the particles which are used for the purpose, beginning with the most common, and afterwards explaining them. 等 tăng, 們 mun, 輩 pei, 類 luy, 曹 tsaou, 儕 tse, and 儔 chow, which are put after the substantive; so also 各 kŏ, 諸 choo, 衆 chung, 凡 fan, and 庶 shoo; all of which are put before the noun, and are strictly speaking collective adjectives, though used to convey the sense of the plural; so also are 皆 keae, 咸 han, 俱 heu, and 都 too; only these generally follow.

15. Chinese books are never over crowded with these

plural particles; in good writings they are still more scarce. In many instances, where we should consider them indispensably necessary, the genius of the Chinese language, does not demand them at all; and on the other hand, they are sometimes used, where they appear to us superfluous.

18. The most common plural particle is 等 tăng, as 人等 jin tăng, men: when two or three subjects are enumerated, one after the other, this particle is affixed to the last: as 農夫工匠等 nung foo kung tsëang tăng, agriculturists and artizans: 弁兵,文武商人等 pëen ping, wăn woo, shang jin tăng, soldiers, civilians, military officers, and merchants; (the *and* is always left out.) 們 mun, is more frequently used with the personal pronouns, as 我們 gno mun, we; 汝們 joo mun, you; sometimes in conversation it is annexed to substantives: 輩 pei, is employed when a class is to be indicated, as 惡輩 ŏ pei, the wicked; 前輩 tsëen pei, and 後輩 how pei, predecessors, and successors; 忘義之輩 wang e che pei, the unjust; 同輩之人 tung pei che jin, equals; 曹 tsaou, and 類 luy, are nearly of the same import as 輩 pei, but not so frequently used; thus 官曹 kwan tsaou, means officers; and 匪類 fei luy, vagabonds: 儕 tse, and 儔 chow, indicate likewise classes, and kinds, companies; 吾儕 woo tse, we, is used by good writers.

19. 衆 Chung is very frequently used, as 衆商 chung shang, all the merchants, or the merchants: 衆生 chung săng, all living things, or creatures, mankind. 諸 choo, is also common, as 諸先生皆無病 choo sëen săng keae woo ping, the teachers are all well; 諸物 choo wŭh, all things, things. So also 各 kŏ, as 各人 kŏ jin, every man, or men; 各處 kŏ choo, every place, or places: 庶 shoo, has nearly the same signification, as 諸 choo, though less frequently used, as 庶士 shoo sze, scholars: 凡 fan, is more common, as 凡人 fan jin, all men, or men; 凡 fan, is often preceded by 諸 choo, as 凡物 fan wŭh, things or 諸凡物件 choo fan wŭh këen.

19. 皆 Keae, and 都 to, frequently occur in good writings as well as in conversation; as 人皆知之 jin keae che che, all men know it; 父子皆行德 foo tsze keae hing tih, father and son both practiced virtue; 婦女皆美貌 foo neu keae tae mei mow, the women were all beautiful; 朋友都不在 păng yew too pŭh tsae, the friends are all absent; 俱 keu, is most frequently found in literary composition, as 有所賜物俱不受 yew so sze wŭh keu pŭh show he received none of the things that were given; 綿羊俱死 mëen yang keu sze, all the sheep died; 軍械俱全 keun heae keu tseuen, the weapons were all prepared. 咸 Han, is less frequent, as 儒咸從之 joo han tsung che, the scholars all followed him.

20. There are a variety of other modes of expressing the plural: by repetition, as 家家 këa këa, every family, families; 日日 jih jih, every day, or daily. By the word 多 to, many, as 中國人多出外方 chung kwŏ jin to ch'huh wae fang, many Chinese go to foreign countries; or by the numerals 百 pih, and 萬 wan, (but 千 tsëen, less frequently,) as 百官 pih kwan, the Mandarins; 百般 pih pwan, various ways; 萬德 wan tih, all virtues, or virtues, 萬世 wan she, for many ages; 千計 tsëen ke, a variety of plans. There are some peculiar forms of expression, as 四海 sze hae, four seas, or the seas; 五方 woo fang, the five points, or all points; 五行 woo ping, the elements; 五倫 woo lun, the relations of life; 五穀 woo kŭh, the various kinds of grain; 五爵 woo tsëŏ, the different ranks of nobility; 五味 woo we, the five, or various tastes: because the Chinese, either in reality or imagination, assume them to be so many in number. Such are also 九州 kew chow, the nine parts of the world, or the whole globe; 九有 kew yew, creatures, &c. For excess and multitude, 羣 keun, 雲 yun, and 蜂 fung, are often used, as 羣人 keun jin, many men; 船隻雲集 chuen chih yun tseih, the vessels assembled in crowds; 盜賊蜂起 toau tsih fung k'he, the thieves rose up, as thick as bees: we find also,

人如林 jin joo lin, or 如山 joo san, men like forests or hills, that is in great multitudes: or shorter without 如 joo, as 人山 jin san, or 人海 jin hae, men in considerable numbers, like hills and seas. *Some*, the Chinese express by 數 soo, and 幾 ke, as 幾句 ke keu, some sentences, and 數日 soo jih, several days.

21. An idiomatic peculiarity, which the Chinese has in common with the Japanese, is the addition of a generic term to various nouns, for the sake of enumeration, which we may compare to our habit of saying *heads* of cattle, *pieces* of silk, *sheets* of paper, &c. But expressions of this kind are not of frequent occurrence with us; whilst in Chinese few nouns are found to which one, two, or even three of these terms is not applicable. We shall here quote the most common.

個 Ko, is applied to a great variety of nouns, especially in conversation; when written in the above manner, it stands for living beings, but for inanimate things it changes into 箇 ko, or the abbreviated form 个 ko; few writers, however, make this grammatical distinction. Thus 一個人 yih ko jin, one man; 三箇板 san ko pan, three planks; 五个餅 woo ko ping, five cakes.

隻 Chih, is applied to vessels, animals, and single objects; as 四隻船 sze chih chuen, or 船四隻 chuen sze chih, four ships; 三隻羊 san chih yang, three sheep; 五隻棹 woo chih chŏ, five tables.

對 Tuy, and 雙 shwang, are used with all the nouns that can be arranged in pairs; as 一對鞋 yih tuy heae, a pair of shoes; 一雙襪 yih shwang wă, a pair of stockings: and further, as in other languages.

張 Chang, is used for every thing that can be spread out; as 一張紙 yih chang che, a sheet of paper; 一張告示 yih chang kaou she, a proclamation, (that is a paper containing one;) 一張門簾 yih chang mun lëen, a door screen.

把 Pa, is used for things that have a handle; as 一把刀 yih pa taou, a sword; 掃把 saou pa, a besom, and a variety of others.

枝 Che. is used for things that are straight, in the

漢語語法札記

shape of branches; as 一枝鞭 yih che pëen, a whip; 一枝笛 yih che chŭh, a flute.

條 Teaou, very much resembles the former, in its use, as 一條繩 yih teaou shing, a cord; 一條河 yih teaou ho, a river, &c.

間 Këen, is used for objects that comprehend space, as buildings of every description: thus 三間屋 san këen ŭh, three houses.

座 Tso, now and then, also 所 tso, designates places, as 一座城 yih tso ching, a city; 三座邑 san tso yih, three towns.

幅 Fŭh, or 疋 peih, are used for pieces, or parts; as 一疋布 yih peih poo, a piece of cloth, 二幅畫 urh fŭh hwa, two pictures.

件 Këen, serves to enumerate things in general, as 一件事 yih këen sze, or 事件 sze këen, an affair; and 案件 gan këen, a case in law; in the former instance, 樁 chun, is often used. This particle is like 個 ko, and 隻 chih, and is often promiscuously employed; as 一件衫 yih këen san, a jacket; 物件 wŭh këen, things; 貨件 ho këen, goods, &c.

副 Foo, means a set, a lot; as 一副器具 yih foo khe keu, a set of instruments, or utensils.

塊 Kwae, is used for pieces, or any thing substantial and solid; as 一塊石 yih kwae shih, a stone; 三塊銀 san kwae yin, three dollars; 團 twan, 圓 and yuen, are used for globular things; and 方 fang, for pieces; as 一方豬肉 yih fang choo jŭh, a piece of pork.

陣 Chin, a gust, a dash, a beam; as 一陣風 yih chin fung, a gust of wind; 一陣光 yih chin kwang, a beam of light; 一陣烟 yih chin yen, a puff of smoke: 場 chang, is used nearly in the same manner; as 一場霧 yih chang woo, a mist; 一場雨 yih chang yu, a shower of rain.

包 Paou, is used for bundles; as 一包棉花 yih paou mëen hwa, a bale of cotton; 一包紙 yih paou che, a bundle of paper; so also 札 cha, as 一札筆 yih cha peih, a bundle of pencils; 一札紙 yih cha che, a bundle of paper; so also 束 sŏ.

架 Kea, for frames and machinery as 一架水車

yih kea shwuy keu, a fire engine; 一架算盤 yih kea swan pwan, an abacus.

擔 Tan, for things of weight and burdens; as 一擔行李 yih tan hing le, a load of baggage; 一擔蔬菜 yih tan soo tsae, a load of vegetables.

點 Tëen, for small things, drops, &c. as 一點時 yih tëen she, a moment of time; 一點墨 yih tëen mih, a drop of ink.

段 Twan, indicates parts, and sentences; as 一段新聞 yih twan sin wăn, a piece of news; 一段地 yih twan te, a part of land.

管 Kwan, enumerates things that are hollow; as 一管筆 yih kwan peih, a pencil; 一管簫 yih kwan seaou, a pipe.

款 Kwan, like 條 teaou, enumerates laws, precepts, petitions, business, affairs, &c. as 一款事 yih kwan sze, an affair; 奏情一款 tsow tsing yih kwan, a memorial.

股 Koo, for shares and parts; as 一股生意 yih koo săng e, a share in some trading concern: 一股繩 yih koo shing, a bundle of twine.

位 Wei, and 名 ming, are used for enumerating human beings; the former, however, is mainly confined to persons of rank; while 員 yuen, is applied to government officers. For instance 番梢四名 fan seaou sze ming, four foreign sailors; 相公三位 seang kung san wei, three gentlemen; 文官三員 wăn kwan san yuen, three civilians; 位 wei, is also used for guns; as 炮位 paou wei, a cannon.

層 Tsăng, is used for a layer, a story, a set; as 一層紙 yih tsăng che, a sheet of paper; 一層瓦 yih tsăng wa, a layer of tiles. So also 重 chung, for duplicates, or terraces; as 二重門 urh chung mun, the second door; 一重山 yih chung san, the first of a series of hills.

片 Pëen, signifies a slice, a flake, a bit; 一片雪 yih pëen seuĕ, a flake of snow; 一片紙 yih pëen che, a bit of paper; 一片信 yih pëen sin, a note.

顆 Ko, as well as 粒 leih, are used for grains, beads, &c. as 一顆珍珠 yih ko chin choo, a pearl; 一粒沙 yih leih sha, a grain of sand.

套 Taou, is used for a whole; as 一套衣服 yih taou e fŭh, a suit of clothes; 一套書 yih taou shoo, a whole work: 本 pun, and 篇 pëen, are used exclusively for books and papers; 句 keu, for enumerating sentences and phrases; 道 taou, and 帖 tëë, for edicts and states papers; as 諭帖三道 yu tëë san taou, three edicts; 首 show, is applied to odes; as 一首詩 yih show she, a piece of poetry: 頁 yĕ, is used occasionally for books and papers; as 一頁紙錢 yih yĕ che tsëen, a bundle of gilt paper: 封 fung, for enumerating letters; as 一封信 yih fung sin, one letter.

羣 Keun, and 夥 ho, for congregated numbers; as 一羣鳥 yih keun neaou, a covey of birds; 一夥匪徒 yih ho fei t'hoo, a company of vagabonds.

頂 Ting, is employed for carriages and caps: and 串 chuen, for rows and files; as 一串兵丁 yih chuen ping ting, a file of soldiers: 根 chin, or 株 choo, for trees; 科 ko, for plants: 乘 shing, and 輛 lëang, for carriages and sedan chairs: 畝 mow, for plots of land or ground: 領 ling, for coats or jackets: 頭 t'how, and 口 k'how, for animals or cattle: the latter also for swords, and the former for affairs; as 一頭親事 yih t'how ts'hin sze, a matrimonial affair: 匹 peih, for horses: 部 poo, for volumes, divisions: 刀 taou, for quires of paper: 門 mun, for guns: 節 tsëë, for any thing jointed: 面 mëen, for things with a smooth surface; as 三面鏡 san mëen king, three looking glasses: 貼 tëë, for sticking substances; as 三貼膏藥 san tëë kaou jŏ, three plasters: 文 wăn, for enumerating cash: 餐 tsan, for meals; as 一餐飯 yih tsan fan, a meal of rice: 成 ching, for musical tunes: 軸 chŭh, of rolls: 畫 hwŏ, for strokes: 下 hëa, for blows: 行 hang, for rows and columns: 炷 choo, for incense sticks: 回 hwuy, for parts, times: 旬 seun, for decades: 臺 tae, for stages: 枚 mei, or 錠 ting, for pieces of ink: 竿 kan, for bamboos: 帙 chih, for cases of books: 紋 wăn, for rolls of silk: 尾 wei, for fishes, and other animals: 局 keŭh, for chess boards or affairs: 卷 keun, for rolls, books, chapters, &c. 盞 tsan, for lamps, and similarly formed things: 兩 lëang for silver: and [illegible] others.

漢語語法札記

22. The reader will no doubt perceive that most of these terms are attached to nouns, to which they bear some relation, either in shape or quality, and a frequent perusal of the foregoing paragraphs will enable the student to make a right use of them. We may add, however, that they form an essential part of the language; and to omit them, when necessary, would be as great an offence against grammar, as to dispense with our articles and prepositions, when the construction calls for them. Several nouns take a variety of numerals, and in most instances their meaning is thereby modified. But euphony, and the structure of the language, often require them, where there exists no apparent necessity. The Chinese say, for instance, 布疋 poo peih, for cloth; 列位仁兄 lëĕ wei jin heung, benevolent brethren, or gentlemen, &c. In most cases, however, where a strict enumeration of the subject is not required, the numerals are omitted.

CHAPTER II.

THE ADJECTIVE.

POSITIVE.

1. The remark previously made, that Chinese words do not exactly belong to one particular class, applies also to the adjective; thus 大 ta, great, and 小 seaou, small, though generally used as adjectives, may occasionally be changed into nouns, as 其大 ke ta, its greatness, 其小 ke seaou, its littleness; so also into verbs; as 大之 ta che, to enlarge it, &c. On the other hand, many nouns occasionally assume the shape of adjectives by being placed before other substantives; as 天朝 t'heen chaou, the celestial dynasty, 世物 she wŭh, worldly things; 至不仁 che pŭh jin, very hard hearted.

海上絲綢之路文獻集成 科技與文化編

2. It is peculiar to the Chinese language to unite a great many words before nouns, which then assume the nature of adjectives; as 凡有病的人 fan yew ping teih jin, all the sick; 有稽查夷船貿易之責 yew ke cha e chuen mow yih che tsih, the duty of instituting enquiries into the trade of foreign vessels; all the words are here placed in relation to 責 tsih, as if they were its epithets.

3. Much of the signification of adjectives depends upon their position. The common mode is to place them before the noun; as 好人 haou jin, a good man; if two or three precede, they do not require a connective particle; as 善良民 shen lëang min, virtuous people; 美艷淑女 mei yen tseih nju, a beautiful modest woman. Where there are more than two adjectives, 之 che, generally intervenes between them and the substantive; 暴虐利害之官員 paou yŏ le hae che kwan yuen, cruel and annoying officers. Two adjectives put together have often 的 teih, or 者 chay, at the end; as 要用的 yaou yung teih, needful; 甚嚴者 ke yen chay, very severe.

4. Whenever the substantive verb is implied, adjectives are put after the noun; as 人好 jin haou, he is a good man; 性猛 sing măng, he is of a savage nature. Phrases like the following are frequent; as 天地之大 t'hëen te che ta, the greatness of heaven and earth; 心量之寬 sin lëang che kwan, the extent of generosity; in these cases the adjective by its position assume the nature of a noun, as hinted above. The formation of epithets like 木的 mŭh teih, wooden; 金的 kin teih, golden; and 天的 t'hëen teih, heavenly, is very common.

COMPARATIVE.

5. We know of no language that adopts so many modes of expressing the degrees of comparison, as the Chinese. For the benefit of the reader we shall here recapitulate all that has come under our observation, and trust he will endeavour to familiarise himself with the following phrases.

6. Our *more* is expressed by 更 kăng; as 更美 kăng mei, more beautiful; when two objects are compared with each other the latter is preceded by 比 pe to compare; as 此女比彼女更美 tsze neu pe pe neu kăng mei, this woman is more beautiful than that: 更 kăng, is however, occasionally omitted; as 我比汝好一些 gno pe joo haou yih sëay, I am rather better than you; or 較 keaou, is annexed; as 我比較汝更好 gno pe keaou joo kăng haou, I am better than you. Sometimes 更 kăng is preceded by 相對 sëang tuy; as 汝我相對我更好 joo gno sëang tuy, gno kăng haou, compared with each other, I am better than you; the same idea is also conveyed by 較對 keaou tuy. Furthermore, the word 更 kăng is found in phrases like the following; as 更有甚焉 kăng yew shin yen, still more excessive; 彼尚更肥 pe shang kăng fei, he is still more fat; 彼太更好過此 pe t'hae kăng haou kwo tsze, that is much better than this. There are also instances where 更 kăng, is followed by 於 yu; as 今年之穀更豐盛於前年的 kin nëen che kŭh kăng fung shing yu tsëen nëen teih, the grain of this year is more abundant than the former year; or a phrase like the following may be formed: 今晚歃茶更早食飯過遲 kin wan hŏ cha kăng tsaou, shih fan che kwo, we have taken tea earlier this evening, and eaten rice later.

7. Besides what has been already said it will be well to notice the following modes in which 比 pe, is used; as 你比他高 ne pe t'ha kaou, you are taller than he; 酒比水好多 tsew pe shwuy haou to, wine is much better than water; 工匠比不得農夫之用 kung tsëang pe pŭh tih nung foo che yung, the usefulness of the mechanic is not to be compared with that of the husbandman; 不敢比勝中華 pŭh kan pe shing chung hwa, by no mean superior to the central flowery nation; 這個比那個越發好 chay ko pe na ko yuĕ fă haou, this is much better than that; 散商大班不可比 san shang ta pan pŭh k'ho pe, a private merchant is inferior to the chief of a factory: 此城比彼城小過 tsze ching pe pe ching

seaou kwo, this city is less than that; 這個比那個又好 chay ko pe na ko yew haou, this is better than that: 較 keaou, is often used in the following manner; as 罪較輕 tsuy keaou k'hing, a lighter crime; 耳目較近 urh mŭh keaou kin, ear and eyes are very near; 限期較寬 hëen ke keaou kwan, to have the term more extended; 較前有減無增 keaou tsëen yew këen woo tsăng, compared with what it was before, it has been rather less than increased.

8. 於 Yu, as well as 過 kwo, are often used to convey the idea of more: as 賢於禹 hëen yu Yu, more excellent than Yu; 貴於銀 kwei yu yin, more valuable than silver; 未有甚於此時者 we yew shin yu tsze she chay, it has never been worse than at the present time. Instances of 過 kwo, are 汝好過我 joo haou kwo gno, you are better than myself; or with 於 yu, as 汝好過於我 joo haou kwo yu gno, the same; 小過於蟻 seaou kwo yu e, less than an ant; 其德行或係大過或係小過於君子 ke tĭh hing hwŏ he ta kwo, hwŏ he seaou kwo yu keun tsze, his virtuous actions are more or less than those of the superior man; 還要好過這個 hwan yaou haou kwo chay ko, he wants it still better than this. It is also occasionally followed by 愈甚 yu shin, as 妄行其過越愈甚 ke wang hing kwo yuĕ yu shin, his worthless conduct is still more outrageous: or preceded by 莫 mŏ, as 高山莫過於天 kaou san mŏ kwo yu thëen, there are no hills higher than the heavens; 不過半年 pŭh kwo pwan nëen, not more than half a year; 智識過人 che shĭh kwo jin, wiser than the generality of men.

9. 愈 Yu, better, is often used to designate the comparative degree; as 愈難 yu nan, more difficult; 航船愈快 hang chuen yu kwae, he sailed faster; 愈于詡言 yu yu heu yen, better than boasting: it is also used with 加 këa, after it; as 愈加邪淫 yu këa sëay yin, still more dissolute: and not unfrequently repeated, as 憂心愈愈 yew sin yu yu, still more sorrowful, or reiterated in the following manner; as 愈快愈易 yu kwae yu e, the quicker the easier: 愈久愈難 yu kew yu

海上絲綢之路文獻集成 科技與文化編

nan, the longer the more difficult; 愈力愈勤而愈不至 yu leih yu t'hung, urh yu pŭh che, the greater the effort and exertion, the less the chance of attaining the object: 尤 yew, sometimes occurs, as 尤可怪 yew k'ho kwae, still more strange; 語意尤善 yu e yew shen, his speech was still more complete; 未如孔子之尤盛者也 we joo k'hung tsze che yew shing chay yay, there is nothing like to Confucius' superior fullness. In this sense, on account of the similarity of the sound, 逾 yu, is now and then used; we meet also with 益 yih; as 益甚 yih shin, more extensively; 益善 yih shen, more excellent; 去聖益遠而益滿 k'heu shing yih yuen urh yih mwan, the more you separate yourself from the sages, the more you will be puffed up. 越 Yuĕ, is also used in this manner, as 越好 yuĕ haou, better; 越興越濟 yuĕ hing yuĕ tse, the more he prospers the more he gives. It has also 發 fă, as a suffix; as 越發好 yuĕ fă haou, much better; 一發好了 yih fă haou leaou, still better; 一發體面 yih fă the mëen, still more respectable. 勝於 Shing yu, is also used for *more*; as 月勝於螢光百倍 yuĕ shing yu ying kwang pih pei, the light of the moon is a hundred times brighter than that of the fire-fly. So also, but seldom, 又 yew, as 此又好 tsze yew haou, this is better.

10. To compare whole sentences 寧 ning, is used: as 寧死不可背理 ning sze pŭh k'ho pei le, it is better to die than to deny one's principles; 寧可受貧不可苟取 ning k'ho show pin, pŭh k'ho kow tseu, it is better to suffer poverty, than to purloin; 禮與其奢也寧儉 le, yu ke chay yay, ning këen, in ceremonies, it is better to be economical, than profuse; 寧可信其有不可信其無 ning k'ho sin ke yew, pŭh k'ho sin ke woo, it is better to believe in its existence, than to believe in its non-existence.

11. 如 Joo, is often used in comparisons, in various ways; as 那個不如這個好 na ko pŭh joo chay ko haou, that is not so good as this; 豹不如虎猛 pa pŭh joo hoo măng, the leopard is not so ferocious as the tiger; 如水益深如火益熱 joo shwuy yih

shin, joo hoo yih jĕ, but if the water become still deeper, and the fire still hotter— 益 Yih, is now and then used for *more*, as 如雪益皎如血益紅 joo seuĕ yih heaou, joo heuĕ yih hung, whiter than snow, and redder than blood; 不如勤勞 pŭh joo k'hin laou, nothing like diligent effort: in this case it is used synonymously with 若 jŏ, which is often preceded by the negative particle 莫 mŏ; as 莫若偕死 mŏ jŏ keae sze, there is nothing better than to die together. Sentences of the latter description are of frequent occurrence; (see also the negative particles,) as 莫此有甚 mo tsze yew shin, nothing exceeding this, or more than this: 莫大之功 mŏ ta che kung, no greater merits; 不如不往 pŭh joo pŭh wang, we had better not go. 與其遲到不如不到 yu ke che taou, pŭh joo pŭh taou, it is better not to come at all, than to come late.

12. Of the various ways in which our word *more* is expressed, notice the following: 多三分 to san fun, three parts more; 十多年 shih to nëen, more than ten years; 十來年 shih lae nëen, ten years more; 高一尺 kaou yih chih, higher one covid; 短一寸 twan yih tsun, shorter one inch; 不下萬金 pŭh hëa wan kin, not less than ten thousand taels; 十有餘人 shih yew yu jin, more than ten men; 百有餘人 pih yew yu jin, more than one hundred men. The comparative is also occasionally indicated by an interrogative pronoun, as 先生孰賢 sëen săng shŭh hëen, who is wiser than you, Sir. As comparatives, the following phrases may be cited: 遠勝百倍 yuen shing pih pe, a hundred times more distant. 罪積得有山一般高有海一般深 tsuy tseih tih yew shan yih pwan kaou, yew hae yih pwan shin, crimes accumulated as high as mountains, and as deep as seas. 況 Hwang, frequently occurs to denote, how much more? as 況中國乎 hwang chung kwŏ hoo, how much more the central empire? 天且不違而況於人乎況於鬼神乎 t'hëen tsëay pŭh wei, urh yu jin hoo, hwang yu kwei hoo, heaven is not adverse, how much less men, and still less spirits? 矧 Shin, is used in the same sense, but less frequently; as 矧此有才

shin tsze yew tsae, how much more he who has talents? 況曰 shin yuĕ, how much more it may be said? The reader will easily infer from what has been said the richness of the Chinese language in this particular, and an attentive reading of the above paragraphs will enable him to comprehend the great variety of ways by which the comparative is expressed.

SUPERLATIVE.

13. The Chinese have many words like our *very*, *exceedingly*, *extremely*, *almost*, &c. as 至 che, 極 keih, 最 tsuy, 甚 shin, 殊 shoo, 切 tsëĕ, 狠 hăn, and 儘 tsin, some of which are placed before the adjectives, and some after them. Thus 至聖 che shing, extremely sacred; 極好 keih haou, very good; 受辱極矣 show jŭh keih e, very much disgraced; 勇猛已極 yung măng e keih, very brave; 遭苦極甚 tsaou k'hoo keih shin, he experienced intense suffering; 最善 tsuy shen, extremely excellent; 至德也已矣 che tih yay e e, exceedingly virtuous; 謹之至也 kin che che yay, very respectful; 哀痛至切 gae t'hung che tsëĕ, exceedingly painful; 享福至極 heang fŭh che keih, he enjoyed great happiness; 最多 tsuy to, very much; 最關緊要 tsuy kwan kin yaou, of the highest importance; 最先 tsuy sëen, the first; 最為第一 tsuy wei te yih, the very first; 興相最極 hing sëang tsuy keih, an exceedingly flourishing condition; 最高之有六尺 tsuy kaou che yew luh ch'hih, the highest is five covids; 甚是 shin she, very right; 甚好 shin haou, very good; 不明之甚也 pŭh ming che shin, very dark; 可愛甚矣 k'ho gae shin e, very amiable; 其聰明甚不勝 ke tsung ming shin pŭh shing, his intelligence is quite unsurpassable; 美色甚極 mei sih shin keih, extremely beautiful. Instead of 甚 shin, 深 shin, is sometimes used, from the resemblance of sound: as 深重 shin chŭng, very important; 深為可恨 shin wei k'ho hăn, very detestable; and thus also 儘 tsin; as 儘應 tsin ying, very proper; 儘received

tsin yŭ, the first. The examples of 殊 shoo, are 殊 多 shoo to, very many; 殊 異 shoo e, very extraordinary: 殊 未 畫 一 shoo wei hwă yih, very dissimilar; 殊 可 恨 shoo k'ho hăn, very hateful; 殊 屬 疏 縱 shoo shŭh soo tsung, very neglectful; the latter instances are of frequent occurrence in edicts. 一 切 Yih tsëë, occurs less frequently, and then generally in company with 至 che, or 剴 k'hae; as 剴 切 曉 諭 k'hae tsëë heaou yu, very distinct orders. In edicts we also find 從 tsung, 極 ke, and 森 săn, used to express the superlative degree: thus 從 重 究 辦 tsung chung kew pan, very severely prosecuted; 極 嚴 ke yen, very strict; 新 例 森 嚴 sin le săn yen, the new laws are very rigorous. 很 Hăn, is used in conversation; as 冷 得 很 lĕng tih hăn, very cold; 好 得 很 haou tih hăn, very good; in its stead 緊 kin, is occasionally used, on account of the similarity of sound.

14. There are various other modes of expressing the superlative degree, as 太 t'hae; thus 太 多 t'hae to, too much; 何 太 無 禮 ho t'hae woo le, how very rude! 無 情 太 甚 woo tsing t'hae shin, very unkind; 德 行 太 過 tih hing t'hae kwo, very virtuous. 大 Ta, is now and then used in the same manner; as 有 大 分 別 yew ta fun pëë, or 大 不 相 同 ta pŭh seang tung, very different. 第 一 Te yih, sometimes occurs; as 第 一 妙 te yih meaou, very excellent; or 頂 ting, as 頂 好 ting haou, very good; also 上 shang, as 上 好 shang haou, very good; or 上 一 等 shang yih tăng haou, good in the highest degree; 的 是 不 好 tih she pŭh haou, very bad.

15. 良 Lëang, is likewise used, but only in a few instances; as 良 久 lëang kew, for a considerable period; 良 多 lëang to, a good many. Thus also 許 heu; as 許 久 heu kew, very long; or 許 多 heu to, very many; 許 少 heu shaou, very few. 好 Haou, is employed in the same manner; as 好 久 haou kew, a good while; and more frequently in conversation; as 好 不 haou pŭh, and less frequently 好 沒 haou mŭh; thus 好 不 平 安 haou pŭh ping gan, very peaceful; 好 不 熱 鬧 haou pŭh ho mŭă, excessively tumultuous.

The idea of the superlative is also expressed by the repetition of the adjective; as 高高 kaou kaou, very high; 明明 ming ming, very bright: or by adding some noun that possesses the quality indicated by the adjective in the highest degree: as 天高 t'hëen haou, as high as heaven, very high; 淵深 yen shin, as deep as the abyss, very deep; 紙賽雪 che sae seuĕ, paper that vies with snow, very white.

16. 絕 Tseuĕ, is very often used before the adjective to denote the superlative degree; as 絕妙 tseuĕ meaou, very excellent; 絕美 tseuĕ mei, extremely beautiful: 不勝 pŭh shing, and 不過 pŭh kwo, the former put generally before, and the latter after the adjective, are likewise of frequent occurrence; as 豐盛不勝 fung shing pŭh shing, insurpassably abundant, 人不可勝數 jin pŭh k'ho shing soo, an innumerable host; 熱不過 jĕ pŭh kwo, very hot; or in a construction like the following; 快速莫過於此 kwae sŏ mŏ kwo yu tsze, insurpassably swift; 醜惡甚不勝 chow gŏ shin pŭh shing, desperately wicked. 莫 Mŏ, is also used in the same manner; as 莫大之功 mŏ ta che kung, the highest degree of merit; 其敢膽莫此為甚 ke kan tan mŏ tsze wei shin, daring courage not to be surpassed; or a phrase like the following may be formed; as 其寬量無以可加矣 ke kwan lëang woo e k'ho këa e, or 無所可加 woo so k'ho këa, such generosity is not to be exceeded; 乖闢無以復加之 kwae kwŏ woo e fŭh këa che, excessively perverse; or the following 殘虐無踰于此 tsan nëŏ woo joo yu tsze, insurpassably cruel: 其歡喜無所不及 ke hwan he woo so pŭh keih, his joy was unbounded; so also in conversation, 喜歡的了不得 he hwan teih leaou pŭh tih, very joyful.

17. Before closing this subject, we may observe, that the numerals 萬 wan, 千 tsëen, 百 pih, and 十 shih, are often used to denote the superlative degree; the first and last most frequently; as 萬好 wan haou, immensely good: 十 shih, joined with 分 fun; as 十分好 shih fun haou, tolerably good. This word 分 fun, is

also used to shew the gradation of epithets; as 幾分好 ke fun haou, somewhat good; 五分好 woo fun haou, tolerably good. 十分好 shih fun haou, very good.

There are still a few phrases that in some rare instances express the highest degree; as 超羣 chaou keun, 卓立 chŏ leih, 卓絕 chŏ tseuĕ, 卓越 chŏ yuĕ, 出類 ch'hŭh luy, 拔萃 pŏ tsuy, 首出諸類 show ch'hŭh choo luy, 賽過 sae kwo, 賽勝 sae shing, all of which denote anything above the common: so also 罪魁 tsuy kwei, very sinful; 惡魁 gŏ kwei, most wicked; 蓋世 kae she, the most eminent in the age.

CHAPTER III.

PRONOUNS.

THE PERSONAL PRONOUN.

1. We may here premise, as a general remark, that each personal pronoun, when put before the substantive, or whenever it is followed by 之 che, or 的 teih, the genitive particles, becomes possessive; as 我國 gno kwŏ, our country; 吾的朋友 gno teih păng yew, my friend; 汝之作爲 joo che tsŏ wei, your actions. The same particles also that form the plural of nouns, are employed in the declension of pronouns: viz. 等 tăng, 輩 pei, 們 mun, 曹 tsaou, and 儕 tse: (the first and third by far the most frequent:) as 我等 gno tăng, we; 你們 ne mun, you. So also 我兩個 gno lëang ko, we both; 我俱 gno keu, we all of us; 你皆 joo keae, all you persons.

2. The pronouns of the first person are 我 gno, 吾 woo, 余 yu, 予 yu, 俺 yen, and 咱 tsă; 阿儂 o nung, and sometimes 甫 foo, are used, either in local dialects, or in conversation.

3. The Chinese verbs often imply the pronoun, as in the Greek and Latin languages; thus 曰 yuĕ, he said, 看 k'han, you see, I see, or he sees. Since, however there is no inflection in the Chinese, as in the learned languages, to indicate the person, it must be found out by the context. Nothing is so repulsive to the Chinese ear, and the genius of the language, as the frequent repetition of the personal pronouns. The possessive is likewise, in most instances, where our language requires it, omitted; and only where a stress is laid upon the word, it is at all employed.

4. Instead of using the personal pronouns, the Chinese adopt various modes of avoiding it, of which we shall enumerate the principal, whilst we refer the reader for the remainder to the Chapter on the epistolary style.

5. For the first person, either the name is substituted, or the pronoun dispensed with, by repeating the subject: thus 郭無能辦此事 Kwŏ woo nǎng pan tsze sze, I (Kwŏ) have no ability for managing this affair; 外商赴大人臺前伏祈垂顧本商 wae shang foo ta jin tae tsëen, fŭh ke chuy koo pun shang, (I,) the foreign merchant, repair to the tribunal of Your Excellency, and humbly ask that you will condescend to look upon (me) the merchant. In describing one's own office or profession, the term intimating the same very often bears the prefix 本 pun; thus governors in their edicts never use the personal pronoun, but in speaking of themselves, put 本 pun, before their title; as 本部堂 pun poo tăng, I, the Governor; 本關部 pun kwan poo, I, the Hoppo; 本縣 pun hëen, I, the district Magistrate; 本丞 pun ching, I, the assistant Magistrate; so that in a document of some length, where we should employ the pronoun, perhaps 40 times, in Chinese it would not occur once.

6. There are, moreover, some conventional forms, by which persons designate themselves. The most common is 某 mow, such an one, and 愚 yu, the stupid one, for I. The Emperor uses 朕 chin; kings, and princes, 寡人 kwa jin, 孤人 koo jin, 予一人 yu

海上絲綢之路文獻集成 科技與文化編

yih jin, and 予小子 yu seaou tsze; which terms are perhaps employed, in an affected tone of humility, or to mitigate the power of their sovereign sway, by the most humble designations. A minister speaking to his master calls himself 臣 chín: a Mantchoo statesman, 奴 noo, slave; servants use 小的 seaou teih, 僕 pŏ, and inferior officers, 治下 che héa. In common parlance between equals, I is expressed by 晚生 wan săng, and we by 晚輩 wan pei; so also 弟 te, I; and 弟輩 te pei, we. The people in writing to their superiors call themselves 罪人 tsuy jin, sinners; (which is also used in addresses to the Deity;) and 蟻 e, ants; scholars and unlearned persons use 學生 hëŏ săng, or 門生 mun săng. A woman speaking to her husband, calls herself 妾 tsëĕ, concubine, or 婢妾 pe tsëĕ, handmaid: a son addressing his father denominates himself 不肖 pŭh seaou, degenerate, or 小兒 seaou urh, the little boy: a daughter uses 小女 seaou nyu, the little girl; and an old man, 老夫 laou foo, the old fellow. Thus there are for every rank in life, degrading terms for expressing the first personal pronoun; as in most oriental languages.

7. The same rule applies to the possessive; thus for my father, brother, &c. the Chinese say 家父 këa foo, the father of our family; or 父親 foo ts'hin, my beloved father; 家兄 këa heung, the elder brother of our household; and 舍弟 shay te, the younger brother in our cottage. A husband referring to his wife would say 內人 nuy jin, the person within; 內室 nuy shih, the one at home; 賤房 tsëen fang, the vulgar one in the chamber; 特婦 tih foo, the lonely woman; 拙荊 chuĕ king, the dull thorn; 山妻 san tse, my clownish wife; and 賤內 tsëen nuy, the mean person within. For my relation, a man would say 舍親 shay ts'hin, the cottage connection; and for my son 犬子 keuen tsze, the puppy; for my family, 寒家 han këa, the cold household; for my house, 寒舍 han shay, the chilly cottage; and for my servant, 小介 seaou keae, the little boy. The most common adjectives used for the purposes of self depreciation are 賤 tsëen, base; 敝 pe, vile; 舍 shay, 小 seaou, and 劣 leuĕ: as 賤姓 tsëen sing, my

mean surname; 敝國 pe kwŏ, our vile country; 舍下 shay hëa, my low cottage. These humiliating forms of expression are so interwoven with the Chinese language, that the omission of them, and the substitution of the simple pronouns, would be very offensive against the taste of this extraordinary people.

8. The second personal pronouns are 汝 joo, 爾 urh, and in conversation 你 ne; 女 nyu, is occasionally used for 汝 joo, and 伲 ne, for 你 ne; on account of the similarity of sound. In ancient books we find occasionally 乃 nae, 若 jŏ, and 如 joo, for the second personal pronoun. Thus 乃父乃祖 nae foo nae tsoo, your father and grand-father, 度乃心 too nae sin, examine your heart. The remarks we have made above on the first, apply also to the second personal pronoun.

9. As in the instance of the first person, there are conventional terms used as substitutes for the second personal pronoun. Thus towards inferiors the name is now and then used; equals are addressed by 弟兄 te heung, brother; or 先生 sëen săng, teacher; 相公 sëang kung, Sir; 仁兄 jin heung, benevolent brother; 老兄 laou hëung, venerable brother; 尊駕 tsun këa, Sir; 駕上 kèa shang, ditto; 兄長 heung chang, elder brother; 亞哥 a ko, brother; 兄台 heung tae, or 台兄 tae heung, exalted brother; and to a lady 亞姐 a tseay, sister. All these words infer the eminence or excellence of the person addrsssed, but are used in common conversation in the same way as our *you*. If a person have any official rank, that is then mentioned.

10. As honourable expressions towards superiors, we may remark the following: 大人 ta jin, 老大人 laou ta jin, 老大夫 laou ta foo, which are used either to venerable persons, or people in high rank; as venerable Sir! or your Excellency! To teachers, or gentlemen are applied 先生 sëen săng, teacher; 老先生 laou sëen săng, venerable teacher; 老太太 laou tae tae, venerable superior; 大老先生 ta laou sëen săng, great and venerable teacher; or 老師 laou sze, venerable instructor. Spiritual guides are addressed as 神父 shin foo, spiritual father. To men in office,

or people who have great capital at their command, they use 老 爺 laou tëay, venerable father; 太 爺 ta yay, great Sire! 老 爺 laou yay, venerable Sire! 太 老 爺 ta laou yay, great and venerable Sire! the latter is addressed almost exclusively to Mandarins of high rank, while to persons high in the military service, 太 帥 tae sze, great general, is used. The Emperor is addressed by 萬 歲 爺 wan suy yay, the sire of ten thousand years; 聖 主 shing choo, the august lord; 陛 下 pe hëa, Your Majesty; 太 皇 帝 ta hwang te, the great Emperor; 皇 上 hwang shang, his Imperial Eminence, and similar titles: in letters a variety of other expressions are adopted, of which we shall speak hereafter. We may just remark, however, that in every rank of life, there are certain expression to convey an idea of the esteem in which one holds the person addressed. Thus Coufucius called his disciples 小 子 seaou tsze, little children; or 二 三 子 urh san tsze, my two or three lads; while they, on the other hand, called him 吾 子 woo tsze, our sage; or simply 子 tsze, sage: There are a variety of other words principally combined with 範 fan, a pattern, used for you, in highly flowery language, as 光 範 kwang fan, the bright pattern; 台 範 tae fan, exalted pattern; 顏 範 yen fan, strict pattern; and 昔 範 koo fan, urgent pattern. 顏 Yen, countenance, seems likewise to be occasionally applied thus: as 台 顏 tae yen, your exalted countenance; 儀 顏 e yen, your proper demeanour; and 兄 顏 heung yen, my brother's countenance. So also 臺 tae, and 台 tae, in various ways: as 老 台 臺 laou tae tae, venerable Sir! 台 甫 tae foo, your honoured name; 台 駕 tae këa, eminent Sir; 台 停 tae ting, an epithet applied to the three highest officers in the state; and a great number of other expressions. Several persons are addressed by 列 位 lëë wei, gentlemen! instead of 爾 等 urh tăng, you.

11. One of the most common words used instead of the possessive pronoun of the second person is 令 ling, honourable; as 令 兄 ling heung, your honourable brother; 令 尊 ling tsun, your honoured father; 令 堂

ling tang, your respected mother; 令郎 ling lang, your honourable son; 令愛 ling gae, your excellent daughter; likewise called 千金 tsëen kin, your treasure; so also 令正 ling ching, your good wife; 令寵 ling chung, your favoured concubine. In the same sense 貴 kwei, noble; and 尊 tsun, honourable, are also used: as 貴國 kwei kwŏ, your noble country; 貴庚 kwei kăng, your noble age; 尊名 tsun ming, your honourable name; 芳名 fang ming, your fragrant appellation. A few terms less used are 高 kaou, high; 上 shang, exalted; and 盛 shing, full: as 高姓 kaou sing, your elevated surname; 上府 shang foo, your exalted house, 盛邦 shing pang, your prosperous country. The reader will not fail to remark, that all these adulatory expressions are just the opposite of what is in use for the first personal pronoun, where every epithet is employed that can convey the idea of inferiority: so much for Chinese politeness.

12. The most common word for the third personal pronoun in literary composition is 其 ke, he: or 其人 ke jin, that man; which is used in all cases, and stands for he, she, it, they, them, his, her, its, and theirs; without the addition of the particles that convey the idea of the plural. Thus 其所爲 ke so wei, that which he does; 爲其所惑 wei ke so hwŏ, was led astray by him; 其言 ke yen, his or her words; 其中 ke chung, in the midst of it. In conversation 他 t'ha, is employed; while the plural is formed by the addition of 們 mun. 彼 Pe, that person, is more literary, and is likewise used like 其 ke, but of less frequent occurrence: 伊 e, he, may be found now and then, and is turned into the plural by the addition of 等 tăng; as 伊等 e tăng, they; this word occurs frequently in legal papers and edicts, but not elsewhere: the constant use of it in our translation of the Bible is unsuitable: 乃 nae, occurs in ancient books: as 乃聚麾下文武 nae tseu hwuy hëa wan woo, he assembled the civil and military authorities under his banners. There are also two local words for the third personal pronoun: viz. 渠 keu, and 渠儂

keu nung. Otherwise the nouns are put, as 女曰 nyu yuĕ, she said; 僕作 pŏ tsŏ, the servant did it.

13. For the oblique cases 之 che, meaning him, her, it, or them, is the most frequent: as 打之 ta che, beat him, her, it, &c. 驅逐之 keu chŭh che, drive them away. In ancient books we find a possessive pronoun 厥 keuĕ, which is exclusively used for this purpose: as 常厥德保厥位 chang keuĕ tĭh, paou keuĕ wei, he who preserves his virtue, maintains his throne. Otherwise 親 tsin, own, and 其 ke, his, are far more frequent. 自 Tsze, may occasionally stand for he, or she; and 是 she, for it; as 小人反是 seaou jin fan she, the inferior man reverses it. In a construction like 夫讀者 foo tŭh chay, he who reads, 夫 foo, might be thou ht to stand for the third personal pronoun, but more of this under the relative.

As a general rule we have remarked, that the third personal pronoun is less in use than any of the others, and that the na me or noun often replaces it. The language being devoid of grammatical rules, as we understand them, much obscurity is thus avoided.

RECIPROCAL PRONOUNS.

14. The reciprocal pronouns are 自 tsze, 己 ke, 自己 tsze ke, 自家 tsze kea, 自身 tsze shin, 本身 pun shin, 躬 kung, 身 shin, and 親 tsin. These are joined with the personal pronouns; as 我自己 gno tsze ke, I myself: 己作 ke tsŏ, he himself did it; 親來 tsin lae, he himself came; 本是我 pun she gno, or 是我本身 she gno pun shin, it is I myself; 自家無錢 tsze këa woo tseen, he himself has got no money; 自害自己 tsze hae tsze ke, he injured himself; 自滿自足 tsze mwan tsze tsŭh, self-sufficient; 身為天子 shin wei t'hëen tsze, being himself Emperor; 父親躬耕 foo tsin kung kăng, my father himself ploughed; 自身不動 tsze shin pŭh tung, he himself did not move; 自己無良謀 tsze ke woo lëang mow, we ourselves have no feasible plan; 親筆 tsin peih, an

漢語語法札記

autograph; 親手 tsin show, his own hand, in opposition to that of another; 親譽 tsin yu, self praise; 躬親拜舞 kung tsin pae woo, he himself bowed and danced; 躬親其事 kung tsin ke tsze, he did the work himself; 我躬無力 gno kung woo leih, I myself have no strength; 微躬 wei kung, my trifling body, is an humble expression for myself; 獨自一人 tŭh tsze yih jin, I myself alone; 自是 tsze she, self-righteous; 各自 kŏ tsze, each one himself; 彼自 pe tsze, others together with one's-self; 任一己之愛憎 jin yih ke che gae tsăng, to follow ones own partiality or passions; 知有己而不知有人 che yew ke, urh pŭh che yew jin, to advert merely to one's ownself and not to advert to others: i. e. selfish. The above will elucidate the manner in which the reciprocal pronoun is applied. Whenever there is no stress upon the personal pronoun, it is omitted.

15. The term used to express *mutually* is 相 seang, with its compounds 互相 hoo sëang, 自相 tsze sëang, 遞相 te sëang, 相應 sëang ying, 相對 sëang tuy, 相宜 sëang e, 相稱 sëang ching, 相互 sëang hoo, together with 彼 pe, 此 tsze, and 均 kin: as 相好 sëang haou, on mutual good terms; 互相和睦 hoo sëang ho mŭh, mutual harmony; 性情相應 sing tsing sëang ying, dispositions corresponding to each other; 富貴相對 foo kwei sëang tuy, riches and honours which correspond to each other; 彼此互依倚 pe tsze hoo e chang, this and that man depend on each other; 彼此有罪 pe tsze yew tsuy, there are faults on both sides; 自互 tsze hoo, mutual regard; 一切均有相關 yih tsëë kin yew sëang kwan, there exists on the wole a mutual relationship.

DEMONSTRATIVE PRONOUNS.

16. The demonstrative pronouns are 此 tsze, 斯 sze, 茲 tsze, 是 she, 這 chay. 夫 foo, and 其 ke, for *this*, the latter also for *that*: with 者 chay, 彼 pe, and 那 na, for *that*. These are always put before the noun, except

者 chay, which is strictly speaking a relative pronoun. 此 Tsze, and 這 chay, have frequently the sign of the plural attached. The following examples may illustrate their use.

17. 此種妄行 Tsze chung wang hing, this sort of disreputable conduct; 此等慈徒 tsze tăng gŏ t'hoo, this kind of worthless fellows; 此之謂也 tsze che wei yay, this is what was said; 望有此 wang yew tsze, I hope for this; 於此 yu tsze, in this place; 此後 tsze how, from this time; 嗣後 sze how, after this time; 如此 joo tsze, thus; 斯 sze, is rather sparingly used; it occurs in the phrases 斯時 sze she, at this time; 在斯陋室 tsae sze low shih, in this mean house; 其斯之謂歟 ke sze che wei yu, is not this what was said? 何斯違斯 ho sze wei sze, why transgress in this instance; 大約如斯 t'hae yŏ joo sze, it is in general thus; 彼何人斯 pe ho jin sze, what man is this. 兹 Tsze, is not exclusively used as a demonstrative, but is sometimes taken to form adverbs; as 兹奉 tsze fung, I have now received; 兹十月十六日 tsze shih yuĕ shih lŭh jih, now in the tenth month, on the 16th day; or 兹 tsze, 兹者 tsze chay, is frequently used at the opening of a discourse, especially in letters when the real contents are broached: 今兹 kin tsze, now; 念兹 nëen tsze, thinking about this; 在兹 tsae tsze, here; 從兹 tsung tsze, from hence. 是 She, occurs in the following combinations; as 是時 she she, this time; 於是 yu she, or 于是 yu she, thus; 當是之時 tang she che she, or 於是之時 yu she che she, at this time; 是人 she jin, this man; 用是 yung she, use this; 是故 she koo, on this account; 是則 she tsih, then; 是以 she e, therefore; 如是 joo she, thus; 自是 tsze she, and 由是 yu she, from hence; 是所恨者 she so hăn chay, it is this that he hates.

18. 這事 Chay sze, this business; 這個人 chay ko jin, this man; (conversational) 這時 chay she, at this time; 這裡 chay le, here; 這樣 chay yang, in this manner; 這般 chay pwan, in this way; and 這等 chay tăng, these. 其 Ke, otherwise the third personal pro-

noun, is frequently used for the demonstrative, especially in good writing: as 其人 ke jin, this, or that man; 其斯 ke sze, this; 其若何勝言 ke jŏ ho shing yen, how can this be described in words; 爾兵民其用 urh ping min ke yung, you soldiers and people are using this; 其夜 ke yay, that night; 其誰知之 ke shwuy che che, who can know this? 者 Chay, conveys our idea of the demonstrative, in all those cases where it is followed in our language by a relative; as those who, that which: thus 順吾者 shun woo chay, those who obey me; 二者不可得兼 urh chay pŭh k ho tih këen, these two things cannot be had together; 愛吾者我亦愛之 gae woo chay, gno yih gae che. these who love me, I also love them.

19. 彼人 Pe jin, that man; 此一時彼一時 pe yih she, tsze yih she, that was one time, this is another; 在彼 tsae pe, in that place; 那人 na jin, that man; 那時候 na she how, at that time; 那個子 na ko tsze, that boy; 那個人不是我殺的 na ko jin pŭh she gno shă teih, it is not I who killed that man.

As demonstratives might also be considered words of the following class, 惟 wei, 雖 wei, and 維 wei, when combined with 時 she: as 維時 wei she, at that time; also 今年 kin nëen, this year; 本月 pun yuĕ, this month. In like manner 有諸 yew choo, it is thus; and several others; but as they only convey these meanings in those particular instances, they cannot lay full claim to this name. The demonstrative is occasionally dispensed with in sentences like the following: as 余愛愛余者 yu gae gae yu chay, I love those who love me; 我恨恨吾的人 gŏ hăn hăn woo teih jin, I hate those that hate me.

RELATIVE PRONOUNS.

20. These are only two, viz. 所 so, and 者 chay; but their use is so much varied, that it is necessary to give a number of examples in order to exhibit their full force and meaning.

21. Thus 所 so, in the following sentence 必有所思 peih yew so sze, he must have something of which he thinks; 所謂福樂 so wei fŭh lŏ, that which is called happiness and pleasure; 所有奸奸 so yew han këen, all those who are traiterous Chinese; 吾所要之物 woo so yaou che wŭh, the thing which I want, 所爲者彼人 so wei chay pe jin, the man who does it; 視其所以觀其所由 she ke so e, kwan ke so yew, look to the motives by which he is guided, the principles from which he acts; 其所欲 ke so yŭh, that which he desires; 所爲者何事 so wei chay ho sze, what is it that he is doing? 朝廷所倚賴者 chaou ting so e lae chay, the man on whom the court depends; 人所恨 jin so hăn, that which men hate, or hateful to mankind. The word 所 so, is sometimes used with the passive construction, as in the following instances: 被他所害 pe t'ha so hae, injured by him; 爲婦人所惑 wei foo jin so hwŏ, it was his wife that led him astrry; or led astray by his wife. It is often preceded by 無 woo, not; or 何 ho, what; as 無所不爲 woo so pŭh wei, he allows himself to commit every thing; literally there is nothing that he does not do; 無所不能 woo so pŭh năng, there is nothing that he is unable to do; omnipotent; 何所不至 ho so pŭh che, what place is there to which he does not go; 何所不顧 hoo so pŭh koo, what is there upon which he does not bestow attention? o where does he not look? that is, he looks every where; or thus 凡其所有 fan ke so yew. all that he has, or whatsoever he has; 凡所買賣 fan so mae mae, whatsoever he bought and sold; 凡所交遊 fan so keaou yew, all with whom he associates; 所以 so e, means the motive from which an action springs; also therefore; 所當 so tăng, that which is suitable, one's duty. This pronoun never adopts 等 tăng or any other plural particle. It may, however, be preceded by 之 che, as in the following sentence: 口之所誦非心之所知 k'how che so sung fei sin che so che, what is recited by the mouth is not always that which is known by the heart.

22. · The use of 者 chay, is still more varied. It often serves to form substantives for other words: as 善者 shen chay, the virtuous, i. e. he who is virtuous; 學者 hëŏ chay, the student, i. e. he who studies; 是學易者之過也 she hëŏ yĭh chay che kwo yay, this is the studying of the Yĭh-king to excess; 愛人者人恒愛之 gae jin chay jin hăng gae che, he who loves men, is always beloved by men; 此善爲政者之術 tsze shen wei ching chay che shŭh, this is the contrivance of those who govern well; so also in explanations and definitions: as 山者泉之源 shan chay tseuen che yuen, hills are the sources of fountains; 德者人之所當行也 tih chay jin che so tang hing yay, virtue is that which ought to be practised by men. If it refer to something going before it is preceded by 也 yay: as 商也者 shang yay chay, the above merchant. Phrases like the following occur frequently in the best writers, as 夫孝者善繼人之志善述人之事者也 foo heaou chay shen ke jin che che, shen shŭh jin che sze chay yay, filial piety consists in skilfully carrying out people's designs, and in appropriately recording their doings, (that is, a filial child realizes the intentions of his parents, and furnishes a continual comment upon their actions.) Mark also the following sentences: as 民日遷善而不知爲之者 min jih tsëen shen, urh puh che wei che chay, the people daily advance in virtue, without knowing that they do so; 未有學養子而后嫁者也 wei yew hëŏ yang tsze, urh how këa chay yay, there are no (females) who (first) learn to nurse children and afterwards marry; 如此者災及其身者也 joo tsze chay, tsae keih ke shin chay yay, thus calamity will affect his person; 德者本也 tih chay pun yay, virtue is the main thing.

23. The relative is sometimes understood, in which case 之 che, and 的 teih are used. Thus 吾有之墨 woo yew che mih, the ink I have; 我不信他說的新聞 gno pŭh sin t'ha shwo teih sin wăn, I do not believe the news he tells; 我愛之女 gno

海上絲綢之路文獻集成 科技與文化編

gae che nyu, the woman I love; and sometimes the above named particles are omitted: as 未有人及他 wei yew jin keih t'ha there is none to equal him; 看尸軍士 k'han hoo keun sze, the soldiers who beheld the corpse.

INTERROGATIVE PRONOUNS.

24. The principal interrogative pronouns are 誰 shwuy, 孰 shŭh, and 何 ho; each of which is used in various ways, as may be seen from the following examples.

25. 誰敢 Shwuy kan, who dares? 誰人 shwuy jin, what man? 是誰 she shwuy, who is it? 奈得誰何 nae teih shwuy ho, to whom is it of consequence? 誰之子 shwuy che tsze, whose son? 誰家子 shwuy kea tsze, the son of whose family? 此物是誰的 tsze wŭh she shwuy teih, whose are these things? 舍我其誰 shay gno ke shwuy, who would pass by me? 是誰之過 she shwuy che kwo, whose fault is it? 不給汝給誰 pŭh keih joo keih shwuy, if he does not give it you, to whom will he give it? 其中誰好 ke chung shwuy haou, who amongst them is the best; or in conversation 他們裡頭誰好 t'ha mun le t'how shwuy haou, ditto. 不論誰 pŭh lun shwuy, whosoever; 無問誰何 woo wun shwuy ho, whichsoever; 不拘誰 pŭh keu shwuy, no matter who.

26. 孰能 Shŭh năng, who is able? or 其孰能之 ke shŭh năng che, ditto. 未知孰是 we che shŭh she, we know not which is right; 孰不可忍也 shŭh pŭh k'ho jin yay, what cannot be borne? 君孰與不足 keun shŭh yu pŭh tsŭh, with whom would Your Majesty find a deficiency? 孰願孰至耶 shuh yuen shŭh che yay, what can he wish for that he does not obtain? 久耐行善者孰勝 kew nae hing shen chay shuh shing, who is it that excels in virtue and patience? 可笑孰甚可哀孰甚 k'ho seaou shŭh shin, k'ho gae shuh shin, can anything be more ridiculous, can anything be more lamentable?

27. 何事 Ho sze, what business? 其故何哉 ke koo ho tsae, what is the cause? 何有於我哉 ho yew yu gno tsae, what is that to me? 如予何 joo yu ho, what can be done for me? 其如命何 ke joo ming ho, what can he do against fate? 如正人何 joo ching jin ho, how can he rectify others? 何德之衰 ho tih che shwuy, what a falling off in virtue! 是何人者 she ho jin chay, what man is that? 交還何人耳 keaou hwan ho jin urh, to whom did you restore it? 汝患何病 joo hwan ho ping, what sickness have you got? 其言者爲何 ke yen chay wei ho, what were his words? 何高 ho kaou, how high? or what is the height? or 高幾多 kaou ke to, or 高如何 kaou joo ho, how high is it? 爲何 wei ho, 何故 ho koo, 因何 jin ho, all signify why? 何至如此 ho che joo tsze, how is it come to this extent? 何如 ho joo, how is it? at the end of sentences, and 如何 joo ho, how? in what manner? at their beginning. 何有何無 Ho yew ho woo, who has, and who has not? 何處 ho ch'hoo, what place? where? 不論何人 pŭh lun ho jin, whosoever; 彼者何人斯 pe chay ho jin sze, what is that man? 何愠之有 ho wăn che yew, what need of vexation?

28. There are other words which occasionally stand as adverbs, and at other times as interrogative pronouns Thus 疇 chow, occurs in a very few instances for who? as 子將疇依 tsze tsëang chow e, whom will you depend on? 甚麽 shin mo, or 什麽 shih mo, with 怎麽 tsăng mo, or merely 甚 shin, are of very frequent occurrence in conversation. (See the chapter on interrogative particles.) Thus 說甚麽 shwŏ shin mo, what do you say? 汝看這個怎麽樣書 joo k'han chay ko tsăng mo yang shoo, look at this, and see what kind of book it is; 有甚難 yew shin nan, what difficulty is there? 不通得他說甚麽 puh t'hung tih t'ha shwŏ shin mŏ, I do not understand what he says. 那個 Na ko, occurs for whose; as 是那個的手筆 she na ko teih show peih, whose writing is this? 是那一個人 she na yih

海上絲綢之路文獻集成 科技與文化編

ko jin, who is that? 曷 Hŏ, 豈 k'he, and 焉 yen, are occasionally used instead of 何 ho.

DISTRIBUTIVE PRONOUNS.

29. They are 各 kŏ, 每 mei, and 逐一 chŭh yih. The use of each of them will be best illustrated by examples. Thus 各國 kŏ kwŏ, every nation; 各言其志 kŏ yen ke che, let each one speak his own opinion; 各色 kŏ sih, of all shades, or descriptions; 各項 kŏ hang, every article; 兩人各有本事 lëang jin kŏ yew pun sze, of those two, each one is endowed with talent; 各於其黨 kŏ yu ke tang, every one in his own clan; 各一人 kŏ yih jin, of each one man; 各人各見 kŏ jin kŏ këen, each has his own peculiar opinion; 各各差别 kŏ kŏ cha pëĕ, differing from each other; 各辦各事 kŏ pan kŏ sze, every one managing his own business; 各還各的 kŏ hwan kŏ teih, let each one have his own; 各人都依計 kŏ jin too e ke, each one adopted the plan; 逐相各各 suy sëang kŏ kŏ, each one for himself; 各自混戰 kŏ tsze hwăn chen, every one fought at random; single handed; 各俱 kŏ keu, each or all; 各共 kŏ kung, all unitedly; 各處 kŏ choo, every where. So also 逐一 chŭh yih, each; 其欲逐逐 ke yŭh chŭh chŭh, he desired each one in particular; 逐日所需 chŭh jih so seu, what was wanted every day; 逐件 chŭh këen, every kind. In like manner we have 每人 mei jin, every man; 每一件事 mei yih këen sze, every affair; 每時 mei she, each time; 每每 mei mei, always; 每欲相候 mei yŭh sëang how, I have frequently wished to wait upon you in person; 每事問 mei sze wăn, he enquired about every matter.

30. *Both* is expressed in the following manner: 其二人皆寫字 ke urh jin keae sëay tsze, both of them are writing; 兩個都染病 lëang ko too jen ping, both of them have contracted a disease; 他們兩個伶俐 t'ha mun leang ko ling le, both of them are shrewd; 二共用心 urh kung yung sin, they

漢語語法札記

both exerted themselves; 兄弟兼犯法 heung te këen fan fă, both the elder and younger brother have transgressed the law; 兩位食飯了 leang wei shih fan leaou, or 兩位俱食飯 leang wei keu shih fan, or 都食飯了 too shih fan leaou, you both have eaten, 汝我各有志 joo gno kŏ yew che, we both have our several intentions; 木匠與鐵匠並作箱 muh tsëang yu teih tsëang ping tsŏ sëang, both the carpenter and smith are at work at the box; 父子皆到 foo tsze keae taou, both father and son are come.

31. *Either* and *neither* are expressed in the following manner: 或子或女有罪 hwŏ tsze hwŏ nyu yew tsuy, either your son or daughter is guilty; 不是汝就是他 pŭh she joo tsew she t'ha, it is either you or he: or 非汝即彼 fei joo tseih pe, if not you than he; or 汝中必有一 joo chung peih yew yih, between you one must be implicated; 或是教師或是醫生 hwŏ she keaou sze hwŏ she e săng, he is either a teacher or physician; 兩傍侍人間必有一 urh pang she jin këen peih yew yih, it must be either of the bystanders.

Neither is formed by affixing the negative particle: as 這個不是那個不是 chay ko pŭh she na ko pŭh she, it is neither this nor that; 銀兩體面皆無 yin lëang t'he mëen keae woo, he has neither money nor respectability; 彼此均非 pe tsze kiu fei, neither the one nor the other; or 二中無一 urh chung woo yih, neither one of the two; 兩人都無過 lëang jin too woo kwo, neither of them is guilty; 兩個不是 lëang ko pŭh she, it is neither of them: 他們兩個都不哭 t'ha mun lëang ko too pŭh kŭh, neither of them wept; 吾二僕者皆不作 woo urh pŭh chay keae pŭh tsŏ, neither of us servants will do it.

INDEFINITE PRONOUNS.

32. We shall enumerate the principal characters used for indefinite pronouns, and the various modes in which this class of terms is expressed.

海上絲綢之路文獻集成 科技與文化編

某 Mow, some body, such a one; 某人 mow jin a certain person; 某客 mow k'hih, a certain stranger, or visitor; 老母某氏 laou moo mow she, old mother So and so; 子胥於某乎 tsze seih yu mow hoo, should I be familiar with such an one. 或 Hwo, is often used in the same manner: as 或曰 hwŏ yuĕ a certain person has said; 或人 hwŏ jin, some body. 有 Yew, also occurs in the same sense: as 有人 yew jin, some body, or some man; 必有人報他知 peih yew jin paou t'ha che, certainly some one has told him; 有物件 yew wŭh kĕen, or 有物 yew wuh, something; 有次 yew tsze, sometimes. So also 有幾曹 yew ke tsaou, 有幾遍 yew ke pëen, 是有的 she yew teih, 或有時 hwŏ yew she, 許幾番 heu ke fan, 有多少時 yew to shaou she, all mean sometimes.

Some or *a few*, is expressed by 幾個 ke ko, a few; 數人 soo jin, several persons, 有多少人 yew to shaou jin, more or less; 幾人 ke jin, a few people; 數日 soo jih, a few days; 不數日 pŭh soo jih, not many days; or 不日 pŭh jih, within a short time.

Several is thus expressed; 有數 yew soo, there are several; 幾個 ke ko, several; 前幾日 tsëen ke jih, several days ago; 傷幾處 shang ke choo, wounded in several places; 有幾怪物 yew ke kwae wŭh, he has several curiosities; 許幾番 heu ke fan, several times.

For *none* or *nothing*, the negative is employed: as 無人 woo jin, no man, none; 諸夷不一出 choo e pŭh yih ch'hŭh, none of the Barbarians came forward; 一個也沒有去 yih ko yay mŭh yew k'heu, not one went away; or 一個未有去 yih ko wei yew k'heu, not one of them went; 毫無失 haou woo shih, nothing lost; 身上沒得穿 shin shang mŭh tih chwan, he had nothing on his body; 都無可給 too woo k'ho keih, nothing to give; 全無 shay woo, 絕無 tseuĕ woo, 俱無 keu woo, all mean nothing.

33. The Chinese have various modes of expressing our word *same*. The most frequent is 同 tung: as 同名 tung ming, the same name; 同年 tung nëen, of the same age; 同一樣 tung yih yang, or 同一般 tung yih pwan, in the same manner; 兩心同趣

漢語語法札記

leang sin tung haou woo, both their minds have similar prejudices and predilections; 一同 yih tung, all together; 相同 seang tung, the same; 大同小異 ta tung seaou e, very much the same, and differing but little; 同心一意 tung sin yih e, with one heart and mind; 同道的人 tung taou teih jin, men of the same pursuits; 不同 pŭh tung, not the same, different; 共同 kung tung, all together; 和同 ho tung, together with, the same with; 同胞共乳 tung paou kung joo, born of the same womb, and sucking at the same breast; uterine brothers: 同枕蓆 tung chin seih, of the same couch and mat, bed fellows: 同僚 tung leaou, a fellow officer; 同窗 tung tsung, of the same window, fellow students; 無不同者 woo pŭh tung chay, throughout the same; 皆同 keae tung, or 皆同一然 keae tung yih jen, all the same.

There are other words expressing *same*, of which we enumerate the most common: as 一 yih, one; 一樣 yih yang, or 一般 yih pwan, after one manner; 歸一 kwei yih, it comes to the same thing; 畫一 hwa yih, to draw one line; 如一 joo yih, as one; 一面 yih mëen, at the same time; 皆然 keae jen, all the same; 莫不皆然 mŏ pŭh keae jen, universally the same; 大畧相近 ta lëŏ sëang kin, generally, nearabouts; 無以異也 woo e e yay, no difference; 無異 woo e, ditto. 一轍 yih chĕ, one rut, or trace; 如出一轍 joo ch'hŭh yih chĕ, as if driving in one rut; 他同汝一樣高 t'ha t'hung joo yih yang kaou, he is of the same height with you.

34. For *other* or *another* the Chinese use 他 t'ha, 別 pëĕ, 另 ling, and 異 e. Thus 他日 t'ha jih, another day; 他人 t'ha jin, another man; 別人 pëĕ jin, some one else; 別生他議 pëĕ sang t'ha e, to form some other plan; 別無他事 pëĕ woo t'ha sze, no other object; 別尋方法 pëĕ sin fang fă, devise some other means; 他一個 t'ha yih ko, another.

So also 另 ling: as 另日 ling jih, another day; 另居 ling keu, a separate dwelling; 是另一個 she ling yih ko, there is besides another; 另有銀錢 ling yew yin tsëen, he has still got some other money; 此是另

件事 tsze she ling këen sze this is another business.

The following expressions also occur 異日 e jih, another day; 下日 hëa jih, the next day; 明年 ming nëen, next year, or another year; 又有方法 yew yew fang fă, there are still other means; 見人之失如已之失 këen jin che shih joo ke che shih, look upon anothers loss as one's own

COLLECTIVE PRONOUNS.

35. This is a very numerous class, of which we may enumerate the following: 凡 fan, all; 但凡 tan fan, whosoever; 諸凡 choo fan, all, 凡今之人 fan kin che jin, all the men of the present age; 凡有血氣 fan yew heuĕ k'he, all who have blood and breath, all mortals; 大凡 ta fan, generally; 發凡 fă fan, for the most part, 凡要 fan yaou, the most important of the whole; 凡人 fan jin, every body; 凡胎 fan tae, every mortal; 凡所有 fan so yew, all creatures: and similar expressions.

衆 Chung, and 總 tsung, express the same idea: as 衆生 chung săng, every living being; 衆論 chung lun, the opinion of all, or public opinion; 寡不敵衆 kwa pŭh teih chung, the few cannot resist the many; 衆多 chung to, a great many; 衆日 chung yuĕ, all said; 一總 yih tsung, all, the whole; 總須 tsung seu, above all necessary; 衆枝 chung che, all of you; 濟濟有衆咸聽 tse tse yew chung han t'hing, all of you listen.

諸 Choo, and 庶 shoo are also employed: as 庶類 shoo luy, all kinds; 庶多 shoo to, many; 庶民 shoo min, all the people, the common people; 庶幾 shoo ke, nearly, nearabouts; 庶乎 shoo hoo, almost; 諸公 choo kung, all you gentlemen! 諸事 choo sze, all affairs; 諸多 choo to, a great many; 庶衆 shoo chung, the multitude; 諸子 choo tsze, all the philosophers, the whole school; 諸說 choo shwo, general opinion; 諸家 choo këa, the whole tribe of philosophers; 諸儒 choo joo, the whole faculty of scholars.

皆 Keae, and 概 kae occur, and are occasionally syno-

海上絲綢之路文獻集成 科技與文化編

nymous: as 女皆 nyu keae, the women all; 衆皆 chung keae, all; 皆不及 keae pŭh keih, all inadequate; 爾我一體 urh gno y'h t'he, you and I are one; 太抵皆然 t'hae te keae jen, nearly all the same; 萬物皆生 wan wŭh keae săng, all things are generated; 老幼皆在 laou yew keae tsae, both old and young are present; 一槩 yĭh kae, all together; 將槩驅逐 tsëang kae keu chŭh, drive them all out together; 大槩 ta kae, in general, or on an average.

都 Too, occurs in this sense: as 人都說 jin too shwŏ, people all say; 我都無罪 gno too woo tsuy, we are innocent; 大都 ta too, in general.

俱 Keu, bears the same sense: as 俱是 keu che, all right; 父母俱全 foo moo keu tseuen, both father and mother are well; 所爲俱善 so wei keu shen, all that he did was well; 俱存乎心 keu tsun hoo sin, he kept it all in his heart; 俱各 keu kŏ, each, every one; 有所賜俱不收 yew so sze keu puh show, of all that he gave he received nothing So also 胥 seu: as 胥教 seu keaou, to teach all; 胥靡 seu mei, to level all. In the sense of all, 僉 tsëen, is used: as 僉選 tsëen seuen, they all chose; 不願僉者聽 pŭh yuen tsëen chay t'hing, he did not wish that all should hear; 僉曰 tsëen yuĕ, all said. We meet with 咸 han, likewise as a collective: thus 人物咸享 yin wŭh han hëang, rational and irrational tribes all enjoyed it; 咸齊集 han tse tseĭh, all were assembled; 咸宜 han e, all suitable; 商咸捐銀 shang han keuen yin, all the merchants have contributed money.

Mark also the following phrases: 齊來 tse lae, they come all together; 一齊俱發 yĭh tse keu fă, all issued forth together; 齊出接迎 tse ch'hŭh tsëĕ ying, they all went out to meet him; 齊聲 tse shing, all with one voice; 彙齊 wei tse, all together; 闔家 hŏ këa, your whole family; 合邑人 ho jih jin, all the people of the city. We may mention 共 kung, in the same connection: as 共知 kung che, all of them knew, or generally known; 共計 kung ke, the whole number; 共議國政 kung e kwŏ ching, all unitedly consulted about the government of the country; 人神共憤

海上絲綢之路文獻集成 科技與文化編

jin shin kung fun, men and spirits were all exasperated, 總共 tsung kung, or 共總 kung tsung, all together, the whole; 大共 ta kung, ditto. 合共 hŏ kung, all together; 公共 kung kung, publicly together: 共相輔佐 kung seang foo tsoo, they all helped each other. 大家 Ta këa, in conversation, signifies all, every one, all of you: as 大家面面相覷 ta këa mëen mëen sëang she, they all looked at each other. As a collective 悉 seih, is frequently used: as 悉皆 seih këa, all; 悉斷 seih twan, the whole were cut off; 一切盡悉 yih tsëĕ tsin seih, the whole number, all together; 悉力 seih leih, with one's whole strength; 盡皆 tsin keae, all; 盡心 tsin sin, with the whole mind; 全數 tseuen soo, the whole number, all; 一齊 yih tse, or 齊 tse, 一併 yih ping, 一統 yih t'hung, 一切 yih tsëĕ, and 一體 yih t'he, severally signifies the whole, all together. We only remark in addition, that 多 to, many, is often used as a collective pronoun, and that words like 羣 keun, a herd; 雲 yuen, clouds; 蜂 fung, bees; are frequently used to denote multitudes, though it would not be exactly proper to consider them in the light of collectives.

We may easily perceive after the perusal of this Chapter, that the pronouns of this gigantic language are as varied as those of the richest language.

CHAPTER IV.

NUMERALS.

1. THERE are three ways of writing the numerals. The first is called the 原本的數目字 yuen pun teih soo mŭh tsze, or the original mode of writing them, and is common in books or accounts. The second is called 大寫的數目字 ta sëay teih soo mŭh tsze, or the capital mode of writing, and consists in a selection of characters similar in sound, but of various meanings. *They are used* in bards and important documents, to

prevent their being easily erased or changed, or for the sake of ornament, and the display of learning. The third and last called 花碼的數字 hwa ma teih soo tsze, or 蘇州碼數目字 soo chow ma soo mŭh tsze, are abbreviated forms used to facilitate writing, and expedite the drawing out of accounts; they derive their names from Loo-Choo, the place where they were perhaps invented.

2. The whole system of numeration is decimal, which the Chinese carry through all their calculations, to the highest and lowest numbers. They went originally not further than a myriad, and up to this day go on numbering in this manner. Thus they say, 十萬 shih wan, ten myriads, for 100,000; 三十萬 san shih wan, thirty myriads, for 300,000; 一百萬 yih pih wan, a hundred myriads, for 1,000,000; 一千萬 yih tsëen wan, a thousand myriads, for 10,000,000. The following is of later invention: such as 億 yih, 100,000; 兆 chaou, 1,000,000; 京 king, 10,000,000; 垓 kae, 100,000,000. The word 梯 te, 壤 jang, 溝 kow, 澗 këen, 正 ching, and 載 tsae, are also used by the Budhuist and Taou-priests to enumerate their endless kulpas.

3. Some numerals are used in a peculiar manner, of which we shall exhibit the principal idioms.

一 Yih, is used in numerous compounds, some of which have been alluded to, in a former part of this work, and need not be repeated here: the following, however, may be noticed: 一一 yih yih, one by one; 一心 yih sin, with one heart, unanimous; 無一不 woo yih pŭh, without exception; 不一 pŭh yih, or 非一 fei yih, not merely one kind; 一面 yih king, as soon as; 一經 yih mëen, at the same time, whilst, one while, occasionally repeated: as 一面出門一面對長班說道 yih mëen ch'hŭh mun, yih mëen tuy chang pan shwŏ taou, whilst he was going out of the gate, he said at the same time to his servant, &c. 一則 yih tsih, partly; as 一則以喜一則以懼 yih tsih e ke, yih tsih e keu, partly with joy, and partly with fear; 萬一 wan yih, one in ten thousand, scarcely, if perhaps; 一口水 yih k'how shwuy, one draught of water; 一時 yih she, at one time; 一霎時 yih tsëĕ she, in a moments time; 一次 yih tsze, once; 一生 yih săng, the whole life; 一聽 yih t'hung, as soon as he heard: and so with various other verbs: as 一睡 yih shwuy, as soon as he slept; 一往 yih wang, as soon as he went away. They use also 一味 yih wei, or 專一 chuen yih, addicted to, devoted to. So also 一些 yih sëa, a little; 一毫 yih haou, in a slight degree; 一點 yih tëen, one dot; 家伙一些也未有 këa ho yih sëay yay we yew, he had not a single article of furniture. This numeral is also often used between a reduplication of the verb: as 看一看 k'han yih k'han, to take a look at; 寫一寫 sëay yih sëay, just write a little. When the numeral itself is repeated, it conveys to the verb something of the participial meaning: as 一來一往 yih lae yih wang, going and coming; 一讀一寫 yih tŭh yih sëay, reading and writing; but it is also used in this manner with other parts of speech: as 一上一下 yih shang yih hëa, up and down; 一顛一倒 yih tëen yih taou, topsyturvy.

4. The second cardinal number 二 urh, is used for *both*: also in the following connections 不二 puh urh, the same; 二心 urh sim, double minded; 二親 urh ts'hin, the two relatives, parents. 兩 Lëang, is synonymous with the above: as 兩儀 lëang e, or 兩大 lëang ta, the two regular or great ones, i. e. heaven and earth; 兩造 lëang tsaou, the plaintiff and defendant; 兩美 lëang mei, the two handsome things, i. e. genius in man, and beauty in woman; 三思 san sze, to think.

5. They go on to enumerate 再三 tsae san, means again and again, frequently, thrice; 三族 san tsŭh, the three relations, viz. father, mother, and wife; 三綱 san kang, the three ties in life, viz. prince and minister, father and son, husband and wife; 三光 san kwang, the three lights, viz. sun, moon, and stars; 三才 san tsae, the three powers, viz. heaven, earth, and man; 三班 san pan, the three classes of attendants in a public court; 三寶 san paou, the three precious Buddhas; 三司 san sze, the three officers, viz. the treasurer, judge, and superintendant of the salt department; 三

及第 san keih te, the three highest literary ranks.

6. They have also 四方 sze fang, the four quarters; 四下 sze hëa, in every part; 四處 sze shoo, in every place; 四面 sze mëen, on every side. So also 四夷 sze e, all the Barbarians; 四寶 sze paou, the four precious things, viz. pencil, paper, ink, and ink-stone; 四海 sze hae the four seas, by which China is supposed to be surrounded, often used for the whole Empire; 四向 sze hëang, the four points of the compass; 四季 sze ke, and 四時 sze she, the four seasons; 四體 sze t'he, or 四支 sze she, the four members, or extremities; and 四瀆 sze tŭh, the four rivers, (in the north of China.)

7. They proceed with their groupings to 五 woo. five; as 五穀 woo kŭh, five kinds of grain, or grain in general; 五倫 woo lun, the five relations in life, viz. prince and subject, husband and wife, parents and children, elder and younger brothers, with friends and companions; 五教 woo keaou, the five precepts, respecting each of these; 五行 woo hing, the five elements, viz. water, fire, wood, metal, and earth, of which all invisible things are composed, and to which correspond the 五星 woo sung, five planets, viz. Mercury, Venus, Mars, Jupiter, and Saturn; 五臟 woo tsang, the five viscera; 五色 woo sih, the five colours; 五味 woo wei, the five tastes; 五岳 woo yŏ, the five highest mountains in China, towards which the worship of the ancients was directed; 五爵 woo tsëŏ, the five ranks of nobility; and 五方 woo fang, the four points of the compass and the centre, or zenith.

8. They go on to enumerate 六合 lŭh kŏ, the four quarters of the world with the zenith and nadir; 六部 lŭh poo, the six supreme tribunals at Peking; 六房 lŭh fang, the six departments of administration in the provinces, in imitation of the foregoing; 六極 lŭh keih, the six calamities or inflictions. Thus they have also 七政 tseih ching, the seven celestial regulators, viz. the sun, moon, and five planets; 八方 pă fang, the eight principal and subordinate points of the compass; 八法 pă fă, the eight different laws of the criminal

code; 八行 pă hing, the eight different ways by which the tributary grain arrives at Peking

9. They advance in their classification of numerals, to 九 kew: as 九門 kew mun, the nine gates of the capital; 九竅 kew keaou, the nine apertures of the heart; 九品 kew pin, the nine gradations of official rank; 九州 kew chow, the nine provinces; 九刑 kew hing, the nine punishments; 九泉 kew tseuen, the nine fountains, underneath which lies hades; 十全 shih tseuen, entirely perfect; 十分 shih fun, very much; 百官 pih kwan, all the Mandarins; 百姓 pih sing, the hundred surnames, the people; 百會 pih hwuy, the general assemblage of nerves, the brain; 百木 pih mŭh, the whole class of trees; 百計 pih ke, a hundred plans, a great many schemes; 百發百中 pih fă pih chung, prove successful in every enterprise; 百千萬 pih tsëen wan, an immense number; 千秋 tsëen tsew, a hundred autumns, the birth-day of a person of rank; 千百家僮 tsëen pih këa tung, a great many servants; 千歲 tsëen suy, a title of a king, Your Majesty! 千朝 tsëen chow, the same; 千山萬水 tsëen san wan shwuy, all woods and waters; 千年萬載 tsëen nëen wan tsae, an amazing long time; 萬國 wan kwŏ, all nations; 萬歲 wan suy, 萬歲爺 wan suy yay, and 萬萬歲 wan wan suy, all mean His Imperial Majesty; 萬壽 wan show, the Imperial birth-day; 萬方 wan fang, all parts of the world; 萬難從命 wan nan tsung ming, at all risks obey you; 萬世 wan she, for all ages. 萬 Wan, followed by a negative increases its power: as 萬不敢作 wan pŭh kan tsŏ, I would not on any account dare to do so; 億兆 yih chaou, or 兆民 chaou min, the millions of the people; 京兆 king chaou, the capital.

10. Fractions, 零數 ling soo, are expressed in the following manner: as 三分有一分 san fun yew yih fun, or 三分之一 san fun che yih, one-third; 六分之四 lŭh fun che sze, two-thirds; 九分之五 kew fun che woo, five-ninths; 半 pwan, one-half; 銀一員半 yin yih yuen pwan, one dollar and a half; 一年半 yih nëen pwan, or 一年有半 yih nëen

yew pwan, one year and a half; 年幾半百 nëen ke pwan pih, about half ce tury old; 半餉 pwan heang, half a minute; 半夜 pwan yay, midnight; 半子 pwan tsze, a son in law; 大半 ta pwan, the majority; 半信半疑 pwan sin pwan e, half believing half doubting. 中 Chung, and 央 yang, are both used in the sense of half: a quarter is 四分之一 sze fun che yih; a quarter of an hour is 時辰一刻 she shin yih k'hih.

11. Once, twice, thrice, &c. are expressed in Chinese by joining the numerals to 次 tsze, 回 hwuy, 番 fan, and 遭 tsaou: as 一次 yih tsze, once; 初次 ts'hoo tsze, the first time; 每一次 mei yih tsze, every one; 數次 soo tsze, several times; 次日 tsze jih, the second day; 四回 sze hwuy, four times; 三回四次 san hwuy sze tsze, repeatedly, 六番 lüh fan, six times; 幾番 ke fan, several times; 一遭 yih tsaou, once; 十遭 shih tsaou, ten times; 番遭 fan tsaou, several times; 節次 tsëë tsze, 疊次 chĕ tsze, 屢次 luy tsze, 累次 luy tsze, 連次 lëen tsze, 多次 to tsze, 好幾次 haou ke tsze, 往往 wang wang, 頻數 pin tsze, 屑屑 sëë sëë, 再三 tsae san, 至再至三 che tsae che san, 歷次 leih tsze, 重重疊疊 chung chung chĕ chĕ, all signify many times, often.

12. *Double* is expressed by 重 chung, and 雙 shwang: as 重複 chung fŭh, a double dress; 重復 chung fŭh, again; 重刻 chung k'hih, to reprint; 三重之則六 san chung che, tsih lŭh, three doubled make six; 一雙襪 yih shwang wă, a pair of stockings; 雙親 shwang ts'hin, parents; 雙雙 shwang shwang, in pairs; 無雙 woo shwang, incomparable, peerless; 雙全 shwang tseuen, both perfect. 單 Tan, 獨 tŭh, 特 tih, and 隻 chŭh, all mean single; as 單衫 tan san, a single jacket; 單單 tan tan, only, solely; 特舟 tih chow, a single boat; 獨一人 tŭh yih jin, one single man; 獨手 tŭh show, with a single hand; 隻身 chih shin, one person alone. *Fold* is expressed by 倍 pei, and 加 këa: as 三倍 san pei, 多三倍 to san pei, or 加尚三倍 këa shang san pei, three fold; 三紐繩 san chow shin, a three fold cord; 加一倍 këa yih pei,

海上絲綢之路文獻集成 科技與文化編

double; 勝之十倍 shing che shih pei, ten times more; 加六倍 kĕa lŭh pei, six fold.

13. In order to express the ordinal, the Chinese prefix 第 te, before the cardinals: as 第四 te sze, the fourth; 第九 te kew, the ninth. It ought, however, to be observed, that they are seldom used, and that the Chinese generally express the cardinals thus: 道光十九年 taou kwang shih kew nëen, in the 19th year of Taou-kwang: 三月 san yuĕ, the third month; 卷四 keuen sze, the fourth book.

14 *Odd* is expressed by 零 ling: as 二千零六十 urh tsëen ling lŭh shih, 2,060; 四萬零四 sze wan ling sze, 40,004. *More* is expressed by 餘 yu: as 六百有餘錢 lŭh pih yew yu tsëen, more than 600 cash, 十員餘剩 shih yuen yu shing, ten dollars are more than enough; 十員以上 shih yuen e shang, ten dollars and more; 不上十員 puh shang shih yuen, not more than ten dollars; 十員以下 shih yuen e hea, less than ten dollars, 不下十員 pŭh hĕ shih yuen, not below ten dollars; 不過三兩日 pŭh kwo leang san jih, more than two or three days; 二十有餘年 urh shih yew yu nëen, twenty and odd years; 數十年來 soo shih nëen lae, for several tens of years; 歷來十年 leih lae shih nëen, during ten years; 十年以往 shih nëen e wang, for these ten years past; 年一百零五歲 nëen yih pih ling woo suy, one hundred and five years of age; 壽六十三歲 show lŭh shih san suy, at 63 years of age; 十有三 shih yew san, thirteen; 六有二 lŭh yew urh, sixty two. These are the peculiar modes in which the Chinese use the numerals and they ought consequently to be imprinted upon the memory.

15. *Addition* is called by the Chinese 進數 tsin soo, substraction 除數 choo soo; multiplication 乘數 shing shoo; the multiplication table 九九合數 kew kew ho soo; and division is called 分數 fun soo. The whole process of arithmetic is performed by the Chinese with great dexterity on the abacus, an instrument with which every Sinologue will be conversant.

16. We have already remarked that the decimal

漢語語法札記

system was carried by the Chinese to a very great extent. Most of their money accounts, their measures, and their whole calculations being founded upon it.

In computing money they use the following terms. Ten 忽 hwŭh, make one 絲 sze, ten 絲 sze, one 毫 haou, ten 毫 haou, one 釐 le, (or cash) ten 釐 le, one 分 fun, (or candareen) ten 分 fun, one 錢 tsëen, (or mace) ten 錢 tsëen, one 兩 lëang, (a tael, or ounce.) For heavier articles they add 16 兩 lëang, make one 斤 kin, (or catty, 1⅓ lb. avoirdupoise) 100 斤 kin, make one 擔 tan, or 担 tan, (pecul, 133⅓ lb.)

17. Their long measure is the following: 10 分 fun, make one 寸 tsun, (or pint:) 10 寸 tsun, one 尺 chih, (or covid) 10 尺 chih, one 丈 chang, (about four yards; in Canton a yard is called 碼 mă;) 10 丈 chang make one 引 yin. In measuring distances they say, five 尺 chih, make one 步 poo, (or pace about 5½ feet,) 360 步 poo, make one 里 le, (Chinese mile, about 659¼ yards,) 250 里 le, make one 度 too, (mathematical degree. which is also divided scientifically into 60 分 fun, or minutes; and each of these 分 fun, into sixty 抄 chaou, or seconds.) In land measure five 尺 chih, (as above) make one 步 poo, or 弓 kung, 240 弓 kung, make one 畝 mow, and 100 畝 mow, one 頃 king.

18. In dry measure, their mode of reckoning is the following: 六粟 luh sŭh, make one 圭 kwei, ten 圭 kwei, one 抄 chaou, ten 抄 chaou, one 撮 tsŏ, ten 撮 tsŏ, one 勺 chŏ, ten 勺 chŏ, one 合 hŏ, ten 合 ho, one 升 shing, or pint, (about 31⅗ cubic pints) ten 升 shing, one 斗 tow, or peck, (about 316 cubic pints) five 斗 tow, one 斛 hwŭh, (or 1580 cubic pints) and two 斛 hwŭh, make one 石 shih, (or 3160 cubic pints.) This is the scientific arrangement, not exactly followed in common life, where two 龠 yŏ, make one 合 ho, the remainder is as above.

19. In working time the Chinese make use of two sets of horary characters: the first is 十干 shih kan, the ten stems, or 天干 t'hëen kan, the celestial stems. These are 甲 kea, 乙 yih, 丙 ping, 丁 ting, 戊 woo, 己 ke, 庚 kăng, 辛 sin, 壬 jin, and 癸 kwei. The other se-

ries consists of he 十二支 shih urh che, the twelve branches; also called 地支 te che, the terrestrial branches; which are 子 tsze, 丑 chow, 寅 yin, 卯 maou, 辰 shin, 巳 sze, 午 woo, 未 wei, 申 shin, 酉 yew, 戌 seŭh. and 亥 hae.

20. For hours the twelve branches are used singly. The civil day of 24 hours is divided into twelve periods comprising two of our hours, each called 時辰 she shin. They commence from 11 o'clock at night, when the first character includes the time between 11 and 1 o'clock. By prefixing 正 ching, and 交 keaou, to these characters the twelve periods are divided into 24 hours. Thus 正午 ching woo, exact noon, or 12 o'clock; 交午 keaou woo, 11; A. M.. 正亥 ching hae, 10; P. M. 交亥 keaou hae, 9; P. M. &c. The 時辰 she shin, again are divided into eight 刻 k'hih, quarters; and these into 半 pwan, or halves; as 正戌一刻 ching seŭ yih k'hih, a quarter past eight; P. M. 交寅兩刻半 keaou yin urh k'hih pwan, 37½ minute past three: A. M. The night, from seven in the evening, to five in the morning, is divided into five 更 kăng, or watches, each comprising two hours. The same twelve branches serve also to designate the points of the compass: thus 子 tsze, means north; 午 woo, south; 卯 maou, east; and 酉 yew, west: the other eight denote the intermediate points. Most of their months consist of 30 days; the first month is called 正月 ching yuĕ; the first day of each month is called 初日 ts'hoo jih; while this 初 ts'hoo, is prefixed to all the days up to the tenth day: as 初二日 ts'hoo urh jih, the second day; 初三日 ts'hoo san jih, or simply 初三 ts hoo san, the third day: &c. The month is occasionally divided into three decades, called 上旬 shang seun, 中旬 chung seun, and 下旬 hëa seun; the first, second, and third decades; 旬內 seun nuy, within ten days; 旬外 seun wae, more than ten days; 三旬 san seun, one month; 月旬 yuĕ seun, the same; 年已七旬 nëen e tseih seun, already 70 years of age. An intercalary month, of which there are seven in nineteen years, is called 閏月 jun yuĕ, the rule for fixing the same is.

海上絲綢之路文獻集成 科技與文化编

that when during a lunar month, the sun does not enter any particular sign of the zodiac, that month is intercalary.

The Chinese year is luni-solar, consisting of 12 lunar months, to which an intercalary month is added as above, to make the lunar correspond with the solar year. It commences on the new moon nearest to the fifteenth degree of Aquarius, and is corrected according to the solar year, by the use of twenty four terms or half months, called 節令 tsëĕ ling; each of which expresses the period of the sun's passage through the half of a zodiacal sign. (See the annexed table.)

CHINESE TERMS.

Jan. 6.	小寒	Seaou-han,	Sun 15° in Capricorn.
Jan. 21.	大寒	Ta-han,	Sun in Aquarius.
Feb. 5.	立春	Leih-chun,	
Feb. 19.	雨水	Yu-shwuy,	Sun in Pisces.
Mar. 5.	驚蟄	King-chih,	
Mar. 20.	春分	Chun-fun,	Sun in Aries.
Apr. 5.	清明	Tsing-ming,	
Apr. 20.	穀雨	Kuh-yu,	Sun in Taurus.
May 5.	立夏	Leih-hëa,	
May 21.	小滿	Seaou-mwan,	Sun in Gemini.
June 6.	芒種	Mang-chung,	
June 21.	夏至	Hëa-che,	Sun in Cancer.
July 7.	小暑	Seaou-shoo.	
July 23.	大暑	Ta-shoo,	Sun in Leo.
Aug. 7.	立秋	Leih-tsew,	
Aug. 23.	處暑	Choo-shoo,	Sun in Virgo.
Sep. 8.	白露	Pih-loo,	
Sep. 23.	秋分	Tsew-fun,	Sun in Libra.
Oct. 8.	寒露	Han-loo,	
Oct. 23.	霜降	Shwang-keang	Sun in Scorpio.
Nov. 7.	立冬	Leih tung,	
Nov. 22.	小雪	Seaou-seuh,	Sun in Sagittarius.
Dec. 7.	大雪	Ta-seuh,	
Dec. 22.	冬至	Tung-che:	Sun enters Capricorn.

The Chinese count their years either according to the reign of an Emperor; as for 1840 they say 道光二十年 taou kwang urh shĭh nëen, or according to a cycle, called 甲子 keă tsze, or 花甲子 hwa keă tsze, each consisting of 60 years; these are marked by the above horary characters. (See the annexed table. 1840 is the 37th year 庚子 kăng tsze, of the 75th cycle, since the days of Hwang-te.)

THE HWA-KEA-TSZE, OR CYCLE OF SIXTY.

1 甲子 keă tsze	11 甲戌 keă seuh	21 甲申 keă shin	31 甲午 keă woo	41 甲辰 keă shin	51 甲寅 keă y
2 乙丑 yih chow	12 乙亥 yih hae	22 乙酉 yih yew	32 乙未 yih we	42 乙巳 yih sze	52 乙卯 yih maou
3 丙寅 ping yin	13 丙子 ping tsze	23 丙戌 ping seuh	33 丙申 ping shin	43 丙午 ping woo	53 丙辰 ping shin
4 丁卯 ing maou	14 丁丑 ting chow	24 丁亥 ting hae	34 丁酉 ting yew	44 丁未 ting we	54 丁巳 ting sze
5 戊辰 woo shin	15 戊寅 woo yin	25 戊子 woo tsze	35 戊戌 woo seuh	45 戊申 woo shin	55 戊午 woo woo
6 己巳 ke sze	16 己卯 ke maou	26 己丑 ke chow	36 己亥 ke hae	46 己酉 ke yew	56 己未 ke we
7 庚午 kăng woo	17 庚辰 kăng shin	27 庚寅 kăng yin	37 庚子 kăng tsze	47 庚戌 kăng seuh	57 庚申 kăng shin
8 辛未 sin we	18 辛巳 sin sze	28 辛卯 sin maou	38 辛丑 sin chow	48 辛亥 sin hae	58 辛酉 sin yew
9 壬申 jin shin	19 壬午 jin woo	29 壬辰 jin shin	39 壬寅 jin yin	49 壬子 jin tsze	59 壬戌 jin seuh
10 癸酉 kwei yew	20 癸未 kwei we	30 癸巳 kwei sze	40 癸卯 kwei maou	50 癸丑 kwei chow	60 癸亥 kwei hae

21. In enumerating, the Chinese do not generally use the ordinals as our first, secondly, thirdly, &c. but adopt the following method: as 一來 yih lae, first 二來 urh lae, secondly; (also occasionally 第一來 第二來) or 一者 yih chay, in the first instance; 二者 urh chay, in the second instance: or 一則 yih tsih, in the first place; 二則 urh tsih, in the second place; or 一曰 yih yuě, 二曰 urh yue, the same; or 其一 ke yih, the first; 其二 ke urh, the second; &c. In many instances they only use 一 yih, and will go through a whole series of subjects, prefacing each with 一 yih. First, second, and third rate are expressed by 上 shang, 中 chung, and 下 hëa. First and last by 始終 che chung, 本末 pun mŏ, and 頭尾 t'how wei. First and second by 正 ching, and 從 tsung. First, uppermost is 元 yuen: as 元日 yuen jih, the first day of the year; 元年 yuen nëen, the first year of a reign. For the first day of a new month 朔 sŏ, is sometimes used instead of 初 ts'hoo, first. The uppermost is also expressed by 魁 kwei: as 罪魁 tsuy kwei, the chief of sinners. Otherwise first (before others) is expressed by 首先 show sëen, or 最先 tsuy sëen. Last: as last year is expressed by 去年 k'heu nëen, 舊年 kew nëen, or 客歲 k'hih suy: the last day of the year is 除日 choo jih.

CHAPTER V

THE VERB.

1. As the Chinese verb has not yet been exhibited in all its bearings, we shall be the more particular upon this subject. Thus it will be our object to show, how, though devoid of moods and tenses, it is made to answer all the purposes of our conjugations and inflections: while we must always bear in mind, that unless the distinction become necessary, none of the grammatical

particles or auxiliaries are employed. It is an extensive subject, in the disquisition of which, we intreat the reader's patience, which will, as we hope, be not inappropriately bestowed. We shall not burden the memory by rules, but mostly teach by examples, and endeavour to shew by these, the various modes in which the verb, called by the Chinese 動字 tung tsze, or 活字 hwŏ tsze, a moving or living character is used.

AUXILIARIES.

2. We begin with this class, as affording an introduction to the subsequent remarks. From the nature of the language we may easily suppose that auxiliaries are rather numerous. The principal ones with their various uses are enumerated below.

3. The first is 得 tih, to get, or obtain; it also signifies ability. Thus 作得 tsŏ tih, it may be done, practicable; 愛得 gae tih, may be loved, amiable; 作不得 tsŏ pŭh tih, it may not be done, impossible; 說不得 shwŏ pŭh tih, it cannot be spoken, unspeakable; 不得說 pŭh tih shwŏ, idem. 莫有得說 mŏ yew tih shwŏ, cannot say anything; 寫得不快 sëay tih pŭh k'hwae, cannot write fast; 不得已 pŭh tih e, or 不得不 pŭh tih pŭh, cannot avoid; 不得了 pŭh tih leaou, cannot close 喜得 he tih, can rejoice; 驚得 king tih, frightened; 難得 nan tih, difficult to be obtained. 貪得無厭 t'han tih woo yen, can be desired without loathing; 美得不勝 mei tih pŭh shing, can be considered beautiful in the extreme; 自得 tsze tih, to have possession of one's self; 相得 sëang tih, to be mutually agreeable; 靜不得動不得 tsing pŭh tih tung pŭh tih, could neither move nor be at rest. As already shown above, 得 tih, often indicates the superlative degree: as 暴得極 paou tih keih, as cruel as possible; 巴不得 pa pŭh tih, or 恨不得 hăn pŭh tih, convey the meaning of the Optative: as oh that it might be so; 免得 nëen tih, or 省得 săng tih, imply that it may be avoided, or dispensed with; 免不得

海上絲綢之路文獻集成 科技與文化編

mēen pŭh tih, or 省不得 săng pùh tih, unavoidable.

4. We next refer to 着 cho, which is in some respects related to the above, though less definable. It means to cause, to effect, and in many instances, when affixed to verbs, cannot be explained by any corresponding word in English: for instance 立着 leih chŏ, he stood; 踢着 teih chŏ, did kick; 坐着 tsŏ chŏ, sat; 拿着 na chŏ, took. To this we add the following instances, where its meaning will be clearly seen: as 尋着 tsin chŏ, to seek till we find; 見着 keen chŏ, got sight of; 望着 wang chŏ, looked towards; 睡不着 shwuy pŭh chŏ, could not sleep; 尋不着 tsin pŭh chŏ, could not find; 留着我 lew chŏ gno, retained me; 趕得着 kan tih chŏ, succeeded in the pursuit; 念着他 neen cho t'ha, thought about him; 為着 mei chŏ, on what account, for what purpose; 着急 chŏ keih, to be in haste; 着令 cho ling, to issue orders; 着惱 cho naou, got into a rage; 着落 chŏ lo, or 有着 yew chŏ, answerable for. The general meaning, in most of these instances is, to reach, effect, come to, obtain, cause.

5. We may also specify 教 keaou, or 叫 keaou, to cause with, 使 she, 令 ling, 給 keih, 俾 pe, and 致 che, are all used to form a neuter causative, the first two exclusively in conversation: as 教我晝夜勤勞 keaou gno chow yay k'hin laou, make me work night and day; 休教婦聽聞 hew keaou foo t'hung wăn, do not let the woman hear of it; 教我如何辦事 keaou gno joo ho pan sze, how shall I be able to manage the business; 教那個兒睡着 keaou na ko urh shwuy cho, made the child sleep; 叫我作許多惡事 keaou gno tso heu to gŏ sze, caused me to do a great deal of wickedness; 叫我沒得開口 keaou gno mŭh tih k'hae k'how, he gave me no opportunity for opening my mouth; 汝反覆多言叫我沒做理會 joo fan fŭh to yen, keaou gno mŏh tso le hwuy, by your much speech and frequent repetition you prevent me from understanding you; 叫商奈何不得 keaou shang nae ho pŭh tih, make it insupportable to the merchants. 交 Keaou, on account of the simila-

rity of sound, is often used in the same manner. 使得 She tih, it will do; 使人受難無數 she jin show nan woo soo, to cause numberless sufferings to people; 毋使我失 woo she gno shih, do not cause me to suffer loss; 使人寄書來 she jin ke shoo lae, cause people to send letters. 使 She, is also used for perhaps: as also 設使 she she, 假使 kĕa she, in the same sense: 令聞 ling wan, to give notice; 令人歡喜 ling jin hwan pe, to cause people to rejoice; 勿令家子餓死 wŭh ling kĕa tsze gno sze, do not let your family starve; 俾絕弊源 pe tseuĕ pe yuen, to cause the sources of evil to be cut off; 俾有所依賴 pe yew so e lae, cause him to have something to rely on; 俾得彼此有平安 pe tih pe tsze yew ping gan, cause that there may be peace on both sides. This word is also written 裨 pe.

給 Keih, like the former, denotes to give: as 賞給 shang keih, to give a reward; 賣給 mae keih, to sell to; 給咨 keih tsze, give a communication, or communicate; 給領紅牌 keih ling hung pae, cause them to receive a passport. In edicts, this word is used in various ways. But in conversation it is often used in the passive sense: as 給我罵他 keih gno ma t'ha, he was blamed by me; 我給他罵 gno keih t'ha ma, I was blamed by him; 給我說他 keih gno shwŏ t'ha, he was told by me.

致 Che, means also to cause: as 以致 e che, in order to; 致以 che e, cause that; 致達 che tă, to communicate information; 寄致 ke che, address to 致知 che che, to make known, or cause to know, 致有此事 che yew tsze sze, until this affair was brought about; 致死 che sze, to cause death, 勤勞以致賺錢 k'hin laou e che tswan tsëen, work diligently in order to gain money; 休致 kew che, do not let; 致令 che ling, cause.

6. 必 Peih, 該 kae, 應 ying, 務 woo, 須 seu, 宜 e, 當 tang, and 理 le, all mean ought, must; and should, either singly or in compounds. 未必 Wei peih, it is not necessary, it is not certain: 必做 peih tso, must do; 必應 peih ying, 必當 peih tang, 必定 peih tung,

漢語語法札記

必要 peih yaou, all mean indispensably necessary. 必 Peih, often denotes the future tense, conveying a similar meaning to our *shall*: as 必來 peih lae, shall come; 必寫 peih sëay, will write; 必將 peih tsëang, certainly will; 必然 peih jen, or 必如是 peih joo she, it must be thus; 必竟 peih king, it will be so after all.

應該 Ying kae, ought; 該當 kae tang, should; 該死 kae tsze, ought to die; 舉動以該也 keu tung e kae yay, conduct as it ought to be.

應當 Ying tang, ought, what is proper; 自應 tsze ying, certainly ought, it is my duty; 相應 seang yung, mutually required; 應承 ying shing, to take upon one's-self an obligation, to promise; 未應有此 wei ying yew tsze, it ought not to be thus.

務須 Woo seu, 務必 woo peih, 務宜 woo e, mean severally must, ought, necessary, indispensable: as 務速行 woo sŭh hing, you must walk fast; 務必盡力 woo peih tsin leih, it is necessary that you should exert yourself: 務宜仰天 woo e nëang t'hëen. we ought to look up to heaven.

須要 Seu yaou, necessarily must; 須待 seu t'hae, must wait; 總須 tsung seu, above all must, you must decidedly; 決須斬首 keuĕ seu tshan show, must cut off his head; 男大須婚 nan ta seu hwăn, young men when grown up should be married; 須無得華故 seu woo tih chuy koo, must not on any account make pretences. 需 Seu, is now and then used in the same sense.

務宜 Woo e, and 理宜 le e, ought, it is proper; 相宜 seang e, befitting; 務宜出力完竣 woo e ch'hŭh leih wan seun, you ought to exert yourself to finish the business; 便宜 pëen e, suitable; 得宜 tih e, proper; 宜然 e jen, suitable; 適宜 shih e, just what ought to be.

理當 Le tang, 本當 pun tang, mean what ought to be done; 相當 sëang tang, what is fitting to be done; 當寫 tang sëay, must write; 理當賴天道 le tang lae t'hëen taou, it is reasonable that we should trust to providence; 本所當為 pun so tang wei, what ought to be done.

理 Le, just, reasonable, ought; 理所當爲 le so tang wei, what ought to be done; 理宜問罪 le e wăn tsuy, he ought in reason to be punished.

7. 願 Yuen, 欲 yŏ, 要 yaou, 嗜 she, and 肯 k'hang, all mean wish, desire, want, will: as 情願 tsung yuen, 願意 yuen e, to wish; 願萬人享福 yuen wan jin heang fŭh, we wish all men to enjoy happiness; 願寫又寫不得願讀又讀不得 yuen sëay yew sëay pŭh tih, yuen tŭh yew tŭh pŭh tih, wishing to write and cannot write, wishing to read and cannot read; 願意起程 yuen e k'he ching, we wish you to go on your journey.

欲 Yŏ, 願欲 yuen yŏ, and 意欲 e yŏ, mean to desire: as 欲行而未得 yŏ hing urh we tih, he wished to walk but could not; 意欲航船 e yŏ hang chuen, he wished to sail 意欲何爲 e yŏ ho wei, what does he wish to do? 願欲與家人相和 yuen yŏ yu kea jin seang ho, he wished to live on good terms with his family.

要 Yaou, and 欲要 yŏ yaou, mean to want, wish, &c. as 要出街 yaou ch'ŭh keae, he wanted to go out; 欲要攻城 yŏ yaou kung ching, he wanted to attack the city; 最要 tsuy yaou, or 緊要 kin yaou, very much wanted.

嗜 She, is used to express desire, wish, but is not employed so frequently as any of the above auxiliaries: as 嗜于飲食 she yu yŏ shih, to be addicted to eating and drinking; 嗜欲無窮 she yŏ woo keung he cherished unbounded desires or appetites; 惟利是嗜 wei lë she she, he was only desirous of gain.

肯 K'hang, will, to be willing: as 不肯從 pŭh k'hang tsung, he was unwilling to follow; 允肯 wăn k'hăng, to assent to, to agree to, 莫肯爲 mo k'hang wei, no one was willing to do it.

8. The verbs 把 pa, 打 ta, 來 lae, 去 k'heu, 待 t'hae, 敢 kan, 弄 lung, and 怕 p'ha, are used in various ways as auxiliaries.

把 Pa, to take hold of, to grasp, often occurs as an auxiliary, and is in many instances untranslatable: as 把他拉到房內 pa t'ha la taou fang nuy, take and drag him inside the room; 把箱落船 pa seang lŏ chuen, get the box on board the vessel; 把本妻之罪任兄的肩頭 pa pun tse che tsuy jin heung teih keen t'how, throw the guilt of his wife upon his brother; 把爲無用 pa wei woo yung, deem it of no use; 把一家殺了 pa yih këa shă leaou, killed the whole family; 把我輕了 pa gno k'hing leaou, treated me lightly; 把薪助火 pa sin tsoo ho, to feed the fire with fuel; 把眞心話都對他說了 pa chin sin hwa too tuy t'ha shwŏ leaou, he spoke the true language of his heart towards him; 把心摩一摩 pa sin mo yih mo, just lay your hand upon your heart; 把我們看得恁賤 pa gno mun k'han tih jin tsëen, look upon us with such contempt; 把小弟當善 pa seaou te tang shen, consider my brother as a virtuous man; 把富貴做浮雲可比 pa foo kwei tso foo yun k'ho pe, to view riches as a fleeting cloud. From these various examples it will appear, that the word, either gives a causative meaning, or may be translated by view, or consider, especially when followed by 當 tang, 看 k'han, or 視 she.

打 Ta, to beat, or strike, is used in a variety of ways, as an auxiliary: thus 打掃 ta seaou, to sweep; 打架 ta këa, to fight; 打點 ta tëen, to arrange; 打發 ta fă, to send; 打扮 ta pan, to dress; 打睡 ta shwuy, to sleep; 打聽 ta t'hing, to enquire; 與我打個照面 yu gno ta ko chaou mëen, turn the face to me; 打撈起來 ta la k'he lae, drag him out of the water; 不打緊 pŭh ta kin, not of great importance, no matter; 打甚麼不緊 ta shin mo pŭh kin, deem of no consequence; 打仗 ta chang, to fight.

來 Lae, come, is used in various ways as an auxiliary, but commonly following the verb: as 做不來 tso pŭh lae, could not do it; 入得來 jŭh tih lae, come enter; 攏來 lung lae, approach; 來到 lae taou, arrive; 往來 wang lae, going and coming, intercourse; 欲拔劍來 yŭh pŏ këen lae, wanted to draw forth his sword; 拿水來 na shwuy lae, bring water here; 看書來 k'han shoo lae, take a look at a book; 提起筆來 the k'he peih lae, take up the pencil; 與咱起來

k'hŭh tsëang k'he lae, began to weep; 說起來 shwŏ k'he lae, began talking; (起來 k'he lae, generally means to commence;) 出來 ch'hŭh lae, go out; 拿出來 na ch'hŭh lae, take it out; 弄他出來 lung t'ha ch'hŭh lae, bring him out. It is often used as an adverb, or adjective: as 原來 yuen lae, originally, now, placed at the beginning of sentences, that explain the foregoing: as 從來不 tsung lae pŭh, or 從來無 tsung lae woo, never; 前來 tsëen lae, the above frequently in edicts: 後來 how lae, afterwards; 從今以來 tsung kin e lae, henceforward; 來頭 lae t'how, origin; 來歷 lae leih, history, state, circumstances, particulars; 無來歷 woo lae leih, no foundation, no truth, unaccountable; 來由 lae yew, cause, particulars; 五來日 woo lae jih, for these five days; 有四箇來月 yew sze ko lae yuĕ, more than four months ago; 來日 lae jih, next day; 將來 tsëang lae, in future.

去 K'heu, to go: as 來去 lae k'heu, to go and come; 想來想去 sëang lae seang k'heu, to ponder; 說來說去 shwŏ lae shwŏ k'heu, to talk over a matter; 銷不去 seaou pŭh k'heu, unsaleable, cannot be sold; 出去 ch'hŭh k'heu, go out; 進去 tsin k'heu, or 入去 jŭh k'heu, to enter; 離去 le k'heu, or 離開去 le k'hae k'heu, to leave, to separate; 過去 kwo k'heu, to pass away; 退去 tuy k'heu, to retire, to retreat; 拿去 na k'heu, to take away; 拿盤去 na pwan k'heu, take away the dish; (the object, as in the case of 來 lae, is sometimes placed between the two verbs:) 講得去 këang tih k'heu, it can be said; 講不去 këang pŭh k'heu, it cannot be said; 去就 k'heu tsew, to recede and approach, two opposites; 去世 k'heu she, to leave the world, to die; 去年 k'heu nëen, last year; 去後 k'heu how, afterwards.

待 T'hae, to wait, stands in our acceptation of the word in conversation, apparently without any meaning: as 我待要說來 gno t'hae yaou shwŏ lae, just as I was beginning to speak: 我欲待要不去我欲待要去 gno yŏ t'hae yaou pŭh k'heu, gno yŏ t'hae *yaou* k'heu, I wish not to go, and yet I wish to go 嫌

漢語語法札記

懶吃 lan t'hae k'heih, having no appetite; 我去待來 gno k'heu t'hae lae, I went and am come again; 你待要探海 ne t'hae yaou t'han hae, do you wish to fathom the sea? This word is used in many other instances, and is generally followed by 要 yaou.

敢 Kan, to dare: 豈敢 k'he kan, how dare? Followed by 是 she, it means perhaps, I guess: as 敢是不來 kan she pŭh lae, perhaps he will not come; 敢是騙我 kan she p'hëen gno, I guess he has deceived me: or join to 怕 pa: as 敢怕不知道心情 kan pa pŭh che taou sin tsing, perhaps he has no knowledge of my love.

弄 Lŭng, means to play, and trifle, or to effect in a bad sense, and is variously used: as 弄他無奈何 lung t'ha woo nae ho, he brought him into difficulties; 賣弄手段 mae lung show twan, to show off one's cleverness; 弄壞 lung hwae, to spoil, 弄誘 lung yew, to lead astray; and so on in many other instances.

怕 Pa, alone; or joined to 恐 k'hung, or preceded by 只 chĭh, indicates a probability: as 恐怕未起身 k'hung pa we k'he shin, he has perhaps not yet risen; 怕到不得 pa taou pŭh tih, we shall probably not be able to reach the place; 只怕父親死了 chih pa foo ts'hin sze leaou, the father is probably dead.

行 Hing, occurs frequently in the sense of *do*, and many times in a way which appears untranslatable: as 行諭 hing joo, to order; 嚴行查拿 yen hing cha na, to institute severe investigation and seizure; 即行驗間 tseih hing nëen wăn, to institute immediate search; 行獎 hing tsëang, to bestow praise.

9. Among the auxiliaries may be enumerated 能 năng, 可 k'ho, 請 ts'hing, 休 hew, 別 pëä. 能 Năng, is used in the sense of can, may, able, to do: as 能作 năng tsŏ, can do; 能寫 năng sëay, can write; 有能行 yew năng hing, able to do; 饑不能自哺 ke pŭh năng tsze poo, he could not feed himself when hungry

可 K'ho, in the sense of may, or can: as 只可動口不可動手 chih k'ho tung k'how, pŭh k'ho tung show, you may speak, but you must not act: i. e. scold, but not beat; 有何不可 yew ho pŭh k'ho, why not?

可否 k'ho fow, or in conversation 可麽 k'ho mo, can it be? and now and then; 可是 k'ho she, may it be? 斷乎不可 twan hoo pŭh k'ho, on no account. Often when standing before verbs, it gives them the adjective signification: as 可愛 k'ho gae can be loved, amiable; 可恨 k'ho hăn, hateful, detestable; 可見 k'ho këen, it is evident; 可有甚麽憑據 k'ho yew shin mo ping keu, what proofs are there, 有可皆醜 yew k'ho hwuy chow, could anything be so detestable; 可人意 k'ho jin e, such as people would like. It often indicates the imperative: as 汝可往拿茶來 joo k'ho wang na cha lae, go and fetch some tea; 你可坐一坐 ne k'ho tso yih tso, sit a while; 可以 k'ho e, may; 可以獲利 k'ho e hwŏ le, may gain money; at the end of sentences 可也 k'ho yay, means that anything is practicable or admissible: as 食烟可也 shih yen k'ho yay, it is allowable to smoke; 可可 k'ho k'ho, just that. In conversation 小可 seaou k'ho, trifling; 無不可 woo pŭh k'ho, most certainly.

請 Tsing, in the sense of to ask, request, is often used by the polite Chinese to express the imperative: as 請坐 tsing tso, pray sit down; 請來 tsing lae, pray come, 請問 tsing wăn, I beg to enquire; 請俾看一看 tsing pe k'han yih k'han, let me have a look.

休 Hew, meaning to cause, to rest, to leave off: and 別 peĕ, to take leave of, are often used to indicate the negative imperative: as 休要忘了 hew yaou wang leaou, do not forget; 休怕你 hew pa ne, do not fear you; 休得過謙 hew tih kwo këen, do'nt be too humble; 休教他笑話 hew keaou t'ha seaou hwa, do not let him make game talk; 別要信着 peĕ yaou sin chŏ, do not believe; 你別要說 jao peĕ yaou shwŏ, do not tell it.

10. The following 完 wan, 罷 pa, 盡 tsin, 過 kwo, 訖 yih, 畢 peih, and 成 ching, are all words descriptive of the past tense: as done, finished, &c.

Thus 講完 këang wan, having said; 完辦 wan pan, having managed; 完備 wan pei, fully prepared, complete; 完竣 wan tseun, finished; 完了 wan leaou, done with, finished.

聽罷 T'hing pa, having heard; 罷了 pa leaou, done, made an end of; 斥罷 chih pa, dismissed; 罷試 pa she, to desist from the examination; 罷市 pa she, shut the market; 罷工 pa kung, leave off work.

盡殺 Tsin shă, killed them all; 盡杜 tsin too, extirpate the whole; 兵卒皆折盡 ping tsŭh keae che tsin, the soldiers were all killed; 食盡 shih tsin, having eaten the whole.

過 Kwo, to pass, exceed, is used in combination: thus 食過 shih kwo, having eaten; 過了數日 kwo leaou soo jih, having passed several days; 被他瞞過 pe t'ha mwan kwo, was deceived by him; 不過半年 pŭh kwo pwan nëen, not more than half a year.

訖 Yih, to come to a close, to stop, is thus combined: as 散訖 san yih, having scattered; 一刀斬訖 yih taou tsan yih, with one blow he cut off his head; 何訖至此 ho yih tsze che, how has it come to this; 言訖 yen yih, having done speaking.

畢 Peih, to terminate, is thus joined with other terms: as 話畢 hwa peih, having finished speaking; 願畢 yuen peih, having expressed a wish; 一年而工畢 yih nëen urh kung peih, within a year the work was finished; 盡畢 tsin peih, having completed.

成 Ching, to perfect, is thus used: as 成做 ching cho, finished doing it; 成交 ching keaou, finished the intercourse; 成不起 ching pŭh k'he, would not effect; 成造 ching tsaou, fully constructed.

11. Those which follow 受 show, 見 këen, 遭 tsaou, 領 ling, and 吃 kih, are words that frequently describe the passive. Thus 受 show, to receive 受害 show hae, to be injured; 受辱 show jŭh, to be insulted; 受誅 show choo, to be killed; 受刑 show hing, or 受罪 show tsuy, to be punished.

見 Këen, to see: as 見笑 këen seaou, to be laughed at, or laughable; 見諒 këen lëang, to be excused; 見羞 këen sew, to be ashamed; 見棄 këen k'he, to be rejected; 不見歡喜 pŭh këen hwan pe, not to be delighted.

遭 Tsaou, to meet: as 遭擒獲 tsaou k'hin hwŏ, to be seized; 遭賊圍 tsaou tsih wei, to be environed

海上絲綢之路文獻集成 科技與文化編

by the rebels: 遭打 tsaou ta, to be beaten. 遇 Yu, which means also to meet, is frequently used in the same manner: as 遇官吏勒措 yu kwan che lih tsoo, to be oppressed by the Mandarins.

領 Ling, to receive, is sometimes used in the passive sense: as 領諭 ling joo, to receive commands, to be ordered; 領教 ling keaou, to be instructed.

吃 Keih, to eat, is thus used in a few instances: as 吃一驚 keih yih king, to be astonished; 吃虧 keih kwei, to be injured; 吃辛受苦 keih sin show koo, to suffer distress. 爲 Wei, to be, sometimes assumes the passive form: as 爲他所害 wei t'ha so hae, injured by him.

12. 將 Tsëang, to take, is frequently used in sentences where it is scarcely translatable: as 將各情說一遍 tsëang ko tsing shwŏ yih pëen, he gave a detail of the whole; 將他下獄 tsëang t'ha hëa yŏ, he put him in prison; 將錢交他 tsëang tsëen keaou t'ha, pay him the money; 將諭一道抄錄 tsëang joo yih taou chaou lŭh, to transcribe an order; 將遍天下尋之 tsëang pëen t'hëen hëa sin che, sought for him in the whole Empire. Often, however, it is used to indicate the future tense: as 將做 tsëang tso, will do; 將寫 tsëang sëay, will write; 將欲何往 tsëang yŏ ho wang, where are you going? 計將安出 ke tsëang gan ch'hŭh, which way shall we carry out the plan; 吾將奈何 woo tsëang nae ho, what shall I do: 將來 tsëang lae, hereafter, in future; 將及 tsëang keih, almost, nearly; 將次完繳 tsëang tsze wan keaou, having nearly paid the whole; 將近三更時 tsëang kin san kang she, about the third watch.

SUBSTANTIVE VERBS.

13. They are the following: 有 yew, 乃 nae, 係 ke, 爲 wei, 是 she, and 在 tsae.

有 Yew, there is, also to have: as 有人說 yew jin shwŏ, there are some who say; 有船入口 yew chuen jŭh k'how, there are some vessels that have en-

漢語語法札記

tered the harbour; 所有行李 so yew hing le, the baggage that was there; 又有厚情 yew yew how tsing, there was a strong affection; 今有十年 kin yew shih nëen, it is now ten years ago; 未之有也 wei che yew yay, there never has been.

In the signification of *have* it occurs more frequently: as 有錢人皆敬 yew tsëen, jin keae king, if you have money, all peeple will respect you; 有事 yew sze, have business, occupied; 有無 yew woo, have or not have; the former is the positive, the latter the negative verb substantive: 有日思無日 yew jih sze woo jih, when you are in possession of anything, think on the day when you will have it not; 有理 yew le, it has some reason, or it is reasonable; 有禮 yew le, to have politeness. to be polite; 有限 yew hëen, to have limits, a few; 有數 yew soo, to have a number, several; 沒有 mŭh yew, have not; in conversation 未有 we yew, not yet have. It is also used to indicate the past tense: as 有講 yew keang, they hava said; 經有飭令 king yew chih ling, he has already ordered it.

乃 Nae, is used thus; 我乃人 guo nae jin, I am a man; 乃大怒 nae ta noo, he was greatly incensed; 他乃下車 tha nae hëa keu, he was dismounting from the carriage; 二人乃不復言 urh jin nae pŭh fŭh yen, the two men did not speak again.

係 He, occurs in the following connection: as 係好人 he haou jin, he is a good man; 乃係良久 nae he lëang kew, it is long ago; 惟係通死之道路 we he tung sze che taou loo, it is the way to die with him; 無所係業 woo so he nëĕ, there is no property.

為 Wei, has a great variety of significations: as 為人 wei jin, to be a man, or to act the man; 未必無為 wei peih woo wei, it must be done; 難為 nan wei, to make difficult, to annoy; 有為 yew wei to have anything to do; 無為 woo wei, to have nothing to do. It is sometimes connected with 以 e, to consider, to view: as 以為聖人 e wei shing jin, to consider him as a sage. It is often used to indicate the passive: as 為人所恨 wei jin so hăn, to be hated by men; 為衆所信 wei chung so sin, to be believed by all; 為色所

迷 wei sih se me, led away by lust (See also the Prepositions.) 是 She, is thus employed: 爲是皇帝 she hwang te, it is the Emperor, 不是如此 pŭh she joo tsze, it is not thus; 是則言是 she tsih yen she, when it is so, say that it is so; 若是乎 jŏ she hoo, is it thus? 是誠何心乎 she ching ho sin hoo, indeed what heart is this!

在 Tsae, is thus combined: 他有在 t'ha yew tsae, he is there; 不在 pŭh tsae, he is absent: 父在那裡 foo tsae na le, where does the father dwell? 事在目前 sze tsae mŭh tseen, the business is before your eyes, present; 在當面 tsae tang meen, to be in one's presence; 自在 tsze tsae, to be one's-self; 不在話下 pŭh tsae hwa hea, need not be told. It ought to be remarked, that 在 tsae, always indicates the place of being in. (See also the Prepositions.)

Notwithstanding the variety of these verbs, they are often left out where our language would require them: as 我中國人 guo chung kwŏ jin, I am a Chinese.

VARIOUS CLASSES OF VERBS.

14 The distinction we draw between the neuter and active verbs, does not, from the nature of the language, exist in Chinese; in a few instances, however, the mark ॰ is written above the word to indicate its having adopted an active signification.

15. The passive, as we have already remarked is indicated by 見 keen, 受 show, 遭 tsaou, and other verbs. Besides these forms we may still mark the following 欺於人 k'he yu jin or 欺于人 k'he yu jin, despised by men. So also 蒙其教訓 mung ke keaou heun, taught by him, 蒙其保護 mung ke paou hoo, protected by him.

被 Pe, is also frequently used in this sense: as 被某殺之 pe mow shă che, killed by some body; 被亂軍所殺 pe lwan keun so shă, killed by the rebellious army, 盡被燒 tsin pe shaou, entirely burnt; 被一鎗戳 pe yih tseang tsŏ, pierced with one

漢語語法札記

thrust of the spear; 反被他說了我 fan pe t'ha shwŏ leaou gno, on the contrary it was told me by him So also 由 yew. and occasionally 因 yin: as 由他開設 yew t'ha k'hae shě, established by him; 因兄播弄 yin heung po lung, denied by my brother. It may be well also to notice phrases like the following: 人厭惡的 jin yew woo teih, or 人所嫌者 jin so hëen chay, hated or detested by men; 可憐枉告殺人 k'ho lëen wang kaou shă jin, the man who is falsely accused and killed, is to be pitied; 誰所使之者 shwuy so she che chay, by whom was he sent? 是搶的物 she tsëang teih wŭh, these are stolen goods; 盜來之貨 taou lae che ho, stolen articles, 係我弟作者 he gno te tsŏ chay, it was done by my brother.

MOODS.

16. The indicative requires no comment, and of the conjunctive we have already spoken in the case of 可 k'ho, which indicates a possibility or probability: as 可作 k'ho tso, it may do; 可行 k'ho hing, it may be done.

There exist many conditional particles, which circumscribe the conjunctive Such as 如 joo, 若 jŏ, 倘 tang, 儻 t'hang, 猶 yoo, 設 shě, 苟 kow, 使 she, 縱 tsung, and 或 hwŏ. To give a distinct idea of their use, we shall exemplify the various modes in which they are employed.

17. 如 Joo, and 若 jŏ, are nearly synonymous: as 如有銀錢 joo yew yin tsëen, if I had money; 如書到 joo shoo taou, if the letter arrive. They are also combined; as 如若父死 joo jŏ foo sze, if my father were to die. 若 Jŏ, is more frequently used than any other, either alone or combined: as 倘若 tang jŏ, 若是 jŏ she, 若既 jŏ ke, 果若 kwo jŏ, 若使 jŏ she, 若然 jŏ jen, and 若者 jŏ chay: 倘若不聽 tang jŏ pŭh ting, if he do not listen; 若使不永平 jŏ she pŭh ching ping, if the peace be not maintained;

若既完竣 jŏ ke wan tseun, if it be finished; 果若執法從事 kwo jŏ chih fă tsung sze, if indeed he adhere to the letter of the law and follow up the business; 若是出力 jŏ she ch'hŭh leih, if he exert himself; 若然肯做 jŏ jen k'hăng tsó, if he will do it; 若者有心拒絕我 jo chay yew sin keu tseuĕ gno, if he have a heart to forsake me. 如 Joo, is also used with 假 këa, to convey an idea of probability; as 假如未得利 këa joo we tih le, supposing you could not make money: 假然 kea jen, and 假令 këa ling, both signify *suppose* : the same idea is conveyed by 譬如 pe joo, and 譬若 pe jŏ as 譬如不將其書來 pe joo pŭh tsëang ke shoo lae, if he do not bring the book; 譬若官員不管束 pe jŏ kwan yuen pŭh kwan sŏ, if the Mandarins do not restrain him.

18. 倘 Tang, and 儻 tang, are synonymous: 倘或 tang hwŏ, and 倘然 tang jen, mean *if*; 倘敢抗違 tang kan kang wei, if you dare to disobey; 倘或不往 tang hwŏ pŭh wang, if he do not go; 倘然福分不定 tang jen fŭh fun pŭh ting, but if happiness be not certain.

猶 Yoo, 猶若 yoo jŏ, and 猶設 yoo shĕ, are also of similar import: as 猶舍心腹而顧手足 yoo shay sin fŭh urh koo show tsŭh, just as if one were to disregard mental effort, and look only to one's feet and hands; 說猶未了 shwŏ yoo we leaou, ere he had done speaking 猶可 yoo k'ho, it still may do 猶若不賦秉彝 yoo jŏ pŭh foo ping e as if not endowed with virtuous principles; 猶設不可如意 yoo shĕ pŭh k'ho joo e, if perhaps not according to one's wishes.

設 Shĕ, 設或 shĕ hwŏ, and 設使 shĕ she, are used in the same sense: as 設或有才能 shĕ hwŏ yew tsae năng, if perhaps he have talent; 設使出門務事 shĕ she ch'hŭh mun woo sze, if perhaps he may have gone out and attended to his business.

苟 Kow bears the same sense: as 苟非不寫字 kow fei pŭh seay tsze, if he do not neglect to write; 苟不然 kow pŭh jen, if it be not thus; 苟有志於德 kow yow che yu tih, if he have an inclination to virtue

使 She, is mostly used in connection with 設 shĕ, but sometimes occurs alone: as 使無雨落 she woo yu lŏ, if it do not rain; 假使皇帝恩准 kea she hwang te găn chun if the Emperor grant it.

縱 Tsung, or 縱然 tsung jen, are to be met with: as 縱今日到本鄉 tsung kin jih taou pun heang, suppose I were to arrive to day at my native place 縱然勝敵 tsung jen shing teih, suppose he were to overcome the enemy.

或 Hwŏ, and 或者 hwŏ chay, perhaps, likely, it may be, bear the same sense: as 或然或不然 hwŏ jen hwŏ pŭh jen, it may be so, or it may not be so; 或者乘間回國 hwŏ chay shing keen hwuy kwŏ, he may perhaps avail himself of the opportunity and return to his country

19. Words like 敢 kan, 多敢 to kan, 敢是 kan che, 敢怕 kan pa, or 只怕 chih pa, 恐怕 kung pa, 巴不得 pa pŭh tih, 恨不得 and hăn pŭh tih, often indicate the conjunctive (See auxiliary verbs) So also 多管 to kwan, 包管 paou kwan, and 管情 kwan tsing; as 多管未及至五旬 to kwan we keih che woo seun, he is most likely (he may be) not yet 50 years of age 管情就好了 kwan tsing tsew haou leaou, it may be immediately well 包管有利達 paou kwan yew le tă, he may be successful, or it is likely that he will be successful These forms are exclusively used in conversation.

20 除非 Choo fei, and 除了 choo leaou, stand for *unless*: as 除非開禁綱 choo fei k'hae kin kang, unless you relax the prohibitions 除非娶妻未得子也 choo fei tseu tse, we tih tsze yay, unless you marry, you can have no children; 除了舍弟作文 choo leaou shay te tsŏ wan, unless my younger brother write the essay.

21. 庶乎 Sho foo, 庶幾 shoo ke, 萬一 and wan yih, occur in the sense of *perhaps*; as 庶乎可也 shoo too k'ho yay, it may perhaps do, 庶幾起程前往 shoo ke k'he ching tseen wang, he may perhaps have gone on his journey and proceeded. 萬一成事 wan yih ching sze, he may perhaps finish the business 畢

Suy, although, requires the conjunctive: as 雖行德 suy hing tih, although he practice virtue.

22. We quote still the following modes of conveying the sense of the conjunctive 願汝長壽 Yuen joo chang show, may you live long; 是可忍也孰不可忍也 she k'ho jin yay, shŭh pŭh k'ho jin yay, if this can be endured, what cannot be endured? 難道我錯了不成 nan taou gno tsŏ leaou pŭh ching, is it possible that I could have erred? (難道 Nan taou, either with or without 不成 pŭh ching, is thus frequently used, while it is difficult to translate it by a corresponding term in our language.) 難道還思着我 nan taou hwan sze chŏ gno, should she still think about me? 難道女誘兄不成 nan taou nyu yew heung pŭh ching, can it be that the woman led you astray; 他對頭他我也對頭汝 t'ha tuy t'how t'ha, gno yay tuy t'how joo, if he might resist him, I might also resist you; 其不造化我不能住 ke pŭh tsaou hwa, gno pŭh nang choo, if he have no luck, I cannot stay; 應議之尤即此一事 ying e che yew, tseih tsze yih sze, if any bad action were to be denounced, it is this, 指其名就惹人之怒 che ke ming, tsew jay jin che noo, if you were to point out his name, you would only incite the anger of others.

INFINITIVE.

23. The Chinese language has no particular way of expressing this mood: thus the forms 我愛寫 gno gae sëay, I love to write; 請他來 tsing t'ha lae, request him to come; are a mere juxta-positions of words. If a stress be laid upon the word *to* of our infinitive, the sense is conveyed by 以 e, 致 che, and 致以 che e: as 我給汝以用之 gno keih joo e yung che, I gave it you to use it, 吾叫相公致預備 woo keaou seang kung che e pe, I called you, Sir, to prepare; 君子愛人致以布福 keun tsze gae jin, che e poo fŭh, the superior man loves mankind, in order to spread happiness amongst them, 吾致以呼之 woo che e foo.

海上絲綢之路文獻集成 科技與文化編

che, I came to call him; 以歡他爲好 e bwan t'ha wei haou, he thought it well to gladden others.

IMPERATIVE

24. To what we have already said, when treating of the auxiliary verbs, we may add the following

The Imperative is expressed by 可 k'ho: as 汝可先飲 joo k'ho sëen yin, do you drink first; 可出門 k'ho ch'hŭh mun, go out of doors. But this form is used towards inferiors, seldom to equals, and never to superiors, in which latter case 請 ts'hing, pray; 祈 ke, beg: and 望 wang, hope; are substituted.

25. To express *let*, the Chinese employ several words: as 聽他作 t'hing t'ha tsŏ, let him do it; 由得洋商安辦 yew tih yang shang gan pan, let the Hong merchants manage this well; 容我去 yung gno k'heu, let me go; 憑他說 ping t'ha shwŏ, let him talk 任婦煮飯 jin foo choo fan, let the woman boil her rice; 與其進也 yu ke tsin yay, let him enter; 許匠鑿礎 heu tsëang chŏ pwan, let the artisan excavate the rock; 任憑起椗 jin ping k'he ting, let them get up the anchor; 准我起程 chun gno k'he ching, let me go on my journey; 允之步行 yun che poo hing, let them walk on foot.

26. Often no other term than the simple verb is used to indicate the Imperative: as 坐我明語汝 tso, gno ming yu joo, sit down, I shall distinctly inform you. A rude manner is sometimes employed by adding 罷 pa, at the end; as 汝去罷 joo k'heu pa, you be off! go away! Whilst on the other hand, the use of 幸 hing, happy, fortunate, adds urbanity to the expression: as 收拾薄禮幸矣 show shih pŏ le hing e, receive my trifling present; 幸毋拒絕我 hing woo keu tseuë gno, do not reject me; 幸聽 hing t'hing, listen.

27. 且 Tsëay, is very frequently used to indicate the imperative: as 汝且緘口 joo tsëay këen k'how, do you be silent; 且聽命去 tsëay t'hing ming k'heu, let us hear the orders and be of followed by a negative

it signifies do not: as 且不可進 tsëay pŭh k'ho tsin, do not enter; 且莫速行 tsëay mŏ sŏ hing, don't go so fast.

28. Of 休 hew, and 別 pëë, we have already spoken. 莫 Mŏ, 勿 wŭh, and 毋 woo, are used in the same manner: as 莫說 mŏ shwŏ, don't say so; 勿畏難 wŭh wei nan, don't be afraid of difficulties; 毋犯法 woo fan fă, don't transgress the law. 不要 Pŭh yaou, is used in the same sense: as 不要哭 pŭh yaou kŭh, don't weep; 我要汝寫 gno yaou joo sëay, I want you to write, or write.

THE PARTICIPLE.

29. Strictly speaking the Chinese have no express mode of conveying the participle; and in all the cases where the genius of our language requires this inflexion the mere Chinese verb stands instead thereof. Terms like the following may easily be explained: as 汝作的何事 joo tsŏ teih ho sze, what are you doing? 因誰所命者 yin shwuy so ming chay, by whom was this ordered; 運來的東西 yun lae teih tung se, transported goods; 立坐卧皆不可寧 leih, tsŏ, go, keae pŭh k'ho ning, standing, sitting, or sleeping he was never at rest.

INTERROGATIVE FORMS OF THE VERB.

30. The modes of asking a question are exceedingly various, and for further information we refer the reader to the Interrogative Particles. Here we may, however, notice the following instances: as 汝來不來 joo lae puh lae, do you come, or do you not come? 豈非昨日來之人乎 k'he fei tsŏ jih lae che jin foo, is he not the man who came yesterday? 可以行乎 k'ho e hing foo, can he walk? 如何得與人往來 joo ho teih yu jin wang lae, how can I have intercourse with men?

海上絲綢之路文獻集成 科技與文化編

THE TENSES

31. The Chinese verb is devoid of those nice distinctions which render other languages so accurate in expressing time. It is true, that there are a number of auxiliaries and particles to convey the idea of the tenses, but only then, when a stress is laid upon the time that anything happened or was done. are these words used: 寫 seay, may therefore signify, to write, writing, write, wrote, or have written.

THE PRESENT

32. 我寫 Gno sëay, means I write. and every other verb thus used, without any additional particles, may denote the present tense; but if the act of writing just now taking place is to be marked, the following particles serve to indicate it: 今 kin, now; 現今 heën kin, at present; 現時 heën she, at this present time; 現在 hëen tsae, here present; 現前 heën tseën, in one's presence; 現目 heën mŭh, before one's eyes; with 如今 joo kin, 而今 urh kin, 目今 mŭh kin, 于今 yu kin, all of which signify *now*. Thus 現在行路 hëen tsae hing loo, he walks. or is now walking; 如今有錢 joo kin yew tsëen, he has money, or he now has money, 眼前 yen tsëen, 目下 mŭh hëa, 刻下 k'hĭh hëa, 即時 tsëih she, or 克時 k'hĭh she, when put before the verbs gives the same meaning.

PAST TIME.

IMPERFECT TENSE.

33. The remarks made respecting the present apply also to this tense. Of the particles used to indicate the idea of the imperfect, the following are the most frequent. 方 Fang, 方纔 fang tsae, 方且 fang tsëay, 纔 tsae, 纔剛 tsae kang, 正 ching, 正限 ching këen,

正值 ching che.正在 ching tsae,值此 che tsze, 時值 she che.適纔 shih tsae,適值 shih che, and 適當 shih tang, all signifying just now, just about, at the point. Thus正拋石之間 ching paou shih che këen, whilst he was throwing stones; (正 ching, generally commences the sentence, and 間 këen, stands at the end:)其來之時余不在家 ke lae che she, yu pŭh tsae këa, when he came I was not at home; 他來我纔去 t'ha lae, gno tsae k'heu, when he came, I had just gone away; 雨下余方往 yu hëa, yu fang wang, just when it rained, I set off; 適纔攻敵 shih tsae kung teih, just when they attacked the enemy; 時值冬隆 she che tung lung, it was just then in the midst of winter; 我去的時候 gno k'heu teih she how, when I went away.

In narratives, the mere verb without any additional particle is used to convey the idea of the imperfect tense: as 孔子卒年七十三 k'hung tsze tsüh nëen tseih shih san, Confucius died at the age of 73; 商打造船隻 shang ta tsaou chuen chih, the merchants built some vessels.

There are a great many other expressions to indicate the imperfect tense: for instance 從前各國學客聚會 tsung tsëen kŏ kwŏ mŭh kih tseih hwuy, in former times the learned of every nation assembled together

PERFECT TENSE.

34. Besides the words we have enumerated amongst the auxiliaries, such as 畢 peih,訖 yih,完 wan, &c. the following particles deserve notice, as designating the past tense; 了 leaou, 已 e,經 king,既 ke,曾 tsăng, 嘗 shang,已經 e king,業經 nëë king,曾經 tsăng king,前經 tsëen king.

了 Leaou, stands always at the end of sentences: as 做了 tsŏ leaou, done; 寫字了 sëay tsze leaou, having written; 被他罵了 pe t'ha ma leaou, blamed by him

海上絲綢之路文獻集成 科技與文化編

已 E, and 既 ke may be instanced thus: 予既烹而食之 yu ke păng urh shih she, I have already boiled and eaten it; 已辦理事了 e pan le sze leaou, having managed the business; 已至 e che, has arrived; 已尋見矣 e tsin këen e, it has been found.

經 King, and 現經 hëen king, occur as follows: 經行諭 king hing yu, I have ordered it; 現經事混亂 hëen king sze hwăn lwan, the business has been brought into confusion. 業經 Nëĕ king, most frequently occurs in edicts: as 業經派兵攻擊 nëĕ king pae ping kung keih, I have already appointed soldiers to attack. 當經 Tang king, is also met with: as 當經爲國除此害 tang king wei kwo choo tsze hae, we have removed from the Empire this evil. Also 已經 e king: as 已經附搭船 e king foo tă chuen, he has already embarked.

曾 Tsăng, is not uncommon: as 曾食飯了 tsăng shih fan leaou, having eaten rice; 曾經起程 tsăng king k'he ching, he has already gone on the journey; 他曾航船 t'ha tsăng hang chuen, he has already sailed. 不曾 pŭh tsăng, 未曾 we tsăng, occur in the sense of *not yet*; as 未曾上天 we tsăng shang t'hëen, he has not yet ascended to heaven; 不曾集會 pŭh tsăng tseih hwuy, they were not yet assembled.

嘗 Shang, may also be noticed: as 嘗引于朝內 shang yin yu chaou nuy, he has led him into court. But this particle is more used with the negative: as 未嘗不利 we shang pŭh le, has never been without gain; 未嘗不感 we shang pŭh kan, never failed in being moved by it; 孔子嘗爲委吏矣 k'hung tsze shang wei wei le e, Confucius was once a commissioned officer; 我嘗與婦人說過 gno shang yu foo jin shwŏ kwo, I have spoken with the woman.

Mark also the following sentence: as 有見否 yew këen fow, have you seen him or not; 沒有殺他 mŭh yew shă t'ha, have not yet killed him; 昨日作完 tsŏ jih tsŏ wan, it was finished yesterday.

海上絲綢之路文獻集成 科技與文化編

PLUPERFECT TENSE.

35. By the use of the particles indicating the Imperfect tense, and those of the perfect, the pluperfect is formed, as 剛纔要命適木匠已經砍木了 kang tsae yaou ming, shih mŭh tseang e king kan mŭh leaou, just when he was going to give directions, it happened that the carpenter had already cut down the tree; 適纔到城兄已出門 shih tsae taou ching, heung e ch'ŭh mun, on his arrival at the city, my brother had already gone out of the gate; 醫生來時病人經過世 e săng lae she, ping jin king kwo she, when the physician came, the patient had already died.

FUTURE TENSE.

36. We shall not here repeat what we have already said about the auxiliaries 必 peih, and 將 tsëang, which are used to convey the idea of the future tense. Words like the following 將來 tsëang lae, 後來 how lae, 此之後 tsze che how, 以後 e how, 嗣後 sze how, and 就 tsew, serve likewise to indicate coming time, as 自此之後不復信人 tsze tsze che how pŭh fŭh sin jin, after this I shall never believe people again; 後來再有方法 how lae tsae yew fang fă, after that we shall again have some means of managing the matter; 將來不要作亂 tsëang lae pŭh yaou tsŏ lwan, afterwards, or in future, he will not give rise to disturbances; 在月底就起身 tsae yuĕ te tsew k'he shin, he will go on his way at the end of the month; 回國定在下旬 hwuy kwŏ ting tsae hëa seun, he will certainly return to his country during the last decade; 若他報怨我就罰他 jŏ t'ha paou yuen, gno tsew fă t'ha, if he revenge himself, I shall punish him; 任你來我不去 jin ne lae, gno pŭh k'heu, although you come, I shall not go. Of all the tenses this is the least particularized, nor are 將 tsëang, 必 peih, and similar grammatical particles always put, when our

language peremptorily demands them. The Chinese live in the past and present, and care little for futurity, and this may account for their having so few terms to convey the meaning of coming time.

PERSON AND NUMBER.

37. For the person we refer to the personal pronoun, and only remark, that the pronoun is often left out, indeed it is considered to be inherent in the verb, while its omission gives rise to much obscurity.

The impersonal verbs are like the following: as 下雨 hëa yu, it rains; 下雪 hëa seuĕ, it snows; 是關我 she kwan gno, it concerns us; 是令我歡 she ling gno hwǎn, it occasions me joy: they are sometimes distinguished from the others by the addition of 必須 peih seu, must, and 宜 e, ought.

38. Of number we merely observe that the Chinese verb is never affected by it. In our remarks above, we have not spoken of the indicative mood, because it is the simple form of the verb, without the addition of any grammatical particle; the potential and optative moods are imaginary forms of the verb, which have no existence in the language, and have been invented to suit Chinese grammar to that of western nations. Should the student not find any of the grammatical distictions explained which other tongues exhibit, he has only to refer to the particles, where some further elucidation will be given.

CHAPTER VI.

ADVERBS

1. In a few instances the adjective becomes an adverb by adding 然 jen, and 如 joo, to it: as 芒芒然

mang mang jen, vastly; 好然 haou jen, well; 美然 mei jen, beautifully; 徇徇如也 seun seun joo yay, sincerely, 侃侃如也 hang hang joo yay, unceremoniously, without shew. Adverbs are also formed by prefixing 以 e, to a substantive: as 以義 e e, justly; 以禮 e le, politely. In other instances the adjective is very generally used as an adverb.

INTERROGATIVES.

2. The Chinese language is rich in this class of words, and we shall endeavour to enumerate the principal modes of interrogation.

何 Ho, is an interrogative pronoun of which we have already treated. 因何 Yin ho, 爲何 wei ho, 何故 ho koo, 何爲 ho wei, 何居 ho keu, 何緣 ho yuen, and 緣何 yuen ho, all stand for why, wherefore, on what account, &c. as 如何 joo ho, how? 何如 ho joo, how will this do? The latter at the end of sentences: as 其可何哉 ke k'ho ho tsae, how will this do? 何敢死 ho kan sze, how dare I to die? 於從政乎何有 yu tsung ching foo ho yew, in administering the government, what difficulty would there be? 如予何 joo yu ho, what can he do to me? 如正人何 joo ching jin ho, how can he rectify others? 何德之衰 ho tih che shwae, what a failing of virtue! 其如之何 ke joo che ho, how will that do? 如之奈何 joo che nae ho, what is to be done?

胡 Hoo, 惡 woo, 曷 hŏ, and 烏 woo, all signify how, why? as 惡能當之 woo năng tang che, how can one endure this? 胡不變化 hoo pŭh pēen hwa, why do you not reform? 曷積財乎 hŏ tseih tsae foo, why accumulate riches? 胡爲如此 hoo wei joo tsze, how is it thus? 烏足道哉 woo tsŭh taou tsae, how can it be worth while speaking of?

盍 Hŏ, stands for why not? as 盍歸乎來 hŏ kwei foo lae, why not return? 盍各言爾志 hŏ kŏ yen urh che, why does not each of you express his opinion?

海上絲綢之路文獻集成 科技與文化編

4. 豈 K'he, signifies how? as 豈有此理乎 k'he yew tsze le foo, how can such a principle exist? 豈以爲不忍乎 k'he e wei pŭh jin foo, why not endure it? 豈在乎多少 k'he tsae foo to shaou, how does it consist in the quantity? 豈敢 k'he kan, how dare I presume? (a common expression of politeness:) 豈若是乎 k'he jŏ she foo, how is it thus? 豈有加於此哉 k'he yew kĕa yu tsze tsae, can anything be added to this? (ne plus ultra.) 豈二子之所以能及哉 k'he urh tsze che so e năng keih tsae, how can you two gentlemen attain to this? 豈不深可惜哉 k'he pŭh shin k'ho seih tsae, how is it not deeply to be lamented?

奚 He has a similar meaning: as 奚自 he tsze, whence; 奚有德哉 he yew tih tsae, how has he virtue? 其奚不曰 ke he pŭh yuĕ, why does he not speak? 雖多亦奚以爲 suy to, yih he e wei, though much, yet what is to be done with it?

5. 焉 Yen, occurs at the commencement of a sentence: as 焉用殺 yen yung shă, what will be the use of killing him: 焉離仁與義 yen le jin yu e, why forsake benevolence and justice? 是焉得爲大丈夫乎 she yen tih wei ta chang foo foo, how can he become a great hero.

安 Gan, has also the sense of the interrogative: as 安得足心乎 gan tih tsŭh sin foo, how can you be content? 安敢望此 gan kan wang tsze, how can I dare to hope for this? 安能脫也 gan năng tŏ yay, how can we escape?

6. 莫非 Mŏ fei, is not unusual in asking a question: as 莫非就係是人麼 mŏ fei tsew he she jin mŏ, is it not this man? 莫非昨夜做了 mŏ fei tsŏ yay tso leaou, was it not done last night? 莫不是 mŏ pŭh she, is it not so? 莫非見了新婦 mŏ fei kĕen leaou sin foo, he has surely seen the bride.

7. 幾 Ke, occurs in the sense of how, how many: as 幾多錢 ke to tsëen, how much money? 幾人 ke jin, how many men? 若干 Jŏ kan, signifies the same. To show the various modes in which *how* is expressed, we quote the following: as 多少長 to shaou

chang, or 長幾許 chang ke heu, how long? 人幾多 jin ke to, or 有幾個人 yew ke ko jin, how many men? 有幾次 yew ke tsze, 多少次數 to shaou tsze soo, 次幾何 tsze ke ho, all signify how many times? as 賣多少錢 mae to shaou tsëen, 多少賣的 to shaou mae teih, and 賣價幾何 mae kéa ke ho, for how much was it sold, or at what price?

8. In conversation the following modes of interrogation are in use.

那 Na: as 那個還肯多嘴 na ko hwan kăng to tsuy, who will still jabber; 是那個的手筆 she na ko teih show peih, whose handwriting is this? 那一個是好人是惡人 na yih ko she haou jin she gŏ jin, which is a good and which is a bad man? 那有不和不睦之理 na yew pŭh ho pŭh mŭh che le, why should we not live in harmony?

那裡 Na le, how where: as 那裡去 na le k'heu, whither are you going? 那裡講得話來 na le këang tih hwa lae, how can you speak thus? 可不好哪 k'ho pŭh haou na, is not that well?

怎 Tsăng 甚 shin, 怎麼 tsăng mŏ, 甚麼 shin mŏ, 什 shih, 什麼 shih mŏ, 怎生 tsăng săng, or 怎樣 tsăng yang, all signify in what manner? as 怎的 tsăng teih, what? 怎麼好呢 tsăng mŏ haou ne, how will that be well? 却怎了 k'hëŏ tsăng leaou, how is that to be done? 怕怎麼的 pa tsăng mŏ teih, what do you fear? 怎麼看得出 tsăng mŏ k'han teih ch'hŭh, how did you find it out? 有甚麼事件 yew shin mŏ sze këen, what is your business? 什麼好意思 shin mŏ haou e sze, what good intentions? 怎奈無蹤影 tsăng nae woo tsung ying, how is it that there are no traces?

難道 Nan taou, occurs with or without 不成 pŭh ching at the end: as 難道汝首告余不成 nan taou joo show kaou yu pŭh ching have you first accused me? 難道作完了 nan taou tsŏ wan leaou, have you finished the work? Sometimes at the end 不成 pŭh ching merely is used: as 莫不吃了我不成 mŏ pŭh keih leaou gno pŭh ching, will he not eat me up?

海上絲綢之路文獻集成 科技與文化編

9. The particles affixed to the end of sentences, denoting a question are the following: 邪 yay, 耶 yay, 哉 tsae, 乎 foo, 與 yu, or rather 歟 yu, and occasionally 諸 choo.

耶 Yay, is very common: as 是耶 she yay, is it so? 否耶 fow yay, is it so or not? 果見耶 kwo këen yay, is this truly to be seen? or 未見耶 we këen yay, can it not be seen? 何以知其然耶 ho e che ke jen yay, how do you know that it is thus? In a few instances 也 yay, is used for 耶 yay.

哉 Tsae, is also of frequent occurence: as 何哉 ho tsae, what is that? 安在哉 gan tsae tsae, where is it? 由人乎哉 yew jin foo tsae, does this come from men? 磨難人也哉 mo nan jin yay tsae, what? to tyranize over people? 寫信也與哉 söay sin yay yu tsae, does he write a letter? 不亦宜哉 pŭh yih e tsae, is not this proper?

乎 Foo, is a general sign of the interrogative, at the end of sentences: as 你知道乎 ne che taou foo, do you know it? 豈可還錢乎 k'he k'ho hwan tsëen foo, how can you pay the money? 不亦樂乎 pŭh yih lŏ foo, is it not joyful?

諸 Choo, sometimes occurs: as 有諸 yew choo, is it thus? 人有舍諸 jin yew shay choo, should men abandon him; 豈得而食諸 k'he tih urh shih choo, how could he eat it?

歟 Yu, and more seldom 與 yu, are met with: as 聖人歟 shing jin yu, is he a sage? 求之歟抑與之歟 kew che yu, yih yu che yu, did he seek for it, or was it given to him? 麼 Mo, is used in conversation: as 莫非此人麼 mŏ fei tsze jin mo, is it not this man? 有見麼 yew këen mo, have you seen it?

10. 否 Fow, is it, or is it not? is a sign of the interrogative: as 是否 she fow, is it so or not? 是否可行 she fow k'ho hing, may it be done or not? 曾否 tsăng fow, is it done or not yet? 否與滿年 fow yu mwan nëen, is he of full age? 足下知吾心與否也 tsiuh hëa che woo sin yu fow yay, do you know my intention? 否則不誅 fow, tsih pŭh choo, if not, we shall not kill them; 否不呈歟 fow, pŭh ching

keih, if not, he will not deliver; 未知合否 wei che ho fow, we do not know whether it is suitable or not.

11. *Whence* is expressed by 從何處 tsung ho choo, 自從何處 tsze tsung ho choo, whence; 何從 ho tsung, from whence; 從那裡 tsung na le, wherefrom; 自彼 tsze pe, 自該處 tsze kae choo, 由彼 yew pe, all express thence: and 何處 ho choo, where; 向何處 hang ho choo, whither.

NEGATIVES.

12. This is also a very numerous class: the principal ones are 不 pŭh: as 做不來 tsŏ pŭh lae, it cannot be done; 不卽不離 pŭh tseih pŭh le, neither instant nor remote, i. e. the middle course; 我有不是 gno yew pŭh she, I have done something wrong; 不得不去 pŭh tih pŭh k'heu, I cannot avoid going; 不時 pŭh she, in no time, soon; 不期 pŭh ke, not long, within a short time; 不日 pŭh jïh, not many days, shortly; 不容不如此 pŭh yung pŭh joo tsze, it cannot be otherwise than thus; 不然 pŭh jen, not thus; 不是 pŭh she, not right, wrong; 不得不 pŭh tih pŭh, cannot be avoided, must; 不可不 pŭh k'ho puh, must not omit, ought: 不惟 pŭh wei, not only; (followed by 抑且 yih tsëay, but also;) 不法 pŭh fă, lawless; 不料 pŭh leaou, or 不覺 pŭh keŏ, unexpectedly; 不一而足 pŭh yïh urh tsŭh, wants scarcely anything to be complete; 不要 pŭh yaou, do not; 不着 pŭh jo, nothing better than; 不在話下 pŭh tsae hwa hëa, need not be recorded; 不題且說 pŭh te tsëay shwŏ, let us not detail this, but say—: a phrase used to denote the transition from one subject to another; 不消 pŭh seaou, needless; 不肖 pŭh seaou, degenerate; 好不歡樂 haou pŭh hwan lŏ, rejoiced much.

無 Woo, have not, is the opposite of 有 yew, have; 有無情弊 yew woo tsing pe, whether or not there be abuses; 本無之 pun woo che, originally nothing; 無有不如己者 woo yew pŭh joo ke chay, cherish not a friend who is unequal to yourself, do not have afriend unlike yourself; 無而爲有 woo urh wei yew, possessing nothing and pretending to have all; 無則言無 woo tsih yen woo, if you have not, say that you have not; 無由開言 woo yew k'hae yen, no way of commencing the conversation; 國不可一日無君 kwŏ pŭh k'ho yih jih woo keun, an empire cannot be one day without a prince; 無如 woo joo, nothing like, much better; 無所不在 woo so pŭh tsae, no place where he is not, omnipresent; 無所不知 woo so pŭh che, nothing that he does not know, omniscient; 初出于無而歸于無 ch'hoo ch'hŭh yu woo, urh kwei yu woo, it came forth out of nothing and reverts to nothing; 實出于無心 shih ch'hŭh yu woo sin, really unintentional; 寸男尺女皆無 tsun nan chih nyu këae woo, I have neither son nor daughter; 天上地下皆無 t'hëen shang te hëa këae woo, neither in heaven above, nor on earth beneath; 無常 woo chăng, death; 彼輩無一 pe pei woo yih, not one of them.

13. 非 Fei, and 匪 fei, occur: as 非賢人不可也 fei hëen jin pŭh k'ho yay, none but a worthy man will do; 非惟亦 fei wei, yih, not only, but; 非分之事 fei fun che sze, contrary to one's duty; 非比尋常 fei pe tsin chăng, extraordinary; the same as 非常 fei chang, uncommon; 是非 she fei, right & wrong; 非他不可 fei t'ha pŭh k'ho, we cannot do without him; 非法莫作 fei fă mŏ tsŏ, do not do unlawful things; 非其鬼而祭之 fei ke kwei urh tse, to sacrifice to the spirit of a man with whom we have had no connection; 貢舉非其人 kung keu fei ke jin, to recommend an improper person; 非爲 fei wei, bad actions. 匪 Fei, is sometimes used in the sense of *not*, in which case it has always a bad meaning: as 匪德墜淪 fei tih tuy lun, without virtue or with bad qualities to sink into perdition.

弗 Fŭh, is common: as 弗如也 fŭh joo yay, unequal; 弗肯 fŭh k'hăng, unwilling; 以弗滿其職是憂 e fŭh mwan ke chih she yew, he was afflicted on account of not having fulfilled the duties of his station.

14. 莫 Mŏ, is a negative of prohibition: as 莫笑

mŏ seaou, don't laugh; 莫要認錯了 mŏ yaou yin tsο leaou, do not make a mistake; 莫動手 mŏ tung show, do not proceed to violence: 莫說 mŏ shwŏ, don't say, is often followed by 就 tsew: as 莫說我有銀錢就是食遂有 mŏ shwŏ gno yew yin tsëen, tsew she shih mŭh yew, not to say that I have money, I am even destitute of food. Combined with adjectives or 甚 shin, it conveys the idea of the superlative degree, as has been already remarked: as 莫甚於斯 mŏ shin yu sze, nothing could exceed this; 莫大於天 mŏ ta yu t'hëen, nothing greater than heaven; 莫大之功 mŏ ta che kung, insurpassable merits; 莫過於斯 mŏ kwo yu sze, nothing can exceed this; (ne plus ultra:) 莫比 mŏ pe, incomparable; 莫往莫來 mŏ wang mŏ lae, neither go nor come; 莫若 mŏ jŏ, the best, nothing like.

沒 Mŭh, occurs in conversation; as 沒個機會 mŭh ko ke hwuy, no opportunity; 沒奈何 mŭh nae ho, no resource; 沒個頭緒 mŭh ko t'how seu, no clue; 沒一日閒 mŭh yih jih hëen, not for one day at leisure; 身上沒得穿 shin shang mŭh tih chuen, nothing to wear on his body; 沒把柄 mŭh pa ping, no handle to lay hold of; 一個也沒有 yih ko yay mŭh yew, I have not one of them; 全沒有一個 tsuen mŭh yew yih ko, none at all.

15. 未 We, occurs in combination, as 未曾 we tsăng, and 未嘗 we chang, in the sense of *not now*, *not yet*; thus 吃飯麼 keih fan mŏ, have you eaten rice? 未 we, or 未曾 we tsăng, not yet; 未來之事 we lae che sze, things not yet come to pass, future events. 未時 we she, not hitherto; 未有之也 we yew che yay, or 未之有也 we che yew yay, this has never been the case; 未必 we peih, not certainly, or not necessarily; 未有不如此 wei yew pŭh joo tsze, it never has been otherwise; 猶未足 yoo we tsŭh, still discontented; 未定 we ting, unsettled; 未可 we k'ho, cannot, or may not; 從未 tsung we, never.

16. Of 毋 woo, and 勿 wŭh, we have already spoken, but add here a few remarks: 毋容掛齒 woo yŭng kwa che, no need of making any ado about it

毋虛度日 woo heu too jih, do not idly spend the day; 毋貳爾心 woo urh urh sin, do not divide your heart; 勿畏難 wŭh wei nan, do not fear difficulties; 幸勿復言 hing wŭh fŭh yen, do not, if you please, speak of it again; 過則勿憚改 kwo tsih wŭh tan kae, when you have transgressed do not fear to repent.

17. 靡 Mei, and 蔑 mëĕ, are occasionally used as negatives: as 靡常 me chang, unusual; 靡蓋 me kae, without end; 靡有孑遺 mei yew k'hëĕ wei, there was not one left; 蔑有 mëĕ yew, have not.

18. 罔 Wang, 无 woo, 微 we, 叵 p'ho, and sometimes 亡 wang, are used in ancient books as negatives: thus 罔極 wang keih, unbounded; 罔有此事 wang yew tsze sze, there is no such thing; 置若罔聞 che jŏ wang wăn, do just as if you did not hear. 无 Woo, appears to be an abbreviation of 無 woo: as 無福分 woo fŭh fun, no share of happiness; 微作 we tsŏ, not to do; 微有心膽 we yew sin tan, not the least courage; 叵測 p'ho tsih, unfathomable; 其益无方 ke yih woo fang, the advantages are unbounded.

19. These negatives cannot be used at random, but the foregoing examples will serve in some measure to direct the reader how to employ them.

To render the meaning of the negative still stronger the following words are prefixed: 斷 twan, 切 tsëĕ, 決 keuĕ, 絕 tseuĕ, 總 tsung, 終 chung, 萬 wan, 全 tseuen, 大 ta, 毫 haou, 稍 seaou, 畧 lëŏ, and 並 ping: as 斷乎不可 twan foo pŭh k'ho, this cannot on any account be done; 萬萬不赦罪 wan wan pŭh shay tsuy, on no account remit sins; 纖毫無異 tsëen haou woo ë, not the slightest difference, 毫無罪 haou woo tsuy, entirely innocent; 絕不寬貸 tseuĕ pŭh k'hwan tae, not the slightest indulgence; 並無一桿旌旗 ping woo yih kan săng ke, there was not one single standard.

20. A great many words are formed by these negatives just in the same manner as with our in-, un-, less, and dis-: as 有情理 yew tsing le, reasonable, 無情理 woo tsing le, unreasonable, 有禮 yew le, polite; 無禮 woo le, unpolite; 無望 woo wang, hopeless; 無窮 woo keung, endless; 無疆 woo këang, boundless;

海上絲綢之路文獻集成 科技與文化編

是不利 shin she pŭh le, very disadvantageous; 無敵 woo teih, peerless: 不仁 pŭh jin, not only means destitute of benevolence, but cruel, tyrannical; 不臣 pŭh chin, unministerlike, rebellious; 不忍 pŭh jin, compassionate; 無度 woo too, inordinate, licentious. Besides these, there are a great many similar words, which, by prefixing a negative obtain an opposite meaning. The Chinese are also very fond of repeating the same idea with the negative. as 美而不醜 mei urh pŭh chow, beautiful and not ugly, i. e. very beautiful; 端正而非歪邪 twan ching urh fei wae sëay, correct in conduct and not depraved; 勤勞並不懶惰 k'hin laou ping pŭh lan to, to work industriously and not to show remissness, 受苦並無安福 show k'hoo ping woo gan fŭh, to suffer misery without the enjoyment of any happiness.

21. Two negatives not only affirm, but render the affirmation still stronger: as 未有不如此 we yew pŭh joo tsze, it certainly never has been otherwise; 靡日不思 me jih pŭh sze, no day without thinking of you, i. e. to think every day; 不無盡力 pŭh woo tsin leih, exert one's-self to the utmost; 無不知 woo pŭh che, to know every thing; 無不能 woo pŭh năng, omnipotent.

AFFIRMATIVE ADVERBS

22. 是 She, 有 yew, and 係 he, stand for our *yes*; 實在 shih tsae, means really; 果然 kwo jen, indeed; 斷然 twan jen, decidedly; 一定 yih ting, certainly; 確 kŏ, verily; 當眞 tang chin, truly; 要當 gan tang, assuredly; 眞實 chin shih, truly; and 誠實 ching shih, sincerely.

ADVERBS OF TIME

23. We shall enumerate the principal ones of this *class*.

時 She, means *time*, or *when*: as 時坐寫字 she tso sëay tsze, when he sat down to write; 出門之時 ch'hŭh mun che she, when he went out of the gate; 成人之時候 ching jin che she how, when he had become a man, or was of age; 時時 she she, always, constantly; 每時 mei she, every time; 平時 ping she, ordinarily; 少時 shaou she, a little while; 舊時 kew she, 先時 sëen she, 昔時 seih she, and 疇時 chow she, all mean formerly; 此時 tsze she, at this time; 當時 tang she, 是時 she she, 維時 wei she, and 當是之時 tang she che she, all signify, at that time; 於此之時 yu tsze che she, then; 一時 yih she, once; 他時 t'ha she, at another time; 後時 how she, in future, afterwards; 隨時 suy she, immediately, from time to time; 有時 yew she, sometimes; 何時 ho she, 幾時 ke she, and in conversation 甚麼時候 shin mŏ she how, all mean when? 卽時 tseih she, immediately; 時刻 she k'hih, every moment, momentarily; 時値 she che, just, at that time; 或時 hwŏ she, at a certain time; 乍時 cha she, 霎時 sëĕ she, 片時 pëen she, and 暫時 tsëen she, signify in a short time, immediately; 登時間 tăng she këen, within a moment; 罕時 han she, seldom; 係時 he she, always.

24. 卽 Tseih, with its combinations, means *instantly*: as 卽便 tseih pëen, 登卽 tăng tseih, 卽刻 tseih k'hih, 隨卽 suy tseih, 着卽 cho tseih, 仰卽 gang tseih, all signify immediately. The same is expressed by 須臾 seu yu, 頃頃 k'hih king, 頃間 king këen, 少頃 shaou king, 頃刻間 king k'hih këen, 俄然 go jen, 俄頃 go king, 颯卽 chă tseih, 颯然 chă jen, 瞬間 shun këen, 瞬息之間 shun shih che këen, 幡然 fan jen, 半晌 pwan hëang, and 暫且 tseen tsëay.

25. *Early, soon*, is expressed by 早 tsaou, 夙早 keih tsaou, 絶早 tseuĕ tsaou, 清晨 tsing shin, and 却咸早了 këŏ yih tsaou leaou, very early; 尙早 shang tsaou, still early: recently, is expressed by 近 kin, 近日 kin jih, 新 sin, 未有多久 we yew to kew, 甫經 foo king: formerly, reads thus: 已前 e tsëen, 向來 heang lae, 素 soo, 往日 wang jih, 旣往 ke wang, 前

頭 tsëen t'how, 前項 tsëen hang, 當先 tang sëen, 一昔 yih seih, 曩昔 nang seih, and 疇昔 chow seih. 昔日 Seih jih, on a former day; 古時 koo she, in former times; 上古 shang koo, in high antiquity; 大古 t'hae koo, in very high antiquity. Afterwards, is expressed by 嗣後 sze how, 後邊 how pëen, and 後頭 how t'how. 昨日 Tsŏ jih, means yesterday; 今日 kin jih, to day; 前日 tsëen jih, the day before yesterday; 明日 ming jih, to-morrow; 後日 how jih, the day after to-morrow; 前年 tsëen nëen, the year before last; 舊年 kew nëen, last year; 今年 kin nëen, the present year; 明年 ming nëen, next year; 每年 mei nëen, or 年年 nëen nëen, yearly.

26. Whilst, and during, are expressed by 間 këen, 際 tse, 剛 kang, and 正 ching: as 正議論間 ching e lun këen, whilst they were debating; 生死之際 săng sze che tse, between life and death; 交鋒之剛 keaou fung che kang, whilst coming to the engagement; 正要開言 ching yaou k'hae yen, whilst wishing to speak; 此時間 tsze she këen, during; 連夜 lëen yay, during the night; 正躊躇間 ching choo chow këen, whilst in a state of indecision. Hitherto, is expressed by 向來 heang lae, 從來 tsung lae, 到此 taou tsze, 到如此 taou joo tsze, and 到如今 taou joo kin. Henceforth, by 今以來 kin e lae, 自今以後 tsze kin e how. Till and until by 逮於 tae yu, 迄於 yih yu, 及 keih, 値至 chih che, 迨今 tae kin, 及至 keih che, and 到 taou.

常 Chang, 常時 chang she, 恒常 hăng chang, 恒時 hăng she, 常遠 chang yuen 不斷 pŭh twan, 不絕 pŭh tseuĕ, 接連 tsëĕ lëen, 刻刻 and k'hih k'hih, mean constantly, always.

27. 了 Leaou, as we have already remarked, seems to indicate the past: as 作過了 tsŏ kwo leaou, having done it; 語未了 yu we leaou, not yet finished speaking; 投京都去了 tow king too k'heu leaou, went to the capital; 受了此等凌辱 show leaou tsze tăng ling jŭh, having received this insult; 打扮已了 ta pan e leaou, being dressed, 收拾已了 show shih e leaou, having collected the whole. It is also repeated

several times: as 老爺拿了打了禁了 laou yay na leaou, ta leaou, kin leaou, the Mandarin has seized, beaten, and confined him in prison; 了了也未 leaou leaou yay we, is it done, or not yet done. Often it is put at the end of sentences merely for the sake of euphony: as 這又是難題目了 chay yew she nan te mŭh leaou, this is a difficult theme. It is not unfrequently preceded by 也 yay: as 也德甚衰了 yay tĭh shin shwuy leaou, his virtue is very much degenerated; 也不關你事了 yay pŭh kwan ne sze leaou, it does not concern your affairs; 了事 leaou sze, or 了局 leaou keŭh, the affair is done; 了見 leaou keen, to see thoroughly; 了了然明白 leaou leaou jen ming pih, very plainly; 了不得 leaou pŭh tĭh, exceedingly unbearable; 十分英雄了得 shih fun ying hëung leaou tih, the bravest of the brave; 這等力量如何了得 chay tăng leih lëang joo ho leaou tĭh, such a degree of strength how can one withstand; 了不得這麼好 leaou pŭh tĭh chay mŏ haou, exceedingly excellent; 了不得家兄勤勞 leaou pŭh tĭh këa heung kin laou, the diligence of my elder brother is excessive.

已 E, as we have already remarked, likewise indicates the past: as 已寫 e seay, I have written; 已晚 o urh, past the proper time; 而已 urh e, the whole is done, nothing more; 有兩銀而已 yew lëang yin urh e, I have only two taels, and no more; 不得已 pŭh tĭh e, no resource; 已甚 e shin, too much; 在此已矣 tsae tsze e e, here we come to an end.

ADVERBS OF PLACE.

23. The following are the most frequent; 此 tsze, 於此 yu tsze, 在此 tsae tsze, 在這裡 tsae chay le, 在此處 tsae tsze choo, 此所在 tsze so tsae, all signify *here*: 彼 pe, 在彼 tsae pe, 彼處 pe choo, 彼方 kae fang, 那所在 na so tsae, 那箇處 na ko choo, stand severally for *there*. *Hither*, is 這一處 chay yih choo; *thither*, 那一處 na yih choo; *hence*,

海上絲綢之路文獻集成 科技與文化編

is expressed by 由此 yew tsze, 從此 tsung tsze; *thence*, by 從那處 tsung na choo, 從彼 tsung pe. Our word *towards*, is expressed by 向 hëang, and 望 wang: as 向上 hëang shang, upwards; 向下 hëang hëa, downwards; 望西 wang se, west-ward; 背後 pei how, backward; 向前 hëang tsëen, or 前 tsëen, forward; 外面 wae mëen, outward; 裡面 le mëen, inward; 處處 choo choo, and 到處 taou choo, every-where; 不論何處 pŭh lun ho choo, and 不拘何處 pŭh keu ho choo, wheresoever; 所到之處 so taou che choo, and 向甚地方 hëang shin te fang, whithersoever; 中 chung, 中間 chung këen, and 中央 chung yang, all signify *middle*.

ADVERBS OF QUALITY.

29. 百般 Pih pwan, 諸般 choo pwan, all kinds, various; 這般 chay pwan, this sort, such; 那般 na pwan, that sort; 一般 yih pwan, 一樣 yih yang, the same; 異樣 e yang, different; 這般 chay pwan, or 任般 jin pwan, such. So also 這等 chay tăng, 如此 joo tsze, 似此 sze tsze, such like.

ADVERBS OF QUANTITY.

30. When treating of the numerals we adduced a number of this class, we shall here mention the remainder.

太 T'hae, greatly, very; 太多 t'hae to, very much, excessive; 太冷靜些 t'hae lăng tsing sëay, rather too indifferent; 太說話 t'hae shwŏ hwa, too big talk; 太出容易 t'hae ch'hŭh yung e, too easy. It is often combined with 過 kwo; as 愛我太過 gae guo t'hae kwo, he loved me too much; 費心力太過 fei sin leih t'hae kwo, he bestowed too much care upon it.

忒 Yih, also occurs in this sense: as 忒情薄 yih tsing po, too indifferent; 忒是不好 yih she pŭh haou, very wrong; 却忒早些 k'hëŏ yih tsaou sëay, rather too early; 忒看得惡相了 yih k'han tih gŏ sëang leaou, a very bad physiognomy.

好 Haou, or 好不 haou pŭh, signify *very*: as 好胡說 haou hoo shwŏ, very foolish talk, 好不鬧熱 haou pŭh naou jĕ, an exceeding great bustle; 好吃人笑 haou keih jin seaou, very much laughed at by people.

For the remainder we refer the reader to the particles, that form the superlative degree: as for instance 極 keih, extremely; 這也可笑極了 chay yay k'ho seaou keih leaou, this is very ridiculous; 說得極是 shwŏ tih keih she, that is very true; &c. In such and similar cases these words are used in the same manner, as if they stood before an adjective: 煞 shă, and 殺 shă, two verbs, that mean to kill, are also used to denote anything excessive: as 該山真殺得高 kae shan chin shă tih kaou, that hill is immensely high. 你忒煞嘮叨 ne yih shă laou taou, you are too troublesome; 真快活殺 chin kwae hwŏ shă, I am truly overjoyed, or ready to die for joy,

31. 些 Sëay, a little; 須些 seu sëay, inconsiderable; 些微 sëay we, trifling, small. 這 Chay, and 那 na, are often prefixed without materially changing the sense: 今些好 hin sëay haou, to day a little better; 弄些手脚 lung sëay show këŏ, shew off somewhat of one's skill. Affixed to adjectives it qualifies their meaning: as 好些 haou sëay, rather good; 暴些 pŏ sëay, rather cruel: preceeded by 沒 mŭh, or 沒一 mŭh yih, it may be translated *not the least*: 一些安也沒有 yih sëay gan yay mŭh yew, he had not the least rest; 沒些體面 mŭh sëay t'he mëen, not the least respectability. It is also followed by 甚麼 shin mo, in the same sense: as 說些甚麼 shwŏ sëay shin mo, talk a little; 題起些甚麼 t'he k'he sëay shin mo, to introduce something.

頗 P'ho, is used in the sense of *rather*: as 頗多 p'ho to, rather much; 頗有 p'ho yew, rather much; 頗頗曉得 p'ho p'ho heaou tih, to understand somewhat of anything; 頗涉疑惑 p'ho sëĕ e hwŏ, rather doubting; 頗能 p'ho năng, rather capable.

39. 多 To, much; 過多 kwo to, too many; 多重 to chung, heavier, too heavy; 多少 to shaou, and 多寡 to kwa, how many? how much? 人民衆多 jin min chung to, great multitudes. 矧 Shin, and 彌 me, the more, and 况 hwang, how much the more, are used in various ways: as 况且 hwang tseay, still more, furthermore; 何况 ho hwang, how much the more; 况也維有永嘆而已 hwang yay wei yew yang t'han urh e, how much the more so, as he only utters constant sighs and nothing else: 更 kăng, more; 更須一人 kăng seu yih jin, we must still have one man; 更甚更妙 kăng shin kăng meaou, the more the better; 更不多囑 kăng pŭh to chŭh, give no more orders; 更待何時 kăng t'hae ho she, still wait how long; 更且 kăng tseăy, and 更兼 kăng keen, moreover.

CHAPTER VII.

PREPOSITIONS.

1. When treating of the cases of substantives we have already adverted to this class of words. We shall here give a succinct view of their various uses.

與 Yu, *with, to,* is used in very different ways: as 我與你 gno yu ne, I with you, or I and you; 與我請他來 yu gno tsing t'hă lae, call him to come to me; 與他見了禮 yu t'ha keen leaou le, having performed towards him the proper ceremonies; 巽與之言 seuen yu che yen, talk cautiously with him; 不足與言 pŭh tsŭh yu yen, not worthy to be spoken to; 誓與死戰 she yu sze chuen, he swore that he would fight with him until death; 殺人以梃與刃 shă jin e t'hing yu jin, to kill men with a club or with a sword; 與汝周旋 yu joo chow seuen, to bring matters about for you; 聞而不行與不聞同 wăn urh pŭh hing yu pŭh wăn tung, to hear and not to act, is the same as not to hear at all; 夫誰與王敵 foo shwuy yu wang teih, who will oppose Your Majesty? 與汝相約 yu joo sëang yŏ, conclude a contract with you; 與民同樂 yu min tung lŏ, to rejoice with the people; 令民心與順 ling min sin yu shun, to inspire the hearts of the people with obedience; 不與存焉 pŭh yu tsun yen, not comprised in it; 孰能與於此乎 shŭh năng yu yu sze foo, who is sufficient for this? 祭與大禮 tse yu ta le, sacrifice with great ceremony; 不與問 pŭh yu wăn, he did not ask it of him; 干與政事 kan yu ching sze, this concerns politics; 亦與泣別 yih yu keih pëĕ, and parted with tears; 與祭 yu tse, to be present at the sacrifice; 不得與試 pŭh tih yu she, could not be present at the examinations; 求之與抑與之與 kew che yu, yih yu che yu, did he seek for it, or was it given to him? 與此殊異 yu tsze shoo e, different from this. It is also used in comparison: as 德與其假寧樸 tih yu ke këa ning pŏ, in virtue sincerity is better than pretence; 與其登玉宮而肆貪寧居茅屋而知足 yu ke tăng yŭh kung urh sze t'han, ling keu maou ŭh urh che tsŭh, it is better to dwell in a straw hovel and be content, than to ascend a splendid palace and cherish immoderate desires; 姪女與卑妻孰美 chĭh nyu yu pe tse shŭh mei, which is most beautiful, your niece or my wife?

2. 於 Yu, and 于 yu, signify *on, in, at:* as 止於至善 che yu che shen, to rest in the supreme good; 於天無憂 yu t'hëen woo yew, in heaven there are no sorrows; 于家于國無望 yu këa yu kwŏ woo wang, neither of my own family nor of my country is there hope; 於十六年 yu shih lŭh nëen, in the 16th year; 於我如浮雲 yu gno joo foo yun, is to me like a fleeting cloud; 各於其黨 kŏ yu ke tăng, each one according to his clan; 求救於之 kew kew yu che, sought help from him; 助於勸戒 tsoo yu keuen keae, to aid in exhortation; 於禮不可 yu le pŭh k'ho, in strict propriety it cannot be done. 若于 Jŏ yu, concerning, as it respects: 易於消化 e yu seaou hwa, easy of digestion; 失信於我 shih sin yu gno, lost his faith to me; 至於成人 che yu ching

jin, until he was full-grown; 報恩於萬一 paou găn yu wan yih, to repay the ten thousandth part of his kindness; 于百里之外 yu pih le che wae, more than one hundred miles.

We have already remarked that 於 yu serves to describe the passive: as 勞力者治於人 laou leih chay che yu jin, those who perform manual labour are ruled by men; 君子有物非有於物 keun tsze yew wŭh, fei yew yu wŭh, the superior man possesses things but is not possessed by them, i. e. not enthralled by his riches; 死於婦人之手 sze yu foo jin che show, died by the hand of a woman; 殺於刀 shă yu taou, killed by the sword. It is used also in comparisons: as 一年長於他 yih nëen chang yu t'ha, one year older than he; 莫孤於自恃 mŏ koo yu tsze she, there are none more helpless than those who place too much confidence in themselves.

乎 Foo, *at*, *in*, and *on*, is used nearly as the above: thus 出乎其閒 ch'hŭh foo ke këen, to go out from amongst them; 異乎此 e foo tsze, different from this; 思出乎上 sze ch'hŭh foo shang, thoughts come from above; 我藏乎身 gno chang foo shin, hide it about one's person; 好學近乎知 haou hëŏ kin foo che, to love learning is a near approach to knowledge; 行乎富貴 hing foo foo kwei, to act as a rich man; 於是乎 yu she foo, from hence; 異乎所聞 e foo so wan, different from what he heard; 吾無隱乎爾 woo woo yin foo urh, I will not hide it from you; 不在乎那 pŭh tsae foo na, it does not consist in that. It is used also in comparisons: as 莫大乎堯舜 mŏ ta foo yaou shun, none greater than Yaou and Shun; 我一日長乎爾 gno yih jih chang foo urh, I am one day older than you.

3. 以 E, signifies *by*, *through*, *with*: as 理以欲混 le e yŭ hwăn, reason is confounded by passion; 以指畫 e che hwă, to draw with the finger; 以理推度 e le chuy tŏ, to deduct by reasoning; 有以異乎 yew e e foo, is it different? 以至皓首 e che haou show, until old age; 十年以長 shih nëen e chang, more than ten years; 以歲之十月 e suy che shih

yuĕ, in the tenth month of the year; 以來 e lae, from the past to future ages; 自今以後 tsze kin e how, from now and henceforth; 以爲 e wei, to consider, to look upon; 以爲聖人 e wei shing jin, considered him as a sage; 不以爲意 pŭh e wei e, not to care for it; 以直爲曲 e chih wei keŭh, to take the straight for the crooked; 以執壓人 e chih yĕ jin, by his grasp he oppressed the people; 以愚之計 e yu che ke, according to my foolish plan; 以親女待之 e ts'hin nyu t'hae che, he treated her as his own daughter; 以我觀之 e gno kwan che, according to my view of the matter.

以 E, is sometimes used for 用 yung: as 毋吾以也 woo woo e yay, do not use me; 怨乎不以 yuen foo pŭh e, he was indignant at his not being employed.

所以 So e, 故以 koo e, and 是以 she e, all signify the cause, reason, motive, therefore: as 視其所以 she ke so e, consider his motives; 必有以也 peih yew e yay, there must be a cause; 以做 e tso, this may do; 可以 k'ho e, it may pass; 何以 ho e, whereby: 無以 woo e, is sometimes put for 無已 woo e, if you will not desist; 無以則王焉 woo e tsih wang yen, if you will not desist, then let us speak of the royal system of government.

4. 諸 Choo, is nearly synonymous with 於 yu, though it is not so frequently used: as 諸心 choo sin, in the heart; 施諸己 she choo ke, to do towards one's-self; 求諸己 kew choo ke, to seek anything from one's-self; 本諸身徵諸庶民 pun choo shin, chin choo shoo min, the origin of it is in one's-self, and the evidence of it in the people; 示諸掌 she choo chang, he pointed to the palm of his hand, 書諸紳 shoo choo shin, he wrote it on his girdle; 反諸身 fan choo shin, to reflect on one's-self.

5. 替 Te, principally used in conversation and resembling in many respects 與 yu, is used to describe the dative case: as 替汝絕患根 te joo tseuĕ hwan kin, to do away in your behalf with the cause of calamity; 替汝起程 t'he joo k'he ching, I will for you

set out on this journey; 替人出力 t'he jin ch'ŭh leih, to exert one's-self for people.

爲 Wei, is used in the sense of *for*, *in behalf of*: as 學爲己 hëŏ wei ke, to study for one's own benefit; 非爲他爲慟而爲誰 fei wei t'ha wei tung, urh wei shwuy, if I am not grieved on his account, on whose account should I be grieved? 爲國除害 wei kwŏ choo hae, on behalf of one's country to remove calamity; 爲之喜 wei che he, to be glad on that account, 代爲稟請 tae wei pin ts'hing, to petition on one's behalf; 爲天下笑 wei t'hëen hëa seaou, to be a laugh-stock to the empire; 我爲子言之 gno wei tsze yen che, I will speak for you, Sir! 爲人治病 wei jin che ping, healed the diseases of the people; 爲我請來 wei gno ts'hing lae, call him here to me; 爲達會事 wei tsze hwuy sze, in order to communicate: this is always used at the commencement of edicts, when the contents are given: as 爲出示曉諭 wei ch'hŭh she heaou joo, in order to issue a distinct proclamation. Of 因爲 yin wei, 爲何 wei ho, 何爲 ho wei, 因爲此故 yin wei tsze koo, &c. we have already spoken.

6. 在 Tsae, *in*, *at*, *or on*, is one of the most frequent prepositions: as 在城 tsae ching, in the city; 在家 tsae këa, at home; 在山 tsae san, on the hills; 自在 tsze tsae, to be one's-self, to be at ease; 安樂在 gan lŏ tsae, to be comfortable; 在我身上 tsae gno shin shang, it devolves upon me, it rests with me; 拔劍在手 pŏ këen tsae show, with a drawn sword in his hand; 在卽 tsae tseih, now; 道在易 taou tsae e, the way is easy; 在逃者 tsae taou chay, amongst the runaways.

It is often combined with a number of other prepositions, which it always precedes: as 在外 tsae wae, outside; 在屋外 tsae tih wae, outside the house; 在上 tsae shang, above; 在山上 tsae san shang, on the hill; 在目前 tsae mŭh tsëen, before one's eyes; 在袋裡 tsae tae le, in the bag; 在當面 tsae tang mëen, before one's face; 在地下 tsae te hëa, down on the ground; 在乎 tsae foo, to consist in; 國政在乎養民

國政在富養民 kwŏ ching tsae foo yang min, good government consists in providing for the nation.

7. 自 Tsze, 由 yew, 從 tsung, all mean *from, out, by, through*; as 自他造逆以來 tsze t'ha tsaou neih e lae, from the time that he rebelled and thenceforward; 自古至今 tsze koo che kin, from ancient times until now; 自從在 tsze tsung tsae, from the time of being at; 自來無 tsze lae woo, never; 來自 lae tsze, origin.

由 Yew, is employed nearly in the same sense; as 由來已久 yew lae e kew, it is long since; 無由得 woo yew tih, no way of getting it; 根由 kin yew, the origin, or cause of anything; 起情由 k'he tsing yew, or 事由 sze yew, causes; 孽由自取 neë yew tsze tseu, misfortune brought upon one's-self; 由此而來 yew tsze urh lae, from henceforth; 從由 tsung yew, or 自由 tsze yew, signify *from*; 由是 yew she, from hence; 抽由 chow yew, the means through which anything is brought about; 由近以及遠 yew kin e keih yuen, from the near to the more distant; 由此門進 yew tsze mun tsin, enter by this door; 由園入屋 yew yuen jŭh ŭh, to enter through the garden into the house; 由洋商稟請 yew yang shang pin ts'hing, to petition through the Hong merchants; 由武官承辦 yew woo kwan ching pan, to be transacted by the military Mandarins; 由是軍勢大盛 yew she keun she ta shing, from this time the power of the military greatly increased.

從 Tsung, means also from: as 從遠而來 tsung yuen urh lae, came from a distance; 無從查詢 woo tsung cha seun, no means of investigating; 無從入手 woo tsung jŭh show, no means to get into one's hands; 從房出 tsung fang ch'hŭh, went out of the room.

8. 向 Hëang, 望 wang, and 仰 nëang, all mean *towards*: as 向南 hëang nan, southwards; 定個向頭 ting ko hëang t'how, to have some fixed object; 向前 hëang tsëen, forwards; 心向上 sin hëang shang, the heart directed upwards; 向他討 hëang t'ha t'haou,

to demand from him; 向朋友說 hëang păng yew shwo, to speak to a friend.

So also 望 wang: as 回馬望城中走 huuy ma wang ching chung tsow, he turned his horse, and ran towards the city; 望闕闕行三跪九叩 wang kwan këuě hing, san kwei kew k'how, he made three genuflections and nine prostrations as he went towards the palace. In like manner 仰 ying: as 爲此示仰各國船隻 wei tsze she ying kŏ kwŏ chuen chih, and hereby we address ourselves to the vessels of every nation; 諭仰各家 joo ying kŏ këa, we enjoin upon every family.

9. 上 Shang, *above*, 下 hëa, *below*, 底 te, *beneath*, are all used as prepositions: thus 上天下地 shang t'hëen hëa te, up to heaven, and down to earth; 上不怨天下不尤人 shang pŭh yuen t'hëen, hëa pŭh yew jin, above he did not repine against heaven, below he harboured no enmity against men; 趕上 kan shang, to come up with; 不上二個月 pŭh shang urh ko yuě, not above two months; 上下 shang hëa, above and below, more or less; 看上文 k'han shang wăn, see the above chapter; 上心 shang sin, to rise up in one's mind; 在底 tsae te, below.

10. 前 Tsëen and 先 sëen, meaning *before*; and 後 how, *after*, come under this class of words: as 上前去 shang tsëen k'heu, to go forward; 眼前 yen tsëen, before one's eyes; 從前之事 tsung tsëen che sze, some former business; 在前 tsae tsëen, to be before; 前車可鑑 tsëen keu k'ho këen, you may look before the carriage, i. e. take warning; 有十年前 yew shih nëen tseen, ten years ago; 臺前 tae tsëen, before the tribunal, before Your Excellency; 未之前聞 we che tsëen wăn, never heard of it before; 前進 tsëen tsin, to go forward; 你先走 ne sëen tsow, do you go before; 先知 sëen che, to know beforehand; 爭先恐後 tsăng sëen k'hung how, to strive to get before from a fear of being behind.

So also 後 how: as 後代 how tae, in after ages; 後世 how she, future generations; 後世子孫 how she tsze sun, the children and grand-children of the coming age.

間 Këen, *between*, *betwixt*, and *among*, is used as a prepositions: thus 天地間 t'hëen te këen, betwixt heaven and earth; 中間 chung hëen, amongst, amidst; 一年之間 yih nëen che këen, in the course of a year.

11. 內 Nuy, and 裏 le, *in*, and *inside*, 外 wae, *outside*; may be ranked among the Chinese prepositions: as 園內 yuen nuy, in the garden; 地內 te nuy, within the land; 不在內 pŭh tsae nuy, not comprised therein; 不在示禁之內 pŭh tsae she kin she nuy, not comprised within the prohibitions; 三日內必死 san jih nuy peih sze, will die within three days; 城裏 ching le, within the city; 裏面 le mëen, inside.

So also 外 wae: as 郭外 kŏ wae, outside the suburbs; 意外 e wae, beyond expectation; 格外 k'hih wae, out of the common way, extraordinary; 法外施恩 fă wae she găn, to shew favour beyond the letter of the law; 外面 wae mëen, and 外頭 wae t'how, outside, outer surface; 除外 choo wae, besides, with the exception of: these characters are always separated, the first commencing the sentence, and the latter completing it: thus 除諭飭該府嚴行查辦外 choo joo chih kae foo yen hing cha pëen wae, besides ordering the said Foo Magistrate to institute a very strict investigation.

12. 代 Tae, means *for*, *instead of*: as 吾代你做 woo tae ne tso, I will do it for you; 代替同鄉人受苦 tae te tung hëang jin show k'hoo, he suffered for his townsmen.

對 Tuy, signifies *towards*, *to*, *opposite to*: as 對他說 tuy t'ha shwŏ, he said to him; 對天誓 tuy t'hëen shwŏ she, he swore by heaven; 對面 tuy mëen, opposite to.

因 Yin, *on account of*; and 緣 yuen, *because of*, may be taken as prepositions: as 因你悖逆 yin ne pŭh neih, on account of your obstinacy; 緣待慢 yuen t'hae man, on account of your bad treatment; 因爲利 yin wei le, for the sake of gain; 因時致祭 yin she che tse, he sacrificed according to the time; 必因其才

peih yin ke tsae, you must employ men according to their talents.

及 Keih, is used in the sense of *to, until, about:* as 稽查莫及汝 ke chă mŏ keih joo, the examination has no reference to you; 談及甚麼人 tan keih shin mo jin, who are you speaking about; 及二月 keih urh yuĕ, until the second month.

至 Che, and 到 taou, mean *to,* or *until:* as 至此處 che tsze choo, to this place; 事已至此 sze e che tsze, the business having come to this; 遂至於此甚矣 suy che yu tsze shin e, so that it come to this extremity; 至該罪犯 che kae tsuy fan, regarding that criminal; 至於女人勤勞 che yu nyu jin k'hin laou, as far as the industry of the women is concerned.

So also 到 taou: as 殺到天明 shă taou t'hëen ming, they went on killing until break of day; 雨落到半夜方止 yu lŏ taou pwan yay fang che, the rain fell until midnight and then ceased; 事到其間 sze taou ke këen, matters having come to this pass; 行不到數里 hing pŭh taou soo le, he had not gone above a few miles; 來到城 lae taou ching, he came to the city; 接到部咨 tsëĕ taou poo tsze, he received the communication of the board; 奉到玉函 fung taou yŭh han, I received your valuable communication; 到地 taou te, down to the ground; 周到 chow taou, entire, complete; 到處 taou choo, every where; 無所不到 woo so pŭh taou, extending to every place; 到地 taou te, or 到底 taou te, still, yet, after all.

出 Ch'hŭh, *out, from,* comes under the same class: as 拿出來 na ch'hŭh lae, bring him out; 寫出來 sëay ch'hŭh lae, write it out; 踢他出門 chŭh t'ha ch'hŭh mun, he kicked him out of doors.

和 Ho, and 同 tung, *together, with;* the former principally in conversation: as 和你行路 ho ne hing loo, to walk with you; 連人和馬 lëen jin ho ma, both men and horses.

連 Lëen, occurs in the sense of *together, with, in conjunction with:* as 連夥計冒死 lëen ho ke maou sze, together with his companions he braved death;

連人與書拿見 lëen jin yu shoo na këen, both the man and the letter were brought up for inspection.

13. We may observe here, that many Chinese verbs comprise in themselves our prepositions, an account of which would come better under the head of Syntax. A few more examples of prepositions may here be given.

Thus *about, in quantity*, is expressed by 大約 ta yǒ, 大概 ta kae, 差不多 cha pŭh to, 上下 shang hëa: thus 大約五千銀 ta yǒ woo tsëen yin, about 5000 dollars; 臨起程 lin k'he chin, about to depart; 正要罵詈 ching yaou ma le, he was about to abuse; 時値正月 she che ching yuĕ, it was about the first month; 年將六十 nëen tsëang lŭh shih, he was about 60 years of age; 四方 sze fang, and 到處 taou choo, all about, every where; 我就要做 gno tsew yaou tso, I was just about to do it.

14. *According*, is expressed by 依 e, 照 chow, 按 gan, 循仍 sun jing, and 據 keu: thus 按例 gan le, according to law; 遵照安辦 tsun chaou gan pan, he managed it well accordingly; 仍赴轅 jing foo yuen, he accordingly repaired to the office; 據稟 keu kin, according to his petition; 從意見 tsung e këen, according to your opinion; 依規矩 e kwei keu, according to custom.

Against, may be thus expressed: as 對汝 tuy ne, or 抵汝 te joo, or 反汝 fan joo, against you.

Beyond, is expressed by 外 wae, 過 kwo, and 越 yuĕ: as 河外 ho wae, beyond the river; 過限 kwŏ hëen, beyond the limit; 越度 yuĕ too, beyond measure.

Besides, is expressed by 另外 ling wae, 還有 hwan yew, 除此 choo tsze, and 餘 yu: as 於此之外 yu tsze che wae, or 此外 tsze wae, besides this; 尚有 shang yew, still more, besides.

For *through*, the Chinese use 通 t'hung, and 透 t'how: as 通行 t'hung hing, to go through; 刺透 tsze t'how, to stab through.

Without, is thus expressed: as 非汝而未得救命 fei joo urh we tih kew ming, without you we should not have saved our lives; 無錢不得做生意 woo tsëen pŭh tih tso săng e, without money men cannot trade.

Concerning, is expressed by 乃 jŏ 若 yu, 若 于 nae jŏ; 論 lun, and 歸 于 kwei yu: as 若 于 兄 jŏ yu hëung, concerning your elder brother; 論 此 事 弟 寫 書 lun tsze sze te sëay shoo, I shall write to you a letter concerning this business.

CHAPTER VIII.

CONJUNCTIONS.

1. This is a very numerous class, to which we wish to draw the attention of the student, for without a due knowledge of them, neither can the books be properly understood, nor the language appropriately written or spoken. The Chinese being destitute of inflexions, much of the intelligibilily of sentences depends upon the proper use of these particles.

COPULATIVES.

2. These are the following; 且 tsëay, *and*, stands frequently at the commencement of sentences and whole sections: as 且 說 tsëay shwŏ, and it is said; which is an introductory phrase at the commencement of most works of fiction. This particle also couples words: as 富 且 寬 foo tsëay k'hwan, rich and liberal; 深 而 且 廣 shin urh tsëay kwang, deep and wide; 我 且 問 汝 gno tsëay wăn joo, I also ask you; 余 且 老 買 田 yu tsëay laou mae teen, in my old age I bought a field; 且 夫 tsëay foo, now further; 且 如 tsëay joo, now as, or thus; 且 拒 且 走 tsëay keu tsëay tsow, now resisting, and now running; 猶 且 不 知 足 yoo tsëay pŭh che tsŭh, still he was not content; 且 然 作 行 不 正 經 tsëay jen tsŏ hing pŭh ching king, still his actions were not correct; 且 又 拿 書 欽 看 tsëay yew na shoo k'hin k'han, moreover he took the

海上絲綢之路文獻集成 科技與文化編

book and looked over it diligently: 姑且 koo tsëay, 權且 keuen tsëay, 暫且 tsëen tsëay, all signify for the time being, under existing circumstances: 且只怕 tsëay chih p'ha, I only fear.

This particle is also often used, as we have formerly remarked to donote the imperative: thus 且看下回分解 tsëay k'han hëa hwuy fun këae, just look at the next chapter for the explanation; 且不要說 tsëay pŭh yaou shwŏ, do not speak of it; 且莫說他人 tsëay mŏ shwŏ t'ha jin, do not speak of other men; 酒且放下 tsew tsëay fang hëa, just put down the wine.

3. 又 Yew, *and also*, is frequently used, especially in conversation: as 受人之托又有求於人 chow jin che tŏ yew yew kew yu jin, if you receive a charge from people, you will also be solicited by them; 又只是笑 yew chih she seaou, and only laughed; 又恐怕被他人笑話 yew k'hung p'ha pe t'ha seaou hwa, he also feared lest the other should laugh at him. It is freqnently followed by a negative: as 汝又不知 joo yew pŭh che, do you also not know; 又不受命 yew pŭh show ming, again he would not receive orders; 又無煩惱 yew woo fan naou, moreover he was not angry; 又來 yew lae, come again; 又來取咎 yew lae tseu kew, again he got himself into a scrape; 況又 hwang yew, how much the more; 復又 fŭh yew, again; 復又如此 fŭh yew joo tsze, again thus.

This particle is often repeated in a sentence; as 食了又飲飲了又食 chih leaou yew yin, yin leaou yew chih, having eaten he drank, and having drunken he ate again; 病又生不及死又死不得 ping yew săng pŭh keih, sze yew sze pŭh tih, he was so sick that he could not live, and as for death he could not die, i. e. neither dead nor alive; 又喜又悶又驚 yew he yew mun, yew king, he rejoiced and was sad, and also feared; 悔又悔不及改又改無心 hwuy yew hwuy pŭh keih, kae yew kae woo sin, as to repentance he could not effect it, and as for reformation he had no heart to it; 他為人又俊秀又且多才又有俠氣又老實又謙讓又和氣 t'ha wei jin yew tsun sew, yew tsëay to tsae, yew yew hëĕ k'he, yew laou shih, yew k'hëen jang, yew ho k'he, he was a man of manly beauty, of much talent, endowed with spirit, honesty, modesty, and affability.

4. 而 Urh, is used both as a copulative and disjunctive: thus 學而時習之 hëŏ urh she shih che, to learn and constantly to habituate yourself to anything; 而曰然 urh yuĕ jen, and he said yes, be it so; 隱惡而揚善 yin gŏ urh yang shen, hide the bad and proclaim the good. This particle is, however, frequently used as a mere elegant appendage, partly to maintain the cadence, and partly to give a turn to the sentence, in which cases we cannot exactly translate it: as 民無得而稱 min woo tĭh urh ching, the people could not find terms in which to praise; 非簡慢而何 fei kēen man urh ho, if this be not rudeness, what is it? 談而不厭 tan urh pŭh yen, never tired with speaking; 幸而屋內無人 hing urh ŭh nuy woo jin, fortunately nobody was in the house; 有一女美而賢 yew yih nyu mei urh hëen, he has a daughter who is both pretty and accomplished; 滿而後泄 mwan urh how sëĕ, when it is full it will run out. When 而 urh is put between two adjectives or substantives the latter modifies the former: as 厲而仁 le urh jin, stern, but benevolent; 高而平 kaou urh ping, high, but level; 曠而茂 kwang urh maou, extensive, but luxuriant; 船輕而且浮 chuen k'hing urh tsëay foo, the vessel is light and moreover buoyant: 而今何有乎 urh kin ho yew foo, can this exist now? 而今而後 urh kin urh how, henceforward; 而已 urh e, and nothing more; 仁德而已 jin tih urh e, benevolent but nothing further; 九子而已 kew tsze urh e, nine sons only; 于此而已 yu tsze urh e, only here; 然而 jen urh, still, yet; 已而已而 urh e urh e, absolutely nothing more.

5. 也 Yay, and 亦 yih, are used as copulatives: the former only in conversation: as 也算他有本事 yay swan t'ha yew pun sze, it may be accounted that he has talents; 也小女無福分 yay seaou nyu woo fŭh fun, my daughter is also unfortunate. It is often

海上絲綢之路文獻集成 科技與文化編

followed by 有 yew, in enumerating things: as 也有房屋也有田畝也有家資 yay yew fang ŭh, yay yew tëen mow, yay yew kea tsze, he had houses, fields, and riches.

It is often put behind the pronouns and other words, when it may be translated by *even:* as 這也小事 chay yay seaou szè, even this is a small business; 我也無心進城 gno yay woo sin tsin ching, I myself also have no intention to enter the city; 水也不捨一盃與人喫的 shwuy yay pŭh shay yih pe yu yin keih teih, he did not even give a drink of water to the people; 聖賢也不可測度也 shing heen yay pŭh k'ho t'han tŏ yay, even a sage cannot thoroughly fathom it; 一些也不靈 yih sëay yay pŭh ling, not in the least degree intelligent; 一毫也無礙 yih haou yay woo gae, not the slightest obstacle.

也是 Yay she, and 也不是 yay pŭh she, occur very frequently: as 也是母親預備 yay she moo ts'hin yu pei, this is also prepared by my mother; 也是枉費心思了 yay she wang fei sin sze leaou, this is also spending one's thought to no purpose; 也未可知 yay we k'ho che, it is also what cannot be known or determined upon; 也未 yay we, not yet.

It is often repeated in a sentence several times: as 錢也不還人衣也不買來 tsëen yay pŭh hwan jin, e yay pŭh mae lae, he neither paid the people their money, nor did he buy any clothes; 身也不容你近口也不容你開 shin yay pŭh yung ne kin, k'how yay pŭh yung ne k'hae, he will neither allow you to approach his person, nor permit you to open your mouth.

It is also used in questions: as 不也樂乎 pŭh yay lŏ foo, is this not delightful? 看他肯也不肯 k'han t'ha k'hăng yay pŭh k'hăng, to see whether he would or would not; 不知是也不是 pŭh che she yay pŭh she, I do not know whether it is so or not; 不知在也不在 pŭh che tsae yay pŭh tsae, I do not know whether he is there or not.

亦 Yih, is more frequently used in books: as 他亦說云 t'ha yih shw[illegible] also said; 亦好 yih haou, this is also well, it will do; 某死亦無怨 mow sze yih woo yuen, I should even not repine were I to die; 亦如是 yih joo she, it is also thus; 不知足者富亦憂 pŭh che tsŭh chay foo yih yew, he who does not know contentment, even when rich, is sorrowful; 不亦鄙乎 pŭh yih pe foo, was this not mean! 雖你自取亦可憐 suy ne tsze tseu yih k'ho lëen, though you have brought this upon yourself, still you are worthy of pity; 十本書亦該盡讀 shih pun shoo yih kae tsin tŭh, even ten volumes of books he ought to read entirely through; 見時亦無言可說 këen she yih woo yen k'ho shwŏ, on seeing him he could not utter a word; 亦不容我閒遊 yih pŭh yung gno hëen yew, he did not allow me to saunter about.

6. 及 Keih, is used for *and* in edicts, and minor writings, though not of frequent occurrence: as 我及汝 gno keih joo, I and you; 又及 yew keih, now in conjunction with; 以及 e keih, until, to.

連 Lëen, occurs in the sense of *and*, *together with*; as 我連你 gno lëen joo, I and you; 連人馬 lëen jin ma, both men and horses. It is often followed by 也 yay, when it means even: as 連房也不掃 lëen fang yay pŭh saou, he had even not swept the room. In this case it is often preceded in the first part of the sentence by 莫說 mo shwŏ, do not say; 不特 pŭh tih, not only; 不但 pŭh tan, not merely; 不獨 pŭh tŭh, not only: as 不獨妻子回來連姪女二口反巢 pŭh tŭh tse tsze hwuy lae, lëen chih nyu urh k'how fan chaou, not only did my wife and children return, but my two nieces also came back; 莫說這世之樂連後世之福亦享 mŏ shwŏ chay she che lŏ, lëen how she che fŭh yih hëang, not to speak of the joys of the present world, even the happiness of the world to come he will also enjoy.

7 兼 Këen, bears the sense of and, together with, conjointly: as 兵部尚書兼都察院右都御史 ping poo shang shoo këen too tsă yuen yew too yu she, the president of the military board and member of the Censurate; 軍務兼理糧餉 keun woo këen le leang hëang, he managed the military affairs and the

海上絲綢之路文獻集成 科技與文化编

漢語語法札記

revenues; 兼而有之 kēen urh yew che, to have them together; 兼此二義 kēen tsze urh e, these two ideas conjointly; 又兼無體面 yew kēen woo t'he mēen, and moreover without respectability; 兼攝 kēen nëë, to govern together: 三件兼全 san kēen kēen tseuen, the three form one whole; 晝夜兼徒 chow yay kēen taow, he travelled both night and day; 文武兼無功 wǎn woo kēen woo kung, neither the civil nor military officers have any merit.

並 Ping, has nearly the same signification as the above: as 樹並草 shoo ping tsaou, the trees and grass; 並兼 ping kēen, together with; 准其收贖並免嚴治 chun ke show shŭh ping mēen yen che, let him redeem himself and avoid severe punishment; 姐妹並美 tsëay mei ping mei, both the sisters were beautiful; 並行 ping hing, to walk together; 老幼並皆拿下 laou yew ping keae na hëa, he seized on old and young; 一並誅戮 yih ping choo lŭh, he killed them all together; 並力追 ping leih chuy, to pursue with united strength. As already remarked above it is often succeeded by a negative: 只經營生意並無舞弊 chih king ying săng e ping woo woo pe, they merely endeavoured to obtain a livelihood, and there were no abuses; 並無望 ping woo wang, hopeless.

暨 Kae, means and, together with: as 縣令暨協臺 hëen ling kae hëë tae, the Hëen magistrate and the military Commandant, 世爵暨文武 she tseo kae wăn woo, the hereditary nobility and the civil and military officers. 同 Tung, with, occurs as a copulative: as 我同汝 gno tung joo, I and you: also 與 yu, as 兄與弟 heung yu te, elder and younger brethren. In edicts we often find 會同 hwuy tung, and 督同 tŭh tung, together with, in conjunction with, and under the guidance of.

8. 則 Tsih, signifying *then*; sometimes stands for *also, and*: as 過則勿憚改 kwo tsih wŭh tan kae, having transgressed, then do not hesitate to change; 則一也 tsih yih yay, then it is one, the same; 行有餘力則以學文 hing yew yu leih, tsih e hëo wăn, if there still remain strength for practice, then study li-

terature; 食則同棹寢則同床 shih tsih tung cho, tsin tsih tung chwang, to eat at the same table; and sleep in the same bed. This particle is often used in deductions, and in pursuing a train of reasoning. 修身則道立 sew shin tsih taou leih, cultivate personal virtue, then good principles will be established; 勤則誠誠則興興則進 k'hin tsih ching, ching tsih hing, hing tsih tsin, be diligent, and it will be accomplished, when accomplished you will succeed, and when successful, you may advance. In the same way 然則 jen tsih, and 是則 she tsih, are also used. 因汝推辭是則不來 Yin joo chuy tsze, she tsih pŭh lae, since you have refused you will not come. This particle is also repeated with 一 yih: as 一則以喜一則以憂 yih tsih e he, yih tsih e yew, partly with joy, partly with sorrow. In conversation it stands often with 可 ko, at the end of sentences containing a request: as 皇天可憐垂救則可 hwang t'hëen k'ho lëen chuy kew tsih ko, let august heaven be compassionate and grant release, then it will do; 請他過來說話則可 tsing t'ha kwo lae shwŏ hwa tsih k'ho, let him come over and speak, and that will do.

即 Tseih, then, is in some instances used as the above: as 昨夜未及寢即連日睡 tsŏ yay we keih tsin tseih lëen jih shwuy, last night not having been able to sleep, I have been inclined to sleep during the whole day; 即是親兄 tseih she tsin heung, this is then my own brother. It is often put in this manner, as explanatory of a foregoing part of the sentence.

9. 夫 Foo, stands often at the commencement of sentences as referring to something that has preceded: thus 夫仁者 foo jin chay, now with respect to virtue; 夫武官 foo woo kwan, now the military Mandarins previously spoken of; 夫有迫之着也 foo yew peih che cho yay, now this is true oppression.

10. 就 Tsew, then, is often used in conversation: as 要不做就不做 yaou pŭh tso, tsew pŭh tso, if you do not want to do it, then do not do it: also joined with 是 she as 想必就是他 sëang peih tsew she t'ha, I think it must be he. 就是了 tsew she leaou,

it is thus. This term is often preceded by 莫說 mŏ shwŏ: as 莫說不盡本分就是妄行了 mŏ shwŏ pŭh tsin pŭn fun, tsew she wang hing leaou, not only did he not do his duty, but he acted likewise disreputably; 休說三件就是十件都有 hew shwŏ san kēen, tsew she shih kēen too yew, not to say three pieces, even ten pieces are in my possession. It is also followed by 也 yay, when it means even: 就萬死也不敢辭 tsew wan sze yay pŭh kan tsze, I do not refuse to die even ten thousand deaths; 就是鐵石人也禁不的 tsew she t'hëĕ shih jin, yay kin pŭh teih, even a man of iron and stone could not resist it.

Mark also the following expressions: 這樣講來就沒有疑心處了 chay yang këang lae, tsew mŭh yew e sin choo leaou, this kind of language leaves no room for doubting; 就生如鐵 tsew săng joo t'hëĕ, it then became hardened like iron; 就係夢一般 tsew he mung yih pwan, it was like a dream.

11. The use of 便 pëen, *then*, *even*, nearly resembles the above: as 便是卑妻也不可寬 pëen she pe tse yay pŭh k'ho k'hwan, even in my wife, I could not forgive this; 便是京師天子殺人也放人看 pëen she king sze t'hëen tsze shă jin, yay fang jin k'han, even when the Emperor at the Capital puts any one to death, he allows the people to see it; 便好 pëen haou, that is well, that will do; 我便食不得 gno pëen shih pŭh tih, immediately I could not eat; 罵便罵得毒 ma pëen ma tih tŭh, when he scolded he abused people bitterly. It is also repeated 買便買不買便罷 mae pëen mae, pŭh mae pëen pa, if you want to buy, buy; if not, let it alone; 你讀書便同我讀我讀書便同你讀 ne tŭh shoo pëen tung gno tŭh, gno tŭh shoo pëen tung ne tŭh, if you wish to study, then study with me, and if I study, I will study with you.

12. 却 Keŏ, meaning *therefore*, *then*, *yet*, is used often at the commencement of a section, and in connection with 說 shwŏ, to introduce a new subject. In this instance it is also preceded by 不題 pŭh te, let us drop

海上絲綢之路文獻集成 科技與文化編

the subject, and now speak of something else. Often it serves to render a sentence still stronger: 却不惜了 k'hëŏ pŭh seih leaou, yet it is not to be regretted; 却是兩樣筆法 k'hëŏ she lëang yang peih fă, yet these are two different hands; 吾看你作完却解意 woo k'han ne tsŏ wan k'hëŏ keae e, I shall look on until you have finished, and then explain my idea; 恁的却不好 jin teih k'hëŏ pŭh haou, thus it is not well; 你便做夢我却當夜 ne pëen tsoe mung, gno k'hëŏ tang yay, you are dreaming, and I am benighted; 却是你訪我非是余尋你 k'hëŏ she ne fang gno, fei she yu tsin ne, you are making inquiries after me, it is not I who am seeking for you; 却是新相知 k'hëŏ she sin sëang che, he is a new acquaintance; 却並不見 k'hëŏ ping pŭh këen, he did not see him; 今日却想耶 kin jih k'hëŏ sëang yay, do you still think about it? It is often followed by 是 she, and 也 yay: as 却是一字也不識 k'hëŏ she yih tsze yay pŭh shih, he does not know a single letter; 十個小姐却也算不得一個兒子 shih ko seaou tsëay, k'hëŏ yay swan pŭh tih yih ko urh tsze, ten daughters cannot be reckoned equal to one son; 醒來却是一夢 sing lae k'hëŏ she yih mung, and when he awoke, behold it was a dream! 却也好笑 k'hëŏ yay haou seaou, it is after all a ridiculous affair. It is also often used in phrases implying a question, as some of the above sentences sufficiently shew: so also 却是何故 k'hëŏ she ho koo, for what cause is this? 這個相公却是何人 chay ko sëang kung, k'hëŏ she ho jin, who is this gentleman?

13. 方 Fang, and 纔 tsae, together with 旋 seuen, and 遂 nyih, are used for *then*, the first is much employed in all kinds of writing: thus 德方可服人 tĭh fang k'ho fŭh jin, if you display virtue, you may then subdue mankind; 方遂其意 fang tih ke e, he then attained his wish; 我方放心 gno fang fang sin, I then set my mind at ease; 方纔寫了 fang tsae sëay leaou, he then finished his writing: 旋 seuen is used in the same manner in edicts but rather seldom. So also 遂 nyih, both in books and in conversation.

纔 Tsae, is frequently met with: as 還要遲幾日纔得到手 hwan yaou che ke jih, tsae tih taou show, you have only to wait a few days, and then it will come to hand; 纔是箇長久之計 tsae she ko chang kew che ke, this is then a scheme that will work long; 纔騙得他上鈎 tsae p'hëen tih t'ha shang kow, then you may deceive him, so that he will be caught, i. e. swallow the bait.

竟 K'ing, may frequently be translated by *and*: as 竟無一言 k'ing woo yih yen, and he did not speak one word; 竟是一座空城了 k'ing she yih tso k'hung ching leaou, and it was merely an empty citadel; 何竟置之不問 ho k'ing che che pŭh wăn, and how shall we manage so, that he will ask no questions.

14. 到 Taou, and 倒 taou, though verbs, the first to arrive, and the second to fall, are in conversation used variously as connective particles: thus 這到也不錯 chay taou yay pŭh tso, this then is not a mistake; 早一步見一見到也妙 tsaou yih poo, këen yih këen, taou yay meaou, if I had been one step earlier and seen him, it would have been well; 各事倒也誤了 kŏ sze taou yay woo leaou, every affair was mismanaged; 爲何倒要回去 wei ho taou yaou hwuy k'heu, why do you want to return? 難道你們倒呈稟不得 nan taou ne mun taou ching pin pŭh tih, it is hard to say that you cannot present one petition; 你是那裡人倒會說話 ne she na le jin taou hwuy shwŏ hwa, from whence are you, that you are able to speak our language? 我勸諸生倒不如去了罷 gno k'heuen choo săng taou pŭh joo k'heu leaou pa, I advise you all, to make the best of your way off; 活的拿不着倒拿着個死的 hwŏ teih na pŭh chŏ, taou na chŏ ko sze teih, if you cannot seize him alive, you may obtain his dead body; 何倒去害他生命 ho taou k'heu hae t'ha săng ming, why then do you go to injure his life? 倒是無心情 taou she woo sin tsing, on the contrary he is without affection; 倒惱起來 taou noo k'he lae, on the contrary he got angry. This character may in the above instances be translated by

yet, *however*, *still*, *on the contrary*, *&c.* whilst no one particle of our own will in all instances convey the idea. When joined to 底 te, it means *still*, *however*, *after all*: as 到底遭難了 taou te tsaou nan leaou, yet he met with difficulties; 某無銀錢到底要盡力謀大事 mow woo yin tsëen, taou te yaou tsin leih mow ta sze, though I have no money, I shall still exert myself to plan some great affair.

It is also often repeated 你做官家的役倒會性氣難道太爺倒沒性氣 ne tso kwan këa tih yih, taou hwuy sing k'he, nan taou ta yay taou mŭh sing k'he, though you be a servant to a magistrate, yet you can fall into a passion, it is hard to say that your master cannot also have such ebullitions? 我不言語你到說長說短 gno pŭh yen yu, ne taou shwŏ chang shwŏ twan, though I say nothing, yet you prate very largely.

Both 轉 chuen, and 反 fan, are used to signify *on the contrary*, *still*, *yet*: as 其罪轉無以復加 ke tsuy chuen woo e fŭh këa, this crime on the contrary cannot be exceeded in enormity; 轉無方法 chuen woo fang fă, on the contrary we have no resource; 事不密反爲所害 sze pŭh mih fan wei so hae, if the business be not kept quiet, some mischief will yet come of it; 機謀既逆反受其殃 ke mow ke nyih, fan show ke yang, this being a rebellious plot, they will still meet with calamity.

15. 然 Jen, stands for *yes*, *truly*, and *still*: thus 然亦有之 jen yih yew che, still it does exist; 然而未仁 jen urh we jin, yet this is not benevolence; 豈其然乎 k'he ke jen foo, how is it thus? 然則不足學乎 jen tsih pŭh tsŭh hëŏ foo, is it not then worthy to be acquired? 然則將柰何 jen tsih tsëang nae ho, but then what is to be done? 知此然後知衆 che tsze jen how che chung, if you know this, then you will also know all; 未必然 we peih jen, it is not necessarily so; 自然而然 tsze jen urh jen, it is thus in itself, self-existent, always the same, immutable; 然也 jen yay, it is truly thus; 不然 pŭh jen, it is not thus. Compounds like 然而 jen urh, but; 雖然

海上絲綢之路文獻集成 科技與文化編

suy jen, although; 然後 jen how, afterwards; 既然 ke jen, since; 然亦 jen yih, also; 仍然 jing jen, as heretofore; are frequent in the best writers.

16. 雖 Suy, is used for *though*, *although*, with its compounds: as 雖然 suy jen, notwithstanding; 雖然如此 suy jen joo tsze, although it be thus; 雖如此 suy joo tsze, ditto. 雖若是 suy jŏ she, ditto. 雖然這樣 suy jen chay yang, ditto, used in conversation: 雖是 suy she, although it be thus; 雖有德行未曾全備 suy yew tĭh hing, we tsăng tseuen pe, though he has virtue, yet is he not perfect; 雖然養子三年却未感恩 suy jen yang tsze san nëen, k'hëŏ we kan găn, though he nourished the child for three years, yet it did not prove grateful; 雖如是然非驚懼之心 suy joo she, jen fei king keu che sin, though it was thus, yet did he not shew any fear; 雖聖亦有所不知焉 suy shing, yih yew so pŭh che yen, though a man be a sage, yet there are some things which he will not know; 雖吾不學然會聞而知之 suy woo pŭh hëŏ, jen hwuy wăn urh che che, though I have not learnt this, yet I know it from hearsay The particles that most commonly follow 雖 suy, in the second part of the sentence, are 亦 yih, 然 jen, 却 k'hëŏ, 尙 shang, 就 tsew, and 也 yay.

既 Ke, occurs in the sense of *since:* as 既然如此 ke jen joo tsze, since it is thus; 既有盡心竭力 ke yew tsin sin këĕ leih, since he has exerted himself to the utmost.

尙 Shang, stands for *yet*, *still*, *&c.* as 尙有 shang yew, there is still; 年雖老邁尙能馳馬 nëen suy laou mae, shang năng che ma, though he is old and decrepid, yet he can gallop about on horseback; 尙在屋 shang tsae ŭh, he is still at home; 他尙未成事 t'ha shang we ching sze, he has not yet accomplished the business.

仍 Jing, signifies *still, as before:* thus 仍然 jing jen, again, as before; 仍舊 jing kew, as formerly; 仍尙往彼 jing shang wang pe, still he went thither; 仍照舊辦 jing chaou kew pan, arrange it as heretofore; 仍怠惰 jing tae to, as lazy as before; 仍蹈前轍

jing tă tsëen chĕ, he still commits the former faults, he goes on in the old way.

CONDITIONAL CONJUNCTIONS.

17. These are 若 jŏ, and 如 joo: thus 若再錯悞 jŏ tsae tsŏ woo, if he again fall into an error; 若不勉力作速起身 jŏ pŭh mëen leih tsŏ sŭh k'he shin, if he do not exert himself, and go quickly on his journey; 若旣 jŏ ke, since it is thus; 若然不小心 jŏ jen pŭh seaou sin, if you do not take care; 若使復來不看你作工夫 jŏ she fŭh lae, pŭh k'han ne tsŏ kung foo, if I come back again and do not see you at work—; 我若無心問汝 gno jŏ woo sin wăn ne, if I had no intention of asking you; 高意見若何 kaou e këen jŏ ho, what is your opinion; 言笑自若 yen seaou tsze jŏ, he spoke and laughed, as if he were at ease; 相若 sëang jŏ, similar to each other; 若自何來 jŏ tsze ho lae, from whence does he come? 若輩 jŏ pei, men of the same kind, fellows; 若輩匪徒 jŏ pei fei t'hoo, such a set of villains.

如 Joo, is also used in this sense: as 如有志 joo yew che, if he has a mind; 如書到日 joo shoo taou jih, if the letter should arrive on that very day; 如反掌 joo fan chang. as if turning round his hand; 如數清還 joo soo tsing hwan, to pay according to the number. to pay the whole; 如意如願 joo e joo yuen, according to one's wishes and desires; 當如之何 tang joo che ho, how then shall we do; 如之奈何 joo che nae ho, what is then to be done?

CAUSATIVE CONJUNCTIONS.

18. The principal ones are 因 yin, 原 yuen, 緣 yuen, 蓋 kae, 故 koo, 緣故 yuen koo, 是以 she e, 爲 wei, 爲此 wei tsze, and 因爲 yin wei.

因 Yin, expresses *for*, *because*, *on account of*: as 因以爲利 yin e wei le, for the sake of gain; 因小

失大 yin seaou shih ta, on account of small matters he has missed greater ones; 必因其才 peih yin ke tsae, it must be on account of his talents; 因此之故 yin tsze che koo, on this account; 因時致祭 yin she che tse, to sacrifice according to the seasons.

緣 Yuen, and 原 yuen, occur in the same sense: as 緣此不悅心 yuen tsze pŭh yuĕ sin, on this account he was not delighted; 原來如此 yuen lae joo tsze, originally it is thus; 因汝犯法原故不敢寬貸 yin joo fan fă yuen koo, pŭh kan k'hwan tae, I dare not be lenient, because you have transgressed the laws; 緣本罪惡 yuen pun tsuy gŏ, on account of our wickedness; 因不顧親戚之緣皆窮苦度生 yin pŭh koo tsin tseih che yuen, keae keung koo too săng, by not paying attention to his relatives, they spent a life of poverty.

蓋 Kae, occurs in the sense of *for*, *because*: as 蓋軍情亦有常事 kae keun tsing yih yew chang sze, for in military matters, there is a constant duty to perform; 蓋上世嘗有不葬其親者 kae shang she chang yew pŭh chwang ke tsin chay, for in ancient times there were some who did not bury their relations; 蓋以申明守道不妄行之意 kae e shin ming show taou, pŭh wang hing che e, for it was with the intention of maintaining good principles, and of not acting disorderly. 蓋 Kae, often commences essays, that contain a whole string of reasonings, but it is by no means so frequently used by the Chinese as the genius of our language would demand, and foreign writers err by inserting it wherever *for* occurs in our tongue. The surest way is to substitute 因 yin, which is by far the most common, and also to let the cause precede the effect, which is almost an invariable rule in Chinese.

DISJUNCTIVES.

19. 只 Chih, 止 che, 祇 che, and 第 te, are used for *but*, *only*, *&c.* the first in conversation, the second in good writings, and the two following in edicts.

只 Chih, is often followed by 是 she: as 我只是死了罷 gno chih she sze leaou pa, there is nothing left for me but to die; 只是忍耐 chih she jin nae, it is only to be patient. Followed by 怕 pa, 得 tih, 好 haou, and 管 kwan, it gives a peculiar emphasis to those words: as 只怕事不穩當 chih pa sze pŭh wăn tang, I only fear that the business is not secure; 只三日就來 chih san jih tsew lae, he will come in three days; 我只當不知 gno chih tang pŭh che, I merely acted it as if I knew nothing of it; 只怕你們嚇死 chih pa ne mun hih sze, I only fear you will be frightened to death; 說來只怕你不信 shwŏ lae chih pa ne pŭh sin, if I tell you, I fear you will not believe; 只得 chih tih, means *forced, without resource*, and occurs as commonly as the preceding: 只得起程 chih tih k'he ching, there remained nothing for him to do but to proceed on his journey, 二人無法只得跟他 urh jin woo fă, chih tih kăn t'ha, they both were at a loss what to do, and had only to follow him; 只得一齊起了 chih tih yih tse k'heu leaou, they were forced to go all together away; 只好這等 chih haou chay tăng, it is only of this sort; 只好做箇文人 chih haou tso ko wăn jin, he is only good for a literary character; 只好五六日 chih haou woo lŭh jih, only about five or six days; 只管 chih kwan, signifies *merely, only this*: 只管放心 chih kwan fang sin, only quiet yourself; 只管勤勤讀書 chih kwan k'hin k'hin tŭh shoo, only attend diligently to your books; 只管終日談來談去 chih kwan chung jih tan lae tan k'heu, he would do nothing the whole day but babble and talk; 只宜 chih e, means, only this is proper; 只顧 chih koo, only regard this, mind nothing else; 只可 chih k'ho, this alone is practicable; 只此而已 chih tsze urh e, only this and nothing else; 只有 chih yew, merely this, and nothing else; 只緣此受難 chih yuen tsze show nan, only on this account he suffered. 止 Che, is used in the same manner, but by far not so frequently: thus 止有一錢 che yew yih tseen, I have only one cash; 愛之如身不止如子 gae che joo shin, pŭh che joo tsze, he

漢語語法札記

loved him as his own self, and not merely as his son; 第念 te nëen, but, only I thought; 祗貴其恭順 che kwei ke kung shun, but valuing their obedience.

20. 但 Tan, 單 tan, and 僤 tan, signify *but*, *only*: as 但留一人而去 tan lew yih jin urh k'heu, he left only one man and went away; 但不聽命 tan pŭh t'hing ming, only he did not listen to the orders. It is often followed by 只 chih: as 但只無朋友可請 tan chih woo păng yew k'ho ts'hing, but he had no friends to invite; 但然不能過悶 tan jen pŭh năng kwo mun, he could not overcome his grief; 但請放心 tan ts'hing fang sin, I only request you to be at ease; 但願如此 tan yuen joo tsze, I only wish that it may be so; 但坐不妨 tan tso pŭh fang, there is no objection to your sitting down. It often means *wheresoever*, *all*: 但到之處 tan taou che choo, wheresoever he came; 但同行者 tan tung hing chay, all who went with him.

單 Tan, is used in the same sense: as 單少他一個 tan shaou t'ha yih ko, he alone is wanted; 單只管胡說 tan chih kwan hoo shwŏ, he thinks of nothing but talking at random; 單來親近我 tan lae ts'hin kin guo, he only approached me, or condescended to me; 單顧其家小 tan koo ke kea seaou, he only looked to his family. 僤 Tan, is used in the same sense.

21. 惟 Wei, 唯 wei, 維 wei, and 乃 nae, signify *only*, *but*: thus 惟桌未磨光 wei chŏ we mo kwang, but the table was not yet polished; 惟亂而已 wei lwan urh e, there was nothing but anarchy; 惟利是圖 wei le she too, only hankering after gain; 惟命是聽 wei ming she t'hing, only listen to orders. 唯 Wei, and 維 wei, are used in the same manner.

乃 Nae, is used as a particle: thus 乃不可久存 nae pŭh k'ho kew tsun, but it cannot be long maintained; 乃不守心 nae pŭh show sin, but he could not guard his heart: 若乃 jŏ nae, or 乃若 nae jŏ, mean as to, as regards.

22. 還 Hwan, is used in the sense of *also*, *still*, *or*: as 不想他還記得 pŭh sëang t'ha hwan ke tih, I did not think that he was still mindful of it: 還尚

早 hwan shang tsaou, it is still early; 除了我還有那個 choo leaou gno hwan yew na ko, if I be excluded, who else is there. With a negative after it, it means *not yet:* as 還不到本鄉 hwan pŭh taou pun hëang, he has not yet arrived in his native place. Repeated it means either, or: as 還是當眞還是假 hwan she tang chin, hwan she këa, is this true or false; 還是娶妻還是待些 hwan she tseu tse, hwan she tae sëay, whether will he marry her or still wait a little. The second is often left out: as 今日不知還來也不來 kin jih pŭh che, hwan lae yây pŭh lae, to day we do not know, whether he will come or not; 你還是留與不留 ne hwan she lew yu pŭh lew, will you detain him or not; 還是見他不見他 hwan she këen t'ha pŭh këen t'ha, have you seen him or not. It may also be translated by *then:* as 這銀子還是要緊的 chay yin tsze hwan she yaou kin teih, this money then is of some importance; 那裡還認得出 na le hwan jin teih ch'hŭh, how can you recognize him; 我這樣的苦比死還加十倍 gno chay yang teih k'hoo pe sze hwan këa shih pei, this kind of suffering is then ten times worse than actual death.

23. 或 Hwŏ, and 抑 yih, signify *either* and *or:* with a negative *neither* and *nor:* thus 或往或來 hwŏ wang hwŏ lae, either coming or going; 或坐或臥 hwŏ tso hwŏ gno, either sitting or lying down; 或然或不然 hwŏ jen hwŏ pŭh jen, it may be thus or it may not; 或不在屋或不得閒 hwŏ pŭh tsae ŭh, hwŏ pŭh tih hëen, he is either not at home, or not at leisure; 或汝不是或他不是 hwŏ ne pŭh she hwŏ t'ha pŭh she, either you or he is in fault.

抑 Yih, is employed in the same way: thus 抑未知道 yih we che taou, or it is not yet understood; 抑亦人謀 yih yih jin mow, or is this a plan of theirs; 抑或無與 yih hwŏ woo yu, is this nothing? 抑何 yih ho, how; 抑且 yih tsëay, or.

Lest, is expressed by 恐 k'hung: *unless*, by 除非 choo fei: *notwithstanding*, by 雖然 suy jen, 雖然如此 suy jen joo tsze, 既是如然 ke she joo jen, 既是如此 ke she joo tsze. &c.

漢語語法札記

CHAPTER IX.

EXPLETIVES AND INTERJECTIONS.

1. The expletives constitute a most important class of words, not only for rounding periods, but also for promoting the intelligibility of sentences, and their connection with each other. They are the very essence of construction, especially in the literary style, and their omission, or wrong position, is not only productive of jarring sounds, but may entirely change the meaning of a sentence. The principal ones are—

2. 乎 Foo, this is used in admirations, or exclamations: as 怨乎 yuen foo, how detestable! 深乎 shin foo, how deep! Often merely to complete the rhythmus: as 宜乎有悔 e foo yew hwuy, it was right that he should feel regret. We have already remarked that it is often put at the end of sentences, and in such instances it is now and then followed by 哉 tsae: as 仁遠乎哉 jin yuen foo tsae, how far off is virtue! It is also repeated in interrogations: as 其學者乎其聞者乎 ke hëŏ chay foo, ke wăn chay foo, whether has he learnt it or heard it? 誰去乎誰住 shwuy k'heu foo shwuy choo, who goes and who stays? 不亦 pŭh yĭh, either as a question or sign of admiration has 乎 foo, after it: as 不亦仁乎 pŭh yih jin foo, is not this benevolence? 不亦勤乎 pūh yih kin foo, is not this diligence? In the following instances it may be considered either as an expletive or a preposition: as 出乎其間 cu'hŭh foo ke kēen, he came from amongst them; 異乎此 e foo tsze, different from this; 合乎此 hŏ foo tsze, agreeing with this; 幾乎死 ke foo sze, or 庶乎死 shoo foo sze, nearly dead; 似乎父親 sze foo foo tsin, like his father.

於乎 Woo foo, is synonymous with 於戲 woo heu, 於摩 woo foo, 嗚虖 woo foo, and 嗚呼 woo foo, all of which denote *alas!*

3. 矣 E, and 兮 he, are mere final particles, and strictly euphonic, denoting an affirmative in the preced-

ing sentence, or terminating a phrase: as 想必然矣 sëang peih jen e. I think it must be so; 今試言矣 kin she jen e, now I examine the words; 可知矣 k'ho che e, it may be known; 仁義而已矣 jin e urh e e, only virtue and justice, (nothing more;) 藏于其市矣 chwang yu ke she e, stored up in the market; 吾未知之矣 woo we che che e, I do not yet know it. It often corresponds with the relative 者 chay, and admits the following combinations: as 矣乎 e foo, 矣夫 e foo, 然矣 jen e, 耳矣 urh e, 已矣 e e, and 何矣 ho e, which are mere finals.

兮 He, is mostly used in poetry, for the same purpose as the above: as 赫兮咺兮 hih he heuen he, how splendid! how glorious! 彼美人兮 pe me jin he, that beautiful person! 西方人兮 se fang jin he, one from the western regions; 安且幸兮 gan tsëay hing he, tranquil and happy.

4. 哉 Tsae, is a particle like 乎 foo, and is used in exclamations as well as questions: as 善哉問 shen tsae wăn, how excellent a question! 富哉言也 foo tsae yen yay, how rich the language! 賢哉回也 hëen tsae hwuy yay, how worthy a man is Hwuy! 何其謬哉 ho ke meaou tsae, what an error! 大哉聖人之道 ta tsae shing jin che taou, how sublime are the principles of the sages! 復何疑哉 fŭh ho e tsae, why again doubt? 安在哉 gan tsae tsae, where is it? 君子多乎哉 keuen tsze to foo tsae, does a superior man have so many (wants)?

5. 也 Yay, is still more frequently used as an expletive, and is often added to 者 chay, in the following manner: 1. In definitions: as 善者仁也 shen chay jin yay, goodness is benevolence; 道者人之行法也 taou chay jin che hing fă yay, good principles are the rules of human actions. 2, It refers to a former subject, and then precedes 者 chay: as 信友也者不可絕也 sin yew yay chay, pŭh k'ho tseuĕ yay, faithfulness among friends (the subject just alluded to) cannot be dispensed with: 中也者天下之大本也 chung yay chay, t'hëen hëa che tă pun yay, the due medium is the grand principle current through the world.

海上絲綢之路文獻集成　科技與文化編

Or it follows 者 chay at the end of a sentence: as 未有學養子而後嫁者也 we hëŏ yang tsze, urh how këa chay yay, (women) do not (first) learn to nourish children and afterwards marry; 惟今是聞而未知之者也 wei kin she wăn, urh we che che chay yay, we have heard it just now, and did not know it previously. 3, It is often a mere final particle, and of this innumerable instances occur in every book. 4, It is often repeated: as 天下可均也爵祿可辭也白刃可蹈也中庸不可能也 t'hëen hëa k'ho kin yay, tsëŏ lŏ k'ho tsze yay, pih jin k'ho t'haou yay, chung yung pŭh k'ho năng yay, one may be able to pacify the empire, refuse titles of nobility, tread on a naked sword, (i. e. boldly brave dangers) and still be unable to maintain the due medium; 姓所同也名所異也 sing so tung yay, ming so e yay, surnames are alike, but individual names are different. 5, It is often used in answer to questions: as 可乎 k'ho foo, can it be done? 不可也 pŭh k'ho yay, it cannot be done; 有乎 yew foo, have you got it? 未有也 we yew yay, not yet; it is likewise joined to proper names, when calling on any one: as 由也 Yew yay, Yew! 來禹也 lae Yu yay, come Yu! 馬寫也 Ma, sëay yay, Ma, write.

It may be useful also to mark the following sentences: as 聽訟吾猶人也 t'hing sung, woo yew jin yay, in deciding on lawsuits I am as others; 嗚呼遠其分於道 woo foo yuen ke fun yu taou, oh how far has he abandoned right principles! 道之不行也吾知之矣 taou che pŭh hing yay, woo che che e, I know why right principles are not acted upon; 欽差之不傳也乃總督之不義矣 k'hin chae che pŭh chuen yay, nae tsung tŭh che pŭh e e, the reason of the Imperial commissioner's not communicating this, must be sought in the Governor's dishonesty; 父母之喪無貴賤一也 foo moo che sang, woo kwei tsëen yih yay, in burying one's father and mother, it is the same, whether one be in respectable or mean circumstances. As a final it is also followed by 與 yu: as 仁政不網民也與 jin ching pŭh wang min yay yu, a benevolent Government does not entang e the people, (in the net of the law:) 也已 yay e, is of frequent occurrence: as 可謂仁方也已 k'ho wei jin fang yay e, it may be called a virtuous plan; 不足觀也已 pŭh tsŭh kwan yay e, not worthy to be looked upon.

6. 夫 Foo is used by the best writers as a final, synonymous with 也 yay, and 矣 e, with which it is also combined: as 誠之不可揜如此夫 ching che pŭh k'ho yen joo tsze foo, sincerity cannot thus be hidden; 甚大 shin ta, or 甚大夫 shin ta foo, it is very great! 亡之命矣夫 wang che ming e foo, it is your fate to die; 莫我知也夫 mŏ gno che yay foo, no one knows me; 吾矣夫 woo e foo, it is done with me; 盍徃觀夫 hŏ wang kwan foo, why do you not go and look? 已矣夫 e e foo, abstain from it.

7. 焉 Yen, is often added at the end of sentences for the sake of elegance; 于此有人焉 yu tsze yew jin yen, there are men here; 宜少思焉 e shaou sze yen, he ought to ponder a little; 三人行必有我師焉 san jin hing peih yew gno sze yen, if there be three walking together, I shall always find a teacher, (i. e. one of the number will teach me.) It is also repeated for the sake of cadence: as 四時行焉萬物生焉 sze she hing yen, wan wŭh săng yen, the four seasons revolve, and all things are generated; 星辰繫焉萬物覆焉 shing shin he yen, wan wŭh fŭh yen, the stars are suspended (in heaven's vault) and all things are overspread. It is likewise an expletive: as 上焉者 shang yen chay, superiors; 下焉者 hëa yen chay, inferiors; 猶有惑焉者 yoo yew hwŏ yen chay, there are still some who doubt. This particle is often used for the sake of alliteration, which is a peculiarity of the Chinese: as 卽上天焉 tseih shang t'hëen yen, he then ascended to heaven; 道不傳焉 taou pŭh chuen yen, true doctrines have not been communicated; 如此言焉 joo tsze yen yen, thus speaking; 美顏焉 mei yen yen, a fine countenance. Expressions like 忽焉 hwŭh yen, suddenly; 欣欣焉 hin hin yen, joyfully; where 焉 yen, is synonymous

with 然 jen, in the formation of adverbs, occur in the best writers.

8. 兒 Urh, 耳 urh, and 爾 urh, convey as finals the idea of the diminutive.

兒 Urh, principally in conversation: as 將雙眼兒觀我 tsëang shwang yen urh kwan gno, he looked at me with both his eyes; 口裡說幾句好看話兒 k'how le shwŏ ke keu haou k'han hwa urh, his mouth uttered a few fine words. In descriptions it is repeated for the sake of euphony: as 眼兒深鼻兒高齒兒空唇兒曠 yen urh shin, pe urh kaou, ch'he urh k'hung, shun urh k'hwang, the eyes were deep, the nose projecting, the teeth hollow, and the lips wide open.

耳 Urh, is more frequent in books: as 君者幾何惟不有其名耳 keun chay ke ho, wei pŭh yew ke ming urh, he is almost a prince, and only wants the name; 弗思耳矣 fŭh sze urh e, not think about it; 不喜做這弄筆頭的文官耳 pŭh he tso chay lung peih t'how te wăn kwan urh, he did not like to become a civil Mandarin that handles the pencil; 非舍不得這一頂烏紗帽耳 fei shay pŭh tih chay yih ting woo sha maou urh, could I not throw away this bit of black gauze cap? i. e. the badge of authority, and retire from office.

爾 Urh, is also met with: as 窮賤人爾 keung tseen jin urh, a poor, mean wretch; 遽爾罷兵 keu urh pa ping, on a sudden he disbanded his soldiers; 惟所擇焉爾 wei so tsih yen urh, it depends upon what you choose; 故爾暫且安 koo urh tsëen tsëay gan, let us therefore rest a little; 乃爾 nae urh, it is thus; 云爾 yun urh, just as it is said, &c. It also forms adverbs like 然 jen, and 焉 yen: as 卒爾 tsŭh urh, suddenly; 善爾 shen urh, well; 卓爾 chŏ urh, confidentially.

In ancient writers 而 urh is used, on account of the similarity of the sound, in the same manner.

諸 Choo, is in some sentences a mere final. 與 Yu, and 歟 yu, are either singly or combined with others used as finals, such as 也與哉 yay yu tsae. In conversation 呢 ne, 哩 le, and other provincial expletives are also employed.

Amongst the compounds we enumerate the following: 焉爾矣 yen urh e, 焉爾乎 yen urh foo, 焉而已矣 yen urh e e, 已乎已乎 e foo e foo, 已矣乎 e e foo, 已矣夫 e e foo.

9. Of the interjections the following may be noticed: 哀 gae, 噫 e, 嘻 he, 唸 nëen, 咿 e, 悠 yew, 吁矣 heu e, 噯呀 gae ya, 嗟咨 tsëay tsze, 悠哉 yew tsae, all signifying oh! Avaunt! is expressed by 去罷 k'heu pa, 走罷 tsow pa, 除之 choo che. Alas! by 可憐 k'ho lëen, 可惜 k'ho seih, 吁嗟 heu tsëay, 猗歟 e yu, 唏 he, and 唉 tsüh. When calling any one in conversation the Chinese use 呀 ya, 阿 o, 我的妻呀 gno teih tse ya, my wife! 是好好意阿 she haou haou e o, what an excellent idea! 那天 na t'hëen, oh heavens! 啛 Tsow, and 䫌 fow, are interjections expressive of contempt: 呀 ya, 訝 ya, 阿呀 a ya, 哦 go, and 嘮耶 ya, are interjections of astonishment: 云 yun, or 云的 yun teih, oh! ay!

国家出版基金项目
NATIONAL PUBLICATION FOUNDATION

海上絲綢之路文獻集成

總主編　陳支平　陳春聲

科技與文化編 72

主編　王揚宗　葉　農

海峽出版發行集團
THE STRAITS PUBLISHING & DISTRIBUTING GROUP
福建人民出版社

本册目次

中國言法

（*Elements of Chinese Grammar, with a Preliminary Dissertation on the Characters, and the Colloquial Medium of the Chinese, and an Appendix Containing the Ta-hyoh of Confucius with a Translation*）

〔英〕馬士曼（Joshua Marshman）著

《中國言法》，英國馬士曼著。馬士曼（Joshua Marshman，一七六八—一八三七），英國浸信會傳教士。生於英國威爾特郡，一七九九年被派至印度，一八〇五年始學漢語。終其一生未至中國。曾將《論語》前半譯爲英語。此書係英語世界最早之漢語語法書，或稱「漢語密鑰」（*Clavis Sinica*）。全書分兩部分，第一部分討論漢字之構成與讀音，第二部分討論漢語語法，著者自中國各類書籍中精選近五百例，分名詞、形容詞、代詞、動詞、小品詞、句法、標點、方言等八類論述，書末附《大學》英譯。所選各例皆爲書面語，與馬禮遜《通用漢言之法》迥然不同。據一八一四年塞蘭坡版影印。

中國言法

中國言法

ELEMENTS

OF

CHINESE GRAMMAR,

WITH A

PRELIMINARY DISSERTATION

ON

THE CHARACTERS, AND THE COLLOQUIAL MEDIUM

OF THE

Chinese,

AND AN APPENDIX

Containing the *TA-HYOH* of CONFUCIUS with a TRANSLATION.

BY J. MARSHMAN, D. D.

Serampore:

PRINTED AT THE MISSION PRESS.

1814.

PREFACE.

IN submitting to the public so large a work as this, with the view of its being merely a Key to a Language, the author begs leave to mention, by way of apology, certain circumstances relative to the work itself, and to the occasion which has led to its appearing in this extended form.

On completing the first volume of Confucius, early in 1809, it seemed desirable that it should be accompanied by some account of the language, which was accordingly given in a Preliminary Dissertation, of about a hundred pages. The research to which the writing of this dissertation led the author, drew his attention to the formation and structure of the language in a peculiar manner, and induced him afterward to examine with close attention, both the language itself, and every thing written on the subject which fell in his way. The liberality with which the Chinese work was encouraged, rendering it necessary to print a second edition of the first volume and the Dissertation before the second appeared, the author, on examining the materials he had been collecting since the first edition was published, found it impossible to compress them within the limits of a preliminary dissertation, without suppressing the greater part of them; upon which he determined on submitting the whole to the candor of the public in a separate work, resembling the Preliminary Dissertation indeed in its arrangement, but containing more than five times its original quantity of matter.

Before an account be given of the work itself, however, the author anticipates a very natural query, namely, on what ground he, who, though a resident in India, is at the distance of at least two hundred leagues from China, can be supposed to possess those advantages which may authorize his attempting to unfold the nature of the Chinese language. To this query, a simple recital of the train of circumstances which led him to engage in the study, though trifling in themselves, may possibly form an answer.

On the author's arrival in India in the year 1799, ideas which the perusal of accounts relative to the Chinese empire, history, &c. had excited in his mind even in his earliest youth,

A

海上絲綢之路文獻集成 科技與文化編

recurred anew; and he found it impossible, when so near China, to divest himself wholly of the wish to become fully acquainted with both its history, and its language. The study of Bengalee and Sungskrit, however, seemed a paramount duty, and it was not till more than three years after his arrival, that he found himself at liberty to gratify his wishes relative to Chinese; when his brethren, on reviewing the various languages into which it appeared possible to attempt translating the Scriptures, advised him to devote himself with that view to the Chinese language. Finding the way thus open for him to indulge those wishes so long felt, he made every inquiry in his power respecting the nature of the language, and the most effectual means of acquiring it. He was however able to do little more than ascertain more clearly the object in view, till Mr. Lassar's arrival in Calcutta in the year 1805, when the Rev. Dr. Buchanan proposed to the author to enter on a course of study under him, with a view to the translation of the Scriptures. On his acceding, Dr. Buchanan persuaded Mr. Lassar to remove to Serampore, where he generously supported him the first year at his own expense.

As Mr. L. brought with him the best authors in the language, and two natives of China, the author found his wishes relative to Chinese, as he then thought, gratified to the utmost. Here, however, difficulties were to be surmounted: he had no dictionary or vocabulary of that language either in English or Latin; and Mr. L. knew little more of English than he himself knew of Chinese: the labour therefore of beginning to study Chinese *in Chinese*, without being assisted by a single sentence from a Chinese author translated into any language, was such as sometimes nearly staggered his resolution. With these means however, he was at length enabled to bring the first volume of Confucius through the press; three months after which he, for the first time, saw a Latin Chinese dictionary. This circumstance, which he owed to the politeness of the Catholic Missionary, P. Rodrigues, who, after spending twenty years in China, (and ten of them at Peking, as he informed the author,) was then proceeding to the Brazils, formed to him quite a new æra in the study of Chinese. It cleared up numerous obscurities in the language, and removed a mutitude of doubts which unavoidably harrassed him in groping his way in an unknown path with so little light. The assistance he thus obtained convinced him, that had he been furnished from the beginning with due helps, he should have made a greater progress in the language with far less labour. Still however he felt that the absence of them was not without its advantages. It had compelled him to form his own judgment of

中國言法

the nature of the language: had he been favored from the beginning with the helps furnished by the labours of the Catholic missionaries, he should probably have been led to acquiesce implicitly in their ideas, and to tread precisely in their track; but having previously acquired some idea of the language, he was now enabled to appreciate what they had done, and to avail himself fully of their labours, while he still examined things for himself. As the Missionary, P. Rodrigues resided eight months in Calcutta, this enabled him to avail himself of his politeness to the full extent of his wishes relative to various points both in the grammar, and the pronunciation of the language; which he gratefully takes this opportunity of acknowledging.

Early in 1810, arrived at Calcutta from China, where he had resided for several years with the view of studying the language, Thomas Manning, Esq. who to an exquisite relish for the beauties of the Roman and Greek classics, adds a most respectable knowledge of Chinese. To the conversation and the frequent discussions he had with this gentleman, on the nature of Chinese, during his stay in Calcutta, a period of six months, he feels himself indebted for many ideas respecting the language, particularly its Tones, which, but for these discussions, had perhaps for ever escaped his research. With Mr. Manning's Chinese teacher, who had studied at Peking, he also had an opportunity of examining anew the monosyllables of the language with a view to the Peking pronunciation.

Such then was the way in which the author was led to engage in Chinese, and such, with the study of their best works, and daily conversation with his Chinese assistants, the means by which he has been enabled to collect and digest those ideas respecting the nature, origin, and peculiarities of the language, which he now submits to the judgment of the public.

The chief object of the following work is to illustrate the Grammar and Construction of the Chinese language; but in a language which differs so entirely from all others, it seemed impossible to do justice to either its Written or Colloquial medium, within the space generally allotted in other grammars to the letters and their various powers. To the author they seemed to deserve a separate essay: the grammatical part of the work is therefore preceded by a Preliminary Essay on the Characters and Colloquial medium of the Chinese.

A 2

In the First Part of the PRELIMINARY ESSAY, which is devoted to the Characters, an attempt is made to ascertain their *Origin*. Respecting this the documents are scanty; but the probability is, that they must have been invented at an early period. In the six lines ascribed to the emperor *Yu*,* so many characters occur with the same sound, that had not the stanza been delivered in the written character, it is scarcely probable that it would have been preserved. The author has then endeavoured, he trusts with some degree of success, to trace the Formation of the characters, from the simplest of them to those most complicated in their form. It is pretty evident, that from certain delinations of the chief objects of nature, sufficiently rude, it is true, but still such as a strong fancy might associate with the object, sprang the two hundred and fourteen Elements. Certain expressions of ideas once fixed upon, these formed a basis on which to erect a superstructure. Some of them were soon applied figuratively; in other cases certain additions placed above, below, or within, the original character, were supposed capable of representing other ideas. At length two significant characters were combined with the view of representing by the union of the two, a third, which, in the opinion of the writer, partook in some degree of the qualities of both. This once attempted, an almost boundless field presented itself to the view; each of these compound characters, became in its turn a primitive or root, to which an element, the head, the hand, the foot; fire, water, earth, stone, air, &c. being added, another idea was presented to the mind. If to a thousand of these primitives, only a hundred of the elements had been added, the result would have been a hundred thousand characters, produced by the combination of only three elements; but in perusing this essay, the reader will find, that these triple compounds are still in many instances the primitive or root of a new character: in some cases this is extended to five, and in a few even to six elements united in one character, which however, still expresses only one idea. Thus then the reader will find, that from two hundred and fourteen Elements, proceed about one thousand six hundred Primitives; which producing each from three to seventy four Derivatives, constitute the great mass of the Chinese written language.

Had priority of existence been regarded, the latter part of the Essay, which treats of the Colloquial medium, would have preceded that on the Characters; as the Chinese, like other na-

* See page 547.

海上絲綢之路文獻集成 科技與文化編

tions, conversed with each other long before they began to write. But the superior importance of the written medium seemed to entitle it to the priority: in recurring to Chinese, our minds are naturally carried to the Characters, which, commensurate in number with the ideas they are intended to express, and equally perspicuous in every age, as well as in every part of the empire, form the vehicle through which their best writers have conveyed instruction for nearly four thousand years, rather than to the Colloquial medium, so contracted in its powers, and varying in a certain degree in every province.

We are not however to infer that the Colloquial medium is unworthy of notice. Contracted as it may be, it has been from time immemorial the vehicle of oral communication throughout one of the largest empires in the world; and how a language containing little more than five hundred monosyllables, can have answered the same purposes as the most copious polysyllabic languages, may well form a subject of enquiry. Respecting them the mind seems naturally to ask, *What are* these monosyllables, which have, for thousands of years, performed so important a function? Have they been formed at random? or have they an intimate connexion with each other? Are they of a kind peculiar to themselves? or did they spring from any other language? These are questions which are treated pretty much at length in the Second part of the Preliminary Essay; the reader will there find the Sounds traced to their respective classes, the Initial and Final powers of the Colloquial medium fully detailed, and all the Monosyllables in the language given in Four Tables. After this, an enquiry is instituted respecting their probable origin, in which the fundamental sounds of the Chinese colloquial system are compared with those in the Hebrew alphabet, and the likeness shewn to be so faint, as to render it almost impossible that they could be derived from that source: this idea seems confirmed by an examination of the changes induced in forming various alphabetic systems from each other, as the Greek alphabet from the Phenician, and the Roman from the Greek. The fundamental sounds in the Chinese system are then compared with those in the Sungskrit alphabet, and a similarity evinced to exist, which may well furnish matter for enquiry. The author however, as he has no system to support, has contented himself with merely stating facts as they appeared to him, leaving his readers to form their own judgment.

For much of the latter part of this Preliminary Essay the author has to apologize, as not com-

海上絲綢之路文獻集成 科技與文化編

ing strictly within the limits of his work. It is, the inquiry into the prevalence of the Chinese colloquial system in the alphabetic systems of certain surrounding nations, as the Tibet or Bootan alphabetic system, the Rukhung, the Burman, the Siamese, &c. which ends in shewing, that in the two latter and the former, the Sungskrit alphabetic system meets, and is greatly modified by the Chinese colloquial system, the Sungskrit alphabet appearing to have gone eastward to the precise point where the Chinese characters are disused; where, probably by the previous prevalence of the Chinese colloquial medium, it is compelled to assume sounds, and subject itself to tones, quite unknown in Hindoosthan. This examination led the author farther to enquire respecting the *means* by which the Sungskrit alphabet was thus carried towards China; and as it appeared highly probable that Boudhism was the medium, he could not resist the wish to avail himself of the advantages afforded by his situation and connections, for resuming the enquiry relative to the period in which this celebrated Hindoo Heresiarch lived, the result of which, the reader will perceive, affords presumptive proof, that this adversary of the Brahmans, the celebrated Chinese sage, the philosopher Pythagoras, and possibly Vyasa, the collector of the Vedas, lived within a few years of each other. To this digression suceeds an account of the Chinese Tones, which, with a few remarks on the Canton pronunciation, concludes the Preliminary Essay.

This brings the reader to the GRAMMAR, which forms the great body of the work. In treating of the language grammatically, some difficulty occurred: the Chinese have in reality no ideas of grammar corresponding with ours; and while the Sungskrit language abounds with grammatical works, the author has not been able to obtain the least idea of any treatise of this nature in the Chinese language. The plan therefore, and the mode of execution, remained to be formed: and to him the most likely method of illustrating the language, seemed to be, that of confirming each position by examples from their best works, and of noticing carefully under each of the parts of speech any thing peculiar to the language. These are arranged under the five general divisions of Substantives, Adjectives, Pronouns, Verbs, and Particles, under which last are included the Adverb, the Preposition, the Conjunction, and the Interjection. To these is subjoined a sixth upon Chinese Syntax.

In selecting Examples for the elucidation of the parts of speech, the nature of the language

中國言法

seemed to the author far more likely to be unfolded by including various authors in the selection, than by confining it to one, however excellent. Hence although Confucius is esteemed and perhaps with justice, the standard of Chinese style, recourse is had not only to all his works, but to *Tsung-tse*, his disciple, the author of the *Ta hyoh*; to the sage's grandson *Tse-se*, who compiled the *Choong-young*; and above all to *Mung*, who lived nearly two hundred years after the sage. Nor did it seem advisable to confine it to the works produced in one age, or one period of literature; recourse has been had, herefore, to the whole of the Five King; to the *Ee-king* begun by *Fooh hee*, (Fo-hi;) and elucidated by the remarks of the great *Tchyeu*, and of the sage himself;—the *Shoo-king* which treats of *Yao*, *Shun*, *Yu*, and *Thang*, the ancient Chinese emperors,—the *Shee-king*, the Collection of Odes so much extolled by Confucius,—the *Lee-khee*, the great pattern and directory for Chinese manners and government; as well as to the *Tchin-ts'hyeu*, written by Confucius. Nor is it restricted indeed to the writings of those two periods: the commentaries of *Chyu-hee* and others, which owe their origin to the revival of literature under the *Soong* dynasty, in the eleventh and twelfth centuries of the Christian æra, and which in bulk far exceed the original text of *Confucius* and *Mung*, appeared too valuable to be overlooked in a grammar of the language: if the style of them be less concise and energetic than that of Mung, Confucius, and the more ancient authors, it is still pure and perspicuous in a high degree, and well calculated to illustrate the genius of the language. Recourse is also had to the 'Annals of China,' a work in forty two small vols. which extends upward to the period when the invention of fire was not as yet applied to the purposes of life, when the Chinese covered themselves with raw hides, and dwelt in the woods ignorant of marriage and the ties of blood; and downward to the accession of the present dynasty in A. D. 1641. The *Koo-wun*, also, a work in ten volumes, written by various hands, and often quoted in the Imperial Dictionary, has furnished its quota of examples; and the *Koo-se-tshin-yuen*, a valuable work in two volumes, written in the fifteenth century, has been occasionally quoted. Nor have the works of the present day been overlooked; a modern and very copious Comment on the Four Books, has furnished several useful examples; and even the lighter pieces, &c. which contain forms of construction not esteemed admissible into graver compositions, have been occasionally used to illustrate a more familiar mode of expression; and where it appeared necessary, recourse has been had to correct modes of Colloquial expression. As the various parts of speech, and the syntax of the language, are thus illustrated by nearly Five Hundred examples, selected from the writings of above three thousand years, the author feels a hope, that if the real nature of the language be not fully laid upon, there is yet such a foundation laid, as will eventually secure its being done. It was with this view that he preferred the labour of selecting examples from written works, to that of forming verbal ones; which method, though far more easy, would have carried in it less of sterling evidence; as verbal examples, formed on the spur of the occasion, must depend on the fancy and taste of the speaker, while examples from works which have stood the test of ages, remove all doubt, and, when accurately cited, place it within the power of others to detect any error in their application to the rule in question.

It may perhaps be urged, that a language so simple as the Chinese, surely needed not a grammar of above three hundred pages to lay it open; to which it may be replied, that had the object been merely that of *affirming* things, instead of *substantiating* them, a far less number of pages would have sufficed; and an Abridgement of this work, which will merely state grammatical positions explained at large elsewhere, may perhaps be brought into a fourth of the letter-press included in this work. But when it was necessary to substantiate every position, it seemed desirable that this should be done by examples from the best writings in the language. Further, as in so great a body of examples, many historical facts, and allusions to the manners, customs, and peculiar ideas of the Chinese, are necessarily brought before the reader, it appeared desirable to introduce them by some brief account of the context, in order to render them intelligible. Besides, in a language so singular in its construction, the mind seems to require something like an examination into the nature of the positions adduced, and some kind of enquiry respecting the analogy they bear to those in other languages, or to general grammar: the fact is therefore, that brevity has been studied to keep the volume from swelling to a much larger size.

On examining the various parts of speech, the reader will perceive, that the whole of Chinese Grammar turns on *Position*. Inflection, which constitutes so important a part of the grammar of other languages is wholly excluded by the nature of the Chinese language. Were

海上絲綢之路文獻集成 科技與文化編

inflections to the number of only *seven*,* the utmost number an English verb admits, to be added to, (say) ten thousand characters, it would increase them to seventy thousand; and were they added to thirty thousand, the number would be swelled to above two hundred thousand, which would render the language too unwieldy for use. A Chinese character, therefore, simply expresses an idea; but whether that idea shall represent a Thing, a Quality inherent in some other thing, or an Action, must be ascertained wholly by its position, as in the English word *sound*, which, if preceded by an article, is a substantive, (a sound;) by a personal pronoun, a verb, (I sound, they sound;) if it receive an object, it becomes an active, or even a causal verb, (they sound the bell;) and lastly, if we add a substantive to the word with the article prefixed, by the caprice of the English language it becomes an adjective, (a sound vessel.) Thus does position alone, or, its being surrounded with certain other words, vary a word even in English, though custom renders us almost insensible to the fact. But while position thus imparts to numerous Chinese characters the force of divers parts of speech, there are many which either constant use, or the nature of the idea they represent, restrict almost wholly to one part: thus some characters, as 人 *yin*, a man, &c. are seldom used but as substantives, and a few others are on the same principle seldom found but as verbs. The alternate use of characters as substantives and adjectives admits of fewer exceptions; 好 *haó*, 'good,' is also 'goodness;' 高 *kao*, 'high,' is also 'heighth;' and 富 *foò*, 'rich,' is occasionally 'riches;' and on the other hand 仁 *yin*, 'goodness,' is also 'good;' and 智 *cheè*, 'wisdom,' is often 'wise:' so little difference do the Chinese observe indeed between the quality in the abstract and as existing in some subject, that it is often doubtful which of the two ideas a character was primarily intended to express. With this exception, which by no means affects the general principle, the whole of Chinese Grammar depends on position.

A brief view of the various parts of the Grammar may not be useless. In examining the Substantives, the reader will find, that with Prepositive characters, so essential to the perspicuity of language, the Chinese are sufficiently furnished. Even here, however, the grand feature of the Chinese language is apparent: there are scarcely three of these prepositives which are not rendered so by position, and which have not another meaning when they do not precede a

* Love-est-s-eth; lov-ed-st-ing.

海上絲綢之路文獻集成 科技與文化編

substantive. A little reflection indeed will convince us, that this in Chinese results from necessity: if a character be prefixed to another, it must be to express a certain idea; but if this idea were not previously associated with the prepositive character, it could convey none when prefixed.—In treating of the Adjectives, the Numerals appeared too important a class to be passed over in silence: an enquiry is therefore made respecting their probable antiquity. To this enquiry, and the examination of the various modes of Notation among the Chinese, the reader will find above twenty pages devoted.

In the Pronouns, which in Chinese form the various persons of the Verb, the reader will find the language by no means deficient. The chief of these are also pronouns *ab origine*, which is substantiated by quotations from their most ancient works. He will also find all the different classes of pronouns in Chinese, which exist in the most polished Western languages, as Personal, and Interrogative pronouns; Demonstratives, Possessives; the Distributive, the Indefinite, and Collective pronouns, in which latter class the language is rich beyond many others.—Relative to Number as applied to the pronouns, however, he will find a considerable variation between the style of conversation, and that of their best works; in the latter, the characters used in conversation to mark the number, are almost entirely unknown: an attempt is therefore made to trace the period of their introduction, which may possibly not be displeasing to the reader.—The feature which distinguishes the pronouns in the Indian languages, that of expressing Superiority by one class of pronouns, and Inferiority by another, is carried to a much greater length in Chinese, but in a different manner: to this part of the subject therefore, a separate section is allotted.

In treating of the Verbs, their various kinds are first considered, in examining which the reader will perceive the Chinese deficient in scarcely any one kind found even in the Greek language. But the Passive verb he will find to be formed in a manner peculiar to the genius of the Chinese language: the character which forms the passive verb, becomes either the verbal noun, or the participle; that is, either a substantive, or an adjective. In the former case the passive verb is formed by causing another verb which denotes receiving, &c. to govern this verbal noun, as 'I receive his *beating*;' in the latter, by admitting with the passive participle a verb denoting existence, ability, &c. As this mode of construction however, is not always concise, the best Chinese writers, who knew nothing of verbs active or passive, have adopted it in comparatively few instances.—Respecting Moods, the reader will find that the Chinese language, without expressly naming the thing, contains examples of nearly every mode of action occurring in the Western languages: the Indicative, the Imperative, the Subjunctive, the Optative, &c. are exemplified by examples drawn from their best works.—Nor will the Tenses appear scarcely less clear. The simple verb is an Aorist, and has occasionally a past and a future meaning, as well as that of the present; the Present Definite is characterized by an adverbial character marking the present; the Preterperfect is formed by auxiliary verbs, and the addition of the time of the action constitutes what is termed, The Past connected with Time, which occasionally supplies the place of our Imperfect and Pluperfect. In the Future there is a degree of variety, there being one form to express the mere futurity of an action, and another to denote will or determination. On the head of Person and Number, the reader will find little more than the pronouns have furnished, as it is wholly the application of these to a character which forms both these distinctions. A view is then taken of the Substantive verbs, and of certain verbs which properly deserve the title of Auxiliary or Helping verbs. These, with a few observations on the nature of Chinese verbs, finish the fourth part of the grammar.

The Chapter on Particles includes the various kinds of Adverbs; the Prepositions and Postpositions; and the Conjunctions, which are arranged in three classes, as Copulative, Continuative, and Disjunctive. A view of the Interjections as expressing admiration, surprize, anger, grief, pity, concludes this part of the grammar. A sixth division embraces Syntax. Under this head, the reader will find a section on Compound Words, which are a class of words highly important in Chinese: among the first of these, are certain Particles, styled generic, for want of a more appropriate name: they are such as are applied to certain substantives, to mark the class or kind to which they belong; to which our 'piece, suit, case, pair, &c.' bear some resemblance. A few such are found in the Bengalee and other Indian languages; but in the Chinese they amount to more than eighty, which are here given, and exemplified by suitable sentences. After these follow Compounds used to express rank or pro-

B 2

fession in life; certain formed by repeating the same character; those formed by uniting two synonyms, and compounds formed by two characters differing from each other in meaning. Then follow remarks on the Syntax of Nouns, including the formation of compounds by the addition of 者 *tchyéa,* and the application of the Genitive particles, which alone solve many of the difficulties in Chinese construction. These are followed by remarks on the Syntax of Adjectives, of the Pronoun, the Verb, and the Particles. To this is added a short section on Chinese Punctuation.

After examining the language thus far, it appeared desirable to take a cursory view of Chinese Prosody. This the reader will find accordingly traced from the first appearance of poetic numbers among them, to the state of poetry at the present day, and the rules of Prosody laid down, and illustrated by examples from their poetic works.—In a language so extensive in its use, it seemed proper to enquire also respecting its Dialects. Here the reader will find some reflections on the colloquial and the written medium, as compared with each other; after which are considered the chief points of difference which the Canton dialect presents relative to the characters; and a few reflections on the comparative ease or difficulty of acquiring the Chinese language conclude the whole.

In perusing this work, the reader will have perceived many allusions, to similar modes of construction in the Sungskrit language, and its various dialects. These are intended to support no system; but are mentioned merely as facts which occurred to the author's recollection, while examining the nature of the Chinese language.

Candor requires, that the author should acknowledge the helps of which he has availed himself in the course of this work; and he frankly acknowledges, that he has consulted every work on the Chinese language which he has been able to procure. To this, respect for the public would have led him, had he not been impelled by a desire to comprehend fully the subject which occupied his attention: in his opinion, whoever undertakes to treat of any subject, is bound to examine and weigh, as far as in his power, every thing already advanced thereon, that he may lay before his reader the best information the subject affords, and that

海上絲綢之路文獻集成 科技與文化編

if he have nothing to offer beyond his predecessors, he may spare him the labour of perusing what is already well known. The authors to whom he has had recourse in the Preliminary Dissertation have been already mentioned. Of the Dissertation of his deceased friend, Dr. Leyden on the Indo-Chinese languages, while he is aware that his opportunities of gaining information were greatly limited, he still has a high opinion, as containing much information of an interesting nature. To the labours of Mr. Colebrooke in the Asiatic Researches, he acknowledges himself greatly indebted; and also to those of Mr. Bentley, to whom he feels particularly obliged for the two letters with which he was pleased to favor him relative to the age in which Boodh probably lived.

From various other sources he has occasionally derived hints, which he feels it difficult in all cases to retrace with precision. He however recollects that his attention was first turned to the six classes into which the Chinese divide their characters, by the Quarterly Review for May, 1811. The judicious remarks there made on the subject, induced him to enquire into the reality of the fact, which led him to passages in Chinese, treating of the six classes; and enabled him to examine their nature and origin, as laid down from page 44 to p. 52.

When he had printed off nearly half this work, he met with Fourmont's "Linguæ Sinarum Grammatica," which he examined with the utmost attention. As Fourmont has not however quoted a single sentence of ten characters from any Chinese work in support of his grammatical positions, and very few of even four, he could derive little assistance from him. In many instances indeed he is constrained to differ from that learned man. Where he found this necessary, he has stated his own ideas, with the respect due to the memory of Fourmont; but still with that freedom which becomes one who examines things for himself. For the extensive learning of Fourmont he has a high esteem; but his supporting the grammatical positions which he has laid down, by sentences formed by himself, has greatly injured his work. Had he allowed himself to examine the best Chinese works for authorities, and stopped where he found himself unsupported by these, he would have obtained a far more accurate idea of the language, and would have added exceedingly to the value of his work. That the true construction of a language is to be sought from its purest works, rather than from conversation, must be evident to those who reflect closely: for if the language of the best authors should agree precisely with that of conversation, examples from the latter are not to be preferred in a grammatical work, because they do not afford the *best* evidence of the position in question; the speaker and his peculiar taste may be unknown, but the composition of the writer has stood the test and received the approbation of ages. But if conversation differ from the style and idiom of the best writers, these variations are not the language; they may be given as colloquial idioms, but they can have no claim to a place in a grammar which professes to embrace the whole of the language. These ideas receive confirmation, not only from every respectable work written to illustrate the Latin and Greek languages; but from the latest and best grammarians who have treated of our own, though one wherein the written and colloquial media are identified with each other: these, though in some instances patterns themselves of a pure and classic style, have still preferred supporting the positions they laid down, by examples selected from the best writers in the language, to supporting them by sentences formed by themselves.

A few months after the author had seen Fourmont, he met with Bayer's Museum Sinicum, in 2 vols. octavo. Of this work it is sufficient to say, that it is many years behind Fourmont's; but that like him, Bayer seldom or never cites examples from any Chinese work. These are the chief works published expressly on the Chinese language, which the author has had an opportunity of examining: from some of them he derived occasional hints, but none of them suited with his plan. His ideas have been chiefly derived from carefully weighing the nature of the language itself, as exhibited in the works already mentioned. He has been able to obtain few ideas of a grammatical nature from his Chinese assistants; but he has often derived much information respecting the language, from discussing with them such grammatical positions as appeared to involve any doubt. To conclude, the work has been nearly three years in the press, and is the fruit of more than eight years' examination of the language; and although he has not the presumption to suppose that no grammatical fact relative to the language has escaped his observation, nor that all he has advanced is free from mistake, yet after examining for himself the best and purest works in the Chinese language, and perusing nearly every thing of importance which has been written on the subject, he feels a humble but firm confidence, that in expecting to find the Chinese language laid open in this work, the public will not be altogether disappointed. That in translating so great a body of examples he may not, in some instances, have mistaken the sense of his author, although unconscious of it, is what he can scarcely hope ; but as the authors are cited, even these instances are open to the examination of those who can judge for themselves, who if they detect any error, can also judge how far it affects the position in question ; and he cannot but hope that such examination, whatever partial errors it may detect, will serve in general to establish what is here submitted to the public respecting this singular language.

The APPENDIX, contains the *TA-HYOH*, with an Explanation of the Characters. Something by way of Exercise being desirable at the end of a grammar, the author has preferred the *Ta-hyoh*, the first of the Four Books, to extracts of any kind, as it puts the reader in possession of a complete work, highly esteemed by the Chinese. To this, his eldest son, who has now applied to the language more than seven years, has added a Translation, which, however, is not intended to be perfectly literal ; whoever, in translating, attempts to give his author word for word, instead of idea for idea, has the first principles of translation as yet to learn ; yet care has been taken to keep as close to the text as perspicuity seemed to admit. For the Notes, and the Praxis or the Explanation of the Characters, the author must himself be answerable. This little work in reality contains the substance of Chinese ethics. It is morality as fitting a person for private and public life. The intellectual faculty, like a mirror, is supposed to be sullied and darkened by the influence of the passions; it is therefore to be enlightened by a thorough examination of all things within the comprehension of the mind. This examination enables a person, according to the Chinese moralist, to rectify his ideas of things, for it leads him to regard vice with the disgust he feels at a fœtid smell, and virtue with the delight felt in beholding a beautiful colour. These feelings, relative to vice and virtue, are to enable a man fully to controul his passions, which lays the foundation for the due discharge of every social duty ; while that reverence, respect, and compassion which are displayed in social life, fit him for governing a province or even the whole empire. These ideas, contained in a short epitome, delivered by the Chinese sage himself, his disciple *Tsung-tse* makes the basis of the *Tà-hyŏh*, or "the Important Doctrine," and illustrates in ten Sections. The foundation on which this fabric of virtue is to be raised, is sufficiently slender, as must be the case in a system which regards moral evil as so trivial a thing, and wholly excludes a Deity, both as the object of filial fear, and as enlightening the mind. The reader will however find some ideas on human conduct and the nature of government, which are far above contempt.

The Chinese characters in this work are printed from Metal Types. It is hoped that this improvement, when brought to perfection, will essentially promote the cause of Chinese literature, as well as the dissemination of the Holy Scriptures; as while they add greatly to the legibility if not to the beauty of the Chinese characters, their being *moveable* enables us to print, in the manner of the *Tà-hyŏh*, any Chinese work whatever, at an expense too by no means immoderate. Thus it will be easy to lay before the public, by degrees, every thing valuable in the Chinese language, in a page containing both a Translation and the Text itself; and the language may thus be rendered as familiar to the learned world, as any other oriental language deemed worthy of notice.

In the course of the work, the reader will often find reference made to the Chinese chronology: the dates given are those which their own Annals assign to the various transactions recorded in their history. On the subject of the Chinese chronology, it would be improper now to enter; the author would therefore merely observe, that while no judicious man will credit it implicitly, an examination into the degree of intrinsic evidence which the annals of a nation so ancient, really possess, will not be altogether unworthy the labour. The Annals of China, taken in their utmost extent, synchronize with the chronology of Josephus, the Samaritan Pentateuch, and the Septuagint, rather than with that contained in our present copies of the Hebrew Text; and, according to the former, the highest pretensions of their own annals leave the Chinese inhabiting the woods, and totally ignorant of agriculture, nearly five hundred years after the deluge.

Should this work experience sufficient indulgence from the public, it is probable that, if life and health be spared, it will be followed by a Translation of the Imperial Dictionary, supposed to contain every genuine character in the language, which when printed in a convenient size, (for which the Metal Types are happily adapted,) will place the Chinese Language within the reach of any one to whom an acquaintance with it is an object of desire.

海上絲綢之路文獻集成 科技與文化編

CONTENTS OF THE WORK.

PRELIMINARY DISSERTATION.

PART I. ON THE CHARACTERS.

PART II. ON THE COLLOQUIAL MEDIUM.

海上絲綢之路文獻集成　科技與文化編

海上絲綢之路文獻集成 科技與文化編

中國言法

Page.

APPENDIX.

The TA-HYOH, containing,

海上絲綢之路文獻集成 科技與文化编

ERRATA.

Page 10, transfer the explanation of Elem. 105 to Elem. 107, and *vice versa.*

Ele. 160, after "pungent," add "bitter."

Ele. 178, for "with," read "without."

Page 24, line 3, for "father," read "aged."

——25. dele from "sun," in l. 26, to "while," in line first, page 26.

——30. l. 27, after "placed," read "them."

——34. l. 22, for 在 read 才.

——36. note, for "Fifteen," read "Fourteen," and *vice versa.*

——48. l. 3, for "morning," read "evening." l. 21, for "a bone," read "a horn."

——49. for "bricks," read "tiles."

——52. l. 19, for "his," read "this."

——62. for "expanding," read "expanded."

——67. for "leather," read "the skin."

——79. l. 14, for "perverse," read "sudden."

——105. l. 24, for "crooked or winding stream," read "dog."

——106. l. 22, for "to fear," read "a horn."

——123. after), for the dash, read υ.

——for ς read ϑ.

——139. l. 12, for "Greeks," read "Greeks'."

——182. last line, for "Part I." read "Part II."

——189. l. 20, for "naturally the case," read "particularly."

Page 197. l. 17, after "eat," dele "it."

——198. l. 12, for 惡 read 仁.

——199. l. 8, for "sixth," read "fifth."

——201. l. 15, for "he," read "though he."

——210. l. 1, for 鳥 read 烏.

——219. l. 6, for "sage's disciples; Who (among you,)" read "sage? Who of thy disciples;" line 17, for 也 read 者.

——229, 366, 387, and 423, for 毌 read 毋.

——258. l. 10, for "north," read "south," and *vice versa.*

——259. l. after "Ta-hyoh," dele "*Tse se,* the grandson of."

——260. l. 17, for 月 read 日.

——271. last line, after "adjectives," dele "and which are."

——273. l. 15, for "me," read "myself."

——283. l. 1, change the first person to the 3d.

——290. l. 13, for 大 read 泰.

——298. l. 11, for "*Fooh,*" read "*Hee.*"

——310. l. 15, for "twelve," read "twenty."

——319 and 320, for 弟 read 第.

——340. l. 9, after "why," dele "should I."

——348. l. 9, for "going," read "firm."

——354. l. 15, for 無 read 亡.

——355. l. 7, for 無 read 莫.

——375. l. 12, for "The," read "We."

——393. l. 25, dele "a."

Page 395. l. 18, for " got," read " get."
——408. l. 16, 17, for "How severe!" read " Why so severe?"
——410. l. 5, for "instance," read " instances."
——412. l. 9, for "know not," read " not."
——418. last line, for " year," read " month."
——420. do. for " the disciple," read " the younger brother and son;" and dele "paternal."
——421. l. 17, for 當 read 富.
——430, l. 2, and 4, for " severe," read " humble."
——432. l. 12, for " the living," read " life," for " the dead," read " death."
——442. l. 1 and 3, for " formerly," read " Ah!"
——445. line 11, for 那 read 即.
——446. line 9, and 11, for " heard'," read " asked."
——480. l. 15, for 亡 read 毋.

Page 480. l. 19, and 20, for 母 read 毋.
——483. last l. for " prince, the eldest son," read " the prince."
——486. l. 5, for " My," read " The people's."
——489. lines 10 and 12, for " respectful," read " steady."
——492. l. 10, for 知 read 和.
——506. l. 4, after " two," dele " strings."
——501. art. 2, read 盞 before 燈.
——508. art. 64, for " *Chhun yih t'hai sŭh*," read " *Yih t'hai chhun sŭh*."
———art. 65, read 三 before 頭.
———art. 67, for 道 read 救.
——510. l. 19, for 佮 read 份.
——526. change reciprocally " misery," and " happiness."
——555. l. 7, for 鳴 read 嗚.
——563. after " Concluding," read " reflections."
Appendix, p. 7. l. 5, for 曰 read 日.

To trouble the reader with *errata* in the Names of the Chinese characters, and the Tones affixed to them, seems scarcely necessary; a mistake of this nature (and the author trusts they are but few) is less important to any one not residing among natives of China; and those who enjoy this advantage, can easily correct any thing of this kind by the pronunciation of those around them.

N. B. After a few pages of the Grammar were printed off, the author thinking that it would assist the reader, if the meaning of each character were also placed underneath it, as well as included in the translation of the sentence, after p. 214 has attempted this as far as the idiom of the language would permit; and he hopes the goodness of the reader will excuse the omission of it in the first few pages.

海上絲綢之路文獻集成 科技與文化編

DISSERTATION

ON THE

CHINESE LANGUAGE.

IT is seldom without reluctance that the mind enters on the examination of philological subjects. In their own nature dry and uninviting, they are scarcely capable of being rendered interesting, even when the subject of them is a language well known. But when the attention is requested to one so little known as the Chinese, and confessedly so full of difficulty, there is reason to fear, that the utmost candor in the reader will be scarcely sufficient to carry him, with any degree of pleasure, through a work of this kind.

Yet there are circumstances which seem to render the Chinese language in some degree worthy of notice. It is peculiar in its nature, differing in its principle from every other language of which we have any idea. It has been carefully cultivated, and tenaciously preserved from every foreign mixture, by one of the most ancient and populous nations in the world. It contains a number of treatises on morals and government, which in point of antiquity exceed the most ancient writings of the western world; and the maxims contained in which, embodied in the discourses and precepts of a later philosopher, have for more than two thousand years, preserved that do-

A

海上絲綢之路文獻集成 科技與文化編

minion over the minds of the Chinese, which has survived the shock of revolutions, and compelled conquerors themselves to adopt them as the best mode of giving stability to their thrones. It is further said to be at this day the medium of communication among nearly a third of mankind. When we consider these facts, and reflect on the intercourse which we now have with the Chinese nation, and which the growing state of the British empire in the East is by no means likely to lessen, some acquaintance with the nature of this language may be reasonably expected to appear desirable to the lovers of philology in general.

The information hitherto communicated respecting this language, has by no means been sufficient to remove the obscurity which has so long hung over it: it has borne a stronger resemblance to a sudden but transient flash of light, which, darting on some large and undescribed object, serves merely to disclose its size without conveying any distinct idea of its shape, than to that calm and steady light, which, giving us an opportunity of contemplating an object at leisure, enables us to form a just idea of its proportion, and leads us to the discovery of its nature and qualities. It is, however, far from being the intention of the writer of this dissertation to intimate, that to communicate such a degree of light as shall fully elucidate the language, is within his power: such a work will be much more rationally expected as the effect of the united labours of many. It will, notwithstanding, be obvious, that if efforts be not made for communicating such information as may from time to time be obtained, this effect can never be produced; and that, to lay before the public, in an unassuming manner, whatever ideas on this subject, any one may have an opportunity of acquiring, is the indispensable duty of all who feel interested in the advancement of general knowledge, and the consequent happiness of mankind. This will, he trusts, form a sufficient reason for his thus attempting to communicate such ideas relative to this language, as have been obtained in the course of nearly seven years' study; and, with the candid and liberal, be esteemed a sufficient apology for the imperfections they may notice in this work.

An interval of three years, which has elapsed since the first edition of this dissertation was published, has enabled the author to weigh maturely what was therein advanced; and the result has been, that although few of the facts then mentioned have appeared unfounded, a much greater degree of information has been obtained, which it would be ill requiting the indulgence already experienced from the public, to forbear communicating in a second edition.

That the Chinese is a singular language, will be readily acknowledged. But although it differs widely in its principle from every alphabetic language, a thorough investigation of the subject, will probably remove many of the mistakes hitherto entertained respecting it, and perhaps evince, that though totally different in its nature, it is little less regular in its formation, and, (were the means equally within our power,) scarcely more difficult of acquisition, than Sungskrit, Greek, or even Latin.

It may assist us in forming a just idea of this language if we first examine the Nature and Formation of the CHARACTERS,—then the SOUNDS affixed to them;—and afterward their GRAMMATICAL CONSTRUCTION, or the manner in which they unite with each other in forming sentences.

A 2

OF THE CHARACTERS.

THE CHARACTERS of the Chinese Language demand our first attention, as they form the most important part of a language which speaks to the eye rather than to the ear; and which, though rich and copious in a high degree, as it relates to the Characters, is poor beyond any other language, if we regard merely its enunciated Sounds. The former might indeed, without any degree of violence, be separated from the latter, and clothed in the variegated enunciation of the West to the highest advantage.

These characters answer properly to the (written) *words* which compose other languages: no one of them forms a proposition; no one includes within itself the force of a noun and a verb, of a substantive and its adjunct, or an action and its object, in any other way than compound words in the Greek and the S*u*ngskr*i*t languages. However complicated any character may appear, still the compound, though it embrace six or seven characters, like compounds in Greek and S*u*ngskr*i*t, expresses only one idea, and still remains a substantive, an adjective, a verb, &c. as capable of union with other characters as the simplest character in the language. Nor is any difference of gender, number, or case, in the nouns; or of mood, tense, or person, in the verbs, expressed by any alteration in the character: these are all either inferred from the connection, or expressed, as in English, by certain auxiliary characters.

THE specific difference then between the Chinese and other languages,* lies wholly in the *principle* on which the characters or words are formed: these being formed in the latter by the union of the Letters of the Alphabet, in the former by the union of certain Elementary Characters intended to represent the principal objects of sense.

BEFORE we enter further on this subject, it may not be improper to premise, that if, as is affirmed by the author of the "Philosophical Inquiry concerning Language and Universal Grammar," the truth be, "that every medium through which we exhibit any thing to another's contemplation, is either derived from *natural attributes* (or objects) and is then an Imitation; or else from *accidents quite arbitrary,* and is then a Symbol;"† while written *words* are necessarily *arbitrary Symbols,* (since the words Mountain and River exhibit to the mind no idea of these two objects except by arbitrary association,) it will follow, that *characters* intended as IMITATIONS of natural objects, faint and rude as the resemblance may be, are capable of forming the basis of *another* mode of communicating ideas, totally different, it is true, from the Alphabetic,‡ but perhaps not less congruous with the nature of things. This at once describes and *defines* the Chinese Characters. They are, this "other

* It may be proper to observe here, that, throughout this work, the term language, when applied to the Chinese, refers to the Characters, rather than to the Sounds; to which the term most properly applies; the former, on the most accurate computation, out-numbering the latter, by nearly ten to one.

† See Harris's Hermes, page 330.

‡ In the former edition, the alphabetic mode of writing was denominated the Symbolic, while the Chinese was termed the Imitative. But as all the Chinese characters beside the Elements, must necessarily be Symbols as really as written words, since they signify by compact or agreement certain ideas, the term "Symbolic," being in a certain degree common to both systems, seemed unfit to designate either. In this edition, therefore, both systems are designated from that which constitutes the basis of each, the Western system being termed the Alphabetic, and the Chinese the Imitative.

mode" alluded to by HARRIS, namely, IMITATIONS of certain *natural objects*, combined in a variety of forms, in order to exhibit things and ideas "to the contemplation of others."

OF THE ELEMENTS.

AMONG the Chinese Characters, those which are generally styled the ELEMENTS, have the first claim on our attention. These are in number, *Two Hundred and Fourteen,* and consist of strong linear and angular strokes, which advance in number from one to fifty-two, and include every variety with respect to length, from the simple apex, to the longest oblique stroke, as well as that variety of position, which results from the oblique, the horizontal, and the perpendicular. It is, however, worthy of remark, that *circular* forms are excluded. Whatever of this nature appears in any character, is merely fancy and embellishment, and no way essential to the meaning of the character. Nor does the thickness or fineness of the stroke alter the meaning, any further than as indicating, in certain cases, whether the stroke has been struck upwards or downwards: that circumstance, in several instances, forming the specific difference between two characters apparently alike in form. The Elements follow in the order they preserve in the Imperial Dictionary.

海上絲綢之路文獻集成 科技與文化編

THE

ELEMENTS

OF THE

CHINESE LANGUAGE.

1 一 *Yĭh.* One; chief; the same; alone.

2 丨 *Kwún.* Straight, perpendicular.

3 丶 *Chyù.* The ancient character for lord, chief, &c.

4 丿 *P'hĭh.* An oblique stroke. Pronounced *yee*, it means to arrive at.

5 乙 *Yĭh.* The 2d character in the ten used for the cycle; crooked; interrupted.

6 亅 *Khyŭh.* Hooked; to drag as by a hook.

11 Strokes.

7 二 *Yee.* Pronounced *Urr,* Two.

8 亠 *T'hou.* No certain meaning found.

9 人 *Yin.* Man; mankind: rational creatures.

10 儿 *Yin.* An ancient character for man.

11 入 *Yĭh.* Within; to enter; to obtain; the end.

12 八 *Păh.* Opposite; eight, formed from twice two, and their opposite or counterpart.

13 冂 *Hhyoóng.* An empty waste; far distant; a desert.

14 冖 *Myĕh.* To overshadow, to cover as with a napkin, &c.

15 冫 *Ping.* Cold; an icicle, water congealed by cold.

16 几 *Keĕ.* A support, as a seat or a low table.

17 凵 *Khán.* A large aperture, a cavern.

18 刀 *Taó.* Any kind of knife; a sword; to cut deeply.

19 力 *Lih.* Strength; diligence; a servant.

20 勹 *Pao.* To lap or roll up; a man bent.

21 匕 *Peĕ.* A spoon, the two sticks with which the Chinese eat.

22 匚 *Fwang.* A box or chest; formerly used to signify square.

23 匸 *Hheĕ,* A receiver, by some said to be a strainer, &c.

(9) In composition 亻

(18) In composition 刂

24 十 *Shih.* Ten.

25 卜 *Pŏh.* To divine by the tortoise.

26 卩 *Tsyĕh.* A knot; a joint of the finger, &c.

27 厂 *Hàn.* A cave, an overhanging shore.

28 厶 *Tse.* A seducer, an adulterer; base, mean, low.

29 又 *Yeù.* Again, moreover; also to help.

III Strokes.

30 口 *Khoŭ.* The mouth; an opening. Pronounced *khoong*, empty.

31 囗 *Wy.* Circular, encircling, the ancient character for a country.

32 土 *T'hoó.* Earth, clay; one of the five Chinese elements.

33 士 *Sé.* Learned. The first of the four classes in China.

34 夂 *Cheé.* To follow.

35 夊 *Shwai.* Slow or gentle walking.

36 夕 *Tsih.* The evening.

37 大 *Tà.* Great; the beginning; also fat.

38 女 *Nyú.* A female, one unmarried.

39 子 *Tsé.* Increase; a son, a daughter; to love a child; a term of respect.

40 宀 *Myen.* A roof or shed; the first advance made toward a house.

41 寸 *Ts'hwun.* A Chinese inch, about $1\frac{1}{2}$ English.

42 小 *Syaó.* Little, light, narrow.

43 尢 *Wang.* Crooked, lame; deformed.

44 尸 *Sheé.* Stretched out as dead, a corpse, a deceased ancestor.

45 屮 *Tch'hyĕh.* The first bud of grass, trees, &c. formerly used for grass.

46 山 *Shyàn.* A mountain.

47 巛 *Tch'hyun.* The ancient character for a stream or river.

48 工 *Koong.* Art, fine workmanship, &c.

49 己 *Keé.* Self; myself, thyself, himself, &c.

50 巾 *Kin.* A handkerchief or napkin, a head-dress, &c.

51 干 *Kan.* An opposing; a kind of shield; the mouth of a river.

52 幺 *Yao.* Small, short, contracted; a little one.

(43) In Comp. 尢 尣 尢 兀

中國言法

53 广 *Yĕn.* A shed; the outline of a house.

54 廴 *Yin.* Continued walking; to procrastinate.

55 廾 *Koóng.* The hands united: according to some, twenty.

56 弋 *Yih.* To throw; the head of an arrow; black.

57 弓 *Koong.* A bow.

58 彐 *Khee.* Genus, kind, as of insects, &c.

59 彡 *Tshyan.* The plumage of a bird; a fine appearance.

60 彳 *Ch'hĭh.* A small or short step.

IV Strokes.

61 心 *Sin.* The heart, the source of desire, &c.

62 戈 *Kwo.* A kind of spear.

63 戶 *Hhoó.* An inner door; to stop, to guard.

64 手 *Shyeú.* The hand.

65 支 *Tchee.* The branches of a tree; distinctly.

66 攴 *P'hŏh.* A light or gentle striking.

67 文 *Wun.* Well-proportioned, beautiful; elegant; good.

68 斗 *Toú.* A measure containing about 16 lb; a vessel for wine.

69 斤 *Kin.* A weight of about 22 oz.

70 方 *Fwang.* Square; right;

71 无 *Woo.* Nothing; without any thing; to want.

72 日 *Yih.* The sun, the power of the heavens; a day.

73 曰 *Yuĕh.* To name, to call; to say, speak.

74 月 *Ngyuĕh.* The moon; a month.

75 木 *Mŏh.* A tree, the stem of any plant; wood.

76 欠 *Khyen.* To sigh; insufficient; to owe.

77 止 *Tcheé.* To stop; to stay; done, finished; rest.

78 歹 *Taí.* Evil, vicious.

79 殳 *Shyu.* A staff; warlike weapons.

80 毋 *Woo.* Not, &c. a prohibitive particle.

81 比 *Peé.* A comparing, an equalizing.

---

(58) In Comp. 彐 彑 (61) In Comp. 忄 㣺 (64) In Comp. 扌 (65) In Comp. 攵

(78) In Comp. 歺

B

82 毛 *Mao.* The hair of the eyebrows and body; the hair of beasts, &c.

83 氏 *Sheĕ.* A stock or family; an ancestor.

84 气 *Khee.* Air, breath, vapor, exhalation.

85 水 *Shooi.* Water, the first element.

86 火 *Hŏ.* Fire, the third element.

87 爪 *Tchaó.* The nails of birds or beasts; to seize as with claws.

88 父 *Foò.* A father, the ruler of the house.

89 爻 *Hhyao.* To imitate, to associate with.

90 爿 *Ts'hwang.* Said to be a kind of seat on which to repose.

91 片 *P'hyen.* A piece of wood, &c. a numeral for the leaves of books, plants, &c.

92 牙 *Ya.* The lower teeth.

93 牛 *Nyeu.* A cow.

94 犬 *Khyuĕn.* A dog.

V Strokes.

95 玄 *Hhyuen.* A deep red, the colour of the sky in the evening.

96 玉 *Yŏh.* A gem; the beauty of a stone; precious stones in general.

97 瓜 *Kwa.* A melon, cucumber, &c.

98 瓦 *Ngwá.* Tiles; burnt earthen vessels, &c.

99 甘 *Kan.* Pleasant, sweet, one of the five tastes; pleasure, delight.

100 生 *Sung.* A producing; life; unripe, production.

101 用 *Yŏng.* To use or employ; use; things capable of use.

102 田 *Thyen.* A cultivated field.

103 疋 *P'hĭh.* A piece of cloth, &c. Pronounced *sho*, it denotes the foot.

104 疒 *Tsĭh.* An ulcer, any cutaneous sore; sickness.

105 癶 *P'hee.* Skin; any skin with the hair.

106 白 *Pŭh.* White, the colour of the sky; pure, clear; open.

107 皮 *Pŏh.* To extend the two feet, or throw them forward in walking.

108 皿 *Ming.* Utensils used for food; vessels in general.

109 目 *Mŭh.* The eye, to eye any one; a view.

110 矛 *Myeu.* A long and crooked kind of lance.

---

(85) In Comp. 氺 氵 (86) In Comp. 灬 (87) In Comp. 爫 (91) In Comp. 丬

(96) 王 (109) In Comp. 罒

中國言法

111 矢 *Ch'hée.* An arrow; to point out; straight, right.

112 石 *Shĭh.* A stone; the point of a rock; hard, firm.

113 示 *Shee.* To advise, to instruct, to shew.

114 禸 *Nyeú.* The print of the feet of beasts.

115 禾 *Hwo.* Corn in the ear: metaphorically, life.

116 穴 *Hyŭh.* A cave, a den; a hole.

117 立 *Lih.* Erect, to stand erect: firm, established: to place, to set, to build.

VI Strokes.

118 竹 *Chŭh.* A reed; the bamboo.

119 米 *Mée.* Corn cleansed from the husk.

120 糸 *Myĕh* also *Se.* Raw silk from the mouth of the silkworm, any thing very fine.

121 缶 *Foú.* Vessels, as a pitcher, &c.

122 网 *Wáng.* A net of any kind.

123 羊 *Yang.* A goat.

124 羽 *Yú.* The long feathers or the wings of a bird.

125 老 *Laó.* Aged; a term of respect.

126 而 *Irr* or *Ee.* The two locks on the side of the face; and, but, yet, &c.

127 耒 *Looi.* The crooked handle of a plough, &c.

128 耳 *Irr.* The ear; to hear.

129 聿 *Yŭh* A pen or brush; like, as; to imitate.

130 肉 *Yŏh.* Flesh, either of man or beast.

131 臣 *Ch'hun.* A minister, or chief servant.

132 自 *Tsé.* From; self, as myself, himself, &c.

133 至 *Tchee.* To alight, as a bird on the ground; to arrive at; quite, wholly.

134 臼 *Kyeú.* A mortar.

135 舌 *Shyĕh.* The tongue, that with which men speak, taste, &c.

136 舛 *Tch'huén.* Wandering; erring; wrong.

137 舟 *Tchyeu.* A ship.

138 艮 *Kin.* Bound, limit, to stop; firm.

139 色 *Sĕh.* The blooming tints of the countenance; colour, luxury.

---

(122) In Comp. 罒 罓 𦉰 (130) In Comp. 月

140 艸 *Ts'haö.* Grass; plants of every kind.

141 虍 *Hoö.* Beautifully variegated; a tyger.

142 虫 *Ch'hoong.* Insects of all kinds.

143 血 *Hyüh.* Blood.

144 行 *Hing.* To walk, to act; a course, deeds.

145 衣 *Ee.* The clothing of the upper part of the body.

146 襾 *A.* To invert.

VII Strokes.

147 見 *Kyen.* To see; to appear, to be seen.

148 角 *Kyöh.* The horn of beasts; the sharp corner of a thing.

149 言 *Ngyén.* A word, a direct address; to speak.

150 谷 *Köh.* A spring; an aqueduct; a valley.

151 豆 *Toù.* Anciently a wooden vessel or dish. Leguminous plants.

152 豕 *Ch'heé.* A hog or pig of any kind.

153 豸 *Leé.* All animals without feet.

154 貝 *Poeì.* A shell; precious, as a pearl, &c.

155 赤 *Tch'hih.* Red, a naked man; totally.

156 走 *Tsoú.* To go speedily; to run.

157 足 *Tsöh.* The foot; full, enough, sufficient.

158 身 *Shin.* Self, as myself, thyself, &c. The body or person.

159 車 *Kyu.* A carriage of any kind.

160 辛 *Sin.* Hot, pungent.

161 辰 *Shín.* The time from about 7 to 9 A. M. an advancing, an expanding.

162 邑 *Yih.* A place surrounded with walls, a city.

163 辵 *Ch'hóh.* A sudden going and stopping; hasty motion.

164 酉 *Yaó.* The time from 5 to 7 P. M. Ripe, mature.

165 釆 *Pyen.* To distinguish, to separate.

166 里 *Leé.* A village of 25 houses, a dwelling; a Chinese mile.

VIII Strokes.

167 金 *Kin.* One of the five Chinese elements; gold; metals in general.

(140) In Comp. 艹 (162) In Comp. 阝 placed on the right. (163) In Comp. 辶

168 長 *Ch'hang.* Long; remote, far distant; anciently.

169 門 *Mun.* An outer door; to preserve.

170 阜 *Foú.* A mountain of earth alone; a mound or heap; large, fat.

171 隶 *Taì.* Extending to, until; the sum.

172 隹 *Tchooi.* A generic name for all birds with short tails.

173 雨 *Yú.* Rain.

174 靑 *Ts'hing.* Azure; the colour of the east; the natural colour of a thing.

175 非 *Fwy.* Not; false; low, base.

176 面 *Myen.* The face, the surface; any thing opposite.

177 革 *Kŭh* Skin deprived of the hair; to turn or change.

178 韋 *Wy.* Skin with the hair; very soft leather; to contradict.

179 韭 *Kyeù.* A certain pot-herb.

180 音 *Yin.* Sound; a musical tone whether vocal or instrumental.

IX Strokes.

181 頁 *Yĕh.* The head; a page.

182 風 *Foong.* The wind agitating all things; air, manner, custom.

183 飛 *Fwy.* To fly as a bird.

184 食 *Tchĭh.* Rice, &c. dressed; to eat.

185 首 *Shyeú.* The head; the beginning; a first born.

186 香 *Hyang.* Odour, fragrance of wood, musk, &c.

X to XVII Strokes.

187 馬 *Má.* A horse; auger, rage.

188 骨 *Kŏh.* Bones, either of man or beast.

189 高 *Kao.* High, heighth; eminent, noble.

190 髟 *Pyao.* Dishevelled or very long hair; a mixture of light and darkness.

191 鬥 *Toù.* A single combat; a contest.

192 鬯 *Tchyàng.* A case for a bow; fragrant herbs, &c. used in sacrifice.

193 鬲 *Lìh.* A tripod.

194 鬼 *Kwy.* A departed spirit.

195 魚 *Yu.* Fishes of all kinds.

---

(170) In Comp. 阝 placed on the left.

196 鳥 *Nyaó.* A generic name for birds.

197 鹵 *Loó.* Unrefined salt; salt water.

198 鹿 *Lŏh.* A stag.

199 麥 *Mŭh.* Wheat; corn.

200 麻 *Ma.* Hemp, &c.

201 黃 *Hhwang.* Yellow, esteemed the colour of the earth.

202 黍 *Shyù.* Potatoes, &c. According to some, a species of millet.

203 黑 *Hhŭh.* Black, dark; darkness.

204 黹 *Tchee.* Needle-work, embroidery.

205 黽 *Mŭng.* Small frogs; weak exertion.

206 鼎 *Ting.* A pot or vessel with three feet, used in cooking.

207 鼓 *Koó.* A drum; to beat a drum.

208 鼠 *Shyŭ.* A rat, a mouse, &c.

209 鼻 *Peé.* The nose.

210 齊 *Ts'hee.* To smoothe or level; to put in order; to rectify.

211 齒 *Tchee.* The upper fore-teeth; rank, order; a year.

212 龍 *Loong.* A dragon.

213 龜 *Kwy.* A tortoise.

214 龠 *Yŏh.* A musical instrument made of a reed.

These elements enter into the composition of all the characters of the Chinese Language; every other character is said to contain at least one of these, and most of them are formed by the union of several, proceeding from one to seven or eight. Some of them, it is true, are abbreviated for the sake of facilitating their union with others, (specimens of which may be seen at the foot of the page in the foregoing Synopsis of Elements,) and in some of the compounds, a part of certain characters alone appears: but in the greater number, every character may be distinctly traced, either in its proper or abbreviated form.

ON THE ORIGIN OF THE CHARACTERS.

Relative to the *Origin* of the elements and the other characters, we are left almost entirely to conjecture. The invention of twenty-four elements which, void of meaning themselves, should yet constitute words, signifying, by *compact*, distinct ideas according to Harris,* has been esteemed so extraordinary, as almost to transcend the powers of the human mind. It is not easy to determine whether this mode of expressing ideas, or the Imitative adopted by the Chinese, be the most ancient, but the latter seems more simple and obvious, and hence more within the reach of the human mind. However difficult it might be to invent and combine letters so as to form words which might convey ideas, that, when men wished to retain or convey to each other the idea of an object, it would be natural for them to trace in some rude manner an imitation or character, which might in their opinion serve to represent it, is evident, not only from the practice of travellers and others unacquainted with the principles of drawing, but even from that of children, who, in their juvenile frolics, often amuse themselves in thus attempting to portray objects which forcibly strike their attention.

The Chinese in general ascribe the invention of the characters to *Fo-khee*, to whom they also attribute the institution of marriage, the introduction of

* "A WORD may be defined, *a voice articulate, and significant by Compact.*" Hermes, page 328. See also page 314 of the same work: "The *Peripatetics* (and with just reason), in all their definitions as well of Words as of Sentences, made it a part of their characters to be significant, *by Compact.*"

海上絲綢之路文獻集成 科技與文化編

clothing, &c. Some however, give the honor of the invention to *Ts'hang-kih;* while others say that he merely improved the characters invented by *Fo-khee.* Still, respecting *Ts'hang-kih* they are divided in opinion; some esteem him one of *Fo-khee's* ministers, while others place him in the reign of *Hwang-tee,** the inventor of the cycle (of sixty years) and of certain useful arts. *Ts'hang kih* is said to have resided in *Yang woo,* and to be buried in *Lee-hyang.* Relative to this subject, the following extracts† from the Annals of China, in forty-four thin volumes, are laid before the reader, not as worthy of unlimited credit, but as probably furnishing the best account the Chinese can give, or which we therefore, at this distance of time, are likely to procure. "*Fo khee* formed the written characters, and introduced them instead of the knotted cords before in use." A Chinese annotator adds, that he cut them in wood, in order to give stability to the invention. But in another part of that volume the invention of them is ascribed to *Ts'hang-kih,* in the following words: "*Ts'hang-kih* was a man of extraordinary capacity: he was ac-" quainted with the art of writing even from his birth. When grown up he " resided near the mountain *Yang-hyu,* to the north of the river *Lo shooi,* " which is in *Yin-woh.* There meeting one day with a tortoise, and ob-

* It is well known, that the pretensions of the Chinese monarchy to antiquity extend somewhat beyond the flood, according to the generally received computation of time since that event; for which reason the Catholic Missionaries are said to have applied to the Pope for leave to use the chronology of the Septuagint. Some future opportunity of taking up the subject of the Chinese chronology may perhaps offer; but at present I would only observe, that this emperor *Hwang-tee,* who is by some esteemed the real founder of the Chinese monarchy, died according to the Chinese Annals 253 years before the flood, as the common computation of that event stands; but according to Dr. Hales's computation, lately published, 558 years after it. Three emperors are said to have intervened between him and the great *Yao.* Whatever may be thought of the Chinese chronology, however, the account of *Hwang-tee* is not very credible. He is said to have reigned a hundred years, and to have died at the age of a hundred and eleven. Granting that he did reign a hundred years, still it is not very probable that government should be intrusted to a boy of eleven years old in that early age of the world.

† See *Kang-kyen,* Vol. 1st.

" serving its shell distinctly and beautifully spotted, he took it home, and " thence formed the idea of representing things around him. Looking up- " ward, he carefully observed the figures presented by the stars and the hea- " venly bodies : he then attentively considered the beautifully variegated shell " of the tortoise, the wings of birds, the form of mountains, rivers, &c. and at " length formed the written characters." It is added, in the genuine oriental stile, that when the characters were formed, heaven poured down food in abundance, and the evil spirits filled the night with howlings.

The reader will judge for himself relative to the degree of credit due to this ancient tradition ; but the first efforts of this kind were probably attempts to delineate the *objects of sense* around. Whether such imitations would bear any likeness to the thing represented, is another question : that this would be intended, seems more than probable ; but that the resemblance should be in many cases so exact as of itself to demonstrate the object represented, is scarcely to be expected.* Nor is any thing of this kind intended to be

* It may not be amiss, however, to subjoin here, the opinion of Sir Wm. Jones on the subject of the Chinese characters, a name deservedly dear to every lover of literature : " We have ocular proof that the few radical characters of the Chinese were originally (like our astronomical and chymical symbols) the PICTURES or outlines of visible objects, or figurative signs for simple ideas, which they have multiplied by the most ingenious combinations, and the liveliest metaphors." *Asiatic Researches*, *Vol.* ii. *page* 371.

To this may be added the opinion of a Chinese writer on this subject, as quoted by Sir Wm. Jones : " According to a Chinese writer, named *Li Yang Ping*, the ancient characters used in his country were the outlines of visible objects, earthly and celestial ; but as things merely intellectual could not be expressed by those figures, the grammarians of *China* contrived to represent the various operations of the mind by metaphors drawn from the productions of nature : thus the idea of roughness and of rotundity, of motion and rest, were conveyed to the eye by signs representing a mountain, the sky, a river, and the earth ; the figures of the sun, the moon, and the stars, differently combined, stood for smoothness and splendor, for any thing artfully wrought, or woven with delicate workmanship ; extension, growth, increase, and many other qualities, were painted in characters taken from clouds, from the firmament, and from the vegetable part of the creation ; the different ways of moving, agility and slowness, idleness and diligence, were expressed by various insects, birds, fish and quadrupeds.

C

affirmed respecting the elements. They are laid before the reader simply as *Elements;* and every man will judge for himself respecting any real or imaginary resemblance between the *head,*[1] the *hand,*[2] the *heart,*[3] the *mouth,*[4] and the characters by which these are represented.*

To some it may be interesting if we enquire *what* objects among those of sense have been selected, for the sake of forming the basis of this medium of communication: and though we can scarcely imagine, that, while most of the languages formed on the Alphabetic plan bear evident marks of being formed rather by accident than design, a number of Chinese sages should have sat "in deep divan" in order to select certain objects as the basis of the Imitative system, we shall yet find these elements include most of those objects of sense which are remarkably obvious; few being omitted, which from their form or frequent use might be likely to attract notice. They include the most remarkable objects of nature, as the sun, the moon, a river, a mountain, fire, water, earth, wood, stone, &c.; the chief parts of the human body, as the head, the heart, the hand, the foot, the eye, the ear, &c.; the principal parts of a house, as the roof, the door, &c. as well as those utensils most frequently in use, a knife, a spoon, (or chop-stick,) a seat, a box, a staff, &c. Domestic animals also find a place here, as the goat, the cow, the horse, the dog, &c. Nor are the grand

rupeds. In this manner passions and sentiments were traced by the pencil, and ideas not subject to any sense were exhibited to the sight, until by degrees new combinations were invented, new expressions added; the characters deviated imperceptibly from their primitive shape, and the *Chinese* language became not only clear and forcible, but rich and elegant in the highest degree." *Asiatic Researches, Vol.* ii. *page* 195.

* The intelligent reader will easily see that the likeness of these Imitations to the objects they were intended to represent, enters but little into the principle on which the Chinese language is formed: had the likeness existed wholly in imagination, the principle would have been the same, namely that of *uniting two* (or more) SIGNIFICANT *characters in order to form a third.*

---

[1] 首 [2] 手 [3] 心 [4] 口

海上絲綢之路文獻集成 科技與文化編

中國言法

supports of life omitted, grain, pulse, flesh, fish, &c.; nor the elements, water, fire, earth, &c.; nor the primary relations of society, father, mother, son, daughter. We find also among these not only a character to denote the body, but one representing the soul or spirit, (when departed), as well as characters denoting certain articles used in worship.——*Qualities*, though more difficult of representation, are not wholly overlooked; yet all the elements expressive of these, scarcely amount to thirty; among which will be found such as most obviously strike the senses, as great, small, straight, crooked, dark, white, high, low, long or wide, &c.——To express *actions* by appropriate symbols, seems a task still more difficult; accordingly, on examining the elements, we find this class still smaller than the foregoing; an attempt is made however to express the most common actions of life, such as to see, to speak, to walk, to run, to stop, to enter, to follow, to move quickly, to use, to shew, &c.—— Such are the Two Hundred and Fourteen Elements, which are justly esteemed the foundation of the Chinese language.

PROGRESS OF THE LANGUAGE.

Having thus considered the elements relative to their origin and the objects they represent, it seems desirable to attempt tracing, as far as we are able, the progress of this invention. Herein we are assisted in some degree by the Chinese themselves. They divide the characters into Six Classes, the first three of which include those characters which in a qualified sense may be termed Simple; and the three last regard the Compound characters. The first efforts, as already observed, being unquestionably employed in attempting to form representations of visible objects, these form the First class, and are termed *Syáng hhing*, "imitations or figures." This class includes rather more than half the elements, and a few other characters which are more simple in their forms than some of the elements, though not ranked among them. Among the elements, the sun, the moon, are adduced by the Chinese as belonging to this class. Nor is it any objection to this that these characters bear but a faint resemblance to the things they represent. It is pretty generally understood, that the first forms of these differed much from the present characters: that for the sun, is said to have been formerly made thus, ⊖ ; and that for the moon, thus,  ; and so of many others. This class may be termed Imitative ; it evidently forms the basis of the language.

The Second class in order in the Chinese series, probably points out the next step taken to extend this medium of communication. It is termed by the Chinese *kyá-tsyèa*, "feigned or made," and is said to apply the characters in a double sense. They adduce as examples of this, 長 *ch'hang*, long, wide, which from signifying the length or extension of matter, was applied to denote length of time, &c.; and 令 *lìng*, which from being originally used to denote order, command, was at length applied to signify the thing ordered or appointed, as *shee-lìng*, the various parts of time ordered or appointed, that is, the months of the year. Of this kind also is 矢 *tsheé*, an arrow, which from the straight course of an arrow, was used to signify direct, right, a word spoken directly to the point; and hence when combined with 口 *khoú*, a mouth, it forms 知 *chee*, knowledge; of which more hereafter. This advance seems to have created no new characters, but to have extended those already formed, by applying them in a metaphorical or figurative sense as far as the objects they represented were capable of being thus applied. This class may therefore be termed the Figurative.

海上絲綢之路文獻集成 科技與文化編

中國言法

But this extension, though it enlarged their medium of intercourse, was in itself limited. A character which merely denoted length, could not without force be made to signify heighth; nor could one denoting command, be with propriety applied to signify depth. Necessity compelled them to advance another step, and gave rise to the forming of the Third class termed *Tcheé-sheè*, "indicating the thing," from 指 *tcheé*, to point with the finger, and 事 *sheè*, thing, business, &c. These characters, though not pictures of things, seem intended to suggest ideas to the mind from their form and position. As examples of this class, the Chinese adduce 上 *shyang*, above, and 下 *hya*, beneath, which they say were formed on this principle: admitting that 一 *yth*, a horizontal stroke, denotes the level or medium, by placing 人 *yin*, a man above it, the idea is suggested of something above or superior: this character is used therefore to signify above or superior. On the other hand, by placing *yin*, a man, below this horizontal line, something below or inferior seemed indicated; this then is used to indicate inferior, below, &c. To this class, which we may term the Indicative, is said to belong 本 *pún*, which is formed by drawing a short stroke across the middle stroke of 木 *moŏh*, wood, and which then denotes the root, essense, or internal part of any thing. So 末 *mŏh*, formed by placing a long stroke above *moŏh*, wood, denotes the external part of a tree, the branches, and also the exterior of things in general. It is probable, indeed, that a great part of those which are formed by adding merely a stroke or a point to another character, belong to this class; such as 太 *t'hài*, huge, formed by adding a dot to 大 *tà*, great: and perhaps 中 *choong*, within, the medium, &c. formed by drawing a stroke through 口 *khoú*, the mouth, which character seems more likely to indicate its meaning by its form, than by uniting the two ideas which result

海上絲綢之路文獻集成 科技與文化編

from a perpendicular stroke and the mouth. It would follow of course, that the idea of applying a character figuratively having once arisen, this new class, as well as all following characters, should be thus applied, as far as the subject would permit. It is difficult to speak with exact precision relative to the number of characters included in these two classes; but they probably fall short of a thousand.

We have now seen the Chinese characters extended; pictures of natural objects delineated, these applied figuratively as far as the subject admitted, and new characters formed from them in such a manner, as seemed likely, in the opinion of these ancient philologists, to indicate their own meaning by their form and position. But this seems the utmost extent to which the characters could be carried while they remained thus simple. As a medium of communication, therefore, it was limited still; the grand feature which distinguishes the Chinese language had as yet developed itself no farther than by uniting two characters to form a third by position: it had not been as yet applied to the union of two significant characters to denote a third independently of circumstances. Whether the improvement of the characters by *Ts'hang-kih* extended beyond this, to the combination of the characters with each other, is a question which the absence of written documents relative to that early age will not permit us to decide. The existence of only sixteen letters in the time of Cadmus, and the subsequent invention of the rest, seem to justify the suggestion that the Chinese characters had also their stages of improvement.

The next step, however, gave rise in all probability to the Compounds; a class of characters in their principle almost entirely new, and which with its

中國言法

modifications has brought the Chinese Language to its present state. This class, which is the Fourth in the Chinese series, is termed *Hhwoi-ee*, "combination of idea," and is formed by uniting two or more significant characters to produce another idea resulting from the meaning of its component parts. This step opened an extensive field to the Chinese philologists, and gave birth to combinations of characters, some of them indeed simple and obvious even to us, but others arising from circumstances which at this distance of time are quite beyond our guess. As examples of this class, the Chinese adduce the adjective 信 *sin*, sincere, which they say is formed by adding 亻 *yin*, the character for man, to 言 *ngyén*, that for word; and also the substantive 武 *woó*, majesty, authority, a general, &c. formed from 弋 *yih*, a throwing, and 止 *tchié*, to stop. To this also belong 明 *ming*, clear, bright, illustrious, formed from the union of 日 *yih*, the sun, and 月 *yuĕh*, the moon; and 分 *fwun*, to divide, formed from 刀 *taó*, a knife, and 八 *păh*, eight; with a multitude of others. This class may be termed Combined.

This class, which differs both from the Indicative and the Imitative, in deducing the meaning from the combination of ideas, rather than from their position like the former, or their form like the latter; and from the Figurative, in expressing directly of themselves the idea intended, seems to have been enlarged by a process not much unlike that by which the Figurative class was formed from the Imitative, namely by turning the original meaning of a character so as to make it express another idea, somewhat different indeed, but still bearing some relation to the original meaning of the compound. This class, which they reckon the Fifth, they term *Chwán-chyù*, "inverted in meaning," and form it two ways; either by some slight alteration of a character, as the turning of a stroke to the left instead of the right; or by changing the name or the sound of a character. Of the first kind, the Chinese give for an example 考 *khaó,* which by turning the stroke of 老 *laó*, a father, to the left instead of the right, forms *khaó,* a father dead, and also, to examine. Of those which alter the meaning by changing the name, is the character 說 *shyŭh,* which, called by its original name, *shyŭh,* means to say or speak ; but termed *yih,* it denotes pleasant, delightful. Thus also the character *ngŏh* with its proper name, denotes bad, evil ; but when termed 惡 *oŏh,* it signifies to hate or abhor. So 樂 *lŏh,* with its proper name *lŏh,* denotes music ; but termed *ngao,* it signifies to delight in. This, which may be termed the Inverted class, is not very large ; and like the Figurative, gives rise to no new combinations.

Chinese ingenuity still advanced another step, and formed another class of compounds termed *Hhyai shing* " meaning and sound" (from 諧 *hhyai,* meaning, and 聲 *shing,* sound) which they reckon the Sixth, or the last in the series. These are formed by adding to a character which denotes the genus or kind, another which denotes the imagined sound of the species or the individual signified. They adduce by way of example 江 *kyang,* which, by adding to 氵 *shoôi,* water, the character 工 *koong,* forms a character that denotes a rapid stream, and which is termed *kyang,* from an allusion to the sound of its water when rushing down with violence. And also 河 *ho,* the generic name of rivers, which is formed by adding to *shooi,* water, 可 *ho,* the supposed sound of a river in its course. This class however is not peculiar to the Chinese language. What are knock, strike, rush, smite, cough, sing, and many others in the English language, but imitations of the sound of these actions? The same might be shown to exist in Hebrew, and even in Greek, were it proper to enlarge here. The number of characters which belong to these two Compound classes, is somewhat above three thousand.

Of these six classes enumerated by the Chinese, only four appear to regard the formation of the characters, the *first* which represents objects, the *third* which attempts to indicate ideas by position, &c. both of which may in a qualified sense be termed Simple characters; the *fourth* which combines two characters, and the *sixth* which unites one expressing the thing with another expressive of the sound, both which are properly termed Compound. The former of these divisions includes somewhat less than a thousand, and the latter, the Compound classes, something more than three thousand: and if the general rule in things of this nature, that the more simple precede the more compound, may be applied to the Chinese characters, these four thousand may be deemed the characters *first formed* in the language.

The view of the characters which the Chinese thus give us, enables us to form a clearer idea of those termed Elements than we could otherwise do. It is evident, that scarcely more than half of them can be strictly said to belong to the First of the classes just enumerated, simple representations of objects; and not a few of them seem formed by a trifling addition to some prior element, probably on the principle which gave rise to the Third class indicating their own meaning. This may account for the likeness between 木 *mŏh*, a tree, and 禾 *hwo*, corn in the ear; between 米 *mée*, corn winnowed, and 釆 *pyen*, to separate; between 弋 *yih*, the head of an arrow; and 戈 *kwo*, a lance or spear; between 足 *tsŏh*, the foot, 走 *tsoú*, to hasten or run, and 辵 *ch'hŏh*, to walk irregularly. But others of the elements seem evidently to belong to the Fourth class which combines ideas, as they appear to be compounded of *two other elements*: thus 香 *hyang*, fragrance, seems formed by placing 禾 *hwo*, corn in the ear, above 日 *yĭh*, the sun; and 舛 *tch'hüen*, to wander, by uniting 夕 *tsĭh*, the evening, with

牛 *nyeu*, a cow: while 鼻 *peé*, the nose, is formed from *three* elements united, 自 *tsé*, self, or from; 田 *t'hyen*, a field, and 廾 *koong*, union. Several other instances might be adduced of the same nature.

It seems probable, therefore, that the Elements were selected more with a view to the classification of the characters in a dictionary, than with the view of pointing out what were the original characters in the language. Prior to the formation of the first dictionary, there would exist little occasion for enquiring what were the original characters; it would be quite enough for all the purposes of intercourse, that a certain character denoted a certain idea, as even at the present day the bulk of writers in England use pathos, sympathy, and antipathy to express the ideas they intend, without enquiring whether the first of these be the root of the two latter; and inscribe, subscribe, prescribe, ascribe, proscribe, &c. as well as the substantives, prescription, proscription, inscription, subscription, &c. without reflecting that the root of all these is *scribo*, to write. When however an attempt was made to compile a dictionary, it became neccessary to think of some mode of arranging the characters; and as there was no alphabet to serve as a guide, there seemed no other way than that of selecting those characters which entered most extensively into the composition of the rest. These being selected, the other characters were arranged under them merely by the number of strokes they added to the radical character. This formed an easy mode of finding the characters; but in many instances it cut off nearly all connection between them as derived from each other. It is probable too, that at this period, which could be scarcely less than fifteen hundred years after the invention of the characters, some of the simple characters first formed had fallen into

海上絲綢之路文獻集成 科技與文化編

中國言法

disuse, as is the case with many of the most ancient Greek verbs; and some of the more compound ones, by frequent use, had given birth to a great number of derivatives. This may account for the insertion among the elements of such characters as 高 *kao*, high; 鼓 *koó*, a drum; 黹 *tcheé*, needlework; 鬲 *lih*, a tripod; 龠 *yŏh*, a pipe, while other characters, far more simple, and perhaps more ancient, were rejected. But as it was still necessary that these should be easily found, some of them were classed under an oblique or a horizontal stroke, and some even under a point as their key, to which, however, their meaning could have little or no reference.

Upon the whole, it seems probable, that whether *Tshang-kih* invented, or merely improved the characters, to bring them to the state in which they now are, must have been the work of after ages. It does not indeed seem likely that all those now termed elements should have been formed in that early and unpolished state of mankind in which they place the invention of the characters: the thing represented must necessarily precede the representing symbol, and it does not seem very likely that a carriage, a drum, a dragon, a ship, silk, embroidery, &c. should precede or even be coæval with the institution of marriage, and the introduction of clothing. If this supposition be founded in fact, a careful examination of their earliest writings, might serve to mark their gradual progress in civilization: since, if no character could be invented before the thing designated was in use, the appearance of a character expressing religious worship of any kind, would of course mark their state in a religious point of view; such as denote the bow, the spear, the lance, &c. their then becoming acquainted with war; the appearance of those denoting a ship, &c. the period when they became conversant with nautical affairs; and

海上絲綢之路文獻集成 科技與文化編

thus of the various arts. The Compound Elements, however, enter into the composition of a small part of the characters, compared with the more Simple ones. *Sixty* of the more compound ones, together with the six formed of one stroke, (all obsolete, except ── *yĭh*, one,) form little more than twelve hundred characters; so that the effective part of the elements amounts in reality to less than a *hundred and fifty*.

We have now endeavoured to trace the origin of the Chinese characters, as far the scanty light we have, enables us, and have taken a view of the various classes of which they are said to consist, from the first imitations of sensible objects to their forming compound characters. Having then considered the elements, and examined the principles upon which they are said to be united with each other, it may be proper to consider how far this has carried us in the language. This we shall find to be but a little way: these six classes leave us far short of *five thousand characters*. There are, however, two ways in which the elements may be combined with each other; each may become a *formative*, and also a *primitive* associating with itself the other 213, in order to form as many distinct characters. Were each element to perform this double office, the number of characters produced would be somewhat more than *forty-five thousand*; that is, it would be equal to the whole number (one excepted) multiplied by itself. But this is so far from being the case, that the combination of two of these elements with each other, although capable of producing forty-five thousand compounds, furnishes in reality somewhat less than *three thousand six hundred*. And relative to those formed by the union of *three* elements, scarcely three hundred can be found in which two of them have not formed a prior character. Thus then about three thousand compound characters, and perhaps one thousand simple ones, are all for which we have yet been able to account. These however form less than a *sixth* of the language, even when we estimate the characters at thirty thousand. Yet it must occur to the reflective mind, that in order to apply with any degree of precision, the principles on which the language is said to be formed, the component parts of all the characters must be clearly ascertained. This can be done with ease when the compound consists of only two elements, as must have been the case with nearly all in the infancy of the language; and it may be done with almost equal certainty when a character is compounded of three without two of them forming a previous compound. But here the research must end: the attempt to trace the meaning of a character from its various component parts, when all of these beside one may have previously found a new character expressive of another idea, can lead to nothing but whim or disappointment. It is therefore of some importance that we endeavour to trace the mode in which the rest of the characters are formed, as without this we must remain in the dark respecting the formation of full *five-sixths* of the Chinese language. Before we enter upon this subject, it may however be proper to enquire strictly into the ACTUAL NUMBER of the characters which compose the language, particularly as the idea of its containing sixty or seventy thousand, still occasionally appears before the public.

NUMBER OF THE CHARACTERS.

It will not be denied that in an ancient and fixed language, the number of words which it contains may be obtained with pretty considerable certainty from the dictionaries in use, particularly when these have been improved in succession to any considerable extent. Now the Imperial Dictionary in thirty-two volumes, is at least the eighth of respectable authority which has been compiled of the Chinese characters. Six are enumerated in the preface to that dictionary as having preceded it, and seven are quoted in the body of the work. The most ancient of these, and perhaps the most ancient in the world, was compiled, according to that preface, under the *Han* dynasty, probably by *Woo-tee* (*Vu-ti*) the third emperor of that house, a great encourager of literature, who is said to have ascended the throne about 140 years before the Christian Æra, and to have restored the five classical books which the Tyrant *Shee* (*Xi*) had ordered to be destroyed some years before. This was followed by five others in the space of about sixteen hundred years, and these by the *Ching-tsee-toong*, which was published about the close of the seventeenth century, a few years before the Imperial Dictionary. In the 49th year of his reign (A. D. 1710) the emperor *Kang-kee* commanded certain of his chief mandarines to collect these dictionaries, and, from them and other works, to compile one which might form a standard both for the characters and the sounds. In pursuance of this command, the principal men in China for learning, to the amount of nearly a hundred, examined the dictionaries extant, and making the *Ching-tsee-toong* their model for arranging the characters, added about six thousand not contained in that dictionary; but distinguished them under every element or key by prefixing the character, 增 *tsung*, "added." Beside these, they from various works collected nearly 1700 characters, which had never yet found a place in any dictionary; and lastly about 4000 more, part of which they describe as having no name, and the rest as having neither name nor meaning. These they did not admit into the body of the work, even among those added; but placed at the end in

海上絲綢之路文獻集成 科技與文化編

two small volumes; one of which contains 84 leaves or double duodecimo pages, and the other 54. After a scrutiny so severe as to include not merely the obsolete characters, and the irregular forms of others to which caprice or inadvertence might have given birth, but many without name or meaning,—a scrutiny made too by nearly a hundred persons advanced to rank on account of their acquaintance with their own language, it is not likely that many characters should be overlooked. In the Imperial Dictionary therefore, we may be supposed to have the sum total of the characters given; in order to ascertain which with precision, every page has been repeatedly examined, and, mistakes excepted, the number is found to stand thus:

The characters in the body of the work, - - - - - - - -	31,214
Added, principally obsolete and incorrect forms of others, - -	6423
Characters not before classed in any dictionary, - - - - - -	1659
Characters without name or meaning, - - - - - - - - - -	4200
	43,496

It is obvious however, that these forty-three thousand characters do not express an equal number of *different ideas*. Several thousand of them have *no meaning* affixed to them in the Imperial Dictionary: this is the case with nearly the whole of the last class; and of the 6423 added in the body of the work under the different elements, by far the greater part being either obsolete or incorrect forms of the other characters, to them the reader is of course referred for their meaning: so that of the twelve thousand which the diligent researches of the learned employed in compiling the Imperial Dictionary, have added to those contained in the preceding ones, scarcely a third of them express new ideas, or have even an explanation affixed to them.

But beside these, a considerable number of the 31,214 characters adopted from the former dictionaries, have *no meaning affixed to them ;* but are merely given as obsolete, or current but incorrect forms of other characters, to which the compilers of the dictionary have referred the reader for their meaning. In a volume of the dictionary containing 1004 characters, the writer found 115 thus referred to other characters. The *significant* characters of the language, therefore, including names of every description, can scarcely be estimated at more than *Thirty Thousand.*

Of these Thirty Thousand however, we have not been able, by including both the elements and those formed by two elements united, to account for a sixth. The grand enquiry therefore still remains to be answered: How are the rest formed? As they cannot be formed immediately from the elements, are they formed from certain primitive characters like the roots in Greek, or the dhatoos in Sungskrit? If so, what are these primitive characters, and by what method are the derivatives formed from them? This has for several years occupied the mind of the writer of this dissertation, and he is ready to hope, that he has at length succeeded in tracing the manner in which nearly the whole of the Chinese characters are formed from each other. To some it may not be uninteresting to learn by what process he has been led to this conclusion.

OF THE PRIMITIVES.

That such Primitives really exist as occupy the middle space between the elements and the great mass of the characters, and, like the Greek primitives of the Sungskrit dhatoos, form the bulk of the language by associating to them-selves certain of the elements, was long suspected by the writer. This idea was strengthened by his observing in a manuscript Latin-Chinese Dictionary which classed the characters according to their names, that in numerous instances, one character was the root of ten or twelve others, each of which was formed from it by the addition of *a single element*; thus the addition of the element for a hand to a primitive, formed one character; that being chang-ed for the element denoting the head, another character was formed from the same root; by the change of that for fire, a third; and of that for the element denoting water, a fourth. It further appeared that the characters thus formed from the same primitive by merely adding one element, generally took the name of the primitive with some slight variation. This so struck him that he examined the dictionary from beginning to end, noting down each primitive as it occurred, and referring thereto all the characters formed from it by the addi-tion of one element: and he at length found, with astonishment and pleasure, that all the characters of this dictionary, about nine thousand, were formed from *eight hundred and sixty-two characters, by the addition of only one element.* Fearing however to be mistaken in a fact that promised to throw so much light on the formation of this singular language, and reflecting that nine thousand characters bore but a small proportion to the whole mass, he by the help of his Chinese assistants, set about examining the whole of the

E

Imperial Dictionary; and after fifteen months' labour, had the satisfaction of seeing every character in the dictionary derived from another, classed under its proper primitive. The result of his search is now laid before the candid reader. Exclusive of the two hundred and fourteen elements, the number of characters from which *another* is formed, amounts to *three thousand eight hundred and sixty-seven.** From these by the addition of a single element to each, is formed the great body of the language, in nearly the same manner as the great mass of the Greek language is formed from about 3500 primitives, and that of the Sungskrit language, from about 1700 dhatoos or roots. The greatest number of Derivatives which spring from any one of these, is *seventy four,* and the least, *one;* the addition of a single element to the primitive, forms each derivative, which in general expresses an idea in some measure distinct from that of the primitive character, but still bearing some relation thereto. It is however proper to observe, that the term "primitive" is not applied to them on account of their *origin,* but merely with reference to their *use.* In the former sense few could be properly termed primitives beside the 214 elements; nor indeed all of them, as we have already seen that some of them are evidently compounded of two or three others. It is merely on account of their office in the language therefore, that the name is given. Thus 賣 *maì,* to sell, contains three elements, and produces no less than thirty-five derivatives by combining itself separately with that number of elements; 在 *tsai,* ability, produces nine; 無 *woŏh,* not, twenty-five; and 今 *kin,* now, no less than sixty-two.

* It will be easily understood, that in all the numbers given here, the possibility of mistake is allowed. This however is an immaterial circumstance: no numbers are given which the writer has not examined himself, and many of them more than once. It is presumed therefore, that few mistakes will be found so great as to affect any conclusion drawn from the number.

海上絲綢之路文獻集成 科技與文化編

中國言法

These 3867 primitives however, are not all equally prolific; more than seventeen hundred of them produce only one derivative each; and as they themselves are in general derivatives formed from some of the other primitives, they scarcely deserve the name. Were we to rank among the primitives every Greek word which produces another, the number of Greek primitives would be swelled far beyond that of these Chinese primitives. Thus συνεπιλαμβανω to collect into one, by dropping a preposition can be easily reduced to επιλαμβανω; but this latter does not exalt itself to the rank of a primitive by producing two derivatives. We properly ascend higher, to the root λαμβανω, which produces above fifty. We may therefore exclude from the rank of primitives, not only the 1726 which produce each only *one* philological shoot, but even those that produce only *two*; which will be found to be four hundred and fifty-two of the remaining 2141. This will leave *one thousand six hundred and eighty-nine characters* as forming the great mass of the language, which is evident from comparing them; the 1726 which produce one derivative each, can of course produce only 1726; and the 452 producing two each, only 904; taken together, 2630. So that if we estimate the number produced by the 3867 primitives at twenty-five thousand (five-sixths of thirty thousand,) 2178 of these primitives, if we may thus term them, will produce only 2630 derivatives, while the remaining 1689 will produce 22,370. These then are the real primitives of the language; few indeed, yet sufficiently numerous for the purpose of forming it; for were we to divide the twenty-two thousand derivatives equally among these sixteen hundred and ninety primitives, this would give scarcely *fifteen* to each of them; a much fewer number than a Greek primitive in general produces; some of which, as λεγω for example, produce more than two hundred derivatives, which is more than double the number produced by any Chinese primitive.*

Were we further to deem the elements themselves primitives, which office they really fill, as well as that of formatives, (since of two elements united, the one to which the *forming* element is added, must be the *primitive,*) we should find, that as there are scarcely 3600 characters produced by the union of two with each other, each of the 214 could not on an average claim a greater number of derivatives than sixteen each. It would indeed be easy to shew by examples that this mode of classing the elements in their union with each other, has much the advantage in elucidating the sense from the connection of the two elements. If we then add the 214 elements to the 1689 primitives, we shall have *one thousand nine hundred and three* characters producing nearly the whole language, and this by associating with themselves as formatives, 214 of their own number. The manner in which this simplifies the language, is too apparent to need pointing out. By be-

* The following statement, which is the result of repeated examination, will shew pretty accurately what share each of these primitives has in producing the language:

Of the 1689 primitives, those which produce	
Three derivatives are about, - - -	383
Those which produce Four each, - -	134
Those which produce Five, - - -	122
Those which produce Six, - - - -	89
Those which furnish Seven, - - - -	83
Those which furnish Eight, - - - -	66
Those furnishing Nine, - - - -	63
Those furnishing Ten, - - - -	61
Those furnishing Eleven, - - - -	41
Those furnishing Twelve, - - - -	37
Those furnishing Thirteen, - - - -	38
Those furnishing Fifteen, - - - -	30
Those furnishing Fourteen, - - -	29
Those furnishing Sixteen, - - -	25
Those furnishing Seventeen, - - -	26
Those furnishing from Eighteen to Twenty,	69
Those furnishing from twenty to Twenty-five, - - - - - -	91
Those furnishing from Twenty-five to Thirty,	66
Those producing from Thirty to Forty, -	138
Those producing from Forty to Fifty, -	75
Those producing from Fifty to Sixty, -	27
Those which produce from Sixty to Seventy-four, the highest number of derivatives springing from one primitive, - - -	9

海上絲綢之路文獻集成 科技與文化編

coming fully acquainted with these nineteen hundred characters, a man is in possession of all the *materials* of which the language is formed; and if the principles already mentioned, run through the formation of the whole language, his noticing the effect produced by adding the various formatives to a few of them, must assist him in giving a pretty shrewd guess at their effect when united with the rest.

It is somewhat singular, that in the number of its primitives, the Chinese language, widely different as it is in its structure, should correspond so nearly with both the Greek and the Sungskrit languages. Of the two kinds of primitives which Nugent gives as the basis of the Greek language, the first and most important part contains about 2100, and the second part, deemed less important, about 1500. Thus, without taking into the account derivatives which may happen to produce one or two other words, the number of Greek primitives, nearly equals the largest number of Chinese primitives, even if we include these which produce only one derivative; while the first and most important part of them exceeds in number the most important part of the Chinese primitives. The 1760 Sungskrit dhatoos also, exceed the most important part in number, and if we were to call these primitives too, which after receiving one preposition, still form two or three words by associating anew other prepositions, the number would fully equal the number of Chinese characters here termed primitives.

OF THE VARIOUS CLASSES OF THE PRIMITIVES.

Having ascertained the existence and the number of the Chinese primitives,

海上絲綢之路文獻集成　科技與文化編

it will perhaps throw further light on the language if we examine minutely the characters which compose them. We might indeed, as has been already observed, apply this name to the elements themselves, as most of them really form derivatives by receiving other elememts. Nor do they form a profusion ; in this respect they are equalled by these we are now treating of as primitives. But in one respect they differ from these ; the elements almost exclusively perform the office of *formatives,* very few of the 1689 primitives serving as formatives, and these only in an instance or two. Leaving them therefore, we come to the real Primitives ; and on examining these it will be found that the greater part of them consist of those characters already described as probably the first formed, or the *original characters* of the language. They may be included under three classes :

I. The first class consists of those characters *which are formed from an element by some addition that, taken alone, has no meaning.* They are therefore not formed by the union of two ideas, for if divided, the two parts do not convey each a distinct idea. These then are the next remove from the elements themselves. Among them are 世 *sheè,* an age, the present age or state of things ; which is placed underneath 一 *yih,* one, as its key ; but the other part conveys no distinct idea. From this, which is a character much in use, are formed twenty-two derivatives, by its receiving separately as many of the elements. Another character of the same kind is 民 *min,* the people, the multitude, which is formed from 氏 *sheè,* a tribe, by an addition, however, which of itself means nothing. This primitive produces twenty-eight derivatives The character 今 *kin,* now, is another of these; which is formed by placing two strokes beneath the element 人 *yin,* man, but these two strokes have no meaning of themselves. This character, which is in common use,

中國言法

produces no less than sixty-two derivatives. To these may also be added the negative 不 pŏh, not, equally common, which is classed underneath 一 yĭh, one; but the lower part of it forms no character. This produces thirty-five derivatives. 求 Khyeu, to seek, is another of these characters: the lower part of it is 水 shooi, water; but the addition made, the upper part, conveys no idea of itself. This character gives birth to thirty-nine derivatives. 畏 wy, fear, is another; the upper part of which is 田 t'hyen, a field; but the lower part is no complete character. This produces twenty-six derivatives. We may also mention 上 shyang, above, and 本 pún, the root, the formation of both which has been already described: the former of them produces three derivatives; and the latter seventeen. To these we may add 由 yeu, from, flowing from, &c. which is also formed from 田 t'hyen, a field, by lengthening the middle perpendicular stroke, and thus formed, it becomes the root of thirty-five derivatives. A considerable number of others might be adduced; but I shall only mention the pronoun 我 ngó, I, the key or root of which is 戈 kwo, a lance, or sword; but the other part is no complete character; it bears a near resemblance to the abbreviated character for 扌 shyéu, the hand; but the middle horizontal stroke is wanting. This character is the root of twenty-seven derivatives. It may be asked, " What can these characters be?" Elements they are not; nor, strictly speaking, are they Compound characters; for if divided they have no meaning. They must therefore be either those representations of things which are not elements, or characters of the third class which indicate their meaning by their form and position. This class forms about a fourth of the 1689 primitives.

II. The second class of these primitives consists of the *Compound cha-*

racters already described. These are of several kinds, among the first of which are 天 *t'hyen*, heaven, which is formed by adding 一 *yĭh*, one, to 大 *tà*, great; which character thus formed, becomes the root of nineteen more. 中 *Choong*, the midst, right, &c. is another, which is formed by drawing a perpendicular stroke through 口 *khoú*, the mouth; and becomes the root of a similar number. To these we may add the auxiliary character 必 *pĭh*, must, should, &c. which is formed by drawing an oblique stroke through 心 *sin*, the heart, and after being formed gives rise to forty-three derivatives; 正 *tching*, right, just, which is formed by placing the horizontal stroke 一 *yĭh*, one, above 止 *tcheé*, to stop, and afterwards becomes the root of twenty-one characters; and lastly 出 *tchyoŏh*, to come out or forth, which is formed by placing 屮 *ts'háo*, springing grass, above 凵 *khán*, a cavern or aperture; and then becomes the root of no less than forty-seven characters. Respecting this class, it seems doubtful whether they should be referred to the third, which indicate their meaning from their form and position, or to the fourth, the first class of the compound characters: but as there are in them two characters distinct and complete, they are placed here. The reader will however judge for himself whether they indicate their meaning most strongly from their component parts, or from their position when united; if the former, they belong to the class of Compounds, but if the latter, they must be referred to the first class of primitives, in which case that class will be increased to nearly one third of the whole number.

Respecting the next division of this class of primitives, there can be no doubt of their being really compounded of two others. Of this kind are 吅 *Kyen*, fright, confused noise, &c. formed by adding 口 *khoú*, a mouth, to itself, and which produces six derivatives; and 知 *chee*, knowledge, which as

海上絲綢之路文獻集成 科技與文化编

already mentioned, is formed from 矢 *ch'hee,* an arrow, straight, direct, right, and 口 *khoú,* a mouth; and then becomes the root of sixteen derivatives. Thus also 利 *leè,* profit, is formed from 禾 *hwo,* corn in the ear, and 刂 *tao,* to cut, and afterwards produces sixteen. 因 *Yin,* cause, &c. is formed by placing 大 *tà,* great, within 囗 *hwy,* an inclosure, and becomes the root of twenty-nine derivatives. The character 分 *fwun,* to divide, is another of these, which, it has been already said, is formed of 八 *păh,* eight, and 刀 *tao,* a knife: when thus formed, it becomes the root of no less than sixty-two derivatives. Of the same class is 吉 *kĭh,* joy, happiness, which is formed by placing 士 *sheé,* or *sé,* learned, above 口 *khoú,* the mouth, and becomes the root of forty derivatives: and 召 *chaò,* to call, formed by adding 刀 *tao,* a knife, to 口 *khoú,* the mouth, which is the root of no less than fifty-five characters. The character 加 *kya,* to add, is another, which is formed by uniting 力 *lĭh,* strength, to 口 *khoú,* the mouth, and which furnishes thirty-one derivatives. To these may be added the character 各 *kŏh,* some one, formed by placing 口 *khoú,* the mouth, beneath 夂 *cheè,* to follow, and which then produces sixty-one derivatives.

III. Those primitives which are formed by *three* united elements, of which if one be taken away the other two have no meaning, may be termed the Third Class. These however are very few. Of those which contain three of the *same* element united, scarcely fifty exist in the whole language, and among these, two in several instances previously unite to form another character. This is not however the case with all. Three of the character, 心 *sin,* the heart or mind, are united to form 惢 *yooì,* not union, but doubt or uncertainty; which character then becomes the root of five deriva-

F

海上絲綢之路文獻集成　科技與文化編

tives. Three of the character 力 *lih*, strength are united, and form 劦 *hyĕh*, union of soul, which afterwards becomes the root of fourteen derivatives. The character 同 *t'hoong*, together, with, &c. is formed of three *different* elements, 冂 *khăn*, a cavern, 一 *yih*, one, and 口 *khoú*, the mouth, of which I am not certain that any two form a previous union. This character, thus formed, becomes the root of fifty-five others. Another example of these must suffice, which shall be the primitive 合 *hŏh*, to collect, to unite. This is formed by placing 一 *yih*, one, and 口 *khoú*, the mouth, beneath 人 *yin*, a man; and when thus formed, it becomes the root of no less than seventy-four derivatives, the highest number produced by any primitive. These two classes, the Second and Third, which are evidently selected from the original Compound characters already mentioned, form nearly one half of the 1689 primitives; so that by far the greater part of the primitives consist of the characters already described, as probably the *first formed* in the language. That all of these characters do not become primitives, will excite no surprize in those who are acquainted with the formation of language; there are many Greek verbs, evidently primitives, but from which scarcely a single derivative can be found.

IV. We come now to the Fourth Class of these primitives; a class not numerous, but by no means uninteresting. It consists of *derivatives* from the three foregoing classes, exalted by use to the rank of primitives. These also contain several varieties. Among the first of these are characters formed from the *first* class of these primitives, namely those which if divided have no meaning. Such is the interrogative 否 *foú*, which is formed by adding 口 *khoú*, the mouth, to 不 *pŏh*, not, already mentioned as a primitive producing thirty-five derivatives, one of which is this character *foú*; which also becomes a primitive, and produces eighteen characters. The substantive 葉 *yĕh,* a leaf, is another instance, which is formed by adding to the character 世 *sheè,* the present state or age, *moŏh,* 木 a tree; and being thus formed becomes itself the root of forty-two derivatives. The adverb 今 *kin,* now, amidst its sixty-two derivatives, has two which are exalted to the rank of primitives: these are 貪 *t'han,* covetous, formed by uniting 貝 *py,* something precious, with 今 *kin,* now, and which then produces five derivatives; and 酓 *yèn,* intoxicated, formed by placing 酉 *yaó,* expanding, beneath *kin,* now, and which afterwards becomes the root of nine other characters.——Another variety of this class consists of certain derivatives springing from the *second* and *third* classes of primitives, the Compound ones already described. Among these are 崩 *pung,* to fall from an eminence, formed by placing 山 *shyan,* a mountain, above 朋 *p'hung,* a friend, and which then becomes a primitive producing ten derivatives. 略 *Lyŏh,* brief, short, is another of the same kind: it is formed by adding 各 *kŏh,* any one, to 田 *t'hyen,* a field, and then becomes the root of four derivatives. The adjective 奇 *khee,* wonderful, prodigious, is another of these, which is formed by uniting 可 *khó,* ability, with 大 *tà,* great, and thus formed, produces forty-nine derivatives, a greater number than even its parent *khó,* which produces only forty-three. Others might be adduced; but we hasten to notice,

Another division of this class, which may be termed *Derivatives of derivatives:* it consists of characters actually formed from some of the derivatives, and which then become the root of others. Among these some are singular enough, but few more so than one or two formed from 品 *p'hin,* order, rank, &c. This character, which is itself a derivative, formed by adding another

海上絲綢之路文獻集成 科技與文化編

mouth, to 吅 *syen,* fright, confused noise, a primitive already mentioned, becomes itself a primitive, and produces seven other characters. Of these seven, several become primitives in their turn, among which the two most remarkable are 喿 *ts'hao,* birds singing in concert, formed by adding thereto 木 *moŏh,* a tree; and 區 *khyu,* something hidden, formed by its uniting with 匚 a box or chest; which last produces no less than forty-seven derivatives! Nor does the race end here; of this progeny 奩 *lyen,* a box for perfumes, or according to others, for a mirror, formed by adding to *khyu,* the formative 大 *tà,* great, still produces two derivatives; and 蓲 *khyeu,* a species of thorn, formed by placing 艸 *ts'háo,* grass, above it, produces one. The character 畾 *looi,* to heap up, is almost equally remarkable for its philological race: it becomes a primitive, and produces no less than thirty-three derivatives; and of these, 壘 *looi,* to throw up an entrenchment, formed by uniting with it, 土 *t'hoo,* the earth, becoming a primitive, produces eight derivatives: and 纍 *looi,* to bind, to involve in evil, formed by placing beneath it 糸 silk, produces five. Another may be mentioned, a very common character, 能 *nung,* ability, which is formed by adding to the primitive 肙 *yuen,* to move or shake, (composed of 月 *yoŏh,* flesh, and 厶 *tse,* mean, low,) two of the character, 匕 *Peé,* a spoon, &c. placed over each other; and which in its turn becoming a primitive, proves the root of sixteen derivatives. One of these 罷 *pà,* to stop, formed by adding thereto 网 *wáng,* a net, emulating its parent, becomes the root of eleven derivatives; and even one of these, 羆 *P'heè,* the Serval,* which has 灬 *hó,* fire, placed underneath *pà,* produces two derivatives more. Another of this kind must suffice, the negative 亾 *woō,* not having: it is formed by adding to 乚 *t'hou,* as some say; but as others say, to 入 *yŏh,* entrance, something which in itself has no meaning.

* Felis serval.

Thus formed, it gives birth to three derivatives: one of which, 匃 *kŏh,* to beg, formed by adding to the primitive 勹 *pao,* a rolling up, produces three more. One of this third generation, 曷 *hŏh,* wherefore? formed by placing above it 曰 *yuĕh,* to say, gives birth to no less than fifty-six: and of this fourth generation, 葛 *koh,* a certain herb from which thin cloth is made, formed by placing above that, 艹 *ts'hao,* grass, becomes a primitive too, and gives birth to twenty-four more. From these examples it is easy to see the difficulty of ascertaining the force of a Chinese compound without an acquaintance with the previous combinations of its component parts; and how much this, therefore, enters into a radical knowledge of the language.

There are several primitives which do not strictly belong to either of the classes already mentioned. Such are those which are formed by the union of *two primitives.* These are far from being numerous; but 哥 *ko,* an appellative for an elder brother, is one of this kind: it is formed by placing the character 可 *khó,* ability, above itself; and thus formed, becomes the root of eleven derivatives. Another of these is formed by placing 朿 *tsè,* a thorn, a primitive producing twenty-one characters, above itself, which then forms 棗 *t'saò,* a species of the plumb: and this produces six others. More might be mentioned, but this part of the subject shall be closed by noticing 壽 *shyao,* long life, formed of five different characters, namely, 士 *sé,* a learned man, to which is added, ⟶ which is properly no character; to that 工 *koong,* art, then 一 *yih,* one; underneath which are placed 口 *khoù,* the mouth, and 寸 *ts'hwùn,* an inch.* This compound becomes

* These two last form the character 吋 which is a vulgar form of *tshuh,* to blame, to reprove.

the root of no less than forty-four characters. Thus then are formed the Primitives of the Chinese language: the greater part of them consisting of those characters which were in all probability the *first formed* among the Chinese characters, and the rest, about a fourth, of such derivatives from them as have been most frequently in use.

Of the FORMATIVES.

Having thus considered the various classes of the Primitives, it seems proper that we should take some notice of the Formatives, or the characters which form the derivatives by being added separately to the primitives. These are the two hundred and fourteen elements; between which and the primitives, the performing of this office seems to form the grand distinction. Many of the latter are far more simple in their formation than some of the elements; and considered merely as primitives, they give rise to a greater number of derivatives: such is certainly the case with 合 *hŏ*, which is the root of seventy-four derivatives. But *hŏ* does not discharge the double function of primitive and formative: although it receives no less than sixty-nine *elements* to form as many separate characters, it is seldom if ever united with another *primitive*. Some instances occur indeed, in which a primitive is added to itself to form a new character; of which two or three examples have just been given. But these instances are very rare; and those wherein one primitive is added to another, are still fewer, although one or two may possibly be found. 今 *Kin*, now, as a primitive receives sixty-two separate elements to form that number of derivatives; but it is scarcely

海上絲綢之路文獻集成 科技與文化編

found as a formative; while the element 人 *Yin*, a man, as a primitive receives only twenty-three other elements, (it forming that number of derivatives;) but as a formative it is added to more than seven hundred primitives. This therefore seems to furnish us with the reason why the elements were selected as the keys or characters under which the others should be arranged. Even 龠 *yŏh*, a pipe, is added as a formative to no less than thirteen compound characters or primitives, but perhaps no one of the primitives can be found added as a formative to *three* others. To the elements then the office of forming derivatives seems almost exclusively confined.

But although the office of forming other characters seems thus confined to the elements, it is far from being common to them all in an equal degree. So far indeed, that a hundred and twenty of them form only two thousand six hundred and forty derivatives; while merely the three elements for grass, water, and the hand, form above three thousand seven hundred. There are sixty of the elements which form no less than twenty-five thousand, the great mass of the language: these sixty it may not be uninteresting to give, with the number formed by each of them.

艸	grass, forms	1423	言	a word,	734
水	water,	1333	人	a man,	729
手	the hand,	1012	金	metals,	719
口	the mouth,	983	竹	a reed,	672
心	the heart,	956	女	a woman,	634
虫	insects,	804	糸	raw silk,	627

鳥	a bird, - - -	617
肉	flesh, - - -	577
山	a mountain, - -	569
目	the eye, - - -	554
火	fire, - - - -	545
足	the foot, - - -	504
魚	fish, - - - -	491
疒	sickness, - - -	470
衣	clothing, - - -	466
土	the earth, - - -	463
石	a stone, - - -	447
玉	precious stones, - -	418
犬	a dog, - - -	412
馬	a horse, - - -	410
日	the sun, - - -	381
禾	corn in the ear, - -	346
邑	a city, &c. - - -	345
食	to eat, - - -	343
車	a carriage, - - -	340
辵	irregular motion, - -	323
刀	a knife, - - -	309

革	leather, - - -	290
阜	a boundary, - -	279
酉	the evening, - -	249
巾	a napkin, - - -	247
攴	to strike lightly, - -	241
走	to run, - - -	240
雨	rain, - - - -	236
广	a roof, &c. - - -	225
髟	dishevelled hair, - -	223
貝	pearl, - - - -	216
門	a door, - - -	213
牛	a cow, - - -	211
米	rice, - - - -	205
欠	debt, to owe, - -	196
宀	a roof, - - -	193
歹	evil, - - - -	190
示	to shew, &c. - -	179
彳	slow or gentle motion, -	172
舟	a ship, - - -	166
羽	short feathers, - -	157
骨	a bone, - - -	137

海上絲綢之路文獻集成 科技與文化编

瓦	bricks, &c. - -	160	黑	blackness, - - -	146
毛	the eye-brow, - -	155	風	the wind, - - -	145
田	a field, - - -	149			

These then are the principal formatives, which, like prepositions, particles, and other formatives both in the Greek and Sungskrit languages, though not in precisely the same way, combine themselves with the primitives to form nearly the whole of the Chinese language. This allusion to Greek formatives may perhaps seem strange to some who have been accustomed to consider the prepositions as almost the only formatives in that language. A close examination of the subject, however, will shew that the Greek language has many formatives beside the prepositions: the particles, ευ, δυς, &c. have nearly as great a share in forming the language as some of the prepositions. Nor is this office confined to particles: the reader conversant with Greek will be able to recollect many substantives and adjectives, which enter into the formation of nearly as great a number of words as some of these Chinese formatives. The co-incidence in meaning which certain of these have with some of the Chinese formatives, seems worthy of a cursory remark; such as, that between a man (9)* and ανηρ, which forms about 75 Greek compounds,

A knife, (18) and οξυς, forming about 100	Little, small, (42) and ολιγος, or μικρος, 70
Again, (29) and ανα, —— 500	Self, (49) and αυτο —— 160
The earth, (32) and γη, —— 50	The hand, (64) and χειρ, —— 50
Great, (37) and μεγας, —— 80	Well-proportioned, (167) and καλλος, 120
A woman, (38) and γυνη, —— 20	Evil, (78) and δυς, —— 400
A son, (39) and υιος, —— 140	To compare, (81) and ισος, or ὁμος, 140

* These numbers refer to those affixed to the Elements in the Synopsis of them beginning p. 7, to which the reader can easily refer.

G

Water, (85) and ὕδωρ,	forming about	60
Fire, (86) and πυρ,	——	140
A cow, (93) and βους,	——	90
A dog, (94) and κυνη,	——	50
Sweet, (99) and μελι,	——	70
Life, (100) and ζωη,	——	60
The eye, (109) and οψις,	——	50
A stone, (112) and λιθος,	——	30
To stand erect, (117) and ϛαω,	——	40
A ship, (139) and ναυς,	about	36
Runing, (155) and ταχυς,	——	40
Gold, &c. (167) and χρυσος,	——	100
Long, (168) and μακρος,	——	60
False, (175) and ψευδης,	——	60
A horse, (187) and ιππος,	——	90
High, (189) and ὑψος,	——	60
Black, dark, (203) and μελας,	——	55
With several others.		

These Greek formatives do not indeed combine themselves with their primitives precisely on the same principle with the Chinese formatives, which is scarcely to be expected in two languages so very different in their nature. However, in this they agree with the Chinese formatives, that most of them express distinct ideas prior to their being united with the primitives to form new words, and convey something of their own meaning to the new words which they form: and it is somewhat singular that two nations so entirely different from each other, should, in such a number of instances, fix on formatives which so nearly co-incide in the ideas they convey.

FORMATION OF THE DERIVATIVES.

We now proceed to the last part of this subject, that of considering the *Effect* of the formatives and primitives united. Here perhaps we have less to guide us than in either of the former parts: this, however, while it should guard us against dogmatic assertion, should by no means discourage us from

海上絲綢之路文獻集成 科技與文化编

diligent inquiry. Among the six classes of which the characters have been already said to be composed, we shall undoubtedly find a very great number of derivatives formed on the principles of the *fourth*, which combines the meaning of two characters to produce a third; and a few on those of the *sixth*, which combines the meaning of the species with the imagined sound of the individual character. It is indeed possible that a few may be found formed on the principle of the *third* class, which indicates the meaning by the position or form of the characters united; but it is not likely that many will be found of the *first* class, representations or pictures of objects. In some instances however the formatives may probably be found united to the primitives understood in a figurative sense, as well as to them in their natural and proper meaning; and in some others, the compound may have been formed either from caprice, or from circumstances beyond even our guess at this distance of time.

The general idea among the Chinese lexicographers seems to be, that the formative (or element) ought to express the *thing* which modifies, or connects itself with the idea suggested by the primitive. Thus they would esteem it improper to place a character which in any way suggests the idea of fire, underneath the element for water; or to class a character which suggests the idea of an animal, under elements signifying things inanimate: and the rectifying of this incongruity in classing the characters, is mentioned by the Compilers of the Imperial Dictionary, as one object which they constantly kept in view. If this idea were strictly and universally observed, we should have a certain rule to guide us; the primitive would be a kind of adjective, imparting some quality or mode of existence to the formative; and indeed something of it may be observed in certain of the following derivatives.

G 2

Thus p. 54, the primitive *sheè*,[1] *current*, or quickly moving, requires a mouth in order to convey the idea of "verbose:"[2] a mouth is therefore the formative. But "intelligent"[3] seems to require the addition of a heart, rather than of a mouth; and the heart is found to be the formative. Yet if this can be traced in those characters which express sensible objects, as birds, beasts, the parts of the body, &c. the diversified nature of the operations of the mind, almost forbids our expecting to find it constantly realized in those characters which are intended to express them. It may however be useful to keep the idea in view, as well as to enquire as we proceed, whether the Formatives commonly modify the meaning of the primitives, as the prepositions *per, in, ad, con, sub*, &c. modify the meaning of *scribo*, to write, while the Primitives communicate a general idea to the formatives; or whether the formative and the primitive equally conjoin their force in the character produced. We may also further enquire whether the formatives have generally the *same* effect in forming a character, or whether the effect be arbitrary, differing in one character from that in another. An attentive observation of these particulars will greatly assist us in forming our ideas of the principles on which the characters are united to each other. But in order to this, it seems necessary to examine a sufficient number of the primitives so as to embrace *every derivative* formed from them: were we to select only a few of the derivatives produced by any one, the result could not be entirely satisfactory, as the remaining derivatives, if examined, might contradict any conclusions drawn from a number selected for the purpose. We proceed therefore to examine a few primitives taken from each of the classes already mentioned, with all the derivatives they produce. Since the Elements have been termed primitives as well as formatives, it may be proper first to exhibit one of them as sustaining that office.

1 世 2 呭 3 怈

海上絲綢之路文獻集成 科技與文化編

The Element 心 *Sin, the heart, exemplified.*

I. 心 ***sin*, the heart, as a Primitive, gives birth to twelve derivatives. Uniting itself with** 人 ***yin*, a man, it forms,**

伈 ***sin*, a state of fear.**

With 口 ***khoú*, the mouth,**

吣 ***ts'hìn*, the foam of a dog's mouth. The mouth below, denotes the same.**

With 手 ***shyeú*, the hand,**

抋 ***ts'hìn*, to drive in a thing as a stick into the ground, a nail into the wall, &c. *Tsăh-yoon.****

With 木 ***moŏh*, wood,**

杺 ***sin*, a kind of tree, the pith of which is yellow. Also an axle-tree *Tsăh-yoon.***

With 水 ***shooi*, water,**

沁 ***ts'hìn*, to measure the depth of water; a certain river. *Tsăh-yoon.***

With 疒 ***tsĭh*, sickness,**

⿸疒心 ***ts'hìn*, pain, to feel pain.**

With 艸 ***ts'haó*, grass,**

芯 ***sin*, a certain kind of grass.**

With 言 ***ngyĕn*, a word,**

訫 ***sin*, sincere. *Tsăh-yoon.***

With 車 ***kyu*, a carriage,**

⿰車心 ***sin*, an axle-tree. *Kwang-yoon.***

With 金 ***kin*, gold, &c.**

鈊 ***ts'hin*, sharp, keen, acute.**

With 雨 ***yú*, rain,**

⿱雨心 ***ts'hin*, the motion or course of a cloud. *Yoŏh-p'hyen.***

With 鳥 ***nyaó*, a bird,**

⿰鳥心 ***sin*, a certain bird of a dark colour.**

* The name of a Chinese dictionary: as some idea of the dates of the various dictionaries here adduced as authorities beside the Imperial Dictionary, (which is understood where no other is mentioned,) may not be wholly uninteresting, I have endeavoured to ascertain the period at which the six most ancient were published; and have reason to believe they originated as follows:

The *Shyeh-wun*, under the *Han* dynasty, about A. Ch. 150	The *Tsah-yoon*, under the *Soong* dynasty, about A. D. 1170
The *Yooh-p'hyen*, under that of *Lyang*, about A. D. 530	The *Yoon-hhooi*, under the *Yuen* family, about 1290
The *Kwang-yoon*, under the *T'hang* family, about 620	The *Tching-yoon*, under the *Ming* dynasty, about 1420

There are six of the most ancient: between these and the Imperial Dictionary, several others appeared, and among the rest the *Tching-tse-t'hoong*.

The greater part of these, combining two ideas to indicate a third, are evidently of the fourth class. In several of them the ideas expressed by the formative and the primitive seem blended: but in others, the primitive seems to add one general idea to the formatives; thus the heart or spirit expresses itself at the mouth of a dog in foam; it adds force and effect to the hand; brought into contact with sickness, it is pain; added to a word, it produces sincerity, and brought near to gold, it is generally keen. In several it is difficult to trace the connection. Six of those have precisely the same Name with the primitive; the other six change the initial power alone.

We now proceed to examine the various classes of the Primitives.

PRIMITIVES OF THE FIRST CLASS.

II. 世 *sheè*, an age, properly of 30 years, the age, the world,* produces 22 derivatives. Uniting with 人† *yin*, a man, it forms,

伳 *syěh*, prodigal, extravagant.

With 口 *khoú*, the mouth, it forms,

呭 *eé*, verbose. *Shych-wun*. Pronounced *syeh*, cheerful, happy. *Tsŭh-yoon*.

With 尸 *sheé*, one deceased,

屉 *t'heé*; (*ngan-t'hee*) the sides or flaps of a saddle. *Tsŭh-yoon*.

With 广 *yěn*, a shed,

⿸广世 *eé*, a kind of repository. *Tsŭh-yoon*.

With 心 *sin*, the heart,

怈 *ee*, intelligent. *Shych-wun*. Clear. *Yoŏh-p'hyen*.

With 手 *shyeú*, the hand,

抴 *eé*, to take by the hand, to lead. *Shyeh-wun*.

With 欠 *khyen*, to sigh,

⿰世欠 *hyĕh*, the sound of one breathing.

With 木 *moŏh*, wood, &c.

枻 *eé*, the oar of a boat. *Yoŏh-p'hyen*.

* See p. 98.

† For the abbreviated forms of certain of the elements, see the foot of the page in the Synopsis beginning page 7

With the tree underneath,
枼 *Yĕh*, the leaf of a tree, &c.
With 水 *shooí*, water,
泄 *ee*, to flow forth, to diffuse abroad. *Shyĕh-wun.*
With 玉 *yoŏh*, a precious stone,
玴 *ee*, a certain stone, nearly equal in value to a precious stone. *Tsăh-yoon.*
With 疒 *tsĭh*, sickness,
疶 *syeh*, a diarrhœa. *Kwang-yoon.*
With 示 *shee*, to shew,
⿰示世 *ee*, an act of religious worship. *Yoŏh-p'hyen.*
With 糸 *se*, raw silk,
紲 *syĕh*, to bind; also a bridle, &c. *Yoŏh-p'hyen.*
With 羽 *yú*, wings,
⿰羽世 *ee*, to fly, as a bird, &c. *Tsăh-yoon.*

With 衣 *ee*, clothing,
袣 *ee*, a long sheet or covering; also, flowing like a long robe. *Tsăh-yoon.*
With 言 *yén*, a word,
詍 *ee*, fluent, verbose. *Shyĕh-wun.*
With 貝 *py*, a pearl,
貰 *sheé*; liberal; kind, forgiving, *Shyĕh-wun.*
With 辵 *ch'hŏh*, irregular motion,
迣 *eé*, to go freely, to exceed. *Yoŏh-p'hyen.*
With 足 *tsŏh*, the foot,
跇 *eé*, to follow freely, to pass over. *Shyĕh-wun.*
With 走 *tsoú*, to run,
⿺走世 *eé*, the same with the foregoing.
With 革 *kăh*, leather,
靾 *eé*, to present a man with a saddle. *Kwang-yoon.* One says, the reins of a bridle.

In perhaps the greater part of these, were the idea suggested by the primitive, (that of something current, or freely flowing,) added to the various formatives, the meaning of the derivative would be nearly indicated: as, a man living *freely*, may suggest the idea of a prodigal; a tree's *flourishing*, that of a leaf; a *flowing* mouth, that of verbosity. The breath *flowing*; the foot *moving freely*, so as to proceed, advance, or even exceed; a *flowing* robe, &c. need no comment. The Name, in fifteen of these, is the final syllable of the primitive; and in nearly all the rest, the final is retained, although it has the fourth or reflected tone.

海上絲綢之路文獻集成 科技與文化编

Another of the first Class of Primitives exemplified.

III. The pronoun 我 *ngó*, I ;* produces twenty-seven derivatives. By uniting with 人 *yin*, a man, it forms,

俄 *ngo*, sudden, hasty, perverse. *Shyěh-wun.*

United with 厂 *hàn*, an overhanging shore, it forms,

[illegible] *ngo*, high, lofty. *Shyěh-wun.*

With 山 *shyàn*, a mountain,

峨 *ngo*, (*cha-ngo*) any high mountain. *Ngo-ngo*, modest, grave.

峩 *ngo*, formed by placing the mountain above, signifies nearly the same.

With 口 *khoú*, the mouth,

哦 *ngo*, the sound of one reading softly or indistinctly. *Shyěh-wun.*

With 女 *nyú*, a woman,

娥 *ngo*, fair, beautiful. *Tching-yoon.*

With 手 *shyeú*, the hand,

[illegible] *ngó*, to draw or pull; *Tsăh-yoon.*

With 王 *yoŏh*, a precious stone,

珴 *ngó*, the presenting of a precious stone.

With 白 *pŭh*, white,

皒 *ngo*, which repeated, (*ngo-ngo*) means very white. *Tsăh-yoon.*

With 石 *shĭh*, a stone,

硪 *ngo*, a large cavern in a mountain. *Shyěh-wun.*

With 羊 *yang*, a goat, to nourish,

義 *ee*, right, just; righteousness.

With 艸 *t'shaó*, grass,

莪 *ngo*, a certain herb pleasant to the taste, the root of which is eaten. *Yoŏh-p'hyen.*

With 虫 *ch'hoong*, insects,

蛾 *ngo*, the silk worm when in the egg-state.

[illegible] *ngo*, formed by placing the worm underneath, means the same. *Yoŏh-p'hyen.*

With 示 *shee*, to shew,

䄉 *ngo*, certain religious rites. *Tsăh-yoon.*

With 目 *mŏh*, the eye,

䀛 *ngó*, to look earnestly, or expect. *Yoŏh-p'hyen.*

With 衣 *ee*, clothing,

[illegible] *ngo*, excellent or highly ornamented apparel. *Yoŏh-p'hyen.*

* See page 39

中國言法

With 言 *ngyen*, a word,

誐 *ngo*, good, excellent. *Shyeh-wun*. To make a low noise, like one reading indistinctly. *Yoŏh-p'hyen*.

With 金 *kin*, metal,

鋨 *ngo*, a spurious character for *t'hea*, iron.

With 鳥 *nyaó*, a bird,

䳘 *ngo*, a goose. *Shyeh-wun*.

With the bird on the left,

鵝 *ngo*, the same with the foregoing.

With the bird underneath,

鵞 *ngo*, the same.

That with the bird above, has the same name and meaning.

With 頁 *yĕh*, a head, a page, &c.

[illegible] *ngo*, level, even, &c With the rising tone, oblique. *Tsăh-yoon*.

With 食 *tchĭh*, to eat,

餓 *ngò*, hungry. *Yoŏh-p'hyen*.

With 馬 *má*, a horse,

騀 *ngo*, (*py-ngo*,) a horse's shaking the head. *Shyeh-wun*.

With 齒 *tcheĕ*, a tooth,

[illegible] *ngò*, (*khò-ngò*,) a row of teeth. *Tsăh-yoon*.

The general idea suggested by this primitive, seems to be that partial preference which the human mind naturally feels for itself, its own exertions, its own property, &c. and which here seems applied to a wife, the hand, colour, clothing, &c. as adding to these an idea of value or excellence. In two or three instances, personal propriety seems intended, as, my *own* seal or office, religious rites performed by *myself*; my *own* desire of food. One character, *ngo*, the sound of one reading in a low voice, seems formed on the principle of the Sixth Class already mentioned, that of uniting the meaning of one character to the sound of another. In several the chain of connexion is scarcely discernible. The names of all, one excepted, are the same syllable with that of the primitive.

H

海上絲綢之路文獻集成 科技與文化編

PRIMITIVES OF THE SECOND CLASS.

IV. The character 中 *choong*, the midst, right; within, thorough, formed by drawing a perpendicular stroke through 口 *khoú*, the mouth,* gives birth to nineteen derivatives. Uniting with 人 *yin*, a man, it forms,

仲 *Choòng*, the second or middle brother of three. *Tching-yoon.*

Uniting with 冫 *ping*, an icicle,

冲 *chhoòng*, deep. *Yin-hooi.* Also a little child.

With 又 *yeù*, again,

史 the ancient character for a writer of annals. *Shyěh-wun.*

With 女 *nyú*, a female,

妕 *choòng*, a female name. *Tsăh yoon.*

With 山 *shyàn*, a mountain,

岫 *nyoòng*, a certain mountain.

With 心 *sin*, the heart,

忡 *chhoong*, grief. *Shyěh-wun.*

With the heart placed below,

忠 *choong*, faithful. *Shyěh-wun.* Upright. *Yooh-p'hyen.*

With 水 *shooí*, water,

沖 *chhoong*, agitated, as waters; *Shyěh-wun.* Void; *Yooh-p'hyen.* Deep; *Kwang-yoong.*

With 皿 *ming*, a vessel,

盅 *choong*, a small vessel or cup. *Shyěh-wun.*

With 禾 *hwo*, corn unripe,

种 *chhoong*, rising corn. *Tching-yoon.*

With 穴 *hyŭh*, a hole,

窀 *chhoong*, to bring through with much difficulty, to pierce through. *Tsăh-yoon.*

With 竹 *chŏh*, a reed,

笚 *chhoong*, a species of the bamboo. *Tsăh-yoon.*

With 羽 *yú*, wings,

翀 *chhoong*, a bird's direct ascent through the air. *Yoon-hooi.*

With 艸 *ts'haó*, grass,

茽 *choong*, a species of grass. *Shyěh-wun.*

With 虫 *chhoong*, insects,

蚛 *choóng*, the food of insects. *P'hyen-hái.*

* See page 40.

With 衣 *ce*, clothing,
衶 *chhoong*, pantaloons. *Yoŏh-p'hyen.* Placed in the midst of *ce*, it forms
衷 *choong*. Good, right, faithful. *Yoŏh-p'hycn.* An inner garment. *Shyĕh-wun.*

With 馬 *má*, a horse,
馽 *chĭh*, to tie a horse's legs. *Shyĕh-wun.* To bind in general. *Yoŏh-p'hyen.*

With 鳥 *nyaó*, a bird,
鴤 *choòng*, (*lyoŏ-choong*) a species of bat.

It is possible that the union of two characters in Chinese may sometimes suggest more than one idea. Thus *choong* may suggest the idea of *the midst*, or the point of rectitude; and also that of something *within*. Nor is it improbable that one person, in uniting the primitive to a formative, might realize one idea suggested by it, while another might fix his attention upon one somewhat different. Some of the derivatives springing from this primitive, seem formed by uniting the idea of the *midst* to that expressed by the formative. In one or two instances, this appears so plainly, that the adjective *middle* if added to the formative, would almost suggest the idea, as the *middle* person or brother; *middle* clothing; the *mid* bird, i. e. between birds and beasts, the bat. Others again seem to unite with the idea of the formative, that of something *within*; as something *within* the heart, grief; something *in* the water, which agitates it; corn *within* the ear, &c. In several of the compounds the connection is not easily traced. All the names except two, follow that of the primitive.

H 2

Another of the Second Class exemplified.

V. 正 *tching*, right &c. formed by placing 一 *yĭh*, one, above 止 *tcheé*, to stop, produces twenty-two derivatives.* Uniting with 人 *yin*, a man, it forms,

佂 *tching*, (*tching-choong*,) a walking swiftly or hastily; also affrighted. *Tsŭh-yoon.*

With 囗 *wy*, a country,

囸 the ancient character for the sun.

With 女 *nyú*, a woman,

姃 *tching*; a woman's name. *Tsŭh-yoon.* One adds, a comely woman.

With 巾 *kin*, a handkerchief,

⿰巾正 *tching*, a cloth, &c. set up as a mark for an arrow. *Tsŭh-yoon.*

With 彳 *chhĭh*, a short step,

征 *tching*, to subjugate or punish a rebellious subject. *Yoon-hooí.* To exact tribute. *Ching-yoon.*

With 心 *sín*, the heart,

怔 *tching*, to walk hastily, to be affrighted. *Yoŏh-p'hyen.*

With 日 *yĭh*, the sun,

昰 The original character for 是 *shee*, to be, to exist, &c.

With 水 *shooí*, water,

泟 *tchhing*, a deep red. *Yoŏh-p'hyen.*

With 火 *hó*, fire,

炡 *tching*, (*tching-yeh*,) fire flying up to a great height. *Tsŭh-yoon.*

With 目 *mŏh*, the eye,

眐 *tching*, to look. *Yoŏh-p'hyen.* To look steadily. *Tsŭh-yoon.*

With 立 *lih*, to fix,

⿱正立 *tchàn*, to stand erect. *Kwang-yoon.*

With 糸 *se*, raw silk,

⿰糹正 *tching*, the ornaments of a horse, &c. *Shyeh-wun.*

With 网 *wáng*, a net,

罡 *kang*, (*t'hyen-kang*,) the Little Bear. *Tching-tse-t'hoong.*

With 耳 *irr*, the ear,

⿰耳正 *tching*, a state of walking, *Pŏh-ya.*

With 肉 *Yoŏh*, flesh,

⿰月正 *tching*, the dressing of flesh by boiling; of fish by frying. *Tsŭh-yoon.*

With 衣 *ee*, clothing,

⿰衤正 *tching* (*tching-choong*,) a little child's apparel. *Looi-p'hyen.*

* See page 40.

中國言法

With 言 *ngyen*, a word,
証 *tching*, advice, reproof. *Shyeh-wun.*
With 辵 *chhŏh*, irregular motion,
征 *tching*, to subjugate a rebel. *Yŏoh-p'hyen.*
With 金 *kin*, gold or metal,
鉦 *tching*, a kind of bell. *Shyeh-wun.*
With 阜 *foú*, a mound,
阷 *tchhing*, a ground-plat with a mound of earth raised on all sides. *Yŏoh-p'hyen.* To swallow. *P'hyen-hai.*
With 鳥 *nyaó*, a bird,
鴊 *tching*, a species of kite. *Tsăh-y.*

In perhaps the greater part of these, the idea will be almost suggested by adding *right*, *straight* or *erect* to the formative: hence a cloth placed to be viewed in a *straight line* as the mark, a *straight* or steady eye; to fix *erect*; a woman *erect* or comely; a *right* word, reproof, &c. But to term subjugating a rebellious subject, a *right* course, seems to savour a little of the bamboo. Of the names sixteen are the same with the primitive; and all the rest, except one, begin with the aspirated initial of the primitive.

One of the Second Class formed by combining two elements.

VI. 知 *Chee*, to know, is formed from 矢 an arrow, and 口 the mouth,* because "knowledge," says the Chinese Lexicographer, "in its motion resembles the swiftness of an arrow." It gives birth to sixteen derivatives.

Uniting with 人 *yin*, man, it forms,
倁 *chhee*, to walk, to act.
With 彳 *chhĭh*, a short stop,
徔 *chhee*, to walk, &c. *Yoŏh-p'hyen.*
With 心 *sin*, the heart,
恕 *tcheé*, joyful. *P'hyen-hai.*
With 日 *yĭh*, the sun,
智 *chee*, wisdom ; wise. *Shyeh-wun.*
With 毛 *mao*, the hair of the body,
䅟 *tcheé*, shaggy. *Tsăh-yoon.*
With 疒 *tsĭh*, sickness,
痴 *chhee*, a disease in which pete-

* See page 40, 41.

海上絲綢之路文獻集成 科技與文化編

chiæ appear on the body. *Tsăh-yoon.* One says, a covetous mind.

With 耳 *irr*, the ear,

聟 *seé*, a son-in-law.

With 艸 *ts'haó*, grass,

茹 *chee*, (*chee-moo*), a certain medicinal herb. *Looi-p'hyen.*

With 見 *kyen*, to see,

覢 *tsih*, the redness of the eye. *Shyĕh-w.* Seeing afar off. *Looi-ph.*

With 貝 *py*, a pearl,

貿 *chee*, to introduce one's self to another by a present. *Looi-p'hyen.*

With 足 *tsŏh*, the foot,

踟 *chhee*, (*chhee-chyu*), to walk or act with caution. *Yoŏh-p'hyen.*

With 酉 *yaó*, expanding,

酯 *chee*, wine. *Shyĕh-wun.*

With 風 *foong*, the wind,

颾 *lee*, an evil spirit. *Tse-looi.*

With 鬼 *kwy*, a departed spirit,

魑 *chhée*, the same with the foregoing.

With 黑 *hhăh*, darkness,

黐 *chee*, (*chee-chyu*,) to write obscurely, in a running hand. *Tsăh-y.*

With 黽 *múng*, small frogs, &c.

鼅 *chee*, (*chee-chyu*), a spider. *Yoŏh-p'hyen.*

In most of these, perhaps, the general idea of the primitive, added to that of the formatives, will nearly suggest the intended idea. It seems united with sickness, however, in a passive sense, as indicating a *known* state of disease: in several of them it is difficult to trace the connexion or idea. Twelve of the sixteen bear the name of the primitive, and two others have its final.

Another of the Second Class formed by combining two elements.

VII. 利 *leè*, advantage, profit, &c. formed by uniting 刀 *taó*, a knife, and 禾 *hwo*, corn in the ear, produces sixteen derivatives.* By uniting itself with 人 *yin*, a man, it forms,

* See page 41.

中國言法

俐 *lee*, ready, ingenious, intelligent, able.

With 口 *khoù*, the mouth,

唎 *lee*, the sound of a bell. *Yoŏh p'h.*

With 心 *sin*, the heart,

悡 *lee*, to hate.

With 山 *shyàn*, a mountain,

峲 *lee*, to climb a rock with agility. *Tse-looi.*

With 木 *moŏh*, a tree,

梨 *leé*, a species of pear. *Shyĕh-wun.*

With 水 *shooí*, water,

浰 *lyēn*, a running stream. *Yoŏh-p'h.* Pronounced *lee*, the same. *Tsăh-yoon.*

With 疒 *tsĭh*, sickness,

痢 *lee*, a dysentery. *Tsăh-yoon.*

With 石 *shĭh*, a stone,

[石利] *lĭh*, a certain stone. *Yoŏh-p'hyen.*

With 竹 *chŏh*, a reed,

筣 *lee*, (*p'hee-lee*), lattice work made of the bamboo split. *Looi-p'hyen.*

With 艸 *ts'haó*, grass,

莉 *lee*, (*móh-lee*,) a certain flower. *Yooh-p'hyen.*

With 虫 *chhoong*, an insect,

蜊 *lee*, (*kho-lee*,) a species of oyster. *Looi-p'hyen.*

With 言 *ngyen*, a word,

[言利] *lyen*, eloquent.

With 金 *kin*, gold, metals,

鋓 *chyen*, sharp, pointed. *Tsăh-yoon.*

With 風 *foong*, the wind,

颲 *lĭh*, a strong wind, a wind with rain. *Shyĕh-wun.*

With 鳥 *nyaó*, a bird,

鵹 *lee*, a certain bird, having the head and tail white, the beak and legs red. *Tsăh-yoon.*

With 麥 *mŭh*, wheat,

[麥利] *lee*, a spirituous liquor distilled from wheat. *Yoŏh-p'hyen.*

Were the adjective *profitable* or *advantageous* added to many of the formatives here, the new idea would almost occur to the mind: thus a man *advantageous* for business, able; water *profitable* in its use, a running stream; the bamboo *advantageously* manufactured, lattice work; a *profitable* speaker, one eloquent. Applied to disease and to metal, it seems to denote sharp, keen. Eleven of the names are the same syllable with that of the primitive; and all, except one, have the same initial.

海上絲綢之路文獻集成　科技與文化編

PRIMITIVES OF THE THIRD CLASS.

VIII. *A primitive formed by uniting three of the Same Element.*

劦 *Hyĕh,* union of soul,* formed by the element 力 *lĭh,* strength, thrice repeated, gives birth to eleven derivatives. By uniting with 十 *shĭh,* ten, it forms,

協 *hyĕh,* concord, union; to unite. *Shyeh-wun.*

With 女 *nyú,* a woman,
嫐 *hhyen,* beauty. *Tsăh-yoon.*

With 巾 *kin,* a napkin,
㛠 *hyĕh;* to bind round, to gird. *Kwang-yoon.*

With 手 *shyeú,* the hand,
拹 *hyĕh,* to drag any one by main force. *Shyeh-wun.*

With 欠 *khyen,* to owe,
歘 *hyĕh,* a restrained breathing. *Shyeh-wun.*

With 木 *moŏh,* a tree,
栛 *leé,* a certain fruit. *Yoŏh-p'hyen.*

With 牛 *nyeu,* a cow,
㸪 *hyĕh,* a strong bullock. *Yoŏh-p'hyen.*

With 玉 *yoŏh,* a precious stone,
珕 *lee,* a species of oyster, very large. *Shyeh-wun.*

With 禾 *hwo,* corn,
秝 *lee,*† High, strong corn. *Tsăh-yoon.*

With 肉 *yoŏh,* flesh,
脅 *hyeh,* the right and left ribs. *Tsăh-yoon.*

With 艸 *ts'hao,*
荔 *lee,* a certain fruit. (Scytalia lee-chee.) *Shyeh-wun.*

With 虫 *chhoong,* an insect,
蛠 *lee,* another species of the oyster kind, but very large. *Looi-p'hyen.*

With 貝 *py,* a pearl,
賯 *hyeh,* wealth, goods, &c. *Yoŏh-p'hyen.*

With 走 *tsoú,* to run,
趔 *hyen,* to run swiftly. *Tsăh-yoon.*

In most of these, the idea of *strength* seems to be added to the various formatives, united to ten, (persons,) it naturally suggests the idea of unanimity,

* See p. 42. † The skilful in Chinese are intreated to excuse the omission of the grave accent in several of these; as the *e* and *y* thus accented were wanting.

中國言法

or concord; a *strong* cloth is suited to bind around any thing; a *strong* hand, to drag by force; the ribs form the *strength* of the body, and *strength* of foot renders a person capable of running. The greater part of these follow the name of the primitive, and nearly all the rest have one name; which name is the first tône of *lih*, the element which forms the primitive.

A primitive formed of three Different Elements.

IX. The character 合 *hŏh*, or more properly *hhŏh*, to collect, to unite, to connect, &c. is formed from three *different* characters, 人 *yin*, a man, 一 *yĭh*, one, and 口 *khoú*, a mouth;* and is among the most fruitful of all the primitives, producing no less than sixty-nine derivatives. Uniting with 人 *yin*, a man, it forms,

佮 *hhŏh*, to collect into one, to comprize. *Tsăh-yoon.*

Uniting with 冫 *ping*, an icicle,

洽 *hhyăh*, moderate, duly attempered. *Tse-looi.*

With 刀 *taó*, a knife,

劊 *hhyăh*, to fall; ruin. *Tsăh-yoon.* Anciently to cut. *Yoŏh-p'hyen.*

With 勹 *pao*, to roll up,

匌 *khăh*, constant rotation, buying and selling, &c. *Shyeh-wun.*

With 匚 *hheë*, a receiver,

㔩 *ngán*, to flatter obsequiously. *Tching-yoon.*

With 厂 *hàn*, a cave, &c.

厒 *hhŏh*, to place or deposit. *Tsăh-y.*

With 口 *khoú*, the mouth,

哈 *hhŏh*, a multitude of fishes collected. *Yoŏh-p'hyen.* A fish's mouth. *Tsăh-yoon.* To draw any thing into the mouth. *Yoŏh-p'hyen.*

With 女 *nyú*, a woman,

姶 *hhŏh*, admirable beauty. *Tching-yoon.*

With 宀 *myen*, a roof,

峆 *hhŏh*, shut. *Looi-p'hyen.*

With 广 *yĕn*, a shed,

庅 *hhŏh*, rotation, constant circulation. *Yoŏh-p'hyen.*

* See page 42.

I

海上絲綢之路文獻集成 科技與文化編

With 山 *shyan*, a mountain,
峆 *hhŏh*, (*hhyoh-ta*) mountainous. *Tsăh-yoon.*

With 巾 *kin*, a napkin,
帢 *hhyăh*, a covering for the head. *Yoon-hooi.*

With 廾 *koóng*, the hands united,
弇 *yĕn*, to cover. *Tching-yuen.*

With 弓 *koong*, a bow,
䪭 *hyĕh*, a strong bow. *Tsăh-yoon.*

With 彳 *ch'hĭh*, a short step,
洽 *hhoòi*, anciently to collect, &c. *Tsăh-yoon.*

With 心 *sin*, the heart,
恰 *hhyăh*, diligent. *Shyĕh-wun.*

With the heart placed beneath,
恰 *hhŏh*, to collect, to unite, &c. *Tsăh-yoon.*

With 攴 *p'hoŏh*, a light stroke,
敆 *hhŏh*, to collect. *Shyĕh-wun.*

With 斗 *toú*, a measure,
斜 *hhyăh*, to enter. *Tsăh-yoon.*

With 戶 *hhoó*, an inner door,
㕢 *hhŏh*, to shut or close the door. *Tsăh-yoon.*

With 手 *shyeú*, the hand,
拾 *shĭh*, ten; to collect or gather, as flowers, fruits, &c. *Shyĕh-w.*

With the hand placed underneath,
拿 a current form of *na*, to take, to receive. *Tse-tyen.*

With 日 *yĭh*, the sun,
㝵 *tchhăh*, the beams of the sun. *Yoŏh p'hyen.*

With 欠 *khyen*, to sigh,
欱 *hyăh*, to draw into the mouth. *Shyĕh wun.* To taste. *Tsăh-yoon.*

With 毛 *mao*, long hairs,
毟 *hhŏh*, the hairs on the eye-lids. *Tsăh-yoon.*

With 木 *moŏh*, wood,
柗 *hhyĕh*, the sheath of a sword, *Shyĕh-wun.*

With 水 *shooí*, water,
洽 *hhyŏh*, to water thoroughly. Metaphorically, to confer benefits. *Chìng-see.*

With 火 *hó*, fire,
焓 *hhyăh*, fiery. *Tching-yoon.*

With 牛 *nyeu*, a cow,
牷 *hhin*, a certain religious ceremony; the repeating of something in a low voice. *Yoŏh-p'hyen.*

With 犬 *khyuĕn*, a dog,
狢 *tăh*, a dog's manner of eating. *Kwang-yoon.*

中國言法

With 玉 *yoŏh*, a precious stone,

珨 *hhyăh*, a tortoise. *Yoŏh-p'hyen*. A variegated shell. *Tsăh-yoon*. Pronounced *ya*, a door half shut.

With 疒 *tsĭh*, sickness,

瘩 *tăh*, fat, corpulent. *Tse-lin*. Pron. *hhĕh*, an ague. *Yooh-p'hyen*.

With 皮 *p'hee*, leather,

皶 *tăh*, the skin wrinkled or shrivelled. *Yoŏh-p'hyen*

With 皿 *ming*, vessels,

盒 *hhŏh*, a small box. *Looi-p'hyen*. Vessels with a narrow mouth. *Tsăh-yoon*.

With 目 *moŏh*, the eye,

瞌 *khyŭh*, an eye almost closed. *Tsăh-yoon*. One says, a squint eye.

With 石 *shĭh*, a stone,

硆 *hhyăh*, stony or rocky. *Tsăh-yoon*.

With 示 *shee*, to shew,

祫 *hhyŭh*, a certain triennial sacrifice. *Shyĕh-wun*.

With 禾 *hwo*, rice,

秴 *hhŏh*, to plant, to sow. *Pĭh-yá*.

With 穴 *hyŭh*, a hole,

窨 *hhŏh*, to unite, to close. *Shing-y*.

With 竹 *chooh*, a bamboo,

答 *tăh*, squares of bamboo lattice work, agreeing with each other; to answer, to respond. *P'hyen-hai*.

With 糸 *se*, raw silk,

給 *khĭh*, to give freely. *Shyĕh-wun*.

With 网 *wáng*, a net,

罯 *ngyăh*, a net for birds. Pron. *hhŏh*, the same. *P'hyen-hai*.

With 羽 *yú*, wings,

翕 *hhyĕh*, to assemble or collect. *Shyĕh wun*.

With *yú*, wings on the right,

翖 the same both in name and meaning.

With 耒 *looi*, a plough,

耠 *hhŏh*, to prepare the ground for sowing. *Păh ya*.

With 舟 *tchyeu*, a ship,

船 *hhŏh*, the motion of a ship. *Tsăh-yoon*.

With 虫 *chhoong*, insects,

蛤 *khŏh*, a frog. *Yoŏh-p'hyen*.

With 衣 *ee*, clothing,

袷 *kyăh*, clothing, double, but not quilted. *Yoŏh-p'hyen*.

With 言 *ngyen*, a word,

詥 *hhŏh*, agreement. *Tsăh-yoon*.

With 谷 *koŏh*, a valley,

谽 *hhŏh*, two mountains contiguous to each other. *Tse-looi*.

With 豸 *leé*, beasts,

貉 no certain name or meaning.

海上絲綢之路文獻集成　科技與文化編

With 走 *tsoŭ*, to run,
趇 *hhyăh*, a state of running. *Tsăh-y.*

With 足 *tsŏh*, the foot,
跲 *kyăh*, to crush with the foot. *Shyĕh-wun.*

With 彳 *chhŏh*, irregular motion,
洽 *hhŏh*, to walk together or alike. *Yoŏh-p'hyen.*

With 邑 *yĭh*, a city,
郃 *hhŏh*, a certain river. *Shyĕh-wun.*

With 金 *kin*, metals,
鉿 *kyăh*, the sound produced in working metals; the sound of a bell. *Yoŏh-p'hyen.*

With 門 *mun*, a door,
閤 *hhŏh*, a small inner door. *Tching-y.* The women's apartment. *Shyĕh-w.*

With 隹 *tchooi*, a species of bird,
雂 *hhŏh*, a pigeon. *Tsăh-yoon.*

With 雨 *yŭ*, rain,
霅 *hhyăh*, thoroughly irrigated. *Tsăh-yoon.*

With 革 *kăh*, leather,
鞈 *kyăh*, a small breast-plate of leather. *Shyĕh-wun.*

With 韋 *wy*, skin with the hair,
韐 *kyăh*, (*moh-kyăh*), a kind of knee-piece. *Kwang-yuen.*

With 頁 *yĕh*, the head,
頜 *hhĕh*, the mouth. *Kwang-y.* The lower jaw; the chin. *Yoŏh-p'h.*

With 食 *tchĭh*, food,
餄 *kyăh*, a cake. *Yoŏh-p'hyen.*

With 魚 *yu*, a fish,
鮯 *hhŏh*, a certain fish. *Tsăh-yoon.*

With 鳥 *nyaó*, a bird,
鴿 *khŏh*, a dove. *Shyĕh-wun.*

With 鼓 *koó*, a drum,
鼛 *tăh*, the sound of a drum. *Shyĕh-wun.*

With 鼻 *peĕ*, the nose,
齁 *hhyăh*, (*hhyăh-kou*,) a breathing through the nose. *Kwang-yoon.*

With 齒 *tcheĕ*, the teeth,
齝 *t'hăh*, to eat. *Yoŏh-p'hyen.* Pron. *hhoh*, the same. *Tsăh-yoon.*

With 龍 *loong*, a dragon,
龕 *khan*, to keep or place. *Yoŏh-p'hyen.* Like a dragon. *Shyĕh-w.*

Among these sixty-nine, there are nearly thirty characters which have the same name with the primitive, but scarcely ten which differ from it in both the initial and the final. The general idea of *closing* or *uniting*, *closed*, &c. can be easily traced as combining, in some way, with the greater part of the formatives to suggest the new idea.

中國言法

PRIMITIVES OF THE FOURTH CLASS.

The following primitives belong to the Fourth Class, which consists wholly of Derivatives formed from some of the preceding primitives. Thus in page 43, two primitives are said to be formed from the primitive 今 *kin*, now. one of these is,

X. 貪 *t'han*, craving, desirous, covetous. (*Shyĕh-wun*). It is formed by uniting 貝 *py*, something precious, with 今 *kin*, now, and produces five derivatives. By uniting with 人 *yin*, a man, it forms,

僋 *t'hàn* (*t'han-soông*), silly, foolish. *Tsăh-yoon*.

With 口 *khoú*, the mouth,

嗿 *t'hán*, a sound. *Shyĕh-wun*. Also a confused noise. *Shee-king*.

With 欠 *khyen*, to owe,

歁 a current form of *t'han*, desirous of getting. *Shyĕh-wun*.

With 水 *shooí*, water,

潭 *t'han*, a certain water. *Yoŏh-p'hyen*.

With 竹 *ch ŏh*, a reed,

篢 *tán*, a species of the bamboo. *Tsăh-yoon*.

XI. Another is the adjective 酓 *yèn*, full of wine. (*Tsăh-yoon*). It is formed by placing 今 *kin*, now, above 酉 *yaó*, expanding; and produces nine derivatives. Uniting with 女 *nyú*, a woman, it forms,

嬒 *hhán*; concealed danger. *Shyĕh-w.* Pron. *yen*, the same. *Tsăh-yoon*.

With 山 *shyan*, a mountain,

嶖 *hhàn*; (*hhăn-ngoh*,) mountainous. *Tsăh-yoon*.

With 欠 *khyen*, to owe,

歓 *yén*, anciently to drink. *Yoon-hooi*.

With 皿 *míng*, a vessel,

盦 *ngyŭh*, to cover. *Shyĕh-wun*. Pronounced *ngan*, the same.

海上絲綢之路文獻集成 科技與文化编

With 言 *ngyen*, a word,
譠 *ngan*, a man's name *Looi-p'hyen*.
With 隹 *tchooi*, a species of bird,
𩀨 *khan*, or *ngan*, (*ngan-shyuen*,) a certain bird. *Yoŏh-p'hyen*.

With 音 *yin*, sound,
䪼 *ngan*, a low voice. *Kwang-yoon*.
With 鳥 *nyaŏ*, a bird,
鴳 *ngan*, (*ngan-shyen*,) the quail. *Tching-yoon*.

The five following examples illustrate the last Division of the Fourth Class of primitives, which have been already described as *Derivatives of Derivatives*. Such they will plainly appear to be, if we trace the primitive *syen*, to its origin. 吅 *syen*, which denotes affrighted, according to the *Shyĕh-wun*, and a confused noise, according to the *Yooh-p'hyen*, is formed by adding 口 *khoŭ*, the mouth, to itself: it then produces seven derivatives. One of these, formed by receiving another mouth, is,

XII. 品 *p'hin*, order, rank, kind, degree, relative to which the *Kwang-yoon* says; "From two mouths alone arises strife, but by three can the nature and quality of things be weighed." Uniting with 人 *yin*, a man, it forms,

偘 *hán*, content; one who seeks not praise. *T'hang-yoon*.
Uniting with 匚 *hhcé*, a receiver,
區 *khyu*, to hide; a depositary. *Shyeh-wun*. A small house *Tsăh-y*.
With 山 *shyan*, a mountain,
嵒 *yen*, a cave or hollow rock in a mountain. With the mountain above, the same. *Shy'h-wun*.
With 石 *shĭh*, a stone,

碞 *yen*, a precipice; dangerous. *Shyĕh-wun*.
With 艸 *ts'haŏ*, grass,
蕌 *foo*; (*foo-yu*;) verdant; beautiful. *Yoŏh-p'hyen*.
With 門 *mun*, a door,
闆 *p'hàn*, to look through a door. *Tsăh-yoon*.
With 食 *tchĭh*, food,
饇 *hyao*, desirous of wealth. *Yoŏh-p'hyen*. Desirous of food. *Yoon-hooi*.

Of this *third* race, 區 *khyu*, to hide, &c. produces no less than forty-seven; to give all of which would only tire the reader. We therefore adduce three, which afterwards become primitives themselves.

XII. The character 區 *khyu*, to hide, uniting with 大 *tà*, great, forms,

奩 *lyen*, a box for perfumes; or according to the *Yoon-hooi*, a box in which a mirror is placed.

With 欠 *khyen*, to owe, it forms,

歐 *ngou*, to ease the stomach. *Shyĕh-w.*

Also to force out the breath as in singing.

With 艸 *ts'haô*, grass,

蓲 *khyeu*, a certain tree. *Yŏŏh-p'hyen.*

These three of the *fourth* descent, became primitives in a certain degree; one of them produces two derivatives, and the other two, one each.

XIV. 蓲 *khyeu*, a certain tree, uniting itfelf to 木 *mooh*, wood, forms,

樞 *nagou*, a species of thorn. *Tsăh-yoon.*

Uniting with 水 *shooi*, water,

漚 *ngoù*, to drink water. *Yŏŏh-p'hyen.*

XV. 歐 *ngou*, to ease the stomach, uniting with 衣 *ee*, clothing, forms,

襒 *ngou*, a cloth placed round the necks of children to receive saliva, &c.

海上絲綢之路文獻集成 科技與文化編

XVI. 奩 *lyen*, a box for a mirror, &c. by uniting with 木 *moŭh*, wood, forms,

檢 *lyen*, a kind of sieve or strainer. *Tsăh-yoon.*

In this way are the Chinese characters formed from each other. Complex however as they appear, they are not without example in other languages. Many Greek words might be adduced which exhibit a mode of formation scarcely less complicated. The root *ϛαω*, or *ιϛημι*, to stand, produces a greater number of derivatives than any Chinese primitive. One of these, a very common word, *ανιϛημι*, to rise again, is in its turn the parent of no contemptible number; and of the third race, *εξανιϛαμαι*, becomes also a primitive, producing *κατεξανιϛαμαι, μετεξανιϛημι, προςξανιϛαμαι*, &c. &c. Thus also *διδωμι*, to give, produces *εκδοτος*, given out or published; and from this primitive, springs among others, a word now naturalized in our own language, *ανεκδοτος*, a thing not yet published, an anecdote. From *γραφω*, to write, likewise proceeds *παραγραφος*, a paragraph, and from thence *προσπαραγραφω, αντιπαραγραφομαι*, &c. Others might be adduced in which the derivative is formed by adding to the Greek primitive, a particle, an adjective, or a substantive, as well as a preposition; but these may suffice. A similarity of conformation might be shewn to exist in Sungskrit words; but it seems useless to tire the reader with examples from a language at present so little known.

This view of the primitives and derivatives places the existence of *design* in forming the Chinese characters, beyond the possibility of doubt. It is scarcely more evident in the formation of a multitude of Latin verbs from one radical verb; or of the various Greek derivatives from their respective primitives. Indeed for a language formed from about sixteen hundred roots, no one of which produces seventy derivatives, to be thus formed without any view to the meaning of its component parts, would exhibit a phenomenon hitherto unknown in the philological world. Were this design evident in the formation of only a third of the derivatives adduced, it would be sufficient to establish the truth of the fact; for if design be evident in the formation of a third part, what reason can be given for its not being carried through the language? Whether the inventors were happy in selecting characters to suggest the new idea intended, is a different question; but that such was their object, seems to appear with an evidence which acquires increasing force from every new examination of the language.

The *connection* between these component parts however is of a peculiar nature. It is not that of compound words in other languages; a little reflection will convince us that this is scarcely possible. What would a language be, that by uniting about a thousand words, should attempt to *name* every object sensible and mental which language embraces? Nor is it exactly the connection formed in other languages by a preposition and a verb. Prepositions which, as united with verbs, scarcely exceed twenty in any language, (of which also several concur in expressing nearly the same idea,) seldom do more than mark some circumstance relative to the verb, or augment its force, or occasionally invert its meaning. The Chinese do much more; a primitive expressing some general idea, they combine with the most powerful objects in nature, the sun, the moon; fire, water; the hand, the heart, &c. so as thereby *to suggest new ideas;* and it is by thus attempting to *suggest* a new idea

J

through the union of two already known, that the language is in general formed. In this mode of suggesting ideas, however, various gradations may be observed in point of perspicuity. In some of the compounds it seems difficult to trace any connection; in others, the connection bears some resemblance to that of a preposition and a verb in Greek; and in some few, it almost approaches the clearness of a compound word.

As to the manner in which the primitives and formatives unite in forming new characters, we see that in some few instances the *formative* seems to predominate; but in perhaps the greater part, the *primitive* communicates one general idea to the various formatives, now distantly suggesting, and now almost expressing, the idea intended to be conveyed. This indeed we might almost infer from the difference in the number of the formatives and the primitives. The former, (the element,) are only two hundred and fourteen in number; and of these, not above eighty are employed to any considerable extent; while the latter are more than sixteen hundred, if we include the IVth class, the Derivative-primitives; and nearly twelve hundred, if we exclude them. Now it seems more reasonable to expect the language to be formed from twelve hundred ideas modified in ten, twenty, or thirty ways; than from eighty ideas modified each in four or five hundred ways. We also see, that the newly formed character seldom assumes the name of its *formative*; scarcely five instances of this occur in all the two hundred and forty derivatives here given; but in a full half of them we see it assume precisely the name of the *primitive*; and in most of the rest, either its initial or final. This accords with a wish to retain the general idea of the primitive how variously soever it be modified, or however faintly suggested. But if the idea

海上絲綢之路文獻集成 科技與文化編

中國言法

of the primitive were not retained at all, it would form a perpetual incongruity throughout the language.

This fact of the primitive's generally imparting its *Name* to the derivative, deserves particular notice. That it should do this in every instance, is not to be expected. If the language would furnish a sufficient stock, it might rather be expected, that a new name should have been given to every new modification of the primitive. But where the idea of a compound-syllabic name never entered the mind, it follows, that although the language contained syllables enough to furnish a totally distinct name for each derivative, (as no primitive produces more than seventy,) yet if it were intended to retain in any degree the idea of the primitive, such alterations alone would be made as accord with the system, that is, in the initial, the final, or the aspirate. This is found to be generally the case; and when these failed, the identical name of the primitive has been often adopted, rather than one completely foreign. Instances of the latter kind are rare, scarcely twenty occurring in the two hundred and forty derivatives already given. Yet these few variations would be enough to include all the Chinese monosyllables.

This fact respecting the name, is of great importance not only in determining the *existence* of the primitives; but in pointing out the *identical characters* to which that appellation belongs. In a language where thirty thousand characters employ scarcely seven hundred distinct syllables, much may be deduced from a due investigation of the characters to which the same syllable is applied. It cannot be supposed that thirty thousand characters could be formed at once. To invent thirty thousand different ideas, and distinguish each

J 2

海上絲綢之路文獻集成　科技與文化编

of them by an appropriate written symbol, could scarcely be the work of one life, or of one age, even were there no union of different characters in the language. But a little reflection will convince us, that the force of these single characters must be *known*, before men could think of uniting them, as well as circumstances first occur which rendered their union necessary. Their early writings employ a comparatively small number of characters. All the works of Confucius contain scarcely three thousand different characters. A time might possibly exist therefore, when the whole stock of characters in the language did not amount to that number. But are we to suppose too, that only a tenth of the *names* were then known? that their whole colloquial medium contained at that time only seventy syllables! Is it not much more probable, that they then had in use nearly the present number of syllables? But if they had, these syllables were *first* attached to perhaps less than three thousand characters; and if we can discover these, we have the primitive characters of the language. And is there nothing that will enable us to ascertain these? I confess that I think there is. It is clear, that two characters must have existed before they could be united; and if they existed, it may be presumed that they bore a name. When we then find the same name given to twenty characters, we may almost certainly affix the name to the most simple as its original property, especially if that character be contained without mutilation in all the other nineteen. This may be illustrated by an example: 我 *ngó*, I,* produces twenty-six derivatives bearing the same name. Thus we have twenty-seven characters bearing one name. Of these one is found complete in all the other twenty-six, which it forms by receiving twenty-six different formatives. Which then of these twenty-

* See p. 56.

中國言法

seven existed first? Must not the character which formed each of the other twenty-six by merely receiving a formative, have existed prior to its forming them? But did it exist without a name? or is there any proof of its having ever borne another name? It is clear then that this first *existed* of the twenty-seven, and *first bore the name,* in whatever way the others obtained it afterwards. Now the three first classes of primitives, about twelve hundred in number, selected from those which we have termed original characters, contain nearly every sound in the language, giving on the average about two characters to one name; and the two hundred elements contain nearly a hundred and fifty names. Yet in the first nine of the primitives here given, which include two hundred and thirteen derivatives, the names with every variation of initial, and final, scarcely include more than *thirty* syllables. Why is this surprising disparity of names found in the same number of characters, but because the first are the primitives which first received the name, and the last are not. Here then we have *two* characteristics uniting *with the name* to point out the primitive characters of the language, their superior simplicity of form, and their uniting themselves with other characters to form derivatives.

I am well aware that variety of name, and superior simplicity of form, would not establish the claim of any characters to the rank of primitives. Yet the union of these two would establish their claim to that of *original* characters, which will readily appear by our adverting to what is here meant by superior simplicity of form. This phrase does not mean that some characters are formed by the union of *ten* strokes, others by the union of *nine,* and others by combining *eight* or *six.* The characters here termed superior in simplicity of form, are such as either contain *one* element with an addition which of itself has no meaning, or else *two* elements. All the characters beside these have added to them—not an extra-stroke or two, but another *character;* hence they all consist either of *two* significant characters, one added to the original one incapable of division; or of *three*, one added to the two elements united. This superior simplicity of form constitutes, therefore, a clear and indelible characteristic. It is however possessed by the primitives in common with the other original characters already described, and stamps them *original* characters, because there are none to which they can be traced beside the two hundred and fourteen Elements. But to constitute them actual *primitives*, they must produce derivatives. This, these primitives do in various numbers, from three to sixty-nine, which the other original characters do not, though equally simple in form. Thus then, by the union of *three* characteristics, their variety of name, their superior simplicity of form, and their embodying themselves in derivatives, the primitives stand distinguished from all the other characters in the language.

This fact seems so clear as almost to admit of demonstration. For should any one object, that variety of name in the elements, or in the primitives, proves nothing; it is freely granted that it proves nothing *taken alone;* but when it is united with the two characteristics already mentioned, it seems to prove every thing to the case in hand. If any one should urge, that two hundred and fourteen can be selected from the mass of Chinese characters which shall contain a hundred and fifty names; or twelve hundred, which shall contain every sound in the language, it is acknowledged that this can be done with ease. But will these be found the *simplest characters* in the language

海上絲綢之路文獻集成 科技與文化編

中國言法

as it regards their form ? And if they be, will each of these twelve hundred *produce* from three to seventy other characters in all of which they themselves shall be completely embodied ? If they cannot do this, the question is decided; they are either those original characters which furnish no derivatives ; or they are derivatives themselves : and in the latter case their names are not their *own* ; they are borrowed from their primitives. For as most of the primitives communicate their name at least to some one derivative, by carefully culling these from the rest, 1200 *derivatives* might be selected, which should bear the names of the 1200 primitives. But they would not be found to be equally *simple* in their *form* with the primitives ; the element *added* would bewray the spurious nature of their claim ; much less would they be found to perform the *office* of the primitive, by embodying themselves in the other derivatives. The example already quoted will shew this clearly. The character 俄 *ngo*, hasty, perverse, has precisely the same name with its primitive 我 *ngó*, I ; but is it equally simple in its form ? Does not the addition of 亻 *yin*, a man, sufficiently bewray its true character as a derivative, and when taken away, lead us to its primitive 我 *ngó* ? Further, does it perform the *office* of its primitive ? Is it found in any *one* of the other twenty-seven derivatives ? in all of them ? and in them as communicating in some degree its general meaning ? I will go still further, and allow, that a derivative may assume a name *different* from that of its primitive ; as is the case with **ngan**, to flatter, (see p. 65) and if there were a sufficient number of these in the language, they might be culled, and said to contain every sound in the language. But would these possess the other qualities mentioned ? would they be the simplest characters in form which bear the name ? would each of them be found performing the office of a primitive by embodying itself with ten, twenty, or

海上絲綢之路文獻集成 科技與文化編

fifty other characters? Such of them as were found united with even three each, would be the Derivative-primitives described under Class IV, and of which there are not six hundred in the language. These characteristics, therefore, their superior simplicity of from, and their embodying themselves in numerous characters derived form them, unite in the twelve hundred Primitives which appropriate nearly every *name* in the language,—*and in these alone.* And if it be a fact, that the significant parts of a character must have existed before they were united with each other, these characteristics united, stamp them indisputably, the *Original characters of the language,* from which, (the few other original characters excepted,) all the rest are formed in the manner already described.

Thus by collecting into one focus the few scattered rays of light afforded, it is possible to trace this singular language to its origin, a few Imitations of natural objects, chiefly the Elements,—to ascertain the principles upon which these unite with each other in producing the Primitives,—and to follow these primitives, in their re-uniting with the elements so as to form a multitude of Derivatives ; some of which in their turn unite anew with the elements, till five or six characters are combined with each other, and the language becomes, if we may believe one of their own writers,* not only clear and forcible, but rich and elegant in the highest degree. We now proceed to the examination of the Colloquial Medium.

* *Li-yang-pin.* See the quotation from Sir Wm. Jones's address, page 18.

END OF PART I.

ON THE

SOUNDS, OR THE COLLOQUIAL MEDIUM

OF THE

CHINESE.

WE now enter on the examination of the second part of the subject, the Sounds by which the Chinese characters are expressed, and which constitute the basis of the Oral or Colloquial Medium of communication throughout that populous empire. In every alphabetic system the colloquial and the written mediums are identified with each other; the sound is essentially inherent in each written word; and materially to change it, is impossible, the several letters remaining, from age to age, the guardians of the sound affixed thereto. But the case is totally different in Chinese. The sound of no character is inherent therein: it may be totally changed, without affecting the meaning of the character. Thus to 人 *yin*, a man, might be affixed *tao*, or *lee*, or any other name; and the character would still convey the same idea, because the written language speaks wholly to the eye. Some characters have two names widely different from each other; several instances of which have occurred in the derivatives given in the preceding part; and one or two even in the elements. The Colloquial Medium however, is scarcely less interesting

K

than the characters. Its antiquity is perhaps greater than that of any colloquial medium now used, except the Hebrew. It is singular in its nature; and if it be not wholly original, the contest for the palm of originality lies alone between it and the Sungskrit system, extended throughout India: while, if duly examined, it will be found to possess much of systematic regularity, and to express a boldness of design in its outlines, scarcely exceeded by any other system;——but withal to terminate in a feebleness of execution, which has to this day prevented its passing the bounds of the Monosyllable.

Before we enter fully on the consideration of the system, an introductory remark or two may not be improper. Respecting its *Antiquity* we have nothing certain, except what may be inferred from the nature of things. Speech must necessarily precede writing, and some colloquial mode of communication must have preceded the invention of the Chinese characters, high as the Chinese place this invention. But a question may here occur, Did they originally convey their ideas to each other by the present system of sounds? or did they ever possess another system of sounds, a colloquial medium totally distinct from this? If they did, whence came the sounds contained in this system? How did these happen to occur to their minds precisely at the time of inventing the characters? Further, when did the pristine colloquial medium fall into disuse? and how happens it that no traces of it can be found remaining, as in the English tongue are to be found traces not only of the Norman language, but of the Anglo-Saxon, and perhaps of a language still more ancient? Besides, if when the Chinese invented the characters, they did not affix to them the sounds with which they had *already* connected ideas, of what service could these characters be when invented?

海上絲綢之路文獻集成 科技與文化編

New sounds could convey no ideas, till these new sounds were universally recognized by them as connected with ideas; and in order to effect this, a nation must agree to throw aside the sounds with which alone they had hitherto connected ideas, and in reality invent for themselves a new language, a circumstance unparalleled in the history of mankind. We have therefore no sufficient ground to conclude that any colloquial medium widely different from the present, has at any time existed in China; but on the contrary, the probability is, that the present system existed in substance, prior to the invention of the characters.

This idea seems corroborated by several circumstances. The elements, two hundred and fourteen in number, contain a hundred and fifty of the sounds found in the present system, and only one not found therein, (*irr*, which will be noticed hereafter). This is as great a number of the present system of monosyllables as the elements could be expected to possess, particularly if they were not all the original characters of the language; and indeed a much greater than would fall to their share were we to suppose the six hundred and fifty sounds distributed equally among thirty thousand characters; for this on the average would give one sound to about forty characters, and of course about *five* sounds to the whole two hundred and fourteen elements. So that unless the elements came in for their share of these monosyllables in the *early state* of the language, when the characters were comparatively few, it is not easy to assign a reason for their obtaining so large a number of them. Further, the twelve hundred primitives mentioned as the most simple in the language, and therefore likely to be the *first formed*, contain nearly every monosyllable in the present system; but no sound beside, with the exception of *irr*

K 2

already instanced. While, on the other hand, the *three thousand* characters already described as forming the works of Confucius, will be found to include little more than half that number.

The evidence derivable from the ancient Chinese poetry, serves further to corroborate the antiquity of the present oral system. In the poems included in the collection made by Confucius, and emphatically termed the *Shee*, a certain degree of rhyme is observable. Some of these poems celebrate the deeds and even the marriage of *Wun-wang*, the father of the *Tchyeu* family, and if they were written on the occasion, as is the case with epithalamia in general, they must be nearly three thousand years old, he living about two hundred years before Homer. The sounds which the rhyme of these affixes to the various couplets, agree however with those found in the present system, and exclude every other sound. As an example of this the character 耳 *irr*, is precisely in point. It is now pronounced *irr* which sound is not found in this system; but in the *Shee* it is made to rhyme with *ee*, which is the identical sound affixed to it in this system, given in *Kang-khee's* dictionary. This happens also to be the provincial sound affixed to this character in the Canton pronunciation; if therefore it was pronounced *irr* at Pekin where the dictionary was compiled, it shews the discernment of the compilers, who were neither induced to depart from the genuine Chinese system by the glitter of a polite pronunciation, nor deterred from adhering to it by the fear of being charged with a vulgar provincialism: as, if we allow some of them to be attached to *this* provincial pronunciation through their being from Canton, we can scarcely suppose that all the hundred

中國言法

mandarines whose names are prefixed as assisting in that work, or even the majority of them, were from that province.

But although the system of pronunciation seems to have been radically the same from the earliest ages, we are not to suppose that the same sounds were used in exactly the same sense throughout a country so extensive as China. There would necessarily be a variety of dialect, and different characters would naturally have various names given them in different provinces; of which the Chinese dictionaries furnish abundant proof. Another circumstance would tend to establish, rather than suppress, varieties in the pronunciation. If we may credit the Chinese Annals, the seat of supreme government has been removed nearly thirty times since the Chinese empire was founded. Hence, as the various dictionaries which preceded the Imperial Dictionary originated under different dynasties, if they were printed at the seat of government, they must have issued from various and distant parts of the empire. When the most ancient of the Chinese dictionaries, the *Shyeh-wun*, made its appearance about A. C. 150, the supreme seat of government was in the province of *Ho-nan*, four hundred miles south-west of *Pekin*. When the next, the *Yoŏh-p'hyen*, appeared in the beginning of the 6th century, under the *Lyang* dynasty, the seat of empire was at *Nan-king*, three hundred and fifty miles south-east of *Ho-nan*. Before the *Kwang-yoon* made its appearance in the 7th century, under the *Thang* dynasty, the seat of government had been again removed to *Ho-nan*. In the beginning of the 14th century, when the *Yoon-hooi* was published under the *Yuen* family, the seat of government was in the province of *Shen-see* (*Xen-si*,) four hundred miles north-west of *Ho-nan*. When

海上絲綢之路文獻集成 科技與文化編

under the dynasty of *Ming*, the *Tching-yoon* was published in the latter end of the 14th century, the seat of government had been again removed to *Nanking*. It was only in the beginning of the 15th century, that the seat of government was fixed at Pekin. Thus various provincial modes of pronunciation had nearly an equal sanction, which would of course prove a serious inconvenience, both to men of literature and business.

This diversity of pronunciation was particularly noticed by the Emperor *Kang-khee*, in the beginning of the past century; who seems to have thought it an inconvenience of sufficient magnitude for him to attempt applying a remedy. Accordingly, in his order for compiling the Imperial Dictionary, he enters pretty largely on this topic; and as one reason for his wishing that work to be undertaken, mentions his desire to ascertain and fix a standard pronunciation, in which the various shades of provincial pronunciation might be united as far as it was practicable, and men of letters be furnished thereby with one uniform rule throughout the empire. The execution of this work he committed to nearly a hundred persons, whose names and rank are particularized in the beginning of the first volume, and who in all probability were born in different parts of the empire, and hence well acquainted with its various provincialisms. This work therefore, if properly executed, could not be expected to agree exactly with the dialect of any particular province, although it might form the best general standard. It would however approach much nearer to some than to others; thus it approximates much more nearly to that of Pekin than to that of Canton, although it does not servilely adhere to the former; as in the instance already noticed, that of the character termed *irr*, it prefers the pronunciation used at Canton; and in one or two other instances, it varies from the Pekin pronunciation, as in *hyŏh*, to learn, to which the Pekin pronunciation prefixes a kind of sibilant sound as though it were written *shyŏh*; while all the dictionaries quoted for the sound, prefix as its initial, a character which the inhabitants of Pekin sound *h*. The character 其 *khee*, also, which the Imperial Dictionary and all the others, unite in beginning with the initial k, the inhabitants of Pekin sound as though beginning with *ch*. This however is no wonder: even London has its provincialisms which a good speaker would not imitate; it is not strange, therefore, if Pekin should retain something of hers, since she has become so much more recently the seat of the court than London. I have been informed, that the system coincides most nearly with the pronunciation of *Nan-king*; and there the seat of empire has been fixed no less than four times.

Should any imagine that the Compilers of the Imperial Dictionaries introduced a *new system*, a small degree of reflection on the circumstances of the case may serve to convince them of the improbability of such a supposition. When the system agrees with the Pekin pronunciation in nineteen instances out of twenty, there is little reason to imagine that any such thing has been attempted; and indeed it is not easy to conceive how such a thing could be accomplished, or even what temptation there could be to attempt it. To prefer one mode of pronunciation to another, was within the power of those who compiled the Imperial Dictionary; but to introduce into the language, and give as the true pronunciation of characters well known throughout the empire, sounds never before heard by a Chinese ear, is a thing unprecedented in the annals of philology, as well as a task to which perhaps the most absolute sovereignty is unequal. It is a well-known fact, that the emperor Augustus, when master of the lives of all the people in

海上絲綢之路文獻集成 科技與文化編

Rome, was unable to introduce a single new word. But, a still stronger objection to this is, that this system is found complete in dictionaries which are *quoted* in the Imperial Dictionary ; one of which, in the author's possession, has the system of initials and finals expressed by the *identical* characters used for that purpose in the Imperial Dictionary. We may therefore infer with pretty great certainty, that in how many instances soever this system may differ from any provincial dialect, it presents as a whole, the most genuine as well as the most comprehensive system of Chinese orthoepy. This system we now proceed to examine.

The Chinese System of Sounds is formed with great regularity. The names of all the characters given in the Imperial, and the preceding dictionaries, are evidently formed on the syllabic plan. It includes two kinds of sounds; those which are termed *Tse-moo*, or Mother-sounds, and those termed *Nyĕh*, auxiliary sounds. The former, which are nearly all Consonant sounds are used as Initials ; the latter consist of Vowel and Nasal sounds, and are used as Finals. By the union of two of these are formed the names affixed to all the characters. Thus, 刀 *tao*, a knife, is produced from the initial t-*ung* and the final *k*-ao; the former as the initial power being understood to lose its final sound *ung*, and the latter as the auxiliary or final, its initial *k*. These united thus, are described, in the dictionaries, as producing a sound which is said to agree with that of the character 到 *tao*, with which the reader is of course supposed to be acquainted. Thus also the sound of 知 *ch-ee*, knowledge, is formed by uniting the initial sound of ch-*wun*, with the final sound of *k*-ee. These Initial and Final sounds, we proceed to examine in their due order.

Of the INITIAL POWERS *of the Chinese Language.*

In the Imperial Dictionary, the Initial powers, termed *Tse-moo,* Mother sounds, are divided into Nine Series. The first five and the eighth, are said to contain each four sounds; the sixth and seventh, five each; and the ninth, only two. The manner of forming these series is defined with great accuracy. They are expressed by the following characters, which, like the words placed across the head of the page in our Pronouncing Dictionaries, appear to be selected merely for the sake of describing the sounds, hence only the initial of the syllable is used.

The nine series of INITIAL POWERS.

1.	見 K-*yen*,	溪 kh-*ee*,	郡 k-*yoon*,	疑 *y-ee*.*	
2.	端 T-*wan*,	透 t'h-*où*,	定 t-*ing*,	泥 n-*ee*.	
3.	知 Ch-*ee*,	徹 chh-*yĕh*,	澄 ch-*ing*,	娘 ny-*ang*.	
4.	幫 P-*ang*,	滂 p'h-*ang*,	並 p-*ing*,	明 m-*ing*.	
5.	非 F-*wy*,	敷 fh-*oo*,	奉 f-*oong*,	微 w-*y*.	
6.	精 Ts-*ing*,	清 ts'h-*ing*,	從 ts-*oong*,	心 s-*in*,	邪 s-*yea*.
7.	照 Tch-*aò*,	穿 tchh-*uen*,	牀 tch-*ang*,	審 sh-*ún*,	禪 sh-*yèn*.
8.	影 Y-*ing*,†	曉 h-*yaò*,	喻 y-*ù*,	匣 hh-*yăh*.	
9.	來 L-*ai*,	日 y-*ĭh*.			

* This initial is in some instances written *ng* by the Catholic Missionaries. † The Catholic Missionaries in some words give no sound to this initial, in some others they write it *ng*: they seem to confound this and the nasal of the first series with each other.

L

海上絲綢之路文獻集成 科技與文化編

Remarks on the Nine Series of the Chinese Initials.

The first sound, in the *first five* of these series, is a simple sound, the second is an aspirate, and the fourth a nasal. But what is the third sound? and wherein does it differ from the first? These are questions to which I have never been able to obtain a satisfactory answer. It is true, that the Chinese esteem it nearly the same with the first; but still it is improbable that in a series of four sounds, given, not merely in the Imperial Dictionary, but in those which preceded it, two sounds should be precisely alike. If we examine the Sungskrit alphabet, to which the Chinese system bears a surprizing likeness, we shall find, that while the first letter in each series is a simple sound, and the second an aspirate, precisely like those in the first eight series of the Chinese Initials, their third sound is the first letter of the series softened: thus in the first series, *k-u* is softened to *g-u*; in the second series, *ch-u* is softened to *j-u*; in the third, *t-u* is changed for *d-u*; and in the fifth, *p-u* is softened to *b-u*. Now *g, j, d,* and *b,* are the sounds in which the Chinese are deficient. Did the authors of the Chinese system insert these four initial powers in the system, though useless, out of compliment to the Sungskrit system? or had they some faint idea, that there once existed sounds, if now lost, which in some degree differed from *k, ch, t,* and *p,* and in the same degree approximated to *g, j, d,* and *b?* If they did it in compliment to the Sungskrit system, whom did they intend to compliment thereby? and why did they not go farther, and adopt the *fourth* sound of the Sungskrit series, *gh, jh, dh, bh,* &c. as well as the third. But we shall have farther occasion to resume this subject when we compare the

Chinese system with the alphabets of other nations. We must now proceed to examine the manner in which each series is directed to be formed, and endeavour to ascertain its various sound. In doing this it will be proper to notice the sounds by which the Catholic Missionaries have expressed them, and to assign reasons for departing in any degree from their system.

The First Series are said *to proceed from the lower teeth.* They are not however the dentals of the European alphabets; for the Catholic Missionaries express the first sound of the series by the letter *k*, which has the same sound in English as it has in French or Italian, and is the true sound of that power. The second or aspirated sound of this they denote by an aspirate placed over the syllable; a course which they have taken with the aspirates in the other series. In all the Indian languages, however, the aspirates are as really distinct powers, as the other consonants, and are treated as such by all who have entered into their true nature. Sir William Jones expresses the second sound in the first series of the Sungskrit alphabet, (with the sound of which this exactly coincides,) by *kh*: this mode of expressing the aspirated power, by adding an *h* to the simple power, is adopted here, as it seems unnecessary to resort to accents for those sounds which the letters of the alphabet will express. The third sound the Catholic Missionaries write *k* like the first. The fourth sound they write variously; one word found underneath it they write *yen*, another they write *ngan*; the pronoun I, 我 they write *ngo*, and 悟 intelligent, they write *ngu*. Hence it appears, that in some instances, however, they consider it as nasal. Were the tongue placed on the lower teeth, and gradually raised till the nasal were formed, this series could be formed with ease.

L 2

The Second Series is to be pronounced with the *tongue placed between the teeth;* which mode instantly produces the first power, the common English t. The Catholic Missionaries write the series *t, t', t, n*. Their mode of spelling it is adopted, with the exception of the aspirated power, which is here written *t'h* with a comma intervening between the *t* and the *h*, after the example of Sir William Jones, to shew that the *h* is intended to aspirate the *t*, and not to coalesce therewith as it does in the words *thick* and *this*.

The Third Series is directed to be formed *by raising the tongue toward the palate*. It is written by the Catholic Missionaries *ch, ch', ch, n*. The only alteration made in this series, is, that of writing the second, the aspirated power *chh*, as Sir Wm. Jones writes precisely the same sound, which occurs in the second series of the Sungskrit alphabet.

The Fourth Series is directed to be pronounced *with the lips strongly closed*. It is written by the Catholic Missionaries *p, p', p, m*. No alteration is made in this beside that of changing *p*, for *p'h*, on the principles already mentioned. The comma is inserted between *p* and *h*, to prevent these two letters coalescing and assuming the sound of *f*, as they do in *phlegm*. The sound intended to be conveyed by them here, is nearly that given to p and h in *pump-house*.

The Fifth series is directed to be pronounced *with the lips gently closed*. The Catholic Missionaries write it *f, f', f, v*. The aspirate is here changed for an *h*, as before; and the *v*, for *w*, the sound which the Catholic Missionaries probably meant to convey, but which the letter v does not convey in English. Were not this latter change made, the rule for pronouncing the series could not be observed; as v is not pronounced in English by gently closing the lips, but by placing the under lip against the upper teeth.

The Sixth Series is directed to be formed by putting *the tongue to the upper teeth.* It is said to contain five sounds, the two latter of which are sibilants. This series the Catholic Missionaries write thus *ç, ç', ç, s, s.* It does not seem necessary however to transfer the French cédille to the English language, if we have any combination that will express the sound. It is therefore changed for *ts*, which, though it does not express precisely the sound of the cédille in French, seems more fully to meet the requisition of the Chinese orthoepists, that of placing the tongue against the upper teeth. The series, therefore, we write *ts, ts'h, ts, s, s,* the comma being inserted between *s* and *h* to prevent their coalescing as they do in *shall.* The sound intended to be conveyed is nearly that of *tsh* in *harts-horn.*

The direction for pronouncing the Seventh Series is, that the tongue be placed *against the side-teeth.* This series differs much from the last, and a little from the third, *ch, chh,* &c. as placing the tongue against the side-teeth will produce a sound somewhat harder than *ch,* &c. The Catholic Missionaries write it *ch, ch', ch, x, x.* As it seems desirable, however, to retain, at least in writing, as many distinctive names for the Chinese characters as we can with propriety, when so many characters must necessarily be expressed by the same syllable, *t* is prefixed to the first four sounds of this series, which are then written *tch, tchh, tch, tsh.* This, if it suggests nothing different in pronunciation from *ch, chh,* &c. will at least furnish us with a distinctive mark in writing for this series, and prevent our confounding two series with each other. The *x* of the Catholic Missionaries is difficult of pronunciation in

English, and when pronounced, has generally the sound of *z*, rather than that of *sh*, the sound here affixed to it by the Catholic Missionaries. *Tsh* and *sh* are therefore substituted for *x*; the *tsh*, merely to add another distinctive symbol, where it could be done. Should it seem strange that the Chinese have two sibilants both in this and the last series, this may possibly be accounted for thus. In the three first series, raising the tongue toward the roof of the mouth, would naturally produce the nasals: if the tongue were thus raised in these two last series, the sibilants would be produced; and perhaps in both series, the latter of the two sibilants might be formed by pressing the tongue more strongly against the palate than in forming the first of them. This might cause a distinction of sound perceptible to a Chinese ear, though not to ours.

The Eighth Series, directed to be pronounced *from the throat*, are evidently gutturals. The first of the four seems to be the softest sound which can be emitted from the throat. The Catholic Missionaries, in some cases, give it no sound, but merely write the vowel or auxiliary sound: thus in the table in which the vowel *o* unites with the initial powers to form *ko, to, ho, mo*, &c. the character which stands underneath this initial, they write merely *o*; and indeed all the characters which begin with a vowel belong to this initial. Yet in the final which adds the auxiliary sound *ay* to the various initials, as *kay, tay, yay, may*, they begin some of the characters standing here with *ng*; and others with *y*. Among twenty characters placed under this initial in the Imperial Dictionary, the Catholic Missionaries have begun four with the nasal *ng*, and sixteen with either *y*, or the mere sound of the vowel or auxiliary. There seems to have been some intermixture in the characters placed here and those placed underneath the nasal of the first series. In

海上絲綢之路文獻集成 科技與文化編

examining twenty-two of the latter, I found twelve written with *y*, two with *v*, and eight with the nasal. It seems therefore, that to some of the characters placed under the nasal, they have given the sound of *y*; and that on the other hand, to a few placed under this initial, they have given the nasal sound. Whether this arises from a mistake of the compilers of the Imperial Dictionary in placing the wrong characters underneath this initial, or from a subsequent change in the pronunciation of certain characters, is a matter of small importance. The transition from *nga* to *ya* is not great; if instead of raising the tip of the tongue, it be bent downwards, *ya* will be produced instead of *nga*.——The second sound in this series is an aspiration, written *h*, by the Catholic Missionaries. The third sound, they write *y*: the fourth is a very strong aspirate, which they sometimes write *kh*, and in some other instances merely *h*. Neither of these, however, is the true sound: it would be much more exactly expressed by the Arabic ح or the Hebrew ח, the sound of which is nearly equivalent to *hh*: It seems best therefore to express it by *hh*, particularly as the *kh* belongs to the first series, and the *h* is already appropriated to the second sound of this series.

The Ninth or last series, which is said to be pronounced *partly with the tongue and partly with the teeth*, contains only two powers. The first of these the Catholic Missionaries properly write *l*: and the second even of this series seems formed on the characteristic principle of the Chinese system, that of aspirating the former sound: if an attempt be made to aspirate *l*, this sound will be nearly produced, which the Catholic Missionaries write *j*; but as the English *j* is a sound I have never heard given to that or any other Chinese character, and the plan of giving the *j* in italics as a French j, cannot be realized when the whole word is printed in italics, it seems as well to use the English y, from which this sound differs but little. The Chinese Initial system exhibited in one view, stands thus:

THE INITIALS

	As given by the Catholic Missionaries.					*As given in this work.*				
1.	K,	k‘,	k,		y *or* ng.	K,	kh,	k,		y *or* ng.
2.	T,	t‘,	t,		n.	T,	t'h,	t,		n.
3.	Ch,	ch‘,	ch,		n.	Ch,	chh,	ch,		n.
4.	P,	p‘,	p,		m.	P,	p'h,	p,		m.
5.	F,	f‘,	f,		v.	F,	fh,	f,		w.
6.	C,	c‘,	c,	s	s.	Ts,	ts'h,	ts,	s,	s.
7.	Ch,	ch‘,	ch,	x	x.	Tch,	tchh,	tch,	tsh,	sh.
8.	Y *or* ng,	h,	y,		h *or* kh.	Y *or* ng,	h,	y,		hh.
9.	I,	j,				L,	y,			

The number of initial powers which this system would contain were they all distinct from each other, is Thirty-six. From these, however, we must deduct the third power in the first eight series, which will reduce them to twenty-eight. From these too may be further deducted the nasal of the third series, which differs but little from the nasal of the second series; one of the sibilants in the sixth series, perhaps one of those in the seventh, (as they are both pronounced nearly alike); and the last power in the ninth series, which we cannot express differently from the *y* of the eighth, although there is certainly a small difference between the two. These four being further deducted leave Twenty-Four distinct powers, if we consider the seventh series as different from the third, which the difference between *n* and *sh*, the terminating powers of the two series, seems fully to warrant: respecting this

海上絲綢之路文獻集成 科技與文化编

中國言法

however, the reader must judge for himself. If we deem these two series the same, the distinct initial and consonantal powers found in the language, instead of twenty-four, will be Twenty-One.

Should any one ask, "Why alter the system introduced by the Catholic Missionaries? If theirs be a good system, does it not savour of pride to attempt altering it?" I would reply, that while I readily acknowledge their system on the whole to possess much merit, it by no means follows that no further improvement can be made. This attempt may indeed have failed; but if we confine ourselves precisely to their footsteps, it is certain that all further improvement is quite out of the question. Besides, they adapted their pronunciation to that of their own country; but why a French, an Italian, or a Portuguese mode of pronouncing names should be retained in a book intended for English readers, I have hitherto heard no satisfactory reason urged. The most plausible perhaps, is, that some foreigner may possibly read the book, to whom the pronunciation of the names would be familiar, though difficult to English readers. But to this it may be replied, that were it worth the labour to render the pronunciation of names, on this account, unintelligible to the bulk of our own countrymen, the step taken would go near to defeat itself. This foreigner, who is to read this book, is of course acquainted with English, and in an English book he might possibly expect the pronunciation of the names to be English as well as the rest; thus the course taken to accommodate him, might be the means of misleading him. That in an English work the spelling of names should assume an English form, and be accommodated to the pronunciation of that language, seems, therefore, to be what foreigners themselves would naturally expect. We proceed to the Final powers of the Chinese system.

M

海上絲綢之路文獻集成 科技與文化編

The FINAL SOUNDS of the Chinese Language.

These, which they term *Nyĕh*, Auxiliary or helping sounds, are originally twelve, of which eight are Vowel, and four are Nasal sounds. The Chinese however, by a method at once ingenious, and founded in nature, have extended these vowels and nasals to perhaps a greater number than any other language brings into use. The eight original vowels, and the four nasals, which for the sake of distinction we may term *Primary*, are described as pronounced with the mouth *open*. They are afterward said to form what are termed *Secondary* sounds; which is done by interjecting, where admissable, a sound resembling that of *i* or *y*, between the initial and the final. This changes *ka* to *kya*, *kang* to *kyang*, &c.; and thus produces almost an equal number of *secondary* vowel and nasal sounds. This however is but half the system: as the Primary vowels and nasals are pronounced with the mouth *open*, they admit of another modification by being pronounced with the mouth first *closed*. This gives rise to almost an equal number of new sounds;—by this method, from the open vowel *ka*, is formed *kwa*; from *kee*, *koo*, &c. the nasal *kang* becomes *kwang*; the nasal *kung* forms *koong*; *kun*, *koon*; and *kan*, *kwan*. Further, this class of Close primary finals also undergoes the Secondary modification, *i* or *y* being interjected where admissible. Thus, from the eight original vowel sounds, would be formed twenty-four more; and from the four nasal sounds would be formed twelve new ones, were the interjected *y* admissible in all these finals. The actual number of both the primary and secondary sounds appears in the following Synopsis of them; copied from the Imperial Dictionary.

中國言法

SYNOPSIS OF THE FINALS.

	OPEN		CLOSE	
	Primary Finals.	Secondary do.	Primary Finals.	Secondary do.
1	迦 *Ky*-a	加 *k*-ya	瓜 *k*-wa	—
2	(徹 *chh*-ea*)	結 *k*-yĕh	—	訣 *k*-yuĕh
3	岡 *k*-ang	江 *k*-yang	光 *k*-wang	俇 *k*-wang
4	庚 *k*-ung	經 *k*-ing	工 *k*-oong	弓 *k*-yoong
5	祴 *k*-ĭh	饑 *k*-ee	孤 *k*-oo	居 *k*-yu
6	高 *k*-ao	交 *k*-yao	—	—
7	該 *k*-ai	皆 *k*-yai	乖 *k*-wai	—
8	—	—	傀 *k*-wy	圭 *k*-ooĭ
9	根 *k*-un	金 *k*-in	昆 *k*-wun	君 *k*-yoon
10	干 *k*-an	堅 *k*-yen	官 *k*-wan	涓 *k*-yuen
11	鉤 *k*-ou	鳩 *k*-yeu	—	—
12	歌 *k*-o	角 *k*-ŏh	鍋 *k*-wo	矍 *k*-yŏh

* This Primary Final forms very few sounds; it is united with only the *ch* series of initials. Its Close Primary final is still more deficient, uniting with only three of the initials. The Secondary finals, however, unite with most of the initials.

M 2

It may be proper to examine in order each of these Twelve Primary final powers, with the three said to proceed from them.

I. The First of the Open Primary finals, is written by the Catholic Missionaries *a*, as 大 *tà*, great, and 馬 *ma*, a horse, sufficiently shew. It unites with twenty-three of the thirty-six initials. Its Secondary sound they write *ia*, as in 加 *kia*, to add. In some instances however they omit the *i*, it being scarcely sounded, as in 茶 *chha*, tea. In an English work, *y* seems better suited to express this interjected sound than *i*, as *kia*, to an English eye would convey some faint idea of two syllables, as though it were to be pronounced *ki-a*, which is never the case with the name of any Chinese character, let it contain as many letters as it may.—The Close Primary sound of this final is written by the Catholic Missionaries *ua* as in 瓜 *kua*, a melon; but as *ua*, sounded by an English reader like *ua* in guard, would not convey the true sound, *w* is here substituted for *u*, in almost every case. Only thirteen of the thirty-six initials unite with this final. Its Secondary final will not permit the insertion of *y*. It unites with only three initials.

II. The Second Open Primary final, is found united to only four of the initials. Of this the Catholic Missionariés furnish no example except in the fourth or reflected tone, which they write *ĕ*, as 舌 *xĕ*, the tongue. The sound is nearly that of the vowel *e* in *ten*. The Secondary sound of this the Catholic Missionaries in general write *ie*, as *kie*. Its sound however is nearly that of the diphthong *ea* in *yea*, as it approaches the sound we generally give to the diphthong *æ*. Either *æ* or *ea* would therefore express it; but *ea* seems most congenial with the English language, and far better suited to convey the sound to an English reader, than simply the vowel *e*, which in English, would be nearly lost either in *i* or *y*, as it is in dye, eye, &c. This final is found united with thirty-two of the initials.——The Close Primary final of this, is found united with only three of the initials, and these of the fourth or reflected tone; its Secondary final the Catholic Missionaries write *kiuĕ*, to which we prefer *kuĕh*. The verb 曰 to say, however, which the Catholic Missionaries write *yuĕ*, we write *yuĕ'i*, admitting the *u* there, because *w* can scarcely be sounded after *y*. It unites with nineteen of the finals.

III. The Third Open Primary final is a nasal, and is very properly written *ang* by the Catholic Fathers, as in the word *kang* in the table. It is united with twenty-three of the thirty-six initial powers. Its Secondary final, which is united with twenty-one of the initial powers, they write *kiang* ——The Close Primary final the Catholic Missionaries write *uang*, as in 光 *kuang*, light. This is united to only thirteen of the initials. Its Secondary sound excludes the additional *y*, and is therefore written *uang* like the primary sound. It unites with only eleven of the initials.

IV. The Fourth Open Primary final is also a nasal, and is written by the Catholic Missionaries *eng*, as in *keng*, sincere, true. It is, however, the sound expressed in English by *ung*, in sung or flung. This final unites itself with twenty-three of the initial powers. Its Secondary final is by the Catholic Fathers written *ing*, as in 經 *king*, the term applied to the ancient books of the Chinese. This plainly shews that the English *eng* is not the sound they meant to affix to this primary final; for they could here as easily have formed *kieng* from *keng*, as *kia* from *ke* in the second series. They have never indeed adopted the short sound of *u* in *but*; but the sound it has in *tune*. Hence, *ung* with them would not have had the sound of *ung* in sung, the proper

海上絲綢之路文獻集成 科技與文化編

sound here; but rather that of *oong*.——The Close Primary final they write *ung*, by which they intend to express the sound of *oong* in English. This final is therefore written *oong*, as in 工 *koong*, art; 中 *choong* the midst, &c. It unites with twenty two of the initials. In its Secondary final, the Catholic Fathers insert the *i* in some instances as in 兄 an elder brother, which they write *hiung*. In some others the peculiar nature of the Initial prevents the *i* being heard. It is united to only nineteen of the finals.

V. The Fifth Open Primary final is found only in the fourth or reflected tone. This they express by *ĕ*, as in 得 *tĕ*, to get, which sound answers to that of the short *u*, in English. It is therefore changed for *u*, shortened by the addition of *h*, and the word written *tŭh*. The Secondary final is written by the Catholic Missionaries *y*, as 記 *ky*, to recollect. This *ky*, however, has not the sound of *y*, in by, try, ply, &c. but that of *ee*, in see, tree, free, for which reason *ee* seems preferable, as being less ambiguous to an English reader. It is united with thirty-two of the Initials.

There is a singularity in this final which it is not easy to express by any English sound. It occurs under the sixth series of initials, *ts*, &c. and contains only four monosyllables, which instead of sounding like *ee*, have a short indistinct sound, something like that which would be formed by attempting to sound the initial *ts*, without a vowel. The Catholic Missionaries write it *u*; we have expressed it by the final *e*, as that in English is generally mute; which mode, if it will not fully express the sound, will at least distinguish it from the other sounds included in this final.

The Close Primary sound of this final, the Catholic Missionaries write

中國言法

u, which answers to the English *oo* in too; *oo* is therefore used to express it, as 古 *koo*, ancient, &c. This final is united with thirty-four of the initials. Its Secondary final admits the interjected *y*; the Catholic Missionaries write it *iu*, as in 居 *kiu*, to rest, which is here written *kyu*. It is difficult to convey an exact idea of this sound by any English word; perhaps *kye* in *hark-ye*, would give some idea of it, if *e* were sounded there like *u* in but. This final unites with twenty-four of the initials.

VI. The Sixth Open Primary final is a diphthong, written by the Catholics *ao*, which well expresses the sound in English, as in 高 *kao*, high, 刀 *tao*, a knife, &c. It is united with twenty-four finals. Its Secondary final easily admits the *i* or *y*, which by the Catholic Missionaries is therefore written *iao*, as 效 *kiao*, imitation, which is here of course written *kyao*. It is combined with twenty seven of the Initials. The Close final is not found here, as it is excluded by its own nature.

VII. The Seventh Open Primary is also a diphthong, which the Catholic Missionaries write *ay*, as 改 *kay*, to change or turn. It is not however the sound we generally affix to *ay*, in way, may, day; it bears a stonger resemblance to the sound of the diphthong *ai*, in ail, hail, &c. That diphthong is therefore preferred here. It unites with twenty-five of the finals. Its Secondary final readily admits the interjected *y*: it is written by the Catholic Missionaries *iay*, and by us, *yai*, as in 皆 *kyai*, all. It unites with only twelve of the Initials. The Close Primary final formed from this, the Catholic Missionaries write *uay*, as in *kuay*, which we, changing the *u* for *w*, write *kwai*. This final unites with only twelve of the initials. Its Secondary final of course excludes the interjected vowel, and is therefore written *wai* like the primary one. It unites with only four of the initials.

VIII. The Eighth Open Primary final scarcely exists; it is united to only four of the initials. The Catholic Fathers write it *oey*; but as this in English would be sounded nearly like *oy*, in boy, toy, &c. which is not the true sound, *y* is preferred as approaching it more nearly when pronounced like *y*, in by, try, &c. Its Secondary final is united to only one initial, which I cannot find written at all by the Catholic Missionaries; but as the interjected *i* is necessarily excluded, it can of course differ little from its primary final. The Close primary final is written by the Catholic Missionaries *uey*, as in *kuey*, great, excelling; as this in English would, however, be almost unavoidably pronounced like *ey*, in whey, a very different sound; *wy* is preferred, and the word above mentioned written *kwy*. Some of these finals are pronounced more slowly, which, extending the sound of the *w*, transforms it almost to that of *oo*, with which it is nearly allied.* In this instance it seems necessary to adopt both modes, and to spell it *ooi* in the latter case, as in 罪 *tsooi*, sin, and some others. One instance occurs wherein the Catholic Missionaries write it *ai*, which seems a compliance with the caprice of custom. The Secondary sound of this final, excluding the interjected *i*, follows its primary final.

IX. The Ninth Open Primary final which is a nasal, is written by the Catholic Missionaries *ken*, as in 艮 *ken*, a bound or limit. The sound is nearly that of the short *u*, in run, sun, &c. which is the sound they probably at-

* In Sungskrit and the other Indian languages *oo* and *w* are often thus interchanged.

海上絲綢之路文獻集成 科技與文化編

中國言法

tached to *e*. It is united with only eighteen of the initials. Its Secondary final admits the *i*, which however, absorbs the other vowel, the Catholic Missionaries spelling it *in*, which has the same sound in English. It is united with twenty-seven of the Initials. The Close Primary final, the Catholic Missionaries write both *un*, and *uen*. The interjecting of the *w* when *e* is changed for *u*, will form their sound, which in English is pretty nearly *kwun*. It is united with twenty-two of the initials. Its Secondary final the Catholic Missionaries spell *iun*, interjecting the *i*, as in 君 *kiun*, a lord, a superior. This in English will be nearly expressed by *kyoon*, the interjected *y* transforming the *w* into its cognate vowel sound *oo*. It unites with only nineteen of the initials.

X. The Tenth Open Primary sound is written by the Catholic Missionaries *an*, as in *kan*, a sword, which is also the English sound. It unites with twenty-five of the Initials. Its Secondary final admits the interjected *i*, which changes the *a* to *e*, they spelling it *ien*, as in *kien*, firm, durable: *kyen* conveys nearly the same sound to an English ear. It is united with twenty-eight of the finals. The Close Primary final admits fully the interjected *w*, formed by closing the mouth, and is written by the Catholic Missionaries *uon*, as in 官 *kuon*, a mandarine. Yet they sometimes express it by *a*, as in 反 *fan*, on the contrary; and in fact it has nearly the sound we attach to *a* in water; we therefore prefer *a*, as better adapted to express it than *o*. It unites with twenty-five of the Initials. Its Secondary final admits the interjected vowel; the Catholic Missionaries write it *iuen*, as in 犬 *kiuen*, a dog. This sound, with the usual change of *i* for *y*, we write *yuen*: it is united with only twenty of the initials.

N

海上絲綢之路文獻集成 科技與文化编

XI. The Eleventh Open Primary final is a diphthong, and is written by the Catholic Missionaries *eu*; but the sound approaches more nearly to the sound of *ou* in loud, proud, than to that of *eu* in feud; for which reason *ou* is preferred. It is united with twenty of the initial sounds. Its Secondary final admits the interjected *i*, and is written by the Catholic Missionaries *ieu*, as in 九 *kieu*, nine. This has precisely the sound of *eu* in English, for which reason it is retained, as in *kyeu*, nine, &c. It is united with twenty-three of the initials. The Close Primary final of this sound is scarcely capable of being formed. Only three sounds are placed underneath it, which are found underneath the *f* series: the Catholic Missionaries write these *eu*. Its Secondary final has no existence.

XII. The Twelfth Open Primary final is the vowel *o*, which of course is easy of enunciation. It unites with twenty-four of the Initials. Its Secondary final admits the interjected *i*; but it has only the fourth or reflected tone, which unites itself with nineteen of the initials. The Close Primary final, in some degree admits the *u* or *w*, but the Catholic Fathers sometimes omit it, as *uo* would scarcely be sounded. The verb to transgress, they however write *kuo*, but some others they write both *kuo* and *ko*. Their example is followed here: in those wherein the *w* is heard plainly, the *w* is written; but where the initial scarcely admits it, the *w* is omitted. Its Secondary final admits *i*; but at the same time excludes the *w*. It is written *io* by the Catholic Missionaries, as in 㑴 *kiŏ*, to fear. It unites with only eleven initials, and all these are of the fourth or reflected tone.

中國言法

Such then is the system of the Chinese Final or Auxiliary sounds; both modes of writtng which, exhibited in one view, stand as follows:

THE FINALS

	As given by the Catholic Missionaries.				*As given in this work.*			
	OPEN		CLOSE		OPEN		CLOSE	
	Primy.	*Secy.*	*Primy.*	*Secy.*	*Primy.*	*Secy.*	*Primy.*	*Secy.*
1	Ka	kia	kua	——	Ka	kya	kwa	——
2	Ke	kiĕ	——	kiuĕ	Kea	kyĕh	kwĕh	kwĕh
3	Kang	kiang	kuang	kuang	Kang	kyang	kwang	kwang
4	Keng	king	kung	kiung	kung	king	koong	kyoong
5	Kĕ	ky *çu*	ku	kiu	kŏh	kee	koo *tse*	kyu
6	Kao	kiao	——	——	kao	kyao	——	——
7	Kay	kiay	kuay	——	Kai	kyai	kwai	——
8	Poey	——	kuey	kuey	Py	——	kwy	kwy
9	Ken	kin	kuon	kiun	Kun	kin	kwun	kyoon
10	Kan	kin	kwon	kiuen	Kan	kyen	kwan	kyuen
11	Keu	kieu	——	——	Kou	kyeu	——	——
12	ko	kio	kuo ko	kiŏ	Ko	kyŏh	kwo ko	kyŏh

These are all the final sounds which the Chinese have. By prefixing to these the initials already given, are formed all the words in the Chinese language.

海上絲綢之路文獻集成 科技與文化編

On carefully examining these, we find, that the Open Primary finals are all complete, and that the Open Secondary finals lack only one. The Close Primary finals are more deficient: there are two which are not formed, and which perhaps scarcely admit the characteristic *w*; these are *kao* and *kou*, the two sounds which would have arisen from these, *kwao*, and *kwou*, being never heard in the Chinese language. In the Secondary class of this final, the deficiency is much greater; four of them are not formed, two others, *kwĕh*, and *kwang*, differ so little from the primary ones, as scarcely to admit a different mode of spelling; and another, the twelfth, *kyŏh*, necessarily agrees in sound with the Open Secondary final, it being almost impossible to interject the *w* between *k* and *yoh*.

It has been already observed, that some of the finals, from their very nature, forbid the formation of the close finals; and that others of them refuse to admit the interjected sound. It will be here farther seen, that in one or two instances the final does not exist in the language, although not excluded by the nature of the vowel. This is the case in other languages: multitudes of combinations the forming of which nothing in the nature of the language forbids, are yet not found therein. In Hebrew, many thousand roots might easily be formed, while scarcely two thousand are to be found actually in use. These deficiencies reduce the number of finals distinguishable from each other by a different mode of spelling, to about Thirty-Eight; of which fifteen are nasals.

The distinct sounds therefore which we are able to express by our alphabet, are, *twelve* open primary sounds, *twelve* open secondary sounds, (including the double modification of the fifth secondary final); *ten* close primary sounds;

中國言法

and *four* of its secondary sounds: in the whole Thirty-Eight. These if analysed on the alphabetic plan, will be found to contain *sixteen* Vowel sounds, namely eight simple vowel sounds, four compounded with *y*, and four compounded with *w*; *seven* Diphthongal sounds, three simple ones, three compounded with *y*, and one compounded with *w*; and fifteen Nasal sounds, or seven simple nasal sounds, five compounded with *y*, and three united with *w*, in the whole *fifteen*; all of which make thirty-eight.

Thus then, the Chinese, by forming a regular system, and carrying it as far as it seems capable of being extended, have procured finals sufficient to unite with the initials, so as to form a colloquial medium wholly on the monosyllabic plan. And although the excellence of the alphabetic system is such as enables us to express almost any sound, there is scarcely any language on earth which employs all the Chinese finals in forming significant words.

We now proceed to give the Initials and Finals as actually united in forming the words which constitute the Chinese Colloquial medium. These are contained in Four Tables, which are given in the Imperial Dictionary: and in these the attentive reader will find, that, as has been already said relative to the formation of the finals, certain series of the Initials refuse to unite with the Open finals, and certain others do not coalesce with the Close finals. In some of these instances the nature of the initial and the final seems to forbid the union; but several are wanting where there appears nothing of this nature. This is to be ascribed to the caprice in some degree visible in all languages.

海上絲綢之路文獻集成 科技與文化編

Before we give these Tables, however, it seems necessary slightly to notice a peculiarity in the Chinese language, which we shall more fully consider afterwards; the Tones or Intonations affixed to the various monosyllables. These are Four; the Fourth and last of which alone we have to consider here. This is a short, thick sound, which, in some instances, so affects the monosyllable pronounced, as to make a certain change therein. Thus *kea* in the second sound, when pronounced by contracting the throat, becomes *kyĕh*; *kee*, when thus pronounced, becomes *kĭh*; and *ko* becomes *kŏh*. Although the other three tones are found attached to all the twelve finals; the Fourth has place in only four of them, namely the first, the second, the fifth, and the twelfth, *ka*, *kea*, *kee*, *ko*, the four simplest of the vowel sounds, which, by admitting this fourth tone, become *kăh*, *kyĕh*, *kĭh*, *kŏh*. It will be evident to the sagacious reader, that the four nasals *ang*, *ung*, *an*, and *un*, will not admit of this contraction of the throat in pronunciation; nor will the four diphthongs *ao*, *ai*, *ooi*, and *ou*. Hence this sound is confined to the vowels already mentioned. It seemed necessary thus briefly to mention the Fourth tone, previously to giving the tables, as several of the finals will be found to have no other of the tones. This Fourth tone the Catholic Missionaries generally express by an *e* with the mark of the short vowel, in words which end with *i*; as *kiĕ*, *piĕ*, &c. and in those ending with *a* or *o*, by placing the mark of the short vowel over that letter. In some of the provinces the vowel is sounded quick and short, and the word made to end with *p*, *t*, or *k*; thus what the Catholic Missionaries spell *kiĕ*, in this provincial pronunciation is *kit*; what they write *niĕ* is pronounced *nip*. The case is this: in the Mandarine pronunciation these words are made to end with an obscure sound somewhat resembling our final *h*; but in the provincial pronunciation this indistinct sound is carried out so as to form a distinct consonant, which becomes *t*, *k*, or *p*, according to the class to which the initial belongs. As the final *h* in English almost constantly shortens the preceding vowel, it seemed better to end all the monosyllables of the fourth tone with *h*, than to adopt the final *e*, which in English rather lengthens than shortens the preceding vowel. All of the fourth intonation therefore, will be found to have the vowel marked with the short accent, and also to terminate in *h*; which method, if it does not convey precisely the sound which the Chinese give the fourth tone, (a thing not very easy,) will at least sufficiently distinguish this tone from the others.

We now proceed to give the Four Tables of Monosyllables, as they stand in the Imperial Dictionary. In some instances, the reader will find the monosyllable differ somewhat from the natural expression of the Initial and Final. The chief of these differences he will find in the *ch* series of the 4th final in Table I; in the [illegible] series of the 9th final in Table II; and in the 8th final of Table IV. Beside these, in a few instances the reader will find the *y* omitted, and in some few the *w*. This is to be ascribed either to the provincial pronunciation or the caprice of my Chinese assistants, from whom I preferred taking the actual pronunciation, to forming a factitious one from the initial and final. But all these variations bear but a small proportion to the great body of monosyllables contained in these tables; and only serve to evince the general correctness of the principles on which the Chinese have formed them.

O

TABLE

THE INITIALS UNITED WITH

K-yèn	*kh-ee*	*k-yoòn*	*y-ee*	T-*wan*	t'h-*où*	t-*ing*	n-*ee*	Ch-*ee*	chh-*yĕh*	ch-*ing*	n-*yang*	P-*ang*	p'h-*ang*
1 *Ky*-a	khya	——	yăh	tá	t'hăh	tà	năh	cha	chha	chá	na	pa	p'ha
2 (*Ky*-ea)	——	——	——	——	——	——	——	chyĕh	chhyeà	shyĕh	nyĕh	——	——
3 *K*-ang	khang	——	ngang	tang	t'hang	táng	nang	chang	chhang	cháng	nyang	pang	p'hang
4 *K*-ung	khung	——	ngung	tung	t'hung	túng	nung	ching	chhing	ching	ning	pung	p'hung
5 *K*-ŭh	khŭh	——	yŭh	tŭh	t'hŭh	tŭh	nŭh	——	——	——	——	pŭh	p'hŏh
6 *K*-ao	khao	kaò	ngao	tao	t'hao	taó	nao	chao	chhao	chaó	nao	pao	p'hao
7 *K*-ai	khai	kai	ngai	tai	t'hai	taí	nai	chai	chhai	chaí	nai	pai	p'hai
* 9 *K*-un	khun	kún	yun	——	t'hun	——	——	chun	chhun	chún	yin	pun	p'hun
10 *K*-an	khan	kàn	ngan	tan	t'han	tán	nan	chan	chhan	chán	nyan	pan	p'han
11 *K*-ou	khou	——	ngou	tou	t'hou	tòú	nou	chou	chhou	chóu	nyou	poú	p'hou
12 *K*-o	kho	——	ngo	tò	t'ho	to	no	chŏh	chhŏh	chŏh	nŏh	po	p'ho

* The 8th final has only the *p* series, py, p'hy, py, my.

TABLE

THE INITIALS UNITED WITH

K-yèn	kh-*ee*	k-*yoón*	*y-ee*	T-*wan*	t'h-*où*	t-*ìng*	n-*ee*.	P-*ang*	p'h-*ang*	p-*īng*	m-*ing*	Ts-*ing*	ts'h-*ing*
1 *K*-ya	khya	——	ya	——	——	——	——	——	——	——	——	——	——
2 *K*yea	khyea	kyĕh	yĕh	tyea	t'hyĕh	tyĕh	nyea	pyĕh	p'hyĕh	pyĕh	myea	tsyea	tshyea
3 *K*yang	khyang	kyáng	yang	——	——	——	nyáng	——	——	pyáng	——	tsyang	ts'hyang
4 *K*-ing	khing	king	ying	ting	t'hi	tíng	ning	ping	p'hing	ping	ming	tsing	ts'hing
5 *K*-ee	khee	keé	yee	tee	t'hee	teé	nee*	pee	phee	peé	mee	tsee	ts'hee
6 *K*-yao	khyao	kyaó	yao	tyao	t'hyao	tyaó	nyao	pyao	p'hyao	pyaó	myao	tsyao	tshyao
7 *K*-yai	khyai	kyái	ngai	——	——	——	——	——	——	——	——	——	——
† 9 *K*-in	khin	kín	yin	tyen	t'hyen	——	nyen	pin	p'hin	pín	min	tsin	ts'hin
10 *K*-yen	khyen	kyén	yen	tyen	t'hyen	tyén	nyen	pyen	phyen	pyén	myen	tsyen	tshyen
11 *K*yeu	khyeu	kyeú	nyeu	tyeu	——	——	——	pyeu	p'hyeu	——	myeu	tsyeu	tshyeu
12 *K*y-ŏh	khyŏh	kyoh	yŏh	——	——	——	——	——	——	——	——	tsyŏh	tshyŏh

* This 5th final has the *ch* series, chee, chhee, chee, nee.

† The 8th final has only one sound, phy.

海上絲綢之路文獻集成 科技與文化编

中國言法

I.

THE OPEN PRIMARY FINALS.

p-*ing*	m-*ing*	Ts-*ing*	ts'h*ing*	ts-*oong*	s-*in*	s-*yea*	Y-*ing*	h-*yaò*	y-*u*	hh-*yăh*	L-*ai*	y-*ĭh*
pá	ma	tsăh	ts'hăh	tsăh	săh	—	yăh	hyăh	—	hhyăh	lăh	—
—	—	—	—	—	—	—	—	—	—	—	—	—
páng	mang	tsang	ts'hang	tsáng	sang	—	yang	hang	—	hhang	lang	—
púng	mung	tsung	ts'hung	tsùng	sung	—	ung	hung	—	hhung	lung	—
pŭh	mŭh	tsŭh	ts'hŭh	tsŭh	sŭh	—	ngŭh	hŭh	—	hhŭh	lŭh	—
paó	mao	tsao	ts'hao	tsaó	sao	—	ao	hao	—	hhao	lao	—
paí	mai	tsai	ts'hai	tsaí	sai	—	ngai	hai	yai	hhai	lai	—
pún	mun	tsún	—	—	sún	—	ngun	hún	—	hhun	—	—
pán	man	tsan	ts'han	tsán	san	—	ngan	han	yan	hhan	lan	—
póu	mou	tsou	ts'hou	tsóu	sou	sóu	ngou	hou	—	hhou	lou	—
po	mo	tso	ts'ho	tsó	so	—	o	ho	—	hho	lo	—

II.

THE OPEN SECONDARY FINALS.

ts-*oong*	s-*ín*	s-*ea*	Tch-*yaò*	tchh-*wan*	tch-*áng*	tsh-*ìn*	shy-*én*	Y-*ìng*	h-*yao*	y-*ŭ*	hh-*yăh*	L-*ai*	y-*ĭh*
—	—	—	tchya	tchha	tchá	tsha	—	ya	hya	—	hhya	—	—
tsyéa	syea	syea	tchyea	tchhyea	tchyea	tshyea	shyea	yĕh	hyea	yea	hhyĕh	lea	yea
tsyáng	syang	sang	tchyang	tchhang	tshyang	shyang	—	yang	hyang	yang	hhang	lyang	yang
tsíng	sing	sing	tching	tchhing	tching	tshing	shing	ing	hing	ying	hhing	ling	ying
—	see	see*	t'chee	tchhee	tcheé	tshee	shee	ee	hee	yee	hhee	lee	yee†
tsyáo	syao	—	tchyao	tchhyao	tchyaó	tshyao	shyao	yao	hyao	yao	hhyao	lyao	yao
—	—	—	tchyai	tchhai	tchaí	tshyai		ai	hyai	—	hhyai	lai	—
tsín	sin	sin	tchin	tchhin	tchín	tshin	shin	yin	hin	yin	hhin	lin	yin
tsyén	syen	syen	tchyen	tchhyen	tchyén	tshyen	shyen	yen	hyen	yen	hhyen	lyen	yen
tsyéu	syeu	syeu	tchyeu	tchhyeu	tchéu	tshyeu	shyeu	yeu	hyeu	yeu	—	leu	yeu
tsyŏh	syŏh	—	tchyŏh	tchhyŏh	tchŏh	tshyŏh	shyŏh	yŏh	hyŏh	yŏh	hhyŏh	lyŏh	yŏh

* Also tse, ts'he, se, se.

† or irr.

TABLE

THE INITIALS UNITED WITH

	K-*yìn*	kh-*ee*	k-*yoón*	y-*ee*	T-*wan*	t'h-*òu*	t-*ing*	n-*ee*	Ch-*ee*	chh-*yĕh*	ch-*ing*	n-*yang*	F-*wy*	fh-*oo*
1	*K*-wa	khwa	——	wa	——	——	——	——	chwa	chhwá	chwá	náh	fwăh	fhwăh
* 3	*K*-wang	khwang	——	——	——	——	——	——	chwang	chhwang	chwàng	nang	fwang	fhwang
4	*K*-oong	khoong	——	ngoong	toong	t'hoong	toóng	noong	choong	chhoong	choóng	noong	foong	fhoong
5	*K*-oo	khoo	——	ngoo	too	t'hoo	toó	noo	choŏh	chhoŏh	choŏh	noŏh	†foo	fhoo
‡ 7	*K*-wai	khwai	kwaì	waí	——	——	——	——	chwai	chhwai	chwái	naì	——	——
8	*K*-wy	khwy	kwy	ngwy	tooi	thooi	toói	nooi	chooi	chhooi	chooì	nooí	fwy	fhwy
9	*K*-wun	khwun	——	ngwun	twun	t'hwun	twún	nwun	chwun	chhwun	chwún	——	fwun	fhwun
10	*K*-wan‖	khwan	kwàn	wan	twan	t'hwan	twán	nwan	chwan	chhwan	swán	nwan	fwan	fhwan
§ 12	*K*-wo	khwo	khwŏh	ngo	to	t'ho	tó	no	chŏh	chhŏh	chŏh	nŏh	fwŏh	fhŏh

* The 2d final has only three sounds: chyeh, chhyeh, nŏh. † The 5th final has also the *p* series, poo, phoo, poo, moo. ‡ The 6th final is wanting in this table. ‖ Or kwon, &c. § The 11th final has only two sounds, fou, fhou.

TABLE

THE INITIALS UNITED WITH

	K-*yìn*	kh-*ee*	k-*yoón*	y-*ee*	Ts-*ing*	ts'h-*ing*	ts-*oong*	s-*in*	s-*yea*	Tch-*ao*	tchh-*wan*	tch-*wang*
1	*K*-wa	——	——	——	——	——	——	——	——	tchwa	tchhwá	——
2	*K*-yuĕh	khyuea	kyuĕh	yuĕh	tsuĕh	tshuĕh	tsuĕh	suĕh	suĕh	tchyuĕh	tchhyuĕh	——
3	*K*-wang	khwang	kwáng	——	——	——	——	——	——	tchwang	tchhwang	tchwàng
4	*K*-oong	khyoong	koóng	yoong	tsoong	tsh-oong	tsoòng	soong	soong	tch-oong	tchh-oong	tch-oòng
5	*K*-yu	khyu	kyú	yu*	tsyu	ts'hyu	tsyu	syu	syu	tchyu	tchhyu	tchyu
† 8	*K*-wy	khwy	kwy	wy	tsooi	tshooi	tsooí	sooi	soo	tchooi	tchhooi	——
9	*K*-yoon	khyoon	kyoón	nyoon	tsyoon	tshyoon	tsyoón	syoon	syoon	tchyoon	tchhyoon	tchyoón
10	*K*-yuen	khyuen	kyuén	yuen	tsyuen	tshyuen	tsyuén	syuen	syuen	tchyuen	tchhyuen	tchyuén
§ 12	*K*-yŏh	khyŏh	kyŏh	——	——	——	——	——	——	tchyŏh	tchhyŏh	tchŏh

* The 5th final has the *ch* series, chyu, chhyu, chyu, nyu. † The 6th final is wanting here; and the 7th has but three sounds; tchwai, tchhwai, shwai. § The 11th final is wanting here.

海上絲綢之路文獻集成 科技與文化編

中國言法

III.

THE CLOSE PRIMARY FINALS.

f-*oong*	w-*y*	Ts-*ing*	ts'h-*ing*	ts-*oong*	s-*in*	s-*yca*	Y-*ing*	h-*yaò*	y-*u*	hh-*yăh*	L-*ai*	y-*ĭh*
fwăh	wăh	——	——	——	——	——	wa	hwa	——	hhwa	lua	ya
fwang	wang	——	——	——	——	——	wang	hwang	——	hhwang	——	——
foong	woong	tsoong	t'shoong	tsoóng	soong	——	oong	hoong	yoong	hhoong	loong	——
foo	woo	tsoo	t'shoo	tsoó	soo	soo*	oo	hoo	hwoo	hhoo	loo	——
——	——	——	——	——	——		wai	hwai	——	hhwai	luai	——
fwy	wy	tsooi	tshooi	tsoói	sooi		wy	hwy	wy	hhwy	looi	——
fwun	wun	tswun	tshwun	tswún	swun		wun	hwun	——	hhwun	loon	——
fwan	wan	tswan	tshwan	tswàn	swan	swán	wan	hwan	——	hhwan	luon	——
foh	wo	tso	t'sho	tsó	so	——	wo	hwó	wo	hhwo	lo	——

* The 5th has also the *tch* series, tchoo, tchhoo, tchoo, tshoo.

IV.

THE CLOSE SECONDARY FINALS.

tsh-*in*	sh-*yèn*	Y-*ing*	h-*yaò*	y-*u*	hh-*yăh*	L-*ai*	y-*ĭh*
tshwa	——	——	——	——	——	——	——
tshyŭeh	shyŭeh	yuea	hyuea	yuĕh	hhyuĕh	lyuea	yuca
tshwang	——	wáng	hwáng	wang	——	loong	——
tshoong	shoong	yoong	hyoong	yoong	hhyoong	loong	yoong
tshyu	s'hyu	yu	hyu	yu	hhyŭh	lyu	yu
shooi	shooi	wy	hwy	wy	hhwy	looi	yooi
tshyoón	shyoon	yoon	hyoon	yoon	——	loon	yoon
tshyuen	shyuen	yuen	hyuen	yuen	hhyuen	lyuen	yuen
tshyoh	——	yŏh	hyŏh	yŏh	——	lyoh	——

海上絲綢之路文獻集成 科技與文化编

On inspecting these four Tables, which are copied from the first volume of the Imperial Dictionary, the reader will find that the Initials are placed across the head of the page, and the Finals on the left margin. The finals form each a horizontal line; and on the right, at the angle formed by the perpendicular line proceeding from the initial and this horizontal line, may be found the monosyllable arising from the union of both. Thus, in Table I, underneath the initial *m*, (m·*ing*) and opposite the final *a*, will be found *ma*, a horse, &c. underneath the initial *t*, and opposite the final *ao*, will be found *tao*, a way, &c. and at the angle formed by the lines proceeding from the initial *ts*, and the final *o*, the verb *tso*, to sit, &c.

The First of these Tables exhibits the union of the Open Primary finals with the initials; which, it will be seen, refuse to unite either with the fifth series of initials, *f*, *fh*, &c. or with the seventh series, *tch*, *tchh*, &c.

The Second of them exhibits the union of the Open Secondary finals with the initials, which, in the same manner, refuse to coalesce either with the third series of initials, *ch*, *chh*, &c. or with the soft labials, *f*, *fh*, &c. but they admit of union with *tch*, *tchh*, &c. the seventh series.

The Third Table contains the Close Primary finals; which, on the other hand, admit both the *ch*, and the *f* series; but exclude the fourth series, *p*, *ph*, &c. and the seventh series, *tch*, *tchh*, &c.

The Fourth Table includes the Close Secondary finals, which unite with only six series of the initials, excluding entirely the third series *ch*, *chh*, and both the labial series, *p*, *ph*, and *f*, *fh*, &c.

These omissions of whole series of initials in each table, occasioned by such combinations not being found in the language, may enable those who wish thoroughly to examine the subject, to form an idea of the nature of these respective classes of sounds. They plainly discover in the Chinese an acquaintance with the nature of enunciation, and of the various organs employed therein, which might do credit to orthoepists familiar with the alphabetic system. The number of sounds or monosyllabic words produced by the combination of the final with the initial powers, stands as follows:

Table I. The Initials united with the Open Primary finals, produce -	248
Table II. United with the Open Secondary finals - - - -	253
Table III. United with the Close Primary finals - - - - -	195
Table IV. United with the Close Secondary finals - - - -	150
	846

These Monosyllables, provincial variations excepted, are all the words by which the Chinese have conveyed their ideas to each other from time immemorial; and all the sounds which they have used to express the multitude of characters contained in their written medium. With a system before us so curious in its formation, and so singular in its application, it were almost unpardonable not to make some enquiry respecting its origin, and its probable connection with the alphabetic systems of other nations.

That the Chinese have ever used this system for the legitimate purposes of an alphabetic system, or that they have any just idea of the nature of an alphabet, few will be disposed to affirm. But that they really possess a colloquial medium which contains the consonant, vowel, and nasal sounds found in other alphabets, as well as some found in scarcely any other system, will be doubted by few who thoroughly consider the subject. Relative to this, two questions seem to form proper subjects of enquiry: First, What likeness does this system bear to any alphabetic system now existing? and secondly, Did it originate with the Chinese themselves, or was it borrowed by them from some other nation? A due investigation of the former of these questions, will go far towards solving the latter.

The CHINESE SYSTEM compared with the HEBREW and THOSE of the WEST.

Although the languages which have an alphabetic origin, are almost too numerous to be recounted, the *alphabetic systems* with which they are connected, may be reduced to a very small number. The principal of these are,

I. The HEBREW alphabetic system. This either includes or gives birth to the Samaritan, if that be not itself the original Hebrew; the Chaldaic, the Syriac, the Ethiopic, and the Arabic. From this last the Persian alphabet has been formed.

II. The GREEK alphabetic system, which is allowed to be the parent of the Roman, now used with certain variations throughout Europe. The Armenian,* and the Coptic, spring from the same source. It is generally understood, however, that the Greek alphabetic system is derived from

* Relative to the Armenian alphabet, (which has 30 consonants, and 9 vowels,) it is difficult to say with precision, whether it originated in the Arabic or Persian alphabet, or whether it borrowed from both as well as from the Greek. It is pretty certain however, that it is comparatively modern, the Armenians being said formerly to have used the Syriac letters. See *Ancient Universal History*, vol. IX.

海上絲綢之路文獻集成　科技與文化編

the Hebrew through the medium of the Phenician : and these systems often intermix with each other in forming other alphabets. Thus, the Coptic has several letters which seem borrowed from the Hebrew system, rather than from the Greek ; while on the other hand, three of the Greek vowels, ε, ι, ο, have been introduced into the Syriac alphabetic system. While the Greek and Hebrew systems however, may be traced to one source ; as they are still distinct systems, it may not be improper to consider them as such.

III. Another system totally different in its form and principle from both these, is, the SUNGSKRIT. This pervades the whole of India, and gives birth to many alphabets, differing in the form of the letters, but possessing nearly the same powers. In the middle part of Hindoostan it has formed the Bengalee, the Orissa, the Telinga and Kurnata alphabets ; on the south the Tamul and Malayalim ; toward the west, the Mahratta, the Shikh, and the Cashmeer alphabets. On the north, it has given birth to the alphabetic system of Boutan and Tibet ; on the west of Tibet to that of Nepaul, and eastward of it to that of Assam. On the east, it has given rise to those of the Burman empire, and Siam ; and on the south terminated its career by forming the Cinghalese in the Isle of Ceylon. Thus three systems give birth to the chief alphabets throughout the world.

The great antiquity of both the Hebrew and the Chinese systems, and the connection which the former has with the alphabets of the west, render it desirable that we should investigate the probability of the two systems having ever been in any degree connected, with as much accuracy as we are able. In order to do this, it will be necessary that we consider the probable con-

P

nection of the two systems with each other as *colloquial systems,* the powers of the Chinese colloquial medium having never yet been clothed in *alphabetic symbols*: and the sagacious reader will easily peceive, that the connection of two colloquial systems with each other, differs much from that of two alphabetic systems. The latter may be adopted from another nation as a whole, while some letters are rejected, others altered in their sound, and perhaps some few added. But as a colloquial medium must be communicated by colloquial intercourse, all the powers in the medium communicated will necessarily be brought into use, and must therefore be pretty equally adopted, unless there exist some inability to pronounce certain of them, in the nation adopting the colloquial medium. This may serve to assist us in forming our opinion.

The consonants of the Hebrew alphabet are twenty-one. Among these are five which the Chinese system does not contain, *b, g, d, j* or *z*, and *r*. And if the sound of ע, which is described as a deep guttural, be not the same with the first sound of the eighth series in Chinese, this must be included. The comparison of the Consonants in the Hebrew alphabet and in the Chinese colloquial system, stands thus :

Chinese.	*Hebrew.*	*Chinese.*	*Hebrew.*
—	b	m	m
—	g	n	n
—	d	s	s
h	h	p	p
w	w	ts	ts
—	z	k	k
hh	hh	—	r
t	t		s
y	y	sh	sh
kh	kh	th	th
l	l		

The Chinese initial system contains the following sounds not found in the Hebrew alphabet: *ng, ch, chh, f,* f'h, ts'h, tch, tchh.* Thus the Hebrew alphabet has *five* consonants which the Chinese have not; and the Chinese *eight* not found in the Hebrew alphabet: and they have perhaps *sixteen* which may be deemed common to both.

In the Vowels it is difficult to make any comparison, as the antiquity of the Hebrew Vowel points is more than suspected. For the sake of argument however, we may concede this, and compare the Vowel points with the Chinese Vowel system.

* If we deem the Hebrew פ *f*, we must reject it as *p*; which will leave the deficiency equal.

海上絲綢之路文獻集成 科技與文化編

Chinese.	*Hebrew.*	*Chinese.*	*Hebrew.*
a	a	ĭ	ĭ
ee	ee	ŏ	ō
y	y	oŏ	oŏ
oo	oo	ea *	—
ou	ou	ao	—
ă	ă	ai	—
ĕ	ĕ	eu	—

If appears from this view, that while the Chinese have nearly all the vowel sounds of the Hebrew Alphabet, they have four diphthongs which that has not. Of the three final Nasals, *ng*, *n*, *m*, the Chinese have *n* in common with the Hebrews, and *m* occurs in the provincial pronunciation. But the Chinese final *ng*, is not found in the Hebrew system.

The sum of the comparison is, that the Hebrew alphabet contains *five* powers not found in the Chinese colloquial medium, and which the Chinese must therefore have rejected if they adopted the rest, the consonants *b*, *g*, *d*, and *z* or *j*; and that the Chinese system has *thirteen* powers which the alphabetic system of the Hebrews does not contain, and which they must have rejected, if they formed it from that of the Chinese. Whether these numerous and radical differences in the two systems are consistent with the remote probability of their having been derived from each other, will best appear by our examining what alterations those alphabatic systems have un-

* If (‥) *tsere*, be deemed *ea*, it cannot de reckoned *ee*; so that the deficiency in the vowels is the same either way.

dergone, which are known to be derived from others; such as the Greek from the Hebrew, and the Roman from the Greek.

The Hebrew and Greek Alphabets stand thus:

Hebrew.	*Greek.*	*Hebrew.*	*Greek.*
א	α	מ	μ
ב	β	נ	ν
ג	γ	ס	σ
ד	δ	ע	—
ה	(ʽ)	פ	π
ו	—	צ	—
ז	ζ	ק	κ
ח	—	ר	ρ
ט	τ	שׁ	σ
י	ι	שׂ	—
כ	χ	ת	ς
ל	λ		

This comparison of the Greek with the Hebrew Alphabet shews us, that *seventeen* of the twenty-two Hebrew powers agree exactly with seventeen of the twenty-four Greek powers. The four Hebrew letters not identified are ח· ע· צ· שׂ: and Ainsworth, in his dissertations on the Roman letters, quotes Dr. Littleton, as proving that ח gives birth to η, and ע to both ο and ω. Relative to שׂ he further observes, that "though both in the alphabetic series, and as a numeral, the Greek ξ answers to the *Hebrew* ס, denoting sixty in that tongue as this doth in Greek, yet undoubtedly in power it comes nearer the harder sound of שׁ, which probably stood most anciently in this place, 'till it was usurped by the introduction of the secondary ס: nor hath it the power merely, but the form also; being made by erecting the plane or flat, and turning it to the right, to comply with the western way of writing."* This leaves only צ unaccounted for amidst all the Hebrew letters; relative to which, Ainsworth, under the letter q, says, that צ was denied the favour of being a letter, but assigned a proper place in the Greek numerals,—by the name of σαυπι. If then the judgment of Littleton and Ainsworth can be relied on, we have *all the letters* of the Hebrew alphabet recognized by the Greeks, one excepted, and that one placed among their numerals.

Let us next enquire, how many consonants the Greeks *have added* to the consonants of the Hebrew alphabet. These are scarcely any beside θ and ψ; the first of which nearly agrees with the sound of the Hebrew ת in certain situations; and the second is only a compound of *p* and *s*. While therefore the Greeks have dismissed from their alphabetic system, only one of the Hebrew consonants, (which they are said still to have employed as a numeral), it appears that they have in reality added *no one* to those found therein. Such is the extent of the alterations and additions made in forming the Greek alphabetic system from the Hebrew.

* See Ainsworth on the letter ο, &c.

海上絲綢之路文獻集成 科技與文化編

The Roman alphabet as compared with the Greek stands thus :

Greek.	*Roman.*	*Greek.*	*Roman.*
α	a	ν	n
β	b	ξ	x
γ	g	ο	o short
δ	d	π	p
ε	e short	ρ	r
η	e long	σ	s
ζ	z	τ	t
θ	th	υ	y
ι	i	φ	f
κ	k q	χ	ch
λ	l	ψ	ps
μ	m	ω	o long

We see here, that there is, strictly speaking, *no power* in the Greek alphabet which is not retained in the Roman alphabet. In three instances however, they employ two letters to express one sound ; but in the first of these, *th*, the sound is still a simple sound, and diverse from that of the letters employed to express it ; the second of them, *ch*, is an aspirate ; and the third, merely *p* and *s* united. Indeed the learned Ainsworth says respecting all these, that they are in Greek, rather *nexus literarum* than real letters.

The powers which the Roman alphabet has *added* to those found in the Greek, are expressed by the letters *h*, *v*, *u*, and *j*. *H* is the Greek aspirate, and the Hebrew ח; both *v* and *u* may be derived from the Hebrew alphabet, the original pattern of the Greek; both being by Ainsworth identified with the Hebrew ו. And it is matter of doubt whether the ancient Romans knew any thing of the sound which *we* give to *j* in *joy*; it seems derived from another source. The Romans therefore, in forming their system from that of the Greeks, seem neither to have *excluded* nor to have *added*, a single power not contained either in that system, or its prototype the Hebrew.

It may be further observed, that the ARABIC alphabet is formed by adding six letters to the Hebrew alphabet: and the PERSIAN by adding four to the Arabic, to accommodate to their *prior* colloquial medium, the alphabetic system received. But neither of these nations has *excluded a single power* in the alphabet adopted.

The PUSHTOO alphabet deserves our notice as forming what may be deemed the connecting link between the Hebrew or Arabic, and the Sungskrit alpabetic system. This nation, termed Afghans, and by some esteemed the descendants of the ten tribes, inhabits the country which borders on the Indus to the west, the Ariane of Pomp. Mela, and the east part of the modern Khorasan.* Situated thus on the western border of India, they have adapted their alphabet to the Sungskrit language, by adding *four* letters to the Persian alphabet, (which they still retain complete,) and altering the sound of several of the other letters by the addition of diacritic marks. This nation therefore, while they have added four powers thereto, have *dropped none* contained in the alphabetic system which they have adopted.

* *Afghanistan*, according to a memoir in M. S. with which I have been favoured by a friend who accompanied the late embassy to Cabul, lies within North Lat. 35 and 29, and East Long. 62 and 73. Candahar may be esteemed its chief city.

中國言法

From these facts it is easy to see the difficulties which the Chinese must have overcome if they derived their colloquial medium from the Hebrew system. The case of the Pushtoons,* or Afghans, is the nearest in point to theirs, as, from the letters altered by the diacritic points, together with those which they have superadded to the Persian alphabet, a greater change is made in their alphabetic system, than the Hebrew alphabet underwent when adopted by any of the other nations mentioned.† As this therefore forms a kind of junction between the Hebrew and the Sungskrit systems, it is perhaps the nearest approach to a union of the Hebrew with the Chinese system; between which and the Sungskrit system, it will be hereafter shewn that a great similarity exists.

Whether these Afghans are a colony of Persians, who, moving eastward, have settled on the banks of the Indus, or whether they are descended from the colony of Israelites whom Salmanezer transplanted to Halah and Habor, and the cities of the Medes, it is foreign to our present purpose to enquire; but in either case the fact will be nearly the same. In the former case, the Persian alphabet and language will have been indigenous to them, and even in the latter, they must have been acquainted with both prior to their coming into contact with the Sungskrit medium. On approaching the borders of India, they found this medium prevailing; and, to express it, they added four letters to the Persian alphabet of which they were already in possession, and altered several others. But if the Chinese derived their colloquial medium

* The Afghans call themselves Pushtoons or Pukhtoons, while termed Afghans by others. Candahar they consider their chief city, although Cabul is the capital of their present monarchs.

† It is however proper to add, that there are several letters in the Arabic alphabet which the Persians are unable to pronounce.

Q

海上絲綢之路文獻集成 科技與文化编

from the Hebrew system, they *must have invented*, what the Afghans only *found*; with how little assistance from the Hebrew system, can be easily seen by comparing circumstances. A colloquial medium can be derived only from colloquial *intercourse*: in the colloquial intercourse of the Chinese with the Hebrews therefore, they must have had the labor of selecting those monosyllables, and those alone, which contain the consonants they have in common with the Hebrews; and of rejecting all the rest. This continued labor and vigilance put them in possession of—how many of their monosyllables? Precisely that number which existed as significant words in the Hebrew language; for they could not adopt monosyllables they had never heard. With this scanty stock, gleaned by labor almost beyond the powers of the human mind, they must have gone eastward, and *invented all the rest*. Such then is the co-incidence between the Afghans' *finding* and adapting to their Persico-Hebrew alphabet, a colloquial medium already formed, and the Chinese *deriving* part of their colloquial medium from the Hebrew in its simplest state, and *inventing* the other monosyllables which their own medium contains. If the Chinese colloquial medium therefore were derived from the Hebrew system, still the greater part of it must have been *invented* by the Chinese, and the extracting of the rest from a medium so different in its powers, must have involved mental labor scarcely below that of inventing the whole.

We have hitherto considered the probability of the Chinese deriving their colloquial medium from the Hebrew, merely on the ground furnished by the subject under consideration, the likeness or unlikeness of the separate *initial* and *final* powers in the Chinese colloquial medium, to those in the Hebrew system. Were we however to pursue the subject farther, and take into consideration other features in the two languages, we should be furnished with arguments perhaps stronger than any deducible from the discrepancy of the initial and final powers of those respective systems;—but which would be found to co-incide fully with those already adduced. These points of discrepancy are chiefly two; the first is, that the one medium is Monosyllabic and the other Polysyllabic. Relative to this, the difficulty of deriving a *monosyllabic* from a colloquial *polysyllabic* medium, seems almost insuperable. To say nothing of the motives for such a selection, what mental exertion would be equal to the forming of a monosyllabic medium from hourly colloquial intercourse in one wherein the polysyllables occurring would exceed the monosyllables by perhaps ten to one? especially when we reflect that even of these monosyllables a full half must have been rejected, and only those chosen which neither begin nor end with the powers missing in the Chinese colloquial medium. Yet such must have been the case, if the Chinese derived their colloquial medium from the Hebrews.

The various Inflections which distinguish Hebrew words, would still add to the difficulty. These, beside the pronominal terminations added to the verbs, include among others the changes arising from letters admitted into the body of the verb, as the insertion of *wau* to form the Imperative, and the Participles both active and passive; the change which the verb undergoes in forming the Causal verb, by which it assumes quite another sound; and that by which it is made Reflective, the prefixing of a new syllable in the conjugation generally termed *Hithpahel.* These inflections form, if I may use the term, a complete family from one word, some of which must have occurred in the conversation of every moment. Now that from continual intercourse in such a language as this, a colloquial medium should be formed which admits no affiliation of words, which neither prefixes nor adds the simple pronoun to the verb, nor makes the least attempt to express either the imperative, or the participles, or even the causal verb, by a slight variation of the same sound, seems improbable in a high degree. If they held colloquial intercourse with the Hebrews for a single hour, they must have understood the force of the pronouns affixed to the verb, and of its various modifications. That when understanding this language therefore, *and this alone*, they should have formed *from thence* a colloquial medium with not the least vestige of inflection, is a singular fact indeed. There seems hence, scarcely a probability of a colloquial medium so widely different as is the Chinese, being in any way derived from the Hebrew.

But proof in this case is preferable to the strongest reasoning; and happily we have it in our power to adduce such as will scarcely be controverted. We have specimens of the Hebrew language from the earliest ages, and by examining what number of the monosyllables contained in the Chinese colloquial medium is found in these, we can judge of the probability or improbability of its being derived from the Hebrew system, as monosyllables not contained in it could not be derived therefrom. In the 44th of Genesis, a speech of Judah to Joseph occurs, the English translation of which occupies 16 verses. This portion, which contains two hundred and six words of all kinds, furnishes us with sixteen monosyllables: but of these only *seven* are monosyllables found in the Chinese colloquial medium. We however refer to a time not very distant from that wherein we may suppose the Chinese colloquial medium to be formed, as this speech is a specimen

海上絲綢之路文獻集成 科技與文化編

of the Hebrew language full one thousand seven hundred years before the Christian æra. If however it be objected that this period is too remote from that wherein the Chinese may have been supposed to form their medium, we will select a specimen two hundred years more ancient, Abraham's intercession for Sodom, which is found in Genesis xviii. This contains not less than two hundred and thirty words, polysyllabic and monosyllabic. Here however we find only ten of the latter class; and of these ten, only *four* are found in the Chinese colloquial medium. But nineteen centuries before the Christian æra, the Hebrew language could not differ materially from the state wherein it was when the Chinese derived from it their colloquial medium. To remove every shadow of objection however, we will ascend still higher, to a specimen of the Hebrew language derived before the confusion of tongues, which must surely be a period sufficiently early. It is the maledictory prophecy of Noah relative to his grand-son Canaan. This contains twenty-six words, of which only *one* is monosyllabic. Now if the Chinese formed their colloquial medium by selecting one word from twenty-nine as in the first example, from fifty as in the second, or even one from twenty-six,* of those they were in the habit of hearing every moment, the point is decided; —invention itself seems easy compared with this labor. But if they did not derive their colloquial medium from the language of Noah and his sons, the alternative is, *that they invented it wholly themselves.*

Some may perhaps think of one point at which it is possible that the Chinese system might be affected by the western alphabets, derived from the

* The case appears the same if any other passage be selected. The address of the Almighty to Noah on coming out of the ark, amidst two hundred and thirty words, has but eleven monosyllables, and of these only *two* are found in the Chinese colloquial medium, even when used in a totally different sense, as are the rest found therein.

海上絲綢之路文獻集成 科技與文化編

Hebrew System. It may occur to them, that, prior to the compiling of the Imperial Dictionary, the Jesuit Fathers, well acquainted with the Roman alphabet, had found their way to the court at Pekin; and that they might possibly have had some hand in forming the system laid down in the Imperial Dictionary. To this however, it is a full answer, that the system is found in detail in all the dictionaries from the *Yooh-p'hyen* to the *Ching-tse-t'hoong*, the names of the characters being defined by the union of an initial and a final, which definitions are in general adopted in the Imperial Dictionary; and that the system is found also in the colloquial mediums of the countries contiguous to China, as will hereafter be shewn; both of which facts prove its existence long before the Jesuits visited China. Nor indeed is it perfectly clear, that the Jesuits were consulted in compiling that dictionary: and if they were, although superior to the Chinese in mathematical knowledge, the Chinese mandarines, raised to rank on account of their acquaintance with their own language and literature, might not readily concede to foreigners the palm of superiority in Chinese philology. As nearly a hundred where employed of various ranks, the opinion of two or three foreigners, therefore, great as might be their proficiency in Chinese, might not be adopted as law by the whole body. Nor will this appear likely if we consider what their opinion went to introduce;—not a new letter or two into an alphabet, but a body of monosyllables into the daily speech of the Chinese which neither they nor their fathers had ever heard before. A task this, which it is doubtful whether their Imperial Patron himself could have effected, had he exerted all his power in the attempt. But it should be considered that the Jesuit Fathers *themselves* had not these sounds to introduce! Whence could they be furnished with the aspirated sounds *kh, t'h, ch'h, p'h, f'h*, &c. Surely not from the Roman alphabet, for it is a stranger to them.

If it be said, that they might, however, have borrowed these from the Sungskrit alphabet, it may be further asked, who among the Jesuit Fathers then at Pekin had studied Sungskrit? Or if they were acquainted with that system, why prefer it to their own, the Roman alphabet, except that they found it *already* in China? But,—if they *found it there,* the question is decided. Further, even if they were acquainted with the Sungskrit system, yet whence had they the sounds *lyang, kyang, shyang, kyai, lyai, pyai, ngai,* and a multitude of others? They are not found in the Sungskrit alphabet, nor have they any meaning in that language. It is true, that these sounds can be formed by the Sungskrit letters, as they can by the letters of the Roman alphabet: but as they are not significant words, what could induce the Jesuit Fathers to select *these* unmeaning monosyllables from many thousand words, except that they were *already in use* among the Chinese? But if they were, the Jesuit Fathers did not *communicate* the system; *it was there prior to their entering the country.* The colloqual medium of the Chinese therefore, seems in no way to have been affected by the Hebrew system which, orginating in the east, now pervades the whole western world.

Should any one query on the other hand, whether the Hebrew colloquial medium might not have originated in the Chinese, he will find on reflection that circumstances are equally hostile to this supposition. In a free colloquial communication, *ch. chh, f, fh,* &c. with the final *ng,* must often have occurred; but no traces appear of these ever forming any part of the Hebrew medium. Further, the consonants *b, g, d, z* or *j,* and *r,* enter into the formation of so great a number of Hebrew words, that those which they must have added to the monosyllables which they derived from the Chinese colloquial

海上絲綢之路文獻集成 科技與文化編

medium, must have been so numerous, that the latter could bear scarcely any proportion to the former. If we add to this the difficulty of forming a *polysyllabic* medium from a *monosyllabic* one, and particularly one inflected in so peculiar a manner as is the Hebrew, few things will appear more improbable.

Thus on no ground whatever does it appear probable that the Chinese colloquial medium could originate in the Hebrew, or the Hebrew in the Chinese: these two, perhaps the most ancient on earth, in their origin appear to be wholly independent of each other.

A fact so evident seems naturally to induce conjecture. Whence could a colloquial medium arise, so limited, and so imperfect as the Chinese? Can we account for it in the common course of things? Does it not almost unavoidably carry back our thoughts to the memorable fact recorded in the Holy Scriptures, *the Confusion of Tongues?* Had that blow, given by divine power to the pride of man, so affected a part of Noah's posterity, as to obliterate in an instant their former language from their minds, this would account for the origin, among others, of a new colloquial medium, perhaps imperfect and limited like the Chinese. And if in such circumstances, these went eastward from their brethren to whom they were now become barbarians, and passing along the north side of the Caucasian mountains, went forward gradually spreading on every side, this would account for the early peopling of China, and the adjacent countries.*

* Nothing in the distance renders this impossible, as from Mosul, (supposed to be the scite of the ancient Nineveh.) to Little Tibet, the distance is little more than five hundred geographical leagues; and to China itself scarcely a thousand.

中國言法

If these conjectures be well founded, another circumstance will shew, that China *must* have been among the countries first peopled. Those who went thither must have been such as *originally* separated from the rest of mankind, and not the descendants of a colony; as there is no nation to which the Chinese nation can be traced as to a parent stock. Hence the probability is great that China was peopled very soon after the flood, since those who possessed a medium of communication so very different from the rest of mankind, would naturally hasten from them. Nor does the credible part of the Chinese history claim a higher degree of antiquity than this allows them; as may possibly be shewn from their own records, in some future time, should health and sufficient leisure be afforded.

The Chinese System compared with the Sungskrit.

In the eastern part of Asia is found an alphabetic system which has extended itself throughout India, and to which the initials and finals of the Chinese colloquial medium. bear a similarity which seems too striking to be deemed the effect of chance. The Sungskrit alphabet contains five series of consonants, and nine single ones, the last of which is more properly a compound. Compared with the powers in the Chinese colloquial system, they stand as follows:

R

海上絲綢之路文獻集成 科技與文化編

Consonants.

Chinese.					Sungskrit.				
K	kh	k	—	ng	K	kh	g	gh	ng
ch	chh	ch	—	ny	ch	chh	j	jh	ny
—	—	—	—	—	*t*	*t'h*	*d*	*dh*	*n*
t	t'h	t	—	n	t	t'h	d	dh	n
p	p'h	p	—	m	p	p'h	b	bh	m
f	fh	f	—	w	—	—	—	—	w
ts	s'h	ts	s	s	—	—	—	—	s
tch	tchh	tch	s'h	sh	—	—	—	sh	sh
—	h	y	hh		—	h	y	—	
l	*y*	—			l				

Vowels and Diphthongs.

u	a	ĕe	ēe	u	a	eĕ	eē
ŏŏ	ōō	—	—	ŏŏ	ōō	rĕĕ	rēē
—	—	e	oi y	lrĕe	lrēe	e	oi or y
o	ou	ŭh		o	ou	ŭh	—

Simple Nasals.

ang	ung	ing	ang	ung	ing
oong	un	in	oong	un	in
an	—	—	an	—	—

中國言法

Compound Nasals.

yang	yoong	yoon	yang	yoong	yoon
yen	wang	wun	yen	wang	wun
wan	——	——	wan	——	——

On comparing these two systems, we find them both formed on the same principle, that of throwing the letters into Classes or Series, of which the first shall be the simple sound, the second the same sound aspirated, and the last in the series a nasal. These series begin with the strongest nasal sound, and gradually lessen their force* till they terminate in the labial *m*, where the series in the Sungskrit alphabet stop. This arrangement, if we except the Chinese colloquial medium, is found in no system beside the Sungskrit alphabet, and those to which it gives birth.

Yet although the Chinese colloquial medium and the Sungskrit alphabetic system appear so evidently formed on the same principle, there are minute differences subsisting between them which are worthy of consideration. The Chinese have *all* the powers in their system classed in the form of series: they therefore reckon nine; and eight they really have. The Sungskrit system has only five regular series: among its single letters, however, may be found powers selected (if I may so speak), from all the other Chinese series; and the consonant *r*, which the Chinese have not. It further adds to all the

* Thus the nasal of the *ch* series, and the *n* of the *t* series have not the same sound in the Sungskrit system and if we examine all the characters placed underneath the *n* of the Chinese *ch* series of initials, we shall find that the Catholic Missionaries begin some of them with *ni*.

series, what the Greek grammarians term the "*mediae*," the intermediate powers, *b, d, g*, &c. and also aspirates them; so that while the Chinese system has in reality only *three* powers in each series, the Sungskrit alphabet has *five*. The Chinese colloquial medium has a soft labial series *f*, *f'h*, &c. of which the Sungskrit alphabet has only the last power *w*; but on the other hand the Sungskrit alphabet has a new *t* series, of which the Chinese have no vestige. Thus the Chinese series seems the boldest but the rudest sketch; the Sungskrit alphabet, the most improved system. The Chinese colloquial medium possesses the greatest number of series; the Sungskrit system has improved all it has adopted, and retained the most distinct of the powers in each of the remaining Chinese series, as the *s* of the *ts* series, the *sh* of the *tch* series, the *w* of the *f* series, and the *l* of the last; while, in the additional *t* series, it has five distinct powers peculiarly its own. In the Vowels the Sungskrit preserves the same characteristic of superior improvement; it has all the simple vowels of the Chinese system; it disposes by Sundhee of the diphthongs, *ooi, yeu, ai*, &c. and it has two vowels, (if we may so term them,) *lee, lree*, peculiarly its own. In the Nasal both systems fully agree. Thus while they are founded on the same principle, the consonant, vowel, and nasal powers which they possess in common, are no less than Forty-eight. The powers which the Chinese colloquial medium has beyond the Sungskrit alphabetic system, are *f, f'h*; *ts, tsh*; *tch, tchh*, and *hh*; and the Sungskrit alphabet has added to the Chinese colloquial system, the intermediate powers *b, d*, &c. with their aspirates, the consonant *r*, and the additional *t* series.

On reviewing this similarity between the Sungskrit alphabetic, and the Chinese colloquial systems, several questions naturally arise. Did the

海上絲綢之路文獻集成 科技與文化編

中國言法

Sungskrit system give birth to the Chinese colloquial medium? or did that, on the other hand, give birth to the Sungskrit alphabetic system? Or, did they originate independantly of each other? On questions, which involve so much difficulty, it becomes me to speak with diffidence, to which I feel by no means disinclined, as I have no system to establish no hypothesis to support. It may not however, be improper to submit to the candid reader, a reflection or two which have occurred in examining the subject; since, if found inconclusive, they may still furnish a clue by means of which some penetrating mind may enter more deeply into the subject. Nor is the enquiry unimportant: could we ascertain with which nation the colloquial system *originated*, we should at once fix the relative antiquity of the Chinese and Hindoos. From the Greeks receiving their *alphabet* of the Hebrews or Phenicians, the prior ex istence of the Phenicians in a state of civilized society, is proved beyond the possibility of a doubt.

It has been already observed that the Chinese system is not a system of *symbols*, but of *powers* incorporated in their colloquial medium from which if they were separated, no colloquial medium would exist: this should be carefully kept in mind. Connected with this is another point slightly touched in the beginning of this dissertation; namely, whether any proof exists of the Chinese having ever *changed* their colloquial medium; the negative of which, as no vestige of any other can be found, may be taken for granted. Now, if the Chinese derived their colloquial medium from the Sungskrit alphabetic system, they could not have existed in a state of society till after the Sungskrit alphabet was formed; for if they existed, how did they commune with each other? To imagine men existing however, in a state of society without any medium of mutual communication, is an idea too silly to find a place in any reflecting mind. If the Chinese therefore borrowed their colloquial medium from the Sungskrit alphabetic system, their formation into society must have been long posterior to that of the Hindoos. A system of alphabetic *symbols* is a considerable advance in improvement beyond a colloquial medium, and is of course later in point of time: the Hebrew colloquial medium existed probably two thousand years before their alphabetic system. On the other hand, if the Chinese colloquial medium formed the basis of the Hindoo alphabetic system, to the Chinese the palm of antiquity must be awarded.

The probability of the Chinese having derived their colloquial medium from the Sungskrit Alphabetic System, does not seem great. The powers which the Sungskrit alphabet possesses *beyond* the Chinese, and which the Chinese must of course have *rejected* when they adopted the rest, if they derived their colloquial medium from that alphabet, are such as strongly indicate that the Chinese possessed a prior colloquial medium which *excluded* these powers. These are *b, g, d, j*, or *z*, and *r*, and the additional *t* series. Now these letters are no more beyond the power of enunciation, than others in the system; and why a Chinese should feel it impossible to pronounce them, I cannot say, unless it was because he had been accustomed to express his ideas in sounds *which did not include* these powers. If this were the case however, the Chinese must have had *a system of their own*, prior to becoming acquainted with the Sungskrit system, to which they adopted as much as agreed with their own, and rejected the rest; that is, *they kept their own still!* This idea seems strengthened by the Greeks and the Persians rejecting, the former one letter, the latter several, when they adopted the Hebrew alphabet. Why was this done, but to accommodate the alpha-

海上絲綢之路文獻集成 科技與文化編

betic system they adopted, to the colloquial system of which they were already in possession? It is only a *colloquial system* however, that the Chinese *now* possess; they have yet to obtain a system of *alphabetic symbols.*

Should any one urge that the Colloquial System to which the Sungskrit alphabet is suited, probably existed among the Hindoos long before the *alphabet* was formed, it is granted. The question then will be, Did the Hindoos communicate this their colloquial medium to the Chinese? This question deserves examination.

Ist. Relative to this we may observe, that as the Hindoos could have no means of doing it but that of *conversation,* this was scarcely possible. For the consonants *b, g, d, j,* and *r,* enter so deeply into any colloquial medium in which they are found, that some of them must occur in the conversation of every hour; and if when thus perpetually recurring, they were still rejected by those in whose ears they were constantly sounded, it must be because they felt *unable* to articulate them. This inability to pronounce these letters, however, must have been either natural or acquired; and as it has never yet been affirmed to be natural to a Chinese, we may safely assume that it was acquired. But if it was *acquired,* this must have been by *reason of use;* and this presupposes the *existence,* as well as the use of *a prior colloquial medium,* of which these rejected sounds formed no part.

2d. The improbability of this will seem increased rather than lessened by our examining the powers which the Chinese colloquial system possesses beyond the Sungskrit system: These are, chiefly the soft labial series, of which the Sungskrit system has *w*; and the two dental sibilant series, of which it has *s*, and *sh*. Respecting these, in the chance of mutual adoption the scale turns much against the Chinese. If the Compilers of the Sungskrit alphabet, were desirous of improving the Chinese system, it would not be impossible for them to add *g*, *j*, *d*, and *b*, a new class, the effect of a second effort of the tongue, to *k*, *ch*, *t*, and *p*; and to retain *w* of the soft labial series, with *s* and *sh* of the two sibilant series, while they dismissed the rest as difficult of enunciation. This seems congruous with the idea of improving a system and rejecting its useless parts. But althouugh it is easy to *retain* a part of a series and dismiss the rest, it is not equally easy to *take* a part and *supply the rest*. For the Chinese to take *w* as a part of a series, and by reasoning thereon, to add *f* and *f'h*; to ascend from *s*, and add *ts* and *tsh*; to adopt *sh* and supply from their own invention, *tch*, and *tchh*, must imply a degree of orthoepial sagacity which ill agrees with their rejecting *g*, and *j*, and *d*, and *b*, and *r* found in the same system. But if they did not thus improve these series from the outlines communicated through the Sungskrit system, they *must have invented them wholly*; for *they* have them, although the Sungskrit system has not. And surely if they invented these four series, there could be no great difficulty in their also inventing the first four, which seem so much more obvious to the mind.

3d. To the same import is the fact, that the Sungskrit system does not combine the Chinese vowel or rather diphthong sounds, *ooi*, *yeu*, *oa*, *yao*, with the various consonant powers, so as to form *kao*, *kyao*, *kooi*, *kyeu*; *tao*, *tyao*, *looi*, *tyen*, *pao*, *pyao*, *pooi*, *pyeu*, *&c.* *&c.* these monosyllables being totally repugnant to the Sungskrit system. Whoever considers that these four diphthongs may be joined with most of the Chinese Initials, will easily

中國言法

see how great a proportion of the Chinese monosyllables must, from this cause alone, have originated independently of the Sungskrit colloquial system. And when he considers further, that *lyang, kyang, kwang, lee, tee,* and a multitude of the Chinese monosyllables, although *capable* of being formed by the Sungskrit alphabet, (as they may also by the English alphabet,) are none of them *existing words* in Sungskrit, he will feel himself at a loss to account for the Chinese selecting, as their colloquial medium, *these* unmeaning syllables and parts of words, from amongst a thousand others, except on the ground of their *being already known to them,* while the others were not. But this argues the *prior existence* of a colloquial system in which these were included, and completely overthrows the idea of the Chinese being derived from the Sungskrit colloquial system.

4th. To all these must be added, what has been already urged relative to the Hebrew, the difficulty of selecting, in a state of hourly colloquial intercourse, *a monosyllabic* from *a polysyllabic* medium. And when we consider that the Sungskrit language is if possible more highly polysyllabic than the Hebrew; and that its inflections are so numerous, as to produce more than a thousand modifications of idea from one radical word; the impracticability of the Chinese deriving their colloquial medium from *Colloquial intercourse* with the Hindoos, seems to meet us on every side we turn;—while the probability of their receiving it through the *Alphabetic System* of the Hindoos, seems still more distant; as, among many other reasons, it may be mentioned as one, that they could not do this without becoming *acquainted* with the alphabet. But if they were ever acquainted with a *written* medium so complete as the Sungskrit alphabet, what reason can be assigned for their rejecting it, in order to invent their own characters?

S

海上絲綢之路文獻集成 科技與文化編

Were we to refer to the *test of facts* as in the case of the Hebrew, we should find all these arguments corroborated thereby in the fullest manner. It is true, that we have not specimens of Sungskrit prose equally ancient with those of the Hebrew language extant in the Sacred Scriptures; but we have in the Ramay*una* specimens of poetry which assume to themselves the merit of being the first poetry written in the Sungskrit language; and if we compare those with the Chinese collection of poems in the *Shee*, some of which will be found quite as ancient as the Ramay*una*, (for I can not but deem certain of them at least two hundred years older than Homer or Hesiod,) in ten pages of the Ramay*una* containing four hundred and fifty-nine words, we shall find no more than thirteen monosyllabic words, of which *seven* do not occur in the *Shee*, nor are two of them used to express the same idea in both languages. To refer to Dialects of the Sungskrit is superfluous; for who can say that any one of these is coeval with the Chinese colloquial medium? Were we however to refer to any one, the Bengalee might be the most proper, both as Bengal is most contiguous to China, and the language one of the purest descendants of the Sungskrit: in four pages of the translation of the Muhabharut, one of the most ancient Bengalee works we have, which contain two hundred and sixty-five words, there are only *seven* monosyllables to be found, of which *three* alone are found in the Chinese system. But the nation which, from colloquial intercourse with another, could form a colloquial medium by selecting one word out of *eighty-eight*, or even *one* out of *sixty-five*, deserves no common degree of praise.

The question, whether the Sungskrit system was derived from the Chi-

中國言法

nese, or whether the two systems originated independently of each other, I must leave to abler pens. On the certainty of the latter, however, those will not hastily decide, who consider that the Arabic, the Ethiopic, the Persian, the Greek, the Roman alphabets, and most of those in the western world, may be traced to one source, widely different as are the languages themselves: —and the formation of the Sungskrit alphabetic system from the initial and final powers contained in the Chinese colloquial system, has been already shewn to be at least possible. But to ascertain whether it was actually formed from this as an outline, or whether the Hindoos invented a totally new system, requires so thorough a research into the ancient history of both nations, that were I qualified for the task, I could not think of intruding farther on the patience of the reader at the present time. It is probable, however, that in the future examination of the Chinese ancient writings, certain facts may occur, which may throw considerable light on this obscure subject.

It may not be deemed wholly foreign to our subject, if we examine what connection the alphabetic systems of certain of the neighbouring nations have either with the Sungskrit, or the Chinese system. For this purpose we may begin with the alphabetic system of Tibet, which lies to the north-west of China, and borders on the north of Bengal, and terminate with that of the kingdom of Laos, the last country contiguous to China which does not admit the Chinese written characters.

S 2

海上絲綢之路文獻集成 科技與文化編

The PREVALENCE *of the* CHINESE *and the* SUNGSKRIT SYSTEMS *among the* NEIGHBOURING NATIONS.

In the "Alphabetum Tangutanum sive Tibetanum," printed at Rome in 1773, the TIBET alphabet is detailed at large; and with it agree two copies of the Bootan alphabet, the one brought from that country by Dr. Carey, in 1798, and the other by a friend about four years ago. This alphabet is derived from the Nagree or Sungskrit system, and some of the letters resemble the corresponding ones in the Bengalee alphabet. It contains eight series; the last of which has only two powers.* The first four of these are the *k, t, ch,* and *p* series, common to both the Sungskrit and Chinese systems; but the alphabet is alike destitute of the *f* series of the Chinese system, and of the double modification of the *t* series found in the Sungskrit system. The fifth series of this alphabet, *ts, tsh,* &c. is evidently the *ts, ts'h* series of the Chinese system; and amidst the sixth and seventh, vestiges of the other sibilant series may be traced. But the most singular feature in this descendant of the Sungskrit system is, that the four first series, instead of possessing five letters like the Nagree alphabet, have only *four*: the second aspirate in the series is wanting, as it is in the Chinese system; and like that system too, the *first* and *third* letters of each series have *the same sound* affixed to them. Hence the author of the Alphabetum Tibetanum, P. Georgius, says, that the Tibet alphabet is, among other letters, deficient in *b, g, d,* and *z,*† which are those we have already remarked as found in the Sungskrit system, but not in

* Præceptores Tibetani has consonantes in octo ordines distribuunt. In unoquoque ordine litteras quatuor collocant, ultimo excepto, cui duas tantum tribuunt. *Alphabetum Tibetanum*, p. 13.

† Litteræ *deficientes* in Tibetana lingua vii. numerantur, B D F G Q X Z. *Alphab. Tib.* p. 587.

中國言法

the Chinese. They also materially alter the meaning of their words by affixing to them the Chinese Intonations,* which will be hereafter considered.

The BURMAN alphabet adheres closely to the Sungskrit alphabet, containing precisely the same number of letters. Still the pronunciation leans to the Chinese colloquial medium. They give to some of the letters, sounds scarcely known in the Sungskrit alphabet, and some they are quite unable to pronounce. This is the case with the letter *r*, respecting which a friend residing at Rangoon, who has a Burman grammar in the press, and is preparing a dictionary, thus writes : "The letter *r* is pronounced like *y* in the Burman language ; and there are very few Burmans who can pronounce it at all when it immediately follows another consonant." The same friend, in his grammar of the Burman language, remarks, "that the Burman language is principally formed from certain roots: that all these roots are monosyllables consisting of one or two letters ; and that these roots are both simple and compound. That the latter consist of two or more simple roots combined, which roots thus combined, suggest an idea that a stranger to the language would think impossible to be suggested by them. Thus a root signifying *search, investigation,* and another signifying *to forget,* form the word which denotes *wedlock :* but the adjective *upright* is formed by uniting a word that means *straight,* with another denoting *direct.*" He further observes, "that the Burmans add two accents or Intonations to the sound properly belonging to the monosyllables, the long and soft, and the short and abrupt accent, by means of which they are enabled to form three distinct words from one monosyllable." The monosyllables, which forms these roots,

* Ex his enim *toni* statuuntur, et, accentus ipsi etiam naturam, et vim significandi in Tibetanis litteris mutant *Ibid*, p. 14.

海上絲綢之路文獻集成 科技與文化編

keen, hhun ; kay ; khoy ; pun, p'hun ; ping, p'hing, ming, and a multitude of others which might be adduced, sufficiently indicate the share which the Chinese language has in forming the colloquial medium, even under the adoption of the Sungskrit alphabet."

The ARRACAN, or BUKHING language, as Dr. Leyden terms it,* differs little from the Burman, either in the characters or the colloquial medium. Respecting it, Dr. Leyden, in his Dissertation, says: "The Rukheng is the first of that singular class of *Indo-Chinese* languages, which may be properly termed monosyllabic, from the mass of their radical words consisting of monosyllables like the spoken dialects of *China*."† And in another part of his Dissertation he observes respecting the nation, that, "being, from their situation, more immediately connected with *India*, their language is by no means purely monosyllabic; but forms, as it were, the connecting link between the polysyllabic, and monosyllabic languages."

Relative to the alphabet of the SIAMESE, the nation farthest south of China toward the sea, a copy of which I have carefully examined, we find that the characters of it have been borrowed from the Nagree alphabet; and that it is arranged in the same order. The alphabet contains five series, and seven unconnected letters, but it is destitute of the two-fold *t* series of the Sungskrit alphabet, while it has the *f* series of the Chinese colloquial System. Further, the third letter of each series, like the third in the Chinese system, differs little or nothing in pronunciation from the first; and the fourth in the series, or the second aspirate, is said to be scarcely ever used. They also vary the meaning of their words by the Chinese intonations, according to some, in a higher degree than even the Chinese themselves.

* See a valuable Dissertation on the Languages and Literature of the Indo-Chinese nations, by my highly esteemed friend the late Dr. Leyden. † See p. 66.

中國言法

The kingdom of *LAO*, or *LAOS*, which borders on Siam to the north-east, and is separated from the western border of China by the kingdom of Tonquin, is perhaps the remotest from Bengal, and the nearest to China, of all those kingdoms to the eastward which exclude the Chinese Characters; and there is reason to think, that the alphabetic system prevailing there is nearly that of the Siamese. Respecting this, *Kæmpfer*, says; "Their religion agrees with that of Siam, nor do they differ much in their language and writing, except only that the inhabitants of Laos cannot pronounce the letters *l* and *r*." Nay he afterwards describes them as, "boasting that the Siamese have learnt the art of writing, and the language of their holy books, from them.* These holy books are no other than legends relative to *Boodh*, whose doctrine has been so much cultivated here, that both the Siamese and Burmans profess to have derived their religion from the kingdom of *Laos*. Pilgrimages are made to *Laos* by devotees of the religion of *Boodh*, who repair hither to worship at the traces of the sacred steps of *Pra-Samutta-kodom*, the Burman *Gotama*, and of some of his chief disciples;† although it is pretty certain that *Boodh*, or *Gotama*, was born in Hindoostan. No information since obtained contradicts the statements of *Kæmpfer*.

COCHIN-CHINA, which Barrow says, is included by the natives themselves, together with Cambodia and Tsiampa, under the general name of *AN-NAN*, and which therefore comprises the whole of that track of country lying between the ninth and the seventeenth degrees of north latitude, is parted from China itself on the south only by the little kingdom of *Tonquin*, once a province of China. Respecting this country, we are informed by Barrow,

* See Kæmpfer's History of Japan, vol. i. p. 26.

† Leyden's Dissertation, p. 104.

海上絲綢之路文獻集成　科技與文化编

that the written character is precisely the same with that of the Chinese.* Into these countries, Chinese literature has been introduced as well as the Chinese character. Yet they are said to have a kind of alphabetic character besides, which is probably some modification of the Siamese. Dr. Leyden indeed affirms, on the credit of an intelligent Chinese who had resided some time both in Siam and Cochin-China, that the proper *Anam* character greatly resembles that of the Siamese. By *Anam* or *An-nan,* however, it is probable that the Chinese of whom Dr. Leyden speaks, meant the three small kingdoms already mentioned, and not Tonquin, which, Barrow informs us, the natives do not include under this general name. These languages are monosyllabic, and have all of them the Chinese Intonations.

In *TONQUIN*, as it once formed a part of China, it may well be supposed that the Chinese characters generally prevail. All printed books are in the Chinese character, as well as all their public documents ; it is therefore with me matter of doubt whether there be any alphabetic characters current in the country. It is possible, however, that in petty affairs of trade, the alphabetic characters current in *Laos*, and partially so in Cochin-China, may obtain in a certain degree, particularly among those who trade with these countries.

Thus while the Sungskrit alphabetic system prevails almost throughout the eastern part of Asia where alphabetic symbols are used, the moment it passes the bounds of Bengal to the north or the east, it finds a different colloquial medium in possession of these countries, of which, for aught we know, it may have had possession from time immemorial. This medium, in various degrees,

* See Barrow's Travels to Cochin-China.

中國言法

refuses to be identified with the Sungskrit alphabetic system, and has such firm hold on these respective countries, as to induce the inhabitants while they receive the Sungskrit alphabet, to reject some of the letters wholly, and change the sound of others which they still retain. But this colloquial medium, as it recedes from the Sungskrit alphabetic system, is found to approximate in precisely the same degree toward the Chinese colloquial system. While this approximation is visible in the countries nearest Bengal, such as Bootan, Tibet, Arracan, and the Burman dominions, it seems to increase in the countries nearer to China, till the alphabetic symbols of the Sungskrit are debarred an entrance by the use of the Chinese *characters*, as well as of their colloquial medium.

These facts seem to indicate, that there was a time when all the countries west and south of China up to the very borders of Bengal, comprizing an extent of country nearly a thousand miles in length, used the Chinese colloquial medium.* But in after ages some event seems to have carried the Sungskrit alphabetic system into these countries, and to have caused its adoption in those nearest to Bengal, with such alterations however, as were necessary to accommodate it to the colloquial medium already current in them. Still, such was the resisting power of this colloquial medium, that this propelling cause, powerful as it might be, was unable to carry the Sungskrit system fully to China, or even into certain of the countries contiguous thereto: there the Chinese *characters* have kept their ground to this day, as well as the colloquial medium. Whether the latter be indigenous in these countries ;—and if

* Mr. F. Carey, in his introduction to his Burman Grammar, says; " I have reason to believe that the Burman language was originally a dialect of the Chinese."

T

海上絲綢之路文獻集成　科技與文化编

it be, whether it has maintained its ground from the beginning, or regained its hold after being, at some time, overpowered by the Sungskrit system, are questions which time, and a further investigation of the subject, must be left to determine.

In looking out for some cause adequate to this great effect, the spread of BOUDHISM seems to present itself as the most probable. Conquest, it is granted, made way for the introduction of the Arabic characters and language into many nations; but Mahometanism has carried them into countries never subjugated by the Mahometan arms. Of this the Negro tribes in Africa, and the Malay tribes in the east, furnish sufficient proof. *Boodh* was born in Hindoost'han, and died there; but his doctrines, clothed in the Sungskrit language, have pervaded nearly one half of the family of man. If this antagonist of the Brahmans has been execrated by his own countrymen, and his doctrines regarded with detestation, he has been sufficiently revered elsewhere. In Ceylon, the Burman empire, Siam, and Laos, under the name of *Godama* or *Gautama*, throughout China under that of *Foe*, and in Japan by the name of *Siaka*, he is worshipped to this day, and his doctrines are implicitly received. Regard for these, would naturally lead those countries nearest to Hindoost'han and least familiar with any written medium, to adopt the Sungskrit alphabetic system, for the sake of the language in which these doctrines were contained; but still in a way as nearly adapted to their prior colloquial medium as the system would admit. In countries remote from Hindoost'han, and in possession of a written medium, the necessity for introducing the Sungskrit system would be less felt, as the doctrines of Boudhism might be transfused into their own language. This

中國言法

seems to be the case with China, and one or two of the contiguous countries; and also with Japan. As the reception of the doctrines of *Boodh* in the Sungskrit language, however, would bring the powers which the Sungskrit alphabet possesses beyond the Chinese colloquial medium, in some measure before these different nations, they might acquire them in an imperfect degree. This may account for *b*, *g*, *d*, and *r*, (pronounced in a certain way,) being found in *Cochin-China*, and even in *Tonquin*.

The precise period in which *Boodh* lived, has not yet been fully ascertained: in vol. viii. of the Asiatic Researches, it is mentioned by Mr. Harington, now First Vice President of the Asiatic Society, as still a desideratum.* A fact however so closely connected with the history and literature of Hindoost'han, of the surrounding nations, and in some degree of China itself, cannot be unworthy of our examination; and were the scattered rays of light thrown on this subject since that volume was printed, collected into one focus, if they did not at present wholly dispel the darkness which hangs over this period of history, they might at least assist others in availing themselves of facts which may be hereafter brought to light.

Of the *period of* BOODH'S BIRTH—his COUNTRY—PECULIAR DOCTRINES, &c.

Henry Thomas Colebrooke, Esq. now President of the Asiatic Society, whose judgment on facts connected with Sungskrit literature, deservedly

* See Asiatic Researches, vol. viii. p. 505.

T 2

weighs beyond that of any other oriental scholar now living, in Vol. viii. of the Asiatic Researches, has given it as his opinion, that Boodh lived anterior to the institution of the present prevailing system of Hindoo worship, that of *Rama* and *Krishna*, of *Shiva* and *Bhavani*; which he supposes to have been introduced since the overthrow of *Boudhism*, while he deems the institutions of the Vedas anterior to *Boodh*.* And the kindness of a gentleman, whose researches in Hindoo Chronology, have thrown greater light on that obscure subject, than those of any of his predecessors, John Bentley, Esq. has obliged me with two letters on the subject,† which deserve the attention of the reader. In these Mr. Bentley gives it as his decided opinion, that the co-incidence of the times to which they are referred, prove the ***Boodh*** of the Hindoos, the *Boodh* or ***Gautama*** of the Singhalese and Siamese,

* See Asiatic Researches, vol. viii. page 471.

† "My dear Sir, Calcutta, July 4th, 1813.

"I have been always of opinion that the Boodh of the Chinese, the Boodh or Gautama of the Singhalese and Siamese, and the Boodh of the Hindoos are but one and the same person: and in this opinion I am supported by the evidence of the times to which they are referred being the same, or at least very nearly so.

"The Siamese and Singhalese place Boodh or Gautama 514 years before the Christian Æra, some say 542. The Chinese, I believe, (refer him) to nearly the same period. The Hindoos say that Boodh was cotemporary with Krishna or nearly so, but Krishna was the older—Krishna was cotemporary with Yoodhisht'hira, (see the Geeta) and the Epoch of Yoodhisht'hira's birth was the year 2526 of the Cali-yoog of the present Astronomers, or about 575 years before the Christian Æra. This Epoch of Yoodhisht'hira is still to be found in some Hindoo books, though the moderns have attempted to destroy it, because it militates against their own impositions. But the truth of the epoch is proved indisputably from several astronomical facts, particularly the positions of the Colures, and the Heliacal rising of Canopus in the time of Parasora, whose son Vyasa was (nearly) contemporary with Yoodhisht'hira. The Epoch of Yoodhisht'hira's birth being 575 years before the Christian Æra, it is clear that the Boodh who was (nearly) cotemporary with Krishna, was the same with the Boodh of the Siamese, Singhalese, &c. He is sometimes called Gautama; but this makes no difference: it is the same person under a different name.

"If this information can be of any use to you, it will give me much pleasure.

"I am, &c. J. BENTLEY."

The

海上絲綢之路文獻集成 科技與文化編

中國言法

and the *Boodh* or *Foe* of the Chinese, to be one and the same person; and adds, that the Hindoos place *Boodh* somewhat later than Krishna, the friend of Yoodhisht'hira, the birth of whom, from several astronomical facts, particularly the positions of the Colures, and the heliacal rising of Canopus in the time of *Parasora*, (whose son *Vyasa* was nearly contemporary with Yoodhisht'hira,) is proved to be the year 2526 of the Kali-yoog of the present Hindoo astronomers, and the 575th year prior to the Christian Æra. Hence the *Boodh* who was somewhat later than Krishnoo, and perhaps cotemporary with *Vyasa*, synchronizes with the *Boodh* of the Singhalese, the Siamese, and the Chinese.

The reader who has examined Mr. Bentley's valuable paper on Hindoo Chronology, in Vol. viii. of the Asiatic Researches, may possibly recollect his placing the birth of Yoodhisht'hira above four hundred years earlier in that essay. Noticing this circumstance, I addressed a second letter to Mr. Bentley on the subject; in reply to which, he politely favoured me with the following statement:

"My dear Sir, Calcutta, July 20th, 1813.

"I was aware of the circumstance you allude to, and meant in my next paper to explain the cause of it, which was this: A quotation from the works of Parasora stated, that the winter solstice was in the beginning of Dhanisht'ha, which (quotation) had been supposed to be an actual observation of Parasora himself, and relied on as such; in consequence of which the periods given in the Graha Munjari were placed 480 years earlier than the author himself had placed them, on the supposition that he had committed a mistake; as throwing the periods back 480 years, which, the two-fold division of the Calpa admitted, made the system of the Graha Munjari agree with the supposed time of Parasora. Shortly after, but too late to correct what had been done, as the paper was printed off, I found that Parasora's meaning was entirely misinterpreted, and that in his time the colures and seasons had *fallen back* 6°. 40′; so that the winter solstice then was exactly in the middle of Sravana of the *Zodiac*, which at that time co-incided with the beginning of Dhanisht'ha of the *Ecliptic*, which Parasora meant, and not the *Astral* Dhanisht'ha which was fixed:—for the ancient Hindoos, like other nations, divided the Zodiac or circle of the fixed Stars into 27 parts, and also the Ecliptic into a like number, which at one time co-incided with each other, but afterwaads receded by reason of the precession of the Equinoxes; and in the time of Parasora the difference was just 6°.40′, which circumstance was entirely overlooked by those who quoted Parasora.—This I fully proved, not only by the heliacal rising of Canopus in the time of Parasora, which I calculated strictly; but also by other astronomical facts which preceded the time of Parasora, together with Parasora's own acknowledgement of the falling back of the seasons in his own time differently from what they had been; all of which undeniably confirm the Epoch of Yoodhisht'hira I gave you in my last.

"Yours, &c. J. BENTLEY."

海上絲綢之路文獻集成 科技與文化編

That the Hindoos place Boodh somewhat later than Krishnoo, is a well-known fact. Krishnoo is deemed the ninth Avatar; and some pundits of the present day esteem Boodh the tenth, though they execrate his memory. This shews that Boodh could not have lived *much earlier* than the period here assigned him; and we find the highest Native authority in Bengal fixing him to some period between the eighth and the fourth centuries before the Christian Æra, a period which if not precisely the age of Krishnoo and Yoodhisht'hira, was probably that of Vyasa, the collecter of the Vedas, who in his voluminous poem the Muhabharuta, celebrated the deeds of these two mythological heroes, and whose existence involves perhaps more of chronological certainty than that of the heroes he celebrates. This authority is *Mrityoonjuya*, the Chief Sungskrit Pundit in the College of Fort William, who has compiled from Sungskrit records, the Raja-bulee, a work in the Bengalee language, containing a view of the history of India from the earliest period to the present time. In this work, he says, that the *Goutama* dynasty* filled the throne of *Magudha* (or India†) for four hundred years, under fifteen monarchs, whose names he gives. "Under this dynasty," says he, "on account of the sin of mankind, arose the sect of the *Nastikas* (or Infidels,) which is generally termed *Boudha*." Still this Brahminic historian, either from ignorance or hatred, forbears to particularize the time of *Boodh's* birth; but this account throws much light on the history of *Boodh*. His paternal name, derived from *Goutama*, (the father of the race,) sufficiently accounts for his being termed *Goutama* or *Gotama* among the Singhalese, Burmans, and Siamese. Though of the royal family however,

* See pp. 22—32 of the *Raja-bulee*, printed at Serampore, A. D. 1808.

† See Wilford's essay on the kings of Magudha, Assiatic Researches, vol. ix. p. 82.

中國言法

he does not appear to have sat on the throne of Magudha: he might possibly be a younger son of the Goutama dynasty, addicted to study and reflection. His particular history is of course to be sought among his followers, rather than from his devoted enemies: and, according to *Kæmpfer*, his followers in Japan, who have whole books full of his birth, life, and miracles, say, that *Siaka* was the Son of the king of *Magatta*.* Between the Goutama dynasty, and the Æra of Vikrumaditya, (commencing 57 years before the Christian Æra,) from which period the Hindoo history is deemed authentic,† *Mrityoonjuya* places nine kings of the *Muyoora* dynasty, to whom he allots three hundred and eighteen years. This is probably too many, as it gives thirty-five years to each reign, while he allots only four hundred years to the preceding fifteen kings of the Goutama dynasty, about twenty-six years to a reign. Yet even this number will place the beginning of the Goutama dynasty, under which Mrityconjuya says that Boudhism arose, only 775 years before the Christian æra, and its fall only 375 years before it; but it ought perhaps to be brought still lower. If the birth of Boodh happened in the midst of this period, it co-incides almost exactly with the time fixed by Mr. Bentley: and at any rate it cannot be more remote from it than two hundred years.

While Mrityoonjuya's evidence thus ascertains the *Dynasty* under which Boodh was born, the concurrent testimony of Boodh's followers, point us

* See Kæmpfer, Vol. i. p. 36.

† The Æra of Vikrumaditya is used among the Hindoos as the Christian Æra is in Europe; of which this year 1813 is the year 1870; if to this latter number we add 318 years for the *Muyoora* dynasty, the Goutama or Boudha dynasty will have ended precisely 375 years prior to the Christian Æra.

to the *precise period* in that dynasty. To the opinion of the *Siamese* respecting Goutama's having appeared 512 years before Christ, which rests on the testimony of both Kæmpfer and Mr. Marsden,* we may add that of Captain Mahony relative to the period the *Singhalese* assign for the appearance of *Goutama-Buddha;* which is both adduced and corroborated by Mr. Harington,† in the following words: "I shall only add my testimony to that of Captain *Mahony,* as to the period at which the *Singhalese* compute the appearance of GOUTAMA-BUDDHA; whose death, or rather disappearance from the earth, they state to have been 2339 years before A. C. 1797, or 512 years before the birth of CHRIST; and as their sacred æra is reckoned from this epoch, it may be esteemed deserving of credit."

The concurrence of testimony is equally strong relative to the *Country* in which the *Siaka* of Japan the *Foe* of China, and the *Boodh* of the Hindoos, is said to have been born. According to the testimony of Kæmpfer, the Japanese call the country in which *Siaka* was born, *Magatta kokf,* or the country of *Magatta,* situated, as they say, in *Tensik,* under which name they comprehend Ceylon and all the continent of India. The Chinese, according to De Guignes, as quoted by Captain Wilford, (which opinion my Chinese assistants confirm,) call the country in which *Foe* was born, *Mokiato,* and *Mokito.*‡ In the *Ayeen-Achbery,* Magudha or South Ba-

* "When I was in Siam, in 2290, the Siamese then reckoned 2232 years from their Buddha, who if he be the same with the *Siaka* of the Japanese, his birth comes up no higher than 512 years before Christ. His father was king of *Magatta-kokf,* a powerful kingdom in the country *Tensik.*" See Kæmpfer's History of Japan, Vol. i. p. 212; and also Marsden's Dissertation on Hindoo Chronology, Asiatic Researches, vol. ii.

† See Asiatic Researches, vol. viii. p. 501. ‡ See Asiatic Researches, vol. ix. p. 32.

海上絲綢之路文獻集成 科技與文化编

中國言法

har, is termed *Magata;* and Major Wilford, in his copious and valuable essay on the kings of Magudha, Vol. ix. of the Asiatic Researches, says, that Magudha proper is South Bahar, but that in a more extensive sense it includes all the Gangetic provinces. He adds, that it is famous for having given birth to " Buddha," and being as it were the cradle of one of the most extensive sects in the world. This testimony the Hindoo historian Mrityoonjuya, who never read Wilford, and whose work, as Mr. Ward, in his " Manners and Customs of the Hindoos," justly observes, may be considered as containing *the essence of all the authentic History of the Hindoos* at present known among the pundits in Bengal, fully confirms; and farther, fixes the *dynasty* under which Boodh must have lived; while the well supported testimony of the Singhalese and Siamese ascertains the *precise period* in that dynasty; and that of the Chinese and Japanese, the *country* in which he was born, and also the *family* from which he sprang. This period co-incides within a few years with that which Mr. Bentley assigns to Boodh on the authority of astronomical calculation.

If it be fact, that *Boodh* lived in the sixth century before the Christian æra, it will appear, that within a few years of him flourished *Pythagoras,* whose doctrine, so near akin to his, that One Living Principle exists in all beings, after being refined by Plato, entered so deeply into the Stoic philosophy. The probability is also great, that *Vyasa,* who from collecting those treatises of the ancient Hindoo philosophers, now termed the *Veda,* is called *Veda-Vyasa,* and whose epic poem the Muhabharuta, narrating the deeds of Krishnoo, must have contributed greatly to the establishment of the modern Hindoo mythology, flourished nearly at this period, whatever may be thought of Krishnoo and Yoodhisht'hira. To these three men, whose leading doc-

U

海上絲綢之路文獻集成 科技與文化编

trines so nearly co-incided, we may add a fourth, of tenets somewhat different, *Confucius*, the restorer if not the author of literature and philosophy in China; who, though he taught what he termed the worship of Heaven, still countenanced that of spirits supposed to preside over mountains and rivers. Thus Four men, whose doctrines have filled the Asiatic and European world, flourished within a few years of each other.* And the friend of mankind will recollect with gratitude, that at the same time *Ezra*, "a ready scribe in the law of the God of heaven," was raised up to collect that Sacred Volume, the first line of which, "In the beginning God CREATED the heavens and the earth," saps the foundation of all these hypotheses which confound the Creator with the creature, and the doctrines of which, when diffused throughout the world, will dispel the delusions of all other systems, as the rising sun dispels the mists which cover the earth.

If the opinion of Mr. Colebrooke relative to the state of things when Boodh appeared, be well founded, this will account for certain *peculiarities* in his doctrine, which made him execrated by the Brahmans, while he probably held in its purity the doctrine of the ancient Hindoos. The writings now termed the vedas, were at most recently collected in the time of Boodh, and were probably known as separate treatises of various Hindoo philosophers, some of whom perhaps had lived almost within his knowledge, as *Parasora*, the father of *Vyasa*.† He could not therefore deem them received immediately from Brahma: hence his alledged "*rejection of the*

* Pythagoras was born, according to some, 586 years before Christ; according to others 569; he began teaching at the age of 60, and died at the age of 80. Confucius was born A. C. 551, and died at the age of 73.

† Among the authors of the Veda, are, Ugustya, Kasyupa, the son of Marichee, Angiras, Jamadugnee the son of Bhrigoo, *Parasora*, the father of Vyasa, &c. See Mr. Colebrooke's Essay on the Vedas, already quoted.

中國言法

Vedas." Yet educated in the doctrines contained in these treatises, he might still have no other ideas of God, nature, the human soul, &c. than such as are found in them. Mr. Colebrooke gives it as his opinion, that *Boodh* was probably disgusted with what he deemed the wanton slaughter of animals made under the pretence of sacrifice, but in reality for the sake of eating their flesh.* If this were the case, his wish to prevent it, the natural consequence of his entering deeply into the idea that One Living Principle pervades all nature, might lead him to inculcate so strongly "*the doctrine of transmigration,*" so remarkable among his followers, though not peculiar to them. Further, the Brahmans being the sacrificers, Boodh might despise them for their duplicity, which would of course bring on him their resentment; and his hatred and contempt of them, increased perhaps by their enmity to him, might possibly lead him to examine their pretensions to superiority over the other Hindoos; which might end in his "*rejection of all distinction of Cast.*" According to Mr. Colebrooke, the worship of Shiva, Vishnoo, Doorga, Kali, Rama, Krishna, and all the Hindoo deified heroes of the present prevailing system, was not then established; and perhaps it did not exist. The introduction of it therefore by the Brahmans, whether in Boodh's life-time, or after his death, would be certain to meet with all the opposition with which contempt and hatred could inspire the Boudhists toward a system so calculated to aggrandize their enemies. This would of course be sufficient to make the Brahmans brand the Boudhists as atheists, and to increase the hatred between the two parties, so as to render it incapable of being appeased, but by the overthrow of either one or the other.

* See Asiatic Researches, vol. viii. p. 474.

U 2

海上絲綢之路文獻集成 科技與文化編

Unhappily for mankind, however, *Boudhism*, or the ancient Hindoo system, by the rejection of Cast, the Vedas, and the modern system of gods born in Hindoost'han, divested of all that locality which confined it within the bounds of one country, was now fitted to spread its baneful influence to any extent; and we find accordingly, that it has taken possession of Ceylon to the south of Hindoost'han, of Bootan and Tibet to the north—of all the countries lying between Bengal and China to the east,—of China itself, and even of Japan; in the theological system of which island the strange mixture of Sungskrit names, combined in some instances with Chinese words, and in others standing alone, sufficiently bewrays the origin both of the names and the system. Such are *Gokurakf*, the country of happiness, the Gokool*a* of the Sungskrit writers; *Jemma*, the Judge, of the dead, the Hindoo *Yuma*; with some others.

At what period *Boudhism* made its way into the surrounding nations, is not ascertained. The fall of the Goutama dynasty of kings, the last of whom, *Aditya*, is, by the historian already quoted, said to have been murdered by his prime minister who founded a new dynasty, we may consider as the fall of *Boudhism* in Hindoost'han. This was somewhat more than three hundred years before the Christian æra; and it is probable, that then the Boudhists, proscribed both on a political and religious account, made their way to the neighbouring nations. The æra of its reception in China is generally said to be A. D. 65; but whether the Chinese received it directly from Bengal, or whether it had previously found its way into *Pegu*, *Siam*, and *Laos*, and thence into China, is not quite certain. I am rather inclined to the latter opinion, both because *Boudhism* is said to have flourished so greatly in

中國言法

Laos, as almost to obtain for that kingdom the credit of giving birth to the system; and from the nature of circumstances. After the expulsion of the Boudhists from empire, it was impossible that they and the Brahmans should remain long together; subsequent events evince that the Brahmans would not be remiss in exerting against them all the power they possessed. Hindooism too, divested of all its local peculiarities by the Boudhists, was fully adapted for propagation. There seems therefore nothing improbable in supposing that it might extend to the neighbouring countries, if not soon after the death of *Boodh*, at least pretty soon after the fall of the dynasty in Hindoost'han, possibly in the fourth century prior to the Christian æra. This is strengthened by what Kæmpfer says on the subject, in his sketch of the history of Boudhism in Japan, that, "at the period when the doctrine and pleasing philosophy of Confucius had began to flourish in China, and to spread to the neighbouring empire of Japan, the doctrine and religion of *Siaka* had already penetrated to the kingdoms of *Siam* and *Laos*."* He adds, that if we may believe the Japanese historians, "the first who taught this religion in China came over thither about the year of Christ 63, and obtained leave to build a temple; that for several hundred years it made a very slow progress; till, about the year 518, one "*Darma*,"† a great saint, came over into China from that part of the world which lies westward with regard to Japan, and laid, properly speaking, the first sure foundations of *Boudhism* in the Chinese empire:——that this new worship having once gained ground in China, soon spread into the peninsula of Corea, where the first *Budz*, or idol, of *Siaka*, was erected, and worshipped in the year

* History of Japan, vol. i. p. 247.

† *Dhurma* is the Sungskrit term for religion: this was probably a religious devotee from Hindoost'han.

海上絲綢之路文獻集成 科技與文化編

of Christ 543: and that *Japan*, whose inhabitants were then divided between the old religion of the country and the philosophical doctrines communicated to them from China, could now hold out no longer; but soon admitted the religion of *Siaka*, following in that, as they had done in many other things, the example of the neighbouring countries." He adds further, that " the first *Buk-kia*, was brought over into Japan about the year of Christ 550." Such according to Kæmpfer, is the history of *Boudhism*, both in China, and in Japan, which island seems to have formed the last conquest of Boudhism to the eastward.

Relative to the *general doctrine* of the *Boudhists*, if their rejection of the vedas, the distinctions of Cast, and the present Hindoo pantheon, be excepted, it differs little or nothing from Hindooism, either ancient or modern. Mr. Colebrooke is of opinion that the doctrines of Boodh were derived from the text of the *Sankya*, commonly ascribed to *Kupila*, which work, the Asiatic Society and the College of Fort William have employed us to translate, and which may possibly be published in some future time. The sum of the doctrine is, (that which is the soul of Hindooism,) that there is ONE SPIRIT, who is himself ALL BEINGS, *individuated only by Matter in its various forms ;* in other words, that there are two grand principles existing eternally, which they sometimes term Pooroosa and Prikritee, God and nature ; more truly, Matter and Spirit. Prikritee is matter in its crude state ; and Pooroosa is spirit by which it is wrought into innumerable forms.

That the doctrine of Boodh, even in Siam, China and Japan, is *substantially the same with Hindooism*, can be easily shewn were proof necessary.

In Japan, Boudhism, as it was received through the Chinese, (who might possibly obtain it themselves from the Kingdoms of Siam and Laos,) may be supposed to be as far removed from Hindooism, as in any of the countries whither it has found its way. *Kæmpfer* has however been already adduced as informing us, that souls are judged by *Jemma,* who is indisputably *Yuma,* esteemed the judge of the dead by the Hindoos. He further adds, that "when souls have been confined a sufficient time in prisons of darkness to expiate their crimes, they are sent back into the world by the sentence of *Jemma,* to animate the bodies of such vile creatures as, from their natures, are nearly related to their former evil inclinations, such as serpents, toads, insects, birds, fishes, quadrupeds, &c. Transmigrating by degrees from the vilest of these into others nobler, they are at last suffered again to enter human bodies."* Those acquainted therewith, will see in this, the precise doctrine of the Hindoos at the present day.

The description which the Catholic Fathers, *P. Intorcetta* and others, give of the mode by which the followers of *Foe* expect to obtain Beatitude, further shews the agreement of this doctrine with Hindooism. After saying, that the worshippers of Foe represent it as of the essence of the first or Chief Cause, "that he do nothing, understand nothing, desire nothing,"† (exactly the ideas of the present Hindoos on this subject), they add, that "he who wishes to attain perfect blessedness, must endeavour by diligent medi-

* History of Japan, vol. i. p. 245.

† "Imo hoc esse maxime proprium essentiæ ipsius; ut nihil agitet, nihil intelligat, appetit nihil." See "Origo et scopus nec-non Sinensarum, sectarum, &c." printed at Paris, A. D. 1687.

tation to conquer himself, so as to subdue and even extinguish every passion and feeling of the mind; that being never hereafter disturbed with any thing, but absorbed in a certain deep and extatic contemplation, without any use of exercise even of the intellectual powers, he may enjoy that divine tranquility which is the heighth of beatitude."* This co-incides precisely with the mode in which the Hindoos say that beatitude is to be sought.

If farther proof of this co-incidence or rather identity in the two systems, be desired, it may be found in the ideas of the followers of Foe relative to the Efficient Cause of all things. This will be furnished by merely consulting the Latin Dictionaries of the Catholic Fathers, relative to the characters *Yang*, and *Yn* or *yin*, which form two of the most important terms in the present theological system of the Chinese. The definition of the first of these is as follows: "The (two) contrary principles of material things are termed *yin* and *yang*; whatever compared with its opposite is stronger and nobler, is termed *yang*; it also means pure, lucid, the day, the spring, the summer; beauty; eternal; *t'hai yang*, (the great *yang*,) is the sun." Another dictionary runs thus: "*Yn* and *Yang* are the two different first principles among the Chinese, under which all material things are included: *yang* is that principle, which in every way perfects its opposite principle, as heaven, the *sun, fire*, the day, a *male*," &c. It further defines *Yn* as, "the inferior of the two grand causes of all things; and whatever compared with its opposite is meaner and viler: it also means sordid, obscure; the shadow of the sun, a female,

* Quocirca quisquis bene beateque vivendi sit cupidus, huc assidua meditatione, suique victoria eniti oportere, ut principio suo quamsimillimus affectiones omnes humanas domet ac prorsus extinguat; neque jam turbetur, vel angatur re ulla, sed extatici prorsus instar absorptus altissima contemplatione, sine ullo prorsus usu vel ratiocinio intellectus, divina illa quiete, qua nihil sit beatius, perfruatur. Vide "Origo et scopus nec-non Sinensarum, sectarum, &c."

海上絲綢之路文獻集成 科技與文化编

中國言法

autumn, winter; MATTER: *t'hai-yn*, (the great *yn*,) is the moon." In these it is easy to discern the *pooroosa* and *prikritee* of Hindooism. So fully indeed does *pooroosa* correspond with *yang*, that the Hindoos often use the term in conversation to denote a male or a man; and the great spirit, supposed to perfect and influence all things, they often term *maha-pooroosa*.

Passages might indeed be produced from the Vedas themselves, which coincide with this doctrine of Foe now current in China and Japan. Mr. Colebrooke, in his Essay on them, quotes the following passage from the *Rig-veda*, "There is only one deity, THE GREAT SOUL, he is called the sun, for he is the soul of all beings; that is declared by the sage, "the soul of what moves, and of that which is fixed." Other deities are portions of him; and that is expressly declared by the sage: "the wise call fire, *Indra*, *Mitra*, and *Varuna*." He adds in a note, that "the remainder of the passage, identifies fire with the great and only soul."* Hence the followers of the Vedas recognise in the fire, the air, and the sun, the grand efficient and operating principle. Mr. Colebrooke further adds, that Indra or the firmament, fire, the sun, water, air, &c. are objects frequently addressed in the Vedas. The celebrated *gayatri* is a prayer addressed to the sun as the divine ruler. Many other passages occur in the Vedas, which describe the Efficient Cause in almost the precise terms in which the Chinese define *yang*. The following is one: "FIRE is THAT (original cause); the sun is that; so is air."† Thus faithfully, even at the present time, is the doctrine of the Vedas retained by the followers of Boodh in Siam, China, and Japan.

* See Asiatic Researches, Vol. viii. p. 387.

† Asiatic Researches, Vol. viii. p. 419.

V

海上絲綢之路文獻集成 科技與文化編

This doctrine however, which is no other than the ancient Hindoo religion founded on the Vedas, while it professes to recognize but one God, by "not sufficiently discriminating the creature from the Creator"* as Mr. Colebrooke justly remarks, confounds Him with the works of his own hands, and robs him of all his moral perfections. He is not "the Father of spirits," to whose righteous government they are subject; for according to this doctrine, *he has created* NONE: every spirit however full of pride, malevolence, or falsehood, is an essential part of HIMSELF, individuated only by the vehicle of matter with which it is surrounded, and ultimately about to be re-united with HIM. The sun is God, fire is God, the air is God,—and the soul of man, and even the imagined souls of beasts. This idea, extended to things animate and inanimate, lays the foundation for the doctrine of the Metempsychosis in the widest sense. The same idea however pervaded the best systems of philosophy among the Greeks; it formed the basis of the Pythagorean system and was but refined by Plato, and clothed in a more elegant dress. But it annihilates all idea of accountability to the Supreme and Righteous Governor of the Universe,—and of all moral evil. It is the First Lye practically taught the nations: "In transgressing God's commands, *ye shall not surely* die; for God is the soul of man, and the soul of man is God."

* Of this monstrous confounding the Creator with the creature, the following passage, quoted from the *Yajur-veda* by Mr. Colebrooke, will exhibit an instance: "Next, looking around, that [primeval being] saw nothing but himself; and he, first said, "I am I." Therefore, his name was "I:" and, thence, even now, when called, [a man] first answers "it is I," and then declares any other name, which appertains to him.——Since he, being anterior to all this [which seeks supremacy], did consume by fire all sinful [obstacles to his own supremacy], therefore does the man, who knows this [truth], overcome him, who seeks to be before him.——He felt dread; and therefore, man fears, when alone. But he reflected, "Since nothing exists besides myself, why should I fear?" Thus his terror departed from him; for what should he dread, since fear must be of another?——He felt not delight, and, therefore, man delights not, when alone. He wished [the existence of,] another; and instantly he became such.————He caused this, his ownself, to fall in twain; and thus became a husband and a wife." See Essay on the Vedas, Asiatic Researches, Vol. viii. p. 425.

But while this system of ancient Hindooism thus professes to recognize *one* God, it contains within itself the seeds of the grossest idolatry. When the sun, the fire, and the air are deemed God, and addressed as such, and the soul of man esteemed a part of his essence, the worship of this nobler part of God, (superior far to things inanimate,) was scarcely another advance, particularly as appearing in heroes and men deemed extraordinary: its introduction awaited only a suitable opportunity. Hence while one branch of the system, the *Pouranic*, has established the worship of deified heroes in Hindoost'han, the other, *Boudhism*, has spread through all the surrounding nations, an idolatry, differing merely in the objects of worship; for although it rejects the gods of Hindoost'han, it admits at pleasure the worship of eminent devotees, followers of Boodh. Hence the numerous objects of worship among them at this day, in Siam, China, and Japan.

In thus attempting to trace the colloquial medium of the Chinese among the surrounding nations, the writer disclaims the most distant wish to establish any system. His object is, simply to state the inferences derivable from the peculiar nature of the Chinese Colloquial Medium, and the circumstances which mark the extent in which it still prevails, that the reader may judge for himself relative to their bearings on the history of India.* To some,

* Relative to the importance of facts of this nature, the following quotations may not be improper: "It is unquestionably true, that languages, and their proprieties, are as sure and certain marks, as perhaps it is possible to produce, whereby to discern, and trace out, not only the true origin of a nation, but likewise to find out, how, in process of time, it increased, by being, as it were, incorporated with other nations. Of this most European nations afford us evident proofs. Thus, for instance, we may easily find by the language alone, that the Polanders, Bohemians, and Muscovites are of Slavonian extraction; that the Italians, French and Spaniards descend from the Romans; that the Germans, Low Dutch, Danes, and Swedes, are the offspring of the ancient Goths." *Kæmpfer's History of Japan.*

"In the paucity of existing monuments, relative to the *Indo-Chinese* nations, no better method presented itself,

V 2 either

海上絲綢之路文獻集成 科技與文化编

probably, the whole of this digression may appear waste of time; but to those who feel an interest in the history of man, this attempt to trace up to its source, perhaps the chief means now left us of judging relative to the primeval state of the nations in this part of the east, may possibly appear in a different light. And the friends of mankind who regard an acquaintance with the languages of various countries as the only means of conveying to them the knowledge of God's best Gift, will deem no kind of information wholly uninteresting, which relates to the languages, or the religious opinions, of nations yet "sitting in darkness and the shadow of death."

To those who reflect on this intermixture of the Sungskrit with the Chinese system in the languages of these countries, one fact will appear evident, that not a step can be effectually taken in the investigation of the language of any of the countries beyond Bengal, without some acquaintance with both the systems. A knowledge of the Chinese system, and indeed of the language itself to a certain extent, must be necessary, when the latter furnishes a great part of the radical words in most of these languages, and the former alters the very sound of the alphabet adopted, as well as adds thereto intonations to which it is originally a stranger. On the other hand, without a knowledge of the Sungskrit system, it is difficult to form a correct idea of the Chinese colloquial medium, which may probably be one reason why that system, though laid down in most respectable Chinese dictionaries, is thoroughly comprehended by so few of the Chinese themselves. While they fix in memory de-

either for classing their tribes, or laying a foundation for historical researches, than by examining the mutual relation of the several languages which are current among them. This method, when applied on an extensive scale, is always the surest clue for developing the origin of a nation, and indicating the revolutions to which it may have been subjected, either by foreign conquest or colonization." *Leyden's Dissertation*, p. 6.

tached monosyllables with the chief characters they denote; now the simple monosyllable, now its aspirate, and now perhaps the nasal which ends the series; they have seldom occasion to view them in their connection: it is therefore no wonder if while familiar therewith, they should still be ignorant of its being formed on a systematic plan, and even find it difficult to ascertain with precision, either the number of the monosyllables it contains, or the classes to which these belong. The Sungskrit student, on the contrary, is constrained to make himself complete master of the system in all its variations, before he can proceed to the study of the grammar; as without it he is unable even to decline a noun, so intimately are the changes of the different powers in their alphabetic system, interwoven with every part of the grammar.

We now come to the Chinese INTONATIONS, a feature peculiar to their own system, and respecting which therefore, no comparison can be made with that of any other nation, although its existence in a country serves to identify the prevalence of the Chinese system there, to which alone it owes its origin.

Of the TONES or INTONATIONS affixed to Chinese words.

The origin of the Chinese Intonations may be found in the extremely limited nature of their Colloquial medium, occasioned by their confining themselves wholly to the monosyllabic system. It never seems to have occurred to them that two monosyllables could be united, as well as two characters; which one idea alone would have rendered their colloquial medium as copious and expressive as their written medium, containing so many thousand characters. Their ingenuity however, took another direction, and in-

海上絲綢之路文獻集成 科技與文化编

vented a method of diversifying their monosyllables, in which it is almost as difficult for a European to follow them, as it is for them to discriminate the letters *k* and *g*, *t* and *d*, when heard from the mouth of a European.

The Four Tones.

The Tones or Intonations by which the Chinese have varied their words are *Four*. The first of these the Catholic Fathers divide into two; and indeed it includes, two sounds, the one high and clear, and the other thick and low. But the Chinese Lexicographers notice only Four; and to retain the double division of the first would multiply accentual marks, without any advantage to an English reader. It seems better to adhere to the division made by the Chinese themselves: any one who may have occasion to converse in Chinese, will easily acquire this double modification of the first tone from the mouth of a Chinese.

These Four Tones, however, the Chinese deem so essential to the meaning of the characters to which they are affixed, that in some cases the change of the tone transforms a verb into an adjective, and *vice versa*. Thus 知 *chee*, with its original sound, is the verb "to know;" but pronounced with the third or grave tone, it becomes the substantive, "knowledge." So also 好 *haó*, with its original tone, is the adjective "good;" but with the grave tone it is the verb "to esteem." The reader will not be surprized at this when he reflects, that even in English the changing of the accent alters the meaning of certain words: "present" with the accent on the first syllable, is either a substantive or an adjective; but with the accent on the last syllable, it is a verb. Nay the conjunction *that* is pronounced far differently from the same word used as a pronominal adjective. Were it not, a sentence like the following could scarcely be understood: "That which I say is this, that that which that gentleman says, does not apply to the case in hand." It is easy therefore to realize the importance of these tones in a language so limited in its oral part as the Chinese.

These Tones or Intonations, though difficult for a European practically to distinguish, are still formed with much simplicity. As the Chinese have formed the various classes of initials and finals by the tongue, the teeth, the palate, &c. these tones, which are to govern all the monosyllables, they produce by a modified action of those parts of the *throat** which most immediately affect the voice. Yet these modifications are in reality no more than *three*; for the first tone is said to be pronounced naturally, without any particular action of the throat. It is only the other three therefore, which require any *peculiar* effort of that organ.

The First of these Intonations is designated by the character 平 *p'hing*, level or even, and is described by the Chinese philologists as a middle tone, even and moderate, neither raised nor deepened by any peculiar effort. It is the natural sound of nearly all the original Chinese monosyllables; those which are without it, being only a few monosyllables of the fourth tone, and those placed under the *third* power of the different series.

* The throat is here used in a popular sense for the *larynx*; the *glottis* and *rima glottidis* of which, produce the voice.

海上絲綢之路文獻集成 科技與文化编

The Second Tone is disignated by the character 上 *shyáng*, which signifies "ascending." It is described as a high sound, strong, rough, and vehement; and is perhaps produced by strongly exciting the action of the *glottis* in emitting it, which motion renders it strong and acute. About a fourth of the Chinese monosyllables are destitute of this sound.

The *Third* Tone, designated by the character 去 *khyù*, "to proceed forth," is described as resembling a cry, distant and consequently growing faint as though expiring. It is formed by raising the action of the *glottis* as in forming the second tone, and then somewhat relaxing it, which, while it lengthens the sound, makes it end rather feebly. This forms the sound, which is supposed to go forth and gradually to expire: hence its name *khee*, "going forth." Nearly four fifths of the Chinese monosyllables have this sound.

The Fourth Tone has been already described. It is designated by the character 入 *yĭh*, "to enter," and is characterized as being a short, thick, hasty sound, which seems to re-enter the throat, so as at length to be stopped therein. This sound is produced by only the four primary vowel powers, *ka, kea, kee, ko;* the four nasal, and the four diphthong finals scarcely admitting this action of the throat: hence this tone belongs to little more than a third of the Chinese monosyllables. It has a peculiarity which the other three have not; it in some degree alters the syllable, and causes it to terminate in an obscure sound something like that given in English to a final *h*, but which the Catholic Fathers express by a final *ĕ*,

中國言法

circumflexed; and which, as has been already said, in certain of the provincial dialects, is carried forth so as to end in *k*, *t*, or *p*, according to the initial connected therewith.

The following is the mode adopted in this work to express these four tones. The First, or *even* tone, being the original and natural sound of the Chinese monosyllables, it seems as well to disencumber it of both the accents which the Catholic Fathers have given it, and to distinguish by accents only the three *oblique* tones. To the Second or *rising* tone, described as strong, rough, and acute, the Catholic Fathers affix the *grave* accent; but if these words have any meaning, it must be rather *acute* than grave: To this tone therefore the Greek *acute* accent is here affixed. The Third tone, described as going forth and gradually expiring like a distant cry, the *grave* accent of the Greeks seems well adapted to express. The Fourth, short and hasty, is properly designated by the mark of the short vowel (◡); which is therefore retained, with the change, however, of the final *e* for *h* final.* The two systems compared, stand thus:

	That of the Catholic Missionaries.	*That adopted in this work.*
The First Tone	mō, mô	mo mo
The Second Tone	mò	mó
The Third Tone	mó	mò
The Fourth Tone	mŏ	mŏ or mŏh

* For this see p. 3, of this Dessertation.

W

NUMBER OF THE MONOSYLLABLES, AND OF THEIR INTONATIONS.

The *Number* of monosyllables which compose the Chinese colloquial medium, were they all capable of being distinctly expressed by the English Alphabet, have been already stated to be Eight Hundred and Forty six. From these, however, it is fair to deduct such as we spell with precisely the same letters; among which are, all the *third* powers in the first seven series, scarcely one of which has the first or original tone, and which amount to a hundred and forty-two;—a few formed by the *n* of the third or *ch* series, which differ little from those formed by the nasal of the second or *t* series; a few found under the second sibilant in the sixth or *ts* series, which are written like those formed by the first;—fourteen monosyllables formed by the second sibilant in the *tch* series, which differs little from the other, although written differently; and a few formed by the last initial in the ninth series, written *y* like the third of the eighth series, for want of a more appropriate symbol. These, with one or two in which the *y* is dropped, make two hundred and seventeen; which, deducted form eight hundred and forty-six, leave Six Hundred and Twenty-nine monosyllables differently written. These we may assume as the number of distinct monosyllables in the language; for however difficult it may be for us to distinguish between the *ch* series and the *tch* series, as the former ends in *n*, and the latter in *sh*, it must be evident to all acquainted with the nature of the organs of speech, that a difference really exists between them. Of these, a hundred and ninety-five are Aspirates.

Were each of these six hundred and thirty monosyllables varied by all the four tones, they would produce above two thousand five hundred *Intonations.* The fact is however, that they produce only One Thousand Seven Hundred and Eighty-one, five hundred and thirty-three of which are of the first or *even* tone, five hundred and eight of the second or *rising* tone, five hundred and nineteen of the third or *grave* tone; but of the fourth or *abrupt* and *quick* tone, there are only two hundred and twenty-one.

It is perhaps possible to form some guess relative to the *origin* of the Oblique tones. On a new character being formed, whether simple or compound, it became necessary to give it a name. The Chinese, ignorant of the polysyllabic system, and unable to form an idea of any sound beyond those produced from the union of the initial and final powers already described, were compelled, ultimately at least, to have recourse to a monosyllable already in use. To distinguish the new character from those already expressed by that sound, they varied the monosyllable by adding thereto *force, length,* or *rapidity* of *pronunciation.* As the characters increased, however, they exceeded the number of monosyllables even thus modified; which constrained the Chinese, ignorant that *sounds* could be united as well as *characters,* to affix the same sound, often indeed to characters bearing some general relation to each other; but not seldom, to those totally different both in form and meaning. This has rendered their Colloquial medium narrow and confined beyond that of any other nation; and has caused it to differ totally from the Written medium. The latter is clear and distinct, having no two characters in the language per-

W 2

fectly alike ; while if we estimate the Characters at only thirty thousand, and divide that number equally among the Intonations, one thousand seven hundred and eighty-one, we shall have on the average full *sixteen* characters to each intonation ; and were we to divide them by the number of Monosyllables, six hundred and thirty, we must allot *forty-six* characters to each monosyllable. This, in conversation, is in some measure relieved by the fewness of the characters commonly brought into use, which according to some, are scarcely three thousand: so that were the intonations all equally used, no one would denote more than two characters in conversation ; and no monosyllable, more than five. But this is not the case ; some of the intonations are seldom used, and even certain of the monosyllables, while others occur frequently, and are affixed to many characters. These in some instances, the Chinese distinguish from each other in conversation, as we distinguish *well,* good, and a *well* of water ; *bear,* to carry, and *bear,* a wild beast ; *bare,* he carried, and *bare,* thread-bare ; either by adding another character to make it a compound phrase, or by the other characters in the sentence.

The system here detailed, forms, what is generally termed the Mandarine or Court language ; which is said to be more extensively understood than any provincial dialect. While, therefore, the plain and simple rules laid down herein for pronouncing the various classes of consonants, vowels, and nasals, constitute the principles on which the Mandarine language is founded, they form a key to the genuine pronunciation of the language in general.

OF PROVINCIAL VARIATIONS.

Relative to *Provincial Variations*, they will of course be numerous, and, in some instances, differ widely from each other, as do the dialects of the different counties in England. Among these, the most important to our own countrymen is that spoken in and around Canton. The pronunciation varies however, even in this province: in the petty district of *Hyang-san*, within which Macao is situated, the pronunciation varies from that of Canton; for while it retains most of the variations of that dialect, it adds several of its own, it gives a full nasal sound to the last power of the first series, pronouncing 義 *yee*, just, right, *ngee*; and confounds the *ts* or sixth series, with the *ch* or third series, pronouncing 左 *tso*, the right hand, *cho*. These, with some other variations, are said to render their pronunciation uncouth and vulgar even in the ears of the inhabitants of Canton. Thus, variations in the dialect of many small towns and villages in England, render it quite uncouth to the inhabitants of the county-town or city, although theirs may differ sufficiently from that of London.

In the Canton pronunciation the variations relative to the *Initials* are few: the chief are, that the last power of the *f* series they pronounce *m* instead of *w*, (hence *Woo*, the founder of the *Tchyeu* dynasty, they call *Moo*;) and they seldom add *ng* to the first power of the eighth series; but *ngai*, love, they pronounce *oi*.

In the *Finals*, a great variation is observable. In the First and Second finals, it is but small; but the Third open primary and secondary finals, *kang* and *kyang*, are both changed to *kong*. The Fourth, *king*, is changed for *keng*. The Fifth, *kee*, is varied little or nothing; but the Sixth, *kao*, is pronounced *kou*; and *kyao*, its secondary final, *kao*. The Seventh undergoes a change of nearly the same nature; *kai*, becomes *koi*, and its secondary final *kyai*, is pronounced *kai*. The Eighth series is altered but little. The open final of the Ninth, *kin*, is pronounced *kum*; hence *kin*, gold, is changed for *kum*, and *sin*, the heart, for *sum*; but this change of *n* for *m* affects only a few monosyllables: its close primary final *kyoon*, is changed to *kwun*. In the Tenth the final *n* is changed to *m* in a few instances, and *kwan* is pronounced *koon*. The Eleventh open secondary final *kyeu* is pronounced *kou*, as well as the primary one; but the Twelfth *ko*, undergoes little alteration. The Canton pronunciation further changes the obscure final *ĕ* into *p*, *t*, or *k*, in various words of the fourth tone. These, which are the chief variations, stand as follows:

Mandarine.	*Canton.*	*Mandarine.*	*Canton.*
Wun is pronounced	mun	kou is pronounced	kyeu
ngai	oi	kai	koi
kya	ka	kyai	kai
kyeh	kit	kin	kum
kang	kong	kyoon	kwun
kyang	kong	kan	kon
kwang	kwong	kyen	kin
king	keng	kuen	koon
kao	kyao	kyeu	kou

These instances comprize nearly all the points of difference; but though

海上絲綢之路文獻集成 科技與文化編

中國言法

easily enumerated, they apply to so many of the monosyllables, that the dialect itself differs widely from the general system.

From these, however, an idea can be easily formed of the nature of Provincialisms in China: in some instances certain of the initial sounds are used as finals, as *k, t, p* and *m*; in others one vowel or diphthong is exchanged for another, as *a* for *o*, and *ao* for *ou*; but scarely any new sound is added to the system already detailed. Yet although certain final sounds are added in the provincial dialects, the system is not on the whole a gainer. In that of Canton the change of *a* for *o*, and the almost general omission of the interjected *y*, nearly annihilate several finals, and contract the system much more than the added finals enlarge it; to which the loss of the initial *w* contributes not a little. In variety therefore, this dialect is still exceeded by the original system.

We have now endeavoured to examine both branches of this singular language: we have seen its Written Medium originate in a few simple characters deemed representations of natural objects, which combine till they form, in the opinion of the Chinese, a language copious and elegant in a high degree;—and we have now traced its Colloquial Medium, probably still more ancient, to certain principles, defective indeed, compared with those on which alphabetic languages are founded, but considered as a whole, discovering much boldness of design. We have seen this medium, in all its original poverty, but diversified by an ingenious system of intonation, spread throughout the neighbouring countries, and at length, laying hold of the Sungskrit alphabetic system, constrain it to bend to its unyielding and characteristic peculiarities, and receive tones to which it is naturally a stranger. We see it still retaining possession of these countries, and by its indelible characteristics, furnishing perhaps the best monument now existing, of their origin and former circumstances. But the subject is far from being exhausted : and although the writer feels conscious, as far as seven years' close reflection on the subject, can support such a consciousness, that the facts here adduced will bear examination, he is far from thinking that nothing can be added to them. To a candid and impartial public they are now submitted; and particularly to the examination of those few ingenuous minds who may be pursuing the same line of philology, and who can best appreciate the labor and study which these pages have cost the author. Of their friendly remarks he will gladly avail himself, should the indulgence of the public ever call for another edition, as well of such new information as may result from his own or his sons' future application to the study of Chinese ;—a study the pleasure resulting from which is so great, (now first difficulties are surmounted,) and the field of research which it opens, so interesting, as scarcely to permit its being relinquished but with life itself. We now proceed to the other part of the subject, the interior or Grammatical structure of the language.

THE END OF PART II.

ÇLAVIS SINICA.

PART II.

ELEMENTS

OF

CHINESE GRAMMAR.

ELEMENTS

OF

CHINESE GRAMMAR.

HAVING prepared the way by tracing the written medium, or the characters, of the Chinese language to their origin, and examining the colloquial medium by which they are expressed, we proceed to inquire into the manner in which the characters combine with each other in order to form sentences and express ideas. This embraces the Grammar of the language.

This part of the subject is by no means without its difficulties, which arise, not merely from the peculiar nature of the language, but from the circumstances in which it is found. In other ancient languages, and particularly in the two which the Chinese rivals in point of antiquity, however much it differs from them in its nature, the Greek and the Sungskrit, treatises on grammar are by no means wanting. In the former, the grammatical works of Aristotle and others, are too well known to need mention ; and in the latter, philology forms a considerable, and by no means contemptible, part of their ancient writings.

But nothing of this kind seems to have flowed from the pen of Confucius, the restorer of Chinese literature, although he did not think a treatise on music beneath his attention ; nor from that of his scarcely less celebrated

海上絲綢之路文獻集成 科技與文化編

grandson. Nor does it appear that the philosophic *Mung*, who lived two hundred years later than the great Chinese sage, and rendered himself almost equally famous by his writings, nor indeed any one of his contemporaries, left any work on the grammar of the language in which they wrote. It has indeed been affirmed by some, that the Chinese have treatises on the grammar of their language ; and this may be the case, but the writer has never seen any thing of the kind, nor has he met with a hint in the preface to the Imperial Dictionary, alluding to any work of this nature ; which leads him to suspect, either that no such works exist, or that they are held in little estimation : as any respectable work on Chinese Grammar could not have been unknown to the compilers of that dictionary ; nor, if known to them, is it probable that they would have passed it over in silence. If there be therefore any respectable treatise of this kind extant, it is probably quite modern.

But the chief difficulty with which we have to cope in this part of the work, arises from the nature of the language under consideration. It is a fact pretty generally understood that the Chinese language is destitute of all inflection. Now in a language where all those terminations and inflections are unknown which render so copious the grammars of the Greek and Sungskrit languages, there can be little room for grammatical disquisition. Of the two parts which form the basis of philology, it will appear evident to those who duly weigh the subject, that the inflections and terminations of any particular language, furnish the materials for its *peculiar* grammar; and that when these are wanting, there can be little left beside ideas that relate to *general* grammar, which from the sketch already given, it does not appear that the ancient Chinese philosophers ever made an object of study, although *Mung*, the last of the original Confucian school, was nearly contemporary with the Stagyrite, who has rendered himself so famous by his accurate disquisitions on philology.

While the knowledge of a language however is confined to those to whom it is indigenous, the want of a grammar is not severely felt, even in a language possessing inflections. This is evident, not only from the writings of Bacon and Milton in our own language, but even from those of Addison and Pope, who could derive little advantage from the grammatical labors of their own countrymen, as, prior to Lowth, scarcely any English grammar existed which deserved the name. The case was the same with the ancients: Cæsar and Cicero were certainly little indebted to grammatical studies for that excellence of style which commands admiration to this day; nor were Thucydides or Demosthenes more indebted to treatises on grammar for superior excellence, which the moderns have in vain attempted to rival.

But if treatises on grammar be little needed as long as the study of a language may be confined to the country wherein it is indigenous, when it is to be laid open to foreigners, a grammar seems absolutely necessary; and in the present improved state of general knowledge, a grammar of the Chinese language seems desirable. Nor may a work of this kind prove wholly uninteresting; although it cannot interest from the variety of inflection which it applies, it may in some measure gratify by shewing in what manner a language destitute of all inflection, expresses the various niceties of speech, for the sake of which other nations employ a grammatical apparatus so copious and exquisite. The importance of a grammar of this language will increase in our view, when we consider the wide extent of the philological system which it unfolds. Not only in China and Japan is the same language said to prevail, and of course nearly the same grammatical system; but it has been shewn that throughout Tibet and Bootan, the kingdoms of Tonquin, Cochin China, Laos, Siam, and the Burman empire; in a word, from the western border of China to the eastern border of Bengal, the Chinese colloquial system is, in a certain degree, current to this day, even under the adoption of the Sungskrit alphabet. It is needless to add, what an influence this must necessarily have on the construction of those languages, since it is a fact well known in the annals of philology, that a colloquial medium will preserve its own form and construction with little variation, amidst the adoption of multitudes of words, and even of phrases, from other languages.

Nor as it relates to the Chinese language, is a work of this nature impracticable: principles of grammar must necessarily be inherent in every language. The language of every country must possess words which denote *things*, and others which signify *qualities*. It must have words to express *actions done;* and these as done by one or many; already done, now doing, or intended to be done; they must also be described as done absolutely, or conditionally, as proper to be done, or peremptorily commanded. Further, the various circumstances of the *doer*, and of the *subject* of the action, must also be either plainly expressed or tacitly understood; hence the need of *prepositions*. *Connecting* words too, necessarily exist in every language, as well as those which express the *emotions* of the mind. Thus the principles of grammar must substantially exist in every language.

海上絲綢之路文獻集成 科技與文化編

中國言法

Yet the various rules for the inflections which words generally undergo in order to describe these various actions and circumstances, as they constitute the peculiar grammar of any language, can seldom be transferred from the grammar of one nation to that of another. The Greek and Latin languages have, it is true, much in their grammar common to both, as the latter is in a great degree derived from the former. But these rules of grammar are quite foreign to those of the Hebrew and its cognate dialects; and the rules which are necessary in the latter, would be useless if applied to the English language. Hence if the Chinese have no inflexion to express case, gender, or number in its nouns; or mood, tense, and person in its verbs, the language would only be distorted by an attempt to throw its grammar precisely into the form of Latin or Greek grammars, which have inflections for nearly every part of speech. The great object in this case, as has been already hinted, seems to be, that of shewing how the Chinese, who have none of these inflections, make their language subserve the same purposes to them, which languages abounding with inflections accomplish for other nations: and this, if fully done, will sufficiently lay open the peculiar Grammar of the Chinese language.

For such a work indeed, the Chinese language abounds with materials. In a language cultivated with care for many ages, and, (naturally the case where learning is the chief road to advancement), there must exist a certain fixed mode of expression, which is considered as the standard of style, and the least deviation from which, must be sensibly perceived, and regarded as uncouth and improper. This standard is to be found in those works which the Chinese have for so many ages regarded as models of style.

It is by examples from these works, given in their original character, that I shall endeavour to exemplify the various peculiarities of Chinese grammar, partly with a view of establishing on solid principles, the positions here laid down, and partly, with a view of giving others an opportunity to examine and correct them as far as they may be found erroneous. In our own language, grammatical examples are deemed of weight, as drawn, not from conversation, often incorrect and always fluctuating, but from writers of acknowledged excellence.

It has been already said, that the Chinese language is void of all inflection. The credibility of this singular fact in philology will appear from slightly glancing at certain languages probably derived from the Chinese. On this subject my lamented friend Dr. Leyden, in his Dissertation on the Languages of the Indo-Chinese nations already quoted, has many valuable hints; and although, in many instances, circumstances necessarily rendered his enquiries limited, yet taken as a whole, his acquaintance with these languages was more extensive than that of any orientalist with whom I am acquainted.

Respecting the "*Rukheng*," or Arracan, language, he says; "It has properly no numbers, cases, nor flections in its nouns; nor conjugations, moods, tenses, or persons in its verbs. Many words have a substantive, adjective or verbal signification, according to their position in a sentence; but in general, the names of objects, qualities, and actions are sufficiently distinct from each other."*

* See Dr. Leyden's Dissertation, p. 69.

海上絲綢之路文獻集成 科技與文化編

中國言法

Of the *Burman* language, Dr. Leyden says ; "The '*Barma*' language like the Rukhéng in its original state, appears to be purely monosyllabic ; but it has borrowed freely from the Bali, and in imitation apparently of that language, it has sometimes formed words of some length, by the coalescing of its original monosyllables. Being completely devoid of every species of flection, whether in nouns, pronouns or verbs, its construction is extremely simple, and depends almost solely on the principle of juxtaposition, like its cognate dialect, the *Rukhéng*, which it resembles in structure."* Although this language is not, strictly speaking, void of all inflection, my young friend Mr. F. Carey, who has had superior opportunities of examining it, intimates, that he believes it was once a dialect of the Chinese.

Dr. Leyden's opinion of the *T'hay* or *Siamese* has been already quoted in part I. of this Dissertation.† He deems it "more purely monosyllabic than any of the Indo-Chinese languages already mentioned."

Relative to that of the kingdom of *Laos*, the quotations from Kæmpfer, given in the first part of this work, prove that the language of that nation differs little from that of Siam, either in conversation or in writing, except that they are unable to pronounce the letters *l* and *r*. This opinion Dr. Leyden seems inclined to adopt.

Of the *Anam* language, or that of *Cochin-China* and *Tonquin*, *P. Rhodes*,

* See Dr. Leyden's Dissertation, p. 76, 77. † See p. 149.

Y

in his concise Grammar of the Tonquin language at the end of his dictionary, says ;* "the Anam language has neither genders, numbers, nor cases in its nouns ; nor any difference of gender." And in another part he adds ; "its verbs have neither conjugation, tense, nor mood ; but all these are either supplied by the use of certain particles, or so collected from the antecedent and subsequent characters, that they who possess a knowledge of the language, can easily perceive the mood, tense, or number intended to be expressed in the sentence ; yea, though the same word has often the signification of both a noun and a verb, it is easy to determine by the context whether it be a noun or a verb."†

Even of the general language of the *Philippine* islands, termed the *Tàgala*, Dr. Leyden says, that "the nouns properly speaking have neither genders, numbers, nor cases, nor the verbs, moods, tenses, or persons." And elsewhere he says respecting the verbs ; "The Tàgala verbs being only names of actions or states of existence, they cannot properly be said to be either active or passive ; neither have they any persons, numbers or moods."‡

* Neque enim in nominibus sunt vllæ declinationes, vel numeri, vel casus, aut etiam vllæ differentiæ generum masculini, aut fœminini, aut etiam neutrius.

† Tunchinica certe lingua, de qua nunc agimus, nullas habet conjugationes, tempora nulla aut modos : sed hæc omnia explicantur, vel per aliquarum particularum additionem, vel ex antecedentibus & consequentibus ita colliguntur, ut qui peritiam linguæ habent, bene percipiant tempus, aut modum, & numerum, qui significatur in oratione prolata ; imo sæpe idem ipsum vocabulum habet significationem nominis & verbi, & ex adjunctis facile potest intelligi an eo loco talis vox sit nomen, aut verbum.

‡ See Dr. Leyden's Dissertation, p. 55.

海上絲綢之路文獻集成 科技與文化編

We thus have at least *five* languages described as void of inflection; languages which fill nearly all the countries from China to the borders of Bengal. These possess three characteristics, those of being originally monosyllabic, nearly all intonated, and without inflection; which characteristics direct us to their origin. The Sungskrit and all its dialects are polysyllabic, they are never varied by intonation, and they all possess inflections both for nouns and verbs. This leaves us at no loss for the source of the monosyllabic languages: they spring from the Chinese, however much they may have been affected by any foreign mixture, and in that language we may expect to find the origin of that simplicity of construction, which excludes every kind of inflection. From that of its descendants, therefore, the genius of the Chinese language may be easily inferred; and the unfolding of its nature may serve in some measure as a key to the grammar and construction of those spoken by the Indo-Chinese nations in general.

That the Chinese characters indeed, formed as they are, must necessarily exclude any addition expressive of the various changes made by other nations in their nouns and verbs, will appear evident to those who consider the manner in which they are formed. The account of their formation which has been already given, shews that every addition to a character, small as it may be, causes it to become a different character, and in general to assume a new sense; which has increased the number of their characters to at least thirty thousand. Now if we exclude those tenses in the passive voice which are formed by the juxta-position of the verb *to be*, and the passive participle, a Latin verb undergoes more than a hundred and twenty variations in expressing mood, tense, and person; and a Greek verb, nearly seven hundred.

Y 2

Had the Chinese philologists therefore, overlooked the variations of the substantive and the adjective, and contented themselves with marking by some addition to the character, the inflections of the verb alone, nay had they even reduced these additions for expressing the voices, moods, and tenses, as low as a hundred, this would have increased five thousand verbal characters to *five hundred thousand*; and double that number, to a *million* of different characters! It hence follows of necessity, that the Chinese must express all the variations arising from case, number, and gender in their nouns, and from mood, tense, and person in their verbs, either by the juxta-position of the characters, or the connection of the sentence. To the elucidation of this fact we now proceed.

OF SUBSTANTIVES.

A Chinese character may in general be considered as conveying an idea without reference to any part of speech; and its being used as a substantive, an adjective, or a verb, depends on circumstances. Of this we shall perhaps form some idea by recollecting the usage of other languages. In the Alphabetic systems two different modes of forming the parts of speech are evident: the first is that which obtains in Greek, Sungskrit, and certain other languages, wherein a word is given as a kind of root, which, by receiving the verbal terminations, becomes a verb; by receiving certain other terminations a substantive; by receiving others, an adjective; and by assuming an adverbial termination, an adverb. Such is δικαιος, or rather the root divested of the adjectival termination. Though found in the state most nearly approaching an adjective, by receiving ω it becomes a

海上絲綢之路文獻集成 科技與文化编

中國言法

verb; by receiving σουη, a substantive; and when the adverbial termination ως is added, it may be used as an adverb. A second mode is that of the Hebrew and its cognate dialects, in which an idea is expressed by a root consisting generally of three letters, which root, in its original state, is most commonly a *verb*, but which in numerous instances is also used as a *noun*, and in some instances as an *adverb*, without the addition of another letter, though others receive some addition.*——Somewhat akin to this, is the mode which obtains in a certain degree in the English language, which, in some instances, uses the same word as a substantive, an adjective, and a verb. This is the case with "*cut*" which we use as a substantive when we say "a severe *cut* with a sword;" as an adjective in the sentence "he appeared in a *cut* wig," and as a verb in, "they *cut* through the enemy." The word *present* is used still more extensively. In the sentence "he made him a handsome *present*," it is a substantive; in, "the *present* season," it is an adjective: changing the accent in another sentence, it becomes a verb, "they *present* him annually with a large sum;" and in the following sentence it forms an adverb, "*at present* I am quite unable." Multitudes of words occur too, which are used both as nouns and verbs without the least change, as *love, fear, hope,* &c. and even certain names of sensible objects; as the head, "they *head* the mob;" the hand, "*hand* me the book;" the eye, "they *eye* me constantly;" a pen; "I *pen* an epistle;" with many others. These examples shew the possibility of using a word in various grammatical senses with-

* The author is well aware that the Hebrew language is not formed wholly on this principle, but that most of the roots both in Hebrew and its cognate dialects, undergo a variety of changes. Inasmuch as certain of them however, admit no change except in the vowels (or the pronunciation of the word), there seems no impropriety in selecting this fact by way of illustration.

海上絲綢之路文獻集成　科技與文化編

out the least change in the word itself, while the accompanying characters define with certainty the sense in which it is used. It is to this last class that the Chinese language belongs; but it evidently carries the principle farther than any other language, beside those descended from itself.

Of the various Kinds of Substantives.

In the Chinese language there are, however, Substantives of various kinds. Many characters originally express *things;* and although some of these may also be used to denote this thing either in *action,* or as adding its *qualities* to another, it is not every character which can be thus applied: the nature of many forbids their being used in any other way than to denote the *thing* which they signify; thus the character for *a man, a dog, the hand, water,* and many others, are scarcely ever used except as substantives. In this one instance, the flexibility of the English language exceeds that of the Chinese; for, to *man* a vessel, to *dog* a thief, to *hand* a letter to a friend, to *water* a garden, are expressions perfectly congenial with the English language, while to express these ideas in Chinese, characters must be used differing entirely from those which signify a man, a dog, or the hand. Thus the first class of Chinese substantives, may be said to include those which from their *peculiar nature denote things alone.*

2. Another kind consists of characters originally intended to express *actions,* and which in their primary meaning, may therefore be termed verbs, but which as well denote the thing expressed by the action. Thus

hing, to walk, to act, not only forms the verbal noun an ***acting;*** but also the substantive, ***acts, deeds.*** The character for the verb ***to eat,*** denotes not merely an eating; but in certain situations, the substantive, ***food:*** and the character ***ngan,*** which signifies to rest, to be at ease, not only signifies a resting; but in certain connections, ***ease, rest, comfort.*** These form a considerable part of the language.

3. A third kind, but similar to these, are certain characters originally used as *adjectives;* such as 富 *foò,* rich, and 貴 *kwy,* honorable. The former of these in certain situations will denote the substantive ***riches,*** and the latter, the substantive *honor.* In many of these cases however, the character assumes an intonation different from its original one, which is marked in a very ingenious way by a small circle on the character, placed at the bottom of the left side, if it be the first tone added; on the top to the left, if the second be intended; on the top to the right, if the third be meant; and at the bottom to the right, if the fourth be intended. Further, in some instances a character has one name when used as a verb; and when used as a substantive, another. Thus 食 when it means to eat, is termed *tchhih,* but when intended to denote food, it is pronounced *tse.* An example of this character as used in both senses, occurs in book v. of ***Lun-yu.*** The disciple of the sage, enumerating his peculiarities relative to diet, says;

食 *tchhih.* 不 poŏh 饐 yài 而 irr 餲 eè 食 *Tsè*

" *Food* (or *rice*) spoiled in dressing, and which had an unpleasant savor, he did not *eat.*" *Lun-yu,* b. v.

Here the same character, denoting "food" in the first instance, is termed *tse;* but in the last, as it means "to eat," it retains its original name.

4. A Fourth kind are such as may be termed nouns of *agency*, or those which express the agent or doer. These are formed with much simplicity. After characters used as verbs, the doer or the person of whom the action is predicated, is generally expressed by adding the auxiliary character 者 *tchyéa*, of which the following sentence furnishes several examples. In the second book of *Lun-yu*, the sage describes the man who loves virtue and abhors vice, in these terms:

加 kya	矣 eé	不 *poŏh*	者 *tchyéa*	惡 oò	我 Ngó*
乎 hoo	不 poŏh	仁 *yin*	無 woo	不 *poŏh*	未 wỳ
其 khee	使 seé	者 *tchyéa*	以 eé	仁 *yin*	見 kyèn
身 shin.	不 *poŏh*	其 khee	尙 shyàng	者 *tchyéa*	好 *haò*
	仁 *yin*	爲 wy	之 tchee	好 *haò*	仁 *yin*
	者 *tchyéa*	仁 yin	惡 *oò*	仁 *yin*	者 *tchyea*

"I have not yet seen *the man who thoroughly esteems virtue*, and *who abhors vice*. *He who thoroughly esteems virtue*, has nothing which he prefers thereto; *he who abhors vice*, for the sake of preserving his virtue, suffers not the least *vice* to approach his person." *Lun-yu*, b. ii.

* N. B. In all the examples given in this grammar, the names of such characters as are intended to illustrate the rule or observation, are in Italics, as well as the translation of them in the English sentence. The Chinese sentences of course begin at the right hand, and are to be read downwards.

In this sentence, four examples occur wherein the agent or doer is formed by the addition of this auxiliary character to the verb and its object; of which application of it multitudes of other examples might be produced.

It must, however, be remembered, that although this character when it follows a verb, generally denotes the agent or *doer*, this is not the only office which it performs; in certain cases it forms a substantive denoting a *thing*. One instance of this is found in the sentence just given: the phrase "*poŏh yin tchyéa*," in the *sixth* perpendicular line of the Chinese text, denotes the opposite of virtue, vice; the *tchyéa*, added to the negative *pooh*, and to *yin*, the character for virtue, serving to form them both into a substantive. Nor is it necessary to this effect, that the character which it immediately follows, be a substantive. In the sentence already given, it follows a substantive; but many instances of its following an adjective might be adduced. When travelling in a state of exile, the sage remaining some time in the province of *Wy*, *Nan-ise*, the wife of *Ling-koong*, the reigning prince, moved by the fame of so illustrious a man, sent to him, desiring to see him. Good manners not permitting the sage to refuse, he paid her a visit. His ardent, but inconsiderate disciple *Tse-loo*, was highly displeased at his master's condescending to visit a woman, whose character by no means stood high; upon which, by way of vindicating himself, the sage uttered the following imprecation;

厭 yèn 之 tchee 天 t'hyen 否 *feú* 予 Yu
之 tchee 天 t'hyen 厭 yèn 者 *tchyéa* 所 *só*

"If I have done *that which is improper*, may heaven abhor me,—may heaven abhor me." *Lun-yu*, b. iii.

Here *tchyéa,* added to the relative *so,* "what," and the adjective *féu,* "improper," forms them into a substantive denoting *a thing* improper or unlawful.

There are cases indeed, and these not unfrequent, wherein this character is placed after a clause of some length, which it then unites, and turns into a kind of substantive. Thus in the second book of *Lun-yu,* Confucius, declaring that a man of letters who might appear desirous of applying to the study of his doctrine, but felt ashamed of coarse food and mean apparel, was as yet incapable of conversing about true philosophy, uses this character to close the sentence and form the adjunct by which he describes the man in question ; thus :

者 *tcheá* 惡 *ngŏh* 惡 *ngŏh* 而 irr 於 yu 士 Sheé
食 *tchhih* 衣 *ee* 恥 *chheé* 道 taó 志 tcheè

"The man of letters whose mind is toward the path of virtue, but *who is ashamed of mean clothing and coarse fare.*"——*Lun-yu,* book ii.

To enter more particularly on the nature and use of this character, belongs rather to the syntax of the language ; but it is easy to perceive, that it performs in Chinese nearly the same office as the article, in certain cases, does in Greek, and nearly agrees with certain terminations in Sungskrit used to form substantives from verbs.

5. What in other languages are termed *gentile* nouns, or nouns descriptive

海上絲綢之路文獻集成 科技與文化編

of country, &c. are formed in Chinese generally by the addition of 人 *yin*, a man. Thus a Chinese in his own country terms himself "*choong-kyŏh yin;*" a man of the *mid-country*, or that which fills the middle of the world. In Bengal he calls himself, "*T'hang-yin,*" a man of the *T'hang* dynasty, that of the great *Yao.* Examples of *gentile* nouns thus formed, are not unfrequent in their standard works. In the second book of *Lun-yu*, a man contemptuously terms the sage, "the son of the *Tsyeu yin,*" because his father was from the district of *Tsyeu* : and in book the fifth, Confucius himself uses this form to designate the men of the province of *Khwang*, in which he then was, and where his disciples imagined his life to be in danger. In this situation, however, the sage encouraged himself with the persuasion that heaven had raised him up to revive and restore to their pristine vigour, the excellent institutions of the great *Wun-wang*,* who lived about eleven hundred years before the Christian æra, and who is deemed the founder of the *Tchyéu* dynasty. He himself however did not mount the imperial throne, but supported thereon the weak tyrant *Cheu*, the last of the *Shyang* dynasty; whom his son *Woo-wang*, speedily dethroned after the death of his father. Under the influence of this persuasion, the sage exclaims respecting the people of *Khang* who threatened his life;

何 hho?	其 khee	也 yeá	喪 sàng	天 T'hyen
	如 yu	匡 *Khwang*	斯 se	之 tchhee
	予 yu	人 *yin*	文 Wun	未 wy

* *Wun-wang* lived about six hundred years before Confucius.

Z 2

海上絲綢之路文獻集成 科技與文化編

" If heaven have not yet intended to consign this great man's institutions to oblivion, *the Khwang-men*, what can they do to me ?" *Lun-yu*, book v.

The use of the character *yin* is also extended farther, to the formation of substantives denoting certain of the *professions of life*. An instance of this occurs in the last volume of *Mung-tsee ;* where that philosopher, conversing with his disciple, *Wan-chang*, relative to the manner in which a philosopher who seeks the good of mankind, ought to be nourished by his prince, says, that he ought to receive from him an order for being supported out of the public stores ; " after which," says he,

繼 kheè 庖 *p'hao* 繼 keè 廩 *Lin*
肉 yoŏh 人 *yin* 粟 soŏh 人 *yin*

" The *store-keeper*, (literally, *corn-man*) supplies (him with) corn, the *butcher* supplies flesh." *Mung-tsee*, vol. ii.

Another instance occurs in the first volume of *Mung* in which *yin* is united with *tsyàng*, (an artificer,) to denote a carpenter. *Mung* wishing to impress the petty sovereign of *T'shee* with the impropriety of neglecting the education of a young prince, introduces this comparison : A king wishing to build a magnificent edifice, employs a skilful builder to procure very large timber for beams, &c. On his procuring such, the king rejoices from the view of its being able to sustain the weight of the vast edifice ; but if the carpenter hew it till it become too small, he feels angry at his expectations being frustrated by its being thus rendered incapable of sustaining the

中國言法

weight of his intended building. In this comparison the following sentence occurs,

小 syáo 斲 tyŏh 匠 *T'syàng*
之 tchee 而 irr 人 *yin*

" If the *carpenter* hewing, render it too small." *Mung-tsec*, vol. i.

There are several other peculiarities relative to forming substantives; to notice and exemplify which, however, would swell the work without necessity, as a person who applies to the study of Chinese authors, will find little difficulty in this respect. These may therefore serve to give some idea of the nature of substantives in the Chinese language.

Of the Gender of Substantives.

Having thus glanced at the various kinds of substantives, we proceed to the accidents which attend them, Gender, Number, and Case. Of these three, that which can be omitted with the least loss, seems to be Gender. This distinction is of importance in those languages alone which admit a varied expression of gender in the adjective; but where there is no distinction of this kind found in the adjective, the variation of the gender in the substantive, seems of comparatively small utility. Hence in English it is reduced to the natural state of things, and restricted to the pronouns. In Chinese therefore, where, as in English, gender is wholly excluded from the adjective, we have no reason to expect any traces of this distinction

海上絲綢之路文獻集成 科技與文化编

made by any change in the substantive. Yet we are not hence to suppose that the language is entirely destitute of substantives *descriptive of the gender*. Such are found therein as mark the distinction of gender both in man and beast.

While 人 *yin* generally denotes a Man, 婦 *foò* is often applied to a Woman; as will be seen in the following sentence, wherein Confucius, after observing how rare a thing it is to meet with genuine ability, exemplifies this in the case of *Woo-wang's* ten counsellors, by whose assistance he governed the empire, and of whom, while he allows that dynasty to have abounded in men of talents, he still says, that amidst these ten:

而 irr 九 *kyéu* 人 *yin* 有 yeŭ
已 yée 人 *yin* 焉 yen 婦 *foò*

"There was a *woman* indeed, and only *nine men*." *Lun-yu*, book iv.

In this sentence *foò* is prefixed to *yin*, the character for a man, in order to denote a woman.

The following sentence, however, taken from the *Ee-king*, esteemed the most ancient of the Five *king*, (their classical works of the first order,) distinguishes Man and Woman by the characters, 男 *nan* and 女 *nyú*, literally Male and Female; and applies 夫 *foo* and 婦 *foò*, to express Husband and Wife, which last, *foò* indeed, more properly expresses, as it is seldom if ever applied to a woman not yet married. In the third volume, the author gives us his ideas relative to the origin and formation of society; when after saying that heaven and earth first existed, after which all things followed; he adds that,

婦 *foò* 有 yéu 然 yen 男 nan 女 *nyú* 有 yéu 然 ***Yen***
夫 *foo* 後 hyéu 女 nyú 有 yeú 男 ***nan*** 後 hyèu

" Afterward followed *male* and *female:* male and female existing, then followed *husband* and *wife.*" *Ee-King*, vol. iii.

Distinct terms for Father and Mother occur continually in the characters 父 *foò* and 母 *moó;* of which one example may suffice; it contains a fine description of filial feelings respecting the age of parents. The philosopher, in book the fourth of *Lun-yu*, says,

以 yeé 喜 heé 一 yĭh 不 poŏh 年 *nyen* 父 ***Foò***
懼 kyù 一 yĭh 則 tsăh 知 chee 不 pooh 母 *moó*
則 tsăh 以 yeé 也 yeé 可 khó 之 tchee

" The *father* and *mother's* years the son cannot but realize, now with joy, now with terror." *Lun-yu*, book ii.

Son and Daughter are in certain instances designated by the same term. In the third book of *Lun-yu*, we find 子 *tsé,* the common appellative for a son, applied to a daughter on the following occasion: the narrator of the

海上絲綢之路文獻集成 科技與文化编

sage's life, adducing an instance of his regard for oppressed innocence in the case of *Koong-tse-chang*, who had been unjustly imprisoned, introduces the sage as saying, that although he was imprisoned, it was not for his crime; upon which he himself adds,

之 tchee 妻 ts'heè 子 *tsé* 其 khee 以 Yeé

" *To his daughter* he married him." *Lun-yu*, book iii.

In the *Lee-khee*, however, the largest of the Five *King*, *nan* and *nyú* are frequently used to designate, the former a Son, the latter a Daughter. Of this the following quotation from that ancient directory for Chinese manners, furnishes an example.

言 yen 女 *nyu* 言 yen 男 *Nan*
外 ngwài 不 pooh 內 noòi 不 poŏh

" A *son* speaks not within, a *daughter* speaks not without." *Lee-khee*, vol. ii.

But in conversation the appellative 子 *tsé* is often added to both *nan* and *nyú*, in order to express Son and Daughter; thus *nan tsé* denotes a son, and *nyú tse*, a daughter, which nearly agree with the terms *male-child, female-child*; *tse*, in this connection, being equivalent to *child*. Examples of this are not wanting indeed in the work already quoted, which will appear from the following sentence occurring in the same section. After having prescribed the behaviour proper for a son or a daughter relative to speech, the author goes on to shew what decency requires of the son as to gesture and behaviour, when within; and of the daughter, should she happen at any time to go out.

其 khee 必 pĭh 子 *tse* 不 poŏh 內 ngoói 男 *Nan*
面 myèn 擁 hoóng 出 tchhyoŏh 指 tcheé 不 poŏh 子 *tsé*
蔽 peè 門 mun 女 *nyú* 嘯 syaò 入 yĕh

"The *son* entering within, should neither laugh nor point; the *daughter* going out, must have a vail to cover her face." *Ibid.*

In this sentence, the compound phrase *nan-tse,* in the first line from the right, denotes a son; and *nyú-tse,* in the third and fourth lines, a daughter.

Another instance of these two compound terms being thus applied, is given in the closing sentence of that admonitory paragraph, which goes so far as to point out on which side the son and the daughter, (or a man and woman in general,) should walk, when they both happen to be on the same road.

由 yeu 女 *nyu* 由 yeu 男 *nan* 道 Tao
左 tsó 子 *tsé* 右 yeù 子 *tsé* 路 loò

" In the road let the *son* pass on the right side, the *daughter* on the left." *Ibid.*

海上絲綢之路文獻集成 科技與文化编

To express the difference of gender in Animals, various characters are used in conversation; as 公 *koong*, noble, superior, to denote the male; and 母 *moó*, mother, to denote the female; of which *nyeu-koong*, a bull, *nyeu-moó*, a cow, are instances. But the use of *koong* in this sense is almost wholly confined to conversation; scarcely an instance occurs of its being used to denote the male in any respectable work. The character *moó*, as denoting the female, occurs sometimes in respectable works; but not often. The character 牯 *koó*, is used in conversation to denote the male of certain beasts, in which case it is placed after the substantive, as *khyuen-koó*, the male of a dog; *nyeu-koó*, a bull. But this character seems confined wholly to conversation.

In their best works the characters most commonly used by the Chinese to express the gender of Beasts, are 牝 *pín*, to distinguish the Female, and 牡 *myeu*, to denote the Male. Of this many examples may be found in the *Shee-king*, a collection which contains the most ancient specimens of poetry existing in the Chinese language. In the first volume, an instance occurs wherein *myeu* is prefixed to *ma* the character for a horse, in order to denote the male: it is in the following sentence, in which the Chinese poet, celebrating the riches and liberality of *Hee-koong*, the sovereign of *Loo*, (whose reign formed the sixth before the birth of Confucius,) begins his poem by praising his fine stud of horses, thus;

之 tchee	在 tsài	牡 *myeu*	駉 Kyoong
野 yeú	坰 kyoong	馬 *má*	駉 kyoong

中國言法

"(His) steeds, fat and high-spirited, sport in the wide champaign." *Shee-king*, vol iv.

In this sentence, *myeu* in the second line from the right, being prefixed to *má*, the generic name for a horse, denotes the male.

In another passage of the *Shee*, the Female is described by adding the character *pin*, already mentioned, to the character *lai*, a general name for a horse of high stature; but which by having the term *pin* prefixed thereto is here made to signify a mare. The instance occurs in a poem written in praise of *Wun koong*, the sovereign of *Wy*, who, by removing his court to *Chyeu-kyeu*, another part of the province, diffused a general joy among the inhabitants there. On this occasion, one of them celebrated his magnificence in a short poem, wherein he is described as possessing,

千 ts'hyen 三 san 牝 *pin* 騋 *lai*

"Of *stately mares* three thousand." *Shee-king*, vol. i.

In this sentence *pin*, the second character from the right, being added to *lai*, the general name for a stately horse, signifies a mare.

To distinguish the male and female of Birds, other characters are often used; the character 雄 *kyoong*, is generally used to denote the male, and 雌 *tse*, to denote the female. They both occur in the following question addressed by the poet to certain around him, in the third volume of the *Shee*, with the view of ridiculing their pretensions to extensive knowledge.

Aa 2

海上絲綢之路文獻集成 科技與文化編

雌 *tsē* 烏 oo 誰 Shooi
雄 *hyoong* 之 tchee 知 chee

" Who knows the *male and female* of the raven ?" *Shee-king*, vol. iii.

Of Number.

Number seems more necessary to a language than gender ; and many nations which make no change in the substantive to indicate the latter, admit without hesitation those variations which distinguish the former. This is the case even in the English language, which, while it excludes from the noun itself every variation expressive of gender, has few substantives which do not admit the change necessary to distinguish the plural number from the singular. There are in India, however, certain languages springing from the Sungskrit, in which a great part of the substantives, and indeed all of the neuter gender, are destitute of any inflection to denote number. Such is the case with the Bengalee, and the Orissa languages ; and, in a certain degree, with the Hindee.

But it seems reserved for the Chinese alone, which admits no change whatever in the substantive, to exclude every thing relative to number from all its nouns. Yet this perhaps is not so far distant from the real nature of things as we may at first sight imagine. In English there are many substantives which by their very nature exclude the plural number ; and if we consider many others as constantly expressing a collective if not a plural idea, when not limited by some other word, or by the connexion of the sentence, we shall not greatly mistake; as, without such addition, many English substantives cannot be made to express a single individual. Why is the article *a* or *an* added to so many substantives in order to express the singular number, as, a man, a horse, &c. but because the idea of a single individual would not otherwise be conveyed by the term?* If we extend this principle to the utmost degree of which it is capable, we have a language formed on the principle of the Chinese, in which nearly every substantive capable of suggesting a plural idea may be supposed to do so, unless restricted by the connection, or the addition of another character.

The following examples will however shew, that when an addition expressive of number is made, the sense is sufficiently clear although the substantive suffers no change. In book iv. of *Lun-yu,* Confucius speaking of *Wun-wang* already mentioned, the father both of *Woo-wang* who founded the *Tchyeu* dynasty, and of the great *Tchyeu* whom the sage professes to have taken for his own model, extols him because he persevered in supporting on the throne the last prince of the *Shyang* dynasty, notwithstanding his evil conduct; when, possessing as he did, the affections of nearly the whole empire, he could have dethroned the weak tyrant with ease. In praising this faithful minister he thus describes the extent of his power;

* In most of the dialects derived from the Sungskrit which admit a variation to express Number, this variation is omitted when a numeral is used, or an adjective signifying many. Thus in Bengalee "*Manoosa*" the singular number for a man, is united to a numeral without any alteration; as, "*Dus manoosa,*" ten men; "*anek manoosa,*" many men: the addition of the variation expressive of number being deemed quite superfluous when the number is thus determined by a numeral.

海上絲綢之路文獻集成 科技與文化編

二 irr 有 yeú 天 t'hyen 三 *san*
其 khee 下 hyá 分 *fwun*

" Of *three parts* of the empire he really possessed *two.*" *Lun-yu*, book iv.

Here the numeral *san,* three, the first character in the first line on the right hand, renders plural the substantive *fwun,* part, without any change in the substantive itself.

Another example may be selected from the same book. Confucius, in the course of his voluntary exile from his own country, in the latter part of his life, coming into the province of *Ts'hee,* heard the music, (or musical piece) termed *shyao,* invented by the emperor *Shun,* the adopted son and successor of the great *Yao,* which is described by the Chinese writers as peculiarly suited to raise in the mind grand and noble ideas. The impression it made on the sage's mind, his disciple describes thus ;

味 wỳ 知 chee 月 *yuĕh* 韶 shao 齊 *Ts'hee* 子 Tsee
肉 yoŏh 不 poŏh 三 *san* 聞 wun 在 tsái

" *Tsee,* being in the province of *Ts'hee,* heard the *Shao ;* nor for *three months* did he know the taste of his meat." *Lun-yu,* book iii.

In this sentence, the numeral *san,* three, in the third line, added to *yuĕh,* month, causes it to be understood in the plural number.

In the two instances already given, we find a numeral applied to neuter nouns; but in another passage occurring in the same book, we find the numerals applied to a substantive of the masculine gender. The passage relates to *Shun* just mentioned, and thus particularizes the number of his chief ministers, one of whom, *Ee*, on account of his virtues, was afterwards elevated to the imperial dignity:*

治 cheè	天 t'hyen	人 *yin*	臣 shun	舜 Shun
	下 hyà	而 irr	五 *ngoó*	有 yéu

" *Shun* had for ministers *five men;* and the earth, (the empire,) was wisely regulated." *Lun-yu*, book iii.

In this passage the numeral *ngoó*, five, in the second line from the right, being prefixed to the substantive *yin*, man, renders it plural.

An instance occurs in the same book in which the substantive *yin*, man, is rendered plural by the connection: *Tse-koong*, a disciple who accompanied the sage in his travels, when in the province of *Wy*, felt a desire to know his master's opinion of the conduct of the reigning prince, who, expelled by his father, had returned after his death and taken possession of the throne. To obtain this, he puts to him a question respecting *Puh-yee* and *Shoŏh ts'hee*, two worthies, the sons of a petty sovereign of a province, who lived about six hundred years before *Confucius*, and whose father preferring the youngest of these brothers to the eldest, he willingly complied

* According to Du Halde, *Ee*, the founder of the *Hya* dynasty, was raised to the throne, *Ante Ch.* 2012.

海上絲綢之路文獻集成　科技與文化編

with his parent's will, and left the province, that his younger brother might succeed to the throne. The younger, *Shoŏh-ts'hee,* however, on his father's death, went after his brother, and surrendered the kingdom to him; but *Puh-ee* refused to disobey his deceased father's command: upon which the younger, refusing to invade the rights of his elder brother, remained with him in exile.* Respecting these he asks,

也 yeá	何 hho	叔 Shoŏh	伯 Pŭh
	人 yin	齊 ts'hee	夷 ee

" *Puh-ee* and *Shoŏh-tshee,* what kind of men were they?" *Lun-yu,* b. iv.

Here *yin,* man, becomes plural, through its connection with the antecedent substantives, *Puh-ee* and *Shoŏh-tshee.*

Another mode of rendering a character plural, is that of affixing thereto, a term denoting multitude. The character 萬 *wàn,* which originally means ten thousand; but which is also used to denote all, constantly adds to a substantive a plural idea, of which many examples occur in the *Ee-king.* One may be selected from the third volume, where the writer, speaking of the

* These two worthies are said by *Chyu-hee,* in his comment on Confucius, to have been alive at the period of *Woo-wang's* ascending the throne (Ante Chr. 1120;) and that detesting him for having dethroned his nominal sovereign *Chyeu,* though a tyrant, they withdrew into the mountains, and were never heard of more. The similarity which the story of these two brothers bears to that of Rama and Bharuta in the Ramayuna, seemed so striking, that I have taken some pains to ascertain the precise period in which the Chinse place these two princes. It is evident that Confucius, who lived about six centuries after them, esteemed them real personages. Quere, Did their story give birth to that of *Rama,* or the latter to theirs? Or are these two incidents similar, but totally independent of each other?

中國言法

first emperor *Pao-khee*, (the celebrated *Fo-hi*,) describes the labour he underwent in observing the heavens, the earth, the form and colour of birds and beasts, that he might form the eight *kwa*, (which are nothing more than the three broken lines placed in eight different positions:) this, according to the writer, he did,

情 ts'hing 之 tchee 物 woŏh 萬 wàn 類 loói 以 Yeé

"To describe the peculiar nature of *all things*." *Ee-king*, book iii.

In this sentence *wan*, all, (literally ten thousand,) the fourth character from the right hand, being united with the character *woŏh*, thing, renders it plural.

An instance of the same kind occurs in the second volume of this ancient work, in which the writer gives us his idea relative to the production of all things, in the following words,

化 hwa 萬 wàn 感 kăn 天 T'hyen
生 sing 物 woŏh 而 irr 地 teè

"Heaven and earth co-operated, and *all things* were produced."*

Ee-king, vol. ii.

* This sentence is quoted partly for the sake of the doctrine it contains relative to the origin of all things. Whatever this be, it is certainly as old as Confucius, if not much older; as he collected this ancient and abstruse work, and added thereto a copious commentary. The probability is, that by *t'hyen*, heaven, is here

B b meant

In this example, *Wàn*, in the third perpendicular line from the right, is again found united with *woŏh*, thing, which it then renders plural.

There are several other characters used to convey an idea of multitude; such are 衆 *tchoòng*, many, all; 諸 *tchyéa*, divers, many, all; 等 *ting*, a multitude; and 皆 *kyai*, all. The character 凡 *fwan*, is also often used to convey a collective idea. *Tchoòng*, *tchyéa*, and *fwan*, constantly precede the substantive, if it be added; but with these, the substantive is generally omitted in their most esteemed works. The two latter, *ting* and *kyai*, constantly follow the substantive: *ting*, however, is chiefly used to form the plural of pronouns; as *ngó ting*, we; *neé ting*, ye; of which more under the head of Pronouns. Of the use of *kyai* the following example occurs in the second volume of *Mung*, where that philosopher repeating a conversation which formerly took place between *See-ma-nyeu* and *Tse-hya*, two disciples of Confucius, introduces the former lamenting his desolate state as having no brothers, in the following words,

獨 toŏh 弟 teé, 有 yéu 人 *Yin*
亡 woo 我 ngó 兄 hyoong 皆 *kyai*

meant *yang*, the efficient and operative principle described in the Chinese Dictionaries, and that by *t'hee*, the earth, is meant the inferior principle, or in other words, *matter*; and if this be correct, the doctrine of two principles, matter and spirit, was early in China as well as in India; whence it is possible, that the doctrine of Confucius himself, did not, at bottom, differ so widely from that of the Vedas, and of the ancient Greek philosophers, relative to matter and spirit being the two first principles, as from his reverence for heaven we might be led to imagine.

" Men, all, have brothers; I alone have none." *Mung*, vol. ii.

Here *kyai* in the first line to the right, following *yin,* man, causes it to be understood in the plural number.

The answer of *Tse-hya* contains an example of *kyai* used alone. " If," says he, "the superior man, in his intercourse with mankind, manifest all that regard and esteem for them which his character implies," he will have no cause to lament his being without relatives; for, adds he,

弟 teé	皆 kyai	之 tchee	四 Seè
也 yeá	兄 hyoong	內 nooi	海 hái

" Within the four seas, all will be his brothers." *Ibid.*

From these examples, it is easy to perceive, that the Chinese characters undergo no change in order to denote number; but that this is either expressed by certain characters added, or sufficiently implied in the connection. That this is consistent with perspicuity, however, we have sufficient proof in our own language, in such sentences as these, "If a man have a *hundred sheep,* and one of them be gone astray; doth he not seek that *one sheep,*" &c.

Bb2

Of Case.

Deficient however as the Chinese language may seem in Gender and Number, it is not so as it regards Case. To point out the relation which one substantive bears to another, or the precise mode in which an action is connected with the object it affects, seems so important, that it is difficult to conceive how a language could exist without this being done in some degree. In certain languages furnished with a copious grammatical apparatus, this indeed is done in a double way, by varying the termination, and by the use of prepositions, which mode the Greek language adopts to a considerable extent. The first of these methods is of course incompatible with the Chinese language; but in *Prepositive characters* to designate the various cases, the Chinese are by no means deficient; on the contrary they have a sufficient variety to express, not merely the cases generally found in European grammars, but also the Instrumental and the Locative of the Sŭngskrit. As the due application of these constitutes a principal part of what may be strictly termed, the grammar of the Chinese language, it will be worth the labour to examine the force and meaning of these characters with some degree of minuteness.

The Nominative and the Accusative cases require no preposition. They are merely the characters in their natural state, as examples will sufficiently shew. Examples of the Nominative indeed are innumerable; and whether it consist of the name of a person, of a pronoun, or a common substantive, it is equally destitute of any addition. The following sentence furnishes an example of both a proper name, and a pronoun used in the nominative case. It is selected from the third book of *Lun-yu*, and contains a question put to the sage's disciples by *Ngai·koong*, the sovereign of *Loo*.

哀 *Ngai* 公 *koong*
問 mun 弟 teé
子 tsé 孰 *shyoŏh*
爲 wy 好 haò
學 hyŏh

" *Ngai·koong* enquired of the sage's disciples; *Who* (among you) cordially loves learning?" *Lun-yu*, book iii.

Here *Ngai·koong*, in the first line from the right, forms the nominative case without any additional character: the pronoun *shyoŏh*, who? in the third line, is also in the nominative.

Another example of a pronoun as the nominative will be still more satisfactory. In book the fourth of the same work, Confucius by way of reply to certain who wished covertly to excuse their own negligence, while they professed to extol the sage's wonderful capacity as derived from nature, gives them to understand that what knowledge he had attained, was the effect of diligent study, in the following sentence;

我 *Ngó* 非 fy
生 sing 而 irr
知 chee 之 tchee
也 tchyéa

"I am not one born with knowledge." *Lun-yu*, book iv.

Is in this sentence the pronoun *ngó*, the first character on the right, is the nominative case to the verb *sing*, born.

Examples of common substantives as used in the nominative are so frequent, that it seems scarcely necessary to obtrude on the reader's patience by giving any example. Several indeed may be found in the sentences which have been already adduced. In that given page 198, several examples of the nominative occur: as "*haò yin tchyéa*," he who loves virtue; "*oò poŏh yin tchyéa*," he who hates vice. Should any one suppose that the *tchyéa* which closes the sentence, is an appendage to the nominative case, he may easily convince himself that it is not peculiar thereto, by observing, that in the same sentence, "*poŏh yin tchyéa*," vice, which is the accusative case, governed by the verb *scé*, there rendered "suffers," contains the *tchyéa* as well as these nominative cases.

The Genitive.—The Chinese express the Genitive case in two ways: either by the insertion of a character between that intended to be understood in the genitive, and that proceeding therefrom or connected therewith; or merely by the juxta-position of the two substantives, the former of them being still understood to be in the genitive. Relative to the first of these methods, the character most commonly used in the standard works of the Chinese to denote the *genitive* case, is 之 *tchee*. It is singular, that this character is in use as a verb signifying "to proceed, or go forth;" and that there are also several other offices which it sustains; among which is that of denoting the relative, between which indeed and the genitive, there is a considerable degree of affinity in the eastern languages. Throughout this variety

海上絲綢之路文獻集成 科技與文化編

of meanings however, it is not very difficult to trace the leading idea of the verb "to proceed." Of *case* simply considered, we shall find as we advance, that the Chinese have scarcely ever had any idea; but that connection between one part of speech and another, which is expressed in the alphabetic languages by particles and terminations, necessarily existing in the Chinese language, they have expressed them, not by particles appropriated solely to this purpose, but by characters now actually used to express other ideas. Hence this character which signifies "to proceed or go forth," is also used to denote the genitive case.

Examples of the use of this character in forming the genitive case, are almost innumerable; one may be quoted from the first book of *Lun-yu*, in which the sage extolling gentleness and benignity, says, that these formed the glory of,

道 taō 之 *tchee* 王 wang 先 Syen

"——The first emperors' way." *Lun-yu*, book i.

Here *tchee*, the third character from the right, marks that connection between *taó*, way, and "*sin wang*," the first emperors, which in the languages of the West, would be expressed either by a genitive termination, or by some particle.

Another is found in that well-known sentence in *Lun-yu*, wherein a dutiful son is characterized by his not swerving for three years, from,

道 tao 之 tchee 父 foo

"———His father's way." *Ibid.*

In this short sentence, *tchee,* the middle character, evidently performs that office, which in languages formed on the alphabetic plan, is performed by the genitive case.

While however the use of the character *tchee,* as marking the genitive, is almost universal in the standard works of the Chinese ; by a singular caprice in the Chinese language, it is almost wholly excluded from conversation; and the character 的 *tïh,* which originally means bright, clear, evident, true, and also denotes a mark for an arrow, is now constantly employed to express among other things that connection between two substantives, which other languages express by the genitive or possessive case. In this application of it, the place it occupies in the sentence, is precisely that of the genitive character *tchee,* already described ; that is, it immediately follows the substantive intended to be understood in the genitive ; as, *sin-tïh sè,* " the heart's operations." But although so frequently used in conversation, it has never found admission as a genitive particle, into their most respectable works : no instance occurs of its being thus used by Confucius, nor by the more ancient Chinese writers. In some of their lighter works it is however admitted : the example just given is taken from a kind of novel in the Chinese language, now lying by the author.

2. In certain cases the character which expresses the genitive is omitted,

海上絲綢之路文獻集成 科技與文化編

and the genitive is expressed merely by the juxta-position of the two substantives, the former, according to the general usage of the Indian languages, being understood to form the genitive case. This omission of the connecting particles, is by no means peculiar to the Chinese; it equally belongs to the Sungskrit language, which includes this peculiarity, (the omission of the genitive termination), in one of the rules for compound words. The likeness indeed between the *construction* of the Chinese language, and that of the Sungskrit, does not so properly belong to this place, as to syntax, which has the construction of the language for its immediate object; but if duly compared, the two languages would be found to possess in many instances a similarity of construction scarcely to be expected in two languages so different in their nature.

An instance of this omission of the genitive particle occurs in the fourth book of *Mung*, where that philosopher lays open to those with whom he was conversing, the chief cause of men's not making greater advances in knowledge and virtue, in these words;

人 *yîn*	好 haò	患 hwàn	人 Yin
師 *se*	爲 wy	在 tsái	之 tchee

"Men's great concern is, to be esteemed *teachers of men.*" *Mung*, vol. ii.

In this sentence, the genitive particle is omitted between *yin* and *se*, the two last characters to the left; and that phrase might hence be literally rendered, "men-teachers."

海上絲綢之路文獻集成 科技與文化編

Another instance occurs in book the second of *Lun-yu,* where Confucius, comparing *Ee,* the founder of the *Hya* dynasty, and his immediate successors, with his descendants, who, after losing the empire, were still suffered by the emperor *T'hang*, the founder of the succeeding dynasty, to retain the province of *Kee,* says, that the former furnished sufficient materials for a full account of their polity ; but that the latter were so deficient both in wise measures, and in good men, that their reigns exhibited a complete blank. In this comparison the following sentence occurs :

言 yen	吾 ngoo	夏 *Hya*
之 tchee	能 nun	禮 *leé*

" The *polity* of the *Hya* dynasty I can fully describe. " *Lun-yu,* book ii.

In this sentence, the genitive particle is omitted between the two substantives, *Hya* and *lee,* in the first line from the right.

A third instance occurs in the sentence given page 212, under the head of Number, which describes Confucius as so delighted with the music of the emperor *Shun,* as to be for three months insensible of the taste of his meat. The two last characters in that sentence, *yoŏh wy,* " the taste of his meat," furnish an example of this omission of the genitive particle between the two substantives *yoŏh,* meat, and *wy,* taste.

Relative to this omission of the genitive particle, as it is perfectly consistent with the genius of the language, its use will be found to depend much on the taste of the writer: such as study conciseness in a high degree, will be found to adopt it more frequently, while those who prefer a more copious style, will have fewer examples of this omission. By good writers of the former class however, we seldom find it admitted at the expense of perspicuity.

The Dative. It admits of doubt perhaps, whether there be any character in use among the Chinese which marks the Dative case in its genuine and proper sense. They almost constantly construct verbs of giving, without admitting a prepositive character to mark the person receiving. Of this construction, three examples occur in the following sentence. The Chinese sage, having sent *Tse-hwa*, one of his disciples, into the province of *Ts'hee*, one of his fellow disciples asked rice of the sage for the absent disciple's mother, who does not appear, however, to have been in circumstances of pressing need. In reply to his request, the sage says,

釜 foó 之 tchee 與 Yú

" *Give her* a foo." *Lun-yu*, book iii.

Here *tchee*, the second character from the right, sustains the place of a pronoun denoting the person receiving; but it has no prepositive character to mark the dative case.

Yen tse by no means satisfied with this grant of his master's, repeated his request; upon which the sage added,

庾 eu 之 *tchee* 與 Yú

"Give *her* an *eu*." *Ibid.*

In this clause too, *tchee*, the middle character, represents the person to whom the thing was to be given ; but it is preceded by no prepositive character.

This disciple, still dissatisfied with the sage's grant, gave her from his master's stores, a quantity far exceeding the sage's last order ; one author says, somewhat more than six times that quantity ; but another, fifty times as much as the sage ordered, which is described in these words :

秉 píng 粟 soŏh 與 yú 冉 Yen
五 woo 之 *tchee* 子 tse

" *Yen-tse* gave *her* of rice five *ping*."* *Ibid.*

Thus, in this sentence, a verb of giving occurs thrice, and in neither instance is there any prepositive character used to mark the Dative, or the noun which designates the person receiving.

Another instance of this construction occurs almost in the same page, in

* The quantity the sage ordered to be given was an *eu* or sixteen *tyeu*, (in the whole nearly 200lb). The *ping* of which *Yen-tse* gave her five, contained, as one writer says, 20 *tyeu*, but according to another, 160 *tyeu*. According to the former of these, therefore, the quantity given by this disciple was a hundred *tyeu* instead of sixteen ; but if the latter be believed, it amounted to eight hundred *tyeu*.

中國言法

which those receiving are denoted by a substantive, and not by a pronoun, but with nothing different in the construction. When the sage was at the head of affairs in his native province, *Loo,* he appointed *Yuen-tse,* one of his disciples, to the care of a certain district, the salary attached to which was 900 measures of rice. The precise quantity of each measure the relator does not ascertain; but this quantity *Yuen-tse* felt unwilling to receive: upon which his master persuading him thereto, advises him, in the following words, in case he did not need it himself, to bestow it on the necessitous around him,

與 Yú 爾 irr 鄰 *lin* 里 *leé* 鄉 *hyang* 黨 *tăng* 乎 hoo

"—Give it (to) thy *hamlets*, and *villages*, thy *cities*, and *towns !*" *Lun-yu*, book iii.

In this sentence there are four substantives, which on the principle that a verb of giving requires the dative case, should be considered as Dative; but they have no prepositive character prefixed to them for the sake of marking the dative.

In characters however which answer to the English prepositions *to, toward,* or *into;* to *in* signifying *motion,* in Latin; and to εἰς in Greek, the Chinese are by no means deficient: nor indeed in those which supply the place of the preposition *for.* These last, as they approach most nearly to the Dative, it may not be improper to consider first.

海上絲綢之路文獻集成 科技與文化編

The character 代 *tài* which generally denotes "to succeed, to come in the room of another," is sometimes used in the sense of the preposition *for*; but in this case, it is *for* as equivalent to, "instead of," rather than *for* "on account of."

An instance occurs in the second volume of *Mung* wherein it has nearly the force of the preposition *for*, as denoting "instead of." That philosopher conversing with a friend about the different ranks of men in the state, admits that a man from among the common people may fill the office of a magistrate; in which case, he adds;

也 yéa 其 khee 以 yeé 祿 Loŏh
耕 king 代 tài 足 choŏh

"The public salary will be sufficient to serve *for* (or *instead of*) his labour."
Mung, vol. ii.

In this sentence, while *tai* the fourth character from the right, may easily be rendered *for* or *instead of*; the idea of the verb is evidently still retained: it denotes *for* as implying "succession, or coming in the room of," rather than "*for* him," or "on his account."

Another instance may be selected from the *Shyu-king*, wherein the emperor *Woo-ting*, the nineteenth of the *Shyang* dynasty, in an address to the people, after mentioning his anxious fear lest virtue should not flourish as in former days, says, relative to *Foo-shyu*, an able and virtuous minister, whom he esteemed a peculiar gift of heaven for the instruction of his people,

言 yen 予 yu 代 *tài* 其 Khee

"He *for* me shall instruct (you)." *Shyu-king*, vol. i.

In this sentence too, *tai*, the second character from the right, implies *for* as denoting "instead of."

The character 替 *t'heè* also, which means to quit, to give up, to stop, &c. is often used in conversation to express *for*, as denoting "instead of;" as in sentences of this kind: *ngo t'heè nee tsò sè*, "I'll do business instead of you." But of this character as occurring in this sense, few instances are to be found in their best works.

The principal character which performs the office of the preposition *for*, as denoting "on account of," is the verb 爲 *wy*, "to be." Singular as this may seem, this sense is by no means wholly foreign to that of this verb in the infinitive mood. Of this use of the verb *wy*, an instance occurs in the example just quoted, where one of the sage's disciples having been sent into a neighbouring province, his fellow disciple *Yen-tse* asked of the sage some rice,

毋 moó 其 *khee* 爲 *wy*

——"*For* his mother." *Lun-yu*.

In this sentence *wy* the first character to the right, has evidently the sense of the preposition *for*, as used to signify, "on account of."

A second example may be quoted from book the second, where a mandarine who greatly admired Confucius, cheering his disciples in the then low state of things, says to them,

木 moŏh	子 tse	以 yeé	天 t'hyen
鐸 tŏh	爲 wy	夫 foo	將 chyang

"Heaven is about to employ your master *for* a public monitor."

Here the character *wy*, in the fourth line from the right, may easily be rendered "*for*" or "for the sake of being;" it would indeed, almost admit of being exchanged for the present tense of the infinitive "to be," without injuring the passage: so nearly does this application of the character *wy* approximate to its proper meaning as a verb.

An example occurs in book the third, however, which almost totally excludes its being rendered by the verb in the infinitive mood, while it admits of its being rendered by the preposition *for*, without the least violence. *Kwy-see*, who had usurped the rule in the sage's native province *Loo*, wished to place *Min-tse-kyen*, over the district of *Pee*; but he, refusing the appointment, says to the messenger who brought him the news of his promotion,

焉 yen (it.)	我 ngó me	善 Shyèn Kindly
	辭 tse refuse	為 wŷ for

"Kindly, *for* me refuse the honor." *Lun-yu*, book iii.

Here the preposition *for* expresses the meaning of the character *wy*, much more clearly than the infinitive mood of the verb *to be*, could possibly do. This character therefore, while generally used in the sense of that verb, has by degrees acquired a meaning and application, sometimes indeed compatible with it; but in other instances, far better expressed by the preposition *for*.

The characters which answer to the preposition *to*, or *toward*, as descriptive of motion toward a place or thing, are chiefly three, 於 *yu*, 諸 *tchyu*, and 乎 *hoo*. The first of these, *yu*, (or 于 which has the same name and signification,) is most frequently used in their standard works; and it has this peculiarity beyond most of the Chinese prepositive characters, that it is seldom used in any other way than as a preposition. Still however *yu* scarcely ever follows verbs of giving; it seems to delight in verbs of motion. The following sentences shew in what manner it is applied. Confucius in the fourth book of *Lun-yu*, describes a man of little mind as being,

D d

海上絲綢之路文獻集成 科技與文化編

利 *lee* profit. 於 *yu* to 放 *Fwáng* Attached

"Attached *to* profit."——*Lun-yu,* book ii.

The sage on the other hand, in the third book of the same work, characterizes the superior man, (under which term he always includes virtue), as being, among other things,

言 *yen* (his) word. 於 *yu* to 慎 *Shyùn* Attentive

"Attentive *to* his word." *Lun-yu,* book i.

In these sentences, *yú,* though rendered by the preposition *to,* is far from having a dative meaning. The idea generally conveyed by this character is, that of motion towards a place or thing, either in progression, or as completed. It will however admit of being rendered by various prepositions : as in English we occasionally use the prepositions *to, at,* and even *in,* to convey nearly the same idea ; the phrases, "he went *to,*" or, "arrived *at,* a place," convey ideas nearly similar ; and when the place intended is a country, or a very large city, we express the same idea by the preposition *in* ; as, "he arrived *in* Bengal, he arrived *in* London." The same variety of prepositions may be employed in translating this character ; which however, we shall find, in almost every instance, preceded by a verb signifying motion. In the third book of *Lun-yu, Yen,* a disciple of the sage's, describing a good man in his district who shunned all places of public resort, adds, for the sake of shewing his love of retirement ;

室 shih house	偃 Yen } Yen's	至 tchee arrived	未 Wy Never
也 yéa (encl.)	之 tchee	於 yu at	嘗 ts'hang yet (has he)

"Never has he yet come *to* *Ying's* house." *Lun-yu*, book iii.

Here the character *yu*, in the second line from the right, while translated by *to*, has rather the force of the preposition *unto* as expressive of motion, than of the preposition *to* in a dative sense.

In another example we have this character occurring in such a way as requires it to be rendered by the preposition *toward*. It is a sentence wherein the sage characterizes a genuine lover of virtue, thus,

惡 ngŏh vice.	矣 ee (emph.)	於 yu (be) toward	苟 Kou If
也 yén	無 woo no	仁 yin virtue	志 tcheè the desire

"If a man's desire be really *toward* virtue, he indulges in no vice." *Lun-yu*. b. ii.

In this sentence, *yu* in the second line from the right, will easily admit of being expressed by the preposition *toward*.

Certain examples occur in which this character may be translated by the

海上絲綢之路文獻集成 科技與文化編

preposition *in*. In the third book of *Lün-yu,* one enquires of the sage respecting the virtue of *Chyen wun-tse,* who through hatred to the murderer of his sovereign, had left his own province; and in narrating his conduct after that catastrophe, describes him as,

邦 *pang* province. 他 *tha* another 於 *yu* in 至 *Tchee* Arriving

"Arriving *in* another province." *Lun-yu,* book iii.

In this sentence the character *yu,* although rendered by the preposition *in,* in reality expresses the same idea as in the foregoing sentences, since, as already observed, to arrive *in* a province, and *at* a town, are actions of the same nature; the preposition being varied merely to suit the place of arrival, not to describe a different action. The sentence might without any great violence be rendered, "going *into* another province."

There are, indeed, some instances wherein this character may even be rendered by the preposition *from.* Such is the case with it in that sentence relative to the proof of filial piety, which has been alledged by the present emperor of *China,* as his reason for bearing three years with an evil minister of his grandfather's.*

之 *tchee* 's 於 *yu* from 無 *woo* not 三 *San* Three
道 *taó* way. 父 *foò* his father 改 *kái* turning 年 *nyen* years

* See No. viii, in the Appendix to Sir George Staunton's valuable translation of the laws of China

"In three years not swerving *from* his father's way." *Lun-yu*, book i.

Still in this sentence it is easy to see the same idea preserved. The sentence might indeed be translated "if in three years he change not *his course* (previouly directed) *toward* his father's way." Motion toward some place or thing, therefore, either in its progressive state, or as completed, seems evidently the primary idea conveyed by this prepositive character, although it is modified in a variety of ways by the nature of the object towards which it is directed, particularly when applied in a figurative sense.

It may not be improper to add further, that in certain instances, the character *yú* performs the office of the preposition *than* in forming the Comparative Degree; but as several examples of this application of it, will be given in treating of the Comparison of Adjectives, for the sake of brevity the reader is referred to these.

2. The character 諸 *tchyu,* which in certain cases denotes "divers, all," and at the end of a sentence is either an interrogative or a dubitative, is sometimes used, like the character 於 *yu,* to signify *to, toward, at, &c.* If it be used at all as a verb, it is in the sense of resting, or reposing; but this use of it is by no means frequent. That it occurs however as a prepositive particle, the following examples will sufficiently shew. In the *Tà-hyŏh* of Confucius, *Tsung-tse,* the favourite disciple of the sage, describing the detestation in which a wicked though able servant is held by a good prince, says relative to him, that his sovereign, banishing,

夷 yee* nations without. 四 sè four 諸 tchyu to 迸 P'hing Throws (him)

"——— Throws him *to* the bordering barbarians." *Ta-shyŏh.*

In this sentence, *chyu* the second character from the right, may evidently be rendered by the preposition *to* or *toward;* but like the other Chinese particles erroneously termed dative, it is preceded by a verb of motion.

An example occurs in the *Choong-yoong*, or the Golden Mean, wherein it is used precisely in the sense of the prepositive character 於 *yu. Tse-se* the celebrated grandson of Confucius, who is said to have compiled the *Choong-yoong*, discoursing relative to the ease with which the path of virtue may be discerned by the superior man, describes this as one of the rules of virtuous conduct,

人 yin men. 施 shee do(that) 亦 yih also 不 pŏŏh not 己 keĕ myself 施 Shee Applying

於 yu to 勿 wŏŏh let me not 願 yuèn liking 而 irr and 諸 tchyu to

"Applying *to* myself what I dislike, let me forbear doing that *to* men."
Choong-yoong.

In this sentence *chyu*, in the first line from the right, denotes *to*, and seems exactly of the same import as *yu* in the fifth line.

* The character *yee* in general denotes the nations without China to the East; but being here joined with *se*, four, it means the nations in general which border on China.

In the second volume of *Mung*, that philosopher uses the character *tchyu*, in the sense of *on* or *upon*. Describing the conduct of the great *Yao* towards *Shun*, whom he took from the plough, and married to his own daughter, *Mung* adds, that at length,

上 *shyâng* a superior	加 *kya* placed (him)	舉 *Kyü* He advanced
位 *wŷ* seat.	諸 *tchyu* on	而 *irr* and

" Advancing, he placed him *on* a superior seat." *Mung*, vol. ii.

Here the character *tchyu*, in the second line may without violence be translated *on* or *upon*. It is evident therefore, that when it precedes a substantive to which it is not the adjunct, *chyu* has almost constantly the force of the prepositions *to, unto*, or *toward*; and nearly harmonizes with the prepositive character *yu*, before described.

3. The character 乎 *hoo*, which at the end of a sentence is often used by way of interrogation or of admiration, when it precedes a substantive, has the force of the preposition *at* or *in*. In the second volume of his work, *Mung*, comparing the famous *Wun-wang* with the emperor *Shun*, who lived above a thousand years before him, says that at the distance of a thousand years, from each other, these two kindred minds,

符 *foo* } seal.	若 *yŏh* like	中 *choong* the middle	行 *h'ing* spread (virtue)	得 *Tăh* } Successfully
節 *tsyĕh*	合 *hhŏh* a united	國 *kwŏh* country	乎 *hoo* in	志 *tcheè*

"———— Successfully cultivated virtue in China, as though they had been the correspondent parts of a divided seal.* *Mung*, vol. ii.

In this sentence the *hoo* prefixed to *Choong-kwŏh*, the term used to denote China, has the force of the prepositions *in* or *throughout*.

In the same book however, a sentence occurs which furnishes several examples of the use of this prepositive character in the sense of *to* or *toward*. *Mung*, extolling the conduct of *Shun*, just mentioned, who so regarded his father, a cruel and brutish man, indifferent almost to his son's existence, that, compared with his parental smile, the growing attachment of the whole empire to him, seemed as nothing; adds,

為 *wŷ* esteemed	親 *ts'hin* parents,	人 *yin* a man;	不 *pŏŏh* is not	不 *Pŏŏh* (He) not
子 *tsé* a child.	不 *pŏŏh* is not	不 *pŏŏh* (he) not	可 *khŏ* worthy	得 *tŭh* possessing (love)
	可 *khŏ* worthy	順 *shyŭn* obedient	以 *yeé* to be	乎 *hoo* toward
	以 *yee* to be	乎 *hoo* to	為 *wŷ* deemed	親 *ts'hin* relatives,

* "A divided seal." An allusion to a custom said formerly to exist in China. When a prince formerly sent a confidential servant on an embassy, he is said to have divided a large seal in two, and to have given one part to his minister: when his minister sent any dispatches to him, they were sealed with this half seal, to which the prince applying the counterpart in his own possession, convinced himself of the authenticity of the communication.

"He who is void of love to parents, is unworthy of being deemed a man; he who conforms not to his parent's will, is unworthy the name of a child." *Mung*, vol. ii.

Here the character *hoo* which occurs before *shin,* parents, &c. in the third perpendicular line of the sentence, has nearly the force of the English preposition *to*; and that in the fourth line has a force nearly similar. Many other examples might be adduced wherein *hoo* occurring before a substantive, has thus the force of a preposition; but these are sufficient to shew, that it generally denotes, either motion towards some object, or that motion as completed.

These are the chief characters which have even a distant resemblance to the Dative case in the alphabetic languages. *Fourmont* deems the verb 與 *yú,* to give,* a prepositive character serving to the dative case. This however seems scarcely correct: when used as a preposition, it is rather in the sense of the preposition *with,* than *to*; as the following examples will shew. In *Lun-yu,* book the third, Confucius extolling his favourite disciple *Hooi,* (who died at the age of thirty-two,) says to *Tse-koong,*

愈 *yuĕh* better? 孰 *shyŏŏh* who (is) 回 *Hooi* Hooi 與 *eè* with 汝 *Yù* Thou

"Thou (compared) *with Hooi,* who excels?" *Lun-yu,* book iii.

Here *yú* has evidently more the force of the preposition *with,* than of the pre-

* See page 226.

position *to* in a dative sense. In some cases indeed it has so much the force of a connective, that the preposition *with* might be exchanged for the conjunction *and*, with little violence to its meaning.* Such an instance occurs in the fourth book of *Lun-yu;* where the sage conversing with *Hooi*, tells him that it is wise to chuse such a season for spreading his doctrine, as seemed likely to be propitious to its success; and at other times, to remain in silence; but he adds,

夫 *foo* (idea.)	有 *yeŭ* have	與 *yŭ* with	惟 *Wy* Only
	是 *shee* this	爾 *irr* thee	我 *ngŏ* I

Only I *with* thee, (or I and thou,) have this idea of things. *Lun-yu*, book iv.

That this character is used in the sense of the preposition *with*, many other instances might be adduced to prove, were it necessary. The sage in the book of *Lun-yu* just quoted, styles *Ngan-p'hing-choong* a virtuous man, "because," says he,

之 *tchee* him.	而 *irr* and	交 *kyao* he associated	與 *Yŭ* With
	敬 *king* respected	久 *kyĕu* long,	人 *yin* a man

"Uniting in friendship *with* a man, he long esteemed him." *Lun-yu*, b. iii.

In this sentence *yú* has evidently the force of the preposition *with*. It

* It is singular that in Sungskrit, स *with*, is used as a conjunctive particle in much the same manner as the character *yu*. रामः सभरतः, "Rama and Bhuruta," literally "Rama *with* Bhuruta," is a phrase which occurs in the Ramayuna.

海上絲綢之路文獻集成 科技與文化编

中國言法

seems clear therefore, that by this preposition it may often be rendered, while it can scarcely ever be rendered by *to* or *for* in a dative sense.

The verb 到 *taò*, "to arrive, to arrive at," with the verb 至 *tcheè*, of nearly the same meaning, is often used in conversation in a way which might lead a person at first sight to deem it the preposition *at*; as in sentences like this:

"Yesterday I arrived at this place."

處 *chyŭ* place.	到 *taò* arrived at	天 *t'hyen* day	我 *ngó* I
	此 *tsé* this	來 *lai* coming	昨 *tsöh* the past

In this sentence however, *taò* is not the preposition *to*: this union of two verbs nearly similar in meaning to express an idea more fully, is common in conversation throughout India, and is as familiar with the natives of Bengal as with the Chinese. The two verbs *lai*, to come, and *tao*, to arrive, might indeed be reversed without injury to the sense: thus,

處 *chyŭ* place.	來 *lai* came to	天 *t'hyen* day	我 *Ngó* I
	此 *tsé* this	到 *taò* arriving	昨 *tsöh* the past

"Yesterday I *arriving came* hither."

When two verbs are thus united however, the preposition is generally omitted. But this application of *taò*, and of *tcheè*, is confined almost wholly to conversation: in their standard works the student in Chinese would

Ee 2

look for it in vain. In these, *tcheè* to arrive, is generally constructed with the preposition *yu*, as in the example given page 234, *Tchcè yu t'ha pang*; "arriving *in* another province."

To as used to denote "speaking to," is in conversation expressed in various ways. The character 與 *yú*, to give, which has been already shewn to be used in the sense of the preposition *with*, sometimes occurs in sentences like these,

"I have spoken *to* (or *with*) him."

說 *shyŭh* spoken.	他 *t'ha* him	與 *yú* with	已 *eè* have	我 *Ngó* I

In this connection however the character *yú* may still be considered as retaining the force of the preposition *with*: as the sentence may without violence be rendered, "I speak *with* him." An instance occurs in the second volume of *Mung* wherein it is thus used: *Wun-koong*, who highly esteemed *Mung*, conversing, on the death of his father, with his preceptor, *Yen-yao*, relative to the conduct proper for him on this melancholy occasion, introduces a conversation he once had with *Mung*, on the subject of mourning for parents, in these words,

終 *tsoong* to the end	宋 *Soong* Soong	我 *ngó* me	子 *tse* tse	昔 *Shih* } Formerly
不 *pooh* will not	於 *yu* from	言 *yen* the conversation	嘗 *shyung* had	者 *tchyéa* }
忘 *wang* obliterated.	心 *sin* my heart	於 *yu* in	與 *yú* with	孟 *Mung* Mung

中國言法

" The conversation which *Mung-tse* formerly had *with* me in the *Soong* province, will never be erased from my mind." *Mung*, vol. 1.

In this sentence the three characters, *yú ngó yen*, " with me the word or conversation," furnish an example of *yú* thus applied to verbs of speaking; but even here it will easily admit of being rendered by the preposition *with*.

Certain instances occur wherein the character 於 *yu*, follows verbs of speaking. Several examples of this kind may be found in the *Kang-kyen*, or the " Annals of China," a work in forty-four volumes, compiled from the records of the various dynasties; which gives the history of China from its being first peopled, to the accession of the present family to the throne, A. D. 1661. In the fifth volume of these Annals, (the style of which, though chaste, is easy and perspicuous,) a sentence occurs wherein this character is constructed with the verb *yen*, to speak. The historian introduces *Tse-se*, the grandson of Confucius, as addressing the petty sovereign of *Wy* relative to the wretched state of things in that age; which incident he describes in these terms;

日 *yih* daily	國 *kwoh* state-	曰 *yueh* said,	於 *yu* to	子 *Tse* Tse
非 *fy* nothing	事 *sè* concerns	君 *kyoon* the sovereign	衛 *Wy* the *Wy*	思 *se* se
矣 *eé* (emph.)	將 *tsyang* are almost	之 *tchee* 's	侯 *hyeu* sovereign	言 *yen* speaking

" *Tse-se*, speaking *to* the sovereign of the kingdom of *Wy*, said, " The affairs of the sovereign are almost daily growing worse and worse." *Kang-kyen*, book vi.

海上絲綢之路文獻集成 科技與文化編

In this sentence *yu*, in the second line from the right, has nearly the force of the preposition *to* in English, when used to denote "speaking to." Other examples of this kind might be quoted; but this one may suffice.

In common conversation the character 對 *tooi*, which means "opposite to or before another," and hence "to respond," is sometimes connected with a verb of speaking; as in sentences of this kind;

"Go speak *to* him."

說 *shyuh* speak.	他 *t'ha* him	對 *tooi* to	去 *khyu* go	你 *Nee* You

This however, is literally; "go speak *before* him, or in his presence." But this mode of using the verb *tooi* is confined almost wholly to conversation: it is scarcely ever found in respectable compositions.

The Vocative.—Relative to this case, little requires to be said. In the most esteemed Chinese works, it is in general formed by merely repeating the name of the person addressed. Of this several instances occur in *Lun-yu*: in book the first, the sage is introduced as conversing with his disciple, *Tse-loo* already mentioned, who, amidst his other foibles which so often drew on him his master's reproofs, was somewhat too fond of appearing to be acquainted with every thing. With the view of correcting this turn of mind, and of pointing him to the way in which he might obtain real knowledge, the sage advises him ingenuously to acknowledge his ignorance in those things of which he was actually ignorant; which advice he introduces with this address;

中國言法

乎 hoo.	之 tchee things	知 chee to understand	女 yü thee	誨 hoéi (let me teach)	由 Yeu Yeu,

" *Yao*, let me teach thee, (the way to) real knowledge?" *Lun-yu*, b. i.

In this sentence the first character to the right, is evidently a proper name, used in the vocative case.

In the second book of the same work, another instance occurs. *Tse-koong*, one of the sage's disciples already mentioned, holding a place of authority in the kingdom of *Loo*, wished to abolish the ancient custom of presenting a lamb annually at the paternal temple, as a kind of offering on the first day of the new year, which he now deemed a useless expense, as the ideas originally connected with the rite were now almost forgotten. The sage however wishing to retain the ancient custom in the hope of its one day reviving those feelings of filial veneration in which it originated, disapproved of this innovation; and addressed him in a sentence, the first character of which forms the vocative case.

其 khee its	我 ngó I	其 khee its	爾 irr thou	賜 Tse
禮 leé propriety.	愛 ngài regard	羊 yang lamb,	愛 ngài regardest	也 yéa

" *Chya*, thou regardest the lamb connected with the rite, I regard its virtuous import."
Lun-yu, b. ii.

In this sentence *Tse*, the first character to the right, must necessarily be understood in the vocative case.

Another instance of the vocative may be quoted from book the third, in which this same disciple tells his master, that he felt no more desire to injure another man, than for another to injure himself. To this declaration, the sage, whose opinion of his disciple's virtue was somewhat lower than his own, addressing him by his name, which of course forms the vocative, replies;

也 *yéa.*	所 *só* that which	非 *fy* (it is) not	賜 *Tsé* Tse
	及 *kyih* hast attained	爾 *ěrr* thou	也 *yéa*

"*Tse*, this is a pitch of virtue to which thou hast not attained." *Lun-yu*, b. iii.

In these three examples the vocative is formed merely by mentioning the name. There is however an instance occurring in the same work, wherein the character *hoo* already mentioned, is placed after the vocative; but it evidently adds something to the meaning of the sentence, like a note of admiration placed after the vocative in English. The sentence occurs in the third book of *Lun-yu*, where the sage addressing himself to his favourite disciple *Choong-koong*, relative to the nature of his doctrine, says,

貫 *kuǒn* unites	一 *yih* } in one	吾 *ngoo* my	參 *Ts'han* } Ts'han!
之 *tchee* itself.	以 *yeě* } principle	道 *táo* way	乎 *hoo* }

"*Ts'han*! my doctrine centres wholly in one principle." *Lun-yu*, book iii.

In this sentence, *Ts'han*, the first character to the right, is the vocative case;

海上絲綢之路文獻集成 科技與文化編

中國言法

to which the second character, *hoo*, is not however, a necessary appendage: it is used here by the sage, to call the attention of his disciple.

These examples may suffice to convey an idea of the manner in which the Chinese express the vocative case. We proceed to another far more complex in the ideas generally included underneath it, and requiring therefore, a far greater number of examples by way of illustration.

THE ABLATIVE.—Under the case generally termed the *Ablative*, is included so great a variety of ideas, that it seems rather an assemblage of cases, than one in particular. Of these the S*u*ngskr*i*t language has formed three distinct cases, by the names of the Instrumental, the Ablative, and the Locative; and as the Chinese have characters which nearly answer to all these three, it may not be improper to class them under these distinct heads.

The Instrumental.—Under this case we may class those characters which answer to the English prepositions *by* and *with*. Here however, it will occur to the intelligent reader, that even the preposition *with*, conveys two distinct ideas; *with*, when intended to describe the instrument by which *an action is performed*, differing widely from *with* used merely in the sense of *accompanying*. It is in the former sense alone that *with* can be classed under this head.

In familiar conversation, the Chinese often employ the verb 用 *yòng*, to use, &c. to express the *instrument* by which an action is done: thus,

F f

"He struck me *with* a bamboo."

我 *ngó* me.	打 *tá* struck	竹 *choŏh* a bamboo	用 *yoŏng* using	他 *Tha* He

But the use of *yoŏng* in this sense is confined almost wholly to conversation. The character generally employed in their best writings to denote the *instrument,* is the verb 以 *yeé,* to use, to employ, &c. of which the following sentence from book the second of *Lun-yu,* furnishes two examples. In reply to the enquiries of *Ting-koong,* the sovereign of *Loo,* respecting the manner in which a prince and his ministers ought to act towards each other, the sage says ;

以 *yeé* with	事 *tsè* serve	禮 *leé* propriety,	臣 *chhun* ministers	君 *Kyoon* Let the sovereign
忠 *tchoong* faithfulness.	君 *kyoon* the sovereign	臣 *chhun* let ministers	以 *yeé* with	使 *sheé* employ

"Let the sovereign employ his ministers *with* propriety; let his ministers serve him *with* faithfulness." *Lun-yu,* book ii.

In this sentence *yeé* in the second and fifth lines from the right, evidently denotes the instrument: it might indeed be rendered by the present participle of the verb to use; as, "*using* propriety, *using* faithfulness;" but as there is another verb in the sentence, this character, even then, would still answer to our preposition *with,* as used to denote the instrument.

海上絲綢之路文獻集成 科技與文化編

中國言法

Another example occurs in the sentence already given, page 242;

之 *tchee* him.	妻 *ts'heé* he married	子 *tsè* daughter	其 *khee* his	以 *Yeè* *With*

"With his daughter he married him."

Here the idiom of the English language would rather employ *to* than *with*; but the idea conveyed by the original verb is still retained: "daughter" in this sentence, is the means or instrument through which, as well as the person with whom, the union was formed.

A third instance of this application of the verb *yeé*, occurs in the first book of *Lun-yu*, where the sage treating of the most effectual mode of reclaiming a nation from vice, says;

恥 *chheé* ashamed.	免 *myén* avoid (evil),	以 *yeé* by	政 *tchìng* authority,	道 *Taó* Governing
	而 *irr* but	刑 *ying* punishment,	齊 *ts'hee* restraining	之 *tchee* them
	無 *woo* are not	民 *min* the people	之 *tchee* them	以 *yeé* *by*

"If you govern the people *by* strict authority, and restrain them *by* punishment, they indeed avoid evil, but feel not its turpitude." *Lun-yu*, book iv.

In this sentence too, the preposition *by* fully expresses the force of the character *yeé*; although it cannot be denied that the active participle of the verb "to use," would convey nearly the same meaning.

海上絲綢之路文獻集成　科技與文化編

To express the preposition *with* in the sense of *accompanying*, the character 同 *t'hoong*, is generally used in conversation; as,

"I go *with* you."

去 *khyù* go. 你 *neé* you 同 *t'hoong* with 我 *Ngó* I

It is however necessary to observe, that in most instances wherein the character *t'hoong* occurs in their best writings, it has rather the meaning of *equal, alike*, &c. than of the preposition *with*. The sage, in the second book of *Lun-yu*, speaking of the ancient manner of exhibiting skill in archery, quotes a passage from the *Lee-khee* to prove, that the trial depended, not so much on strength, as on that skill which fixed the arrow in the target of leather, without completely perforating it; "for," says he,

科 *kho* (in) all. 同 *t'hoong* *alike* 不 *pooh* not 力 *Lih* Strength

"Strength is not *alike* in all." *Lun-yu*, b. ii.

Here *t'hoong*, the third character from the right, can scarcely be rendered by the preposition *with*: the idea conveyed is that of likeness or equality.

In the first volume of *Mung*, that philosopher, on a certain occasion, speaking of Confucius, and asserting his superiority to all other men, the prince with whom he was conversing, replies, and asks,

與 *yu* ? 同 *t'hoong* one like (him) 有 *yeŭ* has (he) 則 *tsŭh* indeed 然 *Yen* Then

"Then indeed is there any one *like* him?" *Mung*, vol. 1.

In reply to which, *Mung*, in the same sentence, acknowledges, that there might indeed exist one like the sage; and then adds, that if there were a person to be found, who would not do an evil deed for the sake of obtaining even the empire of the world,

同 *t'hoong* like (him.) 則 *tsŭh* then 是 *Shee* (He) is

"This person then would equal the sage." *Ibid.*

In both these sentences, the character *t'hoong* evidently denotes *equality* or *likeness*: and if we preserve the idea of the preposition *with*, we must render the character by the verb; "to agree with." From these examples it appears, that in their standard writings, *t'hoong* is generally used in the sense of *likeness*, or *sameness*. In conversation however, it is more commonly used in the sense of the preposition *with*, than perhaps any other character.

The Ablative.—The case which properly deserves the name of the Ablative, is that designated in English by the preposition *from*. This, in Chinese is expressed by three prepositive characters, 從 *ts'hoong*, which also means to follow; 由 *yeu*, often used to denote "a proceeding from;" and the character 自 *tsè,* self, which by a strange transition of idea, is used to denote motion *from* or *out of* a place.

The first of these, 從 *ts'hoong,* is perhaps oftener used in conversation to denote *from,* than either of the others. It occurs in sentences of this nature :

"Did you come from Canton, or are you from *Foŏh-kyen?*"

來 *lai* come.	福 *Foŏh* Fooh	是 *sheè* are (you)	來 *lai* came,	廣 *Kwàng* Can-	你 *Neè* You
	建 *kyèn-* kyen	從 *ts'hoong* from	還 *hwan* or	東 *toong* ton	從 *ts'hoong* from

Very few instances however of its being thus used as a preposition are found in their best writings. In the first book of *Lun-yu,* Confucius describing the state of his mind at the age of seventy, says,

矩 *kyŭ* the bounds.	不 *poŏh* (did) not	所 *só* what	從 *Ts'hoong* From
	踰 *eŭ* exceed	欲 *yoŏh* desires,	心 *sin* (my) heart

"*From* the heart the desires which (*proceeded,*) passed not the due bounds."

Lun-yu, book i.

In this sentence, the first character on the right, may be possibly rendered *from*; but even here it admits of doubt whether it may not be rendered better by the verb *followed*; thus, "The desires which *followed* the natural bent of my heart, passed not the prescribed bounds."

海上絲綢之路文獻集成 科技與文化編

中國言法

But in many other passages in their most respectable writings, *ts'hoong* is evidently the verb 'to follow.' In the second book of *Lun-yu,* the sage, comparing the *Tchyeu* dynasty with the two preceding dynasties of *Hya* and *Shyang,* extols it as far surpassing the other two in the excellence of its laws and polity, and concludes with saying,

周 *Tchyeu* Tchyeu. 從 *t'shoong* follow 吾 *Ngoo* I

"I *follow* the *Tchyeu* dynasty." *Lun-yu,* b. ii.

In this sentence and many others, *ts'hoong* is evidently the verb "to follow." It seems necessary thus to notice the difference between certain characters as used in familiar conversation, and as occurring in the Chinese writings; since without this, a person who should form his ideas of those characters merely from their use in conversation, would be quite at a loss when he met with them in their classical works.

2. The character 由 *yeu,* denotes 'from' as 'proceeding from,' but in a sense which renders it doubtful whether it should not be rather classed under the Instrumental, than the Ablative case. Though it may be generally rendered by the preposition *from,* it widely differs from the sense of that preposition as used to denote departure from a place: it rather denotes 'from' as the cause whence an effect proceeds, and often points out the *means by which a thing is done;* which will appear from its application in the following sentences. Confucius, in the third book of *Lun-yu,* wishing to shew how necessary virtue is to happiness, does it by a comparison where-

in he uses the character *yao* in connection with a door, and in such a way, as to express a passing through it; thus,

由 *yeu* by	出 *chhyŭh* go out	誰 *Shooi* Who
戶 *hoó* the door?	不 *poŏh* not	能 *nung* can

" Who can go out of the house, except *from* (or *through*) the door?"

Lun-yu, book iii.

Here it seems proper to render *yeu* by the preposition *through*: for "the door" is not merely the place *from* which the action begins, it is also the *means through* which it is accomplished.

In the first book of *Lun-yu*, Confucius, celebrating the benignity of the first two emperors, describes its excellent effects in these words:

之 *tchee* it.	由 *yeu* *flowed from*	大 *tà* great	小 *Syaó* Small

" Both small things and great *flowed from* it." *Lun-yu*, b. i.

In this sentence the character *yeu* may be rendered by the phrase "flowed from;" in the sense of cause and effect, however, as benignity was the cause from which these effects flowed.

Another instance occurs in the *Lee-khee*, where the writer, enumerating the various effects of a regular and wise government; such as giving

海上絲綢之路文獻集成 科技與文化編

中國言法

security to cities, stability to laws, peace to families, and cultivation to the fields ; adds,

起 *kheé* arise.	此 *tsé* this	由 *yu* from	兵 *ping* armies	而 *Irr* And

"And *from* this armies are raised." *Lee-khee*, b. iv.

In this sentence it is evident that the character *yeu* describes, not so much the occasion which gave rise to armies, as the cause from whence proceeded their organization and constant support. Hence this character might here be translated by the preposition *through*.

Afterwards, in the same sentence, speaking of *Shun*, the associate of the great *Yao*, and of *Ee*, *T'hang*, and *Wun-wang*, respectively the founders of the three first and most famous dynasties, *Hya*, *Shyang*, and *Tchyeu*, all four of whom were raised to the imperial dignity by their virtue alone, the writer adds relative to their fitness for governing, that,

也 *yéa.*	選 *syuén* chosen	其 *khee* (were) these	此 *tsé* this	由 *Yeu* From

"*From* (or *through*) this were these chosen to dignity." *Lee-khee*, b. iv.

In this sentence *yeu* evidently points out the virtue and ability of those excellent princes, both as the *cause* and the *means* of their exaltation to dignity. In general therefore, though not always, *yeu* appears to be used

Gg

海上絲綢之路文獻集成 科技與文化编

in such a way as to denote both the *cause* of an action, and the *means through which* it is completed. Hence it is evident, that if we render it *from,* it must be still in a sense which the *Sungskrit* grammarians would express by the Instrumental, rather than the Ablative case.

The Chinese however, have another prepositive character, which answers to a particular use of the ablative by *Sungskrit* grammarians termed '*the Nimmittuk.*' It is the character 因 *yin,* which marks, not the *means through which* an action is accomplished, but simply the *occasion* of an action, or the *circumstance* from which it arises. An instance of its application occurs in the comment on a short poem in the first volume of the *Shee,* where the commentator represents the joy of the heroine of the poem on her husband's return, as arising,

時 shee time.	歸 kwy returning	其 khee his	因 Yin From
	之 tchee 's	未 wy not	記 kee recollecting

" *From* her recollecting the period of her husband's absence." *Lee-khee,* vol.

In this sentence *yin* the first character, marks the *cause* from whence arose the peculiar joy of this Chinese heroine on her lord's return.

Another instance may be adduced from the same volume. In the comment on a short but beautiful poem on filial affection, the commentator represents a son absent from his parents on the service of his sovereign, as climbing a high mountain, and looking with tender anxiety towards the place of his parents' abode,

中國言法

言 *yen* words.	已 *kee* 之 *tchee* } his own	親 *tchhin* parents' 念 *nyèn* remembering	像 *syáng* realizing 其 *khee* this	因 *Yin* From 想 *syáng* thinking

"*From* picturing to himself his parents as recollecting his own parting words."
Shee, vol. i.

Here the *circumstance* which gave rise to this action of the dutiful son is pointed out by *yin*, the first character to the right. Were we indeed to change the form of the sentence, we might render *yin* by *for* or *because*, instead of *from*; thus; "*because* he pictured to himself," &c.

From, as signifying from a place, is most frequently expressed in the best Chinese writings by the character 自 *tsè*, so often used to denote *self* in a pronominal sense. Of this, the first page of *Lun-yu* furnishes us with an example, in the sentence wherein the sage numbers among the incitements to study, a man's having a friend or follower come from a distance, attracted by the fame of his learning. In describing this circumstance, he uses *tsè* in the sense of the preposition *from*; thus;

方 *fwang* part 來 *lai* come.	自 *tsè* from 遠 *yuén* distant	有 *Yèu* Having 朋 *p'hoong* a friend

"Having a friend come *from* a distant part.——" *Lun-yu*, b. i.

Another example occurs in the second volume of the *Lee-khee*, in which the writer describing the distance of certain places from each other, uses this expression;

近 *kin* (it is) near. 里 *leé* lee 河 *ho* ho, 於 *yu* at 山 *shan* shan 自 *Tsè* From

而 *irr* and 千 *tsyen* a thousand 南 *Nan-* Nan- 至 *tchee* arriving 恆 *Hung-* Hung-

" *From Hung-shan* to *Nan-ho* the distance is a thousand *lee.*" *Lee-khee*, vol. ii.

In this sentence *tsè*, the first character to the right, denotes motion or departure from a place.

A third example may be selected from the third book of *Lun-yu*, which details an incident highly illustrative of Chinese manners. *Puh-yeu*, a disciple of the sage's, greatly beloved by him, was dangerously ill; but hearing that the sage intended to do him the honour of a visit, the sick disciple, to shew his esteem for his master, had his couch removed from the north to the south side of the room, that he might leave the former to his master, according to the custom observed toward men of the highest rank. Hearing of this, the sage, as earnest to prevent this distinction being paid him, as his disciple was to do him the honour, would not enter the house; but from a window took hold of his sick disciple's hand. In narrating this circumstance, *tsè*, is used as denoting *from*, in the following sentence,

手 *shyéu* hand. 其 *khee* his 執 *chhih* he took 牖 *yèu* the window 自 *Tsè* From

" *From* the window he took hold of his hand." *Lun-yu*, b. iii.

The three examples already given, exhibit this character as expressing motion *from a place*; but in the following example it is applied figuratively

海上絲綢之路文獻集成 科技與文化編

to rank in life. In the *Ta-hyoh, Tse-se,* the grandson of Confucius, describes the force of a virtuous example to be such that it extends,

庶 *shyù* common	至 *tcheè* extending	子 *tsé* son	自 *Tsè* From
人 *yin* people.	於 *yu* to	以 *yée* even	天 *t'hyen* Heaven's

"*From* the Son of Heaven even to the common people." *Ta-hyŏh.*

In this sentence *tsè,* the first character in the sentence on the right, denotes *from* as applied not to place but to situation in life.

The Locative.—The character which answers to the Locative case in Sungskrit, is 中 *choong,* "in." This character however has two meanings; when it precedes a substantive, it has almost constantly the sense of the adjective *middle;* as in "*Choong-kwŏk,*" "the middle country" or China. It is only when it follows a substantive that it has the force of the preposition *in.* In this last sense it occurs in the second book of *Lun-yu,* where Confucius speaking of *Koong-yea-chang,* one of his disciples then unjustly suffering imprisonment, says,

罪 *choòi* crime	非 *fy* it was not	之 *tchee* 's	縲 *looi* } confinement	雖 *Sooi* although
也 *yéa.*	其 *khee* his	中 *choong* in,*	絏 *syĕk* }	在 *tsai* he was

"Although he was *in* confinement, it was not for his crimes." *Lun-yu,* b. iii.

* This uncouth mode of expressing the meaning of a Chinese sentence is sometimes unavoidable from the nature of the language, if the meaning of each character be given with any precision, which, in a language so little known, seems desirable. But this is not peculiar to the Chinese language: neither Sungskrit nor Greek would appear less uncouth in many instances, were an attempt made to give the meaning of each word singly.

In this sentence *choong* in the third line from the right, has the force of the preposition *in*.

Of this application of *choong*, another instance may be adduced from the fourth book, where the sage expresses his contempt of riches and honour if they require the sacrifice of virtuous principles, and says respecting coarse food, water for his daily beverage, and his bended arm for a pillow, that,

中 *choong* in	在 *tsài* is	樂 *Lŏh* Happiness
矣 *eé.*	其 *khee* these	亦 *yih* even

" Happiness is found even *in* these." *Lun-yu*, b. iv.

In this sentence also, *choong*, the fifth character from the right, is used in the sense of the preposition *in*.

We may adduce a third instance from the second volume of the *Lee-khee*, where the writer, giving directions relative to the day on which mourning ought to begin when an emperor dies, says, that on the third day his family should put themselves in mourning ; on the fifth the mandarines ; and adds,

服 *foŏh* mourn.	男 *nan* let the men	國 *kwŏh* } in the	七 *Ts'hih* The seventh
	女 *nyŭ* and women	中 *choong* } country	月 *yueh* day

" On the seventh day let the men and women *in* the country begin mourning."
Lee-khee, vol. ii.

海上絲綢之路文獻集成 科技與文化編

In all these examples, *choong* follows the substantive; and in the two first, it is preceded by *tchee* the sign of the genitive. This singularity in the construction of *choong*, is by no means peculiar to the Chinese; it is found in *Sungskrit*, and in several of its dialects; thus in *Sungskrit* देशस्य मध्ये "in the country," is a phrase of the same import, and constructed in exactly the same way, देशस्य being the genitive case.* The reason on which this peculiar construction is founded, probably is, that both *choong* in Chinese and मध्य in *Sungskrit*, are in reality substantives; and therefore subjected to the regimen of substantives.

Beside *choong*, there are one or two other characters, which perform the same office. The character 間 *kyen*, has in many instances nearly the force of the Locative case. One occurs in the second book of *Lun-yu*, where the relator narrates a singular conversation between *Tse-hya* and *Tse-choong*, two of Confucius's disciples, which took place on the following occasion: *Tse-hya's* son dying, he mourning for him abandoned himself to all the extravagance of grief. *Tse-choong* went to see him, and, affected with his distress, wept with him. Overcome with grief, *Tse-hya* at length exclaimed, "Oh heaven! I have no sin." *Tse-hya*, displeased, rebuked him, and mentioned three instances wherein he had certainly been guilty of sin; the first occurred when *Tse-hya*, and himself were ministering to their master in the *Chyu-tsyu* country, at which time *Tse-hya*

* A still stronger instance of similarity in the construction of these two languages, will be seen in the compound form of this sentence. Though the two former Chinese examples admit the genitive particle *tchee* before the prepositive *choong*, it is omitted in the last example: thus also in *Sungskrit* the sign of the genitive is omitted in the compound form; and देशमध्ये the *Sungskrit* phrase, agrees precisely with the Chinese '*Kwoh-choong*.'

海上絲綢之路文獻集成　科技與文化編

turning back at the *See-ho* river, remained there a long time, with the view of making the people believe that he was Confucius himself: he insisted that he had further acted wrong in performing his parents' funeral obsequies in so private and parsimonious a way, as scarcely to make people in general acquainted with their death; and lastly, that at the present time he was acting improperly in mourning thus immoderately for his son. In narrating the first of these three circumstances, *Tse-koong* uses the character *kyen* in the sense of the locative case, in the following sentence,

間 *kyen* midst.	泗 *sé*	於 *yu* in	夫 *Foo*	汝 *yú* thou	吾 *Ngoo* I
	之 *chee* 's	洙 *Chyu-*	子 *tsé*	事 *tsé* attended	與 *yú* with

"I and thou attended Confucius *in Chyu-se*. *Lee-khee*, vol. ii.

In this sentence *kyen*, the last character to the left, has nearly the force of *choong*, and is constructed with the genitive particle in precisely the same manner.

In a sentence which occurs in the first volume of *Mung*, that philosopher uses this character with reference to time. Walking on the public road with one of his disciples, and pensively revolving the then state of things, his disciple asked him why he appeared so sad; upon which he disclosed the cause of his grief by saying, that once in five hundred years a good king might perhaps arise, and that in this space of time alone could one man eminent for wisdom be expected to arise. In this sentence *kyen* is used thus,

中國言法

者 *tchyéa* person.	名 *ming* 世 *shed* } a famous	必 *pih* 有 *yéu* } there may be	其 *Khee* 間 *kyen* } In it

"*In* this period there may possibly arise a man eminent for virtue and wisdom."
Mung, book ii.

Here also, *kyen*, the second character from the right, denotes *in*, and, like *choong* in the second example, is constructed with a genitive particle.

In certain cases the adverb 內 *nooi, within*, is used in a sense which has some affinity with the Locative case. One instance occurs in the second volume of *Mung*, where that philosopher, lamenting the state of things, says, that were the various rulers determined to imitate *Wun-wang* in governing, the whole empire might be reformed in seven years. This last clause is expressed in the following manner:

內 *nooi* in:	之 *tchee* 's	年 *nyen* years	七 *T'shih* Seven

"———In seven years." *Mung*, vol. ii.

In this sentence *nooi* is used in a sense somewhat akin to the locative, and, like the characters *choong* and *kyen* when thus used, is constructed with the genitive particle *tchee*. *Nooi*, however, occurs more frequently in the sense of the adverb *within*.

H h

These are the principal characters which, in the Chinese language, perform the office of the various cases of nouns in the alphabetic languages: and when the force of each of them is considered, it is easy to see, that, taken as a whole, they express the various relations of the substantive with scarcely less precision than the terminations of the various cases in the most refined languages. The Nominative, the Accusative, and the Vocative, have in Chinese no prepositive character to distinguish them; as none is in reality needed. In certain other languages, these three cases are often alike destitute of peculiar terminations to distinguish them. Such is the case in Latin with all nouns of the neuter gender: nor indeed with these alone, many of both the masculine and feminine genders have these three cases alike in both numbers, with the exception of the accusative singular. Of this fact *nubes*, and *gradus*, and even *facies*, furnish examples; and of course all nouns of the third, fourth, and fifth declensions. But in those cases which require particular discrimination, as the Genitive, the Dative, (according to some,) the Instrumental, the Ablative, and the Locative, we find the Chinese sufficiently furnished with prepositive characters, and such too as if accurately discriminated in their application, have perhaps less of ambiguity in them, than the cases of most other languages. In examining these prepositive characters, I have been the more minute, because the right use of them forms so important a part of Chinese grammar. For this reason so great a variety of examples has been adduced to illustrate them; since it is only by studying them carefully, as applied by the Chinese writers themselves, that we can gain any thing like a just idea of their force and beauty. And numerous as the examples adduced are, there is reason to apprehend, that those who wish to gain a thorough insight into the language, will rather regret their fewness and want of variety, than complain of their being too many.

中國言法

An example of a Chinese substantive as connected with its prepositive characters, would be found to co-incide exactly with the cases of no substantive given in other grammars. It may not however be improper to bring the principal prepositive characters into one view; thus:

Case	Characters	Pronunciation	Meaning
Nom.	人。	*Yin,*	a man.
Gen.	人之。	*Yin tchee,*	man's.
Gen.	人的。	*Yin tih,*	man's.
Dat.	爲人。	*Wy yin,*	*for* man.
Dat. (improp.)	於人。	*Yu yin,*	*to or toward* man.
Acc.	人。	*Yin,*	man.
Voc.	人。	*Yin,*	O man.
Instr.	以人。	*Yeĕ yin,*	*by* man.
Instr.	由人。	*Yeu yin,*	*through* man.
Abl.	同人。	*Thoong yin,*	*with* man.
Abl.	與人。	*Yü yin,*	*with* man.
Abl.	自人。	*Tsĕ yin,*	*from* man.
Loc.	人之中。	*Yin tchee choong,*	*in* man.

From this view it may easily be seen, that the Chinese prepositive characters in general *precede* the substantive they govern; but that those which express the Genitive and the Locative are exceptions to this rule. These exceptions however appear founded in nature; the Genitive case marks something as *proceeding from* the substantive, not terminating

H h2

海上絲綢之路文獻集成 科技與文化編

therein, and the character which expresses the Locative, is in fact a substantive governed by the genitive case.

In these prepositive characters, the attentive reader will have observed a peculiarity found in the same degree, perhaps, in no other language. These prepositions, with the exception of one or two, are all used either as verbs, adjectives, or pronouns. Thus the genitive particle 之 *tchee*, is, in certain situations, the verb 'to go forth,' and even the pronoun 'it.' 爲 *Wy*, 'for,' is also the verb 'to be;' the character 以 *ee*, 'with, by,' &c. is constantly used in the meaning of 'employ, apply, use;' and 由 *yeu*, 'from or through,' is often found as a verb in the sense of flowing or arising from. The character 同 *t'hoong*, 'with,' is often used in the sense of the adverb alike, and 與 *yu*, with, as connected with, is also the verb 'to give.' As for the two ablative prepositions, 從 *choông* and 自 *tsè*, the former is generally used in the sense of the verb 'to follow;' and the latter often found united with a pronoun to denote self; as, *ngo tsè kee*, 'I myself.' Lastly, the Locative preposition 中 *choong*, 'in,' is used for the adjective 'middle;' so that the adverb 間 *kyen*, 'in, within,' is almost the only character which has not another meaning; and this, pronounced with the grave instead of the even tone, means, 'to interfere.'

This however, creates little ambiguity: relative to those characters which are used as verbs, or pronouns, or adjectives, their position and the meaning of the context, remove nearly all the difficulty; in English, *bear* as verb, and *bear* as a substantive, are instantly known from each other; as are

中國言法

sound, the substantive, the adjective *sound,* and *sound* used as a verb. The character, 之 *tchee,* is perhaps the most ambiguous in its application; but the difficulty arising from it, disappears in proportion as a person becomes acquainted with the language.

On the other hand, the circumstance of these characters being in continual use in the capacity of verbs, adjectives, &c. is in some instances the means of throwing light on their real nature and meaning, since the nature of the office they perform as particles, can be easily collected from the sense in which they are constantly used. The nature of the genitive particle *tchee,* for example, is not far remote from the meaning of that character used as a verb, 'to proceed forth :' were we in many instances to deem the preceding character a noun in the genitive case, and *tchee* a passive participle united with the other substantive, we should have nearly the same meaning; thus 'the father's way' might be rendered, (somewhat uncouthly 'tis true,) "the father-produced way." Thus also 以 *yeé,* which marks the instrument, if rendered participially, would still convey the meaning suggested by our prepositions *by* or *with.* In one of the examples given, 'If the sovereign coerce the people by severity, and restrain them by punishment;' we might turn *by* into the active participle in each case, and find the same idea still suggested; thus, 'If the sovereign, *using* severity, coerce the people, *applying* punishment, restrain them from evil.' The same might be shewn relative to others of these prepositive particles.

This peculiarity however is not confined to the Chinese language;

verbs in a participial form are used as prepositions in certain languages in India. In Bengalee the preposition দিয়া, *by*, is precisely the same with the present participle of the verb to give; nor would a sentence be altogether void of meaning wherein it should be rendered by that participle: thus, "By these means he succeeded;" might be rendered; 'Giving, using, or applying, these means, he succeeded.' This interpretation quite agrees with the genius of the language, as the verb 'give,' is used with great latitude in the Indian languages.

Should any one query, relative to these prepositive characters, which of the two meanings attached to them is the original one, the question may perhaps be pretty easily solved. It is probable, that nearly all these characters originally expressed ideas without reference to any part of speech, and were first used to express the various ideas of proceeding, using, uniting, &c. in the simplest manner; and that as speech was gradually enlarged by the extension of mutual communication, they were applied more widely, in circumstances more complex, and often in a figurative sense, which might issue in their performing that office in the Chinese language which English prepositions perform; possibly too, without any idea of their being used in a sense widely different from their original meaning. Thus might the Chinese, without any very clear idea of the different parts of speech, by the peculiar use of certain characters, bring their language to answer all those purposes for which other nations employ a copious grammatical terminology. This may perhaps account for their not feeling the want of treatises on grammar, when the various senses in which those characters are used which perform the office of grammatical terminations in other languages, are defined with so much care and accuracy in their various dictionaries.

OF ADJECTIVES.

Relative to the nature of Chinese adjectives, little requires to be said. Three kinds may perhaps be distinguished: *original adjectives*, or those originally intended to describe a quality as existing in some subject: those which being originally *substantives*, are used occasionally to describe certain qualities inherent in substantives; and those which may be termed *compound-adjectives*. Of these three kinds it may not be improper to take a slight view.

1. Those which are *Original Adjectives*, form a very considerable number: Such are 大 *tà*, great; 小 *syaó*, small; 高 *kao*, high; 下 *hyà*, low; 重 *tchoòng*, heavy; 輕 *khing*, light; 富 *foò*, rich; 貧 *p'hin*, poor, &c. It has however been already shewn, that many characters, originally adjectives, are occasionally used as substantives: thus *foò*, rich, is often used to denote riches; and *tà*, great, is occasionally used to signify greatness.

A second kind of adjectives are those, which, originally expressing ideas in their nature substantives, are often used to express the quality they originally denote, as existing in another substantive. Thus 善 *skyén*, virtue, is often used as an adjective to signify virtuous; and the character 仁 *yin*, which expresses virtue in the highest degree, is also an adjective when added to 人 *yin*, a man. Of words thus used both as substantives and adjectives, the English language is not altogether destitute; the words light, calm, cold, salt, &c. are used as adjectives as well as substantives. But, as in English words of this kind, it is not easy always to ascertain whether they were originally adjectives or substantives; so, respecting many of these Chinese characters, it is difficult to say with precision whether they were originally substantives, or whether they have been used from the beginning to denote some quality as existing in other substantives. Were we indeed to advert to characters originally *verbs*, and which become adjectives as often as they are used as participles, we might include a great multitude of the Chinese characters. But this would include little peculiar to the Chinese language; 'the *conciliating look*;' 'the *hated task*;' 'the *neglected* friend;' 'the *despised*, yet *feared* enemy,' are expressions by no means unfrequent in the English language.

3. Relative to Compound-adjectives, or those in which two or more characters are united to describe a quality in a substantive, or to form an adjunct thereto, perhaps no language abounds in these to a greater extent than the Chinese. Of this description are certain adjectives formed by adding 的 *tih*, the genitive particle, to an adjective and sometimes to a verb. The following are sentences of this kind:

海上絲綢之路文獻集成 科技與文化編

"This word is *proper*.

的 *tĭh* (gen. part.)	當 *tang* proper	話 *hwă* word	這 *Chyeă* This
	說 *shyŭh* to speak	是 *sheĕ* is	句 *kyŭ* (num.)

"That man is highly *useful*."

的 *tĭh.* (gen. part.)	要 *yaŏ* highly	人 *yin* man	那 *Nă* That
	用 *yoŏng* useful	是 *sheĕ* is	個 *kŏ* (num.)

These compounds however are not simply adjectives: in both the above instances a verbal is formed by the genitive or possessive particle *tĭh* being affixed to a verb, in much the same way as a genitive is often affixed to a Greek infinitive. In the first instance the sentence really is, "this word is *of* the proper-to-be-spoken (kind);" and in the other the sentence might be rendered, "this man is *of* the highly-useful (kind)." The construction is nearly the same when this genitive particle is prefixed to a simple adjective; in that case the genitive particle *tĭh* communicates to the adjective the force of a substantive in the genitive case, by causing "kind" or "sort" to be understood. Thus, 'this thing is *good*,' ('*haó-tĭh*;') means in reality, '*of* the *good* kind;' and, 'that thing is *bad*,' ('*ngŏh-tĭk*') means, '*of* the *bad* kind.' But this mode of construction is confined almost wholly to conversation; it scarcely ever occurs in grave compositions.

Another kind of compound adjectives and which are found in their best

海上絲綢之路文獻集成 科技與文化編

writings, are those wherein even seven or eight characters are occasionally united to describe a quality or circumstance connected with a substantive. Such often resemble the adjunct in the sentence given page 200, were it translated 'The coarse-clothing-and-mean-food-abhorring man.' The consideration of all compounds of this kind, however, belongs not so much to this part of the grammar, as to that which treats of Compound words; to which we refer them, and proceed without delay to consider what in other languages is termed,

THE COMPARISON OF ADJECTIVES.

The comparison of one person or thing with another so as to ascertain the relative degrees of strength, virtue, wisdom, goodness, &c. possessed by each, must necessarily exist in every language cultivated to any extent. Hence such of the alphabetic languages as are most cultivated, have a regular series of terminations, which being affixed to an adjective, express with ease the various degrees of a quality; such are τερος and τατος in Greek; तर and तम in Sungskrit; *or* and *simus* in Latin, and *er*, and *est* in English. But as the Chinese language rejects terminations of every kind, it of course has none to mark the degrees of comparison. In expressing these, it makes a nearer approach to the simplicity of the Hebrew, than to the more refined modes of the languages already mentioned.

The most general mode of forming the comparative degree in use among the Chinese, is, that of describing a person or thing as possessing some quality *more than* or *beyond* others. This method employs characters in two different ways; it requires certain characters to be prefixed to the substantive with which the comparison is made, as well as certain others to be united to the adjective for the sake of forming the comparison. The former it may be proper to consider first.

The two characters generally *prefixed to the substantive* with which the comparison is made, are 過 *kwo,* to pass beyond, and the prepositive character 於 *yu,* already mentioned. Of these two, *kwo* is most commonly used in conversation; and one instance occurs in Confucius of its being used in nearly this sense. In the first volume of *Lun-yu,* the philosopher, speaking on a certain occasion of his headstrong disciple *Tse-loo,* has the following remark;

我 *ngó* me.	過 *kwò* beyond	勇 *yoóng* strength	好 *haó* esteems	也 *yêa*	由 *Yeo* *Yeu*

"*Yeu* indeed esteems strength *more than* I." *Lun-yu,* book iii.

In this sentence *kwo,* the fifth character from the right, has the force of '*more than*;' but it would still admit of being rendered '*beyond,*' without any violence; thus, '*Yeu* truly values courage *beyond* me.' If rendered indeed in its own proper meaning as a verb, the sense would be nearly the same; '*Yeu,* in esteeming strength, *goes beyond* me.'

To the substantive with which the comparison is made, however, the prepositive character 於 *yu* is much more frequently prefixed by Confucius and the best Chinese writers, than *kwò.* Thus used, it has nearly the mean-

112

海上絲綢之路文獻集成 科技與文化編

ing of the adverb *than;* and like *kwo* in these instances, often adds the force of a comparative to an adjective in the positive degree. In the first volume of *Mung,* that philosopher introduces *Tsai-ngo,* as preferring his master Confucius to the emperors *Yao* and *Shun.* In thus eulogizing his master, *Tsai-ngo* declares that in his view he appeared,

矣 *ee.* 遠 *yuen* for 舜 *Shun* Shun 堯 *Yao* Yao 於 *yu* more than 賢 *Khyen* Virtuous

———" Far *more eminent* in virtue *than Yao* and *Shun.*" *Mung,* vol. 1.

In this sentence the comparison made by *yu* imparts to *khyen,* virtuous, an adjective in the positive degree, the force of the comparative *more virtuous.*

In this method of forming the comparision, those who are familiar with the Hebrew, will realize the simplicity of that language in communicating to an adjective in the positive degree the force of the comparative, by prefixing to the substantive with which the comparison is made, the letter מ 'more than,' or 'beyond' of which among others, Psal. cx. 4, furnishes an example; '*more than,*' or '*beyond,* the womb of the morning, thou hast the dew of thy youth.'

The Chinese in thus forming the *comparative degree of the adjective,* however, have several varieties. One of these, and perhaps the most ancient, is that just mentioned, wherein an adjective in the *positive* degree, is rendered comparative by the other part of the sentence, as in the examples already given; the latter of which is literally, "*virtuous* beyond *Yao* and *Shun;* but which becomes equivalent to '*more virtuous;*' by the addition of the comparison in the latter part of the sentence.

A second variety in thus forming the comparative degree is, that of *adding* some character to the adjective in the positive degree, in order to render it comparative. Of these characters there are several in use, the principal of which are 更 *kung*, "change;" and 尤 *yeu*, which originally denotes fault, or excess; but of these two, *kung* is most used in conversation; as, *kung hao*, better; *kung lao*, older, &c. These still imply a comparison with some other substantive, which if introduced, must be preceded by some character expressive of the comparison, as *kwo* or *yu* already mentioned. Thus, '*kung hao*, better,' to complete the sense, requires either '*kwo t'ha*, beyond him;' or '*yu t'ha*, than he.' The comparative which is formed by these two particles, *kung* and *yao*, has however, this advantage beyond the former mode, that as it expresses of itself the comparative degree, it does not depend for its meaning on the other part of the comparison being adde d, for which reason it is sometimes omitted, although it is always implied.

But in their best writings 尤 *yeu*, as used in this sense, occurs far more frequently than *kung*. Of this use of *yeu*, the comment of *Chyu-foo* on Confucius, Mung, and others, furnishes numerous examples. In his comment on the first volume of *Mung*, that commentator, speaking of other philosophers and great men, says,

者 *tchyéa* virtue	之 *tchee* 's	如 *yu* like	然 *Yen* Yet
也 *yeá.*	尤 *yeu* more	孔 *Khoong-* Khoong-	未 *wy* no one
	盛 *shing* perfect	子 *tse* tsee	有 *yéu* possessed (virtue)

"Yet no one of them has possessed excellence, like the *more perfect* virtue of the sage."

Comment on Mung, vol. i.

Further, the same writer in his comment on the *Choong-yoong*, explaining the maxim 'to rule depends on men,' quotes the '*Kya-yu*,' as illustrating it by saying, that the great secret of ruling consists in securing the love of the people; and then adds,

備 *peè* clear.	尤 *yeu* is more	意 *eè* idea	語 *Yú* This sentence's

"The idea conveyed by this sentence is *more clear*,"

Comment on Choong-yoong.

In both these examples *yeu* prefixed to the adjective, forms the comparative degree; and though as in English, 'than the other,' the counterpart of the last sentence, is evidently implied, yet perspicuity does not necessarily require its being mentioned.

A third variety common in their best writings, though less used in conversation, is, that of expressing the comparative degree by some character

中國言法

in itself deemed a comparative. For this purpose, the characters *yù,* to exceed, and *yih,* to add, are much used. With these comparative characters also, the remaining part of the sentence which contains the comparison, is understood, though often omitted: and when added, it is preceded by *yu* or *kwo* in order to complete the comparison. Of this we shall find an example or two occurring in the sentences adduced to illustrate these comparative characters: In the first volume of *Mung, Hing-koong* the sovereign of *Ts'hee,* seemed once very desirous of shortening the time for mourning to one year instead of three. On expressing his wish to *Koong yoon tchyeu,* a disciple of *Mung's,* he replied by saying that,

爲 *Wy* (If there) be　朞 *kee* a year
之 *tchee* 's　喪 *sang* mourning
猶 *yeu* (it is) still　愈 *yù* better
於 *yu* than　已 *eé* abolishing it
乎 *hao* ?

"To mourn for a year would still be *better* than wholly to abolish mourning."

Mung, vol. i.

In this sentence, *yù,* in the third line from the right, forms of itself the comparative degree without the addition of an adjective; and the counterpart of the comparison being added, the character *yu* is prefixed to the last member of the sentence.

In the second volume of *Mung, Puh-kwy,* who possibly improved those canals in China, which now contribute so much to the fertility of that country, is introduced as extolling his own mode of conveying water, as superior to that of the Emperor *Yu;* in which sentence calling himself by his proper name, *Tan,* he says,

海上絲綢之路文獻集成 科技與文化编

於 *yu* than	也 *yéa* (are)	治 *chee* } aqueducts	丹 *Tan* } Tan's
禹 *Yu* Yu's.	愈 *yù* better	水 *shooi*	之 *tchee*

"Tan's aqueducts are *better than** Ee's."

In this sentence too, *yù* is used alone as a comparative answering to the English, 'better.' Here also the character *yu* in the fourth line from the right, is prefixed to the name of the emperor *Yu*, with whom the comparison is made.

There are instances however, wherein this character unites itself with an adjective to form the comparative degree. One occurs in the first volume of *Mung*, where that philosopher, speaking of a certain person, says,

矣 *yeé.*	深 *shun* deep	愈 *yù* more	過 *kwò* crime	其 *khee* his	則 *Tsŭh* Then

"Then his crime is of a *deeper* hue." *Mung*, vol. 1.

In this sentence, *yù* is united with the adjective *shun* 'deep' in order to form the comparative 'deeper.'

The character *yĭh*, to add, more seldom forms the comparative alone; it

* There is a mode sometimes used in conversation of expressing this idea by uniting *kwo* with *yu*. Instead of saying "*yu yu Yu*" "better than Yu," the Chinese, in familiar conversation, would say "*hao kwo yu Yu*," literally, "good passing beyond Yu's." This mode however, finds no place in respectable compositions.

中國言法

is generally found added to an adjective in the positive degree. Thus, in the fifth volume of the *Lee-khee,* the author, describing a faithful minister, says, that from his devotedness to his lord's service,

寡 *kwá* slightly.	益 *yih* more	罪 *tsooi* his faults	受 *shyeù* indulges	其 *Khee* He

"He continually regards his own defects with *less* indulgence." *Lee-khee,* vol. v.

Another example may be adduced from the first volume of *Mung,* wherein that philosopher, speaking of the submission of a conquered country to the mandates of the conqueror, says, that,

益 *yih* more	如 *yu* with	益 *yih* (it is) more	如 *Yu* Compared with
熱 *yeh* hot.	火 *hó* fire,	深 *shin* deep;	水 *shoöi* water,

"Compared with water, it is *more deep;* with fire, *more intense.*" *Mung,* vol. i.

In this sentence *yih* twice occurs as united with an adjective to form the comparative degree. It may be remarked also, that as 如 *yu,* 'compared with,' is prefixed to the substantives, *shooi,* 'water,' and *ho,* 'fire,' with which the comparison is made, the necessity of any other character to form the comparison is removed.

Beside this, which may be termed the regular mode of forming the

Jj

Comparative degree, there are several others in use, which differ much from it. Among these the following deserve notice:

1. In forming the comparative degree, *kwò* and *yu*, the characters generally used to express the comparison, are sometimes rendered unnecessary by the introduction of 比 *peé*, 'to compare.' Sentences formed with this character run thus: 'Compared with that man, this man is good, better, &c.' as the following sentence will shew:

"This man's writing is somewhat better than that man's."

這 *Chyeá* } This
個 *kò*
人 *yin* } man's
的 *tih*

字 *tsè* writing
比 *peé* compared with
那 *nà* } that
個 *kò*

人 *yin* } man's
的 *tih*
字 *tse* writing
好 *hoò* is good

一 *yih* one
點 *tyén* point.

In this sentence, the admission of *peé* in the second line, evidently removes the necessity of any character expressive of *beyond* or *than*. Something added to the positive, however, to mark the degree in which the quality exists, is generally necessary to complete the sentence; as in the example given, *yih tyén* is added, which means literally, 'one point.'

The character 與 *yú* with, in grave compositions is perhaps more frequently used to express this mode of comparison than *peé*: but it is thus used chiefly in the way of interrogation; and it then admits the adjective in

海上絲綢之路文獻集成 科技與文化编

the positive degree. Of this mode of expression many examples might be adduced. In the first volume of *Mung*, one is said to have put the following question to *T'shung-see*, relative to his fellow-disciple, *Tse-loo* :

賢 *hhyen* virtuous?	路 *loò* loo	與 *yé* compared with	吾 *Ngoo* My
	孰 *shyŭh* who is	子 *Tsé-* Tse-	子 *tsé* master

" If my lord be compared with *Tse-loo*, who is *more* virtuous? *Mung*, vol. i.

In this sentence the adjective *hhyen*, virtuous, which is in the positive degree, has an additional force imparted thereto from the construction of the sentence : and indeed it is easy to see, that here it may in reality be understood in the *superlative* degree, as the design of the question is evidently to enquire who is the *most* virtuous of the two.

2. Another mode used by the Chinese, which has in it something of the nature of comparison, is, that of simply mentioning a thing or quality, and then saying that the thing in question ' *is not like it.*' Thus in *Lun-yu*, *Tse-hya*, asking his master relative to the rich being free from pride, and the poor from servile flattery, the sage replies, that this may be esteemed a certain degree of virtue ; but he adds,

也 *yéa.*	禮 *leé* wisdom	而 *irr* and	樂 *lòh* happy,	貧 *p'hin* being poor	未 *Wý* Yet (is it)
	者 *tchyéa*	好 *haò* esteeming	富 *foò* rich	而 *irr* and	若 *yŏh* not like

海上絲綢之路文獻集成 科技與文化編

"Yet is it not equal to a man's being poor and yet happy; rich, and yet a lover of wisdom." *Lun-yu*, book i.

In this sentence the sage intends in reality to say, that the former qualities are inferior to the latter; and in sentences like these, the adjective *good, &c.* is understood, though it is seldom expressed.

3. In certain cases 寧 *ning*; 'to prefer, to have rather,' is used to form a kind of comparative. A sentence occurs in the first volume of *Lun-yu*, in which the sage, in answer to a question relative to genuine filial respect as manifested toward deceased parents, says,

寧 *ning* preferable	其 *khee* their	儉 *kyen* (is) simplicity;	奢 *tchyea* extravagance	禮 *Leé* (To) the present mode
戚 *tsih* excessive sorrow.	易 *eé* pageantry	喪 *sang* (to) funerals	也 *yeá*	與 *yú* with
	也 *yeá*	與 *yú* with	寧 *ning* preferable	其 *khee* its

"(As to) the present mode with its extravagance, *preferable* is the utmost simplicity; (to) funerals with their present pageantry, *preferable* is genuine sorrow, though excessive and negligent." *Lun-yu*, book ii.

When *ning* is placed in the first member of the sentence, however, *poŏh khó*, 'I cannot,' or *poŏh khán*, 'I dare not,' is often added in the last, thus;

"I *would rather* support poverty; I *cannot* steal."

苟 *kyéu* 取 *chyú* } steal.	不 *poŏh* 可 *khó* } I cannot	受 *shyéu* 貧 *p'hin* } bear poverty;	寧 *Ning* 可 *khó* } I would rather

To render this sentence into English word for word, is scarcely practicable, but if taken together, it is equivalent to, "I would rather sustain extreme poverty, than venture to steal."

The phrase 'much more' the Chinese express in their writings by the character 況 *hwang*. In the first volume of *Mung*, that philosopher after describing a certain person as capable of discharging the functions of a ruler because of his esteeming virtue, tells his wondering disciple, that a love of virtue is quite sufficient to capacitate a man for governing the whole empire, and then adds,

乎 *hoo.* !	國 *kwŏh* country	魯 *Loo* the Loo	況 *hwáng* how much more	而 *Irr* And

——"And *how much more* the province of *Loo!*" *Mung*, vol. i.

These modes of expressing comparison may be occasionally met with in their best works; but the following are confined almost wholly to conversation; and some of them occur only in the most familiar discourse.

Something of comparison is often added in common discourse by introducing either 還 *hwan* to return ; still, again, &c. or 又 *yèu*, again, in connexion with an adjective in the positive degree. The first of these occurs in sentences similar to the following:

" Although this is good, I *still* want something better than this."

過 *kwò* beyond	還 *hwan* still	好 *haó* (is) good,	這 *Chyèa* } This
這 *chyèa* } this.	要 *yeù* want	但 *tàn* still	個 *kò*
個 *kò*	好 *haò* good	我 *ngó* I	雖 *sooi* although

In this sentence *hwan* in the third line, is so introduced as to add something to the force of the proper comparative.

An instance of the use of 又 *yèu* again, as thus applied, might be given in some sentence capable of being connected with the foregoing so as to form a kind of counterpart thereto ; thus :

" This now is better than that."

個 *kò.*	過 *kwò* beyond	又 *yeù* again	這 *chyèa* } this	于 *Yu* } Now
	那 *nà* that	好 *haò* used	個 *kò*	今 *kin*

2. The Chinese likewise express occasionally some kind of comparison by introducing the character 越 *yuěh*, to exceed, to surpass. It is used in sentences like the following:

海上絲綢之路文獻集成 科技與文化編

中國言法

"Thus to act is better."

發 *fŭh* (by) one effort	做 *chó* to act	這 *Ch yeá* } Thus
好 *haó* (is) good.	越 *yuĕh* surpassing	樣 *yáng*

The application of *yuĕh* here, however, approaches more nearly to the superlative 'best,' than to the comparative 'better.'

3. Sometimes an adjective is doubled in conversation, to indicate its existing in a greater degree. This is not peculiar to the Chinese language, it is found in several of the dialects of India derived from the Sungskrit. It occurs in sentences of this kind:

"That tree naturally rises higher and higher."

高 *kao* } higher and higher	要 *yeà* } naturally	那 *Na* That
高 *kao*	長 *cháng* } grows	條 *tyao* } tree
的 *tih.* gen. part.	得 *tăh*	樹 *shoò*

4. In conversation also, the force of a comparative is sometimes imparted to an adjective in the positive degree, by saying *how much* one thing varies from or exceeds another; thus,

"This robe is two inches *shorter* than that."

二 *urr* two	件 *kyĕn* (encl.)	比 *peé* compared with	大 *tà* } robe	這 *Chyĕn* This
寸 *chyŭen* inches.	短 *tuŏn* is short	那 *nà* that	衫 *shan* }	件 *kyĕn* (encl.)

Here the construction of the sentence imparts to 'short,' the adjective in the positive degree, the force of the comparative 'shorter.'

It may be proper to observe further, that the Chinese occasionally add certain of these comparative characters to some which are esteemed superlative. The character 甚 *shin*, 'exceedingly,' described in the Latin-Chinese dictionaries as a character pertaining to the superlative degree, is found in construction with the comparative character *yu* in the following sentence from the first volume of *Mung*, wherein the author lamenting the degeneracy of the times, says,

時 *shee* time	甚 *shìn* deep	政 *chìng* government	悴 *tsooì* anguish	民 *Min* } The
者 *tcheá*	於 *yu* beyond	未 *wý* never	於 *yu* from	之 *tchee* } people's
也 *yeá.*	此 *tsé* this	有 *yeù* was	虐 *nyŏh* cruel	憔 *ts'hyao* distress

"Men's distress and anguish through evil government, were never *more exceedingly deep than* at this time." *Mung*, vol. i.

The fact seems to be, that the Chinese having little idea of grammatical

海上絲綢之路文獻集成 科技與文化編

nicety, have not always drawn the boundary between the comparative and the superlative degrees with that precision which is found in some other languages. To the consideration of the Superlative we now proceed.

THE SUPERLATIVE DEGREE.

The Superlative degree is perhaps less used by the Chinese than the Comparative; and in examining the latter we have already seen, that in one or two instances they have the appearance of intermixing with each other. '*Haó kwò t'ha,*' 'better than he,' can be made to form the superlative degree by only changing *t'ha,* he, for *choòng yin,* all men; thus, '*haó kwò choòng yin,*' 'better than all.'

The Chinese generally express the Superlative by adding to the adjective in the positive degree, some character denoting superior excellence. Of these the most common are 絕 *tsyŭh,* which originally means, 'to exceed, to complete or end;' 極 *kĭh,* an apex, a point, the summit; 最 *t'sooì,* to excel; 至 *tcheè,* to arrive at; and 甚 *shìn,* much. Of the three latter as used to form a kind of superlative, examples may be found in their best works.

The first of these, *tsyŭh,* often occurs in the Chinese writings as a verb, but it is less common in them as forming the superlative degree. It is chiefly thus used in conversation, and is found in sentences like the following,

K k

"That well is of the *deepest* kind."

的 *tih* gen. 深 *shin* deep 絕 *tsyŭh* most 是 *sheè* is 井 *tsing* well 那 *Nà* That

In this sentence *tsyŭh* performs the office of a particle serving to the superlative degree: it might however be translated *very* or *exceedingly*, without any violence to the sense; as, 'that well is *exceedingly* deep.'

The character 最 *tsooì*, 'excelling, surpassing,' occurs frequently in respectable writings as forming the superlative. In the *Kang-kyen*, or, The Annals of China, the historian, speaking of the modification of a very severe law by one of their sovereigns, has this expression,

好 *haò* good. 最 *tsooì* (is) highly 理 *leè* mode 此 *Tsè* This

"This modification is *exceedingly good*, (or *best*)." *Kang-kyen*, book x.

We may adduce an example from the comment on the *Lee-khee* wherein *tsooì* has still more evidently the force of a superlative particle. Speaking of a certain ancient writer on the subject of morals, and comparing him with those who had preceded him, the commentator adds;

善 *shyén* virtuous. 爲 *wy* is 最 *tsooì* most 之 *tchee* 's 書 *shoò* work 高 *Kao-* Kao- 氏 *shee* shee

"*Kao-shee's* work is *most virtuous* in its tendency." Comment on the *Lee-khee*, vol. i.

In this sentence, '*tsooì shyen,*' in the two last lines to the left, evidently expresses the superlative degree.

The substantive 極 *kïh*, the apex, the summit, is also often used in their standard works to denote the superlative degree. The following sentence from the fourth volume of the *Lee-khee*, furnishes two examples of its being thus used. The author describing music, and urbanity, or that politeness which the Chinese deem the highest pitch of good manners, and almost of virtue itself, thus characterizes them,

極 *kïh* the highest	和 *ho* harmony;	樂 *Ngŏh* Music
順 *shyŭn* attention.	禮 *leé* urbanity	極 *kïh* the highest

"Music is the *most perfect* harmony; urbanity the *most perfect* attention to others."
Lee-khee, vol. iv.

The adjective *shìn*, much, exceeding, often occurs in nearly the same sense. In his comment on the first volume of the *Lee-khee*, the commentator, speaking of the work of a certain author, extols it by saying;

大 *tà* great.	甚 *shìn* very	係 *heì* is	所 *sŏ* which	書 *shoò* (is) a work.	此 *Tsè* This

"This is a work which is of *the greatest* importance, (or, the importance of which is *very great*)." Comment on vol. i. of the *Lee-khee*.

Kk 2

海上絲綢之路文獻集成 科技與文化編

In this sentence *shìn* is added to the adjective *tà*, great, in order to express the superlative degree. To some it may appear singular that this character should here form the superlative, when in page 286 it is united with another character to form the comparative degree. For this however it is easy to account; in the former instance it is used simply to describe a quality, as *deep*, or *depth*, and it therefore admits of comparison; but here it is added to another adjective, in order to form the superlative.

The verb 至 *tcheè*, to arrive, is often used in a sense which has some affinity with the superlative. An instance of this occurs in the first book of *Lun-yu*, where the sage says respecting *T'hay pŭh*, one of the ancient Chinese worthies, who thrice refused the sovereignty when pressed to accept it,

已 *eè* completed.	德 *tŭh* virtue	謂 *wy* termed	其 *khee* his (virtue)	大 *T'hay-* T'hay-
矣 *eè.*	也 *yéa*	至 *tcheè* the highest	可 *khŏ* may be	伯 *pŭh* puh

" The virtue of *T'hay-pŭh* may be deemed virtue of the *most exalted* kind."

Lun-yu, book v.

In this sentence 至 *tcheè*, in the third line, is used to denote the utmost extent of virtue: it may therefore be termed a superlative.

Another instance occurs in the second volume of *Mung*, wherein *Wan-chang*, one of *Mung's* disciples, conversing with him relative to the severity of the emperor *Shun* towards wicked men, enumerates several whom he put to death ; and adds respecting his younger brother, a man destitute of probity, that altho' fraternal affection forbad his putting him to death, *Shun* would not permit him to remain near his person, but sent him to a distant part of the empire, in a kind of honorable exile. In narrating this circumstance he says,

有 *Yéu-* Yeu-	封 *foong* he sent	不 *pooh* } wicked (man,)	象 *Tsyang* Tsyang,
庳 *peè* pee.	之 *tchee* him to	仁 *yin*	至 *tcheè* a most

"His brother *Tsyang*, a *most* wicked man, he sent to govern *Yeu-pee*."

Mung, vol. ii.

In this sentence the character *tcheè* makes a still nearer approach to the superlative of other languages. In general however, it is used as a verb, to denote arriving at the highest pitch ; and to this meaning its application as a superlative has a close affinity.

It is proper to observe farther, that instances occur wherein both *tcheè* and *kìh* form substantives in which case they are subjected to the same regimen as other substantives, and are consequently *postfixed* to the substantives with which they are connected. They then indeed, like other substantives, are occasionally preceded by a genitive particle. Of this application of *tcheè*, the two following sentences furnish examples.

In the second volume of *Lun-yu,* the Chinese philosopher has this remark,

至 *tcheè* heighth	謹 *kin*	(is) caution's	亦 *yĕh* yet	雖 *Sooi* Although
也 *yea.*	之 *tchee*		問 *vun* to enquire	知 *chee* you know,

" To enquire relative to a thing though already acquainted therewith, is the *heighth* of caution." *Lun-yu,* book vii.

A sentence of a similar nature occurs in the first volume of *Mung,* where, conversing with a friend, *Mung* says,

至 *tcheè* heighth	尊 *chyuen*	(is) honor's	子 *tsé* son's	爲 *Wy* To be
也 *yéa.*	之 *tchee*		父 *foó* father	天 *t'hyen* heaven's

" To be the father of the emperor is the *heighth* of honor." *Mung,* vol. i.

In both these sentences, *tcheè,* though occurring in the form of a substantive, is still intended to express the superlative degree. In this form indeed its meaning is radically the same as in the examples before given: in the instances wherein it thus *follows* the substantive, it may be deemed a verbal noun, while in those wherein it *precedes* the substantive, it may be esteemed either a verb or a participle.

Instances occur too wherein *kĭh* assumes the form of a substantive in nearly the same manner. The following sentence from the volume of the

海上絲綢之路文獻集成 科技與文化編

Lee-khee contains one. Speaking of the various states of life, the author says,

之 *tchee* 's	期 *khee* a hundred	至 *tchee* arriving	自 *Tse* From
極 *kih* summit.	老 *laó* (is) old age	於 *yu* at	耄 *maò* eighty

" From eighty to a hundred is the *extreme* of old age." *Lee-khee*, vol. ii.

Beside these, there are several methods used in conversation to express a high degree of honor, respect, or excellence; some of which find a place in historical composition, while others are confined wholly to conversation. Among these, is that of expressing a high degree of excellence by the application of the ordinal *teè yĭh*, ' the first.' The author of the *Kang-kyen*, or the Annals of China, comparing *Syao-ho* with another man of eminence, *Ts'hao ts'han*, says that *Syao-ho* was,

之 *tchee* him.	次 *tse* fell below	參 *ts'han* ts'han	曹 *Ts'hao-* Ts'hao-	一 *yĭh* first	第 *teè* (was) the

——" The *first* (or *greatest*); *Ts'hao-ts'han* was inferior to him."

Kang-kyen, vol. v.

Another mode is not altogether unfrequent, that of adding 頂 *ting*, the top or apex, to 上 *shyáng*, superior; which is done in sentences like the following,

"This is a *most superior* horse."

馬 *má* horse	上 *shyáng* above	是 *shee* is	這 *Chyeà* This
	好 *haò* good	頂 *ting* the top	匹 *p'hih* (encl.)

A third mode occasionally used in conversation to describe a high degree of excellence, is, that of adding *shih fùn* 'ten parts,' or 'wholly,' to an adjective; thus,

"This dial is a *perfectly exact* one."

的 *tih* gen.	分 *fūn* parts	是 *sheè* is	日 *yih-* sun-	這 *Chyeà* } This
	準 *chyuén* exact.	十 *shih* ten	規 *khwy* (index)	個 *kò*

This mode however is not peculiar to the Chinese language. In Bengal, nothing is more common than to hear the phrase, '*solowanna;*' literally, 'sixteen annas,' introduced into a sentence, in order to express wholly, or perfectly. The idea is borrowed from a rupee's containing sixteen annas; hence that expression denotes completeness, from its being the whole number of parts into which the rupee is divided, as does the Chinese expression from ten being the number of parts into which a thing is generally divided among them.

Lastly, a degree of excellence, or the reverse, is sometimes expressed in conversation, by adding to the adjective the phrase 狠得* *tŭh-hún,* which in reality means no more than 'thoroughly, or certainly;' and which bears some resemblance to the provincial phrase 'good to a fault,' used in some parts of England. It however occurs less frequently than the former two modes. When used, it is in this way;

"For you to act thus, is *most certainly well.*"

得 *tuh* } most	是 *shee* is	此 *tsé* this	你 *Neé* For you
狠 *hún* } certainly.	好 *hab* good	做 *tsò* to act	如 *yu* like

It is not easy perhaps to particularize every individual character by which the Chinese express the degrees of comparison; but I have reason to think, that there is scarcely any mode of expressing comparison used either in respectable works, or in correct conversation, which will not co-incide with some one of the examples given.

In thus tracing the various ways in which the Chinese express the degrees of comparison, it is easy to perceive that the same principle pervades this part of their grammar, which we have already had occasion to notice

* It may be proper to observe, that Chinese characters when placed in a horizontal line, constantly run from the right to the left, like Hebrew and Arabic; hence when a phrase is given which contains two or three characters, the characters themselves are to be read from the right to the left, while the names of them as given in English are to be read from the left to the right in the English mode. In this phrase the character *tŭh* the first to the right, is the verb to get, to obtain &c. and *hún* that on the left, conveys the idea of disobedience or pertinacity.

海上絲綢之路文獻集成　科技與文化编

in examining the prepositive characters, that of causing certain characters used occasionally as verbs, even at the present time, to drop all idea of time as well as of mood and person, and to perform the humble office of comparative particles. Of this, *kwò*, to pass beyond; *yuĕh*, to excel; *yĭh*, to add; *tcheè*, to arrive at, and others which have been adduced, furnish sufficient proof. Such indeed might be expected to be the case in a language which rejects all terminations: the relations which things and qualities bear to each other must originally have been expressed either by characters conveying ideas already known, or by certain invented for that purpose and to which no idea had been as yet affixed. Now, although it may be too much to affirm that the latter mode has in no instance been adopted, it still seems reasonable to suppose, that the former, that of employing characters already used to represent ideas, would in general be preferred, as being superior both in perspicuity and certainty. Such we find to be generally the case in the Chinese language; and this, while it plainly shews the nature of Chinese grammar, points out also the nature of the task which one who wishes to elucidate the language has to perform, that of selecting from their most approved works, such examples as shall clearly shew the various ways in which the characters under consideration are actually used.

This affords a hope, that, though we have advanced no farther in our grammatical researches into the language, we shall yet find, if not the greatest yet the most laborious part of our work completed: for although only two of the parts of speech, Substantives and Adjectives, have been as yet professedly considered, these have necessarily involved much that belongs to the Prepositions and Adverbs. The consideration of the Verb includes perhaps the most difficult part of the work which yet remains: the Pronouns, though numerous, are in general clear and determinate, and will therefore require few examples to illustrate them; the Participles in Chinese are necessarily included in the verb; Adverbs of place, time, &c. require little beyond being mentioned; and the remaining Prepositions, with the Interjections, have in them little of difficulty. So that beside the verbs, we have only the Conjunctions, those links of discourse, which will require any great number of examples to illustrate their force. Before we proceed to the Pronouns however, it is proper to notice a kind of adjectives important in most languages. These are,

THE NUMERALS.

Those adjectives which express *Numbers*, deserve notice in almost every language; but in Chinese, both the antiquity and the peculiar nature of the language combine to render them interesting.

The Nine Figures by which the Chinese express their cardinal numbers, are very ancient; and it is not improbable, that, relative to the invention of figures, the palm of antiquity belongs to the Chinese. In the 'Annals of China' figures are said to be nearly co-eval with the Chinese characters. It is in the reign of *Khyen-yuen*, the fourth in succession from the celebrated *Fooh-hi*, that the Chinese annalists place the invention of numbers, which the commentator on that volume describes as including the knowledge of 'the nine different figures.' This account can perhaps scarcely be deemed an authentic record; for the history of all the Chinese monarchs prior to

Yao, has in it much which militates against its own credit; it is probable however, that the use of figures among the Chinese is very ancient. The following passage from the *Shoo-king*, seems indeed to confirm this tradition. In the first volume of that work, which treats of the acts and sayings of the great *Yao*, that monarch is introduced as thus approving the labors of two of his ministers, who at his command had turned their attention to the regulation of time,

六 *lyeŭ* six	六 *lyeŭ* } sixty	三 *san* three	暨 *khee* with	咨 *Tse* Surprizing!
日 *yih* days.	旬 *syen* }	百 *pŭh* hundred	和 *Ho* Ho	汝 *yŭ* ye
	有 *yĕu* and	有 *yĕu* and	朞 *kee* have fixed the year,	羲 *Hee* Hee

"How surprizing! ye, *Fooh* and *Ho*, of three hundred and sixty-six days have formed the year."
Shoo, vol. i.

The *Ee-king*, one of the most ancient of their classical books, also uses figures in various passages; and the *Lee-khee*, supposed to be written chiefly by the great *Tchyeu*, whom Confucius so highly venerated, and who preceded him at least five hundred years, has the figures recurring therein with still greater frequency. In the time of Confucius indeed, numbers formed one of the six liberal arts in which youth were instructed, the other five being good-manners, letters, music, wrestling, and archery. But it is certain, that no traces of figures can be found either among the Romans or the Greeks, as high as the sixth century before the Christian æra. It is a well-known fact, that in the laws of Solon, numbers were represented by the letters of the alphabet; one was denoted by I, while *five* and *ten* were expressed

海上絲綢之路文獻集成 科技與文化編

by Π and Δ, the initials of πεντε and δεκα. The contest relative to priority of invention in the article of figures, therefore, seems to lie wholly between the Chinese and the Indians or the Hindoos, to whom we are said to be indebted for the figures we use at the present day ; but whether they originated with the Chinese, or with the Hindoos, or whether both nations invented them independently of each other, are questions into which the nature of a grammar forbids our entering. We proceed to the examination of the system.

The Characters used by the Chinese to express the Cardinal numbers are in number seventeen; They are as follows :

一 *Yih*, One.
二 *irr*, two.
三 *san*, three.
四 *sè*, four.
五 *ngóo*, five.
六 *lyeù*, six.
七 *ts'hih*, seven.
八 *păh*, eight.
九 *kyeú*, nine.

十 *shih*, *ten*.
百 *păh*, a hundred.
千 *ts'hyen*, a thousand.
萬 *wàn*, ten thousand.
億 *eè*, a hundred thousand.
兆 *chaò*, a million.
京 *king*, ten millions.
垓 *kyai*, a hundred millions.

These will be exemplified by the authorities adduced to elucidate the

海上絲綢之路文獻集成　科技與文化編

manner in which they are combined, in order to express the various numbers which occasion may render necessary.

From Ten to Nineteen, the numbers are formed by placing the odd number below the character for *ten,* and in general by interjecting the verb *yeu* 'to have,' between the two numbers. Of this the following sentence, from the third volume of the *Lee-kkee,* which fixes the period for a youth's learning music, furnishes an example;

誦 *tsoòng* recite	學 *hyŏh* let him learn	三 *san* three	十 *Shih* At ten
詩 *shee* poetry.	樂 *ngŏh* music,	年 *nyen* years	有 *yeŭ* having

"At thirteen, let the youth learn music, and recite poetry." *Lee-khee,* vol. iii.

In this sentence *san,* three, is united to *shĭh,* the character for ten, by interjecting the verb *yeú.*

The Tens are formed by placing the characters for two, three, &c. above *shĭh,* the character for ten. This mode is continued from twenty to a hundred, the number of tens intended being thus denoted by the various numbers placed above the character for ten; of which several examples occur in the following sentence from the *Lee-khee,* describing the privileges attached to age.

中國言法

十 *shih* tens	杖 *chwàng* a staff	於 *yu* in	家 *kya*	五 *Ngóo* } At fifty
杖 *chwàng* a staff	於 *yu* in	鄉 *hyang* the village	六 *lyǔu* sixty	十 *shih* }
於 *yù* in	國 *kwŏh* the country	七 *tchih* at seven-	十 *shih*	杖 *chwàng* he may use a staff
朝 *chhao* the palace.	八 *pah* eight	十 *shih* ty	杖 *chwáng* he may use a staff	於 *yu* in

"At *fifty*, a man may use a staff in the house; at *sixty*, he may use one in his village; at *seventy* he may use a staff abroad in the country; at *eighty*, he may use one even in the imperial palace." *Lee-khee*, vol. ii.

Here we find *five, six, seven,* and *eight* placed above *shih,* the character for ten, to mark the respective number of tens intended. When single numbers are added to twenty, thirty, forty, &c. the verb *yéu,* before-mentioned, is occasionally omitted.

The Hundreds from one to nine inclusive, are formed with the same simplicity, by placing *puh,* the character which denotes a hundred, underneath one, two, three, &c. Of this we have three examples in a sentence occurring in the first volume of *Mung,* which gives us that philosopher's idea of the Chinese chronology prior to the time of Confucius. It is as follows:

歲 *soei* years.	有 *yéu* have	五 *ngoó* five	於 *yu* at	舜 *Shun* Shun	由 *Yeu* From
	餘 *yu* more	百 *pĕh* hundred	湯 *Thang* Thang,	至 *tchee* arriving	堯 *Yao* Yao.

"The period from *Yao* and *Shun,* to the reign of *Thang,* is somewhat more than *five hundred* years." *Mung*, vol. i, f. 84.

In this sentence, *ngóo*, five, in the fourth line, is placed above *pŭh* the character for a hundred, to mark the number of hundreds intended. It may not be improper to add, that the *Yao* mentioned here is the great *Yao*, so much venerated by the Chinese; and that *Shun* was his adopted son, taken by him from the plough.

歲 *sooi* years.	有 *yéu* having	五 *ngóo* five	文 *Wun-* Wun-	至 *tchie* arriving	由 *Yeu* From
	餘 *yu* more	百 *pŭh* hundred	王 *wang* wang	於 *yu* at	湯 *T'hang* T'hang

"From *T'hang* to *Wun-wang*, somewhat more than *five hundred* years." *Ibid.*

The *T'hang* mentioned here was the founder of the *Shyang* dynasty, the last emperor of which, notwithstanding his crimes, was supported on the throne by *Wun-wang*; but was dethroned by *Woo-wang*, the son of *Wun-wang*.

餘 *yu* more	百 *pŭh* hundred	子 *tse* tsee	於 *yu* at	王 *wang* wang	由 *Yeu* From
歲 *sooi* years.	有 *yeu* and	五 *ngoo* five	孔 *Khoong-* Khoong-	至 *tcheè* arriving	文 *Wun-* Wun-

"From *Wun-wang* to *Confucius*, somewhat above *five hundred* years." *Ibid.*

In these three sentences we find *pŭh*, a hundred, preceded by *ngóo*, five. When the number of the hundreds is six, seven, &c. the construction is precisely the same.

中國言法

The Thousands from one to nine thousand inclusive, are formed like the hundreds, by inserting 千 *ts'hyen*, the character for a thousand, underneath one, two, three, four, &c. as the sentence already quoted page 209, sufficiently shews,

千 *ts'hyen* thousand.	三 *san* three	牝 *pin* mares,	騋 *Lai* Of stately

"Of stately mares *three thousand.*"

The Ten Thousands are expressed by the character *wàn*, which in some instances also denotes 'all;' as appears in the examples given, page 215. In the early state of the language it might possibly be the highest number in common use: and in English we, at this day, affix an idea of much greater extent to the term 'myriads,' than merely that of a few ten thousands. The construction of the Ten Thousands is the same with that of the thousands; beneath the respective units, one, two, three, &c. is placed *wàn*: the character for ten thousand, thus, *ìrr* the character for two, placed above *wan*, will denote two tens of thousands, or twenty thousand; *san* the character for three, placed above *wàn* will express thirty thousand; and thus with the other units. Of this application of *wàn*, the following sentence from the second volume of the *Lee-khee* furnishes an example.

M m

九 *kyéu* nine	百 *pŭh* a hundred,	一 *yĭh* one	者 *tchyéa*	方 *Fwang* Square
萬 *wan* ten thousands	爲 *wy* are	里 *leé* lee	爲 *wy* being	十 *shih* ten
畝 *myeŭ* myeu	田 *t'hyen* a field	者 *tchyéa*	方 *fwang* square	里 *leé* lee

" A space ten *lee* square, comprizing a hundred square lee, forms a field of *ninety thousand myeu*."* *Lee-khee*, vol. ii.

In this sentence *kyéu* the character for nine is placed above *wàn* the character for ten thousand, and both characters thus united, denote nine ten-thousands, or ninety thousand. *Wàn wàn*, or ten thousand times ten thousand, is a phrase said to be used by the Chinese to express their desire for the long life of the emperor, when he appears in public ; thus:

歲 *sooi* years.	萬 *wan* ten thousand	萬 *wan* ten thousand	皇 *Hwang*	(Let the) Emperor (live)
	萬 *wan* ten thousand	歲 *sooi* years,	帝 *tee*	

" Let the Emperor live ten thousand years, let him live for ever." Literally, ten thousand times ten thousand years.

The Hundreds of Thousands in the Chinese system of notation are express-

* Respecting this measure, Chinese authors are divided. The imperial dictionary quotes one author as saying, that a *myeu* now contains a hundred *poo*, (of 7½ feet each ;) but it quotes another to prove that, anciently, a *myeu* contained only two-fifths of the modern *myeu*. The author of the *Lee-khee* however, in a foregoing sentence, deems a square *lee* equa to nine hundred *myeu*.

中國言法

ed by the character 億 *yĭh*. One example of it as thus used, occurs in the same page of the *Lee-khee* with that just quoted. It is the following;

畝 *myeu*. 九 *kyéu* ninety 百 *pùh* a hundred 十 *shìh* ten 者 *tchyéa* 方 *Fwang* Square
十 *shìh* tens 爲 *wy* forms 里 *leé* lee 爲 *wy* being 百 *pùh* a hundred
億 *yih* 田 *t'hyen* a field 者 *tchyéa* 方 *fwang* square 里 *leé* lee

" A field of a hundred *lee* square, comprizing a hundred times ten *lee* square, includes nine millions of *myeu*." *Ibid.*

The next superior place, that of Millions, the Chinese designate by the character 兆 *chaò*. This character is probably less ancient: an instance of the application of it occurs, however, in the *Ta-hyŏh* of Confucius, wherein the author describing the advantages possessed by a wise and good prince, studious of learning, says respecting him, that heaven may possibly cause him to become,

師 *see* instructor. 君 *kyoon* leader 之 *tchee* of people's 兆 *chaò* millions 億 *'Yih* a hundred thousand

——" The leader and instructor of innumerable multitudes." *Ta-hyoh.*

In this sentence *yĭh* and *chaò*, the two first characters from the right, are not perhaps to be taken in their strictest meaning: they rather denote here an immense multitude. But this example still proves that *chaò* was then

海上絲綢之路文獻集成 科技與文化編

known as a numeral ; as, unless it had been previously thus known, it could have added little or nothing to the force of the sentence.

To express Tens of Millions the Chinese use the character 京 *king*; which is perhaps still more modern than *chaò*, the character for millions. Its being actually used to express Tens of Millions however, is sufficiently substantiated by the following quotation from the Imperial Dictionary ;

爲 *wy* are	十 *shih* ten	爲 *wy* are	十 *Shih* Ten
京 *king* one king.	兆 *chaò* millions	兆。 *chaò* a million,	億 *yih* hundred thousand

" Ten hundred thousand are a million, (*chaò* ;) ten *chao* are one *king*."

Tse-tyen, vol. ii.

That 垓 *kai* denotes Hundreds of Millions, is likewise substantiated by the Imperial Dictionary, the Compilers of which support their definition of this character by the authority of a work, named '*Foong-chooh-toong*,' which they thus quote ;

曰 *yuĕh* are termed	十 *shih* ten	曰 *yuĕh* are termed	十 *shih* ten	曰 *yuĕh* are called	十 *Shih* Ten
垓 *kai* one kai.	京 *king* king	京。 *king* one king	兆 *chaò* millions	兆。 *chaò* a million,	億 *yih* hundred thousand

" Ten hundred thousand are termed a million, (*chaò* ;) ten *chaò* are termed a *king* ; ten *king* are termed a *kai*, (a hundred millions)." *Tse-tyen*, vol v.

This quotation is equally decisive in favor of *king* as denoting tens of millions; but the writer has not been successful in attempting to ascertain the date of the work from which the quotation is taken. There is reason to think however, that it must be posterior to Confucius, and even to Mung. The last three numeral characters indeed, those which denote a million, ten millions, and a hundred millions, seem to be far less ancient in their use than the others. In those passages of the *Lee-khee* wherein we might expect them used, we find the requisite number expressed without them, of which the following example furnishes a proof. Speaking, in the second volume, of certain dimensions in length and breadth, and describing the number of *myeu* which they include, the author denominates it as being,

億 *yih* hundred thousands. 萬 *wàn* ten thousand 九 *Kyéu* nine

——"Ninety thousand *yĭh.*"

Here it is evident that the number contained in this sentence might have been expressed by 'ninety *kai*, (hundreds of millions ;)' or by 'nine hundred *king*, (tens of millions ;)' or at least by 'nine thousand *chaò*,' (millions.) The author however goes lower than even *chaò*, and chuses to express it by ninety thousand *yĭh*, (hundreds of thousands ;) which affords a presumptive proof that *yĭh* was the highest numeral then in general use.

The *Omission* of a place, whether it be thousands, hundreds, or tens, the Chinese can express with ease. As every figure is followed by its denominative character, it is precisely of the value marked thereby; so that if any

海上絲綢之路文獻集成 科技與文化編

figure next to one expressing millions, were followed by 百 *pŭh*, the character for a hundred, it would denote only its number of hundreds; if by that expressing tens, only its number of tens; and if it were followed by no denominative character, it would express nothing more than its number of units. An example will perhaps elucidate this. In the first volume of the Annals of China, the historian, after saying that *Tee-koo*, the father of the great *Yao*, reigned seventy years, particularizes his age in these words,

歲 *sooi* of age.	五 *ngoó* five	百 *pŭh* hundred	一 *yih* one	年 *nyen* years	崩 *Pung* He died

"He died a hundred and five years old." *Kang-kyen*, vol. i.

In this sentence *ngoó* five, having no denominative character following it, signifies five only, while *pŭh*, a hundred, placed after *yĭh*, one, makes that figure signify one hundred.

In conversation the Chinese express the omission of any place by interjecting the character 零 *ling*, residue, remainder, &c. Hence they would thus express,

"A thousand and five."

五 *ngoó* five.	零 *ling* the rest,	千 *ts'hyen* thousand	一 *Yih* One

Such is the ancient and regular mode of Chinese Notation, and that constantly used in their standard works. Convenience however has induced the Chinese to adopt certain other modes in the course of business.

Numbers expressed in Words.

1. The first of these is, that of expressing *the nine units by written characters.* It is probable that this originated in a desire to guard against fraud in bonds and other writings of that nature, to which the Chinese numerals, from their simplicity of form, are particularly liable. Probably to obviate this, ten characters have been chosen the names of which answer to those of the ten figures. These characters however were not originally formed to express these numbers: they have all of them a meaning of their own, independently of their being used to designate numbers, in which meaning they often occur in the Chinese ancient writings. These ten characters, with their respective meanings, are as follows:

壹 *yĭh*, one ; unity, perfection.

貳 *ìrr*, two ; to assist ; to distinguish or separate.

叄 *san*, three ; an accusation.

肆 *sè*, four ; to expose publicly.

伍 *ngoó*, five ; to associate.

陸 *lyèu*, six ; earth raised high.

柒 *chhĭh*, seven, a certain tree.

捌 *păh*, eight; to divide.

玖 *kyéu*, nine, a particular kind of stone highly valued.

拾 *shĭh*, ten ; to collect.

The numbers from Eleven to Nineteen are formed in the same way as by the figures ; namely, by placing the character *yĭh*, one, beneath *shĭh*, ten, but still without interjecting between the two characters the verb *yéu* ' to have ;' which the following examples shew :

拾 *shih* } eleven　　拾 *shih* } twelve　　拾 *shih* } thirteen,
壹 *yih*　　　　　　貳 *irr*　　　　　　　叁 *san* &c.

The Tens to ninety inclusive, are formed precisely as by the figures : the following are examples ;

貳 *irr* } twenty　　叁 *san* } thirty　　肆 *sz* } forty
拾 *shih*　　　　　　拾 *shih*　　　　　拾 *shih*

The Hundreds too are formed by placing the characters expressive of one, two, &c. above that for hundreds, thus,

壹 *Yih* } one hundred　　肆 *irr* } two hundred.
百 *puh*　　　　　　　　　百 *puh*

The Thousands follow exactly the same rule ; and are written thus,

壹 *yih* } one thousand　　貳 *irr* } two thousand　　貳 *irr* } twelve thousand, &c.
千 *ts'hyen*　　　　　　　千 *ts,hyen*　　　　　　　十 *shih*
　　　　　　　　　　　　　　　　　　　　　　　　　千 *ts'hyen*

But though this mode is used in notes, drafts, receipts, &c, (as in English, we in such cases write the sum in words for the sake of greater precision,) it has not attained that place in standard works among the Chinese which writing numbers in words has obtained in English authors. In most respectable works among us, this method is generally adopted in preference to figures; but no instance occurs in Confucius of numbers being thus written ; not even in his *Ts'hyen tchyeu,* which contains a view of the affairs of China for two hundred and fourteen years, and which is therefore full of numbers and dates. Nor has Mung, who wrote nearly two hundred years later, any example of their being thus used: in the works of these authors the regular figures constantly occur, as well as in their more ancient works. This mode of writing the numbers by characters instead of figures, therefore, must be comparatively modern.

Mode of notation used by Traders, &c.

2d. There is another method in current use among merchants and traders, which deserves notice, though confined to trade and business. This mode varies the nine original figures somewhat in shape, and wholly in position, though not in name. They are these following:

〡 *one*	〤 *four*	〧 *seven*
〢 *two*	〥 *five*	〨 *eight*
〣 *three*	〦 *six*	〩 *nine*

In examining these characters, the reader will observe, that the first three are the proper numerals placed perpendicularly; but that those for *four* and *five* are wholly new. That for *six* is formed by placing a short perpendicular stroke above a horizontal one; the *seven* and the *eight* follow the six; and the *nine* is a compound of the figures for six and four.

The Tens in this system are expressed in a way somewhat curious. The character for ten is in reality 十 *shih* the common numeral for ten; but to make it signify ten in this system, a stroke must be placed to the left of it: thus 〡十. This is done for the sake of writing the units from eleven to nineteen inclusive, which are not placed underneath the character for ten, as in the common way, but above it to the right of the stroke denoting the number of tens intended: thus,

〡一 十 *Eleven.*	〡〤 十 *Fourteen.*	〡〧 十 *Seventeen.*
〡二 十 *Twelve.*	〡〥 十 *Fifteen.*	〡〨 十 *Eighteen.*
〡三 十 *Thirteen.*	〡〦 十 *Sixteen.*	〡〩 十 *Nineteen.*

From Twenty to a Hundred the number of tens is denoted by strokes placed to the left of the character for ten; as is seen above in the number twenty, thirty, forty, &c. But when these respective tens receive an addition of units, the figures which express the number of tens, are removed from the left, to the top of the ten, in order to admit them; thus,

海上絲綢之路文獻集成 科技與文化編

〢十	*Twenty.*	〢一十	*Twenty-one.*
〣十	*Thirty.*	〣一十	*Thirty-one.*
〤十	*Forty.*	〤一十	*Forty-one.*
〥十	*Fifty.*	〥一十	*Fifty-one.*
〧十	*Seventy.*	〧三十	*Seventy-three, &c.*

The same mode is observed in writing the Hundreds: on the left of 百 an abbreviated form of *puh,* the common character for a hundred, are placed the various strokes which denote the number of hundreds, which however, are removed above when an addition is made of tens, or of units: thus,

〢百	*Two hundred.*	〢〇三百	*Two hundred and three.*
〥百	*Five hundred.*	〥三百	*Five hundred and thirty.*
〧百	*Seven hundred.*	〧〨〢百	*Seven hundred and eighty-two.*

The Thousands follow the same order: on the left of 千 *ts'hyen,* the common character for a thousand, is written the figure intended to express the number of thousands designed; which, as in the former cases, is removed above when any addition is made. Thus,

N n 2

〣千 *Three thousand.*

〣一〤千 *Three thousand, one hundred and forty.*

〦千 *Six thousand.*

〦〢〇三千 *Six thousand two hundred and three.*

To denominate ten thousand they use an abbreviated form of the regular numeral *wan*. It is this, which they thus apply,

〢万 *Twenty thousand.*

〤万 *Forty thousand.*

〣万 *Thirty thousand.*

〥万 *Fifty thousand.*

When other numbers are added to these, however, the figures denoting the number of ten thousands are placed above this distinctive character as in the other cases: thus,

〣万 *Thirty thousand.*

〣二万 *Thirty-two thousand.*

Beyond this character for ten thousand, the Chinese seldom use any distinctive character in this mode. Instead of using *yih, chaò, king*, and *kai*, the higher numeral characters, they prefer expressing the higher numbers by deeming them so many 'ten thousands:' thus they express a hundred thousand by placing the character for ten to the left of that for ten thousand; a million, by placing the character for a hundred to the left of that for ten thousand; and thus they express any greater number. This is exemplified in the following numbers,

中國言法

〡〩〢三
百十万

One million, nine hundred and twenty-three thousand.

〥三〡〦〣二〣
千百十万

Fifty-three millions, one hundred and sixty-three thousand, two hundred and thirty.

〥〤三〤〧〥○○〣
万千百十万

Five hundred forty-three millions, four hundred seventy-five thousand, and three.

This last number, if written in the customary mode of numbering, would stand thus,

零 *ling* the rest	萬 *wan* ten thousands,	四 *se* } forty.	千 *ts'yen* thousand	五 *Ngoo* } Fifty.
三 *san* three.	五 *ngoo* five	十 *shih*	三 *san* three	萬 *wan*
	千 *ts'hyen* thousand,	七 *chhih* } seven	百 *puh* hundred	四 *se* } four

The attentive reader will observe from these examples, that in this abbreviated mode, the Chinese express the omission of a place in notation by a small cypher, which they however term *ling* ; and that they further insert a cypher for *every* place thus omitted, as may be seen in the last example given.

In this abbreviated mode, the chief advantage arises from the figures being placed from the left to the right, in the European manner. It is however still incommoded by the necessity of inserting characters underneath to denominate the various figures. This they do to denominate the figures above the tens of thousands; but below tens of thousands, they omit the denominative characters after writing the first; the rest being understood to follow in due course, unless interrupted by the insertion of cyphers, as in the hundreds and units' place of the last number. This abbreviated mode, though said to be current throughout China, is still confined to accounts: nor have the characters for the figures as yet found their way into the various Chinese dictionaries.

THE SWAN PAN.

If the last mode of notation verges toward the regular decimal system, carried in Europe to so great a degree of perfection, the *Swan pan*, which according to Barrow, is in universal use, brings it fully into view. This instrument is an oblong frame of wood about eighteen inches long and eight inches wide, divided in the midst by a thin piece of wood, which runs length ways, and forms it into two compartments. These compartments have certain small pins of wood or brass, running across at right angles, on each of which are seven wooden balls about two thirds of an inch in diameter, perforated so as to admit of their being strung and easily moved on the pins, which are fastened into the sides of the frame. Of these seven

海上絲綢之路文獻集成 科技與文化編

balls, five are in the lower compartment of the frame, and two in the upper, and one in the upper is esteemed equal in value to the five in the lower compartments. Hence as the five in the lower are deemed five units, and the two in the upper two fives, or ten, each pin of wood is furnished with balls capable of expressing any number from one to fifteen.

These pins represent the various places in the Numeration table: the number of pins with their respective balls varies in different instruments, but some of them contain seventeen, which renders them capable of expressing any number as high as seventeen places, or, ten thousand billions. By this instrument, beginning to the left any where it will, a Chinese expresses any number with ease. For example; if he wishes to express 'thirty-two millions, one hundred and twenty-nine thousand, eight hundred and seven,' he begins to the left and expresses thirty millions by selecting and moving to the middle partition three of the lower balls, which by their relative position will denote *thirty* millions; he then from the five lower balls on the next pin to the right, selects two to express the two *millions*; afterwards one from the five on the next pin to the right to express a *hundred thousand,* and then two of the next five to the right to express the two *tens* of thousands: after which, to express the nine *thousands,* he selects of the balls on the next pin to the right, one from the upper two for five, and adds thereto four from the lower to complete the nine: to express the eight *hundreds,* he then places in view one from the upper two to denote five, and adds three from the lower five, thus forming the eight: lastly to denote the absence of the *tens*, he passes by those on the next pin to the right, and to express the seven *units*, selects one from the upper two for five, and two from the lower five to complete the seven. Thus on eight of the pins, is expressed the sum required; which stands thus on the instrument itself,

32,129,807.

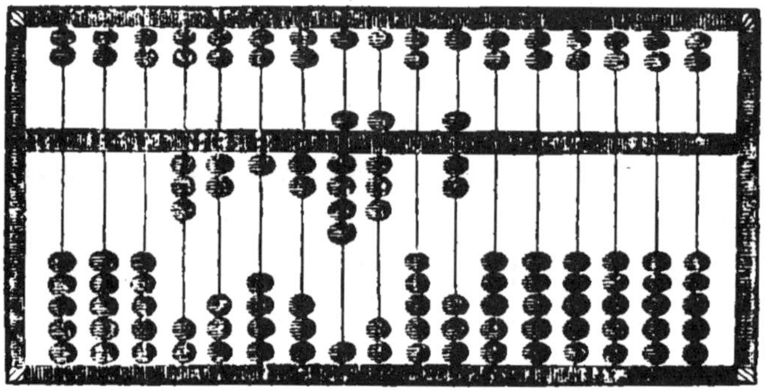

This instrument, which is of Chinese origin, and the antiquity of which it is not easy to fathom,* while it brings into full application the decimal system of arithmetic, admits of its being carried to any extent. Fractions, could be expressed thereon with perfect ease: the Chinese constantly express by it the various denominations of money, weights, and measures in use among them; which they easily distinguish by leaving one pin to the right as an interval between the whole numbers and the fractional parts of weights, measures, &c. and the same interval between each lower denomination. With this instrument, therefore, they contrive not only to express any number much more expeditiously than they could with the pen; but proceed so far as to add, substract, and even multiply therewith.

* Common tradition ascribes the invention of this instrument to the great *Tchyeu*, the son of *Wun-wang*, and the brother of *Woo-wang*, the first emperor of the *Tchyeu* dynasty.

OF ORDINALS.

In their standard works, the Chinese seldom use any character to distinguish the ordinal numbers from the cardinal ones. Multitudes of examples might be adduced from the *Chhun-ts'hyeu* of Confucius, in which an event is said to have happened in the *ninth*, the *fifteenth*, the *seventeenth* year, &c. of the reigning prince; without any character being used to distinguish these numbers from their respective cardinal numbers. Of this one example may suffice: in the first volume of that work, the sage detailing the events which happened in the seventeenth year of *Hwan-koong*, the tenth sovereign of *Loo* prior to *Ting-koong*, in whose reign Confucius was born, records an eclipse of the sun in the following terms,

食 *chhih* } eaten.	日 *yih* the sun	月 *yueh* month's	冬 *Toong* (In the winter
之 *tchee* }	有 *yéu* was	朔 *soh* first day	十 *shih* the tenth

" In the winter, on the first day of the *tenth* month, the sun suffered an eclipse."

Tchin-tchyen, vol. I.

In this sentence the cardinal number *shĭh*, ten, in the first line from the right, is used to denote the ordinal '*tenth*.'

In more modern works, the character 第 *teè*, which originally means *but, only*, &c. is prefixed to the various cardinal numbers, to render them ordinal, as 第六 *teè-lyeù*, the sixth; 第十 *teè-shĭh*, the tenth, &c.

Examples of this kind are to be found in almost every book wherein the chapters or sections are numbered. This mode, however, is nearly confined to the titles of chapters, &c. it seldom occurs in the body of a respectable work. But in conversation, 第 *teè* is general prefixed to the various cardinal numbers in order to render them ordinal, of which it seems scarcely necessary to detain the reader by any further examples.

海上絲綢之路文獻集成 科技與文化編

THE PRONOUNS.

In a language destitute of every verbal inflection, the Pronouns become highly important, as it is chiefly from them that the verb derives precision. Accordingly in Chinese we find the pronominal characters both numerous and definite in their meaning; and in general, they appear to have been originally intended as pronouns; nor are many of them used in any other way. It will perhaps assist us in forming a clear idea of these Pronominal characters, if we first take a view of them in their various kinds, and afterwards examine how far they are affected by the accidents of gender, number, and case.

Of the Various KINDS *of* PRONOUNS.

Were the Chinese Pronouns divided into three classes, the Personal pronouns might form the first class; the Relative and Interrogative pronouns, the second; and the third class might include all the rest, which consist of various kinds, as Demonstratives, Possessives, Distributives, &c. and which are by some termed Adjective pronouns.

CLASS I. *The Personal Pronouns.*

The great number of pronominal characters used to express the first and second personal pronouns, seems to render a smaller kind of division necessary, that which regards them as they represent either the *first*, the *second*, or the *third* person.

Characters denoting the First Person.—The characters which are used to represent the First personal pronoun, are no less than *seven* in number. These are:

我 *Ngó.*	予 *Yu.*	余 *Yu.*	俺 *Ngan.*
朕 *Chin.*	吾 *Ngoo.*	咱 *Ts'ha.*	

Of these seven characters used to denote the pronoun I, it may not be improper first to notice *Chin*, which is among the most ancient of them, though now confined to the emperor alone. This pronoun is probably co-eval with the language itself: in the first volume of the *Shoo-king*, which treats of the acts and sayings of the great *Yao*, that sovereign is introduced as thus addressing his ministers prior to his adopting *Shun*:

載 *tsái.* years.	十 *shih* -ty	七 *chhih* seven-	位 *wy* governed	在 *tsái* have	朕 *Chin* I

"*I* have been on the throne seventy years." *Shoo-king*, vol. i.

In this sentence, *chin*, the first character on the right, expresses the pronoun I. The three emperors, *Yao*, *Shun*, and *Yu* generally used this pronoun; and it is now appropriated to the emperor alone, possibly through

海上絲綢之路文獻集成 科技與文化編

the caprice of custom, for it is scarcely probable that *Yao*, whose character is in general remarkable for humility, would express *himself* by a character denoting superior excellence.

2. The character 我 *ngó*, however, is more generally used for the pronoun I, both in writing and conversation, than any of the others. It is scarcely less ancient than *chin*: the emperor *Yao* himself uses it in the speech already quoted: in the following sentence, the historian introduces him as thus speaking of *Shun*, of whom he had heard, and who was now mentioned to him by his ministers;

哉 tsai !	試 shè will try	其 khee him	我 Ngó I

"*I* will certainly try him!" *Shoo-king*, vol. i.

In this sentence the pronoun I is expressed by *ngo*, the first character from the right. This pronoun does not contain two complete characters; but it is formed by blending 弋 *yih*, to throw or dart, with 手 *shyeú*, the hand. It occurs so frequently both in writing and conversation, that more examples of it would be superfluous.

3. The character 予 *yu*, is also used to express the first personal pronoun; and as thus applied, it seems to vie in antiquity with the two already mentioned. In the passage of the *Shoo-king* already quoted, *Yao*, after expressing his regret that no one of his own family possessed virtue worthy of the throne, enquires for some one possessing genuine worth;

and on *Shun's* being mentioned to him, the historian represents him as thus replying;

聞 *mun* hear.	予 *yu* I.	僉 *yih* yes,	曰 *yuĕh* said,	帝 *Tee* The emperor

"The emperor said; Yes, *I* have heard of him." *Shoo-king*, vol. i.

In this sentence, the pronoun I is expressed by the character *yu*, the fourth from the right. This character appears afterwards to have acquired the idea of giving, or granting a favor; but it is at the present day chiefly used to denote the pronoun I. There is nothing significant in the formation of the character: the key is the obsolete character 亅 *kyuĕh.* These three pronominal characters are the most ancient of those which are used to express the first personal pronoun.

4. The character 吾 *ngoo,* seems to stand next in point of antiquity. It is scarcely found in the *Shoo-king*; but it often occurs in the *Lee-khee.* In the first volume of that work, the sage is introduced as saying relative to the ancients;

墳 *fwun* monuments.	而 *irr* but	也 *yĕa* had	之 *tchee* that	吾 *Ngoo* I
	不 *pŭh* not	墓 *moŏ* graves	古 *koó* the ancients	聞 *mun* have heard

"*I* have heard that the ancients were content with graves alone, without monumental buildings on them." *Lee-khee*, vol. i.

海上絲綢之路文獻集成 科技與文化編

In this sentence, the first personal pronoun is expressed by *ngoó* the first character to the right. This character is formed by uniting 五 *ngoó*, five with 口 *khyéu*, a mouth. It frequently occurs in Confucius and Mung; and is occasionally used in epistolary writing; but it is now seldom introduced in conversation.

5. The character 余 *yu*, is used also to denote the pronoun I. This character is much more modern; it does not occur in Confucius, nor even in Mung;* but it is much used by the Chinese in epistolary correspondence; and it appears in some of their lighter productions.

6. The first personal pronoun is also occasionally expressed by 咱 *ts'ha*. This character is formed by adding 自 *tsè*, self, to 口 *khyéu*, a mouth. It is chiefly in use among the lower ranks of people: though given in the imperial dictionary, it is supported by no quotation from any of the standard works of the Chinese.

7. Lastly, the character 俺 *ngán* is also used occasionally to express the pronoun I. No quotation from any work, however, is given in the imperial dictionary to support its authority; and it is scarcely ever used in conversation. It is said indeed to be a provincial character; but it occurs in some of the dramatic writings of the Chinese.

Pronominal characters expressing the Second Person.—The characters which are used to denote *thou*, the Second personal pronoun, are also various. The most common are these three 爾 *irr*, 汝 *yú*, and 你 *neé*. Among these,

* It occurs once or twice, however, in the comment on Mung.

1. The character most generally used, both in their standard and other writings, to express the second personal pronoun, is 爾 *irr*. The key of it is 爻 *ngao*, to imitate, but the other part is no complete character. It seems very ancient, as it is found in the *Shoo-king*, the following sentence from which furnishes one of the first instances of its occurring in that work. It is an address of *Yu*, chosen by the emperor *Shun* as his successor in the throne, to the ministers around him, when about to reduce to obedience a rebellious province;

伐 *fwah* quell	奉 *fóng*	at the imperial command	衆 *choong* all	以 *yeè* by	肆 *Sè* Therefore
罪 *tsooi* the rebellion.	辭 *tse*		士 *sè* ministers,	爾 *irr* you	予 *yu* let me

"At the imperial command let me therefore with all *you* ministers, quell this rebellion."
Shoo, vol. i.

2. The character 汝 *yŭ*, however, as used to denote the second personal pronoun, is of equal antiquity. The following sentence from a paragraph in the *Shoo-king* already quoted, contains an example of its being thus used. Addressing his ministers relative to a successor, as already mentioned, the great *Yao* says,

位 *wei* seat.	巽 *suen* I would resign	庸 *yong* realize	汝 *Yŭ* Ye
	朕 *tsin* my	命 *ming* the command;	能 *nung* can

"Could *you* realize my wishes, I would resign the throne."
Shoo-king, vol. i.

海上絲綢之路文獻集成 科技與文化編

中國言法

In this sentence *yú,* the first character to the right, expresses the second personal pronoun, to which the context, in this instance, attaches the force of the plural number. As thus expressing the pronoun *thou,* &c. this character is still common in the Chinese writings; but it is little used in conversation. It is formed by adding 女 *nyú,* a woman, to 水 *shoói,* water.

3. The element 女 *nyú,* just mentioned, which properly denotes a woman, is also used occasionally to denote the second personal pronoun, in which case it assumes the name *yú.* Nor is it thus used as exclusively applicable to the female sex; in the first volume of *Lun-yu,* Confucius himself applies it to one of his disciples, *Tse-koong:* the instance occurs in the sentence already quoted:*

愈 yŭ? excels? 孰 Shoŏk who 也 yea 回 Hooi Hooi 與 yŭ with 女 Yŭ Thee

" *Thou* compared with Hooi, who excels ?" *Lun-yu,* vol. i.

In this sentence *yú,* the first character to the right, expresses the second personal pronoun. Many instances indeed might be produced from Confucius alone, of its being thus applied, were it not for swelling the volume.

4. The character 你 *neé,* is more commonly used in familiar conversation to denote the second personal pronoun, than any of those already mentioned. It is not found, however, in their standard works, nor is it often used in respectable epistolary correspondence.

* See page 239.

P p

Beside these four, two or three characters which have originally another meaning, are occasionally used to denote the second personal pronoun.

5. The conjunctive character 而 *irr*, which is one of the two hundred and fourteen elements in the *Shoo-king*, and others of the Chinese classics, is sometimes used in the sense of the second personal pronoun, as the following sentence quoted in proof of this by the compilers of the Imperial Dictionary, from the second volume of the *Shoo*, sufficiently evinces. It contains the advice of the great *Tchyeu* to his nephew and sovereign;

色 *sŭh* natural. 而 *irr* be thou 康 *khang* serene, 而 *Irr* Be thou

"Be *thy* demeanor serene and tranquil, *thy* countenance the expression of nature." *Shoo-king*, vol. ii.

In this sentence the character *irr*, the first to the right, is twice used to denote the second personal pronoun. Nor does this appear to be done on the ground of its being a conjunction, and hence implying the pronoun as contained in the verb; the conjunction 而 *irr* being scarcely ever found to begin a sentence in Chinese.

6. Another character thus occasionally used for the pronoun 'thou' is 乃 *naí*, which is also a copulative conjunction. In the first volume of the *Shoo*, the emperor *Shun* thus addresses *Kao-yao*, one of his ministers, whom he highly valued;

休 hyen an efficient prop. 之 tchee art 乃 nai thou 惟 Wy Only

"It is *thine* alone to influence and stay the whole empire." *Shoo-king*, vol. i.

In this sentence, *nái*, the second character from the right, performs the office of the second personal pronoun.

7. A third character thus occasionally used is 若 *yŏh*, which in general signifies 'like, as,' &c. The imperial dictionary however says, that it also denotes the second personal pronoun, and supports this definition by the following quotation from the *Tsin-yu*:

至 tchee arrive. 而 irr and 宿 Sooh Sooh 若 yŏh you 日 yih days 三 San Three

"In three days *you* may arrive at Sooh." *Tse-tyen*, vol. xxii.

In this sentence the second personal pronoun is expressed by the character *yŏh* in the second line from the right.

This application of *yoh* may be still further substantiated by a sentence, from the 'Annals of China,' in the eleventh volume of which the emperor *Kao-choo* thus addresses an offending mandarine,

P p 2

海上絲綢之路文獻集成 科技與文化編

乎 hoo ?	侯 kyen chief	淮 Hwai- Hwai-	若 yŏk Hast thou	上 Syâng The emperor
	反 fwân to rebel	陰 yin yin	教 kyâo taught	曰 yuĕh said.

"The emperor said, 'Hast *thou* taught the chief of *Hwai-yin* to rebel?'"

Kang-kyen, vol. xi.

In this sentence *yŏk*, in the second line from the right, unequivocally expresses the second personal pronoun.

Characters expressing the Third Person.—Among the various characters which denote the third personal, there is scarcely one which exclusively belongs to the Personal pronoun: nearly all thus applied are also to be met with occasionally as Demonstratives. The characters by which the third personal pronoun is generally expressed, are 他 *t'ha*, 伊 *ee*, 彼 *peé*, and 其 *khee*.

1. 他 *T'ha*. This character is generally used in conversation to express the third personal pronoun. But although applied in conversation to denote *he*, &c. it does not often occur in this sense in their best works. As found in these it is often equivalent to, 'another;' 人他 *t'ha yin*, 'that man,' an expression not unfrequent, denotes another, possibly from its pointing out a person different from the one whom the reader is supposed to have more immediately in view. But this we shall have occasion to notice when treating of the Indefinite pronouns.

2. The character 伊 *ee,* is sometimes used for the pronoun *he*; but it is more generally found united with a substantive, like the demonstrative 'that,' than met with alone, like the English personal pronoun 'he.' This character does not seem to have been so anciently in use as *t'ha.* It occurs however in the *Shee-king,* though seldom in the *Shoo.* It is at present frequently used in respectable writings; but it is less frequent in conversation.

3. The demonstrative 彼 *peé,* 'that,' is not unfrequently used alone in the sense of the third personal pronoun. An instance of this occurs in the following example selected from the first volume of Mung, wherein that philosopher, to shew that virtue is equally easy to all, quotes one as affirming that he possessed ability for walking in the path of virtue as really as any one who had formerly trodden that path;.

夫 *foo* man	我 *ngó* I (am)	夫 *foo* man;	彼 *Peé* *He* (is)
也 *yeh* too.	丈 *chwang* a full grown	也 *yeh*:	丈 *chwang* a full grown

'If *he,* (the virtuous man), be a man of full age, I also am the same."

Mung, vol. i.

4. But the character which like our pronoun *he,* is most frequently used alone to express the third personal pronoun, is 其 *khee.* This character is ancient; it occurs frequently in the *Shoo-king,* and has uniformly maintained its place to the present time. It is not unfrequent as a demonstrative; and is said to be occasionally used as a relative. In the following example however, as well as in many others, it has evidently the force of the pronoun *he*: Confucius, quoting a passage from an ode in the *Shee-*

海上絲綢之路文獻集成　科技與文化編

king, with which he was much pleased, adds respecting the author,

乎 *hoo* !	道 *tuo* the way	知 *chee* understood	其 *Khee* He

——"*He* understood the true way of ruling !" See *Mung*, vol. ii.

These four are the characters most generally used to express the third personal pronoun. Were all the characters which express the Personal Pronouns brought into one view, they would stand thus:

Characters used to express,

The First Person.	The Second Person.	The Third Person.
我 *Ngó*, I, &c.	爾 *Irr*, Thou, &c.	他 *T'ha*, He, &c.
朕 *chìn*, —	汝 *yú*, —	伊 *ee*, —
予 *yu*, —	女 *nyú* (*yú*), —	彼 *peé*, —
吾 *ngoo*, —	你 *neé*, —	其 *khee*, —
余 *yu*, —	而 *irr*, —	
咱 *t'sha*, —	乃 *nai*, —	
俺 *ngan*, —	若 *yŏh*, —	

CLASS II. *The Relative and Interrogative Pronouns.*

The Relative and Interrogative pronouns have a near affinity with each other, as the former point out a person well known to the reader, and the latter refer to one as yet unascertained, and respecting whom, therefore, a question is moved.

Of the Relative Pronouns.———Among the Relative pronouns, the most ancient, and the most general in its use, is the character 所 *só*, which is used to denote all three persons; and is equally applicable to persons, places, and things. This might be shewn by numerous examples, were it necessary; one or two may however suffice. In the second volume of *Lun-yu,* the sage, describing to *Kwi-tse,* the usurper of *Loo,* a truly great minister, says,

所	*Só*	He who
謂	*wy*	is
大	*tá*	a great
臣	*chin*	minister
者	*chyea*	
以	*yée*	in
道	*táo*	the path
事	*sè*	serves
君	*kyoon*	his prince;
不	*poŏh*	un-
可	*khó*	able
則	*tsŭh*	then
止	*chei*	he stops.

"*He who* is a great minister, serves his prince in the path of virtue; when he cannot, he stops." *Lun-yu,* vol. ii.

In this sentence *só,* the first character to the right, is applied to a Person. The following, sentence which contains the sage's directions for thoroughly knowing a man, exhibits it as applied to Things.

其 *khee* that	所 *só* *which*	以 *yeè* he does	視 *Shee* Observe
所 *só* in *which*	由 *yeu*, he pursues	觀 *kwan* mark	其 *khee* that
安 *ngan* he rests.	察 *chhah* examine	其 *khee* that	所 *só* *which*

"Observe that *which* a man does; mark that *which* he pursues; narrowly scrutinize that in *which* he delights." *Lun-yu*, vol. i.

The pronominal character 其 *khee*, which occurs as the third personal pronoun, is said by the Latin-Chinese dictionaries, to be also a relative, and indeed there are instances wherein it seems to have the force of the relative *who*, &c. In this case, however, it also includes the personal pronoun *he*; as, 'he who,' 'him who,' &c.

The character 之 *tchee*, which has been already described as performing the office of a genitive particle, is placed by Fourmont among the relatives. It is true, that few characters are used in a greater variety of meaning than this; but it is doubtful whether in any one instance it can be justly termed a relative. In the phrase, (*'yin tchee'*) which he quotes from the *Ta-hyŏh*, *tchee* is evidently the genitive particle; and indeed he treats it as a relative on the ground that the Chinese genitive particles are relatives in fact; for on the same principle he ranks the particle 的 *tĭh*, among the relatives. It may admit of doubt however, whether this idea be admissable: *mai hyang tĭh*, (the instance he gives of *tĭh*,) will admit of being translated, "the man *who* sells odours;" but it may also be rendered without a relative:

海上絲綢之路文獻集成 科技與文化編

'the odour-seller' is a phrase of nearly the same import. In the languages of India, nothing is more common than thus to place before a substantive, an adjunct formed by uniting a verb with its object, which, if literally rendered into English, would read 'the *odour-selling* man,' &c. &c. Fourmont's being unacquainted with this fact, seems to have led him to the conclusion that the Chinese genitive particle, from its being used as such, must necessarily be a relative. A conclusion however, which if admitted, would go far toward confounding all distinctions in grammar. That the Chinese express nearly the same idea by the genitive particles, which they occasionally express by the relative, is a fact; but a fact by no means confined to them: if they apply these two modes of expression to nouns of every gender, we in English apply them to nouns of the masculine and feminine gender: 'The Gentleman's hat,' expresses the same idea as, 'the hat *which* the gentleman has;' 'the author's work,' is equivalent to, 'the work *which* the author wrote.' Few, however, would, on that account, chuse to rank among the pronouns, the *'s* which forms the genitive.

Fourmont has the same idea respecting the particle 者 *tchyéa,* when added to a verb for the sake of expressing the agent or doer. As thus used, he deems it a kind of relative; and it is conceded, that, added to a verb, it forms a phrase which the western languages occasionally express by a relative. Thus, *tchyéa* placed after the verb *hyŏh* 'to learn,' forms a phrase, (*hyŏh tchyéa,*) which we can render, 'he *who* learns;' added to *toŏh* 'to read,' it forms, '*toŏh tchyéa,*' which will admit of being rendered, 'he *who* reads,' (ille legens.) In English, however, both these phrases can be expressed without employing the relative: 'the learn*er*' 'the read*er*,' will convey the

Q q

idea as fully as, 'he who reads,' &c. Still few would class the termination *er* with the relative pronouns, because it expresses an idea which a relative is occasionally employed to express. Our language has two modes of expressing the same idea, that of employing the relative, and that of adding to the verb the termination *er*; why then may not the Chinese language be allowed to possess the same variety? That it has one relative applicable to persons, places, and things, the character 所 *só*, and that 其 *khee*, sometimes occurs as a relative, are freely granted; but it is far from being clear that either 之 *tchee*, or 的 *tïh*, or 者 *tchyea*, have any just claim to that name.

'Whoever,' and 'whatever,' may perhaps be more properly ranked among the Indefinite pronouns; to which class they are therefore referred.

The Interrogative Pronouns.—In the Chinese Interrogative characters there is a considerable variety. The character 誰 *shooi*, which answers to the English 'who?' is one of the most ancient interrogatives the Chinese have. Examples of it may be found in all their writings from the *Shoo-king*, to the lighter productions of the present day: nor is it unfrequent in conversation. This character is of itself an interrogative, is generally applied to persons, and neither needs, nor indeed properly admits, a substantive to be united therewith; although this is sometimes done in familiar conversation. The following examples from the *Shoo-king* may be sufficient to illustrate its force. *Yu*, conversing with the Emperor *Shun*, and describing the influence which that emperor had on the people, adds;

讓 *yàng?* imitate thee?	不 *poöh* not	敢 *kán* dares	誰 *Shooi* Who

" *Who* is proof against the attraction of thy virtues?" *Shoo-king*, vol. i.

In this sentence *shooi,* the first character to the right, forms of itself the interrogative 'who?'

2. The character 孰 *shoŏh,* scarcely equals *shooi* in antiquity ; but like that character, it resembles our interrogative ' who ?' in being generally used alone. It is commonly applied to persons in the standard writings of the Chinese : an instance of which may be seen in a sentence already quoted from the first volume of *Lun-yu* ;* it is the interrogative pronoun in the sentence,

"Thou compared with *Hooi, who* excels ?"*

To multiply examples of a pronoun so definite in its meaning, would be superfluous : we proceed to,

3. The interrogative 何 *hho.* This character, when used alone, often denotes ' why ?' but when united to a substantive, it is equivalent to ' what ?' It is applied to both persons and things. Of its being applied to the former, an instance occurs in the sentence quoted page 214, from the first volume of *Lun-yu,* in which *Tse-koong,* inquiring relative to *Puh-ee* and *Sooh-chee,* says,

也 *yea*	人 *yin* men	何 *Hho* What

——" *What* men were they ?" *Lun-yu,* vol. i.

* See page 239.

海上絲綢之路文獻集成 科技與文化编

This character is however applied no less to things: 故何 *Hho-koò?* 'what affair?' 物何 *hho woŏh?* 'what thing?' are phrases not of unfrequent recurrence either in the Chinese writings, or in respectable conversation.

Beside these three, which are the interrogative pronouns chiefly used in their standard works, there are several others worthy of notice, though some of them occur more seldom in the Chinese writings, and others are confined almost wholly to conversation. Among the latter are,

4. The character 那 *nà*. This pronoun, though sometimes found in the demonstrative form, occurs perhaps more frequently as an interrogative; which sense indeed is given in the Imperial Dictionary as its original meaning. It is chiefly in conversation however, that it thus occurs: 人個那 *Nà kò yin?* 'What man?' 事件那 *Nà kyèn sè?* 'What business?' are phrases often recurring in conversation, and lighter compositions.

5. 焉 *Yen.* Though this character is not originally an interrogative, yet when placed at the beginning of a sentence, it has the force of 何 *hho?* It is thus used in the *Shee-king;* in the first volume of which, the author represents a woman whose lord had been long absent in the wars, as bemoaning his absence, and exclaiming,

草 *ts'haò* herb? 諼 *hyuen* the sorrow-obliterating 得 *tǎh* shall I get 焉 *Yen* How

"How shall I obtain the herb which obliterates sorrow? *Shee-king*, vol. i.

The interrogation in this sentence is formed by *yen,* the first character to the right.

6. The character 安 *ngan,* ease, comfort, has in some instances the force of the interogative 何 *hho.* This is the case in the following sentence, which occurs in the first volume of the *Lee-khee;*

仰 *nyáng* expect (another) 將 *tsyang* 則 *tsuh* then 其 *khee* (if) it 泰 *T'hai-*

安 *ngan* 吾 *ngoo* I 頹 *thai* fall 山 *shan*

"Should the mountain *T'hai* fall, *how* can I expect another?"* *Lee-khee,* vol. i.

In this sentence the interrogation is formed by the character *ngan,* in the fourth line from the right.

7. The substantive 烏 *oo,* which originally means a crow, is said by the compilers of the Imperial dictionary to be used occasionally in the sense of *hho,* 'what?' To confirm this, they quote from the *Se-kee,* the following sentence;

也 *yeá* 事 *sẑ* affair 此 *tsẻ* this 有 *yeŏ* is 烏 *Oo* How

"How has this affair happened?" *Tse-tyen,* vol. xiii.

* This sentence is figurative: it forms part of a conversation between Confucius and *Tse-koong,* added to the *Lee-khee* by those who revised that work with the sage's additions thereto. In this conversation Confucius had been describing himself under the figure of the mountain *T'hai,* and representing his fall or death as a matter of small importance. This gave rise to the exclamation above, which is *Tse-koong's.*

The interrogation in this sentence is formed by the character *oo*, the first on the right.

8. The character 曷 *hhŏh* has also the force of the interrogative 'how?' or 'in what manner?' This it seems to have obtained early; for it is found in the second volume of the *Shoo-king*. It occurs in a soliloquy of the emperor *P'han-kung*, who, reflecting on the virtues of his grandfather *T'hang*, the founder of the *Syang* dynasty, says,

民 *min* people? 朕 *chin* my 虐 *nyŏh* oppress 曷 *Hhŏh* Why

" Why should I cruelly oppress my people." *Shoo-king*, vol. ii.

9. 幾 *kee*, 'a little,' &c. is sometimes used interrogatively, as equivalent to, 'how many?' Of this an instance occurs in the second volume of *Mung*. On being visited by one of his disciples, with whom he was displeased, the philosopher addresses him thus,

矣 *eé* 日 *yih* days? 幾 *khee* how many 來 *lai* hast come 子 *Tse* Thou

" *How many* days hast thou arrived?" *Mung*, vol. ii.

In this sentence the interrogative is formed by the character *kee* in the third line from the right.

10. The phrase 麼甚 '*shìn-mò*' is so often heard in conversation, that it would be improper to pass it over in silence, although it is seldom met with in respectable compositions. 來人麼甚 *Shìn-mò yin lai?* 'What man came?' with other expressions of this kind, may often be heard in conversation; to which however they seem almost wholly confined.

11. Another interrogative which, if not strictly a pronoun, has a close affinity thereto, is 豈 *kheé* 'why?' or 'wherefore?' which may also be translated, 'what cause?' This character is pretty ancient, of which the following passage from the first volume of the *Shoo-king*, furnishes a proof. *Thai-khang*, the grandson of the emperor *Yu*, growing supine and negligent, his younger brother delicately attempted to arouse him to a sense of his duty by singing a kind of sonnet in his hearing, which contains the following sentence;

在 *tsai* be	怨 *yuèn* by murmurs	三 *san* thrice	一 *Yih* One
明 *ming* informed.	豈 *kheé* why	失 *shih* to slip;	人 *yin* man

——"A man to transgress thrice;—*why* should a sovereign wait the disclosure of his faults by a nation's murmurs?" *Shoo-king*, vol. i.

In this sentence, *kheé*, in the third line from the right, forms the interrogative 'why?' It is often used, however, so as to convey a strong negative. It frequently recurs in the standard writings of the Chinese, and is occasionally heard in conversation.

12. Lastly, the Chinese have also an interrogative character which con-

海上絲綢之路文獻集成 科技與文化編

tains within itself a negative. It is 盍 *hhŏh,* 'why not?' which occurs in the following address of Confucius to *Yen-yuen* and *Kee-loo,* while standing near ministering to him.

志 *chee* wish. 爾 *irr* your 言 *yen* speak 各 *kŏh* each 盍 *Hhŏh* Why not?

" *Why* does *not* each of you frankly disclose the wish of his heart?" *Lun-yu,* vol. i.

In this sentence *hhŏh,* the first character to the right, has the force of a negative in the interrogative form.

CLASS III. *Demonstratives, Possessives, &c.*

We now come to the Third, and most numerous Class of the Chinese pronominal characters, which comprizes no less than four kinds, the Demonstrative, Possessive, Distributive, and Indefinite pronouns. By some grammarians these have been termed Adjective Pronouns; a name indeed which agrees with nearly all of them, but not with them alone; several of the interrogatives having a claim to that name equally well founded.

The Demonstratives.——Beside the personal pronouns, which have been already described as occasionally performing the office of demonstratives, there are certain characters, which are peculiarly so, being scarcely ever used in any other sense. Among these 此 *tsé,* this; 斯 *se,* this; and 這 *chyèa,* this; are used to express the person or thing most immediately in view; and 彼 *peé,* that, 那 *nà,* that, the person or thing more remote.

1. 此 *Tsé*, 'this,' seems not to have been so anciently used as some of the pronominal characters; as it seldom occurs in the *Shoo-king*. It is however much used by Confucius and Mung, and is applied to both persons and things. The key of it is 止 *chée*, to stop, to rest. Of its force the last sentence quoted page 339, furnishes one example, and another may be adduced from the first volume of *Mung*. Detailing the misery which a king's giving himself up wholly to sports and idle recreations, bring on his people, the philosopher *Mung* represents them as exclaiming,

也 *yeá*	同 *t'hoong* together	與 *yú* with	他 *t'ha* other (than)	此 *Tsé* This
	樂 *loh* having joy.	民 *min* his people	不 *paòh* his not	無 *woo* is no

"*This* springs from no other cause than his having no joy in common with his people." *Mung*, vol. i.

2. The character 斯 *se*, also expresses the demonstrative 'this.' Though employed in certain cases to convey the idea of dividing, instances of its being used as a demonstrative are far more frequent. They occur as early as in the *Lee-khee*; as the following example shews,

斯 *tse* this.	於 *yu* in	哭 *khoŏh* they lament	斯 *tse* this,	於 *yu* in	歌 *Ko* They sing

"In *this* place they sing; in *this* they lament." *Lee-khee*, vol. i.

R r

海上絲綢之路文獻集成 科技與文化編

Here *se* twice occurs as a demonstrative. It is formed by adding the pronoun 其 *khee* to the key 斤 *kin*, the Chinese pound weight

3. 玆 *tse*, which originally means dark, black, is also said by the Compilers of the imperial dictionary, to be occasionally used in the sense of the demonstrative 'this,' which they support by quoting a passage from the *Shee*, and even one from the *Shoo-king*, descriptive of the anxiety of the great *Yu* relative to *Kao-yao*, a minister of whose virtue and talent he had the highest opinion, and whose assistance he wished to obtain,

玆 *tse* him.	在 *tsai* my heart is on	玆 *tse* on this (man,)	念 *Nyén* I think

"I think on *this* man, my heart is constantly upon *him*." *Shoo-king*, vol. i.

In this sentence *tse* occurs twice as a demonstrative. It is however more commonly applied to time than to persons; and is then nearly equivalent to the adverb, 'now,' or, 'this time.'

4. In conversation the character 這 *chyéa* is often used to express the demonstrative 'this;' of which instances have been already given. It is however confined to conversation, and the lighter productions of the Chinese, in which it is applied both to persons and things. When used, it is generally united with the enclitic particle proper to the thing mentioned. Examples of its use may be seen page 294, (*Chyèa-kò sooì &c.*)

Of the Demonstratives which answer to the pronoun 'that,' and point to some person or place more remote, there are few beside those already mentioned as personal pronouns. One of these,

5. 彼 *peé*, the Imperial dictionary describes as being the converse of *tse*, 'this.' It seems to have been a pronoun *ab origine*: when applied to persons, it seldom admits the substantive; it is then rather the personal pronoun; but when applied to places, &c. it admits the substantive like the other demonstratives: 處彼 *peé chyù*, 'there,' or, 'that place,' is a phrase often occurring in conversation.

6. We may perhaps class 他 *t'ha* under this division of pronouns; for although it is often used to signify 'another,' this signification seems to arise from its application as a demonstrative: *t'ha pang*, 'that province,' is necessarily another, because different from that which is the more immediate object of attention.

7. In conversation, the character 那 *nà*, already mentioned among the interrogatives, is occasionally used as a demonstrative; generally, however, as united with the enclitic particle peculiar to the substantive mentioned. Examples of this may also be seen page 285, (*'Nà-tyao shoò,' &c.*) but as thus applied, it is almost wholly confined to conversation and the lighter words of the Chinese.

8. In some cases, the substantive verb 是 *sheè* has the force of a demonstrative pronoun; but it seems capable of being rendered either 'this,' or

Rr 2

海上絲綢之路文獻集成　科技與文化編

'that,' as the context may require. The following example of its use occurs in the first volume of *Mung*, wherein that philosopher, insisting that the pity which cannot suffer a man to fall into evil, is natural to mankind, urges, that any man seeing a child likely to fall into a well, would instantly, as from instinct, rush forward and prevent him, without reflecting for a moment whether he knew the child's parents or not; and then adds;

之。 *tchee* it.	觀 *kwan* we perceive	是 *sheè* this	由 *Yeu* From

———"From *this* we clearly perceive it."　　*Mung*, vol. i.

In this sentence *sheè*, the second character from the right, refers to the sentence immediately foregoing; it may therefore be rendered 'this.'

But in the same volume *Mung* has a sentence wherein it may be rendered by the pronoun 'that.' After detailing the labors of the Emperor *Yu*, in draining the country, and rendering it capable of cultivation, he adds;

入。 *yeeh* enter.	門 *mun* door	三 *san* thrice	年 *nyen* years	也。 *yeá*	當 *Tang* at
	而 *irr* but	過 *kwò* he passed	於 *yu* was	禹 *Yu* Yu	是 *shee* that
	不 *pooh* did not	其 *khee* his own	外。 *wai* without	八 *pah* eight	時 *shee* time.

"At *that* time, *Yu* was abroad in the country for eight years; thrice he passed by his own door, but did not enter it."　　*Mung*, vol. i.

In this sentence *sheè,* in the first line to the right, has the force of the demonstrative, 'that.' It however constantly refers to the time, thing, &c. under immediate consideration: which may be observed even in this instance; as, 'that time,' refers to the time of *Yu,* then immediately under *Mung's* view.

The Possessive Pronouns.—The pronouns termed Possessive by grammarians in general, consist of two kinds; namely, such as are, strictly speaking, the possessive cases of the other pronouns, as *mine, thine, his, hers, theirs,* &c. and such as are of themselves distinct pronouns; as *myself, thyself, himself, her,* &c. It is of the latter kind alone that we shall treat here; the others properly belonging to their respective pronouns.

Possessive Pronouns of the latter kind, are formed for the most part by adding to the personal pronouns the characters, 自 *tsè,* or 己 *keé,* and sometimes both of them, as 己自我 *ngó tsè-keé,* "I myself;" 己自你 *neé tsè-keé,* "thou thyself," &c. But it is chiefly in conversation that both of these characters are thus added to form a possessive pronoun.

1. The pronominal character 己 *keé,* seems to be very ancient; it is one of the two hundred and fourteen elements, and is used to denote 'self' in their most ancient writings. In the first volume of the *Shoo-king* the following sentence occurs, in which *Shun* says respecting his predecessor, the great *Yao,*

人 *yin* men.	從 *ts'hoong* he regarded	己 *keé* himself,	舍 *Shyhe* He disregarded

" He disregarded *himself*, he regarded the advice of others." *Shoo-king*, vol. i.

In this sentence, *keé*, the second character from the right, performs alone the office of the possessive pronoun.

2. The character 自 *tsè*, which is also an element, appears to have been used originally to signify ' from ;' but even the *Ee-king* has examples of its being used as a possessive pronoun. It occurs in the following sentence, ascribed to the great *Tchyeu*,

不 *pooh* does not	自 *tsè* his own	子 *tsé* man	健 *kyèn* going	天 *Thyen* (Like) heaven's
息 *sih* stop.	強 *khyang* strength,	以 *eé* by	君 *kyoon* the good	行 *hhing* course,

" Steady as the course of heaven, the good man by his *own* innate strength continually presses forward." *Ee-king*, vol. i.

In this sentence, *tse*, in the fourth line from the right, has the force of a possessive pronoun.

3. The character 親 *ts'hin*, a ' relative,' &c. is also occasionally used to denote the possessive pronoun.

海上絲綢之路文獻集成 科技與文化編

中國言法

'Made with my own hand,'

的 *tih* (gen. part.)	做 *tsŏh* made	手 *shyu* hand	親 *ts'hin* own	我 *Ngo* My

Is a phrase often heard in conversation; and examples of *ts'hin* being used as a possessive occur also in the best Chinese works. In the second volume of *Mung*, an objector cavilling with one of Mung's disciples, urges that propriety is not to be so strictly and constantly observed as his master taught, to upports which, he puts the following case,

乎 *hoo!* ?	必 *pyih* must	則 *tsuh* then	不 *pŏŏh* not	不 *pŏŏh* not	親 *Ts'hin* Himself
	親 *tshin* himself	得 *tuh* to obtain	親 *ts'hin* himself	得 *tŭh* attain	迎 *ying* going to receive
	迎 *ying* go	妻 *ts'hee* her,	迎 *ying* going	妻 *ts'hee* (his bride)	則 *tsŭh* then

"If a man by going *himself* to receive his espoused wife, should not obtain her, by not going *in person*, should obtain her; must he go *himself*?" *Mung*, vol. ii.

In this sentence, three instances occur wherein the character *tsh'hin*, has the force of the possessive 'himself.'

4. 身 *shin*, 'the body,' &c. has often the force of a possessive pronoun. Of this an example may be adduced from the second volume of Mung: *Wan-yin*, conversing one day with that philosopher, urged this against the emperor *Shun*,

之 *tchee* (toward) him	謂 *wy* termed	匹 *phih* } a private	子 *tsë* son	身 *Shin* Himself
乎。 *foo* !	親 *s'hhin* fraternal	夫 *foo* } man	弟 *teë* his brother	爲 *wy* being
	愛 *ngai* love	可 *khó* can this be	爲 *wy* remained	天 *thyen* heaven's

"He being emperor *himself*, his younger brother still remained a private man ; could this be deemed fraternal love?" *Mung*, vol. ii.

In this sentence *shin*, the first character to the right, is evidently the possessive pronoun 'himself.'

5. The character 躬 *koong*, is sometimes used to express the possessive pronoun self. In the first volume of the *Shoo-king*, the emperor *Yao* thus addresses *Shun*, whom he intended for his successor,

躬 *koong* self.	在 *tsài* centers in	曆 *lih* de-	天 *Thyen* Heaven
	爾 *irr* thy-	數 *shòo* cree	之 *tchee* 's

" The appointment of heaven centers in *thyself*." *Shoo-king*, vol. i.

In this sentence, the character *koong*, in the fourth line from the right, unites with *irr* to form the possessive pronoun, 'thyself.'

Reciprocal Pronouns.—There is one character, which, though properly an adverb, yet added to substantives, imparts to the sentence the force of the Greek Reciprocal Pronoun. It is the character 相 *syang*: an instance of its being thus used occurs in the second volume of *Mung*, where that philosopher, speaking of a father and a son, says,

矣 *ee* indeed.	則 *suh* (is)	相 *syang* mutually	父 *Foo* Father
	惡 *ngoh* evil	夷 *ee* to wound	子 *tse* son

" For father and son to injure *each other*, this is evil indeed !" *Mung*, vol. ii.

In this sentence *syang*, in the second line to the right, adds to the sentence the force of a reciprocal pronoun. Another example may be adduced from the first volume of the *Lee-khee*: it occurs in a sentence which describes the state prescribed for Chinese youth of both sexes prior to marriage;

知 *chee* know	不 *pooh* let them not	行 *hhing* } a marriage-	非 *fy* not	男 *Nan* Man
名 *ming* names.	相 *syang* mutually	媒 *my* } negociator,	有 *yeu* having	女 *nyu* woman

" Before employing one to negociate marriage, let not young men and women know *each others'* names." *Lee-khee*, vol. i.

In this instance too, the character *syang* imparts to the sentence the force of the reciprocal pronoun. A third example may indeed be added from the second volume of *Lun-yu*, wherein the sage points out the separation which virtue and vice naturally produce among men,

S s

謀 *myeu* counsel.	相 *syang* mutually	同 *t'hóong* agreeing	道 *Taó* The way
	為 *wy* take	不 *poóh* (men) do not	不 *poóh* not

" They who walk in different paths, do not take counsel with *each other*."
Lun-yu, vol. ii.

In all three of these examples, *syang*, even though translated adverbially, imparts to the sentence the force of the reciprocal pronoun.

The *Distributive Pronouns*.—The Distributives seem the counterpart of the Possessives, as they mark possession relative to others. They are, *each*, *every*, *either*.

1. To express ' each,' the Chinese use 每 *mý*. This character however, will nearly as often admit of being rendered by ' every,' as by ' each.' *Mung*, in his second volume, speaking relative to governing others, says,

足 *choóh* equal thereto	亦 *yeh* yet	之 *tchee* it	而 *irr* also	每 *My* Every
矣 *ee*	不 *pooh* not	日 *yih* a day	悅 *yueh* lovnes	人 *yin* man

Every man delights therein, though unequal to the task for a single day."
Mung, vol. ii.

海上絲綢之路文獻集成 科技與文化編

In this sentence it is not easy to say whether 'each' or 'every' will best express the sense: 'every' seems however to preponderate.

This distributive is applied to things as well as to men; in the first volume of *Lun-yu,* Confucius is described as,

事 *eé* thing	廟 *myeù* temple	入 *Yih* Entering
問 *wun* he enquired.	每 *mý* (about) each	大 *t'hai* the great

" Entering the great temple, and enquiring relative to *each particular* thing.—"
Lun-yu, b. ii.

2. Another character belonging to this class is 各 *kŏh,* 'each,' 'every.' This character, as well as *mý,* is found in their standard works, and is not unfrequent in conversation. The following sentence from the third volume of *Lun-yu,* shews its force.

其 *khee* his	各 *koh* each one	過 *kwò* faults (are)	人 *Yin* } A man's
黨 *tang* kind.	於 *yu* to	也 *yea* truly	之 *tchee* }

" Men's vices accord with *each one's* nature and disposition." *Lun-yu,* b. iii.

In this sentence *kŏh* in the third line from the right, imparts to the sentence the force of a distributive pronoun. It seems however more properly

海上絲綢之路文獻集成 科技與文化編

to express 'each' than the preceding distributive, *my*. Of this another instance may be given: in the second volume of *Lun-yu*, Confucius desiring certain of his disciples freely to mention their respective wishes, three of them did so; but the fourth, *Tsung-tyen*, not being forward to mention his, the sage, to encourage him, says,

也 *yeá*	其 *khee* his	各 *kŏh* (let) each	乎。 *hoo.* !	何 *Ho* What
矣。 *ee*	志 *tchee* desire	言 *yuen* mention	亦 *yih* also	傷 *shyang* harm,

"What harm! Let *each* one indeed mention his desire." *Lun-yu*, book vi.

In this sentence *kŏh*, in the third line from the right, will easily admit of being rendered by 'each.'

3. The adjective 'every'* is often expressed by 皆 *kyai*, of which a sentence which has been already given, page 216, may suffice for an example. It is the following:

獨 *toah* alone	弟。 *teè* younger brothers,	有 *yeu* has	人 *Yin* Every
無。 *woo* have none.	我 *ngô* I	兄 *hyoong* elder and	皆 *kyai* man

" *Every* man has brothers, I alone have none."

* 'Every,' when applied indefinitely, bears some affinity to a collective; but as it points out the individuals of any circle either small or large, it still has the force of a distributive.

In this sentence *kyai* has evidently the force of a distributive, as it may be more properly translated 'every,' than 'all.'

4. The character 凡 *fwan,* has in many cases the force of the distributive 'every;' of which numerous instances could be given. The following is selected from the third volume of the *Shee:* it occurs in a poem written in praise of fraternal affection;

兄 *hyoong* an elder	無 *moh* is not	之 *tchee* 's	凡 *Fwan* Every
弟 *teè* or younger brother.	如 *yu* like	人 *yin* man	今 *kyen* present time

" *Every* man of the present age, is not like one's own brothers. *Shee,* vol. iii.

In this sentence *fwan,* the first character on the right, has the force of the distributive 'every.'

5. Lastly, 'every' is sometimes expressed by a repetition of the substantive, as *yin yin,* 'every man.' The philosopher *Mung,* in a sentence preceding that already quoted, relative to men's fondness for governing, has this expression,

之 *tchee* things?	而 *irr* indeed	人 *yin* every	焉 *Yen* How
	濟 *tseè* manage	人 *yin* man	得 *tuh* can

" How can *every* man manage public affairs ?" *Mung,* vol. ii.

In this sentence 'every' is formed by the repetition of the substantive ***yin,*** in the second line from the right.

It does not appear that the Chinese have any one character which answers precisely to our distributive ' either.' They generally express it by some phrase like the following;

" Take *either* of those men to accompany you."

去 *kyü* to go.	人 *yin* man	帶 *tai* take	人 *yin* men	彼 *Peé* These
	同 *t'hoong* with you	一 *yih* one	隨 *sooi* at pleasure	二 *urr* two

The answer to this may furnish an example of the manner in which they express, ' neither.'

" *Neither* of them is needful."

不 *poŏh* are not	人 *yin* men	彼 *Peé* Those
要 *yao* needful.	皆 *kyai* all	二 *urr* two

In this sentence, 'neither' is formed by prefixing to the negative *poŏh,* not', the collective *kyai,* 'every ;' which phrase, as only two persons are alluded to, the reader will perceive, is necessarily equivalent to 'neither.'

海上絲綢之路文獻集成 科技與文化編

中國言法

A construction nearly similar to this occurs in the second volume of ***Lun-yu,*** Two of the sage's diciples, being in the service of *Kwy-see,* the usurper of *Loo,* who wished to attack a neighbouring province, one of them, *Yen-yeu,* thus replies for them both ;

欲 *yooh* desire	皆 *kyai* all	臣 *chin* ministers	吾 *ngoo* we	欲 *yooh* wishes	夫 *Foo*
也 *yéa* it.	不 *pooh* do not	者 *chyéa*	二 *irr* two	之 *tchee* it	子 *tsé*

"My lord desires this war, but of us ministers *neither* desires it." *Lun-yu*, vol. ii.

In this sentence the collective *kyai* every, all, being united with the negative, *pooh* expresses the idea which we convey by the distributive, 'neither.'

The *Indefinite Pronouns.*—The indefinite pronouns are, *some, some one, any, any one*; *such, whoever, another, others,* and, according to some, the collectives, *all, the whole, &c.*

1. The most general way of expressing 'some one,' or 'a certain man,' is that of placing the verb 有 *yéu,* 'to have,' before the substantive intended to be described as indefinite. Of this many instances may be produced. In the following sentence *yéu* is thus used ;

嘗 *shyang* to finish	之 *tchee* 's	有 *yeú* his being	子 *Tsz* Confucius
飽 *paó* his meal.	側 *tsŭh* near,	喪 *sang* mourn-	食 *chhih* eating,
也 *yèá*	未 *wy* was unable	者 *tchyéa* er	於 *yu* from

"One day eating, Confucius, from having near him a *certain* person mourning, was unable to finish his meal." *Lun-yu*, book iii.

In this sentence the force of the indefinite pronoun is communicated to the sentence by the verb *yéu*, in the second line from the right.

This verb is prefixed to things as well as persons; which is exemplified in the following sentence from the first volume of *Lun-yu*: the philosopher, speaking of benignity in the highest terms, still intimates the necessity of tempering it with prudence. In conveying this idea he says;

行 *hhing* go forward.	不 *poöh* does not	所 *só* that which	有 *Yeú* There is

"There is a *certain* kind of benignity which does not expedite affairs."

Lun-yu, b. i. f. 6.

In this sentence too, the verb *yéu* imparts to the sentence the force of the indefinite pronoun.

2. To express 'any one,' the verb *yéu* is often used alone, the substan-

中國言法

tive being implied. In the first volume of *Lun-yu,* Confucius, saying that he had never seen steady perseverance in the pursuit of virtue fail, adds;

乎 *hoo* !	仁 *yin* virtue	力 *lih* strength	用 *yoong* of directing	一 *yih* (for) one	有 *Yéu* Were there one
	矣 *ee*	於 *yu* toward	其 *khee* his	日 *yih* day,	能 *nung* capable,

"Could *any one,* for one day only, direct his whole strength toward virtue !——"
Lun-yu, vol. i.

In this sentence 'any one' is expressed by the verb *yéu,* the first character to the right.

3. The character 或 *hŏh,* is often used to denote 'some one,' when the person is not fully ascertained, of which many instances occur in Confucius alone. In the first volume this sentence occurs;

爲 *wy* become	奚 *hheé* why	曰 *yŭeh* said,	孔 *Khoong-* Khoong-	或 *Hŏh* Some one
政 *ching* a ruler?	不 *poŏh* does he not	子 *tsé* Tse	子 *tsé* tse	謂 *wy* conversing with

"*Some one* conversing with Confucius, said, 'Why does not my lord engage in public affairs?"
Lun-yu, vol. i.

In this sentence, *hŏh,* the first character to the right, denotes 'some one,' though not united with any substantive.

T t

海上絲綢之路文獻集成 科技與文化編

4. To express ' certain,' or 'such,' as referring to persons whose names are omitted, the character 某 *myéu* is often used. This will be illustrated by the following sentence from the second volume of *Lun-yu* : Confucius's friend, the musician *Se-myen*, was blind. The sage, therefore, when walking with him, was accustomed kindly to tell him when he came to the street, the plain, &c. and, on his sitting down, to mention who were near him : this latter act of kindness is described in these terms ;

在 *tsui* in	斯。*se* this place,	某 *myéu* such	之 *tchee* him	子 *Tse* Confucius
斯。*se* this place.	某 *myéu* such	在 *tsui* is in	曰 *yueh* said	告 *kaò* informing

" Confucius informing him said, '*such an one*' is here ; and '*such an one*' is here."

Lun-yu, vol. ii.

5. The character 夫 *foo* is often used to express ' such,' when referring to some person or thing previously mentioned. In the first volume of *Lun-yu*, *Tse-kong*, conversing with Confucius, asks him whether that enlarged benevolence which seeks the welfare of all, can be termed genuine virtue ; on which Confucius tells him, that this is the virtue of a sage, scarcely realized even by *Yao* and *Shun* ; and in the next sentence, referring thereto, he adds,

而 *irr* and	己 *keé* himself	而 *irr* and	己 *keé* himself	夫 *Foo* He professing
達 *tah* to illuminate	欲 *yooh* wishes	立 *lih* to fix	欲 *yooh* wishes	仁 *yun* such
人。*yin* others.	達 *tah* to understand	人。*yin* others;	立 *lih* to fix	者 *tchyóa* virtue

" He who possesses *such* excellence indeed, wishes to fix his own mind in virtue, and to fix the minds of others; to understand things clearly himself, and to illuminate the minds of others." *Lun-yu*, vol. i.

In this sentence, 夫 *foo*, the first character to the right, referring to *yin*, virtuous excellence, mentioned in a foregoing sentence, has the force of the indefinite pronoun 'such.'

6. In many instances, the Chinese express 'others,' merely by the substantive 人 *yin*, man; as is evidently the case in the foregoing sentence, wherein that substantive being placed in opposition to 己 *kíé*, self, necessarily denotes 'others.' To adduce more examples of it, therefore, would be superfluous.

7. 'Another' is expressed in some instances by the personal pronoun 他 *t'ha*, he. One example of this may be quoted from the first volume of *Mung*. In a conversation with the prince, whom he was endeavoring to form to virtue, the latter quotes, as the language of a good man, the following sentence from the *Shee-king* :

度 *töh* realize	予 *yu* I	有 *yeú* having	他 *T'ha* Another
之。 *tchee,* them.	忖 *tsyüen* weighing	心。 *sin* feelings,	人 *yin* man

" The feelings of *another* man I realize within myself." *Mung*, vol. i.

T t 2

海上絲綢之路文獻集成　科技與文化編

In this sentence, *t'ha,* the first character to the right, is equivalent in meaning to 'another.'

8. The character 凡 *fwan,* which has been already mentioned under the head of distributives, has in some instances the force of an indefinite pronoun, particularly when united with the verb 有 *yéu,* 'to have.' Of this an instance occurs in the *Choong-yoong,* wherein Confucius is represented by his learned grandson *Tse-se,* as saying relative to filial piety,

親 *ts'hin* its parent.	不 *pooh* not	者 *tchyéa*	血 *hyeh* blood	凡 *Fwan* Whatever
	尊 *tsyuen* reveres	莫 *mŏh* by no means	氣 *kheè* and breath	有 *yéu* has

"*Whatever* thing has blood and breath, most surely reveres its parent."
Choong-yoong,

In this sentence *fwan,* uniting with the verb *yéu* in the first line, forms the indefinite pronoun 'whatever.'

9. This indefinite pronoun is, however, often expressed by uniting the relative 所 *só,* with the verb *yéu.** *Mung-tse,* finding his doctrine disregarded by the petty sovereign whom he served, resigned his office. He, wishing to retain him, employed a person to allure him with offers of profit. The philosopher was not to be thus allured, and after declaring his contempt of riches, and affirming that he needed them not, adds, that even a merchant,

* The indefinite 'whoever,' is sometimes expressed by adding *fwan* to the relative *só*; but this is chiefly confined to conversation; few instances of it occur in their standard works.

者。 *tchyéa*	所 *só* what	易 *yih* barters it for	所 *só* what	以 *Eé* Taking
	無 *woo* has not	其 *khee* he	有。 *yéu* has,	其 *khee* he

——"Taking *whatever* he has, barters it for *whatever* he has not." *Mung*, vol. i.

In this sentence, the relative *só* unites with both the verb *yéu* and its opposite *woo* to express an indefinite idea.

Collectives.—The collectives 'all,' 'the whole,' 'both,' &c. esteemed pronouns by the Sungskrit grammarians, are by some classed among the Indefinite pronouns. Whether this be just or not, the Chinese collectives are so numerous, that they deserve to be considered separately. Among these, several have been mentioned already : one of the most common is,

I. 衆 *Choòng*, all. This is often used without a substantive, of which the following example may serve instead of a multitude which might be adduced. It is from the second volume of *Lun-yu*, and runs thus;

衆 *choòng* to all.	容 *yoong* be kind	而 *irr* and	賢 *hyen* the good	尊 *Tsyuen* Revere

————" Revere the good, and be kind to *all*." *Lun-yu*, vol. ii.

In this sentence *choòng*, the last character on the left, has evidently the force of the collective 'all.'

海上絲綢之路文獻集成　科技與文化編

2. The character 總 *ts'hoóng* is often used to express a collective idea. But it differs somewhat from the foregoing, as it in general rather expresses the idea of 'the whole,' than of 'all.' It forms the first character of a sonnet in the *Shee-king*, of four verses, which dissuades men from despising children by shewing how quickly they rise up to manhood. In describing the infantine appearance of a child, the author speaks of his hair thus,

兮 *hhee* ! 丱 *kwàn* curling 角 *koh* (like) horns 總 *Ts'hoong* The whole

——"The *whole* of his hair formed like curling horns!" *Shee-king*, vol. ii.

3. The character 共 *koòng* is also used occasionally as a collective in nearly the same way. One example, wherein it will admit of being rendered 'the whole,' the imperial dictionary quotes from the *Shee-khee*. It is the following sentence,

共 *koòng* all 天 *t'hyen* 下 *hyà* } the empire 所 *só* what 與 *yú* applies to 法 *Fwah* 者 *tchyea* } Law, 也 *yea*

"Law, is that which applies with equal force to the *whole* of the empire."
Tse-tyen, vol. ii.

In this sentence *koòng*, like the foregoing collective, seems better expressed by 'the whole,' than by 'all.' As occurring in a sentence in the *Lee-kee*, it

may however be rendered 'all.' The sentence contains a precept given by the author to princes:

共 *koòng*	them all collecting.	與 *yù*	consult with	於 *yu*	in	爵 *tsyih*	Advancing
之 *tchee*		士 *sè*	the learned	朝 *chhao*	the palace	人 *yin*	a man

"In advancing a man in the palace, consult *all* the learned." *Lee-kee*, vol. ii.

In this sentence the collective *koòng* may be rendered by 'all:' still, however, the idea is nearly the same, the allusion being to the whole body of the learned supposed to be at court.

4. 具 *kyù*, 'to prepare,' &c. often occurs as a collective. Many instances of this may be found in the *Kang-kyen*. In the war between *Lyeu-pang*,* the petty sovereign of *P'hy*, and his neighbour, which terminated in the destruction of the latter, *Syang*, a minister favorable to *Lyeu-pang*, is described as communicating intelligence to him, in these words;

沛 *P'hy*	The P'hy sovereign.	具 *kyù*	told all to	良 *Lyang*	Lyang
公 *koong*		告 *kaò*		入 *yih*	entering

"Lyang entering, told the *whole* to the sovereign of *P'hy*." *Kang-kyen*, vol. x.

* It was this *Lyeu-pang* who founded the *Han* dynasty, Ante Chr. 206.

海上絲綢之路文獻集成　科技與文化編

In this sentence *kyù,* in the second line from the right, is used as a collective.

5. But 俱 *khyu* (formed by adding 亻 *yin,* a man, to the last character,) occurs still more frequently as a collective; often however in such a way as to admit of being rendered by the adverb *both.* Such is the case in the following sentence from *Mung,* wherein that philosopher, describing the three sources of joy which a good man has, mentions this as forming one:

無 *woo* no	兄 *hyóong* (and) elder	俱 *khyu* both	父 *Foó* Father
故 *koò* cause.	弟 *teè* younger (brothers)	全 *tsyuen* living,	母 *moó* mother

"His father and mother being *both* alive, and his brothers having among them no cause of distress,——" *Mung,* vol. ii.

In this sentence *khyù,* in the second line from the right, may be rendered 'both;' merely, however, from the circumstance of the parties included by this collective character, being only two.

6. The character 畢 *pih,* is often used as a collective. In the *Kang-kyen,* the historian, in his account of the acts of *Lyeu-pang,* already mentioned, has this sentence,

受 *shyeù* receive	畢 *pih* all	列 *Lyeh* } The manda-rines of the second rank
封 *foong* appointments.	已 *eé* did	侯 *hyeu*

"The mandarines of the second order *all* received appointments."

Kang-kyen, vol. xi.

In this sentence *pĭh,* the upper character in the second line, has the force of the collective 'all.'

7. 悉 *Sih,* 'to investigate,' &c. often performs the office of a collective. Of *Lyeu-pang* already mentioned it is said, that on the death of his neighbour, the petty sovereign of *Chhŏh,*

定 *ting* settled.	悉 *sih* he wholly	地 *teè* province	楚 *Chhŏh* The Chhoh

——"The Chhŏh province he *wholly* settled." *Kang-kyen,* vol. xi.

In this sentence *sĭh,* in the third line from the right, is evidently used as a collective, though in English rendered adverbially.

8. The particle 庶 *shoò,* is also a collective, used as in the following sentence from the *Ta-hyŏh,* wherein the author says of a virtuous example, that its effect extends,

庶 *shoò* all	至 *tcheè* un-	子 *tsé* son	自 *Tsè* From
人 *yin* men.	於 *yu* to	以 *eé* even	天 *t'hyen* heaven's

"From the son of Heaven even through the *whole* empire." *Ta-hyŏh.*

U u

In this sentence *shoò*, uniting with *yin*, men, has the force of a collective. But the Chinese 'all men,' must be received with due allowance; it can only be understood of the Chinese nation. This character is also applied to things, as in the following sentence from *Mung*;

物 *wooh* things.	庶 *shoò* all	於 *yu* into	明 *ming* is	舜 *Shun* Shun

"The emperor *Shun* had a clear insight into *all* things." *Mung*, vol. ii.

9. The character 都 *too*, is seldom used as a collective in the standard writings of the Chinese; but it is far from being unfrequent in conversation. It occurs in sentences like the following;

"*All* those ten houses are mine."

的 *tih* own.	是 *sheè* are	子 *tsé* encl.	間 *kyen* encl.	那 *Nà* Those
	我 *ngo* mine	都 *too* all	房 *fwang* houses	十 *shih* ten

In this sentence *too*, in the third line from the right, adds to the whole sentence the force of a collective.

10. The character 咸 *hyen*, is often used as a collective. In the second volume of the *Shoo-king*, the author, describing the happy state of things under *Wun-wang* and his son *Woo-wang*, the founders of the *Tchyeu* dynasty, concludes his encomium on their government by adding,

海上絲綢之路文獻集成 科技與文化編

休 *hyeu* in peace.	咸 *hyen* were all	邦 *pang* countries	萬 *Wàn* Ten thousand

"Ten thousand provinces were then *all* in a state of perfect tranquillity."
Lee-khee, vol. iv.

The collective in this sentence is the character *hyen*, the third from the right, here equivalent to 'all.'

11. The numeral 萬 *wàn*, 'ten thousand,' has been already mentioned as having the force of a collective pronoun ;* and even the foregoing sentence furnishes a proof: '*wan pang*,' 'ten thousand provinces,' cannot be understood literally ; it means, 'the whole empire.'

12. Lastly, the Numeral 百 *pŭh*, 'a hundred,' is often so used as evidently to have the force of the collective 'all :' '*Pŭh-sing*,' a hundred families, is an expression often used by Chinese authors, to denote the common people; and the following quotation from the third volume of the *Ee-king*, shews that it is also applicable to things ;

廢 *fuy* omitted.	不 *poŭh* are not	物 *woŏh* things	百 *Pŭh* A hundred

———"Things of every kind are included therein." *Ee-king*, vol. iii.

In this sentence *pŭh*, the first character to the right, cannot be understood

* See page 214.

U u 2

海上絲綢之路文獻集成 科技與文化编

as implying simply 'a hundred;' united with *woŏh,* things, it obviously has the force of the collective 'all.'

We have thus examined the various kinds of pronominal characters which the Chinese language possesses, and on a retrospective view, it will appear, that of these, few languages possess a richer variety. It now remains for us to examine how far they are affected by the accidents of gender, number and case.

Of the GENDER, NUMBER *and* CASE *of the Pronouns.*

The nature of the Chinese language might naturally lead us to expect, that its Pronouns would be less affected by Gender, Number, and Case, than those of any other language. What relates to these, therefore, as applicable to the Pronouns, may be easily included in one section.

Gender.——Among the Personal Pronouns, those which designate the third person, are the only ones likely to be affected by gender. The fact is, however, that gender has *no* place in the Chinese personal pronouns. They have no character to distinguish the feminine of the third person singular, nor even to mark the neuter gender. *He, she,* and *it,* are expressed by the same character, and are to be distinguished only by the connection in which they stand. This however will not appear strange to those who recollect, that in English the three genders are expressed in the plural number by the same word, '*they,*' is equally applicable to men, to women, and to things inanimate of whatever description they be; and it is from the context alone that we can ascertain which of the three is intended. This is the case with the Chinese personal pronouns in the singular number, as well as the plural: *t'ha, he,* denotes a woman, a book, a country, as really as a man; which is equally true of *ee,* and of *pée,* as far as they are personal pronouns.

This circumstance however is not peculiar to the Chinese language. It is true that the S*u*ngskrit language, like the highly cultivated languages of Greece and Rome, admits a variety in the pronouns expressive of every distinction in gender; but this is far from being universally the case with the dialects originating in the S*u*ngskrit language. In those of Bengal and Hindoostan, the third personal pronoun has no distinction of gender: *he, she* and *it* are expressed by the same word, and it is only when the pronoun, being an adjective, unites itself with a substantive, that the difference of gender can be ascertained in any other way than by the connection. Since this then is the case with certain languages of the east, really possessing inflections, it can excite little surprize that it should be thus with the Chinese.

Of Number.—It is in the Pronouns, more than in any other part of the Chinese language, that we find traces of this grammatical distinction, which is carried to so great an extent in the Greek and the S*u*ngskrit languages. The reader must not expect however, that any alteration is made in the pronominal characters themselves, to render them capable of expressing number; such an alteration, however slight, would transform each pronoun into a different character, as has been already hinted in treating of the formation of the characters. It is only by the addition of other characters that any difference of number is expressed even in the pronouns. The characters generally used for this purpose are these six;

海上絲綢之路文獻集成 科技與文化編

們 *mun*, full, fat.	儕 *chhai*, equals.
等 *túng*, degree, order.	曹 *ts'hao*, fellow-shepherds, &c.
輩 *py*, class, species.	屬 *shyooh*, collection.

The original meaning of these characters, will, in some measure, serve as a clue to their being at length used as particles expressive of number. It is a fact, that originally every pronominal character, as well as every substantive with which a plural idea would agree, was deemed capable of expressing the plural as well as the singular number; and that the number was determined wholly by the context or by certain circumstances attending the substantive. But as the pronouns, particularly in discourse, would be frequently introduced without that connexion which could instantaneously enable the hearer to decide, whether one or many were intended, it became desirable that some mode should be adopted to determine this independently of the connection. Hence the characters just mentioned, were gradually brought into use, all of which, except *mun*, (the first and that most frequently used, though not the most ancient,) express a collective idea.

But in adducing authorities for this application of these characters, we are deprived of our usual resource the standard works of the Chinese. In these, most of the characters mentioned, occur indeed; but it is in their proper and original meaning; scarcely one of them is found as simply forming the plural number. No vestige of this appears however in the *Shoo-king*, the *Shee*, nor even in the *Lee-khee*. Nor has Confucius any thing of it in any of his works: the *Tchin-chyeu*, the *Lun-yu*, the *Ta-hyŏh*, and the *Choòng-yoong* are alike destitute of these particles as used to denote the plural number of pronouns; as are the works of *Mung*, who wrote nearly two hundred years later than the Chinese sage, and who was the last of the original Confucian school. Nor indeed is this feature in the pronouns scarcely visible in the best commentators on those two writers, *Chyu-hee*, and others, who by their own acknowledgment lived fifteen hundred years posterior to Confucius. So that, frequent as these particles of number may now be, they are scarcely known in the standard works of the Chinese. In these the singular and the plural both of nouns and pronouns, are to be distinguished only by circumstances, or by the connection in which they stand.

Within the last seven hundred years, however, the characters under consideration have been occasionally used to denominate the plural number. One of the earliest instances of this which the writer has met with, occurs in the comment on the second volume of *Lun-yu*, where the commentator, explaining the terms '*sin*,' 'former,' and its opposite '*hyeu*,' 'the latter,' does it thus,

後 *hyeù* 輩 *pỳ* } the moderns.	前 *ts'hyen* 輩 *pỳ* } the ancients	猶 *yeu* (is) as if 言 *yen* he had said,	後 *hyeù* last 進 *t'sîn* advancing,	先 *Syen* First 進 *t'sin* advancing,

" First advancing,' and ' last advancing,' is as though he had said, ' the ancients, the moderns." Comment on *Lun-yu*, vol. ii.

In this sentence the collective character *py*, class, species, &c. is united with the adjectives *syen,* first, and *hyèu,* last, to convert them into plural substantives. But although *Chyu-hee,* in this instance, appliës the collective *pỳ* to an adjective, he does not appear to have used it to express the plural of pronouns; at least I have been unable to find an instance of it in the whole of his comment on both *Confucius* and *Mung.* After these collectives *pỳ,* 'class or kind;' *túng,* 'order or degree,' &c. had been thus applied however, to form substantives from adjectives, the way was opened for later writers, less tenacious of the ancient simplicity of style, to affix them to the pronouns; and thus *Ngó-túng,* (literally 'my class or order,') *írr-py,* &c. &c. might easily be used to express the plural, *we, ye,* &c.

Such, as far as I have been able to ascertain, is the history of these characters now used to form the plural of the pronouns: for the first three thousand years they appear to have been unknown in the language; about seven hundred years ago, they seem to have been occasionally united to an adjective, to render it capable of expressing a plural idea; after which they were by degrees united with the pronouns, in respectable works however, with a sparing hand, but in conversation and in lighter productions, with greater frequency. In this respect they bear some resemblance to the Hindee collective *log,* 'people,' which, while often applied by respectable writers in its original meaning as denoting a collection of people, &c. is now often used in conversation as forming the plural of the pronouns, though scracely allowed by those of a chaster taste in the language. Nothing more is necessary on this head, but a brief remark or two on each of these particles of number.

1. Among these, 們 *mun,* which originally means 'to be full, or fat,' is

most common in conversation. It unites with all three persons; as 我們 *ngó-mun*, we; 你們 *neé-mun*, ye; 他們 *t'ha-mun*, they. But it does not seem to have found admission as yet into any respectable work; nor does it often appear even in epistolary writings.

2. The character 等 *túng*, which denotes degree, order, &c. is less common in conversation than the former; but it is perhaps more used in epistolary writing. An instance occurs in the *Kang-kyen* of its being united with the substantive 臣 *chhin*, minister, to express the plural number. In the volume which contains the annals of the *Han* dynasty, the ministers are represented as thus addressing the first emperor of that family;

銳 *yooi* their weapons.	堅 *kyen* armour,	身 *shin* themselves	臣 *chhin* } The ministers
	執 *chih* grasped	披 *p'heé* have put on	等 *túng*

"The ministers themselves have taken armour, and grasped the spear."
Kang-kyen, vol. xi.

In this sentence, *túng* is united to *chhin* in order to express the plural number.

3. 輩 *pỳ*, which denotes class, species, &c. is in epistolary writings often united with the pronouns in order to form the plural; and an instance is adduced in the imperial dictionary of its being thus united with the pronoun *ngoo*, I; as, 吾輩 *ngoo-pỳ*, we.

V v

海上絲綢之路文獻集成 科技與文化編

4. 儕 *chhai,** which denotes men of the same order or degree, is sometimes used in writing to form the plural of the pronouns. It is generally united with *ngoo,* of which the imperial dictionary gives one instance in the following sentence,

乎 *hoo* !	吾 *ngoo* we	衆 *choòng* all,	猶 *yeu* thus	文 *Wun-* If Wun-
	儕 *chhai*	況 *hkwang* how much more	用 *yoong* employed	王 *wang* wang

" *If Wun-wang* thus employed all, how much more ought *we!*"

Tse-tyen, vol. iii.

In this sentence, the pronoun *ngoo* is rendered plural by adding thereto the collective *chhai*; but the date of the work whence the sentence is taken I have not been able to ascertain. This example shews, however, that *chhai* has been occasionally thus applied; but at present, it is little used even in epistolary writing, and in conversation, still less.

5. The substantive 曹 *ts'hao,* which originally denotes a place inhabited by many shepherds, is also occasionally united with the pronouns to form the plural number; but no example of its being thus used is given in the imperial dictionary, although one or two are quoted of its being united with an adjective to form a plural noun : in later works, however, it may be met with occasionally, though not often.

6. Lastly, the verb 屬 *shoŏh,* "to collect," &c. was formerly added to a pronoun to form the plural, though it is now little used in this way.

* It is singular that the collective चय *chuya,* in Ṣungskrit, should convey nearly the same idea. See the succeeding page.

Of its being thus employed, the *Kang-kyen* furnishes several examples. In the tenth volume, the historian introduces a minister as urging his master to assassinate his enemy, as 'otherwise,' says he,

吾 *Ngoo* } We
屬 *shoŏh* }
今 *kin* now
爲 *wy* shall be
之 *tchee* his
虜 *loŏ* vassals
矣 *eé*

——" *We* shall now certainly become his vassals." *Kang-kyen,* vol. x.

In this sentence, *shoŏh* is added to the pronoun *ngoo,* in order to form the plural number. Many other instances occur in the same work of this character being thus used to form the plural of pronouns; but it is seldom used at present, either in conversation or writing.

Such then are the characters which the Chinese unite with their pronouns in order to express the plural number. In them the Sungskrit scholar will perceive a strong resemblance to the words गण, genus or multitude; वर्ग, class; चय, collection; and other words in the Sungskrit language, so often united with adjectives and substantives to impart a collective sense to the words with which they are thus compounded.

Of Case.—In treating of Case as applicable to the Pronouns, little can be added to what has been already said on that subject in treating of the Substantives. As far as they are used as substantives, they form the various cases by receiving the prepositions already described as forming this

V v 2

branch of Chinese grammar. It is therefore unnecessary to detain the reader by examples where no difference really exists; but it may be proper to mention one or two characters which occur in certain of the cases only.

The Genitive. It has been already said that the character 其 *khee* occurs frequently in the genitive case. It is indeed a fact that *ngó,* and the other Personal pronouns, often form the genitive without the particles 之 *tchee* or 的 *tih*: these however they do admit occasionally, as has been shewn in treating of the genitive case; but *khee* excludes the genitive particles; it is a genitive of itself, as well as a nominative; and therefore excludes any particle as forming that case.

2. There is however another character often used to express the genitive *his,* and the pronominal adjectives *her,* and *their,* which is scarcely ever used as a nominative. It is 厥 *kyuĕh.* This character occurs as a genitive in their most ancient works, and still continues in use.

The Accusative. But if there be some pronominal characters used chiefly in the genitive, there is one which, while never found as a nominative, occurs with great frequency as the Accustive case of the personal pronouns. It is the character 之 *tchee,* already described as so often forming the genitive case both of substantives and pronouns.* There is indeed no character in the Chinese language used in a greater variety of meaning; and

* There are also certain instances wherein this character evidently forms of itself the genitive case, thoug none wherein it is strictly and properly a nominative.

海上絲綢之路文獻集成 科技與文化編

中國言法

amid this variety is, its performing the office of the accusative case, which it evidently does in many of the examples already given in this work; to which we may add another from the first volume of *Lun-yu*, wherein the philosopher, deploring the degeneracy of those in exalted stations, says;

之 *tchee* them	何 *hho* how	不 *pooh* no	敬 *king* real respect,	爲 *Wy* Performing
哉 *tsai* ?	以 *yú* bear	哀 *ngai* sorrow;	臨 *lin* in time of	禮 *leé* ceremonies
	觀 *kwon* to see	吾 *ngoo* I	喪 *sang* mourning	不 *pooh* no

"In their urbanity there is nothing sincere; in their mourning, no sorrow: How can I look on *them?*" *Lun-yu*, vol. i.

In this sentence it is evident that *tchee*, referring to the antecedent substantives, supplies the place of the accusative pronoun. To multiply examples relative to a fact of which a person can scarcely open a Chinese book without finding examples, would be only a waste of time; we proceed to notice a peculiarity connected with the Chinese pronouns, though in reality to their utter exclusion.

Of the Pronouns as used to express Respect or Contempt.

Most of the languages spoken in India, are furnished with two kinds of pronouns, one expressive of respect, and another used when a person wishes to speak humbly of himself, or contemptuously of others. But in a nation so much noted for attention to exterior things as the Chinese, it might be expected that this feature would appear more prominent than

海上絲綢之路文獻集成 科技與文化編

in the other languages of the east. This is really the case; it is indeed so extensive, and expressed in a way so different from that of other languages, as to deserve a separate section.

The Chinese language however, although it goes much farther in expressing respect than the other languages at present spoken in India, does it in quite a different way; instead of employing like them certain pronouns to indicate respect, or its opposite, it, approaching more nearly to the simplicity of the Hebrew, rejects the personal pronouns altogether, employing such characters to express the first person as indicate humility, and such to denote the second, as express honour and respect. Thus the Hebrew writers express the first person by, "thy servant;" and the second by, 'my lord.' To follow the Chinese however through every expression thus used, could they be all identified, would be more tedious than instructive: it will be sufficient to notice in general the way in which they express each person.

Characters used instead of the First personal Pronoun.——To denote themselves, the Chinese constantly use certain characters expressive of humility, which differ according to the rank of the person addressed.

1. One of the most general and ancient ways of denoting respect, is, that of substituting the *name itself* for the pronoun I. Of this many examples occur in Confucius, in those instances wherein he is addressed by his disciples. In a passage in the first volume, to which an allusion has been already made, the sage, inquiring of his disciple *Tsc-koong*, whether he was equal to *Hooi* or not; that disciple in his reply, instead of using the pronoun I, mentions his proper name, thus:

回。	望	敢	何	也	賜
Hooi Hooi?	*wáng* look	*kán* dares	*hho* how	*yeá*	*Tsè* Tse

" *Tse,* how dares he look up toward *Hooi?*"　　*Lun-yu,* vol. i.

In this sentence the speaker uses his proper name instead of the personal pronoun. Numerous other examples of the same kind might be adduced both from Confucius and Mung.

There are not wanting instances indeed wherein Confucius himself substitutes his proper name for the personal pronoun. In the first volume of *Lun-yu, Hoo-ma-khee,* telling Confucius that a person had been accusing him of partiality to the great, since he had not rebuked his prince for improper conduct; the sage far from expressing anger, says,

知 *chee* know	人 *yin* men	有 *yéu* he have	幸 *shing,* happy,	丘 *Myeu* Myeu
之。 *tchee* it.	必 *pih* will surely	過 *kyéu* a fault,	苟 *kao* if	也 *yea,*

" *Myeu* is a happy man! If he make a slip, men will certainly notice it."
Lun-yu, vol. i.

In this sentence, the sage introduces his proper name instead of the pronoun I.

2. In the various comments on the Chinese works the commentator often denotes himself by the character 愚 *yu*, 'the slow, or ignorant one.' The phrases 謂 愚 *yu wỳ*, 'the slow or dull one says,' or 按 愚 *yun gan*, 'the dull one supposes;' are far from being unfrequent. This character is also occasionally substituted for the first personal pronoun in epistolary correspondence.

3. When a son addresses a parent in writing, it is common to substitute, 男 *nan*, 'a male,' and in conversation, 兒 孩 *hai irr*, 'the male child,' for the pronoun I; and a daughter in the same manner will term herself, 兒 女 *nyú irr*, 'the female child.' In addressing an elder brother, a younger, instead of using the personal pronoun, will stile himself 弟 *teè*, 'the younger brother.' With a friend also, somewhat advanced in age, the same mode is adopted.

4. But in addressing those of superior dignity, the common people speak of themselves in a style much more humble; 的 小 *syáo tĭh*, 'of the little or inferior kind,' though one of the most common, is not the most humiliating phrase used by them; 蟻 *eé*, 'the ant or pismire,' is often used in petitions from the common people to those in authority.

5. If inferior mandarines write to one of superior rank, the phrase 職 卑 *py chĭh*, 'of low, or mean condition,' is often used by them when mentioning themselves to those above them. But in writing to the Emperor, the officers of government who are Tartars, express themselves without any hesitation by the phrase 才 奴 *noo tsai*, 'the slave.' This however a

Chinese does not so readily do: he prefers substituting for the first personal pronoun, the character 臣 *chhin,* 'servant or minister.'

7. Lastly, so general among the Chinese, is this custom of laying aside the first personal pronoun, that even the Emperor himself occasionally adopts it. The character 朕 *chìn,* which has been already described as the term by which he generally designates himself in public writings, may perhaps be deemed a pronoun proper to the Emperor. But 人寡 *kwá yin,* 'the deficient man,' is also a phrase by which he occasionally designates himself, which is a contraction of 人之德寡 *kwá tŭh tchee yin*; 'the man deficient in virtue.'

But there are, on the other hand, occasions when the Chinese drop the personal pronoun, in order to speak of themselves in the honorific style. Thus a Viceroy, when writing to inferior officers as well as to the common people, instead of using it, will term himself 堂部本 *pún poò thang,* literally 'the original tribunal;' the chief of a smaller province, 院部本 *pun poo yuèn;* while another, beneath him, will declare himself to be, 司本 *pun tse,* 'the original governor:' and a fourth will term himself, 道本 *pun tào,* 'the real guide;' and thus with the rest. But this is confined to men in office: so averse are the Chinese, however, to using the personal pronouns, that when two friends are conversing, they will occasionally use 彼 *pée* and 此 *tsé,* 'that and this,' instead of the personal pronouns 'you and I.'

The Second Person.—As the terms and phrases used by the Chinese in-

W w

海上絲綢之路文獻集成　科技與文化编

stead of the first person, are in general descriptive of humility, those which supply the place of the second, are highly expressive of honor and dignity. In the standard works of the Chinese, the character 子 *tsé*, is often used instead of the second personal pronoun; of which several examples have occurred in sentences already quoted,* and others might be mentioned. Indeed throughout the whole of Confucius and Mung, the disciples of these philosophers scarcely in any instance address them by the second personal pronoun. But they often prefix 夫 *foo*, 'lord, &c.' to the honorary term *tse*. Of this an instance occurs in the first volume of *Lun-yu*, wherein *Yen-yeu*, addressing Confucius, inquires,

乎	君	衞	爲	子	夫
hoo ?	*kyoon* ruler	*Wy* the Wy	*wy* for	*tsé* tse	*Foo-* Foo-

——"Is our Master on the side of the *Wy* ruler?" *Lun-yu*, vol. i.

In this sentence the Chinese sage is addressed by the honorary term, *Foo-tsé*, Master, instead of the second personal pronoun; from which term indeed has arisen his name as known among Europeans: *Khoong*, his family name, being added to *foo-tsé*, (*fu-tsé*) forms *Khoong foo-tsé*, which, by means of the Latin termination, became Confucius, with far less of alteration than eastern names in general undergo.

2 When a man addresses his elder brother, instead of using the pronoun he will term him 兄 *hyoong*, 'the elder brother,' perhaps with the addition of 仁 *yin*, 'benevolent,' or of 老 *laó*, 'aged or venerable.' He will

* See page 353.

use the same phrase in writing to a friend, or one whom he wishes to treat as such; or perhaps exchange it for 友故 *koò yaó*, 'ancient friend.'

3. When addressing a Father, or a Mother, a child will add 親 *ts'hin*, relative, &c. to the paternal appellative. Thus a child will address his father by the appellation 親父 *Foò ts'hin*; and a mother by the appellation 親母 *moò ts'hin.*

4. The regard to age and to paternal eminence carried so high in China, enters much into the titles given to Mandarines. Hence 老 *laó*, aged, and 爺 *yea*, 'father,' enter, in a greater or less degree, into most of the vocative phrases addressed to them. Thus in addressing a mandarine of inferior dignity, a man will substitute for the second personal pronoun, 爺老 *laó-yea*,' 'aged or venerable father.' If he be of a degree somewhat higher, the speaker will term him 爺太 *t'haì yea*, 'great or honored father.' One still higher in dignity, will be termed 爺老大 *tà laó yea*, 'great, venerable father.' The Viceroy of a province, however, is addressed by a title somewhat more simple: 人大 *tà yin*, literally 'the great man,' is supposed to convey a still higher degree of respect, and is therefore preferred in addressing them.

5. In addressing a Teacher, the second personal pronoun is generally exchanged for 生先 *syen-sing*, literally, 'prior in birth;' of which examples may be found in Mung. This term, however, sometimes includes both father and elder brother. In addressing a learned man who has taken degrees, and is capable of being employed in public business, the phrase already mentioned, 生先 *syen-sing*, 'prior in birth;' is retained; but often

with the addition of *láo*; as, 生先老 *láo syen sing*, 'the venerable teacher.'

6. In addressing the Mandarines of Arms, the appellatives are varied according to their different stations. Still however the idea of the parent is retained. Those about the rank of a major are addressed by 爺老 *láo yea*, instead of the second personal pronoun; those holding that of a colonel, by 爺副 *foò-yea*, 'assisting father;' those who are general officers, by the phrase 爺總 *ts'hoóng yea*; 'general father;' and those of the higher rank among them by 爺老大 *tà·laó yea*, 'great, venerable father:' while the commander in chief, like a viceroy, will receive as his proper appellative, 人大 *tà yin*, 'the great man.'

The Third Person—Although a Chinese sometimes uses the common pronouns expressive of the third person, there are cases wherein to adopt them would be deemed the heighth of arrogance, or the heighth of insult; of arrogance, were he thus to designate persons and things connected with himself, and of insult, were he to use the personal pronouns in speaking of persons and things pertaining to others. When therefore the Chinese have occasion to speak of their own, they generally use some epithet expressive of meanness or contempt; the most common of which are 小 *syáo*, little; 敝 *peè*, low; and 賤 *tsyèn*, mean, light, worthless. Thus a man, mentioning his own surname, will term it 姓小 *syáo-sìng*, 'the contemptible surname.' Speaking of his place of birth, &c. a Chinese by way of humility will term it 處敝 *peè chyù*, 'the place worthy of contempt.' His name he will term 名賤 *tsyèn ming*, 'the mean or contemptible name;' and, he not unfrequently designates himself by the term

體賤 *t'syen tee*, (vile body;) not much unlike the provincial phrase, 'a poor body,' used in certain counties of England.

2. But if a Chinese apply to himself and his relatives, epithets expressive of meanness; to others he applies epithets sufficiently honorable. 尊 *tsyuen*, 'respected;' 貴 *kuy̆*, 'honourable,' 令 *lìng*, 'august,' and 高 *kao*, 'exalted,' are among the terms by which he designates the relatives, &c. of those whom he wishes to address with respect either in writing or speaking. Thus if a man mention the province where another was born, he will style it, 省貴 *kuy̆ sìng*, 'the honorable province.' If he speak of the village wherein another was born, he will term it 處盛 *shìng chyù*, 'the fruitful place.' If he advert to the brothers of the person he addresses, he will probably designate the elder by 兄令 *ling-hyoong*, 'august elder brother,' and allude to the younger by the phrase, 弟令 *ling teè*, 'august younger brother;' while the mother of the person he addresses, he may perhaps term, 慈尊 *tsyuen tse*, 'revered tenderness.'

3. In speaking however of his own parents, or of his elder brother, a Chinese is obliged to use some caution: to speak of them in magnificent terms would be obliquely praising himself; and to designate them by terms expressive of contempt would be a violation of filial duty. To avoid both these he will term his own father, 父家 *kya foò*, 'the father of the house,' and his mother 母家 *kya mòo*.

Thus then do the Chinese, in certain cases, wholly lay aside the pronouns of the first, the second, and even the third person, proceeding in this instance a step beyond either the simplicity of the Hebrew, 'thy servant,' 'my lord,' &c. -or the servility of the various nations of India, 'your slave,' &c. in as much as in these cases, they discard the pronouns altogether. These instances are however to be understood as referring only to cases of a particular nature: in the common intercourse of life, when they lay aside all idea of deference on the one hand, or of submission on the other, they use the personal pronouns like other nations.

海上絲綢之路文獻集成 科技與文化編

THE VERBS.

WE now come to the most interesting part of Chinese grammar, and that which has most strongly excited the astonishment of such as have viewed the language as a monosyllabic one, devoid of all inflection. How such a language can convey all the ideas which are expressed by languages possessing a copious grammatic terminology, has been matter of no small enquiry. To those however who have accompanied the author in his examination of the Substantives, the Adjectives, and the Pronouns, this will cease to be matter of surprize. After observing the manner in which the Chinese contrive, without inflections, to express the Number and Case of Substantives, the precision with which they express the Adjectives in their various degrees of Comparison; and the rich variety of Pronominal characters which the language possesses, it will not be difficult to suppose that it can with equal ease give due variety and expression to its verbs, although it may be in a way different from that of all other languages.

In the introduction to this Grammar it was observed, that, in Chinese, a character is a substantive, an adjective, a verb; in a word, that it expresses an idea without reference originally to any part of speech, and that its grammatical structure is determined wholly by the connection in which it stands. With reference to such characters as are verbs, it may be further added, that it is in general, the connection in which they stand which determines them as being active or passive, neuter or causal. There are however, certain characters which either from custom, or on account of

海上絲綢之路文獻集成 科技與文化編

their proper meaning, are constantly used as auxiliary verbs, and which therefore assist in forming the various parts of the other verbs.

In examining this part of Chinese grammar, it will greatly assist us if we begin by taking a view of the various kinds of verbs in the Chinese language, and then consider them as they are affected by mood, tense, number, and person.

Of The VARIOUS KINDS *of* CHINESE VERBS.

In our enquiry into the various kinds of Chinese verbs, it must be obvious that *Conjugation* can form no part of the subject. Verbs which have no inflection, can of course have nothing in them analogous to conjugation in Greek, Latin, and Sungskrit. The various kinds of verbs in the Chinese language must therefore be denominated wholly from their meaning and signification, as active, passive, neuter, causal, &c.

1. *Active Verbs.*—In every language are to be found verbs which denote an *action* affecting others. Thus φιλεω in Greek, *amo* in Latin, and in English, 'I love,' have evidently reference to another person. In Chinese, verbs of this kind form by far the greater part of the verbs in the language. Active verbs occur in every page of a Chinese work, and many may be found in the examples already given in this work; to adduce more therefore, would be only a waste of time.

2. *Passive Verbs.*—Relative to Passive verbs in Chinese however, there is

something of difficulty: some have concluded that the language has no passive verbs. If we however examine the nature of verbs as existing in other languages, in connexion with that of a Chinese verb, we shall be convinced that this conclusion is not perfectly accurate. It is well known, that the Sungskrit dhat*oos*, and the Greek roots, originally convey an idea without any express designation to either the substantive or the verbal form, and that the designation to either of these forms is fixed by the *Terminations* added to these dhat*oos* or roots. Thus the dhat*oo* प्री, the Greek φιλ, and we may add, the Latin *am*, may be considered as roots, conveying the idea of benevolent desire, like the Chinese 愛 *ngài*, but like it, not originally confined to any particular part of speech. Add to प्री however, the terminations ते, आते, &c. and it becomes a verb, (प्रीयते); add thereto ति, and it forms a substantive, प्रीति; but add त and it becomes a passive participle, प्रीत. So also, if we add to the Greek φιλ, the termination εω, it becomes a verb, φιλεω; add thereto η, and it becomes a substantive, φιλη; but if we add ομενος, it becomes a passive participle φιλομενος. We might indeed exemplify this still farther in the Latin *am*; add thereto the termination *o*, and it becomes a verb, *amo*; add to the root *am* the termination *or-oris*, and it becomes a substantive, *amor*; but if we add thereto the termination *atus*, it becomes a passive participle, *amatus*. Thus terminations alone, fix the grammatical form and designation of these roots, although they seldom change or add to the original idea conveyed by them.

If we examine the case as it stands in English, (and indeed in some others of the modern European languages,) we shall find that the English *love*, which may be deemed a root, forms these three chief parts of speech, the verb,

X x

海上絲綢之路文獻集成　科技與文化編

the substantive, and the participle, partly by *terminations*, and partly by *Position*. Thus, add to the English monosyllable, *love*, the terminations *s*, *st*, or *th*, and it becomes a verb; add thereto *d*, and it forms the passive participle, *loved*. But, with the exception of the active participle lov*ing*, here the work of terminations ends; every other variation of the original word must be effected by *position*: and we shall find on examination that position is quite sufficient to give the original monosyllable its due variety of meaning. Thus, place it between the pronouns *I* and *thee*, it becomes at once a verb, 'I *love* thee;' place it after the possessive *his*, and it becomes with equal certainty a substantive, 'his *love*.' Were we indeed to select the monosyllable *cut* as the root for exemplification, we should find that *position* alone gives it all three of the grammatical variations which terminations have been described as imparting to the root in the Sungskrit, Greek, and Latin languages. Place before 'cut' the pronoun I, and it becomes a verb, 'I *cut*;' add thereto an adjective, and it becomes a substantive, 'a severe *cut*;' but place a substantive verb before it, and it becomes a passive participle, 'it is *cut*;' 'it was *cut*,' &c. Thus in certain verbs, of the two hundred and sixteen verbal variations which an English verb undergoes, position is found equal to the task of forming two hundred and eleven, only five being formed by the addition of terminations to the original monosyllable, namely, *cuttest*, *cuts*, *cutteth*, *cuttedst*, and *cutting*.

Now what the English language effects in so great a degree by Position, the Chinese does *wholly* thereby; which indeed will follow as a thing of course when we reflect that the addition of even a single point to a Chinese character gives it another meaning; 大 *tà* signifies 'great,' but add thereto a point, and it is 犬 *khyüen*, a 'dog;' 田 *t'hyen* signifies 'a field;' but lightly lengthen the upper stroke, and it becomes 由 *yao,* from. Since therefore the genius of the Chinese language forbids the least addition to a character, whatever grammatical variation it undergoes, must necessarily be effected by position; and if position be found so fully adequate to this in English, it is not easy to say why it should be incapable of designating the active and passive voices in Chinese, as well as the various moods and tenses; were it indeed, the great distinctions of nouns and verbs might also be lost, as from what has been observed, it will appear evident, that no addition to the character can be admitted even for that purpose. But the Chinese 愛 *ngài,* 'love,' is equally capable of the three principal grammatical variations already described, as the Latin *am,* the Greek φιλ, or the Sungskrit प्री; only, like the English '*love,*' it produces them in a way suitable to the nature of the Chinese language; if placed between the pronouns 我 *ngó,* 'I,' and 他 *t'ha,* 'he,' it becomes a verb 他愛我 *ngó ngài t'ha,* 'I *love* him;' if placed after the possessive 其 *khee* 'his,' it becomes a substantive, 愛其 *khee ngài,* 'his *love*;' but placed after 可 *khò,* 'can be,' 'worthy of being,' it becomes a passive participle; 愛可 *khò ngài,* 'it can be *loved,*' 'or is worthy of being *loved.*' By *Position alone* therefore, the Chinese form the passive verb from the same character which in a different position is an active verb. This gives rise to a two-fold method of forming the passive voice, the rationale of which is as follows:

1. A Chinese character, when taken out of that position which constitutes it an active verb, necessarily retaining its original idea, is capable of becoming either an *active* or a *passive* participle. When the verbal character is considered as an *Active participle,* (or a verbal noun,) a

X x 2

it is constructed with a character which denotes *receiving*, the chief of which are 被 *pee*, to cover, to receive, and 受 *s'hyeù*, to receive. Thus, in what is deemed the common mode of forming the passive voice, that of admitting the verb 被 *pee*, the verbal character is treated like an *Active Participle*, or a verbal noun; the sentence generally given as an example of a passive verb, 打 他 被 我 *ngó pee t'ha tá*, 'I am beaten by him,' being literally, 'I receive his beating; in which sentence, the verb *pee* is in reality active, *t'ha* is the possessive case *his*, and *tá*, is not now the verb 'to beat,' but the verbal noun 'a beating.' In the standard works of the Chinese, the verb 受 *shyeù*, 'to receive' is more used for this purpose than the verb *tá*; but in both instances the construction is precisely the same.* Thus the verbs deemed the signs of the active voice, are in reality *active verbs* governing the verbal noun of the verb intended to be made passive.

2. But when the verb has the force of a *Passive participle*; as *seen*, *known*, &c. it is obvious, that verbs of receiving would convey no meaning if united with them: another mode is therefore adopted, that of uniting to the verbal character in question, verbs importing mere existence, appearing, worth, desert, &c. Hence a verbal character united with 見 *kyèn*, to see, 可 *khó*, to be able, &c. generally becomes a *passive participle*. The following sentence furnishes several instances of this construction: Mung, in his second volume, speaking of a man whom he highly esteemed, as be-

* It may not be improper to remark here, that in the popular dialects of northern India, this idiom is very common, of which मारा खाता, he is beaten, literally 'he obtains or receives a beating,' is an example. All verbs of motion in the Sungskrit language, mean also 'to receive or obtain,' which sense is, on many occasions, retained in its cognate languages.

海上絲綢之路文獻集成 科技與文化编

中國言法

ing in great danger of his life while employed in the *T'shee* country, says respecting him,

將 *tsyang* will	何 *hho* what	問 *wăn* enquired	見 *kyèn* appears	括 *kwah* kwah	死 *Sé* Dead
見 *kyèn* appear	以 *eé* by	曰 *yuĕh* saying	殺 *shăh* killed:	盆 *P'han-* P'han-	矣 *eé* indeed (is)
殺 *shah* killed.	知 *chee* knows	夫 *foo* foo	門 *mun* his dis-	成 *chhing-* chhing-	盆 *P'han-* P'han-
	其 *khee* he	子 *tsé* tsé	人 *yin* ciples	括 *kwah* kwah	成 *chhing-* chhing-

" *Dead* indeed is P'han-chhing-kwah. P'han-chhing-kwah *is killed:* his disciples asked, How does our master know, that he is about to be *killed?*" *Mung*, vol. ii.

In this sentence it is evident that the verbs *sé*, 'to die,' and *shăh*, 'to kill,' are become the passive participles '*dead*,' and '*killed*,' by being constructed with the verb *kyén*, to appear; which compounds, rendered literally, will be, 'appear *dead*,' 'appear *killed*;' but if we consider *kyen* as forming the passive voice, we may render them 'are dead;' 'are killed.'

The following is an example of 可 *khó* as united with the passive participle. In his comment on the sentence of Confucius which lays down adherence to the father's ways after his death, as the test of a filial mind, *Chyu-hee* observes,

可 *khó* can be	志 *tcheé* his desire	專 *chhyuen* will,	得 *tăh* got	子 *tsé* the son	父 *Foó* The father
知 *chee* known.	則 *tsăh* then	而 *irr* but	自 *tsè* his own	不 *poŏh* does not	在 *tsai* being alure

"While his father is living, a son cannot obtain his own will, but his desire can yet be *known*."
Comment on *Lun-yu*, vol. i.

In this sentence the verb *chee* 'to know,' the last character to the left, following *khó*, has the force of the passive participle '*known*.'

Of the Passive Participle as formed by the substantive verb, whether expressed or understood, one example may suffice: it shall be an extract from the advice of the Chinese sage to certain around him:

知 *chee* to be known	爲 *wy* to become	知 *chee* known ;	莫 *mŏh* not	不 *Pŏŏh* Be not
也 *yéa*	可 *khó* worthy	求 *khyeu* seek	己 *keè* thyself	患 *hwàn* distressed

"Be not distressed that thou art not *known*; seek to become worthy to be *known*."
Lun-yu, vol. i.

In this example the substantive verb *art*, understood, causes *chee* in the third line to become the passive participle, as *kho* renders the *chee* in the last line passive.

Such then is the doctrine of the passive voice in Chinese: the character intended for the passive verb becomes either a verbal noun following a verb suited to govern it, or uniting with a verb denoting existence, propriety, &c. becomes a passive participle.

3. *Neuter Verbs.* Relative to Neuter verbs in the Chinese language, there is nothing which particularly needs explanation. Such verbs as simply denote an action without requiring an object, are quite as numerous in the

海上絲綢之路文獻集成 科技與文化编

Chinese, as in any other language, and they are equally clear and simple. Of this kind are 睡 *shooi,* to sleep; 坐 *tsò,* to sit, 行 *hhing,* to walk; 立 *lih,* to stand or remain fixed, &c.; several of which have occurred in the examples already given. As neuter verbs have, therefore, nothing difficult in their formation, it seems unnecessary to add any example.

4. *Causal Verbs.* In almost all the eastern languages, Causal verbs occupy a prominent situation. In Hebrew and its cognate languages, they form a new conjugation, a formative being admitted into the original verb. In Sungskrit they are no less conspicuous; that language appropriating to causals a separate form, which regularly employs all the moods and tenses of the other verbs. In most of the languages derived from the Sungskrit, the causal verb is equally conspicuous, and, as in the parent language, is almost constantly formed from the other verbs by interjecting a letter between the first and second syllables of the verb. Thus in the Bengalee, from *kuro,* 'do,' is formed *kurao,* 'cause to do;' from *chulo,* 'go,' is formed *chulao,* 'cause to go.' The case is nearly the same with the Hindee, the Orissa, the Mahratta, and indeed with most of the dialects of India. In Chinese, where no addition can possibly be made to any verb without transforming it into another character, this mode of forming the causal verb can of course have no existence. But it does not follow hence that they have no causal verbs, an acquaintance with the language will convince any one, that they employ verbs in a causal sense as really as though they formed them by a separate conjugation. These they form two ways:

From verbs *Intransitive,* and such wherein the action does not necessarily affect another, as 'to eat,' 'to be fixed,' 'to understand,' &c. the causal is formed merely by placing an object after them. Thus Confucius, speaking of the good man, says, in a sentence already quoted,

達 *tah* to make	達 *tah* to understand,	己 *kee* himself	立 *lih* to fix	立 *lih* to be fixed,	己 *Keè* He himself
人 *yin* men understand.	而 *irr* and	欲 *yooh* he wishes	人。 *yin* men,	而 *irr* and	欲 *yooh* wishes

"He wishes himself to become fixed in virtue, and desires *to fix* others; he wishes himself to understand the way, and would fain *cause* others *to understand* it."
Lun-yu, vol. i.

In this sentence, the verbs *lih*, 'to be steady,' and *tăh*, 'to understand clearly,' are rendered causal by *yin*, men, being placed after them, as the object on which they terminate.

But when the verb is *Active*, this method can of course have no place, as the active verb has necessarily an object of its own. Another way is therefore chosen, that of prefixing another verb to those active verbs. The verbs thus prefixed, are of two kinds, peculiar and common. In many cases the verb which forms the causal, is suited to the peculiar action. Thus 去 *khú*, 'to go,' is rendered causal, not by a verb signifying to make or cause to go, but by the verb 遣 *hyén*, to send; thus,

"I send him," is,

去 *khù* to go. 他 *t'ha* him 遣 *hyén* send 我 *Ngó* I

In this ins tance, the verb admits the pronoun ; but the compound still differs from a single verb, and has in reality the force of a causal. In the same

中國言法

class we may rank the verbs 命 *mìng*, 'command;' 令 *lìng*, 'order,' 差 *chhai*, send, &c. But with verbs to which none of these will apply, the verb 使 *sheé*, 'to cause,' is generally united; and as these are far more numerous than those to which particular verbs are suited, *sheé* is, of course, far more used in forming the causal verb than any other. The following is an example of its application: *Ngai-koong*, the sovereign of *Loo*, enquiring of *Tsai-ngo* relative to the various kinds of trees with which each of the three first dynasties surrounded the spot chosen for assemblies of a religious nature, he indiscreetly replied respecting the *Tchyeu* dynasty,

栗 *lyŭh* fear.	民 *min* the people	曰 *yuĕh* added,	以 *eé* with	周 *Tchyeu* The Tchyeu
	戰 *chyĕn* greatly	使 *shée* to make	栗 *lyŭh* the chesnut	人 *yin* man

———"The *Tchyeu* monarch planted it with the chesnut," says he, "*to cause* the people *to fear*." *Lun-yu*, vol. i.

In this sentence *sheé*, in the third line from the right, imparts to the compound verb *chhyĕn-lyŭh* the force of a causal.

5. *Reflexives.*—There is another class of verbs found in most of the eastern languages, which cause the action of the verb to terminate on the agent himself: such is the Hithpahel conjugation in Hebrew and its cognate languages, in certain cases the Atmune puda in Sungskrit, and, in some instances, the Middle Voice of the Greeks. These we term Reflexives. To form verbs of this kind, the Chinese only prefix to

Y y

海上絲綢之路文獻集成 科技與文化编

the verb the pronoun 自 *tsè*, 'self,' and the reflexive verb is at once formed. Thus the active verb, 戒 *kyài*, 'to warn,' may be changed into a reflexive verb, by only prefixing 自 *tsè*, 'self,' thereto, either with or without the personal pronoun: 人戒我 *ngó kyaì yin*, is, 'I warn men;' but 戒自我 *ngó tsè kyai*, is, 'I warn or admonish myself.' Thus also, 人殺他 *t'ha shăh yin*, is, 'he killed men;' but 殺自他 *t'ha tsè shăh*, is a reflexive, and means, that he killed himself. The following is an example of the reflexive verb from Mung. After describing the dreadful consequences of murdering the relatives of others in causing a retaliation on the murderer's own relatives, the philosopher adds, respecting such a person;

間 *kyèn* space	也 *yéa*	殺 *shah* killing	非 *fy* differing from	然 *Yen*	} Thus
耳 *irr* only.	一 *yih* a little	之 *tchee* 's	自 *tsè* self-	則 *tsăh*	

——"Thus from one *killing himself* he differs little indeed."

Mung, vol. ii.

In this example *tse shăh*, 'killing himself' is the reflexive formed by uniting the active participle of the verb with *tsè*, 'self.'

These reflexives, the reader will observe, differ somewhat in construction from the causal verbs. The verb forming the causal admits, and indeed generally requires, an accusative placed after it; while in the reflexives, the pronoun 自 *tse*, although really the object of the verb, always precedes it, as in the above instance.

6. *Reciprocals.*—In Sungskrit there is a peculiar form of compound connected with the verb, which is worthy of notice, as giving the verb, not a reflexive, but a *Reciprocal* sense; such as, '*they mutually* beat,' '*they mutually* wound,' &c. &c. This compound is formed in Chinese, by prefixing to the verb the character 相 *syang*, mentioned already in treating of the pronouns. Thus, 傷相等他 *T'ha túng syang shwang*, 'They mutually wound;' and the sentence 罵相等他 *T'ha túng syang mà*, 'They mutually reproach one another,' are strictly examples of the reciprocal kind. Of this kind many instances could be adduced from their standard works; but the following, descriptive of the feelings of Confucius's disciples after his death, may suffice: having mourned for him three years, as for a father, they began to think of returning to their respective homes; prior to which, however, *Mung* says, that,

失 *shih* lost	哭 *khoŏh* wept,	鄉 *hyàng* looked	貢 *koòng* koong	於 *yu* to	入 *Yeh* Entering
聲 *shing* voice.	皆 *kyai* all	而 *irr* and	相 *syang* mutually	子 *Tsé-* Tsé-	揖 *yih* they bowing

"Entering, they bowed to *Tse-koong*, and looking *on each other*, all *mutually lamented*, till their voices were lost."——— *Mung*, b. iii. f. 13.

In this sentence, *syang*, in the third line, causes both the verbs *hyàng* and *khoŏh* to be understood in a reciprocal sense.

7. There is another kind of compounds in Chinese, which deserve notice although little known in their standard works. They are formed by uniting

the verb 打 *tá,* 'to beat,' with a substantive in which case *tá* loses its proper meaning, and assumes one suited to the nature of the word with which it unites. Thus *tá,* added to 酒 *tsyéu,* 'wine,' forms the verb *tá-tsyeú,* 'to pour out wine;' added to 槳 *ts'hyáng,* an oar, it forms *tá-tsyáng,* 'to row;' literally, 'to strike the oar.' Nor is this verb added to substantives merely; *tá* is occasionally united with other verbs, to which, however, it then imparts a meaning somewhat different; thus *tá,* united with the verb 坐 *tsò,* 'to sit,' (*tá-tsò,*) means, 'to sit steadily so as to meditate;' united with 呼 *foo,* 'to call,' (*tá-foo,*) it means 'to call with vehemence,' 'to vociferate;' and with 聽 *t'hìng,* 'to hear,' it forms *tá-t'hìng,* 'to hear with attention,' 'to listen.' In one instance, this mode forms a compound which bears a strong resemblance to one of the same import in English: *tá* united with 火 *hó* 'fire,' (*tá-hó*), means, 'to strike fire with a flint,' like its correspondent phrase in English.*

In their standard works the verb 加 *kya,* 'to add,' is used in a sense different from its proper meaning; and in somewhat resembling *tá,* already mentioned. In the following example from the *Lee-khee,* the verb *kya* is used rather in the sense of *inflicting* than of *adding;*

刑 *ying* punishment,	不 *poŏh* do not	有 *yéu* they have	耄 *maò* old age,	悼 *Taò* On infancy
焉 *yen*	加 *kya* inflict	罪 *tsooi* crimes,	雖 *sooi* although	與 *yú* and

* The English phrase 'to strike a bargain,' and some others current in conversation, though seldom seen in respectable writings, seem to be of this kind; as do certain phrases formed by the verb *make;* which then however merges its original meaning in that of its compound: thus, 'to *make* a good meal;' is, to eat heartily; 'to *make* haste,' is to hasten; and so of other compounds.

中國言法

"On infancy, and extreme old age, although guilty, yet inflict no punishment."
Lee-khee, vol. i.

In this sentence, the verb *kya*, in the fourth line from the right, denotes rather *infliction* than *increase* of punishment.

Impersonal verbs. If the common definition of Impersonal verbs may be admitted as just, that verbs which have different persons are called personal verbs, and verbs which have not different persons are called Impersonals, there are, strictly speaking, no impersonal verbs in the Chinese language, as there are no verbs which, admitting the third person, necessarily exclude the first and second. Of this we shall be convinced if we reflect on the nature of Chinese verbs: as they have no terminations, that peculiarity of conjugating which marks impersonal verbs in Latin and Greek, disappears in Chinese; and the peculiarity of construction inherent in some of the impersonal verbs, (such as *tædet*, &c.) belongs rather to the construction of the language: it may therefore be properly referred to the Syntax.

In Chinese, as in nearly all other languages, there is still another kind of verbs which deserve notice. These are the Auxiliary Verbs; which are of two kinds, such as constitute the various Moods of other verbs, and such as serve to form the Tenses. But respecting either class of these verbs it is needless to take up the reader's time at present, as they will come sufficiently under notice in treating of the moods and tenses.

Having thus taken a view of the various kinds of verbs found in the Chinese language, we now proceed to examine in what manner they form the various Moods, Tenses, Persons, &c. In examining these as exemplified in one of the kinds of verbs mentioned, we ascertain the mode of forming all the rest; as, where there are no terminations to be varied, there can be no place for variety of conjugation. In examining the genuine nature of so important a part of the language, it seems best to continue the method adopted in substantiating the various *kinds* of verbs, that of adducing examples chiefly from those authors who wrote when the Chinese language was cultivated in its greatest purity, as its more ancient authors may be supposed to be somewhat concise and abrupt in their style. Among these we may reckon *Confucius;* his favorite disciple *Tsoong-yoong;* his grandson *Tse-se,* instructed by *Tsoong-yoong;* and *Mung,** the disciple of *Tse-se.* The ages of these four philosophers, which, from the birth of Confucius to the death of Mung, include a period of two hundred and sixty-two years, may be deemed the brightest period in Chinese literature; and such the Chinese esteem it to this day. Were we to point out another period, it should be (one fifteen centuries posterior thereto,) that part of the *Soong* dynasty, which included the middle of the twelfth century, and produced *Chyu-hee, Ts'hung-tse,* and those other celebrated commentators on Confucius and Mung, whose labours are constantly printed with theirs; together with *Se-ma-kwang,* the famous historian, to whose industry and diligent research we are indebted for the greater part of the Chinese Annals. From these authors may be drawn, with the utmost certainty, a series of examples which will fully shew the doctrine of Chinese authors relative to the verb.

* Mung died Ante Chr. 283, at the age of eighty-four. He was the contemporary of Aristotle, who was born twelve years before him. Pythagoras died in the fifty fourth year of Confucius, while the Chinese philosopher, driven from the administration of affairs in *Loo,* his own province, was wandering through the other provinces of China in a state of voluntary exile.

海上絲綢之路文獻集成 科技與文化編

中國言法

Of the Moods.

Various methods or modes of expressing the same action are essential to language in general. In every language it will sometimes be found necessary to *indicate* or *declare* a thing, to *command* an action to be performed, to express it as *desirable*, *obligatory*, or *possible*, to represent it as *conditional*, and to describe it in a *general* way. In languages highly polished, this is generally done by adding terminations to the word expressive of the action, as in Sungskrit and Greek. But in those wherein the terminations of the verb are few, as in English, these various modifications of the action are expressed by position; in other words, by uniting other verbs to that in question; hence the necessity in our own language, of uniting *let*, *may*, *can*, *ought*, *would*, &c. with the principal verb; and it is obvious, that if the Chinese express these various modifications of an action, they must do it by uniting, in the same manner, certain other verbs to the principal verb. How far Chinese verbs are thus expressive of these modifications of an action, and in what way they express them, we now proceed to enquire.

The Indicative Mood.—This mood requires little explanation in any language, and still less in one which has no terminations; as, in a language of this nature, the Indicative Mood must necessarily be the verb in its simplest state, unconnected with any other to modify its operation. Nor is it necessary to adduce examples of this mood, as most of those already given in this work, furnish illustrations of the Indicative Mood.

The Imperative Mood.—The only instance wherein the Imperative Mood really exists in English, is in the *second* person. In commanding and intreating, it is obvious that we only address the second person, the first and third persons being formed by an address to the second. Hence, we in English, have two ways of forming the imperative, that of using the simple verb in the second person, and that of introducing another verb in the first and third persons, as, 'let,' &c. in which case, however, 'let' is an active verb governing the objective case. This double mode of forming the imperative is found in Chinese; they use the simple verb in the Second person and occasionally in the First, but in forming the Third person, they generally admit another verb.

1. Of the *simple* verb, as forming the imperative in the second person, the Chinese writings furnish numerous instances. The very first sentence in *Lun-yu* contains two,

之 *tchee* them. 習 *sih* study 時 *shee* constantly 而 *irr* and 學 *Hyŏh* Learn

"*Read* the ancients, and continually *study* them." *Lun-yu*, vol. i.

This sentence contains two instances of the imperative in the verbs *hyŏh*, 'learn,' and *sĭh*, 'study;' which may be understood in the singular or the plural, as we suppose one or many to be included in the address.

An instance may be adduced from the same chapter, in which it assumes the negative form; it is the following sentence:

海上絲綢之路文獻集成 科技與文化編

改 *kai* to reform.	憚 *tán* fear	勿 *wooh* do not	則 *tsăh* then	過 *Kwò* Transgressing

"If you have transgressed, *fear not* the difficulty of reforming." *Lun-yu*, vol. i.

This example furnishes an instance of the imperative mood in the verb *tán*, 'fear,' which may also be understood either in the singular or the plural number. It may be proper to add, that the urbanity of the Chinese induces them occasionally to use the *third* person of the imperative instead of the second, of which an instance occurs in the conclusion of Mung's conversation with the king, above alluded to;

王 *wáng* royal	樂 *lŏh* rejoice,	姓 *sing* families	與 *yú* with	今 *Kin* Now
矣 *eé* indeed.	則 *tsăh* this	同 *t'hoong* together	百 *pŭh* the hundred	王 *wang* let the king

"Now *let the king* cultivate happiness with his people; then will he reign indeed."
Mung, vol. i.

In this sentence, the third person of the imperative is used for the second, in a way not greatly unlike the Hebrew idiom.

The simple verb in some instances has the force of the imperative in the *First* person, as in the following sentence from Mung;

Z z

子 *tsè* my lord.	語 *yù* speak to	明 *ming* clearly	我 *ngó* let me	坐 *Tsò* Sit,

"Sit down ; *let me* clearly explain myself to my lord." *Mung*, vol. i.

In this example, while the first character *tsò* furnishes another instance of the imperative in the *second* person, the phrase, "*ngó ming yù,*" has evidently the force of the imperative in the *First.*

2. But to form the Third, and in general the First person, particularly in conversation, the Chinese usually admit a verb in much the same way as we admit the verb 'let.' The verbs thus used in their best writings are, 與 *yú*, 'give ;' 由 *yeu*, 'allow ;' 任 *yin*, 'concede :' and in conversation 隨 *sooi*, 'permit ;' 容 *yoong*, 'admit;' 許 *hyu*, 'allow ;' and 准 *chyun*, of nearly the same meaning. Of these, as they so nearly coincide in meaning and construction, one example may serve as a specimen. Some persons, coming to hear the instructions of Confucius, from whom his disciples expected little amendment of conduct, they felt displeased ; upon which the sage says ;

何 *hho* how	也 *yea*	其 *ee* their	不 *pooh* do it	進 *ts'hìn* enter	與 *Yú* Let
甚 *shin* severe.	唯 *wy*	退 *t'hooi*	與 *yú* regard	也 *yea*	其 *khee*

"*Let them enter ;* do not regard their future conduct. How severe !"

Lun-yu, b. iv. f. 8.

In this example, the character *yú*, the first to the right, forms the imperative in the Third person plural.

The verb, 請 *ts'hing*, 'to intreat,' is occasionally used in the third person, to express in reality the First person imperative; of which the following address of *Mung* to the king of *T'shee* furnishes an instance:

樂 *ngŏh* of music.	言 *yen* to speak	王 *wang* the king	爲 *wy̆* with	請 *ts'hing* intreats	臣 *Chhin* The minister

"*Let me be permitted* to converse with the king concerning music."
Mung, vol. i.

In this example Mung respectfully conveys the sense of the imperative, while speaking of himself in the third person, as the servant or minister. But in conversation 容 *yoong*, 許 *hyu*, &c. are more generally introduced with the first personal pronoun; as 去我容 *yoong ngŏ khu*, 'Let me go,' or, 'Permit me to go.'

It may not be improper to add, that certain characters which strictly belong to the Potential mood, as 宜 *ee*, 'ought,' 當 *tang*, 'should,' &c. are often used in the sense of the imperative; as is the case in Latin with *sit*, *simus*, &c. This however we shall have occasion to notice in treating of the Potential Mood, to the examination of which we proceed.

The *Potential Mood.*—Few moods include a greater variety of ideas than those generally classed under the Potential mood, both in English and Latin: *power* or *capacity*; *duty* or *obligation*; *doubt* or *uncertain-*

ty, are evidently among the ideas included under this mood. These however may all be found in Chinese; and each of them merits a particular examination.

1. *Power* or *capacity* is often expressed by 能 *nung,* 'can.' Of the application of this character, several instance have already appeared. It occurs in a sentence already quoted,

乎 *hoo* !	仁 *yin* virtue	力 *lih* strength	用 *yoong* apply	一 *yih* one	有 *Yeú* } Could
	矣 *eé*	於 *yu* to	其 *khee* his	日 *yih* day	能 *nung* } any one

"*Could* any one only *apply* his strength toward virtue for a single day!"

Lun-yu, vol. i.

In this example, *nung,* in the first line to the right, uniting with the verb *yoong,* 'use or apply,' forms the potential mood, '*could* apply.' Another example may be selected from the first volume of *Lun-yu*: the sage, deriding those who considered the mere supporting of parents in their old age, as including the whole of filial duty, says;

有 *yéu* get	皆 *kyai* all	犬 *hhyuen* a dog	至 *Tcheé* Coming
養 *yáng* support.	能 *nung* can	馬 *má* a horse,	於 *yu* to

"If we come to a dog *or* a horse, these animals *can* all *obtain* support."

Lun-yu, vol. i.

In this example *nung*, in the third line from the right, uniting with the verb *yéu*, 'have, obtain,' forms the potential mood.

The verb 得 *tŭh*, 'to get,' &c. is sometimes employed as an auxiliary, and it then forms a variation of the potential mood. Of its force the following instance from Mung furnishes an example. A person one day, urging to Mung the conduct of *Shun* in marrying the daughter of *Yao* without previously consulting his unfeeling and unnatural parents, as a violation of filial duty, he replies;

娶 *tshyù* married.	得 *tŭh* could have	不 *poŏh* not	則 *tsŭh* then	告 *Kaò* Had he told them

"Had he consulted them, he *could* not *have married* at all." *Mung*, b. v. f. 2.

In this example it is evident, that the verb *tŭh* forms the potential mood. As this verb has the sense of getting or obtaining, the nature of the Chinese language causes it often to be understood as forming the passive, although in itself active. Thus, those phrases so often occurring in conversation, 得不做 *tsò poŏh tŭh*, 'it cannot be done;' 得不看 *khàn poŏh tŭh*, 'it cannot be seen,' are formed by *tŭh's* governing *tsó* 'to do,' and *khàn* 'to see,' as verbal nouns; hence the phrases are literally; 'the doing, it does not get.' The being seen, it does not obtain.*

* Than phrases like these nothing is more common in the Indian languages: in Bengalee देखा याय ना, "it cannot be seen;" करा याय ना, "it cannot be done," are phrases constructed in precisely the same manner.

海上絲綢之路文獻集成 科技與文化編

The character 可 *kho*, denotes rather *capacity* or *ability* for doing a thing, than mere *possibility*; and containing within itself the force of the substantive verb, it generally renders the verb with which it is joined a passive participle: *kho* is indeed a real verb, signifying 'to be *able*, *capable*, or *worthy*;' and as such it is found even in the infinitive mood. Of its general force the following sentence furnishes an example. In answer to the enquiries of *Mung-woo-pah* relative to *Tse-loo's* possessing a principle of genuine virtue, the sage says,

也 *yeá*	其 *khee* his	不 *pooh* know not	賦 *foô* finances	治 *cheé* to regulate	可 *Khŏ* He can be
	仁 *yin* virtue	知 *chee* I know	也 *yeá*	其 *khee* its	使 *sheé* employed

"He *can be employed* to regulate the finances of a large province; but of his genuine virtue I know nothing." *Lun-yu*, b. iii f. 3.

In this example, *khŏ*, the first character to the right, describing the *capacity* or *ability* of the person in question, communicates to the sentence the force of the potential mood; and including within itself the substantive verb, it renders the verb *shee* a passive participle.

2. *Duty* or *obligation* the Chinese express by several characters, the chief of which are 當 *tang*, 'incumbent,' 宜 *ee*, 'suitable;' 該 *kai*, 'necessary;' to which may be added 應 *ying*, 'becoming;' and occasionally 合 *hŏh*, 'congruous.' Of 當 *tang*, the first of these, an example occurs in the following maxim of the Chinese sage;

當 *tang* you ought	行 *hing* act,	諫 *kyèn* if advising	事 *Seè* Serving
止 *cheé* to stop.	則 *tsuh* then	不 *pooh* he do not	君 *kyoon* a prince

"If while serving a prince you advise him, and he disregard, you *should* instantly stop."
Lun-yu, vol. i.

In this example *tang* expresses that which is *incumbent* on a person in the circumstances mentioned. It is by this character that the Chinese often express the imperative; and were we to render this sentence imperatively, the sense would be nearly the same, thus; "If while serving a prince, you advise him, and he disregard you, *stop* without delay." But in the following example from the same volume, the character *tang*, though expressing nearly the same meaning, cannot so easily be exchanged for the imperative,

爲 *wy* to be	愛 *ngaì* loving	當 *tang* ought	人 *Yin* A man's
孝 *hyaò* dutiful.	親 *tchhin* his parent	以 *eé* through	子 *tsé* son

"Through love to his parents *ought* a son to practise filial obedience."
See comment on *Lun-yu*, vol. i.

In this example, obligation or duty is expressed in such a manner, as to form the *potential* mood alone.

The character 宜 *ee*, 'suitable, just,' &c. is also used so as to form the

Potential mood ; but it is less common in Confucius and Mung, than *tang* : with them it often occurs indeed as an adjective, but more seldom as an auxiliary forming the potential mood of the verb. Their commentators however, admit it frequently. In *Chyu-hee's* comment on a sentence wherein the sage lays down the qualities requisite for duly governing a country, as attention to business, sincerity, strict œconomy, benevolence, and prudence, he adds,

之 *tchee* these. 推 *t'hooi* to examine 細 *seè* minutely 宜 *eé* ought 者 *tchyeá* er 讀 *Toôh* The read-

" The reader *should* minutely *investigate* these." Comment on *Lun-yu*, vol. i.

In this sentence *eé*, the third character from the right, communicates to the sentence the force of the potential mood.

The characters 應 *ying*, 'necessary,' and 該 *kai*, of nearly the same import, are little used by Confucius and Mung, or even by their best Commentators ; but they are not unfrequent in conversation. When used, they impart to the sentence an idea of obligation or duty, and hence fall under the Potential mood. They are somtimes united with each other, as in sentences of this kind ;

" You *certainly ought* to act thus."

做 *tsò* to act. 樣 *yàng* manner 麼 *mo* 怎 *tsúng* thus 該 *kai* ought 應 *ying* necessarily 你 *Neè* You

海上絲綢之路文獻集成 科技與文化编

In this sentence *ying* and *kai*, united with the verb *tsŏh*, 'to act,' impart to the sentence the force of the potential mood. If used singly, their force would be nearly the same ; but the Chinese are in many instances fond of uniting two characters, as will be noticed more particularly hereafter.

The character 合 *hhŏh*, 'congruous,' has in some instances the force of a character forming the Potential mood. Of this the following example, from the more modern comment on *Lun-yu*, furnishes several proofs :

則 *tsĕh* then	臣 *chhin* the minister	君 *kyoon* the prince	子 *tsé* a son	父 *fŏo* a father	若 *Yŏh*	If he understand
心 *sin* the heart	合 *hhŏh* ought	合 *hhŏh* ought	合 *hhŏh* ought	合 *hhŏh* ought	曉 *hyáo*	
安 *ngan* at rest.	卑 *py* to be low,	尊 *tsyuen* to be honored,	立 *lĭh* to stand	坐 *tsŏ* to sit,	得 *tăh*	

"If he understand that the father *ought* to sit, the son *ought* to stand, the prince *ought* to be honoured, the minister, to be humble, his heart will then be at rest."——
Comment on *Lun-yu*, vol. i.

In this sentence *hhŏh* has the force of an auxiliary verb forming the potential mood in no less than four instances. To most of the characters adduced, one general remark will apply; that when used as adjectives, they simply denote that which is right, proper, convenient, &c. but when they become verbs, they have the force of an auxiliary forming the potential mood.

The character 須 *syu*, which imports *necessity*, forms another variation

Aaa

海上絲綢之路文獻集成　科技與文化編

of the Potential mood: the following sentence is an example of the manner in which it is used. Speaking of the wonderful talents which Confucius possessed by nature, the commentator observes,

之 *tchee* 's	生 *sing* natural	覺 *kyŏh* to remark	須 *Syu* It is necessary
別。 *pih* difference.	熟 *shyŏh* acquired abilities	有 *yéu* the having	自 *tsè* for himself

"A person *should* himself *distinguish* between talents natural and acquired."

Comment on *Lun-yu*, vol. i.

In this sentence, *syu*, the first character to the right, evidently forms a variation of the potential mood.

3. The idea of *doubt* or *uncertainty* naturally arises from *possibility*, when the event is not secured. To express this the Chinese generally interject 或 *hŏh*, 'doubt, indecision;' in conversation, with the addition of 者 *tchyéa*, but in their standard writings without it. Of the latter the following is an example. *Chyu-hee*, commenting on a sentence already quoted, relative to 'a man's directing his strength towards virtue only for a single day,' he, in the person of the sage, observes;

力 *lih* his strength	奮 *fuèn* most thoroughly	能 *nung* able	有 *yĕu* have been	見。 *kyèn* seen such	雖 *Sooi*	Altho'
於 *yu* toward	然 *yen*	一 *yih* one	人 *yin* a man	然 *yin* yet	不 *pcŏh*	I may not
仁 *yin* virtue.	用 *yoong* to apply	旦 *tàn* day	果 *kŏ* really	或 *hŏh* there may	可 *khò*	have

" Although I have not been able to see such, yet *there may have been one* really capable of directing his whole strength for one day toward virtue."

Comment on *Lun-yu*, vol. i.

In this instance *hŏh*, in the second line from the right, communicates to the sentence an idea of doubt or uncertainty.

Confucius occasionally uses the character 蓋 *kai*, 'for,' &c. in the sense of doubt or uncertainty. In a sentence following that just quoted, he adds,

也 *yeá*	之 *tchee* it	我 *ngó* I	之 *tchee* one	蓋 *Kai* There may
	見 *kyèn* seen	未 *wy* have not yet	矣。 *eé* indeed	有 *yeú* have been

" Such an instance *there may have been*, but I have never seen one."

Comment on *Lun-yu*, vol. i.

In this example *kai*, the first character to the right, communicates to the sentence that degree of doubt, which forms one variation of the Potential mood. In conversation, however, 或 *hŏh*, or 或者 *hŏh tchyea*, are more generally in use. Such then are the characters by which the Chinese express the various ideas included by European grammarians under the Potential mood.

The Optative Mood.—The expression of *desire* is among the ideas included in English under the Potential mood. There seems however no necessity for classing ideas under the potential mood, with which it has in reality not the least affinity. If however, characters which express *desire* constitute the Optative mood, this mood may be found in the Chinese language. The auxiliary verbs chiefly used to form it are 願 *yuèn,* 'desiderate;' 欲 *yŏŏh,* 'wish;' 要 *yaò* 'will, desire,' &c.

1. Of 願 *yuèn,* the first of these, many instances may be found in the standard writings of the Chinese, nor is it unfrequent in conversation. The following sentence contains an example of its force: *Kwee-loo,* and *Hooi,* standing one day near the Chinese sage, he desired them frankly to mention their respective wishes; after doing which, *Kwee-loo* says;

志 *tcheè* desire.	之 *tchee* 's	子 *Tsè* my master	聞 *wǔn* hear	願 *Yuèn* I would fain

"*I would fain hear* my master's desire." *Lun-yu,* vol. i.

In this sentence *yuèn,* the first character on the right, uniting with the verb *wun,* 'to hear,' imparts thereto the force of the Optative mood.

2. The character 欲 *yŏŏh,* is also much used by Confucius and Mung. Of the application of this character examples have already appeared: the following sentence furnishes another:

羊 *yang* kid.	之 *tchee* 's	告 *kŏŏh* the prescribed	欲 *yŏŏh* wished	子 *Tsè-* Tse-
	餼 *kheè* living	朔 *sŏh* new year	去 *khú* to abolish	貢 *koong* koong

" *Tse-koong would fain have abolished* the custom of presenting a living goat at the beginning of the year." *Lun-yu*, vol. i.

In this example *yoŏh*, in the second line from the right, has the force of an auxiliary serving to form the optative mood.

3. In conversation 要 *yaò*, 'to wish, to desire,' frequently occurs, although it is seldom used by Confucius in the sense of desiring. When used optatively in conversation, it is in sentences like the following;

" I wish to read that book."

書 *shoo* book. 本 *pùn* encl. 那 *nà* that 念 *nyen* to read 要 *yaò* wish 我 *Ngó* I

In this sentence *yaò*, the second character from the right, expresses the optative. Such then are the chief characters which, uniting with other verbs, impart to them the force of the Optative mood. Respecting these, it must however be observed, that though as auxiliary verbs they form the optative mood, they often occur alone as principal verbs.

The Subjunctive Mood.—In characters which give a conditional or subjunctive force to the verb, the Chinese language is by no means deficient. The chief of these are 若 *yŏh*, if; 苟 *kyéu*, if; 倘 *t'háng*, if; 如 *yu*, if, though; 雖 *sooi*, although. Before we enter on the examination of these, however, it may be proper to notice what there is of a subjunctive nature in the construction itself, when no conditional character is employed.

海上絲綢之路文獻集成 科技與文化編

A moderate acquaintance with the Chinese writings, will be sufficient to shew, that in numerous passages a subjunctive sense is implied where no subjunctive character is found, particularly when 則 *tsŭh* follows in the latter member of the sentence. The following is an example of the subjunctive's being thus implied even when *tsŭh* does not follow. In the first volume of *Lun-yu*, Confucius, offended with *Kee-see*'s arrogantly retaining the number of musicians by law appointed for his sovereign, exclaims;

是 *Sheè* This
可 *kho* if it can be
忍 *yìn* borne
也。*yéa*
孰 *shyŏŏh* what
不 *poŏh* un-
可 *khó* able
忍 *yìn* to become
也 *yéa*

——" *If this can be* endured, what cannot be endured?" *Lun-yu*, vol. i.

In this sentence, the first member, though devoid of any subjunctive character, must necessarily be rendered subjunctively from the nature of the latter clause.

But the character 則 *tsŭh*, which originally denotes 'a certain measure,' and often signifies 'instantly,' 'then,' &c. generally imparts a subjunctive sense to the sentence in the latter member of which it is found. In the directions which the sage gives for the conduct of a disciple, the following sentence occurs:

弟 *Teè* The
子 *tsè* disciple
入 *yĕh* entering,
則 *tsŭh* then
孝。*hyaò* filial duty;
出 *tchyŭh* without,
則 *tsŭh* then
弟。*teè* paternal respect.

" *If* the disciple *be* at home, filial piety then becomes his business; *if he be* abroad, fraternal respect." *Lun-yu*, vol. i.

In this example *tsŭh* evidently renders the sentence subjunctive, although no subjunctive particle is employed. It appears therefore, that in many instances, a subjunctive meaning is implied where no subjunctive character is found in the first member of the sentence. To ascertain when this is the case, indeed, is one of the difficulties attending the study of Chinese authors.

The Chinese however often employ subjunctive characters, of which 若 *yŏh*, 'if,' is one of those much used in their standard writings. It occurs less frequently in Confucius than some other subjunctive characters; but it is frequently used by his commentators. In the first volume of *Lun-yu*, Confucius, asking what would become of the superior man's good name, should he forsake virtue, *Chyu-hee* remarks on this passage;

其 *khee* his	是 *shee* it is (that)	貧 *p'hin* poverty	貴 *kwy* honours	若 *Yŏh* If
仁 *yin* virtue.	自 *tsé* he himself	賤 *tsyèn* wretchedness,	而 *irr* and	貪 *t'han* he covet
	離 *lee* relinquishes	則 (*tsăh*) then	厭 *yèn* dislike	富 *foo* riches

" *If he covet* riches and honour, and *dislike* poverty and wretchedness, it is then that he sacrifices his virtue." Comment on *Lun-yu*, vol. i.

In this example the conjunction *yŏh*, 'if,' imparts to the sentence the force

海上絲綢之路文獻集成 科技與文化编

of the subjunctive. In both instances however, it is constructed with *tsŭh,* like those subjunctive sentences already quoted, in which the subjunctive particle is understood.

3. The character 如 *yu,* 'if, though,' is much used in a subjunctive sense by both Confucius and Mung. In the first volume of ***Lun-yu,*** Confucius says,

已 *eé* !	足 *chtöh* worthy	其 *khee* his	驕 *kao* vain	之 *tchee* 's	公 *koong* koong	如 *Yu* } Had any one
	觀 *kwan* of being seen	餘 *yu* other qualities	且 *ts'yéa* and	美 *my* excellence	之 *tchee* 's	有 *yéu*
	也 *yeá*	不 *peö'i* un-	吝 *lin* selfish	使 *sheé* to make him	才 *tsai* ability	周 *Tchyeu* Tchyeu

"*Had any one* the admirable talents of the great Tchyeu, but *were* haughty and selfish, all his other qualities would in fact be unworthy of a look!" ***Lun-yu,*** vol. i.

In this example the conjunction *yu,* in the first line from the right, imparts to the sentence the force of the subjunctive mood.

Mung abounds with examples of 如 *yu,* as forming the subjunctive. In the first volume that philosopher, insisting that the deficiency in virtue so evident in his contemporaries, might be traced to their neglect of virtue, while yet they blushed at the ignominy attendant on vice, adds;

尊 *tsyuen* honouring	德 *tăh* virtue,	如 *yu* like	之 *tchee* (shame, it)	如 *Yu* Though
士 *sě* the learned.	而 *irr* and	貴 *kwŷ* prizing	莫 *mŏh* not	惡 *ŏ* they hate

" *Though they may hate* the ignominy attendant on vice, still this is far below prizing the virtuous, and honouring those truly learned." *Mung*, vol. i.

In this example *yu*, in the first line to the right, imparts to the sentence a subjunctive force.

Another example occurs in Mung. After advising the prince whom he was endeavouring to form to virtue, that in preferring or disgracing a man, the voice of those near him should not be regarded, nor even the voice of the mandarines, so much as that of the people at large; and theirs only so as to excite to a thorough examination ; he adds,

父 *foŏ* father	爲 *wy* esteemed	可 *khŏ* he is worthy	然 *yen* acting	如 *Yu* } Thus
母 *moŏ* mother.	民 *min* the people's	以 *eě* of being	後 *hyĕu* then	此 *tsě* }

" *If* the prince *act* thus, he will be worthy of being esteemed the father and mother* of his people." *Mung*, vol. ii.

In this instance *yu*, the first character to the right, evidently imparts to the sentence the force of the subjunctive mood.

* It is worthy of remark, that thus to be termed 'the father and mother' of those protected or assisted, is common in the Indian languages.

4. As a subjunctive particle 苟 *kyéu,* 'if,' is more common in Confucius. Describing a lover of virtue, the sage says respecting him,

惡 *ngoh* evil.	矣 *eé* indeed	於 *yu* be toward	苟 *Kyéu* If
也 *yea*	無 *woo* he has no	仁 *yin* virtue	志 *tchee* his will

"*If* his will *be* indeed toward virtue, he practises no kind of evil."
Lun-yu, vol. i.

In this example, as well as in many others, the particle *kyéu* imparts to the sentence the force of the subjunctive mood.

5. The character 倘 *t'háng,* 'if,' is less used by Confucius and Mung than those just mentioned; nor is it common in their most ancient commentators. But it is frequently used in conversation; and the modern comment already mentioned, occasionally admits it. In the comment on the unadvised reply of *Tsai-ngo* to the sovereign of *Lao,* already quoted, it is observed;

逞 *tchhing* his folly.	民 *min* his people	而 *irr* then	其 *khee* his	公 *koong* koong	倘 *T'háng* If
	以 *eé* by	殘 *ts'han,* he would have ruined	言 *yen* advice	用 *yoòng* had used	哀 *Ngai-* Ngai-

"*If Ngai-koong had acted* upon his advice, he would quickly have ruined his people by his rash folly."
Lun-yu, vol. i.

海上絲綢之路文獻集成 科技與文化編

中國言法

Here *t'hang*, in the first line to the right, has evidently a subjunctive force.

6. The conjunction 雖 *sooi*, 'although,' renders the verb subjunctive. *Tse-hya*, treating of true learning, says, relative to a man who might fully exemplify filial duty, hazard his life to serve his prince, and act with tenderness and fidelity towards his friends, that

學 *hyŏh* learned.	謂 *wy* term	吾 *ngoo* I	未 *wy* I am not	雖 *Sooi* Although
矣 *eé*	之 *tchee* him	必 *pŏh* will	學 *hyŏh* learned,	曰 *yuĕh* he say

"*Although he say*, I am not learned, I shall pronounce him learned indeed."

Lun-yu, vol. i.

Here the subjunctive is formed by *sooi* in the first line to the right. Another instance may he adduced from *Mung*. That philosopher, lamenting the king of *Ts'hee's* ignorance of government, ascribes it rather to inconstancy of mind than to want of capacity; which he illustrates by instancing the different proficiency of two persons in chess* instructed by the same teacher: 'of these,' says he, 'the one hears nothing but his teacher's instructions in chess; the other, though he hear, yet suffers his attention to be drawn off to other objects.' Respecting the latter, says Mung,

* "Chess." It may not be amiss to remark, that while Sir Wm. Jones ascribes the invention of chess to the Hindoos, 'from whom,' says he, 'the Persians borrowed it in the sixth century;' it is mentioned as common in China, both by Mung and Confucius; and in the Imperial Dictionary, the invention of it is placed in the reign of the great *Yao*. *Quere*, Did the Hindoos borrow the invention of the Chinese, or, *vice versa*?

海上絲綢之路文獻集成 科技與文化編

雖 Sooi Although	之 tchee him	學 hyŏh instructed	若 yŏh equal	矣 eé
與 yŭ with	俱 khyu together	弗 foŏh he does not	之 tchee him	

" *Although* he *learn* with the other, yet their progress is by no means alike."
Mung, vol. i.

In this example too, the conjunction *sooi*, 'although,' imparts a subjunctive force to the sentence. Such then are the conjunctions which form the Subjunctive mood.

The Infinitive.—In most languages the verb in the Infinitive Mood differs little from a verbal noun ; which, in Greek, it so much resembles, as to admit of being declined by the various articles prefixed to the noun. In Chinese the simple verb, without the addition of any other character, acquires from position the force of the proper infinitive in English, for which see the examples adduced below.*

Of the Gerunds.—Some have supposed that the verb 以 *eé*, 'to use,' &c. is added to the verb in order to form the Infinitive. The examples alluded to below, however, sufficiently shew that the simple character needs no auxiliary to give it the force of the infinitive mood. That *eé* is often added to the verb, is allowed ; but in most cases it will be found that it forms rather the *gerund* than the infinitive mood. This indeed will appear evident if we consider the force of *eé* : as it originally means to 'use, apply,'

* See *shih*, 'to slip,' p. 341 ;—*wy*, 'to become,' p. 396 ;—*lih*, 'to fix,' *tah*, 'to understand,' p. 398 ;—*yen*, 'to converse,' p. 409 ;—*tso*, 'to sit ;' *lih*, 'to stand ;' *tsyuen*, 'to be honored,' &c. p 416 ; with many others.

中國言法

&c. it often designates the ***instrument*** or ***means*** through which an action is effected. When thus united with a verbal noun, therefore, it necessarily forms,—not the infinitive mood, but a compound phrase equivalent to the Latin *gerund;* of which numerous examples may be given. *Mung* having advised the sovereign of *Ts'hee* to protect his people, and act like a sovereign; he in return modestly enquires;

乎 *hoo*	保 *paó* protecting	可 *khŏ* capable	人 *yin* man	若 *Yŏh* Like
哉 *tsai* !	民 *min* his people	以 *eé* of	者 *tchyéa*	寡 *kwá* deficient

"Is one like 'the deficient man,'* capable *of protecting* his people!"

Mung, vol. i.

In this example, *eé*, in the third line from the right, imparts to the verb *paò*, 'protect,' &c. the force of the gerund. Another may be quoted from the same author; the sovereign of *Ts'hee* further asking *Mung* the difference between 'not doing, and being unable to do,' the philosopher, in defining inability, says,

不 *pcŏh* in-	能 *nung* able,	曰 *yuĕh* say,	海 *hai* sea,	以 *eé* for the sake	挾 *Kyah* Take
能 *nung* ability.	是 *sheé* this	我 *ngó* I	語 *yù* the addressed	超 *chhao* of leaping	太 *Thai-* T'hai-
也 *yá*	誠 *chhing* is truly	不 *pcŏh* am not	人 *yin* man	北 *puh* the north	山 *san* san

* By this phrase the sovereign of *Ts'hee* designates himself in the Chinese manner. See p. 383.

"(If I say,) 'take the mountain T'hay-san under your arm, for the sake *of leaping* the northern sea, and the person reply, 'I am unable;' this is real inability."

Mung, vol. i.

In this example *cé*, in the second line from the right, adds to the verb *chhaô*, 'leap over,' the force of the gerund. Were it rendered by the infinitive 'to leap,' still the phrase would really mean, 'for the sake of leaping.'*

Instances may be adduced, wherein *cé*, united with the verb, may indeed be rendered by the usual form of the infinitive; but even in these it will be generally found to have a meaning differing somewhat from the common infinitive. To the sovereign of *Ts'hee*, in a sentence preceding that already mentioned, Mung says, 'Were I to say,'—

乎。 *hoo* !	王 *wang* would the king	一 *yih* one	足 *choh* sufficient	鈞 *kyen* kyen	以 *cé* to	吾 *Ngoo* My
	許 *hyú* allow	羽。 *yú* feather;	以 *eé* to	而 *irr* but	舉 *kyú* lift	力 *lih* strength
	之 *tchee* it	則 *tsŭh* then	舉 *kyú* raise	不 *pooh* in-	百 *Pŭh* a hundred	足 *chóoh* is sufficient

——"My strength is sufficient *to raise a* hundred kyen,† but not sufficient *to raise a* feather;——would the king allow this!"

Lun-yu, b. i. f. ii.

In this example *eé*, uniting with the verb *kyú*, forms a phrase which we may, indeed, render by the simple infinitive; but which more properly conveys the idea expressed by the gerund.

* It is proper to remark, that the verb 爲 *wy*, 'to be,' having often the force of 'for,' or 'on account of,' when thus united with a *verval* noun, is nearly equivalent to the gerund in *di*.

† A *kyen* is said to be about 40 lb.

Of Participles. These, both *active* and *passive,* are necessarily to be found in every language. Nor is the Chinese an exception ; of the Active participle numerous examples occur in all their writings, as well as in conversation ; and it has been already shewn, that the active verb, divested of its verbal position, becomes either a verbal noun, or a Passive participle.

The Active Participle. Active Participles abound so much, that the difficulty lies in selecting : many examples have already appeared in the sentences quoted, to which we may add another from the first volume of *Lun-yu :*

矣 *eě*	再 *tsai* twice ;	聞 *wun* hearing	後 *hyeŭ* then	三 *sān* thrice	季 *Kee-* Kee-
	斯 *se* this	之 *tchee* it	行 *hhing* acted.	思 *se* reflected,	文 *wun-* wun-
	可 *khŏ* is sufficient.	曰 *yuĕh* said,	子 *Tsé* Tse	而 *irr* and	子 *tsé* tse

" *Kee-wun-tse** thrice reflected and then proceeded to action. Confucius *hearing* this mentioned, said, " Reflect twice, this is fully sufficient."　　*Lun-yu,* vol. i.

In this example, *wun,* in the fourth line from the right, has the force of the active participle ' hearing.'

In Chinese as in English, the active participle often becomes a substantive. Speaking of *Tse-chhan,* a mandarine who lived in the age preceding his own, Confucius declares, that he possessed the genuine characteristics of the superior man, which he illustrates thus;

* A mandarine of Loo, who lived in the reign of *Sing-koong,* five reigns before the birth of Confucius.

也 *yea*	其 *khee* his	民 *min* the people	敬 *kìng* reverential;	事 *sè* serving	也 *yéa* was	其 *Khee* His
義 *eé* equitable.	使 *shéeem*-ploying	也 *yea* was	其 *khee* his	上 *shyàng* those above	恭 *koong* severe;	行 *hhing* governing
	民 *min* them	惠 *hhoëi* tender	養 *yàng* nourishing	也 *yéa* was	其 *khee* his	己 *keè* himself

"*His governing* himself was severe; *his serving* those above him, reverential; his *nourishing* the people, tenderly affectionate; his *employing* them, equitable."

Lun-yu, b. iii. f. 6.

In this sentence the active participle, uniting with the possessive *khee*, 'his,' becomes a participial substantive in no less than four instances.

Of the Passive Participle, as so many examples have already appeared, it seems needless to add more: *sé*, 'dead;' *shăh*, 'killed;' and *chee*, 'known,' which the reader may find p. 395, form a sufficient number. On reviewing all the examples adduced to illustrate the Moods, we find, that the ideas expressed by the Indicative, the Imperative, the Potential, the Optative, the Subjunctive, and the Infinitive Moods, are fully expressed in the Chinese language; as well as those conveyed by the active and passive Participles.

海上絲綢之路文獻集成 科技與文化編

中國言法

Of the Tenses.

In the standard writings of the Chinese are to be traced *Five* Tenses evidently distinct from each other; the Aorist, the Present tense, the Perfect, the Past connected with time, and the Future. The three latter include some varieties.

The Indefinite or *Aorist.*—Of the simple verb's being used indefinitely, to express the present, the past, and the future, numerous examples may be found in Confucius and Mung, in the Chinese commentators of the twelfth century, and in the Annals of China. When the simple verb is applied to the Present tense without an adverb of time, it generally denotes the Present Indefinite, or a course of action without regard to time. Of this, an instance occurs in a sentence already quoted from the second volume of *Lun-yu* relative to a faithful minister,

君 *kyoon* his prince.	道 *taŏ* virtue	者 *chyĕa*	大 *tâ* a great	所 *Sŏ* He who
	事 *sé* serves	以 *eé* by	臣 *chhin* minister,	謂 *wý* is termed

"He who may be termed a great minister, *serves* his sovereign in the path of virtue alone."
Lun-yu, vol. ii.

In this sentence the action is evidently described as constant, without reference to any point of time.

Ccc

海上絲綢之路文獻集成 科技與文化編

The simple verb is still more frequently used to denote the Past. On the death of *Hooi*, the favorite disciple of the Chinese sage, his disciples wished to inter him in a sumptuous manner; which Confucius highly disapproved. It is added however, by the compiler of *Lun-yu*,

之	葬	厚	人	門
tchee him.	tsàng interred	hycù sumptuously	yin men	Mun The door.

———"His disciples sumptuously *interred* him." *Lun-yu*, b. vi f. 3.

In this sentence the verb *tsàng*, 'inter,' must evidently be understood in the past tense, as narrating a past transaction,

The simple verb occasionally denotes a Future action likewise. In the volume just quoted, *Kee-loo*, one of the sage's disciples, is described as enquiring relative to the dead, to whom the sage thus replies,

死	知	焉	生	知	未
sě the dead.	shee know	yen how	sing the living;	chee dost thou know	Wý Not yet

"Thou dost not yet know the living; how *will thou know* the dead?"
Lun-yu, b. vi. fol. iii.

In this sentence, the latter verb necessarily carries within itself a future sense, although accompanied with no character to mark the future. Nor is this peculiar to the style of these ancient writers: the same mode of construction is observable in the 'Annals of China,' the style of which, though chaste and perspicuous, is quite of the narrative kind. In the tenth volume,

中國言法

the first emperor of the *Han* dynasty thus addresses his prime minister *Tchin-p'hing*,

定 *ting* 乎 *hoo* — will it be settled;	何 *hho* 時 *shee* — What time	紛 *fun* 紛 *fun* — is unsettled	天 *Thyen* 下 *hyà* — The empire

"The empire is still in a state of distraction; when *will it become* settled."

Kang-kyen, vol. x.

In this sentence, the verb *ting*, 'to be settled,' must necessarily be understand in a future sense. The simple verb, therefore, when used without any particle or circumstance to fix the time, is evidently indefinite, the time being determined by the connexion alone, as is the case in many instances with the Greek Aorist.*

While a Chinese verb has in itself however, a capacity of expressing the past, the future, and the present, certain circumstances of time, &c. are often connected with the verb in their standard writings; and the characters employed to mark these, necessarily discriminate and fix the *time or tense* of the verb. Thus a character expressive of '*now*,' restricts the performance of the action to the present time; one denoting completion or fulfilment, implies the past; and one expressing *will* and *determination*, as certainly marks the future. These we proceed to consider:

* "The Second Aorist,—seems to be more undetermined than the First, inasmuch as it is oftener put than the first for different tenses, present, past, or future." See Port Royal Greek Grammar p. 397.

The Present Definite.——The Adverb 今 *kin,* 'now,' and perhaps one or two others, confine the action to the present time. Of this the following sentence furnishes an example. In his first volume, *Mung*, conversing with the petty sovereign of *Ts'hee,* thus advises him,

征 *chhing* rectify	往 *wáng* go	民 *min* people;	虐 *yŏh* oppresses	今 *Kin* Now
之 *tchee* it.	而 *irr* and	王 *wang* let the king	其 *khee* his	燕 *Yen* the Yen ruler

"*Now* the ruler of Yen *is cruelly oppressing* his people; let the king go and rectify his government." *Mung*, vol. i.

In this sentence the adverb *kin,* 'now,' evidently marks an action as then doing; but it expresses an idea quite different from that conveyed by the simple verb used without the adverb.

We may adduce another instance of this nature from Confucius. *Tsai-kyeu,* one of the sage's disciples, fond of a court life, had been saying, that he had no dislike to the sage's doctrine, but that his strength was insufficient to exemplify it; to which the sage replies,

畫 *hwăh* dissemblest.	今 *kin* now	而 *irr* but	中 *choong* in	足 *chŏŏh* sufficient	力 *Lih* (He whose) strength
	女 *yŭ* thou	廢 *fwy* stops;	道 *taŏ* the way	者 *tchyeŭ*	不 *poŏh* is not

"He whose strength is insufficient, turns aside in the midway; *thou art now dissembling.*"* *Lun-yu,* vol. i.

* i. e. "Since thou hast not yet entered on the way!"

海上絲綢之路文獻集成 科技與文化編

中國言法

This sentence furnishes another example of the present definite as marked by the adverb, *kin,* 'now.'

The Perfect Tense.—The Chinese express an action as finished or *perfected,* either by prefixing, or postfixing certain characters to the verb. Those generally *prefixed* are 已 *eé,* 'done;' 既 *keè,* 'done;' 嘗 *shyang,* 'taste, try;' and 曾 *ts'hung,* 'add or increase.' Those *postfixed* are 了 *lyâo,* 'manifest;' 完 *hwan,* 'complete;' and 過 *kwò,* 'exceed.'

1. The character 已 *eé,* 'to cease,' &c. is one of the most common of those used to express the perfect tense of the verb in their standard writings. In its application, it generally transforms the verb into the perfect participle, the substantive verb being understood. Confucius has few instances of it; but Mung uses it more frequently, and in the *Kang-kyen* it is still more common. It is also frequent in *Chyu-hee's* comment; one example from which may serve as a specimen of the manner in which it is applied. In the first volume of *Lun-yu,* the philosopher, pleased with *Tse-koong's* applying a passage from the *Shee,* says respecting him, 'tell him the *past,* and he knows what is coming:' *wáng,* 'the past,' the commentator thus explains,

者 *tchyéa* 言 *yen* said. 已 *eé* has been 所 *só* which 其 *khee* that 者 *tchyéa* 往 *Wáng* The past

"The past, that which *has been already said.*" Comment on *Lun-yu,* vol. i.

海上絲綢之路文獻集成 科技與文化編

In this example the character *eé*, being prefixed to the verb *yen*, forms the perfect tense.

2. The character 旣 *keé*, which also means 'to stop or cease,' is used with a verb in the same manner as *eé*, from which it differs little either in force or meaning. It occurs in Confucius, and still oftener in Mung; the following example from whom, shews its proper force as united to a verb. A person having presented *Tse-chhan* with a fish alive, he commanded his cook to put it into a pond. He instead of this, dressed it. Some time after, his master enquiring relative to the fish, the cook tells him that it had made its way out of the pond. On his master's acquiescing in this tale, the cook going out, exclaims,

之 *tchee* the fish.	而 *irr* and	旣 *keé* have	智 *cheé* is wise	子 *Tsé-* Tse-	孰 *Shyoĕh* Who
	食 *chhih* eaten	烹 *p'hung* dressed	予 *yu* I	產 *chhan* chhan	謂 *wy* says

" Who calls *Tse-chhan* a wise man? I have *dressed* and *eaten* the fish."

Mung, b. v. f. 4.

In this example, *kee* imparts to the verb *p'hung*, 'dress,' and *chhih* 'eat,' the force of the preterperfect tense, by turning it into the passive participle 'dressed,' and causing the auxiliary verb to be understood.

3. The character 嘗 *shyang*, which originally means 'to taste or try,' is often used with the negative 未 *wy*. It occurs however without the negative, as in the following passage from *Mung*:

中國言法

矣 *eé* 吏 *lee* receiver. 委 *wy* tribute- 爲 *wy* been 嘗 *shyang* had 子 *tsé* tse 孔 *Khoóng-* Khoong-

"*Khoong-tse was* once collector of the revenues." *Mung*, b. v. f 25.

In this example *shyang*, adds to the verb *wy*, 'to be,' &c. the force of the perfect tense.

4. The verb 曾 *ts'hung*, is seldom found forming the perfect either in Confucius or Mung. Examples of it however occur in later writings, and it is often used in conversation; thus,

"I have not-yet dined."

飯 *fwàn* rice. 午 *wóo* noon- 食 *chhŏh* eaten 曾 *ts'hung* have 未 *wy* not yet 我 *Ngó* I

5. It may not be improper to mention 經 *king*, as forming the preter-perfect, though not thus applied by Confucius or Mung. In a work written in the fifteenth century the following fact is mentioned as an instance of the frugality of the emperor *Wun-choong*, of the *T'hang* dynasty,

浣 *hwăn* wash. 三 *san* thrice 經 *king* did 袖 *syeu* the sleeve 宗 *choong* choong 文 *Wun-* Wun- 唐 *Thang-*

"*Wun-choong* of the *T'hang* dynasty, thrice *washed* the sleeve of his robe."
Chhing-yu-khao.

In this sentence, *king* forms the perfect tense of the verb *hwăn*, 'wash.'

海上絲綢之路文獻集成 科技與文化編

In certain instances 經 *king* is added to 已 *eé*, in order to form the perfect. The work just quoted, adducing the causes for which the law of China allows a man to divorce his wife; as, disregard of the husband's parents, being too loquacious, &c. among other exceptions which forbids divorce, mentions this,

不 *poöh* do not	年 *nyen* years	經 *king* having	婦 *Foo* A woman
去 *khù* dismiss.	喪 *sang* mourned	三 *sun* three	已 *eé* already

"A woman who has *already mourned* three years for her husband's parents, do not dismiss."

Chhung-yu-kao.

These five characters always precede the verb of which they form the perfect tense; and impart to the Chinese verb nearly the same force which the auxiliary *have* imparts to an English verb.

Of the characters *postfixed*, 了 *lyáo* is one of the most common in conversation; but it is not found in Confucius, or Mung, or in their best commentators. It is however frequent in conversation, and it occurs in some of their familiar tales. The following is from one of them:

市 *shed* the market.	罷 *pà* stop-	閉 *peé* shut	門 *mun* doors	把 *pá* taking	他 *Tha* } They
	了 *lyáo* ped	了 *lyáo*	都 *too* all	城 *chhing* the city.	們 *mun*

"They *shut* all the gates of the city, and *stopped* the market."

Irr-tao-my, vol. i.

In this example the character *lyáo* occurs as forming the preterperfect of the verbs *peé*, 'shut,' and *pà*, 'stop.'

7. In like manner the character 過 *kwò*, 'to pass beyond,' is often used in conversation, and sometimes in their lighter works as adding a preter sense to the verb. But in this sense it seldom occurs in grave compositions. Scarcely an instance is found of its being thus applied by Confucius or Mung; or even by their best commentators. In the book of tales just quoted, however, *My-kwy* says to his wife:

見 *kyèn* to see	得 *tŭh*	過 *kwò* have,	夫 *foo* } (thee,) wife,	我 *Ngò* I
駕 *kyà* the emperor.	一 *yih* at one	恨 *hhàn**	人 *yin*	嘗 *shyang* often
	時 *shee* time	不 *pŏŏh*	說 *shyŭh* said	與 *yú* to

"I have *already told* thee often, O wife, that I greatly wish, at once, to see the emperor." *Irh-tao-my.*

In this example *kwò*, added to the verb *shyŭh*, imparts to it the force of the preterperfect tense.

8. The character 完 *wan*, 'to finish, to complete,' is likewise often added in conversation to a verb, to denote the preterite; but in this sense it is not found in Confucius or Mung, nor in scarcely any respectable work. In conversation it occurs in sentences like the following;

* "*Hhàn poŏh tuh*; an idiomatic phrase, used in conversation to express the optative."

Ddd

" Have you read that book or not ?"

否 *féu* or not? 書 *shoo* book 本 *pún* (encl.) 那 *ná* that 完 *hwan* completed 念 *nyén* reading 你 *Neè* Have you

In the whole of these eight characters thus used to mark the perfect, the idea seems to be that of an action finished or completed, but still without any reference to time; so that, although they can by no means be used interchangeably, they seem all confined to the expression of the simple preterit.

The Past connected with Time.—Beside the Perfect, the Chinese have another preterit, which may be termed, 'the Past connected with Time:' it is that in which the time of the action is determined, not by any character denoting completion, but by the circumstances of time with which it is connected. In some instances this tense answers to what is termed in English the Imperfect tense; but as it generally marks an action as done or *completed* at the time specified in the context, that term does not seem fully appropriate. Nor is it precisely the Pluperfect, as the action is not described as *finished prior* to the time mentioned. Whatever indeed of the Pluperfect tense there is in a Chinese verb, naturally falls under this tense; but the Indian grammarians have little idea of what we term the pluperfect, or an action done before some other time mentioned; and although an example or two of this kind may occur in the Chinese writers, they may be all included under one general term, that of, 'the Past connected with Time.'

This Tense is marked by three different circumstances; by the date of the action being mentioned; by an adverb of time; by the time as implied in the context. With the first of these three, narrative abounds, as may be seen in the *T'sin-tchyen*, and the Annals of China. The following, from the life of Confucius prefixed to his works, is an example of it;

三	十	七	年	卒	子	孔
san three.	*shih* ty-	*chhih* seven-	*nyen* years	*chyŭh* died,	*tsĕ* tse	*Khoong-* Khoong-

"Confucius *died* at the age of *seventy-three*." *Life of Confucius.*

In this sentence, the mention of the time in which the action took place, imparts to the verb *chhyŭh*, 'to die,' the force of the past tense.

2. In the following sentence, an adverb of time fixes the tense. Confucius, describing his former course in teaching, which he declares he had since seen reason to change, says,

其 *khee* their	而 *irr* and	其 *khee* their	也 *yeŏ*	於 *yu* with	始 *Cheé* In the beginning,
行 *hhĭng* conduct.	信 *sin* believed	言 *yen* words,	聽 *t'hing* heard	人 *yin* men	吾 *Ngoo* I

"At first, in dealing with men, I *heard* their words and *gave them credit* for their conduct." *Lun-yu*, vol. i.

In this example, *cheé*, the adverb of time, necessarily communicates to the verb a past signification. Another example may be adduced from the same volume: respecting his favorite disciple *Hooi*, then deceased, Confucius says,

Ddd 2

海上絲綢之路文獻集成 科技與文化编

止 *cheé* stop.	見 *kyèn* did I see	也 *yeá*	其 *khee* him	吾 *ngoo* I	昔 *Sĭh* Formerly,
也 *yeá*	其 *khee* him	未 *wŷ* never	進 *ts'hìn* advance	見 *kyèn* saw	乎 *hoo*

"Formerly, *I saw* him strenuously pressing forward; I never *saw* him stop."

Lun-yu, vol. i.

In this example the adverb of time, *sĭh*, 'formerly,' fixes the verb to the past tense.

3. The same effect is also produced when the time is mentioned in the body of the sentence, of which the following is an example:

味 *wy* taste.	知 *chee* know	月 *yuĕh* months	韶 *shyao* Shun's music,	齊 *Ts'hee* Ts'hee	子 *Tsè* Tse
	肉 *yŭŏh* his meat's	不 *pŭŏh* he did not	三 *san* three	聞 *wun* heard	在 *tsái* being in

"When Confucius was in the Ts'hee province, he *heard* the music of the emperor Shun, and for three months *was unconscious* of the taste of his meat."

Lun-yu, vol. i.

In this example the circumstances of time mentioned, fix the two verbs 'hear,' and 'know,' to the past tense. In all these instances, the time implied, is that of an action finished in the time described as past.

Of the *Pluperfect*, few instances occur in the Chinese writings; it seems therefore scarcely worth the labour to class it under a separate head, particularly as it may, without any impropriety, be included under the Past, as connected with Time.

The Future Tense.—The characters which in Chinese express or imply the future tense, contain at least three varieties; that of an action as '*about to be done*;' that of '*will* or *determination*,' and that of an action, '*instantly following*;' without any lapse of time intervening.

1. The first of these is expressed by the character 將 *tsyang*, of which the following are examples. *Nyen-yeu* asking *Tse-koong* how his master stood affected toward the sovereign of *Wy*, whose accession to the throne militated against his filial duty, *Tse-koong* replies,

之 *tchee* him. 問 *wăn* ask 將 *tsyang* will 吾 *Ngoo* I

——"*I will ask* him." *Lun-yu*, vol. i.

In this sentence, *tsyang* expresses an action as about to be done. Another example may be quoted from Mung. That philosopher meeting an acquaintance, accosts him thus,

之 *tchee* to go? 何 *kho* where 將 *tsyang* about 生 *sing* in birth, 先 *Syen* The prior

——"The teacher, where is he about to go." *Mung*, vol. ii.

In both these examples, the character *tsyang* expresses an action about to be accomplished.

2. The character 必 *pih*, generally expresses '*will* or *determination*.' It

imports likewise the necessary or certain accomplishment of an action; in which sense it has some affinity with *must* in the potential mood; but as it constantly refers to a future action, it seems better to esteem it a sign of the future indicative; particularly as there are many instances in which it cannot be understood in a potential sense. The following is one: *Kee-sce,* the usurper of *Loo,* having appointed *Ming-tse-khyen,* one of the sage's disciples, to the government of a certain district, he, unwilling to serve the usurper, begged the messenger to acquaint his master with his refusal of the office; adding,

上 *syàng* upon	在 *tsái* be	吾 *ngó* I	者 *tchyéa*	復 *feú* again call	如 *Yu*	} Should
矣 *eé*	汶 *Wun* Wun	必 *pih* will certainly	則 *tsuh* then;	我 *ngò* me,	有 *yéu*	} be

" Should he again call me, I *will* then *certainly* be on the river *Wun.*"

Lun-yu, vol. i.

In this instance *pĭh,* while it expresses *determination,* evidently marks the future. The following saying of Confucius contains two other examples of it.

察 *chhah* observe	之 *tchee* him	眾 *choòng* all	察 *chhah* observe	之 *tchee* a man,	眾 *Choòng* All
焉 *yen* him.	必 *pih* they will	好 *hoò* es-teeming	焉 *yen* him;	必 *pih* they will	惡 *oò* hating

" If all hate a man, they *will surely observe* him; if all esteem him, they *will* also *observe* him."

Lun-yu, b. viii. f. 7.

In this sentence the *certainty* of the event is expressed in both instances by the character *pĭh.*

The Character 肯 *khúng,* 'to will,' &c. is often used in conversation to express *will* as implying Consent, as in the following sentence; 去 肯 你 *Neé khúng khù?* 'will you go?' It is ancient; it occurs in the following example from the *Shee,*

來 *lai* come. 肯 *khúng* will he 然 *yen* ly 惠 *Hooi* Chearful-

——" Chearfully *will* he *come.*" *Shee-king,* vol. i.

3. There are certain characters which express an action as *instantly* about to be done, and which therefore *imply* the future, though they do not express it. Of these 就 *tsyèu,* 'instantly;' and 即 *tsih,* 'immediately, quickly,' are the chief. These characters however, are not properly signs of the future; but as they imply that an action is instantly to be done, they have acquired the force of the future in conversation, and in some of their lighter pieces, though unknown in this sense in their best works. In *Lun-yu,* 就 *tsyèu* occurs, it is true; but in quite a different sense: Confucius describing a real lover of learning, characterizes him as one 'who in eating seeks not fulness, in repose seeks not enjoyment;' and continues the description thus;

焉 *yen* his conduct. 而 *irr* and 有 *yéu* those having 言 *yen* his word; 愼 *shìn* faithful 事 *sè* business 敏 *Min* Attentive

正 *chìng* rectifies 道 *taó* the way 就 *tsyéu* he goes to 於 *yu* to 而 *irr* and 於 *yu* to

——"(Who is) attentive to business, and faithful to his word, *betakes himself* to those having the way, and rectifies his own conduct."——

Lun-yu, b. i. f. 6.

In this example, the character *tsyèu* denotes merely 'a repairing to another,' without any allusion to the future. By *Chyu-hee* it is used in nearly the same sense: in his comment on a sentence describing Confucius's talent for winning the hearts of men, he adds,

故 *Koò* Therefore 時 *shee* that time's
君 *kyoon* rulers 敬 *king* receiving
信 *sin* confiding 自 *tsè* themselves
以 *eè* to rectify 其 *khee* their
政 *ching* course, 就 *tsyèu* come
而 *irr* and 問 *wùn* hear
之 *tchee* him 耳 *irr* indeed.

"Therefore the rulers of that period, revering the sage and confiding in him, for the sake of rectifying their own government, *came* and heard his counsels."

Comment on *Lun-yu*, vol. i. f. 5.

In this sentence *tsyèu* also means simply to come or repair to another. But in conversation it is now often used so as to express a future sense. Thus in the following sentence,

"You go first, I *will immediately come*;"

你 *Nee* You 先 *syen* first 去 *khhù* go, 我 *ngò* I 就 *tsyèu* instantly 來 *lai* come;

The adverb *tsyèu*, although of itself it only means 'instantly,' or 'immediately,' yet from its position it necessarily implies the future. This mode

海上絲綢之路文獻集成 科技與文化編

of applying it however, is confined almost wholly to conversation, no instance of it occurring in the standard writings of the Chinese.

In grave compositions the character 即 *tsĭh,* 'immediately,' &c. is applied in nearly the same way; but it in few instances expresses the future; and in these, the sign of the future is rather supplied than derived from the character.

The character 纔 *ts'hai,* 'then,' &c. often imparts a future meaning to the sentence. The following is an instance:-

枝 *chee* branches	許 *hyŭ* very	纔 *ts'hai* will	根 *kin* root,	有 *yéu* having	凡 *Fwan* Every
葉 *yĕh* leaves.	多 *to* many	有 *yeu* have	苗 *myao* germ	此 *tsé* this	物 *woŏh* thing

" Every thing having thus a root and a germ, *will quickly have* numerous branches and leaves." Comment on *Lun-yu,* vol. i.

Here *ts'hai,* in the fourth line from the right, from its adverbial force, imparts to the sentence a future meaning.

Lastly; in certain instances, the mention of a future time, in the sentence itself, forms the future. Mung ridicules those who talk of turning hereafter to virtue, by introducing a man accustomed to steal a fowl daily, as saying to his reprover,

後 *hyen* after	年 *nyen* year,	待 *tai* wait	雞 *kee* fowl	攘 *yang* let me take	之 *tchee* it;	請 *Chhing* Let me
已 *eé* I will stop.	然 *yen* then	來 *lai* the coming	以 *eé* to	一 *yih* one	月 *yuĕh* monthly	損 *syuén* lessen

"Permit me to lessen the practice, to take one fowl monthly till the coming year, when *I will stop*." *Mung*, vol i.

In this example the verb *eé*, 'to stop,' in the last line to the left, has a future sense given it by the narrator's connecting therewith a future time.

Of Person and Number.

It must be obvious that in Chinese, as in other languages, there is occasion to connect the *second* and *third* persons with a verb, as well as the *first*. This, however, is done merely by affixing the pronouns; the verb itself undergoes no kind of change. The following are examples of all Three Persons as connected with the verb 愛 *ngài*, 'to love.'

禮 *leé* import.	其 *khee* its	愛 *ngài* love	我 *Ngò* I

1st Person. "*I love* its import." *Confucius.*

羊 *yang* kid.	其 *khee* its	愛 *ngài* lovest	爾 *Irr* Thou

2d Person. "*Thou lovest* its kid." *Ibid.*

子 *tsé* her son.　愛 *ngai* loves　毋 *Moó* The mother

3d Person.　"The mother *loves* her son."　*Chyu-hee.*

Of Number.—On the subject of Number it is scarcely necessary to add any thing to what has been already said in treating of the Pronouns. As a Chinese verb admits of no variation, the number can be expressed only by the agent; and it has been already said, that the standard works of the Chinese exhibit few instances of any character's being united with the pronoun to distinguish the plural from the singular. The following examples however exhibit the verb as expressing the Plural Number,

夫 *hoo* ability!　是 *shee* this　有 *yeú* have　爾 *irr* thou　與 *yú* and　我 *ngó* I　惟 *Wy* Only

1st Person.　"Only I and thou *have* this disposition!"　*Confucius.*

乎 *hoo* !　隱 *yín* reserved.　爲 *wy* to be　我 *ngó* me　以 *eé* deem　子 *tsé* disciples　三 *san* three　二 *Irr* Ye two

2d Person.　"Ye my few disciples, *regard* me as reserved."　*Ibid.*

子 *tsé* their son.　愛 *ngai* love　毋 *moó* mother　父 *Foó* The father

3d Person.　"The father and mother *love* their son."　*Chyu-hee.*

Eee2

海上絲綢之路文獻集成 科技與文化編

Thus then, the verb in the *plural* number, is precisely the same as in the singular, the agent alone being varied. When in conversation 們 *mun* and other characters, are added to the pronoun to mark the plural number, this distinction of number in the pronouns, of course communicates itself to the verb, though without making any alteration in the verb itself.

Of the Substantive Verbs.

In the standard works of the Chinese the Substantive Verb is often supplied in every mood and tense, of which numerous instances might be adduced. But they have sometimes occasion to mention a thing as merely existing; to do which they use certain verbs denoting a state of existence.

The Chinese verb 'to be,' is formed of various characters like our own. It embraces no less than three different ones; 是 *sheè,* 在 *tsai,* and 爲 *wy;* to which we may add 係 *hheè.*

1. The verb 是 *sheè* simply denotes existence: hence, by a natural deduction, it has acquired the sense of 'right, just, true;' as that which is false, has in reality no existence. Hence also in conversation, it is often used as an affirmative, equivalent to 'yes.' Of its being used to express the verb 'is,' numberless instances might be adduced. The Chinese sage, passing through *Tsai,* sent *Tse-loo* to enquire of two husbandmen, near relative to the country. They ask who the enquirer is; and upon being told, exclaim,

中國言法

也 *yéu* 是 *sheè* It is. 曰 *yŭeh* He said, 與 *yù* ? 丘 *myéu* myeu 孔 *Khoòng-* Khoong- 魯 *Loò* Loo's 是 *Sheè* Is it

"*Is* it *Khoong-myeu* of the *Loo* country ? Tse-loo replied, *It is.*"
Lun-yu, vol. ii.

In this sentence *sheè* in two instances answers to the substantive verb, 'is.' In the last it has nearly the force of the English affirmative 'yes;' which it however derives from its affirming the existence of the thing in question. It is seldom or never found beyond the present tense.

2. The character 在 *tsai* has occasionally the force of 'was;' not however as universally applicable; it generally denotes 'being in some place or situation.' Hence it sometimes signifies being in life, or alive; as in a passage already quoted;

父 *Foò* The father 在 *tsai* living, 觀 *kwan* observe, 其 *khee* his 志 *tcheè* wish; 父 *foò* the father 沒 *mŭh* dead 觀 *kwan* observe 其 *khee* his 行 *hhing* conduct.

"The father *being alive,* observe the son's will; when the father is dead observe his conduct."

In this sentence *tsai* is used to denote existence in life. It is also used to denote existence in a place. Confucius says respecting *Koong-see-chyong,* to whom he gave his daughter in marriage,

罪 *tsooi* sin.	非 *fuy* not	之 *tchee* 's	縲 *looi* confine-	雖 *Sooi* Although
也 *yëa*	其 *khee* his	中 *tsong* in	絏 *syĕh* ment	在 *tsai* he was

" Although he *was in prison*, it was not for his crimes." *Lun-yu*. vol. i.

Another instance may be adduced from the same work. In the first volume the Chinese sage has the following sentence:

神 *shin* he	神 *shin* the deity	在 *tsái* he was:	祭 *Tseè* Worship
在 *tsái* were present.	如 *yu* as though	祭 *tseè* worship	如 *yu* as though

" Worship as though the object *were present*; worship as though the deity* *were present*." *Lun-yu*, vol. i.

Thus *tsái*, while it supplies the place of the verb was, generally connects therewith the idea of situation in some place. In some cases it is so connected with situation, that it even expresses present existence, as in the following question, often recurring in conversation, 在不裏房在他 *t'hā tsái fang leé, poŏh tsái*, 'Is he within, or not?' It is only in a restricted sense therefore, that *tsái* can be said to form the imperfect tense of the substantive verb.

* *Shin* is the character generally used for the deity; but it is not always applied to the Supreme Being. Even here the Comment leads us to suppose, that deceased ancestors are 'the object' and 'the deity' meant.

海上絲綢之路文獻集成 科技與文化編

The character 係 *hheè,* in conversation is frequently used in the sense of *shèè*, and it is sometimes thus used by respectable authors. The following sentence contains an example of both *sheè* and *hheé :*

章 *chang* chang	西 *see* see	越 *Yuěh* Yueh	區 *khyu* city ;	武 *Woo-* Woo-	浙 *Chyea-* Chyea-
之 *tchee* 's	是 *shèè* is	國 *kwŏh* province.	原 *yuen* originally	林 *lin* lin	江 *kyang* kyang
郡 *kyoon* town.	豫 *Yü-* Yu-	江 *Kyang-* Kyang-	爲 *wy* it was	之 *tchee* 's	係 *hheé* is

"*Chyea-kyang is* the city of *Woo-lin;* originally it *was* the province of Yueh : Kyang-see *is* the town of Yu-chang." *Ching-yu-kao*, vol. i.

In this sentence *hheé* in the first line, and *sheè* in the fifth line from the right, have both the force of the substantive verb in the present tense.

It is however the verb 爲 *wy,* 'to be,' which most fully agrees with the verb 'to be.' In the following example it occurs in the Present Tense,

仲 *Chòong-* Choong-	曰 *yuěh* He says	爲 *wy* is	曰 *yuěh* says,	桀 *Kyěh-* Kyeh-
由 *yeu* yeu.	爲 *wy* I am	誰 *shooi?* who?	子 *tseé* my lord,	溺 *nyao* nyao

" *Kyěh-nyao* says, Who *is* my lord? He says, *I am Choong-yeu.*"
Lun-yu, vol. ix. p. ii.

In this sentence *wy* occurs in both the first and third persons of the present tense. In the third line of the preceding sentence, we have it in the sense of the Past Tense, 'originally it *was* the province of *Yueh.*' But to express the Future it admits the characters already mentioned as the signs of the future. Speaking of the effects of just government with reference to a certain territory, Mung says, that if well governed, though it be small,

人 *yin* man	爲 *wy* be	焉 *yen;* therein;	君 *kyoon* } the superior	將 *Tsyang* There will
焉 *yeá* therein.	野 *yea* husband-	將 *tsyang* there will	子 *tsé* } man	爲 *wy* be

" Therein *will be* the superior man ; therein *will be* the husbandman."

Mung, vol. i.

That 爲 is found in the Oblique Moods, is evident from the following example :

禽 *khin* } beasts.	異 *ee* differ	無 *moo* they have not	而 *irr* yet	爲 *wy* they be	名 *Ming* In name,
獸 *shyĕu* }	於 *yu* from	以 *ee* to	實 *shih* in reality	人 *yin* men,	雖 *sooi* although

" In name *although* they *be* men, yet in reality they differ nothing from beasts."

Mung, vol. ii.

In this example the verb *wy* has the force of the Subjunctive mood. Of its being used in the Infinitive Mood, several examples have been already given ; and the following sentence from *Mung*, contains two ;

海上絲綢之路文獻集成 科技與文化編

中國言法

富 *foò* to be rich	仁 *yin* virtuous	矣 *eè*	不 *poòh* is not	爲 *Wy* To be
矣 *eè* truly.	不 *poòh* is not	爲 *wy* To be	仁 *yin* to be virtuous;	富 *foò* rich

" *To be* rich is not to be virtuous; *to be* virtuous indeed is not to be rich."
Mung, vol. i.

Of the Auxiliary Verbs.

Relative to the Auxiliary Verbs, the reader has already seen, that certain of them are used to form the various Moods of the verbs; as 得 *tŭh*, 'get;' 可 *khó*, 'able;' 須 *syu*, 'necessary;' 願 *yuèn*, 'to desire,' &c. and that others, as 已 *eé*; 既 *keè*; 將 *tsyang*; 必 *pĭh*, &c. are applied in forming the Tenses. Some of these however, as *yuen*, and *khó*, are occasionally found as principal verbs; when they are conjugated precisely like the other verbs, in the moods and tenses wherein they occur.

Respecting the rest, little remains to be said. The verbs 有 *yéu*, 'to have,' 做 *tsò*, 'to do,' are not used as auxiliaries in the manner we in English apply 'have, do,' &c. They are regular verbs like *habeo* and *facio* in Latin; and the reader has already seen, that the office of the verb 'to have,' in forming the English preterperfect, is performed by the verbs 已 *eé*, 既 *keè*, &c.

The verb 敢 *kán*, 'dare,' which is often united with other verbs as an auxiliary, is almost the only auxiliary which remains to be noticed. Of this,

海上絲綢之路文獻集成 科技與文化編

examples may be found in Confucius and Mung, and indeed in their best commentators; nor is it unfrequent in conversation. It is applied thus,

回	*Hooi* Hooi?	望	*wàng* look up to	敢	*kàn* dares he	何	*hho* how	也	*yéa*	賜	*Tsé* Tse

——"Tse, how *dares he look up* towards Hooi?" *Lun-yu*, vol. i

In this sentence *kán* is an auxiliary uniting with the verb *wàng*, 'to look up.' In the past tense, which sometimes occurs, it becomes '*durst*.'

Thus then have the different kinds of verbs been examined, and the moods, tenses, and persons, carefully ascertained and substantiated by nearly a hundred examples selected from the standard works of the Chinese. Should any one enquire why a course attended with so much labour, has been preferred to the more obvious and easy mode of giving at once a paradigm of a Chinese verb both active and passive, in the European mode; the reply is, that it has been done from a consideration of the very different nature of the Chinese language. To illustrate the peculiar nature of the language of which it treats, is the grand object of a grammar; and when two spring from the same root, and have a close affinity with each other, this may often be done by taking a verb in one language, and giving the correspondent expressions in the other. But when a language is radically different from all others, this does not seem the most likely way to develope its true nature. Were a man to translate a Latin verb into Sungskrit, or Arabic, for the sake of laying open the peculiar nature of these languages, he might, it is true, find expressions agreeing with every mood and tense, particularly if he formed them *ad libitum,* without supporting them by quotations from the standard works in these languages. But how little this would do towards laying open the peculiar nature of these languages, they who are skilled in them, can easily judge. To a course of this kind we owe our remaining so long unacquainted with the true nature of the English language. Numerous were the attempts made by men of real learning, to explain it by giving us a grammar in the form and on the principles of the Latin grammar. At length an English grammarian arises,* who carefully weighing the nature of the language itself, does more towards elucidating it, than all the men of learning who had preceded him. It must indeed be evident, that whoever would lay open a language, must view it as it stands separately from all others, carefully examine it in the style and construction of its best authors, and on them found all his grammatical positions; availing himself of other languages merely by way of illustration.

It is on this principle that the author is constrained to differ entirely from Fourmont, highly as he esteems him for his general knowledge. Following the mode first described, he has filled thirteen folio pages with a paradigm of a Chinese verb in the active and passive voice, without substantiating a single sentence by authorities from any Chinese work: hence the greater part of them are combinations of characters unknown in the best Chinese writers. Were a writer, while thus attempting to mould a language into the shape and form of another, rigidly to substantiate every sentence by quotations from standard works, the student might depend on what he advanced, however much of the language might be left unexplained. But when grammatical positions are thus supported by the fancy of the writer, even though

* Lindley Murray.

assisted by a native, (as Fourmont was doubtless assisted by a native of China, since many of his phrases are to be found only in the most familiar conversation,) it is not strange if he should form combinations of characters which never occur in respectable works. What would Lowth, or Murray have done toward forming a correct English grammar, had they confined their attention to examples formed by themselves, instead of recurring to the best English authors? A great part of the familiar conversation even of our own country, is wholly excluded from works respectable for style. But in a language not indigenous to the writer, and in which he must have recourse to an assistant, the examples furnished by a native, in answer to sentences given him, must be in reality a *translation*; and a native who may have a question thus given him respecting a thing or an idiom foreign to his own tongue, may, without the least wish to deceive, clothe it in terms widely differing from the natural and genuine expression of the best authors in the language. But who, with Cicero, Horace, and Virgil before him, would select examples of Latin style and construction from the version of Arius Montanus? Yet few doubt either his fidelity, or his knowledge of Hebrew and Latin.

Examples of this kind in a grammar, not only fail to assist a person in studying a language; they mislead him by giving him an idea of it which he cannot realize in studying its best authors. Such was the effect which, according to the acknowledgement, some years ago, of a friend who was studying Chinese, the study of Fourmont had on him; who added indeed, that he often wished he had never seen his work, that he might have entered on the study of Chinese, with at least nothing to unlearn.—Considerations of this nature determined the author to pursue a different course, and in these

Elements of Chinese Grammar, to advance nothing which he could not support by unexceptionable authorities. Hence, instead of translating into Chinese a paradigm of an active and passive verb, even in the English form, he has preferred the labour of selecting such examples from the best authors, as, in his opinion, tended to illustrate the verb in all its various modes of expression. These at least give the reader an opportunity of forming his own judgment; and if they do not communicate to him every idea he could wish, they will not greatly mislead him in studying the authors from whom they are selected.

How inadequate indeed, a paradigm of a verb from another language is fully to represent a Chinese verb, the reader may easily judge by referring to the varieties given under most of the moods and tenses. But the evil arising from this mode does not arise so much from what is omitted, as from the necessity of forming expressions foreign to the Chinese language. That the Passive voice, though occasionally used by the Chinese, is far from being equally common with the active, must be evident to those who recollect, that, of the two modes which the Chinese employ to express the passive voice, one, and that esteemed the legitimate passive, causes, in reality, an active verb which denotes receiving, as 被 *peè*, 受 *shyeù*, 領 *ling*, &c. to govern as a verbal noun the verb intended to be made passive. If this mode in certain verbs has its peculiar force, yet in multitudes of others, as, 'to know,' 'to hear,' 'to seek,' &c. it must be evident that, 'to receive his *knowing*,' 'his *hearing*,' 'his *seeking*,' cannot be precisely the same thing as, 'being known,' 'seen,' 'sought, by him.' When to this we add

海上絲綢之路文獻集成 科技與文化編

that it loads the sentence with an additional verb and an agent, it must be evident, that when it was also necessary to introduce characters expressive of the present or future tenses, or of the oblique moods, the superaddition of this verb and agent would render the sentence so unwieldy, that Confucius, or Mung, or Chyu-hee, or any one who wished to express his ideas in a concise and nervous manner, could scarcely avoid preferring the active form to the passive. Even in English, 'let men know him,' would generally be preferred to, 'let him receive the knowing of men,' if the adoption of either were perfectly optional: The fact is indeed, that an instance of the Imperative in the Passive voice, scarcely occurs in whole volumes; and it is doubtful whether all the standard works of the Chinese taken together, will furnish a complete example of a verb in the Passive voice running parallel with every mood and tense, even in an English verb. It is on this account therefore, that the author has rejected wholly the plan of Fourmont, and preferred the laborious but safe method of substantiating every mood and tense adduced, by quotations from standard works; except in those instances which, though peculiar to the Colloquial style, are still worthy of notice, and which are therefore substantiated by examples from correct conversation.*

* It will be obvious to the intelligent reader, that a work wherein it is necessary so to substantiate every position by examples from the standard works of the Chinese, as fully to satisfy those who wish to enter deeply into the nature of the language, must be too large for the use of those who, in younger years, may enter on the study of it; while a mere practical introduction, suited to them, could not fully lay open the nature of the language. To accommodate the young students of Chinese therefore, the author intends shortly to publish a concise Abridgment of this work in octavo.

Of the Particles.

We now enter on the last division of the Parts of speech in Chinese; and this happily not the most difficult. The Particles may all be included under one general head, which for the sake of distinctness we may subdivide into four sections, including Adverbs, Prepositions, Conjunctions, and Interjections. Respecting the Particles however, much of our labour has been anticipated. In treating of the Degrees of Comparison, many of the adverbs of Quantity have been considered; and, in examining the Substantives, all the Prepositions which serve to form the cases. It is therefore needless to treat anew of what has been already explained.

Of Adverbs.

The various kinds of adverbs may be included in five general divisions, Adverbs of Likeness; Adverbs of Quantity and Comparison; of Number and Order; of Time and Place; and Adverbs implying Doubt, Interrogation, Affirmation, and Negation. Among these the most important are Adverbs of Likeness, which are formed in English by adding the termination *ly* to an adjective; and which in general bear the same relation to an action, that an adjective bears to a thing.

Adverbs of Likeness.—As the Chinese admit of no addition to a character, it becomes matter of enquiry, how they supply the want of this addition in the case of adverbs. This will be found to be done several ways.

1. The character 以 *eé* added to a substantive, has, in many instances, the force of an adverb; thus 義以 *eé eè*, 'with equity,' is tantamount to 'equitably;' 敬以 *eé-kìng*, 'with reverence,' is equivalent to 'reverentially;' and 時以 *ée sheè*, 'with time,' to 'seasonably.' This however is the case only when 以 describes a mere adjunct to an action; when it marks the instrument by which a thing is done, it cannot be understood adverbially.

2 The character 然 *yen*, which originally means 'to burn or consume,' is often added to a character in order to form an adverb. Thus in the comment on a sentence describing *Hooi's* mode of attending to the Chinese sage's instructions, it is said,

受	聽	然	默	也	回
shyeu receives.	*t'hing* hearing	*yen* ly	*mŭh* silent-	*yea*	*Hooi* Hooi

—" Hooi *silently* hearing imbibes my doctrine." Comment on *Lun-yu*, vol. i.

In this sentence *yen* being added to the adjective *mŭh*, 'silent,' forms the adverb, 'silently.' In the same manner from 判 *p'hàn*, 'distinct,' is formed, 然判 *p'hàn-yen*, 'distinctly;' from 渾 *hwùn*, 'dark, obscure,' is formed 然渾 *hwùn-yen*, 'obscurely,' 'confusedly;' from 欣 *khin*, 'joyful,' is formed 然欣 *khin-yen*, 'joyfully;' and from 自 *tsè*, 'self,' is formed 然自 *tsè-yen*, 'spontaneously,' 'naturally,' &c. and thus of many others.

3. There are instances to be found wherein a single character forms an adverb of itself, without the addition of any other. Confucius thus describes a certain man:

中國言法

交 *kyao* held amity. 人 *yin* men 與 *yú* with 善 *shyèn* virtuously 仲 *choòng* choong 平 *p'hing-* p'hing- 晏 *Yen-* Yen-

"*Yen-p'hing-choong religiously* regarded the ties of friendship."

Lun-yu, vol. i.

In this sentence *shyèn*, 'virtuous,' is used adverbially, to describe the manner in which the duties of friendship were regarded by the person in question. Thus also 讓 *yang*, 'humble, condescending,' is used in the sense of 'humbly,' &c. 敬 *king*, 'venerable,' occurs in the sense of the adverb 'venerably;' and 簡 *kyén*, 'to chuse,' is used to signify, slightly, 'negligently:' and thus with many others.

4. In certain cases, the repetition of a character forms an adverb. Thus 申 *shin*, 'straight, direct,' when repeated, 申申 *shin shin*, forms the adverb, 'chearfully,' and 夭 *yao*, 'pleasant,' when repeated, 夭夭 *yao yao*, forms the adverb, 'pleasantly,' &c.

5. In a few instances 然 *yen* is added to the two characters thus repeated. Thus we find* 然欣欣 *kin kin yen*, 'joyfully;'† 然芒芒 *mang mang yen*, 'foolishly;' and in like manner‡ 然循循 *suon suon yen*, 'gradually.' Such then are the Chinese adverbs of likeness.

* Mang, vol. i. † Ibid. ‡ Lun-yu, vol. i.

G g g

II. *Adverbs of Number and Order.*

These two kinds of adverbs are in some degree connected. They, however, involve little difficulty.

Adverbs of Number.—In the standard works of the Chinese the Numeral supplies the place of the Adverb of Number. Confucius says of his beloved disciple Hooi; 過貳不 *poŏh irr kuò,* 'He never *twice* transgressed;' in which sentence the numeral *irr,* 'two' has the force of the adverb 'twice.'* In a sentence already† quoted, *Kyĕh-wun-tse,* '*thrice* reflected and then proceeded to action,' &c. the numeral *san,* 'three,' is used in the sense of the adverb 'thrice;' and the adverb 'twice' is expressed by 再 *tsai,* 'again.'

2. In conversation, the adverbs of number are generally formed by adding to the numerals, 次 *tsè,* 'repetition.' Thus, 次一 *yĕh tsè,* signifies 'once;' 次二 *irr tsè,* 'twice;' and thus of the rest.

Adverbs of Order.—In the standard works of the Chinese, 先 *sin,* 'before,' is often used for the adverb 'first.' Confucius defining complete virtue, describes it as being,

獲 *hŏh* obtained. 後 *hyĕu* afterward 而 *irr* but 難 *nan* difficult, 先 *Syen* At first

"In the *first* instance difficult, but *afterwards* obtained." *Lun-yu,* vol. i.

* In conversation 兩 *lyang,* is often substituted for *irr,* two; as in this sentence 回兩了說他 *T'ha shyuh lyao lyang hooi,* 'He has spoken twice.'

† See page. 432.

中國言法

In this sentence the adverb of order 'first,' is expressed by *syen*, the first character on the right.

In the following sentence 始 *chhée*, 'beginning,' is used to denote the adverb 'first;' 中 *choong*, (the middle,) the adverb 'secondly,' and 終 *choong*, 'the end,' the adverb 'lastly.' A friend writing to another whose house had been burnt, thus describes his own feelings on receiving the intelligence of his misfortune:

大 *tà* greatly	終 *choong* lastly,	而 *irr* I indeed	駭 *hhyai* felt horror;	聞 *wun* heard	僕 *Pŭh* I
喜 *hhée* rejoiced.	乃 *nai* I further	疑 *ee* hesitated,	中 *choong* midst,	而 *irr* and	始 *chhee* at first

"*At first* I heard the news with a kind of horror; *afterward*, I hesitated whether it be not a token of future prosperity; and *finally*, I greatly rejoiced at the news."

Koo-wun, vol. vii.

In conversation, the genitive particle 的 *tĭh*, is added to the ordinal for the sake of forming the adverb: as 第一的 *teè yĭh tĭh*, 'first;' 第二的 *teè irr tĭh*, 'secondly,' &c. which phrases are, literally, the 'first's;' 'the second's.' But phrases of this kind are not to be found in the standard works of the Chinese.

海上絲綢之路文獻集成 科技與文化編

III. *Adverbs of Quantity and Comparison.*

Adverbs of Quantity.—The characters for 'many,' and 'much;' for 'few, and 'little;' are the same in Chinese. In the following remark on Confucius; 食多不 *Poŏh to chhĭh*; '*much* he did not eat,'* 多 *to,* signifies 'much;' but in the following sentence, it signifies 'many.'

多 *to* many.	者 *tchyea*	不 *poŏh* not	得 *tŭh* able	人 *yin* men	如 *Yu* } Now
	甚 *shin* very	得 *tŭh* able	行 *hing* to act	說 *shyŭh* to speak	今 *kin* }

"Now those who can talk but cannot act, are very *many*."

Comment on *Lun-yu,* vol. i.

In their standard works 鮮 *syén* is often used for 'few.' The Chinese sage says, that those who practise filial obedience and fraternal respect are, 鮮 *syén*, 'few;' and in the next page he uses 鮮 *syén*, to signify 'little,' as in this phrase, 仁矣鮮 *syén eé yin*, 'little indeed of genuine virtue.'† The character 足 *tsoŏh* is generally used in the sense of 'sufficient;' and occasionally to express the adverb 'sufficiently.'

2. The Interrogative adverb, in their standard works, is often formed by the character 幾 *keé*, particularly as united with 何 *hho?* how? Thus; 何幾 *keé hho*, 'How many?' and 大幾 *keé tà*, 'How great?' But in conversation *keé* is more commonly united with 多 *to*. 多幾 *keé to*, 'how

* Lun-yu, vol. i. † Ibid.

many ?' is indeed one of the most common expressions which familiar conversation furnishes. But in conversation somewhat superior, 多 *to*, 'much' and 少 *sháo*, 'little,' are united to form the interrogative adverb; thus, 少多 *To sháo*, 'How many?'

Adverbs of Comparison.—Of these there are few which have not been already noticed in treating of the Degrees of Comparison. There are instances however, wherein some of these are used as adjuncts to a verb; as well as to form the various degrees of comparison. *To* seems used adverbially in the following observation relative to the Chinese sage,

氣 *khee*	食 *tsě-* rice.	勝 *shing* to exceed	使 *sheé* permit	不 *poŏh* he did not	多 *to* more	雖 *sooi* although	肉 *Yoŏh* Meat.

"Meat although *more abundant*, he did not permit to exceed rice."

Lun-yu, vol. i.

2. In the same manner 少 *sháo*, 'little,' is also used as an adverb of comparison, to denote, 'somewhat more.' Extolling a certain man for moderation, Confucius says,

完 *hwan* complete.	曰 *yuěh* he said,	少 *shao* a little more	合 *hŏŏh* sufficient:	曰 *yueh* he said,	始 *Chhle* At first
矣 *eè*	苟 *kyéu* it is	有 *yéu* having,	矣 *eè*	苟 *kyéu* it is	有 *yéu* having a little,

"At first, having a little, he said, It is sufficient: having *somewhat more*, he said; This is a most complete supply."

Lun-yu, vol. ii.

In the following sentence 少 *shào* has the force of the adverb 'less.' It is said of *Tse-hya*, by the commentators, that although he acted most uprightly in his conduct;

色 *sĭh* countenance. 之 *tchee* 's 潤 *yuèn* pleasing 温 *wun* gentle 少 *shào* less 或 *hĕh* perhaps 而 *Irr* Yet

——"Yet his countenance had perhaps *less* of the gentle and pleasing."

Comment on *Lun-yu*, f. ii.

3. But in their standard works 甚 *shìn*, is often employed to form the adverb of comparison, as in this sentence;

難 *nan* hard. 甚 *shin* very 人 *yin* men, 知 *chee* to know 易 *eè* easy; 甚 *shin* very, 言 *yin* words, 聽 *Thing* To hear

"To hear words is *very easy*: to know men is *very hard*." Comment on *Lun-yu*.

In both these instances the adverb 'very' or 'exceedingly,' is expressed by *shin*. But in conversation 實 *shĭh*, 'true, solid,' is united with the verb 在 *tsài*. Thus 易在實 *shĭh tsai eé*, means 'very easy,' and 難在實 *shĭh tsài nan*, 'exceedingly hard.'

4. The character 況 *kwàng*, expresses the adverbial interrogative 'How much more?' as in the sentence, 'And *how much more* the province of Loo?' for which see page 283.

But in conversation the adjective 好 *hào*, 'good,' is added to 多 *to*, for the sake of forming an adverb of comparison; thus 人多好 *haó to yin;* '*very many* men,' 船多好 *háo to chhuon;* '*very many* ships,' &c. It does not appear to be thus applied however in their standard works. In these, 多許 *hyú to,* is used in the same meaning as *hao to* in conversation; as will appear from the sentence quoted, p. 447 葉枝多許 *hyú to chee yĭh,* 'very many branches and leaves.' As phrases of this kind, however, have been examined in treating of the Superlative Degree, it seems needless to detain the reader farther on this subject.

IV. *Adverbs of Time and Place.*

The fourth general division comprehends Adverbs of Time and Place; both of them numerous, particularly the former.

Adverbs of Time.—These include such as express Time present, past, future, and indefinite. Those which denote the Present Time are nearly all formed by 今 *kin,* 'now,' either as used alone, or united with some other character. Of 今 *kin,* as used alone, many examples might be given, as 人於吾今 *kin ngoo yu yin;* '*Now* I with men,'——and, 畫女今 *kin yu hwăh,* '*Now* thou art dissembling.' p. 434.

2. In some instances 如 *yu* is prefixed to *kin,* to express, however, nearly the same meaning. This is the case in a sentence just quoted. '*Now* the number of those who can talk, but not act;' &c. the adverb of time, in that sentence, being 今如 *yu kin,* '*now.*'

* See page 466.

海上絲綢之路文獻集成 科技與文化編

3. Occasionally, 现 *hyèn*, to appear, 'is united with 今 *kin*, to form an adverb of time; thus 今現 *hyèn kin* 'now,' or, 'the present moment.' *Hyèn* is also united occasionally with the verb 在 *tsai*, to form an adverb, as in the following sentence:

來 *lai* come. 未 *wý* not yet 在 *tsai* to be, 現 *hyèn* appearing 去 *khù* gone, 過 *Kwò* Already

" The past, *the present*, and the time not yet come."

Comment on *Lun-yu*, vol. i.

4. Sometimes 今 *kin* unites with 茲 *tse*, already mentioned in treating of the Pronouns, in order to form the adverb 'now,' as in the following sentence from Mung, 能未茲今 *kin tse wý nung*,* '*Now* I am quite unable.' In a few instances *kin* is united with 時 *shee*, 'time,' to form an adverb: thus we have in Mung,

也 *yéa* 然 *yen* indeed. 易 *ed* easy 則 *tsuk* it is 時 *shee* time 今 *Kin* At this

——" *Now* this is perfectly easy." *Mung*, vol. ii.

Further, by adding 日 *yih*, a day, to *kin*, is formed the adverb 日今 *kin yih*, 'To-day.' Thus Mung has, 愈日今 *Kin yih yù*, 'To-day he is better.'†

In conversation however 天 *t'hyen*, heaven, is substituted for 日 *yih*, a day; as 天今 *kin t'hyen*, 'to-day;' and occasionally 本 *pún*, 'real,

* Mung, vol. i. † Mung, vol. ii.

中國言法

original, &c. as 日本 *pún yïh,* 'to-day.' It does not however thus unite with 天 *t'hyen.*

2. Most of the adverbs which express the Past Time have been already described as uniting with verbs to form a variety of 'the Past Tense connected with Time.' They are 昔 *sïh,* 'formerly;' 者昔 *sih tchyéa,* of nearly the same import: 前 *ts'hyen,* 'first,' or 'formerly;' 者前 *ts'hyen tchyéa,* 'formerly:' together with 曩 *náng,* 'heretofore;' and 者曩 *náng tchyéa,* of nearly the same meaning. All these may be found in their standard works; but to give examples of them all, would swell this article beyond its due proportion.

There are others, however, which are nearly confined to conversation. Certain of these are formed by prefixing some character to *ts'hyen.* Thus 從 *tsoong,* 'to follow,' prefixed to *ts'hyen,* forms 前從 *tsoong ts'hyen,* 'formerly;' or 'from of old;' 以 *ée* prefixed thereto, forms 前以 *ée ts'hyen,* 'already gone,' or 'at a former time;' 日 *yïh,* 'a day,' prefixed, forms 前日 *yïh ts'hyen,* 'in former days.' 'Yesterday' is expressed by 天昨 *tsŏh t'hyen,* and also by 日昨 *tsŏh yïh.* The former is most common in conversation.

3. To express Time Future the adverbs used in their standard works are nearly the same as in conversation. Most of them are formed by the verb 來 *lai,* 'to come,' or the adverb 後 *hyèu,* 'after.' Thus 將 *tsyang,* the sign of the future, added to 來 *lai,* forms a very common adverbial phrase, 來將 *tsyang lai,* 'about to come.' Not seldom 後 *hyèu* is prefixed to *lai* in order to form the adverb; thus 來後 *hyèu lai,* 'hereafter.' But to *hyèu* is

often prefixed *yĭh*, 'a day;' thus 後日 *yĭh hyèu*, 'in an after day;' and 後以 *ée hyèu*, 'in future.' Sometimes the pronoun 此 *tsé*, 'this,' prefixed to *hyèu*, forms an adverb of time; as, 後此 *tsé hyèu*, 'after this.' 明 *Ming*, 'clear,' prefixed to *yĭh* expresses 'to-morrow,' thus 日明 *ming yih*, to-morrow:' in conversation 天明 *ming t'hyen*, is more frequent.

4. Adverbs of Time Indefinite, are not few. In their writings, the character 常 *chhang* denotes 'often,' frequently,' &c. of which several instances have appeared already; and one occurs in the following sentence:

省 *sing* examining.	警 *king* to correct	自 *tsè* themselves	常 *chhang* constantly	人 *yin* men	欲 *Yoŏh* He wished

——"He wished men *frequently* to examine and correct themselves."
Lun-yu, vol. i.

In which sentence *chhang* has the force of 'frequently.' In a few instances *chhang* is repeated, when it denotes 'continually.' Mung has;

之 *tchee* him.	見 *kyèn* see	而 *irr* to	常 *chhang* nually	常 *chhang-* conti-	欲 *Yoŏh* He wished

"He wished *continually* to see him." *Mung*, vol. i.

But in conversation *shee*, 'time,' is occasionally added to *chhang*, as in this sentence, 書念時常 *Chhang shee nyĕn shoo*, 'he *continually* studies.'* *Shee* is also repeated to form the adverb, as 時時 *shee shee*, 'always.'

* Lun-yu, vol. ii.

Several other adverbial phrases expressing Time Indefinite, occur in their writings, as, 每每 *mý mý,* 'continually &c.' By uniting *mý* with *yǐh,* 'a day,' is formed by Mung, the adverbial phrase, 日每 'every day,' and by uniting it with 月 *yuĕh,* 'a month,' the phrase 月每 'monthly.' The *Kang-kyen* has 往往 *wáng wáng,* 'often;' and Mung has 源源 *yuen yuen,* 'incessantly,' as 來而源源 *Yuen yuen irr lai,* 'he comes incessantly.' 'Occasionally' is often expressed by 時 *shee,* 'time;' and 'Sometimes' by repeating 一 *yǐh,* 'once.' Confucius describes the son as thinking of his father's years,

懼 *kyù* fear. 以 *ee* with 則 *tsuh* then 一 *yih* once 喜 *hheé* joy; 以 *ee* with 則 *tsuh* then 一 *Yih* Once

——"*Sometimes* with joy, and *sometimes* with fear." *Lun-yu,* vol. i.

The adverb 'When,' is often expressed by annexing 時 *shee,* 'time,' to the clause denoting the action, either with or without a genitive particle. Thus, relative to Confucius's conversing with the other mandarines in the palace, the commentator says,

也 *yeá* 時 *shee* time. 朝 *chhao* in palace's 視 *sheé* appearing 未 *wý* not yet- 君 *kyoon* the sovereign- 此 *Tsé* This was

"This was *when* the Sovereign had not yet appeared in the palace."
Comment on *Lun-yu,* vol. i.

In which sentence the adverb 'when,' is expressed by *shee,* 'time,' appended

海上絲綢之路文獻集成 科技與文化编

to the sentence without the genitive particle. The sentence 時之入初爾 *irr chho yih tchee shee*, literally, 'Your beginning-to-enter's time,' or, '*When* you began to enter,' expresses 'when' by *shee* with the genitive particle.

Often however, the 'when,' or the time of the action, is included in the sentence itself. Thus Confucius, describing the work of a dutiful son, says, '*when* there is business, the son performs the labor; '*when* dinner comes, the son stands serving while the parents sit:' in which sentence, '*When* there is business,' is merely described by 事有 *yéu sè*, 'having business;' '*when* dinner arrives,' by 食酒有 *yeu ts'yeu tsè*, 'having wine and rice.'* In conversation, however, 'when' is often expressed by *shee*, as before described, thus,

"*When* you walk out, come and call me."

我 *ngò* me. 喚 *hwàn* call 來 *lai* come 你 *neé* you 時 *shee* time 行 *hing* to walk 將 *Tsyang* About

'When?' as an interrogative adverb, is expressed, by uniting an interrogative with *shee*; as 時何 *Hho shee?* What time? for an example of which see page 433.

'Then,' is often expressed by 則 *tsŭh*; for which see p. 415, p. 421, and numerous other examples already given. Sometimes it is expressed by 後 *hyèu*; for which see page 429. It is also expressed occasionally by

* See also "when the father is dead," p. 455.

時彼 *pée shee,* 'that time;' and in their standard works 時當 *tang shee* occurs in nearly the same meaning.*

It would be tedious to enumerate all the adverbs of time which occur in the Chinese writings; nor is it necessary; as they in general carry with them their own meaning; 日日 *yih yih* when occurring, will evidently be, 'daily;' 月月 *yueh yueh* expresses 'monthly,' with no less clearness; and 年年 *nyen nyen;* will at first sight be known to signify 'annually.'

Adverbs of Place.—Adverbs of Place are less numerous than adverbs of time. They are formed in three different ways,

1. Often by the pronominal characters alone; as, 此 *tsé,* 'this,' 斯 *se,* 'this,' 彼 *pée,* 'that,' &c. Mung has

此 *tsé* this. 於 *yu* in 夫 *foo* foo 大 *tà-* ta- 楚 *Chòh* Choh's 有 *Yeú* Were

"Were the Mandarine of Choh in *this* (place.") *Mung,* vol. i.

In which sentence *tsé,* 'this,' is used to denote 'here,' without any character being added to denote 'place.' In the following sentence, 斯 *tse* occurs in the sense of 'hither:'

也 *yea* 斯 *tsé* this. 於 *yu* (is) in 至 *tcheé* arrival 之 *tchee* 's 子 *tsé* man 君 *Kyoon* The superior.

—"The superior man has come *hither.*" *Lun-yu,* vol. i.

* See Confucius, vol. ii.

In the following sentence the relative 所 *só*, 'which,' occurs as an adverb of place. Speaking of a wise ruler, whom the sage compares to the north star, the commentator adds,

動 *toòng* (others') motion.	能 *nung* can	靜 *chìng* quiet	者 *tchyèa*	所 *Só* In what place
	制 *tchet* regulate	而 *irr* he yet	至 *tcheè* the utmost	處 *chyù* he dwells

"*Wherever* he resides, he, in perfect quiet himself, regulates every motion of those around him." *Lun-yu*, vol. i.

2. The character 處 *chyù*, 'place,' is, however, often added to form the various adverbs of place; as, 處此 *tsé chyù*, 'here,' or 'in this place.' 處彼 *pée chyù*, 'there,' or 'in that place.' 處何 *Hho chyù?* 'Where?' or 'in what place?' 處處 *chyù chyù*, 'every-where,' as the following examples will shew. In his comment on Mung, *Chyu-hee* says, that his author's design was to shew that,

處 *chyu* place. 之 *chee* 's 止 *chee* resting 當 *tang* the proper 所 *só* what 知 *chee* to know 當 *tang* ought 人 *Yin* Men

——"That men ought to know *where* is the proper place for them to rest." *Chyu-hee.*

The phrase 處何 *Hho chyù?* 'In what place?' frequently occurs; as, 處何在曰 *Yuĕh, tsài hho tchyù?* 'He said, where is he?'* And in the following sentence, the author, describing a custom observed annually in China, repeats *chyù* to form the adverb 'everywhere.'

* Koo-wun, vol. iii

酒 *tsyéu* wine.	之 *tchee* 's	聾 *loong* deaf	治 *cheè* curing-	飲 *yín* they drink	處 *chyù* place	處 *Chyù* In Place

"*In every place* they drink the wine which cures the deaf."

Chhing-yu-khao, vol. i.

3. In conversation 裏 *lée* is much more common, which originally means, 'the inside of a garment,' and hence 'within.' With *lée* however, the pronouns 此 *tsé*, 何 *hho*, &c. are seldom united; but rather those used in familiar conversation, as 這 *chyèa*, 'this,' 那 *nà*, 'that,' &c. Thus 裏這 *chyèa lée*, denotes 'here,' or 'in this place;' 裏那 *nà lée*; 'that place,' or 'there;' and with the rising tone instead of the grave, 'Where?' or, 'In what place?' The character 處 *chyù*, however, is often used in conversation; sometimes indeed as united with *nà*; as 來處那從你 *Neé tsoong nà chyù lai*, 'Whence come you?' although such a combination of characters might be sought in vain either in Confucius or Mung.

For 'within' and 'without,' see the prepositions 內 *nooi*, and 外 *wai*.

V. *Adverbs of Doubt, Interrogation, Affirmation, and Negation.*

The adverbs of this class have a certain affinity with each other; as Doubt leads to Interrogation, which naturally leads either to Affirmation, or Denial.

Adverbs of Doubt.—These are chiefly formed by the character 或 *hhŏh*, which has been already mentioned in treating of the verbs. As an adverb, it is equivalent to 'perhaps,' &c. Going to condole with Mung on the death of one of his friends, *Koong-suon-chyeu* adverting to Mung's having been ill himself, thus queries relative to the design of his own visit, 乎可不者或* *Hhŏh tchyéa poŏh khò hoo,* 'But perhaps it is improper;' in which sentence 者或 *hhŏh tchyéa* is an adverb of doubt. Nor is it less common in conversation, than in the standard works of the Chinese.

Instances occur of 或 *hhŏh's* being thus used alone. Describing a sage, Mung says, that while his grand object is to preserve himself from evil, his conduct respecting public affairs varies according to circumstances; for, adds he,

去 *khù* avoid (them.)	或 *hhŏh* perhaps	或 *hhŏh* perhaps	或 *hhŏh* perhaps	或 *Hhŏh* Perhaps
	不 *poŏh* he does not	去 *khù* he avoids,	近 *kin* near;	遠 *yuén* he is distant,

" *He may be* far distant from public affairs, he *may be* near; *perhaps* he flies them, *perhaps* he does not avoid them." *Mung*, vol. v.

Sometimes 以 *ée* combines with *hhŏh* to form an adverb of doubt; as in the following sentence:

爲 *wy* may be	以 *ée* bly	卿 *khing* hhing,	我 *ngó* I	或 *Hhŏh* } Possibly
相 *syung* syang.	我 *ngó* I	或 *hhŏh* possi-	爲 *wy* may be	以 *ée* }

" *Possibly* I may be mandarine of an inferior district; possibly I may be a minister at court." *Koo-wun*, vol. iii.

* Mung.

海上絲綢之路文獻集成 科技與文化编

In *Mung* and other authors, the phrase 幾庶 *shoò kee*, often occurs in the sense of 'Probably,' as in this sentence, 之改幾庶王 *Wang shòo kee kai tchee*, 'The king may *probably* change his conduct.'* Often 概大 *tà khài* is used in the sense of 'Generally,' as in this sentence, 知可概大其 *Khee tà khài khó chee*, '*Generally* this can be known.'†

Adverbs of Interrogation.—The principal of these is 何 *Hho?* 'How?' or 'What cause?' which is combined with various characters: United with 如 *yu*, it forms 何如 *Yu hho?* How? With 故 *koò*, 故何 *Hho koò?* 'For what reason?' United with 因 *yin*, it forms 何因 *Yin hho?* 'On what account?' With 爲 *wy*, 何爲 *Wy hho?* 'For what?' &c.

Several other adverbs of Interrogation are used in their standard works, as 盍 *khŏh?* Why not? 奚 *hee?* Why? 安 *ngan?* Why? 烏 *oo?* Why? 胡 *hoo?* Why? 惡 *oo?* Wherefore? and 焉 *yen?* of nearly the same import. But examples of these having been given already,‡ it is unnecessary to detain the reader with more. There is however one adverbial interrogative not yet mentioned, which is confined chiefly to conversation. It is, 樣麼怎 *tsin-mo yàng*, 'In what manner?' which occurs in sentences like these, 去樣麼怎你 *Neé tsín-mo yàng khù*, 'In what manner do you go?' &c.

Adverbs of Affirmation.—The chief of these, the character 是 *sheè*, 'is, right,' &c. has been mentioned already. As an adverb of affirmation it is perhaps more common than any other, both in writing and conversation.

* Mung, vol. ii. † Comment on Lun-yu. ‡ See the Interrogatives from p. 336 to 342.

Several others however are occasionally met with : 然 自 *tsè yin,* 'naturally,' &c. already mentioned as an adverb of likeness, is sometimes used as an adverb of affirmation, when it denotes 'Certainly, of course,' &c. 果 *kwó,* originally 'fruit,' is sometimes used in the sense of 'Real,' 'true ;' and with *yen* added, it forms an adverb of affirmation, as 然果 *kwó yen* 'Indeed.' In familiar conversation 實 *shĭh* is sometimes united with 在 *tsai* to form an adverbial phrase ; as 在 實 *shĭh tsài,* 'Most certainly ;' but it has no place in grave compositions. Lastly, in many instances the repetition of the verb included in the question, forms the affirmation ; as 有未有你 *Née yéu wŷ yéu?* 'Have you it or not?' 有 *Yéu,* 'I have.'

Adverbs of Negation.—The Adverbs of Negation differ so much in their application, that it seems proper to divide them into distinct classes. Among the most important of these may be reckoned ;

1. The *Prohibitives.*—Prohibitive adverbs are such as are used with the Imperative, or with the Potential mood. These are 勿 *woŏh,* 亡 *woo,* and occasionally 無 *woo.* The former occurs in a sentence which has been already quoted, 改 憚 勿 則 過, *Kwò tsĭh woo tàn kai,* 'Having transgressed, dread not the difficulty of returning.'

The prohibitive 毋 *Woo* occurs in the following expressive precept :

下 *hyà* an inferior. 使 *seè* affecting 以 *eè* practise 毋 *woo* do not 上 *syàng* a superior 於 *yu* in 惡 *où* you hate 所 *Só* What

" What you hate in a superior, *do not* practise with an inferior." *Ta-hyoh.*

* Koo-wun, vol. ii.

中國言法

The Negative 無 *woo* is occasionally used, not however as a simple negative, but as the prohibitive of the verb, 'to have;' thus,

者 *tchyéa* 已 *kèe* yourself. 如 *yu* like 不 *poŏh* not 友 *yao* a friend 無 *Moo* Do not have

——"*Do not have* a friend unlike yourself." *Lun-yu*, v. i.

2. *Simple Negatives.* The chief of these are 不 *poŏh*; 莫 *moh*; and 弗 *foŏh*. Of these, 不 *poŏh* is the most common; so many examples of it however have been already given, as to render more unnecessary.*

Moh 莫 occurs in the following sentence in the negative form;

知 *chee* knowledge. 有 *yéu* have 不 *poŏh* not 莫 *mŏh* does not 靈 *ling* spirit 之 *tchee* 's 心 *sin* heart 人 *Yen* Men's

"The rational part of a man cannot but possess knowledge." *Ta-hyoh*,

In the following sentence it is employed in a positive sense;

也 *yéa* 告 *káo* mention. 敢 *kán* durst 莫 *mŏh* not 下 *hyà* below 天 *T'hyen* Heaven-'

——"The empire durst *not* mention his faults." *Kao-wun*, vol. iv.

The negative 弗 *foŏh* is seldom used in conversation; but it is common in their best writings. It occurs in this interrogation of Confucius;

* See pp. 238 --- 250 --- 252 --- 324 --- 343 --- 349 --- 481.

I i i 2

海上絲綢之路文獻集成 科技與文化編

能 *nung* able.	曰 *yueh* said,	與 *yu* ?	能 *nung* able	女 *Yü* Thou
	不 *pooh* I am not	對 *looi* He replying	救 *kyeŭ* to reclaim	弗 *fooh* not

"Art thou not able to reclaim him ? He said, I am not." *Lun-yu*, vol. i.

3. *Negatives of Possession.*—The following five, 無 *woo*, 亡 *woo*, 无 *woo*, 罔 *wàng*, and 靡 *mee*, are generally the negatives of the verb 'to have.' Thus page 249, 恥無 *woo chhée*, 'they are not ashamed;' is literally, 'they *have not* shame.'

Woo 亡 occurs in the following sentence: *Ngai koong* enquiring whether the sage had any disciple who thoroughly esteemed learning, he deploring *Hooi's* death, adds, 亡則也今 *Kin yéa, tsŭh woo*, 'Now indeed, I *have no one*.'

The negative 无 *Woo* is very ancient: it is found as the negative of the verb 'to have,' in the following sentence from the *Ee-king*,

方 *fang* bounds.	无 *woo* has no	益 *yih* increase	其 *Khee* Its

——"Its increase *has no* bounds." *Ee-king*, vol. i.

Wáng 罔 has nearly the same force. It occurs in a sentence of the *Shee-king*, in which the author says of avoiding evil, that, 極罔謹以 *ée kin wáng kih*, 'To care *has no* excess.'

中國言法

An instance of 靡 *mee*, may be seen in the following couplet from the *Shee-king*:

處 *chhyü* place. 定 *ting* to rest. 所 *so* what 靡 *mee* I have not 東 *toong* to the east; 徂 *ts'hoo* I wander 西 *see* the west 自 *Tsé* From

"From the west I wander to the east; *I have no* place of rest."

Shee-king, vol. i.

4. Another class of negatives nearly answer to 'without' ('*sine*;') which are, 非 *fy*, 匪 *fý*, and 微 *wy*. Of the first of these, many examples have already appeared; as, 非其罪 *Fy khee chooi*, 'without his crime.'*

Of 匪 *fý*, 'false,' 'not,' &c. the following sentence furnishes an example: *Wun-wang*, deploring the obstinacy of his imperial master, the last of the *Syang* dynasty, says of his impending fall, that it arose wholly from himself,

時 *shee* time. 不 *pooh* not permitting 帝 *teé* preme's 上 *syàng* the Su- 匪 *Fy* Without

——"*Without* the Supreme's cutting short his days." *Shyoo-king*, vol. ii.

Of 微 *wy*, the following sentence from the *Kang-kyen* furnishes an example,

廢 *fwy* rejected. 幾 *kee* were 子 *tsz* son 太 *t'hai* the eldest 君 *kyoon* thee, prince, 微 *Wy* Without

"*Without* thee, prince, the eldest son would have been disinherited."

Kang-kyen, vol. x.

* Lun-yu, vol. i.

海上絲綢之路文獻集成 科技與文化编

5. The character 未 *wy* is a negative adverb of a different class, and generally signifies 'not yet,' of which many instances have already occurred.*

6. *Feu* 否 is a negative connected with interrogations; as, 否知爾 *Irr chee feu?* 'Do you know, or *not*?

7. Further, two or three characters, which signify 'extinguish, consume, 'slight,' &c. have a claim to the title of negatives. One of these, 沒 *mòh*, 'to die,'† &c. occurs in the following sentence 矣沒其曷 *Hhoh khee moh ée*, 'How can these be *extinguished*?' wherein *moh* is a negative as far as extinction implies non-existence.

The character, 蔑 *myĕh*, 'to fail, as the eyes wearied with looking,' occurs in the following sentence, 資蔑步國 *Kwoh poò myĕh tsé*, 'The kingdom's prosperity also *fails*.'‡

Lastly 耗 *haò*, 'to consume or destroy utterly,' has the sense of a negative affixed to it in the dictionary: in the following sentence it occurs as the participle 'destroyed,' 土下斁耗 *Haò toò hyd t'hóo* '*Destroyed* completely is the empire.'‖ These include nearly every character which has any claim to the title of a negative.

* See pp. 276—281—358—432—437.

† See p. 451, 沒父 *foo moh*, 'the father being *dead*.'

‡ Shee-king, vol. xi. f. 38.

‖ Shee-king, vol. i.

Of Prepositions.

We now enter on the Prepositions, which name includes two kinds of characters differing much from each other, *Pre*positions and *Post*positions. The following characters are occasionally used as Prepositions :*

於 *Yu to*, toward.	用 *Yoòng*, by, with.	因 *yin*, from.
代 *tài*, for, instead of.	以 *eé*, by, through, with.	自 *tse*, from.
替 *t'hee*, ditto.	與 *Yŭ* with.	及 *kih*, about.
爲 *wy*, for, on account of.	同 *toong*, with.	向 *hyang*, before.
諸 *chyu*, at or to.	由 *yao*, through.	對 *tooi*, opposite.
乎 *hoo*, at or in.	從 *tsoong*, from.	

As in examining the cases however, the greater part of these have been already exemplified,† it is only necessary to notice the rest, which are, 及 *kih*, 'about or concerning ;' *hyang*, 'toward ;' and *tooi*, 'opposite.'

The character 及 *kĭh*, literally, the verb 'to extend,' is sometimes used in the sense of 'concerning,' as in the following sentence, 事此及言 *Yen kih tse se.* 'They spoke *concerning* this.'

* The term Preposition is here used strictly to denote characters which *precede* substantives, to express the relation they bear to others. The reader will recollect that several of these characters, as *ee*, *wy*, &c. have been already described as verbs when occupying a different position. How far these prepositions connect themselves with verbs, the reader may see by turning to the Preliminary Dissertation on the Formation of the Characters.-page 73.

† See from page 228 to 258 inclusive.

Hyàng 向 properly, the object which lies before a person; is oftener used as a verb than as a preposition. Occasionally however, it occurs in the sense of the preposition *toward*, as in the following sentence:

耳	秦	向	肯	莫
irr indeed.	*Ts'hin* Ts'hin	*hyàng* toward	*khúng* my will	*Móh* Nor is

——"'My desire is not indeed *toward Ts'hin.*" *Koo-wun*, vol. iii.

Kìn, 近 'near,' is sometimes used in conversation as a preposition; but in their standard writings 於 *yu* is generally inserted between *kin* and its substantive, as in the following sentence:

費	於	近	而	固	臾	顓	夫
Fwy Fwy.	*yu*; to	*kin* near	*irr* and	*koò* is fortified	*yu* yu	*Chuon-* Chuen-	*Foo* That

"That *Chuon-yu* is strongly fortified; and it is near *to Fwy.*" *Lun-yu*, vol. ii.

Tooì, 對 'to reply,' &c. is occasionally used in the sense of a *preposition;* as 說他對 *tooì t'ha shyŭh*, 'He spoke *before* (or *to*) him.' It often unites with 面 *myen*, the face, when it becomes a Postposition, as 住面對他在 *Tsai t'ha tooi myen chyoò*, 'I reside *opposite* to him.'

海上絲綢之路文獻集成 科技與文化編

Postpositions.——The Postpositions are about nine in number. The following characters belong to this class:

中 *Choong*, in, midst.	外 *ngooì* (or *wài*), without.	前 *ts'hyen*, before.
間 *kyen*, midst.	上 *syàng*, above.	後 *hyèu*, after.
內 *nooì*, within.	下 *hyà*, below.	裏 *leè*, within.

These Postpositions, unlike the prepositions, follow the regimen of substantives, being appended to other substantives, sometimes without, but oftener with a genitive particle:* Hence they may be considered either as substantives, or as adjectives including within them some substantive signifying place, situation, &c. Thus 間家 *kya kyen*, is in reality 'the house's mid-place;' 中之門 *mun tchee choong*, 'the door's mid space;' and thus with the others.

As these Postpositions all follow precisely the same mode of construction, the exemplification of one gives a clear idea of the rest. Among these given, 中 *choong* will be found exemplified, p. 251; as, 中國 *kwŏh choong*, '*in* the country;' 間 *kyen* occurs page 262, 間之泗洙 *Chyu-se tchee kyen*, '*In* Chyu-se;' and 內 *nooì*, 'within,' page 263, 內之年七 *Ts'hĭh nyen tchee nooì*, '*Within* seven years.'

4. 外 *Ngooì* (or *wai*) 'without,' if used alone, is an adverb of place, as in the following sentence, 外於年八禹 *Yú păh nyen yu wài*, 'Yu for eight

* The same feature runs through the Sungskrit language, and through nearly all of its dialects, in which, *above*, *below*, *within*, *without*, *opposite*, &c. are regularly united to other substantives by the genitive case.

Jjj

years was *without.*'* But when appended to a substantive, it has the force of the preposition 'without;' as 外門 *Mun'wai,* '*without* the door,' 外樓 *Lyeu-wài,* '*without* the room.'

5. Of 上 *syàng,* 'above,' or 'upon,' an example may be found page 444, as, 上汶 *Wun syàng,* '*Upon* the river *Wun.*'

6. *Hya,* 下 'below,' is sufficiently exemplified in the phrase so commonly used for the Chinese empire, 下天 *Thyen-hya;* literally, '*under* or *below* the heavens.' See page 212.

7. *Ts'hyen,* 前, is the adverb 'before;' but when appended to a substantive it is a preposition; as 前王 *Wang ts'hyen,*—'*before* the king.'†

8. *Hyeù* 後 is in like manner the adverb 'after;' but appended to a substantive, it also performs the office of the preposition 'behind,' as 後之夫大 *Tà foo tchee hyeù,* '*behind* the mandarines.'

9. *Lée* 裹 'within' is also appended to the substantive; as 裹家在 *Tsài kya lée,* 'He is *in* the house:' It often unites with 面 *myèn;* as, 面裹家在 *Tsài kya lée myèn.* 'He is *within* the house.' This application of *lée,* however, is nearly confined to conversation.

* See p. 346. The negative 非 *fy* has also the force of the preposition without, as 也我非 *Fy ngó yéa,* '*Without me.*'

† See Lun-yu, vol. ii.

海上絲綢之路文獻集成　科技與文化編

中國言法

The Conjunctions.

The Chinese Conjunctions may be divided into four classes; Subjunctive, Copulative, Continuative, and Disjunctive. The first of these are such as serve to the Subjunctive Mood: the chief of which are 若 *yŏh,** if; 苟 *kyéu,* if; 如 *yu,* if, and 雖 *sooi,* although. But as these have been exemplified under the subjunctive mood, little remains to be added respecting them.

Copulatives.—The character 而 *irr* is generally equivalent to the conjunction 'and;' but not always: it bears a strong resemblance to the Hebrew ו. The following sentence is a pretty fair example of it:

謹 *Kin* Respectful
而 *irr* and
信 *sin* sincere,
汎 *fwan* enlargedly
愛 *ngai* kind to
衆 *choong* all
而 *irr* but
親 *tchhin* intimate with
仁。 *yin* the good.

" Respectful *and* sincere, benevolent to all, *but* intimate with the good."

Lun-yu, vol. i.

In this sentence the first *irr,* uniting two things in which there is no opposition, is *copulative;* but between general benevolence, and particular intimacy, there is evidently a degree of opposition, which would in English be more strongly marked by the disjunctive 'but.'†

* *Yoh* in certain cases has the force of 'as or like.'

† See also pp. 421–422, 424, and 422.

海上絲綢之路文獻集成 科技與文化编

2. *Chyéa* 且 often occurs as a copulative uniting two substantives or adjectives, as 智且仁 *Yin chyéa cheè,* 'virtue *and* wisdom;' in which sentence *chyéa* has the force of the conjunction 'and.' It is however occasionally disjunctive.

3. The verb 及 *kĭh,* 'to extend,' in some cases performs the office of a copulative; as 汝及予 *Yu kĭh yú,* 'I *and* thou.'*

4. It has been already said, that 與 *yú,* is occasionally used as a copulative, as in the sentence already quoted, 愈孰也回與女 *Yú yú Hooi yéa shyoŏh yù.*† 'Thou *and* Hooi, who excels?' Another appears page 402; 耄與悼 *Tao yú maò,* 'infancy *and* extreme old age.'

5. The character 並 *pìng,* 'to unite,' is generally a copulative, as in the following sentence:

之 *tchee* 's	禍 *khò* wretched	並 *ping* and	之 *tchee* 's	小 *syáo* the low	而 *Irr* But
辱 *yoŏh* shame.	敗 *paì* disgrace	受 *shyeù* receives	譏 *ts'han* name	人 *yin* man	受 *shyeù* he receives

——"But he receives the appellation of a base man, *and* suffers the shame due to his evil conduct." *Koo-wun,* vol. iv.

6. *Kyen* 兼 is also used copulatively, as in the following sentence;

* Mung, vol. ii.

中國言法

人 yin er. 書 shoo writ- 之 tcheé its 兼 kyen and 筆 pih a pen 紙 tcheé paper 給 khih to give 請 Ts'hing Be pleased

" Be pleased to favour me with paper, a pen, *and* also a writer." *Koo-wan* vol. vi.

7. *Yeu* 又 is the conjunction 'again;' but it has often the force of 'also,' both in conversation and writing; as in the following sentence,

禾 hho rice. 之 tchee 's 周 tsyeu tsyeu 成 Chhing- Chhing- 取 tsyu seized 又 yeù he also 秋 Tchyeu In autumn

" In autumn he *also* seized the rice harvest belonging to *Chhing-tsyeu.*"
Koo-wun, vol. i.

8. *Yěh* 亦 varies its meaning with its position: it has generally the force of the copulative 'also;' but it is often equivalent to 'or,' and in certain cases to 'yet.' In the following example, it has the force of 'also:' *Chyu-hee* speaking of gentleness and mildness indulged to excess, and observing, that thereby a man's mind gradually wanders widely from rectitude, adds,

也 yéu 行 hing to act. 可 khó able 不 poǔh he is un- 亦 yěh also 而 Irr And

——" And he is *also* unable to act aright." Comment on *Lun-yu,* vol. i.

In the following sentence, *yěh* may be rendered 'yet.' On denying the

海上絲綢之路文獻集成　科技與文化編

request of *Hooi's* father for his carriage, to give *Hooi* a sumptuous funeral, the sage saying, that his own son *Lee* had not such a funeral, adds,

也 *yéa* 子 *tse* son. 其 *khee* him 言 *yen* calls 各 *koh* each man 亦 *yeh* yet 才 *tsai* not 不 *pooh* or 才 *Tsai* Able

" Whether he have ability or not, *yet* every man deems his son his son."

Lun-yu, vol. ii.

*Continuatives.**— 蓋 *Kai* generally marks the reason of a thing or an action. The Commentator assigns the reason of the harsh sound of *Tse-loo's* instrument, in these words :

中 *choong* 知 *hho* } keep within the due sound. 足 *chooh* able 於 *yu* to 而 *irr* and 不 *pooh* he was un- 剛 *kang* boisterous 勇 *yoong* violent 氣 *kheè* 質 *chih* } man-ner 蓋 *Kai* For 其 *khee* his

" *For* his natural manner was boisterously violent, and he was incapable of keeping within the due sound." *Lun-yu*, vol ii.

2. *Koo,* 故 'therefore,' generally precedes an inference. From the sentence just quoted, the writer, drawing an inference, begins with *koo,* thus :

此 *tse* this. 如 *yu* like 者 *tchyea* 聲 *shing,* sound 於 *yu* in 發 *fwoh* efforts 其 *khee* his 故 *Koo* Therefore

——" *Therefore* his efforts in music were of this nature." *Ibid.*

* " The *Conpulative* does no more than barely *couple* sentences." *Continuatives*, on the contrary, by a more intimate connection consolidate sentences into one *continuous whole.*——They are, *If, because, therefore, that,* &c. *Harris's Hermes*, page 242.

3. *Yuen* 緣 is nearly equivalent to 'because.' It assigns the reason of an action, as in the following sentence:

學 *poh* learned.	不 *pooh* he has not	緣 *yuen* for	皆 *kai* all;	處 *chyù* placed	誤 *Hoè* Mis-

"Misplaced all; *because* he had never applied to learning." *Chhing-yu-kao*, vol. i.

4. *Nái* 乃 sometimes implies the substantive verb, and is equivalent to 'that is;' but it is often merely continuative, as 老謂可乃 *Nái khó wỳ laó*; '*then* can he be called dutiful.'

5. *Yen* 因 'from,' as marking the source of an action, may be termed continuative; but as it has been already exemplified, we refer the reader to the examples already given.* These are the principal continuatives occurring in Chinese.†

Disjunctives.—*Tàn* 但 is occasionally the subjunctive conjunction 'if;' but it is oftener the disjunctive 'but.' In his Comment on Lun-yu, *Chyuhee*, saying that the beginning and the end of learning are the same, adds: 序有之學但 *Tàn hyŏh tchee yéu tsyù*,——'but learning has its degrees.'

2. *Tee* 第 has often the force of the adversative 'but.' It occurs in the following sentence,

* See pp. 256 and 257.

† The Chinese have no conjunction which has precisely the force of the English, 'that,' the Latin *ut*, or the Greek ὅτι. The idea conveyed by these they express by the Infinitive of the causal or of some other verb.

之 *chee* to him. 言 *yen* you speak 第 *tee* but 曰 *yue* said; 生 *sing* sing 酈 *Lee-* Lee-

" *Lee-sing* said,——*But* you converse with him." *Kang-kyen*, vol. ix.

3. *Wy* 惟 is either 'but,' or 'only,' according to the connection in which it stands. In the following remark on *Kee-loo*, it has the force of 'only:'

聞 *wun* to hear. 有 *yeŭ* having, 恐 *koong* feared, 惟 *wy* he only 行 *hing* to act; 能 *ning* strength 之 *tchee* possess 未 *Wy* He did not

" He had not strength of mind to act virtuously; he *only* feared having to hear farther." *Chyu-hee.*

4. *Yen* 然, in some cases is the disjunctive 'but;' while in others, it has the force of 'yet'. To Confucius, when telling him that *Kee-loo* and *Nyen-khou*, whom he wished to employ, were not great ministers, *Kee-tse* replies,

與 *yu* ? 者 *tchyu* persons 之 *thee* him. 從 *tsoong* they are imitating. 則 *tsuh* then 然 *Yen* But

——" *But* then they are such as will obey their master?" *Lun-yu*, vol. i.

In which sentence, as well as in many others, *yen* is equivalent to the conjunction 'but.' When it is preceded however by 雖 *sooi*, 'although,' it almost invariably means 'yet,' as in the following example:

海上絲綢之路文獻集成 科技與文化編

中國言法

難 nan embar-rass 長 cháng aged 以 ée deem 爾 irr you 爾 irr you, 長 cháng advanced 年 nyen in years 我 Ngó I

言 yen conver-sation. 而 irr and 我 ngó me 勿 woŏh should not 然 yen yet 於 yu beyond 少 shăo a little 雖 saoi al-though

"*Although* my years be a little beyond yours, *yet* do not deem me aged, and embarrass the conversation." *Chyu-hee.*

5. The character 尙 *shyàng*, 'to add, to heap up,' is sometimes used in the sense of 'yet,' or 'further.' Adverting to Confucius's refusing to part with his carriage to bury his favourite disciple, *Hooi*, the commentator observes, that though not then in office,

列 lyih mode. 之 tchee 's 夫 foo darine 大 tà the man- 從 tsoong followed 尙 Shyàng He yet

———"He *yet* lived in the style of a mandarine." *Chyu-hee.*

6. In some instances the character 只 *chĭh* has the force of an adversative; as in the following example: 樣一只意 *Eè chĭh yih yàng,*—'*but* the idea is the same;' in which sentence *chĭh* has evidently the force of 'but.' This however is not the case in every instance wherein it occurs.*

Of Interjections.

Interjections are numerous in the Chinese writings: they contain such as express admiration, surprize, grief, pity, anger, &c.

* The Prepositions merit a more extended illustration; but the fear of swelling the work, has induced the author to condense his matter as much as he was able.

海上絲綢之路文獻集成 科技與文化编

Admiration.—Those interjections which express Admiration are generally formed by inserting the character 哉 *tsai*, as in the following exclamation of Confucius:

也 *yéa* 君 *kyoon* sovereign. 爲 *wy* being 之 *tchee* 's 堯 *Yao* Yao 哉 *tsai* ! 大 *Tà* Great

"Great indeed! Yao's discharging the duties of a sovereign." *Lun-yu*, vol. i.

So also, 問哉大 *Tà tsai wùn*, 'a question important indeed!'* 哉孝 *Hyao tsai*, 'how dutiful!'† 乎言哉善 *Shyĕn tsai yen hoo*, 'How excellent a saying!'‡ &c.

Occasionally 矣 *ée* is interjected between the adjective and *tsai*; as 哉矣庶 *Shòo eé tsai*, 'how numerous!'‖

Surprize.—If 何 *Hho?* who? be prefixed to *tsai*, an interjection expressive of surprize is formed. The sovereign of *Loo* wishing to pay *Mung* a visit, his minister dissuading him, exclaims,

者 *tchyéa* ! 匹 *phih* a private 夫 *foo* man 先 *syen* first 於 *yu* going to 身 *shin* himself 以 *ée* by 爲 *wy* 輕 *khing* } degrades 君 *kyoon* a sovereign 所 *só* who 何 *Hho* What 哉 *tsai* !

"What! A sovereign degrade himself by first going to visit a private man!"
Mung, vol. i.

* Lun-yu, vol. i. † Lun-yu, vol. i. ‡ Mung, vol. i. ‖ Lun-yu, vol. ii.

中國言法

Eé 矣 united with 夫 *foo* has nearly the same force, in the following exclamation of Confucius:

夫	矣	有	者	秀	不	而	苗
foo thus!	*eé* indeed	*yĕu* is it	*tchy'a*	*syeù* flower	*poöh* no	*irr* and	*Myao* A bud

"A bud, and no efflorescence,——can it possibly be!" *Lun-yu*, vol. i.

Sometimes 異 *eè*, strange, wonderful, is joined with *tsai* to express surprize. Thus, Mung has 哉異 *Eè tsai*, ——' Wonderful indeed!'

Grief.—In forming certain of the interjections which express grief, *tsai* is employed. The *Shee-king* has 言能不哉哀 *Ngai tsai poöh nung yen*, ' Alas! (a faithful adviser) unable to speak.'

Ee 噫 is not unfrequent. Confucius on hearing his son still weeping for his mother, after bewailing her a whole year, exclaims: 也甚其噫 *Ee khee shin yéa*, 'Oh! it is too much.'* *Oo* 嗚 united with 呼 *hoo* also expresses grief: Nyen-khyeu declaring that he was unable to reclaim his master, Confucius exclaims, 呼嗚 *Oo hoo*, ' Alas!'†

Pity.—These are closely allied with the former. The character 嗟 *tsyea* is sometimes used to express pity; as in the following address to one in distress. 食來嗟 *Tsyea lai chhih*, 'How wretched! come and eat something.'‡

* Lee-khee, vol. i. † Lun-yu, vol. i. ‡ Koo-wun, vol. i.

Kkk2

Sih 惜 is another character by which pity is expressed, as 也惜 *Sih yéa*, 'Ah!' 乎惜 *Sih hoo*, 'Alas!'* with other compounds.

Anger.—The Chinese have certain interjections expressive of Anger. One of these is 唉 *ai*, used by *Tsing*, on his sovereign's refusing to consent to the assassination of *Lyeu-pang* when in his palace :

謀 *myeu* of counsel.	足 *chooh* capable	不 *pŏŏh* in-	子 *tse* child,	豎 *shoo* rising-	唉 *Ai* O

——"O silly child! incapable of counsel." *Kang-kyen*, vol. x.

Ho 呵 repeated, as 呵呵 *ho ho*, is used to express derision; but singly, as an interjective intended to drive away any one, something like 'avaunt.'† The character 叱 *chhĭh* is an interjection used in driving out a dog. In the following precept it is made a verb :

狗 *kyen* out a dog.	叱 *chhĭh* chhih	不 *pŏŏh* do not	前 *tsyĕn* presence	之 *tchee* 's	客 *khŭh* guest	尊 *Tsyuen* In an esteemed

"In the presence of an esteemed guest do not *chhĭh* (drive out) a dog."

Lee-khee, vol. i.

A few others occur, as 唏 *hhee*,‡ expressive of contempt; 嗾 *choŏh*,‖ used to set on a dog, &c. but these can scarcely be expressed in writing.

* Lun-yu, vol. i. † Koo-wun, vol. vii. ‡ Shee-kee. ‖ Koo-wun, vol. iii.

OF SYNTAX.

Having considered the Chinese characters as they stand separately, we now come to the consideration of them as united with each other. This forms what in the language of the Western grammarians is termed *Syntax*.

It must not be expected however, that syntax in the Chinese language, is precisely the same thing as syntax in the languages founded on the alphabetic system; as well migyt a person expect to find terminations expressive of the various genders and cases of Nouns; and of the moods, tenses and persons of Verbs, as to find the Chinese Syntax formed of the agreement of an adjective with its substantive, or of a verb with its nominative case. But to infer hence that syntax does not exist in Chinese, would be to forget the nature of the language. It must be self-evident, that in a language wherein every termination is supplied by *position*, there must exist an *arrangement* of the characters, essential to the perspicuity, if not to the excellence of any composition. This arrangement is neither more nor less than Chinese Syntax, which it is our business to unfold, as far as we are able to ascertain its existence in their standard works.

The first thing which comes under our notice, is a subject which perhaps does not fall precisely under the head of Syntax. If it be not a part of Syntax, however, it properly forms an introduction thereto. It is the doctrine of Compound Words.

海上絲綢之路文獻集成 科技與文化編

Of Compound Words.

The doctrine of Compound Words forms an important part of grammar in most of the eastern languages; nor is the Chinese by any means an exception. By compound words however, are not meant two characters intended to express any two of the parts of speech; but two united to express one object, whether it be a thing, a quality, or an action. Of these compounds the Chinese language has various kinds. We begin with,

Characters expressive of the Genus, prefixed to Substantives.—Of these compounds one of the kinds most frequently met with, particularly in conversation, are those formed by prefixing to certain substantives, a character expressive of genus or kind, &c. By the Catholic Missionaries these Generic characters are termed Numerals; but as that name is already appropriated, it seems better to term them Generic Particles.

In most of the languages of India, there are words united with certain substantives to denote their genus or kind, either real or imaginary, particularly when a number of such is wanted. In Hindee the word *t'han*, 'piece,' is united with cloths: thus, 'two pieces of cloth,' would be, *duee t'han kapor*. In Bengalee জন *jon* is applied to substantives signifying men of various employments; as দশ জন মজুর *Dos jon mujoora*, 'ten labourers.' These particles are so necessary, that a person who should omit them would scarcely be understood. This will not appear strange to an English reader when he recollects the application of *piece, suit, set, couple, pair, bundle; case, kind, sort, joint, troop, sail, squadron*, &c. 'Two *pieces* of cloth;' 'four *suits* of clothes;' 'three *cases* of instruments;' 'two *joints* of veal;'

'five *bundles* of tape,' are expressions perfectly intelligible : while two cloths; three veals; eight tapes, &c. if not unintelligible, would convey a different meaning.

In the number of these Generic Particles, however, the Chinese exceed every other nation in the east. They have in use no less than *eighty-two*, which are given with much precision in the various Latin Chinese Dictionaries. In two now in the possession of the author, one finished in 1724, and the other the most modern in circulation, the lists of them agree both in form and application, with the exception of two characters. The most complete of these two lists therefore, given as it stands, will bring this peculiarity in the Chinese language fully before the reader. In exemplifying them, we shall, as usual, have recourse first to the highest authority, the standard works of the Chinese; and when this fails, to correct conversation.

List of the Generic Particles prefixed to Substantives.

1. *Ts'han,* 飧 'to swallow,' is the numeral particle applied to meals; hence the first meal of the day is termed 飧早 *Tsáo ts'han,* (morning-meal;) the second 飧午 *Woó-ts'han,* (noon-meal;) and the last 飧晚 *Wán-ts'han,* (evening meal;) from 早 *tsáo,* morning; 午 *woó,* noon, and 晚 *wán,* the evening.

2. *Chán* 盞 'a small cup,' is the numeral particle applied to lights supported with oil; as 盞 燈 三 *San chán tung,* 'three lamps.'

3. *Ts'hung,* 層 'the various floors of a house,' is the numeral particle applied to buildings which contain several floors, and to other things placed one upon another;

海上絲綢之路文獻集成 科技與文化编

thus, 樓層二第 *Tee irr ts'hung lyeu,* 'a room on the second floor.'

4. *Tsyeh,* 節 'a joint,' is applied to things uniting certain parts to make a whole; hence it is applied to the various paragraphs of a speech, and even of a book; as, 節三分章此 *Tsé chang fun san tsyĕh,* 'this chapter has three paragraphs.'

5. *Tsò,* 座 'fixed,' is the numeral particle applied to walls, towers, and large edifices; thus, an upper room is termed 樓座一 *Yih tsò lyeu.*

6. *Tsè,* 牸 'a cow,' is the num. particle united with the female of tame quadrupeds, as 馬牸一 *Yih má-tsè,* 'a mare.'

7. *Chang,* 張 'extension,' is applied to sheets of paper; and also to tables and benches. Thus it is said, 紙張三 *san chang cheé,* 'three sheets of paper;' and also 子桌張一 *Yih chang chŏh tsé,* 'one table.'

8. *Chăh,* 扎 'a plucking up,' is the numeral particle united to things tied in bundles, as straw, pens, &c. Thus, 筆扎一 *Yih chăh pĭh,* 'a bundle of pens.' It is however used chiefly in conversation: in their standard writings 束 *ts'hoŏh* is more common. The *Shee-king* has, 束一芻生 *Sing ts'hóo yĭh ts'hoŏh* 'of green grass one bundle.'

9. *Chih,* 隻 'single,' is applied in conversation to any single article of a pair. Thus, 鞋隻一 *Yih chih hyai,* means, 'one shoe,' in opposition to a pair. This particle is also applied to ships, boats, &c. as 艇隻一 *Yih chih thing,* 'a single boat.'

10. 帙 *Chyĕh* or *tyĕh,* 'a covering,' is applied to cases or sets of books, which in China are generally contained in a canvas cover. Thus, 帙全記禮 *Leé*

中國言法

keè chyuen tyĕh, 'of the *Lee-keè* a complete set.'

11. *Chee,* 枝 'a branch,' is applied to things springing from one stock, as to a tribe, and to things made of branches from the cane, as pens, arrows, &c. Thus, 箭枝三 *San chee tsyèn,* 'three arrows.' But to pens, *kwán,* (41) is more frequently applied in their standard writings.

12. *Chìn,* 陣 'exercitus acies,' is applied to things placed in rows; and also to gusts of wind, &c. as 風狂陣一 *Yĭh chìn khwang foong,* 'a strong storm of wind.'

13. *Chhing,* 成 ('perfect') is applied to things imagined perfect or complete, to degrees of perfection, and to whole numbers. Thus they say, 銀成九 *Kyéu chhing yin,* 'silver nine degrees pure.'

14. *Chhoŏh,* 軸 'curruum axis,' is applied to things which roll up; thus, 軸三畫古 *kóo hwăh san chhooh,* 'three ancient pictures.'

15. *Chyù,* 炷 'a taper,' is applied to the sprigs of bamboo which are daily kindled before their idols; thus, 香炷三 *San chyù hyang,* 'three sticks of incense.'

16. *Chhuòn,* 串 'a stringing,' is applied to pearls, and things usually strung; as, 珠珍串一 *Yĭh chuòn chin chyoo,* 'a necklace of pearls.'

17. *Chhoong,* 重 'iterùm,' is applied to rooms, doors, &c. of which several are supposed to belong to a whole; as 門重二第 *Teè ìrr chhoong mun,* 'the second door.'

18. *Choòng,* 衆 'all,' is said to be applied to the Bonzes; but it is now become obsolete.

19. *Foŏh,* 幅 'a piece,' is applied to paintings, pieces of

cloth, &c. as, 布幅三 *San foŏh poò,* 'Three pieces of cloth.'

20. *Foong,* 封 'to close,' is applied to letters and small parcels; as 書封三 *San foong shoo,* 'three letters.'

21. *Wỳ,* 位 'governing,' is applied to persons of respectability, and to all treated as such. Mung has, 位一子天 *Thyen tsé yĭh wỳ,* 'The emperor is the first personage.'

22. *Hang,* 行 'a row,' is applied to persons or things placed in rows; the *Chhing yu-kao* has, 行二十釵金 *Kin chhai shĭh ìrr hang,* 'Of concubines adorned with gold, twelve rows.'

23. *Hyà,* 下 'descending,' is applied in conversation to descending motions, such as that of a clepsydra, &c. 下一等 *Tŭng yih hyà,* 'wait one moment,' 下一坐 *Tsò yih hyà,* 'sit down a moment,' are expressions frequent in conversation.

24. *Hhó,* 夥 'many,' is applied to multitudes, fleets, companies, &c. as 盜強夥一 *Yih hhó khyang taò,* 'a gang of notorious thieves.'

25. *Hwăh,* 畫 'a stroke,' is applied to horizontal strokes; as, 畫一少字此 *Tsè tsé syáo yĭh hwah,* 'this character is one stroke deficient.'

26. *Hooi* 回 'to turn,' is applied, in modern productions, to a section, as, 回三第 *Teè san hooi,* 'the third section;' 回五第 *tee ngóo hooi,* 'the fifth section.' But it is not frequent in ancient works.

27. *Yuen,* 員 'a circle,' is applied to men in office whether civil or military, as, 員一官文 *Wun kwan yih yuen,* 'a civil officer; 員一官武 *Woó kwan yih yuen,* 'a military officer.'

28. *Kan,* 竿 'a reed,' 'a pipe,' is applied to bamboos; thus,

竹竿千對門 *Mun tui-chooh kan chooh*, 'before the door are a thousand bamboos.' *Koo-shee.*

29. *Kun*, 根 'root,' is applied in conversation to trees, &c. as, 根三樹枝茘 *Lee-chee shoo san kin*, 'Of the *Lee-chee* three trees.' In respectable writings *choo* is preferred, as, 樹株一 *Yih choo shoo*, 'one tree.'

30. *Khyéu*, 口 'the mouth,' is applied to a draught, and to persons fed from one source, as; 人口十有家 *Kya yéu shĭh khyeu yin*, 'we are a family of ten persons.'

31. *Kyen*, 間 'the midst,' is applied to a house, a cottage, &c. as, 間一屋茅 *Mao-oŏh yĭh kyen*, 'one straw cottage.'

32. *Kyèn*, 件 is applied to utensils, to articles of apparel, and even to affairs; as 事件一 *Yih kyèn sé*, one affair.

33. *Kyuén*, 卷 'to hide,' is applied to volumes of books; thus 書卷萬藏家 *Kya ts'hang wàn kyuen shoo*, 'the house contains ten thousand volumes.'

34. *Kyŭh*, 局 'crooked, bent,' is applied to a collection of books, &c. as 局書一設 *Chyeh yĭh shoo kyŭh*, 'he opened a repository of books.' It is also applied to games at chess.

35. *Kyù*, 句 'a clause,' is applied to sentences and even to words; as 話句一 *Yih kyù hwàh*, 'one word.'

36. *Kò* 个 is applied to men, &c. The *Ta-hyoh* has 臣个一 *Yih kò chhin*, 'one minister.'

37. *Kho* 科 is applied to herbs, trees, &c. supported by roots; and also to public offices, thus, 科六有門衙官文 *Wun kwan ya mun yéu lyeu kho*, 'the judicial tribunal has six offices.'

38. *Kho*, 顆 'a small head,' is

海上絲綢之路文獻集成 科技與文化編

applied to things round; as beads, balls, &c. thus 顆二珠明 *Ming chyu irr kho,* 'of brilliant pearls two strings.'

39. *Kóo,* 股 '*coxendix,*' is applied to the component parts of a rope, and to partners in a business; as 伴合人股四 *Sè kóo yin hhŏh pàn,* 'four partners unite in the business.'

40. *Khwai,* 塊 'a segment,' is applied to pieces or segments of all kinds; as 塊一玉白 *Pŭh yooh yih khwài,* 'of white marble one segment.'

41. *Kwán,* 管 'a reed,' is applied to the pencils or brushes with which the Chinese write. The *Yaò-hyŏh-shee* has, 筆管一拈手 *Shyéu nyen yih kwân pih,* 'let the hand hold a pen.'

42. *Hhwán,* 款 'care, regard,' is applied to heads or divisions under which affairs are arranged; as 事要款一 *Yĭh hwán yaò sè,* 'an important affair.'

43. *Lyáng,* 兩 'a couple,' is applied to carriages, &c. Mung has, 兩百三車革 *Kŭh kyu san pŭh lyàng,* 'of leather carriages three hundred.'

44. 輛 The same in name and meaning with the foregoing.

45. *Ling,* 稜 'an angle, or edge,' is applied to edges, corners, &c. as 稜四有枋此 *Tsé fang yéu sè ling,* 'this beam has four edges.'

46. *Lyŭh,* 粒 or (*nyŭh*) 'a grain,' is applied to grains, pulse, &c. as, 麥粒一 *yih nyŭh mŭh* 'one grain of wheat.'

47. *Lyen,* 連 'uniting,' is applied to things continued in succession; as, 雨不日十連一 *Yih lyen shih yih pŏoh yú,* 'for a succession of ten days, no rain.'

48. *Líng,* 領 'the neck,' is ap-

中國言法

plied to apparel; as 領一袍錦 *Kin p'hao yih líng*, 'a long flowered robe.'

49. *Myéu*, 畝 'a square of 600 cubits,' is applied to fields; Mung has,* 田之畝百 *Pŭh myéu tchee t'hyen*, 'a field of a hundred *myeu*.'

50. *Myĕn*, 面 'a surface,' is applied to flags, banners, and military implements; as, 鼓面一 *Yih myen koo*, 'a drum.'

51. *My*, 枚 'one article,' is applied to squares of ink, and to certain fruits of the plumb kind; as, 子桃枚一 *Yih my t'hao-tsé*, 'one peach.'

52. *Mun*, 門 'a door,' is applied to ordnance, warlike engines, &c. as, 砲門兩 *Lyang mun p'haò*, 'two catapultæ, or instruments for battering walls.'

53. *Pá*, 把 'to grasp,' is applied to bows, swords, fans, &c. as, 弓把一 *Yih pá koong*, 'one bow.'

54. *Pán*, 版 'a tablet,' is applied to pages of writing, or to letters; as, 版一書草 *Ts'hao shoo yih pan*, 'of running hand one page.'

55. *Pàn*, 瓣 'a leaf,' is applied to a flower leaf, the divisions of a melon, &c. as 花瓣一 *Yih pan hwa*, 'one section of a flower.'

56. *P'hĭh*, 疋 'a piece,' is applied to pieces of cloth, silk, &c. as, 疋一縑人與歲 *Sooì yú yin kyen yih p'hĭh*, 'annually he gives each man a piece of silk.'

57. *P'hih*, 匹 'concord,' is applied to horses. The *Koo-wun* has, 匹幾馬 *Má kcé p'hĭh*, 'a few horses.'

58. *P'hyèn*, 片 'divide,' is applied to pieces of paper, &c. as 紙片一 *Yih phyĕn cheé*, 'one

* See Mung, vol. i.

piece of paper; 肉 片 一 *Yih p'hyĕn yoŏh,* 'a piece of meat.'

59. *Poò,* 部 'to rule,' is applied to books. The *Koo-wun* has, 論上 部 一 *Yih poò shyaùg Lùn,* 'The first volume of the *Lun-yu.*'

60. *Pún,* 本 'original,' is also applied to books, as 書本一 *Yih pún shoo.*

61. *P'han,* 盤 'a plate, or flat vessel,' is the numeral of greens, &c. as 盤一蔬 *Sho yih p'han,* 'a plate of greens.'

62. *Suen,* 旬 'decad,' is applied to decads, three of which form the Chinese month. The *Koo-wun* has 暇 休 旬 十 *Shĭh suen hyeu hya,* 'ten decads or (100 days) of leisure.'

63. *Tao,* 刀 'a knife,' is applied to a bundle of paper containing 100 sheets; 紙 刀 一 *Yih tao chée,* 'one *tao,* (or ream) of paper.'

64. *T'hai,* 檯 'a place raised,' as a stage, is applied to plays, scenic representations, processions, &c. as 一檯春色 *Chhun yih t'hai sĭh,* 'a spring procession.'

65. *T'hyou,* 頭 'a head,' is applied to sheep, cows, &c. as 三頭牛 *Nyeu san t'hyou,* 'of cows three head.'

66. *T'hyao,* 挑 'to take up,' is applied to burdens of whatever kind they be; as, 水 挑 一 *Yih t'hyao sooi,* 'a burden of water.' In familiar conversation, 擔 *tan* is applied in the same way.

67 *Tyĕh,* 牒 'a public letter,' is applied to commissions, certificates, as 紙一牒道 *Tao tyĕh yih chih,* 'one public certificate.'

68. *T'hyao* 條 is applied to things of an oblong shape, as ropes, and even to serpents. They say, 蛇條一 *Yih t'hyao shyea,* 'one snake.'

69. *Thyĕh*, 帖 'a leaf,' is applied to petitions; cards of invitation, as 張一帖請 *Ts'hing thyĕh yĭh chang*, 'a card of invitation.'

70. *Tyén*, 點 'a point,' applies to points, drops, &c. as 墨點一 *Yih tyén mŭh*, 'one drop of ink.'

71. *Tíng*, 頂 'the top or crown,' is applied to things worn on the head; thus, 頂一帽 *Maò yĭh tíng*, signifies, 'one head-dress.'

72. *Tó* 朶 is applied to figures, flowers, and even to clouds; as, 雲朶一 *Yih to yuen*, 'a cloud.'

73. *T'ho*, 紽 'a thread,' is applied to threads; as 紽五絲素 *Soò se ngoo t'ho*, 'of silk five threads.'

74. *Tooi*, 對 'reply,' is applied to things described in pairs; as 對一環耳 *Irr hwan yĭh tooì*, 'a pair of ear-rings.'

75. *Tuon*, 端 'rectum,' is applied to pieces of silk, sattin, &c. as 端四緞南 *Nan tuon se tuon*, 'Of *Nan-king* sattin four pieces.'

76. *Thuon*, 團 'circular,' is applied to things of a globular form, as 團一首饅 *Man shyéu yĭh t'huon*, 'one loaf of bread.'

77. *Tuòn*, 段 'made,' is applied to parts or divisions; and hence to the parts of a discourse, and to affairs, thus 事段一 *Yih tuòn se*, 'one affair.'

78. *Wun*, 文 'bonum,' is applied to the copper money of the Chinese, thus, 與無文一 *Yih wun woo yú*, 'Do not give a mite.'

79. *Wý*, 尾 'a tail,' is applied to fishes; thus, 尾一魚鮮 *Syen yu yĭh wỳ*, 'one living fish.'

80. *Wán* 盌 is applied to basons, &c. as, 湯盌大一 *Yih tà wán t'hang*, 'one large bason of soup.'

81. *Shyou*, 首 'the head,' is applied to odes, &c. as, 詩首一 *Yih shyou shee*, 'one ode.'

海上絲綢之路文獻集成 科技與文化編

82. *Shhing*, 乘 'riding,' is applied to sets of horses for a chariot, &c. as 乘十馬 *Má shih shhing*, 'of horses ten sets.'

83. *Shwang*, 雙 'double,' is applied to things commonly used in pairs; as, 雙一鐲金 *Kin chŏh yih shwang*, 'of gold bracelets one pair.'

These include nearly every generic particle which the Chinese have in use. Respecting them it may be observed, that they in general *precede* the substantive with which they are united. They do not however apply to all the substantives in the language; the great body of substantives employed to describe mental objects, being scarcely affected by them.

II. *Compounds designating Rank, Profession*, &c.—Beside these prefixed to substantives, certain characters are occasionally *added* to substantives to form words descriptive of rank, profession, calling in life, &c. such are 人 *yin*, a man; 子 *tsé*, a son; 夫 *foo*, man, husband, lord; 手 *shyéu*, the hand; 匠 *tsyàng*, a mechanic; 工 *koong*, art, &c. Among these,

Yin, 人 'man;' is thus added to many substantives. In treating of the Gender, *Lín-yin*, a store-keeper; *Phoo-yin*, a cook or victualer, and *Tsyàng-yin*, a carpenter, have been already quoted from *Mung*. To these may be added, 人舟 *Chyeu-yin*, a boat or ship-man; 人伶 *Ling-yin*, a musician; 人僕 *Phoŏh-yin*, a domestic, a slave; with many others.

2. *Tsé* 子 literally 'a son,' is also added to certain substantives. It seems applied nearly in its literal meaning in 子天 *Thyen tse*, 'the

* See pp. 202, 203.

中國言法

Son of Heaven,' the Emperor; in 子王 *wang-tsé*, 'royal offspring,' a term applied to the princes of the imperial family; in 子公 *koong-tsé*, applied to the sons of ministers of the first rank; and possibly in 子君 *kyoon-tsé*, (from 君 *kyoon*, 'a sovereign,' and 子 *tsé*, 'a son,') the term by which Confucius so often describes a virtuous man. But this does not seem precisely the case in 子夫 *foo-tsé*, which composes so important a part of the Chinese sage's name; to whom however it is not confined, as it is often applied to Mung, and indeed to his commentator, Chyu. This character also forms other compounds: 子才 *tsai-tsé* denotes a man of talent; 子士 *se-tsé*, a man of learning; 子弟 *teĕ-tsé*, a disciple, and also a younger son; 子門 *mun-tsé*, a door-keeper, &c. Nor is it restricted to men, it is applied in many instances to things inanimate; as 子桌 *chŏh-tsé*, 'a table;' 子刀 *tao-tsé*, 'a knife;' 子房 *fang-tsé*, 'a house;' 子果 *kwó-tsé*, 'a fruit;'* with many others.

3. *Foo*, 夫 man, lord, &c. united with 大 *tà*, great, forms 夫大 *tà-foo*, the common appellative for a mandarine. It is also applied to the common occupations of life: thus, united with 農 *noong*, husbandry, it forms *noong-foo*, a husbandman; with 水 *shoŏi*, 'water,' it forms *shoói-foo*, a water-carrier; with 馬 *má*, 'a horse,' *ma-foo*, a groom, &c.

4. *Tsyàng*, 匠 'artificer, maker,' added to 木 *moŏh*, wood, forms *mooh-tsyàng*, 'a carpenter;' added to 鐵 *t'hyĕh*, iron, it forms *t'hyĕh-tsyàng*, 'an iron-worker, or a blacksmith;' and with 鞋 *hyai*, shoes, it forms *hyai-tsyàng*, 'a shoe-maker,' &c.

* Those conversant with Hebrew will realize in this application of *tse*, something similar to that of בן, a son, in that language.

海上絲綢之路文獻集成 科技與文化编

Several other characters might be mentioned which are applied in the same way, but perhaps to a less extent. Such are 手 *shyéu,* the hand, which, added to 書 *shoo,* 'writing,' forms *shoo-shyéu,* a writer; to 水 *shóoi,* 'water,' *shóoi-shyéu,* a sailor; and to 快 *khwài,* speedy, *khwài-shyéu,* a public officer.——The character 丁 *ting,* strong, firm, added to 兵 *ping,* military, forms *ping-ting,* a soldier; to 壯 *chyàng,* firm, strong, *chyàng-ting,* a guard or watch-man; to 庖 *p'hao,* a place for cooking, it forms *p'hao-ting* a victualler; to 巡 *ts'hin,* 'to look around,' *ts'hin-ting,* an overseer; and to 家 *kya,* a house, *kya-ting,* a domestic.———*Koong,* 工 art, also, united with 木 *moŏh,* wood, forms *moŏh-koong* one working in wood, 'a carpenter;' with 畫 *hwăh,* 'painting,' it forms *hwăh-koong,* a painter; and with 漁 *yu,* 'fishing or angling,' *yu-koong,* a fisherman. It would be tedious to particularize every character thus applied; but it may not be improper to mention 親 *ts'hin,* 'relation, consanguinity,' &c. which is added not only to parents, as *foó-ts'hin,* father, and *móo-ts'hin,* mother; but to others also; thus, added to 外 *wài,* without, it forms *wài-ts'hin,* outward or distant relatives; and to 鄉 *hyang,* a town, *hyang-ts'hin,* a townsman, &c.

III. Another kind of compound consists of those *formed by a repetition of the same character,* of which one or two instances have been already given in treating of the adverbs. The character 巍 *wy,* 'high', lofty, is thus reduplicated by Confucius in commending *Yao's* government:

大	爲	天	唯	乎	巍	巍
tà greater.	*wy* was	*thyen* heaven	*wy* only	*hoo* !	*wy* indeed	*Wy* Exalted

—"Exalted indeed! heaven alone surpassed." *Lun-yu,* vol. i.

中國言法

In this sentence, the repetition of *wy*, the last character to the right, evidently augments the force of the adjective; which seems in general to be the object of this compound.

In some instances, however, a character thus reduplicated, expresses an idea somewhat different from the meaning it has when used alone. Confucius reduplicating, 悾 *khoong*, true, firm, solid, forms therewith an adjective signifying 'dull, stupid,' in the following sentence:

信 *sin* sincere. 不 *pooh* not 而 *irr* and 悾 *khoong* dull, 悾 *Khoong* Dull

" *Stupidly dull*, and yet insincere." *Lun-yu*, vol. i.

In this sentence, as sincerity is supposed to be absent, the compound character is evidently intended to denote the dulness of stupidity, instead of the firmness connected with truth. Another instance occurs in Chung-tse's exhortation to his disciples on his death-bed, relative to the care they ought to exercise over both their minds and their bodies, from regard to their parents. It is the following quotation from the *Shee-king*:

薄 *pŏh* thin 冰 *ping* ice. 如 *yu* as tho' 履 *lyŭ* treading on 深 *Shin* a deep 淵 *yuen* abyss, 如 *yu* as tho' 臨 *lin* on the edge of 兢 *king* 兢 *king* } with utmost care; 戰 *Chyĕn* 戰 *chyĕn* } With strong fear 詩 *Shee* The Shee 云 *yuen* says,

——The *Shee* says, "(Walk) *with the greatest fear, with the utmost care*, as though swimming in deep waters, as though treading on thin ice." *Lun-yu*, vol. i.

Mmm 2

In this sentence, the first compound, *chyèn-chyèn*, 'with fear,' is formed by reduplicating the verb *chyèn*, 'to fight;' and the second, *king-king*, 'with care,' by reduplicating *king*, 'to dispute, to litigate.' A reduplication, therefore, seems occasionally to express a meaning in some degree differing from that of the simple character, while it still has a remote connexion therewith.

IV. Beside these three kinds, a fourth often occurs in the Chinese writings, formed by uniting *two different characters nearly similar in meaning*, which compounds then form either substantives, adjectives, or verbs, as circumstances may require. These particularly deserve notice, as the two characters which form them are generally so far synonimous, that either of them would nearly express the idea conveyed. In the following observation of Chyu-hee, *tsìh-pìng* is used to express sickness:

病 *pìng* ness. 疾 *tsih-* sick- 有 *yéu* having 其 *khee* his 恐 *khoóng* fear 惟 *Wy* (They) alone

——("The parents) alone fear the son's having *sickness*." *Chyu-hee.*

But though a compound is here found to express 'sickness,' the text which forms the basis of this comment expresses the same idea by *tsìh*, the first of these characters; as,

憂 *yao* anguish. 之 *tchee* 's 疾 *tsih* sickness 其 *khee* his 惟 *wy* alone(feel) 母 *móo* and mother 父 *Foò* The father

——"The father and mother alone feel the anguish of his *sickness*." *Lun-yu*, vol. i.

Two synonymous characters being thus united, it seems natural to enquire on what principle. That the compound thus formed is generally intensive, will admit of little doubt; but in what way, is the question. Does one character become in reality an adjunct to the other, as in 'mortal sickness?' In certain instances, perhaps, traces of this may be found in these compounds. The Latin Chinese dictionaries render *tsih,* the first character in the compound just mentioned, by *infirmitas ;* and *ping,* the last, by *morbus :* were one of them therefore deemed an adjunct, the compound would admit of being translated, 'morbid infirmity, or disease.'

In the following sentence from the *Koo-wun,* one of these compounds is used in the sense of a verb :

懼	畏	戚	親	則	貴	富
kyŭ dread(him.)	*wy* fearing	*tsih* relatives	*ts'hin* parents	*tsŭh* then	*kwy* honorable	*Foŏ* Rich

"If a son be rich and honorable, the parents and relatives *fear* him."

Koo-wun, vol. iii.

In this sentence, the verb 'fear' is a compound formed of *wy,* 'to fear,' and 懼 *kyŭ,* 'to fear or dread.' This instance may therefore remind us of the Hebrew idiom, 'they *feared* a *fear,*' or 'they *in fearing feared* :' but of these compounds the reader must be left to form his own opinion ; the Chinese unite the characters, but of the principle on which they are formed, they say little more than that one of the two characters is often euphonic.*

* It is not improbable that this may be the case in some instances ; but whoever will take the trouble of examining a few of these compounds, and the single characters as respectively applied, will feel himself unable to rest satisfied in every instance with this easy solution.

海上絲綢之路文獻集成　科技與文化編

V. A fifth kind of compounds are those formed of *two characters differing from each other in meaning.* These, in many instances, form a substantive different in meaning from them both: they however, though numerous, require little more than a bare mention. To this class may be referred that well-known compound by which the Chinese describe the empire of their sovereign: *Thyen-hyà,* formed of 天 *T'hyen,* heaven, and 下 *hyà,* 'underneath,' as well as that other compound for China, no less geographically just, *Choong-kwŏh,* 'the middle country;' from 中 *choong,* 'the middle' and 國 *kwŏh,* 'a country.' In the choice of these compounds, however, the modesty of the Chinese has taken care that they should be such as speak their own meaning. Others of this kind are, 鞭執* *chĭh-pyen,* 'holding the reins,' used by Confucius to signify the employment of a groom; and *khwy-kýu,* used by Mung to denote 'rule, regulation;' which is formed of, 規 *khwý,* 'a circle,' and 矩 *kyu,* 'a square.' Many others might be added; but this brief idea of them may suffice, as they belong rather to the Dictionary than the Grammar of the language.

These include most of the compounds formed by the union of merely *two.* To these compounds might be added those formed to express an agent, an object, an adjunct, &c. but these enter so deeply into the language, that were we to place them here, we should bring nearly the whole of the syntax under the head of Compound Words. It seems better therefore to refer them to the syntax of the various parts of speech which they compose; to which we now proceed.

* See *Lun-yu,* vol. i.

Remarks on the Syntax of the Nouns, Pronouns, Verbs, &c.

It will be obvious, that while few of the rules which form the syntax of other languages, can be applied in Chinese, those which are founded on the agreement of the terminations marking the case, gender, and number of Nouns, can have no place therein ; as where these do not exist, there can be no room for the application of the rules to which their existence has given birth. *Position*, which in Chinese supplies the place of termination, forms of course the basis of Chinese Syntax, which necessarily reduces this part of Chinese grammar, so copious in other languages, within a very narrow compass. It may perhaps be advantageous, if in examining the syntax, we pursue the method observed in treating of the various parts of speech, and begin with a few remarks on,

The Substantives.—To some perhaps, it may appear strange to talk of what *constitutes* a substantive ; it is however certain, that in Chinese, many characters become substantives by position ; and if *position* in Chinese supplies the place of *termination* in other languages, there is in reality no greater impropriety in pointing out the position which constitutes any character, a noun, or a verb, than in describing a noun by its ending in *or-oris*, &c. As position however, results from the situation of *other* characters, it is useless to talk of it while a character is considered as standing *alone ;* and hence this part of Chinese grammar necessarily forms part of its *Syntax*. Should any one question whether any remarks on this subject be at all necessary, it may be replied, that although one determined to persevere, may, through a long course of reading, easily ascertain when a character occurs in

海上絲綢之路文獻集成　科技與文化編

the sense of a substantive, and when it has the force of a verb, a few hints on this subject may save a beginner much labour and perplexity. It is however of greater importance that these be *just,* than that they be ***numerous*** : what is omitted, diligence may discover, but a wrong direction adds to the labour of discovery, that of treading back the ground already trodden. Keeping this in view, we proceed to the examination of the subject.

1. It may be proper to begin with observing, that *there are many substantives which are seldom or never used as verbs;* such are 人 *yin,* 'man;' 日 *yĭh,* 'a day;' 民 *min,* 'people;' 國 *kwŏh,* 'a country;' 父 *foò,* 'father;' 母 *móo,* 'mother;' 馬 *mà,* 'a horse;' 犬 *khyùen,* 'a dog,' &c.* These therefore discover themselves at first sight. Those which become substantives by position, are such as occur also in the sense of adjectives, or verbs; but to those acquainted with grammar, it will be evident, that there are two positions which give a character the force of a substantive, its being connected with a verb either as its Agent or Object, or with a prepositive character performing the office of a case: in a word, its being connected either with a verb; *directly* or *obliquely* for how can a substantive stand alone? Separately from this connection, however, (the vocative excepted, which in Chinese is confined almost wholly to names), scarcely a character can be found performing the office of a substantive. Hence it will follow, that,

2. *A character though itself a verb, has the force of a substantive by its becoming the Agent to a verb.*—It may also be observed, that the

* In this respect, the English language exceeds the Chinese in flexibility; to *man* a ship, to *people* a country; to *dog* a thief, are expressions by no means foreign to the genius of the English language.

Agent almost invariably precedes the verb, whether negative or positive, scarcely an instance occurring of the verb's preceding the agent, as such a position would in general destroy its being a verb. If therefore, a character, neither a negative nor an auxiliary, precede a verb, it has generally the force of a substantive. Confucius extolling *Yoong-moo-tse* for his consummate art in appearing to possess knowledge adapted for governing, when the country was in a state of peace, but appearing ignorant when it was in a state of disorder, says,

也 *yéa*	可 *khó* capable	愚 *yu* ignorance	也 *yéa*	可 *khó* can be	其 *Khee* His
	及 *kih* of being attained.	不 *pooh* is not	其 *khee* his	及 *kih* attained	知 *cheè* knowledge

" His *knowledge* may be attained, his *ignorance* cannot be attained."

Lun-yu, vol. i.

In the first clause of this sentence, *cheè*,* 'to know,' which precedes the verb *kih*, 'to be attained,' acquires the force of a substantive, by its being the agent to the verb; and in the second clause, *yu*, which in a former part of the sentence occurs as the adjective 'ignorant,' becomes a substantive by its preceding the latter verb *kĭh* as its agent. It may farther be remarked, that the agent in the first clause precedes the auxiliary *khó*, as well as the verb *kĭh*; and that in the second, it precedes also the negative *pŏŏh*.

3. *A Character though a verb, has the force of a substantive when it becomes the Object of another verb.* This is the case with the verb *hyŏh*,

* In this case the character often changes its tone; as *cheè* here changes its natural sound for the *grave* accent.

'to learn,' in the following reply of Confucius to *Ngai koong* when enquiring whether any among his disciples loved learning.

學 *hyŏh* learning.	好 *haŏ* esteemed	者 *tchyĕn* that	回 *hooi* hooi	顏 *Yen-* Yen-	有 *Yĕu* I had

——"I had a *Yen-hooi,* who loved *learning.*" *Lun-yu,* vol. i.

In this sentence *hyŏh,* though generally a verb, being the object of the verb *haŏ,* 'to esteem, or love,' has of course the force of a substantive.

4. *A verb's being connected with a Prepositive character, gives it the force of a substantive.* Of this, examples may be seen by turning to the prepositions which perform the office of the various cases.* That the juxta-position of these prepositives should thus render a character a substantive, seems as reasonable as that the addition of η, ης, &c. to φιλ, should form a substantive, while εω added to the same syllable would render it a verb.

The difficulty, however, of recognizing single characters as substantives, when thus connected with a verb, is not great; even though they be such as frequently occur themselves in the sense of verbs. If *ngai,* 'to love,' be found connected with a preposition, or an adjective, as '*by* love,' '*from* love;' '*his* love,' '*great* love,' &c. it will be instantly recognized as a substantive; nor will it be more difficult to identify it as a noun when found in connection with a verb either as its agent or object. 'Love *constrained* them,' or 'they *discarded* love,' are sentences which in English would at once discover 'love' to be used as a noun, instead of a verb. The difficulty

* See from p. 223 to p. 259

海上絲綢之路文獻集成 科技與文化编

中國言法

to a *Tyro* in the Chinese language, arises from the various Compounds which occupy the place of substantives, and which often contain ten or twelve characters. An examination therefore, of these, which like substantives, became the agent or the object of a verb, or connect themselves with the various prepositive characters, may throw much light on the nature of Chinese Syntax.

Nouns of Agency, &c. formed by the particle 者 *tchyéa, and by the Genitive particle.*

The Nouns thus alluded to, are of two kinds; those formed by the particle *tchyéa*, and those formed by the Genitive particle, which we shall examine in succession. These formed by adding *tchyéa* to an adjective or a verb, or even to a sentence, have been already mentioned p. 200; but they deserve a more particular examination. The simplest of them is formed by adding *tchyéa* to an adjective, or a verb, of which the following sentence exhibits two instances;

仁 *yin* virtue. 利 *lú* adorns 者 *tchyéa* er 知 *chee* the know- 仁 *yin* virtue; 安 *ngan* rests in 者 *tchyéa* man 仁 *Yin* The virtuous

"*The man* thoroughly *virtuous*, rests in virtue; *the man who knows virtue*, deems it the highest gain." *Lun-yu*, vol. i.

In this sentence *tchyéa* aded to *yin*, (here an adjective), forms, 'the virtuous man;' and added to the verb *chee*, 'know,' it forms a compound equivalent to 'the man knowing' virtue. This compound has some affinity to words formed from English verbs by adding the termination *er* ; as, the read-*er*, the lov-*er*, &c. &c.

6. The next advance in these, renders the Noun of Agency compound ; it is, *that of adding occasionally a Negative Particle.* Confucius characterizing one who thoroughly abhors evil, says,

其 *khee* his	者 *tchyéa*	使 *shée* permit	仁 *yin* virtue	者 *tchyéa*	惡 *Où* The hater of
身 *shin* person.	加 *kya* to approach	不 *pooh* ini-	矣 *eé* :	其 *khee* he	不 *pooh* ini-
	乎 *hoo* to	仁 *yin* quity	不 *pooh* He does not	爲 *wy* practises	仁 *yin* quity

"The hater of evil, he is the virtuous man : he does not permit evil even to approach his person." *Lun-yu*, vol. i.

Here *tchyéa* added to *pooh-yin,* in the sixth and seventh line, from the right, forms a compound which denotes, 'evil,' or, 'the opposite of virtue.'

7. But the compound formed by *tchyéa* often *includes a verb with its object.* Of this, the sentence just quoted, furnishes an example. In the first two lines from the right, the verb *où*, 'to hate' and its object *pooh-yin,* receiving *tchyéa,* forms a compound equivalent in force to 'The man *hating iniquity,*' which then becomes the agent to the substantive verb.

8. Instances may be farther adduced *of a sentence which contains several verbs with their objects, being thus united to form a compound.* In the sentence quoted p. 200, such a compound occurs as the Agent to a verb.

海上絲綢之路文獻集成 科技與文化編

士 *Sè* The man of letters
志 *tchee* turning
於 *yu* toward
道 *taò* the way,
而 *irr* but
恥 *chheé* blushing, at
惡 *ngŏh* mean
衣 *ee* clothing,
惡 *ngŏh* coarse
食 *shih* food,
者 *tchyéa*
未 *wy* is not yet
足 *chooh* capable
與 *yu* of
議 *ee* conversing.
也 *yea*

"*The man of letters directing his attention toward the Way, but ashamed of mean clothing and course food,* is as yet incapable of conversing thereon." *Lun-yu,* vol. i.

In this sentence the first clause, *Sè tcheè-yu taò,* 'the man of letters directing his attention toward the path,' is united by the conjunction *irr* to the latter clause, *chheé ngŏh ee ngŏh shih tchyea,* 'ashamed of mean clothing and coarse food;' and the whole receiving *tchyéa,* becomes the agent to the negative verb *poŏh-chooŏh.* The following declaration of the Chinese sage, exhibits a sentence as the Object of the verb, scarcely less complex:

吾 *Ngoo* I
未 *wy* have not yet
見 *kyèn* seen
能 *nung* one able
見 *kyèn* to see
其 *khee* his
過 *kwò* fault
而 *irr* and
內 *nooì* inwardly
自 *tsè* himself
訟 *tsoòng* reprove
者 *tchyéa*
也 *yeá*

"I have never yet seen *the man able to discern his fault, and inwardly reprove himself.*" *Lun-yu,* vol. i.

In this sentence the two clauses, *nung-kyèn-khee-kwò,* 'able-to-see-his-faults,' and *nooì tsè tsoòng,* 'inwardly reproving himself,' united by a conjunction by *tchyéu,* are formed into one compound which then becomes the object of the verb *kyèn,* 'to see.' The compound would literally be, 'I have never yet seen an-able-to-discern-his-faults-and-inwardly-self-reproving

海上絲綢之路文獻集成 科技與文化編

person.' Thus are sentences containing various clauses, formed into one compound, by the addition of *tchyéa;* and then made the agent or the object of a verb. In the same manner might three or four sentences be united *ad libitum* to form the agent or the object of a verb, or unite with a prepositive character.*

Nouns formed by the Genitive Particle.—The nouns both simple and compound which are formed by the Genitive particle, also deserve the notice of the student. It is proper to observe here, that in Chinese, as well as in other eastern languages, the genitive has much of the nature of an adjective, being often used to characterize some person or thing. This indeed is the case often in the English language; thus, 'the pleasures of virtue,' are 'pleasures the grand ingredient in which is virtue;' and St. Paul's ὁσιότης τῆς ἀληθείας, 'holiness of truth,' means simply 'true holiness.' This characterizing of persons or things, we shall find a chief object of the genitive in Chinese. But to return;

9. One of the simplest applications of the Genitive particle is, *that of its communicating the force of a substantive, to an adjective or an adverb.* The following remark of Confucius furnishes an example:

養 *yàng* to support parents. 能 *nung* ability 謂 *wy* esteemed 是 *shee* is 者 *tchyéa* 孝 *hyao* piety 之 *tchee* 's 今 *Kin* The present age

"*The present (age's) piety* is deemed, merely supporting (parents)."

Lun-yu, vol. i.

* It is scarcely necessary to add, that these compounds express Things as well as Persons.

Here the genitive particle *tchee*, uniting with *kin*, 'now,' gives it the force of a substantive; the sentence being literally, 'the (*now's*, or) present age's piety.'

10. The Genitive particle is also *thus applied to an adjective and a substantive united.* The following is an instance,

具 *kyu* fitness. 不 *puh* un- 無 woo has no 體 *thee* body 士 *se* possessor, 之 *tchee* 's 德 *tuh* virtue 成 *Chhing* Perfect

"The man *of perfect virtue*, has nothing in life for which he is not fitted."

Lun-yu, vol. i.

Here the genitive particle is added to *ching-tŭh*, 'perfect virtue,' to which it appends the substantive 'master, possessor,' &c. the sentence being literally 'the perfect virtue's possessor.' Of this application of the genitive particle, numerous instances might be given.

11 It is, farther, added to a *verb and its object*; as in the following sentence;

密 *myih* is incessant. 功 *kung* endeavour 之 *tchee* 's 養 *yang* in vigour 存 *tshyuen* preserving 後 *hyeu* ward 然 *Yen* After-

——"Then his *endeavour to preserve virtue in full vigour*, is incessant."

Lun-yu, vol. i.

Here *tsyuen*, 'to preserve,' receives the genitive particle, which transforms it into an active participle. The sentence is literally, 'his *preserving-virtue's* endeavour.'

12. This particle is moreover *added to certain of the parts of speech united.* *Chyu-hee* describes the study of the *Ee-king*, as,

理 *leé* causes. 之 *tchee* 's 長 *cháng* prosperity 消 *syao* decay 福 *fhoŏh* misery 禍 *khò* happiness 乎 *hoo* on 明 *Ming* Throwing light,

"Rendering clear the causes of *happiness*, *misery*, *decay*, *prosperity*."

Lun-yu, vol. i.

In which sentence, the genitive particle *tchee*, uniting the four Substantives, *happiness, misery, decay, enlargement*, appends to them the substantive *lee*, cause, &c. thus: 'Rendering clear happiness,-misery,-decay,-prosperity's causes.'

The following example exhibits a number of Verbs as thus united. In the sentence just quoted, the commentator proceeds, 'rendering clear,'—

道 *tào* way. 之 *tshee* 's 亡 *wang* losing 存 *tsyuen* preserving 退 *thoŏi* receding 進 *Tsìn* Advancing

——"The way of *advancing* and *receding*, of *preserving*, and *losing*." *Ibid.*

Here the genitive particle, uniting the verbs *tsìn*, advance; *thoŏi*, recede; *tsyuen*, preserve; *wang*, lose, imparts to them the force of verbal nouns; thus; 'rendering clear advancing,-receding,-preserving-losing's way.

中國言法

13. The following sentence exhibits various parts of speech as thus united by the genitive particle :

子	*Tsé-*	Tse-
張	*chang*	chang
問	*wǎn*	asked
自	*tsè*	From
此	*tsé*	this
以	*eé*	rec-koning
後	*hyèu*	here-after
十	*shǐh*	ten
世	*sheè*	ages
之	*tchee*	's
事	*tsè*	affairs
可	*khŏ*	can they be
前	*tshyen*	fore-
知	*tchee*	known
乎	*hoo*	?

" Tsé-chang enquired, Can *affairs from* this *time to ten future ages* be fore-known ?"

Lun-yu, vol. i.

In which sentence we find the genitive particle added to a compound including the preposition *tsè*, from ; the adjective, *tsé*, this ; the verb *eé*, to reckon ; the adverb *hyèu*, hereafter ; the numeral *shǐh*, ten ; and the substantive *sheè*, age. Literally rendered, it would be, 'from-this-reckoning-ten-future-ages' affairs, can they be fore-known ?'

14. The genitive particle has however a still farther effect ; while it unites in one compound the characters to which it is affixed, *it imparts to any number of characters which it may affix, the force of a Compound.* The following sentence includes a compound of this kind containing no less than seven. Commenting on a sentence of the sage's, *Chyu-hee* says,

而	*Irr*	And
又	*yèu*	he also
歎	*t'hàn*	wondered at
人	*yin*	men
之	*tchee*	's
莫	*mŏh*	not
肯	*khing*	wishing
用	*yoông*	to apply
力	*lih*	strength
於	*yu*	to
仁	*yin*	virtue.
也	*yén*	

———" And he also wondered at men's *not wishing to apply their full strength to virtue.*"

Chyu-hee on *Lun-yu*, vol. i.

Ooo

Here the last seven characters *affixed* by the genitive particle to the substantive *yin*, 'men,' form a compound having the force of a substantive. Compounds of this kind are far from being unfrequent.

15. It may be proper to add, that the genitive particle, farther, connects with a sentence (which it then forms into a compound) the circumstances of time, place, &c. The commentator having occasion to mention, relative to Confucius, the time wherein it was proper for him to worship, has this sentence, 時之祭當已言 *Yen kée tang ts'heè tchee shee*; literally, He describes 'his-own-ought to worship's *time*;' in which the genitive particle, uniting the characters descriptive of the action, affixes thereto the *time* of the action. It, in the same manner, affixes the characters used to connect circumstances of place; to which it may be added, that the postpositions, 中 *choong*, in; 內 *nooì*, within, &c. are affixed to a substantive or a compound in the same way.

16. In conversation the genitive particle 的 *teè* is generally used instead of 之 *tchee*; but its application in the formation of these compounds, as far as they are admitted into conversation, is precisely the same. Such then are the Compounds formed in the Chinese language either by the particle *tchyea*, or the application of the genitive particle; in which, and the Compound Words before mentioned, the accurate Sungskrit scholar will be able to realize the chief rules for *sumas*, or 'compound words,' in that ancient language. When we consider that these compounds include the *agent* and the *object* of a verb, the *instrument* by which an action is done, the *cause* from which it flows, together with the substantive or compound *receiving* the genitive particle, and that which *is affixed* thereby, it will appear how deep-

海上絲綢之路文獻集成 科技與文化编

ly they enter into the Chinese language, particularly if we also recollect, that each may embrace almost any number of characters at the will of the writer. The importance of forming a just idea of them, therefore, may apologize for the minuteness with which they have been described; as, when a student can ascertain with precision where these compounds begin and where they terminate, the agent, the object, the instrument, the cause of an action, &c. will be at once clear to him, and he will have surmounted the chief difficulties in the Chinese Syntax.*

17. It will have been remarked by the reader, that in all the instances which have been adduced, the character intended for the genitive *precedes that governed thereby.* This is invariably the case with the genitive, which circumstance is often useful in ascertaining that case when the particle is omitted, by no means an unfrequent circumstance in the standard works of the Chinese, as has been already hinted.† It is indeed a fact, that, in respectable compositions, *whenever two genitives follow each other, the genitive particle of the former of them is constantly omitted.*

18. By the same principle *are Nouns governed which are placed in*

* This will be evident if we consider the difference which the addition of the connecting particle makes in a sentence: take for example, a sentence of ten or twelve characters with the connecting particle at the end; if the student does not advert to this circumstance, he will naturally consider all the verbs, &c. as performing their proper office, and attempt to translate them accordingly. After labouring thus through the whole compound, and attempting in vain to make out the sense of his author, he looks to the end of the sentence, and perceives that the whole is a compound, connected with some verb! This banishes all obscurity, and renders his author interesting in the highest degree.

† See p. 223.

Ooo2

Apposition : if a man be described by his office, the office is first mentioned as the adjunct to the person, and then the person ; thus,

家 *kyá* houses.	孫 *suen* suen	孫 *suen* suen,	孫 *suen* suen,	夫 *foo* darines,	魯 *Loó* Loo's	三 *San* The three
也 *yéa*	之 *tchee* 's	季 *Keē-* Kee-	叔 *Shaoh-* Shaoh-	孟 *Mũng-* Mung-	大 *tà-* man-	家 *kyá* houses,

" The three houses, those of *Loo's* mandarines, *Mung-suen, Shaoh-suen, Kee-suen.*" Comment on *Lun-yu*, vol. i.

Here, *Loo,* the country in which the office is held, is first mentioned ; then the rank, *tà-foo ;* and lastly, the persons by name.

19. The same principle also regulates *the time which marks any event.* In sentences of this kind, the year or the season precedes, the month follows, and then the day. Thus in the sentence quoted p. 319, it is said, ' in the *winter,* on the tenth *month's* first *day,* the sun suffered an eclipse.'

20. *Adjectives.*—Relative to Adjectives there is little remarkable. The principle already noticed, that of placing the adjunct before the object to which it is attached, *causes the adjective generally to precede the substantive.* Of this, so many instances appear in the examples already quoted, that it is needless to adduce more. If in certain cases the adjective be found to follow the substantive, in most of them it will also be found, that the substantive verb, or the verb 有 *yéu,* ' to have,' is understood ; generally for the sake of emphasis.

中國言法

21. Those adjectives, which include more than one quality, are almost constantly formed by annexing the genitive particle to the qualities mentioned, and adding thereto *yin*, a man. Thus, instead of saying, 'a wise and good man;' the Chinese would say, 'a man of wisdom and goodness;' or more literally, 'wisdom-goodness's man.' But this manner of forming adjectives has been already noticed.*

22. *Pronouns.*—In the Pronouns, there is little worthy of remark. The sparing manner in which the Relative Pronoun is introduced, however, deserves notice: it is indeed a prominent feature in most of the languages of India. Where the English would introduce 'he who,' the Chinese either have recourse to the demonstrative pronoun, or, forming the action ascribed to the person into an adjunct, affix thereto the genitive particle; thus, 'the man who does business of this kind,' they would express by, 人的事樣這做 *Tsò chyĕa yàng sĕ teĕ yin*, literally, 'The doing-this-kind-of-business man.'

23. The best Chinese writers have however a mode of introducing the Relative which Europeans might be ready to deem superfluous. Instead of simply introducing the Object; as, 'I desire fish;' they would introduce the *Relative;* thus, 也欲所我魚 *Yu ngó só yoŏh yéa*; 'Fish, (is) *what* I desire.'† Thus also a butcher replying one day to his prince who was admiring his art in separating so nicely the various parts of a bullock, instead of saying, 'I approve a right method,' says, 也道者好所之臣 *Chhin tchee só haò tchyéa, taò yéa*, 'That *which* the servant approves (is) a right method.'‡

* See p. 270. † *Mung*, vol. ii. ‡ See *Koo-wun*, vol. iii. *Chhin* is, literally, 'the servant;' for this substitution of *chhin* for the personal pronoun, see p. 383.

海上絲綢之路文獻集成 科技與文化編

24. A peculiarity is observable in the application of the Demonstratives 是 *shèe*, 'this,' 此 *tsé*, 'this,' &c. These in Chinese refer to *something already described*, instead of *something which follows*. While in the European mode, the demonstrative would precede its adjunct in a sentence like the following, 'A man of *this* description, would be equal to the sage, namely, one who, if an evil act would obtain the empire of the world, would refuse to perpetrate it;' the Chinese after saying 'If by doing one evil act, a man could obtain the empire of the world, he still refused to do it,' would add, '*this* man would equal the sage.' In the genuine Chinese style, therefore, '*this*' seldom refers to a person or thing following; but almost constantly to some person or thing previously described.

25. *Verbs.*—Respecting Verbs much has been anticipated in treating of the agent and the object. If, as it is marked by no termination, any should ask, how a character can be known to be a verb, when the same character may be also a substantive or an adjective? it may be replied, that as position gives it the force of a verb, by its position may it be known to be such. It is then, *a character's having an Agent either expressed or implied, which marks it a verb.* That this is the case may be seen in a sentence already quoted, 'The man already virtuous rests in virtue; he who knows it, esteems it the highest gain;' in which sentence, *ngan*, 'rest,' and *leè*, 'profit,' become verbs, preceded by their agents *yin tchýea*, and *cheè tchyéa*.

26. But while a character's having an agent renders it a verb, it must be acknowledged that in the standard works of the Chinese, *the agent is often omitted.* The following is one instance among many :

中國言法

也 *yěa*	自 *tsě* yourself	而 *irr* then	不 *poǒh* one not	焉 *yen* him	思 *se* wish	見 *kyěn* seeing	子 *Tseé* Tsee
	省 *sing* examine.	內 *nooi* within,	賢 *hyen* virtuous	見 *kyen* seeing	齊 *ts'hee* to equal	賢 *hyen* a good man	曰 *yuěh* says,

"*Tsee* says, *If you see virtue,* desire to equal it; *if you see vice,* retiring within, examine yourself." *Lun-yu*, vol. i.

Here the phrase, *kyen hyĕn, 'seeing* virtue,' or, 'if you see virtue,' or, 'when you see virtue,' contains within itself the agent to the verb *se*, 'desire.' This mode of construction, wherein the agent is included in the verb, or rather in the Participle Absolute, deserves the close attention of the Chinese student, as it is common in the standard writings of the Chinese, and forms one of the difficulties of the language. Another remarkable instance of the omission of the agent occurs in the following declaration of the Chinese sage:

海 *hai* the sea.	於 *yu* over	浮 *fou* I pass	桴 *foo* a raft	乘 *chhing* ascending	行 *hing* go	不 *poǒh* does not	道 *Taò* The way

"*My* way does not gain ground: ascending a raft (I) will go over the sea." *Lun-yu*, vol. i.

Here no character is used to express either the personal pronoun, or the agent to the verb; both are left to be inferred from the context and connection. This is a difficulty, however, which perseverance in study will enable any one to surmount.

27. In certain instances the agent is continued from a considerable distance, when another agent does not interfere: Thus in this sentence,

之 *tchee* him.	妻 *ts'hee* he married	子 *tsé* daughter	其 *khee* his	以 *Eé* With

———" With his daughter he married him." *Lun-yu*, vol. i.

The agent is divided from the verb *tchee*, ' he married him' by no less than twenty characters, the sentence standing thus: *Tsee*, (said of *Khoong yea-chang*, ' He is worthy of marriage; though he was in prison, it was without any crime on his part:) with his brother's daughter, (he) married him.'

28. The Object in active verbs is always expressed. It however does not always *follow* the verb; it *occasionally precedes it;* which is perhaps the chief instance of inversion that the language furnishes. In the following sentence, the Chinese sage, addressing his disciple *Choong-koong*, whose father was a virtuous man, says:

舍 *shyéa* refuse	川 *chyuen* rivers	用 *yoùng* to use	欲 *yoòh* men wish,	角 *kŏh* horns	騂 *sing* of right colour	之 *tchee* 's	犂 *Lee* A party-coloured
諸 *chyu* ?	其 *khee* do they	山 *shan* mountains	勿 *wooh* not	雖 *sooi* altho'	且 *ts'hyéa* and	子 *tsé* calf	牛 *nyen* cow

" *The offspring of a party-coloured cow, if suitable in colour and horns*, although men chuse to deem worthless, still would the mountain and river gods reject?"

Lun-yu, vol. i.

Here the object, ' the offspring of a party-coloured cow,' precedes the verb

海上絲綢之路文獻集成 科技與文化编

中國言法

shyea 'reject.' This, however, is far from being a frequent mode of construction.

29. The best Chinese authors often introduce the *Object first,* and place after the verb a relative referring thereto. The sage speaking of his disciple *Yao,* says,

千 *Ts'hyen* A thousand 乘 *Shing* chariots 之 *tchee* (') 國 *kwŏh* country 可 *khó* he may be 使 *sheé* employed 治 *cheè* to regulate 其 *khee* its 賦 *foò* finances; 也 *yéa* 不 *poŏh* I do not 知 *chee* know 其 *khee* his 仁 *yin* virtue. 也 *yéa*

"*A country producing a thousand chariots,* he may be employed to regulate *its* revenues; but I am not certain that he possesses genuine virtue." *Lun-yu,* vol. i.

Here the *object,* 'a country producing a thousand chariots,' is first introduced merely for the sake of its becoming the antecedent to the relative *its,*

30. The *End* for which an action is done, expressed in English by 'that,' in Latin by *ut,* and in Greek by *ὅτι,* the Chinese express in various ways. In some instances they substitute an appropriate verb or participle, as in the following sentence, 祿干學張子 *Tse-chang hyŏ.h kan loŏh,* 'Tse-chang learned, seeking a public appointment to office.' In this sentence the idea which might have been expressed by 'that he might obtain,' is expressed by the active participle *kan,* 'seeking.'

31. The End is, occasionally expressed by inserting the verb 以 *eé,*

Ppp

before the verb expressing the action. On the sentence just quoted, *Chyu-hee,* observes respecting the Chinese sage's advice to his disciple,

之 *tchee* him on.	而 *irr* and	之 *tchee* 's	子 *Tsé-* Tse-	以 *eé* to	言 *Yen* He said
也 *yéa*	進 *tsin* urge	失 *shih* fault,	張 *chang* chang	救 *kyeù* correct	此 *tsè* this

"He said this, *for the sake of* correcting Tse-chang's fault, and urging him forward." Comment on *Lun-yu*, vol. i.

Here the end in view is marked by prefixing *ee* to the infinitive, which, uniting therewith forms a phrase which has nearly the force of the gerund in *di*, 'for the sake of correcting.'

32. Often however a Causal verb is employed for this purpose: an instance occurs in the following sentence, which relates the step taken by the Chinese sage to make a worthless man sensible of his contempt of him:

之 *tchee* him	而 *irr* and	戶 *hoò* at the door	命 *ming* vant	以 *eé* as being	孔 *Khoóng-* Khoong-	見 *kyèn* to see	孺 *Yu-* Yu-
聞 *wun* hear	歌 *ko* sung	取 *chyù* he took	者 *tchyéa*	疾 *tsih* sick;	子 *tsé* tse	孔 *Khoóng-* Khoong-	悲 *py* py
之 *tchee* him.	使 *sheé* to make	瑟 *sàh* a harp	出 *chyùh* going out	將 *tsyàng* the ser-	辭 *tse* refused	子 *tsé* tsee,	欲 *yoóh* wishing

"*Ya-py* wishing to see *Khoóng-tse*, he excused himself as being sick. His servant having scarcely gone forth with this reply, he took a harp and began singing *to make Yu-py* hear him." *Lun-yu*, vol. ii.

海上絲綢之路文獻集成 科技與文化编

Here the end for which the Chinese sage took the harp and song, is expressed by prefixing the causal *sheé* to the infinitive *wŭn*, 'hear.'

33. There is a peculiarity worthy of notice in the use of the verbs 出 *chyŭh*, 'to go forth;' 來 *lai*, 'to come,' 得 *tŭh*, 'to get,' &c. as they are often united with other verbs in conversation, and in familiar compositions; thus 出說此如然偶 *Ngyéu yen yu tsé shyŭh chyŭh*, 'at once he thus spake:' literally; at once he thus *spake out.*' *Lai* 來, 'to come,' occurs in this sentence, 來看今如 *Yu kin khàn lai*, 'I now observe;' literally, '*looking* is now *come*.' *Tŭh* 得, 'to get,' occurs in sentences of this kind, 得聞曾不 *Poŏh ts'hùng wŭn tuh*, 'I have not yet heard;' literally, 'I have not yet *got* to *hear*.' 到 *Taò*, 'to arrive at,' is another of those verbs. 到知不我 *Ngó poŏh chee taò*, 'I do not know;' literally, 'I have not *arrived* at *knowing*,' is frequent in conversation, in which these compound verbs are chiefly used, few instances of their being thus compounded, occurring in their standard works.

34. *The Particles.*—Among the particles the Adverbs first demand our attention; relative to which it may be observed, that the principle which so evidently pervades the Chinese language, that of placing the adjunct before the object to which it belongs, is visible in the adverbs, which indeed bear nearly the same relation to the verbs, as the adjectives bear to the nouns. These therefore, particularly Adverbs of Likeness, almost constantly precede the verb to which they belong. Of this numerous examples may be given; a sentence already quoted, furnishes one:

Ppp 2

交 kyao held friendship. 人 yin men 與 yŭ with 善 shyĕn virtuously 仲 choong choong 平 p'hing- p'hing- 晏 An- An-

" *An-p'hing-choong virtuously* conducted himself in his intercourse with men."

Lun-yu, vol. i.

In which example the adverb *shyĕn*, 'virtuously,' precedes the verb *kyao*, 'to hold intercourse with.' This is the case also with Adverbs of Number, and of Time, as in a sentence already quoted; 行後而思三子文季 *Keè-wun-tsé sàn tse irr hyĕu hing*, '*Kee-wun-tse thrice* reflected *and then* acted.' And often with Adverbs of Place, as 坐裏這 *Chyĕa lée tsò*, '*In this place* sit,' &c.

35. Two Adverbs of Negation, infer a strong positive, as in the following sentence: the author of the *Ta-hyoh* recommending experience as a means of increasing knowledge, says of it, 矣明不無 *Woo pooh ming eé*, —'there is nothing which it does not render clear;' in which sentence the negative *woo*, uniting with *pooh*, forms a strong positive. Of this kind many examples have already appeared in this work.

36. There is something singular in the union of the negative 未 *wy* with the adverb 前 *ts'hyen, before*. In English we describe a prior transaction by, 'they exemplified their words *before* speaking them;' in Bengalee, by 'they *not having spoken* their words, exemplified them.' But the Chinese, in the following sentence, retain both the adverb of priority, and the negative :

海上絲綢之路文獻集成 科技與文化编

前 *ts'hyen* before. 之 *tchee* 's 言 *yen* speaking 未 *wy* not yet 於 *yu* in 之 *tchee* their words 行 *Hing* They exemplified

(' The ancients) exemplified their words *before* they uttered them."

Lun-yu, vol. i.

Which if translated literally, would be '*before* they had *not* uttered them :' it however means no more than, ' prior to their uttering them.'

37. Relative to *Prepositions*, little requires to be added. It has been already said, that they all render the character a substantive with which they are joined, although it be used in other instances as a verb. Nor does the verb thus rendered a substantive, always become a verbal noun : 知 *chee*, 'to know,' preceded by a preposition, is not the verbal 'a knowing ;' but the substantive 'knowledge.' Of the *Postpositions*, it has been already said, that they are affixed to substantives, both simple and compound, by the genitive particle either expressed or understood ; more commonly the former, but often the latter, in writings where conciseness is studied.

38. *Conjunctions.*—Of Conjunctions it may be observed, that the Copulatives are sparingly used in connecting *single words*, whether adjectives or substantives. In the example quoted page 530, the reader will find that the three names, *Mung-suen*, *Shoŏh-suen*, and *Kee-suen*, have no copulative to connect them, as in English, not even in the last member. Of this omission of the Copulative, numerous examples might be adduced.

39. *Enclitic Particles.*—At the end of a sentence the conjunction 而

海上絲綢之路文獻集成 科技與文化編

irr, 'and,' is often followed by the character 已 *eé*, really the verb 'to cease.' This phrase, if literally translated, would therefore mean, 'and cease;' but it generally communicates to the sentence the force of the adverb 'alone.' On a saying of *Woo-wang's*, already quoted,* that he had ten men able ministers, the Chinese sage, remarking that the former dynasties were fruitful in great men, still adds respecting *Woo-wang's* ten able men, that,

已 *eé* no more. 而 *irr* and 人 *yin* men 九 *kyéu* and nine 焉 *yen* indeed 人 *yin* man 婦 *foó* a wo- 有 *Yeú* He had

"He had one woman, and *only* nine men." *Lun-yu*, vol. i.

In which sentence the force of the adverb 'only,' is communicated by the phrase *irr ee*, at the end of the sentence.

40. There are besides, certain particles placed at the end and occasionally in the midst of a sentence. Such are 矣 *eé*, 也 *yea*, the pronoun 爾 *irr*, and 耳 *irr*, the ear. But these, like certain of the Greek particles, though they impart to the sentence a degree of force, and even of elegance, are yet scarcely capable of being translated by any English word.

These comprize the chief remarks on Syntax which have occurred to the author. In them the reader will find the Chinese language recognizing, in a way peculiar to itself indeed, but still recognizing, the same principles which pervade the syntax of other languages; nor will the peculiarity of the Chinese written character be found to involve any essential variation, when it shall become familiar to the student.

* See p. 204.

Of Punctuation.

The Chinese are not wholly ignorant of Punctuation; but they practise it to a much less extent than Europeans, and indeed treat it in a different manner. It is evident from the examples already given, that they express Admiration and Interrogation by the use of characters: their Punctuative Marks are therefore of two kinds; such as express Interrogation and Admiration, which are characters coeval with the written language; and certain punctuative marks more modern, and held in less estimation.

The 讀 *tyeù*, the smallest of their stops, is either an opake or an open dot, to which it is essential, that it be placed in the *mid space* underneath the character. It has nearly the force of our Comma; greater it can scarcely have, when it is often placed between the agent and the verb.

The 句 *kyù* (literally 'a clause,') is an open dot, placed on the right edge of the line. It distinguishes the various clauses of a sentence; but these are often such as we should mark with a comma: the Chinese, however, have no other means of marking those which we should mark by a Semicolon, or a Colon. To the conclusion of a sentence, no point is deemed necessary like our Period; this the Chinese deem sufficiently evident from the structure of the sentence. The following example exhibits these two points as accurately placed as we find them in general:

惡 *ngoh* evil wish.	矣 *eé* indeed	於 *yu* be toward	苟 *kyéu* if	子 *Tsé* Tse
也 *yeu*	無 *woo* no	仁 *yun* virtue,	志 *tcheè* the mind	曰 *yuĕh* says,

"Tsee says, If the mind be toward virtue, it retains no evil."

海上絲綢之路文獻集成 科技與文化編

On these however, the Chinese lay a much less stress than on the characters which express Interrogation and Admiration; the latter are never omitted, while the former are, often. In the prefaces to their works, &c. they are seldom added: the present copies of their standard works are thus pointed; but with no great accuracy.

To mark a new Section, and sometimes a Paragraph, the Chinese employ a small circle agreeing with the size of the type.

Although the Chinese have no Capitals, they have methods by which they sufficiently distinguish Names. To mark the name of a Person, they draw a stroke to the right of all the characters which form the name: to mark the name of a Country, Province, &c. they enclose the characters expressing it within a circular mark, which becomes oblong if it include two or three characters. In the Imperial Dictionary, the authorities, &c. quoted are thus inclosed.

To mark that eminence in a sentence, which we express by Italics, the Chinese place opake dots to the right of all the characters which compose it. If a very great degree of eminence be intended, they place the open dots; which may therefore be deemed equivalent to our Small Capitals.

The Comment on any work the Chinese sufficiently distinguish from the Text, by printing it in characters about half the size of those in which they print the latter.

Of Prosody.

After a grammatical examination of the Chinese language, some enquiry into the nature of its Prosody may not be wholly uninteresting. As it is well known, that most of the nations of antiquity made some attempts at poetry, we may naturally suppose that the Chinese do not form an exception ; and that they are not without monuments of this kind, the *Shee,* selected by Confucius from a multitude of odes, furnishes a sufficient proof ; some of the poems contained in which, possibly exceed in antiquity any thing either of Homer or Hesiod.

The genius of the Chinese language, notwithstanding its monosyllabic form, is not wholly unfavourable to poetry. Its monosyllables can be reduced to measure with nearly as much ease as the polysyllables of the west ; they are also capable of harmonizing with each other ; while the alternate position of the *direct* or natural, and the *oblique,* or acute, grave, and short, tones, afford much room for variety in forming the verse. How far these have been successfully applied to the great purposes of poetry, it is not so much our present business to enquire, as to examine the nature of Chinese Prosody.

In Prosody as cultivated among the Chinese, there are three things to be considered, the Measure of the verse, or the number of syllables contained in each line ; the Rhyme, where it exists ; and the Quantity, or the alternate position of the direct and oblique tones in each couplet ; which last seems to be the latest improvement which Chinese poetry has received. It may assist us in forming our ideas, if, with a view to these, we trace the progress of poetry in China from its rise to the present day.

The first attempt at verse in China, is said to be nearly as ancient as the language itself.* In 'the Annals of China,' it is related, that after filling the throne fifty years, the emperor *Yao*, revolving one day the state of his people, and enquiring in vain of those around him respecting the effect of his laws, at length went out, full of anxiety, into the public road, where he heard one recite the following stanza:

立我烝民
莫匪爾極
不識不知
順帝之則

Lĭh ngó ching min
Mŏh fý irr kĭh
Poŏh shĭh poŏh chee
Shuèn teè tchee tsŭh

"The tranquillity we, the people, enjoy,
Is wholly the fruit of thine exalted virtue;
No information or knowledge is needed,
All flows from the sovereign's wise institutions."

* See *Kang-kyen*, vol. ii, page 4. Two of these lines are also quoted in the Shee, in an ode which celebrates the virtues of the father, grand-father, and great grand-father of *Wun-wang*.

海上絲綢之路文獻集成 科技與文化編

This stanza, if it deserve the name, seems to be the first specimen of Chinese poetry on record. Of the three characteristics just mentioned, it is easy to see, however, that it has only one, that of Measure, it being merely four lines formed of an equal number of syllables, without rhyme, and without regard to the alternate position of the direct and the oblique tones.

The next specimen we meet with on record, a triplet of the kind termed 歌 '*Ko*,'* said to be the production of *Yao's* successor, the Emperor *Shun*, is preserved in the *Shoo-king*. One day, contemplating with joy the labours of the able ministers who served him, he thus addressed them:

股肱喜哉
元首起哉
百工熙哉

Koó koong khée tsai
Yuen shýeu kheé tsai
Pŭh koong hee tsai

"When the chief ministers† delight in their duty,
The sovereign‡ rises to successful exertion,
A multitude of inferior officers ardently co-operating!"

To this his ministers are said to have responded in the following stanza:

* From *ko*, 'to chant, to sing.' † Literally, 'the arms.' ‡ Literally, 'the head.'

元首明哉
股肱良哉
庶事康哉

Yuen shyéu ming tsai
Koó koong lyang tsai
Shyu tsè khang tsai

"When the sovereign* is wise,
The ministers† are faithful to their trust,
And all things happily succeed !" *Shoo-king*, vol. i.

Several other of *Shun's* poetic efforts are preserved ; but they are nearly all of the same kind. In them we see, that to measured lines is added an attempt at Rhyme ; an attempt however of the rudest kind, as each line is terminated by the same character.

The following '*ko*' is an admonitory address to his children, by the great *Yu,* who succeeded Shun, and founded the Hya dynasty.‡

* Or, "the head."

† Or, "the arms."

‡ The *Hya*, the first of the three most ancient and famous dynasties, commenced with the great *Yu*, and, under seventeen emperors, continued 458 years. It was succeeded by the *Shyang* dynasty, founded by T'hang, who was constrained, by the solicitations of the people, to drive from the throne into exile the tyrant *Kyeh*, the last of the Syang dynasty. Under twenty-eight empe- rors, *T'hang's* family held the throne 644 years ; the last of whom, the tyrant *Chyeu*, was upheld by the virtues of *Wan-wang*, as long as he lived ; but wa dethroned by his son *Wan-wang*, who founded the *Tchyeu* dynasty, A. C. 1121, in the 571st year of which, Confucius was born. T'hang therefore lived twelve hundred years before Confucius, and *Yu* above sixteen hundred. See "Annals of China."

海上絲綢之路文獻集成 科技與文化編

中國言法

內作色荒
外作禽荒
甘酒嗜音
峻宇雕墻
有一於此
未或不亡

Nooì tsŏh sŭh hwang
Ngwài tsŏh khin hwang
Kan tsyéu sheè yin
Tsìn yú tyao tsyang,
Yéu yĭh yu tsé
Wỳ hhŏh poŏh wang

"Within, to be addicted to effeminate pleasures;
Without, to the sports of the field;
To be fond of wine, or of music,
Or of palaces elegantly adorned;—
To delight in any one of these,
Will be doubtless inevitable ruin." *Shoo-king*, vol. i.

In this stanza we find that each line contains four syllables, and that the first, second, fourth, and sixth lines harmonize with each other. We have here, therefore, two of the characteristics of Chinese poetry, Measure, and Rhyme; but of the alternate position of the direct and oblique tones, no trace appears.

Respecting the state of poetry under the *Shyang* dynasty, which com-

海上絲綢之路文獻集成 科技與文化编

menced under the emperor *T'hang*, we have few documents. There is extant, indeed, a triplet, said to be composed by T'hang himself, and at his command engraved on his bathing vessels, the substance of which is 'Daily renew thyself;' but such a trifle scarcely deserves the name of poetry, it being only nine characters, and the rhyme observable therein, only the same character thrice repeated. The last volume of the *Shee*, however, contains several odes sacred to the worship performed in honour of their ancestors, by the T'hang dynasty; which, although the author of them is unknown, were probably written under that dynasty. In the first, third, and fourth stanzas of the first of these odes, the second and fourth lines agree in rhyme: the second stanza contains eight lines, of which the second, fourth, fifth, sixth and eighth harmonize, all ending with *ing*. Still no attempt is made to diversify the verse by the alternate position of the direct and oblique tones. We now come to the *Tchyeu* dynasty, under which, with the exception just mentioned, originated the *Shee-king*, or the Book of Odes.

The Shee.—This work, thus termed from 詩 *shee*, 'poetry,' is said to have been selected by the Chinese sage from a multitude of odes. The high idea which he entertained of it, is sufficiently evident from the manner in which he recommends the study of it to his disciples. Its poetic merit will perhaps be less readily conceded by European judges: but with this, our business at present does not so much lie, as with the structure of the verse. A brief account of this celebrated collection may not be wholly unacceptable.

These Odes, Three Hundred and Eleven in number, which are comprized in four small volumes, consist of Three Parts. The First Part, termed

Kwŏh-foong, from 國 *kwŏh*, 'country,' and 風 *foong*, ' wind, manner,' is divided into fifteen sections, the first of which, bearing the name of *Tchyeu*, who begins with an epithalamium on the marriage of *Wun-wang*. *Wun-wang* held the government of *See-khee*, long sought in marriage *Tse-see*, a virgin illustrious for her virtues : on their nuptials this ode was written, which Confucius highly extols. The next two are said to be composed by *Tse-see* herself, one on her having prepared with her own hands a double suit of apparel for her lord, and the other on his absence : the next two are odes in praise of her condescension and sweetness of nature. The rest in this section, celebrate the effects of *Wun-wang's* laws and virtues on both his own and the surrounding provinces. Among these is the ode on marriage, two stanzas of which Sir Wm. Jonss has so beautifully versified; *Wun-wang* having reformed the manners of the people, and brought marriage into high reputation, this ode was written to celebrate so happy a change. The second section, which bears the name of *Wun-wang's* third son *Chao*, contains fourteen odes, and celebrates in various ways the admirable effects of *Wun-wang's* example and government in the provinces south of his own, reformed partly through his own influence, and partly through the instructions of his son *Chao*. The other thirteen sections in this part are distinguished by the names of as many different provinces or cities in China, from their being esteemed the production of persons living in those different parts. These exhibit a great variety : complaint, lamentation, fear, impatience, encouragement, congratulation, are among the subjects chosen on which they are written : a considerable number of them also are amatory ; and a few are satires on the vices of men. Of the three hundred and eleven odes, this part comprizes nearly half, and composes two of the four volumes.

The Second Part, termed 雅 *Yá*, 'right, just,' written chiefly on public occasions, is divided into the *Syéu-ya*, and the *Ta-ya*, from 小 *syéu*, small, and 大 *tà*, great. The *Syeu-ya*, the largest in size, occupies the whole of the third volume, and contains eighty odes: it opens with one on friendship, to which follow two written by ministers on an embassy, complaining of the arduous nature of their duties. Others follow, expressing gratitude to a sovereign; lamenting absence from home; commending diligence; celebrating a prince's return from exile, &c. Three are written in praise of the emperor *Syuen*, (hereafter mentioned), and two are said to be the production of *Syuen* himself. Certain others, on slander, unjust punishment, exile, filial ingratitude, &c. conclude the *Syeu-ya*, and finish the third volume. Most of the odes—in the *Ta-ya* relate to sovereign princes. It begins with an admonitory ode of eighty-eight lines, addressed by the great *Tchyeu*, the son of *Wun-wang*, to his nephew and sovereign *Ching-wang*. Three others addressed by *Tchyeu* to his royal nephew, follow, which set before him the example of his illustrious grandfather *Wun-wang*. Then succeed certain satires on the vices of the Emperor *Lee*, who mounted the throne A. C. 878, and, after a reign of thirty-three years, was expelled by the people: one of them foretells his approaching fall. After these follow eulogies on his son, the emperor *Syuen*, just mentioned, who succeeded him, and reigned happily forty-seven years. Among the rest is one of a hundred and fourteen lines, addressed by *Woo-koong*, sovereign of the *Wy* province, to his affectionate people.

The Third Part, distinguished by the term 頌 *Tsoòng*, 'laudare, benedicere,' was chiefly intended for the worship of paternal ancestors. It contains only thirty-one odes; the first five of which, ascribed to the great *Tchyeu*,

海上絲綢之路文獻集成 科技與文化编

celebrate the virtues of *Wun-wang*, of his father, and grand-father, and even his remote ancestor, *Hyeu-tsĭh*, the minister of *Shun*, to whom the Chinese ascribe the improvement, if not the invention of agriculture. Another, in praise of his father, is said to be written by the emperor *Woo-wang* himself. Several of the rest are ascribed to his son, the emperor *Ching-wang*, to whom *Tchyeu* was both tutor and guardian: of certain others *Ching-wang* is the subject; and among the rest is one said to be written by *Wy-tse*, a minister of the tyrant *Chyeu*, the last of the *Syang* dynasty. All are not panegyrics on deceased ancestors, however; this part contains an ode on spring, and several on agriculture. Four others are merely eulogies, one of which, on *Hee-koong*, the king of *Loo*, is the longest ode in the book, as it contains one hundred and twenty-one lines. The last section contains the five sacred to the *Shyang* family, of which the first has been already mentioned, and which are probably the most ancient in the book. Such then are the contents of this celebrated work.

The Time when the earliest of these odes were written, may be easily ascertained, if they were really the production of the persons to whom they are ascribed. The odes recited in the paternal worship of the *Syang* family, were probably written in the time of *Woo-ting*, the twentieth emperor of that dynasty, who ascended the throne A. C. 1323, and whose name occurs in the last of them. *Wun-wang's* son, the emperor *Woo*, died A. C. 1115, at the age of ninety-three; and *Woo's* younger brother, the great *Tchyeu*, (from whom the dynasty takes its name,) died A. C. 1104, at the age of a hundred. The odes written therefore by them, and by their father's consort, *Tse-see*, must have been written in the twelfth century preced-

Rrr

海上絲綢之路文獻集成 科技與文化编

ing the Christian æra. The latest name mentioned seems to be that of *Hee-koong*, who ascended the throne of *Loo*, A. C. 693. Thus this work appears to be a selection from the poetry of nearly seven centuries, which period includes the earliest of the Greek poets down to *Tyrtæus*. In variety of subjects, perhaps it is excelled by few collections of odes; while its numerous allusions to the various personages and transactions of Chinese history, render it a most valuable Historical Document; especially when regarded as a selection made two thousand three hundred years ago, by a man of wisdom born on the spot, and well versed in the history and affairs of China.

This work contains the chief varieties of poetry among the Chinese. While the work itself is denominated '*Shee*,' the term applied to the highest kind of poetry, a multitude of the stanzas are styled 賦 *fhoò*;* and no small number of the odes are of the kind termed '*Ko*,' particularly those intended for recitation at the worship of paternal ancestors. As it relates to Prosody, however, little advance appears to have been made in the former part of the *Tchyeu* Dynasty. In the Measure there is a freedom nearly equalling that in our pindaric odes, the lines consisting of all numbers, from three monosyllables to seven, although four forms the most frequent measure. Respecting Rhyme, no less freedom is observable: many of these odes are evidently written without any regard to rhyme; and in the rest, six lines sometimes rhyme in a stanza of eight, occasionally four, three, and often only the first and the last. Nor is the Stanza more regular in its Number of Lines; a few contain only three, many contain four; some consist of six; a few are to be found of eight lines, and a greater number of ten: stanzas of eleven are not uncommon; and there are some of twelve;

* *Fhoo*, which literally denotes, 'an idea declared plainly without metaphor,' has since been applied to a kind of ode exceedingly irregular in its construction, and generally drawn out to a great length.

and one ode indeed contains five stanzas of seventeen lines each. Of the alternate position of the direct and oblique tones, however, nothing is observable.

It seems to have been under the T'hang dynasty, which filled the throne of China from the middle of the seventh to the beginning of the tenth century, that Chinese Prosody attained its present state. It is said that the second emperor of this dynasty, *T'hai-choong*, encouraged literature in a very high degree, and that his queen *Chan-sun*, a most excellent princess, was a great patroness of literature and literary men. Under this dynasty poetry is said to have been highly cultivated; and the poetry of that period is esteemed superior to any of the present day. A description of the structure of Chinese verse, therefore, as then formed, and still deemed the standard, may properly finish our account of the Chinese prosody.

At present, the ancient measure of four characters is little used: lines of *Five* and of *Seven* characters, are most common. Those of five often contain sixteen lines in a stanza; those of seven seldom exceed eight; but in both, the measure of each line is formed on the same principles. In these the Line, the Couplet, and the Stanza deserve notice.

In the Line, at the present day, the *second, fourth,* and *sixth* words or syllables are particularly regarded, respecting which it is a fundamental rule, that two *similar* accents or tones cannot follow each other: if the Second syllable therefore, have the direct accent, the Fourth must have an oblique one, (either the acute, the grave, or the short,) and, *vice versa.* These then, the second, the fourth, and the sixth syllables, in reality form

Rrr 2

and complete the Feet in Chinese prosody ; a line of five monosyllables therefore, contains *two* feet and an extra syllable, and one of seven, *three*.

But the influence of this rule does not end here, it extends through the Couplet : the tones of the second, fourth, and sixth syllables, in the *second line* must be the opposite of those in the first ; so that if the second syllable in the first line, have the direct accent, that syllable in the second line must have one of the oblique accents, and thus with the rest. In both lines however, the first, third, and fifth syllables may be filled up with either the direct or oblique tones, at the will of the writer ; and thus variety in the feet is insured through the whole couplet.

The accent or tone of the *last* syllable of the line, is regulated by the rhyme of the Stanza. If the couplets in the stanza rhyme with each other, which is generally the case, the accent of the last syllable in the first couplet, influences that of all the rest, and indeed, of all the intermediate lines ; as, if the first couplet end with a monosyllable having the direct tone, the other couplets must end with one having the same tone as well as the same sound, and the intermediate lines of each couplet end with an opposite accent. Thus while each couplet ends with the same accent, there is still a variety in the lines of the stanza, taken as a whole.

Perhaps the most exceptionable part of Chinese prosody is the Rhyme. Four, six, or even eight couplets in a stanza often end alike ; nay the Chinese sometimes prolong the same sound through a second stanza of eight couplets, and thus have sixteen couplets rhyming with each other. To an English ear which is disgusted with even two couplets ending alike, this

海上絲綢之路文獻集成 科技與文化編

中國言法

would be insupportable; but the taste of a Chinese differs. The following ode exemplifies most of the rules mentioned.

送友人

青山橫北郭
白水遶東城
此處一為別
孤蓬萬里征
浮雲遊子意
落日故人情
揮手自茲去
蕭蕭班馬鳴

Soong yao-yin.

Chhing shan kwung pŭh kwŏh
Pŭh shoói hyáo toong chhing
Tsé chyú yĭh wy pyĕh
Koo p'hoong wàn leé ching
Fyeu yuen yeu tsé eè
Lŏh yĭh koò yin tsing
Khwy shyéu tsè tse khù
Syao syao pan má ming

Parting with a Friend.

"Where the verdant mountains incircle the city on the north,
And the limpid stream washes it on the east,
There did I once part with my beloved friend,
Now like the down of the *phoong** borne by the wind a thousand leagues;
His desire to proceed, irresistible as the flying cloud,
Mine to detain him, vain as the attempt to stay the setting sun;
Courteously waving the hand, he then went from me,
Our parting lamentation like that of the generous steed for his mate."

Here, *shan*, the second word in the first line, has the *p'hing* or direct

* '*Phoong*,' described by the Catholic Missionaries as an herb resembling wormwood, which produces a downy seed.

海上絲綢之路文獻集成 科技與文化編

tone, and *pŭh,* the fourth, one of the *tsŭh,* or oblique tones; and on the contrary *shoŏi* the second word in the second line of the couplet, has an oblique accent, and the fourth, *toong* the direct accent. Further, *chhing,* which ends the first couplet, having the direct tone, *ching, tsing,* and *ming,* which end the others, have the same; but *kwŏh, kyeh, eè* and *khù,* which end the intermediate lines, have all of them oblique tones. The four couplets of the stanza also rhyme with each other.

It does not appear that poetry is neglected by the Chinese at the present day. The poem of the late emperor on tea is well known in Europe; and the author has now by him a Chinese *Gradus ad Parnassum,* (if the term may be allowed,) printed in 1758, which contains more than twenty thousand phrases of classical authority, duly arranged according to the various tones of the language.

Beside the '*Ko,*' of which three examples have been given already,* there are several other kinds of ode, as, the 辭 *tse,* or common elegy; the 誄 *looi,* or elegy on deceased friends; and the 曲 *khyŭh,* or lighter song. In all these however, the alternate position of the tones is generally neglected; hence, they are not dignified with the name of '*Shee.*' They are also quite irregular both in Measure and Rhyme; and, as they, differing from the regular ode only in admitting a looser mode of structure, develope no new principle in Chinese Prosody, it seems scarcely necessary to detain the reader by any example of them.

* See the stanzas ascribed to *Shun* and *Yu.*

OF DIALECT.

When treating of Dialect in the Chinese language, it may be proper to notice a fact, which cannot have escaped those who have carefully perused the foregoing pages, that China contains in reality *two* languages, the Colloquial and the Written; nearly alike indeed in grammar and idiom, but still so distinct from each other, that no extent of acquaintance with the former, can put a man in possession of the latter, even in the smallest degree. Nor does this arise merely from one word being applied equally to designate perhaps ten characters totally different in their meaning;. but from there being no natural connection between the words of the colloquial, and the component parts of the written language. Did *ngai* designate no character but that expressing 'love,' still what natural connexion is there between *ngai*, love, and the character 愛? between *sin*, the heart, and the character 心? between *yin*, virtue, and the character 仁?

Were a man of parts therefore, deprived of the advantages of education, to become by an extensive intercourse with society, completely acquainted with the language colloquially, this would little assist him in attaining the written language. His case would differ widely from that of a man in our native country in similar circumstances, for whom, a few months' acquaintance with letters would be sufficient to bring his colloquial acquisitions into full use, and enable him to read to almost any extent. A Chinese, however, with the fullest colloquial acquaintance with his own language, has still to acquire and associate character after character before he can read, as the English scholar has to acquire one Latin word after another, before he can read a Latin author ; the only advantage he possesses, being, that the construction of the written language has a greater affinity with that of the colloquial, than the construction of Latin has with English.*

What the disadvantages of a system are, which compels every learned native of China to acquire *two* distinct languages, it is not our business here to enquire. It is evident however, that this must place him nearly on a level with a foreign student of Chinese literature, to whom the acquisition of the written language may be equally open. It is not therefore matter of astonishment, if the precepts of Confucius be familiar to the sovereigns of Cochin-china and Japan, as well as to the emperor of China.

One effect resulting from the written language being thus unconnected with the colloquial, is however worthy of notice ; it has conferred on the former a character of *permanent perspicuity,* which renders it equally intelligible to the inhabitants of the most distant provinces in that vast empire,

* Nor indeed is the construction of the written language so completely like that of the colloquial, as to leave no difficulty for the colloquial student to overcome. That the two should differ, will not appear improbable to those who consider how much the style of conversation, particularly when provincial, differs from that of respectable authors even in England ; how many expletives, and uncouth modes of construction prevail in the one which never appear in the other. So much is this the case indeed, that an author who lives in the country can improve his style only in proportion as he studies, as in point of style the conversation around him can afford him little assistance. If it be thus in a language wherein the colloquial medium is commensurate with the written, how much more then in a language wherein the colloquial medium is confined to a few hundred monosyllables, while the written has a distinct character to represent every idea ? How many adjuncts, explanatives, &c. must be necessary in the one, which would be both needless and improper in the other? Hence the many instances in the foregoing pages wherein a word or phrase is used in conversation, which has no place in the best writers in the language. So great indeed is the difference, that a man who forms his ideas of Chinese style from colloquial, or familiar epistolary, intercourse, will find himself scarcely able to comprehend the standard authors in the language, till he has gradually familiarized himself with their construction and phraseology.

海上絲綢之路文獻集成 科技與文化編

and even to those of Cochin-china and Japan ; while the latter has assumed a greater variety of forms than the colloquial dialects of ancient Greece and of India, with this exception, that these varieties of dialect, (like those in the various counties of England,) are confined to conversation, because incapable of acquiring that permanent character, which their connection with the written medium, has conferred on those of Greece and of India.

This plainly points out what part of the Chinese language is the subject of variety in dialect. Strictly speaking, it cannot be the written, as this is quite independent of colloquial intercourse, which gives rise to the variety: it must therefore be the Colloquial part of the language alone. Yet to notice every variety which affects conversation, were it even possible, would be nearly as useless as to notice the varieties found in the various counties of England. In the province of Canton there is at least three or four, and possibly a much greater number. The variations found, however, in the most prevalent of these, will enable us to form some idea of those existing in other parts of the empire. With the Canton dialect indeed the author has had the best opportunity of being acquainted, as several of his assistants were born in that province; and it is moreover spoken by the bulk of the Chinese in Calcutta. It is also that with which our countrymen have the best opportunity of being acquainted.

The colloquial dialect in general use is that spoken by those who conduct the affairs of government, who are necessarily the best educated men in the whole empire. From this circumstance, the most correct and extensive colloquial dialect is termed, 話官 *Kwan-hwà*, 'the Mandarine dialect,

8 s s

海上絲綢之路文獻集成　科技與文化編

from 官 *kwan* a public officer, or mandarine, and 話 *hwà*, 'word, discourse.' It is this which is constantly referred to in this work, as the language of 'conversation.' The colloquial varieties which differ from this, are termed, 話白 *Pŭh-hwà*, from 白 *pŭh*, light, united with 話 *hwà*, word; and with reference to particular places they are termed 土 *t'hóo-hwà*, from 土 *t'hóo*, place, country, added to *hwà*.

Exclusive of a different pronunciation, the modes by which the colloquial dialects are varied, are generally three; the introduction of words which have no character; the use of words to which certain spurious characters are affixed; and the application of certain characters in a sense not given them in the dictionaries. The variations observable in the Canton dialect, do not affect the Substantives, however: these as well as most of the verbs, are the same as in the Mandarine dialect, except as varied by a corrupt pronunciation.

Pronouns.—The principal variations are found in the Pronouns. For the Third Personal Pronoun 他 *t'ha*, 'he,' they substitute the word *khyù*, which they express in writing either by 佢 a character not found in the dictionaries, or by 渠 'a drain,' which is said in the Imperial *dictionary*, to be vulgarly used for the third personal pronoun. Many however, express this and other words added, by any character they chuse.

The Interrogative Pronouns also vary: for 何 *Hho?* Who? is substituted the character 乜 *mŭt*, which originally means 'oblique.' To this character they add 野 *yéa*, ('a desert, a wilderness,') to which they affix the idea of 'thing,' as; *Mŭt-yéa*, What thing? But to express Persons they either add 人 *yin*; as, *Mŭt-yin*, What man? or the interrogative 誰 *shooi?*

中國言法

as *Mŭt-shooi?* Who? Instead of 如何 *Hho yu?* In what manner? they use *Tim-yeong?* which phrase they form by uniting 點 *tyén,* a point or dot, (pronouncing it *tim,*) with 樣 *yàng,* 'manner,' the character used in respectable conversation. A phrase responding to this, they form by adding to *yang* the character 咁 *kyén,* (or *kúm*), 'discontented,' as, *Kúm-yeòng,* 'in this manner.' Further, 邊 *pyen,* side, shore, they, pronouncing *pin,* prefix to the generic particle 個 *kò* in order to form an interrogative. Thus *Pin-kò?* is Which? but if *yin,* man, be added, it denotes Who? as *Pin-kò yin,* Who? or What man? This character *pin* is, further, applied to place, as *Pin-chyù,* Whither? or, What place?

In the Demonstratives too, a variation is perceptible. For 此 *tsè,* this, &c. they add 呢 *nee,* to the particle *kò* already mentioned; as, *Nee-kò yun,* 'this man;' and to express 'that' they prefix 嗰 *kó* to the generic particle *kó;* thus, 人個嗰 *kó kò yun,* 'that man.' The Indefinite pronoun 'every' is expressed by the generic particle *kò,* reduplicated; thus 人個個 *kò-kò yun,* 'every man.'

The Pronouns, moreover, express the Number in a different way. Rejecting *túng, pỳ,* &c. and even *mun,** used in conversation at *Peking,* this dialect expresses the plural by *tee,* which some identify with the genitive particle 的 *teè.* Thus, 'We,' will be *Ngó-tee;* 'Ye,' *Neè-tee;* and 'They,' *Khyu-tee.*

The Pronouns also undergo some alteration in Case. The place of the Ge-

* See the Pronouns, p. 372.

海上絲綢之路文獻集成 科技與文化編

nitive particle 的 *tee*, they supply *ad libitum*, by either *kè* to which some affix the character 欨 *kè* 'to gasp,' or 'laugh,' or the generic particle 個 *kò*, mentioned before. Thus, 'mine' will be either *ngó-kè*, or *ngó-kò*; 'thine,' *neè-kè* or *neè-kò*; and 'his,' *khyù-kè* or *khyù-kò*. In forming the Genitive Plural, *tee* is retained; thus, *Ngó tee-kè*, or *ngó-tee-kò*, 'ours;' *Neé-tee-ke*, or *Neé-tee-kò*, 'yours;' and *Khyù-tee-kè*, or *khyu-tee-kò*, 'theirs.' The genitive of 'others' is also expressed by adding these particles to *yin* a man; as *yun-tee-ke*; 'others.' Thus, *Kò-chee pŭt mhì ngó-kè, yun-tee-kè*, 'That pen is not mine, it is some other person's.'

In the Verbs the chief variation is, that instead of the verb 是 *shee*, 'to be,' they generally substitute 係 *hỳ*; of which an example occurs in the sentence, just given; and as the negative 不 *poŏh* is exchanged for 唔 *m*, *Shee, poŏh shee*; 'Is it or not?' will be *Hỳ, mhỳ?* For 無 *woo* the negative of 有 *yeu* 'to have,' they substitute *mòu*, which they express by 冇 the verb 'to have,' emptied of the two points within. They also use a verb or two, which have no character; as *yăk*, which among the vulgar is often used for the verb 'to eat,' &c. &c.

In the Particles the change is small. It has been already seen that the Adverb of Affirmation is made by the verb *hỳ*, 'it is,' and the Negative by *m*, which character, however, is not found in the dictionary. In forming Adverbs of Place, the characters 呢 *nee* and 個 *kò* are united with 處 *chyù*, 'place;' as *Nee-chyù*, 'here;' and *kò-chyu* 'there.' These added to *tee* will also have the same meaning; as *Nee-tee*, here; *Kò-tee*, there.

Thus the change of a few characters, scarcely twenty in number, with a different mode of pronunciation, forms, what may be termed the dialect of Canton. Of becoming acquainted with the varieties of dialect in other parts of the empire, Europeans have as yet small opportunity; but it is not unreasonable to suppose that they are of nearly the same nature with these just specified.

We have now attempted to examine the Chinese language in its fullest extent, and in its most formidable shape: not only have the characters been traced from their origin, a few rude imitations of natural objects, to their most extended and complicated forms; but they have been considered as uniting with each other so as to perform all the functions of language; and the manner in which they thus unite, illustrated by nearly Five Hundred examples selected from the writings of above three thousand years. And now may we not ask what there is in the language beside its being unknown to us, which has arrayed it in all those terrors hitherto associated therewith? Does not each character convey a determinate idea as really as the words of the western languages? Is that Position which supplies the place of grammatical terminations, and which must necessarily be fixed, more intricate and ambiguous than the terminations, and the inversion of sentences found in Latin? I grant that the Chinese written language is not only the Latin of Tonquin, Cochin-china, and Japan, but of China itself; and further, that it is wholly separated from conversation; for to this circumstance it owes that permanent perspicuity which has remained proof against the alterations in language arising from the lapse of ages, the revolutions of government, and the invasions of foreign enemies. Nay, I grant further, that a native Chinese studies the written language and the ancient classics which it contains, for five or six years before he be judged qualified for public bu-

海上絲綢之路文獻集成　科技與文化編

siness. Still does not this last circumstance rather demonstrate the ease with which the language can be acquired? For, not to say that much of this time is employed in digesting the ideas contained in those ancient works, the Chinese Student acquires the written language by study as we acquire Latin, yet does he apply a greater length of time to the study, than it costs an English youth to acquire a good Latin style? Would even a majority of the youth educated at our public schools, be found to have acquired a style sufficiently correct and copious for public business, after studying Latin ten years? Yet no one deems a neat Latin style an impracticable attainment, much less that of reading the language with ease.

It may not be useless then to enquire strictly wherein lies the superior difficulty of the Chinese written language, but in the want of due means. In the simplicity of its construction surely it cannot be, when position forms the essence of its grammar. It must lie then in the number of its characters; it can scarcely be in their speaking to the eye; for we seldom acquire Latin by the ear. But does the number exceed that of the words requisite to form a copious Latin style? The characters in Confucius, in Mung, and the Five King, which together form more than twenty volumes, fall considerably short of Six Thousand, even with all the unusual words found in the four volumes of the Shee. The thirty-five thousand contained in the Imperial Dictionary, include all the obsolete characters which occur in the writings of nearly four thousand years; but we are not to suppose that all these are now needed: were all the words used in Britain during that period, thus carefully preserved, to what a number would *they* amount? The dictionaries written by the Catholic Missionaries seldom contain more than

中國言法

8000 words; yet these are by them deemed the language itself. Moreover, these eight thousand not only originate in 214 elements, but they are, further, formed from about 800 primitives, each by the addition of an element. Now though it is by no means necessary that a person should commit even five hundred of these to memory before he begins reading Chinese, as he has only to refer to an Anglo-Chinese dictionary when one shall be published, (a period perhaps not very distant,) for each character as it occurs, as he refers for any Latin word; yet surely we have instances of memory exerted in other studies quite equal to that of fixing in memory the form and meaning of five or six thousand Chinese characters. Does not the Botanist exert his memory nearly as much in recognizing separately perhaps ten or twelve thousand plants of various species, and genera? and may we not like him shorten the labour? Were a man indeed to enter a garden and without any idea of the orders, classes, and genera of plants, labour to fix in memory first one with all its distinctive marks, then another, and then a third, he would find the task laborious indeed; but the botanist, with the Linnean system in his eye, advances with ease in his scientific career, and while he refers each order to its class, and each variety to its species, he forgets the toil in the pleasure and certainty which attend the pursuit: thus regard to scientific arrangement renders that a rational and elegant amusement, which would otherwise be an impracticable task. If the Chinese language has hitherto been attempted in another way, does that forbid our examining the principles on which it is really founded? if the vegetable world for ages presented little more than a mere chaos, what is that to the Linnean system? If indeed the Chinese written language be really founded on system, investigation will ultimately bring that system into full view: and surely if, in the present improved state of philology, there be any language remaining, worthy of investigation, it must be that which presents to the industrious student, Records that surpass all uninspired writings in antiquity, and introduce him to the manners of the primæval ages of mankind; and a Medium perspicuous to nearly a third of mankind, through which he may communicate ideas, yea even those contained in the Volume of Revelation;—a medium too, which seems to look with an equal eye on all nations, being attainable to the most remote by diligent study, but refusing itself without it to those on the spot where it is indigenous.

大學

TA-HYOH,

WITH

A TRANSLATION,

AND

A Praxis, explaining each Character as it occurs.

This work, the Ta-hyoh *literally the "Great or important Doctrine," is the first of the Four Books, so celebrated among the Chinese, the Choong-yoong, Lun-yu, and Mung, forming the other three. It treats of good Government, which, according to the Chinese Sage, includes the exercise of all virtue, and the source of which he will admit to be nothing less than complete self-government: to acquire this he recommends a thorough acquaintance with the nature of all things connected with human life. This brief Epitome on government by Confucius, which is here termed the* King, *his disciple Tsung-tse, (styled by Sir William Jones the Xenophon of the Chinese,) explains and illustrates in Ten Sections, confirming his ideas by quotations from the ancient classical books of the Chinese. Copious Commentaries have been written on this work: but although the subject is in some degree abstruse, the construction is in general simple and easy; for which reason it seemed better to give the reader by way of Exercise, a whole work when sufficiently short, than merely scraps of any kind; and it is hoped, that the Translation, though not strictly literal, with the Praxis at the end, in which every character is explained in due order, (though not repeated,) will enable the diligent student to form a pretty clear idea of the Chinese Text. It may not be improper to add, that the Chinese is to be read downwards beginning on the right hand, and that the small figures prefixed to both the Text and the Translation, are intended to assist the reader in distinguishing each paragraph.*

TA-HYOH.

大學

[1] 大學之道。在明明德。在親民。在止於至善。

[2] 知止而后有定。定而后能靜。靜而后能安。安而后能慮。慮而后能得。

[3] 物有本末。事有終始。知所先後。則近

The Important Doctrine.

[1] The path or course of Learning proper for Men,* consists in restoring reason to its pristine lustre; in renovating others; and in making the summit of all virtue the only point of rest.

[2] When the mind knows its point of rest, it is decided; once fixed, it can enjoy tranquility; and thus at ease, view all things around with complete self-possession, thence maturely weigh their nature and value, and finally attain, (perfection in virtue.)

[3] Things in the vegetable world have a root, as well as branches and fruit; actions too have a consummation, and also a source whence they spring. He then who has formed a just

* The *Ta-hyoh*, from 大 *tà*, great, and 學 *hyŏh*, 'learning or doctrine,' may have been so called from its being written for persons of riper understanding, rather than for children. The scope of the work evidently shews, however, that it is intended chiefly for those who are called to govern others.

道矣。

古[4]之欲明明德於天下者。先治其國。欲治其國者先齊其家。欲齊其家者先修其身。欲修其身者先正其心。欲正其心者先誠其意。欲誠其意者先致其知。致知在格物。

idea of cause and effect, has made a near approximation to the path which leads to the summit of virtue.

[4] The ancients who wished to restore reason to its due lustre throughout the empire,* first regulated the province which they each governed; desirous of governing well their own kingdoms, they previously established order and virtue in their own houses; for the sake of establishing domestic order, they began with self-renovation; to renovate their own minds, they first gave a right direction to their affections; wishing to direct their passions aright, they previously corrected their ideas and desires; and to rectify these, they enlarged their knowledge to the utmost. Now this enlargement of knowledge, consists in a most thorough and minute acquaintance with the nature of things around us.

* "The empire," or "the world," see p. 516, and also the *Praxis*, character 38. Perhaps this phrase was once less extravagant than it now seems to us. When this work was written, about 450 years before the Christian æra, the Chinese were probably unacquainted with the existence of the Persian empire, as well as of Greece, and

海上絲綢之路文獻集成 科技與文化編

5 物格而后知至知
至而后意誠意誠
而后心正心正而
后身修身修而后
家齊家齊而后國
治國治而后天下
平
6 自天子以至於庶
人壹是皆以修身
為本
7 其本亂而末治者

5 A thorough acquaintance with the nature of things, renders knowledge deep and consummate; from hence proceed just ideas and desires; erroneous ideas once corrected, the affections of the soul move in a right direction; the passions thus rectified, the mind naturally obeys reason; and the empire of reason restored in the soul, domestic order follows of course; from hence flows order throughout the whole province; and one province rightly governed, may serve as a model for the whole empire.

6 From the Son of Heaven even to the common people, one rule applies, that self-government is the root of all virtue.

7 That the right government of a kingdom* should spring from a mind in a state of disorder,† is impossible. To despise that which

and of Rome; and they possibly knew little of Hindoostan. From this phraseology however, we can form an idea of the state of China at this period; while 下天 includes the whole empire, 國 'country,' evidently points out the various provinces or little kingdoms which it contained, and which at this time were in many instances hereditary.

* 末 Literally, 'the branches and fruit.' † 本 Literally, 'the root.'

否矣。其所厚者薄。而其所薄者厚。未之有也。

右[+]經一章。蓋孔子之言。而曾子述之。其傳十章。則曾子之意。而門人記之也。

[1]康誥曰。克明德。

[2]大甲曰。顧諟天之明命。

is most important, (self-government,) and esteem that alone which is light and secondary,* is contrary to reason.

† Thus far the Section of the KING, which, being the doctrine of *Khoong-tsee*, his disciple *Tsung-tse* has explained and illustrated.—The Ten following Sections are *Tsung-tse's* ideas, recorded by his own disciples.

(SECTION I. On "restoring Reason to its pristine lustre.")

[1] The *Khang-kao*‡ says, "(*Wun-wang*) was capable of restoring reason to its full lustre."———[2] The *T'hai-kya* says, "(*T'hang*) was ever intent on improving the intellectual gift of heaven."§——

* "Light and secondary;" i. e. such as ruling a kingdom, &c. light, according to the comment, compared with its source, self-government. † These sentences, added by the Commentator *Chyu-hee*, the Chinese print in lines somewhat shorter to distinguish them from the work itself. This the reader will find done here, and the translation constantly made to correspond therewith. ‡ *Woo-wang*, on investing his younger brother *Khang*, with the kingdom of *Wy*, thus addressed him. 'But reflect honor on the memory of our illustrious parent *Wun-wang*, so capable of restoring reason to its pristine lustre.' See the "*Khang-kao*" or, "Advice addressed to *Khang*," *Shoo-king*, vol. ii. § An admonitory hint given by the virtuous and intrepid *Ee-yuen* to his imperial master *Thai-kya*, when, in the beginning of his reign, remiss and indolent; "The first emperor (of the *Shyang* dynasty,) was ever intent on improving the intellectual gift of heaven." See *Shoo-king*, *Shyang-shoo*, f. 5.

中國言法

3 帝典曰克明峻德。
皆自明也。
右傳之首章。釋
明明德。
1 湯之盤銘曰。苟日
新。日日新。又日新。
2 康誥曰。作新民。
3 詩曰。周雖舊邦。其
命維新。
4 是故君子無所不
用其極。○

[3] The *Tee-tyen** adds, "(*Yao*) restored to its due lustre that sublime faculty (reason.") These all then enlightened themselves.

Thus far the First Section, on duly enlightening the mind.

(SECTION II. On " renovating others.")

[1] On the bathing-laver of *Thang* was engraved; " Would you thus daily cleanse your mind, correct some evil habit every day, yea, continually renovate yourself."† [2] The *Khang-kao* also has, "Excite the people to self-renovation."—[3] The *Shee* says,

Though *Tchyeu* ruled a country inveterate in evil habits.
By the will of heaven, he renovated its laws and manners.‡

[4] There is then no degree of virtue beyond the aim of the superior man.

* "The *Tee-tyen*" treats of the great *Yao*, who is here termed *Tse*, 'Sovereign, or Emperor,' by way of eminence: the sentence quoted runs thus, " He restored to its due lustre the sublime faculty (of reason,) by duly regarding the ties of blood." See *Shoo-king*, vol. i. f. 1. The *Ta-hyoh* will not appear without its value as a historical document, when we consider it as written above two thousand years ago; at this time *Woo-wang* had been dead about 600 years; *T'hai-kya*, about 1200 years; and *Yao*, (who certainly found China in an infant state, since he had to introduce a regard for the ties of blood,) about 1700 years, according to the Annals of China.
† See *Kang-kyen*, vol. iii. ‡ Part of an ode on the *Tchyeu* family by the great *Tchyeu*; see *Shoo-king*, Ta-ya, f. 1.

右傳之二章。釋新民。

1詩云。邦畿千里。惟民所止。

2詩云。緡蠻黃鳥。止于丘隅。子曰。於止。知其所止。可以人而不如鳥乎。

3詩云。穆穆文王。於緝熙敬止。為人君止於仁。為人臣止

Thus far the Second Section on renovating the people.

(SECTION III. On "making the summit of all virtue the only point of rest.")

1 The *Shee* says,

A kingdom a thousand *lee* in extent,
Was once the seat of *rest* for his people.*

2 It also says,

"Hear the note of the imperial bird:
He *resting*, makes his abode in *Kyen-ee*."†

Tsee‡ on this observes, "From his resting, he evidently knows his place of rest. Can it be that a man is less wise than a bird?"

3 The *Shee* again says,

Deep and extensive *Wun-wang's* virtue!
How did his heaven-illumined mind ever regard virtue as its rest!§

As a ruler, tender affection to his people was his point of rest: as a

* "His;" namely *Woo-ting's*, the 20th emperor of the *Syang* dynasty, whom the *Syang-tsoong* celebrates as possessing a kingdom only a thousand *lee* in extent, but as extending the influence of his virtues from sea to sea: according to the Annals of China, he died A. C. 1265. See *Shee-king*, *Syang-tsoong*, ode iii. *Tsung-tse*, however, quotes both this and the following couplet merely to illustrate 止 "rest." † In this ode, the writer being in exile, aggravates his distress by describing a bird as possessed of that rest which he sought in vain. See *Shee-king*, *Sjeu-ya*, f. 46. ‡ Confucius. § See the ode already quoted in the preceding page.

中國言法

於敬爲人子止於
孝爲人父止於慈
與國人交止於信
[4]詩云瞻彼淇澳菉
竹猗猗有斐君子
如切如磋如琢如
磨瑟兮僩兮赫兮
喧兮有斐君子終
不可諠兮[5]如切如
磋者道學也如琢
如磨者自修也瑟

minister, reverence for his sovereign; as a son, the heighth of filial veneration: as a father, the tenderest affection; in his intercourse with men, inviolable sincerity.

4 The *Shee** says,

> See on yon bank of the meandering *Khee*,
> The waving reeds how beautifully luxuriant!
> Such the virtues of the Superior Man.
> As they carve and file ivory,
> As they cut and polish the precious gem,—
> How exquisite! how severe!
> How resplendent! how illustrious!
> The virtues which adorn the Superior Man,
> Can never become a prey to oblivion.†

5 'They carve, they file ivory:' the Superior Man carefully

* A panegyric on *Woo-koong*, the petty sovereign of *Wy*, who died A. C. 804, in the reign of the degenerate *Yeu-wang*, so much satyrized in the *Shee*. See the *Shee-king*; Wy-foong, ode 1st. By 'the Superior Man,' is here meant *Woo-koong*; but as this term is often used for a man eminent in virtue though filling no public station, it seems best to retain it in its general meaning. † The lines in this, and other stanzas quoted in this work, are distinguished in the Chinese manner, by a point placed at the end. They generally contain four characters each.

B

兮僩兮者恂慄也赫兮喧兮者威儀也有斐君子終不可諠兮者道盛德至善民之不能忘也

[6]詩云於戲前王不忘君子賢其賢而親其親小人樂其樂而利其利此以沒世不忘也

form his mind on the model of the precepts he studies;——"they cut, they polish the precious gem:" he incessantly corrects his views and desires;——"How exquisite! how severe!" describe his diligent solicitude respecting his conduct;——"How resplendent! how illustrious!" his majestic, yet attractive dignity of character;——"the virtues which adorn the Superior Man, cannot become a prey to oblivion," characterize that consummate excellence, which must ever live in the minds of men.

[6]The *Shee* says, "How is the memory of the (two) former sovereigns continually revered!"* Succeeding princes imbibed their wise probity, and from them caught the sacred flame of love to the people: to them also the people owe their happiness; through their wise institutions they now enjoy quiet and plenty. It is this which will endear them to the latest generations.

* A quotation from an ode eulogizing *Wun-wang* and his son *Woo-wang*, who are intended here by 'the former sovereigns." See the *Shee-king*, *Ta-ya*, f. 17.

海上絲綢之路文獻集成 科技與文化編

右傳之三章釋止於至善。

[1]子曰聽訟吾猶人也必也使無訟乎。無情者不得盡其辭大畏民志此謂知本。

右傳之四章釋本末。

此謂知本‡

此謂知之至也§

Thus far the Third Section, illustrating the mind's resting alone in the summit of virtue.

(SECTION IV. On "the root, and the branches and fruit.")

[1] *Tsee** says, "Were it mine to hear complaints, I could decide them as well as another. But the virtue of the ruler must cause all strife and litigation to cease,"—must render the idle complainer unable to finish his tale; a deep reverence for the virtues of the prince, will so fill the people's minds, as to excite them to imitation. This is what is meant by knowing the root or source.†

Thus far the Fourth Section, on the root, and the branches.

(SECTION V. On "examination as extending knowledge.")

——— ———This is called the summit of knowledge.§

* Confucius; see *Lun-yu*, vol. ii. † *Tsung-tse* here means to say, that a prince's virtues will so renovate the people's minds, as to quench all desire of litigation; the former, the prince's virtues, he deems the root or cause; and the latter, the people's virtuous quiet, the branches and fruit. The illustration, however, is brief, and not very clear: it is in the last five sections, that he is full and copious. ‡ This line though retained, is merely a repetition of the last clause in Section iv, which the regard of the Chinese for these writings, will not suffer them to think of expunging. § This is the only remaining fragment of the Fifth Section, the rest being lost, which deficiency the Commentator *Chyu-hee* has therefore attempted to supply.

B 2

右傳之五章。蓋釋格物致知之義而今亡矣閒嘗竊取程子之意以補之曰。所謂致知在格物者。言欲致吾之知。在即物而窮其理也。蓋人心之靈。莫不有知。而天下之物。莫

"The rest of the Fifth Section which illustrates a thorough examination of things, as leading to the full extension of knowledge, being now entirely lost, I have ventured to avail myself of *Chhing-tse's** idea, in order to supply the deficiency, and observe, that when the Sage describes knowledge as consisting in a most thorough and clear perception of the nature of things,† it is as though he had said, he who desires to attain, (say even,) my portion of knowledge, should reflect on any object, and examine most thoroughly the laws by which it is governed: for as man's reason is undoubtedly equal to the attainment of knowledge, so there is nothing in human life

* *Chhing-tse*, another commentator on the classical works of the Chinese, also lived under the *Soong* dynasty; but somewhat earlier than *Chyu-hee*, possibly about the end of the eleventh century of the Christian æra, as *Chyu-hee* lived in the twelfth. Of his labours *Chyu-hee* avails himself in most of his commentaries as well as in this instance. † It is not certain what is precisely included in the phrase, 天下之物 which literally means "the things under heaven." From the general scope of this work, however, and from the state of science among the Chinese in the time of Confucius, it seems probable, that a knowledge of human life is intended, rather than an acquaintance with the laws of nature and with science in general; his philosophy referring almost wholly to men and manners.

不有理惟於理有未窮故其知有不盡也是以大學始教必使學者即凡天下之物莫不因其已知之理而益窮之以求至乎其極至於用力之久而一旦豁然貫通焉則衆

which does not proceed on fixed and immutable principles. But because these have not been duly examined, men's knowledge of things has nothing of depth and solidity; therefore, the "TA-HYOH" properly begins, by advising the lover of wisdom to make himself universally acquainted with all things around him, nor to rest satisfied till he comprehend the principles by which they are governed; nay, it advises him further constantly to augment his knowledge of them, so as to aim at penetrating even to their inmost nature. By thus exerting all its strength in the search after knowledge, for a long period, the mind will indubitably become so invigorated and enlarged, as to receive and thoroughly comprehend ideas at once;* and there will finally be nothing either in the external view of things, or in their mutual connection, in the abstruse, or the more obvi-

* The idea conveyed here seems to be, that the examination of things here recommended, in addition to the knowledge which it insures, so strengthens the judgment as to enable the mind to decide at once on the propriety and fitness of things. This section is deemed by the Commentator the most important of the ten.

海上絲綢之路文獻集成 科技與文化編

物之表裏精粗無不到而吾心之全體大用無不明矣此謂物格此謂知之至也

[1]所謂誠其意者毋自欺也如惡惡臭如好好色此之謂自謙故君子必愼其獨也

ous parts of knowledge, which it will not fully comprehend; as this complete investigation of the nature of things, substantiated by long and suitable experience, must at length render all things clear and luminous. This then, may be termed a due investigation of things; and this the summit of knowledge.*

(SECTION VI. On rectifying the ideas and desires of the mind.)

[1] That which the Sage has said relative to "rectifying the ideas and desires of the mind," is this; "do not deceive yourself respecting vice and virtue; deeming the former an ill-scent, dislike it as really as a fœtid smell; and delight in virtue, as in a beautiful colour.† It is this feeling which constitutes self-satisfaction. The superior man, therefore, will diligently regard his conduct as witnessed by himself alone.

* Thus far *Chyu-hee's* comment, intended to supply what is deficient of the Fifth Section; which, to show that it is merely a comment, the Chinese print in shorter lines than the text; which is also done here. † We here come

[2]小人閒居為不善無所不至見君子而后厭然揜其不善而著其善人之視己如見其肺肝然則何益矣此謂誠於中形於外故君子必慎其獨也[3]曾子曰十目所視十手所指其嚴乎[4]富潤屋德潤身心

[2] The ignoble man, on the contrary, when remote from observation, is constantly vicious; nor is there any degree of turpitude at which he does not arrive; yet, beholding a virtuous man, he attempts to conceal his wickedness, and to display an assumed excellence; but men of discernment perceive him as clearly as though they saw his heart and reins: then of what advantage is his dissimulation? This then illustrates the saying, "uprightness within, shines in the outward conduct;" The Superior man therefore will most assiduously regard his conduct when he seems remote from observation. [3] *Tsung-tse* says,* that which the eyes of ten men (may possibly) examine, and the fingers of ten men handle, is indeed matter of concern! [4] As

come to the soul of this system of ethics, which proceeds wholly on the principle, that knowledge is sufficient to renovate the mind. This knowledge is now supposed to be attained, and vice and virtue being beheld in relation to human life, the next direction is, to regard vice as a fœtid smell, and virtue as a beautiful colour, and to cultivate feelings respecting them both which correspond with these ideas; in other words, to regard vice as injuring the character, and virtue as a beautiful attractive. The figures employed, "a fœtid smell," "a beautiful

* "*Tsung-tse*," Quoted as the words of *Tsung-tse's* disciples.

廣體胖。故君子必誠其意。右傳之六章釋誠意。所謂修身在正其心者。身有所忿懥。則不得其正。有所恐懼。則不得其正。有所好樂。則不得其正。有所憂患。則不得其正。

[4] As riches adorn a palace, so virtue adorns the man; when the mind is expanded by virtue and knowledge, the body itself feels in a state of freedom and enjoyment. Hence the Superior man will labor to rectify his thoughts and desires.

Thus far the Sixth Section, on rectifying our ideas and wishes.

(SECTION VII. On, "duly regulating the passions.")

When the Sage observes, that self-government depends on the due regulation of the passions, he means, that when the mind is torn with violent anger, it cannot preserve a due equilibrium; when it is under the influence of inward terror, it cannot be in a proper temperament: even when raised by excessive joy, it cannot be in a right state; and when overwhelmed with grief, it is equally in a state of disorder.

beautiful colour," sufficiently mark the superficial nature of the system: such indeed must be every system of ethics which excludes a holy and heart-searching God; and on this system the present state of morals in China among all ranks of people, is a practical comment.

海上絲綢之路文獻集成 科技與文化編

[2]心不在焉視而不見。聽而不聞。食而不知其味。此謂修身。在正其心。

右傳之七章釋正心修身。

所謂齊其家。在修其身者。人之其所親愛而辟焉。之其所賤惡而辟焉。之其所畏敬而辟焉。

[2] When the mind, engrossed by some passion, is not duly attentive, a man may look without perceiving, may listen without hearing, and receive food without discerning its taste. This sufficiently tells us, that self-government depends on a due command over the passions.

Thus far the Seventh Section on rectifying the passions and self-government.

(SECTION VIII. On "self-government and domestic order."*)

What the Sage intends by saying that a man's establishing order and virtue in his family, depends on his having the most complete command over his own passions, is this, that a man may possibly err in his duty of loving relatives; in that contempt which he ought to have for those who practise vice, he may err;

* We now come to the effect of duly regulating the passions, virtuous conduct in private and public life; the former of which, social virtue, the writer considers indispensibly necessary to the latter, the government of a province, or kingdom. The virtuous man however is not considered merely as the Master of a Family; he is supposed to be a pattern of filial piety, and fraternal respect, as well as to manifest compassion towards his children and domestics.

C

之其所哀矜而辟
焉之其所敖惰而
辟焉故好而知其
惡惡而知其美者
天下鮮矣
[2]故諺有之曰人莫
知其子之惡莫知
其苗之碩
[3]此謂身不修不可
以齊其家
右傳之八章釋

in revering his superiors, he may indeed err; in pitying the distressed, and miserable, he may err; yea in his keeping at a distance from the rude and worthless, he may possibly err. Of those indeed who while they delight in a person, can perceive his defects; and who, while they dislike a man, can yet appreciate his excellencies, the world contains but few.— [2] Thence the common adage, "a fond father is blind to the defects of his son, an avaricious husbandman is unconcious of the real progress of his growing corn."*

[3] This then proves, that unless the empire of reason be *fully* restored in the soul, it is impossible for a man duly to exemplify the various social virtues incumbent on him.

Thus far the Eighth Section, illustrating the connection between self-government and the domestic virtues.

* That is, the partiality of the father renders him blind to the defects of the son whom he loves; the unsatisfied mind of the husbandman fancies his corn weak and low when it is tall and flourishing.

海上絲綢之路文獻集成 科技與文化编

修身齊家

所謂治國必先齊其家者其家不可教而能教人者無之故君子不出家而成教於國孝者所以事君也弟者所以事長也慈者所以使衆也

²康誥曰如保赤子心誠求之雖不中

(SECTION IX. On "Well-governing a Province.")

What the Sage intends by saying, that if a man would govern a province aright, it is necessary previously to establish order and virtue at home, is this, that for one incapable of instructing his own house, to be capable of instructing men, is impossible. The Superior man indeed does not go out of his own house to perfect himself in the art of governing a country. It is Filial veneration that he cherishes towards his sovereign, Fraternal respect, which he exercises toward his superiors, and Fatherly compassion, that he displays toward the great body of the people.

² This compassion, the *Khang-kao** illustrates by saying,—"as you carefully watch over an infant child;"—if the mother's heart be really bent on learning the wants of her babe, though she should

* See note at the foot of page 6. The emperor *Woo*, in his address to his younger brother *Khang*, on investing him with the little kingdom or rather province of *Wy*, as an hereditary possession, says to him,---"As dealing with a man who labours under any disease, so purge off the diseases of thy people; as they nurse a new-born infant, so tenderly nourish thy people's infant virtue." *Shoo-king*. f. 19.

不遠矣。未有學養子而后嫁者也。

[3] 一家仁。一國興仁。一家讓。一國興讓。一人貪戾。一國作亂。其機如此。此謂一言僨事。一人定國。

[4] 堯舜帥天下以仁。而民從之。桀紂帥天下以暴。而民從

not exactly understand them, she will not be far from discerning the wants of her own helpless offspring. Yet no woman is expected to acquire maternal feelings, prior to becoming the mother of a family.*

[3] Let the family of the ruler alone be virtuous, and the whole country will soon cultivate virtue; Let the family of the ruler be gentle and condescending, the whole country will quickly practise the same virtues. But if the ruler be avaricious, the whole country will soon be in a state of revolution. Such then is the force of one man's example: which verifies the axiom, that, one word may overturn business, one man firmly establish a kingdom.

[4] *Yao* and *Shun* governed the empire by their exalted virtue, and the people followed their example. *Kyĕh*† and *Cheu* ruled the

* The intention of *Tsung-tse* in this illustration is not very clear; it seems to be, however, that as a woman though not expected to display maternal tenderness till she fill that relation, still has within her that tender sensibility and compassion from whence it springs; so a man who duly governs a numerous houshold, possesses the grand requisites for ruling, prior to his filling that situation. †*Kyeh*, the last emperor of the *Hya* dynasty, was a

海上絲綢之路文獻集成 科技與文化编

之其所令反其所
好而民不從是故
君子有諸己而后
求諸人無諸己而
后非諸人所藏乎
身不恕而能喻諸
人者未之有也
故治國在齊其家
[5]詩云桃之夭夭其
葉蓁蓁之子于歸
宜其家人宜其家

empire by cruelty and vice, and the people also imitated their evil deeds: yet when their commands were contrary to the people's wishes, they refused to obey them. The Superior Man having within himself the requisite virtues, seeks to implant them in the minds of others; but without first possessing them himself, he is utterly incapable of imparting them to others. That a man, void of benevolence himself, should yet be able to impart it to others, is wholly impossible.—The good government of a country therefore, must originate in a man's cultivating virtue in his own house.

[5] The *Shee* says,

> "The peach tree how pleasant!
> Its leaves how blooming and luxuriant!
> Such is a bride when she enters the house of her spouse,
> And duly regulates his family."*

a most cruel and capricious tyrant. The desponding reply of the people to his vain boast, that his rule would continue as long as the sun, has been already quoted. He was expelled by the excellent *T'hang*, A. C. 1736. The degenerate *Cheu*, the last of the *Syang* dynasty, or the family of *T'hang*, was dethroned by *Woo-wang*, who founded the *Tchyen* dynasty, A. C. 1077.

* This is the stanza which Sir Wm. Jones has so pleasingly versified in the Asiatic Researches, vol. ii: another which he has mentioned, is that occurring p. 9; and a third may be seen p. 25.

人而后可以教國
人。
[6]詩云宜兄宜弟宜
兄宜弟而后可以
教國人
[7]詩云其儀不忒正
是四國其爲父子
兄弟足法而后民
法之也
[8]此謂治國在齊其
家。

Let a man then first, duly instruct the various members of his own family, then can he instruct the people of his charge.

[6] The *Shee-king* also says, " Act worthy of an elder, a younger brother."* First then act worthy of an elder, a younger brother, by fulfilling the duties incumbent on these relations; then will you be able to instruct the people of your charge.

[7] The *Shee* says, again,

> " When the example of the wise is not wanting,
> Equity reigns from sea to sea."†

Where the ruler himself performs the duties required *of him* as a father, a son, an elder and a younger brother, then will the people will then cheerfully follow his example.—[8]It is thus that the government of a country emanates from the due preservation of domestic order and virtue.

* An ode composed to celebrate the emperor *Chhing's* goodness towards his ministers, in which ode he is introduced as thus addressing them, " Act worthy of younger and elder brothers, and by your exalted virtue, secure happiness and long life." See *Shee-king*, *Syeu-ya*, f. 99.

† A quotation from an ode extolling a diligent regard

海上絲綢之路文獻集成 科技與文化編

右傳之九章釋
齊家治國
所謂平天下在治
其國者上老老而
民興孝上長長而
民興弟上恤孤而
民不倍是以君子
有絜矩之道也
[2]所惡於上毋以使
下所惡於下毋以
事上所惡於前毋

Thus far the Ninth Section, shewing how the good government of a country depends on that of a family.

(SECTION X. On "the due government of the Empire as depending on that of each Province.")

What the sage says respecting the peaceful settlement of the empire as depending on the government of each province, is this:—When the Emperor manifests filial piety, the people will be incited to dutiful respect; when the emperor duly regards his elder brother, the people will duly regard the fraternal relation; if the emperor protect the orphan, the people will not be void of compassion; therefore let the sovereign himself maintain a line of conduct squaring perfectly with virtue.

[2] That which you dislike in your superiors, do not exercise towards your inferiors; that which you hate in your inferiors, do not practise toward your superiors; that which is disgusting

regard to peace and tranquillity, but by whom written, or to whom addressed, is not certainly known. See *Shee-king*, *Kwoh-foong*, fol. 29.

海上絲綢之路文獻集成　科技與文化編

以先後所惡於後
毋以從前所惡於
右毋以交於左所
惡於左毋以交於
右此之謂絜矩之
道
詩云樂只君子民
之父母民之所好
好之民之所惡惡
之此之謂民之父
母

in those before you, do not set before those behind you; what is unpleasant in those behind you, do not shew to those before you; what is base in those on your right hand, do not manifest in your intercourse with those on your left; what is evil in those on your left, do not propose to those on your right hand: it is this which is meant by that line of conduct which squares perfectly with equity and virtue.

[3] The *Shee* says,

> "Happy indeed is the Superior man,
> The father and the mother of his people!"*

He who loves that which is beneficial to his people, and hates that which is grievous to them, is the man who may be justly termed the father and mother of his people.

* Part of an ode sung on entertaining a highly esteemed guest; see *Shee-king*, *Syeu-ya*, fol. 8. The term "superior man," though here applicable to a sovereign, may still be understood as applicable to any person eminent for public virtue.

中國言法

4詩云節彼南山維石巖巖赫赫師尹民具爾瞻有國者不可以不慎辟則爲天下僇矣
5詩云殷之未喪師克配上帝儀監于殷峻命不易道得衆則得國失衆則失國
6是故君子先慎乎

4 The *Shee* says,

"How tow'rs yon southern mountain!
Its craggy rocks how gloomy and terrific!
Equally dreadful is Yuen, our ruler,
Viewed by all the people with silent fear."*

He who has to direct public affairs, can never intermit self-circumspection; to decline herein, involves him in ruin.

5 The *Shee* again says,

"Before the monarchs of the Syang dynasty became degenerate,
Their conduct might be compared with that of the Supreme.
It becomes us to regard the Syang dynasty as a mirror:
To preserve the sacred gift of heaven is not easy."†

This tells us, that to gain the affections of the people, is to gain the sovereignty; but to lose them, is inevitably to lose it.—6 The Superior man, therefore, should, above all things, carefully cul-

* Part of a satire, composed by *Kya-poo*, on *Yuen-shee*, a minister employed by the emperor *Syen-wang*; but dreaded for his cruelty. He is introduced by *Tsung-tse*, as a contrast to a ruler, or minister, who is the parent of the people. See *Shoo-king*, *Syeu-ya*, f. 18.

† An admonitory ode, addressed by the great *Tchyeu*, to his

D

海上絲綢之路文獻集成　科技與文化編

德。有德此有人。有人此有土。有土此有財。有財此有用。德者本也。財者末也。[7]外本內末。爭民施奪。[8]是故財聚則民散。財散則民聚。[9]是故言悖而出者亦悖而入。貨悖而

tivate virtue and wisdom: if he possess these, men flock around him; upon this he quickly acquires territory;* the acquisition of territory will produce revenue; and once possessing revenue, he has all things necessary for his government. Thus then virtue and wisdom are the root; riches and empire, the branches and fruit.

[7] If the root, however, be disregarded, and the branches alone engage the mind, discontent quickly fills the minds of the people, and excites them to violence and rapine.

[8] Hence, If wealth be avariciously heaped up, the *people* will be scattered; but where wealth is wisely and liberally dispensed, the people will remain in union and peace.—[9]As therefore when commands harsh and tyranical are issued, they ultimately recoil

his Imperial nephew *Ching-wang*, in which he recounts the causes why the empire was transferred to the *Tchyeu* dynasty, and cautions him against neglect and supineness, as the certain forerunners of his family's downfal. See, *Shoo-king*, *Ta-ya*, f. 15. * The changes which had already taken place in the government of China, were such as to justify this declaration: it was thus that *T'hang* had been seated on the throne to the rejection of the *Hya* family; and *Wun-wung*, afterwards, to the rejection of *T'hang's* family when they became degenerate.

入者。亦悖而出。
[10]康誥曰。惟命不于
常。道善則得之。不
善則失之矣。
[11]楚書曰。楚國無以
為寶。惟善以為寶。
[12]舅犯曰。亡人無以
為寶。仁親以為寶。
[13]秦誓曰。若有一个
臣。斷斷兮無他技。
其心休休焉。其如

on him commanding; so wealth obtained by illegal force will be ultimately lost in the same way.

[10] The *Thang-kao* has it,—"But the gift of heaven (empire,) is not bestowed for ever;" which means, that by acting virtuously, it may be obtained and preserved; but otherwise, inevitably lost.

[11] Speaking of the *Cho* country, one writer says, "the people of *Cho* set no value on precious stones; they esteem nothing precious but the virtuous man."*—[12]His uncle, the wise *Fwan*, also formerly instructed *Wun-koong* to reply thus to the king of *Chin's* embassador, "I am a fugitive; I have nothing left which I deem precious, beside filial piety."†

[13] The *Chin* sovereign once said, Had I but one minister sincere and upright! Though he possessed no other ability, yet did he

* *Chao-kyen-tse*, minister of *Ting-koong*, sovereign of the *Chin* province, enquiring of *Wang-syuen-yu*, embassador from the *Cho* province, whether, in that province, they had the *puh-hyen*, a certain precious stone, was answered, "Yes." They are of great value; What may be their price? "We set no value on them; what we value is, the virtuous and able *Kwan-shyea-foo*." See *Koo-wun*, vol. ii. † *Wun-koong* had been driven into exile by a faction at home: while in this state, his father, who governed the *Tsin* province, died; upon this

海上絲綢之路文獻集成 科技與文化編

有容焉。人之有技。若己有之。人之彥聖。其心好之。不啻若自其口出。寔能容之。以能保我子孫黎民。尚亦有利哉。人之有技。媢疾以惡之。人之彥聖。而違之俾不通。寔不能容。以不能保我子孫黎民。亦曰

possess a heart enlarged and generous; would he, when talents appear in another, regard them with the same satisfaction as though possessed by himself; if another manifest wisdom and ability, would he, not merely expressing a favorable opinion with the lips, cordially esteem him, and employ him in affairs—such a minister might preserve my posterity and my people for ages to come; yea he might profit his country to the latest generations:—But an able minister, who, seeing a man of wisdom and integrity, would dislike him through envy; would prevent a man of known ability and integrity rising into notice, nor employ him in any business of importance,—such a minister, however able, would be incapable of protecting my children and my people; yea, how dangerous would he be!

Mo-koong, who governed the *Chin* province, sent an ambassador to *Wun-koong*, telling him, that this was a fit opportunity to recover his province; to whom, instructed by his ancle, he replied as above, that the recovery of his kingdom was of no value to him, compared with discharging the debt of filial piety, which his father's death then required of him. See *Lee-khee*, *Than-koong*, vol. i.

* *Tsung-tse* having, in the foregoing paragraph, pressed home the necessity of a sovereign's possessing virtue himself;

中國言法

殆哉

[14]唯仁人放流之迸

諸四夷不與同中

國此謂唯仁人爲

能愛人能惡人

[15]見賢而不能舉舉

而不能先命也見

不善而不能退退

而不能遠過也

[16]好人之所惡惡人

之所好是謂拂人

[14] Only a man of genuine virtue, however, dismisses such evil and dangerous men from his presence; he drives them to the barbarous nations without; nor permits them to remain within the Middle Country:* which verifies the saying, that only the man of perfect virtue can with due discrimination either love or abhor men.†

[15] For a prince to see a wise and virtuous man, and through weakness feel unable to notice him; or, to notice him, and yet feel unable speedily to advance him, is to treat him with contempt: to see a wicked man, and feel unable to dismiss him; to dismiss him, and yet not send him far distant, is a criminal weakness.

[16] For a prince to love those who are the objects of general detestation, and to hate those who are loved for their virtues, is contrary to the nature of men: such misguided men, misery inevitably awaits.

himself; in this and the three following paragraphs, inculcates the necessity of chusing virtuous ministers, which he enforces in a way both delicate and energetic. * China. † A quotation from the sage's observations in the *Lun-yu*, in collecting and compiling which, *Tsung-tse* is supposed to have had the principal hand.

之性。菑必逮夫身。

[17]是故君子有大道。必忠信以得之。驕泰以失之

[18]生財有大道。生之者衆。食之者寡。爲之者疾。用之者舒。則財恆足矣。

[19]仁者以財發身。不仁者以身發財。

[20]未有上好仁而下

[17] The Superior man who governs, therefore, once discerning the path of equity, must faithfully and uprightly adhere thereto, that he may preserve his kingdom; should he give himself up to pride and arrogance, he will infallibly lose his country.

[18] * There are legitimate ways in which the sovereign may acquire wealth; when those who by their labour produce tribute, are numerous, when those who receive public salaries are few, when [the husbandman not being interrupted] the corn is speedily produced; and when those who expend the public money practise a wise œconomy, there will ever be a sufficiency of money in the royal treasury.— [19] The virtuous ruler, further, acquires dignity and veneration in the use of his wealth; but the ignoble man heaps up wealth at the expense of his integrity and character.

[20] When the sovereign himself reveres virtue, it is impossible that his subjects should forget the respect due to him; when the

* *Tsung-tse* now digresses to the subject of revenue, and reprobating a rapacious accumulation of wealth, points out the ways in which a prince can acquire wealth with dignity and honour.

海上絲綢之路文獻集成 科技與文化編

不好義者也。未有好義其事不終者也。未有府庫財非其財者也。

[21]孟獻子曰。畜馬乘。不察於雞豚。伐冰之家。不畜牛羊。百乘之家。不畜聚斂之臣。與其有聚斂之臣。寧有盜臣。此謂國。不以利爲利。

people duly regard the rights of the sovereign, it is impossible that the revenues should not be easily collected; and equally impossible, that a revenue thus collected without extortion, should not be deemed sacred to the sovereign's use.

[21] *Moong-shyen-tse* says;* They whose rank enables them to maintain a chariot and horses, should not degrade themselves by selling fowls and swine; they who use ice in their offerings to the deceased,† should not be concerned in the merchandize of cows and goats; much less should those who bring out a hundred chariots, employ a rapacious servant: than such an unjust servant, it were better to employ an open robber. This shews that a country is not enriched by the mere accumulation of money; but by the prevalence of equity and justice.

* *Moong-shyen-tse*, a wise mandarine of *Loo*, who lived three reigns prior to Confucius. This passage describes three ranks of mandarines rising above each other. † This was proper only for those of superior rank, to whom those who furnished a hundred chariots when called upon by their sovereign, were superior still.

以義爲利也。
[22]長國家而務財用者。必自小人矣。彼爲善之。小人之使爲國家。菑害並至。雖有善者。亦無如之何矣。此謂國。不以利爲利。以義爲利也。

右傳之十章。釋治國平天下。

[22] If a sovereign bend his mind wholly to the extorting of money from his people, it must be through the advice of some wicked minister, although the sovereign may imagine him upright. But if a wicked minister thus impose on a sovereign, the wrath of heaven, and the indignation of an injured people will at once be felt in that country; and though a virtuous minister be employed, he cannot avert these calamities. Such then is the force of that maxim, that a country's prosperity and riches spring not from the sovereign's accumulation of wealth, but from the administration of virtuous and upright ministers.

Thus far the Tenth Section, on wisely governing a province, and preserving the whole empire in peace and tranquillity.*

* The end of the work; to which *Chyu-hee* subjoins a note, intimating, that the first Four sections describe the scope and design of the work, which the last Six fully exemplify: that the Fifth is important, as explaining the means by which the mind is enlightened; and the Sixth, as describing the source of self-government.

THE PRAXIS,

Or, Remarks on the Characters in TA-HYOH.

THE *Ta-hyoh* being given with a translation, an explanation of the characters it contains seems desirable, that those who feel the wish, may have an opportunity of examining the Chinese text. Of doing this, there are two ways; that of giving all the characters arranged under their proper keys, and that of explaining them as they occur in each paragraph; but as in the first, a knowledge of the Elements would be necessary in order to trace each character, which, however easy of attainment, can scarcely be expected in every one who may wish to explore a Chinese sentence, it seems better to explain each character as it occurs in the work; to which explanation any one can recur on meeting with it a second time. While this mode of arranging the characters, however, precludes the necessity of resorting to their respective keys, it affords an opportunity of illustrating the method of finding the characters by the key, which, in consulting a dictionary, is of equal importance with tracing a Hebrew root, or the root of a verb in Greek or Latin.

Mode of tracing the Characters.—In a Chinese dictionary, the reader will find every character placed under some one of the two hundred and fourteen Elements, as its key. The key of a character is therefore the first thing he has to discover: in doing which, the following rules may assist him:

1. If the character be a simple one, or one not evidently divisible into two distinct elements, the complete element which he can discern therein will generally be the key. Thus in 在 *tsài*, (char. 5) he may discern 土 *t'hoó*, the earth, as a complete element, which he will find the key; but the other part is no complete character. So also in 學 *hyŏh*, learning, (ch. 2) the key 子 *tsé*, a son, can be discerned at the bottom; but the upper part, though composed of several, exhibits none complete.

2. In characters formed of two elements, the key is generally that on the left. Thus in 道 *taò*, the way (4), the key 辵 *khyŏh*, irregular motion, is on the left. In 明 *ming*,

E

bright, the key 日 *yih*, the sun, is on the left; as is 女 *nyú*, a woman, the key of 好 *haó*, good, (24.) In a few instances, that on the right is the key: as in 知 *chee*, knowledge, the key of which is 口 *khóu*, the mouth; but this is more rare.

3. In a character composed of an element and a primitive, or those in which one part is an element, while the other part contains an element with some addition, or perhaps two united, or possibly three, the element which appears most prominent and clear will generally be found the key: which will commonly be that on the left. The exceptions to these rules are occasioned chiefly by;

4. Certain particular elements which prefer a different position; of these about twenty-four claim the top; as 艸 *ts'háo*, grass, 竹 *choŏh*, a bamboo, 門 *mun*, a door, &c. About sixteen prefer the right side, of which the chief are 月 *yuĕh*, the moon, 刀 *tao*, a knife, 力 *lih*, strength, 鳥 *nyáo*, a bird, and 頁 *yĕh*, the head. About six prefer the bottom, as 木 *moŏh*, wood, 凵 *khan* a chasm, 皿 *ming*, a vessel. A few which have the key in the middle, or otherwise so disguised as not to be easily discerned, the Chinese arrange together without regard to the keys, under the number of strokes which they contain. With these exceptions, the rest, more than three fourths, fall under these rules.

In the Imperial Dictionary, which may serve as a sample of the rest, these keys or Elements are arranged according to the number of strokes they contain. The key itself is the first character explained; then follow such as are formed by the addition of one point or stroke; afterward those formed by the addition of two, three, or four strokes, to the highest number. It is here, that, counting the additional strokes, the student has to look for the character in question; the key and the number of strokes added thereto in the characters of any page, being marked on the margin. Any character being thus found by its number of strokes, the next thing seen will be its obsolete form, if it have any, then the Initial and Final of which the name is formed, and lastly its meaning. Thus in the character 明 *ming*, for example, we shall find 朙, said to be its ancient form: then from the *Kwang-yuen*, a more ancient dictionary, 武 *wóo*, and 兵 *ping*, are quoted, as the two characters to be 'divided,' in order to form the sound of the character; but the *Tsa-yuen*, the *Yuen-hooi*, and the *Ching-yuen*, three other dictionaries, are quoted as adducing 眉 *m-y*, and 兵 *p-ing*, to form its true sound, 'which,' says the editor, 'being divided, accord in sound with the character 鳴 *ming*.' Thus the sound of every Chinese character is defined by an initial and a final, the latter of which is supposed also to mark the *tone* of the character. The name or sound thus ascertained, authorities are then quoted for its meaning, the first of which, from the *Shyŭh-wun*, is 'light, brightness, splendor;' which is confirmed by various authorities, too long to be inserted here, as this character occupies a whole page; one of them, however, is the following sentence, 也明故成月日 *Yih yuĕh chhing koò ming yeú*, 'The sun and moon coalesce, therefore, brightness,' is meant. Thus then are the characters arranged, their various meanings defined, and supported by authorities when they exist; which may be the case with about two fifths of the characters in the Imperial dictionary.* If this process fail of discovering the character, either the key is mistaken, or the number of additional strokes not rightly counted, for which the remedy is easy.

In perusing this little work, it is necessary that the reader bear in mind, what has been already explained so much at large in the Grammar, that while a character expresses an idea, it is its position which fixes it as a part of speech. Hence if a character perform the office of a verb in the first instance, it may occur in the next line as a substantive or an adjective. Thus in the first sentence 明 *ming* is a causal participle 'enlightening,' &c. but in the next line it forms a part of the compound 德明 *ming-tŭh*, 'the intellectual faculty, reason.' Thus also 定 *tìng*, the 6th character in the second paragraph, may be deemed the substantive 'fixedness,' governed by the verb 有 *yĕu*, to have; but 定 *tìng*, the next character, is the passive participle 'fixed,' and thus with others. To analyse each character thus, as often as it occurs, would too much swell the volume; for although less than four hundred, as

* As *writing* the characters is by far the most effectual way of imprinting them on the memory, a word or two on that subject may not be useless: The Chinese write them with a brush or pencil, held upright between the thumb and the two first fingers, the arm lying straight on a flat table. This mode is to be recommended to beginners, particularly the young. It is however possible to write the characters with considerable accuracy and dispatch, with an English pen, if the hollow part be turned inwards to the right, which a student who wishes to write the meaning in English with the same pen, will often find highly convenient. The Chinese generally begin

海上絲綢之路文獻集成 科技與文化編

repeated in the work they form above two thousand. However one sentence may be thus analysed, which will enable the ingenious reader to form some idea of the rest.

The First sentence in the Tà-hyŏh analyzed.

(1) 大 *Tà*, (an element,) great, an adjective. (2) 學 *hyŏh*, (key 子 *tsé*, a son;) learning; generally the verb to learn, but here a substantive denoting the thing taught, learning or doctrine. (3) 之 *tchee*, (key, 丿 *phyĕh*, oblique,) a pronom. character, and also a genitive particle, which last is its office here; see p. 220. (4) 道 *taò*, (首 *shyéu*, the head added to the key 辶 *khyŏh*, interrupted motion,) the way, physically and morally; a substantive. (5) 在 *tsài*, (key 土 *t'hoó*, the earth,) to be, to be situated in, &c.; a character signifying the substantive verb as connected with place; see p. 451. (6) 明 *ming*, (月 *yuĕh*, the moon, added to the key 日 *yĭh*, the sun,) bright, or brightness; here its position gives it the force of a causal participle. (7) 德 *tŭh*, (the obsolete ch. 悳 *tuh*, habit, faculty, added to the key 彳 *chhĭh*, a short step,) habit, power, faculty; often used for habitual virtue: 明德 *ming-tuh*, 明 *ming*, added to 德 *tŭh*, to form a compound denoting the understanding, reason, the intellectual faculty. See p. 516. 在 *tsài*, 'consists,' a verb as in 5. which see. (8) 親 *ts'hin*, near, a relative, as father, mother, &c. but here the commentators read it *sin*, and ascribe to it the meaning of 新 *sin*, new; to renovate; thus understood, it has the force of an active participle. (9) 民 *min*, (the key 氏 *shee*, a name,) people, nation; the people: a substantive. 在 *tsài*, a verb, see 5. (10) 止 *chée*, (an element,) to stop, to rest, to remain; an active participle. (11) 於 *yu*, (key 方 *fang*, a rule;) at, in; a prepositive character, see p. 231. (12) 至 *tcheè*, (an element,) to arrive at: here it has the force of a superlative; see Adjectives, p. 290. (13) 善 *shyèn*, (key 口 *khóu*, a mouth,) virtue, here a substantive.——This may serve to give the reader some idea of the mode of analyzing a Chinese sentence. The other characters will be explained as they occur.

with the left side of the character, and make the horizontal before the perpendicular strokes, except that at the bottom, which generally finishes the character.

The remaining characters in the TA-HYOH Explained.

Characters occurring in "the King."

Paragraph 2d.

14. 知 *chee*, (口 *khóu*, the mouth, added to the key 矢 *chhée*, an arrow,) to know; knowledge.

15. 而 *irr*, (one of the elements,) the copulative conjunc. and; see p. 489.

16. 后 *hyeù*, (key 口 *khóu*, the mouth;) a sovereign's consort; the second; afterward.

17. 有 *yéu*, (𠂇 *tsò*, the left, added to the key 月 *yuĕh*, a month,) the verb to have.

18. 定 *tìng*, (𤴓 the obsolete ch. for 正 *chìng*, right, &c. and the key 宀 *myen*, a shed,) decided, firm, established; fixedness, &c.

19. 能 *nung*, (the key 月 *yoŏh*, flesh,) can, &c. an auxiliary serving to the potential mood; see. p. 410.

20. 靜 *tsìng*, (爭 *tsung*, quarrel, added to the k. 青 *ts'hing*, natural colour,) tranquil, calm, collected.

21. 安 *ngan*, (女 *nyú*, a woman, added to the key 宀 *myen*, a shed,) ease, comfort, happiness; to be at ease, &c.

22. 慮 *lyù*, (思 *se*, thought, added to 虍 *hoó*, a tyger, the key 心 *sin*, the heart,) to consider, to weigh maturely.

23. 得 *tŭh*, (key 彳 *chhĭh*, a short step,) to get, to attain.

Paragraph 3d.

24. 物 *woŏh*, (勿 *woŏh*, a neg. added to 牛 *nyeu*, a cow,) things; objects of sense.

25. 本 *pún*, (一 *yĭh*, one added below to the key 木 *moŏh*, wood,) root, essence, origin; cause.

26. 末 *mŏh*, (*yĭh*, one added above to the k. 木 *moŏh*, wood,) branches, the external part; effects produced by a cause.

27. 事 *sè*, (the key 亅 *khyŭh*,) business, affairs in general.

28. 終 *choong*, (冬 *toong*, winter, added to the k. 糸 *se*, silk,) end, consummation.

29. 始 *chheé*, (台 *t'hai*, a certain star, added to the key 女 *nyú*, a woman,) source, beginning; to begin.

30. 所 *só*, (斤 *kin*, a weight of 22 oz. added to the key 戶 *hoò*, a door,) the relative who or which. See p. 323.

31. 先 *syen*, (key 儿 *yin*, the obsolete ch. for man,) before, first; cause.

32. 後 *hyeù*, (the key 彳 *chhĭh*, a short step,) after, last; effect.

海上絲綢之路文獻集成 科技與文化編

33. 則 *tsŭh*, (貝 *pŷ*, a pearl, added to 刀 *tao*, a knife,) 'then ;' a conj.*

34. 近 *kin*, (斤 *kin*, a weight, added to the k. 辵 *khyŏh*, irregular motion,) near.

35. 矣 *eé*, (厶 *myêu*, base, and the k. 矢 *chheè*, an arrow,) an enclitic ; see p. 540.

Paragraph 4th ; page 3d.

36. 古 *koó*, (十 *shĭh*, ten, added to the key 口 *khóu*, the mouth,) ancient ; rendered a substantive by the genitive particle ; see Rem. 9, p. 554.

37. 欲 *yoŏh* (谷 *koŏh*, a valley, and the k. 欠 *khyèn*, wanting,) desire ; to desire.

38. 天 *t'hyen*, (一 *yĭh*, one, added to the key 大 *tà*, great,) heaven.

39. 下 *hyà*, (卜 *poŏh*, divination, added to the key 一 *yih* one ;) below, under, beneath : 下天 *T'hyen-hyà*, a compound used to express China.

40. 者 *tchyeá*, (key 老 *laó*, aged,) a formative particle, see page 522. Added to *t'hyen-hyà*, the empire, it denotes the people.

41. 治 *cheè*, (台 *t'hai*, a certain star, and the key 水 *shoói*, water,) to regulate, to put in order.

42. 其 *khee*, (key *păh*, eight,) a demonstrative pronoun. See p. 331.

43. 國 *kwŏh*, (或 *hŏh*, perhaps, added to the key 囗 *wŷ*, to encircle,) a province, a country.

44. 齊 *ts'hee*, (an element,) even, level, alike ; to establish order.

45. 家 *kya*, (豕 *tchée*, a hog, added to the key 宀 *myen*, a shed,) a house, a family including children, domestics, &c.

46. 修 *syeu*, (key 人 *yin*, a man,) to compose, to regulate, to renew.

47. 身 *shin*, (an element,) body, self, himself, &c. a recipro. pron.

48. 正 *chìng*, (一 *yih*, one, and 止 *chée*, to stop,) just, right ; to rectify.

49. 心 *sin*, (an element,) the heart.

50. 誠 *chhing*, (成 *chhing*, complete, &c. added to the key 言 *yen*, a word,) solid, true, right ; to correct or perfect.

51. 意 *eè*, (音 *yin*, a sound, added to the key 心 *sin*, the heart,) idea, desire, intention.

52. 致 *cheè*, (the key 至 *cheè*, to arrive at,) to extend fully ; extension.

53. 格 *kŭh*, (各 *kŏh*, each, added to

* This character was omitted by mistake in treating of the Conjunctions ; it has generally the force of the conjunction 'then ;' as in this instance.

the key 木 *moöh,* wood,) a tall and regular free; also a rule or example; to examine, to comprehend perfectly.

Paragraph 5th: page 5th.

54. 平 *p'hing,* (key 干 *kan,* a buckler,) even, right; to set in perfect order.

Paragraph 6th: page 5th.

55. 自 *tsè,* (an element,) self; also the prep. from; see p. 257.

56. 子 *tsé,* (an element,) a son. *T'hyen-tse,* the Son of Heaven, a title given to the emperor.

57. 以 *eé,* (the key 人 *yin,* a man,) to use, to reckon, &c.

58. 庶 *shòo,* (key 广 *yén,* a shelter,) many, the many, the common people, a collective; see p. 367.

59. 壹 *yih,* (key 士 *se,* learned,) the num. one.

60. 是 *sheè,* (疋 *sho,* the feet, and the key 日 *yih,* the sun;) the substantive verb is, &c.

61. 皆 *kyai,* (比 *peé,* to compare, added to the key 白 *păh,* white,) all; a collective pronoun.

62. 爲 *wy,* (the key 爪 *chaó,* claws,) to be, to make; also for, on account of.

Paragraph 7th; page 5th.

63. 亂 *luòn,* (the key 乚 *yuĕh,* hooked,) disturbed, confused; confusion, disturbance, tumult, sedition.

64. 否 *fyéu,* (不 *poĕh,* not, and the key 口 *khou,* a mouth,) a negative particle used interrogatively.

65. 厚 *hyèu,* (key 厂 *hán,* a cavern,) thick, large, important, weighty.

66. 薄 *p'hŏh,* (溥 *p'hoó,* totally, and the key 艸 *ts'haó,* grass,) thin; light, worthless.

67. 未 *wỳ,* (*yih* one, added to the key 木 *moŏh,* wood,) the neg. particle, not, not yet; see p. 484.

Characters in Chyu hee's Observation, page 6.

68. 右 *yèu,* (key 口 *khóu,* the mouth.) The right, the right hand; here, it refers to the foregoing paragraphs.

69. 經 *king,* (key 糸 *se,* silk,) the woof of cloth; a fixed star; right, fixed; a term applied by the Chinese to their five classical books; and here, to the foregoing text or epitome of Confucius.

70. 一 *yih,* (an element,) one.

71. 章 *chang,* (早 *tsaó,* early, and the key 立 *lih,* stand,) clear, manifest; a section.

海上絲綢之路文獻集成　科技與文化编

72. 蓋 *khaì*, (盍 *hĕh*, why not? and the key 艸 *ts'haó*, grass,) to cover, to guess; also the conjunct. for, &c.

73. 孔 *khoóng*, (key 子 *tsé*, a son,) a cave; large; the family name of *Khoong-foo-tse*, or Confucius.

74. 言 *yen*, (an element,) to speak; a word, doctrine.

75. 曾 *Tsung*, (key 曰 *yuĕh*, to speak,) to superadd; the family name of *Tsung-tse*, the most eminent of Confucius's disciples who survived him. He instructed *Tse-se*, the sage's grand son, who afterwards instructed *Mung-tse*.

76. 述 *shyŭh*, (朮 *shyŭh*, a medicinal plant, and the key 辵 *khyoh*, interrupted motion,) to narrate, to follow or illustrate another's doctrine.

77. 傳 *chhuòn*, (專 *chuon*, only, wholly, and the key 人 *yin*, a man,) to hand down, or deliver to others.

78. 十 *shĭh*, (an element,) ten.

79. 門 *mun* (an element,) the door; 入門 *mun-yin*, a term applied to disciples.

80. 記 *kee*, (己 *keé*, self, and the key 言 *yen*, a word,) to recollect, to record.

Characters in Tsung-see's Comment.

SECT. I.

81. 康 *Khang*, (隶 *teè*, to extend, and the key 广 *yĕn*, a shelter,) quiet, tranquil; the name of the younger brother of the emperor *Woo-wang*, the founder of the *Tchyeu* dynasty, who ascended the throne, A. C. 1062.

82. 誥 *kaò*, (告 *kaò*, intimate, and the key 言 *yen*, a word,) to teach, to tell another. *Khang-kaó*, literally 'instructions given to *Khang*,' the title of a section in the *Shoo-king*.

83. 曰 *yuĕh*, (an elem.) say, speak, &c.

84. 克 *khŭh*, (古 *koó*, old, and the key 儿 *yin*, man;) capable, able; to overcome.

Paragraph 2d; page 7th.

85. 甲 *kyăh*, (key 田 *t'hyen*, a field,) the head, the beginning. *T'hai-kyah*, the second emperor of the *Syang* dynasty, who ascended the throne, A. C. 1690. Also, the Section in the *Shoo-king* which treats of him.

86. 顧 *koò*, (雇 *koò*, to hire, added to the key 頁 *yĕh*, the head,) to look attentively.

中國言法

87. 諟 *shee*, (是 *shee*, the subst. verb, added to the key 言 *yen*, a word,) to investigate; also the pron. this.

88. 命 *ming*, (令 *ling*, to order, to appoint, added to the key 口 *khóu*, a mouth,) the gift or appointment of heaven; life, reason.

Paragraph 3d; page 7th.

89. 帝 *tee*, (key 巾 *kin*, a napkin,) a sovereign, applied here to the emperor *Yao*.

90. 典 *tyéu*, (key 八 *păh*, eight,) law; doctrine; *Tee-tyén*, the title of the first section in the *Shoo-king*, which treats of *Yao*.

91. 峻 *tsèn*, (key 山 *shan*, a mountain), high, elevated, abrupt, eminent.

Characters in Sect. II.

92. 釋 *shĭh*, (key 釆 *pyèn*, divide, explain,) to solve, explain, illustrate.

93. 湯 *Thang*, (昜 *yang*, light, pure air, added to the key 水 *shóoi*, water,) tepid water; also the name of the first emperor of the *Syang* dynasty.

94. 盤 *p'han*, (般 *pan*, to transfer, and the key 皿 *mín*, a vessel,) the lower part of a vessel with a cover; a bathing vessel.

95. 銘 *ming*, (名 *ming*, a name, added to the key 金 *kin*, gold), sculpture; to engrave as on a vessel, &c.

96. 苟 *kyéu*, (句 *kyù*, a sentence, added to the key 艸 *ts'haó*,* grass,) thus, if, indeed; a subj. particle; see p. 494.

97. 新 *sin*, (key 斤 *kin*, a weight,) new, recent; to renew.

98. 又 *yeù*, (an element,) also, again, a copulative conjunction; see p. 491.

99. 作 *tsŏh*, (乍 *tchhà*, suddenly, added to the key 人 *yin*, a man,) to make, to form, to cause.

100. 周 *Tchyeu*, (key 口 *khóu*, the mouth,) to environ, to embrace; the name of the great *Tchyeu*, the son of *Wun-wang*, and the brother of the emp. *Woo-wang*. He appears to have been one of the greatest men of the age in which he lived: though he did not fill the imperial throne, the Chinese have called the dynasty after his name. Also the *Tchyeu* dynasty.

101. 詩 *shee*, (寺 *tsè* a place deemed sacred, added to the key 言 *yen*, a word,) poetry in general: *Shee-king*, the book of Odes; see p. 548.

* For the abbreviated forms of certain elements when used in composition, see the Elements, from p. 6. to page 14.

F

102. 雖 *sooi*, (key 隹 *chooi*, a species of bird,) although; a subj. conj.

103. 舊 *kyeù*, (萑 *sooi*, a certain herb, added to the key 臼 *kyeu*, a mortar,) ancient, old, inveterate, &c.

104. 邦 *pang*, (the key 邑 *yih*, a boundary,) a country; here, it means China.

105. 維 *wy*, (隹 *chooi* a certain bird, added to the key 糸 *se*, silk,) to bind; it has often the force of the verb to be.

106. 故 *koò*, (古 *koó*, old, added to the key 攴 *phŏh*, to touch lightly,) therefore; a continuative conjunct; see p. 492.

107. 無 *woo*, (key 火 *hó*, fire,) the neg. of the verb to have; see p. 482.

108. 用 *yoòng*, (an element,) to use, to apply, &c.

109. 極 *kĭh*, (亟 *kih*, to hasten, added to the key 木 *moŏh*, wood,) the apex, the summit; see p. 289.

110. 二 *ìrr*, (an element,) two.

Characters in Sect. III; *page* 8.

111. 云 *yuen*, (厶 *myéu*, secret, base, not known, added to the key 二 *irr*,) to say, to speak, &c.

112. 畿 *kee*, (key 田 *t'hyen*, a field;) a portion of land containing a thousand *lee*, esteemed the royal demesne; *pang-kee*, a country or kingdom.

113. 千 *tsyen*, (an oblique stroke placed above the key 十 *shĭh*, ten,) a thousand.

114. 里 *leè* (an element,) a Chinese measure of length anciently containing 2880 feet; also a village.

115. 惟 *wy*, (隹 *chooi*, a bird, added to the key 心 *sin*, the heart,) only, an adv.

Paragraph 2d; ibid.

116. 緡 *myen*, (昏 *hwun*, twilight, added to the key 糸 *se*, silk,) literally, a twisted thread; and,

117. 蠻 *man*, (key 虫 *choong*, a worm,) the southern part, united, form *myen-man*, the note of a bird.

118. 黃 *hwang*, (an element,) yellow, esteemed the imperial colour.

119. 鳥 *nyáo*, (an element,) a bird.

120. 于 *yu*, (key 二 *irr*, two,) the same in name and meaning with the prep. 於 *yu*, at, &c.

121. 丘 *khyeu*, (key 一 *yih*, one,) a hillock, a place raised around and low within.

122. 隅 *yu*, (the key 阜 *fyéu*, a boundary,) an angle or corner; *khyeu-yu*, any place full of trees.

海上絲綢之路文獻集成 科技與文化編

123. 如 yu, (口 khóu, the mouth, added to the key 女 nyú, a female,) as, like; an adverb of comparison.

124. 乎 hoo, (key 丿 phyĕh,) a note of interrogation, and occasionally of admiration.

Paragraph 3d; ibid.

125. 穆 moŏh, (key 禾 uo, rice growing,) to revere; still, quiet. Here, according to the commentators, deep and vast.

126. 緝 tsĭh, (咠 tsĭh, to whisper, added to the key 糸 se, silk,) to connect, to continue.

127. 熙 hee, (巸 hee, wide, and the key 火 hó, fire,) shining, splendid, illustrious.

128. 敬 king, (苟 kyéu, if, &c. added to the key 攴 p'hŏh, to touch lightly,) to regard, to venerate; cordial regard.

129. 仁 yin, (二 irr, two, and the key 人 yin, a man,) virtue, goodness, love; often used for virtue in general.

130. 臣 chhun, (an element,) a minister, a ruler's chief servant.

131. 孝 hyaò, (key 子 tsé, a son,) filial piety.

132. 父 foò, (an element,) a father.

133. 慈 ts'he, (茲 ts'he, this, added to the key 心 sin, the heart;) pity, affection.

134. 與 yú, (key 臼 kyeù, a mortar,) to give; the prep. with, &c. see p. 239.

135. 交 kyao, (父 foò, a father, and the key 亠 t'hyeu,) intercourse; to associate with.

136. 信 sin, (言 yen, a word, and the key 人 yin, a man,) sincere, faithful.

Paragraph 4th; page 9th.

137. 瞻 chyen, (詹 chyen, garrulous, and the key 目 moŏh, the eye,) to look up, to view, to mark.

138. 彼 pee, (皮 p'hee, the skin, and the key 彳 chhĭh, a short step,) the demonstrative pron. that; see p. 342.

139. 淇 Khee, (其 khee, he, &c. and the key 水 shoói, water,) the name of a river.

140. 澳 yoŏh, (奧 ngaò, the south-west corner, added to the key 水 shoói, water,) winding, crooked.

141. 菉 loŏh, (key 艸 ts'haó, grass,) a species of reed.

142. 竹 choŏh, (an element,) a reed in general.

143. 猗 ee, (奇 khee, wonderful, added to the key 犬 khyuén, a dog,) an interjection expressing admiration: ee-ee, beautiful.

144. 斐 fey, (非 fy, false, added to the key 文 wun, fair), adorned; beauty.

145. 切 *tsyĕh*, (七 *ts'hĭh*, seven, and the k. 刀 *tao*, a knife,) to cut, to divide.

146. 磋 *ts'ho*, (差 *chha*, a fault, added to the key 石 *shĭh*, a stone,) to polish with the file, as ivory, &c.

147. 琢 *tyŏh*, (豕 *chhoo*, to lead a pig with a cord, added to the key 玉 *yooh*, a precious stone,) to sculpture.

148. 磨 *mo*, (麻 *ma*, hemp, added to the key 石 *shih*, a stone,) to polish in the manner of lapidaries.

149. 瑟 *sĭh*, (key 玉 *yoŏh*,) a certain musical instrument; fine, exquisite.

150. 兮 *hee*, (key 八 *păh*, eight,) a note of admiration used chiefly in poetry.

151. 僩 *hhán*, (閒 *kyen*, within, and the key 人 *yin*, a man,) severe attention; assiduous, steady, exact.

152. 赫 *khĭh*, (the key 赤 *chhĭh*, fleshcolour repeated,) red, fiery, resplendent.

153. 諠 *hyuen*, (宣 *syuen*, to publish, and the key 言 *yen*, a word,) the clamors of many: here, forgotten, according to the comment.

154. 恂 *syuen*, (旬 *syuen*, ten days, added to the key 心 *sin*, the heart,) faithful, filled with awe.

155. 慄 *lyŭh*, (栗 *lyŭh*, the chesnut, added to 心 *sin*, the heart,) to fear; to dread; *syuen-lyŭh*, awful, venerable.

156. 威 *wy*, (戌 *syŭh*, the time from 7 to 9 A. M. and the key 女 *nyu*, a woman,) majesty; venerable, majestic.

157. 儀 *ee*, (義 *eé*, right, just, and the key 人 *yin*, a man,) manner, form.

158. 盛 *shing*, (成 *chhing*, complete, and the key 皿 *min*, a vessel,) to contain, to hold; also full, fulness.

159. 忘 *wang*, (亡 *wang*, nothing, and the key 心 *sin*, the heart;) to forget, to bury in oblivion; forgotten.

Paragraph 6th; page 10th.

160. 戲 *kheè*, (key 戈 *kwo*, a sword,) a comedy; joined with 於, and the compound pronounced *oo-hoo*, an exclamation.

161. 前 *ts'hyen*, (the key 刀 *tao*, a knife,) before, former; formerly.

162. 王 *wang*, (by some esteemed an element, but the element is really 玉 *yoŏh*, a precious stone,) a sovereign, a king, an emperor.

163. 賢 *hyen*, (key 貝 *pỳ*, a pearl,) virtue; a virtuous man.

164. 親 *ts'hin*, (key 見 *kyèn*, to see,)

海上絲綢之路文獻集成 科技與文化編

kindred by blood, or by affinity; affection.

165. 小 *syeú*, (an element,) little, small, low, common.

166. 樂 *loh*, (key 木 *moŏh*, wood,) joy, delight; pronounced *ngoh*, it denotes music, pronounced *nguò*, fond attachment.

167. 利 *leè*, (禾 *wo*, standing corn, and the key 刀 *tao*, a knife,) profit, to profit; also sharp, keen.

168. 此 *tsé* (匕 *peè*, the handle of a weapon, and the key 止 *tcheé*, to stop,) this; a demonstrative pron.

169. 沒 *mŏh*, (殳 *mŏh*, to dive, added to the key 水 *shóoi*, water,) not; the end; to sink, to die.

170. 世 *sheè*, (key 一 *yih*, one,) an age properly of 30 years, the present age; the world.

SECT. IV; *page 11th.*

171. 聽 *t'hing*, (key 耳 *írr*, the ear,) to hear.

172. 訟 *tsoòng*, (公 *koong*, public, and the key 言 *yen*, a word,) contention, strife, complaint.

173. 吾 *ngoo*, (五 *ngoó*, five, and the key 口 *khóu*, the mouth,) I, the first personal pronoun.

174. 猶 *yao*, (酋 *yaó*, ripe, finished, added to the key 犬 *khyuén*, a dog,) like, as.

175. 必 *pĭh*, (key 心 *sin*, the heart,) must, will; an auxiliary; see p. 443.

176. 使 *sheé*, (吏 *leé*, a mandarine, added to the key 人 *yin*, a man,) to make, to cause; see p. 399.

177. 情 *ts'hing*, (青 *ts'hing*, nature, and the key 心 *sin*, the heart,) natural feelings, motions of the heart, passions; here, added to the two surrounding characters, it makes, *woo ts'hing tsyêa*, not a true man; i. e. not a man of real feeling.

178. 得 *tŭh*, (key 彳 *chhĭh*, a short step,) to get, to obtain.

179. 盡 *tsin*, (key 皿 *min*, a vessel,) to draw out, to exhaust, to finish or complete.

180. 辭 *ts'he*, (key 辛 *sin*, bitter,) tale, word; also to refuse.

181. 畏 *wỳ*, (key 田 *t'hyen*, a field), to fear, to venerate.

182. 志 *tcheè*, (士 *sè*, a learned man, and the key 心 the heart,) mind, inclination, desire.

183. 謂 *wỳ*, (胃 *wỳ*, the stomach, and key 言 *yen*, a word,) to say, to name or call.

SECT. V ; *page 12th.*

184. 義 *eè*, (我 *ngó*, I, added to the key 羊 *yang*, a goat,) right or just.

185. 今 *kin*, (key, 人 *yin*, a man,) the adv. now.

186. 閒 *kyen*, (月 *yuĕh*, the moon, and the key 門 *mun*, a door,) to interfere; a space, an interstice; at leisure.

187. 嘗 *shyang*, (key 口 *khou*, the mouth,) to taste or try; an auxiliary forming the perfect tense; see p. 436.

188. 竊 *syĕh*, (key 穴 *yuĕh*, a hole,) to steal; by stealth, secretly, &c.

189. 取 *tsyú*, (耳 *irr*, the ear, added to the key 又 *yaò*, again,) to receive, to take.

190. 程 *Chhing*,* (呈 *chhing*, to petition, added to the k. 禾 *wo*, rice in the ear,) an exemplar; *Chhing-tse*, one of the most famous commentators on Confucius. He lived under the *Soong* dynasty; but somewhat earlier than *Chyu-hee*, who frequently quotes him.

191. 補 *poó*, (甫 *foó*, just, exact, fair, and the key 衣 *ee*, apparel,) to help, to supply.

192. 即 *tsih*, (the key 卩 *tsih*, a joint,) immediately, then; a conj.

* N. B. 桯 was printed by mistake in the Appendix, page 12, instead of the true character.

193. 窮 *khyoong*, (躬 *koong*, body, self, and the key 穴 *yuĕh*, a hole,) poor; exhausted, terminated.

194. 理 *leé*, (里 *leè*, a Chinese mile, and the key 王 *ŏoh*, a precious stone,) to moderate, to govern; the reason or principle of a thing.

195. 靈 *ling*, (key 雨 *yù*, rain,) the spirit, the mind, the rational faculty.

196. 莫 *mŏh*, (key 艹 *ts'haó*, grass,) not, a negative particle.

197. 教 *kyaò*, (key 攴 *p'hŏh*, to touch lightly,) to teach; doctrine, precept.

198. 凡 *fwan*, (key 几 *kee*, a kind of table,) all, the whole; a collective.

199. 因 *yin*, (大 *tà*, great, and the key 囗 *wy*, to encircle;) from, as from a cause, a prep. See p. 256.

200. 己 *keé*, (an element,) self; himself, &c.

201. 益 *yih*, (key 皿 *min*, a vessel,) to increase, to add; profit, utility, &c.

202. 求 *khyeu*, (key 水 *shóoi*, water,) to seek, to enquire for.

203. 力 *lih*, (an element,) strength; diligence.

204. 久 *kyéu*, (key 丿 *p'hyĕh*,) formerly, of old; a long time.

205. 旦 *tàn*, (一 *yih*, one, added to the key 日 *yih*, the sun,) clear; early: *yih-tan*, some day, ultimately.

206. 豁 *khŏh*, (害 *hai*, to destroy, added to the key 谷 *kŏh*, a valley,) through; completely open.

207. 然 *yen*, (key 火 *hó*, fire,) indeed, yet, but, only, a disjunctive conjunct. See p. 494.

208. 貫 *kwan*, (毌 *kwan*, to thread, and the key 貝 *pý*, a pearl,) to thread, to unite.

209. 通 *t'hoong*, (甬 *yoong*, the middle or right path, and the key 辵 *khyŏh*, interrupted motion,) through, entire; to understand thoroughly.

210. 焉 *yen*, (key 火 *hó*, fire,) a final particle.

211. 衆 *choòng*, (乑 *p'han*, to reach, and the key 血 *hyŭh*, blood,) all, a collective.

212. 表 *pyáo*, (key 衣 *ee*, clothing,) an outer garment, the external part.

213. 裏 *leé*, (里 *leé*, a Chin. mile, interjected within the key 衣 *ee*, clothing,) the inner part of a garment; the interior.

214. 精 *tsing*, (青 *ts'hing*, green, natural, and 米 *meé*, rice,) fine, good, perfect; the essence of a thing.

215. 粗 *ts'hoo*, (且 *chyĕa*, but, &c. added to the key 米 *meé*, rice,) gross, thick, large, rude.

216. 全 *ts'hyuen*, (王 *wang*, a king, and the key 入 *yih*, enter,) total, entire, perfect, the whole; to complete.

217. 到 *taò*, (至 *tchee*, arrive, added to the key 刀 *tao*, a knife,) to arrive at.

218. 體 *t'heé*, (豊 *lee*, propriety, &c. added to the key 骨 *koŏh*, bone,) the body, the substance.

[SECT. VI; *page 14th.*

219. 毋 *woo*, (an element,) a prohibitory neg. See p. 480.

220. 欺 *khee*, (其 *khee*, he, &c. and the k. 欠 *khyĕn*, wanting,) to deceive.

221. 惡 *ngŏh*, (亞 *ngŏh*, unrighteous, and the key 心 *sin*, the heart,) evil; base, &c. when read *oò*, it means to hate.

222. 臭 *chyĕu*, (自 *tsé*, from, and the key 犬 *khyuĕn*, a dog,) a smell, a scent.

223. 好 *haó*, (子 *tsé*, a child, added to the key 女 *nyú*, a woman,) good, excellent; to esteem.

224. 色 *sŭh*, (an element,) colour; also luxury.

225. 謙 *khyen*, (兼 *kyen*, the conj. and, added to the key 言 *yen*, a word,) satis-

海上絲綢之路文獻集成 科技與文化編

fied ; humility; pronounced *hyŏh*, it means at ease, happy.

226. 愼 *shìn*, (眞 *chhin*, true, and the key 心 *sin*, the heart,) attentive, diligent, careful.

227. 獨 *toŏh*, (key 犬 *khyuén*, a dog,) an old man without a son ; alone ; what a man alone knows, i. e. his internal part.

Paragraph 2d : page 15th.

228. 居 *kyu*, (古 *koó*, old, added to the key 尸 *shee*, a corpse,) to rest, to dwell, to abide, &c.

229. 厭 *yèn*, (key 厂 *hàn*, a cavern,) to dislike ; *yèn-yen*, to hide, to conceal.

230. 揜 *yen*, (弇 *yen*, to cover, and the key 扌 *shyéu*, the hand,) to cover, to conceal.

231. 著 *tchyù*, (the particle 者 *tchyéa*, and the key 艸 *ts'haó*, grass,) to bring into the light, to shew.

232. 視 *sheè*, (示 *sheĕ*, shew, tell, and the key 見 *kyèn*, appear,) to look, to look into.

233. 肺 *fỳ*, (key 月 *yoŏh*, flesh,) the lungs.

234. 肝 *kan*, (干 *kan*, a lance, added to the key 月 *yoŏh*, flesh,) the liver.

235. 中 *choong*, (key 丨 *kwún*, drawn through 口 *khóu*, the mouth,) the middle ; the midst.

236. 形 *ying*, (the key 彡 *shan*, feathers,) form, image, exterior figure.

237. 外 *ngwài*, (卜 *poŏh*, divination, added to 夕 *tsih*, the evening,) the prep. without.

Paragraph 3d ; ibid.

238. 目 *moŏh*, (an element,) the eye.

239. 手 *shyéu*, (an element,) the hand.

240. 指 *cheé*, (旨 *cheé*, nice, fine added to the key 扌 *shyéu*, the hand,) the finger ; to shew, to indicate.

241. 嚴 *yen*, (the key 口 *khóu*, the mouth,) severe.

Paragraph 4th ; ibid.

242. 富 *foò*, (畐 *foŏh*, fully, added to the key 宀 *myen*, a shed,) rich ; riches.

243. 潤 *yuèn*, (key 水 *shóoi*, water ; to adorn ; to soak, to render fruitful.

244. 屋 *oŏh*, (至 *tcheè*, to arrive, and 尸 *shee*, to extend,) a house, a habitation.

245. 廣 *kwáng*, (key 广 *yén*, a shelter,) great, ample, extended.

246. 胖 *p'hàng*, (半 *pàn*, half, added to

the key 肉 *yooh*, flesh,) half; a body cut in two; to divide.

SECT. VII; *page* 16*th*.

247. 忿 *fwùn*, (分 *fwun*, divide, and the key 心 *sin*, the heart,) anger; to be angry.

248. 慸 *t'heè*, (疐 *cheè*, to tread, and the key 心 *sin*, the heart,) displeasure, to be displeased.

249. 恐 *khoóng*, (巩 *koóng*, to clasp or embrace, and the key 心 *sin*, the heart,) to fear.

250. 懼 *kyù*, (瞿 *kyù*, to stare through fear, and the key 心 *sin*, the heart,) terror, astonishment.

251. 憂 *yeu*, (key 心 *sin*, the heart,) to be sad; sadness.

252. 患 *hwàn*, (串 *chhuòn*, to unite to, a generic part. and the key 心 *sin*, the heart,) cogitation; to be sad, to think anxiously.

Paragraph 2*d*; *page* 17*th*.

253. 聞 *wun*, (門 *mun*, a door, added to the key 耳 *írr*, the ear,) to hear.

254. 食 *chhih*, (an element,) to eat.

255. 味 *wỳ*, (the neg. 未 *wỳ*, and the key 口 *khóu*, the mouth,) to taste.

SECT. VIII; *page* 17*th*.

256. 愛 *ngài*, (key 心 *sin*, the heart,) to love.

257. 辟 *p'hĭh*, (key 辛 *sin*, bitter,) a king, a ruler; to swerve; oblique.

258. 賤 *tsyèn*, (戔 *tsyen*, small, light, and the key 貝 *pỳ*, a pearl,) vile, abject, cheap: to contemn.

259. 哀 *ngai*, (key 口 *khoú*, the mouth,) to commiserate; sympathy, pity.

260. 矜 *khin*, (今 *kin*, now, and the key 矛 *myeu*, a kind of spear,) to pity: *ngai-khin*, to commiserate strongly.

261. 敖 *ngaò*, (key 攴 *phŏh*, to touch lightly,) to wonder, to feel elated.

262. 惰 *tò*, (key 心 *sin*, the heart,) idle, negligent: *ngaò-tò*, to despise.

263. 美 *mỳ*, (大 *tà*, great, added to the key 羊 *yang*, a goat,) beautiful, amiable; beauty, excellence.

264. 鮮 *syén*, (羊 *yang*, a goat, added to 魚 *yu*, a fish,) few.

Paragraph 2*d*; *page* 18*th*.

265. 諺 *yèn*, (彥 *yèn*, eminently learned, and the key 言 *yen*, a word,) common; a proverb.

266. 苗 *myao*, (田 *t'hyen*, a field, and the key 艹 *ts'haó*, grass) the budding of corn, herbs, &c.

267. 碩 *shih*, (頁 *yeh*, the head, and the key 石 *shih*, a stone,) great, large, full; fulness, &c.

SECT. IX; *page 19th.*

268. 弟 *teé*, (key 弓 *koong*, a bow,) a younger brother; also regard, respect.

269. 長 *cháng*, (an element,) wide, large; old; also the respect due to one superior in age.

270. 保 *pao*, (呆 *ngai*, foolish, silly, and the key 人 *yin*, a man,) to preserve, to protect; to nourish.

271. 赤 *chhih*, (an element,) flesh-colour; a new-born child.

272. 遠 *yuén*, (袁 *yuen*, a long robe, added to the key 辵 *khyŏh*, irregular motion,) far, distant.

273. 養 *yáng*, (羊 *yang*, a goat, added to 食 *chhih*, eat,) to support, to nourish.

274. 嫁 *kyà*, (家 *kya*, a house, and the key 女 *nyu*, a woman,) to be married.

Paragraph 3d; page 20th.

275. 興 *hing*, (key 臼 *kyèu*, a mortar,) to raise, to stir up, to set in motion.

276. 讓 *yàng*, (襄 *syang*, to take away, added to the key 言 *yen*, a word,) to prefer others, to give way; humble.

277. 貪 *t'han*, (今 *kin*, now, and the key 貝 *pỳ*, a pearl,) covetous, avaricious.

278. 戾 *laoì*, 犬 (*kyuén*, a dog, added to the key 戶 *hoo*, a door,) perverse, wicked, depraved.

279. 機 *kee*, 幾 (*kee*, a very little, added to the key 木 *moŏh*, wood,) a certain tree; object, design, intent.

280. 僨 *fun*, (賁 *pee*, to adorn one's self, and the key 人 *yin*, a man,) to frustrate, to overturn.

Paragraph 4th; ibid.

281. 堯 *Yao*, (key 土 *t'hoo*, the earth.) *Yao*, the sixth emperor of the Chinese, if *Fo-hi* be reckoned the first.

282. 舜 *Shun*, (key 舛 *chuen*, opposite,) a species of grass: also the emperor *Shun*, the successor of Yao.

283. 帥 *syŭh*, (𠂤 *tooi*, a heap of earth, and 巾 *kin*, a napkin,) a ruler; to rule, to lead an army.

284. 從 *tsoong*, (key 彳 *chhih*, a short step,) to follow, to imitate; the prep. from; see page 252.

285. 桀 *Kyeh*, (舛 *chhuen*, opposite, and the key 木 *moŏh*, wood,) crooked:

here, the name of the tyrant *Kyĕh*, the last of the *Hya* dynasty.

286. 紂 *Cheu*, (key 寸 *chyuen*, an inch,) another tyrant, the last of the *Shyang* dynasty, upheld by *Wun-wang*, but dethroned by *Woo-wang* his son, A. C. 1121.

287. 暴 *paò*, (key 日 *yih*, the sun,) cruelty, oppression.

288. 令 *ling*, (key 人 *yin*, a man,) to command; an order.

289. 反 *fwan*, (key 又 *yeù*, again,) opposite; on the contrary.

290. 諸 *chyu*, (者 *chyéa*, added to the key 言 *yen*, a word,) all; before a substantive, the prep. toward.

291. 藏 *tshang*, (臧 *tsang*, modest, added to the key 艹 *tshao*, grass,) to hide, to cover

292. 恕 *shyù*, (如 *yu*, like, as, added to the key, 心 *sin*, the heart;) candour, pity, to act toward others as to ourselves.

293. 喻 *yù*, (俞 *yu*, to respond, and the key 口 *khou*, the mouth,) to teach, to impart; to inform.

Paragraph 5th; page 21st.

294. 桃 *t'hao*, (兆 *chaò*, a million, and the key 木 *mŏŏh*, wood,) a peach tree.

295. 夭 *yao*, (an oblique stroke on the key 大 *tà*, large,) tender: *yao yao*, pleasant, urbane.

296. 葉 *yeh*, (the key 艸 *ts'háo*, added to the obsolete character 枼 *yeh*,) a leaf.

297. 蓁 *tsuen*, (key 艸 *ts'haó*, grass,) flourishing, exceedingly luxuriant.

298. 歸 *kwy*, (key 止 *tchée*, to stay,) to return: *ya-kwy*, a woman's going to the house of her espoused husband.

299. 宜 *ee*, (且 *chyéa*, again, and the key 宀 *myen*, a shed,) right, proper, &c.

Paragraph 7th; page 22d.

300. 忒 *t'hŭh*, (弋 *yih*, to dart, added to the key 心 *sin*, the heart,) wrong, deficient.

301. 足 *chŏŏh*, (an element,) sufficient.

302. 法 *fwah*, (去 *khyù*, to go forth, and the key 水 *shooi*, water,) a law, a statute.

SECT. X; *page 23d.*

303. 老 *lao*, (an element,) old; also filial piety.

304. 恤 *sih*, (血 *hyuh*, blood, and the key 心 *sin*, the heart,) love, pity.

305. 孤 *koo*, (瓜 *kwa*, a melon, and the

key 子 *tse*, a son,) alone; fatherless, an orphan.

306. 倍 *p'hy*, (咅 *t'hha*, to spit, and the key 人 *yin*, a man,) double; different.

307. 絜 *kyĕh*, (㓞 *khee*, an agreement, and the key 糸 *se*, silk,) to consider, to weigh, to mark out as by a line.

308. 矩 *kyú*, (巨 *kyù*, great, large, and the key 矢 *ch'hee*, an arrow,) a square; to square: *kyĕh-kyú*, the rule of mutual equity.

Paragraph 2d; page 24th.

309. 左 *tso*, (𠂇 the obsolete ch. *tsó*, and the key 工 *koong*, art,) the left hand.

Paragraph 3d; ibid.

310. 只 *chih*, (八 *pah*, eight, added to the key 口 *khŏu*, a mouth,) only, then: see p. 495.

Paragraph 4th; page 25th.

311. 節 *tsyeh*, (即 *tsih*, immediately, and the key 竹 *choŏh*, a bamboo,) a joint; to restrain; abrupt, high.

312. 南 *nan*, (key 十 *shih*, ten,) the south.

313. 山 *shan*, (an element,) a mountain.

314. 石 *shih*, (an element,) a rock, a stone.

315. 巖 *yen*, (嚴 *yin*, severe, added to the key 山 *shan*, a mountain,) a cavern, a chasm; *yen-yen*, gloomy, dreadful.

316. 師 *se*, (key 巾 *kin*, a napkin,) teacher, lord, ruler, &c.

317. 尹 *Yuén*, (a horizontal stroke placed across the key 尸 *shee*, a corpse,) a governor; to govern. The name of a minister employed by the emperor *Syuen-wang*; but highly odious to the people.

318. 具 *kyù*, (the key 八 *păh*, eight,) to prepare; complete; all.

319. 爾 *irr*, (key 爻 *ngao*, to imitate,) the pronoun thou.

320. 僇 *loŏh* (翏 *lyao*, soaring high, and the key 人 *yin*, a man,) shame; ruin; to kill.

Paragraph 5th; ibid.

321. 殷 *Yin*, (key 殳 *shyu*, a staff,) abundantly; also the name of the province governed by *T'hang*, the founder of the *Shyang* dynasty, previously to his ascending the imperial throne; hence, the dynasty often bears that name, as here.

322. 喪 *sàng*, (the key 口 *khŏu*, the mouth,) mourning; lost; death, fall, ruin.

323 配 *p'hỳ*, (己 *keé*, self, and the key 酉 *yao*, mature, complete,) to compare with, to equalize.

324. 監 *kyen*, (key 皿 *min*, a vessel,) to look, to examine; a mirror.

325. 易 *eè*, (勿 *woŏh*, not, and the key 日 *yĭh*, a day,) originally *yĭh*, to change; but pronounced *eè*, it means easy.

Paragraph 6th; page 26th.

326. 土 *t'hoo*, (an element,) the earth; land, territory.

327. 財 *tsai*, (才 *tsai*, ability, added to the key 貝 *py*, a pearl,) money, riches.

Paragraph 7th; ibid.

328. 爭 *tsung*, (key 爪 *chaó*, claws,) to quarrel, to contend, to litigate.

329. 施 *shee*, (key 方 *fang*, square,) to give, to diffuse; to excite, &c.

330. 奪 *tyŏh*, (key 大 *tà*, great,) to take by force, to seize.

Paragraph 8th; ibid.

331. 聚 *tchyù*, (key 耳 *irr*, the ear,) to take, to require, to exact.

332. 散 *sàn*, (key 攴 *phoh*, to touch lightly;) to disperse, to diffuse, to scatter.

Paragraph 9th; ibid.

333. 悖 *p'hy*, (孛 *pŏh*, a certain star, added to the key 心 *sin*, the heart,) to disturb; harsh, unreasonable.

334. 貨 *ho*, (化 *fwà*, to change, &c. added to the key 貝 *pỳ*, a pearl,) to sell; to suborn; to obtain illegally.

Paragraph 10th; page 27th.

335. 常 *shhang*, (key 巾 *kin*, a napkin,) always, constant.

Paragraph 11th; ibid.

336. 楚 *Cho*, (key 木 *moŏh*, wood,) anciently, a petty kingdom; now the province of *Hoo-kwang*.

337. 書 *shoo*, (key 日 *yuĕh*, to say,) the general name for a book: *Shoo-king*, one of the Five *king*.

338. 寶 *paó*, (key 宀 *myen*, a roof,) a precious thing, the emperor's seal; to esteem precious.

Paragraph 12th; ibid.

339. 舅 *Kyeù*, (男 *nan*, a male, added to the key 臼 *khyeu*, a mortar,) a father-in-law; an uncle.

340. 犯 *fwàn*, (㔾 *tsyeh*, a joint, added to the key 犬 *khyuen*, a dog,) to oppose; here, a proper name.

Paragraph 13th; ibid.

341. 秦 *Chin*, (key 禾 *wo*, corn in the ear,) anciently, the name of a petty kingdom.

342. 誓 sheè, (key 言 yen, a word,) league, covenant: Chin-sheè, the title of a section in the 3d volume of the Shoo-king.

343. 若 yŏh, (key 艹 ts'háo, grass,) as; if, though.

344. 个 kò, (key 丨 khyuen,) a generic part. see p. 505.

345. 斷 tuon, (key 斤 kin, a weight,) to judge, to decide; tuon-tuon, perfect, upright.

346. 他 t'ha, (key 人 yin, a man,) the personal pronoun he; also another; see p. 330.

347. 技 kheè, (支 chee, a branch, added to the key 扌 shyéu, the hand,) skill, ability, &c.

348. 休 hyeu, (key 人 yin, a man,) eminent in virtue: kyeu-hyeu, enlarged, generous.

349. 容 yoong, (谷 koŏh, a valley, added to the key 宀 myen, a shed,) to receive cheerfully, to admit, &c.

350. 彥 yèn, (key 彡 yen, a shed,) sensible.

351. 聖 shìng, (呈 chhing, petition, added to the key 耳 irr, the ear,) a sage, a man possessing the highest degree of knowledge.

352. 啻 t'hèe, (key 口 khóu, a mouth,) only; at least.

353. 寔 shĭh, (key 宀 myen, a shed,) true, right, &c.

354. 孫 suen, (key 子 tsé, a son,) a grandson.

355. 黎 lee, (key 黍 shoŏ, millet,) black, dark: united with min, people, as lee-min, it means the common people.

356. 尚 shàng, (key 小 syáo, small,) to add, as yet, a conjunction; see page 495.

357. 亦 Yeh, (key 亠 t'hyeu,) also, a conjunction.

358. 娼 mao, (key 冒 nao, to cover, added to the key 女 myu, a woman,) envy, jealousy, &c.

359. 哉 tsai, (key 口 khóu, a mouth,) an interjective particle; see page 496.

360 疾 tsih, (key 疒 tsih, disease;) to be sick.

361. 違 wy, (韋 wy, tanned leather, added to the key 辵 khyoh, irregular motion,) to refuse, to oppose.

362. 俾 pee, (the key 人 yin, added to 卑 py, low,) to make; a causal.

363. 殆 thai, (台 t'hai, a certain star, and the key 歹 tai, bad,) to endanger.

海上絲綢之路文獻集成 科技與文化編

Paragraph 14*th; page* 29*th.*

364. 唯 *wy*, (key 口 *khóu*, the mouth,) only, &c.

365. 放 *fang*, (方 *fàng*, square, added to the key 攴 *phoh*, to touch lightly,) to permit, to let go, to drive away.

366. 流 *lyeu*, (k. 水 *shóoi*, water,) to flow out, to exile: *fang-lyeu*. to send into exile.

367. 迸 *p'hing*, (key 辵 *khyŏh*, to expel,) to exile, to drive away.

393. 夷 *ee*, (弓 *koong*, a bow, added to the key 大 *tà*, large,) common, ordinary: the nations on every side of the Chinese are by them termed *ee*.

369. 同 *t'hoong*, (key 口 *khóu*, the mouth,) the preposition with.

Paragraph 15*th; ibid.*

370. 舉 *kyu*, (key 臼 *kyeu*, a mortar,) to erect, to exalt, &c.

371. 退 *t'hoooi*, (艮 *hin*, a limit, and the key 辵 *khyoh*, irregular motion,) to push back; retrograde.

372. 過 *kwo*, (咼 *wa*, a wry mouth, added to the key 辵 *khyŏh*,) to transgress; to pass the due bounds, &c.

Paragraph 16*th; ibid.*

373. 拂 *fhoŏh*, (弗 *foŏh*, not, and the key 扌 *shyéu*, the hand,) to refuse, to object, to oppose; contrary to.

374. 性 *sing*, (生 *sing*, birth, added to the key 心 *sin*, the heart,) nature.

375. 菑 *ts'hai*, (甾 *tshai*, misery, added to the key 艹 *tshao*, grass,) a tree dried up, an unsuccessful work; deep misery.

376. 逮 *teè*, (隶 *teè*, attain, and the key 辵 *khyoh*, irregular motion,) to attain unto, to reach.

Paragraph 17*th; page* 30*th.*

377. 忠 *choong*, (中 *choong*, midst, added to the key 心 *sin*, the heart,) faithful; faithfully.

378. 驕 *kyao*, (喬 *kyao*, high, and the key 馬 *má*, a horse,) proud; haughty, &c.

379. 泰 *t'hài*, (the key 水 *shoói*, water,) prodigious, arrogant: *kyao-t'hai*, exceedingly proud.

Paragraph 18*th; ibid.*

380. 寡 *kwá*, (key 宀 *myen*, a shed,) little, few, a widow.

381. 舒 *shyĕh*, (key 舌 *shea*, the tongue;) to extend, to widen; also to have enough.

382. 恒 *hin*, (亘 *king*, *syen*, to promulgate, added to the key 心 *sin*, the heart,) constant; continually.

Paragraph 19*th; ibid.*

383. 發 *Fwăh*, (the key 癶 *poh*, to extend,) to throw forth, to raise, &c.

海上絲綢之路文獻集成　科技與文化編

Paragraph 20th; ibid.

384. 府 *foó*, (付 *foo*, give, and the key 广 *yen*, shelter,) a camp, a palace.

385. 庫 *khoò*, (車 *kyú*, a carriage, and the key 广 *yen*, a shelter,) a repository: *foo-khoò*, a compound denoting a treasury.

Paragraph 21st; page 31st.

386. 孟 *Mùng*, (key 子 *tsé*, a son,) great: also a proper name.

387. 獻 *shyèn*, (key 犬 *khyuen*, a dog,) to offer something to a superior; *Mung-shyen*, a mandarine of Loo.

388. 畜 *tchyooh*, (玄 *yuen*, dark, and the key 田 *t'hyen*, a field,) to nourish domestic animals.

389. 馬 *má*, (an element,) a horse.

390. 乘 *shìng*, (the key 丿 *phyeh*,) a chariot with four horses; to ascend.

391. 察 *shhoh*, (祭 *tshee*, worship, and the key 宀 *myen*, a shed,) to examine.

392. 雞 *kee*, (奚 *kee* what? and the key 隹 *chooi*, a bird;) a hen.

393. 豚 *t'hoon*, (豕 *choo*, to tie, and the key 月 *yooh*, flesh,) a small pig.

394. 伐 *fwăh*, (人 *yin*, a man, and the key 戈 *ko*, to dart,) to strike or cut.

395. 冰 *ping*, (the key 冫 *ping*, frozen, and 水 *shooi*, water,) cold; ice.

396. 牛 *nyen*, (an element,) a cow, &c.

397. 羊 *yang*, (an element,) a goat.

398. 百 *pah*, (key 白 *pŭh*, white,) a hundred.

399. 斂 *lyen*, (僉 *kyen*, all, added to the key 攴 *phoh*, touch lightly,) to receive, to entertain: *chyu-lyen*, rapacious.

400. 寧 *ning*, (key 宀 *myen*, a shed,) rather; to prefer.

401. 盜 *taò*, (key 皿 *min*, a vessel,) to steal; a robber.

Paragraph 22d; page 32d.

402. 務 *mooh*, (key 力 *lih*, strength,) strenuous endeavour.

403. 害 *kai*, (key 宀 *myen*, a shed,) to destroy.

404. 並 *ping*, (key 一 *yih*, one,) the conjunction and, &c.

FINIS.

国家出版基金项目
NATIONAL PUBLICATION FOUNDATION

海上絲綢之路文獻集成

總主編 陳支平 陳春聲

科技與文化編 74

主編 王揚宗 葉農

海峽出版發行集團
THE STRAITS PUBLISHING & DISTRIBUTING GROUP
福建人民出版社

本册目次

漢語語法

（*Grammar of the Chinese Language*）

〔德〕羅存德（William Lobscheid）著

《漢語語法》，德國羅存德著。羅存德（William Lobscheid，一八二二—一八九三），德國傳教士。一八四八年抵香港，在華二十餘年，一八七四年移居美國直至逝世。著有《地理新志》、《麥氏三字經》、《英話文法小引》、《英華行篋便覽》等。此書由香港《孖剌西報》印刷，以英文描述並解釋漢語語法，兼及官話與粵方言，皆以粵語羅馬字注音。全書分兩部分，分別刊印單行。第一部分完成於一八六四年四月，書前有序言及導論，正文分述方言差異、語音特點及各詞類。本編收録第一部分，據一八六四年版香港影印。

GRAMMAR

OF THE

CHINESE LANGUAGE.

BY

THE REV. W. LOBSCHEID,

M. Z. B. S. K; C. M. J. R. G. S. A. &c., &c.

IN TWO PARTS.

PART I.

PRINTED AT THE OFFICE OF THE "DAILY PRESS," HONGKONG.

1864.

To

The Honorable

F. Chomley,

THIS VOLUME

IS RESPECTFULLY INSCRIBED

BY THE

AUTHOR.

PREFACE.

When the author of the present work first arrived in China, he had great difficulties in getting a teacher who would condescend to speak to him as he would do to his own countrymen; and there being not as yet a work published in the local dialect to serve as a safe guide to a knowledge of the spoken language, he felt that in using any of the existing Grammars he would act like a man living in London and using a French Grammar for the acquisition of English. The Orthography of most of the smaller works that were afterwards published is only adapted for private use. The intonation has altogether been discarded, which makes the respective works often dangerous instruments to place into the hands of a new arrival.

As to the Orthography to be adopted in the present work, the author had no hesitation in giving Sir W. Jones' (whom Dr. Williams follows) the preference. Many of the diacritical marks now used by foreigners are not required for natives and may, therefore, soon be done away with. That will leave a simple and excellent system of spelling, such as can be acquired by a native of moderate talent within the short period of one month.

To invent a new alphabet, as several excellent scholars have proposed, would leave us in the same position in which we now find ourselves in Japan, Siam, Tibet, Burmah and India, were the lack of a more practical system of spelling is keenly felt by the students of those tongues.

We must well keep in mind, that the further we advance in civilization, the nearer are nations brought toge-

海上絲綢之路文獻集成 科技與文化编

ther and the more we shall feel the need of a Standard Alphabet, that will enable a native of Europe to read the names on maps made by the nations of Asia and Africa, and to ascertain (approximately) the pronunciation of a word without any acquired knowledge of the language of the country.

In order to assist the student in the acquisition of the written and spoken idioms and to enable him to avoid the study of unnecessary or useless sentences, the author has endeavoured to distinguish the book style from the various dialects. At the end of most of the paragraphs there will be found a summary of the words in use in the Canton dialect. Whilst the student of that dialect advances in the Grammar, he should carefully commit to memory all the sentences and verbs in the Introduction. A list of Phonetics for writing-lessons will be published shortly after the second part of this Grammar is completed, and the author hopes that with the hints thus given, the student will be enabled to learn to write the characters of the Chinese language within one year and to remember them throughout his life.

The difficulties encountered in preparing the present work have been very great. Besides the Proverbs and two Reading Lessons the author met with but little help from existing books. He can, however, not pass over in silence the valuable assistance rendered to him by the late Mrs. Irwin, in looking over the first 60 pages of the manuscript. He also feels greatly indebted to the Rev. Mr. Stringer for his kindness in correcting the last proofs.

Simplicity and usefulness have been the sole object aimed at by the author. He has endeavoured to collect for reading lessons new and interesting information on the government, religion, manners and customs of the Chinese, so as to acquaint the student not only with the language, but also with the routine and daily life of the people, among whom he is anxious to sojourn.

Since the burning of the Factories and the destruction of the printing office of the A. B. C. F. M., great difficulties have been experienced in getting a work like the present through the press. The author would, therefore, ask the indulgence of the reader for defects in the outward appearance of the book. Whilst thanking such as have assisted him with their counsel, he shall feel greatly obliged for additional help for a new edition.

W. L.

Victoria, Hongkong, April, 1864.

INTRODUCTION.

Affinity and Difference of Races.

When a person coming from Europe and travelling eastward, passes through a number of states, whose inhabitants differ greatly from him in complexion, costume and religion, his curiosity is excited as he advances; for the nearer he approaches India, the greater is the similarity of features with his own, and the closer the affinity of the language spoken by the sister states of Europe. The large, sparkling eyes of the eastern nations, so far as they are unmixed with the Mongolians from the deserts of Asia, have for more than 3000 years, revelled in sensuality; but combined with it poetry, fiction and wit, with which the graver nations of the west still amuse their children or entertain themselves during the long winter evenings.

The gigantic works they created for themselves and their gods are as many expressions of their character and sentiments, and represent them to us as a people anxious to perpetuate their own existence on this earth, or to induce their gods to quit their abodes of bliss and dwell with man in the works of *his* creation.

Crossing the Himalaya how different is the aspect of affairs. Polygamy and its accompanying vices is here exchanged with Polyandry. The panorama before us is not unlike an encampment of proletarians, who are living upon the scanty crumbs fallen from the overflowing tables of their neighbours. The wings of imagination are clipped. Tied to a barren soil, hemmed in by mountains and deserts, who wonders, that the Tibetian's daily song is: "My home is not here", that he has created another world equally poor and comfortless; and that his charitable disposition has imposed upon him the task of providing for the necessities of the citizens of that world.

The language spoken by this people and further eastward to the Pacific: in China, Cochin China, Siam and Burmah belongs to the monosyllabic tongues and is noted for poverty and inflexibility. The phonetic system introdroduced into Tibet, Burmah and Siam has indeed to a certain degree assisted in advancing general education; but this has been more than counteracted by the influence of Budhism and the ancient superstition, as received from the Chinese.

China appears to have been the cradle of that peculiar kind of civilization which distinguishes it from the rest of the world. But their ideas petrefied in hieroglyphics before they were fully developed; and their advance in literature was marked by the formation of a system of ideography, which being mute in itself, is pronounced according to

海上絲綢之路文獻集成 科技與文化編

the local dialects, however much they differ from each other. Now you hear a vernacular, which reminds you of Scandinavia; again you fancy yourself in France; and again you are overheaped with gutturals, more than in Holland and other parts of the Netherlands. But in spite of the jerks and unearthly sounds, the result of an imperfect articulation, China made considerable progress in civilization, which enabled it to subdue and reform the surrounding barbarians, and to exercise a nominal sway from Central Asia to the Pacific and down to the Malayan Peninsula. In all these states, even in Japan, the Chinese characters became the medium of official communication, and occupy, up to this moment, the same position that Latin did in Europe during the middle age.

If the dialects in China were reduced to a phonetic system, we should have as many different languages as we have in Europe and among the aborigines of America. We should find that the Chinese vernacular is by no means a purely monosyllabic tongue, and that the further we advance towards the north, the more similarity we find in the form of the languages between China, Japan and the American Indians.

In the Canton, Hakka and other southern dialects we frequently hear the finals p, t, and k; further to the north and in what is generally called the southern Court dialect, these consonants terminate in an abrupt sound, in which neither the p, t or k can be distinguished; again further north this abrupt sound terminates in a long vowel. Hence the name of the Governor General of Canton, who was captured by the English, is pronounced yip in Punti; yap in Hakka; yĭ (abruptly) in the southern, and yeh (long) in the northern Court dialect. The only final consonant left in the latter dialect is the N. and the nasal Ng. The P. becomes B; the M—N; the H or W changes into the guttural Ch. as it is pronounced in all its *nuances* in Germany, or the X in Greece.

If we now pass over to Japan we find, that if the language be correctly written, not a single syllable terminates in a consonant but the N. All the prefixes and suffixes are, as in China, Siam and Tibet, inflexible particles, and the possessive "of" stands detached as in the English language, as: Mimasaka no kami, the kami of Mimasaka; Suruga no kami the kami of Suruga. It certainly cannot be mere accident that the same form should be found in many languages of the American Indians.

When in America and called upon to read a few lines in a book in which the Indian language was transcribed according to Spanish pronunciation, I was struck with the similarity of the sounds with the Japanese. In opening another book, also written in the same language, I found on the title page the English word "Acts" prefixed to "Apostelnu," *i. e.*, the "Acts of the Apostles." The *Nu*, Japanese *No*, had either from ignorance or from a desire to europeanize the language, been affixed to the the word Apostle.

This threw at once some light on the character of the language and the probable origin of the Indians. Their long words, I was sure, were strung together from ignorance; for all the names underneath the portraits of chiefs indicate, that the language was originally a syllabic (if not a monosyllabic) one, like the Chinese and Japanese, and that when

Similarity of Chinese, Japanese and American Indian Dialects.

reduced to a phonetic system, whole sentences were reduced to a single word.

My conjectures were not long to remain without practical proof. I soon learnt, that the Japanese ambassadors, when in California, accidentally asked for *chi chi*. the Indian name for milk. This remarkable coincidence led to an inquiry, which resulted in the discovery of six Japanese names in the California Indian dialect.

I would here remark, that those Indians, who chiefly support themselves by hunting and fishing, speak dialects in sound much more similar to the Japanese and Tartars of northern Asia, than in Yucatan, Central America, and Mexico. Here where we find the ideographic inscriptions so similar in composition to the ancient Chinese characters, we have also languages or dialects resembling more that of northern China. For in these languages (or dialects) we meet the same preponderance of compound hissing sounds and vowels as in China, and the absence of the R is no less remarkable. Hitherto however, the orthography of the works published in the Otomi, Quichè and other languages of Yucatan, Central America and Mexico is too incorrect to enable us to decide on any point without a thorough knowledge of at least one of them. Even the copies, which Stephen made from the manuscripts of the priests, betray a lamentable inconsistency of orthography.

American Indians apparently one Race with the Japanese and E. Asiatics.

If we compare the stature, features, hair and complexion of the Indians, we cannot help declaring them to be either Japanese, Chinese or other cognate tribes of eastern Asia. I have seen women and children, whom nobody would have taken for Indians, had he found them in one of the Islands of Japan. In passing accross the Isthmus of Panama and Mexico, I was struck with the similarity of architecture between the Chinese and these people. Instead of excavating mountains, instead of making expensive vaults, all the principal edifices are erected on elevated ground. The tiles of the roofs are concave and convex, just as we have them in China; the anchors of their boats are the same as we find them in Japan and the north of China, *i. e.* with four hooks without a barb; and innumerable other manners, customs and peculiarities of civilazation agree exactly with those of eastern Asia, as in no other country of the world.

We now come to inquire as to how these tribes could reach America. During the summer months, when the sun did not set for one whole month, the inhabitants of the extreme parts of northeastern Asia, either pressed by hostile tribes, or from an impulse of adventure, must have crossed over to the American continent, where either by hunting or fishing, they could easily support themselves and provide for their wants during the coming winter. Wave after wave of immigration is likely to have rolled on; and if only, at long intervals, a few returned to their native place, that was sufficient to account for a knowledge of a large Eastern continent, floating among the Chinese, Japanese and other Asiatics.

American Indians likely from China, Japan and N. E. Asia.

The large fleets of fishing boats about the coasts of Japan and China are, we know, frequently overtaken by tremendous gales and either destroyed or carried eastwards. We know of Japanese junks having been picked up beyond the Sandwich Islands and close to the shore of America after an absence of more than nine months. But much more. Large fleets of war junks, sometimes manned by as many as 100,000 men, have left the coast of China and Japan, and have been scattered by the N. W. gales, that only few of them ever survived or returned. It is not unlikely, that these junks, being well provisioned, have continued in their eastward course, until, within 28 degrees N. L. they fell in with the trade wind, which compelled them to change their course, and carried them towards Mexico or lower California, where they laid the foundation to that kind of civilization resembling so much the Chinese and Japanese. Look at the Chinese dress 5 or 6 centuries ago, and you have the head—dress of the Mexicans; look at the monstrous uniforms, coats-of-mail, and the head—dress of the Japanese women, and you will be struck with their similarity to the Mexicans. As all the kings, chiefs, and priests, in one word, all the creators of that peculiar civilization were *destroyed by the Spaniards*, we need not wonder at the low ebb of education of the present race, who are merely the children of peasants and the lower classes. Were Chinese who speak the different dialects and well versed in their own literature, and Japanese of education, well furnished with ancient works, sent with scientific men to America, we may rest assured, they would soon decypher the inscriptions now fast going to ruin.

Summary of Similarity of the American Indians with the Japanese, Chinese and Northern Asiatics.

1. Language. Monosyllabic, as spoken by the Otomi and other tribes. Hieroglyphs or ideographic characters, on the same principle as the Chinese; absence of the R among those tribes where the ideographic characters are found; prevalence of hissing sounds and gutturals, and most words terminating in a vowel-2. Polysyllabic language of a syllabic character, representing *not sound*, but *syllables* as in Japan. Japanese words detected in the Indian language; Japanese form of the possessise case; prevalence of the R, and the termination of *every word in a vowel, except the N.*

2. Religion. The most ancient religion of the Indians now forming the wandering tribes, is the belief in one great Spirit, whom they worship like the Japanese their Sin 神 (spirit) without image. In both places long, hortatory addresses are delivered to the audience, and both exhibit profound reverence of that spirit, and deep religious feelings. The polytheistic form of worship as found in Mexico &c., is, according to accepted history, the most modern one and was, if we believe Chinese legends, introduced by Budhist and Shaman priests about the beginning of the sixth century of our era, which nearly coincides with the commencement of the Toltecian history, which is put down at A. D. 596. The dragon or serpent worship was very prevalent. That the Chinese dragon is nothing but a serpent, can be proved from the fact, that at this moment serpents are kept in temples as represen-tatives of the ancient dragon. They resembled the Chinese and (Budhist) Japanese in their ideas of "the transmigration of the soul;" in their monastic forms and discipline; "in their penances, ablutions, almsgivings and public festivals; in the worship of their household gods, in the devotions of the priests to the study of astrology and astronomy; in the admission of virgin females to the vows and rites of the clois-

海上絲綢之路文獻集成 科技與文化编

ter; in the incense, liturgies and chants of their worship; in their use of charms and amulets; in some of their forms of burning the dead, and the preservation of the ashes in urns, and in the assumption of the right to educate the youth." Among other superstitious notions is the one of a celestial dragon endeavouring to devour the sun during an eclipse, and their fondness for the drum, gong and rattles.

3. Customs.—The dragon standard, banner lances, as we find them in Chinese Budhist temples; ensigns and banners stuck in a ferula, fixed at the back of a warrior. A kind of heraldry, as we meet among the Japanese. Some of their nuptials were symbolized by the ceremony of tying the garments of the two contracting parties together. There was only one lawful wife, though a plurality of concubines. I have already referred to the similarity of dress, architecture and anchors of ships.

Physiologically considered there is not the slightest difference between these tribes and those of Japan and China, and the tribes among themselves differ no more from each other than the people of Europe of one and the same stock.

Crossing over to the Atlantic we meet with legends pointing to a northeastern and eastern immigration. Pictures of bearded men are here and there found, and "figures in distress with Caucasian" features have long been preserved among the Toltecs. Teutonic words are here and there interspersed among the piratical Caribs, Makusi and other tribes, and the strange proper names found among the Mexicans, and of which there are no roots in the same tongue, indicate a very slight influence of eastern origin, but not sufficient to change the fundamental Asiatic character of civilization.

The key to this would be, frequent hostile expeditions along the coast of Europe and northern Africa being, by storm and the gulf stream, carried into the Caribic sea, where the few that survived, were soon absorbed by the natives. But much more than that; we know that Irish priests arrived at Iceland as early as A.D. 793, or more than 70 years before the Normans, and certain legends inform us, that Irishmen, pressed by Roman and Germanic invaders, crossed the Atlantic even earlier than the above period and settled in Florida, where they were met with by the adventurers from Iceland. They appear, however to have either been killod or been absorded by the natives, who on one occasion seized no less than 100 whites, carried them into the interior, and would have murdered them, had not another white, apparently a chief, saved them. The character he gave of the natives was similar to that later given by the Spaniards. From that time (A. D. 1027) all intercourse with America is broken off and the land forgotten.

Origin of the written language.

When the ancient Chinese felt the need of a written medium for communicating their ideas to one another, they represented them by hieroglyphics. These were originally nothing but rude outlines of natural objects, as:—⊙ the sun. To express morning, a line was drawn beneath the sun (⊙̲) indicating that the sun is above the horizon. Other abstract ideas, having reference to space, were represented in a similar manner, as:—above ⸱̲, below ⸱̅. The character *represented* by sun and moon, put together ⊙☽ signifies brightness, illustration, illumination &c. Ideas having reference to the mind, are expressed by the heart; quick perception, intelligence, by the ear &c. The classification of the characters under six heads, *i.e.*,—

1. 象形 Tséung² ˏying, hieroglyphics, or outlines of natural objects;
2. 假借 ˓Ká tsé˒ metaphorical, or borrowed idea's;
3. 指事 ˓Chí sz² significative or pointing out objects.;

海上絲綢之路文獻集成 科技與文化編

4. 會意 Ui' i' ideographic or combination of Ideas;
5. 轉註 'Chün chü' antithetical or inverting signification;
6. 聲形 ,Shing ,ying phonetic, or such as giving sound;

can be reduced under two heads: hierogyphic and ideographic characters. The former representing the radicals, and the latter the compound characters, must be well distinguished from words. Many radicals or primitives may form one compound character; but one or two such characters may be necessary to express one word or idea.

The hieroglyphics were, in their original form, too clumsy and impracticable to remain long in use, hence an artificial form was soon substituted for them.

 sun, was changed into 日;
 mountain into 山;
 eye into 目; and philosophy in all its branches was brought to bear upon the formation of new characters.

The number of original hieroglyphics, now radicals, is 214. These are, however, not all simple characters, on which account we might even reduce that small number considerably. Some are very complicated and belong to that class of characters, which we would call phonetics.

Taking it for granted, that the spoken language existed *before* the written, that it was as monotonous (lack of diversified sounds) and monosyllabic as it is now, the most practical question that suggests itself to our mind is this: *What rule guided them in the formation of the characters?* If we are able to ascertain this, we have gained a great step and shall find it not so difficult a task to remember even complicated characters.

Character of the written language.

The 214 radicals we would call *Relatives*, and the primitives formed by a combination of one or more radicals we would call *Phonetics*. We must be well understood, that we only deal with those characters, which we suppose to be the representatives of the spoken language, as it existed at the time, when the written characters were introduced.

The phonetics were either simple or compounds, *i. e.* sometimes only a single radical was required to express the monosyllabic word, whilst again certain compounds assuming the power of phonetics.

Three principles guided them in the formation of characters.

1. the representative;
2. the ideographic; and
3. the phonetic.

1. Of the first class the number is not very great. None of the characters of which they are composed, has anything to do with the sound or spoken word; f. i. 坐 tso' to sit down is composed of ,yan 人, man, and 't'ó 土, earth. As the author could not find a form which in

Character of the Written Language.

sound corresponded to the colloquial word tso², he represented two men sitting on the ground.

Yan² 孕 to be pregnant, is composed of 乃 ˤnái, to be, and ˤtsz 子 child. None of the characters has any reference to the word yan², but a pregnant woman is represented as—being with a child.

2. The ideographic and phonetic principles are in most instances combined; but not always, f. i. mak, 墨 ink expresses the idea of hak, 黑 black, and 土 ˤt'o, substance=a black substance.

Yuk, 獄 a prison, is composed of two ˤhün, 犬 dogs, and ˛in 言, word, to say, to speak. The author's idea of a prison. therefore, must have been that of a place where one is constantly annoyed as when between two dogs, or where men hold conversation of as vile a character as that of dogs.

3. The phonetic principle predominates over every other in the formation of characters. Its extensive application almost entitles it to the designation of the syllabic system of the language. These syllables prove incontestibly, that the authors of the written language endeavoured to invent a mode of representing the language as *spoken;* but combining ideography with the phonetic system, they soon found it superfluous to write for the ear, as the ideographic character fully conveyed the meaning to the reader. Hence it came, that the language by degrees assumed more of the monosyllabic character, which progressed with the extension of letters and general education.

Examples, where the ideographic and phonetic systems are combined.

P'á² 怕 to be afraid, is composed of pak, (Court dialect p'áh) and heart. As the author brought his philosophical notions to bear on the formation of the character, and that being that of a pale heart when frightened, he selected a character possessing both attributes: sound, and the colour of a frightened man. But as paleness from p'á² fright, stands in intimate relation to the heart, he united them and thus represented idea and sound in one word.

˛Lung 竉 a hole, is composed of 穴 üt, a hole, a den, and 龍 ˛lung a dragon. The author considering the habitation of dragons to be caves, holes, placed a dragon under shelter in a natural cave, or hole, so that by seeing the character, one's ideas are at once associated with—a hole, whilst ˛lung would remind him of the word in common use.

It would lead us too far, were we to trace this interesting, but unprofitable, subject any further; we would, therefore, proceed to the pure phonetics, or those characters, which represent the language as it in some parts still is, or was, once, spoken. If the student will pay strict attention to the phonetics, he will find it comparatively easy to learn to write and to remember the pronunciation of a character.

Note.—Under a phonetic system we understand not merely syllables but a capacity of dissecting these into consonants and vowels, as is impossible with the Chinese phonetics.

Character of the Written Language. The Relatives.

The phonetics are of a stereotype character and are composed of one, two or more relatives (radicals), of which there are 214 now in general use.

The Relatives.

Formed with 1 Stroke.

1. 一 Yat, one; unity.
2. 丨 'Kw'an, To pass through.
3. 丶 'Chü A point, a lord.
4. 丿 P'it, A left stroke
5. 乙 Üt, Curved; a horary [character.
6. 亅 Küt, A barb; hooked.

2. Strokes.

7. 二 Í' Two.
8. 亠 ˛T'au A cover.
9. 人亻 ˛Yan Man.
10. 儿 ˛Yan A man walking.
11. 入 Yap, To enter.
12. 八 Pát, Eight.
13. 冂 ˛Kwing A limit.
14. 冖 Mik, To cover.
15. 冫 ˛Ping Ice.
16. 几 'Kí A bench.
17. 凵 'Hóm A receptacle
18. 刀 刂 ˛Tò A knife.
19. 力 Lik, Strength.
20. 勹 ˛Páu To infold.
21. 匕 'Pí A spoon.
22. 匚 ˛Fong A chest.
23. 匸 'Hai To conceal.
24. 十 Shap, Ten.
25. 卜 Puk, To divine.
26. 卩㔾 Tsít, A seal.
27. 厂 Hon' A shelter.
28. 厶 'Mau Deflected.
29. 又 Yau' Moreover.

3. Stokes.

30. 口 'Hau The mouth.
31. 囗 ˛Úi To inclose.
32. 土 'T'ò Earth.
33. 士 Sz' A scholar.
34. 夂 Chí' To follow.
35. 夊 ˛Shui To walk slowly.
36. 夕 Tsik, Evening.
37. 大 Tái' Large,
38. 女 'Nü Female.
39. 子 'Tsz A child.
40. 宀 ˛Mín A cover.
41. 寸 Ts'ün' An inch.
42. 小 'Siú Small.
43. 尢尣尤 ˛Wong distorted [lame.
44. 尸 ˛Shí A corpse.
45. 屮 Ch'it, A sprout.
46. 山 ˛Shán A mountain.
47. 巛川巜 ˛Ch'ün A stream.
48. 工 ˛Kung Work.
49. 己 'Kí One's self.
50 巾 ˛Kan A napkin.
51. 干 ˛Kon A shield.
52. 幺 'Iú Small.
53. 广 'Ím Shelter, roof.
54. 廴 'Yan A journey.

漢語語法

The Relatives.

55.	廾	ʻKung	To join hands.
56.	弋	Yik,	An arrow.
57.	弓	ˏKung	A bow.
58.	彐 彑	Kaiʼ	A swine's head.
59.	彡	ˏShám	Feathers, hair.
60.	彳	Chʻik,	A short step.

4 Strokes.

61.	心 忄 小	ˏSam	The heart.
62.	戈	ˏKwo	A spear.
63.	戶	Ü²	A door.
64.	手	ʻShau	A hand.
65.	支	ˏChí	A branch.
66.	攴 攵	Pʻok,	A blow.
67.	文	ˏMan	Letters.
68.	斗	ʻTau	A measure.
69.	斤	ˏKan	A catty.
70.	方	ˏFong	A square.
71.	旡 无	ˏMò	Without, not.
72.	日	Yat,	The sun.
73.	曰	Üt,	To speak.
74.	月	Üt,	The moon.
75.	木	Muk,	Wood.
76.	欠	Hímʼ	To owe.
77.	止	ʻChí	To stop.
78.	歹 歺	ʻTái	Evil.
79.	殳	ˏShü	Weapons.
80.	毋	ˏMò	Do not.
81.	比	ʻPí	To compare.
82.	毛	ˏMò	Hair.
83.	氏	Shí²	A family.
84.	气	Híʼ	Breath.
85.	水 氵 氺	ʻShui.	
86.	火 灬	ʻFo	Fire.
87.	爪 爫	ʻCháu	Claws.
88.	父	Fú²	A father.
89.	爻	ʻNgáu	To imitate.
90.	爿	ˏChʻong	A Couch.
91.	片	Pʻínʼ	A splinter.
92.	牙	ˏNgá²	Teeth.
93.	牛	ˏNgau	A cow.
94.	犬 犭	ʻHün	A dog.

5 Strokes.

95.	玄	ˏÜn	Sombre.
96.	玉 王	Yuk,	A gem.
97.	瓜	ˏKwá	A melon.
98.	瓦	ʻNgá	Earthen.
99.	甘	ˏKòm	Sweet.
100.	生	ˏSháng	To produce.
101.	用	Yung²	To use.
102.	田	ˏTʻín	A field.
103.	疋	Pʻat,	A roll, a piece.
104.	疒	Nik,	Diseased.
105.	癶	Pút,	To separate.
106.	白	Pák,	White.
107.	皮	ˏPʻí	Skin.
108.	皿	ʻMing	A dish.
109.	目 罒	Muk,	The eye.
110.	矛	ˏMau	A spear.
111.	矢	ʻChʻí	An arrow.
112.	石	Shek,	A stone.
113.	示 礻	Shí²	To admonish.
114.	禸	ʻYau	To creep.
115.	禾	ˏWo	Grain.
116.	穴	Üt,	A cave.
117.	立	Láp,	To stand up.

6 Strokes.

118.	竹	Chuk,	Bamboo.

The Relatives.

119. 米 ʻMai Rice.
120. 糸 ꜀Sz' Silk.
121. 缶 ꜀Fau Crockery.
122. 网罒⺳ ʻMong A net.
123. 羊 ꜀Yéung A sheep.
124. 羽 ʻÜ Wings.
125. 老 ʻLò Aged.
126. 而 ꜀Í And, still.
127. 耒 Loí' A plough.
128. 耳 ʻI An ear.
129. 聿 Lut, A pencil.
130. 肉月 Yuk, Flesh.
131. 臣 ꜀Shan A minister.
132. 自 Tsz' Self; from.
133. 至 Chí' To extend to.
134. 臼 ʻKʻau A mortar.
135. 舌 Shit, The tongue.
136. 舛 ʻChʻün Error.
137. 舟 ꜀Chau A boat; a vessel.
138. 艮 Kau' Perverse.
139. 色 Shik, Color.
140. 艸艹 ʻTsʻò Shrubs.
141. 虍 ꜀Fú A tiger.
142. 虫 ꜀Chʻung Reptiles.
143. 血 Hüt, Blood.
144. 行 ꜀Hang To walk.
145. 衣衤 ꜀Í Clothing.
146. 襾西 ʻHá To oversee; west.

7 Strokes.

147. 見 Kín' To see.
148. 角 Kok, A horn.
149. 言 ꜀In Words.
150. 谷 Kuk, A valley.
151. 豆 Tau' Pulse.
152. 豕 ʻChʻí Swine.
153. 豸 ʻChʻí Reptiles.
154. 貝 Púi' Pearls.
155. 赤 Chʻik, Flesh color.
156. 走 ʻTsau To run,
157. 足 Tsuk, The foot.
158. 身 ꜀Shan The body,
159. 車 ꜀Kü A carriage.
160. 辛 ꜀San Bitter.
161. 辰 ꜀Shan Time.
162. 辵辶 Chʻéuk, Motion.
163. 邑阝 Yap, A city.
164. 酉 ʻYau Spirits.
165. 釆 Pín' To separate.
166. 里 ʻLí A mile.

8 Strokes.

167. 金 ꜀Kam Metal.
168. 長镸 ꜀Chʻéung Long, old.
169. 門 ꜀Mún A door.
170. 阜阝 Fau' A mound.
171. 隶 Toi' To extend to
172. 隹 ꜀Chui Fowls.
173. 雨 ʻÜ Rain.
174. 青 ꜀Tsʻing Green, azure.
175. 非 ꜀Fí Not; wrong.

9 Strokes.

176. 面 Mín' The face.
177. 革 Kák, Skin, hide.
178. 韋 ꜀Wai To oppose.
179. 韭 ʻKau Leeks.
180. 音 ꜀Yam Sound.
181. 頁 Ip, The head.
182. 風 ꜀Fung, Wind.

漢語語法

The Relatives. The Phonetics. The Spoken Language &c., &c.

183. 飛 ꜀Fí To fly.
184. 食 Shik꜆ To eat.
185. 首 ꜂Shau The head.
186. 香 ꜀Héung Incense.

10 Strokes.

187. 馬 ꜁Má A horse.
188. 骨 Kwat꜇ Bones.
189. 高 ꜀Kò High.
190. 髟 ꜀Piú Long hair.
191. 鬥 Tau꜄ To quarrel.
192. 鬯 Ch'éung꜄ A fragrant plant.
193. 鬲 Lik꜆ A tripod, urn.
194. 鬼 ꜂Kwai A demon.

11 Strokes.

195. 魚 ꜁Ü A fish.
196. 鳥 ꜁Niú A bird.
197. 鹵 ꜁Lò Salt.
198. 鹿 Luk꜆ A deer.
199. 麥 Mak꜆ Wheat.
200. 麻 ꜁Mà Hemp.

12 Strokes.

201. 黃 ꜁Wong Yellow.
202. 黍 ꜂Shü Millet.
203. 黑 Hak꜇ Black.
204. 黹 ꜂Ch'í To embroider.

13 Strokes.

205. 黽 ꜁Mín A frog.
206. 鼎 ꜂Ting A tripod.
207. 鼓 ꜂Kú A drum.
208. 鼠 ꜂Shü A mouse.

14 Strokes.

209. 鼻 Pí꜄ The nose.
210. 齊 ꜁Ts'ai Even, correct.

15 Strokes.

211. 齒 ꜂Chí The teeth.

16 Strokes.

212. 龍 ꜁Lung A dragon.
213. 龜 ꜀Kwai A tortoise.

17 Strokes.

214. 龠 Yéuk꜆ A flute.

The Phonetics. The Spoken language Represented in the Character.

In looking into a Tonic Dictionary, one must be struck with the large number of characters, which when separated from their respective relatives, retain the same sound they had in their various combinations, though their components had no reference whatever to the meaning of the word. When however, the phonetic has a signification of its own, it frequently conveys the meaning of a whole sentence, and is not only ideographic, but its components correspond also in sound to the spoken language.

EXAMPLES.

Phonetic. Verb.		Relative. Object.		Combination.	Signification.
取 ꜂ts'ü	to take.	女 ꜂nü	a female.	娶 ts'ü꜄	to marry, to take a wife.
取 ꜂ts'ü	to take.	走 ꜂tsau	to run.	趣 ts'ü꜄	to take to your heels, to run.

海上絲綢之路文獻集成 科技與文化編

京 ˌking, capital (city) 魚 ˏü a fish. 鯨 ˏk'ing { a capital fish, a whale, the largest of monsters.

工 ˌkung to labour. 力 likˎ [with] vigour. 功 ˌkung { to perform actions deserving praise; meritorious &c.

工 ˌKung to labour 攵 p'okˎ { by dealing out blows 攻 ˌkung { to attack; to assault.

These few examples show, that the ancient Chinese, after having discarded the hieroglyphics, endeavoured to represent their ideas as expressed in the vernacular tongue. The further we go to the north, or the nearer we approach antiquity, the greater will be the similarity between the sound of the dissected character and the spoken language.

The purely phonetic system, where the sound represents the spoken language, irrespective of the meaning of the compound, is the most prevalent, and to this the student should pay his undivided attention.

Examples of the Phonetic 同 ˏT'ung.

Add to the relative,—

金 ˌkam, metal, the phonetic 同 ˏt'ung, and you have copper, [written: } 銅;

to 山 ˌshán,	mountain,	do.	do.	do. a cavern, written :	峒;
to 木 mukˎ,	wood,	do.	do.	do. a certain tree,	,,	桐
to 竹 chukˎ,	bamboo,	do.	do.	do. a tube,	,,	筒;
to 魚 ˏü,	fish,	do.	do.	do. a species of fish,	,,	鮦.

Examples of ˏlung 龍.

Add to the relative,—

口 { ˊhau, mouth, the [phonetic 龍 ˏlung, and you have				嚨 ˏlung, the throat;
to 扌 ˊshau, arm,	do.	do.	do.	攏 ˏlung, { to grasp, to seize;
to 石 shekˎ stone,	do.	do.	do.	礱 ˏlung, to rub;
to 木 mukˎ tree, wood,	do.	do.	do.	櫳 ˏlung, { a cage, an enclosure;
to 竹 chukˎ bamboo,	do.	do.	do.	籠 ˏlung, a bird cage;
to 耳 ˊi ear,	do.	do.	do.	聾 ˏlung, deafness.

Examples of Fú, Fuk, 畐,

Add 車 ˌch'é, a chariot, to fú or fuk 畐 & you have 輻 fuk, { the spokes of a wheel.

漢語語法

The Phonetics. Sacred Animals &c. Different Styles of Writing.

Add 巾 ˛kan, a napkin, to fú or fuk 畐 & you have 幅 fuk˒ { a roll of paper or classifier of maps &c.

„ 示 shí² a sign of heaven, do. do. do. 福 fuk, happiness.

Sacred Animals &c.

Many an animal has been declared sacred by popular belief on account of its name being the same as that of happiness or prosperity. Hence a bat is a sacred being, because it is called fuk˒, the same sound and tone signifying *happiness*. A deer is an animal bringing prosperity to its master, because it is called luk˛, a word corresponding in sound and tone exactly to luk˛, emoluments of office; prosperity &c. And the sixth day of the sixth month is, by virtue of the double luk˛ (6, 6) a doubly lucky day; and officers of high rank, in order to derive the full benefit of it, wash on that day their own clothing.

As the number of characters, that have assumed the power of phonetics, is comparatively small, a thorough knowledge of them is of great value to the student, for it will enable him to remember the most complicated characters without much difficulty. A stock of about 1,500, learnt at the beginning of study, will make the recollection of the components of a character easy, whenever (as is frequently the case with missionaries) pressure of duties compels him to leave the pen or brush untouched in the desk.

In a country where literature has been cutlivated in so high a degree, we must expect to find various styles of writing. Though a foreigner has hardly any time to spend on ornamental or running-hand writing, he is often called upon to discuss or name the various modes of writing, on which account we here add the designations of the six different styles.

1. 篆書 sün² ˛shü, the fanciful style, or 篆字 sün² tsz² { the seal characters.
2. 隷書 tai² „ , the plain, square characters used for writing prefaces
3. 楷書 ˊkái „ , the pattern style.
4. 行書 ˛hang „ , a stiff form of the running hand.
5. 草書 ˊtso „ , the free running hand.
6. 宋書 Sung² „ , elegant form of characters used in printing.

Colloquial Chinese. Verbs with certain suffixes.

Though it would as yet be very imprudent for a student of the Chinese language to neglect the study of the written characters, as he

Verbs with the Suffix of, or Ending in, Chü^{2} 住 .

and lay the foundation of greater development and perspicuity of the vernacular tongue, as a medium of communicating one's ideas.

Few verbs are used singly. Some combine with words, whose meaning differs greatly from their own. We would therefore call the first word the *root*, and the second its *termination*. Words always combining with this latter form should be called *Dissyllabic* words with such a termination or suffix.

As this is a subject of considerable importance, upon which is depending the future development, perfection, and scientific treatment of the language, the foundation upon which will rest the whole weight of the possibility of reducing the ideographic characters to a phonetic system, I have collected a considerable number of phrases illustrative of what is here asserted.

Verbs with the suffix of, or ending in, chü^{2} 住 .

Táp$_{2}$ chü^{2} fái^{2} tí^{2}	踏住塊地	To tread on that ground.
Mong^{2} chü^{2} koʾ ꜀t'ín	望住個天	To look at the heavens.
ʻKau chü^{2} ꜀to ꜁nín	久住多年	Of many years' duration.
Tsám^{2} chü^{2} ʻkí yat$_{2}$	暫住幾日	To live there for a few days.
꜀Fan chü^{2} szʾ ꜀héung	分住四鄉	To live separately in four villages.
꜁T'ung chü^{2} yat, ch'üʾ	同住一處	To live together in one place.
꜀Fung chü^{2} mat, ꜀hoi	封住勿開	Seal it and let it not be opened.
ʻChí chü^{2} mí^{2} ꜁hang	止住未行	To stop walking.
꜁Lau chü^{2} ngoi^{2} kwok,	留住外國	Detain him abroad.
꜀Kü chü^{2} ʻpún ʻkong	居住本港	He lives at our estuary.
ʻSé chü^{2} ꜀chéung ʻchí	寫住張紙	He is writing a sheet of paper.
꜀Chá chü^{2} ꜀chi pat,	揸住枝筆	He holds a pencil in his hand.
Chéuk, chü^{2} ꜀í fuk$_{2}$	着住衣服	To put on clothing.
꜀Yam chü^{2} ꜀púi ʻtsau	飲住杯酒	To drink a cup (or glass) of wine.
Shik$_{2}$ chü^{2} ʻhau ꜀ín	食住口烟	To smoke a puff of tobacco.
꜀Ním chü^{2} ʻpá ꜀ché	拈住把遮	Carry this umbrella.
꜁T'oi chü^{2} ꜁shing ʻkiú	抬住乘轎	Carry a chair.
꜀Ch'ün chü^{2} túiʾ ꜁hái	穿住對鞋	Put on a pair of shoes.
Tái^{2} chü^{2} kín^{2} mò^{2}	戴住件帽	To wear a cap or hat.
Tso^{2} chü^{2} ʻmá ꜀ché	坐住馬車	To sit in a carriage.
Tsoiʾ chü^{2} foʾ mat$_{2}$	載住貨物	To store away goods.
꜀Tan chü^{2} chán^{2} ꜁fong	墩住棧房	To put goods in the godown.
ʻSo chü^{2} ꜁mún shínʾ	鎖住門扇	Lock that door.

海上絲綢之路文獻集成 科技與文化编

Verbs with the Suffix of, or Ending in, Chü^{2} 住.

꜀Kwán chü^{2} ꜀kai chap꜇	關住街閘	Bar the gate or barrier.
꜁Wai chü^{2} ꜀shing ꜁ch‘í	圍住城池	To surround or besiege a city.
‘Shau chü^{2} ꜀ying chái^{2}	守住營寨	To guard or hold an encampment.
꜀Wán chü^{2} tò^{2} ꜁t‘au	灣住渡頭	To anchor at the ferry or landing place.
Sak꜆ chü^{2} ꜀háng ꜀k‘ü	塞住坑衢	To stop up a sewer.
꜁Lán chü^{2} tò^{2} lò^{2}	攔住道路	To obstruct the road.
꜀Tang chü^{2} shò' muk꜇	登住數目	Put it to account, To keep an account.
Tuk꜆ chü^{2} kok꜆ há^{2}	獨住閣下	To live alone in the lower story.
Kung^{2} chü^{2} ꜁lau shéung^{2}	共住樓上	To live together in the upper story.
꜁Lín chü^{2} noi^{2} ngoi^{2}	連住內外	To connect the inner and outer part.
Káp꜆ chü^{2} ‘léung ꜀pín	夾住兩邊	To pass on both sides.
Kák꜆ chü^{2} ꜀chung ꜀kán	隔住中間	Partition it.
‘Cho chü^{2} ‘wong ꜁loi	阻住往來	To prevent [people from] passing and repassing.
Kan' chü^{2} ch‘ut꜆ yap꜇	跟住出入	To follow when going out or coming in.
Kú' chü^{2} ꜁ts‘ín hau^{2}	顧住前後	To reflect upon the past and future.
Kan^{2} chü^{2} ‘tso yau^{2}	近住左右	To stay close to a person.
꜀On chü^{2} ꜁man ꜀sam	安住民心	To pacify peoples minds.
꜁Ná chü^{2} ts‘ák꜇ ‘fí	拿住賊匪	To apprehend robbers.
Tuk꜆ chü^{2} sz' tsut꜆	督住士卒	To lead out troops.
Ch‘áp꜆ chü^{2} ling^{2} tsín'	插住令箭	To stick the Emperors command on the back of an officer.
Tái' chü^{2} ꜀píng ‘yung	帶住兵勇	To lead on troops.
‘Ch‘é chü^{2} ꜁t‘iú ꜁shing	扯住條繩	To haul a rope.
꜁T‘ing chü^{2} ꜀ch‘é ꜁lun	停住車輪	To stop a carriage or cart.
‘P‘ò chü^{2} ꜁hoi ꜁i	抱住孩兒	To carry babies.
Chap꜇ chü^{2} chek꜇ ‘shau	執住隻手	To seize one by the hand; to shake hands.
‘Ím chü^{2} ꜀shéung ‘ngán	掩住雙眼	To cover the eyes.
Hít꜆ chü^{2} tsoi^{2} ‘ts‘z	歇住在此	Stop here.
Hít꜆ chü^{2} ‘shau	歇住手	To rest from work.
Hít꜆ chü^{2} ‘hau	歇住口	To be still, to stop eating.

漢語語法

Verbs Ending in ʻhí 起 to Rise.

ʻSéung	ʻhí	想起	To think on.
Kí˒	,,	記 ,,	,, recollect, to remember. To call to mind.
Tsok,	,,	作 ,,	,, do., to act, to make; to compose.
Tsò²	,,	造 ,,	do., do., do.
˓Cháu	,,	抄 ,,	,, copy.
ʻSé	,,	寫 ,,	,, write.
Tso²	,,	坐 ,,	,, sit down.
ʻKʻí	,,	企 ,,	,, stand, to stand erect.
˓Kʻam	,,	擒 ,,	,, lean over (half standing).
˓Tʻiú	,,	跳 ,,	,, leap, to jump.
˓Ním	,,	拈 ,,	,, take up with the fingers, to carry.
˓Tʻiú	,,	挑 ,,	,, take up by the end of a stick and fling away.
˓Toi	,,	枱 ,,	,, carry (as a chair).
˓Tám	,,	担 ,,	,, carry on a pole accross the shoulder.
˓Kong	,,	扛 ,,	,, carry on a pole between two.
Kwá˒	,,	掛 ,,	,, suspend, to hang up.
Chap,	,,	執 ,,	,, take in the hand, to take up.
˓Tʻo	,,	拖 ,,	,, take up a child from the ground.
ʻIú	,,	擾 ,,	,, stir, to stir up.
Tiú˒	,,	釣 ,,	,, tie up, to pull up to a beam as men when tortured.
˓Láu	,,	撈 ,,	,, hand up; to take up.
˓Páu	,,	包 ,,	,, enwrap, to envelop..
Tsoi˒	,,	載 ,,	,, fill, to fill up.
˓Chong	,,	裝 ,,	,, store; adorn.
ʻKán	,,	揀 ,,	,, elect, to choose, to select.
Áp,	,,	押 ,,	,, seize; to apprehend.
ʻSo	,,	鎖 ,,	,, lock, to chain.
ʻChʻé	,,	扯 ,,	,, haul, to drag.
ʻLo	,,	攞 ,,	,, annoy.
Fat,	,,	拂 ,,	,, brush, to wipe, to dust.
ʻKon	,,	趕 ,,	,, persue, to run after.
ʻYam	,,	飲 ,,	,, drink.
˓Túi	,,	堆 ,,	,, heap up, to pile up.

海上絲綢之路文獻集成 科技與文化編

Verbs ending in ʽhí 起.

ʽPung	ʽhí	捧起	To hold in the hand.
ˏShíng	„	乘 „	„ ascend, to mount; to avail of.
ʽKün	„	捲 „	„ roll up (as a screen).
ʽSüն	„	選 „	„ select, to choose out.
ʽTsau	„	走 „	„ run, to hasten.
Kaiʾ	„	計 „	„ count, to recon up.
ʽTò	„	倒 „	„ pour out; to overturn.
ʽTá	„	打 „	„ finish, to work, [as in gold, silver &c.]
Ch‘uk,	„	觸 „	„ startle, to recollect suddenly.
ˏP‘áu	„	拋 „	„ throw up, (as a ball in a game).
ˏFú	„	扶 „	„ assist, to aid, to help up, when fallen down.
ʽPong	„	綁 „	„ tie, to bandage.
Wáʾ	„	話 „	„ speak, to speak out, to tell.
ʽKong	„	講 „	„ discourse on, to converse, to narrate.
Pat,	„	拔 „	„ pull up; to extirpate.
ˏKau (ˏnau)	„	鈎 „	„ pull up by a hook; to raise, as an anchor.
Wát,	„	挖 „	„ scoop out, to excavate.
ˏCh‘ín	„	剷 „	„ pare off, to lop off; to make a hole in the ground.
Shüʾ	„	豎 „	„ erect, to raise (as a standard).
ˏCh‘áp,	„	插 „	„ insert, to set in; to thrust into (as a flag staff).
ˏShíng	„	升 „	„ complete; to raise.
ˏShau	„	收 „	„ collect; to put away as clothing, when not used.
ˏCh‘au	„	抽 „	„ take from; to lift; to draw out.
T‘ik,	„	踢 „	„ kick.
ʽWán	„	挽 „	„ draw, to pull up.
ˏTau	„	兜 „	„ To lift up.
Táiʾ	„	戴 „	„ carry, to wear.
ʽKü	„	舉 „	„ raise, to elevate.
ʽTing	„	頂 „	„ carry on the head, or top of a thing.

Verbs ending in ʿhí 起, *kʿéuk,* 卻, *tòʾ* 到 *and ʿtò* 倒.

˛Mé	ʿhí	孖起	To carry on the back; to carry a child pick a pack
˛Chʿé	,,	揸 ,,	,, pull up, as a flag.
˛Pín	,,	鞭 ,,	,, lash, to whip (as a horse).

Verbs ending in kʿéuk, 卻.

˛Mong	kʿéuk,	忘卻	To forget.
Fat,	,,	忽 ,,	,, do.
˛Tʿúi	,,	推 ,,	,, refuse.
˛Tsʿz	,,	辭 ,,	,, decline, as an office; to refuse.
Pʿít,	,,	撇 ,,	,, push away.
˛Pʿáu	,,	拋 ,,	,, throw away.
ʿKám	,,	減 ,,	,, diminish, to substract; to abbreviate.
˛Chʿü	,,	除 ,,	,, remove all.
Mat,	,,	勿 ,,	Not allow one to decline an invitation.
˛Sam	,,	心 ,,	To dislike, to feel averse to.
ʿLiú	,,	了 ,,	,, disdain, to complete and put away.
˛Pʿing	,,	平 ,,	,, level.

Verbs ending in tòʾ 到.

˛Chí	tòʾ	知到	To know.
Liúʾ	,,	料 ,,	,, estimate, to reflect, to find out.
Kíʾ	,,	寄 ,,	,, send, to transmit.
Táiʾ	,,	帶 ,,	,, carry, to bring or take to [a certain place.]
˛Lun	,,	輪 ,,	,, carry; by turns.
Pʿáʾ	,,	怕 ,,	,, fear, to be afraid of.
ʿNgán	,,	眼 ,,	,, reach with your eyes.
ʿShau	,,	手 ,,	,, reach with your hands.
˛Chui	,,	追 ,,	,, persue, to catch, to reach.
˛Fong	,,	防 ,,	,, provide, or to guard against.

Verbs ending in ʿtò 倒.

ʿTò 倒 is almost always a termination of the perfect tense.

If the Pronouns 我 ʿngo, I, 你 ʿní, or 佢 ʿkʿü are put before th Verb, then each phrase can be used in conversation.

Verbs ending in ʻtò 倒 *and chʻut,* 出.

Tak, ʻtò ˏtʻín hàˀ	得倒天下	Has got the whole empire.
Kwaiˀ „ páiˀ ˏshan	跪倒拜神	He kneels down to worship the spirits.
ˏMín „ ˏchʻong shéungˀ	眠倒床上	To be sleeping on the bed.
Tsoˀ „ ʻkiú ʻlü	坐倒轎裏	„ be seated in a sedan.
ʻTá „ ˏshing ˏchʻí	打倒城池	„ have reduced a city.
Páˀ „ pʻáuˀ ˏtʻoi	霸倒炮臺	„ have seized upon a fort.
Chuk, „ tsʻák, ʻfí	捉倒賊匪	„ have arrested a criminal.
Yamˀ „ chánˀ ˏfong	賃倒棧房	„ have rented a godown.
ʻTsʻing „ ʻfo púnˀ	請倒夥伴	„ have got a partner.
ʻMái „ foˀ mat,	買倒貨物	„ have purchased goods.
Fát, „ táiˀ ˏtsʻoi	發倒大財	„ have made much money.
Küˀ „ shüˀ muk,	鋸倒樹木	„ have sawed a tree.
Tsok, „ yuk, shek,	鑿倒玉石	„ have cut a gem.
Kwat, „ ˏkam ˏshá	掘倒金砂	„ have dug for gold.
Tít, „ tsoiˀ tíˀ	跌倒在地	„ have fallen to the ground.
ˏChʻui „ lok, ʻshui	吹倒落水	Blown into the water.
ʻHí „ ˏfá ˏün	起倒花園	To have made a flower garden.
ʻKʻí „ ˏloi ʻtʻai	企倒來睇	„ have raised one's self to look.
ˏTín „ shíˀ ˏfí	顛倒是非	„ confound right and wrong.
Kiúˀ „ kú lí	叫倒咕哩	„ have called coolies.
Tsíp, „ ˏshü sunˀ	接倒書信	„ have received a letter.
ʻLo „ ˏkán ˏnán	攞倒艱難	„ have earned nothing but trouble; to have brought one's self into trouble.

Verbs ending in chʻut, 出.

Tsòˀ chʻut, ˏman ˏchéung	做出文章	To compose an essay.
ʻSéung „ ʻhò kaiˀ	想出好計	„ invent (originate) a good plan.
ʻSé „ ˏsan ˏman	寫出新聞	„ write out some news.
Fát, „ ʻhau ˏléung	發出口糧	„ distribute provisions (rations).
ʻYing „ yéungˀ séungˀ	影出樣相	„ reflect a true image, to take a photograph.
ʻKong „ tòˀ ʻlí	講出道理	„ discourse on doctrine.

海上絲綢之路文獻集成 科技與文化編

Verbs ending in chʻut͵ 出 and hüʾ 去.

ʻSham	chʻut͵	͵tsʻing ͵yau	審出情由	To find out the cause of an affair
Táiʾ	„	͵ping ʻmá	帶出兵馬	„ lead out troops.
ʻTsau	„	͵mún ʻhau	走出門口	„ run outside.
Chuk₂	„	͵hán ͵yan	逐出閒人	„ expel (drive out) idlers.
͵Chʻá	„	ʻfi ͵tʻò	查出匪徒	„ discover vagabonds.
ʻSau	„	tsʻák₂ ͵tsong	搜出賊贓	„ find out stolen property.

Lò² chʻut͵ ͵sz sz² 露出私事 To divulge secrets.

Tsò² chʻut͵ híʾ ʻmeng 造出器皿 To make or invent articles used in worship or eating &c.

Mái² chʻut͵ foʾ mat₂ 賣出貨物 To sell goods.

Other words now indefinitely floating among the confused or bewildered masses, would form prefixes of dissyllabic or trisyllabic words

EXAMPLES.

͵Fán ͵shang	翻生	To revive, to come to life again.
͵Fán hüʾ	翻去	„ return.
͵Fán ʻchün ͵tʻau	翻轉頭	„ do.
͵Fán hüʾ ͵kwai	翻去歸	„ return home,
Chʻut͵ ͵kʻí	出奇	„ marvel, to be surprised at.
Chʻut͵ ͵loi	出來	„ come out or forward.
Chʻut͵ yam²	出賃	„ let (as a house).
Chʻut͵ ͵hang	出行	„ take a walk.
Chʻut͵ kaiʾ	出計	„ scheme, to plan.

Verbs terminating in hü 去.

Lok₂	hüʾ	落去		To descend.
͵Tʻoi	„	枱	„	„ carry to.
͵Kwai	„	歸	„	„ return.
Tiú²	„	調	„	„ transfer.
Táiʾ	„	帶	„	„ bring to, to carry away.
͵Pún	„	搬	„	„ move to (or *away*).
͵Kwʻai	„	攜	„	„ carry to (do.).
ʻShai	„	駛	„	„ sail to (do.).

Verbs ending in hü 去.

ˏI	hü'	移去		To move to.
Pat$_2$	,,	拔	,,	,, pluck up.
Ch'ut,	,,	出	,,	,, go out.
Yap$_2$	,,	入	,,	,, enter.
ʻKon	,,	趕	,,	,, expel, to pursue.
ˏHoi	,,	開	,,	,, go to.
ˏMái	,,	埋	,,	,, resort to.
ˏFi	,,	飛	,,	,, fly away.
T'iú'	,,	跳	,,	,, jump off.
Tsé^2	,,	借	,,	,, lend.
ʻKwái	,,	拐	,,	,, decoy, to kidnap.
T'ok,	,,	托	,,	,, carry on the shoulder.
ʻWán	,,	挽	,,	,, carry on the arm.
ˏT'úi	,,	推	,,	,, push away.
Kwát,	,,	刮	,,	,, scrape off.
Chuk$_2$	,,	逐	,,	,, expel, to drive out.
ʻTs'ü	,,	取	,,	,, take off,
Pút$_2$	,,	撥	,,	,, sweep off.
Séuk,	,,	削	,,	,, pare.
Fat,	,,	拂	,,	,, dust.
Sò'	,,	掃	,,	,, sweep.
Mút,	,,	抹	,,	,, wipe.
P'ít,	,,	撇	,,	,, clean off.
Kwat$_2$	,,	掘	,,	,, dig out.
ˏKan	,,	跟	,,	,, follow.
ˏHang	,,	行	,,	,, depart.
Tsoi'	,,	載	,,	,, contain.
Kwo'	,,	過	,,	,, pass over.
ˏKong	,,	扛	,,	,, carry.
Fong'	,,	放	,,	,, let go.
Ch'ít,	,,	撤	,,	,, take away.
Kí^2	,,	寄	,,	,, send off.
Kíp,	,,	劫	,,	,, rob.
ʻTsau	,,	走	,,	,, run away.

Verbs ending in hü 去.

꜀Chong	hü꜄	裝去	To pack up.
꜁Ts‘ín	,,	前 ,,	,, forward, to advance.
Chuk꜆	,,	捉 ,,	,, arrest.
꜂Ts‘ing	,,	請 ,,	,, be invited.
꜂Wai	,,	毀 ,,	,, destroy.
꜀Mé	,,	孭 ,,	,, carry on the back.
Kák꜆	,,	革 ,,	,, dismiss, to degrade.
꜀Chui	,,	追 ,,	,, persue.
꜂Ts‘éung	,,	搶 ,,	,, snatch away.
꜀Nim	,,	拈 ,,	,, carry away.
꜁Ná	,,	拿 ,,	,, take to.
꜀T‘au	,,	偷 ,,	,, stolen.
Ch‘ák꜆	,,	拆 ,,	,, break up.
Kiú꜄	,,	叫 ,,	,, call away.
꜀Ts‘ín	,,	遷 ,,	,, move to.
꜂P‘áu	,,	跑 ,,	,, race.
꜂Shéung	,,	上 ,,	,, ascend.
꜀Tám	,,	担 ,,	,, carry away.
꜀Fán	,,	翻 ,,	,, return, to go away from.
꜁Ch‘ü	,,	除 ,,	,, deduct.
Sung꜄	,,	送 ,,	,, send to, to accompany one.
꜀Ch‘áng	,,	撐 ,,	,, pole.
꜀T‘o	,,	拖 ,,	,, draw, to drag.
꜁T‘ò	,,	逃 ,,	,, abscond.

Verbs ending in mái 埋.

Ts‘üt꜆	꜁mái	撮埋	To abbreviate, to curtail.
꜀Shán	,,	閂 ,,	,, shut up.
꜂Im	,,	掩 ,,	,, close.
꜂Shéung	,,	上 ,,	,, put up, lay up.
꜀Kwán	,,	關 ,,	,, bar, to lock up.
꜀Ló	,,	撈 ,,	,, mix.
Wán꜄	,,	溷 ,,	,, mix, to throw into confusion.
꜀T‘in	,,	填 ,,	,, fill up.

漢語語法

Verbs ending in mái 埋.

Chap,	˓mái	執埋	To pick up.
˓Hang	,,	行 ,,	,, get aside.
˓K'i	,,	企 ,,	,, stand aside.
Tso²	,,	坐 ,,	,, sit by.
Fan²	,,	瞓 ,,	,, sleep with, or close to.
ˏLái	,,	拉 ,,	,, pull away.
ˏPáu	,,	包 ,,	,, wrap up.
ˏNím	,,	拈 ,,	,, take away.
ˏTíú	,,	攞 ,,	,, put away.
ˏShán	,,	收 ,,	,, store away, to preserve.
˓Ts'ün	,,	存 ,,	,, preserve.
˓Chü	,,	貯 ,,	,, store up.
Tsik,	,,	積 ,,	,, accumulate.
ˋKáu	,,	絞 ,,	,, twist.
Ch'ün²	,,	串 ,,	,, connect with, to string together.
ˋKon	,,	趕 ,,	,, force one into one's plan; to leave no way of escape.
˓T'ün	,,	團 ,,	,, collect into one, to make one lump of it.
ˋPong	,,	綁 ,,	,, tie up.
˓T'oi	,,	抬 ,,	,, carry aside.
ˏTúi	,,	堆 ,,	,, heap up.
ˏT'úi	,,	推 ,,	,, push aside.
˓Pí	,,	俾 ,,	,, give all.
ˋK'ái	,,	揩 ,,	,, keep.
Hóp₂	,,	合 ,,	,, join together.
ˋCh'é	,,	扯 ,,	,, close.
ˏChai	,,	擠 ,,	,, put aside.
Chíp,	,,	摺 ,,	,, fold up.
˓T'ung	,,	同 ,,	Together with.
ˋPai	,,	擺 ,,	To put away.
ˏK'au	,,	摳 ,,	,, mix with.
P'ák,	,,	拍 ,,	,, put close.
Tsò²	,,	造 ,,	,, finish.

Verbs ending in máí 埋.

Pik꜀	꜁máí	逼埋	,, press upon.
Yéung^2	,,	讓 ,,	,, give up; to yield.
Chán^2	,,	賺 ,,	,, gain all.
Shing^2	,,	剩 ,,	,, save (to leave over).
꜂Lám	,,	攬 ,,	,, grasp.
꜀Ch'áng	,,	撐 ,,	,, shore up.
Pang^2	,,	凭 ,,	,, lean upon.
Kiú^3	,,	叫 ,,	,, call together, to assemble.
Tak꜀	,,	得 ,,	,, get the whole.
꜁Ts'ong	,,	藏 ,,	,, conceal.
꜀Wán	,,	灣 ,,	,, anchor.
Sò^2	,,	掃 ,,	,, sweep.
꜂Tang	,,	等 ,,	,, wait together.
꜂Lím	,,	斂 ,,	,, gather.
Pá^3	,,	霸 ,,	,, encroach.
꜂To	,,	躲 ,,	,, hide away.
꜂Tsau	,,	走 ,,	,, run away.
꜀Kím	,,	兼 ,,	,, put in together.
꜀Chá	,,	揸 ,,	,, grasp.
Shuk꜀	,,	縮 ,,	,, contract, to shrink, to cuddle up.
Chü^2	,,	住 ,,	,, live with.
T'ik꜀	,,	摵 ,,	,, put things in their proper places.
Yap꜁	,,	入 ,,	,, put in.
Kíp꜁	,,	挾 ,,	,, clasp.
꜂Kün	,,	捲 ,,	,, roll up.
꜀Ái	,,	挨 ,,	,, lean upon.
꜁Lün	,,	聯 ,,	,, unite.
꜀Tau	,,	揽 ,,	,, get the whole.
Pát꜁	,,	撥 ,,	,, collect together.
꜀T'áu	,,	偷 ,,	,, obtain by theft.

Verbs Terminating in ꜁loi 來 *to come.*

꜂Sé	꜁loí	寫來	To write.
꜀Ch'áu	,,	抄 ,,	,, copy.

Verbs ending in ꜁loi.

꜀Ním	꜁loi	拈	來	To	bring.
꜀Tám	„	担	„	„	carry (on a pole accross the shoulder).
꜁T'oi	„	抬	„	„	carry (between two).
Cháu'	„	棹	„	„	row.
Chuk,	„	捉	„	„	seize.
Chák,	„	摘	„	„	pluck.
꜂Lo	„	攞	„	„	fetch, to get.
꜀T'o	„	拖	„	„	drag along.
꜂Séung	„	想	„	„	meditate.
꜃Mái	„	買	„	„	purchase.
꜀Ch'áng	„	撐	„	„	pole (a boat).
꜂Ts'ing	„	請	„	„	invite.
Tái'	„	帶	„	„	bring.
Kí'	„	寄	„	„	send (to have received).
꜃Shéung	„	上	„	„	ascend.
꜃Há	„	下	„	„	descend.
Ch'ut,	„	出	„	„	come forth, or out.
꜂Fán	„	返	„	„	return.
꜁Hang	„	行	„	„	come, to approach.
Lok,	„	落	„	„	come down.
꜂Hí	„	起	„	„	rise.
꜂Tsau	„	走	„	„	run.
꜂Kon	„	赶	„	„	persue.
꜀Shé	„	賒	„	„	buy on credit.
Chán'	„	賺	„	„	make money in trade.
Sung'	„	送	„	„	make presents, or bring with.
꜀Kong	„	扛	„	„	carry.
꜂Shai	„	駛	„	„	sail.
꜂Sing	„	醒	„	„	awake.
Tsoi'	„	載	„	„	contain, to store.
꜂P'au	„	跑	„	„	gallop.

Phrases showing the use of Verbs terminating in ꜁loi 來.

꜂Sé ꜂hò ꜁loi 寫好來 To write nicely.

海上絲綢之路文獻集成 科技與文化編

Phrases showing the use of Verbs ending in ꜂loi.

ʻSéung ꜀chan ꜂loi		想眞來	To consider thoroughly.
Chʻanʾ fáiʾ	,,	趁快 ,,	,, come at this time.
ʻKon ʻkan	,,	赶緊 ,,	,, be in hurry.
Fongʾ chak₎	,,	放側 ,,	,, put on one side.
Tung^2 ꜂kʻí	,,	動企 ,,	,, place it erect.
꜀Chá shat$_2$	,,	揸實 ,,	,, hold it fast.
Tso^2 ʻwan	,,	坐穩 ,,	,, sit down safely, to be firmly seated.
ʻTsau ʻhi	,,	走起 ,,	,, run.
ʻFán ʻchün	,,	返轉 ,,	,, turn things over.
꜂Hang ꜂shéung	,,	行上 ,,	,, come up.
꜂Há hüʾ	,,	下去 ,,	,, come down.
꜀Pún yap$_2$	,,	搬入 ,,	,, move inside.
ʻLo chʻut₎	,,	攞出 ,,	,, bring out.
Kiúʾ ꜂kʻü	,,	叫佢 ,,	,, call him.
꜀Kan ꜂ngo	,,	跟我 ,,	,, follow me; to come with one.
ʻShai ꜂yan	,,	使人 ,,	,, send a man.
Kíʾ sunʾ	,,	寄信 ,,	,, send a letter.
꜀Chui tòʾ	,,	追到 ,,	,, reach or obtain by persuit.
ʻTsʻeung ʻtò	,,	搶倒 ,,	,, have obtained by robbery.
ʻChʻui chingʾ	,,	揣正 ,,	,, put things aright.
꜀Chong ꜀chʻá	,,	裝差 ,,	,, put things in wrongly.
Sát₎ ʻsán	,,	撒散 ,,	,, set things loosely.
꜀Fan ꜀hoi	,,	分開 ,,	,, divide, to separate.
Tit₎ lok$_2$	,,	跌落 ,,	,, fall down.
ʻShai ꜂mái	,,	駛埋 ,,	,, sail to.
ʻChing ting^2	,,	整定 ,,	,, have things ready.
꜀Tsʻúi chü^2	,,	催住 ,,	,, press, to constrain, to hurry.
꜂Chʻá kʻok₎	,,	查確 ,,	,, examine thoroughly.
ʻTím chéuk₎	,,	點着 ,,	,, light it up.
ʻTá sünʾ	,,	打算 ,,	,, calculate.
꜀Ním ꜂tsʻai	,,	拈齊 ,,	,, bring together.
꜂Mái tak₎	,,	買得 ,,	,, obtain by purchase.

Yé^2 ꜂mán hak₎ 夜晚黑 Evening. Night.

漢語語法

Defect of the best Dictionary. The learned not always the popular men.

The preceding examples will suffice to indicate the way, which will lead to an intelligible phonetic language. If a ruler as intelligent as Kanghí could be induced to appoint a commission of three or four men in each province, to classify the verbs according to their prefixes and suffixes, to make a collection of the compounds of nouns and other parts of speech, to have books written with this newly arranged material and introdduced into the schools,—one generation would be sufficient to open the eyes of the learned and to convince them of the benefit the nation must derive from a phonetic system, which men and women could acquire within the short time of a couple of months.

The sentences which I have collected, are constantly on the tongue of the natives, and I am sure, will be known to most foreign scholars of the Chinese language. But, how many persons use them in their daily conversation? Very few indeed; and such as do, do so perhaps twice, when a native, speaking to his country men, would use them ten times. Were we to look into Dr. Williams' Dictionary and select all the combinations of the class of which I have given examples, we should hardly find 20 per cent of them.

As Dr. Williams' Dictionary is by far the best that has ever been published in Chinese, and yet contains so small a percentage of the common colloquial, need we then wonder at the constant cry over the difficulty of the Chinese language?! More than 50 per cent of what scholars learn is not current colloquial; hence they talk to the poor and ignorant and are not understood, not because they cannot read and write works in the Chinese language, but because they never assembled around the fire-place, where father, mother and children open their hearts unrestrainedly and converse in a tongue, which will give to future generations the material for a polished and intelligible vernacular.

This conviction which has forced itself upon my mind as often as I have sat among a group of native men, women and children, I can no longer conceal. Profound Chinese scholars, who are all the year round sitting with a loquacious teacher, who almost knows what they mean to say before they have expressed half their ideas, have frequently sneered at the idea, that the Chinese language could ever be reduced to a phonetic system and that the ideographic characters could be dispensed with. But could they ever hold easy conversation with an uneducated native? I frankly declare they could not; and during the last war we had an instance of a firstrate scholar of the Chinese language having to give the precedence to a neophite, a novice in the Mandarin dialect, because the learned man could hardly talk with any body but his teacher.

There is another feature of the Chinese colloquial requiring to be pointed out. Certain words, like the English verb *to get*, pass chameleonlike through the language, meaning to strike, to buy, to extract, to open, by &c., and are frequently heard in very vulgar or common colloquial. As e. g. ˋmái ˋmai, to purchase rice, would to the ear be almost tautology, the Chinaman substitutes ˋtá to strike, for to purchase. As such idiomatic peculiarities are frequently met with, I would here add nearly 130 sen-

海上絲綢之路文獻集成　科技與文化编

tences with ʿtá, to strike, as another illustration of the great difference between the written style and the colloquial.

Examples of the use of ʿtá 打 *to strike.*

ʿTá ngít, ʿchʿí	打齒齧	To grit the teeth.
„ pán^{2}	„ 扮	„ dress.
„ ꜀pín	„ 辮	„ plait the cue.
„ lò^{2} ꜁loi	„ 路來	„ walk. To come by land.
„ tsing^{2} shik꜇	„ 淨食	„ eat rice without seasoning.
„ tung^{2}	„ 動	„ move.
„ tʿám᾽	„ 探	„ spy out.
„ ʿching	„ 整	„ mend.
„ ʿfú ꜁tʿau	„ 斧頭	„ cheat. To practice usury.
„ tí^{2} ꜀pʿò	„ 地鋪	„ sleep on the ground.
„ ꜀chʿang	„ 撐	„ lean upon.
„ ʿshéung	„ 賞	„ reward.
„ kau᾽	„ 救	„ save (rescue) one.
„ fát꜆	„ 發	„ dispatch.
„ chʿut꜆ ꜁ngan	„ 出銀	„ pay the costs of a law suit.
„ süü᾽	„ 算	„ calculate, to reckon.
„ ting^{2} ʿchü í᾽	„ 定主意	„ have come to a resolution.
„ ʿlí	„ 理	„ manage.
„ ꜀kún ʿfú	„ 官府	„ summon one.
„ ꜀kún ꜀sz	„ 官司	„ do.
„ ꜀tán	„ 單	„ force one to write an order for money.
„ ꜁hai ʿchéung	„ 鞋掌	„ sole shoes.
„ ꜀pʿò kʿoi᾽	„ 鋪蓋	„ make the bed.
„ ꜀shü ꜁pʿí	„ 書皮	„ bind a book.
„ ʿnau	„ 鈕	„ sew on a button.
„ ʿnau ʿí	„ 鈕耳	„ make a button hole.
„ ká᾽	„ 價	„ fix the price.
„ chái᾽	„ 債	„ pay debt in kind.
„ ꜀fá	„ 花	„ get (seek) flowers,
„ ʿtsai	„ 仔	„ plant.
„ kau᾽	„ 較	„ make an estimate, to make a sketch.

Examples of the use of ʿtá, to strike.

ʿTá koˀ kít,	打個結	To make a button.
„ sok,	„ 索	„ make robes.
„ ˏngá	„ 牙	„ extract a tooth.
„ ˓mai	„ 米	„ purchase rice.
„ ˓shí	„ 市	„ go to the market.
„ ʿkiú ˏlɔi	„ 轎來	„ come by chair.
„ maiˀ (míˀ)	„ 謎	„ give a riddle to guess.
„ ˏtang mai²	„ 燈謎	„ guess a riddle, that is written on [a lantern.
„ hámˀ lòˀ	„ 喊露	„ gape, to yawn.
„ mák, lò²	„ 擘露	„ do.
„ ˏtsò	„ 粗	„ wear coarse stuff.
„ ˏfan ˏtsz	„ 噴滋	„ sneeze.
„ pʿanˀ tʿaiˀ	„ 噴嚏	„ do.
„ hak, ˏchʿí	„ 吃癡	„ do.
„ lán²	„ 爛	„ break.
„ suíˀ	„ 碎	„ smash.
„ pʿoˀ	„ 破	„ split; to open by force.
„ ˏpang	„ 崩	„ break like glass.
„ ʿchün	„ 轉	„ turn over things.
„ ʿpín	„ 扁	„ beat flat.
„ ˏpʿing	„ 平	„ level.
„ tʿüt,	„ 脫	„ let fall.
„ ˏchʿam ˏshün	„ 沉船	„ sink a ship.
„ lòˀ sòˀ		„ make dirty, to soil.
„ chʿik, mok,	„ 赤剝	„ take off one's clothing.
„ ˏhoi ˏmún	„ 開門	„ open the door.
„ ˏkò yéuk,	„ 膏藥	„ apply a plaster or ointment.
„ ˏfúi ˏshá	„ 灰砂	„ make a chunam floor.
„ shek, ˏwo ˏchʿéung	„ 石禾場	„ make a threshing floor.
„ ʿshui	„ 水	„ draw water.
„ ʿfo	„ 火	„ strike fire.
„ chéuk, ʿfo	„ 着火	„ do.
„ ˏú ʿfo	„ 烏火	„ extinguish fire.

Examples of the use of ʻtá, to strike.

ʻTá shek͵	打石	A stone cutter.
„ ͵ngan ͵sz fú²	„ 銀師傅	A master silver smith.
„ chek͵ ͵ngan ͵hün	„ 隻銀圈	To make a silver ring for the neck.
„ ͵mín ͵fá	„ 綿花	To cleanse cotton.
„ tʻit͵	„ 鐵	A black smith.
„ ͵chung	„ 鐘	To ring the bell.
„ sín³	„ 綫	„ tune an intrument.
„ ͵lo ʻkú	„ 鑼鼓	„ beat the gong.
„ ʻchí ͵pʻái	„ 紙牌	„ play at cards.
„ ͵tʻín ʻkau	„ 天九	„ do.
„ tsiú³	„ 醮	„ perform mass.
„ ͵chʻaí	„ 齋	„ do.
„ ʻpá hí³	„ 把戲	„ play a comedy,
„ ͵wáng ʻshau	„ 橫手	„ forge.
„ púi³ ʻshau	„ 焙手	„ engage or induce by presents.
„ pák͵ chong²	„ 白撞	A pilferer; a thief.
„ fán² ͵tsʻán	„ 飯餐	To live like a parasite.
„ ͵tsau ͵fung	„ 秋風	A beggar.
„ ʻshau chʻung³	„ 手銃	To commit onanism.
„ ͵fung pò²	„ 風暴	Boisterous weather.
„ ͵sai pak͵	„ 西北	Gentle N. W. wind.
„ ͵ngau ͵tʻai	„ 牛蹄	A game.
„ mak͵	„ 脈	To feel the pulse.
„ ʻfan	„ 粉	„ paint one's face.
„ mín²	„ 面	„ do.
„ ͵yan	„ 人	„ strike some body.
ʻAu ʻtá	毆打	„ strike.
ʻTá ͵sheung	打傷	„ wound.
„ ʻchung	„ 腫	„ strike so as to occasion swelling.
͵ʻM kau³ ʻkʻü ʻtá	唔夠佢打	Unable to fight him.
ʻTá ͵ʻm ʻtò	打唔倒	Not hit it.
„ ʻshau ʻchéung	„ 手掌	To give one a blow with the hand.
„ yat͵ ͵pá ʻchéung	„ 一巴掌	A slap of the hand.

海上絲綢之路文獻集成　科技與文化編

Examples of the use of ‘tá, to strike.

‘Tá ‘tò ‘hò ꜀to ꜁t‘iú ꜁han	打倒好多條痕	To flog one until it leaves marks.
„ ‘tsui ꜀pá	打嘴巴	To box one's mouth.
„ tò’ ch‘ut, hüt,	„ 到出血	To strike one until the blood runs out.
꜀Pín ‘tá	鞭打	To whip one.
‘Tá ‘sz	打死	To kill one.
‘Tá ‘sz ꜁yan meng²	„ 死人命	To kill one.
꜀Séung ‘tá	相打	To strike one another.
‘Tá ꜀káu	打交	To fight.
„ ꜀ká ‘fo	„ 傢伙	To fight (civil war).
„ chéung²	„ 仗	To fight (general war).
„ tí² ꜀fong	„ 地方	To invade a territory.
„ ꜁ying	„ 贏	To gain a victory.
„ ꜀shü	„ 輸	„ suffer a defeat.
„ pái²	„ 敗	„ do.
„ ꜁k‘ün	„ 拳	„ box.
Káu’ ‘tá ꜀sz fú²	教打師傅	The boxing master.
‘Tá kwan’	打棍	To cane one.
„ p‘áu’	„ 炮	To discharge a gun.
„ ꜀fí ꜀t‘ò	„ 飛砣	To throw slung stones.
„ káng’	„ 逕·打脛	To commit highway robbery.
„ kíp,	„ 刼	do.
„ ꜁ming ‘fo	„ 明火	To commit burglary; to surprise villages.
„ kéuk, kwat,	„ 脚骨	To commit highway robbery.
„ ꜁ü	„ 魚	To go a fishing.
„ ꜁wo	„ 禾	„ thresh.
„ líp,	„ 獵	„ go a hunting.
„ ‘lò ‘fú	„ 老虎	To go a tiger hunting.
„ ts‘éuk, ‘niú	„ 鵲鳥	„ shoot birds.
„ ꜀kung	„ 工	To labor for wages.
„ ‘tséung	„ 槳	„ row.
„ ꜀fán ꜀ch‘é	„ 翻車	To wheel about.
„ ꜀tín ‘tò	„ 顛倒	„ turn about madly.
„ ꜀tsím	„ 尖	To wedge in.
„ ‘kung	„ 拱	„ make an obeysance.

Orthography.

To reduce the Canton dialect to a simple, phonetic system, has been a subject of considerable discussion among the junior students of the Chinese language; and the different modes of spelling show, that as yet few have agreed on that point. This diversity is in a great measure owing to the lack of a comprehensive, practical mind, able to look beyond the few years of his own existence; but no less to a disinclination to make a few concessions to a rival and to sacrifice one's own preconceived opinion to better counsel, having for its aim the interest of the less instructed and less talented of the native and foreign students. But we not unfrequently find that the greatest stumbling black in the way of a perfect agreement is the fact that men make it a matter of ***Convenience*** :— Englishmen will write according to the pronunciation ef their own language (if there is such a thing as a general rule); the French will follow theirs, &c. So long as they write for their private use only, not much is lost to others or to themselves; but when they present the results of their labour to the public, matters stand quite differently. As public men sent out for the extension of science and civiliation, they should study simplicity, should analize every sound and represent it, as much as possible, by simple vowels and consonants, or at least by such diacritical marks as might save future generations from the scandal of spelling as many now too frequently do amongst the lower classes of England, France, Germany, and the United States of America. They should above all faithfully represent the essential points of the various dialects of China, such as are the tones and aspirates, or give no pronunciation at all. For it is much better to leave the student of the Chinese language to himself, than to misguide him by an assumed authority, and to induce him to persue a course of study which he afterwards, perhaps when too late, regrets, when health and other circumstances may not allow him to retrieve his lost ground.

A Standard Alphabet, such as has been proposed by Professor Lepsius is a great desideratum in the newly opened countries of the far East, and we should have adopted it, had we not a dictionary now in general use by the students of this dialect, the orthography of which is so simple that it will not soon be superseded by a better one. The only defects of Dr. Williams' orthography are the use of the U to represent three, the E two sounds, and that he requires a diacritical mark to express the broad sound of the diphthong ái. The ù should be represented by the ö; the é by the ä; the ai by the ei; and the ái by the ai.

Having in the present work strictly followed the orthography adopted by Dr. Williams, I will here add his system, as exhibited in the table p.p. XVI and XVII in the Introduction to his "Tonic Dictionary."

1. a as in quota;
2. á as in father;
3. e as in men;
4. é as in say;
5. i as in pin:

漢語語法

Orthography.

6. í as in machine;
7. o as in long, lord;
8. ò as in so, hoe:
9. u as bull;
10. ú as in school;
11. ü as in Güte;
12. ù as in turn;
13. ai in while;
14. ái as in aisle, aye;
15. au as in now;
16. áu as in howl (only pronounced broader and longer)·
17. éu as in Capernaum;
18. iú as in pew:
19. oi as in boy;
20. ui as in Louis;
21. úi as in cooing;
22. sz' this is an imperfect vowel sound, unknown in European languages: if in pronouncing the word dizzy, the two letters di be changed. to s, this sound will be made.
23. 'm or hm, is spoken with a cleared mouth, like a voluntary half cough.
24. 'ng is a nasal sound, made by stopping the nose when it is spoken.

The consonants need no illustration, as they are uniformly pronounced as in English:—

ch as in church;
f as in fife;
h as in have;
k as in king;
kw as in quality;
l as in lame;
m as in main;
n as in nun;
ng as in sing;
p as in pap;
s as in sea;
sh as in shut;
t as in title;
ts as in wits;
w as in wing;
y as in yard.

The above comprise all the vowels, diphthongs and consonants, found in the Canton dialect.

Tones and Aspirates see p. p. 1 and 2.

1. *Difference of Intonation.*

Any person anxious to acquire the Chinese language as it is spoken by the natives, should acquaint himself:—

1.—With the tones;
2.—With the aspirates; and
3.—With the vowel sounds.

1. THE TONES.

The Mandarin or Court dialect distinguishes 5 tones;
The Hakka 6; and
The Punti 8.

1. In the Court dialect they are expressed without any modulation of the voice; are marked as represented in the following square, and repeated according to the number opposite each tone,

2		3
	(1)	
1		4

2	3
1	4

The 平聲 ꜀p'ing ꜀shing (marked 1 on the left below), is the simple even tone;

The 上聲 shang˒ ꜀shing (marked 2) is the upper tone, and is always uttered with a shrill voice;

The 去聲 k'ü˒ ꜀shing (marked 3) is the departing tone; and

The 入聲 jih˒ ꜀shing (marked 4) is the entering tone. In its southern variations it always terminates abruptly; but ends in a long vowel in Chili, Shansi &c., &c.

A lower (or fifth) tone is recognised in the ꜁p'ing ꜀shing only.

2. More modulation of the voice is observed in the Hakka dialect; but the intonation differs so much from the Punti, that those who wish to acquire both, must take great care not to confound them.

The tones of the Hakka dialect are represented in the following squares

2	3
1	4

2	3
1	4

and are called

1. Shong˒ ꜀p'ing ꜀shing
2. Shong˒ ꜀shing
3. K'i˒ ꜀shing
4. Shong˒ nyip˒ ꜀shing.

A horizontal stroke being added to the hook of the p'ing and nyip shing, they represent the lower tones, as seen in the preceding square.

According to the modulation of the voice
the k'i shing of the Hakka resembles the *high* p'ing shing of the Punti;
the shong „ „ *low* „ „
the p'ing „ „ *hü* „ „

NOTE.—1. When a Chinese is anxious to ascertain the tone of a word, he always commences with the p'ing shing, then passes over to the shang (P. shéung; H. shong), k'ü and jih, on which account they are often enumerated in the manner represented in the square.

海上絲綢之路文獻集成　科技與文化編

Intonation.

3. The tones of the Punti dialect are pronounced,

1. ꜀P'ing ꜀shing	3. Hü' ꜀shing and
2. ꜂Shéung ꜀shing	4. Yap꜆ ꜀shing

1. Upper Tones				2. Lower Tones.			
1. 上平	Shéung² ꜀p'ing ꜀shing			1. 下平	Há² ꜀p'ing ꜀shing		
2. 上上	,,	꜂shéung	,,	2. 下上	,,	꜂shéung	,,
3. 上去	,,	hü'	,,	3. 下去	,,	꜀hü'	,,
4. 上入	,,	yap꜆	,,	4. 下入	,,	yap꜆	,,

The ꜀p'ing ꜀shing is uttered with a peremptory voice, *e. g.* Go!

The ꜂shéung ꜀shing or rising tone is uttered with an interrogative modulation of the voice, e. g. Is it *nice*? Is the weather *fine*?

The hü' ꜀shing is the optative or wish form, e. g. *Do* love me.

The yap꜆ ,, terminates in the Punti and Hakka dialects always in a p, t or k; hence it is easily distinguished.

The 1. 2. & 3. tones of the Punti are nearly represented in the following scale.

High tones
Low tones

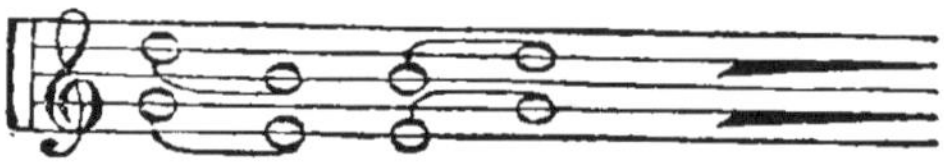

How are the four tones called?

個四聲叫做乜名呢 Ko' sz' ꜀shing kiú' tsò² mat꜆ ꜀meng ꜀ní.

They are called ꜀p'ing, ꜂shéung, ꜀hü' and yap꜆ ꜀shing.

叫做平上去入咯 Kiú' tsó² ꜀p'ing, ꜂shéung, hü', yap꜆ lok꜆.

Mark the upper tones 點個上四聲 ꜂Tím ko' shéung² sz' ꜀shing

Mark the lower tones, 點個下四聲 ꜂Tím ko' há² sz' ꜀shing

What tone has this character?

呢個字係乜野聲呀 ꜀Ní ko' tsz² hai² mat, ꜂yé ꜀shing a'.

Has it the high or low tone?

係上或係下聲 Hai² ꜂shèung wák꜆ hai² há² ꜀shing.

Read these characters with me.

同我讀呢箇字 ꜀T'ung ꜂ngo tuk꜆ ꜀ní ko² tsz²

HIGH TONES.

Chín, ꜂chín, chín', chit꜆ 氈展戰拆 blanket; to unroll; to fight; to break.

꜀Kám, ꜂kám, kám', kap꜆ 緘減鑒甲 to seal; to contract; a mirror; armour.

LOW TONES.

꜀Lín, ꜂lín, lin² lit꜆ 連璉練列 to connect, to remove; to select; to arrange.

꜀Wan ꜂wan, wan² wát꜆ 云允運滑 To say; to grant; to revolve; slippery,

Aspirated words seldom have the *higher* tone in the ꜀*p'ing* ꜀shing, or the *lower* tone in the *hü' shing*. This peculiarity in the Punti is worth noticing, as it will considerably assist the student's memory.

漢語語法

2. *Aspirates.* 3. *Vowel Sounds.*

How the tones frequently change the meaning of words, may be seen from the following examples.

惡 { ˏÚ An interrogative particle; Ú' to hate; Ok, bad, wicked. }
爲 { ˏWai, to do; to be; Wai' on account of. }
好 { 'Hò good. Hò' to love. }

A glance into Dr. Williams' "Tonic Dictionary" will convince the student of the necessity of paying strict attention to the pronunciation of the aspirates.

1. EXAMPLES.

ˏTám	担	to carry	ˏT'ám	貪	to covet
Táp,	答	,, answer	T'áp,	塔	a pagoda
Tò'	到	,, arrive at	T'ò'	吐	to vomit
Pik,	逼	,, oppress	P'ik,	辟	a prince
ˏChái	齋	,, abstain from	ˏCh'ái	差	a commissioner

In the preceding examples the sound and quantity of the vowels are the same, the tones are also identical, the distinction of meaning being conveyed by the aspirates.

3. *The Vowel Sounds.*

The following examples differ in the sound of the vowels, by which the difference of meaning is conveyed to the ear.

EXAMPLES.

1. Narrow or Common Sound.			2. Broad Sound		
Ai'	縊	to strangle	Ái'	隘	a pass, a defile
Ak,	握	,, grasp	Ák,	厄	a bracelet
'Am	揜	,, cover with the hand	'Ám	函	an unopened flower
Kau'	救	,, save to rescue	Káu'	教	to teach

3. Difference in the quantity of Vowels.

EXAMPLES.

Short Sound.			Long Sound.		
ˏSam	心	the heart	ˏSám	三	three
ˏKam	金	gold metal	ˏKám	監	to inspect

Proper attention paid to these distinctions at the commencement of study, will enable the student to avoid many errors so frequently fallen into by persons unwilling to follow the advice of experienced scholars.

4. PHRASES.

4. Is this word aspirated or not?

呢個字有氣冇呢 ˏNí ko' tsz' 'yau hí' 'mó ˏní.

How is this word pronounced?

點樣讀呢個字呢 'Tím yéung' tuk, ˏní ko' tsz' ˏní.

It is kau' in Punti, 本地讀救 Punti' tuk, kau'.

Phrases. Dialectical Difference.

And this character? 呢個字呢 ꜀Ní koʾ tsz^2 ꜀ní.

It is read káuʾ 我讀教 ꜂Ngo tuk$_2$ káuʾ.

What difference is there in the sound? 個聲音點分別呢
Koʾ ꜀shing ꜀yam ꜂tím ꜀fan pit$_2$ ꜀ní.

The difference of sound is in the A,
個亞字音不同 koʾ áʾ tsz^2 ꜀yam pat, ꜁t'ung.

By kauʾ ꜁yan I rescue a man from peril.
我救人出於危險 ꜂Ngo kauʾ ꜁yan ch'ut, ꜀ü ꜁ngái ꜂hím.

By káuʾ ꜁yan I instruct men how to act.
我教人點樣行為 ꜂Ngo káuʾ ꜁yan ꜂tím yéung^2 ꜁hang ꜁wai.

4. *Dialectical Difference.*

1. The *written* Chinese being ideographic and merely intended for the eye, there is no need for long words of diversified sounds, in order to convey the meaning to the mind. Hence the rule, "*speak as you correctly write, and write as you correctly speak,*" is in no way applicable to the written Chinese language of books. The student, therefore, should be careful *what* characters he commits to memory, and should always ask the teacher to write down for him the *compound used in the* colloquial, without which he cannot possibly make himself intelligible. With the exception of Dr. Williams' "Tonic Dictionary of the Canton Dialect" there is not a single work containing such a collection of compounds used in conversation as a student might commit to memory without reference to a competent teacher. Besides the necessity of learning compounds great care should be taken to ascertain the particular word used in the dialect we wish to acquire, as also the *peculiar construction of sentences.* Thus in treating the Chinese language as if the ideographic characters did not exist, and by paying strict attention to the respective idioms, we soon discover that the various dialects of China differ as much from each other as German does from English, Dutch Swedish, Danish and other cognate tongues.

2. EXAMPLES OF DIALECTICAL DIFFERENCE.

I do not see [it] or I cannot see	Punti	睇唔見	꜂T'ai ꜁'m kínʾ.
	Hakka	看唔到	K'onʾ ꜁'m tauʾ.
	Court	看不見	K'ánʾ puh, kien .
Will you go?	P.	你去唔去呢	꜂Ní hüʾ ꜁'m hüʾ ꜀m.
	H.	你去唔	꜂Ní híʾ ꜁'m.
	C.	你去不去	꜂Ní k'üʾ puh, k'üʾ.
Go!	P.	去	Hüʾ!
	H.	走	꜂Tsèu!

2 *Examples of Dialectical Difference.* *Compounds.*

I do not know	P.	我唔知到	ʻNgo ꜀'m ꜀chí tòʼ.
	H.	我唔知	ʻNgai ꜀'m ꜀tí.
	C.	我不知	ʻWo puh, ꜀chí.

5 *Compounds.*

Compounds are,—

1. Descriptive;
2. Explanatory;
3. Synonymous; or
4. Symphonious.

1. They are mostly of so stereotype a character as to be quite unintelligible if transposed. The only analogy we have of this kind in the English language is in certain proper-names of places. The sentence, *e.g.* He comes from Norfolk, would lose its geographical signification and hence become unintelligible, were we to say, He comes from the Folk of the North, because the historical origin of the compound has been forgotten by the people.

Examples of Descriptive Compounds.

A brickmaker	甎瓦師傅	꜀Chün ʻngá ꜀sz' fú² lit: A master of bricks & tiles.
A bricklayer	泥水師傅	꜀Nai ʻshui „ „ clay and water.
A carpenter	木匠師傅	Muk꜇ tséung² „ „ workmanship in wood.
A weaver	織補師傅	Chik, ʻpò „ „ weaving cloth.
A spy glass	千里鏡	꜀Tsʻin ʻlí kingʼ, lit: a glass which enables us to see one thousand miles.

2. Examples of Explanatory Compounds.

Brother, Brethren,	兄弟	꜀Hing tai² lit: elder & younger brothers, brethren.
Sisters	姊妹	ʻTsz múi² „ „ sisters.
Marriage	婚姻	꜀Fán ꜀yan lit: female and male connections, *i.e.* to form such.
Relatives	親戚	Tsʻan tsʻik, lit: relations contracted by marriage.
Children	子女	ʻTsai or ʻTsz ʻnü² lit: boys and girls.
Infants	嬰孩 or 兒	꜀Ying ꜁hoi or ꜀ying ꜁í lit: female and male infants, or babies.
Sir, teacher	先生	꜀Sín ꜀shang lit: First-born.
A youth	後生	Hau² „ „ Late or after-born.
Surgery	外科	Ngoi² ꜀fo „ outward [practice of] medicine.

3. Examples of Synonymous Compounds.

To examine	查察	꜁Chʻá chʻát, both meaning the same.
Fulfilment	應驗	꜀Ying ím² „ „
To try	試煉	Shíʼ lín² to try, test &c.

To hear 聽聞 ꜀T'ing ꜁man, both meaning to hear.

To see 睇見 ʿT'ai kín' „ „ see.

4. Examples of Symphonious characters used in Compounds.

To see 體見 ʿT'ai kín'. 體 ʿt'ai, body, stands here for 睇 ʿt'ai to se[e]. These occur chiefly in popular literature and colloquial writings, ar[e] sometimes employed from ignorance, and sometimes for intelligibility.

5. Many compounds in daily use may be transposed without alterin[g] the sense, or becoming unintelligible; but great care requires to be take[n] in such transpositions, lest the sense be lost.

Examples of words that *may be* transposed.

To rejoice 歡喜 ꜀Fún ʿhí or ʿhí ꜀fún.

To go and return 往來 ʿWong ꜁loi or ꜁loi ʿwong.

Examples of words that may *not* be transposed.

Lord of a family, 家主 ꜀ká ʿchü; whilst ʿchü ꜀ká means to rule a family

In the presence of 面前 Mín² ꜁ts'ín; ꜁ts'ín mín² means before us, opposit[e]

A wine cup 酒杯 ʿTsau ꜀púi; whilst ꜀púi ʿtsau means a glass of wine

In conversation ꜀kung ʿtá [攻打] means to assault, to fight but ʿtá ꜀kung [打工] to labour for wages; ꜀kung ꜁lò [功勞] mean[s] merits; but ꜁lò ꜀kung [勞工] toil, toilsome labour.

7. PHRASES.

Call the bricklayer 叫泥水師傅來 Kiú' ꜁nai ʿshui ꜀sz' fú² ꜁loi.

Take away this spy-glass } 㩆去呢个千里鏡 ꜀Ning hü' ꜀ní ko' ꜀ts'ín ʿlí king'.

To be married (said of women) 出嫁 Ch'ut, ká'.

To take a wife 娶老婆 Tsü' ʿlò ꜁p'o.

When will the teacher come? 先生幾時來 ꜀Sín ꜀shang ʿkì-꜁shì ꜁loi.

I want a tea cup 我愛茶杯 ʿNgo oi² ꜁ch'á ꜀púi.

I want a cup of tea 我愛杯茶 ʿNgo oi² ꜀púi ꜁ch'á.

Tea is ready 茶便喇 ꜁Ch'á pín² lá'.

I am ready 我齊備咯 ʿNgo ꜁ts'ai pí² lok,.

6. CLASSIFIERS.

A classifier is added to or precedes every noun, whenever it stands in relation to numerals. Our words herd (in herd of cattle); sheets (in sheets of paper); pieces (in pieces of silk) correspond exactly to these classifiers, which the student will do well to commit to memory before he proceeds further.

1. Ko' 個 is applied to men, as yat, ko' ꜁yan 一個人 one man.

Shap, ko' ʿnü ʿtsai 十個女仔 Ten girls.

漢語語法

6. *Classifiers.*

Ko' 个 the abbreviated ko' 箇 is applied to inanimate objects, such as baskets, coin &c., &c.

ᶜMái ᶜléung ko' ꜀lám ꜀loi 買兩箇籃來 Buy two baskets.
ᶜPì ᶜng ko' ᶜping ꜀kon ᶜk'ü 俾五箇餅乾佢 Give him five biscuits.

2. Chek꜀ 隻 is applied to boats, vessels, birds, quadrupeds, legs, arms, eyes &c. In *Hakka colloquial* it is also applied to man.

EXAMPLES.

Yat,	chek꜀	ᶜt'eng	一隻艇	One boat.
,,	,,	꜀shün	一隻船	One vessel.
Shap꜀	,,	꜀kai	十隻雞	Ten chickens.
ᶜNg'	,,	꜀chü	五隻猪	Five pigs.
ᶜLèung	,,	ᶜshau	兩隻手	Two arms.
Yat,	,,	ᶜngán	一隻眼	One eye.

EXERCISES.

Call a boat. Embark in that ship. Weigh that chicken. Buy a pig. Raise one arm. Open one eye.

To call 叫來 kiú' ꜀loi. 2. To embark, to take passage in, 搭 táp꜀. To weigh 稱 ch'ing'. To buy 買 ᶜmái. To raise 舉 ᶜkü. To open 打開 ᶜtá ꜀hoi.

3. Túi' 對 is applied to things that we use in pairs, as shoes, stockings, scrolls, &c.

EXAMPLES.

Yat, túi' ꜀hái	一對鞋	One pair of shoes.
Yat, túi' mát꜀	一對襪	One pair of stockings.
Yat túi' ᶜtúi	一對對	One pair of scrolls.

EXERCISES.

Make a pair of shoes. Knit a pair of stockings. Write a pair of scrolls. Put on this pair of shoes. Take off this pair stockings.

To make 造 tsò'. To knit 織 chik꜀. To write 寫 ᶜsé. To put on. 著 chèuk꜀. To take off 脫 t'üt꜀.

4. ꜀Shéung 雙 is applied to a pair, a couple, double, &c.

NOTE 2.—In kiú' ꜀loi and similar phrases the object must be put between the two verbs. Exception: In negative sentences, as:— 呢的油斟唔出 ꜀ni tik, ꜀yau ꜀cham ꜀'m ch'ut, or 唔斟得出呢的油 ꜀'m ꜀cham tak, ch'ut, ꜀ní tik, ꜀yau,' Cannot pour out this oil, the particles *ch'ut, yap꜀, ꜀loi,* follow immediately after the negative or the auxiliary verb.

海上絲綢之路文獻集成　科技與文化編

Classifiers.

EXAMPLES.

˛Shéung ˓ngan ˏfá ˏling 雙眼花翎 A two-eyed peacock's feather.

˛Shéung ˓hau kím' 雙口劍 A double edged sword.

5. ˓Pá 把 is applied to things held in the hand like an umbrella fan, knife, &c.

EXAMPLES.

ˏChá ˏní ˓pá ˏché 揸呢把遮 Hold this umbrella.

ˏNing ko' ˓pá ˏtò ˏloi 擰個把刀來 Bring that knife.

ˏHoi ˏní ˓pá ˓so 開呢把鎖 Open this lock.

Yat, ˓pá ˓ts'ò 一把草 One bundle of grass.

ˏPá ˏpá ˓pá ˓pá ˏp'á ˏp'á ti² 爸爸把把爬爬地 Papa holds a rake to scratch the ground.

6. ˏChéung 張 is applied to things that are spread out, as a sheet of paper, bed and table covers, &c.

EXAMPLES.

˓Pì ˏsám ˏchéung ˓chí kwo' ˓ngo 俾三張紙過我 Give me three sheets of paper.

Tái² ˏlau ˏp'ò shap, ˏchéung tsik, 大樓鋪十張蓆 Spread ten mats in the large room.

Shat, hü' yat, ˏchéung ˓p'i 失去一張被 Lost one quilt.

7. ˏChí 枝 a branch, twig, is applied to things which are round and slender.

ˏNím hü' ˏní ˏchí pat, 拈去呢枝筆 Take away that pencil.

˓Sai ˏní ˏchí ˏngá ts'át, 洗呢枝牙擦 Wash this tooth brush.

8. ˏT'iú 條 is applied to anything long and slender, as a cane, a pike; also to divisions or articles of laws &c. It is more generally used than the preceeding and chiefly applied to finished objects.

˓Ngo ˓t'ai kín' yat, ˏt'iú ˏshé 我睇見一條蛇 I see a snake.

˓Léung ˏt'iú lò² ˏtò hü' tak, 兩條路都去得 Both roads are passable.

Hü' ˓lo yat, ˏt'iú ˓má ˏpín ˓pí kwo' ˓ngo 去攞一條馬鞭俾過我 Go and fetch me a horse whip.

ˏTs'am ˏ'm chéuk, ko' yat, ˏt'iú tái² 尋唔着個一條帶 I cannot find that girdle.

Yat, t'iú ˏshing 一條繩 A cord.

Tsò² yat, ˏt'iú fú' 做一條褲 Make one pair of trousers.

9. ˏKán 間 is applied to buildings (for other meanings of this character we must refer the student to the dictionary).

Yat, ˏkán uk, 一間屋 One house.

漢語語法

'K'ü 'hí ˏsám ˏkán ˏkung 'sho 佢起三間公所 He erects three council chambers.

Tsoi² ˏHéung 'kong 'yau ˏsám ˏkán ˏkung kuk₂ 在香港有三間公局 There are three arsenals in Hongkong.

Yat, ˏkán kiú' tsò² 'fo yèuk₂ kuk₂ 一間叫做火藥局 One is called the powder magazine.

Tai² i² ˏkán kiú' tsò² ˏkwan ˏléung kuk₂ 第二間叫做軍糧局 The other is called the Commisssariat.

Tai² ˏsám ˏkán kiú' tsò² ˏkwan hí' kuk₂ 第三間叫做軍器局 The third is called the armory.

10. Tso² 座 is applied to seats, shrines, hills, pagoda's &c.

'Hí ˏt'an yat, tso² 起壇一座 Erect an altar.

Yat, tso² t'áp, 一座塔 One pagoda.

11. Tò² 度 frequently stands for 渡 to pass over or through a passage &c.

ˏKing kwo' 'ng tò² ˏkwan 經過五度關 Went by five passes.

ˏím ˏhoi ko' yat, tò² ˏmún 掩開個一度門 Open that door.

'Hí ˏto 'léung tò² ˏk'iú 起多兩度橋 Raised two bridges in addition.

12. Fuk, 幅 is applied to maps, pictures, inscriptions and similar things, that are rolled up or stretched out like the preceding.

Wak₂ 'kí fuk, ˏshán 'shui wá² 畫幾幅山水畫 Paint a few landscapes.

Yat, fuk, ˏts'éung 一幅牆 A wall.

13. Chan² 陣 is applied to a gust, a dash, a beam, a puff &c.

Yat, chan² ˏfung 一陣風 A gust of wind.

" ˏkwong 一陣光 A beam of light.

" ˏín 一陣烟 A puff of smoke.

Shik, ˏloi lok₂ yat, chan² 'ü 適來落一陣雨 A shower of rain fell just now.

Yat, chan² ˏch'an kòm' tái² 一陣塵咁大 As big as a cloud of dust.

" ˏín " yéung² 一陣烟咁樣 Like a cloud of smoke.

14. Nap, 粒 is applied to grain, seed, buttons &c.

Yat, nap, tau² kòm' ˏto 一粒荳咁多 So much as one bean.

" " ˏshá tít, yap₂ 'k'ü ké' 'ngán noi² 一粒沙跌入佢嘅眼內 A grain of sand fell into his eyes.

15. ˛Ch'éung 場 is applied in a similar manner as chan²
(No. 13.); but the acts are of a longer duration.

˛Sín ˛shí lok, yat, ˛ch'éung tái² ˊü 先時落一場大雨
A heavy rain fell before.

˛Tò sün' yat, ˛ch'éung ˊts'oi 都筭一場彩 I think I was very lucky.

16. Túi² 隊 is applied to a division, group, party, or a company of people and animate beings.

ˊK'ü ˊtá fat, ˊkí túi² ˛ping hü' ˛shing 佢打發幾隊兵去城
He sent several divisions of soldiers into the town.

Tsoi² ˛fá ˛ün ˊyau yat, túi² ˊnü ˛van 在花園有一隊女人
There is a party of ladies in the garden.

17. ˛Kw'an 羣 stands for herd, flock &c.

Yat, ˛kw'an ˛yéung 一羣羊 A flock of sheep.
,, ˊyé áp, 一羣野鴨 ,, wild ducks.
,, ˊshui ˛ngau 一羣水牛 A herd of buffaloes.

18. Tát, 笪 is applied to irregular pieces or spots.

Ko' ˊpá kím' ˛shang yat, tát, sau' 箇把劍生一笪銹
A spot of rust has come on that sword.

19. Fú' 副 is used as a classifier of lots, sets &c.

Yat, fú' hí' kü' 一副器具 A set of instruments.

˛San chí' yat, fú' ˛sün ˛chí ˛t'oi ˊí 新置一副酸枝檯椅
Lately purchased a set of ebony tables and chairs.

20. Kín² 件 is applied to articles of dress, to affairs of business &c. &c.

ˊNí ˊyau ˊkí ˛to kín² ˛í ˛shéung 你有幾多件衣裳
How many articles of dress have you?

Tsoi² ˛ní ch'ü' hai² ˛sám shap, kín² 在呢處係三十件
There are thirty articles here.

Ko' kín² ˛p'ò ˛lün ˊhí mí² ˛ts'ang 箇件袍聯起未曾
Have you sewed that robe yet?

ˊNgo ˊyau yat, kín² sz² wá² kwo' ˊní ˛chí 我有一件事話過你知
I have an affair to communicate to you.

˛Ní yat, kín² fo' kok, hai² ok, mái² 呢一件貨確係惡賣
This sort of goods is indeed difficult of sale.

˛M iú' ko' kín² ˛tung ˛sai 唔要箇件東西 I do not want that thing.

21. Fái' 塊 is applied to pieces or portions of earth, wood, cloth &c.

漢
語
語
法

Yat, fái' 'chí kòm² pok, 一塊紙咁薄 As thin as a piece of paper.

Ko' fái' pò' 'pì kwo' 'ngo 箇塊布俾過我 Give me that piece of cloth.

Tsuk, ˌmò yat, fái' íp, 足模一塊葉 Just like a leaf.

Yat, fái' shek, 一塊石 A stone.

Sám fái' ˌngan 三塊銀 Three dollars.

22. ˌT'ün 團 stands for lumps, clods, and is chiefly applied to detached substances of earth, dough &c.

Yat, ˌt'ün ˌnai 一團坭 A clod or lump of earth.

,, mín² 一團麵 A lump of dough.

'Tá ˌmái yat ˌt'ün 打埋一團 A fighting couple on the ground.

'Ní ké' ˌp'ò sát, hai² yat, ˌt'ün ˌnai 你嘅菩薩係一團坭
Your idol is but a lump of clay.

23. ˌT'ong 堂 is applied to ladders, sails &c., (it is seldom used.)

Yat, ˌt'ong ít, ˌché 一堂熱遮 A sun screen.

'K'ü 'yau 'léung ˌt'ong ˌman chéung² 佢有兩堂蚊帳
He has two mosquito curtains.

24. ˌHong 行 is applied to a row, line &c.

Ko' ˌhong 'lau ˌtséung kan² ˌhoi ˌfá 箇行柳將近開花
That row of willows will soon flower.

'Hoi ˌpín pok, yat, ˌhong chín' ˌshün 海邊泊一行戰船
A row of men-of-war are anchored on the sea shore.

25. Ká' 架 A wooden frame, a stand on which things are placed.

ˌÍ ká' 衣架 Clothes horse.

Yat, ká' 'shui ˌch'é hü' kau' 'fo 一架水車去救火
A fire engine went to put out the fire.

26. 'To 朶 is applied to flames, flowers &c.

Yat, 'to 'fo 一朶火 One flame (N. 3.)

ˌNi 'to 'fo sik, 'liú 呢朶火息了 The fire is gone out.

Yat, 'to, ˌfá 一朶花 A bouquet of flowers.

27. P'ín' 片 A slip, a slice, a bit &c.

Yat, p'ín' muk, ˌshéung 'k'ü ké' 'shau 'chí 一片木傷佢嘅手指
A small piece of wood injured his finger.

NOTE 3.—'Tò is frequently pronounced 'tù, chiefly so in connection with flowers.

'K'ü yat, p'ín' ˏsam sz' sung' 'pí 'ní 佢一片心事送俾你
He gives it to you from his heart.

28. Tsik, 席 A feast, conversation (Not frequently used.)

Pán' yat, tsik, 'tsau 'ts'ing ˏyan hák, 辦一席酒請人客
Spread the table and invite the guests.

Ko' yat, tsik, wá' 箇一席話 That conversation.

Yat, tsik, 'hò ˏshán tí' 一席好山地 A lucky spot [for a grave.]

29. ˏPáu 包 a bundle &c.

'Mái ˏmín ˏfá yat, ˏpáu 買棉花一包 Purchase a bale of cotton.

Yat, ˏpáu 'chí 一包紙 A packet of paper.

30. Chát, 札 Also denoting things tied into a bundle.

Yat, chát, pat, 一札筆 A bundle of pencils.

31. ˏFung 封 is applied to letters.

Yat, ˏfung sun' 一封信 One letter.

32. ˏTò 刀 One quire.

Yat, ˏtò 'chí 一刀紙 One quire of paper.

33. 'Pún 本 Acts of play; a volume &c.

Yat, 'pún hí' 一本戲 A play in one act.

,, ˏshü 一本書 One volume.

Tuk, ˏní 'pún ˏshü 讀呢本書 Read this book.

34. T'ò' 套 is applied not to single volumes but to sets of books, and works containing more than one volume.

Yat, t'ò' ˏshü 一套書 A complete work.

ˏNí t'ò' ˏshü shat, 'liú yat, pò' 呢套書失了一部
Lost one volume of this set of books.

'Mái yat, t'ò' ˏSám kwok, Chí' 買一套三國誌
Purchase a copy of the Three States.

35. Pò' 部 is more frequently applied to a single volume of books than 'pún (No. 33.)

Yat, pò' ˏshü 一部書 One volume.

Oi' 'kí ˏto pò' ˏní 愛幾多部呢 How many volumes do you want?

36. P'at, 匹 is applied to horses, boards &c.

Yat, p'at, 'má 一匹馬 A horse.

Ko' pák, ˏyé 'yau 'léung p'at, ˏsò 箇伯爺有兩匹鬚
That elderly man has two mustaches.

漢語語法

37. ʻHá 吓 is applied to blows with the hand or stick &c.

Yat, ʻhá ʻshau 一吓手 One blow of the hand.

Tá ʻk'ü shap, ʻhá 打佢十吓 Give him ten blows.

38. Ch'ün' 串 is applied to things strung together.

Yat, ch'ün' ˏhéung ˏchü 一串香珠 One string of fragrant beads.

39. Shèng² 乘 is applied to chairs and carriages.

Yat, shèng² ʻkiú, 一乘轎 One sedan chair (4).

40. T'üt, 脫 Suits of cloths.

Yat, t'üt, ˏí fuk, 一脫衣服 one suit of clothes.

41. ʻKú 股 is used for shares and parts in business, and for heads and divisions in essays.

Yat, ʻkú ˏshang í' 一股生意 One share in a business.

Ko' ˏman ˏchéung ˏfan ˏsám tai² ʻkú tsok, 箇文章分三大股作 That essay is divided into three principal heads.

42. Kuk, 局 is applied to games of chess or chess boards.

Yat, kuk, ˏk'í 一局棋 One game of chess.

43. ˏKon 竿 is applied to bamboo.

Chung' yat, ˏkon chuk, 種一竿竹 Plant one bamboo.

44. Chü' 炷 denotes a cluster of incense sticks.

Yat, chü' ˏhéung 一炷香 One cluster of insense sticks.

45. ʻFo 夥 is applied to parties, companies, bands &c.

Yat, ʻfo ts'ák, 一夥賊 A band of robbers.

46. ˏMan 文 denotes cash.

Yat ˏman ˏts'ín 一文錢 One cash.

47. ˏMún 門, ʻHau 口, ˏHám 咸 — The first is applied to pieces of artillery; the next to pistols and revolvers &c.

ʻNí ʻyau shap, ˏmún tai² ˏp'áu 你有十門大炮 You have ten pieces of cannon.

ʻLéung ʻhau ʻshau ˏts'éung 兩口手鎗 A two-barreled pistol.

Luk, ˏhám ˏp'áu 六咸炮 A revolver.

48. ˏFong 方 is applied to squares of ink or inkstones; of beef, mutton, pork &c.

NOTE 4.—More frequently said: yat, ʻting ʻkiú.

海上絲綢之路文獻集成 科技與文化編

Yat ˏfong ín^{2} 一方硯 One inkstone.

49. P'at, 疋 is applied to cloth or silk.

Yat, p'at, pò' 一疋布 A piece of calico.

50. ˊFo 顆 is used for heads, pearls and other small round things.

Yat, ˊfo ˏchan ˏchü 一顆珍珠 A pearl.

Yap$_{2}$ ts'ák$_{2}$ chái^{2} ˊchám ˊshau shap$_{2}$ ˏü ˊfo 入賊寨斬首十餘顆
Went into the encampment of the robbers and cut off more than ten heads.

51. Tün^{2} 段 Parts, sentences, paragraphs &c.

Yat, tün^{2} ˏsan ˏman 一段新聞 A piece of news.

„ tí^{2} 一段地 One piece of ground.

52. ˊFun 欵 is applied to sections or articles of laws, treaties, petitions, business, news &c.

Yat, ˊfun sz^{2} 一欵事 An affair.

Wo^{2} yéuk, tai^{2} luk$_{2}$ ˊfun 和約第六欵 The sixth article of the treaty of peace.

Tsau' ˏts'ing yat, ˊfun 奏情一欵 A memorial.

ˋLéung ˊfun ˏsan ˏman ˊchí 兩欵新聞紙 Two kinds of news papers

53. Wai^{2} 位 denotes persons of rank and respectability.

Yat, wai^{2} hák, 一位客 A gentleman, a visitor.

ˊYau ˋléung wai^{2} ˏyan hák, ˏloi t'ám' ˋní 有兩位人客來探你
Two gentlemen have come to visit you.

54. ˏÜn 圓 also written 員 is applied to things round, circular &c.

ˋNgo him' ˋní ˏngan shap$_{2}$ tai^{2} ˏün 我欠你銀十大員
I owe you ten dollars.

55. ˏÜn 員 is applied to officers of government.

ˋYau ˏkún ˏyan ˏsám ˏün ˊshéung pakking 有官人三員上比京
Three officers are going to Peking.

56. ˏTs'ang 層 is used for stories of houses &c.

Yat, ˏts'ang ˏlau 一層樓 One storied house.

57. Ip$_{2}$ 頁 is applied to strips or leaves of paper &c.

ˊKí íp$_{2}$ ˊchí 幾頁紙 Several strips of paper.

58. Tò^{2} 道 is sometimes applied to men, but chiefly to documents, commands of the emperor and their imitations used in temples.

漢語語法

Classifiers.

'Shai kwo' ,sám tò² ,yan hü' ,ts'úi 'ní 使過三道人去催你
I have sent three messengers to urge you.

Tak, kong' ü² 'chí yat, tò² 特降諭旨一道 A special Imperial command.

59. T'íp, 貼 is applied to plasters &c.

'K'ü 'shau t'íp, yat, t'íp, ,kò yéuk, 佢手貼一貼膏藥
He has a plaster on his wrist.

,Shau ,mái 'kí t'íp, ,ín ,chí 收埋幾貼胭脂
Received several papers of rouge.

60. 'Tím 點 is used for spots, dots &c.

Yat, 'tím ,sing 一點星 A star.
„ ,shí 一點時 A moment of time.
„ mak, 一點墨 A drop of ink.

61. Tám' 擔, 担 A burden, a picul &c.

'K'ü tám' tak, 'léung tám' 'mái 佢担得兩擔米
He is able to carry two piculs of rice.

62. ,Ch'ung 重 is used for a series, succession &c.

,King kwo' 'kí ,ch'ung ,mún 經過幾重門
Passed through a succession of doors.

63. Lát, 辣 A colloquial expression denoting rows of things with interstices between them.

Yat, lát, shü² muk, 一辣樹木 A row of trees.

'Múi ,pín 'yau yat, lát, ,lán ,kon 每邊有一辣欄杆
Each side has a balustrade.

64. 'Hau 口 (see No 47) is applied to things with sharp edges &c.

Yat, 'hau kím' 一口劍 A sword.

Tái² ,tò ,sám 'hau 大刀三口 Three hatchets.

65. Mín² 面 is applied to mirrors, gongs, banners &c.

Yat, mín² keng' 一面鏡 A looking glass.
„ ,lo 一面鑼 A gong.

66. ,Tsung 宗 is applied to matter, affairs (seldom used).

Yat, ,tsung 'mí sz² 一宗美事 A noble affair.

'K'ü ,tsung 'pan sing' shat, 'shau ok, 佢宗品性實首惡
His whole disposition is bad.

海上絲綢之路文獻集成 科技與文化編

67. ʿMí 尾 is applied to fishes &c.

Yat, ʿmí ˏü 一尾魚 A fish.

68. Tʻoi 檯 / 枱 is applied to stages and plays.

ˏNín ˏnin ˏní chʻü' ʿyau ʿkí ˏtʻoi hí' tsò² 年年呢處有幾檯戲做 There are several plays acted here every year.

69. ʿPán 板 is applied to parties moving in a procession.

ʿYau ʿkí shap₂ ʿpán ˏchʻun shik, hü' ˏying ˏchʻun 有幾十板春色去迎春 Several tens of processions have gone to usher in the spring.

Yat, ʿpán tau² fú² 一板荳腐 A frame of bean curd.

70. ˏChü 株 / ˏKan 根 Both are applied to trees.

ˏSong shü² ˏsám ˏchü 桑樹三株 Three mulberry trees.

71. ʿKún 管 is applied to tubes, which are in China chiefly made of bamboo.

Yat, ʿkún pat, 一管筆 A pencil.

„ ˏsiú 一管簫 A flageolet.

72. ʿTing 頂 is extensively applied to things pointed on the top, as Chinese caps, hats, sedans &c.

Yat, ʿting mò² 一頂帽 A cap or hat.

73. Kü' 句 is applied to sentences, phrases &c.

Yat, kü' wá² 一句話 A sentence.

75. ʿChán 盞 is applied to lamps.

Yat, ʿchán ˏtang 一盞燈 One lamp.

There are a few more classifiers not contained in the preceding list; but as they never occur in colloquial, and but seldom in books, there is no need for burdening the student's memory with them.

7. *Chinese Designation of the Parts of Speech.*

The Chinese divide the characters or words of their language into

ˏHü tsʻz² 虛字 Particles or Prepositions &c.

Shat, „ 實字 Verbs, Nouns &c.

Cho² „ 助辭 Auxiliaries (lit: words supporting speech) *i. e.* words terminating sentences and defining their signification. In most instances they are substitutes for our punctuation.

7. *Chinese designation of the Parts of Speech.*

The Nouns, Adjectives, and Verbs are again subdivided into ₍út, tsz² and ʿsz tsz² (living and dead characters). The former comprise the Verbs, the latter the Nouns and Adjectives. Figurative or metaphorical expressions are called 假借 ʿká tsé'.

Little attention has as yet been paid by foreign students to Chinese composition. They have read books, committed sentences to memory and copied Chinese writing; but few have so far mastered the Chinese pen or brush as to be able to write a document correctly without the aid of a teacher. This is chiefly owing to the facility with which competent Chinese teachers can be engaged; and also to the impossibility (if a person does not wish to waste his valuable time) of a foreigner writing the Chinese characters so elegantly, that they can be presented to persons of rank; but no less to the lack of practical works in the various dialects serving as competent guides to a knowledge of the written language.

8. *Gender, Number and Case of Nouns, and Moods and Tenses of Verbs.*

The Chinese language having no inflexion of Nouns, Adjectives and Verbs, these distinctions are represented by words used as prefixes and suffixes, and by auxiliary Verbs and particles.

9. *The Article.*

1. The definite article is expressed by demonstrative, relative and personal pronouns, of which the following occur the most frequently:—

In Books.

Dem: Pronoun: 此 ʿtsʿz and 斯 ₍sz this;

彼 ʿpí that. In Colloquial. Punti: 呢啲 ₍Ní tí² this;

個 and 箇 ʿKo that;

Rel: Pronoun: 者 ʿché, which; &

所 ʿsho which and that which. Court D: 那個 ʿNá ko' that; and

這個 Ché' ko' this.

Pers: Pronoun: 其 ₍Kʿi he, she, it.

EXAMPLES.

Book language in the upper line, and Punti Colloquial in the lower.

The man [before me] brought it on his back.	B.	此人負之來	ʿTsʿz ₍yan fú² ₍chí ₍loí.
	P.	呢個人負(5)其來	₍Ní ko' ₍yan fú² ₍kʿi ₍loí.
The tree does not bear fruit.	B.	斯樹不結菓	₍Sz shü² pat, kít, ʿkwo.
	P.	呢條樹都唔結菓	₍Ní ₍tʿiú shü² ₍tò ₍'m kít, ʿkwo.

NOTE 5.—P. C. 孭 ₍mé to carry on the back.

海上絲綢之路文獻集成　科技與文化編

The woman lost her husband when still young.	B.	彼妻青春喪偶	ʿPí ˏtsʿai ˏtsʿing ˏchʿun songʾ ʿngar.
	P.	個女人尚後生失了佢嘅老公	Koʾ ʿnü ˏyan shéung² hau² ˏshang shat, ʿliù ʿkʿü kéʾ ʿlò ˏkung.
The man harbours malicious intentions.	B.	其人懷毒心	ˏKʿí ˏyan ˏwai tuk₂ ˏsam.
	P.	個個人懷毒心	ʿKo koʾ ˏyan ˏwai tuk₂ ˏsam.
Lost the rest.	B.	失其餘	Shat, ˏkʿí ˏü.
The rest is not worth being looked at,	B.	其餘不足觀也	ˏKʿí ˏü pat, tsuk, ˏkún ʿyá·
Neither the one nor the other pleases you.	C. Coll:	這個又不中意那個又不中意	Chéʾ koʾ yau² pat, ˏchung í³; ʿná koʾ yau² pat, ˏchung í³.
	P.	你又唔中意呢啲又唔中意個啲	ʿNí yau² ˏʼm ˏchung í³ ˏní tí²; yau² ˏʼm ˏchung í³ koʾ tí².
How can the man void of virtue hold an office?	B.	人者無德安能任職乎	ˏyan ʿché ˏmò tak, ˏon ˏnang yam² chik, ˏú.

10. *The Indefinite Article.*

The Indefinite Article is expressed by the Numeral 一 yat, and is always followed by the classifier applied to the respective Noun. It is seldom expressed in the literary style; but always in popular literature, and in conversation.

I take a room on lease	P.	我租一間房	ʿNgo ˏtsò yat, ˏkán ˏfong.
I gave him a pear.	C.	我俾他一箇沙梨	ʿNgo ʿpi ˏtʿá yat, koʾ ˏshà ˏlí.
	P.	我俾一箇沙梨過佢	„ yat, koʾ ˏshá ˏlí kwoʾ [ʿkʿü.
I purchased a ship	P.	買船一隻	ʿMái ˏshün yat, chek₂ or
		買一隻船	ʿMái yat, chek₂ ˏshün.
A good intention	P.	有個好意	ʿYau koʾ ʿhò í³.

The Noun. The Gender.

Though in general Nouns have no gender, there are, besides the Adjectives 男女 ˏnám ʿnü, male and female, as applied to man, characters expressing the gender of each peculiar species of animate nature.

1. The male and female, the creative and receptive, the active and passive, the positive and negative principle of nature is 陽 and 陰

ˏyéung and ˏyan; but always pronounced ˏyan ˏyéung 陰陽 (6) [乾坤 ˏkin ˏkw'an Heaven and earth, father and mother.]

2. The male and female of man. 男女 ˏNám ˊnü.

3. The male and famale of birds. 雄雌 ˏHung ˏts'z (Speak & write Ts'z ˏhung.) 公母 ˏKung ˊmò and 公乸 ˏKung ˊná do.

4. The male and female of quadrupeds. 牡牝 ˊMau ˊp'an (Speak ˊp'an ˊmau.) (6)

5. The male and female or masculine and feminine character of inanimate nature is expressed by 剛柔 ˏKong and ˏyau (strong and soft.)

EXAMPLES.

It is a man 係男人 Hai² ˏnám ˏyan.

It is a woman 係女人 „ ˊnü „

A cock 雞公 ˏKai ˏkung; a hen 雞母 ˏkai ˊmò.

A bull 牡牛 ˊMau ˏngau. A cow 牝牛 ˊp'an ˏngau.

ˏKung 公 and ˊná 乸 are the general terms used in colloquial for expressing the gender of every species of animate nature except man.

Is this a cock or a hen-bird? 呢隻雀係公或係乸 ˏNí chek, tséuk, hai² ˏkung wák, hai² ˊná.

Where is the sow? 猪乸在邊處呢 ˏChü ˊná tsoi² ˏpín ch'ü² ˏní. (7)

2. NUMBER.

Every noun may express the singular as well as the plural. ˊNgo ké² ˏmún ˏt'ò 我嘅門徒 may mean, My pupil, or my pupils; ko' ok, ˏyan 個惡人 may express: that bad man or those bad men. Where distinctness is required, the characters ˊtang 等, ˏmún 們, púi² 輩, lui² 類, ˏts'ò 曹, ˏts'ai 儕, ˏch'au 儔 are put after the substantive; kok,

NOTE 6.—ˏYam ˏyéung are also applied to concave and convex objects *e.g.* 陽瓦 ˏyéung ˊngá convex tiles; 陰瓦 ˏyam ˊngá concave do.; the former covering the latter as heaven does earth.

6.—These characters are also applied to plants.

NOTE 7.—As these words are seldom used in general conversation, foreigners find themselves often in a dilemma, when having to refer to the gender of animals, whilst the Chinaman will always help himself by speaking of a "boy dog" and a "girl dog."

Words following the Noun. Plural Number.

各, ˏchü 諸, chung' 衆, ˏfán 凡, shü' 庶, ˏtò 都, ˏkái 皆 and ˏkái 偕, ˏhám 咸, ˏkü 俱, ˏts'im' 僉, mán² 萬, 'tsung 總, either precede or follow the noun.

'Tang 等 is the most common character used to denote the plural.

'Ngo 'tang 我等, 'ní 'tang, 你等 are used both in books and colloquial.

'Ngo 'tang 'séung hü' 我等想去 We wish to leave.

ˏNung ˏfú ˏkung tséung² 'tang 農夫工匠等 Agriculturists & artizans.

ˏMan 'mò ˏkün ˏshéung ˏyan 'tang ˏloi 文武官商人等來 Civil and military officers and merchants arrived.

'Tang 等 also denotes a variety of things enumerated under one head, *e. g.* ˏk'í 'mái muk, 'ngá, shek, 'tang mat, 其買木瓦石等物 He purchased timber, tiles, stones and such material.

Plural Number.

ˏMún 們 is only applied to man, and used in colloquial as well as in books; *e.g.* ˏT'á ˏmún 他們 They. Its application is more limited than 'tang 等, and it is never used but in connection with a pronoun. ˏTs'ò 曹, ˏch'ái 儕, and ˏch'au 儔 also denote the plural and are, like the preceding, only applied to man.

Púi' 輩 and lui' 類 are applied to man, and to objects denoting a class or genus. Púi' 輩 is frequently preceded by an Adjective, which it changes into a substantive of the plural number, *e. g.* Ok, púi' 惡輩 the wicked; í' púi' 義輩 the righteous; ˏt'ung púi' 同輩 comrades. Lui' 類 frequently denotes a genus, as ˏyan lui' 人類 man; ˏch'ung lui' 蟲類 insects; shau' lui' 獸類 quadrupeds, and is often used for púi' as: ˏfí lui' 匪類 vagabonds.

Chung' 衆, ˏchü 諸, shü' 庶, ˏtò 都, ˏkái 皆, ˏkái 偕, kok, 各, ˏfán 凡, ˏkü 俱, ˏts'im 僉, mán² 萬, 'tsung 總, sik, 悉, ˏhám 咸, chiú² 兆 and 'kü 舉 are Indefinite Pronouns, when used without Nouns, and Adjectives when joined to a Noun.

Their position is indicated in the following rhyme:—

Chung' ˏchü ˏto shü' kok, chiú² ˏfán 衆諸多庶各兆凡
Sik, 'tsung 'kü mán² 'sè ˏts'ín ˏyan 悉總舉萬寫前人
ˏKái ˏtò ˏkü ˏhám ˏts'ung ˏyan mat, 皆都俱咸從人物
Shín² ˏfan 'ts'z tsz² 'piú 'hò pat,. 善分此字表好筆

Examples of such of the preceding words as sometimes precede and sometimes follow the noun.—

Shing' ˏyan ˏtò tsoi² ˏt'in 聖人都在天 All saints are in heaven.

ˏTò ˏloi ˊliú 都來了 All have arrived.

ˏTò ˏ'm oi² 都唔愛 I do not like any.

ˏYan ˏto or ˊhò ˏto ˏyan 人多 or 好多人 Many men or very many men.

ˏTs'ím is frequently used without a Noun, as: ˏts'ím áp, 僉押 All signed.

3. *Plural in the Punti Colloquial.*

The plural in the Punti Colloquial, is expressed by:—

Tí² 哋 as: ˊNgo tí² 我哋 we; ˊní tí² 你哋 you (ˊtang and ˏmún 等 and 們 are seldom heard).

ˊNgo tí² yik, hü' 我哋亦去 We also go.

ˊLung ˊtsung 攏總 All *e.g.* ˊLung ˊtsung tái' hü' ˊliú 攏總帶去了 All has been carried away.

Hám² páng² lang² 喊嘭唥 all, *e.g.* Hám² páng² láng² ˏtò hai² yat, yéung² ˏché 喊嘭唥都係一樣啫 They are all alike very good.

Besides these words peculiar to the Punti and Hakka, the plural is expressed by repetition, as: ˏyan ˏyan 人人 every man. ˏYan ˏyan hai² ˊkòm yéung² wá² 人人係噉樣話; yat, yat, 日日 Every day or on all days.

Mán² kwok, 萬國 All kingdoms. Pák, ˏpún 百般 In every way.

Ké' 嘅 added to Pronouns and Adjectives also implies the plural, as: Hai² ˊní ké' 係你嘅 They are yours. ˏChan hai² ˊhò ké' 眞係好嘅 The are really good ones.

Cases.

Court Coll: Genitive.	Punti Coll: Genitive.
Tí' 的 (8) and tí' 底	tí² 哋 and ké' 嘅

ˏYing kwok, tí² ˏshün 英國哋 (or 的) 船 An English vessel.

NOTE 8.—Whenever the character 的 tik, is used in Canton Colloquial, the k ought then to be dropped. In elegant colloquial writing 的 tí² is preferred to 哋 tí² and as ignorant teachers frequently give it its full sound, the student should take care to note the difference. (的 ˏTi with the ˏp'ing ˏshing see comparative.)

꜀Wong tai² kè² ꜀kung 皇帝嘅宫 The emperor's palace.
A' ꜀té tí² oi² 阿爹的愛 Father's love.
꜀Chung kwok꜀ tí² wá² 中國的話 The Chinese language.
꜀T'in tí² ꜀sing 天的星 The stars of Heaven.

The most common character used in literary style is ꜀chí 之 as :—

Fú² ꜀chí oi² 父之愛 The father's love.
Shín² ʿché ꜀chí fuk꜀ 善者之福 The happiness of the good.
꜀Hang ꜀wai ꜀chí yéung² 行爲之樣 The manner of doing things.

The genitive is also expressed by position, as :—

꜀Yé ꜀sú káu² 耶穌教 The doctrine of Jesus.
Kwok꜀ fát꜀ 國法 The laws of a Kingdom.

Dative.

ʿÜ 與, ꜀wo 和, túi² 對, t'ai² 替, ꜀chü 諸, ꜀ü 於 and ꜀ü 于 are words denoting the dative. In the Punti Colloquial ꜀t'ung 同, kwo² 過, kung² 共 and ꜀mái 埋 are of more frequent occurrence.

Court Dialect.

ʿÜ ꜀t'á shüt꜀ 與他說 }
Túi² ,, 對他說 } Say or speak to him.
꜀Wo ,, 和他說 }

Punti Colloquial.

ʿPí kwo² ʿk'ü 俾過佢 Give it to him.
ʿNí ꜀t'ung ʿk'ü ʿkong 你同佢講 Speak to or with him.
Fong² ꜀mái kan² ʿk'ü 放埋近佢 Put it close to him.

The following sentences can be used in both dialects.

ʿÜ ꜀k'í tuk꜀ 與其讀 Read to him.
ʿÜ ʿngo ꜀mò ꜀kon 與我無干 It is nothing to me.
ʿÜ ꜀yan ꜀mò yik꜀ 與人無益 Of no advantage to man.
Héung² ꜀t'á hü² 向他去 Go to him.
K'ap꜀ ꜀ts'ín ʿü ꜀kung ꜀yan 給錢與工人 Give money to the workmen.

Accusative.

The accusative is easily recognized by the Verb, which in most instances precedes the object. In colloquial, and in negative sentences of the literary style, the object sometimes precedes the Verb.

漢語語法

Punti Colloquial.

ʿNgo oi² ʿní 我愛你 I love you.

ʿNgo ˏfan fú² ʿní 我吩咐你 I order you.

Court Dialect.

ˏNgan ʿtsz ˏtò fai² ʿliú 銀子都費了 All the money is spent.

ʿMá, ˏchü, ˏngau, ˏtò ˏtséung hü² ʿliú 馬猪牛都將去了 They carried off all the horses, pigs and cattle.

B. The object before the verb.

ʿNgo ˏchí pat, oi² 我之不愛 I do not like him.

Mí² ˏchí ˏnang ˏhang 未之能行 Not able to effect it.

„ ʿyau ʿyá 未之有也 There is no existence of such a thing.

Vocative.

The vocative is seldom expressed. In writings ˏfú 呼, ʿyá 也, ˏü 歟 and in colloquial ˏO 阿, ˏá 呀, ˏtsoi 哉, &c. occur most frequently.

EXAMPLES.

Fú² ˏfú 父呼 Father!

ˏÍ ʿyá ˏloi! 伊也來 Come here, Sir!

ˏHing tai² ˏü 兄弟歟 Brethren!

Colloquial.

Á tak, ˏo 阿德呵 Atak! or when in distress, ˏLong ˏkwan ˏo 郎君呵 O my husband!

Ablative.

The ablative is expressed in as many ways as in English.

1. By Prepositions;
2. By words expressing the passive form of the verb;
3. By words assuming the nature of Prepositions; and
4. By tik, 的 &c.

1. ˏYau ˏyíng kwok, ˏloi 由英國來 He comes from England.

Tsz² ˏHéung ʿkong 自香港 From Hongkong.

ʿÍ ˏtò shàt, ˏyan 以刀殺人 To kill with a sword.

2. Pí² ˏyan ˏshéung 被人傷 Injured by men.

3. ʿK'ü táp, ˏshün ˏloi 佢搭船來 He came by ship.

ʿK'ü ʿtá lò² ˏloi 佢打路來 He came by land.

4. ˏKam tik, 金的 Of Gold.

ˏNgan tik, 銀的 Of silver.

海上絲綢之路文獻集成 科技與文化编

The preceding sentences are variously expressed in the Punti Colloquial, *e.g.*

Hai² ˏyan ˏshéung kwo³ ˊk'ü 係人傷過佢 Injured by men.
ˊHai ˏyíng kwok, ˏloi ké³ 嗡英國來嘅 They come from England.
Yung² ˏtò shát ˏyan 用刀殺人 Killed with a sword.

Diminutives are expressed by ˊtsai 仔, sai³ 細, ˊsiú 小 and a few other characters.

ˏTò ˊtsai 刀仔 A small knife.
ˊNü „ 女仔 A little girl.
Típ, „ 碟仔 A small plate.
ˏSéung „ 箱仔 A small box.
Sai³ ˏkán úk, 細間屋 A small house.
Sai³ ˏshán 細山 A hillock.
ˊSiú ˊtsé 小姐 A little (young) miss.

Adjectives. Positive.

1. Adjectives are indicated by their position, as:—

Hò ˏyan 好人 A good man. (9)
Ko³ ˏyan hai² ˊhò 個人係好 That man is good.

Adjectives are formed with tik 的, ké³ 嘅, and ˊho 可 *e.g.*

ˊHò tik, 好的 Good. Ok, tik, 惡的 Bad.

When tik, 的 (Punti Coll: ti² 哋) and ké³ 嘅 are used without a substantive, the meaning is not always so obvious; for tik, 的 when following adjectives expressing space, form, colour, quality or condition sometimes converts the positive into the comparative. It is then pronounced ˏtí as:—

ˊNí ˏchung í³ ˏní ˏkán ˏfong ˏní 你中意呢間房呢 Do you like this room.

ˊNgo ˏ'm ˏchung í³ ko³ ˏkán; oi³ ˏkán ˊsiú ˏtí; oi³ ˏkán tái² ˏtí.
我唔中意個間 愛間小的 愛間大的
I do not like that; I like one smaller, I like one larger.

ˏCh'éung ˏtí 長的 A little longer. Hak, ˏtí 黑的 A little darker.
ˊHò ˏtí 好的 A little better.
ˊMái ko³ pák, tik, pò³ 買箇白的布 Purchase that white calico.
ˊNí ˊyau pák, ˏtí ˊmò ˏní 你有白的冇呢 Have you any whiter?
ˊYau píng² tik, ˏyan iú³ kín³ ˊní 有病的人要見你 There is a sick man who wishes to see you.

In another sentence the quality of the adjective is much more obvious, *e. g.*

NOTE 9.—ˊHò 好 is used as an Adverb; ˊK'ü ˏhang ˏwai ˊhò 佢行爲好 He conducts himself well. ˊHò ˊkau 好久 Very long.

漢語語法

Adjectives. Positive. Comparative.

C. D. Tái² tái² tik, ꜀fong ꜂tsz 大大的房子 A very large house.

Tik, 的 is omitted when two Adjectives are put together, as: Fú² kwai² ꜀yan 富貴人 A rich and honorable person.

In the Canton Colloquial ké² 嘅 is more frequently used to express the Adjective, *e. g.*

꜂Yau ꜀ts'ín ké² ꜀yan 有錢嘅人 A wealthy man.

꜂Kwai kwat, ké² ꜀yan 詭譎嘅人 A crafty fellow.

꜀'M ꜂hò ké² shüt, wá² 唔好嘅說話 Bad language.

꜂Ho ú² 可惡 detestable. ꜂Ho oi² ké² 可愛嘅 Amiable. ꜂Ho han² ké² ꜀yan 可恨嘅人 A hateful person.

2. *Comparative.*

2. The comparative and superlative are expressed by characters corresponding to our more and most.

Positive.	*Comparative.*	*Superlative.*
꜂Hò 好 Good.	Kang² ꜂hò 更好 Better.	Chí² ꜂hò 至好 The best.
꜂Mí 美 Beautiful.	Kang² ꜂mí 更美 More beautiful.	Chí² or kik, ꜂mí 至 or 極美 Most beautiful.

The comparative is also expressed in the following way.

꜂Ts'z ꜀yan pí² ꜂pí ꜀yan kang² ok, 此人比彼人更惡 This man is worse than that.

꜂Ngo pí² ꜂ní ꜂hò yat, ꜀tí kòm² ꜀to 我比你好一的咁多 I am a little better than you.

꜂Ngo pí² káu² ꜂ní kang² ꜂hò 我比較你更好 I am better than you.

꜂Ngo ꜂ní ꜀séung túi² ꜂ní kang² ꜂hò 我你相對你更好 In comparing ourselves, you are better than I.

Kang² 更 is sometimes followed by ꜀ü 於, as:—

꜀Kam yat, kang² ꜂hò ꜀ü ꜀ts'ín ꜀t'in 今日更好於前天 This day is finer than the day before yesterday.

The character expressing the comparative, omitted, as:—

꜂Ní pí² ꜀t'á ꜀kò 你比他高 You are taller than he.

NOTE 9.—As a Verb: Hò² ok, 好惡 To love wickedness.

„ shín² 好善 To love the good.

As a Substantive; ꜂K'ü ké² ꜂hò ꜀'m tsuk, ꜂kong 佢嘅好唔足講 His virtue (goodness) is not worth speaking of.

Adjectives. Comparative.

˛Kung tséung² pí² pat, tak, ˛nung ˛fú ˛chí yung² 工匠比不得農夫之用 The usefulness of a mechanic is not to be compared with that of the husbandman.

Üt₂ fát, 越發 also expresses the comparative, üt₂ fát, ʿhò 越發好 Still better.

Üt₂ fái³ üt₂ ʿhò 越快越好 The sooner the better.

Hok₂ ˛shang pat, ʿho pí² ˛sín ˛shang 學生不可比先生 The pupil cannot be compared with his master, *i.e.* he is inferior to his master.

C. D. Ché³ ko³ pí² ʿná ko³ yau² ʿmí 這箇比那箇又美 This is more beautiful than that.

˛Wo hai² kwai³ ˛ü ˛ngan 和係貴於銀 Peace is more precious than silver.

Mí² ʿyau ˛nán ˛ü ʿts'z 未有難於此 There have never been difficulties worse than these.

Ü² ˛to ü² pat, tsuk, 愈多愈不足 The more he has, the less he is satisfied.

˛Yau ˛sam ü² ü² 憂心愈愈 Lamenting more and more.

Ü² fái³ ü² í² 愈快愈易 The quicker the easier.

„ ˛ká ˛ts'é ˛yam 愈加邪淫 Still more dissolute.

„ ʿkau ü² ˛nán 愈久愈難 The longer the more difficult.

„ lik, ü² tung² ˛í ü² pat, chí³ 愈力愈動而愈不至 The greater the exertion and excitement the less the chance of attaining the object.

˛Yau ok, 尤惡 More wicked. ˛Yau kwái³ 尤怪 More strange.

Yik, ʿhò 益好 Better.

˛Ning ʿsz pat, ʿho púi³ ʿlí 寧死不可背理 Rather die than oppose reason.

ʿTs'z pat, ˛ü ʿpí kòm³ hak, 此不如彼啱黑 This is lighter than that.

˛Ü ʿshui yik, ˛sham ˛ü ʿfo yik, ít₂ 如水益深如火益熱 If the water become deeper and the fire hotter.

Pat, ˛ü 不如, pat, yéuk₂ 不若, mok₂ yéuk₂ 莫若 also express rather, better.

Pat, ˛ü chín³ ʿsz 不如戰死 Better die fighting.

„ yéuk₂ pat, ˛loi 不若不來 Better not come at all.

Mok₂ yéuk₂ ˛kái hü³ 莫若偕去 Rather depart altogether.

„ tái² ˛chí ˛kung 莫大之功 No greater merits.

海上絲綢之路文獻集成 科技與文化編

漢語語法

Adjectives. Comparative.

Sentences formed with ˏning 寧, pat, ˏü 不如, pat, yéuk, 不若 and mok, yéuk, 莫若 are in general preceded by others suggesting or expressing sentiments of a different tenor.

The comparative is also frequently expressed by ˏto 多 many, ˏü 餘 more, surpluss, fong' 況 more, how much more, ʻch'an 矧 still further, much more.

ʻPí ˏto shap, ko' 俾多十箇 Give ten more, or in addition.

Shap, ˏto ˏnín 十多年 More than ten years.

Pák, ʻyau ˏü ˏyan 百有餘人 More than one hundred men.

ʻNgo shí² pít, hü', ˏho fong' ʻní ˏü 我是必去何況你乎 I must be off, how much more must you.

ʻCh'an ʻtsz ʻyau ˏts'oi 矧此有才 How much more is this man talented.

Pat, há² ʻng ˏkan 不下五斤 Not less than five catties.

ˏKò shing' pák, ʻp'úi 高勝百倍 More than a hundred times higher.

The comparative is implied in the following sentences.

ʻHí ˏkò ˏsám ch'ek, 起高三尺 Raise it three feet higher.

ʻNi hai² ˏkò yat, ch'ek, 你係高一尺 You are one cubit taller.

ʻTün yat, ts'ün' 短一寸 One inch shorter.

In Punti Colloquial the following expressions are chiefly used to denote the comparative.

ʻK'ü hai² ʻhò kwo' ʻngo 佢係好過我 He is better than I.

ʻKŏm yéung² hai² üt, fát, ʻhò 噉樣係越發好 Much better that way.

Ko' ʻléung ko' ˏyan ˏpín ko' ʻhò ˏni 個兩個人邊個好呢 Which is the better of the two?

Üt, mán² üt, ʻhò 越慢越好 The slower the better.

ʻNgo ˏníng ʻsz 我寧死 I would rather die.

ˏÜ is chiefly used in connection with kwo' as :—

Tái² kwo' ˏü ʻngo 大過 (10) 於我 Older than I.

NOTE 10.—Care must be taken not to confound the meaning of Kwo' 過, when used in a different sense from the preceding.

It is used 1.—as a Verb, as :—Kwo' ʻshui 過水 To pass through or over the water;

2.—as an Auxiliary Verb denoting past time, as :—ˏHang kwo' 行過 Passed or has passed along;

3.—as a Particle, denoting the imperative mood, as :—ʻPi kwo' ʻngo 俾

3. *Superlative.*

The Superlative is expressed by

Chí' 至, tsui' 最, sham² 甚, ʻtsun 儘 and tsun² 盡, ts'it, 切, ˏsham 深, tsüt, 絕, ˏshü殊, kik, 極 and a few others.

Chí' shín² 至善 The best; Chí' ʻhò 至好 do. 至德 Chí' tak, Extremely virtuous. Chí' ˏkung í' 至公義 Most righteous.

Kik, ʻmí 極美 Extremely beautiful.

Shau² yuk, kik, ʻí 受辱極矣 Very much disgraced.

Tsui² ˏnán 最難 Extremely difficult.

„ ʻkan iú' 最緊要 Most important.

Sham² ʻün 甚遠 Very far. Sham² ˏfí 甚非 Very wrong.

Pat, ˏming ˏchí sham² ʻyá 不明之甚也 Extremely obscure.

ʻTsun ˏyíng 儘應 Very proper.

Ts'it, oi² ʻk'ü 切愛佢 Loves him extremely.

ˏOi t'ung' chí' ts'it, 哀痛至切 Exceedingly painful.

ˏSham chung² 深重 Very important.

ˏSham ˏwai ʻho oi² 深爲可愛 Extremely amiable.

ˏShü ˏmò mí² tò² 殊無味道 Not the least taste.

ˏShü shuk, ʻho ˏlín 殊屬可憐 Very lamentable.

ʻHoi ts'it, ʻhiú ü² 剴切曉諭 Very distinct orders.

ˏTs'ung chung² kau² pán² 從重究辦 Very severely prosecuted.

ˏKí ˏím 綦嚴 Very severe.

ˏSan lai² ˏsham ˏím 新例森嚴 The new regulations are very rigorous.

ʻHan 狠, 狠. ʻHò tak, ʻhan 好得狠 Very good.

ʻLang tak, ʻhan 冷得狠 Very cold.

ʻNí ʻkòm ʻhan ˏsam 你咁狠心 How harsh you are!

ˏTo tak, ʻhan 多得狠 Very many.

過我 Give that to me;

4.—as a Noun, denoting fault, error, as:—Tái² kwo' 大過 A great Blunder. Yan² ʻní kè' kwo' 認你嘅過 Confess your fault;

5.—as an Adjective, as:—ʻYau kwo' 有過 faulty; and

6.—as an Adverb, meaning *only*, as:—Pat, kwo' yat, ˏkan 不過一斤 Only one catty.

海上絲綢之路文獻集成 科技與文化編

Adjectives. Superlative.

T‘ái^2 ꜀to 太多 Too much or too many.

꜂Ho t‘ái^2 ꜂mò ‘ho ꜂lín 何太無可憐 How very unmerciful!

꜂Mò ꜂ts‘ing t‘ái^2 sham^2 無情太甚 Very unkind.

Tái^2 pat꜀ ꜂t‘ung 大不同 Very different.

꜂Tai^2 yat꜀ miú^2 第一妙 Most admirable, most excellent.

‘Ting ‘hò 頂好 Very good. Shéung^2 ‘hò 上好 do.

Shéung^2 yat꜀ ‘tang 上一等 Of the best quality.

T‘ik꜀ ‘máng tik꜀ 忒猛的 Very furious.

‘Hò ‘kau 好久 and ꜂Léung ‘kau 艮久 Very long.

‘Hü ꜀to 許多 Very many.

A curious specimen of the Chinese idiom or Sinicism is ‘hò 好, when followed by the negative pat, expressing very, *e. g.*

‘Hò pat꜀ ꜂p‘ing ꜀on 好不平安 Very peaceful.

„ ꜂wo muk$_2$ 好不和睦 Extremely harmonious.

„ ꜀on lok$_2$ 好不安樂 Very pleasant.

„ ꜀séung sun^3 好不相信 Very good.

When ‘hò 好 is followed by mút$_2$, not, not at all, the meaning is different. (11.)

‘Hò mút$_2$ ꜂léung ꜀sam 好沒艮心 No conscience at all.

„ chí^3 hí^3 好沒志氣 Very irresolute, no firmness of purpose.

„ tò^2 ‘lí 好沒道理 Very unreasonable, no firmness of purpose.

Tsüt$_2$ ‘mí 絕美 Extremely beautiful.

It$_2$ pat꜀ kwo^3 熱不過 Extremely hot.

꜂Yan pat꜀ shing^3 shò^3 人不勝數 An exceedingly large number of men.

Ok$_2$ pat꜀ shing^3 惡不勝 Exceedingly wicked.

꜂Mò ‘sho ‘ho ꜀ká 無所可加 Cannot be exceeded.

NOTE 11.—Gützlaff and Premare say that mút$_2$ 沒 is used in the same sense as pat, when following ‘hò 好. But all the examples given by Premare, show the reverse; whilst Gützlaff fails to give a single sentence to confirm his assertion. Both express "*very*," but one gives a positive, and the other a negative meaning.

The Numerals shap, 十, pák, 百, ˏts'in 千 and mán² 萬 frequently denote the superlative degree.

Shap, ˏfan ˏto tsé² ʿní 十分多謝你 I am extremely thankful to you.

ˏTs'in mán² pat, ˏhang 千萬不行 Do it by no means (it is extremely dangerous.)

A few compounds expressing the superlative degree are here added of which only one occurs in colloquial.

ˏCh'iú ˏkw'an 超羣, ˏch'iú üt, 超越, ˏch'iú ch'éuk, 超卓, ch'éuk, lap, 卓立, ch'éuk, tsüt, 卓絕, ch'éuk, üt, 卓越 and a few others all express, to surpass, to excel &c.

The following are the most common characters used in Punti Colloquial to denote the superlative degree.

Chí³ ʿün ké³ ˏshán	至遠嘅山	The most distant mountain.
ʿÜn tak, tsai²	遠得嚌	Too far, extremely far.
Tái² tak, tsai²	大得嚌	Far too large.
ˏKò kwo³ ˏt'au	高過頭	Too high, high in the extreme.
Kik, ok, ké³ ˏyan	極惡嘅人	Extremely wicked man.
Shin² pat, shing³	善不勝	Extremely virtuous.
Shap, ˏfan ˏʿm ˏchung í³	十分唔中意	I dislike it extremely.
Tai² yat, ʿhò ké³	第一好嘅	Of superior quality (No 1.)
Shéung² ʿmai	上米	Superior quality of rice.
Shéung² ká³	上價	The highest price.

These examples will suffice to guide the student in the use of the superlative degree. The redundancy of the Chinese language, as contained in books, greatly contrasts with the poverty of the Colloquial, on which account I have repeated the few characters forming the superlative degree, as we meet with them in the Punti Colloquial.

13. The Pronouns.

1. The Personal Pronoun.

1. Cham² 朕 and ˏü 予 are only used by the emperor for the royal We, Ourselves.

ʿKwá ˏyan 寡人 the lonely, solitary, who has not his equal, We, Ourselves.

„ „ 寡仁 the only benevolent, virtuous par excellence, We, Ourselves.

The 1. person singular is expressed by ˋngo 我, ˏng 吾, ˏü 余, ˏü 予, ˏin 俺, ˋfú 甫, kau² 偺 of which the first three are those chiefly used in books and conversation.

2. *Substitutes for 1.*

ˏShan 臣 used by a minister of state.
ˋLò ˏfú 老夫 An aged, venerable person.
ˋPún pò² ˏt'ong 本部堂 I, the governor.
,, ˏkwan pò² 本關部 I, the hoppo.
,, ˋfú 本府 I, the prefect.
,, ün² 本縣 I, the magistrate.
,, ˏshing 本丞 I, the assistant magistrate.
Chi² há² 治下 I, used by a citizen to his superior.
Ngoi² ˏshéung 外商 I, the foreign merchant.
ˏÜ tai² 愚弟 I, your humble younger brother.
Hok, ˏshang 學生 I, your pupil.
ˏMún ,, 門生 I, your pupil.
ˋMán ,, 晚生 I, the humble writer.
Hau² ,, 後生 I, the youth.

The last five terms are chiefly in use among relatives and literary men.

Ts'ín² ts'ip, 賤妾 I, your unworthy handmaid.
ˋP'i ts'ip, 婢妾 I, your handmaid.
Fán² ˏyan 犯人 I, the prisoner.
ˏNò ˏts'oi 奴才 I, your slave (used by a Tartar, when addressing His Majesty.)
Tsúi² ˏyan 罪人 I, the sinner, the criminal, and
ˋNgai 蟻 I, the ant, are expressions frequently occurring in petitions and letters of a similar tenor.

ˋSiú ˏí 小兒 The little child, and
Pat, ˏsiú 不肖 The degenerate one, stand for I, and are used by sons when writing to their parents.

ˋSiú ˋnü 小女 I, the little daughter (I, your doughter.)

,, tò² 小道 The little Tauist, } stand for I, the priest.
ˏP'an tò² 貧道 The poor Tauist, }

The Pronouns. The Personal Pronoun and Substitutes.

ʿSiú ˏnai	小尼	I, the little nun,	stand for I, the nun.
ˏPʻan ˏnai	貧尼	I, the poor nun,	

Puk˒ 僕 man-servant. ˏNò 奴 slave, and
ʿpʻí 婢 maid-servant, are also frequently used for I by inferior officers and their families when addressing their superiors.

Plural.

The plural is formed in the same manner as the plural of Nouns, by the characters ˏmún 們, ʿtang 等, and in Punti Colloquial by the character 哋 tí² with and without ʿhau 口 on the left, *e.g.*
ˏNgo tí² 我哋 we.

Second Person.

Í 爾, ʿní 你, ʿü 汝 and the more obsolete forms ʿü 女, ʿnái 乃, yéuk˒ 若 and ʿü 如 all express thou or you.

4. *Substitutes for The Personal Pronoun. Second Person.*

With the exception of ʿní 你 these Pronouns are seldom used in general conversation, and a variety of conventional terms are substituted for the same. The most common of which are:—

ˏTsün ká˒	尊駕	Sir,	Tái² ˏyan 大人 magnate, frequently used by the common people in writing to strangers and relatives, must not be confounded with the address of persons of rank, when it means Your Excellency.
ˏSín ˏshang	先生	Teacher.	
ˏSéung ˏkung	相公	Sir.	
Ká˒ shéung²	駕上	Sir.	
Tai² ˏhing	弟兄	Brother.	
Á˒ ˏko	亞哥	Do.	
Á˒ ʿtsé	亞姐	Sister.	

ʿLò tái² ˏyan 老大人 and ʿLò tái² ˏfú 老大夫 are terms chiefly applied to venerable persons of rank. ʿLò ˏsín ˏshang 老先生 Venerable Sir, or teacher, is frequently heard in polite society.
ʿLò tʻái˒ tʻái˒ 老太太 is an appellation often given to a venerable lady of rank; it also means venerable superior.

ʿLò ˏsz 老師 Venerable instructor.

ˏShan fú² 神父 Spiritual father, is the term by which Rom. Catholic priests are addressed by their converts.

Gentlemen of respectability, of literary rank, and filling the inferior

漢語語法

offices of government, are addressed ʿLò ꜀yé 老爺, Venerable father. A private secretary to a mandarin, councillors &c. are called ꜀Sz ꜀yé 師爺 Instructing father.

An Assistant District Magistrate T'ái² ꜀yé 太爺, Great Father, Sire.

A Prefect, Sub-Prefect and District Mandarin T'ái² ʿlò ꜀yé 太老爺 Great venerable Sire.

A Governor General, Governor, Admiral &c. Tái² ꜀yan 大人 Your Excellency.

A King,	꜀Ts'ín sui³ ꜀yé	千歲爺	Your Majesty.
An Emperor,	Mán² sui³ ꜀yé	萬歲爺	Do.
	Shing³ ʿchü	聖主	Sacred or August Lord, Your Majesty.
	Pai² há²	陛下	Your Majesty.

꜀Kwong fán²	光範	*Bright* Pattern, Means you.	
꜀T'oi fán²	台範	Exalted Pattern	do.
꜀Ngán fán²	顏範	Strict Pattern	do.
꜀Hing ꜀ngán	兄顏	Brother's Countenance	do.
꜀T'oí ꜀ngán	台顏	Exalted Countenance	do.
꜀Í² ꜀ngán	儀顏	Worthy Pattern	do.
ʿLò ꜀t'oi ꜀t'oi	老台臺	Venerable Sir	do.

All these terms are substitutes for the second person *thou* and *you*, and must be used in polite conversation and elegant writing.

5. *Punti Colloquial.*

In Punti Colloquial ʿní 你 for the singular and ʿní tí² 你哋 for the plural are the most current expressions for *thou* and *you*. To make too much use of the plural, is not considered elegant. Whilst the student, therefore, should endeavour to acquaint himself with all the colloquial (or vulgar) terms in use among the people, he should nevertheless take care to get such a command of the language, as to be able to converse with educated people with ease.

6. *Personal Pronouns.*

The words in general use to express the third Personal Pronoun are ꜀k'í 其, ꜀t'á 他, ꜀í 伊, ꜀k'ü 渠, ʿk'ü 佢 and ꜀chí 之. ꜀K'í shüt, 其說, He, she or it says. ꜀K'í ꜀chung 其中 Among them. Wai² ꜀k'í ʿsho tsò² 爲其所造 Made by him. ꜀Í 伊 and ꜀í ʿtang 伊等 are seldom used in conversation and polite literature; they occur more frequently in legal papers and edicts.

海上絲綢之路文獻集成 科技與文化編

As a Pronoun ˏchí 之 is chiefly used in the objective case, as:—
ˏT'ìn meng^2 ˏchí 天命之 Heaven decreed it.
ʿNgo ˏchí ˏchí 我知之 I know it. Hü^3 ˏchí 去之 Remove it.
ʻTá ˏchi 打之 Strike him. ʿYau ˏchí 有之 It is so.

ˏTs'an 親, ˏkung 躬, ˏshan 身, ʻki 已 and shí^2 是 stand frequently for it.

ˏTs'an ˏloi 親來 He has come (himself). ˏT'ín ʻtsz ˏkung ˏkang 天子躬耕 The Emperor ploughs himself. ʻSiú ˏyan ʻfán shí^2 小人反是 The inferior man reverses it. ʻKong ʻché 講者 He who speaks.

In Punti Colloquial ʿK'ü 佢 is almost exclusively used to express the third Personal Pronoun.

ʿK'ü wá^2 佢話 He said. ʿK'ü ʻtím ko^3 ˏtang 佢點個燈 He lights the lamp. ʿK'ü ʻts'ing ʿní ˏloí 佢請你來 He invites you.
ʿK'ü ˏfún ʻhí 佢歡喜 He rejoices. ˏHám ʿk'ü ˏloí 喊佢來 Call him.
Chák, fat, ʿk'ü 責罰佢 Reprove him.

7. *Possessive Pronouns.*

The Possessive Pronoun is expressed by the Personal Pronoun with or without certain additional particles, as:—

ʿNgo ʿmò ˏts'an kí^3 sun^3 ˏloí 我母親寄信來 My mother will send a letter.

ʿNgo kwok, 我國 My Kingdom.
ʿNí Á^3 ˏté 你阿爹 Your father.
ʿNgo tí^2 ˏwong shéung^2 我的皇上 Our August Emperor.
ʿNí tí^2 pò^2 ˏshü 你的部書 Your book.
ʻK'ü tí^2 ʻtsz ʿnü 佢的子女 His children.
Küt, tak, 厥德 His virtue.
„ úk, 厥屋 His house.

8. *Substitutes of the Possessive Pronouns.*

ˏKá fú^2 家父 My, your or their father.
Fú^2 ˏts'an 父親 My father.
ˏKá ˏhing 家兄 My or our elder brother.
ʻShé taí^2 舍弟 Our younger brother.

A husband speaking of his wife, instead of saying:—
ʿNgo ʿló ˏp'ò 我老婆 My wife, would say:—
Noi^2 ˏyan 內人 The person within.

漢語語法

Possessive Pronouns. In Punti Colloquial.

Noi² shat, 內室 The one within the house.
˛Ts'ín ˛fong 賤房 The mean one within the house.
Tak, 'fú 特婦 The lonely woman.
˛Shán ˛ts'ai 山妻 My clownish wife.
For my relation a Chinaman would say 'Shé ˛ts'an 舍親. My house.
Pai² úk, 敝屋 My vile dwelling.
Pai² kwok, 敝國 My vile country.
Ts'ín² sing³ 賤姓 My mean surname.

9. *In Punti Colloquial.*

The Possessive Pronoun is formed by ké³ 嘅 as :—

'Ngo ké³ ˛t'oi 我嘅檯 My table.
'Ngo ké³ fú² ˛ts'an ké³ ˛shám 我嘅父親嘅衫 My father's garment.
'Ngo tí² ké³ ˛fá ˛ün 我哋嘅花園 Our flower garden.
'Ní tí² ké³ ˛híng tai² 你哋嘅兄弟 Your brethren.
'K'ü ké³ ˛p'ang 'yau 佢嘅朋友 His friends.
Ling² ˛tsün 令尊 Your father.
„ ching³ 令正 Your wife.
„ ˛t'ong 令堂 Do.
„ ˛long 令郎 Your son.
Kwai³ kwok, 貴國 Your honorable country.
Ling² oi² 令愛 Your daughter.
Kwai³ ˛kang 貴庚 Your noble age?
˛Fong ˛míng 芳名 Your fragrant name.
˛Kò sing³ 高姓 Your lofty surname.
'Ngo ké³ 我嘅 Mine. 'Ní ké³ 你嘅 Thine. 'K'ü ké³ 佢嘅 His.
'Ngo tí² ké³ 我哋嘅 Ours. 'Ní tí² ké³ 你哋嘅 Yours &c.

The first ké³ may be omitted; and should be, where we have to deal with the better classes of the people.

10. *Demonstrative Pronouns.*

The Demonstrative Pronoun *this* is expressed by 'ts'z 此, ˛sz 斯, shí² 是, ˛tsz³ 茲, ché³ 這, ˛k'i 其, ˛fú 夫 and the Punti 'ní tí² 你的 and ˛ní tí² 呢的; *that* by 'ché 者, 'pí 彼, 'ná 那 and 'ko 個. The plural of the Pronouns is seldom expressed.

11. EXAMPLES.

ʻTsʻz ꜀yan mong² ꜀hang 此人妄行 This man leads a bad life.
" ʻtang ok₂ ꜀tʻò 此等惡徒 This kind of worthless fellows.
" ꜀chí wai² ʻyá 此之謂也 This is what was said.
Yéuk₂ ꜀chí ʻtsʻz 若知此 If he know this.

꜀Ü ʻtsʻz 於此 In this place. Tsoi² ʻtsʻz 在此 do. ꜀Ü ʻtsʻz 如此 Like this; thus. ʻTsʻz hau² 此後 After this (henceforth).
Tsz² hau² 嗣後 After this time.
꜀Sz 斯 is mostly used in reference to events previously related.
꜀Sz ꜀shí 斯時 At this time or moment.
꜀Sz ꜀yan ꜀chí ʻtsz 斯人之子 This man's child.
Táí² yéuk₂ ꜀ü ꜀sz 大約如斯 It is in general thus.

꜀Sz sz² 斯事 This affair. ꜀Chʻiú ꜀sz tsʻik₂ ꜀sz 朝斯夕斯 He is here (at this place) in the morning and evening.
꜀Tsz fung² 兹奉 Received at this moment.
꜀Tsz ꜀sám üt₂ 兹三月 This third month.
꜀Kam ꜀tsz 今兹 Now, at this time.
Tsoi² ꜀tsz 在兹 Here, at this place.
꜀Tsʻung ꜀tsz 從兹 From this time.
꜀Ü shí² 於是 In this time.
꜀Tong shí² ꜀chí ꜀shí 當是之時 At this time (referring to events just related.)
Shí² kú² 是故 on this account (hence)

12. The preceding sentences are chiefly used in books; the following are partly Court Colloquial, and partly in the literary style.
Ché² ko² ꜀yan 這個人 This man. Ché² ꜀shí 這時 This time.
Ché² yéung² 這樣 In this manner. Ché² ʻtang 這等 This.
꜀Kʻi ꜀yan 其人 This or that man. ꜀Kʻi yé² 其夜 That night.

ʻChé and ʻsho 者 and 所 are Pronouns expressing the Demonstrative and Relative Pronouns in the same character.

The former is only used in the literary style, the latter is frequently heard in conversation.
꜀Tsʻung ʻngo ʻché 從我者 Those who follow me.

I² ʻché pat₂ ʻho tak₂ ꜀kím 二者不可得兼 These two cannot be had together.

Shí² ʻngo ʻsho oi² ꜀chí ꜀yan 是我所愛之人 These are those whom I love (my beloved).

ʻChé 者 used for that and those, as :—

Han² ʻngo ʻché ʻngo yik₂ hán² ˏchi 恨我者我亦恨之 I hate those that hate me.

Shí² ʻní ʻsho tsò² tik, 是你所做的 It is that which you made.

ʻPí ˏshí 彼時 At that time.

Tái² sun² ˏloi ʻché shí² ʻpí 帶信來者是彼 It is that man who brought the letter.

ʻNá ˏshí hau² 那時候 At that time. ʻNá ko² ˏyan 那個人 That man.

ˏWai 惟 and ˏwai 維 when combined with ˏshí 時, time, become Demonstratives, *e.g.* ˏWai ˏshí 維時 At that time.

ˏKam ˏnín 今年 This (the present) year. ʻPún üt₂ 本月 This month.

13. In Canton Colloquial *this* and *that* are expressed by ˏNí ko² 呢個, ˏní tí² 呢哋, ko² tí² 個哋, and ʻko ko² 個個, as :—

ʻK'ü yap₂ ˏní ˏkán ˏpò ˏt'au 佢入呢間舖頭 He entered this shop.

ˏNí kín² ʻyé hai² kik₂ ʻmí ké² 呢件野係極美嘅 This is an extremely fine thing.

ˏNí tí² ˏyan hai² ˏsai kwok, ˏloi ké² 呢哋人係西國來嘅 These men are from western countries.

Ko² tí² ˏ'm ʻhò 個哋唔好 That is not good.

ʻKo ko² ˏyan hai² shat₂ ʻshau ok₂ 個個人係實首惡 Those men are truly wicked.

When the Demonstrative Pronouns are used without a substantive, the plural tí² 哋 is followed by ké² 嘅, as :—

ˏNí tí² ké² 呢哋嘅 These; Ko² tí² ké² 個哋嘅 Those.

14. *Relative Pronouns.*

These are ʻsho 所 and ʻché 者.

Pít₂ ʻyau ʻsho ˏsz 必有所思 He must have something to think of.

ʻSho wai² shín² 所謂善 That which is called good.

ˏYan ʻsho lok₂ 人所樂 That in which men delight.

ʻNí ʻsho yuk₂ 你所欲 That which you desire.

ʻK'ü ʻsho ʻí lái² ʻché 佢所倚賴者 The one in whom he confides.

ˏMò ʻsho pat₂ ˏwai 無所不爲 There is nothing that he would not do.

P. C.—ˏMò ʻsho pat₂ ˏchí 無所不知 There is nothing that he does not know (omniscient).

˛Mò ˓sho pat˒ ˛nang 無所不能 There is nothing which he cannot accomplish (omnipotent).

B.—˓Sho ˛wai ˓ché ˛ho sz² 所爲者何事 What is it, that he is doing?

Shí² ˛k'í ˓sho ˓í ˛kún ˛k'í ˓sho ˛yau 視其所以觀其所由 Look at the motives by which he is guided, and the principles from which he acts.

˓Ngo ˓sho oi² ˛chí mat˒ kín² 我所愛之物件 The things I want.

˓Ngo ˓sho lok˒ ˛chí ˛yan 我所樂之人 The men I delight in.

˛Fán ˛k'í ˓sho ˓yau 凡其所有 All (that) he possesses.

˓Sho ˛tong ˛hang 所當行 To do that which is proper.

˛Fán ˓sho ˛káu ˛yau 凡所交遊 All with whom he associates.

Ok˒ ˓ché 惡者 The wicked, or he, who is wicked.

Shín² ,, 善者 The virtuous, or those who are virtuous.

Hok˒ ,, 學者 Students, or those who study.

˛Shán ˓ché ˛ts'ün ˛chí ˛ün ˓yá 山者泉之源也 Mountains are the fountains of wells.

˛Fú háu² ˓ché shín² kai² ˛yan ˛chí chí², shín² shut˒ ˛yan ˛chí sz² ˓ché ˓yá 夫孝者善繼人之志善述人之事者也 Filial piety consists in faithfully carrying out people's designs and appropriately recording their doings.

Mí² ˓yau hok˒ ˓yéung ˓tsz ˛í hau² ká² ˓ché ˓yá 未有學養子而后嫁者也 There are none [no women] who first learn the nursing of children and afterwards marry.

˛Ü ˓ts'z ˓ché ˓tsoi k'ap˒ ˛k'í ˛shan ˓ché ˓yá 如此者災及其身者也 He who acts thus will bring calamity upon himself.

The Relative Pronoun is implied in the following sentences, as:—

˓Ngo ˓yau ˛chí pat˒ 我有之筆 The pencil I have.

C. D.—˛K'í shüt˒ tik˒ ˛san ˛man shí² ˓shat˒ ˓shau ˓hò 其說的新聞是實首好 The news he communicates is indeed very good.

P. C.—˓Yau ko² ˛mún ˛t'ò ˛meng kiú² Átak, 有個門徒名叫亞德 There was a disciple whose name was Atak.

Mí² ˓yau k'ap˒ ˛t'á ˛chí ˛ts'oi 未有及他之才 There is none whose talent could be compared to his.

15. In Punti Colloquial the Relative Pronoun is expressed in the following manner.

˛Pong ch'an² ˓ngo ké² hai² ngoi² kwok˒ ˛yan 幫襯我嘅係外國人 Those who patronize me, are foreigners.

漢語語法

ʿNgo ʿsho ˏchiú kéʾ ˏyan 我所招嘅人 The men (whom) I called.

ʿChing lánʾ ˏní tíʾ ʿyé ˏʿm haiʾ ʿhò kéʾ ˏyan 整爛呢的野唔係好嘅人 He who tore this, is not a good man.

ʿNgo chʿut, shaiʾ koʾ ˏkán uk,, hai, ʿhò ʿkau ʿhí kéʾ 我出世個間屋係好久起嘅 The house in which I was born, was erected long ago.

ˏTám kok, ʿní kéʾ ˏkung ˏfú haiʾ koʾ tíʾ ˏyan 担擱你嘅工夫係個的人 He who obstructs your labour, is that man.

Hok, ˏní tíʾ kéʾ haiʾ ʿyau ˏtsʿin kéʾ ˏyan 學呢的嘅係有錢嘅人 Those who study this, are men of property.

ʿNgo ʿshai koʾ tíʾ ˏyan ˏʿm haiʾ ˏní tíʾ kéʾ 我使個的人唔係呢的嘅 I require those men, not these.

16. *Reciprocal Pronouns.*

These are tszʾ 自, ʿkí 已, ˏtsʿan 親, ˏkung 躬, and ˏshan 身; and are combined in the following manner, as:—tszʾ ʿkí 自已; tszʾ ˏká 自家, and ʿpún ˏshan 本身. They have no plural form, and the characters employed to express the plural of Nouns and Pronouns cannot be applied to the Reciprocal Pronouns.

EXAMPLES.

ˏShéung tszʾ ʿkí 傷自已 To injure one's self.
Tszʾ ˏká ˏloi 自家來 He came himself.
Tzʾ ˏká tsòʾ 自家做 He made it himself.
ˏChiú wánʾ ʿpún ˏshan 招患本身 To bring calamity upon himself.
ˏKʿi ˏtsʿan hüʾ 其親去 He went himself.

ʿKʿü tszʾ ʿkí ˏmò yat, koʾ ˏtsʿín 佢自已無一個錢 He himself has not a single cash.

ʿNgo ˏkung ˏmò ˏtsʿoi ˏnang 我躬無才能 I am myself without talent.
Tuk, tszʾ yat, ˏyan tsoiʾ 獨自一人在 I am by myself.

Mutual, each other, one another, are expressed by ˏséung 相, úʾ ˏséung 互相 and túiʾ 對.

EXAMPLES.

ˏSéung oiʾ 相愛 To love one another. ˏSéung ʿtá 相打 To fight with each other. Úʾ ˏséung hanʾ 互相恨 To hate each other. ˏSéung ˏpong 相帮 To assist each other. Úʾ ˏséung ˏwo muk, 互相和睦 To live in mutual harmony.

Reciprocal Pronouns. Interrogative Pronouns.

Sing' ꜀ts'ing ꜀séung ying' 性情相應 Dispositions corresponding to each other.

Fú' kwai' ꜀séung túi' 富貴相對 Riches and honor go always together (correspond to each other.)

ʿPí ʿts'z ꜀séung ꜀í 彼此相依 They depend on each other.

Tsz² ú² 自互 Mutual regard.

There is little difference between the proceding phrases and the Punti Colloquial. The R. Pronoun invariably follows the Personal Pronoun.

EXAMPLES.

ʿNgo tsz² ʿkí kín' kwo' ʿk'ü 我自已見過佢 I saw him myself.

ʿNgo tsz² ʿkí ʿhí tak, ꜀ní tí² ʿyé 我自已起得呢的野 I can lift this myself. ʿK'ü ꜀séung náu² 佢相鬧 They scold one another.

꜀Ts'an tsò² ké' 親做嘅 I made it myself.

17. *Interrogative Pronouns.*

꜁Shui 誰, shuk, 孰, and ꜁ho 何, stand for who? ꜁ho 何, mat, ʿyé 乜野, and ꜀pín tik, 邊的 for which and what?

EXAMPLES.

꜁Shui ꜀ts'ang ʿsé ʿts'z 誰曾寫此 Who has written this?

꜁Shui ꜀chí ʿtsz 誰之子 Whose son is it?

꜀T'au ʿní kín² ꜀shám shí² ꜁shui ꜁ú 偷你件衫是誰乎 Who stole your dress?

ʿTs'z mat, shí² ꜁shui tik, 此物是誰的 Whose is this?

ʿPí kwo' ʿyá ꜁shui ꜀ní 俾過也誰呢 To whom did you give it!

Shuk, ꜀chí ꜀chí 孰知之 Who knows it?

ʿPí ꜀sám ꜁yan shuk, tai² 彼三人孰大 Who is the eldest of those three?

ʿHo siú' shuk, sham² ʿho ꜀oi shuk, sham² 可笑孰甚可哀孰甚 Could anything be more ridiculous or more lamentable!

Shí² ꜁ho ꜁yan 是何人 Who is it? ꜁Ho sz² 何事 What business?

" " kú' 是何故 What is the cause?

Hot, 曷, ʿhí 豈 and ꜀ín 焉 stand sometimes for ꜁ho 何.

꜀Káu ꜁wán ꜁ho ꜁yan 交還何人 Given to whom?

꜁Ho ꜁ch'éung 何長 What is the length?

海上絲綢之路文獻集成 科技與文化編

漢語語法

Interrogative Pronouns. Indefinite Pronouns.

˛Ho kú² 何故 What is the reason? Why? ˛Wai ˛ho pat˛ hü² 爲何不去 Why? On what account would you not go?

˛Ü ˛ho 如何, yéuk˛ ˛ho 若何 How? In what manner?

ˤNí í² yéuk˛ ˛ho 你意若何 What is your opinion of it?

Sz² ˛ho ˛ü ˤtsˤz 事何如此 How is it, that matters have come to this?

Pat˛ lun² ˛ho ˛yan 不論何人 Whosoever? ˛Ho chˤü² 何處 Where? At what place?

Hai² mat˛ ˤyé sz² 係乜野事 What is the matter?

ˤNí oi² ˛pín ko² ˛ní 你愛邊個 Which do you prefer?

ˤNí ˤkong kˤap˛ ˛pín ko² ké² ˛ní 你講及邊個嘅呢 Of which (whom) do you speak?

Tai² ˤkí yat˛ ˛loi 第幾日來 On what day do you come?

ˤNí ˤtˤai mat˛ ˤyé ˛ní 你睇乜野呢 What are you looking at?

ˤNí oi² mat˛ ˤyé ˛ní 你愛乜野呢 What do you want?

The preceding twelve phrases are chiefly used in Punti Colloquial: The following are alternately, but seldom, heard.

ˤTsz ˛tséung ˛chˤau ˛í 子將疇依 On whom will you depend?

C. D.—ˤCham ˛mo 怎麼, sham² ˛mo 甚麼 and shap˛ ˛mo 什麼 all signify what? ˤNá ko² 那個, Shí² ˤná ko² tik˛ ˛shü 是那個的書 Whose book is it? ˤNí ˛mún ˛chí tò² ˛sé sham² ˛mo 你們知道些甚麼 What are you capable of knowing?

18. In Punti Colloquial there are only a few Interrogative Pronouns in general use.

EXAMPLES.

Mat˛ ˛shui ˛loi ˛ní 乜誰來呢 Who has arrived?

Hai² ˛pín ko² ˛yan ké² ˤkau ˛ní 係邊個人嘅狗呢 Whose dog is it?

Wai² mat˛ ˤyé ˤtá ˤkˤü 爲乜野打佢 Why (for what reason) do you strike kim?

Wai² mat˛ sz² kon² ˛lai 爲乜事幹嚟 What have you come for?

Hai² ˛pín chˤü² ˛yan 係邊處人 Whence (from what place) is this man?

19. *Indefinite Pronouns.*

All is expressed (1.) by ˛fán 凡, as:—˛fán ˛kam ˛chí ˛yan 凡今之人 All the men of the present age.

˛Fán ˤyau hüt˛ hí² ˤché 凡有血氣者 All mortals.

Tán² ˛fán 但凡 All that, or whosoever.

Indefinite Pronouns.

꜀Chü ꜀fán ʿkòm wá² 諸凡噉話 All said so. (12.)

2. Chung³ 衆 as :—Chung³ shüt꜆ ꜀fan ꜁wan 衆說紛紜 All spoke confusedly.

Chung³ ꜁hám ꜀t'ing cham² meng² 衆咸聽朕命 All obey Our commands.

Chung³ ꜀sü ꜀tám ʿpò 衆須担保 All require security.

ʿKwá pat꜆ tik꜆ chung³ 寡不敵衆 A few would not resist a multitude.

3. ꜀Chü 諸 as :—꜀Chü ꜀kung 諸公 All you gentlemen.

꜀Chü sz² 諸事 All affairs.

4. Shü³ (13.) 庶 as :—Shü³ ꜁man 庶民 All the people.

5. ꜀Kái 皆 as :—꜁Yan ꜀kái ꜀hing tai² ʿyá 人皆兄弟也 All men are brethren.

Mán² mat꜆ ꜀kái ꜀shang 萬物皆生 All things grow.

6. K'oi³ (14.) 槪 as :—Yat꜆ k'oi³ 一槪 Altogether.

7. ꜀Tò 都 as :—꜁Yan ꜀tò ʿkòm ʿkong 人都噉講 All people speaking the same way.

8. ꜀Kü 俱 as :—꜀Kü chéuk꜆ 俱着 All are right.

9. ꜁Hám 咸 as :—꜁Hám ꜀kwai ʿni 咸歸你 All revert to you.

10. ꜀Ts'ím 僉 as :—꜀Ts'ím áp꜆ 僉押 All signed.

11. ꜁Ts'ai 齊 as :—꜁Ts'ai ch'ut꜆ 齊出 All issued forth.

12. Hòp꜆ 闔 as :—Hòp꜆ ꜀ká 闔家 The whole family.

13. Kung² 共 as :—Kung² kai³ 共計 The whole amount.

14. Sik꜆ 悉 as :—Sik꜆ ꜀chí ꜀chí 悉知之 All know it.

15. Yat꜆ ts'ai³ 一切 as :—Yat꜆ ts'ai³ ʿshai sái³ 一切使嘥 Have spent the whole.

16. Tsun² 盡 as :—Tsun² tsut꜆ 盡卒 All died.

17. Yat꜆ ʿt'ung 一統 All, the whole.

18. Tái² ꜀ká 大家 as :—Tai² ꜀ká ꜀chung í³ 大家中意 All are pleased [with it]. (For the rest of the Collective Pronouns see Adjectives).

Another and other ꜀T'á 他, pít꜆ 別, ling² 另 and í² 異.

EXAMPLES.

꜀T'á yat꜆ ꜁loi ʿts'z 他日來此 Come another day.

Pít꜆ ko³ tsò² tak꜆ 別箇做得 The other will do.

NOTE 12.—Tái² ꜁fán 大凡 means generally; fát꜆ ꜁fán 發凡 For the most part; ꜁fán iú³ 凡要 The most important of the whole.

13.—Shü³ ꜁ú 庶乎 Almost.

14.—Tai² k'oi³ 大槪 In general, on the average.

海上絲綢之路文獻集成 科技與文化編

漢語語法

ˢYau pít, yéung² pò³ ˏmò ˏní 有別様布無呢 Have you any other stuff?

Ling² ngoi² ˢyau ˏfong fát, 另外有方法 There are some other means.

Ling² ˢyau ˏngan ˏtsʿin 另有銀錢 He has some money besides.

Í² yat, 異日 Another day.

Kín³ ˏyan ˏchí shat, ˏü kín³ ˢkí ˏchí shat, 見人之失如見己之失 Look upon the loss of others as you do upon your own.

Any, any one, any body, any body else, are expressed in the following manner :—

ˢNí ˢyau ˢtsau ˏmò ˏní 你有酒無呢 Have you any wine?

ˢNgo ˏtò ˏmò lok, 我都無咯 No, I have not any.

ˢNí tsé³ tak, ˢngo ˏtò ˢshiú ˏngan ˢmò ˏní 你借得我多小銀有呢 Can you lend me any money?

ˢNgo ˏkam ˏshí ˏ'm ˏtsʿang ˢyau ˏngan 我今時唔曾有銀 I have not any at present.

ˢYau ˏyan man² kʿap, ˢní ˏmò ˏní 有人問及你無呢 Has any body inquired after you?

ˏMò ˏá, ˏmò yat, ko³ 無呀, 無一個 No, not any. [or Yat, ko³ ˏtò ˢmò.]

Pat, lun² ˏho ˏyan fán² ˢtsʿz fát, ˢngo pít, fát, ˏchí shap, tái² ˏün 不論何人犯此法我必罰之十大員 Any body transgressing this law shall be fined ten dollars.

Ling² ngoi² ˢyau ˏyan tsoi² ˏmò ˏní 另外有人在無呢 Is there any body there besides?

Aught, as :—Chiú³ ˢngo ˏü kín³ 照我愚見 For aught I know.

Both, ˢLéung ko³ 兩個 as :—ˏNí tí² ˢléung ko³ ˏyan ˏtò ˢim peng² 呢啲兩個人都染病 Both these men are very sick.

Í² ˢché ˏkü ˢsz 二者俱死 Both have died.

ˢMò ˢtsʿz ˏkü ˏmong 母子俱亡 Both mother and child perished.

ˏHing tai² ˢléung ˏyan ˏkím fán² fát, 兄弟兩人兼犯法 Both brothers have transgressed the law.

20. *Punti Colloquial.*

ˏShéung ˢshau 雙手 Both hands.

ˢLéung yéung² ké³ 兩様嘅 Both kinds; both ways.

ˢLéung ˏkán hai² ˏsan ˢhí ké³ 兩間係新起嘅 Both houses have recently been erected.

ˊLéung wai' shik, fán² ˊliú 兩位食飯了 Both gentlemen have dined.

Léung ko' ˏtò hai² ˏling li² 兩個都係伶俐 Both are clever.

ˊNí ˊngo kok, yat, kín² 你我各一件 We both have one.

ˊLéung kín' ˊhò lá² ˊchá 兩件好鏬鮓 Both pieces are very dirty.

Certain. ˊMau ˏyan kwo' ˊts'z 某人過此 A certain person passed along.

ˊMau hák, ˏlaí 某客嚟 A certain stranger is here.

ˊNí ˏkáu ˏü ˊmau ˏú 你交於某乎 And you have intercourse with such a one!

Wak, üt, 或曰 A certain person, some body says.

21. *Punti Colloquial of Certain.*

ˊYau pò' ˏshü ˏ'm ˊhò tuk, 有部書唔好讀 There is a certain book which you should not read.

ˊYau ˏyan hai² ˊkòm ˊkong lok, 有人係噉講咯 Certain persons have said so.

ˊYau ˏyan ˏ'm sun' ˏshan ˏ'm sun' ˊkwai 有人唔信神唔信鬼 There are certain men who believe neither in good nor evil spirits.

ˊYau ˊmau ˏkun tò' 有某官到 A certain officer has arrived.

Wák, ˏyan wá² ˊkòm yéung² tsò² ˊhò 或人話噉樣做好 Certain men say, to do it in that way would do.

Each, every, Kok, kwok, ˊyau ˏk'í 各國有旗 Every nation has its own flag.

Kok, ˏhéung yat, ˏyan 各鄉一人 One person from each village.

„ pan² ˊkí sz² 各辦己事 Each manages his own business.

„ tsz² wan² chín' 各自混戰 Each fought at random.

ˊMúi ˏyan tak, yat, kín² ˏí ˏshéung 每人得一件衣裳 Each man got one garment.

ˊYau ˏp'an ˏyan ts'at, ko', ˊpí ˊmúi ˏyan shap, ko' ˏts'ín 有貧人七個俾每人十個錢 There are seven poor men, give each ten cash.

Chuk, kín² sz² 逐件事 Each affair.

ˊMúi ch'ü' ˊshéung tak, ngon² 每處上得岸 You may land at each place.

Either is expressed by wák, 或, yik, 抑 &c.

Wák ˊní wák, ˊngo ˏ'm chéuk, 或你或我唔着 Either you or I am wrong.

Wák, ˊpí wák, ˊts'z 或彼或此 Either that or this.

漢
語
語
法

Indefinite Pronouns.

Yik, ʻtá yik, ˓wo 抑打抑和 Fight or make peace.

Ko˒ ˓léung ko˒ ˓yan ˏchí yat, ˏt'au ˓ngo ˓yé 個兩個人之一偷我野 One of the two men (*i. e.* either the one or other) must have stolen my things.

Every, every one, every body, every thing are expressed by kok, 各, ˓múi 每, chuk, yat, 逐一, by the Collective Pronouns ˏchü 諸, ˏkái 皆, fán 凡 &c.; and by the repetition of the subjects spoken of.

Kok, kwok, ˓yau ˓wong 各國有王 Every kingdom has its [own] sovereign.

Kok, ˓yan ˓yau ˓sho ˏí 各人有所依 Every body has something to depend on.

˓Múi ˓nín sz˒ hai˒ ˓kòm 每年事係噉 Affairs are the same every year.

Chung˒ ˏshang 衆生 Every living creature.

Kín˒ kín˒ hai˒ yat, yéung˒ 件件係一樣 Every thing is the same.

Few is expressed by ˓kí ko˒ 幾個, shò˒ 數, ˏto ˓shiú 多少, and ˓kwá 寡.

˓Ngo ˓yau ˓kí pò˒ ˏshü 我有幾部書 I have a few volumes.

ˏSan ˓hí shò˒ ˏkán uk, 新起數間屋 [They] recently erected a few dwelling houses.

ˏTs'ín ˓kí yat, ˏloi 前幾日來 Arrived a few days ago.

˓Tá ˓kí ˓há 打幾吓 Struck him several times, or give him a few blows.

Little is expressed by the same characters as few, as:—

˓K'ü ˏmò ˓kí ˏto shik, mat, 佢無幾多食物 He has little provision.

Many is expressed by ˏto 多; by the Collective Pronouns chung˒ 衆, shü˒ 庶 &c., and by the Numerals mán˒ 萬, pák, 百 &c.

EXAMPLES.

ˏTo tsé˒ ˓ní 多謝你 Many thanks to you.

Lok, ˓hò ˏto ˓ü 落好多雨 It rains much.

Pat, ˏto ˏnín 不多年 Not many years.

Lü˒ ts'z˒ 屢次; ˏto ts'z˒ 多次 Many times, many a time.

˓Hü ˏto 許多 Very many.

˓K'ü ˓yau ˓hò ˏto ˏfong fát, 佢有好多方法 He has many means.

˓Ngo ˓tang ˓yau ˓hò ˏto ˓kwo shat, 我等有好多菓實 We have a great deal of fruit.

Most, as an Indefinite Pronoun, is expressed by chí˒ 至; and by other

海上絲綢之路文獻集成 科技與文化编

characters expressing the Superlative Degree being prefixed to ˛to 多 and other Pronouns, as :—

Chí' ˛to 至多 Most. Chí' ˛to 'fú ˛nán 至多苦難 Most sufferings.

Neither is expressed by a double negative, or by a Collective Pronoun preceding the final negative, as :—

Pat, shín² pat, ok₂ 不善不惡 Neither good nor bad.

˛Kam ˛ngan 'ngo ˛kái ˛mò 金銀我偕無 I have neither gold nor silver.

˛I shik, 'k'ü ˛tò ˛mò 衣食佢都無 He has neither food nor raiment.

No is expressed by a large number of negatives, as :—

Pat, tak, 'í 不得已 No resourse.

˛Mò noi² ˛ho 無奈何 do.

˛'M ˛séung ˛kon 唔相干 No matter.

'K'ü ˛mò 'lò ˛kung 佢無老公 She has no husband.

˛Mò ˛yan 無人 No body.

˛Tò ˛mò ˛yan 都無人 Not any body.

Ling² ngoi² ˛mò ˛yan 另外無人 No body else.

˛'M kín' tak, yat, ko' ˛yan 唔見得一個人 I see no one; I can't see any one.

Ling² ngoi² ˛tò ˛'m kín' yat, ko' ˛yan 另外都唔見一個人 I see no one else.

None, not any. Tsok₂ yat₂ 'ngo 'yau ˛ngan, ˛kam yat₂ 'ngo ˛tò ˛mò 昨日我有銀今日我都無 Yesterday I had money, to-day Ihave none.

Yat, ko' mí² 'yau hü' 一個未有去 Not one left.

'Tsung ˛mò 總無, ˛kái ˛mò 皆無, ˛tò ˛mò 都無 and other Collective Pronouns followed by the negative particles ˛mò 無, pat, 'yau 不有 &c. express none, none at all, not any.

Nothing, not any thing.

'K'ü ˛'m ˛ts'ang tsò² ˛kung ˛fú 佢唔曾做工夫 He has done nothing.

'K'ü ˛'m ˛ts'ang 'yau ˛hang ts'o' 佢唔曾有行錯 He has not done any thing wrong.

'K'ü ˛tò ˛mò ts'o' kwo' 佢都無錯過 He has not done any thing wrong at all.

One, as an Indefinite Pronoun, is often implied as :—

˛'M ˛chí tò' 'tím yéung² 'tá sün' 唔知到點樣打算 One does not know what to do.

漢語語法

Indefinite Pronouns.

Yat, ko' hai² 'hò, yat, ko' ꜀'m hai² 'hò 一個係好一個唔係好 The one is good, the other not.

One another, as:—ʿK'ü ꜀séung oi' 佢相愛 They love one another.

One and all, as:—Yat, k'oi' hai² ok, 一概係惡 They are bad one and all.

Yat, píng' ꜀fán ꜀loi 一併翻來 One and all have returned. Other (see Another.)

Some (see Others.)

꜀Ní tí² ꜀shü ꜀chung ʿyau ʿkí ko' ʿhò ké', ʿyau ʿkí ko' ꜀'m ʿhò ké' 呢啲書中有幾個好嘅有幾個唔好嘅 Of these books some are good, the others are bad.

People. ꜀Yan ꜀fún ʿhí ʿkong 人歡喜講 People like to talk.

Several. ʿK'ü ʿyau shò' ʿtsing 佢有數井 He has several wells.

ʿYau ʿkí ꜀kán ꜀wong ꜀kung tsoi² ʿpí 有幾間皇宮在彼 There are several Imperial palaces there.

ʿK'ü ꜀yíng ꜀shing ʿkí ꜀fán 佢應承幾番 He promised several times.

Some body, some one. ʿYau ꜀yan kiú' ʿní ꜀loi 有人叫你來 Some body has called you.

Shí² pít, iú' ʿyau yat, ko' ꜀yan ʿtá lán² ꜀ní tí² ꜀po ꜀lí ꜀tsun 是必要有一個人打爛呢啲玻璃罇 Some one must have broken this tumbler.

ʿYau sz² ꜀'m chéuk, 有事唔着 There is something wrong.

Such. ꜀Ü ʿts'z ʿtang ok, ꜀yan 如此等惡人 Such bad men as these.

King' wai' shéung² tai' ʿché pat, p'á' ꜀mo ʿkwai 敬畏上帝者不怕魔鬼 Such as fear God do not fear the devil.

ʿNgo ꜀'m kí' tak, kòm' ʿhò ké' ꜀t'in 我記得咁好嘅天 I never remember such a fine day as this.

꜀Sín ꜀t'au ké' 先頭嘅 The former.

꜀Shau ʿmí ké' 收尾嘅 The latter.

14. *Numerals.*

The three ways of writing the Numerals are called:—

(*a*,) ꜀Ün ʿpún tik, shò' muk, tsz² 原本的數目字 { The original characters;

(*b*,) Tái² ʿsé tik, shò' muk, tsz² 大寫的數目字 { The capital mode of writing;

(*c*,) ꜀Fá ʿmá tik, shò' muk, tsz² 花碼的數目字
or ꜀Sú ꜀chau ʿmá shò' muk, tsz² 蘇州碼數目字 { The abbreviated form used in current accounts.

海上絲綢之路文獻集成　科技與文化編

They are represented in the following lines :—

1. *Cardinal Numbers.*

	a.	*b.*	*c.*	
1	一	壹	〡	Yat,
2	二	貳	〢	Í² (15)
3	三	叁	〣	ˎSám
4	四	肆	〤	Sz'
5	五	伍	〥	ʿNg
6	六	陸	〦	Luk,
7	七	柒	〧	Tsʿat,
8	八	捌	〨	Pát,
9	九	玖	〩	ʿKau— 攵
10	十	拾	〸	Shap,

The first mode of writing is the one generally followed in books; the second in important documents and accounts, in order to guard against fraud; and the third in current accounts.

11	十一	Shap, yat,
12	十二	„ í²
13	十三	„ ˎsám
14	十四	„ sz'
15	十五	„ ʿng
16	十六	„ luk,
17	十七	„ tsʿat,
18	十八	„ pát,
19	十九	„ ʿkau
20	二十	Í² shap,
21	二十一	Í² shap, yat'
30	三十	ˎSám shap,
40	四十	Sz' shap,
50	五十	ʿNg shap,
60	六十	Luk, shap,
70	七十	Tsʿat, shap,

NOTE 15.—ʿLéung 兩 is generally used for two in Colloquial, as:—
ʿLéung ko' ˎyan 兩個人 Two men.

Numerals. Cardinal Numbers.

100	一百	Yat, pák,
500	五百	ʿNg pák,
1,000	一千	Yat, ˏts'in
3,000	三千	ˏSám ˏts'in
10,000	一萬	Yat, mán²
50,000	五萬	ʿNg mán²
100,000	十萬	Shap, mán² or yat, yik.
1,000,000	一百萬	Yat, pák, mán² or yat, chiú² (16)
1,863	一千八百六十三	Yat, ˏts'in pát, pák, luk, shap, ˏsám

In counting from a hundred and upwards to 110, the character ˏling ("and") is put before the additional number, as:—101 一百零一 Yat, pák, ˏling yat,; 105 一百零五 Yat, pák, ˏling ʿng. 百一 Pák, yat, means 110; 百五 Pák, ʿng 150 &c.

The endless kalpas of the Budhists and Tauists are frequently expressed by ˏt'ai 梯, ˏyéung 壤, ˏkau 溝, ˏkán 間, ˏching 正, and tsoi² 載.

2. A few examples of the various applications of the

Numeral Yat,.

Yat, yat, 一一 One by one.

Yat, ˏsam yat, í² 一心一意 Of one mind and one purpose.

ˏMò yat, pat, ˏchí 無一不知 Omniscient, or there is not one thing which he does not know.

ʿK'ü ké² ˏsam pat, yat, 佢嘅心不一 They disagree.

ˏFi yat, ts'o² 非一錯 Not merely one mistake.

Yat, mín² 一面 Whilst.

Yat, mín² ch'ut, ˏmún yat, mín² ˏfan fú² ʿk'ü ké² ʿmái pán² 一面出門一面吩咐佢嘅買辦 Whilst leaving the house, he at the same time gave orders to his steward.

Yat, ˏking 一經 As soon as.

Yat, pún², ʿhí, yat, pún² p'á² 一半喜一半怕 He partly rejoiced and partly feared.

Yat, ˏshang 一生 The whole life.

Yat, ʿwong 一往 As soon as he had left.

NOTE 16.—The most common way of expressing one Million is Yat, pák, mán² 一百萬; 10 mill Yat, ts'in mán² 一千萬 or Yat, ˏking 一京.

海上絲綢之路文獻集成　科技與文化編

Numerals. Cardinal Numbers.

ˏChün yatˎ 專一 Addicted to, devoted to.
Yatˎ ˤshéung yatˎ ˤhá 一上一下 Up and down.
Yatˎ ˏtín yatˎ ˤtò 一顛一倒 Topsy turvy.
ˤTˤai yatˎ ˤhá 睇一吓 Take a glance at it.

3. Í² 二 2.

ˤKˤü patˎ ˤyau í² ˏsam 佢不有二心 He is not double minded.
ˤKˤü ˤléung ˏúi ˤshéung ˏshán ˤting 佢兩囘上山頂 He ascended the peak twice.
ˤLéung ˏtsˤan 兩親 The parents.
ˤLéung tái² 兩大 The two great ones, *i.e.* Heaven and Earth.
ˤLéung tsò² 兩造 Plaintiff and defendant.
ˤLéung ˤmí 兩美 The two beauties, *i.e.* genius in man and beuaty in woman.
ˤLéung ˤléung chung² 兩両重 Two taels.

4. Sám 三 2.

The Numeral Three is often used in connection with certain objects having regard either to popular belief, relations of life, certain offices of government, or ironically, as a slang.

EXAMPLES.

ˏSám ˤpò 三寶 The three Budhas.
ˏSám ˏtsˤoi 三才 The three powers (heaven, earth and man).
ˏSám tsukˎ 三族 The three kindreds (father, mother and wife).
ˏSám ˏkong 三綱 The three relations or ties (prince and minister, father and son, husband and wife).
ˏSám ˏpán 三班 Three classes of attendants in public courts, as:—
ˏMún ˏpán 門班 Attendants on the magistrate;
Tsò² ˏpán 皂班 Lictors or torturers;
Fái² ˏpán 快班 Official messengers.
ˏSám k'apˎ tai² 三及第 The three highest Hanlin.
ˏSám ˏsz 三司 The three Commissioners in a province, viz. the Treasurer, the Judge, and the Superintendent of Salt.
ˏSám chekˎ ˤshau 三隻手 A thief (a person with three hands).
ˏSám ˏá lò² 三丫路 A cross way.

4. Sz² 四 4.

This Numeral frequently expresses all around, every where.

漢語語法

Numerals. Cardinal Numbers.

EXAMPLES.

Sz' 'há 四吓 All about.
„ ch'ü' 四處 Every where.
„ ,fong 四方 The four points.
„ mín² 四面 On every side.
„ ,í 四夷 All the barbarians.
„ 'hoi 四海 The world, also China.
„ héung' 四向 The four points of the compass.
„ ,shí 四時 The four seasons.
„ kwai' 四季 Do.
„ ,chí 四支 The four members or extremities of the body.
„ 't'ai 四體 Do.
„ 'pò 四寶 The four precious things (paper, ink, inkstand and pencil).
„ 'ngán 'lò 四眼佬 A person wearing spectacles.
„ lò² ,mò ,mún 四路無門 No resource, whichever way I turn.
'Hiú tak, sz' sz' luk, luk, 曉得四四六六 He knows a little.
Sz' ,fong muk, 四方木 A blockhead, a dolt.
'Ní kòm' sz' 'hoi ché' 你咁四海啫 What a courteous man you are!

6. 'Ng 五 5.

This Numeral is applied to a certain class of objects, the limited number of which (according to their knowledge) appears to have been five, hence it frequently signifies all.

'Ng ,sing 五星 The five planets.
„ kuk, 五穀 „ „ sorts of grain.
„ ,lun 五倫 „ „ relations in life.
„ káu' 五教 „ „ precepts.
„ ,hang 五行 „ „ elements.
„ shik, 五色 „ „ colours.
„ mí² 五味 „ „ tastes (or spices).
„ ,shéung 五常 „ „ virtues.
„ tsong² 五臟 „ „ viscera.
„ ngok, 五岳 „ „ highest mountains in China.
„ fuk, 五福 „ „ blessings.
„ tséuk, 五爵 „ „ orders of nobility.
„ ,fong 五方 „ four points of the compass and the centre.

海上絲綢之路文獻集成　科技與文化編

7. Luk, 六 6.

EXAMPLES.

Luk, hòp, 六合 The four quarters of the earth with the zenith and [nadir.
Luk, pò' 六部 The six supreme tribunals at Peking.
Luk, ,fong 六房 The six departments of administration in a province in imitation of the six boards.
Luk, kik, 六極 The six calamities which happen to men.
„ kuk, 六穀 The six kinds of grain on which man subsists.
„ ch'uk, 六畜 The six kinds of animals on which men live.

8. They have besides the ts'at, ching' 七政 The seven regulators, viz. Sun, moon, and five planets.

Ts'at, ,ts'ing 七情 Seven passions.
Pát, ,fong 八方 Eight principal and subordinate points of the compass.
Pát, fát, 八法 The eight laws of the criminal code.
Pát, ,hang 八行 The eight roads by which the tributary grain arrives at Peking.
'Kau ,ying 九刑 The nine punishments.
„ ,t'sün 九泉 The nine fountains above hades.
„ k'iú' 九竅 The nine passages of the body.
„ 'pan 九品 The nine grades of official rank.
Shap, and shap, fan' 十 and 十分 are equivalent to perfect.
Shap, fan' 'hò 十分好 Perfectly good.
Shap, fan' ,'m chéuk, 十分唔着 Very wrong.
Shap, fan' ,ch'ing tsán' 十分稱讚 Extremely thankful.
,Sam ,chung shap, fan' náu' it, 心中十分鬧熱 He was much disturbed in mind.

Hundred, thousand, ten thousand are used in a similar manner; but while shap, expresses perfection of quality, hundred &c. comprise chiefly a complete (collective) number of quality, quantity, as:—Pák, sing' 百姓 All the Chinese tribes.

Pák, muk, 百木 All the trees.
Pák, fát, pák, chung' 百發百中 Successful in every enterprise.
Pák, ,ts'in mán' 百千萬 An immense number.
Mán' kwok, 萬國 All nations.
Mán' súi' ,yé 萬歲爺 Your Majesty.

Mánʾ ꜀fong 萬方 All parts of the world.
Mánʾ shaiʾ 萬世 For all ages.
Yik, chiúʾ 億兆 All the people.

9. *Ordinal Numbers.*

The Ordinal Numbers are expressed by the prefix tai^{2} before the Cardinal Numbers, as :—

Tai^{2} yat,	第一	The first.
„ i^{2}	第二	The second.
„ shap,	第十	The tenth.
„ yat, pák,	第一百	The hundredth.

The prefix tai^{2} is, however, in general omitted and implied in the following sentences, as :—

꜂Hám ꜀fung shap$_{2}$ ꜁nín 咸豐十年 The tenth year [of the reign] of [Ham-fung.
Szʾ üt$_{2}$ 四月 The fourth month.
꜀Ching üt$_{2}$ ꜀ch'o shap$_{2}$ 正月初十 The tenth day of the first month.
꜂Kün ꜂ng 卷五 The fifth volume (of a set of books.)

In speaking of rulers, the prefix taiʾ must be expressed as :—꜂Lü tai^{2} shap$_{2}$ szʾ koʾ 呂第十四個 Louis the 14th.

The first, the last &c., are expressed by the classifier koʾ or by the suffix kéʾ, as :—

P. C.—꜀Sin tòʾ kéʾ 先到嘅 The first who arrived, or, the one who arrived first.

꜀Shau ꜂mí tòʾ kéʾ 收尾到嘅 The last who arrived, or, the one who arrived last.

꜀Shau ꜂mí koʾ ꜁yan ch'üʾ ꜂liú yat, koʾ 收尾個人除了一個 The last but one. (17)

First and second quality of goods :—Shéungʾ ꜂mai 上米 First quality of rice ; ꜀chung ꜂mai 中米 second do. The second best ꜁k'í ts'zʾ 其次.

B. L.—꜂Ts'z pat, áʾ ꜀ü ꜂pí 此不亞於彼 This is not inferior to that.

10. The Quotation Numbers are expressed in the same way as the Ordinal Numbers, e. g. Tai^{2} yat, , ꜂k'ü ꜂má ꜂k'ü ; tai^{2} i^{2} ꜂tá ꜂sz ꜂k'ü 第一佢罵佢, 第二打死佢. First he used vile language, and secondly &c. killed him.

NOTE 17.—The Chinaman would express the latter sentence in the following manner :—Tak, haiʾ yat, koʾ tòʾ ꜀sín kwoʾ ꜂k'ü 獨係一個到先過佢 Only one person arrived before him.

Numerals. Multiplication Numbers.

The Numeralia Iterativa are expressed by the characters ts'z' 次, ˏúi 囘, ˏfán 翻, ˏtsò 遭, and in Puntí Coll: by ˏpín 邊 &c.

EXAMPLES.

ˊK'ü ˏpò ˏní ti² tuk, yat, ts'z' 佢煲呢地獨一次 He boiled this only once.

ˊK'ü hü' kwo' ˊléung ˏúi 佢去過兩囘 He went twice.

ˊNgo ˏying ˏshíng ˊkü ˊkí ˏfán 我應成佢幾翻 I promised him several times.

ˊNgo ˏfan fú² ˊk'ü ˊkí ˏpín 我吩付佢幾邊 I ordered him several times.

ˊKí ˏúi 幾囘 Several times.

ˊHò ˏto ˏúi 好多囘 Many times. Lü² ts'z' 屢次 Frequently. ˊLui ts'z' 累次, do. ˏLín ts'z' 連次 Many times in succession. Sít, sít, 屑屑 constantly; tsoi' ˏsám 再三; ˏch'ung ˏch'ung típ, típ, 重重疊疊 all express many a time, often.

11. The Multiplication Numbers are expressed in the following way.

ˏTán 單, Single, as:—ˏTán ˏshám 單衫 Only one dress.

Tuk, yat, ko' ˏyan 獨一個人 Only one single individual.

Tuk, yat, chek, ˊshau 獨一隻手 A single hand.

ˏTán ˏshán ˊtsai 單身仔 None but myself.

ˏCh'ung 重 and ˏshéung 雙 express double, as:—

ˊK'ü chéuk, ˏch'ung fuk, 佢著重複 He wears double garments.

ˏMá ˏts'éung 孖鎗 A double barreled gun.

ˏShéung ˊhau kím' 雙口劍 A double edged sword.

ˏSám ˏch'ung ˏchí tsak, luk, 三重之則六 Three doubled make six.

ˏCh'ung hák, ˏní ti² 重刻呢地 Engrave this over again.

ˊP'úi 倍 Double, fold, as:—

ˊPí ˊk'ü ˊléung ˊp'úi kòm' ˏto 俾佢兩倍咁多 Give him double the quantity.

ˏKá sz' ˊp'úi 加四倍 Make it four times the quantity.

Shap, ˊp'úi 十倍 Ten fold.

12. Fractions, ˏling shò' 零數 are expressed in the following way:—

Yat, pún' 一半 ½.

ˏSám fan' yat, 三分一 ⅓ also ˏSám fan' ˏchí ˏyat, 三分之一

Sz' fan' ˏchí yat, 四分之一 ¼ also Sz' fan' yat, 四分一

ˊNg fan' sz' 五分四 ⅘.

海上絲綢之路文獻集成 科技與文化編

漢語語法

Numerals. Measures of Capacity. Measures of Length.

Pát, fan' 'ng 八分五 $\frac{5}{8}$ also Pát, fan ,chi 'ng 八分之五.

'Pí ,ngan ,sám ,ün pún' 俾銀三員半 Give three dollars & one half.

Yat, ,nín pún' 一年半 One year and-a-half.

Pún' yé² 半夜 Half the night.

Táí² pún' 大半 The greater part, the majority.

Pún' sun' pún' ,í 半信半疑 Half believing, half doubting.

B. Respecting the Collective Mumerals, as: pair, brace, &c. see Classifiers.

13. *Measures of Capacity.*

Yat, nap, suk, ,wai yat, suk,	一粒粟爲一粟	1 grain of maize is a suk,.
Luk₂ suk, ,wai yat, ,kwai	六粟爲一圭	6 suk, make one ,kwai.
Shap₂ ,kwai ,wai yat, ts'üt,	十圭爲一撮	10 ,kwai make one ts'üt.
Shap₂ ts'üt, ,wai yat, ,ch'áu	十撮爲一抄	10 ts'üt, make one ,ch'áu.
Shap₂ ,ch'áu ,wai yat, chéuk,	十抄爲一勺	10 ,ch'áu make one chéuk,.
'Ng chéuk, ,wai yat, yéuk,	五勺爲一龠	5 chéuk, make one yéuk,.
'Léung yéuk, ,waí yat, kòp,	兩龠爲一合	2 yéuk, make one kòp,.
Shap₂ kòp, ,wai yat, ,shing	十合爲一升	10 kòp, make one ,shing.
Shap₂ ,shíng ,wai yat, 'tau	十升爲一斗	10 shing make one hok₂
'Ng 'tau ,wai yat, huk₂	五斗爲一斛	5 'tau make one huk₂
'Léung huk₂ ,wai yat, shek₂	兩斛爲一石	2 huk₂ make one shek₂
'Fú tsak, luk₂ 'tau sz' ,shing	釜則六斗四升	1 'fú is equal to 6 'tau 4 [,shing.
,Ü tsak, shap₂ luk₂ 'tau	庾則十六斗	1 ,ü is equal to 16 'tau.
'Ping tsak, shap₂ luk₂ huk₂	秉則十六斛	1 ping is equal to 16 huk₂.

Of the preceding measures the kòp, the half ,shing, the whole ,shing and the 'tau are the only ones in actual use among the Chinese.

14. *Measures of Length.*

Yat, nap, ,wai yat, fan'	一粒爲一分	1 grain is one fan'.
Shap₂ fan' ,wai yat, ts'ün'	一分爲一寸	10 fan' make one inch.
Shap₂ ts'ün' ,wai yat, ch'ek,	十寸爲一尺	10 inches make one foot.
Shap₂ ch'ek, ,wai yat, chéung²	十尺爲一丈	10 feet make one chéung² (rod).
Shap₂ chéung² ,wai yat, 'yan	十丈爲一引	10 chéung² make 1 'yan.

15. *Geographical Divisions.*

Pún' ts'ün' ,wai yat, ,li	半寸爲一厘	Half an inch is one ,lí.
'Ng ts'ün' ,wai yat, fan'	五寸爲一分	Five inches make one fan.

ʿNg ch'ek, ͺwai yat, pòʾ 五尺爲一步 Five ch'ek, make one pòʾ.

͵Sám pák, luk, shap, pòʾ ͺwai yat, ʿlí 三百六十步爲一里 Three hundred and sixty pòʾ make one ʿlí (mile).

Íʾ pák, ʿng shap, ʿlí ͺwai yat, tòʾ 二百五十里爲一度 Two hundred and fifty ʿlí make one tòʾ.

16. *Land Measures.*

ʿNg ch'ek, ͺwai yat, pòʾ 五尺爲一步 5 ch'ek, make 1 pòʾ.

Íʾ shap, szʾ pòʾ ͺwai yat, fanʾ 二十四步爲一分 24 pòʾ make 1 fanʾ.

Luk, shap, pòʾ ͺwai yat, kok, 六十步爲一角 60 pòʾ make 1 kok,.

Szʾ kok, ͺwai yat, ʿmau 四角爲一畝 4 kok, make 1 ʿmau.

Pák, ʿmau ͺwai yat, ʿk'ing 百畝爲一頃 100 ʿmau make 1 ʿk'ing.

At present, from the ʿmau downwards, the denominations are fanʾ 分, ͺlí 厘, ͺhò 毫, ͵sz 絲, and fat, 忽.

17. *Weights.*

Yat, nap, ʿshü ͺwai yat, ʿshü 一粒黍爲一黍 One kernel of grain is [1 ʿshü.

Shap, ʿshü ͺwai yat, ʿluí 十黍爲一纍 10 ʿshü make 1 ʿluí.

Shap, ʿlui ͺwai yat, ͵chü 十纍爲一銖 10 ʿluí make one ͵chü.

Íʾ shap, szʾ ͵chü ͺwai yat, ʿléung 二四十銖爲一両 24 ͵chü make one ʿléung. (18).

Shap, luk, ʿléung ͺwai yat, ͵kan 十六両爲一斤 16 ʿléung make 1 [͵kan.

Íʾ ͵kan ͺwai yat, ʿyan 二斤爲一引 2 ͵kan make 1 ʿyan.

͵Sám shap, ͵kan ͺwai yat, ͵kwan 三十斤爲一鈞 30 ͵kan make one [͵kwan.

Yat, pák, ͵kan ͺwai yat, támʾ 一百斤爲一擔 100 ͵kan make 1 támʾ.

Pák, íʾ shap, ͵kan ͺwai yat, shek, 百二十斤爲一石 120 ͵kan make [one shek,.

At present the current weights are:—

斤	兩	錢	分	厘	毫	絲	忽
͵Kan	ʿLéung	͵Ts'in	Fanʾ	ͺLí	ͺHò	͵Sz	Fat,
1	16	160	1,600	16,000	160,000	1,600,000	16,000,000
	1	10	100	1,000	10,000	100,000	1,000,000
		1	10	100	1,000	10,000	100,000
			1	10	100	1,000	10,000
				1	10	100	1,000
					1	10	100
						1	10

NOTE 18.—ʿLéung 両 is translated Tael; ͵Kan 斤 Catty; Támʾ 擔 Picul; Shek, 石 Stone.

18. *Measures of Time.*

In chronology and the designation of time the Chinese make use of two classes of characters called the stems and branches. Of the former there are ten, and of the latter 12 characters. In forming the cycle of 60 years, the stoms are placed at the left, and the branches at the right side.

The ˛Fú Káp˛ ʿTsz or Cycle of Sixty Years.

1864	甲子	1874	甲戌	1884	甲申	1894	甲午	1904	甲辰	1914	甲寅
1865	乙丑	1875	乙亥	1885	乙酉	1895	乙未	1905	乙巳	1915	乙卯
1866	丙寅	1876	丙子	1886	丙戌	1896	丙申	1906	丙午	1916	丙辰
1867	丁卯	1877	丁丑	1387	丁亥	1897	丁酉	1907	丁未	1917	丁巳
1868	戊辰	1878	戊寅	1888	戊子	1898	戊戌	1908	戊申	1918	戊午
1869	己巳	1879	己卯	1889	己丑	1899	己亥	1909	己酉	1919	己未
1870	庚午	1880	庚辰	1890	庚寅	1900	庚子	1910	庚戌	1920	庚申
1871	辛未	1881	辛巳	1891	辛卯	1901	辛丑	1911	辛亥	1921	辛酉
1872	壬申	1882	壬午	1892	壬辰	1902	壬寅	1912	壬子	1922	壬戌
1873	癸酉	1883	癸未	1893	癸巳	1903	癸卯	1913	癸丑	1923	癸亥

If the student be anxious to acquaint himself with Chinese chronology, he should commit the stems and branches to memory, as it will save him much time in ascertaining the year past and that to come.

19. "The Chinese year, which is luni-solar, consists of 12 months, except when, by this mode of reckoning, the lunar time falls behind the solar time one whole revolution of the moon, then an intercalary month is added by the following rule:—If during any lunar month the sun does not enter any sign of the zodiac, that month is intercalary, and the year consequently contains thirteen months. The intercalary year contains 384 days and the common year 354 days. The 1st, 3rd, 4th, 8th and 12th months have 29 days. A month of 30 days is called tái² üt˛, that of 29 days ʿsiú üt˛, the greater and the lesser months."

The months are divided into decades, called shéung² ˛ts'ün 上旬, ˛chung ˛ts'ün 中旬 and há² ˛ts'ün 下旬, the first, the middle and the third decades. ˛Ts'ün noi² 旬內 means within ten days; ˛ts'ün ngoi² 旬外 more than ten days; ˛Sám ˛ts'ün 三旬 one month.

˛Nín ʿí ts'at˛ ˛ts'ün 年已七旬 Alreadly 70 years of age.

Only the first month has a name and is called ˛ching üt˛ 正月, the rest are numbered 2nd 3rd &c.

˛Ch'o yat˛ 初日 The first day of the month;

˛Ch'o í² 初二 The second day of the month;

˛Ch'o ˛sám 初三 The third day of the month, &c.

There are seven yun^2 üt$_2$ 閏月 (Intercalary months) within 19 years. (18).
20. The Chinese year commences on the new moon nearest to the 15th degree of Aquarius, and is corrected according to the solar year, by the use of twenty four terms or half months, called tsít$_2$ ling^2 節令, each of which expresses the period of the sun's passage through the half of a Zodiacal sign (see the annexed table).

February	6.	Lap$_2$ ꜀ch'un	立春	15° in Aquarius.
„	20.	ʿÜ ʿshui	雨水	In pisces.
March	5.	꜀King chat$_2$	驚蟄	
„	20.	꜀Ch'un ꜀fan	春分	In Aries.
April	5.	꜀Ts'ing ꜀ming	清明	
„	20.	Kuk$_2$ ʿü	谷雨	In Taurus.
May	5.	Lap$_2$ há^2	立夏	
„	21.	ʿSiú ʿmún	小滿	In Gemini.
June	6,	꜀Mong chung^3	芒種	
„	21.	Há^2 chí^3	夏至	In Cancer.
July	7.	ʿSiú ʿshü	小暑	
„	23.	Tái^2 ʿshü	大暑	In Leo.
August	7.	Lap$_2$ ꜀ts'au	立秋	
„	23.	Ch'ü^3 ʿshü	處暑	In virgo.
September	8.	Pák$_2$ lò^2	白露	
„	23.	꜀Ts'au ꜀fan	秋分	In Libra.
October	8.	꜀Hon lò^2	寒露	
„	23.	꜀Séung kong	霜降	In Scorpio.
November	7.	Lap$_2$ ꜀tung	立冬	
„	22.	ʿSiú süt$_2$	小雪	In Sagitharius.
December	7.	Tái^2 süt$_2$	大雪	
„	22.	꜀Tung chí^3	冬至	In Capricornus.
January	6.	ʿSiú ꜀Hon	小寒	
„	21.	Tái^2 ꜀hon	大寒	● enters Aquarius.

21. The Chinese divide the day (our 24 hours) into twelve periods, which are again subdivided into Hak, and in modern times, by the introduction of the watch, into minutes and seconds.

NOTE 18.—In former times it was the custom of the emperor to announce the intersalary month, on which occasion he used to stay within the gate; hence the character king within the gate.

漢語語法

Numerals. Measures of Time.

DAY	CH. TIME.	QUARTER	MINUTES	SECONDS.
日	時辰	刻 or 刮	細微	
Yat,	˳Shí ˳shan	Hák, kwát,	Sai˺ ˳mí	Second.
1	12	96	1,440	86,400
	1	8	120	7,200
		1	15	900
			1	60

The twelve periods derive their designation from the 12 branches or horary characters, and begin at 11 P.M.

ʿTsz	˳shí	子時	from	11 P.M. to 1 A.M.
ʿC'hau	„	丑 „	„	1—3 A.M.
˳Yan	„	寅 „	„	3—5 do.
ʿMau	„	夘 „	„	5—7 do.
˳Shan	„	辰 „	„	7—9 do.
Tsz˺	„	巳 „	„	9—11 do.
ʿNg	„	午 „	„	11 A.M.—1 P.M.
Mí˺	„	未 „	„	1—3 P.M.
˳Shan	„	申 „	„	3—5 do.
ʿYau	„	酉 „	„	5—7 do.
Sut,	„	戍 „	„	7—9 do.
˳Hoi	„	亥 „	„	9—11 do.

Shéung˺	ʿng	上午	Forenoon.
Ching˺	ʿng	正 „	Twelve o'clock.
Há˺	ʿng	下 „	Afternoon.

22. *The Watches.*

˳Ch'o	˳kang	初更	The first watch, from 7—9 P.M.
Í˺	˳kang	二 „	„ second watch, from 9—11 do.
˳Sám	˳kang	三 „	„ third watch, from 11 P.M. to 1 A.M.
Sz˺	˳kang	四 „	„ fourth watch, from 1—3 A.M.
ʿNg	˳kang	五 „	„ fifth watch, from 3—5 do.
˳Káu	ʿtsz	交子	means the commencement of that time, i e. 11 P.M.

˳Wan kwat, 緼刮 denotes one quarter of an hour.

Ín˺ tsoi˺ shap, í˺ ʿtím ˳chung 現在十二點鐘 It is now 12 o'clock.

Hai˺ ʿléung ʿtím pún˺ ˳chung 係兩點半鐘 It is now half past two.

海上絲綢之路文獻集成 科技與文化编

Hai² ᶜkau ᶜtím ˏling yat, kwat, 係九點鐘零一刮 It is a quarter past nine.

15. *The Verb.*

To exhibit the Verb in all its bearings, is a task of considerable difficulty. The Chinese call it út, tsz² 活字 the movable character, indicative of the various changes it undergoes.

1. *Auxiliaries.*

Tak, 得 To be able, can, may &c.
It expresses a physical as well as a moral possibility.
1. Physical possibility.

ᶜNí ᶜhí tak, ˏshan ˏ'm ᶜhí tak, ˏní 你起得身唔起得呢 Are you able to get up?

ᶜHí tak, lok, 起得咯 Yes! I am able to get up, *i. e.* I have the physical strength.

C. D.—ˏLoi pat, tak, 來不得 }
P. D.—ˏ'M ˏloi tak, 唔來得 } He cannot come.

C.—Tsok, pat, tak, 作不得
P.—Tsò² ˏ'm tak, 做唔得 and ˏ'm tsò² tak, 唔做得 } It cannot be done.

ᶜNí ᶜshéung tak, ˏshán ᶜting ˏ'm ᶜshéung tak, ˏní 你上得山頂唔上得呢 Can you (are you able) to ascend the peak?

ᶜNí ním² tak, ˏní tí² ˏní 你念得呢的呢 Can you repeat this?

C.—Shüt, pat, tak, 說不得 }
P.—ᶜKong ˏ'm „ (19) 講唔得 }
P.—Wá² ˏ'm „ 話唔得 } It cannot be said, *i. e.* It is useless to say more.

Mok, ᶜyau tak, shüt, 莫有得說 It is not in my power to say.

C.—ˏHang pat, tak, fái² 行不得快 }
C.—ˏHang tak, pat, fái² 行得不快 }
P.—ˏ'M ˏhang tak, fái² 唔行得快 } Cannot go quickly.

In almost all negative phrases formed with tak, the negative may either precede or follow the Auxiliary. In Punti Colloquial, however, the negative ought to be placed before the Verb, and the Auxiliary before the Adverb.

E. g.—ˏ'M ᶜsé tak, fái² 唔寫得快 }
C.—ᶜSé tak, pat, fái² 寫得不快 } Cannot write quickly.

P.—ˏ'M ˏhang tak, ᶜün 唔行得遠 }
C.—ˏHang pat, tak, ᶜün 行不得遠 } Cannot go far.

NOTE 19.—ᶜKong ˏ'm ch'ut, 講唔出 means, I cannot pronounce it.

漢語語法

P.—ˏ'M ˏt'ung tak, 唔通得 } Cannot understand.
C.—ˏtung pat, tak, 通不得

The object follows the Auxiliary and takes the place of the Adverb, e. g

P.—ˏ'M teng² tak, ˏkwai ˋkü 唔定得規矩 } No certain rule can be fixed.
C.—Teng² pat, tak, ˏkwai ˋkü 定不得規矩

Tak, also expresses intensity as :—

Ngo² tak, ˏchan shí² ˋho ˏlin 餓得眞是可憐 He is so intensely hungry, that he is indeed to be pitied.

2. *Various transpositions of Tak,.*

C. ˋYé tak, ˋmún lím² ˏü ˋfo 惹得滿臉如火 He was so intensely irritated, that his countenance was as red as fire.

Hák, tak, ˏwan pat, tsoi² ˏshan 嚇得魂不在身 He was so frightenas almost to faint; lit. Can frighten one to death.

ˏNáu tak, tò² ˋts'z 難得到此 It is difficult to get here.

C. ˋSz pat, tak, út, pat, tak, 死不得活不得. P. Oi² ˋsz ˏ'm ˋsz tak, oi² ˏshang ˏ'm ˏshang tak, 愛死唔死得愛生唔生得 Though wishing for death, he cannot die; and though wishing to live he cannot live (can neither live nor die).

2. Tak 得 expresses a moral possibility.

Shüt, pat, tak, wá² pat, tak, 說不得話不得 We may not even whisper in his presence.

ˋNí ˏ'm ch'ut, tak ˏmún 你唔出得門 You must not go out, i. e. you are not permitted to do so.

ˋNí ˋchun ˋngo ˋyam ˏní ko² ˏpúi ˏní 你准我飲個杯呢 Would you allow me to drink this cup?

ˋYam tak, lok, 飲得咯 You may. Hü² tak, lok, 去得咯 you may depart.

ˋSé tak, ˏúi ˏyam 寫得回音 You may send a reply.

3. Tak, 得 in connection with ˋsing 省 and ˋmín 免.

C. D. ˏT'á ˋyá ˋmín tak, shau² hí²; ˋngo ˋyá ˋsing tak, ˏlò ˏsam 他也免得受氣. 我也省得勞心 He might avoid vexation and I trouble.

ˋSing tak, hau² ˏloi ˏmái ün² 省得後來埋怨 You will avoid subsequent hatred.

ˏPá pat, tak, 巴不得 Would that &c.

Han² pat, tak, 恨不得 Would that &c., also: How I wish &c.

ˏPá ˏ'm tak, yat, ko² ˏch'áng 巴唔得一个橙 Would that I could get one orange.

海上絲綢之路文獻集成 科技與文化编

Tak, (20) 得 Expresses the optative, as:—

Han^2 pat, tak, ˏkò kwo' ʿk'ü 恨不得高過佢 Would that I were [taller than he.

ˏPá pat, tak, ʿk'ü ˏloi 巴不得佢來 Would that he would come.

There are a few instances in the Court Colloquial where tik, is interchanged with tak, e.g.

Hok, tik, yat, ko' fát, ˏí 學的一個法兒 I have learnt one method.

ʿHo 可 May, must &c.

Pat, ʿho 不可 You may (must) not.

ʿYau ˏho pat, ʿho 有何不可 Why should I not?

Pat, ʿho ʿkong 不可講 You must not say so, (improper language).

ʿHo oi' ʿk'ü 可愛佢 You may love him.

(ʿHo oi' tik' 可愛的 Amiable).

ʿChí ʿho tung^2 ʿhau, pat, ʿho tung^2 ʿshau 只可動口不可動手 You may move your mouth, but not your hands, *i.e.* scold him, but do not [beat him.

ʿHo ʿfau 可否 May it be so?

Tün' ˏú pat, ʿho 斷乎不可 On no account.

ʿHo ú' 可惡 Must be detested (detestable).

ʿHo ʿí hü' tak, 可以去得 You may depart.

ʿHo ʿi wok, lí^2 可以獲利 You may make profit.

ˏMò pat, ʿho 無不可 Most certainly, very proper.

ʿHo yap, ʿi 可入耳 May be heard (pleasant to hear).

Ko' shüt, wá^2 ʿho ˏt'ing 个說話可聽 That may (or ought to) be [heard.

Shik, ˏin ʿho ʿya 食烟可也 Smoking allowed.

ʿNí ʿho ˏchí tò' ʿmò ˏní 你可知到有呢 Are you quite sure of it?

ʿHo ʿyau ˏp'ang kü' 可有憑據 There are proofs.

ʿHo ʿho 可可 Exactly. ʿHo ˏloi 可來 You may come.

ˏFí ˏt'ung ʿsiú ʿho 非同小可 It is not as if of little consequence.

There are characters in Chinese, which can with difficulty be reduced to grammatical rules. They can only be compared to our prefixes and suffixes, by which we form Adjectives from Nouns, Verbs from Adjectives &c.

NOTE 20.—Tak is frequently used in connection with tsai^2, denoting the superlative, as:—ʿÜn tak, tsai^2 遠得擠 Too far; tám^2 tak, tsai^2 淡得擠 Excessively weak (said of tea); pò^2 tak, kik, 暴得極 Extremely cruel.

漢語語法

The Verb. Auxiliaries.

It being impossible for the people to understand the monosyllabic words made use of in books, they were obliged to employ certain words as auxiliaries, in order to convey their ideas intelligibly to their fellow men. (See Introduction),

Chéuk, 着.

Kí' chéuk, 記着 I remember; I do remember, or can remember.
(Kí' tak,) 記得 Do. do.
'Tang chéuk, 等着 Wait. 'Tang tak, 等得 Can or must wait.
'Tang 'há ché' 等吓啫 Wait a moment.
Fan' ,'m chéuk, 瞓唔着 Cannot sleep.
Most of these sentences, also express the Imperfect and Perfect Tenses.

EXAMPLES.

,Ná chéuk, 'k'ü 拿着佢 Seize or seized him.
Mong' chéuk, 望着 Look, looked or have looked.
C.—,Ts'am pat, chéuk, 尋不着 } I can, or could not find it.
G.—,Ts'am ,'m chéuk, 尋唔着 }
,Lau chéuk, 'ngo 留着我 Retained me.
,Lau chéuk, 'k'ü 留着佢 Retain or retained him.
'Kon tak, chéuk, 趕得着 Succeeded in his pursuit.
Ním' chéuk, 'k'ü 念着佢 Think or thought of him.
Chéuk, kap, 着急 To be in haste.
Ü' chéuk, 'k'ü 遇着佢 Meet or met him.
,Mò chéuk, lok, 無着落 I do not know what to do.
,'M ,chí ,ho ch'ü' chéuk, lok, 唔知何處着落 I do not know what has become of him.

The following sentences are all in the Court Dialect.
Wo láu kí choh lí 我牢記着哩 I remember him perfectly.
Mán sié choh 漫些着 Be not so hasty.
Tsín fáng choh liáu 尋訪着了 I have at length discovered him.
K'í choh yih p'ih sang k'au 騎着一匹牲口 He rode a sumpter horse.
'Ts'z sz' ní puh pih choh kih 此事你不必著急 You need not be anxious on this account.
Choh t'á tsái yin yih pei 着他再飲一杯 Let him still drink another cup.
Choh t'á tsin lái 着他進來 Bid him enter.

海上絲綢之路文獻集成 科技與文化編

ʿShai 使, ling² 令, ʿpí 俾 and chí³ 致 are causative particles and are extensively used in conversation. As the Classifiers have occasioned the jargon English "wan peesee boy," one child, so have the causative particles produced the "makee" clean, instead of cleanse this.

ʿShai ʿk'ü hü³ 使佢去 Bid (lit: make) him go.

ʿShai ʿk'ü ˏloi 使佢來 Bid (lit: make) him come.

ˏ'M ʿshai ʿngo chít, ʿpún 唔使我折本 He does not wish me to lose [by it.

Ling² ˏyan ˏfún ʿhí 令人歡喜 Make people rejoice.

Ling² ˏyan ˏshang hí³ 令人生氣 Makes people angry.

Mat, ling² ˏká ˏyan ngo² ʿsz 勿令家人餓死 Do not let your family starve.

ˏ'M ʿpí ʿk'ü ˏking kwo³ 唔俾佢經過 Do not let him pass.

ˏPí ʿk'ü ˏchí tò³ 俾佢知到 Let him know.

ʿPí ʿní ʿyau ˏp'ing ˏon 俾你有平安 Make you comfortable.

Chí, ʿk'ü ʿsz (21) 致佢死 Cause his death.

The latter character is never used in Colloquial. Káu³ 教 is used in a similar sense. Teaching, showing how to act, to let one know, being always implied.

ʿTang ʿngo káu³ ʿní 等我教你 Let me show you.

Káu³ ngoi² kwok, ˏyan ˏhing shí² ʿngo 教外國人輕視我 To induce foreigners to slight me.

The preceding examples will show the difficulty of always finding out the exact meaning of a word used in so varied a manner.

Pít, 必, ˏsü 須 and their components mean :—Must.

ʿNí shí² pít, ˏloi 你是必來 You must come.

Pít, teng² ˏhang 必定行 Must go.

Pít, iú³ ʿsé tsz² 必要寫字 Must write.

Pít, iú³ ü² pí² ch'ut, ˏmún 必要預備出門 Must prepare for going out.

Mò² pít, 務必 Must, indispensable (used in documents.)

Mò² ˏsü iú³ 務須要 Absolutely required.

ˏSü yung² 須用 Necessary for use.

ˏSü ˏü ʿts'z 須如此 It must be like this.

Mí² pít, 未必 Must not, need not.

NOTE 21.—ʿÍ chí³ 以致 in order to; chí³ ʿí 致以 cause that; chí³ tat, 致達 To communicate; chí³ ü³ 致於 respecting; chí³ ˏchí 致知 to extend knowledge.

Pít, hü' 必去 Must depart.

" ˏín 必然 Must.

" ˏü shí' 必如是 It must be thus.

" ˏking 必覺 It will be so in the end.

ˏYing (22) 應, ˏtong 當, ˏkoi 該 Correspond to ought, should, that which is becoming.

'Pún ˏying 'kòm tsò' 本應噉做 It really ought to be done that way.

ˏYing ˏkoi 'sz 應該死 Ought to die.

ˏYing ˏkoi fát, 'k'ü shap, tái' ˏün 應當罰佢十大員 Ought to fine him ten dollars.

Mí' ˏying ˏü 'ts'z 未應如此 It ought not to be thus.

ˏKoi ˏtong 'tím yéung' ˏní 該當點樣呢 How ought it to be.

ˏ'm ˏkoi 唔該 I beg your pardon, it ought not to be so.

ˏKoi 'yau kòm' ˏto 該有咁多 Should have so many of them.

'Lí ˏtong lái' shéung' tai' 理當賴上帝 It is reasonable that we should depend on God.

'Sho ˏtong ˏhang 所當行 As we ought to act.

'Sho ˏtong 'kong 所當講 To speak as we ought to do.

Ün' 願, yuk, 欲, iú' 要, 'hang 肯; oi' 愛, 'séung 想 All mean to wish, to will, to like, to desire, to want &c.

ˏTs'ing ün' 'sz 情願死 I would rather die.

Ün' 'ní tak, fuk, 願你得福 I wish you much happiness.

Ün' héung' ˏtung hü' 願向東去 I wish to go eastward.

Yuk, 欲, ün' yuk, 願欲, í' yuk, 意欲 To desire, to wish.

Í' yuk, 'kòm tsò' 意欲噉做 I wish to have it done in that way.

Í' yuk, 'hí ˏch'ing 意欲起程 Wish to start on a journey.

Iú' 'ní hü' 要你去 I wish you to quit.

Iú' 'k'ü 'tá ˏkung 要佢打工 I want him to work.

'Ngo iú' ˏnai 'shui ˏsz fú' ˏloi 我要泥水師傅來 I want the mason to come.

Hai' tsui' iú' ˏchí sz' 係最要之事 Very pressing affair.

P. C. Chí' 'kan iú' ké' sz' 至緊要嘅事 Most urgent business.

'K'ü ˏ'm 'hang t'üt, mò' 佢唔肯脫帽 He is unwilling to take off his hat.

NOTE 22.—ˏYing ˏshing 應承 To promise; ˏséung ying' 相應 Mutually required; ˏséung ˏtong 相當 Do.

ˏ'M ʿhang ˏts'ung 唔肯從 Unwilling to follow.

ʿK'ü ˏ'm ʿhang chéuk, ˏí ˏshéung 佢唔肯着衣裳、He is unwilling to put on dress.

ˏChung í' 中意 to like. ʿNgo ˏ'm ˏchung í' ˏní ko' 我唔中意呢個 I do not like this.

ʿNgo oi' ko' chek, ʿkau ʿtsaí 我愛個隻狗仔 I like that puppy.

ʿNgo oi' tséuk, ʿtsai 我愛雀仔 I am fond of little birds.

ʿNí hü' fan' lok, 你去瞓咯 Go to bed.

ˏ'M oi' 唔愛 I do not like it (often heard of children).

ˏ'M oi' ko' tik, 唔愛個的 I do not like that.

Oi' ʿní hok, ʿhò sz' 愛你學好事 I wish you to learn good things.

Shik, kwo' chung' ʿséung 食過重想 I have eaten some, but want more.

ˏ'M ʿséung ˏto ˏtí 唔想多的 I do not want more.

ʿKòm 敢 dare. ˏ'M ʿkòm tsò' 唔敢做 Dare not do it.

ˏ'M ʿkòm ˏtong 唔敢當 Dare not venture.

Mat, ˏshúi ʿkòm ʿcho ˏtong 乜誰敢阻當 Who dares to oppose us.

ʿYau 有 To have.

ʿNí ʿyau ˏkung ˏfú tsò' ˏmò ˏní 你有工夫做無呢 Have you any work to do?

ʿNí ʿyau ʿhò ˏto ˏtò ʿtsai ʿmò ˏní 你有好多刀仔有呢 Have you many knives?

ʿYau hán' 你限 Not many (lit. The supply is limited).

To have implied. ʿNgo ʿü ʿní ˏho ˏkon 我與你何干 What have I to do with you?

ˏ'M ˏkwán ʿngo sz' 唔關我事 What have I to do with the matter? (It is no affair of mine.)

ʿNgo ˏt'ing ˏyan wá' 我聽人話 I have heard people say so.

ʿNi tò' kwo' ʿshang ˏshing ˏ'm ˏts'ang ˏá 你到過省城唔曾呀 Have you been to Canton or not? Mí' ˏts'ang 未曾 I have not.

ʿNgo ʿyau peng' 我有病 I am sick.

2. The Verb *to have* is in Punti Colloquial frequently given by Auxiliaries expressing *to be*.

EXAMPLES:

ˏTò hai' fú' ʿmò ʿpí kwo' ʿní 都係父母俾過有 All (every thing) has been given you by your parents.

ʿNí ʿí ˏking shik, ko' ʿyé 你已經食過野 The things you have eaten.

ʿK'ü ʿi ˏkíng ch'ut, lok, 佢已經出咯 He has just left.
ʿNí ʿyau ˎngan ˎmò ˏní 你有銀無呢 Have you any money?
Mi² ˎts'ang ʿyau 未曾有 I have none.
ʿNgo ʿyau 我有, I have some; ʿní ʿyau 你有 you have some; ʿk'ü ʿyau 佢有 he has some; ʿngo ˏsín ʿyau 我先有 I had some; ʿngo ˎts'ang ʿyau 我曾有 I have had; ʿngo ˏtséung ʿyau, I shall have; but better: ʿngo ˏtséung ˎloi ʿyau 我將來有 I shall have.
ʿYau ˎyan wá² kwo' ʿngo ˏchí 有人話過我知 Some body has told me.
Shí² 是, hai² 係, ˎwai 爲, ʿnái 乃 and tsoi² 在 express to be.

EXAMPLES.

Shí² ʿngo ˏlo 是我羅 It is I. Hai² ʿní ˏmé 係你咩 Is it you? ˎWai ˎyan 爲人 It is a man (23). ʿNái ʿhò lá' 乃好喇 It is well. Tsoi² uk, shéung² 在屋上 It is upon the house. (24)
Shuk, ʿk'ü 屬佢 It is his.

Yam² ʿk'ü hü' 任佢去 Let him go.
Fong' ko' tséuk, hü' 放個雀去 Let go that bird.
ʿHü ˏt'á tsò² 許他做 Let him do it.
Fong' há² 放下 Let it down.
Fong' p'áu' 放砲 Let off crackers.
The remaining Auxiliaries shall be treated under the head: Tenses.

3. We now arrive at a stage in the Chinese Grammar, where we lose all the beauties of western tongues without an adequate compensation. The immutable ideographic characters leave us to grope in the dark beyond the *simple future* and the *perfect tenses*. This difficulty is increased by the Chinese notions respecting elegance of composition, which frequently runs diametrically against a distinct expression of the tenses. The poverty and inflexibility of this peculiar tongue is, to the extreme dismay of the student, made up by redundancy.

NOTE 23.—ˎWai ˎyan ʿtsz 爲人子 to be a son, i. e. to act the part of a son (frequently met with in the Classics.)

NOTE 24.—ʿHai 喺 is frequently heard in Canton Colloquial; but is almost always combined with ch'ü' 處 place, with which it forms a Preposition or an Adverb, e. g. ʿHai ch'ü', to be in, or there; ˎ'm ʿhai ch'ü', not to be there or to be out.

4. *The Present Tense.*

SINGULAR.

ʿNgo ʿsé 我寫 I write.
ʿNí ʿsé 你寫 You write or thou writest.
ʿK'ü ʿsé 佢寫 He writes.

PLURAL.

ʿNgo ʿtang ʿsé 我等寫 We write.
ʿNí ʿtang ʿsé 你等寫 You write.
ʿK'ü ʿtang ʿsé 佢等寫 They write.

Plural of Punti Colloquial.

ʿNgo tí² ʿsé 我哋寫 We write.
ʿNí tí² ʿsé 你哋寫 You write.
ʿK'ü tí² ʿsé 佢哋寫 They write.

5. 1*st Future.*

ʿNgo ˏtséung ʿsé 我將寫 I shall write.
ʿNgo pít, ʿsé 我必寫 Do.
ʿNgo shí² pít, ˏloi 我是必來 I shall (must) certainly come.
ʿNgo ˏtséung man² ˏchí 我將問之 I shall (will) ask him.
ʿNgo ˏtséung ˏloi ʿyau 我將來有 I shall have some.
Hau² ˏloi tò' 後來到 He will be here.

Tsz² ˏkam ˏí hau² pat, tsoi' sun' ˏyan 自今而後不再信人 Henceforth I shall not again trust prople.

ˏTséung ˏloi pat, ʿkòm tsok, lün' 將來不敢作亂 In future he will not dare to rebel again.

6. 2*nd Future.*

The Chinese Language though admitting of constructions by which to express the Second Future Tense, the native scholar never dreams of framing so clumsy a sentence, as it would destroy all his notions of elegance of composition.

ʿNgo ˏtséung ˏts'ang ʿshai sái' ʿngo ké' ˏngan 我將曾使徙我嘅銀 I shall have spent all my money.

ʿNí ˏtséung ˏloi ʿpí sái' ʿní ké' ˏts'in 你將來俾徙你嘅錢 You will have given away all your cash.

In the latter sentence the future past is only implied, not expressed.

海上絲綢之路文獻集成 科技與文化編

漢語語法

The Verb. The Tenses.

7. *Imperfect Tense.*

A variety of expressions have been advanced by former linguists as expressing the Imperfect tense; but there is certainly neither word nor construction which we could safely recommend as an accepted form for expressing that tense. In German and its cognate tongues the Imperfect tense stands either in relation to the Pluperfect or it is used as the tempus for historical narratives. In writing or speaking Chinese the Imperfect and Pluperfect tenses are sometimes indicated by the context, at other times they may be translated by the Perfect Tense.

8. EXAMPLES.

ʿK'ü hü' kwo' 佢去過 May be translated: He went away, or he has left.

ʿK'ü yap, úk, ˏchí ˏshí ʿngo ʿí ˏking ch'ut, ˏmún 佢入屋之時我已經出門 When he entered the house, I had just left.

ˏShí chik, pát, ʿtím 時値八點 It was just eight o'clock.

Süt, ʿhá ˏshí ʿngo ˏfong ch'ut, 雪下時我方出 Just when snow was falling I went out.

ʿK'ü ʿkong ˏün ˏshü tsak, ch'ut, ˏkái 佢講完書則出街 When he had finished his discourse, he left the house.

Tsak, 則, ˏfong 方, ˏts'oi 在, ching' 正, ching' ˏkán 正間, ching' tsoi' 正纔 and other Adverbs, when preceded by a sentence expressing a past action, begin another in the Imperfect Tense. In Adverbial constructions, the Imperfect Tense is expressed by the Verb only.

EXAMPLES.

ʿNí ʿkí ˏshí ˏloi ˏní 你幾時來呢 When did you arrive?

P. C. ʿNgo tsok, yat, ˏloi lá' 我昨日來喇 I arrived yesterday.

ʿK'ü ʿkí ˏshí ʿsz ˏní 佢幾時死呢 When did he die?

ʿK'ü ˏts'ín ˏnín ʿsz lá' 佢前年死喇 He died the year before last.

Kau' ˏnín ʿhò ˏto ˏkún ˏün ʿshéung ˏking 舊年好多官員上京 A great many officers went to the capital last year.

ʿWong üt, ˏk'í ˏkung ʿtá ün' ˏshing 往月其攻打縣城 Last month he assaulted the city.

ˏShau ʿtò lok, 收倒咯 Received it; got it.

9. *Perfect Tense.*

The characters expressing the Perfect tense are in Punti Coll: ˏts'ang 曾, ˏhiú 堯, ʿliú 了, ʿí 已 and ʿí ˏking 已經; kwo' 過, lá' 嘑, ˏlá' 喇, lok, 咯, ˏlo 囉 and ˏlo po' 囉嚤 are affirmative and responsive particles expressing certainty in reply to questions.

海上絲綢之路文獻集成 科技與文化編

EXAMPLES.

ˤNí shik꜀ fán² ꜁'m ꜀ts'ang ꜀á 你食飯唔曾吖 Have you dined or not?

ˤNí ké' ˤlò ˤmò ch'ut꜀ ꜁mún ꜁'m ꜀ts'ang ꜀mé 你嘅老母出門唔曾咩 Has your mother gone out or not?

Hü' ˤliú ˤhò ˤkau ꜀lo 去了好久囉 He has left a long time ago.

ˤK'ü ˤí ꜀kíng ˤsz 佢已經死 He has just died.

ˤK'ü hü' kwo' ꜀mé 佢去過野 Is he off?

Hü' ꜀lá 去喇 Yes, he has left.

ˤNí ꜁ts'ang ˤmái yat꜀ ˤpá ꜀tò ˤtsai ˤmò ꜀ní 你曾買一把刀仔冇呢 Have you purchased a small knife?

ˤMái ꜀lá 買喇 Yes, I have.

꜀Ch'áu lok꜀ 抄咯 I have copied it.

꜁Hang ꜀híú 行曉 I have walked.

ˤNí ké' hok꜀ ꜀shang ˤhai ꜀pín ch'ü' ꜀ní 你嘅學生喺邊處呢 Where is your pupil? ˤTsau ꜀lo po' 走囉噃 He has run away.

The characters used in books are pat꜀ 畢, ˤí 已, ˤí ꜀king 已經, ké' 既, ꜁ün 完, ꜁ts'ang 曾, kat꜀ 訖, ˤliú 了 &c.

EXAMPLES.

ˤKong pat꜀ 講畢 when he had finished speaking.

꜁Ts'ang shüt꜀ 曾說 I have said.

Kí' kín' ꜀chí 既見之 As he had seen it.

Pat꜀ ꜀kíng kín' 不經見 I have not seen.

Mut꜀ ˤyau kín' kwo' 沒有見過 do.

Tsò² ꜁ün ꜀kung 做完工 Has finished his work.

The monosyllabic character of the language makes it often necessary to use a number of synonymous words, in order to express oneself with emphasis, as:—ˤÍ ꜁ts'ang shüt꜀ kwo' ˤliú 已曾說過了 He has said so. With the exception of shüt꜀ all the other characters denote the Perfect tense.

Íp꜀ ꜀kíng p'ái' ꜀píng ꜀kung ˤtá 業經派兵攻打 I have appointed soldiers to the attack.

B. Mí² ꜁shéung pat꜀ lí² 未嘗不利 Has not always been without gain.

Mí² ꜁shéung pat꜀ ˤkòm 未嘗不感 He is always affected by it.

Chéuk꜀ ꜀i ꜁shéung ˤfau 着衣裳否 Has he put on his dress or not?

Mí² ꜁ts'ang 未曾 No, he has not.

Some peculiarities are connected with the use of ˊliú. As they chiefly occur in Mandarin Colloquial, I will quote a few sentences from Premare.

ˊTá pán² ˊi ˊliú 打扮已了 I am now in full trim.

˛Shau shap, ˊi ˊliú 收拾已了 I have collected all.

˛T'á kiú' ˊliú ˛loi 他叫了來 I have called him.

ˊLò ˛shan tai² ˊtám ˊliú 老身大膽了 For an old woman I have much courage (I am very bold in accepting your favour.)

Pin² pat, p'á' ˛t'á t'úi' ˊliú 便不怕他退了 You need not fear he has (or will) retire.

Ché' yau² shí² ˛nán ˛t'ai muk, ˊliú 這又是難題目了 Also this is a difficult theme.

Hak, ˛fong ˊliú 嚇慌了 He is frightened.

ˊYá fú' tò' kik, ch'ü' ˊliú 也富到極處了 Wealth reached its utmost limit.

ˊYá pat, ˛kwán ˊní sz² ˊliú 也不關你事了 It is none of your business.

ˊYá ˛tséung tsau² kwo' tak, yat, ˊtsz ˊliú 也將就過得日子了 He will hereafter obtain a livelihood.

Yák, ˊliú ché' ˛ch'éung tái² ˛fai 吃了這場大虧 After he has suffered so much reproach.

˛Kong ˛ts'oi yák, ˊliú ˛ch'á ˊliú 剛纔吃了茶了 I had just taken a cup of tea.

ˊNí hü' ˊliú ˊhò ˊliú 你去了好了 You had just left, when &c.

ˊLiú ˊliú ˊyá mí² 了了也未 Is it not yet completed?

ˊLiú ˊliú ˊliú ˊchi shí² ˊyau yat, ˛sé p'á' 了了了只是有一些怕 Finished it is indeed; but I have some fear.

Shap, ˛fan ˛ying ˛hung ˊliú tak, 十分英雄了得 I take him to be a giant.

Ché' ˊtang lik, ˛nang ˛ü ˛ho ˊliú tak, 這等力量如何了得 How are we able to estimate his talent?

ˊLiú pat, tak, 了不得 Unequalled, matchless.

The preceding examples sufficiently exhibit the various ways in which the word ˊLiú is used.

10. *Pluperfect Tense.*

(see Imperfect tense.)

˛I ˛shang yap, uk, ˛shí ˛k'i peng² ˛yan ˊi ˛king ˊsz ˊliú 醫生入屋時其病人已經死了 The patient had already expired, when the physician entered.

˛Ping tò' ˛tsiú tik, ˛shing ˊi ˛king fuk, hak, ˊliú 兵到剿敵城已經復克了 The city had already been recovered, when succour arrived.

ʿK'ü ʿhí ˎshan ko' ˏshí ˏk'i ts'ák ʿi ˏking ʿtsau ʿliú 佢起身個時其賊已經走了 When he arose, the thieves had already decamped.

11. *The Infinitive.*

Where there is no inflexion of the Verb, there can also be uo form, which we call Infinitive, present and past Participle. We must, in the absence of these changes of the Verb, endeavour to learn mechanically the various combinations that necessity has compelled the Chinese to form, in order to be able to express the tenses and all the niceties of western tongues. The Infinitive is expressed in the following examples:—

ʿK'ü ʿts'ing ʿngo hü' 佢請我去 He requested me to go.

ʿSai ˏshan 洗身 To bathe. ʿWong 往 To go; ˏLoi 來 To come.

ʿNgo oi' ʿsé 我愛寫 I wish to write.

ʿÍ chí' 以致 and chí' ʿi 致以 are sometimes used to give emphasis to the adject or the object for which a thing is given.

EXAMPLES.

B.—ʿNgo k'ap, ʿü ʿi yung² chí 我給汝以用之 I give it to you to [use it.

ˏNg kiú' séung' ˏkung chí' ü² pi² 吾呌相公致預備 I called you, [Sir, to prepare.

ˏKwan ʿtsz oi' ˏyan chí' ʿi pò' fuk, 君子愛人致以布福 The superior man loves mankind, in order to extend happiness among them.

ʿÍ yik, ˏt'á ˏwai ˏk'i lok, 以益他爲其樂 To benefit others is his [delight.

12. The Present Participle is expressed in the following examples.

Chíng' ˏhang ˏchí ˏkán, ˏkún ˏfú ˏchiú ˏchí ˏfán ʿchün ˏt'au 正行之間官夫招之翻轉頭 Just whilst he was walking, an officer called him [back.

Táp, ˏshün ˏchí ˏshí, ʿk'ü ʿpá ˏché tít, lok, ʿshui 搭船之時佢把遮跌落水 Whilst going on board the ship, his umbrella dropped into the [water.

Kín' ʿk'ü ʿní shí² pit, oi' ʿk'ü 見佢你是必愛佢 Seeing him, you must love him.

In many other sentences the Present Participle is implied of which we shall give more examples, when we come to the Adverbs of Time.

13. *The Passive Voice.*

The Indicative Mood of the Passive Voice is formed by kín' 見, shau² 受, ˏtsò 遭, pi² 被, ˏmung 蒙, and by the Prepositions ˏü 於, ˏü 于, wai' 爲 &c.

EXAMPLES.

ˁNgo kín˒ ˏhí p'ín˒ 我見欺騙 I am deceived.
ˁNí shau˒ ˓yan hoi˒ 你受人害 You have been injured.
ˁK'ü ˏtsò ˓nán ˓waí 佢遭難爲 He is troubled.
Pí˒ ˁk'ü ˁtá 被佢打 Struck by him.
˓Mung ˓k'í káu˒ fan˒ 蒙其教訓 Taught by him.
˓Mung ˓k'í ˁho ˓lín 蒙其可憐 Pitied by him.
Waí˒ ˁní ˁsho yik˒ 爲你所益 Benefitted by you.
Waí˒ ˓yan ˁsho ú˒ 爲人所惡 Hated by men.
Shí˒ ˏt'au ké˒ ˁyé 是偷嘅野 They are stolen goods.
Haí˒ ˁní tsò˒ ké˒ 係你做嘅 Made by you.
ˏHí ˏü ˁpí 欺於彼 Cheated by him.

14. *The Potential Mood.*

The Potential Mood of the Passive voice is expressed by ˁho 可.

EXAMPLES.

ˁHo oí˒ ˁk'ü 可愛佢 He may be loved.
ˁK'ü ˁho ˓mung oí˒ 佢可蒙愛 He may be loved.
ˏNí kín˒ sz˒ ˁho tsò˒ 呢件事可做 This affair may by done.

There is no peculiar form of expressing the subjunctive. We may sometimes conclude from the context that the sentence implies the subjunctive Mood; but the passages may often be translated differently.

EXAMPLES.

ˁK'ü wá˒ ˁngo oí˒ ˁní 佢話我愛你 He says that I love you.
ˁNgo ˏt'ing ˓yan wá˒ ˁk'ü oí˒ ˁní 我聽人話佢愛你 I have heard people say that he loves you.

15. *The Conditional Mood.*

The Conditional Mood is expressed by the Conjunctions ˓ü 如, yéuk˒ 若, ˁt'ong 倘, ˁt'ong 儻, ˓yau 猶, ˁkau 苟 and by their combinations. (22)

NOTE 22.—The preceding words are frequently used in a different sense, and the student will do well to pay attention to their transposition.

EXAMPLES.

Ú˒ ˏchí yéuk˒ ˁkwai 惡之若鬼 He hates him as the devil.
Mok˒ yéuk˒ ˏsau tak˒ 莫若修德 Nothing like cultivating virtue.
Pat˒ ˓ü ˁho ˓lín 不如可憐 Much better to have compassion on him.

The Verb. The Conditional Mood.

EXAMPLES.

B. L.—Yéukˏ ʿhò ˏhaug ˏwai, tsakˏ patˏ p'á' ˏyan 若好行爲則不怕人 If you act well, then you need not fear men.

Yéuk$_2$ ʿhí tak, ˏshan tsak, mong^2 tak, ʿhò 若起得身則望得好 If able to get up, then we may hope for his recovery.

Yéuk$_2$ pat, ˏts'ang ˏfi p'ong' ʿngo tsak, ˏkam shi^2 pít, ʿyau ˏon lok, 若不曾誹謗我則今是必有安樂 I should have been at ease up to this moment, had he not slandered me.

ˏÜ ʿyau ˏp'ang kü' 如有憑據 If there be proofs.

ˏÜ yéuk$_2$ fú^2 ʿsz 如若父死 If your father were to die.

ʿT'ong yéuk$_2$ oi' ʿk'ü 儻若愛佢 If (suppose) he loves him.

ʿT'ong yéuk$_2$ pat, ˏt'ing 儻若不聽 If he do not listen.

ʿKau pat, káu' 茍不教 If not taught.

ʿKwo yéuk$_2$ hai^2 ʿkòm 果若係噉 Indeed if it be thus.

ʿShai sing' kwo' hai^2 shín^2 ˏyé 使性果係善耶 If nature be good.

Yéuk$_2$ kí' ˏün tsun' 若旣完竣 If the work be finished.

Yéuk$_2$ shi^2 ch'ut, lik, 若是出力 If he would exert himself.

Yéuk$_2$ ˏin ʿhang tsò^2 若然肯做 If he would do it.

ʿKá ˏü mí^2 tak, lí^2 假如未得利 Supposing you could not make money, or gain nothing by it.

P'í' ˏü 譬如 For instance, suppose that.

ˏYau yéuk$_2$ 猶若, ˏyau ch'ít, 猶設, ch'ít, ʿshai 設使, ch'ít, wák$_2$ 設或 are all used in the sense of if, suppose, perhaps. As also, Tsung' ˏkam yat, tò' ʿpún ˏhéung 縱今日到本鄉 Suppose he should to-day arrive at his native place &c.

Tsung' ˏin shing' tik$_2$ 縱然勝敵 Suppose he were to overcome the enemy.

ˏCh'ü ˏfi 非除 and ˏch'ü ʿliú 除了 mean unless, and commence phrases in the Conditional Mood.

Shü' ˏú 庶乎, shü' ˏkí 庶幾 and mán^2 yat, 萬一 stand for perhaps.
Shü' ˏú ʿho ʿyá 庶乎可也 It may perhaps do.
Mán^2 yat, ˏshing sz^2 萬一成事 He may perhaps finish the business.

ˏHung ˏhung ˏü ʿyá 空空如也 Really awkward. ˏSün ˏsün ˏü ʿyá 恂恂如也 Very faithful. ˏÜ ˏü ˏü ʿyá 與與如也 With singular gravity. ˏYau ˏyau ˏü ʿyá 休休如也 With great equanimity.
Expressions like these frequently occur in the Four Books.

漢語語法

The Verb. The Optative and the Imperative Moods. Adverbs.

16. *The Optative.*

is expressed by:—

ˏPá pat˛ tak˛ 巴不得 }
Han² pat˛ tak˛ 恨不得 } Would that, and ün² 願, yuk˛ 欲, and iú' 要.

ˏPá pat˛ tak˛ hü' 巴不得去 Would that I could depart.

Han² pat˛ kín' ʿk'ü 恨不得見 Would that I could see him.

Ün² ʿní tak˛ ˏp'ing ˏon 願你得平安 I wish you enjoyment of peace.

17. *The Imperative Mood.*

P.—Is in most instances simply expressed by the Verb; as:—Hü' 去 Go! Be off! It is more emphatically expressed if we say Hü' lok˛ 去咯 Be off! but absolute command would be ʿNí shí² pít˛ hü' 你是必去 You shall, must go!

(On Person and Number see Pronouns.)

Many Verbs have by some Grammarians been put under the head of Auxiliaries, which are better treated under Adverbs and Prepositions.

16. *Adverbs.*

1. *Adverbs of Place.*

Where? P.—ʿNí ˏpín ch'ü' ʿch'ü ˏní 你邊處處呢 Where do you live?

ʿNí ʿhai ˏpín yat˛ ch'ü' ˏkü chü² ˏní 你喺邊一處居住呢 Do.

ˏPín ʿhá ˏní 邊吓呢 Where?

ˏHo ch'ü' ˏní 何處呢 At what place?

ˏHo tí² ˏfong 何地方 Where?

C. and Hakka D.—ʿNá ʿlí 那裡 and tsoi² ʿná ʿlí 在那裡 Where?

ˏOn tsoi² 安在 Where?

Here. P.—ʿK'ü tsoi² ʿts'z 佢在此 He is here. Tsoi² ˏní ch'ü' 在呢處 It is here.

Tsoi² ˏní ˏpín 在呢邊 Here, or at this place. ʿHai ch'ü' 喺處 [He] is here, there, is a very common expression.

C. D.—Ché' ʿlí 這裡 and tsoi² ché' ʿlí 在這裡, tsoi² ʿts'z 在此, ʿts'z ch'ü' 此處 and ˏü ʿts'z 於此 All mean here.

There. P.—ʿK'ü ko' ˏpín ʿch'ü 佢個邊處 He lives there.

Ko' ch'ü' 個處 There. Where the Punti mix much with the Hakka we hear now and then ʿná ˏpín (ʿnú ˏpín) for there.

C.—ʿNá ʿlí 那裡, ʿná ch'ü' 那處, ʿpí 彼, tsoi ʿpí 在彼, ˏKoi ˏfong 該方, ʿná ʿsho tsoi² 那所在, ʿná ko' ch'ü 那個處 All mean there.

海上絲綢之路文獻集成 科技與文化编

Whither, which way? P.—ʿNí hü' ˛pín ch'ü' ˛ní 你去邊處呢 Whither are you going?

ʿTsau héung' ˛pín ch'ü' ˛ní 走向邊處呢 Whither did he run?

Hither, this way. P.—˛Loi ˛ní ch'ü' 來呢處, Héung' ˛ní ch'ü' hü' 向呢處去, ʿTá ˛ní ˛t'iú lò² ˛loi 打呢條路來 All signify—Go or come this way.

C. D.—Ché' yat, ch'ü' 這一處 Hither. ˛Loi ché' ʿlí 來這裡 Come this way. Tò' ʿts'z 到此 and tò' ʿts'z ch'ü' 到此處 Come hither.

Thither, that way. P.—ʿNí ʿtá ko' tí² lò² hü' 你打個的路去 Go thither, that way. Hü' ko' ch'ü' lok, 去個處咯 Thither he went.

C. D.—ʿPí ch'ü' 彼處, héung' ʿpí 向彼, ʿná yat, ch'ü' 那一處 All signify thither.

Yonder. P.—Hai² ko' ch'ü' tso² 係個處坐 Yonder he is sitting.

C. D.—ʿPí ngon² 彼岸 Yonder shore. ʿPí ch'ü' 彼處 Yonder place.

P.—Yau² ˛pín hü' 右邊去 Go to the right.

ʿTso ˛pín hü' 左邊去 Go to the left.

Abroad.—Tsoi² ngoi² kwok, 在外國 He is abroad, in a foreign country.

Tsoi² ngoi² mín² 在外面 Outside.

Tsoi² ngoi² ˛t'au 在外頭 Without; ngoi² ˛pín. Outside.

Within.—Tsoi² uk, noi² 在屋內 He is within.

ʿK'ü hai² tsoi² ˛ká 佢係在家 He is at home.

˛M hai² ʿün 唔係遠 It is not far.

Hai² ʿün 係遠 It is far off.

Hai² kan² 係近 It is near.

ʿHò kan² 好近 Hard by.

ʿK'ü ʿk'í lap, ʿhò ʿün 佢企立好遠 He stood aloof.

Round about.—˛Chau ˛wai 周圍 Round about, all round.

Aside.—Tsoi² ˛p'ong ˛pín 在傍邊 Aside.

Above.—ʿK'ü tsoi² ˛lau shéung² 佢在樓上 He is above (upstairs).

Tsoi² há² 在下 Below. ˛T'in shéung² tí² há² 天上地下 Heaven above and earth below.

˛Ts'ín hau² 前後 Before and behind. Mín² ˛ts'ín 面前 Before one's face. ʿNgán ˛ts'ín 眼前 Before one's eyes. Hau² ˛pín 後邊 Behind.

Underneath.—Tsoi² kéuk, há² 在脚下 Beneath his foot.

˛Yau shéung² 由上 From above.

꜀Yau há² ꜀í ˤshéung 由下而上 Come up from below.
꜀Ts'ín ꜀loi 前來 Come from before.
Hau² ꜀pín ꜀loi 後邊來 To come from behind.
Héung³ shéung² ꜀pín 向上邊 Upwards.
" há² 向下 Downwards.
" ꜀ts'ín 向前 Forwards.
ˤK'ü ˤchün ꜀t'au 佢轉頭 He went back.
Héung³ hau² ꜀pín 向後邊 Backwards.
" ꜀tung 向東 Eastward.
" ꜀sai 向西 Westward.
" pak꜀ 向北 Northward.
" ꜀nám 向南 Southward.
Tsoi² noi² 在內 Inward.
Noi² mín² 內面 Do.
Héung³ ngoi² 向外 Outward.
Ngoi² mín² 外面 Do.

P.—Tsoi² ꜀pín ch'ü³ ꜀loi ꜀ní 在邊處來呢 Whence do you come?
꜀Ts'ung ꜀pín ꜀t'iú lò² ꜀loi ꜀ní 從邊條路來呢 Whence do you come?
C.—꜀Ts'ung ˤná ˤlí ꜀loi 從那裡來 Whence do you come?
꜀Yau ꜀ho ch'ü³ 由何處 Whence?
Tsz² ꜀ho tí² 自何地 Do.
꜀Yau ꜀ho ꜀í tak꜀ 由何而得 Whence did you get it?
꜀Ts'ung ˤná ch'ü³ 從那處 Whence?
꜀Lí ˤts'z 離此 Gone hence.
Hü³ kwo³ ˤpí 去過彼 Gone hence. ˤTs'z ˤwong 此往 To go hence.
Hü³ pá² 去罷 Gone. P. ꜀Ts'ung ko³ ch'ü³ 從個處 Thence. ꜀Ts'ung ˤpí 從彼 Thence.
C.—꜀Ts'ung ˤná ch'ü³ 從那處; ꜀ts'ung ˤts'z 從此; ꜀yau ˤpí 由彼 do.
Héung³ ˤpún ꜀héung 向本鄉 Homeward.
ˤYau ch'ü³ ˤyau 有處有 Somewhere there are some.
Pat꜀ ꜀lun ꜀ho ch'ü³ 不論何處 Any where.
꜀Ts'ui ch'ü³ 隨處 Everywhere.
꜀Mò ch'ü³ 無處 Nowhere.
Ch'ü³ ch'ü³ 處處, kok꜀ ch'ü³ 各處, ꜀mò ch'ü³ pat꜀ tò³ 無處不到,

chʻüʾ chʻüʾ ʿyau 處處有 Everywhere.
Pat, ˛lun ˛ho chʻüʾ 不論何處, pat, ˛kʻü ˛ho chʻüʾ 不拘何處 Wheresoever. ʿWong ˛loi 往來 To and fro. Hüʾ ˛loi 去來 do. ʿShéung lok, 上落 Up and down. ʿShéung lok, ˛pʻing ˛on 上落平安 Ascending and descending may you enjoy peace. Tsoi² ʿtsʻz, tsoi² ʿpí 在此, 在彼 Here and there.

2. *Adverbs of Time.*

When ˛shí 時, Shik, fán² ˛chí ˛shí 食飯之時 When they were dining.
ʿNí ʿkí ˛shí ʿshéung ˛king 你幾時上京 When do you go to the capital?
Pat, ˛lun ˛ho ˛shí 不論何時 Whenever, whensoever.
˛Shing ˛ting ˛chí ˛shí 成丁之時 When he attained to puberty.
˛Kam yat, 今日 To-day; ˛kam ˛tʻín 今天 do.
˛Kam ʿmán 今晚 This evening. ˛kam yé² 今夜 To night.
˛Ming yat, 明日 To-morrow. ˛Ming ˛tʻín 明天 do.
˛Ming ʿtsò 明早 Early to-morrow morning.
Hau² yat, ˛loi 後日來 Come the day after to-morrow.
˛Ming ˛chiú ʿtsò hüʾ 明朝早去 Depart early to-morrow morning.
Tsok, yat, 昨日; ʿwong yat, 往日 Yesterday.
˛Tsʻín yat, ʿsz 前日死 Died the day before yesterday.
Tsok, ʿmán 昨晚 Last evening. Tsok, yé² 昨夜 Last night.
˛Kam ˛chiú ʿtsò 今朝早 This morning.
˛Chiú ʿtsò 朝早 In the morning. ʿMán ˛tʻau 晚頭 At night.
Há² ʿng 下午 Afternoon. ʿShéung ʿng 上午 Forenoon.
Chingʾ ʿng 正午 12 o'clock. ˛An chauʾ 晏晝 Noon.
˛Chung yé² 中夜 Midnight. ˛Kam ˛shí 今時 Now a days.
ʿTsʻz ˛shí 此時 This time. Tòʾ ˛kam yat, 到今日 To this day.
Chíʾ ˛kam yat, 至今日 Until now.
ʿNong yat, 曩日 The other day. kák, yat, yat, 隔一日 Every other day. ʿWong ʿlai páiʾ 往禮拜 Last week.
˛Tsʻín yat, koʾ ʿlai páiʾ 前一個禮拜 A week ago; a week since.
Hau² yat, koʾ ʿlai páiʾ 後一個禮拜 After one week.
Hau² pát, yat, 後八日 A week hence.
˛Tsʻín ʿléung koʾ ʿlai páiʾ 前兩個禮拜 A fortnight ago.
Pat, ʿkau 不久 A short time ago.

Adverbs. Adverbs of Time.

Tsám^2 ˏshi 暫時 A short, a little while. Kau^2 yat$_2$ 近日 Recently. ʻHò ʻkau 好久 Long ago. ʻÍ ʻkáu 已久 do. Chau' ˏshí 晝時 Day time.

Yat$_2$ ˏkán 日間 By day. Yé^2 ˏkán 夜間 By night.

ˏShing yé^2 成夜 The whole night. ʻMán hak, 晚黑 Late, dark.

B.—ˏKam ˏshí 今時 Now, at present. Ín^2 tsoi^2 現在, ín^2 ˏkam 現今 do.

C. D.—ˏKam ˏí 今而, muk$_2$ há^2 目下, tong' ˏkam 當今, ˏkam ˏfú 今夫 all signify now, at present.

Chíng' ˏkam 正今 Just now.

P.—Tsík, hák, 卽刻, hák, há^2 刻下 and tsik, ˏshí 卽時 Immediately.

C. D.—Lap$_2$ hák, 立刻, ˏts'ui ˏshí 隨時, ˏtang ˏshí 登時, tsik, ˏín 卽然 &c. immediately. ʻTang yat, ˏshí 等一時 Wait a little. Mán^2 mán^2 慢慢 By and by.

P.—ʻKí ˏshí 幾時 How soon? Yat, ˏt'ing tsau^2 hü' 一聽就去 As soon as he heard it he departed. B.—Yat, ˏking 一經 As soon as.

ʻTsò 早 Early. ʻTsò ˏshan 早晨 do. T'ái' ʻtsò 太早 Very early.

Shéung^2 ʻtsò 尙早 Still early. Suk, yé^2 夙夜, ˏchiú ʻmán 朝晚, ʻtsò ʻmán 早晚 ˏchiú tsik, 朝夕 All signify *morning* and evening; early and late.

P. C.—Hai^2 ʻho án' 係好晏 It is very late. ʻHí ˏshan án' 起身晏 He rises late. ʻTsò tak, tsai^2 早得嚌 Too early.

ˏHang fái' tí^2 行快的 Go quickly. ʻTsò ˏshí ˏloi 早時來 Come betimes. Kan^2 ˏloi 近來, kan^2 yat, 近日, mí^2 ʻkau 未久, mean recently, of late. ˏTs'ung ˏts'ín 從前, héung' ˏsín 向先, ˏts'ín ˏshí 前時, tsik, ˏshí 昔時 and ʻi ˏts'in 以前, signify formerly.

ˏMò ʻchí ˏmè ˏchung 無始無終, ʻwing ʻün 永遠 Eternally, infinitely.

ʻKú ˏshí 古時, sik, shí 昔時 Anciently, of old.

ˏTséung ˏloi 將來, ʻts'z hau^2 此後, hau^2 ˏloi 後來, tsz^2 hau^2 嗣後 denote hereafter.

Héung' ˏloi 向來, ˏts'ung ˏloi 從來, ngat$_2$ ˏkam 迄今, tò' ʻts'z 到此 Hitherto, until now, even till now.

ˏKam ʻi ˏloi 今以來, ˏkam ʻi hau^2 今以後, tsz^2 ʻts'z ʻi hau^2 自此以後 signify—henceforth, hence forward.

Hau^2 ˏloi 後來, ˏtséung ˏloi 將來 Afterwards, in future, for the future.

海上絲綢之路文獻集成 科技與文化編

ˊI ˏking 已經 Already. Yip₂ ˏking 業經 do. Mí² ˏts'ang 未曾 Not yet. Mí² ˏts'ang ˊhò 未曾好 Not yet well. P.—Toi² ˏkam 迨今, toi² k'ap₂ ˏkam 迨及今 Till, until now.

B.—Fat₂ ˏü 達於, ngat₂ ˏü 迄於, k'ap₂ 及 and chik₂ chí' 値至 until.

P. C.—ˏLun ˏlau 輪流 Alternately. ˏLun ˏlau hon' ˊshau 輪流看守 To watch in turns.

3. *Adverbs of Number and Order.*

Tai² yat, 第一 First. Chí' ˏsín 至先; chí' ˏch'o 至初; tsui' ˏsín 最先 do. Yat, ˏloi 一來 Firstly. I² ˏloi 二來 Secondly.

ˏÜn tán' 元旦 New year's day. ˏÜn ˏnín 元年 The first year of the reign of a sovereign.

ˏCh'o kín' 初見 The first interview.

Tai² yat, ˊpan 第一品 The first official rank.

Mang² chung² kwai' 孟仲季 First, second and third of a series.

ˊCh'ung ˊtsz 冢子 The first born son.

ˏShau ˊmí 收尾 The last. Pat, ˊking 畢竟 At last, after all.

Chí' ˏto 至多 At most. Chí' ˊsiú 至小; tsui' ˊsiú 最小 At least.

Yat, ts'z' 一次; yat, ˏúi 一囘; yat, ˏshí 一時; yat, ˏtsò 一遭 Once. ˊTá yat, ˊhá 打一吓 Strike it once.

P.—ˏLoi sz' ˊhá 來四吓 Come four times.

Shò' ts'z' 數次 Several times. ˊKí ˏfán 幾翻 do.

ˊHò ˏto ˏúi 好多囘 Many times, often.

Hü' ˊkí ˏto ˏúi ˏní 去幾多囘呢 How many times did he go?

Hü' ˏsám ts'z' 去三次 Went three times.

ˊTá ˏto yat, ˊhá 打多一吓 Strike him once more.

Yau² hü' 又去 Go again. Tsoi' hü' 再去 do.

Lün' shüt, 亂說; lün' ˊkong 亂講 To talk at random.

Ch'ut, yap₂ pat, chai' ˊyá 出入不制也 To go in and out at random.

ˏSín ˏshí 先時 Before. Tsui' ˏsín ˏfung ˊtsau 最先封酒 Offer wine first.

ˊK'ü tso² ˊngo ˏp'ong ˏpín 佢坐我旁邊 He sat on my side or next to me.

ˏÍn hau² 然後; hau² ˏloi 後來; ˊmí hau² 尾後 Signify afterwards.

ˏLun ˏLau 輪流 By turns. Ts'z' tsü' 次序 In order, seriatim. Ts'z' tai² 次第 In order, regularly.

Yat, yat, 一一 One by one.

漢語語法

Lün' tsò² 亂做 To do things confusedly.
Kák, yat, yat, ˏloi 隔一日來 Come every other day.
ˤMúi tai² í² yat, 每第二日 Every other day.
ˤMúi yéung² 每樣 Of every kind.
ˤMúi yat, yéung² 每一樣 One of each kind, distinctly. [together.
ˏT'ung ˏmái 同埋; kung² ˏmái 共埋; hòp, kung² 合共 Collectively.
ˏFong 方, tsau² 就 and súi² 遂 Signify thereupon; whereupon; wan ˏwan 云云 &c., and so on, and so forth.

4. *Adverbs of Quality and Extension.*

P.—ˏTo 多 Much. ˏTo ˏtí 多的 More. ˏKá ˏtí ˏt'ím 加的添 Add a [little more.
ˏÜ ˤts'z kòm' ˏto 如此咁多 As much as this. ˏÜ ˏní tí² kòm' ˏto 如呢的咁多 do. Sham² ˤhò 甚好 Very well. Shap, ˏfan ˤhò 十分好 Perfectly well, thoroughly good.
ˤHò pat, ˏséung ˏt'ung 好不相同; ˏCh'á tak, ˤün 差得遠; and tái² ˏfan pít, 大分別 signify Very different.
Shap, ˏfan ˏto ˏngan 十分多銀 Very much money.
Pat, lun² ˏto ˤshiú 不論多少 No matter how many (how much).
ˏNgan pat, kau' 銀不够 Not money enough.
ˏ'M ˤshai ˏto tik, 唔使多的 Require no more.
Tuk, iú' yat, ko' 獨要一个 Only require one.
Tuk, ˤk'ü ˏloi 獨佢來 Only himself came.
Shap, ˏfan ˤlang 十分冷 Quite cold.
ˏCh'á pat, ˤün 差不遠 Almost the same.
ˏCh'á pat, ˏto 差不多 Do.
ˏKí ˏú 幾乎; shü' ˏú 庶乎; shü' ˏkí 庶幾 Almost, nearly.
Shéung² há² yat, yéung² 上下一樣 Nearly the same.
ˏTséung kan² 將近 Nearly, close to.
ˤPí kau' kwo' ˤk'ü ˤyau ˏto 俾够過佢有多 He gave him abundantly.
ˤPí kau' kwo' ˤk'ü 俾够過佢 Gave him sufficiently.
B.—Í' ˏshéung ˏchí ˏhang ˏwai 異常之行爲 He acted extraordinarily.
Kik, ˤmí 極美 Extremely fine.
Ká' ˏkò tak, tsai' 價高得嚌 Exorbitant price.
Kwai' tak, tsai' 貴得嚌 Do.

5. *Of Quality and Manner.*

Tsò² kwo' 'hò 做過好 Done well.
'Ngo ˏkam ˏshí 'hò 我今時好 I am well now.
'Ngo ˏ'm tsz² ˏín 我唔自然 I am not very well.
Tsò² ˏ'm chéuk, 做唔着 Not well done.
Pít, yéung² tsò² 別樣做 Do it otherwise.
It, ˏsam 'séung 熱心想 Earnestly wished it.
'Han ˏk'au 'k'ü 懇求佢 Earnestly entreated him.
Tsut, ˏín hü' 卒然去 He left suddenly.
Shik, tsz² pat, ˏsham 識字不深 Indifferently acquainted with letters.
'K'ü ˏkòm ˏsam hü' 佢甘心去 He went willingly.
'K'ü ˏon ˏín 'sz 佢安然死 He died peacably.
ˏT'ò ˏín kiú' 'k'ü 徒然叫佢 I called him in vain.
'Ngau ˏín ü² chéuk, 'k'ü 偶然遇着佢 Met him accidentally.
Shik, ˏín kwo' 'k'ü 適然遇佢 Passed him by chance.
'P'o ˏto 頗多 Rather much. 'P'o ˏchí yat, i' 頗知一意 Know rather little. 'P'o 'p'o 'hiú tak, 頗頗曉得 Understands a little of everything. 'P'o ˏnang 頗能 Rather able.
'Kan kau' 'shai 僅夠使 Scarcely enough for use.
Tái² k'oi' 大槪 Generally. On the average.
Tái² pún' hai² 'ts'ò 大半係草 It is chiefly grass.
Tak, 'hín 特遣 Especially sent.
Tak, ˏloi 特來 Came on purpose.
'Tá lò² ˏloi 打路來 Came by land.
Táp, ˏshün ˏloi 搭船來 Came by ship.
ˏLun ˏlau 'shau ˏkang 輪流守更 Watch by turns.
Tsím² tsím² 漸漸 Slowly, gradually, by little and little.
Fái' tik, 'hí ˏshan 快的起身 Rise quickly.
Ts'uk, hü' 速去 Go quickly, Tsik, ts'uk, 卽速 Instantly.
ˏT'au ˏt'au shí' 'há 偷偷試吓 Just try it secretly.
ˏT'au 'tsau 偷走 To steal away; to go away stealthily.
Fat, ˏming fat, mít, 忽明忽滅 Appearing and disappearing suddenly.
ˏÜ 'ní kòm' pák, 如你咁白 As white as you.
ˏSz ˏch'ün 私傳 To communicate it secretly.

海上絲綢之路文獻集成 科技與文化编

꜀Yau toi^2 ʿün ꜀yan 柔待遠人 To act benignly towards strangers.

꜀Yau ꜀ín toi^2 ʿkü' 柔然待佢 Treat him gently.

꜀K'éung ʿts'éung ꜀chí 強搶之 Take it forcibly.

Kòm^3 ʿün 咁遠 So far! kòm^3 kan^2 咁近 So near!

6. *Of Comparison.*

ʿK'ü hai^2 yat, yéung^2 佢係一樣 They are the same.

ʿKòm yéung^2 tsò^2 tak, 噉樣做得 In this manner it will do.

Yat, yéung^2 ʿhò 一樣好 Equally well.

Wák, ʿché ꜀'m hai^2 或者唔係 Perhaps (probably) not.

꜀Ü ʿts'z kòm^3 hák, 如此咁黑 As black as this.

꜀Chung ʿtang ʿché 中等者 Tolerably, middling.

Tséung^2 ʿts'z 像似; ʿhò ʿts'z 好似, As it were, like.

7. *Of Indication.*

C.—ʿSing ʿliú k'éuk, shí^2 yat, mung^2 醒了却是一夢 When he awoke, lo! it was a dream.

B.—K'éuk, tsoi^2 ʿts'z ʿi 却在此矣 Behold, he is here.

Shí^2 ꜀tsoi 視哉 Behold! ʿMí ꜀tsoi 美哉 How beautiful!

ʿT'ai yat, ʿhá 睇一吓 Look but here!

8. *Of Interrogation.*

The following sentences are all Book language.

꜀Yan ꜀ho ʿtá ʿk'ü 因何打佢 Why do you strike him?

꜀Wai ꜀ho pat, ʿsé tsz^2 爲何不寫字 Why do you not write?

꜀Ün ꜀ho pat, ꜀hoi ꜀tán 緣何不開單 Why did you not make out the account?

꜀Ho kú^3 何故 On what account? ꜀Ü ꜀ho 如何 How? ꜀Ho ꜀ü 何如 do.

꜀K'i ʿho ꜀ho ꜀tsoi 其可何哉 How will this do?

꜀K'i ꜀ü ꜀chí ꜀ho 其如之何 How will that do?

꜀Ü ꜀chí noi^2 ꜀ho 如之奈何 What is to be done?

꜀Ú ꜀wai ꜀ü ʿts'z 胡爲於此 How is this?

꜀Ú ꜀nang ꜀tong ꜀chí 惡能當之 How can one endure this?

꜀Ú tsuk, ʿkong ꜀tsoi 烏足講哉 How is it worth speaking of?

Hot, pat, ꜀lau chü^2 ʿk'ü. 曷不留住佢 Why did you not detain him?

Hòp, ꜀kwai ꜀ú ꜀loi 盍歸乎來 Why should we not return?

꜀Hai ʿyau ꜀ts'ín ꜀tsoi 奚有錢哉 How has he any money.

海上絲綢之路文獻集成 科技與文化編

Mok, ꜀fí ꜁ní ꜀hing ꜂ú 莫非你兄乎 Was it not your brother?
꜀Hí ꜁yau ꜀ts'z ꜁lí ꜂ú 豈有此理乎 How can there be such a principle?
꜀Hí ꜀fí ꜂ü ꜀ts'z ꜂ú 豈非如此乎 Is it not so?
P.—'M hai² ꜀kòm yéung² ꜀ní 唔你噉樣呢 It is not so?
꜀Hí ꜁yau ꜀ts'z ꜁lí ꜂ú; mok, fí ꜂ü ꜀ts'z ꜂ú and similar phrases are rhetoric questions, implying the affirmative: there is no such principle; and: yes, it was so.
B.—꜀In ꜂lí ꜂yan í² 焉離仁義 Why forsake benevolence and justice?
꜀In ꜀chí ꜀chí 焉知之 How do you know it?
꜀On ꜂nang t'üt, ꜀shan ꜀tsoi 安能脫身哉 How will they be able to escape?
P.—꜀Kí ꜂shí 時幾 When? ꜀Kí ꜀kau 幾久 How long?
꜀Kí ꜀to 幾多 How much?
C.—Shí² ꜀ná ko' tik, uk, 是那個的居 Whose house is it?
꜀Cham yéung² 怎樣 (P.—꜀Tím yéung² 點樣) In what manner?
꜀Cham ꜀mo ꜀hò ꜀ní 怎麽好呢 How will that be well?
K'éuk, ꜀cham ꜁liú 却怎了 How is it now?
꜀Cham ꜀mo hon' tak, ch'ut, 怎麽看得出 (P.—꜀Tím ꜀t'ai tak, ch'ut, 點睇得出) How will you find that out?
P'á' ꜀t'á ꜀cham tik, 怕他怎的 Why should we fear him?
꜀Cham noi² ꜂mò ꜀tsung tsik, 怎奈無踪跡 How is it that there are no traces?

9. *Of Affirmation and Negation.*

Shí² ꜁yá 是也 Yes, so it is. P.—꜀Chan hai² ꜀kòm yéung² 眞係噉樣 Indeed it is so. Shat, ꜀shau hai² ꜁k'ü 實首係佢 Indeed (truly) it is he. Teng² ꜂in 定然 Undoubtedly. ꜀Kwo ꜂ín 果然 Truly.
꜀Ts'in mán² 千萬 By all means. Pít, ꜂ín 必然 Assuredly.
꜂Mò ꜂í 無疑 do. B.—Kú' ꜂in 固然; tün' ꜂in 斷然 do.
Tsò² pat, ꜂loi 做不來 It cannot be done.
Pat, yat, 不日 Not many days. Pat, ꜂in 不然 Not so.
Pat, ꜀ho pat, 不可不 It cannot be avoided,
Pat, ꜂wai 不惟; pat, ꜀chí 不止; P.—pat, tuk, 不獨; pat, tán² 不但; pat, ch'í' 不啻 and pat, ꜀chí 不只 signify *Not only*.
Pat, fát, 不法 Lawless. Pat, liú² 不料 Unexpectedly. Pat, kok, 不覺 Imperceptibly. Pat, yéuk, 不若 Nothing better than.
Pat, ꜂t'ai ꜀ch'é shüt, 不題且說 Did not detail it, but [and] said &c.
꜀Pún ꜂mò ꜀chí 本無之 Originally there is nothing of the kind.

Adverbs. Adverbs of Conjunction and Disjunction.

B. ꜀Fi ꜁ín ꜁yan pat꜆ ꜂ho 非賢人不可 None but a virtuous man will do.
꜀Fí ꜂pún fan꜄ ꜀chí sz² 非本分之事 It is not your business.
,, fát꜆ pat꜆ tsok꜆ 非法不作 Do not commit an unlawful act.
Mok꜇ tái² ꜀ü ꜀t'ín 莫大於天 Nothing greater than heaven.
,, tái² ꜀chí ꜀kung 莫大之功 Unsurpassed merits.
,, kwo꜄ ꜀ü ꜀sz 莫過於斯 Nothing greater than this.
,, ꜀fí ꜂sé ts'o꜄ 莫非寫錯 Have you not written it wrong?
Mut꜇ yat꜆ yat꜇ ꜁hán 沒一日閒 Not one day leisure.
Yat꜆ ko꜄ ꜃yá mút꜇ ꜃yau 一個也沒有 I have not one of them.
꜃Mò shát꜇ ká꜄ 無實價 No fixed prices.
꜁Mò yung² kwá꜄ lü² 毋用掛慮 Do not trouble yourself about it.
Fat꜆ ꜁ü ꜂ts'z 弗如此 Not like this.
꜃Mí ꜁shéung 靡常 Uncommon.
꜀T'ín meng² ꜃mí ꜁shéung 天命靡常 Heaven's decrees are not un-[changeable?

P.—Mí² ꜁ts'ang 未曾, Not yet. Mí² ꜁loi ꜀chí sz² 未來之事 Future events. ꜃Mong 罔; ꜁mong 亡; ꜁mò 无; ꜁mí 微; and ꜂p'o 叵 (the reverse of ꜂ho 可) are negatives chiefly occurring in ancient writings.

Tsüt꜆ 絕; tün꜄ 斷; mán² 萬; tsít꜆ 切; küt꜆ 決; ꜂tsung 總; tái² 大; and ꜁hò 毫 when followed by the negatives pat꜆ 不, ꜁mò 無 &c., answer to our absolutely [not]; entirely [not] and other words expressing intensity of assertion.

Yat꜆ ꜀tí ꜁'m ꜀fan pít꜇ 一的唔分別 Not the slightest difference.

꜃Yau ꜁mò 有無 To be and to be not, to have and to be destitute of, and other words of opposite signification shall be treated separately.

10. *Of Conjunction and Disjunction.*

Ham² páng² láng² ꜀tò hai² lün² 喊嘭唥都係亂 They are altogether in confusion.

Hòp꜇ ꜁mái tsò² 合埋做 Do it joinly.
꜁'M ꜂hò lün² tsò² 唔好亂做 You must not do it confusedly.
Mák꜇ ꜀hoi 擘開 Break it assunder.
Mák꜇ lán² 擘爛 Tear it assunder.
Kák꜆ ꜀hoi ꜁t'ung ꜃k'ü ꜂kong 隔開同佢講 To speak to each separately.

11. *Of Conclusion.*

P.—꜀Shau ꜃mí 收尾 At last, in the end; lastly.

B.—Pat, ʿking 畢竟 Finally, at last, after all.
ʿTsung ˏchí 總之 In short, In a word.

Prepositions.

About, round about. ˏChau ˏwai 周圍. ˏChau ˏwai ʿyau ʿfo 周圍有火 There is fire round about us.

About, nearly. Tái² yéuk, 大約; ˏch'á pat, ˏto 差不多; ˏch'á pat, ʿün 差不遠, ˏlí pat, ʿün 離不遠, and shéung² há² 上下.

Tái² yéuk, hai² ʿkóm 大約係噉 It is about that.

Shéung² há² kóm³ ˏhung 上下咁紅 About as red.

ˏNí ʿléung kín² ˏch'á pat, ˏto 呢兩件差不多 These two pieces are about the same.

About, concerning. K'ap₂ 及. Lun² k'ap₂ ʿní 論及你 To speak about (concerning) you.

ʿKong k'ap₂ ʿk'ü 講及佢 To talk about him.

Lun² ˏyan 論人 To talk about men. Chí³ ˏü 至於 Concerning, respecting, about, is only used in the literary style.

Yéuk, yat, pák, tái² ˏün 約一百大員 About one hundred dollars.

ˏTséung hü³ 將去 About to depart. ˏTséung ʿsz 將死 About to die.

Kan² ʿng ˏshí 近午時 About noon.

Above 上 Shéung². Tsoi² ʿní ké³ ˏt'au shéung² 在你嘅頭上 Above your head.

Hai² ʿní ʿsho pat, k'ap₂ 係你所不及 Above your capacity.

Yat, ʿmá ʿyau ˏto 一碼有多 Above one yard.

Pat, kwo³ yat, ch'ek₂ ˏkò 不過一尺高 Not above one foot high.

ʿK'ü tsoi² ˏlau shéung² 佢在樓上 He is above (upstairs).

According to, Chiú³ 照. Chiú³ ʿní ʿsho ʿkong 照你所講 According [to what you say.

Chiú³ lut₂ fát, 照律法 According to law.

ˏI ˏin 依言 According to your word.

On³ ˏp'ang kü³ 按憑據 According to evidence.

ˏÜ ün² 如願 According to your wishes.

ˏÜ ling² 如令 According to order.

ˏYing kau² ˏkw'ai ʿkü 仍舊規矩 According to former usage.

Hòp₂ ʿlí 合理 According to reason.

Accross. ˏWáng kwo³ ˏt'ín 橫過田 Went accross the field, or ʿTá ˏwáng kwo³ ˏt'ín 打橫過田 do.

漢語語法

Prepositions.

After, ˏKan ˁmí 跟尾. ˁYau ˏyan ˏkan ˁngo ˁmí 有人跟我尾 There is some body coming after me.

B.—ˏYan hák, luk, tsuk, ˏí tò' 人客陸續而到 The guests arrived one after the other.

ˁK'ü hau' ˏng hü' 佢後吾去 He departed after me.

Against. Yik, 逆, ngák, 𠯿. Ngák, ˁshui 𠯿水 The current is against us. ˁNgo ˁtang tsok, yat, ˁyau ngák, ˏfung 我等昨日有𠯿風 Yesterday the wind was against us.

ˁK'ü ˏshí ˏshí ngák, ˁngo 佢時時𠯿我 He is always against me.

Along. ˏTs'ung 從. ˏTs'ung tái' ˏkái ˏí ˏhang 從大街而行 Go along the principal road. ˏHing tai' ˁp'úi ˏhang 兄弟偣行 The two brothers went along together.

Along implied in the following sentence. ˁNgo ˏkái ˁní ch'ut, hü' 我偕你出去 I will go along with you.

P.—Amid, amidst. ˏChung 中. ˁK'ü tsoi' ˁní ké' ˏp'ang ˁyau ˏchung tso' ˁhá lok, 佢在你嘅朋友中坐吓咯 He sat amidst your friends, or he seated himself among your friends.

Among, amongst. ˏChung 中 and ˏchung ˏkán 中間. ˁNí ˏchung ˁyau tsok, lün' ké' ˏyan 你中有作亂嘅人 There are rebels amongst you.

ˁYau ˏ'm ˁhò ké' tsoi' noi' 有唔好嘅在內 There are some among them which are not good.

ˏChung ˏkán ˁyau hak, ké', pák, ké' k'ap, ˏwong ké' 中間有黑嘅,白嘅及黃嘅 There are some black, white and yellow ones among them.

At, tsoi' 在. Tsoi' ˏká 在家 At home. Ín' tsoi' 現在 At present.

Tsoi' ˏking ˏshing 在京城 At the capital.

ˏÍ ˏká shik, fán' 而家食飯 At dinner.

Before. ˏTs'in 前. ˁTá chéung' ˏchí ˏts'in 打仗之前 Before the war.

ˏT'in tí' ˏchí ˏsín 天地之先 Before heaven and earth.

ˏSín kwo' ˁní 先過你 Before you. ˏTs'in yat, 前日 The day before yesterday; ˏTs'in hau' 前後 Before and after (speaking of space). ˏSín hau' 先後 Before and after (is chiefly applied to time).

Behind. Hau' 後 and hau' ˏpín 後邊. ˁK'ü ˁk'í lap, tsoi' ˁngo hau' ˏpín 佢企立在我後邊 He is standing behind me.

ˁK'ü hau' ˏpín ˏloi 佢後邊來 He is coming from behind.

Below. Há' ˏpín 下邊. Tsoi' uk, há' ˏpín ˁyau ˁtsau ˏfong 在屋下邊有酒房 There is a wine cellar below the house.

ˏNí fái' shek, há' ʿyau ˏch'ung lui' 呢塊石下有蟲類 There are insects beneath this stone. Tsoi' ˏkung há' ʿyau ˏkau ˏk'ü 在宮下有溝渠 There is an acquaduct beneath the place. ʿNgo tsoi' ʿk'ü ké' ˏp'ong ˏpín tso' há' 我在佢嘅旁邊坐下 I seated myself beside him.

Besides, ling' ngoi' 另外, ˏCh'ü ʿliú 除了 Exclusive of. ˏWan ʿyau 還有 Still more. Ling' ngoi' ʿyau ʿkí kín' 另外有幾件 There are a few things besides.

Between, ˏChung ˏkán 中間. ʿLéung ˏshán ˏchí ˏkán 兩山之間 Between two mountains.

Betwixt, ˏChung 中, ˏkán 間. ʿLéung ˏnán ˏchí ˏchung 兩難之中 Betwixt two evils. ˏShang ʿsz ˏchí tsai' 生死之際 Betwixt life and death.

Beyond, kak, ngoi' 格外. Kak, ngoi' ˏchí ˏyan 格外之恩 Favor beyond measure. Kwo' hán' 過限 Beyond the fixed time.

Pat, ngoi' ˏú ʿts'z 不外乎此 Not beyond this. Fát, ʿsho pat, k'ap, 法所不及 Beyond the reach of law.

By, ʿI 以. Mán' mán' pat, ʿho 萬萬不可 By no means. ʿI tak, fuk, ˏyan 以德服人 To subdue people by virtue.

ˏYau ʿts'z ˏmún ch'ut, hü' 由此門出去 Go out by this door.

Yung' ˏho ˏfong fát, ˏní 用何方法呢 By what means?

Pí' ʿní hoi' 被你害 Injured by you. Lun' ˏkan mái' 論斤賣 To sell by the catty. ˏLéung ˏkan ʿtau 量斤斗 To measure out by pecks. Yat, ˏkán 日間 By day. Yé' ˏkán 夜間 By night. Púi' ˏshü 背書 To say by heart (lit. to turn the back to the book, as is the custom among the Chinese.)

By reason of ˏYan ʿts'z ˏchí kú' 因此之故 ~~一~~ 故

Because of ˏYan ʿní ün' han' 因你怨恨 Because of your hatred.

On account of ˏYan ʿní púi' yik, 因你背逆 On account of your obstinacy.

By dint of—ʿI ʿkan shan' kau' meng' 以謹慎救命 By dint of care he saved his life.

Concerning, Lun' k'ap, 論及, Lun' k'ap, ʿk'ü 論及佢 Concerning him.

Down, ʿHá 下. ʿHá ˏshán 下山 Down the hill. ʿHá ˏlau 下樓 Down stairs.

Contrary to. Pat, hòp, tò' ʿlí 不合道理 Contrary to right principles.

漢語語法

Prepositions.

꜀'M hòp, í' 唔合意 Contrary to one's inclination. 'Fán sing' 反性 Contrary to nature.

During, ꜀kán 間, ꜁shí 時. 'Kong ꜀shü ꜀chí ꜀kán 講書之間 During the lecture.

'Ngo chü² tsoi² ꜀Héung 'kong ꜀chí ꜁shí 我住在香港之時 During my stay at Hongkong.

Except, ꜁Ch'ü 除. ꜁Ch'ü 'ts'z ꜀chí ngoi² 除此之外 Except (excepting) this.

For, instead of. 'K'ü toi² 'ngo 'shéung ꜀king 佢代我上京 He will go for me to the capital.

For, because of, ꜀Yan 'ts'z ꜀chí kú' 因此之故 For this reason.

Wai² 'nü 'tsai 'sz huk, 爲女仔死哭 He cries on account of the death of his daughter.

For the sake of. Wai² li² 爲利 For the sake of gain.

From, ꜁Yau 由, tsz² 自, ꜁ts'ung 從.

Tsz² ꜀Héung 'kong chí' 'shang ꜁shing 自香港至省城 From Hongkong to Canton.

꜁Yau kan² k'ap, 'ün 由近及遠 From the near to the remote.

Tsz² 'kú 'í ꜁loi 自古以來 From of old. ꜁Ts'ung fát, kwok, 'í ꜁loi 從法國以來 From France. ꜁Yau 'kí ꜁ú ꜁yau ꜁yan ꜁ú 由已乎由人乎 Does it come from yourself or from others.

Tsz² 'wong ꜁í hau² 自往而後 From the time he left and afterwards.

In, Tsoi² 在, noi² 內. Tsoi² ꜁shing 在城 In the town. Tsoi² 'shui noi² 在水內 In the water. Tsoi² ꜀fá ꜁ün 在花園 In the Garden.

In consequence of, ꜀Yan 因. ꜀Yan 'lang kú' 'ngo 'tang ꜀kái peng² 因冷故我等皆病 In consequence of the cold we were all sick.

In spite of. Ngák, fú² ꜀ts'an, ké' meng² ꜁í ꜁hang 逆父親嘅命而行 He did it in spite of his father's command.

Into, Yap, noi² 入內. Yap, 'lò 'shü ꜀lung noi² 入老鼠窿內 Got into a rat hole. 'Ts'ing yap, noi² 請入內 Please enter [into the room].

Yap, 'lü ꜁fong 入裡房 Went into the room.

꜀Cham 'shui yap, ꜀kong 斟水入缸 Pour the water into the jar.

Fong' lok, ꜁lám noi² 放落籃內 Put [it] into the basket.

In virtue of, ꜁P'ang 憑. ꜁P'ang ꜀tán ꜀chí ꜁ngan 憑單支銀 The money shall be paid in virtue of the cheque.

Near. Kan² 近, 'i 邇.

'Kü chü² kan² 'kau 'lung 'shing 居住近九龍城 He lives near Kau-lung.
'T'ín kwok, 'í 'í 天國邇矣 The Kingdom of heaven is near.

Substitutes for kan² are:—'Ts'an and ts'ik, 親, 戚 which signify near in relationship; The opposite of which is 'sho 疏 signifying that which is distant in relationship.

Of, 'Chung 中. 'Ngo 'p'ang 'yau 'chung, 'ní hai² chí' 'hò ké' 我朋友中你係至好嘅 Of all my friends you are the best.

Kan² 'loi 近來 Of late. Í' 'ü 'siú fá' 易於消化 Easy of digestion.

'Kong k'ap, 講及 To speak of.

Off, 'Ün 'lí 遠離. 'Lí 'ts'z 'hò 'ün 離此好遠 It is far off.

Hü' lok, 去咯 Be off! 'Wán 'fán kwo' 'k'ü 還翻過佢 He has paid off his debt.

On, upon, Shéung² 上. 'Ní pò² 'shü tsoi² 't'oi shéung² 呢部書在檯上 The book is on the table.

Fong' 'há tsoi² 'ngo yau² 'pín 放下在右我邊 Put it down on my right side.

Tsoi² tí² há² 在地下. On the ground. 'Ü 'ching üt, 於正月 In the first month. Kú' í' 故意 On purpose.

Out. Ch'ut, 出. Ch'ut, 'mún 出門 To go out of doors.

'Mò 'ts'ín 無錢 Out of pocket. Ch'ut, 'shing 出城 Gone out of town.

Ch'ut, 'ú 'k'í 'kán 出乎其間 To go out from amongst them.

'K'ü 'yau 'shui ch'ut, 'loi 佢由水出來 He came out of the water.

Opposite, Túi' mín² 對面. 'K'ü túi' mín² chü² lok, 佢對面住咯 He is living opposite us.

'Ní ké' í' hai² 'séung 'fán 'ngo ké' 你嘅意係相反我嘅 Your views are the opposite of mine.

Owing to, 'Yan 'k'í 'ch'é 'hang kú' 'kam 'yau 'p'an 'k'ung 因其奢行故今有貧窮 Owing to his extravagance he is poor.

Round about. 'Chau 'wai 周圍.

Save. 'Ch'ü 'liú 除了. 'Ch'ü 'liú 'ts'z yat, kín² 除了此一件 Save this one piece.

'Ch'ü 'ts'z yat, kín² 'chí ngoi² 'kái hai² 'hò 除此一件之外皆係好 All are good, save this one piece.

Since, Kí' 'ín 旣然, Kí' 'ín 'ü 'ts'z 旣然於此 Since it is thus.

Tsz² 'yé 'sú 'í 'loi 自耶穌以來 Since the time of Jesus.

'Hò 'kau 好久 Long since. Pat, 'kau 不久 Not long since.

海上絲綢之路文獻集成　科技與文化編

漢語語法

Prepositions.

ˏYau ˊsiú ˏshí 由小時 Since my childhood.

Through, ˏT'ung 通. ˏT'ung ˏhang 通行 To pass through.

Kwoˀ ˏni tòˀ ˏmún yapˀ 過呢度門入 Enter through this gate.

ˏNí pòˀ ˏshü shíˀ yatˀ k'oiˀ ˏ'm ˊhò kéˀ 呢部書是一概唔好嘅 This book is bad throughout.

Till, until, Toiˀ k'apˀ 迨及. Toiˀ ˏkam 迨今 Till now.

Tszˀ ˊkú toiˀ k'apˀ ˏkam yatˀ 自古迨及今日 From ancient time till this day.

Tszˀ ˏchiú chíˀ ˊng 自朝至午 From morning till noon.

Chíˀ ˏü ˊlò maiˀ 至於老邁 Until old age.

Shátˀ tòˀ ˏt'in ˏming 殺到天明 They went on killing until break of day.

Ngatˀ ˏkam 迄今, k'apˀ ˏkam 及今, toiˀ ˏü ˏkam 迨於今 signify till now.

To (sign of dative, see Cases.) Túiˀ 對, ˊü 與, woˀ 和, chíˀ 至. Túiˀ ˊk'ü wáˀ 對佢話 Speak to him.

ˊÜ ˏt'á ˏin 與他言, t'aiˀ ˏt'á shütˀ 替他說 Speak to him.

ˏKam yatˀ 今日 To-day. ˏKam yéˀ 今夜 To-night. Tszˀ pakˀ ˏking chíˀ ˊkwong ˏtung haiˀ ˊün lòˀ 自北京至廣東係遠路 It is very far from Peking to Canton.

ˏMò yungˀ 無用 To no purpose.

ˊPí kwoˀ ˊk'ü 俾過佢 Gave it to him.

Woˀ ˊní shütˀ 和你說 Speak to you.

Touching, see converning.

Towards, Héungˀ 向. Héungˀ ˏnám ˏpín 向南邊 Towards the South.

ˊShui héungˀ ˏtung ˏlau 水向東流 The water flows towards the east.

ˊHéung 嚮 or héungˀ ˊmán 向晚 Towards evening.

Mongˀ ˏsai hüˀ 望西去 Went towards the west.

ˊYéung ˏt'ín t'ánˀ 仰天嘆 Looking towards heaven he sighed.

ˏLam ˏchung 臨終 Towards the end of life.

Under. Háˀ 下. Tsoiˀ ukˀ púiˀ ˏchí háˀ 在屋背之下 Under the roof.

ˊNí kéˀ ˏch'á títˀ lokˀ ˏt'oi háˀ 你嘅叉跌落檯下 Your fork has fallen under the table.

Up, Ngatˀ 迄. Ngatˀ ˏkam 迄今 Up to this moment.

ˊHí ˏü ˏsam 起於心 To rise up in the mind.

ˊK'ü tsokˀ yatˀ ˏhang ˊshéung ˏshán 佢昨日行上山 Yesterday he walked up the hill.

海上絲綢之路文獻集成 科技與文化編

With respect to. Chí² ˏü 至於.
With regard to. Lun² k'ap₂ 論及, chí² ˏü 至於.
With, ˤÜ 與. ˤNgo ˤü ˤní ˓mò ˏkon 我與你無干 I have nothing to do with you.
ˤÜ ˤní kít₂ yéuk₂ 與你結約 To enter into a compact with you. ˤÜ ˓man ˓t'ung lok₂ 與民同樂 To rejoice with the people. ˤNgo ˓t'ung ˤní shik₂ fán² 我同你食飯 I will dine with you.
ˤÍ ˏtò kot₂ ˤní 以刀割你 Cut you with a knife.
ˤÍ ˤchí wák₂ 以指畫 To draw with the finger.
Ling² ˓man ˏsam ˤü shun² 令民心與順 To inspire people with obedience.
Tsoi² ˤngo 在我 It rests with me.
˓T'ung ˓yan ˓hang lò² 同仁行路 To walk with one.
Within, ˏKán 間, noi² 內, ˏchung 中.
ˏSám ˓nín ˏchí ˏkán 三年之間 Within three years.
Hai² noi² ˏchung 係內中 It is within.
Hai² tsoi² noi² 係在內 (23) Do.
Without, ˓mò 無. ˓Mò ˓ts'in 無錢 Without money.
˓Mò kú² 無故 Without a cause. ˓Ts'éung ngoi² 牆外 Without the wall.
˓Lí ˏpá ˏchí ngoi² 籬笆之外 Without the hedge.
Tsoi² ngoi² 在外 Without. ˓Mò shik₂ yung² 無食用 without food.
It will be observed, that the corresponding sense in Chinese is not always expressed by a Preposition, but by a Verb &c.

Conjunctions.

The Chinese language possesses many words of this class. They are, however, not applied to the same extent as in our western tongues; and as many of them are used as Copulatives, Causatives and Disjunctives, it is of the greatest importance to the student to aquaint himself with their various signification.

And is expressed by k'ap₂ 及, ˤch'é 且, ping² 並=併, ˓í 而, ˤyá 也, ˤü 與, ˓t'ung 同, ˓lín 連, ˓ling 零 &c.
ˤNgo k'ap₂ ˤní 我及你 I and you.
Fú² k'ap₂ ˏhing tai² 父及兄弟 Father and brothers.
ˏPing pò² ˏkím ˏkung pò² 兵部兼工部 The Board of War and the Board of Works.
The position of ˏkím frequently differs from that of k'ap₂ as :—Fú² ˤmò ˏhing tai² ˏkím hü² 父母兄弟兼去 Father, mother, and brother departed.

NOTE 23.—ˏChung and noi² are chiefly used as Postpositions.

漢語語法

Conjunctions.

Fú' 'ch'é kwai' 富且貴 Rich and honorable.

'Ch'é 且 when preceded by ˎí 而 implies hence, as:—ˎP'an ˎí 'ch'é tsín' 貧而且賤 Poor and hence despised.

'Ch'é 且 sometimes stands at the commencement of a narrative, as:—
'Ch'é shüt, 且說 And it is said.
'Ch'é ˏfú 且夫 signifies And further.

With, ˎín 然 see ˎín tsak, 然則.

Ping' 併 is sometimes interchanged with ping' 並. Uk, ping' ˎyan ˏkái ˏshiú 'liú 屋並人皆燒了 Both house and men were burnt.

Ping' frequently takes the place of ˏkim 兼, as:—ˏHing tai' 'tsé múi' ping' ˏkwai 兄弟姐妹並歸 [Both] brothers and sisters returned.

In popular literature and narratives we find ping' 並 frequently followed by ˏfí 非. The negation is then expressed with more emphasis, as:—
'K'ü 'í 'shau ping' ˏfí 'í kwan' 'tá ˏchí 佢以手並非以棍打之 He struck him with the hand and not with the stick.

Ping' hòp, 並合 unitedly, ˏséung ping' 相並 to compare with each other, and ping' lap, 並立 to stand together, are combinations, in which ping' 並 is used as a verb, or a particle expresing con, with, or together.

Yau' 又 though more frequently signifying moreover, again, stands also for *and*.

'K'ü má' 'liú yau' 'tá, 'tá 'liú yau' má' 佢罵了又打，打了又罵 He scolds and then beats, beats and then scolds again.

Man' kwo' yau' man' 問過又問 Asked and asked again.

ˎÍ 而. 'K'ü kò' ˎts'z ˎí hü' 佢告辭而去 He took leave and departed.

Hok, ˎí ˎshí tsáp, ˏchí 學而時習之 To learn and constantly practice it.

Pat, ˎín ˎí sun' 不言而信 He said nothing and yet was believed.

Yik, 'yau ˎyan í' ˎí 'í 'í 亦有仁義而已矣 There is benevolence and justice and that is sufficient.

Pat, ˏsz ˎí tak, 不思而得 He does not think and yet obtains all that [he desires.

ˎÍ 而 followed by 'ch'é 且 implies inference.

ˎShün ˏhing ˎí 'ch'é ˎfau 船輕而且浮 The ship is light and hence floats.

'Yá 也. 'Yá 'yau ˎfong uk,, 'yá 'yau ˎt'ín 'mau, 'yá 'yau ˏká ˏtsz 也有房屋，也有田畝，也有家資 He possesses houses, fields and [riches.

Yat, ˎhò 'yá ˎmò ngoi' 一毫也無碍 Not the least impediment.

海上絲綢之路文獻集成 科技與文化編

ˤÜ 與. ˤNí ˤü ˤngo 你與我 You and I.

˛Yan ˤü í² 仁與義 Benevolence and justice.

˛Lin 連. Fú² ˛lín ˏhing tai² 父連兄弟 The father and the brothers.

˛T'ung 同. ˤNí ˛t'ung ˤk'ü hü² tak, 你同佢去得 You and he may go.

˛Ling 零. Yat, pák, ˛ling ˏsám 一百零三 One hundred and three.

Also is expressed by yik, 亦, yau² 又, ˤyá 也, k'ap, 及, yik, ˛ín 亦然, ˤyá ˤyau 也有 &c.

ˤK'ü yik, ˤséung ˤtá ˤní 佢亦想打你 He also wishes to strike you.

Á² ˏko yik, man² ˤhá ˤk'ü 阿哥亦問吓佢 Also my brother asked him.

ˤNí yau² pat, ˏchí 你又不知 Do you also not know?

Yau² tsò² ch'ut, mán² mat, 又造出萬物 He also made all things.

ˏNí chek, ˏkai yik, hai² ˤk'ü ˏshiú lok, 呢隻鷄亦係佢燒咯 He also roasted this chicken.

ˤYá 也. ˤSiú ˤnü ˤyá ˛mò fuk, 小女也無福 My little daughter is also unfortunate.

ˤYá shí² ˤmò ˏts'an ü² pí² ˤliú 也是母親預備了 This also has been prepared by my mother.

ˤYá mí² ˤho ˏchí 也未可知 This also is not yet known.

ˤYá ˤyau ˏsho, ˤyá ˤyau mat, 也有疏,也有密 There were open places and also secluded parts.

ˤNí hü² ˛mò ˏní 你去無呢 Do you go? Tsz² ˛ín 自然, Certainly.

ˤNgo yik, ˛ín 我亦然 I also.

Although, ˏsui ˛ín 雖然. ˏSui ˛ín ˛ü ˤts'z 雖然如此, Although it be thus.

ˏSui ˛ín hai² ˤkòm 雖然係噉 Though it be in that way.

ˏSui pat, hü² 雖不去 Though I do not depart.

The Conjunctions *yet, still,* are frequently omitted in composition as well as in conversation, as:—

ˏSui ˛ín hai² ˤlang, ˤngo pat, kok, ˤlang 雖然係冷,我不覺冷 Though it be cold, I do not feel cold.

Yik, 亦, ˛ín 然, k'éuk, 却, shéung² 尚, ˤyá 也 express *yet, still,* when used as Adverstative Conjunctions.

ˤK'ü ˛k'ün ˏsui ˛ín tái² yik, ˤyau sz² ˛k'í ˤsho pat, ˛nang 佢權雖然大亦有事其所不能 Though his power be great, yet there are things which he cannot accomplish.

K'éuk, pat, sik, ˤliú 却不惜了 Yet it is not to be regretted.

As, as:—˛Ü ˏshán kòm² ˏkò 如山咁高 As high as a mountain.

Conjunctions.

꜀Ü ꜂ní kòm꜄ ꜂hò 如你咁好 As good as you.

꜀Ní pò꜆ ꜀shü ꜁ü ko꜄ tí꜆ kòm꜄ tái꜆ 呢部書如箇的咁大 This book is as large as that.

꜂K'ü ꜂kong ꜂hò ꜃ts'z tsui꜄ ꜂tsau ꜃lò 佢講好似醉酒老 He speaks as a drunkard.

꜂K'ü ké꜄ wá꜆ ꜂hò ꜃ts'z ꜂yam tsui꜄ ꜁yan ké꜄ wá꜆ 佢嘅話好似欽醉人嘅話 His language is as if it were the language of a drunkard.

꜀Ching ꜁ü ꜂k'ü 正如佢 Even as he.

Chiú꜄ ꜃ngo ꜁ü kín꜄ 照我愚見 As far as my humble opinion goes.

Tséung꜆ ꜃ts'z 像似, léuk꜇ ꜃ts'z 畧似, ꜂fong fat꜅ 彷彿 all signify as it [were.

Because. ꜀Yan ꜁wai 因爲. ꜃Ngo ꜁'m oi꜄ ꜃k'ü, ꜀yan ꜁wai ꜃k'ü ꜁'m ꜂hò 我唔愛佢, 因爲佢唔好 I do not like him, because he is not a good [man.

Besides, ling꜆ ngoi꜆ 另外. Ling꜆ ngoi꜆ ꜃k'ü ꜁'m hai꜆ ꜁ling li꜆ 另外佢唔係伶俐 Besides, he is not clever.

Fong꜄ ꜂ch'é ꜃ní ꜀shan ꜃yau peng꜆ 況且你身有病 Besides you are sick.

Both, ping꜄ 並. ꜀Hing tai꜆ hai꜆ shín꜆ ping꜄ ꜀ts'ung ꜁ming 兄弟係善並聰明 My brothers are both virtuous and talented.

꜀Shám ꜁lín ꜁hái mok꜅ sái꜄ 衫連鞋剝嘥 They robbed him both of his jacket and of his shoes.

But, tán꜆ 但. ꜃Ní hai꜆ ꜂pún ꜂t'ò ké꜄, tán꜆ ꜃ngo hai꜆ ꜃ün ꜁loi ké꜄ 你係本土嘅, 但我係遠來嘅 You are from here, but I am from afar, i. e. You are a native; but I am a foreigner.

꜃Ngo ꜀kán ꜁fong hai꜆ ꜂hò òm꜄, ꜁wai ꜃ní ꜀kán pat꜅ ꜁ín 我間房係好暗, 惟你間不然 My room is very dark; but yours is not.

꜁Wai 唯 and ꜁wai 維, the same as ꜁wai 惟.

꜁I 而, ꜁ín 然, ꜁ín ꜁i 然而, ꜁ín ꜃yá 然也 occur only in books.

But for. Yéuk꜇ ꜀fi ꜂ts'z ꜁yan ꜃ngo tsak꜅ pái꜆ ꜃i 若非此人我則敗矣 But for this man I should have been ruined.

But that. ꜃Ngo tsò꜆ tak꜅ yéuk꜇ pat꜅ p'á꜄ 我做得若不怕 I could do it, but that I am afraid.

Else; Yéuk꜇ pat꜅ ꜆há ꜁loi ꜃ngo ꜂tá ꜃ní 若不下來我打你 Come down, else I beat you.

꜁Ch'ü ꜃liú 除了 also signifies else.

Either—or. Wák꜇ ꜂ts'ü pat꜅ wák꜇ ꜂ts'ü ꜂chí 或取筆或取紙 Take either the pencil or the paper.

Conjunctions.

Wák, shím' wák, ok, 或善或惡 Either good or bad.

'Ní wák, 'wong wák, ,loi 你或往或來 Either go or come.

Yik, chí' yik, 'fau 抑至抑否 Either he will come or not.

Even, ,lín 連. ,Lín min' ,tò ,'m 'sai 連面都唔洗 He does not even wash his face.

,Lín 'ngo ,t'ing ,chí 連我聽之 Even I myself heard it.

,Lín ,i fuk, 'shau shik, ,tò ,'m kín' 'liú 連衣服首飾都唔見了 Even her garments and head ornaments could not be found.

Except, unless, Yéuk, pat, 若不. Yéuk, pat, ch'ut, ,ngan 'ngo 'tá ,kún 'fú 若不出銀我打官府 Unless you pay the money I get out a summons for you.

Yéuk, ,fí 若非, and yéuk, ,mò 若無, are used in the same sense.

Yéuk, pat, 'mín lik, 若不勉力 Unless he exert himself.

Finally, Kau' 'king 究竟, pat, 'king 畢竟, ,shau 'mí 收尾, tò' 'tai 到底 All convey the same meaning.

,Shau 'mí kín' 'k'ü ké' ,hang ,wai, ,t'ing 'k'ü ké' shüt, wá', 'ngo teng' pat, 'chun 收尾見佢嘅行爲,聽佢嘅說話,我定不准 Finally, observing his conduct, and hearing his conversation, I determined not to grant his request.

,Chung 'ché 終者, and 'tsung ,chí 總之 signify, In conclusion.

For, introducing a reason, k'oi' ,yan ,máng 'yá 蓋人盲也 For he is blind.

K'oi' 'ngo ,t'ing ,chí 蓋我聽之 For I have heard of it.

,yan 因, ,yan ,wai 因爲, ,üu 'ts'z 緣此 and 'i 以 (the latter in the 5th chapter of Mathew, Delegates' Version) are so frequently met with in literature and conversation as to require no further explanations.

Furthermore, is expressed fong' 'ch'é 況且, 'ch'é ,fú 且夫, ,í 'ch'é 而且, yau' 又 and ling' ngoi' 另外.

'K'ü 'yau ,ts'ín ké' ,yan, ling' ngoi' 'yau fuk, 佢有錢嘅人,另外有福 He is rich, and furthermore he is happy.

Only, tán' 但. Tán' ,lau yat, ,yan 但留一人 He only left one man.

Tán' pat, ,t'ing wá' 但不聽話 Only being disobedient.

'Chí 只. 'Chí p'á' sz' pat, 'wan tong' 只怕事不穩當 I only fear that the business is not secure.

'Chí ,sám yat, tsau' ,loi 只三日就來 Only three days more then he will come.

'Ngo 'chí tong' pat, ,chí 我只當不知 I only pretended ignorance.

漢語語法

'Chí tak, 'hí ,ch'ing 只得起程 He could do nothing but set out on a journey.

'Chí 'hò 'ng luk, yat, 只好五六日 Only well about 5 or 6 days.

'Chí 'kún fong' ,sam 只管放心 Only quiet yourself.

'Chí 止, 'chí 'yau yat, ko' ,ts'in 止有一箇錢 I have only one cash.

'Chí 'ts'z sz' 止此事 Only this affair &c.

Tai' 第, as:—Tai' nim' 'ní 第念你 Only remembering you.

,Tán hai' yat, ko' 單係一个 Only one.

,Tán ,ting yat, ko' 單丁一个 Do.

,wai 惟, ,wai 唯 and ,wai 維 are used as Adversative Conjunctions and stand for *only*, *but*.

Tuk, 獨, tak, 特 also signify *only*.

Pat, hai' 'ts'z, 'nái 'pí 不係此,乃彼 Not this, but that.

Not but that, as:—,Fí pat, 'kú 'k'ü ,'m 'hò ké' ,yan 非不估佢唔好嘅人 Not but that I think him an honest man.

'K'ü pat, tuk, hai' chí' wai' ké', 'nái yik, hai' ,yan oi' ké' ,yan 佢不獨係智慧嘅,乃亦係仁愛嘅人 He is not only intelligent, but also benevolent.

Pat, 'chí 不只, pat, 'chí 不止, pat, 'chí 不祇, pat, ch'í' 不啻 pat, ,tán 不單, pat, tuk, 不獨, pat, tai' 不第, pat, tán' 不但 are in general followed by 'nái 乃, but; yik, 'yau 亦有 there are also; yik, hai' 亦係 there is also &c.

Not only not, pat, tuk, pat, 不獨不 and similar sentences are also followed by 'nái 乃 and other Adversative Conjunctions.

Nothing but, ,wai 惟. ,Wai lün' ,í 'í 惟亂而已 Nothing but anarchy.

'K'ü ,mò 'yé tsoi' ,ká, tán' yat, ko' ,t'oi 佢無野在家,但有一个檯 He has nothing in his house but one table.

,'M kín' yat, ko' ,yan, tuk, hai' 'k'ü 唔見一個人獨係佢 I saw no one, but him.

Hence, shí' 'í 是以, 'sho 'í 所以, ,yan 'ts'z 因此, kú' 'ts'z 故此.

,Shán ,kò 'ü tái' shí' 'í pat, ,loi 山高雨大是以不來 The mountain is high and the rain heavy, hence he does not come.

Shí' 'í 'ní chéuk, 是以你着 Hence you are right.

'Ní ,'m ,ts'ang kiú' 'ngo kú' 'ts'z 'ngo pat, ,loi 你唔曾呌我故此我不來 You did not call me, hence I did not come.

Conjunctions.

However, see Although.

If. yéuk$_2$ 若, ꜀ü 如.

Yéuk$_2$ pat$_2$ ʻhang 若不肯 If he be unwilling.

ʻNgo yéuk$_2$ or yéuk$_2$ ʻngo pat$_2$ hü^2 我若，若我不去 If I do not depart.

꜀Ü ʻyau ꜀sam 如有心 If he has a mind.

꜀Ü ʻyau yat$_2$ ꜀chí pat$_2$ 如有一枝筆 If he has a brush.

Yéuk$_2$ hai^2 ʻkòm 若係噉 If it be thus.

Yéuk$_2$ ꜁ín tsak$_2$ 若然則 If so, then &c.

Respecting ʻt'ong 倘, ʻt'ong 儻, ʻkau 苟 and ʻshai 使 see Verb, Conditional Mood.

Lest, ʻhung 恐. ʻHung ꜁k'í ʻtá lán^2 ꜀chí 恐其打爛之 Lest he break it.

꜁'M ʻhò tái^2 ꜀shing ʻkong, ʻhung ꜀keng ʻsing ʻk'ü 唔好大聲講恐驚醒佢 Do not speak loud lest you awaken him.

Likewise, yik$_2$ ꜁ín 亦然.

ʻK'ü ʻyau ts'o^3 kwo^3, ʻní yik$_2$ ꜁ín 佢有錯過你亦然 He is at fault, and you likewise.

Moreover, yau^2 又, fong^3 ʻch'é 況且, yik$_2$ 亦, ling^2 ngoi^2 另外, ling^2 ʻyau 另有 and ꜁wan ʻyau 還有.

Yau^2 ꜁wan 又云 Moreover he said.

Fong^3 ʻch'é ꜁k'i pat$_2$ ꜀fún ʻhí ʻní 況且其不歡喜你 Moreover he was not pleased with you.

Ling^2 ʻyau ꜀to ꜁ts'oi pák$_2$ 另有多財帛 Moreover he has much wealth.

Nevertheless yik$_2$ 亦, shéung^2 ʻch'e 尚且 &c.

Nor, yik$_2$ 亦. ʻK'ü ꜁'m ʻhang, ʻngo yik$_2$ ꜁'m ʻhang 佢唔肯，我亦唔肯 He will not, nor will I.

No sooner. Yat$_2$ kín^3 ʻk'ü tsau^2 ʻtá ʻk'ü 一見佢就打佢 No sooner did he see him, than he struck him.

Neither—nor, pat$_2$—pat$_2$ 不，不. Pat$_2$ ʻtá pat$_2$ ʻtsau 不打不走 He would neither fight nor run.

꜁'M ʻwong ꜁'m ꜁loi 唔往唔來 He would neither go nor come.

꜁Mò ꜀ká ʻho ꜀kwai, ꜁mò lò^2 ʻho ꜀pan 無家可歸，無路可奔 He has no home to return to, nor road for escape.

Nor, either, can be variously expressed, as :—

ʻNgo ꜁mò ꜁ngan, ʻní yik$_2$ ꜁mò 我無銀，你亦無 I have no money, nor you either.

Notwithstanding ꜀sui ꜁ín 雖然.

海上絲綢之路文獻集成 科技與文化編

Conjunctions.

Or. Yik, wák, ‿ü ʿts'z 抑或如此 Or is it thus?

‿K'au ‿chí yik, ʿü ‿chi 求之抑與之 Did he ask for it or was it given [him?

Hai² ʿní wák, hai² ʿní ké' á' ‿múi 係你或係你嘅亞妹 Was it you or your sister?

Provided ʿt'ong yéuk, 倘若 or ch'ít, yéuk, 設若.

ʿT'ong tak, ʿk'ü ké' ‿ngan ‿wan ‿wan 倘得佢嘅銀云云 Provided he get his money &c.

Since kí' ‿ín 既然. Kí' ‿ín ‿ü ʿts'z 既然如此 Since it is thus.

ʿK'ü ‿'m tsò', ‿ü shí² ‿chiú tak, pít, ko' ‿yan 佢唔做，於是招得別個人 He will no longer stay, so you may call another person.

Still. ‿Wan ʿyau 還有 Still he has some.

Shéung² ʿch'é pat, ʿhang 尚且不肯 Still he would not.

‿Ying hai² ‿'m ʿhò 仍係唔好 Still it is not good.

‿Ying shéung² ʿwong ʿpí 仍尚往彼 Still he went there.

‿Ín yik, ʿyau ‿chí 然亦有之 Still it does exist.

‿Ín ‿í mí² í' 然而未義 Still it is not righteousness.

Yau² pat, ʿho 又不可 Still more improper.

‿Yau í' 尤異 Still more singular, or still more strange.

Than, Mok, tái² ‿ü ‿t'ín 莫大於天 Nothing greater than heaven.

Tái² kwo' ʿk'ü 大過佢, Greater than he.

(Respecting than, see Comparative)

That chí' 致, ʿshai 使, ling² 令, tsik, shí² 即是, and tsik hai² 即係, signify *that is.*

Then, tsak, 則 as:—‿Ts'am tsak, ü² ‿chí 尋則遇之, Seek then you shall find.

K'au' ‿mún tsak, tak, ‿hoi 叩門則得開, knok then it will be opened to you.

‿Chí kwo' tsak, ʿkoi 知過則改, If you know your transgressions then reform.

‿Chí ‿ngan tsak, ʿho 支銀則可, Give the money then all is well.

Ch'ut, ‿shing ‿fong ʿhò 出城方好, Leave the city, then all will be well.

ʿNí ʿyau tak, ‿fong ʿho fuk, ‿yan 你有德方可服人, If you possess virtue then you may subdue people.

‿Fong tak, ʿkí í' 方得己意, He then obtained his wish.

꜀Fong ˋho 方可, It will do then.
꜀Fong ꜀ts'oi ch'ut꜀ hü' 方纔出去, He then departed.
ˋNái tsò² tak꜀ 乃做得, It will then do.
Sui² ꜀chiú ꜀chí 遂招之, He then called him.
Pin² chéuk꜀ 便着, Then it will do.
ˋK'ü ˋshéung ˋngo tsau² lok꜀ 佢上我就落, If he ascend, then I des- [cend.
Tsau² ꜀loi 就來, Then come.
Therefore, ˋsho ˋi 所以, shí² ˋi 是以, kú' 故, shí² kú' 是故, ꜀yan ˋts'z 因此 &c. (see hence).
Though see Although.
Too, yik꜀ ꜀ín 亦然.
ˋNi ˋhò kün² ˋngo yik꜀ ꜀ín 你好倦, 我亦然· you are very tired, and [I too.
Unless see except.
When, tong' 當· Tong' tsoi² fàt꜀ kwok꜀ ꜀chí ꜀shí 當在法國之時, When I was in France.
Whereas, ꜀fú 夫, Chiú' tak꜀ 照得·
Wherefore, shí² kú' 是故·
Whether wák꜀ 或. Wák꜀ shín² wák꜀ ok꜀ 或善或惡, Whether good [or bad.
Yet, shéung² 尙, yik꜀ 亦·
꜀Yau ˋho 猶可 It may yet do.

Expletives.

They are generally employed for improving the style; and also as substitutes for our punctuation, in which latter quality they are of the utmost importance not only in writing intelligible composition, but particularly in conversation.

They may be divided under five heads, i.e.:—
1.—Auxiliaries in composition;
2.—Substitutes for Notes of Interrogation;
3.—Substitutes for Notes of Exclamation and Admiration;
4.—Expressing the Indicative Mood; and
5.—Interjections.

1. *Auxiliaries in Composition.*

In Tsuk꜀ ꜀ú ˋki 足乎已 To rely upon your own resources, we require only tsuk꜀ 足 and ˋki 已 to complete the sense, ꜀ú serving only as an Auxiliary to the rhythm of the language.

Kan² ꜀ú ꜀chí 近乎知 Has nearly attained to wisdom.
Ch'ut꜀ ꜀ú tak꜀ 出乎德 Proceeding from virtue.
P'at꜀ ꜀ú ˋní 匹乎你 Essentially like yourself.

Expletives.

Tò² ʿyá ʿché pat, ʿho ˏlí 道也者不可離 The right way may not be departed from.

ˏYan ʿché ˏyan ʿyá 仁者人也 Man himself is benevolence.

ˏChung ʿyá ʿché ˏt'ín há² ˏchí tái² ʿpún ʿyá 中也者天下之大本也 The due medium is the great root of every thing under heaven.

2. *Substitutes for Notes of Interrogation.*

ˏÚ 乎.—ˏYan ˏú 仁乎 Is it benevolence?

I² ˏú 義乎 Is it righteousness? ʿHo ˏú 可乎 May I?

ʿHí ʿho tak, ˏú 豈可得乎 How can it be obtained?

ˏYé 耶.—Shí² ˏyé ˏfí ˏyé 是耶非耶 Is it right or wrong?

ʿTs'z ʿhi kan² ˏü ˏyan ˏts'ing ˏyé 此豈近於人情耶 How does this accord with human feelings!

ˏChü 諸.—ʿYau ˏchü 有諸 Is it indeed?

ˏYan ʿyau ʿshé ˏchü 人有舍諸 Will you reject it?

ˏÜ 與=歟.—ˏK'au ˏchí ˏü 求之與 Did you entreat him?

Tuk, ˏho ˏü 獨何與 How is this?

ˏÍn hau² fái² ˏü ˏsam ˏü 然後快於心與 What pleasure can this afford to your mind?

Wai² ˏfí ˏkòm pat, tsuk, ˏü ʿhau ˏü 爲肥甘不足於口與 "Is it on account of the rich and sweet food not being sufficient for your palate?"

ˏHing ʿnün pat, tsuk, ˏü ʿt'ai ˏü 輕煖不足於體與 "Have you not enough light and warm clothing for your body?"

ˏHo pat, shan² ˏü 何不愼與 Why should we not be careful?

ˏTsoi 哉.—ˏOn tsoi² ˏtsoi 安在哉 Where is it?

ˏKwan ʿts'z ˏto ˏú ˏtsoi 君子多乎哉 Does a superior man need so many?

ˏHai ʿho ˏtsoi 奚可哉 Is it possible?

3. *Substitutes for Notes of Exclamation.*

ˏTsoi 哉.—Tái² ˏtsoi 大哉 How great! How important!

Shín² ˏtsoi ˏk'í ˏín ʿyá 善哉其言也 His words how excellent!

ˏÍn ˏtsoi ˏÚi ʿyá 賢哉回也 How virtuous a man is Úi!

Tái² ˏtsoi shing² ˏyan ˏchí tò² ʿyá 大哉聖人之道也 How sublime is the doctrine of sages!

Tái² ˏtsoi man² ʿyá 大哉問也 How important that question!

ˏÚ 乎.—ˏI ˏú 宜乎 How proper it is!

Expletives.

꜀Hai 兮.—꜀Ts'ong long² ꜀chí ꜂shui ꜀ts'ing ꜁hai 滄浪之水清兮 How clear the water of ꜀Ts'ong long²!

꜀Ts'ong long² ꜀chí ꜂shui chuk꜄ ꜁hai 滄浪之水濁兮 How turbid the water of ꜀Ts'ong long²!

Hak꜄ ꜁hai ꜀hün ꜁hai 赫兮喧兮 How majestic! How glorious!

꜂Pí ꜃mí ꜁yan ꜁hai 彼美人兮 That beautiful person!

꜀Fú 夫.—Sham² tái² ꜀fú 甚大夫 How very great!

꜁Ng ꜂i ꜀fú 吾矣夫 I am gone!

In Court Colloquial we also meet tsak꜄ ko꜄ 則箇 as an exclamation, as:—

Shü² tsui² tsak꜄ ko꜄ 恕罪則箇 Oh pardon the offence!

꜁Wong ꜀t'ín ꜂ho ꜁lín tsak꜄ ko꜄ 皇天可憐則箇 Oh heaven! have compassion on me!

4. *Expressing the Indicative Mood.*

꜃Yá 也.—Shín² ꜂ché ꜁yan ꜃yá 善者仁也 Goodness is benevolence.
꜀T'ín há² ꜂ho ꜀kwan ꜃yá, tséuk꜄ luk꜄ ꜂ho ꜁ts'z ꜃yá, pák꜄ yan² ꜂ho tò² ꜃yá, ꜀chung ꜁yung pat꜄ ꜂ho ꜁nang ꜃yá 天下可均也,爵祿可辭也,白刃可蹈也,中庸不可能也 You may subdue the world, refuse distinctions, tread upon naked swords, and yet be unable to maintain the due medium.

꜃Ngo mí² ꜀chí kín꜄ ꜃yá 我未之見也 I have not seen such.

Pat꜄ tsuk꜄ wai꜄ ꜃yá 不足畏也 Not worth dreading.

꜁Ng kín꜄ ꜁k'í tsun꜄ ꜃yá, mí² kín꜄ ꜁k'í ꜂chí ꜃yá 吾見其進也未見其止也 I have seen him progressing, but never stopping.

Pat꜄ ꜂ho ꜃yá 不可也 You may not.

꜁In 焉, ꜀Sam pat꜄ tsoi² ꜁ín, 心不在焉 His heart forsook him. Sz² ꜁shí ꜁hang ꜁ín, mán² mat꜄ ꜀shang ꜁ín 四時行焉萬物生焉 The four seasons return in order and all things come in their season. ꜂Sho lok꜄ pat꜄ ꜁ts'ün ꜁ín 所樂不存焉 That in which he delights is not here.

꜀Yan ꜀yan ꜁ín 欣欣焉 Very joyfully.

Fat꜄ ꜁ín 忽焉 Suddenly.

꜁Ü ꜀t'ín ꜁ín 如天焉 As in haeven.

꜁In 然.—This is interchangeably used with the preceding. As a final particle it adds force to what is said.

Pat꜄ ꜁ín 不然 Not so. Mí² pít꜄ ꜁ín 未必然 It is yet uncertain.

꜂Sho ꜀tong ꜁ín 所當然 As it ought to be.

Tsz² ꜁ín ꜁í ꜁ín 自然而然 Spontaneously and yet truly.

海上絲綢之路文獻集成 科技與文化編

Expletives.

ˢí 矣, ˢí 爾, ˢí 耳, ˏí 兒 and ˏí 而 are used in a similar sense as the preceding; but express the meaning less forcibly than ˏfú.

Combinations of Expletives, or Euphonic Particles.

The upper sentence is in the literary style, the lower in the Punti Colloquial, the sense being the same in both.

也夫 ˢYá ˏfú { Mok, ˏfí ˏkwai ˏchí meng² ˢyá ˏfú 莫非歸之命也夫
Tò hai² meng² ˢching teng² ké² lok, 都係命整定嘅咯
It is decreed by fate.

也哉 ˢYá ˏtsoi { ˏ'Ng ˢhí ˏp'áu ˏkwá ˢyá ˏtsoi 吾豈匏瓜也哉
ˢNg ˢhí hai² ˏú ˏlò ˏkwá ˢkòm yéung² ˏmé 我豈係葫蘆瓜噉樣咩
Am I only a gourd? or: Do you compare me only to a gourd?

也與 ˢYá ˏü { K'í ˏyau ching² ˏts'éung mín² ˏí lap, ˢyá ˏü 其猶正牆面而立也與
Tsik, hai² héung² mín² ˏmái ˏts'éung ˢk'í chü² ˢkòm ˏlo 卽係向面埋墻企住噉羅
As stupid as to stand with your face close to the wall (*i. e.* you know nothing and can see nothing).

也已 ˢYá ˢí { ˢHo wai² ˏyan ˏchí ˏfong ˢyá ˢí 可謂仁之方也已
Tsau² hai² ˏwai ˏyan ké² fát, ˢtsz lá² 就係爲仁嘅法子啦
Then it may be called a means of practicing virtue.

也耶 ˢYá ˏyé { ˏK'í yik, ˏying ˢhéung ˢts'z fuk, ˢyá ˏyé 其亦應享此福也耶
ˢPún ˢtang ˢhéung ko² tí² fuk, fan² ˏlo 本等享箇的福份羅
He ought also to enjoy this happiness.

矣哉 ˢÍ ˏtsoi { Shín² ˏchí wok, pò² sun² ˢí ˏtsoi 善之獲報信矣哉
ˏWai shín² tsau² ˢhò ˢkwo shat, hai² lá² 爲善就好果實係嘑
Practive virtue and you will reap the good fruit of it.

已矣 ˢÍ ˢí { Pat, yung² tsak, yik, ˢí ˢí 不用則亦已矣
ˏ'M ˢshai ˢní, ˢni tsau² pá² lá² 唔使你,你就罷啦
If he will not employ you, then you must drop the matter.

已乎 ˢÍ ˏú { ˏÜ ˏsz ˏí ˢí ˏú 如斯而已乎
ˢKòm yéung² ˢtsz tsau² ˢmó ˏlo 噉樣子就冇羅
If so, then there is no other way left (*i.e.* there is only one way to give happiness to the people).

乎哉 ˏÚ ˏtsoi { ˏKwan ˢtsz ˏto ˏú ˏtsoi 君子多乎哉
ˏKwan ˢtsz ˢí ko² tí² ˢkòm ké² ˏwai ˏto ˏmé 君子以个啲噉嘅爲多咩
Why should the superior man trouble himself about so many?

Expletives.

然 乎 { ˏK'í ˏín ʿhí ˏk'í ˏín ˏú 其然豈其然乎
ˏÍn ˏú { Hai² ˏchan ching³ hai² 係眞正係
So! But is it so with him?

然 矣 { ʿÜ ˏ'ng ˏmò kán³ ˏín ʿí 禹吾無間然矣
ˏÍn ʿí { Tái² ʿÜ ko³ ˏyan ʿmó tán² ké³ lok, 大禹个人有彈嘅咯
The great ʿÜ is not a man deficient in virtue (no crevice found in him).

然 亦 { ˏÍn yik, pít, ˏk'au ˏk'í shí² ˏí ʿí 然亦必求其是而已
ˏÍn yik, { Yik, iú³ ˏk'au ˏk'í chéuk, ʿkòm tsau² ʿhai lok, 亦要求其着噉就係咯
If so; then let him also seek for that which is right and nothing else.

然 而 { ˏÍn ˏí pat, shing³ ʿché 然而不勝者
ˏÍn ˏí { Hai² ˏchí, ʿyau ˏ'm ˏying tak, ké³ ˏní 係吱,有唔贏得嘅呢
Indeed; but there are some which cannot be overcome.

然 且 { ˏÍn ʿch'é pat, ʿho 然且不可
ˏÍn ʿch'é { Shéung² ʿch'é ˏtò ˏ'm ʿhò á³ 尙且都唔好呀
Still it is not proper.

然 則 { ˏÍn tsak, ˏfú ʿtsz ké³ shing³ ʿí ˏú 然則夫子旣聖矣乎
ˏÍn tsak, { Hai² ˏlá, ʿkòm tsau² ˏfú ʿtsz hai² shing³ ˏyan ˏlo kwá³ 係啦,噉就夫子係聖人囉咵
Then Confucius was a sage, was he not?

若 然 { ˏ'Mò yéuk, Sung³ ˏyan ˏín 無若宋人然
Yéuk, ˏín { ʿMai ko³ ʿhò ʿts'z Sung³ ˏyan ʿkòm yéung² ʿtsz á³ 咪个好似宋人噉樣子呀
Not like the Sung people (who pulled up the rice, to make it look as large as other peoples).

庶 乎 { Tsak, shü³ ˏú ˏk'í pat, ˏch'á ʿí 則庶乎其不差矣
Shü³ ˏú { ʿKòm ˏní shü³ ˏkí ʿmò mat, ts'o³ lok, 噉呢庶幾冇乜錯咯
If so, then he is almost without fault.

惡 乎 { ˏKwan ʿtsz yik, ʿyau ú³ ˏú 君子亦有惡乎
Ú³ ˏú { ˏKwan ʿtsz ʿyau ˏtsang ˏyan ké³ ʿmò ˏní 君子有憎人嘅冇呢
Does then the superior man also dislike (or hate) people?

嗚呼 { ˏÚ ˏfú hot, ˏkwai 嗚呼曷歸
ˏÚ ˏfú { ˏHai ˏho pat, ˏfán hü³ ˏkwai ˏní 嚱何不翻去歸呢
Oh! but why did he not return?

乎 耳 { Yik, ˏk'au ˏk'í ˏsam ˏchí ˏshing ˏín ˏú ʿí 亦求其心之誠焉乎
ˏÚ ʿí { Yik, iú³ ˏsam ˏshing ʿkòm ché³ 亦要心誠噉啫 [耳
Should seek to make his heart sincere.

漢語語法

Expletives.

云耳 ꜀Wan ˋi { Pat, ngoi² ꜀yan ꜀wan yik, ꜀wan ˋi 不外人云亦云耳
Pat, kwo² ꜀yan wá² ˋngo yau² wá² ché² 不過人話我又話啫 }
People say so and I repeat it.

云爾 ꜀Wan ˋi { Pok, ꜀ú ꜀wan ˋi 薄乎云爾
Pat, kwo² tsúi² ꜀hing tí² ꜀chí 不過罪輕哋吱 }
His crime is but trifling.

焉耳 ꜀In ˋi { ꜀Sz tsun² ꜀k'í tò² ꜀in ˋi 斯盡其道焉耳
Ko² tí² ꜀tò hai² tsun² tsz² ˋkí ꜀chí tò² ké² ché² 個哋都係盡自已之道嘅啫 }
This is to do one's duty.

且如 ˋCh'é ꜀ü { ˋCh'é ꜀ü ꜀sz ꜀yan ˋché 且如斯人者
Yau² ˋhò ˋts'z ˋko ko² ꜀yan ˋkòm ké² 又好似个個人噉嘅 }
Just like this (or that) man.

何如 ꜀Ho ꜀ü { ꜀Ho ꜀ü ꜀k'í ꜀chí ˋyá 何如其知也
Ko² tí² hai² mat, kin² shik, ꜀ní 個哋係乜見識呢 }
What manner of knowledge is it then?

如何 ꜀Ü ꜀ho { ꜀Ü ꜀ho ꜀sz ˋho wai² yéung² ˋi 如何斯可謂養矣
ˋTím yéung² ˋtsz kiú² tak, tsò² chéuk, ꜀ní 點樣子呌得做着呢 }
How then can you call this attending on your parents?

何哉 ꜀Ho ꜀tsoi { ꜀Ho ꜀tsoi ˋí ꜀sz wai² tát, ˋché 何哉爾斯謂達者
꜀Pin yéung² hai² ˋní kiú² tsò² tát, ké² ꜀ní 邊樣係你呌做達嘅呢 }
How then do you call this Tát,!

矣乎 ˋÍ ꜀ú { Fú² ˋmò ꜀k'í shun² ˋi ꜀ú 父母其順矣乎
Fú² ˋmò ˋkòm tsau² ꜀on lok, ꜀lo 父母噉就安樂羅 }
The parents will thus enjoy happiness.

矣夫 ˋÍ ꜀fú { ꜀Miú ꜀i pat, sau² ˋché ˋyau ˋi ꜀fú 苗而不秀者有矣夫
꜀Wo ꜀miú ꜀m ꜀hoi ꜀fá ꜀tò ˋyau ké² lok, 禾苗唔開花都有嘅咯 }
There are always some sprouts which do not flower.

云乎 ꜀Wan ꜀ú { ˋHí üt, ˋyau ꜀chí ꜀wan ꜀ú 豈曰友之云乎
ˋHí tán² ˋü ˋk'ü ꜀séung ꜀káu ˋkòm wá² ꜀mé 豈但與佢相交噉話咩 }
Did he say that he only kept intercourse with his friend?

者也 ˋChé ˋyá { ˋÜ ꜀t'ín ꜀man ꜀chí ꜀sín kok, ˋché ˋyá 予天民之先覺者也
ˋNgo hai² ꜀t'ín ꜀shang ꜀sin ˋhiú tò² ˋlí ké² á² 我係天生先曉道理嘅呀 }
I am born with knowledge, hence must first know it.

Expletives.

也者 ʻYá ʻché { Háu² tai² ʻyá ʻché 孝弟也者
꜀Nang ʻhiú tak, háu² tai² ké² ꜀mé 能曉得孝弟嘅咩
Does he understand filial and fraternal duties?

者乎 ʻChé ꜁ú { ꜁Í fong² ꜀ü ꜀ts'an chek꜀ ꜀chí ʻché ꜁ú 而况於親炙之者乎
꜁Ho fong² ꜀chau ꜁shí ꜀ts'an kan² ʻk'ü ké² 何况周時親近佢嘅
How much more, since he is always near him.

者耶 ʻChé ʻyá { ʻShai ꜀fi tak꜀ fá² ꜁í ꜁nang ʻchéung chí² ʻché ꜁yé 使非德化而能長治者耶
꜁'M hai² ʻhò ꜀kún tak, kòm² t'ái² ꜁p'ing ké² ꜀mé 唔係好官得咁太平嘅野 ..
And those officers should not be good who can establish such great peace?

者耶 ʻChé ꜁yé { ʻTs'z ꜀fi káu² fá² ꜀chí ʻsho k'ap꜀ ʻché ꜁yé 此非教化之所及者耶
Ko² tí² ꜁'m hai² káu² fan² tak꜀ ꜁loi ké² ꜀mé 個的唔係教訓得嚟嘅野
And this should not have been obtained by the reforming doctrine?

者哉 ʻChé ꜀tsoi { ꜁Í ꜀hing ꜁wai ꜁yan í² ʻché ꜀tsoi 而輕爲仁義者哉
꜁Ho ʻí ʻfán toi² pok꜀ tuk꜀ ꜀shü ꜁yan ꜀ní 何以反待薄讀書人呢
How dare you in return treat literary men with disrespect?

然哉 ꜁Ín ꜀tsoi { ʻÜ ʻhí yéuk꜀ shí² ʻsiú chéung² ꜀fú ꜁ín ꜀tsoi 予豈若是小丈夫然哉
ʻNgo ʻhí ꜁t'ung ko² tí² ʻmò tò² léung² ꜁yan ʻmá 我豈同个啲冇度量人嗎
How dare you compare me to that mean fellow?

惡乎 ꜀Ú ꜁ú { ꜀Ú ꜁ú ꜁i ꜁ú 惡乎宜乎
ʻTím yéung² ʻtsz chí² chéuk ꜀ní 點樣子至着呢
How shall we then act to make things proper?

已矣乎 ʻI ʻí ꜁ú { ʻTsz üt꜀ ʻí ʻí ꜁ú 子曰已矣乎
ʻHung ʻtsz wá² ʻmò mat꜀ ʻséung mong² ké² lok꜀ 孔子話冇乜想望嘅咯
Confucius said: All hope is lost!

已矣夫 ʻí ʻí ꜁fú { ꜁'Ng ʻí ʻí ꜁fú 唔已矣夫
ʻNgo ꜀chí tò² ꜁'m tak꜀ ꜁hang ꜀ü shai² ké² lok꜀ 我之道唔得行於世嘅咯
It is all over (my doctrine will not reform the world.)

海上絲綢之路文獻集成 科技與文化編

漢語語法

Expletives.

而已矣 ꜀I ꜂i ꜂i { ꜀Kung ꜂i ching꜄ ꜁nám mín꜄ ꜁í ꜂i ꜂i 躬已正南面而已矣
Lap꜆ ꜀chün ꜁in tso꜄ tín꜄ ꜁lai ꜂kòm yéung꜄ ꜀chí 立㒸然坐殿嘹噉㨾吱 }
He only sat on the throne and the whole empire was governed well.

而已也 ꜁I ꜂i ꜂yá { ꜀Fí tsz꜄ ꜁shing ꜂kí ꜁i ꜂i ꜂yá 非自成已而已也
꜁'M hai꜄ ꜁shing ꜂kí ꜂kòm tsau꜄ ꜀lo á꜄ 唔係成已噉就囉呀 }
The possessor of sincerity does not stop with the perfection of himself.

也與哉 ꜂Yá ꜁ü ꜀tsoi { ꜁'Ng ꜁hang ꜂yá ꜁ü ꜀tsoi 吾行也與哉
꜂Ngo ꜁hang hü꜄ ꜂kòm tsau꜄ ꜂hai ꜁mé 我行去噉就喺咩 }
If I depart, will it then be all well?

何以哉 ꜁Ho ꜂i ꜀tsoi { Tsak꜆ ꜁ho ꜂i ꜀tsoi 則何以哉
꜂Ní ꜂kái mat꜆ ꜂pún ꜂ling hü꜄ tsò꜄ ꜀ní 你摡乜本領去做呢 }
What have you to take with you?

庶乎哉 Shü꜄ ꜁ú ꜀tsoi { ꜁K'í ꜂t'oi shü꜄ ꜁ú ꜀tsoi 其殆庶乎哉
꜂K'ü tsau꜄ sün꜄ ꜂hò kè꜄ ꜀lo 佢就筭好嘅囉 }
He considers him in every respect a good man.

焉爾乎 ꜁In ꜂i ꜁ú { ꜂Ü tak꜆ ꜀yan ꜁ín ꜂i ꜁ú 汝得人焉爾乎
꜂Ní tak꜆ ko꜄ ꜂hò ꜀yan ꜀séung ü꜄ ꜁m ꜁ts'ang ꜀ní 你得個好人相與唔曾呢 }
Are there any virtuous men there (with whom you can hold intercourse?)

焉爾矣 ꜁In ꜂i ꜂i { Tsun꜄ ꜀sam ꜁in ꜂i ꜂i 盡心焉爾矣
꜂Ngo ꜀tò ꜂hò tsun꜄ ꜀sam kè꜄ la꜄ 我都好盡心嘅㗎 }
With all my heart (I exert myself to the utmost).

也已矣 ꜂Yá ꜂i ꜂i { ꜁K'í ꜂ho wai꜄ chí꜄ tak꜆ ꜂yá ꜂i ꜂i 其可謂至德也已矣
꜂K'ü sün꜄ chí꜄ ꜂hò tak꜆ ꜁hang kè꜄ lok꜆ 佢筭至好德行嘅咯 }
He considers the practice of superior virtue the only thing worth speaking of.

焉而已矣 ꜁In ꜁í ꜂i ꜂i { ꜀Sau ꜁k'i ꜀shan ꜁in ꜁í ꜂i ꜂i 脩其身焉而已矣
Tá ꜂lí tsz꜄ ꜂kí ko꜄ ꜀shan tsau꜄ ꜂hai lok꜆ 打理自已個身就喺咯 }
Cultivate personal virtue and nothing else.

已乎已乎 ꜂I ꜁ú ꜂i ꜁ú { ꜁K'í ꜁nang ꜂i ꜁ú ꜂i ꜁ú 其能已乎已乎
꜂Tím tak꜆ wá꜄ pá꜄ ꜀lo pá꜄ ꜀lo ꜀ni 點得話罷囉罷囉呢 }
How dare you always say, Desist! Desist!

Expletives in Canton Colloquial.

已而已而 ʿI ˏí ʿi ˏi
{ ʿI ˏí ʿi ˏí ˏkam ˏchí ˏts'ung ching' ʿché ʿt'oi ˏí 已而已而今之從政者殆而
Pá' ˏlo pá' ˏlo, ˏí ˏká tí² ˏkún ˏ'm ʿhò tsò² ké² ˏlo 罷囉罷囉而家哋官唔好做嘅囉 }

Stop! Stop! for peril awaits those who engage in politics.

ˏChí ˏú ʿché ʿyá ʿí ˏín ˏtsoi 之乎者也矣焉哉

Ts'at, tsz² ˏnang ˏfan shí² sau' ˏts'oi 七字能分是秀才

If you know well how to use the words from ˏChí to ˏTsoi.
You are a graduate, yea a Sau ˏts'oi.

The following expletives are those in common use in Punti Colloquial. A thorough knowledge of them is as necessary for intelligible conversation as the Tones and Aspirates; for they supply the place of the expression of our emotions, by which either a wish, a command or a question is implied according to the modulation of our voice. Most foreigners learning Chinese have hitherto paid too little attention to this subject. The consequence has been, that many, after having studied for eight or ten years, discovered too late, that they were not understood, whilst others, with less education and talent, and among them several ladies, have acquired so thorough a knowledge of the spoken language as to be able to converse in it with an ease, almost approaching to that of their mother tongue.

Of Interrogation.

ˏÁ 吖.—Mat, ʿyé ˏá 乜野吖 What?

Á' 呀.—ʿNí ʿkú ʿngo ʿhò tak, ˏhán á' 你估我好得閒呀 Do you think I have much leisure?

Ché' 啫.—ʿK'ü ʿchí ʿkòm ké' ché' 佢止噉嘅啫 Has he only that?

ʿMá 嗎.—ˏChan ching' hai² lok, ʿmá 真正係咯嗎 Is it so indeed?

ˏMé 咩.—ʿKòm wá² ˏ'm hai² ˏmé 噉話唔係咩 Did he say so or not?

ˏMá 孖, for ˏ'm ˏá 唔呀. Mat, ʿní ʿyau ʿhò ké' ˏmá 乜你有好嘅孖 Have you anything nice there?

ˏNí 呢.—Mat, ˏ'm ʿpí ʿngo ʿt'ai ʿhá ˏní 乜唔俾我睇吓呢 Why do you not let me have a look at it?

ˏMé 咩.—ʿNí ˏ'm ˏchí tò' ˏmé 你唔知到咩 Do you not know it?

ˏO 呵.—Mat, ʿní mau² tak, kòm' ch'ut, ˏk'í ˏá ˏo 乜你問得咁出奇啞呵 Why do you put so strange a question?

Pá' 罷.—ˏFong mat, ʿyé pá' 慌乜野罷 What have you to fear?

Of Command.

Lá' 啦.—Kiú' ʿhí tsau² iú' hü' lá' 叫起就要去啦 If he call, then you must be off.

漢語語法

Lá' 嚹.—'Hò fái' ti² hü' lá' 好快地去嚹 Be very quick!
ˏLá 喇.—Chik, hü' ˏlá 直去啦 Go straight on!
Lé 咧.—Tsik, hák, hü' lé' 即刻去咧 Go instantly!

Of Affirmation and Response.

Ché' 啫. Tsau² hai² 'kòm wá² ché' 就係噉話啫 Then speak in that way.
ˏChí 吱. ˏTò hai² 'kòm ˏchí 都係噉吱 Matters stand thus.
ˏChí 吔. Pat, kwo' ˏtò hai² 'kòm ˏchí 不過都係噉吔 Not different from that.
ˏLo 囉. 'K'ü tò' ˏlo 佢到囉 He has arrived.
ˏLé 咧. ˏChan chí' hai² ˏlé 真至係咧 It is so indeed.
ˏLé 哩. Mat, ˏ'm hai² ˏlé 乜唔係哩 Why should it not be so?
ˏLo po' 囉嚅. 'Ngo hü' ˏlo po' 我去囉嚅 I do go.
Lok, 咯. 'Mò ts'o' lok, 冇錯咯 So it is.

Of doubt.

Kwá' 啩. P'á' ˏ'm hai² kwá' 怕唔係啩 I doubt it.

A little careful attention paid to this subject will soon help the student to acquire a proper knowledge of the application of these important particles.

Interjections.

1. *Of Sorrow.*

ˏOi ˏoi fú² 'mò 哀哀父母 Oh! Ah! or Alas, my parents!
ˏOi ˏtsoi 哀哉 Alas! How sad! 'Ho sik, 可惜 What a pity!
ˏÁi ˏyá 挨吔 Ah me! ˏÁi ˏyá t'ung' 挨吔痛 Oh, how painful!
ˏÁi ˏyá 'hò ˏts'ai ˏléung 挨吔好淒涼 Oh! what misery! what sufferings!
ˏO ˏá 'ho sík, 'ho sik, 阿呀可惜可惜 Oh, how lamentable! how lamentable!
ˏÚ ˏfú 嗚呼 Oh! how sad!

2. *Of Joy.*

ˏHí ˏhí 嘻嘻 O Joy (A mother playing with her infant).
ˏNán tak, ˏnán tak, 難得難得 Fortunate! Fortunate!

3. *Of Acclamation.*

ˏÍ ˏü 猗與; ˏí ˏtsé 猗嗟 Bravo!
Míú² ˏtsoi 妙哉 Well done! Admirable! Excellent! O dear!

4. *Of Admiration.*

Mok, kwái', mok, kwái' 莫怪莫怪 No wonder! No wonder!

Interjections.

Táiˀ ˏk'í, táiˀ ˏk'í 大奇大奇 Wonderful! Wonderful! ˎOi ˎá 嗳呀 do. ˎÁ 訝 Aha! ˏYau ˎtsoi 悠哉 How exquisite! ˎYau ˎtsoi 休哉 do.

5. *Of Anger and Ridicule.*

ˎHí 唏 Pogh! Fool! ˎtsé ˎchí 嗟咨 Pshaw!

6. *Of Contempt.*

Fongˀ p'íˀ, fongˀ p'íˀ 放屁放屁 O fie! O fie!
ˎHí, ˎhí 唏唏 or ˎHí ˎhí 嘻嘻 Fie! Fie!
ˎÍ 噫 Shame!

Of Threatening and Warning.

Hüˀ páˀ 去罷 Begone! 'Tsau páˀ 走罷 do.
ˏLò kíˀ ˏlò kíˀ 牢記牢記 Do not forget! Do not forget!

8. *Of Imitation.*

ˎHí ˎhí! 嘻嘻 Imitation of laughter.
Típˎ típˎ tápˎ tápˎ 噎噎嗒嗒 The noise of rain falling on hard substances.
ˎMé 咩 The voice of babies when crying (called ˎmé ˎshing.)
There are many more Interjections met with in books; but as they are easily recognised, they do not require to be noticed here.

INDEX TO PART I.

漢語語法

ADDITIONS AND CORRECTIONS.

Page V line 9 from below for intrədroduced read introduced.

" VI " 22 " " remove the (.) after P & Co.

" IX " 20 " " for absorded read absorbed.

" XI " 14 " " for 龍 " 寵

" XIII " after Relative 85 add *water*.

" XVIII " 2 from above for idea's read ideas.

" XIX " 1 " " for ˏkai " ˏkái.

" XX " 5 " " for ˏcháu " ˏch'áu.

" XX " 13 " " for toi " ˏt'oi.

" XX " 3 " below for persue " pursue.

" XXI " 11 " " add a (—) after flag.

" 2 " 7 " " for chín read ˏchín.

" 5 " 7 " above for uninelligible read unintelligible.

" 7 " 10 " below put *of* before stockings.

" 8 " 2 " above and elsewhere for ˊngan 眼 read ˊngán.

" 9 " 15 " " for ˏkwan read ˏkwán.

" 9 " 16 " " for ˏÍm " ˊÍm.

" 10 " 8 " " for fat, " fát,

" 15 for hatches " hatchets.

" 18 " 4 & 5 " " for ˏwai " ˏwái.

" 19 " 2 " " for ˏkín " ˏk'ín.

" 19 " 6 " " for famale " female.

" 21 " 17 " " inclose *very good* in a ( ).

" 21 " 15 " " for Hám^{2} páng^{2} lang^{2} read Ham^{2} páng^{2} ˊláng^{2}.

" 24 " 14 " " for Hò read ˊHò.

" 24 and elsewhere for oi^{2} 愛 " oi^{3}.

" 28 " " for í^{3} 義 " í^{2}

" 33 line 4 from above for t'ái^{3} 太 " t'ái^{2}.

" 34 " 13 " " for ˏHám " Hám^{2}.

" 35 " 2 & 8 and elsewhere for ˏts'ín 賤 read tsín^{2}.

" 35 " 3 from above for tak, read tak,

" 36 " 11 " " for yéuk, " yéuk,

" 37 " 14 " " for ˏpò " p'ò^{3}.

" 39 " 4 " " for hai, " hai^{2}.

" 44 " 4 " " for kín^{3} " kín^{2}

" 44 " 18 " " for ˏkun " ˏkún.

" 45 " 7 " " for fán^{2} " ˏfán.

" 46 " 10 " " for resourse read resource.

" 50 " 11 " " for beuaty " beauty.

" 54 " 16 & 17 " " for tuk, 獨 " tuk,.

" 59 " 11 " " for ˊC'han " ˊCh'au.

" 61 " 4 " " for ˏkwai " ˏkw'ai.

" 64 " 15 " " for Chi, " Chí^{3}.

" 64 " 2 " below for ü^{3} ˏü

ADDITIONS AND CORRECTIONS.

Page 67	line 12	from above	for ʻNái	read ʿNái.
„ 74	„ 14	„	„	for kwoʾ	„ ʻkwo.
„ 75	„ 1 & 8	„	„	remove the (.) after Optative and Mood.	
„ 78	„ 9	„	„	for ꜀lun	„ lun².
„ 81	„ 1	„	„	for lünʾ	„ lün².
„ 81	„ 1 & 2	below		for tsaiʾ	„ tsai².
„ 82	„ 12	from below		for tak꜄	„ tak₂.
„ 83	„ 2	„	above	for k'üʾ	„ ʿk'ü.
„ 85	„ 10	„	„	for ʿmò	„ ꜀mò
„ 87	„ 11	„	„	for 倍	„ 陪
„ 88	„ 3	„	„	for acquaduct	read aquaduct.
„ 88	„ 14	„	„	for kak꜄	„ kák꜄.
„ 90	„ 13	„	„	for ꜀Ní	„ ꜀Ní.
„ 91	„ 9	„	„	for mai²	„ mái².

漢語官話口語語法

（*A Grammar of the Chinese Colloquial Language, Commonly Called the Mandarin Dialect*）

〔英〕艾約瑟（Joseph Edkins）著

《漢語官話口語語法》，英國艾約瑟著。艾約瑟（Joseph Edkins，一八二三—一九〇五），英國倫敦會傳教士。畢業於倫敦大學，一八四八年抵滬，曾協助墨海書館麥都思工作，後主持該館編輯出版事務。一八八〇年被中國總税務司赫德聘爲海關翻譯，先後活動於京滬兩地。著有《上海方言口語語法》、《漢語的進化》等。是書正文分三部分：語音八章，漢語之組成部分十二章，句法十一章。書中涵蓋多種田野調查語料，最早系統探討漢語詞類轉换問題。據一八五七年上海版影印。

A GRAMMAR

OF THE

CHINESE COLLOQUIAL LANGUAGE,

COMMONLY CALLED THE

MANDARIN DIALECT.

BY

JOSEPH EDKINS, B. A. Lond.

OF THE

LONDON MISSIONARY SOCIETY.

SHANGHAI:

LONDON MISSION PRESS

1857.

PREFACE.

The study of the Chinese language is much too extensive to be conveniently comprised within the limits of a single work. The elucidation of one portion only of Chinese grammar has been undertaken in the present work, viz. that of the mandarin dialect. The field thus embraced coincides with that of Prémare in the first part of his work, and with the second division of Remusat's grammar. I very much regret that I have not yet seen M. Bazin's work on colloquial mandarin published this year. The manner in which this author prefers to discuss the spoken language, is however clearly seen in his earlier brochure on the same subject, given to the public several years since. His aim has been to exhibit in all their copiousness and variety, the laws of combination existing in groups of words, and further to trace the origin and progress of the mandarin language by means of its literature. This mode of treatment is in harmony with the advancement of modern philology generally, and has resulted in several valuable contributions to Chinese philology in particular.

The works of Morrison and Marshman on the grammar of this language, fail to convey to the mind of the student, the richness of its idioms, and the extended development of its peculiar principles. They were not aware of what their predecessors had already accomplished, and consequently spent several years in acquiring such a knowledge of the subject, as may now be gained in one, by means of Prémare and the other helps since placed in the hands of the learner.

Prémare himself with all his breadth of view, learning and taste, lived too early to be influenced by modern improvements in the study of languages. That part of his treatise which is occupied with the mandarin dialect, is chiefly a dictionary of particles with copious examples of their use. Invaluable as such a work is to the student, it is not properly speaking a grammar, nor did the author adopt for it that title.

The province of the grammarian I understand to be, to find out the laws of the language, and arrange them in the most natural and convenient manner. It has been my endeavour to do some little towards realizing this conception, but practised comparative philologists must study Chinese grammar closely, before a treatise upon it free from blemishes can be composed. Ere long probably, well-qualified scholars in Europe, will pursue their researches in this field, and in the cognate languages spoken in the Birman peninsula. If so the best mode of arranging the grammar of a monosyllabic language will receive full consideration.

That scholars of high reputation still form erroneous views of the Chinese language, may be seen in the manner in which Dr. K. F. Bekker speaks of it, in his profound work on the Organism of language.* He says, "The oldest history of the Chinese and of other monosyllabic languages is unattainable by us. We are not in a position even to conjecture with any probability, what deviations from early development, or what outward causes, have occasioned in these languages the early and entire loss of inflections, or their original absence. But the whole organic structure of these languages, is less perfect than that of languages having inflections. Yet" he continues, "philology may obtain valuable illustrations from abnormal languages, just as physiology gains information from misshapen organisms in the animal world."

A better acquaintance with the Chinese language will probably lead to the abandonment of such words as "abnormal" and "misshapen," in the description of it. It will rather be spoken of, as possessing a very copious and admirable development of the principles of monosyllabic language,—as indeed the most perfect example of that class of languages. Comparative philology has hitherto directed its efforts too exclusively, to languages whose words consist of a root and some addition to or modification of the root. The Chinese must be regarded as the best type of those languages, which do not admit any modification of the root, but allow the ap-

* Organism der Sprache, von Dr. K. F. Bekker.

海上絲綢之路文獻集成 科技與文化編

pendage of auxiliary words under a strict law of limitation. The scientific investigation of it is adapted to throw light on the structure of a language like the English. The English occupies a middle position between the classical European languages, and the monosyllabic languages of Asia. To the former, it is related by its tense and case endings, etc.; to the latter, by its formation of compounds and its auxiliary verbs, etc. Tonic pronunciation also is found more fully developed in China than elsewhere, and a competent knowledge of it as there existing, will lead to a better understanding of the local accent found in provincial dialects of English and other modern languages, and of the syllabic accents of Greek and Sanscrit.

The line of distinction drawn in the present work, between natural tones belonging to the dialect of a city, and tone-classes extending over several provinces or the entire empire, will be found essential to clearness of views on the subject of tonic pronunciation. The sketch here attempted of the origin and growth of the mandarin pronunciation, of secular changes in the tone-classes, and of the older forms of the language, from about the eighth century upwards, will shew that the earliest history of this language, is perhaps not "unattainable." The description of native mandarin dictionaries, and the notice at the end of native researches in philology, will shew that the Chinese have already done no little to aid foreign scholars in these investigations.

In the department of etymology, the auxiliary substantives, and the remarkable development of the verb, have received particular attention.

I still feel some uncertainty as to the distinction to be preserved between etymology and syntax; but such deviations as are here observable, from the plan of a former work on the Shanghai dialect, will probably be regarded as improvements.

The examples have been taken partly from the lips of natives, and partly from books in colloquial mandarin. Two works, the *Sacred edict*, and the *Dream of the red chamber*, both written since the time of Prémare, have furnished a considerable number of them.

In regard to the spelling of the Chinese sounds a few words are here requisite. Inaccuracies in preceding works on the language had to be corrected. In Prémare for example, the syllables pwan, chi, jin and chü had to be altered, to pan, chī, jen and chu, in the orthography of this work. In Morrison, the syllables shen, mun, and ching, needed to be changed into shan, men and cheng. These changes, and others of the same class, will possibly be objected to by those who are accustomed to follow without questioning the sounds of these writers. But they are necessary for correctness. Prémare appears to have been influenced by the dialects west of Nanking, and Morrison by those of the southern provinces.

That such improvements as these should not have been made till the present time, is a convincing proof that a reform in our spelling of Chinese sounds is much wanted.

In adopting Sir William Jones' mode of spelling, as proposed in the Chinese Repository, some modifications have been introduced to obviate the frequent use of accents.

In preparing the present work, while I have been far from indifferent to the advancement of scientific philology, in application to the Chinese language, my highest wish is that it may be useful in opening the treasures of the language to Christian Missionaries. With the hope that it may in some humble degree, aid in conveying religious truth to the Chinese nation, I commit it to the blessing of God.

TABLE OF CONTENTS.

PART I.—ON SOUND. Pp. 1—89.

PART II.—THE PARTS OF SPEECH. Pp. 90—205.

CHAPTER 10.

CHAPTER 11.

CHAPTER 12.

PART III.—SYNTAX.

CHAPTER 1.

CHAPTER 2.

CHAPTER 3.

CHAPTER 4.

CHAPTER 5.

CHAPTER 6.

CHAPTER 7.

CHAPTER 8.

RULES FOR USING THE ORTHOGRAPHY HERE ADOPTED.

1. The five vowels i, e, a, o, u, in an open syllable, have the Italian sound. They are the vowels contained in the words feel, fail, father, foal, fool.
2. The vowels i, é, in closed syllables are pronounced as the vowels in fin, fun. But after i and y, the letter e is to be pronounced as e in sent.
3. The vowels a, o, u, in closed syllables are the same as in open syllables.
4. Words in the fourth tone-class (juh sheng) are terminated by h, to indicate that the sound closes abruptly though without an articulate consonant.
5. The symbols ï, ü, è, are pronounced as e in *tassel*, u in the French word tu, and the first e in there.
6. The mutes k, t, p, f, ch, though sometimes a little softened in northern pronunciation, so as to sound like g, d, b, v, are to be considered hard like the English consonants k, t, p, f.
7. The aspirated consonants k‘, t‘, p‘, c‘h, t‘s, are the corresponding mutes pronounced with a distinct aspiration immediately following them.
8. Before the vowels i and ü, the letters k and ts, are in many dialects heard as one sound, which appears to be approaching ch, but is not yet definitely arrived at that sound. Before the same vowels, in the same dialects, h and s also coincide.
9. The five tone-classes are marked in the following manner :—I. ,t‘i ; II. ‘t‘i ; III. t‘i‘ ; IV. t‘ih ; V. .t‘i. In Kiang-nan and the south, the regular four tone-classes are subdivided into an upper and lower series, making eight in all. In mandarin this subdivision extends generally, only to the first which is subdivided into the first and the fifth.

A GRAMMAR

OF THE

CHINESE COLLOQUIAL LANGUAGE,

COMMONLY CALLED THE

MANDARIN DIALECT.

PART I.

ON SOUND.

CHAPTER I.

Alphabet and Tone Symbols.

The following symbols will be employed for consonants: gutturals, k, k‘, ng; dentals, t, t‘, n; labials, p, p‘, m; aspirates, f, h; sibilants, s, sh, j, ts, t‘s, ch, c‘h; liquids, l, r; semivowels, w, y.

該 ,kai, *ought.*	開 ,k‘ai, *to open.*	哀 ,ngai, *to grieve.*
底 ’ti, *bottom.*	體 ’t‘i, *body.*	你 ’ni, *you.*
步 pu‘, *step.*	普 ’p‘u, *the whole.*	墓 mu‘, *a grave.*
方 ,fang, *square.*	荒 ,hwang, *desolate.*	秀 ,sieu, *elegant.*
收 ,sheu, *gather in.*	然 .jan, *thus.*	走 ’tseu, *to walk.*
秋 ,t‘sieu, *autumn.*	周 ,cheu, *all round.*	抽 ,c‘heu, *draw out.*
樓 .leu, *upper room.*	兒 .rï, *son.*	彎 ,wan, *to bend.*
憂 ,yeu, *sad.*		

The aspirated consonants *k‘*, *t‘*, *p‘*, are pronounced by inserting the sound *h*, after the letters *k*, *t*, *p*. To obtain, for example, the aspirated form of *t* or *p*, enunciate the word Tahiti without the

A

海上絲綢之路文獻集成　科技與文化編

vowel *a*, and hap-hazard without the initial *ha*. These consonants, rare as they are in western languages, occur extensively in those of southern and eastern Asia, and after some practice are as easily distinguishable to the foreign ear, as they are to the native.

The consonant *ng*, whether initial or final, is pronounced as in the word *king*. It should have a single letter as its symbol, but the Roman alphabet does not furnish one. It does not occur as an initial in the English language.

The aspirate h has a strong harsh enunciation, approaching before the vowels i, ü, to *s*, and in many dialects coalescing with that consonant. This letter will also be used at the end of words, as by many previous writers, to denote that they take a short intonation.

J is the French j, and might be written zh. It is sometimes in English written *z* as in *azure*, also *si* as in *confusion*.

Sh, properly a single consonant like *ng*, is written with two letters for want of a better symbol.

Ts and *ch*, with their aspirated forms, are the only compound initials, or initials consisting of more than one consonant, found in Chinese words. *Ch* formed of *t* and *sh*, is written ch instead of *tsh* for brevity. The aspirate in these compound consonants occurs after *t*, not after *s*, for if *t* be omitted, the aspirate cannot be pronounced. Ts is pronounced as z in the German language, and as ts in Whitsuntide. Like ng and j, it does not occur as an initial in English, and hence, as in the case of those consonants, some effort is usually required by speakers of English, to attain the pronunciation.

In addition to the twenty two consonants occurring in the mandarin dialect, eight more will be necessary to express provincial sounds. They are g, d, b, v, *h*, z, dz, dj. They form a series of soft consonants, whose place is next to the aspirated letters k', t', etc. of the first paragraph.

The symbol *h* is used for a weak aspirate, which in some dialects accompanies the common harsh aspirate of mandarin pronunciation.

Dj is allied to ch, as g to k, dz to ts, etc. It is the English j as in *jewel*. Dj and dz though really compounds of d, z and j are for convenience treated as single consonants, according to native usage.

漢語官話口語語法

The pronunciation of Sucheu and Hangcheu having these eight consonants, in addition to those above-mentioned, possesses a flexibility and variety, which do not belong to the mandarin dialect.

The vowels required for expressing the sounds of the Kwanhwa, or mandarin pronunciation are—i, e, a, o, u, ï, and ü.

Vowel symbols.	English value.	Examples of use.	
i	i in *marine.*	西 ,si, *west.*	
i	i in *wing.*	星 ,sing, *star.*	
e	u in *sun.*	分 ,fen, *divide.*	能 .neng, *can.*
e	e in *there.*	舍 she', *cottage.*	舌 shèh, *tongue.*
		天 ,t'ien, *heaven.*	雪 siuèh, *snow.*
a	a in *father.*	往 'wang, *to go.*	怕 p'a', *fear.*
o	o in *lone.*	可 'k'o, *can.*	
u	u in *prune.*	都 ,tu, *all.*	懂 'tung, *understand.*
ï	e in *tassel* or in *ample.*	思 ,sï, *think.*	姊 ,tsï, *sister.*
		耳 'rï, *ear.*	知 ,chï, *know.*
ü	u in *plut.* (Fr.)	須 ,sü, *must.*	君 ,kiün, *chief.*
ei	ei in *ein.* (Ger.)	爲 wei', *because of.*	

When a large number of vowels is needed, as in writing provincial sounds, accents will be introduced according to the well-known system of Sir William Jones. For the mode of using the accents adopted in the present work, see the fifth page. No great inconvenience occurs from dispensing with the accents in mandarin as will be found on trial.

Some reasons for not adopting Dr. Morrison's spelling for the vowels will be now given.

First. It is better to spell a single vowel sound with one letter than with two, both for brevity and for accuracy. In writing 'ku, *ancient,* or ,c'he, *a carriage,* koo and ,c'hay, there is a sacrifice of analogy with other languages in the use of vowel symbols in favour of our own irregular orthography, and more than this, there is a loss of time in writing through the increased length of the words.

Second. Dr. Morrison's spelling is not uniform. For example, ,chen, *true;* .men, *door;* ,keng, *watch,* which have the same vowel, are written by him chin, mun, kăng. So also 'chï, *paper,* tsï', *self*, tsi', *limit*, 'sï, *die*, 'si, *to wash* are written in his system incorrectly with the same vowels: thus, che, tsze, tse, sze, se. By adopting another symbol for the vowel sound contained in the first, second, and fourth of these words, this irregularity is avoided. Further ü', *to meet*, kü', *a sentence*, having the same vowel, are spelt by Morrison yu, keu. By using the diæresis, y and e may both be omitted with advantage. Morrison spells .hwei, *to return*, and .wei, *to do*, two words which exactly rhyme in their sound, in two modes hwuy and wei. So also the former of these words rhymes according to the same author with 雖 ,sui and 追 ,chui, which he spells suy, chuy. In fact, ei should follow kw, hw and w, while ui is preceded by t, s, ts, ch, j, n and l. The voice passes quickly over *w* as in "swerve," but rests on *u* as in "ruin." Two symbols w and u are therefore necessary, a vowel and consonant.

The symbols I, E, will be observed to have two sounds, according as their position is at the end or in the middle of a word. The medial i is always short in mandarin; the final, except with the short intonation is always long. Final H, which will be used to indicate the short tone, does not count as anything but a tone-mark.

For the short A of Sanscrit, represented in *sun* and *son* by u and o, e is here employed. This agrees with the usage of Premáre and other French writers. If A or U were taken as the symbol of this sound, it would be necessary to introduce the accent for long quantities, in a large number of words. The same symbol e, will be appropriated to express the final vowel in .she, *a snake*, and similar words, and the grave accent will be used to distinguish the vowel in 哲 chèh, from that in 革 keh, the former being pronounced as e in "there," and the latter as o in "son."

The vowels a and o are in mandarin both long, whether as medial or final, and are never shortened into the a and o of the English words hat, hot. The accent therefore is unnecessary for these vowels, except for provincial dialects.

When e follows i in words ending with n, the sound represented is that heard in the English words "men," "mend," e. g. 'tien 點 *a point*. This e is pronounced a, in many parts of North China.

Perhaps the greatest difficulty in framing an orthography for Chinese sounds, is in finding a representative for the vowel part

海上絲綢之路文獻集成 科技與文化編

漢語官話口語語法

of the words rï', *two*, sï', *four*, tsï', *a character*, chï', *knowledge*, 日 jïh, *a day*, and similar words. The sound is easier to imitate than to write down. It is produced by enunciating the consonant without any of the common vowels following, only taking care to make the sound distinctly audible by a full expiration of vocal breath. To express it in writing, a new symbol, viz. i with the diæresis, is here proposed. By this means, the insertion of z is dispensed with, and confusion in the use of i or e is also avoided. A further advantage attending the use of a distinct symbol for this vowel is, that sounds such as 實、日、直、 pronounced shïh, jïh, chïh, can thus be more accurately represented than by the spelling shih, jih, chih. No vowel *i* is heard, and these words differ only in tone from the sound of 詩 shï, 之 chï, etc. To omit a vowel symbol altogether as in the system of the Chinese Repository, seems to me uncalled for, since the sound answers all the purposes of a true vowel.

In expressing the much larger number of vowel sounds found in provincial dialects, many more symbols are needed, which are obtained by the use of accents. The acute accent is used for long vowels. The grave and circumflex accents, with the diæresis, denote other modifications of the vowel. In the short tone, final h is added, as also k, t, p, when required.

Vowels with diacritical marks.

I. í as ee in *see;* i as i in *sit;* ï as e in *tassel.*

E. é as ay in *pay;* e as u in *but;* è as e in *there, then.*

A. á as a in *calm;* a as a in *cat;* à as a in *man.*

O. ó as o in *tone;* o as o in *lot;* ò as o in *gone;* ö as ö in *Göthe.*

U. ú as oo in *fool;* u as u in *full;* ü as u in *nul* (French); û as ö pronounced long; ù as u in *but* pronounced long.

The sound here written ï, may be illustrated further by words such as *mason*, *Whitsuntide*, where the sound exists after s and ts. To obtain it, the n that follows must be omitted.

This is the system, slightly modified, introduced in the Chinese Repository several years since, and retained in other works issued at the Canton press.

The unaccented A is here made the symbol of A in *hat*, a sound not provided for in the Canton system, though often needed.

The following table will shew how the orthography here adopted differs from those of Morrison and Medhurst, Premáre, Callery, and the Chinese Repository.

	Morrison.	Premáre.	Callery.	Repository.	
pí	pe	pi	pi	pí	比
pih	pieh	pĭ	pĭ	pih	筆
shï	she	chi	xe	shí	詩
sï	sze	se	se	sz'	思
tsï	tsze	tsee	tze	tsz'	玆
pen	pun	pen	pen	pan	本
jen	jin	jin	jen	jin	人
shè	shay	she	shee	shiè	蛇
teh	tih	tĕ	tee	teh	得
tá	ta	ta	ta	tá	大
kúng	kung	kong	kum	kúng	公
tó	to	to	tô	tó	多
pú	poo	pou	pu	pú	布
sheng	săng	seng	xem	sang	生
lieú	lew	lieou	lieu	liú	留
kiüen	keuen	küen	kiüen	kiuen	卷
lún	lun	lün	luen	lún	論
káú	kaou	kao	kao	kaú	告
súi	suy	soui	suei	sui	雖
kièn	këen	kien	kièn	kien	見
rï	urh	eull	ell	rh'	兒

The only remaining symbols to be noticed are those for tones. The Chinese use a small circle at one of the four corners of the character to mark the tone. Instead of this mark, a comma turned away from the word, will be employed for the 1st, 2nd, 3rd and 4th tones, and a full stop for the fifth tone. Thus 梯 ,t'i, 體 't'i, 替 t'i', 惕 t'ih,, 題 .t'i. The Chinese names of the tone-classes, to which these five words respectively belong, are 上平 shang p'ing, 上聲 shang sheng, 去聲 k'ü sheng, 入聲 juh sheng,

海上絲綢之路文獻集成 科技與文化編

漢語官話口語語法

and 下平 hia p'ing. But for reasons stated in the chapter on tones, they will for convenience be spoken of as 1st, 2nd, 5th, etc. in preference to retaining the native nomenclature.

In illustrating the colloquial language from dialects where the tone-classes are more numerous, full stops and double commas will be used. In such cases, there is always an arrangement in two series. For the upper series, commas will be employed, full stops for the lower, and double commas for other subdivisions. Thus 升 ,sheng, 省 'sheng, 聖 sheng', 識 shïh,, 繩 .sheng, 上 'shang, 上 shang', 陷 hien", 實 shïh..

CHAPTER II.

System of Mandarin Pronunciation.

The native name of the pronunciation used at court, and in public offices is KWAN HWA, or *mandarin dialect.* This dialect is in its essential features, the common language of the people in the provinces north of the Yang-tsï-kiang, in Sï-c'hwen, Yün-nan, Kwei-cheu, and in parts of Hu-nan and Kwang-si. At least, there is sufficient similarity in the sounds employed through this wide extent of country, embracing two-thirds of China, to warrant their being called by a common name.

It is usual for the people, while including the dialects of so wide a territory under the designation *kwan hwa,* to distinguish them by local names; e. g. *Shantung kwan hwa, the mandarin spoken in Shantung;* but it is still correct to recognize the dialects of the provinces mentioned as genuine mandarin, allowance being made for some admixture of *hiang t'an,* or provincialisms.

The pronunciation of these regions readily separates into three systems; that of Nanking, of Peking with the northern provinces, and of the western provinces. In the first of these systems, the words are distributed into five classes, with a tone proper to each. The fourth of these is short. The fifth class does not admit the initials k, t, p, ch, ts without the aspirate. The final n becomes ng, after the vowels a, i. No consonant final exists except n and ng, which is also true of all mandarin dialects.

The confusion of the finals n and ng is not authorised by dictionaries, and should be marked as a defect to be avoided. Morrison and other writers, though professedly following the Nanking pronunciation, have been guided by the dictionaries, and the Peking dialect, where natives of Nanking are faulty, as in this instance and in confounding the initial n with l.

In the Peking dialect, the words of the fourth tone-class are all distributed among the other four classes, with no rule but custom to determine into which they have wandered. The short vowels common to this class, are all lengthened so as to admit of their being pronounced with the long vowel tones. There is the same rule as at Nanking respecting aspirates in the fifth tone-class, but words transferred from the fourth to that class, do not assume the aspirate, if it does not belong to them originally. The finals n, ng, are kept distinct from each other after all vowels, and are the only consonants that can terminate a word. The initials h and k, when they stand before i or ü, change to s and ts (or ch).

The pronunciation of the neighbouring provinces is guided by similar laws. But words of the fourth tone-class, in changing their class, and lengthening their vowels, do so without uniformity. Among the dissimilarities of the northern dialects, this is the chief. The irregular distribution of the short-tone words, among the older tones, is found to extend southwards to the Yang-tsï-kiang in Hupeh, but on the sea coast, not farther than the mouth of the Yellow River.

Through political and temporary arrangements, Peking as the capital is the standard of Kwan-hwa, but true philology must embrace in its researches the whole territory, where in its essential characteristics, the same spoken language prevails. Accordingly a third mandarin system must here be introduced. The Nanking and Peking dialects are at least as wide apart, as that of Sï-c'hwen is from either of them. In fact, the three are varieties of the same great dialect.

In western mandarin, taking C'heng-tu-fu the capital of Sï-c'hwen as the standard, there are four tone-classes; they are the first, second, third and fifth. Words originally in the fourth or short tone-class, are here found to be all in the fifth, without however assuming the aspirate after k, t, etc. properly belonging to that class, unless they had it originally.

The final ng, when it follows i, changes to n, so that sing', *fa-*

漢語官話口語語法

mily name for example, has the same pronunciation as sin‘, *to believe.* The same law exists for the initials h and k, as in northern mandarin. Before the vowels i, ü, they change to s and ts.

The same system seems to be spread throughout a great part of the western provinces. It exists so far as respects the tone system, in Kwei-cheu and parts of Kwang-si.

From this analysis of the preceding dialects, it appears that mandarin, so far as sound is concerned, may be defined as that system which has either five or four tones, has only n and ng, for consonant finals, and is wanting in the letters g, d, b, z, v, among its initials.

Foreigners in writing Chinese sounds, have usually adopted the Nanking pronunciation as a standard, but where it varies from the orthography of the national dictionaries, as given in initials and finals, the latter has been followed. In the present work, all modes of pronunciation, of which information has been obtained, will be illustrated as far as appears suitable to the character of the book.

The Peking dialect must be studied by those who would speak the language of the imperial court, and the accredited *kwan hwa* of the empire. It has not been selected as the standard of spelling in the present instance, because it is too far removed from the analogies of the dialects in the southern half of the country. While many details respecting it will be found here, the form of the sounds hitherto adopted by foreigners will not be abandoned. The Peking dialect is more fashionable, but that of Nanking is more widely understood, and is better suited by its central situation to the scope of this work, which aims to collect and compare the characteristics of many dialects. The Peking sound of characters, where different from that of Nanking, will be usually inserted in a parenthesis.

CHAPTER III.

On Tones.

Values of the vowels as used in this work.

Medial, i as in r*i*ng; e as in r*u*n; a as in r*a*ther; o as in r*o*ll; u as in r*u*le.

Final, i as in r*ee*l; e as in th*e*re; a as in r*a*ther; o as in r*oe*; u as in r*ue*; u as in t*u*; ï as in ratt*le*.

In treating of tones, it is necessary to distinguish natural tones

B

from tone-classes. By natural tones are meant certain inflexions of the voice, and variations in time and pitch, used with vowels and consonants to form spoken words. By tone-classes are meant those groups, into which the words of a dialect are divided, in order to receive the inflexions or other tonic variations preferred by that dialect. The tone-classes vary in number from four to eight. The natural tones are upwards of twenty. From them each dialect chooses arbitrarily a set sufficient to furnish an intonation for each of the classes referred to. For example, in the Nanking dialect, the words are distributed into five classes, and a distinctive intonation is applied to each; thus 拖 妥 唾 脫 駝 all written t'o', belong to different classes numbered from I to V, and receive different intonations.

On the Natural Tones.

The natural tones are the even or monotone, the rising and falling inflexion, and the rising and falling circumflex. These five tones are doubled in number by pronouncing them quickly and slowly. By placing the ten intonations thus obtained, in a high or low key, they are still further increased to twenty. Four more are formed by applying the rising and falling inflexion to syllables short in quantity, or terminated by a mute consonant, or distinguished in some other way.

i. The ***monotone*** is identical with a note of a musical instrument, or the sound of a bell. Writers on elocution mark the monotone as that which should be used in describing what is sublime and awful. The long monotone is much more used than the short, as an intonation in Chinese dialects.

ii. The *rising inflexion*, or slide of the voice upwards, is that modification of sound, used in English to express indignation and astonishment when placed in an interrogative form, also simple questioning and contrast. It may be called the interrogative tone, but it has not this character in Chinese pronunciation. It is a common fault of foreigners, in addressing Chinese listeners to ask questions in the same tone they would employ in English. This should be avoided as giving a foreign complexion to the pronunciation. Interrogation is expressed exclusively by the words, and the syntax which combines them. The most emphatic utterance

海上絲綢之路文獻集成 科技與文化編

of the interrogative or rising inflexion, cannot make it interrogative to a Chinese ear. If it exists in his dialect, as most probably it will be found to do, the words to which he applies it should be noted, and the intonation in question carefully attached to them, and also to all words in their class.

iii. The *falling inflexion* is the tone applied in English conversation and reading to emphatic assertion, admiration, expostulation, and scorn. It is also used in sentences containing a contrast, and then stands in antithesis with the rising inflexion: e. g. "Professing themselves to be wíse, they became fòols." "To-dáy? No, next weèk." The foreigner in pronouncing Chinese is prone to make constant use of this tone in indicative and imperative sentences. To remedy the constrained and incorrect elocution thus produced, some attention should be given to discover, to which tone-class in the interlocutor's dialect this intonation belongs. It is perhaps the most easily recognized of all the intonations. By exclusively employing it for words in its own class, a perceptible advance will be made in clearness of enunciation.

iv. The *rising and falling circumflex* are compounded of a rising and falling inflexion, and of a falling and rising inflexion respectively. In English reading they express mockery. In Russell's Pulpit Elocution, the following passage is thus accentuated:—"And Elijah mocked the priests of Baal, and said, cry alôud, for he is a gŏd." From the description given by this author, it is clear that the inflexions he refers to, are the same with those just mentioned as the rising and falling circumflex of Chinese dialects.

These compound inflexions are not so common in Chinese dialects, as the two preceding. When slow they give a whining effect to a dialect. If two intonations are appropriated to one tone-class, the slower of the two is very frequently a circumflex. When a majority of the tones are quick, and pronounced with decision, a dialect is said to be *hard*, ying'. In the opposite case, it is said to be *soft*, 'jwan or ,k'ing (t'sing).

When tones differ in key, the interval is not usually greater than a second, or two full musical notes, for common conversation. In emphatic and harsh enunciation, occurring in the elocution of individuals and in dialects, this interval is sometimes extended to half an octave.

海上絲綢之路文獻集成 科技與文化編

The nine words required in describing tones, viz. even, rising, falling, circumflex, upper, lower, quick, slow, short, constitute a tone-alphabet, and may as such be represented for brevity by their initial letters. Thus for expressing differences in inflexion, there are four symbols, E, R, F, C, in key two, U, L, in time two, Q, S, and one more for short quantity, SH.

A correct nomenclature for the natural tones must evidently be one descriptive of their natural character; while that of the tone-classes should be numerical. The Chinese by using a nomenclature of the former kind for the classes, without distinguishing them from the intonations with which they are enunciated, have introduced a confusion into the subject, which can only be removed by the adoption of a more correct system. Using the initial letters according to the method here proposed, as symbols of the 24 natural tones, they stand thus :—

List of Natural Tones.

l. q. e.	lower quick even tone.
l. q. f.	lower quick falling tone.
l. q. f. c.	lower quick falling circumflex.
l. q. r.	lower quick rising tone.
l. q. r. c.	lower quick rising circumflex.
l. s. e.	lower slow even tone.
l. s. f.	lower slow falling tone.
l. s. f. c.	lower slow falling circumflex.
l. s. r.	lower slow rising tone.
l. s. r. c.	lower slow rising circumflex.
l. sh. f.	lower short falling tone.
l. sh. r.	lower short rising tone.
u. q. e.	upper quick even tone.
u. q. f.	upper quick falling tone.
u. q. f. c.	upper quick falling circumflex.
u. q. r.	upper quick rising tone.
u. q. r. c.	upper quick rising circumflex.
u. s. e.	upper slow even tone.
u. s. f.	upper slow falling tone.
u. s. f. c.	upper slow falling circumflex.
u. s. r.	upper slow rising tone.
u. s. r. c.	upper slow rising circumflex.

漢語官話口語語法

u. sh. f. upper short falling tone.
u. sh. r. upper short rising tone.

On the Tone-classes.

The tone-classes or great groups into which the words of the language are divided for purposes of intonation are national, while the natural tones are local.

In Chinese books, the tone-classes have the names p'ing, *even*, shang, *rising*, k'ü, *departing*, and juh, *entering*, applied to them. When they are more than four, they are distinguished by the words *upper* and *lower*: e. g. shang p'ing, *upper even tone*; hia k'ü, *lower departing tone*. It is more convenient to number them, thus I, shang p'ing; II, shang shang; III, shang k'ü (c'hü); IV, shang juh; V, hia p'ing; VI, hia shang; VII, hia k'ü; VIII, hia juh. In mandarin, class VI is part of II, VII of III, and VIII of IV.

The native name for tone is 聲 sheng, *sound*. The names 平 p'ing, 上 shang, 去 k'ü, 入 juh were given when there were but four tones in the language, about A. D. 500. They were so chosen that each name exemplified its own class. The word *shang* has now left the second tone-class, and passed into the third. The division into an upper and lower series was a subsequent modification, occasioned by changes in the tone system of the language, and the words shang *upper*, and hia *lower*, were introduced to distinguish the two series from each other. Words are distributed in the upper series in the same manner throughout China, with very few exceptions. It is in the lower series that variations exist.

The number of tone-classes contained in a dialect varies much in different parts of China. In the mandarin provinces the first five of the eight just mentioned are in use. In the system of the national dictionaries four only are recognized, indicating that such was the number in A. D. 500 and for several centuries after, that being the period to which those words belong. Many dialects in the central parts of China at present have only four. Canton has all the eight. At Amoy and Fuh-cheu the sixth coalesces with the second. In the Hak-ka (客家) dialect, and its parent the Kia-ying-cheu dialect, the sixth and seventh classes coalesce respectively with the second and third. In the Tie-cheu dialect, the third and seventh form between them three tone-classes. In this case the additional class, called k'ü sheng, is composed chiefly of words elsewhere belonging to the sixth and seventh classes. In parts of Hu-peh, as at Ta-ye near Wu-c'hang, the seventh class does not, as in other regions where mandarin is spoken, coalesce with the third; so that although the dialect there agrees in general character with northern mandarin, it differs from it in having six tone-classes instead of five. At Hwei-cheu, where as happens in many dialects, the same words have a different pronunciation when read, to that which they have in conversation, the irregularities in the tone-classes are very great. The natural intonations applied there to the classes in reading, differ from those belonging to the same classes in colloquial usage. The eighth is pronounced as the fourth in reading, but in colloquial it passes principally into the first, and partially into the second. Words of the seventh class, if they terminate in a vowel, pass into the eighth, if in a consonant into the second or third; but words of the latter kind often choose a different class for reading, to that which they adopt for colloquial use. The sixth class agrees as elsewhere with the second. This anomalous tonic development is accompanied, as is shewn further on, by changes equally irregular in the vowels and consonants that form the remainder of the words.

In Cheh-kiang and southern Kiang-nan the eight tone-classes of the more southern dialects are separated by alphabetic differences into two series. Classes I to IV, take as their initials k, t, p, ts, ch, either pure or aspirated, with s, f, h, sh, w, y, and the vowels. All the other letters g, d, b, dz, dj, z, v, *h*, j, l, m, n, ng, r, and the vowels and semivowels form initials to classes V to VIII. The intonations applied to these classes usually agree in inflexion but differ in pitch, the former series being heard a musical second higher than the other. Such is the law of the dialect at Hang-cheu. The sixth class however is there not distinguished from the second in pitch or inflexion, but only in the initial consonants. In other dialects where this system prevails, the seventh and eighth classes differ in pitch only from the third and fourth, while the fifth and sixth vary in inflexion also; e. g. Shanghai and Sucheu.

Tones sometimes affect the orthography of words. Thus in the Fuh-cheu dialect, the finals—

úng, iú, ing, ü, úe, ú, éng, ui, üng, óng, í, èng, ói, è, eú, are changed in the third and seventh tone-classes to—

óng, eú, eng, èü, óe, ó, áing, óí, èüng, áung, ê, aèng, áui, àe, áiu.

In the fourth tone they become—

ok, euh, ek, èüh, óeh, óh, áik, óih, èük, áuk, eh, aèk, áuih, aè, áiuh.

There are sometimes two intonations to one tone-class, one of which is used it may be when the word stands alone, and the other when it occupies certain positions in a group of words. Thus in Peking, words of the third tone-class receive usually the intonation lower-slow-falling-circumflex, when alone, but when quickly spoken and when they stand last in a collocation of two words, they are heard in the lower-quick-falling intonation.

The average distance at which the intonations applied to the tone-classes are found to change, may be stated at 100 English miles. In the eastern parts of China, places at this distance, are found to have dialects whose intonations differ considerably.

On the Characteristic of Short-tone Words.

In the short tone long vowels would be scarcely expected, yet they occur frequently. Each dialect selects its own vowels, long and short, to be used in the juh-sheng, as for the other tones. Hence the difference between the short tone and the others is not one of the quantity of vowels in most instances.

In the Nanking pronunciation á, ó, ú, ï, ü, are constantly found in the juh-sheng, as in the words 發 fáh, 各 kóh, 術 shúh, 質 chïh (rhyming with ˏchï 知), 恤 süh, 曲 k'üh.

In the dialect of Su-cheu, í, ú, ï, and ü never occur in the short tone, but á and ó are much used. Some long vowels as á, í, occur frequently in the southern dialects, such as those of Canton and Amoy; Canton has also ü.

In the tonic dictionaries of the general language, the *juh sheng* is distinguished from the other tones by the mute finals k, t, p. They also serve for its peculiar mark in Canton. For the dialects of Tie-chiu and southern Fuh-kien, some words in this tone are pronounced without the final consonant. Foreigners usually write *h* to fill the vacancy. In such cases, the only distinguishing mark of the tone, is the abruptness of the intonation applied in pronouncing the word. Farther north, where the final k only is preserved as at Fuh-cheu and Shanghai, and where t, p, only hold their place as in Kiang-si, it is still more necessary to regard the shortness of the intonation as the characteristic of the juh-sheng. At Nanking, where the mute consonants entirely disappear, and many vowels are long, the quickness of the enunciation remains as the only characteristic. At Sucheu, and in many of the dialects near it, this is combined with a change or shortening of the vowel. Thus ú and í in the long tones, become ó and i in the short. For example 孤 ,kú, 古 'kú, 故 ku', 谷 kóh, and 幾 ,kí, 紀 'kí, 記 kí', 吉 kih.

All these characteristics of the juh-sheng, viz. the final consonants, the quickness of the intonation, and the short quantity of the vowels, are wanting in the north and west of China; so that this tone-class as a whole has lost its individuality, and taken its place among the long tones.

Intonations now in use.

The inflexions of the voice at present applied to the five tone-classes in the principal cities where mandarin is spoken, will now be described as far as they have been ascertained.

Mr. Meadows * has stated the Peking tones to be,—I, shang ping, high and even; II, shang, commencing low and rising still higher; III, k'ü, commencing low and sinking still lower; V, hia ping, commencing high and rising still higher.

The following account differs but little from this. It has been drawn up from the pronunciation of a native of Ta-hing, one of the two districts included in the city of Peking.

I. Upper quick falling tone.

II. Lower quick rising tone.

III. Lower quick falling tone, or lower slow falling circumflex tone.

IV. Distributed among the other four.

V. Upper quick rising tone, or upper quick falling circumflex tone.

The following table, where the Roman numerals represent the tone-classes, and letters the natural tones, will illustrate the three tone systems, at present prevailing in the provinces where mandarin is spoken.

---

* Desultory Notes on China.

海上絲綢之路文獻集成 科技與文化編

	Northern mandarin.			Central mandarin.	Western mandarin.
	Peking. Ta-hing.	T'ien-tsin.	Si-ngan. San-yuen.	Nanking. Shang-yuen	C'heng-tu. Hwa-yang.
I.	u. q. f.	l. e.	l. q. f.	l. e. or l. s. f.	u. e. or u. q. r.
II.	l. q. r.	l. q. r.	u. q. f.	l. s. r.	u. q. f.
III.	l. q. f.	u. f.	u. e.	q. f.	l. q. r.
IV.	u. q. f. / l. q. r. &c.	l. e. / l. q. r. &c.	l. q. f. / u. q. f. &c.	sh.	l. q. e. or l. q. f.
V.	u. q. r.	u. q. r. c.	l. q. r.	u. q. r.	l. q. e. or l. q. f.

Words in the fourth tone-class, are short only in central mandarin. In the northern system they are divided irregularly among the other four classes, and in the western they coalesce in all cases with the fifth class, or lower p'ing sheng. This last class which is new, is thus seen to be partly established on the ruins of an older one, as is shewn more fully farther on.

The particulars in the table here given, are taken from the lips of natives of the cities and districts named. In the pronunciation at Peking, I is sometimes u. e.; III is also heard l. s. f. c.; and V is also u. q. f. c. It is not uncommon in Chinese dialects for two intonations to be appropriated to one tone-class.

Conversation with individuals from many parts of the western provinces led me to the belief that the four tone-classes (the IVth counting as part of the Vth), receive there nearly the same intonations over an extent of country embracing two or three provinces. The symbols given above for C'heng-tu, the capital of Sï-c'hwen, answered for many other dialects in that part of China.

The intonations in use at Tsi-nan-fu, the provincial capital of Shan-tung, as taken from the lips of a native of that city, are the following:—I, u. e. II, u. q. r. III, l. s. r. IV, distributed among the others. V, u. q. f. or l. s. r. c.

From the pronunciation of a native of Wan-p'ing-hien, in the city of Peking, I wrote the tones in the following manner: I, u. e. or u. q. f.; II, l. q. r.; III, s. f. or l. s. f. c.; IV, distributed; V, u. q. r.

In writing down natural tones with appropriate symbols in the mode already explained, it is necessary to state the native city of the speaker, or that of his school instructor. In the examples given here, the district to which he belongs is mentioned. In

C

large cities such varieties in pronunciation sometimes exist, as to lead the people to say that two dialects are spoken within their walls.

In listening to tones, a variation will sometimes be heard in the enunciation of the same word. The proper tone of a word is that given to it, when standing alone and uttered with distinctness. If another is observed to be attached to it, it will be on account of quick speaking, or of the word occupying a particular position in the sentence or group to which it belongs. Further examination will shew whether the word is capable of receiving two natural intonations in all positions, or only in some one. Of course, the limitations under which any one word is found to be placed in regard to change in tone, belong to all words in the same class. In these matters each dialect has its own peculiar laws, to discover which requires long and careful observation. A like distinction belongs to the quantity of vowels in Greek and Latin poetry; they may be long by nature or by position.

If a learner does not wish to confine himself to any one dialect or any one teacher of the language, he may safely neglect the tones. His intelligibility will depend on his command of conversational idiom. In such a case, his position with natives to whom he speaks casually will be just that of an inhabitant of C'heng-tu-fu, or any other distant city, conversing with a native of Peking. The intonations differ and the meaning is learned from the arrangement of the sentence, and the general resemblance of the sounds in regard to their vowels and consonants.

When the same persons are conversed with day by day, the imitation of their tones is essential to quick communication and the prevention of mistakes. The necessity of repeating the idea in various ways, with the help of signs addressed to the eye, is thus avoided.

A little pains in noticing a teacher's intonations and imitating them, is more than repaid by the increased power thus acquired of sustaining a connected conversation, in which both parties understand quickly what is said.

Some examples are here placed, of words rhyming together but in different tones, for practice with a teacher of the language.

海上絲綢之路文獻集成 科技與文化編

tsien	煎	翦	箭	○	○	ye	○	也	夜	葉	耶
,fen	分	焚	粉	忿	○	lin	○	林	廩	吝	○
yün	氳	隕	運	○	雲	hwa	花	踝	化	滑	華
ts'ing	青	請	倩	○	情	k'ü	區	齲	去	曲	渠
wang	汪	往	旺	○	王	hwei	灰	毀	會	○	回
fu	夫	府	富	福	符	pa	巴	把	罷	八	○
mi	○	米	謎	密	迷	fan	翻	反	飯	○	凡
shen	身	審	甚	○	神	t'ung	通	統	痛	○	同
fei	非	肥	匪	費	○	sheng	升	繩	省	勝	○
kiang	江	講	降	○	○	k'iau	敲	巧	竅	○	橋
ho	呵	火	貨	合	河	shï	詩	始	是	石	時
ü	於	雨	遇	玉	魚	wu	烏	五	忤	屋	無

Where the fifth class has no word in these examples, it is because the initials k, t, p, ch, unless they take an aspirate, do not occur in that class. When the first class has no word, it is because l, m, n, r, do not occur as initials in that class. The origin of these two laws will be subsequently discussed.

Examples of words rhyming together, and having the same intonation are here given :—

,pien	邊 p	偏 p'	千 t's	牽 k'(t's)	顛 t	天 t'	煎 ts	先 s	間 k(ts)
.nien	年 n	駢 p'	錢 t's	乾 k'(t's)	眠 m	田 t'	咸 h (s)	涎 s	連 l
'pien	貶 p	騙 p'	淺 t's	歉 k'(t's)	點 t	餂 t'	翦 ts	顯 h(s)	簡 k'(ts)
pien'	便 p	片 p'	念 n	鍊 l	殿 t	面 m	欠 k'(t's)	縣 h(s)	見 k(ts)
poh	薄 p	潑 p'	莫 m	縛 f	落 l	着 ch	脫 t'	索 s	作 ts

Further examples for practice in pronunciation.

First tone. 鋪 p'u, *to spread out;* 加 kia, *to add;* 瓜 kwa, *a melon;* 飛 fei, *to fly;* 低 ti, *low;* 梯 t'i, *a ladder;* 追 chui, *to pursue;* 虧 k'wei, *loss;* 灰 hwei, *ashes;* 虛 hü (sü), *empty;* 方 fang, *square;* 依 i, *to attend to; obey;* 開 k'ai, *to open;* 穿 c'huen, *to put on;* 跟 ken, *to follow;* 深 shen, *deep;* 拖 t'o, *to draw;* 高 kau, *high;* 昏 hwen, *stupid; melancholy;* 更 keng, *more;* 多 to, *many;* 通 t'ung, *it is reasonable; it conveys the meaning; it leads you right;* 公 kung, *public; just;* 私 sï, *pri-*

vate; selfish; 酸 swan, *acid;* 煙 yen, *smoke; tobacco;* 邊 pien, *side;* 牽 k'ien, *to lead or draw with a string;* 包 pau, *to wrap up.*

Second tone. 補 pu, *to fill up;* 母 mu, *mother;* 那 na, *that;* 果 kwo, *fruit;* 惹 je, *to provoke;* 改 kai, *to change;* 海 hai, *the sea;* 米 mi, *rice;* 洗 si, *to wash;* 死 sï, *to die;* 雨 ü, *rain;* 早 tsau, *early;* 胆 tan, *the liver;* 想 siang, *to think;* 緊 kin, *tight;* 歹 tai, *bad;* 理 li, *to govern; to shew regard to; reason;* 往 wang, *to go;* 敢 kan, *to dare;* 舉 kü (tsü), *to raise up;* 老 lau, *old;* 嘴 tsui, *lips; the mouth;* 點 tien, *to light;* 許 hü (sü), *to grant; promise;* 捨 she, *to let go; to throw away;* 肯 k'en or k'eng, *willing;* 妥 t'o, *safe;* 掃 sau, *to sweep;* 管 kwan, *to attend to; to rule;* 免 mien, *to avoid; forgive;* 省 sheng, *to render it needless; a province;* 領 ling, *to lead;* 紐 nieu, *to button.*

Third tone. 步 pu, *a step;* 夜 ye, *night;* 價 kia, *price;* 畫 hwa, *a picture;* 拜 pai, *to worship;* 戴 tai, *to carry;* 祭 tsi, *to sacrifice;* 再 tsai, *again;* 快 k'wai, *quickly;* 背 pei, *the back;* 配 p'ei, *to match;* 兌 tui, *to exchange;* 字 tsï, *a character;* 句 kü (tsü), *a sentence;* 去 k'ü, *to go;* 廟 miau, *a temple;* 便 pien, *then;* 站 chan, *to stand;* 跪 kwei, *to kneel;* 鬧 nau, *noisy;* 素 su, *common; plain;* 送 sung, *to present;* 話 hwa, *words;* 性 sing, *the natural disposition;* 判 p'an, *to judge;* 壽 sheu, *longevity;* 念 nien, *to think; to read aloud;* 凍 tung, *to freeze;* 痛 t'ung, *to feel pain;* 漲 chang, *the rising of the tide;* 放 fang, *to let go;* 養 yang, *to bring up;* 仗 chang, *to rely upon;* 刺 t'sï, *to pierce; to prick;* 借 tsie, *to borrow;* 射 she, *to shoot an arrow;* 救 kieu, *to save;* 禁 kin, *to forbid;* 暗 ngan, *dark;* 喚 hwan, *to call to;* 貫 kwan, *accustomed.*

Fourth tone. 薄 poh (.pau), *thin;* 割 koh, *to cut;* 塔 t'ah, *a pagoda;* 雪 siüèh, *snow;* 角 kioh, *a horn;* 託 t'oh, *to entrust to;* 樂 loh, *joy;* 濁 choh, *turbid;* 滑 hwah, *slippery;* 熟 shuh, *ripe;* 活 hwoh, *living;* 拔 pah, *to pluck up;* 貼 t'ieh, *to paste;* 漆 t'sih, *to paint; paint;* 跌 tièh, *to fall down;* 縛 foh, *to bind;* 歇 hièh, *to rest;* 革 keh, *to take away; to separate;* 覓 mih, *to seek;* 魄 p'eh, *animal principle of life.*

Fifth tone. 埋 mai, *to put in the ground;* 眠 mien, *to lie down;* 瞞 man, *to hide;* 窴 t'ien, *to spread;* 彈 t'an, *to play the harp;* 難 nan, *difficult;* 連 lien, *to connect;* 傳 c'huen, *to hand down;* 嚴 yen, *severe;* 弦 hien, *string of a musical instrument;* 含 han, *to hold in the mouth;* 尋 siün, *to seek;* 蓬 p'ung, *a sail;* 停 t'ing, *to stop;* 從 t'sung, *to follow;* 擎 k'ing, *to lift up;* 黃 hwang, *yellow;* 投 t'eu, *to go towards;* 流 lieu, *to flow;* 巢 c'hau, *a nest.*

Words in combination arranged for practice in tonic pronunciation.

First tone, 上平 shang p'ing. 家眷 ,kia ,kiuen, *wife and family;* 家私 ,kia ,sï, *family property;* 光陰 ,kwang ,yin, (*light and darkness*) *time;* 心肝 ,sin ,kan, (*heart and liver*) *the heart;* 婚姻 ,hwen ,yin, *marriage;* 梳洗 ,shu 'si, *to comb and wash one's-self;* 招手 ,chau 'sheu, *beckon with the hand;* 伸手 ,shen 'sheu, *to stretch out the hand;* 身體 ,shen 't'i, *the body;* 瓜果 ,kwa 'kwo, *melons and fruits;* 光景 ,kwang 'king, *appearance of things;* 資助 ,tsï chu', *to assist;* 天氣 ,t'ien k'i' (c'hi'), *the weather;* 知道 ,chï tau', *to know;* 妨礙 ,fang ngai', *a hindrance;* 依舊 ,i kieu', *as before;* 賒欠 ,she k'ien' (t'sien'), *to sell on long credit;* 親戚 ,t'sin t'sih, *relations by marriage and birth;* 生日 ,sheng jïh, *birth-day;* 收拾 ,sheu shïh, *to collect and arrange;* 安歇 ,ngan hièh (,sie), *to rest;* 衣服 ,i fuh, *clothes;* 新筆 ,sin pih, *a new pencil;* 丫頭 ,ya .t'eu, *a serving girl;* 斯文 ,sï .wen, *refined in manner;* 書房 ,shu .fang, *room for study;* 心神 ,sin .shen, *the mind;* 跟從 ,ken .t'sung, *to follow;* 金魚 ,kin .ü, *a gold-fish;* 燕窩湯 ,yen ,wo ,t'ang, *bird's-nest soup;* 移過來 ,i kwo' .lai, *to carry over;* 端茶來 ,twan .c'ha .lai, *to bring tea;* 包銀子 ,pau .yin 'tsï, *to wrap up silver;* 收起來 ,sheu 'k'i (t'si) .lai, *to collect;* 租房子 ,tsu .fang 'tsï, *to let a house;* 當姑子 ,tang ,ku 'tsï, *to be a Buddhist nun;* 親兄弟 ,t'sin ti' ,hiung, *an own brother;* 精細人 ,tsing si' .jen, *a quick-witted man;* 花言巧語 ,hwa .yen 'k'iau 'ü, *plausible and insinuating words;* 心滿意足 ,sin 'man i' tsuh, *wishes fully gratified;* 翻來覆去 ,fan .lai fuh k'ü' (t'sü), *to turn round and round;* 東瞧西

海上絲綢之路文獻集成　科技與文化編

望 ,tung .t'siau ,si wang', *to look this way and that*; 哀天叫地 ,ngai ,t'ien kiau' ti', *calling pitifully on heaven and earth for aid*; 收拾房子 ,sheu shïh .fang 'tsï, *to put a house in order*; 拘神遣將 ,kü (tsü) .shen ,k'ien (t'sien) ,tsiang, *to coerce spirits and commission (heavenly) generals*; 心口兩樣 ,sin 'k'eu 'liang yang', *intentions opposite to words; false in his speeches*; 金銀珠寶 ,kin .yin ,chu 'pau, *gold, silver, pearls, and other precious things*.

Second tone, 上聲 shang sheng. 請安 't'sing ,ngan, *to ask after a friend's health and prosperity*; 小廝 'siau ,sï, *waiting boy*; 打掃 'ta ,sau, *to sweep*; 打聽 'ta ,t'ing, *to make inquiries about*; 轉身 'chwen ,shen, *to turn round*; 點香 'tien ,hiang, *to light incense*; 老子 'lau 'tsï, *father*; 彼此 'pei 't'sï, *this and that*; 管保 'kwan 'pau, *to look to and protect*; 紙馬 'chï 'ma, *a paper horse*; 飲酒 'yin 'tsieu, *to drink wine*; 倒底 'tau 'ti, *and yet*; 左手 'tso 'sheu, *the left hand*; 土產 't'u 'chan, *produce of the land*; 冷笑 'leng siau', *sardonic smile*; 毀謗 'hwei pang', *to blame and calumniate*; 感謝 'kan sie', *gratefully thank*; 賞讚 'shang tsan', *reward and praise*; 夥計 'ho ki', *an assistant in trade*; 好漢 'hau han', *a good fellow*; 早飯 'tsau fan', *the morning meal*; 等候 'teng heu', *to wait for*; 委曲 'wei k'üh (,t'sü), *(bent and crooked) hardships*; 此刻 't'sï k'eh (k'o'), *now*; 打發 'ta fah, *to send*; 眼目 'yen muh, *the eyes*; 體恤 't'i süh, *to sympathize*; 省察 'sing c'hah, *to inquire into*; 往年 'wang .nien, *last year*; 倒茶 'tau .c'ha, *pour out tea*; 早晨 'tsau .c'hen, *in the morning*; 點頭 'tien .t'eu, *to nod the head*; 紙人 'chï .jen, *a paper man*; 午時 'wu .shï, *noon* (11 A.M. to 1 P.M.); 老娘 'lau .niang, *mother*; 小舖子 'siau ,p'u 'tsï, *a small shop*; 怎麼樣 'tsen 'mo yang', *how?* 洗面水 'si mien' 'shui, *water for washing the face*; 兩張紙 'liang ,chang 'chï, *two sheets of paper*; 老人家 'lau .jen ,kia, *an old man*; 打結子 'ta kieh 'tsï, *to tie a knot*; 打首飾 'ta 'sheu shïh, *to put hair ornaments in order*; 女孩兒 'nü .hai .rï, *a girl*; 左思右想 'tso ,sï yeu' 'siang, *to think over a matter*; 拿東拿西 'na ,tung 'na ,si, *to carry things about*; 儞

杯茶來 'tau ,pei .c'ha .lai, *bring a cup of tea*; 拿刀弄杖 .na ,tau lung' chang', *to take up swords and clubs*; 倒碗好茶 'tau 'wan 'hau .c'ha, *pour out a cup of good tea*; 小丫頭們 'siau ,ya .t'eu .men, *young serving girls*; 寫給人看 'sie 'ki .jen k'an', *to write for persons to see*; 喜出望外 'hi c'huh wang' wai', *fond of going outside to look*; 反不動身 'fan puh tung' ,shen, *he on the contrary would not move.*

Third tone, 去聲 k'ü sheng. 半天 pan' ,t'ien. (half a day) *a considerable time*; 外邊 wai' ,pien, *outside*; 父親 fu' ,t'sin, *father*; 種花 chung' ,hwa, *to plant flowers*; 報知 pau' ,chï, *to inform of*; 念書 nien' ,shu, *to read*; 快嘴 k'wai' 'tsui, *a quick tongue*; 料理 liau' 'li, *arrange for, manage*; 住手 chu' 'sheu, *stay your hands*; 晚上 wan' shang', *in the evening*; 燙手 t'ang' 'sheu, *to warm one's hands with hot water*; 這裏 che' 'li, *here*; 細想 si' 'siang, *to think carefully of*; 勸止 k'iuen' 'chï, *urge to stop*; 況且 hwang' 't'sie, *and still more*; 上馬 shang' 'ma, *to mount a horse*; 告訴 kau' su', *to inform*; 看戲 k'an' hi' (si), *to see a play*; 預備 ü' pei', *to prepare beforehand*; 會意 hwei' i', *to comprehend*; 費用 fei' yung', *expenses*; 對坐 tui' tso', *to sit opposite*; 忘懷 wang' hwai' *to forget*; 願意 yuen' i', *willing*; 踐踏 tsien' tah, *to tread down*; 告白 kau' peh (.pai), *to advertise publicly*; 弄殺 lung' shah, *to kill*; 厚實 heu' shïh, *honest; liberal*; 氣力 k'i' lih, *strength*; 度日 tu' jïh, (*to pass the days*) *make shift to live*; 閉門 pi' .men, *to shut the door*; 應酬 ying' .c'heu, *to have intercourse with the world; returning civility for civility*; 下棋 hia' .k'i, *play at chess*; 告辭 kau' .t'sï, *to say farewell*; 事情 shï' .t'sing, *matter; thing*; 進城 tsin' .c'heng, *enter a city*; 順從 shun' .t'sung, *to comply with and obey*; 大老爺 ta' 'lau .ye, *honoured sir*; 換衣服 hwan' ,i fuh, *to change one's dress*; 這會子 che' hwei' 'tsï, *for this time*; 送過來 sung' kwo' .lai, *to take over and present*; 向街上 hiang' (siang) ,kiai (tsiai) shang', *go into the street*; 做衣裳 tso' ,i .shang, *to make clothes*; 大工夫 ta' ,kung ,fu, *a great under-*

taking; 坐一坐 tso' yih (,i) tso', *to sit a little*; 睡一夜 shui' yih ye', *to pass a night*; 淚如雨 lui' ,ju 'ü, *tears falling like rain*; 半新不舊 pan' ,sin puh kieu' (tsieu), *half-new, not worn out*; 忍氣吞聲 jen' 'k'i (t'si) ,t'un ,sheng, *to repress anger and keep silent*; 養一養神 yang' yih (,i) yang' .shen, *to recover one's spirits a little*; 動手動脚 tung' 'sheu tung' kioh ('tsiau), *to move hands and feet*; 在與不在 tsai' 'ü puh tsai', *at home or not*; 問長問短 wen' .c'hang wen' 'twan, *to ask about this and that.*

Fourth tone, 入聲 juh sheng. 讀書 tuh ,shu, *to read aloud; to study*; 合家 hoh ,kia, *the whole family*; 發痴 fah ,c'hï, *to be mad*; 刻書 k'eh ,shu, *to engrave a book*; 畜生 c'huh ,sheng, *domestic animals*; 尺寸 c'hïh t'sun', *feet and inches; length*; 玉簪 yüh ,tsan, *a jade-stone hair pin*; 奪手 toh 'sheu, *to pull out of his hands*; 逼死 pih 'sï, *to kill by oppression*; 作主 tsoh 'chu, *to act as master*; 得手 teh 'sheu, *to be successful*; 日子 jïh 'tsï, *a day; time*; 結果 kieh (.tsie) 'kwo, *to bear fruit*; 只管 chïh 'kwan, *just give your mind to*; 囑咐 chuh fu', *to give directions*; 媳婦 sih fu', *daughter-in-law*; 伏侍 fuh shï', *to wait upon*; 說話 shwoh hwa', *to talk*; 答應 tah ying', *to answer*; 納悶 nah men', *to become sad*; 責備 tseh pei', *to blame*; 擇定 tseh (,chai) ting', *to fix one's choice upon*; 越發 yüeh fah, *so much the more*; 着急 choh kih, *anxious and hurried*; 吃藥 c'hïh yoh (,c'hï yau'), *to take medicine*; 歇息 hieh (,sie) sih, *to rest*; 即刻 tsih k'eh (k'o'), *immediately*; 昨日 tsoh jïh, *yesterday*; 學房 hioh (.siau) .fang, *school-room*; 說明 shwoh .ming, *explain clearly*; 舌頭 sheh .t'eu, *the tongue*; 出城 c'huh .c'heng, *to go out of a city*; 特來 teh (t'o') .lai, *come on purpose*; 一同 yih .t'ung, *together*; 脫衣裳 t'oh ,i .shang, *to undress*; 日落後 jïh loh heu', *after sunset*; 木魚聲 muh .ü ,sheng, *noise of beating the wooden fish*; 忽聽得 hwuh ,t'ing teh, *he suddenly heard*; 讀書人 tuh ,shu .jen, *one of the literati*; 十數年 shïh shu' .nien, *more than ten years*; 吃長齋 c'hïh .c'hang ,chai, *to keep long fasts*; 白躭擱 peh (.pai) ,tan koh, *to linger for no*

海上絲綢之路文獻集成 科技與文化编

use; 出來進去 c'huh .lai tsin' k'ü' (c'hü), *going in or out;* 潑潑撒撒 p'oh p'oh sah sah, *bubbling and splashing about;* 不必多話 puh pih ,to hwa', *there is no need of many words;* 越看越愛 yüeh k'an' yüeh ngai', *the more he saw the more he loved;* 接他進去 tsieh ,t'a tsin' k'ü' (t'sü'), *to meet and conduct in;* 不好意思 puh 'hau i' ,sï, *ashamed.*

Fifth tone, 下平 hia p'ing. 旁邊 .p'ang ,pien, *on one side;* 能幹 .neng ,kan, *power;* 囘家 .hwei ,kia, *to return home;* 年庚 .nien ,keng, *one's age;* 隨心 .sui ,sin, *do as you please;* 如今 .ju ,kin, *at present;* 煩惱 .fan 'nau, *distressed in mind;* 搖手 .yau 'sheu, *to wave the hand;* 提醒 .t'i 'sing, *to awaken to a sense of duty or danger;* 凉水 .liang 'shui, *cold water;* 如此 .ju 't'sï, *thus;* 文理 .wen 'li, *beauty of style;* 年記 .nien ki', *years;* 名字 .ming tsï', *name;* 煩悶 .fan men', *grieved;* 銀庫 .yin k'u', *treasury;* 容貌 .yung mau', *countenance;* 承認 .c'heng jen', *to acknowledge;* 靈驗 .ling yen', *effectual;* 奇怪 .k'i (.t'si) kwai', *strange;* 隨意 .sui i', *as you please;* 明日 .ming jïh, *to-morrow;* 閑說 .hien shwoh, *idle talk;* 提筆 .t'i pih, *take up a pencil;* 文約 .wen yoh, *a written security;* 難說 .nan shwoh, *hard to say;* 房居 .fang uh, *a house;* 連忙 .lien .mang, *immediately;* 糊塗 .hu .t'u, *foolish;* 奴才 .nu .t'sai, *a slave;* 彈琴 .t'an .k'in, *play the harp;* 囘來 .hwei .lai, *to return;* 茶壺 .c'ha .hu, *tea-pot;* 欄杆旁 .lan ,kan .p'ang, *beside the balustrade;* 墻角邊 .t'siang kioh (.tsiau) ,pien, *at the corner of the wall;* 由他們 .yeu ,t'a .men, *let them do it;* 無奈何 .wu 'nai .ho, *no other plan of action;* 情愿來 .t'sing yuen' .lai, *I desired to come;* 跑過來 .p'au kwo' .lai, *to run here;* 搖搖手 .yau .yau 'sheu, *to wave the hand;* 和尚們 .ho shang' .men, *Buddhist priests;* 伶俐乖巧 .ling li' ,kwai 'k'iau, *clever and cunning;* 囘過頭去 .hwei kwo' .t'eu k'ü' (t'sü'), *to turn the head away;* 尋死覓活 .siün 'sï mih hwoh, *some seeking death and others life;* 原來如此 .yuen .lai .ju 't'sï, *it is still the same;* 同在一處 .t'ung tsai' yih c'hu', *to be together at a place;* 無情無

D

義 .wu .t'sing .wu i', *without a feeling of kindness;* 從今日
起 .t'sung ,kin (tsin) jïh 'k'i, *beginning from this day;* 敘些寒
温 .sü ,sie .han ,wen, *to talk a little on the weather;* 如魚得
水 .ju .ü teh 'shui, *like fish on gaining the water.*

On Accent.

If the native pronunciation be carefully observed, an accent will be noticed in groups of two, three and four words, such as those in the preceding exercises. It falls in a group of two usually on the last syllable, for example in the Peking dialect. In a few dialects, as at Sung-kiang near Shanghai, the accent falls on the first of two combined words. The elocution in such dialects has an appearance of eagerness imparted to it as compared to that of other dialects.

Particles usually refuse the accent; e. g. 人是好的 .jen shï' 'hau tih, *the man is good;* the word 'hau is pronounced more emphatically than in 人是好漢 .jen shï' 'hau han', *the man is a hero,* because 的 being a particle the accent is thrown back on the preceding word.

In groups of three, four, and five words, there is a subordinate as well as a principal accent. It is placed on the first of three words, as in 臘燭香 lah chuh ,hiang (s), *candles and incense;* 銀子錢 .yin 'tsï .t'sien, *silver and copper money;* 孝父母 hiau' fu' 'mu, *to honour one's father and mother.*

It occurs on the second of four and five words, as in 禮義廉恥 'li i' .lien 'c'hï, *politeness, uprightness, honesty and modesty;* 古經古典 'ku ,king 'ku 'tien, *ancient classical books;* 古董玩器 'ku 'tung wan' k'i' (c'h), *curiosities and toys;* 金銀財寶 ,kin .yin .t'sai 'pau, *gold, silver, and valuables;* 金木水火土 ,kin muh 'shui 'ho 't'u, *metal, wood, water, fire and earth;* 貌言視聽思 mau' .yen shï' ,t'ing ,sï, *features, speech, sight, hearing and thinking.*

The principal accent falls regularly on the last word in all such examples except when it is a particle.

In sentences of seven words, such as are met with in proverbs and ballads, there is a cæsura commonly after the fourth word,

海上絲綢之路文獻集成 科技與文化編

dividing the sentence into two groups of four and three words each. These take the accent as if they formed independent groups; e. g. in 五穀豐登年歲好 'wu kuh ,fung ,teng .nien sui' 'hau, *the five kinds of grain are abundant, it is a good year;* 萬民共享太平日 wan' .min kung' 'hiang t'ai' .p'ing jïh, *the people are together enjoying peaceful times.*

The word accent is here used in the sense in which it is applied to English words, as when the verb *convict* is said to differ from the substantive *cónvict*, in the accent being placed on the last syllable.

On the present distribution of Words among the Tone-classes.

The circumstance that the tone-classes, with the intonations applied to them, are subject to secular changes, explains many facts which otherwise it would be difficult to find a reason for. For example, the student is not to be surprised when he notices that the intonations used by any native do not correspond with the names he assigns them. Probably no dialect retains the intonations just as they were when they were first examined and their nomenclature decided on. Further as already shewn, the territorial extent of the same intonations is very limited. If a word said to be "in the even tone" does not appear even to the ear in one dialect, it may be so in another.

Another difficulty occurring to the student is that some words do not belong to the same tone-class in different dialects. According to the general analogy of the language they should do so; thus 歌 ,ko, *a song;* 交 ,kiau, *to join with,* are in the first tone-class or shang p'ing in all dialects. But why do words such as 婦 fu', *a married woman;* 重 chung', *heavy;* 柱 chu', *a pillar,* appear in the Canton dictionary Fen-yün in the lower shang sheng, while in mandarin they are in the k'ü sheng? The reason is that these with many other words, including all whose initials are mute or sibilant in the lower tone-series, have been slowly making a transition from the shang sheng or class VI, to the k'ü sheng or class VII. This transition is in the Canton, Shanghai, and some other dialects, not quite completed.

The circumstance that the class shang p'ing does not admit l, m,

海上絲綢之路文獻集成 科技與文化編

n. j, r, except in a few words of colloquial origin, and that hia p'ing does not admit k, t, p, ts, ch, (except in words from the short tone,) is accounted for on the supposition, that these two classes were originally one. When this class separated into two, one appropriated certain initials, and the other the remainder. The aspirate and vowel initials still remain common to these two tone-classes.

In classes III and IV of mandarin many words have one sound, which differ in their tone in the southern provinces. Thus 救 kieu', *to save*. 舊 kieu', *old*, with 扇 shan', *a fan*, 善 shan', *virtuous*, and 帶 tai', *to carry*, 代 tai'. *a generation*, are placed in classes III, VII, in the south eastern provinces, while they all belong to class III in the north and west. So also 失 shïh, *to lose*, 石 shïh, *a stone*, have one sound in Nanking and western mandarin, but are placed in classes IV and VIII respectively in the south west. The second tone-class furnishes no examples, because the mute and sibilant initials which should be found under class VI. have been long since transferred to class VII. In this point the modern pronunciation is in opposition to the national dictionaries, where 夏 'hia, *summer*; 後 'heu, *after*; 坐 'tso, *to sit*, and nearly two hundred other words are marked as belonging to the second tone, though in mandarin they are pronounced with the third tone, and in many of the south-eastern dialects with the seventh.

These changes in tone must not be confounded with that power which many words have of assuming two tones, according as they take the form of a substantive or verb. Thus 傳 c'hwen, *to hand down*, changes from class I to III, when it becomes a noun chwen', *a history*. Here the change in tone is to distinguish between two different but comtemporaneous senses of the same word, and examples of this kind are not uncommon. The distinction in the case of some words having two senses, formerly marked by the intonation, has been obliterated by modern changes in pronunciation.

The following are examples of words having two tones now in use.

重新 .t'sung ,sin, *afresh*; 頂重 'ting chung', *heaviest of all*.

好的 'hau tih, *good*; 好意的 hau' i' tih, *willing, desirous*.

少的 shau' tih, *a youth*; 少年的 'shau .nien tih, *young*.

解送 ,kiai sung', *to escort a prisoner*; 解說 'kiai shwoh, *to explain*.

行船 .hing .c'hwen, *set the boat sailing;* 修行 ,sieu hing', *to reform one's life.* [*superior.*
長短 .c'hang 'twan, *long and short;* 長上 'chang shang', *a*
惡人 ngoh .jen, *a bad man;* 可惡 'k'o wu', *hateful.*
便宜 .p'ien .i, *cheap;* 隨便 .sui pien', *as you please; at your convenience.* [*the mark.*
中間 ,chung ,kien, *the middle;* 中了 chung' 'liau, *he has hit*
當兵 ,tang ,ping, *to be a soldier;* 典當 'tien tang', *a pawnshop.*
健强 .k'ien (t's) .k'iang (t's), *strong in body;* 强覇 'k'iang pa', *to claim unjustly.*
相好 ,siang 'hau, *friendly;* 相帮 siang' ,pang, *to assist.*
容易 .yung i', *easy;* 更易 ,keng yih (i'), *to change.*
爲人好不好 .wei .jen 'hau puh 'hau, *is he a good man or not?* 因爲 ,yin wei', *because.*
種子 ,chung 'tsï, *seed;* 種上了 chung' shang' 'liau, *it is planted.*
使喚 'shï hwan', *to employ a person;* 公使 ,kung shï', *an ambassador.*
占卦 ,chan kwa', *to divine by linear symbols;* 强占 'k'iang chan', *to seize upon unjustly.*
艱難 ,kien nan', *misfortunes;* 難得 .nan teh, *hard to procure.*
養育 'yang yuh, *to nourish; bring up;* 供養 kung' yang', *to attend upon.*
從容 ,t'sung .yung, *at ease;* 隨從 .sui .t'sung, *to obey; follow.*
過往 ,kwo 'wang, *to pass by;* 過失 kwo' shïh, *faults.*
度量 tu' .liang, *generous;* 量一量 liang' yih liang', *measure it.*
泥土 .ni 't'u, *earth;* 國土 kwoh tu', *a kingdom.*
分開 ,fen ,k'ai, *to divide;* 名分 .ming fen', *share; duty.*
旋轉 .siuen 'chwen, *to turn round;* 轉過來 chwen' kwo' .lai, *to turn back.* [chuen', *a biography.*
相傳 ,siang .c'huen, *mutually hand down;* 一片傳 yih p'ien'
和睦 .ho muh, *harmonious;* 和調 ho' tiau', *to accord with.*
聽見 ,t'ing kien', *to hear;* 聽從 t'ing' .t'sung, *to obey.*
磨石 mo' shïh, *a grindstone;* 研磨 .yen .mo, *to grind.*
釘子 ,ting 'tsï, *a nail;* 釘上 ting' shang', *to nail.*
應當 ,ying ,tang, *ought;* 應對 ying' tui', *to answer.*

看東西 ,k'an ,tung ,si, *to watch over things;* 看病 k'an' ping', *to attend sick persons.*

老師 'lau ,shï, *teacher;* 元帥 .yuen shwai', *general in chief.*

載米 tsai' 'mi, *to carry rice;* 一年半載 yih (,i) .nien pan' 'tsai, *a year and a half.*

In some words this distinction of tones has disappeared. The shang sheng intonation in the lower series (class VI) has been lost. For example, k'ü sheng was formerly used in pronouncing 上 shang, 下 hia and 在 tsai, in the first three of the following paired words, and shang sheng in the last three: 上京 shang' ,king, *to go to the capital;* 下船 hia' .c'hwen, *to leave a boat;* 所在 'so tsai', *a place;* 上面 'shang mien', *the upper side;* 下面 'hia mien', *below;* 不在 puh 'tsai, *he is not here.* At present in all such words, 去聲 k'ü (c'h) sheng is used in all cases.

The dialects of Amoy and C'hau-cheu, in the provinces of Fuh-kien and Canton, contain some anomalies on which light is thrown by the hypothesis of progressive changes in tones. At Amoy, the words 老 'lau, *old;* 有 'yeu, *have;* 五 'wu, *five;* 兩 'liang, *two;* 瓦 'wa, *tiles;* 雨 'ü, *rain;* 耳 'rï, *the ear;* 網 'wang, *a net,* are all read as book words in the second tone-class, but in colloquial use they are in the seventh. These words all belong to the sixth tone-class in dialects where that subdivision exists. Supposing that it formerly existed at Amoy, and was gradually merged in the second, these and a few other words, preferring the low pronunciation they had originally, passed for a time into the seventh tone-class, where they could conveniently retain it.

In the Tie-chiu dialect the third tone-class of mandarin will be found divided into three. Of these, the 上去 shang k'ü corresponds to the tone-class of the same name in other dialects. The transition words already spoken of will be found under 下去 hia k'ü, together with many words belonging to tone VII, with a very few from tone III, form a new class, viz. tone IX, called 去聲 k'ü sheng. The mode in which these tones are distributed may be seen in Rev. J. Goddard's Tie-chiu Vocabulary.

The following list of words formerly in the second, but now in the third tone-class has been formed partly from the dictionary 洪

漢語官話口語語法

武正韻 of the fourteenth century, quoted in 五車韻端. The rest come from a dictionary several centuries older, that called 廣韻 'Kwang yün'. The words have been checked one by one for their modern sound by the modern mandarin dictionary 五方元音, and by the pronunciation of a native of Peking.

Among them will be found none with vowel initials, or commencing with the consonants ng, n, m, l, r, j, the transition being limited to the mute and sibilant initials. Thus 往 ˙wang, *to go*, in class VI, coalesces with 枉 'wang, *crooked*, in class II. So also 右友酉誘 ˙yeu, 馬 ˙ma, 理禮里 ˙li, 惹 ˙je, etc. are all in class II. The former difference in sound between 往 ˙wang and 枉 'wang is considered by native writers to be that of the initial letters, and not a variation in tone. There can be little doubt that it was a variation in pitch, while the intonation was the same. It is carried through all the four tones. Thus 王有亦 ˙wang, yeu˙, yih., are said to differ in initial from 汪幼益 ,wang, yeu', yih,. That this difference occurs in the earlier dictionaries in which four tones only are recognized, shews that the division of words into an upper and lower series existed when they were compiled, and that it was a variation in the height of the voice, but not in inflection. We cannot, as the Chinese do, call a high w and a low w different letters. They differ only in height. The modern pronunciation in Kiang-nan agrees with this account of the sound formerly given to words beginning with a vowel, and therefore confirms it.

Table of words that have changed from shang sheng to k'ü sheng.

娴動 tung, 重 chung, 奉 fung, 市恃是氏士柹禔視 shï, 被 pei, 伎妓跽 ki, 似巳竢兕祀耜俟 sï, 弟悌 ti, 巨鉅駏拒炬苣距詎鐻 kü, 豎 shu, 柱貯佇羜杼宁紵 chu, 序敍緒溆芧 sü, 簿部 pu, 杜土 tu, 戶怙岵鄠 hu, 附父婦負 fu, 罷 pa, 亥 hai, 在 tsai, 待怠殆迨逮 tai, 倍 pei, 罪 tsui, 隊鐓鋭憝 tui, 跪 kwei, 臏 pin, 盡贐 tsin, 眹 chen, 菌 kiün, 憤坋忿分 fen, 近 kin, 旱悍 han, 伴 pan, 斷 twan, 限 hien, 棧 chan, 辦 pan, 辯辨 pien, 塡簟 tien, 漸踐諓 tsien, 善膳墠鱓單

shan. 篆瑑 chwen, 件鍵楗健 kien, 窕誂佻掉 tiau, 趙兆肇 chau, 皓浩 hau, 抱 pau, 造 tsau, 道稻 tau, 舵墮惰 to, 禍 ho, 坐 tso, 下夏廈 hia, 社 she, 象像橡 siang, 丈仗杖 chang, 上 shang, 蕩婸盪簜 tang, 沆 hang, 晃滉榥 hwang, 欓 tang, 並併 ping, 幸行倖杏荇 hing, 靜靖婧穽 tsing, 受壽綬 sheu, 臼舅咎舊 kieu, 厚后後 heu, 甚 shen, 噤禁 kin, 啖淡憺 tan, 范範犯 fan.

In the distribution among other tone-classes of words in the juh-sheng 入聲, many changes occur in the vowels. It has therefore been thought better to give details on this subject after the initials and finals have been discussed.

CHAPTER IV.

On the Initials.

Values of the Vowel symbols.
I, *see*, *sing*; ɐ, there (final), *sun*; èh, there; a, *father*; o, *go*; u, *rue*; ü, tu; ï, tassel.

The sounds of this language being all monosyllabic, it is convenient to treat them as the natives themselves do, that is to divide them into initials and finals for separate consideration. The initials are 30 in number, viz. k, k', ng, t, t', n, p, p', m, f, h, s, sh, j, ts, t's, ch, c'h, l, r, w, y, i, e. a, o. u, ü.

Of these *e* and *a*, in many mandarin dialects. take ng before them uniformly, and should not then count as initials.

Words written i, u and ü, e. g. 以 武 雨 are regarded by Chinese writers as divisible into parts like other sounds. Perhaps it is in consequence of this that foreigners have usually prefixed w and y to the two latter. To the Chinese ear u and wu are one sound, so that w though not necessary may be prefixed without misleading. In the Peking pronunciation, I hear the w distinctly in the words, 屋 wuh, 翁 wung, 窩 wo, 烏 wu, and therefore would omit the u entirely, as an initial in that dialect.

In Peking pronunciation. and also in the western provinces, ts and k, and s and h, are in certain instances undistinguishable, but this does not affect the unmber of initials, because it takes place only before the vowels i and ü. Thus a native of the metropolis cannot distinguish between the following words:—

晶京 ,tsing, ,king......聚句 tsü', kü'......妻欺 ,t'si, ,k'i,
西希 ,si, ,hi............虛須 ,hü, ,sü.......興星 ,hing, ,sing.

Dr. Morrison long since pointed out this peculiarity of the northern dialects, but without mentioning the coalescing of the consonants. The first of these northern consonants may be written ts, k or ch, the latter h or s. It is difficult to say which orthography best represents them.

Many speakers of mandarin place ng before the initials e, a, o, in all cases, reducing the number of initial letters to 27. Sometimes a guttural g takes the place of ng, which led Dr. Morrison to write this letter 'G. Thus there are three modes of pronouncing words such as follow:—

歐偶 eu, ngeu, geu...............額阨 eh, ngeh, geh.
恩 en, ngen, gen.................哀愛碍 ai, ngai, gai.
凹懊傲 au, ngau, gau.........安諳暗 an, ngan, gan.
阿我臥 wo or o, ngo, go......惡愕 oh, ngoh, goh.

In Peking and its neighbourhood, all three of these pronunciations exist, and in Nanking the first and second. At Si-ngan-fu ng, and at K'ai-fung-fu 'g are chiefly in use. At C'heng-tu-fu ng is employed, as also at Tsi-nan-fu. In the syllabic spelling of the imperial dictionaries, ng is the initial to words belonging to the lower-tone series, but it does not occur in the upper. Such is also the rule at Canton, Fuhcheu, Ningpo, and Sucheu. At Amoy g is used with the same law as to tone. Ng thus appears to be the best orthography.

When k precedes the vowels e, a, u, it receives in C'heng-tu pronunciation a sound like kr. In this peculiarity, there is a resemblance to the initials formed with r in the languages of the Birman peninsula, which probably have a common origin with the Chinese, and where kr, tr, br, etc. are common at the beginning of words.

N as an initial is in many dialects replaced by l. This happens at Nanking, at T'ien-tsin near Peking, and extensively in the western provinces. At C'heng-tu n is retained before i and ü, but becomes l before other vowels. In the mandarin dictionaries this substitution of l for n, and vice versâ, is never recognized.

S, ts and sh, ch, are sometimes used for each other. For example 生 sheng, 事 shï, 山 shan, 時 shï, are often heard seng, sï,

海上絲綢之路文獻集成 科技與文化编

san, sï. Instances of the interchange of ts and ch, are the most numerous. Morrison has in consequence frequently given both sounds. In many words, the initial sh is in the province of Kan-suh replaced by f. In reference to the initials ts, ch, s, sh, the Nanking and more particularly the Peking dialects are the best guides, agreeing as they do with the imperial dictionaries.

J is heard as y in parts of Shan-tung. In some dialects of the mandarin provinces it is sounded like r. Thus jïh, *sun*, becomes the same in sound with rï, *son*.

The Chinese r is pronounced not with the tip of the tongue, but with the central part of that organ. It has no vibrating ring, so that the letter r has been avoided by continental writers, who have preferred ll as its symbol. It is not unlike the English r.

J, f, ch and sh, do not take i after them. Hence words usually written by foreigners ching, shing, chin, etc. should be spelt differently. The same vowel is found in the words 人 .jen, 神 .shen, 根 ,ken, 門 .men, 臣 .c'hen. Through the operation of this law, words such as 日 jih, 直 chih, 石 shih, originally in the short tone, when they become lengthened, invariably take the forms jï, chï, shï. This is their pronunciation even in Nanking where the short tone still exists. Hence also k and ts before i, though pronounced in some dialects nearly like ch, do not become confounded with words originally possessing that initial. Thus 經 king and 晶 tsing, when pronounced in a manner hardly distinguishable from ching, are not mistaken for 貞 (commonly written *ching*, but really pronounced) *cheng*.

A few words taking the initial y, as ying "*hard*," are in some dialects heard ngeng, e. g. in the city of C'heng-tu. In the mandarin dictionaries this word is *ying*. Ng is its old initial.

Of words having a vowel initial, some of those elsewhere pronounced *yen*, take a prefix n as at C'heng-tu. Words in y are pronounced with j in the province of Kwei-cheu. In the former case it is but a few words, as 疑 i, 硯 yen, etc. that assume the prefix. In the latter all words in i and y are heard with the initial j. In this respect, the Kwei-cheu pronunciation resembles the Hak-ka dialect, spoken in many parts of the provinces Kwang-tung and Kwang-si. At T'ien-tsin the initial y is also pronounced j in many words.

Morrison prefixes n to 業 yeh, and some other words in y without sufficient authority. He writes s in the sound of the characters 生, 事, 數, 森, 蔘, 省, 搜, etc. which are all pronounced with sh in Peking. Where he gives the initials ts and ch as both in use, ch is, according to Peking orthoëpy, to be preferred.

Native Systems of Initials.

There are several systems of initials for the mandarin lauguage formed by Chinese authors. In the work called Li-shï-yin-kien, by a native of Peking, many of these are given. The author's own consists of 33 characters, viz.—

箇 ko‘,	對 tui‘,	博 po‘,	松 ,sung,	醉 tsui‘,	巒 .lwan,
空 ,k‘ung,	陶 .t‘au,	盤 .p‘an,	仙 ,sien,	翠 t‘sui‘,	漣 .lien,
鷗 ,ngeu,	嫩 nun‘,	滿 'man,	水 'shui,	酒 'tsieu,	堯 .yau,
驚 ,king,	蝶 tièh,	便 pien‘,	然 .jan,	淸 ,t‘sing,	粉 'fen,
溪 ,k‘i,	天 ,t‘ien,	飄 ,p‘iau,	中 ,chung,		紅 .hung,
	鳥 'niau,	眠 .mien,	春 ,c‘hun,		翾 .hiuen.

Of these all which take i after the initial, 13 in number, are superfluous. Sh, j, ch, f, cannot take i. Si and hi, with ki and tsi, should be identified, according to the practice of the author in other parts of his work. In the tables constructed with the aid of this series of 33 initials, he however regards them as distinct, no doubt wishing to avoid the confusion that would arise from spelling many words in k and h, with ts and s. The same motive has led me in this work to retain the old consonants k, h, in such words as 氣 k‘i, 虛 hü, in conformity with the common usage of French and English sinologues, instead of adopting c‘h or t‘s, and s.

All the vowel initials are placed together under the characters *yau* and *ngeu*. The former includes under it i, ü, y, the latter e, a, u, w, with ng.

This work Li-shï-yin-kien, Mirror of sounds by Li-ju-chen, of the district Ta-hing in the city of Peking, was published in 1810, in four volumes. The order of the initials in his work is that of lines of poetry. For convenience of examination they are here arranged in a natural order.

Another system extensively known is that of the dictionary Wu-fang-yuen-yin, by a native of Yau-shan, or what is now called

海上絲綢之路文獻集成　科技與文化編

T'ang-shan, in Peh-chï-li, the metropolitan province. It consists of the following characters, 20 in number, read from right to left.

金 ,kin,	剪 'tsien,	竹 chuh,	斗 'teu,	梆 ,pang,
橋 .k'iau,	鵲 t'sioh (,t'siau),	虫 .c'hung,	土 't'u,	砲 p'au',
火 'ho,	系 hi' (s),	石 shïh,	鳥 'niau,	木 muh,
蛙 ,wa,	雲 .yün,	日 jïh,	雷 .lui,	風 ,fung.

As in the foregoing table, the vowels are included under two initials. W embraces e, a, o, u, with ng and w. Y includes i, ü, and y. Art may be observed in the arrangement of this table. Ng, n, m come under k, t, p, as from their natural affinity, they should do. F and h, are nearly allied to p and k. L is allied to the t series, for it frequently interchanges with n, and in some languages with d. Thus the law of a well-arranged alphabet, which consists in placing allied letters side by side, is closely adhered to.

This work was published in 1710 after the author's death. His native place is a little more than 200 miles S. W. of Peking. He does not mention the lengthening of the short tone, except in the case of a few words. In Chinese works on sound, not being compilations, it is always important to know where and when the authors lived, for not having alphabetic symbols to write with, their testimony is of value chiefly for their own dialect. The above 20 characters form the alphabet according to the order of which the dictionary is arranged. It is in two volumes, and is very extensively used, but contains only the most common meanings of words.

A new and extended edition of this work with many alterations, in four volumes, was prepared in 1810. The order of the initials and finals is somewhat different. The place of each word in the old tables of rhymes is pointed out, and more meanings are given to the characters; but it is less convenient for reference than the smaller one. It is called 增補剔弊五方元音. The editor often shows bad judgment in following old authorities, where they differ from modern usage. He also counts eight tones instead of five, through his desire to reconcile the old system with the new.

Another native writer in a dictionary called 中州全韻 C'hung-cheu-t'siuen-yün, describes the initials by their mode of

漢語官話口語語法

utterance, instead of selecting characters as symbols for them. He arranges them in 15 classes as linguals, dentals, gutturals, etc. and places all words in his dictionary in the order of these classes. He gives the Honan pronunciation from the testimony of several previous writers on the mandarin language, being himself a native of the district Chau-wen, in the city C'hang-shuh, near Su-cheu. In this work, the native method of spelling called Fan-t'sièh is used to write the sounds, as employed in the older dictionaries. Two pronunciations are given. One contains the soft initials for words in the tone-classes V to VIII, and represents the pronunciation in Su-cheu and cities near it. The other places the aspirates k'. t', p', c'h, t's, instead of g, d, b, dj, dz, in tone V; and the hard initials, k, t, p, ch, ts, in tones VII, VIII, in place of the same soft consonants, i. e. it gives the mandarin or northern pronunciation called by him 原音 .yuen ,yin. The order of the finals is essentially that of the common tonic dictionaries, formed by scholars of the T'ang and Sung dynasties.

The spelling and arrangement of this work are taken principally from an earlier production, 中原音韻 Chung-yuen-yin-yün by Cheu-teh-t'sing, a writer of the Yuen or Mongolian dynasty, A. D. 1264 to 1368. This author wrote down, by help of the Fan-t'sièh, the mandarin pronunciation, while it was in process of formation. His initials are the hard mutes and sibilants, k, t, p, f, ch, s, ts, the aspirates, k', t', p', c'h, t's, the soft initials, g, d, b, v, dj, dz, and the nasals, liquids and semivowels, ng, n, m, w, y, l, r. Of these the soft initials are found to their full extent only in the fifth tone-class. In the sixth they do not occur at all, and in the seventh and eighth only in a minority of cases. That the soft consonants are embraced as here stated, in the initials of Cheu-teh-t'sing, may be shewn in the following manner. The character 自 is not placed with 恣 tsï' among the hard initials, nor with 次 t'sï' among the aspirates. Its initial must then be soft. To express that initial 慈 is used. Thus we learn that 自 and 慈 should be written dzï', .dzï. This orthography is confirmed by the inscriptions of century XIII, written with Baschpa's Mongolian alphabet. In that alphabet there is a symbol for dz, as also for g, d, b, z, and the characters which they are employed to write, such as, with d,

道大地同提瀆, b, 貧病備, g, 其及懼, z, 詞訟隨習, dz, 聚造材集, are so pronounced at the present day in Kiang-nan.

It is remarkable that the power of the Mongolian characters as known from the Tibetan alphabet, is in these monuments, for all the mutes and sibilants, the reverse of the Chinese sound. Thus k and p represent the Chinese g and b, and g and d are used to write the Chinese sounds k and t. Is this accounted for by the fact that letters in course of change are pronounced with an indistinctness which deceives a foreign ear?

To sh, there is on these monuments no correlate consonant. Thus 上, 侍, 臣, 常, 成, which might have been expected to be written with zh or dj, are all spelt with sh. The last three are now pronounced c'h.

On the monuments, and in the book here under discussion the initial of words, such as 入 juh, 兒 rï is the same, j and r not being considered separate consonants.

Cheu-teh-t'sing's pronunciation is apparently more recent than that of the monuments, for very many words written there with the soft consonants are found in the book with the corresponding hard letters. Thus 坐 dzo' is pronounced as 左 tso', 奪 doh as 多 ,to, 象 ziang' as 相 siang', 地 di' as 帝 ti', 跪 gwei' as 貴 kwei', 罪 dzui' as 最 tsui', 薄 boh as 波 ,po. But on the other hand while 王 wang and 亡 vang, 吳 wu and 無 vu, etc. differ in orthography according to the spelling of the monuments, they would in the work in question be all spelt with w, which is the more recent pronunciation. By both these authorities ng in words such as 哀 ngai, 恩 ngen, is omitted.*

CHAPTER V.

On the Finals.

In mandarin pronunciation the only consonants that end a word are the letters n and ng. The vowel terminations are numerous,

* See Mr. Wylie's article on the Shanghai monument, in the Asiatic Transactions, Hongkong, 1854—56.

海上絲綢之路文獻集成 科技與文化編

and the introduction of the vowels i, u, and more sparingly e, a, between the initial and final gives variety to the sounds. The finals formed by single vowels are the following :—

i	離	.li	記	ki‘	ei	爲	.wei			u	布	pu‘	古	’ku
ĭ	支	,chĭ	世	shĭ‘	en	身	,shen	本	’pen	ü	句	kü‘	紆	,hü
ih	筆	pih	疋	p‘ih	eng	聲	,sheng	冷	’leng	uh	伏	fuh	牧	muh
ĭh	石	shĭh	職	chĭh	a	麻	.ma	笆	,pa	üh	局	küh	律	lüh
in	民	.min	牝	’p‘in	ah	蠟	lah	察	c‘hah	un	論	.lun	順	shun‘
ing	明	.ming	病	ping‘	an	站	chan‘	占	,chan	ün	雲	.yün		
e	赦	she‘	這	che‘	ang	芒	.mang			ung	工	,kung	中	,chung
eh	百	peh	墨	meh	o	磨	.mo	火	’ho					
èh	浙	chèh	舌	shèh	oh	薄	poh	合	hoh					

The finals admitting diphthongs and triphthongs are the following :—

ie	邪	.sie	借	tsie‘	eu	守	’sheu	口	’k‘eu
ièh	業	yèh	烈	lièh	ai	埋	.mai	敗	pai‘
ieu	劉	.lieu	羞	,sieu	au	貌	mau‘	刀	,tau
ia	家	,kia	暇	hia‘	ui	堆	,tui	雷	.lui
iah	夾	kiah	匣	hiah	uei	圭	,kwei	暉	,hwei
iai	戒	kiai‘	鞋	.hiai	uen	滾	’kwen	葷	,hwen
ien	兼	,kien	顚	,tien	ueng(?)	肱	,kweng	橫	.hweng
iang	彊	,kiang	鄉	,hiang	ua	寡	’kwa	化	hwa‘
iau	囂	,hiau	苗	.miau	uah	畫	hwah	刮	kwah
ioh	掠	lioh	覺	kioh	uai	拐	’kwai	懷	.hwai
iuh(ü)	局	kiuh	律	liuh	uan	亂	lwan‘	冠	,kwan
iüeh	決	kiueh	穴	hiueh	uang	廣	’kwang	凰	.hwang
iuen	卷	’kiuen	勸	k‘iuen‘	uo	果	’kwo	夥	’hwo(ho)
iün	軍	,kiün	巡	.siun	uoh	惑	hwoh	說	shwoh
iung	兇	,hiung	蛩	,k‘iung					

The finals, according to this arrangement 54 in number, are compressed into 12 by the author of Wu-fang-yuen-yin. The characters he has chosen to represent them are given in the following table :—

海上絲綢之路文獻集成　科技與文化編

	Class.	Finals included.
1.	天 ,t'ien,	ien, an, wan, iuen.
2.	人 .jen,	en, in, un, iün, wen.
3.	龍 .lung,	ung, eng, ing, iung.
4.	羊 .yang,	ang, iang, wang.
5.	牛 .nieu,	ieu, eu.
6.	獒 .ngau,	au, iau.
7.	虎 'hu,	u, uh.
8.	駝 .t'o,	o, wo, oh, ioh, woh.
9.	蛇 .she,	e, ie, iue, eh, èh, ieh, iueh.
10.	馬 'ma,	a, ia, wa, ah, iah, wah.
11.	豺 .c'hai,	ai, iai, wai.
12.	地 ti',	i, ï, ei, ui, ü, wei, ih, üh, ïh.

The finals used in the work Chung-cheu-t'siuen-yün, and a small dictionary published in A. D. 1690, called 音韻須知, Yin yün' ,sü ,chï, are borrowed from the earlier work of Cheu-teh-t'sing, the first of the mandarin dictionaries.* In that older work the finals are taken from the tonic dictionaries of former dynasties, adapted to the modern dialect of northern China. They are the following :—

1. 東鐘 ,tung ,chung, including ung, iung as in 紅 .hung, 熊 .hiung, 龍 .lung, 籠 'liung.

2. 江陽 ,kiang, .yang, including ang, iang, wang.

3. 支思 ,chï, ,sï, including 之 ,chï, 詩 ,shï, 私 ,sï, 慈 .t'sï, 兒 .rï, and a few from the short tone, as 則 'tsï (tseh).

4. 齊微 ,tsi, .wei, including i, ei, wei, ui, as in the words 西 ,si, 知 ,chi, 非 ,fei, 追 ,chui, 虧 ,k'wei, and a large number from the short-tone finals, eh, ih, oh, as 實 .shi, 夕 .si, 國 'kwei, 黑 'hei. In the Mongolian inscriptions already mentioned the characters 或, 國, 得 are spelt hwe, kwe, tei, if the vowels, which are difficult to decipher, may be so read.

* Another small dictionary by a native of K'wen-shan near Su-cheu, called 中州音韻輯要 is compiled on the same plan.

5. 魚模 .ü, .mu, including all words in ü, u, and many from the short-tone finals iuh, uh, as 屈 'kü, 哭 'k'u, 錄 lü'.

6. 皆來 ,kiai, .lai, including ai, iai, wai, and many words from the short-tone finals eh, ah, as 陌 mai', 畫 .hwai, 百 'pai. In Baschpa's Mongolian characters 百 is spelt pai. He spells 大 with i final. By Cheu-teh-t'sing, it is written dai or tai.

7. 眞文 ,chen, .wen, including en, in, un, ün, iün, wen.

8. 寒山 .han, ,shan, including an, and part of the finals ien, wan, as 姦 'kien, 還 .hwan, 班 ,pan, 關 ,kwan.

9. 桓歡 .hwön, ,hwön (or hwon), including many words whose finals are now pronounced an, wan, as 官 ,kwan, 般 ,pan, 短 'twan, 換 hwan', 判 p'an'.

10. 先天 ,sien, ,t'ien, including the finals ien, en, iuen, uen, wen, as 連 .lien, 禪 shen', 玄 .hiuen, 原 .yuen, 傳 .c'hwen.

11. 蕭豪 ,siau, .hau, including the finals iau, au, and many short-tone words in ioh, oh, as 確 'k'iau, 作 'tsau, 學 .hiau. The last of these words is so spelt in Mongolian writing, being the same in written form as 校 hiau'.

12. 歌戈 ,ko, ,kwo, including the finals o, wo, and many words in the short-tone finals uh, oh, woh, as 濁 .cho, 作 'tso, 闊 'k'wo.

13. 家麻 ,kia, .ma, including words in a, ia, wa, and almost all short-tone words in ah.

14. 車遮 ,c'he, ,che, including the finals e, ie, iue, and the corresponding short-tone finals, as 協 .hiè, 絶 .tsiuè.

15. 庚青 ,keng, ,t'sing, including words in eng, ing.

16. 尤侯 .yeu, .heu, including words in eu, ieu, and many words from the short-tone finals uh, as 叔 'sheu, 褥 jeu', for shuh, juh.

17. 侵尋 ,t'sim, .sim, including many words now pronounced with the finals in, en, as 音 ,yin, 深 ,shen.

18. 監咸 ,kiam, ,hiam, including many words now pronounced with the finals an, ien, as 感 'kan, 淹 ,yen, 鑑 kien'.

19. 廉纖 .liem, ,siem, including many words now pronounced with the finals an, ien, as 占 chan, 忝 't'ien.

The final m in the last three classes is known to be the sound

F

intended by the author, from comparison with the southern dialects, and particularly from monuments already mentioned, in the old Mongolian writing, where the sounds attached to Chinese characters in the 13th century, are expressed alphabetically.

These classes of finals representing the northern pronunciation in the time of the author, are headed by the same characters as those employed in many of the tonic dictionaries, but reduced from thirty to nineteen. Later writers have added to their number by separating ü from u, and ei from i, but they have not been bold enough to make the other changes in this system rendered necessary by the lapse of five centuries, e. g. the abandonment of the final m, and the union of such sounds as 官, 關, kwan and 知, 支, chï, under one heading according to the modern pronunciation.

Even the author of the Wu-fang-yuen-yin, though he has adopted an entirely new system of finals, and an alphabetical arrangement for the initials, has sometimes apparently relied too much on the older work of Cheu-teh-t'sing, as in spelling cheng', ,sheng 正, 聲, and other words ching, shing, and in separating 知 from 支, though they are both pronounced chï. These peculiarities may however have been required by the dialect familiar to the author, and his work is a most useful and convenient manual dictionary, being on account of the alphabetical order of the characters very easy of reference. There are many errors in it, but it would be difficult to point to a better guide to the mandarin sounds, there being no imperial dictionary in which they are detailed. Some instances in which it does not agree with the present mandarin sounds are the following. The words 船 c'huen, 常 c'hang, and some other words in c'h are spelt with sh. 祥, 囚, 詳, 酋, etc. have s for their initial, instead of t's. 猩 is sheng instead of sing. The words 恭 and 公 are spelt kiung, kung, whereas they are now both called kung. The same remark may be made of other words agreeing with these in sound. Very few of these faults are corrected in the newer edition.

The annexed table contains examples of all the sounds formed by the union of the initials and finals. Words in the short tone are here given in their short form as they appear in the foreign works, and some native dictionaries. The column iuh among the finals is merely a repetition of üh.

漢語官話口語語法

Table of syllables, made by joining the initials and finals.

	i	i	ih	ih	in	ing	e	eh	êh	ei	en	eng	a	ah	an	ang	o	oh
k	奇		吉		巾	經		革			根	庚			干	岡	歌	各
k'	欺		乞		欽	輕		刻			懇	坑			龕	康	科	渴
ng								額			恩	硬			安	昂	餓	惡
t	低		的			丁		得				登	大	達	丹	當	多	奪
t'	梯		剔			聽		忒				疼		塌	貪	湯	拖	脫
n	泥		溺		紉	寧				內		能	那	納	南	囊	娜	諾
p	比		必		賓	冰		白		悲	奔	崩	巴	八	般	邦	波	薄
p'	披		匹		貧	娉		拍		配	盆	烹	琶	朳	攀	搒	頗	潑
m	迷		覓		民	明	乜	陌		梅	門	萌	馬	帓	瞞	忙	摩	莫
f										非	分			法	番	方		縛
h	希		吸		欣	興		赫			哏	亨			寒	杭	訶	合
s	西	思	夕		辛	星		塞				僧		薩	三	桑	娑	索
sh		詩		十			舍	瑟	舌		申	升	沙	殺	煽	傷		杓
j				日			惹		熱		仁	仍			然	穰		若
ts	擠	資	疾		浸	晶		賊			怎	憎	咱	雜	簪	葬	左	作
t's	妻	雌	戚		親	青		測				曾		攃	餐	倉	搓	錯
ch		知		隻			遮		浙		眞	貞	詐	閘	占	張		着
ch'		痴		尺			車		徹		臣	稱	茶	察	纏	昌		綽
l	犁		力		鄰	翎		勒		雷		楞	拉	剌	蘭	郞	羅	雒
r		而																
w										威	温		瓦	穵	彎	汪	窩	齷
y			益		因		耶		葉				鴉	鴨		央		樂

	ung	u	ü	uh	üh	un	ie	ieh	ieu	ia	iah	iai	ien	iang	iau	ioh	iung	iuh
k	公	孤	居	谷	局			結	鳩	加	甲	皆	堅	江	交	角	絅	菊
k‘	空	枯	區	哭	曲		茄	怯	丘		恰	揩	牽	腔	敲	却	穹	曲
ng																		
t	東	都		突		敦	爹	跌	丟				顛		雕			
t‘	通	土		禿		吞		帖					天		挑			
n	農	奴	女			嫩		捻	紐				年	娘	鳥			
p		逋		不				別	彪				邊		標			
p‘	蓬	鋪						撇					偏		飄			
m	蒙	母		木				滅	謬				眠		苗			
f	風	夫		福														
h	轟	呼	吁	斛	畜			歇	休	下	瞎	鞋	軒	香	囂	學	兄	畜
s	松	蘇	須	俗	恤	孫	些	屑	修				先	相	消	削		恤
sh		書		術		順												
j	戎	如		入		閏												
ts	宗	租	聚	卒		尊	嗟	節	酒				煎	將	焦	爵		
t‘s	怱	醋	趨	促	焌	村	且	切	秋				千	槍	誚	鵲		
ch	中	朱		竹		諄												
c‘h	充	樞		出		春												
l	龍	路	呂	鹿	律	論		列	劉				連	良	鄰	畧		律
r																		
w	翁	烏		物														
y	雍		於	育	玉								煙					欲

	iueh	iuen	iün	eu	ai	au	ui	wei	weh	wen	weng	wa	wah	wai	wan	wang	wo	woh
k	厥	娟	君	勾	該	高		歸		昆	肱	瓜	刮	乖	官	光	戈	郭
k‘	闕	圈	羣	口	開	考		虧		坤		誇		快	寬	匡	科	闊
ng				歐	哀	咬												
t				兠	歹	刀	堆								端			
t‘				偷	台	叨	推								湍			
n					乃	腦	內								暖			
p				裒	拜	包												
p‘				剖	排	拋												
m				謀	埋	毛												
f				浮														
h	血	喧	熏	後	孩	蒿		灰		昏	橫	花	滑	壞	歡	荒	夥	惑
s	雪	宣	旬	鎪	腮	騷	雖								酸			
sh				收	徙	燒	水					耍	刷	衰		霜		說
j				柔		饒	睿								軟			
ts	絕	鐫	俊	諏	哉	糟	罪								鑽			
t‘s		全	踆	湊	猜	操	崔								竄			
ch				周	齋	昭	追		拙	專		檛				壯		
c‘h				抽	釵	超	吹		歠	川						窗		
l	劣			樓	來	勞	雷								卵			
r																		
w					外													
y	月		淵	憂	挨	腰												

海上絲綢之路文獻集成 科技與文化編

Number of sounds. The syllables contained in the foregoing table amount to 532. In the syllabic dictionary of Morrison there are 411. The difference is occasioned principally by his not counting aspirated words, as distinct from those not aspirated. The number would be much greater when the final m, and the soft initials g, d, b, v, etc. were still in existence, as under the Mongolian dynasty. There would then be at least 700 syllables.

Finals in N NG. The finals *in* and *ing* are kept distinct in northern mandarin (Peking and Si-ngan), but in the Nanking dialect, and in that of the western provinces they are confounded. At Nanking 親 t'sin and 青 t'sing are both called t'sing. In Sï-c'hwen 四 川, they are both read t'sin. In agreement with the pronunciation of Nanking, ng is the favourite final throughout the region east and south of that city as far as Fuhcheu, while Hunan and Hupeh like Sï-c'hwen prefer n.

The finals in, ing, do not occur after f, ch, sh, j. In southern China they follow ch, sh and j in many words, but in all such words, the vowel e is used in place of i in the provinces where mandarin is spoken.

The final ien has the open sound of a in northern mandarin, e. g. at T'ien-tsin in the neighbourhood of Peking, and in 陝 西 'Shan-si. Some natives of Peking prefer e, others a. In the dialects of Nanking and C'heng-tu representing central and western mandarin it is ien. Thus 典, 見, are written either *tian*, *kian*, (the a in *fan*), or *tien*, *kien* (the e in *fen*). As in other cases, the vowel *i* in this final refuses to take the soft sibilants *sh*, *ch*, *j*, before it. In C'heng-tu pronunciation the i is sometimes omitted, as in 咸 hien, pronounced han. Some words with the initial s, called sien by Morrison, insert u, e. g. 鮮, 暹, ,sien are pronounced ,siuen in Peking and in Sï-c'hwen mandarin.

The final iang appears to be free from variations. It occurs only after the consonants k, k', s, ts, t's, n and l.

The final iung is used only after k, k' and h. In many parts of northern China, this final is heard iong (o as in *bone*).

The finals iuen, iün, occur after s, h, ts, k, and their aspirates. For the vowel e, a is often used, as in the case of the final ien.

The finals en, eng, rhyming with the English words *son*, *sung*,

漢語官話口語語法

are found after all the initials, except that en does not combine with t, l, or s. The number of words ranged under these finals is greatly increased by the transition of many characters formerly pronounced with *in* and *ing*, e. g. 申, 正, 辰, 成, ˏshen, cheng', ˎc'hen, ˎc'heng.

Words in wen, weng, are rare and are met with only with the initials k, k', h, e. g. 棍, 困, 渾, kwen, k'wen, hwen. In northern mandarin as at Peking, the syllables kweng 肱, hweng 横, are heard kung, hung, though the latter is also heard in colloquial heng. Morrison has marked kweng and hweng as separate syllables, and Prémare has kweng, but there is good reason to omit them as is done by the auther of Wu-fang-yuen-yin.

Words in an and ang are found after all the initials. The number is increased by the accession of many characters having the initials sh, ch and j; e. g. 善, 占, 然. These are spelt by Morrison (and in Wu-fang-yuen-yin) shen, chen, jen, to rhyme with the English words *ten, pen*; but at present the a in *father* is the sound given them whether in Nanking, Sï-c'hwen, or the north. Thus 善 shan, 上 shang, are at Nanking the same in sound, the final *ng* in that city, when it follows *a*, being pronounced *n*.

The letter *w* in the final wan, is usually not clearly pronounced after the initials j, l, s, t and y. Thus 耑, 亂, are heard toan, loan, where o takes the place of u.

Among words in wan and wang are included by Morrison, Prémare, and other writers, many with the initials p, m; e. g. 半, 滿, pan, man. These I prefer to spell without the medial w, for though heard in provincial dialects, natives of the mandarin-speaking cities do not make use of that sound. The finals wan and wang coincide in the Nanking dialect, where 光 and 官 are both pronounced kwan. They are kept clearly separate in northern and western mandarin. This fact respecting the Nanking dialect, rests on the testimony of three teachers, natives of that city.

The final ung is usually so spelt by English writers, as 公 kung (u as in rue). Prémare uses o, rhyming with go, and that orthography agrees with the sound as heard from many native speakers of mandarin coming from various districts. But u represents better the Peking pronunciation. In some words belonging to this final, the vowel is variable; e. g. in 風, 孟, 朋, pronounced feng, meng, p'eng, or fung, mung, p'ung, also 橫 hung, heng or hweng, 觥, 肱, kung or kweng. The syllable shung is recognized in Wu-fang-yuen-yin and exists at Sucheu, but it is pronounced with c'h at Peking.

The final un, rhyming with *moon*, is often heard ün as 村 t'sun or t'sün, *a village*. The consonants k, ng, p, m, f, h, w, y, never take this final. At Peking un and ün are both used. In the mandarin of Nanking and Sï-c'hwen un is preferred. The author of Wu-fang-yuen-yin makes lun and lün separate syllables. Thus 論 lun, *discourse;* 倫 lün, *human relations.*

Vowel finals. The final i refuses the initials ng, f, j, sh and ch. Thus 之, 尸, often written chi, shi, should be made to rhyme with 司, 玆, sï, tsï, according to the orthography of this work, and with sze, tsze, according to Morrison.

Words in ï are limited to the initials s, ts, sh, ch and r, with j, in the short tone, e. g. 死 'sï, 自 tsï', 耳 'rï. Some may doubt the propriety of using the same symbol for the vowel part of the sounds, 死 'sï, 耳 'rï, but this is what is done in the native mandarin dictionaries, and it seems to me that they are right.

Words in e take only the initials sh, ch, j, y and m in one instance 乜 'me, or as it is perhaps more frequently called 'mie. For the pronunciation of C'heng-tu, the best standard of western mandarin, this final should be written é, as the a in *case.* At Nanking, it is nearer in sound to è, as the a in "care." In Peking pronunciation, when i does not precede, it approaches to *o* as in *go*; e. g. in 遮 ,che, *to hide.* After k, t, s and ts, this final requires the insertion of the vowel i, as 寫 'sie. It occurs without the medial i only after sh, j, ch, a limitation which also marks words in the short tone in èh; e. g. 舌 shèh.

Words in ei take only the initials p, m, f and w; e. g. 梅 ,mei, *apricot.* Occasionally after p and f, this final becomes i; e. g. 非 ,fei, *not,* is sometimes heard fi. When w intervenes, the consonants k, h. also take ei, as in 閨, 徽, kwei, hwei. Words with the initials n, l, such as 內 nui, 雷 lui, are by many mandarin speakers pronounced nei, lei.

海上絲綢之路文獻集成 科技與文化編

漢語官話口語語法

Words in a after k and h, insert the vowel i; e. g. 家 ,kia, 下 hia', or the vowel u, as in 卦 kwa', 話 hwa', otherwise the letter a refuses to follow those consonants.

The final o, in many parts north of the Yellow River is sounded ù, and is like the first vowel in the diphthong of words such as *how*, *cow*. Sh, ch, f and y, do not take this final. (Yet 所 is sho in Shan-tung). In the mandarin dictionaries another final is made by inserting u before o. Thus 歌, 戈, are pronounced kò, kwo respectively, and 賀, 禍, ho, hwo, but the w after h appears to be now falling into disuse. Morrison omits hwo, but it is recognized by Prémare.

Words in u in some dialects take ü or û for u after sh, j and ch; e. g. 書 shu, pronounced shü in Hu-peh, and shû at Si-ngan-fu. Prémare adopts without good authority, the orthography shü. At Si-ngan-fu, u after some consonants is changed to eu, so that 走 'tseu has the same sound with 祖 'tsu, pronounced 'tseu.

The final ü occurs only after k, n, h, s, ts, and standing alone; e. g. 居, 于 ,kü, ,ü. There is no need of the inserted i or initial y added to the spelling of such words as these in the current orthographies.

For remarks on the finals ie, ia, see e, a.

Words in iai take only the initials k, h; e. g. 街 kiai, but when i is not inserted, all the consonants except f and j are employed. At C'heng-tu the intermediate i is omitted in some words, as in 鞋 hiai', pronounced hai. The sound yai heard in Shan-tung, is ngai at Peking as in 挨, 矮, etc.

Words in iau take all the initials, except sh, j, ch, ng and f, which in this as in other cases cannot precede the medial vowel i.

The final eu takes all the initials. It rhymes nearly with the English word "prow," but an intermediate vowel, the e in "then," is usually heard.

In the finals ai, au, ui, wai, each letter has its full sound. After k, h, p, m, f, the termination ui does not occur.

Short-tone finals. The finals in the short tone all consist of vowels, which are lengthened in northern and western mandarin.

The final ih as commonly written, should be subdivided as in the table into ih and ïh. This is rendered necessary by the fact that i does not take the soft sibilants, sh, ch, j before it. Thus 惜 sih,

G

海上絲綢之路文獻集成 科技與文化編

becomes si in Peking, and is there identical with si, *west*, while in Nanking it remains sih with the vowel short. Words like 實 and 十 agree in tone and in vowel sound with 時 .shï *time*, at Peking, and at Nanking in the vowel sound but not in tone. For the latter the spelling shïh, and for the former .shï, is here adopted.

The final eh, as in 白, 百 peh, spelt by French writers pe, and by Morrison pih, varies in sound in the mandarin dialects. In Peking it is predominantly ei, ai, or o; at Nanking eh (the e as u in *tun*); in Sï-c'hwen èh (the e as in *there*); and in Honan ei and ai.

The final èh preserves the same vowel sound in all the dialects. It only occurs after the initials sh, j, ch, y, as is true also of the long final e, its correlate.

Words in ah become a (as a in father), in the northern and western dialects, as 八 pa, *eight*.

Words in oh take o, rhyming with "no," or au as 藥 yoh, pronounced like 要 yau' at Peking, and .yo at C'heng-tu.

Words in uh change their vowel to eu, u and ü in northern mandarin. When there is no consonant preceding, as in 玉, ü is the sound preferred in all the dialects. At C'heng-tu eu is not used. Thus 六 called lieu' in the north, and identical in sound with 溜 lieu', is heard .lu at C'heng-tu, agreeing in sound with 盧 .lu, and 奴 .nu, there pronounced .lu.

The final üh is usually written iuh by foreign authors, and both sounds are given in the preceding table. Almost all the words under this final are however pronounced ü at Nanking, and in the other dialects. Thus 律 lü not liuh, and 曲 k'ü (t'sü) not k'iuh.

In the final ièh many speakers of mandarin omit one of the vowels i or e. They are more firmly fixed in the mandarin of the north, than in that of other parts. Thus 蝶 tièh, *butterfly*, in Peking tie, is in C'heng-tu called ti agreeing in sound with 笛 ti, *a flute;* while at Nanking it is èh.

The final iah occurs only after k and h. It usually takes the form ia; e. g. 狹 .hia.

Words in ioh are lengthened to io or iau; e. g. 削 sioh, *to cut*, is heard siau' at Peking, and .sio at C'heng-tu.

Words in iuh take ü in place of that final. The termination iuèh often loses the sound u or that of e, as in 雪 siuèh, pronounced sio or sie. The finals iuh and iueh occur only after k, h, s, l and y.

The final woh often omits the medial w as in 活 .ho, *living*. Many speakers change the o to ei; e. g. in 惑 pronounced hwei, in 陝西 'Shan-si and Honan. The place of o is also often taken by e, as in 或 hwoh, pronounced in Sï-c'hwen .hwe. This and the final hwah (pronounced hwa), occur only after the consonants k, h and sh.

In the lengthening of words in the short tone, as detailed in the work 中原音韻 for the mandarin of century XIII, it appears that words in the lower juh-sheng or eighth tone, having mute or sibilant initials pass into p'ing-sheng, and chiefly the lower subdivision of it, viz. the fifth tone-class. Words in the upper juh-sheng with the same initials pass into the shang-sheng or second tone-class. Words whose initials are l, m, n, j, y, take the third or k'ü-sheng. The exceptions to these rules in that work are few, and it would be interesting to ascertain if they exist in the pronunciation of any large part of northern China at the present day.

In the tones of words lengthened from the juh-sheng in the Peking dialect, there is an approximation to the same law. By referring to the table, it will be seen that a clear majority of words in the lower juh-sheng with mute and sibilant initials, viz. k, t, p, s, f, h, ch, take their place in the lower p'ing-sheng, while almost all words commencing with l, m, n, r, j, y, are classed under the third tone or k'ü-sheng. The second tone however, though it embraces only words conforming with this rule, viz. characters having mute and sibilant initials belonging to the upper juh-sheng, contains but a minority of them, the greater number being distributed among the other three tone-classes, the first, third and fifth. Of these the first tone takes the most.

The distribution of the 入聲 for Honan (中原) in the Yuen dynasty, thus appears to be as follows :—

Original tone.	Initial.	Subsequent distribution.
IV. Upper juh-sheng	k, t, p, s, ch, f, h, w.	II.
VIII. Lower "	k, t, p, s, ch, f, h.	I.
" "	g, d, b, z, dj, v, *h*.	V.
VIII. " "	l, m, n, j, w, y.	III.

Cheu-teh-t'sing's dictionary does not say distinctly, how the transition characters are distributed between the classes one and five. I suppose that words still having the soft initials (g, etc.) belong to class fifth, and such as had lost them to class first.

For Peking the following table nearly represents the distribution or the same characters.

Original tone.	Initial.	Tone at Peking.
IV. Upper juh-sheng	k, t, p, s, ch, f, h, w.	I, II, III, V.
VIII. Lower "	k, t, p, s, ch, f, h, w.	I, V.
VIII. " "	l, m, n, j, y.	III.

It will be seen afterwards that the separation between the upper and lower juh-sheng, may be considered as having formerly consisted chiefly in the initial letters. According to this view, the mute and sibilant initials of the latter are all to be read, g, d, b, z, j, v, *h*, agreeing with the present pronunciation in Cheh-kiang and southern Kiang-nan.

The dialect of Tsi-nan-fu, the provincial capital of Shan-tung, appears to approach still less to such a law of distribution for the juh-sheng than that of Peking. Most of the words whose initials are l, m, n, etc. are indeed enunciated like words in the third tone class, but the rule extends no farther. Thus all words written sih, whether in the upper or lower *juh-sheng* are there identical in sound with 西 ,si, in the upper p'ing-sheng. All words such as 實, 識, shïh, whether in the upper or lower juh-sheng are placed in the lower p'ing-sheng. So again all words written shuh, whether in the upper or lower series, are pronounced with the intonation of the k'ü-sheng.

The following table is extracted from the native work Li-shï-yin-kien. The words are there spelt by the method called Fan-t'siëh. Thus under 藥 yo, *medicine*, the direction given for the pronunciation is 印釣切音要, i. e. "combine the initial of yin' with the final of tiau'. It is the same in sound with yau', *to wish*." So also 麥 meh, *wheat* is followed by the words 悶壞切音賣, i. e. "it is to be pronounced as the two sounds men, hwai united, and is homophonous with mai', *to sell*." The characters 七, 濕, 十, 織, 沒, are directed to be pronounced as 欺, 詩, 時, 知, 梅, ,k'i (c'h), ,shï, .shï, ,chï, .mei, respectively, in spelling and in tone.

海上絲綢之路文獻集成 科技與文化編

In transferring the sounds thus given to a place in this work, the process of Fan-t‘sièh has been omitted, and the result only given, viz. the correct spelling and tone in the Peking dialect of all the short-tone characters contained in the table.

Table to find the Peking lengthened sound of short-tone words, with the tone marks as there pronounced.

Common orthography.	Peking sound.	Examples.
c‘hah	c‘ha	,插 ,鍤 ,歃 .察
chah	cha	,札 ,紮 栅‘ .閘 .煠 .札
chèh	che	,螫 .折 .哲 .蜇 .蟄 .陟 .槢 浙‘
chih	chī	,隻 ,汁 ,擲 ,隲 ,織 .直 .殖 .秩 .帙 .姪 .質 .執 .職 室‘ 植‘
c‘hih	c‘hī	,喫 ’尺 赤‘ 斥‘ 勅‘ 飭‘
choh	chau	.着
„	cho	,捉 ,涿 .啄 .琢 .卓 .倬 .焯 .鐲 .濁 .斵 .茁 .濯 .擢 .妁 .酌
c‘hoh	c‘ho	.綽 ,戳 ,綽
chuh	cho	,逐 .築
„	chu	.朮 .竹 .术 .竺 .軸 .燭 .祝 ’囑
„	cheu	,妯 .柚 ,粥
chuèh	cho	,拙 .拙
c‘huèh		,歠
c‘huh	c‘ho	,矗 ,戳 ,觸
„	c‘hu	,出
fah	fa	,發 .伐 .筏 .閥 .乏 .罰 .法 髮‘ 法‘
„	fo	.佛 ’幅
fuh	fu	.福 .蝠 .匐 .伏 .茯 .服 .複 .復 .覆 .腹 ’幅 拂‘ 弗‘ 髴‘ 艴‘
heh	hei	,黑
„	ho	.核 .劾 赫‘ 紇‘
hiah	sia	,瞎 .轄 .柙 .狎 .狹 .挾 .匣
hièh	hie	,歇 ,蠍 .協 .燮 .脅 .叶

Common orthography.	Peking sound.	Examples.
hih	si	,吸 ,翕 ,晳 ,肸 .歙
hioh	sio	.學 蓄‘ 畜‘
”	siau	.學
hiuèh	sie	‘血 (or siue)
”	sio	穴‘ (or siue)
hiuh	sü	,旭
hoh	ho	,喝 .曷 .褐 .偈 .盍 .闔 .搕 .合 鶴‘ 壑‘
	hau	.鶴 ‘郝
hwah	hwa	.滑 .猾
hwoh	hu	獲‘ 穫‘
hoh	ho	.活 或‘ 惑‘ 涸‘ 豁‘ 霍‘ 藿‘
hwuh	hu	,笏 .斛 獲‘ 壑‘ 紇‘ 齕‘ 忽‘
jèh	je	熱‘
jih	jï	日‘
joh	jo	若‘ 弱‘
juh	jeu	肉‘
	ju	入‘ 褥‘ 辱‘
keh	ko	,隔 .隔 .革 .格 .胳 .挌 .骼 .蛒 .膈 ,鬲
k‘eh	k‘o	克‘ 尅‘ 客‘ 刻‘ 酷‘
kiah	tsia	,夾 ,蛺 .蛺 .袷 ’甲 甲‘
k‘iah	t‘sia	恰‘ 跲‘
kièh	tsie	,揭 .韎 .結 .潔 .棘 .刼 .桔 .詰 .孑 .碣 .竭 .桀 .傑 桔‘
kih	tsi	,激 ,汲 ,擊 .激 .汲 .擊 .伋 .級 .吉 .佶 .頡 .極 .急 .及 .伋 ’戟 ’給 .級 及‘
k‘ih	t‘si	’訖 ’乞 泣‘ 迄‘
kioh	tsiau	’脚
”	tsio	.角 .覺
k‘ioh	t‘sio	郤‘ 确‘ 碏‘
kiuèh	tsie	.決 .訣 .玦 .蕨 .倔 .掘 .譎
k‘iuèh	t‘siue	,闕 ,缺
kiuh	tsü	,鞠 .橘 .局 .菊

Common orthography.	Peking sound.	Examples.
k‘iuh	t‘sü	,麯 ,屈 ,曲 '曲
koh	ko	,割 ,擱 ,鴿 .閣 .葛 各‘
k‘oh	k‘o	,磕 ,殼 '渴 殼‘
kuh	ku	.鼓 '穀 '轂 '谷 '鵠 '骨 '鶻
k‘uh	k‘u	,哭 ,窟
kwah	kwa	,括 ,聒 ,适 ,刮
kwoh	kwo	,虢 ,蟈 ,郭 '槨 .國 .幗
k‘woh	k‘wo	濶‘ 廓‘ 鞹‘
lah	la	,拉 蠟‘ 臘‘ 辣‘
leh	lei	,勒 勒‘ 肋‘
,,	lo	勒‘ 肋‘
lièh	lie	列‘ 裂‘ 烈‘ 獵‘ 躐‘
lih	li	立‘ 笠‘ 粒‘ 歷‘ 靂‘ 栗‘ 慄‘ 力‘
lioh	lĭau	畧‘
,,	lio	畧‘
liuèh	lie	劣‘
liuh	lü	律‘ 漉‘ 綠‘
loh	lau	絡‘ 酪‘ 烙‘ 落‘
,,	lo	絡‘ 酪‘ 烙‘ 落‘ 駱‘ 洛‘ 樂‘
luh	lu	祿‘ 碌‘ 錄‘ 鹿‘ 轆‘ 麓‘ 戮‘ 陸‘
,,	lieu	六‘
meh	mai	麥‘ 陌‘
,,	mo	墨‘ 默‘ 脉‘ 貊‘ 末‘ 沫‘ 莫‘ 漠‘ 寞‘ 陌‘
mièh	mie	滅‘
mih	mi	蜜‘ 密‘ 宓‘ 覔‘
moh	mo	,摸
muh	mei	.沒
,,	mo	沒‘
,,	mu	木‘ 沐‘ 目‘ 苜‘ 牧‘ 鶩‘ 睦‘ 穆‘
nah	na	納‘ 訥‘ 衲‘
ngeh	ngo	.額 額‘
ngoh	ngo	惡‘

Common orthography.	Peking sound.	Examples.
nièh	nie	捻 涅 孽 臬 闑 聶 鑷 躡
nih	ni	匿 暱 溺
nioh	no	虐
noh	no	諾
pah	pa	八 捌 魃 拔 跋
pʻah	pʻa	帕
peh	pai	白 百 柏
,,	pei	北
,,	po	百 柏 白 柏
pʻeh	pʻai	拍
,,	pʻo	勃 渤 魄 珀 粕 迫
pièh	pie	瞥 別 鼈
pʻièh	pʻie	撇 撇
pih	pi	逼 偪 必 必 筆 必 畢 蹕 謐 壁 璧 弼 碧
pʻih	pʻi	疋 匹 癖 劈
poh	pau	雹 髖 薄
,,	po	撥 餑 剝 亳 駁 箔 鉢 脖 檗 搏 博 薄 馓
pʻoh	pʻö	潑
,,	pʻu	樸 璞 朴
,,	po	孛
puh	pu	卜 不 不
,,	pʻu	僕 幞 濮 樸 朴
pʻuh	pʻu	扑 朴 樸 樸
sah	sa	薩 靸
seh	sai	塞
,,	shai, so	穡 嗇 澁 色 瑟 se 塞
shah	shra	殺
,,	sia	霎 煞
shèh	she	舌 折 涉 歙 設 攝 穡 嗇 澁 色 瑟
shih	shï	濕 蝨 奭 失 識 識 十 石 拾 食

Common orthography.	Peking sound.	Examples.
shih	shï	.實.蝕.什.室‘釋‘適‘飾‘式‘軾‘拭‘
shoh	shau	.勺.芍
shuh	sheu	.熟
,,	shu	,叔.孰.沭.秫.菽.贖.屬.蜀.夙‘肅‘餗‘束‘述‘術‘倏‘淑‘
,,	su	淑‘
shwah	shwa	,刷
shwoh	shwo	,說
sièh	sie	泄‘褻‘
,,	sio	,薛
sih	si	,惜.席.蓆.昔.襲.錫.習.惜.膝.悉‘夕‘襲‘膝‘析‘隙‘息‘熄‘
,,	sü	,膝
siòh	siau	,削
siuèh	sio	'雪
siuh	sü	,恤.戌‘
,,	sio	恤‘卹‘
soh	sho	.朔.碩
,,	so	,縮'索
suh	su	,速,粟.宿.俗.粟.速.宿‘續‘夙‘肅‘餗‘束‘
,,	sieu	'宿
,,	shwai	率‘
,,	so	率‘
,,	shu	夙‘肅‘餗‘束‘
tah	ta	,搭.達.笪.妲.答 t‘a 踏
t‘ah	t‘a	'搭'撻‘榻‘獺‘
teh	to	,得,德
,,	teí	'得'德
teh, t‘eh	t‘o	特‘忒‘
tièh	tie	,跌.迭.耋.垤.瓞.蝶.牒.諜.疊
t‘ièh	t‘ie	,貼'鐵'帖

H

Common orthography.	Peking sound.	Examples.
tih	ti	,滴.滴.笛.敵.嫡.糴.翟.荻.狄.的.廸.滌.覿.的的‘
t‘ih	t‘i	,剔,踢.倜
toh	to	.奪.鐸
t‘oh	t‘o	,脫,託.橐
tsah	tsa	.雜.匝
tseh	chai	,摘.宅.翟,擇’窄
,,	tsei	.賊
,,	tso	.則.澤.擇仄‘昃‘
t‘seh	t‘so	.測策‘册‘測‘
tsièh	tsie	,接,癤.節
t‘sièh	t‘sie	,切妾‘切‘竊‘
tsih	tsi	,積,緝,唧,屐.集.寂.勣.籍.脊.迹.蹟.稷.踖.楫.疾.蒺.蝍.卽稷‘嫉‘
,,	tsie	.楫
t‘sih	t‘si	,七,柒,漆,戚.緝.楫.輯.戢
tsioh	tsiau	.嚼
,,	tsio	.爵
t‘sioh	t‘siau	’雀
tsiuèh	tsie	.絕 or tsiue.
tsoh	tso	.昨
t‘soh	t‘so	,撮,蹙,顣,踧,蹴,簇錯‘
tsuh	tsu	.足.卒
t‘suh	t‘su	.族
tuh	tu	.督.讀.犢.櫝’匵.毒.獨瀆‘牘‘
t‘uh	t‘u	,禿
wah	wa	,斡,挖韈‘
wuh	wo	,沃
,,	wu	物‘勿‘杌‘,屋,渥,幄,兀
,,	wa	,杌
yah	ya	,鴨,押
yèh	ye	葉‘業‘鄴‘謁‘掖‘液‘腋‘

Common orthography.	Peking sound.	Examples.
yih	i	,一,壹,乙,鳦,挹,揖.檄.邑 邑‘益‘鷁‘譯‘驛‘繹‘懌‘斁‘亦‘奕‘億‘臆‘佚‘泆‘翼‘翌‘逸‘弋‘易‘抑‘佾‘
yoh	yau	鑰‘籥‘瘧‘藥‘葯‘躍‘
,,	yo	,約 藥‘葯‘嶽‘岳‘樂‘躍‘
yuèh	yue	,曰 月‘刖‘悅‘閱‘鬮‘軏‘域‘越‘
yuh	ü	玉‘郁‘獄‘鬻‘欲‘慾‘育‘澳‘聿‘浴‘疫‘役‘

Note. In this table the finals eh, oh, often coalesce through the extensive use of the latter in Peking. The words 核, 劾, heh are the same in sound with 合 hoh, and 革, 隔, keh with 閣, 葛, koh. The words 穡, 嗇, 澁, 色, 瑟, are read by Morrison sih, in our orthography seh. In the dictionary Wu-fang-yuen-yin, they are pronounced shèh, while words such as 舌 are read shièh. The medial i in 舌 etc. is not now heard. The word 虐 is oftener pronounced yo or yau. The n stands for the old initial ng now disappearing.

When characters have two meanings, they are frequently distinguished in the lengthening process, by different tones; thus 曲子 *a song*, is read ’c‘hü ’tsï, while 曲 *bent* is read .c‘hü. So also 甲 in the sense of *coat of mail*, as in 盔甲 k‘wei tsia, is heard ’tsia, but as a symbol in the denary cycle, it is called tsia‘.

Examples. One of the most marked peculiarities in the pronunciation of Peking and the north generally, is the altered form of juh-sheng words. The following examples are given to aid in familiarizing to the eye of the reader, the orthography of such words as actually heard.—

大畧如此 ta‘ liau‘ (o) ju ’t‘sï, *generally speaking it is as follows;* 藥喫不好 yau‘ .c‘hï pu‘ ’hau, *he takes medicine without benefit;* 七十六 ,t‘si .shï lieu‘, *seventy-six;* 綠顏色 lü‘ ’yen she‘, *of a green colour;* 麥沒割了 mai‘ .mei ,ko ’liau, *the wheat is not yet cut;* 打獵 ’ta lie‘, *to hunt;* 花局子 ,hwa .tsü ’tsï, *a place for showing flowers;* 一粒飯蹧踏不得 ,i li‘ fan‘

,tsau t'a' pu' .to, *a single grain of rice must not be trodden upon;* 被脚踏壞了 pei' 'tsiau t'a' hwai' 'liau, *it was trodden upon and destroyed;* 拙体 ,cho pen', *stupid;* 確實 t'sio' .shï, *accurately true;* 恰好 t'sia' 'hau, *just at the time; fortunately;* 曲曲彎彎 ,c'hü ,c'hü ,wan ,wan, *winding about;* 褻瀆神佛 sie' to' .shen .fo, *to insult the gods and Buddhas;* 作樂 tso yo, *to play music;* 歇一歇 ,sie ,i ,sie, *rest a little;* 作惡犯法 tso ngo' fan' ,fa, *to do wrong and break the laws;* 護膝 hu' ,si, *a padded covering for the knee;* 脚底下濕了 'tsiau 'ti sia' ,shï 'liau, *wet under foot;* 差役 .c'hai i', *a messenger;* 更易 ,keng i', *to change;* 房室 .fang ,shï, *a house;* 勅封 c'hï' ,fung, *to canonize;* 黄歷 .hwang li', *imperial calendar;* 豎立 shu' li', *upright;* 出力 ,c'hu li', *to exert strength;* 殺賊 ,sha .tsei, *to kill thieves;* 沉溺 .c'hen ni', *to be drowned;* 勝了仇敵 sheng' 'liau .c'heu ti', *he has conquered his enemies;* 測度不出 .t'soh .to pu' ,c'hu, *cannot find it out by thinking;* 洩漏 sie' leu', *to let water through;* 揀擇 'kien .chai, *to choose;* 找不着 'chau pu' .chau, *cannot find him;* 吃了飯沒有 ,c'hï 'liau fan' .mei 'yeu, *have you breakfasted (dined) yet or not?* 難得 .nan ,to, *difficult to get;* 今天嗑粥 ,tsin ,t'ien ,ho ,cheu, *to-day I take congee;* 不黑不白 pu' ,hei pu' .pai, *it is neither black nor white;* 姪子出去了 .chï 'tsï ,c'hu c'hü' 'liau, *my nephew is gone out;* 水鴨子 'shui ,ya 'tsï, *a duck;* 蠟燭火滅了 la' 'chu 'ho mie' 'liau, *the candle is gone out;* 石頭摋殺了 .shï .t'eu .tsa ,sha 'liau, *he was stoned to death;* 收拾車軸 ,sheu .shï .c'he .cheu, *mend the carriage axle;* 心窄 ,sin 'chai, *he has a narrow heart;* 隔了六七日 'ko 'liau lieu' ,t'si jï', *after six or seven days;* 女瞎子 'nü ,sia 'tsï, *a blind woman;* 鹿角 lu' .tsio, *stag horns;* 不明白 pu' .ming .pai, *he does not understand;* 眞是活佛出世 ,chen shï' .ho .fo ,c'hu shï', *he is truly a living Buddha born into the world;* 大麥 ta' mai', *wheat;* 尺寸不對 'c'hï .t'sun pu' tui', *the measurement does not agree;* 血脈不活 'siue me' pu' .ho, *the blood is not active;* 自己的骨肉 tsï' 'chi .ti 'ku jeu', *one's own blood relations;* 日頭太毒 jï .t'eu t'ai' .tu, *the*

海上絲綢之路文獻集成 科技與文化编

sun is very powerful (poisonous); 不要太心急 pu' yau' t'ai' ,sin ,chi, *do not be too anxious*; 缺少物件 ,c'hiue 'shau .wu chien', *there are some things missing*; 暴虐百姓 pau' yo' 'pai sing', *he oppresses the people*; 三魂六魄 ,san .hwen lieu' p'o', *three souls and six animal principles*; 親戚 ,t'sin ,t'si, *relations*; 拍手 ,p'ai 'sheu, *to clap the hands*; 錫箔 ,si .po, *tin-foil*; 沒有糧食 ,mei 'yeu .liang .shï, *they have no provisions*; 木寨子 mu' ,sai 'tsï, *a wooden palisade*; 不認識他 pu' jen' ,shï ,t'a, *I do not know him*; 唱曲子 c'hang' 'c'hü 'tsï, *to sing songs*; 菊花 .chü ,hwa, *chrysanthemum*; 住在山谷中 chu' tsai' ,shan 'ku ,chung, *he lives in a mountain valley*; 雀兒哨得好聽 't'siau .rï shau' .ti 'hau .t'ing, *the birds sing sweetly*; 嘴裡渴 'tsui 'li 'k'o, *I am thirsty*; 接續 ,tsie sü', *to connect*; 耐不得 nai' pu' .to, *it is unbearable*; 香客狠多 'siang k'o' 'hen ,to, *the visitors who come to burn incense are very numerous*; 別個人 .pie ko' .jen, *another man*; 月亮好 yue' liang' 'hau, *the moonlight is beautiful*; 這裡不行的 che' 'li pu' .sing .ti, *it is not done here*; 禁在獄裡 tsin' tsai' yo' (ü') 'li, *to shut up in prison*; 同心合意 .t'ung ,sin .ho i', *of one mind and heart*; 摸摸看 ,mo ,mo k'an', *touch it and see*; 家業 .tsia ye', *family property*; 字母 tsï' mu', *written characters*; 親熱 ,t'sin je', *to attach one's-self closely to*; 房屋相接 .fang ,wu .siang .tsie, *the houses join on*; 一庄兒住的人 ,i ,chwang .rï chu' .ti .jen, *men who live in one village*; 百凡事情 'pai .fan shï' .t'sing, *all kinds of things*; 正直無私 cheng' .chï .wu ,sï, *upright and unselfish*; 說的好 ,shwo .ti 'hau, *he speaks well*; 吃得虧是好漢 ,c'hï ,to ,k'wei shï' 'hau han', *he who bears an injury is a hero*; 半黑半白 pan' ,hei pan' .pai, *half black and half white*; 嚇詐人 ho cha' .jen, *to frighten and deceive people*; 冰雪在地 ,ping 'sio tsai' ti', *ice and snow are on the ground*; 一隻船 ,i ,chï .c'hwen, *a boat*; 記著 tsi' .cho, *remember*; 少不得 'shau pu' .to, *it is indispensable*; 說不定 ,shwo pu' ting', *I cannot say certainly*; 福分有限 .fu fen' 'yeu sien', *his share of happiness is small*; 沒有着落 .mei 'yeu .chau lo', *without a home;* 數目不眞 shu' mu' pu' ,chen, *the calculation is wrong;* 積蓄銀錢 ,tsi sio' (sü) .yin .t'sien, *to add constantly to his gains;* 捨不得吃穿 'she pu' .to ,c'hï ,c'hwen, *he will not spend even for food and clothing;* 發財發福 ,fa .t'sai ,fa .fu, *he is rich and happy;* 獨自一人 .tu tsï' ,i .jen, *he, a single man;* 齷齷齪齪的 ngo ngo t'su t'su .ti, *close and pinching;* 徧處設立些學館 pien' c'hu' she' li' ,sie .siau 'kwan, *everywhere establish schools;* 各處逛一逛 'ko c'hu' kwang' ,i kwang', *he went everywhere amusing himself;* 擺個陣式 'pai ko' chen' shï', *he arranged them in order of battle;* 特意來 t'o' i' .lai, *come intentionally;* 繩索 .sheng 'so, *string; rope;* 折本 .she 'pen, *to lose capital;* 歇息歇息 ,sie si' ,sie si', *rest, rest;* 寃曲在心 ,yuen c'hü' tsai' .sin, *the injury he has suffered is in his thoughts;* 害百姓的賊 hai' 'pai sing' .ti .tsei, *the thieves that plunder the people;* 不中聽 pu' ,chung ,t'ing, *not pleasing to hear;* 入客店 ju' k'o' tien', *he entered the lodging-house;* 六人一帶坐下來 lieu' .jen ,i tai' tso' sia' .lai, *the six men sat down together.*

The ensuing table exhibits in one view, the principal variations to which the short-tone finals are subject in the mandarin dialects. The column marked 中原 contains the sounds given by Cheu-teh-t'sing.

Final.	Nanking.		Peking.		Tsi-nan.		C'heng-tu.		中原	
ih	立 lih	必 pih	li'	.pi	li'		.li	.pi	li'	'pi
ïh	日 jïh	質 chïh	jï'	.chï	jï'	.chï	.ji	.chï	jï'	'chï
eh	北 peh	賊 tseh	'pei	.tsei	'pei	.tsei	.pe		'pei	.tsei
	白 peh	麥 meh	.pai	mai'	.pei	mei'	.pe		.pai	mai'
	百 peh	得 teh	'pai	.to	,pei	,tei	.pe		'pai	'tei
	色 seh	塞 seh	so'	sai'	'shei	sei	.se	.se	'sai	'sai
	瑟 seh	塞 seh	she'	se'	,sho		.se	.se	'sï	'sï
èh	舌 shèh	熱 jèh	.she	je'	.she	hwo	.she	.je	.she	je'
ah	雜 tsah	八 pah	.tsa	,pa	tsa	pa'	.tsa	.pa	.tsa	'pa
oh	落 loh	薄 poh	lau'	.pau	lo'	po'	.lo	.po	lau'	.pau

Final.	Nanking.	Peking.	Tsi-nan.	C'heng-tu.	中原
oh	落 loh 薄 poh	lo' .po	....	....	lo' ·po
	藥 yoh 索 soh	yau' 'so	yo' 'so	.yo ·so	yau' 'sau
	藥 yoh 索 soh	yo'	....	....	'so
uh	六 luh	lieu'	lieu'	·lu	lieu'
	肉 juh	jeu'	jeu	.ju	.jeu
	入 juh 卜 puh	ju' 'pu	lu' p'u	.ju poh	ju' 'pu
	佛 fuh	.fo	.fu	.fu	·fo .fu
	沒 muh	.mei mo'	mo'	·mo	mu'
	獄 yüh	ü' or yo'	.ü	·yo	ü'
	玉 yü	ü'	ü'	ü'	ü'
	率 suh	shwai'	....	....	'shwai
ièh	别 péh 滅 méh	.pie mie'	.pie .mie	.pi .mi	'pie mie'
iah	瞎 hiah 恰 k'iah	,sia t'sia'	.sia t'sia'	.sia .t'sia	'hia 'k'ia
ioh	腳 kioh	'tsiau	tsio'	.tsio	'kiau
	覺 kioh	,tsio	,tsio	.tsio	'kiau
iuh	局 küh 屈 k'üh	,tsü ,t'sü	tsü' t'sü'	.tsü .t'sü	.k'ü 'k'ü
	恤 süh 戌 süh	sio' or sü'	sio' sü	.sio	'sü
iüèh	血 hiuèh	'sie	,sie	.sie	'hie
	雪 siuèh	,sie ,siue	....	.sie	'siue
	月 yuèh	yue'	yue'	.yue	yue'
weh	國 kweh	.kwo	,kwei	.kwe	'kwei
wah	刮 kwah	,kwa	.kwa	.kwa	'kwa
woh	濶 k'weh	k'wo'	,k'wo	.k'wo	'k'wo
	活 hwoh	.ho	.hwo	.ho	.ho
	或 hwoh	,ho	.hwei	.hwe	.hwei

In 'Shan-,si the lengthening of words in the short tone, may be judged of by the following examples obtained from a native of 三元縣 ,San-.yuen-hien', in 西安府 Si-ngan-fu.

六 leu or lieu, 尸 c'hï, 喫 c'hï, 拙 chue, 或 ,hwei, 獲 'hwei, 忽 ,hu, 日 ,rï, 入 ,jï, 左 ,shï, 木 mu, 及 ,ki, 石, 十 .shï, 匹 'p'i, 角 kio, 瞎 ha, 血 ,hie, 合 .ho, 局 .kü, 各 ,ko, 术 'shu, 夕 ,si, 折 'che, 一 ,i, 革 ,ke, 肉 zeu', 辱 'zeu, 得 ,tei, 國 ,kwei, 欲 .ü.

Faults in Mandarin Dialects.

In regard to the pronunciation in Peking and the north generally, it may be observed that the lengthening of the juh-sheng, and the coalescing of k and ts before i and ü, and that of h and s before the same vowels are not faults, but rather steps in the regular development of the language. From the lengthening of the juh-sheng results an inconvenient variety in the vowels of the lengthened words, as when 得 is pronounced tei in Shan-tung, to in Peking, and te in the west. These however cannot be considered as faults in either case. We do not know which form of the vowels will ultimately prevail.

By Peking speakers some words in ung with f and m preceding are pronounced eng, as in 風 feng. The lower classes pronounce some words in l, as if they had n for their initial and vice versâ; e. g. 弄 lung' pronounced nung', *to meddle with.* Some Peking men place ng after some of the personal pronouns as 你 'ning for 'ni, *you,* 咱們 tsang men for tsa men, *we,* and 他們 t'ang men for t'a men, *they.* W is inserted in words, which should be pronounced ho, as in 火 'hwo, *fire,* 夥 'hwo, *an assistant,* 禍 hwo', *calamity,* 貨 hwo', *goods.* By some 都 ,tu, *all* is pronounced ,teu. The final ng in 肯 k'ĕng is changed to n. The use of 兒 as an affix to substantives affects the sound of final n, as in 人兒 .jen .rï, *a man,* pronounced nearly like jĕr, in 門兒 .men .rï, *a door,* which is like mĕr, and in 木板兒 mu' ,pan .rï, *wooden board,* heard like mu' par. Aspirates are incorrectly used in the words 卜 puh pronounced p'u, 特 'teh pronounced t'o, 隨 .sui often pronounced .t'sui. Further, words in iai, iue are heard ie.

In Nanking n is very commonly pronounced l, as in 南 nan, *south,* pronounced lan. The vowel i in such words as 列, 切 lièh, t'sièh is often omitted. Words such as 天 t'ien 年 nien are frequently heard t'én, nén. The final n becomes ng after i, and ng becomes n after a. Thus 心 sin, *heart* is the same in sound with 星 sing, *a star,* and 板 ,pan, *a plank,* with 邦 ,pang, *a kingdom.* In this city the mandarin pronunciation has not penetrated deeply among the lower classes. At a few miles distance from the walls, the soft initials g, d, b, etc. prevail among the country people. Bad speakers of mandarin are more common among Nanking

海上絲綢之路文獻集成 科技與文化编

men, than among those from Peking and the other mandarin-speaking cities, because the former city is on the boundary between the northern and southern systems of pronunciation, while the others are in the midst of a population using the same dialect with slight differences.

In the western provinces, the initial n gives place to l, except before the vowels i, ü. At C'heng-tu, the capital of the province of Sï-c'hwen, g is heard in words such as 義 i'. In 嘗, 常 .c'hang, the initial is sh. The vowel i is omitted in words such as 咸 .hien, *complete* (heard han), 鞋 .hiai, *shoe* (heard hai). Some words in ie, as 些 ,sie, are heard i, dropping the last vowel e. The words 孕 yün', 永 'yung, 血, 穴 hiue, 是 shï', are called yin', 'yün, ,hie, sï'. In 果, 過 kwo, w is omitted.

At Tsi-nan-fu the capital of Shan-tung l is often substituted for j, as in 若 jo, 如 ju. Y is also found for j as in 閏 jun' called yün. Words in y often substitute l as in 庸 .lung for .yung.

In the north, the variation in the vowel part and the tone of juh-sheng words gives rise to much inconvenience. From the preceding tables it appears, that many words have two or three pronunciations even in Peking itself. The word 學 for example, is there called .hio or .hiau (s), and 勒 has the three sounds ,lei, lei' and lo'. Some words that have gone far from their original form in the colloquial, are much nearer to it when pronounced as book words. Thus 肉 juh, *flesh* is heard in colloquial jeu', but in reading it is called ju'.

At T'ien-tsin the port of Peking, there are some important differences in the initial letters; e. g. j for y, and ts for many words in ch.

The pronunciation in large cities adheres more closely than country dialects, to the standard pronunciation. That of Hang-cheu, for example, is much in advance of neighbouring cities in approximation to mandarin sounds. The vowels usually agree accurately with the recognized orthography, but the initial consonants still retain among them the soft letters, g, d, b, z, etc. e. g. 船 .jwen, *a boat* for .c'hwen, 茶 .dza for .c'ha, *tea*. So the country dialect near Tsi-nan-fu in Shan-tung does not confound the initials k and ts before i and ü, nor h and s before the same letters, as is done in that city.

I

CHAPTER VI.

Native mode of Writing Sounds.

Dictionaries of local dialects. Works for teaching the colloquial pronunciation of particular cities, represent the sounds with the help of the Fan-t'sièh, or syllabic spelling. A series of characters suited to represent the initials, and another the finals of a dialect, are chosen as a standard of pronunciation. By means of them the sounds of all other words are expressed. In many cases however, words to represent the sound are chosen without regard to any series. Examples illustrating this method are here given.—

Example.	Initial.	Final.	Sound	Authority.
叢	慈 dz	松 iúng	dziúng	Chung-yuen-yin-yün.
奇	擎 g	移 í	gí	,, ,,
	青 t's	怱 úng	t'sung	Chung-cheu-t'siuen-yün
	器 k'	夷 í	k'í	,, ,,
	鵲 t's	龍 úng	.t'súng	Wu-fang-yuen-yin.
	橋 k'	地 í	.k'i	,, ,,
	爭 ch	春 úng	chúng	Fuh-cheu dictionary.*
	求 k	之 í	kí	,, ,,
	曾 ch	公 ong	chong	Chang-cheu dictionary †
	求 k	其 í	kí	,, ,,
	從 t's	東 úng	.t'súng	Canton dictionary.‡
	其 k'	幾 i	.k'i	,, ,,
	存 t's	紅 úng	t'súng	Peking dictionary §
	强 k'	移 í	k'í	,, ,,

* This dictionary of the dialect of Fuh-cheu is called 八音合訂 Pah ,yin hoh ting'.

† This dictionary of the dialect of Chang-cheu 漳州 in southern Fuh-kien, is called 十五音 shih 'wu ,yin.

‡ This dictionary of the dialect spoken in the city of Canton, is called 分韻撮要合隻 ,Fen yün' tsuh yau' hoh tsih, or more briefly Fen-yün.

§ 李氏音鑑. The pronunciation only is given in the dictionary included in this work. The words are arranged according to their initials as in our own alphabetic dictionaries, but in a different order.

Syllabic Spelling.

This method of syllabic spelling, the Fan-t'sièh 反切, from fan, *to turn over*, and t'sièh, *to touch, to rub*, was introduced to China by the Hindoos in the 5th and 6th centuries. The first dictionary, in which it was employed for giving the sound of characters was the 玉篇 Yuh p'ien, by Ku-ye-wang, published 543. Some specimens of the mode of spelling adopted in that work, with the probable pronunciation of that period attached to the characters, are here appended.

Example.	Initial.		Final.		Sound.
帝	丁 táng	t	計 ké'	é	té'
上	市 'zhí	zh	讓 'nióng	ióng	'zhióng
甘	古 'kó	k	藍 lám	ám	kám
可	口 'k'ú	k'	我 'ngá	á	'k'á
肉	如 .nió	ni	六 lŏk	ók	niók,
舌	時 .zhí	zh	列 let	et	zhet,
徑	古 'kó	k	定 diáng'	iáng	kiang'
十	時 .zhí	zh	入 níp		zhip,

It is in this manner that all words are spelt throughout the dictionary. The tone of the sound thus written is known by that of the final, and four tones only are recognized, viz. p'ing, shang, k'ü, juh, without subdivisions. This dictionary has a cumbrous system of radicals 590 in number, which renders it inconvenient for reference.

Other works soon followed in which the characters were differently arranged, while sounds were expressed syllabically in the same manner. Near the end of the sixth century, the lost dictionary T'sièh-yün' the basis of that called 'Kwang-yün' 廣韻, was compiled by Luh-fah-yen. The latter, still extant, appeared early in century XI. It was succeeded by the Tsih-yün 集韻, 'Wu-yin-tsih-yün' 五音集韻, and Yün'-hwei' 韻會, the last of these in the 13th century under the Mongols. A few years later appeared Hung-wu-cheng-yün 洪武正韻, in the time of the first Ming emperor. The work called 唐韻 T'ang-yün' published in century VIII, was an enlargement of Luh-fah-yen's dictionary.

The first of these dictionaries had originally a system of 206 finals, which afterwards (century XIII) were reduced by Lieu-p'ing-shui to a little more than one hundred. His system with slight variations has continued in use to the present time. The finals may be still further diminished one half by not counting differences in tone.

In consulting these dictionaries, it is necessary to know (1) the tone and (2) the final, all words having the same intonation being placed together, so that the most general division of the book is into four parts, one for each tone. Subordinate to this is the classification according to finals.

Through the greater part of China, the pronunciation preserved in these early works is now obsolete, but they are still the standard according to which literary candidates write poetry for the national examinations. The traditionary sounds of the T'ang dynasty as here registered, form the rule according to which all Chinese poetry is still composed. The natives consult these works with facility from knowing by the habit of reference where a word is to be expected.

The syllabic spelling learned from the Hindoos was soon followed by systems of initials and finals, which very much assisted the natives in comprehending the analysis of sounds.

The initials were arranged nearly in the order of the Sanscrit alphabet. Thus, k 見 kien', k' 奚 ,k'í, g 郡 giun', n 疑 .ngí, t 端 ,twán. t' 透 ,t'u, d 定 diáng', n 泥 .ní, ch 知 ,chí, c'h 徹 c'het, dj 澄 .djing, ni 孃 .niúng, p 幫 ,pong, p' 滂 ,p'ong, b 並 'biáng, m 明 .miáng, f 非 ,fí, f 敷 ,fo, v 奉 'vúng, v 微 .ví, ts 精 ,tsiáng, t's 清 ,t'siáng, dz 從 .dzúng, s 心 ,sim, z 邪 .ziá, ch 照 chó', c'h 穿 ,c'hön, dj 牀 'djúng, sh 審 'shim, j 禪 'jön, y 影 'yáng, h 曉 'hió, u 喻 ú', *h* 匣 *h*áp, l 來 .lói, ni 日 nyit.

We are told (Li-shï-yin-kien, vol. 2, p. 6,) that a priest of the T'ang dynasty, named She-li 舍利 formed this system, but without the six characters 孃, 牀, 幫, 滂, 微, 奉. These were afterwards added, and in fact some of them are superfluous. For

海上絲綢之路文獻集成 科技與文化编

漢語官話口語語法

the first two can be identified with the initials 日 nyit and 澄 djing, and the last four with the initials 非, 敷, 並, 明, by reading p for f. In the Sanscrit alphabet there is no f, and in the fifth century words afterwards placed under the initials f, v, were pronounced with p, b. Thus 弗 fuh, 佛 fuh, had for their phonetic value at that time the Sanscrit syllables put, bud, and were changed for other characters by later translators of the Buddhist books when aiming to express the Hindoo sounds accurately, shewing that the power assigned to these characters had changed in the interval. Many other words now pronounced f and v, may be concluded from various sources to have been formerly heard p, so that f is perhaps of comparatively recent appearance among Chinese sounds.

The characters selected to represent the finals in the dictionary Kwang-yün are the following :—

First tone-class. 東冬鐘江 (eng, áng, ong, iong,) 支脂之微 (ï, í, ei,) 魚虞模 (ü, ò, ú,) 齊 (é,) 佳皆灰哈 (á, iá, ói, ái,) 眞諄臻 (in, ün,) 文欣元魂 (iún, ún, wún,) 痕寒桓 (én, ón, wón,) 删山 (án, wán,) 先仙 (ièn,) 蕭宵肴豪 (ó, ió, áú, iáú,) 歌戈麻 (á, wá,) 陽唐 (ióng, óng,) 庚耕淸 (áng, iáng.) 靑蒸登 (éng, ing, èng,) 尤侯幽 (ú, èú, iú,) 侵 (im,) 覃談 (ám.) 鹽添 (ièm.) 咸銜 (iám,) 嚴凡 (wám.)

Fourth tone-class. 屋沃燭 (ók, iók,) 覺 (ok,) 質 (it,) 術櫛物 (üt, ut,) 迄月沒 (wèt, èt,) 曷末 (ót,) 黠鎋 (át, iát,) 屑薛 (ièt.) 藥鐸陌麥 (iák, ák, áik,) 昔錫職德 (ik, èk,) 緝 (ïp,) 合盍 (áp,) 葉帖 (ièp,) 洽狎業 (iáp,) 乏 (wáp.)

In this arrangement, there is an approach to the order of the vowels in the Sanscrit alphabet. That order is a, á, i, í, u, ú, é, ai, ó, au. The unaccented *a* in a closed syllable corresponds to *e* as used in the present work. The vowel á is placed near ó in the Chinese system, doubtless because of the close connexion of those two vowels in Chinese pronunciation. The order of the consonants used as finals is also nearly the same as in the Sanscrit alphabet, viz. ng, n, m, k, t, p.

The finals in the second and third tone-classes being like those of the first are not here transcribed. In the common rhyming dictionaries now used for versification, the 91 classes here found, are reduced to about half that number.

In all the national dictionaries, embracing in addition to those already mentioned, 正字通 Cheng-tsï-t'ung, 字彙 Tsï-hwei, 佩文韻府 P'ei-wen-yün-fu, 康熙字典 K'ang-hi-tsï-tien, words are spelt according to the Fan-t'sieh method, with the initials and finals as here described. In these works, published since the growing up of the mandarin pronunciation, the traditional sounds of the characters are quoted from earlier books. To read the old pronunciation correctly the values of all the initials and finals need to be carefully ascertained. An attempted approximation to them is given in this chapter. It is derived from many sources, viz. from old transcriptions of Sanscrit sounds in Chinese, and of Chinese sounds in Japanese, Corean, and Cochin-Chinese; also from the existing state of provincial dialects in China itself.

Phonetic Characters.

Among the details connected with the Chinese methods of writing sounds, there should be some reference to the phonetic characters. About 2,500 of the characters are ideographic. The remainder upwards of 20,000 are formed phonetically. Many of these are of recent invention. There are about 10,000 characters in the Shwoh-wen, a dictionary of the Han dynasty. Examination shews that certain laws guided the inventor of these symbols, and that at this remote period, after all the changes through which the language has passed during several thousand years, some of these laws are not beyond the reach of observation. Phonetic and ideographic characters are found mixed in the oldest remains of Chinese literature, and tradition ascribes them to one inventor 倉頡 Ts'ang-kieh, who lived before the time of Yau and Shun, in the reign of Hwang-ti, said to be B. C. 2600. But though there is no traditional evidence of any lengthened time elapsing between the formation of the two kinds of symbols, we may be allowed to assume it.

A few examples will illustrate the phonetic writing, adopted in the early formation of Chinese characters.

海上絲綢之路文獻集成 科技與文化編

Phonetics.	Compounds.
封 ,fung........	崶 ,fung, 幫 ,pang.
尙 shang'......	裳 .shang (zh), 賞 'shang, 掌 'chang, 倘 't'ang, 當 ,tang, 堂 .t'ang.
分 ,fen..........	忿 fen' (ven), 盆 .p'en (ben), 頒 ,pan, 邠 ,pin.
兼 ,kien (m)...	嫌 .hien, 廉 .lien, 謙 ,k'ian.
咸 .hien (m)...	減 'kien, 憾 han', 惐 ,k'ien.
玄 .hiuen	弦 .hien, 泫 hiuen'.
差 ,c'ha........	嗟 ,tsie, 瘥 .t'so, 傞 ,t'so.
者 'che	諸 ,chu, 都 ,tu, 緒 sü', 署 'shu.
果 'kwo.........	窠 'k'o, 夥 'ho, 裸 'lo.
也 'ye	池 .c'hï, 地 ti', 他 ,t'a, 阤 .t'o, 酏 .i, 蛇 .she.*
易 yih (k)......	錫 sih (k), 惕 t'ih (k).
發 fah (t)......	撥 poh (t), 潑 p'oh (t).
甲 kiah (p)....	鴨 yah (p), 狎 hiah (p).

Of characters thus used as phonetics, there are in Callery's enumeration a few more than a thousand. It appears therefore that after the inventors of the Chinese characters had determined on the more than 2,000 ideographs which the language contains, they appropriated nearly half of them as symbols of sound. The sound assigned to them was the name of the object of which they were primarily chosen to be the ideograph. Probably therefore sufficient time intervened for the symbols first formed to become well known, and suggest at a glance a certain sound. As already remarked however, there is no direct evidence of such an interval of time having existed. New characters when formed are always phonetic.

It is found that the final consonant of the phonetic belongs generally to all the compounds that it helps to form. Taking the pronunciation of southern China as a starting point, the final whether be it ng, n, m, k, t, or p, in almost all cases is the same in compound characters as in their phonetics. This fact belongs to the first formation of Chinese writing, and proves the existence of the whole of these final consonants at that time.

* In the seal character 也 and 它 have the same form.

The same circumstance characterizes the vowels whether medial or final. But it is only partially open to observation, on account of the numerous changes that have taken place during the lapse of thousands of years. Characters which once rhymed together, and therefore contain the same phonetic, have separated frequently, and now find their place under three, four or more different rhymes. Thus among the preceding examples 者 che has three values, and 也 ye no fewer than five. These mark changes in the language, and it remains to ascertain which is the oldest, and which the newest form of the vowel, before an approximation can be made to the primitive sound.

While the medial and final letters of the sound attached to compound characters agree with those of their phonetics, the initial often differs. When the initial consonants are not the same, they are usually closely allied. Thus f and p, k and h, ch and ts, ch and sh are often the initials of words having the same phonetic. But there is no certain rule in regard to initials. It was apparently only in the final, that identity of sound was held to be requisite in forming phonetic characters.

The following are examples of phonetics with consonant finals.

Ng 丁亡工方亢卬公中正生令央羊戎成共幷行夅同良巠更甬廷夆呈宗空京享青夌朋尚重昜童登

n 干刃川山文冘元反勻斤屯分玄㕘旦尖艮旬全因完君免延夋見員宛官戔昆宣軍奐建眞兼連粦閒

m 㔾凡心乏欠今甘占任𠬶罙炎忝奄林僉金音咸甚斬陰參敢尋稟厭

k 力乞勺厄朮乍由乇式百各伏曳告足豖亟或昔叔卓易度畐辱專关學睪蜀蒦

t 乙勿穴必犮弗失旦出列吉舌血孛折別叕網忽曷厥發敝

p 十乏及内立占甲合夾邑妾僉枼咠龠聶

海上絲綢之路文獻集成 科技與文化編

In the present state of our knowledge, the original value of the vowel finals in the phonetic characters cannot readily be determined. Vowels change much more easily and frequently than consonants do. We can only conjecture that as in the case of the words ending in consonants, all characters having the same phonetic must have rhymed together.

Modern Alphabetic Writing.

In the native dictionaries of foreign languages, as in 清文鑑 T'sing-wen-kien, the Chinese characters used to express sound represent single letters instead of syllables. Thus the symbols 阿 a 尼 n 伊 i 鴉 y 阿 a, stand for aniya, the Manchu word for *year*. This is alphabetic spelling. The characters however are so printed as to suit the syllabic nature of Manchu writing. This kind of spelling is called 三合切音, San-hoh-t'siěh-,yin, or *spelling by the collocation of three characters*, from the frequent occurrence of triliteral syllables.

阿
伊尼
阿鴉

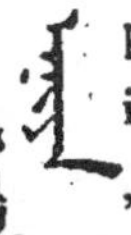

Thus the Mongolian word K'uit'un, *cold*, in the work 西域同文志, is spelt with two triliteral syllables. It will be observed that the character which represents n in the first example, contains in its sound the vowel i, the same that belongs to the next symbol 伊. So in all other cases.

三合切音	蒙古字

烏枯
衣
烏圖
恩

It does not appear that this mode of spelling has ever been used to represent the variations in sound of Chinese dialects.

CHAPTER VII.

On the Age of the Mandarin Pronunciation.

Cheu-teh-t'sing 周德清 of the Yuen dynasty (century XIII) is mentioned as the first writer who, by noticing the separation of the old first tone-class into two, was led to speak of five tones.* The first description of the distribution of the short tone-class among the other four is also attributed to him.† He was a native of 高安 Kau-ngan. Several cities have borne that name. It is

* Li-shï-yin-kien, vol. 1, page 8.
† Preface to Chung-cheu-t'siuen-yün.

uncertain which is meant. From the dictionary compiled by this author, Chung-yuen-yin-yün, a name which points to Honan (中原) as the place of his residence, the mandarin pronunciation as spoken in his province 600 years ago, can be known with great accuracy. He retains the final *m* of the old tables, and of the southern dialects in the present day. Thus 心 ,sim, 林 .lim, 南 .nam, are distinguished from 新 ,sin, 鄰 .lin, 難 .nan. There is no trace of the finals k, t, p, in the short-tone, the words that formerly had them, being there pronounced with vowel finals of long quantities.

Words with the initials, g, d, b, v, dj, dz, z, zh, and a weak aspirate, in the old tables, (i. e. words in the lower tone with the initials, k, t, p, ch, ts, &c. aspirated or not, in the southern dialects,) keep that form in this dictionary, always in the fifth tone, and frequently in the others. The consonants k, t, p, ch, ts, are also very commonly the initials of these words in the third and fourth tones. Thus 並, 病, ping' agree accurately with 柄 ping', in all respects, according to this author, though they differ in central and southern China. Ting' 定 formerly pronounced with d is written ding' or ting'. In modern mandarin, the aspirated form is uniformly found in the fifth tone-class, and omitted in the others (second, third and fourth).

The singular law of distribution of words in the juh-sheng or short tone among the others has already been mentioned. Words with the initials, k, t, p, f, ch, ts, s, sh, take the second tone; those having, according to the old tables, g, d, b, v, dj, dz, z, zh, take the fifth; and the rest embracing words in l, m, n, r, y, j (ni), find their place in the third tone.

A few circumstantial differences in the sound of many words in *an*, *ï*, and some other finals as now pronounced, also then existed, for which see the chapter on finals. Variations in the initials are very few, see above.

This analysis, which the work of Cheu-teh-t'sing enables us to make of the pronunciation of his time, shews that the mandarin dialect was then in course of formation. The existence of the old soft initials and of the final *m*, important features of the older dialect, and used as has been seen at the court of the Mongol emperors,

海上絲綢之路文獻集成 科技與文化編

forbid the supposition that the mandarin dialect was then fully formed. Part of the period which the Ming dynasty occupied, A. D. 1368 to 1644 must be included therefore in the time during which we conclude that the consolidation of this dialect was completed. In the dictionary Wu-fang-yuen-yin written at the end of that dynasty, the distinction of m and n as finals is entirely lost, as it is also in K'ang-hi's second set of tabulated finals, 等韻 'teng yün', published a few years later.

The manner in which the 入聲 juh-sheng is represented in these two authorities requires some notice. Words with this tone are given with long vowels, but instead of being read as long-tone words, they are still counted as being in the short tone. E. g. in Wu-fang-yuen-yin 麥, 陌, 脈, etc. at Nanking read meh, are placed under the rhyme ai, according to the usage of the northern provinces where these words are frequently read mai. Words such as 學, 若, 度, and many others have assigned to them two or three pronunciations. Hioh, joh, toh, are regarded as their correct spelling; but they are also written hieu, hiau; jeu, jau; teu, tau. Words such as 曲 k'üh, 玉 üh, 律 lüh, 恤 süh, 獄 üh, 欲 üh, are written in this one mode exclusively.

In K'ang-hi's tables, words such as 刻 k'eh, 德 teh, 北 peh, 黑 heh, are written not only in that mode, but k'ei, tei, pei, hei, yet without being displaced from the short tone. The characters 作, 惡, 落, are written tsoh, oh, loh; tsau, au, lau; and tseu, eu, leu. The characters 約, 脚, 藥, 畧, 學, are written yoh, kioh, yoh, lioh, hioh; also yau, kiau, yau, liau, hiau, and yeu, kieu, yeu, lieu, hieu. The characters 玉, 曲, are written yuh, k'iuh, or üh, k'üh. The characters 革, 客, 白, are given as ko, k'oh, poh, or keh, k'eh, peh. The characters 敕, 石, 日, are written c'hïh, shïh, jïh; and 率 is shwai.

All these words are retained in the short tone, while they take the lengthened pronunciation of the northern provinces. The compilers of these tables were unwilling to recognize the northern dialect as the standard of sound, but they wished to introduce as much of it as they could do, without altering the tone-system sanctioned by the old dictionaries.

海上絲綢之路文獻集成 科技與文化編

The emperor Hung-wu who founded the Ming dynasty, and reigned from A.D. 1368 to 1398, had the sounds of the language re-arranged, and published under the title 洪武正韻 .Hung-'wu-cheng'-yün'. He resided at Nanking, and the existence of the short tone in the tables contained in this work need not therefore surprise us. In that city it still exists, though without the three final consonants k, t, p, which are preserved in these tables. The hia-p'ing or fifth tone is wanting, and the soft initials are found through all the four tone-classes. The only difference from the older dictionaries is in the vowels, which approximate to their state in modern mandarin. In regard to consonants initial or final, there is no variation. The pronunciation therefore in the court at Nanking in the fourteenth century cannot be regarded as the same dialect with modern mandarin.

The Tsï-hwei 字彙, published in southern Kiang-nan early in the seventeenth century, contains new tables of sounds, but says nothing on the mandarin dialect. Among the old final consonants, the only one that it shows to have been at all disturbed is t. That letter is omitted after the vowel i; thus 七 is pronounced t'sih, not t'sit. This work also aids in explaining some difficulties in the Mongolian inscription. Thus 崇, 士, written in that inscription djung, dji, in mandarin are pronounced t'sung, shï. They are spelled as in the inscription by the compiler of the Tsï-hwei, and were correlate to ch, not to ts and sh. So also 事 now pronounced shï, was formerly as the 廣韻 'Kwang-yün' states read djï, and so it is written in the inscription alluded to. The opposite process has taken place in many words, t' being prefixed to s and sh in the fifth tone; e. g. 詳, 常, are read in the 廣韻 ziang, zhang, as correlate to s, sh, but in mandarin they are t'siang, c'hang.

These circumstances taken together, point out a period extending from about A.D. 1000 to 1500, as that which witnessed the formation of the modern mandarin pronunciation.

If the loss of the true sound of k and h, before the vowels i, ü, be considered an essential characteristic of the mandarin dialect, the time of its formation must be extended to the eighteenth century. For in the spelling of Manchu sounds with Chinese characters in works then compiled, syllables such as ki, kü, are not read with a sibilant initial, but with the hard sound k. Among writers on mandarin only those of the present century, so far as I have seen, mention this change in the value of k and h. Perhaps however, a leaning to authority may have so far influenced the transcribers of Manchu sounds, and writers native and foreign on the kwan-hwa, as to lead them not to depart from the pronunciation as settled by previous authors.

The kwan-hwa appears destined to extend more widely through the country. The final m now reaches no farther north than the Yang-tsï-kiang. A triangle whose vertex is the Po-yang lake in Kiang-si, and having one of its base angles in Kwang-si, and the other midway up the coast of Fuh-kien embraces probably the whole region where it is used. The final k still preserved in parts of Kiang-nan is pronounced with an indistinctness, which seems to indicate its approaching disappearance. The same is true of the initials b, g, d, v, dz and z, in that region. They are often heard nearly like the corresponding hard letters k, t, p, ts, s, &c. towards which, they are tending.

Among the words spelt with m final by Cheu-teh-t'sing, several are omitted having the initials, p. p', f. For example 貶 'p'ien, 砭 p'ien', 凡 .fan, 梵 fan', 犯 fan', 氾 fan', 品 'p'in, all spelt by this author with n, are in the older dictionaries pronounced with m. This shews that words in f and p, were the first to throw off the final m, as they have also done in the southern Fuh-kien and Canton dialects. A reference to Goddard's Tie-chiu Vocabulary will shew that the Tie-chiu dialect is in this one respect older than either, for it retains m after f, as in 犯 fan spelt hwam', though not after p', 品 e. g. being written 'p'in. In Medhurst's Corean Vocabulary, these words are spelt with m, shewing that the pronunciation of that work must be earlier than the 13th century.

CHAPTER VIII.

On the Parent stem of the Mandarin and other Modern Dialects.

As Latin which was once spoken over all western Europe became the mother of several modern languages, so the dialects of modern China may be supposed to have grown out of an older colloquial language spreading over the whole country. Differences of dialects were noticed indeed as early as the Han dynasty, and a work of that time still extant, 方言 ,fang .yen records many examples of such variations. But it speaks of words only, saying nothing on sounds. There is no information in the common books on sounds of any local differences in pronunciation, till after the T'ang dynasty. They must have existed to some extent, but they are probably beyond the reach of inquiry. In the absence of such information, there is room for the hypothesis that in the first centuries of the Christian era, a common dialect was spoken throughout China with trifling local differences.

It was a system of monosyllables, not existing in its complete form in any modern dialect, but capable of restoration by selecting fragments from each. Its alphabetic elements were briefly, such as,—

1. Initials.

Hard mutes and sibilants,..............k, t, p, ch, f, ts, s, sh, h
Aspirated do. ....k', t', p', ch', ts'.
Soft mutes and sibilants,................g, d, b, dj, v, dz, z, j, *h*.
Nasals and linguals,.......................ng, n, m, ni, l.
Vowels and semivowels,................i, e, a, o, u, w, y.

2. Finals.

Nasals and mutes,.........................ng, n, m, k, t, p.
Vowels,...i, e, a, o, u.

3. Medials.

Various vowels and diphthongs.

4. Tones.

Four in number, viz. p'ing, shang, k'ü, juh.

This is also the system of the Indo-Chinese languages, which are of common origin with the Chinese; except that the number of their tones differs, there being six in Cochin-Chinese, and three in Siamese.

A comparison of this ancient pronunciation with several modern dialects will now be made, so far as seems necessary to explain their origin, and to shew what portions of them belong to the old language of the country, and what are of local growth.

(a.) Northern provinces. Here the greatest changes have taken place, eight initial and one final consonant having been exchanged for others, three finals lost, one tone exchanged for

海上絲綢之路文獻集成 科技與文化编

漢語官話口語語法

others, and a new tone formed. That the system just detailed prevailed here can be shewn indisputably from the circumstance, that it was at Lo-yang in Ho-nan, and C'hang-ngan in 'Shan-si, that the court resided, and that the Buddhist books were translated. It is their dialects that would form the standard from which the Japanese transcriptions, and many of the dictionaries containing the old Chinese pronunciation were successively made. That the Japanese transcriptions, which furnish the most distinct proof of the existence of the finals, k, t, p, in a multitude of Chinese words, were taken from the northern and not any southern dialect, is certain from the fact that the second of them is called the Go-won, 魏音 from the Tartar dynasty of that name which ruled in northern China, A. D. 387 to 557, and had its capital at Lo-yang.

The alterations made by successive Buddhist translators, in the transcription of Sanscrit sounds from A. D. 70 to A. D. 650 are an accurate index to the changes then slowly proceeding in the language of north China.

(b.) Kiang-nan and Cheh-kiang. Along the southern bank of the Yang-tsï-kiang and a little to the north of it, the old initials are all preserved, as also through Cheh-kiang to Fuh-kien. Among the finals m is exchanged for n; t, p are lost, and also k except in some country districts. The tones are four upper and four lower, and they often differ in inflexion as well as elevation, so that they may be counted as being from four to eight in number. The hard consonants and aspirates take the upper series, the soft consonants and nasals the lower. The vowels are common to both series. Probably in the time of the old system of four tones, the same distributions of initial consonants into an upper and lower series prevailed, for it is difficult to see how otherwise words such as 汪, 王 ,wang, .wang could be distinguished. Both taking the first tone, the difference must have been marked by a change in the pitch of the voice, as now in Kiang-nan and Cheh-kiang.

Some words have two forms, one used colloquially, and one appropriated to reading. The former is the older pronunciation, and the latter more near to mandarin.

The cities of Su-cheu, Hang-cheu, Ningpo and Wen-cheu with

the surrounding country may be considered as having one dialect, spoken probably by thirty millions of people.

Local dictionaries for these dialects are not in use. The old dictionaries, radical and tonic, answer every purpose, because the tones and initials substantially agree. I have met with only one local dictionary belonging properly to this system, compiled at Ning-kwoh-fu south west of Nanking. It is called 音韻正訛. It has four tones with two series of initials. In the lower series, j, dz and z are much confounded, h disappears before w, n often precedes i, and w is often v. The finals n, ng, coincide before i, while m, k, t, p, are all wanting.

The city of Hwei-cheu has a dialect of its own. The soft initial consonants are exchanged for hard and aspirated ones. The finals n and ng, are in many words entirely omitted in the colloquial form of speech,* though retained in reading. The other consonant finals none of them occur. For peculiarities in tones in this dialect, see the chapter on tones.

(c.) Kiang-si. At Fu-cheu-fu in the eastern part of this province, the soft initials have all been replaced by aspirates. Of the six final consonants only k is wanting. The tones are seven, and are irregular in pitch.

At Nan-k'ang-fu on the east of the Po-yang lake, the old initials are retained, and of the finals only k and t are wanting. The tones are four, in two series of a regular elevation. At the provincial capital Nan-c'hang, the hard and aspirate initials are used in the lower series of tones irregularly.

(d.) Hu-nan. In many parts of this province, the soft initials still linger,† but in the city of C'hang-sha, the spoken dialect has the five tones of mandarin, and the aspirated and other initials distributed in the same manner.

---

* Thus 申, 深, 升, 十, are identical in sound with 斯 sï, and 輕, 淸, with 妻 t'si.

† I noticed them in conversing with natives of the following places.—Ngan-hwa 安化 in C'hang-sha-fu, T'sing-t'siuen 淸泉 in Heng-cheu-fu; Yung-cheu-fu 永州府 near the boundary of Kwang-si, Yuen-ling-hien 沅陵縣 in Shen-cheu near the Sï-c'hwen boundary, and 沅州 Yuen-cheu near the Kwei-cheu boundary.

海上絲綢之路文獻集成 科技與文化編

(e.) Canton. The Hakka dialect 客家話 spoken in many parts of Kwang-tung and Kwang-si, is that used by descendants of emigrants from Kia-ying-cheu, who in the reign of K'ang-hi left their homes, proceeded westward, and took up their abode in many country districts, where they now form about one third of the population. The soft initials are in this dialect displaced by aspirates, or which is the same thing, all words in the lower tones that can take an aspirate do so. Y is replaced by zh (j). Of the finals k is displaced by t. The tones are six, the second and third being the same with the sixth and seventh. The Hakka dialect differs very little from that of Kia-ying-cheu itself. In the dialect of Canton or Pen-ti 本地 dialect, the soft initials are displaced by hard or aspirated consonants irregularly. The six final consonants are all in use. The tones are eight and are regular in elevation; i. e. they correspond as actually enunciated, so far as their highness or lowness is concerned, with the names they bear. There is a circumstance in which the tones of words in this dialect agree better with the ancient system than with that which now prevails. Many words with mute and sibilant initials, e. g. 婦 fu, 重 chung are pronounced in the lower *shang-sheng*, being elsewhere in *k'ü-sheng*. These form part of a large class of characters, which formerly belonged to the second tone-class as they are marked in the dictionaries, and had soft initials v, j, etc. They afterwards passed into the third tone-class, where they are now found in all mandarin and in many provincial dialects.

In the island of Hai-nan, there is a distinct approach to the form that Chinese words assume in the language of Annam. Many of the hard consonants are softened, instead of the reverse process taking place as in other parts of China. Thus 帝 ti', 地 di', both ti' in mandarin, are both pronounced di' in Hai-nan. B and p are both used for many words, whose initials are w and f in mandarin; e. g. 萬 ban, 父 p'u.

The dialect of C'hau-cheu-fu (Tie-chiu or Chin-chiu), a department bordering on Fuh-kien, very much resembles the pronunciation of the southern part of that province, in its vowels and consonants, but the tones differ. There are eight tone-classes including three subdivisions of the 去聲 k'ü-sheng. The old finals

K

m, k, t, p, are all in use, but in the colloquial ng, n, m, are frequently nasalized, and k, t, p, often omitted.

The peculiarities among the initials, appear to be in fact vestiges of an old national pronunciation. Words in h commence with k, e. g. 行 kiang, 況 k'wang, 汗 kwan, 繪 kwai, 滑 kut, 縣 kuin, 呵 k'o, 厚 kau', 猴 ,kau, 効 kiū. Words in ch commence with t, as 中, 蟲, 寵, 誅, 茶, 猪, 黜, 辱, 著, and many others. Words in f commence with p, 幅, 放, 紡, 蜂, 父, 斧, 縫, 飛, 分, and others. Words in j sometimes commence with n, 肉, 懦, 汝. Words in w are pronounced with m, 勿, 緩, 物, 微, 聞. Words in y are begun with j, 俞, 踰, 諭, 裕, 悅, 允. B is found for w, in 未, 毋, 巫, 侮, 務, 亡, 文. Ng is found before y, w and i, in 宜, 言, 雅, 嚴, 堯, 午, 五, 銀, and many others. Ch and c'h, are found for s and sh, 十 chap., 星 ,c'heng, 醒 'c'heng, 叔 chek., 膝 c'hek, 僧 cheng, 已 chi', 舌 chi., 市 c'hi', 試 c'hi', 鮮 c'hin, 石, 上, 深, 尋, 樹, 手, 蛇, 徐, 水, etc. In the examples here given, the colloquial is preferred to the reading sound as being the older.

Ng raised above the line denotes that it is nasalized as final n in French. N and m are also often pronounced in the same manner, but in the reading sound ng, n, m, are always restored. When the mute finals k, t, p. are dropped in the colloquial, they are also restored in the reading pronunciation.

(f.) Fuh-kien. For the dialect of C'hang-cheu which may be considered as representing the southern part of the province, almost the same description as that just given of the Tie-chiu dialect would serve. There are the same initials and finals differing only in particular cases; e. g. 下 ké, *low*, 染 nín, 讓 niong, 軟 nún, 佛 pút. In both dialects the initials ts and t's, sh and f, give place uniformly to ch, c'h, s and hw, except where ch occurs for sh, and p for f. The sounds bat for 白, and jī or ju for 字, seem to contain vestiges of the early soft initials b and dz, which were formerly assigned to those characters. For the old initial ng, which is usually preserved in the Tie-chiu dialect, g is substituted in southern Fuh-kien. A few words in k final are pronounced t in colloquial usage, e. g. 力 lát read lí́ek, also so heard in the Tie-chiu colloquial. The characters 白, 得, are also examples of this anomaly, which occurs as a uniform law in the Hakka dialect. In words ending with m, p, the Tie-chiu follows the old system more closely than the southern Fuh-kien; e. g. 凡, 犯, hwam are read hwan, in the last-mentioned dialect, while 法 hwap is also read hwat. Both these dialects agree in refusing to admit m and p, when the initial is p, but only the Fuh-kien rejects it after hw.

The peculiar initials found in these dialects, are—

k for h	p for f	m, b for w	j for y
t for ch	ch for s	ng for i, y, w	n for j

The reasons for supposing them to belong in fact to the old national pronunciation are briefly, that in Kiang-nan some instances, though few, occur of the same initials; e. g. 防 .bang, 敷 p'u, 環 .gwan, 問 men', that in 'Shan-si v occurs for w, that at T'ien-tsin j occurs for y, and that generally antiquated colloquialisms where they occur, tend to support this view. Further, native critics have detected many of these initials in studying old books as is shown farther on, and the Buddhists have at intervals changed their spelling for Sanscrit words, when alterations in sounds required it; e. g. 恒 heng, changed to 克 k'ing 伽 k'ia for Ganga, these characters being at that time doubtless read Gang-ga. So also 陳 .c'hen has the value din, in the name Godinia. Further, the early transcriptions of Chinese sounds by foreigners also help to confirm this hypothesis.

The dialect of Fuh-cheu in the north of the same province, differs much from those that precede. The finals n, m, are replaced by ng, and t, p, are omitted. The tones are seven as at Chang-cheu. Many of the colloquial initials are like those just described; e. g. 行 .kiang, 分 ,pung, 重 teing'. Ts, t's, sh and f, also give place to ch, c'h, s and f. T is heard in some words as if it were d. The initial j has its place supplied by y or n. Ng at the beginning of words, is found often where it is wanting in mandarin.

(g.) Western provinces. In Kwang-si, the Hakka dialect is much spoken in the eastern parts, but a mandarin like that of Si-c'hwen prevails in some portions of the province. Thus the fourth and fifth tones coalesce; e. g. 何 .ho is the same in sound with 合. Also the final ng, coalesces with n; thus 平 .p'ing with 貧 .p'in.

海上絲綢之路文獻集成 科技與文化編

In C'heng-tu, the provincial capital of Sï'-,c'hwen, the consonant g is retained before the vowel i, in some words where ng formerly stood, as 義 gi'. This old initial is well preserved in many words in the dialects of Fuh-cheu and Su-cheu, where 外 is called ngwei and nga, and 月 ngoh and ngöh.

In the province of Kwei-cheu, it is common to begin all words in y with a soft j, as in the Hakka dialect.

The information gained on the old language from the sources already referred to, divides itself into two parts.

The changes of p and k, to f and h, (with their correlates b and g, to v and h), seem to belong to an older stage of the language. So also m to w. Following the guidance of the Buddhist translations, these earlier initial letters were not found in the general language, after the seventh century of our era.

The changes of g, d, b, v, z, j, to k, t, p, f, s, sh, with and without aspirates, belong to a more recent period. With them should also be placed the loss of ng from words now beginning with i, w, y, as 外, 月. The loss of the short-tone finals belongs to the same period. The change of the final m to n, did not occur till the 14th century as has been seen.

The coincidence of some Anamese sounds with those of Fuh-kien, as in the omission of the sibilant in many words in ch,* seems to indicate a widely spread pronunciation of this kind at an early period. The same remark may be made respecting the old form of the initial m, as found in southern Fuh-kien, and eastern Kwang-tung, viz. b,† which also occurs in the Japanese transcriptions of early Chinese sounds.

This view of the mother language from which mandarin and the other modern dialects have sprung, would be incomplete without a reference to the former condition of the vowel sounds. The principal variations are given in the following table, where each

* For example 茶 ,te, 中 ,tiong, 治 ti', 傳 ,tuan, in Fuh-kien, for c'ha, chung, chï, c'hwen, in mandarin. In Anamese, 傳 truyen, 常 hang, 城 t'anh, 處 t'u. So also t precedes sh in words such as 水 chui, 食 chiah, 深 c'him, in Fuh-kien, and takes the place of sh or precedes it in words such as 神 t'an, 受 chiu, in Anamese.

† For example 米 bi, 望 bong, in Fuh-kien.

character represents many other tens of words which have gone through the same change.

Examples.	Old sound.	Modern sound.
東 風	,teng, ,feng or ,táng, ,fáng	,tung, ,fung
江	,kong	,kiang
支 兒	,chí, ní	,chï, .rï
威 衣	,wúi, ,úi	.wei, ,i
書 諸	,shü, ,chü	,shu, ,chu
菩 路	,bó, ló' or ,bú, lú'	.p'u, lu'
低 西	,té, ,sé	ti, si
街 來	,kái, ,lói or ,lái	,kiai, .lai
眞 文	,chin, ,mún	,chen, .wen
安 官	,ón, ,kwón	,ngan, ,kwan
天 間	t'ín or t'én, ,kan	t'ien, ,kien
扇 然	shèn', ,jèn	shan', jan
少 超	'shió, c'hió	'shau, c'hau
刀 毛	,tó, ,mó or ,tò, ,mò	,tau, .mau
歌 佗	,ká, dá'	,ko, to'
邪 茶	,ziá, ,djé or djá (and da)	.sie, .c'ha
陽 方	,yóng, ,fong	.yang, ,fang
京 生	,kiáng, ,sháng or kéng, shéng	king, sheng
尤 秋	,u or ,iú, ,t'siú or ,t'seu	.yeu, ,t'sieu
屋 局	ók, kiók	wuh, küh
角 活	kák, hwát	kioh, hwo
日 七	nit, t'sit	zhï, t'si,
麥 隻	mak, chia	meh, chï,

The vestiges of the older pronunciation of the language that exist in Buddhist and Chinese native books, and in modern dialects have not been unnoticed by native critics. A recent writer* remarks, that from Buddhist books it appears that formerly 扶 fu,

* 錢大昕 in the work called 十駕齋養新錄 Shih kia chai yang sin luh. This writer, a native of Kia-ting near Su-cheu, lived at the close of the last century.

had the same initial as 菩 p'u; i. e. they were both bu, being used to represent the same Sanscrit sound. He also shews from other sources, that 服, 伏, 負,* now called fuh and fu were primarily pronounced with the initial b. which afterwards became v and then f. He also observes that 文 was formerly men, and illustrates his remark by the Kiang-nan colloquial pronunciation of 蚊, viz. men. He then proceeds to shew that many words in ch formerly commenced with t. Thus, by means of old dictionaries and the interchange of characters, he identifies 直 chïh with 特 teh, 竹 chuh with 篤 tuh, 豬 ,chu with 都 tu, 追 chui with 堆 ,tui.† The Fuh-kien and Tie-chiu pronunciation agrees remarkably with this author's investigations, the words in question being there read 直 tit, 竹 tiek, 豬 ,ti, 追 ,tui.

The rhymes of the Shï-king, Tau-teh-king and Yih-king, and subsequent books of poetry give the means of investigating the old language to the 11th century B. C. Among other writers on this subject, a recent editor of the Shwoh-wen 說文, named 段玉裁 Twan-yuh-t'sai, states that "it appears on examination that in the Cheu, T'sin and Han dynasties (B. C. 1100 to A. D. 250), there were but three tone-classes, the third or 去聲, being not yet formed. Under the Wei and Tsin families, A. D. 200 to 400, many words in the 2nd and 4th tone-classes, united to form the 3rd, which then makes its first appearance. At the same time, many words in the p'ing-sheng passed into the other three classes, and the four tone-classes were thus completed." He adds, "Formerly

---

* So also 附, 苻, 佛, 繫, were pronounced according to the same author bu', ,bu, but, and ban. The values he gives to some other characters, are 弗 put, 拂 but, 敷 ,pu or ,p'u, 方 pung, 封 pang, 勿 mut, 罰 bat, 匪 pei, 妃 p'ei, 徽 mei, 無 mo, 鳳 bung, 反 pien, 房 bong, 務 mu, 發 pat, 府 pu, 符 bu, 武 mu, 芳 p'ang.

† Other values he obtains are 陳 ,dien, 姪 dit, 卓 tik, 棖 dang, 抽 t'au, 舟 tiau, 專 toan, 支 ti, 貯 tiu, 池 da, 沈 dam. In Fuh-kien, these words are 陳 tin or tan, 姪 tit, tok, tong, t'iu, chiu, chwan, chi, t'i, .ti, tim. Of these, there occurs in Morrone's Cochin-Chinese dictionary 舟 tau, 沈 dam.

海上絲綢之路文獻集成 科技與文化編

漢語官話口語語法

words were arranged into great groups. The first contained the modern p'ing-sheng and shang-sheng; the second, the modern k'ü-sheng and juh-sheng. The tone-class called shang-sheng came into existence at the time when the Shï-king 詩經 was written. That called 去聲 k'ü-sheng, was formed under the Wei and Tsin dynasties."

These conclusions the author arrives at by forming tables of the rhyming words in the works already mentioned. Supposing his views to be correct, light is thus thrown upon some difficulties connected with the phonetics. In several instances, words in the third and fourth tone-classes have a common phonetic. E. g. 告 kau is the phonetic of the characters, 梏 kuh, 焅 kuh, 鵠 huh, etc. By this author's researches it appears that it rhymes with short-tone words in k, four times in the Shï-king, and once in the Yih-king. Of the words which take 至 chï and 害 hai, for their phonetics, e. g. 姪 chih, 瞎 hiah, three-fourths are in the short tone. Both these words are repeatedly found rhyming with short-tone words in the Shï-king, with a final t.* In other cases, the phonetic has remained in the short tone, while some characters that contain it have passed over to the third tone-class; e. g. 醉 tsui, is in the Shï-king pronounced in the short tone, thus agreeing with its phonetic 卒 tsuh.

These views will also be found useful in explaining many double pronunciations of the same characters met with in books. Thus 北 peh or pei', i. e. 背 pei', 度 toh or tu', 復 fuh or feu', 作 tsoh or tso' (做 is the same word written differently), 惡 oh or ü', 識 shïh or chï', 易 yih or i', 食 shïh or shï', are examples of words that have passed from the short tone to the third. In such cases, the primitive sense is retained in the short tone, while the derived sense belongs to the other. The same is true of words in the first and second, transferred to the third tones; e. g. 好 hau',

* Other words placed in the short tone by this author, are 大, 外 妹, 敗, 利, 世, 歲, 艾, 比 with final t, and with final k 戒, 來, 意. The characters 內, 兌, 世, much used as phonetics for words in the short tone in t, are also thus shown by the Shï-king, to have been themselves formerly so pronounced.

to love, from 好 'hau, *good;* 使 shï', *a messenger*, from 'shï, *to send;* 衣 i', *to dress*, from ,i, *clothes;* 語 ü', *to address*, from 'ü, *words;* 釘 ting', *to nail*, from ,ting, *a nail.* So also 雨 ü', *to rain*, 膏 kau', *to anoint.*

In the majority of cases, the new meaning of a word is expressed by the third tone-class, which would naturally result from that class having been in a state of formation, when the new sense was given, or when the necessity of a distinctive tone for it began to be felt. So in the mandarin of the western provinces, when the short-tone words were changing their tone, they fell into that which was newly formed, viz. hia' .p'ing, in preference to one of the old ones.

That the third tone is not exclusively used for the new meaning of words, may perhaps also be shewn by examples. Thus 處 'c'hu, *to dwell, to manage a case*, and 處 c'hu', *a place;* 盛 .c'heng, *to fill*, and sheng', *flourishing;* 舍 'she, *to throw away*, and she', *a cottage.* Which is the earlier meaning in such words is however uncertain. The noun and the verb have in each case classical authority, but it is customary among the natives to apply the distinctive tonal mark to the verb sense only, implying that the other meaning is regarded as the primitive one.

It may be observed of these earlier changes in the language, that they were partial, while those of more recent date are exhaustive. Thus it appears to have been only part of the words having the initials k, t, p, and m, that assumed h, ch, f and w, instead of those letters. So it was only part of the words in the second and fourth tones, that united to from a third tone. But in the modern changes all the soft initials, and hard finals have been lost together, while all the short-tone words have passed together to the other tones.

The general result of these researches into the early form of the language, is that there were at first only two tones, .p'ing 平 and juh 入, or perhaps three .p'ing, shang 上, and juh. If the former, it is the same thing as saying that there were at first no tones at all, for the long tone embraced words ending in ng, n, m, and the vowels, while the short tone appropriated the finals, k, t, p. The difference of tone then resolves itself into a difference in vowels and consonants. According to this hypothesis a new tone is formed once in 1000 or 1500 years. The second or shang' ,sheng,

海上絲綢之路文獻集成 科技與文化編

dates from B. C. 1000. The third or 去聲 k'ü' ,sheng, from A. D. 250. The fifth or 下平 hia' .p'ing, from A. D. 1300.

The foregoing investigation has been carried farther back, than was needed to shew the characteristics of the dialect that immediately preceded mandarin. The pronunciation contained in the national dictionaries, and expressed there by means of the Fan-t'sieh, is that of the period embraced between the fifth and the eleventh centuries. It is from this that mandarin and the other dialects sprang. A description has been given of it in this chapter, supplying the means of restoring it from the modern pronunciaton. At least the principles of such a restoration can be stated in something like the following manner. Join the first and fifth tone-classes, changing the hard and aspirated initials of the latter into the corresponding soft consonants; e. g. t' to d, and s to z. Restore the lengthened juh-sheng words to their short form, and affix to them the final consonants k, t, p, using as authorities the dictionaries and dialects. Change the hard initials of a certain part of the words in the third and fourth classes to the corresponding soft initials; e. g. t to d, and ch to j, relying for aid as before on the dictionaries and dialects. Transfer a part of the words having soft initials from the third to the second class, following the guidance of the dictionaries. Change final n in many words to m, and alter the vowels according to the table of vowel changes given in page 85.

These processes having been performed, and the old sounds of Chinese characters recovered, the imperial dictionaries can be consulted with advantage in regard to pronunciation. The editions published in the Sung dynasty and subsequently, of the classical and other old books, all contain the sound of uncommon words written in this manner; e. g. the school editions of the Four books with Chu-hi's commentary, the new critical editions of the dictionaries 爾雅 Rï-ya, and 說文 Shwoh-wen and others. Since that time the dictionaries 字彙 Tsï-hwei, 康熙字典 K'ang-hi-tsï-tien, 佩文韻府 P'ei-wen-yün-fu and others, have simply adopted the spelling of an earlier period, and are therefore of no authority for contemporary pronunciation.

L

海上絲綢之路文獻集成　科技與文化編

PART III.
THE PARTS OF SPEECH.

CHAPTER I.
Introductory.

In the preceding chapters it has been shewn, that the mandarin pronunciation is spread over the north and west of China. It has a better title than any other to be called the national pronunciation, embracing as it does about two-thirds of the whole country. The term mandarin is sometimes used in the sense of *public*, as a *public highway*, is called 官路 ,kwan lu', a legal *foot measure* 官尺 ,kwan c'hïh. So kwan-h̄wa is the standard form of the language, that used in the metropolitan cities, and recognized publicly as the correct mode of speech.

In now entering on the department of etymology, opportunity will be afforded of shewing that the use of words in various provinces, harmonizes with the statement that mandarin is the popular dialect over the greater part of China. The pronouns usually serve well as one of the characteristics of a dialect. Now the usual mandarin pronouns 我 'wo, 你 'ni, 他 ,t'a, *I, thou, he*; 這 che', 那 'na, *this, that*, with the other common particles, prevail in the popular language in the same parts of China, where the mandarin pronunciation is found. It appears also, that where that pronunciation does not exist, the pronouns and other particles differ from those of mandarin. An exception occurs in the case of Hang-cheu, where the mandarin particles are used, but the pronunciation not so.

A list of the principal particles with their compounds will here be given, as forming a criterion of the mandarin dialect, whether in books or in the speech of individuals.

A list of Mandarin Particles.

我 'wo, *I*; 我們 'wo .men, *we*; 你們 'ni .men, *ye*; 他們 ,t'a .men, *they*; 這箇 che' ko', *this*; 這裏 che' 'li, *here*; 這樣 che' yang', *thus*; 這麼樣 che' 'mo yang', *thus*; 那裏 'na 'li, *where?* na' 'li, *there*; 那樣 'na yang', *which kind?* na' yang', *that kind*; 自已 tsï' 'ki, *self*; 什麼, 甚麼 shïh 'mo, shen' 'mo, *what?* 怎麽 'tsen 'mo, *how?* 都 ,tu, *all;* 各 koh, *each;* 些 ,sie, *a little of;* 的 tih, *sign of possessive;* 和, 同 .ho, .t'ung, *with;* 向 hiang', *towards;* 在 tsai', *at;* 到 tau' (motion), *to;* 東西 ,tung ,si, *a thing;* 事體, 事情 shï' 't'i, shï' .t'sing, *an affair, thing;* 給 kih (kei), *give;* 被 pei', auxiliary verb for the passive; 拿 .na, 把 'pa, 將 ,tsiang, *to take*, instrumental auxiliaries; 了 'liau, *sign of the past;* 說 shwoh, *to say;* 不 puh, *not;* 沒有 .mei 'yeu, *there is not;* 呢 .ni, 麽 'mo, interrogative particles.

Such particles as these form a fair criterion of mandarin, so far as words are concerned.

Native Literature in the Mandarin Dialect.

In books the purest mandarin is found in works such as the 聖諭廣訓直解 Sheng' ü' 'kwang hiün' chïh 'kiai, *Imperial homilies on the duties of life plainly paraphrased;* and 紅樓夢 Hung-leu-mung, *Dream of the Red Chamber*, a novel of the present dynasty. These two works are in Peking mandarin. So also is a more recent novel, called 品花寶鑑 'P'in ,hwa 'pau kien'.

The work 水滸傳 Shui-hu-chwen, *History of Robbers*, has the pronouns used in Shan-tung. It was written in the 12th century, and its style though thoroughly colloquial is somewhat antiquated.

The mandarin found in other novels is of a more general character. Such is the style of Hau-k'ieu-chwen 好逑傳, *The Fortunate union;* Yüh-kiau-li 玉嬌梨, *The two Cousins;* Si-yeu-ki 西遊記, *Narrative of Travels in the West;* Yoh-shwoh 岳說, *The story of Yoh-fei*, etc.

Some works classed among romances are written in a style midway between that of conversation and that of the books; e. g. 三國志 ,San-kwoh-chï', *History of the Three kingdoms.* The wide interval between the copiousness of the conversational medium, and the terseness found in books, readily admits intermediate grades in style. Hence some phrases peculiar to the novels have come into existence, as 話說 hwa' shwoh, *the story says, to continue the narrative.*

海上絲綢之路文獻集成　科技與文化编

The dialogue in dramatic productions, as in those of the Yuen dynasty, is in the common conversational style.* So also much of the writings of Chu-fu-tsï, the philosopher and critic of the 11th century.

In the later plays, the Su-cheu dialect is frequently introduced in conjunction with mandarin. See for examples the collection 綴白裘 Chuèh-peh-k'ieu, *Book of Dramas.*

Moral discourses for popular use are often prepared in a colloquial form. Besides the paraphrase to the Sacred edict noticed above, there is the 家庭講話 Kia-t'ing-kiang-hwa, *Moral lectures for family use,* with various commentaries on works such as 感應篇 Kan-ying-p'ien, *Book of rewards and punishments;* 金剛經 Kin-kang-king, a Buddhist work.

Subdivisions in Style.

If mandarin be compared with the book style 古文 'Ku .wen, the language of the classics, histories, and books of criticism, and philosophy, some particles and most of the nouns, adjectives, and verbs, will be found the same in each. Many particles however differ, and a large number of words have gone out of use. The Ku-wen is terse and expressive, aiming to give the greatest quantity of meaning in the fewest possible words. The kwan-hwa is copious and full of compound terms and repetitions. These however carefully confirm to the national standard of good taste (文理 .wen 'li), which rules the kwan-hwa as well as the Ku-wen. The kwan-hwa being addressed only to the ear, while the Ku-wen speaks to the eye, it became more copious through the repetition of ideas that was necessary to convey the meaning.

These two styles are the national growth of the language, but that of the literary essays 文章 .Wen ,chang is forced and artificial, and is regarded as an inferior accomplishment by native

* See 元人百種曲 .Yuen .jen peh ,chung k'üh (c'hü), edited by 臧晉叔 Tsang-tsin-shuh. The pronunciation given in this work in syllabic spelling is that of Cheu-teh-t'sing, corresponding closely with the spelling contained in his dictionary Chung-yuen-yin-yün already described.

scholars who can write in the Ku-wen. Authors of eminence on general subjects almost always prefer the ancient style.

In the Kwan-hwa itself some subdivisions may also be traced. There are localisms in the dialect of Peking or the King-hwa, 京話 *Metropolitan dialect,* and in other dialects bearing the name of kwan-hwa. Thus the word 俺 ngan, *I,* is peculiar to Shan-tung, and the term 咱們 ,tsa men. *we,* used there and in the province of Peking (Chïh-li), is not heard in western mandarin.

There is also a distinction existing in all the provinces between the dialect of scholars, and that of the common people. This is occasioned by the frequent occurrence of book phrases in the speech of literary men. These receive the name of 文話 .wen hwa', *the literary dialect.* This kind of speech it is necessary to be familiar with, but it belongs more to the grammar of the 古文 'Ku .wen, than to that of the true kwan-hwa 眞官話 ,chen ,kwan hwa', and it will therefore be found but sparingly illustrated in this work. A certain magistrate of a district was degraded by his superior in office, because be constantly used phrases such as 然而 .jan .rï, *however,* and 但是 tan' shï', *but,* in common conversation. His fondness for bookish expressions was considered to indicate, that he was incompetent for public duties.

CHAPTER II.

On Words.

Many of the words used in the modern spoken dialect are old, such as are used in the ancient books.

人 .jen, *man.*	鹿 luh, *deer.*	逆 nih, *to disobey.*
水 'shui, *water.*	山 ,shan, *hills.*	冰 'ping, *ice.*
火 'ho, *fire.*	海 'hai, *sea.*	富 fu', *rich.*
龍 .lung, *dragon.*	田 .t'ien, *field.*	酒 'tsieu, *wine.*
來 .lai, *come.*	往 'wang, *go.*	老 'lau, *old*
用 yung', *use,*	正 cheng', *right.*	滿 'man, *full.*
黑 heh, *black.*	行 .hing, *to do.*	用 yung', *to use.*

Some compounds of two words each found in books are also employed. They are examples of the principle of combination, by which two words are linked together in common usage, and come to have a single meaning.

可以 'k'o 'i, *it may be.*
然後 .jan heu', *then afterwards.*
先生 ,sien ,sheng, *teacher.*
祭祀 tsi' sï', *to sacrifice.*
喪事 ,sang shï', *funeral.*
彷彿 'fang fuh, *like.*
主人 'chu .jen, *host.*
兄弟 ,hiung ti', *brother.*
朋友 .p'eng 'yeu, *friend.*
父母 fu' 'mu, *parents.*

In many such cases, the sense is one and indivisible, and the characters (in the colloquial language) inseparable.

The same phenomenon meets us in the history of words, that has been found to exist in the sounds that express them. Time changes their meaning as it does their sound. Thus, many old words are retained in compounds, but have lost their original signification. E. g. 口 'k'eu, *mouth*, has been replaced in colloquial usage by 嘴 'tsui, but it is still employed extensively in compound terms and in derived senses. Thus 快口 k'wai' 'k'eu, *a rapid talker*; 門口 .men 'k'eu, *door*; 口氣兩樣 'k'eu k'i' 'liang yang', *his speech is different*; 口外 'k'eu wai', *beyond China proper*; 關口 ,kwan 'k'eu, *custom house*; 一口棺材 yih 'k'eu ,kwan .t'sai, *a coffin.* 有口才的 'yeu 'k'eu .t'sai tih, *he can talk well*; 隨口說話 .sui 'k'eu shwoh hwa', *talking at random.*

So also 目 muh (mu'), the original word for *eye*, has given place to 眼睛 'yen ,tsing or 'yen alone, as in 瞎睛 hiah 'yen, *blind eyes.* It is however employed in combination with other words in derived senses. E. g. 賬目 chang' muh, *a money account.*

目下 muh hia', *at present.*
題目 .t'i muh, *a theme.*
目花 muh ,hwa, *indistinct vision*
目錄 muh luh, *table of contents.*
頭目 .t'eu muh, *a chief.*
目紅 muh .hung, *inflamed eyes.*

The primitive word for "head" 首 'sheu, has been replaced by 頭 .t'eu, but is retained with various words in combination.

賊首 tseh 'sheu, *robber chief.*
首位 'sheu wei', *chief seat*
房首 .fang 'sheu, *householder.*
兵首 ,ping 'sheu, *chief of the soldiery.*

船首 ,c'hwen 'sheu, *captain of a boat.*
會首 hwei' 'sheu, *chief of a society.*
首事人 'sheu shï' ,jen, *chief person in charge.*

Some old words are used in new senses alone, and not simply in combination, the old signification being retained in books; e g. 他 ,t'a, formerly meant *other*, but now signifies *he*. so also 了 'liau, originally a verb *to destroy*, is now used as a particle expressive of past time, but occasionally also in its earlier sense. Most of the numeratives or numeral particles are words which once had a clear sense. This in several instances was lost, when they came to be used merely as auxiliary words.

Many new words have been introduced, e. g. 脚 kioh, *the foot;* 喫 c'hïh, *to eat;* 撕 ,sï, *to tear;* 朶 'to, a numerative applied to flowers and clouds. as yih 'to ,hwa, *a flower;* it is also appended to 耳, to form a compound substantive 'rï 'to, *the ear;* 娘 ,niang, *mother;* 擔 ,tan, *to carry with a yoke over one shoulder;* 担子 ,tan 'tsï, *a bamboo yoke used by porters.*

On the subject of changes in words, much has been done by the native lexicographers. The work called 方言 ,fang ,yen, *On dialects*, compiled by Yang-hiung, under the Han dynasty in the first century, treats on the differences in regard to words, that then existed in the various provinces of China. It says, for instance, that the word c'hwen, *a boat* or *junk*, was then used in Kwan-si (Shan-si), while the old book term 舟 cheu, was employed in Kwan-tung (Chïh-li). In Kiang-nan 豬子 ,chu 'tsï, was then the word for *pig*, as in modern Chinese, but the old word 豕 'chï was still in use in Shan-si. *An arrow*, in Shan-si and Chïh-li was then called 矢 shï, which is the word used in books. Tsien 箭, the modern term was then used in Shen-si. The same authority says, that 涉濟 shèh tsi', *to cross a ferry*, had then given place to 過渡 kwo' tu', the modern phrase.

By helps of this sort, the history of words may be traced back, and it can thus be shewn that the terms used in the ancient books constituted the colloquial phraseology of the time. This might in itself be regarded as probable, but on the authority of books like that now referred to, it may be proved by shewing that a large number of words at present obsolete, formerly belonged to the popular phraseology. It is not so easy to determine, whether the language of that early date was as terse when spoken, as when it was committed to writing. With the pronunciation now in use, it is difficult to conceive, how the book style could ever have constituted a medium for conversation. An extension of single words into compounds by means of synonyms, antithesis, &c. such as is found in the modern spoken dialect, appears necessary to bring the book style into a form fitted for vivâ voce intercommunication of ideas. If however, the great changes in the sounds that have taken place are duly considered, there is ground for supposing that a much closer resemblance formerly existed between the spoken and written language than at present, and this not only in the use of the same words, but in brevity and in the mode of constructing sentences.

In deciding this question it should be remembered that the earliest Chinese compositions, for example the oldest parts of the Shu-king and Yih-king, are in a poetical form. Native scholars from their accurate knowledge of the rhymes of the old language, are all conscious of this. Poetry indicates the existence of literary art, so that the pure colloquial dialect would be subjected to various changes before being written down.

Arrangement. The analysis of sentences unfolds the arrangement of the words whether single or combined. It is marked by great nicety in distinctions and attention to euphony. The words may be observed to fall into groups of two, three, or four words in close juxtaposition. These groups, connected with each other by particles, form complete sentences. The examination of the groups referred to is in great part the province of etymology. Their union by the help of particles into sentences, it is the office of syntax to expound. Take the following sentence: 養活百姓們的根本,不過是衣食兩件, yang' hwoh peh sing' .men tih ,ken 'pen, puh kwo' shï' ,i shïh liang' kien', *the chief thing in the support of the people, is simply (that they should have) food and clothing.* Here yang-hwoh is a verb compounded of two others *to nourish* and *to live,* together meaning *to keep alive.* Peh sing men, is a noun, consisting of peh, *one hundred,* sing, *family name,* and men, the common plural particle. Peh sing, means *all the*

海上絲綢之路文獻集成 科技與文化編

families, the people. Tih is the sign of the genitive or possessive case. Ken pen is a noun, consisting of two words both meaning *root.* Puh kwo', *not passing,* is here an adverb *only,* qualifying the verb 是 shï', *is.* ,I shïh liang' kien', *food and clothing, those two things,* may be considered as a substantive group, in which *food* and *clothing* constitute the compound noun, and *these two,* with the word "things" understood, are added to shew that the sense is complete, and for the sake of the rhythmus.

There are here several instances of the mode in which compound verbs, nouns, and adverbs, are formed. They originate either in the juxtaposition of synonyms, or in that of two or more words from various parts of speech, which lose their independent character in that of the compound they assist to form.

This peculiarity belongs much less to the book language than to the colloquial. Both styles are given in the colloquial edition of the Sacred edict of the emperor K'ang-hi. The preceding sentence is as there found in the book language, 養民之本,在於衣食 yang' .min ,chï 'pen, tsai' ,ü ,i shïh. The meaning is the same, but it is expressed much more briefly. One word instead of two, is used for *to nourish* and also for *root.* Min, *people,* is a book word. Chï, the book particle for the possessive case, is replaced in colloquial by 的 tih. Tsai ü, are prepositions meaning *in.* In this instance, tsai is a verb, *consists in,* while ü repeats the sense *in,* and forms with tsai one compound word.

Thus it appears that the same principle belongs to both styles, but much more extensively to the spoken dialect. Words placed together without connecting particles, blend into a compound belonging to their own or another part of speech, and are then treated as single words. In the term peh-sing, *people,* literally *hundred names,* the two words, while they maintain their relation to each other as adjective and substantive, constitute in the general syntax of the sentence a single noun. Their individual sense and mutual relation are not indeed destroyed, but in common use are entirely forgotten.

Such being the mode of constructing sentences, the departments of etymology and syntax will be found often to interfere with each other. Thus one word may govern another, and yet the two may form together a group, which should be treated of under the parts of speech. In 打魚的 'ta .ü tih, *a fisherman*, .ü, *fish*, is the regimen to 'ta, *to catch*, yet the three words together may be properly treated as a substantive. In 改正你們的心 'kai cheng' 'ni .men tih ,sin, *set your hearts right*, the adjective 正 cheng', *correct*, is closely combined with the verb 'kai, *to change*, and they need to be considered together as a verb group, having the same power of governing a substantive that belongs to any simple verb. In this case they govern 心 ,sin, *heart*. When however, these words are considered by themselves, they are seen to have a relation to each other, such as is properly discussed under that part of grammar called syntax. Cheng' qualifies the action expressed by the word kai. Such phrases as 買不來 'mai puh .lai, *I cannot buy*; 買不起 'mai puh 'k'i (c'hi), *I cannot afford to buy*, can be viewed as compound verbs, or as moods of verbs, or they may be analyzed, and shewn to be under the control of the laws of syntax like longer and more complex sentences.

CHAPTER III

Division of words into Parts of Speech.

If a common sentence be examined it is usually found to contain words of two kinds, viz. some that have a sense of their own independent of their use in any particular sentence, and others that are employed only for grammatical purposes, to express relations between words, to connect sentences and clauses, and to complete the sentence, so that it may be clear in meaning and elegant in form. 天晚了都是睡覺去了 ,t'ien wan' 'liau ,tu shï' shui' kiau' k'ü' (c'hü') 'liau, *it is late, they are all gone to bed.* In this sentence tu and liau mean nothing when viewed apart from the context. They are employed as subordinate words or particles, under the control of certain grammatical laws. We thus obtain the first and most obvious subdivision of words, and it is that commonly used by the Chinese. They call significant words, 實字 shïh tsï', *full characters*, while the auxiliary words or those which are non-significant, they term 虛字 ,hü (,sü) tsï', *empty characters, particles.*

Words may also be viewed as expressive of actions (verbs) and

海上絲綢之路文獻集成 科技與文化編

things (nouns). These two kinds of words are called 活字 hwoh tsï', *living characters*, and 死字 'sï tsï', *dead characters*. The importance of this distinction in Chinese school instruction, arises principally from the very frequent interchange of the verb and the noun. The phrases 當死字用 ,tang 'sï tsï' yung', *it is used as a noun;* 當活字用 ,tang hwoh tsï' yung', *it is used as a verb*, and similar expressions are in constant requisition in the explanation of the book language.

The importance of considering Chinese words in this simple manner is apparent, when the character of many of them is kept in view. They may be used as noun, adjective, or verb. To place such a word as 孝 hiau', in any one of these three parts of speech would be inconvenient, for it belongs equally to all. In the phrase 忠孝節義 ,chung hiau' tsièh i', *fidelity, filial piety, temperance and uprightness*, it is a substantive; in 孝子孝女 hiau' 'tsï hiau' 'nü, *filial sons and daughters*, it is an adjective; in 孝敬父母 hiau' king' fu' 'mu, *to reverence parents*, it is a verb. It can only be properly classed under a wider division of words, such as that made use of by the Chinese, consisting of significant words and particles.

Some other examples will be now given, of words which require to be classed in succession under the same three parts of speech; 信 sin' in 孝悌忠信 hiau' ti' ,chung sin', *filial piety, brotherly love, fidelity and trustworthiness;* 信實 sin' shïh, *honest, truthful;* 相信 ,siang sin', *to believe; to trust to.* 忠 ,chung in 盡忠報國 tsin' ,chung pau' kwoh, *to be grateful to the state and be perfect in fidelity;* 忠臣 ,chung .c'hen, *a faithful subject;* 忠君報國 ,chung ,kiün pau' kwoh, *to be faithful to the prince and grateful to the kingdom.* 禮拜 'li pai', in 我們的禮拜兩樣 'wo .men tih 'li pai' 'liang yang', *our worship is different;* 禮拜日 'li pai' jïh, *worship-day;* 磕頭禮拜 k'oh .t'eu 'li pai', *to bow to the ground and worship.* 害 hai' in 害處 hai' c'hu', *injury;* 太利害 t'ai' li' hai', *very severe;* 自害自 tsï' hai' tsï', *injury one's-self.* 平 .p'ing in 平安 .p'ing ,ngan, *tranquillity;* 不公平 puh ,kung .p'ing, *not just;* 平天下 .p'ing ,t'ien hia', *to give peace to the empire.* 臥 wu' as 被臥

海上絲綢之路文獻集成　科技與文化編

pei' wu', *bed quilt;* 臥房 wu' .fang, *a sleeping room;* 臥在那裡 wu' tsai' 'na 'li, *where shall I sleep?* 去 k'ü' (c'hü) in 去向 k'ü' hiang' (s), *the place to which he is gone;* 去年 k'ü' .nien, *last year;* 去過了 k'ü' kwo' 'liau, *I have gone there.* It is the position of such words in the group and the sentence to which they belong, that determines to what part of speech they should be referred.

Some examples will shew that there is the same difficulty in deciding to what part of speech, many of the particles should be assigned. Thus 前 .t'sien, *before,* is an adverb, adjective or preposition, according to its place in the group of which it forms a part. 從前 .t'sung .t'sien, *before;* 前門 .t'sien .men, *the front door;* 胸前 ,hiung .t'sien, *before my breast,* or *before me.* So also 連 .lien, is a verb, adverb or preposition. 上句連下句 shang' kü' .lien hia' kü', *the upper sentence is connected with the lower;* 連忙 .lien .mang, *immediately;* 父親連兒子都燒殺了 fu' ,t'sin .lien .rï 'tsï ,tu ,shau shah 'liau, *the father with his son were together burnt to death.*

From these examples it appears, that the Chinese do not without reason content themselves with a twofold division of words, into those that are significant and those that are particles.

Another thing taught by these examples is that words must be present to the student's view in groups, before there true character can be understood. The natives study the characters one by one, and if they consider them in their grammatical connection with each other, it is only in the study of the book language. The colloquial medium of communication, they do not make a subject of inquiry. By the foreigner however, it deserves to be carefully examined, if only for its philological interest, shewing as it does, how an extensive system of grouping, entirely compensates for the absence of terminations and prefixes to words. By the laws of combination, the part of speech to which a word belongs is at once seen, the cases of nouns and the moods and tenses of verbs are clearly expressed, and various kinds of derivatives are formed among all the principal parts of speech. The accidence of western languages can do no more than this.

CHAPTER IV.

On the Substantive.

Substantives consist either of one word or more. In view of this they may be termed simple or compound. Simple substantives are such as 茶 .c'ha, *tea;* 花 ,hwa, *flower;* 泥 .ni, *earth, mud;* 鐘 ,chung, *a bell, a clock;* 紙 'chï. *paper.* Compounds are composed of two or more words, as 鳥鎗 'niau 't'siang. *a fowling piece.* The number of simple substantives is much diminished in the northern provinces, by the frequent use of the suffix 兒 .rï. Thus the examples given above usually have this appendage in the dialect of the north, except when in combination with some other words.

Formation of Compounds.

Compound substantives are formed according to certain laws of combination regulating the arrangement of the constituent words. The word denoting species precedes that which marks geuns. Thus 閏月 jun' yueh, *intercalary month;* 正月 cheng' yueh, *first month;* 母親 'mu ,t'sin, *the maternal relative, mother;* 鄉親 ,hiang ,t'sin, *village relatives;* 洋貨 .yang ho', *foreign goods;* 白銀 peh (pai) .yin, *silver;* 水銀 'shui .yin, *mercury;* 香珠 ,hiang ,chu, *fragrant beads;* 心事 ,sin shï', *a matter of anxiety;* 心腸 ,sin .c'hang, *the heart;* 雜貨舖 tsah ho' p'u', *shop for miscellaneous articles;* 回話計 .hwei hwa' ki', *plan for replying;* 世務 shï' wu', *things of the world;* 當家人 ,tang ,kia .jen, *the chief in a family;* 肋旁骨 leh (lei) .p'ang ku, *a rib;* 母猪 'mu ,chu, *a sow;* 脾氣 .p'i k'i' (c'h), *disposition;* 公獅子 ,kung ,shï 'tsï, *a male lion.*

The whole precedes its part, and substance any accident. 家伙 ,kia 'ho, *house furniture;* 家庭 ,kia .t'ing, *family hall;* 家堂 ,kia .t'ang, *family hall where ancestors are worshipped,* and hence *ancestral tablets;* 脚根 kioh (chiau) ,ken, *heel;* 脚底 kioh .ti, *sole of the foot;* 脚指頭 kioh 'chï .t'eu, *toes;* 刀尖兒 ,tau ,tsien .rï, *point of a knife;* 刀把兒 ,tau 'pa .rï, *knife handle;* 刀刃兒 ,tau jen' .rï, *edge of a knife;* 桌裙 choh .k'iün,

海上絲綢之路文獻集成　科技與文化編

fringe round a table; 桌面 choh mien', *surface of a table;* 耳珠 'rï ,chu, *earring.*

Matter precedes form, as in the following examples. 帳房 chang' .fang, *(curtain house) a tent;* 腦袋 'nau tai', *the brain,* (tai, *a bag*). 銅盆 .t'ung .p'en, *a copper basin;* 土墩 't'u tun', *an earthern mound;* 紬帶 .c'heu tai', *silk sash;* 石橋 shïh .k'iau, *a stone bridge;* 石磨 shïh mo', *a grind-stone;* 石界牌 shïh kiai' pei', *a monumental boundary stone;* 鐵鎖 t'ieh 'so. *an iron lock;* 鐵尺 t'ieh c'hïh, *an iron measure;* 鐵鍖子 t'ieh chen' 'tsï, *an iron anvil;* 磁罐 .t'sï kwan', *a hardware saucepan;* 磁瓶 .t'sï .p'ing, *a hardware bottle.*

Words are sometimes repeated to form compounds, especially relative nouns, as in 哥哥 ,ko ,ko, *elder brother;* 太太 t'ai' t'ai', *aged lady;* 妹妹 mei' mei', *younger sister;* 姐姐 'tsie 'tsie, *a young lady;* 奶奶 'nai 'nai, *a married lady.*

Some diminutives also take the repeated form, as 一點點 yih 'tien 'tien, *a very little;* 一系系兒 yih ,sï ,sï .rï, *a very little.*

Other substantives when repeated often undergo a modification in the meaning, thus 天 ,t'ien, *a day*, becomes ,t'ien ,t'ien, *daily;* and 男男女女 .nan .nan 'nü 'nü, means *men and women in great number*, or *all the men and women.*

Rhythmus, antithesis, or some similar cause regulates the formation of many compound substantives and phrases composed of correlate words. 禍福 ho' fuh, *misery and happiness;* 時氣 .shï k'i' (c'hi'), *the weather;* 銀錢 .yin .t'sien, *silver and copper money;* 家鄉 ,kia ,hiang, *home;* 匠役 tsiang' yüh (or i'), *artificers and servants;* 箱櫃 ,siang kwei', *chests and boxes;* 天地神佛 ,t'ien ti' .shen fuh (.fo), *heaven, earth, spirits and Buddhas;* 筆墨紙硯 pih meh 'chï yen', *pencil, ink, paper, and inkstone.*

When relative nouns are placed together, those that express superiority usually stand first, as in 母女 'mu 'nü, *mother and daughter;* 君子小人 ,kiün 'tsï 'siau .jen, *the good man or the man of honour, and the bad man or the man of no principle;* 老子娘 'lau 'tsï .niang, *father and mother;* 兄弟姊妹 ,hiung ti' ,tsï mei', *elder and younger brothers and sisters.*

漢語官話口語語法

Verbs and adjectives help to form many compound substantives. Thus 生 ,sheng, *to bear, raw,* a verb and adjective, becomes part of several nouns, as 畜生 c'huh ,sheng, *domestic animals;* 先生 ,sien ,sheng, *teacher;* 使用 shï' yung', *the use to which a thing is applied;* 來意 .lai i', *the object of coming;* 見識 kien' shïh, *mode of viewing; a judgment;* 打扮 'ta pan', *costume;* 關係 ,kwan hi', *the consequences;* 休書 ,hieu ,shu, *a certificate of divorce;* 俗語 suh 'ü, *a proverb;* 描紅 .miau .hung, *vermillion;* 後世 heu' shï', *the coming life;* 馬褂 'ma kwa', *a jacket;* 補褂 'pu kwa', *a square piece of embroidery on a mandarin's robes.*

Many compounds are borrowed as they are from the book style, for example many titles, the Tauist names of different parts of the human body, the 24 solar terms, and very many others. The principle of arrangement in such terms belongs to the grammar of the book language. 天庭 ,t'ien .t'ing, *(heaven's hall) the forehead;* 兩太陽 'liang t'ai' .yang, *(two suns) the temples;* 春分 ,c'hun ,fen, *vernal equinox;* 夏至 hia' chï', *summer solstice;* 皇后 .hwang heu', *the empress;* 晌午 'shang 'wu, *midday;* 下午 hia' 'wu, *afternoon.*

The words 法 fah and 處 c'hu', placed after adjectives and verbs form abstract nouns. 這樣做法 che' yang' tso' fah, *this is the way of doing it;* 沒好處 muh (.mei) 'hau c'hu', *there is no benefit in it;* 沒有去處 .mei 'yeu k'ü' (c'hü') c'hu', *there is no place to go to;* 這麽樣走法 'tsen .mo yang' 'tseu fah, *which way should I go?* The word 法 fa when thus used is pronounced fa· in Peking, while in the sense of *law* it is heard .fa. In Shan-tung the sound is the same for both meanings.

There are some auxiliary words 頭 .t'eu, *head,* 兒 .rï, *son,* 子 'tsï, *son,* which are employed to define and individualize substantives. They are placed as suffixes after substantives of one or two words. Examples of the use of .t'eu will now be given. 眉頭 .mei .t'eu, *the forehead;* 鐮頭 .lien .t'eu, *a sickle;* 骨頭 kuh .t'eu, *a bone;* 馬籠頭 'ma ,lung .t'eu, *horse reins;* 枕頭 chen' .t'eu, *a pillow;* 抽頭 ,c'heu .t'eu, *a drawer;* 木頭 muh

海上絲綢之路文獻集成 科技與文化編

.t'eu, *wood;* 瑪頭 'ma .t'eu, *a jetty;* 城頭 .c'heng .t'eu, *a city wall;* 舌頭 shèh .t'eu, *the tongue;* 日頭 jïh .t'eu, *the sun;* 心頭 ,sin .t'eu, *the heart;* 口頭 'k'eu .t'eu, *the mouth.*

兒 .rï, *a son,* as a suffix to nouns is more loosely attached than the others to its word. 雀兒 t'sioh ('t'siau) .rï, *a bird;* 帖兒 t'ieh .rï, *an invitation card;* 物兒 wuh .rï, *a thing;* 話兒 hwa, .rï, *words;* 聲音兒 ,sheng ,yin .rï, *sound;* 地方兒 ti' ,fang .rï, *a place;* 桃兒 .t'au .rï, *a peach;* 名兒 .ming .rï, *a name;* 人兒 .jen .rï, *a man;* 孫女兒 ,sun 'nü .rï, *grand-daughter.* In the north 兒 .rï is very much used, as also at Hang-cheu. The words to which it can be affixed are determined by the custom of the dialect. Thus 雀兒 't'siau .rï, *a bird,* in Peking is 雀子 .t'sio 'tsï, at C'heng-tu-fu. This enclitic may often be used or omitted at pleasure.

子 'tsï, is used in 箱子 ,siang 'tsï, *a chest;* 繩子 .sheng 'tsï, *rope;* 身子 ,shen 'tsï, *the body;* 主子 'chu 'tsï, *the master;* 狀子 chwang' 'tsï, *an indictment;* 女子 'nü 'tsï, *a woman;* 姪子 chïh 'tsï, *a nephew;* 套子 t'au' 'tsï, *a coat;* 玉戒子 ü' kiai' (ts) 'tsï, *a jade-stone ring;* 老婆子 'lau .p'o 'tsï, *my wife, an old woman;* 花園子 ,hwa .yuen 'tsï, *a flower garden;* 小夥子 'siau 'ho 'tsï, *a young man;* 旗子 .k'i 'tsï, *a flag;* 書子 ,shu 'tsï, *a letter;* 梯子 ,t'i 'tsï, *a ladder;* 竹籃子 chuh .lan 'tsï, *a bamboo basket.*

Various classes of agents are described by appropriated words. 夫 ,fu is used, e. g. in 馬夫 'ma ,fu, *a groom;* 轎夫 kiau' ,fu, *a chair-bearer;* 水夫 'shui ,fu, *a water-bearer;* 車夫 ,c'he ,fu, *a carriage-driver.*

手 'sheu, *hand,* is used in 惡手 ngoh 'sheu, *a bad man;* 精細手 .tsing si' 'sheu, *a neat and clever workman;* 水手 'shui 'sheu, *sailors;* 笨手 pen' 'sheu, *a stupid artificer;* 巧手 'k'iau 'sheu, *a clever artificer;* 鎗手 't'siang 'sheu, *the buyer of another's essays to pass well at the examination.*

匠 tsiang', *artificer,* is used in 木匠 muh tsiang', *a carpenter;* 泥瓦匠 .ni 'wa tsiang', *a bricklayer;* 雕刻匠 ,tiau k'eh tsiang', *an engraver and carver;* 油漆匠 .yeu t'sih tsiang', *oilman and painter.*

作 tsoh, *to do,* is used in 細作 si' tsoh, *a spy;* 木作 muh tsoh, *a carpenter;* 石作 shïh tsoh, *a stone-mason;* 瓦作 'wa tsoh, *a tiler;* 泥水作 .ni 'shui tsoh, *a bricklayer.*

工 ,kung, *work, a workman,* is used in examples such as 針工 ,chen ,kung, *a tailor;* 畫工 hwa' ,kung, *a painter.*

師傅 ,shï fu', *a teacher,* helps to form many terms, as 裁縫師傅 .t'sai .fung ,shï fu', *a tailor;* 魯班師傅 .lu ,pan ,shï fu', *a builder;* 剃頭師傅 t'i' .t'eu ,shï fu', *a barber;* 廚子師傅 .c'hu 'tsï ,shï fu', *a cook;* 鐵匠師傅 t'ièh tsiang' ,shï fu', *a blacksmith;* 尼姑師傅 .ni ,ku ,shï fu', *a nun;* 打繩師傅 'ta .sheng ,shï fu', *a rope-maker;* 拳脚師傅 .k'iuen kioh ,shï fu', *a pugilist.*

人 .jen, *a man,* is used in 買賣人 'mai mai' jen, *a trader;* 客人 k'eh .jen, *a guest; traveller;* 打柴人 'ta .c'hai .jen, *a fuel gatherer;* 莊家人 ,chwang ,kia .jen, *a villager;* 種地人 chung' ti' .jen, *a tiller of the soil;* 打鳥人 'ta 'niau .jen, *a shooter of birds;* 做官人 tso' ,kwan .jen, *a mandarin;* 行醫人 .hing ,i .jen, *a medical man;* 讀書人 tuh ,shu .jen, *a scholar.*

頭 .t'eu, *head,* is found in 飯頭 fan' .t'eu, *cook in a monastery;* 老頭 'lau .t'eu, *a jailor;* 饝饝頭 .mo .mo .t'eu, *a baker;* 對頭 tui' .t'eu, *an enemy;* 丫頭 ,ya .t'eu, *female servant.*

家 ,kia (ts), *family,* is employed in 行家 .hing ,kia, *the acting party;* 透家 t'eu' ,kia, *a very intelligent man;* 當家 ,tang ,kia, *the principal in an establishment;* 舖家 p'u' ,kia, *shopkeeper;* 買賣家 'mai mai' ,kia, *a trader;* 東家 ,tung ,kia, *master;* 寃家 .yuen ,kia, *a private enemy;* 莊農家 ,chwang .nung ,kia, *a villager;* 財主家 .t'sai 'chu ,kia, *a rich man;* 窮漢家 .k'iung han' ,kia, *a poor man;* 貧賤家 .p'in tsien' ,kia, *a poor man;* 富貴家 fu' kwei' ,kia, *a rich man* (or *family*); 鄰身家 .lin ,shen ,kia, *a neighbour.*

The use of an active verb, with its object followed by 的 tih, for agents is very common. Thus 打魚的 'ta .ü tih, *a fisher-*

N

man; 赶車的 ,kan ,c'he tih, *a carriage driver;* 讀書的 tuh ,shu tih, *a student;* 打獵的 'ta lièh tih, *a hunter;* 打拳的 'ta .k'iuen tih, *a pugilist;* 唱戲的 c'hang' hi' tih, *a player;* 教書的 kiau' ,shu tih, *a teacher; schoolmaster;* 做官的 tso' ,kwan tih, *a mandarin;* 當差的 ,tang ,c'hai tih, *a mandarin's servant;* 出殯的 c'huh pin' tih, *one who has funeral ceremonies;* 娶親的 t'sü' ,t'sin tih, *a bridegroom;* 算卦的 swan' kwa' tih, *a diviner;* 變戲法的 pien' hi' fah tih, *a performer of juggling tricks;* 當兵的 ,tang ,ping tih, *a soldier;* 習武的 sih 'wu tih, *one who practises military accomplishments;* 當書辦的 ,tang ,shu pan' tih, *a writer in a government office;* 打鼓兒的 'ta ,ku .ri tih, *a drummer;* 印書的 yin' ,shu tih, *a printer;* 擺攤兒的 'pai ,t'an .rï tih, *a dealer in small articles;* 跑文書的 .p'au .wen ,shu tih, *a government runner who carries despatches;* 走信的 'tseu sin' tih, *a letter-carrier;* 放馬的 fang' 'ma tih, *a horse-keeper,* from fang', *to let go (out to grass);* 放羊的 fang' .yang tih, *a goat-keeper.*

Many words when they enter into compounds pass from a special to a general sense. Some examples will be given. The words 塲 .c'hang, *a piece of ground,* and 頭 .t'eu, *head,* are used after nouns and verbs to form compounds, in the sense of a place devoted to any special purpose; thus 馬塲 'ma .c'hang, *a place for horses;* 在廟頭 tsai' miau' .t'eu, *at the temple;* 荒塲 'hwang .c'hang, *common ground;* 法塲 fah .c'hang, *place for execution;* 木塲 muh .c'hang, *a timber yard;* 鹽塲 .yen .c'hang, *place for manufacturing salt;* 街頭 kiai' .t'eu, *in the streets;* 橋頭 .k'iau (c'h) .t'eu, *at the bridge; place near a bridge;* 考塲 'k'au .c'hang, *place for holding examinations;* 戰塲 chan' .c'hang, *battle field;* 圍塲 .wei .c'hang, *hunting ground.*

The words 口 'k'eu, *mouth,* and 門 .men, *door,* are used in compounds for any opening or entrance, as in 腦門 'nau .men, *the forehead,* or *entrance to the brain;* 心口 ,sin 'k'eu, *the heart;* 衙門 .ya .men, *magistrate's office;* 教門 kiau' .men, *mode of instruction; a religion;* 山口 ,shan 'k'eu, *a mountain pass;* 門

海上絲綢之路文獻集成 科技與文化編

口 .men 'k'eu, *entrance;* 路口 lu' 'k'eu, *a thoroughfare;* 窻口 ,c'hwang 'k'eu, *a window;* 教塲口 kiau' .c'hang 'k'eu, *entrance to the review ground;* 衚衕口 ,hu .lung 'k'eu, *entrance to a lane.*

In some of these examples, the generic words may be observed to be merely euphonious suffixes. This occurs when the specific term is complete in itself, as in the case given of sin, *heart.*

Substances in the form of leaf take after them the word 箔 poh; of small fragments. 渣 ,cha and 屑 sièh; of dust, 末 moh, *end;* of shavings, 花 ,hwa, *flowers;* as in 金箔 ,kin poh, *gold-leaf;* 錫箔 sih poh, *tin-foil;* 葦箔 'wei poh, *a reed frame;* 炭渣 t'an' ,cha, *fragments of charcoal;* 石渣 shïh ,cha, *small pieces of stone;* 鋸末 kü' moh, *sawdust;* 鐵末 t'ièh moh, *iron filings;* 鉋花 pau' ,hwa, *shavings:* 木花 muh ,hwa, *wood shavings.*

Many of the numeratives admit of being placed after the nouns to which they belong. For example 飯粒 fan' lih, *rice crumbs;* 馬疋 'ma p'ih, *horses;* 碗盞 'wan 'chan, *china bowls;* 鐵條 t'ièh .t'iau, *an iron bar;* 布疋 pu' p'ih, *pieces of cloth;* 石塊 shïh k'wei', *pieces of stone;* 戲本 hi' 'pen, *play books;* 歷本 lih 'pen, *an almanac;* 尾把 'wei (i) 'pa, *a tail;* 刀把 ,tau 'pa, *knives;* 房間 .fang ,kien, *rooms;* 物件 wuh kien', *things;* 車輛 ,c'he .liang, *carriages;* 綾羅緞疋 ,ling ,lo twan' p'ih, *pieces of silk and satin:* 一樣的毛片 yih yang' tih .mau p'ien', *hair of the same colour:* 多少船隻 .to 'shau .c'hwen chïh, *how many boats?* 肋條 leh (lei) .t'iau, *rib bones.*

Words expressive of direction and place help to form many compound nouns. Those chiefly used are the following: 面 mien', *face;* 方 ,fang, *square; a region;* 首 'sheu, *head;* 邊 ,pien, *side;* 頭 .t'eu, *head.* These combine with the words 東 ,tung, *east;* 西 ,si, *west;* 南 .nan, *south;* 北 peh (pei), *north;* 左 'tso, *left;* 右 'yeu, *right;* 前 .t'sien, *before;* 後 heu', *behind;* 上 shang', *above;* 下 hia', *below;* 裏 'li, *within;* 外 wai', *without.* E. g. 外面 wai' mien', *the outside.* ,Fang however is less used than the others, and many of the possible combinations of these words are not employed. (See the chapter on adverbs.) .Rï 兒 is added frequently to any of these compounds, as 東頭兒 ,tung .t'eu .rï, *the east side.*

Different kinds of Nouns.

Material nouns are the names of substances, as 藥 yoh (yau'), *medicine*; 紙 'chï, *paper*; 鐵 t'ièh, *iron*; 肉 juh (jeu'), *flesh.* They refer to the material of which individual objects are composed. Such objects are compounded of matter and form, and the names which they receive are appellative nouns. The suffixes 子 'tsï, 頭 .t'eu, 兒 .rï, found commonly with appellatives, are also sometimes used with material nouns, as in 沙子 ,sha 'tsï, *sand*; 木頭 muh .t'eu, *wood*; 金子 ,kin (ch) 'tsï, *gold.*

Appellative nouns are the names of single objects complete in themselves. Thus 帽兒 mau' .rï, *a hat*; 河 .ho, *a river*; 一科樹木 yih 'k'o shu' muh, *a tree*; 槁 ,kau, *a wooden or bamboo pole*; 刀子 ,tau 'tsï, *a knife.* The names of individual objects, organisms, genera, and species are all appellative nouns.

Some words are material and appellative. Thus we may speak of 半斤羽毛 pan' ,kin 'ü .mau, *half a catty of feathers*; or of 一根羽毛 yih ,ken 'ü .mau, *a feather.*

Relative nouns are those that express relations, as 王 .wang, *a king*; 上輩 shang' ,pei, *a superior*; 同伴 .t'ung pan', *companion*; 皇上 .hwang shang', *emperor*; 父母 fu' 'mu, *father and mother*; 學生 hioh ,sheng, *a pupil.*

The names of trades and professions are also embraced in this class of nouns, as 念書的 nien' ,shu tih, *a reader of books.* Relative nouns differ from those called appellative, in having the idea of personality attached to them.

Abstract nouns are of two kinds. Some concern the form, situation and various qualities of material objects, as in 南面 .nan mien', *the south side*; 點兒 'tien .rï, *a very little*, from 'tien, *a point*; 外頭 wai' .t'eu, *the outside*; 去向 k'ü' (c'h) hiang' (s), *the direction in which he is gone*, from k'ü', *to go*, and hiang', *to face an object*, or *to go towards*; 形狀 .hing chwang', *appearance.*

海上絲綢之路文獻集成 科技與文化編

Physical qualities are often expressed by adjectives, as in 幾多輕重 'ki ,to ,k'ing (*light*) chung' (*heavy*). *how much weight?* 深藍 ,shen .lan, *a deep blue*. The adjective 空 ,k'ung, *empty*, on becoming a substantive changes its tone, as in 有空再來 'yeu k'ung' tsai' .lai. *when you have time come again.*

Some abstract nouns are the names of mental qualities, and the immaterial objects of thought. 恩典 ,ngen 'tien, *favour*; 好處 'hau c'hu', *goodness*; 緣故 ,yuen ku', *a cause*; 權任 .k'iuen (.t's) .jen, *authority and office*; 道理 tau' 'li, *doctrine*; *mode of action*; 主意 'chu i', *will*; *the mastery*; 理 'li, *reason*; 仁愛 .jen ngai', *love*; 分別 ,fen pièh, *difference*; 務藝 wu' i', *accomplishments.*

Many abstract nouns are formed from substantives having a physical sense and retaining it in common use. 鄉風 .hiang ,fung, *country customs*; 良心 'liang ,sin, *conscience*; 權柄 .k'iuen ping', *authority*; 文氣 .wen k'i', *an air of literary polish*; 文風 .wen ,fung, *a learned air*; 志氣 chï' k'i', *a man's disposition*; 毒心 tuh ,sin, *a bad heart*; 風氣 ,fung k'i', *popular notions*; 風俗 ,fung suh, *customs*; 規矩 ,kwei 'kü, *propriety*; 神氣 .shen k'i', *a likeness*; *the soul*; 起頭 'k'i .t'eu, *the beginning*; 結局 kièh küh, *the end*; 煞尾 shah 'wei, *the end*; 總結 'tsung kièh, *the end*; 末尾 moh 'wei, *end*; 中心 ,chung ,sin, *the centre*; 末了 moh 'liau, *end*; 悶氣 men' k'i', *sadness*; 義氣 i' k'i', *integrity*; 威風 ,wei ,fung, *a dignified air*; 靈氣 .ling k'i', *cleverness*; 傲氣 ngau' k'i', *a proud air*; 狂氣 .k'wang k'i', *foolhardiness*; 煩氣 .fan k'i', *disposition to take offence.*

In the preceding expressions, many material words are used with abstract meanings. E. g. 風 ,fung, *wind*; 柄 ping', *handle*; 氣 k'i' (c'h), *vapour*; 規 ,kwei, *intrument for drawing circles*; 矩 'ku, *instrument for drawing a square*; 尾 'wei, *tail*; 心 ,sin, *heart.*

On the other hand many words of an abstract kind are often used in a limited specific sense, by the application of words of number and auxiliary particles ; e. g. 做了兩工 tso' 'liau 'liang ,kung, *he has done two day's work*; where kung, *work*, means *a day's work.* ,Fen 分 *to divide*, is the name of one member in a division of equal parts, as 十分 shïh ,fen, *ten parts*. ,K'ung 空 *empty space*, in 留兩空 .lieu 'liang k'ung', *leave two spaces*. The primary idea in such words is abstract, and the concrete sense grew out of it. When the abstract word is a verb in such cases, the tone often changes in the concrete, see 磨 .mo, 種 chung', etc. in page 29, and k'ung' above.

Nouns which are the names of qualities, actions, and agents are usually compounded of an adjective or verb and a particle. Such words may be called for distinction's sake, *derivative* nouns.

Names of qualities are formed by affixing the word 處 c'hu', to adjectives, or combining two adjectives opposite in meaning; e. g. 惡處 ngoh c'hu', *badness*, from ngoh, *bad;* 短處 'twan c'hu', *faults*, from 'twan, *short;* 有幾多輕重 'yeu 'ki ,to ,k'ing chung', *what is its weight?*

Sometimes an adjective stands alone as a substantive; e. g. 深 ,shen, *deep*, in 海在這裡多少深 'hai tsai' che' 'li ,to 'shau ,shen, *what is the depth of the sea at this place?*

Actions are expressed by affixing 法 fah and 處 c'hu' to verbs. E. g. 種 chung', *to cultivate*, in 那樣種法不對 na' yang' chung' fah puh tui', *that mode of cultivation is unsuitable;* 又是一樣弄法 yeu' shï' yih yang' lung' fah, *that is a different way of acting;* 怎樣走法 'tsen yang' 'tseu fah, *which way should I go?* 沒有站處 .mei 'yeu chan' c'hu', *there is no standing room;* 在時候上有買處 tsai' .shï heu' shang' 'yeu 'mai c'hu', *in season it can be bought.*

Many other words are also appended to verbs to form compound substantives. 愛情 ngai' .t'sing, *love*, from ngai', *to love*, and .t'sing, *feeling;* 招牌 ,chau (*to call to*) .p'ai, *a sign-board;* 抽匣 ,c'heu (*to draw*) hiah, *a kind of box;* 護胸 hu' ,hiung, *a protector for the breast; breastplate;* 探子 t'an' 'tsï, *a spy*, from 探 t'an', *to investigate;* 發條 fah .t'iau, *a spring of a watch*, from fah, *to give out; put in motion;* 唱本 c'hang' 'pen, *a song book*, from c'hang', *to sing.* The reason why the verb precedes in these cases, is that it makes the following word specific and species precedes genus, or else that the following word is the object which it governs.

One, two or more verbs when alone are often construed as substantives; e. g. 'mai mai', *to buy and sell*, in 做小買賣 tso' 'siau 'mai mai', *he carries on a small trade*; 過失 kwo' shïh, *a fault*, (from kwo' *to pass*, shïh *to lose*); 行爲 .hing .wei, *actions*; 嫖賭喫穿 .p'iau 'tu c'hïh ,c'hwen, *licentiousness, gaming, food and dress*. This is the order of the words in Kiang-nan. In the north, the collocation is somewhat different, c'hïh hoh .p'iau 'tu, where 喝 hoh, *drinking*, takes the place of *dress*.

Agents are often described by means of verbs, as in the case of 作 tsoh, used in some names of artisans; e. g. 玉器作 üh c'hi' tsoh, *a jeweller*.

Transitive verbs with a noun after them, followed by 的 tih are employed to designate agents, as in 辦事的 pan' shï' tih, *a manager*. Such examples are both compound, inasmuch as the verb and its object retain their meaning, and derivative since tih is nothing more than a termination.

The verb also becomes a substantive, when it stands as the subject of a proposition; i. e. when it is in the infinitive mood, e. g. 讀書須要專 tuh ,shu ,sü yau' ,chwen, *reading requires the whole attention*. For further discussion on words in the other parts of speech being used as nouns, see the syntax.

Sex and Gender.

The distinction of male and female is expressed by the adjectives 男 .nan, *male*, and 女 'nü, *female*. prefixed to 人 .jen, or any other substantive meaning *man*. 男工 .nan ,kung, *workmen*; 女工 'nü ,kung. *workwomen*. 'Nü, when used for *a daughter*, as in 姪女 chïh 'nü, *a niece*; 孫女 ,sun 'nü, *a grand-daughter*. retains one of its meanings in the book language, but when not forming part of a compound, it always in colloquial means *female*.

For winged animals, the words 雌 ,t'sï. *female*, 雄 .hiung, *male*, are employed. Animals that walk are divided into 牝 'p'in, *female*, 牡 'meu, *male*. The words 公 ,kung, *male*, 母 'mu, *female* are used for all animals. The words 豚 .t'un, *female*, 猔 tsung', *male*, are applied to swine only. The words 騍 k'o', *female*, and 騸 shan', *male*, are applied to horses only.

The words ,kung, 'mu, are those most commonly used in conversation. 母鷄 'mu ,ki, *a hen*; 公鷄 ,kung ,ki, *a cock*; 公狼 ,kung .lang, *a wolf*; 母熊 'mu .hiung, *a she-bear*; 公猪 ,kung ,chu, *a boar*; 母狗 'mu 'keu, *bitch*; 母狐狸 'mu .hu .li, *a she-fox*.

Number.

The plural of men is expressed by 們 .men, as in 老爺們 'lau .ye .men, *gentlemen*; *mandarins*; 太太們 t'ai' t'ai' .men, *aged ladies*; 兄弟們 ,hiung ti' .men, *brothers*; 姊妹們 ,tsï mei' .men, *sisters*; 先生們 ,sien ,sheng .men, *teachers*; 徒弟們 .t'u ti' .men, *pupils*.

When numerals or other words containing within them a plural sense are employed, the plural suffix may be omitted, as in 三位先生 ,san wei' ,sien ,sheng, *three teachers*.

For substantives not being persons, there is no proper plural particle. The plural is expressed by numerals and adjective pronouns. 有兩個山羊在那裡養生哩 'yeu 'liang ko' ,shan .yang tsai' na' 'li 'yang ,sheng 'li, *there are two goats there kept alive from charity*.

The adjective pronouns used as plural particles are prefixed or affixed. The prefixes are 衆 chung', *many*; 幾個 'ki ko', *several*; 許多 ,hü ,to, 多多 ,to ,to, 好多 'hau ,to, *many*. Thus, 衆人講和了 chung' .jen 'kiang .ho 'liau, *they all propose peace*; 衆人會見了他 chung' .jen hwei' kien' 'liau ,t'a, *they have all met him*; 有幾個匪類人 'yeu 'ki ko' fei' lui' .jen, *there are some bad men*; 好多兵逃走了 'hau ,to ,ping .t'au 'tseu 'liau, *very many soldiers run away*: 其餘的幾個被敵兵殺了 .k'i .ü tih 'ki ko' pei' tih ,ping shah 'liau, *the rest were killed by the enemy*.

The adjective pronouns, containing in them the sense of *all*, used as plural affixes are 都 ,tu, 皆 ,kiai, 全 .t'siuen, *all*. Thus, 這

海上絲綢之路文獻集成 科技與文化編

都是犯人 che' ,tu shï' fan' .jen, *these men are all criminals;* 那些人皆與我不對 'na ,sie .jen ,kiai 'ü 'wo puh tui', *that kind of man does not agree with me;* 瞧光景全是些個强盜 t'siau' ,kwang 'king .t'siuen shï' ,sie ko' .k'iang tau', *to judge from appearances they are all something like robbers;* 一家全上了當了 yih ,kia .t'siuen shang' 'liau tang' 'liau, *the family have all been deceived;* 錢都那來 .t'sien ,tu .na .lai, *bring the money here;* 人全不要 .jen .t'siuen puh yau', *no men want it;* 人皆怕我 .jen ,kiai p'a' 'wo, *men all fear me.*

Repetition of nouns, or of their numeratives, indicates that they are in the plural number. 家家人來了 ,kia ,kia .jen .lai 'liau, *the men are all come;* 船船開了 .c'hwen .c'hwen ,k'ai 'liau, or 個個 ko' ko' .c'hwen ,k'ai 'liau, or 隻隻 chïh chïh .c'hwen ,k'ai 'liau, *the boats have all left.*

The plural is known by the use of numbers taken in an indefinite sense, as 千山萬水 ,t'sien ,shan wan' 'shui, *very many hills and rivers;* 千軍萬馬 ,t'sien ,kiün wan' 'ma, *many armies and horses;* 五湖四海 'wu .hu sï' 'hai, *the five lakes and four seas;* 三宮六院 ,san ,kung luh (lieu') yuen', *the (three) palaces and (six) offices of the emperor;* 百官 peh ,kwan, *the mandarins;* 百福駢臻 pai fuh .p'ien ,chen, *a hundred kinds of happiness together came.* In such examples the plural is formed according to the principles of the book language, for colloquial usage usually requires a numerative between the number and its noun. But such sentences are so numerous in common conversation, that it becomes necessary to notice them, while exemplifying the modes of forming the plural.

Among the adjective pronouns, which are used with nouns as prefixes or affixes, and partly serve as plural particles, are 各 koh, *every;* 諸 ,chu, *all;* 列 lièh, *ranged in order;* 俱 kü', *all;* 大凡 ta' .fan, 大槩 ta' kai', *all,* etc. 諸位先生 ,chu wei' ,sien ,sheng, *those teachers,* or *gentlemen!* 列位弟兄 lièh wei' ti' ,hiung, *brothers!* 各人都是這樣 koh .jen ,tu shï' che' yang', *all men are so;* 大凡人俱皆不服 ta' .fan .jen kü' ,kiai puh fuh, *every one refused submission;* 這塊兒的人

海上絲綢之路文獻集成 科技與文化编

大槩是詭道的 che' k'wei' .rï tih .jen ta' kai' shï' 'kwei tau' tih, *the men of this place are mostly deceitful.*

The word 等 'teng, 輩 pei', used as plural particles, in the style of official documents, and in semi-colloquial novels, are also heard in conversation; as in 軍民人等 ,kiün .min .jen 'teng, *the army, the people, and men generally;* 小輩 'siau pei', *inferiors.*

Case.

The relation of one substantive to another (possessive case) is expressed by 的 tih, as in 世界上的人 shï' kiai' shang' tih .jen, *men of the world;* 煤炭的價錢貴 .mei t'an' tih kia' .t'sien kwei', *the price of coal and charcoal is high;* 皇帝的意思 .hwang ti' tih i' ,sï, *the emperor's opinion.* This particle also frequently stands between an adjective and its noun, as 好的東西 'hau tih ,tung ,si, *good things;* 聚會的人 tsü' hwei' tih .jen, *the assembled persons;* 做官的人 tso' ,kwan tih .jen, *office-bearing persons.* ,Chï 之 the possessive particle used in books, is frequently employed in the wen-li style of conversation often used by the educated.

The possessive particle is often omitted, as in 世界上人 shï' kiai' shang' .jen, *men of the world;* 外國人 wai' kwoh .jen, *foreigners;* 中國人 chung' kwoh .jen, *a Chinese;* 匪類人 'fei lui' .jen, *men of bad character;* 農夫活 .nung ,fu hwoh, *agricultural work;* 工匠手藝 ,kung tsiang' 'sheu i', *the skill of handicraftsmen;* 前朝人 .t'sien .c'hau .jen, *men of the former dynasty;* 後世人 heu' shï' .jen, *men of the after age;* 古世人 'ku shï' .jen, *men of antiquity.*

The word *to* (dative) after words meaning "to say," is expressed by several particles as 於 .ü, 對 tui', 向 hiang', 替 t'i', 與 'ü, 和 .ho. 我對你的令郞言講 'wo tui' 'ni tih ling' .lang .yen 'kiang, *I say to your son;* 你向父親告訴告訴 'ni hiang' fu' ,t'sin kau' su' kau' su', *tell your father;* 我與這人說好話 'wo 'ü che' .jen shwoh 'hau hwa', *I spoke to the man kindly;* 我和他的令弟說 'wo .ho ,t'a tih ling' ti' shwoh, *I said to his brother.*

The dative of giving usually takes no case particle; the verbs *to give* 給 kih or kei, 與 'ü, 送 sung', *to present*, 捨 'she, *to give in alms*, etc. govern both the thing given, and the person to whom it is given, without a preposition. 我給哥哥這東西 'wo kei ,ko ,ko che' ,tung ,si, *I give my brother this thing*. The person usually stands immediately after the verb, as in this example, but not always so, thus 給你飯吃 keh (kei) 'ni fan' c'hïh, *give you rice to eat*, and 給飯你吃 kei fan' 'ni c'hïh, are both used. 賞二個官頭品頂戴 'shang rï' ko' ,kwan .t'eu 'p'in 'ting tai', *he presented two mandarins with the ball of highest rank*; 送他的兒子一匹好馬 sung' ,t'a tih .rï 'tsï yih p'ih 'hau 'ma, *he gave his son a good horse*; 賜你雙眼花翎 sï' 'ni ,shwang 'yen ,hwa .ling, *I present you two peacock's feathers*; 與你一樣東西 'ü 'ni yih yang' ,tung ,si, *I will give you something*; 限那個人一個月 hien' na' ko' .jen yih ko' yuèh, *I limited that man to one month*.

The word 與 'ü, is often used as a dative case particle, after verbs of bestowing, and giving alms. 送與那婦人一朶花 sung' 'ü na' fu' .jen yih 'to ,hwa, *he gave that woman a flower*; 講與衆人聽 'kiang 'ü chung' .jen ,t'ing, *I tell it for all to hear*; 賜與我用 sï' 'ü 'wo yung', *he gives it me to use*; 送與窮人穿 sung' 'ü .k'iung .jen ,c'hwen, *I gave it to poor men to put on*.

The words 與 'ü, 和 .ho, 同 .t'ung, are used in the sense *of* or *from* (ablative) with verbs of asking, advising, etc. 我問與先生一件事 'wo wen' 'ü ,sien ,sheng yih kien' shï', *I ask you sir, one thing*; 同閣下問 .t'ung koh hia' wen', *I ask of you, sir?* 我和先生求一難事 'wo .ho ,sien ,sheng .k'ieu yih .nan shï', *I ask from you, one thing hard to grant*; 我去問與賤內 'wo k'ü' (c'hü) wen' 'ü tsien' nuy' (nei), *I will go and ask my wife*.

The words 與 'ü, 和 .ho, 同 .t'ung, 對 tui', 替 t'i', are used in the sense of *for* (dative), as in 與我請他來 'ü 'wo 't'sing ,t'a .lai, *invite him here for me*; 我把少爺與老太爺送了去哩 'wo ,pa shau' .ye 'ü 'lau t'ai' .ye sung' 'liau k'ü' 'li, *I am escorting this mandarin's son for the old gentleman his father*; 我

海上絲綢之路文獻集成 科技與文化編

和那二位先生買東西 'wo .ho na' rï' wei' ,sien ,sheng 'mai ,tung ,si, *I am buying things for those two gentlemen;* 對這個寡婦辦喪事 tui' che' ko' 'kwa fu' pan' ,sang shï', *for this widow I am superintending the burial.*

Along with is expressed by the words 同 .t'ung and 和 .ho, for which 合 hoh is often written, these characters being coincident in sound in the northern provinces. 你同這位先生進京 'ni .t'ung che' wei' ,sien ,sheng tsin' ,king, *you will with this gentleman enter the capital;* 你和小弟去一趟 'ni .ho 'siau ti' k'ü' yih t'ang', *go you with me one time;* 我和朋友逛一逛去 'wo .ho .p'eng 'yeu kwang' yih kwang' k'ü', *I am going a walk with friends to amuse ourselves;* 你走我同你去 'ni 'tseu 'wo .t'ung 'ni k'ü', *if you go I go with you;* 我同那個人一道兒去 'wo .t'ung na' ko' .jen yih tau' .rï k'ü', *I went with the man.*

There are several phrases, such as 一道 yih tau', 一齊 yih .t'si, 一夥兒 yih 'ho .rï, 一塊兒 yih k'wei' .rï, 一同兒 yih .t'ung .rï, which are placed after the noun, when the case particle *with* governs it, in the sense of *together*. The numeral yih, *one*, found in all these phrases, qualifies without a numeral particle, the following noun. This is according to the syntax of the book language, in accordance also with which the adjectives .t'si and .t'ung, are construed as substantives. The particle 兒 .rï is added or not at pleasure.

Another connecting particle is .lien, *together with*, properly a verb *to connect*. 父母連子女都餓死了 fu' 'mu .lien 'tsï 'nü ,tu wo' 'sï 'liau, *the parents together with the children were starved to death.*

Motion to a place is expressed by the words 到 tau', 至 chï', of which the former is the commoner word; the latter belongs rather to the literary colloquial style. 到那裡去 tau' 'na 'li k'ü', *to what place are you going?* 到這裡 tau' che' 'li, *to this place;* 到家裡 tau' ,kia 'li, *to my house;* 到外頭 tau' wai' .t'eu, *to the outside;* 到此地 tau' 't'sï ti', *to this place;* 走至那裡 'tseu chï' 'na 'li, *where are you going?* 逩至日本 pen, chï' jïh 'pen, *he has run away to Japan.*

The sense of *for, instead of, for the sake of*, is given by the words 代 tai', *for;* 替 t'i', *for;* 爲 wei', *for the sake of;* 代替 tai' t'i', *instead of;* 替國家代勞 t'i' kwoh ,kia tai' .lau, *for his country he bore suffering;* 代老人家寫字 tai' 'lau .jen ,kia 'sie tsï', *write for his father;* 代苦人禀報 tai' 'k'u jen 'pin pau', *inform him by petition for these poor persons;* 替人爲難 t'i' .jen ,wei .nan, *for men's sake to do what is difficult;* 爲人遭難 wei' .jen ,tsau .nan, *for the sake of men he met calamities;* 爲別人沒什麽要緊 wei' pièh jen .mei shïh 'mo yau' 'kin, *so far as others are concerned it is not important.*

The case particles *at* and *in* (locative case), are expressed occasionally by 當 ,tang, but oftener by 在 tsai', *at, to be at a place,* before its noun and by several suffixes. 在那裡住 tsai' 'na 'li chu', *in what place do you live?* 在椅子上坐下 tsai' i' 'tsï shang' tso' hia', *sit down on the chair;* 在家不在家 tsai' ,kia puh tsai' ,kia, *is he at home or not?* 在一邊兒站之 tsai' yih ,pien .rï chan' chï', *he stood on one side;* 在家敬父母 tsai' ,kia king' fu' 'mu, *at home she honours her parents;* 當晚 ,tang wan', *at night;* 拜在地下 pai' tsai' ti' hia', *he bowed to the ground;* 在鄉下住 tsai' ,hiang hia' chu', *he lives in the country.*

The words 裡 'li, *inside;* 內 nui' (nei'), *inner;* 中 ,chung, *middle;* 上 shang', *above;* 下 hia', *below,* follow substantives in the sense of *in* or *at.* 家裡頭好看 ,kia 'li .t'eu 'hau k'an', *in the house all looks well;* 樓裡面有人 ,leu 'li mien' 'yeu .jen, *there are men in the upper room;* 衙門裡有人情 .ya .men 'li 'yeu jen .t'sing, *in the mandarin office there is a kind feeling operating;* 衚衕裡走不通 ,hu .lung 'li 'tseu puh ,t'ung, *you cannot go by that lane;* 事情中有緣故 shï' .t'sing ,chung 'yeu .yuen ku', *there is a cause for it in the thing itself;* 京城中人烟廣 ,king .c'heng ,chung .jen (men) ,yen (smoke) 'kwang, *in the metropolis the population is widely spread;* 朝中大亂 .c'hau ,chung ta' lwan', *in the palace there is great confusion;* 船上凉 .c'huen shang' .liang, *it is cool in the boat;* 心下煩惱 ,sin hia' .fan .nau, *he is grieved in his mind.*

The words 從 .t'sung, 打 'ta, 自 tsï', 由 .yeu, tsï' .t'sung, express the sense of *from*, or *by* (ablative). .Yeu, is used more to signify *by* than from, and is less common than the others. 'Ta is purely colloquial. Tsï' is scarcely used except in combination with .t'sung. 從那裡來 .t'sung 'na 'li .lai, *from what place are you come?* 從西洋來 .t'sung ,si .yang .lai, *I am come from the western ocean;* 打那裡走 'ta 'na 'li 'tseu, *which way are you walking?* 打這裡走 'ta che' 'li 'tseu, *I am going this way;* 他由海路走 ,t'a .yeu 'hai lu' 'tseu, *he went by sea;* 我的病自從上一回到如今總沒有好 'wo tih ping' tsï' .t'sung shang' yih .hwei tau' ju .kin (ch) 'tsung .mei 'yeu 'hau, *my sickness from the former time till now is still the same.*

Instead of prepositions, verbs are used for the instrumental case. They are such as 拿 .na, *to bring;* 將 ,tsiang, *to take;* 用 yung', *to use.* They represent our word *with*, or they connect the agent with the instrument. 拿棍子來打破 .na kwen' 'tsï .lai 'ta p'o', *break it open with a club;* 拿鎗來穿死他 .na 't'siang .lai ,c'hwen 'sï ,t'a, *he pierced him dead with a spear;* 把隻脚亂踢 ,pa chïh kioh (chiau) lwan' t'ih, *with one foot he kicked indiscriminately;* 拿鐮劈殺的 .na .lien .p'i shah tih, *he struck him dead with a reaping hook;* 把麻繩子拴好 ,pa .ma .sheng 'tsï ,shwen 'hau, *tie it with a hempen cord;* 用筆寫了字 yung' pih 'sie 'liau tsï', *he wrote with a pencil;* 將一把刀殺死他 ,tsiang yih ,pa ,tau shah 'sï ,t'a, *he killed him with a sword.* Pa is most frequently followed by the object of the action, while na and tsiang mark the instrument. Pa sometimes precedes the instrument as in the examples.

The book particle 'i is also often used in colloquial, as in 以劍傷人 'i kien' ,shang .jen, *he wounded men with a sword.*

Our word *by* when used to mark the relation of the object to the actor, or to the instrument of the action, is represented by 被 pei' and 捱 .yai, of which the latter is purely colloquial, and is the more common phrase in Chïh-li and Shan-tung. 捱了父的打了 .yai (,ngai) 'liau fu' tih 'ta 'liau, *by his father he was beaten;* 捱了老師的責 .yai 'liau 'lau ,shï tih tseh (chai), *he was*

漢語官話口語語法

punished by his teacher; 捱了大哥的一耙掌 .yai 'liau ta' ,ko tih yih ,pa 'chang, *he was slapped by his elder brother;* 被差人鎖拿了去了 pei' ,c'hai .jen 'so .na 'liau k'ü' 'liau, *by mandarin messengers he was bound with chains and removed;* 被了刀傷好些處 pei' 'liau ,tau ,shang 'hau ,sie c'hu', *he was wounded with a knife in several places;* 被老爺叫了念書的 pei' 'lau .ye kiau' 'liau nien' ,shu tih, *he was required by the mandarin to learn to read.*

The vocative case is sometimes expressed by 阿 a, after the name or title of the person addressed. But usually no sign of the vocative is in use. 婦人阿 fu' .jen ,a, *woman!* 老人阿 'lau .jen ,a, *aged man!* The character 阿 when read is ,nga or ,ngo, but as a vocative suffix it is heard a. The guttural initial is a recent addition, as also the change from a to o.

The ablative particle *of*, when it expresses the material of which a thing is made, is represented by 的 tih, as 鐵的也有木頭的也有 t'ièh tih 'ye 'yeu muh .t'eu tih 'ye 'yeu, *there are some of iron and also some of wood;* 銅做的結實的 .t'ung tso' tih kièh shïh tih, *those made of brass are strong.*

The case particles of substantives are not prepositions alone. Many of them are verbs. Such are the words expressing the relation of the subject to the instrument, na, etc. and to the agent, pei', etc. The locative preposition tsai' partakes of the nature of a substantive verb, combined with the sense *at* or *here*, as 不在家 puh tsai' ,kia, *he is not at home;* 不在 puh tsai', *he is not here.* The dative case particles 給 kih, etc. are also verbs. So also many of the words for *towards, to* a place, and *from* a place. The causative auxiliary verbs 叫 kiau' and 使 shï', have as much right to be noticed in treating on the cases of nouns as the instrumental and passive auxiliaries, but the reader will be more likely to look for them among the verbs, where they will accordingly be found.

CHAPTER V.

On the Auxiliary Substantives or Numeral Particles.

Words such as *pair, set, suit,* in *a pair of shoes, a set of china,*

海上絲綢之路文獻集成 科技與文化編

a suit of clothes, are called numeratives by De Sacy. Like the words *yard, pound, bushel,* they are substantives descriptive of the number and quantity of other substantives. They constitute a secondary class of nouns, and are concerned with the quantity of things somewhat as adjectives are with their qualities. This class of nouns is very much extended in the Chinese colloquial language, where not only collectives with weights and measures exist, but also certain words appropriated to appellative nouns; e. g. 一張桌子 yih ,chang choh 'tsï, *a table;* 一尾魚 yih 'wei .ü, *a fish.* There are about forty such words, and of these arbitrary usage determines which shall be employed with any noun. Ko' 個 the numerative for *man,* may in northern mandarin be used with any appellative or relative noun in place of the proper numerative. Some writers call these words numeral particles, others classifiers, others simply numerals.

Numbers and demonstrative pronouns precede the numerative. 那隻羊 na' chïh .yang, *that goat;* 這個羊 che' ko' .yang, *this goat;* 三個人 ,san ko' .jen, *three men.*

Commonly in mandarin a numeral must intervene between a number and its noun, but this rule is not universal for men, thus it is proper to say 一千兵 yih ,t'sien ,ping, 1,000 *soldiers;* 二萬多鄉勇 rï' wan' ,to ,hiang 'yung, 20,000 *or more militiamen;* 二三人 rï' ,san .jen, *two or three men.*

.T'sien 錢 *copper cash,* is also sometimes used without its numeral 個 ko', as in 三四十錢 ,san sï' shïh .t'sien, or ,san sï' shïh ko' .t'sien, *thirty or forty cash* (*a penny or three half-pence*).

In this chapter, the following are the kinds of words which will be treated of. (1.) Numerals of appellative nouns, e. g. 件 kien', 隻 chïh. They have no meaning of their own, when used with these nouns. Their office is merely distinctive, and they may therefore be called distinctive numeral particles. (2.) Numerals applied to material nouns. We constantly need to speak of the various kinds of matter in quantities definite and indefinite. The indefinite words are such as a *piece* of, a *heap* of, a *faggot* of. The definite words employed are weights and measures. Thus we require a new name *significant numerals,* divided into definite and indefinite. (3.) Collectives are the names of the groups into which appellative nouns are formed; e. g. 羣 .k'iun (c'h), *a flock;* 串 .c'hwen, *a chain;* 對 tui', *a pair.* (4.) Words expressive of *kind* or *manner*, are applied to appellative nouns in the same manner as collectives. 三樣做法 ,san yang' tso' fah, *three ways of doing it.* From their signification these words might receive some such name as modal nouns. (5.) Numeral particles applied to verbs. The number of times that the action of a verb is repeated, is expressed by words such as 下 hia', 次 t'sï', e. g. 敲了一下鐘 ,k'iau 'liau yih hia' ,chung, *the clock has struck one.* These words take the place of numeral adverbs; 如今來第二回 .ju ,kin .lai ti' rï' .hwei, *I am now come for the second time.*

Distinctive Numeral Particles.

Where in English we use the indefinite article, the Chinese say 一 yih, *one,* followed by a numeral; 我看見一個老虎吃羊 'wo k'an' kien' yih ko' 'lau 'hu c'hïh .yang, *I saw a tiger eating a goat.* Where we speak of this or that tiger, two or three tigers, the Chinese use not only a prououn or number, but also a numeral particle following it. A list of the numeral particles applied to appellative nouns will be now given.

盞 'chan, *a small cup;* numeral of lamps, tea-cups, china trays, wine cups, tea-pots, etc. 一盞燈 yih 'chan ,teng, *a lamp;* 幾盞茶碗 'ki 'chan .c'ha 'wan, *several tea-cups;* 這盞盤 che' 'chan .p'an, *this plate.*

張 ,chang, *to stretch;* numeral of tables, bows (弓 ,kung), silk nets (絹羅 kiuen' .lo); 布機 pu' ,ki, *cotton looms;* 書廚 ,shu .c'hu, *bookcases.*

乘 .c'heng, old word for *carriage;* numeral of sedan chairs. 送兩乘轎子去 sung' 'liang .c'heng kiau' 'tsï k'ü', *he accompanied the two sedan chairs.*

隻 chïh, *standing alone;* numeral of fowls, sheep, boats, chests, shoes, eyes, hands, etc. 一隻鷄 yih chïh ,ki, *a fowl;* 兩隻鞋 'liang chïh .hiai, *two shoes;* 雇兩隻船 ku' 'liang chïh .c'hwen, *engage two boats;* 養十幾隻鵝 'yang shïh 'ki chïh .ngo, *he keeps ten and more geese.*

枝 ,chï, *branch;* numeral of pencils, fifes, branches. 拿一

海上絲綢之路文獻集成　科技與文化編

枝筆來 .na yih ,chï pih .lai, *bring a pencil;* 兩枝大樹枝 'liang ,chï ta' shu' ,chï, *two great tree branches.*

軸 chuh, *axle;* numeral of pictures, and maps on rollers. 一軸畫 yih chuh hwa', *a picture.*

牸 chu', *cow;* numeral for the feminine of cattle. It is seldom used.

處 c'hu', *a place;* numeral of houses and places. 那處地方 na' c'hu' ti' ,fang, *that place;* 買一處房子 mai' yih c'hu' .fang 'tsï, *buy a house.*

株 ,chu, *root of a tree;* an old numeral for trees. Used in 水滸傳 Shui hu chwen.

樁 ,chwang, *a pointed club; a pile;* numeral of things, matters, doctrines (道理 tau' 'li). 一樁理 yih ,chwang 'li, *a doctrine;* 一樁事情 yih ,chwang shï' .t'sing, *a matter;* 幾樁新聞 'ki ,chwang ,sin .wen, *several matters of news.*

封 ,fung, *to seal;* numeral of letters. 一封書信 yih ,fung ,shu sin', *a letter;* 寫信一封 'sie sin' yih ,fung, *to write one letter.*

腔 ,k'iang, *the chest;* used in some books as the numeral of sheep.

杆 ,kan, *a pole;* numeral of fowling-pieces, forks, balances, etc. 一杆鎗 yih ,kan 't'siang, *a gun;* 兩杆三股叉 'liang ,kan ,san ku' ,c'ha, *two three-pronged forks.*

架 kia', *a support;* used of eagles, cannons, bells, clocks, machines. 一架鷹 yih kia' ,ying, *an eagle; hawk;* 一架炮 yih kia' p'au', *a cannon;* 兩架坐鐘 'liang kia' tso' ,chung, *two time-pieces.*

根 ,ken, *root;* used of poles, masts, clubs, chopsticks, roof timbers. 一根杆子 yih ,ken ,kan 'tsï, *a pole;* 一根桅杆 yih ,ken .wei ,kan, *a mast;* 一根棍子 yih ,ken kwen' 'tsï, *a staff; club.*

口 'k'eu, *mouth;* used of coffins, bells, men, knives, anchors, water vessels. 一口人 yih 'k'eu .jen, *one man;* 把一口刀拿來 ,pa yih 'k'eu ,tau .na .lai, *bring a knife;* 一口鐘 yih 'k'eu ,chung, *a bell.*

件 kien', *to divide;* name of the divisions of a 牛 or bullock when cut up, hence the form of the character. Numeral of things, clothes. 這件衣裳 che' kien' ,i .shang, *this article of clothing;* 一件汗衫 yih kien' han' ,shan, *a perspiration jacket;* 幾件事情 'ki kien' shï' .t'sing, *several things.*

卷 kiuen', *to roll up; a chapter of a book;* used with 册子.

個 ko', also written 箇 and 个, used of men, cash, loaves, bears, tigers, lions, watches, dials, etc. 一個人 yih ko' .jen, *one man;* 兩個錢 'liang ko' .t'sien, *two cash.*

顆 'k'o, *a small head;* numeral of pearls and grain. 一顆珍珠 yih 'k'o ,chen ,chu, *a pearl.*

科 ,k'o, *rank; order; examination;* numeral of trees. 一科樹 yih ,k'o shu', *a tree.*

管 'kwan, *pipe;* numeral of pencils, fifes. 一管笛 yih 'kwan tih, *a fife;* 一管簫 yih 'kwan ,siau, *a flageolet;* 一管筆 yih 'kwan pih, *a pencil.*

欵 'k'wan, *order; a mark;* numeral of matters. 那欵事情 na' 'k'wan shï' .t'sing, *that matter;* 調奏了數欵 .t'iau tseu' 'liau shu' 'k'wan, *he represented to the emperor several matters.*

塊 k'wei', *a piece of;* numeral of dollars, bricks, stones, gardens, monumental boards. 一塊洋錢 yih k'wei' .yang .t'sien, *a dollar;* 幾塊匾 'ki k'wei' 'pien, *several monumental boards;* 皇上賜給的立匾 .hwang shang' sï' kih tih lih 'pien, *an upright monumental board given by the emperor.*

領 'ling, *neck; to lead; a collar;* numeral of mats, jackets. 一領席子 yih 'ling sih 'tsï, *a mat;* 一領草衫子 yih 'ling 't'saou ,shan 'tsï, *a straw jacket;* 兩領葦箔 'liang 'ling 'wei poh, *two reed frames.*

門 .men, *door;* numeral of cannon. 兩邊擺列五十門大炮 'liang ,pien 'pai lièh 'wu shïh .men ta' p'au', *on both sides are placed 50 large guns;* 一門炮着得三担藥 yih .men p'au' choh teh ,san tan' yoh (yau'), *one gun required three peculs of powder.*

枚 .mei, *a stem;* numeral of fruits. 杏一枚 .hing yih .mei, *a plum.*

面 mien', *face;* numeral of drums, gongs, flags, mirrors. 一

海上絲綢之路文獻集成 科技與文化編

一面鑼 yih mien' .lo, *a gong;* 十面銅鏡 shïh mien' .t'ung king', *ten brass mirrors;* 幾面鼓 'ki mien' 'ku, *several drums;* 一面白旂 yih mien' peh .k'i (.c'hi), *a white flag.*

把 'pa, *to hold; a handful;* numeral of knives, spoons, chairs. 這把刀子 che' 'pa ,tau 'tsï, *this knife;* 一把剪刀 yih 'pa ,tsien ,tau, *a pair of scissors;* 二把杓子 rï' 'pa shoh 'tsï, *two spoons;* 那把刷子 na' 'pa shwah 'tsï, *that hair brush;* 這把笤箒 che' 'pa .t'iau ,cheu, *this straw brush.*

本 'pen, *root;* numeral of books, account books. 這本書 che' 'pen ,shu, *this book;* 一本賬 yih 'pen chang', *an account book.*

匹 p'ih, *to pair;* numeral of horses, mules, asses, camels. 那一匹馬 na' yih p'ih 'ma, *which horse?* 二匹騾子 rï' p'ih .lo 'tsï, *two mules.*

柄 ping', *a handle;* numeral of knives, hatchets, etc.

鋪 p'u', *to spread out;* numeral of beds. 客寓有十幾鋪床 k'eh ü' 'yeu shïh 'ki p'u' .c'hwang, *in the inn there are more than ten bedsteads;* 家裡不多兩鋪炕 ,kia 'li puh ,to 'liang p'u' k'ang', *in the house there are two or more heated couches.*

步 pu', *a step;* numeral of situations. 這步田地 che' pu' .t'ien ti', *such a position as this.*

所 'sho ('so), *which;* as in 所在 'sho tsai', *the place at which he is; a place;* numeral of houses and places. 一所房子 yih 'sho .fang 'tsï, *a house.*

頭 .t'eu, *head;* used of animals. 一頭牛 yih .t'eu .nieu, *a bullock;* 二百頭馬 rï' peh (pai) .t'eu 'ma, *two hundred horses;* 賣幾頭羊 mai' 'ki .t'eu .yang, *to sell several sheep.*

條 .t'iau, *sprout; branch;* contains the idea of length, and is the numeral of dogs, dragons, fish, foxes, carpets, coverlids, rainbows, snakes, threads, doctrines, etc. 一條狗 yih .t'iau 'keu, *a dog;* 這條被 che' .t'iau pei', *this coverlid;* 一條虹霓 yih .t'iau .hung .i, *a rainbow;* 那一條理 na' yih .t'iau 'li, *that doctrine;* 一條線 yih .t'iau sien', *a thread.*

頂 'ting, *summit;* numeral of hats, sedan chairs, umbrellas. 戴

一頂氈帽 tai‘ yih ’ting ,chan mau‘, *he wears a felt hat;* 兩頂轎子 ’liang ’ting kiau‘ ’tsï, *two sedan chairs.*

朶 ’to, numeral of flowers, butterflies. 摘一朶花 tseh (chai‘) yih ’to ,hwa, *pluck a flower.*

堵 ,tu, *a low wall;* numeral of walls, palisades. 一堵大墻 yih ,tu ta‘ .t‘siang, *a great wall;* 兩堵板墻 ’liang ,tu ’pan .t‘siang, *two wooden palisades.*

端 twan‘, *orderly;* numeral of things, affairs. 兩端事情 ’liang twan‘ shï‘ .t‘sing, *two matters.*

座 tso‘, *a seat;* numeral of houses, temples, hills, graves, wells, clocks. 一座高山 yih tso‘ ,kau ,shan, *a high hill;* 這座廟 che‘ tso‘ miau‘, *this temple;* 修造兩座墳 ,sieu tsau‘ ’liang tso‘ .fen, *to make two graves.*

尊 ,tsun, *honourable;* numeral of cannon, idols. 一尊大炮 yih ,tsun ta‘ p‘au‘, *a large cannon.*

文 .wen, numeral of copper cash. 一文錢 yih .wen .t‘sien, *a cash;* 分文不圖 ,fen .wen puh .t‘u, *I do not desire the tenth part of a cash;* 不值半文錢 puh chïh pan‘ .wen .t‘sien, *it is not worth half a cash.*

尾 .wei, *tail;* numeral of fish. In the north it is pronounced colloquially i, in 尾把 .i ,pa, *tail,* but .wei in other cases. 打一尾魚 ’ta yih .wei .ü, *catch a fish.*

位 wei‘, numeral of scholars, mandarins, and cannon. 五位大炮 ’wu wei‘ ta‘ p‘au‘, *five large guns;* 三位大人 ,san wei‘ ta‘ jen, *three high mandarins.*

眼 ’yen, *eye;* numeral of wells, and muskets.

There are many local differences in the use of the numeral particles. The following are some instances of the numerals employed with certain substantives in Sï-c‘hwen, differently from the usage of north China; 一張嘴 yih chang‘ ’tsui, *a mouth;* 一條羊 yih .t‘iau .yang, *a sheep.*

Significant Numeratives.

Words that express the quantities and measures of material nouns will now be illustrated, and first those that are indefinite. These words retain their meaning, and consequently almost always admit of translation, which is not the case with the numeral particles that have been already discussed.

張 ,chang, *a sheet of* paper. 取兩張高麗紙做扇子 't'sü 'liang ,chang ,kau .li 'chï tso' shan' 'tsï, *he took two sheets of Corean paper to make fans.*

車 ,c'he, *a carriage-load of* anything. 三車木柴 ,san ,c'he muh .c'hai, *three wagon-loads of firewood.*

折 chèh, *to fold ; a fold of* paper, etc. 用紙做八折摺子 yung' 'chï tso' pah chèh chèh 'tsï, *make with paper a memorandum book of eight folds.*

陣 chen', *a gust of* wind. 一陣大雨 yih chen' ta' 'ü, *a great storm of rain ;* 刮一陣大風 kwah yih chen' ta' ,fung (feng), *a great gale of wind blew.*

棹 choh, *table.* 一棹飯 yih choh fan', *a table of rice.*

柱 ,chu, *a stick of* incense. 一柱香 yih ,chu ,hiang.

重 .c'hung, *afresh ;* ideas of repetition; *story* of pagodas and houses. 九重天 'kieu .c'hung ,t'ien, *nine heavens ;* 一重衣裳 yih .c'hung ,i .shang, *one thickness of dress ;* 三重鐘樓 ,san .c'hung ,chung .leu, *a bell tower of three stories.*

方 ,fang, *square ; a square piece of.* 十方石頭 shïh ,fang shïh .t'eu, *ten squares of smooth stone.*

幅 fuh, *a fold of* paper, cloth. 幅子 fuh 'tsï is also used. 取幅紙來 t'sü' fuh 'chï .lai, *bring a piece of paper.*

封 ,fung, *to seal ; a sealed packet of.* 一封銀子 yih ,fung .yin 'tsï, *a sealed parcel of silver ;* 一封糖菓子 yih ,fung .t'ang 'kwo 'tsï, *a sealed catty or more of sugar-preserved fruits.*

項 hiang', *a heap of* silver, etc. 一項金銀珠寶 yih hiang' ,kin .yin ,chu 'pau, *a heap of gold, silver, pearls and precious stones.*

口 'k'eu, *mouth ; a mouthful.* 一口水也咽不下去 yih 'k'eu 'shui 'ye yen' puh hia' k'ü', *he could not swallow even a mouthful of water ;* 吃口飯兒也沒空 ,c'hï 'k'eu fan' .rï 'ye .mei ,k'ung, *he had not time to eat a mouthful of rice.*

角 kioh, *horn ;* used in some books for *a drinking-horn* of wine.

間 ,kien, *apartment* of a house. 一間房 yih ,kien .fang, *an*

apartment in a house; 兩三間樓 'liang ,san ,kien .leu, *two rooms upstairs.*

句 kü', *sentence.* 一句話 yih kü' ,hwa, *a sentence or two.*

塊 k'wei', *a piece of* land, cloth, stone, flesh, etc. 一塊土 yih k'wei' 't'u, *a piece of land.*

綑 'k'wen, *to tie up; a bundle of* wood, string, etc. 綑兩綑柴 'k'wen 'liang 'k'wen .c'hai, *tie up two faggots of wood;* 綑四綑繩子 'k'wen sï' 'k'wen .sheng 'tsï, *make four balls of string;* 一縷紫血 yih ,leu 'tsï hiuèh, *a stream of purple blood.*

粒 lih, *a grain* of corn, etc. 一粒小麥 yih lih 'siau meh (mai'), *a grain of wheat.*

旒 .lieu, *a line* or *stream of* flags, wind, water, dust, smoke.

把 'pa, *to hold; a handful of.* 一把米 yih 'pa 'mi, *a handful of rice.*

包 ,pau, *to fold; a bundle of.* 幾包糖 'ki ,pau .t'ang, *several packages of sugar.*

瓢 .p'iau, *a cocoa-nut scoop.* 一瓢水 yih .p'iau 'shui, *a scoop of water.*

篇 p'ien', *a piece of* writing; *division of* a discourse. 幾篇文章 'ki p'ien' .wen ,chang, *several pieces of literary composition.*

片 p'ien', *a piece of.* 一片雲彩 yih p'ien' .yün 't'sai, *a piece of cloud;* 一片青草 yih p'ien' ,t'sing 't'sau, *a piece of fresh grass;* 一片雪 yih p'ien' siuèh, *a piece of snow.*

疋 p'ih, formerly 匹 p'ih, *a piece of cloth 40 feet in length.* Sometimes it is used in an indefinite sense. 一疋布 yih p'ih pu', *a piece of cotton cloth.*

席 sih, *a mat; a feast; a dinner party.* 一席客 yih sih k'eh, *a party of guests;* 一席酒 yih sih 'tsieu, *a wine feast.*

扇 shan', *a fan; to fan; a fold of* a door. 兩扇門 'liang shan' .men, *folding doors;* 雙扇門 ,shwang shan' .men, *a pair of folding doors.*

手 'sheu, *hand;* as in 一手血 yih 'sheu hiuèh, *a hand covered with blood.* See of earth, etc.

檯 .t'ai, *to carry* (of two persons) a load. 一檯嫁妝 yih .t'ai ,kia ,chwang, *a load of marriage gifts;* 好幾檯食盒

海上絲綢之路文獻集成 科技與文化編

'hau 'ki .t'ai shïh hoh, *several trays and boxes of eatables.*

擔 tan', *to carry a load* (of one person). 一擔水 yih tan' 'shui, *a load of water;* 一擔筐 yih tan' ,k'wang, *a load of baskets.*

刀 ,tau, *knife; a joint of* pork of several catties weight cut in a particular manner. 送你兩刀肉 sung' 'ni 'liang ,tau juh, *I present you with two pieces of pork.*

頭 .t'eu, *head;* an *end* or *piece* of string, etc. 一頭繩子 yih .t'eu .sheng 'tsï, *one piece of string;* 兩頭纓子 'liang .t'eu ,ying 'tsï, *two pieces of fringe.*

道 tau', *path;* used for a *stream of* light; as in 一道光 yih tau' ,kwang, *a stream of light.*

挑 ,t'iau, *to carry a load* (of one person). 一挑子柴火 yih ,t'iau 'tsï .c'hai 'ho, *a load of firewood.*

條 .t'iau, *a length of* anything. 一條石頭 yih .t'iau shïh .t'eu, *a long piece of stone;* 四條界石 sï' .t'iau kiai' shïh, *four boundary stones;* 這幾條木頭 che' 'ki .t'iau muh .t'eu, *these several pieces of wood;* 兩條東西地 'liang .t'iau ,tung ,si ti', *two pieces of land lying east and west.*

吊 tiau', *to hang;* hence *a chain of* copper cash. 一吊錢 yih tiau' .t'sien, *a chain of* 1,000 *cash.* At Peking 500 cash are called 1,000, 100 are 50, and so on, so that a chain of 1,000 copper cash, consists of 'liang tiau', or 'liang ,t'sien. This usage does not extend south of the Yellow River.

帖 t'ièh, *a piece of paper; a card.* 一帖膏藥 yih t'ièh ,kau yoh (yau'), *a piece of plaister;* 兩帖金箔 'liang t'ièh ,kin poh (pau'), *two pieces of gold-leaf.*

點 'tien, *to mark; dot; a little of.* 'Tsï is also appended. 一點水 yih 'tien 'shui, *a little water;* 兩點雨點 'liang 'tien 'ü 'tien, *two drops of rain.*

紽 .t'o, *a ball,* made by winding. 'Tsï is also appended. 一紽子線 yih .t'o 'tsï sien', *a ball of thread;* 兩紽白布 'liang .t'o peh pu', *two bundles of white cloth.*

頓 tun', *a meal of rice; a beating* (with 打 'ta). 受一頓好打 sheu' yih tun' hau' 'ta, *receive a good beating;* 三頓飯 ,san tun' fan', *three meals of rice.*

堆 ,tui, *a heap of* earth, etc. 六堆劈柴 lieu' ,tui p'ih .c'hai, *six heaps of chopped wood.*

團 .t'wan, *anything round.* 成一團心火 .c'heng yih .t'wan ,sin 'ho, *collected a mass of internal heat* (as from running fast); 幾團線 'ki .t'wan sien', *several balls of string.*

飧 ,t'san, *a meal.* 日食三餐 jïh shïh ,san ,t'san, *eat three meals a day;* 吃兩飧飯 c'hïh 'liang ,t'san fan', *he ate two meals of rice.*

層 .t'seng, *a story.* 九層樓 'kieu .t'seng .leu, *a building of nine stories;* 好幾層紙 'hau 'ki .t'seng 'chï, *several thicknesses of paper.*

節 tsièh, *a joint.* 兩節書 'liang tsièh ,shu, *two sentences of a book;* 七節鞭 t'sih tsièh ,pien, *seven joints of a whip.*

丸 .wan, *a pill,* as in 丸藥 .wan yoh, *medicine in the form of pills;* 一丸藥 yih .wan yoh (yau'), *a pill.*

味 wei', *taste,* kinds of medicine, food, etc. 有幾味艮藥 'yeu 'ki wei' .liang yoh, *there are several kinds of good medicine.*

Names of weights, measures of time, length and capacity of vessels, and divisions of books, are all used like numeral particles. The following is a list of those in common use.

盞 'chan, *a small cup.* 站 chan', (in Kiang-nan) 90 li; (in north China) a stage varying from 80 to 130 'li. 張 ,chang, *leaf of a book.* 章 ,chang, *section of a book.* 丈 chang', 10 *feet.* 抄 c'hau', 1000*th part of a* ,sheng or *pint.* 秤 c'heng', 100 *catties weight.* 尺 c'hïh, *a foot.* 橱 .c'hu, *a wardrobe; bookcase.* 鍾子 ,chung 'tsï, *a cup.* 分 ,fen, *a candareen,* or *tenth part of a mace;* one cent; tenth of an inch; a minute. 毫 .hau, a small measure of length; *tenth of a* ,fen. 下 hia', *a stroke of the clock; an hour.* 匣子 hiah 'tsï, *a small box.* 歇 hièh, *an instant.* 壺 .hu, *a tea-pot,* or *wine-pot.* 斛 huh, *a measure of five* 'teu. 日 jïh, *day.* 缸 ,kang, *a large water vessel.* 刻 k'eh, *quarter of an hour.* 斤 ,kin, *a catty,* or $1\frac{1}{3}$ ℔. 頃 'k'ing, 100 *meu* of land. 角 kioh, *a drinking-horn;* tenth of a dollar. 卷 kiüen', *chapter of a book.* 合 koh, *tenth of a*

Q

海上絲綢之路文獻集成 科技與文化編

sheng. 弓 ,kung, *five feet in length;* used in measuring land. 句 kü', *a sentence.* 鑵 kwan', *a pitcher; a pot.* 櫃 kwei', *an almira; wardrobe.* 鍋 kwoh, *a frying pan.* 籃 .lan, *a basket.* 簍 'leu, *a hamper.* 兩 'liang. *a tael,* 1⅓ *oz.* 畝 'meu, 240 *square* pu'. 秒 'miau, *a second.* 年 .nien, *a year.* 盤 .p'an, *a plate.* 盆 .p'en, *a dish.* 甏 peng', *an earthen pitcher.* 盃 ,pei, *wine-cup.* 瓢 .p'iau, *a cocoa-nut scoop.* 瓶 .p'ing, *a bottle; a vase.* 疋 p'ih, 40 *feet of cloth.* 步 pu', *five feet;* used in measuring land. 煞 shah, *an instant.* 晌 shang', *a forenoon,* or *afternoon.* 首 'sheu, a *piece of* poetry. 升 ,sheng, *a pint measure.* 首 'sheu, a *piece of* poetry. 世 shï', *a generation.* 時 .shï, *an hour* (two English hours). 石 shïh, *ten* 'teu; one shïh weighs 150 catties. 箱 ,siang, *a chest.* 系 .sï, 100*th of a* .hau. 歲 sui', *a year.* 代 tai', *a generation.* 袋 tai', *a bag.* 擔 tan', *a pecul;* the same as shïh 石 *stone.* 罎 .t'an, *a pitcher.* 趟 t'ang', *a column of characters.* 斗 'teu, 10 sheng, *a measure.* 碟子 tièh 'tsï, *a plate.* 天 ,t'ien, *a day.* 節 tsièh, *a sentence, or small division of a book; a solar term,* 24*th of a year.* 錢 .t'sien, *a mace;* 10*th part of an ounce* ('liang); *a piece of coined money.* 撮 tsoh, 100*th of a sheng* or *pint.* 寸 t'sun', *an inch,* 10*th of a foot.* 桶 't'ung, *a cask.* 甕 ung', *large water vessel.* 碗 'wan, *a small basin.* 葉 yèh, *a leaf* of a book. 月 yuèh, *a month.*

Of these words 時 .shï, 日 jïh and 月 yuèh, often take ko' before them. .C'hen 辰 follows .shï when ko' precedes. 'Tsï 子 follows 日 jïh in the same case. Time in the abstract is usually expressed colloquially by 工夫 ,kung ,fu, e. g. 兩天工夫 'liang ,t'ien ,kung ,fu, *two days time.* .Shï heu' 時候 is also used both abstractly for time, and for a certain time, as in 那箇時候 na' ko' .shï heu', *at that time.*

Ko' 個 is the common numeral particle for all these words, when they are used as full substantives; e. g. 一個碗 yih ko' 'wan, *a rice basin.* The words 櫃 kwei' and 櫥 .c'hu, also take 張 ,chang, and 桶 't'ung and 箱 ,siang also take 隻 chïh. For the five-feet measure of length, the words pu', ,kung are used together

漢語官話口語語法

with 個 ko‘. ’K‘eu 口 is a numeral for ,kang and ung‘, *large water vessels.*

Collectives.

The following words are collectives, i. e. they speak of objects in groups. Such objects are all appellative nouns.

枝 ,chï or ,chï ’tsï, *a branch.* 一枝花兒 yih ,chï ,hwa .rï, *a branch of flowers;* 分三枝子人烟 ,fen ,san ,chï ’tsï .jen ,yen, *became divided into three family branches;* 這是那裡的一枝子兵 che‘ shï‘ ’na ’li tih yih ,chï ’tsï ,ping, *from what place is this division of troops come?*

串 ,c‘hwen, *a chain.* 兩串大錢 ’liang ,c‘hwen ta‘ .t‘sien, *two chains of cash of* 1000 *each;* 三串珠 ,san ,c‘hwen ,chu, *three chains of pearls;* 念幾串經 nien‘ ’ki ,c‘hwen ,king, *he read several chains’ length of prayers;* 兩串念珠 ’liang ,c‘hwen nien‘ ,chu, *two chains of praying beads;* 十串數珠 shïh ,c‘hwen shu‘ ,chu, *ten chains of number beads.*

副 fu‘, *a pair; a set.* 兩副對子 ’liang fu‘ tui‘ ’tsï, *two pairs of antithetical sentences;* 三副琢子 ,san fu‘ ,chu ’tsï, *three pairs of earrings;* 一副繩子 yih fu‘ .sheng ’tsï, *a pair of porters’ ropes.*

行 .hang, *a rank.* 兩行杏樹 ’liang .hang .hing shu‘, *two rows of plum trees;* 四行引線 sï‘ .hang ’yin sien‘, *four parallel threads.*

壺 .hu, *a quiver of* arrows.

夥 ’hwo, *to combine; a company* of men. 見一夥人來 kien‘ yih ’hwo .jen .lai, *he saw a party of men come.*

軍 .kiün, *an army.* 領兵三軍 ’ling ,ping ,san .kiün, *he led three armies of soldiers.*

貫 kwan‘, *to join.* 萬貫金珠寶貝 wan‘ kwan‘ .kin ,chu ’pau pei‘, *ten thousand chains of gold, pearls and precious stones.*

羣 .k‘iün, *a flock.* 五羣猪 ’wu .k‘iün ,chu, *five herds of swine;* 猛虎不敵羣狼 .meng ’hu puh tih .k‘iün .lang, *a tiger though fierce will not attack a flock of wolves.*

股 ’ku, *the thigh bone; shares* in trade; *divisions* of an army.

海上絲綢之路文獻集成　科技與文化编

兩股賊匪 'liang 'ku tseh (tsei) 'fei, *two divisions of rebels;* 三股買賣 ,san 'ku 'mai mai', *three partners in trade;* 五股蔴繩 'wu 'ku .ma .sheng, *a piece of cordage with five strings.*

局 küh, *a set of* two or three animals used in ploughing.

排 .p'ai, *a raft;* from *to place together.* 一排木頭 yih .p'ai muh .t'eu, *a raft of timber;* 八排竹竿 pah .p'ai chuh .kan, *eight rafts of bamboo;* 十人一排 shïh .jen yih .p'ai, *ten men on each raft.*

班 ,pan, *a set* of men; a rank of soldiers.

片 p'ien', *a splinter.* 一片房子 yih p'ien' .fang 'tsï, *a collection of buildings.*

雙 ,shwang, *a pair.* 一雙鞋子 yih ,shwang .hiai 'tsï, *a pair of shoes;* 三雙襪子 ,san ,shwang wah 'tsï, *three pairs of stockings;* 給我一雙筷子 kih 'wo yih ,shwang k'wai' 'tsï, *give me a pair of chopsticks.*

刀 ,tau', *knife; parcel of* 100 or more sheets of paper. 買幾刀紙 'mai 'ki ,tau' 'chï, *buy several parcels of paper;* 一百張一刀紙 yih peh ,chang yih ,tau' 'chï, 100 *sheets make one parcel of paper.*

套 t'au', *a covering.* 一套衣裳 yih t'au' ,i .shang, *a suit of clothes;* 四套的一部書 sï' t'au' tih yih pu' ,shu, *a book in four covers.*

劑 'tsi, *a mixture of various* medicines.

族 tsuh, *kindred.* 一族的人 yih tsuh tih .jen, *men of one family.*

簇 t'suh, *a troop* of horses, etc. 一簇人馬 yih t'suh .jen 'ma, *a troop of men and horses.* Used in 水滸傳.

隊 tui', *a party of five or more soldiers.* 兩隊殺成一處 'liang tui' shah .c'heng yih c'hu', *the two parties fought at one place.*

對 tui', *opposite; to suit; a pair.* 一對小鷄 yih tui' 'siau ,ki, *a pair of small fowls;* 那兩扇門不成一對 na' 'liang shan' .men puh .c'heng yih tui', *those two doors do not make a pair.*

伍 'wu, *a company of five men.*

Several words signifying, *kind of, division of*, etc. are used with appellative or generic nouns, without being specially appropriated to certain words.

派 p'ai', *division; streams of water*. **一派匪類人** yih p'ai' 'fei lui' .jen, *a kind of bad persons;* **那一派風俗** 'na yih p'ai' ,fung suh, *that kind of custom.*

種 'chung, *a seed; sort of*. **這種人類** che' 'chung .jen lui', *this sort of men;* **那種東西** 'na 'chung ,tung ,si, *that sort of thing.*

類 lui', *kind; sort*. **一類人** yih lui' .jen, *men of one kind;* **兩類事情** 'liang lui' shï' .t'sing, *things of two kinds.*

様 yang', *kind; model*. **這様人品** che' yang' .jen 'p'in, *this kind of man;* **兩様模様** 'liang yang' .mu yang', *two kinds of models;* **這様古怪事** che' yang' 'ku kwai' shï', *this kind of strange affair.*

般 ,pan, *remove; separate class*. **這般人** che' ,pan .jen, *this kind of man;* **這般光景** che' ,pan ,kwang 'king, *this kind of appearance.*

項 hiang', *sort of*. **毎項生意** 'mei hiang' ,sheng i', *every kind of trade;* **這項事情** che' hiang' shï' .t'sing, *this kind of thing.*

杆 ,kan, *stem*. **他們都是一杆人** ,t'a .men ,tu shï' yih ,kan .jen, *they are all that one sort of men.*

These words may be described as the names of classes, into which appellative nouns may be divided. They are also most of them applicable to material nouns. They are applied to nouns in classes, while the numeral particles are employed with individuals. They might be called modal nouns. Their syntax is the same as that of the numeral particles, and they are therefore placed with them here, but they are also sometimes used as full substantives; e. g. **一個様** yih ko' yang', *one kind.*

Numeral Particles to Verbs.

There are several imperfect substantives used to express the number of *times*, that the action of a verb has taken place. **趟** t'ang', *time;* **翻** ,fan, *to turn over;* **次** t'sï', *order;* **遭** ,tsau, *to meet with;* 遍 pien‘, *completely;* 會子 hwei‘ tsï‘, *a meeting;* 回 ˌhwei, *return;* 下 hia‘, *to go down;* 合 hoh, *combine.* 我已經告訴你兩次 ’wo ’i ˌking kau‘ su‘ ’ni ’liang t‘sï‘, *I have already told you twice;* 去了一趟 k‘ü‘ ’liau yih t‘ang‘, *I have gone once;* 此翻來何意 t‘sï‘ ˌfan ˌlai ˌho i‘, *what are you come for this time?* 這一趟買賣我作傷了 che‘ yih t‘ang‘ ’mai mai‘ ’wo tsoh ˌshang ’liau, *this time of trading I have been disappointed.*

遍 pien‘, *to go completely round,* is used where the action is exhaustive: e. g. 瞧過那本書兩遍 ˌtsiau kwo‘ na‘ ’pen ˌshu ’liang pien‘, *I have looked through that book twice.*

下 hia‘, is used for the strokes of a clock, for blows. 打了三下 ’ta ’liau ˌsan hia‘, *it has struck three times;* 打他三十下 ’ta ˌt‘a ˌsan shïh hia‘, or ’ta ˌt‘a ˌsan shïh, *give him thirty blows.*

遭 ˌtsau, is used of revolutions, as of oxen grinding, the sun revolving, etc. 出了幾遭征 c‘huh ’liau ’ki ˌtsau ˌcheng, *he has gone out several times to fight;* 日頭一天轉一遭 jïh ˌt‘eu yih ˌt‘ien ’chwen yih ˌtsau, *the sun in one day goes round once;* 轉了一遭 ’chwen ’liau yih ˌtsau, *he has gone round once.*

合 hoh, is found in some books for the number of blows in single combats, but it is not now in common use.

There are some other substantives used to express the extent, to which the action of a verb is continued. They are such as 場 ˌc‘hang, *a place;* 聲 ˌsheng, *a sound.* 哭了一場 k‘uh ’liau yih ˌc‘hang, *fell into a fit of weeping;* 病了一場 ping‘ ’liau yih ˌc‘hang, *he has had a time of sickness;* 鬧了一場 nau‘ ’liau yih ˌc‘hang, *he made a disturbance;* 笑了一聲 siau‘ ’liau yih ˌsheng, *he laughed a little;* 叫了一聲 kiau‘ ’liau yih ˌsheng, *he uttered a call;* 哭了一聲 k‘uh ’liau yih ˌsheng, *he wept a little.*

These words are also often placed in juxtaposition with the verbs or abstract nouns to which they refer; 這場鬧 che‘ ˌc‘hang nau‘, *this piece of disturbance;* 那場事 na‘ ˌc‘hang shï‘, *that piece of disturbance;* 叫聲他 kiau‘ ˌsheng ˌt‘a, *call to him.*

The strokes of a pencil in writing also follow numbers without an intervening particle; e. g. 一橫 yih .hung, or 一劃 yih hwah, *a horizontal stroke;* 一撇 yih p'ih, *a down stroke from right to left.*

CHAPTER VI.

On Adjectives.

The names of qualities naturally arrange themselves in opposite pairs; e. g. 寬窄 ,k'wan tseh ('chai), *wide, narrow:* 輕重 ,k'ing chung', *light, heavy;* 高低 ,kau ,ti, *high, low;* 軟硬 'jwan ying', *soft, hard;* 清濁 ,t'sing choh, *clear, muddy:* 窮富 .k'iung fu', *poor, rich:* 實空 shïh ,k'ung, *full, empty:* 貴賤 kwei' tsien'. *honourable, humble;* 華素 ,hwa su', *ornamented, plain:* 橫竪 .hung shu'. *horizontal, upright:* 厚薄 heu' poh (pau'), *thick, thin:* 好歹 'hau 'tai, *good, bad;* 稀稠 ,hi .c'heu, *few, crowded;* 陳新 .c'hen ,sin, *stale, fresh:* 苦甜 'k'u .t'ien, *bitter, sweet;* 方圓 ,fang .yuen, *square, round:* 善惡 shan' ngoh, *virtuous, wicked;* 快鈍 k'wai' tun', *sharp, blunt:* 涼熱 .liang jėh, *cold, hot;* 遲速 .c'hï suh, *slow, quick:* 太平亂 t'ai' .p'ing lwan', *peaceful, disorderly:* 富貴貧賤 fu' kwei' .p'in tsien', *rich and honourable, poor and humble:* 懶惰勤謹 'lan to' .k'in ,kin, *lazy, diligent.*

Adjectives similar in meaning are placed side by side in groups of two and four. 省儉 'sheng 'kien, *sparing and economical:* 挺硬 't'ing ying', *upright and hard ·* 奢侈 ,she 'c'hï. *extravagant:* 輕閒 ,k'ing .hien, *negligent and leisurely.* 梗直 ,keng chïh, *resolved and straight forward:* 淺薄 't'sien poh, *not profound:* 清秀 ,t'sing ,sieu, *fresh and beautiful:* 淡薄 tan' poh, *thin;* 巧妙 'k'iau miau', *clever and ingenious;* 愚魯 .ü 'lu, *ignorant and stupid;* 堅固 .kier ku', *firm.*

Substantives go into combination with adjectives, so as to form compound words. When the substantive stands first, it qualifies the following adjective. 冰涼 ,ping .liang, *icy cold;* 羅瑣 .lo 'so, *(net-work) confused; without order;* 雪白 siuėh peh, *snow*

海上絲綢之路文獻集成　科技與文化編

white; 鋒快 ,fung k'wai', *keen as a knife-edge;* 壁直 pih chïh, *straight (as a wall).*

In many compound adjectives, a substantive follows an adjective that qualifies it. 大胆 ta' 'tan (liver), *brave;* 公道 ,kung (just) tau' (doctrine), *just;* 小器 'siau (small) k'i' (vessel), *parsimonious;* 威風 ,wei ,fung (appearance, expression), *dignified;* 和氣 .ho k'i' (expression), *peaceably disposed.*

Verbs with the potential particles 可 'k'o and 好 'hau, or with an adjective preceding or following, form compound adjectives. 可憐得狠 'k'o .lien teh 'hen, *very lamentable;* 好笑 'hau siau', *laughable;* 出奇 c'huh .k'i (.c'hi), *wonderful, rare* (c'huh, *to come out to view*). 牢靠 .lau k'au' *(to rest on), firm, secure;* 謙讓 ,k'ien jang', *(to yield to), humble.*

Many three-word groups are formed by repeating sometimes the first, and at other times the second word of a compound adjective. 淨淨光 tsing' *(clear)* tsing' ,kwang *(smooth), empty;* 短短粗 'twan 'twan ,t'su, *short;* 菲菲薄 'fei 'fei poh, *thin;* 禿禿平 t'uh t'uh .p'ing, *smooth;* 酊酊醉 ,ting ,ting tsui', *intoxicated;* 精精細 ,tsing ,tsing si', *elegant; fine;* 滾滾圓 'kwen 'kwen .yuen, *round;* 冷清清 'leng ,t'sing ,t'sing, *retired;* 文雅雅 .wen 'ya 'ya, *having a literary polish;* 甜甘甘 .t'ien ,kan ,kan, *sweet;* 硬棒棒 ying' pang' *(a staff)* pang', *hard;* 紫英英 ,tsï ,ying ,ying, *a fine purple;* 黑洞洞 heh (,hei) tung' tung', *black;* 平正正 .p'ing cheng' cheng', *even;* 暖煦煦 'nwan ,hü ,hü, *warm;* 結實實 kièh shïh shïh, *secure;* 囫圇圇 hwuh ,lun ,lun, *complete;* 清楚楚 ,t'sing ,c'hu ,c'hu, *distinct;* 乾燥燥 ,kan ,sau ,sau, *dry;* 亂閧閧 lwan' ,hung ,hung, *disorderly.*

Phrases of four adjectives similar in meaning, or of three adjectives with a negative particle are also in use. 光明正大 ,kwang .ming cheng' ta', *illustrious, upright and great;* 聰明睿智 ,t'sung .ming jui' chï', *intelligent and wise;* 正直無私 cheng' chïh .wu ,sï, *correct, upright, and impartial;* 荒唐不經 .hwang .t'ang puh ,king, *rash, boastful, and incorrect.*

Double adjectives are often extended by repetition into four-word sentences. 古古怪怪 'ku 'ku kwai' kwai', *strange;* 平平常常 .p'ing .p'ing .c'hang .c'hang, *common;* 委委曲曲 'wei 'wei k'üh (c'h) k'üh, *secret sense of being injured;* 小小器器 'siau 'siau k'i' k'i', *narrow-spirited;* 糊糊塗塗 .hu .hu .t'u .t'u, *stupid;* 生生氣氣 ,sheng ,sheng k'i' k'i', *angry;* 長長遠遠 .c'hang .c'hang 'yuen 'yuen, *distant.*

Many words are used indifferently as verbs or adjectives. 怪 kwai', *to wonder at; strange;* 喜歡 'hi ,hwan, *to be fond of; glad;* 貪 ,t'an, *to covet; covetous;* 稀犄 ,hi .k'i (c'hi), *to wonder at; wonderful;* 對 tui', *to correspond to; opposite to; fitting;* 活動 hwoh tung', *to move; moveable;* 死 'sï, *to die; dead,* as in 死牛 'sï .nieu, *a dead bullock.*

Tih 的 a rhythmical particle is placed after adjectives, when they stand alone, and when they are followed by a substantive. 利害的 li' hai' tih, *dangerous;* 四方的 sï' ,fang tih, *square;* 粗的 ,t'su tih, *large; coarse;* 齊整的樣子 .t'si 'cheng tih yang' 'tsï, *in an orderly manner.* When tih follows substantives they often become adjectives; e. g. 紙的 'chï tih, *of paper;* 金的 ,kin tih, *golden.*

Many adjectives combine with 輩 pei' and 類 lui', *class,* to form nouns: as 前輩 .t'sien pei', *ancestors;* 晚輩 wan' pei', *juniors;* 上輩 shang' pei', *seniors;* 老輩 'lau pei', *ancestors; aged persons;* 長輩 'chang pei', *elders;* 惡類 ngoh lui', *bad persons;* 匪類 'fei lui', *bad persons;* 同類 .t'ung lui', *of the same class.* These expressions correspond to our usage of the article *the* with adjectives, forming a noun in the plural; as in *the virtuous, the aged.*

Comparison of adjectives.

Comparative.

The comparative degree of adjectives is formed—(1) by adverbs signifying *more;* (2) by verbs expressing increase and diminution, contraction and expansion, etc. (3) by placing after the adjective certain words meaning *a little;* (4) by using the verb 'pi, *to compare.*

R

海上絲綢之路文獻集成 科技與文化編

Adjectives are placed in the comparative degree by prefixing adverbs meaning *more,* 更 ,keng; *again,* 又 yeu‘, 再 tsai‘; and *still,* 還 .hwan (colloquially .hai). The verb 加 ,kia, *to add,* is used after ,keng, yeu‘ and tsai‘; 要 yau‘, *to desire, to need,* after tsai‘ and .hwan. The verb 比 ’pi, *to compare,* is expressed or understood before 又 yeu‘, as often before the others. 你好學更容易 ’ni hau‘ hioh ,keng .yung i‘, *if you are fond of learning it will be easier;* 更加奇妙 ,keng ,kia .k‘i (c‘hi) miau‘, *still more wonderful;* 更良善的人 ,keng .liang shan‘ tih .jen, *a more virtuous man;* 更加危險 ,keng ,kia ’wei ’hien, *more dangerous;* 這個人又加好 che‘ ko‘ .jen yeu‘ ,kia ’hau, *this man is still better;* 河開了口子下雨又多 .ho ,k‘ai ’liau ’k‘eu ’tsï hia‘ ’ü yeu‘ ,to, *when the river had overflowed the rain fell more abundantly;* 再好沒有 tsai‘ ’hau muh (.mei) ’yeu, *there is no better;* 沒有再細的 .mei ’yeu tsai‘ si‘ teh, *there is no finer;* 再多裝不下了 tsai‘ ,to ,chwang puh hia‘ ’liau, *more cannot be stowed away;* 還有好的 .hwan ’yeu ’hau teh, *there is still better;* 搖船還要快 .yau .c‘hwen .hwan yau‘ k‘wai‘, *I want you to scull still faster;* 米價比前貴多 ’mi kia‘ ’pi .t‘sien kwei‘ ,to, *the price of rice is much higher than before.* In this case the word 多 ,to is an adverb "much." For the double comparative, as in "the more, the better;" 越 yuèh, *to pass over,* or yuèh fah are used; and occasionally 益發 yih (i) fah, and 愈 ü‘, *more.* 越閒越懶 yuèh ,hien yuèh ’lan, *the more time he has, the more lazy he becomes;* 越多越好 yuèh ,to yuèh yau‘, *the more it is the better;* 越有越方便 yuèh ’yeu yuèh ,fang pien‘, *the more you have, the easier it is to live;* 越來越多 yuèh .lai yuèh ,to, *the more come, the more there will be;* 愈精愈純 ü‘ ,tsing ü‘ .shun, *the purer, the more complete;* 愈信愈篤 ü‘ sin‘ ü‘ tuh, *the more confiding you are, the more firmly you will be convinced;* 人愈稠地愈窄 .jen ü‘ .c‘heu ti‘ ü‘ chai‘, *the more crowded men are, the narrower the land they occupy;* 越發讀書越發明白 yuèh fah tuh ,shu yuèh fah .ming peh, *the more you read, the more you will un-*

derstand. Yuèh fah and yih fah, are also sometimes used, where the comparison is simple. 善人益發其多 shan' ,jen yih fah .k'i (c'h) ,to, *good men grew more numerous*; 你要習武益發好了 'ni yau' sih 'wu yih fah 'hau 'liau, *if you wish to practice the military art, it will be better*; 念書越發懂得多 nien' ,shu yuèh fah 'tung teh ,to, *those who read understand more.*

The comparative is also expressed by verbs containing the idea of increase and diminution. 多加分量 ,to ,kia ,fen liang', *make the weight greater*; 減小你的難過 'kien 'siau 'ni tih .nan kwo', *make your pain of mind less*; 減輕刑罰 'kien .k'ing (c'h) .hing fah, *make his punishment less*; 洗了要縮小了 'si 'liau yau' shuh 'siau 'liau, *when washed it will shrink*; 小河要開寬一點 'siau ho yau' ,k'ai ,k'wan yih 'tien, *the stream needs to be made wider*; 多添一點 ,to ,t'ien yih 'tien, *add a little more*; 添多纔彀斤數 ,t'ien ,to .t'sai keu' ,kin shu', *add more yet and the number of catties will be complete.*

The particle 於 ,ü, used in books for comparing, is also sometimes heard in conversation, as in 山水硬於河水 ,shan 'shui ying' ,ü .ho 'shui, *spring water is harder than river water.*

The comparative is also formed by appending certain words meaning "a little," to adjectives. 短些兒 'twan ,sie .rï, *shorter*; 天氣晴些 ,t'ien k'i' ,tsing ,sie, *the weather is finer*; 好看一點兒 'hau k'an' yih 'tien .rï, *a little better looking*; 貴一點子 kwei' yih 'tien 'tsï, *a little dearer*; 這個賤點 che' ko' tsien' 'tien, *this is cheaper*; 做大一點兒 tso' ta' yih 'tien .rï, *make it a little larger*; 大量點兒 ta' liang' 'tien .rï, *a little more generous*; 要鬆一點兒 yau' ,sung yih 'tien .rï, *let it be a little looser*; 做長一點 tso' .c'hang yih 'tien, *make it a little longer.*

The comparative is also expressed by means of 比 'pi, a verb signifying *to compare.* When sentences are formed with the help of these words, the adjective in the predicate is in the comparative degree, whether the adverbs of comparing are prefixed to it or not. 銅的比錫的貴 .t'ung tih 'pi sih tih kwei', *those*

海上絲綢之路文獻集成　科技與文化編

made of brass are dearer than those of tin; 今天比昨天熱 ,kin ,t'ien 'pi tsoh ,t'ien jèh, *to-day is hotter than yesterday*: 他比我好 ,t'a 'pi 'wo 'hau, *he is better than I*; 他比你更老實 ,t'a 'pi 'ni ,keng 'lau shïh, *he is a more honest man than you*; 我同他較量起來總不勝他 'wo .t'ung ,t'a kiau' liang' 'k'i .lai 'tsung puh sheng' ,t'a, *if I am compared with him, I cannot surpass him*; 這個鳥較前哨的好聽 che' ko' 'niau kiau' .t'sien shau' tih 'hau ,t'ing, *this bird sings better than before*; 我比他較好 'wo 'pi ,t'a kiau' 'hau, *I am better than he.* The verb of comparing is often omitted, as in 這塊長一尺 che' k'wei' .c'hang yih c'hïh, *this piece is one foot longer*; 那個山倒高 'na ko' ,shan 'tau ,kau, *that hill is higher.*

As in the case particles of nouns, so in the degrees of comparison of adjectives, verbs are extensively employed. This will be further exemplified in discussing the modes of forming the superlative.

The Superlative.

The superlative is formed—(1) by adverbial prefixes meaning *very, exceedingly*; (2) by using the ordinal number 第一 ti' yih, *first*, or the phrase 十分 shïh ,fen, *entire*, before the adjective; (3) by the verb 得 teh, with a word meaning *extremity*, or *severity*, following the adjective.

The adverbial prefixes made use of are the following:—

頂 'ting, *summit*, hence *chief*, as the latter word from *caput*. 這個茶葉頂高 che' ko' .c'ha yèh 'ting kau', *this tea is the best*; 頂大的力量 'ting ta' tih lih liang', *very great strength*; 那個人頂能幹的 'na ko' .jen 'ting .neng .kan tih, *that man is exceedingly able.*

極 kih, *end*; *point of arrival or cessation*; is used as a superlative article both before and after its adjective. 極大一座廟 kih ta' yih tso' miau', *a very large temple*; 極深奧的道理 kih shen' ngau' tih tau' 'li, *very profound doctrines*; 大極的恩典 ta' kih tih ,ngen 'tien, *very great favour.*

最 tsui', *exceedingly.* 最利害的皇上 tsui' li' hai' tih

.hwang shang', *a very imperious and exacting emperor;* 最好不過 tsui' 'hau puh kwo', *very good, without a rival;* 恩典最大 ,ngen 'tien tsui' ta', *his favour is very great.*

狠 'hen, *severe,* an adjective in 兇狠 ,hiung 'hen. *violent;* as an adverb *very,* it precedes its word or follows it with 得 teh; 狠奇妙的 'hen .k'i miau' tih, *very strange and wonderful;* 罪狠大 tsui' 'hen ta', *his crime is very great;* 狠深的井 'hen ,shen tih 'tsing, *a very deep well.*

怪 kwai', *to wonder at; strange;* hence as an adverb *strangely; very.* 怪體面的人 kwai' 't'i mien' tih .jen, *a very respectable man;* 怪輕省的 kwai' ,k'ing 'sheng tih, *very much lighter.*

好 'hau, *good,* here used in the sense *very,* as in English *a good many.* 好多日子沒來 'hau ,to jïh 'tsï .mei .lai, *he has not come for several days;* 好大胆子 'hau ta' 'tan 'tsï, *very great courage.*

.Man a particle *very,* for which there being no character, 蠻 .man is used. 蠻長的人 man' .c'hang tih .jen, *a very tall man;* 蠻大的個魚 man' ta' tih ko' .ü, *a very large fish.*

太 t'ai', *very; too.* Of these meanings the latter is more common. 太淺的條河 t'ai' 't'sien tih .t'iau .ho, *a very shallow river;* 這個樓太高 che' ko' .leu t'ai' ,kau, *this upper story is too high.*

至 chï', *to arrive at; the highest point;* hence *highest; most.* This and the two following words are less colloquial than the preceding. 至仁愛的皇后 chï' .jen ngai' tih .hwang heu', *a very benevolent queen;* 天本至高至大 ,t'ien 'pen chï' ,kau chï' ta', *heaven is originally most high and majestic.*

甚 shen', *very.* 力量甚小 lih liang' shen' 'siau, *his strength is very little.*

絶 tsiuèh, *to cut off; strange;* hence as an adverb, *strangely.* 絶妙絶妙 tsiuèh miau' tsiuèh miau', *exceedingly good;* 絶乾凈的塊玉 tsiuèh ,kan tsing' tih k'wei' yüh, *a very clear piece of jade-stone.*

The sense *too,* is mixed up with the superlative particles in the case of 太 t'ai', which means both *too* and *very*. The difference between *very* and *most*, is but faintly seen in the use of these particles. The words meaning *most* are 頂, 最, 極, 至, 絕. The rest usually signify *very*. The words 至 chï', 甚 shen', and 絕 tsiuĕh are less colloquial than the others, and they are therefore placed last.

The ordinal 第一 ti' yih, *the first*, is also used as a superlative. 第一艱難 ti' yih 'kien .nan, *the most calamitous*.

十分 shïh ,fen, *ten parts*; as a superlative, *extremely*; *ten parts in ten*. In expressing proportion and comparison, parts of ten are used. 十分伶俐 shïh ,fen .ling .li, *extremely clever*; 十二分人材 shïh rï' ,fen .jen .t'sai, *very beautiful in countenance*.

The verb 得 teh, *to obtain*, with certain words meaning *extremity, severity, tight*, etc. places adjectives in the superlative; as in the following sentences formed with 狠 'hen and 極 kih (chi). 利害得狠 li' hai' teh 'hen, *very severe and violent*; 脆得狠 t'sui' teh 'hen, *very brittle*; 窮苦得極 .k'iung 'k'u teh kih, *extremely poor*; 聖明得極 sheng' .ming teh kih, *very wise*.

利害 li' hai', *severe*; *dreadful*; *dangerous*; properly an adjective, is used as an adverb to qualify adjectives in the sense *very*: as in 害怕得利害 hai' p'a' teh li' hai', *very much afraid*; 疼得利害 .t'eng teh li' hai', *very painful*.

緊 'kin, *close*; *tight*; is used in the same manner. 穩當得緊 ,wen ,tang teh 'kin, *very secure*.

The verb 過 kwo', *to pass*, with the negative, is also employed. 好不過 'hau puh kwo', *exceedingly good*; 容易不過 .yung i' puh kwo', *very easy*.

The word 最 tsui' usually precedes; as in 最苦不過 tsui' 'k'u puh kwo', *extremely wretched*; 最香不過 tsui' ,hiang puh kwo', *very fragrant*.

The word 的 tih is sometimes used instead of 得 teh, as in the following examples. 快樂的狠 k'wai' loh tih 'hen, *very glad*; 高大的狠 ,kau ta' tih 'hen, *very high and great*; 憂愁的極 ,yeu .c'heu tih kih, *very much grieved*; 新鮮得極 ,sin

漢語官話口語語法

,sien tih kih, *very fresh*; 凶的利害 ,hiung tih li' hai', *very fierce*. In some examples tih and 'kin change places, thus we may hear 穩當緊的 ,wen ,tang 'kin tih, *very secure*; 'kin also occurs last, 熱鬧的緊 jèh nau' tih 'kin, *very bustling*.

Some of the superlative adverbs follow the adjective which they qualify. They are kih, 'kin, and shah. The latter is never a prefix and is exclusively colloquial. 苦極 'k'u kih, *very wretched*; 疼極 t'ung' (t'eng') kih, *very painful*; 亂極 lwan' kih, *very confused*; 重緊 chung' 'kin, *very heavy*; 難緊兒 .nan 'kin .rï, *very hard*; 滑緊 hwah 'kin, *very slippery*; 暢快煞 c'hang' k'wai' shah, *very glad*; 涼快煞 .liang k'wai' shah, *very cool*; 暖活煞 'nwan hwoh shah, *very warm*; 軟活緊兒 'jwan hwoh 'kin .rï, *very elastic*.

The sense *too* is expressed by 太 t'ai', 忒 t'eh, 過 kwo', and 過于 kwo' ,ü. T'eh, a purely colloquial word is not uncommon; as in 水流的忒急 'shui .lieu tih t'eh kih, *the water flows too fast*; 忒貴買不起 t'eh kwei' 'mai puh k'i' (c'hi), *it is too dear, I cannot afford to buy it*; 水漲的太過 'shui 'chang tih t'ai' kwo', *the water rises too high, or very high*; 過熱 kwo' jèh, *too hot*; 性情過傲 sing' .t'sing kwo' ngau', *his disposition is too proud*; 貪酒過多 ,t'an 'tsieu kwo' ,to, *he is too fond of wine*; 賊匪過多殺不完 tseh (tsei) 'fei kwo' ,to shah puh ,wan, *the rebels are too numerous to be all killed*; 長的過于高 'chang tih kwo' ,ü ,kau, *he is very tall*. This should mean he has grown *too tall*; but as we before observed, *too* and *very* are but slightly different in Chinese grammar. 皇帝的殺伐過重 ,hwang ti' tih shah fah kwo' chung', *the emperor's use of capital punishments is too severe*; 教書的規矩太輕 kiau' ,shu tih ,kwei 'kü t'ai' ,k'ing, *the method of teaching is too lax*; 王法太嚴 .wang fah t'ai' .yen, *the law is too severe*; 學規太鬆 hioh ,kwei t'ai' ,sung, *his rule of teaching is too lax*; 肝火太勝 ,kan 'ho t'ai' sheng', *his liver is too much inflamed*.

Numbers.

In written Chinese numbers have the same syntax with adjec-

海上絲綢之路文獻集成　科技與文化編

tives, and therefore may be regarded as such. They precede the substantive they qualify without an intervening word; e. g. 五穀百菓 'wu kuh peh 'kwo, *the five kinds of grain, and the hundred kinds of fruits;* 三回九轉 ,san .hwei 'kieu (ch) 'chwen, *he has come back several times.* Phrases such as these though colloquial, are constructed according to the principles of the written language.

In phrases formed in accordance with the true colloquial grammar, numeratives are introduced between the number and its noun; e. g. 三個差人 ,san ko' ,c'hai .jen, *three messengers.* Words of number appear therefore to be related to the numeral particles or numeratives, as adjectives are to substantives. It is worthy of notice, that common adjectives are not placed before the distinctive numeral particles, but before the substantive itself; e. g. 一隻大船 yih chïh ta' .c'hwen, *a large boat.* Thus the syntax of words of number differs in colloquial from that of adjectives.

Numerals.	Running hand.	Other symbols.	
一 yih (i), *one*,............	〡	𝍩	𝍠
二 ri', *two*,..................	〢	𝍪	𝍡
三 ,san, *three*,.............	〣	𝍫	𝍢
四 sï', *four*, ...	〤	𝍬	𝍣
五 'u, *five*,..................	〥	𝍭	𝍤 δ
六 luh, *six*,.................	〦	𝍥	〦
七 t'sih, *seven*,..	〧	𝍦	〧
八 pah, *eight*,..............	〨	𝍧	〨
九 'kieu, *nine*,.............	〩	𝍨	[illegible]
十 shïh, *ten*,................	十	一○	〡○
十一 shïh yih, *eleven*,..	〡一	一〡	〡一
十二 shïh ri', *twelve*,...	〡二	一〢	〡二
二十 ri' shïh, *twenty*,...	〢十	二○	〢○
三十 ,san shïh, *thirty*,..	〣十	三○	〣○
百 peh, *hundred*,..........	[illegible]	〡○○	一○○
千 ,t'sien, *thousand*,.......	千	〡○○○	一○○○
萬 wan', *ten thousand*,...	万	〡○○○○	一○○○○

漢語官話口語語法

The word 半 pan', *half*, is an adjective or noun according to its position: as in 半月 or 半個月 pan' ko' yuèh, *half a month*; 月半 yuèh pan', *a month and a half*. Pan' is sometimes used for lesser divisions; as 分三半 ,fen ,san pan', *divide it into three*: but for small divisions 分 fen' is more common, as 三分裏一分 ,san ,fen 'li yih fen', *a third part*; 四分之一 sï' ,fen ,chï yih, *the fourth part*. Shares in trade and divisions of an army, are expressed by 股 'ku, as 生意分三股 ,sheng i' ,fen ,san 'ku, *three shares in trade.*

Ordinal numbers are often the same as cardinal numbers, as in 二月十八 rï' yuèh shïh pah, *the 18th of the second month*; 昨日三十 tsoh jïh ,san shïh, *yesterday was the 30th.*

The word 第 ti', properly meaning *order*, is used as a prefix for ordinal numbers, as in 第七本 ti' t'sih 'pen, *the 7th volume*; i. e. *in order the seventh volume.* The original use of this word is still preserved in a phrase both literary and colloquial, 次第 t'sï' ti', *order.*

In naming the days of the month, the word 初 ,c'hu, *first, or beginning*, is prefixed to the first decade, thus 初十 ,c'hu shïh, *the tenth.* For the second and third decades the cardinal numbers are used alone, thus 十三 shïh ,san, *the 13th.*

Of the months, the first is called 正月 cheng' yuèh, and the 12th 臘月 lah yuèh.

The cycles of ten and twelve are used to denote years. They are 甲 kiah, 乙 yih, 丙 'ping, 丁 ,ting, 戊 'wu, 己 'ki, 庚 ,keng, 辛 ,sin, 壬 ,jen, 癸 ,kwei; and 子 'tsï, 丑 'c'heu, 寅 .yin, 卯 'mau, 辰 .c'hen, 巳 sï', 午 'wu, 未 wei', 申 ,shen, 酉 'yeu, 戌 siuh (sü), 亥 ,hai. The year 1855 was 乙卯 yih 'mau, 1856 丙辰 'ping .c'hen. The present cycle of 60 years will be completed in 1873 癸亥 ,kwei ,hai.

To the latter series are attached the names of animals; viz. 1. 鼠 'shu, *the rat.* 2. 牛 .nieu, *cow.* 3. 虎 'hu, *tiger.* 4. 兎 t'u', *hare.* 5. 龍 .lung, *dragon.* 6. 蛇 .she, *snake.* 7. 馬 'ma, *horse.* 8. 羊 .yang, *sheep.* 9. 猴 .heu, *monkey.* 10. 鷄 ,ki, *fowl.* 11. 狗 'keu, *dog.* 12. 猪 ,chu, *pig.* The years counted

s

海上絲綢之路文獻集成 科技與文化编

according to the duodenary cycle, are said to belong to these animals respectively. Thus it is said of persons born in 1856, that they *belong to the dragon* 屬於龍 shuh ,ü .lung.

The use of numbers as adverbs may be observed in the following instances of distributives, and in the examples given in the preceding chapter corresponding to numeral adverbs. Distributives are formed by repeating numbers with numeral particles following them; e. g. 一個一個走出來 yih ko' yih ko' 'tseu c'huh .lai, *one by one they came out;* 兩個兩個送會走 'liang ko' 'liang ko' sung' hwei' 'tseu, *two and two they walked in the procession;* 一串一串的都壞了 yih ,c'hwen yih ,c'hwen tih ,tu hwai' 'liau, *the chains are all broken one by one;* 一排一排的撐過去 yih .p'ai yih .p'ai tih ,c'heng kwo' k'ü', *the floats one by one were pushed by.*

The use of numbers as adjectives is exemplified in the formation of many phrases containing the ideas of indefiniteness, completeness, variety, separation and union. Many verbs and adjectives are treated as abstract nouns, and preceded by numbers which give them these ideas.

Indefiniteness and universality are expressed by large whole numbers, such as 百, 千, 萬, peh (pai), ,t'sien, wan', 100, 1000, 10000; as in 千難萬疑 ,t'sien .nan wan' .i, *many difficulties and suspicions;* 萬古千秋 wan' 'ku ,t'sien ,t'sieu, *ten thousand past ages and a thousand autumns;* 百依百隨 peh (pai) ,i peh .sui, *he submitted to him and obeyed him in all respects;* 百事通 peh shï' ,t'ung, *all his affairs succeeded;* 百樣花草 peh yang' ,hwa 't'sau, *all kinds of flowers and grasses;* 萬百樣東西 wan' peh (ai) yang' ,tung ,si, *all kinds of things;* 千軍萬馬 ,t'sien ,kiün wan' 'ma, *thousands of soldiers and myriads of horses.*

Small numbers are used in many phrases to indicate change and diversity. 不要七手八脚 puh yau' t'sih 'sheu pah kioh, *do not put out your hands and feet* (to strike or trespass); 七曲八彎 t'sih k'üh pah ,wan, *many windings;* 三心二意 ,san ,sin rï' i', *he has different objects in view.*

Small numbers sometimes from the nature of the case imply

漢語官話口語語法

universality, as in 四海之內 sï' 'hai ,chï nui' (nei), *within the four seas; through the whole world;* 四方之民 sï' ,fang ,chï .min, *the people of the four cardinal points, of the whole world.*

Entireness, continuity, sameness and union, are expressed by 一 yih, *one;* 一夜 yih ye', *the whole night;* 一天到晚 yih ,t'ien tau' wan', *all day till evening;* 一路朝前 yih lu' .c'hau .t'sien, *he proceeds uninterruptedly on the way;* 一直走 yih chïh 'tseu, *walk straight on;* 一路平安 yih lu' .p'ing ,ngan, *prosperity through the whole journey;* 一塊兒走 yih k'wei' .rï 'tseu, *walk together;* 一心專念 yih ,sin ,chuen nien', *with his whole mind bent on it;* 一心一意 yih ,sin yih i', *the same mind;* 一連讀下來 yih .lien tuh hia' .lai, *read it down connectedly;* 一氣念完 yih k'i' nien' ,wan, *he read it connectedly till he had done;* 一生一世 yih ,sheng yih shï', *his whole life.*

Separateness and diversity are indicated by 兩 'liang, *two:* 兩樣 'liang yang' (kind), *different;* 兩齊 'liang .t'si, *apart;* 兩下 'liang hia', *apart;* 擺在兩處 'pai tsai' 'liang c'hu', *place them apart;* 按在兩頭兒 ngan' tsai' 'liang .t'eu .rï, *put them separate;* 兩樣的人 'liang yang' tih .jen, *he is a different man;* 有兩種的 'yeu 'liang chung' tih, *they are of two kinds.*

In the view thus obtained of the extended use of these words, they may be observed to lose their definiteness as numbers, and to develope a new power by which they express various ideas usually belonging to adjectives proper, to pronouns or to adverbs.

Yih is an adjective for example, in 一切 yih .t'si, *the whole.* When sameness is expressed by yih yang', or yih ko' yang' 'tsï, a numeral and a substantive together correspond to a pronoun, *idem, the same;* 兩處 'liang c'hu' is equivalent sometimes to the adjective *different,* and at other times to the adverb *apart.*

In such phrases as 一連 yih .lien, *together,* 一齊 yih .t'si, *together,* 一同去 yih .t'ung k'ü' (c'hü'), *go together,* the numeral with the word that follows it correspond to the adverb *together.* Yih has also an adverbial signification in 一定 yih ting', *certainly;* 一到 yih tau', *the moment that he arrived.*

Further remarks on the Degrees of Comparison.

When the comparison is intensified in English by the addition of the word *much*, the adjective 多 ,to, *more*, is appended with the connective verb 得 teh; 高得多 ,kau teh ,to, *much higher;* 水淺得多 'shui 't'sien teh ,to, *the water is much shallower.* These expressions are nearly the same in meaning, as 過高 kwo' ,kau, 過淺 kwo' 't'sien *passing common height and shallowness;* 人比前多得多 ,jen 'pi .t'sien ,to teh ,to, *men are much more numerous than before.* Tih 的 is also used for 得 teh, a circumstance which seems to shew that both words are merely connectives, and that the comparative power is in the position of the qualifying word. This remark applies also to the various forms of the superlative containing tih and teh.

There are some negative forms which may be noticed here. In 不大哩好 puh ta' 'li 'hau, *it is not very good;* 一點不好 yih 'tien puh 'hau, *it is not at all good.* There is a change in the terms; otherwise the negative is used with the words already given, expressing the various degrees in intensity of the adjective without change, as in 更不好 ,keng puh 'hau, *still worse.* For further illustration of these and similar forms, see the chapter on adverbs.

The threefold division of the degrees of comparison is inconvenient for the Chinese language. There are in fact at least six degrees expressed readily, and with distinctness by adverbs and other words, as in the case of 長 .c'hang, *long;* 長些 .c'hang ,sie, *a little longer;* 更長 ,keng .c'hang, *longer;* 長得多 .c'hang teh ,to, *much longer;* 狠長 'hen .c'hang, *very long;* 頂長 'ting .c'hang, *the longest.* These varieties in the mode of qualifying adjectives by adverbs, etc. might be greatly increased by adding 倍 pei', *double*, with its multiples, as in 多三倍 ,to ,san pei', *three times as much;* and 分 ,fen the words for decimal parts, as in 多三分 ,to ,san ,fen, *three tenths greater.*

CHAPTER VII.

On the Pronoun.

The pronouns vary much in the south eastern provinces, and

even in some parts of the region where mandarin is spoken. The number of primitive pronouns is diminished by the extensive use of adjectives in a possessive sense, and of adjectives and verbs for the adjective pronouns.

Personal Pronouns.

The words used for the first personal pronoun are 我 'wo or 'ngo, 咱 'tsa or 喒 'tsan (in Shantung tsan, in Peking tsa), 俺 'ngan (used in Shantung). The plural is formed by adding 們 .men; 我們囘來再瞧你 'wo .men .hwei .lai tsai' .t'siau 'ni, *we will come back and see you again;* 你別心煩我 'ni pièh ,sin .fan 'wo, *do not annoy me (my mind);* 我給他銀子 'wo kih (c'hi or 'kei) t'a' .yin 'tsï, *I gave him money;* 他們又耽擱了一囘 t'a' .men yeu' ,tan koh 'liau yih .hwei, *they again waited for a time;* 咱們沒有見過這樣規矩 'tsa .men .mei 'yeu kien' kwo' che' .yang ,kwei 'kü, *we have not seen this sort of custom;* 他們替咱買 t'a' .men t'i' 'tsa 'mai, *they will buy it for me.* In Peking it is common to use 'wo .men, 'ni .men, t'a' .men, when the singular is meant.

Of the two sounds 'ngo and 'wo for 我 *I*, 'wo is new. The initial ng is assigned to it in the old spelling. It is nga at Hwei-cheu, and ngwa or gwa in Fuh-kien. 'Ni 你 is the same as 爾 'rï, formerly pronounced 'ni. When the reading sound changed, the old pronunciation was retained in colloquial use. The abridged form 你 of the character 爾 was appropriated to the colloquial pronoun, and 爾 retained for the reading sound. In Peking 恁納 'nin na' is used respectfully for *you.* Premare says 恁 'jen is used. The dictionary 五方元音 gives 'nin, and this is corroborated by the pronunciation of native speakers.

The old book words for the third person 伊 ,i and 其 .k'i, are much used in the south eastern dialects. At Canton 渠 ,kui is employed. In the higher colloquial mandarin dialect .k'i (c'hi) is common, as in 有其生必有其死 'yeu .k'i ,sheng pih 'yeu .k'i 'sï, *what has life must also die;* 凡其所有 .fan .k'i 'sho 'yeu, *all that he has;* 恐其不能 'kung .k'i puh .neng, *I fear lest he cannot.*

There are several other suffixes for the plural occasionally made use of. They are 儕 .c'hai, 等 'teng, 曹 .t'sau. These words are used in letters, and in official proclamations, but are not heard in conversation.

The personal pronouns form like substantives, a possessive case with 的 tih, rendering possessive pronouns unnecessary; 我們的本子比你的清楚 'wo .men tih 'pen 'tsï 'pi 'ni tih ,t'sing 'c'hu, *our volume is more clearly printed than yours;* 彷彿我的一樣模樣 'fang fuh 'wo tih yih yang' .mu yang', *it is like mine;* 俺的馬不快 'ngan tih 'ma puh k'wai', *my horse is not swift.* For tih the book particle, 之 ,chï is sometimes used, but only in the .wen 'li 文理 colloquial; e. g. 我之說好卽在讀書 'wo ,chï shwoh 'hau tsih tsai' tuh ,shu, *what I say I like is a scholar's life;* 非我之事我不要管他 ,fei 'wo ,chï shï' 'wo puh yau' 'kwan ,t'a, *it is not my affair and I do not wish to interfere with him.*

The case particles employed with substantives, are used in the same manner with pronouns, as in 當他面前 ,tang ,t'a mien' .t'sien, *before his face;* 不要向我哭 puh yau' hiang' 'wo k'uh, *do not come weeping to me;* 你和他說明 'ni .ho ,t'a shwoh .ming, *tell him plainly.*

When the prepositions signifying *to* and *from* are applied to the personal pronouns, some word is appended to denote place. 我從他那裡來 'wo .t'sung ,t'a 'na 'li .lai, *I am come from him.*

Reflexive Pronouns.

The reflexive pronoun is 自己 tsï' 'ki, or 自家 tsï' ,kia. Thus 自己錯了主意 tsï' 'ki t'so' 'liau 'chu i', *you yourself were wrong in your opinion;* 這是我自家的 che' shï' 'wo tsï' ,kia tih, *this is my own:* 自己喫了虧 tsï' 'ki ,c'hï 'liau ,k'wei, *he himself has suffered loss;* 他自家上了檔 ,t'a tsï' ,kia shang' 'liau tang', *he himself has been deceived.* Tsï' ,kia seems to be older than tsï' 'ki. It it common in old mandarin books such as Shui-hu-c'hwen, and the works of Chu-fu-tsï, but tsï ki is now more used.

海上絲綢之路文獻集成 科技與文化編

In fixed phrases, the syntax of which is that of the books, tsï' and 'ki are used alone, as in 自傷身體 tsï' ,shang ,shen 't'i, *he wounded his own body*; 損人利己 'sun .jen li' 'ki, *injuring others to benefit one's-self.*

In the reflexive mood of verbs 自 tsï' is used alone, and is placed before and after the verb. Yet 'ki and ,kia are frequently appended to tsï' in such cases; 自欺自 tsï' ,k'i tsï', *he cheats himself*; 自哄自 tsï' 'hung tsï', *he deceives himself*; 自誇自 tsï' ,k'wa tsï', *boasting of one's-self.*

The reflexive pronoun takes after it the possessive particle tih, and the other case particles, like nouns and other pronouns, but the personal pronouns are usually prefixed; 昨日和你自己說 tsoh jïh .ho 'ni tsï' 'ki shwoh, *yesterday I said it to you yourself.*

The personal pronouns when followed by 的 tih, represent our possessive pronouns. Tih is however merely connective and rhythmical, for it is often omitted. 你的艮心不壞 'ni tih .liang ,sin puh hwai', *you will not lose a good conscience*; 他的丈夫 ,t'a tih chang' ,fu, *his father-in-law*; 我妻家裡有病 'wo ,t'si ,kia (ch) li' 'yeu ping', *my wife is ill*: 我父母年老了 'wo fu' 'mu .nien 'lau 'liau, *my parents are old.*

Demonstrative Pronouns.

The common demonstratives are 這 che', *this*, and 那 na', *that.* When applied to appellative nouns, they are usually followed by numeratives: 這個日子不能彀了 che' ko' jïh 'tsï puh .neng keu' 'liau, *it cannot be done to-day*: 那個人不講情理 na' ko' .jen puh 'kiang .t'sing 'li, *that man does not attend to reason and propriety*; 這個東西叫甚麼 che' ko' ,tung ,si kiau' shen' .mo, *what is this thing called?* 那端道理 na' ,twan tau' 'li, *that doctrine*: 這塊地方 che' k'wei' ti' ,fang, *this place.*

The particle 個 ko' is inserted after the demonstratives before any objects, whether they have a special numeral or not; 這個水鹹的 che' ko' 'shui .hien tih, *this water is salt*; 那個柴船 na' ko' .c'hai .c'hwen, *that wood boat.* Che' and na' are sometimes used without an intervening particle; 這橋堅固 che‘ .k‘iau ,kien ku‘, *this bridge is firm.*

The demonstrative pronouns are understood to be in the plural when they are followed by ,sie; 這些羊 che‘ ,sie .yang, *these sheep;* 那些房子 na‘ ,sie ,fang ’tsï, *those houses.*

These demonstratives are used in forming adverbs of place; e. g. 這裏 che‘ ’li, *here;* 那裏 na‘ ’li, *there;* 這塊兒 che‘ k‘wei‘ .rï, *here, etc.*

The book words 彼此 ,pei ’t‘sï, *that, this,* are used together in the sense of *this and that,* as in 兩國彼此相爭 ’liang kwoh ,pei ’t‘sï ,siang ,cheng, *the two countries this and that contended together;* 說此道彼 shwoh ’t‘sï tau‘, pei, *he spoke of this and that;* 至此至彼 chï‘ ’t‘sï chï‘ ,pei, *to this place and that.* T‘sï, is also used in 此地 ’t‘sï ti‘, *here;* and in 豈有此理 ’k‘i ’yeu ’t‘sï ’li, *how can this be?*

The old form of 這 che‘, was 者 ’che; K‘ang-hi quoting the 增韻 says "者箇 ’che ko‘ in all cases may stand for 此個 ’t‘sï ko‘, *this.* Instead of it 這 che‘ is now commonly written."

Interrogative Pronouns.

The interrogative pronouns are numerous. They are 誰 .shui, *who?* 誰的 .shui tih, *whose?* 那個 ’na ko‘, *which?* 何 .ho, 甚麼 shen‘ .mo, 什麼 shïh .mo, 啥 sha‘, *what?* Also 怎 ’tsen in the adverb, 怎麼樣 ’tsen .mo yang‘, *how?* .Shui is a substantive pronoun, while the rest take a noun after them. Shui also occasionally takes a noun to follow it: 敲門的是誰 ’k‘iau .men tih shï‘ .shui, *who knocks at the door?* 誰來 .shui .lai, *who comes?* 誰人 .shui .jen, *what man?* 那牌樓是誰的 na‘ .p‘ai .leu shï‘ .shui tih, *whose is that monumental arch?* 那 ’na, *which?* is sometimes followed by 個 ko‘, which is really a numeral particle. It is read ’no, but in colloquial usage it retains its old vowel *a.* So 拿 .na, the verb *to bring,* in extensive colloquial use, has also through that circumstance kept the old vowel. 何 .ho, an old word for *what,* is used occasionally, but it is not purely colloquial. Persons who affect a 文理 .wen ’li, (literary) style sometimes employ ho. It is also found in some common phrases; 無奈之何 .wu nai' ,chï .ho, *there was nothing which could be done.*

甚麽 shen' .mo, *what?* The old sound was jim' .ma, hence 恁 jim' is used in some old books. The old sound of 什 shïh was jep. Premare gives examples of shen' without .mo, as in 不敢道他甚的 puh 'kan tau' ,t'a shen' tih, *I do not dare to say anything to him;* 干你甚的事 ,kan 'ni shen' tih shï', *what does it matter to you?* It is more common to use mo. The omission has the air of a literary affectation.

The word 麽 .mo, is sometimes to be regarded as by itself constituting a pronoun *what?* for it is so used in parts of the metropolitan province and of Shantung, where it is called .ma. In other cases it appears to mean *mode,* and is used only for rhythmical purposes, as in 這麽樣 che' .mo yang', *in this way;* 怎麽 'tsen .mo, *how?* 那麽樣 na' .mo yang', *in that mode;* 這麽 che' .mo, *in this way;* 怎麽樣 'tsen .mo yang', *in what way?*

The comparison of 怎 'tsen (old sound 'tsim) with che' and na', in expressions such as the preceding seems to require that it should be called a pronoun. In native dictionaries it is explained 何 .ho, *what?* It answers to quo in quomodo *how,* when 樣 yang' *mode,* follows it. In Kiang-nan na' 那 is used for 怎 'tsen. It is spelt 'tseng by Premare, and is so pronounced in some parts. But 'tsen is more correct. Some other words in en are also variable in sound; e. g. 肯 豤 'k'eng or k'en, 參 ,shen or seng (old sound shim).

'Ki 幾 *several, how many?* one of the indefinite pronouns, is also used interrogatively, as in 幾時 'ki .shï, *at what time?* 幾個天 'ki ko' ,t'ien, *how many days?*

The phrase 多少 ,to 'shau, compounded of two adjectives *many, few,* also asks the question *how many?* When in an indicative sentence the derived use of these words is readily understood, as in 沒說多少 muh shwoh ,to 'shau, *he has not said if they are many or few,* i. e. *how many.* The interrogative use may have grown out of this.

T

Relative Pronouns.

The interrogative pronouns become relative in the answers to the questions which they ask, as in the following cases. 他是誰 ,t'a shï' .shui, *who is he?* 不曉得是誰 puh 'hiau teh shï' .shui, *I do not know who he is;* 偷東西的是那個 ,t'eu ,tung ,si tih shï' 'na ko', *which is the one that stole?* 沒知道是那個 muh ,chï tau' shï' 'na ko', *I do not know which it is;* 這個魚什麼名 che' ko' .ü shen' .mo .ming, *what is the name of this fish?* 叫不出甚麼名 kiau' puh c'huh shen' .mo .ming, *I cannot tell what is its name;* 甚麼價錢 shen' .mo kia' .t'sien, *what is its price?* 不値甚麼錢 puh ch'ïh shen' .mo .t'sien, *it costs nothing;* 怎樣解說 'tsen yang' 'kiai shwoh, *in what way is it to be explained?* 說不來怎樣解說 shwoh puh .lai 'tsen yang' 'kiai shwoh, *I cannot say in what way it is to be explained;* 幾時開花 'ki .shï ,k'ai ,hwa, *when does it flower?* 不知是三月裡還是幾時 puh ,chï shï' ,san yuèh 'li .hwan shï' 'ki .shï, *I do not know if it is in the third month or when it is;* 那一夥人裡頭有幾個進學的 'na yih 'ho .jen 'li .t'eu 'yeu 'ki ko' tsin' hioh tih, *in that company of men how many bachelors of arts are there?* 未知淸楚有幾個進學的 wei' ,chï ,t'sing ,c'hu 'yeu 'ki ko' tsin' hioh tih, *I do not know exactly how many bachelors of arts there are;* 有多少轎夫在 'yeu ,to 'shau kiau' ,fu tsai', *how many chair-bearers are there at hand?* 沒有問多少 muh 'yeu wen' ,to 'shau, *I have not asked how many there are;* 來了幾個人 .lai 'liau 'ki ko' .jen, *how many persons have come?* 不知有幾個 puh ,chï 'yeu 'ki ko', *I do not know what number.*

Where we use a relative pronoun agreeing with the nominative of a verb to express an actor, it is only necessary to use a verb with its object followed by tih. Tih represents the particle 者 che' of the book style. The latter word though found in some of the south eastern dialects, as in that of Chang-cheu in Fuh-kien, does not occur in the conversation of the north except in quotations.

It will be seen in the ensuing examples, that tih is also found in the absence of 所 'sho or 'so, the word which regularly introduces a relative clause. Thus in 你剛纔說的法子有趣 'ni ,kang .t'sai shwoh tih fah 'tsï 'yeu t'sü', *the method which you just proposed is good,* 的 tih is the only particle to mark the relative clause. This is in fact an extension of its possessive force, as the modern representation of the genitive particle 之 ,chï. The relative clause in a Chinese sentence has a fixed position, which allows of 所 'so being dropped without rendering the sentence indistinct. Such a clause is in fact a prolonged compound noun in the possessive case, including a verb with its object. 古人說爲善者天降之百祥 'ku .jen shwoh .wei shan' 'che ,t'ien kiang' ,che peh .t'siang, *the ancients said, that on those who acted well heaven would send down many blessings.* In mandarin this quotation would be, 大凡人爲善的天要給他多多的福氣 ta' .fan jen .wei shan' tih ,t'ien yau' 'kei ,t'a ,to ,to tih fuh 'k'i. The sentence 無不臣者 .wu puh .c'hen 'che, would be in mandarin 沒有不做官的 muh 'yeu puh tso' ,kwan tih, *there were none who did not take office.* The old 我之懷矣 'wo ,chï .hwai .i, *my thoughts,* would be in colloquial 我的思想 'wo tih ,sï 'siang.

Further examples are such as 有錢的不肯開消 'yeu .t'sien tih puh 'k'en ,k'ai ,siau, *those who have money are unwilling to spend it;* 吃房錢的人家 c'hïh .fang .t'sien tih jen ,kia (chia), *those persons who live on house property;* 有地土的 'yeu ti' 't'u tih, *those who have land;* 講學問的要笑他 'kiang hioh .wen tih yau' siau' ,t'a, *those who have learning will laugh at him;* 來的是甚麼人 .lai tih shï' shen' .mo .jen, *who is he that has come?*

The book particle 所 'sho ('so), often introduces a relative clause after the subject of a proposition. 我所造的房子是堅固的 'wo 'sho tsau' tih .fang 'tsï shï' ,kien ku' tih, *the house which I have built is strong;* 他所爲的事情 ,t'a 'sho .wei tih shï' .t'sing, *that which he has done.*

In all such sentences 'so may be omitted, as in 他寫的文章不精工 ,t'a 'sié tih .wen ,chang puh ,tsing ,kung, *the essays which he has written are not good compositions.*

'Sho 所 is also used in some common expressions in combination with other words; e. g. 公所 ,kung 'sho, *a public place;* 所在 'sho tsai', *a place;* 所以 'sho 'i, *therefore.* A .wen 'li phrase often used, is 住在何所 chu' tsai' .ho 'sho, *where do you live?* Another is 他都是仁義所爲 ,t'a ,tu shï' .jen i' 'sho .wei, *all his actions are just and benevolent.* Other phrases readily understood in conversation, are such as 無所不在 .wu 'sho puh tsai', *there is no place in which he is not;* 無所不爲 .wu 'sho puh .wei, *there is nothing he does not do.*

Distributive Pronouns.

The words 各 koh, 逐 chuh, 每 'mei, *every, each,* are used as distributive pronouns. 各人有各主意 koh .jen 'yeu koh 'chu i', *each man has his own opinion;* 各國有各國的話 koh kwoh 'yeu koh kwoh tih hwa', *each kingdom has its own language;* 各有各樣 koh 'yeu koh yang', *every man has his peculiarities;* 各人管自己 koh jen 'kwan tsï' 'ki, *each man attends to himself;* 逐條事不順心 chuh .t'iau shï' puh shun' ,sin, *each of these things failed to please him;* 那奸臣的事逐一調奏皇上 na' ,kien .c'hen tih shï' chuh yih ,t'iau tseu' .hwang shang', *that traitorous mandarin's affair was reported in every particular to the emperor;* 每條當開在紙上 'mei .t'iau ,tang ,k'ai tsai' 'chï shang', *each particular ought to be written out on paper;* 逐一辨明 chuh yih pien' .ming, *let each matter be clearly explained;* 每年出門一次 'mei .nien c'huh .men yih t'sï', *every year I go out once;* 每樣存好心 'mei yang' ,t'sun 'hau ,sin, *in every thing keep a good conscience.* Koh, also has the meaning *all.* Chuh, means *each in succession.* 'Mei, repeated denotes *always.*

The numerals when repeated take a distributive sense, as in 條條有理 .t'iau .t'iau 'yeu 'li, *each statement is reasonable;* 層層擺開 .t'seng .t'seng 'pai ,k'ai, *they were placed in heaps one above another.*

海上絲綢之路文獻集成 科技與文化編

Indefinite Pronouns.

'Meu means *some person* or *thing*. In negative sentences, and those having an interrogative particle, shen' .mo and shïh .mo, are used in the sense of *any person*, or *thing*. 某位醫生 'mei wei' ,i ,sheng, *a certain physician;* 有某樁事情 'yeu 'mei ,chwang shï' .t'sing, *there is some matter;* 沒甚麽空房子 muh shen' .mo ,k'ung .fang 'tsï, *there is no empty house;* 有甚麽信來呢 'yeu shen' .mo sin' .lai .ni, *has any letter come?* 不出產甚麽 puh c'huh 'c'han shen' .mo, *it does not produce anything;* 不差什麽 puh ,c'ha shïh .mo, *there is no great mistake;* 買甚麽吃嗑呢 'mai shen' .mo c'hïh hoh .ni, *have you bought anything to eat?* 想甚麽做甚麽 'siang shen' .mo tso' shen' .mo, *if he thinks of anything he does it.*

Several and the plural of *some*, are translated by 幾 'ki. 有幾個壽數長的老前輩來 'yeu 'ki ko' sheu' shu' .c'hang tih 'lau .t'sien pei' .lai, *several aged persons came;* 有幾科老樹木在那裡 'yeu 'ki ,k'u 'lau shu' muh tsai' na' 'li, *there are some old trees there.*

Anything is also expressed by 些 ,sie, *a little*. This particle has already occurred as forming a plural to the demonstratives che' and na', and in the comparison of adjectives, as expressing a weak superiority. 生意沒些鬧熱 ,sheng i' .mei ,sie nau' jèh, *trade is not brisk;* 有些吃沒有 'yeu ,sie c'hïh muh 'yeu, *is there anything to eat or not?* 掛在墻上有些畫兒 kwa' tsai' .t'siang shang' 'yeu ,sie hwa' .rï, *on the wall hang some pictures;* 躭擱些日子 ,tan koh ,sie jïh 'tsï, *waited a few days.*

This use of the word ,sie is also found exemplified in the phrase 好些 'hau ,sie, *many*, when in agreement with the subject of a proposition. The same words are translated *a little better*, when they form the predicate of some noun, as in 今日好些兒 ,kin jïh 'hau ,sie .rï, *to-day I am better*. ,Sie also follows 多 ,tu, as in 買得不多些兒 'mai teh puh ,tu ,sie .rï, *I have not bought much.*

A very little, is expressed by 一些 yih ,sie or yih ,sie .rï, as in 一些兒影踪也没有 yih ,sie .rï 'ying ,tsung 'ye muh

海上絲綢之路文獻集成　科技與文化編

'yeu, *there is not the least trace of it;* 有一些兒粗魯的形狀 'yeu yih ,sie .rï ,t'su 'lu tih .hing chwang', *there is a little appearance of vulgarity in him.*

,Sie also follows verbs in the sense *some, a little,* with or without one of the interrogative relatives. 他聽見些個風聲 ,t'a ,t'ing kien' ,sie ko' ,fung (feng) ,sheng, *he heard some little rumour of it;* 他養些個金魚在鋼裡 ,t'a yang' ,sie ko' ,kin .ü tsai' ,kang 'li, *he kept some gold-fish in a basin;* 他做些甚麼糊裡糊塗的事情 ,t'a tso' ,sie shen' .mo .hu .li .hu .t'u tih shï' .t'sing, *he did some foolish thing.*

Adjective Pronouns.

The most common adjective pronouns used in the sense of *all,* are 都 ,tu, 全 .t'siuen, 皆 ,kiai. They form the plural of substantives as already explained. The substantive to which they belong forms the subject, while they themselves introduce the predicate. 人都曉得 .jen ,tu 'hiau (s) teh, *men all know it;* 我想皆是一心 'wo 'siang ,kiai shï' yih ,sin, *I think they are all of one mind;* 一家全被害 yih ,kia (ch) .t'siuen pei' hai', *the whole family suffered;* 我們都不怕他 'wo .men ,tu puh p'a' ,t'a, *we do not fear them.*

Words less often used in conversation, are 俱 kü', 凡 .fan, 俱皆 kü' ,kiai, and 槪 kai', *all.* 天下人俱是一理 ,t'ien hia' .jen kü' shï' yih 'li, *all men are one as to their moral principles;* 人槪知有善報惡報 .jen kai' ,chï 'yeu shan' pau' ngoh pau', *men all know that there is retribution for virtue and vice.*

There are several words meaning *all,* which are used in addressing persons, and before their noun or a numeral; such are 諸 ,chu, 各 koh, 例 lièh, 衆 'chung. Lièh, means *arranged in order;* 諸位 ,chu wei', *gentlemen!* 衆弟兄 chung' ti' ,hiung (s), *brothers!*

The *whole number, in all,* are expressed by 大統 ta' ,t'ung, 攏總 'lung 'tsung, 共總 kung' 'tsung, 共統 kung' ,t'ung, 統共 ,t'ung kung', 統同 ,t'ung .t'ung, 統衆 ,t'ung chung', 一槪 yih kai', 一總 yih 'tsung, 一統 yih ,t'ung, 一共 yih kung', 一切 yih t'sièh, 一齊 yih .t'si. The pronouns 都 ,tu, 全 .t'siuen, are sometimes used after these forms; 一總都是這樣 yih 'tsung ,tu shï' che' yang', *the whole of them are so*, but they are also often used themselves as indefinite pronouns.

The sense *whoever, whatever*, is expressed by 凡 .fan, *all;* 大凡 ta' .fan, *in general;* 大概 ta' kai', 大都 ta' ,tu, 大率 ta' shwai', 大抵 ta' ,ti, all meaning *upon the whole, in general.* 大抵人心之所好功名富貴而已 ta' ,ti .jen ,sin ,chï 'sho 'hau ,kung .ming fu' kwei' .rï 'i, *generally speaking men's minds are fond of literary reputation riches and honour, and these alone;* 大凡沒有這條理 ta' .fan muh 'yeu che' .t'iau 'li, *among mankind generally this doctrine does not exist;* 凡人生的容貌須要端方 .fan .jen ,sheng tih .yung .mau ,sü yau' ,twan ,fang, *all men in their behaviour should be correct.* The phrases .fan, ta' .fan, and ta' kai' are colloquial. The others more properly belong to the book style, but are sometimes heard in conversation.

The verbal phrases 不拘 puh ,kü, *not restraining, not limiting;* 不論 puh .lun, *without considering;* 隨便 .sui pien', or 隨意 .sui i', *as you please, according to your convenience*, are used in the sense *whatever*, in conjunction with an interrogative pronoun following. The interrogative pronoun then becomes relative: 不拘是誰 puh ,kü shï' .shui, *whoever it may be;* 隨便甚麽時候 .sui pien' shen' .mo shï' heu', *at whatever time;* 不論何人何事 puh lun' .ho .jen .ho shï', *whatever man or matter it be;* 不拘多少 puh ,kü ,tu 'shau, *however many there be;* 隨意甚麽地方 .sui i' shen' .mo ti' ,fang, *at whatever place.*

Other, another are expressed by 別 pièh, with or without a substantive. When the noun is not used ko' or tih is found instead; 不用這人要叫別的 puh yung' che' .jen yau, kiau' pièh tih, *do not use that man but call another;* 有別人 'yeu pièh .jen, *there are others;* 別位先生 pièh wei' ,sien ,sheng, *other teachers;* 別様的飛鳥 pièh yang' tih ,fei 'niau, *another kind of birds;* 有別個解說 'yeu pièh ko' 'kiai shwoh, *there is another explanation.*

Another mode of giving the same sense is by the use of 另 ling' and 又 yeu', followed by the substantive verb. 另是一個道理 ling' shï' yih ko' tau' 'li, *that is another matter;* 又是一個人 yeu' shï' yih ko' .jen, *that is another man;* 另一個日子再來 ling' yih ko' jïh 'tsï tsai' .lai, the equivalent to 改日再來 'kai jïh tsai' .lai, *on another day I will come again.*

,Tan, *single,* and tuh, *alone,* are used in an adjective and pronominal sense, as in 獨個子 tuh ko' 'tsï, *a person alone;* 獨自一人 tuh tsï' yih .jen, *one by himself;* 你單個子來 'ni ,tan ko' tsï' .lai, *are you come alone?* 獨個子住在山上 tuh ko' 'tsï chu' tsai' ,shan shang', *he lives alone on a hill.* Yih ko' 'tsï 一個子, *a person, alone, without family, without companions.* In Kiang-nan 干 ,kan is used for 個 ko'.

Kièh, 孑 *alone,* and 孤 ,ku, *single,* are used in some phrases, as in 孑身一人 kièh ,shen yih .jen, *a man alone;* 孤身一人 ,ku ,shen yih .jen, *a man alone;* 孤孤單單 ,ku ,ku ,tan ,tan, *solitary.*

Substitutes for Pronouns.

The adjectives used in place of pronouns are numerous. For the personal pronouns *I* and *thou,* there are in use phrases such as 老夫 'lau ,fu, 小弟 'siau ti', *I;* 老兄 'lau ,hiung, 大哥 ta' ,ko, 哥哥 ,ko ,ko, 大兄 ta' ,hiung, 台兄 ,t'ai ,hiung, 仁兄 .jen ,hiung *(benevolent brother),* 賢兄 .hien (wise) ,hiung, *thou.*

As demonstratives should be noticed, 本 'pen, *original, belonging to this place;* 今 ,kin (ch), *the present.* 'Pen, means *this,* usually in reference to place, and ,kin *this,* in regard to time. 本地人 'pen ti' .jen, *native of this place;* 本國話 'pen kweh hwa', *the language of this country;* 本朝打扮 'pen .c'hau ta' ,pan, *the costume of the present dynasty;* 他是本官府 ,t'a shï' 'pen ,kwan ,fu, *he is the magistrate of this place;* 今天 ,kin ,t'ien, *this day;* 今年 ,kin .nien, *this year.*

海上絲綢之路文獻集成 科技與文化編

漢語官話口語語法

For the reflexive pronoun self, 親 ,t'sin, *own, my own*, is much used. 親手 ,t'sin 'sheu, *with my own hand*; 親眼看見 ,t'sin 'yen k'an' kien', *with my own eyes I saw it*; 親口吩咐 ,t'sin 'k'eu ,fen ,fu, *he commanded with his own lips*.

For the interrogative *how many?* 多少 ,to 'shau, *many, few*, are used in combination. ,To is used also in 'ki ,to, *how many?*

For the possessive *my*, the adjectives used are depreciating. They are 賤 tsien', *cheap, poor*; 寒 .han, *cold*; 敝 pi', *spoilt, vulgar*; 小 'siau, *small*; 草 't'sau, *coarse*. 賤姓 tsien' sing', *my poor family name*; 賤名 tsien' .ming, 賤字 tsien' tsï', *my name*; 敝姓 pi' sing', *my family name*; 敝名 pi' .ming, *my proper name*; 敝處 pi' c'hu', 敝地 pi' ti', 敝鄉 pi' ,hiang, *my native place*; 寒舍 .han she', 寒家 .han ,kia, 寒門 .han .men, *my home*; 寒荊 .han ,king (thorn), *my wife*; 小名 'siau .ming, *my name*; 小兒 'siau .rï, *my son*; 小犬 'siau 'k'iuen *(small dog), my son*; 小孫 'siau ,sun, *my grandson*; 小徒 'siau .t'u *(your little scholar), I*; 草字 't'sau tsï', *my name*; 草名 't'sau .ming, *my name*; 賤夫人 tsien' ,fu .jen, *my wife*; 賤內 tsien' nui' (nei'), *my wife*.

The words 舍 she', *cottage*; and 家 ,kia, *family*, are also used for *my, our*. 舍弟 she' ti', *my younger brother*; 舍姪 she' chïh, *my nephew*; 舍妹 she' mei', *my younger sister*; 舍親 she' ,t'sin, *my relations*: 舍生 she' ,sheng, 舍徒 she' .t'u, *my scholar*: 家父 ,kia fu', *my father*; 家兄 ,kia ,hiung, *my elder brother*: 家嫂 ,kia sau', *my elder brother's wife*; 家姐 ,kia ,tsie, *my elder sister*; 家叔 ,kia shuh, *my father's elder brother*.

For the second possessive *thy, your*, several words expressive of respect are employed. They are 貴 kwei'; 尊 ,tsun, *honourable*; 高 ,kau, *high*; 令 ling', *good, honoured*; 老 'lau, *old*; 大 ta', *great*: 貴府 kwei' 'fu *(palace), your house*; 貴體 kwei' 't'i, *your body*; 貴處 kwei' c'hu', 貴地 kwei' ti', *your native place*; 貴姓 kwei' sing', *what is your family name?* 貴庚 kwei' ,keng *(watch), your age*; 貴國 kwei' kwoh, *your country*; 尊姓 ,tsun sing', *your family name*; 尊庚 ,tsun ,keng, *your age*; 尊

字 ,tsun tsï‘, *your name;* 高姓 ,kau sing‘, *your family name;* 高壽 ,kau sheu‘, *your age;* 高名 ,kau .ming, *your name;* 令正 ling‘ cheng‘, *your wife;* 令尊 ling‘ ,tsun, *your father;* 令郎 ling‘ .lang, *your son;* 令堂 ling‘ .t‘ang, *your mother;* 令公 ling‘ ,kung, *your son;* 令女 ling‘ ’nü, 令愛 ling‘ ngai‘, *your daughter;* 令少爺 ling‘ ’shau .ye, *your son* (of persons styled ’lau .ye); 令婆婆 ling‘ .p‘o .p‘o, *your grandmother;* 大名 ta‘ .ming, *your name;* 大號 ta‘ hau‘, *your literary name.* So also 台 ,t‘ai, *high, honoured,* is used in 台名 ,t‘ai .ming, *your name;* 台號 ,t‘ai hau‘, *your literary name.*

’Pau 寶 *valuable,* is used in conjunction with some nouns, as in 寶行 ’pau .hang, *your shop;* 寶舟 ’pau ,cheu, *your boat;* 寶號 ’pau hau‘, *the name of your shop.*

Shang‘ 上 *upper,* and 下 hia‘, *lower,* are used in several compounds as possessive and personal pronouns, as in 府上 ’fu shang‘, *your house;* 台上 ,t‘ai shang‘, *you.* 舍下 she‘ hia‘, *my cottage (house);* 閣下 koh hia‘, *you (under your pavilion);* 台下 ,t‘ai hia‘, *you (under your elevation);* 足下 tsoh hia‘, *you (under your feet).*

CHAPTER VIII.

On the Verb.

Verbs are simple or compound. The former are single words, such as 裱 ’piau, *to mount on rollers;* 刻 k‘eh, *to engrave;* 呑 ,tun, *to swallow;* 順 shun‘, *to submit.* The verbs in the following phrases are examples of simple verbs; 幾時動工 ’ki .shï tung‘ ,kung, *when do you begin to work?* 開學堂 ,k‘ai hioh .t‘ang, *to open a school.*

Formation of Compounds.

Co-ordinates.

Verbs alike or co-ordinate in meaning are placed together in an order determined by custom. 化銷 hwa‘ ’siau, *to waste money;* 應酬 ying‘ .c‘heu, *to return favours; to entertain friends;* 起居動靜 ’k‘i ,kü tung‘ tsing‘, *to rise; remain; move and rest;* i. e.

海上絲綢之路文獻集成 科技與文化编

actions generally; 調換 tiau' hwan', *to exchange;* 孝順 hiau' shun', *to be filial and compliant;* 觀看 ,kwan k'an', *to look at carefully;* 逍遙 ,siau ,yau, *to be self-composed;* 違逆 'wei nih (i), *to disobey;* 憂思恐懼 'yeu ,sï 'k'ung kü', *to grieve, ponder, and fear;* 觀看瞧猜試 ,kwan k'an' .t'siau ,t'sai shï', *to look at, gaze upon, conjecture about and make trial of;* 逸游 ih ,yeu, *to wander about at leisure;* 講習討論 'kiang sih 't'au lun', *to study, practise and discuss;* 欺騙 ,k'i p'ien', *to deceive;* 凌辱 .ling juh, *to treat contemptuously.*

In some combinations the order is variable, as in 恨怨 hen' yuen', or yuen' hen', *to dislike, hate.*

Some words have a tendency to stand first or last, as 欺 ,k'i, *to deceive;* in 欺瞞 ,k'i .man, *to deceive and conceal from;* 欺負 ,k'i fu', *to cheat and injure;* 欺哄 ,k'i hung', *to cheat.*

When a verb is the object of another transitive verb, the latter precedes: 討厭 't'au yen', *to provoke dislike;* 怕羞恥 p'a' ,sieu 'c'hï, *to fear doing what is shameful;* 奏銷 tseu' ,siau, *to report the government expenditure;* 領教 'ling kiau', *to receive instruction.*

To this heading may also be referred many expressions containing 打 'ta, *to beat, to practise,* as 打仗 'ta chang', *to fight;* 打算 'ta swan', *to meditate; to plan;* 打疊 'ta tieh, *to raise in layers;* 打探 'ta t'an', *to investigate;* 打磕睡 'ta k'oh shui', *to sleep while sitting;* 打把事 'ta ,pa shï', *to live by one's wits.* That 'ta governs the latter word in all these cases, and is not coordinate with it, seems probable because it governs kièh, *a knot,* in 打結 'ta kièh, *to tie.* For we hear 打兩個結 'ta 'liang ko' kièh, *tie two knots.* It is also used in a transitive manner, 不會打算盤 puh hwei' 'ta swan' .p'an, *he cannot use the counting board;* 打舒身 'ta 'shu ,shen, *to stretch one's body.* Here also may be placed phrases formed by 可 'k'o, *may,* and another verb, as 可怕 'k'o p'a', *formidable;* where as will be shewn 可 'k'o, becomes a mood particle.

Verbs placed together, two or three in number, may be all ex-

海上絲綢之路文獻集成　科技與文化編

pressive of motions, or of actions without motion, or of both these combined. When motion is an element in each verb, the order in which they stand is that of priority in time. 走上來 'tseu shang' .lai, *they walked up*; 跪拜 kwei' pai', *to kneel and bow*; 擺倒 'pai 'tau, *to shake and overturn*; 跑去 .p'au k'ü', *go (running)*; 走來 'tseu .lai, *(walking) come*; 拿去 .na k'ü', *take away.*

When the verbs do not contain the idea of time, they often stand in the relation of species and genus, the former as in the case of substantives standing first. 謄寫 .t'eng 'sie, *to write out a fair copy*; 抄寫 ,c'hau 'sie, *to copy*; 護送 hu' sung', *to escort for protection*; 解送 kiai' sung', *to escort as a criminal*; 押送 yah sung', *to escort as a prisoner*; 拜望 pai' wang', *to visit on ceremony*; 弔望 tiau' wang', *a visit to console mourners*; 仰望 .yang wang', *to look up to and expect*; 指教 'chï kiau', *to instruct by giving directions*; 訓教 hiün' kiau', *to give instruction*; 生養 ,sheng yang', *to bear, produce*; 供養 kung' yang', *to give presents to and support*; 培養 .p'ei yang', *to attend to and bring up*; 定做 ting' tso', *to make to order*; 保做 'pau tso', *to make goods by contract.*

When one of two or three verbs in a compound expresses action or the action beginning, and another time or the action concluded, the latter stands last. 添補 ,t'ien 'pu, *to add and make complete*; 殺上來 shah shang' .lai, *they came on fighting*; 請坐 't'sing tso', *please sit down*; 請起 't'sing 'k'i, *please to rise*; 點化 'tien hwa', *to reform by instruction*; 跌死 tièh 'sï, *he has fallen down and killed himself*; 去過 k'ü' kwo', *I have gone there.* To these examples may be added compounds formed with 弄 lung', as 弄殺 lung' shah, *to kill*; 弄倒 lung' 'tau, *to overturn*; 弄壞 lung' hwai', *to meddle with and injure*; 燒焦 ,shau ,tsiau, *to boil a thing till it is burnt.*

An intimation of an action precedes the action, 我要說句話 'ngo ('wo) yau' shwoh kü' hwa', *I am going to say something*; 不要說話 puh yau' shwoh hwa', *do not speak.*

Auxiliary words.

Groups of two.

Auxiliary words are such as losing their own independent character and governing power, are applied to limit other words in their action or signification. When two verbs stand together, one being the principal word (and usually transitive), and the other auxiliary (and intransitive), the former precedes. Examples of auxiliaries which limit the verb to a single act of perception will be first given.

得 teh, *to get*, or 的 tih are joined to a few simple verbs, as 曉得 'hiau (s) teh, *to know; be aware of;* 記得 ki' teh, *to remember;* 聽得 ,t'ing teh, *to hear of;* 懂的 'tung tih, *I understand.*

見 kien', *to perceive*, often expresses instantaneous meeting, and separate acts of perception, as in 遇見 ü' kien', *to meet;* 聞見 .wen kien', *to hear of:* 逢見 .fung kien', *to meet with.*

着 choh is employed more extensively than the preceding words, being used in expressing single actions generally, as in 記着 ki' choh, *to remember;* 打着 'ta choh, *to strike;* 想着 'siang choh, *to think of;* 踢着 t'ih choh, *to kick;* 睡着 shui' choh, *to go to sleep;* 站着 chan' choh, *to stand.*

得 teh, is also occasionally employed to express the limited possibility of an action, as in 使得 shï' teh, *it may be done;* 做得 tso' teh, *it may be done.* The best test for judging if a verb following another is co-ordinate or auxiliary, is to observe if it will bear the insertion before it of teh 得 or puh 不. If not it should be considered as co-ordinate. Thus 使不得 shï' puh teh, *it ought not to be done.* This test fails in a very few cases, as in that of 曉得 'hiau teh, which admits no intermediate word.

Some auxiliaries give direction to the action of the verb. The verbs employed for this purpose, are such as 上 shang', *to go up;* 過 kwo', *to pass;* 上 shang', *to pass; above; on; superior;* 搬上 ,pan shang', *to remove upwards;* 補上 'pu shang', *to mend; to complete;* 稞上 to' shang', *to pile up;* 擺上 'pai shang', *to put on in order;* 縫上 .fung shang', *to sew on.* 下 hia', *below; to go below; inferior;* 拉下 ,la hia', *to draw down;* 留下 .lieu hia‘, *to leave behind;* 捨下 'she hia‘, *to throw away;* 許下 'hü hia‘, *promised;* 存下 .t‘sun hia‘, *to leave in a place.*

過 kwo‘, *to pass by; past;* 走過 'tseu kwo‘, *to walk by;* 搖過 .yau kwo‘, *to scull past;* 飛過 ,fei kwo‘, *to fly past.*

進 tsin‘, *to enter;* 殺進 shah tsin‘, *to fight one's way in;* 收進 ,sheu tsin‘, *to receive inside.*

出 c‘huh, *to go out;* 拿出 .na c‘huh, *to bring out;* 流出 .lieu c‘huh, *to flow out;* 逃出 .t‘au c‘huh, *to run away from.*

轉 'chwen, *to turn; to turn round;* 迴轉 .hwei 'chwen, *to turn back;* 翻轉 'fan 'chwen, *to turn over;* 拉轉 ,la 'chwen, *to pull round.*

前 .t‘sien, *before; front;* an adverb or adjective is used in the same manner as the preceding verbs. So also 後 heu‘, *after; behind;* e. g. 你跑前我跑後 'ni .p‘au .t‘sien 'wo .p‘au heu‘, *you walk before and I will walk behind;* 退後 t‘ui‘ heu‘, *to go back;* 走前 'tseu .t‘sien, *to advance.* These two words however are less common than 上 shang‘ and 下 hia‘, not being used as verbs when standing alone in the colloquial; whereas 上 and 下 have a full verbal power, as in 上京去了 shang‘ ,king k‘ü‘ 'liau, *he is gone to the capital.*

Some auxiliaries describe the beginning, cessation and completion of an action. The beginning is expressed by 起 'k‘i, *to rise; begin,* which corresponds sometimes to our adverb *up* after verbs, as in 站起 chan‘ 'k‘i, *to stand up;* 做起 tso‘ 'k‘i, *to begin doing;* 搬起 ,pan 'k‘i, *to begin removing.*

The cessation of an action is indicated by 停 .t‘ing, 罷 pa‘, *to stop; cease;* 工夫做停了 ,kung ,fu tso‘ .t‘ing 'liau, *the work is stopped;* 吹罷 ,c‘hui pa‘, *to finish blowing;* 做罷 tso‘ pa‘, *to finish doing.*

Of the words that denote the completion of actions, .wan and shah are colloquial, while tsin‘ and pih are somewhat bookish.

完 .wan, *to end; to finish; complete;* 弄完 lung‘ .wan, *to have done acting;* 講完 'kiang .wan, *to finish speaking.*

煞 shah, *to end;* originally this word is the same with 殺 shah,

漢語官話口語語法

to kill; hence to end; as in 收煞 ,sheu shah, *to end;* 平煞 .p'ing shah, *to pacify completely.*

畢 pih, *to end; separate;* 說畢 shwoh pih, *to finish speaking;* 彈畢 .t'an pih, *to finish harping.*

盡 tsin', *to bring to an end; finish;* 滅盡 mièh tsin', *to finish the destruction of;* 收盡 ,sheu tsin', *to finish gathering in.*

成 .c'heng, *to complete;* 工夫做成 ,kung ,fu tso' .c'heng, *his work is completed.*

到 tau', *to arrive at; to;* as an auxiliary verb and intransitive *to arrive;* 送到 sung' tau', *arrival of presents,* or of an *escort;* 臨到 .lin tau', *to arrive;* 來到 .lai tau', *to come to.*

Other auxiliary words give the idea of collection and separation. 攏 'lung, gives the idea of *collection,* as in 走攏 'tseu 'lung, *to come together;* 并攏 'ping 'lung, *to bring into union.*

開 ,k'ai, *to open,* expresses separation, as in 分開 ,fen ,k'ai, *to separate;* 說開 shwoh ,k'ai, *to converse on a matter and agree to have done it;* 均開 ,kiün ,k'ai, *to divide equally;* 走開 'tseu ,k'ai, *to walk away.*

In some dialects 散 san' is used as an auxiliary of separation or dispersion; in mandarin however, it is only used as a co-ordinate, as in 發散銀錢 fah san' .yin .t'sien, *to give out money;* 離散 .li san', *to leave and separate.*

Words expressive of restraining, resisting, and destruction form another class of auxiliaries. 住 chu', *to dwell at,* adds to the verb the idea of *fixedness or restraint:* 綁住 'pang chu', *to tie up;* 鎖住 'so chu', *to lock up;* 攔住 .lan chu', *to resist; impede;* 管住 'kwan chu', *to govern and restrain;* 靠住 k'au' chu', *to rely upon.*

棹 tiau', common in Nanking mandarin, as an auxiliary to verbs of abandonment and destruction, is seldom used in northern mandarin. 推棹 ,t'ui tiau', *to push away;* 捨棹 'she tiau', *to throw away.*

去 k'ü', *to go;* auxiliary to verbs of driving, resistance, etc. is common in the north: 丟去 ,tieu k'ü', *to throw away;* 棄去

k'i' k'ü', *to throw away;* 推去 ,t'ui k'ü', *to push away.*

死 'sï, *die;* as in 打死 'ta 'sï, *to kill.* 殺 shah, *to kill;* 弄殺 lung' shah, *to kill.* 壞 hwai', *to destroy;* 弄壞 lung' hwai', *to spoil; injure.* 滅 mièh, *to destroy;* 吹滅那個火 ,c'hui mièh na' ko' 'ho, *blow out that light;* 襲滅 sih mièh, *to destroy.*

The foregoing three words completing the action of the preceding verb, might be placed among co-ordinate compounds, but they all admit of the insertion of teh and puh the positive and negative particles, and therefore may be properly classed as here among the auxiliaries of destruction.

Words expressive of excess and superiority form another class. They consist of 過 kwo', 死 'sï, and such as describe victory and defeat. 過 kwo', *to pass; to exceed;* 饅頭發過 .man .t'eu fah kwo', *the bread has risen too much* (of bread-making); 水漲過 'shui chang' kwo', *the water has risen too high;* 太陽晒過 t'ai' .yang ,shai kwo', *it has been sunned too much.* Kwo' qualifies verbs here just as it qualifies adjectives, as in 熟過 shuh kwo', *too ripe.* It points out that there is excess in the action or quality of the noun constituting the subject of the proposition. The verb must be intransitive. Thus a neuter verb and an adjective, in the predicate of a proposition, are the same thing in Chinese grammar.

死 'sï, *to die,* is used figuratively to express the violent effects of actions. 唱死 c'hang' 'sï, *to sing a person to death;* 氣死他 k'i' 'sï ,t'a, *to be violently angry with him.*

贏 ,ying, *to conquer;* 賭贏 'tu ,ying, *to win a game;* 打贏 'ta ,ying, *to win a battle.*

輸 ,shu, *to be defeated;* 賭輸 'tu ,shu, *to lose a game;* 戰輸 chan' ,shu, *to lose a battle.*

勝 sheng', *to conquer;* 殺勝 shah sheng', *to gain a battle;* 爭勝 ,cheng sheng', *to prevail in a dispute.*

敗 pai', *to be defeated;* 殺敗 shah pai', *to be vanquished.*

The decisiveness of an action is expressed by 定 ting', *to fix;* 說定 shwoh ting', *to say decidedly;* 議定 i' ting', *to advise upon and decide;* 安定 ,ngan ting', *to place at rest.*

海上絲綢之路文獻集成 科技與文化編

殺 shah, *to kill; firm; fixed;* 說殺 shwoh shah, *speak decidedly.*

死 'sï, *die; fixed;* 事情講死 shï' ,t'sing 'kiang 'sï, *the thing has been discussed and determined on.* It should be observed that the law of arrangement is the same, whether among auxiliaries or co-ordinates, that substance precedes and accident follows, and that the action which occurs last is last in order.

Substantives are sometimes combined with verbs in groups of two or three words, as 工 ,kung, *work;* in 成工 .c'heng ,kung, *to complete;* 吃飯 c'hïh fan', *to (eat rice) dine,* or *breakfast;* 騎馬 .k'i .ma, *to ride (a horse);* 讀書 tuh ,shu, *to study (books);* 寫字 'sie tsï', *to write (characters).* The proper force of the substantive is lost in these expressions, at least in translation.

To such examples may be added some formed with 有 'yeu and 無 .wu. or 沒 muh, as 有趣兒 'yeu t'sü' .rï, *it is good;* 沒趣 muh t'sü', *it is not good.*

Many adjectives follow verbs to limit the extent of their action, just as is done by the auxiliary verbs already exemplified. 被人看破 pei' .jen k'an' p'o', *he was looked contemptuously on by others;* 走近 'tseu kin' (ch), *to walk near;* 打爛 ta' lan', *to beat to tatters;* 說明 shwoh .ming, *to speak plainly;* 懂透 'tung t'eu', *to understand thoroughly;* 河一定要開深 .ho yih ting' yau' ,k'ai ,shen, *the river must be deepened;* 弄平 lung' .p'ing, *to make smooth;* 打碎 'ta sui', *to break by beating;* 說妥 shwoh 't'o, *to speak decidedly upon;* 擺正 'pai cheng', *to place properly;* 挖空 wah ,k'ung, *to scoop hollow;* 加重 ,kia chung', *to add weight;* 用光 yung' ,kwang, *to use up completely.*

One adjective 好 'hau is used after any verb, in the sense of completion, as 寫好呢 'sie 'hau .ni, *have you finished writing it?*

Some adjectives also precede verbs to decide the *mode* of their action. 橫看竪看 .hung k'an' shu' k'an', *to look at horizontally and perpendicularly;* 正寫 cheng' 'sie, *to write characters in full;* 小寫 'siau 'sie, *to write small characters.*

V

海上絲綢之路文獻集成　科技與文化編

Groups of three and four.

Many three-word groups are formed by the conjunction of an auxiliary of two characters with the principal verb. Thus 完畢 .wan pih, *to finish*, in 做完畢 tso' .wan pih, *to finish doing;* 造成工 tsau' .c'heng ,kung, *to finish building;* 說停當 shwoh t'ing' ,tang, *to speak decisively.*

Some adjectives of two characters combine with verbs, as 講明白 'kiang .ming peh, *to explain clearly;* 做完全 tso' .wan .t'siuen, *to make complete;* 說妥當 shwoh 't'o ,tang, *to speak decisively;* 算清楚 swan' ,t'sing 'c'hu, *to calculate accurately;* 做恰當 tso' k'iah ,tang, *to do it well;* 畢妥當 pih (pei) 't'o ,tang, *to finish safely;* 說仔細 shwoh 'tsï si', *to speak distinctly;* 分均勻 ,fen ,kiün .yün, *to divide equally.*

The words 來 .lai, *come*, and 去 k'ü', *go*, are added at pleasure to the auxiliaries of direction and motion. 飛出來 ,fei c'huh .lai, *to fly out;* 赶進去 ,kan tsin' k'ü', *to drive in;* 回轉來 .hwei 'chwen .lai, *to come back;* 轉回來 'chwen .hwei .lai, *to turn back.*

.Lai 來 is added to auxiliaries expressive of beginning, collection and separation: 謙讓起來 ,k'ien jang' 'k'i .lai, *to yield politely to;* 揚起來 .yang 'k'i .lai, *to spread out;* 坐起來 tso' 'k'i .lai, *to sit down;* 聚攏來 tsü' 'lung .lai, *to collect together;* 散開來 san' ,k'ai .lai, *to separate.*

,Tsiang 將 *about to*, is inserted often between the verb and the suffix 起來 'k'i .lai; as in 站將起來 chan' ,tsiang 'k'i .lai, *to stand up;* 看將起來 k'an' ,tsiang 'k'i .lai, *he began looking.* This usage is not purely colloquial in the north or in Kiang-nan; it is found however in mandarin novels.

Reflexive action is expressed by placing 自 tsï', *self*, before and after the verb, as in 自害自 tsï' hai' tsï', *to injure one's-self.*

'Ki 己 *self*, is sometimes used in place of the second tsï' in four-word phrases, as 自傷己命 tsï' ,shang 'ki ming', *to injure one's own life;* 自損己財 tsï' 'sun 'ki .t'sai, *to lose one's own money;* 自恨己過 tsï' hen' 'ki kwo', *to be grieved at one's own faults.*

Sometimes the second 自 tsï' is omitted entirely in four-word phrases constructed in a literary manner, as in 拔劍自刎 pah kien' tsï' 'wen, *to take a sword and cut off one's head;* 以繩自縊 'i .sheng tsï' yih, *to strangle one's-self with a cord.*

Affirmative and Negative Groups.

Groups such as 說不明 shwoh puh .ming, *you do not say clearly;* 走得出 'tseu teh c'huh, *you can walk out,* we may regard as being originally propositions with a subject, copula, and predicate complete. As they are now used, however, this is scarcely perceptible, and it becomes more convenient to consider them as verb groups or compound verbs.

The principal verb (the subject) stands first, and is followed by 得 teh or 不 puh, for the affirmative and negative respectively (copula). The last word a verb or adjective (predicate), limits in some way the action of the principal verb. Thus in 招不着他 ,chau puh ,chau ,t'a, *I cannot find him,* chau expressing the success of the action ,chau, *to seek,* is put in the negative by means of puh, *not.* When the object ,t'a, *him,* stands last, as in the example, the words preceding form manifestly a compound verb. If as often happens ,t'a is placed second in the sentence, the original character of the verb group as an independent proposition becomes evident.

The nature of the predicate in these groups furnishes a law for their classification. It is predicated of the agent by means of the word 來 .lai, that the action is possible for him (absolute or natural possibility) or the contrary. 寫得來 'sie teh .lai, *he can write characters;* 寫不來 'sie puh .lai, *he cannot write;* 念不來 nien' puh .lai, *he cannot read;* 說不來 shwoh puh .lai, *he cannot speak;* 看不來 k'an' puh .lai, *I cannot cure;* 會不來 hwei' puh .lai, *I cannot do it;* 喊不來 han' puh .lai, *I cannot call out.* The auxiliaries 出來 c'huh .lai, and 上來 shang' .lai, are used in the same sense. 念不上來 nien' puh shang' .lai, *he cannot read;* 看不出來 k'an' puh c'huh .lai, *I cannot see it.*

It is predicated of the agent, that he is in a condition to perform the action or the contrary (limited or moral possibility). The word 起 'k'i, *to rise*, gives this sense. 抬不起 .t'ai puh 'k'i, *we cannot carry it*; 要不起 yau' puh 'k'i, *I cannot venture to ask it*; 賠不起 .p'ei puh 'k'i, *I am not in circumstances to replace it*.

The natural or moral possibility of the action, is also indicated by 去 k'ü', as in 過不去 kwo' puh k'ü', *it cannot pass by*; 說不去 shwoh puh k'ü', *it cannot be said*; 下不去 hia' puh k'ü', *hard to endure*, or *it cannot be done*.

The success of the action, or the contrary, is indicated by 着 choh, 出 c'huh, 見 kien', 了 'liau. Verbs of *striking* and *seeking* take choh (chau); those of *thinking* and *perception* take choh, c'huh and kien'. 掽得着 p'eng' teh choh, *he can be met with*; 看不見 k'an' puh kien', *I do not see it*; 會不見 hwei' puh kien', *I did not meet with him*; 受不了 sheu' puh 'liau, *he failed to receive*; 看不出 k'an' puh c'huh, *I do not see it*; 叫不出 kiau' puh c'huh, *I do not know what to call it*; 賣不了 mai' puh 'liau, *he cannot sell them*.

It is predicated of the action, that it is right or wrong to do it, by 得 teh and 不得 puh teh, as in 去不得 k'ü' (c'hü') puh teh, *you ought not to go*; 聽不得 ,t'ing puh teh, *he ought not to hear it*.

The direction of motion of the action is expressed by the words 出 c'huh, *out*; 進 tsin', *in*; 下 hia', *down*; 去 k'ü', *down*; *away*; 上 shang', *up*; *upon*; 過 kwo', *past*; 轉 'chwen, *turning*; 開 ,k'ai, *away from*. Each of these words predicates of the action that it can or cannot be performed in its own particular direction. 染不上 'jen puh shang', *it will not take a dye upon it*; 脫不下 t'oh puh hia', *I cannot take (this clothing) off*; 戴不上 tai' puh shang', *you cannot put (this hat) on*; 進得去 tsin' teh k'ü', *can enter*; 伸不開 ,shen puh ,k'ai, *I cannot open it out*; 走不轉 'tseu puh 'chwen, *it is not possible to walk round*; 跑不過 .p'au puh kwo', *I cannot walk past him*; 進得進 tsin' teh tsin', *able to enter*; 存不下 .t'sun puh hia', *there re-*

海上絲綢之路文獻集成 科技與文化編

mains not; 上得去 shang' teh k'ü', *it will go up;* 轉不回 'chwen puh .hwei, *not able to turn.*

It is predicated of verbs of motion, resistance, endurance, and destruction, by help of words cognate in meaning, viz. 動 tung', *to move,* 了 'liau, *destroy,* etc. that the action can or cannot take place. 推不動 ,t'ui puh tung', *it will not move for pushing;* 咬得動 'yau teh tung', *moveable by biting;* 站不住 chan' puh chu', *not able to stand;* 攔不住 .lan puh chu', *unable to resist;* 管不住 'kwan puh chu', *unable to rule;* 耐不住 nai' puh chu', *unable to endure;* 逃不脫 .t'au puh t'oh, *unable to escape;* 滅不了 mièh puh 'liau, *not able to destroy;* 解得了 'kiai teh 'liau, *it can be got rid of;* 耐不下 nai' puh hia', *I cannot endure it;* 罷不了 pa' puh 'liau, *cannot do without.*

The completion or non-completion of the action, is expressed in the negative and affirmative form by 成 .c'heng, *complete,* 完 .wan, *to end,* 了 'liau, 畢 pih, 盡 tsin', *to exhaust,* 成工 .c'heng ,kung, *to complete,* and 煞 shah, *end,* (as in 結煞 kièh shah, *end*). 弄不成了 lung' puh .c'heng 'liau, *he cannot complete it;* 念得完 nien' teh .wan, *he can read it through;* 做不了 tso' puh 'liau, *he has not completed it;* 來不了 .lai puh 'liau, *he has not come;* 念不畢 nien' puh pih, *he cannot finish reading it;* 種不盡 chung' puh tsin', *it cannot be all sown;* 做得成工 tso' teh .c'heng ,kung, *it can be completed;* 埋不煞 .mai puh shah, *they cannot all be interred;* 殺不煞 shah puh shah, *they cannot be all killed.*

By 及 kih (.chi), *to reach to, arrive at,* the fact that there is time or not for the action is expressed. 來不及 .lai puh kih (.chi), *there is not time for it;* 辦得及 pan' teh kih, *there is time to do it;* 等不及 'teng puh kih, *I cannot wait.*

The word 下 hia' is used to express the fact, that there is space or not for the action of the verb. 擱得下 koh teh hia', *it can be placed inside;* 放不下 fang' puh hia', *it cannot be placed there;* 心放不下 ,sin fang' puh hia', *his heart cannot be at*

海上絲綢之路文獻集成 科技與文化编

rest. K'ü' 去 also follows, as in 做不下去 tso' puh hia' k'ü', *he cannot find space to do it.*

The word 過 kwo' indicates that the agent will conquer or be defeated. 打得過 'ta teh kwo', *he can be conquered by blows;* 辯不過 pien' puh kwo', *he cannot be conquered in argument.*

The decisiveness of an action is expressed in the negative and affirmative by 定 ting', as in 說不定 shwoh puh ting', *it cannot be certainly said;* 議得定 'i teh ting', *it cannot be settled by taking advice.* The words 停當 .t'ing ,tang, *to fix,* have the same force, as in 講不停當 'kiang puh .t'ing ,tang, *he cannot settle it by talking.*

The verbs 理 'li, *to control,* 殺 shah, *to kill,* 死 'sï, *to die,* 應 ying', *to answer,* 攏 'lung, *to come together,* add their own meaning to the verb they follow. 說不理 shwoh puh 'li, *he will not attend to what is said to him;* 打不死 'ta puh 'sï, *he was not or could not be killed;* 喊不應 han' puh ying', *to call without receiving an answer;* 合不攏來 hoh puh 'lung .lai, *cannot be brought together.* The auxiliary 'lung with 起 'k'i, *to raise up,* might also be classed among the auxiliaries of direction or motion.

When the verbs 有 'yeu, *to have,* and 沒 muh (.mei), *not to have,* form groups with 得 teh, and some other verb, in such groups a fact only is asserted and not a possibility. 有得穿 'yeu teh ,c'hwen, *he has (clothing) to put on;* 沒得吃 ,mei teh c'hïh, *he has nothing to eat;* 一點兒事情沒得做 yih 'tien .rï shï' .t'sing muh teh tso', *I have not anything at all to do.*

The words 來 .lai, *come,* and 去 k'ü', *go,* are placed after many of the preceding auxiliaries, when they express motion, e. g. after 進 tsin', 出 c'huh, etc. with 起 'k'i, *to rise up,* and 攏 lung', *to bring together.* 講不出來 'kiang puh c'huh .lai, *he cannot deliver a discourse;* 栲不進去 k'au' puh tsin' k'ü', *it cannot be hammered in;* 分得開來 ,fen teh ,k'ai .lai, *it can be separated;* 想不起來 'siang puh 'k'i .lai, *I could not have thought it;* 寫不上來 'sie puh shang' .lai, *he will not go on writing;* 道不出來 tau' puh c'huh .lai, *he will not speak.*

Many adjectives are used in these combinations predicating of the action, that it can or cannot be performed to the extent or in the manner indicated by the adjective itself. 讀不全 tuh puh .t'siuen, *he cannot read it through;* 立不直 lih puh chïh, *he cannot stand upright;* 說得滿 shwoh teh 'man, *he can say it in full;* 貫不通 kwan' puh ,t'ung, *it cannot be conveyed inside;* 想不透 'siang puh t'eu', *he cannot think it completely out;* 商量得妥 ,shang liang' teh 't'o, *it can be made secure by conference.*

Often in these groups there is nothing said of possibility, but the fact only is asserted and denied that the quality in the predicate belongs to the action, as in 走得快 'tseu teh k'wai', *he walks quickly;* 說得通 shwoh teh ,t'ung, *he speaks reasonably;* 差不多 ,c'ha puh ,to, *it differs little;* 寫不明 'sie puh .ming, *he has written it indistinctly;* 算不清 swan' puh ,t'sing, *it is wrongly calculated.*

Groups formed by Repetition and Antithesis.

Many single verbs are repeated, as 瞧瞧 .t'siau .t'siau, *look;* 磨磨 .mo .mo, *rub;* 跳跳 t'iau' t'iau', *to jump;* 喝喝 hoh hoh, *drink.*

Transitive verbs are repeated before the word they govern. 洗洗臉 'si 'si 'lien, *to wash the face;* 開開心 ,k'ai ,k'ai ,sin, *he is glad;* 閉閉眼 pi' pi' 'yen, *to shut the eyes;* 抬抬頭 .t'ai .t'ai .t'eu, *to lift the head;* 做做活 tso' tso' hwoh, *to do work;* 出出氣 c'huh c'huh k'i', *to give out steam;* 閉閉眼 pi' pi' 'yen, *close the eyes.*

The verbs 看 k'an', *to see,* commonly, and 可 'k'o, *may, can,* occasionally follow a repeated verb in a tentative sense. 瞧瞧可 .t'siau .t'siau 'k'o, *let us go and look;* 猜猜看 ,t'sai ,t'sai k'an', *try to guess;* 聽聽看 ,t'ing ,t'ing k'an', *listen and try.*

The verbs 罷 pa' and 去 k'ü', are used in their own sense after a repeated verb, as in 歇歇罷 hièh hièh pa', *rest a little;*

海上絲綢之路文獻集成　科技與文化編

看看去 k'an' k'an' k'ü', *go and look;* 歇歇去罷 hièh hièh k'ü' pa', *go and rest a little.*

Compound verbs consisting of two words are often repeated in an order direct or alternate. 拜望拜望 pai' wang' pai' wang', *to visit on ceremony;* 盤論盤論 .p'an lun' .p'an lun', *to discourse upon;* 瞧試瞧試 .t'siau shï' .t'siau shï', *to look at and try;* 談談論論 .t'an .t'an lun' lun', *to converse upon;* 說說笑笑 shwoh shwoh siau' siau', *to talk and laugh;* 揣度揣度 'c'hui toh 'c'hui toh, *to think of;* 估量估量 ,ku liang' ,ku liang', *to meditate upon.*

A transitive verb is repeated when its object is varied. The substantives thus employed are co-ordinate in meaning. 有禮有貌 'yeu 'li 'yeu mau', *he has a polite appearance;* 動鎗動刀 tung' 't'siang tung' ,tau, *to put in action spears and swords;* 沒邊沒岸 muh ,pien muh ngan', *there is no side or shore;* 沒君沒臣 muh ,kiün muh .c'hen, *no prince or subject;* 沒王沒法 muh .wang muh fah, *there is no law.*

In other cases, the transitive verb and its object are both varied. The verbs and substantives must be co-ordinate in meaning. 搖頭擺尾 .yau .t'eu 'pai 'wei, *to shake the head and wave the tail,* i. e. *boastful and extravagant;* 怨天尤人 ,yuen ,t'ien .yeu .jen, *to murmur against heaven and complain of men;* 昊天呼地 .hau ,t'ien ,hu ti', *to invoke heaven and pray to earth;* 托親賴友 t'oh ,t'sin lui' 'yeu, *to trust relations and depend on friends.*

In a group of two words, principal and auxiliary, the former is often repeated, while the latter is varied. 飛上飛下 ,fei shang' ,fei hia', *to fly up and down;* 走來走去 'tseu .lai 'tseu k'ü', *to walk backwards and forwards.*

After a repeated verb sometimes occurs 'yeu for the affirmative, and 無 .wu, 不 puh and 沒 muh, for the negative with a verb or substantive following. 念念不忘 nien' nien' puh wang', *to think of without forgetting;* 欲言不言 yüh .yen puh .yen, *he wishes to speak but will not.*

漢語官話口語語法

The verb is also repeated with the intervention of 一 yih, *one*, as in 歇一歇 hièh yih hièh, *wait a little;* 等一等 'teng yih 'teng, *wait a little;* 跪一跪 kwei' yih kwei', *kneel a little.*

Different kinds of Verbs.

Verbs are transitive or intransitive according as they can take after them an object or not. The verbs in the following examples are transitive. 修橋梁 ,sieu .k'iau .liang, *to rebuild bridges;* 幫人 ,pang .jen, *to assist others.* Simple and compound verbs obey the same law; thus in 開銷銀錢 ,k'ai ,siau .yin .t'sien, *to expend money.* Intransitives such as 來 .lai, *come,* are few; thus 坐 tso', *to sit* is transitive, in 椅子坐滿了還要 'i 'tsï tso' 'man 'liau .hwan yau', *the chairs are all occupied and more are needed.*

A verb often loses its transitive power by being repeated with 一 yih, *one,* before it. It then becomes a substantive. 走一走 'tseu yih 'tseu, *take a little walk;* 站一站 chan' yih chan', *stand a little;* 逛一逛 kwang' yih kwang', *go out for a little amusement.* Many verbs become numeral particles by taking numbers before them; e. g. 包 ,pau, *to wrap; a bundle;* 把 ,pa, *to take hold of; a handle.*

Verbs considered as to their place in a sentence are subjective, substantive, or predicative. Substantive verbs will be first discussed. The substantive verbs in most common use, are 是 shï', *to be; it is so; right;* 做 tso', *to do; to be.* They are negatived by prefixing 不 puh, *not,* which is the particle of particular denial (contradictory), as 沒 muh is of general denial (contrary). 孝是萬善的頭 hiau' shï' wan' shan' tih .t'eu, *filial piety is the chief of all the virtues;* 這是極苦 che' shï' kih 'k'u, *this is very unfortunate;* 不做父母 puh tso' fu' 'mu, *they do not act as a father and mother;* 化做仁里 hwa' tso' .jen 'li, *being reformed it became a benevolent neighbourhood.* Tso' is sometimes preceded by kiau' and han', *to call,* as in 百姓都是上天的赤子故叫做天民 peh sing' ,tu shï' shang' ,t'ien tih c'hïh 'tsï ku' kiau' tso' ,t'ien .min, *the people are all the*

w

海上絲綢之路文獻集成　科技與文化編

children of high heaven, and are therefore called "heaven's people."

Substantive verbs less commonly used are 當 ,tang, 爲 .wei, *to be;* 作 tsoh, *to do.* 當家的 ,tang ,kia tih, *he who is head of a family;* 當差的 ,tang ,c'hai tih, *he who is a messenger;* 爲師的 .wei ,shï tih, *he who is a teacher;* 爲人在世 .wei .jen tsai' shï', *he who is a man in the world;* 轉悲作喜 'chwen ,pei tsoh 'hi, *his sorrow was changed into joy;* 我作主意 'wo tsoh 'chu i', *I am master.*

The book particles 乃 'nai, *it is,* and 非 ,fei, *it is not,* are also used occasionally, as in 德乃天理色是人慾 teh 'nai ,t'ien 'li, seh (shai) shï' .jen yüh, *virtue is the law of heaven, lust comes from men's passions;* 關係非淺 ,kwan hi' ,fei 't'sien, *the consequences are not slight.*

Yeu', *to have,* is also employed as a substantive verb. It then loses its possessive signification. It is negatived by 沒 muh (.mei), *not.* The contrary negative 沒 muh, also sometimes stands without 有 'yeu in the same sense. So does 無 .wu the corresponding book word, which never takes 有 'yeu after it. In southern Fuh-kien 有 'u, *have,* is the affirmative, and 無 .bo, *not to have,* the negative. 父母有怒 fu' 'mu 'yeu nu', *his parents are angry;* 自身有過犯 tsï' ,shen 'yeu kwo' fan', *he himself has faults;* 沒什麽趣兒 muh shïh .mo t'sü' .rï, *there is no pleasure in that;* 這句話沒有講頭 che' kü' hwa' muh 'yeu 'kiang .t'eu, *on this sentence there is nothing to be said.*

The book particle 無 .wu is also used in some expressions, as 毫無關涉 .hau .wu ,kwan sièh, *it has nothing to do with it.*

The locative verb and preposition, 在 tsai', *to be at a place, at,* is also used as a copula. 不在這裏 puh tsai' che' 'li, *he is not here;* 五七箇獵戶都在那裏 'wu t'sih ko' lièh hu' ,tu tsai' na' 'li, *five or six hunters were there.*

The verb 要 yau', is sometimes necessarily translated as a substantive verb, as in 務要眞眞切切 wu' yau' ,chen ,chen t'sièh t'sièh, *you must be true and earnest.* It may however here be explained as meaning *must.*

The verb is connected with substantives in the subject, and with adjectives in the predicate of a simple sentence. Thus in the sentence 走轉來也是容易 'tseu 'chwen .lai 'ye shï' .yung i', *to come back is easy;* the first verb group is to be taken as a substantive: so in 打仗更好 'ta chang' ,keng 'hau, *to fight is better;* 買賣不通 'mai mai' puh ,t'ung, *trade cannot be carried on.*

The approach of verbs to adjectives is seen in the repetition groups common to both, as also in the groups formed with 得 teh, and some word following or with 得 teh and 不得 puh teh alone. 寬不得 ,k'wan puh teh, *cannot be widened;* 少不來 'shau puh .lai, *it cannot be done without;* 好不過 'hau puh kwo', *cannot be better than.* These groups serve instead of adverbs to intensify adjectives, as in 兇得利害 ,hiung teh li' hai', *very violent,* or *hard-hearted.*

The close connection of the verb and adjective is seen particularly in the predicate of propositions, where there is found a class of words, which may be termed verbal adjectives. Such are 明白 .ming peh, *to understand; clear;* 鬧 nau', *to be noisy; noisy;* 對 tui', *to be opposite to; opposite;* 動 tung', *to move; moving;* 通 ,t'ung, *to be reasonable or feasable or passable; right; passable;* 響 'hiang, *to sound; audible;* 活 hwoh, *to live; living;* 死 'sï, *to die; dead.* These words are used indifferently as intransitive verbs or as adjectives; e. g. 鬧得慌 nau' teh ,hwang, *noisy to confusion,* or *they are very noisy.*

There are three classes of auxiliary verbs used respectively, to connect the cause with its consequence (causative), the act with the instrument (instrumental), and the actor with the object (passive).

For the causative 教 kiau', *to teach,* is used. 你這樣不好教我也沒法 'ni che' yang' puh 'hau kiau' 'wo 'ye muh fah, *you by behaving so ill cause me to feel difficulty;* 他太鬧教我不能說話 ,t'a t'ai' nau' kiau' 'wo puh .neng shwoh hwa', *he was so noisy that I could not speak;* 只求教他讀書 chïh .k'ieu kiau' ,t'a tuh ,shu, *I only ask that he should be made to learn to read.*

The corresponding book words, are 使 shï', *to cause,* and 令

ling', *to command.* In colloquial usage they with 惹 'je, *to provoke*, are also sometimes heard. 使他終身受苦 shï' ,t'a ,chung ,shen sheu' 'k'u, *cause him to be miserable all his life;* 惹得孩兒們不學好 'je teh .hai .rï .men puh hioh 'hau, *causing the boys not to learn to do right.*

Kiau' 教 *to teach.* The causative is sometimes written 呌 kiau', *to call*, but incorrectly. One of the dictionary meanings of 教 kiau' is *to cause*, 令 ling'. Prémare remarks, that 交 ,kiau is also used erroneously for 教 kiau'. This has arisen from the twofold pronunciation of 教 viz. ,kiau or kiau'. The dictionary 五方元音 prefers the former sound, but the latter is more common colloquially.

The passive instead of being expanded into a voice co-ordinate in form with the active, is expressed by an auxiliary 被 pei' or 挨 ,yai, which reflects the action of the preceding verb on the following object. 明被人欺 .ming pei' .jen ,k'i (,c'hi), *to be openly insulted by others;* 我被他鬧乏了 'wo pei' ,t'a nau' fah 'liau, *I have been worried to death by her.*

Sheu' 受 *to receive*, 吃 c'hïh, *to eat, to suffer*, are from their natural suitableness in meaning, also used as signs of the passive. 受他的欺負 sheu' ,t'a tih ,k'i fu', *I was insulted by him;* 吃虧得大 c'hïh ,k'wei teh ta', *he is made to suffer great loss;* 吃害 c'hïh hai', *to be injured.*

Kien' 見 *to perceive*, which is used in the books like 爲 .wei, to denote the passive, is also found in many colloquial phrases. 見效 kien' hiau', *to be effectual;* 見笑 kien' siau', *to be laughed at;* 見痊 kien' .t'siuen, *to recover;* 見褒 kien' 'pau, *to be praised.*

The instrumental auxiliary verbs are 拿 .na, *to bring;* 把 ,pa, *to take hold of;* 將 ,tsiang, *to take hold of.* These words admit of division into two classes.

.Na with the verb 用 yung', *to use*, are applied more properly to the instrument of an action. 拿石頭搜死的 .na shïh .t'eu tsah 'sï tih, *he was killed with a stone;* 拿刀動杖 .na ,tau tung' chang', *he took a sword to begin fighting;* 用棍打

死 yung' kwên' ta' 'sï, *he took a club and beat him to death.*

,Pa 把 and 將 ,tsiang, are used to introduce the object before the verb that governs it. 把上人來欺瞞 ,pa shang' .jen .lai ,k'i .man, *he deceived his superiors;* 把他綑起來 ,pa ,t'a 'k'wen 'k'i (c'hi) .lai, *(take him and) tie him up;* 把他請來 ,pa ,t'a 't'sing .lai, *invite him to come;* 將他打死 ,tsiang ,t'a ta' 'sï, *take him and beat him to death;* 把喒們的拿來 ,pa 'tsa .men tih .na .lai, *take ours and bring it;* 把舊規改做新法 ,pa kieu' ,kwei 'kai tso' ,sin fah, *take the old custom and change it for a new one;* 把活記放下 ,pa hwoh ki' fang' hia', *she set down her work.*

This division of the instrumental auxiliaries is by no means universal, as will appear from the following examples. 把善報天地 ,pa shan' pau' ,t'ien ti', *recompense heaven and earth by virtue;* 把孝報父母 ,pa hiau' pau' fu' 'mu, *recompense your parents by piety.* In these cases ,pa is properly instrumental like 拿 .na.

Auxiliary verbs placed close to the verbs they qualify are either prefixes or suffixes.

Auxiliary prefixes are the following:—1. Permissive, 可 'k'o, *ought to be;* 可以 'k'o 'i, *may,* as in 可愛 'k'o ngai', *to be loved; lovely.* 2. Prohibitive, 休 ,hieu, 休說 ,hieu shwoh, *do not say;* 不要 puh yau' in 不要打 puh yau' 'ta, *do not beat him.* 3. Potential, 能 .neng, *physical power;* 會 hwei', *acquired power.* 4. Willingness, 肯 ,k'eng, *willing.* 5. Liking, 愛 ngai', *love;* 愛吃葷 ngai' c'hïh ,hwen, *he is fond of eating flesh.* 6. Future, 要 yau', *to be about to; to desire.*

The suffixes may be compared to derivative verbs. They are—Inchoative, 點起火來 'tien 'k'i 'ho .lai, *light a fire.* Collective, 收攏來 ,sheu 'lung .lai, *to collect together.* Separative, 拆開來 c'hai (t'seh) ,k'ai .lai, *to undo; take down.* Words of completion and cessation, 念畢 nien' pih, *to finish reading.* Resisting and destroying, 閑住 .hien chu', *to limit; resist.* Reflexion (middle voice), 自殺自 tsï' shah tsï', *to kill one's-self.* Direction and motion (in all eleven words, if 前 .t'sien and 後 heu' be included), 拿過來 .na kwo' .lai, *bring over.* Past time, 過 kwo', 對過 tui' kwo', *I have compared them.*

Modes of Verbs.

In many cases the mood is determined entirely from the sense, and has no particular sign. Thus the indicative and imperative are often only distinguished by the personal pronouns. E. g. 我去做 'wo k'ü' tso', *I will go and do it;* 你去做 'ni k'ü' tso', *do you go and do it;* 家私化盡 ,kia ,sï ,hwa tsin', *his property is entirely wasted.*

Verbs whether simple or compound have the same construction. In 我害怕他 'wo hai' p'a' ,t'a, *I fear him;* hai' p'a' is used in the same manner as p'a', *to fear.* They are also both employed intransitively for *to be afraid.*

In the colloquial of Shantung and Peking, 之 ,chï is placed after many verbs in the indicative, and infinitive or taken as participles; e. g. 會站之不會坐之 hwei' chan' ,che puh hwei' tso' ,chï, *he can stand but he cannot sit.* This is a colloquialism not authorized by books, nor is it correct mandarin. Perhaps it is a corruption from 着 choh, which is also used by correct speakers. 走了十幾步路就站着 'tseu 'liau shïh 'ki pu' lu' tsieu' chan' choh, *after walking a few steps he stood still.*

A verb is conditional in a subordinate sentence preceding an indicative sentence. The present and past conditional are both embraced under this rule. So also is the present and past participle. The word "conditional" is here used for all hypothetical, relative, and participial clauses. 說的都是些孩子話 shwoh tih ,tu shï' ,sie .hai 'tsï hwa', *what he says is all children's talk;* 我讓過這遭便鄉里都來欺負我 'wo jang' kwo' che' ,tsau pien' ,hiang 'li ,tu .lai ,k'i fu' 'wo, *if I pass it over this time, I shall have all the neighbourhood coming to insult me.*

Conditional sentences sometimes take as a concluding particle 嗎 'ma, as in 你嗎要往東他嗎要往西 'ni 'ma yau' 'wang ,tung ,t'a 'ma yau' 'wang ,si, *as for you, you wish to go east, as for him he wishes to go west;* 日落嗎就黑天 jïh loh 'ma tsieu' heh ,t'ien, *when the sun has set it is then dark.*

海上絲綢之路文獻集成 科技與文化編

The verb in a participial sentence sometimes takes after it the particle 之 ,chï, as in 對之面看 tui' ,chï mien' k'an', *turning his face towards it he looked.* 'Liau 了 is used in the same manner.

A potential mood is formed in the negative and affirmative respectively, by placing 不 puh and 得 teh, with some auxiliary verb corresponding in meaning after the principal verb. 過得來 kwo' teh .lai, *it can pass;* 弄不轉 lung' puh 'chwen, *it cannot be made to turn;* 還不起 .hwan puh 'k'i, *I cannot find means to return it.*

The auxiliaries 會 hwei', *I can (have the skill to do),* and 能 .neng, *can (have the power to do),* also give a potential force to the verb which follows them: 不會做文章 puh hwei' tso' .wen ,chang, *I cannot write essays;* 不能來 puh .neng .lai, *I cannot come.*

A permissive and prohibitive mood are formed, by placing 得 teh and 不得 puh teh after the verb, as in 去得 k'ü' teh, *you can go;* 去不得 k'ü' puh teh, *you ought not to go.* The compound 可以 'k'o 'i, is also used in a permissive sense before another verb, as in 不可以去 puh 'k'o 'i k'ü', *you ought not to go.* Further, 好 'hau, *good,* is employed in the same way. 不好上去 puh 'hau shang' k'ü', *you may not go up,* or *it will not be well to go up.*

An optative mood to a verb is formed by prefixing to it certain compounds suited in meaning; viz. 恨不得 hen' puh teh, *I am vexed that I cannot,* i. e. *would that;* 巴不能彀 ,pa puh .neng keu', 巴不得 ,pa puh teh, *would that I could;* 恨不能彀 hen' puh .neng keu', *would that.* Hen' means *to be vexed.* ,Pa is used of the eyes expressing desire, as in 眼巴巴的盼你大 'yen ,pa ,pa tih ,p'an 'ni ta', *with earnest eyes they desire that you should grow tall.*

The mode of expressing the imperative varies as it is affirmative or negative. In the former case the verb stands alone, or is followed by 可 'k'o or 罷 pa'. 猜猜 ,t'sai ,t'sai, *guess;* 殺他 shah ,t'a, *kill him;* 看看可 k'an' k'an' 'k'o, *look at it;* 你

去罷 'ni k'ü' pa', *you go;* 吃罷 c'hïh pa', *eat (without another word).*

The negative imperative is formed by 別 pièh, 不用 puh yung', 不要 puh yau', 別要 pièh yau', 休 ,hieu, *to stop,* or 莫 moh, as in 休教飲食有缺 ,hieu kiau' 'yin shïh 'yeu k'iuèh, *do not cause provisions to be wanting;* 不要罵人 puh yau' ma' .jen, *do not revile men;* 別教你老子生氣 pièh kiau' 'ni 'lau 'tsï ,sheng k'i' (c'hi), *do not make your father angry;* 不用動氣 puh yung' tung' k'i' (c'hi'), *do not be angry;* 別要多說 pièh yau' ,to shwoh, *do not say much;* 別不做活 pièh puh tso' hwoh, *do not cease work;* 莫做此事 moh tso' 't'sï shï', *do not do this thing.*

A verb is in the infinitive, when it forms the subject of a proposition. Many of the negative and affirmative groups may be considered sentences, containing a verb in the infinitive as their subject. 奪別人的物件不是理 toh pièh .jen tih wuh kien' puh shï' 'li, *to rob the property of others is not in reason;* 飛不起來 ,fei puh 'k'i .lai, *he does not begin to fly;* 寫不出 'sie puh c'huh, *he ceases to write;* 道不出來 tau' puh c'huh .lai, *he ceases to speak.*

After verbs of willing and desiring, a verb is translated in the infinitive, as in 不肯賣 puh 'k'eng mai', *not willing to sell it;* 不愿意去 puh yuen' i' k'ü', *he does not desire to go;* 自己不要來 tsï' 'ki puh yau' .lai, *he was himself unwilling to come.* 愿意 yuen' i' and 情愿 .t'sing yuen', also take yau' after them, which 'k'eng does not.

When a verb takes case particles, it is translated as a participle or gerund. 他在考 ,t'a tsai' 'k'au, *he is being examined;* 敗家的緣故 pai' ,kia tih .yuen ku', *the cause of the family's inclining;* 畫畫裡頭有規矩 hwa' hwa' 'li .t'eu 'yeu ,kwei 'kü, *in drawing there is method.*

After verbs of liking, a verb is translated as a gerund, as in 不愛騎馬 puh ngai' .k'i 'ma, *he does not like riding;* 好賭博 hau' 'tu poh, *fond of gaming;* 好遊玩 hau' ,yeu .wan, *fond of sauntering for pleasure;* 喜歡游水 'hi .hwan ,yeu 'shui, *fond of swimming.* Ngai' and hau' are auxiliaries of the gerund, as yau' and 'k'eng are for the infinitive.

After 可 'k'o verbs are translated as passive gerunds, as in 可殺 'k'o shah, *ought to be killed.*

Many instances might be given of the gerund, or of verbs occurring after other verbs, and requiring to be so translated; e. g. 只管罵人 chïh 'kwan ma' ˌjen, *he only thinks of reviling others;* 不想回來 puh 'siang .hwei .lai, *does not think of returning;* 不留心讀書 puh .lieu ,sin tuh ,shu, *he does not attend to reading.* The distinction is important chiefly when the preceding verb becomes an auxiliary, because the second verb then retains its independent character as a verb. When the first verb continues to exert its full power, the second becomes rather a substantive than a verb.

Verbs are made interrogative by appending the particles 呢 .ni and 麽 'mo (pronounced 'ma), as in 可以麽 'k'o 'i 'ma, *can it be so?* 要進去呢 yau' tsin' k'ü' .ni, *do you wish to enter?*

The interrogative is also formed by repeating the verb, with the negative 不 puh before it. The interrogative particle 呢 .ni, is often placed before the negative particle; 去不去 k'ü' puh k'ü', *will you go or not?* 做活呢不做活 tso' hwoh .ni puh tso' hwoh, *do you work or not?*

Particles of Time forming Tenses of Verbs.

When a verb is without a tense particle, it is taken to be in present, past, or future time, according as the sense requires. 我不笑你 'wo puh siau' 'ni, *I do not* (or *did not*) *laugh at you;* 挨次行禮 ,yai t'sï' .hing 'li, *in order they performed their bows and prostrations.*

The past is marked by appending to the principal verb, the word 過 kwo', *to pass:* 學過了 hioh kwo' 'liau, *he has learnt it;* 住過了 chu' kwo' 'liau, *he has lived there.*

To kwo' the word 歇 hièh, *to rest, an instant,* is sometimes added, as in 聽過歇 ,t'ing kwo' hièh, *I have heard it.* This usage is however not common, and is unauthorized by native books.

x

.T'seng 曾 is used for the past before its verb. In the affirmative it follows 可 'k'o, and in the negative 不 puh, or 未 wei'. 可曾到過麽 'k'o .t'seng tau' kwo' 'mo, *have you gone there?* 未曾說 wei' .t'seng shwoh, *he has not said it;* 不曾見過 puh .t'seng kien' kwo', *he has not seen it.* It is also sometimes used alone, as in 你曾到過麽 'ni .t'seng tau' kwo' 'mo, *have you gone there?*

'Liau 了 is another particle for the past, following its verb. 也請了安 'ye 't'sing 'liau ,ngan, *he also asked how he was;* 野馬上了籠頭 ye' 'ma shang' 'liau 'lung .t'eu, *the wild horse has been entrapped;* 又站了一回兒 yeu' chan' 'liau yih .hwei .rï, *he then stood for some time longer;* 讀了兩次就明白 tuh 'liau 'liang t'sï' tsieu' .ming peh, *after reading it twice I understood it;* 中了計了 chung' 'liau ki' 'liau, *we have fallen into a snare.* 'Liau is not limited to the past; thus in 善人不敢瞞了父母 shan' ,jen puh 'kan .man 'liau fu' 'mu, *the virtuous man does not dare to conceal anything from his father and mother,* it is used for euphony.

The old book particle 之 ,chï, is employed occasionally for 了 'liau in the northern provinces, and in Kiang-nan. 跪之他兩次 kwei' ,chï ,t'a 'liang t'sï', *he knelt to him twice.* This however is not considered correct mandarin; 'liau should be used.

The negatives 沒有 muh 'yeu, *not to have,* and 沒 muh, express past time; as 你上頭去過了沒有 'ni shang' .t'eu k'ü' kwo' 'liau muh 'yeu, *have you gone above or not?* 一向沒做什麽 yih hiang' muh tso' shïh 'mo, *hitherto I have done nothing.*

Among the future tense particles occurs 將 ,tsiang, as in 將來 ,tsiang .lai, *henceforth;* 將有事 ,tsiang 'yeu shï', *there will be a disturbance.* This auxiliary stands first, so that in a negative sentence it cannot be used.

The verb 要 yau' also expresses the future, as in 明早要去 .ming 'tsau yau' k'ü', *I shall go to-morrow.* In the negative yau' does not take a future sense, but preserves its own proper meaning *willing* or *must.* 他不要去考就罷 ,t'a puh yau'

海上絲綢之路文獻集成 科技與文化編

k'ü' 'k'au tsieu' pa', *he does not wish to go to the examination, then be it so.*

The negative future is expressed by a verb of motion, and a negative particle before it, without any auxiliary of time. 他不來 ,t'a puh .lai, *he will not come*, or *he has not come.* It is also expressed by 不見 puh kien', *it will not*, preceding the verb with a connecting particle, as in 不見得下雨 puh kien' teh hia' 'ü, 不見的下雨 puh kien' tih hia' 'ü, 不見要下雨 puh kien' yau' hia' 'ü, 不見起下雨 puh kien' 'k'i hia' 'ü, *it is not likely to rain*, or *as I see it, it will not rain.*

CHAPTER IX.

On Prepositions and Postpositions.

Most of the prepositions are also in common use as verbs. They are all more or less transitive in their nature, and as such precede their words. Few examples are here given. More will be found in the chapter on substantives.

至 chï', *to arrive at, to*, is a book word used occasionally in colloquial. 做官至太子太保 tso' ,kwan chï' t'ai' 'tsï t'ai' 'pau, *he rose in office to the post of guardian to the imperial prince.*

向 hiang', *towards; to go towards*, or *to look towards; to* (dative of addressing). 背親向疎 pei' .t'sin hiang' ,su, *to turn away from relations and go to strangers.*

和 ,ho (sometimes 合 hoh), *with; (along with)*, as an adjective *harmonious; for* (dative); *of* or *from* (after verbs of asking); *as* (after *the same*). 和我一樣 .ho 'wo yih yang', *the same as I.*

以及 'i kih, *with;* the same as 及 kih, but less familiarly used.

給 kih, *to give; for* (dative). 你來給我揭去一層被 'ni .lai kih 'wo kièh k'ü' yih .t'seng pi', *come and take off a coverlid for me* (said by a sick man).

及 kih, *arrive at; with.* 及早 kih (.chi) 'tsau, *early;* 及時 kih .shï, *arrived at its time; mature;* 我及你都會 'wo kih 'ni ,tu hwei', *I and you both can do it.*

連 .lien, *together with*, as a verb *to connect.*

并 ping', *certainly*, and *further*, is an adverb and conjunction.

As a connective conjunction it frequently does not differ from a preposition. 我與他并衆人說閒話 'wo 'ü ,t'a ping' chung' ,jen shwoh .hien hwa', *with him and them all I idly conversed.*

代 tai', *instead of; to act instead of;* 代替 tai' t'i', *instead of;* 代人贖罪 tai' ,jen shuh tsui', *to redeem men from sin.*

打 'ta, *to beat; to practise;* its use as a preposition *from,* is exclusively colloquial.

當 ,tang, *at; in front of;* is used in 當初 ,tang ,c'hu, *at a former time;* 當面 ,tang mien', *before his face;* 當時 ,tang .shï, *at the time;* 當中 ,tang ,chung, *in the middle.* This word properly a verb *to meet; to be at,* is not used colloquially as a preposition, except in a few phrases. In such instances as 當我的面前 ,tang 'wo tih mien' .t'sien, *before my face,* ,tang may be translated at will as a verb or preposition.

到 tau', *to arrive at; to; till;* the colloquial equivalent of 至 chï'. 走二十里到家 'tseu rï' shïh 'li tau' ,kia, *it is a walk of twenty li to my house;* 等到天明 'teng tau' ,t'ien .ming, *wait till daylight.*

替 t'i', *for* (substitutional); *to* (dative of addressing); *for* (dative). 替他做工夫 t'i' ,t'a tso' ,kung ,fu, *do work instead of him.*

在 tsai', *at a place; to be at;* 他在那裏 ,t'a tsai' 'na 'li, *at what place is he?* 一個老人在傍說 yih ko' 'lau ,jen tsai' .p'ang shwoh, *an old man on one side said.* Tsai' is used adverbially at the end of a sentence: 都有該盡的忠在 ,tu 'yeu ,kai tsin' tih ,chung tsai', *all (such things) contain in them duties to be discharged faithfully.*

自 tsï', *from* (of motion), is a book word occasionally used in colloquial, as in 自從 tsï' .t'sung, *from;* 自此無事 tsï' 't'sï wu shï', *from this time nothing happened.*

從 .t'sung, *from* (of motion); *by* (of direction), as a verb *to follow.* 從孝父母的心推到別人的老 .t'sung hiau' fu' 'mu tih ,sin ,c'hui tau' pièh ,jen tih 'lau, *from reverencing parents, proceed to honour the aged among other persons.*

漢語官話口語語法

對 tui', *towards; to* (dative of addressing); *in front of; opposite; for* (dative).

同 .t'ung, *with (together with); for* (dative); *of (from* after verbs of asking). 同他藏躲 .t'ung ,t'a .t'sang to', *to hide with him.*

與 'ü, *to give; for* (dative); *of* or *from* (ablative); *to* (dative of giving); *to* (dative of addressing). 不與父母相干 puh 'ü fu' 'mu ,siang ,kan, *it does not concern the father and mother.*

於、于 ,ü, *at* (locative); *to* (dative of addressing). 至于 chï' ,ü in regard to 于是 ,ü shï', *upon this.* This word is not properly colloquial. It is used only in bookish expressions, as in 裝于船上 ,chwang ,ü .c'hwen shang', *stow it away in the boat.* It is also employed in the sense of *than,* as in 過於大 kwo' ,ü ta', *more than great, very great.*

爲 wei', *for the sake of,* or 因爲 ,yin wei'. 是爲你的不是爲我的 shï' wei' 'ni tih puh shï' wei' 'wo tih, *it is for your sake not for mine.*

因 ,yin, *because of;* ,yin is sometimes heard without 爲 wei' following it: 這樁官司皆因你起 che' ,chwang ,kwan ,sï ,kiai ,yin 'ni 'k'i, *this lawsuit is solely for your sake.*

由 .yeu, *from; by* (of direction); as a verb *to spring from; originate; depend upon.* 必由此路 pih .yeu 't'sï lu', *you must go by that road.* The verbal use of this word is exemplified in 由己不由人 .yeu 'ki puh .yeu .jen, *it depends on yourself not on others.*

Other book prepositions, such as 以 'i, 諸 ,chu, are used only in combination with other words.

Postpositions.

The words used for the locative case are postpositions. They are primarily adjectives, as the preceding prepositions are commonly verbs. These adjectives when used as locative particles, do not retain like the prepositions their original character. They become abstract signs of place, and are translated as substantives, adverbs, or prepositions, according to the exigencies of the occasion, as in

他在上我在下 ,t'a tsai' shang' 'wo tsai' hia', *he is above and I below.* Here perhaps it is most correct to say that shang' and hia' are substantives governed by the verb tsai'.

中 ,chung, *central; within.* 心中 ,sin ,chung, *in the heart;* 端了茶飯到他房中 ,twan 'liau .c'ha fan' tau' ,t'a .fang ,chung, *he took tea and eatables into his room.*

後 heu', *behind; after.* 等一年後就可以 'teng yih .nien heu' tsieu' 'k'o 'i, *wait till after a year and then it may be so.*

下 hia', *below,* as a verb *to go down.* 不在話下 puh tsai' hwa' hia', *it need not be set down in words.*

裏, 裡, 里 'li, *within,* is found in the adverbs 這裏 che' 'li, *here;* 那裡 na' 'li, *there;* and in the compounds, 裏面 'li mien', *inside;* 裡頭 'li .t'eu, *inside,* etc. 你心裡不慚愧 'ni ,sin 'li puh .t'san k'wei', *you do not in heart repent.*

內 nui' (or nei), *within:* 在內躲了幾日 tsai' nui' 'to 'liau 'ki jïh, *he hid himself several days within;* 廚內 .c'hu nei', *in the kitchen.*

上 shang', *above; to ascend.* 身上有十兩銀子 ,shen shang' 'yeu shïh 'liang .yin 'tsï, *he has with him ten taels of silver.*

前 .t'sien, *before.* 學前 hioh .t'sien, *before the temple of Confucius;* 正在門前 cheng' tsai' .men .t'sien, *just before the door.*

外 wai', *outside.* 城外 .c'heng wai', *outside the city;* 北門外 peh .men wai', *outside the north gate.* 外 wai' is sometimes a verb and precedes its noun, as in 古來的好風俗不多勤儉兩字 'ku .lai tih 'hau ,fung suh puh ,to .k'in kien' 'liang tsï', *the good customs of antiquity consisted in nothing more than diligence and economy.*

The original character of prepositions as verbs, may be seen exemplified further in the use of the instrumental auxiliaries for the preposition *with,* and in other modes of speech for *beside, beyond, except, regarding, after, for,* etc. some of which here follow:—除了父母以外誰肯 .c'hu 'liau fu' 'mu 'i wai' .shui 'k'eng, *except his own father and mother who would be willing?* 萬里長城過去三百里 wan' 'li .c'hang .c'heng kwo' k'ü' ,san peh 'li, 300 *li beyond the Great wall;* 論到打官司也不好辦 lun' tau' 'ta ,kwan ,sï 'ye puh 'hau pan', *as to going to law it is difficult;* 除兩畝地以外沒甚麽產業 .c'hu 'liang 'meu ti' 'i wai' muh shen' 'mo 'c'han yèh, *except two meu of land he had no property;* 離了養蠶織布的你們把甚麽穿在身上呢 .li 'liau 'yang .c'han chïh pu' tih 'ni .men ,pa shen' .mo ,c'hwen tsai' shen' shang' .ni, *excepting silk-worm cultivation and weaving cloth, from whence could you be clothed?* 歇了三日 hièh 'liau ,san jïh, *after three days;* 過兩天 kwo' 'liang ,t'ien, *after two days;* 連兩日 .lien 'liang jïh, *after two days.*

CHAPTER X.

On Adverbs.

Adverbs are primitive or derived. The former are very generally simple, the latter compound. Simple adverbs are such as 再 tsai', *again;* 最 tsui', *very.* Words applied to qualify adjectives are usually simple adverbs. For example 更 ,keng, *more;* 狠 'hen, *very;* 太 t'ai', *too.* Adverbs of time, and those used in affirmation and negation, are usually primitives. They are either simple or compound; e. g. 纔 .t'sai or 剛纔 ,kang .t'sai, *just now.*

On compound Adverbs.

Adverbs qualifying verbs are derived from adjectives by repeating them with a suffix. The words 的 tih, 兒 .rï, and 裏 'li are the most common endings to these groups. 空空的 ,k'ung ,k'ung tih, *in an empty manner;* 細細的 si' si' tih, *accurately;* 高高的 ,kau ,kau tih, *high;* 遠遠的 'yuen 'yuen tih, *distantly;* 好好裏 'hau 'hau 'li, *well;* 明明裡 .ming .ming 'li, *clearly;* 常常裡 .c'hang .c'hang 'li, *constantly;* 白白裏 peh peh 'li, *in vain;* 私私裏 ,sï ,sï 'li, *secretly;* 暗暗裏 ngan' ngan' 'li, *secretly;* 輕輕兒 ,k'ing ,k'ing .rï, *lightly;* 涼涼兒 .liang .liang .rï, *cool.*

Simple and dissyllabic adjectives take the same endings without repetition, as 暗地裏 ngan' ti' 'li, *secretly;* 鋒快兒 ,fung k'wai' .rï, *sharply;* 趕緊兒 ,kan 'kin .rï, *quickly.*

Words not adjectives are used in the same manner, as in 特特裡 teh teh 'li, *on purpose*, where teh is an adverb, and in 偷偷裡 ,t'eu ,t'eu 'li, *secretly*, from ,t'eu *to steal.*

Terminations less common are 乎 .hu, 然 jan and 之 ,chï, all of them book words and limited in their use to certain phrases. 斷斷乎 twan' twan' .hu, *certainly;* 幾幾乎 'ki 'ki .hu, *almost;* 欣欣然 ,hin ,hin .jan, *rejoicingly;* 芒芒然歸 .mang .mang .jan ,kwei, *hurriedly returning;* 斷乎 twan' .hu, *certainly;* 忻然 ,hin .jan, *gladly;* 徒然 .t'u .jan, *uselessly;* 恰然 k'iah .jan, *truly.* .Jan originally means *thus*, in the book language. Hence its use as a particle for adverbs of manner. 偷背之 ,t'eu pei' ,chï, *secretly;* 明之不要暗之 .ming ,chï puh yau' ngan' ,chï, *it should be done openly not secretly.* These forms with 之 ,chï are not found in the mandarin of books. They are essentially the same idiom as the participle formed with ,chï, the distinction of verbs and adjectives being in such cases not regarded.

An adjective repeated before a verb becomes an adverb; 明明說 .ming .ming shwoh, *he spoke plainly.*

There are many simple adjectives used as adverbs, which enter into combination with simple verbs, often in four-word groups, as 白 peh, *uselessly;* 慢 man', *slowly;* 徒 .t'u, *uselessly*, as in 白費工夫 peh (pai) fei' ,kung ,fu, *spend time uselessly;* 慢去 man' k'ü', *slowly go*, i. e. *good-bye;* 順風相送 shun' ,fung ,siang sung', *favourable winds attended him.*

Primitive adverbs are sometimes repeated, as in 剛剛來 ,kang ,kang .lai, *I am just come.*

Two primitive adverbs are often compounded, as in 況且 ,hwang 't'sie, *and much more when; further.*

Many compound adverbs consist of a primitive adverb and another word, as 已經 'i ,king, *already.*

The numbers 一 yih, *one*, 兩 'liang, *two*, combine with various words to form adverbs expressive of union, uniformity, separation, universality, etc. 一齊 yih .t'si, *together;* 兩齊 'liang .t'si, *apart (in two places);* 一連 yih .lien, *joined together;* 一下

海上絲綢之路文獻集成 科技與文化編

yih hia', 兩下 'liang hia', *together, separately;* 一直 yih chïh, *directly;* 一切 yih t'sièh, *the whole;* 一道 yih tau', *together.*

Nouns of time become adverbs of time by repetition. 年年一樣的 .nien .nien yih yang' tih, *year by year the same.*

Numbers with numeral particles are repeated to form adverbs of succession. 一個一個走出去 yih ko' yih ko' 'tseu c'huh k'ü', *one by one they went out.*

Between the repeated words when they refer to time, the verb 過 kwo' is introduced to represent succession in time. Thus five-word groups are formed. 一世過一世 yih .shï kwo' yih .shï, *one generation after another.*

When a number and its numeral are repeated with an adjective placed between them, they give it the sense of gradual increase or diminution. 一點大一點 yih 'tien ta' yih 'tien, *little by little it grows great;* 一層高一層 yih .t'seng ,kau yih .t'seng, *by successive layers it grows higher.*

Adverbs of Manner.

Adjectives are used as adverbs with or without the suffixes already described: 多用心思 ,to yung' ,sin ,sï, *he thinks much;* 高得多 ,kau teh ,to, *much higher.*

The auxiliary substantives (see page 133) of manner, with yih, *one,* or 'liang, *two,* are used adverbially at the end of sentences. 和父母一樣 .ho fu' 'mu yih yang', *the same as one's father and mother.*

The words *thus, so, how?* are expressed by compounds, consisting of pronouns and substantives, as 這樣 che' yang', *thus;* 怎樣 'tsen yang', *how?* 如此 .ju 't'sï, *thus.* For other examples, see chapter on pronouns. 怎麼 'tsen 'mo, means *how?* or *thus,* 是怎麼呢 .shï 'tsen 'mo .ni, *is it thus?* 怎的 'tsen tih, 怎麼的 'tsen 'mo tih, *how?*

The words *as* and *like,* are expressed by 如 .ju, *as, like;* 好像 'hau siang', 像 siang', 倒像 'tau siang', 如同 .ju .t'ung, *like.* In purely colloquial examples formed from these words, the phrase 一樣 yih yang', or 一般 yih ,pan, *of one kind,* follows

x

the word to which the subject is compared. 如同皇帝一樣的 ˌju ˌt'ung ˌhwang ti' yih yang' tih, *the same as the emperor.*

Reciprocity is expressed by words such as 相 ˌsiang, *mutually;* 大家 ta' ˌkia, *mutually;* 相商 ˌsiang ˌshang, *to take counsel together.*

Adverbs of Intensity and Quantity.

Words applied to qualify adjectives admit of being classified according to the degrees of comparison. (For examples, see adjectives). Those that form the comparative, are 更 ˌkeng, *to change;* 還 ˌhwan, 又 yeu', *again;* 再 tsai', *again;* 越加 yuèh ˌkia, 越發兒 yuèh fah ˌrï, *much.*

The particles forming the superlative, are 頂 'ting, 極 kih, 至 chï', 絶 tsiuèh.

Intensitive particles (meaning *very*), are 狠 'hen, 快 kwai', 好 'hau, 好不 'hau puh, 甚 shen', preceding their word, and 極 kih, 緊 'kin *close;* 煞 shah, *end,* used as suffixes.

The sense *too* is given to adjectives, by 太 t'ai', 忒 t'eh, 過 kwo', *to pass,* or 過於 kwo' ˌü, *surpassingly.*

Some of these adverbs are employed to form a double comparative, as 越 yuèh, 愈 'ü, as in 越滿越好 yuèh 'man yuèh 'hau, *the fuller the better.* This indeed is the proper use of 越 yuèh and 愈 'ü. They are employed but sparingly to express the single comparative.

Many of these adverbs are also applied to verbs, as in 狠知道 'hen ˌchï tau', *I know it well;* 狠動氣 'hen tung' k'i', *he was very angry;* 更愛他 ˌkeng ngai' ˌt'a, *he loves him more.*

The following words singly or in compounds are used adverbially some before and some after verbs or adjectives.

只 chïh, *only;* 只得一個 chïh teh yih ko', *only one.*

止 'chï, *to stop;* with 不 puh, *merely,* as in 不止一人 puh 'chï yih ˌjen, *not only one,* or *there were more than one.*

光景 ˌkwang 'king, *form; appearance;* used for *about,* as in 三四百光景 ˌsan sï' pai' ˌkwang 'king, *about* 300 *or* 400.

海上絲綢之路文獻集成 科技與文化编

限 hien', *limit*, is used with 有 'yeu, *to have*, for *a little*, as in 學問有限 hioh wen' 'yeu hien', *his learning is not much*.

還 .hwan (colloquially .hai), *still, more*.

毫 .hau, *a small division*, used with 一 yih and 絲 ,sï, for *a very little, the least*, as in 絲毫不對 ,sï .hau puh tui', *it does not in the least suit*.

畧 lioh, *a compendium*, as an adverb *a little;* 畧須好些 lioh ,sü 'hau ,sie, *a little better*.

滿 'man, *full; fully;* as in 不滿二斤 puh 'man rï' ,kin, *not fully two catties*.

把 'pa, *a handful; about;* as in 丈把 chang' 'pa, *about* 10 *feet;* 寸把 t'sun' 'pa, *about an inch;* 斤把 ,kin 'pa, *about a catty;* 斤把二斤來的 ,kin 'pa rï' ,kin .lai tih, *about a catty or two are come;* 千把 ,t'sien 'pa, *about a thousand*.

罷 pa', *ended*, after 不 puh, *not*, signifies *merely*, as in 三十不罷總有五十 ,san shïh puh pa' 'tsung 'yeu 'wu shïh, *there are more than thirty, there must be fifty*.

半 pan', *half*, is used adverbially, in 半官半私 pan' ,kwan pan' ,sï, *half public and half private;* 半假半眞 pan' 'kia pan' ,chen, *half true and half false;* 大一半兒 ta' yih pan' rï, *the greater part*, or 一大半兒 yih ta' pan' .rï.

頗 p'o', *rather; in a small degree;* 身體頗安 ,shen 't'i p'o' ,ngan, *I enjoy tolerable health;* 笛聲頗尖 tih ,sheng p'o' ,tsien, *the sound of the fife is high and clear*.

不過 puh kwo', *not passing; only;* 不過是你自己受苦 puh kwo' shï' 'ni tsï' 'ki sheu' 'k'u, *you only yourself suffer*.

少 'shau, *few; not much;* as in 少好 'shau 'hau, *not much of goodness;* 少用 'shau yung', *use little*.

絲 ,sï, name of a small division, used with 一 yih and 毫 .hau, as in 一絲無錯 yih ,sï .wu ,t'so, *not in the least wrong*.

消 ,siau, *to use; spend; necessarily;* in the negative, as in 不消二里路 puh ,siau rï' 'li lu', *not so much as two li*.

些 ,sie, *a little*, is used in the compounds, 些爲 ,sie .wei, *a little;* 些須 ,sie ,sü, *a little;* as in 些須會寫寫字 ,sie ,sü hwei' 'sie 'sie tsï', *I can write a little*.

海上絲綢之路文獻集成　科技與文化編

須 ,sü, *must; a little*, is used in 須爲 ,sü .wei, 須少 ,sü 'shau, *a little*, as in 須爲有些害怕 ,sü .wei 'yeu ,sie hai' p'a', *he fears a little.*

大 ta', is used with the negative 不 puh, for *not very*. The particle 哩 'li usually follows, as in 不大哩行 puh ta' 'li .hing, *it is not much practised, it will not do.*

單 ,tan, *single*, is used as an adverb for *only, singly*, as in 不單一個 puh ,tan yih ko', *not one only;* 單單他會 ,tan ,tan ,t'a hwei', *only he can do it.*

但 tan', *but, only*, as in 但見晝夜生雲不見雲中下雨 tan' kien' cheu' ye' ,sheng .yün, puh kien' .yün ,chung hia' 'ü, *he only saw clouds collecting night and morning, but did not see rain fall from them.*

到 tau', *to reach*, after the negative 不 puh, means *so much as*, as in 不到一千 puh tau' yih ,t'sien, *not so much as* 1,000.

頭 .t'eu, *about*, in reference to numbers, as in 頭三四里路 .t'eu ,san sï' 'li lu', *about three or four li.*

總 'tsung, *the whole, most, altogether*, is used in some compounds, as 一總 yih 'tsung, 共總 kung' 'tsung, *all.*

獨 tuh, *alone; singly;* 獨一個 tuh yih ko', *only one.*

爲 .wei, *to be*, one of the substantive verbs is used in some compounds of an adverbial nature, as in 少爲 'shau .wei, *a little.*

惟 .wei, *only*, a book word, used in the compound, 惟獨 .wei tuh, *only*, as in 惟獨二人 .wei tuh rï' .jen, *only two men.*

約 yoh, *to make an agreement, about, in general*, is used in several compounds, as 約歸 yoh ,kwei, 約模 yoh .mo, 約數 yoh shu', 大約 ta' yoh, 約畧 yoh lioh, *about*, of numbers.

Adverbs of Time.

Primitive adverbs of time are numerous.

暫 chan', *temporarily*, as in 暫且 chan' 't'sie, and 暫時 chan' .shï, *for the time.*

初 ,c'hu, *at first*, as in 初到這裏 ,c'hu tau' che' 'li, *on first coming here;* 起初 'k'i ,c'hu, *at the beginning;* 初始 ,c'hu 'shï, *at the beginning.*

方 ,fang, *at that time; just now*; 方纔 ,fang .t'sai, *just now*; 方到 ,fang tau', *just come*; 方來 ,fang .lai, *just come*.

忽 hwuh, *suddenly*, as in 忽然 hwuh .jan, *suddenly*; 忽然之間 hwuh .jan ,chï ,kien, *in an instant*.

向 hiang', *hitherto*; *to go towards*; 向來 hiang' .lai, 一向 yih hiang', *hitherto*.

現 hien', *at present*; 現在 hien' tsai', *now*; 現今 hien' ,kin, 當現 ,tang hien', *now*.

還 .hwan, *again*; 還要來 .hwan yau' .lai, *I shall come again*.

已 'i, *finished*, as in 已經 'i ,king, *already*. It is also used in the phrases, 不得已 puh teh 'i, *necessarily*; 而已 .rï 'i, *and that alone*.

既 ki', *already*, as in 既然 ki' jan, *already*; 既是 ki' shï', *if it is already so*.

剛 ,kang, *recently*, as in 剛剛來 ,kang ,kang .lai, *just come*.

今 ,kin, *now*, as in 如今 ju ,kin, 當今 ,tang ,kin, *now*; 至今 chï' ,kin, *till now*.

難 .nan, *difficult*, is used in the sense *seldom*, as in 難得來 .nan teh .lai, *he comes seldom*.

昔 sih, *formerly*; 昔時 sih .shï, *in former times*; 昔日 sih jïh, *formerly*; 往昔 'wang sih, *in past times*.

便 pien', *then*; 便是 pien' shï', *that then is it*; 不來便罷來必殺他 puh .lai pien' pa', .lai pih shah ,t'a, *if he does not come let it be so, but if he comes kill him*.

先 ,sien, *formerly*; 在先 tsai' ,sien, *formerly*.

再 tsai', *again*; 再去一回子 tsai' k'ü' yih hwei' 'tsï, *go once more*.

纔 .t'sai, *just now*; as in 纔來 .t'sai .lai, *he is just come*.

曾 .t'seng, *already, past*, is used as a particle for the past tense. It follows some other word, as 未 wei', 不 puh, in the sense *not yet* or *not*, and 可 'k'o as a past interrogative *have you?*

卽 tsih, *at once*, as in 隨卽 .sui tsih, *immediately*; 卽刻 tsih k'eh, *immediately*; 卽便 tsih pien', *that then is it*.

將 ,tsiang, *about to*; as in 將來 ,tsiang .lai, *about to come*.

海上絲綢之路文獻集成　科技與文化編

就 tsieu', *immediately;* as in 就來 tsieu' .lai, *come at once.*

昨 tsoh, *yesterday;* as in 昨天 tsoh ,t'ien, *yesterday;* 昨前來了幾個客人 tsoh .t'sien .lai 'liau 'ki ko' k'eh .jen, *a few days ago came several visitors.*

預 ,ü, *previously,* is used with 先 ,sien its synonym; as in 預先防備 ,ü ,sien .fang pei', *guard against it beforehand.*

又 yeu', *again;* 又是一囘寫了 yeu' shï' yih .hwei 'sie 'liau, *he has written it again.*

The demonstrative pronouns combine with substantives of time to form compound adverbs of time. 那時 na' .shï, *at that time;* 此刻 't'sï k'eh, *now;* 這個時候 che' ko' .shï heu', *now;* 那個時辰 'na ko' .shï .c'hen, *at what time?* 不論幾時 puh lun' 'ki .shï, *no matter at what time.*

Several adjectives are borrowed to form compound adverbs of time. They are 常 .c'hang, *constant;* 後 heu', *after;* 下 hia', *below;* 舊 kieu', *old;* 近 kin', *near;* 古 'ku, *ancient;* 去 k'ü', *departed;* 明 .ming, *bright;* 新 ,sin, *new;* 多 ,to, *many;* 早 'tsau, *early;* 前 .t'sien, *before;* 次 t'sï', *next.* Examples: 不常 puh .c'hang, *frequently;* 常來 .c'hang .lai, *constantly came;* 時常 .shï .c'hang, *constantly;* 後來 heu' .lai, *afterwards;* 後日 heu' jïh, *the day after to-morrow;* 後今 heu' ,kin, *after this;* 目下 muh hia', *at present;* 當下 ,tang hia', *at present;* 下午 hia' 'wu, *in the afternoon;* 舊年 kieu' .nien, *last year;* 去年 k'ü' .nien, *last year;* 近日 ,kin jïh, *to-day;* 古時間 'ku .shï ,kien, *in ancient times;* 明年 .ming .nien, *next year;* 明天 .ming ,t'ien, *to-morrow;* 新年 ,sin .nien, *new year;* 多日 ,to jïh, *many days;* 早早 'tsau 'tsau, *early;* 前日子 .t'sien jïh 'tsï, *the day before yesterday;* 次日 t'sï' jïh, *the next day.*

Adverbs of Place and Direction.

Adverbs of place are formed by demonstrative pronouns joined with certain substantives. In addition to the common demonstratives 這 che', *this,* and 那 na', *that,* the words 此 't'sï and 彼 pei', are also used in some phrases.

Here is expressed by 這塊 che' k'wei', 這裏 che' 'li, 這

頭 che' .t'eu, 這兒 che' .ri, 這處 che' c'hu', 這方 che' ,fang. *There* is formed by 那塊 na' k'wei', 那裏 na' 'li. 那頭 na' .t'eu, 那處 na' c'hu', 那方 na' ,fang. For *here* are also found, 此地 't'sï ti', 此處 't'sï c'hu'; and for *there*, 彼地 ,pei ti', 彼處 ,pei c'hu'. For *on this side* are found, 這邊 che',pien, 這面 che' mien', 這半邊 che' pan' ,pien; and for *on that side*, the corresponding forms with na'.

The postpositions, or case particles answering to our locative prepositions, enter similar phrases. *Above* is expressed by 上邊 shang' ,pien, 上頭 shang' .t'eu, 上面 shang' mien'; *below* by 下邊 hia' ,pien, etc. with 底下 'ti hia'; *within*, by 裏面 'li mien', 裏邊 'li ,pien, etc.; *without*, by 外 wai', with the same adjuncts.

Before and *behind*, are expressed by 前 .t'sien and 後 heu', with the words 面 mien', 頭 .t'eu, 邊 ,pien, 底 'ti, 底下 'ti hia', 半邊 pan' ,pien.

Right and *left*, are expressed by 左 'tso, 右 yeu', with the subjoined words 手 'sheu 半邊 pan' ,pien.

Other adverbs of place and direction, are 周圍 ,cheu .wei, *all round*; 四周圍 sï' ,cheu .wei, *all round*; 直走 chïh 'tseu, *walk straight*; 斜直 .sie chïh, *obliquely*; 踝彎兒 kwai' ,wan .rï, *obliquely*.

Several prepositions, as 前 .t'sien, 後 heu', 上 shang', 下 hia', 外 wai', 內 nui', are placed with 以 'i, at the end of sentences to define the direction of the action, 如今以後 .ju ,kin 'i heu', *from this time forward*. .Lai 來 *to come* is also thus used, as in 自古以來 tsï' 'ku 'i .lai, *from ancient times till now*.

Affirmative, Negative, and Emphatic Particles.

The affirmative of fact is usually 是 shï', 是的 shï' tih, *it is so; yes*. It is also expressed by the words 差 ,c'ha, or 錯 ,t'so, with the negative 不 puh, *not*, preceding; 不錯 puh ,t'so, *it is so*.

The contradictory of any proposition is expressed by 不是 puh shï', *it is not so*.

海上絲綢之路文獻集成　科技與文化編

Puh 不 is the contradictory negative before verbs and adjectives generally. 不能 puh .neng, *you cannot;* 不通 puh .t'ung, *it is not reasonable;* 不多 puh ,to, *not many.* Puh is sometimes affirmative, as when preceded by 好 'hau, e. g. in 好不容易 'hau puh .yung i', *very easy;* but this would be in Peking *very difficult.*

Our affirmative *yes* is expressed by 有 'yeu, *to have,* when the possession or existence of things is spoken of, 銀子有呢有的 .yin 'tsï 'yeu 'ni? 'yeu tih, *have you silver? I have,* or *is there silver? there is.*

The opposite of the affirmative of possession and existence, is 沒 muh, as in 沒銀子 muh .yin 'tsï, *there is no silver;* 沒王沒法 muh .wang muh fah, *they are under no law.* 'Yeu is sometimes used after muh, as in 沒有人 muh 'yeu .jen, *there is no one.*

Other negatives borrowed from the books, and used in some phrases, are 非 ,fei, the equivalent of 不是 puh shï', and 無 .wu, the same as 沒有 muh 'yeu. They are sometimes combined as in 無非是要你們忠厚 .wu ,fei shï' yau' 'ni .men ,chung heu', *it is that you may be faithful and upright, and for that only.*

The affirmative is defined more clearly by certain particles, viz. 正 cheng', 便 pien', 就 tsieu', 正是 cheng' shï', *it is just so;* 便是 pien' shï', *that then is it;* 就是 tsieu' shï', *that is it, it is so;* 纔是 .t'sai shï', *that is it.* These words sometimes precede other verbs, as 便可 pien' 'k'o, *that then can be done.* 就 tsieu', before other verbs takes the sense of *immediately,* as in 就打 tsieu' 'ta, *he immediately beat him.*

The emphasis of positive certainty is conveyed by two sets of particles, one applied to affirmations and negations, the other to negations only. The former are such as 畢竟 pih king', 實在 shïh tsai', 斷乎 twan' .hu, 卻 k'ih, with 也 'ye following, as in 卻也不難 k'ih 'ye puh .nan, *certainly not difficult.*

In negative phrases 並 ping' is employed, as in 並不是 ping' puh shï', *certainly it is not.*

Some words assert that something *must* be so (moral certainty). 總 'tsung, 必定 pih ting', 一定 yih ting', are examples.

That a thing is naturally so is expressed by certain words, such as 自然 tsï' jan, 本來 'pen lai, 原來 yuen lai, 原本 yuen 'pen, 本底 'pen 'ti, 本底子 'pen 'ti 'tsï, *originally*.

These phrases are often prefixed to the substantive verb, as in 原是儆戒沒良心的 yuen shï' king kiai' mei liang sin tih, *this is a warning to the wicked*.

That a thing ought and ought not to be done, is expressed by prefixing to the negative various words. For the affirmative are employed 總要 'tsung yau', 務要 wu' yau'.

For the negative are used 決 kiueh, 切 t'sieh, 千萬 t'sien wan'; as in 千萬不可 t'sien wan' puh 'k'o, *certainly you may not*; 斷乎不可 twan' hu' puh 'k'o, *certainly you may not*.

Some adverbs prefixed to 不 puh are interrogative. They are 豈 'k'i, *how?* 難道 nan tau', *hard to be said; is it so then?* The suffix 不成 puh c'heng, is also interrogative.

A double negative is sometimes interrogative, as 莫非 moh fei, *is it not?*

CHAPTER XI.

On Conjunctions.

The prepositions meaning *with* 和 ho, 同 t'ung, 及 kih, 以及 'i kih, are used as copulative conjunctions, to connect nouns. In Peking hai' is common as a preposition and conjunction, meaning *with* or *and*.

並 ping', an adverb *certainly*, is also used as a conjunction *and*, to connect nouns.

Clauses are connected by means of 還 hwan, *still*, and hai, a colloquial pronunciation of the same word, probably shortened from an old form hain.

'Ye 也 *also*, is also used to join clauses together, in the sense *even, also, and*.

'T'sie 且 *and, further*, is used only in compounds 並且 ping' 't'sie, *and further*; 權且 k'iuen (c'h) 't'sie, *under the circum-*

z

stances. 而且 .rï 't'sie, *and further*, by 尙且 shang' 't'sie, *if still further*. The .rï occurring in books between two adjectives, in the sense *and*, is also expressed by 而且 .rï 't'sie, as in 深而且淸 .shen .rï 't'sie .t'sing, *deep and clear*. ,Hwang 't'sie 況且 is used for *how much more, when further*.

A new subject is introduced by 還有 .hwan 'yeu, *and further*, and 再者 tsai' 'che, *again*.

Adversative conjunctions. When our word *but* means *merely, only*, it is expressed by 但是 tan' shï', or 不過 puh kwo', 只 chïh. Tan' and chïh combine with various verbs, as with 請 't'sing, *please*, in the sense *I only ask you to*, and hence *just only*. Tan' kien' 但見 *he only saw*. This however is an adverbial usage.

Our word *but* in its lighter sense is more nearly expressed by 倒 'tau, *on the other hand, however*, and 倒底 'tau 'ti, *in the end, however, and yet*. Less frequently 反 'fan is employed for *on the other hand*.

When perversity is implied 偏 ,p'ien is used for 'tau.

The phrases 雖然 ,sui .jan and 然而 .jan .rï, *although, yet*, are used to commence separate clauses. For 然而 .jan .rï, the phrases 究竟 kieu' king', and 倒底 'tau 'ti, *however*, are also used.

Disjunctives. When two clauses are introduced by *either, or*, the word 或 hwoh, or compound 或者 hwoh 'che, is placed at the beginning of each.

The phrases 不是 puh shï', 就是 tsieu' shï', *if it be not, then it is*, answer the same purpose.

When the first clause is interrogative, and the second commences with *or*, the interrogative .ni is used at the end of the first clause, and 還是 .hwan shï', at the beginning of the second. 是你呢還是別的 shï' 'ni .ni .hwan shï' pièh tih, *is it you or another?*

'Ye 也 *and*, and 又 yeu', *again*, are used with 不 puh, *not*, and a verb for *neither, nor*.

On the one hand, and *on the other hand*, are expressed by 一

件 yih kien', 一面 yih mien', 一頭 yih .t'eu, 一半 yih pan'. When either of these compounds is used, it is repeated at the head of each clause.

Not only, but even, are expressed by 非獨 ,fei tuh, 就是 tsieu' shï'. For the latter, 連 .lien, *together with*, is also found. Puh tan' 不但 and 也 'ye, are also used for *not only, but also*. .Ning 寧 *it would be better to*, supplies the place of "than." 寧死不要做惡事 .ning 'sï puh yau' tso' ngoh shï', *it would be better to die than to do what is wrong*.

Causal conjunctions. 因 ,yin, 因爲 ,yin .wei, 爲之 .wei ,chï, all introduce clauses with the sense *because*. The word 故 ku', *cause*, placed at the end of a clause with 之 ,chï, the possessive particle before it, or 緣故 .yuen ku', *cause*, with 的 tih, also gives the meaning *because*.

Illative conjunctions. 所以 'so 'i, 故此 ku' 't'sï, 故所 ku' 'so, 故所以 ku' 'so 'i, 因此 ,yin 't'sï, *therefore, because of this*, all introduce clauses in colloquial.

The *final* conjunction *that*, is expressed by 以 'i, *in order to*, preceding certain verbs, as 以免 'i mien', *in order to avoid*. A plainer colloquial mode of expressing this conjunction is by the auxiliary causative verbs, 使 shï', 教 kiau', and 要 yau'.

The *consequential* conjunction *so that*, is also expressed by the auxiliary verbs, 教 kiau', 使 shï'.

Lest is expressed by 常恐 .c'hang 'k'ung, 常怕 .c'hang p'a', 恐怕 'k'ung p'a', 恐則 'k'ung tseh, 怕 p'a'.

Hypothetical conjunctions. Joh 若 *if*, combines with 然 jan, *if so*, 是 shï', *if it be that*, or is used alone.

Another conditional particle used alone or in compounds, is 倘 't'ang, *if*. The compounds, 倘或 't'ang hwoh, 倘使 't'ang shï', 倘然 't'ang .jan are common; 倘若 't'ang joh also occurs.

Ki' 既 *already*, is used conditionally, in 既然 ki' .jan, *if it were already so*, and when it stands alone.

Another conditional particle is 縱 'tsung, *although, even, if*. Further 要是 yau' shï', means *if*, as in 要是你不合我

去 yau' shï' nï puh hoh 'wo k'ü', *if you will not go with me.*

Tsieu' shï' 就是 means *even if*, when commencing the first of two clauses. 就是他哭而且鬧也不要讓他 tsieu' shï' ,t'a k'uh .rï 't'sie nau' 'ye puh yau' jang' ,t'a, *even if she weeps and makes a noise yet do not listen to her.*

If, with the negative is represented by 不然 puh .jan, or 再不然 tsai' puh .jan, *should it not be so.*

The use of 如 .ju, *like, if*, as a conjunction is only found colloquially in phrases such as 譬如 'p'i .ju, 比如 'pi .ju, 假如 'kia .ju, and perhaps even here it should rather be regarded as an adverb.

CHAPTER XII.

Miscellaneous Particles and Interjections.

The particles that cannot be conveniently classed under any part of speech are the following.

的 tih, the sign of the possessive. This word is also placed after adjectives and verbs. After verbs it often has the power of a relative pronoun: 不是我說的 puh shï' 'wo shwoh tih, *it was not I who said it;* 來的人不少 .lai tih .jen puh 'shau, *those who came were not a few.* When it follows material nouns it changes them into adjectives. It is also used convertibly with 得 teh after verbs. In mandarin books 地 ti' and 底 ,ti are often used for this word from identity of sounds in northern dialects. ,Chï 之 is the book representative of the preceding word, and is used in bookish expressions in conversation.

Ko' 箇 or 個 or 个 is a numeral particle for many nouns, and follows the demonstrative pronouns as an expletive.

'Liau 了 is the sign of the preterite, and the past participle.

.Men 們 is a plural particle for substantives.

The final particles are—哩 'li, which is indicative and sometimes interrogative. 這方是能務本業哩 che' ,fang shï' .neng wu' 'pen yèh 'li, *this then is to be able to apply to one's own business;* 體他的好心纔是哩 't'i ,t'a tih 'hau ,sin .t'sai shï' 'li, *sympathize with his kind heart, let it be so.*

'Mo 麽 is the interrogative of remonstrance while 呢 .ni is that of simple questions. For 麽 the character 嗎 'ma is also used. The old sound 'ma is frequently heard in colloquial usage, and this new character has been invented to express it. Both are found in the Sacred Edict. 麽 'mo is also used after several of the interrogative pronouns, as 甚 shen', etc. It is there also pronounced 'mo or 'ma.

'Mo is also employed in sentences headed by the initial interrogatives 豈 'k'i, *how?* 難道 .nan tau'. After the latter, the phrase 不成 puh .c'heng, often takes its place as a final interrogative in northern mandarin.

,La 拉 and 咯 .lo, are used occasionally in Peking as finals in indicative sentences. Thus 是拉 shï' ,la and shï' .lo, for *yes, it is so*, are both heard, as also 是呀 shï' ,ya.

,Na 那 is another expletive used at the close of indicative sentences. 我知道那 'wo ,chï tau' ,na, *I know it.*

,A or ,nga 阿 is used in addressing persons. 老人阿 'lau .jen ,a, *old man!*

The *interjections* are such as the following: 嗳 ,ai (,ngai) an answer to one who calls, intimating that he is heard. 阿 ,o (,ngo) is also used in the same sense.

,Cho is used in speaking to mandarins in the same sense as the last. It is, as used in Peking, 官話 ,kwan hwa', *public*, while the preceding is 私話 ,sï hwa', *private.*

,Eu or ,o, means *mind what I say.* It follows the advice or instruction which it refers to.

嗳呀 ,ngai ,ya, *alas!* Premare has 阿 ,a or ,o for the second of these words; he spells it .ho, a pronunciation unknown at Peking.

呀 ,ya, *wonderful!*

唔 ,m, is used interrogatively for *what do you say?*

海上絲綢之路文獻集成　科技與文化編

PART III.
SYNTAX.

CHAPTER I.
On Government.

The rules for the relative position of words in a sentence are few and simple. They will be first considered in sentences of an uninvolved form.

When a noun is united with another by the connecting particle 的 tih, it is related to it as an attributive genitive to its object, and it always precedes. 百姓們的福分 peh sing' .men tih fuh fen', *the people's share of happiness.*

Adjectives precede their substantives. Frequently 的 tih is inserted, which as in the foregoing instance indicates an attribute. 正經書 cheng' ,king ,shu, *correct and classical books;* 謊話 ,hwang hwa', *false words;* 家中有兩尊活佛 ,kia ,chung 'yeu 'liang ,tsun hwoh fuh (fo), *in your homes you have two living Buddhas,* viz. *parents.*

Transitive verbs precede their objects. 尊敬長上 ,tsun king' 'chang shang', *reverence elders;* 蓋房子住 kai' .fang 'tsï chu', *build a house to live in;* 穿紅掛綠 ,c'hwen .hung kwa' lüh, *to dress in red and put on green.*

When the object is twofold (double accusative), rhythmus regulates the position of the object. In 送他一本書 sung' ,t'a yih 'pen ,shu, *give him a book;* 拿一本書送他 .na yih 'pen ,shu sung' ,t'a, 送一本書與他 sung' yih 'pen ,shu 'ü ,t'a, all meaning *give him a book,* there are three modes of placing the words, viz. (1) verb–direct object–indirect object; (2) indirect object–verb–direct object; (3) verb–indirect object–direct object. The most natural order in this case, is for the direct object to follow the verb, as is shewn by the necessity in the other two modes of introducing a case particle or an instrumental verb. But rhythmus often makes the third mode more natural.

Adverbs usually precede the adjectives and verbs they qualify. 明日愁來明日當 .ming jïh .c'heu .lai .ming jïh ,tang, *should grief come to-morrow let it be borne to-morrow;* 浪用 lang' yung‘, *to use wastefully*; 不要專講做文做詩 puh yau‘ ,chwen ’kiang tso‘ .wen tso‘ shï‘, *do not think exclusively of making essays and poetry.*

The prepositions as the name denotes, precede their words. The postpositions or case particles follow the nouns to which they belong; as in 身上 ,shen shang‘, *on the body*; 家裏有 ,kia (ts) ’li ’yeu, *at home there are some*; 從今以後 .t‘sung ,kin ’i heu‘, *from this time forward.*

CHAPTER II.

Influence of Position on the Parts of Speech.

Very many words admit of being classed under several parts of speech. That to which they belong is usually known from their position without difficulty.

The Substantive.

One substantive frequently qualifies another, and may then be viewed as an adjective. 更樓 ,keng .leu, *watch tower*; 城墻 .c‘heng .t‘siang, *city wall*; 城門樓子 .c‘heng .men .leu ’tsï, *tower over a city gate.*

The Adjective.

Adjectives become substantives when they follow a substantive with or without 的 tih. 這樣好不見起有 che‘ yang‘ ’hau puh kien‘ ’k‘i ’yeu, *this kind of goodness is not likely to be found*; 河的彎曲多 .ho tih ,wan c‘hüh ,to, *the windings of the river are many.*

When adjectives follow transitive verbs they also become substantives. 房子蓋多孟高 .fang ’tsï kai‘ ,to meng‘ ,kau, *how high is the house built?* (to meng‘ is used in Peking for 多少 ,to ’shau, *how many?*) 看他們的聰明 k‘an‘ ,t‘a .men tih ,t‘sung .ming, *considering their intelligence*; 學好爲善 hioh (.siau) ’hau .wei shan‘, *learn goodness and do what is good*; 做兇 tso‘ ,hiung (s), *to act the part of a violent man*; 發兇 fah ,hiung, *to use violence.*

An adjective is sometimes governed by another adjective. It

is then a substantive: 深綠 ,shen lüh, *light green;* 輕的痛 ,k'ing tih t'eng', *a slight pain;* 淡黃 tan' .hwang, *pale yellow.*

Adjectives preceding verbs are treated as adverbs: 多說幾句話 ,to shwoh 'ki kü' hwa', *speak a few words more;* 少用些 'shau yung' ,sie, *use a little less;* 痛哭 t'ung' k'uh, *painfully weeping;* 大有功勞 ta' 'yeu ,kung .lau, *he has great merit.* (The word *great* cannot be made in the translation to qualify the verb.)

Collective and distributive adjectives are frequently used without a substantive following. They are then pronouns; thus 各 koh, *every;* in 各管各 koh 'kwan koh, *let each one attend to his own affairs;* 別的有 pièh tih 'yeu, *others have it.*

The Verb.

A verb as the subject of a proposition is a substantive. 喫穿也難 c'hïh ,c'hwen 'ye .nan, *to find food and clothing is difficult;* 跑路不行 .p'au lu' puh .hing, *it will not do to walk.*

As attributive genitive to a noun as object, a verb is also a substantive. 讀書的時候 tuh ,shu tih .shï heu', *the time of studying.*

Verbs when they qualify nouns become adjectives. 說不來的苦 shwoh puh .lai tih 'k'u, *unspeakable misery;* 那個愛寵的臣子 na' ko' ngai' 'c'hung tih .c'hen 'tsï, *that favoured mandarin.*

A verb becomes a substantive when governed by another verb. 學買賣 hioh (.siau, siüè) 'mai mai', *to learn a trade.*

When verbs become gerunds by taking case particles before or after them, they may also be viewed as assuming the form of substantives. 他在想別對他說話 ,t'a tsai' 'siang pièh tui' ,t'a shwoh hwa', *he is thinking, do not speak to him;* 做官之中有許多爲難 tso' ,kwan ,chï ,chung 'yeu 'hü ,to .wei nan', *in being a mandarin there are many difficulties.*

The facility with which words pass from one to another part of speech permits many verbs to become numeratives to nouns. 有兩種人不好的 'yeu 'liang 'chung .jen puh 'hau tih, *there*

海上絲綢之路文獻集成 科技與文化编

are two kinds of bad people; 一套碗盞家伙 yih t'au' 'wan chan' ,kia 'ho, *a set of china and other furniture.*

Prepositions and Postpositions.

The prepositions are almost all freely used as verbs, being such originally. In both cases they precede nouns, so that their character as prepositions or verbs in any individual case, must be decided by the sense, not by position. 到 tau', *to* is a verb, in 一日可以到得了 yih jïh 'k'o 'i tau' teh 'liau, *in one day you can reach it;* 一到京裏 yih tau' ,king 'li, *when once you have reached the capital;* and a preposition, in 到京裏去了 tau' ,king 'li k'ü' 'liau, *he is gone to the capital.*

The postpositions are freely used as adjectives. When they follow their word they are postpositions; when they precede they are adjectives. Among them should be included the points of the compass. 中原 ,chung .yuen, *China;* 心中 ,sin ,chung, *in the mind;* 西江 ,si ,kiang (ts), *the western river;* 江西 ,kiang ,si, *the west of the river;* 內地 nui' (nei) ti', *the interior of the country;* 城內 .c'heng nei', *within the walls.*

The Adverb.

Adverbs derived from pronouns or adjectives, and auxiliary substantives are employed freely as attributive genitives to nouns, or as nouns under the government of case particles. 這兒的人 che' .rï tih .jen, *the men of this place;* 那塊兒的百姓 na' k'wei' .rï tih peh sing', *the people of that place;* 他沒到此地來 ,t'a .mei tau' 't'sï ti' .lai, *he has not yet come here.*

Adverbs derived from adjectives may form the predicate of a proposition, and are then translated as adjectives. 人是好好兒的 .jen shï' 'hau 'hau .rï tih, *the man is very good.*

CHAPTER III.

Reduction and Expansion.

In colloquial Chinese may be witnessed the development of a remarkable power, which probably belongs to no other language in an equal degree, the power of expansion and contraction under

A a

the control of certain laws. These laws are those of rhythmus, and the position and grouping of words.

Many phrases used colloquially have all the laconic, contracted character of the book style, from which they are many of them quotations. A process of expansion is gone through, when such sentences are changed for more familiar phraseology. Thus 禍福無門惟人自召 ho' fuh .wu .men .wei jen tsï' chau', is expressed more familiarly, 凡人的禍害福氣無一定的門路 .fan .jen tih ho' hai' fuh k'i' .wu yih ting' tih .men lu', *men's happiness and misery have no fixed origin;* 只在人自做自受 chïh tsai' jen tsï' tso' tsï' sheu', *they only spring from men's own actions and deserts.* In this paraphrase each important word is doubled, and various particles etc. are inserted, by which the sentence is increased to nearly three times its original length. In the Sacred Edict the sentence 生人不能一日而無用 ,sheng .jen puh .neng yih jïh .rï .wu yung', is thus paraphrased, 人生在世 .jen ,sheng tsai' shï', 喫飯穿衣 c'hïh fan' ,c'hwen ,i, *men living in the world, eating and drinking,* 交接來往 ,kiau (ts) tsièh .lai 'wang, *mingling with others and going hither and thither,* 那一日沒有費用 'na yih jïh .mei 'yeu fei' yung', *what day do they pass without expense?* Here the verb 無 .wu becomes 沒有 muh 'yeu, *to be without;* and 用 yung', *to use,* is expanded into 費用 fei' yung', *expense.*

It is with this expansion, or paraphrasing of the more terse phraseology of the book language, that we have now to do, more than with the converse process. The principle on which it is based, is simply to choose such groups of words, and modes of arrangement, as are euphonious and in common use. This is done by the natives instinctively.

To accord with the rhythmus of the language, the numerical constitution of groups of words, whether of two, three, four, or more numbers must be maintained. Thus in the sentence 錢財立刻用盡了 .t'sien .t'sai lih k'eh yung' tsin' 'liau, *your money will be at once expended,* there are three doubled words from the original, 財立匱矣 .t'sai lih k'wei' .i. In the sentence 夫孝者天之經地之義 .fu hiau' (s) 'che ,t'ien ,chï

漢語官話口語語法

,king (ts) ti' ,chï i', *now filial piety is law in heaven and duty on earth,* as expanded into 這孝順爹娘在天地間爲當然的道理 che' hiau' shun' ,tie .niang tsai' ,t'ien ti' ,kien (ts) .wei ,tang jan tih tau' 'li, the word hiau' *filial piety,* is developed into a four-word group hiau' shun' ,tie .niang. In the other part of this paraphrase occurs an instance of reduction. Two members of an antithesis *law in heaven* and *duty on earth,* coalesce in the words *the binding law of heaven and earth.*

Among these examples the briefer ones are taken from the book style. Many reduced sentences are however as already observed, also found in common colloquial use. Thus 日月星辰 jïh yuèh ,sing .c'hen, *sun, moon and stars,* which is expressed more familiarly 日頭和月亮和星星 jïh .t'eu hai' yuèh liang' hai' ,sing ,sing, in the Peking dialect. 今東 ,kin ,tung, 明西 .ming ,si, *to-day he goes east and to-morrow west,* for 今天朝東明天朝西 ,kin ,t'ien ,c'hau ,tung .ming ,t'ien ,c'hau ,si.

These processes are facilitated by the readiness with which many particles are at will dispensed with or introduced. In the first sentence just preceding, *sun, moon and stars,* no conjunction is necessary. The words are bound together by rhythmus instead. When however the one group is broken up into three, the particle *and* is twice inserted. In a western language the conjunction would be only used once. The Chinese ear regards this as a violation of symmetry.

The law of expansion here briefly illustrated is the principle on which the modern idiom of conversation has been formed. The old colloquial was probably very like, if not identical with Ku-wen. As words, tones, and dialectic differences multiplied, it was found necessary to use two or more words, where previously one was enough, otherwise the meaning would not have been distinctly conveyed.

CHAPTER IV.

Internal Structure of Groups.

In the preceding chapter it has been observed, that the expansion of a familiar colloquial sentence from a terse one like those in books, is done in consistency with the laws of grouping words These laws will now be considered.

In regard to internal arrangement, the words in a group are either in the order of government in syntax, of antithesis, of repetition, of species and genus, of matter and form, of natural priority, of time, of arbitrary choice, or lastly, they may constitute of themselves an entire sentence.

Government in Groups.

Very many groups exhibit an internal syntactical order, with which their external relation to the rest of the sentence does not interfere. 惟游手好閒之人有幾種病 .wei ,yeu 'sheu hau' .hien ,chï .jen 'yeu 'ki ,chung ping', *but people fond of rambling and loitering have several faults.* In this sentence the four-word group ,yeu 'sheu hau' .hien, consists of two members. ,Yeu 'sheu, *a wandering fellow* and 好閒 hau' .hien, *fond of indolence,* form together an adjective to the word 人 .jen, *man.* The verb ,yeu forms an adjective to the substantive 'sheu, *hand,* used metaphorically for agents generally, and .hien is the object to the transitive verb hau'.

Groups of two members which might be analysed in a similar manner as each consisting of a verb and its noun, are such as the following: 逢時過節 .fung .shï kwo' tsièh, *on the arrival of festivals ;* 爲冤結仇 .wei ,yuen kièh .c'heu, *to be an enemy and form grudges ;* 嫉賢妒能 tsih .hien tu' .neng, *to envy the wise and talented.*

Many groups are formed of two members, each consisting of an adjective preceding a substantive. 大同小異 ta' .t'ung 'siau i', *nearly like ;* 慈父孝子 .t'sï fu' hiau' (s) 'tsï, *kind fathers and filial sons.* Or an adverb qualifies a verb, as in 直去直來 chïh k'ü' chïh .lai, *go at once and come back at once.* Or a compound verb governs a compound noun, 躭擱工夫 ,tan koh ,kung ,fu, *to waste time.* Or there may be an adverb, verb and noun, as in 白費銀錢 peh (pai) fei' .yin .t'sien, *to spend money uselessly.* Or two nominatives may govern two verbs, 天崩地裂 ,t'ien ,peng ti' lièh, *heaven falling and earth bursting.*

海上絲綢之路文獻集成 科技與文化編

漢語官話口語語法

So a verb may govern two nouns, or an adjective and noun. 敬天地 king' ,t'ien ti', *reverence heaven and earth;* 尋死路 .siün 'sï lu', *to seek death by one's own hand.*

In the composition of adverbs with other words, the order of the words is usually that of syntax; e. g. in 只得 chïh teh, *he could only; only;* 只管 chïh 'kwan, *to attend only to; only;* 不過 puh kwo', *only;* chïh 'hau, in 只好由他 chïh 'hau .yeu ,t'a, *she could only let him do as he pleased;* 少爲 'shau .wei, *a little;* 只怕 chïh p'a', *perhaps;* 不料 puh liau', *unexpectedly;* 不覺 puh kioh, *involuntarily.*

So it might easily be shewn by examples, that these fixed groups consist of words, bearing to each other all the grammatical relations, which spring from their position and the parts of speech to which they belong.

Antithesis.

Antithesis occurs in single groups or in sentences. It will now be illustrated as found in single groups of words.

A pair of words naturally opposed to each other stand first and third in a four-word group, or second and fourth. 不必大驚小怪 puh pih ta' ,king 'siau kwai', *you need not fear much or wonder little,* i. e. *there is no ground for fear;* 談天說地 .t'an ,t'ien shwoh ti', *to converse about heaven and earth,* i. e. *things generally;* 修文演武 ,sieu .wen 'yen 'wu, *to cultivate literary and military accomplishments;* 棄暗投明 k'i' (t's) ngan' ,t'eu .ming, *forsake the dark and seek the light;* 左隣右舍 'tso .lin yeu' she', *neighbours on the right and left;* 走南往北 'tseu .nan 'wang peh (.pei), *going to the north and to the south;* 東喚西叫 ,tung han' ,si kiau', *calling to the eastward and shouting to the westward;* 嘴甜心苦 'tsui .t'ien ,sin 'k'u, *sweet in the mouth but bitter in the heart;* 長吁短歎 .c'hang ,hü 'twan t'an', *long sighs and short lamentations.*

Antithesis of adjectives and verbs, in some cases changes them to substantives. 萬丈深淺地穴 wan' chang' ,shen 't'sien ti' hiuèh, *a pit of ten thousand fathoms depth;* 不管人家的

海上絲綢之路文獻集成 科技與文化編

死活 puh ’kwan ˏjen ˏkia tih ’sï hwoh, *men’s living or dying he does not care for;* 不知輸贏 puh ˏchï ˏshu ˏying, *not to know whether they lost or gained.*

Two pairs of opposed adjectives may form a four-word group; 長幼大小 ’chang yeu‘ ta‘ ’siau, *old and young, great and small.*

Repetition.

The repetition of nouns frequently affects their grammatical sense. But in the case of adjectives and verbs its use is rhythmical or for emphasis. Repetition of nouns gives them a plural sense; 父父子子 fu‘ fu‘ ’tsï ’tsï, *all fathers and sons;* 子子孫孫 ’tsï ’tsï ˏsun ˏsun, *sons and grandsons;* 家家東西搶完了 ˏkia ˏkia ˏtung ˏsi ’t‘siang ˏwan ’liau, *all the houses have been robbed of their property;* 街街都不好走 ˏkiai ˏkiai ˏtu puh ’hau ’tseu, *the streets are all impassable.*

The repetitions of subdivisions of time, weight, etc. and of numeratives to nouns, gives a plural sense to the noun. 他刻刻來 ˏt‘a k‘eh k‘eh ˏlai, *he is coming every quarter of an hour;* 牛隻隻害病 ˏnieu chïh chïh hai‘ ping‘, *the cows are all of them sick;* 天天有 ˏt‘ien ˏt‘ien ’yeu, *they are to be had every day;* 個個人都走了 ko‘ ko‘ ˏjen ˏtu ’tseu ’liau, *the men have all gone away.*

Many names of relatives when consisting of one word are repeated. This is without any alteration of the sense: 舅舅 kieu‘ kieu‘, *mother’s younger brother;* 姑姑 ˏku ˏku, *father’s sister;* 奶奶 ’nai ’nai, *any mistress of a family.*

Several of the formulæ for the repetition of adjectives and verbs are the same. Two coordinate adjectives or verbs are each repeated, or the first or second of them is repeated, while the other is not so. 說說談談 shwoh shwoh ˏt‘an ˏt‘an, *they talked and conversed;* 爭爭嚷嚷 ˏcheng ˏcheng ’jang ’jang, *they wrangled noisily;* 鬧鬨鬨 nau‘ hung‘ hung‘, *noisy;* 滿騰騰 ’man ˏt‘eng ˏt‘eng, *full to overflowing;* 遊玩玩 ˏyeu wan‘ wan‘, *to wander for amusement;* 飄流流 ˏp‘iau ˏlieu ˏlieu, *to wander without a home;* 弄弄掃 lung' lung' ,sau, *to attend to and sweep clean;* 亂慌慌 lwan' ,hwang ,hwang, *in confusion;* 翁翁響 ,wung ,wung 'hiang, *noise of wind.*

The constituents of compound verbs are also repeated in an alternate order. 議論議論 i' .lun i' .lun, *to take advice upon.*

In three and four-word groups a repeated adjective forms an adverb to a simple or compound verb. 暗暗歡喜 ngan' ngan' ,hwan 'hi, *secretly pleased;* 悄悄下山 t'siau' t'siau' hia' (s) ,shan, *quietly he went down the hill;* 活活打死 hwoh hwoh 'ta 'sï, *to beat to death;* 快快走 k'wai' k'wai' 'tseu, *walk quickly;* 半信半疑 pan' sin' pan' .i, *he partly believed it and partly doubted it;* 齊齊跪下 .t'si .t'si kwei' hia', *together they knelt down;* 實實可憐 shïh shïh 'k'o .lien, *truly to be pitied;* 緊緊追赶 'kin 'kin ,chui ,kan, *closely pursued him.*

Some nouns take after them a repeated word expressing some quality or mode of appearance in them. 眼睜睜的 'yen ,tseng ,tseng tih, *the eyes looking angrily;* 眼巴巴的 'yen ,pa ,pa tih, *the eyes looking wistfully.*

Very many groups expressive of qualities, sounds, and appearances, are in use, consisting of a pair of repeated words. They approach nearly to the character of adverbs. 雨水點兒八搭八搭 'ü 'shui 'tien .rï ,pa ,ta ,pa ,ta, *the rain drops pattering;* 乒乓乒乓 ,ping ,pang ,ping ,pang, *sound of hail;* 登登登登 ,teng ,teng ,teng ,teng, *sound of firing cannon;* ,t'sih ,t'ung ,k'u ,t'ung, *noise of men rushing together;* 息喇花喇 ,si ,la ,hwa ,la, *noise of the sea.*

In many groups the idea is repeated by means of synonymes. 四面八方 sï' mien' pah ,fang, *the four quarters and eight regions;* 五湖四海 'wu .hu sï' 'hai, *the five lakes and four seas.*

Numbers occur in groups as adjectives denoting variety, in the first and third places. 七搭八搭 t'sih tah pah tah, *in a meddling manner;* 七大八大 t'sih ta' pah ta', *of different sizes;* but 七大八小 t'sih ta' pah 'siau, is more common; 紛紛不一 ,fen ,fen puh yih, *confused and various.*

Numbers also occur in the second and fourth places as ordinals.

何六何七 .ho luh (lieu') .ho t'sih, *some one number six and some one number eight;* 橫三豎四 .hung ,san shu' sï', *making repeated strokes down and athwart.*

Order of Species and Genus.

In compound nouns where one word specifies and defines another, the former precedes. 星光 ,sing ,kwang, *the light of stars;* 炮响 p'au' 'hiang, *noise of cannon;* 山羊 ,shan .yang, *a goat;* 綿羊 .mien .yang, *a sheep;* 桅杆 .wei ,kan, *a mast;* 旗杆 .k'i (t's) ,kan, *a flag-pole;* 沙袋 ,sha tai', *sand bags;* 口味 'k'eu wei', *taste;* 說話响 shwoh hwa' 'hiang, *noise of talking.*

Any word expressing the use or nature of another precedes it. Hence adjectives precede substantives, and a verb entering into composition with an auxiliary substantive also precedes it. 截他的歸路 tsih ,t'a tih ,kwei lu', *cut off his retreat;* 過了宿頭 kwo' 'liau suh .t'eu, *having past the place for passing the night.*

Order of Matter and Form.

In compound nouns, where one word expresses matter and the other form, the former precedes. 鐵笛 t'ièh tièh, *an iron fife;* 竹器 chuh k'i' (.t's), *bamboo articles:* 石龜 shïh ,kwei, *stone tortoise;* 石板兒 shïh 'pan .rï, *a flat stone;* 紙角 'chï kioh, *corner of a sheet of paper;* 菓品 'kwo 'p'in, *kinds of fruit.*

Further, all auxiliary substantives, as 子 'tsï, 頭 .t'eu, etc. and all numeral particles, when compounded with substantives, stand last. 火把 'ho 'pa, *a torch;* 孫子 ,sun 'tsï, *grandson;* 犂把 .li pa', *handle of a plough;* 嘴巴子 'tsui ,pa 'tsï, *instrument of torture for striking on the mouth.*

Order of Natural Priority.

君臣父子夫婦兄弟朋友 ,kiün .c'hen fu' 'tsï ,fu fu' ,hiung (s) ti' ,p'eng 'yeu, *prince and subject, father and son, husband and wife, elder and younger brother, friend and friend;* 老婆兒女 'lau .p'o .rï 'nü, *wife, sons and daughters;* 父母妻子 fu' 'mu ,t'si 'tsï, *father, mother and wife;* 天地人 ,t'ien

海上絲綢之路文獻集成 科技與文化编

漢語官話口語語法

ti' .jen, *heaven, earth, and man ;* 子孫 'tsï ,sun, *sons and grandsons.*

Order of Time.

When the action is gradual in a compound verb, the word first in time is first in order. 坐定 tso' ting', *to sit still ;* 砍倒 ,k'an 'tau, *to strike and throw down ;* 推落 ,t'ui loh, *to push down ;* 走遍 'tseu pien', *to go through the whole extent of.*

When one verb expresses power, and the other action, the former precedes, as in the case of the potential auxiliaries. 不會跑路 puh hwei' .p'au lu', *he cannot walk.*

Most of the auxiliary prefixes to verbs are originally mental acts, which naturally precede physical acts ; e. g. 肯 'k'eng, *willing ;* 要 yau', *to desire.*

The suffixes to verbs describe the progress and issue of the action. In 走上前來 'tseu shang' .t'sien .lai, *to walk up and come forward,* one action is described, viz. *coming forward.* The first verb represents the action generally, 'tseu, *walking.* Shang' and .t'sien describe the direction taken *up* and *before.* .Lai indicates the conclusion of the action. Thus the several words are arranged according to the extent of their speciality. The most specific stands first, 'tseu *walk,* and the most general last, .lai *come.* The law of order is the same for verbs as for substantives.

When one verb is the object of another verb, it follows it ; 不叫打 puh kiau' 'ta, *they did not call out to beat him ;* 不想動身 puh 'siang tung' ,shen, *he does not think of setting out ;* 不敢辭 puh 'kan .t'sï, *he does not dare refuse.*

The first verb is in such cases usually a mental action, or it expresses permission or prohibition. This rule embraces therefore the one above regarding prefixes. 看跑馬去 k'an' .p'au 'ma k'ü' (t's), *he is gone to see the horse-race ;* 休說虛話 ,hieu shwoh ,hü hwa', *cease to speak falsely.*

Order of Arbitrary Choice.

Words alike or coordinate in signification are placed in an order determined by custom. 會齊 hwei' .t'si, *to meet and assemble ;*

海上絲綢之路文獻集成 科技與文化編

稽查 ,ki .c'ha, *to examine into;* 賊盜 tseh tau', *robbers;* 學問 hioh (.siau) wen', *learning;* 厭惡 yen' u', *to dislike and hate;* 登降跪拜 ,teng kiang' kwei' pai', *to go up and descend, kneel and make prostrations;* 增添 ,tseng ,t'ien, *to add;* 庇佑 pi' yeu', *to protect;* 輸贏 ,shu ,ying, *defeat and victory;* 水酒疏飯 'shui 'tsieu su' fan', *water, wine, vegetables and rice;* 顛倒迷妄 ,tien 'tau .mi 'wang, *overturned, confused and wrong;* 找尋 ,chau .siün, *to seek;* 急忙 kih .mang, *hasty.*

Order of a Proposition.

In some groups of closely connected words, there are both subject and predicate, the former preceding. Thus a substantive may be followed by a repeated adjective. 威風凜凜 ,wei ,fung .lin .lin, *an air of nobleness;* 相貌堂堂 'siang mau' .t'ang .t'ang, *his appearance was dignified.*

Or a substantive may precede a verb as predicate. 萬夫不當的氣力 wan' ,fu puh ,tang tih k'i' lih, *a strength which ten thousand could not resist.*

The verb groups formed with 得 teh and 不 puh, are to be regarded as originally propositions, though they are used in the same manner as simple verbs. 補不足 'pu puh tsuh, *cannot be filled completely up.*

A subordinate clause in agreement with the noun forming the subject, may even be introduced between the subject and predicate. 物離鄉貴 wuh .li ,hiang kwei', *all things away from home, are dear.* In proverbial expressions like this, the most varied modes of a proposition may occur, but it is needless to multiply examples.

Variation in Order.

The order of repetition in four-word groups is in many cases direct or alternate, as the speaker pleases. This privilege is limited by custom to certain groups, of which some examples are here given. The order in two-word groups, where the terms are synonymous, is also often varied. 結實結實 kièh shïh kièh shïh, or 結結實實 kièh kièh shïh shïh, *secure;* 朋友 .p'eng 'yeu or 'yeu .p'eng, *friends ;* 整齊 ,cheng .t'si or .t'si ,cheng, *in order ;* 纔剛 .t'sai ,kang or ,kang .t'sai, *just now ;* 緊要 'kin yau' or yau' 'kin, *important ;* 兄弟 ,hiung ti', *elder and younger brothers,* or ti' ,hiung, *brothers.*

CHAPTER V.

External Relations of Groups.

Groups of words such as those described in the last chapter, bear the same relation to the other parts of a sentence as single words do. Thus in the sentence, 收入監內的時候 ,sheu juh ,kien nui' (nei') tih .shï heu', *at the time of his being placed in prison,* the first group of four words is related to the compound noun, .shï heu' as a single word would be, 來的時候 .lai tih .shï heu', *the time of his coming.* So in the sentence 把無影無形的話陷害他 'pa .wu 'ying .wu .hing (s) tih hwa' hien' (s) hai' ,t'a, *bring him into trouble by groundless charges,* the four-word group .wu 'ying .wu .hing, might be replaced by any single word meaning *false.* The government of the words 'ying and .hing by the verb .wu is for the time lost sight of. 仇恨到解不開的田地 .c'heu hen' tau' 'kiai puh ,k'ai tih .t'ien ti', *their enmity proceeded to an incurable length.* Here 'kiai puh ,k'ai, *it cannot be untied,* in itself a proposition, becomes an adjective to the following noun. 一味忍耐到死不變的人 yih wei' jen' nai' tau' 'sï puh pien' tih .jen, *a man who is all patience, who does not change till death.*

Groups of two are frequently repeated. 不怕不怕 puh p'a' puh p'a', *I do not fear, I do not fear ;* 如此如此 .ju 't'sï .ju 't'sï, *thus and thus ;* 來了來了 .lai 'liau .lai 'liau, *I am coming, I am coming ;* 望候望候 wang' heu' wang' heu', *to visit friends ;* 替你們分解分解 t'i' 'ni .men ,fen 'kiai ,fen 'kiai, *I will separate them for you ;* 不過頑耍頑耍罷了 puh kwo' wan' 'shwa wan' 'shwa pa' 'liau, *he is only playing, that is all.*

Some groups admit of the introduction of other words into them. Others are too closely compacted to allow of this. Thus 打仗 'ta chang', *to fight,* may be extended into 打了一個敗仗

海上絲綢之路文獻集成 科技與文化編

'ta 'liau yih ko' pai' chang', *he has fought and been defeated.* But the constituent words in 打聽 'ta ,t'ing, *to seek intelligence*, cannot be separated without affecting their meaning. Thus it appears that the words in a group are not combined in all cases with the same degree of closeness. They may be separable or inseparable. The latter will now be considered.

Inseparable Groups.

Among inseparable groups are some phrases originally dissyllabic. 玻璃 ,po li', *glass*, from the Sanscrit sphatika; 鴉片 'ya p'ien', *opium*; 嗳喲 ,ai ,ya, *alas!* 彷彿 'fang fuh, *like*; 叮嚀 ,ting .ning, *to intimate*; 啞吧 'ya ,pa, *a dumb person*; 躊躇 ,c'heu c'hu', *perplexed*; 狐狸 .hu .li, *a fox.*

None of the words in these groups are used alone in the same sense, but some of them may be replaced by another word; e. g. 啞子 'ya 'tsï, *a dumb person*; 叮囑 ,ting chuh, *to give directions.*

Among inseparable groups are many whose constituent words would have a different force if separated. Many verbs resign their governing power when they enter these combinations, taking the character of the entire group whether substantive or adjective; e. g. 封 ,fung, *to seal*, in 封皮 ,fung .p'i, *a paper pasted on doors to seal them up*; 隨 .sui, *to follow*, in 親隨 ,t'sin .sui, *his own servants*; 來 .lai, *to come*, in 來歷 .lai lih, *origin*; 動靜 tung' tsing', *to move, to rest*, in 言行動靜 .yèn .hing (s) tung, tsing', *his words, actions and movements*; 別人的是非 pièh .jen tih shï' ,fei, *other men's virtues and faults.*

So also many substantives and adjectives lose their proper force when they enter into combination with verbs, and assume the character of the whole group. 口供 'k'eu ,kung, *to confess a crime*; 光照 ,kwang chau', *to shine upon*; 他們氣殺了 ,t'a .men k'i' shah 'liau, *they died of grief.* 罰 fah, *punishment*, becomes a verb, in 責罰 tseh (chai) fah, *to punish.* 'Tsui, *lips, mouth*, is a verb, in 親嘴他 ,t'sin 'tsui ,t'a, *he kissed him.* In 總要小心他 'tsung yau' 'siau ,sin ,t'a, *you must be careful of him.* Siau *little*, and sin *heart*, join to form a verb *be careful.* Ki', *a project,* in 暗裏算計人 ngan' 'li swan' ki' .jen, *secretly he plots against men,* is part of a verb.

Substantives in a group whose predominant character is adjective, then take that force. Thus in 人山人海 .jen ,shan .jen 'hai, *men in vast numbers,* ,shan and 'hai, *mountains and seas,* mean *very numerous,* from the space they occupy in a landscape. 貪嘴愛酒的 ,t'an 'tsui ngai' 'tsieu tih, *gluttonous and fond of wine;* 人面獸心的人 .jen mien' sheu' ,sin tih .jen, *a man human in face but a brute in heart;* 比我更年輕的 'pi 'wo ,keng .nien ,k'ing tih, *he is younger than I.* Here the substantive .nien, *years,* forms with ,k'ing *light,* an adjective after the adverb ,keng *more.* In 細心 si' ,sin, *careful,* sin *heart,* is an adjective.

In names of agents many verbs are employed, which then lose their activity. 原告 .yuen kau', (*accuse*) *plaintiff;* 被告 pei' kau', *defendant;* 同知 .t'ung ,chï, *assistant officer in a department.*

In many inseparable groups one of the component words adds nothing to the sense, as 光 ,kwang, *light,* in 光景 ,kwang 'king, *appearance of things.* 風 ,fung, *wind,* in 老風景 'lau ,fung 'king, *an old wrinkled look.* 丁 ,ting, *a man,* in 兵丁 ,ping ,ting, *a soldier.* 氣 k'i', in 力氣 lih k'i' or k'i' lih, *strength.* 首 'sheu, *head,* in 尸首 ,shï 'sheu, *a corpse.* 目 muh, *eye,* in 字目 tsï' muh, *characters* (used in Kiang-nan); and in 勢目 shï' muh, *influence.* In some of these examples, the reason for the use of the superfluous words may be detected. Thus in the last, muh *eye,* indicates that he who has influence is looked up to by others. In ,shï 'sheu, sheu *head,* is probably an old numeral particle, which as such regularly follows its substantive, when no number is used. In ,ping ,ting, ,ting is an agent.* In some such names of things the etymology cannot be discovered; e. g. 董 'tung, in 古董 'ku 'tung, *a curiosity.* In 東西 ,tung ,si, *a thing,* both words lose their own sense, and join to form a meaning entirely different.

Separable Groups.

In a group of two co-ordinate words, a governing term may be

* See chapter on substantives.

海上絲綢之路文獻集成　科技與文化编

prefixed to each. 各鄉各村 koh ,hiang koh t'sun', *each hamlet and village;* 大醒大悟 ta' 'sing ta' wu', *greatly wakened and enlightened;* 可敬可愛 'k'o king' 'k'o ngai', *to be reverenced and loved;* 有倚有靠 'yeu .i 'yeu k'au', *he has something to trust to and rely upon;* 高談濶論 ,kau ,t'an k'woh lun', *loud and boastful words;* 寡婦孤女 ,kwa fu' ,ku 'nü, *widows and orphan girls;* 如膠似漆 .ju ,kiau sï' t'sih, *sticking together as if with glue and paint;* 翻來覆去 ,fan .lai fuh k'ü', *turning backwards and forwards;* 屏聲息氣 .p'ing ,sheng sih k'i', *holding their breath from speaking;* 巧言花語 'k'iau .yen ,hwa ü', *flowery and subtle words.*

An object may follow each member of a group of two coordinate words. 縱情放肆 ,tsung .t'sing fang' ,sï, *giving loose to the feelings;* 省喫儉用 'sheng c'hïh 'kien yung', *to be economical in food and expenditure.* In the first of these examples, the order of the two verbs is inverted. 榮宗耀祖 .yung ,tsung yau' 'tsu, *to bring honour on one's ancestors;* 千眞萬確 ,t'sien ,chen wan' k'ioh, *perfectly true and accurate;* 稱三讚四 ,c'heng ,san tsan' sï', *to praise on various accounts;* 顯祖揚名 hien' 'tsu .yang .ming, *to glorify ancestors and spread one's fame.*

Adjectives are inserted between numeral particles and their substantives. 一匹赤馬 yih p'ih c'hïh 'ma, *a red horse;* 一乘素轎 yih .c'heng su' kiau' (ch), *a plain sedan chair;* 一番大道理 yih ,fan ta' tau' 'li, *a great doctrine or argument;* 好一張利口 'hau yih ,chang li' 'k'eu, *a very sharp mouth* (cutting in speech). But where a numeral particle, or the name of a subdivision of a substance is qualified by an adjective, the adjective precedes it, as in 二十多 (or 來 .lai, *come*) 丈地 rï' shïh ,to chang' ti', *more than 200 feet of land;* 十來匹馬 shïh .lai p'ih 'ma, *more than 10 horses;* 一座破廟 yih tso' p'o' miau', *a ruined temple;* 一根玉簪 yih ,ken ü' ,tsan, *a jade hair-pin;* 那匹赤馬 na' p'ih c'hïh 'ma, *that red horse;* 拾了一塊小石片 shèh 'liau yih k'wei' 'siau shïh p'ien', *he picked up a small stone.*

Auxiliary particles and other words are inserted between a verb and its object. 打完了結子 'ta .wan 'liau kieh 'tsï, *finished tying this knot;* 養一養神 yang' yih yang' .shen, *to refresh one's spirits a little;* 一同帶了來的 yih .t'ung tai' 'liau .lai tih, *brought with him;* 打錯了算盤 'ta t'so' 'liau swan' .p'an, *he has calculated wrong on the abacus.*

Auxiliary and other words occur between a verb and its auxiliaries. 跑了出去 .p'au 'liau c'huh k'ü', *he walked out;* 慌忙立起身來 ,hwang .mang lih 'k'i ,shen .lai, *hastily he raised himself up;* 回轉馬頭來 .hwei 'chwen 'ma .t'eu .lai, *he turned the horse's head round;* 想起舊事來 'siang 'k'i kieu' shï' .lai, *he began to think of old things;* 擺上酒來 'pai shang' 'tsieu .lai, *set on wine;* 那淚更似走珠一般滾了下來 na' lei' (ui) ,keng sï' 'tseu .,chu yih .pan 'kwen 'liau hia' .lai, *those tears yet more like moving pearls rolled down.*

In negative verb groups, an adverb is sometimes placed after the principal verb. 聽大不出 ,t'ing ta' puh c'huh, *I do not hear well.* This may be regarded as abbreviated from 不大哩聽得出 puh ta' 'li ,t'ing teh c'huh. It is not admissible at Peking.

In verb potential groups with the negative and affirmative particles, the object is frequently introduced after the principal verb. 說他不過 shwoh ,t'a puh kwo', *I cannot overcome him with words.*

When repeated verbs with the tentative 看 k'an' or 可 'k'o, separate to receive a word expressing the object, the division takes place before k'an' and 'k'o. 打打他看 'ta 'ta ,t'a k'an', *strike him and see.*

CHAPTER VI.

On Simple Propositions.

A proposition in its simplest form contains a subject (主 'chu, *host,*) and predicate (賓 'pin, *guest*). The subject precedes, 潮來 .c'hau .lai, *the tide comes;* 天好 ,t'ien 'hau, *the weather is fair.* The predicate is an adjective or verb, 長毛利害 .c'hang .mau li' hai', *the long-haired men are formidable;* 朋友回來 .p'eng 'yeu .hwei .lai, *my friend has returned.*

海上絲綢之路文獻集成　科技與文化编

In the case of some verbs as 出, 下 c'huh, hia', the subject follows the verb; 出痘子 c'huh teu' 'tsï, *to have the small-pox;* 下雨 hia' 'ü, *it rains;* 落潮 loh .c'hau, 落水 loh 'shui, *the tide falls;* 下雪 hia' (s) siuĕh, *it snows.* Yet in such examples the noun may also be considered as the object of the verb, and a nominative, supposed to be lost by ellipsis, supplied.

The copula is inserted or omitted, as clearness and rhythmus require. 我是房東 'wo shï' .fang ,tung, *I am the landlord (of a house);* 飯好 fan' 'hau, *the rice is ready;* 他不是買賣人 ,t'a puh shï' 'mai mai' .jen, *he is not a trader;* 別人不知道 piĕh .jen puh ,chï tau', *others do not know.* The omission of the copula before adjectives is as common as before verbs 夜深 ye' ,shen, *the night is far advanced;* 人多 jen ,to, *the men are numerous.*

A proposition in a still fuller form contains also an object, viz. the noun governed by a transitive verb. 我不恨他 'wo puh hen' ,t'a, *I do not dislike him;* 有錢的是懽喜遊山玩景 'yeu .t'sien tih shï' ,hwan hi' .yeu ,shan wan' 'king, *those who have money are fond of wandering among hills and fine scenery.*

A subject may consist of a substantive, or a substantive group, or of a pronoun, a verb or verb group, an adverb of place and time, or an adjective construed as nouns. 親自勸他歸順 ,t'sin tsï' k'iuen' ,t'a ,kwei shun', *he himself exhorted him to submit;* 善有善報 shan' 'yeu shan' pau', *virtue has a good reward;* 開恩這會子是不能的 ,k'ai ,ngen che' hwei' 'tsï shï' puh .neng tih, *to show mercy this time is impossible;* 人馬三千一同來了 jen 'ma ,san ,t'sien yih .t'ung .lai 'liau, *three thousand men and horses came together.*

The pronoun or noun is often not expressed, so that a proposition sometimes may appear to be without a subject. 總要小心閒人 'tsung yau' 'siau ,sin .hien .jen, *you must be careful of loiterers;* 就去了 tsieu' k'ü' (c'h) 'liau, *he went at once;* 已是黃昏時分了 'i shï' .hwang ,hwen .shï fen' 'liau, *it is already the time of twilight;* 豈不是好 'k'i puh shï' 'hau, *is it not good?*

In very many sentences, the predicate is a transitive verb with an object, consisting of a single word or a group of co-ordinate words. Sometimes there is a double object, one direct and one indirect. 兵都回營 ,ping ,tu .hwei .ying, *the soldiers all returned to the camp;* 三人都下馬 ,san .jen ,tu hia' 'ma, *the three men dismounted from their horses;* 他便拍手 ,t'a pien' p'eh 'sheu, *he then clapped his hands;* 他就與他二十兩銀子爲盤費 ,t'a tsieu' 'ü ,t'a rï' shïh 'liang .yin 'tsï .wei .p'an fei', *he then gave him twenty taels of silver for his travelling expenses.* The place of the object is after the governing verb, but there are exceptions to this arrangement. 他世事不知 ,t'a shï' shï' puh ,chï, *he does not understand the business of the world.*

Extension of the Subject.

Great variety is introduced into sentences, without the addition of separate clauses, by applying qualifying words and groups to the parts just enumerated. The subject is extended, for example, by prefixing an adjective. 小題便改做大題 'siau .t'i pien' ka' tso' ta' .t'i, *a small charge is then magnified into a great one;* 善良人不做這樣事 shan' .liang .jen puh tso' che' yang' shï', *a good man will not do such things.*

Numbers and numeral particles are prefixed to substantives. 一千年已經過了 yih ,t'sien .nien 'i ,king kwo' 'liau, *a thousand years have already passed;* 這個人是賊 che' ko' .jen shï' tseh (tsei), *this man is a thief;* 三個人都在 ,san ko' .jen ,tu tsai', *the three men are all here.*

A substantive is preceded by another, expressing some speciality or attribute belonging to it, with or without the connecting particle 的 tih. 國家的法度是難寬鬆的 kwoh ,kia tih fah tu' shï' .nan ,k'wan ,sung tih, *the law of the state is hard to relax;* 衙役不來 .ya yuh puh .lai, *the yamen police did not come;* 鼓樓蓋好了 'ku .leu kai' 'hau 'liau, *the drum tower is completed;* 北邊的人心直的 peh ,pien tih jen ,sin chïh tih, *the men of the north are straight-forward in their disposition.*

Adverbs of time and place are prefixed to a substantive, in the

C C

海上絲綢之路文獻集成　科技與文化編

same manner as attributive substantives, with or without 的 tih. 這裏人忠厚 che' 'li .jen ,chung heu', *the men here are honest and liberal;* 從前的方法好 .t'sung .t'sien tih ,fang fah 'hau, *the method formerly used is good.*

Substantives with prepositions or postpositions also precede another substantive with or without 的 tih, to form the subject. 屋裡人多 uh 'li .jen ,to, *the people in the house are many.*

A reflexive pronoun often follows a noun or pronoun in the sense of *self.* 他自己不想做官 ,t'a tsï' 'ki puh 'siang tso' ,kwan, *he himself does not desire to become a mandarin;* 我自有道理 'wo tsï' 'yeu tau' 'li, *I myself have a way of acting.*

A numeral particle sometimes follows a noun in the subject. 父子兩個一同死 fu' 'tsï 'liang ko' yih .t'ung 'sï, *the father and son died together.*

Demonstrative, possessive and other adjective pronouns precede a substantive to form the subject. 衆人聽見 chung' .jen ,t'ing kien', *all the people heard it;* 他的虎威被人冒犯了 ,t'a tih 'hu ,wei pei' .jen mau' fan' 'liau, *his tiger pride has been rudely injured by some one.*

A verb with its objective case may form a subject. 做奸細難 tso' ,kien si' .nan, *to be a spy is difficult.*

Each member of such an extended subject may further be qualified by some other word. 廊下伺候的兩個老人都去了 .lang hia' sï' heu' tih 'liang ko' 'lau .jen ,tu k'ü' 'liau, *the two old men who wait in the verandah have both gone;* 他那一種目中無人的光景沒有了 ,t'a na' yih ,chung muh ,chung .wu .jen tih ,kwang 'king .mei 'yeu 'liau, *that air of his, expressing universal contempt for mankind, is gone.*

Extension of the Predicate.

The predicate is extended in a similar manner. Thus it may consist of a substantive with its adjective. 這塊是假玉 che' k'wei' shï' 'kia ü', *this piece is false jade-stone.*

A number and numeral particle with a substantive may form a predicate, or the substantive may constitute a subject, and the number and particle a predicate with 有 'yeu, *to be;* 原來是

一副地理圖 .yuen .lai shï' yih fu' ,ti 'li .t'u, *it was a map;* 這房屋二十間 che' .fang uh rï' shï' ,kien, *this house has twenty rooms;* 都是一場大夢 ,tu shï' yih .c'hang ta' meng', *it was all a long dream.*

Another substantive expressing some speciality or attribute may be prefixed to the principal substantive in the predicate. 我是外路人 'wo shï' wai' lu' .jen, *I am a traveller from other parts;* 這樣兇惡不是天理 che' yang' ,hiung ngoh puh shï' ,t'ien 'li, *this violence does not agree with heavenly reason.*

Demonstrative, adjective and other pronouns are also prefixed to the substantive. 我有我的緣故 'wo 'yeu 'wo tih .yuen ku', *I have my reasons;* 此是一共的價錢 't'sï shï' yih kung' tih kia' .t'sien, *this is the price of the whole.*

When the principal word in the predicate is an adjective, an adverb may be prefixed or affixed to it. 那個獃子倒很標緻 na' ko' .ngai 'tsï 'tau 'ti ,piau chï', *that idiot is indeed pretty;* 他的身體冷得狠 ,t'a tih ,shen 't'i 'leng teh 'hen, *his body is very cold.*

Adjectives also take the verbal auxiliary 起來 'k'i .lai, as verbs do the adverbs that qualify adjectives. 天氣冷起來 ,t'ien k'i' 'leng 'k'i .lai, *the weather is getting cold.*

The predicate may consist of two or more verbs in apposition. 官府要來問 ,kwan ,fu yau' .lai wen', *the mandarin will come to ask;* 那庄丁不敢上前 na' ,chwang ,ting puh 'kan shang' .t'sien, *that villager did not dare approach;* 他就出去開方 ,t'a tsieu' c'huh k'ü' ,k'ai ,fang, *he then went out to write a perscription;* 就放他囘國 tsieu' fang' ,t'a .hwei kwoh, *he then let him go back to his country.*

The predicate may consist of a verb and its object, and further the object may be double, viz. direct and indirect. The direct object is usually next to the verb. 他不知事務 ,t'a puh ,chï shï' wu', *he does not know business;* 埋伏的兵囘營 .mai fuh tih ,ping .hwei .ying, *the soldiers in ambush returned to the camp;* 他不會意 ,t'a puh hwei' i', *he does not understand what is meant;* 咱們不用通知他 'tsa .men puh yung'

,t'ung ,chï ,t'a, *we need not inform him;* 父親打他一頓 fu' ,t'sin 'ta ,t'a yih tun', *his father gave him a beating;* 皇帝送他龍鳳旗 .hwang ti' sung' ,t'a .lung fung' .k'i, *the emperor presented him a dragon and phœnix banner.*

A substantive with a preposition or postposition, preceding another substantive may form a predicate. 這是家裡的寶貝 che' shï' ,kia 'li tih 'pau pei', *this is a thing of value belonging to the family.*

A verb with 得 teh or 不 puh, and an adverb following it form a predicate. 宮殿蓋得精巧 ,kung tien' kai' teh ,tsing 'k'iau, *the palace is ingeniously built;* 道理說得明白 tau' 'li shwoh teh .ming peh, *the argument is clearly expressed;* 他懂得狠 ,t'a 'tung teh 'hen, *he understands extremely well.*

A verb and adverb may form a predicate. 你沒有全然温習 'ni .mei 'yeu .t'siuen .jan ,wen sih, *you have not yet learnt it perfectly;* 那婦人戰兢兢的跪下 na' fu' .jen chan' king' king' tih kwei' hia', *the woman tremblingly kneeled down;* 一家盡行抄滅 yih ,kia tsin' .hing ,c'hau mièh, *the family was entirely exterminated;* 我已經告訴過 'wo 'i ,king kau' su' kwo', *I have already informed him;* 這娃娃十分明白 che' ,wa ,wa shïh ,fen .ming peh, *this child understands perfectly well.*

A noun expressing the cause, manner, time, or place of an action combines with a verb to form a predicate. The noun may have a preposition or postposition attached to it. 今日出門 ,kin jïh c'huh .men, *he is gone out to-day;* 他們從後門出去 ,t'a .men .t'sung heu' .men c'huh k'ü', *they went out by the back door;* 他們小房裡安歇 ,t'a .men 'siau .fang 'li ,ngan hièh, *they went to rest in the small room;* 一個人在燈下坐 yih ko' .jen tsai' ,teng hia' tso', *a man sat beside a lamp;* 用手指他 yung' 'sheu 'chï ,t'a, *with his hands he pointed at him;* 他因此不來 ,t'a ,yin 't'sï puh .lai, *he on account of this did not come.*

The noun with its adjunct follows when the order of time requires it. 拿桶放下井中 .na 't'ung fang' hia' 'tsing ,chung, *he took a bucket and let it down into the well;* 走到馬前 'tseu tau' 'ma ,t'sien, *he walked to the space before the horse.*

Each member of an extended predicate may have a qualifying word attached to it. 那隻小船直抵湖岸 na' chïh 'siau ,c'hwen chïh 'ti ,hu ngan', *that small boat came direct to the shore of the lake;* 那一隊兵好生固守城門 na' yih tui' ,ping 'hau ,sheng ku' 'sheu ,c'heng ,men, *that company of soldiers kept good guard at the city gate;* 他索性激起一腔悶氣來 ,t'a soh sing' kih 'k'i yih ,k'iang men' k'i' ,lai, *he quickly began to feel a bosom full of grief;* 夫妻兩個住在一頂破牛皮帳房內 fu' ,t'si 'liang ko' chu' tsai' yih 'ting p'o' ,nieu ,p'i chang' ,fang nui', *the husband and wife lived in a torn cow-skin tent.*

Sometimes expletive particles terminate the predicate. 夜靜了 ye' tsing' 'liau, *the night is quiet;* 衣服也當完了 ,i fuh 'ye tang' ,wan 'liau, *his clothes also are all pawned;* 只有兩三個丫頭看屋子呢 chïh 'yeu 'liang ,san ko' ,ya ,t'eu ,k'an uh 'tsï ,ni, *there were only two or three girls watching the house.*

Extension of the Copula.

Rhythmus throws many adjectives, adverbs, and conjunctions before the copula, even when it is simply connective, and has no significance of its own, as in 又是一個 yeu' shï' yih ko', *that is another;* 就是這樣 tsieu' shï' che' yang', *it is in this way;* 心最是活的 ,sin tsui' shï' hwoh tih, *the heart is very variable.* Hence it becomes proper in Chinese grammar to speak of the extension of the copula.

The copula is extended by prefixing a negative particle. 不是正經 puh shï' cheng' ,king, *it is not correct.* Before a verb predicate, 不 puh stands alone; 這人不作聲 che' ,jen puh tsoh ,sheng, *the man did not speak.* Shï' is omitted in any case where the rhythmus would be improved without the sense being injured. ,Mei and ,mei 'yeu are both used before verbs; 一個錢沒看見過 yih ko' ,t'sien ,mei k'an' kien' kwo', *I have not seen a single cash.*

海上絲綢之路文獻集成　科技與文化编

It is further extended by prefixing emphatic adverbs expressive of what is known to be (positive or objective certainty), of what ought to be (moral or subjective certainty), and of what is by nature (natural certainty). 竟沒聽明白 king' muh ,t'ing .ming peh, *we have certainly not yet heard clearly;* 正是要累親人 cheng' shï' yau' lui' ,t'sin .jen, *this must involve relatives;* 他聽了並不生氣 ,t'a ,t'ing 'liau ping' puh ,sheng k'i', *when he heard it he certainly was not angry:* 這樣一定是要折本 che' yang' yih ting' shï' yau' shèh 'pen, *in this way you must lose money;* 自然是他拿去了 tsï' .jan shï' ,t'a .na k'ü' 'liau, *of course it is he that has taken it away;* 本是要上京 'pen shï' yau' shang' ,king, *he originally wished to go to the capital;* 定然是好人 ting' .jan shï' 'hau .jen, *he is certainly a good man.*

Other adverbs also precede the copula. 這影敢是個鬼 che' 'ying 'kan shï' ko' 'kwei, *this shadow is probably a ghost;* 明日就是上好的日子 .ming jïh tsieu' shï' shang' 'hau tih jïh 'tsï, *to-morrow then is a most lucky day.*

In the same manner conjunctions are thrown before the copula. 倒不願意出門 'tau puh yuen' i' c'huh .men, *but he is unwilling to go out.*

The pronouns that mark the plural precede the copula. 兩家都是做官的 'liang ,kia ,tu shï' tso' ,kwan tih, *both the families have members who are mandarins;* 飲食全無措辦 'yin shïh .t'siuen .wu t'su' pan', *their food and drink they were entirely without means of procuring;* 深爲奇怪 ,shen .wei .k'i kwai', *it is much to be wondered at.*

Some adjectives precede the copula 有 'yeu, and occasionally 是 shï', etc. 早有人進去告訴他 'tsau 'yeu jen tsin' k'ü' kau' su' ,t'a, *there was some one who had gone in betimes to tell him;* 多有冒犯 ,to 'yeu mau' fan', *I have greatly insulted you.*

Adverbs precede not merely 是 shï', the common substantive verb but also copulas. 他另有意思 ,t'a ling' 'yeu i' ,sï, *he has other plans;* 狠不受用 'hen puh sheu' yung', *he was very ill-satisfied;* 他們毫無道理只低頭作活 ,t'a .men .hau .wu tau' 'li chïh ,ti .t'eu tsoh hwoh, *they were left with nothing to say, and could but bend down their heads and work;* 甚是可喜 shen' shï' 'k'o 'hi, *it is greatly to be rejoiced in.*

Many verbs not having a full predicate sense, may be taken as little more than an extension of the copula or substitutes for it. 這人不叫好人 che' .jen puh kiau' 'hau .jen, *this man is not to be considered good;* 不算我的 puh swan' 'wo tih, *it is not to be considered mine.* The verb 做 tso', is used before relative nouns, professions, etc. 我不做管帳的 'wo puh tso' 'kwan chang' tih, *I am not a keeper of accounts.*

The negative 不 puh, when taking as its opposite 得 teh, *to obtain,* forms degrees of comparison and intensitive adverbs to adjectives, and the potential mood to verbs. In such cases the verb and adjective precede. 封不得他做官 ,fung puh teh ,t'a tso' ,kwan, *he should not be appointed to office;* 這是少不得的 che' shï' 'shau puh teh tih, *this is indispensable;* 四歲的孩子那裡做得來皇帝 sï' sui' tih .hai 'tsï 'na 'li tso' teh .lai .hwang ti', *a child of four years, how can he act the part of emperor?*

The object is frequently taken from its position, after the verb, and placed before the copula. When in such cases the subject is omitted by ellipsis, the object seems to take its place. 兩隻手却不敢動 'liang chïh 'sheu k'ioh puh 'kan tung', *he does not dare move his two hands;* 一句話沒說完 yih k'ü' hwa' .mei shwoh .wan, *he had not finished one sentence.*

Commands and Questions.

Commands, prohibitions, entreaties and questions, are expressed by sentences constructed like those already described, or varied by peculiar prefixes and suffixes. Pa' 罷 is a common affix to commands, but they are still more frequently without any particular sign. 自已吃罷 tsï' ki' c'hïh pa', *eat it yourself then;* 我替你說罷 'wo t'i' 'ni shwoh pa', *let me speak for you;* 你們聽他這刁話 'ni .men ,t'ing ,t'a che' tiau' hwa', *listen you to his wicked words;* 你告訴他 'ni kau' su' ,t'a, *do you tell him.*

The interrogative pronouns take the same place in a sentence, as the personal pronouns as subject or object. 誰不認得誰 ,shui puh jen' teh ,shui, *who (in a village) does not know every one else?* 何如忍耐些的高 .ho .ju jen' nai' ,sie tih ,kau, *how is it not better to be a little forbearing?*

The interrogative adverbs precede the substantive or other verbs like the intensitive adverbs. 豈不好嗎 'k'i puh 'hau 'ma, *is it not good?* 此恨怎消 't'sï hen' 'tsen 'siau, *how shall this hatred be removed?* 豈不是絶好的風俗麽 'k'i puh shï' tsiuèh 'hau tih ,fung suh 'mo ('ma), *is it not an exceedingly good custom?*

The final interrogatives occur sometimes after the preceding. At other times they are the only mark of a question. 在那裡呢 tsai' 'na 'li .ni, *where is it?* 便宜却在那裏呢 pien' .i k'ioh tsai' 'na 'li .ni, *where then is the advantage?* 他過了呢 ,t'a kwo' 'liau .ni, *is he dead?*

CHAPTER VII.

Subordinate Sentences.

A compound sentence may consist of one or more subordinate clauses with a principal clause, or of coordinate clauses. Generally a subordinate clause stands first, as in 聽見不雅忙用話解勸 ,t'ing kien' puh 'ya .mang yung' hwa' 'kiai k'iuen', *hearing them use rude language, he hastily by words exhorted them to peace.*

Circumstantial Clauses.

Many subordinate clauses consist of circumstances of origin, instrumentality and mode. They usually precede the principal clause. 在他母親面上饒過他這次 tsai' ,t'a 'mu ,t'sin mien' shang' .jau kwo' ,t'a che' t'sï', *for the sake of his mother forgive him this time;* 因風好早到 ,yin ,fung 'hau 'tsau tau', *because the wind was fair they arrived early;* 害臊起來不肯來 hai' ,sau 'k'i .lai puh 'k'eng .lai, *beginning to feel ashamed, he would not come;* 他被風吹病了 ,t'a pei' ,fung ,c'hui

海上絲綢之路文獻集成 科技與文化編

ping' 'liau, *he was attacked by illness from the blowing of the wind.*

Verbs preceded by 一 yih, *one*, form circumstantial introductory clauses. 一看是個兒子 yih k'an' shï' ko' .rï 'tsï, *on looking, it was her son;* 明兒一早打發小厮們去 .ming .rï yih 'tsau 'ta fah 'siau ,sï .men k'ü', *the next day as soon as it was light she sent some waiting boys.*

Subordinate clauses expressive of time and place, also precede the principal clauses. 老太太去世時我還小 'lau t'ai' t'ai' k'ü' shï' .shï 'wo .hwan 'siau, *when the old lady left the world I was still young;* 從墻上走下來了 .t'sung .t'siang shang' 'tseu hia' .lai 'liau, *from the wall he came down;* 死了有棺材 'sï 'liau 'yeu ,kwan .t'sai, *when he dies he has a coffin;* 歲寒知松栢之心國難見忠貞之節 sui' .han ,chï ,sung peh ,chï ,sin, kwoh nan' kien' ,chung ,cheng ,chï tsièh, *in the cold part of the year we know the constancy of the pine and cypress, and in the troubles of the state we see the loyalty of the faithful and the upright;* 正商議着只見人來 cheng' ,shang .i choh chïh kien' jen .lai, *just while they were deliberating they saw a man come.*

Many subordinate circumstantial clauses are introduced by verbs, and precede the principal clause. These are our participial clauses, and are present or past in time. Among verbs in the present, forms corresponding to our gerunds are included. 怕錢不彀 p'a' .t'sien puh keu', 多送你二百 ,to sung' 'ni rï' peh, *fearing that the money will be insufficient, I give you two hundred cash more;* 等太平時就可以 'teng t'ai' .p'ing .shï tsieu' 'k'o 'i, *wait till a time of peace and you may;* 赶到八月水頂大 ,kan tau' pah yuèh 'shui 'ting ta', *passing on to the eighth month the water is highest;* 開口就說謊話 ,k'ai 'k'eu tsieu' shwoh 'hwang hwa', *on opening his mouth he at once utters falsehoods.*

Verbs in the past in a circumstantial clause correspond to our past participles. 拜別過宗祠及老母起身而去 pai' pièh kwo' ,tsung .sï kih 'lau 'mu 'k'i ,shen .rï k'ü', *when he had made his prostrations before his ancestral temple, and his mother, he set out;* 天色已晩退兵 ,t'ien seh 'i 'wan t'ui' ,ping,

D d

when it was late in the day he withdrew his soldiers; 擒了他再作道理 .k'in 'liau ,t'a tsai' tsoh tau' 'li, *having captured him, form some other plan.*

The circumstantial and principal clauses are often drawn by rhythmus into one four-word group. 刀下留人 ,tau hia' .lieu .jen, *let the beheading of that man be delayed;* 待人無心 tai' .jen .wu ,sin, *in treating others he is neglectful;* 解粮纔來 kiai' .liang .t'sai .lai, *he is just arrived with the grain;* 拜客囘來 pai' k'eh .hwei .lai, *after calling on visitors he has returned.*

The Object as a Separate Clause.

When the object is made a separate clause, it is often introduced by a verb of speaking. 說到讀書認字他不能彀的 shwoh tau' tuh ,shu jen' tsï' ,t'a puh .neng keu' tih, *as to study and reading he cannot;* 抄到治病他不知道 ,c'hau tau' chï' ping' ,t'a puh ,chï tau', *as to healing diseases he knows nothing.*

The object often takes an instrumental verb before it, and thus forms a subordinate introductory clause. 把頭一剃 'pa .t'eu yih t'i', *he shaved his head;* 把家私都帶了過來了 'pa ,kia ,sï ,tu tai' 'liau kwo' .lai 'liau, *taking his property he brought it over here;* 把鎗一起打來 'pa 't'siang yih 'k'i 'ta .lai, *taking the spear he lifted it and came on attacking;* 用手一指說 yung' 'sheu yih 'chï shwoh, *with his finger he pointed and said;* 將船一擺跟着他 ,tsiang .c'hwen yih 'pai ,ken choh ,t'a, *taking the boat he sculled it and followed.*

The object also stands before its verb without an introductory verb. 風搖的樹枝兒錯認了人 ,fung .yau tih shu' ,chï .rï t'so' jen' 'liau .jen, *branches waving in the wind, he mistook for men;* 破悶的法子他生不出 p'o' men' tih fah 'tsï ,t'a ,sheng puh c'huh, *he cannot think of a way to remove his grief.*

Relative Clauses.

Among subordinate clauses are many consisting of a verb, with a substantive which it qualifies. Such clauses correspond to our relative clauses in use, and to our participle taken as an adjective in form. 世間告謊狀的狠多 shï' ,kien kau' 'hwang

海上絲綢之路文獻集成 科技與文化编

chwang' tih 'hen ,to, *in the world those who bring false charges are very numerous;* 你僱的車裝不下 'ni ku' tih ,c'he chwang' puh hia', *the carriage which you have hired will not hold it.* The whole subordinate clause may also in such sentences be taken as the logical subject, in distinction from the grammatical subject, which consists of the substantive only.

Another kind of relative clauses, consists of those which contain an interrogative pronoun preceded by some one of certain verbs. 說不論什麽話沒用 shwoh puh lun' shïh 'mo hwa' .mei yung', *whatever he says it is of no use;* 隨便幾件事都擱在我身上 .sui pien' 'ki kien' shï' ,tu koh tsai' 'wo ,shen shang', *however many things there be they are all put upon me;* 不拒是誰叫他去 puh ,kü shï' .shui kiau' ,t'a k'ü', *whoever it be tell him to go;* 憑你說是誰就是誰 .p'ing 'ni shwoh shï' .shui tsieu' shï' .shui, *whoever you say it is, then it is he.*

A relative clause is sometimes placed after the principal proposition. 不曉得他怎麽樣死 puh 'hiau teh ,t'a 'tsen 'mo yang' 'sï, *I do not know in what way he died.*

Final Clauses.

Clauses expressing the object of an act usually follow the sentence that contains the act. 打發個孩子安歇 'ta fah ko' .hai 'tsï ,ngan hièh, *she sent away the children to rest;* 我少不得打起精神來答他 'wo 'shau puh teh 'ta 'k'i ,tsing .shen .lai tah ,t'a, *I must rouse my spirits a little, to answer him;* 潛至窗外偷看 tsien' chï' ,c'hwang wai' ,t'eu k'an', *secretly he walked to the outside of the window to look furtively in;* 叫他出來問問 kiau' ,t'a c'huh .lai wen' wen', *he called him out to ask him;* 每日過去請安 .mei jïh kwo' k'ü' 't'sing ,ngan, *every day they went over to ask how he was;* 可以報知好做准備 'k'o 'i pau' ,chï 'hau tso' 'chun pei', *you can announce it so that preparation may be made.*

The final *that* or *to*, is often expressed by the auxiliary verbs 以 'i, 要 yau' and 教 kiau'. 通報這事情要他速遣將官擒拿 ,t'ung pau' che' shï' .t'sing yau' ,t'a suh 'k'ien ,tsiang ,kwan .k'in .na, *they reported this affair to him that he*

海上絲綢之路文獻集成　科技與文化编

might send officers to capture them ; 就罵他要他認罪 tsieu' ma' ,t'a yau' ,t'a jen' tsui', *he then reproached him to make him confess he was wrong ;* 總要說明教他懂 'tsung yau' shwoh .ming kiau' ,t'a 'tung, *you must speak plainly that he may understand ;* 小心小心以免火災 'siau ,sin 'siau ,sin 'i mien' 'ho ,tsai, *take care, take care, that it may not catch fire.*

The final *that* being not seldom unexpressed, rhythmus often draws the two verbs expressing the action, and the object into one clause. 回去喫飯 .hwei k'ü' (c'hü') c'hïh fan', *he is gone home to dine ;* 以火攻火以毒攻毒 'i 'ho ,kung 'ho 'i tuh ,kung tuh, *take fire to combat fire, take poison to conquer poison.*

The instrument of an action is often made to take the form of a full proposition, by means of the instrumental verbs. The principal action then follows as a final clause. 把筆寫字 'pa pih 'sie tsï', *he took the pen to write ;* 拿錢去買 .na .t'sien k'ü' 'mai, *take the money to buy it.*

Explanatory Clauses.

An explanatory clause such as describes what has been, or is, heard, seen, thought, or wished for, follows that which contains the action. 自知不能討饒 tsï' ,chï puh .neng 't'au .jau, *he himself knew that he could not ask to be forgiven ;* 不認得是兒子 puh jen' teh shï' .rï 'tsï, *he did not know him to be his son ;* 我叫你送這個給他去了 'wo kiau' 'ni sung' che' ko' kih ,t'a k'ü' 'liau, *I require that you should take this and present it to him ;* 你當我是畫工 'ni ,tang 'wo shï' hwa' ,kung, *you think that I am a painter ;* 恐怕不得閒 'k'ung p'a' puh teh .hien, *I fear that I shall not have leisure.*

The explanatory clause also sometimes precedes. 添過一兩個人你早知道了 ,t'ien kwo' yih 'liang ko' .jen 'ni 'tsau ,chï tau' 'liau, *that one or two more men had been added you already knew ;* 買賣的事情不好我不曉得 'mai mai' tih shï' .t'sing puh 'hau 'wo puh 'hiau teh, *that trade is in a bad condition I do not know ;* 惟有理可以服人一句話要放在心上 .wei 'yeu 'li 'k'o 'i fuh .jen yih kü' hwa'

漢語官話口語語法

yau‘ fang‘ tsai‘ ,sin shang‘, *you must keep in mind the words, "only by reason can men be controlled."*

Comparing Clauses.

Clauses containing comparisons are introduced by **比** 'pi, *to compare*, or more rarely **較** kiau‘, *compare*, and are placed before the predicate of the principal proposition. **他比不得我們的會說話** ,t‘a 'pi puh teh‘ 'wo .men tih hwei‘ shwoh hwa‘, *he cannot compare with us in ability to talk;* **比我們買的强些** 'pi 'wo .men 'mai tih .k‘iang ,sie, *it is better than that which we bought;* **這病比前利害** che‘ ping‘ 'pi .t‘sien li‘ hai‘, *this illness is more severe than before;* **比在屋裡悶坐着倒底好些** 'pi tsai‘ uh 'li men‘ tso‘ cho 'tau 'ti 'hau ,sie, *it is really better than sitting gloomily in the house;* **比他得人心兒** 'pi ,t‘a teh .jen ,sin .rï, *she obtained men's good opinion more than he did;* **比母親的話反難回答** 'pi 'mu ,t‘sin tih hwa‘ 'fan .nan .hwei tah, *compared with his mother he was more difficult to answer.*

When the compared objects are in a fixed ratio to each other, so that they increase and decrease together, the adverbs **越** yuèh and **愈** 'ü, are used in both clauses. **仇恨越深忿怒越大** .c‘heu hen‘ yuèh ,shen 'fen nu‘ yuèh ta‘, *the deeper the enmity, the greater was his anger.*

For the negative **不比** puh 'pi, and **不如** puh .ju are employed. **你不如夜半去好** 'ni puh .ju ye‘ pan‘ k‘ü‘ 'hau, *it would be better that you should go at midnight.*

Clauses expressing Similarity.

When resemblance is asserted, a clause introduced by **如** .ju or **像** siang‘, is placed before the predicate of the principal proposition. **我就像到了天堂裡的一樣** 'wo tsieu‘ siang‘ tau‘ 'liau ,t‘ien .t‘ang 'li tih yih yang‘, *I feel as if I had gone up to heaven;* **見他殘疾的人猶如兄弟的困苦一般** kien‘ ,t‘a .t‘san tsih tih .jen .yeu .ju ,hiung ti‘ tih k‘wen‘ 'k‘u yih ,pan, *he regards those maimed persons as if they were brothers.*

Sometimes the predicate precedes the comparing clause, and

forms with it one sentence usually of three words. 深如海 ,shen .ju 'hai, *deep as the sea:* 心堅如鉄 ,sin ,kien .ju t'ièh, *his heart is firm as iron;* 安然如堵 ,ngan ,jan .ju 'tu, *tranquil as a wall.*

Conditional Clauses.

Many conditional clauses are without the appropriate particles. They precede the principal clause. 自盡的命案定說毆死 tsï' tsin' tih ming' ngan' ting' shwoh ngeu' 'sï, *if any one has put an end to himself, he is sure to say that he has been beaten to death;* 再添一個人熱鬧些 tsai' ,t'ien yih ko' .jen jèh nau' ,sie, *if another man be added, it will be more lively:* 再作聲的罰一壺酒 tsai' tsoh ,sheng tih fah yih .hu 'tsieu, *if you speak again you must forfeit a pot of wine:* 我打他一下他也打我一下 'wo 'ta ,t'a yih hia' ,t'a 'ye 'ta 'wo yih hia', *if I strike him a blow, he will strike me a blow.*

Some verbs are used to give to a clause a conditional force. 要是我家這樣我就立刻坐船了 yau' shï' 'wo ,kia che' yang' 'wo tsieu' lih k'eh tso' .c'hwen 'liau, *if my house were like this, I would at once go a boating.*

Sometimes an interrogative suffix marks a conditional clause. 天旱了呢就去求雨 ,t'ien han' 'liau .ni tsieu' k'ü' (c'hü) .k'ieu 'ü, *if there is drought, they then go to pray for rain;* 不肯服麼正法他 puh 'k'eng fuh 'ma cheng' fah ,t'a, *if he does not submit, he must be put to death.*

Many conditional clauses are introduced by conjunctions. 或一時逢着兇必然化做吉 hwoh yih .shï fung' choh ,hiung pih .jan hwa' tso' kih, *if any time you meet evil it will turn to good;* 若是輸了他却一毫事也沒有 joh shï' ,shu 'liau ,t'a k'ioh yih .hau shï' 'ye .mei 'yeu, *if he is defeated, he suffers nothing at all;* 若畫這大幅的也就可惜了 joh hwa' che' ta' fuh tih 'ye tsieu' 'k'o sih 'liau, *if you paint this large picture, it would be a pity.*

Sometimes when the conditional clause has no conjunction, the principal clause takes 倒 'tau, *yet, however.* 一齊進去倒

漢語官話口語語法

省事 yih .t'si tsin' k'ü' (t'sü) 'tau 'sheng shï', *if they go in together it will save trouble.*

In the preceding examples the conditional clause is a case supposed. It may also be a fact introduced. 既然非親卽友 ki' .jan ,fei ,t'sin tsih 'yeu, *if it is not a relation it is a friend;* 既是老太太高興何不就商議定了 ki' shï' 'lau t'ai' t'ai' ,kau ,hing (s) .ho puh tsieu' ,shang .i ting' 'liau, *since this old lady is willing why should we not make up our minds to it at once?*

The conditional clause is sometimes placed in the middle of the principal clause. 母親雖病心裡却明白 'mu ,t'sin ,sui ping' ,sin 'li k'ioh .ming peh, *my mother although ill was in mind quite clear;* 他雖然不是我也有些過失 ,t'a ,sui .jan puh shï' 'wo 'ye 'yeu ,sie kwo' shïh, *although he is wrong, I also have faults.*

Even if, is expressed by 就是 tsieu' shï', or 便 pien'. 便有銀子沒處去買 pien' 'yeu .yin 'tsï .mei c'hu' 'mai, *if I had the money there is no place to buy it;* 縱是國家的恩典寬大也不能彀把殺人的不償命 ,tsung shï' kwoh ,kia tih ,ngen 'tien ,k'wan ta' 'ye puh .neng keu' 'pa shah .jen tih puh .shang ming', *although the state bestows its favour abundantly, it cannot let the murderer escape the forfeit of his life.*

Superadded Clauses.

Some fragmentary clauses at the end of a proposition, consist of another proposition curtailed of its subject. Such are the phrases 爲主 .wei 'chu, 爲君 .wei ,kiün, etc. 須要小心准備爲主 ,sü yau' 'siau ,sin 'chun pei' .wei 'chu, *you must carefully prepare, this is important;* 船有水淺的地方許多 .c'hwen 'yeu 'shui 't'sien tih ti' ,fang 'hü ,to, *the boats meet with shallow places in great numbers;* 依河爲界 ,i .ho .wei kiai', *taking the river as the boundary.*

There are several short and imperfect sentences, used to conclude the sense of the principal proposition, or to interrogate, or to qualify adjective and verb predicates. They may on account of the weakness of their own signification, be considered as subordinate sentences.

海上絲綢之路文獻集成 科技與文化編

A proposition is more clearly defined by adding certain verbs with 纔 .t'sai, 便 pien', or 就 tsieu', as in 東門外大橋西首便是 ,tung .men wai' ta' .k'iau ,si 'sheu pien' shï', *it is outside the east gate on the west of the great bridge;* 只管依他就是了 chïh 'kwan ,i ,t'a tsieu' shï' 'liau, *she only thinks of doing as he wishes that is all.*

A numeral particle with a number often follows a substantive to define it more clearly. Sometimes the class to which a substantive belongs is added to the numeral. 就爲錢這件東西 tsieu' wei' .t'sien che' kien' ,tung ,si, *it was for money;* 仁義兩個字最是要緊的 .jen i' 'liang ko' tsï' tsui' shï' yau' 'kin tih, *benevolence and integrity, these two things are all-important;* 我的父母兩個都死了 'ngo tih fu' 'mu 'liang ko' ,tu 'sï 'liau, *my parents are both dead.*

Yih 一 *one,* with 同 .t'ung *together,* 氣 k'i', 齊 .t'si, etc. follows nouns governed by prepositions of motion or union. 和兄弟一氣向裡面走 .ho ,hiung ti' yih k'i' (c'hi') hiang' 'li mien' 'tseu, *with my brother I went inside.*

After verbs of motion and nouns of place, adverb, such as 那裡 na' 'li, *there,* are commonly used. 到他們那裡去問 tau' ,t'a .men na' 'li k'ü' wen', *go to them and ask;* 我們那裡有 'ngo .men na' 'li 'yeu, *with us there are some;* 次日走過老家這邊來 't'sï jïh 'tseu kwo' 'lau ,kia che' ,pien .lai, *the next day he came home here.*

In interrogation and remonstrance 不成 puh .c'heng is used at the end of a sentence. .Nan tau' 難道 usually begins such a sentence. 難道除了你家天下就沒有好男人不成 .nan tau' .c'hu 'liau 'ni ,kia ,t'ien hia' tsieu' muh 'yeu 'hau .nan .jen puh .c'heng, *is it so that excepting in your family, there is no good husband to be found in the world?* 難道于心不足還要眼看着他死了纔去不成 .nan tau' ,ü ,sin puh tsuh .hwan yau' 'yèn k'an' ,t'a 'sï 'liau .t'sai k'ü' puh .c'heng, *are you not then content, but wish to see him die and then go?*

Likeness is expressed by adding 似的 sï' tih, *it is like,* to a sentence. 別叫人家看着無理似的 pièh kiau' .jen

漢語官話口語語法

,kia k'an' choh .wu 'li sï' tih. *do not cause others to notice that you seem destitute of reason;* 沒事人似的 .mei shï' .jen sï' tih, *like a man with nothing to do.* 也似 'yè sï' is also employed, as 飛也似 ,fei 'ye sï', *like flying.* 一般 yih ,pan, 一樣 yih yang', 一同 yih .t'ung, are used in nearly the same manner; 和父母一般 .ho fu' 'mu yih ,pan, *like a father and mother.*

Many phrases formed of a verb or adjective, and a negative particle, are used as intensitive particles. 感謝不盡 'kan sie' puh tsin', *he is inexhaustibly thankful;* 稱讚不已 ,c'heng tsan' puh 'i, *he praises him incessantly;* 笑個不住 siau' ko' puh chu', *he laughed without stopping.*

CHAPTER VIII.

Coordinate Sentences.

Under this denomination are included not only sentences complete in themselves, but also all those commenced by conjunctions corresponding to each other.

Simple Connection.

There may be several subjects to one predicate or several clauses or sentences connected without a conjunction. 只知吃酒賭錢眠花宿柳爲樂 chïh ,chï c'hïh 'tsieu 'tu .t'sien .mien ,hwa suh .lieu .wei loh, *he only considered drinking wine and gaming, lying among flowers and sleeping under willows to be happiness;* 主子奴才名分最大 'chu 'tsï .nu .t'sai .ming fen' tsui' ta', *the difference between the master and the slave is very great;* 老子要戒兒子哥郎要戒弟郎 'lau 'tsï yau' kiai' .rï 'tsï ,ko .lang yau' kiai' ti' .lang, *the father should warn his son, and elder brothers should warn their younger brothers;* 幾個年老公道的人和他說理 'ki ko' .nien 'lau ,kung tau' tih .jen .ho ,t'a shwoh 'li, *several aged and upright men reasoned with him;* 從父兄的教訓聽親友的勸解 .t'sung fu' ,hiung tih kiau' hiun' ,t'ing ,t'sin 'yeu tih k'iuen' 'kiai, *they listen to the instructions of fathers and elder brothers, and to the exhortations of relatives and friends;* 放在條桌上當古董的 fang' tsai' .t'iau choh shang' ,tang 'ku 'tung tih, *he*

海上絲綢之路文獻集成 科技與文化編

placed it on the long table and regarded it as an antique curiosity; 埋怨生埋怨死 .mai yuen' ,sheng .mai yuen' 'sï, *he complains of life and of death.*

There may be several predicates to one subject, or two imperative sentences, or two complete propositions connected without a conjunction. 眞是風淸月朗銀河微隱 ,chen shï' ,fung ,t'sing yuèh .lang .yin .ho .wei ,yin, *truly the air was clear, the moon bright, and the milky way a little indistinct;* 王大醫忙躬身低頭含笑 .wang t'ai' ,i .mang ,kung ,shen ,ti .t'eu .han siau', *Wang, the imperial physician hastily bowed, bent his head down and laughed;* 你並無別症偶然感了一點風寒 'ni ping' .wu pièh cheng' .ngeu .jan 'kan 'liau yih 'tien ,fung .han, *you have no other ailment, you have accidentally caught a little cold;* 這個留下給我罷 che' ko' .lieu hia' kih 'wo pa', *leave this here, and give it to me;* 你們兵民都要着實小心謹愼 'ni .men ping' .min ,tu yau' choh shïh 'siau ,sin 'kin shen', *you soldiers and people should all be earnest, attentive and diligent;* 沒有父母兄弟隻身一人 muh 'yeu fu' 'mu ,hiung ti' chïh ,shen yih .jen, *he has no parents or brothers, he has only himself to look to.*

Connective Particles.

The propositions 和 .ho, 並 ping', 同 .t'ung, 連 .lien are used to connect coordinate clauses or sentences. 老太太和奶奶並那些小姐們連各房裡的姑娘們都來了 'lau t'ai' t'ai' .ho 'nai 'nai ping' na' ,sie 'siau ,tsie .men .lien koh ,fang 'li tih ,ku .niang .men ,tu .lai 'liau, *the old lady with the mistress, and those young ladies, and also the young ladies in each room, all came;* 別人有本事不但遮瞞并要挫折他 pièh .jen 'yeu 'pen shï' puh tan' ,che .man ping' yau' t'so' chèh ,t'a, *when others have talent he not only hides it, he also seeks to deprive him of it.*

The conjunctions 也 'ye, 又 yeu', *also,* and 還 .hwan (.hai) introduce a new clause. 又見這官府迎了出來 yeu' kien' che' ,kwan 'fu .ying 'liau c'huh .lai, *he also saw this mandarin come out to escort him;* 我也不知道 'wo 'ye puh ,chï tau',

漢語官話口語語法

I also do not know; 他忽見有一副床帳他此時又帶了七八分的酒又走乏了便坐在床上 ,t'a hwuh kien' 'yeu yih fu' .c'hwang chang' ,t'a 't'sï .shï yeu' tai' 'liau t'sih pah ,fen tih 'tsieu yeu' 'tseu fah 'liau pien' tso' tsai' .c'hwang shang', *he suddenly saw a curtained couch ; at this time he was intoxicated seven parts in ten, and had also walked himself weary; he at once sat down on the couch;* 人都不理會也就罷了 .jen ,tu puh 'li hwei' 'ye tsieu' pa' 'liau, *they none of them understood him, and so it ended.*

The conjunctions 而 .rï, with 且 't'sie, and its compounds also commence a new clause. 說畢告辭而去 shwoh pih kau' .t'sï .rï c'hü', *having finished what he had to say, he took leave and went away;* 豈不因小事而害大事麼 'k'i puh ,yin 'siau shï' .rï hai' ta' shï' 'mo, *is it not to suffer great loss for the sake of a small advantage?* 况且殺人者死 'hwang 't'sie shah .jen 'che 'sï, *and still more when to kill a man is a capital crime;* 上車而去 shang' ,c'he .rï k'ü', *he ascended his carriage and went away;* 風大况且天色將晚 ,fung ta' 'hwang 't'sie ,t'ien seh ,tsiang 'wan, *the wind is high and further it is growing late.*

The conjunctions 也 'ye and 又 yeu', are repeated at the head of two and sometimes three clauses in the sense *both–and.* 又驚又喜 yeu' ,king yeu' 'hi, *both frightened and pleased;* 也有你吃過的也有你沒吃過的 'ye 'yeu 'ni c'hïh kwo' tih 'ye 'yeu 'ni .mei c'hïh kwo' tih, *there are both what you have tasted and what you have not tasted.*

Not only—but even, are expressed by 非獨 ,fei tuh, and some other compound adverbs in the first clause, and 就是 tsieu' shï', *even,* etc. in the second. 不但不能常進且壞了式樣 puh tan' puh .neng .c'hang tsin' 't'sie hwai' 'liau shïh yang', *he not only could not steadily advance, but further his plan was broken up;* 不但無法可處就是爭辯起來 puh tan' .wu fah 'k'o 'c'hu tsieu' shï' ,cheng pien' 'k'i .lai, *there was not only no way of acting, they even began to quarrel.*

海上絲綢之路文獻集成 科技與文化編

Sentences with Adversative Conjunctions.

But and *however*, are expressed by conjunctions introducing a new sentence. 眼開眼開只做不知 'yèn ,k'ai 'yèn ,k'ai chïh tso' puh ,chï, *his eyes were open to it, but he professed not to know it;* 反說他糊塗 'fan shwoh ,t'a .hu .t'u, *you however say that he is foolish;* 往下一看原來不是他 'wang hia' yih k'an' .yuen .lai puh shï' ,t'a, *he went down and looked but it was not he;* 倒不如今年上京 'tau puh .ju ,kin .nien shang' ,king, *but it will be better to go to the capital this year;* 倒反要逼起我的命來 'tau 'fan yau' pih 'k'i 'wo tih ming' .lai, *you yet wish to oppress me to death.*

Sometimes no adversative particle is used. 說時遲那時快 shwoh .shï .c'hï na' .shï k'wai', *it was long in the telling, but quick in the doing.*

The antithetic particles 雖然 ,sui .jan, *although*, 然而 .jan .rï, *yet*, and some others, precede two sentences which are opposed to each other. The second sentence may also be without a particle. 雖然如此還要感得四方的豪傑望風而來 ,sui .jan .ju 't'sï .hwan yau' 'kan teh sï' ,fang tih .hau kièh wang' ,fung .rï .lai, *although it is so, yet it is needful to induce heroes from all parts to observe what is passing and come;* 布疋雖然比不得綢帛到底是衣服 pu' p'ih ,sui .jan 'pi puh teh .c'heu peh 'tau 'ti shï' ,i fuh, *cotton cloth, although it cannot be compared with silk stuffs, is still used in dress;* 雖有人的名實與禽獸差不多 ,sui 'yeu .jen tih .ming shïh 'ü .k'in sheu' ,c'ha puh ,to, *although he has the name of a man he differs little from a beast.*

Sentences with Disjunctive Particles.

Particles are repeated to introduce sentences of the form *either—or, neither—nor, whether—or.* 或送人或自己留下 hwoh sung' .jen hwoh tsï' 'ki .lieu hia', *either give it away, or keep it for yourself;* 或者氣他或者笑他 hwoh 'che k'i' ,t'a hwoh 'che siau' ,t'a, *he was either angry at him or laughed at him;* 我也沒有欠過債不還也不曾惹氣打械 'wo 'ye muh 'yeu k'ien' kwo' chai' puh .hwan 'ye puh .t'seng 'je k'i' 'ta kia', *I have neither failed to pay my debts, nor have I done anything to provoke anger and fighting;* 要隨常的東西好也罷歹也罷 yau' .sui .c'hang tih ,tung ,si 'hau 'ye pa' 'tai 'ye pa', *I want common things, whether good or bad, it does not matter.*

The form *whether—or not,* is also expressed by a proposition affirmed and derived. 不知是與不是 puh ,chï shï' 'ü puh shï', *I do not know if it is so or not?* 他醒不醒那裡可知 ,t'a 'sing puh 'sing 'na 'li 'k'o ,chï, *whether he will wake or not, how can we know?*

On the one hand—on the other hand, are expressed by 一面 yih mien', and some other similar forms at the head of each clause. 一面說一面慢慢的伸手出來 yih mien' shwoh yih mien' man' man' tih ,shen 'sheu c'huh .lai, *while she spoke she slowly put out her hand;* 一面哭一面嘆 yih mien' k'uh yih mien' t'an', *he both wept and sighed;* 一面整備火藥一面暗點人馬 yih mien' ,cheng pei' 'ho yoh yih mien' ngan' 'tien .jen 'ma, *on one hand he prepared powder, and on the other hand secretly collected men and horses.*

Some—and others, are often expressed by placing the principal verb with tih at the beginning of each sentence. 死的死得命的逃了些回去 'sï tih 'sï teh ming' tih .t'au 'liau ,sie .hwei k'ü', *some died and others ran away home again;* 跳的跳舞的舞 t'iau' tih t'iau' 'wu tih 'wu, *some jumped and others clapped their hands.*

While—at the same time. are expressed in various ways, as 一路哭一路罵 yih lu' k'uh yih lu' ma', *while he walked, he used reviling words;* 帶哭帶罵 tai' k'uh tai' ma', *while he wept, he uttered reproaches.*

Illative and Transition Sentences.

The illative conjunctions introduce these sentences. 聽見你來了所以請教 ,t'ing kien' 'ni .lai 'liau 'so 'i 't'sing kiau', *I heard that you had come and therefore ask for instruction;* 因問他說 ,yin wen' ,t'a shwoh, *he therefore asked him;* 他先

海上絲綢之路文獻集成　科技與文化編

進京因此無事 ,t'a ,sien tsin' ,king ,yin 't'sï .wu shï', *he first entered the capital and therefore it came to nothing.*

Adverbs of time introduce sentences, which describe the consequences of the action related in a preceding sentence. 人有大方的心方能無事 .jen 'yeu ta' ,fang tih ,sin ,fang .neng .wu shï', *let a man have a liberal heart, he will then be without trouble;* 落了身分後來必大害家財 loh 'liau ,shen fen' heu' .lai pih ta' hai' ,kia .t'sai, *he lost his position and so afterwards his family revenues.*

Illative sentences are sometimes introduced by a causative verb. 累着一房丫嬛們都不能睡 lei' choh yih .fang ,ya .hwan .men ,tu puh .neng shui', *causing a roomful of waiting girls to have a sleepless night.*

Among such verbs are 怕 p'a', *to fear,* and 恐 'k'ung, *to fear,* meaning *lest.* 把自己的兒子捨在廟裡做了和尙怕他養活不大 'pa tsï' 'ki tih .rï 'tsï 'she tsai' miau' 'li tso' 'liau .ho shang' p'a' ,t'a yang' hwoh puh ta', *he cast off his son into a temple to be a monk, lest he should not be able to bring him up.*

Questions consisting of Two Sentences.

A common mode of asking questions is to use two correlative clauses, one the contradictory of the other. An interrogative particle is sometimes placed between them, or at the end of the second clause. 回來了不曾 .hwei .lai 'liau puh .t'seng, *has he come back or not?* 我吃不吃與你甚麼相干 'wo c'hïh puh c'hïh 'ü 'ni shen' 'mo ,siang ,kan, *whether I eat it or not, what matters it to you?* 是不是呢 shï' puh shï' .ni or shï' .ni puh shï', *is it so or not?* 這勾當可饒不可饒 che' keu' ,tang 'k'o .jau puh 'k'o .jau, *can this matter be pardoned or not?* 是同鄉的人呢還是不認得的 shï' .t'ung ,hiang tih .jen .ni .hwan shï' puh jen' teh tih, *is he of the same village as yourself, or is he a stranger?* 你釘死了那個砲門沒有 'ni ting' 'sï 'liau na' ko' p'au' .men muh 'yeu, *have you spiked those guns or not?*

Comparison.

For example, and such like phrases are expressed by 比方 'pi .fang. and other compound phrases. 假如你做下歹事不能饒你罪 'kia .ju 'ni tso' hia' 'tai shï' puh .neng .jau 'ni tsui', *supposing that you have done what is wrong, you cannot look for forgiveness;* 譬如病入心下不能救了 p'i' .ju ping' juh ,sin hia' puh .neng kieu' 'liau, *for example, when disease has entered the parts below the heart, there is no chance of safety.*

Like and *as if*, are expressed by adverbs of similarity commencing new sentences. 似有要水要湯的光景 sï' 'yeu yau' 'shui yau' ,t'ang tih ,kwang 'king, *he seemed as if he wished for water and broth;* 如同成就了一個和平世界 .ju .t'ung .c'heng tsieu' 'liau yih ko' .ho .p'ing shï' kiai', *as if a peaceful world had been established;* 從此天下和美只像一個人家 .t'sung 't'sï ,t'ien hia' .ho 'mei chïh siang' yih ko' .jen ,kia. *from this time the empire will be at peace, just like a family;* 彷彿出死力的兵丁 'fang fuh c'huh 'sï lih tih .ping ,ting, *like a soldier who fights for life and death;* 像遇見親人的 siang' ü' kien' ,t'sin .jen tih, *the same as if he had met a relation;* 待兵如子 tai' ,ping .ju 'tsï, *he treats the soldiers as if they were his children.*

CHAPTER IX.

Ellipsis and Pleonasm

Among the figures of speech used in conversation, the most worthy of notice are ellipsis, pleonasm, repetition (already illustrated), and antithesis. In regard to the first of these it may be remarked. that for elegance, words which can be understood from the circumstances are omitted. 拜壽 pai' sheu', *to visit and bow to any one on his birth-day;* 拜年 pai' .nien, *to make new year's-day visits;* 結拜了生死弟兄 kièh pai' 'liau ,sheng 'sï ti' .hiung (s). *they bowed (to each other and became) sworn brothers for life;* 所以官至宰相 'so 'i ,kwan chï' 'tsai siang'. *therefore (he rose in) rank till (he became) chief minister;* 告老 kau' 'lau, *he announced (that he was too) old (for work)*; 告病 kau' ping'. *he announced that he was ill*; 飛馬而來 ,fei 'ma .rï .lai. *he came on horse-back and at flying speed*; 打扮做汴京人模樣 'ta ,pan tso' 'pien ,king jen .mu yang', *(for his) dress he assumed the appearance of a native of Pien-liang the capital*; 能知道過去未來 .neng ,chï tau' kwo' k'ü' wei' .lai, *he knows past and future (things)*; 再三請罪 tsai' ,san 't'sing tsui', *two or three (times) he asked (pardon for his) fault.*

In the use of respectful and self-depreciating adjectives for the possessive pronouns, there is an ellipsis of those pronouns before such adjectives, thus we hear 你有幾位令郎 'ni 'yeu 'ki wei' ling' .lang. or 'ki wei' ling' .lang, *how many sons have you?* 他必要謀陷令尊性命 ,t'a pih yau' .meu .hien ling' tsun' sing' ming'. *he was resolved on planning the destruction of your father.*

The omission of the personal pronouns in complimentary conversation is also common, when the substituted adjectives are not used. 討光 't'au ,kwang, *(I) beg (your) favour*; 借光 tsie' ,kwang, *(may I) borrow (this by your) favour?* 久仰 'kieu .niang, *(I have) long looked up (to you)*; 久慕 'kieu mu', *(I have) long desired (to meet you)*; 豈敢 'k'i 'kan, *how (can I) dare?* 謝謝 sie' sie', *(I) thank (you).*

When the language in use is not complimentary, the pronouns are also very frequently omitted. 不聽見 puh ,t'ing kien', *I did not hear it*; 他聽了便去伸手拿了過來 ,t'a ,t'ing 'liau pien' k'ü' ,shen 'sheu .na 'liau kwo' .lai, *having heard it he then went, stretched out his hand, and drew it over.* Here the words *it, his, and, it,* are omitted without injury to the sense.

Affirmations are repeated by mentioning their opposite with a negative particle. 是眞的不是假的 shï' ,chen tih puh shï' 'kia tih, *it is true, it is not false*; 存心要廣大不要狹小 .t'sun ,sin yau' 'kwang ta' puh yau' hiah 'siau, *the heart should be kept liberal and open, it should not be contracted and close*; 好做嗎可以做不好做嗎不要做 'hau tso' 'ma 'k'o 'i tso' puh 'hau tso' 'ma puh yau' tso', *if it is practicable do it, and if it is impracticable do not attempt it.*

Clauses are repeated, or the idea they convey is repeated by means of synonyms. 殺不散打不開 shah puh san' 'ta puh ,k'ai, *killing and striking did not cause them to disperse*; 不差不差 puh ,c'ha puh ,c'ha, *it is, it is*; 尅了何人之粮滅了何人之草 k'ih 'liau .ho .jen ,che .liang 'kien 'liau .ho jen ,che 't'sau, *what man have I deprived of his amount of corn?* 牢記牢記 .lau ki' .lau ki', *bear that in mind.*

An idea contained in a verb is often repeated in the substantive which it governs. 殺他的性命 shah ,t'a tih sing' ming', *he killed him.*

Unnecessary words are inserted in many combinations on rhythmical grounds. Such words are chosen as are partly connected in meaning with those to which they are united. 聽說是太師相請 ,t'ing shwoh shï' t'ai' ,shï ,siang 't'sing, *they heard that the prime minister had invited them.* Here ,siang is introduced to form 請 't'sing into a two-word group. So also in 相煩通報 ,siang .fan ,t'ung pau', *I will trouble you to announce to me.* .Lai and k'ü' are pleonastic in many verb groups, as 站起來 chan' 'k'i .lai, *to stand up*, for chan' 'k'i.

CHAPTER X.

Antithesis.

Antithesis in the formation of groups of coordinate words has been already considered. The antithesis of propositions will now be illustrated. This very common figure of speech pervades Chinese conversation as well as written compositions. 貨要真價要實 ho' yau' ,chen kia' yau' shïh, *the articles must be good and the prices true*; 一個人唱百個人和 yih ko' .jen c'hang' peh ko' .jen ho', *one man sang and a hundred joined in harmony*; 天有不測風雨人有旦夕禍福 ,t'ien 'yeu puh t'seh ,fung (feng) 'ü .jen 'yeu ,tan sih ho' fuh, *heaven has unexpected clouds and rain, man has unexpected turns of good and ill fortune*; 我生是你的人死是你的鬼 'wo ,sheng shï' 'ni tih .jen 'sï shï' 'ni tih 'kwei, *living I am your slave and when dead I will attend you as a ghost*; 也不好推也不好任 'ye

F f

海上絲綢之路文獻集成　科技與文化編

puh 'hau ,t'ui 'ye puh 'hau .jen, *he could not refuse nor yet say he was willing;* 心裡有什麽口裡說什麽 ,sin 'li 'yeu shïh 'mo 'k'eu 'li shwoh shïh 'mo, *what you have in your heart, utter with your lips;* 人不知鬼不覺 .jen puh ,chï 'kwei puh kioh, *men did not know it, demons did not suspect it;* 弓開似滿月箭發像流星 ,kung ,k'ai sï' 'man yuèh tsien' fah siang' .lieu ,sing, *the bow opened like the full moon, the arrows flew like falling stars;* 看民如家人看事如家事 k'an' .min .ju ,kia .jen k'an' shï' .ju ,kia shï', *he regarded the people as if they were his family, and public business as if it was family affairs;* 衣服要華美喫飯要葷腥 ,i fuh yau' .hwa 'mei c'hïh fan' yau' ,hwen ,sing, *his dress he wishes to be elegant, and he must live on animal food;* 尸如山積血若川流 ,shï .ju ,shan tsih hiuèh joh ,c'hwen .lieu, *corpses were heaped like mountains, and blood flowed like rivers.*

Many pairs of propositions begin with opposed adjectives and other words, such as 上 shang', 下 hia', 明 .ming, *bright, ostensible,* 暗 ngan', *dark, covert.* 上有天堂下有蘇杭 shang' 'yeu ,t'ien .t'ang hia' 'yeu ,su .hang, *above is heaven and below are Sucheu and Hangcheu;* 明是一盆火暗是一把刀 .ming shï' yih .p'en 'ho ngan' shï' yih 'pa ,tau, *externally he seemed like a mass of fire (so warm was his friendship), while secretly he was a knife (to destroy);* 魂飛天外魄散九霄 .hwen ,fei ,t'ien wai' p'eh san' 'kieu ,siau, *his soul fled beyond heaven, and his spirit to the nine cœlestial regions (said of fright);* 孝順還生孝順子忤逆還生忤逆兒 hiau' shun' .hwan ,sheng hiau' shun' 'tsï wu' nih .hwan ,sheng wu' nih .rï, *the filial have filial children, the disobedient give birth to disobedient children.*

CHAPTER XI.

Rhythmus.

By rhythmus is meant the symmetrical arrangement of groups of words, and of clauses and sentences. It belongs to conversation as it does to written styles. It causes words to fall into groups of two, three, or four words each. Their position in these groups is retained by all speakers, depending not upon the caprice of an individual, but on the custom of the language. Thus in 豪傑 .hau kièh, *a hero, a man of ability,* the two component words are constantly used together and in one order.

It is this rhythmus that regulates the formation of new sentences, when the processes of reduction and expansion occur. A few illustrations of its influence are here given. Redundant words used in short sentences are omitted in long ones. 殺他的性命 shah ,t'a tih sing' ming', *kill him (his life)*; and 可以殺他 'k'o 'i shah ,t'a, *he may be put to death.* The sentence stops where it does in this last example, because a four-word group is already complete.

The new sentences which the exigencies of each individual lead him to construct, are invariably formed in conformity with this rhythmus; as much so as with the rules of government in syntax. 你扶我上馬囘營罷 'ni .fu 'wo shang' 'ma .hwei .ying pa', *assist me to mount my horse and return to the camp.* Here the words 上馬囘營 consisting of two actions in succession, form a symmetrical four-word group. Then follow the words 張保扶他上了馬囘至本營 ,chang 'pau .fu ,t'a shang' 'liau 'ma .hwei chï' 'pen .ying, *Chang-pau assisted him to mount his horse, and he then returned to his encampment.* Here when the first of the actions is lengthened by inserting 了 'liau, a time particle, there is also an addition made to the second action. The words 至本 form it into a new and symmetrical four-word group.

The omission of pronouns, and the fewness of tense particles and connective conjunctions, very much aids the rhythmical construction of sentences.

Rhythmus frequently binds into one four-word sentence two coordinate clauses, or one subordinate and one principal clause. 死去再醒 'sï k'ü' tsai' 'sing, *he fainted away and revived;* 帶去收監 tai' k'ü' ,sheu ,kien, *he was taken away and placed in prison;* 打做一包 'ta tso' yih ,pau, *he tied it up into a bundle;* 把馬勒住 'pa 'ma leh chu', *he reined up his horse;* 不知不罪 puh ,chï puh tsui', *what is done without knowing is not a sin ;* 望空拜謝 wang' ,k'ung pai' sie', *looking into space he bowed his thanks.*

Three-word groups are somewhat less common than those of two and four members. When they occur they usually consist of words in some order of syntax. 出林虎 c'huh .lin 'hu, *a tiger from the forest ;* 接過來 tsièh kwo' .lai, *he took it.*

The connection of accent with rhythmus arises from the numerical character of the groups into which words naturally fall. To mark these groups an accent is usually placed on the last word. This occurs whether the group consist of two, three, or four words. In a group of four a weaker accent is also placed on the second word. This subject is more fully discussed in the first part of this work. It is by rhythmus that the expression of thought is brought into a finished state, adapted for vocal utterance with the constant accompaniment of an accent of position and the tones. For it is only to sentences disencumbered of expletives, and arranged symmetrically, that these peculiarities of pronunciation can be conveniently applied.

THE END.

APPENDIX I.

On recent Philological researches in China.

The ancient sounds given by Chu-hi, in his edition of the Shï-king, or Book of Poetry, are those of Wu-t'sai-lau 吳才老. That author was a little earlier than Chu-hi. His investigations on this subject are contained in his work 韻補 Yün-pu, a book rarely to be met with. He is the founder of this branch of literature in China.

The author of 五車韻府, from which Morrison formed his syllabic dictionary, wrote a short treatise on ancient sounds 古韻疏. Towards the end of the Ming dynasty, C'hen-ti a native of T'ing-cheu in Fuh-kien, wrote on the sounds of the Shï-king, and the poetry at the close of the Cheu dynasty. He has given in the former, the old sound of 500 words. He has been influenced by his own dialect too much, but in many cases has been led by it to correct results. Though he added little to what was before known, he imparted an impulse to this branch of study, and subsequent authors freely express their acknowledgments to him.

At the close of the Ming period, and the beginning of the present dynasty, flourished Ku-yen-wu, who among the multifarious subjects he studied, gave much attention to ancient sounds. His five works 音學五書 Yin-hioh-wu-shu, consist of 音論 *On the literature of sounds*, 詩本音 *On the sounds of the Book of Poetry*, 易音 *On the sounds of the Book of Changes*, 唐韻正 *On the tables of sounds made in the T'ang dynasty*, 古音表 *Tabular view of the old sounds*. In these works he has given what he supposed to be the ancient pronunciation both in regard to particular words, and as to its general features. He also wrote 韻補正 a critique on the work of Wu-t'sai-lau.

Mau-si-ho of Shau-hing followed this author in studying the ancient sounds of the Yih-king, and the tables of the tonic dictionaries. See his 易韻 and 韻學要指. The finals m and p, now lost from mandarin, he describes clearly as labials, pronounced by shutting the mouth. He states that in Canton province they are still pronounced.

Kiang-yung of Hwei-cheu is one of the best authors on the subject of sounds. His three works are 音學辨微 *Critique on the science of sounds,* 古韻標準 *Dictionary of old sounds,* 四聲切韻表 *Tables of sounds arranged according to the tones.* He makes frequent reference to modern dialects to illustrate the old pronunciation, and marks the various differences between it and the present mandarin.

Twan-yuh-t'sai has followed the three preceding authors in reducing the rhymes of the tonic dictionaries to a small number. He has one arrangement of seventeen classes, and another of six. The latter is in fact that of the final letters, whether vowels or consonants. He was the first to state clearly the late origin of the 去聲 or third tone-class. Others had erroneously believed that it was the fourth tone-class juh sheng, which was wanting in the ancient pronunciation. He shewed that the phonetic part of a character indicates to what class a word belongs. His system is contained in 六書音均表.

T'sien-ta-hing has attended to changes in the initials. In this department his predecessors have committed errors which he has rectified. He was the first to remark that these phonetic changes do not belong to individuals, but to large groups of words having the same initial. See p. p. 85, 86, of this grammar.

A more recent author K'ung-kwang-seng, in his work on the pronunciation of the Book of Poetry 詩聲類, has assumed that the fourth tone-class (juh sheng) is modern, and the third tone-class old. This erroneous view has very much vitiated his conclusions. In other respects he adheres to the results of modern investigation, as in the statement he cites from Yen-peh-shï, that "ancient and modern sounds differ, just as the dialects in modern times of two places distant from each other."

A great variety of information, both on the old language and on

海上絲綢之路文獻集成 科技與文化编

漢語官話口語語法

the mandarin dialect, is collected in 李氏音鑑. The author, who lived early in this century, knew the Kiang-nan dialect, as well as that of Peking. When he writes on the ancient sounds he exercises a good judgment, and gives a fuller account of alphabets (formed with Chinese characters) than any other author.

The work of Kiang-tsin-san, called 音學 *The science of sounds*, I have not seen.

The above are the most noted writers on this subject in the present dynasty.

With regard to the parts of speech and syntax, I know of no recent work which has advanced the knowledge of the Chinese on the nature of their language, except that of Pih-hwa-tsun 論文淺說, of which I have spoken at large in my Shanghai grammar.

APPENDIX II.

On Mandarin Literature.

This subject has been admirably treated by M. Bazin in his "Siecle des Youen." It was in the Yuen dynasty, A.D. 1280 to 1368, that the colloquial literature of China originated, and was most flourishing. It had begun in the preceding period, that of the Southern Sung, and the works of Chu-hi, and the Shantung novel Shui-hu-chwen, are consequently the earliest examples of it, if the latter does not belong to the Yuen period. This date synchronizes with that of the origin of the modern mandarin pronunciation, as shewn in the early part of this work.

At the same time, the dramas composed of songs and familiar dialogue, became popular. Previously the national poetry had been sung, but at this epoch, it was displaced by songs 曲 k'üh (c'h). This was the natural result of the great change in the language that then reached its crisis. The close connection between the origin of the dramas, and that of the mandarin pronunciation, is shewn by the fact that Cheu-teh-t'sing's dictionary for mandarin sounds, published in the Yuen dynasty, was used as the standard for pronunciation in the collection of 100 plays of the Yuen period, and in the songs and dramas of North China generally. Yet these songs are not purely colloquial, though much freer in construction than common poetry. Works partly in dialogue, and partly consisting of songs are called 傳奇 Chwen-k'i, or 雜劇 Tsah-kih. In the catalogue of reprints called 彙刻書目 Hwei-k'eh-shu-muh, several hundreds of these works are mentioned. They are given mostly with the names of the authors. A writer may acknowledge a drama as his composition, but a novel is always anonymous or a fictitious name is assumed. The novels are not included in this catalogue, nor are the lives of their authors found in books of biography. Both novels and dramas are excluded from the imperial catalogue.

These works are regarded simply as books of amusement, and as not worthy of the study of scholars. To the foreigner however, they are not only interesting as an oriental development of the imagination, similar to that which has created our own schools of dramatists and romancists, but as furnishing an easy introduction to the history, manners and language of the country.

In the work called 封神 Fung shen, the early part of the Cheu period, B.C. 1100 is described. In 列國志, we have the last part of the same dynasty. The Western and Eastern Han periods are illustrated in 西漢演義, 東漢演義. The next period, when the empire was divided into two states north and south, is described in 南北朝演義. The time of the Sui and T'ang dynasties, is illustrated in 隋唐演義, and the fall of the latter in 殘唐. The history of Yoh-fei and the Shui-hu, describe the state of the country during the Sung period. The manners of the metropolis during the present dynasty are depicted in 紅樓夢 Hung-leu-mung and 品花寶鑑 P'in-hwa-pau-kien.

M. Bazin has translated copious contracts from the Shui-hu-chwen and Si-siang-ki, the best novel and the best dramatic production of the Chinese, in his "Siecle des Youen." In the same work he has given a detailed account of the 100 plays of the Yuen dramatists. In a separate volume he has translated at length the P'i-pa-ki, or *Tale of a guitar.* The beautiful and touching story of the P'i-pa-ki needs no arguments to win the suffrage of the reader in its favour, but it is interesting to know from the original pre-

海上絲綢之路文獻集成　科技與文化編

fatory matter which M. Bazin with excellent judgment, decided on translating, the position which this work holds in native estimation. They regard it as the second of its class, but since its rival Si-siang-ki is, says M. Bazin, deficient in plot, a foreign judgment will perhaps reverse the native one.

In the Yuen dynasty, there were more than 200 dramatists, from whose works the 100 plays above-mentioned are but a selection. The generic name for writings of this class is 曲 k'iuh (c'hü).* They originated in the Kin dynasty, immediately preceding that of the Mongols. Among works that may be referred to on this subject, is 曲律 by 方諸生 a native of Kwei-ki (Shau-hing) in Chèh-kiang. He wrote in the reign Wan-lih of the Ming period. He states that dramatic productions, called k'iuh, were in the Yuen dynasty divided into two schools, the north and the south. For the former, he states that the work of Cheu-teh-t'sing 中原音韻 is the standard in regard to pronunciation. For the Nan k'iuh, *southern song-dramas*, the dialect of the Wu country (Sucheu) is made use of. It is the first of these schools that belongs to mandarin literature. The Sucheu dramas have a different dialect, which may be seen exemplified in my Shanghai grammar. The author here mentioned says, that among celebrated southern airs (tiau'), are many by natives of Hai-yèn, K'wen-shan,† and T'ai-t'sang, all near Sucheu. In the poetry of the Sung dynasty there was a kind, called 詩餘 Shï-ü, which approached the character of the more recent species of compositions known as k'iuh, but in those productions the pronunciation and general rules of versification were still the same as in regular poetry. In the Kin dynasty (centuries XI and XII) the modern pronunciation began to be adopted, and this change was completed in the Yuen period.

The songs in these dramas, form then a popular poetry for northern China, in the old mandarin dialect of the Mongolian dynasty. From the rules for constructing these songs, given by the same author, I extract the following. "The rhymes must agree with the arrangement of words according to their finals in Cheu-teh-t'sing's dictionary. The upper and lower 平聲 p'ing sheng, are not

* M. Bazin has followed Premáre in omitting the last word, a very important one, in the name of the collection 元人百種曲.

† The K'wen k'iuh, or songs made at K'wen-shan are considered to be the best of the southern songs.

allowed to rhyme together. Words in 入聲 juh sheng may rhyme with those in 平聲 p'ing sheng. Two sentences should not begin with a character having the same sound. Four consecutive words should never all have the same tone. Not more than two alliterative words should be used consecutively. Three words in 入聲 juh sheng, should not be used consecutively. Not more than two words whose finals rhyme together, should be used consecutively. A sentence ending with a word in m, must rhyme with another sentence, having the same final. M must not rhyme with n. Two words both ending in m are not allowed to stand together, but a single word in m may be repeated. When two words in 上聲 shang sheng, and two in 去聲 k'ü sheng, come together, the tones should alternate."

These rules of versification are much more simple than those of the regular poetry of the T'ang and Sung dynasties. A good ear would be to the poet a sufficient guide. The regular poetry still made by the literati at examinations is the result of learned labour in the tonic dictionary, and rigid adherence to antiquated rules. This newer poetry is the more direct expression in a modern garb of the finer feelings of the heart, and is suited to be sung, appreciated, and enjoyed by the people generally.

The author of the above-mentioned work, states that the 北曲 peh k'iuh, are in their dialogue (called 白 peh) adapted to be widely understood, because of the homogeneousness of the mandarin dialect in the northern provinces. On the other hand, he says, in the south (Sucheu, etc.), the dialect of each city has its provincialisms, so that many phrases used in one, would be unintelligible in another. He lays it down as a rule of composition, that such expressions only should be used as will be understood by persons from a distance. Yet in many southern dramas the localisms of Sucheu and its neighbourhood are freely employed.

In mandarn literature, there may be distinguished three principal styles. There is the style of familiar conversation, a half-literary and half-conversational style, and that of the songs. The dialogue parts in the dramas, and many of the novels are in the free style of conversation ; but only such arrangement and choice of words is admitted as is agreeable to the ear, and in the case of plays, suited for chanting in the usual native manner. It is these parts of the mandarin literature, which may be studied with advantage by the student of that dialect. The language in some of the older specimens (e. g. Shui-hu) is now antiquated as noticed elsewhere in this work.

Specimens are here given of the style of the two works 品花寶鑑 P'in-hwa-pau-kien and 紅樓夢 Hung-lau-mung, both in the metropolitan dialect.

A meeting of scholars.

答應了是 tah ying' 'liau shï', *he replied yes;* 只見一人又拿了一盞燈出來 chïh kien' yih .jen yeu' .na 'liau yih 'chan ,teng c'huh .lai, *they then saw a man bring out another lanthorn;* 將先掛的那盞燈換了 ,tsiang ,sien kwa' tih na' 'chan ,teng hwan' 'liau, *he took the lanthorn that was hanging there before, and exchanged it for this one;* 見屏門後頭走了出一箇人來 kien' .p'ing .men heu' .t'eu 'tseu 'liau c'huh yih ko' .jen .lai, *they further saw some one come out from behind a screen door;* 子玉見他有三十來歲 'Tsï ü' kien' ,t'a 'yeu ,san shïh .lai sui', *Tsï-ü noticed that he was past thirty years old;* 生得眉清目秀氣體高華 ,sheng teh .mei ,t'sing muh sieu' k'i' 't'i ,kau .hwa, *as to his appearance, he had a clear forehead, beautiful eyes, and handsome features;* 穿得一身雅淡衣服 ,c'hwen teh yih ,shen 'ya tan' ,i fuh, *he wore an elegant and plain dress;* 閑閑雅雅的過來 .hien .hien 'ya 'ya tih kwo' .lai, *leisurely and elegantly he came forward;* 見文澤仲清王恂三人一齊迎上前來 kien' .Wen tseh Chung' ,t'sing .Wang .siün ,san .jen yih .t'si .ying shang' .t'sien .lai, *to see Wen-tseh, Chung-t'sing and Wang-siün, who together advanced to meet him;* 稱呼他爲靜宜先生 ,c'heng ,hu ,t'a .wei Tsing' .i ,sien ,sheng, *they addressed him as Mr. Tsing-i;* 那人與三人見了禮 na' .jen 'ü ,san .jen kien' 'liau 'li, *this gentleman and the three friends having mutually paid their compliments;* 又向子玉作了個揖 yeu' hiang' 'Tsï ü' tsoh 'liau ko' yih, *he approached Tsï-ü with hands joined respectfully;* 子玉連忙還禮 'Tsï ü' .lien .mang .hwan 'li, *Tsï-ü instantly returned the compliment;* 文澤卽對蕭次賢說道這位是梅庾香 .Wen tseh tsih tui'

'Siau t'sï' .hien shwoh tau', che' wei' shï' .Mei .ü ,hiang, *Wen-tseh then said to Siau-t'sï-hien, this gentleman is Mei-ü-hiang;* 是當今無雙士 shï' ,tang ,kin .wu ,shwang shï', *he is at the present time a scholar without a rival;* 靜宜先生沒有會過麼 Tsing' .i ,sien ,sheng .mei 'yeu hwei' kwo' 'ma, *have you not yet met him?* 次賢道今日識荆實爲萬幸 T'sï' .hien tau' ,kin jïh shïh ,king shïh .wei wan' hing', *T'sï-hien* (Mr. Tsing-i) *said, to-day I have become acquainted* (,king following shïh, means *your appearance, you;* it is an elegant phrase used in letter writing); *truly it is my extreme good fortune;* 便請四人進內 pien' 't'sing sï' .jen tsin' nei', *he then invited the four men inside;* 子玉道今晚便服未免不恭 'Tsï ü' tau' ,kin 'wan pien' fuh wei' 'mien puh ,kung, *Tsï-ü said, this evening we are not in full dress, it would necessarily be disrespectful;* 容另日專誠晉謁罷 .yung ling' jïh ,chwen .c'heng tsin' hoh pa', *let us another day with all respect call again* (tsin hoh, *an elegant expression for calling on any one*); 次賢笑道庾香先生當今名士 T'sï' .hien siau' tau' .Ü ,hiang ,sien ,sheng ,tang ,kin .ming shï', *T'sï-hien said, you sir, a celebrated scholar of the present time;* 不應瑣瑣及此 puh ying' 'so 'so kih 't'sï, *ought not for a trifling reason to come here;* 況主人也不在家 'hwang 'chu .jen 'ye puh tsai' ,kia, *further the master of the house is not at home;* 我輩聊以聚談 'wo ,pei .liau 'i tsü' .t'an, *let us meanwhile converse together;* 切勿拘以禮節 t'sièh wuh ,kü 'i 'li tsièh, *do not on any account stand on ceremony;* 子玉只得同着走出亭子 'Tsï ü' chïh teh .t'ung choh 'tseu c'huh .t'ing 'tsï, *Tsï-ü could but go out with him from the arbour.*

The following is from the Hung-leu-mung.

Dream of Pau-ü after the death of the object of his attachment. 寶玉聽了不禁放聲大哭 *Pau-ü on hearing it, could not restrain himself, but wept aloud;* 倒在床上忽然眼前漆黑 *he threw himself on the bed, when suddenly before his eyes all became pitch-dark;* 辨不出方向 *he could not distinguish the direction of anything;* 心中正自光惚 *his mind was stirred by restless thoughts;* 只見眼前好像有

人走來 *he saw before him what appeared to be a man approaching;* 寶玉茫然間道 *Pau-ü hurriedly asked him;* 借間此是何處 *I beg to ask what place this is?* 那人道此陰司泉路 *the man replied, this is the way to the (nine) fountains, where resides the ruler of Hades;* 你壽未終何故至此 *your term of life is not completed, why have you come here?* 寶玉道適聞有一個人已死遂尋訪到此不覺迷途 *Pau-ü replied, I have heard that when any one has died, this is the place to seek for him, but I have missed my way;* 那人道故人是誰 *the man asked, who is the departed one?* 寶玉道姑蘇林黛玉 *Pau-ü answered Lin-tai-ü of Sucheu;* 那人冷笑道林黛玉生不同人死不同鬼 *the man laughed sardonically and said, Lin-tai-ü and yourself could not be united as men, nor can you as a ghosts;* 無魂無魄何處尋訪 *her perceptive and material souls are gone, how then can you find her?* (魄 p'eh, *a kind of soul supposed to be possessed by vegetables as well as all animals;* 魂 hwen, a soul possessed by all animals; its office is said to be chï kioh, *perception.*) 凡人魂魄聚而成形散而爲氣生前聚之死則散焉 *the souls of men when they collect, form the body; when they separate they become vapour; in life they collect; at death they are dispersed;* 常人尚無可尋訪 *with regard to men universally, there are no means of finding them;* 何况林黛玉呢 *how much more an individual, Lin-tai-ü?* 不如快囘去罷 *you had better go quickly back;* 寶玉聽了呆了半晌 *Pau-ü on hearing this became lost in thought for a short time;* 道旣云死者散也又如何有這個陰司呢 *he then said, since you tell me that the dead disperse into vapour, how is it that there is a ruler of Hades?* 那人冷笑道那陰司說有便有說無就無 *the man smiling answered, as to the ruler of hell, if you say he exists, then he does exist; if you say there is none, then there is none;* 皆爲世俗溺乎生死之說 *all this arises from groundless notions current in the world respecting life and death;* 設言以警世 *they are stories invented to terrify mankind;* 便道上天深怒愚人或不守分安常

he further remarked, high heaven is very angry at those foolish people, who do not perform their duties; 或生祿未終自行夭折 *or who before their term of life is completed, put an end to themselves;* 或嗜淫慾尙氣逞凶 *or who are guilty of fornication, and proneness to anger and violence;* 特設此地獄囚其魂魄 *on purpose to imprison the souls of such is this prison of hell appointed;* 受無邊的苦 *that they may receive unlimited suffering;* 以償生前的罪 *in retribution for the sins of their life;* 如尋黛玉是無故自啗 *you seek Tai-ü who has without reason put an end to herself;* 他已歸太虛幻境 *she has already returned into vacant space, into the regions of oblivion;* 如若有心尋訪 *if you wish to seek for her;* 潛心修養自然有時相見 *and will earnestly cultivate virtue, you will be sure some day to see her;* 如不安生即以自行夭折之罪 *if unwilling to live, you shorten your days by your own act;* 囚禁陰司除父母外欲圖一見黛玉終不能矣 *you will be kept a prisoner under the ruler of hell; excepting her father and mother, whoever wishes to see her, it cannot be;* 那人說畢袖中取出一石 *the man when he had finished what he had to say, took a stone from his sleeve;* 向寶玉心口擲來 *and threw it at Pau-ü's breast;* 寶玉聽了這話又被這石子打着心窩嚇得卽欲回家 *Pau-ü after hearing these words, and being struck on the heart by the stone, felt alarmed and wished to return home;* 只恨迷了道路 *he only regretted that he had missed the path:* 正在躊躇忽聽那邊有人喚他 *while he was hesitating, he suddenly heard some one on one side calling him;* 回頭看時不是別人正是母親和家中的人 *when he turned his head round to look, it was none other than his mother and others of the family;* 圍繞哭泣叫着 *who stood round him weeping and calling;* 自己仍舊躺在床上 *he was himself still reclining on the bed;* 見案上紅燈窗前皓月 *he saw on the table a red lanthorn, and before the window the white moon;* 依然錦繡叢中繁華世界 *as before there was a charming view of a grove in all its beauty;* 定神一想原來竟是一塲大夢 *applying his mind to think, he saw that it was in reality only a very noteworthy dream.*

In these specimens there are some phrases which are not purely conversational. It is indeed difficult to select passages, which are entirely free from expressions of the kind called *wen-li.* There is however much more of this higher colloquial in the San-kwoh-chī and similar works, which constitute the second branch of mandarin literature.

The work 正音撮要, an introduction to the Peking dialect, by a native of Canton should be mentioned here. A part of it has been translated by the late R. Thom, Esq. in his Chinese speaker. The dialogues are good, but the pronunciation of the metropolis was not properly understood by the author, nor by his translator. The vocabulary, which has not been translated, contains useful lists of common words, but the author's attempt to teach the orthoepy of Peking is disfigured by such defects as are natural to a southerner, when aiming to describe the dialect of northern China.

An example or two will be given here of the style of popular songs or 曲子 k'iuh tsï, which are often purely colloquial or nearly so.

不想朝廷怒將咱祖冢遷 puh 'siang .c'hau .t'ing nu' ,tsiang 'tsa 'tsu ,tsung ,t'sien.
滿門兒女遭刑憲 'man .men .rï 'nü ,tsau .hing hien'.
望巴巴有眼無有見 wang' ,pa ,pa 'yeu 'yèn .wu 'yeu kien'.
哭啼啼血淚空如霰 k'uh .t'i .t'i hiuèh lei' ,k'ung .ju sien'.

Little thought I that the court would be angry, and remove the grave of my ancestors; and that all my family, both sons and daughters would meet with punishment officially awarded. Looking earnestly, I have eyes but cannot see. I weep, and bloody tears fall like sleet, till their source is dry.

夜色將闌晨光欲散 ye' shai' ,tsiang .lan .c'hen ,kwang ü san'.
把珠簾捲移步丹墀 'pa ,chu .lien 'kiuen ,i pu' ,tan .c'hï.
擺列着金龍案 'pai liè' .cho ,kin .lung ngan'.

The colour of night is passing away; the light of morning is spreading. I will draw aside the bamboo curtains, and walk out on the red pavement. I will put this table in its place. (P'i p'a ki) 孩兒一去無消息雙親老景難存濟 .hai .rï yih k'ü' .wu ,siau 'si ,shwang ,t'sin 'lau 'king .nan .t'sun tsi'.

Our boy since he left us, we have heard nothing of. We, his two parents, in our old age find it hard to sustain life. (P'i p'a ki)

In these compositions the number of syllables in each line, is determined by the requirements of the music to which they are sung. In the last example is an instance of a word in the 入聲 juh sheng, rhyming with another in one of the longer tones. This is in conformity with the regulations already referred to. It could not occur in regular poetry.

APPENDIX III.

On Southern Mandarin.

The dialect of the 南曲 nan k'iuh, or southern songs and dramas is that of Sucheu or the neighbouring city K'wen-shan. This is not however the southern mandarin. It is the dialect of Nanking that more properly receives this title. When it is said by some native writers, that the northern pronunciation is in use at Nanking, it is meant that the dialect of that city has an equal claim with that of the northern provinces to the title of mandarin. The five-tone mandarin of Nanking extends north and west of that city with more or less purity, but how far I have not yet been able to ascertain. The Yangcheu dialect has five tones like that of Nanking, but the initial consonants are many of them less pure. In the southern mandarin a common auxiliary verb to give is 把 'pa for 結 kih. For *yes, it is so,* 着 cho is common, as occasionally in the north. This is the same word as tioh in the Changcheu dialect in Fuhkien, but differently pronounced. Many men from Kiangnan reside in Peking, especially of the class of scholars. They retain many peculiarities of the southern pronunciation, even after the lapse of three or four generations. In such cases the tones of Peking are sometimes used in conjunction with the initials and finals of Nanking.

ERRATA.

Page	Line from top	Line from bottom	For	Read
3	11	——	e	e, è
,,	18	——	u	ü
6	6	——	pieh	peih
7	12	——	System	Systems
8	20	——	older	other
9	——	2	u	ü
20	——	4	t'ieh	t'ièh
29	——	6	.c'huen	.c'hwen
,,	——	7	chuen'	chwen'
36	——	1	C'	C
39	——	8	e, e, e	è, è, è
,,	——	5	,k'i	.k'i
45	1	——	iueh	iuèh
52	5	——	or	of
61	12	——	.ti	,to
,,	——	14	mu'	'mu
64	20, 21	——	By—,teu	*dele*
79	4	——	and that	when
85	——	10	hwo	hwoh
87	16	——	.chih	chĭh
99	——	3	*injury*	*to injure*
100	——	14	there	their
101	——	4	.ti	'ti
102	8, 9	——	t'ieh	t'ièh
103	——	11	這	怎
,,	——	,,	.mo	'mo
109	——	6	'ku	'kü
112	——	5	run	ran
134	10	——	.tsiau	.t'siau
136	——	1	.hw	,hw
138	18	——	teh	tih
139	12	——	.k'	,k'
,,	14	——	ho	.ho
140	——	8	.kan	,kan
145	6	——	,fen	fen'
147	6	——	wan'	'wan
149	——	2	'k	'k'
152	——	13	,mo	'mo

Page	Line from top	Line from bottom	For	Read
153	4, etc.	—	.mo	'mo
"	4, 13	—	.ma	'ma
154	8, etc.	—	.mo	'mo
155	—	11	.wen	wen‘
157	6, etc.	—	.mo	'mo
"	—	4, 5	,tu	,to
158	—	6	;	.
159	—	16	.lun	lun‘
"	—	9	,tu	,to
162	—	10	,tun	,t‘un
163	4	—	'yeu	,yeu
178	19	—	'u	u‘
"	22	—	.mo	'mo
181	2, etc.	—	,Pa	'Pa
182	8	—	化	花
184	"	6	*inclining*	*declining*
191	7	—	,pa	'pa
194	14	—	快	怪
198	—	11	近	今
200	3	—	.t‘ung	,t‘ung
202	4	—	.shen	,shen
"	"	—	.t‘sing	,t‘sing
216	—	15	tièh	tih